Satzger · Schluckebier · Widmaier
Strafprozessordnung

Satzger · Schluckebier · Widmaier

Strafprozessordnung

Mit GVG und EMRK

Kommentar

Herausgegeben von
Prof. Dr. Helmut Satzger
Professor an der Ludwig-Maximilians-Universität München

Wilhelm Schluckebier
Richter des Bundesverfassungsgerichts

Bearbeitet von

Werner Beulke · René Börner · Nikolaus Bosch · Raimund Brunner · Axel Burghart · Susanne Claus · Ralf Eschelbach · Ulrich Franke · Andreas Grube · Georg-Friedrich Güntge · Anke Hadamitzky · Christian Hanft · Stefan Harrendorf · David Herrmann · Josef Hoch · Alexander Ignor · Markus Jäger · Robert Jofer · Johannes Kaspar · Hans Kudlich · Carsten Momsen · Andreas Mosbacher · Silke Noltensmeier · Johann M. Plöd · Andreas Quentin · Christian Ritscher · Henning Rosenau · Alexander Sättele · Helmut Satzger · Wilhelm Schluckebier · Robert Schnabl · Heinz Schöch · Jan C. Schuhr · Wilhelm Sing · Kerstin Spiess · Theresa Steinberger-Fraunhofer · Michael Tsambikakis · Helmut Vordermayer · Raik Werner · Volker Ziegler

2. Auflage

Carl Heymanns Verlag 2016

Zitiervorschlag: SSW-StPO/*Bearbeiter* § Rn.

Bibliografische Information der Deutschen Nationalbibliothek
Die Deutsche Nationalbibliothek verzeichnet diese Publikation in der Deutschen Nationalbibliografie; detaillierte bibliografische Daten sind im Internet über http://dnb.d-nb.de abrufbar.
ISBN 978-3-452-28291-0

www.wolterskluwer.de
www.carl-heymanns.de
Alle Rechte vorbehalten.

© 2016 Wolters Kluwer Deutschland GmbH, Luxemburger Straße 449, 50939 Köln.
Carl Heymanns – eine Marke von Wolters Kluwer Deutschland GmbH.

Das Werk einschließlich aller seiner Teile ist urheberrechtlich geschützt. Jede Verwertung außerhalb der engen Grenzen des Urheberrechtsgesetzes ist ohne Zustimmung des Verlages unzulässig und strafbar. Das gilt insbesondere für Vervielfältigungen, Übersetzungen, Mikroverfilmungen und die Einspeicherung und Verarbeitung in elektronischen Systemen.

Verlag und Autoren übernehmen keine Haftung für inhaltliche oder drucktechnische Fehler.

Umschlagkonzeption: Martina Busch, Grafikdesign, Fürstenfeldbruck
Satz: Satz-Offizin Hümmer GmbH, Waldbüttelbrunn
Druck und Weiterverarbeitung: Williams Lea & Tag GmbH, München

Gedruckt auf säurefreiem, alterungsbeständigem und chlorfreiem Papier.

Vorwort

Die überaus positive Aufnahme unseres neuen strafprozessualen Kommentars hat es uns ermöglicht und uns dazu motiviert, bereits knapp zwei Jahre nach Erscheinen der 1. Auflage des »SSW-StPO«, eine zweite, überarbeitete und aktualisierte Auflage auf den Markt zu bringen. Dies war nur durch erheblichen Einsatz und ein hohes Maß an Disziplin bei allen Autorinnen und Autoren möglich, wofür wir uns an dieser Stelle ganz herzlich bei allen bedanken möchten. Die vorliegende Neuauflage trägt den Neuerungen in Rechtsprechung und Gesetzgebung zuverlässig Rechnung, so dass den Leserinnen und Lesern ein Nachschlage- und Referenzwerk an die Hand gegeben wird, welches die gesamte Strafprozessordnung sowie – soweit von strafprozessualer Bedeutung – das Gerichtsverfassungsgesetz abdeckt. Da eine zeitgemäße Erläuterung des Strafprozessrechts nicht ohne die europäische Einbettung desselben möglich ist, enthält der Kommentar daneben umfangreiche Erläuterungen der für das Strafrecht wichtigen Artikel der Europäischen Menschenrechtskonvention sowie – aus dem Bereich des EU-Rechts – eine ausführliche Kommentierung der für das grenzüberschreitende Doppelbestrafungsverbot grundlegenden und praktisch sehr bedeutsamen Art. 50 EU-Grundrechtecharta und Art. 54 Schengener Durchführungsübereinkommen.

Wie bereits in der Vorauflage wird das Printwerk durch einen Online-Zugang ergänzt, der es ermöglicht, den Kommentar als jBook zu nutzen.

Die Neuauflage des SSW-StPO ergänzt das mittlerweile ebenfalls in 2. Auflage vorliegende Pendant zum StGB, den SSW-StGB. Beide Werke verfolgen dasselbe Ziel: Eine kompakte, übersichtliche und leicht lesbare Erläuterung der gesetzlichen Regelungen des deutschen Straf- und Strafprozessrechts und seiner europäischen Bezüge, die sich einerseits an den Bedürfnissen der Praxis orientiert, indem vor allem die höchstrichterliche Rechtsprechung umfassend dargestellt und kommentiert wird. Andererseits sollen die SSW-Kommentare aber auch wertvolle Impulse für die Wissenschaft geben, indem kriminalpolitischen Fragestellungen Raum gegeben und die praktische Handhabung des Straf- und Strafverfahrensrechts – wo nötig und sinnvoll – einer kritischen Würdigung unterzogen wird. Ein zusätzlicher Mehrwert der gemeinsamen Nutzung von SSW-StPO und SSW-StGB entsteht dadurch, dass die Kommentierungen in beiden Werken an geeigneter Stelle aufeinander Bezug nehmen. Auch für die Juristenausbildung sind die beiden Kommentare bereits wertvolle und gern genutzte Hilfsmittel geworden.

Nach dem Motto »never change a winning team« war es uns glücklicherweise möglich, auch für die 2. Auflage auf das bewährte Autorenteam der Erstauflage zurückzugreifen. Dies gewährleistet abermals, dass das gesammelte Fachwissen von hochkarätigen Hochschullehrern einerseits sowie die langjährige Erfahrung und Expertise von herausragenden Richtern, Staatsanwälten und Verteidigern andererseits in dieses Werk einfließen. Besondere Erwähnung verdient, dass es uns gelungen ist, Frau Dr. *Susanne Claus* als weitere kompetente Autorin aus der Richterschaft zu gewinnen.

Inhaltlich sind seit der Erstauflage eine Reihe von Reformgesetze ergangen, die selbstverständlich Berücksichtigung gefunden haben. Insbesondere folgende Änderungsgesetze sind zu nennen: Gesetz zur Stärkung der Verfahrensrechte von Beschuldigten im Strafverfahren vom 2. Juli 2013 (BGBl. I S. 1938), Drittes Gesetz zur Änderung des Tierschutzgesetzes vom 4. Juli 2013 (BGBl. I S. 2182), Gesetz zur Modernisierung des Außenwirtschaftsrechts, vom 6. Juni 2013 (BGBl. I S. 1482), Gesetz zur Stärkung der Rechte von Opfern sexuellen Missbrauchs (StORMG) vom 26. Juni 2013 (BGBl. I S. 1805), 47. Strafrechtsänderungsgesetz vom 24. September 2013 (BGBl. I S. 3671), Gesetz zur Intensivierung des Einsatzes von Videokonferenztechnik in gerichtlichen und staatsanwaltschaftlichen Verfahren vom 25. April 2013 (BGBl. I S. 935), Gesetz zur Änderung des Prozesskostenhilfe- und Beratungshilferechts vom 31. August 2013 (BGBl. I S. 3533), Gesetz zur Modernisierung des Geschmacksmustergesetzes sowie zur Änderung der Regelungen über die Bekanntmachungen zum Ausstellungsschutz vom 10. Oktober 2013 (BGBl. I S. 3799), Berichtigung des 47. Strafrechtsänderungsgesetzes vom 30. Dezember 2013 (BGBl. 2014 I S. 12), Fünftes Gesetz zur Änderung des Straßenverkehrsgesetzes und anderer Gesetze vom 28. August 2013 (BGBl. I S. 3313), Achtundvierzigstes Strafrechtsänderungsgesetz – Erweiterung des Straftatbestandes der Abgeordnetenbestechung vom 23. April 2014 (BGBl. I S. 410), Neunundvierzigstes Gesetz zur Änderung des Strafgesetzbuches – Umsetzung euro-

Vorwort

päischer Vorgaben zum Sexualstrafrecht vom 21. Januar 2015 (BGBl. I S. 10), GVVG-Änderungsgesetz (GVVG-ÄndG) vom 12. Juni 2015 (BGBl. I S. 926), Gesetz zur Stärkung des Rechts des Angeklagten auf Vertretung in der Berufungsverhandlung und über die Anerkennung von Abwesenheitsentscheidungen in der Rechtshilfe vom 17. Juli 2015 (BGBl. I S. 1332).

Zudem finden sich an geeigneter Stelle im Vorgriff ausführliche Hinweise auf die umfangreichen Gesetzesänderungen, die durch das Inkrafttreten des 3. Opferrechtsreformgesetz (s. Bundesrats-Drucksache 56/15 vom 13.2.2015) zu erwarten sind.

Der Kommentar befindet sich somit auf dem Stand vom 15.8.2015.

Für Anregungen und Hinweise sind wir stets dankbar.

München und Karlsruhe im August 2015

Helmut Satzger
Wilhelm Schluckebier

Bearbeiterverzeichnis

Prof. Dr. Werner Beulke
em. Universitätsprofessor Passau
Rechtsanwalt und Gutachter, Passau

Dr. René Börner
Rechtsanwalt und FAStR, Potsdam
Privatdozent an der Universität Potsdam

Prof. Dr. Nikolaus Bosch
Professor an der Universität Bayreuth

Dr. Raimund Brunner
Vizepräsident des Landgerichts Aschaffenburg

Dr. Axel Burghart
Richter am Brandenburgischen Oberlandesgericht

Dr. Susanne Claus
Richterin am Landgericht Magdeburg

Dr. Ralf Eschelbach
Richter am Bundesgerichtshof
Lehrbeauftragter an der Philipps-Universität Marburg

Dr. Ulrich Franke
Richter am Bundesgerichtshof

Dr. Andreas Grube
Richter am Oberlandesgericht Stuttgart

Prof. Dr. Georg-Friedrich Güntge
Oberstaatsanwalt, Staatsanwaltschaft bei dem Schleswig-Holsteinischen Oberlandesgericht
Honorarprofessor an der Christian-Albrechts-Universität Kiel

Anke Hadamitzky
Oberstaatsanwältin beim Bundesgerichtshof

Dr. Christian Hanft
Richter am Landgericht Augsburg
Lehrbeauftragter an der Universität Augsburg

Dr. Stefan Harrendorf
Privatdozent und wissenschaftlicher Mitarbeiter an der Georg-August-Universität Göttingen

Dr. David Herrmann
Rechtsanwalt, FA für Strafrecht und Medizinrecht, Augsburg; Lehrbeauftragter an der Universität Augsburg für Strafrecht

Josef Hoch
Vorsitzender Richter am Kammergericht

Prof. Dr. Dr. Alexander Ignor
Rechtsanwalt, apl. Professor an der Humboldt-Universität zu Berlin

Prof. Dr. Markus Jäger
Richter am Bundesgerichtshof, Karlsruhe/Leipzig; Honorarprofessor der Technischen Universität Dresden

Dr. Robert Jofer
Rechtsanwalt, München; Lehrbeauftragter an der Ludwig-Maximilians-Universität München

Prof. Dr. Johannes Kaspar
Professor an der Universität Augsburg

Prof. Dr. Hans Kudlich
Professor an der Friedrich-Alexander-Universität Erlangen-Nürnberg

Prof. Dr. Carsten Momsen
Professor an der Freien Universität Berlin

Prof. Dr. Andreas Mosbacher
Richter am Bundesgerichtshof
Honorarprofessor an der Universität Leipzig

Dr. Silke Noltensmeier
Staatsanwältin bei der Staatsanwaltschaft Bremen

Dr. Johann M. Plöd
Rechtsanwalt, Regensburg
Lehrbeauftragter an der OTH Regensburg
Präsident a.D. AG Regensburg

Dr. Andreas Quentin
Richter am Bundesgerichtshof

Christian Ritscher
Bundesanwalt beim Bundesgerichtshof

Prof. Dr. Henning Rosenau
Professor an der Martin-Luther-Universität Halle-Wittenberg

Alexander Sättele
Rechtsanwalt und FA Strafrecht, Berlin; Lehrbeauftragter an der Hochschule für Wirtschaft und Recht, Berlin

Prof. Dr. Helmut Satzger
Professor an der Ludwig-Maximilians-Universität München; Vorsitzender der strafrechtlichen Abteilung der Ständigen Deputation des Deutschen Juristentages

Bearbeiterverzeichnis

Wilhelm Schluckebier
Richter des Bundesverfassungsgerichts

Prof. Dr. Heinz Schöch
em. Universitätsprofessor an der Ludwig-Maximilans-Universität München
Vorsitzender des Fachbeirats am Max-Planck-Institut für ausländisches und internationales Strafrecht, Freiburg

Dr. Robert Schnabl
Oberstaatsanwalt als ständiger Vertreter des Ltd. Oberstaatsanwalts bei der Staatsanwaltschaft Traunstein

Dr. Jan C. Schuhr
Akademischer Rat an der Friedrich-Alexander-Universität Erlangen-Nürnberg

Wilhelm Sing
Amtsgerichtsdirektor Amtsgericht Traunstein

Dr. Kerstin Spiess
Staatsanwältin als Gruppenleiterin bei der Staatsanwaltschaft München II

Dr. Theresa Steinberger-Fraunhofer
Staatsanwältin als Gruppenleiterin bei der Staatsanwaltschaft Traunstein

Dr. Michael Tsambikakis
Rechtsanwalt, Köln; Lehrbeauftragter an der Universität Passau und der Bucerius Law School, Hamburg

Helmut Vordermayer
Leitender Oberstaatsanwalt a.D. bei der Staatsanwaltschaft Traunstein

Dr. Raik Werner
Ministerialrat im Bayerischen Staatsministerium der Justiz, München

Volker Ziegler
Oberstaatsanwalt bei der Staatsanwaltschaft Traunstein

Im Einzelnen haben bearbeitet

Einleitung · Beulke

StPO
§§ 1–21 · Börner
§§ 22–32 · Kudlich/Noltensmeier
§§ 33–41a · Mosbacher/Claus
Vor §§ 42 ff. · Tsambikakis
§§ 42–47 · Tsambikakis
§§ 48–51 · Güntge
§§ 52–56 · Eschelbach
§§ 57–58 · Güntge
§§ 58a–58b · Tsambikakis
§§ 59–67 · Güntge
§§ 68–69 · Franke
§§ 70–71 · Güntge
§§ 72–93 · Bosch
§§ 94–98 · Eschelbach
Vor §§ 98a–98c · Jäger
§§ 98a–98c · Jäger
§§ 99–101 · Eschelbach
§§ 102–110 · Hadamitzky
§§ 110a–111 · Eschelbach
§ 111a · Harrendorf
§§ 111b–111p · Burghart
Vor §§ 112 ff. · Herrmann
§§ 112–130 · Herrmann
§§ 131–132 · Satzger
§ 132a · Harrendorf
§§ 133–135 · Tsambikakis
§§ 136–136a · Eschelbach
§§ 137–150 · Beulke
§§ 151–154f · Schnabl/Vordermayer
§§ 155–160a · Ziegler/Vordermayer
§ 160b · Ignor
§§ 161–163c · Ziegler/Vordermayer
§§ 163d–163f · Plöd
§§ 164–177 · Sing/Vordermayer
§§ 198–202 · Rosenau
§ 202a · Ignor
§§ 203–211 · Rosenau
§§ 212–212b · Ignor
§§ 213–239 · Grube
§§ 240–243 · Franke
§§ 244–246a · Sättele
§§ 247–247a · Tsambikakis
§ 248 · Franke
§ 249–255 · Kudlich/Schuhr
§ 255a · Tsambikakis
§§ 256–257a · Franke
§§ 257b–257c · Ignor
§§ 258–260 · Franke

Im Einzelnen haben bearbeitet

§ 261	Schluckebier
§§ 262–263	Franke
§§ 264–266	Rosenau
§§ 267–275a	Güntge
Vor §§ 276 ff.	Werner
§§ 276–295	Werner
Vor §§ 296 ff.	Hoch
§§ 296–311a	Hoch
Vor §§ 312 ff.	Brunner
§§ 312–332	Brunner
Vor §§ 333 ff.	Widmaier/Momsen
§§ 333–343	Widmaier/Momsen
§ 344	Momsen
§§ 345–346	Widmaier/Momsen
§§ 347–348	Momsen
§§ 349–352	Widmaier/Momsen
§§ 353–358	Momsen
Vor §§ 359 ff.	Kaspar
§§ 359–373a	Kaspar
Vor §§ 374 ff.	Jofer
§§ 374–394	Jofer
Vor §§ 395 ff.	Schöch
§§ 395–406h	Schöch
§§ 407–412	Momsen
§§ 413–429	Rosenau
§§ 430–443	Burghart
§§ 444–448	Kudlich/Schuhr
§§ 449–463d	Hanft
Vor §§ 464 ff.	Steinberger-Fraunhofer
§§ 464–473a	Steinberger-Fraunhofer
§§ 474–495	Ritscher
GVG	
§§ 1–27	Spiess
§§ 28–58	Güntge
Vor §§ 59 ff.	Werner
§§ 59–78	Werner
§§ 78a–114	Spiess
§§ 115–140a	Quentin
Vor §§ 141 ff.	Schnabl
§§ 141–152	Schnabl
§§ 153–183	Quentin
§§ 184–197	Rosenau
§§ 198–201	Satzger
EMRK	
Art. 1–3, 5–8, 15, 34, 41, 43, 46	Satzger
Art. 2 EMRK des 7. ZP	Satzger
Art. 4 EMRK des 7. ZP	Satzger
Art. 50 GRCh	Satzger
Art. 54 SDÜ	Satzger

Inhaltsverzeichnis

Vorwort V
Bearbeiterverzeichnis VII
Im Einzelnen haben bearbeitet IX
Abkürzungsverzeichnis XV
Literaturverzeichnis XXIX

Einleitung 1

Strafprozessordnung (StPO)

Erstes Buch.   Allgemeine Vorschriften
1. Abschnitt. Sachliche Zuständigkeit der Gerichte	§§ 1–6a	93
2. Abschnitt. Gerichtsstand	§§ 7–21	113
3. Abschnitt. Ausschließung und Ablehnung der Gerichtspersonen	§§ 22–32	126
4. Abschnitt. Gerichtliche Entscheidungen und Kommunikation zwischen den Beteiligten	§§ 33–41a	161
5. Abschnitt. Fristen und Wiedereinsetzung in den vorigen Stand	§§ 42–47	216
6. Abschnitt. Zeugen	§§ 48–71	230
7. Abschnitt. Sachverständige und Augenschein	§§ 72–93	328
8. Abschnitt. Beschlagnahme, Überwachung des Fernmeldeverkehrs, Rasterfahndung, Einsatz technischer Mittel, Einsatz Verdeckter Ermittler und Durchsuchung	§§ 94–94	427
9. Abschnitt. Verhaftung und vorläufige Festnahme	§§ 112–130	671
9a. Abschnitt. Weitere Maßnahmen zur Sicherstellung der Strafverfolgung und Strafvollstreckung	§§ 131–132	882
9b. Abschnitt. Vorläufiges Berufsverbot	§§ 132a	895
10. Abschnitt. Vernehmung von Beschuldigten	§§ 133–136a	899
11. Abschnitt. Verteidigung	§§ 137–150	973

Zweites Buch.   Verfahren im ersten Rechtszug
1. Abschnitt. Öffentliche Klage	§§ 151–157	1063
2. Abschnitt. Vorbereitung der öffentliche Klage	§§ 158–177	1107
3. Abschnitt. Gerichtliche Voruntersuchung	§§ 178–197	1210
4. Abschnitt. Entscheidung über die Eröffnung des Hauptverfahrens	§§ 198–211	1210
5. Abschnitt. Vorbereitung der Hauptverhandlung	§§ 212–225a	1238
6. Abschnitt. Hauptverhandlung	§§ 226–275	1291
7. Abschnitt. Entscheidung über die im Urteil vorbehaltene oder die nachträgliche Anordnung der Sicherungsverwahrung	§§ 275a	1654
8. Abschnitt. Verfahren gegen Abwesende	§§ 276–295	1658

Drittes Buch.   Rechtsmittel
1. Abschnitt. Allgemeine Vorschriften	§§ 296–303	1668
2. Abschnitt. Beschwerde	§§ 304–311a	1699
3. Abschnitt. Berufung	§§ 312–332	1734
4. Abschnitt. Revision	§§ 333–358	1786

Viertes Buch.   Wiederaufnahme eines durch rechtskräftiges Urteil abgeschlossenen Verfahrens   §§ 359–373a   1930

Fünftes Buch. Beteiligung des Verletzten am Verfahren
1. Abschnitt. Privatklage — §§ 374–394 ... 1967
2. Abschnitt. Nebenklage — §§ 395–402 .. 1994
3. Abschnitt. Entschädigung des Verletzten — §§ 403–406c ... 2013
4. Abschnitt. Sonstige Befugnisse des Verletzten — §§ 406d–406h . 2027

Sechstes Buch. Besondere Arten des Verfahrens
1. Abschnitt. Verfahren bei Strafbefehlen — §§ 407–412 ... 2042
2. Abschnitt. Sicherungsverfahren — §§ 413–416 .. 2067
2a. Abschnitt. Beschleunigtes Verfahren — §§ 417–420 .. 2074
3. Abschnitt. Verfahren bei Einziehungen und Vermögensbeschlagnahmen — §§ 430–443 .. 2088
4. Abschnitt. Verfahren bei Festsetzung von Geldbußen gegen juristische Personen und Personenvereinigungen — §§ 444 2103

Siebentes Buch. Strafvollstreckung und Kosten des Verfahrens
1. Abschnitt. Strafvollstreckung — §§ 449–463d .. 2110
2. Abschnitt. Kosten des Verfahrens — §§ 464–473a .. 2157

Achtes Buch. Erteilung von Auskünften und Akteneinsicht, sonstige Verwendung von Daten für verfahrensübergreifende Zwecke, Dateiregelungen, länderübergreifendes staatsanwaltschaftliches Verfahrensregister
1. Abschnitt. Erteilung von Auskünften und Akteneinsicht, sonstige Verwendung von Daten für verfahrensübergreifende Zwecke — §§ 474–482 ... 2209
2. Abschnitt. Dateiregelungen — §§ 483–491 ... 2232
3. Abschnitt. Länderübergreifendes staatsanwaltschaftliches Verfahrensregister — §§ 492–495 .. 2248

Gerichtsverfassungsgesetz
(Auszug)

1. Titel. Gerichtsbarkeit — §§ 1–21 2257
2. Titel. Allgemeine Vorschriften über das Präsidium und die Geschäftsverteilung — §§ 21a–21j ... 2288
3. Titel. Amtsgerichte — §§ 22–27 2307
4. Titel. Schöffengerichte — §§ 28–58 2317
5. Titel. Landgerichte — §§ 59–78 2348
5a. Titel. Strafvollstreckungskammern — §§ 78a–78b ... 2378
8. Titel. Oberlandesgerichte — §§ 115–122 ... 2382
9. Titel. Bundesgerichtshof — §§ 123–140 .. 2392
9a. Titel. Zuständigkeit für Wiederaufnahmeverfahren in Strafsachen — §§ 140a 2397
10. Titel. Staatsanwaltschaft — §§ 141–152 .. 2399
11. Titel. Geschäftsstelle — §§ 153 2413
13. Titel. Rechtshilfe — §§ 156–167 ... 2414
14. Titel. Öffentlichkeit und Sitzungspolizei — §§ 169–183 ... 2418
15. Titel. Gerichtssprache — §§ 184–191a ... 2446
16. Titel. Beratung und Abstimmung — §§ 192–197 ... 2458
17. Titel. Rechtsschutz bei überlangen Gerichtsverfahren und strafrechtlichen Ermittlungsverfahren — §§ 198–201 ... 2464

Konvention zum Schutze der Menschenrechte und Grundfreiheiten (EMRK) (Auszug)

Art. 1 EMRK	Verpflichtung zur Achtung der Menschenrechte	2473
Art. 2 EMRK	Recht auf Leben	2479
Art. 3 EMRK	Verbot der Folter	2484
Art. 5 EMRK	Recht auf Freiheit und Sicherheit	2494
Art. 6 EMRK	Recht auf ein faires Verfahren	2509
Art. 7 EMRK	Keine Strafe ohne Gesetz	2536
Art. 8 EMRK	Recht auf Achtung des Privat- und Familienlebens	2542
Art. 15 EMRK	Abweichen im Notstandsfall	2548
Art. 18 EMRK	Begrenzung der Rechtseinschränkungen	2551
Art. 34 EMRK	Individualbeschwerden	2556
Art. 41 EMRK	Gerechte Entschädigung	2563
Art. 43 EMRK	Verweisung an die Große Kammer	2565
Art. 46 EMRK	Verbindlichkeit und Durchführung der Urteile	2566
Art. 2 EMRK des 7. ZP	Rechtsmittel in Strafsachen	2569
Art. 4 EMRK des 7. ZP	Recht, wegen derselben Sache nicht zweimal vor Gericht gestellt oder bestraft zu werden	2571

EU-Grundrechtecharta und Schengener Durchführungsübereinkommen (Auszug)

Art. 50 GRCh	Recht, wegen derselben Straftat nicht zweimal strafrechtlich verfolgt oder bestraft zu werden	2575
Art. 54 SDÜ	Verbot der Doppelbestrafung	2575

Stichwortverzeichnis ... 2587

Abkürzungsverzeichnis

a.F.	alte Fassung
a. A.	andere(r) Ansicht
a.a.O.	am angegebenen Ort
abgedr.	abgedruckt
AbgG	Gesetz über die Rechtsverhältnisse der Mitglieder des Deutschen Bundestages
abl.	ablehnend
ABl.	Amtsblatt
abl. Anm.	ablehnende Anmerkung
Abs.	Absatz
Abschn.	Abschnitt
abw.	abweichend
AcP	Archiv für die civilistische Praxis (Zs.)
a.E.	am Ende
AEUV	Vertrag über die Arbeitsweise der Europäischen Union
AfrChRMV	Afrikanische Charta der Menschenrechte und Rechte der Völker (auch »Banjul-Charta« genannt)
AG	Amtsgericht
AGB	Allgemeine Geschäftsbedingungen
AGGVG	Ausführungsgesetz GVG (Gesetz zur Ausführung des Gerichtsverfassungsgesetzes und von Verfahrensgesetzen der ordentlichen Gerichtsbarkeit)
ähnl.	ähnlich
AktG	Aktiengesetz
allg.	allgemein
Alt.	Alternative
AMG	Arzneimittelgesetz
AMRK	Amerikanische Menschenrechtskonvention
Anh.	Anhang
Anl.	Anlage
Anm.	Anmerkung
AnwBl.	Anwaltsblatt (Zs.)
AO	Abgabenordnung
ArbG	Arbeitsgericht
ArbGG	Arbeitsgerichtsgesetz
ArchKrim	Archiv für Kriminologie
arg.	Argument
arg. e	argumentum ex (Argument aus)
ARGE	Arbeitsgemeinschaft
ARSP	Archiv für Rechts- und Sozialphilosophie (Zs.)
Art.	Artikel
ArztR	ArztRecht (Zs.)
AsylVfG	Asylverfahrensgesetz
AT	Allgemeiner Teil
AufenthG	Aufenthaltsgesetz
AufenthV	Aufenthaltsverordnung
Aufl.	Auflage
ausführl.	ausführlich
AuslG	Ausländergesetz
AVAG	Anerkennungs- und Vollstreckungsausführungsgesetz

Abkürzungsverzeichnis

AWG	Außenwirtschaftsgesetz
Az.	Aktenzeichen
BA	Blutalkohol (Zs.)
BaFin	Bundesanstalt für Finanzdienstleistungsaufsicht
BAG	Bundesarbeitsgericht
BAK	Blutalkoholkonzentration
BAnz	Bundesanzeiger
BÄO	Bundesärzteordnung
BauR	Baurecht (Zs.)
BayJMBl.	Bayerisches Justizministerialblatt
BayObLG	Bayerisches Oberstes Landesgericht
BayObLGSt	Amtliche Sammlung der Entscheidungen des Bayerischen Obersten Landesgerichts in Strafsachen
BayObLGZ	Amtliche Sammlung der Entscheidungen des Bayerischen Obersten Landesgerichts in Zivilsachen
BayPAG	Bayerisches Polizeiaufgabengesetz
BayVBl.	Bayerische Verwaltungsblätter (Zs.)
BayVerfGH	Bayerischer Verfassungsgerichtshof
BayVerfGHE	Amtliche Sammlung von Entscheidungen des Bayerischen Verwaltungsgerichtshofs mit Entscheidungen des Bayerischen Verfassungsgerichtshofs
BayVGH	Bayerischer Verwaltungsgerichtshof
BB	Betriebs-Berater (Zs.)
BBergG	Bundesberggesetz
BBG	Bundesbeamtengesetz
BbgVerfG	Brandenburgisches Verfassungsgericht
Bd.	Band
BDG	Bundesdisziplinargesetz
BDH	Bundesdisziplinarhof
BDSG	Bundesdatenschutzgesetz
BeamtStG	Beamtenstatusgesetz
BeckRS	Beck-Rechtsprechung
Begr.	Begründung/Begründer
begr.	begründet
BerlVerfGH	Verfassungsgerichtshof des Landes Berlin
Beschl.	Beschluss
betr.	betreffend/betrifft
BetrVG	Betriebsverfassungsgesetz
BFH	Bundesfinanzhof
BFStrMG	Bundesfernstraßenmautgesetz
BGB	Bürgerliches Gesetzbuch
BGBl.	Bundesgesetzblatt
BGBl. I	Bundesgesetzblatt Teil 1
BGBl. II	Bundesgesetzblatt Teil 2
BGBl. III	Bundesgesetzblatt Teil 3
BGH	Bundesgerichtshof
BGH LM	Nachschlagewerk des Bundesgerichtshofs in Zivilsachen
BGHR	Rechtsprechung des Bundesgerichtshofs in Strafsachen
BGHSt	Amtliche Sammlung der Entscheidungen des Bundesgerichtshofes in Strafsachen
BGHZ	Amtliche Sammlung der Entscheidungen des Bundesgerichtshofs in Zivilsachen
BHO	Bundeshaushaltsordnung
BJagdG	Bundesjagdgesetz

Abkürzungsverzeichnis

BKA	Bundeskriminalamt
BKAG	Gesetz über das Bundeskriminalamt und die Zusammenarbeit des Bundes und der Länder in kriminalpolizeilichen Angelegenheiten
BKR	Zeitschrift für Bank- und Kapitalmarktrecht
Blutalkohol	Zeitschrift für die medizinische und juristische Praxis
BMF	Bundesministerium der Finanzen (Deutschland)
BMI	Bundesministerium des Inneren
BMinG	Bundesministergesetz
BMJV	Bundesministerium der Justiz und Verbraucherschutz
BND	Bundesnachrichtendienst
BNDG	Gesetz über den Bundesnachrichtendienst
BNotO	Bundesnotarordnung
BORA	Berufsordnung für Rechtsanwälte
BPolG	Bundespolizeigesetz
BPräsWahlG	Gesetz über die Wahl des Bundespräsidenten durch die Bundesversammlung
BR	Bundesrat/Beweisrecht
BRAK	Bundesrechtsanwaltskammer
BRAK-Mitt.	Mitteilungen der Bundesrechtsanwaltskammer (Zs.)
BRAO	Bundesrechtsanwaltsordnung
BRD	Bundesrepublik Deutschland
BR-Drucks.	Bundesrats-Drucksache
BRRG	Beamtenrechtsrahmengesetz
Bsp.	Beispiel
Bspr.	Besprechung
bspw.	beispielsweise
BStBl.	Bundessteuerblatt
BT	Deutscher Bundestag
BT-Drucks.	Bundestags-Drucksache
BtMG	Betäubungsmittelgesetz
BtPrax	Betreuungsrechtliche Praxis (Zs.)
Buchst.	Buchstabe
BVerfG	Bundesverfassungsgericht
BVerfGE	Entscheidungen des Bundesverfassungsgerichts
BVerfGG	Bundesverfassungsgerichtsgesetz
BVerfGK	Kammerentscheidungen des Bundesverfassungsgerichts
BVerfSchG	Bundesverfassungsschutzgesetz
BVerwG	Bundesverwaltungsgericht
BVerwGE	Amtliche Sammlung der Entscheidungen des Bundesverwaltungsgerichts
BW	Baden-Württemberg
bzgl.	bezüglich
BZR	Bundeszentralregister
BZRG	Bundeszentralregistergesetz
bzw.	beziehungsweise
CCC	Constitutio Criminalis Carolina
CCZ	Corporate Compliance Zeitschrift (Zs.)
CPT	European Comittee for the Prevention of Torture and Inhuman or Degrading Treatment or Punishment
CR	Computer und Recht (Zs.)
DÄBl.	Deutsches Ärzteblatt (Zs.)
DAR	Deutsches Autorecht (Zs. des ADAC)
DAV	Deutscher Anwaltverein

Abkürzungsverzeichnis

DB	Der Betrieb (Zs.)
DDR	Deutsche Demokratische Republik
ders.	derselbe
d.h.	das heißt
dies.	dieselbe/n
diesbzgl.	diesbezüglich
diff.	differenzierend
Diss.	Dissertation
DJ	Deutsche Justiz (Zs.)
DNA	Desoxyribonukleinsäure
DNotZ	Deutsche Notar-Zeitschrift
DÖV	Die Öffentliche Verwaltung (Zs.)
DR	Deutsches Recht (Zs.)
DRiG	Deutsches Richtergesetz
DRiZ	Deutsche Richterzeitung (Zs.)
DRZ	Deutsche Rechts-Zeitschrift
DStR	Deutsches Steuerrecht (Zs.)
DuD	Datenschutz und Datensicherheit (Zs.)
DVBl	Deutsches Verwaltungsblatt (Zs.)
e.V.	eingetragener Verein
EBAO	Einforderungs- und Beitreibungsanordnung
ebd.	ebenda
ECHR	European Court of Human Rights
ECN	European Competition Network
EDV	Elektronische Datenverarbeitung
EG	Europäische Gemeinschaft
EGGVG	Einführungsgesetz zum Gerichtsverfassungsgesetz
EGMR	Europäischer Gerichtshof für Menschenrechte
EGOWiG	Einführungsgesetz zum Ordnungswidrigkeitengesetz
EGStGB	Einführungsgesetz zum Strafgesetzbuch
EGStPO	Einführungsgesetz zur Strafprozessordnung
EGV	Vertrag zur Gründung der Europäischen Gemeinschaft
EGVP	Elektronisches Gerichts- und Verwaltungspostfach der Justiz
EGZPO	Einführungsgesetz zur Zivilprozessordnung
EichG	Eichgesetz
Einf.	Einführung
Einl.	Einleitung
einschl.	Einschließlich
einschr.	Einschränkend
EJIL	European Journal of International Law (Zs.)
EKMR	Europäische Kommission für Menschenrechte
ELR	European Law Reporter (Zs.)
EMRK	Europäische Konvention zum Schutze der Menschenrechte und Grundfreiheiten
EN-Nr.	Eilnachrichten-Nummer (ZAP)
entspr.	entsprechend
Erg.	Ergänzung/Ergebnis
erg.	ergänzend
Erl.	Erläuterung/Erlass
etc.	et cetera
ETS	European Treaty Series
EU	Europäische Union
EuGH	Europäischer Gerichtshof

EuGRZ	Europäische Grundrechte-Zeitschrift
EuR	Europarecht (Zs.)
EUR	Euro
EuRAG	Gesetz über die Tätigkeit europäischer Rechtsanwälte in Deutschland
EuRHÜbk	Europäisches Übereinkommen über die Rechtshilfe in Strafsachen
EUV	Vertrag über die Europäische Union
EuZW	Europäische Zeitschrift für Wirtschaftsrecht
EV	Ermittlungsverfahren
evtl.	eventuell
EWR	Europäischer Wirtschaftsraum
EWS	Europäisches Wirtschafts- und Steuerrecht (Zs.)
f.	folgende
FA	Führungsaufsicht/Fachanwalt
FamFG	Gesetz über das Verfahren in Familiensachen und in den Angelegenheiten der freiwilligen Gerichtsbarkeit
FamG	Familiengericht
FamRZ	Zeitschrift für das gesamte Familienrecht
FE	Fahrerlaubnis
FEE	Fahrerlaubnisentziehung
FeV	Fahrerlaubnisverordnung
ff.	Fortfolgende
FG	Finanzgericht/Festgabe
FGG	Gesetz über die Angelegenheiten der freiwilligen Gerichtsbarkeit
FGO	Finanzgerichtsordnung
FS	Festschrift
G 10	Gesetz zur Beschränkung des Brief-, Post- und Fernmeldegeheimnisses
G.	Gesetz
GA	Goltdammer's Archiv für Strafrecht (Zs.)
GBA	Generalbundesanwalt/Grundbuchamt
GBl	Gesetzblatt
GBO	Grundbuchordnung
GbR	Gesellschaft bürgerlichen Rechts
GebrMG	Gebrauchsmustergesetz
gem.	gemäß
GG	Grundgesetz
ggf.	Gegebenenfalls
ggü.	Gegenüber
GKG	Gerichtskostengesetz
GmbH	Gesellschaft mit beschränkter Haftung
GmbHG	GmbH-Gesetz
GMBl	Gemeinsames Ministerialblatt
GmS-OGB	Gemeinsamer Senat der Obersten Gerichtshöfe des Bundes
GO	Geschäftsordnung
grds.	grundsätzlich
GS	Gedächtnisschrift/Großer Senat
GStA	Generalstaatsanwalt/Generalstaatsanwaltschaft
GVBl.	Gesetz- und Verordnungsblatt
GVG	Gerichtsverfassungsgesetz
GWB	Gesetz gegen Wettbewerbsbeschränkungen
GwG	Gesetz über das Aufspüren von Gewinnen aus schweren Straftaten
h.A.	herrschende Ansicht

Abkürzungsverzeichnis

h.L.	herrschende Lehre
h.M.	herrschende Meinung
HalblSchG	Halbleiterschutzgesetz
Halbs.	Halbsatz
HansOLG	Hanseatisches Oberlandesgericht
HbStrVf	Handbuch zum Strafverfahren; s. im Literaturverzeichnis unter *Heghmanns/Scheffler*
HESt	Höchstrichterliche Entscheidungen, Sammlung von Entscheidungen der Oberlandesgerichte und der Obersten Gerichte in Strafsachen
HGB	Handelsgesetzbuch
HinterlO	Hinterlegungsordnung
Hinw.	Hinweis/e
HK-GS	Handkommentar Gesamtes Strafrecht; s. im Literaturverzeichnis unter *Dölling/Duttge/Rössner*
HK-StPO	Heidelberger Kommentar zur Strafprozessordnung; s. im Literaturverzeichnis unter *Julius/Gercke/Kurth*
HmbGVBl.	Hamburgisches Gesetz- und Verordnungsblatt
HRG	Hochschulrahmengesetz
HRRS	Höchstrichterliche Rechtsprechung zum Strafrecht (Online-Zeitschrift)
Hrsg.	Herausgeber
Hs.	Halbsatz
HV	Hauptverhandlung
i.d.F.	in der Fassung
i.d.R.	in der Regel
i.d.S.	in dieser Sache
i.e.S.	im engeren Sinne
i.H.d.	in Höhe des/der
i.R.d	im Rahmen des/der
i.S.	im Sinne
i.S.e.	im Sinne eines/einer
i.S.v.	im Sinne von
i.Ü.	im Übrigen
i.V.m.	in Verbindung mit
i.w.S.	im weiteren Sinne
IGH	Internationaler Gerichtshof
IMEI	International Mobile Station Equipment Identity (Endgerätekennung)
IMSI	International Mobile Subscriber Identity (Teilnehmeridentifikationsnummer)
insb.	Insbesondere
InsO	Insolvenzordnung
IntFamRVG	Gesetz zur Durch- und Ausführung bestimmter Rechtsinstrumente auf dem Gebiet des internationalen Familienrechts
IPBPR	Internationaler Pakt über bürgerliche und politische Rechte
IRG	Internationales Rechtshilfegesetz
IStGH	Internationaler Strafgerichtshof
JA	Juristische Arbeitsblätter (Zs.)
JAmt	Das Jugendamt (Zs.)
JArbSchG	Jugendarbeitsschutzgesetz
JBeitrO	Justizbeitreibungsordnung
JBl.	Juristische Blätter
jew.	Jeweils
JGG	Jugendgerichtsgesetz

JGH	Jugendgerichtshilfe
JK	Jura-Kartei, Beilage zur Jura (Zs.)
JKomG	Gesetz über die Verwendung elektronischer Kommunikationsformen in der Justiz
JMBl.	Justizministerialblatt
JMBl. NRW	Justizministerialblatt für das Land Nordrhein-Westfalen
JÖSchG	Gesetz zum Schutze der Jugend in der Öffentlichkeit
JR	Juristische Rundschau (Zs.)
JR Rspr	Juristische Rundschau (Zs.), Rechtsprechungsbeilage
JRE	Jahrbuch für Recht und Ethik
JugG	Jugendgericht
JugK	Jugendkammer
JuMiG	Justizmitteilungsgesetz
JuMoG	Justizmodernisierungsgesetz
Jura	Juristische Ausbildung (Zs.)
JurBüro	Das Juristische Büro (Zs.)
juris	Juristisches Informationssystem
jurisPR	juris PraxisReport
JuS	Juristische Schulung (Zs.)
Justiz	Amtsblatt des Justizministeriums Baden-Württemberg
JVA	Justizvollzugsanstalt
JVBl.	Justizverwaltungsblatt
JVEG	Justizvergütungs- und -entschädigungsgesetz
JVollzGB	Gesetzbuch über den Justizvollzug
JW	Juristische Wochenschrift (Zs.)
JZ	Juristenzeitung (Zs.)
K&R	Kommunikation und Recht (Zs.)
Kap.	Kapitel
KG	Kammergericht
KJ	Kritische Justiz (Zs.)
KK-StPO	Karlsruher Kommentar zur Strafprozessordnung; s. im Literaturverzeichnis unter *Hannich u.a.* (2008)
KMR	Kleinknecht/Müller/Reitberger – Kommentar zur Strafprozessordnung; s. im Literaturverzeichnis unter *v. Heintschel-Heinegg/Stöckel*
KO	Konkursordnung
KonsG	Konsulargesetz
Kriminalistik	Zeitschrift für die gesamte kriminalistische Wissenschaft und Praxis (Zs.)
krit.	Kritisch
KritV	Kritische Vierteljahresschrift für Gesetzgebung und Rechtswissenschaft (Zs.)
KSchG	Kündigungsschutzgesetz
KUG	Gesetz betreffend das Urheberrecht an Werken der bildenden Künste und der Photographie (Kunsturhebergesetz)
KV	Kostenverzeichnis
KWG	Kreditwesengesetz
LAG	Landesarbeitsgericht
Lfg.	Lieferung
LFGB	Lebensmittel-, Bedarfsgegenstände- und Futtermittelgesetzbuch
LG	Landgericht
Lit.	Literatur
lit.	litera (Buchstabe)
LKA	Landeskriminalamt

Abkürzungsverzeichnis

LM	*Lindenmaier-Möhring*, Entscheidungen des Bundesgerichtshofs
LOStA	Leitender Oberstaatsanwalt
LPartG	Lebenspartnerschaftsgesetz
LR	Löwe/Rosenberg, Die Strafprozessordnung und das Gerichtsverfassungsgesetz mit Nebengesetzen; s. im Literaturverzeichnis unter *Rieß u.a.* (1997 ff.) sowie unter *Erb. u.a.* (2006 ff.)
LRE	Sammlung lebensmittelrechtlicher Entscheidungen
Ls.	Leitsatz
LSA	Land Sachsen-Anhalt
LSG	Landessozialgericht
LuftVG	Luftverkehrsgesetz
LZ	Leipziger Zeitschrift für Deutsches Recht (1907 bis 1933)
m. abl. Anm.	mit ablehnender Anmerkung
m. abl. Bespr.	mit ablehnender Besprechung
m. Anm.	mit Anmerkung
m. Bespr.	mit Besprechung
m. krit. Anm.	mit kritischer Anmerkung
m. krit. Bespr.	mit kritischer Besprechung
m. zust. Anm.	mit zustimmender Anmerkung
m. zust. Bespr.	mit zustimmender Besprechung
m.E.	meines Erachtens
m.N.	mit Nachweisen
m.w.N.	mit weiteren Nachweisen
M/K	Rechtsprechungsübersicht von Miebach/Kusch in NStZ bzw. NStZ-RR
MAD	Amt für den Militärischen Abschirmdienst
MADG	Gesetz über den Militärischen Abschirmdienst
max.	maximal
MDR	Monatsschrift für Deutsches Recht (Zs.)
MedR	Medizinrecht (Zs.)
MiStra	Anordnung über Mitteilungen in Strafsachen
MittBayNot	Mitteilungen des Bayerischen Notarvereins (Zs.)
Mm.	Mindermeinung
MMR	Multimedia und Recht (Zeitschrift)
MOG	Gesetz zur Durchführung der Gemeinsamen Marktorganisation und der Direktzahlungen
MRK	Konvention zum Schutze der Menschenrechte und Grundfreiheiten
MRRG	Melderechtsrahmengesetz
MschrKrim	Monatsschrift für Kriminologie und Strafrechtsreform (Zs.)
n.F.	neue Fassung
n.v.	nicht veröffentlicht
Nachtr.	Nachtrag
Nachw.	Nachweis
NATO	North Atlantic Treaty Organisation
Nds.	Niedersachsen, niedersächsisch
Nds.Rpfl.	Niedersächsische Rechtspflege
NdsVBl.	Niedersächsische Verwaltungsblätter (Zs.)
NJ	Neue Justiz (Zs.)
NJOZ	Neue Juristische Online Zeitschrift
NJW	Neue Juristische Wochenschrift (Zs.)
NJW-RR	Neue Juristische Wochenschrift; Rechtsprechungs-Report (Zs.)
NK	Neue Kriminalpolitik (Zs.)
NK	Nomos Kommentar

Notar	Zeitschrift des Deutschen Notarvereins (Zs.)
NotBZ	Zeitschrift für die notarielle Beratungs- und Beurkundungspraxis
Nr.	Nummer
NStE	Neue Entscheidungssammlung für das Strafrecht
NStZ	Neue Zeitschrift für Strafecht
NStZ-RR	Neue Zeitschrift für Strafrecht, Rechtsprechungs-Report
NVwZ-RR	Neue Zeitschrift für Verwaltungsrecht – Rechtsprechungs-Report
NW	Nordrhein-Westfalen
NZI	Neue Zeitschrift für das Recht der Insolvenz und Sanierung (Zs.)
NZS	Neue Zeitschrift für Sozialrecht (Zs.)
NZV	Neue Zeitschrift für Verkehrsrecht (Zs.)
NZWehrr	Neue Zeitschrift für Wehrrecht (Zs.)
o.Ä.	oder Ähnliche/r/s
o.g.	oben genannt/e/er/es
OGH	Oberster Gerichtshof für die Britische Zone
OGHSt	Entscheidungen des Obersten Gerichtshofes für die Britische Zone in Strafsachen (1949/50)
ÖJZ	Österreichische Juristen-Zeitung (Zeitschrift)
ÖJZ	Österreichische Juristen-Zeitung (Zs.)
OLG	Oberlandesgericht
OLG-NL	OLG-Rechtsprechung Neue Länder (Zs.)
OLGSt	Entscheidungen der Oberlandesgerichte in Strafsachen und über Ordnungswidrigkeiten
OpferRRG	Opferrechtsreformgesetz (Gesetz zur Verbesserung der Rechte von Verletzten im Strafverfahren)
OrgKG	Gesetz zur Bekämpfung des illegalen Rauschgifthandel und anderer Erscheinungsformen der organisierten Kriminalität
OrgStA	Anordnung über Organisation und Dienstbetrieb der Staatsanwaltschaften
OStA	Oberstaatsanwalt
OVG	Oberverwaltungsgericht
OWi	Ordnungswidrigkeit
OWiG	Ordnungswidrigkeitengesetz
PA	Prozessrecht aktiv (Zs.)
ParteienG	Parteiengesetz
PaßG	Passgesetz
PatG	Patentgesetz
PCR	Polymerase Chain Reaction
PersAuswG	Personalausweisgesetz
Pf	Rechtsprechungsübersicht von Pfeiffer in NStZ
Pf/M	Rechtsprechungsübersicht von Pfeiffer/Miebach in NStZ
PflR	Zeitschrift für Rechtsfragen der ambulanten Pflege
PflVG	Pflichtversicherungsgesetz
PKH	Prozesskostenhilfe
PolG	Polizeigesetz
Polizei	Die Polizei (Zs.)
PostG	Postgesetz
Prot.	Protokoll(e)
PStR	Praxis Steuerstrafrecht (Zs.)
PsychKG	Psychisch-Kranken-Gesetz
PsychThG	Psychotherapeutengesetz
PUAG	Untersuchungsausschussgesetz

Abkürzungsverzeichnis

R&P	Recht & Psychiatrie (Zs.)
RA	Rechtsanwalt/Rechtsanwälte
RAF	Rote Armee Fraktion
RAK	Rechtsanwaltskammer
RDG	Rechtsdienstleistungsgesetz
Rdn.	Randnummer (werkinterner Querverweis)
Recht	Das Recht (Zs.) (1897–1944)
RefE	Referentenentwurf
RG	Reichsgericht
RGBl.	Reichsgesetzblatt
RGRspr	Rechtsprechung des Deutschen Reichsgerichts in Strafsachen, hrsg. von den Mitgliedern der Reichsanwaltschaft
RGSt	Entscheidungen des Reichsgerichts in Strafsachen
RGZ	Entscheidungen des Reichsgerichts in Zivilsachen
RiStBV	Richtlinien für das Straf- und Bußgeldverfahren
RiVASt	Richtlinien für den Verkehr mit dem Ausland in strafrechtlichen Angelegenheiten
RIW	Recht der Internationalen Wirtschaft (Zs.)
RL	Richtlinie
Rn.	Randnummer (externer Verweis)
Rpfleger	Der Deutsche Rechtspfleger (Zs.)
RPflG	Rechtspflegergesetz
RsprEinhG	Gesetz zur Wahrung der Einheitlichkeit der Rechtsprechung der obersten Gerichtshöfe des Bundes
RÜ	Rechtsprechungsübersicht (Zs.)
RuP	Recht und Politik (Zs.)
RVG	Rechtsanwaltsvergütungsgesetz oder Reichsverwaltungsgericht
RVGreport	RVG Report (Zs.)
S.	Satz oder Seite
s.	siehe
s.o.	siehe oben
s.u.	siehe unten
SächsPolG	Polizeigesetz des Freistaates Sachsen
SächsVBl.	Sächsische Verwaltungsblätter
SächsVerfGH	Sächsischer Verfassungsgerichtshof
SchlHA	Schleswig-Holstein Anzeigen (Zs.)
SchlHOLG	Schleswig-Holsteinisches Oberlandesgericht
SDÜ	Schengener Durchführungsübereinkommen
SG	Soldatengesetz
SGB	Sozialgesetzbuch
SGG	Sozialgerichtsgesetz
SigG	Signaturgesetz
SIS	Schengener Informationssystem
SJZ	Süddeutsche Juristenzeitung (Zs.)
Slg.	Sammlung
SOG	Sicherheits- und Ordnungsgesetz
sog.	sogenannt(e)
st. Rspr.	ständige Rechtsprechung
StA	Staatsanwalt/Staatsanwaltschaft
StBerG	Steuerberatungsgesetz
Std.	Stunde(n)
StGB	Strafgesetzbuch
StPO	Strafprozessordnung

StPR	Strafprozessrecht
str.	streitig
StraFo	Strafverteidiger Forum (Zs.)
StrÄndG	Strafrechtsänderungsgesetz
StrEG	Gesetz über die Entschädigung für Strafverfolgungsmaßnahmen
StrK	Strafkammer
StRR	Strafrechtsreport (Zs.)
StRG	Strafrechts-Reformgesetz
StUG	Gesetz über die Unterlagen des Staatssicherheitsdienstes der ehemaligen Deutschen Demokratischen Republik
StV	Strafverteidiger (Zs.)
StVG	Straßenverkehrsgesetz
StVO	Straßenverkehrsordnung
StVollstrK	Strafvollstreckungskammer
StVollstrO	Strafvollstreckungsordnung
StVollzG	Strafvollzugsgesetz
SubvG	Subventionsgesetz
SVR	Straßenverkehrsrecht (Zs.)
Symp.	Symposium
ThUG	Therapieunterbringungsgesetz
ThürVerfGH	Thüringer Verfassungsgerichtshof
TierSchG	Tierschutzgesetz
TKG	Telekommunikationsgesetz
TKÜ	Überwachung des Telekommunikationsverkehrs
TKÜV	Telekommunikations-Überwachungsverordnung
TOA	Täter-Opfer-Ausgleich
TVöD	Tarifvertrag für den öffentlichen Dienst
Tz.	Teilziffer
u.	und/unten
u.a.	unten angegebenen
u.a.	unter anderem
u.Ä.	und Ähnliche/s
u.U.	unter Umständen
UdSSR	Union der Sozialistischen Sowjetrepubliken
U-Haft	Untersuchungshaft
UK	United Kingdom
umfangr.	umfangreich
umstr.	umstritten
UN	Vereinte Nationen
unzutr.	unzutreffend
UrhG	Urheberrechtsgesetz
Urt.	Urteil
USA	United States of America
USt	Umsatzsteuer
UStG	Umsatzsteuergesetz
usw.	und so weiter
UVollzG	Untersuchungshaftvollzugsgesetz
UVollzO	Untersuchungshaftvollzugsordnung
UWG	Gesetz gegen den unlauteren Wettbewerb oder Unabhängige Wählergemeinschaft
UZwG	Gesetz über den unmittelbaren Zwang bei Ausübung öffentlicher Gewalt durch Vollzugsbeamte des Bundes

Abkürzungsverzeichnis

v.	vom/von
v.a.	vor allem
Var.	Variante
VE	Verdeckter Ermittler
VereinsG	Vereinsgesetz
VerfG	Verfassungsgericht
VerfO	Verfahrensordnung
Veröff.	Veröffentlichung
VerschG	Verschollenheitsgesetz
VersR	Versicherungsrecht (Zs.)
vert.	vertiefend
VerwArch	Verwaltungsarchiv (Zs.)
VG	Verwaltungsgericht
VGH	Verwaltungsgerichtshof
vgl.	vergleiche
VO	Verordnung
Voraufl.	Vorauflage
Vorb.	Vorbemerkung
Vorbem.	Vorbemerkung
VRR	VerkehrsRechtsReport (Zs.)
VRS	Verkehrsrechtssammlung
VStGB	Völkerstrafgesetzbuch
VV	Vergütungsverzeichnis/Verwaltungsvorschrift
VwGO	Verwaltungsgerichtsordnung
VwVfG	Verwaltungsverfahrensgesetz
VZR	Verkehrszentralregister
w.N.	weitere Nachweise
WahlO	Wahlordnung
WDO	Wehrdisziplinarordnung
weit.	weiter/e
wg.	wegen
WiStG	Wirtschaftsstrafgesetz
wistra	Zeitschrift für Wirtschafts- und Steuerstrafrecht
WM	Wertpapier-Mitteilungen, Zeitschrift für Wirtschafts- und Bankrecht oder Wohnungswirtschaft und Mietrecht (Zs.)
WRV	Weimarer Reichsverfassung
WStG	Wehrstrafgesetz oder Wechselsteuergesetz
WÜD	Wiener Übereinkommen über diplomatische Beziehungen
WÜK	Wiener Übereinkommen über konsularische Beziehungen
WuW	Wirtschaft und Wettbewerb (Zs.)
WVRK	Wiener Vertragsrechtskonvention
YB	Yearbook of the European Convention of the Human Rights, the European Commission and the European Court of HumanRights
z.	zu/zum/zur
z.B.	zum Beispiel
z.T.	zum Teil
z.Zt.	zur Zeit
zahlr.	zahlreich
ZAP	Zeitschrift für die Anwaltspraxis
ZD	Zeitschrift für Datenschutz
ZEG	Zuständigkeitsergänzungsgesetz

ZEuS	Zeitschrift für europarechtliche Studien
ZFdG	Gesetz über das Zollkriminalamt und die Zollfahndungsämter
ZfS	Zeitschrift für Schadensrecht
ZfStrVo	Zeitschrift für Strafvollzug und Straffälligenhilfe
Ziff.	Ziffer
ZInsO	Zeitschrift für das gesamte Insolvenzrecht
ZIP	Zeitschrift für Wirtschaftsrecht
ZIS	Zeitschrift für Internationale Strafrechtsdogmatik
zit.	zitiert
ZJJ	Zeitschrift für Jugendkriminalität und Jugendhilfe
ZJS	Zeitschrift für das Juristische Studium
ZÖR	Zeitschrift für öffentliches Recht (Österreich)
ZOV	Zeitschrift für offene Vermögensfragen
ZP	Zusatzprotokoll
ZPO	Zivilprozessordnung
Zs.	Zeitschrift
ZRP	Zeitschrift für Rechtspolitik (Zs.)
ZSchG	Zeugenschutzgesetz
ZSEG	Zeugen- und Sachverständigen-Entschädigungsgesetz
ZSHG	Gesetz zur Harmonisierung des Schutzes gefährdeter Zeugen
ZStV	Zentrales Staatsanwaltschaftliches Verfahrensregister
ZStW	Zeitschrift für die gesamte Strafrechtswissenschaft
zT.	zum Teil
zugl.	zugleich
ZUM-RD	Zeitschrift für Urheber- und Medienrecht, Rechtsprechungsdienst
zusf.	zusammenfassend
zust.	zuständig/zustimmend
zutr.	zutreffend
ZVG	Zwangsversteigerungsgesetz
zw.	zweifelhaft, zweifelnd, zwischen
ZWH	Zeitschrift für Wirtschaftsstrafrecht und Haftung im Unternehmen
ZZP	Zeitschrift für Zivilprozess

Literaturverzeichnis

AK-StPO/*Bearbeiter*	Kommentar zur Strafprozeßordnung, Reihe Alternativkommentare, 1987 ff.
Alber	Die Geschichte der Öffentlichkeit im deutschen Strafverfahren, 1974
Alsberg	Der Beweisantrag im Strafprozess, 6. Aufl. 2013
Ambos	Beweisverwertungsverbote, 2010
Ambos	Internationales Strafrecht; Strafanwendungsrecht, Völkerstrafrecht, Europäisches Strafrecht,Rechtshilfe, 4. Aufl. 2014
Amelung-FS	Festschrift für Knut Amelung zum 70. Geburtstag, 2009 (zit.: FS Amelung)
AnwK-StPO/*Bearbeiter*	Krekeler/Löffelmann/Sommer (Hrsg), Anwaltkommentar StPO, 2. Aufl. 2010
AnwK-Uhaft/*Bearbeiter*	König (Hrsg.), Anwaltkommentar Untersuchungshaft, 2010
Artkämper	Die »gestörte« Hauptverhandlung, 4. Aufl. 2013
Arzt/Weber/Heinrich/Hilgendorf	Strafrecht Besonderer Teil, 3. Aufl. 2015
Bajohr	Die Aufhebung rechtsfehlerhafter Strafurteile im Wege der Wiederaufnahme, 2008
Bär	Handbuch der EDV-Beweissicherung, 2007
Baumann, K.	Die Systematik der Regelungen über die beweissichernde Sicherstellung im Strafverfahren [§§ 94 bis 98 StPO], 2010
Becker/Kinzig	Rechtsmittel im Strafrecht. Eine international vergleichende Untersuchung zur Rechtswirklichkeit und Effizienz von Rechtsmitteln, 2000, Bd. 1: Rechtsvergleichender Teil, Bd. 2: Empirischer Teil
BeckOK-StGB/*Bearbeiter*	Beck'scher Online-Kommentar zum Strafgesetzbuch, Stand: 08.02.2015
BeckOK-StPO/*Bearbeiter*	Beck'scher Onlinekommentar zur Strafprozessordnung, Stand: 15.01.2015
Beling	Die Wiedereinführung der Berufung in Strafsachen, 1894
Beulke	Strafprozessrecht, 12. Aufl. 2012
ders.	Die Verteidiger im Strafverfahren, Funktion und Rechtsstellung, 1980
ders./Ruhmannseder	Die Strafbarkeit des Verteidigers, 2. Aufl. 2010
Beulke-FS	Festschrift für Werner Beulke, 2015 (zit.: FS Beulke)
BGH-FG	50 Jahre Bundesgerichtshof, Festgabe aus der Wissenschaft, Band IV, Strafrecht und Strafprozeßrecht, 2000 (zit.: FG BGH)
BGH-FS	Festschrift aus Anlaß des fünfzigjährigen Bestehens von Bundesgerichtshof, Bundesanwaltschaft und Rechtsanwaltschaft beim Bundesgerichtshof, 2000 (zit.: FS BGH/FS 50 Jahre BGH)
Bode	Das Wahlrechtsmittel im Strafverfahren, 2000
Bode T.	Verdeckte strafprozessuale Ermittlungsmaßnahmen, 2012
Bohnert	Beschränkungen der strafprozessualen Revision durch Zwischenverfahren, 1983
Böttcher-FS	Festschrift für Reinhard Böttcher zum 70. Geburtstag, 2007 (zit.: FS Böttcher)
Brunner/Dölling	Jugendgerichtsgesetz, 12. Aufl. 2011

Literaturverzeichnis

Bruns-FS	Festschrift für Hans-Jürgen Bruns zum 70. Geburtstag, 1978 (zit.: FS Bruns)
Brüssow/Gatzweiler/Krekeler/Mehle	Strafverteidigung in der Praxis, 4. Aufl. 2007
Burhoff	Handbuch für das strafrechtliche Ermittlungsverfahren, 7. Aufl. 2015
ders.	Handbuch für das straßenverkehrsrechtliche OWi-Verfahren, 4. Auf. 2015
ders.	Handbuch für die strafrechtliche Hauptverhandlung, 7. Aufl. 2013
ders./Kotz	Handbuch für die strafrechtlichen Rechtsmittel und Rechtsbehelfe, 2013
BVerfG-FG	Bundesverfassungsgericht und Grundgesetz, Festgabe aus Anlaß des 25jährigen Bestehens des Bundesverfassungsgerichts, Erster Band: Verfassungsgerichtsbarkeit, Zweiter Band: Verfassungsauslegung, 1976 (zit.: FG BVerfG)
v. Coelln	Zur Medienöffentlichkeit der Dritten Gewalt, 2005
Dahs	Die Revision im Strafprozess, 8. Aufl. 2012 (zit.: Dahs)
ders.	Handbuch des Strafverteidigers, 8. Aufl. 2015 (zit.: Dahs Handbuch)
ders./Müller/Schlothauer	Münchner Anwalts Handbuch Strafverteidigung, 2. Aufl 2014
Dahs-FS	Festschrift für Hans Dahs, 2005 (zit.: FS Dahs)
DAV-FS	Strafverteidigung im Rechtsstaat. 25 Jahre Arbeitsgemeinschaft Strafrecht des Deutschen Anwaltsvereins, 2009 (zit.: FS DAV)
Dencker	Verwertungsverbote im Strafprozeß, 1977
Dörr/Grote/Marauhn	EMRK/GG, Konkordanzkommentar zum europäischen und deutschen Grundrechtsschutz, 2. Aufl. 2013
Dreher-FS	Festschrift für Eduard Dreher zum 70. Geburtstag am 29. April 1977, 1977 (zit.: FS Dreher)
Dreier	Grundgesetz-Kommentar, 3 Bände, Bd. 1, 3. Aufl. 2013; Bd. 2, 2. Aufl. 2006; Bd. 3, 2. Aufl. 2008
Dünnebier-FS	Festschrift für Hanns Dünnebier zum 75. Geburtstag, 1982 (zit.: FS Dünnebier)
Eidam	Die strafprozessuale Selbstbelastungsfreiheit am Beginn des 21. Jahrhunderts, 2007
Eisenberg	Beweisrecht der StPO, 9. Aufl. 2015
Eisenberg-FS	Festschrift für Ulrich Eisenberg, 2009 (zit.: FS Eisenberg)
ders.	Jugendgerichtsgesetz, Kommentar, 17. Aufl. 2014 (zit.: Eisenberg JGG)
Ellbogen	Die verdeckte Ermittlungstätigkeit der Strafverfolgungsbehörden durch die Zusammenarbeit mit V-Personen und Informanten, 2004
Engländer/Fahl/Satzger	Strafverteidigung – Grundlagen und Stolpersteine, Symposium für Werner Beulke, 2012
Engisch-FS	Festschrift für Karl Engisch zum 70. Geburtstag, 1969 (zit.: FS Engisch)
Erker	Das Beanstandungsrecht gemäß § 238 II StPO, 1988
Eser-FS	Festschrift für Albin Eser zum 70. Geburtstag, 2005 (zit.: FS Eser)
Esser	Auf dem Weg zu einem europäischen Strafverfahrensrecht: Die Grundlagen im Spiegel der Rechtsprechung des Europäischen Gerichtshofs für Menschenrechte (EGMR) in Straßburg, 2002
ders.	Europäisches und Internationales Strafrecht, 2014
Fahl	Rechtsmissbrauch im Strafprozess, 2004
Feuerbach	Betrachtungen über die Öffentlichkeit und Mündlichkeit der Gerechtigkeitspflege, 1821

Fezer	Strafprozeßrecht, 2. Aufl. 1995
Fezer-FS	Festschrift für Gerhard Fezer zum 70. Geburtstag am 29. Oktober 2008, 2008 (zit.: FS Fezer)
Fink	Bild- und Tonaufnahmen im Umfeld der strafgerichtlichen Hauptverhandlung, 2007
Fischer	Strafgesetzbuch und Nebengesetze, 62. Aufl. 2015
Franke	Die Bildberichterstattung über den Angeklagten und der Öffentlichkeitsgrundsatz im Strafverfahren, 1978
Franzen/Gast/Joecks	Steuerstrafrecht, 7. Aufl. 2009
Frowein/Peukert	Europäische Menschenrechtskonvention, EMRK-Kommentar, 3. Aufl. 2009
Geerds-FS	Festschrift für Friedrich Geerds zum 70. Geburtstag, 1995 (zit.: FS Geerds)
Geppert	Der Grundsatz der Unmittelbarkeit im deutschen Strafverfahren, 1979
Geppert-FS	Festschrift für Klaus Geppert zum 70. Geburtstag, 2011 (zit.: FS Geppert)
Göhler	Ordnungswidrigkeitengesetz, 16. Aufl. 2012, (zit.: Göhler/*Bearbeiter*)
Gössel	Strafverfahrensrecht, 1977
Gössel-FS	Festschrift für Karl Heinz Gössel zum 70. Geburtstag, 2002 (zit.: FS Gössel)
Grabenwarter/Pabel	Europäische Menschenrechtskonvention, 5. Aufl. 2012
Graf	Strafprozessordnung (StPO), mit Gerichtsverfassungsgesetz und Nebengesetzen, 2. Aufl. 2012
Grünwald	Die Teilrechtskraft im Strafverfahren, 1964
Grünwald-FS	Festschrift für Gerald Grünwald zum siebzigsten Geburtstag, 1999 (zit.: FS Grünwald)
Habermas	Strukturwandel der Öffentlichkeit, 1990
Hahn	Die gesamten Materialien zur Strafprozeßordnung und dem Einführungsgesetz zu derselben vom 1. Februar 1877, 2. Aufl. 1885
Hamm	Die Revision in Strafsachen, 7. Aufl. 2010
Hamm/Burgmair/et al.	Beck'sches Formularbuch für den Strafverteidiger, 5. Aufl. 2010 (zit.: *Bearbeiter*, Beck'sches Formularbuch)
Hamm-FS	Festschrift für Rainer Hamm zum 65. Geburtstag, 2008 (zit.: FS Hamm)
Hanack-FS	Festschrift für Ernst-Walter Hanack zum 70. Geburtstag, 1999 (zit.: FS Hanack)
v. Harenne	Das Zeugnisverweigerungsrecht der Berufshelfer nach § 53a StPO, 2002
Hecker	Europäisches Strafrecht, 4. Aufl. 2012
Hegel	Grundlinien der Philosophie des Rechts, 1976
Heghmanns/Scheffler	Handbuch zum Strafverfahren, 2008
Heinitz-FS	Festschrift für Ernst Heinitz zum 70. Geburtstag, 1972 (zit.: FS Heinitz)
Hellmann	Strafprozeßrecht, 2. Aufl. 2005
Henkel	Strafverfahrensrecht. Ein Lehrbuch, 2. Aufl. 1968
Hentschel/König/Dauer	Straßenverkehrsrecht, Kommentar, 43. Aufl. 2015 (zit. auch: Jagusch/*Bearbeiter*)
Hentschel/Krumm	Fahrerlaubnis – Alkohol – Drogen, 6. Aufl. 2015
Herrmann	Untersuchungshaft, 2007

Literaturverzeichnis

Hirsch-FS	Festschrift für Hans-Joachim Hirsch zum 70. Geburtstag am 11. April 1999, 1999 (zit.: FS Hirsch)
HK-GS/*Bearbeiter*	Gesamtes Strafrecht, StGB – StPO – Nebengesetze, Handkommentar, 3. Aufl. 2013
HK-StPO/*Bearbeiter*	Heidelberger Kommentar, Strafprozessordnung, 5. Aufl. 2012
Hochmayr	»Ne bis in idem« in Europa, Praxis, Probleme und Perspektiven des Doppelverwertungsverbots, 2015
Ignor	Geschichte des Strafprozesses in Deutschland 1532–1846, 2002
Jahn/Krehl/Löffelmann/Güntge	Die Verfassungsbeschwerde in Strafsachen, 2011
Jarass/Pieroth	Grundgesetz, 13. Aufl. 2014
Jescheck/Weigend	Lehrbuch des Strafrechts Allgemeiner Teil, 5. Aufl. 1996
Joecks	Strafprozessordnung – Studienkommentar, 4. Aufl. 2015
Jung-FS	Festschrift für Heike Jung zum 65. Geburtstag, 2007 (zit.: FS Jung)
Kaehne	Die Anfechtung sitzungspolizeilicher Maßnahmen, 2000
Katholnigg	Strafgerichtsverfassungsrecht, 3. Aufl. 1999
Kindhäuser	Strafprozessrecht, 3. Aufl. 2013
Kissel/Mayer	Gerichtsverfassungsgesetz, Kommentar, 7. Aufl. 2013
KK/*Bearbeiter*	Karlsruher Kommentar zur Strafprozessordnung, 7. Aufl. 2013 (zit. auch: KK-StPO/*Bearbeiter*)
KK-OWiG/*Bearbeiter*	Karlsruher Kommentar zum Gesetz über Ordnungswidrigkeiten, 4. Aufl.
Klesczewski	Ordnungswidrigkeitenrecht, 2010
ders.	Strafprozessrecht, Allgemeiner Teil, 2. Aufl. 2013
KMR/*Bearbeiter*	Kleinknecht/Müller/Reitberger – *v. Heintschel-Heinegg/Stöckel* (Hrsg.), Kommentar zur Strafprozessordnung, Loseblatt, Stand: 74. EL April 2015
Körner/Patzak/Volkmer	Betäubungsmittelgesetz, Arzneimittelgesetz, 7. Aufl. 2012
Kramer	Die Zurückweisung von Rechtsanwälten und deren zwangsweise Entfernung aus dem Sitzungssaal, 2000
Krause	Die Revision im Strafverfahren, 5. Aufl. 2001
Kretschmer	Das strafprozessuale Verbot der reformatio in peius und die Maßregeln, 1999
Krey	Deutsches Strafverfahrensrecht, 2 Bände, 2. Aufl. 2015
Kühl	Unschuldsvermutung, Freispruch und Einstellung, 1983
Kühne	Strafprozessrecht. Eine systematische Darstellung des deutschen und europäischen Strafverfahrenrechts, 9. Aufl. 2015
Kuß	Öffentlichkeitsmaxime der Judikative und das Verbot der Fernsehaufnahmen im Gerichtssaal, Berlin 1999
Lackner/Kühl	Strafgesetzbuch, Kommentar, 28. Aufl. 2014
Lange-FS	Festschrift für Richard Lange zum 70. Geburtstag, 1976 (zit.: FS Lange)
Leonhardt	Rechtsmittelermessen der Staatsanwaltschaft, 1994
LK/*Bearbeiter*	Strafgesetzbuch, Leipziger Kommentar, 11. Aufl. 1992 ff., 12. Aufl. 2006 ff.
LR/*Bearbeiter*	Löwe/Rosenberg (Hrsg.), Die Strafprozessordnung und das Gerichtsverfassungsgesetz, 26. Aufl. 2006–2014
Lüderssen-FS	Festschrift für Klaus Lüderssen zum 70. Geburtstag, 2002 (zit.: FS Lüderssen)

Lüttger	Probleme der Strafprozeßreform, Berliner Gastvorträge, 1975
Malek/Popp	Strafsachen im Internet, 2. Aufl. 2015
Malek/Wohlers	Zwangsmaßnahmen und Grundrechtseingriffe im Ermittlungsverfahren, 2001
v. Mangoldt/Klein/Starck	Kommentar zum Grundgesetz, 3 Bände, 6. Aufl. 2010
Martens, Wolfgang	Öffentlich als Rechtsbegriff, 1969
Marxen/Tiemann	Die Wiederaufnahme in Strafsachen, 3. Aufl. 2014
Maunz/Dürig	Grundgesetz, Kommentar, hrsg. von Herzog/Scholz/Herdegen/Klein, Loseblatt, Stand: 73. EL Dezember 2014 (zit.: Maunz/Dürig/*Bearbeiter*)
Maunz/Schmidt-Bleibtreu/Klein/Bethge	Bundesverfassungsgerichtsgesetz, Kommentar, Loseblatt, Stand: 46. EL April 2015
Mayer-FS	Festschrift für Hellmuth Mayer zum 70. Geburtstag, 1966
Mehle-FS	Festschrift für Volkmar Mehle zum 65. Geburtstag, 2010 (zit.: FS Mehle)
Meier, B.	Strafrechtliche Sanktionen, 4. Aufl. 2015
Meurer-FS	Gedächtnisschrift für Dieter Meurer, 2002 (zit.: GS Meurer)
Meyer, F.	Willensmängel beim Rechtsmittelverzicht des Angeklagten im Strafverfahren, 2003
Meyer, J.	Charta der Grundrechte der Europäischen Union, 4. Aufl. 2014
Meyer, K.-GS	Gedächtnisschrift für Karlheinz Meyer, 1990 (zit.: GS Karlheinz Meyer)
Meyer-Goßner	Prozessvoraussetzungen und Prozesshindernisse, 2011
ders./Schmitt	Strafprozessordnung, 58. Aufl. 2015
Meyer-Goßner-FS	Festschrift für Lutz Meyer-Goßner zum 65. Geburtstag, 2001 (zit.: FS Meyer-Goßner)
Meyer-Ladewig	Europäische Menschenrechtskonvention, 3. Aufl. 2011
Mittermaier	Die Mündlichkeit, das Anklageprinzip, die Öffentlichkeit und das Geschworengericht, 1845
Momsen	Verfahrensfehler und Rügeberechtigung im Strafprozeß, 1997
MüKo-BGB/*Bearbeiter*	Münchener Kommentar zum Bürgerlichen Gesetzbuch, 6. Aufl. 2012 ff
MüKo-StGB/*Bearbeiter*	Münchener Kommentar zum Strafgesetzbuch, 2. Aufl. 2011 ff.
MüKo-StPO/*Bearbeiter*	Münchener Kommentar zur Strafprozessordnung, Bd. 1 2014
MüKo-ZPO/*Bearbeiter*	Münchener Kommentar zur Zivilprozessordnung, 4. Aufl. 2012
Müller, E./Gussmann	Berufsrisiken des Strafverteidigers, 2007
Müller-FS	Festschrift für Egon Müller, 2008 (zit.: FS Müller)
v. Münch/Kunig	Grundgesetz Kommentar, 2 Bände, 6. Aufl. 2012
Münchhalffen/Gatzweiler	Das Recht der Untersuchungshaft, 3. Aufl. 2009
Musielak/Voit	Kommentar zur Zivilprozessordnung, 12. Aufl. 2015 (zit.: Musielak/*Bearbeiter*)
Niemöller/Schlothauer/Weider	Gesetz zur Verständigung im Strafverfahren, Kommentar, 2010
NK/*Bearbeiter*	Kindhäuser/Neumann/Paeffgen (Hrsg.), Nomos Kommentar zum Strafgesetzbuch, 4. Aufl. 2013
Odersky-FS	Festschrift für Walter Odersky zum 65. Geburtstag, 1996
Ostendorf	Jugendgerichtsgesetz, 9. Aufl. 2013
Otto-FS	Festschrift für Harro Otto zum 70. Geburtstag, 2007 (zit.: FS Otto)

Literaturverzeichnis

Palandt/*Bearbeiter*	Bürgerliches Gesetzbuch, Kommentar, 74. Aufl. 2015
Park	Durchsuchung und Beschlagnahme, 3. Aufl. 2015
Pernice	Öffentlichkeit und Medienöffentlichkeit, 2000
Pestalozza	Verfassungsprozeßrecht, 3. Aufl. 1991
Peters	Fehlerquellen im Strafprozeß. Eine Untersuchung der Wiederaufnahmeverfahren in der Bundesrepublik Deutschland, 3 Bände 1970–1974
ders.	Strafprozeß. Ein Lehrbuch, 4. Aufl. 1985 (zit.: *Peters*)
ders./Altwicker	Europäische Menschenrechtskonvention, 2. Aufl. 2012
Peters-FG	Festgabe für Karl Peters zum 80. Geburtstag, 1984 (zit.: FG Peters)
Peters-FS	Festschrift für Karl Peters zum 70. Geburtstag, 1974 (zit.: FS Peters)
Pfeiffer	Strafprozessordnung, 5. Aufl. 2005
Prütting/Gehrlein	ZPO Kommentar, 7. Aufl. 2015
Radtke/Hohmann	Strafprozessordnung, Kommentar, 2011
Ranft	Strafprozessrecht, 3. Aufl. 2005
Rebmann/Roth/Herrmann	Gesetz über Ordnungswidrigkeiten, Kommentar, 3. Aufl., Loseblatt, Stand: 21. EL Januar 2015
Rennig	Die Entscheidung durch Schöffen und Berufsrichter, 1993
Rieß-FS	Festschrift für Peter Rieß zum 70. Geburtstag am 4. Juni 2002, 2002 (zit.: FS Rieß)
Rissing-van Saan-FS	Festschrift für Ruth Rissing-van Saan zum 65. Geburtstag, 2011 (zit.: FS Rissing-van Saan)
Roxin	Strafrecht Allgemeiner Teil Band I, 4. Aufl. 2006
ders./Achenbach	Strafprozessrecht, 16. Aufl. 2006
ders./Schünemann	Strafverfahrensrecht, 28. Aufl. 2014
Roxin-FS I	Festschrift für Claus Roxin zum 70. Geburtstag, 2001 (zit.: FS Roxin)
Roxin-FS II	Festschrift für Claus Roxin zum 80. Geburtstag, 2 Bände, 2011 (zit.: FS Roxin)
Rüping	Der Grundsatz des rechtlichen Gehörs und seine Bedeutung im Strafverfahren, 1976
Sachs	Grundgesetz, Kommentar, 7. Aufl. 2014 (zit.: Sachs/*Bearbeiter*)
ders.	Verfassungsprozessrecht, 3. Aufl. 2010
Safferling	Internationales Strafrecht, 2011
Salger-FS	Festschrift für Hannskarl Salger zum Abschied aus dem Amt als Vizepräsident des Bundesgerichtshofes, 1995 (zit.: FS Salger)
Sarstedt/Hamm	Die Revision in Strafsachen, 5. Aufl. 1983
Sarstedt-FS	Festschrift für Werner Sarstedt zum 70. Geburtstag, 1981 (zit.: FS Sarstedt)
Satzger	Die Europäisierung des Strafrechts, 2001
ders.	Internationales und Europäisches Strafrecht, 7. Aufl. 2015
ders./Schluckebier/Widmaier	Strafgesetzbuch, Kommentar, 2. Aufl. 2014 (zit.: SSW-StGB/*Bearbeiter*)
Sauer	Grundlagen des Prozeßrechts, 1929
ders.	Allgemeine Prozeßrechtslehre, 1951
Scheffler	Die überlange Dauer von Strafverfahren, 1991
Schellenberg	Die Hauptverhandlung im Strafverfahren, 2. Aufl. 2000

Schlaich/Korioth	Das Bundesverfassungsgericht, 10. Aufl. 2015
Schlothauer/Weider	Verteidigung im Revisionsverfahren, 2. Aufl. 2013
Schlüchter	Das Strafverfahren, 2. Aufl. 1983
Schlüchter-GS	Gedächtnisschrift für Ellen Schlüchter, 2002 (zit.: GS Schlüchter)
Schmid, W.	Die Verwirkung von Verfahrensrügen im Strafprozeß, 1967
Schmidt, Eb.	Lehrkommentar zur Strafprozeßordnung und zum Gerichtsverfassungsgesetz, Teil I: Die rechtstheoretischen und die rechtspolitischen Grundlagen des Strafverfahrensrechts, 2. Aufl. 1964; Teil II: Erläuterungen zur Strafprozeßordnung und zum Einführungsgesetz, 1957; Teil III: Erläuterungen zum Gerichtsverfassungsgesetz und zum Einführungsgesetz, 1960; Nachtrag I: Nachträge und Ergänzungen zu Teil II, 1967; Nachtrag II: Nachtragsband II, 1970
ders.	Einführung in die Geschichte der deutschen Strafrechtspflege, 3. Aufl. 1965
Schmidt, Eb.-FS	Festschrift für Eberhard Schmidt zum 70. Geburtstag, 1961 (zit.: FS Eb. Schmidt)
Schmidthals	Wert und Grenzen der Verfahrensöffentlichkeit im Strafprozess, 1977
Schöch-FS	Festschrift für Heinz Schöch, 2010 (zit.: FS Schöch)
Schönke/Schröder	Strafgesetzbuch, 29. Aufl. 2014 (zit.: Schönke/Schröder/*Bearbeiter*)
Schramm	Internationales Strafrecht, 2011
Schroeder/Verrel	Strafprozessrecht, 6. Aufl. 2014
Schroeder-FS	Festschrift für Friedrich-Christian Schroeder zum 70. Geburtstag, 2006 (zit.: FS Schroeder)
Seebode	Der Vollzug der Untersuchungshaft, 1985
SK-StGB/*Bearbeiter*	Systematischer Kommentar zum Strafgesetzbuch, Loseblatt; Stand: 140. EL Oktober 2013
SK-StPO/*Bearbeiter*	Systematischer Kommentar zur Strafprozessordnung, 4. Aufl. 2010 ff., 5. Aufl. 2015 Bd. IV §§ 198–246
Sowada	Der gesetzliche Richter im Strafverfahren, 2002
Strauda-FS	Festschrift zu Ehren des Strafrechtsausschusses der Bundesrechtsanwaltskammer, 2006 (zit.: FS Strauda)
Streinz	Europarecht, 9. Aufl. 2012 (zit. Streinz Europarecht)
Thomas/Putzo	Zivilprozessordnung: ZPO Kommentar, 36. Aufl. 2015
Tröndle-FS	Festschrift für Herbert Tröndle zum 70. Geburtstag, 1989
Tsambikakis	Strafprozessuale Zeugnisverweigerungsrecht aus beruflichen Gründen – Studien zu § 53a StPO, 2011
Venzlaff/Förster et al.	Psychiatrische Begutachtung, 6. Aufl. 2015
Volk	Prozeßvoraussetzungen und Strafrecht. Zum Verhältnis von materiellem Recht und Prozeßrecht, 1978
ders./Engländer	Grundkurs StPO, 8. Aufl. 2013
Volk-FS	Festschrift für Klaus Volk zum 65. Geburtstag, 2009 (zit.: FS Volk)
Vordermayer/von Heintschel-Heinegg	Handbuch für den Staatsanwalt, 4. Aufl. 2013
Wasserburg	Die Wiederaufnahme des Strafverfahrens, 1983
Weber, K.	Betäubungsmittelgesetz, 4. Aufl. 2013
v. Weber-FS	Festschrift für Hellmuth von Weber zum 70. Geburtstag, 1963 (zit.: FS von Weber)

Literaturverzeichnis

Wessels/Beulke/Satzger	Strafrecht AT, 45. Aufl. 2015
Widmaier/Müller/Schlothauer	Münchner Anwaltshandbuch Strafverteidigung, 2. Aufl. 2014
Weidemann	Die Stellung der Beschwerde im funktionalen Zusammenhang der Rechtsmittel des Strafprozesses, 1999
Widmaier-FS	Festschrift für Gunter Widmaier zum 70. Geburtstag, 2008 (zit.: FS Widmaier)
Wohlers	Entstehung und Funktion der Staatsanwaltschaft, 1994
Wolter	Zur Theorie und Systematik des Strafprozeßrechts, Symposium zu Ehren von Hans-Joachim Rudolphi, 1995 (zit.: Rudolphi-Symposium)

Einleitung

Übersicht

		Rdn.
A.	**Wesen und Ziele des Strafverfahrens**	1
I.	Begriff des Strafverfahrensrechts und Wesen des Strafprozesses	1
II.	Ziele des Strafverfahrens	4
	1. Feststellung und Durchsetzung des staatlichen »Strafanspruchs« durch das Auffinden einer materiell richtigen Entscheidung	5
	a) Durchsetzung des »staatlichen Strafanspruchs«	5
	b) Grundsatz der materiellen Wahrheit	7
	2. Die Gewährung eines rechtsstaatlichen Verfahrens	12
	3. Die Rechtsfriedensfunktion	13
B.	**Rechtsquellen des Strafprozessrechts und ihre Auslegung**	15
I.	Rechtsquellen des Strafprozessrechts	15
II.	Die Auslegung strafprozessualer Normen	22
C.	**Verfahrensgang**	30
I.	Ermittlungsverfahren	33
II.	Zwischenverfahren	35
III.	Hauptverfahren	36
IV.	Vollstreckungsverfahren	42
D.	**Die strafverfahrensrechtlichen Prozessmaximen**	43
I.	Anklagegrundsatz, § 151	44
II.	Offizialmaxime, § 152 Abs. 1	48
III.	Legalitätsprinzip, §§ 152 Abs. 2, 170 Abs. 1	52
IV.	(Amts-)Ermittlungsgrundsatz, insbes. § 244 Abs. 2	54
V.	Grundsatz freier richterlicher Beweiswürdigung, § 261	56
VI.	Mündlichkeitsgrundsatz, § 261	58
VII.	Unmittelbarkeitsgrundsatz, insbes. §§ 226 Abs. 1, 250, 261	59
VIII.	Unschuldsvermutung und »in dubio pro reo«	62
IX.	Beschleunigungsgebot, Art. 20 Abs. 3 GG, Art. 6 Abs. 1 EMRK	67
X.	Öffentlichkeitsgrundsatz, § 169 Satz 1 GVG, Art. 6 Abs. 1 Satz 1, 2 EMRK	75
XI.	Fair-trial-Grundsatz, Art. 20 Abs. 3 GG, Art. 6 Abs. 1 EMRK	76
XII.	Prozessuale Fürsorgepflicht	79
XIII.	Verhältnismäßigkeit/Übermaßverbot	80
XIV.	Grundsatz des gesetzlichen Richters, Art. 101 GG	81
XV.	Grundsatz des rechtlichen Gehörs, Art. 103 Abs. 1 GG	82
E.	**Prozessvoraussetzungen und Prozesshindernisse**	87
I.	Begriff und Bedeutung	87
II.	Einzelne Prozessvoraussetzungen	90
	1. Deutsche Gerichtsbarkeit	91
	2. Rechtswegeröffnung nach § 13 GVG	92
	3. Sachliche, funktionelle und örtliche Zuständigkeit des Gerichts	93
	4. Strafmündigkeit	96
	5. Verhandlungsfähigkeit	97
	6. Keine Immunität	98
	7. Keine anderweitige Rechtshängigkeit	99
	8. Keine entgegenstehende Rechtskraft (Strafklageverbrauch)	100
	9. Keine Strafverfolgungsverjährung	102
	10. Keine Niederschlagung des Verfahrens	103
	11. Strafantrag, Ermächtigung, Strafverlangen (§§ 77 ff. StGB)	104
	12. Wirksamer Eröffnungsbeschluss	105
	a) Nachholen des Eröffnungsbeschlusses	106
	b) Beseitigung von »weniger gravierenden« Fehlern des Eröffnungsbeschlusses	109
	13. Wirksame Anklage	110
	14. Umstrittene Fallgruppen	114
	a) Tod des Angeklagten als Verfahrenshindernis	114
	b) Überlange Verfahrensdauer	115
	c) Tatprovokation durch polizeiliche Lockspitzel	117
	d) Begrenzte Lebenserwartung	121
	e) Verstoß gegen das Verhältnismäßigkeitsprinzip	122
	f) Androhung der Folter	123
	g) Grundsatz des fairen Verfahrens	124
	h) Verstöße gegen Völkerrecht	125
III.	Folgen des Fehlens einer Prozessvoraussetzung	126
	1. Vorverfahren	127
	2. Zwischenverfahren	128
	3. Hauptverfahren	129
F.	**Beteiligte im Strafverfahren**	133
I.	Das Gericht	137
	1. Der Grundsatz des gesetzlichen Richters	137
	2. Bestimmung der Zuständigkeit	138
	3. Rechtsstellung der Richter	139
II.	Der Beschuldigte	141
	1. Begriff und Begründung der Beschuldigteneigenschaft	141
	2. Ausgewählte Rechte des Beschuldigten	149
	3. Missbrauchsschranke der Beschuldigtenrechte	158
	4. Pflichten des Beschuldigten	159
III.	Der Verteidiger	160
	1. Verteidiger als Beschuldigtenbeistand	160
	2. Verteidiger als Organ der Rechtspflege	161
	3. Vertrauensprinzip	168
	4. Grundlegende Verteidigerrechte	172
	5. Verteidigerpflichten	180
	6. Strafbarkeitsrisiken des Verteidigers	181
	a) Strafvereitelung	181

Einleitung

		Rdn.
	b) Geldwäsche	184
	c) Andere Delikte	184
IV.	Die Staatsanwaltschaft	186
	1. Aufgaben der Staatsanwaltschaft	186
	2. Organisation der Staatsanwaltschaft	190
	3. Funktionsweise der Staatsanwaltschaft	192
	4. Stellung der Staatsanwaltschaft	195
	5. Polizisten als Ermittlungspersonen der Staatsanwaltschaft	204
	a) Doppelfunktion	204
	b) Staatsanwaltschaftliches Weisungsrecht	207
	c) Eigenständige Ermittlungen	209
V.	Der Nebenkläger	213
VI.	Der Privatkläger	214
G.	**Prozesshandlungen**	**215**
I.	Begriff	215
II.	Wirksamkeitsvoraussetzungen	216
	1. Verhandlungsfähigkeit	216
	2. Adressat von Prozesshandlungen	217
	3. Inhalt und Wirksamkeit der Prozesshandlung	218
	4. Widerruflichkeit der Prozesshandlungen	226
	5. Nichtvorliegen von Willensmängeln	230
	6. Form	233
H.	**Die Verständigung im Strafverfahren**	**235**
I.	Grundlagen	235
II.	Grundsätzliche Einwände gegen die Verständigung	237
III.	Die Regelung	238
	1. Einfügung in das strafprozessuale Regelungssystem	238
	2. Zulässiger Inhalt einer verfahrensbeendenden Verständigung	239
	3. Zustandekommen und Offenlegung einer verfahrensbeendenden Verständigung	245
	4. Bindungswirkung	247
	5. Rechtsmittelverzicht im Rahmen einer Verständigung	251
	6. Verständigung im Jugendstrafverfahren	253
	7. Fehlerfolgen der gescheiterten oder missbräuchlichen Verständigung	254
I.	**Beweis und Beweisverwertungsverbote**	**258**
I.	Der Beweis im Strafprozess	258
II.	Funktion der Beweisverbote	259
III.	Einteilung der Beweisverwertungsverbote	260
IV.	Gesetzliche Beweisverwertungsverbote	262
V.	Nicht normierte Beweisverwertungsverbote	263
VI.	Einschränkung über die Widerspruchslösung	274
VII.	Reichweite der Beweisverwertungsverbote	277
	1. Fernwirkung	277
	2. Vorauswirkung	280
	3. Hypothetische Ermittlungsverläufe	281

		Rdn.
	4. Qualifizierte Belehrung	285
VIII.	Ausgewählte Beweisverwertungsverbote	288
	1. Beweisverwertungsverbote im Hinblick auf Aussageverweigerungsrechte von Zeugen	288
	a) Fehlende Belehrung des Angehörigenzeugen, § 52 Abs. 3	288
	b) Strafbare Aussage eines nach § 53 Zeugnisverweigerungsberechtigten	292
	c) Fehlende Belehrung über das Auskunftsverweigerungsrecht i.S.d. § 55	293
	d) Zeugnisverweigerung in der Hauptverhandlung, § 252	294
	2. Beweisverwertungsverbote als Absicherung des Schutzes vor Selbstbelastung (nemo tenetur)	296
	a) Fehlen der Belehrung über das Schweigerecht des Beschuldigten gem. § 136 Abs. 1 Satz 2 bzw. über das Ausmaß der Beschuldigung gem. § 136 Abs. 1 Satz 1	297
	b) Verweigerte Verteidigerkonsultation	298
	c) Fehlen der Belehrung gem. § 114b Abs. 2 Satz 3 i.V.m. Art. 36 Abs. 1b Satz 3 WÜK	300
	3. Verwertungsverbote zum Schutz der Intim- und Privatsphäre	302
	4. Beweisverwertungsverbote im Zusammenhang mit einer Telekommunikationsüberwachung, §§ 100a f.	308
	5. Beweisverwertungsverbote bei körperlicher Untersuchung	312
	6. Rechtswidrige Beweismittelerlangung durch Privatpersonen	316
	7. Beweisverwertungsverbot wegen völkerrechtswidriger Beweismittelerlangung	323
	8. Beweisverwertungsverbote bei heimlichen Ermittlungen	326
	a) Einsatz verdeckter Ermittler oder sonst verdeckt operierender Hilfspersonen	326
	b) Mithörfälle	333
J.	**Rechtskraft**	**335**
I.	Rechtskraftfähige Entscheidungen	335
II.	Formelle Rechtskraft	340
III.	Materielle Rechtskraft	341
IV.	Rechtliche Qualifizierung	343
V.	Durchbrechung der Rechtskraft	344
K.	**Spezielle Verfahrensarten**	**347**
I.	Strafbefehlsverfahren	347
II.	Beschleunigtes Verfahren	348
III.	Sicherungsverfahren	349
IV.	Steuerstrafverfahren	350

Einleitung

A. Wesen und Ziele des Strafverfahrens. I. Begriff des Strafverfahrensrechts und Wesen des Strafprozesses. 1. Während das primär im Strafgesetzbuch (StGB vom 15.05.1871, RGBl 1871, 127) geregelte **materielle Strafrecht** festlegt, welche menschlichen Verhaltensweisen mit Strafen oder Maßregeln sanktioniert werden sollen (*Roxin*, AT1, § 1 Rn. 1 f.), ist unter dem Terminus »**Strafprozessrecht**« oder »**Strafverfahrensrecht**« (zur Abgrenzung: *Heger*, Strafprozessrecht, Rn. 1) jener Komplex von Normen zu verstehen, der festlegt, auf welche **Art und Weise** die materielle Sanktionsandrohung durchgesetzt werden soll und der den Verfahrensbeteiligten hierfür Handlungsanweisungen erteilt (*Joecks*, StPO, Einl. Rn. 1).

2. Unter dem Begriff »**Strafprozess**« wird ein rechtlich geordneter, sich von Lage zu Lage entwickelnder, durch Handlungen der Prozesssubjekte gesteuerter Vorgang verstanden, der auf die Gewinnung eines Richterspruchs über ein materielles Rechtsverhältnis gerichtet ist (vgl. hierzu maßgebend: *Goldschmidt*, Der Prozess als Rechtslage, S. 146 ff.; *Schmidt*, Lehrkommentar I [1964] S. 56). Dieses Verständnis des Strafprozesses als **final** auf eine originär richterliche Entscheidung zielende Institution hat durch die Kodifizierung verfahrensbeendender Absprachen (Gesetz zur Regelung der Verständigung im Strafverfahren vom 29.07.2009, BGBl I 2009, S. 2353, in Kraft getreten am 04.08.2009) scheinbar Abstriche erfahren. Auch wenn Art und Inhalt der Verfahrensbeendigung nunmehr vermehrt zur Disposition der Beteiligten stehen, wird der Kernbereich der finalen Konzeption des Strafprozesses hierdurch jedoch nicht berührt. Die Neukonzeption der gesetzlichen Regelung stellt lediglich die Legalisierung der schon bisher praeter legem existierenden Absprachepraxis dar und ermöglicht durch deren nunmehr zwingende Ausrichtung an den gesetzgeberischen Vorgaben eine bessere revisionsrechtliche Kontrolle. In einer Grundsatzentscheidung vom 19.03.2013 hat das BVerfG konstatiert, »zum gegenwärtigen Zeitpunkt« könne »die Verfassungswidrigkeit der gesetzlichen Regelung der Verständigung im Strafverfahren nicht festgestellt« werden (BVerfGE 133, 168, 203). Wird das zweifelsohne bislang bestehende Vollzugsdefizit jedoch nicht – falls nötig, durch geeignete Maßnahmen des Gesetzgebers – behoben, droht nach Auffassung des Gerichts ein verfassungswidriger Zustand einzutreten (BVerfGE 133, 168, 236; vert. *Beulke/Stoffer* JZ 2013, 662; *Knauer* NStZ 2013, 433; *Kudlich* NStZ 2013, 379; KK/*Moldenhauer/Wenske* § 257c Rn. 5a ff.; *Mosbacher* NZWiSt 2013, 201; *Niemöller* GA 2014, 179; *Weigend* StV 2013, 424; *Stuckenberg* ZIS 2013, 212; *Tsambikakis* ZWH 2013, 209). Die Gewichte im Rahmen des Prozessgeschehens haben sich durch die Neuregelung zwar in Richtung einer größeren Bedeutung konsensualer Elemente verschoben. Die dem Verfahrensbegriff innewohnende Finalität wird hierdurch aber nicht grundsätzlich in Frage gestellt (in diese Richtung allerdings LR/*Kühne* Einl. B Rn. 1). Wegen der singulären Rechtsfriedensfunktion eines gerichtlichen Urteils ist am Grundsatz der finalen Ausrichtung des Strafverfahrens auf eine richterliche Entscheidung festzuhalten und gleichzeitig die Möglichkeit einer verfahrensbeendenden Verständigung zur Erhaltung der Effektivität des Strafverfolgungsapparates unter Wahrung der übrigen Prozessziele anzuerkennen (s.u. Rdn. 238). Wird bei der Auslegung der Regelungen zur Legalisierung der Absprachen im Strafverfahren die Effektivität der Strafverfolgung im Wege praktischer Konkordanz mit den sonstigen Verfahrenszielen einem schonenden Ausgleich zugeführt, fügen sich die §§ 160b, 202a, 212, 257b, 257c durchaus in das Konzept des deutschen Strafprozesses ein (vertiefend s.u. Rdn. 235 ff.).

3. Die strafprozessualen Regelungen berechtigen und verpflichten die staatlichen Strafverfolgungsbehörden zur Ausübung von Hoheitsgewalt unter Wahrung der gesetzlich vorgegebenen Beschränkungen und sind somit Teil des **öffentlichen Rechts**. Hierbei entfalten die strafverfahrensrechtlichen Handlungsermächtigungen (z.B. §§ 81a, 112 ff., 94 ff., 102 ff., 100a ff.) einerseits rechtfertigende Wirkung hinsichtlich der Eingriffe in subjektive Rechte des Bürgers, andererseits werden durch sie Verhaltensweisen, die gegen strafrechtliche Tatbestände verstoßen, materiell-rechtlich gerechtfertigt.
Bezeichnenderweise werden die Normen der Strafprozessordnung als »**angewandtes Verfassungsrecht**« verstanden (BVerfGE 32, 373, 383; BGHSt 19, 325, 330), stellen die hier verorteten Handlungsermächtigungen den Strafverfolgungsbehörden doch ein weit gefächertes Eingriffsinstrumentarium in grundrechtlich hochsensible Schutzgüter zur Verfügung. Inwieweit in diesem Bereich Eingriffe durch Änderungen der Gesetze oder deren Auslegung durch die Rechtsprechung zugelassen werden, lässt grundlegende Rückschlüsse auf die Gewichtung von schutzwürdigen Individualinteressen und staatlichem Sicherheitsdenken zu, sodass der Ausdruck vom Strafprozessrecht als **Seismograph der**

Einleitung

Staatsverfassung (*Roxin/Schünemann*, Strafverfahrensrecht, § 2 Rn. 1; instruktiv *Amelung* StV 2002, 161; s.a. *Beulke* StV 1990, 180 »Spiegelbild der gesellschaftlichen Ordnung«) durchaus berechtigt ist.

4 **II. Ziele des Strafverfahrens.** Die Ziele des Strafverfahrens sind vielgestaltig und können im Einzelfall miteinander in Konflikt geraten. Gemeinhin wird die Zielsetzung des Strafprozesses dahingehend formuliert, dieser sei darauf gerichtet, eine **materiell richtige, prozessförmig zustande gekommene und Rechtsfrieden schaffende Entscheidung** über die Strafbarkeit des Beschuldigten herbeizuführen (vgl. *Beulke*, Strafprozessrecht, Rn. 3 ff.; *Dölling* FS Beulke, S. 679; KK/*Fischer* Einl. Rn. 3; MüKo-StPO/*Kudlich* Einl. Rn. 11). Primäres Anliegen des Gesetzgebers wie auch des Gesetzesanwenders muss es sein, diese grundlegenden Verfahrensziele mittels Abwägung einem schonenden **Ausgleich** zuzuführen, ohne dass dabei eines der Grundprinzipien vollständig verdrängt oder ausgehöhlt wird (zu den Verfahrenszielen als Argumentationstopos in der Rechtsprechung: *Kröpil* JR 2013, 14). Bei allen staatlichen Maßnahmen im Kontext der Strafverfolgung muss berücksichtigt werden, dass es zentrales Anliegen eines jeden Strafprozesses ist, einen **objektiven** Ausspruch über Schuld und Strafe zu treffen. Es gilt gerade nicht mehr die Zielsetzung des mittelalterlichen Inquisitionsprozesses, den Beschuldigten wenn irgend möglich zu überführen (*Meyer-Goßner/Schmitt* Einl. Rn. 2).

5 **1. Feststellung und Durchsetzung des staatlichen »Strafanspruchs« durch das Auffinden einer materiell richtigen Entscheidung. a) Durchsetzung des »staatlichen Strafanspruchs«.** Hauptaufgabe des Strafverfahrens ist die **Feststellung** tatsächlich begangener Verstöße gegen das materielle Strafrecht und die **Durchsetzung** der hierfür durch dieses angeordneten Rechtsfolgen (BVerfGE 20, 45, 49; 133, 168, 199; BGH NJW 2007, 3010; s.a. *Rieß* JR 2006, 269). Ziel eines jeden Strafprozesses ist demzufolge zunächst die Klärung der Frage, ob eine Straftat begangen wurde, sowie bejahendenfalls die Ermittlung des Täters, die Feststellung seiner Schuld und seine Bestrafung, im Gegenzug aber auch der Freispruch des Unschuldigen (BVerfGE 39, 1, 45 ff.; 88, 203, 257 f.).

Dem formellen Strafrecht kommt somit eine »dienende« Funktion gegenüber den materiell-strafrechtlichen Regelungen zu (krit. *Kröpil* Jus 2015, 509), fungiert es doch als Instrumentarium zu deren praktischer Umsetzung. Dies bedeutet allerdings **nicht**, dass dem Strafprozessrecht gegenüber dem materiellen Strafrecht **nur** eine **untergeordnete Bedeutung** zuzuerkennen ist – vielmehr konstituiert das Strafverfahrensrecht erst die faktische Geltung der materiellen Strafrechtsordnung, die nur über die tatsächliche Umsetzung ihrer Sanktionsdrohungen einen Beachtlichkeitsanspruch erlangt (LR/*Kühne* Einl. B Rn. 8 ff.). Die materiellen **Strafzwecke** (nach den herrschenden Vereinigungstheorien neben Schuldausgleich auch Aspekte positiver und negativer Spezial- und Generalprävention; vgl. umfassend zu den Strafzwecken: NK/*Hassemer/Neumann* Vor § 1 Rn. 268 ff.; *Hörnle*, Straftheorien, 2011; *Meier*, Strafrechtliche Sanktionen [2009] S. 6 ff.) wirken somit mittelbar in das Strafprozessrecht hinein.

6 Wird im Zusammenhang mit der Umsetzung der materiell-strafrechtlich vorgesehenen Sanktionen bei erwiesenen Verstößen der Terminus von der Durchsetzung des »**staatlichen Strafanspruchs**« (vgl. statt vieler BVerfGE 133, 168, 199; BGHSt 16, 122, 125) gebraucht, so ist diese Begrifflichkeit missverständlich (krit. auch *Volk/Engländer*, Grundkurs StPO, Rn. 2; *Weigend*, Deliktsopfer und Strafverfahren, S. 191 ff; positiver: *Hauck* Heimliche Strafverfolgung und Schutz der Privatheit, 2014, S. 117). In Frage steht nicht etwa eine subjektive Rechtsposition des Staates, die der Legaldefinition des Anspruchs in § 194 BGB gleichkommt. Auch der potentiell Verletzte einer Straftat hat grundsätzlich keinen verfassungsrechtlich verbürgten Anspruch auf Strafverfolgung Dritter. Es existiert nur ausnahmsweise ein Anspruch des Opfers auf effektive Strafverfolgung, wo der Einzelne nicht in der Lage ist, erhebliche Straftaten gegen seine höchstpersönlichen Rechtsgüter abzuwehren und ein Verzicht auf die effektive Verfolgung solcher Taten zu einer Erschütterung des Vertrauens in das Gewaltmonopol des Staates und einem allgemeinen Klima der Rechtsunsicherheit und Gewalt führen kann (BVerfG NJW 2015, 150 m. Anm. *Vahle* Kriminalistik 2015, 191- *Fall Gorch Fock*; BVerfG HRRS 2015 Nr. 430). Lediglich insoweit besteht eine staatliche Verpflichtung zum Tätigwerden im Rahmen des Rechtsgüterschutzes, die sich aus der Funktion der Grundrechte als Schutzrechte gegenüber staatlicher Hoheitsgewalt ergibt. Daher kann der staatliche Straf»anspruch« weder einem Verzicht noch einer Verwirkung durch Entstehung eines Vertrauenstatbestandes (BGHSt 40, 48, 59) oder durch schwere Verfahrensfehler (BGHSt 32, 345, 353; *Beulke*, Strafprozessrecht, Rn. 288; *Foth* NJW 1984, 221, 222; s. aber auch *Hillenkamp* NJW 1989, 2841) unterliegen. Dies schließt es nicht aus, bezüglich einzelner Beweiserhebungsmaß-

nahmen Beweisverwertungsverbote anzuerkennen, wenn die rechtsstaatlich vorgegebenen Verfahrensnormen gröblich missachtet wurden (s.u. Rdn. 259 ff.).

b) Grundsatz der materiellen Wahrheit. Zentrales, durch das Rechtsstaatsprinzip vorgegebenes 7
Anliegen eines jeden Strafverfahrens ist es, eine in materiell-rechtlicher Hinsicht richtige und damit letztendlich **gerechte Entscheidung** herbeizuführen (BGHSt 47, 62, 65; 49, 112, 120). Die Bindung des Strafverfahrens an die Zielsetzung, ein Prozessergebnis unter Zugrundelegung eines materiell richtigen Sachverhalts erzielen zu können, wird trotz der nunmehr gesetzlich legitimierten Absprachepraxis (§ 257c) nicht in Frage gestellt (BVerfGE 133, 168, 226 ff.; BGHSt 50, 40, 63; OLG Celle StV 2011, 341; *Beulke/Stoffer* JZ 2013, 662, 664). Der gesetzgeberische Wille ist ausweislich der §§ 244 Abs. 1, 246, 257c Abs. 1 Satz 2, 359 Nr. 5 trotz aller Sparzwänge und Opportunitätserwägungen nach wie vor darauf gerichtet, innerhalb der Grenzen des prozessual Zulässigen einen materiell wahren Sachverhalt zur Grundlage strafrichterlicher Entscheidungen zu machen, und muss in der praktischen Umsetzung beachtet werden (vert. *Jahn* GA 2014, 588; *Radtke* GA 2012, 187). Gleichwohl wird ein gefundenes Prozessergebnis nur selten mit der »vollen objektiven Wahrheit« übereinstimmen. Vielmehr weisen die beschränkten Möglichkeiten menschlichen Erkenntnisvermögens und prozessualer Aufklärung zu der realistischen Erkenntnis, dass letztendlich nur eine »forensische Wahrheit« gefunden werden kann. Mit dieser müssen sich die Beteiligten am Strafverfahren aufgrund prozessökonomischer Erwägungen begnügen (vgl. instruktiv zum Spannungsverhältnis unterschiedlicher Wahrheitsbegriffe *Kühne* GA 2008, 361; s.a. *Schünemann* FS Kühne, S. 361).

Wahrheit und Gerechtigkeit dienen als oberste Leitprinzipien des gesamten Strafprozessrechts (*Murmann* GA 2004, 65, 68; *Salas*, Kritik des strafprozessualen Denkens, 2005, S. 294) und rechtfertigen 8 als grundlegende Zielsetzung die Eingriffsbefugnisse der Strafverfolgungsbehörden in individuelle, grundrechtlich geschützte Positionen. Die Bedeutung des Grundsatzes der materiellen Wahrheit für die Ausgestaltung des Verfahrens zeigt sich in der Gegenüberstellung zum Zivilverfahrensrecht, in welchem das Gericht infolge des Beibringungsgrundsatzes allein den von den Parteien zu Gehör gebrachten Sachvortrag berücksichtigen darf und im Falle eines hieraus resultierenden *non liquet* nach der jeweiligen Beweislastverteilung entscheiden muss. Die in einem solchen Verfahren ermittelte »Wahrheit« ist folglich notwendigerweise beschränkt. Das Gericht vermag selbige nur auf der Grundlage des ihm von den Parteien präsentierten Sachvortrages zu bestimmen und muss somit gegebenenfalls sehenden Auges eine materiell falsche Entscheidung treffen. Demgegenüber verpflichtet der das Strafverfahren bestimmende **Amtsermittlungsgrundsatz** (§§ 155 Abs. 2, 160 Abs. 1, Abs. 2, 202, 244 Abs. 2, s.u. Rdn. 54 f.) die Strafverfolgungsbehörden grundsätzlich zur weitestmöglichen Aufklärung des entscheidungserheblichen Sachverhalts und sorgt folglich dafür, dass der der Entscheidung zugrunde liegende Tatsachenstoff in größtmöglicher Hinsicht ein Abbild des tatsächlichen Geschehens ist. Zusätzlich zu den behördlichen Ermittlungsmaßnahmen dienen insbesondere auch die Fragerechte der übrigen Verfahrensbeteiligten (BGHSt 13, 252, 254; 21, 334, 360) und das Recht zur Stellung von Beweisanträgen dem Ziel der Wahrheitsermittlung.

Damit der Straftäter einer gerechten, d.h. auf Grundlage des tatsächlichen Geschehens bemessenen, 9 Strafe zugeführt werden kann, bedarf es einer **funktionstüchtigen Strafrechtspflege**, die ihrer Verpflichtung zur Amtsermittlung auch umfassend gerecht wird (BVerfGE 34, 238, 248 f.; 80, 367, 375; BVerfG NJW 2002, 51; *Schwarz* Jura 2007, 334). Die Funktionsfähigkeit der Rechtspflege ist somit notwendiges Erfordernis der ihr zukommenden Funktion, gerechte Entscheidungen zu erzeugen (ausführl. *Landau* NStZ 2011, 537, 544; *Rieß* StraFo 2000, 364; krit. *Hassemer* StV 1982, 275; *Sommer* StraFo 2014, 441). Eine ausreichende finanzielle, sachliche und personelle Ausstattung der mit der Strafverfolgung befassten Institutionen ist folglich unabdingbare Voraussetzung einer Prozessordnung, die Wahrheit und Gerechtigkeit nicht nur als wohlmeinende Prinzipien versteht, sondern auch faktisch umzusetzen in der Lage ist.

Der Grundsatz materieller Wahrheit ist in unauflöslicher Weise mit dem **Schuldgrundsatz** verbunden 10 (BGHSt 18, 274, 275 f.; *Heger*, Strafprozessrecht, Rn. 17). Wenn nur derjenige verurteilt werden darf, der in individuell-schuldhafter Weise gegen die Normen des materiellen Strafrechts verstoßen hat, muss eben dieses auch mit größtmöglicher Sicherheit aufgeklärt werden.

Die Verpflichtung, den der Entscheidung zugrunde zu legenden Sachverhalt aufzuklären, beinhaltet die 11 Pflicht zur möglichst **eindeutigen** Festlegung dessen, was nach Ansicht der Strafverfolgungsbehörden

Einleitung

geschehen ist. Nicht immer ist jedoch, nachdem alle zur Verfügung stehenden Erkenntnis- und Beweismittel ausgenutzt wurden, eine Aufklärung des Tatgeschehens in jedem Aspekt mit der für eine abschließende Entscheidung erforderlichen Sicherheit möglich. In diesen Fällen dienen die Instrumente des Zweifelssatzes (*in dubio pro reo*) sowie der Wahl-, Post- und Präpendenzfeststellung dazu, einen eindeutigen Sachverhalt zu unterstellen (vgl. hierzu *Wessels/Beulke/Satzger*, AT, Rn. 1116 ff.; zur Verfassungskonformität der ungleichartigen Wahlfeststellung vgl. den Anfragebeschluss des 2. Senats in NStZ 2014, 392). Diese Instrumente stellen somit einerseits eine Ausnahme vom Grundsatz der materiellen Wahrheit dar, als bei ihrer Anwendung in Kauf genommen wird, zugunsten der Entscheidungssicherheit einen Sachverhalt als wahr zu unterstellen, der sich so möglicherweise gar nicht zugetragen hat. Andererseits dienen sie der Absicherung dieses Prinzips insofern, als ihnen das Gebot zugrunde liegt, die faktischen Erkenntnismöglichkeiten bis aufs Letztmögliche auszunutzen und erst dann mit Fiktionen zu arbeiten.

12   **2. Die Gewährung eines rechtsstaatlichen Verfahrens.** Die Funktion der Strafrechtspflege, den Straftäter einer gerechten Strafe zuzuführen bzw. den Unschuldigen zu entlasten, kann in einem Rechtsstaat (vgl. Art. 20 Abs. 3 GG) nicht absolut gelten. **Gerechtigkeit** kann es **nicht um jeden Preis** geben (BVerfG JZ 2011, 249, 250; BGHSt 38, 215, 219 f.; *Jahn* StraFo 2011, 117; *Wolter* GA 1999, 158). Da die Mechanismen der Strafverfolgung tief in das Leben und die Rechte desjenigen eingreifen, der als möglicher Straftäter in Betracht gezogen wird, bedarf es eines wirksamen Schutzes vor übermäßigen, d.h. unverhältnismäßigen Eingriffen. Dies ist unabdingbar, weil sich einerseits im Laufe des Verfahrens die Unschuld des Beschuldigten herausstellen kann, andererseits stets die Gefahr besteht, dass die Exekutive die ihr in Form des Strafverfahrensrechts an die Hand gegebenen Machtmittel missbraucht. Das **prozessordnungsmäßige Zustandekommen der Entscheidung** ist deshalb eine weitere Aufgabe des Strafverfahrensrechts, die gleichberechtigt neben dem Erfordernis einer effektiven Strafverfolgung steht (BVerfG NJW 1990, 563). Der zwischen diesen beiden Aufgaben vorprogrammierte Konflikt durchzieht das gesamte Verfahrensrecht. Zum Teil ist er bereits durch das Gesetz selbst entschieden (z.B. bei der Untersuchungshaft durch Art. 104 GG, §§ 112 ff.), zum Teil muss er durch Rechtsprechung und Wissenschaft (z.B. im Wege der Anerkennung von Beweisverwertungsverboten, s.u. Rdn. 258 ff.) ausgefochten werden. Bei der stets erforderlichen Abwägung zwischen der Effektivität der Strafverfolgung und den schutzwürdigen Beschuldigtenrechten muss ein besonderes Augenmerk darauf gelenkt werden, dass Effektivierungsbestrebungen nicht zunehmend zu Lasten der Rechtsstellung des Beschuldigten gehen dürfen (BVerfG StV 2000, 1 m.Anm. *Naucke*; BGH NStZ 1997, 195; *Leutheusser-Schnarrenberger* ZRP 1998, 87; *Rieß* NStZ 1994, 409; *Scheffler* GA 1995, 449; *Hassemer* DRiZ 1992, 357).

13   **3. Die Rechtsfriedensfunktion.** Abschließendes Ziel eines jeden Strafverfahrens ist die Schaffung von Rechtsfrieden durch eine bindende und unumstößliche Entscheidung des dem Prozess zugrunde liegenden Falles (BGHSt 18, 274, 278). Obwohl die Strafverfolgung auf der Basis der Unschuldsvermutung geführt wird, wird der Rechtsfrieden bereits durch den Verdacht einer Straftat, der nichts anderes darstellt als die Vermutung eines Verstoßes gegen materiell-strafrechtliche Normen und somit einer Rechtsgutsverletzung, gestört. Dieser Konflikt zwischen Verdacht gegen den Beschuldigten einerseits und Vermutung seiner Unschuld andererseits wird dadurch aufgelöst, dass die Strafgerichte den zugrunde liegenden Sachverhalt verbindlich feststellen und einer **letztendlich (nahezu) unangreifbaren** materiell-rechtlichen Beurteilung unterziehen, die entweder die völlige Entlastung des Beschuldigten von der ihm zur Last gelegten Tat oder aber die Anordnung bestimmter Rechtsfolgen zur Konsequenz hat.

14   Auch das Ziel der Rechtsfriedenschaffung kann zu den vorgenannten Funktionen (Wahrheitsermittlung und Prozessordnungsgemäßheit des Verfahrens) in Widerstreit treten. Treten nachträglich Zweifel an der Übereinstimmung einer gerichtlichen Entscheidung mit der materiellen Wahrheit auf, so streitet selbiges Prinzip für eine Neuaufnahme des Verfahrens, obwohl dies der Rechtsfriedensfunktion gerade zuwiderläuft. Letztere zielt vielmehr darauf ab, die Frage von Schuld oder Unschuld und die daraus folgenden Bestrafungskonsequenzen nicht dauerhaft offen zu lassen oder zur Disposition zu stellen. Vielmehr dient das Institut der Rechtskraft dazu, dem Ziel des Rechtsfriedens im Einzelfall den Vorrang einzuräumen (BGHSt 7, 283, 285; s.u. Rdn. 335 ff.). Da aber Gerechtigkeit und Rechtsfrieden als Ausprägungen des Rechtsstaatsprinzips jeweils Institute von Verfassungsrang sind, bedarf es eines

Einleitung

Ausgleichs zwischen Rechtskraft und materieller Gerechtigkeit. In Fallgruppen, in denen die Aufrechterhaltung rechtskräftiger Entscheidungen extrem ungerecht erscheint, sind daher Möglichkeiten der **Durchbrechung** der Rechtskraft anerkannt. Diese Funktion kommt dem Recht der Wiederaufnahme des Verfahrens zu (§§ 359 ff.). Das Prinzip der Beständigkeit der Entscheidung ist damit die Regel, Beschränkungen durch den Gesetzgeber aus rechtsstaatlichen Gründen sind die Ausnahme (BGHSt 45, 37, 38; Radtke/Hohmann/*Radtke* Einleitung Rn. 97).

B. Rechtsquellen des Strafprozessrechts und ihre Auslegung. **I. Rechtsquellen des Strafprozessrechts.** Das Strafverfahrensrecht ist aufgrund der Zuordnung zur konkurrierenden Gesetzgebungskompetenz des Bundes in Art. 74 Abs. 1 Nr. 1 GG vorwiegend in Form von Bundesrecht kodifiziert. Unter anderem folgende Gesetze enthalten strafverfahrensrechtlich relevante Regelungen (zur Entwicklung von den Reichsjustizgesetzen hin zum aktuellen Strafverfahrensrecht vgl. ausführlich LR/*Kühne* Einl. F m.w.N.):   15

- Strafprozessordnung (**StPO**) vom 01.02.1877 in der Fassung der Bekanntmachung aus dem Jahre 1987 mitsamt dem Einführungsgesetz zur Strafprozessordnung (**EGStPO**);
- Gerichtsverfassungsgesetz (**GVG**) vom 27.01.1877 in der Fassung der Bekanntmachung aus dem Jahre 1975, das z.B. die sachliche Zuständigkeit (vgl. § 1 i.V.m. §§ 24 ff., 74 ff., 120 GVG), die Gerichtsbesetzung sowie den Aufbau der Staatsanwaltschaften regelt (vgl. §§ 141 ff. GVG) mitsamt Einführungsgesetz zum GVG vom 27.01.1877 (**EGGVG**), in dem z.B. der Rechtsschutz gegen sog. Justizverwaltungsakte normiert ist, §§ 23 ff. EGGVG;
- **Grundgesetz** für die Bundesrepublik Deutschland, vgl. z.B. das Rechtsstaats- und Sozialstaatsprinzip des Art. 20 Abs. 3 GG und die Vorschriften über die rechtsprechende Gewalt, Art. 92 ff. GG, hier insbes. die Justizgrundrechte in Art. 101 Abs. 1 Satz 2, 103 Abs. 1, Abs. 3, 104 GG;
- Europäische Konvention zum Schutze der Menschenrechte und Grundfreiheiten (**EMRK**) vom 04.11.1950 (die in der Bundesrepublik im Rang einfachen Bundesrechts steht, Transformationsgesetz BGBl 1952 II, S. 685), vgl. insbes. die Regelung über Rechte des Angeklagten in Art. 6 EMRK;
- Jugendgerichtsgesetz (**JGG**), das auf das Reichsjugendgerichtsgesetz aus dem Jahre 1923 zurückgeht und heute in der Fassung einer Bekanntmachung aus dem Jahre 1974 gilt und die Besonderheiten des Strafverfahrens gegen Jugendliche und Heranwachsende regelt, z.B. die Bildung besonderer Jugendgerichte, vgl. §§ 33 ff. JGG;
- Strafgesetzbuch (**StGB**), das insbes. Regelungen über das Strafantragsrecht (§§ 77 ff. StGB) und die Verjährung (§§ 78 ff. StGB) enthält;
- Gesetz über Ordnungswidrigkeiten (**OWiG**), welches Bestimmungen im Hinblick auf die Behandlung von Ordnungswidrigkeiten im Strafprozess enthält und den Übergang zwischen Straf- und Ordnungswidrigkeitenverfahren festlegt;
- Abgabenordnung: §§ 385–408 **AO** enthalten Besonderheiten des Verfahrensgangs in Steuerstrafsachen (s.u. Rdn. 350 ff.);
- Bundeskriminalamtgesetz (**BKAG**) vom 01.08.1997 regelt die Zusammenarbeit von Bund und Ländern in kriminalpolizeilichen Angelegenheiten;
- Bundeszentralregistergesetz: §§ 51 ff. **BZRG** normieren Verwertungsverbote für tilgungsreife und getilgte Vorstrafen;
- Betäubungsmittelgesetz: §§ 35 ff. **BtMG** enthalten punktuelle Sonderregelungen für das Verfahren zur Verfolgung von Betäubungsmitteldelikten;
- bestimmte Vorschriften der Zivilprozessordnung (**ZPO**) finden im Falle von Verweisungen durch die StPO Anwendung (z.B. Regelungen zur Zustellung, § 37 ZPO);
- Gesetz über die internationale Rechtshilfe in Strafsachen (**IRG**) trifft Regelungen zum Rechtshilfeverkehr mit dem Ausland in strafrechtlichen Verfahren.

Landesrechtliche Rechtsquellen des Strafverfahrensrechts können dort relevant werden, wo bundesrechtliche Öffnungsklauseln, Regelungsvorbehalte und -ermächtigungen existieren (§ 6 EGStPO; vgl. LR/*Kühne* Einl. C Rn. 5); ferner hinsichtlich der organisatorischen Voraussetzungen des Strafverfahrens (Gerichtsorganisation, Bestimmung der nach § 380 erforderlichen Vergleichsbehörde, Bestimmung der Ermittlungsbeamten der Staatsanwaltschaft i.S.d. § 152 Abs. 2 GVG, etc.).   16

Einleitung

17 Neben den eigentlichen, das Strafverfahren regelnden Rechtsnormen existieren zahlreiche – für die Praxis sehr bedeutsame – **Justizverwaltungsvorschriften** der Länder ohne Rechtsnormqualität, die das gleichförmige Handeln der Strafverfolgungsbehörden fördern und sichern, so u.a.
 – Richtlinien für das Strafverfahren und das Bußgeldverfahren (**RiStBV** vom 01.01.1977 i.d.F. v. 01.09.2014),
 – Anordnung über Mitteilungen in Strafsachen (**MiStra** vom 01.06.2008),
 – Richtlinien zum Jugendgerichtsgesetz (**RiJGG** vom 01.08.1994),
 – Strafvollstreckungsordnung (**StrVollstrO** vom 01.08.2011),
 – Richtlinien für den Verkehr mit dem Ausland in strafrechtlichen Angelegenheiten (**RiVASt** vom 01.01.2013).

18 Zunehmend Einfluss auf das innerstaatliche Strafverfahrensrecht erlangt das **Recht der Europäischen Union**. Die früher der sog. dritten Säule des EG-Rechts unterfallende Polizeiliche und Justizielle Zusammenarbeit wurde durch den Vertrag von Lissabon (ABl. 2007/C 306/01) in Art. 67 ff. AEUV von der Ebene rein intergouvernementaler Zusammenarbeit in einen supranationalen Kontext überführt (vgl. zu den grundlegenden Änderungen durch den Vertrag von Lissabon *Mayer* JuS 2010, 189; zu strafrechtsrelevanten Entwicklungen im Kontext der EU *Brodowski* ZIS 2011, 940, ZIS 2012, 558, ZIS 2013, 455, ZIS 2015, 79; *Landau* NStZ 2011, 537; umfassend: *Satzger*, Internationales und Europäisches Strafrecht, S. 90 ff.). Auf der Grundlage der Art. 34 Abs. 2 lit. b, d EUV a.F. wurden zahlreiche Übereinkommen und Rahmenbeschlüsse von strafprozessualer Relevanz verwirklicht (z.B. Übereinkommen über die **Rechtshilfe in Strafsachen**, ABl. 2000 C 197/1; Rahmenbeschluss über den **Europäischen Haftbefehl**, ABl. 2002 L 190/1; Rahmenbeschluss über die Europäische Beweisanordnung; ABl. 2008 L 350, 72), die als Teil des *acquis communautaire* bis zu ihrer Aufhebung oder Änderung auch nach der Neukonzeption der Zuständigkeiten bestehen bleiben. Art. 82 Abs. 1, Abs. 2 AEUV räumen der EU nunmehr unter Zugrundelegung des Prinzips gegenseitiger Anerkennung gerichtlicher Entscheidungen Befugnisse zur Festlegung strafprozessualer Mindeststandards durch Richtlinien ein, begrenzt allerdings durch die Grundsätze der Subsidiarität und Verhältnismäßigkeit, Art. 5 Abs. 1, Abs. 3, Abs. 4 AEUV und die Vorbehaltsklausel des Art. 83 Abs. 3 AEUV (vgl. zur Befürchtung der Nivellierung der nationalen Strafverfahrensrechte *Kühne*, Strafprozessrecht, Rn. 48). Inzwischen gibt es in vielen Teilbereichen Bestrebungen, bisher geltende Rahmenbeschlüsse in Richtlinien umzusetzen. Die europäische Rechtsentwicklung gewinnt also auch im Verfahrensrecht zunehmend an Dynamik. Entscheidende Bedeutung kommt insofern dem sogenannten **Stockholmer Programm** zu, das vom Europäischen Rat im Dezember 2009 angenommen wurde (ABl. 2010 C 115/1; dazu *Zeder* EuR 2012, 34): Es enthält einen sechsstufigen »**Fahrplan zur Stärkung der Verfahrensrechte von Verdächtigen oder Beschuldigten in Strafverfahren**«, der vorsieht, nach und nach bestimmte Maßnahmen zum Schutz des Beschuldigten zu ergreifen (vgl. *Dettmers/Dinter* DRiZ 2011, 402; *Gatzweiler* StraFo 2011, 293). Das inhaltlich hieran anschließende **Brüsseler Programm**, das der Europäische Rat im Juni 2014 beschlossen hat (ABl. 2014 C 240/13), führt diese kriminalpolitische Linie fort und nimmt zusätzlich Aspekte des Opferschutzes und der grenzüberschreitenden Tätigkeit bzw. operativen Zusammenarbeit in den Blick.

19 Zur Realisierung dieser Programme haben Europäisches Parlament und Rat in den vergangenen Jahren bereits die **Richtlinie über das Recht auf Dolmetschleistungen und Übersetzungen in Strafverfahren** (RL 2010/64/EU vom 20.10.2010, ABl. 2010 L 280/1) sowie die **Richtlinie über das Recht auf Belehrung und Unterrichtung in Strafverfahren** (RL 2012/13/EU vom 22.05.2012, ABl. 2012 L 142/1; hierzu *Esser* FS Wolter, S. 1329) verabschiedet. Beide Richtlinien wurden in Deutschland durch das **Gesetz zur Stärkung der Verfahrensrechte Beschuldigter im Strafverfahren** vom 02.07.2013 (BGBl. I 2013, S. 1938) umgesetzt (hierzu *Christl* NStZ 2014, 376; *Eisenberg* JR 2013, 442). Zwischenzeitlich haben sich das Europäische Parlament und der Rat überdies auf den Text einer **Richtlinie zum Recht auf Zugang zu einem Rechtsbeistand** in Strafverfahren geeinigt (RL 2013/48/EU vom 22.10.2013, ABl. 2013 L 294/1; vgl. hierzu *Corell/Sidhu* StV 2012, 246). Die Umsetzungsfrist läuft bis zum 27.11.2016. Ende November 2013 legte die Europäische Kommission ferner ein **viertes Maßnahmenpaket** vor, das **drei Richtlinienvorschläge** (zur Stärkung der Unschuldsvermutung und des Rechts auf Anwesenheit KOM (2013) 821; über Verfahrensgarantien für verdächtige oder beschuldigte Kinder KOM (2013) 822; über vorläufige Prozesskostenhilfe für Verdächtige oder Beschuldigte KOM (2013) 824) enthält.

Einleitung

Zu den aktuellen rechtspolitischen Zielen der EU im Bereich des Strafverfahrensrechts gehört ferner die Schaffung einer **Europäischen Staatsanwaltschaft** auf Grundlage des Art. 86 AEUV (vert. *Cach* EuR 2014, 716; *Esser* StV 2014, 494; *Satzger* NStZ 2013, 206; *Schramm* JZ 2014, 749; *Wildt* AnwBl 2014, 340; *Zeder* StraFo 2014, 239). Die Europäische Kommission hat im Juli 2013 einen entsprechenden Verordnungsentwurf vorgelegt, dessen Hauptanliegen darin besteht, einen besseren Schutz der finanziellen Interessen der Union zu gewährleisten (KOM (2013) 534 vom 17.07.2013; aktuelle Entwurfsfassung jeweils abrufbar unter: http://db.eurocrim.org/db/de/vorgang/306/). Angestrebt wird hierin bis 2016 die Errichtung einer unabhängigen Institution, die demokratischer Kontrolle unterliegt und nötigenfalls bei Straftaten zuungunsten des EU-Haushalts vor den Gerichten der Mitgliedsstaaten Anklage erheben kann. Angesichts grundsätzlicher Einwände seitens der Mitgliedsstaaten erscheint eine Umsetzung dieses Entwurfs derzeit jedoch ungewiss. Auch die rechtlichen Möglichkeiten eines **europäischen Beweistransfers** wurden in den letzten Jahren beständig weiterentwickelt (vgl. *Beulke*, Strafprozessrecht, Rn. 10k f.; *Stefanopoulou* JR 2011, 54). Aktuelles Beispiel für einen entsprechenden unionsrechtlichen Legislativakt ist die **Richtlinie über die Europäische Ermittlungsanordnung in Strafsachen** (RL 2014/41/EU vom 03.04.2014, ABl 2014 L 130/1; vert. *Schuster* StV 2015, 393). Wissenschaftlich begleitet wird die stetig voranschreitende »Europäisierung des Strafverfahrensrechts« namentlich durch die **European Criminal Policy Initiative (ECPI)**, einer Gruppe von mittlerweile 16 Strafrechtswissenschaftlern aus zehn Mitgliedsstaaten der EU, die im November 2013 ein »**Manifest zum Europäischen Strafverfahrensrecht**« vorgelegt hat, in welchem sechs zentrale Forderungen an den Unionsgesetzgeber enthalten sind (vgl. ZIS 2013, Heft 11 mit einführenden Erläuterungen von *Satzger/Zimmermann*; vgl. auch den Sammelband der ECPI zur Europäischen Staatsanwaltschaft: The European Public Prosecutor's Office – Legal and Criminal Policy Perspectives [2015]).

20 **Nichtige Rechtsnormen** stellen keine taugliche Rechtsgrundlage für strafverfolgungsbehördliches Handeln dar. Hat das **Bundesverfassungsgericht** vor Feststellung der Verfassungswidrigkeit einer strafprozessualen Norm allerdings einstweilige Anordnungen erlassen, so stellen diese eine rechtfertigende Eingriffsgrundlage dar (sog. **normvertretendes Übergangsrecht**; exemplarisch zur Vorratsdatenspeicherung BGH NJW 2011, 467).

21 Dem **Bundesverfassungsgericht** zufolge resultiert aus dem Grundsatz der **Völkerrechtsfreundlichkeit** des Grundgesetzes in Verbindung mit der richterlichen Bindung an Recht und Gesetz (Art. 20 Abs. 3 GG i.V.m. Art. 59 Abs. 2 GG) die verfassungsimmanente Pflicht aller nationalen Gerichte, einschlägige Entscheidungen internationaler Gerichte zur Kenntnis zu nehmen und sich mit ihnen auseinanderzusetzen (BVerfG NJW 2011, 207 zur Judikatur des Internationalen Gerichtshofs zum Konsularrecht).

22 **II. Die Auslegung strafprozessualer Normen.** Die Auslegung dient der Ermittlung des Inhalts und somit zugleich des Geltungsbereiches einer gesetzlich fixierten Norm. Hierbei ist zu unterscheiden zwischen den geschriebenen und ungeschriebenen Regeln zur Auslegung, die Teil der Rechtsordnung sind und als solche den Anwendungsbereich einer Norm bestimmen, und den durch Auslegung gewonnenen Grundsätzen, die auch im Falle langjähriger höchstrichterlicher Rechtsprechung keine Bindungswirkung entfalten, es sei denn, sie sind im Einzelfall durch lang dauernde Übung und allgemeine Überzeugung von ihrer Rechtsverbindlichkeit zu Gewohnheitsrecht erstarkt.

Zur Auslegung von Normen als wohl wichtigstem Bestandteil der juristischen Methodenlehre existieren zahlreiche grundlegende Werke (beispielhaft: *Canaris/Larenz*, Methodenlehre der Rechtswissenschaft [2014]; *Engisch*, Einführung in das juristische Denken [2010]; *E. Kramer*, Juristische Methodenlehre [2013]; *Rüthers/Fischer/Birk*, Rechtstheorie [2013]; *Simon*, Gesetzesauslegung im Strafrecht [2005]; *Wank*, Die Auslegung von Gesetzen [2011]; *Zippelius*, Juristische Methodenlehre [2012]).

23 Durch Auslegung zu ermitteln ist der **objektivierte Wille des Gesetzgebers**, der nicht gleichzusetzen ist mit den subjektiven Vorstellungen des historischen Gesetzgebers (BGHSt 10, 157, 159; 26, 156, 159; krit. *Duttge* FS Krey, S. 39, 54 f.). Dennoch kann auch eine **historische Auslegung** ausgehend von den Materialien zum Gesetzgebungsprozess wertvolle Anhaltspunkte zum Geltungsbereich der Norm liefern, sofern die der Gesetzesfassung zugrunde gelegten rechtlichen und tatsächlichen Gesichtspunkte nach wie vor fortbestehen. Keine Auslegungsmethode beansprucht alleinige Geltungsherrschaft, vielmehr ist im Einzelfall durch ihre **Zusammenschau** das fragliche Rechtsproblem zu lösen. Der Grundsatz *in dubio pro reo* gilt bei der Auslegung nicht.

Einleitung

24 Äußerste Grenze einer jeden Auslegung ist der Wortlaut einer Gesetzesbestimmung. Die **grammatische Auslegung** nimmt ihren Ausgangspunkt beim reinen Gesetzestext (vgl. BGHSt 18, 152). Eine rein formale Wortlautbetrachtung darf jedoch nicht die alleinige Grundlage bilden, die Reichweite einer Norm zu bestimmen, vielmehr sind die hierdurch gefundenen Ergebnisse vorläufiger Natur und insbesondere an Sinn und Zweck der Bestimmung zu messen (BGHSt 30, 97, 101). Ist hingegen der Wortlaut eindeutig, würde eine hiervon abweichende Auslegung durch Exekutive oder Judikative den verfassungsrechtlich verankerten Grundsatz der Gewaltenteilung verletzen (BVerfGE 8, 28, 33; vert. *Kudlich* FS Puppe, S. 123). Teilweise wird vertreten, dass der Wortsinn einer Norm nur dort eine Grenze richterlicher Auslegung bilden solle, wo diese zulasten des Betroffenen gehe. Eine ausschließlich zugunsten des Betroffenen erfolgende Auslegung sei jedoch auch jenseits dessen möglich (BGHSt 52, 31). Dies vermag unter methodologischen Gesichtspunkten nicht zu überzeugen, da mit einer solchen Argumentation der Unterschied von Auslegung und Analogie nivelliert und letztendlich ein Analogieschluss vorgenommen wird ohne dessen Voraussetzungen zu prüfen.

25 Mittels **systematischer Auslegung** wird im Vergleich zu anderen Normen desselben oder eines anderen Gesetzes (auch eines anderen Rechtsgebiets) und zu Grundsätzen gefestigter Rechtsprechung (BVerfGE 45, 363, 372) versucht, Strukturen und Gemeinsamkeiten bzw. aussagekräftige rechtsrelevante Gegensätze zu finden.

26 Die **teleologische Auslegung** stellt innerhalb des durch den Gesetzeswortlaut vorgegebenen Rahmens auf den objektiven Zweckinhalt (Telos) der Norm ab. Hierbei ist bei der Auslegung strafprozessualer Normen zuvorderst auf die Zwecke des Strafverfahrens (s.o. Rdn. 4 ff.) sowie auf die Wahrung der grundlegenden Prozessmaximen (s.u. Rdn. 43 ff.) abzustellen. Mittels dieses Auslegungsinstruments kann auch ein Wandel gesellschaftlicher Anschauungen berücksichtigt werden, um den Bedürfnissen sozialer Realität bei der Bestimmung der Reichweite von Normen gerecht zu werden (BVerfGE 10, 354, 368; BGHSt 10, 157, 160).

27 Bei der Anwendung aller gängigen Methoden der Auslegungen ist darauf zu achten, dass sich das so gefundene Ergebnis nicht in Widerspruch zu den Regelungen des Grundgesetzes und ungeschriebener verfassungsrechtlicher Prinzipien setzt, sog. **verfassungskonforme Auslegung** (vert. *Kuhlen*, Die verfassungskonforme Auslegung von Strafgesetzen [2006]). Bestehen mehrere Auslegungsmöglichkeiten, so ist im Zweifel derjenigen der Vorzug zu geben, welche den Gewährleistungsgehalt der Grundrechte weitestmöglich zur Geltung kommen lässt.

28 Ein »weicher Vorrang« (*Roxin/Schünemann*, Strafverfahrensrecht, § 3 Rn. 16; einen Vorbehalt tragender Verfassungsgrundsätze statuierend BVerfGE 111, 307), der an und für sich nur mit einfachem Gesetzesrang ausgestatteten EMRK vor den nationalen Strafprozessnormen, wird rechtspraktisch dadurch verwirklicht, dass BVerfG und BGH in Anbetracht der völkerrechtlichen Verbindlichkeit der Entscheidungen des EGMR die »**konventionskonforme Auslegung** des deutschen Strafprozessrechts« (BVerfGE 74, 358; BVerfG NJW 2007, 204; BGHSt 46, 93, 97) »im Rahmen methodisch vertretbarer Gesetzesauslegung« (BVerfGE 111, 307; s.a. BVerfG NJW 2011, 1931: Verbot der Einschränkung des Grundrechtsschutzes nach dem GG) fordern. Die nationalen Gerichte sind daher gehalten, bei der Auslegung der strafprozessualen Regelungen die Interpretationen der EMRK durch den EGMR zu beachten (ausf. *Payandeh* DÖV 2011, 382; *Satzger* Jura 2009, 759: s.u. Art. 1 EMRK Rdn. 25 f.). Auch zu Rechtsakten der Europäischen Union darf sich die Auslegung von Vorschriften des nationalen Strafverfahrensrechts nicht in Widerspruch setzen (sog. **unionsrechtskonforme Auslegung**).

29 Über eine erweiternde Auslegung hinaus geht die **Analogie** (zur grds. Unbedenklichkeit vgl. BVerfGE 82, 6). Mittels dieses Rechtsanwendungsinstruments wird im Falle einer planwidrigen Lücke im Gesetz ein gesetzlich geregelter Falltypus auf einen nicht normierten, vergleichbaren Sachverhalt angewendet. Im materiellen Strafrecht untersagen Art. 103 Abs. 2 GG, 7 EMRK, § 1 StGB eine täterungünstige, d.h. strafbegründende oder strafschärfende Analogie e (s.a. Art. 7 EMRK Rdn. 24 ff.). Der Analogieschluss zu strafverfahrensrechtlichen Vorschriften ist hingegen sowohl zugunsten als auch zulasten des Beschuldigten innerhalb der Grenzen des verfassungsrechtlich Zulässigen grds. möglich (einschränkend: *Welp* JR 91, 267; *Jäger* GA 06, 615).

30 **C. Verfahrensgang.** Das Strafverfahren kann in vier grundlegende Verfahrensabschnitte unterteilt werden, wobei die drei erstgenannten das **Erkenntnisverfahren** bilden:
– Ermittlungsverfahren

Einleitung

- Zwischenverfahren
- Hauptverfahren, an das sich ggf. ein Rechtsmittelverfahren anschließt
- Vollstreckungsverfahren

Bereits vor der Begründung eines Anfangsverdachts (§ 152 Abs. 2) stattfindende **polizeiliche Vorfeld- oder Initiativermittlungen**, die in der Praxis insbesondere im Bereich der Betäubungsmitteldelikte und der organisierten Kriminalität mit dem Ziel vorbeugender Verbrechensbekämpfung betrieben werden und gezielt anhand von Vermutungen oder unpräzisen Hinweisen versuchen, einen Anfangsverdacht zu begründen, unterfallen nicht dem Regelungsgefüge der StPO. Die Zulässigkeit solcher Ermittlungen im Grenzbereich von präventiv- und repressiv-polizeilichem Tätigwerden ist außerhalb von bestehenden polizeirechtlichen Regelungen stark umstritten (MüKo-StPO/*Kudlich* Einl. Rn. 212 f.; vert. *Artzt*, Die verfahrensrechtliche Bedeutung polizeilicher Vorfeldermittlungen [2002]; *Hoppe*, Vorfeldermittlungen im Spannungsverhältnis von Rechtsstaat und Bekämpfung Organisierter Kriminalität [1999]; *Weßlau*, Vorfeldermittlungen [1989], S. 110; *Wohlers* GA 2014, 675). 31

Auch **Vorermittlungen der Staatsanwaltschaft** finden in der Verfahrenswirklichkeit statt und werden in Rechtsprechung und Schrifttum weitestgehend anerkannt. Sie dienen der aus dem Legalitätsprinzip resultierenden Verfolgungsverpflichtung (s.u. Rdn. 52), deren Erfüllung Klarheit über das Bestehen eines Anfangsverdachts auf Seiten der Staatsanwaltschaft voraussetzt (BGHSt 38, 227; LR/*Beulke* § 152 Rn. 33 f.; KK/*Diemer* § 152 Rn. 10; *Keller/Griesbaum* NStZ 1990, 416; *Lange*, Vorermittlungen, S. 38; krit. *Hellmann* FS Kühne, S. 235, 246 ff.). 32

I. Ermittlungsverfahren. Das Strafverfahren beginnt mit einem Ermittlungsverfahren (§§ 151 ff.). Dessen Ziel ist die Klärung, ob ein hinreichender Verdacht dahingehend bejaht werden kann, dass einem konkreten Beschuldigten ein Verstoß gegen ein Strafgesetz vorzuwerfen ist. Hierfür werden in einem freien, überwiegend von Zweckmäßigkeitserwägungen geprägten Vorverfahren sowohl be- als auch entlastende Beweismittel ausfindig gemacht, die später (sofern sich der Verdacht erhärtet) i.R.e. Hauptverhandlung zur Begründung des Tatvorwurfs Verwendung finden sollen. Die lückenlose Dokumentation aller Beweiserhebungen und sonstigen Feststellungen geschieht durch Aufnahme jedweder Ermittlungstätigkeiten und -ergebnisse in den Akten, ggf. in Form von sog. Vermerken. Diese dienen als Grundlage für spätere Aufklärungstätigkeit im Verfahren (§§ 170, 203, 244 Abs. 2) und ermöglichen bei Akteneinsichtnahme i.S.d. § 147 einen weitestgehend vollständigen Überblick des Verteidigers über das gesamte bisherige Ermittlungsgeschehen sowie eventuell über rechtliche Einschätzungen der Verfolgungsbehörden. 33

Betrieben wird dieses erste strafprozessuale Verfahrensstadium von der Staatsanwaltschaft (»Herrin des Ermittlungsverfahrens« – vgl. *Lilie* ZStW 111 [1999], 807; MüKo-StPO/*Kudlich* Einl. Rn. 214). In Gang gesetzt wird das Ermittlungsverfahren durch amtliche Wahrnehmungen der Strafverfolgungsbehörden, die einen Anfangsverdacht begründen, oder infolge einer Strafanzeige bzw. eines Strafantrages (§ 158 Abs. 2). Der **Anfangsverdacht** muss auf konkreten Tatsachen beruhen; vage Anhaltspunkte und bloße Vermutungen reichen nicht aus (vgl. BVerfGE 44, 353, 371 f., 115, 166, 197 f.; BVerfG NJW 2014, 1650 u. NJW 2015, 1585, 1586). Insbesondere dürfen strafprozessuale Eingriffsmaßnahmen (z.B. Durchsuchung) nicht der Ausforschung dienen, um daraufhin einen Tatverdacht begründen zu können (AG Bautzen StraFo 2015, 20). Steht fest, dass eine Straftat begangen wurde, kann auch aus rechtlich zulässigem Verhalten ein Anfangsverdacht bezüglich einer bestimmten Person erwachsen (z.B. infolge des legalen Erwerbs des Tatwerkzeugs; *Meyer-Goßner/Schmitt*, § 152 Rn. 4a). Ein Anfangsverdacht für die Begehung einer Straftat kann durch legales Verhalten allerdings nur begründet werden, wenn weitere Anhaltspunkte im Sinne konkreter Verdachtsmomente hinzutreten (BVerfG NJW 2014, 3085 – *Fall Edathy*; BVerfG NJW 2002, 1940 – *Tafelpapiergeschäfte*; BVerfG NJW 1994, 2079; OLG Hamburg NJW 1984, 1635; LG Regensburg StraFo 2015, 18; vert. *Hoven* NStZ 2014, 361; *Satzger* FS Beulke, S. 1009 ff.).

Rein faktisch werden die Ermittlungen – trotz der rechtlichen Vorherrschaft der Staatsanwaltschaft – überwiegend von den **Ermittlungspersonen des Polizeidienstes** durchgeführt, die wie die Staatsanwaltschaft dem Legalitätsprinzip, also einem Ermittlungszwang bei Anfangsverdacht, unterliegen (§§ 152 Abs. 2, 163 Abs. 1; s.u. Rdn. 52).

Das Ermittlungsverfahren endet mit der **Einstellung** des Verfahrens nach § 170 Abs. 2, wenn kein hinreichender Tatverdacht als Anklagevoraussetzung bestätigt werden kann (sei es, weil keine ausreichen- 34 den tatsächlichen Verdachtsmomente gegen einen konkreten Beschuldigten vorliegen, weil der prognostisch nachweisbare Sachverhalt keine Strafnorm erfüllt oder weil eine Prozessvoraussetzung fehlt) bzw. aufgrund von Opportunitätserwägungen nach §§ 153 ff., 31a BtMG, 45, 47 JGG, wenn die dort aufgeführten Voraussetzungen erfüllt sind. Von der Einstellung ist der Beschuldigte unter den Voraussetzungen des § 170 Abs. 2 Satz 2 (i.V.m. Nr. 88 RiStBV) zu benachrichtigen. Eine Benachrichtigung des Antragstellers unter Angabe von Gründen erfolgt in den von § 171 aufgeführten Fällen. Hierbei ist die Form der Zustellung zu wahren und eine Beschwerdebelehrung zu erteilen, wenn der Antragsteller der Verletzte ist und kein Fall des § 172 Abs. 2 Satz 3 vorliegt, in dem das Klageerzwingungsverfahren unstatthaft ist. Kann hingegen ein **hinreichender Tatverdacht** ermittelt werden und erfolgt keine Verweisung auf den Privatklageweg (vgl. § 376), endet das Ermittlungsverfahren mit **Erhebung der öffentlichen Klage** nach § 170 Abs. 1. Ein hinreichender Tatverdacht liegt dann vor, wenn aufgrund der vorläufigen Tatbewertung die Wahrscheinlichkeit einer Verurteilung gegeben ist.

35 **II. Zwischenverfahren.** Das Zwischenverfahren (§§ 199 ff.) beginnt damit, dass die Staatsanwaltschaft die Anklageschrift bei Gericht einreicht (= Erhebung der öffentlichen Klage). Der Beschuldigte wird hierdurch zum Angeschuldigten (§ 157 Var. 1) und die Strafsache bei Gericht **anhängig**, wodurch mangels alleiniger Dispositionsbefugnis des Gerichts (vgl. § 156 zur Anklagerücknahmebefugnis der StA) jedoch noch keine Rechtshängigkeit begründet wird. Das zuständige Gericht prüft sodann, ob das Hauptverfahren eröffnet wird. Hierzu informiert der Vorsitzende des zuständigen Gerichts den Angeschuldigten über den Inhalt der Anklageschrift verbunden mit der Aufforderung, Anträge auf Beweiserhebungen zu stellen und etwaige Einwände gegen die Eröffnung des Hauptverfahrens geltend zu machen (§ 201). Das Gericht trifft – wenn notwendig nach nochmaligen Ermittlungen (§ 202) – eine eigene, von der Einschätzung der Staatsanwaltschaft unabhängige Entscheidung, über das Vorliegen des hinreichenden Tatverdachts im Hinblick auf die angeklagte Tat. Zweck dieser nochmaligen Überprüfung ist die Vermeidung unnötig stigmatisierender Hauptverhandlungen. Bejaht wird den hinreichenden Tatverdacht, erlässt es einen Eröffnungsbeschluss (§§ 203, 207). Dieser stellt eine Prozessvoraussetzung dar (s.u. Rdn. 105), macht die Strafsache **rechtshängig** und bewirkt die Begrenzung des aburteilungsfähigen Prozessstoffes (vgl. § 265 f.). Ist aus Sicht des Gerichts hingegen kein hinreichender Tatverdacht gegeben, wird es den Erlass eines Eröffnungsbeschlusses ablehnen (§ 204). Vor dem Hintergrund der strukturellen Aufgabenverteilung zwischen StA und Gericht kommen im Zwischenverfahren nur einzelne ergänzende richterlich veranlasste Beweiserhebungen in Betracht. Ermittlungen größeren Umfangs zur Komplettierung eines von der StA unzulänglich belegten Anklagevorwurfs sind gesetzlich nicht vorgesehen (OLG Karlsruhe wistra 2004, 276, 279; AG Gummersbach StV 2015, 165, 266; KK/*Schneider*, § 202 Rn. 2). Im Falle der Erhebung der öffentlichen Klage durch Strafbefehl (vgl. § 407 Abs. 1 Satz 2) finden die §§ 199 ff. keine Anwendung, vielmehr bestimmt § 408 die Entscheidungsmöglichkeiten des Strafrichters. Legt der Beschuldigte form- und fristgerecht Einspruch gegen den Strafbefehl ein, terminiert das Gericht eine Hauptverhandlung. Dem Antrag auf Erlass eines Strafbefehls kommt dann die Funktion der Anklageschrift, dem Strafbefehl selbst die Funktion des Eröffnungsbeschlusses zu.

36 **III. Hauptverfahren.** Das Hauptverfahren (§§ 213 ff.) beginnt mit dem Erlass des Eröffnungsbeschlusses, durch den der Angeschuldigte zum Angeklagten wird (§ 157 Var. 2), und kann nochmals untergliedert werden in die **Vorbereitung** einerseits (§§ 213–225a) und die **Durchführung der Hauptverhandlung** andererseits (§§ 226–257). Die Vorbereitung der Hauptverhandlung durch den Vorsitzenden des Gerichts beinhaltet das Studium der von der StA überstellten Akten, die Erstellung eines Verhandlungsplanes und mündet in die Terminbestimmung (§ 213). Zur Hauptverhandlung hat der Vorsitzende den Angeklagten (§§ 214 Abs. 1 Satz 1, 216, 217), ggf. seinen Verteidiger (§ 218 Satz 1) sowie die von den Beteiligten benannten Zeugen und Sachverständigen (§§ 214, 219 Abs. 1 Satz 1) zu laden.

37 Der Ablauf der sehr formstrengen **Hauptverhandlung** (vgl. §§ 244, 257, 258, 260; sog. **Justizförmigkeit**) ergibt sich aus § 243. Als Instrument zur Ermittlung des wahren Tatsachengeschehens steht die Beweisaufnahme (§ 244) im Zentrum des Geschehens. Geleitet wird diese durch das Gericht, welches aber Angeklagtem, Verteidiger, Staatsanwalt und Nebenkläger die Möglichkeit gibt, Beweisanträge zu stellen. Geprägt wird das Hauptverfahren durch die Grundsätze der Unmittelbarkeit und Mündlichkeit: § 261 sieht vor, dass nur dasjenige Tatsachenmaterial Grundlage der richterlichen Urteilsfindung

sein darf, das in der Hauptverhandlung zum Gegenstand des Verfahrens gemacht, d.h. auf prozessordnungsgemäßem Wege in das Verfahren eingeführt wurde (gemeint ist damit im Grundsatz: Vernehmung der Zeugen und Sachverständigen, Verlesung der Urkunden, Inaugenscheinnahme der entsprechenden Gegenstände oder Schauplätze, Vernehmung des Beschuldigten). Gemäß § 238 Abs. 1 steht die Prozessleitung in der Hauptverhandlung dem Vorsitzenden zu (soweit nicht für spezielle Maßnahmen eine gesamtgerichtliche Zuständigkeit besteht, z.B. §§ 27 Abs. 1, 51, 70, 77, 228 Abs. 1 Satz 1, 230 Abs. 2, 231 Abs. 2, 231a Abs. 3, 236, 244 Abs. 6, 266 270, etc.). Ist ein Verfahrensbeteiligter mit einer prozessleitenden Entscheidung des Gerichtsvorsitzenden nicht einverstanden, kann er eine Entscheidung durch das gesamte Gericht beantragen, § 238 Abs. 2. Unterlässt er die Anrufung des Gerichts, verwirkt er, sofern es sich um ein verzichtbares Recht handelt, im Rahmen des Revisionsverfahrens das Recht, eine Rechtsverletzung i.S.v. § 337 zu rügen (BGHSt 1, 322, 325; 51, 144, 147; 55, 65; NStZ 2012, 344; *Mosbacher* FS Widmaier, S. 339; *ders.* NStZ 2011, 606; krit. *Bauer* StV 2012, 191; *Beulke*, Strafprozessrecht, Rn. 375; *Ignor/Bertheau* NStZ 2013, 188; *Lindemann* StV 2010, 379; *Gaede* wistra 2010, 210; *Widmaier* NStZ 2011, 305). Zudem übt der Vorsitzende nach § 176 GVG die Sitzungspolizei aus. Über die Hauptverhandlung ist Protokoll i.S.d. §§ 271 ff. zu führen. Zur besonderen Beweiskraft dieses Protokolls vgl. § 274.

In der Regel endet die Hauptverhandlung mit einem **Urteil** (§ 260), wobei zwischen dem freisprechenden oder verurteilenden Urteil mit Schuldspruch in der Sache und dem Prozessurteil des § 260 Abs. 3 (bei Fehlen einer Prozessvoraussetzung, s.u. Rdn. 126 ff.) zu unterscheiden ist. **38**

Der Strafprozess im **anglo-amerikanischen Rechtsraum** ist durch eine Zweiteilung der Hauptverhandlung zum Zwecke der Wahrung der Objektivität der Richter geprägt. Auch im Geltungsbereich des deutschen Strafprozessrechts wird die Aufteilung der Urteilsfindung in **Tat- und Schuldinterlokut** diskutiert. Im ersten Teil würde nur geklärt, ob der Angeklagte die Tat begangen hat (vert. zu diesem sog. **guilty plea**: *Trüg* ZStW 120 [2008] 331, 340 ff.), während erst im zweiten Teil die konkret zu verhängende Sanktion unter Berücksichtigung der besonderen persönlichen Verhältnisse des Angeklagten festzulegen wäre (vgl. hierzu Alternativ-Entwurf: Novelle zur Strafprozeßordnung, Reform der Hauptverhandlung, bearb. von *J. Baumann* u.a., 1985; *Kaiser* FS Lenckner, S. 781, 792 ff.). Derart weitreichende Reformen sind ausgehend von der jüngsten Gesetzgebungshistorie in Deutschland derzeit nicht zu erwarten, vielmehr sind die diesbzgl. Aktivitäten auf eine Weiterentwicklung des Strafverfahrensrechts innerhalb der überkommenen Strukturen gerichtet (vgl. *Albrecht*, Rechtstatsachenforschung, S. 8 ff. – nach BGH NStZ 1985, 561 steht es den Gerichten allerdings frei, durch selbständige Verfahrensgestaltung ein sog. **informelles Schuldinterlokut** zu praktizieren; hierzu: *Dahs* FS Beulke, S. 671, 675 ff.). **39**

An das Hauptverfahren erster Instanz kann sich ein **Rechtsmittelverfahren** anschließen, wenn einer der Rechtsmittelberechtigten (Staatsanwaltschaft oder Angeklagter bzw. Verteidiger, §§ 296 ff.; ggf. auch Privatkläger, § 390 oder Nebenkläger, § 401) Berufung oder Revision gegen das erstinstanzliche Urteil einlegt. Hierdurch wird die Rechtskraft des Urteils gehemmt (sog. Suspensiveffekt) und das Verfahren vor ein Gericht höherer Ordnung gebracht (sog. Devolutiveffekt). **40**

Das Hauptverfahren endet mit dem **rechtskräftigen Abschluss** der strafgerichtlichen Untersuchungen (zur Rechtskraft s.u. Rdn. 335). **41**

IV. Vollstreckungsverfahren. Nach Rechtskraft des Urteils schließt sich im Falle einer Verurteilung zu einer Strafe oder Maßregel der Besserung und Sicherung sowie ggf. Nebenfolgen das Vollstreckungsverfahren (§§ 449 ff.) an, das hauptsächlich in der Hand der Staatsanwaltschaft liegt (§ 451 Abs. 1 – bei Verurteilungen nach Jugendstrafrecht hingegen ist Vollstreckungsleiter der Jugendrichter, §§ 82, 90 Abs. 2 Satz 2, 110 Abs. 1 JGG. Daneben existieren auch gerichtliche Befugnisse für besonders wichtige Entscheidungen i.R.d. Vollstreckung (vgl. §§ 458 ff.). Zum Vollstreckungsverfahren gehören alle behördlichen Tätigkeiten, durch welche die Umsetzung, Abwandlung oder Aufhebung der strafrichterlichen Entscheidung ermöglicht werden sollen. Im Falle einer Freiheitsstrafe, die nicht zur Bewährung ausgesetzt wurde, umfasst die Strafvollstreckung sämtliche Maßnahmen zwischen Rechtskraft und Strafantritt sowie die Überwachung der Durchführung. Zu unterscheiden ist die Strafvollstreckung, bei der es um die Frage geht, »ob« die Sanktion – wie im Urteil rechtskräftig vorgegeben – tatsächlich umgesetzt werden soll (z.B. Widerruf einer gewährten Strafaussetzung zur Bewährung), von den Maßnahmen des Vollzugs, welche die faktische Durchführung der Sanktion betreffen, also die Frage, »wie« **42**

Einleitung

die im Urteil festgesetzte Sanktion realisiert wird (z.B. offener oder geschlossener Strafvollzug, Urlaub, Postempfang etc.).

43 **D. Die strafverfahrensrechtlichen Prozessmaximen.** Als Prozessmaximen werden diejenigen in der StPO, im GVG oder direkt im GG verankerten fundamentalen Prinzipien des Strafverfahrens bezeichnet, die in ihrer Gesamtschau die Rechtsstaatlichkeit des tief in die Bürgerrechte eingreifenden Strafverfahrens garantieren (vert. *Weigend* ZStW 113 [2001], 271).

44 **I. Anklagegrundsatz, § 151. 1.** Notwendiger Ausgangspunkt eines strafgerichtlichen Verfahrens ist die Erhebung einer öffentlichen Klage (§ 151) durch eine vom Gericht unabhängige Instanz (sog. **Akkusationsprinzip**). Diese Instanz ist im Grundsatz die Staatsanwaltschaft (§ 152 Abs. 1). Das Gericht kann nicht auf eigene Veranlassung hin tätig werden, der Grundsatz *nemo iudex sine actore* (»Wo kein Kläger, da kein Richter!«) gilt im deutschen Strafverfahrensrecht lückenlos. Die verfahrenseinleitende Anklage ist Prozessvoraussetzung und als solche in jeder Lage des Verfahrens von Amts wegen zu prüfen (BGHSt 5, 225, 227; s.u. Rdn. 110 ff.). Die Staatsanwaltschaft erforscht den Sachverhalt (§ 160 Abs. 1) und erhebt – sofern die Ermittlungen ausreichend Anhaltspunkte ergeben – öffentliche Klage durch Einreichung der Anklageschrift bei Gericht (§ 170 Abs. 1) oder ggf. durch Stellung eines Antrags auf Strafbefehlserlass (§ 407 Abs. 1 Satz 1).

45 Konsequenz des Akkusationsprinzips ist, dass der Beantwortung der Schuld- und Straffrage durch das Gericht nur die von der Staatsanwaltschaft zur Anklage gebrachten Taten unterliegen (vgl. §§ 151, 155; hierzu vert. *Ambos* Jura 2008, 586; *Huber* JuS 2008, 779). **Gegenstand der Urteilsfindung** ist folglich nur diese angeklagte Tat im prozessualen Sinne, wenn auch in der Gestalt, in der sie sich nach dem Ergebnis der Hauptverhandlung darstellt. Die Reichweite des entscheidungsrelevanten Prozessstoffes resultiert aus dem Inhalt der **Anklageschrift** (Angeschuldigter, zur Last gelegte Tat samt Zeit und Ort ihrer Begehung, gesetzliche Merkmale, einschlägige Strafvorschriften – sog. **Anklagesatz**, vgl. § 200 Abs. 1 Satz 1).

46 **2.** Für den Fall, dass erst im Laufe der Hauptverhandlung der Verdacht hinsichtlich weiterer Straftaten des Angeklagten offenbar wird, hängt die Beurteilung der Frage, ob eine Aburteilung dieser Straftaten im laufenden Verfahren (nach rechtlichem Hinweis auf die geänderte Beurteilung gem. § 265 Abs. 1) zulässig ist oder ob eine **Nachtragsanklage** nach § 266 Abs. 1 erforderlich wird, davon ab, ob die erst nach Anklage offenbar gewordenen neuen Tatumstände und die daraus resultierenden neuen Tatvorwürfe noch die bereits angeklagte Tat im prozessualen Sinne nach § 264 Abs. 1 betreffen. Nur in diesem Falle kommt eine umfassende Aburteilung unter Einbeziehung der neuen Erkenntnisse in Betracht. Der Begriff der prozessualen Tat ist nicht etwa mit dem materiell-rechtlichen Straftatbestand gleichzusetzen, sondern umfasst »das gesamte Verhalten des Beschuldigten, soweit es mit dem durch die Strafverfolgungsorgane (z.B. in der Anklage) bezeichneten geschichtlichen Vorkommnis nach der Auffassung des Lebens einen einheitlichen Vorgang bildet« (BGHSt 45, 211, 212; BGH NStZ 2014, 46, 47; *Huber* JuS 2012, 208; *Steinberg/Stam* Jura 2010, 907; näher § 264 Rdn. 4 ff.).

47 **3.** Gegenstück zum Anklagegrundsatz ist das sog. Inquisitionsprinzip, dessen Kennzeichen die Personalunion von Ermittler, Ankläger und Richter ist. Eine derartige Konstruktion der Strafverfolgung ist jedoch mit der Gefahr der Voreingenommenheit des Richters behaftet. Die »gespaltene« Übertragung der Strafverfolgung auf die Anklagebehörde Staatsanwaltschaft einerseits und das entscheidungsbefugte Gericht andererseits als zwei voneinander unabhängige Instanzen stellt einen der herausragenden Verdienste der seit 1848 in Deutschland Platz greifenden Bewegung des liberalen Strafprozesses dar (vert. *Ignor*, Geschichte des Strafprozesses in Deutschland 1532–1846 [2002], S. 231).

48 **II. Offizialmaxime, § 152 Abs. 1. 1.** Zur Erhebung der öffentlichen Klage ist gem. § 152 Abs. 1 die Staatsanwaltschaft berufen. Diese Regelung stellt eine einfachgesetzliche Verankerung des sog. Offizialprinzips dar, welches allein den Staat zur Einleitung sowie zur weiteren Durchführung des Strafverfahrens ermächtigt (Strafverfolgung *ex officio*) und dem einzelnen Bürger (etwa dem durch die Straftat Verletzten) damit im Grundsatz die Möglichkeit der selbständigen Einleitung eines Strafverfahrens verwehrt. Dem Staat obliegt folglich ein Anklagemonopol, wohingegen in älteren Verfahrensordnungen die Verfolgung von Straftaten mittels Popularklage möglich war (z.B. im römischen Recht) oder dem Verletzten die Erhebung der Strafklage anheim fiel.

Einleitung

2. Der Grundsatz der Strafverfolgung von Amts wegen begründet einen markanten Unterschied zwischen Straf- und Zivilprozessrecht. Im Zivilverfahren obliegt die Einleitung sowie das weitere Betreiben des Prozesses dem klagewilligen Bürger selbst (sog. **Dispositionsmaxime**). 49

3. Eine Durchbrechung des Offizialprinzips ist in §§ 374 ff. vorgesehen. Bei den dort aufgezählten sog. **Privatklagedelikten** übernimmt der Verletzte selbst die Rolle des Anklägers. Rechtfertigen lässt sich dies damit, dass die Privatklagedelikte im Vergleich zu den Offizialdelikten mit weniger gravierenden Rechtsgutsbeeinträchtigungen verbunden sind, die zudem über die Rechtssphäre des Betroffenen hinaus kaum Wirkungen entfalten, weshalb das öffentliche Interesse lediglich in recht geringem Maße berührt wird. Der Privatkläger erhält gemäß § 385 weitgehend die Stellung des Staatsanwalts. Jedoch besteht für die Staatsanwaltschaft nach § 376 die Möglichkeit, die öffentliche Klage zu erheben bzw. die Verfolgung jederzeit nach § 377 Abs. 2 Satz 1 zu übernehmen, wenn dies im öffentlichen Interesse liegt. 50

4. Das Offizialprinzip wird darüber hinaus durch die Institute der **sog. Antrags-** und **Ermächtigungsdelikte** eingeschränkt (vert. *Bosch* Jura 2013, 368; *Mitsch* JA 2014, 1). 51

a) Bei **reinen Antragsdelikten** (§§ 77 ff. StGB) sind die Strafverfolgungsorgane zwar auch ohne Vorliegen eines Strafantrags dazu berechtigt, Ermittlungen anzustellen (arg. e § 127 Abs. 3), eine gerichtliche Verurteilung erfordert jedoch als Prozessvoraussetzung einen wirksamen Strafantrag. Ist dieser nicht gestellt, muss das Verfahren eingestellt werden. Beispiele für reine Antragsdelikte sind §§ 123, 185, 257, 289 und 323a StGB.

b) Anders ist die Rechtslage bei den **relativen Antragsdelikten** (abweichende Terminologie bei *Fischer* Vor § 77 Rn. 2 f.: »Mischform«): Bei diesen Straftatbeständen können die staatlichen Behörden das Fehlen eines Strafantrags dadurch überwinden, dass sie ein besonderes öffentliches Interesse an der Strafverfolgung darlegen. Fehlt bei einem relativen Antragsdelikt der Strafantrag, führt dies nicht zwangsläufig zur Einstellung des Strafverfahrens, vielmehr liegt es an der Staatsanwaltschaft zu prüfen, ob sie das notwendige besondere öffentliche Interesse bejahen kann. Konkludent bringt sie die Bejahung eben dieses Interesses bereits durch die Anklage zum Ausdruck. Relative Antragsdelikte sind u.a. §§ 182, 223 u. 229 i.V.m. 230, 238, 299 i.V.m. 301, 303 i.V.m. 303c StGB.

c) Bei den sog. **Ermächtigungsdelikten** hängt die Strafverfolgung von der Ermächtigung einer bestimmten Person ab, so z.B. von der des Bundespräsidenten im Falle seiner Verunglimpfung, § 90 Abs. 4 StGB (weitere Beispiele, vgl. *Haller/Conzen*, Strafverfahren, Rn. 11).

III. Legalitätsprinzip, §§ 152 Abs. 2, 170 Abs. 1. 1. Das sog. Legalitätsprinzip, auch bezeichnet als **Ermittlungs- bzw. Anklagezwang**, bildet das notwendige Korrelat zum staatlichen Anklagemonopol (sog. Offizialmaxime, s.o. Rdn. 48 ff.). Da der Gesetzgeber die Durchsetzung des »materiellen Strafanspruchs« einzig und allein in die Hände des Staates legt, ergibt sich für diesen die aus Art. 3 GG folgende Verpflichtung, gegen jeden Verdächtigen ohne Ansehen von Person und Stellung vorzugehen (sog. Justizgewährleistungsanspruch, BVerfG NStZ 1982, 430). Gesetzlich verankert ist das Legalitätsprinzip in §§ 152 Abs. 2, 170 Abs. 1. Es verpflichtet die Staatsanwaltschaft (und über § 163 auch die Beamten des Polizeidienstes) bei Vorliegen eines Anfangsverdachts (zum Begriff vgl. o. Rdn. 33 u. § 152 Rdn. 6 ff.) hinsichtlich einer Straftat, Ermittlungen aufzunehmen und bei dessen Bestätigung durch einen hinreichenden Tatverdacht (vgl. § 170 Rdn. 11 ff.) Anklage zu erheben. 52
Prozessual abgesichert wird die Einhaltung des Legalitätsprinzips durch das Klageerzwingungsverfahren nach §§ 172 ff., materiell-rechtlich flankiert durch die Sanktionsdrohung des § 258a StGB (Strafvereitelung im Amt).

2. Den diametralen Gegensatz zum Legalitätsprinzip bildet das sog. **Opportunitätsprinzip**. Wo dieses Geltung beansprucht, steht es den zuständigen Institutionen frei, eine Straftat zu verfolgen. Im deutschen Strafprozessrecht bildet das Opportunitätsprinzip – gesetzlich verankert in §§ 153 ff., § 31a BtMG, §§ 45, 47 JGG – die Ausnahme zum Legalitätsgrundsatz. In den einschlägigen Fällen leichterer aber auch mittlerer Kriminalität haben die Strafverfolgungsbehörden die Möglichkeit, trotz hinreichenden Tatverdachts aus Zweckmäßigkeitsgesichtspunkten eine Verfahrenseinstellung vorzunehmen (LR/ *Beulke* § 152 Rn. 8; *Hein* JuS 2013, 899; *Nestler* JA 2012, 88; *Pommer* Jura 2007, 662; *Schulenberg* JuS 2004, 765). 53

Einleitung

54 **IV. (Amts-)Ermittlungsgrundsatz, insbes. § 244 Abs. 2. 1.** Der Terminus »Ermittlungsgrundsatz« (auch **Untersuchungsgrundsatz** oder **Instruktionsprinzip**) bezeichnet die Pflicht der Strafverfolgungsbehörden, den verfahrensrelevanten Sachverhalt von Amts wegen aufzuklären (§§ 155 Abs. 2, 160 Abs. 2, 244 Abs. 2). Teilweise wird zur Bezeichnung dieser Untersuchungsverpflichtung auch der Begriff »Inquisitionsprinzip« herangezogen, was allerdings die Gefahr von Verwechslungen mit derselben Benennung der Personalunion von Ermittler und Richter mit sich bringt (s.o. Rdn. 47). Vorzugswürdig ist es daher, eine der o.g. Bezeichnungen zu verwenden, um zum Ausdruck zu bringen, dass Polizei und Staatsanwaltschaft eine umfassende Sachverhaltsermittlung zu besorgen haben und dass nach dem mit der Anklageerhebung einhergehenden Übergang der Verfahrensherrschaft auf das Gericht diesem die weitestmögliche Aufklärung des Sachverhalts obliegt. Aus der Amtsaufklärungspflicht folgt ein Anspruch darauf, dass die Strafverfolgungsbehörden alle für die Strafsache relevanten tatsächlichen Sachverhaltsaspekte ermitteln und hierbei alle tauglichen und erlaubten Beweismittel in den Prozess einführen (BGHSt 32, 115, 122; vert. *Jahn* GA 2014, 588).

55 **2.** Im **Gegensatz** zu dem das Strafverfahren prägenden Ermittlungsgrundsatz, herrscht im Zivilprozess der Grundsatz der Verhandlungsmaxime, d.h. es ist Sache der Parteien zu entscheiden, über welche Tatsachenkenntnisse das Gericht für seine Entscheidung verfügt und welche Tatsachen für beweisbedürftig erachtet werden (Prinzip der formellen Wahrheit; ausf. zu diesem Antagonismus: *Weigend* FS Rissing-van Saan, S. 749). Im Strafprozess hingegen herrscht der Anspruch, dass das tatsächliche Geschehen aufgeklärt werden soll (Prinzip der materiellen Wahrheit, vgl. Rdn. 7 ff.), sodass z.B. ein erwiesenermaßen unwahres Geständnis keine Bindung des Gerichts zur Folge hat (auch nicht im Falle der Verständigung, vgl. § 257c Abs. 1 Satz 2 u. unten Rdn. 240) und die Erhebung von entlastenden Beweisen keinen entsprechenden Beweisantrag des Angeklagten voraussetzt.

56 **V. Grundsatz freier richterlicher Beweiswürdigung, § 261. 1.** Gemäß § 261 entscheidet das Gericht über das Ergebnis der Beweisaufnahme nach seiner freien, aus dem Inbegriff der Verhandlung geschöpften Überzeugung (vgl. BVerfG NJW 2003, 2444; *Geppert* Jura 2004, 105). Hierbei besteht im Grundsatz keinerlei Bindung an Beweisregeln (anders z.B. noch Art. 67 CCC, der Grundlage für das Sprichwort wurde, dass nur »zweier Zeugen Mund die Wahrheit kundtut«, oder das Gottesurteil des germanischen Strafprozesses, vgl. zu letzterem *Otte*, Rechtsgrundlagen der Glaubwürdigkeitsbegutachtung von Zeugen im Strafprozess [2002]), d.h. es ist dem Gericht nicht vorgeschrieben, unter welchen Voraussetzungen es eine Tatsache als bewiesen ansehen darf (BGH NJW 1963, 869 f.; MüKo-StPO/ *Kudlich* Einl. Rn. 200 m.w.N.). Von einer Beachtung der Gesetze der Logik, wissenschaftlicher Erkenntnisse und von den Erfahrungssätzen des täglichen Lebens ist der Richter hingegen nicht entbunden. Zudem darf er seine Befugnis zur freien Würdigung nicht missbräuchlich ausüben. Das bedeutet, dass er seine Entscheidung erst nach umfassender Aufklärung des Sachverhalts (§ 244 Abs. 2) treffen und nur diejenigen Tatsachen zugrunde legen darf, die er als erwiesen ansieht. Außerdem muss er den Beweis mit nachprüfbaren Argumenten führen (vert. *Geipel*, Die Notwendigkeit der Objektivierung der Beweiswürdigung [2008]). Zu den Anforderungen an den Grad der persönlichen richterlichen Überzeugung von der Schuld des Angeklagten vgl. u. zu § 261.

57 **2. Ausnahmsweise** existieren **Beweisregeln**, z.B. § 274, wonach Verstöße gegen wesentliche Förmlichkeiten der Hauptverhandlung nur mit Hilfe des Sitzungsprotokolls nachgewiesen werden können (vgl. aber auch BGH StV 2015, 98 zum Entfallen der Beweiskraft des Protokolls), oder § 190 StGB, wonach der Wahrheitsbeweis bzgl. einer Tatsachenbehauptung durch den Ausgang eines strafgerichtlichen Verfahrens erbracht wird, wenn die behauptete Tatsache die Begehung einer Straftat war.
Eine anerkannte Beweisregel kann auch in der aus dem *nemo-tenetur*-Grundsatz (s.u. Rdn. 150) abgeleiteten Regel gesehen werden, wonach aus der Tatsache, dass ein Beschuldiger ein ihm zustehendes Recht wahrnimmt, keine nachteiligen Folgen für ihn abgeleitet werden dürfen (vgl. zum Verbot, aus einem berechtigten Schweigen des Beschuldigten belastende Tatsachen zu folgern, BGHSt 34, 324, 326; BGH StV 2008, 236; KG NJW 2010, 2900; sogar das Scheitern eines Alibibeweises ist kein Beweisanzeichen für eine Täterschaft, BGHSt 41, 153, 154; zur Würdigung berechtigter Zeugnisverweigerung zu Lasten des Angeklagten: BGH NStZ 2014, 416 m. Anm. *Kudlich* JA 2014, 632). Der Grundsatz *in dubio pro reo* (s.u. Rdn. 63) ist hingegen keine Beweis-, sondern eine Entscheidungsregel (BGH NStZ 2010, 102; 2012, 171; MüKo-StPO/*Kudlich* Einl. Rn. 202). Eingeschränkt wird die freie rich-

terliche Beweiswürdigung schließlich auch aufgrund der Interpretation anderer Verfahrensvorschriften, v.a. durch die Anerkennung von **Beweisverwertungsverboten** (s.u. Rdn. 259 ff.).

VI. Mündlichkeitsgrundsatz, § 261. Aus § 261 folgt auch, dass die Entscheidung des Gerichts über das Ergebnis der Beweisaufnahme auf der Überzeugung zu beruhen hat, die es allein aus der mündlichen Verhandlung schöpft. Der Grundsatz der Mündlichkeit verlangt demzufolge, dass der Prozessstoff in der Hauptverhandlung umfassend angesprochen wird, da das Urteil nur auf denjenigen Fakten beruhen darf, die für die Verfahrensbeteiligten vernehmbar waren (vgl. BGH NStZ 1990, 228, 229; BGH StV 2013, 548). Hierdurch soll die Urteilsfindung für den Angeklagten besser nachvollziehbar sein und insgesamt der Öffentlichkeit eine Möglichkeit zur effektiven Kontrolle der Strafjustiz gegeben werden. Schöffen haben anders als Berufsrichter kein gesetzlich gewährleistetes Recht, die Akten einzusehen (BGHSt 13, 73, 75; zust. *Krüger* FS Schünemann, S. 915; krit. *Ellbogen* DRiZ 2010, 136) und können ihr Urteil somit schon rein faktisch allein auf ihre Eindrücke aus der mündlichen Verhandlung stützen (*Börner* ZStW 122 [2010], 157; vert. MüKo-StPO/*Kudlich* Einl. Rn. 190 ff.). Zur Erleichterung des Verständnisses in der Hauptverhandlung ist es jedoch zulässig, ihnen z.B. Tonbandprotokolle als Begleittext zum Mitlesen zur Verfügung zu stellen (BGHSt 43, 36). Eine Entscheidung im schriftlichen Verfahren ist im Strafprozess anders als in §§ 128 Abs. 2, Abs. 3, 331 Abs. 3 ZPO nicht möglich. § 249 Abs. 1 stellt eine besondere Ausprägung des Grundsatzes der Mündlichkeit beim Beweis durch Urkunden dar: Im Grundsatz müssen alle Urkunden und andere als Beweismittel dienenden Schriftstücke in der Hauptverhandlung verlesen werden (krit. *Krahl* GA 1998, 329). Eine für die Praxis bedeutsame Einschränkung des grundsätzlichen Erfordernisses der Verlesung von Urkunden ergibt sich aus der Möglichkeit des Selbstleseverfahrens nach § 249 Abs. 2 (vgl. hierzu BGH NStZ 2012, 346 m. Bespr. *Albrecht* ZIS 2012, 163; BGH NStZ 2012, 708 m. Bespr. *Mosbacher* NStZ 2013, 199; BGHSt 58, 15; weiterführend *Kirchner* StraFo 2015, 52 und *Ventzke* StV 2014, StV 2014, 114). Eine wichtige **Ausnahme** vom Grundsatz der Mündlichkeit hat der BGH hinsichtlich der **Verlesung des Anklagesatzes** zugelassen: In Verfahren, in denen – wie etwa bei einer Betrugsserie – massenweise und gleichförmig begangene Delikte angeklagt sind, soll es nach Ansicht des Großen Strafsenats – infolge einer teleologischen Reduktion des § 243 Abs. 3 Satz 1 – genügen, wenn der Anklagesatz in der Hauptverhandlung lediglich insofern wörtlich vorgelesen wird, als in ihm die gleichartige Tatausführung, welche die Merkmale des jeweiligen Tatbestands erfüllt, beschrieben und die Gesamtzahl der Taten, der Tatzeitraum sowie bei Vermögensdelikten der Gesamtschaden bestimmt sind. Eine Verlesung der näheren individualisierenden tatsächlichen Umstände der Einzeltaten oder Einzelakte sei in derartigen Fällen entbehrlich (BGHSt 56, 109 m. zust. Anm. *Gössel* JR 2011, 710; BGH NStZ 2011, 420; krit. *Börner* NStZ 2011, 436; *Ziegert* FS Schöch, S. 879; BGH NStZ 2014, 49 m. Anm. *Ferber*). Zu den Anforderungen an die mündliche Offenlegung von Verständigungsgesprächen s.u. Rdn. 233; hierzu bereits vor der Normierung BGHSt 43, 195.

VII. Unmittelbarkeitsgrundsatz, insbes. §§ 226 Abs. 1, 250, 261. 1. Nach dem allein für die Hauptverhandlung relevanten Grundsatz der Unmittelbarkeit ist das Gericht gehalten, sich einen möglichst direkten Eindruck vom relevanten Tatgeschehen zu verschaffen (vert. *Rolinski* FS Kühne, S. 297). Dies setzt voraus, dass das gesamte Gericht während der Hauptverhandlung ununterbrochen anwesend ist, § 226 Abs. 1. Bei Ausfall eines Richters muss die gesamte Hauptverhandlung wiederholt werden, es sei denn, es war von vornherein ein Ergänzungsrichter präsent, vgl. § 192 Abs. 2 GVG. Ausnahmsweise kann ein Teil der Beweisaufnahme nach §§ 223 ff. durch beauftragte oder ersuchte Richter erfolgen.

2. Bei der Rekonstruktion des Tatgeschehens vor Gericht soll möglichst das tatnächste Beweismittel Verwendung finden, z.B. also der Zeuge, der das Tatgeschehen unmittelbar erlebt hat statt eines Zeugen vom Hörensagen. Dies führt aber nicht zu einer generellen Unzulässigkeit »tatferner« Beweismittel. Auch ein Zeuge vom Hörensagen bleibt trotz der insofern missverständlichen Bezeichnung als »mittelbarer Zeuge« ein unmittelbares Beweismittel, berichtet er doch unmittelbar über das, was er erlebt hat. Bei einer Wahlmöglichkeit zwischen einem unmittelbaren Tatzeugen und einem bloßen Zeugen vom Hörensagen folgt zwar aus dem Grundsatz der Unmittelbarkeit, dass möglichst auf den unmittelbaren Zeugen zurückgegriffen werden sollte. Solange das Gericht jedoch in angemessenem Maße berücksichtigt, dass ein nur mittelbarer Zeuge weniger verlässlich ist als ein unmittelbarer, und überdies der Aufklärungspflicht (§ 244 Abs. 2, s.o. Rdn. 54) hinreichend Rechnung trägt, kann es auch das tatfernere

Einleitung

Beweismittel wählen (BGH NStZ 2004, 50 m. Bespr. *Winkler* JA 2004, 276; BGH NJW 2005, 1132; KK/*Diemer* § 250 Rn. 10 f.; HK/*Julius* § 244 Rn. 10; umfassende Bestandsaufnahme zum Zeugen vom Hörensagen bei *Detter* NStZ 2003, 1).

61 **3.** Deutlicher gesetzlich verankert ist der aus dem Unmittelbarkeitsprinzip resultierende Vorrang des Personalbeweises (z.B. Vernehmung eines Zeugen) vor dem Urkundsbeweis (Verlesung der früheren Vernehmung des Zeugen): Beruht der Beweis einer Tatsache auf der Wahrnehmung einer Person, so darf deren Vernehmung in der Hauptverhandlung nicht durch Verlesung eines Vernehmungsprotokolls oder einer schriftlichen Erklärung ersetzt werden, § 250, Art. 6 Abs. 3 lit. d EMRK (vert. *Mosbacher* NStZ 2014, 1). Auch hier bestehen allerdings gesetzlich verankerte Durchbrechungen, §§ 251 ff., 49 f., 232 f., 325 (zu entsprechenden Reformbestrebungen vgl. den AE-Beweisaufnahme in GA 2014, 1 ff.). Zudem steht der Unmittelbarkeitsgrundsatz nur der Ersetzung, nicht die Ergänzung des Zeugenbeweises durch Verlesung eines Vernehmungsprotokolls – namentlich zur Überprüfung der Glaubhaftigkeit von Zeugenaussagen – entgegen (BGH StV 2014, 205).

62 **VIII. Unschuldsvermutung und »in dubio pro reo«. 1.** Die **Unschuldsvermutung** ist in Art. 6 Abs. 2 EMRK völkerrechtlich verankert und nimmt in Deutschland gem. Art. 59 Abs. 2 GG den Rang eines einfachen Gesetzes ein; als Ausprägung des Rechtsstaatsprinzips genießt sie allerdings auch Verfassungsrang (BVerfGE 82, 106; vert. *Stuckenberg*, Untersuchungen zur Unschuldsvermutung [1998] sowie u. Art. 6 EMRK Rdn. 108 f.). Ausgangspunkt des Strafverfahrens ist die Vermutung der Unschuld des Beschuldigten. Eine Verurteilung setzt den vollständigen Nachweis seiner Schuld voraus (**Schuldgrundsatz**). Die Unschuldsvermutung wird verletzt, wenn eine Gerichtsentscheidung oder eine Äußerung eines Amtsträgers zu erkennen gibt, eine einer Straftat angeklagte Person sei schuldig, obwohl der gesetzliche Beweis ihrer Schuld noch nicht erbracht ist (EGMR [Karaman] NJW 2015, 37, 39). Tatsächliche Zweifel im Hinblick auf die Tat- und Schuldfrage, die sich auch nach Ausschöpfung aller Beweismittel nicht ausräumen lassen, stehen einer Verurteilung somit entgegen. Bestehen keinerlei solche Zweifel und kommt es zu einer Verurteilung des Angeklagten, endet die Unschuldsvermutung mit der Rechtskraft des Urteils (BVerfGE 35, 202, 232). Jeder Freispruch enthält materiell die Bestätigung, dass die Unschuldsvermutung nicht zulasten des Beschuldigten widerlegt werden konnte. Daher kann die Unschuldsvermutung auch durch ein freisprechendes Urteil verletzt werden. Insoweit kommt es nicht nur auf den Tenor der freisprechenden Entscheidung, sondern auch auf die Urteilsbegründung an. Eine Verletzung des Art. 6 Abs. 2 EMRK liegt bspw. vor, wenn die Urteilsgründe die Haltung des Gerichts zum Ausdruck bringen, dass der Angeklagte tatsächlich schuldig ist (EGMR [Cleve] HRRS 2015 Nr. 425). Zur Unschuldsvermutung im Rahmen der Strafzumessung vgl. BGH NStZ 2014, 202, zur Unschuldsvermutung bei Ablehnung der Strafrestaussetzung aufgrund einer weiteren Tat s. EGMR [Müller] NJW 2015, 539.

Die Unschuldsvermutung gilt im gesamten Strafverfahren: Der Betroffene darf vor förmlicher Feststellung seiner Schuld nicht als Schuldiger behandelt werden. Hierdurch werden in Grundrechte des Beschuldigten eingreifende, auf einem Verdacht der Straftatbegehung beruhende Strafverfolgungsmaßnahmen nicht ausgeschlossen, da mit ihrer Hilfe gerade geklärt werden soll, ob der Tatvorwurf begründet ist (BVerfG NJW 1990, 2741).

63 **2.** Der in § 261 sowie Art. 6 Abs. 2 EMRK verortete (LR/*Esser* Art. 6 EMRK Rn. 307 ff.; *Noack* Jura 2004, 539; SK-StPO/*Paeffgen* Art. 6 EMRK Rn. 175 ff.; *Stuckenberg* StV 2007, 655; vert. *Zopfs*, Der Grundsatz »in dubio pro reo« [1999]; u. Art. 6 EMRK Rdn. 114) Grundsatz »im Zweifel für den Angeklagten« (***in dubio pro reo***) besagt, dass nach abgeschlossener Beweiswürdigung noch bestehende Unsicherheiten an der Schuld des Angeklagten in tatsächlicher Hinsicht zu dessen Freispruch führen müssen. Diese »Entscheidungsregel« (s.o. Rdn. 57) findet keine Anwendung auf einzelne Beweiselemente, sondern greift i.R.d. verfahrensabschließenden Überzeugungsgewinnung auf der Grundlage des insgesamt ermittelten Tatsachenstoffes ein (BGH NStZ 2010, 102; BGH NStZ-RR 2012, 171). Sie zwingt das Gericht überdies nicht dazu, von der für den Angeklagten günstigsten Fallkonstellation auszugehen, wenn hierfür keine konkreten Anhaltspunkte bestehen (BGHSt 51, 324; BGH NStZ 2009, 630). Verletzt ist der Grundsatz *in dubio pro reo* nur dann, wenn der Richter verurteilt hat, obwohl er Zweifel an der Schuld hatte (nicht schon, wenn er diese Zweifel nur hätte haben müssen, BVerfG NJW 2002, 3015) und wenn sich dies aus den Urteilsgründen selbst ergibt (BVerfG NJW 1988, 477). In

einem Verfahren gegen mehrere Angeklagte können solche Feststellungen, die nach dem Zweifelssatz zu Gunsten eines Angeklagten getroffen werden, nicht Grundlage für Feststellungen zum Nachteil eines anderen Angeklagten sein (BGH StV 2015, 153; *Meyer-Goßner/Schmitt* § 261 Rn. 32).

Neben sämtlichen strafbegründenden Faktoren werden auch strafzumessungsrelevante Umstände vom Zweifelssatz erfasst (BGH StV 2000, 656). **Keine Anwendung** findet er hingegen auf die Beurteilung rechtlicher Zweifelsfragen (BGHSt 14, 68, 73). 64

Umstritten ist, auf welche Punkte sich der Anwendungsbereich des Zweifelssatzes jenseits der Schuld- und Straffrage erstreckt: Auf Prozessvoraussetzungen ist er grundsätzlich anwendbar, wobei jedoch auf die Besonderheiten der jeweiligen Verfahrensvoraussetzung abzustellen ist (BGHSt 46, 349, 352 m. Anm. *Verrel* JR 2002, 212; BGH NStZ 2010, 160; LR/*Stuckenberg* § 206a Rn. 37 ff.; für tendenziell großzügige Anwendung MüKo-StPO/*Kudlich* Einl. Rn. 400; vert. *Meyer-Goßner*, Prozessvoraussetzungen und Prozesshindernisse [2011], S. 60 ff.; *Schwabenbauer*, Der Zweifelssatz im Strafprozessrecht [2012], S. 97 ff.). Ist der Begehungszeitpunkt einer Tat unklar und somit auch die Frage des Eintritts der Verjährung, wirkt sich dieser Zweifel zugunsten des Angeklagten aus (BGHSt 47, 138, 147). Gleiches gilt für tatsächliche Unsicherheiten im Hinblick auf einen bereits eingetretenen Strafklageverbrauch (BGHSt 46, 349, 352) sowie für das Vorliegen eines Strafantrages nach §§ 77 ff. StGB (BGHSt 22, 90; vert. *Stuckenberg* JA 2000, 568). Bei **sonstigen Verfahrensfragen** findet der Zweifelssatz nach h.A. jedoch grundsätzlich keine Anwendung (BGHSt 16, 164, 166 hinsichtlich der Voraussetzungen des § 136a; einschränkend *Beulke*, Strafprozessrecht, Rn. 143; abl. *Roxin/Schünemann*, Strafverfahrensrecht, § 45 Rn. 63; BGH NStZ 2012, 345, 346 zu § 136 Abs. 1 Satz 2; abl. LR/*Gless* § 136 Rn. 78). Bei der Frage, ob Heranwachsende nach Jugend- oder nach Erwachsenenstrafrecht abgeurteilt werden (§ 105 JGG), findet im Zweifel das Jugendstrafrecht Anwendung (BGHSt 12, 116). 65

Keine unmittelbare Wirkung hat der Zweifelsgrundsatz bei der Entscheidung der StA, öffentliche Klage zu erheben, jedoch können sich in diesem Kontext mittelbare Wirkungen i.R.d. zu treffenden Prognose über ein Urteil des Gerichts ergeben (MüKo-StPO/*Kudlich* Einl. Rn. 227; vgl. hierzu § 170). 66

IX. Beschleunigungsgebot, Art. 20 Abs. 3 GG, Art. 6 Abs. 1 EMRK.

1. Nach allgemeiner Auffassung ergibt sich aus Art. 2 Abs. 2 Satz 2 GG i.V.m. Art. 20 Abs. 3 GG das Gebot der zügigen Durchführung von Strafverfahren (BVerfG NStZ 2006, 680; s.a. *Krehl/Eidam* NStZ 2006, 1; *Laue* GA 2005, 648; *Mansdörfer* GA 2010, 153; *Paeffgen* GA 2014, 275; vert. *Baumanns*, Der Beschleunigungsgrundsatz im Strafverfahren [2011]), welches u.a. beinhaltet, dass der Angeklagte »innerhalb einer angemessenen Frist« vom entscheidungszuständigen Gericht gehört wird (Art. 6 Abs. 1 Satz 1 EMRK; s.u. Art. 6 EMRK Rdn. 86 ff.). Die zügige Durchführung des Strafverfahrens ist sowohl im Interesse des Beschuldigten als auch im öffentlichen Interesse geboten, da zunehmender Zeitablauf die Beweisführung und somit die Ermittlung der materiellen Wahrheit im Verfahren erschwert (BGHSt 26, 228, 232). In der StPO wird der Beschleunigungsgrundsatz nicht ausdrücklich genannt, liegt aber verschiedenen Regelungen zugrunde, vgl. §§ 121, 122, 163 Abs. 2; § 72 Abs. 5 JGG (aktueller Rspr.-Überblick zu den verschiedenen Aspekten rechtsstaatswidriger Verfahrensverzögerung bei *Rinklin* StRR 2015, 44 u. 84). 67

2. Um die Angemessenheit der Dauer eines Strafverfahrens beurteilen zu können, sind die gesamte Dauer von Beginn bis zum Ende des Verfahrens sowie die Art und Schwere des Tatvorwurfes, die Schwierigkeit des Verfahrens, Besonderheiten in den Ermittlungen sowie das Ausmaß der mit der Verfahrensdauer verknüpften Belastungen für den Beschuldigten zu berücksichtigen (sog. **Relativität** des Beschleunigungsgebotes, BGH NStZ 2003, 384; 2004, 504). Besonders dann, wenn Untersuchungshaft angeordnet wurde, ist eine rasche richterliche Entscheidung herbeizuführen (BVerfG NJW 2006, 677; OLG Stuttgart StraFo 2013, 509; *Pieroth/Hartmann* StV 2008, 276; *Schultheis* NStZ 2015, 144). Das Beschleunigungsgebot in Haftsachen wird verfassungsrechtlich auf Art. 2 Abs. 2 Satz 2 GG gestützt (BVerfGE 46, 194, 195). Es ist auch in Art. 5 Abs. 3 S. 1 Hs. 2 EMRK verankert (u. Art. 5 EMRK Rdn. 53 ff.). An den zügigen Fortgang des Verfahrens und an die Begründungstiefe der Haftfortdauerentscheidung sind dabei umso strengere Anforderungen zu stellen, je länger die Untersuchungshaft andauert (BVerfG StV 2013, 640; OLG Hamm StRR 2014, 449; OLG Hamburg StV 2015, 309). Kann dem verfassungsrechtlichen Beschleunigungsgebot in Haftsachen nicht Rechnung getragen werden, weil der Staat seiner Pflicht zur verfassungsgemäßen Ausstattung der Gerichte nicht nachkommt, haben die mit der Haftprüfung betrauten Fachgerichte die verfassungsrechtlich gebote- 68 nen Konsequenzen zu ziehen, indem sie die Haftentscheidung aufheben; ansonsten verfehlen sie die ihnen obliegende Aufgabe, den Grundrechtsschutz der Betroffenen zu verwirklichen (BVerfG StV 2015, 39). Die relevante Zeitspanne beginnt, wenn der Beschuldigte von den Ermittlungen offiziell in Kenntnis gesetzt wird und endet mit rechtskräftigem Verfahrensabschluss (EGMR NJW 2006, 1645; BGHZ 199, 87, 93 = NJW 2014, 220, 221; BGH NStZ-RR 2001, 294; OLG Hamm NStZ-RR 2009, 318; *Laue* Jura 2005, 89). Auch Verzögerungen infolge von Vorabentscheidungsverfahren zum EuGH (EGMR StV 2009, 561 mit Anm. *Krehl*) und von Verfassungsbeschwerden vor dem BVerfG sind hierbei zu berücksichtigen. Ein Verstoß gegen Art. 6 Abs. 1 Satz 1 EMRK liegt jedoch nur im Falle einer *rechtsstaatswidrigen* Verfahrensverzögerung vor. Zeitliche Verzögerungen, die nicht durch staatliche Behörden (hierzu BGH StV 2009, 693), sondern durch Dritte (auch den Beschuldigten oder Verteidiger selbst) verursacht worden sind, können eine solche nicht begründen (BVerfG NStZ-RR 2005, 346; BGH NJW 2014, 1183, 1185; KG StV 2009, 534; Einzelheiten u. Art. 5 EMRK Rdn. 57; Art. 6 EMRK Rdn. 86 ff.). In zunehmendem Maße zieht die neuere Rechtsprechung allerdings derlei selbst veranlasste Verzögerungen als Begründung heran, um einzelne Verfahrensrechte wegen missbräuchlicher Verwendung zu begrenzen (BVerfG StV 2007, 366; KG StV 2009, 577 mit krit. Anm. *Schlothauer*, *Degener* FS Dencker, S. 23; *Schmitt* StraFo 2008, 313, 317; *Tepperwien* NStZ 2009, 1, 5; *Wohlers* NJW 2010, 2470).

69 3. Lange Zeit gingen die Gerichte davon aus, eine rechtsstaatswidrige überlange Verfahrensdauer begründe einen mildernden Umstand i.R.d. Strafzumessung (BGHSt 24, 239; 35, 137, 141). Eine grundlegende Änderung der Judikatur trat mit der Entscheidung des Großen Senats vom 17.01.2008 ein, in der die reine Strafzumessungslösung aufgegeben und stattdessen entschieden wurde, eine angemessene Behandlung von Verfahrensverzögerungen habe auf der Strafvollstreckungsebene zu erfolgen (sog. **Vollstreckungslösung** oder **Kompensationsmodell**, BGHSt (GrS) 52, 124; m. Anm. *Gaede* JZ 2008, 422; *Ignor/Bertheau* NJW 2008, 2209; *Pohlit* FS Rissing-van Saan, S. 453; *I. Roxin* FS Volk, S. 617; *Streng* JZ 2008, 979; zur Vereinbarkeit mit der EMRK s.u. Art. 6 EMRK Rdn. 97). Zentraler Inhalt dieser Vollstreckungslösung ist, dass die Verfahrensverzögerung zwar nach wie vor im Rahmen der Strafzumessung nach allgemeinen Grundsätzen, d.h. innerhalb des gesetzlichen Strafrahmens, berücksichtigungsfähig bleibt (BGH StV 2009, 638; BGH NStZ-RR 2011, 171; BGH StV 2015, 172), die eigentliche Kompensation des staatlichen Fehlverhaltens aber erst durch Anrechnung auf die zu vollstreckende (Gesamt-)Strafe erfolgen soll (Rechtsgedanke des § 51 Abs. 1 Satz 1, Abs. 4 Satz 2 StGB). Vgl. hierzu näher Rdn. 115 ff.

70 4. Bei leichteren Verstößen gegen den Beschleunigungsgrundsatz soll schon die **ausdrückliche Feststellung der rechtsstaatswidrigen Verfahrensverzögerung in den Urteilsgründen** ausreichend Kompensation gewähren, sodass daneben keine Anrechnung im Wege der Vollstreckung erforderlich sei, sondern allenfalls eine Berücksichtigung im Rahmen der Strafzumessung (BGH NStZ 2012, 653; vgl. unten Rdn. 116).

71 5. Äußerst kritisch war die Tatsache zu beurteilen, dass früher im Falle eines Freispruchs keine hinreichende gesetzliche Regelung zur Kompensation immaterieller Schäden bei überlanger Verfahrensdauer existierte. Der EGMR mahnte dies mehrfach an und sprach dem jeweils Betroffenen eine Entschädigung in Geld gem. Art. 41 EMRK zu (EGMR NJW 2006, 2389; StV 2009, 519; NJW 2010, 3355). Auch der BGH monierte, Art. 13 EMRK, der eine innerstaatliche Rechtsschutzmöglichkeit gegen Verfahrensverzögerungen einfordert, finde in der deutschen Rechtsordnung keinen Widerhall. Als Reaktion auf diese Kritik wurde inzwischen in §§ 198–201 GVG eine Regelung verankert, wonach die Oberlandesgerichte zur Entscheidung über Entschädigungsansprüche infolge überlanger Verfahren berufen sind (vgl. hierzu: *Gercke/Heinisch* NStZ 2012, 300; *Graf* NZWiSt 2012, 121; *Guckelberger* DÖV 2012, 289; *Roller* DRiZ 2015, 66; *Sommer* StV 2012, 110; vert. *Kolleck-Feser* Verfahrensverzögerungen im Strafverfahren und die Untätigkeitsbeschwerde der Staatsanwaltschaft, 2015, S. 121 ff.). Erfasst werden sowohl materielle (»angemessene« Entschädigung ohne entgangenen Gewinn, § 198 Abs. 1 Satz 1 GVG) als auch immaterielle Schäden (1200 € für jedes Jahr der Verzögerung, § 198 Abs. 2 Satz 3 GVG). Im Entschädigungsprozess gilt – wie auch sonst im Zivilprozess – der Beibringungsgrundsatz. Der Entschädigungskläger muss die Tatsachen vortragen und gegebenenfalls beweisen, die nach seiner Auffassung eine unangemessene Dauer des Ausgangsverfahrens begründen (BGHZ 199, 87, 100 =

NJW 2014, 220, 223; vert. *Reiter* ad legendum 2015, 151). Entschädigung erhält ein Verfahrensbeteiligter nur, wenn er bei dem mit der Sache befassten Gericht die Dauer des Verfahrens gerügt hat (Verzögerungsrüge, § 198 Abs. 3 GVG). Str. ist, ob die rechtzeitige Erhebung einer Verzögerungsrüge gem § 198 Abs. 3 S 1 GVG auch als Anspruchsvoraussetzung für eine Kompensation durch das Vollstreckungsmodell erforderlich ist (abl. BeckOK-StPO/*Graf* § 199 GVG Rn. 11; LR-*Krauß* Nachtr. § 199 GVG Rn. 19). Jedenfalls für die Wiedergutmachung durch ausdrückliche Feststellung der unangemessenen Verfahrensdauer in den Urteilsgründen bedarf es keiner vorhergehenden Verzögerungsrüge (BGH StV 2015, 154 – im Übrigen offen gelassen).

6. Wird zwischen dem tatrichterlichen Urteil und der Entscheidung über die zulässig eingelegte Revision gegen das Beschleunigungsgebot verstoßen, muss das Revisionsgericht dies von Amts wegen berücksichtigen (BGH NStZ 2006, 295). Zwangsmaßnahmen, die dem Grundsatz der Verhältnismäßigkeit genügen müssen, können im konkreten Fall unzulässig sein, wenn ein erheblicher Verstoß gegen das Beschleunigungsverbot zu verzeichnen ist, insbesondere steht ein solcher der Fortführung der U-Haft nach Erlass des ersten tatrichterlichen Urteils entgegen (BVerfG NJW 2006, 672). 72

7. Ein **Verfahrenshindernis** entsteht nach herrschender Rspr. grundsätzlich nicht allein durch eine überlange Dauer des Strafverfahrens, sodass auch bei absolut unangemessener Länge des Prozesses keine Einstellung nach § 260 Abs. 3 erfolgt. Nichtsdestotrotz teilten die Gerichte immer schon die Ansicht, dass es Extremfälle gibt, in denen aufgrund besonders gravierender Verfahrensverzögerung und den damit verbundenen Belastungen des Beschuldigten das Gebot der Rechtsstaatlichkeit des Strafverfahrens ein anerkennenswertes Interesse an der Strafverfolgung entfallen lässt, folglich also ein Verfahrenshindernis anzuerkennen ist (BVerfG NJW 2003, 2897; BGHSt 46, 159, 171 f.; LR/*Krauß*, § 199 GVG Nachtr. Rn. 13). Auch eine Einstellung gem. § 153 Abs. 2, § 153a Abs. 2 oder § 206a Abs. 1 erscheint denkbar (vgl. die unterschiedlichen Lösungen in BGHSt 46, 159, 169; OLG Rostock StV 2011, 220; OLG Düsseldorf StV 1995, 400; LG Bremen StV 2011, 223; LG Frankfurt NJW 1997, 1994). S.u. Rdn. 115 ff. 73

8. Für die Hauptverhandlung gilt als spezielle Ausprägung des Beschleunigungsgrundsatzes die **Konzentrationsmaxime**. Möglichkeiten zur **Unterbrechung** existieren nur sehr eingeschränkt (§§ 228 Abs. 1 Satz 1 Alt. 2, 229 Abs. 1); ab einer gewissen Dauer muss das Verfahren **ausgesetzt werden** (§§ 228 Abs. 1 Satz 1 Alt. 1, 229 Abs. 4), was eine erneute Durchführung der Hauptverhandlung im vollen Umfang erforderlich macht. Grundsätzlich ist die Hauptverhandlung, soweit dies möglich ist, in einem Gang durchzuführen, um den zur Entscheidung berufenen Personen einen frischen, unvermittelten Eindruck von den urteilsbildenden Faktoren zu verschaffen (BGH NJW 1996, 3019). Auf diese Weise soll gewährleistet werden, dass der Urteilsspruch aus dem »Inbegriff der Verhandlung« gewonnen werden kann und nicht dem Grundsatz der Mündlichkeit und Unmittelbarkeit der Hauptverhandlung zuwider den Akten entnommen werden muss (BGH StV 2014, 2; hierzu *Bock* FS Beulke, S. 633) 74

X. Öffentlichkeitsgrundsatz, § 169 Satz 1 GVG, Art. 6 Abs. 1 Satz 1, 2 EMRK. Das **Öffentlichkeitsprinzip** sichert das Gebot einer transparenten Justiz, indem in § 169 Satz 1 GVG normiert wird, dass im Grundsatz jedermann einer mündlichen Hauptverhandlung im Strafverfahren beiwohnen darf (BGHSt 28, 341, 434; *Kudlich* JA 2000, 970). Hierauf besteht allerdings kein verfassungsrechtlich begründeter Anspruch (BVerfGE 15, 303, 307). Der Zugang zur Hauptverhandlung ist nicht lückenlos gewährleistet. Das Gesetz sieht zum Schutz hochrangiger Rechtsgüter und Interessen (Schutz der Privatsphäre des Angeklagten oder der Zeugen, Schutz vor Gefährdungen der Staatssicherheit oder Sittlichkeit) in §§ 169 Satz 2, 170 ff. GVG Durchbrechungen vor. 75
Faktisch sicherlich bedeutsamer als die unmittelbare Teilnahme einzelner Personen ist heute die **Berichterstattung durch die Medien**, welche eine mittelbare Öffentlichkeit herstellt (vert. LR/*Wickern* Vor § 169 GVG Rn. 14 ff.; s.a. *Hassemer* ZRP 2013, 149; *Heger* FS Beulke, S. 759; *Jung* GA 2014, 257). Ohne diese mediale Vermittlungsmöglichkeit würde der Kontroll- und Informationszweck des verfassungsrechtlichen Öffentlichkeitsgrundsatzes unzureichend umgesetzt werden. Die Zugänglichkeit der Gerichtsverhandlung gerade für Pressevertreter ist daher verfassungsrechtlich von besonderem Gewicht (BVerwG NJW 2015, 807, 809). Insoweit ist in der Rechtsprechung des BVerfG anerkannt, dass es zulässig ist, für Medienvertreter in öffentlichkeitswirksamen Verfahren **Platzkontingente** im Gerichtssaal zu reservieren (BVerfG NJW 1993, 915). Reichen diese nicht aus, muss ein **faires Auswahl-**

Einleitung

verfahren – ggf. unter Differenzierung nach Medienarten (z.B. Fernsehen, Printmedien, ausländische Medienvertreter bei entsprechenden Bezügen des Falles) durchgeführt werden (EGMR NJW 2013, 521; BVerfG NJW 2013, 1293 m. Anm. *Zuck*; *Frenz* DVBl. 2013, 721 u. *Kühne* StV 2013, 417; vert. *von Coelln* DÖV 2006, 804). Unklar ist derzeit noch, ob – insbesondere im Hinblick auf § 169 Satz 2 GVG – bei erschöpfter Kapazität des Gerichtssaals eine Bild- und Tonübertragung der Verhandlung in einen anderen Raum zulässig ist (zu Recht zweifelnd MüKo-StPO/*Kudlich* Einl. Rn. 197). Zur Beseitigung der Rechtsunsicherheit wird eine Neufassung des § 169 GVG diskutiert (Beschluss der 24. Konferenz der Justizministerinnen und Justizminister, 2013; vert. *von Coelln* AfP 2014, 194; *Hamm* AfP 2014, 202; *Mitsch* ZRP 2014, 137). **Ton- und Filmaufnahmen der Presse** dürfen innerhalb des Sitzungssaals nur vor Beginn und nach Ende der Sitzung sowie während der Verhandlungspausen gemacht werden (vgl. § 169 S. 2 GVG). Im Rahmen der Sitzungspolizei kann der Vorsitzende diesbezügliche Beschränkungen anordnen (vgl. Nr. 129 Abs. 3 RiStBV; § 176 GVG), z.B. dass Bildaufnahmen des Angeklagten nur anonymisiert (»verpixelt«) veröffentlicht werden dürfen. Die Ermessensentscheidung des Vorsitzenden über sitzungspolizeiliche Anordnungen hat unter Abwägung der unterschiedlichen kollidierenden Interessen den Grundsatz der Verhältnismäßigkeit zu wahren (BVerfGE 119, 309; BVerfG NStZ 1995, 40; BVerfG NJW 1996, 310; *Eisenberg* StraFo 2007, 286). Werden Ton- und Bildaufnahmen unmittelbar vor oder nach einer Verhandlung oder in den Sitzungspausen mittels einer sitzungspolizeilichen Anordnung ausgeschlossen oder beschränkt, so muss das Gericht im Interesse des materiellen Grundrechtsschutzes die hierfür maßgebenden Gründe offenlegen (BVerfG NJW 2014, 3013, 3014). Bislang war strittig, ob Maßnahmen nach § 176 GVG ausnahmsweise mit der Beschwerde (§ 304) angefochten werden können, wenn durch die Anordnung die Rechtsposition des Betroffenen über die Hauptverhandlung hinaus beeinträchtigt wird (in diesem Sinne z.B.: OLG München NStZ 2007, 120; *Meyer-Goßner/Schmitt* § 176 GVG Rn. 16; *Hillenbrand* StRR 2013, 244; dagegen – e contrario ex § 181 Abs. 1 GVG: BVerfGE 119, 309, 317; OLG Hamm NStZ-RR 2012, 118; BeckOK-StPO/*Allgayer*, § 176 Rn. 18; Richterhandbuch-*Wenske/Moldenhauer*, Kapitel E II. Rn. 321; offen gelassen in BGHSt 44, 23). Nunmehr hat die 3. Kammer des Ersten Senats des BVerfG (StV 2015, 201) jedoch eine Verfassungsbeschwerde gegen eine sitzungspolizeiliche Anordnung (»Verpixelung«) gem. § 176 GVG nicht zur Entscheidung angenommen, da der Rechtsweg mit Blick auf das Rechtsmittel der Beschwerde nach § 304 Abs. 1 nicht erschöpft sei. Es spreche mit Blick auf die geänderte Haltung von fachgerichtlicher Rechtsprechung und Literatur vieles dafür, dass das Rechtsmittel der Beschwerde in diesem Fall gegeben sei.

Im Strafverfahren gegen Jugendliche (nicht jedoch gegen Heranwachsende) gilt abweichend vom Prinzip des § 169 Satz 1 GVG der Grundsatz der Nichtöffentlichkeit (§ 48 Abs. 1 JGG).

76 **XI. Fair-trial-Grundsatz, Art. 20 Abs. 3 GG, Art. 6 Abs. 1 EMRK. 1.** Bei Betrachtung der strafprozessualen Rechtsprechung der letzten Jahre fällt auf, dass diese mit zunehmender Häufigkeit unmittelbar auf den Grundsatz des »*fair trial*« zur Herleitung von Rechten und Pflichten der am Strafprozess Beteiligten zurückgreift. Dabei leitet sie das Gebot eines fairen, an den Grundsätzen von Billigkeit und Gerechtigkeit ausgerichteten Strafverfahrens (vgl. BGHSt 49, 112, 120) aus dem Rechtsstaatsprinzip des Art. 20 Abs. 3 GG i.V.m. dem Freiheitsrecht des Art. 2 Abs. 1 GG ab (BVerfGE 26, 66, 71; 66, 313, 318; BVerfG NJW 2007, 499, 500; s.a. *Brunhöber* ZIS 2010, 761, 762), während ein anderer Begründungsansatz eine Gesamtschau der Art. 1 Abs. 1, 2 Abs. 2 Satz 2, 20 Abs. 3, 101 Abs. 1 Satz 2, 103 Abs. 1 GG, Art. 6 Abs. 1 Satz 1 EMRK anstellt (BVerfG NJW 2001, 2245; *Hartmann/Apfel* Jura 2008, 495).

77 **2.** Das »Grundrecht« auf ein faires Verfahren gewährt **prozessuale Mindestgrundsätze** (vert. Art. 6 EMRK Rdn. 35 f.). Der konkrete Inhalt dieses Prozessrechtsgrundsatzes samt der Frage, in welchen Fällen sich aus ihm die Verpflichtung eines der Beteiligten zu einem bestimmten Prozessverhalten ergibt und welche prozessualen Konsequenzen bei deren Nichtbeachtung gezogen werden müssen, sind nach wie vor offen. Eine zu ausufernde Berufung auf diesen noch nicht hinreichend durch Rechtsprechung und Literatur ausgeformten Prozessrechtsgrundsatz birgt die Gefahr in sich, dass die Bindung an die Normen der StPO relativiert wird und folglich Rechtsunsicherheit hinsichtlich der Ausgestaltung des Verfahrensrechts entsteht. Zudem muss die Regelungsprärogative des Gesetzgebers hinsichtlich der grundsätzlichen Konzeption des Strafverfahrensrechts gewahrt werden (vgl. BGH NStZ 1984, 274). Rechtsstaatlich geboten ist gerade eine Beachtung des positiven Rechts durch die Strafrechtspre-

chung und nicht eine faktische Lockerung der Bindung hieran durch eine ungebundene Ausfüllung und Erweiterung prozessualer Regelungen (BGHSt 40, 217). Ein Prozesshindernis kann daher infolge des Bestimmtheitsgebots aus dem *fair-trial*-Grundsatz i.d.R. nicht hergeleitet werden (BGH NJW 2007, 3010; BGHSt 42, 191, 193; dazu *Beulke/Satzger* JuS 1997, 1074; s.a. *Beulke*, Strafprozessrecht, Rn. 289c). Primär verpflichtet das Gebot des *fair trial* den Gesetzgeber, bei der Ausgestaltung der Verfahrensvorschriften rechtsstaatlichen Prinzipien Rechnung zu tragen. Dieser Grundsatz darf aber **nicht als Allzweckwaffe** vorschnell herangezogen werden, wenn spezielle verfahrensrechtliche Regelungen existieren (die ihrerseits nicht selten gerade auf dem *fair-trial*-Prinzip beruhen) – diese sind vorrangig (vgl. BGH NStZ 2009, 168 zur Richterablehnung wegen Befangenheit; BGHSt 49, 112, 120; *Hamm* FS Salger, S. 290; *Meyer-Goßner* NStZ 1982, 362; *Rzepka*, Zur Fairness im deutschen Strafverfahren [2000] – unglücklich insofern BGHSt 32, 44).
Die Rüge einer Verletzung des *fair-trial*-Grundsatzes kommt z.B. dann in Betracht, wenn das Gericht ein von ihm selbst geschaffenes Vertrauen verletzt hat (ThürVerfGH NJW 2003, 740; vgl. LR/*Beulke* § 154 Rn. 57).

3. Weitere Beispiele für konkrete prozessuale Folgen, die die Rechtsprechung aus dem *fair-trial*-Grundsatz abgeleitet hat (ausf. *Gaede*, Fairness als Teilhabe [2007]): Verwertungsverbot hinsichtlich **rechtswidrig erhobener oder erlangter Informationen** nach Maßgabe der Abwägungslösung (BVerfGE 130, 1 [im konkreten Fall abgelehnt]); Verwertungsverbot nach heimlicher akustischer Überwachung eines Ehegattengespräches im **Besucherzimmer einer U-Haft-Einrichtung** (BGHSt 53, 294); Berücksichtigung der Rechtsprechung des IGH (BVerfG NJW 2007, 499); Ermittlung eines vollständigen und aktuellen Strafzumessungssachverhaltes (BVerfG JR 2008, 73); **Verteidigerwahlrecht** des Beschuldigten (BVerfGE 39, 238, 243); **Schweigerecht** des Beschuldigten (EGMR StV 2003, 257; BVerfG NStZ 1995, 555; BGHSt 38, 214, 220); Recht zur **direkten Befragung eines V-Mannes** (EGMR StV 1997, 617); Verbot der Verurteilung allein oder maßgeblich aufgrund einer Zeugenaussage ohne die Ermöglichung der **Ausübung des Fragerechts** des Angeklagten im Ermittlungs- oder Hauptverfahren (EGMR NJW 2003, 2893; EGMR NJW 2013, 3225); Berücksichtigung eines **Lockspitzeleinsatzes** gegen eine unverdächtige und nicht tatgeneigte Person i.R.d. Strafzumessung (BVerfG NJW 2015, 1083; BGH NStZ 2014, 277; BGHSt 45, 321, 335 im Anschluss an EGMR StV 1999, 127; gegen die Strafzumessungslösung und im Sinne eines Verwertungsverbots allerdings ausdrücklich: EGMR StraFo 2014, 504 m. Anm. *Sommer*); Verbot der staatlichen Ausforschung eines Beschuldigten durch einen **Polizeispitzel als Zellengenossen** (EGMR StV 2003, 257; vgl. aber auch EGMR NJW 2010, 213); Gebot der **Pflichtverteidigerbestellung** bereits im Ermittlungsverfahren im Falle der richterlichen Vernehmung eines Belastungszeugen (BGHSt 46, 93, 100); Verbot eines Bewährungswiderrufs wegen einer noch nicht rechtskräftig abgeurteilten Straftat (EGMR NJW 2004, 43); Verwertungsverbot für durch **Brechmitteleinsatz** erlangte Beweise (EGMR NJW 2006, 3117); Rechtswidrigkeit einer Verständigung, deren Gegenstand die Verhängung einer zur Bewährung auszusetzenden Freiheitsstrafe ist, ohne dass der Angeklagte vorab auf konkret in Betracht kommende Bewährungsauflagen (§ 56b Abs. 1 Satz 1 StGB) hingewiesen wurde (BGHSt 59, 172; BGH NJW 2014, 3173; OLG Saarbrücken NJW 2014, 238).

XII. Prozessuale Fürsorgepflicht. Aus der Zusammenschau von Sozial- und Rechtsstaatsprinzip lässt sich eine Garantie der »**Waffengleichheit**« unter den Verfahrensbeteiligten (LR/*Esser* Art. 6 EMRK Rn. 202 ff.; SK-StPO/*Paeffgen* Art. 6 EMRK Rn. 79; *Safferling* NStZ 2004, 181) sowie eine Verpflichtung aller Strafverfolgungsbehörden zu prozessualer Fürsorge gegenüber dem Beschuldigten ableiten (vgl. BVerfG NJW 1981, 1719; BGHSt 48, 221). Eine umfassende Fürsorgepflicht folgt daraus jedoch nicht, würde hierdurch doch die eigenverantwortliche Subjektstellung des Beschuldigten im Prozess missachtet werden (vgl. *Maiwald* FS Lange, S. 745 ff.). Rechtsdogmatisch angebracht ist es stattdessen, die prozessuale Fürsorgepflicht der Verfolgungsbehörden als Ausprägung des *fair-trial*-Prinzips einzustufen. Soweit die Aufrechterhaltung einer gleichmäßigen Informations- und Chancenverteilung dies gebietet, resultieren aus der Fürsorgepflicht – freilich unter Wahrung der Pflicht zur Wahrheitsermittlung – **Hilfspflichten**, die es dem Beschuldigten ermöglichen, seine Verteidigungsrechte adäquat wahrzunehmen (z.B. Hinweispflichten, Gewährung angemessener Fristen sowie Vorbereitungsmöglichkeiten bei veränderten Prozesssituationen, Heilung von Verfahrensmängeln etc.). Auch gegenüber anderen hilfsbedürftigen, in das Verfahren involvierten Personen, z.B. Zeugen, bestehen Hilfspflichten (BGH NStZ 1984, 31).

80 **XIII. Verhältnismäßigkeit/Übermaßverbot.** Der Grundsatz der Verhältnismäßigkeit folgt aus dem Rechtsstaatsprinzip und dem Wesen der Grundrechte selbst und hat somit Verfassungsrang (BVerfG NJW 1974, 227; 1986, 769). An den Anforderungen dieses Prinzips ist jeder staatliche Eingriff in grundrechtsrelevante Bereiche zu messen und wird hierdurch begrenzt (BVerfG NJW 1995, 1811; LR/*Erb* § 160 Rn. 40), unabhängig davon, ob die konkrete Eingriffsermächtigung dieses Erfordernis ausdrücklich benennt (wie z.B. §§ 81 Abs. 2 Satz 2, 97 Abs. 5 Satz 2, 112 Abs. 1 Satz 2, 120 Abs. 1 Satz 1, 160a Abs. 2 Satz 1, 163b Abs. 2 Satz 2, 163d Abs. 1 Satz 1) oder nicht. Für Maßnahmen staatlicher Strafverfolgung bedeutet dies, dass sie grundsätzlich in einem angemessenen Verhältnis zu **Bedeutung und Schwere der Straftat** und insbesondere zum **Grad des Verdachts** stehen müssen (BVerfGE 67, 157, 173). Eine strafprozessuale Eingriffsmaßnahme muss daher zur Erreichung des durch die gesetzgeberische Regelung vorgegebenen Ziels **geeignet** und **erforderlich** sein. Zudem ist in Bezug auf die verfolgten Ziele in jedem Einzelfall nochmals mittels einer **Abwägung** mit der wertsetzenden Bedeutung der betroffenen Grundrechte zu überprüfen, ob die Maßnahme den Betroffenen in Anbetracht der o.g. Kriterien auch nicht übermäßig belastet (BVerfG NJW 1963, 1598; NJW 1973, 891; bzgl. der Durchsuchung von Anwaltskanzleien: BVerfG 59, 95; BVerfG StV 2008, 393). Ausprägungen des Verhältnismäßigkeitsgrundsatzes stellen die in §§ 98a Abs. 1 Satz 2, 100a Abs. 1 Nr. 3, 100c Abs. 1 Nr. 4, 100f Abs. 1, 163e Abs. 1 Satz 2 enthaltenen Subsidiaritätsklauseln dar. Auch die gestufte Zulässigkeit von Zwangsmaßnahmen, die sich in Form der unterschiedlichen Verdachtsschwellen, der in Straftatkatalogen vorgegebenen Anlasstaten und dem Erfordernis der Erheblichkeit der Straftat äußert, ist Ausdruck des Verhältnismäßigkeitsprinzips.

81 **XIV. Grundsatz des gesetzlichen Richters, Art. 101 GG.** Das Prozessgrundrecht des Art. 101 GG (i.V.m. § 16 Satz 1 GVG) als »Kernstück« des Rechtsstaates (BVerfGE 40, 356, 361) legt fest, dass Ausnahmegerichte unzulässig sind, niemand seinem gesetzlichen Richter entzogen werden darf und Gerichte für besondere Sachgebiete nur durch Gesetz errichtet werden können. Mit der Garantie des gesetzlichen Richters will Art. 101 Abs. 1 Satz 2 GG der Gefahr vorbeugen, dass die Justiz durch eine Manipulation der rechtsprechenden Organe sachfremden Einflüssen ausgesetzt wird. Es sind somit objektive und generelle Regelungen erforderlich, die die Zuständigkeit der Strafgerichte regeln (BVerfGE 95, 322, 327), damit im Hinblick auf die von vornherein feststehende Aburteilungsbefugnis des Gerichts keine Manipulationen möglich sind (vert. *Sowada*, Der gesetzliche Richter, S. 136). Zu diesem Zwecke regeln StPO und GVG die örtliche, sachliche und funktionelle Zuständigkeit. Das diesen einfachgesetzlichen Regelungen zugrunde liegende grundrechtsgleiche Recht wird nicht schon dann verletzt, wenn eine diesen Normen widersprechende Fehlbesetzung oder die Entscheidung eines falschen Gerichts auf einem reinen »error in procedendo« beruht (BVerfGE 30, 165, 167), sondern nur dann, wenn der Verstoß gegen Zuständigkeitsregeln objektiv willkürlich erfolgt, d.h. nach den gesetzlichen Maßstäben schlechterdings völlig unvertretbar ist (BVerfGE 87, 282; BGHSt 42, 205; BGH NJW 1993, 1607; vgl. auch HK/*Julius* § 270 Rn. 9; MüKo-StPO/*Kudlich* Einl. Rn. 68). Der Grundsatz des gesetzlichen Richters gilt für jede Art richterlicher Tätigkeit einschließlich der des Ermittlungsrichters (BVerfGE 25, 336). Die Überbeanspruchung eines einzelnen Richters (z.B. durch einen Doppelvorsitz) oder eines Spruchkörpers beeinträchtigt den Anspruch auf den gesetzlichen Richter nicht (BVerfG NJW 2012, 2334, 2335; a. A.: *Fischer/Krehl* StV 2012, 550; *Fischer* FS Beulke, S. 709, 715 ff.; vert. u. Rdn. 137 und bei § 338). Bei Überlastung eines Spruchkörpers kann von Verfassungs wegen jedoch eine nachträgliche Änderung des Geschäftsverteilungsplans gem. § 21e Abs. 3 GVG geboten sein. Das Gebot zügiger Verfahrensgestaltung lässt allerdings das Recht auf den gesetzlichen Richter nicht vollständig zurücktreten: In derartigen Fällen muss vielmehr das Recht des Angeklagten auf den gesetzlichen Richter mit dem rechtsstaatlichen Gebot einer funktionstüchtigen Strafrechtspflege und dem verfassungsrechtlichen Grundsatz zügiger Verfahrensgestaltung in einen angemessenen Ausgleich gebracht werden (BGH Beschl. v. 25.03.2015 – 5 StR 70/15 bei *juris*).

82 **XV. Grundsatz des rechtlichen Gehörs, Art. 103 Abs. 1 GG.** 1. Das **grundrechtsgleiche Recht** auf rechtliches Gehör, welches Art. 103 Abs. 1 GG gewährt, beinhaltet nach ständiger Rechtsprechung des BVerfG die Garantie, dass einer gerichtlichen Entscheidung nur solche Tatsachen und Beweisergebnisse zugrunde gelegt werden, zu denen Stellung zu nehmen den Beteiligten, deren Rechte durch die Entscheidung unmittelbar beeinträchtigt sind, **Gelegenheit** gegeben war (BVerfGE 18, 399, 404; BVerfG NJW 1994, 3220). Dem Beschuldigten muss also die Möglichkeit gewährt werden, sich zu

den erhobenen Vorwürfen, zu dem dem Prozess zugrunde liegenden Tatsachenstoff, zu ihm gesondert bekannten (BVerfGE 20, 349) oder offenkundigen Tatsachen (BVerfGE 10, 177, 182), den Ergebnissen der Beweiserhebung und den verfahrensrechtlichen Aspekten des konkreten Falles zu äußern, Anträge zu stellen und Ausführungen zu machen. Zugleich ist das Gericht verpflichtet, seine Ausführungen zur Kenntnis zu nehmen und bei der Entscheidungsfindung zu berücksichtigen (BVerfGE 6, 19, 20; 64, 135, 144; BVerfG NJW 2004, 1519; speziell zum Revisionsverfahren: *Wohlers* JZ 2011, 78). Es handelt sich nicht nur um »ein prozessuales Urrecht des Menschen« (BVerfGE 55, 1, 6), sondern um »ein **objektiv rechtliches Verfahrensprinzip**, das für ein rechtsstaatliches Verfahren im Sinne des Grundgesetzes konstitutiv und grundsätzlich unabdingbar ist« (BVerfG NJW 2004, 2443; BVerfG NJW 2006, 1048; BVerfG NStZ 2007, 274). Der Einzelne soll nicht nur Objekt der richterlichen Entscheidung sein, sondern vor einer Entscheidung, die seine Rechte betrifft, zu Wort kommen, um als **Subjekt** Einfluss auf das Verfahren und sein Ergebnis nehmen zu können. Rechtliches Gehör sichert den Prozessbeteiligten ein Recht auf Information, Äußerung und Berücksichtigung mit der Folge, dass sie ihr Verhalten im Prozess selbstbestimmt und situationsspezifisch gestalten können (vert. *Krehl* FS Hassemer, S. 1055; *Rüping*, Der Grundsatz rechtlichen Gehörs und seine Bedeutung im Strafverfahren [1976]). Die Garantie der Gehörsgewährung soll sicherstellen, dass die gefundene Entscheidung nicht mit Aufklärungsmängeln behaftet ist, die ihren Grund in unterlassener Kenntnisnahme oder Nichtberücksichtigung des Vortrags der Verfahrensbeteiligten haben (BVerfGE 65, 305, 307).

2. Art. 103 Abs. 1 GG bedarf der **Ausgestaltung** in den einzelnen Verfahrensordnungen (BVerfGE 74, 1, 5). Für das Strafverfahren sind insbes. §§ 33, 33a, 115, 136, 147, 163a Abs. 1, 201, 243 Abs. 4, 257, 258 Abs. 2, 265, 356a zu nennen. Nicht jeder Verstoß gegen eine Norm, die Art. 103 Abs. 1 GG einfachgesetzlich konkretisiert, stellt indes gleichsam einen Verstoß gegen diesen verfassungsrechtlichen Grundsatz dar. Ein solcher kann nur angenommen werden, wenn das Gericht bei Auslegung und Anwendung der konkretisierenden Norm Tragweite und Bedeutung des rechtlichen Gehörs verkannt hat (BVerfGE 74, 228, 233). Auf eine Verletzung des Grundsatzes rechtlichen Gehörs lässt sich z.B. schließen, wenn das Gericht auf ein Vorbringen des Beschuldigten in der Urteilsbegründung nicht eingeht, obwohl der betreffende Punkt von zentraler Bedeutung für die Entscheidungsfindung war (BVerfG NJW 1992, 2879). 83

3. Zur Wahrung der **Rechtsposition des Beschuldigten** genügt es, wenn ihm **Gelegenheit** zur Äußerung gegeben wird, er seine prozessualen Möglichkeiten also z.B. durch Wortmeldung nutzen kann. Eine Verwirkung seines prozessgrundrechtlichen Anspruches durch eigene Nachlässigkeit ist indes möglich (BVerfGE 5, 10; vgl. z.B. §§ 231 Abs. 2, 231a, 231b, 232, 233). Wird neues Beweismaterial zum Nachteil des Beschuldigten eingebracht, kann er sich jedoch darauf verlassen, dass ihn das Gericht darauf hinweist (BVerfGE 15, 218). Der Beschuldigte muss nicht nur mit seinen tatsächlichen Ausführungen gehört werden, er kann aus Art. 103 Abs. 1 GG auch das Recht ableiten, dass seine rechtlichen Ansichten beim Gericht Gehör finden. Dies bedeutet jedoch nicht, dass er auch zu der letztendlich erfolgenden rechtlichen Würdigung durch das Gericht nochmals Stellung nehmen darf. Überraschende Entscheidungen sind also trotz des grundrechtsgleichen Anspruchs auf rechtliches Gehör nicht ausgeschlossen (BayVerfGH NJW 1964, 2295), solange nicht die gerichtliche Fürsorgepflicht (s.o. Rdn. 79) eine vorherige Information des Beschuldigten gebietet. In manchen Normen, z.B. § 81, lässt der Gesetzgeber eine Anhörung des Verteidigers genügen. Im Umkehrschluss folgt daraus, dass in den nicht dergestalt eingeschränkten Fällen Beschuldigter und Verteidiger gehört werden müssen (OLG Karlsruhe JZ 1969, 710 m. Anm. *Eb. Schmidt*). Im Falle einer schriftlichen Verteidigeräußerung außerhalb der Hauptverhandlung kann die Anhörung des Beschuldigten hierdurch als gewahrt angesehen werden (BGH MDR 1974, 367). 84

4. Ein Verstoß gegen das Recht auf rechtliches Gehör kann bei widerruflichen Entscheidungen durch eine Neuentscheidung des Gerichts bzw. durch Gewährung rechtlichen Gehörs bei der Entscheidung über den Widerruf geheilt werden. Die gleiche Möglichkeit besteht im Rahmen einer zweiten Tatsacheninstanz als Rechtsmittelinstanz (BVerfGE 8, 182). Bestehen diese Möglichkeiten nicht, kann über ein **Nachverfahren** Abhilfe geschafft werden, das von Amts wegen oder auf Antrag im Rahmen einer sog. **Anhörungsrüge** eingeleitet wird (§§ 33a, 311a, 356a; vgl. auch § 311 Abs. 3; krit. *Eschelbach/Geipel/Weiler* StV 2010, 325; *Lohse* StraFo 2010, 433). Die erfolglose Erhebung einer derartigen Anhö- 85

Einleitung

rungsrüge ist i.d.R. Voraussetzung für die Zulässigkeit einer auf die Verletzung des Art. 103 Abs. 1 GG gestützten **Verfassungsbeschwerde** (Gebot der Rechtswegerschöpfung gem. § 90 Abs. 2 BVerfGG; vert. *Jahn/Krehl/Löffelmann/Güntge*, Die Verfassungsbeschwerde in Strafsachen [2011], Rn. 191 ff.). Wurde im Hinblick auf eine für eine gerichtliche Entscheidung relevante Tatsache oder ein ausschlaggebendes Beweisergebnis das rechtliche Gehör unzulässiger Weise nicht gewährt, besteht ein **verfassungsunmittelbares Verwertungsverbot** hinsichtlich einer Berücksichtigung zuungunsten des Beschuldigten (BVerfGE 13, 24, 191), was bezüglich des Urteils schon aus § 261 folgt.

86 5. Während dem Beschuldigten das Schutzrecht des Art. 103 Abs. 1 GG zusteht, kann sich die **Staatsanwaltschaft** als Repräsentantin von Hoheitsgewalt mangels Grundrechtsberechtigung nicht auf diese Rechtsposition berufen. Ihr Anspruch auf Anhörung ist somit nur einfachgesetzlicher Art (§ 33 Abs. 1, 2; vgl. hierzu OLG Braunschweig NJW 1962, 753, **a. A.** *Arndt* NJW 1962, 1194; *Röhl* NJW 1964, 275).

87 **E. Prozessvoraussetzungen und Prozesshindernisse. I. Begriff und Bedeutung.** Die sog. **Prozess- oder Verfahrensvoraussetzungen** bilden die Bedingungen für die Zulässigkeit eines Urteils in der Sache vor dem in Frage stehenden Gericht und unter Mitwirkung der aktuellen Prozessbeteiligten (vgl. grundlegend *Bülow*, Die Lehre von den Prozesseinreden und den Prozessvoraussetzungen, 1868; *Volk*, Prozessvoraussetzungen im Strafrecht [1978]; ferner BGHSt 10, 74, 75; SK-StPO/*Paeffgen* Anhang § 206a Rn. 1 ff.; *Rieß*, Wiss. FG 50 Jahre BGH, S. 809), sei es in Form einer Verurteilung, sei es in Form eines Freispruches (sog. Sachurteil). Es handelt sich nach h.M. um Umstände, die so schwer wiegen, dass von ihrem Vorliegen bzw. Fehlen abhängt, ob überhaupt ein Sachurteil ergehen kann (statt aller: BGHSt 46, 159, 169; *Meyer-Goßner/Schmitt* Einl. Rn. 142; MüKo-StPO/*Kudlich* Einl. Rn. 353; *Volk/Engländer*, Grundkurs StPO, § 14 Rn. 2). Terminologisch kann unterschieden werden zwischen **positiven** Prozessvoraussetzungen (Bedingungen, die vor Erlass eines Sachurteils notwendigerweise positiv vorliegen müssen – z.B. der Strafantrag bei den Antragsdelikten) und **negativen** Prozessvoraussetzungen bzw. **Prozesshindernissen** (Umstände, deren Vorliegen ein Sachurteil ausschließt – z.B. die anderweitige Rechtshängigkeit; vert. *Krack* GA 2003, 536).

88 Die StPO selbst kennt den Begriff der Prozessvoraussetzung nicht, sondern verwendet u.a. in §§ 206a Abs. 1, 260 Abs. 3, 304 Abs. 4 Satz 2 Nr. 2, 467 Abs. 3 Satz 2 Nr. 2 den Terminus »**Verfahrenshindernis**«.
Terminologisch führt das Vorliegen eines Prozesshindernisses bzw. das Fehlen einer Prozessvoraussetzung entweder zu einem Befassungs- oder Bestrafungsverbot (zu dieser Terminologie eingehend: *Meyer-Goßner*, Prozessvoraussetzungen und Prozesshindernisse [2011], S. 27 ff., 38 ff.; vgl. auch BGHSt 51, 202, 205; BGH NJW 2015, 1032, 1033; OLG Hamburg NStZ 2014, 534, 535; OLG Hamm NStZ-RR 2008, 383; krit. LR-*Stuckenberg* § 206a Rn. 29). Im Falle eines **Befassungsverbotes** (z.B. bei fehlender Anklage oder fehlendem Eröffnungsbeschluss, bei Strafunmündigkeit, beim Vorliegen anderweitiger Rechtshängigkeit oder einer bereits rechtskräftigen Entscheidung) ist es dem Gericht untersagt, sachlich über den Vorwurf zu befinden. Das Verfahren muss zwingend eingestellt werden – selbst wenn ansonsten ein Freispruch ergehen müsste (BGHSt 46, 130). Fällt das Prozesshindernis jedoch weg, kann ein neues Verfahren eingeleitet werden. Zur Rechtsfolge bei fehlender gerichtlicher Zuständigkeit s.u. Rdn. 93. Ein **Bestrafungsverbot** (u.a. fehlender Strafantrag, Verjährung) hindert hingegen nicht die Durchführung des Verfahrens, sondern nur die Bestrafung. Gemeinhin wird das Verfahren auch hier mit einer Einstellung enden, jedoch geht ein Freispruch der Einstellung vor (OLG München NJW 2008, 3151, 3155). Näher zu den Rechtsfolgen von Prozesshindernissen in den einzelnen Verfahrensstadien s.u. Rdn. 126 ff.

89 Ob die Verfahrensvoraussetzungen gegeben sind, muss grundsätzlich **in jedem Stadium des Verfahrens von Amts wegen geprüft werden**, auch in der Rechtsmittelinstanz (*Ostendorf*, Strafprozessrecht [2012], Rn. 83; einschr. *Meyer-Goßner* NStZ 2003, 169 hinsichtlich der Bestrafungsverbote; diff. auch MüKo-StPO/*Kudlich* Einl. Rn. 396 ff.). Eine gesetzliche Einschränkung der *ex-officio*-Prüfung in zeitlicher Hinsicht enthält aber z.B. § 16 hinsichtlich der örtlichen Zuständigkeit des Gerichts (s.u. Rdn. 95). Ergibt sich das Vorliegen eines Prozesshindernisses, dürfen die Ermittlungen nicht in Gang gesetzt bzw. muss das bereits laufende Verfahren eingestellt werden. Die Prozessvoraussetzungen werden i.d.R. im sog. **Freibeweisverfahren** überprüft, eine Bindung an die von der StPO zugelassenen Beweismittel be-

steht hierbei nicht (BGHSt 46, 349, 351; krit. *Roxin/Schünemann*, Strafverfahrensrecht, § 21 Rn. 23). Noch nicht endgültig geklärt ist, inwieweit der Zweifelssatz »*in dubio pro reo*« auf Prozessvoraussetzungen anzuwenden ist (s.o. Rdn. 65).

II. Einzelne Prozessvoraussetzungen. Ein bloßer Verfahrensmangel genügt, wie § 337 zeigt, grds. nicht für die Annahme eines Prozesshindernisses. Es erwächst nur dann, wenn der gesetzgeberische Wille zutage tritt, dass an den entsprechenden Sachverhalt die Zulässigkeit eines strafgerichtlichen Urteils in der Sache insgesamt gekoppelt sein soll (BGHSt 15, 287, 290; 41, 72, 75). Selbst aus Verfahrensfehlern i.S.v. § 338, bei denen das Beruhen der Entscheidung auf dem Fehler unwiderlegbar vermutet wird, ist nicht automatisch ein Prozesshindernis herzuleiten (BGHSt 26, 84, 88). In Judikatur und Schrifttum wurde ein Kanon gesicherter Prozesshindernisse entwickelt, der jedoch entwicklungsoffen ist. 90

1. Deutsche Gerichtsbarkeit. Die in §§ 18–20 GVG aufgeführten Exterritorialen (Mitglieder der diplomatischen Missionen und konsularischen Vertretungen sowie Repräsentanten ausländischer Staaten) unterfallen nicht der deutschen Gerichtsbarkeit, sodass kein Strafverfahren gegen sie eingeleitet werden darf (BGH NStZ 2013, 600). Auch wenn das deutsche Strafrecht auf eine Auslandstat gem. §§ 3 ff. StGB nicht anwendbar ist, besteht prozessual ein Verfahrenshindernis (BGHSt 34, 1, 3). 91

2. Rechtswegeröffnung nach § 13 GVG. Die Erhebung einer Anklage vor einem Strafgericht setzt voraus, dass der Rechtsweg zur ordentlichen Gerichtsbarkeit nach § 13 GVG eröffnet ist, es sich bei dem fraglichen Verfahren also um eine Strafsache handelt. In unmittelbarem Zusammenhang verwirklichte Ordnungswidrigkeiten können im selben Prozess mit abgeurteilt werden (§ 82 OWiG). 92

3. Sachliche, funktionelle und örtliche Zuständigkeit des Gerichts. a) Das Gericht, welches ein Urteil in einer Strafsache fällen soll, muss nach den einschlägigen Regelungen des GVG, auf die § 1 verweist (insbesondere §§ 24 ff., 74 ff., 120 GVG), **sachlich zuständig** sein. Es prüft seine sachliche Zuständigkeit grundsätzlich in jeder Lage des Verfahrens von Amts wegen (§ 6). 93
Im Zwischenverfahren kann die Anrufung eines sachlich unzuständigen Gerichts über § 209 korrigiert werden: Hält das angerufene Gericht die Zuständigkeit eines Gerichts höherer Ordnung für begründet, wird es diesem – vermittelt über die StA – die Sache zur Entscheidung vorlegen (§ 209 Abs. 2); im umgekehrten Falle kann das angerufene Gericht das Hauptverfahren vor jedem von ihm für zuständig gehaltenen Gericht niedrigerer Ordnung in seinem Gerichtsbezirk eröffnen (§ 209 Abs. 1).
Zwischen Erlass des Eröffnungsbeschlusses und Beginn der Hauptverhandlung gilt § 225a Abs. 1. Hält ein Gericht hiernach die sachliche Zuständigkeit eines Gerichts höherer Ordnung für begründet, legt es diesem die Akten durch Vermittlung der Staatsanwaltschaft vor. Das Gericht, dem die Sache vorgelegt worden ist, entscheidet daraufhin durch Beschluss darüber, ob es die Sache übernimmt.
Im Hauptverfahren bleibt es aus Gründen der Prozessökonomie (BGHSt 46, 238, 240) bei der Zuständigkeit des Gerichts höherer Ordnung, auch wenn eigentlich ein Gericht niederer Ordnung zuständig wäre (§ 269). Ist die Sache fälschlicherweise vor ein Gericht niederer Ordnung gebracht worden, wird nach § 270 Abs. 1 verwiesen. Diese Verweisung an das höhere Gericht hat nach § 270 Abs. 3 Bindungswirkung – vorbehaltlich objektiv willkürlicher Verweisung. Im Fall eines negativen Kompetenzkonflikts muss analog §§ 14, 19 das gemeinschaftliche obere Gericht entscheiden (BGHSt 45, 58, 63).

b) Für die Zuständigkeit besonderer Strafkammern i.S.d. § 74e GVG gelten die §§ 6a, 225a Abs. 3, 270 analog. 94

c) Die **örtliche Zuständigkeit** erster Instanz (Gerichtsstand i.S.d. §§ 7 ff.) wird ebenfalls von Amts wegen geprüft und ist somit Prozessvoraussetzung, jedoch nur bis zur Eröffnung des Hauptverfahrens (§ 16 S. 1). Wird die örtliche Unzuständigkeit erst nach diesem Zeitpunkt erkannt, ergeht eine Entscheidung, solange nicht der Angeklagte bis spätestens zum Beginn seiner Vernehmung zur Sache die Unzuständigkeit rügt (§ 16 S. 2 und S. 3). Wurde der Einwand des § 16 nicht rechtzeitig erhoben, ist der Revisionsführer mit einer Rüge der örtlichen Unzuständigkeit (§ 338 Nr. 4) präkludiert (BGHSt 40, 120, 124). Grundsätzlich hat die Staatsanwaltschaft nach § 13 Abs. 1 die freie Wahl, bei welchem von mehreren örtlich zuständigen Gerichten sie Anklage erheben will. Ist die Entscheidung jedoch ermessensfehlerhaft getroffen worden, kann sich das Gericht für örtlich unzuständig erklären (LG Hanau ZWH 2014, 206). 95

Einleitung

96 **4. Strafmündigkeit. Kinder unter 14 Jahren** sind infolge ihrer ausnahmslosen Schuldunfähigkeit i.S.d. § 19 StGB niemals strafmündig. Es besteht somit ein Prozesshindernis, falls der einer Straftat Verdächtige im Tatzeitpunkt das 14. Lebensjahr noch nicht vollendet hatte. Davon zu unterscheiden ist die spezielle Regelung des § 80 Abs. 1 Satz 1 JGG, der ein Vorgehen im Wege der Privatklage nicht gegen Beschuldigte zulässt, die zum Tatzeitpunkt noch nicht 18 Jahre alt waren.

97 **5. Verhandlungsfähigkeit.** Die Verhandlungsfähigkeit im Strafprozessrecht ist – anders als die Prozessfähigkeit im Zivilprozess – unabhängig von der bürgerlich-rechtlichen Geschäftsfähigkeit (BGH NStZ-RR 2004, 341). Definiert wird der Begriff als diejenige **Fähigkeit des Beschuldigten, in oder außerhalb der Verhandlung seine Interessen vernünftig wahrzunehmen, die Verteidigung in verständlicher und verständiger Weise zu führen und Prozesserklärungen abzugeben und entgegenzunehmen** (BGHSt 41, 16, 18; BGH NStZ 1996, 242; krit. *Rath* GA 1997, 214; vert. *Walter* Jura 2000, 496). Wird die dauernde Verhandlungsunfähigkeit des Beschuldigten bereits im Ermittlungsverfahren offenbar, kann die Staatsanwaltschaft zwecks selbstständiger Anordnung von Maßregeln der Besserung und Sicherung ein Sicherungsverfahren gem. §§ 413 ff. einleiten. Stellt sich die dauernde Verhandlungsunfähigkeit erst nach Eröffnung des Hauptverfahrens heraus, ist das Verfahren einzustellen und ggf. ein neues Sicherungsverfahren einzuleiten (BGHSt 46, 345; LG Wuppertal StraFo 2015, 151).

98 **6. Keine Immunität.** Abgeordnete des deutschen Bundestages und der Länderparlamente können ihrer Immunität wegen während der Dauer ihres Mandates grundsätzlich nicht strafrechtlich verfolgt werden (Art. 46 Abs. 2, Abs. 4 GG, § 152a i.V.m. den entsprechenden Vorschriften der Landesverfassungen). Die Strafverfolgung kann jedoch im Einzelfall vom Parlament genehmigt werden, wenn dieses die Effektivität der parlamentarischen Arbeit hierdurch nicht für gefährdet erachtet (vgl. Art. 46 Abs. 2 GG). Zur Immunität von Europaabgeordneten vgl. Nr. 192b RiStBV.

99 **7. Keine anderweitige Rechtshängigkeit.** Die in Frage stehende Strafsache darf noch nicht anderweitig rechtshängig sein. Auf diese Weise soll einer Doppelbestrafung (Art. 103 Abs. 3 GG) wirksam vorgebeugt werden. Die Rechtshängigkeit tritt mit Erlass des Eröffnungsbeschlusses ein (BGHSt 29, 341, 343; Beck-OK/StPO-*Bachler* § 12 Rn. 5; **a.A.** *Roxin/Schünemann*, Strafverfahrensrecht, § 40 Rn. 10: Einreichen der Anklageschrift), in dem Zeitpunkt also, in welchem die öffentliche Klage nicht mehr einseitig durch die StA zurückgenommen werden kann, § 156. Im Rahmen der Beurteilung, ob eine Sache bereits bei einem anderen Gericht rechtshängig ist, ist der prozessuale Tatbegriff des § 264 zugrunde zu legen.

100 **8. Keine entgegenstehende Rechtskraft (Strafklageverbrauch)** Art. 103 Abs. 3 GG (*ne bis in idem*, sog. Doppelbestrafungsverbot) bringt zum Ausdruck, dass die Tat im prozessualen Sinn (instruktiv hierzu BGH wistra 2013, 202), die einem strafrechtlichen Verfahren zugrunde liegt, nicht bereits **rechtskräftig abgeurteilt** sein darf. Es darf auch **kein anderweitiger Strafklageverbrauch** (vgl. §§ 153a Abs. 1 Satz 5, 211; 407, 410; zum eingeschränkten Strafklageverbrauch einer Einstellung nach § 153a vgl. dort) eingetreten sein. Korrekterweise ist nicht nur eine doppelte Bestrafung, sondern schon eine nochmalige Strafverfolgung ausgeschlossen. Wann immer also ein Verfahren hinsichtlich einer konkreten Tat materiell rechtskräftig abgeschlossen wurde, darf keine weitere Strafverfolgung in derselben Sache stattfinden (BVerfG NJW 1984, 1675). Die Wiederaufnahme des Verfahrens zuungunsten des Angeklagten (§ 362) stellt folglich einen Eingriff in Art. 103 Abs. 3 GG dar, der nur bei Einhaltung der dort vorgesehenen, engen gesetzlichen Voraussetzungen gerechtfertigt ist.

101 **Nicht** vom Schutzbereich des Art. 103 Abs. 3 GG umfasst ist der Schutz eines deutschen Staatsbürgers vor einer (nochmaligen) Bestrafung im Inland, wenn bereits ein rechtskräftiges ausländisches Urteil (Verurteilung oder Freispruch) ergangen ist (BVerfG NJW 2012, 1202; s. dazu auch § 153c Abs. 1 Nr. 3), es sei denn, es liegt eine **besondere völkerrechtliche Vereinbarung** vor, aufgrund derer der Grundsatz *ne bis in idem* auch im internationalen Verhältnis Anwendung findet, so z.B. **Art. 54 des Schengener Durchführungsübereinkommens (SDÜ)** sowie **Art. 50 der Charta der Grundrechte der Europäischen Union (GRC)** für deren Mitgliedsstaaten (zu Auslegungsfragen: EuGH NJW 2014, 3010 m. Anm. *Burchard* HRRS 2015, 26; EuGH NJW 2014, 3007 m. Bespr. *Meyer* HRRS 2014, 269; BGHSt 59, 120 m. Anm. *Hecker* StV 2014, 461; weiterführend: *Anagnostopoulos* FS Hassemer, S. 1121; *Böse* FS Kühne, S. 519; *Hackner* NStZ 2011, 425; *Heger* FS Kühne, S. 565; *Nestler*

HRRS 2013, 337; *Satzger* FS Roxin II, S. 1515; *Schomburg/Suominen-Picht* NJW 2012, 1190; *Zöller* FS Krey, S. 501) und **Art. 20 des Römischen Status** für dessen Vertragsstaaten.

9. Keine Strafverfolgungsverjährung. Ist eine Straftat nach §§ 78 ff. StGB verjährt, darf sie nicht mehr verfolgt werden. In diesem Fall besteht ein Verfahrenshindernis (vgl. S/S/*Sternberg-Lieben/Bosch* Vor §§ 78 ff. Rn. 3 m.w.N.). Dem liegt der Gedanke zugrunde, dass die materiellen Strafzwecke nach Ablauf einer gewissen Zeitpanne ihren Geltungsanspruch verlieren und auch die Nachweisbarkeit der Tat mit zunehmendem Zeitablauf erschwert ist. Nach einer nicht unproblematischen ständigen Rechtsprechung dürfen verjährte Straftaten jedoch im Rahmen der Strafzumessung bei einer neu begangenen Straftat strafschärfend berücksichtigt werden, wenn auch nicht »in ihrer vollen Schwere« (BGH StV 1994, 423; BGH NStZ 2004, 278; BGH NStZ-RR 2009, 43; BGH BeckRS 2015, 02707; hierzu *Eisenberg* Beweisrecht, Rn. 424). 102

10. Keine Niederschlagung des Verfahrens. Eine Massenabolition (sog. **Amnestie** = Gewährung von Straffreiheit für eine unbestimmte Vielzahl von Straftaten durch Straffreiheitsgesetz) stellt sowohl einen Strafaufhebungsgrund als auch ein Verfahrenshindernis dar (BGHSt 24, 262, 265). Im Gegensatz dazu handelt es sich bei einer **Begnadigung** um ein bloßes Vollstreckungshindernis im Einzelfall (§ 452). 103

11. Strafantrag, Ermächtigung, Strafverlangen (§§ 77 ff. StGB) Bestimmte Straftatbestände unterliegen Strafantrags-, Ermächtigungs- oder Strafverlangenserfordernissen, so z.B. §§ 247, 248a, 194 Abs. 4, 104a StGB, s.o. Rdn. 51). 104
Bei den **absoluten** Antragsdelikten ist das Vorliegen des Strafantrages Prozessvoraussetzung, sein Fehlen nach Ablauf der Antragsfrist oder seine Rücknahme (§ 77d Abs. 1 StGB) begründen im Umkehrschluss ein Prozesshindernis. Das gleiche gilt für behördliche Strafverlangen oder Ermächtigungserfordernisse. Die Rücknahme des Strafantrags kann »bis zum rechtskräftigen Abschluss des Strafverfahrens« (§ 77d Abs. 1 S. 2 StGB) erfolgen. Gemeint ist insoweit der endgültige Abschluss des Verfahrensgegenstands, nicht die horizontale Teilrechtskraft des Schuldspruchs wie sie bei Beschränkung der Berufung des Angeklagten auf den Rechtsfolgenausspruch eintritt (KG StraFO 2013, 20). Bei **relativen** Antragsdelikten (vgl. § 230 StGB für die Körperverletzungsdelikte in §§ 223, 229 StGB) substituiert die Annahme eines besonderen öffentlichen Interesses durch die Staatsanwaltschaft das Antragserfordernis. Die eigenverantwortliche Entscheidung der Staatsanwaltschaft unterliegt hierbei keiner gerichtlichen Nachprüfung (BGHSt 16, 225, 230; *Fischer* § 230 Rn. 3; a. A. LG München StV 1990, 400).

12. Wirksamer Eröffnungsbeschluss. Ein schriftlicher Eröffnungsbeschluss i.S.d. §§ 204, 207 stellt eine Verfahrensvoraussetzung dar. Fehlt er vollständig oder leidet er an unwirksamkeitsbegründenden Mängeln, liegt ein Prozesshindernis vor, infolgedessen das Verfahren grundsätzlich durch Prozessurteil nach § 260 Abs. 3 einzustellen ist (BGH NStZ 2012, 225, 226). Diskutiert wird jedoch, ob eine Heilung erfolgen kann, indem der Eröffnungsbeschluss nachgeholt wird bzw. seine Mängel beseitigt werden. 105

a) Nachholen des Eröffnungsbeschlusses. **Vor** Beginn der Hauptverhandlung kann ein fehlender oder mit schweren Mängeln behafteter Eröffnungsbeschluss auch noch nachträglich durch das Gericht erlassen werden (OLG Düsseldorf MDR 1970, 783). Ob dies auch dann gelten soll, wenn die Hauptverhandlung bereits begonnen hat, ist indes umstritten. Die Beantwortung dieser Frage hängt davon ab, wie stark die Schutzbedürftigkeit des Beschuldigten eingeschätzt wird. 106

Der BGH und ein Teil des Schrifttums sprechen sich dafür aus, dass ein Eröffnungsbeschluss auch noch **während** der **Hauptverhandlung** erlassen werden kann (BGHSt 29, 224, 228; 50, 267, 269; BGH NStZ-RR 2011, 150; BGH NStZ 2014, 664; wohl auch LR-*Stuckenberg* § 207 Rn. 60), jedoch nicht mehr in der Rechtsmittelinstanz (BGHSt 33, 167, 168; OLG Zweibrücken NStZ-RR 2009, 287; Beck-OK-StPO/*Ritscher* § 207 Rn. 16). Um dieser Ansicht zufolge einen wirksamen Eröffnungsbeschluss zu erreichen, muss allerdings beim LG auch dann die Große Strafkammer in ihrer Besetzung außerhalb der Hauptverhandlung mit drei Berufsrichtern ohne Mitwirkung der Schöffen über die nachträgliche Eröffnung des Hauptverfahrens in der Hauptverhandlung entscheiden, wenn die Kammer die Hauptverhandlung in reduzierter Besetzung (§ 76 Abs. 2 S. 4 GVG) durchführt (BGH NStZ 2014, 664 107

Einleitung

m. Anm. *Hoffmann*; BGH NStZ 2012, 50). Folgt man dieser Auffassung, stellt sich das Folgeproblem, wie lange eine Nachholung konkret möglich ist. Fraglich erscheint insofern insbesondere, ob der Eröffnungsbeschluss auch noch nach der Vernehmung des Angeklagten zur Sache erlassen werden kann.

108 Die wohl h.L. (HK/*Julius* § 207 Rn. 17; *Meyer-Goßner* FS Eser, S. 378; SK-StPO/*Paeffgen* § 203 Rn. 4; Radtke/Hohmann/*Reinhart* § 207 Rn. 16; *Roxin/Schünemann*, Strafverfahrensrecht, § 42 Rn. 13) **lehnt die Nachholbarkeit** des Eröffnungsbeschlusses zu Recht **ab**: Die vom Gesetz ausdrücklich vorgesehene rechtsstaatliche Sicherung in Form des den konkreten Tatverdacht bestätigenden Eröffnungsbeschlusses darf nicht aus rein prozessökonomischen Erwägungen ohne äquivalentes Schutzinstrument aufgegeben werden. Zudem droht eine Umgehung der Zuständigkeitsvorschriften: Erfolgt der Eröffnungsbeschluss regulär im Zwischenverfahren, ist keine Entscheidungsbeteiligung der Schöffen vorgesehen. Eine Nachholung des Eröffnungsbeschlusses in der Hauptverhandlung erfordert jedoch eine Entscheidung in selbiger, sodass an und für sich die Schöffen mitwirken müssten. Die h.M. »löst« das Problem dadurch, dass bei Nachholung des Eröffnungsbeschlusses die Hauptverhandlung unterbrochen und somit eine Entscheidung ohne Schöffenmitwirkung möglich wird (BGH StV 2011, 365; BGH NStZ 2012, 50; BGH NStZ 2014, 664; KMR/*Seidl* § 207 Rn. 25). Dies stellt jedoch eine Umgehung der in §§ 30 Abs. 2, 76 Abs. 1 S. 2 GVG vorgesehenen Besetzungsregelung dar. Einzig und allein gesetzeskonform ist daher als Lösung, das Verfahren auch in der erstinstanzlichen Hauptverhandlung gem. **§ 260 Abs. 3** durch Prozessurteil einzustellen. Da das zugrunde liegende Prozesshindernis vorübergehender Art ist, tritt durch das einstellende Urteil allerdings kein Strafklageverbrauch ein, sodass die Staatsanwaltschaft die Möglichkeit hat, erneut Klage zu erheben.

109 b) **Beseitigung von »weniger gravierenden« Fehlern des Eröffnungsbeschlusses.** Weist der Eröffnungsbeschluss nur **minder schwere Fehler** auf, bleibt er zunächst wirksam. Die Fehler können dann in der Hauptverhandlung geheilt werden. Ob ein Fehler geheilt werden kann oder aber zur Einstellung des Verfahrens zwingt, hängt davon ab, **inwieweit dem Beschuldigten aufgrund des (ursprünglichen) Eröffnungsbeschlusses mit den daraus ersichtlichen Informationen eine sachgerechte Verteidigung möglich ist** (OLG Karlsruhe JR 1991, 37).
Zur Abgrenzung der unwirksamkeitsbegründenden von den ausbesserungsfähigen Mängeln hat sich eine äußerst umfangreiche Kasuistik herausgebildet. Wenn die schriftliche Abfassung des Eröffnungsbeschlusses ganz unterblieben ist, erweist sich der Mangel als derart gravierend, dass der bloß mündliche (nicht protokollierte) Beschluss als unwirksam anzusehen ist (BGH StV 2013, 132 m. Anm. *Stuckenberg*; *Meyer-Goßner/Schmitt* § 207 Rn. 8; MüKo-StPO/*Kudlich* Einl Rn. 374; SK-StPO/*Paeffgen* § 207 Rn. 15). Allerdings soll das Fehlen der Unterschrift eines Richters noch nicht zur Unwirksamkeit des Eröffnungsbeschlusses führen, solange – was im Freibeweis zu klären ist – die Beschlussfassung selbst von allen hierzu berufenen Richtern in ordnungsgemäßer Weise durchgeführt wurde (BGH NStZ 2014, 400; BGH StV 2012, 451; OLG Stuttgart NStZ-RR 2010, 343; a. A. OLG Frankfurt NJW 1991, 2849, 2850; HK/*Julius* § 207 Rn. 18). Selbst in der Beteiligung eines ausgeschlossenen Richters soll kein schwerwiegender Mangel liegen (BGHSt 29, 351, 355), was angesichts der damit einhergehenden Verletzung des Art. 101 Abs. 1 Satz 2 GG nicht zu überzeugen vermag (ebenso LR/*Stuckenberg* § 207 Rn. 67; *Nelles* NStZ 1982, 96, 102).

110 **13. Wirksame Anklage.** Auch eine wirksame Anklage i.S.d. § 200 Abs. 1 ist Prozessvoraussetzung. Weist die Anklage Mängel auf, wird hier ebenso zwischen **Unwirksamkeit** und **bloßer Fehlerhaftigkeit** unterschieden. Den Ausschlag für die Unwirksamkeit gibt die Beeinträchtigung des Zweckes, den man der Anklageschrift zuerkennt:

111 a) Der **Inhalt der Anklageschrift** (Überblick bei *Weitner/Schuster* JA 2014, 612) bestimmt den Prozessgegenstand. Nur die prozessuale Tat, die in der Anklageschrift enthalten ist, kann zur Grundlage der Entscheidung gemacht werden. Der Anklageschrift kommt deshalb eine **Umgrenzungsfunktion** hinsichtlich des Verfahrensgegenstandes zu. **Bleibt unklar, auf welche Person und welchen konkreten Sachverhalt sich die Anklage bezieht und welchen Umfang die Rechtskraft einer entsprechenden Verurteilung hätte**, ist sie **unwirksam** und das Verfahren einzustellen (BGHSt 46, 130, 133 m. zust. Anm. *Krack* JR 2001, 423; BGHSt 57, 138, 139; BGH StV 2015, 148; BGH StraFo 2015, 68). Andernfalls könnte das sog. Doppelverfolgungsverbot (»ne bis in idem«, Art. 103 Abs. 3 GG) nicht gewahrt werden. Selbst bei derart wesentlichen Mängeln, welche der Umgrenzungsfunktion der Anklageschrift

nicht genügen, kann aber nach h.A. in der Hauptverhandlung erster Instanz eine **Nachbesserung** stattfinden (*Meyer-Goßner/Schmitt* § 200 Rn. 26). Überzeugender ist es jedoch, wie bei wesentlichen Mängeln des Eröffnungsbeschlusses (s.o. Rdn. 106 ff.) ein Prozesshindernis mit der Folge eines einstellenden Urteils nach § 260 Abs. 3 anzunehmen (OLG Oldenburg StV 2010, 511; KK/*Schneider* § 200 Rn. 33; LR/*Stuckenberg* § 200 Rn. 88; MüKo-StPO/*Kudlich* Einl. Rn. 372; SK-StPO/*Paeffgen* § 200 Rn. 29; *Geppert* NStZ 1996, 62).

b) Neben der Umgrenzung des Verfahrensgegenstandes kommt der Anklageschrift auch eine **Informationsfunktion** zu, die darin besteht, dem Beschuldigten sowie dem Gericht die für die Verteidigung und die Durchführung des Verfahrens notwendigen Tatsachen hinsichtlich des konkreten Tatvorwurfs und deren rechtlicher Bewertung durch die Staatsanwaltschaft zu vermitteln. Sie gewährleistet, dass der Beschuldigte seinen Anspruch auf rechtliches Gehör (Art. 103 Abs. 1 GG) angemessen wahrnehmen kann. Mängel, welche die Informationsfunktion betreffen (z.B. Unvollständigkeit des wesentlichen Ergebnisses der Ermittlungen, vgl. z.B. LG Cottbus StV 2014, 332), bewirken **nicht die Unwirksamkeit** der Anklage und stellen folglich auch kein Verfahrenshindernis dar. Sie können nach der zutreffenden h.A. in der Hauptverhandlung geheilt werden, und zwar i.d.R. durch richterlichen Hinweis gem. § 265 (BGHSt 40, 390, 392; BGH NStZ 2010, 159, 160; abw. OLG Schleswig NStZ-RR 1996, 111). Wird der Fehler allerdings schon im Zwischenverfahren offenbar, muss das Gericht den Erlass des Eröffnungsbeschlusses ablehnen, sofern die Staatsanwaltschaft nicht zu einer Nachbesserung bereit ist (LR/*Stuckenberg* § 200 Rn. 92; SK-StPO/*Paeffgen* § 200 Rn. 28; a.A.: KK/*Schneider* § 200 Rn. 35; s.a. OLG Nürnberg StV 2011, 467).

112

Da der Große Senat (BGHSt 40, 138) das Institut der sog. »fortgesetzten Handlung« (= materielle Tateinheit bei Taten mit gleichartiger Begehungsweise gegen dasselbe Rechtsgut) aufgegeben hat, haben sich die Anforderungen i.S.d. § 200 Abs. 1 an die Formulierung der Anklageschrift bei **Serientaten** erhöht. Diese müssen nun in der Anklage einzeln umschrieben werden. Um Lücken hinsichtlich der Verfolgung von **Sexualstraftaten** zu vermeiden, ist nach der neueren Rspr. die **Umgrenzungsfunktion** bei Serientaten aus diesem Bereich bereits dann erfüllt, wenn in der Anklage das Tatopfer, die Art und Weise der Tatbegehung in Grundzügen, ein bestimmter Tatzeitraum sowie die Zahl der den Gegenstand des Vorwurfs bildenden Straftaten mitgeteilt werden (BGHSt 40, 44, 46; BGH NStZ 2011, 47; BGH NStZ 2014, 49 m. Anm. *Ferber*; restriktiv: BGH NStZ 2012, 168). Auch im Wirtschaftsstrafverfahren deutet sich in der jüngsten Rspr. eine derartige Vorgehensweise an (BGHSt 56, 183; BGH NStZ 2008, 351 m. krit. Anm. *Krehl* NStZ 2008, 525; OLG Celle wistra 2014, 109; abw. BGH wistra 2010, 66). Im Zusammenhang mit **Bandendelikten** sind der Rechtsprechung zufolge jedenfalls keine höheren Anforderungen an die Bestimmtheit der Anklageschrift i.S.d. § 200 Abs. 1 Satz 1 zu stellen als materiell-rechtlich an einen entsprechenden Schuldspruch (BGHSt 57, 88 m. Anm. *Wenske* NStZ 2013, 351). Im Gegenzug wird in den genannten Verfahren besonders auf einen Ausgleich durch Stärkung der **Informationsfunktion** geachtet. So ist das Gericht z.B. verpflichtet, Angeklagten und Verteidiger darüber aufzuklären, welchen Geschehensablauf es dem weiteren Verfahren zugrunde legen will, sobald eine der zunächst nicht näher präzisierten Einzeltaten aufgrund des Verfahrensfortgangs individualisiert werden kann (BGHSt 44, 153, 156 f.; zusammenfassend *Altvater* Prax. FS 50 Jahre BGH, S. 495).

113

14. Umstrittene Fallgruppen. a) Tod des Angeklagten als Verfahrenshindernis. Nach dem **Tod des Angeklagten** darf keine Sachentscheidung mehr ergehen. Während früher angenommen wurde, dass das Verfahren von selbst endet (BGHSt 34, 184; BGH NStZ 1983, 179), bedarf es nach heute h.M. eines förmlichen, konstitutiven Einstellungsbeschlusses (§ 206a) (BGHSt 45, 108, 110; BGH NStZ 2012, 707; BGH NStZ-RR 2014, 349; *Heger* GA 2009, 45; MüKo-StPO/*Kudlich* Einl. Rn. 367).

114

b) Überlange Verfahrensdauer. Umstritten ist, ob eine überlange Verfahrensdauer (unter Berücksichtigung der Gesamtdauer, gerechnet ab Kenntnis des Beschuldigten von der Einleitung des Ermittlungsverfahrens bis zum rechtskräftigen Prozessabschluss) in Extremfällen bei Verschulden der Strafverfolgungsorgane ein Verfahrenshindernis begründen kann. Früher hielt die Rspr. die völlige Einstellung des Verfahrens nicht für sachgerecht und verwies für den Ausgleich der Belastungen eines lang dauernden Verfahrens auf die Strafzumessungsebene (BGHSt 24, 239; 35, 137, 141; BGH StV 1999,

115

Einleitung

206). Die Grundsatzentscheidung in BGHSt (GrS) 52, 124 läutete jedoch einen fundamentalen Rechtsprechungswandel von dem bis dahin praktizierten **Strafabschlagsmodell** hin zur sog. **Vollstreckungslösung** ein. Hintergrund der Entscheidung war die Tatsache, dass das Strafzumessungsmodell in den Fällen keine Berücksichtigung der Verfahrensverzögerung mehr zuließ, in denen wegen Erreichens der gesetzlichen Mindeststrafe kein Ausgleich der erlittenen Nachteile mehr möglich war (BGH NJW 2007, 3294, 3296), ebenso wenig im Falle der absoluten Strafandrohung lebenslanger Freiheitsstrafe (BVerfG NStZ 2006, 680, 681 f.).

116 Nunmehr hat die Kompensation einer überlangen Verfahrensdauer nach Ansicht der Rspr. in zwei Schritten zu erfolgen: Zunächst ist die Verfahrensverzögerung – unabhängig von ihrem Grund – i.R.d. Strafzumessung als besonderer Strafmilderungsgrund weiterhin nach allgemeinen Grundsätzen zu berücksichtigen (BGHSt (GrS) 52, 124, 141 f.; BGH StV 2009, 638; BGH NStZ-RR 2011, 171). Hierfür müssen Art und Ausmaß der Verzögerung sowie ihre Ursachen ermittelt und im Urteil konkret festgestellt werden (BGHSt (GrS) 52, 124, 146). Die eigentliche Kompensation des staatlichen Fehlverhaltens erfolgt, sofern die Verfahrensverzögerung sich als rechtsstaatswidrig darstellt und deren ausdrückliche Feststellung im Urteil als Ausgleich nicht genügt (vgl. EGMR NJW 1984, 2749, 2751; 2001, 213, 214; BGH NStZ-RR 2009, 248), erst auf einer zweiten Stufe nach der Strafzumessung – ähnlich wie im Fall der Anrechnung von Untersuchungshaft gem. § 51 Abs. 1 Satz 1, Abs. 4 Satz 2 StGB – durch Anrechnung auf die zu vollstreckende Strafe. Hierfür muss in der Urteilsformel selbst ein konkret bezifferter Teil der verhängten (Gesamt-)Strafe genannt werden, der als vollstreckt gelten soll (BGHSt (GrS) 52, 124, 146; BGH wistra 2011, 297). Für die Bemessung des Strafteils, der i.R.d. Rechtsabschlagsmodells als bereits vollstreckt gelten soll, sind die Kriterien Verzögerungsumfang, Gewicht etwaiger verzögernder Verfahrensfehler sowie Auswirkungen auf den Angeklagten abzuwägen. Die Höhe der im Falle rechtsstaatswidriger Verfahrensverzögerung nach der Vollstreckungslösung zu gewährenden Kompensation ist losgelöst von der Strafhöhe, auf die das Tatgericht erkannt hat, zu ermitteln, da es sich um eine rein am Entschädigungsgedanken orientierte, eigene Rechtsfolge neben der Strafzumessung handelt (BGH NStZ 2012, 316, 317).

Auch die Rechtsprechung konzediert, dass Extremfälle denkbar sind, in denen aufgrund des besonders schwerwiegenden Ausmaßes der Verfahrensverzögerung und den damit einhergehenden Belastungen des Beschuldigten das Rechtsstaatsgebot ein legitimes Interesse an der Strafverfolgung entfallen lässt und eine Fortsetzung des Strafverfahrens rechtsstaatlich nicht mehr tragbar, mithin also ein Verfahrenshindernis anzuerkennen ist (BVerfG NJW 2003, 2897; BGHSt 46, 159, 171 f.; OLG Rostock StV 2011, 220; LG Bremen StV 2014, 334 und StV 2011, 223; HK/*Julius* § 206a Rn. 9; abl. *Volk/Engländer*, Grundkurs StPO, § 14 Rn. 27; s.a. Art. 6 EMRK Rdn. 98). In extrem gelagerten rechtsstaatswidrigen Fällen kommt auch eine Einstellung gem. § 153 Abs. 2 (BGHSt 46, 159, 169 m. Anm. *Ostendorf/Radke* JZ 2001, 1094), gem. § 153a Abs. 2 (LG Frankfurt NJW 1997, 1994) oder gem. § 206a Abs. 1 (OLG Düsseldorf StV 1995, 400; OLG Rostock StV 2011, 220) in Betracht. Hingegen soll bei minder schweren Verstößen gegen den Beschleunigungsgrundsatz bereits die ausdrückliche Feststellung der rechtsstaatswidrigen Verfahrensverzögerung in den Urteilsgründen zur Kompensation genügen (EGMR StV 2005, 475; BGHSt (GrS) 52, 124, 146; BGH StV 2008, 633, 635 m. Bespr. *Scheffler* StV 2009, 719; BGH StV 2009, 692; BGH NStZ 2012, 470 u. 653; zum Problem insgesamt vgl. *Pohlit* FS Rissing-van Saan, S. 453; *I. Roxin*, Die Rechtsfolgen schwerwiegender Rechtsstaatsverstöße in der Strafrechtspflege, 4. A. 2004, S. 243; *dies.* StV 2008, 14; *dies.* FS Volk, S. 617; *Hillenkamp* NJW 1989, 2841; *Waßmer* ZStW 118 [2006], 159).

117 c) **Tatprovokation durch polizeiliche Lockspitzel.** Hat ein **polizeilicher Lockspitzel** (sog. ***agent provocateur***) eine nicht tatgeneigte Person zur Straftatbegehung bewegt und hat der so Beeinflusste die Tat nur aufgrund dieser Einflussnahme begangen oder überwiegt das tatprovozierende Lockspitzelverhalten im Verhältnis zum ursprünglichen Anfangsverdacht in unvertretbarer Weise (BGH NStZ 2014, 277), stellt sich die Frage, ob der staatliche Strafanspruch einer Verwirkung infolge widersprüchlichen Verhaltens (sog. *venire contra factum proprium*) zugänglich ist und ob hierdurch ein Verfahrenshindernis entsteht (so statt vieler *Herzog* StV 2003, 410; *Wolfslast*, Staatlicher Strafanspruch und Verwirkung [1995], S. 216 ff.). Das **BVerfG** (BVerfG NJW 1995, 651; zur Begründung wird Art. 1 Abs. 1 Satz 1 GG i.V.m. dem Rechtsstaatsprinzip herangezogen) hat in einem derartigen Fall bereits ein Verfahrenshindernis anerkannt. Der **BGH** entschied in den 80er Jahren des vergangenen Jahrhunderts

ebenfalls noch mehrfach (u.a. BGH NJW 1981, 1626, NStZ 84, 519), dass im Falle einer rechtsstaatswidrigen Einwirkung der staatliche Strafanspruch verwirkt sein kann und insoweit ein Prozesshindernis bestehen sollte. Als rechtsstaatswidrig wurde der Lockspitzeleinsatz dann qualifiziert, wenn der zur Straftat Verleitete bisher nicht vorbestraft war oder aber rauschmittelabhängig. Ebenso wurde im Falle einer unverhältnismäßig intensiven Tatprovokation entschieden. Abgelehnt wurde die Rechtsstaatswidrigkeit der staatlichen Einflussnahme in einem Fall, in dem der Drogendealer zunächst aus eigener Motivation an den Lockspitzel herantrat (BGH NJW 1987, 1874).

Mit der Leitentscheidung des 1. Senats in BGHSt 32, 345 ff. ging der BGH indes dazu über, eine **polizeiliche Tatprovokation nur** noch als **Strafmilderungsgrund** anzusehen (sog. **Strafzumessungslösung**, BGHSt 33, 283 f.; BGH StV 2008, 21; BGH StV 2012, 415; BGH StV 2014, 321 m. abl. Besprechung *Eisenberg* GA 2014, 404; BGH NStZ 2015, 226; gegen eine Übertragung der Strafvollstreckungslösung auf die hiesige Fallgestaltung: *I. Roxin* FS Beulke, S. 987). Der Große Senat bestätigte dies als ständige Rechtsprechung in BGHSt 33, 356. Die dargestellte Rechtsprechungspraxis wurde trotz der konstant abweichenden Judikatur des EGMR (u. Rdn. 120), wonach die Verleitung Unverdächtiger zu Straftaten als konventionswidriger Verstoß gegen das Prinzip des »*fair trial*« anzusehen ist, bis in jüngste Zeit noch aufrechterhalten (vgl. aber nun u. Rdn. 120). Der BGH erkannte zwar seinerseits den Verstoß gegen Art. 6 Abs. 1 Satz 1 EMRK an, sah hierin jedoch lediglich ein zusätzliches Argument für seine Strafzumessungslösung (BGHSt 45, 321 m. krit. Anm. *Endriss/Kinzig* NStZ 2000, 271; BGHSt 47, 44, 47; BGH NStZ 2009, 405; *I. Roxin* FS DAV, S. 1070). Gegen die Annahme eines Verfahrenshindernisses beim Einsatz eines agent provocateur führte der BGH bis vor kurzem noch an, dass hierdurch der Schutz vor strafrechtlich sanktionierten Rechtsgutsverletzungen zur alleinigen Disposition des Lockspitzels gestellt würde. Wie dargelegt (Rdn. 87), sollen lediglich Umstände, die so schwer wiegen, dass ihr Fehlen ein Sachurteil ausschießt, ein Verfahrenshindernis begründen. Eine derart gravierende Beeinträchtigung erachtete der BGH in Fällen der Tatprovokation nicht für gegeben. Überdies müssten Prozesshindernisse an konkret überprüfbare Tatsachen anknüpfen (BGHSt 24, 239, 240) und dürften sich nicht erst aus dem Ergebnis der Beweisaufnahme ergeben. Mithin hinge die Annahme eines Verfahrenshindernisses nicht von klar zu bestimmenden Tatsachen, sondern von der einzelfallabhängigen Bewertung der Einflussnahme durch den Lockspitzel ab. Allerdings ist – selbst wenn man dieser Ansicht folgt – noch nicht zwingend über die Strafbarkeit des durch den agent provocateur Angestifteten entschieden. In Extremfällen rechtsstaatswidriger Einflussnahme auf einen absolut nicht Tatgeneigten kann ein (gesetzlich nicht geregelter) **Schuld- bzw. Strafausschließungsgrund** zur Straffreiheit des Angestifteten führen (*Beulke* StV 1990, 183; *Roxin* FS Kreuzer, S. 675; offengelassen in BVerfG NJW 2015, 1083, 1084).

118

Eine abweichende Ansicht will zwar kein Verfahrenshindernis anerkennen, jedoch ein Beweisthemaverbot hinsichtlich aller durch die Provokation erlangten Beweismittel annehmen (*Lüderssen* FS Peters, 349 ff.).

119

Auch der EGMR (EGMR [Teixeira de Castro] StV 1999, 127 m. Anm. *Kempf* u. *Sommer* NStZ 1999, 48; EGMR [Ramanauskas] NJW 2009, 3565 m. Bespr. *Esser/Gaede/Tsambikakis* NStZ 2011, 140, 142; *Gaede/Buermeyer* HRRS 2008, 279 u. *Greco* StraFo 2010, 52; EGMR [Prado Bugallo] NJW 2012, 3502, 3503; EGMR [Furcht] StraFo 2014, 504) geht im Gegensatz zur bisherigen Rechtsprechung des BGH davon aus, dass Art. 6 EMRK die Verwendung von Beweisen untersagt, die aufgrund einer unzulässigen Tatprovokation erlangt worden sind. In einer Entscheidung gegen die Bundesrepublik (EGMR [Furcht] StraFo 2014, 504 m. Anm. *Sommer*) hat das Gericht nunmehr ausdrücklich eine Abkehr von der deutschen Strafzumessungslösung angemahnt. Um ein faires Verfahren i.S.v. Art. 6 Abs. 1 EMRK zu gewährleisten, müssten alle als Ergebnis einer rechtsstaatswidrigen Tatprovokation erlangten Beweise ausgeschlossen werden oder es müsse ein Verfahren mit ähnlichen Konsequenzen gelten (vert. Art. 6 EMRK Rdn. 76). Das BVerfG (NJW 2015, 1083, 1085 m. krit. Anm. *Eisenberg* StraFo 2015, 102) hebt in Reaktion auf diese Entscheidung zwar hervor, dass nationale Rechtssysteme nicht zwingend dem dogmatischen Ansatz des EGMR folgen müssten. Es empfiehlt den Strafgerichten aber gleichwohl, zukünftig in vergleichbaren Fällen ein Verwertungsverbot zu erwägen (BVerfG NJW 2015, 1083, 1086 a.E.). Daraufhin hat sich der 2. Strafsenat mit Urteil vom 10.06.2015 Az. 2 StR 97/14 nicht nur von der bisher str. Rspr. des BGH in Gestalt der Strafzumessungslösung gelöst, sondern in einem Fall eklatant rechtsstaatswidriger Tatprovokation sogar ein Verfahrenshindernis anerkannt.

120

Einleitung

121 d) Begrenzte Lebenserwartung. Das Strafverfahren gegen den vormaligen Generalsekretär des Zentralkomitees der SED und Staatsratsvorsitzenden der DDR, Erich Honecker, wurde vom BerlVerfGH eingestellt, weil nahezu sicher davon ausgegangen werden konnte, der Angeklagte werde den Abschluss des Verfahrens nicht mehr erleben (BerlVerfGH NJW 1993, 515, 517). Gegen ein solches Prozesshindernis der »begrenzten Lebenserwartung« spricht jedoch, dass das Feststellungs- und Aufklärungsinteresse der Rechtsgemeinschaft auch im Falle einer lebensbedrohlichen Erkrankung des Angeklagten schützenswert ist. Der Beschuldigte wird nicht zum bloßen Verfahrensobjekt degradiert, solange er verhandlungsfähig ist (s.o. Rdn. 97). Anderes gilt in den Fällen, in denen gerade die mit dem Strafverfahren einhergehende Belastung aufgrund des schlechten Gesundheitszustands des Beschuldigten dessen Tod zu bewirken droht. Ein Verfahrenshindernis lässt sich hinsichtlich dieser Konstellation aus Art. 2 Abs. 2 Satz 1 GG ableiten (BVerfG NJW 2002, 51; BVerfG EuGRZ 2009, 645).

122 e) Verstoß gegen das Verhältnismäßigkeitsprinzip. In verschiedenen Verfahren gegen Bürger der ehemaligen DDR betreffend den Vorwurf der Spionage (§ 99 StGB) hat das BVerfG ein Prozesshindernis aus dem verfassungsrechtlichen Grundsatz der Verhältnismäßigkeit, letztendlich also aus dem Rechtsstaatsprinzip, abgeleitet (BVerfGE 92, 277). Dieses singuläre Vorgehen erfolgte unter dem besonderen Eindruck der historischen Geschehnisse rund um die Wiedervereinigung. Es steht diametral der Forderung entgegen, dass das Vorliegen oder Nichtvorliegen eines Verfahrenshindernisses ohne weiteres feststellbar sein muss. Anderenfalls könnte jede für »unangemessen« gehaltene Strafverfolgung infolge einer willkürlichen gerichtlichen Entscheidung unterbleiben. Dies würde letztendlich nichts anderes als eine Einzelabolition oder Amnestie darstellen, die einzuführen allein der Gesetzgeber befugt ist (*Schlüchter/Duttge* NStZ 1996, 457; *Volk* NStZ 1995, 367).

123 f) Androhung der Folter. Wird einem Beschuldigten im Rahmen einer polizeilichen Vernehmung zur Erzwingung einer Aussage Folter angedroht, liegt hierin ein Verstoß gegen Art. 104 Abs. 1 Satz 2 GG, Art. 3 EMRK. Als Folge dieses Verstoßes wird zwar hinsichtlich der erzwungenen Aussage ein unselbständiges Beweisverwertungsverbot nach § 136a begründet. Ein Hindernis für das gesamte Verfahren entsteht jedoch nicht (LG Frankfurt StV 2003, 327 [Fall Gäfgen]; offen gelassen von BVerfG NJW 2005, 656; die Verfahrensfairness trotz des Verstoßes gegen das Verbot unmenschlicher Behandlung im Rahmen einer Gesamtabwägung bejahend: EGMR NJW 2010, 3145; vert. Art. 3 EMRK Rdn. 46).

124 g) Grundsatz des fairen Verfahrens. Völlig offen ist, ob in besonders gelagerten Fällen aus einem Verstoß gegen den *fair-trial*-Grundsatz ein Verfahrenshindernis abgeleitet werden kann (zust. LR/*Kühne* Einl. I Rn. 116). Diskutiert wurde dies z.B. im Hinblick auf einen Fall, in dem ein Beamter wegen einer im Zusammenhang mit seiner Dienstausübung stehenden Straftat angeklagt wurde und ihm von seinem Dienstherren die beamtenrechtlich erforderliche Aussagegenehmigung nicht erteilt wurde (zust. *Niehaus* NStZ 2008, 355). Nachdem das erstinstanzliche Gericht ein Verfahrenshindernis infolge der fundamentalen Einschränkungen jeglicher Verteidigungsmöglichkeiten des Angeklagten angenommen hatte, zog der BGH ausgehend von einer grundsätzlichen »**Beweiswürdigungslösung**« (BGH NJW 2007, 3010; s.a. *Jahn* JuS 2007, 1058; *Laue* ZStW 120 [2008], 246) ein **Verfahrenshindernis** – wenn überhaupt – allenfalls für die Fälle in Betracht, in denen die durch die Sperrerklärung bewirkte **Beschränkung der Verteidigungsmöglichkeiten in ihrem Kernbereich** nicht anderweitig ausgeglichen werden könne.

Ein **Verfahrenshindernis** auf der Grundlage des *fair-trial*-Prinzips ist auch dann zu befürworten, wenn sich die Staatsanwaltschaft nicht an ihre im Rahmen von Erörterungen (§ 160b) getätigte Zusage hält, eine Teileinstellung i.S.d. § 154 Abs. 2 zu beantragen oder in anderen Ermittlungsverfahren gemäß § 154 Abs. 1 die Verfolgung einzustellen, sofern der Beschuldigte seinen Teil der Vereinbarung (z.B. Ablegen eines Geständnisses) eingehalten hat (*Beulke*, Strafprozessrecht, Rn. 396e; *Beulke/Stoffer* JZ 2013, 662, 667; *Eisenberg* NStZ 2008, 698, 699; LR-*Erb* § 160b Nachtr. Rn. 11; *Meyer-Goßner/Schmitt* § 160b Rn. 11; anders BGHSt 52, 165, 172 f.: Korrektur im Wege der Strafzumessung).

Für den Regelfall ist aber daran festzuhalten, dass ein – wenn auch schwerwiegender – Verfahrensmangel allein nicht zu einem Verfahrenshindernis führt, sondern dem Beschuldigten die Möglichkeit einräumt, Rechtsmittel gegen die Entscheidung einzulegen (vgl. BVerfG NJW 1981, 1719; 1983, 1043;

Beispielsfälle bei *Meyer-Goßner/Schmitt* Einl. Rn. 148b; *Volk/Engländer*, Grundkurs StPO, § 14 Rn. 30).

h) Verstöße gegen Völkerrecht. Grundsätzlich begründet ein Zuwiderlaufen gegen die allgemeinen Regeln des Völkerrechts i.S.d. Art. 25 GG kein Prozesshindernis (BVerfG NJW 1986, 3021 im Fall der völkerrechtswidrigen Festnahme eines mutmaßlichen Unterstützers einer terroristischen Vereinigung). Eine Ausnahme kann dann bestehen, wenn infolge völkerrechtswidriger Verletzungen ausländischen Hoheitsgebietes Ansprüche gegen die BRD geltend gemacht werden, die der Durchführung des Strafverfahrens entgegenstehen (BGH NStZ 1985, 464). Gleichwohl zieht nicht jede Verletzung der Gebietshoheit eines ausländischen Staates ein Verfahrenshindernis nach sich (BGH NStZ 1995, 95 zur Problematik des Lockspitzeleinsatzes im Ausland). 125

III. Folgen des Fehlens einer Prozessvoraussetzung. Hinsichtlich der Folgen eines Prozesshindernisses ist zu unterscheiden, in welchem Stadium sich das Verfahren befindet und ob das Hindernis endgültig oder behebbar ist. 126

1. Vorverfahren. Erkennt die Staatsanwaltschaft ein **endgültiges** Prozesshindernis bereits im Ermittlungsverfahren, wird das Verfahren nach § 170 Abs. 2 eingestellt. Bei nur **vorübergehenden** und behebbaren Verfahrenshindernissen ermöglicht eine **analoge Anwendung** des § 205 der Staatsanwaltschaft eine vorläufige Einstellung. § 154f ist lex specialis im Falle der Abwesenheit oder sonstigen persönlichen Verhinderung des Beschuldigten für längere Zeit. 127

2. Zwischenverfahren. Nach Erhebung der öffentlichen Klage hat das Gericht im Rahmen seiner Entscheidung gem. § 199, ob ein Hauptverfahren eröffnet wird, die Prozessvoraussetzungen von Amts wegen zu prüfen. Im Falle eines **endgültigen** Verfahrenshindernisses beschließt es, das **Hauptverfahren nicht zu eröffnen** (§ 204), es sei denn die Staatsanwaltschaft kommt ihm mit einer Einstellung unter Rücknahme der Anklage zuvor (§§ 170 Abs. 2, 156). Ist das Prozesshindernis **behebbar**, kann das Gericht das Verfahren nach § **205 direkt oder analog** vorläufig einstellen. Besonderheiten gelten für die Fälle der Unzuständigkeit, vgl. §§ 209, 209a (s.o. Rdn. 93 ff.). 128

3. Hauptverfahren. Im Hauptverfahren besteht bei **vorübergehenden**, voraussichtlich behebbaren Prozesshindernissen die Möglichkeit, das Verfahren auszusetzen bzw. zu unterbrechen (§ 228); auch eine Einstellung nach § 205 analog kann erfolgen. Im Falle eines **endgültigen** Prozesshindernisses, welches **vor bzw. außerhalb der Hauptverhandlung** offenbar wird, muss das Gericht das Verfahren durch **Beschluss** einstellen (§ 206a). 129

Bei einem Bekanntwerden des Prozesshindernisses erst **während der Hauptverhandlung** ist das Verfahren in der Regel durch **Prozessurteil** gem. § 260 Abs. 3 einzustellen (beachte aber Rdn. 131). Dies gilt immer im Falle eines sog. **Befassungsverbotes**, welches es dem Gericht von vornherein untersagt, sich sachlich mit dem erhobenen Vorwurf auseinanderzusetzen. Ein solches Befassungsverbot greift in den Fällen fehlender Anklage oder fehlenden Eröffnungsbeschlusses, nicht begründeter deutscher Gerichtsbarkeit bzw. gerichtlicher Zuständigkeit, Nicht-Existenz, Strafunmündigkeit oder parlamentarischer bzw. diplomatischer Immunität des Beschuldigten, entgegenstehender Rechtskraft oder Rechtshängigkeit. Eine Einstellung muss hier auch dann erfolgen, wenn das Gericht auf der Grundlage des Verfahrensganges bereits zu der Überzeugung gelangt ist, dass eigentlich ein Freispruch erfolgen müsste. Fällt das Befassungsverbot später weg, kann ein neues Verfahren eingeleitet werden. Auch hier bestehen Besonderheiten bei sachlicher und funktioneller Unzuständigkeit (vgl. nur §§ 225a, 269, 270, s.o. Rdn. 93 ff.). 130

Demgegenüber ist bei Vorliegen eines Prozesshindernisses in Gestalt eines reinen **Bestrafungsverbotes**, welches nicht die Durchführung des Verfahrens als solches untersagt, aber der Bestrafung des Angeklagten entgegensteht, zu differenzieren. Grundsätzlich ist auch hier das Verfahren gemäß § 260 Abs. 3 einzustellen. Steht hingegen fest, dass ein Tatnachweis nicht zu erbringen und der Angeklagte deshalb freizusprechen ist, hat ein Urteil in der Sache zu ergehen, um den Vorwurf strafbaren Verhaltens eindeutig zurückzunehmen (BGHSt 46, 131, 136; OLG München NJW 2008, 3151, 3155). Ein Bestrafungsverbot ist zu bejahen im Falle eines fehlenden oder zurückgenommenen Strafantrags bei absoluten Antragsdelikten bzw. fehlender Bejahung des besonderen öffentlichen Interesses durch die Staatsanwaltschaft, im Falle der Strafverfolgungsverjährung sowie der Verhandlungsunfähigkeit des Angeklagten und in 131

Einleitung

den Fällen, in denen ein Prozesshindernis wegen rechtsstaatswidriger Verfahrensverzögerung oder Tatprovokation angenommen werden kann.

132 Wurde ein Verfahren infolge der **irrtümlichen Annahme eines Verfahrenshindernisses** eingestellt, stellt sich die Frage, ob und ggf. wie die Rechtskraft des Einstellungsbeschlusses/-urteils durchbrochen werden kann. Zumindest bei einer **Einstellung durch Beschluss** ist nach Ansicht des BGH eine Verfahrensfortführung zuungunsten des Angeklagten dann zulässig, wenn dieser durch eine Manipulation (z.B. Vortäuschung seines eigenen Todes) die Verfahrenseinstellung bewirkt hat (Rechtsgedanke der Wiederaufnahme, § 362; BGHSt 52, 119 m zust. Anm. *Kühl* NJW 2008, 1009; krit. *Jahn* JuS 2008, 459). Auch bei der irrtümlichen **Urteils**einstellung wird im Schrifttum eine Rechtskraftdurchbrechung diskutiert (vertiefend zum Streitstand SK-StPO/*Frister/Deiters* Vor § 359 Rn. 17).

133 **F. Beteiligte im Strafverfahren.** Die Rolle als Beteiligter im Strafprozess bestimmt sich danach, wer kraft Gesetzes verpflichtet oder berechtigt ist, durch Prozesshandlungen (s.u. Rdn. 215 ff.) das Verfahren mitzugestalten. Das Gericht, obwohl im Hauptverfahren lenkende Zentralgestalt des Prozesses, wird von dem der StPO zugrunde liegenden Begriff der »Verfahrensbeteiligten« nicht umfasst (vgl. §§ 33 Abs. 1, 3, 159 Abs. 2, 172 Nr. 2 GVG), da es als unparteiische und neutrale Instanz den übrigen Beteiligten als Hüterin der Verfahrensordnung und somit gerade als Nichtbeteiligter gegenübersteht (BVerfGE 21, 139, 145). Unter Zugrundelegung eines weiten Beteiligtenbegriffes, der lediglich auf die Einflussnahme auf den Verfahrensgang durch Prozesshandlungen abstellt, kann allerdings auch das Gericht in die vorliegende Betrachtung mit einbezogen werden.

134 In diesem Sinne **Hauptbeteiligte** im Strafverfahren sind das zur Entscheidung berufene Gericht (s.u. Rdn. 137 ff.), der Beschuldige (s.u. Rdn. 141 ff.), sein Verteidiger (s.u. Rdn. 160 ff.) oder Beistand (vgl. die Kommentierung zu § 149) und die Staatsanwaltschaft (s.u. Rdn. 186 ff.) sowie der Nebenkläger (s.u. Rdn. 213 und die Kommentierung zu §§ 395 ff.) oder der Privatkläger (s.u. Rdn. 214 sowie die Kommentierung zu §§ 374 ff.). Im Jugendstrafverfahren sind zudem der Vertreter der Jugendgerichtshilfe (§§ 38, 50 Abs. 3 JGG) sowie der Erziehungsberechtigte und der gesetzliche Vertreter des Beschuldigten (§§ 50 Abs. 2, 67 JGG) beteiligt.

135 Die StPO sieht die Möglichkeit vor, dass neben diesen Verfahrensakteuren bestimmte Personen als **Nebenbeteiligte** auftreten können, die selbst ein besonderes Interesse haben, am Prozess teilzunehmen, oder deren Teilnahme im Interesse der Allgemeinheit erfolgt, so z.B. die Finanzbehörde im Steuerstrafverfahren, die Verwaltungsbehörde in den Fällen der §§ 13 Abs. 2 WiStG, 38 Abs. 2 AWG, 38 Abs. 2 MOG oder die Verfalls- und Einziehungsbeteiligten in den sie betreffenden Verfahrensteilen. Auch der **Verletzte**, der nicht als Privat- oder Nebenkläger auftritt, ist durch §§ 406d – 406h mit eigenen prozessualen Rechten ausgestattet und somit Verfahrensbeteiligter (näher *Roxin/Schünemann*, Strafverfahrensrecht, § 65 Rn. 9 ff.; *Weigend* FS Schöch, S. 947; umfassend *Schroth*, Die Rechte des Opfers im Strafprozess [2011]; *Weigend*, Deliktsopfer und Strafverfahren [1989]). Ohnedies ist feststellbar, dass die Aufwertung der Stellung des Opfers im Strafverfahren in den vergangenen Jahren ein besonders Anliegen des Gesetzgebers war (LR-*Wenske* Nachtr. § 406f Rn. 1). Beleg hierfür sind nicht zuletzt die beiden bereits geltenden Opferrechtsreformgesetze (1. OpfRRG vom 24.06.2004, BGBl. I 2004, S. 1354; 2. OpfRRG vom 29.07.2009, BGBl. I 2009, 2280), das im April 2015 als Gesetzesentwurf auf den Weg gebrachte 3. OpfRRG (BT-Drs. 18/4621; vgl. hierzu *Leipold/Beukelmann* NJW-Spezial 2015, 314), die EU-Opferschutzrichtlinie (RL 2012/29 = Abl. L 315, S. 57 vom 25.10.2012; dazu *Meier* FS Wolter, S. 1387) sowie das im Jahre 2013 verabschiedete Gesetz zur Stärkung der Rechte von Opfern sexuellen Missbrauchs (StORMG; BGBl. I 2013, S. 1805). Es geht insoweit nicht nur um Genugtuungs- und Abwehrinteressen; vielmehr soll bereits durch die Ausgestaltung des Strafverfahrens die Verfolgung von Schadensersatz- oder Schmerzensgeldansprüchen erleichtert werden. So nachvollziehbar die verstärkte Berücksichtigung der Opferinteressen auch ist, muss dennoch darauf geachtet werden, dass sie nicht mit einer Schwächung der Beschuldigtenrechte einhergeht (vgl. *Böttcher* FS Schöch, S. 929; *Bung* StV 2009, 430; *Neuhaus* StV 2015, 185, 190 f.; *Wenske* NStZ 2008, 434, 437; s.a. OLG Hamburg NStZ 2015, 105 m. Anm. *Radtke*).

136 **Keine Verfahrensbeteiligten** sind Zeugen und Sachverständige, die nur als Beweismittel fungieren (ausgenommen in den Fällen eines Beschwerderechts nach § 304 Abs. 2, welches eine partielle Verfahrensbeteiligung begründet), sowie diejenigen Personen, denen nur eine unterstützende Funktion bei der Sachermittlung oder der Durchführung des Verfahrens zukommt (Urkundsbeamte, §§ 226, 271; Po-

lizeibeamte, §§ 161 Abs. 1 Satz 2, 163, hier insbesondere die Ermittlungspersonen der Staatsanwaltschaft, § 152 GVG, Bewährungshelfer, etc.). Zur Rolle der Polizei bei der Unterstützung der StA s.u. Rdn. 204 ff.

I. Das Gericht. 1. Der Grundsatz des gesetzlichen Richters. Art. 101 Abs. 1 Satz 2 GG sieht vor, dass niemand seinem **gesetzlichen Richter**, d.h. dem Justizorgan, das durch das Gesetz und die das Gesetz ergänzenden Geschäftsverteilungspläne der Gerichte allgemein und im Voraus bestimmt ist, entzogen werden darf. Art. 101 Abs. 1 Satz 2 GG beinhaltet einen **grundrechtsähnlichen Anspruch** (BVerfGE 40, 356, 360 f.; BVerfG StV 2005, 1) darauf, dass staatlicherseits durch das Strafverfahrens- und Gerichtsorganisationsrecht im Vorhinein für jeden denkbaren Rechtsfall **abstrakt** geregelt ist, wer über eine Strafsache zu entscheiden hat (vgl. auch § 16 Satz 2 GVG). Die vorhandenen gesetzlichen Regelungen lassen im konkreten Fall nicht immer ein eindeutiges Ergebnis hinsichtlich des zuständigen Gerichts zu, sodass insbesondere unklar ist, wann eine evtl. Fehleinschätzung der Staatsanwaltschaft bei der Auswahl des Gerichts, an das sie die Anklage adressiert, einen Verstoß gegen Art. 101 Abs. 1 Satz 2 GG darstellt. Eine Missachtung des gesetzlichen Richters kann so lange nicht angenommen werden, wie die rechtswidrige Bestimmung des Spruchkörpers auf einen **bloßen Verfahrensirrtum** zurückzuführen ist (*error in procedendo*). Nur bei **objektiv willkürlichen** Maßnahmen, die auf völlig unsachlichen Erwägungen beruhen, liegt eine Entziehung des gesetzlichen Richters vor (BVerfGE 30, 165, 167; BVerfG StV 2009, 673; BGHSt 43, 53, 55 m. insoweit abl. Anm. *Renzikowski* JR 1999, 166; BGHSt 47, 116, 119; BGH NStZ 2009, 579; zur diesbezüglichen Kontroverse im Zusammenhang mit dem zeitweiligen Doppelvorsitz bezüglich des 2. und 4. Strafsenats des BGH vgl. BVerfG NJW 2012, 2334 m. Bespr. *Fischer/Krehl* StV 2012, 550; *Paeffgen/Wasserburg* GA 2012, 535; vert. *Fischer* FS Beulke, S. 709, 715 ff.; BGH StV 2012, 204, 209 u. 272 ff. m. Anm. *Bernsmann* u. *Sowada* NStZ 2012, 353; *Schünemann* ZIS 2012, 1; *Wittkowski* NVwZ 2013, 341; näher zum Ganzen § 338). 137

2. Bestimmung der Zuständigkeit. Die Regelungen zur **sachlichen** Zuständigkeit bestimmen, **welches Gericht** zur Entscheidung über eine Strafsache in erster Instanz berufen ist. Existieren innerhalb dieses Gerichts **verschiedene Spruchkörper mit unterschiedlicher Rechtsfolgengewalt**, die jeweils einen erstinstanzlichen Zuständigkeitsbereich haben (z.B. Einzelrichter und Schöffengericht beim AG), ist auch die Frage, welcher dieser Spruchkörper zuständig ist, eine solche der sachlichen Zuständigkeit. Zu den Sonderregelungen der §§ 6, 225a, 269 f. bei sachlicher Unzuständigkeit s.o. Rdn. 95 und die Kommentierungen zu den entsprechenden Vorschriften. 138

§§ 7 ff. regeln, welches von mehreren sachlich zuständigen Gerichten unter Beachtung **örtlicher** Kriterien zuständig ist. Zur eingeschränkten Überprüfbarkeit vgl. § 16.

Unter den Terminus der **funktionellen Zuständigkeit** werden diejenigen Zuständigkeitsprobleme gefasst, die nicht unter die sachliche oder örtliche Zuständigkeit fallen:
– Zuständigkeit des Rechtsmittelgerichts,
– Zuständigkeitsverteilung bei Spruchkörpern mit gleicher Strafgewalt, (s. dazu z.B. § 6a – die Einteilung ist allerdings str., wie hier: BGH StV 2009, 509; **a. A.** *Meyer-Goßner/Schmitt* Vor § 1 Rn. 4, die eine besondere Zuständigkeit annehmen),
– Aufgabenverteilung innerhalb eines Spruchkörpers (z.B. Verhandlungsleitung des Vorsitzenden gem. § 238 Abs. 1 StPO),
– Ermittlungsrichterliche Zuständigkeit (z.B. bei Erlass eines Haftbefehls gem. § 125).

3. Rechtsstellung der Richter. Die Strafrichter genießen richterliche Unabhängigkeit in persönlicher wie sachlicher Hinsicht und sind allein dem Gesetz unterworfen, Art. 97 GG, §§ 1 GVG, 25, 45 Abs. 1 DRiG (näher hierzu *Bosch* Jura 2015, 56; *Maunz/Dürig-Hillgruber*, Grundgesetz, Art. 97 Rn. 19 ff.). Dies stellt kein persönliches Privileg des einzelnen Richters dar, sondern dient als objektiv-rechtliche Ausprägung des Rechtsstaatsprinzips der Absicherung eines fairen Verfahrens. Eine Bindung des Richters an obergerichtliche Rechtsprechung wie in den *common-law*-Systemen besteht abgesehen vom Fall der Zurückverweisung gem. § 358 Abs. 1 nicht. Jeder Richter, gleich welcher Instanz, ist ausweislich der in Art. 100 GG geregelten Vorlageverpflichtung gehalten, die von ihm auf den konkreten Einzelfall anzuwendenden Strafnormen auf ihre Vereinbarkeit mit der Verfassung hin zu überprüfen. Die verfassungsrechtlich verbürgte Unabhängigkeit dient der Absicherung der Unvoreingenommenheit und Unparteilichkeit in jedem einzelnen Verfahren. Erscheint diese in einem konkreten Prozess nicht 139

Einleitung

gewährleistet, sehen §§ 22, 23 in den dort typisierten Fällen die Ausschließung der Gerichtspersonen kraft Gesetzes vor, während im Falle sonstiger Besorgnis der Befangenheit § 24 ein Ablehnungsrecht begründet (vert. *Fromm* NJOZ 2015, 1; *Zwiehoff* Der Befangenheitsantrag im Strafverfahren [2013]).

140 Der deutsche Strafprozess kennt einerseits Berufsrichter, andererseits ehrenamtliche Richter, welche als Schöffen bezeichnet werden und in gleichem Maße wie die Erstgenannten richterliche Unabhängigkeit genießen, §§ 45, 45a DRiG, 31 ff. GVG (zur Geschichte der Laienrichter *Wassermann*, Bürgerbeteiligung, 1982, S. 1-7; zur Frage heutiger Sinnhaftigkeit der Laienbeteiligung *Börner* ZStW 122 [2010], 157; *Duttge*, Alternativen zur Freiheitsstrafe, 36. Strafverteidigertag in Hannover 2012 [2013], S. 203; *Lemke-Küch* Der Laienrichter – überlebtes Symbol oder Garant der Wahrheitsfindung [2014]; *Satzger* Jura 2011, 518; zur Relevanz für die Tätigkeit des Verteidigers: *Heim* NJW-Spezial 2015, 312). Ein Recht der Laienrichter auf Aktenkenntnis wurde unter Verweis auf § 249 Abs. 2 Satz 3 HS 2 und die Grundsätze der Mündlichkeit und Unmittelbarkeit in der Vergangenheit oftmals verneint (BGHSt 13, 73, 75; krit. *Ellbogen* DRiZ 2010, 136). BGHSt 43, 36, 40 geht hingegen davon aus, dass den Schöffen nicht zwingend jedwede Aktenkenntnis zu versagen sei. Eine Zurverfügungstellung von Begleittexten aus den Akten zum besseren Verständnis der Beweisaufnahme sei zulässig und verstoße weder gegen den Unmittelbarkeitsgrundsatz noch gegen den Mündlichkeitsgrundsatz (*Meyer-Goßner/Schmitt* § 30 GVG Rn. 2; vert. u. § 30 GVG Rn. 2). Auch der EGMR sieht hierin keinen Verstoß gegen den Grundsatz richterlicher Unparteilichkeit aus Art. 6 Abs. 1 EMRK (EGMR EuGRZ 2009, 12).

141 **II. Der Beschuldigte. 1. Begriff und Begründung der Beschuldigteneigenschaft.** a) Je nach dem, in welcher Lage sich das Strafverfahren befindet, hält die StPO für denjenigen, gegen den selbiges betrieben wird, unterschiedliche Bezeichnungen bereit: »**Beschuldigter**« fungiert als Oberbegriff und kann in jedem Verfahrensstadium herangezogen werden. Daneben tritt die Bezeichnung als »**Angeschuldigter**«, wenn die öffentliche Klage erhoben ist, also mit Einreichen der Anklageschrift, (§ 157 1. Var.), bzw. als »**Angeklagter**« nach Eröffnung des Hauptverfahrens (§ 157 2. Var.). Der Beschuldigte ist – anders als zu Zeiten des gemeinrechtlichen Inquisitionsprozesses – ein mit eigenen Rechten ausgestattetes **Verfahrenssubjekt** (BVerfG StV 2001, 601; BGHSt (GrS) 50, 40, 48; grundlegend SK-StPO/*Rogall* Vor § 133 Rn. 59 ff.). Um zu verhindern, dass diese Rechte unterlaufen oder dem Beschuldigten vorenthalten werden, ist es notwendig, klare Kriterien für die Begründung der Beschuldigtenstellung und somit den gesetzlich nicht definierten Beschuldigtenbegriff aufzustellen (vgl. allgem. zur Begrifflichkeit *Fincke* ZStW 95 [1983], 918).

142 b) Die Beschuldigteneigenschaft mit den damit verbundenen Rechten wird ab dem Moment begründet, in dem sich ein **ausreichend konkreter Anfangsverdacht** der Tatbegehung ergibt **und ein ausdrücklicher oder schlüssiger Willensakt** der Strafverfolgungsorgane, die Strafverfolgung gegen den Verdächtigen zu betreiben, ermittelt werden kann (BGHSt 38, 214, 217 f.; BGH StV 2015, 337; SK-StPO/*Rogall* Vor § 133 Rn. 22 ff.). Die in §§ 55, 60 Nr. 2 enthaltene Wertung macht deutlich, dass ein Tatverdacht auch gegen bloße Zeugen gerichtet sein kann. Allein das Bestehen eines Tatverdachts gegen eine Person macht diese kraft gesetzgeberischer Richtungsentscheidung folglich nicht automatisch zum Beschuldigten. Die überzeugende und absolut h.A. verlangt daher zur Statuierung der Beschuldigteneigenschaft neben dem Tatverdacht als zweite Voraussetzung einen **Willensakt der Strafverfolgungsbehörde**, der die Absicht verdeutlicht, dass sie das Strafverfahren gegen den Verdächtigen als Beschuldigten betreiben will (BGHSt 10, 8, 12 m. krit. Bespr. *Schumann* GA 2010, 699; BGHSt 37, 48, 51; 51, 150; OLG Frankfurt NStZ 1988, 425, 426 – sog. subjektiv-objektive Beschuldigtentheorie).

143 Dieser Willensakt liegt jedenfalls dann vor, wenn ein **förmliches Strafverfahren** gegen eine Person als Beschuldigten eingeleitet oder sie unmissverständlich als Beschuldigter vernommen wird. Aus dem Legalitätsprinzip (§ 152 Abs. 2, s.o. Rdn. 52) ergibt sich die **Verpflichtung** der Verfolgungsbehörde, einen Verdächtigen formell zum Beschuldigten zu erklären, wenn die vorliegenden Verdachtsmomente sich zu einem hinreichend konkreten **Anfangsverdacht** verdichtet haben. Im Falle von **konkreten tatsächlichen Anhaltspunkten, die nach kriminalistischer Erfahrung die Beteiligung des Betroffenen an einer verfolgbaren Straftat möglich erscheinen lassen**, muss die Staatsanwaltschaft demzufolge den Verdächtigen zum Beschuldigten erklären (BGH StV 1988, 441; LR/*Beulke* § 152 Rn. 22), wobei ihr ein **Beurteilungsspielraum** zusteht (BGHSt 38, 214, 228; BGH NStZ 2010, 711; *Beulke* StV 1990, 180; a. A. *Bach* Jura 2007, 12; *Störmer* ZStW 108 (1996), 516; Einzelheiten bei *Hellmann* FS Kühne, S. 235, 241 ff.; *Roxin* FS Schöch, S. 823; *Steinberg* JZ 2006, 1045). Dieser Beurteilungsspielraum kann durch

zu frühe oder zu späte Einräumung des Beschuldigtenstatus überschritten sein. Beispiele für eine zu frühe Behandlung als Beschuldigter: Aus einem anhängigen Ermittlungsverfahren wird auf eine generelle diesbezügliche Tatgeneigtheit geschlossen und hierauf eine Wohnungsdurchsuchung gestützt (AG Saalfeld NJW 2001, 3642); aus legalem Verhalten wird ohne Hinzutreten weiterer Anhaltspunkte ein Anfangsverdacht für die Begehung einer Straftat konstruiert (LG Regensburg StraFO 2015, 18 m. zust. Anm. *Burhoff* StRR 2015, 106 f.; s.a. BVerfG NJW 2014, 3085 – *Fall Edathy*; BVerfG NJW 2002, 1940 – *Tafelpapiergeschäfte*; BVerfG NJW 1994, 2079; OLG Hamburg NJW 1984, 1635; vert. *Hoven* NStZ 2014, 361; *Satzger* FS Beulke, S. 1009). Beispiel für eine zu späte Einräumung der Beschuldigtenstellung: Der mutmaßliche Fahrer eines in einen Unfall verwickelten Kfz (Verdacht des § 142 StGB) wird nicht unter Wahrung der Beschuldigtenrechte befragt (OLG Hamm StV 2010, 5; OLG Nürnberg StV 2015, 155; s.a. LG Saarbrücken StRR 2014, 109 bzgl. § 316 StGB); ein Verdächtiger soll als Täter überführt werden, wird aber dennoch nur als Zeuge vernommen (BGHSt 51, 367, zust. *Roxin* JR 2008, 17).

Die Begründung der Beschuldigteneigenschaft kann entsprechend dem **Rechtsgedanken des § 397 Abs. 1 AO** auch **konkludent** erfolgen (BGHSt 38, 214, 228; BGH NStZ 1997, 398). Ein Verdächtiger ist also unabhängig vom Willen der Strafverfolgungsorgane ab dem Zeitpunkt als Beschuldigter anzusehen, in dem gegen ihn eine **Maßnahme** angeordnet oder beantragt wird, die **nur gegen einen Beschuldigten zulässig** ist (z.B. Haftbefehl, vgl. OLG Frankfurt StV 1988, 119; vorläufige Festnahme, AG Hameln StV 1988, 382) oder die nach ihrem äußeren Erscheinungsbild darauf abzielt, gegen jemanden strafrechtlich vorzugehen (BGH StraFo 2015, 114). 144

Problematisch sind diejenigen Fallkonstellationen, in denen sich der Tatverdacht auf eine oder verschiedene Personen konzentriert, ohne dass die Beschuldigteneigenschaft begründende Zwangsmaßnahmen ergriffen werden. Hier müssen den Verdächtigen die Beschuldigtenrechte dann zuerkannt werden, wenn deren **Vorenthaltung willkürlich** wäre (BGHSt 10, 8, 12; s.a. BVerfG StV 2001, 257; BGHSt 51, 367 m. Bespr. *Jahn* JuS 2007, 962; BGH NStZ-RR 2012, 49). Ab einem gewissen Verdachtsgrad wird das Erfordernis eines behördlichen Willensaktes als Voraussetzung für die Beschuldigtenstellung folglich aufgegeben und stattdessen eine Wertung nach objektiven Kriterien vorgenommen. So muss bei mehreren hinreichend Tatverdächtigen darauf geachtet werden, dass ggf. alle als Beschuldigte zu behandeln sind, unabhängig davon, dass nur einer von ihnen tatsächlich der Täter sein kann (vgl. *Lenckner* FS Peters, 340). Die Staatsanwaltschaft hat im Rahmen ihrer Leitungs- und Kontrollbefugnisse darauf hinzuwirken, dass die Beschuldigtenrechte, insbesondere Belehrungspflichten, nicht willkürlich umgangen werden. Dies gilt auch und gerade bei Ermittlungen der Polizei (BGH NJW 2009, 2612). 145

c) Ist nach diesen Grundsätzen im konkreten Fall von der Beschuldigtenstellung eines förmlich Vernommenen (zum Vernehmungsbegriff vgl. § 136 Rdn. 21 ff.) auszugehen, jedoch eine Belehrung i.S.d. § 136 Abs. 1 Satz 2 unterblieben, sind die getätigten Aussagen **unverwertbar** (BGH NJW 2007; 2706; BGH StV 2015, 337; s.u. Rdn. 297). Nach Ansicht der Rechtsprechung gilt dieses Beweisverwertungsverbot allerdings nur, wenn der Beschuldigte keine Kenntnis von seinem Recht zur Aussageverweigerung hatte (BGHSt 38, 214, 220) und sein Verteidiger der Verwertung rechtzeitig (§ 257) und spezifiziert widersprochen hat (BGH StV 2006, 396, vertiefend zur Widerspruchslösung *Beulke*, Strafprozessrecht, Rn. 460a, s.u. Rdn. 274 ff.). 146

d) Wenn der eigentlichen Beschuldigtenvernehmung noch »Vorstadien« der Ermittlungstätigkeit vorausgehen, gilt im Hinblick auf die Bestimmung des konkreten Zeitpunktes der Beschuldigteneigenschaft Folgendes:
Bei Äußerungen gegenüber einem Strafverfolgungsorgan, die ohne Befragung von sich aus erfolgt sind (sog. **Spontanäußerungen**), greifen mangels Beschuldigteneigenschaft keine speziellen Beschuldigtenrechte ein. Hier bestünde i.Ü. schon gar keine faktische Möglichkeit zur vorausgehenden Belehrung. Die Spontanäußerung ist im weiteren Verfahrensgang uneingeschränkt verwertbar (BGH StV 1990, 194; SK-StPO/*Rogall* § 136 Rn. 97). Wirkt eine derartige Spontanäußerung jedoch verdachtsbegründend, muss umgehend eine Belehrung gem. § 136 Abs. 1 Satz 2 erfolgen, ehe der Betroffene weitere Äußerungen tätigt (vgl. BGH NJW 2009, 3589 m. Anm. *Meyer-Mews* u. *Ellbogen* NStZ 2010, 464). Gleiches gilt, wenn die Spontanäußerung als Anknüpfungspunkt für konkrete Nachfragen dient (vgl. BGHSt 58, 301 m. Bespr. *Eisenberg* StV 2013, 779 und Anm. *Wohlers* JR 2014, 131). 147

Sog. **informatorische Befragungen** erfolgen zwar auf Initiative der Strafverfolgungsbehörden, jedoch werden zunächst nur Erkundigungen eingeholt, ohne dass bereits ein Anfangsverdacht bzgl. einer kon- 148

Einleitung

kreten Person bestünde. Ziel ist es, einen Überblick über ein noch unklares Geschehen zu bekommen – wie z.B. bei Ankunft der Polizeibeamten an einem Unfallort. Da noch kein auf eine Person konkretisierter Anfangsverdacht besteht, ist die Befragung von mutmaßlich am Geschehen Beteiligten nicht als Beschuldigten-, sondern als Zeugenbefragung zu werten (BGHSt 38, 214, 227; BGH NStZ 1983, 86; SK-StPO/*Rogall* Vor § 133 Rn. 42 ff.; z.T. enger AG Bayreuth StV 2004, 370; *Koch* JA 2004, 558). Eine Belehrung nach § 136 Abs. 1 Satz 2 muss demnach auch hier nicht erfolgen. Umstritten ist allerdings die Frage der Verwertbarkeit einer ohne Belehrung getätigten Aussage im Rahmen einer informatorischen Befragung. Der BGH sowie die h.L. bejahen die Verwertbarkeit (BGHSt 38, 214, 228). Hiergegen spricht jedoch, dass die Schutzbedürftigkeit bei einer solchen auf strafverfolgungsbehördliche Initiative zurückzuführenden Äußerung derjenigen bei der eigentlichen Beschuldigtenvernehmung entspricht (LG Heilbronn StV 2005, 380; *Schaal*, Beweisverwertungsverbot bei informatorischer Befragung [2002]; SK-StPO/*Wohlers* § 163a Rn. 49).

149 **2. Ausgewählte Rechte des Beschuldigten. a) Belehrungsrechte**: Gemäß § 136 Abs. 1 ist der Beschuldigte vor seiner Vernehmung darüber zu informieren, welche Tat aufgrund welcher Strafvorschriften ihm zur Last gelegt wird, und darüber zu belehren, dass er berechtigt ist, die Aussage zu verweigern, einen Verteidiger zu konsultieren, Beweiserhebungen zu beantragen sowie sich ggf. schriftlich zu äußern und einen Täter-Opfer-Ausgleich anzustreben. Für den Fall einer staatsanwaltschaftlichen Vernehmung gilt § 136 i.V.m. § 163a Abs. 3 Satz 2, bei polizeilicher Vernehmung i.V.m. § 163a Abs. 4 Satz 2, wonach dem Beschuldigten von der Polizei nicht die möglicherweise verwirklichten Strafvorschriften vorgehalten werden müssen. Näher insbesondere zu den Folgen einer unterlassenen Belehrung s.u. Rdn. 297; § 136 Rdn. 64 ff.

Im Falle einer Festnahme hat eine Belehrung gemäß § 114b Abs. 1, 2 zu erfolgen. Bei ausländischen Staatsangehörigen umfasst diese auch das Recht, die Unterrichtung der konsularischen Vertretung ihres Heimatstaates verlangen zu können, § 114b Abs. 2 Satz 4 i.V.m. Art. 36 Abs. 1b) Satz 3 WÜK (BVerfG NJW 2007, 499 m. Bespr. *Burchard* JZ 2007, 891; *Kreß* GA 2007, 396; *T. Walter* JR 2007, 99). Fehlt dieser Hinweis auf die Möglichkeit einer Unterrichtung der konsularischen Vertretung, soll die Verwertbarkeit der Aussage von den Umständen des Einzelfalls abhängen (BVerfG StV 2011, 329; BGH StV 2011, 603; generelle Ablehnung eines Verwertungsverbots noch bei BGHSt 52, 48, 55 u. 52, 110, 116; vert. *Esser* JR 2008, 271; *Gless/Peters* StV 2011, 369; *Meyer-Mews* StraFo 2012, 7 s.u. Rdn. 300 f.).

150 **b) »*nemo-tenetur*-Prinzip«**: Der Beschuldigte ist, gestützt auf sein allgemeines Persönlichkeitsrecht (Art. 2 Abs. 1 i.V.m. Art. 1 Abs. 1 GG) und das Rechtsstaatsprinzip (Art. 20 Abs. 3 GG), in keiner Weise verpflichtet, an seiner Überführung selbst mitzuwirken – *nemo tenetur se ipsum accusare* (niemand ist verpflichtet, sich selbst zu belasten; vert. EGMR NJW 2011, 201; BVerfGE 56, 37, 43; BGHSt 38, 214, 220; 49, 56, 59; BGH NJW 2007, 3138; *Böse* GA 2002, 98; *Eidam*, Die strafprozessuale Selbstbelastungsfreiheit am Beginn des 21. Jahrhunderts [2007]; *Esser* JR 2004, 98; *Gleß* FS Beulke, S. 723; *Huber* JuS 2007, 711; *Kasiske* JuS 2014, 15; *Nieto Martin/Blumenberg* FS Beulke, S. 855; *Rogall* FS Beulke, S. 973; *Torka*, Nachtatverhalten und Nemo tenetur, 2000; krit. im Lichte der Verständigung: *Leitmeier* JR 2014, 372); umfassend: Art. 6 EMRK Rdn. 45 ff.). Den staatlichen Behörden ist es untersagt, eine aktive Selbstbelastung zu erzwingen. §§ 136 Abs. 1 Satz 2 und 136a sind einfachgesetzliche Ausgestaltungen dieses essentiellen Beschuldigtenrechts. Verweigert der Beschuldigte in Ausübung seines Schweigerechts eine Aussage in vollem Umfang, darf weder sein Schweigen noch sein hiermit untrennbar zusammenhängendes prozessuales Verhalten vom Gericht bei der Urteilsfindung zu seinen Lasten gewertet werden (BGHSt 25, 365, 368; BGH StV 2008, 236; BGH StV 2015, 146; BGH StraFo 2015, 159; OLG Brandenburg NStZ-RR 2015, 53 m. Anm. *Schulz-Merkel* StRR 2015, 103; OLG Hamm Beschl. v. 11.09.2012 – 3 RVs 56/12 (juris); KG NJW 2010, 2900). Gleiches gilt für die Weigerung, einen potentiellen Zeugen gem. § 53 Abs. 2 Satz 1 von der Schweigepflicht zu entbinden (BGHSt 45, 363, 364; 45, 367). Verweigert der Beschuldigte hingegen lediglich die Beantwortung einzelner Fragen (sog. »teilweises Schweigen«), darf das Gericht hieraus ggf. nachteilige Schlüsse ziehen (BGHSt 20, 298, 300; BGH JR 2003, 165; vert. *Miebach* NStZ 2000, 234). Über das Schweigerecht hinaus ist der Beschuldigte, auch wenn er sich zur Aussage entschließt, nicht verpflichtet, die Wahrheit zu sagen (BGHSt 3, 149, 152). Er kann also sanktionslos lügen, sofern er hierdurch nicht §§ 145d, 164, 185 ff. StGB verwirklicht (BGH NJW 2015, 1705). Im Gegensatz zum Schweigen kann das Gericht bei

Offenbarwerden einer Lüge des Beschuldigten dessen Glaubwürdigkeit in Frage stellen, wobei jedoch zu beachten ist, dass auch ein Unschuldiger vor Gericht Zuflucht zu einer Lüge nehmen kann (zu Recht zurückhaltend daher: BGH StV 2011, 269; LR/*Gless* § 136 Rn. 65).

c) Anspruch auf rechtliches Gehör: Art. 103 Abs. 1 GG verleiht dem Beschuldigten einen Anspruch auf rechtliches Gehör, konkretisiert durch §§ 33 Abs. 1, 3, 136 Abs. 1, 147 Abs. 7, 201 Abs. 1, 243 Abs. 4, 257 Abs. 1, 258 Abs. 1, 2, 265, 356a (s.o. Rdn. 82 ff.). Im Grundsatz ist der Beschuldigte **vor** jeder für ihn nachteiligen Entscheidung des Gerichts innerhalb und außerhalb der Hauptverhandlung anzuhören (§ 33 Abs. 1, 3). Ausschließlich solche Tatsachen und Beweisergebnisse dürfen einer gerichtlichen Entscheidung zugrunde gelegt werden, zu denen der Beschuldigte die **Möglichkeit** hatte, Stellung zu nehmen (BGHSt 26, 332). Bereits im Vor- und Zwischenverfahren wird dieser prozessgrundrechtliche Anspruch durch §§ 115, 118, 201, 228 abgesichert, im Rechtsmittelverfahren dienen hierzu §§ 308 Abs. 1, 311 Abs. 3, 311a, 324 Abs. 2, 326, 350, 351 Abs. 2. Art 103 Abs. 1 GG umfasst auch die Möglichkeit, sich zu verfahrensrelevanten Tatsachen zu äußern und dem Gericht rechtliche Ausführungen vorzulegen (BVerfGE 12, 110). Gewährt das Gericht dem Beschuldigten die Gelegenheit, von seinen dergestalt bestimmten Rechten Gebrauch zu machen und nutzt er diese Gelegenheit schuldhaft nicht, trägt er die dadurch bedingten Verfahrensnachteile. In der Hauptverhandlung erfolgt die Vernehmung des Angeklagten zur Sache gem. § 243 Abs. 5 Satz 2 nach Maßgabe des § 136 Abs. 2, d.h. durch mündlichen Bericht, mündliche Befragung und diesbezügliche Antworten. Dem Angeklagten ist es insoweit aber gestattet, seine mündlichen Äußerungen unter Verwendung von Notizen oder eines Manuskrpits abzugeben (BGH wistra 2015, 152; *Meyer-Goßner/Schmitt* § 243 Rn. 31; vert. u. § 243 Rdn. 21). 151

d) Recht auf (effektive) **Verteidigung:** Gemäß § 137 Abs. 1 Satz 1 steht dem Beschuldigten das Recht zu, sich **in jeder Lage des Verfahrens eines Verteidigers zu bedienen**. Zudem hat er in den Fällen notwendiger Verteidigung nach §§ 140 f. Anspruch auf Beiordnung eines Pflichtverteidigers (Übersicht zur notwendigen Verteidigung beim AG: *Hillenbrand* StRR 2014, 4). **Verweigern** die Strafverfolgungsorgane dem Beschuldigten vor oder während seiner Vernehmung die gewünschte **Kontaktaufnahme** mit dem gewählten Verteidiger, ist seine Aussage **unverwertbar** (BGHSt 38, 372, 373 m. zust. Anm. *Roxin* JZ 1993, 426; vgl. auch BGH NStZ 2013, 604). Ein Beweisverwertungsverbot greift auch ein, wenn der Beschuldigte nicht oder nur unzureichend über sein Recht zur Verteidigerkonsultation bzw. über die Möglichkeit der Bestellung eines Pflichtverteidigers belehrt worden ist (BGHSt 47, 172, 174; 233, 235; s.u. Rdn. 298) oder wenn die Strafverfolgungsbehörden ihm nicht in ausreichendem Maße »erste Hilfe« bei der Herstellung des Kontaktes zum Verteidiger geleistet haben (BGHSt 42, 15, 19 f.; anders allerdings BGHSt 47, 233, 235 m. abl. Anm. *Roxin* JZ 2002, 898; BGH NStZ 2006, 114 u. 236; vert. *Beulke* NStZ 1996, 257; *Beulke/Barisch* StV 2006, 569; *Corell* StraFo 2011, 34). Das Recht auf wirksame Verteidigung (Art. 6 Abs. 3 lit. c EMRK) wird beispielsweise durch eine ermessensfehlerhafte Ablehnung bzw. Nichtbescheidung eines Terminsverlegungsgesuchs verletzt (OLG Oldenburg StV 2015, 156). Gleiches gilt, wenn das Gericht die Hauptverhandlung nicht unterbricht, obwohl der Pflichtverteidiger sich nicht hinreichend vorbereiten konnte, weil er unter Missachtung der Ladungsfrist bestellt wurde (BGH NStZ 2009, 650). Nach Auffassung des 2. Strafsenats genügt auch die bisherige Praxis, wonach zahlreiche Revisionshauptverhandlungen ohne Anwesenheit der Angeklagten und ihrer gewählten Verteidiger durchgeführt werden, nicht den Anforderungen des Art. 6 Abs. 3 lit. c EMRK (BGH NStZ 2015, 47). 152

e) Anwesenheitsrechte: § 230 Abs. 1 konkretisiert das bereits aus Art. 103 Abs. 1 GG abzuleitende Recht des Angeklagten auf Anwesenheit in der Hauptverhandlung (vgl. Art. 14 Abs. 3 lit. d IPBPR; OLG Karlsruhe NStZ-RR 2008, 315; vert. *Beukelmann* NJW-Spezial 2014, 376; *Laue* JA 2010, 294). Die Ausnahmevorschriften in §§ 231 ff. sind in Anbetracht dieser grundrechtlichen Verankerung eng auszulegen (zutreffend restriktive Auslegung des § 247 daher bei BGHSt (GrS) 55, 87 m. Anm. *Bung* HRRS 2010, 50; *Eisenberg* StV 2009, 344; *Fezer* NStZ 2011, 49 u. *Schlothauer* StV 2009, 228; ebenso: BGH StraFo 2015, 22; BGH StV 2015, 86; BGH StV 2015, 87 m. Anm. *Ventzke*; BGH NStZ 2014, 223). Berücksichtigt man dies, kann nicht von einem »eigenmächtigen Sich-Entfernen« i.S.v. § 231 Abs. 2 ausgegangen werden, wenn der Beschuldigte einen ernsthaften Suizidversuch unternimmt, der zu seiner Verhandlungsunfähigkeit führt (so aber BGHSt 56, 298; ebenfalls abl. *Trüg* NJW 2011, 153

Einleitung

3256; vert. *Eisenberg* NStZ 2012, 63). Wird das Recht des Angeklagten auf Anwesenheit in der Hauptverhandlung nicht gewahrt, ist der absolute Revisionsgrund des § 338 Nr. 5 gegeben (vgl. z.B. BGH NStZ 2015, 181; BGH StV 2014, 4). § 168c Abs. 2, 5 verleihen dem Beschuldigten grundsätzlich (Ausnahmen: § 168c Abs. 3, 4) ein Recht auf Anwesenheit bei ermittlungs**richterlichen Vernehmungen** von **Zeugen und Sachverständigen** sowie auf vorherige Benachrichtigung hierüber. Wird das Anwesenheitsrecht oder die diesbezügliche Benachrichtigungspflicht verletzt, begründet dies ein Beweisverwertungsverbot hinsichtlich der in Abwesenheit des Beschuldigten gefundenen Erkenntnisse (BGHSt 26, 332, 334; BGH NJW 2003, 3142; sehr restriktiv allerdings nunmehr OLG München NStZ 2015, 300; zum revisionsrechtlich ggf. erforderlichen Vortrag von Negativtatsachen: BGH NStZ 2015, 98).

154 **f) Beweisantragsrecht:** Der Angeklagte ist berechtigt, in der Hauptverhandlung Beweisanträge zu stellen, die nur unter Heranziehung eines in §§ 244 Abs. 3–5, 245 aufgelisteten Grundes abgewiesen werden können. Das Beweisantragsrecht im Ermittlungs- und Zwischenverfahren ist in §§ 166 Abs. 1, 201 Abs. 1 normiert.

155 **g) Fragerecht:** Gem. § 240 Abs. 2 Satz 1 i.V.m. Abs. 1 hat der Angeklagte in der Hauptverhandlung das Recht, Fragen an Zeugen und Sachverständige zu stellen (vgl. auch Art. 6 Abs. 3 lit. d EMRK). Nicht gestattet ist die gegenseitige Befragung von Mitangeklagten (§ 240 Abs. 2 Satz 2). Zur Wahrung einer kontradiktorischen Verfahrensgestaltung müssen sämtliche Beweise grundsätzlich im Beisein des Angeklagten erhoben werden, wobei Ausnahmen nur unter besonderer Berücksichtigung des Rechts auf effektive Verteidigung zugelassen werden können (EGMR Urteil v. 19.07.2012 – 26171/07 –; EGMR StV 1997, 617; BGHSt (GrS) 55, 87; BGH NStZ 2004, 505; *Beulke* FS Rieß, S. 3). Der Ausschluss des Befragungsrechts führt nicht zur Unverwertbarkeit einer belastenden Aussage, wenn das Verfahren in seiner Gesamtheit einschließlich der Art und Weise der Beweiserhebung und -würdigung den Geboten der Verfahrensfairness genügt. In jedem Fall ist eine zurückhaltende Beweiswürdigung geboten, wenn der Angeklagte einen ihn belastenden Zeugen nicht direkt befragen konnte, ihm also die Wahrnehmung seines **Konfrontationsrechts** (generell hierzu Art. 6 EMRK Rdn. 59 ff.) allenfalls in eingeschränktem Maße möglich war (vgl. BVerfG StV 2010, 337; BGHSt 51, 150; 55, 70; BGH NStZ 2009, 581 m. krit. Bespr. *Dehne-Niemann* HRRS 2010, 189; BGH StV 2015, 142 m. Besprechung *Jahn* JuS 2014, 948; s.a. EGMR JR 2013, 170 m. Anm. *Schroeder*, EGMR StV 2014 m. Anm. *Pauly* und EGMR JR 2015, 95 m. Anm. *Lohse* JR 2015, 60; vert. *Krausbeck*, Konfrontative Zeugenbefragung [2010]; *Renzikowski* FS Mehle, S. 529; *Schmitt*, FS Rissing-van Saan, S. 617; *Weigend* FS Wolter, S. 1145).

156 **h) Recht auf informationelle Selbstbestimmung:** Das Recht auf informationelle Selbstbestimmung wurde als Teilaspekt und besondere Ausprägung des allgemeinen Persönlichkeitsrechts (Art. 2 Abs. 1 i.V.m. Art. 1 Abs. 1 GG) vom BVerfG im **Volkszählungsurteil** etabliert. Es soll »die aus dem Gedanken der Selbstbestimmung folgende Befugnis des Einzelnen [umfassen], grundsätzlich selbst zu entscheiden, wann und innerhalb welcher Grenzen persönliche Lebenssachverhalte offenbart werden« (BVerfGE 65, 1, 42; s.a. BVerfGE 80, 367, 373; *Frenz* JA 2013, 840). Indem der Grundrechtsträger nicht permanent eine staatliche Dokumentation seiner Grundrechtsausübung befürchten muss, flankiert das Recht auf informationelle Selbstbestimmung die freie Ausübung der anderen Grundrechte. Die StPO enthält diesbezüglich jedoch zahlreiche Eingriffsermächtigungen, z.B. §§ 152 ff. hinsichtlich der Anlegung einer Strafakte, § 100h hinsichtlich des Einsatzes technischer Mittel bei der Observation und §§ 474 ff. in Bezug auf Auskünfte und Akteneinsicht (z.B. durch andere Behörden, Privatpersonen). §§ 477 Abs. 2, 483 ff. legen die Voraussetzungen fest, unter denen personenbezogene Daten, die in einem Strafprozess ermittelt wurden, zu Zwecken künftiger Strafverfolgung verarbeitet, übermittelt und verwendet werden dürfen (dazu BVerfG StV 2002, 577; *Hilger* StraFo 2001, 109; *Singelnstein* ZStW 120 [2008], 854).

157 **i)** Aus § 147 Abs. 7 folgt für den Beschuldigten, der keinen Verteidiger hat, auf Antrag und unter den dort genannten Voraussetzungen ein Anspruch auf Überlassung von Auskünften und Abschriften aus den Akten.

158 **3. Missbrauchsschranke der Beschuldigtenrechte.** Die StPO kennt kein allgemeines, § 242 BGB vergleichbares Missbrauchsverbot. Die vorhandenen Einzelregelungen (§§ 26a Abs. 1 Nr. 3, 138a Abs. 1 Nr. 2, 241, 244 Abs. 3 Satz 2 Var. 6) belegen jedoch den gesetzgeberischen und durch richter-

liche Rechtsfortbildung zu konkretisierenden Willen, dass eine Berufung auf ein gewährtes prozessuales Recht nur zulässig sein soll, sofern es nicht missbraucht wird (insoweit zutr. BVerfG NJW 2009, 1469 Rn. 47; BGHSt 51, 298; vert. MüKo-StPO/*Kudlich* Einl. Rn. 342 ff.; **a. A.** *Eisenberg*, Beweisrecht, Rn. 174; *Gaede* StraFo 2007, 29; *Roxin/Schünemann*, Strafverfahrensrecht, § 19 Rn. 13). Ein Missbrauch prozessualer Rechte ist anzunehmen, wenn ein Verfahrensbeteiligter eine ihm verfahrensrechtlich eingeräumte Möglichkeit dazu nutzt, gezielt verfahrensfremde oder verfahrenswidrige Zwecke zu verfolgen (BGHSt 38, 111, 113; 51, 88, 93; Radtke/Hohmann/*Radtke* Einl. Rn. 93; ähnl. *Fahl*, Rechtsmissbrauch im Strafprozess, 2004, S. 68 ff., 124 ff.; *Kudlich*, Strafprozeß und allgemeines Mißbrauchsverbot, 1998; Meyer-Goßner/Schmitt Einl. Rn. 111; *Pfister* StV 2009, 550; *Satzger/Hanft* NStZ 2007, 185; abl. Erläuterung zu These 33 zur Strafverteidigung des Strafrechtsausschusses der BRAK, 2. Aufl. 2015; Beispiele aus der Praxis bei *Stollenwerk* DRiZ 2015, 138). Damit die Missbrauchskontrolle nicht ihrerseits missbräuchlich eingesetzt wird (hierzu *Eckhart Müller* FS Beulke, S. 889, 900; *Strate* HRRS 2014, 134, 137 ff.), ist darauf zu achten, dass nicht schon jedes widersprüchliche, sondern erst ein arglistiges Verhalten des Beschuldigten als missbräuchlich eingestuft wird (OLG Hamm StraFo 2009, 287; *Beulke* StV 2009, 554; **a. A.** BGH StV 2009, 66, 169 m. abl. Anm. *Beulke/Witzigmann* StV 2009, 394). Für den Verteidiger ergibt sich aus seiner Verantwortung für die Effektivität der Strafrechtspflege in ihrem Kernbereich (s.u. Rdn. 161), dass eine Verwirkung von Rechten erst im Falle der **Prozesssabotage** in Frage kommt (BGH NStZ 2009, 692; *Beulke* FS Amelung, S. 543; **a. A.** LG Augsburg wistra 2011, 473; *Roxin* FS Hanack, S. 1, 14; zum »Konfliktstaatsanwalt und -richter« vgl. *Artkämper* Kriminalistik 2015, 187, 188 ff.).

4. Pflichten des Beschuldigten. Zwar ist der Beschuldigte nicht verpflichtet, **aktiv** bei der Sachaufklärung mitzuhelfen (BGHSt 45, 367, 368), jedoch trifft ihn die Pflicht zur Hinnahme der mit dem Strafverfahren notwendigerweise verbundenen Beeinträchtigungen, z.B. zur **Duldung von Zwangsmaßnahmen** (z.B. U-Haft gem. §§ 112 ff. und Gegenüberstellung i.S.d. § 58 Abs. 2, ausführlich BGHSt 39, 96, 98 f. m. abl. Anm. *Welp* JR 1994, 37; BGH JR 2011, 119 m. Anm. *Eisenberg*). Das Anwesenheitsrecht des Beschuldigten in der Hauptverhandlung (§ 230; o. Rdn. 153) begründet zugleich eine **Anwesenheitspflicht** (zur partiellen Konventionswidrigkeit von § 329 a.F. s. dort sowie EGMR NStZ 2013, 350 m. krit. Besprechung *Mosbacher* NStZ 2013, 312 u. Anm. *Hüls/Reichling* StV 2014, 242; zur Neuregelung vgl. BGBl. I 2015, S. 1332 und *Frisch* NStZ 2015, 69). Daneben ist der Beschuldigte verpflichtet, im Ermittlungsverfahren zu **Vernehmungen** vor dem **Ermittlungsrichter und der StA zu erscheinen** (§ 133 Abs. 1 bzw. § 163 Abs. 3 Satz 1). Eine zwangsweise Vorführung (§§ 134, 135 ggf. i.V.m. § 163a Abs. 3 Satz 2), um der Vernehmungsperson zumindest einen persönlichen Eindruck vom zu Vernehmenden zu verschaffen, ist auch dann zulässig, wenn der Beschuldigte bereits ausdrücklich erklärt hat, nicht zur Sache aussagen zu wollen (*Meyer-Goßner/Schmitt* § 133 Rn. 7 m.w.N.). Vor der Polizei besteht, wie aus § 163a Abs. 3 Satz 2 *e contrario* folgt, keine Pflicht des Beschuldigten zum Erscheinen. 159

III. Der Verteidiger. 1. Verteidiger als Beschuldigtenbeistand. Grundlegendes, wenn auch nicht vollständig erreichbares Ziel ist die **Waffengleichheit** zwischen den Organen staatlicher Strafverfolgung und dem Beschuldigten (EGMR NJW 2000, 2883; 2001, 52; BVerfGE 63, 45, 61; Einzelheiten bei *Beulke*, Verteidiger im Strafverfahren, S. 37 ff.; *Beulke/Ruhmannseder* Rn. 10 ff.; LR/*Esser* Art. 6 EMRK Rn. 202 ff.; *Safferling* NStZ 2004, 181; s.u. Art. 6 EMRK Rdn. 40). Gem. § 137 Abs. 1 Satz 1, Art. 6 Abs. 3 lit. c EMRK kann sich ein Beschuldigter zu diesem Zweck in jeder Lage des Strafverfahrens des Beistandes eines **Verteidigers** bedienen. Ein hinreichender Schutz des Beschuldigten (**materielle Verteidigung**) ist trotz der umfassenden Ermittlungspflicht von Gericht und StA (§§ 160 Abs. 2, 244 Abs. 2) in Anbetracht des *fair-trial*-Grundsatzes (s.o. Rdn. 76) erst dann gewährleistet, wenn sich ein eigens mit der Verteidigung beauftragter Verfahrensbeteiligter, der im Prozess formell besonders hervortritt, um die Belange des Beschuldigten kümmert (**formelle Verteidigung**), da dem Beschuldigten einerseits die Souveränität eines nicht selbst vom Ausgang des Strafverfahrens betroffenen Amtswalters fehlt und es ihm zum anderen an der nötigen Rechtskenntnis bzw. an den rechtlichen Handlungsmöglichkeiten mangelt. Der Verteidiger ist hier zum ausgleichenden Tätigwerden berufen, z.B. durch vorbehaltloses Infragestellen des Schuldvorwurfes und Aufdeckung aller angreifbaren Punkte der Anklage. Er ist (vorbehaltlich §§ 145a, 234, 350 Abs. 2, 387 Abs. 1, 411 Abs. 2) **nicht Vertreter** des Be- 160

Einleitung

schuldigten im zivilrechtlichen Sinne (z.B. muss der Beschuldigte grds in der Hauptverhandlung persönlich anwesend sein, § 230), sondern lediglich sein **Beistand** (OLG Celle NStZ 1988, 426).

161 **2. Verteidiger als Organ der Rechtspflege. a)** Der Verteidiger erfüllt im dialektischen Prozess der Wahrheitsfindung **auch öffentliche Funktionen**, die mit der § 1 BRAO entnommenen Formel umschrieben werden, er sei »**Organ der Rechtspflege**« (seit RG JW 1926, 2756; statt aller: BVerfG NJW 2006, 3197, 3198; BGHSt 46, 36, 43; BGH NStZ 2006, 510; *Geppert* FS Rudolphi, S. 643; *Fahl* JA 2004, 708; *Schroeder/Verrel*, Strafprozessrecht, Rn. 91; SK-StPO/*Rogall* Vor § 133 Rn. 95; vert. *Roxin/Schünemann*, Strafprozessrecht, § 19 Rn. 3 ff.; krit. *Jahn* StV 2014, 40, 44). Die Mitwirkung eines Verteidigers sichert insbesondere bei gravierenden Anklagen die **Rechtsstaatlichkeit der Strafrechtspflege**. Vordergründig agiert er zwar gegen das Verfolgungsinteresse des Staates; jedoch dient die einseitige Unterstützung des Beschuldigten und die damit letztlich herbeigeführte Waffengleichheit auch der Allgemeinheit, die als demokratische Gemeinschaft die Justizförmigkeit des Verfahrens gewahrt wissen möchte.

162 Um zu verhindern, dass der Verweis auf die »Organstellung« dazu genutzt wird, legitime Befugnisse des Beschuldigten zu beschneiden, muss die Ausrichtung auf das öffentliche Interesse von vornherein begrenzt werden. Sowohl die Effektivität der Verteidigung als auch die der Rechtspflege müssen in ihrem »Kernbereich« gewahrt bleiben (sog. **eingeschränkte Organtheorie**; vert. *Beulke*, Verteidiger im Strafverfahren, S. 50 ff., 143 ff., 258 ff.; *Walter*, Strafverteidigung vor neuen Herausforderungen, 2008, S. 329, 342). Hiernach kann vom Verteidiger maximal verlangt werden, in positiver Hinsicht möglichst intensive Gegenwehr gegen die Strafverfolgungsbehörden zu ergreifen (**Effektivität der Verteidigung**) und in negativer Hinsicht seine Rechte nicht dergestalt zu missbrauchen, dass der **Kernbereich** der **Effektivität** der **Rechtspflege** in Frage gestellt würde.

163 Eine diese Obliegenheiten übersteigende **allgemeine** Pflicht zur Gewährleistung eines geregelten Verfahrens trifft den Verteidiger **nicht** (*Dornach* NStZ 1995, 57; Thesen 2 Abs. 3 der Thesen zur Strafverteidigung des Strafrechtsausschusses der BRAK, 2. Aufl. 2015; a. A. BGH NStZ 2009, 207; OLG Hamburg NStZ 1998, 586 m. Anm. *Kudlich*). Es darf ihm zudem keine Kooperationsbereitschaft mit anderen Verfahrensbeteiligten aufgedrängt werden. Auch ein allgemeines Verbot der Konfliktverteidigung besteht nicht (i.E. ebenso: *Artkämper* StRR 2009, 408; *ders.* Kriminalistik 2015, 187; *Salditt* AnwBl 2009, 805; a. A. LG Wiesbaden StV 1995, 239; s.a. *Fischer* StV 2010, 428; *Thomas* StV 2010, 428; vert. *Heinrich*, Konfliktverteidigung im Strafprozess [2013]; *Jahn* »Konfliktverteidigung« und Inquisitionsmaxime [1998]). Die eingeschränkte Organtheorie führt **nicht** zur Begründung einer **allgemeinen Pflicht zum Hinweis auf Verfahrensfehler** gegenüber dem Gericht (BGH StV 2008, 227). **Ebenso wenig** wird dem Verteidiger die Übernahme **gerichtlicher Aufklärungspflichten** aufgebürdet. Die Rechtsprechung, wonach ein Beweisverwertungsverbot u.a. im Falle der Nichtbelehrung des Beschuldigten davon abhängig sein soll, dass der Verteidiger bis zum Abschluss der Vernehmung des Angeklagten in der Hauptverhandlung **widerspricht** (s.u. Rdn. 274 ff.), ist daher **abzulehnen** (*Eisenberg* StV 2015, 180, 182; a. A. BGHSt 38, 214, 220; 39, 349; 52, 38; 52, 48 m. krit. Bespr. *Weigend* StV 2008, 39; wie hier u.a. *Fezer* JZ 2007, 723; *Gaede* HRRS 2007, 405; LR/*Gless* § 136 Rn. 82; SK-StPO/*Rogall* Vor § 133 Rn. 182). Die Prämisse von der Organstellung des Verteidigers sollte nicht zur Einschränkung der Rechte des Beschuldigten herangezogen werden. So darf das Gericht bei exzessiver Handhabung des Beweisantragsrechts durch den Beschuldigten nicht anordnen, dass in Zukunft nur noch der Verteidiger Beweisanträge stellen darf (ebenso HK/*Julius* § 244 Rn. 16; a. A. BGHSt 38, 111, 114 m. Anm. *Maatz* NStZ 1992, 513). Auch besteht gegenüber einem neu bestellten Pflichtverteidiger keine Informationsverpflichtung des vorherigen Verteidigers (**a. A.** KG JR 1981, 86; dazu *Beulke* JR 1982, 45). Zur Problematik der Strafvereitelung durch den Strafverteidiger s.u. Rdn. 181 ff.

164 **b)** Demgegenüber wird der Verteidiger im Schrifttum teilweise als **reiner Parteiinteressenvertreter** betrachtet (*Gatzweiler* StraFo 2001, 187; *Ostendorf* NJW 1978, 1349). Der Beschuldigte dürfe seine durch materielle Verteidigung zu wahrenden Interessen **autonom** bestimmen und hierzu die Hilfestellung des Verteidigers in Anspruch nehmen. Die Ausrichtung auf öffentliche Zwecke führe zu ungerechtfertigten Eingriffen in die Befugnisse sowohl des Beschuldigten als auch des Verteidigers.

165 **c)** Hiergegen spricht jedoch das »Machtgefälle« zwischen Strafverfolgungsbehörden und Beschuldigtem, welches es nicht ratsam erscheinen lässt, den zumeist Rechtsunkundigen bei der Bestimmung seiner Verteidigungsinteressen auf sich selbst zu stellen. Die Unabhängigkeit des Verteidigers vom Beschuldigtenwillen dient gerade dem Schutz des Letzteren. Auch die Annahme, dem Verteidiger müsse alles erlaubt sein, was der Beschuldigte selbst tun dürfe, widerspricht Verfahrensgrundsätzen. Ohne eine **Wahrheitspflicht** des Strafverteidigers wäre das Prozessziel der Ermittlung materieller Wahrheit gefährdet und der Verteidiger würde zum »**Werkzeug**« des Mandanten (vert. zum »Lügeverbot«: *Beulke*, Alternativen zur Freiheitsstrafe, 36. Strafverteidigertag in Hannover 2012 [2013], S. 171, 172 ff.).

d) Nach der **Vertragstheorie** von *Lüderssen* (LR/*Lüderssen/Jahn* Vor § 137 Rn. 33 ff.; *Lüderssen* StV 1999, 537; ähnlich *Jahn* JR 1999, 1; *ders.* StV 2000, 431) hat sich der Verteidiger ebenfalls grundsätzlich nach den Wünschen seines Mandanten zu richten, lügen darf er allerdings nicht. Diese Ansicht vermag jedoch nicht zu erklären, weshalb ein Pflichtverteidiger auch gegen den Willen des Beschuldigten bestellt werden darf – und zwar selbst dann, wenn Letzterer ebenfalls Rechtsanwalt ist (BVerfG NJW 1998, 2205). 166

e) Nach den sog. **verfassungsrechtlich-prozessualen Theorien** folgt aus Art. 2 Abs. 1 GG i.V.m. dem *fair-trial*-Grundsatz, dass jede Prozesshandlung statthaft sei, die vom Verteidigungszweck gedeckt werde und kein ausdrückliches gesetzliches Verbot verletze (statt aller *Bernsmann* StraFo 1999, 226; *ders.* StV 2006, *Paulus* NStZ 1992, 305, 310; im Ansatz ähnlich Radtke/Hohmann/*Reinhart* § 137 Rn. 10; SK-StPO/*Wohlers* Vor § 137 Rn. 27 ff.). Diese Ansicht führt jedoch nicht entscheidend weiter, da sie durch ihre Beschränkung auf Prozesshandlungen z.B. nicht in der Lage ist, Unterlassungen des Verteidigers hinreichend sicher als zulässig oder unzulässig einzustufen. 167

3. Vertrauensprinzip. a) Wahlverteidiger und Beschuldigter sind durch einen **Geschäftsbesorgungsvertrag** über die Erbringung von Diensten miteinander verbunden (OLG Hamburg wistra 2004, 39; Palandt/*Weidenkaff* Vor § 611 Rn. 20, 24, § 675 Rn. 23), der nichts an der Unabhängigkeit des Verteidigers von seinem Mandanten ändert (BGH StV 1993, 564). Der Mandantenwille »siegt« ausschließlich in gesetzlich ausdrücklich geregelten Fällen (z.B. §§ 297, 302 Abs. 2). Gegen den Willen des Beschuldigten darf der Verteidiger z.B. Beweisanträge stellen (BVerfG NJW 1995, 1952; a. A. *Wolf*, Das System des Rechts der Strafverteidigung, 2000, S. 379) oder auf Freispruch plädieren (*Beulke*, Verteidiger im Strafverfahren, S. 129 ff., 131; a. A. *Barton* FS Beulke, S. 605 ff, 620). Im Falle einer Kollision von Verteidiger- und Mandantenwille liegt es am Beschuldigten, das Verteidigungsverhältnis aufzulösen und einen anderen Rechtsanwalt zu beauftragen. Um ein für eine effektive Verteidigung notwendiges Vertrauensverhältnis zwischen beiden zu garantieren, werden in der Regel jedoch klare Absprachen über das Verteidigerverhalten im Prozess getroffen. 168

b) § 53 Abs. 1 Nr. 2 berechtigt den Verteidiger zur Verweigerung des Zeugnisses über das, was ihm in seiner Eigenschaft als Verteidiger vom Beschuldigten anvertraut wurde oder ihm anderweitig bekannt geworden ist. Allerdings hat der Beschuldigte die Möglichkeit, den Verteidiger gem. **§ 53 Abs. 2 Satz 1** von seiner Schweigepflicht zu entbinden, was nach h.M. zur Folge hat, dass auch Interna des Verteidiger-/Mandantenverhältnisses Gegenstand einer Zeugenvernehmung des Verteidigers sein können (BGH StV 2010, 287 m. krit. Bespr. *Bosbach* StraFo 2011, 172; a. A. BGH NStZ 2008, 115 m. abl. Anm. *Beulke/Ruhmannseder* StV 2008, 284). Richtigerweise muss § 53 Abs. 2 Satz 1 indes angesichts der Stellung des Verteidigers als unabhängiges Organ der Rechtspflege dahingehend teleologisch reduziert werden, dass der Verteidiger nicht dazu gezwungen werden kann, eigene Überlegungen und Recherchen, die er im Rahmen der Mandatsarbeit angestrengt hat, zu offenbaren (vert. *Beulke* ZIS 2011, 324; *Lammer* FS Wolter, S. 1031; *Matt* FS Widmaier, S. 851, 859; *Schäfer* FS Hanack, S. 77, 89; für ein eigenständiges Schweigerecht de lege ferenda: *Beulke* FS I.-Roxin, S. 555). Flankiert wird das Zeugnisverweigerungsrecht des Verteidigers durch das Beweiserhebungs- und -verwertungsverbot des § 160a Abs. 1, wonach Ermittlungsmaßnahmen, die sich gegen Strafverteidiger richten und voraussichtlich dem Zeugnisverweigerungsrecht unterfallende Erkenntnisse erbringen, ebenso wie Maßnahmen, die diese Zweckbestimmung erst nach Anfall der Erkenntnisse erlangt haben (LG Augsburg StV 2014, 468), unzulässig und dennoch erlangte Erkenntnisse nicht verwertbar sind (vorbehaltlich der Verdachtsklausel des § 160a Abs. 4 Satz 1). Entsprechende Aufzeichnungen sind samt Niederschriften (z.B. hierzu gefertigte Vermerke) zu löschen (§ 160a I 3, LG Dresden StRR 2014, 389; zum Geheimnisschutz des Verteidigers allgemein *Beulke/Ruhmannseder* StV 2011, 180 u. 252; *dies.*, Strafbarkeit des 169

Einleitung

Verteidigers, Rn. 463 ff.; speziell nach Eintritt der Rechtskraft *Beulke* FS Fezer, S. 3; zu ihm: *Schöch* FS Beulke, S. 1039, 1040 f.).

170 c) Das zur Absicherung rechtsstaatlich gebotener materieller Verteidigung notwendige Vertrauensverhältnis zwischen Verteidiger und Beschuldigtem erfordert ungestörte, nach außen abgeschirmte **Kontakt**möglichkeiten (*Beulke* Jura 1986, 645; vor dem Hintergrund der Regelung des § 160a *Müller-Jacobsen* NJW 2011, 257). § 148 Abs. 1 gewährleistet vor diesem Hintergrund, dass der Beschuldigte – inhaftiert oder nicht – während des gesamten Verfahrens in freiem, unüberwachtem mündlichem und schriftlichem Verkehr mit seinem Verteidiger stehen kann. Hiervon werden auch **Mandatsanbahnungsgespräche** erfasst, sofern sie dem wirklichen oder mutmaßlichen Willen des Beschuldigten entsprechen (OLG Düsseldorf StV 1984, 106; HK/*Julius* § 148 Rn. 7; *König* StV 2011, 704, 706; LR/*Lüderssen/Jahn* § 148 Rn. 7; vgl. auch These 4 der Thesen zur Strafverteidigung des Strafrechtsausschusses der BRAK, 2. Aufl. 2015; **a. A.** KG StV 1991, 524; krit. auch OLG Hamm StV 2010, 586 m. abl. Anm. *Bung*; zu § 160a: BGH NJW 2014, 1314). Einschränkungsmöglichkeiten ergeben sich aus § 148 Abs. 2 (Überwachung des schriftlichen Verkehrs bei Terrorismusverdacht) und §§ 31 ff. EGGVG (sog. **Kontaktsperre**; krit. *Docke* StV 3/2015 Editorial). Vorbehaltlich dieser Ausnahmeregelungen darf sich eine **Briefkontrolle** nur darauf beziehen, ob es sich wirklich um einen Schriftwechsel mit dem Verteidiger handelt, was anhand äußerer Merkmale festzustellen ist (OLG Frankfurt StV 2005, 228; *Egon Müller/Schmidt* NStZ 2007, 385; vgl. auch BVerfG StV 2010, 162). Ein unzulässigerweise geöffneter Brief darf im Strafverfahren gegen den Beschuldigten nicht verwertet werden (LG München I StV 2005, 28). Auch durch § 119 Abs. 1, der Kommunikationsbeschränkungen zulasten von Untersuchungsgefangenen zur Abwehr einer Flucht-, Verdunkelungs- oder Wiederholungsgefahr vorsieht, wird der Schutz der Kommunikation des Beschuldigten mit seinem Verteidiger nicht eingeschränkt, wie sich aus § 119 Abs. 4 Satz 1 ergibt (BVerfG NJW 2012, 2790; vgl. auch BGH StV 2011, 744; LG Dresden StV 2011, 744). § 97 Abs. 1 Nr. 1 statuiert zudem ein **Beschlagnahmeverbot** hinsichtlich solcher Unterlagen, die der Geheimnissphäre unterfallen, unabhängig davon, ob sie sich beim Verteidiger oder beim Beschuldigten befinden (BVerfG NJW 2002, 2458; BVerfG StraFo 2015, 61; BGHSt 44, 46, 48; SK-StPO/*Wohlers* § 148 Rn. 28; *Kudlich* JuS 2005, 760; vert. *Beulke* FS Lüderssen, S. 693; *Winterhoff* AnwBl 2011, 789, 791 f.; *Schäfer* FS Hanack, S. 77). Aus § 97 Abs. 2 Satz 3 folgt, dass eine Beschlagnahme nur dann zulässig ist, wenn der Verteidiger einer Teilnahme oder Begünstigung, Strafvereitelung oder Hehlerei verdächtig ist. Mit Schaffung des § 160a Abs. 4 Satz 1 hat der Gesetzgeber sich gegen die Meinung entschieden, welche insofern einen Vorrang des § 148 annehmen wollte (so i.E. auch BVerfG NJW 2010, 2937; vgl. § 148; § 160a). Überdies ist zu beachten, dass die §§ 97 Abs. 1 Nr 1, 148 nur im Strafverfahren gegen den Mandanten eingreifen, nicht hingegen zugunsten des Verteidigers, der sich bei Gelegenheit der Verteidigung (womöglich) selbst strafbar gemacht hat und sich daher selbst in der Beschuldigtenrolle wiederfindet (BGHSt 53, 257 m. insoweit zust. Anm. *Gössel* NStZ 2010, 288; *Ruhmannseder* NJW 2009, 2647 u. *Wohlers* JR 2009, 523 u. krit. Bespr. *Barton* JZ 2010, 102 u. *Kühne* HRRS 2009, 547; BVerfG StV 2010, 666 m. krit. Anm. *Norouzi*).

171 Wegen des Vorranges des § 148 darf der Fernmeldeverkehr zwischen Verteidiger und Beschuldigtem nicht überwacht werden – selbst dann nicht, wenn der Verteidiger einer Begünstigung, Strafvereitelung oder Hehlerei zugunsten des Beschuldigten verdächtig ist (BGHSt 33, 347). Anders als bezüglich der Beschlagnahme ändert die Neufassung des § 160a hieran nichts (*Beulke* FS Fezer, S. 3; *Meyer-Goßner/Schmitt* § 100a Rn. 21; *Roxin/Schünemann*, Strafverfahrensrecht, § 36 Rn. 12; SK-StPO/*Wolter* § 100a Rn. 85 u. § 160a Rn. 10; s.a. *Puschke/Singelnstein* NJW 2008, 113). Zudem fasst das BVerfG den mündlichen Kontakt zwischen Verteidiger und Mandant als Teil des unantastbaren Kernbereichs privater Lebensgestaltung auf, sodass ein Erhebungs- und Verwertungsverbot i.S.v. § 100a Abs. 4 gilt (BVerfGE 109, 279; s.a. BVerfG NJW 2007, 2749 und 2752). Umstritten ist, ob der Verdacht einer Vortatbeteiligung des Verteidigers (§ 160a Abs. 4 Satz 1 Var. 1) zur Telefonüberwachung berechtigt (dafür auf der Grundlage der früheren Regelung: BGHSt 33, 347, 348 f. sowie (nunmehr) *Meyer-Goßner/Schmitt* § 100a Rn. 21; dagegen: *Beulke/Ruhmannseder* StV 2011, 180, 186; HK/*Gercke* § 100a Rn. 30; Einzelheiten u. § 100a). Dieselben Grundsätze müssen auch im Fall des großen und kleinen »Lauschangriffs« (§ 100f bzw. §§ 100c, 100d) gelten, so dass auch insoweit 160a Abs. 4 Satz 1 für Strafverteidiger keine Bedeutung erlangt (*Beulke/Ruhmannseder* StV 2011, 252, 253; *Eisenberg*, Beweisrecht, Rn. 2493, 2524; SK-StPO/*Wolter* § 100c Rn. 85; s.u. § 100c).

4. Grundlegende Verteidigerrechte. a) Anwesenheitsrechte: Der Verteidiger hat ein Anwesenheitsrecht bei jeder richterlichen (**168c Abs. 1**) und staatsanwaltschaftlichen (**§§ 163a Abs. 3 Satz 2, 168c Abs. 1**) Vernehmung des Beschuldigten, nicht jedoch bei Vernehmungen durch die Polizei (a. A. *Hellmann*, Strafprozessrecht, Rn. 494; *Kühne*, Strafprozessrecht, Rn. 225; vgl auch *Beulke* StV 2010, 442, 444 f.: de lege ferenda). Hier kann er seine Anwesenheit nur mittelbar durchsetzen, indem er dem Beschuldigten rät, in seiner Abwesenheit die Aussage zu verweigern. Zeugenvernehmungen darf der Verteidiger nur beiwohnen, wenn sie durch einen Richter durchgeführt werden (§ 168c Abs. 2). Gleiches gilt für die Einnahme eines Augenscheins (§ 168d). Auf Vernehmungen eines Mitbeschuldigten ist § 168c Abs. 2 nach zutreffender Ansicht analog anwendbar (OLG Karlsruhe StV 1996, 302 m. zust. Anm. *Rieß*; *Küpper/Mosbacher* JuS 1998, 690; **a. A.** BGHSt 42, 391, 393 m. zust. Anm. *Theisen* JR 1998, 168; BGH StV 2002, 584 m. Anm. *Wohlers*; OLG Köln NStZ 2012, 174). 172

Im Hinblick auf den Schutzzweck der Norm und die Bedeutung richterlicher Vernehmungen für die Beweisgewinnung folgt aus einem Verstoß gegen die Benachrichtigungspflicht des § 168c Abs. 5 ein Verwertungsverbot (BGH NJW 2003, 3142; zweifelnd: BGHSt 53, 191). Dieses muss auch zugunsten Mitbeschuldigter Wirkung entfalten, sog. **Drittwirkung** (*Mosbacher* JuS 2009, 696; *Weßlau* StV 2010, 43; **a. A.** BGHSt 53, 191 m. abl. Anm. *Fezer* NStZ 2009, 524 u. *Gless* NStZ 2010, 98; krit. auch *Kudlich* JR 2009, 303). Zu Forderungen weitergehender Mitwirkungsmöglichkeiten *de lege ferenda* vgl. Diskussionsentwurf für eine Reform des Strafverfahrens StV 2004, 228; dazu *Beulke* FS Rieß, S. 3; *Ignor/Matt* StV 2002, 102; *E. Müller* FS DAV, S. 681; *Schünemann* GA 2008, 314; *Zypries* StraFo 2004, 221). 173

Aus §§ 137, 138a ff. folgt ein unbeschränktes Anwesenheitsrecht des Verteidigers in der Hauptverhandlung, welches auch nicht durch Verhängung sitzungspolizeilicher Maßnahmen gegen den Verteidiger unterlaufen werden darf (OLG Hamm JZ 2004, 205 m. Anm. *Jahn*). Noch nicht abschließend geklärt ist hingegen, ob dem Verteidiger aus sitzungspolizeilichen Gründen die Mitnahme eines Mobiltelefons in die Hauptverhandlung untersagt werden darf, um so eine befürchtete Kontaktaufnahme des inhaftierten Beschuldigten zu Dritten zu unterbinden (so OLG Stuttgart NJW 2011, 2899 m. abl. Anm. *Michalke* u. *Kühne* StV 2012, 720). 174

b) Dem Verteidiger steht ein eigenes Recht zu, **Beweisanträge** zu stellen (BGH NStZ 2009, 581). Ebenso ist er eigenständig zur **Sachverhaltsermittlung** berechtigt (BGHSt 46, 1, 4; Einzelheiten bei *Beulke/Ruhmannseder* Rn. 84 ff.; s.a. *Bockemühl* FS Beulke, S. 647). 175

c) Der Verteidiger darf sich in jeder Lage des Verfahrens **für den Beschuldigten äußern**, § 137. Auch ehrenrührige Äußerungen ohne Wahrheitsbeweis können dabei gem. § 193 StGB gerechtfertigt sein (BVerfG NJW 2000, 199; LG Düsseldorf StV 2002, 660). Haltlose Beleidigungen gegenüber anderen Prozessbeteiligten sind hingegen nicht gestattet (OLG Jena NJW 2002, 1890; OLG Bremen NStZ-RR 2013, 276; vert. *Beulke* FS Müller, S. 45 ff.). Auch gegenüber seinem Mandanten darf sich der Verteidiger nicht in ehrverletzender Weise äußern, denn die Vertrauensbeziehung zwischen Mandant und Verteidiger begründet – jedenfalls für Letzteren, keine »beleidigungsfreie Sphäre« (BGHSt 53, 257 m. zust. Anm. *Barton* JZ 2010, 102; BVerfG StV 2010, 666; *Gaede* FS I.-Roxin, S. 569). Umstritten ist, inwieweit der Beschuldigte berechtigt ist, seine Einlassung durch eine von seinem Verteidiger in seinem Namen abgegebene Erklärung zu ersetzen. Prozesspraktisch günstig erscheint es, eine solche Verlesung zumindest dann als **mündliche** Einlassung des Beschuldigten zuzulassen, wenn der Beschuldigte sie auf Nachfrage des Gerichts genehmigt (BGH StV 2007, 620, 621; 2009, 454; *Gillmeister* FS Mehle, S. 233, 240; *Schlothauer* StV 2007, 623; zweifelnd BGH NStZ 2006, 408; BGH NStZ 2008, 349 m. abl. Anm. *Schlösser* NStZ 2008, 310; krit. Richterhandbuch-*Wenske/Moldenhauer* Kapitel E II. Rn. 181). In diesem Kontext ist eine sog. »qualifizierte« Belehrung hinsichtlich der prozessualen Konsequenzen der Zustimmung vorzunehmen (vert. *Beulke* FS Strauda, S. 87; **a. A.** BVerfG StRR 2009, 122; *Detter* FS Rissing-van Saan, S. 97, 105; *Pfister* FS Miebach, S. 25). Überdies ist im Rahmen der Beweiswürdigung zu berücksichtigen, dass einer vom Verteidiger verlesenen schriftlichen Einlassung des Angeklagten in der Regel nur ein verminderter Beweiswert zukommt (BGH NStZ 2008, 476; KG NStZ 2010, 533). 176

d) Das **Fragerecht** des Verteidigers in der Hauptverhandlung folgt aus § 240 Abs. 2. Nach der Vernehmung des Angeklagten und nach jeder Beweiserhebung ist dem Verteidiger auf Verlangen Gelegenheit 177

Einleitung

zu geben, sich dazu zu erklären, ohne dass hierdurch sein Schlussvortrag **vorweggenommen** werden dürfte (§ 257 Abs. 2, 3; vert. *Witting* StraFo 2010, 133, 136 f.).

178 e) Von herausragender Bedeutung ist das **Akteneinsichtsrecht** des Verteidigers, § 147. Hiernach kann der verteidigte Beschuldigte sein Informationsrecht grundsätzlich nur vermittelt durch den Verteidiger ausüben (Ausnahme bei ausschließlicher Verständnismöglichkeit des Angeklagten, vgl. OLG Köln StV 1999, 12). Für den unverteidigten Beschuldigten sieht § 147 Abs. 7 die Möglichkeit der Erteilung von Auskünften und Abschriften vor. Gem. Art. 6 Abs. 3 lt. a EMRK ist dem unverteidigten Beschuldigten jedoch ein uneingeschränktes Akteneinsichtsrecht zu gewähren (vgl. Art. 6 EMRK Rdn. 43). Der Verteidiger darf seinen Mandanten **umfassend informieren** (zur Reichweite des Rechts auf Akteneinsicht vgl. § 147 Rdn. 4 ff.; *Wohlers/Schlegel* NStZ 2010, 486) und hierzu auch Kopien von Aktenauszügen anfertigen und übergeben, sofern auf diese Weise nicht der **Überraschungseffekt** von Zwangsmaßnahmen unterlaufen wird (sehr str., ausführl. *Beulke*, Verteidiger im Strafverfahren, S. 89 ff., 148 f.; *Beulke/Ruhmannseder* Rn. 42 ff.; *Beulke/Witzigmann* FS Schiller, S. 48, 58 ff.). Zur grundsätzlichen Unbeschränkbarkeit des Akteneinsichtsrechts nach Abschluss der Ermittlungen vgl. § 169a. Zur – im Hinblick auf § 147 Abs. 4 bedeutsamen – Abgrenzung zwischen Aktenbestandteilen und Beweismitteln: OLG Karlsruhe StV 2013, 74 m. Anm. *Beulke/Witzigmann* u. *Meyer-Mews* NJW 2012, 2743; s.a. OLG Nürnberg StraFo 2015, 102 m. Anm. *Wesermann/Mehmeti*; vert. *Beulke/Witzigmann* FS Schiller, S. 48, 51 ff.). Zur Rspr. des EGMR (StV 2001, 201; NStZ 2009, 164; StV 2010, 490), wonach eine umfassende Verweigerung des Akteneinsichtsrechts in Haftsachen unzulässig ist, und ihrer Umsetzung durch das Gesetz zur Änderung des Untersuchungshaftrechts in § 147 Abs. 2 Satz 2 vgl. *Beulke/Witzigmann* NStZ 2011, 254; LR/*Lüderssen/Jahn*, § 147 Nachtr. Rn. 2 f.; *Peglau* JR 2012, 231 sowie § 147.

179 f) Der Verteidiger kann für den Beschuldigten – allerdings nicht gegen dessen Willen – **Rechtsmittel** einlegen, § 297.

180 5. **Verteidigerpflichten.** Den Verteidiger treffen gegenüber seinem Mandanten Pflichten aus dem zwischen ihnen bestehenden Vertragsverhältnis, so etwa die Pflicht zur **ordnungsgemäßen Geschäftsbesorgung** (§ 675 i.V.m. § 242 BGB), eine **Verschwiegenheitspflicht** (§ 203 StGB) sowie eine **Treuepflicht**. Gegenüber den anderen Verfahrensbeteiligten ist der Verteidiger verpflichtet, die **Funktionstüchtigkeit der Rechtspflege in ihrem Kernbereich** zu respektieren. So ist es ihm v.a. verboten, zu lügen und Beweismittel zu verfälschen. In der Hauptverhandlung unterliegt der Strafverteidiger einer Robenpflicht (OLG München NStZ 2007, 120; LG Mannheim NJW 2009, 1094; *Beulke* FS Hamm, S. 21).

181 6. **Strafbarkeitsrisiken des Verteidigers. a) Strafvereitelung.** Solange sich der Verteidiger **prozessual zulässiger Mittel** bedient, darf eine durch sein Verteidigungsverhalten bedingte Beeinträchtigung des staatlichen »Strafanspruchs« (zur Kritik an dieser Begrifflichkeit s.o. Rdn. 6) **nicht als tatbestandlich** i.S.d. § 258 StGB behandelt werden (OLG Düsseldorf StV 1998, 65; vert. *Beulke/Ruhmannseder* Rn. 1 ff.). Das Vorliegen einer »Vereitelungshandlung« i.S.d. § 258 StGB, ist »**prozessrechtsakzessorisch**« zu bestimmen (BGHSt 38, 345, 347 m. Anm. *Beulke* JR 1994, 116; *Kempf* StV 2003, 79). Unter Zugrundelegung der hier vertretenen **eingeschränkten Organtheorie** (s.o. Rdn. 161 ff.) liegt ein »strafvereitelndes Verteidigerverhalten« dann vor, wenn der Verteidiger gegen seine Wahrheitspflicht verstößt (wobei er zwar keine falschen Aussagen treffen darf, nicht jedoch Tatsachen offenbaren muss, die seinem Mandanten schaden, vgl. *Beulke/Ruhmannseder* Rn. 17; MüKo-StPO/*Kudlich*, Einl. Rn. 325; *Satzger* Jura 2007, 759; These 19 der Thesen zur Strafverteidigung des Strafrechtsausschusses der BRAK, 2. Aufl. 2015) oder aber Beweismittel beseitigt oder verfälscht (vgl. *Herdegen* StraFo 2008, 137).

182 Statt genereller Abgrenzungskriterien arbeitet die Rechtsprechung zur Eingrenzung der Reichweite des Tatbestandes mit einem Fallgruppenkatalog (Übersicht bei *Beulke*, Verteidiger im Strafverfahren, S. 149 ff.; *Beulke/Ruhmannseder* Rn. 622 ff.; *Hassemer*, Beck'sches Formularbuch, S. 5 ff.). Als taugliche Tathandlungen i.S.d. § 258 StGB wurden hiernach anerkannt: das Erfinden von Lügen für den Angeklagten bzw. der an diesen gerichtete Ratschlag zur Lüge (BGH NStZ 1999, 188 m. Anm. *Beulke* FS Roxin, S. 1174; OLG Nürnberg NJW 2012, 1895 m. Anm. *Ruhmannseder*, str. – abw. *Bernsmann* StraFo 1999, 230; SK-StPO/*Wohlers* Vor § 137 Rn. 72, 74, 96), die Verleitung eines Zeugen zu wahrheitswidrigen Aussagen (BGHSt 31, 10, 12 f), die wissentliche Benennung eines zum

Meineid entschlossenen Zeugen (BGHSt 29, 99, 107; These 20 Abs. 1 der Thesen zur Strafverteidigung des Strafrechtsausschusses der BRAK, 2. Aufl. 2015), wahrheitswidrige Angaben in der Hauptverhandlung (OLG Frankfurt NStZ 1981, 144) und die Stellung eines straftatbegründenden Beweisantrages (BGHSt 47, 238; *Stegbauer* JR 2003, 74).

Nicht tatbestandlich i.S.d. § 258 Abs. 1 StGB sind hingegen: die reine Darlegung der Rechtslage durch **183** den Verteidiger (umfasst auch eine Beratung dahingehend, wie eine abweichende Tatschilderung sich auf die rechtliche Beurteilung auswirken würde), der Rat an den Beschuldigten, von seinem Schweigerecht (MDR/H 1982, 970) oder an einen Zeugen von seinem Zeugnis- oder Aussageverweigerungsrecht Gebrauch zu machen (BGHSt 10, 393, 394), der Antrag auf Freispruch wenn der Schuldnachweis gegen den Angeklagten in den Augen des Verteidigers in der Hauptverhandlung nicht erbracht wurde (RGSt 66, 316, 325), die Gewährung eines Schmerzensgeldes an den Geschädigten mit dem Ziel, ihn zur Entlastung des Angeklagten zu motivieren, auch wenn der Verteidiger die Möglichkeit der Unwahrheit der so getätigten Aussage in Kauf nimmt (BGHSt 46, 53, 54 m. zust. Anm. *Beulke* FS Roxin, S. 1176; *Cramer/Papadopoulos* NStZ 2001, 148; krit. *Fezer* JZ 2007, 668) sowie die Einlegung eines aussichtslosen Rechtsmittels (LG Augsburg wistra 2011, 473).

Gegenstand kontroverser Diskussionen war in jüngerer Zeit die Frage, inwieweit dem Verteidiger eine Strafbarkeit wegen (versuchter) Strafvereitelung droht, wenn er ein Ablehnungsgesuch wegen Besorgnis der Befangenheit (unter Inkaufnahme einer erheblichen Verfahrensverzögerung) verspätet einreicht (LG Nürnberg/Fürth StV 2010, 136 m. Bespr. *Jahn* JuS 2010, 552) oder wenn er im Rahmen seiner Revisionsbegründung unter Verweis auf das Hauptverhandlungsprotokoll (angeblich) unwahre Tatsachen vorträgt (LG Augsburg NJW 2012, 93 m. Bespr. *Kudlich* JA 2011, 948; hierzu auch *Fahl* StV 2015, 51 und *Kempf* StV 2015, 55; vert. *Beulke*, Alternativen zur Freiheitsstrafe, 36. Strafverteidigertag in Hannover 2012 [2013], S. 171, 177 ff.; *Jahn/Ebner* NJW 2012, 30).

b) Geldwäsche. Der Strafverteidiger kann mit der prekären Situation konfrontiert sein, dass seinem **184** Mandanten lediglich aus den begangenen Straftaten herrührende finanzielle Mittel zur Verfügung stehen. Wenn der Mandant im Verdacht steht, eine der Katalogtaten des § 261 Abs. 1 Satz 2 StGB begangen zu haben, ergibt sich bei Entgegennahme von Honorarzahlungen die Frage nach einer Strafbarkeit des Verteidigers wegen Geldwäsche. Das Strafbarkeitsrisiko wird dadurch verschärft, dass § 261 Abs. 5 StGB im subjektiven Tatbestand Leichtfertigkeit genügen lässt. Nach Ansicht des OLG Hamburg (OLG Hamburg StV 2000, 205 m. Anm. *Lüderssen*) gebietet Art. 12 GG eine **verfassungskonforme Auslegung** des objektiven Tatbestandes des § 261 Abs. 2 StGB dahingehend, dass angemessene Verteidigerhonorare **nicht hierunter subsumiert werden dürfen**. Nach anderer Ansicht ist der objektive Tatbestand **teleologisch zu reduzieren,** wenn dem Verteidiger hinsichtlich der Bemakelung des Geldes lediglich dolus eventualis oder Fahrlässigkeit vorgeworfen werden kann (*Beulke* FS Rudolphi, S. 391; *Beulke/Ruhmannseder* Rn. 170 ff.). Wieder andere Stimmen halten in Anbetracht des Gebots wirtschaftlicher Verwertbarkeit der grundrechtlich geschützten Berufstätigkeit einen **besonderen Rechtfertigungsgrund** für einschlägig (*Bernsmann* StV 2000, 40).

Der 2. Senat ging in BGHSt 47, 68 von der grundsätzlichen Vereinbarkeit des § 261 StGB mit Art. 12 **185** GG aus. Auch der Verteidiger unterfalle einer Strafbarkeit wegen Geldwäsche, sofern er hinsichtlich der Herkunft des Geldes mit direktem Vorsatz handle. Gegen eine einschränkende Auslegung des objektiven Tatbestandes sprächen sowohl der eindeutige Gesetzeswortlaut als auch die bewusste Entscheidung des Gesetzgebers gegen eine verteidigerbezogene Sonderregelung. Das **Bundesverfassungsgericht** setzte dieser Diskussion einen Schlusspunkt, indem es entschied, dass der in § 261 StGB liegende schwerwiegende Eingriff in das Grundrecht des Strafverteidigers auf freie Berufsausübung nur auf der Grundlage einer **verfassungskonformen Auslegung** der Norm dahingehend gerechtfertigt werden könne, dass der subjektive Tatbestand der Geldwäsche die **positive Kenntnis** des Verteidigers von der Herkunft der finanziellen Mittel voraussetze (BVerfGE 110, 226 m. Anm. *Ranft* Jura 2004, 759; *Wohlers* JZ 2004, 678; ähnlich *Matt* GA 2002, 137). § 261 Abs. 5 StGB finde folglich insoweit keine Anwendung; ebenso wenig sei der Verteidiger bei bloß billigender Inkaufnahme der »Bemakelung« des Geldes strafbar. Die bloße Übernahme eines Wahlmandats wegen einer Katalogtat i.S.v. § 261 Abs. 1 Satz 2 StGB begründet somit grundsätzlich keinen Anfangsverdacht. Ein solcher kann nach Ansicht der Rspr. nur dann entstehen, wenn tatsächliche Anhaltspunkte für die Annahme vorlägen, dass der Verteidiger zum Zeitpunkt der Honorarannahme bösgläubig war, z.B. aufgrund **außergewöhnlicher Honorarhöhe** oder der

Einleitung

Erfüllungsmodalitäten der Honorarforderung (BVerfG StV 2005, 195; vgl. zum Ganzen auch *Fernandez/Heinrich* ZStW 126 [2014], 382; OK-StGB/*Ruhmannseder* § 261 Rn. 41 ff.).

c) Andere Delikte. In den letzten Jahren sind vermehrt **neue, bislang weniger intensiv diskutierte Strafbarkeitsrisiken** zulasten des Verteidigers in den Fokus gerückt, etwa wegen ehrenrühriger Äußerungen gegenüber dem Mandanten im Hinblick auf andere Prozessbeteiligte (Strafbarkeit gem. **§ 185 StGB**; vgl. BGHSt 53, 257; BVerfG StV 2010, 666; *Gaede* FS I.-Roxin, S. 569) oder wegen Weitergabe in den Akten befindlicher, kinderpornographischer Abbildungen an den Mandanten sowie an einen privat beauftragten Sachverständigen (mögliche Strafbarkeit gem. **§ 184b Abs. 2 StGB**; vgl. OLG Frankfurt NJW 2013, 1107 m. Anm. *König* u. Bespr. *Beulke/Witzigmann* FS Schiller, S. 48 ff.; BGH NStZ 2014, 514 m. Bespr. *Jahn* JuS 2014, 1046 sowie *Meyer-Lohkamp/Schwerdtfeger* StV 2014, 772; s.a. *Jahn* FS Beulke, S. 801). Auch die Mitwirkung an **Verfahrensabsprachen unter Missachtung der gesetzlichen Vorgaben** birgt zulasten des Verteidigers ein nicht unerhebliches Strafbarkeitsrisiko (näher hierzu *Dießner* StV 2011, 43; *Erb* StV 2014, 103; *Fahl* in: Strafverteidigung – Grundlagen und Stolpersteine (Symposion für Werner Beulke), 2012, S. 17; *Fischer* HRRS 2014, 324; *Schlothauer* in: Niemöller/Schlothauer/Weider, Gesetz zur Verständigung im Strafverfahren [2010], Teil D Rn. 1 ff.; *Wegerich* Moderne Kriminalgesetzgebung: Produzent von Parteiverrat? [2015] S. 108 ff.).

186 **IV. Die Staatsanwaltschaft. 1. Aufgaben der Staatsanwaltschaft.** Je nach Verfahrensstadium fungiert die Staatsanwaltschaft als:
– »Herrin des Ermittlungsverfahrens«,
– Anklagevertreterin im Zwischen- und Hauptverfahren oder
– Strafvollstreckungsbehörde.

187 **a)** Sie übt (vorbehaltlich der in § 376 vorgesehenen Privatklagedelikte) das in § 152 Abs. 1 fixierte staatliche Anklagemonopol aus. Das Legalitätsprinzip (o. Rdn. 52 f.) verpflichtet sie grundsätzlich, beim Vorliegen tatsächlicher Anhaltspunkte hinsichtlich aller verfolgbaren Straftaten einzuschreiten (§ 152 Abs. 2). Kenntnis von den Straftaten erhält die Staatsanwaltschaft durch die Entgegennahme von Anzeigen oder Strafanträgen (§ 158) oder anderweitige Kenntnisnahme, hier vorrangig durch Informationen von Seiten der Polizei. Ihr obliegt die **Erforschung des Sachverhalts** (selbst oder durch die Polizei), um entscheiden zu können, ob öffentliche Klage erhoben werden soll oder nicht (§§ 160 Abs. 1, 163; zur Frage der Zulässigkeit sog. Nachermittlungen: *Engländer/Zimmermann* FS Beulke, S. 699). Die StA ist dabei zur **Objektivität verpflichtet**, d.h. sie ist gehalten, nicht nur die den Beschuldigten belastenden, sondern auch die ihn entlastenden Umstände zu ermitteln und all die Beweise zu erheben, deren Verlust zu besorgen ist (§ 160 Abs. 2). Hierzu ist sie befugt, Auskünfte von Behörden einzuholen und Ermittlungen jedweder Art entweder selbst vorzunehmen oder durch die Beamten des Polizeidienstes vornehmen zu lassen (sog. **Ermittlungsgeneralklausel**, § 161 Abs. 1 Satz 1, vgl. *Hefendehl* StV 2001, 700), soweit nicht spezielle gesetzliche Befugnisse existieren. Die StA kann vor Anklageerhebung richterliche Untersuchungshandlungen, insbes. **Zwangsmaßnahmen** wie Durchsuchung (§§ 102 ff.), Beschlagnahme (§§ 94 ff.) und Untersuchungshaft (§§ 112 ff.) beim AG **beantragen**, wenn sie hierfür eine Notwendigkeit sieht (§ 162 Abs. 1). Allein die wörtliche Übernahme einer Antragsbegründung der Staatsanwaltschaft für eine Durchsuchungsanordnung durch den Ermittlungsrichter rechtfertigt nicht die Annahme, eine eigenverantwortliche Prüfung durch den Richter habe nicht stattgefunden (BVerfG NJW 2015, 851). Einzelne Zwangsmaßnahmen darf die StA bei Gefahr im Verzug auch selbständig **anordnen** (z.B. § 98 Abs. 1 Satz 1) bzw. zunächst anordnen und später durch das Gericht bestätigen lassen (wie z.B. § 100b Abs. 1 Satz 2, 3). Gem. §§ 153 ff. ist die StA berechtigt, das Verfahren aus Opportunitätsgründen einzustellen (krit. zur regional uneinheitlichen Anwendung dieser Vorschriften: *Heinz* FS Kühne, S. 213). Aus diesen weitreichenden Kompetenzen erklärt sich, dass die StA gemeinhin als **Herrin des Ermittlungsverfahrens** bezeichnet wird (BGH NJW 2007, 2269, 2273; zum Ganzen *Heghmanns* GA 2003, 433; *Kretschmer* Jura 2004, 452). Kraft der ihr gesetzlich zuerkannten **Leitungs- und Kontrollbefugnis** trägt sie die **Gesamtverantwortung** für die Durchführung des Verfahrens unter Mitverantwortung für alle polizeilichen Maßnahmen (BGHSt 57, 1, 2; BGH NStZ 2012, 581, 582; BGH NJW 2009, 2612; zur Rechtsmissbrauchsgrenze: *Vogel/Brodowski* StV 2009, 632).

Einleitung

Nach § 170 Abs. 1 unterliegt die StA dem Legalitätsprinzip (s.o. Rdn. 52 f.), d.h. sie **muss** öffentliche Klage erheben, wenn die Ermittlungen hierzu genügenden Anlass bieten. Andernfalls hat eine Einstellung nach § 170 Abs. 2 zu erfolgen.

b) § 226 Abs. 1 verpflichtet die StA, ihre Anwesenheit durch einen (nicht notwendig denselben) Beamten während der gesamten **Hauptverhandlung** sicherzustellen. Der Staatsanwalt verliest die Anklageschrift (§ 243 Abs. 3), ihm steht i.R.d. Beweisaufnahme ein Frage- und Beweisantragsrecht (§§ 240 Abs. 2 Satz 1, 244 ff.) zu. § 258 Abs. 1 berechtigt und verpflichtet den sitzungsvertretenden Staatsanwalt einen Schlussvortrag zu halten. Die Rechtsmittelbefugnis der StA besteht auch **zugunsten** des Angeklagten (§ 296).

c) Die Staatsanwaltschaft ist in Strafsachen gegen Erwachsene **Vollstreckungsbehörde** gem. § 451. Gem. §§ 492 ff. werden nach Erledigung eines Verfahrens gegen einen bestimmten Beschuldigten Daten in ein **länderübergreifendes staatsanwaltschaftliches Verfahrensregister** (SISY = staatsanwaltschaftliches Informationssystem) eingetragen (vertiefend *Kestel* StV 1997, 266; *Lemke* NStZ 1995, 484). Zudem unterliegt die StA bestimmten **Mitteilungspflichten** nach dem Justizmitteilungsgesetz (vgl. auch »Anordnung über Mitteilungen in Strafsachen« v. 19.05.2008 (MiStra)).

2. Organisation der Staatsanwaltschaft. Die Organisation der StA verläuft parallel zu der der Gerichte. Ebenso bestimmt sich ihre örtliche Zuständigkeit (§ 143 GVG). Zu Aufbau und sachlicher Zuständigkeit vgl. §§ 141–142a GVG. Zu den Bestrebungen, eine Europäische Staatsanwaltschaft zu gründen, s.o. Rdn. 19.

Die **Bundesanwaltschaft** mit dem **Generalbundesanwalt** als Behördenleiter (§ 142 Abs. 1 Nr. 1 GVG) und den ihm unterstellten Bundesanwälten vertritt die Anklage bei allen Verfahren vor dem BGH (s. §§ 135, 121 Abs. 2 GVG). § 142a GVG eröffnet zudem eine **Sonderzuständigkeit** der Bundesanwaltschaft bei erstinstanzlicher Zuständigkeit der Oberlandesgerichte (s. § 120 Abs. 1, 2 GVG), welche in diesen Fällen die Gerichtsbarkeit des Bundes ausüben (§ 120 Abs. 6 GVG i.V.m. Art. 96 Abs. 5 GG). Zwischen der Bundesanwaltschaft und den Staatsanwaltschaften der Länder besteht keinerlei Über-/Unterordnungsverhältnis. Durch Vereinbarungen der Landesjustizminister bzw. -senatoren wurde länderübergreifend die **Zentralstelle in Ludwigsburg** zur Erfassung und Aufklärung nationalsozialistischen Unrechts geschaffen. Anklagen erfolgen nach Abschluss der Ermittlungen der Zentralstelle durch die für den Wohnort des Täters örtlich zuständige Staatsanwaltschaft (hierzu *Kuchenbauer* NJW 2009, 14).

Grundsätzlich obliegt die Strafverfolgung jedoch den Ländern. Die Staatsanwaltschaft ist hier wie folgt aufgebaut:

a) Generalstaatsanwaltschaft beim OLG (§ 142 Abs. 1 Nr. 2 GVG) mit erstinstanzlicher Zuständigkeit für die Staatsschutzdelikte des § 120 GVG im Falle einer Abgabe der Sache durch den Generalbundesanwalt gem. § 142a Abs. 2 GVG sowie Rechtsmittelzuständigkeit für Verfahren vor dem OLG.

b) Staatsanwaltschaft bei den **Landgerichten**, denen jeweils ein **Leitender Oberstaatsanwalt** vorsteht, mit erst- und zweitinstanzlicher Zuständigkeit am LG (§ 142 Abs. 1 Nr. 2 i.V.m. §§ 73 ff. GVG). Entsprechend § 74c Abs. 3 GVG bestehen auch **Schwerpunktstaatsanwaltschaften** für mehrere Landgerichtsbezirke zur Bekämpfung der Wirtschaftskriminalität (§ 143 Abs. 4 GVG).

c) Amtsanwaltschaft beim Amtsgericht, § 142 Abs. 1 Nr. 3 GVG. Abweichend vom Grundsatz des § 142 Abs. 1 Nr. 3 GVG wird ein großer Teil der staatsanwaltschaftlichen Funktionen beim AG von der StA beim LG mit ausgeübt.

3. Funktionsweise der Staatsanwaltschaft. Die Staatsanwaltschaft ist monokratisch und hierarchisch aufgebaut. Innerhalb der StA können daher beliebige Veränderungen der Zuständigkeit vorgenommen werden, sodass eine Strafsache nicht notwendigerweise durchgehend von ein und demselben Staatsanwalt bearbeitet werden muss. Die dem Behördenleiter beigeordneten Staatsanwälte bei der Staatsanwaltschaft eines Gerichts handeln als dessen **Vertreter** und sind als solche **zu allen Amtsverrichtungen berechtigt**, die **in seinen Zuständigkeitsbereich** fallen, ohne diesbezüglich einen besonderen Auftrag nachweisen zu müssen (§ 144 GVG). Staatsanwaltschaftliche Prozesshandlungen (s.u. Rdn. 215 ff.) entfalten auch dann im »Außenverhältnis« Wirksamkeit, wenn sie einer im »Innenverhält-

Einleitung

nis« bindenden Weisung zuwiderlaufen. Die leitenden Beamten der StA bei den Oberlandesgerichten (Generalstaatsanwälte) und den Landgerichten (Leitende Oberstaatsanwälte) besitzen ein **Devolutionsrecht**, kraft dessen sie sämtliche Amtsverrichtungen der StA bei allen Gerichten ihres Bezirks **selbst übernehmen dürfen** (§ 145 Abs. 1 1. Var. GVG). Darüber hinaus sind sie kraft **Substitutionsrecht** berechtigt, bei allen Gerichten ihres Bezirks die Ausübung der Amtsverrichtungen einem **anderen** als dem zunächst zugeteilten Beamten **zuzuweisen** (§ 145 Abs. 1 2. Var. GVG) oder eine andere Staatsanwaltschaft hiermit zu beauftragen (BGH NStZ 1998, 309). Dieses Substitutionsrecht steht auch dem jeweiligen Justizminister zu (*Meyer-Goßner/Schmitt* § 147 GVG Rn. 1).

193 Die Beamten der StA sind gemäß §§ 146, 147 GVG **weisungsabhängig**. Weisungsberechtigt sind: der Bundesjustizminister gegenüber dem Generalbundesanwalt und den Bundesanwälten sowie der jeweilige Landesjustizminister gegenüber allen staatsanwaltlichen Beamten des Landes (sog. **externes** Weisungsrecht, § 147 Nr. 1 und 2 GVG); darüber hinaus: der Generalbundesanwalt gegenüber den Bundesanwälten, der Generalstaatsanwalt gegenüber den anderen Staatsanwälten beim OLG und gegenüber den untergeordneten Staatsanwälten beim LG und AG sowie der Leitende Oberstaatsanwalt der StA beim Landgericht gegenüber den Beamten der Staatsanwaltschaft seines Bezirks (sog. **internes** Weisungsrecht, § 147 Nr. 3 GVG).

194 Die Bindungswirkung entsprechender Weisungen unterliegt jedoch Grenzen. Das Rechtsstaatsprinzip (Art. 20 Abs. 3 GG) gebietet die **Rechtmäßigkeit** der Weisungen. Diese dürfen insbesondere nicht dem Legalitätsprinzip oder einer materiellen Strafnorm zuwiderlaufen (z.B. § 344 StGB: Verfolgung Unschuldiger; § 258a StGB: Strafvereitelung im Amt). §§ 63 Abs. 2 BBG, 36 Abs. 2 BeamtStG verwehren es dem einzelnen Staatsanwalt, über die Rechtmäßigkeit einer Weisung eigenständig zu entscheiden. Vielmehr muss er seine Bedenken dem unmittelbaren Vorgesetzten und – wenn nötig – darüber hinaus dem nächsthöheren Vorgesetzten vortragen. Wird die Anordnung bestätigt, ist er **verpflichtet** sie auszuführen, es sei denn, er würde sich hierdurch **strafbar** machen, eine **Ordnungswidrigkeit** begehen oder die **Menschenwürde verletzen**. Greift keiner dieser Ausnahmen ein, sieht sich der Staatsanwalt jedoch infolge einer persönlichen Gewissensentscheidung daran gehindert, der Weisung nachzukommen, ist ihm das Recht zuzuerkennen, die Sache ohne beamtenrechtliche Konsequenzen abzugeben. Ein Konflikt zwischen Weisung und individueller Entscheidung des einzelnen Staatsanwalts ist durch **Ausübung des auf Ermessensseite reduzierten Devolutions- und Substitutionsrechts** zu lösen (ebenso *Bosch* Jura 2015, 56, 63; *Kretschmer* Jura 2004, 452; ähnlich *Roxin/Schünemann* § 9 Rn. 13; **a. A.**: absolute Bindungswirkung *Fezer*, Strafprozeßrecht, 2 Rn. 17 ff.; LR/*Franke* § 146 GVG Rn. 33; *Kissel/Mayer*, GVG, § 146 Rn. 9). Für die Hauptverhandlung folgt aus dem in § 261 verankerten Unmittelbarkeitsprinzip ein weitestgehendes Recht des Sitzungsstaatsanwalts auf eigenverantwortliche Entscheidung. Im Konfliktfall muss der in der Verhandlung anwesende Sitzungsstaatsanwalt immer die Möglichkeit haben, einer zuvor erteilten Weisung nicht nachzukommen. Die konkrete Ausgestaltung des Schlussplädoyers ist weisungsfrei (str.; ebenso: *Roxin/Schünemann*, Strafverfahrensrecht, § 9 Rn. 13; *Böhm* DRiZ 2000, 255; *Bosch* Jura 2015, 56, 62 f.; *Magnus* GA 2014, 390, 393 f.).

195 **4. Stellung der Staatsanwaltschaft.** a) Der hierarchische Aufbau, das Weisungsprinzip sowie das Devolutions- und Substitutionsrecht legen die Einordnung der StA als **Organ der Exekutive** nahe (so BVerfGE 103, 142, 156; BVerfG NJW 2002, 815; krit. *Schaefer* FS Hamm, S. 643). Andererseits unterliegt die Weisungsgebundenheit Grenzen: § 150 GVG normiert die Unabhängigkeit der StA von den Gerichten, § 160 Abs. 2 verpflichtet sie zur Objektivität bei der Wahrnehmung der Ermittlungsaufgaben und §§ 153 ff. gestehen ihr weitreichende Einstellungsmöglichkeiten zu. Dies spricht für eine Einordnung als **Organ der Rechtspflege** (so BGHSt 24, 170, 171; *Günter* DRiZ 2002, 65; *Lilie* FS Mehle, S. 359). Nach h.L. ist von einer **Zwitterstellung** der StA unter Überwiegen der Rechtspflegefunktion auszugehen (ausführlich *Kelker* ZStW 118 (2006), 389). In Anbetracht dessen ist der Umstand, dass der Generalbundesanwalt sowie die Generalstaatsanwälte in einigen Bundesländern (z.B. Mecklenburg-Vorpommern) die Stellung von politischen Beamten haben, die jederzeit von der Regierung in den einstweiligen Ruhestand versetzt werden können, reformbedürftig (krit. *Rautenberg* NJ 2003, 169). *De lege ferenda* existiert zur Sicherung der Gewaltenteilung die Forderung, das externe Weisungsrecht der Justizminister transparenter zu gestalten und Einzelfallweisungen vollständig zu untersagen (*Altvater* FS Miebach, S. 4; *Arenhövel* FS Nehm, S. 231; *Frank* ZRP 2010, 147; *Reuter* ZRP 2011, 104; vgl. auch *Schaefer* FS Stöckel, S. 318 ff.; krit. *Strate* HRRS 2014, 134, 135 f.).

b) Gem. §§ 152 Abs. 2, 170 unterliegt die StA bei Vorliegen des jeweiligen Verdachtsgrades einer Pflicht zur Strafverfolgung (Legalitätsprinzip, s.o. Rdn. 52). Nicht geklärt ist dabei, wem die **Entscheidungskompetenz** darüber obliegt, ob das jeweils in Frage stehende Verhalten bei rechtlicher Betrachtung eine »verfolgbare strafbare Handlung« darstellt. Will die StA ein von ihr für strafbar erachtetes Verhalten anklagen, welches nach ständiger Rechtsprechung keinen Strafvorwurf nach sich zieht, bleibt es ihr unbenommen, die bisherige Gerichtspraxis zur Überprüfung zu stellen. Zur konstanten Weiterentwicklung der Rechtsprechung ist dies auch erforderlich; anderenfalls hätten die Gerichte keine Gelegenheit, eine einmal etablierte Entscheidungspraxis zu korrigieren. Das Erfordernis des Eröffnungsbeschlusses nach § 203 gewährt dem Beschuldigten insofern ein ausreichendes Maß an Schutz (zutreffend *Hillenkamp* JuS 2003, 164; *Kühne*, Strafprozessrecht, Rn. 143). **196**

Hält die StA jedoch entgegen einer anders lautenden, gefestigten Rspr. ein von ihr zu beurteilendes Verhalten nicht für strafbar, stellt sich die Frage, ob sie insofern einem Anklagezwang unterliegt und die Rechtsprechungspraxis somit eine Bindungswirkung für das Anklageverhalten entfaltet. Gegen eine solche **Bindung des Staatsanwalts an die höchstrichterliche Rechtsprechung** spricht, dass die StA gem. § 150 GVG von den Gerichten unabhängig ist und als Leiterin des Ermittlungsverfahrens innerhalb des ihr eingeräumten Beurteilungsspielraums frei entscheiden kann, ob sie anklagen oder das Verfahren einstellen möchte. Hiernach ließe sich ein Verstoß gegen das Legalitätsprinzip mit dem Argument ablehnen, die Verpflichtung zur Anklage komme nur dann zum Tragen, wenn auch die Anklagebehörde vom Vorliegen einer verfolgbaren Straftat ausgeht (in diesem Sinne etwa *Hellmann*, Strafprozeßrecht, Rn. 66; *Kretschmer* Jura 2004, 452; *Roxin/Schünemann* § 9 Rn. 14; SK-StPO/*Weßlau* § 152 Rn. 18). **197**

Demgegenüber befürworten die Rspr. sowie Teile der Literatur (BGHSt 15, 155; OLG Zweibrücken wistra 2007, 275 m. Bespr. *Jahn* JuS 2007, 691; HK/*Gercke* § 152 Rn. 14; KK/*Moldenhauer* § 170 Rn. 6; *Bosch* Jura 2015, 56, 63 f.) zutreffend eine Bindung der StA an die höchstrichterliche Rechtsprechung, wenn – gemessen an diesem Maßstab – eine Anklageerhebung geboten ist. Die anders lautende Ansicht laufe der Übertragung der rechtsprechenden Gewalt auf die Gerichte (Art. 92 GG) zuwider, da diesen die Möglichkeit genommen werde, über ein Rechtsverhältnis abschließend zu entscheiden. § 170 Abs. 1 verpflichte die StA gerade dann zur Anklage, wenn eine hinreichende Verurteilungswahrscheinlichkeit bestehe, was bei entsprechender Entscheidungspraxis in vergleichbaren Fällen zu bejahen sei. Zudem gebiete der Gleichheitsgrundsatz des Art. 3 Abs. 1 GG eine einheitliche Anklagepraxis. Der StA stehe es trotz Verpflichtung zur Anklage frei, ihre Rechtsauffassung im gerichtlichen Verfahren kundzutun und ggf. Freispruch aus Rechtsgründen zu beantragen. **198**

Folgt man dieser Auffassung, stellt sich notwendigerweise die Frage, wann eine Rechtsprechung hinreichend gefestigt ist, um die Bindungswirkung auszulösen. Zur Wahrung des Handlungsspielraumes des Staatsanwalts sollten hierfür nur eindeutige BGH-Urteile bzw. eine ständige unangefochtene Rechtsprechung unterer Gerichte herangezogen werden. In allen anderen Fällen muss man der StA die Berechtigung einräumen, die Frage der Strafbarkeit eigenständig zu beurteilen (BGHSt 15, 155, 158).

c) Wie weit die Anklagepflicht in Fällen **außerdienstlicher Kenntniserlangung** von Straftaten reicht, ist ebenfalls umstritten. Der Wortlaut der §§ 152 Abs. 2, 160 Abs. 1 spricht für eine uneingeschränkte Geltung des Legalitätsprinzips. Unter Berufung auf das Recht des Amtsträgers auf eine geschützte Privatsphäre (Art. 2 Abs. 1, 1 Abs. 1 GG) lehnen Teile des Schrifttums allerdings eine Pflicht zum Einschreiten generell ab (SK-StGB/*Hoyer* § 258a Rn. 6; *Laubenthal* FS Weber, 2004, S. 109; *Pawlik* ZStW 111 [1999], 354). Im Hinblick auf die durch das Legalitätsprinzip bezweckte Durchsetzung des staatlichen Strafanspruchs, den Schutz der Gesellschaft vor Straftaten und die Wahrung des Gleichheitsgrundsatzes kann eine solch weitgehende Ausnahme von der Anklagepflicht jedoch nicht befürwortet werden. Vielmehr ist mittels Abwägung im Einzelfall zu ermitteln, ob ein Anklagezwang ausnahmsweise entfällt. Dabei ist zum einen zu berücksichtigen, wie eng die Verknüpfung mit der Privatsphäre des Staatsanwalts ist. Zum anderen kommt es darauf an, wie schwer das in Rede stehende Vergehen wiegt und wie sehr die Allgemeinheit gefährdet wäre, sofern ein Einschreiten unterbliebe (BGHSt 5, 225, 229; 12, 277, 280 f.; *Fischer*, StGB, § 258a Rn. 4a; *Lackner/Kühl*, StGB, § 258a Rn. 4; HK/*Gercke* § 152 Rn. 7). Eine Anklagepflicht ist trotz privater Kenntniserlangung anzunehmen, wenn es sich um schwerwiegende Straftaten handelt, welche die Belange der Öffentlichkeit in besonderem Maße berühren (RGSt 70, 251 f.), wie z.B. bei Mord oder räuberischer Erpressung (a. A.: Anklagepflicht nur bei Katalogtaten i.S.d. § 138 StGB: MK-StGB/*Cramer* § 258a Rn. 7; LR/*Erb* § 160 Rn. 29a; *Roxin/Schüne-* **199**

Einleitung

mann, Strafverfahrensrecht, § 39 Rn. 3; Anklagepflicht bei Verbrechen i.S.v. § 12 Abs. 1 StGB: *Hellmann*, Strafprozessrecht, Rn. 52). Gleiches gilt für die gem. § 163 Abs. 1 ebenfalls dem Legalitätsprinzip verpflichteten Beamten des Polizeidienstes (BGHSt 38, 388; BGH wistra 2000, 92).

200 d) Die Ablehnungsnormen der §§ 22 ff., 74 gelten ihrem Wortlaut nach nur für Richter und Sachverständige. Der Staatsanwalt hat vorbehaltlich des § 160 Abs. 2 das Recht zur einseitigen Ausübung seiner Amtsfunktionen. So darf er zunächst von der für den Beschuldigten ungünstigsten möglichen Sachverhaltskonstellation ausgehen. In der Hauptverhandlung verliest er die Anklage (§ 243 Abs. 3) und bringt damit zum Ausdruck, dass er dem Angeklagten ein bestimmtes Verhalten vorwirft, ohne hierbei auf verbleibende Zweifel an dessen Schuld eingehen zu müssen. Nichtsdestotrotz ist auch der Staatsanwalt als Organ der Rechtspflege letztendlich den Prinzipien von Wahrheit, Gerechtigkeit und Verfahrensfairness verpflichtet. Er muss insofern zwar nicht strikt neutral agieren und jeden Verdacht einer Voreingenommenheit vermeiden (BVerfG NJW 2001, 1121, 1128), darf jedoch durch sein Verhalten auch keinen Verdacht dahingehend begründen, dass er **ausschließlich zulasten oder zugunsten des Beschuldigten handele oder zu einer neutralen Würdigung der Ermittlungsergebnisse nicht bereit oder in der Lage sei**. Insofern kann – unter Berücksichtigung der Notwendigkeit gewisser einseitiger Orientierungen der StA als Verfolgungsbehörde – der Rechtsgedanke der §§ 22 ff. analog herangezogen werden. Dies gilt grundsätzlich für die als verdichtete Befangenheitsgründe konzipierten **Ausschließungsgründe** der § 22 Nr. 1, 2, 3, 4 Var. 4, Nr. 5. Nicht analog anwendbar ist § 22 Nr. 4 Var. 1 und 2: Ein Staatsanwalt darf ein Verfahren auch dann weiter betreuen, wenn er in der Sache als Staatsanwalt oder Polizeibeamter bereits zuvor tätig geworden ist (weiterführend *Pfeiffer* FS Rebmann, S. 359 ff.).

201 Auch der Rechtsgedanke der Regelung des § 24 zur **Besorgnis der Befangenheit** kann auf die Rolle des Staatsanwalts übertragen werden (krit. HK/*Temming* Vor §§ 22 ff. Rn. 6). Wenn Anhaltspunkte eine »gesteigerte Befangenheit« im o.g. Sinne ergeben, d.h. wenn zu befürchten ist, dass die Person des Staatsanwalts zur objektiven Wertung des Ermittlungsergebnisses nicht in der Lage ist, sollte die insofern belastete Person auch nicht die Aufgaben eines Staatsanwalts wahrnehmen. Dies liegt v.a. dann nahe, wenn der ein Verfahren betreuende Staatsanwalt zugleich in selbigem als Zeuge auftritt (BGH NStZ 1994, 194; BGH StV 1989, 240). Zweifel an seiner gebotenen Neutralität bestehen in einer solchen Konstellation insbesondere im Hinblick auf die neutrale **Würdigung seiner eigenen Aussage**. Gleichwohl darf es nicht in der Macht des Angeklagten stehen, den Anklagevertreter durch die bloße Benennung als Zeuge aus dem Verfahren zu drängen (BGH StV 2008, S. 337 m. krit. Bespr. *Kelker* StV 2008, 381; zust. *Bosch* Jura 2015, 56, 65). Die Zeugenrolle des Staatsanwalts führt daher nur **insoweit** zu seinem Ausschluss vom Verfahren, **als seine Tätigkeit in untrennbarem Zusammenhang mit der Zeugenaussage steht**. So muss die Würdigung seiner eigenen Aussage durch einen anderen Staatsanwalt erfolgen (partielle Vertretung, vgl. BGH NStZ 2007, 419; HK-GS/*Bosbach* § 31 Rn. 5), sofern die Vernehmung mehr als nur formale Aspekte betrifft (BGH NStZ-RR 2001, 107).

202 Abweichende Lösungsansätze wollen ein Ablehnungsrecht gegenüber dem »befangenen Staatsanwalt« aus dem ungeschriebenen rechtsstaatlichen Verfahrensprinzip des »*fair trial*« ableiten (*Arloth* NJW 1985, 417, 418; *Egon Müller* JuS 1989, 311) oder mittels Rechtsanalogie neben §§ 22 ff. die Ausschließungsgründe für Verwaltungsbeamte gem. §§ 20 ff. VwVfG (*Böttcher* FS Roxin, S. 1335) oder zusätzlich §§ 138a, 138b (*Krey*, Strafprozessrecht I, Rn. 419) heranziehen.

203 Nicht anwendbar sind die in §§ 25 ff. niedergelegten Verfahrensregelungen. Der Beschuldigte kann zwar den Dienstvorgesetzten bitten, den befangenen Staatsanwalt gem. § 145 GVG zu ersetzen. Davon abgesehen ist der Angeklagte jedoch auf das Rechtsmittel der Revision zu verweisen. In der weiteren Mitwirkung des zu Recht abgelehnten Staatsanwalts ist ein **Revisionsgrund i.S.v. § 337** zu sehen (so auch u. § 22 Rdn. 5; BGH NStZ 1983, 135; 1991, 595; *Kretschmer* Jura 2004, 452; MüKo-StPO/*Kudlich* Einl. Rn. 297; *Pawlik* NStZ 1995, 309; a. A. *Bosch* Jura 2015, 56, 65). Für den Zeitraum der Geltendmachung des Ablehnungsrechts wird man hingegen § 25 analog heranziehen können (insbes. unverzügliche Geltendmachung der Ablehnung).

Die anderweitig vertretenen Lösungsansätze i.s.e. analogen Heranziehung der §§ 22 ff. auch im Hinblick auf das Verfahren (*Frisch* StV 1993, 613) bzw. i.s.e. dem *fair-trial*-Gebot entspringenden Verpflichtung des Gerichts, auf einen Austausch des Staatsanwalts gem. § 145 GVG hinzuwirken (LG Mönchengladbach StV 1987, 333), laufen demgegenüber auf eine dem Grundsatz des § 150 GVG widersprechende Kontrollbefugnis des Gerichts gegenüber der StA hinaus. Ebenso wenig überzeugt es, die

Entscheidung, den staatsanwaltschaftlichen Sitzungsvertreter nicht auszutauschen, als gem. § 23 EGGVG anfechtbaren Justizverwaltungsakt einzustufen (so aber *Bottke* StV 1986, 120, 123; *Hilgendorf* StV 1996, 50; *Roxin/Schünemann*, Strafverfahrensrecht, § 9 Rn. 15). Die rein innerbehördliche Maßnahme entfaltet keine Außenwirkung. Zudem würde eine derartige Lösung dem Beschuldigten zu weitgehende Mittel der Verfahrensverzögerung an die Hand geben.

5. Polizisten als Ermittlungspersonen der Staatsanwaltschaft. a) Doppelfunktion. Welcher Rechtmäßigkeitsmaßstab an ein polizeiliches Tätigwerden anzulegen ist, hängt davon ab, ob es sich um ein präventives oder repressives Vorgehen handelt: **204**

Präventives Handeln ist gegeben, wenn die Polizei zur Verhinderung von Störungen der öffentlichen Sicherheit (worunter v.a. die Vermeidung von Straftaten zählt) und Ordnung tätig wird. Taugliche Rechtsgrundlagen für derlei Gefahrverhinderungsmaßnahmen – und somit Rechtmäßigkeitsmaßstab – bilden die **Polizei- und Sicherheitsgesetze der Länder**.

Unter **repressivem** Tätigwerden sind diejenigen polizeilichen Maßnahmen zu verstehen, die von der Polizei zur Aufklärung bereits begangener Straftaten ergriffen werden. Die Rechtmäßigkeit des Vorgehens bemisst sich insoweit nach den Vorschriften des Strafprozessrechts.

In Grenzfällen, in denen eine Subsumtion unter den präventiven oder repressiven Bereich unsicher ist (**sog. doppelfunktionelle Maßnahmen**), gilt als maßgebendes Kriterium der **Schwerpunkt** der Tätigkeit (*Knemeyer*, Polizei- und Ordnungsrecht, Rn. 122; *Schoch* Jura 2013, 1115, 1118). So wird im Fall der Anordnung einer Geiselbefreiung i.d.R. der Zweck »Schutz der Geisel« überwiegen, sodass die Staatsanwaltschaft in einer solchen Situation nicht befugt ist, einen Schusswaffengebrauch anzuordnen (i.E. ebenso *Knemeyer*, Polizei- und Ordnungsrecht, Rn. 402; AK/*Achenbach* § 163 Rn. 11). Auch die im Rahmen einer Vernehmung geäußerte Androhung von Folter mit dem Zweck, den dergestalt bedrohten Entführer zur Offenbarung des Versteckes der mutmaßlich noch lebenden Geisel zu bewegen, ist als schwerpunktmäßig präventives Handeln einzustufen (Fall *Gäfgen*, Rdn. 123; vert. zum Ganzen *Deiters* FS Wolter, S. 861). **205**

Die Notwendigkeit eines repressiven Einsatzes der Polizei ergibt sich aus der Tatsache, dass die StA als solche weder sachlich noch personell zur Vornahme der gem. § 160 erforderlichen Ermittlungen in der Lage ist und sich insofern der **Behörden und Beamten des allgemeinen Polizeidienstes** bedienen muss (§ 161). Eine Machtbegrenzung der StA folgt daraus, dass sie selbst dem Justizministerium unterstellt ist, während die aufgrund von Landesgesetzen (Art. 30, 70 GG) strukturierte Polizei dem Innenministerium untersteht. **206**

b) Staatsanwaltschaftliches Weisungsrecht. Das der Staatsanwaltschaft gem. § 161 Abs. 1 verliehene Weisungsrecht als Ausdruck ihrer Gesamtverantwortung für ein rechtsstaatliches Ermittlungsverfahren (BGH NJW 2009, 2612) besteht nur im Rahmen repressiver polizeilicher Tätigkeit, z.B. im Falle der Anordnung der Festnahme eines Verdächtigen. Zwar ist die StA gegenüber allen Beamten des Polizeidienstes weisungsbefugt, allerdings sind ihr nur die sog. Ermittlungspersonen i.S.d. § 152 GVG unmittelbar untergeordnet. Wer diese Ermittlungspersonen sind, bestimmt das Landesrecht (vgl. in Bayern § 1 Verordnung über die Ermittlungspersonen der Staatsanwaltschaft, *Ziegler/Tremel* Nr. 75: »Ermittlungspersonen« sind alle Polizeibeamten ab dem Dienstgrad eines Polizeimeisters, aber auch andere Beamte z.B. der Finanz-, Forst-, Jagd- und Fischereiverwaltung). **207**

Auch die **sonstigen Polizeibeamten** sind gemäß 161 Abs. 1 Satz 2 verpflichtet, den **Ermittlungsersuchen** der StA zu entsprechen, allerdings besteht insofern kein Subordinationsverhältnis. **208**

c) Eigenständige Ermittlungen. Unabhängig von staatsanwaltschaftlichen Weisungen werden die Beamten des Polizeidienstes bei entsprechenden Wahrnehmungen (zur Problematik privater Kenntniserlangung s.o. Rdn. 199) oder im Fall von an die Polizei gerichteten Anzeigen auch aus eigenem Antrieb tätig. Dabei unterliegen sie gem. § 163 Abs. 1 Satz 1 wie die StA dem Legalitätsprinzip (s.o. Rdn. 52). § 163 Abs. 1, 2 Satz 1geht davon aus, dass die Polizei nach dem Erstzugriff den Vorgang unverzüglich an die StA weiterleitet, die daraufhin die Leitung des Ermittlungsverfahrens übernimmt. Rein faktisch führt jedoch aufgrund fehlender personeller Ressourcen und fallbezogener Informationen auf Seiten der StA zumeist die Polizei die Ermittlungen bis zur Anklagereife durch (krit. dazu *Ambos* Jura 2003, 674; *Lilie* ZStW 106 (1994), 625; *Rieß* FS Schäfer, S. 195 f.; *Schaefer* FS Hanack, S. 191 und *Schünemann*, Kriminalistik 1999, 74 und 146). **209**

Einleitung

210 Zum Zwecke der Aufklärung von Straftaten stehen **allen Polizeibeamten** folgende Zwangsrechte zur Verfügung: die vorläufige Festnahme (§§ 127 Abs. 1 Satz 1, Abs. 2, 163b Abs. 1 Satz 2), die Vornahme erkennungsdienstlicher Maßnahmen (§§ 81b, 163b Abs. 1 Satz 3), die Identitätsfeststellung (§ 163b), die Herstellung von Bildaufnahmen und der Einsatz sonstiger technischer Mittel (§ 100h) und die Vernehmung von erschienenen und aussagebereiten Beschuldigten, Zeugen und Sachverständigen (vgl. §§ 163 Abs. 3, 163a Abs. 1, 4). Dagegen obliegt die Befugnis zur Anordnung von körperlichen Untersuchungen des Beschuldigten (§ 81a Abs. 2) oder von Zeugen (§ 81c Abs. 5), von Beschlagnahmen (§ 98 Abs. 1) und Durchsuchungen (§ 105 Abs. 1 Satz 1), der Einrichtung von Kontrollstellen (§ 111 Abs. 2) und der Ausschreibungen zur Fahndung (§ 131 Abs. 1) **nur den Ermittlungspersonen der StA** – und zwar auch diesen nur im Falle von »Gefahr im Verzug«.

211 §§ 161 Abs. 1, 163 begründen keine bloße Aufgabenzuweisung, sondern sind als **Ermittlungsgeneralklausel** ausgestaltet. Diese kann als Befugnisnorm für polizeiliche Eingriffsmaßnahmen herangezogen werden, wenn die StPO oder Spezialgesetze, die nach wie vor nach dem Prinzip der Einzeleingriffsermächtigung ausgestaltet sind, keine Spezialbefugnisse enthalten. Ein Bedürfnis für eine derartige Generalklausel besteht, da der technische Fortschritt und die Entstehung neuer Erscheinungsformen kriminellen Verhaltens eine abschließende gesetzliche Regelung aller denkbaren Ermittlungsmaßnahmen ausschließen. Gleichwohl ist dem verfassungsrechtlichen Wesentlichkeitsprinzip dadurch Rechnung zu tragen, dass auf die Ermittlungsgeneralklausel keine Eingriffe von erheblicher Grundrechtsintensität gestützt werden. Bereits längerfristige Observationen des Beschuldigten, Durchsuchungen oder Beschlagnahmen sind vom Gesetzgeber ausdrücklich an besondere formale und materielle Voraussetzungen geknüpft worden. §§ 161 Abs. 1, 163 Abs. 1 vermögen nur solche Eingriffe in Grundrechte zu rechtfertigen, die in ihrer Eingriffsintensität unterhalb der Schwelle derartiger Ermittlungshandlungen liegen, wie z.B. kurzfristige Überwachungen des Beschuldigten oder das Einholen von Erkundigungen in seinem Umfeld (BT-Drucks. 14/1484, S. 20, 23; *Hilger* StraFo 2001, 109, 111; *Lilie* ZStW 111 (1999), 807; krit. *Hefendehl* StV 2001, 700; *ders.* GA 2011, 209; vgl. auch BVerfG NJW 2009, 1405 – Abfrage von Kreditkartendaten und VGH Rheinland-Pfalz NJW 2014, 1434 – Ankauf von Steuerdaten-CD).

212 Rechtlich problematisch ist die **Nutzung präventivpolizeilich gewonnener Daten zu Strafverfolgungszwecken**. Für die Zulässigkeit einer solchen zweckfremden Nutzung spricht zuvorderst die häufige Untrennbarkeit präventiver und repressiver Zwecke. Jedoch dürfen durch einen derartigen Transfer präventivpolizeilich erhobener Daten nicht die speziellen Eingriffsvoraussetzungen der strafprozessualen Eingriffsnormen umgangen werden (*Schnarr* StraFo 1998, 217). § 161 Abs. 2 sieht daher vor, dass personenbezogene Daten, die auf der Grundlage anderer Gesetze gewonnen wurden, ohne Einwilligung des Betroffenen nur zur Aufklärung solcher Straftaten verwendet werden dürfen, zu deren Aufklärung eine solche Maßnahme auch nach den Regeln der StPO hätte angeordnet werden können (vgl. auch die Sonderregelung des §§ 100d Abs. 5 Nr. 3 i.V.m. 161 Abs. 2 Satz 2; vert. hierzu *Wolter* FS Kühne, S. 379; s.a. BVerfGE 130, 1). Noch restriktiver ist die Verwendung präventiv-polizeilicher Erkenntnisse aus einem Einsatz technischer Mittel zur Eigensicherung bei nicht offenen Ermittlungen in oder aus **Wohnungen** in § 161 Abs. 3 geregelt. Insoweit ist eine Rechtmäßigkeitsfeststellung durch das AG erforderlich (vgl. SK-StPO/*Wolter* § 100c Rn. 22 ff.; *Brodersen* NJW 2000, 2538; *Sinn* Jura 2003, 812).

213 **V. Der Nebenkläger.** Der durch eine Straftat aus dem Katalog des § 395 Abs. 1 Verletzte, der in § 395 Abs. 2 Nr. 1 genannte Angehörige eines Getöteten oder der erfolgreiche Antragsteller im Klageerzwingungsverfahren (§ 395 Abs. 2 Nr. 2) kann sich durch schriftliche Anschlusserklärung i.S.d. § 396 Abs. 1 Satz 1 der von der Staatsanwaltschaft erhobenen öffentlichen Klage als **Nebenkläger** anschließen. Dem Institut der Nebenklage liegt zum einen der Vergeltungsgedanke zugrunde, zum anderen soll dem Verletzten nach dem Willen des Gesetzgebers die Möglichkeit zur Kontrolle der Staatsanwaltschaft eingeräumt werden. Die prozessualen Rechte des Nebenklägers (v.a. Anwesenheits- und Beweisantragsrechte) werden in § 397 Abs. 1 aufgezählt. § 397a Abs. 1 gestattet unter den dort genannten Voraussetzungen die Hinzuziehung eines Opferanwalts (zur Diskussion der Gruppenvertretung: *Pues* StV 2014, 304); hilfsweise ermöglicht § 397a Abs. 2 die Gewährung von Prozesskostenhilfe gem. §§ 114 ff. ZPO. Zur Rechtsmittelbefugnis des Nebenklägers vgl. die Kommentierung zu §§ 400 ff.

Einleitung

Der **Anwendungsbereich** der Nebenklage wurde in der Vergangenheit **kontinuierlich ausgeweitet**, zuletzt durch das 2. OpferRRG vom 29.07.2009, in Kraft getreten am 01.10.2010 (BGBl I 2009, S. 2280). Dabei wurde § 395 Abs. 3 zu einem **allgemeinen Auffangtatbestand** für Opfer von im Einzelfall besonders schwerwiegenden Taten umgestaltet (krit. hierzu *Barton* JA 2009, 753, 755; *Bung* StV 2009, 430, 435; *Herrmann* ZIS 2010, 236, 241 f.; *Jahn* in: Rationalität und Empathie, 2014, S. 143, 152 f.; *Jahn/Bung* StV 2012, 754; *Safferling* ZStW 122 [2010], 94 f.; *Weigend* FS Schöch, S. 947, 955 ff.; LR/*Wenske* § 395 Nachtr. Rn. 9 f.). In neuerer Zeit wird die Tendenz beobachtet, dass Unternehmen ihre Rechte als Verletzte einer Straftat und das Mittel der Nebenklage verstärkt zur Vorbereitung der zivilgerichtlichen Durchsetzung von Schadensersatzansprüchen einsetzen (vgl. *Hansen* GRUR-Prax 2014, 295; *Wessing/Hiéramente* WuW 2015, 220).

VI. Der Privatkläger. In den Fällen der in § 374 Abs. 1 aufgeführten Vergehen, die typischerweise das öffentliche Interesse in nur geringem Maße berühren, kann der Verletzte das Verfahren (nach einem für bestimmte Fallgruppen obligatorischen Sühneversuch i.S.d. § 380) als **Privatkläger** durch Klageerhebung einleiten. Privatklageberechtigt sind neben dem Verletzten die in § 374 Abs. 2, 3 Genannten. Trifft ein Privatklagedelikt mit einem Offizialdelikt im Rahmen einer Tat im prozessualen Sinn zusammen, ist die Privatklage ausgeschlossen; das entsprechende Delikt ist – ohne Rücksicht auf das öffentliche Interesse – gemeinsam mit dem Offizialdelikt zu verfolgen. Der Privatkläger übernimmt weitgehend die Stellung der StA, ist jedoch anders als diese nicht zur Objektivität verpflichtet. Ferner kann er die Privatklage auch nach Eröffnung des Hauptverfahrens wieder zurücknehmen (§ 391 Abs. 1). Die StA kann gem. § 377 Abs. 2 Satz 1 in jeder Lage des Verfahrens bis zum Eintritt der Rechtskraft des Urteils durch eine ausdrückliche Erklärung die Verfolgung des in Rede stehenden Delikts übernehmen. Die Durchführung des Privatklageverfahrens hängt von der Leistung eines Prozesskostenvorschusses ab (§ 379a i.V.m. § 16 GKG). Hinzu kommt unter den Voraussetzungen des § 379 eine Verpflichtung zur Sicherheitsleistung für die zu erwartenden Kosten des Beschuldigten.

G. Prozesshandlungen. I. Begriff. Prozesshandlungen sind **alle prozessual relevanten Betätigungen der Verfahrensbeteiligten, gleich welcher Art** (vgl. BGHSt 26, 384, 386; *Meyer-Goßner/Schmitt* Einl. Rn. 95; MüKo-StPO/*Kudlich* Einl. Rn. 331). Unter den Begriff fallen daneben auch die Einwirkungen Dritter, die den Prozess ermöglichen oder (zumindest teilweise) beenden (z.B. Strafantrag oder dessen Rücknahme). Teilweise wird vertreten, dass nur solche Erklärungen Prozesshandlungen darstellen, die eine prozessuale Rechtsfolge willensgemäß auslösen, die also den Prozess dem erklärten Willen gemäß weiter fördern sollen (*Roxin/Schünemann*, Strafverfahrensrecht, § 22 Rn. 1). Bestimmte Prozesshandlungen sind insofern »**doppelfunktionell**«, als sie zugleich Auswirkungen materiell-rechtlicher Art haben (z.B. die rechtmäßige Untersuchungshaft als Rechtfertigungsgrund für §§ 239, 240 StGB).

Die Prozesshandlungen lassen sich (rechtsfolgenneutral) unterteilen in **Erwirkungshandlungen**, die einen anderen zu einem bestimmten Prozessverhalten veranlassen sollen (z.B. Beweisanträge), und **Bewirkungshandlungen**, bei denen die Rechtsfolge unmittelbar eintritt (z.B. Rechtsmittelverzicht).

II. Wirksamkeitsvoraussetzungen. 1. Verhandlungsfähigkeit. Die Verhandlungsfähigkeit des **Beschuldigten**, also die Fähigkeit, seine Interessen im Prozess vernünftig wahrzunehmen, Prozesserklärungen abzugeben und entgegenzunehmen, ist nicht nur Prozessvoraussetzung (s.o. Rdn. 97), sondern auch notwendige Bedingung für die Wirksamkeit der von ihm getätigten Prozesshandlungen (z.B. OLG Dresden StraFo 2015, 149). Für andere Prozessbeteiligte bestehen teilweise Sonderregeln (§ 374 Abs. 3 für den Privatkläger, § 77 Abs. 3 hinsichtlich des Antragstellers). Gründe der Rechtssicherheit bedingen es, dass die Verhandlungsunfähigkeit der »amtlichen« Prozessrechtssubjekte (**Richter oder Staatsanwalt**) grundsätzlich nicht zur Unwirksamkeit ihrer Prozesshandlungen führt (anders hinsichtlich der StA: *Meyer-Goßner/Schmitt* Einl. Rn. 99). Eine andere Beurteilung erscheint insofern nur im Falle eines offensichtlichen Widerspruches zu rechtsstaatlichen Grundprinzipien gerechtfertigt.

2. Adressat von Prozesshandlungen. Voraussetzung für die Wirksamkeit einer Prozesshandlung ist der Eingang beim richtigen Adressaten. Verallgemeinernd kann hierzu gesagt werden, dass Adressat der Prozesshandlung eines Verfahrensbeteiligten vorbehaltlich anderer Regelungen dasjenige Rechtspflegeorgan ist, das den jeweiligen Verfahrensabschnitt leitet. Adressat der Bekanntmachung einer Ent-

Einleitung

scheidung des Gerichts hingegen sind die jeweils davon betroffenen Verfahrensbeteiligten. Im Offizialverfahren gehört hierzu zwingend die StA.

218 **3. Inhalt und Wirksamkeit der Prozesshandlung.** Unter dem Vorbehalt spezieller gesetzlicher Regelungen sind folgende Anforderungen an sämtliche Prozesshandlungen zu stellen:

a) Prozessuales Verhalten mit prozessgestaltender Wirkung bedarf eines **objektiv erkennbaren Erklärungswertes**, der durch **Auslegung** festgestellt werden muss (BGHSt 46, 131, 134). Gemäß dem in § 300 verankerten Rechtsgedanken ist nicht die u.U. irrtumsbedingte Wortwahl entscheidend, sondern der einer Erklärung tatsächlich zugrunde liegende Wille, den es unter Zuhilfenahme des gesamten prozessinternen Verhaltens zu bestimmen gilt. Dementsprechend genügt ein verborgener innerer Wille nicht, sondern nur derjenige, der auch objektiv in der Erklärung zum Ausdruck kommt (BGHSt 32, 394, 400).

219 b) Prozesshandlungen sind aus Gründen der Rechtssicherheit grundsätzlich **bedingungsfeindlich**, da die öffentlich-rechtliche Natur des Strafverfahrens den zweifelsfreien Bestand aller Erklärungen verlangt, die das Verfahren beeinflussen. Bspw. darf die Einlegung eines Rechtsmittels nicht unter eine Bedingung gestellt werden (BGHSt 5, 183, 184, vgl. jedoch die gesetzlich vorgesehenen Ausnahmen in §§ 315 Abs. 2, 342 Abs. 2). Ist eine Bedingung nicht ausnahmsweise zulässig, entfaltet die mit ihr verknüpfte Prozesshandlung keine Wirkung (BGHSt 25, 187; LR/*Kühne* Einl. Abschn. K Rn. 29).

220 Zu den ausnahmsweise zulässigen Bedingungen zählen die sog. **reinen Rechtsbedingungen**. Hierbei handelt es sich schon nicht um Bedingungen im eigentlichen Sinne, da Rechtsfragen weder zukünftige noch unsichere Umstände darstellen. Unproblematisch sind ferner **innerprozessuale Bedingungen**, da die hierdurch erzeugten Ungewissheiten mit den Interessen aller Beteiligten vereinbar sind, weil noch im selben Verfahren durch das Gericht verbindlich geklärt wird, ob die Bedingung eingetreten ist oder nicht. Zulässig sind daher auch sog. **Eventualbeweisanträge**, d.h. im Abschlussplädoyer vom Staatsanwalt oder vom Verteidiger gestellte Anträge auf Erhebung eines weiteren Beweises für den Fall, dass das Gericht nicht iSd primär gestellten Antrags (z.B. auf Freispruch) entscheiden sollte. Für das Gericht bestehen keine Unklarheiten, wenn der Antrag vom innerprozessualen Vorgang der Verurteilung abhängig gemacht wird, sodass eine derartige Verknüpfung unter Rechtssicherheitsgesichtspunkten unproblematisch ist (BGHSt 32, 10, 13; BGH NStZ 1995, 98). Jedoch muss sich die Behauptung, die unter Beweis gestellt werden soll, inhaltlich auf die Entscheidung beziehen, die zur Bedingung der Anträge erhoben wird, da anderenfalls ein Missbrauch des Beweisantragsrechts droht. Ein Antrag auf Vernehmung eines den Angeklagten entlastenden Zeugen darf daher von einer Ablehnung des Antrags auf Freispruch abhängig gemacht werden, nicht jedoch von der Verwerfung des Antrags auf Strafaussetzung zur Bewährung (BGHSt 40, 287, 289; s.a. *Ingelfinger* Rechtsprobleme bedingter Beweisanträge im Strafprozess, 2002).

221 c) Prozesshandlungen sind in den Fällen **unwirksam**, in denen es das **Gesetz** vorschreibt (z.B. § 8 Abs. 4 RPflG) oder wenn die entsprechende Handlung kraft gesetzlicher Normierung keine Regelungswirkung entfalten kann (wie z.B. in dem Fall, dass der Verteidiger entgegen § 302 Abs. 2 ohne diesbezügliche Ermächtigung ein Rechtsmittel des Beschuldigten zurücknimmt). Zudem haben gemäß dem in §§ 44, 46 VwVfG verankerten Rechtsgedanken **schwerwiegende Mängel** einer Prozesshandlung deren Unwirksamkeit zur Folge, wenn es sich nicht um bloße Verfahrens-, Form- oder Zuständigkeitsmängel handelt und sie für einen objektiven Betrachter offensichtlich sind.

222 d) Nach der bereits vor Jahrzehnten entwickelten sog. **Evidenztheorie** können auch gerichtliche Entscheidungen nichtig sein – nämlich dann, wenn sie mit einem derart schweren und offen zutage liegenden Mangel behaftet sind, dass es unter dem Gesichtspunkt materieller Gerechtigkeit selbst bei angemessener Berücksichtigung der Belange der Rechtssicherheit und des Rechtsfriedens schier unerträglich wäre, ihnen bindende Wirkung beizumessen (vgl. z.B. BVerfG NJW 1985, 1125, BGHSt 29, 216; 33, 126, 127). Diese Ansicht wird – mit beachtlichen Argumenten – **zunehmend kritisch hinterfragt** (vgl. *Meyer-Goßner/Schmitt* Einl. Rn. 105a und MüKo-StPO/*Kudlich* Einl. Rn. 340 jew. m.w.N.; in dieselbe Richtung BGH NStZ 2009, 579). Unstreitig ist jedenfalls, dass für richterliche Entscheidungen zunächst stets die Vermutung der Wirksamkeit gelten muss. Dass selbst schwere Verfahrensverstöße in aller Regel keine Nichtigkeit eines Urteils bedingen, folgt im Umkehrschluss aus § 338. Auch ein

Urteil, dass trotz einer bereits rechtskräftigen Sachentscheidung in derselben Sache erging (Verstoß gegen das Gebot *ne bis in idem*), muss nicht zwingend als nichtig eingestuft werden, da insofern Abhilfemöglichkeiten in Gestalt des § 358 Nr. 5 (Wiederaufnahme; vgl. LR/*Kühne* Einl. K Rn. 119) sowie des Prüfverfahrens nach § 458 (hierzu LG Koblenz, NStZ 1981, 195) bereitstehen. Gleichwohl scheint die Rspr. nicht gänzlich von der Evidenztheorie abzurücken: So erklärte das OLG München jüngst ein Urteil für nichtig, dass auf einer informellen Verfahrensabsprache beruhte, die unter Missachtung sämtlicher gesetzlicher Vorgaben – namentlich unter grobem Verstoß gegen die gerichtliche Aufklärungspflicht (§§ 257c Abs. 1 Satz 2 i.V.m. § 244 Abs. 2) – zustande gekommen war (OLG München NJW 2013, 2371 m. abl. Anm. *Kudlich* NJW 2013, 3216; *Leitmeier* NStZ 2014, 690; *Meyer-Goßner* StV 2013, 614; dazu unten Rdn. 246). Von den Fällen der Unwirksamkeit zu unterscheiden ist die prozessuale Überholung durch Fortgang des Verfahrens (BVerfGE 9, 160).

e) Andere Prozesshandlungen als gerichtliche Entscheidungen sind unwirksam, wenn sie offensichtlich nicht ernstlich gemeint waren oder nur zum Schein abgegeben wurden. Die falsche Benennung von Prozesserklärungen schadet nicht (§ 300 direkt oder unter Anwendung seines Rechtsgedankens). 223

f) Ein **Verzicht** auf Prozesshandlungen, hinsichtlich deren Vornahme keine Pflicht besteht, kann ab dem Zeitpunkt erfolgen, in dem die Handlung selbst zulässig wäre (z.B. Lauf der Antragsfrist des § 77b StGB, Lauf der Rechtsmittelfrist des § 302), und bis zu dem Moment, in dem die Handlung nicht mehr wirksam ausgeführt werden kann (z.B. Ablauf der genannten Fristen). Der Verzicht ist seinerseits Prozesshandlung (vgl. exemplarisch KK/*Griesbaum* § 158 Rn. 55). 224

g) Auch ohne eine explizite generelle Regelung lässt sich aus der Gesamtschau derjenigen Regelungen der StPO, die einen Missbrauch untersagen (§§ 26a Abs. 1 Nr. 3, 138a Abs. 1 Nr. 2, 231a Abs. 1 Satz 1, 241 Abs. 1, 2, 244 Abs. 3 Satz 2 6. Var., 245 Abs. 2 Satz 3 5. Var., 257 Abs. 3, 257a Satz 1, 266 Abs. 3 Satz 1), ein **allgemeines strafprozessuales Missbrauchsverbot** ableiten (o. Rdn. 158; BGH 38, 111, 113; KK/*Fischer* Einl. Rn. 79; *Meyer-Goßner/Schmitt* Einl. Rn. 111; *Pfister* StV 2009, 550; a. A. *Gaede* StraFo 2007, 29; *Roxin/Schünemann* § 19 Rn. 13; SK-StPO/*Wohlers* Vor § 137 Rn. 63; *Weßlau* FS Lüderssen, S. 787; vert. *Fahl*, Rechtsmissbrauch im Strafprozess [2004]; *Kudlich*, Strafprozess und allgemeines Missbrauchsverbot [1998]), wonach es einem Verfahrensbeteiligten untersagt ist, seine gesetzlich eingeräumten Rechte zur gezielten Durchsetzung verfahrensfremder oder verfahrenswidriger Interessen einzusetzen (*Beulke* StV 2009, 554; *Beulke/Witzigmann* StV 2009, 394). Eine diesem allgemeinen Missbrauchsverbot zuwiderlaufende Prozesshandlung ist unzulässig, nicht jedoch unwirksam (für den Fall der bewusst unwahren Protokollrüge BGHSt 51, 88; beachte die Aufgabe des Verbotes der Rügeverkümmerung durch BGHSt 51, 298, vgl. hierzu § 274). 225

4. Widerruflichkeit der Prozesshandlungen. a) Urteile sowie **urteilsähnliche Entscheidungen** (vgl. jedoch die Sonderregelung in § 411 Abs. 3) sind i.d.R. **ab Bekanntmachung** (§ 35 Abs. 1, 2) unwiderruflich, ebenso die **der sofortigen Beschwerde unterliegenden Beschlüsse** (einschränkend § 311 Abs. 3 Satz 2) und der Eröffnungsbeschluss, dessen verfahrenstragende Wirkung eine Aufhebung verbietet (BGH 10, 247; LR/*Stuckenberg* § 207 Rn. 45). Bis zur Bekanntmachung sind diese Entscheidungen hingegen frei widerruflich. 226

b) Andere gerichtliche Beschlüsse stellen nur laufende Entscheidungen dar, daher sind sie widerruflich (vgl. § 306 Abs. 2), unabhängig davon, ob dies wie z.B. in § 56f StGB, gesetzlich vorgesehen ist. Ein solcher Widerruf kann von Amts wegen oder als Reaktion auf eine Beschwerde oder Gegenvorstellung erfolgen und setzt inhaltlich voraus, dass die zu widerrufende Entscheidung inhaltlich falsch ist, auf Grundlage eines fälschlicherweise angenommenen Sachverhalts entschieden wurde oder mit einem erheblichen Verfahrensfehler behaftet ist, der durch den Widerruf geheilt werden soll. Unzulässig ist der Widerruf, wenn durch ihn eine Sachentscheidung, die in Rechtskraft erwachsen ist, nachträglich aufgehoben oder geändert würde (BGHSt 17, 94, 97). 227

c) Einfache andere Prozesserklärungen sind grds. widerruflich, bspw. der Antrag auf Aussetzung der Hauptverhandlung bei Nichtwahrung der Ladungsfrist, § 217 Abs. 2. Ein Widerruf führt aber nicht dazu, dass eine auf der Prozesshandlung beruhende Entscheidung ihre Wirksamkeit verlöre. Teilweise ist die Widerruflichkeit auch besonders geregelt (vgl. § 77 StGB, §§ 156, 411 Abs. 3, § 391, § 302). 228

Einleitung

229 d) Andere **prozesstragende** bzw. **prozessbeendende** Erklärungen, wie etwa der Verzicht auf die Stellung eines Strafantrags gegenüber einem Strafverfolgungsorgan (BGH NJW 1957, 1368), sind i.d.R. **unwiderruflich**. So ist beispielsweise die Zustimmungserklärung der Staatsanwaltschaft zu einem Verständigungsvorschlag des Gerichts als gestaltende Prozesserklärung unanfechtbar und unwiderruflich (BGHSt 57, 273). Nach Ansicht der Rspr. gilt dies grds. auch für die **Rücknahme eines Rechtsmittels** bzw. den **Verzicht** auf ein solches (in diesem Sinne BGHSt 10, 245, 247; 45, 51, 53; OLG München StV 2007, 459; *Meyer-Goßner* StV 2011, 53; unter Anerkennung von Ausnahmen auch KG NStZ 2007, 541; anders *Niemöller* StV 2010, 598 u. StV 2011, 54).

230 5. **Nichtvorliegen von Willensmängeln.** a) Ist eine Prozesshandlung durch **Täuschung** oder **Drohung** bedingt, wird teilweise vertreten, dies führe zu ihrer Unwirksamkeit, was aus dem § 136a zugrunde liegenden Rechtsgedanken folgen soll (so *Roxin/Schünemann*, Strafverfahrensrecht, § 22 Rn. 7). Die Rspr. lehnt dies aus Gründen der Rechtssicherheit im Grundsatz zu Recht ab (BGHSt 45, 51, 53; BGH StV 2013, 199 f). Ausnahmen von dieser generellen Unbeachtlichkeit von Willensmängeln sind geboten, sofern im Einzelfall eine Abwägung zu einem Vorrang der Willensfreiheit vor dem Prinzip der Rechtssicherheit führt (BGHSt 17, 14, 18; MüKo-StPO/*Kudlich* Einl. Rn. 339).

231 b) Auch sonstige **Irrtümer** in der Erklärung oder im Beweggrund bleiben ohne Einfluss auf die Wirksamkeit von Prozesshandlungen. §§ 119 ff. BGB finden auf Prozesshandlungen keine Anwendung (RGSt 57, 83). So kann bspw. ein Rechtsmittelverzicht oder eine Rechtsmittelrücknahme nicht wegen Irrtums angefochten werden (BGH StV 1999, 411; BGH NStZ 2006, 351).
Genauso können die **Gerichte** ihre Entscheidungen nicht jenseits der gesetzlich ausdrücklich oder stillschweigend festgelegten Korrekturmöglichkeiten wegen eines Irrtums abändern. Ein Eröffnungsbeschluss kann bspw. nicht wieder aufgehoben werden, weil der von §§ 203, 207 vorausgesetzte Verdachtsgrad nachträglich nicht mehr besteht. In solchen Fällen ist der Angeklagte freizusprechen (OLG Frankfurt JR 1986, 470 m. Anm. *Meyer-Goßner*; anders hingegen LG Konstanz JR 2000, 306 m. zust. Anm. *Hecker*; *Ulsenheimer* NStZ 1984, 440).

232 Allerdings können Prozesshandlungen, die auf Willensmängeln beruhen, deshalb unwirksam sein, weil das Gericht im Vorfeld seine **prozessuale Fürsorgepflicht** verletzt hat. In der Rspr. ist dies namentlich im Zusammenhang mit dem Verzicht des Beschuldigten auf Rechtsmittel anerkannt (BGHSt 18, 257, 259; 45, 51; OLG Düsseldorf StraFo 2012, 105; vgl. auch OLG Nürnberg StV 2014, 529). Mit Blick auf das Gebot des »*fair trial*« ist das Gericht verpflichtet, durch Willensmängel bedingte Prozesshandlungen nach Möglichkeit zu verhindern. Auch wenn ein Gericht durch objektiv fehlerhafte Erklärungen beim Beschuldigten Fehlvorstellungen bewirkt, die diesen zu einer Prozesshandlung veranlassen, ist Letztere unwirksam (BGHSt 46, 257, 258 m. zust. Anm. *Hamm* NStZ 2001, 494; BGH wistra 2011, 236; OLG Köln StV 2014, 207).

233 6. **Form.** Prozesshandlungen können sowohl durch aktives Tun als auch durch Unterlassen vorgenommen werden, sie können ausdrücklich oder konkludent erfolgen. Ausdrücklich entäußerte Prozesshandlungen können mündlich, schriftlich oder durch Erklärung zu Protokoll abgegeben werden. Formzwänge bestimmen sich im konkreten Fall nach der jeweils anzuwendenden gesetzlichen Regelung. Existiert eine solche nicht, müssen in der Hauptverhandlung vorgenommene Prozesshandlungen **mündlich** erfolgen, ggf. auch konkludent (BGH NStZ 2005, 47). Außerhalb der Hauptverhandlung sind Prozesshandlungen grds. **schriftlich** vorzunehmen. Nach § 184 GVG gilt jeweils: Die Gerichtssprache ist Deutsch (vgl. zu daraus folgenden Problemen *Braitsch*, Gerichtssprache für Sprachunkundige im Lichte des »*fair trial*«, 1991; zum Anspruch auf Verdolmetschung bzw. schriftliche Übersetzung gem. § 187 GVG: *Christl* NStZ 2014, 376; *Kotz* StV 2012, 626; *Schneider* StV 2015, 379; s.a. OLG München StRR 2014, 186).

234 Im Falle gesetzlich angeordneter **Schriftform** ist anders als i.R.d. § 126 Abs. 1 BGB nicht zwingend eine eigenhändige Unterschrift des Erklärenden erforderlich. Für die Zwecke des Strafverfahrens reicht es grundsätzlich aus, wenn aus dem jeweiligen Schriftstück sowohl sein Inhalt als auch die Person des Erklärenden hinreichend klar entnommen werden können (BGHSt 2, 77, 78; zur ausnahmsweise erforderlichen Unterschrift eines Verteidigers oder RA vgl. §§ 172 Abs. 3 S. 2, 345 Abs. 2, 366 Abs. 2, 390 Abs. 2). Der Schriftform ist im Regelfall auch durch **Telefax, Telebrief, Computerfax, Fernschreiben** oder **Telegramm** Genüge getan, nicht jedoch durch eine **telefonische Erklärung** – auch dann **nicht,**

wenn der Empfänger eine schriftliche Aufzeichnung anfertigt (BGHSt 30, 64, 66; **a. A.** LG Münster NJW 2005, 166 mit Anm. *Kudlich* JuS 2005, 660). § 41a regelt die Möglichkeit **elektronischer Übermittlung** von Schriftstücken, vorausgesetzt, diese enthalten eine qualifizierte elektronische Signatur (vgl. die Verordnung über den elektronischen Rechtsverkehr in Revisionsstrafsachen zwischen dem Generalbundesanwalt beim BGH und den Strafsenaten beim BGH, BGBl. I 2005 S. 3191). **Einfache E-Mails** ohne eine solche Signatur genügen mangels ausreichender Identifizierungsmöglichkeit des Absenders nicht (OLG Oldenburg NJW 2009, 536).

H. Die Verständigung im Strafverfahren. I. Grundlagen. Mit dem »**Gesetz zur Regelung der Verständigung im Strafverfahren**«, in Kraft getreten am 04.08.2009 (BGBl I 2009, S. 2353), sieht die StPO (v.a. in § 257c) erstmals ausdrücklich »**Verständigungen**« zwischen dem Beschuldigten und den Strafverfolgungsorganen vor, die auf eine konsensuale Verfahrensgestaltung oder -beendigung gerichtet sind. Nach jahrzehntelanger, *praeter* – wenn nicht gar *contra* – *legem* verlaufener Entwicklung ist die »Absprache« unter den am Strafverfahren Beteiligten heute somit ein eigenständiges Institut des Strafprozessrechts und kann aus der Praxis – trotz nicht verstummter Kritik (statt vieler *Duttge* FS Schünemann, S. 875; *Eisenberg*, Beweisrecht, Rn. 42 ff.; *Herzog* GA 2014, 688; *Hettinger* JZ 2011, 292; *Kreß* ZStW 116 (2004), 172; *Ransiek* ZIS 2008, 116; *Schünemann* StraFo 2015, 177; *Weßlau* ZStW 116 (2004), 151) – namentlich in Wirtschaftsstrafverfahren nicht mehr hinweg gedacht werden (so u.a. KMR/*Eschelbach* Vor § 213 Rn. 66 ff.; *Fromm* ZWH 2015, 4; *Jahn* StV 2011, 497; *Knauer* FS v. Heintschell-Heinegg S. 245; LR/*Kühne* Einl. G Rn. 58 ff.; *Weider* StraFo 2003, 40). Die Forderung nach einer gesetzlichen Regelung wurde beständig lauter und zuletzt auch vom Großen Senat des Bundesgerichtshofs für Strafsachen erhoben (BGHSt (GrS) 50, 40; *Beulke/Satzger* JuS 1997, 1072, 1080; *Braun* StraFo 2001, 77), bis nach mehreren in Praxis und Wissenschaft hochumstrittenen Entwürfen (vert. hierzu *Huttenlocher*, Dealen wird Gesetz – die Urteilsabsprache im Strafprozess und ihre Kodifizierung [2007]) die besagte Neuregelung verabschiedet wurde. Mittels einer Verständigung werden dem Beschuldigten zumeist Strafmilderungen bzw. ein konkretes Strafmaß seitens des Gerichts als »Gegenleistung« für die Abgabe eines Voll- oder Teilgeständnisses zugesichert. Gerade bei komplizierten Sachverhalten ermöglicht die Verständigung daher eine Verfahrensbeschleunigung. 235

Die StPO enthält über § 257c hinaus **für jedes Verfahrensstadium** eine Regelung, welche die Möglichkeit einer **Erörterung des Verfahrensstandes** mit den Verfahrensbeteiligten vorsieht (vgl. §§ 160b, 202a, 212, 257b). Dies sichert die Transparenz des Verfahrens und stellt einen Weg zur Verfahrensbeschleunigung zur Verfügung, ohne dass das Ziel zwingend eine Verfahrenserledigung sein muss. Derlei Erörterungen entfalten im Unterschied zur Verständigung i.S.d. § 257c grundsätzlich **keine Bindungswirkung**. Die Existenz dieser Normen belegt, dass die dort vorgesehenen Kontakte nicht per se den Vorwurf der Befangenheit des Gerichts zu begründen vermögen (BGH wistra 2008, 154; BGH wistra 2011, 72; BGH StraFo 2012, 137). Ob ein Befangenheitsgrund gegeben ist, ist vielmehr eine Frage des Einzelfalls (BGH NStZ 2011, 44; BGH StraFo 2012, 222; krit. *Salditt* FS I.-Roxin, S. 687; s.a. *Fromm* ZWH 2015, 4; *Isfen* ZStW 125 [2013], 325). 236

II. Grundsätzliche Einwände gegen die Verständigung. Ein über eine Verständigung herbeigeführter Abschluss des Strafverfahrens steht nicht reibungslos mit verfassungsrechtlichen Grundsätzen und mit den – häufig auf diesen beruhenden – überkommenen Prozessgrundsätzen in Einklang, weshalb der Gesetzgeber bei Schaffung der gesetzlichen Regelung mit folgenden Problemkreisen konfrontiert war (BT-Drucks. 16/12310, S. 1; s.a. *Landau* NStZ 2014, 425, 426): 237
– Beruht der Ausgang eines Verfahrens nicht mehr auf dem gesetzlich hierfür vorgesehenen Prozedere, besteht die Gefahr, dass der Beschuldigte zu einem »Objekt« der Verhandlungen zwischen Richter, StA und Verteidigung wird (vgl. *König* NJW 2012, 1915). Dies kann eine Verletzung des ***fair-trial*-Prinzips** begründen, etwa bei Zerstörung eines Vertrauenstatbestandes durch Nichteinhaltung einer von den Strafverfolgungsorganen abgegebenen Zusage.
– Wird durch das »Entgegenkommen« der Strafverfolgungsorgane der indisponible staatliche »Strafanspruch« preisgegeben, besteht die Gefahr einer Verletzung des **Legalitätsprinzips**.
– Ein Widerspruch zum Grundsatz **schuldangemessenen Strafens** (§ 46 StGB) entsteht, wenn jenseits des Anwendungsbereichs der §§ 153 ff. für schwere Straftaten Rechtsfolgen verhängt werden, die in keinem Verhältnis zum Tatvorwurf stehen.

Einleitung

- Der **Untersuchungsgrundsatz** als Absicherung des strafprozessualen Ziels der Erforschung materieller Wahrheit wird missachtet, wenn das Gericht trotz bestehender Zweifel an der Schuld des Angeklagten »blind« auf ein Geständnis vertraut, um damit eine langwierige und kostspielige Beweisaufnahme zu vermeiden.
- Bedenken erzeugt die Absprachenpraxis auch im Hinblick auf die **Prinzipien der Öffentlichkeit, Mündlichkeit und Unmittelbarkeit**, findet die eigentliche »Verständigung« doch regelmäßig außerhalb der Hauptverhandlung statt.
- Eine frühzeitige Meinungsbildung des Gerichts verträgt sich schwer mit dem Prinzip **freier richterlicher Überzeugungsbildung** (§ 261).
- Das Erfordernis einer Zustimmung durch den Angeklagten und die Staatsanwaltschaft zur Verständigung konfligiert mit **Art. 92 GG**, wonach die rechtsprechende Gewalt den Richtern anvertraut ist.
- **Anwesenheits- und Mitwirkungsrechte der Prozessbeteiligten** drohen durch Absprachen außerhalb der Hauptverhandlung, u.U. auch nur zwischen einzelnen Verfahrensbeteiligten, umgangen zu werden.
- Werden dem Angeklagten von Seiten des Gerichts »Zugeständnisse« gemacht, ist Ausgangspunkt der Urteilsfindung nicht wie durch Art. 20 Abs. 3 GG vorgegeben seine Unschuld (Verstoß gegen die **Unschuldsvermutung**).
- Machen die Strafverfolgungsorgane deutlich, im Falle eines Geständnisses zur Zusage einer Strafmilderung bereit zu sein, gerät der Beschuldigte unter Druck, sich selbst zu belasten. Hieraus resultiert ein Konflikt mit dem ***nemo-tenetur***-Grundsatz. Daher wird teils vorgeschlagen, die Verwertbarkeit des Geständnisses am Maßstab des § 136a zu messen.
- Auch die Gefahr richterlicher **Befangenheit** (§ 24 Abs. 2) wird virulent, da die Absprache im Falle ihres Scheiterns die objektive Haltung des Richters zum Verfahrensinhalt zu beeinträchtigen droht.

238 III. Die Regelung. 1. Einfügung in das strafprozessuale Regelungssystem. Die Anerkennung der Verständigung als statthaftes Mittel der Verfahrensgestaltung, wie sie vom Gesetzgeber verwirklicht wurde, führt **nicht** zu einer eigenständigen Verfahrensordnung mit eigenständigen Prozessgrundsätzen. Vielmehr wurden die diesbzgl. entwickelten Vorgaben **in das bestehende Regelungssystem der StPO** integriert, um die uneingeschränkte Geltung der überkommenen Prozessgrundsätze zu sichern (vgl. *Knauer* FS v. Heintschel-Heinegg S. 245, 256; hinsichtlich der **gerichtlichen Aufklärungspflicht** ausdrücklich: § 257c Abs. 1 Satz 2). Das Gericht muss folglich die Anklage pflichtgemäß in tatsächlicher und rechtlicher Hinsicht überprüfen, ehe es eine Verständigung erwägt (BGH NStZ 2008, 54). Die StPO enthält nach wie vor **kein Konsensprinzip**, nach dem die am Verfahren Beteiligten frei über die Tatsachengrundlage, auf der das Urteil beruht, disponieren können. Vielmehr ist auch ein aufgrund einer Absprache ergangenes Urteil dem Grundsatz **materieller Wahrheit** verpflichtet (BVerfGE 133, 168, 204 ff.; BGH StV 2009, 232; *Leitmeier* HRRS 2013, 362; zweifelnd: *Fischer* StraFo 2009, 177, 181; *Gössel* FS Beulke, S. 743; *Kühne* GA 2008, 361; *Malek* StV 2011, 559). Die gesetzliche Regelung knüpft maßgeblich an die von der **höchstrichterlichen Rspr.** zuvor errichteten **Mindestvoraussetzungen** für die Zulässigkeit von Verfahrensabsprachen an (BGHSt 43, 195; 50, 40; zum Ganzen: *Murmann* FS Roxin-II, S. 1385; *Niemöller/Schlothauer/Weider*, Gesetz zur Regelung der Verständigung [2010]; *Rosenau* FS Puppe, S. 1601; *Schünemann* FS Wolter, S. 1107; zur einschlägigen Rspr. seit Inkrafttreten der Neuregelung: *Bittmann* ZWH 2014, 249; *Deutscher* StRR 2014, 288 sowie *Krawczyk/Schüler* StRR 2014, 284; *Schneider* NStZ 2014, 192 u. 252; *Wenske* DRiZ 2011, 393 u. DRiZ 2012, 123 u. 198). Das **BVerfG** hat die gesetzliche Regelung in einer Grundsatzentscheidung vom 19.03.2013 für verfassungskonform erachtet (BVerfG NStZ 2013, 295 m. Bespr. *Beulke/Stoffer* JZ 2013, 662; *Fezer* HRRS 2013, 117; *Fischer* FS Kühne, S. 203; *Knauer* NStZ 2013, 433; *König/Harrendorf* AnwBl 2013, 321; *Kudlich* ZRP 2013, 162; *Löffelmann* JR 2013, 333; *Meyer* NJW 2013, 1850; *Mosbacher* NZWiSt 2013, 201; *Niemöller* StV 2013, 420; *Stuckenberg* ZIS 2013, 212; *Trück* ZWH 2013, 169; *Weigend* StV 2013, 424; zur Vereinbarkeit von Verfahrensabsprachen mit der EMRK vgl. EGMR NJW 2015, 1745). Der Gesetzgeber sei von Verfassungs wegen nicht gehindert, Absprachen im Strafverfahren mit dem Ziel einer Verfahrensvereinfachung zu legalisieren, sofern durch hinreichende Vorkehrungen sichergestellt sei, dass die verfassungsrechtlichen Anforderungen gewahrt blieben. Allerdings konstatierten die Richter ein erhebliches Vollzugsdefizit in der Justizpraxis. Dies habe zwar »derzeit noch nicht« die Verfassungswidrigkeit der Regelung zur Folge. Der Gesetzgeber sei jedoch berufen, dieser Fehlentwicklung ggf. durch geeignete Maßnahmen entgegenzuwirken, um den Eintritt eines verfassungswidrigen Zustands zu verhindern (zu den Folgen der Entscheidung für die Praxis vgl. *Erhard* StV 2013, 655; *Landau* NStZ 2014, 425, 428 ff.; KK-*Moldenhauer/Wenske* § 257c Rn. 5d; *Tsambikakis* ZWH 2013, 209).

2. Zulässiger Inhalt einer verfahrensbeendenden Verständigung. § 257c schreibt in Abs. 1 Satz 1 ausdrücklich die Zulässigkeit der verfahrensbeendenden Verständigung fest und regelt in Abs. 2, 3 ihren Anwendungsbereich. **239**

a) Eine zulässige Verständigung setzt **Konnexität** i.S.e. **sachlichen Verknüpfung** zwischen dem für den Angeklagten angesonnenen Verhalten und der Zusage des Gerichts voraus (unzulässig z.B. Inaussichtstellen einer Strafmilderung gegen Begleichung von Steuerschulden, BGHSt 49, 84, 87; dazu *Beulke/ Swoboda* JZ 2005, 67; Strafaussetzung zur Bewährung als Gegenleistung für den Entlastungszeugen, BGHSt 40, 287, 290; sehr fragwürdig auch KG NStZ 2015, 236 m. abl. Anm. *Knauer*: Strafmilderung bei Berufungsrücknahme in einem Parallelverfahren). Der Gesetzgeber hielt auch die Zusage eines konkreten Strafrahmens im Falle eines Verzichts des Angeklagten auf mögliche Beweisanträge für unzulässig (BT-Drucks. 16/12310, S. 13; krit. *Beulke*, Strafprozessrecht, Rn. 395a; für Zulässigkeit wohl auch *Schlothauer* FS Beulke, S. 1023, 1034).

b) Regelmäßig wird eine Verständigung ein **Geständnis** des Beschuldigten beinhalten, jedoch ist dies nicht zwingend (vgl. § 257c Abs. 2 Satz 2: »soll«). Ein in irgendeiner Form »**qualifiziertes**« Geständnis (denkbar: Vollständigkeit, Ernsthaftigkeit) wird zwar nach wie vor nicht verlangt, um den Beurteilungsspielraum des Tatgerichts nicht zusätzlich zu beschränken. Die fachgerichtliche Rechtsprechung ging indes bereits vor der Grundsatzentscheidung des BVerfG davon aus, dass eine Verurteilung auf Basis einer Verständigung nicht ausschließlich auf ein »**inhaltsleeres Formalgeständnis**« – etwa in Form einer bloßen Bezugnahme auf den Anklagesatz – gestützt werden darf (BGH NStZ 2009, 467; BGH StV 2011, 608 u. StV 2012, 134; OLG Celle StV 2011, 341). Darüber hinausgehend fordert das BVerfG nunmehr, **alle verständigungsbasierten Geständnisse zwingend durch Beweisaufnahme in der Hauptverhandlung** – also nicht etwa durch bloßen Abgleich mit der Aktenlage – **auf ihre Richtigkeit zu überprüfen** (BVerfGE 133, 168, 209; ebenso OK-StPO/*Eschelbach* § 257c Rn. 24; LR/*Stuckenberg* § 257c Rn. 23 a.E.; zu den rechtspraktischen Folgen: *Schneider* NStZ 2014, 192, 193). Dass dem Urteil eine Verständigung vorausgegangen ist, entbindet das Gericht nicht von der Pflicht zur Aufklärung und Darlegung des Sachverhalts (BGH Beschl. v. 20.09.2012 – 3 StR 380/12 bei *Cierniak/Niehaus* NStZ-RR 2015, 164, 166 f.). **240**

c) Sowohl der **Schuldspruch** (d.h. insbes. der dem Urteil zugrunde liegende Sachverhalt) als auch **Maßregeln der Besserung und Sicherung** dürfen **nicht** zum Gegenstand einer Verständigung gemacht werden (§ 257c Abs. 2 Satz 3; hierzu auch BGH NJW 2011, 1526; BGH wistra 2011, 276). **Regelbeispiele** wurden hingegen nach Inkrafttreten der Neuregelung zunächst als zulässige »Verhandlungsmasse« angesehen, da sie – formal betrachtet – anerkanntermaßen die Strafzumessung betreffen (vgl. *Knauer/ Lickleder* NStZ 2012, 366, 372). Angesichts der materiell-rechtlich nahezu äquivalenten Funktion von Regelbeispielen und tatbestandlichen Qualifikationen bzw. Privilegierungen, die ihrerseits als Element des Schuldspruchs unzweifelhaft keiner Verständigung zugänglich sind, entschied das BVerfG jedoch, dass bei verfassungsorientierter, teleologischer Auslegung des § 257c Abs. 2 Satz 1 auch Regelbeispiele und sonstige Strafrahmenverschiebungen – etwa in Form von Sonderstrafrahmen für besonders oder minder schwere Fälle – nicht der Disposition der Verfahrensbeteiligten unterliegen (BVerfGE 133, 168, 210 ff.; ebenso bereits zuvor *Rieß* StraFo 2010, 10, 11; OK-StPO/*Eschelbach* § 257c Rn. 11.1; tendenziell einschränkend aber BGH NStZ 2013, 540 und im Anschluss hieran KK-*Moldenhauer/Wenske* § 257c Rn. 18; abl. *Schneider* NStZ 2014, 192, 195). **241**

d) Zulässig hingegen ist eine Verständigung über die sonstigen **Rechtsfolgen**, die im Urteil (z.B. Strafaussetzung zur Bewährung, § 56 StGB, § 267 Abs. 3 Satz 4) bzw. in den damit verbundenen Beschlüssen (z.B. **Bewährungsauflagen**, § 268a Abs. 1) verhängt werden können. Wenn das Gericht im Rahmen der Verständigung nach § 257c die Verhängung einer zur Bewährung auszusetzenden Freiheitsstrafe zusagt, gebietet es die Verfahrensfairness (Art. 20 Abs. 3 GG, Art. 6 Abs. 1 Satz 1 EMRK), den Angeklagten auf konkret in Betracht kommende Bewährungsauflagen gem. § 56b Abs. 1 Satz 1 StGB bereits **242**

Einleitung

im Rahmen des der Verständigung vorausgehenden Rechtsgesprächs hinzuweisen (BGHSt 59, 172; BGH NJW 2014, 3173; OLG Saarbrücken NJW 2014, 238; anders bei gescheiterten Verständigungsgesprächen: KG StRR 2014, 306). Etwas anderes soll dem BGH zufolge (BGH StV 2015, 151; ebenso: *Schneider* NStZ 2014, 192, 196) jedoch für Weisungen gem. § 56c StGB gelten, da diese – im Unterschied zu Bewährungsauflagen – keinen Sanktionscharakter aufweisen, sondern ausschließlich in spezialpräventiver Weise dazu dienen, positiven Einfluss auf die künftige Lebensführung des Verurteilten zu nehmen (vgl. § 56c Abs. 1 Satz 1 StGB). Auch die Entscheidung über die Fortdauer der Untersuchungshaft (§ 268b) ist – als »dazugehöriger Beschluss« i.S.v. § 257c Abs. 2 Satz 1 – zulässiger Verständigungsgegenstand (BGH NStZ 2014, 219; s.a. BGH NStZ 2015, 294, 295). Keiner Vereinbarung zugänglich ist die Art und Weise des **Strafvollzugs**. Gemäß § 257c Abs. 3 Satz 2 darf das Gericht im Zuge der Verständigungsverhandlungen **Ober- und Untergrenze** der möglichen Strafe angeben, sich jedoch hierbei nicht auf eine exakte Strafhöhe (sog. **Punktstrafe**) festlegen (BGHSt 51, 84, 86; BGH NStZ 2011, 231 u. 648; KG wistra 2015, 288). Wird ein Strafrahmen in Aussicht gestellt, so sind hierbei die allgemeinen Grundsätze der Strafzumessung (§ 46 StGB) zu berücksichtigen, insbes. ist also der Grundsatz schuldangemessenen Strafens sowohl hinsichtlich der Ober- als auch der Untergrenze zu beachten. Wird dieser Spielraum unterschritten, liegt in dem entsprechenden »Angebot« ein gesetzlich nicht vorgesehener Vorteil i.S.d. § 136a Abs. 1 Satz 3 Alt. 2, der die Unverwertbarkeit des in diesem Rahmen abgegebenen Geständnisses zur Folge hat (BGH StV 2002, 637). Auch darf das Gericht nicht mit einer Strafmilderung aufwarten, deren Zusage im Vergleich zur ansonsten zu verhängenden Strafe eine unangemessene **Sanktionsschere** bedeuten würde (BGH StV 2007, 619; *Kempf* StV 2009, 269, 270). Der Beschuldigte hat im Rahmen einer Verständigung keinen Anspruch darauf, vom Gericht eine Strafobergrenze für den Fall der Aburteilung ohne Verständigung mitgeteilt zu bekommen (BGH ZWH 2014, 86 m. zust. Anm. *Trück*).

243 e) Gem. § 257c Abs. 2 Satz 1 können auch **sonstige verfahrensbezogene Maßnahmen** des jeweiligen Erkenntnisverfahrens Inhalt einer Verständigung werden. Nach früherem Verständnis fielen hierunter – neben denkbaren Absprachen über die Form der Beweiserhebung – namentlich Vereinbarungen über eine **Einstellung des Verfahrens gem. §§ 153, 153a, 154 oder 154a** (BT-Drucks. 16/12310, S. 13; OLG Frankfurt NStZ-RR 2011, 49; *Niemöller/Schlothauer/Weider-Niemöller*, Gesetz zur Regelung der Verständigung [2010], Teil B, § 257c Rn. 38). Das BVerfG wandte sich im Rahmen seiner Grundsatzentscheidung indes unter Verweis auf den Wortlaut des § 257c Abs. 1 (»über den weiteren Fortgang und das Ergebnis *des* Verfahrens«) sowie des § 257c Abs. 2 Satz 1 (»im zugrunde liegenden Erkenntnisverfahren«) gegen sog. »**Gesamtlösungen**«, also gegen die Einbeziehung anderer Verfahren – insbes. in Form der **staatsanwaltlichen Zusage**, andere bei ihr anhängige Ermittlungsverfahren gem. § 154 Abs. 1 einzustellen – in die Verständigungsgespräche gem. § 257c. Von Seiten der Staatsanwaltschaft gegebene Versprechen hinsichtlich **anderer** bei ihr anhängiger Ermittlungsverfahren stellen also keinen zulässigen Verständigungsgegenstand i.S.d. § 257c dar und können dementsprechend weder Bindungswirkung i.S.v. § 257c Abs. 4, 5 noch einen schutzwürdigen Vertrauenstatbestand begründen (BVerfGE 133, 168, 214). Teileinstellungen innerhalb desselben Verfahrens nach § 154 Abs. 2 und Verfolgungsbeschränkungen gem. § 154a Abs. 2 bleiben hingegen zulässiger Verständigungsinhalt im Rahmen von § 257c (OK-StPO/*Eschelbach* § 257c Rn. 16; KK-*Moldenhauer/Wenske* § 257c Rn. 14). Gespräche über eine komplette Verfahrenseinstellung gem. § 153 Abs. 2 Satz 1 bzw. § 153a Abs. 2 Satz 1 sollen indes nach (nicht überzeugender) Ansicht des KG (NStZ 2014, 293) hingegen von vornherein nicht dem Regelungsregime der Verständigung unterfallen, da es sich insoweit nicht um einen urteilsbezogenen Vorgang handle (ähnlich für eine »Totaleinstellung« gem. § 47 Abs. 2 OWiG mangels konnexer Gegenleistung des Betroffenen: OLG Hamburg Beschl. v. 27.03.2015 – 1 RB 58/14 = BeckRS 2015, 09842). Ob sog. Gesamtlösungen im Rahmen von Erörterungen mit der Staatsanwaltschaft auf Basis des § 160b (weiterhin) zulässig sind und ob insofern ein schutzwürdiges Vertrauen des Beschuldigten begründet werden kann, ist derzeit noch offen (vgl. *Beulke/Stoffer* JZ 2013, 662, 666 f.; LR-*Erb* § 160b Nachtr. Rn. 10 f.; *Schneider* NStZ 2014, 192, 196 f.).

244 f) Ebenso kann ein bestimmtes **Prozessverhalten** zum Gegenstand einer Absprache gemacht werden (§ 257c Abs. 2 Satz 1 a.E.), solange hierbei das Konnexitätserfordernis gewahrt wird. Eine Verständigung darf hingegen **nicht** über die Annahme einer tatsächlich gar nicht bestehenden Verfahrensverzögerung erfolgen, um auf diesem Wege einen Teil der Strafe für bereits vollstreckt erklären zu können

(BGH StV 2011, 74; zur Vollstreckungslösung bei rechtsstaatswidrigen Verfahrensverzögerungen s.o. Rdn. 67 ff., 115 ff.).

3. Zustandekommen und Offenlegung einer verfahrensbeendenden Verständigung. Eine Verständigung i.S.d. § 257c Abs. 1 Satz 1 kommt gemäß § 257c Abs. 3 Satz 1, 4 dadurch zustande, dass das Gericht in der Hauptverhandlung einen Verständigungsvorschlag bekannt gibt und sowohl Angeklagter als auch Staatsanwalt diesem Vorschlag zustimmen. Verteidiger und Nebenkläger als Verfahrensbeteiligte können an Verständigungsgesprächen zwar teilnehmen, jedoch das Zustandekommen nicht verhindern. Ob unter dem Aspekt »Schwierigkeit der Rechtslage« regelmäßig bereits die Erörterung einer Verständigung Anlass zur Beiordnung eines Verteidigers gem. § 140 Abs. 2 Satz 1 Var. 2 gibt, ist von der Rechtsprechung noch nicht abschließend geklärt (in diesem Sinne ein obiter dictum des OLG Naumburg NStZ 2014, 116 m. abl. Anm. *Wenske* sowie *Peglau* jurisPR-StrafR 6/2014 Anm. 2; abl. auch OLG Bamberg NStZ 2015, 184). Eine **notwendige Verteidigung** i.S.v. § 140 Abs. 2 liegt insoweit nach zutreffender Ansicht zumindest dann vor, wenn im konkreten Einzelfall eine Einigung über für den Angeklagten weitreichende Rechtsfolgen angestrebt wird (vgl. u. § 140 Rdn. 44; ebenso: *Jahn/Müller* NJW 2009, 2625, 2627; in diese Richtung auch *Wenske* NStZ 2014, 117, 118; de lege ferenda für die Aufnahme von Verständigungsgesprächen in den Katalog des § 140 Abs. 1: LR-*Lüderssen/Jahn* § 257c Nachtr. Rn. 41; *Theile* NStZ 2012, 666, 670). Eines der Hauptziele der Regelung der Verständigung war es, **heimliche** »informelle« Absprachen zu unterbinden. Der Gesetzgeber hat daher eine ganze Reihe von **Mitteilungs-, Belehrungs- und Dokumentationspflichten** statuiert, die keineswegs als bloße Ordnungsvorschriften verstanden werden dürfen, sondern zum »Kern des gesetzlichen Regelungskonzepts« (BVerfGE 133, 168, 222 f.; s.a. BVerfG NStZ 2014, 528, 529; BVerfG NStZ 2015, 170, 172; BVerfG NStZ 2015, 172, 174) gehören. Die Transparenzvorschriften des Verständigungsgesetzes dienen dem Schutz der Grundrechte des von einer Verständigung Betroffenen vor einem im Geheimen sich vollziehenden »Schulterschluss« zwischen Gericht, StA und Verteidigung (BVerfG NStZ 2014, 528, 529; BVerfG NJW 2015, 1235, 1237). Das Gericht muss gem. **§ 243 Abs. 4 Satz 1** in der Hauptverhandlung mitteilen, *ob* Erörterungen i.S.v. §§ 202a, 212 im Hinblick auf eine Verständigung nach § 257c vorausgegangen sind und – wenn ja – deren wesentlichen Inhalt (zu den inhaltlichen Anforderungen vgl. BGH StV 2014, 516 u. 650). Gespräche ausschließlich zwischen StA und Verteidigung werden nicht von der Mitteilungspflicht nach § 243 Abs. 4 erfasst (BVerfG NStZ 2014, 592, 594). Neben der Mitteilung von erfolgreichen und gescheiterten Erörterungen erfasst § 243 Abs. 4 insbesondere auch die Mitteilung, dass **keine** Verständigungsgespräche stattgefunden haben (sog. **Negativmitteilung**, vgl. BVerfG NStZ 2014, 592 m. krit. Anm. *Klotz* StV 2015, 1; BVerfG NJW 2014, 3504; KG StV 2014, 522; so zuvor schon: *Schlothauer* StV 2013, 679; LR/*Becker* § 243 Rn. 52c; SK-StPO/*Frister* § 243 Rn. 43; *Mosbacher* NZWiSt 2013, 2201, 206; krit. KK/*Schneider* § 243 Rn. 35; die in BGHSt 58, 315 vom 2. Strafsenat vertretene gegenteilige Auffassung verstößt nach Ansicht des BVerfG gegen das Willkürverbot). Die Beachtung der **Mitteilungspflicht** ist gem. **§ 273 Abs. 1a Satz 2** zu protokollieren. Fehlt ein entsprechender Hinweis im Protokoll, belegt dies lediglich dass eine entsprechende Mitteilung unterblieben ist, nicht jedoch, dass keine Erörterungen außerhalb der Hauptverhandlung stattgefunden haben (BVerfGE 133, 168, 217; *Meyer-Goßner/Schmitt* § 243 Rn. 18a; a. A. noch LR/*Becker* § 243 Rn. 52d). **§§ 160b, 202a, 212** schreiben vor, dass der wesentliche Inhalt **aller** außerhalb der Hauptverhandlung erfolgten Erörterungen **aktenkundig** zu machen ist (vgl. LR/*Jäger* § 212 Nachtr. Rn. 10). Aus Transparenzgründen sind dem Gericht – trotz Fehlens einer entsprechenden Regelung – auch die Inhalte und das Ergebnis von – außerhalb der Hauptverhandlung erfolgten – Verständigungsgesprächen zwischen Staatsanwaltschaft und Verteidigung mitzuteilen (BGH NStZ 2013, 353, 355; BGH NStZ 2012, 347; *Pauly* FS Rissing-van Saan, S. 425, 431). Bei Erörterungen in der Hauptverhandlung wird ihr wesentlicher Ablauf und Inhalt **im Protokoll vermerkt**, dasselbe gilt für die Verständigung (**§ 273 Abs. 1 Satz 2, Abs. 1a Satz 1**), wobei das BVerfG sehr hohe inhaltliche Anforderungen stellt (BVerfGE 133, 168, 217; anders noch BGH NStZ 2011, 170). Auch die Tatsache, dass keine Verständigung stattgefunden hat, ist aus Transparenzgründen gem. **§ 273 Abs. 1a Satz 3** ins Protokoll aufzunehmen (sog. **Negativattest**) und gehört zu den wesentlichen Förmlichkeiten i.S.d. § 274 Satz 1 (krit. insofern *Niemöller* FS Rissing-van Saan, S. 393 ff.). Ist im Protokoll weder vermerkt, dass es zu einer Verständigung gekommen ist, noch, dass eine solche nicht stattgefunden hat, ist das Protokoll nach Ansicht der Rspr. in sich widersprüchlich bzw. lückenhaft und zei-

Einleitung

tigt daher insofern keine Beweiskraft i.S.d. § 274 (BGHSt 56, 3 m. Anm. *Bauer* StV 2011, 340; BGH StV 2011, 473; so auch *Brand/Petermann* NJW 2010, 268, 270; krit. Niemöller/Schlothauer/Weider/ *Niemöller* Teil B § 273 Rn. 27 ff.; *Nistler* JuS 2009, 916, 918). Ob eine Absprache zustande gekommen ist, muss dann im Rahmen des Revisionsverfahrens im Freibeweisverfahren geklärt werden, wobei verbleibende Zweifel – entgegen allgemeiner Grundsätze – aus Fairnessgesichtspunkten nicht zulasten des Angeklagten gehen dürfen, da sie auf dem von den Verfolgungsbehörden zu verantwortenden Verstoß gegen die in § 273 Abs. 1a Satz 3 normierte Dokumentationspflicht gründen (BVerfG NJW 2012, 1136 m. zust. Anm. *Kröpil* JR 2013, 203 u. *Niemöller* StV 2012, 387, 390). Auch in den **Urteilsgründen** muss zur Absicherung der Kontrollpflicht der Rechtsmittelgerichte auf eine vorausgehende Verständigung i.S.d. § 257c Bezug genommen werden (**§ 267 Abs. 3 Satz 5**; vgl. hierzu BGHSt 58, 184). Der durch Verständigungsgespräche außerhalb der Hauptverhandlung entstehende Eindruck einer Voreingenommenheit des Gerichts kann dadurch verhindert werden, dass auch diese nur in Anwesenheit aller Verfahrensbeteiligten erfolgen (BGH StV 2011, 72).

Entgegen der früheren Rechtsprechung des BGH ist die Verletzung der (Negativ-)Mitteilungspflicht des § 243 Abs. 4 Satz 1 nach Ansicht des BVerfG **in der Regel revisibel**, da in diesem Fall ein Beruhen des Urteils i.S.d. § 337 auf einem Verstoß gegen § 257c zumeist nicht auszuschließen sei: Bei einem Verstoß gegen Transparenz- und Dokumentationspflichten könne nicht sicher ausgeschlossen werden, dass das Urteil auf eine gesetzwidrige »informelle« Absprache oder hierauf gerichtete Gesprächsbemühungen zurückgehe (BVerfGE 133, 168, 223; BVerfG NJW 2015, 1235, 1237; BGH NJW 2013, 3046; vert. *Allgayer* NStZ 2015, 185; *Lam* StraFo 2014, 407). Gleiches gelte, sofern im Protokoll das gem. § 273 Abs. 1a Satz 3 erforderliche Negativattest fehle, obwohl eine Verständigung gem. § 257c nicht zustande gekommen sei (BVerfGE 133, 168, 223; vert. *Beulke/Stoffer* JZ 2013, 662, 670; allgemein zur revisionsgerichtlichen Kontrolle von Verständigungen: *Altvater* StraFo 2014, 221; *Schneider* NStZ 2014, 252; *Ventzke* StraFo 2012, 212). Damit hat das BVerfG Verstöße gegen die Transparenz- und Dokumentationspflichten des Verständigungsgesetzes bewusst in die Nähe absoluter Revisionsgründe gerückt (so ausdr. BVerfG NStZ 2014, 528, 529; OLG Nürnberg StV 2015, 282, 283). Nur ausnahmsweise kann ausgeschlossen werden, dass das Urteil auf einem derartigen Verfahrensfehler beruht, wenn zweifelsfrei feststeht, dass es keinerlei Gespräche gegeben hat, in denen die Möglichkeit einer Verständigung im Raum stand (BVerfGE 133, 168, 223; BVerfG NJW 2014, 3504, 3506; BVerfG NJW 2015, 1235, 1237). Die Rüge eines Verstoßes gegen die Mitteilungs- und Dokumentationspflicht gem. § 243 Abs. 4 Satz 2 setzt nicht voraus, dass der Verteidiger zuvor vom Zwischenrechtsbehelf des § 238 Abs. 2 Gebrauch gemacht hat (BGHSt 59, 252).

246 Das BVerfG stellte im Rahmen seiner Grundsatzentscheidung zur Verfassungskonformität der Regelungen zur Verständigung im Strafverfahren unmissverständlich die **Unzulässigkeit sog. »informeller«, außerhalb des gesetzlichen Regelungskonzepts erfolgender Absprachen** fest (BVerfGE 133, 168, 212 ff.; näher hierzu *Beulke/Stoffer* JZ 2013, 662, 671 f.; s.a. BGHSt 59, 21 m. Anm. *Kudlich* JZ 2014, 471, *Niemöller* JR 2014, 216 und *Trück* ZWH 2014, 179; BGH StV 2015, 153). Derlei Vereinbarungen kommt seit Einführung der gesetzlichen Regelung keinerlei Bindungswirkung zu (BGH NStZ 2011, 107; BGH StV 2011, 74 m. Anm. *Bachmann/Goeck* JR 2011, 168 ff.; SK-StPO/*Velten* § 257c Rn. 32). In Anknüpfung an die Entscheidung des Verfassungsgerichts belegte das OLG München ein Urteil, welches auf eine »informelle« Absprache zurückging, gar mit dem Verdikt der Nichtigkeit: Neben Verletzung sämtlicher Offenlegungs-, Dokumentations-, Hinweis- und Belehrungspflichten hatte das Gericht seine Entscheidung trotz offensichtlich erforderlicher weiterer Aufklärung allein auf die erkennbar ungenügende Einlassung des Angeklagten gestützt, ohne sich über deren sachliche Richtigkeit ein »eigenes Urteil« zu bilden (OLG München NJW 2013, 2371 m. abl. Anm. *Meyer-Goßner* StV 2013, 613; s. bereits oben Rdn. 222). Die Mitwirkung der Staatsanwaltschaft als »Wächterin« über die Rechtmäßigkeit der Verständigung (vgl. BVerfGE 133, 168, 220) darf nicht umgangen werden. Vor diesem Hintergrund erfordert die Abgrenzung einer »informellen« Absprache ohne Beteiligung der Staatsanwaltschaft zu einer lediglich offen gestalteten Verhandlungsführung des Gerichts unter Abgabe vorläufiger Einschätzungen zur Sach- und Rechtslage eine diffizile Würdigung der konkreten Umstände des Einzelfalls (vgl. OLG München StV 2014, 523 m. abl. Anm. *Wenske*; abl. auch *Hillenbrand* StRR 2014, 105; s.a. BGH StV 2014, 518).

Allen Verfahrensbeteiligen, die an einer »informellen« Verständigung mitwirken, droht ein nicht unerhebliches Strafbarkeitsrisiko (§§ 339, 258, 258a, 348 StGB), wobei Einzelheiten insofern noch ungeklärt sind (vert. *Beulke*, in: 36. Strafverteidigertag 2012, S. 171, 196 ff.; *Beulke/Ruhmannseder* Rn. 120 ff.; *Beulke/Stoffer* JZ 2013, 662, 671 f.; *Dießner* StV 2011, 43, 45 ff.; *Fahl* in: Strafverteidigung – Grundlagen und Stolpersteine (Symposion für Werner Beulke), 2012, S. 17; *Kubik*, Die unzulässige Sanktionsschere [2014], S. 169 ff.; *Sauer/Münkel*, Absprachen im Strafprozess, 2. A. [2014], S. 191; Niemöller/Schlothauer/Weider/*Schlothauer* Teil D Rn. 47 ff.).

4. Bindungswirkung. a) Nach früherer Rspr. sollte keiner der an einer Absprache Beteiligten an selbige gebunden sein (BGH NJW 1994, 1293), sodass allein der Angeklagte das Risiko der Nichteinhaltung trug. Der BGH leitete doch mit zunehmender Verbreitung von Verfahrensbeendigungen infolge einer Verständigung aus dem *fair-trial*-Grundsatz eine Bindung des erkennenden Gerichts an eine zulässig getroffene Absprache ab, solange nicht »schwerwiegende neue Umstände« (BGHSt 43, 195, 210; krit. *Satzger* JA 1998, 98; s.a. BGH StV 2003, 481 m. abl. Anm. *Schlothauer*) bzw. »bereits vorhandene relevante tatsächliche oder rechtliche Aspekte« (BGHSt 50, 40, 50; BGH StV 2009, 239) eine abweichende Beurteilung der Sache erforderten. **247**

b) § 257c Abs. 4 Satz 1 geht nunmehr im Grundsatz von einer **Bindung** des Tatgerichts an die Verständigung aus, lässt diese jedoch **entfallen, wenn rechtlich oder tatsächlich bedeutsame Umstände übersehen** worden sind **oder sich neu ergeben** haben **und** das Gericht infolgedessen zu der Überzeugung gelangt, dass der in Aussicht gestellte **Strafrahmen nicht mehr tat- oder schuldangemessen** ist (BGH NStZ 2013, 417; BGH StV 2013, 193). Mit dieser Regelung soll sichergestellt werden, dass das Gericht kein falsches oder ungerechtes Urteil fällen muss, nachdem es einen bei Abschluss der Vereinbarung bestehenden Irrtum über die Sach- oder Rechtslage, der zur Zusage eines unangemessenen Strafrahmens führte, nunmehr erkennt. Kritisch ist anzumerken, dass die vorhandene Regelung in ihren Voraussetzungen zu unbestimmt ist und daher das Vertrauen des Angeklagten in die Wirksamkeit der Absprache nicht ausreichend geschützt wird. Zudem **entfällt** nach § 257c Abs. 4 Satz 2 die Bindungswirkung auch dann, wenn das **weitere Prozessverhalten des Angeklagten nicht dem Verhalten entspricht**, welches das Gericht seiner Prognose zugrunde gelegt hatte. Angemessen erscheint diese Rechtsfolge, sofern der Angeklagte die von ihm zugesagte Leistung nicht erbringt (z.B. nur Teilgeständnis statt umfassendem Geständnis). Jedoch ist die Ausschlussregelung insofern zu unbestimmt, als vom Wortlaut auch ein sonstiges, in der Absprache nicht näher spezifiziertes Prozessverhalten des Angeklagten erfasst wird, wie z.B. die Beanstandung einer Maßnahme des Vorsitzenden gem. § 238 Abs. 2. Auf das Verteidigerverhalten des Angeklagten wird durch diese latente Drohung des Gesetzgebers ein erheblicher Druck ausgeübt, der sich mit dem in Art. 6 Abs. 3 lit. c) EMRK statuierten Recht auf Verteidigung nur schwerlich verträgt (krit. auch *Fahl/Geraats* JA 2009, 791, 796). Auf von der StA zugesagte Leistungen bezieht sich die Bindungswirkung des § 257c Abs. 4 nicht (BT-Drucks. 16/12310, S. 13; s. aber unten Rdn. 257). **248**

c) Nach § 257c Abs. 5 ist der Angeklagte **über** die **Voraussetzungen und Folgen** einer Abweichung des Gerichts von dem in Aussicht gestellten Ergebnis **zu belehren**. Die Belehrung stellt eine wesentliche Förmlichkeit dar, die gem. § 273 Abs. 1a Satz 2 in das Sitzungsprotokoll aufzunehmen ist. Sie muss gemeinsam mit dem gerichtlichen Verständigungsvorschlag erteilt werden (BGH StV 2011, 76, BGH StV 2013, 682, 683). Unterbleibt die Belehrung oder wird sie zu spät (d.h. erst nach der Zustimmung des Beschuldigten zur Verständigung) erteilt, ist – entgegen der früheren Rechtsprechung (BGH wistra 2011, 73, 74 u. BGH wistra 2011, 75, 76) – regelmäßig davon auszugehen, dass das Urteil auf diesem Verfahrensfehler beruht (§ 337), eine entsprechende Revision also Erfolg hat (BVerfGE 133, 168, 238; BVerfG StraFo 2014, 415, 416; BVerfG NJW 2012, 1058, 1071; BGH NJW-Spezial 2015, 217; BGH StV 2014, 518; BGH StV 2013, 611; OLG München StV 2014, 79). Dies gilt ausnahmsweise dann nicht, wenn der Beschuldigte nach den konkreten Feststellungen des Revisionsgerichts, auch bei ordnungsgemäßer Belehrung ein Geständnis abgelegt hätte (BVerfG NJW 2014, 3506, 3507; BVerfG StV 2013, 674; BGH StV 2013, 682; *Jahn* StV 2011, 497, 501). Überdies führt eine Missachtung der Belehrungspflicht zu einem Beweisverwertungsverbot hinsichtlich eines nach Zustandekommen der Verständigung abgegebenen Geständnisses (OLG Rostock StV 2014, 81; anders noch BGH StV 2011, 76, 78). **249**

Sobald das Gericht beschlossen hat, von der Verständigung abweichen zu wollen, muss gem. § 257c Abs. 4 Satz 4 **unverzüglich** und unter Angabe der objektiven, vom Revisionsgericht überprüfbaren

Einleitung

Gründe *(vgl. Jahn/Müller* NJW 2009, 2625, 2629; Niemöller/Schlothauer/Weider/*Niemöller* Teil B § 257c Rn. 113) an den Angeklagten eine **Mitteilung** zum Entfallen der Bindungswirkung ergehen.

250 **d)** Umstritten ist, inwieweit auch die Rechtsmittelgerichte bzw. die Gerichte nach Zurückverweisung (§ 354 Abs. 2, 3) durch eine erstinstanzliche Verständigung gebunden sind. Das (eingeschränkte) Verbot der reformatio in peius (§§ 331 Abs. 1, 358 Abs. 2; vgl. § 358) schützt den Beschuldigten insoweit nur unzureichend, wenn ausschließlich oder ebenfalls die Staatsanwaltschaft Rechtsmittel eingelegt hat (zur Praxis der »Sperrberufung« nach einer Verständigung: StA Nürnberg-Fürth StraFo 2014, 426 m. krit. Anm. *Schlothauer*; s.a. *Wenske* NStZ 2015, 137, 141). Dennoch ist das Berufungsgericht nach dem Willen des Gesetzgebers (vgl. BT-Drs. 16/12310, S. 15) grundsätzlich nicht an eine erstinstanzlich erzielte Verständigung gebunden. Der Rspr. zufolge besteht zudem keine Bindungswirkung nach Aufhebung und Zurückverweisung durch das Revisionsgericht hinsichtlich einer zunächst durch das Instanzgericht zugesagten Strafobergrenze (BGH StV 2010, 470; BGH StV 2011, 337; BGH StV 2013, 612). In bestimmten Konstellationen ergibt sich jedoch eine faktische Bindungswirkung unter fair-trial-Gesichtspunkten: Beispielsweise verträgt es sich nicht mit dem Grundsatz des fair trial, einen Wegfall der Bindungswirkung in Fällen anzunehmen, in denen ein Rechtsmittel zur Zurückverweisung führt, weil das Tatgericht die Verständigung rechtsfehlerhaft widerrufen hat. Insoweit muss das neue Tatgericht an die alte Verständigung gebunden sein (Niemöller/Schlothauer/Weider-*Weider* Teil C Rn. 57).

251 **5. Rechtsmittelverzicht im Rahmen einer Verständigung.** Vor der gesetzlichen Normierung des »Deals« wurde der aufgrund einer Urteilsabsprache ausgesprochene **Rechtsmittelverzicht des Angeklagten** als **unwirksam** behandelt, um die durch Absprachen gefundenen Urteile nicht der Kontrolle durch die Rechtsmittelgerichte zu entziehen. Nach Auffassung des Großen Senats des BGH sollte der Angeklagte aber trotz der vorausgehenden Absprache dann wirksam auf Rechtsmittel verzichten können, wenn das Gericht ihm eine **qualifizierte Belehrung** dahingehend erteilte, dass er trotz des vereinbarten Verzichts frei sei, ein solches einzulegen (BGHSt GrS 50, 40 m. Anm. *Dahs* NStZ 2005, 580; krit. hierzu: *Hellmann* Rn. 698; *Satzger* JA 2005, 684). Diese von der Rspr. geschaffene »Zusatzbelehrung« verankert nun **§ 35a Satz 3** im Gesetz. Darüber hinaus **schließt § 302 Abs. 1 Satz 2** einen **wirksamen Rechtsmittelverzicht** im Falle einer vorausgegangenen Verständigung **vollständig aus**, auch wenn qualifiziert belehrt wurde (zur Vereinbarkeit des Rechtsmittelverzichts im Rahmen einer Verständigung mit der EMRK: EGMR NJW 2015, 1745). In Fällen »informeller« Verständigung (s.o. Rdn. 246) muss dies erst recht gelten (BVerfGE 133, 168, 213 f.; BGHSt 59, 21, 26 m. Anm. *Kudlich* JZ 2014, 471 u. Anm. *Trück* ZWH 2014, 179; OLG Köln NStZ 2014, 727 m. krit. Anm. *Schneider* NStZ 2015, 53; OLG München StV 2013, 493; OLG Celle StV 2012, 141 m. zust. Anm. *Meyer-Goßner*; a. A. *Bittmann* NStZ-RR 2011, 102, 104). Unabhängig vom Inhalt der Vereinbarung kann der Angeklagte daher innerhalb der gesetzlich vorgesehenen Fristen uneingeschränkt Rechtsmittel einlegen (zur früheren Diskussion vgl. BGH StV 2009, 169 m. abl. Anm. *Beulke/Witzigmann* StV 2009, 394).

252 Die Radikallösung des Gesetzgebers, nach einer Verständigung überhaupt keinen wirksamen Rechtsmittelverzicht mehr zuzulassen, wird in der Verfahrenspraxis offenbar teils dadurch unterlaufen, dass zwei zum Schein abgegebene Erklärungen miteinander kombiniert werden, nämlich der Beschuldigte ein Rechtsmittel einlegt und dieses vereinbarungsgemäß unverzüglich zurücknimmt. Entgegen der überzeugenden Auffassung, wonach eine solche Rücknahme als funktionales Äquivalent dem unwirksamen Rechtsmittelverzicht vollständig gleichsteht und somit ebenfalls unwirksam sein muss (Niemöller/Schlothauer/Weider/*Niemöller* Teil B § 302 Rn. 16; *ders.* NStZ 2013, 19, 24 f; s.a. § 302 Rdn. 55), geht BGHSt 55, 82 von der Zulässigkeit und Wirksamkeit eines solchen Vorgehens aus (krit. *Altvater* StraFo 2014, 221, 222; *Fischer* ZRP 2010, 249; *Gericke* NStZ 2011, 110; *Jahn* StV 2011, 497, 503; *Scheffler/Lehmann* StV 2015, 123, 128; ebenfalls krit. zur Teilrücknahme während laufender Berufungseinlegungsfrist: *Wenske* NStZ 2015, 137, 139; vgl. auch These 47 der Thesen zur Strafverteidigung des Strafrechtsausschusses der BRAK, 2. Aufl. 2015).

Zum Problem des Versäumens der Rechtsmittelfrist nach Rechtsmittelverzicht im Zusammenhang mit einer Verständigung vgl. § 302.

253 **6. Verständigung im Jugendstrafverfahren.** § 257c findet auch im Jugendstrafverfahren Anwendung, jedoch ist in Folge des dort verfahrensleitenden Erziehungsgedankens eine Verständigung vor

dem Jugendgericht nur in den wenigsten Fällen als probates Mittel anzusehen (BT-Drucks. 16/12310, S. 10; *Fahl* NStZ 2009, 613). Noch ungeklärt ist, ob die nach früherer Rspr. vertretene Unzulässigkeit einer Absprache über die Anwendung von Jugendstrafrecht auf Heranwachsende noch Gültigkeit beansprucht (BGH StV 2001, 555). Der Erziehungsgedanke spricht dafür, diese Rspr. beizubehalten (*Burhoff*, Hauptverhandlung, Rn. 66a; KK/*Moldenhauer/Wenske* § 257c Rn. 18; a. A. *Meyer-Goßner/ Schmitt* § 257c Rn. 7).

7. Fehlerfolgen der gescheiterten oder missbräuchlichen Verständigung. a) Scheitert eine Verständigung und entfällt folglich ihre Bindungswirkung (z.B. infolge eines **Widerrufs** i.S.d. § 257c Abs. 4 Satz 1 u. 2), stellt sich die Frage nach den hieraus folgenden **Konsequenzen** (vert. *Rode* StraFo 2015, 89). § 257c Abs. 4 Satz 3 statuiert ein im Lichte der Verfahrensfairness gebotenes **Beweisverwertungsverbot** hinsichtlich eines vom Angeklagten bereits abgelegten **Geständnisses** (vert. *Beulke/Swoboda* JZ 2005, 67, 73). Die Widerspruchslösung des BGH findet auf dieses kraft Gesetzes bestehende Verwertungsverbot keine Anwendung (OK-StPO/*Eschelbach* § 257c Rn. 36; *Velten* StV 2012, 172, 176). Auch in der Rechtsmittelinstanz und nach Zurückverweisung findet das in § 257c Abs. 4 Satz 3 niedergelegte Verwertungsverbot aus Gründen des fair trial und des Vertrauensschutzes analoge Anwendung, wenn das Gericht die ursprüngliche – in rechtmäßiger Weise vor dem Instanzgericht zustande gekommene – Verständigung nicht gegen sich gelten lassen will. In diesem Fall ist der Angeklagte gem. § 257c Abs. 4 Satz 4 analog i.S.e. qualifizierten Belehrung über die Unverwertbarkeit seines erstinstanzlich abgelegten Geständnisses aufzuklären (OLG Karlsruhe NStZ 2014, 294, 295 m. zust. Anm. *Moldenhauer* NStZ 2014, 493; OLG Düsseldorf StV 2011, 80 m. krit. Anm. *Kuhn* StV 2012, 10; a. A. OLG Nürnberg wistra 2012, 243; vert. *Altvater* StraFo 2014, 221, 222; *El-Ghazi* JR 2012, 406; *Moldenhauer/Wenske* NStZ 2012, 184; *Schneider* NZWiSt 2015, 1, 4 f.; *Wenske* NStZ 2015, 137, 141 ff.). Über eine evtl. **Fernwirkung** des Beweisverwertungsverbotes trifft das Gesetz keine Aussage, sodass zu befürchten steht, dass die Rspr. über den von ihr entwickelten Spurenansatz, wonach die Erlangung und Verwertung weiterer Beweismittel, zu denen die Spur des unverwertbaren Beweismittels geführt hat, zulässig ist, alle in Folge des Geständnisses erlangten Beweise für eine Verurteilung des Angeklagten verwertet. Dies widerspricht jedenfalls in den Konstellationen, in denen die Strafverfolgungsorgane die Verantwortung für den Wegfall der Bindungswirkung tragen (also z.B. wenn das Gericht verständigungsrelevante Gesichtspunkte i.S.d. § 257c Abs. 4 Satz 1 Var. 1 übersehen hat), dem Prinzip des *fair trial*, sodass zumindest hier das Verbot der Verwertung auch für mittelbar aufgrund des Geständnisses erlangte Beweismittel gelten muss (*Jahn/Müller* NJW 2009, 2625, 2629; *Murmann* ZIS 2009, 526, 538; *Rode* StraFo 2015, 89; *Schlothauer/Weider* StV 2009, 600, 605; a. A. *Bittmann* wistra 2009, 414, 416; *Meyer-Goßner/Schmitt* § 257c Rn. 28). Hinsichtlich sonstiger, im Vertrauen auf die Bindungswirkung der Absprache getroffener Prozesshandlungen des Angeklagten (z.B. Rücknahme von Beweisanträgen, Zustimmung zur Verlesung von Protokollen) findet sich im Gesetz ebenfalls keine Regelung. Hier bieten sich die Möglichkeiten, entweder vom status quo ante auszugehen und die entsprechenden Handlungen als nicht erfolgt anzusehen (so Niemöller/Schlothauer/Weider/*Weider* Teil C Rn. 78 ff.; *Wenske* DRiZ 2012, 123, 125 f.) oder die Verhandlung ausgehend vom status quo unter Einbeziehung der erfolgten Handlungen fortzusetzen (so Niemöller/Schlothauer/Weider/*Niemöller* Teil B § 257c Rn. 130 ff.). Diejenigen Prozesshandlungen (z.B. Beweisanträge), die nur infolge der Verständigung unterlassen wurden, können jedenfalls zulässigerweise nachgeholt und vom Gericht auch nicht als verspätet abgelehnt werden (OK-StPO/*Eschelbach* § 257c Rn. 39).

b) Ein Scheitern der Verständigung infolge unterschiedlicher Ansichten über den letztendlich gefundenen Inhalt der Vereinbarung (sog. **Dissens**) dürfte aufgrund der nunmehr gesetzlich geregelten Pflichten zur Aktenführung und Protokollierung der zentralen Punkte vorhergehender Erörterungen bzw. der Verständigung selbst kaum noch auftreten bzw. nachweisbar sein. Sollte ein solcher Fall dennoch einmal auftreten, gebietet der Grundsatz des fairen Verfahrens auch hier, die Verwertung des Geständnisses zu unterlassen bzw. dem Angeklagten, der auf Grundlage anderer Beweismittel verurteilt werden kann, eine Strafmilderung zu gewähren (BGHSt 42, 191, 194, dazu *Beulke/Satzger* JuS 1997, 1077, 1079).

c) Missachtet das **Gericht**, ohne dass ein Grund für den Wegfall der Bindungswirkung vorliegt, eine **zulässige** und in der Zusicherung **klare** Verfahrensabsprache, kann der Angeklagte diese **unzulässige Außerachtlassung der Bindungswirkung im Rechtsmittelverfahren rügen** und sich zum Beweis auf

Einleitung

die diesbzgl. Protokollierungen berufen. Bei informellen Verfahrensabsprachen entfällt dieser Vertrauenstatbestand (BGH StV 2011, 645).

257 Verweigert **die Staatsanwaltschaft** den Vollzug einer zulässigen Verständigung gem. § 257c (bspw. durch Verweigerung der Zustimmung/des Antrags zur vereinbarten Einstellung gem. §§ 154 Abs. 2, 154a Abs. 2), lässt sich der Schutz des Beschuldigten weitaus schwieriger realisieren, da sich die Bindungswirkung des § 257c Abs. 4 nicht auf Zusagen der StA bezieht. Im Lichte des *fair-trial*-Grundsatzes muss der Angeklagte in diesem Fall so gestellt werden, als hätte die StA ihre Zusage eingehalten (*Lindemann* JR 2009, 82; KK/*Moldenhauer/Wenske* § 257c Rn. 36; *Sauer* wistra 2009, 141; SK-StPO/*Velten* § 257c Rn. 30).

258 **I. Beweis und Beweisverwertungsverbote.** **I. Der Beweis im Strafprozess.** Die Unschuldsvermutung (s.o. Rdn. 62 ff.) sowie der Unmittelbarkeitsgrundsatz (s.o. Rdn. 59 ff.) bedingen, dass eine Verurteilung wegen einer Straftat nur erfolgen kann, wenn die Tatsachen, welche den Verstoß gegen eine Strafnorm begründen, in der Hauptverhandlung bewiesen werden. Hierbei unterliegen sämtliche für die Schuld- und Straffrage relevanten Tatsachen, soweit sie nicht offenkundig i.S.d. § 244 Abs. 3 Satz 2 1. Var. sind (vgl. § 244), dem sog. **Strengbeweisverfahren**. Demzufolge kann der Nachweis der Schuld des Angeklagten und der Faktoren, welche die Höhe der zu verhängenden Strafe begründen, nur durch das in §§ 244 ff. vorgesehene Verfahren erfolgen, d.h. durch die in §§ 48 ff. (Zeuge), §§ 72 ff. (Sachverständiger), §§ 86 ff. (Augenschein) und §§ 249 ff. (Urkunden) geregelten Beweismittel sowie durch die Einlassung des Angeklagten (als Beweismittel i.w.S., vgl. *Beulke*, Strafprozessrecht, Rn. 179). Rein prozessual erhebliche Tatsachen oder solche Faktoren, die für andere gerichtliche Entscheidungen als Urteile relevant sind, unterliegen nicht diesen Bindungen, sondern werden im Freibeweisverfahren ermittelt. Im Falle doppelrelevanter Tatsachen sind die Anforderungen des Strengbeweisverfahrens zu wahren (BGH StV 1982, 101).

259 **II. Funktion der Beweisverbote.** Der strafprozessuale Untersuchungsgrundsatz (§ 244 Abs. 2, s.o. Rdn. 54 f.) gebietet die möglichst lückenlose Aufklärung des gesamten entscheidungsrelevanten Sachverhalts. Grundsätzlich müssen die Strafverfolgungsbehörden somit alle tauglichen und verfügbaren Beweismittel heranziehen und das Gericht ist gehalten, diese – ausgehend von dem in § 261 verankerten Grundsatz der umfassenden Beweiswürdigung – zur Grundlage seiner Entscheidung zu machen. Gleichwohl fordert die StPO **keine Wahrheitserforschung um jeden Preis** (BGHSt 14, 358, 365; 52, 11, 17). Sämtliche Maßnahmen der Strafverfolgungsbehörden müssen den Vorgaben des Grundgesetzes entsprechen und dürfen nur innerhalb der von der Verfassung vorgesehenen Schranken in Grundrechte eingreifen. Zu beachten sind insofern insbes. der Anspruch auf ein faires und rechtsstaatliches Verfahren (Art. 2 Abs. 1, 20 Abs. 3 GG), die jedem Eingriff von vornherein entzogene Menschenwürde (Art. 1 Abs. 1 GG) sowie das allgemeine Persönlichkeitsrecht (Art. 2 Abs. 1 i.V.m. 1 Abs. 1 GG) in seinen verschiedenartigen Ausprägungen (vgl. zum verfassungsgerichtlich entwickelten Grundrecht auf Gewährleistung der Vertraulichkeit und Integrität informationstechnischer Systeme BVerfGE 130, 274; BVerfG NJW 2013, 1499; *Sachs/Krings* JuS 2008, 481). Die durch die Verfassung vorgegebenen Eingriffsgrenzen bilden absolute Schranken für ein zulässiges Vorgehen der Strafverfolgungsorgane. Dementsprechend werden sowohl der Untersuchungsgrundsatz als auch der Grundsatz der umfassenden Beweiswürdigung bei Erreichen dieser verfassungsrechtlichen Grenzen zum Schutz höherwertiger Rechtsgüter und Interessen mittels Beweisverboten durchbrochen. Beweisverbote stellen also in erster Linie Mittel zur Sicherung von Individualrechten dar. Allenfalls als Nebenfunktion dienen sie der Abwehr von Gefahren für die Wahrheitsermittlung oder der Disziplinierung der Strafverfolgungsorgane (grundlegend: *Ambos*, Beweisverwertungsverbote [2010]; *Beulke* StV 1990, 180; *Dencker* FS Meyer-Goßner, S. 237; *Fezer*, Grundfragen der Beweisverwertungsverbote [1995]; *Gössel* FS Hanack, S. 277; *Jahn*, Gutachten zum 67. Deutschen Juristentag [2008], C; *Löffelmann*, Die normativen Grenzen der Wahrheitserforschung im Strafverfahren [2008]; *Paul* NStZ 2013, 489; *Popp*, Grundlagen der Fehlerkorrektur im Strafverfahren [2005]; *Weichbrodt*, Der verbotene Beweis im Straf- und Zivilprozess [2012]; *Wolter*, Wiss. FG 50 Jahre BGH, S. 963).

Beweisverbote stellen sich in den meisten Fällen als **Verbote der Belastung des Beschuldigten** dar. Beweise für die Unschuld des Beschuldigten können idR nicht unter Verweis auf Verfahrensverstöße übergangen werden (*Brandis*, Beweisverbote als Belastungsverbote aus der Sicht des Beschuldigten, 2001, S. 305; LR/*Gössel* Einl. Abschn. L, Rn. 170).

III. Einteilung der Beweisverwertungsverbote. Eine konsistente Terminologie besteht im Bereich der Beweisverbote ebenso wenig wie eine umfassende Systematik. Grundlegend zu unterscheiden ist zwischen **Beweiserhebungsverboten**, die unmittelbar die Ermittlungsbefugnisse der Strafverfolgungsbehörden beschränken und **Beweisverwertungsverboten**, die einem bereits erhobenen Beweis die Berücksichtigungsfähigkeit für die Urteilsbildung (und Verdachtsbegründung, s.u. Rdn. 280) absprechen. 260

Im Hinblick auf die Kategorie der Beweiserhebungsverbote kann nochmals zwischen Beweisthema-, Beweismittel- und Beweismethodenverboten unterschieden werden:

Beweisthemaverbote untersagen die Aufklärung bestimmter Sachverhalte. So verbietet etwa § 100c Abs. 5 Satz 1 die Ermittlung von Erkenntnissen aus dem Kernbereich persönlicher Lebensgestaltung im Rahmen der akustischen Wohnraumüberwachung.

Beweismittelverbote verhindern lediglich die Verwendung bestimmter Beweismittel, belassen den Strafverfolgungsbehörden aber die Möglichkeit zur Aufklärung eines Sachverhalts mit anderen Beweismitteln. Nicht als Beweismittel in Frage kommen z.B. gem. §§ 52, 53, 54, 55, 81c Abs. 3 zeugnis-, aussage- und untersuchungsverweigerungsberechtigte Personen, die sich auf ihr Verweigerungsrecht berufen.

Beweismethodenverbote schließen bestimmte Arten der Beweisgewinnung aus, z.B. § 136a Abs. 1, 2. Greift bzgl. eines Beweismittels ein **Beweisverwertungsverbot** ein, ist dieses **umfassend** und darf nicht durch Rückgriff auf ein anderes Beweismittel unterlaufen werden. Besteht beispielsweise hinsichtlich der **Aussage des Beschuldigten** vor der Polizei ein Beweisverwertungsverbot, ist es auch unzulässig, den Polizeibeamten als **Zeugen** vom Hörensagen darüber zu vernehmen, was der Beschuldigte in seiner Vernehmung ausgesagt hat (zum Problemkreis des hypothetischen Ersatzeingriffes, s.u. Rdn. 281). 261

IV. Gesetzliche Beweisverwertungsverbote. §§ 81a Abs. 3, 81c Abs. 3 Satz 5, 100c Abs. 5 Satz 3, Abs. 6 Satz 2, 100d Abs. 5, 108 Abs. 2, 3, 136a Abs. 3 Satz 2 (ggf. i.V.m. § 69 Abs. 3), 160a Abs. 1 Satz 2, Abs. 2 Satz 3, § 161 Abs. 2, 3, 477 Abs. 2 Satz 2, 3 enthalten gesetzlich verankerte Beweisverwertungsverbote. § 257c Abs. 4 Satz 3 verbietet ausdrücklich die Verwertung eines Geständnisses, das vor dem Hintergrund einer **Verständigung** zustande kam, wenn sich das Gericht später von der Verständigung löst (s.o. Rdn. 254). 262

Außerhalb der StPO sind Beweisverwertungsverbote z.B. in §§ 51 Abs. 1 BZRG, 393 Abs. 2 AO, 97 Abs. 1 Satz 3 InsO, 4ff. StUG, § 6 Abs. 2 Satz 3 i.V.m. § 7 Abs. 6 G 10, § 11 Abs. 6 GwG, §§ 4 Abs. 2, 7 Abs. 2 ABMG, Art. 13 Abs. 5 Satz 2 GG sowie in Art. 15 VN-Anti-Folter-Übk normiert.

V. Nicht normierte Beweisverwertungsverbote. 1. Die Annahme eines Beweisverwertungsverbots hängt **nicht** von dessen ausdrücklicher Normierung ab. Ebenso wenig zwingend ist der Schluss von einem Beweiserhebungs- auf ein Beweisverwertungsverbot: Nicht jede fehlerhafte Beweiserhebung muss die Unverwertbarkeit des erlangten Beweismittels zur Folge haben (BVerfG JZ 2011, 249; BVerfG NJW 2011, 2783; BGHSt 19, 325, 331; 38, 372, 373). Andererseits ist die Unzulässigkeit der Beweiserhebung nicht Voraussetzung für die Annahme eines Verwertungsverbots. Auch rechtsfehlerfrei erlangte Beweise können einem Verbot der Verwertung unterliegen, so z.B. im Falle des Verbots der Verwertung bestimmter Kenntnisse aus einer zulässigen Telefonüberwachung (§§ 100a, 477 Abs. 2). Beruht ein Beweisverwertungsverbot auf einem Beweiserhebungsverbot ist von einem **unselbstständigen** Beweisverwertungsverbot die Rede, bei vorausgehender rechtmäßiger Beweiserhebung von einem **selbstständigen Beweisverwertungsverbot** (*Küpper* JZ 1990, 416; *Finger* JA 2006, 529). 263

2. Die Beantwortung der Frage, welche Folgen ein Verstoß gegen strafprozessuale Verfahrensvorschriften hat und ob hierzu ein Verwertungsverbot zählt, obliegt in erster Linie den zuständigen Fachgerichten. Das Bundesverfassungsgericht prüft die von den Fachgerichten vorgenommene Abwägung zwischen dem durch den Verfahrensverstoß bewirkten Eingriff in die Rechtsstellung des Beschwerdeführers einerseits und den Strafverfolgungsinteressen des Staates andererseits daher nicht im Einzelnen nach. Seine Kompetenz beschränkt sich vielmehr auf die Kontrolle, ob die Fachgerichte in verfassungsrechtlich erheblicher Weise den Schutzbereich der verletzten Verfahrensnorm verkannt oder die weiteren Anforderungen für die Annahme eines Verwertungsverbotes hinsichtlich rechtswidrig gewonne-

Einleitung

ner Beweise überspannt haben (BVerfG NStZ 2011, 103 [*Liechtenstein Steuer-CD*]; dazu *Lucke* HRRS 2011, 527). Nach **Ansicht des Bundesverfassungsgerichts** ist ein Beweisverwertungsverbot **von Verfassungs wegen** zumindest bei schwerwiegenden, bewussten oder willkürlichen Verfahrensverstößen, bei denen die grundrechtlichen Sicherungen planmäßig oder systematisch außer Acht gelassen worden sind, geboten (BVerfGE 113, 29, 61; 130, 1, 28). Ein absolutes Beweisverwertungsverbot unmittelbar aus den Grundrechten hat das BVerfG nur in den Fällen anerkannt, in denen der absolute **Kernbereich** privater Lebensgestaltung berührt ist (BVerfGE 109, 279, 320; vert. *Wolter* FS Feigen, S. 396; *Roxin* FS Kühne, S. 1057). So ist der Inhalt eines **nichtöffentlich geführten Selbstgesprächs** im Strafverfahren unverwertbar, da es dem durch Art. 2 Abs. 1 GG i.V.m. Art. 1 Abs. 1 GG absolut geschützten Kernbereich der Persönlichkeit zuzurechnen ist (BGHSt 57, 71 m. Bespr. *Warg* NStZ 2012, 237; *Mitsch* NJW 2012, 1486).

264 3. Für die Fälle der Verletzung der Belehrungspflicht nach § 55 Abs. 2 konzipierte der BGH die sog. **Rechtskreistheorie**. Die Revisibilität der Verwertung von ohne Hinweis auf das Aussageverweigerungsrecht erlangten Aussagen (und damit im Ergebnis die Verwertbarkeit der Beweise) soll davon abhängen, ob die »Verletzung den Rechtskreis des Beschwerdeführers wesentlich berührt oder ob sie für ihn nur von untergeordneter oder keiner Bedeutung ist« (BGHSt (GrS) 11, 213, 215; 38, 214, 220; krit. *Rudolphi* MDR 1970, 93, 95 ff.; *Fezer* JuS 1978, 325, 327 ff.). Relevante Kriterien seien der Rechtfertigungsgrund der Regelung sowie das ihrer Schaffung zugrunde liegende Interesse. Einen allgemeinen Maßstab zur Ermittlung von Beweisverwertungsverboten kann diese Lehre bereits aufgrund ihrer Unbestimmtheit **nicht** bereithalten (BGHSt 42, 73, 77; s.a. *Neuhaus* FS Herzberg, S. 879). Zudem erscheint die Beschränkung auf wesentliche Rechte des Beschuldigten in Anbetracht von dessen generellem Anspruch auf ein justizförmiges Verfahren bedenklich (*Ambos*, Beweisverwertungsverbote, 2010, S. 42 m.w.N.). Auch lässt sich das in §§ 69 Abs. 3, 72 i.V.m. § 136a Abs. 3 für den Fall einer Verletzung von Verfahrensvorschriften gegen Dritte normierte Beweisverwertungsverbot mit diesem Ansatz nicht erklären. Der Verweis des BGH darauf, dass im Falle der Verletzung von Normen, die übergeordnete rechtsstaatliche Grundlagen des Verfahrens garantieren, keine Rechtskreisberührung notwendig sei, führt nicht weiter, da völlig offen ist, welche Normen genau eine solche Qualität aufweisen. Gleichwohl wird die Rechtskreistheorie in der Rechtsprechung immer wieder zur Beurteilung von Verwertbarkeitsfragen herangezogen, z.B. zur Begründung der Verwertbarkeit einer Beschuldigtenaussage vor dem Ermittlungsrichter, zu der der Verteidiger des Mitbeschuldigten nicht geladen wurde (BGHSt 53, 191 m. krit. Anm. *Gless* NStZ 2010, 98; abl. auch *Roxin* FS Kühne, S. 317, 330 ff.). Die Tendenz der Rechtsprechung geht aber dahin, die Rechtskreisberührung nur **als ein Kriterium i.R.e. Abwägung** zu sehen (s.u. Rdn. 268, 272).

265 4. Nach vielfach vertretener Ansicht soll eine Verwertung des Beweismittels dann ausgeschlossen sein, wenn dies der durch teleologische Auslegung zu ermittelnde **Schutzzweck** der verletzten Beweiserhebungsnorm gebietet (KMR/*Paulus* § 244 Rn. 516 ff.; *Rudolphi* MDR 1970, 93, 97 ff.). Maßgeblich ist demnach, ob der Gesetzgeber durch die Regelung zur Beweiserhebung den Einfluss der unter Verstoß hiergegen erlangten Beweismittel auf die Urteilsbildung gerade verhindern wollte oder ob der Beschränkung der Ermittlungsbefugnisse ein anderer Schutzzweck zugrunde liegt, der durch eine Verwertung nicht tangiert würde. Primäres Anliegen der Beweisverwertungsverbote ist die durch die Subjektstellung des Beschuldigten gebotene Verfahrensfairness. Hiernach folgt beispielhaft aus einer körperlichen Untersuchung durch einen Nichtarzt entgegen § 81a Abs. 1 Satz 2 oder durch eine Person anderen Geschlechts entgegen § 81d Abs. 1 Satz 1 kein Beweisverwertungsverbot, da sich der Schutzzweck dieser Normen (Verhinderung von Gesundheitsgefahren bzw. Schutz des Schamgefühls) mit Beendigung der Maßnahme verbraucht hat und eine Verwertung im Prozess keine Vertiefung des Unrechts begründet (s.u. Rdn. 316 m.w.N.).

266 5. Eine Modifikation dieser Lehre stellt die von *Amelung* vertretene Auffassung dar, derzufolge Beweisverwertungsverbote zum »**Schutz von Informationsbeherrschungsrechten**«, zur »**Sicherung der Wahrheitsfindung**« und zur Wahrung der rechtsethischen »**Legitimation des Staates zum Strafen**« bestehen können. Diese unterschiedlichen Verbotstypen sollen sich in ihrer Normstruktur, ihrer konkreten Ausgestaltung sowie ihrer Reichweite unterscheiden (*Amelung*, Informationsbeherrschungsrechte im Strafprozess, 1990; *ders.* JR 2008, 327; *ders.*, Prinzipien strafprozessualer Beweisverwertungsverbote, 2011).

Verwertungsverbote zum Schutz von Informationsbeherrschungsrechten sollen nach diesem Konzept auf der Grundlage öffentlich-rechtlicher Abwehr- und Folgenbeseitigungsansprüche des Bürgers (insbes. aufgrund von Eingriffen in Art. 2 Abs. 1 i.V.m. 1 Abs. 1 GG und Art. 10 GG) begründet werden und gegen alle Strafverfolgungsorgane gerichtet sein. Eine Zustimmung zur Verwertung sei möglich, solange nur die Verletzung eines individuellen Informationsbeherrschungsrechtes im Raume stehe. Verwertungsverbote zur Sicherung der Wahrheitsfindung, die sich insbes. aus einer Verweigerung rechtlichen Gehörs ergeben könnten, untersagten hingegen nur den Gerichten die Berücksichtigung der Beweismittel. Für diese Kategorie besteht nach *Amelung* die Möglichkeit einer nachträglichen Heilung. Eine Zustimmung hinsichtlich der Verwertung sei aber unwirksam, wenn ein Verwertungsverbot sicherstellen wolle, dass der Staat zur Herbeiführung einer Strafe nur rechtsethisch legitimierbare Mittel einsetzt.

6. *Jäger* (Beweisverwertung und Beweisverwertungsverbote im Strafprozess, 2003) stellt i.S.e. »**beweisgegenständlichen Schutzfunktion**« der Erhebungsnorm darauf ab, ob der Sinn der verletzten Beweiserhebungsnorm darin besteht, der Beweisführung einen bestimmten Beweisgegenstand zu entziehen. Nur dann sei ein unselbständiges Beweisverwertungsverbot zu bejahen. **267**

7. Herrschend ist die in der Rspr. überwiegend bevorzugte **Abwägungslehre**, wonach eine Beweisverwertung ausgeschlossen ist, wenn eine Abwägung der im konkreten Fall virulenten Interessen ergibt, dass das auf Wahrung seiner Rechte gerichtete Individualinteresse des Bürgers gegenüber dem staatlichen Interesse an der Strafverfolgung überwiegt. Im Rahmen dieser Einzelfallabwägung sollen insbes. die Schwere des Delikts und das Gewicht des Verfahrensverstoßes von Bedeutung sein (BVerfG JR 2012, 211, 213; BVerfG StV 2008, 1, 4; BGHSt 47, 172, 179; 51, 285; 54, 69, 87; *Meyer-Goßner/Schmitt* Einl. Rn. 55a; *Paul* NStZ 2013, 489, 491 ff.). **268**

8. Die verfassungsrechtlich geprägte **Beweisbefugnislehre** stellt eine Fortentwicklung der Abwägungslehre dar. Sie basiert auf der Annahme, dass § 244 Abs. 2 die notwendige Ermächtigungsgrundlage für die in einer Beweisverwertung liegenden Grundrechtseingriffe liefert. Damit diese Eingriffe verfassungsrechtlich gerechtfertigt werden können, muss die Verwertung des jeweils in Frage stehenden Beweises geeignet, erforderlich und angemessen zur Verfolgung der staatlichen Strafverfolgungsinteressen und insbes. der Ermittlung eines bestimmten Beweiszieles sein. Bei der Prüfung der Verhältnismäßigkeit im engeren Sinne ist diesem Konzept zufolge insbes. die Wechselwirkung im Verhältnis zu den Grundrechten des Beschuldigten zu berücksichtigen (*Jahn*, Gutachten zum 67. Deutschen Juristentag [2008], C 66; *ders.* FS Stöckel, 2010, S. 270 f.; zur Kritik: *Beulke* Jura 2008, 653, 656; *Jäger* GA 2008, 437; *Rogall* JZ 2008, 818). Hingegen soll die Schwere des verwirklichten Tatunrechts gerade nicht in die Abwägung eingestellt werden (*Jahn*, Gutachten, C 71). Woran sich allerdings stattdessen das in die Abwägung einzustellende Aufklärungsinteresse bemisst, wird nicht hinreichend deutlich. Auch dürfte es sich bei der Ermittlungsklausel des § 244 Abs. 2 nur um eine Aufgabenzuweisung und nicht um eine eigenständige Eingriffsbefugnis handeln. Trotz der zu begrüßenden rechtsstaatlichen Verankerung und Ausrichtung dieses Lösungsansatzes ist daher noch nicht ersichtlich, inwiefern er eine Präzisierung gegenüber der allgemeinen Abwägungslehre zu leisten vermag. **269**

9. Einen anderen Ausgangspunkt nimmt die von *Rogall* entwickelte sog. **normative Fehlerfolgenlehre** (*Rogall* ZStW 91 (1979), 1, 31; *ders.* FS Hanack, S. 293; *ders.* JZ 2008, 818; hieran anknüpfend *Pitsch*, Beweisverbote [2009]). Hiernach sollen nicht die Individualrechte des Beschuldigten als Abwägungsgegenpol zu den staatlichen Strafverfolgungsinteressen die Grundlage der Begründung von Beweisverwertungsverboten bilden. Vielmehr sei eine »Fehlerfolgenbegrenzung« zur ressourcenschonenden Sicherung des strafprozessualen Systems vorzunehmen, wenn nicht die Schwere des Verfahrensfehlers, die hierdurch bedingte Interessenverletzung und das Erfordernis einer prozessualen Fehlerkorrektur ein Verwertungsverbot begründeten. Infolge des hohen Abstraktionsniveaus dieser Lehre ermangelt es ihr jedoch an handhabbaren Abwägungskriterien für den Einzelfall. Um die Schwere des Verfahrensfehlers zu bestimmen muss sie letztendlich doch auf den Schutzzweck der verletzten Verfahrensnorm zurückgreifen (zur Kritik: *Ambos*, Beweisverwertungsverbote, 2010, S. 45). **270**

10. Ein **revisionsrechtlich orientierter Ansatz** der Begründung von Beweisverwertungsverboten geht von der grundsätzlichen Revisibilität jeglichen Rechtsverstoßes gem. § 337 Abs. 2 aus und siedelt **271**

Einleitung

die relevante Abwägung i.R.d. Beruhensprüfung des § 337 Abs. 1 an (*Kühne*, Strafprozessrecht, Rn. 909 ff.). Hier soll die Auswirkung des rechtsfehlerhaft erlangten Beweises für die dem Urteil zugrunde liegende richterliche Überzeugung ermittelt werden. Ein Beweisverwertungsverbot sei nur dann anzunehmen, wenn das bemakelte Beweismittel nicht hinweggedacht werden könne, ohne dass zugleich die Möglichkeit eines anders lautenden Urteils entstünde. Wäre dasselbe Urteil auch ohne das fragliche Beweismittel gefällt worden, soll das Beweismittel verwertbar sein, wenn auch ohne Relevanz. Hypothetische Kausalitätserwägungen werden nach diesem Ansatz nur insofern relevant, als es zu ermitteln gilt, wie das Gericht ohne das Vorliegen des in Frage stehenden Beweismittels entschieden hätte. Ob das Beweismittel auch durch einen hypothetischen rechtmäßigen Ersatzeingriff hätte erlangt werden können, soll nicht berücksichtigt werden. Probleme wirft diese Lehre allerdings in den der tatrichterlichen Entscheidung vorgelagerten Verfahrensstadien auf, da hier der Beweiswert der einzelnen Beweismittel nur schwerlich ermittelt werden kann. Zudem ist diesem Ansatz grundlegend entgegenzuhalten, dass die revisiblen Rechtsfehler, wie § 336 zu entnehmen ist, gerade nur solche sein können, die durch die richterliche Entscheidung, primär das Urteil, begründet sind. Ob die Verwertung eines Beweismittels nach Verstößen anderer Strafverfolgungsorgane gegen Beweiserhebungsnormen aber zu einem Rechtsfehler des Urteils führt, bedarf einer gesonderten Begründung und kann nicht durch den Verweis auf das Beruhen beantwortet werden.

272 11. Weiterhin wird auch eine **Kombination** von Schutzzweck- und Abwägungslehre vertreten (BGHSt 46, 189, 195 f.; vert. *Ambos*, Beweisverwertungsverbote, 2010, S. 48; LR/*Gössel* Einl. Abschn. L, Rn. 155). So zieht die Rspr. des **BGH** zwar überwiegend die Abwägungslehre (o. Rdn. 268), teils aber auch die Schutzzwecklehre oder eine Kombination hieraus heran. Mittels zusätzlicher Kontrollkriterien (von *Roxin/Schünemann*, Strafverfahrensrecht, § 24 Rn. 30 als »vierfache Reduktionsstrategie« bezeichnet) resultiert hieraus oftmals eine Zurückdrängung der Beschuldigteninteressen durch ein weitreichendes Augenmerk auf die Effektivität staatlicher Strafverfolgung (starke Einschränkung von Beweisverwertungsverboten bei Delikten von erheblicher Schwere, Beweisverwertungsverbote unter dem Vorbehalt rechtzeitigen Widerspruchs des verteidigten Beschuldigten [s.u. Rdn. 274]; Rückgriff auf die Mechanismen geringerer Bestrafung [Strafzumessungslösung] oder erhöhter Anforderungen an die richterliche Überzeugungsbildung [Beweiswürdigungslösung] anstelle der Annahme eines Beweisverwertungsverbotes). Nicht selten gerät die Abwägungslehre so zu einem einzelfallbezogenen Vielfaktorenansatz mit unprognostizierbarem Ergebnis (umfassende Kritik bei *Trüg/Habetha* NStZ 2008, 481, 485 ff.).

273 12. Im Hinblick auf eine dogmatisch saubere Abgrenzung zwischen Schutzzweck- und Abwägungslehre ist nach **eigener Auffassung** zu differenzieren: Wird gegen ausdrückliche Regelungen des Strafverfahrensrechts verstoßen, ist die Abwägungslehre allein nicht geeignet, ein hierauf beruhendes unselbstständiges Beweisverwertungsverbot zu begründen. Die grundlegende Abwägung, dass das staatliche Strafverfolgungsinteresse hinter das Gebot der Einhaltung einer Beweiserhebungsnorm zurücktrete, wurde hier bereits vom **Gesetzgeber** getroffen. Vielmehr ist in solchen Fällen ein Verwertungsverbot dann anzunehmen, wenn dies der **Schutzzweck der betreffenden Norm** gebietet. Ist demgegenüber keine grundlegende gesetzgeberische Abwägung vorgenommen worden, sodass ein Beweisverwertungsverbot auf der Grundlage verfassungsrechtlicher Beweismittelbeschränkungen ermittelt werden muss, wie dies regelmäßig bei selbstständigen Beweisverwertungsverboten der Fall ist, ist eine umfassende Abwägung aller betroffenen Interessen vorzunehmen (*Beulke* ZStW 103 (1991), 657, 663 f.; ebenso *Eisenberg*, Beweisrecht, Rn. 370; *Ostendorf*, Strafprozessrecht Rn. 380; *Sternberg-Lieben* JZ 1995, 848).

274 VI. **Einschränkung über die Widerspruchslösung.** Die Rspr. erkennt in einer zunehmenden Anzahl von Fällen nur dann ein Beweisverwertungsverbot an, wenn der verteidigte Beschuldigte der Verwertung des Beweismittels rechtzeitig widersprochen hat (ausf. Übersicht bei *Burhoff*, Hauptverhandlung, Rn. 1166d). Ansätze zu diesem formellen Erfordernis lassen sich bereits in der Rechtsprechung des RG finden (RGSt 50, 364, 365; 58, 100, 101). Insbes. eine Entscheidung des BGH im Jahre 1992 zur Unverwertbarkeit einer unter Verstoß gegen das Belehrungsgebot nach § 136 Abs. 1 Satz 2 erlangten Aussage (BGHSt 38, 214) hat jedoch der Widerspruchslösung Vorschub geleistet. Sie findet heute insbes. **Anwendung** in Fällen des Unterlassens einer nach § 136 Abs. 1 Satz 2 gebotenen Belehrung (BGHSt 38, 214; 42, 15, 22), bei Verstößen gegen die Benachrichtigungspflicht des § 168c Abs. 5

(BGHSt 26, 332, 334; BGH NJW 2003, 3142), bei Fehlen der Anordnungsvoraussetzungen des § 110a für den Einsatz Verdeckter Ermittler (BGH NStZ-RR 2001, 260) oder des § 100a für Telekommunikationsüberwachungen (BGHSt 51, 1; BGH StV 2008, 63; s.a. unten Rdn. 310) sowie bei Verstößen gegen den Richtervorbehalt des § 81a Abs. 2 (OLG Hamm NJW 2009, 242; OLG Frankfurt StV 2011, 611; OLG Celle StV 2011, 82; s.a. *Metz* NStZ-RR 2014, 329, 333; krit. OK-StPO/*Eschelbach* § 257 Rn. 21). **Keine Anwendung** findet das Widerspruchserfordernis als Voraussetzung für die Unverwertbarkeit hingegen auf die Fälle des § 252, da dieses Verwertungsverbot allein die Interessen des Zeugen schützt (BGHSt 45, 203, 205; BGH NStZ 2007, 353) sowie in sonstigen Fällen, in denen dem Angeklagten keine Verfügungsgewalt über die Verwertbarkeit des Beweismittels zusteht (so bei verbotenen Vernehmungsmethoden, arg. § 136a Abs. 3 Satz 2).

Ein Verbot der Verwertung der ohne Belehrung über die Aussagefreiheit zustande gekommenen Aussage besteht unter Zugrundelegung der Vorgehensweise des BGH in den in Frage kommenden Konstellationen nur, wenn der verteidigte Angeklagte oder der unverteidigte Angeklagte, der vom Gericht über das Erfordernis des Widerspruchs belehrt wurde, bis zu dem in **§ 257 genannten Zeitpunkt** der Verwertung widerspricht, d.h. bis spätestens nach Abschluss der Erhebung desjenigen Beweises, dessen Verwertbarkeit in Frage steht. Nach Auffassung des 1. Strafsenats des BGH soll der Angeklagte sogar verpflichtet sein, die **Angriffsrichtung** des Widerspruchs bis zu diesem Zeitpunkt näher zu begründen (BGHSt 52, 38 m. abl. Anm. *Gaede* HRRS 2007, 402; im Anschluss daran: OLG Hamm NJW 2011, 468; **a. A.** BGHSt 52, 48; 52, 110). Gefordert wird eine spezifizierte Begründung des Widerspruchs, die zumindest in groben Zügen diejenigen Gesichtspunkte enthält, aufgrund derer der Angeklagte von der Unverwertbarkeit des Beweismittels ausgeht (zutr. Kritik bei *Bauer* NStZ 2011, 635). 275

Die Widerspruchslösung ist **abzulehnen** (vgl. *Dahs* StraFo 1998, 253; *Fahl*, S. 171; *Meyer-Mews* StraFo 2009, 141; *Roxin/Schünemann*, Strafverfahrensrecht, § 24 Rn. 34; vert. *Mosbacher* FS Rissing-van Saan, S. 357; *Schlothauer/Jahn* RuP 2012, 222). Eine gesetzliche Grundlage, welche die Annahme der Unbeachtlichkeit schwerster Verfahrensverstöße bei unterbliebenem Widerspruch rechtfertigen könnte, existiert nicht. Hierin liegt eine Verletzung des Rechts auf ein faires Verfahren. Mittels des Erfordernisses eines Widerspruches werden gerichtliche Aufklärungs- und Fürsorgepflichten auf den Verteidiger abgewälzt (*Kudlich* FS Beulke, S. 831, 837 erkennt hierin eine dem Strafverfahrensrecht andernorts fremde Zurechnung von Verteidigerverschulden). Das BVerfG hält die Widerspruchslösung gleichwohl für verfassungskonform (BVerfG StV 2008, 1). Dementsprechend scheint ihr Siegeszug – bedauerlicherweise – kaum noch zu stoppen, stellt sie doch ein probates Mittel dar, Fehler der Strafverfolgungsorgane »abzufedern«. Vereinzelt wird inzwischen paradoxerweise gar davon ausgegangen, das Tatgericht sei bei fehlendem Widerspruch verpflichtet, das rechtswidrig gewonnene Beweismittel bei der Urteilsfindung zu berücksichtigen (OLG Frankfurt NStZ-RR 2011, 46 m. krit. Bespr. *Kudlich* HRRS 2011, 114). 276

VII. Reichweite der Beweisverwertungsverbote. 1. Fernwirkung. Jenseits der Voraussetzungen, unter denen ein Beweisverwertungsverbot angenommen werden kann, stellt sich die Frage der Reichweite eines solchen Verbotes. Nach wie vor ungeklärt ist, ob Beweisverwertungsverboten eine **Fernwirkung** dahingehend zukommt, dass weitere Ermittlungsergebnisse, die aufgrund eines unverwertbaren Beweismittels erzielt wurden, ebenfalls dem Verbot der Verwertung unterliegen. 277

Der BGH hat bisher lediglich dem aus § 6 Abs. 2 Satz 3 i.V.m. § 7 Abs. 6 G 10 resultierenden Verwertungsverbot eine derartige Fernwirkung zuerkannt (BGHSt 29, 244, 247; s.a. § 100a Rdn. 32). Im Übrigen sollen auch unverwertbare Beweismittel als Ansatzpunkt für weitere Ermittlungen herangezogen werden können, um auf diesem Wege neue, verwertbare Beweise zu finden (sog. **Spurenansatz**, BVerfG NStZ 2006, 46; BGHSt 27, 355, 358; 32, 68, 71; BGH NJW 2006, 1361). Selbst im Zusammenhang mit der Anwendung verbotener Vernehmungsmethoden (§ 136a) nimmt die Rspr. keine Fernwirkung an (EGMR NJW 2010, 3145 m. krit. Bespr. *Weigend* StV 2011, 325; BGHSt 55, 314 m. Anm. *Norouzi* NJW 2011, 1525). Zur Begründung dieses Ansatzes wird angeführt, ein einziger Verfahrensfehler dürfe nicht das gesamte Strafverfahren lahm legen. 278

Demgegenüber wird in Anlehnung an die amerikanische »**fruit of the poisonous tree doctrine**« vertreten, dass auch bloß mittelbar durch einen Verfahrensverstoß erlangte Beweismittel unverwertbar sein sollen, um die Schutzfunktion der Beweisverwertungsverbote nicht zu unterlaufen (vgl. z.B. *Haffke* GA 1973, 79; *Otto* GA 1970, 289, 294).

Einleitung

Ähnlich der Abwägungslehre zur Begründung von Beweisverwertungsverboten will eine dritte Ansicht auch die Reichweite der Verwertungsverbote im jeweiligen **Einzelfall** durch **Abwägung** zwischen dem Gewicht des ursprünglichen Verfahrensverstoßes und der Schwere der verfolgten Tat ermitteln (vgl. LG Frankfurt StV 2003, 325 m. krit. Anm. *Weigend* StV 2003, 436; KK/*Senge* Vor § 48 Rn. 45 ff.; LR/*Gleß* § 136a Rn. 75; *Maiwald* JuS 1978, 379, 384; *Rogall* JZ 1997, 944, 948).

279 Überzeugender ist es, bei all denjenigen Beweisverboten, die aus der StPO abgeleitet werden, auf den **Schutzzweck der verletzten Verfahrensnorm** abzustellen. In der Regel ist daher von einer Fernwirkung des Verwertungsverbotes auszugehen, um den Verfahrensverstoß nicht noch weiter zu intensivieren. Eine Gesamtabwägung wird nur bei unmittelbar aus dem Verfassungsrecht resultierenden Beweisverwertungsverboten erforderlich (Einzelheiten bei *Beulke* ZStW 103 (1991), 657 ff.; vgl. auch *Wohlers* FS Wolter, S. 1181). Die Rspr. ist in sich widersprüchlich, wenn sie zutreffend hervorhebt, dass es im Lichte der Verfassung keinen wesentlichen Unterschied mache, ob der in seinen Grundrechten Beeinträchtigte aufgrund der unmittelbar oder nur der mittelbar erlangten Beweismittel strafrechtlicher Verfolgung ausgesetzt ist (BGHSt 29, 244, 247), hieraus aber nur bei unzulässigen Eingriffen in die Telekommunikation die richtigen Konsequenzen zieht (wie hier HK/*Julius* § 261 Rn. 14).

280 **2. Vorauswirkung.** Nach wie vor umstritten ist die Frage, ob Tatsachen, die einem Beweisverwertungsverbot unterliegen, zur Begründung des nach § 152 Abs. 2 zur Verfahrenseinleitung notwendigen Anfangsverdachts herangezogen werden dürfen (Nachweise zum Streitstand LR/*Beulke* § 152 Rn. 26 Fn. 75). Die Frage einer solchen **Vorauswirkung** gehört letztendlich in den Kontext der soeben problematisierten Fernwirkung von Beweisverwertungsverboten, da die Anerkennung vorauswirkender Beweisverwertungsverbote schließlich bedingen würde, dass die ihnen unterfallenden Beweismittel nicht zum Ansatzpunkt weiterer Ermittlungen gemacht werden dürfen. Anerkannt ist, dass die einem Beweisverwertungsverbot unterfallenden Beweismittel im Ermittlungsverfahren nicht als solche verwendet werden dürfen, sei es durch Vorhalt gegenüber dem Beschuldigten, sei es im Rahmen der Verdachtsbegründung zur Erwirkung strafprozessualer Zwangsmaßnahmen (*Rieß* JR 1979, 169; vert. *Hengstenberg*, Die Frühwirkung der Verwertungsverbote, 2007). Die Rspr. will auch in diesem Kontext die Frage der Vorauswirkung anhand einer Abwägung der im konkreten Fall widerstreitenden Belange vornehmen (bestätigt durch BVerfG NStZ 2011, 103, 104). Zur vorzugswürdigen Lösung Rdn. 279.

281 **3. Hypothetische Ermittlungsverläufe. a)** Der Gesetzgeber hat die grundsätzliche Legitimität hypothetischer Erwägungen bei Ermittlungseingriffen in der Regelung des **§ 477 Abs. 2 Satz 2** zu sog. »Zufallsfunden« anerkannt. Personenbezogene Daten, die aufgrund einer strafprozessualen Maßnahme erlangt wurden, welche nur bei Verdacht bestimmter Straftaten durchgeführt werden darf, dürfen ohne Einwilligung des Betroffenen in anderen Strafverfahren (gegen den Beschuldigten oder Dritte) grundsätzlich nur zu Beweiszwecken hinsichtlich solcher Straftaten verwendet werden, zu deren Aufklärung eine solche Maßnahme nach den Regeln der StPO hätte angeordnet werden dürfen (vert. BGHSt 53, 64, 67; *Allgayer/Klein* wistra 2010, 130; *Singelnstein* ZStW 120 [2008], 854). Für Daten, die mittels akustischer Wohnraumüberwachung erlangt wurden, enthält § 100d Abs. 5 Nr. 1 insoweit eine Sonderregelung.

282 **b)** Gem. **§ 161 Abs. 2** dürfen Erkenntnisse, welche aufgrund anderer Gesetze (z.B. aufgrund der polizeilichen Standardmaßnahmen in den Polizeigesetzen der Länder) gewonnen wurden, nur dann im Rahmen eines Strafverfahren verwendet werden, wenn sie auch durch eine rechtmäßige Eingriffsmaßnahme auf strafprozessualer Grundlage hätten erlangt werden können.

283 **c)** Ob aus diesen bewussten gesetzgeberischen Entscheidungen ein allgemeiner Grundsatz der Beachtlichkeit hypothetischer Ermittlungsverläufe im Strafverfahren folgt, ist umstritten. Als problematisch stellt sich insofern dar, ob eine wegen Eingreifens eines unselbstständigen Verwertungsverbotes an und für sich unzulässige Beweisverwertung dennoch als zulässig anzusehen ist, weil die Strafverfolgungsorgane bei hypothetisch rechtmäßigem Alternativverhalten dasselbe Beweisergebnis hätten erlangen können (sog. **hypothetischer Ersatzeingriff**; vgl. BGH NStZ 2012, 104, 105; OLG Hamm StV 2007, 69; OLG Celle NStZ 1989, 385; LG Bremen StV 2006, 571; *Rogall* NStZ 1988, 385). Es bietet sich an, auch hier für diejenigen unselbstständigen Verwertungsverbote, die auf der Verletzung von StPO-Normen beruhen, auf den **Schutzzweck** der verletzten Regelung abzustellen. Das **unmittelbar** rechtswidrig erlangte Beweismittel kann nicht durch hypothetische Rechtmäßigkeitserwägungen »lega-

lisiert« werden, wenn anderenfalls der Verfahrensverstoß vollständig sanktionslos bliebe. Dies gilt insbes. in den Fällen eines Beweisverwertungsverbotes wegen der Umgehung präventiven Rechtsschutzes in Form von Richtervorbehalten (s.u. Rdn. 308 u. 313 f.). Lässt jedoch der Schutzzweck der verletzten Beweiserhebungsnorm die Verwertung aufgrund hypothetischer Erwägungen grundsätzlich zu, so ist zu beachten, dass im Rahmen der Hypothese auf den konkreten Ermittlungsverlauf abzustellen ist – nur Fehler in der rechtlichen Vorgehensweise der Strafverfolgungsorgane vermögen über den Einwand rechtmäßigen Alternativverhaltens korrigiert zu werden, nicht jedoch fehlerhaftes kriminalistisches Vorgehen in tatsächlicher Hinsicht (näher *Beulke* Jura 2008, 653, 661).

Mittelbare Beweismittel können hingegen jedenfalls dann herangezogen werden, wenn die Strafverfolgungsorgane diese ohnehin auf legalem Wege gefunden hätten (s.o. zur Fernwirkungsproblematik Rdn. 277 ff.). Bei verfassungsrechtlich abgeleiteten Beweismittelbeschränkungen ist der Aspekt des hypothetisch rechtmäßigen Ersatzeingriffes in die Gesamtabwägung einzustellen (Einzelheiten bei *Beulke* ZStW 103 (1991), 657 ff.; *Jahn*, Gutachten zum 67. Deutschen Juristentag [2008]; C 74 ff.). 284

4. Qualifizierte Belehrung. Für verschiedene Beweisverwertungsverbote, v.a. solche infolge des Einsatzes von verbotenen Vernehmungsmethoden i.S.d. **§ 136a Abs. 1** (vgl. BGHSt 52, 11, 24; OLG Frankfurt StV 2003, 325), wird die Möglichkeit diskutiert, das Nichtfortwirken des Verfahrensverstoßes vom Vorliegen einer **qualifizierten Belehrung** abhängig zu machen. Durch eine solche kann zwar nicht die Heilung des ursprünglichen Verfahrensmangels und das Entfallen des schon bestehenden Verwertungsverbotes bewirkt werden. Jedoch soll eine erneute, zu einem verwertbaren Ergebnis führende Beweiserhebung infolge der qualifizierten Belehrung ermöglicht werden. Inhaltlich setzt diese voraus, dass der Beschuldigte ausdrücklich auf die Unverwertbarkeit der bisherigen Angaben hingewiesen wird (vgl. LG Frankfurt StV 2003, 325). 285

Zumindest im Hinblick auf Beweisverwertungsverbote, die auf einer **fehlenden Belehrung gemäß §§ 136 Abs. 1 Satz 2**, 163a Abs. 4 (s.u. Rdn. 297) beruhen, hat sich das Institut der qualifizierten Belehrung ebenfalls in der höchstrichterlichen Rspr. durchgesetzt (seit BGHSt 53, 112). Jedoch soll trotz fehlender qualifizierter Belehrung die aus einer späteren Vernehmung, bei der nur »einfach« nach § 136 Abs. 1 Satz 2 belehrt wurde, resultierende Aussage nicht zwangsläufig unverwertbar sein. Dem Verstoß gegen das Erfordernis einer qualifizierten Belehrung komme nicht die gleiche Bedeutung zu wie dem gesetzlich verankerten Belehrungserfordernis. Vielmehr sei die Frage nach der Verwertbarkeit anhand einer Einzelfallabwägung zu beantworten, in welche u.a. einzustellen sei, ob sich die Nichtvornahme der qualifizierten Belehrung als bewusste Umgehung dargestellt habe, ob neue Aussagen getätigt wurden oder lediglich der ursprüngliche Vernehmungsinhalt wiederholt wurde und ob der Beschuldigte davon ausging, seine früheren Angaben würden gegen ihn verwendet werden können (BGHSt 53, 112 m. krit. Anm. *Gless/Wennekers* JR 2009, 383 u. *Kasiske* ZIS 2009, 319; BGH NStZ 2009, 649 m. abl. Anm. *Grasnick* NStZ 2010, 158; OLG Hamm StV 2010, 5; ebenso *Hinderer* JA 2012, 115; KK/*Diemer* § 136 Rn. 27a). Diese halbherzige Lösung verdient keine Zustimmung; vielmehr muss auch das Unterbleiben der qualifizierten Belehrung stets die Unverwertbarkeit der anschließenden Aussage zur Folge haben, denn der Beschuldigte wird regelmäßig nicht einschätzen können, inwiefern er durch seine frühere Aussage bereits »festgelegt« ist (HK/*Ahlbrecht* § 136 Rn. 23; *Beulke*, Strafprozessrecht, Rn. 119; *Ransiek* FS Beulke, S. 949, 951; *Roxin* HRRS 2009, 186; SK-StPO/*Rogall* § 136 Rn. 60, 87 ff.). 286

Auch für denjenigen Zeugen, der in der Hauptverhandlung von seinem Zeugnisverweigerungsrecht gem. § 52 Gebrauch macht, gleichzeitig aber auf das **Verwertungsverbot des § 252 verzichten** will, so dass seine nicht-richterliche Aussage in den Prozess eingeführt werden kann, gilt das Erfordernis einer qualifizierten Belehrung durch den Vorsitzenden über Möglichkeiten und Rechtsfolgen des Verzichts (BGH NStZ 2015, 232; BGHSt 57, 254; anders wohl noch: BGH NStZ 2007, 652). Der 2. Strafsenat hat ferner im Wege eines Anfragebeschlusses die Absicht geäußert, eine qualifizierte Belehrung des angehörigen Zeugen **vor** seiner **ermittlungsrichterlichen** Vernehmung darüber zu verlangen, dass seine Angaben ungeachtet seines späteren Aussageverhaltens in Durchbrechung eines möglichen **Verwertungsverbots nach § 252** gegen den Angeklagten verwertet werden können (BGH NStZ 2014, 596 m. Anm. *El-Ghazi* JR 2015, 343; zust. *Bosch* FS v. Heintschel-Heinegg, S. 64 ff.; dagegen allerdings die übrigen Senate vgl. BGH NJW-Spezial 2015, 88 u. 153 sowie NStZ-RR 2015, 118). 287

Einleitung

288 **VIII. Ausgewählte Beweisverwertungsverbote. 1. Beweisverwertungsverbote im Hinblick auf Aussageverweigerungsrechte von Zeugen. a) Fehlende Belehrung des Angehörigenzeugen, § 52 Abs. 3.** § 52 Abs. 3 Satz 1 (i.V.m. §§ 161a Abs. 1 Satz 2, 163 Abs. 3) gebietet vor jeder richterlichen, staatsanwaltschaftlichen und polizeilichen Vernehmung die Belehrung derjenigen Personen, die zur Verweigerung des Zeugnisses i.S.d. § 52 Abs. 1 berechtigt sind, über ihr diesbezügliches Recht. Im Falle einer Verletzung dieser Belehrungspflicht folgt aus dem Schutzzweck des § 52 (»schonende Rücksicht auf die Familienbande«, BGHSt (GrS) 11, 213, 216) ein **Verbot der Verwertung** der so erhaltenen Aussage (BGHSt 14, 159, 160), sofern das Unterlassen der Belehrung **ursächlich** für die Zeugenaussage war. Eine Verwertung ist demnach trotz unterbliebener Belehrung zulässig, wenn der Vernommene sein Zeugnisverweigerungsrecht kannte und auch ohne den Verfahrensverstoß ausgesagt hätte (BGHSt 38, 214, 225; BGH NStZ-RR 2004, 212).

289 Die Geltung des Beweisverwertungsverbots ist unabhängig von der Frage, ob das vernehmende Strafverfolgungsorgan von der Angehörigeneigenschaft des Vernommenen und dem daraus folgenden Belehrungserfordernis Kenntnis hatte (BGH StV 2002, 3). Allenfalls im Falle eines wissentlich geleugneten Verlöbnisses lässt sich über die Verwertbarkeit der Aussage streiten (offen gelassen, aber mit bejahender Tendenz BGHSt 48, 294). Ein Widerspruch des Angeklagten gegen die Verwertung der ohne Belehrung erfolgten Aussage seines Angehörigen ist für das Eingreifen eines Verwertungsverbotes nicht erforderlich (s.o. Rdn. 274).

290 Wurde der Zeuge zu Lebzeiten verhört, ohne belehrt zu werden, und **verstirbt** er hiernach, ist entgegen der Rechtsprechung (BGHSt 22, 35 ff.; ebenso *Geppert* Jura 1988, 305, 310) wegen des Fortbestehens des familienbezogenen Schutzgebotes die Verwertung auch über den Tod des Angehörigenzeugen hinaus ausgeschlossen (ebenso *Peters* JR 1969, 428 f.).

291 Bei einem Verstoß gegen das **Beschlagnahmeverbot des § 97 Abs. 1**, welches eine Umgehung der §§ 52, 53, 53a verhindern soll, ist ebenfalls ein Beweisverwertungsverbot anzunehmen (BGHSt 18, 227, 229; OLG München NStZ 2006, 300).

292 **b) Strafbare Aussage eines nach § 53 Zeugnisverweigerungsberechtigten.** Ein gemäß § 53 zeugnisverweigerungsberechtigter Berufsgeheimnisträger muss von Gesetzes wegen nicht über sein Recht zur Zeugnisverweigerung belehrt werden (zu Ausnahmen infolge gerichtlicher Fürsorgepflicht vgl. § 53 Rdn. 42; *Meyer-Goßner/Schmitt* § 53 Rn. 44). Sagt er jedoch vor Gericht aus, ohne durch den Angeklagten von seiner Schweigepflicht entbunden zu sein, und verwirklicht hierdurch den Straftatbestand des § 203 Abs. 1 StGB, plädiert die Rechtsprechung für die Verwertbarkeit der Aussage. Das Strafbarkeitsrisiko sei allein für den Zeugen, nicht jedoch für die aus § 244 Abs. 2 resultierende Aufklärungspflicht der Gerichte relevant (BGHSt 9, 59; 15, 200, 202; 18, 146, 147; im Grundsatz ebenso *Kudlich/Roy* JA 2003, 569; SK-StPO/*Rogall* § 53 Rn. 20, 211). Hiergegen spricht jedoch, dass § 203 StGB gerade die Belange des im konkreten Fall Beschuldigten im Hinblick auf eine vertrauliche Kommunikation schützt. Der Schutzzweck des § 53 gebietet es in Ergänzung zur materiellen Strafnorm, eine unter Verletzung der Geheimhaltungspflicht zustande gekommene Aussage nicht zu verwerten (*Beulke*, Verteidiger im Strafverfahren, S. 46; *Freund* GA 1993, 49; *Haffke* GA 1973, 65). Die Rechtsprechung verneint die Verwertbarkeit lediglich, wenn das Gericht dem Berufsgeheimnisträger (wissentlich oder unwissentlich) die falsche Auskunft erteilt hat, er sei von der Schweigepflicht entbunden worden (BGHSt 42, 73, 76).

293 **c) Fehlende Belehrung über das Auskunftsverweigerungsrecht i.S.d. § 55.** Im Falle einer Verletzung der aus § 55 Abs. 2 (ggf. i.V.m. §§ 161a Abs. 1 Satz 2, 163 Abs. 3) folgenden Pflicht zur Belehrung eines Zeugen über sein Recht, Auskünfte zu verweigern, die ihn selbst oder einen Angehörigen der Gefahr einer Verfolgung wegen Straftaten oder Ordnungswidrigkeiten aussetzen, ist die Begründung eines Beweisverwertungsverbotes umstritten. Für ein Verwertungsverbot wird vereinzelt ins Feld geführt, § 55 diene dem Interesse des Angeklagten an einer konfliktfrei zustande gekommenen Zeugenaussage, da diese mit höherer Wahrscheinlichkeit wahr sei (*Roxin/Schünemann*, Strafverfahrensrecht, § 24 Rn. 48). Demgegenüber **verneint** die h.M. zu Recht ein **Beweisverwertungsverbot**. Die Belehrungspflicht des § 55 schützt allein den Zeugen davor, sich selbst oder Angehörige zu belasten, betrifft hingegen nicht den Rechtskreis des Angeklagten (BGHSt GrS 11, 213, 218; *Meyer-Goßner/Schmitt* § 55 Rn. 17). Ein **Verwertungsverbot** besteht infolge dieser Schutzrichtung jedoch, wenn der Zeuge, der nicht über sein Auskunftsverweigerungsrecht belehrt wurde, später zum Beschuldigten

wird, also gegen ihn selbst ein Strafverfahren eingeleitet wird (*Meyer-Goßner/Schmitt* § 55 Rn. 17; SK-StPO/*Rogall* Vor § 133 Rn. 192; **a. A.**: OLG Jena NStZ-RR 2011, 279 [Strafmilderungsgrund]). Das Verwertungsverbot steht indes nach Ansicht der Rspr. unter dem Vorbehalt des rechtzeitigen Widerspruchs durch den verteidigten Angeklagten (BGH NZV 2001, 527; OLG Celle NStZ 2002, 386; s. auch § 53 und oben Rdn. 274; zur Frage der Strafbarkeit des nicht belehrten Zeugen nach § 153 StGB vgl. OLG Karlsruhe StV 2003, 505 m. abl. Anm. *H.-E. Müller*).

d) Zeugnisverweigerung in der Hauptverhandlung, § 252. Macht ein Zeuge erst in der Hauptverhandlung von seinem Zeugnisverweigerungsrecht (§§ 52–53a) Gebrauch, statuiert § 252 ein Verlesungsverbot hinsichtlich früherer Vernehmungsprotokolle. Nach h.L. und st. Rspr. folgt aus dieser Norm über den eigentlichen Wortlaut hinaus ein Verbot jeglicher Verwertung des Aussageinhalts im Strafverfahren. Dieses besteht nach Ansicht der Rspr. allerdings nur im Hinblick auf polizeiliche und staatsanwaltschaftliche Vernehmungsprotokolle, wohingegen die Verwertung einer Vernehmung durch eine richterliche Verhörsperson zulässig sein soll (BGHSt 2, 99 ff.; 21, 218, 219; 49, 72, 77; BGH NStZ 2012, 521; sehr str.; krit. *Meyer* StV 2015, 319; vgl. auch den Anfragebeschluss des 2. Strafsenats BGH NStZ 2014, 596; zu Einzelheiten § 252 Rdn. 20 ff. m.w.N.). Das Beweisverwertungsverbot des § 252 ist nicht davon abhängig, dass der verteidigte Angeklagte in der Hauptverhandlung einer Verwertung widerspricht (BGHSt 45, 203, 205). Es besteht auch dann, wenn das Zeugnisverweigerungsrecht – etwa durch Heirat – erst nach der Vernehmung entstanden ist (BGHSt 22, 219, 220; 27, 231). Selbst wenn ein Verlöbnis oder eine Ehe nur zu dem Zweck eingegangen werden, das Zeugnisverweigerungsrecht herbeizuführen, darf am Grundsatz der Unverwertbarkeit meines Erachtens nicht gerüttelt werden (*Beulke*, Strafprozessrecht, Rn. 420a; *Kretschmer* Jura 2000, 461; **a. A.** BGHSt 45, 342, 350 m. zust. Anm. *Eckstein* JA 2002, 134). War der Zeuge früher Beschuldigter in demselben oder einem anderen Verfahren, so ist seine damalige Einlassung im Verfahren gegen den Angeklagten unverwertbar, soweit der Zeuge die Aussage nun nach § 52 rechtmäßig verweigert oder verweigern könnte (BGHSt 20, 384; OLG Koblenz StV 2014, 331; *Meyer-Goßner/Schmitt* § 252 Rn. 11; vert. u. § 252). Zulässig soll die Verwertung der früheren Zeugenaussage hingegen nach Ansicht der Rechtsprechung sein, wenn der Zeuge sie gestattet, obwohl er in der Hauptverhandlung von seinem Zeugnisverweigerungsrecht Gebrauch macht, um eine Aussage in der Hauptverhandlung zu vermeiden (BGHSt 45, 203, 205; 52, 148, 150 f.; **a. A.** *Beulke*, Strafprozessrecht, Rn. 420a; SK-StPO/*Rogall* § 52 Rn. 92; *Roxin* FS Rieß, S. 451). Nicht einschlägig ist § 252 ferner, wenn ein Berufsgeheimnisträger im Zeitpunkt seiner Aussage gem. § 53 Abs. 2 Satz 1 wirksam von der Schweigepflicht entbunden war, diese Entbindung später aber wirksam widerrufen wurde (BGH NStZ 2012, 281 m. abl. Anm. *Geppert* u. *Jäger* JA 2012, 472; LR/*Ignor/Bertheau* § 53 Rn. 83; HK/*Julius* § 252 Rn. 4).

Teilweise wird § 252 auch für die Fälle herangezogen, in denen ein Zeuge in einem frühen Verfahrensstadium ordnungsgemäß belehrt ausgesagt hat, sich aber in der Hauptverhandlung auf sein Auskunftsverweigerungsrecht i.S.d. § 55 beruft (*Eisenberg*, Beweisrecht, Rn. 1129; *Geppert* Jura 1988, 305, 313). Eine direkte Anwendung dieser Norm muss hier infolge der eindeutigen Verweisung nur auf das Zeugnisverweigerungsrecht ausscheiden. Für eine analoge Anwendung des § 252 auf die Fälle des § 55 fehlt es an einer vergleichbaren Interessenlage. Das Zeugnisverweigerungsrecht des Angehörigen oder Berufsgeheimnisträgers schützt den Familienfrieden bzw. die vertrauliche Kommunikation und damit auch den Angeklagten selbst. Das Auskunftsverweigerungsrecht schützt hingegen nur den Zeugen vor Selbstbelastung. Auf diesen Schutz kann der Zeuge nach ordnungsgemäßer Belehrung wirksam verzichten und sich somit bewusst dem Verfolgungsrisiko unter Verwertung seiner Aussage aussetzen. Eine Verwertung muss dann aber erst Recht im Ausgangsverfahren zulasten des durch § 55 gerade nicht geschützten Beschuldigten erfolgen dürfen (BGHSt 6, 209, 211; 337, 350; BGH NStZ 1998, 46 m. zust. Anm. *Dölling* NStZ 1988, 6, 8 ff.). In praktischer Hinsicht wird dies in der Regel per Einvernahme der Verhörsperson gelöst (BGH NStZ 1996, 96), da eine Verlesung des zuvor angefertigten Vernehmungsprotokolls nach § 251 Abs. 1 Nr. 1, Abs. 2 Nr. 3 das Einverständnis aller Beteiligten voraussetzen würde (BGH NJW 2002, 309).

2. Beweisverwertungsverbote als Absicherung des Schutzes vor Selbstbelastung (nemo tenetur)
Der nach Art. 1 Abs. 1, 20 Abs. 3 GG gebotene Schutz des Beschuldigten vor Zwang zur Selbstbelastung (s.o. Rdn. 150; BVerfGE 56, 37, 49; ausf. *Rogall*, Der Beschuldigte als Beweismittel gegen sich selbst, 1977) bedingt bei strafverfolgungsbehördlicher Missachtung das Entstehen eines Beweisverwer-

Einleitung

tungsverbotes (BGHSt 38, 214, 218 ff.; ausführlich *Verrel*, Die Selbstbelastungsfreiheit im Strafverfahren [2001], S. 119 ff.). Charakteristische Ausprägung ist das gesetzliche verankerte Beweisverwertungsverbot aus § 136a Abs. 3 Satz 2 im Hinblick auf durch verbotene Vernehmungsmethoden nach § 136a Abs. 1 erlangte Aussagen.

297 **a) Fehlen der Belehrung über das Schweigerecht des Beschuldigten gem. § 136 Abs. 1 Satz 2 bzw. über das Ausmaß der Beschuldigung gem. § 136 Abs. 1 Satz 1.** Nach inzwischen gefestigter Rspr., die sich nach jahrelangem Streit der h.L. angeschlossen hat, resultiert aus einer unterlassenen Belehrung des Beschuldigten über sein Recht zu schweigen gem. § 136 Abs. 1 Satz 2 **bei einer Vernehmung außerhalb der Hauptverhandlung** die Unverwertbarkeit der so erlangten Aussage in der Hauptverhandlung (unter dem umstrittenen Vorbehalt rechtzeitigen Widerspruchs des verteidigten Angeklagten gegen die Verwertung, BGHSt 38, 214, 218; s.a. § 136, s.o. Rdn. 274). Allerdings kann das Verwertungsverbot nur im Verfahren gegen den Nichtbelehrten gelten, da die Interessen eines Drittbeschuldigten nicht durch die unterlassene Belehrung berührt werden (BGH StV 1995, 231 m. abl. Anm. *Dencker*; abl. auch *Roxin/Schünemann*, Strafverfahrensrecht, § 24 Rn. 32; *Roxin* FS Kühne, S. 317, 324 ff.). Kennt der Beschuldigte sein Schweigerecht, soll die Verwertung seiner Aussage trotz unterbliebener Belehrung zulässig sein (BGHSt 38, 214, 220; 47, 172, 173). Zur Problematik gegenläufiger Kommunikation durch die Vernehmungsperson vgl. *Salditt* FS Beulke, S. 999.
Wird der Beschuldigte zwar grundsätzlich darüber informiert, dass gegen ihn ein Strafverfahren eingeleitet worden ist und ihm ein Aussageverweigerungsrecht zusteht, entspricht aber die Belehrung über den konkreten Tatvorwurf nicht den gesetzlichen Anforderungen des § 136 Abs. 1 Satz 1 (i.V.m. § 163a Abs. 4 Satz 1), wiegt dieser Verfahrensverstoß in der Regel weniger schwer als ein Verstoß gegen § 136 Abs. 1 Satz 2, weshalb die generelle Bejahung eines Beweisverwertungsverbots verfehlt erscheint (so aber SK-StPO/*Wohlers* § 136a Rn. 75). Vielmehr hängt die Verwertbarkeit davon ab, inwieweit die Aussagefreiheit im konkreten Fall durch die fehlerhafte Belehrung beeinträchtigt war (vgl. BGH StV 2013, 485 m. krit. Anm. *Neuhaus*; *Jahn* JuS 2012, 658). Im Übrigen erscheint die Annahme eines Beweisverwertungsverbots insbesondere dann naheliegend, wenn dem Beschuldigten der konkrete Tatvorwurf in täuschender Absicht nicht eröffnet wurde, da das Verhalten der Vernehmungsperson einer gem. § 136a verbotenen Vernehmungsmethode zumindest nahe kommt (LR/*Gless* § 136 Rn. 103; SK-StPO/*Rogall* § 136 Rn. 97).

298 **b) Verweigerte Verteidigerkonsultation.** Das **Unterlassen** der durch § 136 Abs. 1 Satz 2 geforderten **Belehrung** über das Recht auf Verteidigerkonsultation begründet bei Unkenntnis des Beschuldigten von seinem Recht ein Verwertungsverbot hinsichtlich der so erlangten Aussage (BGHSt 47, 172, 174 m. Anm. *Wohlers* JR 2002, 294), da insoweit ein zentrales und durch Art. 6 Abs. 3 lit. c EMRK geschütztes Beschuldigtenrecht verletzt wird. Auch dieses Verwertungsverbot steht nach Ansicht des BGH allerdings unter dem Vorbehalt rechtzeitigen Widerspruches des verteidigten Angeklagten (BGHSt 42, 15, 22; BGH StV 2004, 57; krit. dazu *Geppert* FS Otto, S. 913). Unschädlich soll es hingegen sein, wenn der Beschuldigte zwar auf sein Verteidigerkonsultationsrecht hingewiesen wurde, aber nicht darauf, dass er auch bei fehlender Zahlungsfähigkeit einen Verteidiger in Anspruch nehmen kann (BGH StV 2006 566; a. A. *Neuhaus* StV 2010, 48). Zur nachträglichen Herbeiführung einer verwertbaren Aussage durch qualifizierte Belehrung s.o. Rdn. 285 f.

299 Die Verwertung einer Aussage darf nicht erfolgen, wenn dem Beschuldigten zuvor unter Verstoß gegen §§ 136 Abs. 1 Satz 2, 137, Art. 6 Abs. 3 lit. c EMRK die gewünschte **Beiziehung** oder **Befragung** eines gewählten **Verteidigers** verwehrt wurde (BGHSt 38, 372, 373; BGH NStZ 2008, 643) oder die Strafverfolgungsbehörden schuldhaft ihre Hilfspflichten bei der Verteidigerkonsultation verletzt haben (BGHSt 42, 15, 20; 47, 233, 235; BGH NStZ 2006, 114 u. 236; vert. *Corell* StraFo 2011, 34). Unterlassen Polizeibeamte die gem. § 115 Abs. 1 gebotene unverzügliche Vorführung bewusst, um die Verteidigerbestellung gem. § 140 Abs. 1 Nr. 4 durch den Haftrichter zu umgehen, ist ein Verwertungsverbot hinsichtlich der polizeilichen Beschuldigtenvernehmung anzunehmen (- anders jedoch bei bloßer Verkennung des § 115 Abs. 1: BGHSt 60, 38 m. krit. Bespr. *Kasiske* HRRS 2015, 69; allgemein für Eingreifen eines Beweisverwertungsverbots bei nicht rechtzeitig erfolgter Pflichtverteidigerbestellung: *Eisenberg* StV 2015, 180, 181; *von Stetten* FS Beulke, S. 1053). Überdies gebietet es der hohe Rang der Selbstbelastungsfreiheit, dass **Spontanäußerungen** eines inhaftierten Beschuldigten – zumal zum Randgeschehen – **nicht zum Anlass für sachaufklärende Nachfragen** genommen werden, wenn der Beschul-

digte nach Belehrung über seine Rechte nach § 136 Abs. 1 Satz 2 die Konsultation durch einen benannten Verteidiger begehrt und im Übrigen erklärt hat, bis auf Weiteres von seinem Schweigerecht Gebrauch zu machen. Wird er von den Strafverfolgungsbehörden durch entsprechende Nachfragen gleichwohl dazu verleitet, sich zum Tatgeschehen zu äußern, unterliegen die entsprechenden Aussagen einem Beweisverwertungsverbot (BGHSt 58, 301 m. Anm. *Jäger* JA 2013, 793; *Jahn* JuS 2013, 1047 u. *Wohlers* JR 2014, 131).

Hingegen unterliegt die Aussage eines Belastungszeugen im Ermittlungsverfahren, die wegen späterer Ausübung seines Zeugnisverweigerungsrechts nur durch Vernehmung der Verhörsperson in die Hauptverhandlung eingeführt werden kann, und bei der weder der Angeklagte zugegen war, noch durch die Strafverfolgungsbehörden ein Pflichtverteidiger bestellt wurde, nach Ansicht der Rspr. trotz des Verstoßes gegen das in Art. 6 Abs. 3 lit. d EMRK verankerten Fragerechts keinem Beweisverwertungsverbot. Jedoch soll das Beweismittel nach der sog. **Beweiswürdigungslösung** nur im Falle der Bestätigung durch weitere Beweisergebnisse als Urteilsgrundlage herangezogen werden dürfen (BGHSt 46, 93; krit. *Kunert* NStZ 2001, 217).

c) **Fehlen der Belehrung gem. § 114b Abs. 2 Satz 3 i.V.m. Art. 36 Abs. 1b Satz 3 WÜK.** Während der *1. Strafsenat* des BGH offen gelassen hat, ob aus der unterlassenen Belehrung eines Beschuldigten mit ausländischer Staatsangehörigkeit über sein Recht auf Unterrichtung der konsularischen Vertretung (§ 114b Abs. 2 Satz 3 i.V.m. Art. 36 Abs. 1b Satz 3 des Wiener Konsularrechtsübereinkommens (WÜK), vgl. hierzu BVerfG NJW 2007, 499 m. Bespr. *Kreß* GA 2007, 396 u. *T. Walter* JR 2007, 99) ein (unter dem Vorbehalt rechtzeitigen Widerspruchs gegen die Verwertung stehendes) Verwertungsverbot folgen kann (BGHSt 52, 38, 41), lehnten der *3. und 5. Strafsenat* im Rahmen einer Abwägung aller berührten Interessen ein **Beweisverwertungsverbot** grundsätzlich ab (BGHSt 52, 48, 55; 52, 110, 116 m. Bespr. *Esser* JR 2008, 271; *Mosbacher* JuS 2008, 688, 691; *Paulus/Müller* StV 2009, 495; *Schomburg/Schuster* NStZ 2008, 593; *Weigend* StV 2008, 39). Der *5. Senat* wollte die in solchen Fällen resultierende Beeinträchtigung des Beschuldigten im Wege der Strafzumessung und im Bedarfsfalle im Wege der **Vollstreckungslösung** ausgleichen, d.h., dass im Falle unzureichender Kompensationsmöglichkeiten der Verfahrensnachteile ein Teil der an sich verhängten Strafe als vollstreckt gelten sollte (BGHSt 52, 48, 55 ff.). Berechtigterweise wandte der *3. Senat* hiergegen ein, dass eine Quantifizierung eines als vollstreckt zu geltenden Teils der Strafe nur in Fällen rechtsstaatswidriger Verfahrensverzögerung möglich sei und die Vollstreckungslösung daher nicht geeignet sei, andere Verfahrensfehler zu kompensieren (BGHSt 52, 110).

Inzwischen hat das **BVerfG** klargestellt, dass ein Beweisverwertungsverbot keineswegs von vornherein ausgeschlossen ist. Vielmehr sei die Verwertbarkeit anhand einer **Abwägung unter Berücksichtigung aller Umstände des Einzelfalls** zu prüfen, um der Rechtsprechung des IStGH (Fälle La Grand und Avena) gerecht zu werden (BVerfG StV 2011, 329; im Anschluss daran: BGH StV 2011, 603; vert. *Gless/Peters* StV 2011, 369; *Meyer-Mews* StraFo 2012, 7).

3. Verwertungsverbote zum Schutz der Intim- und Privatsphäre. a) Bei der Beantwortung der Frage, ob Eingriffe in das gem. Art. 2 Abs. 1 i.V.m. Art. 1 Abs. 1 GG grundrechtlich geschützte allgemeine Persönlichkeitsrecht ein Beweisverwertungsverbot nach sich ziehen, ist die Dreisphärentheorie des Bundesverfassungsgerichts zu berücksichtigen (BVerfGE 34, 238, 245 ff.; 109, 279; zu Schwierigkeiten bei der Umsetzung vgl. *Wolter* NStZ 1993, 1; *Lindemann* JR 2006, 191; *Rogall* FS Fezer, S. 61). Hiernach genießen soziale Kontakte auf der 1. Stufe, der sog. »Sozialsphäre«, keinen besonderen Schutz. Bei Eingriffen in die »schlichte Privatsphäre« (2. Stufe) ist das staatliche Strafverfolgungsinteresse gegen die Privatinteressen des Beschuldigten abzuwägen. Auf der 3. Stufe (»Intimsphäre«) gewährt Art. 2 Abs. 1 i.V.m. 1 Abs. 1 GG jedem Bürger einen **unantastbaren Kernbereich privater Lebensgestaltung**, in den unabhängig von einer Güterabwägung kein Eingriff staatlicher Gewalt erfolgen darf. Teilweise hat der Gesetzgeber die verfassungsrechtliche Rechtsprechung aufgegriffen und bei spezifischen Eingriffen umgesetzt (z.B. in §§ 100a Abs. 4, 100c Abs. 5), sodass schon kraft einfachgesetzlicher Anordnung Erkenntnisse, die durch Eingriffe in den **Kernbereich privater Lebensgestaltung** erlangt werden, nicht verwertet werden dürfen. Im Umkehrschluss folgt daraus, dass unter Wahrung der gesetzlichen Eingriffsbefugnisse erlangte Erkenntnisse im Anlassstrafverfahren einer Verwertung zugänglich sind (zu Einschränkungen in anderen Strafverfahren vgl. o. Rdn. 281 sowie § 477 Abs. 2).

Einleitung

304 b) Für Bereiche ohne gesetzliche Regelung sind nach wie vor die von der Rechtsprechung entwickelten Grundsätze anzuwenden. Bei der hier zur Ermittlung eines Beweisverbotes erforderlich werdenden Abwägung zwischen Interessen des Beschuldigten einerseits und der Effektivität der Strafverfolgung andererseits sprechen für die Verwertbarkeit insbes. die **Schwere des Tatvorwurfs** sowie die **Unverzichtbarkeit des Beweismittels** für die Beweisführung, gegen die Verwertbarkeit hingegen der **Rang** des betroffenen Grundrechts sowie die **Schwere des konkreten Eingriffs** (exemplarisch BGH JR 1994, 430).

305 Ob **Tagebuchaufzeichnungen** im Strafverfahren verwertet werden können, hängt davon ab, ob sie der absolut geschützten und somit eine Verwertbarkeit ausschließenden Intimsphäre unterfallen oder lediglich als Grundrechtsausübung auf dem Niveau der Sozialsphäre einzustufen sind. Bei der Beurteilung, ob der Kernbereich privater Lebensgestaltung tangiert ist, sind das Geheimhaltungsinteresse des Betroffenen, der Grad der Höchstpersönlichkeit des Inhalts der Aufzeichnungen sowie der unmittelbare Bezug zu begangenen Straftaten zu berücksichtigen. Identische Maßstäbe gelten für tagebuchähnliche Aufzeichnungen, z.B. in einem Testament (LG Koblenz NJW 2010, 2227, 2228). Angesichts der Notwendigkeit einer Überprüfung, welcher Sphäre die Inhalte der entsprechenden Dokumente angehören, ist beim äußeren Anschein eines Tagebuchs o.ä. nicht schon die Kenntnisnahme des Inhalts unzulässig, sondern erst die Verwendung der Aufzeichnungen als Grundlage weiterer Ermittlungen (a. A. *Lammer*, Verdeckte Ermittlungen im Strafprozeß, 1992, S. 100 f., der nur eine äußere Besichtigung zulassen will, z.B. mittels Durchsehens einer Mappe mit der Aufschrift »Tagebuch«; wie aber durch eine solche Durchsicht Geschäftspapiere o.ä. ausgesondert werden sollen, ohne vom Inhalt der Schriftstücke zumindest überblicksartig Kenntnis zu nehmen, erschließt sich nicht).

306 In den Fällen, in denen keine absolute Unverwertbarkeit aufgrund eines Eingriffs in die Intimsphäre gegeben ist, hängt die Verwertbarkeit der Aufzeichnungen vom Ergebnis einer Abwägung des Persönlichkeitsrechts des Tagebuchverfassers aus Art. 2 Abs. 1, 1 Abs. 1 GG mit dem staatlichen Interesse an effektiver Strafverfolgung ab (BVerfG StraFo 2008, 421; VerfGH Berlin JR 2010, 339; BGHSt 19, 325). Im Falle einer schriftlichen Auseinandersetzung eines unter Mordverdacht stehenden Beschuldigten mit seinen Tötungsgelüsten sah BGHSt 34, 397 die Aufzeichnungen angesichts der Schwere des Tatverdachts als verwertbar an (bestätigt von BVerfGE 80, 367 ff.; lesenswert ferner BGH NStZ 2000, 383; *Ellbogen* NStZ 2001, 460; a. A. für eine Einordnung in die der Verwertbarkeit entzogenen Intimsphäre *Lorenz* GA 1992, 254 ff.).

307 Auch bei **heimlichen Tonbandaufnahmen**, die nicht von §§ 100c Abs. 1 oder § 100f Abs. 1 gedeckt sind, ist die Verwertbarkeit anhand einer Interessenabwägung auf Basis der Sphärentheorie zu ermitteln. Anerkannt ist zumindest, dass ein Verwertungsverbot für die mittels eines »großen Lauschangriffs« auf eine Wohnung i.S.v. Art. 13 GG gewonnenen Erkenntnisse besteht, wenn nur nach den Regeln des »kleinen Lauschangriffs« vorgegangen wurde (BGHSt 42, 372, 377; zust. *Wollweber* NStZ 1997, 351). Nicht verwertet werden dürfen die mittels eines großen Lauschangriffs erlangten Informationen ferner, wenn die Maßnahme entgegen § 100d Abs. 1 Satz 1 nicht von der Staatsschutzkammer angeordnet wurde. Während § **100c Abs. 5 Satz 3** für Fälle des **großen Lauschangriffs** ein Verwertungsverbot für Äußerungen vorsieht, die dem Kernbereich privater Lebensgestaltung zuzurechnen sind (vgl. BGHSt 50, 206 [Selbstgespräch im Krankenzimmer] m. Anm. *Ellbogen* NStZ 2006, 179 u. *Lindemann* JR 2006, 191), fehlt eine entsprechende Regelung im Hinblick auf den **kleinen Lauschangriff**, sodass insofern bei Eingriffen in die Intimsphäre von einem **selbständigen Beweisverwertungsverbot** auszugehen ist. So darf ein in einem Pkw geführtes, nach Maßgabe des § 100f abgehörtes **Selbstgespräch** nicht verwertet werden, da es aufgrund der Nichtöffentlichkeit des Ortes der Gedankenäußerungen sowie der Flüchtigkeit des gesprochenen Wortes dem unantastbaren Bereich des allgemeinen Persönlichkeitsrechts zuzuordnen ist (BGHSt 57, 71 m. Bespr. *Allgayer* NStZ 2012, 399; *Ernst/Sturm* HRRS 2012, 374; *Jahn/Geck* JZ 2012, 561; *Ladiges* StV 2012, 517; *Mitsch* NJW 2012, 1486; *Warg* NStZ 2012, 237; *Wohlers* JR 2012, 389; *Zimmermann* GA 2013, 162).

308 **4. Beweisverwertungsverbote im Zusammenhang mit einer Telekommunikationsüberwachung, §§ 100a f.** Sind die materiellen Eingriffsvoraussetzungen einer Telekommunikationsüberwachung nicht gegeben (z.B. weil kein Verdacht hinsichtlich einer Katalogtat besteht, das Subsidiaritätsprinzip einer Überwachung entgegensteht oder es sich um ein Gespräch des Beschuldigten mit seinem Verteidiger handelt), liegt die Unzulässigkeit der Verwertung der so erlangten Beweismittel nahe. Nach Ansicht der Rspr. steht den Strafverfolgungsorganen im Hinblick auf die Prüfung der materiellen Anordnungsvoraussetzungen allerdings ein **Beurteilungsspielraum** zu, weshalb ein Verwertungsverbot nur bei grober Fehleinschätzung hinsichtlich der materiellen Voraussetzungen der Telekommunikationsüberwachung oder bei objektiver **Willkür** eingreifen soll (BGHSt 41, 30, 34 m. krit. Anm. *Bernsmann* NStZ 1995, 512; *Küpper* JR 1996, 214; BGHSt 47, 362, 366 m. Anm. *Schlothauer* StV 2003, 208; vgl auch *Landau/Sander* StraFo 1998, 397: Maßstab der »verfahrensrechtlichen Nachvollziehbarkeit«). Abzulehnen ist die Ansicht, wonach materielle Fehler aufgrund hypothetischer Rechtmäßigkeitserwägungen heilbar sein sollen (so BGHSt 48, 240 m. Anm. *Arloth* NStZ 2003, 609; *Kudlich* JR 2003, 453). Hiergegen spricht, dass auf diesem Wege das Erfordernis einer sorgfältigen *ex-ante*-Prüfung der Anordnungsvoraussetzungen wie z.B. des Verdachts hinsichtlich einer Katalogtat umgangen würde (*Bernsmann/Sotelsek* StV 2004, 113; *Kinzig* StV 2004, 560, 565; s.a. oben Rdn. 283).

Rein formelle Fehler bei der Anordnung ziehen grundsätzlich kein Verwertungsverbot nach sich (offen 309 gelassen in BGHSt 31, 304, 308). So steht es nach Auffassung der Rspr. einer Verwertung nicht entgegen, wenn keine zeitliche Befristung i.S.v. §§ 100f Abs. 4, 100b Abs. 1 Satz 4 vorgenommen wird (BGHSt 44, 243, 248). Eine andere Beurteilung ist indes geboten, wenn die gem. § 100b Abs. 1 erforderliche gerichtliche oder staatsanwaltliche Anordnung vollständig fehlt (BGHSt 31, 304, 308 f.; a. A. LG Mannheim StV 2002, 242).

Das von der Rspr. errichtete Widerspruchserfordernis des verteidigten Angeklagten in der Hauptverhandlung (BGHSt 51, 1, 3; BGH StV 2001, 545 m. abl. Anm. *Ventzke*) ist neben den grundsätzlichen Ablehnungsgründen (s.o. Rdn. 276) im Bereich der Telekommunikationsüberwachung zusätzlich dem Einwand ausgesetzt, insoweit werde ein gesetzlich nicht legitimierter Eingriff in Art. 10 GG begründet (*Wollweber* wistra 2001, 182). 310

Werden bei einer Telekommunikationsüberwachung Erkenntnisse ermittelt, welche andere Taten betreffen als die, deretwegen die Maßnahme angeordnet wurde, stellt sich die Frage nach der Verwertbarkeit dieser sog. **Zufallsfunde**. War die ursprüngliche Telekommunikationsüberwachung rechtswidrig, dürfen die Zufallsfunde nicht verwertet werden (BGH NStZ 2003, 499). War die Maßnahme hingegen rechtmäßig, ist eine Verwertung unter den Voraussetzungen des § 477 Abs. 2 Satz 2, 3 zulässig (OLG Düsseldorf NStZ 2001, 657; abw. *Kretschmer* StV 1999, 221; vgl. oben Rdn. 281 und § 477). Im Übrigen gilt trotz an und für sich zulässiger Beweisgewinnung ein Verwertungsverbot. Dies schließt jedoch nach Ansicht der Rspr. nicht aus, dass mittels Weiterverfolgung der aufgefundenen Informationen andere Beweismittel ermittelt werden (sog. **Spurenansatz**; BGHSt 27, 355, 358; OLG München wistra 2006, 472; LG Landshut NStZ 1999, 635; z.T. restriktiver OLG Karlsruhe NJW 2004, 2687 m. zust. Bespr. *Allgayer* NStZ 2006, 603; *Kudlich* JuS 2004, 1019; hiergegen vgl. Argumentation Rdn. 277). 311

5. Beweisverwertungsverbote bei körperlicher Untersuchung. Werden körperliche Untersuchungen, insbes. Blutentnahmen, abweichend von § 81a Abs. 1 durch einen Nichtarzt durchgeführt, gebietet der Schutzzweck der Norm (Sicherung vor Gesundheitsgefahren), der sich nach Durchführung der Maßnahme verbraucht hat, **nicht** die Unverwertbarkeit des so erlangten Beweismittels, dessen Beweiswert nicht gemindert ist (BGHSt 24, 125, 128; OLG Karlsruhe StV 2005, 376; *Fahl* JuS 2001, 53; *Beulke* ZStW 103 (1991), 657, 672; **a. A.** *Eb. Schmidt* MDR 1970, 461, 464; *Ambos*, Beweisverwertungsverbote [2010] S. 58). 312

Grundsätzlich unterliegen Maßnahmen nach § 81a Abs. 1 dem Vorbehalt richterlicher Anordnung. Nur bei Gefahr in Verzug, d.h. wenn der Zweck der Zwangsmaßnahme durch ein Zuwarten bis zur Entscheidung durch einen Richter vereitelt zu werden droht, sind die StA bzw. ihre Hilfsbeamten zur Anordnung berechtigt (Regel-Ausnahme-Verhältnis). Wurde trotz fehlender Gefahr im Verzug eine zwangsweise Blutentnahme durch Polizei oder StA ohne Einholung einer richterlichen Anordnung eingeleitet, gingen die Strafgerichte – auch nach der verfassungsgerichtlichen Betonung der Revisibilität der Voraussetzungen der Eilkompetenz vor dem Hintergrund des Art. 19 Abs. 4 GG (BVerfG NJW 2007, 1345) – von der grundsätzlichen Verwertbarkeit des so erlangten Beweismaterials aus. Der Richtervorbehalt des § 81a Abs. 2 gehöre anders als der des § 105 i.V.m. Art. 13 GG nicht zum rechtsstaatlich verankerten Mindestschutzniveau (BVerfG NJW 2008, 3053; BVerfG StraFo 2011, 145, 146), sodass bei Einstellung in eine Abwägung das Allgemeininteresse an der Sicherheit des Straßenverkehrs die nur geringe Beeinträchtigung der körperlichen Unversehrtheit des Betroffenen überwiege (OLG Bamberg NJW 2009, 2146; KG NStZ 2010, 468; OLG Düsseldorf NZV 2010, 306; LG Itzehoe StV 2008, 457; vert. *Weinhold* SVR 2010, 13). 313

Einleitung

314 Etwas andere muss aber jedenfalls dann gelten, wenn die Anordnungsbehörde **bewusst** gegen § 81a Abs. 2 verstößt. Wird der Richtervorbehalt **objektiv willkürlich** oder **unter gröblicher Verkennung der Rechtslage** missachtet, ist der Grundsatz des »*fair trial*« verletzt und das Beweismittel daher **unverwertbar** (BGHSt 24, 125, 131; OLG Nürnberg StV 2010, 624; OLG Dresden JR 2010, 87; OLG Celle NJW 2009, 3524; OLG Hamm StV 2009, 459; Rspr.-Übersicht bei *Ernst* Jura 2011, 94 und *Metz* NStZ-RR 2014, 329). Ein derart gravierender, ein Verwertungsverbot begründender Verstoß, wird insbesondere angenommen, wenn die Polizei trotz der mittlerweile etablierten Rspr. zur Einschaltungspflicht eines Ermittlungsrichters die Polizei systematisch an einer Umgehung des Richtervorbehalts festhält (»Fehler im System«; OLG Oldenburg NJW 2009, 3591; SchlHOLG StV 2010, 13). So darf ein Polizeibeamter seine Eilkompetenz gem. § 81a Abs. 2 nicht mit einer allgemeinen Dienstanweisung begründen, sondern muss eine selbstständige Prüfung vornehmen; denn eine generelle Betrachtungsweise verkennt den Schutzzweck des einzelfallorientierten Richtervorbehalts (OLG Köln StV 2012, 6). Voraussetzung für ein Beweisverwertungsverbot ist nach Ansicht der Rspr. auch hier, dass der Angeklagte unter Angabe der Angriffsrichtung, d.h. mit spezifizierter Begründung, widerspricht (OLG Hamburg NJW 2008, 2597; OLG Hamm NJW 2011, 468 u. 469; OLG Frankfurt a.M. NStZ-RR 2011, 46; abl. *Prittwitz* StV 2008, 486, 492; zur Argumentation gegen das Widerspruchserfordernis s.o. Rdn. 274).

315 **Kein** Verwertungsverbot wird durch das bloße Übergehen des Anordnungsvorrangs der StA vor den polizeilichen Ermittlungspersonen (BVerfG NJW 2010, 2864 Rn. 29, 31) begründet (OLG Hamm StV 2009 462), durch die Verletzung der Dokumentationspflichten (BGH NJW 2007, 1346; OLG Köln NStZ 2009, 406, 407; OLG Frankfurt a.M. NStZ-RR 2011, 46, 48) oder das Fehlen eines nächtlichen richterlichen Eildienstes (BVerfG StraFo 2011, 145; OLG Naumburg StRR 2011, 200).

316 **6. Rechtswidrige Beweismittelerlangung durch Privatpersonen. a)** Stellt sich die Frage der Verwertbarkeit von Beweismitteln, welche die Strafverfolgungsbehörden von Privatpersonen erhalten haben, so ist der staatlich veranlasste Einsatz von Privatpersonen zum Zwecke der Beweisgewinnung von den Fällen zu unterscheiden, in denen ein Privater aus eigener Initiative ermittelt und die so erlangten Ergebnisse erst nachträglich an die zuvor nicht beteiligten Strafverfolgungsbehörden weitergibt. Im Falle einer staatlichen Veranlassung der Beweismittelgewinnung muss eine **Zurechnung** der prozessrechtlichen Bindungen erfolgen. Würde im Falle strafverfolgungsbehördlicher Beweiserhebung ein Verbot der Verwertung greifen, muss die Rechtsfolge der Unverwertbarkeit auch gelten, wenn stattdessen eine Privatperson **im gezielten Auftrag der Strafverfolgungsbehörden** das Beweismittel erlangt hat. Anderenfalls könnte die Geltung der gesetzlichen Eingriffsbeschränkungen sowie der Rechtsgrundsätze aus Grundgesetz und EMRK mittels gezielter Umgehung ausgehebelt werden (EGMR [M.M. v. Niederlande] StV 2004, 1; dazu *Gaede* StV 2004, 46; BGHSt 34, 362, 364).

317 **b)** Ist die Beweismittelerlangung auf **eigeninitiatives Handeln** eines Privaten zurückzuführen, das einen Straftatbestand erfüllt, aber gerechtfertigt ist, sind die materiell **rechtmäßig** erlangten Beweismittel jedenfalls dann uneingeschränkt verwertbar, wenn der Rechtfertigungsgrund im Zeitpunkt der Hauptverhandlung noch fortwirkt (*Beckemper/Wegner* JA 2003, 510; z.T. abw. BayObLGSt 1994, 6, 8; *Störmer* Jura 1994, 621 f.; *B. Kramer* NJW 1990, 1760).

318 Stellt sich die Beweismittelerlangung durch die Privatperson als **materiell strafrechtswidrig** dar, sind die von ihr gefundenen und den Strafverfolgungsbehörden zur Verfügung gestellten Beweismittel trotz des Rechtsverstoßes **grundsätzlich verwertbar**, da die Vorschriften der StPO sich nur an den staatlichen Strafverfolgungsapparat richten (BVerfG NStZ 2011, 103; KK/*Senge* Vor § 48 Rn. 52; a.A. *Rogall* ZStW 91 (1979), 1, 41 f.). **Unverwertbarkeit** ist allerdings dann anzunehmen, wenn die Beweismittel durch ein **eklatant menschenwürdewidriges oder grob rechtsstaatswidriges** Verhalten eines Privaten erlangt wurden (z.B. Erzielung eines Geständnisses durch Folter oder den Einsatz von Drogen; BGHSt 44, 129; § 136a analog; *Meyer-Goßner/Schmitt* § 136a Rn. 3; *Brodag*, Strafverfahrensrecht, Rn. 263; differenzierend KK/*Senge* Vor § 48 Rn. 52; *Mende, B.*, Grenzen privater Ermittlungen durch den Verletzten einer Straftat, 2001, S. 244; *Wölfl* JA 2001, 504; KMR/*Pauckstadt/Maihold* § 136a Rn. 6).

319 Diese Maßstäbe privater Beweismittelerlangung sind nach neuester Rechtsprechung auch bei der Frage der Verwertbarkeit von durch **ausländische Geheimdienste** gewonnenen Informationen anzuwenden (OLG Hamburg NJW 2005, 2327 [Fall Motassadeq]; vert. *Ambos* StV 2009, 151, 158; *Gless* JR 2008, 317, 325; *Schuster*, Verwertbarkeit im Ausland gewonnener Beweise im deutschen Strafprozess, 2006, S. 221). Zur Frage von Beweisverwertungsverboten bei Völkerrechtsverstößen s.u. Rdn. 325.

c) Hinsichtlich der Verwertbarkeit von Beweismitteln, die durch private Eingriffe in die **Intim- oder Sozialsphäre** (s.o. Rdn. 302 ff.) erlangt wurden, ist der gleiche Maßstab anzulegen wie an staatliche Ermittlungshandlungen (vgl. BGHSt 14, 358, 359 [Tonband]; BGHSt 19, 325, 331 [Tagebuch], dazu LG Zweibrücken NJW 2004, 85; s.a. *Eisenberg*, Beweisrecht, Rn. 387 ff.), da jedenfalls die Verwertung in der Hauptverhandlung den entsprechenden Eingriff in das allgemeine Persönlichkeitsrecht nunmehr von staatlicher Seite wiederholen würde (*Wölfl*, Die Verwertbarkeit heimlicher privater Ton- und Bildaufnahmen im Strafverfahren, 1997, S. 107 ff.). **320**

d) Zu den Fällen des gezielten Einsatzes privater Ermittler zum Zwecke der Umgehung von Verfahrensvorschriften s.u. Rdn. 326 ff. **321**

e) Liegt eine den Beschuldigten belastende Aussage vor, zu welcher er in einem außerstrafrechtlichen Verfahren verpflichtet war, gebietet der *nemo-tenetur*-Grundsatz die Unverwertbarkeit dieser Aussage im Strafverfahren (**Gemeinschuldnerbeschluss** BVerfGE 56, 37, 51, nunmehr gesetzlich verankert in § 97 Abs. 1 Satz 3 InsO; beachte aber OLG Jena NStZ 2011, 172; OLG Celle StV 2013, 555 zum Nichteingreifen des Verwertungsverbotes im Falle von ohne Verpflichtung offenbarten belastenden Tatsachen; zur Regelung des § 393 Abs. 2 AO für im Besteuerungsverfahren offenbarte Tatsachen s.u. Rdn. 355). Umstritten ist hingegen die Verwertbarkeit selbstbelastender Aussagen, die im Rahmen von **unternehmensinternen Untersuchungen** durch Angestellte nichtstaatlicher Institutionen erlangt wurden, wie im Falle der durch die US-amerikanische SEC (Securities and Exchange Commission) geleiteten Befragungen im Siemens-Konzern. Hier muss Folgendes gelten: Unterlag der befragte Arbeitnehmer einer arbeitsrechtlich erzwingbaren Mitwirkungspflicht oder wurde er über das Bestehen einer derartigen Verpflichtung getäuscht, gebietet es das schützenswerte Schweigerecht des Beschuldigten unter Zugrundelegung des *nemo-tenetur*-Prinzips bzw. einer analogen Anwendung des § 136a, ein Beweisverwertungsverbot für diese Aussagen anzunehmen (*Bittmann/Molkenbur* wistra 2009, 373; *Böhm* WM 2009, 1923; *Jahn* StV 2009, 41; *Momsen* ZIS 2011, 508; *Pfordte* FS DAV, S. 740 ff.; *Theile* StV 2011, 381; ähnlich: *Wastl/Litzka/Pusch* NStZ 2009, 68). Zweifelhaft und einer Klärung durch die Gerichte vorbehalten ist hier die Frage, ob der Arbeitgeber die Einforderung der Aussagepflicht des Arbeitnehmers auf extern eingeschaltete Privatermittler delegieren kann und ob dies Auswirkungen auf die strafprozessuale Verwertbarkeitsfrage hat (eine Delegation zulassend *Bittmann/Molkenbur* wistra 2009, 373, 375 unter Berufung auf §§ 242, 241 Abs. 2 BGB; zweifelnd *Jahn* StV 2009, 41, 44 f.). Wurde der Arbeitnehmer vor die freie Wahl gestellt auszusagen, ohne dass ihm rechtlich negative Konsequenzen drohten (z.B.i.R.e. unternehmensinternen Amnestieprogrammes), bestand keinerlei Aussagezwang, der mit einem Verwertungsverbot kompensiert werden müsste. **322**

7. Beweisverwertungsverbot wegen völkerrechtswidriger Beweismittelerlangung. Bei Verstößen deutscher Behörden gegen innerstaatlich bindendes Völkerrecht (aufgrund legislativer Transformation i.S.d. Art. 59 Abs. 2 Satz 1 GG, Völkergewohnheitsrecht oder allgemeinen Rechtsgrundsätzen aus Art. 25 GG) wird im Außenverhältnis die völkerrechtliche Verantwortlichkeit der BRD begründet, den Verstoß in angemessener Weise durch Wiederherstellung des *status quo ante* rückgängig zu machen. Begründet ein völkerrechtswidriges Verhalten zugleich die Verletzung subjektiver Rechte eines Betroffenen, stellt sich die Frage einer Restitution mittels Anerkennung eines Beweisverwertungsverbotes. **323**

Diskutiert wird v.a. die Anerkennung von Beweisverwertungsverboten im Zusammenhang mit Fällen der grenzüberschreitenden internationalen Beweisrechtshilfe. Bedient sich ein Staat der Hilfe eines anderen Staates, um auf dem Territorium des letzteren ein Beweismittel zu erheben, so besteht eine Bindung des ersuchenden Staates an die insoweit erteilten Vorgaben und Beschränkungen des ersuchten Staates z.B. hinsichtlich der zur Verfolgung freigegebenen Straftaten. Verstößt der ersuchende Staat gegen diesen fremdstaatlichen sog. **Spezialitätsvorbehalt** (hierzu *Gless/Eymann* StV 2008, 318, 320) des ersuchten Staates ist – unabhängig davon, ob die Beweishilfe i.R.e. zwischenstaatlichen Abkommens erfolgte (vgl. z.B. das Europäische Rechtshilfeübereinkommen, allerdings mit Fiskalvorbehalt in Art. 2a) oder ein Fall der sog. informellen Rechtshilfe vorliegt – laut Rspr. von einem Beweisverwertungsverbot auszugehen (BGHSt 334, 343 f.; BGH NStZ 1999, 363; s.a. OLG München StV 2015, 348). **324**

Zur Frage der Zuerkennung eines Beweisverwertungsverbotes in Fällen des Verstoßes gegen Art. 36 WÜK s.o. Rdn. 300 f. **325**

Einleitung

Zur Ablehnung eines allgemeinen Zurechnungsgrundsatzes im Hinblick auf Verfahrenshandlungen in anderen durch die EMRK gebundenen Staaten vgl. BGHSt 55, 70.

326 **8. Beweisverwertungsverbote bei heimlichen Ermittlungen. a) Einsatz verdeckter Ermittler oder sonst verdeckt operierender Hilfspersonen.** Heimliche Ermittlungsmaßnahmen, welche die Gefahr ungewollter Selbstbelastung oder der Belastung von nahen Angehörigen in sich bergen, sind dem Eingriffsinstrumentarium der StPO nicht fremd. So setzen u.a. die Überwachung der Telekommunikation nach § 100a und der Einsatz technischer Mittel zur Abhörung des nichtöffentlich gesprochenen Wortes nach §§ 100c, 100f notwendigerweise ein verdecktes Vorgehen der Ermittlungsbehörden voraus. Gerade aus diesem Grund unterliegen derlei Maßnahmen jedoch hohen formellen und materiellen Anforderungen. Der BGH stellte daher in seinem Beschluss zur strafprozessualen Online-Durchsuchung (BGHSt 51, 211) zutreffenderweise fest, dass im Rahmen von Eingriffsermächtigungen (in concreto § 102), die auf ein offenes Vorgehen der Strafverfolgungsbehörden ausgelegt sind, keine heimliche Ermittlungstätigkeit gerechtfertigt sei.

327 §§ 110a ff. stellen eine Rechtsgrundlage für den Einsatz von **verdeckten Ermittlern** (kurz: vE; Begriffsdefinition in § 110a Abs. 2, vgl. § 110a) dar. Fehlen deren **materiellen Anordnungsvoraussetzungen**, sind die durch einen materiell rechtswidrig zum Einsatz gekommenen vE erlangten Informationen nicht verwertbar (AG Koblenz StV 1995, 518; *Beulke/Rogat* JR 1996, 520). Die Rspr. erkennt dies allerdings nur in Fällen objektiv willkürlichen Verhaltens der Strafverfolgungsorgane oder einer grob unvertretbaren und schlechterdings nicht mehr nachvollziehbaren Anordnung an (BGHSt 42, 103, 104 m. krit. Anm. *Bernsmann* NStZ 1997, 250; *Weßlau* StV 1996, 579). Die bloße Verletzung von **formellen Anforderungen** der §§ 110a ff. führt hingegen nicht zu einem Beweisverwertungsverbot (BGH StV 1995, 398), es sei denn, es liegt überhaupt keine Anordnung von Seiten der Staatsanwaltschaft oder der des zuständigen Gerichts vor (*Meyer-Goßner/Schmitt* § 110b Rn. 11; a. A. *Zaczyk* StV 1993, 496). Verwertbar sind auch diejenigen Informationen, die aufgrund eines staatsanwaltschaftlich angeordneten vE-Einsatzes im Falle von Gefahr in Verzug in den ersten drei Tagen ohne eine solchen Maßnahme erlangt wurden, ohne dass eine richterliche Zustimmung i.S.d. § 110b Abs. 2 Satz 4 erfolgt ist (BGHSt 41, 64, 66; zust. *Beulke/Rogat* JR 1996, 520; a. A. *Weßlau* StV 1995, 506). Die Verwertbarkeit von Informationen zulasten notwendigerweise mitbetroffener Dritter in gegen diese gerichteten Verfahren soll von der hypothetischen Erwägung abhängen, ob auch ihnen gegenüber ein vE-Einsatz rechtmäßigerweise hätte angeordnet werden können (BGH NStZ 1997, 294).

328 Werden die Ermittlungen nicht durch einen vE durchgeführt, sondern durch einen **V-Mann** (d.h. eine durch die Strafverfolgungsbehörden mit konkretem Ermittlungsauftrag eingesetzte Privatperson), fehlt bisher eine spezielle gesetzliche Regelung sowohl bzgl. der materiellen als auch hinsichtlich der formellen Rechtmäßigkeitsanforderungen. Deshalb ist äußerst umstritten, ob und in welchem Ausmaße insoweit Beweisverwertungsverbote in Betracht kommen, z.B. weil der V-Mann zur Aufdeckung nur geringfügiger Kriminalität eingesetzt worden ist oder um die Einsatzbeschränkungen des vE zu umgehen (s. sogleich Rdn. 331 f.; vgl. EGMR NJW 2009, 3565 der den Einsatz von verdeckt operierenden Ermittlern als grundsätzlich zulässig; Einzelheiten hierzu u. Art. 6 EMRK Rn. 40) anerkennt, die Verwertbarkeit hieraus erlangter Beweismittel jedoch an die Existenz einer missbrauchsverhindernden Regelung von Anordnungs- und Verfahrensvoraussetzungen knüpft).

329 Durch den Einsatz verdeckt operierender Ermittlungshelfer – sei es polizeilicher oder privater Art – wird zudem stets die nicht von der Hand zu weisende Gefahr begründet, dass strafprozessuale Schutznormen (insbes. §§ 136, 136a, 52, 252) **gezielt umgangen werden**. Dies gilt es mittels der Anerkennung von Beweisverwertungsverboten zu verhindern. Im Einzelnen umstritten ist jedoch, auf welchem Wege und in welchen Fällen derlei Ergebnisse wünschenswert sind. Mangels Vornahme einer Befragung in offen gelegter Eigenschaft als amtliche Verhörsperson (vgl. zum Vernehmungsbegriff § 136) unterliegen weder vE noch V-Mann der Belehrungspflicht nach §§ 163a Abs. 4 Satz 2, 136 (BGHSt (GrS) 42, 139, 145 zur Konstellation der Hörfalle; a. A. *Müssig* GA 2004, 87). Auch eine analoge Anwendung dieser Normen kommt mangels vergleichbarer Konfliktsituation (das Belehrungserfordernis begründet sich nach h.A. als Reaktion auf die Vorstellung des Befragten, zur Aussage gegenüber einem offen auftretenden Hoheitsträger verpflichtet zu sein) grundsätzlich nicht in Betracht. Dies gilt umso mehr im Falle einer bloßen Observation bei Straftaten.

Bisher erkannte der BGH **lediglich** in den Fällen, in denen bei Einsatz eines vE oder eines V-Manns die 330
besonderen **Zwangswirkungen der Untersuchungshaft** ausgenutzt wurden, ein Beweiserwertungsverbot an (BGHSt 44, 129, 134; unter Annahme eines Verstoßes gegen den Grundsatz des *fair trial* BGHSt 55, 138). Der auch im Übrigen nahe liegende Rekurs auf den Grundsatz *nemo tenetur se ipsum accusare* wurde mit der Begründung abgelehnt, dieses Prinzip schütze nur vor einem Zwang zur Aussage oder zur sonstigen Mitwirkung am Strafverfahren. Nicht geschützt sei hingegen die Freiheit von Irrtümern darüber, sich durch ein Verhalten selbst zu belasten. Der Einsatz von kriminalistischer List sei nicht unzulässig. Von einem weniger restriktiven Verständnis des *nemo-tenetur*-Prinzips scheint der EGMR auszugehen, der hierunter zwar in erster Linie den Schutz des Beschuldigten vor behördlichem Zwang subsumiert, jedoch darüber hinaus auch die grundsätzliche Entscheidungsfreiheit zu selbstbelastendem Verhalten darunter fasst, welche auch durch Täuschung verletzt werden könne (EGMR [Allan v. UK], StV 2003, 257 m. Anm. *Gaede*; EGMR JR 2009, 514 m. Bespr. *Gaede* JR 2009, 493; später aber einschränkend EGMR [Bykov v. Russland] JR 2009, 519, wonach die Grundsätze der Allan-Rspr. nur im Fall eines Druckes zur Selbstbelastung einschlägig sein sollen; BGH NStZ 2011, 596).

Ein unselbständiges Beweisverwertungsverbot wegen rechtswidriger Beweiserhebung ist indes jedenfalls dann in **Analogie zu § 136** geboten, wenn eine gezielte Umgehung der Belehrungsvorschriften erfolgt, indem ein vE/V-Mann zur Aufklärung einer bestimmten Tat einen Beschuldigten befragen soll, der sich zuvor gegenüber den Strafverfolgungsbehörden auf sein Aussageverweigerungsrecht berufen hat (BGHSt 52, 11 und BGH NStZ 2009, 343 – allerdings unter Bezugnahme auf den *nemo-tenetur*-Grundsatz; krit. *Bosch* JA 2007, 903; *Duttge* JZ 2008, 261; i.E. zust. *Engländer* ZIS 2008, 163; *Renzikowski* JR 2008, 164; *Rogall* NStZ 2008, 110; zuvor noch verneinend BGHSt 40, 211, 215; offen gelassen BVerfG NStZ 2000, 489, 490). In einem solchen Falle besteht wegen willkürlicher Umgehung der Belehrungsverpflichtung ein Verwertungsverbot für die dergestalt erlangte Aussage (s.o. Rdn. 297). Zudem darf die bereits gesetzgeberisch durch § 252 vorgegebene Entscheidung nicht per Einsatz eines verdeckten Ermittlers oder eines V-Mannes außerhalb von formellen Vernehmungen unterlaufen werden. In Abweichung von der grundsätzlich durch die Rspr. anerkannten Verwertbarkeit von Angaben eines Angehörigen gegenüber einem V-Mann (BGHSt 40, 211, 216; i.E. zust. u.a. *Gollwitzer* JR 1995, 473; *Sternberg-Lieben* JZ 1995, 844; *Widmaier* StV 1995, 621; offen gelassen in BVerfG NStZ 2000, 489 unter Annahme eines Verstoßes gegen das *fair-trial*-Prinzip mangels gesetzlicher Grundlage für den V-Mann-Einsatz) muss gemäß § 252 analog ein Verbot der Verwertung anerkannt werden, wenn der Beweismittelerlangung ein gezielter Ausforschungsauftrag unter Umgehung der Belehrungspflicht des § 52 Abs. 3 zugrunde liegt, und sich der Zeuge zuvor ausdrücklich auf sein Zeugnisverweigerungsrecht berufen hat.

Der BGH bejahte dies in einem entsprechenden Fall unter Heranziehung des *nemo-tentur*-Grundsatzes 332
(BGHSt 52, 11; sehr ähnlich: BGH NStZ 2009, 343), ohne den Streit um dessen Reichweite zu entscheiden. Durch die Berufung des Beschuldigten auf sein Schweigerecht gegenüber den Ermittlungsbehörden, verdichte sich der allgemeine Schutz der Selbstbelastungsfreiheit dergestalt, dass die Strafverfolgungsbehörden seine Entscheidung zu schweigen zu respektieren hätten und dies nicht durch vernehmungsähnliche, verdeckte Befragungen umgehen dürften. Diese im zugrunde liegenden Fall getroffene und ausdrücklich nach außen kommunizierte Entscheidung des Beschuldigten zur Ausübung seines Schweigerechts sei hier durch massive Bedrängung und Ausnutzung eines gezielt geschaffenen Vertrauens- und Abhängigkeitsverhältnisses unterlaufen worden, sodass sich das Gespräch mit der verdeckt operierenden Ermittlungsperson letztendlich als »funktionales Äquivalent einer staatlichen Vernehmung« darstellte und hiermit ein die Beweisverwertung ausschließender Verstoß gegen den Grundsatz der Selbstbelastungsfreiheit vorlag.

b) Mithörfälle. Auch in den Fällen, in denen die Polizei ein Telefongespräch mit Einverständnis 333
eines Privaten, das dieser mit einem Verdächtigen führt, mithört oder ein solches Gespräch konkret veranlasst, muss ein Beweisverwertungsverbot aufgrund einer analogen Anwendung der §§ 136, 136a, 52, 252 angenommen werden, wenn der Staat durch die Einschaltung des Dritten diese Schutznormen bewusst unterlaufen will (so die h.A. im Schrifttum: *Bernsmann* StV 1997, 116; *Bosch* Jura 1998, 236; *Fezer* NStZ 1996, 289; *Jung* JuS 1994, 618; *Renzikowski* JZ 1997, 710; *Roxin* NStZ 1997, 18; ebenso EGMR StV 2004, 1; BGH NStZ 1996, 200; anders BGHSt 33, 217, 223 zum Abhören von durch

Einleitung

wahrheitsgemäße Ankündigung einer bevorstehenden Verhaftung provozierter Telefonate). Unter Zugrundelegung der Abwägungslehre hat demgegenüber BGHSt (GrS) 42, 139, 149 in seiner **Hörfallenentscheidung** ein Beweisverwertungsverbot unter Verweis auf die Aufklärung einer Straftat von erheblicher Bedeutung und die anderweitig nicht Erfolg versprechenden Ermittlungsmethoden verneint (i.E. ebenso *Popp* NStZ 1998, 95; *Rieß* NStZ 1996, 505; *Seitz* NStZ 1995, 519). Der *nemo-tenetur*-Grundsatz sei nicht beeinträchtigt, da er nur vor staatlichem Zwang zur Aussage, nicht aber vor staatlich veranlasster irrtümlicher Selbstbelastung schütze. Daher komme auch eine analoge Anwendung der §§ 136 Abs. 1, 163a Abs. 1 nicht in Betracht (ebenso zuletzt: BGH NStZ 2011, 596).

334 Vor dem Hintergrund der Entscheidung Allan v. UK (EGMR StV 2003, 257, s.o. Rdn. 330) erschien jedoch fraglich, ob der BGH an dieser Rechtsprechung festhalten würde. Ein Einschwenken auf die Linie des EGMR erfolgte durch die Entscheidungen BGHSt 52, 11 (s.o. Rdn. 331) und BGHSt 53, 294. Letztere nahm einen die Beweisverwertung ausschließenden Verstoß gegen das *fair-trial*-Prinzip an, weil ein Gespräch des Beschuldigten mit seiner Ehefrau in einem separaten Besuchsraum der Untersuchungshaftanstalt heimlich abgehört worden war. Allerdings handelt es sich insofern um reine Einzelfallentscheidungen, die ihre Ergebnisse allein infolge einer Abwägung der konkret involvierten Interessen generiert haben und zudem auf unterschiedliche Rechtsprinzipien abstellen (insofern krit. zum »Schlingerkurs« des BGH *Verrel* FS Puppe, S. 1629, 1632). Rechtssicherheit im Hinblick auf zukünftige Entscheidungen in Mithörfällen wird hierdurch ebenso wenig geschaffen wie ein verallgemeinerungsfähiger Grundsatz. Dementsprechend bleibt zu hoffen, dass sich die Strafsenate des BGH den in letzter Zeit getroffenen Aussagen in zivil- und arbeitsrechtlichen Streitigkeiten anschließen mögen, wonach einer Verwertung des aus vorsätzlich initiierten Mithörfallen erlangten Beweismaterials das Recht am gesprochenen Wort als Ausprägung des Allgemeinen Persönlichkeitsrechts i.S.d. Art. 2 Abs. 1 i.V.m. 1 Abs. 1 GG entgegensteht (in eine andere Richtung weist jedoch leider BGH NStZ 2011, 596 m. zutr. krit. Anm. *Eisenberg* JR 2011, 409, *Schumann* JZ 2012, 265 u. *Roxin* StV 2012, 131). Das allgemeine Interesse an einer effektiven Straf- und Zivilrechtspflege kann sich hiernach in einer Abwägung nur dann gegen das beeinträchtigte Allgemeine Persönlichkeitsrecht durchsetzen, wenn zusätzliche Aspekte hinzutreten (BVerfGE 106, 28; BAG NJW 2010, 104). Kritisch anzumerken ist hinsichtlich dieser Rspr., dass als ein zusätzlicher Abwägungsgesichtspunkt die besondere Schwere einer aufzuklärenden Straftat angeführt wird und hierdurch ähnlich wie in den Tagebuchentscheidungen auf der Grundlage der Sphärentheorie des BVerfG ein »Zwei-Klassen-Beweisverwertungsrecht« geschaffen wird.

335 **J. Rechtskraft. I. Rechtskraftfähige Entscheidungen. 1.** Mit der Rechtskraft wird die gefundene Entscheidung einer Abänderbarkeit entzogen und entfaltet verbindliche Wirkung. Damit ist die Rechtskraft der wahrscheinlich wichtigste Ausdruck der Rechtssicherheit (vert. *Kudlich/Oğlakcıoğlu*, in: Rechtssicherheit durch Rechtswissenschaft, S. 171 ff.). **Rechtskraftfähig** sind alle **Sachurteile** und **Prozessurteile**, die auf ein **endgültiges Verfahrenshindernis** zurückzuführen sind.

336 **2.** Auch inhaltlich falsche und prozessual fehlerhaft zustande gekommene Urteile erwachsen in Rechtskraft. Obwohl dies grds. genauso bei schweren Verfahrensverstößen gilt, ist hiervon in Fällen extremer Rechtsstaatswidrigkeit eine Ausnahme zu machen, da der Bestand des Urteils unter Gerechtigkeitsgesichtspunkten unerträglich wäre, selbst wenn man die Belange der Rechtssicherheit und des Rechtsfriedens hinreichend berücksichtigt (BGHSt 47, 270 m. krit. Anm. *Radtke* JR 2003, 127). Ein dergestalt **nichtiges Urteil** erwächst **nicht** in Rechtskraft. Nichtig sind: Urteile, welche eine gesetzlich nicht vorgesehene Sanktion verhängen; Urteile, die gegen Strafunmündige oder gegen verstorbene Personen (OLG Schleswig NJW 1978, 1016) ergehen; Entscheidungen unter Verstoß gegen den Grundsatz »ne bis in idem«, sofern sie in einem neuen selbstständigen Verfahren ergangen sind (BGH NStZ 1984, 279; OLG Hamm NStZ-RR 2008, 383 m. Bespr. *Mosbacher* JuS 2009, 124, 126; a. A. *Fahl* JuS 1996, 63) und Urteile, die im Rahmen einer unzulässigen kommissarischen Vernehmung ohne öffentliche Hauptverhandlung durch einen örtlich unzuständigen Richter ergehen (vgl. OLG Köln NZV 2003, 46). Ebenfalls nichtig sind Urteile, die gegen eine Person ergangen sind, welche an Stelle des Angeklagten in der Hauptverhandlung erschienen ist. Gegen den Erschienenen fehlt es sowohl an einer Anklage als auch an einem Eröffnungsbeschluss, hinsichtlich des nicht Erschienenen besteht kein personaler Bezug zu der Entscheidung des Gerichts (*Roxin/Schünemann*, Strafverfahrensrecht, § 52 Rn. 26; a. A.

LR/*Kühne* Einl. K, Rn. 122). Hat hingegen der richtige Angeklagte unter falschem Namen an der Hauptverhandlung teilgenommen, so ist das Urteil gegen ihn wirksam (KG NStZ-RR 2004, 240). Demgegenüber sind **Nicht-Urteile** solche Entscheidungen, die sich nicht einmal dem äußeren Anschein nach als Urteile darstellen (z.B. Urteilserlass durch den Protokollführer; bloßer Urteilsentwurf). Auch diese erwachsen nicht in Rechtskraft. 337

Nichtige und Nicht-Urteile müssen nicht mit Rechtsmitteln angefochten werden. In ihrer Unbeachtlichkeit liegt eine Einwendung gegen die Zulässigkeit der Strafvollstreckung i.S.d. § 458 Abs. 1. Unter dem Gesichtspunkt der Rechtsklarheit kann i.S.d. Meistbegünstigungsgrundsatzes jedoch auch die Einlegung von Rechtsmitteln zulässigerweise erfolgen. 338

3. Neben Urteilen sind auch **Beschlüsse**, die nur der Anfechtung mittels sofortiger Beschwerde unterliegen, rechtskraftfähig; gleiches gilt für die prozessbeendenden Beschlüsse nach § 349 Abs. 2 (vgl. hierzu BVerfG StV 2015, 75). Einer **beschränkten Rechtskraft** fähig sind die gerichtlichen Einstellungsbeschlüsse nach § 174 Abs. 2 im Klageerzwingungsverfahren und nach § 211 im Zwischenverfahren (vgl. § 174 und § 211). Zur Streitfrage um die Rechtskraftfähigkeit von Beschlüssen nach § 153 Abs. 2 vgl. § 153 Rdn. 19 ff. 339
Nicht rechtskraftfähig sind hingegen die Einstellungsverfügungen der StA (LG Gießen StV 1984, 327) sowie diejenigen gerichtlichen Beschlüsse, die nur mittels einfacher Beschwerde angegriffen werden können (arg. e § 306 Abs. 2 – jederzeitige Änderungsmöglichkeit).

II. Formelle Rechtskraft. Die **formelle Rechtskraft** eines Urteils hat zur Folge, dass selbiges vollstreckt werden kann (§ 449) und in materielle Rechtskraft (s.u. Rdn. 341 f.) erwächst. Ein strafgerichtliches **Urteil** wird formell rechtskräftig, wenn es in demselben Verfahren nicht mehr anfechtbar ist, d.h. entweder 340

– die **Rechtsmittelfrist** (§§ 314, 319 für die Berufung; §§ 341, 346 für die Revision) ohne wirksame Einlegung eines Rechtsmittels und daraus resultierender Rechtskrafthemmung i.S.d. §§ 316 Abs. 1, 343 Abs. 1 **abgelaufen** ist oder
– alle Anfechtungsberechtigten **wirksam** auf Rechtsmittel **verzichtet** bzw. ein eingelegtes Rechtsmittel **wirksam zurückgenommen** haben, § 302, oder
– das **Revisionsgericht abschließend** in der Strafsache entschieden hat, § 354 Abs. 1.

Ein Urteil kann auch in **Teilrechtskraft** erwachsen, wenn es zulässigerweise nur teilweise angefochten wird, z.B. nur hinsichtlich des Rechtsfolgenausspruches (sog. **horizontale** Teilrechtskraft hinsichtlich des Schuldspruchs, vgl. BGHSt 54, 135) oder nur hinsichtlich einer einzelnen Tat im materiellen Sinne (sog. **vertikale** Teilrechtskraft, vgl. BGHSt 49, 209).

III. Materielle Rechtskraft. Die **materielle Rechtskraft** führt zu einer **Sperrwirkung** in dem Sinne, dass die in einem Verfahren durch eine Sachentscheidung abgeurteilte prozessuale Tat i.S.d. § 264 (zum strafprozessualen Tatbegriff vgl. § 264 Rdn. 4 ff.) nicht nochmals zum Gegenstand eines Strafverfahrens und eines Sachurteils gemacht werden darf (st. Rspr. seit RGSt 2, 347). Dieser Grundsatz des »ne bis in idem« ist durch Art. 103 Abs. 3 GG mit Verfassungsrang ausgestattet und vermag als Prozessgrundrecht eine Verfassungsbeschwerde zu begründen. Das rechtskräftige Sachurteil – gleich ob Verurteilung oder Freispruch – begründet für spätere Prozesse ein **Verfahrenshindernis** (BVerfGE 3, 248, 251; BGHSt 5, 323, 328; s.o. Rdn. 100). Ein reines Prozessurteil i.S.d. § 260 Abs. 3 hat einen Strafklageverbrauch zur Folge, wenn es aufgrund eines **unbehebbaren** Prozesshindernisses ergeht (a. A. *Meyer-Goßner/Schmitt* Einl. Rn. 172: nur bei Entscheidung über Bestrafungsverbot; offen gelassen in BGHSt 32, 209, 210). Durch die Sperrwirkung rechtskräftiger Urteile tragen die Strafverfolgungsbehörden das Risiko einer unzulänglichen Sachverhaltsermittlung (sog. Sanktionsfunktion). 341

Die Bindungswirkung bezieht sich auf den Rechtsfolgenausspruch des Urteils. Eine für andere Gerichte bindende Feststellungswirkung hinsichtlich des in den Urteilsgründen getroffenen Sachverhalts besteht nicht (BGHSt 43, 106; BGH NStZ-RR 2004, 238). 342

IV. Rechtliche Qualifizierung. Das **Wesen der Rechtskraft** lässt sich auf unterschiedliche Arten begreifen: 343

Einleitung

1. Nach der früher vertretenen **materiell-rechtlichen** Rechtskrafttheorie begründet das rechtskräftige Urteil selbstständiges materielles Recht, sodass selbst bei Verurteilung eines Unschuldigen ein materieller Strafanspruch entsteht (*Birkmeyer*, Deutsches Strafprozeßrecht, 1898, S. 680).

2. Die auf *Goldschmidt* zurückgehende **Gestaltungstheorie** lehnt zwar die konstitutionell durch das Urteil begründete materielle Strafbarkeit eines unschuldig Verurteilten ab; nach ihr erlangt dieser jedoch die Stellung eines schuldig Gesprochenen (*Goldschmidt*, Der Prozeß als Rechtslage, 1925, S. 211 ff.; dazu vertiefend *Popp*, Verfahrenstheoretische Grundlagen der Fehlerkorrektur im Strafverfahren, 2005, S. 267).

3. Nach der inzwischen herrschenden sog. **prozessrechtlichen Rechtskrafttheorie** entfaltet das Urteil rein prozessuale Verbindlichkeit, sodass die Vollstreckung eines inhaltlich unrichtigen Urteils zwar rechtswidrig ist, dem unschuldig Verurteilten hiergegen jedoch keine Notwehrrechte zustehen (vgl. *Ranft* Rn. 1875; MüKo-StPO/*Kudlich* Einl. Rn. 505).

344 **V. Durchbrechung der Rechtskraft.** Trotz Rechtkraft können Urteile nochmals eine Änderung erfahren, wenn einer der Wiederaufnahmegründe der §§ 359 ff. eingreift und das Wiederaufnahmeverfahren durchgeführt wird, wenn eine Wiedereinsetzung i.S.d. §§ 44 ff. in die Rechtsmittelfrist erfolgreich ist, per Urteilsaufhebung zugunsten eines Mitangeklagten durch das Revisionsgericht i.S.d. § 357 sowie durch bundesverfassungsgerichtliche Aufhebung aufgrund erfolgreicher Verfassungsbeschwerde (§ 95 Abs. 2 BVerfGG; vert. *Jahn/Krehl/Löffelmann/Güntge*, Die Verfassungsbeschwerde in Strafsachen, 2011).

345 **Offensichtliche Schreib- und Fassungsfehler** sind einer nachträglichen Berichtigung zugänglich (BGHSt 5, 5, 7; BGH NZV 2006, 610; BGH StraFo 2015, 161), dies stellt keine Durchbrechung der Rechtskraft dar.

346 Treten erst nach der letzten Tatsachenverhandlung neue Tatsachen ein, die für die Schuld- oder Straffrage relevant sind (z.B. auf die Tat zurückzuführendes Versterben des Opfers einer rechtskräftig abgeurteilten Körperverletzung) wird teilweise die Möglichkeit einer »**Ergänzungs-**« oder »**Vervollständigungsklage**« angenommen. Da jedoch auch Spätfolgen zu der sie verursachenden Tat im prozessualen Sinne (§ 264) gehören, muss die materielle Rechtskraft des Urteils deren Berücksichtigung ausschließen, solange nicht einer der gesetzlich vorgesehenen Wiederaufnahmegründe einschlägig ist. Wegen ihres Ausnahmecharakters verbietet sich eine analoge Heranziehung der §§ 359 ff. (BVerfGE 65, 377, 381; *Achenbach* ZStW 87 (1975), 95; *Roxin/Schünemann*, Strafverfahrensrecht, § 52 Rn. 15).

347 **K. Spezielle Verfahrensarten. I. Strafbefehlsverfahren.** Zur beschleunigten und Kosten sparenden Regulierung von Fällen minder schwerer Kriminalität enthalten die §§ 407 ff. eine besondere Verfahrensart. Diese macht eine Hauptverhandlung nur dann erforderlich, wenn der Angeklagte gegen den ihm zugestellten Strafbefehl form- und fristgerecht Einspruch i.S.d. § 410 Abs. 1 einlegt. Ansonsten wird der Strafbefehl rechtskräftig und somit Grundlage der Vollstreckung (vert. u. §§ 407 ff.; *Beulke* StPO Rn. 526 ff.; *Heger* Strafprozessrecht, Rn. 335 ff.; *Wenske/Moldenhauer*, Beck'sches Richterhandbuch Rn. 466 ff.).

348 **II. Beschleunigtes Verfahren.** In Fällen erstinstanzlicher Amtsgerichtszuständigkeit kann nach §§ 417 ff. ein beschleunigtes Verfahren durchgeführt werden, das zahlreiche formale Erleichterungen mit sich bringt (v.a. Wegfall des Zwischenverfahrens gemäß § 418 Abs. 1, Verkürzung der Ladungsfristen nach § 418 Abs. 2 sowie erweiterte Verlesungsmöglichkeiten und Gründe für die Ablehnung von Beweisanträgen nach § 420).

349 **III. Sicherungsverfahren.** Ist ein Strafverfahren wegen Verhandlungsunfähigkeit des Täters undurchführbar oder scheidet eine Sanktionierung mit Schuld ahndenden Strafen wegen offensichtlicher (oder nicht auszuschließender, vgl. BGHSt 22, 1; a. A. *Sax* JZ 1968, 533) Schuldunfähigkeit im Tatzeitpunkt von vornherein aus, ermöglicht das in §§ 413 ff. geregelte Sicherungsverfahren die Verhängung der in § 71 StGB vorgesehenen Maßregeln der Besserung und Sicherung, wenn deren Anordnung im Zeitpunkt der Entscheidung über die Verfahrenseröffnung nach dem Stand der Ermittlungen zu erwarten ist (§ 413). Ein solches, die Straftat nicht als Grund, aber zum Anlass nehmendes Verfahren, stellt

sich als Ausübung reiner Verwaltungstätigkeit dar. Zu den Konkurrenzen der strafprozessualen und verwaltungsrechtlichen Verfahren vgl. § 413.
Eine spezialgesetzliche Regelung hat das Verfahren zur Verhängung der vorbehaltenen oder nachträglichen Sicherungsverwahrung in § 275a erfahren, welcher die §§ 413 ff. verdrängt.

IV. Steuerstrafverfahren. Für das Verfahren zur Aufklärung von Steuer- und Zollstraftaten gelten gem. § 385 Abs. 1 grundsätzlich die allgemeinen strafprozessualen Normen, jedoch existieren in den §§ 385–408 AO vorrangige Spezialregelungen. 350

Auch im Steuerstrafverfahren gilt das **Legalitätsprinzip** des § 152 Abs. 2 (s.o. Rdn. 52), jedoch enthält § 398 AO über die anwendbaren §§ 153 ff. hinaus zusätzliche Einstellungsmöglichkeiten aus Opportunitätsgründen. Das steuerrechtliche Bußgeldverfahren wird hingegen ausschließlich vom Opportunitätsprinzip bestimmt (§ 47 Abs. 1 OWiG). Wird dem Beschuldigten oder seinem Vertreter die Einleitung eines Straf- oder Bußgeldverfahrens wegen einer Steuerhinterziehung i.S.d. § 370 AO bekannt gemacht, ist ab diesem Zeitpunkt die Möglichkeit zur strafbefreienden Selbstanzeige ausgeschlossen, § 371 Abs. 2 Nr. 1b AO (vgl. zu den Anforderungen an eine derartige Selbstanzeige BGHSt 55, 180). 351

Anstelle der Staatsanwaltschaft – und von dieser völlig unabhängig – werden im reinen Steuerstrafverfahren die Finanzbehörden als **Ermittlungsbehörden** tätig (Finanzamt, Hauptzollamt, Bundesamt für Finanzen, vgl. § 386 Abs. 1 Satz 2, Abs. 2 AO). Gleichwohl verbleibt der StA die Möglichkeit, das Ermittlungsverfahren an sich zu ziehen. Die Finanzbehörden haben spiegelbildlich das Recht, das Verfahren bereits in diesem frühen Stadium an die StA abzugeben. Auch im Fall einer Verfahrensübernahme durch die StA, verbleiben den Steuer- und Zollfahndungsbeamten gem. § 404 AO die Rechte aus § 161 Abs. 1 Satz 2, § 152 GVG. 352

Die **Erhebung der öffentlichen Klage** erfolgt entweder, indem die Finanzbehörde den Erlass eines Strafbefehls (vgl. § 407) hinsichtlich einer Steuerstraftat beantragt oder – für den Fall, dass ihr die Strafsache nicht zur Behandlung im Strafbefehlsverfahren geeignet erscheint – indem die StA nach Weiterleitung der Akten anklagt, § 400 AO. Beraumt das Gericht Hauptverhandlung an (§ 408 Abs. 3 Satz 2) oder legt der Beschuldigte Einspruch gegen den Strafbefehl ein, wird die StA ebenfalls zuständig (§ 406 AO). Ihr eigentliches Anklagemonopol lebt in diesem Fall wieder auf. 353

Die Finanzbehörde ist in allen Verfahrensabschnitten Beteiligte am Verfahren (vgl. § 395, 402, 403, 407 AO). Die **Zuständigkeit** der Strafgerichte bestimmt sich im Grundsatz **nach den allgemeinen Vorschriften**. Die ermittlungsrichterliche Zuständigkeit liegt bei demjenigen AG, das auch bei sonstigen Delikten mit den erforderlichen richterlichen Entscheidungen und Untersuchungshandlungen betraut wäre. Nach Erhebung der öffentlichen Klage ist örtlich das AG zuständig, in dessen Bezirk das LG seinen Sitz hat (§ 391 Abs. 1 AO). Im Falle einer amtsgerichtlichen erstinstanzlichen Zuständigkeit erfolgt mit Anklageerhebung eine **Konzentration** nach § 391 Abs. 4 AO auch für mitangeklagte sonstige Straftaten. Bei landgerichtlicher Zuständigkeit ist die besondere Zuständigkeit der Wirtschaftsstrafkammer zu beachten, § 74c Abs. 1 Nr. 3 GVG. 354

§ 393 AO dient der Absicherung des *nemo-tenetur*-Grundsatzes im Steuerstrafverfahren. § 393 Abs. 1 Satz 2 AO erklärt als Ausnahmeregelung zur grundsätzlich fortbestehenden Mitwirkungspflicht im Besteuerungsverfahren Zwangsmittel gegen den Steuerpflichtigen (nach § 328 AO) dann für unzulässig, wenn der Steuerpflichtige ansonsten dazu gezwungen wäre, sich selbst einer Steuerstraftat oder -ordnungswidrigkeit zu belasten (Beweiserhebungsverbot). Ausnahmslos unzulässig sind solche Zwangsmittel nach § 393 Abs. 1 Satz 3 AO ab Einleitung des Steuerstrafverfahrens. § 393 Abs. 1 Satz 4 AO enthält hinsichtlich der aus § 393 Abs. 1 AO resultierenden Schutzpositionen eine Belehrungsvorschrift, bei deren Verletzung die Rspr. inzwischen grundsätzlich ein Beweisverwertungsverbot annimmt (BGH NJW 2005, 2723; hierzu und zu den Einschränkungen *Klein*, AO, § 93 Rn. 41). Darüber hinaus unterwirft § 393 Abs. 2 Satz 1 AO diejenigen Tatsachen einem Beweisverwertungsverbot für Nicht-Steuerstraftaten, die der Steuerpflichtige vor Einleitung des Strafverfahrens oder vor Kenntnis von der Einleitung in Erfüllung steuerrechtlicher Pflichten offenbart hat (zur Verfassungswidrigkeit der Einschränkung des § 393 Abs. 2 Satz 2 AO vgl. LG Göttingen wistra 2008, 231 – durch BVerfG wistra 2010, 341 wurde die Verfassungsbeschwerde als unzulässig verworfen). 355

Strafprozessordnung (StPO)

Vom 1. Februar 1877 (RGBl 253; RGBl. III 312–2) in der Fassung vom 7. April 1987 (BGBl I 1074, 1319), zuletzt geändert durch Gesetz zur Neubestimmung des Bleiberechts und der Aufenthaltsbestimmung vom 27.7.2015 (BGBl. I S. 1386)

Erstes Buch. Allgemeine Vorschriften

Erster Abschnitt. Sachliche Zuständigkeit der Gerichte

§ 1 StPO Anwendbarkeit des Gerichtsverfassungsgesetzes.
Die sachliche Zuständigkeit der Gerichte wird durch das Gesetz über die Gerichtsverfassung bestimmt.

Übersicht	Rdn.		Rdn.
A. Allgemeines	1	II. Besondere Spruchkörper	27
B. Die Sachliche Zuständigkeit	6	1. Besondere Besetzungen	28
I. AG	7	2. Besondere Strafkammern	30
II. LG	10	3. Jugendsachen (im weiteren Sinn)	33
III. OLG	11	a) Jugendschutzsachen	34
C. Sonderfragen	14	b) Sachliche Zuständigkeit nach dem JGG	35
I. Der Zuständigkeitsstreit (Kompetenzkonflikt)	14	c) Örtliche Zuständigkeit	37
1. Bei sachlicher Zuständigkeit	15	d) Kompetenzkonflikte mit anderen Spruchkörpern	38
2. Bei örtlicher Zuständigkeit	17		
3. Bei funktioneller Zuständigkeit	20	III. Die konkrete Spruchkörperbesetzung	41
4. Im Rechtsmittelverfahren	22	IV. Besondere Verfahrensarten	43
5. Rechtswegzuständigkeit	25	D. Revision	46

S.a. RiStBV Nr. 113

A. Allgemeines. Die **Garantie des gesetzlichen Richters** (Art. 101 Abs. 1 Satz 2 GG, § 16 Satz 2 GVG) soll sowohl vermeiden, dass durch die auf den Einzelfall bezogene Auswahl der zur Entscheidung berufenen Richter das Ergebnis der Entscheidung tatsächlich beeinflusst wird, als auch die Glaubwürdigkeit der Justiz schützen und so die reale Urteilsakzeptanz fördern (s. *Sowada* Der gesetzliche Richter im Strafverfahren, 2002, S. 131 f. sowie *Börner*, Legitimation durch Strafverfahren, S. 159 ff.). Diese Zwecke erfordern einen Bestand von Rechtssätzen, die für jeden Streitfall den Richter bezeichnen, der für die Entscheidung zuständig ist (BVerfG NJW 1997, 1497, 1498; KMR/*v. Heintschel-Heinegg* § 1 Rn. 7 ff.). 1

Bezogen auf vermeidbare Manipulations*möglichkeiten* (vgl. *Börner* ZStW 122, 2010, 157, 158 ff.) ist streitig, in welchem Umfang Gericht und StA die Befugnis haben (dürfen), im konkreten Einzelfall zwischen unterschiedlichen Zuständigkeiten auszuwählen. Diese **bewegliche Zuständigkeit** (krit. *Achenbach* FS Wassermann, S. 849 ff.; *W. Arnold* ZIS 2008, 92 ff.; *Bockelmann* NJW 1958, 889 ff.; *Herzog* StV 1993, 609 ff.; KMR/*v. Heintschel-Heinegg* § 1 Rn. 65; *Oehler* ZStW 64, 1952, 292 ff.; *Rotsch* ZIS 2006, 17 ff.; *Sowada*, a.a.O., S. 466 ff. [585 ff., 647 f., 731 ff.]) ist problematisch bei der sachlichen (s. Rdn. 10) und örtlichen Zuständigkeit (s. § 7 Rdn. 5), i.R.d. Auswahlentscheidung bei Zurückverweisungen (§§ 210 Abs. 3 Satz 1 Halbs. 2, 354 Abs. 2) sowie bei Verfahrensverbindungen und -trennungen (§§ 2, 4). Ein Sonderproblem bilden die rechtlichen und faktischen Hürden der Vorlage an den Großen Senat für Strafsachen sowie an die vereinigten Großen Senate gem. § 132 GVG einschließlich der nur begrenzt stattfindenden verfassungsgerichtlichen Überprüfung (krit. *Rönnau*, StraFo 2014, ff u. *Fischer*, StraFo 2014, 309 ff.). 2

§ 1 StPO   Anwendbarkeit des Gerichtsverfassungsgesetzes

3   Die **sachliche Zuständigkeit** ist die Verteilung der Strafsachen nach Art und Schwere auf die erstinstanzlich unterschiedlich besetzten Gerichte verschiedener Ordnung (KK-StPO/*Fischer* § 1 Rn. 5; *Meyer-Goßner/Schmitt* Vor § 1 Rn. 2), einschließlich der Zuordnung zu Spruchkörpern mit unterschiedlicher Strafgewalt innerhalb eines Gerichts (BGHSt 26, 191, 197; BGHSt 18, 79, 83; s. Rdn. 8 f.). Die **örtliche Zuständigkeit** (Gerichtsstand, s. §§ 7 ff.) ist die Auswahl unter mehreren sachlich zuständigen Gerichten nach örtlichen Gesichtspunkten (*Beulke* StPR Rn. 37).

4   Die (weit verstandene) **funktionelle Zuständigkeit** umfasst alle weiteren Regeln zur Individualisierung des gesetzlichen Richters: u.a. die Auswahl zwischen allg. und speziellen Strafkammern (a. A. *Meyer-Goßner/Schmitt* Vor § 1 Rn. 4, 8 [besondere Zuständigkeit]; s. Rdn. 30 ff., § 6a) sowie die Unterscheidung zwischen Jugend- und Erwachsenengerichten (s. Rdn. 33 ff.), die geschäftsplanmäßige Verteilung innerhalb des Gerichts (KK-StPO/*Fischer* § 1 Rn. 4; a. A. *Meyer-Goßner/Schmitt* Vor § 1 Rn. 7 f.) sowie kammerinterne Besetzungsregelungen (§ 21g GVG; s.a. Rdn. 41 f.) und die Aufgaben des Vorsitzenden im Kollegialgericht (*Meyer-Goßner/Schmitt* Vor § 1 Rn. 8); ferner die Zuständigkeit der Rechtsmittelgerichte (BGHSt 19, 177, 179) und der Strafvollstreckungskammern gem. §§ 78a, 78b GVG (vgl. dort). Trotz unterschiedlicher Ansichten dazu, ob die funktionelle Zuständigkeit alle Regelungen jenseits der sachlichen und örtlichen Zuständigkeit umfasst (krit. *Meyer-Goßner/Schmitt* Vor § 1 Rn. 8), kommt es im Ergebnis nur auf die Erkenntnis an, dass unterscheidbare Fallgruppen existieren, die jeweils eigenen Regeln folgen können.

5   Die **StA** ist gem. §§ 141, 142 Abs. 1 GVG zu errichten. Deren Zuständigkeit bestimmt sich gem. § 143 GVG nach derjenigen des Gerichts, für das sie bestellt ist, jedoch ergänzt um die Notzuständigkeit aus § 143 Abs. 1 S. 2 GVG. Ein **Kompetenzkonflikt** (s. Rdn. 14 ff.) wird weithin durch §§ 145 Abs. 1, 146, 147 GVG verhindert (vgl. dort sowie KK-StPO/*Fischer* § 2 Rn. 8). Bei einem Zuständigkeitsstreit zwischen StAen verschiedener Länder entscheidet gem. § 143 Abs. 3 GVG der GBA (anders § 13 Rdn. 3). Der GBA übt das Amt der StA gem. § 142 Abs. 1 Nr. 1 GVG bei dem *BGH* aus und nach Maßgabe von § 142a GVG in erster Instanz vor dem *OLG* (KMR/*v. Heintschel-Heinegg* § 1 Rn. 61; s.a. Rdn. 11 ff.; § 2 Rdn. 5). Zuständigkeitskonzentrationen ermöglicht § 143 Abs. 4 u. 5 GVG (dazu § 143 GVG Rn. 8 ff.).

6   **B. Die Sachliche Zuständigkeit.** Gerichte unterschiedlicher sachlicher Zuständigkeit, die gem. § 1 grds. vom GVG bestimmt werden, stehen in der StPO zueinander in einem Rangverhältnis als Gerichte »niedrigerer« und »höherer« Ordnung (KK-StPO/*Fischer* § 1 Rn. 6).

7   **I. AG.** Mit § 24 Abs. 1 GVG ist für Strafsachen grds. das AG zuständig und § 24 Abs. 1 Nr. 1 bis Nr. 3 GVG enthält die Ausnahmen (dazu § 24 GVG Rn. 3 ff.). Ergänzend zu § 24 Abs. 1 Nr. 2 GVG wird in § 24 Abs. 2 GVG die Rechtsfolgenkompetenz auf vier Jahre Freiheitsstrafe begrenzt und eine Entscheidung über § 63 StGB sowie die Sicherungsverwahrung ausgeschlossen (s. aber zum JGG Rdn. 36).

8   Der **Strafrichter** entscheidet gem. § 25 GVG nur bei **Vergehen** (§ 12 StGB), wenn diese im Wege der Privatklage verfolgt werden oder wenn eine höhere Strafe als Freiheitsstrafe von zwei Jahren nicht zu erwarten ist, es gilt § 6 (o. Rdn. 3). Eine entsprechende Beschränkung der Rechtsfolgenkompetenz besteht nicht, daher kann auch der Strafrichter auf Freiheitsstrafe bis zu vier Jahren erkennen (BGHSt 42, 205, 213; BayObLG NStZ 1985, 470 m. abl. Anm. *Achenbach*) und eine Verweisung an das Schöffengericht scheidet aus (BGH StraFo 2004, 103; *Meyer-Goßner/Schmitt* § 25 GVG Rn. 4), solange kein Verbrechen vorliegt.

9   Wenn nicht der Strafrichter entscheidet, ist das **Schöffengericht** zuständig (§ 28 GVG). Es ist gem. § 29 Abs. 1 Satz 1 GVG mit einem Berufsrichter (zum Proberichter § 29 Abs. 1 Satz 2 GVG) und zwei Schöffen besetzt. Auf die Möglichkeit des **erweiterten Schöffengerichts** (Rdn. 28) ist bei der Prüfung von § 24 Abs. 1 Nr. 3 Var. 2 GVG Rücksicht zu nehmen (*Meyer-Goßner/Schmitt* § 24 GVG Rn. 7).

10 **II. LG.** Das LG entscheidet in erster Instanz über Verbrechen und Vergehen, wenn eine der Ausnahmen des § 24 Abs. 1 GVG vorliegt und nicht das OLG zuständig ist (Rdn. 11 ff.). Die Zuständigkeitsmerkmale sind in unterschiedlichem Grade bestimmt. Neben der klaren Nr. 1 stehen die Sanktionsprognose der Nr. 2 und die unbestimmten Rechtsbegriffe der Nr. 3 (s. Rdn. 7). Insb. letztere sind als sog. **bewegliche Zuständigkeit** wegen Art. 101 Abs. 1 Satz 2 GG, § 16 Satz 2 GVG problematisch (s. Rdn. 2). Die Statthaftigkeit ergebe sich hier daraus, dass die Wertung auf Tatbestandsebene erfolge

und die StA im zweiten Schritt gebunden sei, der Adressat der Anklage also nicht in ihrem Ermessen stehe, auch unterliege diese Entscheidung im Zwischenverfahren richterlicher Kontrolle (vgl. BVerfG NJW 1967, 2151; NJW 1959, 871, 872 m. abl. Anm. *Eb. Schmidt* JZ 1959, 535; KK-StPO/*Fischer* § 1 Rn. 9; krit. *Grünwald* JuS 1968, 452 ff.). Beide Argumente sind formeller Art, denn Wertungsebene und richterliche Kontrolle allein ändern wenig daran, dass erst transparente Prüfungsmaßstäbe den Rechtsbegriff ausfüllen und die notwendige Bestimmtheit des gesetzlichen Richters herstellen. Zumindest sind in der Anklage jene Umstände konkret anzugeben, welche eine bewegliche Zuständigkeit auslösen sollen, soweit diese nicht offenkundig sind (BVerfG NJW 1959, 871, 872; BGHR § 24 GVG Bedeutung 3; *Meyer-Goßner/Schmitt* § 24 GVG Rn. 5; RiStBV Nr. 113 Abs. 2 Satz 1).

III. OLG. Die Zuständigkeit des OLG in erster Instanz steht in enger Beziehung zu Art. 96 Abs. 5 GG. Das OLG übt die Gerichtsbarkeit des Bundes in Organleihe aus, soweit der GBA das Amt der StA bei dem OLG versieht, §§ 120 Abs. 6, 142a GVG. Eine erstinstanzliche Zuständigkeit des BGH besteht nicht.

Zwei Fallgruppen sind zu unterscheiden. **§ 120 Abs. 1 GVG** enthält Katalogtaten, die ausschließlich dem OLG zugeordnet sind. Wenn der GBA die Sache gem. § 142a Abs. 2 und 3 an die Landesstaatsanwaltschaft abgibt, ändert das an der Zuständigkeit des OLG nichts (*Meyer-Goßner/Schmitt* § 120 GVG Rn. 9).

Für Katalogtaten des **§ 120 Abs. 2 GVG** hängt die Zuständigkeit des OLG wesentlich davon ab, dass erstens der GBA die Verfolgung wegen der besonderen Bedeutung des Falles (s.a. Rdn. 10) übernimmt und dass zweitens bei Eröffnung des Hauptverfahrens eine solche besondere Bedeutung tatsächlich (noch) vorliegt, § 120 Abs. 2 Satz 2 GVG. Gibt der GBA in diesen Fällen die Sache an die Landesstaatsanwaltschaft ab, ist zu unterscheiden. Bis zur Eröffnung entfällt damit ein Zuständigkeitsmerkmal aus § 120 Abs. 2 GVG, doch danach gilt die *perpetuatio fori*, vorausgesetzt die Eröffnungsentscheidung ist fehlerfrei von der besonderen Bedeutung ausgegangen (BGHSt 46, 238, 246 ff.; krit. *Welp* NStZ 2002, 1, 4; s.a. § 6 Rdn. 2 sowie im Einzelnen bei § 120 GVG).

C. Sonderfragen. I. Der Zuständigkeitsstreit (Kompetenzkonflikt) Ein positiver Kompetenzkonflikt liegt vor, wenn sich mehrere Gerichte für zuständig halten, ein negativer wenn sich alle in Betracht kommenden Gerichte als unzuständig ansehen (KK-StPO/*Fischer* § 1 Rn. 24). Die Lösung hängt von der Art der betroffenen Zuständigkeit und dem Verfahrensstadium ab (s.a. Rdn. 32, 38 f. u. §§ 14, 19). Besondere Schwierigkeiten bereiten Jurisdiktionskonflikte in der Europäischen Union (im Einzelnen *Eisele*, ZStW 125 (2013), 1 ff.).

1. Bei sachlicher Zuständigkeit. Die sachliche Zuständigkeit ist gem. § 6 in jeder Lage des Verfahrens von Amts wegen zu prüfen (s. dort). Die Eröffnungszuständigkeit liegt gem. § 199 Abs. 1 bei dem (sachlich und örtlich) zuständigen Gericht. Ein negativer sachlicher Kompetenzkonflikt kann grds. nicht eintreten. Hält ein Gericht, bei dem die Anklage eingereicht ist, die Zuständigkeit eines Gerichts niedrigerer Ordnung in seinem Bezirk für begründet, so eröffnet es gem. § 209 Abs. 1 bindend vor diesem. Im umgekehrten Fall ist gem. § 209 Abs. 2 bei dem Gericht höherer Ordnung (nur) vorzulegen, wobei dieses wiederum nach § 209 Abs. 1 verfahren kann (s. § 209 Rdn. 1). Zwischen Eröffnung und Beginn der Hauptverhandlung kann gem. § 225a dem Gericht höherer Ordnung mit dem Gesuch um Übernahme vorgelegt und nach Beginn der Hauptverhandlung mit § 270 sogar bindend vor diesem eröffnet werden. Das Gericht höherer Ordnung hat aber gem. § 269 in beiden Fällen selbst zu verhandeln (doch s. § 6 Rdn. 4). *Nur* wenn sich in besonders gelagerten Fällen kein anderer Ausweg bietet (s. dazu OLG Frankfurt NStZ 2009, 315 f.), sind §§ 14, 19 entsprechend anzuwenden (BGHSt 18, 381, 384; KK-StPO/*Fischer* § 1 Rn. 25; LR/*Erb* Vor § 1 Rn. 14), etwa bei Streit über die Unwirksamkeit einer Verweisung wegen objektiver Willkür (BGHSt 45, 26, 28 ff.; OLG Köln NStZ-RR 2011, 288).

Bei **mehrfacher Rechtshängigkeit** entsteht mit der chronologisch ersten Eröffnung des Hauptverfahrens für weitere Verfahren, welche dieselbe prozessuale Tat (§ 264) betreffen, das Verfahrenshindernis anderweitiger Rechtshängigkeit (Prioritätsprinzip). Aber im Einzelfall kann die Sperrwirkung beseitigt werden (s. § 12 Rdn. 2 ff.).

2. Bei örtlicher Zuständigkeit. Fehlt ein Gerichtsstand, erklärt sich das Gericht im Zwischenverfahren durch Beschluss für unzuständig (s. aber § 16 Rdn. 2), wogegen die einfache Beschwerde statthaft

§ 1 StPO   Anwendbarkeit des Gerichtsverfassungsgesetzes

ist (HansOLG, Beschl. v. 22.04.2015 – 1 Ws 47/15, juris; LR/*Erb* § 16 Rn. 16; *Meyer-Goßner/Schmitt* § 16 Rn. 7). Nach Eröffnung ist gem. § 206a durch Beschluss (gem. § 206a Abs. 2 sofortige Beschwerde) und in der Hauptverhandlung gem. § 260 Abs. 3 durch Urteil einzustellen (OLG Düsseldorf NZV 1991, 244; KK-StPO/*Fischer* § 16 Rn. 6), solange § 16 gewahrt worden ist. Da eine (bindende) Verweisung grds. nicht möglich ist, kann auch jedes andere Gericht auf diese Weise verfahren und so den **negativen Kompetenzkonflikt** herbeiführen. Ist eines der Gerichte örtlich zuständig, greifen §§ 19, 14. Fehlt ein Gerichtsstand, bestimmt diesen gem. § 13a der BGH (vgl. dort).

18 Bei **positivem Kompetenzkonflikt** tritt durch die chronologisch erste Eröffnung auch hinsichtlich der örtlichen Zuständigkeit für die weiteren Sachen das Verfahrenshindernis ein, ohne Rücksicht darauf, ob das eröffnende Gericht örtlich zuständig ist (s. Rdn. 16 sowie § 12 Rdn. 2 ff.). I.Ü. – einschließlich des Streits um die Priorität – greift § 14.

19 Bei **Überschneidungen zwischen örtlichen und sachlichen Kompetenzkonflikten**, sind die jeweiligen Regelungen im Einzelfall zu kombinieren. Im positiven Konflikt gilt das Prioritätsprinzip. Im negativen Konflikt stehen die Verweisungsnormen der sachlichen Zuständigkeit unter dem Vorbehalt örtlicher Zuständigkeit. Für die **Verfahrensverbindung** gelten besondere Regeln (s. § 4 Rdn. 13, 20).

20 **3. Bei funktioneller Zuständigkeit.** Weitere Konflikte ergeben sich aus der Geschäftsverteilung sowie der konkreten Besetzung (zu besonderen Spruchkörpern s. Rdn. 27 ff.). Das Präsidium entscheidet bei einem Streit zwischen zwei Spruchkörpern derselben Art über Auslegung und Anwendung des **Geschäftsverteilungsplanes**, zumindest dann, wenn ein entsprechender Entscheidungsvorbehalt zugunsten des Präsidiums in dem Geschäftsverteilungsplan enthalten ist (BGHSt 25, 242, 244; BGHSt 26, 191, 199 f.; OLG Rostock NStZ-RR 2010, 243 f.; dazu *Heintzmann* DRiZ 1975, 320 ff.; s.a. § 15 Rdn. 2) und soweit es einzig um die Auslegung des Geschäftsverteilungsplans geht (OLG Brandenburg, Beschl.v. 12.03.2014 – 1 Ws 8/14, juris). Im negativen Kompetenzkonflikt hat daher die Vorlage an das Präsidium Vorrang gegenüber § 204 und einer Analogie zu §§ 14, 19 (OLG Brandenburg, Beschl.v. 12.03.2014 – 1 Ws 8/14, juris). Im Eilfall gilt § 21i Abs. 2 GVG (HK-StPO/*Julius* § 1 Rn. 9; LR/*Erb* Vor § 1 Rn. 16). Aufgabe des Präsidiums ist es nicht, die auf Gesetz beruhende Abgrenzung von Spruchkörpern verschiedener Art zu beurteilen (BGHSt 26, 191, 199 f.; OLG Rostock NStZ-RR 2010, 243 f.; s.a. Rdn. 30 ff., 38 ff. u. zur »kleinen« und »großen« Strafvollstreckungskammer, § 78b GVG Rn. 4). Soweit keine andere Lösungsmöglichkeit besteht, insb. durch eine sog. Kompetenz-Kompetenz (s. Rdn. 32, 38 ff.), gelten §§ 14, 19 entsprechend.

21 Die Mitwirkung der Berufsrichter des Spruchkörpers am konkreten Fall wird gem. § 21g GVG vom **Mitwirkungsplan** geregelt, was insb. die Überbesetzung und die Entscheidung in verminderter Besetzung gem. § 76 Abs. 2, 122 Abs. 2 Satz 2 GVG betrifft (s.a. Rdn. 41 f.).

22 **4. Im Rechtsmittelverfahren.** Das Berufungsgericht verweist die Sache mit Urteil unter Aufhebung des ersten Urteils gem. § 328 Abs. 2 an das zuständige Gericht, wenn das Gericht des ersten Rechtszuges seine Zuständigkeit zu Unrecht angenommen hat (s.a. § 6 Rdn. 5). Hält das Berufungsgericht die große Strafkammer für erstinstanzlich zuständig, hebt es das Urteil auf und verweist an diese (*Meyer-Goßner/Schmitt* § 328 Rn. 9).

23 Wird das Urteil in der Revision wegen Unzuständigkeit des Tatgerichts aufgehoben, erfolgt gem. § 355 gleichzeitig die Verweisung an das zuständige Gericht. Ist aber schon das Revisionsgericht nicht zuständig, spricht es gem. § 348 durch Beschluss seine Unzuständigkeit aus und bezeichnet mit bindender Wirkung das zuständige Revisionsgericht. Auch bei Zweifeln über die Art eines Rechtsmittels soll das Revisionsgericht das Berufungsgericht analog § 348 mit bindender Wirkung als zuständig bezeichnen können (BGHSt 31, 183, 184 f.; LR/*Hanack* § 348 Rn. 5; a. A. LR/*Meyer* 23. Aufl., § 348 Rn. 5; *ders.* JR 1983, 344 f.; s.a. § 4 Rdn. 30), für eine Analogie zu §§ 14, 19 ist dann kein Raum (BGHSt 31, 183, 184 f.; s.a. § 14 Rdn. 3).

24 Ferner kann das OLG auch im **Beschwerdeverfahren** bestimmen, welches Gericht über das Rechtsmittel zu entscheiden hat, so bei der Frage, ob die Rechtsbeschwerde oder die sofortige Beschwerde gegeben ist (BGHSt 39, 162, 163 f. unter Aufgabe von BGHSt 31, 361) oder bei Zuständigkeitsverschiebungen durch Änderungen des Verfahrensstandes (BGH NStZ-RR 2007, 179). Nach **Anklageerhebung** entscheidet nach h.M. über eine nicht erledigte Beschwerde gegen eine belastende Entscheidung des Ermittlungsrichters nicht ein Beschwerdegericht, sondern das erkennende Gericht, indem die Beschwerde als Antrag auf Aufhebung der Entscheidung behandelt wird (*Meyer-Goßner/Schmitt* Vor

§ 304 Rn. 6). Für die Haftprüfung gelten im Verhältnis von *OLG* und Tatgericht gem. § 122 Abs. 3 Besonderheiten.

5. Rechtswegzuständigkeit. Die vorgesehene Bindungswirkung einer Entscheidung nach § 17a Abs. 2 Satz 3 GVG tritt nicht ein, wenn der Verweisungsbeschluss auf Willkür beruht. Über diese Frage kann unter den Gerichten ein negativer Zuständigkeitsstreit eintreten, welchen § 17a Abs. 4 GVG zu lösen sucht. So kann es etwa liegen im Verhältnis zwischen Strafvollstreckungskammer und SozialG oder VG (VG Cottbus, Beschl. v. 23.12.2009 – 7 K 1341/05, juris). 25

Innerhalb der ordentlichen Gerichtsbarkeit kann ein Bedürfnis nach analoger Anwendung der §§ 17 ff. GVG bestehen, bspw. im Verhältnis zwischen dem nach §§ 23 ff. EGGVG angerufenen OLG und dem regulären Spruchkörper, zwischen dem Kartellsenat des OLG (§ 83 GWB) und der Wirtschaftsstrafkammer oder zwischen Strafvollstreckungskammer und dem Zivilgericht (OLG München, Beschl. v. 25.11.2009 – 4 Ws 130/09 [R], juris; s.a. § 17b GVG Rdn. 2). 26

II. Besondere Spruchkörper. Zur funktionellen Zuständigkeit gehört die Frage, ob innerhalb des Gerichts ein besonderer Spruchkörper zur Entscheidung berufen ist (s. Rdn. 4), 27

1. Besondere Besetzungen. Die **Erweiterung** oder **Verminderung eines Spruchkörpers** betrifft die Besetzung und nicht die Art des Spruchkörpers. In den Fällen der §§ 29 Abs. 2, 76 Abs. 6 GVG verhandeln Schöffengericht und kleine Strafkammer wegen des besonderen Umfangs der Sache mit einem weiteren Berufsrichter, wobei das erweiterte Schöffengericht ggü. dem nicht erweiterten aufgrund gleicher Strafgewalt kein Gericht höherer Ordnung ist (KK-StPO/*Fischer* § 2 Rn. 5; ferner § 29 GVG Rn. 3 ff.). Umgekehrt sehen u.a. §§ 76 Abs. 2 Satz 3 Nr. 3 i.V.m. Satz 4, 122 Abs. 2 Satz 2 GVG die Verhandlung mit einer geringeren Zahl von Berufsrichtern vor, wenn nicht Umfang *oder* Schwierigkeit der Sache die volle Besetzung erfordern. Fehler waren bei der bis zum 31.12.2011 geltenden Fassung nur sehr eingeschränkt rügefähig, was für die nun in § 76 Abs. 2 Satz 3 Nr. 1 u. Nr. 2 GVG zusammengefassten zwingenden Gründe der Fünferbesetzung gar nicht und für die Gründe der Nr. 3 wegen § 76 Abs. 3 Var. 1 u. Var. 2 GVG nur noch begrenzt gilt (s. bereits BGH NStZ 2011, 52 f. m. Anm. *E. Metzger*), vgl. auch § 33b JGG n.F. 28

Bei Verhandlungen von längerer Dauer kann der Vorsitzende die Hinzuziehung von **Ergänzungsrichtern** anordnen, die jedoch erst dann Mitwirkungsbefugnisse haben, wenn sie in das Quorum eintreten (§ 192 GVG). Schwierigkeiten können sich ergeben, wenn der Vorsitzende ausfällt (vgl. BGH StV 2010, 349 f.); ebenso im Fall mehrerer Ergänzungsrichter ohne Bestimmung der Reihenfolge ihres Eintritts, wobei in Anlehnung an die Differenzierung des § 197 GVG dem Dienst- bzw. Lebensälteren der Vortritt gebühren sollte. 29

2. Besondere Strafkammern. Das LG entscheidet gem. §§ 74 Abs. 1, 76 Abs. 1 Satz 1 GVG im ersten Rechtszug durch die allgemeine große Strafkammer, wenn nicht eine Spezialkammer zur Entscheidung berufen ist, was sich grds. nach Katalogtaten richtet. Neben dem stets mit drei Berufsrichtern verhandelnden **Schwurgericht** (§§ 74 Abs. 2, 76 Abs. 2 Satz 3 Nr. 1 GVG) sind die **Staatsschutzkammer** (§ 74a GVG), die **Jugendschutzkammer** (§ 74b GVG, s. Rdn. 34) und die **Wirtschaftsstrafkammer** (§§ 74c, 76 Abs. 3 Var. 3 GVG) vorgesehen (vgl. im Einzelnen dort). Dem entspricht bei absehbarer erstinstanzlicher Zuständigkeit gem. §§ 74a Abs. 3, 74c Abs. 2 GVG die Zuständigkeit als Beschwerdekammer. Die kleine Strafkammer entscheidet gem. § 76 Abs. 1 Satz 1 Halbs. 2 GVG ausschließlich die Berufungssachen (s. aber Rdn. 33). 30

Katalogtaten des Schwurgerichts und der Staatsschutzkammer sind dem AG durch § 24 Abs. 1 Nr. 1 GVG per se entzogen, nicht aber Wirtschaftsstrafsachen. Über Berufungen gegen Urteile des Schöffengerichts zu letzteren Taten entscheidet gem. § 74c Abs. 1 Satz 1 a.E. die **kleine Wirtschaftsstrafkammer** (**s. zur Jugendkammer Rdn. 33 u. 39**). Zur **örtlichen Konzentration** wird durch §§ 74c Abs. 3, 74d GVG die Möglichkeit zu einer bezirksübergreifenden Schwurgerichts- oder Wirtschaftskammer eröffnet, wogegen die Staatsschutzkammer gem. § 74a GVG stets bei einem Landgericht zu errichten ist, in dessen Bezirk ein OLG seinen Sitz hat (s.a. § 7 Rdn. 3). 31

Im **Kompetenzstreit** gebührt der Vorrang gem. § 74e GVG in erster Linie dem Schwurgericht, in zweiter Linie der Wirtschaftskammer und in dritter Linie der Staatsschutzkammer. Die gerichtliche Prüfung steht unter dem Vorbehalt des § 6a. Eine partielle Gleichstellung mit Gerichten höherer Ordnung erfolgt gem. §§ 209a, 225a Abs. 4, 270 Abs. 1 Satz 1 Halbs. 2 für Verweisungen (s. Rdn. 15, 38 f.) so- 32

§ 1 StPO   Anwendbarkeit des Gerichtsverfassungsgesetzes

wie gem. §§ 2 Abs. 1 Satz 2, 209a i.V.m. § 4 Abs. 2 für Verbindungen und Trennungen. Diese (ggf. analog erweiterte) Kompetenz-Kompetenz schließt auch im negativen Kompetenzkonflikt grds. die analoge Anwendung der §§ 14, 19 aus (KG NStZ 2011, 172; OLG Düsseldorf wistra 1995, 362 [anders noch wistra 1993, 318]; a. A. OLG München NJW 1979, 1839 m. abl. Anm. *Rieß* JR 1980, 79 ff.).

33   **3. Jugendsachen (im weiteren Sinn)** Die **Jugendgerichtsbarkeit** ist in die Amts- und Landgerichte durch Abteilungen mit besonderer Zuständigkeit integriert. Die Zuständigkeit des *BGH* und des *OLG* bleibt gem. § 102 Satz 1 JGG unberührt. Jugendgerichte sind gem. §§ 33, 107 JGG der Jugendrichter, das Jugendschöffengericht und die Jugendkammer. Soweit **Schöffen** mitwirken, handelt es sich gem. § 33a Abs. 1 Satz 2 JGG stets um eine Frau und einen Mann, die nach § 35 Abs. 2 Satz 2 JGG erzieherisch befähigt und in der Jugenderziehung erfahren sein sollen. Über Berufungen gegen Urteile des Jugendrichters entscheidet gem. § 33b Abs. 1 JGG die kleine Jugendkammer. Für das Jugendschöffengericht ist im Umkehrschluss die große Jugendkammer das **Berufungsgericht** (BGHR § 328 Abs. 1 Überleitung 2), die nach herrschender Meinung analog § 33b Abs. 2 JGG auch insoweit in reduzierter Besetzung verhandeln kann (BGHR § 328 Abs. 1 Überleitung 2; KK-StPO/*Fischer* § 1 Rn. 19; OLG Düsseldorf NStZ-RR 2000, 280; *Meyer-Goßner* NStZ 2004, 353, 358; a. A. *Eisenberg* § 41 JGG Rn. 9; *D. Schmidt* NStZ 1995, 215 ff.). Dabei soll ein Berufungsurteil der großen Jugendkammer für das Revisionsgericht der **Umdeutung** in ein erstinstanzliches Urteil fähig sein (BGHR § 328 Abs. 1 Überleitung 2).

34   **a) Jugendschutzsachen.** Daneben besteht gem. §§ 26, 74b GVG eine Sonderzuständigkeit der Jugendgerichte für **Jugendschutzsachen** (dazu § 26 GVG Rdn. 3 ff.). Auch diese bewegliche Zuständigkeit erfordert zur Wahrung von Art. 101 Abs. 1 Satz 2 GG zumindest transparente Begründungen (s. Rdn. 10). Es besteht gem. §§ 209a Nr. 2 Buchst. b, 209 eine Kompetenz-Kompetenz (s. Rdn. 38 sowie § 26 GVG Rdn. 6), doch nach Eröffnung des Verfahrens sind Verweisungen mangels Regelung in §§ 225a, 270 ausgeschlossen (s. ferner § 6a Rdn. 2).

35   **b) Sachliche Zuständigkeit nach dem JGG.** Die sachliche Zuständigkeit der Jugendgerichte ist in §§ 39 ff., 108 JGG, §§ 26, 74b GVG abweichend von den Vorschriften zu Erwachsenengerichten geregelt. Einem Kompetenzkonflikt innerhalb der Jugendgerichtsbarkeit beugen die Verweisungsregeln der §§ 39 Abs. 1 Satz 3, 40 JGG i.V.m. § 209 vor (s.a. Rdn. 38 f.).

36   Im Unterschied zu § 25 GVG (s. Rdn. 8) kann der Jugendrichter gem. § 39 Abs. 1 JGG auch über Verbrechen verhandeln (s. aber § 39 Abs. 1 Satz 2 JGG), doch ist er gem. § 39 Abs. 2 Halbs. 1 JGG gehindert, auf mehr als ein Jahr Jugendstrafe zu erkennen. Entgegen § 24 Abs. 2 GVG darf das Jugendschöffengericht bei Jugendlichen im Umkehrschluss aus §§ 39 Abs. 2 Halbs. 2, 40 JGG auch die Unterbringung in einem psychiatrischen Krankenhaus anordnen (dazu BVerfG NJW 1986, 771 f.; OLG Köln NStZ-RR 2011, 288 f.; Radtke/Hohmann/*Börner* § 414 Rn. 4 m.w.N.; s. aber zu Heranwachsenden § 108 Abs. 3 S. 1 JGG), wenn diese Unterbringung nach Maßgabe von § 41 Abs. 1 Nr. 5 JGG nicht bereits zu erwarten gewesen ist.

37   **c) Örtliche Zuständigkeit.** §§ 42, 108 Abs. 1 JGG sehen zusätzliche Gerichtsstände vor (s. § 7 Rdn. 2). Dabei sind im Fall mehrerer Beschuldigter die Nachteile einer getrennten Verhandlung gegen Mitbeschuldigte zu berücksichtigen (s.a. § 2 Rdn. 10).

38   **d) Kompetenzkonflikte mit anderen Spruchkörpern.** Ist das Erwachsenengericht ein Gericht höherer oder niedrigerer Ordnung, gelten die allgemeinen Verweisungsregeln (Rdn. 15). Ggü. den für allgemeine Strafsachen zuständigen Gerichten gleicher Ordnung stehen Jugendgerichte gem. § 209a Nr. 2 den **Gerichten höherer Ordnung gleich**. Dieses System greift mit Abstrichen auch im Hauptverfahren sowie nach Beginn der Hauptverhandlung, vgl. §§ 225a Abs. 1 Satz 1 Halbs. 2, 270 Abs. 1 Satz 1 Halbs. 2 i.V.m. § 209a Nr. 2a (dazu BGHSt 42, 39, 40 f.; s. aber Rdn. 34, ferner § 6 Rdn. 2). Diese (ggf. analog erweiterte) Kompetenz-Kompetenz schließt im Kompetenzkonflikt den Rückgriff auf §§ 14, 19 aus (LG Zweibrücken NStZ-RR 2005, 153 f.; s.a. Rdn. 32).

39   Ein **Vorrang** ggü. **Spezialkammern** kann problematisch sein. Für Jugendsachen i.S.d. § 209a Nr. 2 Buchst. a gelten auch die übrigen Spezialkammern als Gerichte niedrigerer Ordnung (LR/*Stuckenberg* § 209a Rn. 30); das soll für **Jugendschutzsachen** i.S.d. § 209a Nr. 2 Buchst. b hinsichtlich des Schwurgerichts ähnlich sein (BGHSt 42, 39, 41 f. m. abl. Anm. *Katholnigg* NStZ 1996, 346 f.). Zutreffend

wird analog § 103 Abs. 2 Satz 3 Halbs. 2 JGG für einen Vorrang der Wirtschafts- und Staatsschutzkammer gegenüber der Jugend*schutz*kammer eingetreten, denn was bei Verfahrensverbindung zugunsten des Erwachsenen gilt, sollte erst recht gelten, wenn nur gegen einen Erwachsenen verhandelt wird, und erkannt hat der Gesetzgeber diese Regelungslücke wohl nicht (vgl. LR/*Stuckenberg* § 209a Rn. 38; a. A. AK-StPO/*Loos* § 209a Rn. 5 sowie krit. SK-StPO/*Paeffgen* § 209a Rn. 10). § 6a gilt nicht für Jugendkammern (s. § 6a Rdn. 2).

Die **Verbindung und Trennung** von Jugend- und Erwachsenensachen regeln §§ 103, 112 JGG. Die 40 Verbindung bedarf gem. § 103 Abs. 1 JGG im Unterschied zu §§ 2, 4 eines *wichtigen* Grundes, der aber bei gemeinschaftlichen Taten grds. vorliegt (OLG Hamm StV 2011, 593 f.). Trennt das Jugendgericht nach Erhebung der Anklage das Verfahren gegen einen Erwachsenen ab und gibt es dieses gem. § 103 Abs. 3 JGG ab, soll es im Rahmen von § 209a Nr. 2 zugleich über die **Eröffnung des Hauptverfahrens** in der abgegebenen Sache zu entscheiden haben (OLG Düsseldorf NStZ 1991, 145, 146; zw., s. § 2 Rdn. 18). Jedoch kann das Jugendgericht eine nach Eröffnung des Hauptverfahrens abgetrennte und nur noch Erwachsene betreffende Sache wegen des Vorrangs von § 47a JGG trotz § 103 Abs. 3 JGG nicht an ein für allgemeine Strafsachen zuständiges Gericht gleicher oder niedrigerer Ordnung abgeben (BGHSt 30, 260, 261 f.). Andererseits haben die Spezialkammern der §§ 74a, 74c GVG gem. §§ 103 Abs. 2 Satz 2 u. 3, 47a Satz 2 JGG Vorrang (s. Rdn. 39). Richtet sich ein verbundenes Verfahren auf die Revision hin nur noch gegen einen Angeklagten, kann das Revisionsgericht die Sache ohne Rücksicht auf den Einfluss der Verbindung an das für diesen an sich zuständige Gericht zurückverweisen, also für den Erwachsenen an die allgemeine Strafkammer und für Jugendliche an die Jugendkammer (BGHSt 35, 267, 269 f.; KK-StPO/*Fischer* § 1 Rn. 30).

III. Die konkrete Spruchkörperbesetzung. Innerhalb eines Spruchkörpers muss nach abstrakten 41 Kriterien bestimmbar sein, welche von mehreren **Berufsrichtern** an einer Entscheidung mitwirken (s.a. Rdn. 21). Es ist unstatthaft, wenn in einem überbesetzten Spruchkörper erst die Terminierung des Vorsitzenden über die Zuordnung der Berufsrichter entscheidet (BGH NJW 2000, 371, 372). Ebenso liegt es hinsichtlich der Zuordnung bei verminderter Besetzung gem. § 76 Abs. 2 GVG (BGH NJW 2000, 371, 372). Der für Berufsrichter aufgrund der bloßen Manipulationsmöglichkeit verschlossene Weg der konkreten Zuordnung durch Terminierung ist aber mit § 45 Abs. 2 GVG genau der für **Schöffen** vorgesehene Weg. Dies ist nur damit erklärbar, dass Art. 101 Abs. 1 Satz 2 GG für Schöffen insofern offenbar nicht in derselben strengen Weise gilt wie für Berufsrichter (dazu *Börner* ZStW 122, 2010, 157, 166 ff. m.w.N.).

Problematisch ist, ob und ggf. wann **Schöffen** an Gerichtsbeschlüssen zu beteiligen sind, die im Zeit- 42 raum zwischen Beginn der Hauptverhandlung und Urteilsverkündung zu erlassen sind. Grundsätzlich ergehen Entscheidung während des Termins mit den Schöffen und außerhalb des Termins ohne die Schöffen, vgl. § 30 Abs. 1 u. Abs. 2 GVG. Doch ist insb. für **Haftentscheidungen** str., ob innerhalb oder außerhalb der Hauptverhandlung zu entscheiden ist und wonach sich dies ggf. zu richten hat. Nach h.M. ist eine differenzierte Lösung wegen Art. 103 Abs. 2 GG nicht statthaft, weshalb entweder stets mit (OLG Koblenz StV 2010, 36 f.) oder stets ohne (BGH JR 2011, 362 f.) Schöffen zu entscheiden sein soll. Schöffen aber sind die Garanten der Unmittelbarkeit des Verfahrens (*Börner* ZStW 122, 2010, 157, 187 ff.) und *schon deshalb* sind sie möglichst von der Akte fernzuhalten und an der endgültigen Haftentscheidung nicht zu beteiligen. Notwendig ist aber eine **Zwischenberatung mit den Schöffen** zur verbindlichen Ermittlung der für die Haftentscheidung maßgebenden (Zwischen-) Ergebnisse der Hauptverhandlung (dazu *Börner* JR 2010, 483; *ders.* JR 2011, 362 f. je m.w.N.). Das erstinstanzlich verhandelnde OLG indes hat zur Wahrung von Art. 101 Abs. 1 Satz 2 GG stets in voller Besetzung zu entscheiden (BGHSt 43, 91 ff.; s. dazu *Börner* ZStW 122, 2010, 157 ff.).

IV. Besondere Verfahrensarten. Auch besondere Verfahrensarten können von Einfluss sein. Für das 43 beschleunigte (§§ 417 ff.) und das Strafbefehlverfahren (§§ 407 ff.) gelten die allgemeinen Zuständigkeitsregeln, wobei wegen §§ 24, 25 GVG der von § 407 Abs. 1 noch genannte **Strafbefehl** zum Schöffengericht rechtlich unmöglich ist (*Meyer-Goßner/Schmitt* § 408 Rn. 5). Ein Privatklageverfahren ist gem. § 389 Abs. 1 mit Urteil einzustellen, wenn sich die Sache nach Beweisaufnahme als eine Straftat darstellt, für welche die **Privatklage** nicht statthaft ist. Im Adhäsionsverfahren hat die strafgerichtliche Zuständigkeit des *AG* gem. § 403 Vorrang vor zivilrechtlichen Streitwertgrenzen.

44 Im **Wiederaufnahmeverfahren** kommt es gem. § 367 Abs. 1 Satz 1 allein auf § 140a GVG an, wonach grds. ein (örtlich) anderes Gericht mit gleicher sachlicher Zuständigkeit zu entscheiden hat, welches jährlich vorab vom OLG zu bestimmen ist (dazu § 140a GVG Rn. 4 ff.).

45 Problematisch sind (selbstständige) **objektive Verfahren**, da bei ihnen die Straferwartung als Zuständigkeitsmerkmal ausscheidet. Die etwa auch im Sicherungsverfahren (§§ 413 ff.) geltenden Regeln des GVG wirken damit auf besondere Weise: Vergehen werden vor dem Strafrichter und Verbrechen immer vor dem Schöffengericht verhandelt, soweit nicht das OLG oder die in § 24 Abs. 1 Nr. 1 GVG erfassten Spezialkammern des LG zuständig sind oder § 24 Abs. 1 Nr. 3, Abs. 2 Var. 2 u. 3 GVG greift (vgl. Radtke/Hohmann/*Börner* § 414 Rn. 4). Das gilt entsprechend für das selbstständige Einziehungsverfahren (§ 441 Abs. 1 Satz 1 Halbs. 2) sowie das selbstständige Verfahren zur Festsetzung von Geldbußen (§ 444 Abs. 3 Satz 1), wo zudem weitere Gerichtsstände vorgesehen sind, §§ 441 Abs. 1 Satz 2, 444 Abs. 3 Satz 2.

46 D. Revision. Die sachliche Zuständigkeit ist eine gem. § 6 von Amts wegen zu beachtende Verfahrensvoraussetzung und nicht von der Verfahrensrüge abhängig (s. aber § 6 Rdn. 4 ff.). Für andere Zuständigkeitsverletzungen ist die Verfahrensrüge zu erheben und gem. § 344 Abs. 2 Satz 2 auszuführen (s. § 7 Rdn. 12 u. § 338 Nr. 1 und 4). Dabei sind von den Anforderungen der Verfahrensrüge diejenigen der vorgeschalteten Rügeobliegenheiten aus §§ 6a, 16, 222b zu unterscheiden (s. dort), wozu ebenfalls gem. § 344 Abs. 2 Satz 2 vorzutragen ist.

47 Mit einer **Verfassungsbeschwerde** sind die Zwischenentscheidungen des Gerichts über die Zuständigkeit, welche durch §§ 201 Abs. 2 Satz 2, 210 Abs. 1 der Beschwerde entzogen sind, grds. nicht angreifbar. Erst gegen die das Verfahren abschließende Entscheidung des Revisionsgerichts ist die Verfassungsbeschwerde statthaft (BVerfG, Beschl. v. 05.03.1999 – 2 BvQ 5/98, juris), wobei § 356a zu beachten ist (vgl. dort).

§ 2 StPO Verbindung und Trennung von Strafsachen.

(1) ¹Zusammenhängende Strafsachen, die einzeln zur Zuständigkeit von Gerichten verschiedener Ordnung gehören würden, können verbunden bei dem Gericht anhängig gemacht werden, dem die höhere Zuständigkeit beiwohnt. ²Zusammenhängende Strafsachen, von denen einzelne zur Zuständigkeit besonderer Strafkammern nach § 74 Abs. 2 sowie den §§ 74a und 74c des Gerichtsverfassungsgesetzes gehören würden, können verbunden bei der Strafkammer anhängig gemacht werden, der nach § 74e des Gerichtsverfassungsgesetzes der Vorrang zukommt.

(2) Aus Gründen der Zweckmäßigkeit kann durch Beschluß dieses Gerichts die Trennung der verbundenen Strafsachen angeordnet werden.

S.a. RiStBV Nr. 114

1 A. Grundlagen. Objekt der Verbindung können nur prozessuale Taten sein (s. § 264 Rdn. 1 ff.). Mehrere materielle Taten innerhalb einer prozessualen Tat sind ohnehin gemeinsam zu verhandeln und in einer Trennung läge eine unstatthafte Doppelverfolgung, die zu Problemen führt (s. § 1 Rdn. 16, 18 u. § 12). Die Verbindung nach § 2 führt ebenso wie bei § 4 zu einer Verfahrensverschmelzung (s. § 4 Rdn. 1). Ordnungswidrigkeiten können gem. §§ 42, 64 OWiG hinzu verbunden werden, wobei im Einzelnen Besonderheiten gelten.

2 Voraussetzung der Verbindung ist der in § 3 geregelte Zusammenhang der Strafsachen, worauf gem. RiStBV Nr. 17 schon bei den Ermittlungen zu achten ist; zu sog. Sammelverfahren RiStBV Nr. 25 ff. Auf Ebene der sachlichen Zuständigkeit bestimmt § 2, dass die Sachen verbunden bei dem Gericht höherer Zuständigkeit anhängig gemacht werden können, was Ausdruck der Verfahrensverschmelzung ist (Rdn. 1), vgl. auch RiStBV Nr. 114.

3 Die Konstellationen der Verfahrensverbindung sind bei § 2 Abs. 1 weniger komplex als bei § 4 (s. § 4 Rdn. 5 ff.). Einerseits ist die StA für alle Gerichtsstände ihres Landgerichtsbezirks zuständig (s. § 1 Rdn. 5). Andererseits ist aufgrund der Einheitlichkeit der Anklage die gerichtliche Geschäftsverteilung eindeutig; jedoch ist problematisch, ob die StA befugt sein darf, gezielt durch Ausgestaltung und Zeit-

punkt der Anklage auf die geschäftsordnungsgemäße Bestimmung des Spruchkörpers Einfluss zu nehmen (s. § 1 Rdn. 2).
Bei mangelnder Zuständigkeit des (avisierten) Anklageadressaten trägt die StA ggf. für eine entsprechende Überleitung des Verfahrens Sorge (s. § 1 Rdn. 5) und führt etwaig notwendige Gerichtsentscheidungen herbei (s. § 7 Rdn. 7). Auch kann die StA eine bereits anderweitig erhobene Anklage bis zur Eröffnungsentscheidung zwecks Verbindung zurücknehmen (§ 156). 4
Die **Verfolgungszuständigkeit des GBA** für Delikte jenseits des Staatsschutzes erstreckt sich nur auf solche Straftaten, die zu derselben Tat im verfahrensrechtlichen Sinne (§ 264) gehören. Ein Zusammenhang minderen Grades – etwa allein der persönliche Zusammenhang nach § 3 – genügt nicht, da die verfassungsrechtlich verankerte Kompetenzverteilung zwischen Bundes- und Landesjustiz betroffen ist (vgl. BGH NStZ 2007, 117, 118; s.a. § 1 Rdn. 11 ff. u. bei § 142a GVG). 5

B. Die Verfahrensverbindung gem. Abs. 1.

I. Voraussetzungen. Die §§ 2, 4 unterscheiden danach, ob die Verbindung im Ermittlungsverfahren oder erst nach Eröffnung des Hauptverfahrens stattfindet, was gem. § 156 die **Rechtshängigkeit** begründet. Fraglich ist die gerichtliche Verfahrensverbindung zwischen An- und Rechtshängigkeit, also im Zwischenverfahren (s. § 4 Rdn. 6 f.). Problematisch ist die Verbindung auch bei verschiedenen Rechtszügen (s. § 4 Rdn. 11 f.) sowie bei späterer Anklage einer weiteren Sache (s. § 4 Rdn. 8 ff.). 6
Materiell muss es sich gem. § 3 um zusammenhängende Strafsachen handeln. Fehlt es daran, eröffnet § 237 zwar die Option einer gemeinsamen Verhandlung, doch muss dazu die Zuständigkeit des Gerichts für jede der Sachen bestehen und ganz verzichtbar ist ein Zusammenhang auch für § 237 nicht (s. § 237) 7
Die Verbindung gem. § 2 ist bei dem Gericht höherer und erst recht bei Gerichten gleicher Ordnung möglich. Die »höhere Zuständigkeit« liegt bei dem Gericht höherer Ordnung (§ 1 Rdn. 6 ff.). Das gilt gem. § 2 Satz 2 auch für das in § 74e festgelegte Rangverhältnis der dort genannten Spezialkammern (dazu § 1 Rdn. 30); für die dort nicht genannten **Jugendgerichte** gelten besondere Regeln (s. § 1 Rdn. 38 ff.). 8

II. Entscheidung. Auf eine Entscheidung für oder gegen die Verbindung hat der Beschuldigte grds. keinen Anspruch, jedoch ist die Betroffenheit seiner Verfahrensrechte jeweils zu berücksichtigen (s.a. Rdn. 12, 16). Dabei kann sich in besonders gelagerten Einzelfällen die Gestaltungsoption der StA auf die eine einzige statthafte Entscheidung verengen. Vorläufiger gerichtlicher Rechtsschutz ist aber allenfalls gegen gerichtliche Entscheidungen nach §§ 2 Abs. 2, 4 zu erlangen (s. Rdn. 19 ff.). 9
Der Zweck einer Verfahrensverbindung besteht v.a. darin, eine möglichst breite und umfassende Grundlage für die Beurteilung von Taten und Tätern zu schaffen, um die Bearbeitung der Verfahren zu erleichtern und sachgemäß zu erledigen (BGHSt 18, 130 ff.; BGH NJW 1990, 2760) sowie widersprüchliche Entscheidungen unter Beachtung der Aufklärungspflicht zu vermeiden. Deshalb gilt grds. das Prinzip der gemeinsamen und gleichzeitigen Aburteilung aller derselben Tat Angeklagten (KG StraFo 2009, 514) und gleiches gilt für den persönlichen Zusammenhang (OLG Koblenz NStZ-RR 2010, 209 f.; OLG Stuttgart NStZ 1995, 248). Enger aber § 103 Abs. 1 JGG (s. § 1 Rdn. 40). 10
Andererseits können einer Verbindung **überwiegende Nachteile** entgegenstehen. Aus Zeugen werden Mitangeklagte, mit einem vollständigen Schweigerecht und ohne die Pflicht zur Wahrheit (KK-StPO/ *Fischer* § 2 Rn. 2); doch eine vorübergehende Trennung soll möglich sein (a. A. § 4 Rdn. 23). Auch kann die Verbindung neben einer Rechtszugverkürzung zu Großverfahren führen und damit Fragen des Beschleunigungsgebots (vgl. BVerfG StV 2002, 578, 580; KK-StPO/*Fischer* § 2 Rn. 2, 7; *Meyer-Goßner* NStZ 2004, 353, 358 f.) sowie der Zumutbarkeit aufwerfen (BVerfG StV 2002, 578, 581). 11
Gem. RiStBV Nr. 114 Satz 2 kann von § 2 Abs. 1 abgesehen werden, wenn dadurch die Aufklärung der anderen Tat erheblich verzögert würde und wenn **gewichtige Interessen** der Allgemeinheit oder des Beschuldigten entgegenstehen. Für den Beschuldigten ist dabei die drohende Entziehung des gewählten Verteidigers durch entstehende Mehrfachverteidigung (vgl. BVerfG StV 2002, 578, 580; LR/*Erb* § 1 Rn. 12; *Meyer-Goßner* NStZ 2004, 353, 358 f.) ebenso zu bedenken wie die Kostenfolge für Mitverurteilte aus § 466 Satz 1 (BVerfG StV 2002, 578, 581). 12

III. Die Verbindung als solche. Strafsachen werden verbunden anhängig gemacht, indem sie in der erhobenen Anklage zusammengefasst werden (s. aber Rdn. 3 a.E.). Daraus folgt, dass zusammenhän- 13

§ 2 StPO Verbindung und Trennung von Strafsachen

gende Strafsachen auch schon vorher im Ermittlungsverfahren durch formlose Verfügung in die Sachakten verbunden werden können (KK-StPO/*Fischer* § 2 Rn. 8). In gleicher Weise kann auch die Trennung erfolgen, doch entfallen damit grdsl. die Wirkungen der Verbindung, etwa der Gerichtsstand aus § 13 Abs. 1 (OLG Celle StV 1999, 243; s. Rdn. 17).

14 **C. Verfahrenstrennung.** § 2 Abs. 2 ändert die Entscheidung der StA nach Abs. 1. Im Unterschied zu der von § 203 abhängigen gerichtlichen Kompetenz zur Verfahrensverbindung (s. § 4 Rdn. 6 f.) kann gem. § 2 Abs. 2 eine Trennung auch zwischen Anklageerhebung und Rechtshängigkeit durch Gerichtsbeschluss erfolgen (s. Rdn. 18, 21); wogegen nach Eröffnung ausschließlich § 4 Abs. 1 Alt. 2 greift (LR/*Erb* § 2 Rn. 20; a. A. KK-StPO/*Fischer* § 2 Rn. 14). Vor der Trennung ist der Betroffene gem. § 33 Abs. 2 zu hören (BGH NStZ 1982, 188; KK-StPO/*Fischer* § 2 Rn. 15). Eine vorübergehende Trennung ist bei § 2 Abs. 2 nicht möglich (*Rotsch/Sahan* JA 2005, 801, 804; s. aber § 4 Rdn. 23).

15 Grds. besteht kein **Anspruch** des Beschuldigten auf Verfahrenstrennung (BGHSt 18, 238 ff.; OLG Stuttgart NJW 1960, 2353; KK-StPO/*Fischer* § 2 Rn. 15), der Entscheidungsspielraum kann jedoch **auf Null reduziert** sein (s.a. Rdn. 9 ff.). I.R.d. wichtigen Gründe zur Aufrechterhaltung der Untersuchungshaft nach § 121 kann das sog. **Beschleunigungsgebot** dann eine zwingende Ausnahme vom Prinzip der gemeinsamen und gleichzeitigen Aburteilung aller derselben Tat Angeklagten bedingen, wenn in Bezug auf einen Mitangeklagten Terminskollisionen, Erkrankung des Verteidigers oder die Verfügbarkeit eines beauftragten psychiatrischen Sachverständigen einer zeitnahen Hauptverhandlung entgegenstehen und die Untersuchungshaft bereits erhebliche Zeit angedauert hat (KG StraFo 2009, 514).

16 Eine Trennung kann die Aufklärungspflicht aus § 244 Abs. 2 verletzen (BGH StraFo 2010, 339 f.), etwa bei einem geständigen Mitangeklagten und dem für den Fall der Trennung drohenden § 55 (zu § 103 JGG vgl. KG NStZ 2006, 521, 522 m. abl. Anm. *Eisenberg*). Die formellen Anforderungen der Trennung entsprechen denen bei § 4 (s. § 4 Rdn. 17, 21).

17 Die Trennung nach § 2 Abs. 2 hebt ebenso wie § 4 Abs. 1 Alt. 2 die Sachverbindung wieder auf, doch mit unterschiedlichen Folgen. Ist bei § 4 Abs. 1 wegen § 269 eine Verweisung zum Gericht niedrigerer Ordnung ausgeschlossen (s. § 4 Rdn. 24), greift bei § 2 Abs. 2 der § 209 Abs. 1 (KMR/*v. Heintschel-Heinegg* § 2 Rn. 19). Auch der Gerichtsstand bestimmt sich (wieder) einzeln nur nach den Verhältnissen der jeweiligen Verfahren selbst; so ist der Wohnsitz eines gem. § 2 Abs. 2 abgetrennten Angeschuldigten für das verbleibende Verfahren ohne Bedeutung (s.a. § 13 Rdn. 1).

18 Fraglich mag sein, ob eine Trennung nach § 2 Abs. 2 auch unabhängig von einer Eröffnungsentscheidung zu einem früheren Zeitpunkt des Zwischenverfahrens erfolgen kann, wofür der Wortlaut spricht (s.a. Rdn. 21). Ebenso ist das abtrennende Gericht nicht schon deshalb dazu verpflichtet das Hauptverfahren bei einem anderen Gericht zu eröffnen, weil es diese Entscheidung rechtlich treffen *kann* (a. A. OLG Düsseldorf NStZ 1991, 145, 146). Eine solche Pflicht hat in § 2 Abs. 2 keine Grundlage und gegen sie kann zudem die Notwendigkeit weiterer Ermittlungen nach § 202 sprechen, die es zunächst zu beurteilen und zu veranlassen gilt (vgl. OLG Celle, Beschl. v. 15.5.2013 – 1 Ws 158/13).

19 **D. Rechtsmittel.** Gegen Entscheidungen der StA nach § 2 Abs. 1 hat der Beschuldigte nur die Dienstaufsichtsbeschwerde gem. §§ 146, 147 GVG, wobei auch die Rücknahme (§ 156) zwecks Trennung begehrt werden kann (KK-StPO/*Fischer* § 2 Rn. 12).

20 Für gerichtliche Entscheidungen sind die Revision (s. § 4 Rdn. 28 ff.) und die Beschwerde (s. § 4 Rdn. 25 ff.) zu unterscheiden. Die Beschwerde eröffnet eine vollständige Nachprüfung (BGH NStZ-RR 2013, 352; OLG Düsseldorf NStZ 1991, 145, 146; s.a. § 4 Rdn. 27). Wird **vor Eröffnung** gem. § 2 Abs. 2 abgetrennt, greift § 305 Satz 1 noch nicht (KG, Beschl. v. 10.11.2014 – 4 Ws 113/14 – 141 AR 563/14, juris; OLG Düsseldorf NStZ 1991, 145, 146; KK-StPO/*Engelhardt* § 305 Rn. 2), weshalb die Beschwerde uneingeschränkt eröffnet ist (AnwK-StPO/*Rotsch* § 4 Rn. 8), also nicht nur für den abgetrennten, sondern auch für den verbleibenden Angeschuldigten, und ferner für den Antragsteller im Fall der Ablehnung einer beantragten Trennung (a. A. Meyer-Goßner/*Schmitt* § 2 Rn. 13).

21 Gegen eine Trennung im **Zuge der (Teil-) Eröffnung** gem. § 209 Abs. 1 (Rdn. 12) soll nur die StA die sofortige Beschwerde gem. § 210 Abs. 2 haben (KG NStZ 2006, 521; KK-StPO/*Fischer* § 2 Rn. 13). Nach zutr. a. A. ist eine darin liegende Trennung eigenständig mit der einfachen Beschwerde angreifbar

(OLG Celle, wistra 2013, 405 f.; OLG Köln NStZ-RR 2000, 313 f.; LR/*Erb* § 2 Rn. 27). Dabei gelten zur Sperrwirkung aus § 305 S. 1 grdsl. die gleichen Regeln wie bei § 4 (s. § 4 Rdn. 26), soweit das Gericht das Verfahren des Beschwerdeführers vor sich selbst eröffnet hat. Soweit hingegen das Hauptverfahren mit der Trennung vor einem anderen Gericht eröffnet wird, handelt es sich nicht um eine Entscheidung des erkennenden Gerichts i.S.d. § 305 S. 1 (KK-StPO/*Engelhardt* § 305 Rn. 2) und die Beschwerde ist uneingeschränkt statthaft (s. Rdn. 20).

§ 3 StPO Begriff des Zusammenhanges.
Ein Zusammenhang ist vorhanden, wenn eine Person mehrerer Straftaten beschuldigt wird oder wenn bei einer Tat mehrere Personen als Täter, Teilnehmer oder der Begünstigung, Strafvereitelung oder Hehlerei beschuldigt werden.

S.a. RiStBV Nr. 17, 114

Den Begriff des Zusammenhangs regelt § 3 einheitlich für §§ 2, 4, 13, also für alle Varianten der Verfahrensverschmelzung. Die Objekte des Zusammenhangs sind **prozessuale Taten** (§ 2 Rdn. 1). Der Zusammenhang kann ein persönlicher, ein sachlicher oder ein aus beidem kombinierter sein. Die Beurteilung von § 3 erfolgt in der Revision aus der *ex-ante* Perspektive der Verbindungsentscheidung (s. § 4 Rdn. 32). 1

Ein **persönlicher (subjektiver) Zusammenhang** liegt vor, wenn einem Beschuldigten mehrere Straftaten im prozessualen Sinn vorgeworfen werden. Objektive Verfahren wie das Sicherungsverfahren (§§ 413 ff.) können untereinander sowie zu regulären Strafverfahren in persönlichem Zusammenhang stehen (KK-StPO/*Fischer* § 4 Rn. 4), solange es sich um verschiedene prozessuale Taten handelt. 2

Ein **sachlicher (objektiver) Zusammenhang** liegt vor, wenn mehrere Personen mitgewirkt haben. Die Begriffe von Täterschaft, Teilnahme sowie der Anschlussdelikte sind zwar grds. dem StGB entnommen, gehen aber wegen des Bezuges zur prozessualen Tat darüber hinaus. So genügt für eine **Teilnahme** i.S.d. § 3 jede in dieselbe Richtung zielende Mitwirkung an einem einheitlichen geschichtlichen Vorgang (BGH NStZ 2009, 221; BGH NJW 2003, 446, 452; BGH NJW 1988, 150; auch *Kleinknecht* MDR 1958, 357 f.; a. A. KMR/*v. Heintschel-Heinegg* § 3 Rn. 4; *Rotsch/Sahan* ZIS 2007, 142 ff.). Fraglich ist, ob auch die **Geldwäsche** (§ 261 StGB) von der Hehlerei bzw. der Teilnahme i.S.d. § 3 umfasst ist; dafür spricht die an den Verbindungszwecken (s. § 2 Rdn. 9 ff.) ausgerichtete Eigenständigkeit der Begriffe des § 3. 3

Ein **kombinierter Zusammenhang** ist gegeben, wenn *sachlich* mehrere an einer Tat beteiligt sind und *persönlich* einer von ihnen Beschuldigter einer weiteren Tat ist. Zwar ist auch in diesem Fall § 3 anwendbar, jedoch sind bei mehrgliedrigen kombinierten Zusammenhängen die möglichen Nachteile einer Verbindung (s. § 2 Rdn. 11) besonders zu berücksichtigen und es ist mit zunehmendem Verfahrensumfang eine Erhöhung der Begründungsanforderungen zu verlangen. 4

§ 4 StPO Verbindung und Trennung rechtshängiger Strafsachen.
(1) Eine Verbindung zusammenhängender oder eine Trennung verbundener Strafsachen kann auch nach Eröffnung des Hauptverfahrens auf Antrag der Staatsanwaltschaft oder des Angeklagten oder von Amts wegen durch gerichtlichen Beschluß angeordnet werden.
(2) ¹Zuständig für den Beschluß ist das Gericht höherer Ordnung, wenn die übrigen Gerichte zu seinem Bezirk gehören. ²Fehlt ein solches Gericht, so entscheidet das gemeinschaftliche obere Gericht.

Übersicht

		Rdn.			Rdn.
A.	Verbindung	1	B.	Verfahrenstrennung	21
I.	Zuständigkeiten	2	C.	Rechtsmittel	25
II.	Verfahrensstadien	5	I.	Beschwerde	25
	1. An- und Rechtshängigkeit	6	II.	Revision	28
	2. Begonnene Hauptverhandlung	8		1. Unwirksame Entscheidungen	28
	3. Verbindung im Rechtsmittelverfahren	11		2. Fehlerhaftigkeit der (wirksamen) Entscheidung	32
	4. Verbindung nach (Teil-) Rechtskraft	14		3. Anknüpfende Verfahrensfehler	34
III.	Die Entscheidung	16		4. Beruhen	35
IV.	Die Verbindung gem. Abs. 2 Satz 2	18			

Börner

§ 4 StPO Verbindung und Trennung rechtshängiger Strafsachen

1 **A. Verbindung.** Ergänzend zu § 2 regelt § 4 die **Verfahrensverschmelzung** durch ein Gericht nach Rechtshängigkeit. Die Verbindung zur gemeinsamen Verhandlung und Entscheidung ist streng von einer Verbindung nach § 237 zu unterscheiden, die lediglich zu prozesstechnischen Erleichterungen und nicht zu einer Verschmelzung der Verfahren führt (BGHSt 36, 348, 349; *Meyer-Goßner* NStZ 2004, 353, 354 f.). Für **Jugendsachen** gelten Sonderregeln (s. Rdn. 4 u. § 1 Rdn. 40).

2 **I. Zuständigkeiten.** Diese Verbindung setzt örtliche Zuständigkeit des verbindenden Gerichts für beide Strafverfahren voraus. Mangelt es dem Gericht höherer Ordnung daran, entscheidet gem. § 4 Abs. 2 Satz 2 das gemeinschaftliche obere Gericht. Die Zusammenfassung der örtlichen Zuständigkeit bei gleichrangigen Gerichten regelt § 13 Abs. 2 (BGHSt 37, 15, 16; s. Rdn. 20).

3 Im Fall des § 4 Abs. 2 Satz 1 ist die Verbindung ein **autoritärer Akt** des höheren Gerichts. Folglich ist die große Strafkammer befugt, ein bei einem AG seines Bezirks rechtshängiges Verfahren durch Verbindungsbeschluss an sich zu ziehen (s. BGH NStZ-RR 2010, 243); str. ist, ob dies auch ggü. dem Berufungsgericht möglich ist (s. Rdn. 11, 14 f.).

4 Derselbe Spruchkörper kann über den Wortlaut des § 4 hinaus erst-recht die bei ihm selbst rechtshängigen Verfahren durch Beschluss unter Bezeichnung des führenden Verfahrens verschmelzen (LR/*Erb* § 4 Rn. 4; *Meyer-Goßner* NStZ 2004, 353, 355). Handelt es sich um verschiedene gleichrangige Spruchkörper desselben Gerichts, geschieht die Verbindung durch eine **einverständliche Abgabe** und Übernahme des Verfahrens (BGHSt 36, 348, 350), der § 4 Abs. 2 gilt nicht (BGH NJW 1995, 1688 f.; KK-StPO/*Fischer* § 4 Rn. 7; *Meyer-Goßner* NStZ 2004, 353, 355 f.). Doch streitig ist, ob **bei gescheiterter Einigung** die Verbindung entweder unterbleibt (zutr. LR/*Erb* § 4 Rn. 7), ob entspr. § 21e Abs. 1 Satz 1 GVG das Präsidium entscheidet (*Joecks* § 4 StPO Rn. 3; *Meyer-Goßner* NStZ 2004, 353, 356; s.a. § 1 Rdn. 20) oder aber analog § 4 Abs. 2 Satz 2 eine Entscheidung des gemeinsamen oberen Gerichts einzuholen ist (dahingehend *Sowada*, Der gesetzliche Richter im Strafverfahren, 2002, S. 717). Die besonderen Strafkammern und Jugendgerichte stehen gem. § 209a ausdrücklich auch für § 4 Abs. 2 den Gerichten höherer Ordnung gleich (KK-StPO/*Fischer* § 4 Rn. 7); doch bei Weigerung der Spezialkammer bleibt es bei der Trennung, ohne dass das Präsidium zur abweichenden Entscheidung befugt wäre (a. A. *Meyer-Goßner* NStZ 2004, 353, 356), da es sich nicht um eine Frage der Geschäftsverteilung handelt (s.a. § 1 Rdn. 20).

5 **II. Verfahrensstadien.** Die Verbindung zweier Strafsachen gem. § 4 ist auch zulässig, wenn sie sich nicht im gleichen Prozessstadium befinden, wobei nach der genauen Konstellation zu unterscheiden ist.

6 **1. An- und Rechtshängigkeit.** In Bezug auf Anklageerhebung und Eröffnungsentscheidung treten bei zwei betroffenen Sachen **vier Konstellationen** auf. Sind beide Sachen bereits eröffnet (Var. 1), so greift § 4 in seinem Kernbereich. Ist nur das zum Zwecke der Verbindung abgegebene Verfahren noch nicht eröffnet worden (Var. 2), kann gem. § 4 Abs. 1 verbunden werden, wenn (str.) die bis dahin noch dispositionsbefugte StA dies beantragt oder zugestimmt hat (BGH NJW 1990, 2760; BGH bei *Becker* NStZ-RR 2002, 65; OLG Hamm, Beschl. v. 23.01.2014 . 2(s) Sbd I – 1/14, juris; LR/*Erb* § 4 Rn. 3; Radtke/Hohmann/*Ullenbruch* § 4 Rn. 9; auf Zustimmung verzichtend *Meyer-Goßner/Schmitt* § 4 Rn. 4; s.a. Rdn. 19), dabei führe ein Fehler aber nicht zur Unwirksamkeit der Verbindung (BGH bei *Becker* NStZ-RR 2002, 65; zw., s. Rdn. 28). In dem Verbindungsbeschluss liegt zugleich die Eröffnungsentscheidung hinsichtlich der hinzu verbundenen Sache, da sich der bereits vorhandene förmliche Eröffnungsbeschluss aufgrund der Verfahrensverschmelzung auch auf die weitere Tat erstreckt (anders wohl BGH NStZ-RR 1997, 380 f.). § 203 verlangt, dass nur solche prozessualen Taten in das Hauptverfahren gelangen, für die ein hinreichender Tatverdacht besteht. Diese gesetzliche Grundentscheidung darf durch § 4 nicht unterlaufen werden. Daher hat das Gericht bei seiner Verbindungsentscheidung auch die Voraussetzungen des § 203 StPO zu prüfen, was dem Schutz des Angeschuldigten ebenso dient wie der Prozessökonomie (s. ferner Rdn. 19). Eine weitere Sache, die isoliert betrachtet vor das AG gehören würde, kann zwecks Verbindung mit einer bei der Strafkammer erstinstanzlich rechtshängigen Sache direkt zum LG angeklagt werden (KK-StPO/*Fischer* § 4 Rn. 1; LR/*Erb* § 4 Rn. 3). Der vorherigen separaten Eröffnung durch das höhere Gericht steht dann § 209 Abs. 1 StPO entgegen und § 203 kann nur im Rahmen der Verbindungsentscheidung geprüft werden.

7 In der dritten Variante ist keines der beiden anhängigen Verfahren bereits eröffnet worden. In diesem Fall greift weder § 2 noch § 4; eine Analogie zu § 4 Abs. 1 scheidet mangels planwidriger Lücke aus

(a. A. *Rotsch/Sahan* JA 2005, 801, 806). Es ist also vor dem Verbindungsbeschluss zumindest das (potentiell) führende Verfahren zu eröffnen und bei Hinzuverbindung für das weitere Verfahren sachlich § 203 StPO zu prüfen (s. Rdn. 6). In der vierten Variante ist zwar das weitere Verfahren, nicht aber das als führend zu bestimmende Verfahren eröffnet worden. Auch hier scheidet für das Gericht höherer Ordnung bis zur Eröffnung eine Verbindung gem. § 4 Abs. 1 aus (BGH NStZ-RR 2005, 77; *Meyer-Goßner/Schmitt* § 4 Rn. 4); gleiches gilt für gleichrangige oder identische Spruchkörper (s. Rdn. 4) hinsichtlich des führenden Verfahrens. Die gerichtliche Kompetenz zur Verfahrensverschmelzung steht damit insgesamt unter dem **Vorbehalt der Feststellung des hinreichenden Tatverdachts.**

2. Begonnene Hauptverhandlung. Die Verbindung kann vor Aburteilung in jeder Lage des Verfahrens nach pflichtgemäßem gerichtlichen Ermessen erfolgen. Eine laufende Hauptverhandlung hindert die Verbindung zwar grds. nicht (BGH NJW 2000, 1274, 1276), davon zu unterscheiden ist aber die Wahrung des Verfahrensrechts in der laufenden Hauptverhandlung, wofür es auf die Art des Zusammenhanges nach § 3 ankommt. 8

Bei **persönlichem Zusammenhang** gelten die Regeln der Nachtragsanklage, was die (ausdrückliche) Zustimmung des Angeklagten erfordert (vgl. BGH NStZ-RR 1999, 303; *Gubitz/Bock* StraFo 2007, 225 ff.; HK-StPO/*Julius* § 4 Rn. 2; *Meyer-Goßner/Schmitt* § 4 Rn. 9). Wird eine Verbindung trotz fehlender Voraussetzungen des § 266 vorgenommen, hat der Tatrichter mit der Hauptverhandlung neu zu beginnen (BGHSt 53, 108, 110 ff.; BGH StraFo 2010, 337; s.a. Rdn. 34). 9

Bei **sachlichem Zusammenhang** ist für den hinzu kommenden Mitangeklagten besonders auf die Rechte auf Anwesenheit und Verfahrensteilhabe sowie auf § 261 zu achten, weshalb bei der Urteilsfindung gegen ihn kein Verfahrensstoff aus der noch ohne seine Mitwirkung durchgeführten Hauptverhandlung verwertet werden darf (BGH NJW 2000, 1274, 1276; s.a. Rdn. 34 sowie andererseits zur Umgehung von § 231c unten Rdn. 23). 10

3. Verbindung im Rechtsmittelverfahren. Ein **Berufungsverfahren** soll mit einem bei demselben LG rechtshängigen erstinstanzlichen Verfahren analog § 4 Abs. 1 verbunden werden können, weshalb dann aufgrund der Verfahrensverschmelzung insgesamt erstinstanzlich zu verhandeln ist (BGH NStZ 1998, 628; BGHSt 38, 300, 301; St 36, 348 ff.; s. aber Rdn. 14 f.; a. A. *Joecks* § 4 StPO Rn. 3; LR/*Erb* § 4 Rn. 19 ff.; *Meyer-Goßner/Schmitt* § 4 Rn. 8d; *ders.* NStZ 2004, 353, 357 f.; MüKo-StPO/*Ellbogen* § 4 Rn. 6; Radtke/Hohmann/*Ullenbruch* § 4 Rn. 12; SK-StPO/*Weßlau* § 4 Rn. 7; auch *Sowada*, Der gesetzliche Richter im Strafverfahren, 2002, S. 717 ff.; s.a. Rdn. 3). Ist zudem die örtliche Zuständigkeit betroffen, würde konsequent § 4 Abs. 2 Satz 2 greifen (s. Rdn. 20). Die instanzübergreifende Verbindung setzt voraus, dass die zum *LG* angeklagte Sache für sich genommen dessen Zuständigkeit begründet, denn § 4 gibt einem Gericht nicht die Befugnis, in seinem Gerichtsbezirk anhängige Verfahren beliebig an sich zu ziehen, sondern gestattet dem höheren Gericht nur, zu einem bei ihm bereits rechtshängigen Verfahren weitere Verfahren hinzu zu verbinden (BGHSt 38, 172, 174 f.; BGHSt 37, 15, 18 ff. sowie BGH NStZ 1998, 628, 629). Ebenso ist eine Anklage direkt zum *LG* zum Zwecke der Verbindung mit einem Berufungsverfahren unstatthaft, wenn für diese weitere Sache eine erstinstanzliche Zuständigkeit des *LG* nicht gegeben ist (BGHSt 38, 172, 174 f., s. aber Rdn. 13 für den Weg über § 328 Abs. 2). 11

Durch die Verschmelzung wird eine **Berufungsrücknahme** ausgeschlossen (BGHSt 38, 300, 301; BGHSt 34, 204, 207 f.), woran eine spätere Trennung ebenso wenig etwas ändert (BGHSt 38, 300, 301) wie an der Revisionszuständigkeit des *BGH*. Das Verbot der *reformatio in peius* aus § 331 Abs. 1 ggü. dem amtsgerichtlichen Urteil ist aber zu beachten (BGH NStZ 1998, 628; BGHSt 38, 300, 301 f.). Nur bei **§ 237** folgen beide Verfahren weiter ihren eigenen Gesetzen (BGHSt 26, 271, 274 f.; KK-StPO/*Gmel* § 237 Rn. 9), jedoch ist diese Art der Verbindung aufgrund unterschiedlicher Spruchkörper weithin ausgeschlossen (a. A. BGHSt 26, 271, 274 f.; offen BGH 38, 376, 379) und kommt nur für die gem. § 33b Abs. 1 JGG vor der großen Jugendkammer zu verhandelnden Berufungsverfahren zu Urteilen des Jugend*schöffen*gerichts (s. § 1 Abs. 33) in Betracht (KK-StPO/*Gmel* § 237 Rn. 2 u. 9; *Meyer-Goßner/Schmitt* § 237 Rn. 3 u. 4 a.E.). 12

Nicht möglich ist die Verbindung eines in erster Instanz bei dem *AG* rechtshängigen Verfahrens mit einer Berufungssache (BGH NStZ 1990, 548; OLG Karlsruhe NJW 1954, 1698; LR/*Erb* § 4 Rn. 16), jedoch **zwei Berufungsverfahren** am selben *LG* können verbunden werden (vgl. im Einzelnen LR/*Erb* § 4 Rn. 11 ff.; *Meyer-Goßner* NStZ 2004, 353, 356 f.; tendenziell BGHSt 25, 51, 53 f.; krit. HK-StPO/ 13

§ 4 StPO   Verbindung und Trennung rechtshängiger Strafsachen

Julius § 4 Rn. 8; and. SK-StPO/*Weßlau* § 4 Rn. 7; BGHSt 19, 177 ff.; s. Rdn. 4). Daran ist auch zu denken, wenn die Verbindung zur erstinstanzlichen Verhandlung vor dem *LG* ausscheidet (s. Rdn. 11 a.E.) und deshalb zur Ermöglichung der Verbindung zunächst ein amtsgerichtliches Urteil ergehen muss, gegen das die Berufung zu erwarten steht (dazu BGHSt 37, 15, 18). Ein darauf gestütztes Abwarten in der ersten Berufungssache zur späteren Verbindung beider Berufungssachen kann sinnvoll sein, wenn eine wahldeutige Verurteilung in Betracht kommt (BGHSt 38, 172, 174) und Gleiches nicht über § 265 zu erreichen sein sollte (vgl. *Rieß* NStZ 1992, 548, 550; s.a. § 12 Rdn. 2 ff.). Ferner kann die Verbindung der Berufungssachen über § 328 Abs. 2 den Weg zur erstinstanzlichen Verhandlung vor der großen Strafkammer eröffnen (s. § 1 Rdn. 22 sowie zur Durchbrechung der Teilrechtskraft § 6 Rdn. 3 ff.). Andererseits wird wegen drohender Verfahrensverzögerung ein Zuwarten in der Erledigung des ersten Berufungsverfahrens regelmäßig problematisch sein. Bei verschiedener **örtlicher Zuständigkeit** für die Berufungssachen soll eine Verbindung ausgeschlossen sein (LR/*Erb* § 4 Rn. 15; s.a. § 13 Rdn. 3). Die horizontale Teilrechtskraft ist insoweit kein Hindernis (s. aber Rdn. 14 f.). Ist aber in einem der Verfahren ein Berufungsurteil ergangen, scheidet die Verbindung aus, es sei denn, die Sache ist zwischenzeitlich zur erneuten Verhandlung zurückverwiesen worden.

14   **4. Verbindung nach (Teil-) Rechtskraft.** Ist ein mit der Berufung angefochtenes Urteil in horizontale **Teilrechtskraft** erwachsen, soll diese Sache nicht zur insgesamt erstinstanzlichen Verhandlung vor dem LG verbunden werden können (BGHSt 38, 300, 301; BGHSt 37, 15, 17; St 36, 348, 350 f.; BGH NStZ-RR 1997, 171 s. aber § 12 Rdn. 3), was unzutreffend erscheint. Der Verbindung zweier Berufungsverfahren steht die horizontale Teilrechtskraft indessen auch nach diesem Standpunkt nicht entgegen (s. Rdn. 13 a.E.).

15   Dass die Verbindung einer erstinstanzlichen Sache der großen Strafkammer mit einer vom *BGH* zur Verhandlung und Entscheidung über den Strafausspruch zurückverwiesenen Sache möglich ist (vgl. KK-StPO/*Fischer* § 4 Rn. 2 a.E.), passt zu dieser angenommenen Sperrwirkung schlecht. Wenn es dort der Verbindung nicht im Wege steht, dass wegen einer der Taten nur noch über die Strafzumessung verhandelt werden darf, so kann nichts anderes gelten, wenn eine Berufungsbeschränkung zur horizontalen Teilrechtskraft der hinzuzuverbindenden Sache geführt hat. In beiden Fällen steht die große Strafkammer in der Hauptverhandlung vor demselben sachlichen Problem, das es technisch durchaus in derselben Weise zu lösen vermag. Der tatsächliche Grund der Differenzierung mag deshalb möglicherweise eher darin liegen, dass der Berufungsrechtszug aus Sicht der Verfechter der Sperrwirkung nicht dieselbe Qualität der Sachverhaltsaufklärung verbürgt, wie es von der großen Strafkammer zu erwarten ist. Dieses Argument erscheint aber jedenfalls dann nicht tragfähig, wenn – wie hier – für die einzelnen Verfahren die sachliche Zuständigkeit gewahrt worden ist (zum anderen Fall s. § 6 Rdn. 3).

16   **III. Die Entscheidung.** Die Gründe für und gegen eine Verbindung entsprechen § 2 (vgl. § 2 Rdn. 9 ff.). Dabei hat das Gericht die im Rechtsstaatsprinzip angelegten gegenläufigen Interessen zu einem tragfähigen Ausgleich zu bringen (BVerfG StV 2002, 578, 580; LR/*Erb* § 4 Rn. 24). Ein **Anspruch auf Verbindung** mehrerer Verfahren soll nicht bestehen (RGSt 54, 107; KK-StPO/*Fischer* § 2 Rn. 2). Das Antragsrecht wäre aber überflüssig, wenn kein Anspruch auf ermessensfehlerfreie Bescheidung bestünde. Wo aber dieser Anspruch existiert, kann in besonderen Fällen der **Entscheidungsspielraum auf Null reduziert** sein (s. § 2 Rdn. 15). So mag es liegen, wenn es sich um zwei Sachen eines Angeklagten handelt und nach Terminsstand des Gerichts nur die Verbindung zum zeitnahen Abschluss führt, wobei ggf. auch die zumeist eher langwierige nachträgliche Bildung einer Gesamtstrafe zu berücksichtigen ist.

17   Die Verfahrensverschmelzung ist ein rechtsgestaltender Akt. Daher sind zwei Gesamtstrafen in einem Urteil unzulässig (OLG Hamm, Beschl. v. 16.01.2014 – 1 RVs 94/13, juris). Nötig ist ein **förmlichen Beschluss**, der das führende Verfahren bezeichnet. Eine stillschweigende Verbindung oder Trennung ist nicht möglich (KK-StPO/*Fischer* § 4 Rn. 9). Es ist gem. § 33 rechtliches Gehör zu gewähren (KK-StPO/*Fischer* § 4 Rn. 8; LR/*Erb* § 4 Rn. 24). Eine Begründung ist grds. gem. § 34 geboten, der über die eröffnete Beschwerde hinaus (s. Rdn. 25 f.) auch für die nur mittelbar mit der Revision anfechtbaren Entscheidungen gilt (Meyer-Goßner/*Schmitt* § 34 Rn. 2; KK-StPO/*Maul* § 34 Rn. 2). Für eine (mittelbar anfechtbare) Ermessensentscheidung ist eine Begründung jedenfalls dann geboten, wenn Sachgründe des Beschwerdeführers gegen die Entscheidung sprechen, da anderenfalls die Grenzen richterlichen Ermessens nicht überprüft werden können (vgl. BVerfG StV 2002, 578, 580 f.; LR/*Erb* § 4

Rn. 26). Das Fehlen der Begründung kann auf eine Verkennung der Maßstäbe des fairen Verfahrens hindeuten (BVerfG StV 2002, 578, 580 f.). Die Begründung der prozessualen Zweckmäßigkeit liegt daher nicht grds. bereits in der anordnenden Beschlussformel selbst (SK-StPO/*Weßlau* § 4 Rn. 11; a. A. KK-StPO/*Fischer* § 4 Rn. 12; *Meyer-Goßner/Schmitt* § 4 Rn. 15; offen BGH NStZ 2000, 211).

IV. Die Verbindung gem. Abs. 2 Satz 2. Sind unter verschiedenen Oberlandesgerichten einem von 18
diesen bestimmte Arten von Entscheidungen bezirksübergreifend zugewiesen, dann ist dieses *OLG* insoweit das gemeinschaftliche obere Gericht für die streitenden Gerichte der betreffenden Bezirke. Der angerufene *BGH* gibt in diesem Fall die Entscheidung an das zuständige *OLG* ab (BGH NStZ-RR 1997, 187 f.).
Der *BGH* kann die Verbindung mehrerer Verfahren auch dann vornehmen, wenn nur in Ansehung 19
eines dieser Verfahren seine Zuständigkeit nach § 4 Abs. 2 Satz 2 begründet ist, da es auch in Ansehung anderweitiger Verbindungen jedenfalls bzgl. dieses Verfahrens einer Entscheidung nach § 4 Abs. 2 S. 2 bedarf (BGH StraFo 2015, 144 f.; BGH NStZ-RR 2014, 112; BGH NStZ 2001, 656 [LS]). Ist das zum Zwecke der Verbindung abgegebene Verfahren noch nicht eröffnet worden, soll dennoch nach § 4 Abs. 2 Satz 2 verbunden werden können, wenn die bis dahin noch dispositionsbefugte StA dies beantragt oder zugestimmt hat (BGH NJW 1990, 2760; s.a. Rdn. 6). Doch das ist problematisch, weil die Verbindungsentscheidung hier zugleich die Eröffnung des weiteren Verfahrens bewirkt (s. Rdn. 6 f.), jedoch ohne dass dem *BGH*, der nicht Tatgericht ist, eine aus § 209 herleitbare Befugnis zur Entscheidung über den hinreichenden Tatverdacht zustünde. Zudem geht der für § 203 notwendige Prüfungsaufwand erheblich über das hinaus, was zur Entscheidung der Zuständigkeitsfrage notwendig ist. Daher erscheint es vorzugswürdig, die **vorherige Eröffnung aller Sachen** als Voraussetzung der Anrufung des gemeinschaftlichen oberen Gerichts anzusehen, wodurch es der Zustimmung der StA nicht mehr bedürfte.
Betrifft ein Verbindungsbeschluss die **sachliche *und* örtliche Zuständigkeit**, erfolgt die Verbindung 20
nicht gem. § 13 Abs. 2 Satz 1 durch Vereinbarung der beteiligten Gerichte, sondern bedarf nach § 4 Abs. 2 Satz 2 (sogleich) der Entscheidung des gemeinschaftlichen oberen Gerichts (BGH StraFo 2015, 144 f.; BGH wistra 2013, 321 f.; BGH NStZ-RR 2006, 85 f. [LS]; BGH NStZ 2000, 435, 436; BGH NStZ-RR 1997, 170), was auch im Verhältnis zwischen dem Strafrichter und dem Schöffengericht verschiedener Gerichte der Fall ist (OLG Hamm, Beschl. v. 25.02.2014 – 2 RVs 6/14, juris; OLG Oldenburg NStZ-RR 2011, 376 f.; s.a. § 1 Rdn. 3, 8 f.). Auch auf übereinstimmende Anträge kommt es anders als bei § 13 Abs. 2 Satz 2 für § 4 Abs. 2 Satz 2 nicht an. Wird dennoch nach § 13 Abs. 2 verfahren, ist die Verbindung **unwirksam** (BGH NStZ-RR 2013, 378; BGH NStZ 2000, 435, 436; OLG Oldenburg StraFo 2011, 392; s. aber Rdn. 31). Allerdings soll eine wirksame Verbindung – im Revisionsverfahren (!) – nachholbar sein, soweit die verbundenen Komplexe nicht eingestellt worden und somit vollständig Gegenstand des Urteils sind (BGH wistra 2013, 321 f.; BGH NStZ-RR 1997, 170; MüKo-StPO/*Ellbogen* § 4 Rn. 17).

B. Verfahrenstrennung. Das Gericht ist gem. § 4 Abs. 1 ergänzend zu § 2 Abs. 2 auch nach 21
Rechtshängigkeit befugt (vgl. § 2 Rdn. 14), ein einheitliches Verfahren nach Personen oder prozessualen Taten aufzuspalten. Die Gründe für und gegen eine Verfahrenstrennung entsprechen denen von § 2 Abs. 2, wobei in besonders gelagerten Einzelfällen das Ermessen auf Null reduziert sein kann (s. Rdn. 16 u. § 2 Rdn. 15). Die Trennung erfolgt durch förmlichen Beschluss und ist ein verfahrensgestaltender Akt, wobei §§ 33, 34 zu beachten sind (s. Rdn. 17). **Zuständig** für die Trennung ist auch im Fall der vorherigen Verbindung nach § 4 Abs. 2 Satz 2 das mit der Sache befasste Gericht, da die Trennung an der hergestellten gerichtlichen Zuständigkeit nichts mehr ändert (s. auch Rdn. 24), besteht kein Anlass, das übergeordnete Gericht mit der Frage zu befassen (LR/*Erb* § 4 Rn. 43; Radtke/Hohmann/*Ullenbruch* § 4 Rn. 15; a. A. KK-StPO/*Fischer* § 4 Rn. 10; KMR/*v. Heintschel-Heinegg* § 4 Rn. 12; *Meyer-Goßner/Schmitt* § 4 Rn. 15; s. Rdn. 24). Bei (noch) nicht bindender Abgabe gem. §§ 209 Abs. 2, 225a, hat das um Übernahme angegangene Gericht keine Trennungsbefugnis, da die Sache bis zur wirksamen Übernahme bei dem um diese ersuchenden Gericht rechtshängig bleibt (OLG Stuttgart NStZ 1995, 248, 249).
Verhandlung und Entscheidung über die **Trennung in der Hauptverhandlung** verlangen die Beachtung 22
der Anwesenheitserfordernisse, etwa des Verteidigers des Betroffenen (BGH StraFo 2010, 339 f.). An

dem Verfahrensverstoß gem. § 338 Nr. 5 ändert sich nichts dadurch, dass die Trennung auch außerhalb der Hauptverhandlung möglich gewesen wäre (BGH StraFo 2010, 339 f.). Jedoch muss dazu gem. § 344 Abs. 2 S. 2 exakt vorgetragen werden (BGH NStZ-RR 2013, 352 ff.).

23 Problematisch ist eine **vorübergehende Verfahrenstrennung** während der Hauptverhandlung gegen mehrere Angeklagte. Nach h.M. soll die bis dahin anerkannte Option zur vorübergehenden Trennung durch die Einfügung des § 231c unberührt geblieben sein, solange eine getrennte Verhandlung im Interesse einer zügigen Förderung des Verfahrens angezeigt sei und nicht der Umgehung des Antragserfordernisses aus § 231c diene (BGHSt 32, 270, 272 ff.; diff. LR/*Becker* § 231c Rn. 3; krit. *Schlothauer* FS L. Koch, S. 241, 250 ff.). Diese Abtrennung sei i.d.R. unzulässig, wenn die ohne den Angeklagten fortgesetzte Verhandlung einer Tat gilt, auf die sich auch der gegen ihn erhobene Anklagevorwurf sachlich bezieht, weil darin eine Umgehung der §§ 230, 338 Nr. 5 liege (BGHSt 32, 270, 273; KK-StPO/*Fischer* § 2 Rn. 16). Stehe hingegen für das Revisionsgericht zweifelsfrei fest, dass die in dem abgetrennten Verfahren durchgeführte Verhandlung das Verteidigungsinteresse des abgetrennten Angeklagten nicht berühre, liege kein Verstoß gegen § 338 Nr. 5 vor (BGHSt 32, 270, 273 f.). In Zweifelsfällen dürfe auf dienstliche Äußerungen zurückgegriffen werden, soweit diese – ohne inhaltliche Rekonstruktion der Verhandlung im Einzelnen – zur Klärung des Verhandlungsgegenstandes den äußeren Ablauf der Hauptverhandlung wiedergäben (BGHSt 32, 270, 273 f.). Je nach inhaltlichem Geschehen sei es möglich, dass der Verstoß gegen § 338 Nr. 5 nur den Strafausspruch betreffe (BGHSt 32, 270, 274 f.). Doch diese Relativierungen des schädlichen sachlichen Bezuges zwischen den Anklagegegenständen sowie die erheblichen Unschärfen der angewendeten Kriterien sprechen gegen die Statthaftigkeit einer vorübergehenden Trennung und lassen diese per se als Umgehung von § 231c erscheinen. Hinzu kommt, dass der Angeklagte bei § 231c StPO gerade nicht gegen seinen Willen der Verhandlung fern bleibt.

24 Die **Folgen der Trennung** unterscheiden sich von denjenigen des § 2 Abs. 2 (s. § 2 Rdn. 17). Eine Zuständigkeit, die durch die gerichtliche Verbindung zusammenhängender Sachen geschaffen worden ist, bleibt auch dann bestehen, wenn der Grund der Verbindung nach Eröffnung des Hauptverfahrens wegfällt (BGH NStZ 2004, 100), das gilt wegen § 269 für das Gericht höherer Ordnung (BGHSt 47, 116, 117 ff.; a. A. HK-StPO/*Julius* § 4 Rn. 11; SK-StPO/*Weßlau* § 4 Rn. 10) und ebenso für Gerichte gleicher Ordnung und deren Spruchkörper (LR/*Erb* § 4 Rn. 35; a. A. wohl KK-StPO/*Fischer* § 4 Rn. 12). Auch der Gerichtsstand des Zusammenhangs bleibt bestehen (BGH NStZ 2004, 100; BGH NJW 1988, 150).

25 **C. Rechtsmittel. I. Beschwerde.** Gegen den Beschluss ist gem. § 304 Abs. 1 die Beschwerde statthaft, soweit nicht insb. § 305 Satz 1 entgegensteht. Für Entscheidungen, die koinzident mit der Eröffnung oder später erfolgen, kommt es insoweit auf die Art der Entscheidung und die Stellung des Beschwerdeführers an. **Verbindungen** sollen gar nicht mit der Beschwerde angreifbar sein (KG NStZ-RR 2013, 218; LG Arnsberg, Beschl. v. 28.07.2014 – 6 Qs 63/14, juris; *Meyer-Goßner/Schmitt* § 305 Rn. 4; LR/*Erb* § 4 Rn. 44), obwohl damit typischerweise Verzögerungen eintreten können und mit diesem Argument § 305 Satz 1 ebenso gelockert sein müsste wie im Fall der Trennung (s. Rdn. 26; vgl. zudem *Rosenmeier*, Die Verbindung von Strafsachen im Erwachsenenstrafrecht, 1973, S. 91 f.).

26 Grds. soll (allenfalls) der von der **Trennung** betroffene Angeklagte ein Beschwerderecht haben, da bei bloßer Verzögerung des abgetrennten Verfahrens § 305 Satz 1 nicht greift (KK-StPO/*Fischer* § 2 Rn. 15 sowie OLG Celle, Beschl. v. 15.5.2013 – 1 Ws 158/13), was aber bei Ablehnung einer beantragten Trennung nicht gelte (KK-StPO/*Fischer* § 2 Rn. 15), ebenso für die StA (BGH NStZ-RR 2013, 352 ff.; OLG Düsseldorf NStZ-RR 1996, 142; OLG Frankfurt am Main StV 1983, 92 f). Wirke die Abtrennung eines anderen ggü. dem verbleibenden Angeklagten nicht verfahrenshemmend, greife für diesen § 305 Satz 1 (KMR/*v. Heintschel-Heinegg* § 2 Rn. 23), außer bei Willkür oder Verfolgung verfahrensfremder Ziele seitens des Gerichts (OLG Brandenburg, Beschl. v. 02.07.2008 – 1 Ws 107/08 [Rn. 15] – juris). Anders liegt es bei Entscheidungen vor der Eröffnung des Hauptverfahrens (s. § 2 Rdn. 20 f.).

27 Bei zulässiger Beschwerde prüft das Beschwerdegericht den Beschluss in vollem Umfang und trifft eine eigene Ermessensentscheidung (OLG Düsseldorf NStZ-RR 1996, 142; OLG Düsseldorf NStZ 1991, 145, 146; OLG Frankfurt am Main StV 1991, 504; *Meyer-Goßner/Schmitt* § 2 Rn. 13). Damit hat die Beschwerde ggü. der Revision eine ungleich größere Prüfungstiefe (s. Rdn. 33).

II. Revision. 1. Unwirksame Entscheidungen. Die Revision hängt wesentlich von der Art des 28
Fehlers ab. In Zuständigkeitsfragen bedingen die (objektive) Willkür (BGHSt 38, 376, 380; auch
§ 1 Rdn. 15) und folgende Fehler die **Unwirksamkeit** der Entscheidung: Verbindung ohne gesetzliche
Grundlage (Rdn. 6 f.); Anwendung von § 13 Abs. 2 statt § 4 Abs. 2 Satz 2 (s. Rdn. 20); Entscheidung
des unzuständigen höheren Gerichts nach § 4 Abs. 2 Satz 1 anstelle von § 4 Abs. 2 Satz 2; Entscheidung gem. § 13 Abs. 2 Satz 1 oder Satz 2 ohne den erforderlichen Antrag (vgl. entspr. BGHSt 36, 313, 314).

Damit bleiben die betroffenen Verfahren im *status quo ante* und die Revision stützt sich auf die Unzuständigkeit des Tatgerichts. Hat ein nicht zuständiger Spruchkörper geurteilt, kommt es für die formellen und materiellen Anforderungen der Revision auf den jeweiligen Zuständigkeitsfehler an (vgl. §§ 6, 6a, 16). Ist der Spruchkörper identisch, ist eine unterschiedliche Besetzung mit Berufsrichtern oder Schöffen grdsl. nach Maßgabe der §§ 222b, 338 Nr. 1, 344 Abs. 2 Satz 2 zu rügen. Ist auch die Besetzung identisch oder der Beschwerdeführer von der unwirksamen Entscheidung nicht betroffen, bleibt die Zuständigkeit gewahrt (s. aber Rdn. 34). 29

Bei unwirksamer Verbindung mit Sachen anderer Gerichte, bleibt ein hinzu verbundenes Verfahren bei 30
dem ursprünglichen Gericht rechtshängig. Dorthin verweist das Revisionsgericht unter Urteilsaufhebung gem. § 355 (BGH NStZ-RR 2006, 85 f. [LS]; BGH NStZ 2000, 435, 436; BGH NStZ 1996, 47; s.a. § 1 Rdn. 23). Ist ein Berufungsverfahren mit einem erstinstanzlichen Verfahren des LG entweder unwirksam nach § 4 oder nur gem. § 237 verbunden worden, spricht der BGH gem. § 348 Abs. 1 seine Unzuständigkeit aus (BGHSt 37, 15, 21; s.a. § 1 Rdn. 23).

Einer **Heilung** durch das Revisionsgericht mittels nachträglicher Verbindung gem. § 4 können die mangelnde Zuständigkeit nach § 4 Abs. 1 sowie eine unterbliebene erstinstanzliche Verhandlung vor dem LG entgegenstehen. Andererseits soll die Entscheidung nach § 4 Abs. 2 Satz 2 vom Revisionsgericht nachgeholt werden können, wenn es Spruchkörper des gemeinschaftlichen oberen Gerichts ist (s. Rdn. 20). 31

2. Fehlerhaftigkeit der (wirksamen) Entscheidung. Das Fehlen der materiellen und formellen 32
Voraussetzungen einer Verbindung ist rügefähig. Dabei kommt es für die Überprüfung des § 3 auf
die tatsächlichen Annahmen an, die den Anschuldigungen bei Erhebung der Anklage und bei Eröffnung des Hauptverfahrens zu Grunde lagen, und nicht auf die Feststellungen, die als Ergebnis des
durchgeführten Hauptverfahrens getroffen worden sind; maßgeblicher Zeitpunkt ist damit grds. die
Eröffnung des Hauptverfahrens (BGH NJW 2003, 446, 452). **Formelle Fehler** sind grdsl. beachtlich, können aber bereits zur Unwirksamkeit führen (s. Rdn. 28).

Die Ermessensausübung kann mit der Revision nur bei **Ermessensmissbrauchs** angegriffen werden 33
(BGH bei *Becker* NStZ-RR 2002, 65; BGHSt 18, 238, 239; LR/*Erb* § 2 Rn. 28) – soweit nicht bereits
(objektive) Willkür vorliegt (s. Rdn. 28). Insoweit kommt folgendes in Betracht: bezweckte Umgehung
des Grundsatzes, dass ein Angeklagter nicht als Zeuge über seine eigene Straftat gehört werden darf
(KK-StPO/*Fischer* § 2 Rn. 17); Entziehung des Verteidigers der Wahl wegen der mit einer Verbindung
geschaffenen Mehrfachverteidigung. Auch eine Ermessensreduzierung auf Null ist zu berücksichtigen
(vgl. Rdn. 16, 21 § 2 Rdn. 9, 15). Jedoch soll auf den Kenntnisstand des Tatgerichts abzustellen sein,
wozu überdies gem. § 344 Abs. 2 S. 2 vorzutragen sei (BGH NStZ-RR 2013, 352 ff.; zw.).

3. Anknüpfende Verfahrensfehler. Im Zuge einer Verbindung oder Trennung kommen mehrere ei- 34
genständige Verfahrensfehler in Betracht, u.a. Abwesenheit eines Beteiligten, die fehlende Zustimmung
zur Nachtragsanklage, die Inbegriffsrüge und die Aufklärungsrüge (s. jeweils Rdn. 8 ff., 23).

4. Beruhen. Sind in Bezug auf den Beschwerdeführer Zuständigkeit und Besetzung betroffen, han- 35
delt es sich unabhängig von der Wirksamkeit der Verbindung oder Trennung im Grunde um eine Entziehung des gesetzlichen Richters, auf welcher das Urteil stets beruht. I.Ü. kann das Urteil auf einer
fehlerhaften Verfahrenstrennung etwa beruhen, wenn die Kammer den Angaben eines früheren Mitangeklagten wegen seiner formellen Stellung als Zeuge einen höheren Beweiswert beigemessen hat (vgl.
BGH NStZ 2000, 211; s. aber sachlich gegen unterschiedlichen Beweiswert BGHSt 18, 238, 239 f.;
LR/*Erb* § 2 Rn. 13). Das Beruhen auf anknüpfenden Verfahrensfehlern (Rdn. 34) beurteilt sich jeweils
nach den für diese geltenden Regeln.

§ 5 StPO Maßgebendes Verfahren. Für die Dauer der Verbindung ist der Straffall, der zur Zuständigkeit des Gerichts höherer Ordnung gehört, für das Verfahren maßgebend.

1 Die nach §§ 2, 4 bewirkte Verfahrensverschmelzung (s. § 4 Rdn. 1) hebt die Selbstständigkeit des hinzu verbundenen Verfahrens in prozessualer Hinsicht auf; bei gleicher sachlicher Zuständigkeit gilt § 5 für das im Verbindungsbeschluss zu bezeichnende führende Verfahren. Die Rücknahme von Einspruch (LR/*Erb* § 5 Rn. 4; auch § 12 Rdn. 3) oder Berufung wird unmöglich (s. § 4 Rdn. 12) und das Rechtsmittel bemisst sich nach dem erkennenden Gericht. Andererseits gelten prozessuale Besonderheiten des einzelnen Straffalles nun übergreifend, so der Ausschluss eines Richters (BGHSt 14, 219, 222 f.) oder § 52 (*Meyer-Goßner/Schmitt* § 5 Rn. 1 i.V.m. § 52 Rn. 11).

2 Bei Trennung lebt die Selbstständigkeit wieder auf, doch bleibt die durch Verbindung geschaffene Zuständigkeit erhalten, soweit das Gericht nicht nach § 2 Abs. 2 entschieden hat (s. § 4 Rdn. 24) oder § 103 Abs. 3 JGG gilt (s.a. § 1 Rdn. 40). Das Revisionsgericht kann bei Erledigung des das führende Verfahren betreffenden Teils gem. § 354 Abs. 3 i.Ü. an ein Gericht niederer Ordnung zurückverweisen (LR/*Erb* § 5 Rn. 6).

§ 6 StPO Prüfung der sachlichen Zuständigkeit. Das Gericht hat seine sachliche Zuständigkeit in jeder Lage des Verfahrens von Amts wegen zu prüfen.

1 **A. Tatgerichte.** Die sachliche Zuständigkeit ist Verfahrensvoraussetzung und deshalb vom Tatgericht gem. § 6 von Amts wegen zu berücksichtigen (s. § 1 Rdn. 6 ff.). Bei Unzuständigkeit greifen grds. **Verweisungsregeln** (s. § 1 Rdn. 15). Im Verhältnis von Jugend- und Erwachsenengerichten (s. § 1 Rdn. 33 ff.) gilt für das Tatgericht § 6 (BGHSt 30, 260; BGH NJW 2002, 2483), wie sich schon aus §§ 225a Abs. 1 Satz 1 Halbs. 2 i.V.m. Abs. 4, 270 Abs. 1 Satz 1 Halbs. 2 i.V.m. Satz 2 ergibt (s. aber Rdn. 6 u. § 6a Rdn. 2), anderes gilt für die Jugend*schutz*kammer (s. § 1 Rdn. 34, § 6a Rdn. 2).

2 Zu beachten ist § 269 als Spezialnorm, weshalb die fehlerhafte Annahme eines Gerichtes höherer Ordnung, es sei anstelle des tatsächlich zuständigen Gerichts niederer Ordnung zur Entscheidung berufen, den Angeklagten grds. nicht benachteiligt und regelmäßig nicht zur Urteilsaufhebung führt (BGHSt 43, 53, 55). Es bestehen jedoch Ausnahmen. § 269 gilt nur im Hauptverfahren, denn im **Zwischenverfahren** sieht § 209 Abs. 1 die Eröffnung vor dem Gericht niederer Ordnung zwingend vor. Ebenso tritt § 269 i.R.d. Abgrenzung zwischen **Landes- und Bundesjustiz** zurück (BGHSt 46, 238, 245; dazu *Welp* NStZ 2002, 1 ff.; s.a. Rdn. 4 u. § 1 Rdn. 11 ff.). Anerkannt ist zudem eine Ausnahme für den Fall objektiver **Willkür**, worauf das Urteil aufgehoben und das Verfahren gem. §§ 355, 328 Abs. 2 an das zuständige Gericht niedrigerer Ordnung verwiesen wird (BGHSt 47, 16, 18; BGHSt 42, 205, 210 f.; BGHSt 40, 120, 122 ff.; OLG Hamm NStZ-RR 1996, 308; OLG Köln StV 1996, 298); str. ist die Notwendigkeit einer Verfahrensrüge (s. Rdn. 4 f.).

3 **B. Rechtsmittelgerichte.** Für die Rechtsmittelgerichte ist zu unterscheiden. Sind diese für den Angriff gegen die betreffende Entscheidung des Gerichts sachlich unzuständig (s.a. § 16 Rdn. 1), gilt insofern § 6 und es wird verwiesen (s. § 1 Rdn. 23). Fehlte der Vorinstanz die sachliche Zuständigkeit, wird das Urteil gem. §§ 328 Abs. 2, 355 aufgehoben und die Sache verwiesen (s. § 1 Rdn. 22 f.). Mangelnde sachliche Zuständigkeit soll als Verfahrensvoraussetzung die mit Berufungsbeschränkung eingetretene Teilrechtskraft des amtsgerichtlichen Urteils bei Verweisung nach § 328 Abs. 2 durchbrechen (BGH NStZ-RR 2010, 284, 285 f.; BGH NJW 1995, 2500, 2501; KK-StPO/*Paul* § 328 Rn. 14; diff. *Meyer-Goßner/Schmitt* § 328 Rn. 5a; s.a. § 12 Rdn. 3), doch gilt jedenfalls das Verbot der *reformatio in peius* (BGH NStZ-RR 2010, 284, 285 f.; krit. *Meyer-Goßner* FS Volk, S. 455 ff.). Eine vertikale Teilrechtskraft wirkt fort (KK-StPO/*Paul* § 328 Rn. 14; zur Verbindung s. § 4 Rdn. 14 f.).

4 Umstritten ist die Notwendigkeit einer Verfahrensrüge, der es nach zutr. Ansicht in keinem der Fälle des § 6 bedarf. Für § 269 ist bzgl. objektiver **Willkür** (s. Rdn. 2) in der Rechtsprechung des *BGH* ungeklärt, ob ein solcher Verstoß als Verfahrenshindernis von Amts wegen (BGHSt 40, 120, 123; BGHSt 38, 172, 176; OLG Hamm NStZ-RR 1996, 308 f.; *Bernsmann* JZ 1998, 629 ff.; tendenziell KK-StPO/*Fischer* § 6 Rn. 7) oder nur auf die Verfahrensrüge hin zu beachten ist (BGHSt 43, 53, 56 ff.; *Engelhardt* JZ 1995, 262 f.; LR/*Erb* § 6 Rn. 17; *H. Wolff* JR 2006, 232, 236); was durch den *Großen Senat* hätte ge-

klärt werden müssen (*Renzikowski* JR 1999, 166, 169). Doch wenn § 269 bei Willkür gerade nicht gilt, kann es nur bei § 6 und der Prüfung von Amts wegen bleiben (BGHSt 40, 120, 123 f.; *Helm* JA 2006, 389, 394; KMR/*v. Heintschel-Heinegg* § 6 Rn. 20; s.a. Rdn. 5 a.E.). Die Abgrenzung zwischen **Bundes- und Landesjustiz** (s. Rdn. 2) soll schon aus verfassungsrechtlichen Gründen nicht mit der Verfahrensrüge in die Disposition des Angeklagten gestellt sein (BGHSt 46, 238, 245; KMR/*v. Heintschel-Heinegg* § 6 Rn. 28). Problematisch ist, auf welcher Tatsachengrundlage die Prüfung des Revisionsgerichts erfolgt, wobei der *BGH* auf die »objektive Rechtslage« abstellt (BGH NStZ-RR 2012, 76 f.; krit. *Sturm/Lickleder*, ZIS 2012, 591 ff.).

Ferner ist problematisch, ob das Revisionsgericht nur auf die Verfahrensrüge prüft, ob das Berufungsgericht § **328 Abs. 2** verletzt hat. Nach einer Ansicht handle es sich insoweit nicht um die Prüfung einer Prozessvoraussetzung, sondern es gehe um § 328 Abs. 2, dessen Verletzung wie bei jeder anderen Verfahrensnorm auch nur auf dem Weg der Verfahrensrüge überprüft werden könne, ohne dass es auf § 6 ankomme (BGHSt 42, 205, 211 f.). Dies gelte jedenfalls für die Unterscheidung zwischen Strafrichter und Schöffengericht, womit über die vom *AG* und dem Berufungsgericht verkannte erstinstanzliche Zuständigkeit eines *LG* aber nichts gesagt sei (BGH NStZ 2000, 387, 388; diff. auch *Hegmann* NStZ 2000, 574, 577; KMR/*v. Heintschel-Heinegg* § 6 Rn. 22). § 328 Abs. 2 jedoch weist lediglich den Weg zur Behebung des Prozesshindernisses. Wird dieser Weg nicht beschritten, bleibt es bei § 6 und die Verfahrensrüge kann nicht verlangt werden. Das Berufungsgericht prüft die amtsgerichtliche Zuständigkeit von Amts wegen und Gleiches ist vom Revisionsgericht zu erwarten (OLG Köln NStZ-RR 1996, 178 f.; *Meyer-Goßner/Schmitt* § 269 Rn. 8 a.E.; zur verkannten Zuständigkeit des *LG* s. OLG Brandenburg NStZ 2001, 611 m. zust. Anm. *Meyer-Goßner*). Wer für die Verfahrensrüge eintritt, wird dies bei § 6 in Bezug auf § 328 Abs. 2 und § 269 (s. Rdn. 4) nur einheitlich und unter grundlegender Relativierung der sachlichen Zuständigkeit als Prozessvoraussetzung und deren Berücksichtigung von Amts wegen tun können (vgl. *Gollwitzer* JR 1997, 432 ff.; *Sowada* JR 1995, 257 ff.), und gerade das fällt schwer (*Meyer-Goßner* NStZ 2003, 169 f.; a. A. *Volk*, Prozessvoraussetzungen im Strafrecht, 1978, S. 57 ff.).

Im Verhältnis von **Jugend- und Erwachsenengerichten** gleicher Ordnung gilt § 6 zwar für den Tatrichter (s. Rdn. 1), in der Revision soll aber die Verfahrensrüge notwendig sein (BGHSt 30, 260; BGHSt 18, 79, 81 ff.; KK-StPO/*Fischer* § 1 Rn. 32; KMR/*v. Heintschel-Heinegg* § 6 Rn. 30; LR/*Erb* Vor § 1 Rn. 5; SK-StPO/*Weßlau* § 6 Rn. 2), was abzulehnen ist (BayObLG NJW 1955, 959; OLG Hamm NJW 1958, 1704; OLG Oldenburg NJW 1957, 1329; *Hanack* JZ 1971, 89, 90). Jedenfalls besteht im Umkehrschluss aus § 6a keine Rügepräklusion (BGHSt 30, 260; BGH NJW 2002, 2483; s.a. § 6a Rdn. 2). Ferner genügt für die materielle Frage der Anwendbarkeit von Jugendstrafrecht die Sachrüge (BGH NStZ-RR 1996, 250) und es kommt bei Gerichten verschiedener Ordnung (vgl. § 1 Rdn. 38 f. i.V.m. Rdn. 15) vorrangig auf die Problematik einer Rüge bzgl. §§ 269, 328 Abs. 2 an (s. Rdn. 4 f.).

§ 6a StPO Zuständigkeit besonderer Strafkammern.

¹Die Zuständigkeit besonderer Strafkammern nach den Vorschriften des Gerichtsverfassungsgesetzes (§ 74 Abs. 2, §§ 74a, 74c des Gerichtsverfassungsgesetzes) prüft das Gericht bis zur Eröffnung des Hauptverfahrens von Amts wegen. ²Danach darf es seine Unzuständigkeit nur auf Einwand des Angeklagten beachten. ³Der Angeklagte kann den Einwand nur bis zum Beginn seiner Vernehmung zur Sache in der Hauptverhandlung geltend machen.

Die Norm regelt die **funktionelle Zuständigkeit** besonderer Strafkammern untereinander sowie ggü. der allgemeinen Strafkammer (s. § 1 Rdn. 30 ff.) und ist dazu nach dem Vorbild des § 16 ausgestaltet. Wird der Einwand nicht rechtzeitig erhoben, soll die mit der Sache befasste Strafkammer von Rechts wegen funktionell zuständig werden und die Zuständigkeit der anderen Strafkammer ab diesem Zeitpunkt ausgeschlossen sein (BGH NStZ 2009, 404, 405; KK-StPO/*Fischer* § 6a Rn. 3). Eine Verweisung nach § 270 Abs. 1 Satz 2 ist dann nicht mehr statthaft.

Die Zuständigkeit der **Jugendgerichte** ist nicht erfasst und gem. § 6 zu prüfen (s. § 6 Rdn. 1, 6). Das gilt auch, wenn es um den Vorrang der Jugendkammer (§ 33 Abs. 2 JGG) ggü. den Strafkammern des § 6a geht (s.a. § 1 Rdn. 39). Gegen eine (partielle) Anwendung des § 6a spricht, dass die Jugendkammer gem. §§ 209a Nr. 2a), 225a Abs. 1 Satz 1 Halbs. 2, 270 Abs. 1 Satz 1 Halbs. 2 ggü. den Strafkammern des § 6a grds. als Gericht höherer Ordnung gilt. Damit liegen die Regelungen der Jugendgerichtsbarkeit oberhalb der Ebene des § 6a. Aus § 103 Abs. 2 Satz 3 JGG folgt, dass § 6a nur insofern greift (LR/*Erb* § 6a Rn. 2) und im Umkehrschluss in allen übrigen Fällen nicht. Für die Jugend*schutz*kammer gelten §§ 225a Abs. 1 Satz 1 Halbs. 2, 270 Satz 1 Halbs. 2 nicht.

3 Soweit sich das Gericht als unzuständig erachtet, hat es nach §§ 209a Nr. 1, 225a Abs. 4, 270 Abs. 1 Satz 2 zu verfahren (vgl. § 1 Rdn. 15, 32); andererseits kann es durch Anwendung von §§ 154, 154a auf die Fragen des § 6a Einfluss nehmen (vgl. KK-StPO/*Fischer* § 6a Rn. 10; LR/*Erb* § 6a Rn. 20). Nach Eröffnung des Hauptverfahrens erfolgt diese Prüfung nicht mehr von Amts wegen, sondern nur, wenn der Angeklagte rechtzeitig den **Einwand der Unzuständigkeit** geltend macht. Der Einwand ist keiner bestimmten Form unterworfen und bedarf an sich keiner Begründung, sollte jedoch grds. eine nicht ohnehin offenkundige Zielrichtung grob verdeutlichen, um dem Gericht bei seiner umfassenden Prüfung die besondere Berücksichtigung dieses Punktes zu erleichtern.

4 Berechtigt zum Einwand sind nur **der Angeklagte** sowie andere Betroffene, nicht jedoch die StA (KK-StPO/*Fischer* § 6a Rn. 13 a.E.) und der Privat- oder Nebenkläger. Der Einwand ist gem. § 6a Satz 3 **bis zum Beginn der Vernehmung** zu erheben (s. § 16 Rdn. 1), wobei es nach dem klaren Wortlaut des § 6a Satz 3 nur auf den jeweiligen Angeklagten selbst ankommt (and. § 222b Abs. 1 Satz 1). Daher ist es unbeachtlich, wenn sich dieser einem entsprechenden vorherigen Einwand eines anderen Angeklagten bei Gelegenheit von § 33 nicht angeschlossen hat (a. A. LR/*Erb* § 6a Rn. 15; Meyer-Goßner/Schmitt § 6a Rn. 8). Es soll auf den erstmaligen Beginn einer Hauptverhandlung ankommen (*Meyer-Goßner/Schmitt* § 6a Rn. 10; doch diff. zu §§ 16, 270 LG Würzburg, Beschl. v. 07.05.1979 – 6 KLs 119 Js 18270/78, juris). Bei Verhandlung in Abwesenheit, kommt es auf das Ereignis an, welches dem Beginn der Vernehmung zur Sache entspricht (KK-StPO/*Fischer* § 6a Rn. 6). Das ist im Sicherungsverfahren für § 415 Abs. 1 die Verlesung gem. § 415 Abs. 4 (KK-StPO/*Fischer* § 6a Rn. 6) und für § 231a Abs. 1 (Satz 2) die Verlesung der Äußerung des Angeklagten zur Anklage (LR/*Erb* § 6a Rn. 16) sowie für § 232 Abs. 1, 3 die Verlesung der richterlichen Vernehmung. Eine Wiedereinsetzung gem. §§ 235, 232 stellt die Befugnis zum Einwand wieder her (LR/*Erb* § 6a Rn. 14).

5 Ein **vor der Hauptverhandlung** erhobener Einwand soll in dieser rechtzeitig zu wiederholen sein (KK-StPO/*Fischer* § 6a Rn. 12, 13), auch wenn der Einwand noch nicht beschieden worden ist (LR/*Erb* § 6a Rn. 13). Treten erst nach dem in § 6a Satz 3 genannten Zeitpunkt Umstände hervor oder ein, welche der von § 6a Satz 1 umfassten Zuständigkeit der mit der Sache befassten Kammer entgegenstehen, soll das an dem Rügeverlust aus § 6a Satz 3 nichts ändern (BGH NStZ 2009, 404, 405; BGHSt 30, 187 f. m. zust. Anm. *Schlüchter* JR 1982, 511 ff.; s.a. § 16). Eine andere Frage ist die **Wiedereinsetzung**, doch soll es sich bei § 6a Satz 3 um eine dem § 44 entzogene Ausschlussfrist handeln (KK-StPO/*Fischer* § 6a Rn. 8; LR/*Erb* § 6a Rn. 14; *Meyer-Goßner/Schmitt* Vor § 42 Rn. 6). Ferner soll § 6a analog gelten, wenn es gem. § 74c Abs. 1 Satz 1 a.E. GVG erstmals in der **Berufungsinstanz** um das Vorliegen einer Sache der (kleinen) Wirtschaftsstrafkammer geht, wobei für den Angeklagten der Vernehmungsbeginn nach § 324 Abs. 2 relevant, jedoch für das Gericht der genaue Prüfungszeitraum umstritten ist (vgl. KMR/*v. Heintschel-Heinegg* § 6a Rn. 6; LR/*Erb* § 6a Rn. 21 ff.; SK-StPO/*Weßlau* § 6a Rn. 3).

6 Gegen einen den Einwand ablehnenden Beschluss ist für den Beschuldigten die Beschwerde wegen §§ 201 Abs. 2 Satz 1, 210 Abs. 1, 225a Abs. 3 Satz 2, Abs. 4 Satz 2 Halbs. 2, 270 Abs. 2 Halbs. 1, 305 Satz 1 praktisch ausgeschlossen (KK-StPO/*Fischer* § 6a Rn. 12; LR/*Erb* § 6a Rn. 25). Die Revision hängt gem. § 6a Satz 2 nur von dem Einwand und nicht davon ab, ob und wie darüber entschieden worden ist. Doch § 344 Abs. 2 Satz 2 umfasst die Rechtzeitigkeit des Einwandes (BGH GA 1980, 255; KK-StPO/*Fischer* § 6a Rn. 13; LR/*Erb* § 6a Rn. 26) und soll auch die Mitteilung der Entscheidung des Gerichts erfordern (s. § 7 Rdn. 12). § 6a Satz 3 wird eine Dispositionsbefugnis entnommen, die es der StA verwehren soll, den vom Angeklagten gem. § 6a Satz 3 rechtzeitig gerügten Fehler nun statt seiner in der Revision geltend zu machen (LR/*Erb* § 6a Rn. 28; *Meyer-Goßner/Schmitt* § 6a Rn. 16; a. A. KK-StPO/*Fischer* § 6a Rn. 13).

7 Inhaltlich liegt ein in der Revision beachtlicher Rechtsfehler nach §§ 338 Nr. 4, 6a StPO, § 74a Abs. 1 Nr. 4 GVG nicht nur dann vor, wenn das Tatgericht seine Zuständigkeit auf der Grundlage objektiv willkürlicher Überlegungen angenommen hat, sondern das Revisionsgericht überprüft die Zuständigkeit in vollem Umfang (BGHSt 57, 3/8 ff.; a. A. Radtke/Hohmann/*Rappert* § 74a GVG Rn. 6). Dabei bleibt die Revisionsrüge nah § 338 Nr. 4 dem Angeklagten auch dann uneingeschränkt erhalten, wenn

dem Urteil eine Verständigung (§ 257c) vorausgegangen ist (BGHSt 57, 3/4 ff.; doch – nicht tragend – anders BGH, Beschl. v. 17.09.2008 – 5 StR 404/08).

Wenn es nicht um den Vorrang der Spezialkammer gegenüber der allgemeinen Kammer geht, sondern um das Verhältnis gleichartiger Spezialkammern des § 6a, ist fraglich, ob ebenfalls § 6a oder aber eher § 222b i.V.m. § 338 Nr. 1 gilt. Die Unterschiede liegen in einem strengeren Zeitpunkt, einer strengeren Form sowie einem grds. auf (objektive) Willkür begrenzten Prüfungsmaßstab des Revisionsgerichts bei §§ 222b, 338 Nr. 1. Soweit es indes nicht um die Auslegung, sondern um die Wirksamkeit des Geschäftsverteilungsplans geht, findet auch bei § 338 Nr. 1 eine vollständige Prüfung statt, weshalb schon ein Dokumentationsmangel bzgl. der Gründe des Präsidiums zur Aufhebung führen kann (BGH StV 2015, 339 ff. m. Anm. Börner). Vorzugswürdig erscheint die Anwendung von §§ 6a, 338 Nr. 4, da § 6a und § 222b verschiedene Rügekonstellationen erfassen, der Wortlaut des § 6a die Zuständigkeit des ganzen Spruchkörpers besser erfasst als § 222b und zudem als sachnähere Norm erscheint. Ein Dokumentationsmangel wäre auf dieser Ebene erst recht relevant. 8

Zweiter Abschnitt. Gerichtsstand

§ 7 StPO Gerichtsstand des Tatortes.
(1) Der Gerichtsstand ist bei dem Gericht begründet, in dessen Bezirk die Straftat begangen ist.
(2) ¹Wird die Straftat durch den Inhalt einer im Geltungsbereich dieses Bundesgesetzes erschienenen Druckschrift verwirklicht, so ist als das nach Absatz 1 zuständige Gericht nur das Gericht anzusehen, in dessen Bezirk die Druckschrift erschienen ist. ²Jedoch ist in den Fällen der Beleidigung, sofern die Verfolgung im Wege der Privatklage stattfindet, auch das Gericht, in dessen Bezirk die Druckschrift verbreitet worden ist, zuständig, wenn in diesem Bezirk die beleidigte Person ihren Wohnsitz oder gewöhnlichen Aufenthalt hat.

S.a. RiStBV Nr. 2, 250

A. Allgemeines. I. Der Gerichtsstand. Der Gerichtsstand ist die örtliche Zuständigkeit des Gerichtes erster Instanz (s. § 1 Rdn. 3) und soll eine nach Maßgabe von § 16 befristete Verfahrensvoraussetzung darstellen (KK-StPO/*Fischer* § 7 Rn. 1). Die drei Hauptgerichtsstände der StPO sind der **Tatort** (§ 7 Abs. 1), der **Wohnort** (§ 8) und der **Ergreifungsort** (§ 9), die variiert (vgl. §§ 7 Abs. 2, 8 Abs. 2, 10, 10a, 11) und ergänzt werden (s. § 11a sowie Rdn. 2 f.). Die StA hat grds. ein Wahlrecht (Rdn. 5) und §§ 12 ff. regeln Problemfälle. 1

Subsidiäre Gerichtsstände greifen, wenn der Hauptgerichtsstand nicht zum Zuge kommt, so bspw. §§ 8 Abs. 2, 11 für § 8 Abs. 1 und §§ 10, 10a für § 7 Abs. 1. Umgekehrt haben **spezielle Gerichtsstände** Vorrang vor Hauptgerichtsständen, insb. der Pressegerichtsstand in § 7 Abs. 2 ggü. § 7 Abs. 1 (s. Rdn. 9 f.). Andererseits bestehen vielfältige **zusätzliche Gerichtsstände**, die neben die Hauptgerichtsstände treten, insb. §§ 42 Abs. 1 Nr. 1 bis 3, 108 JGG für Jugendliche und Heranwachsende (dazu BGH NStZ 2008, 695), §§ 388 Abs. 1, 441 Abs. 1 Satz 2, 444 Abs. 3 Satz 2. Auch in diesen Fällen sollten Verfahren gegen mehrere Beschuldigte nicht ohne triftigen Grund getrennt behandelt werden (zu § 42 JGG OLG Hamm, Beschl. v. 24.03.2015 – 2 Ws 34/15; *Lange* NStZ 1995, 110 ff.; s. § 2 Rdn. 10). 2

Die **Zuständigkeitskonzentration** überträgt einem Gericht auch für weitere Bezirke die Verhandlung bestimmter Sachen. Das erfolgt entweder durch Bundesgesetz, etwa § 74a Abs. 1 Halbs. 1, 120 Abs. 1 GVG, § 391 Abs. 1 Satz 1 AO, § 13 Abs. 1 Satz 1 WiStG, oder durch Ermächtigung der Länder, vgl. §§ 58, 74c Abs. 3 u. 4, 74 d, 157 Abs. 2 GVG, § 33 Abs. 3 JGG; vgl. auch das Binnenschifffahrtsverfahrensgesetz. 3

Das örtlich zuständige Gericht darf Teile und auch die gesamte **Hauptverhandlung** außerhalb seines Bezirks durchführen, wobei es im Ermessen des Gerichts steht, ob es von dieser Möglichkeit Gebrauch macht (BGHSt 22, 250, 253 ff.). Das Ermessen erfordert fehlerfreie Ausübung, insb. einen Ausgleich der Zwecke der gesetzlichen Gerichtsstände mit den für die Änderung des Verhandlungsortes sprechen- 4

§ 7 StPO Gerichtsstand des Tatortes

den Gründen. Anlass zur Verlegung können etwa sein die Reiseunfähigkeit von Verfahrensbeteiligten, Sicherheitserwägungen (§ 15 Rdn. 3 f.) sowie die Herstellung von erträglichen Verhandlungsbedingungen in Großverfahren.

5 **II. Bewegliche Zuständigkeiten. 1. Wahlrecht der StA.** Soweit mehrere Gerichtsstände begründet sind, hat die StA ein Wahlrecht. Dazu steht das verfassungsrechtliche Gebot zur Bestimmtheit des gesetzlichen Richters zwar im Spannungsverhältnis (krit. OLG Hamm NStZ-RR 1999, 16; *Heghmanns* StV 2000, 277 ff.; SK-StPO/*Weßlau* Vor § 7 Rn. 9; *Strate* FS Widmaier, S. 567 ff.; doch anders LR/ *Erb* Vor § 7 Rn. 19 ff. m.w.N.; s.a. § 1 Rdn. 2), ein Rangverhältnis der Gerichtsstände (SK-StPO/*Rudolphi* Vor § 7 Rn. 9) hat sich bislang aber nicht durchgesetzt (s. nur OLG Frankfurt NZWiSt 2014, 109 ff.; OLG Brandenburg NJW-Spezial 2013, 57 f.; ThürOLG, Beschl. v. 29.01.2009 – 1 Ws 30/09). Das Auswahlwahlermessen der StA soll – mit Ausnahme (objektiver) Willkür – nicht nachprüfbar und damit nicht angreifbar sein (BGH NStZ 2008, 695; OLG Hamm, Beschl. v. 24.03.2015 – 2 Ws 34/15 und OLG Frankfurt NZWiSt 2014, 109 ff. m. abl. Anm. Trüg gegen a. A. LG Hanau ZWH 2014, 206 ff m. diff. Anm. Kudlich). Auch eine Verpflichtung, ihre Auswahlentscheidung (in der Anklageschrift) zu begründen, soll nicht bestehen (ThürOLG, Beschl. v. 29.01.2009 – 1 Ws 30/09), was mit Blick auf die Schädlichkeit von Willkür und die dahingehende Indizwirkung der Begründungslosigkeit problematisch ist. Besondere Begründungsanforderungen bestehen für Abweichungen von § 11a (s. § 11 a Rdn. 5). Beruht die Auswahl auf unsachlichen, sich von gesetzlichen Maßstäben völlig entfernenden Maßstäben, hat sich das Gericht für unzuständig zu erklären (vgl. OLG Hamm NStZ-RR 1999, 16 f.; LG Flensburg SchlHA 2003, 148; s. dazu § 1 Rdn. 17), andernfalls greift die Revision (s. Rdn. 12). Eine nur abstrakte Möglichkeit des Missbrauchs soll nicht genügen (BGH NStZ 1990, 138), was bei prinzipieller Vermeidbarkeit dieser Manipulationsmöglichkeiten mit den strengen verfassungsrechtlichen Anforderungen schwerlich vereinbar sein dürfte (dazu *Börner* ZStW 122, 2010, 157, 158 ff.). Andererseits soll auch die StA eine vom *LG* gem. § 209 Abs. 1 getroffene Auswahl des *AG* nur bei Willkür gem. § 210 Abs. 2 angreifen können (OLG Hamburg wistra 2003, 38 f.), vorausgesetzt § 209 Abs. 1 steht nicht unter der Bedingung einer vorherigen Entscheidung der StA über den auszuwählenden Gerichtsstand (dafür KMR/*v. Heintschel-Heinegg* § 2 Rn. 19; *Mutzbauer* NStZ 1995, 213).

6 Hat ein Bundesland eine Schwerpunkt-StA für Wirtschaftsstrafsachen gebildet, soll es außer im Fall der Willkür nicht gegen Art. 101 Abs. 1 Satz 2 GG verstoßen, wenn diese StA unter mehreren Gerichtsständen denjenigen ihres Sitzes auswählt (BVerfG, Beschl. v. 02.07.1992 – 2 BvR 1197/91, juris).

7 **2. Gerichtsbeschlüsse zur örtlichen Zuständigkeit.** Gerichtsbeschlüsse können konstituierenden oder konkretisierenden Einfluss auf den Gerichtsstand haben. Ein **konstituierender** Beschluss führt einen Gerichtsstand herbei, der von §§ 7 ff. grdsl. nicht abstrakt vorherbestimmt ist. Fehlt es an einem Gerichtsstand oder ist dieser nicht ermittelt, so legt gem. § 13a der *BGH* das zuständige Gericht fest. Ist zwar ein Gerichtsstand gegeben, stehen der dortigen Verhandlung aber zwingende Hindernisse entgegen, so überträgt gem. § 15 das zunächst obere Gericht die Sache dem gleichstehenden Gericht eines anderen Bezirks. § 13 Abs. 2 ermöglicht eine örtlich übergreifende Verfahrensverbindung. Ein **konkretisierender** Beschluss benennt einen Gerichtsstand, der nach §§ 7 ff. bereits gegeben ist. Bei mehreren Gerichtsständen kann das gemeinschaftliche obere Gericht nach Rechtshängigkeit die Sache gem. § 12 Abs. 2 an einen der anderen Gerichtsstände übertragen. Im Zuständigkeitsstreit nach §§ 14, 19 stellt der Beschluss einen bereits bestehenden Gerichtsstand fest.

8 **B. Tatort gem. § 7 Abs. 1.** Eine Tat ist gem. **§ 9 Abs. 1 StGB** an jedem Ort begangen, an dem der Täter gehandelt hat oder im Fall des Unterlassens hätte handeln müssen oder an dem der zum Tatbestand gehörende Erfolg eingetreten ist oder nach der Vorstellung des Täters eintreten sollte (vgl. SSW-StGB/*Satzger* § 9 Rn. 1 ff.). Die Teilnahme ist gem. **§ 9 Abs. 2 Satz 1 StGB** sowohl an dem Ort begangen, an dem die Tat begangen ist, als auch an jedem Ort, an dem der Teilnehmer gehandelt hat oder im Fall des Unterlassens hätte handeln müssen oder an dem nach seiner Vorstellung die Tat begangen werden sollte (vgl. SSW-StGB/*Satzger* § 9 Rn. 11 ff.). Voraussetzung ist stets ein Tatort im Geltungsbereich der StPO (KK-StPO/*Fischer* § 7 Rn. 1; s. aber §§ 8, 10 ff.).

C. Druckschriften gem. § 7 Abs. 2.

Sinn der Norm ist es, den sich aus § 7 Abs. 1 ergebenden »fliegenden Gerichtsstand der Presse«, der an jedem Verbreitungsort (vgl. BGHSt 43, 122, 123) gegeben wäre, durch den Erscheinungsort zu vereinheitlichen (BGHSt 43, 122, 123). Es bleibt aber ausdrücklich bei § 7 Abs. 1, wenn der Erscheinungsort nicht im Geltungsbereich der StPO liegt. Zum Erscheinungsort ist streitig, ob es der Ort ist, an dem die Druckschrift mit dem Willen des Verfügungsberechtigten die Stätte der Herstellung zum Zwecke der Verbreitung verlässt (RGSt 64, 292 f.; SK-StPO/*Weßlau* § 7 Rn. 9), oder aber der Ort der Entscheidung über die Herausgabe des Druckwerks (KK-StPO/*Fischer* § 7 Rn. 6; LR/*Erb* § 7 Rn. 21; *Meyer-Goßner/Schmitt* § 7 Rn. 9; MüKo-StPO/*Ellbogen* § 7 Rn. 13). 9

Voraussetzung ist ein Presseinhaltsdelikt, also eine Gedankenäußerung strafrechtsrelevanten Inhalts (vgl. KK-StPO/*Fischer* § 7 Rn. 7). Genügen sollen auch Video- und Tonaufzeichnungen sowie Bilder und Musikaufzeichnungen, ungeachtet, ob diese mit Text versehen sind (HK-StPO/*Zöller* § 7 Rn. 14; LR/*Erb* § 7 Rn. 11; diff. *Meyer-Goßner/Schmitt* § 7 Rn. 8; krit. AnwK-StPO/*Rotsch* § 7 Rn. 10). Nötig ist ferner eine Anfertigung im Wege eines zur Massenherstellung geeigneten Verfahrens und die Bestimmung zur Verbreitung an einen größeren, im Einzelnen nicht überschaubaren Personenkreis (LR/*Erb* § 7 Rn. 11). Eine analoge Anwendung des § 7 Abs. 2 auf **Ton- und Fernsehfunkanstalten** nach Maßgabe des »Ausstrahlungsortes« (dafür LG Arnsberg NJW 1964, 1972; LG Landshut NStZ-RR 1999, 367 f.; AG Würzburg NStZ 1990, 199 f.; AnwK-StPO/*Rotsch* § 7 Rn. 11; *Dose* NJW 1971, 2212 f.; KK-StPO/*Fischer* § 7 Rn. 8; LR/*Erb* § 7 Rn. 12 ff.; *Meyer-Goßner/Schmitt* § 7 Rn. 7; MüKo-StPO/*Ellbogen* § 7 Rn. 15) ist im Hinblick auf eine Planwidrigkeit der Regelungslücke, eine hinreichende Vergleichbarkeit sowie die Unbestimmtheit des Ausstrahlungsortes zwar problematisch (vgl. *Dorberitz* NJW 1971, 1209 f.; HK-StPO/*Zöller* § 7 Rn. 15; SK-StPO/*Weßlau* § 7 Rn. 8). Jedoch dient § 7 Abs. 2 mit seiner Beschränkung der Wahlmöglichkeiten der Anklagebehörde dem Zweck des Art. 101 Abs. 2 GG (AnwK-StPO/*Rotsch* § 7 Rn. 11), weshalb eine Analogie statthaft erscheint. 10

Lässt sich der Erscheinungsort nicht feststellen, insb. wegen eines fehlenden oder falschen Impressums, soll § 7 Abs. 1 gelten (BGHSt 43, 122, 123 ff.; KK-StPO/*Fischer* § 7 Rn. 4). Dagegen spricht die Systematik, denn § 7 Abs. 2 Satz 1 sperrt nach seinem klaren Wortlaut den § 7 Abs. 1 schon dann, wenn ein Erscheinungsort existiert, und soweit dieser lediglich nicht ermittelt ist, greift § 13a 2. Alt. Andererseits ist gem. § 7 Abs. 2 Satz 2 im Fall der auf Beleidigung gestützten **Privatklage** auch der Verbreitungsort Gerichtsstand, wenn dort der Verletzte seinen Wohn- oder gewöhnlichen Aufenthaltsort hat. Insoweit tritt § 7 Abs. 2 Satz 1 bei Übernahme durch die StA zurück (BGHSt 11, 56). 11

D. Revision.

Die Revision kann mit Rücksicht auf § 16 und im Unterschied zu § 6 nur mit einer entsprechenden Verfahrensrüge verfolgt werden (BGHSt 40, 120, 124). Der § 344 Abs. 2 Satz 2 soll sich für § 16 (s. § 16 Rdn. 1) auf die Mitteilung der Gerichtsentscheidung (OLG Köln StV 2004, 314) und auf die örtliche Unzuständigkeit als solche (BGH NJW 1993, 2819, 2820) erstrecken, was ausführliche Schilderungen der Umstände erfordert, die für die Zuständigkeitsbestimmung im Zeitpunkt des Eröffnungsbeschlusses maßgeblich waren und über die Mitteilung der Anklage weit hinaus gehen kann (BGH NStZ 2013, 300, 301). Erforderlich ist insbesondere die Berücksichtigung anderweitiger Gründe für den gerügten Gerichtsstand, bspw. § 13 (vgl. BGH NStZ 1993, 499; OLG Köln StV 2004, 314). Kann eine abgetrennte Strafsache gem. § 13 Abs. 1 die Zuständigkeit begründen haben, so soll die Rüge nur dann zulässig erhoben sein, wenn die Abtrennung und die zuständigkeitsrelevanten Umstände der abgetrennten Strafsache mitgeteilt werden (BGH NJW 1993, 2819 f.). Die Rechtsmittelgerichte verweisen die Sache gem. §§ 328 Abs. 2, 355 an das örtlich zuständige Gericht. Eine Verfassungsbeschwerde ist nur gegen die Entscheidung des Revisionsgerichts zulässig (BVerfG, Beschl. v. 05.03.1999 – 2 BvQ 5/98, juris), wobei § 356a zu berücksichtigen ist. 12

§ 8 StPO Gerichtsstand des Wohnsitzes oder Aufenthaltsortes.

(1) Der Gerichtsstand ist auch bei dem Gericht begründet, in dessen Bezirk der Angeschuldigte zur Zeit der Erhebung der Klage seinen Wohnsitz hat.
(2) Hat der Angeschuldigte keinen Wohnsitz im Geltungsbereich dieses Bundesgesetzes, so wird der Gerichtsstand auch durch den gewöhnlichen Aufenthaltsort und, wenn ein solcher nicht bekannt ist, durch den letzten Wohnsitz bestimmt.

§ 10 StPO Gerichtsstand bei Auslandstaten auf Schiffen oder in Luftfahrzeugen

1 Der Wohnsitz richtet sich nach §§ 7 bis 11 BGB und kann gem. § 7 Abs. 2 gleichzeitig an mehreren Orten bestehen und damit einen mehrfachen Gerichtsstand i.S.d. § 8 Abs. 1 begründen (*Meyer-Goßner/Schmitt* § 8 Rn. 1), doch relevant ist nur der territoriale Geltungsbereich der StPO (s. § 10 Rdn. 1 u. § 11 Rdn. 1). Der Betreffende muss den rechtsgeschäftlichen Willen haben, nicht nur vorübergehend zu bleiben und den Ort zum Mittelpunkt oder Schwerpunkt seines Lebens zu machen. Es kommt ausdrücklich nur auf den Wohnsitz zur Zeit der Klageerhebung sowie ggf. auf den diesem Zeitpunkt entsprechenden Moment in anderen Verfahrensarten an (LR/*Erb* § 8 Rn. 8); insb. ein späterer Wohnsitzwechsel ist unbeachtlich (vgl. nur BGHR StPO, § 15 Verhinderung 1; KK-StPO/*Fischer* Vor §§ 7 bis 21 Rn. 3; anders § 42 Abs. 3 JGG), auch wenn dieser noch vor der Eröffnung des Hauptverfahrens liegt (*Meyer-Goßner/Schmitt* § 8 Rn. 2). Bei Unzuständigkeit erfolgt keine Verweisung (s. § 1 Rdn. 17). Unter zuständigen Gerichten ist die Übertragung (§ 12 Abs. 2) oder Abgabe (§ 42 Abs. 3 JGG) möglich.

2 Subsidiär (s. § 7 Rdn. 2) greift der *gewöhnliche* Aufenthaltsort. Das ist der Ort, an dem sich jemand freiwillig – wenn auch notgedrungen (LR/*Erb* § 8 Rn. 4) – ständig oder für längere Zeit, wenn auch nicht ununterbrochen, aufhält, ohne dort einen Wohnsitz zu begründen (KK-StPO/*Fischer* § 8 Rn. 2). Die nicht zwangsweise Dauer muss bei Urlaub, Besuch, Kur oder Behandlung einen gewissen Zeitraum überschreiten (KK-StPO/*Fischer* § 8 Rn. 2; LR/*Erb* § 8 Rn. 4). Der Augenblick der Klageerhebung ist entscheidend. Ein mehrfacher gewöhnlicher Aufenthalt ist begrifflich ausgeschlossen (HK-StPO/*Zöller* § 8 Rn. 3; *Meyer-Goßner/Schmitt* § 8 Rn. 3; a. A. AnwK-StPO/*Rotsch* § 8 Rn. 5). Ersatzweise gilt der letzte Wohnsitz. Ist auch dieser nicht vorhanden oder schwer bestimmbar, greift § 13a (vgl. auch BGH NStZ-RR 2009, 84).

§ 9 StPO Gerichtsstand des Ergreifungsortes.
Der Gerichtsstand ist auch bei dem Gericht begründet, in dessen Bezirk der Beschuldigte ergriffen worden ist.

1 Teils wird für das »Ergreifen« restriktiv eine gerechtfertigte Festnahme gem. § 127 verlangt, die zum Erlass eines Haftbefehls führt, sofern nicht bereits ein Haftbefehl vorliegt (MüKo-StPO/*Ellbogen* § 9 Rn. 3; krit. auch *Meyer-Goßner/Schmitt* § 9 Rn. 2). Überwiegend soll es indes genügen, dass der Betroffene wegen des Verdachts einer strafbaren Handlung kontrolliert und umgehend gegen ihn als Beschuldigter ein Ermittlungsverfahren eingeleitet wird, denn der Haftbefehl hänge über den Wortsinn des Ergreifens hinaus von weiteren Voraussetzungen ab. § 9 bezwecke eine praktikable örtliche Bestimmung, und dafür genüge es, dass das Verfahren in dem Bezirk bleibe, in dem es eingeleitet worden sei (BGHSt 44, 347, 348; KK-StPO/*Fischer* § 9 Rn. 2; SK-StPO/*Weßlau* § 9 Rn. 2). Fraglich ist auch, ob die bloße Feststellung des Beschuldigten aufgrund Ausschreibung zur Aufenthaltsermittlung und anschließender Vernehmung zur Sache ohne jedes weitere zwangsweise Festhalten genügt (abl. AG Krehl, Beschl. v. 01.07.2008 – 2 Cs 4 Js 2360/07, juris).

2 Die Ergreifung begründet die Zuständigkeit des Gerichtes auch hinsichtlich anderer bis dahin begangener Straftaten (BGH NStZ-RR 2007, 114; BGH bei *Dall* MDR 1954, 336; KK-StPO/*Fischer* § 9 Rn. 1; *Meyer-Goßner/Schmitt* § 9 Rn. 4; a.A. LR/*Erb* § 9 Rn. 11; SK-StPO/*Weßlau* § 9 Rn. 3). Wird der Beschuldigte aufgrund eines Haftbefehls ausgeliefert, so ist Ergreifungsort der Grenzübergang (BGH NStZ-RR 2007, 114).

§ 10 StPO Gerichtsstand bei Auslandstaten auf Schiffen oder in Luftfahrzeugen.
(1) Ist die Straftat auf einem Schiff, das berechtigt ist, die Bundesflagge zu führen, außerhalb des Geltungsbereichs dieses Gesetzes begangen, so ist das Gericht zuständig, in dessen Bezirk der Heimathafen oder der Hafen im Geltungsbereich dieses Gesetzes liegt, den das Schiff nach der Tat zuerst erreicht.
(2) Absatz 1 gilt entsprechend für Luftfahrzeuge, die berechtigt sind, das Staatszugehörigkeitszeichen der Bundesrepublik Deutschland zu führen.

1 Für ein zur Seefahrt bestimmtes Schiff folgt das Recht zur Führung der Bundesflagge aus §§ 1, 3, 8 FlaggRG und aus der Anordnung des Bundespräsidenten über die Dienstflagge der Seestreitkräfte der Bundeswehr v. 25.05.1956 (BGBl. I 447 = III 1130–5) für ein zu den Seestreitkräften der Bundes-

wehr gehörendes Schiff (BGHSt 53, 265, 266). Mit dem Flaggengrundsatz übt der Flaggenstaat die Hoheits- und Strafgewalt über das zur Führung seiner Flagge berechtigte Schiff aus (BGHSt 53, 265, 266). Dabei entspricht der von § 10 gemeinte Geltungsbereich der StPO einem **territorialen Hoheitsbereich**. Dieser umfasst an Land das Gebiet innerhalb der Bundesgrenzen, an der deutschen Küste die Eigengewässer und das Küstenmeer sowie allgemein den über den vorgenannten Bereichen liegenden Luftraum. Jenseits dieser Gebiete beginnt der von § 10 erfasste Bereich und innerhalb derselben ist § 10 unanwendbar (BGHSt 53, 265, 266).

Der Heimathafen und der zuerst im territorialen Geltungsbereich der StPO erreichte Hafen stehen wahlweise nebeneinander. Die Bestimmung des Heimathafens richtet sich nach den jeweiligen spezialgesetzlichen Normen, die jedoch für die **Luftfahrzeuge** des § 10 Abs. 2 fehlen. Hier soll es auf den Ort ankommen, wo diese zum Zweck ihres Betriebes dauernd stationiert sind (*Meyer-Goßner/Schmitt* § 10 Rn. 8). Wenn ein solcher Ort fehlt, kommt es nur auf die Landung im territorialen Hoheitsbereich an (*Meyer-Goßner/Schmitt* § 10 Rn. 9), und fehlt auch diese, greift § 13a. Bei Notlandung oder Stranden sowie Anlegen oder Ankern ohne Bezug zu einem Hafen gilt § 10 erst dann, wenn danach ein »Hafen« tatsächlich erreicht worden ist. 2

§ 10a StPO Gerichtsstand bei Auslandstaten im Bereich des Meeres.
Ist für eine Straftat, die außerhalb des Geltungsbereichs dieses Gesetzes im Bereich des Meeres begangen wird, ein Gerichtsstand nicht begründet, so ist Hamburg Gerichtsstand; zuständiges Amtsgericht ist das Amtsgericht Hamburg.

Der subsidiäre Gerichtsstand (s. § 7 Rdn. 2) Hamburgs greift, soweit die Geltung des materiellen Strafrechts über die territoriale Geltung der StPO sowie die Ergänzung durch § 10 (s. § 10 Rdn. 1) hinausgeht. Es genügt jede Tat, auf die das deutsche Strafrecht gem. §§ 3 ff. StGB Anwendung findet. Der Bereich des Meeres umfasst die hohe See und fremde Küstengewässer einschließlich des Meeresgrundes sowie des Luftraumes über dem Meer (*Meyer-Goßner/Schmitt* § 10a Rn. 2; LR/*Erb* § 10a Rn. 2). § 10a Halbs. 2 benennt konkret eines der Amtsgerichte Hamburgs. 1

§ 11 StPO Gerichtsstand bei Auslandstaten exterritorialer Deutscher und deutscher Beamter.
(1) ¹Deutsche, die das Recht der Exterritorialität genießen, sowie die im Ausland angestellten Beamten des Bundes oder eines deutschen Landes behalten hinsichtlich des Gerichtsstandes den Wohnsitz, den sie im Inland hatten. ²Wenn sie einen solchen Wohnsitz nicht hatten, so gilt der Sitz der Bundesregierung als ihr Wohnsitz.
(2) Auf Wahlkonsuln sind diese Vorschriften nicht anzuwenden.

Da § 8 nur für das Inland gelten kann (s. § 8 Rdn. 1), ist ein Wohn- oder Aufenthaltsort im Ausland per se ohne Bedeutung und § 11 Abs. 1 Satz 1 wiederholt insoweit § 8 Abs. 2, 2. Alt. Doch gab es im Inland nie einen Wohnsitz, würde für § 8 nur § 13a, 1. Alt. greifen, während § 11 Abs. 1 Satz 2 den Sitz der Bundesregierung als Gerichtsstand festlegt. Für Wahlkonsuln als Ehrenbeamte (gem. BBG) bleibt es bei §§ 8, 13a soweit deutsches Strafrecht wegen zumeist anderer Nationalität überhaupt anwendbar ist (vgl. § 7 StGB). Die Exterritorialität bestimmt sich nach völkerrechtlichen Normen, die im jeweiligen Staat regelmäßig in der Art umgesetzt worden sind, wie es für die Bundesrepublik mit Art. 25 GG i.V.m. §§ 18 ff. GVG der Fall ist (vgl. im Einzelnen § 18 GVG Rn. 9). 1

§ 11a StPO Gerichtsstand bei Auslandstaten von Soldaten in besonderer Auslandsverwendung.
Wird eine Straftat außerhalb des Geltungsbereiches dieses Gesetzes von Soldatinnen oder Soldaten der Bundeswehr in besonderer Auslandsverwendung (§ 62 Absatz 1 des Soldatengesetzes) begangen, so ist der Gerichtsstand bei dem für die Stadt Kempten zuständigen Gericht begründet.

§ 11a StPO Gerichtsstand b. Auslandstaten v. Soldaten in bes. Auslandsverwendung

1 Der mit Wirkung zum 1. April 2013 für besondere Auslandsverwendungen in der Bundeswehr eingeführte Gerichtsstand (BGBl. I 2013, S. 89 f.) stößt auf erhebliche Kritik (insb. SK-StPO/*Weßlau* § 11a Rn. 2 f. u. 9 ff.; diff. *Ladiges* NZWehrr 2013, 66 ff.). Ziel war es, zur Gewährleistung einer **effektiven, zügigen Strafverfolgung** unübersichtlichen Zuständigkeitsverteilungen zu begegnen und Fachkompetenzen zu bündeln (BT-Drucks. 17/9694, S. 6 f.; *Zimmermann* NJW 2013, 905, 906 f.). Jedoch bestehen mit Blick auf die *nicht* ausgeübte Kompetenz des Bundes zur Statuierung von Wehrstrafgerichten i.S.v. Art. 96 Abs. 2 GG einerseits und dem stattdessen vollzogenen Eingriff in die Justizhoheit der Länder andererseits verfassungsrechtliche Friktionen, denen mit der Ausgestaltung als *ein* Gerichtsstand begegnet werden sollte (vgl. nur SK-StPO/*Weßlau* § 11a Rdn. 9 ff.; a. A. *Zimmermann* NJW 2013, 905, 906 f.). Doch die erreichte Zuständigkeitskonzentration ist **nicht verfassungskonform** (s. Rdn. 5). Zudem vermag § 11a die eigentlichen Probleme von Ermittlungen in Verfahren dieser Art nicht zu lösen (s. SK-StPO/*Weßlau* § 11a Rn. 12; verteidigend *Zimmermann* NJW 2013, 905, 907 f.; zum ganzen *Hannich/Rautenberg* ZRP 2010, 140 ff.; *Stam* ZIS 2010, 628 ff.).

2 **Soldat** ist gem. § 1 Satz 1 SoldatenG, wer auf Grund der Wehrpflicht oder freiwilliger Verpflichtung in einem Wehrdienstverhältnis steht. Zivile Angehörige der Bundeswehr sind daher nicht erfasst (SK-StPO/*Weßlau* § 11a Rdn. 5). Auf das Alter des Soldaten kommt es nicht an, doch bleiben bei **Heranwachsenden** §§ 108 Abs. 1, 42 JGG unberührt (BT-Drucks. 17/9694, S. 7; KMR/*Stöckel* § 11a Rn. 3; SK-StPO/*Weßlau* § 11a Rn. 5 sowie unten Rdn. 5).

3 **Besondere Auslandsverwendungen** i.S.v. § 62 SoldatenG sind Verwendungen, die auf Grund eines Übereinkommens, eines Vertrages oder einer Vereinbarung mit einer über- oder zwischenstaatlichen Einrichtung oder mit einem auswärtigen Staat auf Beschluss der Bundesregierung im Ausland oder außerhalb des deutschen Hoheitsgebietes auf Schiffen oder in Luftfahrzeugen stattfinden. Soweit indessen ein **bewaffneter Konflikt** gegeben ist und es sich um Straftaten nach dem VStGB oder nach extensiv gehandhabter Auslegung um eine des StGB handelt (s. GBA NStZ 2010, 581 ff.), greift gem. § 142a GVG i.V.m. § 120 Abs. 1 Nr. 8 GVG die Zuständigkeit des GBA. Damit geht § 11a gerade für die problematischsten Fälle hinsichtlich der erstrebten einheitlichen Ermittlungsbehörde ins Leere (zum ganzen SK-StPO/*Weßlau* § 11a Rn. 8). Ferner erfasst der an § 62 SoldatenG gebundene § 11a weder Verwendungen in Eigenverantwortung der Bundeswehr, wie Einsätze zur Evakuierung aus Krisenregionen, noch Kampfeinsätze auf Grundlage des Verteidigungsauftrages des GG oder im Bündnisfall (SK-StPO/*Weßlau* § 11a Rdn. 6; *Zimmermann* NJW 2013, 905, 907). Auch Ausbildungsaufenthalte sind irrelevant (SK-StPO/*Weßlau* § 11a Rn. 6), wobei an die Sanktionierung unstatthafter Ausbildungsmethoden zu denken ist.

4 Das deutsche Strafrecht gilt gem. § 1a Abs. 2 WStG unabhängig vom Recht des Tatorts auch für Taten, die ein Soldat während eines dienstlichen Aufenthalts im Ausland begeht. Daraus folgt einerseits, dass auch § 11a das Verhalten während des gesamten Aufenthalts umfasst und nicht allein die dortige Dienstausübung als solche (s. SK-StPO/*Weßlau* § 11a Rn. 7). Andererseits gilt § 11a nicht allein deshalb, weil eine Straftat *gegen* einen Soldaten im Raum steht (KMR/*Stöckel* § 11a Rn. 2; SK-StPO/*Weßlau* § 11a Rn. 5).

5 § 11a bezieht sich auf das *AG* bzw. *LG* sowie die StA Kempten und bei entsprechender erstinstanzlicher Zuständigkeit auf das *OLG* München (BT-Drucks. 17/9694, S. 7). Die Norm statuiert nach der Gesetzessystematik keinen ausschließlichen, sondern gem. § 12 Abs. 1 i.V.m. dem **Wahlrecht** der StA lediglich einen weiteren Gerichtsstand (BT-Drucks. 17/9694, S. 7; KMR/*Stöckel* § 11a Rn. 1; SK-StPO/*Weßlau* § 11a Rn. 4). Doch läuft das grdsl. freie Wahlrecht der StA (s. § 7 Rdn. 5) hier praktisch gegen Null. Der Zweck des § 11a tritt nebst der Bestimmtheit des gesetzlichen Richters aus Art. 101 Abs. 1 S. 2 GG in Konkurrenz mit der verfassungsrechtlichen Bindung des Bundesgesetzgebers (s. Rdn. 1). Der Schutz des Bestimmtheitsgebots verlangt jeder von § 11a abweichenden Auswahlentscheidung sachliche Gründe ab, welche den Normzweck des § 11a überwinden und die zum Ausschluss von (objektiver) Willkür aktenkundig zu machen sowie später in einer Anklage konkret zu benennen wären. Dieser Begründungslast wird eine StA aber – mit Ausnahme der Sonderkonstellation bei Heranwachsenden (s. Rdn. 2) – kaum jemals genügen können. In Kempten können sich die bezweckten Fähigkeiten zur effektiven und sachgerechten Handhabung derartiger Verfahren nur durch die konsequente dortige Bearbeitung der betreffenden Verfahren herausbilden. Daher sind andernorts bestehende Fachkompetenzen gemessen am Normzweck irrelevant. Sobald indes die normgemäß erstrebte überragende Fachkompetenz in der bisherigen bayerischen Schwerpunktstaatsanwaltschaft Kempten (dazu *Zimmer-*

mann NJW 2013, 905, 906 f.) etabliert worden ist, hat erst recht die dortige Bearbeitung nach dem Normzweck den Vorrang. Jede andere Auswahl als § 11a verletzt daher grundsätzlich den Willen des Gesetzgebers und indiziert angesichts des Normzwecks sachfremde Erwägungen der abweichenden Behörde. Gemessen an dem **Einwand (objektiver) Willkür** ist daher ein Wahlrecht der Staatsanwaltschaft im Bereich des § 11a faktisch nicht existent. Daraus folgt zwar eine an sich begrüßenswerte größere Bestimmtheit des gesetzlichen Richters, in welcher aber zugleich die Verletzung der Justizhoheit der Länder unter Umgehung des Art. 96 Abs. 2 GG liegt. § 11a ist daher **verfassungswidrig** und eine Klärung durch das *BVerfG* geboten.

§ 12 StPO Zusammentreffen mehrerer Gerichtsstände.

(1) Unter mehreren nach den Vorschriften der §§ 7 bis 11a und 13a zuständigen Gerichten gebührt dem der Vorzug, das die Untersuchung zuerst eröffnet hat.
(2) Jedoch kann die Untersuchung und Entscheidung einem anderen der zuständigen Gerichte durch das gemeinschaftliche obere Gericht übertragen werden.

A. Das Verfahrenshindernis. § 12 Abs. 1 wiederholt den allgemeinen Verfahrensgrundsatzes, 1 dass die anderweitige Rechtshängigkeit als Verfahrenshindernis zur Verfahrenseinstellung zwingt. Deshalb kommt es auf die Wortlautgrenzen von § 12 Abs. 1 nicht an, etwa wenn nur die sachliche Zuständigkeit betroffen ist (BGH NJW 1995, 2500; BGHSt 36, 175, 181; s. aber Rdn. 2 ff.) oder sich der Gerichtsstand aus einer anderen Norm als den §§ 7 bis 11 ergibt, vgl. nur § 13a (KK-StPO/*Fischer* § 12 Rn. 2; s.a. § 7 Rdn. 1). Praktisch relevant ist v.a., ob und wann zwei Verfahren **unterschiedliche Teile derselben Tat (§ 264)** betreffen (vgl. nur BGH NStZ-RR 2000, 332 f.; BGH NJW 1995, 2500 f.), wobei im Zuständigkeitsstreit §§ 14, 19 greifen (s. § 1 Rdn. 14 ff.). In Verfahrensarten ohne förmlichen Eröffnungsbeschluss richtet sich die Rechtshängigkeit nach den jeweiligen dortigen Besonderheiten (s.a. Rdn. 5). Hat das unzuständige Gericht unter Nichtbeachtung der anderweitigen Rechtshängigkeit rechtskräftig entschieden, soll das eigentlich vorrangige Verfahren einzustellen sein (BGHSt 38, 37, 42 f.; KMR/*Stöckel* § 12 Rn. 5; LR/*Erb* § 12 Rn. 14), soweit nicht schwerwiegende und offensichtliche Mängel die Unwirksamkeit bedingen (BGHSt 38, 37, 43).

Gehindert ist aber nicht das Bestreben nach **Beseitigung des Hindernisses**. Ist die sachliche Zuständig- 2 keit betroffen, kann über §§ 225a, 270 das höherrangige Gericht mit der Sache befasst werden, welches dann im Wege des § 265 die angeklagte Tat ausschöpft und das unmittelbar bei ihm anhängig gemachte Verfahren einstellt. Die Rechtsprechung indes sieht eine **Verfahrensverbindung *sui generis*** vor, wodurch der von der StPO »an sich vorgegebene, aber umständliche Weg« über §§ 225a, 270, vermieden werde (BGHSt 36, 175, 182). Könne das später befasste Gericht die prozessuale Tat wegen seiner höheren sachlichen Zuständigkeit umfassender und nach allen rechtlichen Gesichtspunkten erschöpfend behandeln und aburteilen, solle es verpflichtet sein, das vor dem an sich zuerst befassten Gericht niederer Ordnung schwebende Verfahren einseitig an sich zu ziehen und die Tat einheitlich und umfassend nach allen rechtlichen Gesichtspunkten abzuurteilen (BGH NJW 1995, 2500; BGHSt 36, 175, 182). Hierzu ergehe ein förmlicher Verbindungsbeschluss als verfahrensgestaltender Akt eigener Art (BGHSt 36, 175, 186, 188; a. A. BayObLG NStZ 1989, 241; SK-StPO/*Weßlau* § 12 Rn. 7; dazu Rdn. 4), und zwar – wenn das Problem bekannt ist – spätestens gleichzeitig mit dem weiteren Eröffnungsbeschluss (BGHSt 36, 175, 182 f.). Hierdurch werde das Verfahren bei dem Gericht niederer Ordnung beendet, ohne dass es zusätzlich eines Einstellungsbeschlusses bedürfe; die Rücknahme des Einspruchs gegen einen Strafbefehl gehe daher nach Verbindung durch das *LG* prozessual ins Leere (BGHSt 36, 175, 187 ff., 191).

Habe das höhere Gericht das zuerst eröffnete Verfahren nicht an sich gezogen, führe die Revision gegen 3 dessen Urteil dann nicht zur Verfahrenseinstellung durch das Revisionsgericht, sondern zur Urteilsaufhebung und Zurückverweisung, wenn das höhere Gericht noch in der Lage sei, das Verfahrenshindernis durch die Verfahrensverbindung *sui generis* zu beseitigen (BGH NJW 1995, 2500 f.). Das gelte auch dann, wenn sich das zuerst eröffnete Verfahren im Berufungsrechtszug befindet, wobei eine zwischenzeitlich eingetretene horizontale **Teilrechtskraft** mit dem Argument sachlicher Unzuständigkeit durchbrochen werden könne (BGH NJW 1995, 2500, 2501; s.a. § 6 Rdn. 1), was bei einem auf die Rechtsfolge beschränkten Einspruch entsprechend gelte (BayObLG NStZ 1989, 241; a. A. *Kammerer* MDR 1990, 785, 786; HK-StPO/*Zöller* § 12 Rn. 5; KMR/*Stöckel* § 12 Rn. 5; s. aber Rdn. 4).

4 Dieser Gesetzesfortbildung mangelt es an der notwendigen Lücke, da die zur Korrektur der sachlichen Unzuständigkeit vorgesehenen Verweisungsnormen eine ausreichende und abschließende Lösung enthalten (i. Erg. KMR/*Stöckel* § 12 Rn. 5; s. Rdn. 2; krit. auch KK-StPO/*Fischer* § 12 Rn. 2; *Meyer-Goßner*/*Schmitt* § 12 Rn. 2 u. 4). Ebenfalls verstößt es gegen § 12 Abs. 1, wenn das höhere Gericht kurzerhand eröffnet und das niedere Gericht einstellt (and. aber BayObLG NStZ 1989, 241; LR/*Erb* § 12 Rn. 20; *Kammerer* MDR 1990, 785, 786; KK-StPO/*Fischer* § 12 Rn. 2; SK-StPO/*Weßlau* § 12 Rn. 7; ähnl. *Meyer-Goßner*/*Schmitt* § 12 Rn. 2 u. 4). Davon abgesehen hat die Verbindungslösung Grenzen. Vorausgesetzt wird zunächst, dass das Gericht niederer Ordnung sich im Bezirk des höherrangigen Gerichts befindet (BGH NJW 1995, 2500 f.; BGHSt 36, 175, 181). Im Verhältnis zwischen speziellen und allgemeinen Spruchkörpern eines Gerichts spricht die lediglich funktionell verschiedene Zuständigkeit gegen eine Anwendung der Verbindungslösung und für eine Verweisung nach § 225a Abs. 1 Satz 2 (s. Rdn. 2). Ist die erste Sache bereits rechtskräftig abgeschlossen, bleibt es nach beiden Lösungen bei dem Verfahrenshindernis (vgl. nur BGH NJW 1995, 2500, 2501), wenn der Strafklageverbrauch nicht selbst durch eine Relativierung der Reichweite der prozessualen Taten eingeschränkt wird.

5 **B. Die Übertragung gem. § 12 Abs. 2.** Die mit der Beschwerde unanfechtbare Entscheidung (KK-StPO/*Fischer* § 12 Rn. 13) des gemeinschaftlichen oberen Gerichts hängt davon ab, dass eines der zuständigen Gerichte das Hauptverfahren bereits eröffnet hat (BGHSt 16, 391, 392). Das gilt ebenso für § 42 Abs. 3 JGG (OLG Hamm NStZ-RR 2013, 357). Im Strafbefehlsverfahren ist die Übertragung eines Verfahrens gem. § 12 Abs. 2 auf ein anderes Gericht erst zulässig, wenn die auf den rechtzeitigen Einspruch anberaumte Hauptverhandlung begonnen hat, denn bis dahin kann die StA gem. § 411 Abs. 3 Satz 1 und 2 die Klage ohne Zustimmung des Angeklagten zurücknehmen und eine neue Auswahlentscheidung treffen (BGH StraFo 2011, 218; BGH NStZ 2004, 449; BGHSt 26, 374 f.), das gilt ebenso für § 42 Abs. 3 JGG (BGH StraFo 2011, 218; BGHSt 13, 186, 389) und das Bußgeldverfahren (BGH NStZ 2003, 558). § 12 Abs. 2 gilt aber nicht mehr, sobald ein erstinstanzliches Urteil ergangen ist (*Hanack* JZ 1971, 89, 90; KK-StPO/*Fischer* § 12 Rn. 8), egal ob im Rechtsmittel verhandelt wird oder zurückverwiesen worden ist (KMR/*Stöckel* § 12 Rn. 12); möglich soll aber § 237 bleiben (*Hanack* JZ 1971, 89, 90). Im beschleunigten Verfahren ist § 12 Abs. 2 wegen Zweckwidrigkeit unzulässig, ebenso bei § 76 JGG (BGHSt 12, 180, 181 ff.; HK-StPO/*Zöller* § 12 Rn. 12; KK-StPO/*Fischer* § 12 Rn. 11).

6 Das Verfahren kann nur einem Gericht übertragen werden, das bei Eröffnung des Hauptverfahrens zuständig gewesen wäre (BGHSt 16, 391, 392). Die Untersuchung und Entscheidung kann nicht einem Gericht übertragen werden, dessen Zuständigkeit bei Eröffnung des Hauptverfahrens aufgrund Sachzusammenhangs nach § 13 Abs. 1 hätte begründet werden können, wenn dieser Sachzusammenhang nicht mehr besteht (BGHSt 16, 391, 392). § 12 Abs. 2 gilt entsprechend für den Fall, dass sich nach Zuständigkeitsbestimmung gem. § 13a ein Gerichtsstand nach §§ 7 bis 10 herausstellt (BGHSt 10, 255, 258 f.). Eine mehrfache Übertragung ist einschließlich der Rückübertragung an das zuerst befasste Gericht möglich (KK-StPO/*Fischer* § 12 Rn. 10; *Meyer-Goßner*/*Schmitt* § 12 Rn. 8).

7 Die Übertragung bedarf mit Blick auf die eingetretene *perpetuatio fori* **triftiger Gründe** (*Joecks* § 12 StPO Rn. 4; KK-StPO/*Fischer* § 12 Rn. 10), insb. *erheblicher* Zweckmäßigkeitsgründe (OLG Hamm, Beschl. v. 19.03.2009 – 3 (s) Sbd I – 3/09, juris). Die Entscheidungskriterien der StA sind grds. zu berücksichtigen; doch im Unterschied zu § 42 Abs. 3 Satz 1 JGG ist keine Eingrenzung der Gründe vorgesehen. Es ist unzweckmäßig, einem Angeklagten die Anreise zu ersparen, wenn dadurch schwerer wiegende Belastungen für Mitangeklagte (BGH wistra 1998, 307), andere Verfahrensbeteiligte oder Zeugen entstehen. Bei gesundheitlichen Beeinträchtigungen der Reisefähigkeit, kommt es auf deren Maß an (BGH wistra 1998, 307). Dabei bedarf die Annahme einer Beeinträchtigung der Durchführung der Hauptverhandlung durch Belastungen der Reise konkreter Anhaltspunkte, wobei auch die Art der Terminierung zu berücksichtigen ist (BGH wistra 1998, 307). Bei Reiseunfähigkeit ist eine Verhandlung außerhalb des Bezirks in Betracht zu ziehen (s. § 7 Rdn. 4), wozu bei Zuständigkeit eines anderen Gerichts weniger Anlass bestehen wird als im Fall des § 15 (s. § 15 Rdn. 3). Bei Übertragung eines umfangreichen Verfahrens ist zu berücksichtigen, dass die erforderliche Einarbeitungszeit des Gerichts zu einer Verlängerung des Verfahrens beitragen kann (BGH wistra 1998, 307); doch kommt es

darauf nicht an, wenn der alleinige Angeklagte die Übertragung begehrt, da der sog. Beschleunigungsgrundsatz in erster Linie ihn selbst schützt.

§ 13 StPO Gerichtsstand bei zusammenhängenden Strafsachen.
(1) Für zusammenhängende Strafsachen, die einzeln nach den Vorschriften der §§ 7 bis 11 zur Zuständigkeit verschiedener Gerichte gehören würden, ist ein Gerichtsstand bei jedem Gericht begründet, das für eine der Strafsachen zuständig ist.
(2) ¹Sind mehrere zusammenhängende Strafsachen bei verschiedenen Gerichten anhängig gemacht worden, so können sie sämtlich oder zum Teil durch eine den Anträgen der Staatsanwaltschaft entsprechende Vereinbarung dieser Gerichte bei einem unter ihnen verbunden werden. ²Kommt eine solche Vereinbarung dieser Gerichte nicht zustande, so entscheidet, wenn die Staatsanwaltschaft oder ein Angeschuldigter hierauf anträgt, das gemeinschaftliche obere Gericht darüber, ob und bei welchem Gericht die Verbindung einzutreten hat.
(3) In gleicher Weise kann die Verbindung wieder aufgehoben werden.

A. Der Gerichtsstand des Zusammenhangs. Der Gerichtsstand des § 13 Abs. 1 ist gesetzlich begründet und den anderen Gerichtsständen grds. gleich geordnet, aber im Ergebnis von einer Verfahrensverbindung abhängig und ohne eine solche sinnlos (unzutr. OLG Koblenz NStZ-RR 2011, 209 f.). § 13 Abs. 1 setzt voraus, dass für jede der Sachen bereits ein inländischer Gerichtsstand besteht (BGH NJW 1992, 1635). Die auf § 13 Abs. 1 beruhende Zuständigkeit bleibt erhalten (s. aber § 13 Abs. 3), wenn der Grund der Verbindung nach Eröffnung des Hauptverfahrens wegfällt (BGH NStZ 2004, 100), doch im Zwischenverfahren gilt die *perpetuatio fori* nicht (OLG Zweibrücken NJW 1979, 827; *Hanack* JZ 1971, 89, 91; a. A. OLG München NJW 1969, 148 ff.). Wird ein Verfahren rechtskräftig beendet, bevor das auf § 13 gestützte Verfahren eröffnet ist, entfällt die örtliche Zuständigkeit aus § 13 Abs. 1 (wohl BGH NStZ 1988, 371, 372). Ebenso kann nach § 12 Abs. 2 eine Übertragung nur dann unter Bezug auf § 13 erfolgen, wenn der Zusammenhang tatsächlich noch vorhanden ist (s. § 12 Rdn. 6).

In der Revision kommt es für den Zusammenhang i.S.d. § 3 auf die tatsächlichen Annahmen an, die den Beschuldigungen bei Erhebung der Anklage und bei Eröffnung des Hauptverfahrens zugrunde lagen, und nicht auf die Feststellungen, die als Ergebnis des durchgeführten Hauptverfahrens getroffen worden sind (BGH NJW 1993, 2819, 2820).

B. Die Verbindung gem. § 13 Abs. 2. Die gem. § 13 Abs. 2 Satz 1 statthafte Vereinbarung der örtlich zuständigen Gerichte gleicher Ordnung setzt zwingend voraus, dass ihr **übereinstimmende Anträge** der StA zugrunde liegen, denn die Wahl des Gerichtsstandes ist Sache der StA (BGHSt 21, 247, 248 f.; BGHSt 9, 222, 223). Es genügt die ausdrückliche Zustimmung zu der Verbindung (BGH, 15.05.2002 – 2 ARs 127/02, juris; BayObLG NJW 1957, 1329); eine Entscheidung des GBA gem. § 143 Abs. 3 GVG scheidet wegen Vorrangs von § 13 Abs. 2 Satz 1 aus (vgl. auch KMR/*Stöckel* § 13 Rn. 8; a. A. *Kern* JZ 1956, 723, 724 f.). Die **Vereinbarung** der Gerichte besteht in einem förmlichen Abgabebeschluss und einem darauf folgenden förmlichen Übernahmebeschluss (BGH, Beschl. v. 15.05.2002 – 2 ARs 127/02; BayObLG NJW 1960, 2015). Möglich soll die Verbindung aber **nur bis zum Erlass des Urteils erster Instanz** sein, da anderenfalls in die Zuständigkeit des Rechtsmittelgerichts eingegriffen werde (BGHSt 25, 51, 53 f.; BGHSt 19, 177 ff.; OLG Düsseldorf MDR 1985, 1048; offen BayObLG NJW 1960, 2015; s. aber § 4 Rdn. 11 ff.), woran die Zurückverweisung nach § 354 Abs. 2 nichts ändere (*Meyer-Goßner/Schmitt* § 13 Rn. 5a). Doch das scheint nicht zwingend, da eine Verbindung *vor* dem ersten Urteil die Zuständigkeit des Rechtsmittelgerichts ebenso beeinflussen kann (s.a. LR/*Erb* § 13 Rn. 13 sowie § 4 Rn. 11 ff.). Betrifft die Verbindung neben der örtlichen auch die **sachliche Zuständigkeit**, greift ausschließlich § 4 Abs. 2 (s. § 4 Rdn. 20). Bei Jugend- und Erwachsenengerichten gleicher Ordnung soll aber § 13 Abs. 2 Satz 1 über § 103 Abs. 1 entsprechend gelten und § 4 Abs. 2 ausscheiden (BayObLG NJW 1960, 2015; BayObLG NJW 1957, 1329).

Voraussetzung der Entscheidung des gemeinschaftlichen oberen Gerichts nach § 13 Abs. 2 Satz 2 ist ebenfalls, dass die beteiligten StAen zuvor übereinstimmende Anträge auf eine auf Verfahrensverbin-

§ 13a StPO   Zuständigkeitsbestimmung durch den Bundesgerichtshof

dung abzielende Vereinbarung der beteiligten Gerichte gestellt haben oder dieser zustimmen. Fehlt es daran, ist dem gemeinschaftlichen oberen Gericht eine Entscheidung nach § 13 Abs. 2 Satz 2 verwehrt (BGH NStZ-RR 2010, 51; BGH NStZ-RR 2005, 77; BGH NStZ 2004, 688; BGH NStZ-RR 2003, 173; BGHSt 21, 247, 248 f.; a. A. BGHSt 9, 222, 223 f. m. abl. Anm. *Kern* JZ 1956, 723 ff.); doch bemerkenswert ist, dass ein entsprechendes Erfordernis in § 4 nicht besteht (vgl. BGHSt 9, 222, 224), der Vorrang hat, wenn neben der örtlichen auch die sachliche Zuständigkeit betroffen ist (s. Rdn. 3). Antragsberechtigt gem. § 13 Abs. 2 Satz 2 ist aber ausdrücklich auch der Angeschuldigte, so dass es in diesem Fall auf die StA nicht ankommt. Von den beteiligten Gerichten kann – im Unterschied zu § 4 Abs. 2 – das gemeinschaftliche obere Gericht nicht angerufen werden (BGH NStZ-RR 2003, 173).

5 **C. Rechtsmittel.** Kann eine abgetrennte Strafsache den Gerichtsstand aus § 13 Abs. 1 begründet haben, sollen die Abtrennung und die zuständigkeitsrelevanten Umstände dieser Sache gem. § 344 Abs. 2 Satz 2 mitzuteilen sein (BGH NJW 1993, 2819; s.a. § 7 Rdn. 12). Wird eine der formellen Voraussetzungen von § 13 Abs. 2 Satz 1 oder 2 nicht eingehalten, ist die **Verbindung unwirksam** (vgl. BGHSt 36, 313, 314 [Antrag]; BayObLG NJW 1960, 2015 [Übernahmebeschluss]; s.a. § 4 Rdn. 28 ff.), jedoch steht die Rüge örtlicher Unzuständigkeit unter dem Vorbehalt von § 16. Mit der Beschwerde ist die Entscheidung des gemeinschaftlichen oberen Gerichts nicht anfechtbar (KK-StPO/ *Fischer* § 13 Rn. 8), anders aber der für Abs. 2 Satz 1 notwendige abgebende und übernehmende Beschluss des jeweiligen Gerichts (OLG Nürnberg MDR 1965, 678), wobei das erkennende Gericht ausgeschlossen sein soll (*Meyer-Goßner/Schmitt* § 13 Rn. 8; diff. LR/*Erb* § 12 Rn. 21).

§ 13a StPO Zuständigkeitsbestimmung durch den Bundesgerichtshof.
Fehlt es im Geltungsbereich dieses Bundesgesetzes an einem zuständigen Gericht oder ist dieses nicht ermittelt, so bestimmt der Bundesgerichtshof das zuständige Gericht.

1 Wenn deutsches Strafrecht anwendbar ist, aber kein gesetzlicher Gerichtsstand begründet ist, schafft der BGH einen solchen gem. § 13a 1. Alt. durch Beschluss (vgl. etwa BGH NStZ-RR 2014, 278 f.; BGH NStZ-RR 2013, 253). § 13a 2. Alt. steht in besonderem Maße in einem Spannungsverhältnis zur abstrakten Bestimmung des gesetzlichen Richters (s. § 1 Rdn. 1), denn grds. ist die Entscheidung des *BGH* nicht davon abhängig, ob ein Gerichtsstand tatsächlich ermittelt werden kann, sondern maßgeblich ist vielmehr, dass ein solcher (noch) nicht ermittelt worden ist (BGHSt 10, 255, 257 f.). Wortlaut und *ratio* der Norm gehen erkennbar dahin, die Entscheidung und Durchführung auch solcher Strafverfahren zu sichern, in denen ein nach den §§ 7 bis 10 begründeter Gerichtsstand nicht ohne nähere Erhebungen feststellbar ist (BGHSt 53, 265, 266; BGHSt 10, 255, 257 f.). Dazu muss in einem möglichst frühen Abschnitt des Verfahrens ein zuständiges Gericht und mit diesem zugleich die zuständige Strafverfolgungsbehörde (s. § 1 Rdn. 5) bestimmt und verpflichtet werden, die notwendigen Erhebungen in der erforderlichen Weise zu betreiben (BGHSt 10, 255, 257 f.). Parallel statuiert nun § 143 Abs. 1 S. 2 GVG eine Zuständigkeit der zuerst mit der Sache befassten StA. Doch mit Blick auf Art. 101 Abs. 1 Satz 2 ist ein **ernsthaftes Bemühen um Gerichtsstandsermittlung** (HK-StPO/*Zöller* § 13a Rn. 2; auch KMR/*Stöckel* § 13a Rn. 5) und dessen Darlegung als Zulässigkeitsvoraussetzung zu verlangen, um §§ 7 ff. nicht schon im Ausgangspunkt auszuhöhlen, was ebenso für § 143 Abs. 1 S. 2 GVG gilt.

2 Gelingt es später, einen gesetzlich bestimmten Gerichtsstand zu ermitteln, so wird dadurch der nach § 13a bestimmte Gerichtsstand nicht hinfällig, vielmehr ist mit § 13a ein weiterer Gerichtsstand begründet worden, der selbstständig neben die gesetzlich vorgesehenen Gerichtsstände tritt (BGHSt 10, 255, 257 f. sowie § 12 n.F.). Doch kann die Strafsache in entsprechender Anwendung des § 12 Abs. 2 von einem nach § 13a bestimmten Gericht auf ein anderes örtlich zuständiges Gerichte übertragen werden (BGHSt 10, 255, 258 f.).

3 Formell ist ein Antrag nicht vorgesehen, doch wird der *BGH* selten aus eigener Initiative durch Begründung örtlicher Zuständigkeit das Legalitätsprinzip für eine StA konkretisieren. Der Kreis auftretender Antragsteller ist weit, es wurden Ersuchen entgegengenommen von der Bundesanwaltschaft (BGHSt 10, 255 f.), von einer ihre Unzuständigkeit geltend machenden StA sowie von einem Beschuldigten

(BGHSt 10, 255, 256). Materiell stellt der *BGH* eine Beurteilung der Zweckmäßigkeit an, wobei den gesetzlichen Gerichtsständen eine Leitbildfunktion zukommt.

Der *BGH* nimmt hinsichtlich der betreffenden Tat keine sachliche Prüfung vor (BGHSt 18, 19 ff.; *Hanack* JZ 1971, 89, 91), doch mag die Entscheidung mangels Rechtsschutzbedürfnis bei einer offenkundig sinnlosen Gerichtsstandsbestimmung abgelehnt werden (KK-StPO/*Fischer* § 13a Rn. 5; LR/*Erb* § 13a Rn. 6; restriktiv *Jescheck* JZ 1963, 564 f.). Der Beschluss ist weder anfechtbar (s. § 304 Abs. 4 Satz 1) noch einer Änderung durch den *BGH* selbst zugänglich (BGH NStZ-RR 2003, 268). Indessen erscheint zwecks Sicherung rechtlichen Gehörs eine Gesamtanalogie zu §§ 33a, 311a, 356a geboten, soweit nicht § 33a StPO im Einzelfall den § 33 Abs. 4 aushöhlt. 4

§ 14 StPO Zuständigkeitsbestimmung durch das gemeinschaftliche obere Gericht.
Besteht zwischen mehreren Gerichten Streit über die Zuständigkeit, so bestimmt das gemeinschaftliche obere Gericht das Gericht, das sich der Untersuchung und Entscheidung zu unterziehen hat.

Die Norm löst – ergänzt durch § 19 – den örtlichen Zuständigkeitsstreit (s. § 1 Rdn. 17 ff.) durch Entscheidung des gemeinschaftlichen oberen Gerichts, was nur mit einem § 121 Abs. 2 GVG entsprechenden förmlichen Vorlagebeschluss begehrt werden kann, wenn der Spruchkörper nicht nach dem GVG nur aus einem Richter besteht (OLG Düsseldorf NStZ 2000, 609; LR/*Erb* § 14 Rn. 7; a. A. LG Zweibrücken NStZ-RR 2005, 153 f.). Die Anrufung kann auch durch einen Rechtspfleger erfolgen, etwa bei Zuständigkeitsstreit im Kostenfestsetzungsverfahren (OLG Brandenburg NStZ-RR 2010, 263 f.; *Meyer-Goßner/Schmitt* § 14 Rn. 3). Das nach einer landesrechtlichen Zuständigkeitskonzentration für Rechtsmittel zuständige Gericht ist gemeinschaftliches oberes Gericht im Sinne des § 14/BGH StraFo 2013, 375). 1

Die Bestimmung eines Gerichtsstandes unterbleibt, wenn sich die Zuständigkeit eines bisher am Zuständigkeitsstreit nicht beteiligten Gerichtes ergibt (BGH NStZ-RR 2002, 26; NStZ-RR 2000, 83; NStZ-RR 1996, 56; BGHSt 26, 162, 164) bzw. keines der bislang beteiligten Gerichte zuständig ist (BGH NStZ 2012, 405; NStZ 2001, 110; NStZ 1997, 225 f.). Auch wenn es nur um die Auswahlentscheidung der StA geht, greift § 14 grds. nicht, sondern es ist über § 12 Abs. 2 nach einer Lösung zu suchen (vgl. BGH NStZ 2008, 695). Über die örtliche Zuständigkeit erster Instanz hinaus gilt § 14 auch bei Streit um die Rücküberlassung einer gem. § 58 Abs. 3 JGG übertragenen Sache (BGH NStZ 1987, 87) sowie im Strafvollstreckungsverfahren (s. nur BGH NStZ-RR 2015, 58 f.; BGH NStZ-RR 2013, 389 f.; BGH NJW 1976, 249; BGHSt 26, 162 ff.; BayObLG NJW 1955, 601; OLG Düsseldorf NStZ 2000, 609; OLG Frankfurt am Main NStZ-RR 1996, 155; ThürOLG, Beschl. v. 06.10.2009 – 1 AR (S) 65/09, juris), solange es sich um richterliche Tätigkeit und nicht um Aufgaben der Justizverwaltung handle (BGH StraFo 2014, 523). 2

Die §§ 14, 19 greifen analog in allen Fällen, in denen anderenfalls Verfahrensstillstand eintreten würde, weil sich das (sachlich oder funktionell) zuständige Gericht nicht auf andere Weise bestimmen lässt (BGHSt 39, 162, 163; BGHSt 31, 183, 184; s. § 1 Rdn. 14 ff.). Dazu kann es u.a. kommen bei Streit über die Wirksamkeit einer Verweisung (vgl. nur BGHSt 36, 313, 314; OLG Stuttgart NStZ 1995, 248 f.; s.a. § 1 Rdn. 15) oder einer Verfahrensverbindung (s. § 4 Rdn. 28); auch bei der Abgrenzung zwischen Berufungs- und Beschwerdekammer in Haftsachen (OLG Frankfurt am Main NStZ-RR 1996, 302), bei Haftbefehlen im gemeinsamen Bereitschaftsdienst mehrerer Amtsgerichte (LG Arnsberg StraFo 2015, 66 f.) oder bzgl. des Kostenfestsetzungsverfahrens nach Zurückweisung an ein Gericht niederer Ordnung gem. § 354 Abs. 3 (KG NStZ-RR 2014, 160). Vorrang hat aber eine Analogie zu spezielleren Normen des Kompetenzstreits, vgl. die sog. Kompetenz-Kompetenz besonderer Kammern und der Jugendgerichte (s. § 1 Rdn. 32, 38 f.) sowie § 348 (s. § 1 Rdn. 23). Über § 46 OWiG gilt § 14 auch dort (LG Arnsberg wistra 2009, 368). 3

§ 15 StPO Gerichtsstand kraft Übertragung bei Hinderung des zuständigen Gerichts.
Ist das an sich zuständige Gericht in einem einzelnen Falle an der Ausübung des Richteramtes rechtlich oder tatsächlich verhindert oder ist von der Verhandlung

§ 15 StPO Gerichtsstand kraft Übertragung b. Hinderung d. zuständigen Gerichts

vor diesem Gericht eine Gefährdung der öffentlichen Sicherheit zu besorgen, so hat das zunächst obere Gericht die Untersuchung und Entscheidung dem gleichstehenden Gericht eines anderen Bezirks zu übertragen.

1 Die Norm verhindert einen Verfahrensstillstand, indem das zunächst obere Gericht die Sache bei Vorliegen der Voraussetzungen zwingend einem Gericht überträgt, das seinem Bezirk angehört. Soll ein *LG* außerhalb des Bezirks des übergeordneten *OLG* gewählt werden, so muss das Gericht entscheiden, das sowohl dem verhinderten wie auch dem zu beauftragenden Gericht übergeordnet ist, mithin der *BGH* (BGH NStZ 2007, 475). § 15 gilt in allen Instanzen (*Hanack* JZ 1971, 89, 91; KK-StPO/*Fischer* § 15 Rn. 1). Die Prüfung erfolgt von Amts wegen und daher auch auf Anregung eines am Verfahren nicht beteiligten Dritten (BGHSt 47, 275, 276). Mit der Entscheidung wird das beauftragte Gericht örtlich zuständig, und bleibt dies auch bei Wegfall des Hindernisses (*Meyer-Goßner/Schmitt* § 15 Rn. 7). Die Entscheidung ist nicht mit der Beschwerde anfechtbar (OLG Celle NJW 1957, 73; KK-StPO/*Fischer* § 15 Rn. 7), doch soll die Übertragung in der gleichen Form wieder zurückgenommen werden können (*Meyer-Goßner/Schmitt* § 15 Rn. 7; s. aber § 13a Rdn. 4 a.E.).

2 Durch die Übertragung an ein nach §§ 7 ff. eigentlich nicht zuständiges Gericht berührt die Entscheidung nach § 15 das mit Verfassungsrang ausgestattete Prinzip des gesetzlichen Richters und ist restriktiv auszulegen (BGHSt 47, 275, 276). Die **rechtliche Verhinderung** liegt nur vor, wenn so viele Richter – einschließlich ihrer Vertreter – ausgeschlossen (§ 22) oder abgelehnt (§ 24) und die Ablehnungen für begründet erklärt worden sind (§ 28 Abs. 1), dass das Gericht nicht mehr ordnungsgemäß besetzt (§ 27 Abs. 4) werden kann. Also ist zunächst das **Ablehnungsverfahren** durchzuführen und allein die unabhängig davon bestehende Gefahr, dass das gesamte Gericht voreingenommen ist, genügt nicht (BGH wistra 2009, 446; BGH NStZ 2007, 475). Bei erfolgter Zurückverweisung gem. § 354 Abs. 2 soll das Fehlen einer Auffangstrafkammer kein rechtliches oder tatsächliches Hindernis darstellen, solange die Bildung einer weiteren **Auffangstrafkammer** möglich sei, was durch Änderung des Geschäftsverteilungsplanes geschehen könne (BGH bei *Pfeiffer* NStZ 1985, 204; OLG München MDR 1977, 1037 f.; OLG Rostock NStZ-RR 2010, 243 f.; s.a. § 1 Rdn. 20 sowie *Benz* MDR 1976, 805 ff.; a. A. KMR/*Stöckel* § 15 Rn. 4), und entspr. für § 210 Abs. 3 gelte (OLG Oldenburg NJW 1985, 2658), doch jedenfalls einige Detailfragen aufwirft (*P. Müller* MDR 1978, 337; *Rieß* JR 1978, 302 ff.). Weil aber hiermit ein Gericht seine Geschäftsverteilung gezielt für ein konkretes Verfahren ordnen würde, erscheint der Weg über § 15 mit der ihm eigenen, größeren Anonymität mit Blick auf die Vermeidung des bloßen Verdachts von Manipulationen bei Zuordnung des gesetzlichen Richters vorzugswürdig.

3 Die **tatsächliche Verhinderung** greift nicht zwingend bei Reiseunfähigkeit. § 15 ist nicht schon deshalb gegeben, weil ein an multipler Sklerose leidender, schwerbehinderter Angeklagter laut Gutachten des Gerichtsarztes nur für den Gerichtsbezirk als verhandlungsfähig anzusehen ist, in welchem er (nunmehr) seinen Wohnsitz hat, da das zuständige Gericht nicht gehindert ist, die **Hauptverhandlung außerhalb seines Bezirks** durchzuführen, was in seinem tatrichterlichen Ermessen steht (BGHR StPO, § 15 Verhinderung 1; s.a. § 7 Rdn. 4). Erst wenn das Gericht ausdrücklich und ohne Ermessensfehler von einer Verhandlung außerhalb des eigenen Bezirks absieht, ist § 15 eröffnet (BGH, 19.07.2006 – 2 ARs 286/06, juris; BGHSt 22, 250).

4 Wegen Art. 101 Abs. 1 Satz 2 GG genügt für § 15 2. Alt. nur eine solche **Gefahr für die öffentliche Sicherheit**, die aufgrund ihres Grades und des Ausmaßes der drohenden Schäden eine Situation begründet, die dem Fall der Verhinderung des zuständigen Gerichts vergleichbar ist und eine nachteilige Rückwirkung auf die Unbefangenheit der zur Urteilsfindung berufenen Personen ausüben kann (BGHSt 47, 275, 276). Dabei reicht es nicht aus, dass die Gefährdung mit der Durchführung des Verfahrens in irgendeiner Weise in Zusammenhang steht, sondern es muss die Gefahr ihren Ursprung gerade in der Durchführung vor dem an sich zuständigen Gericht haben. Problematisch ist deshalb die Gefahr eines terroristischen Anschlags, die in ihrem Grad und ihrem Ausmaß nicht davon abhängt, ob die Verhandlung vor diesem oder jenem Gericht durchgeführt wird (BGHSt 47, 275, 277). Es wäre nicht richtig, einen Personenkreis zu schützen, um einen anderen zu gefährden. Bei terroristischen Gefahren ist die Verhandlung erforderlichenfalls in ein besonders gesichertes Areal oder Gebäude zu verlegen, was auch Orte außerhalb des Gerichtsbezirks einschließt; es liefe §§ 15, 7 ff. zuwider, Verfahren mit gesteigertem Sicherheitsrisiko an solche Gerichte zu verweisen, denen bereits besonders gesicherte Einrichtungen zur Verfügung stehen (BGHSt 47, 275, 278; LR/*Erb* § 15 Rn. 9 Fn. 19).

§ 16 StPO Prüfung der örtlichen Zuständigkeit; Einwand der Unzuständigkeit. ¹Das Gericht prüft seine örtliche Zuständigkeit bis zur Eröffnung des Hauptverfahrens von Amts wegen. ²Danach darf es seine Unzuständigkeit nur auf Einwand des Angeklagten aussprechen. ³Der Angeklagte kann den Einwand nur bis zum Beginn seiner Vernehmung zur Sache in der Hauptverhandlung geltend machen.

Nach Eröffnung des Hauptverfahrens ist das Gericht auch im Fall des § 210 Abs. 3 auf entspr. Einwand zur Prüfung seiner örtlichen Zuständigkeit befugt und verpflichtet (BGHSt 26, 191, 192 f.; BGH NJW 1988, 150). Der Einwand bedarf keiner Begründung (OLG Köln StV 2004, 314), doch kann der Angeklagte diesen gem. § 16 Satz 3 nur bis zum Beginn seiner Vernehmung zur Sache in der erstmaligen Hauptverhandlung geltend machen, also gem. § 243 Abs. 5 Satz 1 u. 2 spätestens im Anschluss an die Erklärung zu seiner Aussagebereitschaft (BGH NStZ 1984, 129; s. § 6a Rdn. 4). Das gelte auch dann, wenn die relevanten Umstände noch nicht bekannt gewesen sind oder erst später eintreten (BGHSt 30, 187 f.; s. § 6a Rdn. 4 ff.). Andererseits ist es unschädlich, wenn sich der Angeklagte der vorherigen Rüge eines anderen Angeklagten nicht bei Gelegenheit des dazu gem. § 33 Abs. 1 StPO gewährten Gehörs angeschlossen hat (str., vgl. § 6a Rdn. 4). Im (seltenen) Fall eines örtlich unzuständigen Berufungs- oder Revisionsgerichts gilt § 16 weder direkt noch entsprechend (HK-StPO/*Zöller* § 16 Rn. 5; LR/*Erb* § 16 Rn. 20; a. A. Meyer-Goßner/*Schmitt* § 16 Rn. 6). Die aus § 462a Abs. 1 S. 1 folgende örtliche Zuständigkeit der Strafvollstreckungskammer ist zwingend und nicht den Einschränkungen des § 16 unterworfen (OLG Bamberg, OLGSt StPO § 462a Nr. 25). 1

Bei Unzuständigkeit ist eine Verweisung aufgrund des Wahlrechts der StA nicht statthaft und unwirksam (s. § 1 Rdn. 17 ff.), doch soll eine Heilung durch Zustimmung der StA und entsprechenden Eröffnungsbeschluss möglich sein (OLG Braunschweig GA 1962, 284; OLG Karlsruhe GA 1977, 58; KMR/*Stöckel* § 16 Rn. 11; LR/*Erb* § 16 Rn. 10). Gegen die Ablehnung der örtlichen Zuständigkeit durch Beschluss ist die Beschwerde statthaft (*Meyer-Goßner/Schmitt* § 16 Rn. 7). Wird die ablehnende Entscheidung rechtskräftig, so entfaltet sie eine Sperrwirkung für die Zukunft in dem Sinne, dass wegen dieser Tat (§ 264) jedenfalls vor diesem Gericht keine Anklage mehr erhoben werden kann (BGH NStZ 1988, 371; BGHSt 18, 1, 5). Hält sich das Gericht hingegen für zuständig, ist dies nur mit der Revision unter Erhebung einer entsprechend ausgeführten Verfahrensrüge angreifbar, an deren Vollständigkeit hohe Anforderungen gestellt werden (s. § 7 Rdn. 12). 2

Problematisch ist, was der Prüfung der örtlichen Zuständigkeit zugrunde zu legen ist. Indem die Prüfung von Amts wegen nur bis zur Eröffnung des Zwischenverfahrens stattfinden kann, solle das Tatgericht insofern allein die Behauptungen der Anklage zugrunde legen, ohne vollständig den hinreichenden Tatverdacht zu prüfen, sondern lediglich tatsächliche Zweifel im Kontext der Verfahrensvoraussetzung (bspw. Sitz einer Gesellschaft) ausräumen (HansOLG, Beschl. v. 22.04.2015 – 1 Ws 47/15, juris). Konsequent wäre dann auch das Revisionsgericht auf diesen Mapstab beschränkt. 3

§§ 17, 18 StPO *(weggefallen)*

§ 19 StPO Zuständigkeitsbestimmung bei Zuständigkeitsstreit.
Haben mehrere Gerichte, von denen eines das zuständige ist, durch Entscheidungen, die nicht mehr anfechtbar sind, ihre Unzuständigkeit ausgesprochen, so bezeichnet das gemeinschaftliche obere Gericht das zuständige Gericht.

Die Norm ergänzt § 14 (s. dort) für den besonderen Fall eines negativen örtlichen Zuständigkeitsstreits (s. dazu § 1 Rdn. 14, 17), in dem die beteiligten Gerichte bereits durch rechtskräftige Entscheidung ihre örtliche Zuständigkeit abgelehnt haben (s. § 16 Rdn. 2), denn § 14 betrifft nur die Bestimmung eines (noch) zuständigen Gerichts. Die unanfechtbare Entscheidung des gemeinschaftlichen oberen Gerichts ergeht nach Anhörung der Beteiligten durch Beschluss (*Meyer-Goßner/Schmitt* § 19 Rn. 4). 1

§ 19 wird mit § 14 in Gesamtanalogie nur zur Anwendung gebracht, wenn ein Kompetenzkonflikt nicht auf andere Weise – insb. durch eine sog. Kompetenz-Kompetenz (s. § 1 Rdn. 32, 38 ff.) – gelöst werden kann (s. § 14 Rdn. 3). 2

§ 20 StPO Untersuchungshandlungen eines unzuständigen Gerichts. Die einzelnen Untersuchungshandlungen eines unzuständigen Gerichts sind nicht schon dieser Unzuständigkeit wegen ungültig.

1 Die Norm bezieht sich nur auf einzelne Untersuchungshandlungen und ist damit in erster Linie für richterliche Anordnungen im Ermittlungsverfahren (s. dazu § 162) sowie für Beweiserhebungen nach §§ 223, 225 oder § 415 Abs. 2 von Bedeutung. § 20 gilt zwar über den systematischen Standort hinaus nicht für eine sachliche Unzuständigkeit (OLG Köln StV 2004, 417, 418; SK-StPO/*Weßlau* § 20 Rn. 1), soll aber entsprechend für die funktionelle Zuständigkeit (KK-StPO/*Fischer* § 20 Rn. 1; auch § 22d GVG) sowie insb. für Strafvollstreckungs- und Strafvollzugssachen (BGHSt 27, 329, 331) herangezogen werden.

2 Seine Grenze hat auch § 20 bei schweren offensichtlichen Mängeln, die ausnahmsweise zur Nichtigkeit führen (vgl. BGHSt 29, 351, 353; BGH NStZ 1984, 279; SK-StPO/*Weßlau* § 20 Rn. 1).

§ 21 StPO Befugnisse bei Gefahr im Verzug. Ein unzuständiges Gericht hat sich den innerhalb seines Bezirks vorzunehmenden Untersuchungshandlungen zu unterziehen, bei denen Gefahr im Verzug ist.

1 § 21 betrifft nur die örtliche Zuständigkeit und enthält eine Notkompetenz bei Gefahr im Verzug. Dabei sind die verfassungsrechtlichen Anforderungen an die Eilkompetenz der StA und der repressiv handelnden Polizeibehörden in zweifacher Hinsicht relevant. Erstens kann auch auf § 21 nicht zurückgegriffen werden, ohne dass es in aktenkundig zu machender Weise unternommen worden ist, eine Entscheidung des zuständigen Gerichts herbeizuführen. Zweitens steht die Eilkompetenz von StA und Polizei unter dem weiteren Vorbehalt, dass auch über § 21 eine rechtzeitige gerichtliche Entscheidung nicht zu erlangen gewesen ist.

Dritter Abschnitt. Ausschließung und Ablehnung der Gerichtspersonen

§ 22 StPO Ausschließung von der Ausübung des Richteramtes kraft Gesetzes. Ein Richter ist von der Ausübung des Richteramtes kraft Gesetzes ausgeschlossen,
1. wenn er selbst durch die Straftat verletzt ist;
2. wenn er Ehegatte, Lebenspartner, Vormund oder Betreuer des Beschuldigten oder des Verletzten ist oder gewesen ist;
3. wenn er mit dem Beschuldigten oder mit dem Verletzten in gerader Linie verwandt oder verschwägert, in der Seitenlinie bis zum dritten Grad verwandt oder bis zum zweiten Grad verschwägert ist oder war;
4. wenn er in der Sache als Beamter der Staatsanwaltschaft, als Polizeibeamter, als Anwalt des Verletzten oder als Verteidiger tätig gewesen ist;
5. wenn er in der Sache als Zeuge oder Sachverständiger vernommen ist.

1 **A. Grundsätzliches und Regelungszweck.** Die §§ 22 ff. tragen dem Grundsatz auf ein faires Verfahren (LR/*Siolek* Vor § 22 Rn. 1) sowie der Garantie des in **Art. 101 Abs. 1 Satz 2 GG** verankerten Rechts auf einen **gesetzlichen Richter** (BVerfGE 21, 139, 145 ff.; BVerfGE 30, 149, 153; Radtke/Hohmann/*Alexander* § 22 Rn. 1) Rechnung. Dabei sind in § 22 die Gründe geregelt, bei denen der Richter von vornherein dem Verdacht unterliegt, sich der Sache nicht mit der gebotenen Distanz unvoreingenommen widmen zu können (BVerfGE 46, 34, 37; KK-StPO/*Fischer* § 22 Rn. 1; LR/*Siolek* Vor

§ 22 Rn. 1; *Meyer-Goßner/Schmitt* Vor § 22 Rn. 1). Die Bedeutung der Vorschrift wird besonders daran deutlich, dass die Mitwirkung eines Richters trotz Vorliegens eines der in den §§ 22 f. genannten Ausschlussgründe einen absoluten Revisionsgrund i.S.v. § 338 Nr. 2 bildet (vgl. hierzu Rdn. 21).

Da die in §§ 22 f. (sowie in § 148a Abs. 2 Satz 1) abschließend aufgeführten Ausschlussgründe (BVerfGE 46, 34, 38; OLG Stuttgart StV 1985, 492, 493) typische Konstellationen darstellen, die den Richter in einen Interessenkonflikt bringen (ähnlich etwa auch § 20 VwVfG), kommt es hier zum Ausschluss **kraft Gesetzes**, um jeden Anschein der Parteilichkeit zu vermeiden. Ob der Betroffene sich selbst für befangen hält, ist unerheblich (RGSt 33, 309, 310; BGHSt 14, 219, 223; MüKo-StPO/*Conen/Tsambikakis* § 22 Rn. 2). Allgemein gilt, dass die Ausschlussgründe eng auszulegen sind (BGHSt 44, 4, 7; *Meyer-Goßner/Schmitt* § 22 Rn. 3; Radtke/Hohmann/*Alexander* § 22 Rn. 4). Liegt keiner der gesetzlichen Ausschlussgründe vor, kann nur der Ausschluss wegen **Besorgnis der Befangenheit** nach § 24 beantragt werden, der erst durch einen gerichtlichen Beschluss bewirkt wird (vgl. § 24 Rdn. 1). 2

Die Ausschließung gilt für **sämtliche richterliche Handlungen** und damit auch **in allen Verfahrensstadien**. Hiervon wird auch bei Gefahr im Verzug keine Ausnahme gemacht. Außerdem gilt der Ausschluss nicht nur bis zum Ende der Hauptverhandlung, sondern auch für Nachtragsentscheidungen wie z.B. für solche nach § 458 (OLG Hamm MDR 1957, 760), § 460 (OLG Düsseldorf StV 1983, 361) und nach §§ 462 f. (OLG Koblenz GA 1978, 156, 157). Auch durch den **Ermittlungsrichter** vorgenommene Handlungen werden erfasst, sodass z.B. ein Haftbefehl, der von einem ausgeschlossenen Richter erlassen wurde, fehlerhaft ist (was freilich nicht zur Unwirksamkeit, sondern nur dazu führt, dass der Haftbefehl aufzuheben und von einem nicht ausgeschlossenem Richter neu zu erlassen ist, vgl. LR/*Siolek* § 22 Rn. 55 sowie für andere Beschlüsse dort Rdn. 56). 3

Die §§ 22 ff. gelten für »Gerichtspersonen«. Hiermit sind **Richter** und richterliche Mitglieder (vgl. § 27 Abs. 2) gemeint. Unter Richtern versteht man alle Richter i.S.d. Richtergesetzes und zwar unabhängig davon, ob diese auf Probe (§ 12 Abs. 1, 19a Abs. 3 DRiG), auf Dauer, ordentliche oder außerordentliche Richter (z.B. **Rechtsreferendare** nach § 10 Satz 1 GVG unter Aufsicht des zuständigen Richters oder Hochschullehrer nach § 7 DRiG, vgl. KK-StPO/*Fischer* § 22 Rn. 2) oder Richter kraft Auftrags sind (§ 14 DRiG). Maßgeblich ist, dass sie in Ausübung ihres Richteramtes handeln. Nach § 31 werden **Schöffen**, **Urkundsbeamte** der Geschäftsstelle und andere als **Protokollführer** zugelassene Personen den Richtern gleichgestellt, sodass auch auf diese die Ablehnungsregeln Anwendung finden. 4

Nicht anwendbar sind die §§ 22 f. hingegen auf **Staatsanwälte** (BVerfGE 25, 336, 345; BGH NJW 1980, 845; 1984, 1907, 1908 m. Anm. *Gössel* NStZ 1984, 420 ff.). Nach ganz herrschender Meinung scheidet auch eine analoge Anwendung aus, weil hier allein eine organisationsinterne Frage der StA betroffen ist und etwa mit Blick auf § 31 auch keine planwidrige Regelungslücke anzunehmen sein dürfte. Auch die §§ 141 bis 151 GVG enthalten keine Regelungen zur Ablehnung eines Staatsanwalts. Prozessbeteiligte und das Gericht können zwar auf eine Auswechslung hinwirken, aber es besteht für das Gericht keine Befugnis zur Auswechslung (BGH NJW 1980, 845). Allerdings besteht die Verpflichtung des Vorgesetzten des Beamten der StA, diesen von Amts wegen oder auf Antrag (nach § 145 GVG) zu ersetzen, wenn ein Grund vorliegt, der bei einem Richter zum Ausschluss geführt hätte (MAH/*Krause* § 7 Rn. 99; MüKo-StPO/*Conen/Tsambikakis* § 22 Rn. 6). Für die Beurteilung der Befangenheit gelten grds. die Maßstäbe, die auch beim Richter gelten (*Pawlik* NStZ 1995, 309, 311). Wird der Staatsanwalt nicht ersetzt, ist die Hauptverhandlung fortzusetzen, wobei die Mitwirkung des Staatsanwalts in der **Revision** gerügt werden kann und ggf. zu einem Verfahrensverstoß nach § 337 (dagegen nicht nach § 338 Nr. 5, vgl. *Meyer-Goßner/Schmitt* Vor 22 Rn. 6 f.) führt (so auch Radtke/Hohmann/*Alexander* § 22 Rn. 11, der regelmäßig ein Beruhen annimmt). Der einzige Weg, auf die Ausschließung eines befangenen Staatsanwalts während des Verfahrens hinzuwirken, ist damit die **Dienstaufsichtsbeschwerde** (*Hilgendorf* StV 1996, 50, 52 f.; MAH/*Krause* § 7 Rn. 99). 5

B. Bedeutung des Ausschlusses. Liegt ein Fall des § 22 vor, erfolgt der **Ausschluss kraft Gesetzes**. Es bedarf also weder eines Antrags noch ist erheblich, ob der Richter von dem Ausschlussgrund weiß oder sich selbst auch für befangen hält. Jeder Prozessbeteiligte kann formlos (und ohne Glaubhaftmachung) auf das Vorliegen eines Ausschlussgrundes hinweisen. Der Richter wird dann durch den nach dem Geschäftsverteilungsplan vorgesehenen Vertreter ersetzt. Liegt der seltene Fall vor, dass **Zwei-** 6 fel über den Ausschlussgrund vorliegen, muss der Richter die Entscheidung des Gerichts nach § 30 herbeiführen (LR/*Siolek* § 22 Rn. 53).

7 Entsteht der Ausschlussgrund **während der Hauptverhandlung**, muss diese wiederholt werden, weil andernfalls ein Verstoß gegen § 226 vorliegen würde. Die Verhandlung kann nur dann mit einem Ergänzungsrichter weitergeführt werden, wenn dieser von Anfang an zugezogen war. Das wird regelmäßig nicht der Fall sein, wenn der Ausschlussgrund **von Anfang** an besteht, aber erst im Lauf der Hauptverhandlung entdeckt wird. Da auch der von Anfang an zugezogene Ergänzungsrichter bis zu seinem Eintritt von Beratungen und Abstimmungen ausgeschlossen ist, sind alle bis dahin ergangenen Beschlüsse zwar wirksam, aber fehlerhaft und mit der Revision angreifbar. Um dieses Risiko zu verhindern, müssten alle Beschlüsse aufgehoben und erneut mit dem Ergänzungsrichter gefällt werden (LR/*Siolek* § 22 Rn. 60).

8 **C. Die Ausschlussgründe im Einzelnen.** I. **Verletzter einer Straftat (Nr. 1)** Der Richter ist dann Verletzter i.S.v. Nr. 1, wenn er durch die abzuurteilende Tat **unmittelbar** in seinen Rechten betroffen ist (BGH NStZ 2009, 343; KK-StPO/*Fischer* § 22 Rn. 3, 4; KMR/*Bockemühl* § 22 Rn. 3; *Meyer-Goßner/Schmitt* § 22 Rn. 6). Darauf, ob sich der Tatverdacht bestätigt, kommt es nicht an. Eine nur mittelbare Betroffenheit, wie etwa die Mitgliedschaft in der durch die Straftat geschädigten Partei, reicht nicht aus (BGH NStZ 2006, 646 f. [»Parteispendenaffäre«]; BGHSt 51, 100, 110 f. [»schwarze Kassen«]; a. A. MüKo-StPO/*Conen/Tsambikakis* § 22 Rn. 10). Mit der Straftat ist die **prozessuale Tat** nach §§ 155, 264 gemeint, die den Gegenstand des jeweiligen Verfahrens bildet (SK-StPO/*Rudolphi* § 22 Rn. 3), sodass Straftaten während des Verfahrens nicht zum Ausschluss kraft Gesetzes führen. Hier kann ein Ausschluss nur über die §§ 24, 30 herbeigeführt werden. Werden mehrere prozessuale Taten in einem Verfahren miteinander verbunden, erstreckt sich der Ausschlussgrund auf das gesamte Verfahren und nicht nur auf die Taten, durch die der Richter unmittelbar betroffen ist (BGHSt 14, 219, 222; SK-StPO/*Rudolphi* § 22 Rn. 3).

9 Der **Verletztenbegriff** bestimmt sich wie im Strafantragsrecht (vgl. hierzu § 77 StGB Rn. 9 ff.). Insb. bei **Vermögensdelikten** ist der Richter nur dann Verletzter, wenn er einen Vermögensnachteil erlitten hat und nicht etwa schon dann, wenn er der durch den Betrug Getäuschte ist (*Meyer-Goßner/Schmitt* § 22 Rn. 7). Bei einem unüberschaubar großen Kreis von Verletzten, zu dem alle Richter gehören, ist entscheidend, ob der betroffene Richter aus dem Kreis der Allgemeinheit in einer Weise hervortritt, die es nicht mehr rechtfertigt, ihn als Glied der homogenen Verletztenmasse zu begreifen (vgl. *Volkmer* NStZ 2009, 371, 372). Liegt eine **Kollektivbeleidigung** gegen alle Richter vor, ist nur derjenige nach § 22 Nr. 1 ausgeschlossen, gegen den die Beleidigung unmittelbar gerichtet wurde, weil ansonsten ein Stillstand der Rechtspflege zu befürchten wäre (RGSt 25, 179; KG, JR 1978, 422, 423; SK-StPO/*Rudolphi* § 22 Rn. 5). Auch bei Straftaten gegen **juristische Personen** ist grds. nur diese selbst Verletzte, nicht aber z.B. der anteilshaltende Richter (RGSt 69, 127, 128; BGHSt 1, 298 ff. [zur GmbH]; RGSt 37, 414, 415; 69, 127, 128 [jeweils zur KG auf Aktien]); anders hingegen, wenn der Richter Gesellschafter einer Personengesellschaft ist (RGSt 46, 77 ff. [zur GbR]; AnwK-StPO/*Werner* § 22 Rn. 5; LR/*Siolek* § 22 Rn. 17).

10 **II. Persönliche Beziehung zu Beschuldigtem oder Verletztem (Nr. 2, 3)** Die Ausschussgründe der Nr. 2 und 3 erfassen Fälle, in denen der Richter in einem **besonderen persönlichem Verhältnis** zum Verletzten (vgl. hierzu o. Rdn. 8 f.) oder auch zum Beschuldigten (vgl. zum Beschuldigtenbegriff Einl. Rdn. 141 ff.) steht, sodass seine Unparteilichkeit dadurch gefährdet erscheint.

11 Nach **Nr. 2** ist der Richter ausgeschlossen, wenn er **Ehegatte** (§§ 1297 ff. BGB), eingetragener **Lebenspartner** (§ 1 LPartG, nicht aber Partner einer nichtehelichen Lebensgemeinschaft), **Vormund** (§ 1773 BGB; nicht auch Pflegschaft nach § 1909 BGB, KMR/*Bockemühl* § 22 Rn. 5 f.) oder **Betreuer** (§ 1896 BGB) des Beschuldigten oder Verletzten ist oder gewesen ist, unabhängig davon, ob das persönliche Verhältnis zum Zeitpunkt des Verfahrens noch fortbesteht. Weder die Aufhebung noch die Nichtigkeit einer Ehe sollen der Bejahung von § 22 Nr. 2 entgegenstehen (BGHSt 9, 37 ff. [zu § 52]; LR/*Siolek* § 22 Rn. 10). Bei der Ehe muss es sich allerdings um eine solche handeln, die nach bundesdeutschem Recht anerkannt ist (LR/*Siolek* § 22 Rn. 10).

12 Bei **verwandtschaftlichen Beziehungen** (§ 1589 BGB) in gerader Linie oder in Seitenlinie bis zum dritten Grad liegt ein Ausschluss nach **Nr. 3** vor. Das Gleiche gilt, wenn der Richter mit dem Verletzten

oder Beschuldigten verschwägert (§ 1590 BGB) ist oder war. **Verwandtschaft in gerader Linie** besteht bei Personen, die voneinander abstammen (Eltern und Kinder). Hiervon sind selbstverständlich auch nichteheliche Kinder erfasst, aber auch adoptierte Kinder, sofern diese bei der Adoption minderjährig waren (vgl. § 1754 BGB). Eine **Verwandtschaft in Seitenlinie** besteht bei Personen, die von derselben (dritten) Person abstammen, also insb. bei Geschwistern. Damit kommt es bei Geschwistern (unabhängig davon, ob es voll- oder nur halbbürtige Geschwister sind), Neffen, Nichten, Onkeln und Tanten des Richters zum Ausschluss (ausführlich LR/*Siolek* § 22 Rn. 11). Die **Schwägerschaft** besteht jeweils bei Eheleuten zu der Verwandtschaft des Ehepartners (§ 1590 BGB). Gleiches gilt für Lebenspartner nach § 11 Abs. 2 LPartG. Besteht eine persönliche Beziehung mit anderen Verfahrensbeteiligten, liegt zwar kein Ausschlussgrund vor, aber es kann im Einzelfall ein Ablehnungsgrund nach § 24 gegeben sein (vgl. KMR/*Bockemühl* § 22 Rn. 9; § 24 Rdn. 9).

III. Nichtrichterliche Vorbefassung in der Sache (Nr. 4) War der Richter in der Sache bereits 13 nichtrichterlich tätig, ist er ebenfalls ausgeschlossen.

1. Begriff der Sache. Um jeden Anschein der Voreingenommenheit zu vermeiden (BGHSt 14, 219, 14 221; BGH StraFo 2005, 205), ist der **Begriff der Sache** weit auszulegen und setzt daher nicht Verfahrensidentität voraus (BGH StraFo 2005, 505), sondern meint das Verfahren, das die Verfolgung einer bestimmten Straftat zum Gegenstand hat (BGH NJW 1979, 2160; LR/*Siolek* § 22 Rn. 25), also den identischen historischen Sachverhalt (SK-StPO/*Rudolphi* § 22 Rn. 10). Auch hier kommt es auf den **prozessualen Tatbegriff** nach den §§ 155, 264 an, sodass Tatmehrheit nicht schadet (SK-StPO/*Rudolphi* § 22 Rn. 10). Bei der Verbindung mehrerer prozessualer Taten gilt der Ausschluss auch dann für alle Taten, wenn diese später wieder getrennt werden (vgl. KK-StPO/*Fischer* § 22 Rn. 9; SK-StPO/*Rudolphi* § 22 Rn. 11). Zutreffend geht die wohl herrschende Meinung davon aus, dass über § 264 hinaus auch dann Sachidentität i.S.v. Nr. 4 (und Nr. 5, vgl. Rdn. 19) vorliegt, wenn es sich zwar um eine andere, aber im Wesentlichen derart ähnliche Tat handelt, dass diese wie die **Wiederholung** der vorbefassten Tat erscheint (BGHSt 9, 193 ff.; BayObLG StV 1988, 241). Zum Ausschluss kommt es auch dann, wenn der Richter das Verfahren als Staatsanwalt selbst nach **§ 154 Abs. 1** oder das Gericht nach **§ 154 Abs. 2** auf dessen Antrag eingestellt hat und er dieses nun als Richter strafverschärfend berücksichtigen will (BGH StraFo 2005, 205; LR/*Siolek* § 22 Rn. 26; MüKo-StPO/*Conen/Tsambikakis* § 22 Rn. 23). **Kein Ausschluss** findet statt, wenn der vorbefasste Richter die Sache lediglich im Rahmen einer nachträglichen Gesamtstrafe miteinbezieht (BGHSt 28, 262, 264 ff.; KK-StPO/*Fischer* § 22 Rn. 10; a. A. wenn zugleich eine Entscheidung über die Aussetzung zur Bewährung erfolgen soll, OLG Stuttgart NStZ 1988, 375 f.).

2. Erfasste Tätigkeiten und Funktionen. Nr. 4 erfasst die Vorbefassung des Richters als Beamter 15 der StA, als Polizeibeamter, als Anwalt des Verletzten oder als Verteidiger. Diese Aufzählung ist **abschließend**, sodass in allen anderen Fällen der Vorbefassung (z.B. Tätigkeit beim Justizministerium, BGH wistra 2006, 310 f.) allenfalls ein Antrag wegen Besorgnis der Befangenheit in Betracht kommt (vgl. zur Vorbefassung in anderen Fällen § 24 Rdn. 10 ff.).

a) Beamte der StA. Beamte der StA sind nicht nur die Staatsanwälte im formellen Sinne, sondern 16 sämtliche Personen, die die **Funktion eines Staatsanwalts** ausüben, etwa auch Amtsanwälte (§ 142 Abs. 1 Nr. 3 GVG), Richter auf Probe (RGSt 7, 236 f.) und Referendare (§ 142 Abs. 3 GVG). Eine **Vorbefassung** ist anzunehmen, wenn der Richter als Staatsanwalt Tätigkeiten ausgeübt hat, die dem Zweck der Strafverfolgung dienen, also um den Sachverhalt zu erforschen oder den Gang des Verfahrens zu beeinflussen. Hierzu zählen auch eher **formelle Tätigkeiten**, wie das Verfassen einer Verfügung (BGH NJW 1952, 1149), eine Sachstandsanfrage (BGH StV 1982, 51) oder die Gewährung von Akteneinsicht mit Bestimmung einer Frist zur Stellungnahme und Wiedervorlage (BGH StV 2011, 69). **Nicht** erfasst werden Tätigkeiten, die keine Befassung mit der Sache erfordern. So wurde z.B. die bloße Anordnung einer Obduktion ohne begründeten Verdacht einer Straftat vom BGH (St 49, 29 ff.) nicht als Vorbefassung angesehen; das Gleiche gilt, wenn der vorgesetzte Staatsanwalt den Sitzungsdienst in der Sache angeordnet oder verfügt hat, die Akten dem Dezernenten nach Rückkehr aus dem Urlaub vorzulegen (hierzu LR/*Siolek* § 22 Rn. 31 f. m.w. Bsp.).

17 **b) Polizeibeamter.** Polizeibeamter i.S.d. Vorschrift sind nur solche Polizeibeamte, die als Ermittlungspersonen der StA kraft Gesetzes nach § 163 Abs. 1 oder kraft Auftrages nach § 161 Abs. 1 Satz 2 i.V.m. § 152 GVG tätig werden (BGH MDR 1958, 785; *Meyer-Goßner/Schmitt* § 22 Rn. 14). Polizeibeamte, die nicht im Bereich der Strafverfolgung tätig sind, werden nur erfasst, wenn sie der Sache nach eine **Tätigkeit der Strafrechtspflege** ausgeübt haben (RGSt 17, 415, 424; LR/*Siolek* § 22 Rn. 36). Das Erstellen eines wissenschaftlichen oder kriminaltechnischen Gutachtens (BGH MDR 1958, 785) oder das Tätigwerden in einem Disziplinarverfahren (LG Mühlhausen NStZ-RR 1996, 18) fällt nicht unter Nr. 4, wobei der Betroffene in diesen Fällen nach § 24 abgelehnt werden kann.

18 **c) Anwalt oder Verteidiger.** Als **Anwalt** des Verletzten kommen allein RAe in Betracht, wobei auch eine nur beratende Tätigkeit ausreicht (RG GA 47, 377). Nicht erfasst ist die Tätigkeit als Gnadenbeauftragter (OLG Düsseldorf NStZ 1987, 571). Hat der Richter den Verletzten beraten ohne RA zu sein, kommt nur eine Ablehnung nach § 24 infrage (SK-StPO/*Rudolphi* § 22 Rn. 17). **Verteidiger** sind Wahl- oder Pflichtverteidiger i.S.v. §§ 138, 139, 142. Damit fallen auch Referendare, Hochschullehrer, Personen nach § 138 Abs. 2 und Rechtskundige i.S.v. § 139 in den Anwendungsbereich (LR/*Siolek* § 22 Rn. 38; MüKo-StPO/*Conen/Tsambikakis* § 22 Rn. 27).

19 **IV. Eigene Vernehmung als Personalbeweismittel (Nr. 5)** Wurde der Richter bereits in der Sache als Zeuge oder Sachverständiger vernommen, ist er nach Nr. 5 ausgeschlossen, wobei der Sachbegriff dem der Nr. 4 entspricht (Rdn. 14). Dies gilt auch für denjenigen Zeugen, der später an der Entscheidung über ein Befangenheitsgesuch gegen einen erkennenden Richter mitwirken soll (BGH NStZ 2014, 44 f.). Eine **Zeugenvernehmung** liegt vor, wenn der Richter zu einem Tatgeschehen durch ein Strafverfolgungsorgan angehört wurde, über das er nun zu urteilen hat. Keine Rolle spielt es, in welchem Verfahrensabschnitt oder Verfahren die Anhörung stattfand oder ob hierüber ein Vernehmungsprotokoll angefertigt wurde (BGH NStZ 1998, 93). Ein Ausschluss findet auch dann statt, wenn der Teil des Verfahrens, zu dem er vernommen wurde nach § 154 eingestellt wurde (BGH StV 2006, 4, 5 m. Anm. *Binder* StV 2006, 676 ff.) oder der Richter zwar in einem anderen Verfahren, aber zu demselben Tatgeschehen angehört wurde (BGH StV 2007, 617; StV 2014, 676). Ob bloß **dienstliche Äußerungen über sachlich erhebliche Umstände** ausreichen, war lange str., wobei Rechtsprechung und herrschende Lehre dies nunmehr bejahen (vgl. BGH NStZ 1998, 93; LR/*Siolek* § 22 Rn. 41; SK-StPO/*Rudolphi* § 22 Rn. 21; a.A. noch RGSt 12, 180, 181; 58, 285, 286 f.). Wenn der Richter aber eine **dienstliche Äußerung** über sein Nichtwissen zu einem Beweisthema abgibt, kann hierin kein Ausschlussgrund gesehen werden, weil solche Äußerungen nicht dazu bestimmt sind, Gegenstand der Beweiswürdigung zu sein (BGHSt 39, 239, 240 f.; BGH StV 2004, 355 f.; LR/*Siolek* § 22 Rn. 43).

20 **Nicht** erfasst werden Äußerungen zu bloß prozessualen Fragen (BGH StV 1993, 507), die Tätigkeit als beauftragter Richter (BGHSt 45, 354, 356; AG Bochum, Beschl. v. 18.10.2007 – 72 Ds 36 Js 252/07 – 421/07 = StRR 2008, 150 [Ls.]) oder die Tatsache, dass die Richter einer Kammer die Falschaussagen, deretwegen gegen den Angeklagten verhandelt wird, in einem anderen Verfahren vor der gleichen Kammer entgegengenommen haben (BGHR StPO § 22 Nr 5 Ausschluss 1, wonach dieser Umstand auch nicht zum Verdacht der Befangenheit führt). Auch die bloße Ladung (BGHSt 14, 219, 220) oder Benennung des Richters als Zeugen (BGHSt 7, 330, 331; 11, 206; 39, 239, 241; 44, 4, 7 f.) reichen ebenso wenig aus wie die Möglichkeit der Vernehmung des Richters als Zeuge zu Umständen, die mit dem Verfahren in Zusammenhang stehen (Telefonat mit einer Sachverständigen), falls eine dienstliche Erklärung nicht ausreichen sollte (BGH NStZ-RR 2009, 85). **Anders hingegen** dann, wenn der Richter Selbstanzeige nach § 30 erstattet, weil er dann nach eigener Einschätzung in der neuen Hauptverhandlung (nach Aussetzung) sicher als Zeuge vernommen werden wird. Hier ist ein Ausschluss in entsprechender Anwendung von Nr. 5 vorzunehmen (LG Lüneburg StV 2005, 77 f.). Die **Dolmetschertätigkeit** eines Richters führt nicht zum Ausschluss (AnwK-StPO/*Werner* § 22 Rn. 10; SK-StPO/*Rudolphi* § 22 Rn. 22). Als **Sachverständiger** wurde der Richter vernommen, wenn er im Auftrag eines Strafverfolgungsorgans schriftlich oder mündlich zur Sache ein Gutachten erstattet hat (SK-StPO/*Rudolphi* § 22 Rn. 22).

21 **D. Revision.** Zur Wiederholung der Hauptverhandlung bei Erkennen des Ausschlussgrundes und dem Neuerlass bereits ergangener Beschlüsse vgl. Rdn. 7. Wirkt der kraft Gesetzes ausgeschlossene Richter mit, liegt der absolute Revisionsgrund des § 338 Nr. 2 vor, ohne dass es eines Ablehnungs-

antrags bedarf (KK-StPO/*Fischer* § 22 Rn. 24). Der Richter ist im Revisionsbegründungsschriftsatz allerdings namentlich aufzuführen (BGH NJW 1962, 500; KK-StPO/*Fischer* § 22 Rn. 24). Schließt das Gericht hingegen den Richter ohne Ausschlussgrund aus, kann der Revisionsgrund der unrichtigen Besetzung nach § 338 Nr. 1 dann greifen, wenn dies rechtzeitig gerügt wurde und die falsche Besetzung auf Willkür beruht (BVerfG NJW 1992, 2075 f.).

§ 23 StPO Ausschließung eines Richters wegen Mitwirkung an der angefochtenen Entscheidung.
(1) Ein Richter, der bei einer durch ein Rechtsmittel angefochtenen Entscheidung mitgewirkt hat, ist von der Mitwirkung bei der Entscheidung in einem höheren Rechtszug kraft Gesetzes ausgeschlossen.
(2) ¹Ein Richter, der bei einer durch einen Antrag auf Wiederaufnahme des Verfahrens angefochtenen Entscheidung mitgewirkt hat, ist von der Mitwirkung bei Entscheidungen im Wiederaufnahmeverfahren kraft Gesetzes ausgeschlossen. ²Ist die angefochtene Entscheidung in einem höheren Rechtszug ergangen, so ist auch der Richter ausgeschlossen, der an der ihr zugrunde liegenden Entscheidung in einem unteren Rechtszug mitgewirkt hat. ³Die Sätze 1 und 2 gelten entsprechend für die Mitwirkung bei Entscheidungen zur Vorbereitung eines Wiederaufnahmeverfahrens.

A. Grundsätzliches und Regelungszweck. Während die Fälle der nichtrichterlichen Vorbefassung von § 22 (vgl. Rdn. 13 ff.) und ggf. § 24 (vgl. Rdn. 10 ff.) erfasst werden, gilt die **richterliche Vorbefassung** grds. als unproblematisch und führt regelmäßig nicht zu einem Ausschluss (BGHSt 9, 233 f.; Radtke/Hohmann/*Alexander* § 23 Rn. 2). Dies zeigt schon § 203, der die Vorbefassung des späteren Tatgerichts bei der Entscheidung über die Eröffnung des Hauptverfahrens vorsieht (vgl. auch MüKo-StPO/*Conen/Tsambikakis* § 23 Rn. 3). 1

§ 23 ist damit als **Ausnahmeregelung** für solche Fälle zu verstehen, bei denen eine richterliche Vorbefassung zum Ausschluss kraft Gesetzes führt und muss eng ausgelegt werden (BVerfGE 30, 149, 155; BGHSt 9, 233, 234; OLG Bremen NStZ 1990, 96, 97; KK-StPO/*Fischer* § 23 Rn. 1). Der Katalog der Ausschlussgründe wegen Vorbefassung in § 23 ist abschließend (BVerfGK 9, 282). Ob trotz fehlenden Ausschlusses nach § 23 u.U. eine Ablehnung nach § 24 (vgl. Rdn. 10) in Betracht kommt, ist daher umstritten (bejahend LR/*Siolek* § 23 Rn. 3; MüKo-StPO/*Conen/Tsambikakis* § 23 Rn. 5; SK-StPO/*Rudolphi* § 23 Rn. 1: verneinend wohl BGHSt 21, 142, 145; 24, 336, 337; BGH NStZ 1983, 135, 136; NStZ-RR 1997, 175 f.; *Meyer-Goßner/Schmitt* § 24 Rn. 12), muss aber jedenfalls möglich sein, wenn es um konkrete Äußerungen bzw. Verhaltensweisen im Rahmen der Vorbefassung geht (vgl. § 24 Rdn. 11). 2

B. Die Ausschlussgründe im Einzelnen. I. Mitwirkung des Rechtsmittelrichters an Vorentscheidung, Abs. 1. Nach Abs. 1 ist der Richter von der Mitwirkung bei der Entscheidung eines höheren Rechtszugs ausgeschlossen, der bei der durch das Rechtsmittel angefochtenen Entscheidung mitgewirkt hat. Unter **Rechtsmitteln** i.d.S. sind allein die Beschwerde (§ 304), die Berufung (§ 312) und die Revision (§§ 333, 335) zu verstehen (*Meyer-Goßner/Schmitt* § 23 Rn. 5; SK-StPO/*Rudolphi* § 23 Rn. 5). Ausgeschlossen ist auch der Richter, der in der ersten Instanz mitgewirkt hat und dann »in dritter Instanz« nach eingelegter Berufung in der Revision oder über eine weitere Beschwerde nach § 310 wieder mitentscheiden soll (OLG Schleswig SchlHA 1958, 318; SK-StPO/*Rudolphi* § 23 Rn. 7); anderes gilt, wenn der Revisionsrichter nach Aufhebung und erneuter Revisionseinlegung ein zweites Mal über die Revision mitentscheidet (BGH, Beschl. v. 22.04.2005 – 2 StR 46/05; LR/*Siolek* § 23 Rn. 10; Radtke/Hohmann/*Alexander* § 23 Rn. 4). **Keine Rechtsmittel** i.S.d. Vorschrift sind etwa der Einspruch gegen einen Strafbefehl (§ 410), der Antrag auf Wiedereinsetzung in den vorigen Stand (§ 44), die Anträge auf Haftprüfung (§ 117) oder besondere Haftprüfung vor dem OLG (§§ 121, 122) und der Antrag auf Wiederaufnahme des Verfahrens (§ 366; hier gilt Abs. 2, vgl. Rdn. 6). 3

Eine **Entscheidung** ist jede mit einem Rechtsmittel anfechtbare Willensäußerung des Gerichts, sodass nicht nur Urteile, sondern auch Beschlüsse erfasst werden (SK-StPO/*Rudolphi* § 23 Rn. 4). **Keine Mitwirkung** liegt hingegen vor, wenn der Richter lediglich an der Hauptverhandlung teilgenommen hat, ohne entsprechende Entscheidungen mitzufällen, wie z.B. der nicht eingesetzte Ergänzungsrichter 4

§ 23 StPO Ausschließung eines Richters wegen Mitwirkung an Entscheidung

(§ 192 Abs. 2 GVG, nach BVerfGE 30, 149, 156 f.; nach RGSt 62, 299, 302 selbst dann, wenn dieser unzulässiger Weise an der Beratung teilgenommen hat), oder er die Entscheidung nur z.B. durch Vernehmung, Beweiserhebungen oder Anordnung einer Beweisaufnahme vorbereitet hat. Das Gleiche gilt für eine Vorbefassung als Ermittlungsrichter und den Erlass des Eröffnungsbeschlusses, wenn der Richter vor der Entscheidung im Hauptverfahren ausgeschieden ist. Ein bloßer Sachzusammenhang (etwa aufgrund von Opfer- oder Täteridentität) zum früheren Verfahren führt zu keinem Ausschluss (OLG Düsseldorf NJW 1982, 2832; AnwK-StPO/*Werner* § 23 Rn. 2; *Meyer-Goßner/Schmitt* § 23 Rn. 2). Zum Ausschluss kommt es auch dann nicht, wenn der Richter eines Ehrengerichts nach der BRAO bereits im Strafverfahren in derselben Sache mitgewirkt hat (BGHSt 15, 372, 373; BGH NStZ-RR 2004, 18).

5   Der Ausschluss nach Abs. 2 gilt für die **Mitwirkung im höheren Rechtszug**, also für Fälle, in denen der Richter, der mit der Sache befasst war, an ein höheres Gericht berufen wurde. Kehrt im **umgekehrten Fall** der Rechtsmittelrichter in die Tatsacheninstanz zurück und hätte er hier erneut zu entscheiden, ist § 23 nach ganz herrschender Meinung **nicht** einschlägig (BGH NStZ-RR 2009, 353; LR/*Siolek* § 23 Rn. 12; *Meyer-Goßner/Schmitt* § 23 Rn. 3). Auch eine Ablehnung nach § 24 dürfte jedenfalls nicht in Betracht kommen, wenn der Rechtsmittelrichter etwa in der Revision nur das vorherige Urteil überprüft hat und dieses etwa allein wegen Verfahrensmängeln aufgehoben wurde. Auch bei der Zurückverweisung nach § 354 Abs. 2 kommt es nach ganz herrschender Meinung nicht zu einem Ausschluss nach § 23 und wohl auch nicht nach § 24, wenn ein bereits vorher beteiligter Richter an der neuen Entscheidung mitwirken soll (BVerfG DRiZ 1968, 141; BGHSt 20, 252 f.; 21, 142 ff.; KMR/*Bockemühl* § 23 Rn. 2 f.; a. A. *Hannover* StV 1985, 493 ff.; vgl. § 354 Rdn. 57 f.).

6   **II. Mitwirkung des Wiederaufnahmerichters an Ausgangsentscheidung, Abs. 2.** Nach **Abs. 2 Satz 1** ist derjenige Richter von der Entscheidung über die Wiederaufnahme eines Verfahrens ausgeschlossen, der selbst an der mit der Wiederaufnahme angefochtenen Entscheidung mitgewirkt hat. Wegen § 140a GVG betrifft auch diese Vorschrift v.a. Fälle, in denen der an der angefochtenen Entscheidung mitwirkende Richter inzwischen das Gericht gewechselt hat. Der Begriff der Mitwirkung ist hierbei grds. wie in Abs. 1 zu verstehen (vgl. Rdn. 4). Beim **Revisionsrichter** kommt es zu einem Ausschluss, wenn dieser an der Verwerfung durch Urteil (BVerfGE 30, 165, 168) oder durch Beschluss nach § 349 Abs. 2 (BVerfGE 63, 77, 80; AnwK-StPO/*Werner* § 23 Rn. 5) beteiligt war. Wenn gegen eine verwerfende Revision ein erfolgreicher Wiederaufnahmeantrag gestellt wurde und nach erneuter Hauptverhandlung wiederum Revision eingelegt wird, ist ein Revisionsrichter, der schon an der ersten Revisionsentscheidung beteiligt war, durch Abs. 2 Satz 1 nicht gehindert, erneut über die Revision zu entscheiden (zutr. BGH NStZ-RR 2009, 85; *Meyer-Goßner/Schmitt* § 23 Rn. 7); etwas anderes ließe sich nur dann begründen, wenn man die (zweite) Revision sachwidrig als Teil des Wiederaufnahmeverfahrens ansehen würde (so *Sieg* NJW 1984, 1519).

7   Nach **Abs. 2 Satz 2** kommt es auch zu einem Ausschluss, wenn eine Entscheidung in einem höheren Rechtszug (Berufung oder Revision) mit der Wiederaufnahme angefochten wird und der Richter, der an der Entscheidung des unteren Rechtszugs beteiligt war, bei der Wiederaufnahmeentscheidung mitwirkt (MüKo-StPO/*Conen/Tsambikakis* § 23 Rn. 10). **Nicht** ausgeschlossen sind die Richter der Berufungsinstanz, wenn eine Revisionsentscheidung mit der Wiederaufnahme angefochten wird, die nur über einen Teil des Urteils entschieden hat und wenn der rechtskräftig gewordene Teil auch nicht mit der Wiederaufnahme angegriffen wird (LR/*Siolek* § 23 Rn. 23).

8   Die **Reichweite** des Mitwirkungsverbots ergibt sich aus **Abs. 2 Satz 3**. Danach betrifft der Ausschluss nicht nur die Wiederaufnahmeentscheidung als solche, sondern auch die Mitwirkung an vorbereitenden Handlungen für die Wiederaufnahmeentscheidung, wie die Entscheidungen über die Zulässigkeit nach § 367 (OLG Saarbrücken NJW 1966, 167) oder über die Begründetheit (§ 370) des Antrags, über den Vollstreckungsaufschub nach § 360 Abs. 2 oder über die Verteidigerbestellung nach § 364b sowie im Beschwerdeverfahren nach § 372 (OLG Bremen NJW 1966, 168; KMR/*Bockemühl* § 23 Rn. 12). Außerdem ist eine Wiederaufnahme auch gegen sog. urteilsgleiche Entscheidungen, also den Strafbefehl nach § 373a und Bußgeldentscheidungen nach § 85 OWiG möglich, sodass die Ausschlussgründe auch hier zu beachten sind (KK-StPO/*Pfeiffer* [5. Auflage] § 23 Rn. 4). Wie bei Abs. 1 sind diejenigen Richter **nicht** ausgeschlossen, die nur als nicht eingesetzte Ergänzungsrichter beteiligt waren, die den

Eröffnungsbeschluss erlassen haben, die am durch das Revisionsgericht aufgehobenen Urteil mitgewirkt haben, oder die nach den §§ 369, 370 beteiligt waren.

C. Revision. Die Mitwirkung eines ausgeschlossenen Richters ist ein absoluter Revisionsgrund nach § 338 Nr. 2, sodass es keines Ablehnungsantrags in der Hauptverhandlung bedarf. Vgl. hierzu § 22 Rdn. 21. 9

§ 24 StPO Ablehnung eines Richters; Besorgnis der Befangenheit.

(1) Ein Richter kann sowohl in den Fällen, in denen er von der Ausübung des Richteramtes kraft Gesetzes ausgeschlossen ist, als auch wegen Besorgnis der Befangenheit abgelehnt werden.
(2) Wegen Besorgnis der Befangenheit findet die Ablehnung statt, wenn ein Grund vorliegt, der geeignet ist, Mißtrauen gegen die Unparteilichkeit eines Richters zu rechtfertigen.
(3) ¹Das Ablehnungsrecht steht der Staatsanwaltschaft, dem Privatkläger und dem Beschuldigten zu. ²Den zur Ablehnung Berechtigten sind auf Verlangen die zur Mitwirkung bei der Entscheidung berufenen Gerichtspersonen namhaft zu machen.

Übersicht	Rdn.		Rdn.
A. Grundsätzliches und Regelungsgehalt ..	1	a) Grundsätzliches	13
B. Grundzüge des Ablehnungsverfahrens ..	3	b) Einzelfälle	16
C. Befangenheit	6	4. Spannungen zwischen Richter und Ablehnendem bzw. Verteidiger	21
I. Grundsätzliches	6		
II. Typische Fallgruppen und Kasuistik	9	D. Ablehnungsberechtigung, § 24 Abs. 3 ..	22
1. Persönliche Verhältnisse des Richters .	9	E. Ablehnung eines Staatsanwaltes	23
2. Vorbefassung des Richters	10	F. Revision	24
3. Äußerungen und sonstiges prozessuales Verhalten des Richters	13		

A. Grundsätzliches und Regelungsgehalt. Neben dem Ausschluss des Richters kraft Gesetzes nach den §§ 22, 23 kann dieser auch wegen der **Besorgnis der Befangenheit** abgelehnt werden. Revisionsrechtlich wird § 24 durch § 338 Nr. 3 abgesichert (vgl. § 338 Rdn. 22 ff.). § 24 dient dem zentralen rechtsstaatlichen Postulat auf einen **unparteilichen und unvoreingenommenen gesetzlichen Richter**. Das Recht auf Ablehnung wegen Befangenheit stellt ein prozessuales Grundrecht dar (BGH NStZ 2006, 584; *Lamprecht* NJW 1993, 2222; vertiefend und rechtsgebietsvergleichend auch *Ignor* ZIS 2012, 228). Wegen **Besorgnis der Befangenheit** kann der Richter dann nach § 24 Abs. 2 abgelehnt werden, wenn ein Grund vorliegt, der geeignet ist, Misstrauen gegen die Unparteilichkeit eines Richters zu rechtfertigen (vgl. näher Rdn. 6). Es können nur einzelne Richter, nicht aber ein ganzes Kollegialgericht, abgelehnt werden (BGH NStZ 2007, 475; KK-StPO/*Fischer* § 24 Rn. 23; MAH/*Krause* § 7 Rn. 78). Ein Ablehnungsgesuch stellt – regelmäßig – keine Strafvereitelungshandlung dar, wenn es in prozessual zulässiger Weise gestellt wird, auch wenn es bei umfangreichen Strafverfahren im Erfolgsfalle dazu führen kann, dass eine Vielzahl von Hauptverhandlungstagen in geänderter Gerichtsbesetzung wiederholt werden müssen und dadurch eine beträchtliche, u.U. mehrmonatige Verfahrensverzögerung eintritt (vgl. LG Nürnberg-Fürth StV 2010, 136). 1

Daneben nennt § 24 Abs. 1 ausdrücklich auch die Möglichkeit einen (an sich nicht erforderlichen, vgl. § 22 Rdn. 2) Ablehnungsantrag wegen eines **gesetzlichen Ausschlussgrundes** zu stellen, wenn das Gericht den Ausschlussgrund von Amts wegen nicht entdeckt hat. Allerdings trägt der Ablehnende in diesem Fall die Last der Glaubhaftmachung nach § 26 Abs. 2 (LR/*Siolek* § 24 Rn. 2; MüKo-StPO/*Conen/Tsambikakis* § 24 Rn. 14; mit Bsp. eines Ablehnungsantrags KMR/*Bockemühl* § 24 Rn. 2; vgl. zu den Anforderungen § 26 Rdn. 5 f.). Dem kann der Ablehnende durch eine Anregung an das Gericht entgehen, den Ausschluss von Amts wegen zu prüfen (AnwK-StPO/*Werner* § 24 Rn. 19; SK-StPO/*Rudolphi* § 24 Rn. 3). 2

B. Grundzüge des Ablehnungsverfahrens. Ablehnungsberechtigt sind nach § 24 Abs. 3 Satz 1 die StA, der Privatkläger und der Beschuldigte. Auf eine **Beschwer** des Ablehnenden kommt es 3 nicht an, sodass auch die StA zugunsten des Angeklagten ablehnen kann (LR/*Siolek* § 24 Rn. 63). Darüber hinaus steht das Ablehnungsrecht auch dem Nebenkläger nach § 397, dem Verfalls- und Einziehungsbeteiligten nach den §§ 431, 433, 442 Abs. 2, dem gesetzlichen Vertreter und Erziehungsberechtigten nach § 67 Abs. 1 JGG (*Meyer-Goßner/Schmitt* § 24 Rn. 20) sowie den Antragstellern im Klageerzwingungsverfahren nach § 172 Abs. 2 (OLG Hamm NJW 1976, 1701 f.; OLG Karlsruhe NJW 1973, 1658; OLG Koblenz NStZ 1983, 470; OLG Saarbrücken NJW 1975, 399) und im Adhäsionsverfahren nach den §§ 403 ff. (BVerfG NJW 2007, 1670 ff.; *Köckerbauer* NStZ 1994, 305, 307; a. A. LR/*Siolek* § 24 Rn. 64) zu. Ausnahmsweise können auch **Dritte** antragsberechtigt sein, wenn sie durch Ermittlungsmaßnahmen, die nicht gegen sie gerichtet sind, von schwerwiegenden Grundrechtseingriffen betroffen sind, wie z.B. bei der Durchsuchung nach § 103, der Wohnraumüberwachung nach § 100c Abs. 3 oder der Telekommunikationsüberwachung nach § 100a Satz 2, 2. Alt. (BGH NStZ 2006, 584 f.). **Kein** eigenes Ablehnungsrecht steht Zeugen und Sachverständigen zu (KMR/*Bockemühl* § 24 Rn. 31; MüKo-StPO/*Conen/Tsambikakis* § 24 Rn. 7). Auch der Verteidiger ist nicht antragsberechtigt, sondern kann allein für und im Namen seines Mandanten ablehnen, was allerdings auch ohne ausdrückliche Klarstellung grds. anzunehmen ist (OLG Hamm NJW 1951, 731; LR/*Siolek* § 24 Rn. 62), selbst wenn sich der Antrag auf Vorgänge stützt, die das Verhältnis zwischen Verteidiger und Richter betreffen (*Rabe* NJW 1976, 172, 173; *Meyer-Goßner/Schmitt* § 24 Rn. 20). Dennoch sollte der Verteidiger den Antrag ausdrücklich im Namen des Angeklagten stellen (so MAH/*Krause* § 7 Rn. 77).

4   Um das Ablehnungsrecht ausüben zu können, sind den Ablehnungsberechtigten auf Verlangen die zur Mitwirkung an der Entscheidung (oder anderen richterlichen Handlungen, vgl. OLG Koblenz NStZ 1983, 470; KK-StPO/*Fischer* § 24 Rn. 26) berufenen **Gerichtspersonen** (auch solche nach § 31) **namhaft** zu machen. Die Pflicht zur Namhaftmachung trifft den Vorsitzenden, der dem Antragsberechtigten eine **angemessene Frist** zur Überprüfung der Befangenheit und Antragsstellung einräumen muss (BVerfG BeckRS 2015, 42016 Rn. 6; BVerfG NJW 1991, 2758; BayObLG MDR, NStZ 1990, 200, 201). Bis dahin ist keine Entscheidung in der Sache zu treffen (BVerfG NJW 1991, 2758; *Meyer-Goßner/Schmitt* § 24 Rn. 21). Für Strafsachen vor dem LG und OLG im ersten Rechtszug ergibt sich eine Mitteilungspflicht nach § 222a, während ansonsten keine Mitteilungspflicht von Amts wegen besteht. Die **verweigerte Namhaftmachung** kann mit der Beschwerde nach § 304 angegriffen werden (KMR/*Bockemühl* § 24 Rn. 35). Ein revisibler **Verstoß** gegen die Pflicht zur Namhaftmachung liegt nur dann vor, wenn dies in der Hauptverhandlung gerügt wurde (RGSt 29, 62; *Dahs* Rn. 460; KK-StPO/*Fischer* § 24 Rn. 26). Das Urteil wird regelmäßig auf dem Verstoß **beruhen**, weil nicht auszuschließen ist, dass der Ablehnungsantrag zu einem Ausschluss geführt hätte und das Urteil mit einer anderen Gerichtsperson anders ausgefallen wäre (RGSt 66, 10; KK-StPO/*Fischer* § 24 Rn. 27); **anderes** dürfte gelten, wenn die Gründe des Antrags angegeben werden (was in der Revisionsbegründung nicht erforderlich ist) und sich herausstellt, dass die Ablehnung erfolglos geblieben wäre (KK-StPO/*Fischer* § 24 Rn. 27). Kommt der Vorsitzende der Namhaftmachung **verspätet** nach und wird auch dem Antrag auf Aussetzung/Unterbrechung nicht stattgegeben, begründet dies nur dann die Revision, wenn der Ablehnungsberechtigte vor dem letzten Wort des Angeklagten (§ 25 Abs. 2 Satz 2) keinen entsprechenden Antrag mehr stellen konnte (BayObLG NStZ 1990, 200, 201). Die Namhaftmachung gilt **nicht** bzgl. der Vertreter der StA. Diese können nur beim Leiter der StA erfragt werden (LR/*Siolek* § 24 Rn. 67).

5   Das Ablehnungsgesuch ist **bei dem Gericht anzubringen**, dem der Richter angehört, der abgelehnt wird (vgl. näher § 26 Rdn. 2). Den **Zeitpunkt** der Antragsstellung regelt § 25. Die Ablehnung kann nach § 25 Abs. 1 in der Hauptverhandlung bis zum Beginn der Vernehmung des ersten Angeklagten über seine persönlichen Verhältnisse und in der Berufung oder Revision bis zum Vortrag des Berichterstatters vorgenommen werden. Eine **spätere Ablehnung** ist nach § 25 Abs. 2 nur noch zulässig, wenn die Gründe für die Ablehnung erst später eingetreten oder bekannt geworden sind und die Ablehnung dann unverzüglich geltend gemacht wird. Spätester denkbarer Zeitpunkt des Ablehnungsgesuchs liegt unmittelbar vor dem letzten Wort des Angeklagten (vgl. § 25 Abs. 2 Satz 2). Nach **§ 26 Abs. 3** muss sich der betroffene Richter dienstlich zum Ablehnungsgrund äußern (vgl. näher § 26 Rdn. 8). Ist die Ablehnung nicht nach § 26a offensichtlich unzulässig (vgl. zum Verfahren näher § 26a Rdn. 7), entscheidet das Gericht nach § 27 ohne Mitwirkung des betroffenen Richters über den Antrag. Die Entscheidung ergeht ohne mündliche Verhandlung oder förmliche Beweisaufnahme (BGH NStZ 2007, 51; *Meyer-Goßner/Schmitt* § 27 Rn. 9) durch unanfechtbaren Beschluss nach § 28 außerhalb

der Hauptverhandlung nach Anhörung der Verfahrensbeteiligten nach § 33 Abs. 2 und 3. Die **Mitteilung** des Beschlusses an den abgelehnten Richter und die anderen Verfahrensbeteiligten erfolgt schriftlich durch formlose Mitteilung (§ 28 Abs. 2 Satz 2) oder durch förmliche Zustellung (§ 28 Abs. 2 Satz 1). Der Beschluss kann aber auch im nächsten Fortsetzungstermin der unterbrochenen Hauptverhandlung nach § 35 Abs. 1 verkündet werden (BGHSt 15, 384 ff.; AnwK-StPO/*Werner* § 27 Rn. 7). Die Verkündung eines ablehnenden Beschlusses kann auch durch den abgelehnten Richter selbst erfolgen, der in diesem Fall wieder am Verfahren mitwirkt (BGHSt 15, 384; 21, 334, 338); wird dem Antrag **stattgegeben**, steht der abgelehnte Richter mit Rechtskraft des Beschlusses einem nach § 338 Nr. 3 ausgeschlossenen Richter gleich und muss sich unabhängig von der Dringlichkeit jeder Tätigkeit im Verfahren entziehen (OLG Koblenz NStZ 1983, 471; KK-StPO/*Fischer* § 27 Rn. 16). Der stattgebende Beschluss entfaltet aber keine Wirkung für richterliche Handlungen vor Erlass des Beschlusses (OLG Koblenz NStZ 1983, 471; OLG Hamm MDR 1964, 344 [Pflicht an einer beantragten nachträglichen Protokollierung mitzuwirken!]).

C. Befangenheit.

I. Grundsätzliches. Nach § 24 Abs. 2 besteht die Besorgnis der Befangenheit, wenn ein Grund vorliegt, der geeignet ist, **Misstrauen gegen die Unparteilichkeit** eines Richters zu rechtfertigen. Gemeint ist also eine **innere Haltung des Richters**, die besorgen lässt, dass die erforderliche Neutralität, innere Distanz und Unparteilichkeit ggü. den Verfahrensbeteiligten negativ beeinflusst werden könnte (BVerfGE 21, 139, 146; BGHSt 45, 342, 353; HK-StPO/*Temming* § 24 Rn. 5; KMR/*Bockemühl* § 24 Rn. 5). Ob diese innere Haltung auch tatsächlich vorliegt, ist nicht entscheidend, sondern es kommt allein darauf an, ob das Verhalten des Richters bei verständiger Würdigung bei jedem Dritten den **Verdacht** einer solch »befangenen« inneren Haltung aufkommen lässt (BVerfGE 20, 9, 14 m. Anm. *Sarstedt* JZ 1966, 312 ff.; BGHSt 24, 336, 338; BGH StV 1988, 417; OLG Hamm NJW 1967, 1577; *Krekeler* NJW 1981, 1633, 1634). Ob sich der Richter selbst für befangen hält, ist nicht maßgeblich (BVerfGE 32, 288, 290; BGHSt 2, 4, 11; *Meyer-Goßner/Schmitt* § 24 Rn. 6). Bei echten **Zweifeln** über die Befangenheit ist **zugunsten des Antragstellers** zu entscheiden und von der Befangenheit des Richters auszugehen, sofern auch tatsächliche Anhaltspunkte hierfür vorliegen (BayObLZ 1974, 131, 137; KK-StPO/*Fischer* § 24 Rn. 4; KMR/*Bockemühl* § 24 Rn. 6).

Da der **Maßstab** ein **vernünftiger Dritter in der Situation des Ablehnenden** ist (BVerfGE 32, 288, 290; BGHSt 1, 34, 39; 24, 336, 338; BGH StV 1988, 417; OLG Celle StV 2015, 210; OLG Koblenz StV 1986, 7; OLG Köln StV 1988, 287, 288; LG Kiel StraFo 2005, 417; *Meyer-Goßner/Schmitt* § 24 Rn. 8), kommt es nicht auf den subjektiven Eindruck des konkret betroffenen Beteiligten und seine möglicherweise falsche Vorstellung vom Sachverhalt an (BGH MDR 1955, 270). Maßgeblich ist, ob ein geistig gesunder, sich bei voller Vernunft befindlicher Dritter [der »ideale Prozessbeteiligte«] bei der ihm zuzumutenden Prüfung der Sachlage (BGH NJW 1968, 2297, 2298; OLG Köln NStZ 1992, 142; *Meyer-Goßner/Schmitt* § 24 Rn. 8) zu dem Ergebnis kommen muss, dass der Verdacht der Befangenheit gegeben ist, etwa weil die Prozessführung »rechtsfehlerhaft, unangemessen oder sonst unsachlich ist« (BVerwG DÖV 2010, 619 [zum Disziplinarrecht]).

Nicht ausreichend ist es, wenn der Angeklagte den Grund für die Befangenheit allein **aus seinem eigenen Verhalten** ableitet, weil er etwa gegen den Richter Strafanzeige erstattet (BVerfG NJW 1996, 2022; BGH wistra 2009, 446; NJW 1962, 748, 749) oder Dienstaufsichtsbeschwerde eingereicht hat (BGH NJW 1952, 1425; *Michel* MDR 1993, 1146, 1147). Selbst Beleidigungen des Angeklagten oder generell provozierendes Verhalten ggü. dem Richter führen grds. nicht zu dessen Befangenheit (BGH NStZ-RR 2009, 207; *Rabe* NJW 1976, 172, 173), wobei sich hier freilich aus der Reaktion des Richters im Einzelfall anderes ergeben kann (KMR/*Bockemühl* § 24 Rn. 11 f.; BGH NStZ 1992, 290 f. m. abl. Anm. *Krehl* NStZ 1992, 598 f.; **noch enger** wohl *Meyer-Goßner/Schmitt* § 24 Rn. 7.). Denn es soll nicht in das Belieben des Angeklagten gestellt werden, sich jederzeit dem Richter entziehen zu können (KK-StPO/*Fischer* § 24 Rn. 6; KMR/*Bockemühl* § 24 Rn. 11; MüKo-StPO/*Conen/Tsambikakis* § 24 Rn. 24). Insgesamt sollte bei der Wahrnehmung des Rechts auf Richterablehnung darauf geachtet werden, dass der Eindruck der **rechtsmissbräuchlichen Stellung** von Ablehnungsanträgen vermieden wird (BGH NJW 2006, 708, 709 [Verwirken des Antragsrechts durch rechtsmissbräuchliches Verhalten]; vgl. auch BGH wistra 2004, 351 ff.).

§ 24 StPO Ablehnung eines Richters; Besorgnis der Befangenheit

9 **II. Typische Fallgruppen und Kasuistik. 1. Persönliche Verhältnisse des Richters.** Grds. sind die persönlichen Verhältnisse des Richters **nicht** geeignet, die Besorgnis der Befangenheit zu begründen, es sei denn, es besteht zwischen ihnen und der Strafsache ein besonderer Zusammenhang (so *Meyer-Goßner/Schmitt* § 24 Rn. 9). **Sozialübliche Näheverhältnisse** zwischen Richter und Angeklagtem begründen daher **nicht die Sorge der Befangenheit**; erst recht gilt dies für das Verhältnis eines Richters zum Hauptbelastungszeugen (BGH NStZ-RR 2010, 114 [Richterkollege als Zeuge; anders bei Kollegen im selben Spruchkörper]), zum Staatsanwalt (zur Ehe zwischen Richter und Staatsanwalt vgl. AG Kehl, NStZ-RR 2014, 224 [die Befangenheit bejahend]; AG Potsdam 84 Ds 481 Js 51074/07 vom 14.07.2009 [eine Befangenheit verneinend], sowie dazu kritisch *Ellbogen/Schneider* JR 2012, 188) oder zu einem Finanzamtsvorsteher, jedenfalls wenn gemäß § 386 Abs. 4 AO die Staatsanwaltschaft die ermittelnde Behörde war und die Steuerfahnder im Auftrag der Staatsanwaltschaft handelten (AG Magdeburg 61 AR 21/12, 61 AR – 21/12 vom 11.07.2012); dies muss erst Recht gelten, wenn die Tochter eines Revisionsrichters nur in der Vorinstanz Sitzungsvertreterin der Staatsanwaltschaft war (BGH StRR 2012, 22). Allein auf die Zugehörigkeit eines Richters zu einer bestimmten Religion, Partei oder Gewerkschaft (BVerfGE 2, 295, 297; 11, 1, 3; OLG Koblenz NJW 1969, 1177; *Günther* NJW 1986, 281, 284), auf eine bestimmte Weltanschauung, auf das Geschlecht, auf die Rasse oder auf den Familienstand kann der Verdacht der Befangenheit regelmäßig nicht gestützt werden (BGH MDR 1957, 16; 1992, 934; SK-StPO/*Rudolphi* § 24 Rn. 16), nach LG München II (StV 2012, 461) auch nicht auf die Zugehörigkeit eines Schöffens zum gleichen Großunternehmen; ebensowenig die (passive) Mitgliedschaft einer Schöffin in einem Verein gegen sexuelle Gewalt, in einem Verfahren wegen des Vorwurfs des sexuellen Missbrauchs (OLG Celle StV 2015, 210 ff. mit abl. Anmerk. *Barton*) **Anderes** gilt, wenn ein ausländischer Angeklagter einen Richter ablehnt und der Verdacht dezidierter Ausländerfeindlichkeit des Richters besteht (OLG Karlsruhe NJW 1995, 2503 f.; AG Köln StV 2007, 127, 128). Ergeben sich aus den persönlichen Verhältnissen oder aus sonstigen Gründen **persönliche Beziehungen zu dem Angeklagten**, kann dies die Besorgnis der Befangenheit rechtfertigen (AnwK-StPO/*Werner* § 24 Rn. 5). Daher ist wohl bei einer engen Freundschaft (LG Bonn NJW 1966, 160), der Mitgliedschaft in derselben studentischen Korporation (*Teplitzky* JuS 1969, 318, 320), der Nachbarschaft, einem Kollegenverhältnis oder auch einer Feindschaft (LR/*Siolek* § 24 Rn. 33) zwischen Richter und Angeklagtem regelmäßig von einer Befangenheit auszugehen (AnwK-StPO/*Werner* § 24 Rn. 5). Im Einzelfall gilt das auch bei persönlichen Beziehungen zu anderen Verfahrensbeteiligten (insb. – aber nicht nur – zum Opfer). Der Umstand, dass einem Richter (vermeintlich) vom Präsidium nahegelgt worden ist, bestimmte grundsätzliche Verfahrensvorstellungen (hier: zu Fehlern in der Geschäftsverteilung) zu überdenken, begründet als solches keine Besorgnis, der Richter würde die konkreten Verfahren, in denen er nach dieser Geschäftsverteilung tätig wird, in einer befangenen Weise führen (BGH StV 2012, 449). Wohl kann aber eine Besorgnis der Befangenheit bei an sich zur Entscheidung in einem gegen andere Mitglieder eines Kollegialgerichts gerichteten Befangenheitsverfahren berufenen Richtern bestehen, wenn sie selbst in einem laufenden Parallelverfahren mit den gleichen Argumenten abgelehnt werden (BGH 2 StR 622/11 vom 24.04.2012).

10 **2. Vorbefassung des Richters.** Wie die §§ 22, 23 und § 148a deutlich machen, kann die Vorbefassung eines Richters einerseits zum Ausschluss desselben führen (vgl. § 22 Rdn. 13 ff. und § 23 Rdn. 3 ff.), während andererseits sogar gesetzlich geregelte **Fälle** existieren, **in denen die Vorbefassung des Richters ausdrücklich vorgesehen** ist, wie etwa der Erlass des Eröffnungsbeschlusses nach § 203 (BVerfGE 30, 149, 157; BGHSt 21, 334, 341). Grds. gilt daher, dass die **§§ 22, 23 und 148a** die Fälle des Ausschlusses wegen Vorbefassung **abschließend** aufzählen und eine darüber hinausgehende Ablehnung nach § 24 nicht möglich ist. Das gilt für die Vorbefassung im selben Strafverfahren (und erst Recht auch in einem anderen Verfahren wegen der gleichen Tat gegen einen anderen Angeklagten, vgl. BGH StV 2012, 39) ebenso wie in einem anderen Verfahren mit einer Beteiligung des gleichen Opfers, Angeklagten oder Mittäters (vgl. BGH StV 1987, 1 m. Anm. *Boor*; NStZ-RR 2001, 129 f.; a. A. *Herzog* StV 1999, 455, 456; *Stange/Rilinger* StV 2005, 579, 581) oder in einem Verfahren, in dem die Richter die (vermeintliche) Falschaussage des späteren Angeklagten in einer anderen Sache entgegengenommen haben (vgl. BGHR StPO § 22 Nr 5 Ausschluss 1, wo aber auch betont wird, dass eine abweichende Selbsteinschätzung der Richter nach § 30 hier denkbar wäre), aber auch in einem Zivilverfahren, in dem die Vorgänge des jetzigen Verfahrens eine Rolle spielten (BGHSt 21, 334, 341; OLG

Düsseldorf NJW 1982, 2832). So ist auch für den Revisionsrichter zu entscheiden, der nach Aufhebung des Revisionsurteils durch das BVerfG und Zurückverweisung an das Revisionsgericht erneut zu entscheiden hat (BGH wistra 2007, 426). Auch die Mitwirkung bei Vorentscheidungen führt nicht zur Befangenheit des Richters (vgl. BGHSt 21, 334, 341; BGH NStZ 1983, 135, 136; NStZ-RR 1997, 175). Wird das Ablehnungsgesuch auf die bloße Vorbefassung gestützt, kann die Begründung sogar nach **§ 26a Abs. 1 Nr. 2** behandelt werden (vgl. § 26a Rdn. 4). Die Äußerung von Rechtsansichten bei Zwischenentscheidungen im Verfahren führt selbst dann nicht zum Verdacht der Befangenheit, wenn hierbei seine Überzeugung von der Schuld des Angeklagten zum Ausdruck gekommen ist (BGH NStZ [M/K] 1991; GA 1962, 282 f.; Radtke/Hohmann/*Alexander* § 24 Rn. 16; **a. A.** *Meyer-Mews* StraFo 2000, 369, 374). Sogar wenn der Richter i.R.d. Vorbefassung gegen Verfahrensgrundsätze verstoßen hat (BGH NStZ-RR 2009, 85 f.; NStZ 1994, 447; StV 1998, 414; OLG Koblenz NStZ 1983, 470 f. [fehlende Namhaftmachung des Richters]; OLG Jena NJW 2006, 3794 ff. [verspätete Prüfung nach § 67e]) oder einer irrigen Rechtsansicht unterlag (was für Zwischenentscheidungen in Vorwegnahme des Rechtsmittelzuges zu überprüfen im Übrigen auch nicht die Aufgabe des Befangenheitsrechts ist, zutr. OLG Köln, III-2 Ws 204/13, 2 Ws 204/13 vom 08.04.2013), rechtfertigt dies nicht die Besorgnis der Befangenheit, solange die Entscheidung nicht völlig abwegig erscheint (BGH StV 2015, 5; BGH NJW 1984, 1907, 1909; restriktiver *Duttge* NStZ 2003, 375 ff.) oder der Angeklagte schlüssig vorträgt, der Richter habe **willkürlich falsch** entschieden (BGH StV 2015, 5; BayObLG wistra 2002, 196, 197; Brüssow/Gatzweiler/Krekeler/Mehle/*Gatzweiler/Mehle* § 9 Rn. 104; KMR/*Bockemühl* § 24 Rn. 27 f.; KK-StPO/*Fischer* § 24 Rn. 8 f. m.w.N.).

Die Ablehnung ist hingegen **möglich**, wenn zu der Vorbefassung des Richters **Umstände hinzutreten**, 11 die die Besorgnis der Befangenheit hervorrufen (BGH StV 2015, 1; BGH StV 2015, 5; BGH wistra 2005, 466, 467 f.). So kann bereits das Verhalten des Richters **in dem früheren Verfahren** die Befangenheit begründen, wenn z.B. ein Zeuge als unglaubwürdig bezeichnet wurde und nunmehr wegen Falschaussage angeklagt ist (OLG Celle NJW 1990, 1308 f.; AG Bochum StRR 2009, 345; *Michel* MDR 1993, 1146, 1147) oder auch wenn ein früherer Mitangeklagter als glaubwürdig und der jetzige Angeklagte als unglaubwürdig eingestuft wurde (LG Bremen StV 1990, 203). Bei Zwischenentscheidungen **im anhängigen Verfahren** wurde die Befangenheit des Richters etwa in Fällen bejaht, in denen die Bestellung des Pflichtverteidigers ohne wichtigen Grund widerrufen wurde (BGH NJW 1990, 1373 f.), auf den Verteidigerwunsch des Angeklagten keinerlei Rücksicht genommen wurde (BayObLG StV 1988, 97, 98), die Akteneinsicht grundlos verweigert wurde (LG Köln StV 1987, 381, 382), eine Kenntnisnahme der Beiakten verweigert wurde (LG Hanau NStZ 2004, 398), Antrag auf Terminsverlegung grundlos ablehnt (OLG Naumburg StraFo 2005, 24, 25) oder eine Haftsache grundlos nicht terminiert wurde (OLG Karlsruhe StV 2005, 539 ff.).

Erschöpft sich die Vorbefassung in einer bloß vorherigen Auseinandersetzung mit bestimmten Rechtsfragen, wird hierin keine Befangenheit zu sehen sein (SK-StPO/*Rudolphi* § 24 Rn. 17). Äußerungen in 12 **wissenschaftlichen Publikationen** können in den seltenen Fällen zur Befangenheit führen (BVerfG NJW 1996, 3333 f.), in denen die Äußerung tatsächlich naheliegende Anhaltspunkte für eine Voreingenommenheit des Richters bildet; allein die Tatsache, dass ein Richter am Gesetzgebungsverfahren oder einer Kommentierung eines Gesetzes mitgewirkt hat, reicht aber nicht aus (BVerfGE 1, 66, 67).

3. Äußerungen und sonstiges prozessuales Verhalten des Richters. a) Grundsätzliches. Das 13 Verhalten des Richters sowie seine Äußerungen können die Besorgnis der Befangenheit begründen, wenn vor oder während der Hauptverhandlung der Verdacht entsteht, dass dieser nicht unvoreingenommen ist. **Maßstab** ist auch hier die Sicht eines besonnenen Dritten in der Lage des Angeklagten im konkreten Einzelfall (vgl. Rdn. 7). Ein Grund von der Befangenheit des Richters auszugehen, kann insb. darin liegen, wenn zu befürchten ist, er sei bereits endgültig von der Schuld des Täters überzeugt (BGHSt 48, 4, 8 m. Anm. *Duttge* NStZ 2003, 375 ff.; BGH NStZ 1999, 629 f.; StraFo 2001, 384; *Meyer-Goßner/Schmitt* § 24 Rn. 15). Dagegen führen **Verfahrensverstöße** grds. nicht zur Befangenheit, solange dem Richter nicht **Willkür** vorgeworfen werden kann (vgl. o. Rdn. 10; BGH NStZ 2010, 342; BGH NStZ 2007, 281, 282 [vorzeitiger Abbruch einer Zeugenvernehmung wegen der bevorstehenden Schließung des Dienstgebäudes]) oder die Verhandlungsführung unangemessen und unsachlich ist (*Meyer-Goßner/Schmitt* § 24 Rn. 17; nach OLG Köln NStZ-RR 2011, 315 sinngemäß anwendbar bei der Ablehnung von Sachverständigen, wobei ein solcher Verstoß bei Beanstandungen

§ 24 StPO Ablehnung eines Richters; Besorgnis der Befangenheit

hinsichtlich der Art und Weise der Informationsgewinnung nicht ohne weiteres anzunehmen ist). Beim Vorwurf willkürlicher Entscheidungen muss diese im Ablehnungsantrag schlüssig dargelegt werden (OLG Düsseldorf NStZ-RR 1997, 175 f.; AnwK-StPO/*Werner* § 24 Rn. 21).

14 Hinsichtlich der **Äußerungen** des Richters (unter denen nicht nur diejenigen gegenüber dem Angeklagten, sondern auch gegenüber dem Verteidiger von Bedeutung sein können, vgl. auch unten Rdn. 21 sowie Radtke/Hohmann/*Alexander* § 24 Rn. 24) ist einerseits zu beachten, dass auch dieser in seiner sozialen Interaktion einen eigenen Stil pflegen kann und sich die Besorgnis der Befangenheit etwa nicht allein auf ein eher »ruppiges« Wesen des Richters stützen kann. Andererseits ist der Richter zur Objektivität verpflichtet, wodurch er gehalten ist, sich ggü. dem Angeklagten **angemessen (sachlich) zu verhalten.** Das gilt gerade auch im Hinblick auf den Gegenstand der Anklage, weshalb »flapsige Bemerkungen« in einem Verfahren, in dem eine lebenslange Freiheitsstrafe im Raum steht, einen Ablehnungsgrund nach § 24 begründen können (BGH NStZ 2006, 49 m. Anm. *Kudlich* JA 2006, 411 f.).

15 Aufgrund der **dienstlichen Äußerung** des betroffenen Richters nach **§ 26 Abs. 3** ist u.U. eine **andere Deutung seines Verhaltens**, das zur Sorge der Befangenheit führte, möglich, weil der dienstlichen Erklärung ansonsten auch keine eigenständige Bedeutung zukommen würde (vgl. § 26 Rdn. 8; Radtke/Hohmann/*Alexander* § 26 Rn. 9; kritisch MüKo-StPO/*Conen/Tsambikakis* § 24 Rn. 38). Allerdings ist sorgfältig zu prüfen, ob die Erklärung tatsächlich geeignet ist, den Eindruck der Befangenheit vollständig aufzuheben oder ob es sich nur um nachgeschobene Erklärungen handelt, die den Eindruck der Befangenheit relativieren sollen.

16 **b) Einzelfälle. aa) Bejaht** wurde die Besorgnis der Befangenheit aufgrund von **Äußerungen** des Richters **außerhalb der Hauptverhandlung** in folgenden Fällen: Bei unsachlichen **Kommentaren des Richters** wie z.B. der Bezeichnung des Angeklagten als »Typ des Gewohnheitsverbrechers« (BGH JR 1961, 388 m. Anm. *Eb. Schmidt*); bei der öffentlichen Erklärung des Richters, er werde wissen, wie »derart unsaubere Geschäfte« zu bestrafen seien (RGSt 61, 67, 69); bei der Äußerung ggü. dem Verteidiger, die Einlassung des Angeklagten sei »schwachsinnig« und dieser solle sich bei abweichendem Gutachten warm anziehen (LG Mainz StV 2004, 531); bei dem Hinweis in der Terminsladung in einer Bußgeldsache mit Personenschaden, dass es nicht der Verdienst des Betroffenen sei, dass er sich nicht vor dem Schöffengericht wegen fahrlässiger Tötung zu verantworten habe und daher unverständlich sei, warum er gegen den Bußgeldbescheid Einspruch eingelegt habe (AG Berlin-Tiergarten StV 1993, 516, 517); bei der Aussage des Richters bei einer früheren Haftbeschwerde, der Verteidiger solle sich nichts vormachen, die Angeklagten »gehören dahin, wo sie sind, und zwar ganz lange und ganz tief. Solche Leute haben in Freiheit nichts zu suchen« (BGH StV 2015, 1). Ferner bei der **objektiv unwahren Behauptung**, eine Terminierung der Berufungshauptverhandlung sei vor November nicht möglich gewesen (OLG Karlsruhe StV 2005, 539, 540 f.), oder bei der unsachlich-spöttischen Befragung einer Entlastungszeugin, wenn die Aussage der Zeugin auf eine Stufe mit überzeichneten und unrealistischen Comicfiguren gestellt wird (»Supermann« BGH StV 2009, 177).

17 Wegen seines **Verhaltens außerhalb der Hauptverhandlung** wurde die Befangenheit **angenommen** bei der Verheimlichung von Nachermittlungen (BGH StV 1995, 396, 397), der grundlosen Versagung der Akteneinsicht vor der Hauptverhandlung (OLG Zweibrücken StV 1996, 650, 651), der Ablehnung eines begründeten Antrags auf Entbindung des Betroffenen von der Pflicht des persönlichen Erscheinens in der Hauptverhandlung im Bußgeldverfahren (AG Fulda StRR 2011, 401) oder weil der Richter den Gesundheitszustand des Beschuldigten ignoriert und dessen wesentliche Verschlechterung in Kauf genommen hat (LG Kiel StraFo 2005, 417 f. [Vorführung zur Verkündung des Haftbefehls]). Ebenso ist zu entscheiden, wenn die dem Angeklagten zur Last gelegten Vorgänge der Presse als Tatsachen mitgeteilt werden (BGHSt 4, 264), bei der Weigerung, eine dienstliche Erklärung nach § 26 Abs. 3 abzugeben (als Grund für ein neues Ablehnungsgesuch, vgl. AG Bergheim StV 1998, 534), der Entpflichtung des zunächst beigeordneten Verteidigers ohne Anhörung des Angeklagten (AG Bergheim StV 1996, 592), der Hinwirkung auf die Rücknahme eines Beiordnungsantrags der StA, weil das Verfahren nach § 153 eingestellt werden soll (AG Bremen StraFo 2001, 171) oder der Verhängung eines vorläufigen Berufsverbots gegen den Angeklagten im Zwischenverfahren, ohne diesen vorher anzuhören (OLG Frankfurt am Main StV 2001, 496, 497). Bejaht wurde § 24 auch beim Angebot von einer drohenden Sicherungsverwahrung abzusehen, wenn ein Geständnis abgelegt wird und sich dadurch die Lage der anderen Mitangeklagten deutlich verschlechtert (BGH StV 2006, 118 ff.), bei der Zurückstel-

lung der Beiordnung bis zur Eröffnung des Hauptverfahrens und fehlender Entscheidung über die Beschwerde (AG Hameln StV 2004, 127, 128), bei Anordnung einer zweiten psychiatrischen Begutachtung, ohne dem Verteidiger das Erstgutachten zukommen zu lassen und diesen an der Auswahl des neuen Gutachters zu beteiligen (BGHSt 48, 4; ausführlich hierzu *Duttge* NStZ 2003, 375 ff.) oder wenn der Richter einen inhaftierten Mitangeklagten in dessen Zelle aufsucht, um sich mit diesem über das Verfahren zu unterhalten (BGH NStZ [Pf/M] 1983, 354, 359). Auch wenn der Richter die zum Beleg der krankheitsbedingten Verhinderung an der Wahrnehmung des Hauptverhandlungstermins vorgelegten ärztlichen Atteste dem Ordnungsamt mit der Anregung übersendet, die Führerscheintauglichkeit des Angeklagten zu überprüfen (AG Güstrow StV 2007, 127), wenn er trotz mehrfacher Anträge auf Entbindung das persönliche Erscheinen zu einer 570 km vom Wohnort des Betroffenen stattfindenden Hauptverhandlung anordnet (AG Recklinghausen StRR 2010, 363) oder wenn er zur Antragsrücknahme drängt, um nicht über diesen entscheiden zu müssen, bestehen begründete Zweifel an der Unbefangenheit (OLG Köln NStZ-RR 2008, 218 f. [Antrag auf Nutzung einer Spielekonsole durch einen Strafgefangenen]).

Wegen des Verhaltens oder Äußerungen des Richters **in der Hauptverhandlung** wurde die Befangenheit bejaht, weil der Richter trotz unsicherer Beweislage seine Überzeugung von der Schuld des Angeklagten zum Ausdruck brachte (BGH GA 1962, 282, 283; KG StV 2005, 490 [»denn Sie waren es«]), beim Erwecken des Eindrucks, der Richter werde bei bloßer Ähnlichkeit mit einem Radarfoto den schweigenden Angeklagten verurteilen, wenn er nicht den tatsächlichen Fahrer preisgebe (BayObLG StV 1995, 7, 8), bei ungewöhnlich scharfen und unangemessenen Worten zu einem **Geständnis** (BGH NJW 1982, 1712), beim Erwecken des Eindrucks, der Vorsitzende sei von vornherein nicht gewillt, die vom Verteidiger gestellten Beweisanträge als ernsthaften Beitrag zur Wahrheitsfindung aufzufassen (NStZ 2012, 570) oder wenn der Vorsitzende beharrlich versucht, die Staatsanwaltschaft zu einem Verzicht auf Vernehmung der Zeugen zu drängen, obwohl wesentliche Umstände für eine schuldangemessene Sanktion noch klärungsbedürftig sind, und er darüberhinaus durch sein weiteres Verhalten und durch Äußerungen den Eindruck erweckt, er ziehe eine schnelle Prozesserledigung einer sachgemäßen Aufklärung der Anklagevorwürfe vor (BGH StV 2013, 372). Die Besorgnis der Befangenheit besteht ferner beim Hinweis (über eine allgemeine abstrakte Erklärung der Rechtslage hinaus) an den schweigenden Angeklagten, dass fehlende Unrechtseinsicht strafverschärfend wirken könne (BGH StV 2002, 115 f.; NStZ 2007, 711, 712; OLG Stuttgart NStZ-RR 2005, 349 [Ankündung der Erhöhung einer schuldangemessenen Strafe, wenn kein Geständnis abgelegt wird]), bei flapsigen Bemerkungen in Zusammenhang mit der Entscheidung über Beweisanträge (BGH NStZ 2006, 49 [»Meinen Sie, dass wir die Anträge noch schneller ablehnen können?«]), wenn trotz offener Beweislage behauptet wird, der Zeuge habe jetzt endlich die Wahrheit gesagt (BGH GA 1978, 243), beim Hinweis, es sei nicht ratsam die Anhörung weiterer Zeugen (aus dem Ausland) zu beantragen, zumal diese u.U. Dinge erzählen könnten, von denen das Gericht noch gar nichts wisse (LG Frankfurt am Main StV 1984, 415), beim Einwirken auf den Zeugen, von seinem Zeugnisverweigerungsrecht keinen Gebrauch zu machen (BGHSt 1, 34, 37), bei der Erklärung ggü. dem Vorgesetzten des Vertreters der Staatsanwaltschaft, dass dieser als vierter Verteidiger fungiere (BGH NStZ 1991, 348; *Zschockelt* NStZ 1991, 305, 306). Fühlt sich der Angeklagte bei einer Verständigung unzulässig unter Druck gesetzt, kann dies eine Ablehnung begründen (und ist eine solche sowie das Hinwirken auf eine Protokollierung jedenfalls dem verteidigten Angeklagten im Regelfall zuzumuten, wenn mit der Revision eine Verletzung des § 136a gerügt werden soll, vgl. BGH StV 2010, 225). Auch Äußerungen zu dem Verfahrensgegenstand **in einem anderen** (abgetrennten) **Verfahren** können die Besorgnis der Befangenheit begründen (LG Mainz StV 2007, 125, 126 [wenn der Richter die Einstellung des Verfahrens bedauert, weil es besser gewesen wäre, den Angeklagten einen »fühlbaren Denkzettel zu verpassen«]). Zu Spannungen zwischen Richter und Verteidiger bzw. unsachlichen Äußerungen ggü. dem Verteidiger vgl. Rdn. 21.

Aufgrund von **Verhaltensweisen in der Hauptverhandlung** wurde die Besorgnis der Befangenheit **bejaht** beim Absetzen des Urteils während der Schlussvorträge (BayObLG DAR 1979, 229 [239, bei *Rüth*]), bei eindeutig auf rechtsradikaler Einstellung hindeutenden Bekleidung eines Schöffen in einem Verfahren gegen einen ausländischen Angeklagten (LG Berlin StV 2002, 132), bei Schließung der Beweisaufnahme trotz neuer Beweismittel und der Ankündigung weiterer Beweisanträge (BGH NStZ 2003, 666, 667), bei Weigerung der Annahme eines Ablehnungsantrages (BGH StV 2005, 531 f.), beim Aufnötigen eines unerwünschten Pflichtverteidigers, nur um das Verfahren in dem angesetzten

Hauptverhandlungstermin beenden zu können (BayObLG StV 1988, 97), bei der Rücknahme der Pflichtverteidigerbestellung wegen angeblich unvorschriftsmäßiger Bekleidung (BGH NStZ 1988, 510), bei der Ablehnung eines berechtigten Terminsverlegungsantrags ohne Rücksicht auf die Anreisedauer des Verteidigers und der Ankündigung, weitere Verlegungstermine kategorisch abzulehnen (OLG Bamberg NJW 2006, 2341, 2342) sowie bei der nur auf »unbestimmte Sicherheitsbedenken« gestützte Untersagung des Gebrauchs eines Laptops durch den Verteidiger in der mündlichen Verhandlung (AG Freiberg StRR 2010, 389 [Zivilverfahren]). Im Rahmen von **Urteilabsprachen** wurde die Befangenheit bejaht bei dem Inaussichtstellen einer bestimmten Strafe bei einem Geständnis (BGHSt 37, 298, 303). Auch bei der Drohung mit der »Sanktionsschere«, ist ein Ablehnungsantrag begründet (BGH NStZ 2008, 170 f.) und ratsam, weil eine Revision gestützt auf den fair trial Grundsatz wegen des Vorrangs der Richterablehnung scheitern wird (BGH StV 2005, 372, 373). Bei Nichtbeteiligung aller Verfahrensbeteiligten bei der Absprache liegt nur dann Befangenheit vor, wenn der ablehnende Verfahrensbeteiligte Grund zur Annahme hat, das Gespräch könne sich zu seinen Ungunsten auswirken (BGH NStZ 2008, 229; vgl. auch BGH StV 2011, 72 f. zu ergebnislosen Erörterungen nur mit einzelnen Mitangeklagten außerhalb der Hauptverhandlung). All diese Überlegungen beanspruchen auch nach Inkrafttreten des Verständigungsgesetzes Geltung, durch das i.Ü. nunmehr definitiv klargestellt ist, dass die Beteiligung an einer (versuchten) Verständigung als solche keinesfalls eine Ablehnung tragen kann.

20 **bb) Verneint** wurde die Befangenheit bei **sachlich richtigen Ratschlägen des Richters**, wie etwa auf Zurücknahme des Rechtsmittels wegen fehlender Erfolgsaussichten (RGSt 60, 43, 46; OLG Stuttgart StV 2007, 232, 233; OLG Düsseldorf StraFo 1999, 347; anders aber wenn hierin ein Einschüchterungsversuch zu sehen ist und befürchtet werden muss, das Gericht habe sich bereits eine abschließende Rechtsmeinung gebildet, vgl. OLG Nürnberg NStZ-RR 2008, 114 f.), und bei Anregung der Korrektur eines Antrags des Generalbundesanwaltes (BGH StRR 2012, 191). Keine Befangenheit liegt beim **Hinweis auf das zu erwartende Verfahrensergebnis** nach derzeitigem Stand, bei der Gewährung einer nur kürzeren Fristverlängerung als beantragt (OLG Frankfurt NStZ-RR 2012, 146), bei Anregung eines Verwerfungsantrags nach § 349 Abs. 2 (OLG Düsseldorf NStZ 2012, 470) oder bei der Nennung einer nach Einschätzung der Berufsrichter angemessenen Strafobergrenze (BGH NStZ 2008, 172, 173; LG Verden StV 2010, 234 f.) bzw. beim allgemeinen **Hinweis auf die Bedeutung eines Geständnisses** für die Strafzumessung vor. Genauso wenig führen sachlich **gerechtfertigte sitzungspolizeiliche Maßnahmen** (LG Hamburg StV 1981, 617) oder auch noch je nach Sachlage verständliche (wenngleich überflüssige) **Unmutsäußerungen** (BGH NStZ 2000, 325 f.; NStZ-RR 1996, 200, 201 [»Der Steuerzahler bedankt sich für solche Anträge«]; NJW 1977, 1829, 1830 [»Theater«]; NStZ 2011, 228 [Aussage der Verteidiger soll »sich nicht so aufmandeln«]) automatisch zu einer Befangenheit. Auch die Ablehnung eines Antrags statt der Einlassung des Angeklagten, die Verlesung einer von den Verteidigern verfassten Erklärung zu verlesen, begründet nicht die Befangenheit (BGH StV 2007, 622 m. Anm. *Schlothauer*). Durch das Verständigungsgesetz ist nunmehr definitiv klargestellt, dass die Beteiligung an einer (versuchten) **Verständigung als solche** keinesfalls eine Ablehnung tragen kann; nach BGH StV 2011, 453 liegt auch keine Besorgnis der Befangenheit vor, wenn das Gericht nach dem Scheitern der Verständigung an der fehlenden Zustimmung der Staatsanwaltschaft signalisiert, dass »die Kammer grundsätzlich dazu steht, was sie gesagt hat«. Die Unterrichtungspflicht gegenüber etwaigen an der Verständigung nicht beteiligten Mitangeklagten ist auf Parallelverfahren nur eingeschränkt übertragbar (BGH StV 2012, 393), so dass die fehlende Unterrichtung hier auch nicht ohne weiteres zu einer Befangenheit führt. Der **Umgang mit der Presse** begründet grds. auch kein Ablehnungsgesuch (BGH NJW 2006, 3290, 3297).

21 **4. Spannungen zwischen Richter und Ablehnendem bzw. Verteidiger.** Jenseits der oben genannten Fälle führen **generelle Spannungen** zwischen dem Richter und dem Ablehnenden bzw. dessen Verteidiger **nicht ohne weiteres zur Besorgnis der Befangenheit** (BGH NJW 1998, 2458, 2459; MAH/ *Krause* § 7 Rn. 76). Hiervon kann erst dann (ausnahmsweise) ausgegangen werden, wenn diese sich in **Äußerungen manifestieren**, die so schwerwiegend sind, dass sich die Vermutung der fehlenden Unvoreingenommenheit des Richters aufdrängen muss (vgl. zu entsprechenden Einzelfällen Rdn. 18 f.), wobei dies in einem Ablehnungsantrag auch ausdrücklich dargelegt werden muss (BGH StV 1986, 281 f.; AnwK-StPO/ *Werner* § 24 Rn. 20); regelmäßig lassen dagegen Belastungen auf persönlicher

Ebene – jedenfalls soweit es nicht um den Angeklagten selbst geht – nicht allgemein Rückschlüsse auf eine Voreingenommenheit in der Sache zu (BGH NStZ-RR 2013, 168). Bestehen Spannungen zwischen dem Richter und einem Sachverständigen oder auch ggü. dem **Staatsanwalt**, können auch diese nur die Besorgnis der Befangenheit begründen, wenn sie sich in einer Art und Weise zeigen, dass der Angeklagte befürchten muss, der Richter sei auch ihm ggü. nicht unvoreingenommen (BGH NJW 1998, 2458, 2459; NStZ-RR 2013, 168; KK-StPO/*Fischer* § 24 Rn. 14). **Bejaht** wurde die Besorgnis der Befangenheit etwa bei Ablehnung mit besonders drastischen und unsachlichen Bemerkungen ggü. der Verteidigung (BGH StV 2005, 531 f. [»Sand ins Getriebe streuen«]), bei unangemessenen und unsachlichen Kommentaren zu Beweisanträgen (BGH NStZ 1988, 372 [»Sie machen die Kammer nicht fertig.« oder »Wir haben den längeren Arm.«]) oder zu dem Antrag auf Unterbrechung, um Beweisanträge vorbereiten zu können (OLG Brandenburg StV 2007, 121, 122 [»Ich werde die Anwaltskammer darüber in Kenntnis setzen, was Sie hier für Mätzchen machen. Es handelt sich um ein Kaspertheater. Mein 5jähriger Sohn benimmt sich vernünftiger als Sie.«]).

D. Ablehnungsberechtigung, § 24 Abs. 3. Die Ablehnungsberechtigung ergibt sich aus § 24 Abs. 3 Satz 1, wobei es sich hier um keine abschließende Aufzählung handelt, sondern etwa auch der Nebenkläger oder der Antragsteller im Klageerzwingungsverfahren ablehnungsberechtigt sind (vgl. ausführlich bereits oben Rdn. 3). 22

E. Ablehnung eines Staatsanwaltes. Die Ablehnung des Staatsanwalts ist weder aufgrund Gesetzes noch aufgrund der allgemeinen Besorgnis der Befangenheit möglich, weil nach ganz herrschender Meinung auch eine analoge Anwendung der §§ 22 ff. ausscheiden muss. Da keine Möglichkeit besteht, den Ausschluss eines Staatsanwalts bei Gericht zu beantragen, kann lediglich ggü. dem vorgesetzten Staatsanwalt auf eine Ersetzung hingewirkt werden (§ 145 GVG). Vgl. zum Ganzen bereits § 22 Rdn. 5. 23

F. Revision. Wirkt ein kraft Gesetzes ausgeschlossener Richter mit, liegt ein absoluter Revisionsgrund nach **§ 338 Nr. 2** vor (vgl. bereits § 22 Rdn. 21). Die Mitwirkung eines befangenen Richters bei erfolgreicher oder zu Unrecht erfolgloser Ablehnung führt zu einem Revisionsgrund nach **§ 338 Nr. 3** i.V.m. § 24. Die Verletzung des Grundsatzes des fairen Verfahrens kann nicht gerügt werden, wenn der Ablehnungsgrund nicht in der Tatsacheninstanz gerügt wurde (BGH StV 2009, 171). Das Revisionsgericht prüft beim erfolglosen Ablehnungsantrag die tatsächlichen Voraussetzungen der Befangenheit, nimmt also eine **Prüfung unter Beschwerdegesichtspunkten** vor, wobei zum Zeitpunkt der tatrichterlichen Entscheidung noch nicht existente Umstände auch vom Revisionsgericht nicht berücksichtigt werden (vgl. § 338 Rdn. 23 ff.). Nach neuerer Rechtsprechung wird § 338 Nr. 3 sogar dann bejaht, wenn die Ablehnung der Sache nach nicht gerechtfertigt war, die Ablehnung aber zu Unrecht – willkürlich – nach § 26a Abs. 1 Nr. 2 als unzulässig verworfen wurde (vgl. § 26a Rdn. 10; BVerfG NJW 2006, 3129, 3133; BGHSt 50, 216, 218 f.; BGH StV 2015, 8; BGH NStZ 2006, 705, 707; OLG München NJW 2007, 449, 451; *Meyer-Goßner* NStZ 2006, 53, 54). 24

Für das zulässige Revisionsvorbringen nach **§ 344 Abs. 2** müssen (wörtlich oder dem Inhalt nach) das **Ablehnungsgesuch**, der ablehnende Gerichtsbeschluss sowie der Inhalt der **dienstlichen Äußerung** nach § 26 Abs. 3 (nach Anw-StPO/*Werner* § 24 Rn. 19; KK-StPO/*Fischer* § 24 Rn. 27; Radtke/Hohmann/*Alexander* § 24 Rn. 36 geschlossen und im Wortlaut) dargestellt werden (BGH StV 2010, 225; StV 2009, 393 f.; StV 1996, 2; *Meyer-Goßner/Schmitt* § 338 Rn. 29 sowie hier § 338 Rdn. 27 m.w.N.). Richtet sich die Revision gegen eine zu Unrecht als verspätet nach **§ 26a Abs. 1 Nr. 1** verworfene Ablehnung, ist zudem der Vefahrensablauf insoweit darzustellen, als es für die Beurteilung der Rechtzeitigkeit notwendig ist (BGH MDR 1977, 109); Vergleichbares gilt für Befangenheitsanträge wegen der Ablehnung von verspätet vorgebrachten Beweisanträgen (BGH StV 2012, 587). 25

Ein **widersprüchliches Verhalten** und damit ein Verstoß gegen das allgemeine Missbrauchsverbot soll nach Ansicht des BGH (StV 2009, 169) bei einer Befangenheitsrüge vorliegen, wenn es in der Hauptverhandlung nach Stellung des Befangenheitsantrags zu einer verfahrensbeendenden Absprache gekommen ist, in deren Rahmen der Angeklagte ein Geständnis abgelegt hat. Soweit der BGH hier unterstellt, dass der Angeklagte im Zeitpunkt des Geständnisses keine Sorge der Befangenheit gehabt haben kann, weil es sonst nicht zu dem Geständnis gekommen wäre, wird damit außer Acht gelassen, dass aus Sicht 26 des Angeklagten die Sorge der Befangenheit auch gerade Motiv für die verfahrensbeendende Absprache sein kann, um eine möglichst milde Strafe zu erhalten (so auch *Beulke/Witzigmann* StV 2009, 394, 397). Diese Linie des BGH könnte dazu führen, dass Urteile, die aufgrund einer verfahrensbeendenden Absprache zustande kommen, zukünftig nur noch eingeschränkt revisibel sind (vgl. hierzu auch *Beulke/Witzigmann* StV 2009, 394, 397), was der gesetzgeberischen Grundlinie gerade widerspricht.

27 Die Mitwirkung eines **Staatsanwalts**, bei dem Gründe vorliegen, die dessen Ersetzung notwendig gemacht hätten, führen nicht zu einem absoluten Revisionsgrund, können aber einen relativen Revisionsgrund nach § 337 darstellen (*Meyer-Goßner/Schmitt* Vor § 22 Rn. 7; zur Ablehnung eines Revisionsgrundes nach § 338 Nr. 5 BGH, NJW 1980, 845 f.), sofern nicht auszuschließen ist, dass das Urteil – etwa durch Beeinflussung des Gerichts – auf dessen Mitwirkung beruht (AnwK-StPO/*Werner* § 24 Rn. 18). Hat der betroffene Staatsanwalt selbst in dem Verfahren als Zeuge ausgesagt, muss nach § 344 Abs. 2 Satz 2 aus der Revisionsbegründung hervorgehen, ob der Staatsanwalt auch seine eigene Zeugenaussage im Plädoyer gewürdigt hat (BGH NStZ 2007, 419, 420).

28 Das grundrechtsgleiche Recht aus Art. 101 Abs. 1 Satz 2 GG durch Mitwirkung eines abgelehnten Richters an der Verurteilung ist nur dann verletzt, wenn ein Fall von offensichtlicher und fehlerhafter Anwendung der §§ 24 ff. vorliegt (BVerfG VersR 2010, 2036).

§ 25 StPO Ablehnungszeitpunkt.

(1) ¹Die Ablehnung eines erkennenden Richters wegen Besorgnis der Befangenheit ist bis zum Beginn der Vernehmung des ersten Angeklagten über seine persönlichen Verhältnisse, in der Hauptverhandlung über die Berufung oder die Revision bis zum Beginn des Vortrags des Berichterstatters, zulässig. ²Alle Ablehnungsgründe sind gleichzeitig vorzubringen.

(2) ¹Nach diesem Zeitpunkt darf ein Richter nur abgelehnt werden, wenn
1. die Umstände, auf welche die Ablehnung gestützt wird, erst später eingetreten oder dem zur Ablehnung Berechtigten erst später bekanntgeworden sind und
2. die Ablehnung unverzüglich geltend gemacht wird.

²Nach dem letzten Wort des Angeklagten ist die Ablehnung nicht mehr zulässig.

1 **A. Grundsätzliches und Regelungszweck.** Anders als für die Fälle der §§ 22, 23 und 30 beinhaltet § 25 für den Ausschluss wegen Besorgnis der Befangenheit nach § 24 eine **Präklusionsregelung** in der Hauptverhandlung. **Außerhalb der Hauptverhandlung** unterliegt das Ablehnungsrecht keinen zeitlichen Grenzen (KK-StPO/*Fischer* § 25 Rn. 2; KMR/*Bockemühl* § 25 Rn. 1). **In der Hauptverhandlung** führt die zeitliche Begrenzung der Möglichkeit einer Befangenheitsablehnung gerade bei mehreren Angeklagten zu einer erheblichen Konzentration und Beschleunigung des Verfahrens, indem eine einheitliche Entscheidung aller bekannten Ablehnungsgründe vorgenommen werden kann (LR/*Siolek* § 25 Rn. 3). Somit wird der Gefahr vorgebeugt, dass Prozessbeteiligte trotz der Kenntnis von den Umständen, die die Sorge der Befangenheit begründen, den Prozess in Verschleppungsabsicht – etwa bis zur Erledigung eines ersten Ablehnungsgesuchs – längere Zeit ohne Formulierung eines Ablehnungsantrags verfolgen (vgl. BT-Drucks. IV/178, S. 34; ähnlich KK-StPO/*Fischer* § 25 Rn. 1). Folge einer verspäteten Ablehnung ist die Verwerfung als unzulässig nach § 26a Abs. 1 Nr. 1.

2 Für die Frage der Präklusion ist entscheidend, ob die Gründe, die die Besorgnis der Befangenheit begründen, vor oder nach dem **in § 25 Abs. 1 genannten Zeitpunkt** bekannt geworden sind.

3 **B. Die maßgeblichen Zeitpunkte im Einzelnen.** I. Regelmäßiger Präklusionszeitpunkt bei bekannten Gründen (§ 25 Abs. 1 Satz 1) Im **erstinstanzlichen Verfahren** liegt der späteste Zeitpunkt zur Geltendmachung des Ablehnungsrechts nach § 25 Abs. 1 Satz 1 unmittelbar vor Beginn der Vernehmung des ersten Angeklagten über seine persönlichen Verhältnisse nach § 243 Abs. 2 Satz 2. Wird das Ablehnungsgesuch nicht bis zu diesem Zeitpunkt gestellt, tritt Präklusion ein. Ob das selbst dann gilt, wenn der Ablehnungsberechtigte nicht anwesend ist, ist fraglich (dafür *Meyer-Goßner/Schmitt* § 25 Rn. 2; *Meyer-Goßner* NJW 1987, 1161, 1168 f.; *Rieß/Hilger* NStZ 1987, 145, 148; zweifelnd BGH NStZ-RR 2013, 314). Dagegen muss der Ablehnungsantrag nicht schon früher gestellt wer-

den, nur weil der Grund für die Besorgnis schon länger bekannt war (BVerfGE 2, 295, 296 f.; BGHSt 4, 264, 270; LR/*Siolek* § 25 Rn. 2).

Im sog. **Abwesenheitsverfahren** nach den §§ 232, 233 und auch im **Sicherungsverfahren** ohne Anwesenheit des Beschuldigten nach § 415 ist die Ablehnung bis zur Verlesung der richterlichen Vernehmung des Angeklagten über seine persönlichen Verhältnisse möglich (AnwK-StPO/*Werner* § 25 Rn. 3; LR/*Siolek* § 25 Rn. 19 f.; MüKo-StPO/*Conen/Tsambikakis* § 25 Rn. 10). Liegt kein richterliches Vernehmungsprotokoll vor, ist der Antrag vor Verlesung des Anklagesatzes zu stellen (LR/*Siolek* § 25 Rn. 19; SK-StPO/*Rudolphi* § 25 Rn. 8). 4

Wird nach **Aussetzung** oder **Zurückverweisung** nach §§ 328 Abs. 2, 354 Abs. 2, 355 neu verhandelt, besteht auch hier wieder die Möglichkeit der Ablehnung bis zur Vernehmung des ersten Angeklagten, selbst wenn dies in der ersten Verhandlung trotz Kenntnis vom Ablehnungsgrund nicht geschehen ist (BGHSt 23, 277, 278; OLG Brandenburg StV 1997, 455, 456; HK-StPO/*Temming* § 25 Rn. 13; SK-StPO/*Rudolphi* § 25 Rn. 7). Umgekehrt muss eine bereits erfolgte Ablehnung wiederholt werden, um eine Präklusion zu verhindern (BGH NStZ 2006, 234; a.A: MüKo-StPO/*Conen/Tsambikakis* § 25 Rn. 12). Werden nach Vernehmung des ersten Angeklagten mehrere Verfahren miteinander verbunden, richtet sich der Ablehnungszeitpunkt für den neu hinzugekommenen Angeklagten oder auch Nebenkläger nach der Vernehmung des ersten Angeklagten seit Verbindung (AnwK-StPO/*Werner* § 25 Rn. 4; KMR/*Bockemühl* § 25 Rn. 3 f.), weil sonst das prozessuale Grundrecht auf Ablehnung vollständig verloren gehen würde. 5

In den **Rechtsmittelinstanzen** (Berufung und Revision) tritt Präklusion ein, wenn der Antrag nicht bis zum Beginn des Vortrags des Berichterstatters nach den §§ 324 Abs. 1, 351 Abs. 1 gestellt wurde (AnwK-StPO/*Werner* § 25 Rn. 6; KK-StPO/*Fischer* § 25 Rn. 4; *Meyer-Goßner/Schmitt* § 25 Rn. 3). 6

II. Präklusion bei späterer Kenntniserlangung (§ 25 Abs. 2 Satz 1) Wird der Ablehnungsgrund erst nach dem in § 25 Abs. 1 Satz 1 genannten Zeitpunkt bekannt oder entsteht er erst später, hat die Ablehnung nach § 25 Abs. 2 Nr. 1, Nr. 2 unverzüglich ab **Kenntniserlangung** oder **Entstehung** zu erfolgen. Maßgeblich ist hierbei die Kenntniserlangung **durch den Ablehnungsberechtigten** (BGH NStZ 2010, 401; HK-StPO/*Temming* § 25 Rn. 12); beim Nebenkläger ist die Kenntniserlangung des bevollmächtigten Vertreters entscheidend (BGHSt 37, 264, 265; KK-StPO/*Fischer* § 25 Rn. 7; KMR/*Bockemühl* § 25 Rn. 8). Allgemein wird eine etwaige schuldhaft verspätete Kenntnisnahme durch den Vertreter dem Berechtigten nicht zugerechnet (vgl. BGHSt 37, 264, 265 für den Nebenkläger und seinen Vertreter]; BGH NStZ 2010, 401 [für den Angeklagten]; LR/*Siolek* § 25 Rn. 22). 7

Unverzüglich bedeutet, dass die Ablehnungsgründe sobald möglich ohne zeitliche Verzögerung geltend gemacht werden müssen, sofern die Verzögerung nicht durch die Sachlage begründet ist (BGHSt 21, 334, 339; NStZ 1982, 291, 292; BayObLG NJW 1992, 2242). Allerdings schließt dieser strenge Maßstab nicht aus, dass dem Ablehnungsberechtigten eine gewisse Bedenkfrist (etwa zusammen mit dem Verteidiger) und eine Frist zur Abfassung des Antrags einzuräumen sind (BGH NStZ 1992, 290 m. krit. Anm. *Krehl* NStZ 1992, 598 f.; StV 1984, 318; SK-StPO/*Rudolphi* § 25 Rn. 13), d.h. die Ablehnung muss nicht »sofort«, aber eben »ohne schuldhaftes Verzögern« erfolgen (BGH StV 2008, 562). War der Ablehnungsgrund dem Verteidiger schon vorher bekannt, verkürzt sich die Frist, wobei auf die Umstände des Einzelfalls abzustellen ist. Tritt der Ablehnungsgrund **während einer Beweiserhebung** auf, reicht es aus, wenn der Antrag bis zu deren Ende nach § 257 Abs. 2 gestellt wird. Denn der Antragsberechtigte soll durch Zuwarten überprüfen können, ob sich der Eindruck der Befangenheit im Laufe der Hauptverhandlung verfestigt (OLG München NJW 2007, 449, 451). Während bei einer nur kurzen Unterbrechung die Fortsetzung der Hauptverhandlung abgewartet werden kann (BGH NStZ 1992, 290, 291; StV 1981, 163), ist bei längeren Unterbrechungen der Ablehnungsantrag unverzüglich noch während der Unterbrechung zu Protokoll der Geschäftsstelle zu stellen (BGHSt 21, 334, 344; StV 1982, 339, 340; StV 2008, 562), wobei allerdings keine Bearbeitung am Wochenende verlangt werden kann (OLG Düsseldorf NJW 1992, 2243 LS). 8

Nicht nur der Ablehnungsantrag, sondern auch die Glaubhaftmachung des Ablehnungsgrundes nach § 26 Abs. 2 muss unverzüglich erfolgen. Dabei sind nicht nur der Zeitpunkt des Entstehens und die Kenntniserlangung hiervon anzugeben, sondern ebenso die Gründe für eine möglicherweise verzögerte Antragsstellung. Die Gelegenheit zur Stellung des Antrags muss dem Ablehnungsberechtigten hingegen nicht unverzüglich, aber noch am selben Hauptverhandlungstag gegeben werden (*Drees* NStZ 9

2005, 184, 186; *Meyer-Goßner/Schmitt* § 25 Rn. 9; so wohl auch *Senge* NStZ 2002, 225, 232). Der unverzüglichen Glaubhaftmachung bedarf es nicht, wenn sich die zugrunde liegenden Tatsachen aus den Akten ergeben (BGH StV 2015, 9; BGH NStZ 2007, 161).

10 **III. Konzentrationsgebot (§ 25 Abs. 1 Satz 2)** Für Fälle des Abs. 1 Satz 1 sind nach Abs. 1 Satz 2 alle Ablehnungsgründe gleichzeitig vorzutragen. Dieses **Konzentrationsgebot** ist insb. dann von Bedeutung, wenn bereits vor dem letztmöglichen Antragszeitpunkt nach Abs. 1 Satz 1 das Ablehnungsgesuch geltend gemacht wird. Alle hier nicht angebrachten, aber bereits bekannten Ablehnungsgründe sind dann verwirkt und können allenfalls noch zur Unterstützung eines späteren Ablehnungsantrags vorgebracht werden (BGHSt 21, 85, 88; KMR/*Bockemühl* § 25 Rn. 7; LR/*Siolek* § 25 Rn. 30; Radtke/Hohmann/*Alexander* § 25 Rn. 5). Werden weitere Gründe erst nach Stellung des ersten Ablehnungsantrags bekannt, greift hinsichtlich neu erkannter Gründe die Präklusionsregelung des Abs. 2.

11 Aufgrund des Unverzüglichkeitserfordernisses gelten für Abs. 2 faktisch ähnliche Anforderungen, wie für Abs. 1, denn regelmäßig wird der Ablehnungsberechtigte auch hier gehalten sein, alle ihm bekannten Gründe gleichzeitig vorzubringen, um die Anforderungen an die Unverzüglichkeit einzuhalten.

12 **IV. Absoluter Erlöschenszeitpunkt nach § 25 Abs. 2 Satz 2.** Als absolute und **äußerste zeitliche Grenze** für das Stellen des Antrags legt Abs. 2 Satz 2 für alle Instanzen das **letzte Wort** des Angeklagten nach den §§ 258 Abs. 2, 326 Satz 2, 351 Abs. 2 Satz 2 fest (HK-StPO/*Temming* § 25 Rn. 16; MüKo-StPO/*Conen/Tsambikakis* § 25 Rn. 22). Da die Vorschrift als verfassungsrechtlich unbedenklich gilt (BVerfG NJW 1988, 477), muss der Antragberechtigte notfalls eine Unterbrechung der Hauptverhandlung beantragen, um seinen Antrag rechtzeitig stellen zu können (BVerfG NStZ-RR 2006, 379, 380). Die Präklusionswirkung entfällt allerdings mit Wiedereintritt in die Beweisaufnahme nach Erteilung des letzten Wortes (BGH NStZ 2006, 644, 645; *Meyer-Goßner/Schmitt* § 25 Rn. 10). Entscheidet das Revisionsgericht durch Beschluss nach § 349 Abs. 2, kann die Ablehnung nur bis zur Entscheidung vorgebracht werden (BGH NStZ 2008, 55; NStZ 2007, 416 f.).

13 Auch wenn eine Entscheidung ohne mündliche Verhandlung ergeht, gilt § 25 Abs. 2 uneingeschränkt (zumindest analog), weil durch das Anhörungsrügegesetz (v. 09.12.2004) keine abweichende Regelung getroffen wurde (vgl. OLG Nürnberg NJW 2007, 1013 f.; a. A. noch OLG Saarbrücken NJW 1975, 399 f.; offengelassen bei BGH NStZ-RR 2005, 173 f.), so dass ein Ablehnungsgesuch nur so lange statthaft vorgebracht werden kann, bis die Entscheidung ergangen ist (BGH NStZ-RR 2012, 314; StRR 2012, 191; BVerfG, NStZ 2007, 709; OLG Hamm BeckRS 2015, 03364 Rn. 12).

14 **C. Revision.** Da die Präklusion unabhängig davon eintritt, ob der Ablehnungsantrag begründet gewesen wäre, wird bei einer verspäteten Ablehnung eine Revision niemals auf eine Verwerfung – gleich, ob die Ablehnung in der Sache begründet war – gestützt werden können. War der Antragsteller präkludiert, kann das Revisionsgericht i.R.d. § 338 Nr. 3 auch dann auf § 26a Abs. 1 Nr. 1 abstellen, wenn das Tatgericht den Befangenheitsantrag aus einem anderen Grund nach § 26a verworfen hatte, weil der Angeklagte in einem solchen Fall nie seinem gesetzlichen Richter entzogen wurde (vgl. BGH StV 2008, 562, 563, sowie generell zur Problematik § 26a Rdn. 10).

§ 26 StPO Ablehnungsverfahren. (1) ¹Das Ablehnungsgesuch ist bei dem Gericht, dem der Richter angehört, anzubringen; es kann vor der Geschäftsstelle zu Protokoll erklärt werden. ²§ 257a findet keine Anwendung.
(2) ¹Der Ablehnungsgrund und in den Fällen des § 25 Abs. 2 die Voraussetzungen des rechtzeitigen Vorbringens sind glaubhaft zu machen. ²Der Eid ist als Mittel der Glaubhaftmachung ausgeschlossen. ³Zur Glaubhaftmachung kann auf das Zeugnis des abgelehnten Richters Bezug genommen werden.
(3) Der abgelehnte Richter hat sich über den Ablehnungsgrund dienstlich zu äußern.

1 **A. Grundsätzliches und Regelungszweck.** § 26 regelt wichtige Teile des formalen Ablaufs des Ablehnungsverfahrens. Während Abs. 1 Adressat und Form des Ablehnungsgesuchs festlegt, sind in Abs. 2 die Anforderungen an den Inhalt und die Glaubhaftmachung geregelt und in Abs. 3 wird das Erfordernis einer dienstlichen Äußerung des abgelehnten Richters statuiert (vgl. dazu auch § 24

Rdn. 5). Bereits aus der Zuständigkeitsregelung für die Entscheidung über das Ablehnungsgesuch wird deutlich, dass dieses **nicht Teil der Hauptverhandlung** ist und daher hier etwa auch nicht die Grundsätze der Öffentlichkeit (BGH NStZ [Pf] 1982, 188; HK-StPO/*Temming* § 26 Rn. 1; MüKo-StPO/*Conen/Tsambikakis* § 26 Rn. 2) oder der Anwesenheit des Angeklagten gelten (BGH NStZ 1996, 398, 399; LR/*Siolek* § 26 Rn. 2).

B. Adressat und Form (§ 26 Abs. 1) Nach Abs. 1 ist das Ablehnungsgesuch bei dem Gericht anzubringen, dem der Richter angehört. Gemeint ist hiermit (insb. auch, wenn der betroffene Richter mehreren Spruchkörpern angehört, vgl. dazu KMR/*Bockemühl* § 26 Rn. 1; LR/*Siolek* § 26 Rn. 4) der im Verfahren konkret zuständige **Spruchkörper** (RGSt 19, 332, 336; *Meyer-Goßner/Schmitt* § 26 Rn. 1). Beim Amtsrichter als Strafrichter ist das Gesuch bei ihm selbst anzubringen, beim **ersuchten Richter** nach herrschender Meinung ebenfalls bei diesem selbst (und nicht beim ersuchenden Gericht), was aufgrund der Fristenregelung des § 25 auch nur sinnvoll erscheint (vgl. auch LR/*Siolek* § 26 Rn. 5). Nämliches gilt für Ablehnungsgesuche gegen Richter von auswärtigen Strafkammern oder -senaten nach §§ 78, 116 Abs. 2 GVG (vgl. *Meyer-Goßner/Schmitt* § 26 Rn. 1). 2

Für die **Form** des Ablehnungsgesuchs gibt es keine zwingende Regelung: **In der Hauptverhandlung** kann das Gesuch schriftlich oder mündlich gestellt werden; **außerhalb** der Hauptverhandlung schriftlich oder zu Protokoll der Geschäftsstelle (vgl. auch BGH StV 2005, 531 f.; HK-StPO/*Temming* § 26 Rn. 5). Abs. 1 Satz 2 schließt ausdrücklich die Möglichkeit der Anordnung der schriftlichen Antragsstellung nach § 257a aus. Dennoch ist eine schriftliche Antragsstellung zu empfehlen (so auch *Dahs* Rn. 205; LR/*Siolek* § 26 Rn. 7), um einerseits Fehler zu vermeiden und andererseits, weil kein Anspruch auf eine Protokollierung nach § 273 besteht (RGSt 32, 239, 241; AnwK-StPO/*Werner* § 26 Rn. 9; MüKo-StPO/*Conen/Tsambikakis* § 26 Rn. 7). Für die rechtzeitige Stellung des Ablehnungsgesuchs trägt allein der Ablehnungsberechtigte die Gefahr, sodass er dafür Sorge zu tragen hat, dass sein Gesuch dem Gericht pünktlich vorliegt, wenn er es zu Protokoll der Geschäftsstelle gibt (LR/*Siolek* § 26 Rn. 8). 3

C. Inhaltliche Anforderungen, insb. § 26 Abs. 2. I. Benennung von Richter und Ablehnungsgrund. Im Ablehnungsgesuch sind der **abgelehnte Richter** (grds. durch Namhaftmachung, sonst in anderer Weise vgl. BVerfGE 2, 295, 297; SK-StPO/*Rudolphi* § 26 Rn. 3) eindeutig auszuweisen und der **Ablehnungsgrund** zu benennen, weil Anträge ohne Begründung nach § 26a Abs. 1 Nr. 2 als unzulässig zu verwerfen sind (vgl. hierzu § 26a Rdn. 3 ff.). Daher ist auch das Nachschieben von Gründen (nicht aber eine »Verbesserung« oder Ergänzung der Begründung) unzulässig (KMR/*Bockemühl* § 26 Rn. 4; LR/*Siolek* § 26 Rn. 9). Die bloße Behauptung des Ablehnungsgrundes nach den §§ 22 bis 24 (BGH MDR 1970, 899; KK-StPO/*Fischer* § 26 Rn. 3) oder eine Bezugnahme auf die Akten reichen nicht aus (BayObLG JZ 1952, 753); vielmehr muss die Begründung alle Tatsachen enthalten, auf die die Ablehnung gestützt wird (LR/*Siolek* § 26 Rn. 11). In Fällen nach § 25 Abs. 2 sind die Tatsachen anzugeben, aus denen sich die Rechtzeitigkeit ergibt (vgl. § 25 Rdn. 9; Brüssow/Gatzweiler/Krekeler/Mehle/*Gatzweiler/Mehle* § 9 Rn. 90; *Meyer-Goßner/Schmitt* § 26 Rn. 4). Eine völlig ungeeignete Begründung steht der fehlenden gleich und führt zur Unzulässigkeit des Ablehnungsgesuchs (vgl. § 26 Rdn. 4). Etwaige vorliegende, aber nicht geltend gemachte Ablehnungsgründe, darf das Gericht nicht von Amts wegen berücksichtigen (*Peters* JR 1972, 119, 121; KMR/*Bockemühl* § 26 Rn. 6). 4

II. Glaubhaftmachung: Bedeutung und Anforderungen (§ 26 Abs. 2 Satz 1) Nach § 26 Abs. 2 sind der Grund des Ablehnungsgesuchs sowie in Fällen des § 25 Abs. 2 die Verzögerungsgründe glaubhaft zu machen. Dies erfordert den Beweis der behaupteten Tatsachen in einem Umfang, der das Gericht in die Lage versetzt, ohne eine den Fortgang der Verhandlung verzögernde Beweiserhebung über das Ablehnungsgesuch zu entscheiden (HK-StPO/*Temming* § 26 Rn. 9 f.; KK-StPO/*Fischer* § 26 Rn. 4). Das Gericht muss weder eigene Anstrengungen (z.B. Zeugenvernehmungen) für die Glaubhaftmachung vornehmen (BVerfG, Nichtannahmebeschl. v. 08.10.2003 – 2 BvR 360/03; OLG Düsseldorf NJW 1985, 2207 [zu § 45 Abs. 2]) noch auf eine weitere Glaubhaftmachung hinwirken (BGHSt 21, 334, 347 f.; MüKo-StPO/*Conen/Tsambikakis* § 26 Rn. 13). Ist dem Gericht der Grund bereits bekannt (BayObLG StV 1995, 7), ergibt sich dieser aus den Akten (BGH StV 2015, 9) oder ist die Rechtzeitig- 5 keit in Fällen des § 25 Abs. 2 offensichtlich (BGH MDR 1965, 1004), ist eine Glaubhaftmachung nicht erforderlich (LR/*Siolek* § 26 Rn. 19; *Meyer-Goßner/Schmitt* § 26 Rn. 6). Das Gericht muss nicht von den behaupteten Tatsachen überzeugt sein, sondern diese für **wahrscheinlich** halten (BGHSt 21, 334, 350; *Meyer-Goßner/Schmitt* § 26 Rn. 7). Zweifel an der Richtigkeit der behaupteten Tatsachen wirken immer zulasten des Antragstellers (*kein* in dubio pro reo! vgl. BGHSt 21, 334, 352; KK-StPO/ *Fischer* § 26 Rn. 4).

6 III. **Glaubhaftmachung: Mittel (§ 26 Abs. 2 Satz 2, 3)** Neben Urkunden und ärztlichen Zeugnissen, sind insb. **anwaltliche Versicherungen** (OLG Köln NJW 1964, 1038, 1039 [zu § 45 Abs. 2]) und **eidesstattliche Versicherungen von Zeugen** (auch in fremder Sprache, vgl. OLG Bamberg NStZ 1989, 335f) typische Mittel der Glaubhaftmachung. Fehlt die anwaltliche Versicherung der Wahrnehmung des Verteidigers, ist dies aufgrund dessen Wahrheitspflicht unschädlich (BGH NStZ 2007, 161, 162; BayObLG StV 1995, 7; MüKo-StPO/*Conen/Tsambikakis* § 26 Rn. 16; SK-StPO/*Rudolphi* § 26 Rn. 11). Auch wenn Zeugen nach Abs. 2 Satz 2 nicht vereidigt werden dürfen, können sie die Richtigkeit ihrer Erklärung eidesstattlich versichern. Grds. können nur schriftliche Erklärungen zur Glaubhaftmachung benutzt werden, sodass die bloße Benennung eines Zeugen nicht ausreicht, es sei denn, dieser weigert sich, eine schriftliche Erklärung abzugeben oder eine solche kann nicht schnell genug beigebracht werden (BGHSt 21, 334, 347; OLG Düsseldorf NJW 1985, 2207 [zu § 45 Abs. 2]; LR/*Siolek* § 26 Rn. 21). Dann ist allerdings glaubhaft zu machen, warum eine schriftliche Erklärung nicht möglich ist (BGH MDR 1978, 111; Beispiele bei KMR/*Bockemühl* § 26 Rn. 8).

7 Mit dem **Zeugnis des abgelehnten Richters** nach Abs. 2 Satz 3 ist nur die dienstliche Erklärung i.S.v. Abs. 3 gemeint, nicht etwa eine weitere Aussage (LR/*Siolek* § 26 Rn. 23). Will sich der Antragsteller auf die Erklärung des Richters berufen, muss er dies – insb. als Verteidiger – ausdrücklich erklären (OLG Frankfurt am Main NJW 1977, 767 f. [zu § 44 Abs. 2 ZPO]; *Meyer-Goßner/Schmitt* § 26 Rn. 12; a. A. OLG Celle NdsRpfl 1982, 100).

8 D. **Dienstliche Äußerung des abgelehnten Richters (§ 26 Abs. 3)** Nach Abs. 3 hat der abgelehnte Richter eine dienstliche Äußerung über den Ablehnungsgrund abzugeben. Da diese für die Beurteilung der Befangenheitsfrage von Bedeutung ist, ist sie **unverzichtbar**, solange das Ablehnungsgesuch nicht ohne Sachprüfung nach § 26a zu verwerfen ist (BVerfGE 11, 1, 3; BGH NJW 2005, 3434, 3436). Die **Nichtabgabe** der dienstlichen Äußerung oder ihre objektive Unrichtigkeit können ein erneutes Ablehnungsgesuch rechtfertigen (OLG Frankfurt am Main MDR 1978, 409; MAH/*Krause* § 7 Rn. 79). Da die Erklärung auch vom Rechtsmittelgericht herangezogen wird, muss sie schriftlich ggü. dem zuständigen Spruchkörper erfolgen und darf nicht etwa nur in das Sitzungsprotokoll diktiert werden (BayObLG StV 1982, 460). Um den Grundsatz des rechtlichen Gehörs zu wahren, muss die dienstliche Äußerung allen Prozessbeteiligten mitgeteilt werden und es muss ihnen nach § 33 Abs. 2 und 3 Gelegenheit zur Stellungnahme gegeben werden (BVerfGE 24, 56, 62; BGHSt 21, 85, 87; 23, 200, 203; StV 1982, 457).

9 **Inhaltlich** muss der abgelehnte Richter zu den vorgebrachten Tatsachen Stellung nehmen und kann die Sorge der Befangenheit ggf. ausräumen, wenn er z.B. sein Verhalten klarstellt oder sich entschuldigt (BGH NStZ 2006, 49; NStZ 2012, 168; kritisch MüKo-StPO/*Conen/Tsambikakis* § 24 Rn. 38). Die bloße Erklärung des Richters, er fühle sich nicht befangen, ist nicht ausreichend und muss wie eine Weigerung zur Abgabe der Erklärung behandelt werden (vgl. AnwK-StPO/*Werner* § 26 Rn. 7; LR/*Siolek* § 26 Rn. 26 m.w.N.).

10 E. **Revision.** Wird über das Ablehnungsgesuch entschieden, ohne die dienstliche Äußerung des abgelehnten Richters zuvor mitgeteilt zu haben, kann dies als Verletzung des rechtlichen Gehörs die Revision begründen (OLG Hamm StV 1996, 11, 12; SK-StPO/*Rudolphi* § 26 Rn. 13), stellt aber keinen absoluten Revisionsgrund dar. Das Urteil beruht dann nicht auf dem Verstoß, wenn der Antragsteller nach Kenntnisnahme noch Gelegenheit hatte, seinen Ablehnungsantrag unverzüglich nach § 25 Abs. 2 Nr. 2 zu wiederholen (BGHSt 21, 85, 87; AnwK-StPO/*Werner* § 26 Rn. 8; KMR/*Bockemühl* § 26 Rn. 11). Zu den Anforderungen an das zulässige Revisionsvorbringen, vgl. § 24 Rdn. 25.

§ 26a StPO Verwerfung eines unzulässigen Ablehnungsantrags.

(1) Das Gericht verwirft die Ablehnung eines Richters als unzulässig, wenn
1. die Ablehnung verspätet ist,
2. ein Grund zur Ablehnung oder ein Mittel zur Glaubhaftmachung nicht angegeben wird oder
3. durch die Ablehnung offensichtlich das Verfahren nur verschleppt oder nur verfahrensfremde Zwecke verfolgt werden sollen.

(2) ¹Das Gericht entscheidet über die Verwerfung nach Absatz 1, ohne daß der abgelehnte Richter ausscheidet. ²Im Falle des Absatzes 1 Nr. 3 bedarf es eines einstimmigen Beschlusses und der Angabe der Umstände, welche den Verwerfungsgrund ergeben. ³Wird ein beauftragter oder ein ersuchter Richter, ein Richter im vorbereitenden Verfahren oder ein Strafrichter abgelehnt, so entscheidet er selbst darüber, ob die Ablehnung als unzulässig zu verwerfen ist.

A. Grundsätzliches und Regelungszweck. § 26a statuiert ein ggü. dem Regelfall des § 27 vereinfachtes Verfahren zur Verwerfung eines Ablehnungsantrags als unzulässig (LR/*Siolek* § 26a Rn. 1; SK-StPO/*Rudolphi* § 26a Rn. 1). Die Entscheidung erfolgt ohne Sachprüfung und unter Mitwirkung des abgelehnten Richters (ohne dienstliche Erklärung nach § 26 Abs. 3), sodass § 26a für Fälle der einfachen Formalentscheidungen eingreifen soll (vgl. BT-Drucks. IV/178, S. 35; BGH NStZ-RR 2008, 246, 247) und der Verfahrensbeschleunigung dient (MüKo-StPO/*Conen/Tsambikakis* § 26a Rn. 3). Aufgrund der Mitwirkung des abgelehnten Richters ist § 26a eng auszulegen, weil jede fehlerhafte Anwendung des vereinfachten Verfahrens die Sache zugleich dem gesetzlichen Richter entzieht (**Art. 101 Abs. 1 Satz 2 GG**), indem der abgelehnte Richter zum »Richter in eigener Sache wird« (BGH, StV 2015, 6; BGH NStZ-RR 2008, 246, 247; AnwK-StPO/*Werner* § 26a Rn. 1). Dennoch ist eine entsprechende Anwendung der Vorschrift nicht *a priori* ausgeschlossen, etwa wenn der abgelehnte Richter noch nicht oder nicht mehr mit der Sache befasst ist oder wenn ein Gericht als Ganzes abgelehnt wird (BGHSt 23, 200, 202; HK-StPO/*Temming* § 26a Rn. 2; KK-StPO/*Fischer* § 26a Rn. 2; *Meyer-Goßner/Schmitt* § 26a Rn. 1). Ob ein Ablehnungsgesuch nach Abs. 1 als unzulässig zu verwerfen ist, steht nicht im Ermessen des Gerichts, sodass es sich beim Vorliegen der Voraussetzungen um eine zwingende Regelung handelt. Bestehen hingegen Zweifel am Vorliegen der Voraussetzungen, muss nach § 27 entschieden werden (BVerfG NVwZ 2005, 1304, 1308; BGHSt 50, 216, 220). Es kann immer nur das ganze Ablehnungsgesuch als unzulässig verworfen werden; eine Verwerfung einzelner von mehreren Ablehnungsgründen ist unzulässig (BGHSt 37, 99, 105 f.; KK-StPO/*Fischer* § 26a Rn. 1).

B. Die Verwerfungsgründe im Einzelnen. I. Verspätung (§ 26a Abs. 1 Nr. 1) Nach Abs. 1 Nr. 1 werden solche Ablehnungsanträge als unzulässig verworfen, die nach § 25 verspätet sind. Vgl. zur Präklusion und Konzentrationsmaxime § 25 Rdn. 7 ff. Mittelbar werden als verspätet auch solche Ablehnungsgesuche verworfen, die zunächst in falscher Form oder beim falschen Gericht angebracht wurden (vgl. § 26 Rdn. 2 f.). Besondere Bedeutung kommt Abs. 1 Nr. 1 zu, wenn in Fällen des § 25 Abs. 2 die Rechtzeitigkeit nicht nach § 26 Abs. 2 Satz 1 glaubhaft gemacht wurde. Hier wird das Gericht regelmäßig unterstellen, dass der Ablehnungsgrund schon zum Zeitpunkt des § 25 Abs. 1 bekannt war, muss dies aber in der Begründung auch darlegen (BGH MDR 1965, 1004; *Meyer-Goßner/Schmitt* § 26a Rn. 3). Auch bei wiederholt gestellten Ablehnungsgesuchen liegen oft die Voraussetzungen des § 25 nicht vor (KMR/*Bockemühl* § 26a Rn. 5; Radtke/Hohmann/*Alexander* § 26a Rn. 3 m.w.N.; a. A. OLG Hamm NJW 1966, 2073, 2074, das § 26a Abs. 1 Nr. 2 anwendet). Anderes gilt, wenn in dem neuen Antrag ein neuer Ablehnungsgrund oder neue Mittel zur Glaubhaftmachung beigebracht werden (RGSt 24, 12, 14; AnwK-StPO/*Werner* § 26a Rn. 3; KK-StPO/*Fischer* § 26a Rn. 2).

II. Fehlende Begründung (§ 26a Abs. 1 Nr. 2) Fehlt es vollständig an einer **Begründung** des Ablehnungsantrags oder der **Glaubhaftmachung** der behaupteten Tatsachen, ist das Gesuch nach Abs. 1 Nr. 2 als unzulässig zu verwerfen (OLG München NJW 1976, 436 [keine Nachfristsetzung bei Ankündigung der Begründung]; MüKo-StPO/*Conen/Tsambikakis* § 26a Rn. 9). Die fehlende Glaubhaftmachung betrifft nicht allein die Tatsachen des Ablehnungsgrundes, sondern in Fällen des § 25 Abs. 2 nach § 26 Abs. 2 Satz 1 auch die Tatsachen, auf denen die Verzögerung beruht (vgl. § 26 Rdn. 5). **Kein** Fall des Abs. 1 Nr. 2 liegt hingegen vor, wenn die Tatsachen bereits gerichtsbekannt bzw. die

Gründe für die späte Antragsstellung offensichtlich sind (KMR/*Bockemühl* § 26a Rn. 9 sowie auch bereits § 26 Rdn. 5).

4 Darüber hinaus erfasst Abs. 1 Nr. 2 auch Fälle, in denen die **Ungeeignetheit** der Begründung oder der Glaubhaftmachung so evident ist, dass sie dem Fehlen der Begründung/Glaubhaftmachung gleichsteht (BVerfG NJW 1995, 2912, 2913 f.; BGH NStZ 2014, 725; BGH NStZ 2008, 46, 47; NStZ 2004, 630, 631), wie z.B. beim bloßen Hinweis auf die Vorbefassung des abgelehnten Richters als solche (vgl. § 24 Rdn. 10; BGH NJW 2006, 2864, 2866; BGHR StPO § 26a Unzulässigkeit 20 [um so mehr, wenn die Vorbefassung als Revisionsrichter zu einem Erfolg des Beschwerdeführers geführt hat]; BGH NStZ-RR 2012, 350 [auch dann, wenn in pauschaler Form vorgeworfen wird, bei der Erstbehandlung habe das Gericht gegen das Gebot der Wahrheitsfindung verstoßen]; *Rabe* NStZ 1996, 369), wenn das Gesuch nur eine reine Schmähung ohne sachlichen Anknüpfungspunkt enthält (BGH NStZ 1997, 331 [bei *Kusch*]), bei pauschalem Hinweis auf eine bestimmte Konfession (BGH NStZ-RR 2002, 65, 66 [bei *Becker*]), wenn ein nicht näher bezeichnetes Verwandtschaftsverhältnis behauptet wird (BGH MDR [D] 1970, 899), beim pauschalen Hinweis auf die Tätigkeit des abgelehnten Richters in seiner Eigenschaft als Mitglied des Präsidiums des Bundesgerichtshofes (BGH NStZ-RR 2013, 153) oder bei der Rüge, der Vorsitzende habe keine Unterbrechung für die Vorbereitung von Stellungnahmen vorgenommen, um die kein Verfahrensbeteiligter gebeten hat (BGH NStZ-RR 2009, 207). Hinsichtlich der völligen Unbegründetheit ist allerdings Vorsicht geboten, um eine Begründetheitsprüfung im Gewande einer Zulässigkeitsprüfung zu vermeiden (so BGH NStZ 2008, 46, 47).

5 Hingegen ist nach § 27 zu entscheiden, wenn i.R.d. Vorbefassung des Richter ein konkretes Verhalten gerügt wird (vgl. BGHSt 50, 216 m. Anm. *Kudlich* JA 2006, 253; *Meyer-Goßner/Schmitt* § 26a Rn. 4a). Ebenso wenig kommt eine Verwerfung nach § 26a in Betracht, wenn nur ein Fall der sog. **offensichtlichen Unbegründetheit** gegeben ist, dessen Feststellung zumindest noch eine gewisse Sachprüfung erfordert (BVerfG StV 2005, 478, 481; BGH NStZ 2014, 725; BGH NStZ 2008, 46, 47; *Gaede* HRRS 2005, 319, 322 f.; *Meyer-Goßner* NStZ 2006, 53; KMR/*Bockemühl* § 26a Rn. 8). Auch schwer nachvollziehbare oder unvollständige Begründungen führen nicht zur Anwendung von § 26a (SK-StPO/*Rudolphi* § 26a Rn. 6).

6 **III. Verschleppung und Verfahrensfremde Zwecke (§ 26a Abs. 1 Nr. 3)** Die Verwerfung nach Abs. 1 Nr. 3 erlaubt das vereinfachte Verfahren in Fällen des Missbrauchs des Ablehnungsrechts (*Kröpil* AnwBl. 1997, 575). Gemeint sind Fälle, in denen der Antragsteller andere Ziele verfolgt, als den abgelehnten Richter vom Verfahren auszuschließen (*Günther* NJW 1986, 281, 286). Die **Verschleppungsabsicht** ist damit Unterfall der verfahrensfremden Zwecke (so auch LR/*Siolek* § 26a Rn. 28). Diese liegt vor, wenn der Antragsteller eine Vielzahl von Ablehnungsgesuchen (sowie ggf. weitere Anträge, vgl. BGH NStZ 2005, 579 f.) stellt, deren Erfolglosigkeit er kennt oder auf jeden Fall kennen muss (BGH NStZ 2004, 630, 631; vgl. allgemein zur Verschleppungsabsicht aber auch § 244 Rdn. 220 ff.). Neben der (für sich genommen nicht ausreichenden, vgl. KK-StPO/*Fischer* § 26a Rn. 10) Anzahl der Gesuche kommt es also entscheidend darauf an, dass sich aus den Anträgen selbst das subjektive Element der Verschleppungsabsicht ablesen lässt. **Sonstige verfahrensfremde Zwecke** liegen etwa vor, wenn der Antragsteller das Gesuch lediglich zu Demonstrationszwecken stellt (KG GA 1974, 220, 221; OLG Koblenz MDR 1977, 425), den Richter verunglimpfen will (BGH NStZ [K] 1997, 331; KG JR 1966, 229, 230; HansOLG Bremen NStZ-RR 2012, 285) oder seine Zwecke sonst der Zielsetzung eines Strafverfahrens zuwider laufen (KMR/*Bockemühl* § 26a Rn. 12; MüKo-StPO/*Conen/Tsambikakis* § 26a Rn. 18).

7 **C. Verfahren bei der Verwerfung als unzulässig (§ 26a Abs. 2)** Nach Abs. 2 Satz 1 erfolgt die Verwerfung als unzulässig ohne Ausscheiden des abgelehnten Richters. **In der Hauptverhandlung** (d.h. auch, wenn diese zuvor zur Beratung des Ablehnungsgesuchs unterbrochen wurde, der Beschluss selbst aber nach Wiedereintritt in die Hauptverhandlung verkündet wird, vgl. OLG München NJW 2007, 449, 450 f.) entscheidet das Gericht (mit Schöffen) in voller Besetzung, und die Beteiligten müssen nach § 33 Abs. 1 gehört werden (HK-StPO/*Temming* § 26a Rn. 15 f.; KK-StPO/*Fischer* § 26a Rn. 13). **Außerhalb der Hauptverhandlung** ergeht die Entscheidung in der Beschlussbesetzung nach § 76 Abs. 1 GVG, wobei sich die StA nach § 33 Abs. 2 erklären muss und die anderen Beteiligten nach § 33 Abs. 3 zu hören sind (AnwK-StPO/*Werner* § 26a Rn. 5; SK-StPO/*Rudolphi* § 26a Rn. 13 f.).

Unabhängig davon ob der Beschluss in oder außerhalb der Hauptverhandlung ergeht, entscheidet nach **Abs. 2 Satz 3** der ersuchte Richter, Ermittlungsrichter, Richter im Vorbereitungsverfahren, Straf- oder Jugendrichter selbst über die Verwerfung nach § 26a (KK-StPO/*Fischer* § 26a Rn. 12; MüKo-StPO/*Conen/Tsambikakis* § 26a Rn. 25). Die damit stets verbundene Mitentscheidung des abgelehnten Richters über den Verdacht seiner eigenen Befangenheit wirkt insoweit maßstabsbildend, als nur solche Fälle unter § 26a Abs. 1 (insb. in der stark ausfüllungsbedürftigen Nr. 3, vgl. Rdn. 6) gefasst werden dürfen, in denen der Richter nicht (vertieft) sein eigenes Verhalten beurteilen muss (exemplarisch BGH NStZ 2008, 523, 524, BGH StV 2015, 9). Lehnt der abgelehnte Richter ein zulässiges Befangenheitsgesuch willkürlich als unzulässig ab, stellt das eine Versagung des rechtlichen Gehörs (und zwar des Gehörs durch den für die Entscheidung über das Gesuch zuständigen Richters) dar (OLG Naumburg 2 Ss [Bz] 91/12 vom 06.09.2012).

Die Entscheidung nach § 26a ergeht nach § 28 als Beschluss und erfordert eine Stimmenmehrheit i.S.v. § 196 GVG, in Fällen des **Abs. 1 Nr. 3** nach Abs. 2 Satz 2 **Einstimmigkeit**. Nach §§ 28 Abs. 2, 34 muss der verwerfende Beschluss begründet werden, wobei der Verwerfungsgrund angegeben werden muss und die Verwerfung so ausführlich zu begründen ist, dass dem Beschwerdegericht eine sachliche Überprüfung möglich ist. In Fällen des Abs. 1 Nr. 3 ordnet Abs. 2 Satz 2 das Begründungserfordernis ausdrücklich an, was nichts daran ändert, dass dieses nach den §§ 28 Abs. 2, 34 für alle Verwerfungsgründe gilt (LR/*Siolek* § 26a Rn. 45). In Fällen der Verschleppungsabsicht gelten die gleichen strengen Anforderungen wie bei der entsprechende Ablehnung von Beweisanträgen aus diesem Grund (vgl. § 244 Rdn. 215 ff.). Hier muss die Begründung zeigen, warum das Gesuch nicht gestellt wurde, um das Ausscheiden des abgelehnten Richters zu bewirken, sondern um die Verzögerung der Hauptverhandlung zu erreichen (LR/*Siolek* § 26a Rn. 44; MüKo-StPO/*Conen/Tsambikakis* § 26a Rn. 27), wobei der Richter auch sein eigenes Verhalten während der Verhandlung in die Begründung mit einbeziehen darf ohne dadurch zum Richter in eigener Sache zu werden (BGH NStZ 2008, 473). Der Beschluss wird nach § 35 durch Verkündung (in der Hauptverhandlung) oder Zustellung (außerhalb der Hauptverhandlung) bekannt gegeben (KMR/*Bockemühl* § 26a Rn. 15; LR/*Siolek* § 26a Rn. 48). Eine Kostenentscheidung ergeht nicht (*Meyer-Goßner/Schmitt* § 26a Rn. 10). Die Anfechtung richtet sich nach § 28 (vgl. dort Rdn. 3). 8

D. Revision. Bei **Verwerfung wegen Verspätung** nach § 26a Abs. 1 Nr. 1 muss in der Revisionsbegründung insb. der Verfahrensverlauf so vollständig dargelegt werden, dass sich hieraus die fristgerechte, also unverzügliche, Antragsstellung ergibt (BGH MDR 1977, 109; KMR/*Bockemühl* § 26a Rn. 7 und 16). **Innerhalb des** § 26a darf das Revisionsgericht den **Verwerfungsgrund austauschen** (BVerfG NStZ-RR 2006, 379, 380; BGH NStZ 2006, 644, 645). 9

Wurde **§ 26a zu Unrecht angewendet**, war hierin nach früherer Rechtsprechung nicht automatisch ein absoluter Revisionsgrund nach § 338 Nr. 3 zu sehen, sondern das Revisionsgericht hatte nach Beschwerdegrundsätzen zu prüfen, ob das Ablehnungsgesuch auch der Sache nach begründet ist (BGHSt 18, 200, 203; 23, 265, 266 f.; BGH NStZ 2005, 218, 219; einschr. bereits NJW 2005, 3434, 3435; *Gaede* HRRS 2005, 319, 320). Nach neuerer Rechtsprechung ist **§ 338 Nr. 3** wegen einer Verletzung von Art. 101 Abs. 1 Satz 2 GG dann (aber auch nur dann, vgl. statt vieler nur BGH NStZ-RR 2009, 142) **zu bejahen**, wenn die Mitwirkung des ausgeschlossenen Richters auf einer **willkürlichen Rechtsanwendung** beruht (BVerfG StraFo 2005, 109; BGH NStZ-RR 2009, 142; BGHSt 50, 216, 218 m. Anm. *Kudlich* JA 2006, 253 f.; OLG Köln NStZ-RR 2008, 115, 116; AnwK-StPO/*Werner* § 26a Rn. 6; MAH/*Krause* § 7 Rn. 85; wohl noch weiter OLG Schleswig StV 2008, 290). Willkürlich ist die Anwendung des § 26a dann, wenn die Voraussetzungen offenkundig nicht vorliegen (vgl. BGHSt 50, 216, 219; BGH NStZ 2009, 223, 224; NStZ-RR 2009, 142 [Möglichkeit einer inhaltlichen Prüfung durch das Revisionsgericht, wenn das Tatgericht aufgrund einer nicht willkürlichen Auslegung den Antrag lediglich aus formalen Gründen abgelehnt hat, ohne ihn inhaltlich zu prüfen]; *Meyer-Goßner/Schmitt* NStZ 2006, 53). Angesichts der Tatsache, dass zumindest in Fällen eines unbegründeten Ablehnungsgesuchs denknotwendig ausgeschlossen ist, dass das Urteil auf dem Rechtsfehler beruht und dies in anderen Fällen oft dazu führt, dass § 338 nicht angewendet wird (vgl. § 338 Rdn. 24; BGH NStZ 2006, 713, 714), erscheint diese Änderung der Rechtsprechung zweifelhaft (vgl. *Kudlich* FS Fezer, S. 435, 451 f., sowie *ders.* StV 2011, 212, 213 f. und JA 2006, 253, 254). Jedenfalls dann, wenn das Revisionsgericht nur einen Grund innerhalb des § 26a »austauscht«, ist dies auch i.R.d. § 338 Nr. 3 zu 10 berücksichtigen, weil der Angeklagte in einem solchen Fall nie seinem gesetzlichen Richter entzogen wurde (vgl. BGH StV 2008, 562, 563; Radtke/Hohmann/*Alexander* § 26a Rn. 13, sowie § 25 Rn. 14); es kann also etwa bei einem präkludierten Ablehnungsantrag auch dann auf § 26a Abs. 1 Nr. 1 abstellen, wenn das Tatgericht den Befangenheitsantrag aus einem anderen Grund nach § 26a verworfen hatte.

11 Der absolute Revisionsgrund entfällt nicht dadurch, dass der Angeklagte in einem nachfolgenden Ablehnungsgesuch wegen Beanstandung der Verfahrensweise nach § 26a Abs. 1 Nr. 3 auch nochmals an das gleiche prozessuale Geschehen, das mit dem vorgenannten Antrag beanstandet worden war, angeknüpft hat und hierüber in zutreffender Besetzung nach § 27 entschieden worden ist. Dies stellt keine vom Gericht selbst initiierte Heilung im Wege der Ersetzung des fehlerhaften Beschlusses nach § 26a durch eine Beschlussfassung nach § 27 dar (BGH StV 2015, 8).

§ 27 StPO Entscheidung über einen zulässigen Ablehnungsantrag.

(1) Wird die Ablehnung nicht als unzulässig verworfen, so entscheidet über das Ablehnungsgesuch das Gericht, dem der Abgelehnte angehört, ohne dessen Mitwirkung.
(2) Wird ein richterliches Mitglied der erkennenden Strafkammer abgelehnt, so entscheidet die Strafkammer in der für Entscheidungen außerhalb der Hauptverhandlung vorgeschriebenen Besetzung.
(3) [1]Wird ein Richter beim Amtsgericht abgelehnt, so entscheidet ein anderer Richter dieses Gerichts. [2]Einer Entscheidung bedarf es nicht, wenn der Abgelehnte das Ablehnungsgesuch für begründet hält.
(4) Wird das zur Entscheidung berufene Gericht durch Ausscheiden des abgelehnten Mitglieds beschlußunfähig, so entscheidet das zunächst obere Gericht.

1 **A. Grundsätzliches und Regelungszweck.** § 27 bestimmt das **Regelverfahren zur Entscheidung über ein Ablehnungsgesuch** und beruht auf dem Grundsatz, dass **niemand Richter in eigener Sache** sein sollte (BGH NJW 1984, 1907, 1909; HK-StPO/*Temming* § 27 Rn. 1). Außerhalb der Fälle des § 26a erfolgt die Entscheidung daher grundsätzlich ohne den abgelehnten Richter, wobei § 27 Detailregelungen für die verschiedenen Spruchkörper und denkbaren Fallkonstellationen enthält. Zum Ablauf des Ablehnungsverfahrens vgl. auch § 24 Rdn. 3 ff.

2 **B. Besetzung bei der Entscheidung über das Ablehnungsgesuch (§ 27 Abs. 1 bis 3) I. Keine Mitwirkung des Abgelehnten.** Wird die Ablehnung nicht als unzulässig verworfen (§ 26a), entscheidet über das Ablehnungsgesuch das Gericht, dem der Abgelehnte angehört, **ohne** dessen Mitwirkung. Dies gilt für den Vorsitzenden auch dann, wenn der Ablehnungsantrag gegen sein wegen einer bestimmten Äußerung als unbegründet zurückgewiesen und aus dieser Entscheidung nunmehr die Besorgnis der Befangenheit der beisitzenden Richter abgeleitet wird. Grund hierfür ist, dass in der zweiten Befangenheitsentscheidung wiederum der Vorsitzende, die Bewertung seiner eigenen Äußerung vornehmen müsste, die Anlass für die erste Ablehnung war (vgl. BGH StV 2012, 450). Für all diese Fälle ist festzuhalten, dass die Entscheidung wegen des Mitwirkungsverbots für den abgelehnten Richter niemals in der Hauptverhandlung ergehen kann, sodass diese, wenngleich nicht sofort (vgl. § 29 Abs. 2 Satz 1), unterbrochen werden muss (BGHSt 15, 384, 385 f.; RGSt 13, 302, 304), vgl. § 24 Rdn. 5.

3 **II. Besetzung des Gerichts.** Mit dem Gericht nach Abs. 1 ist der Spruchkörper gemeint, der in der betroffenen Sache zu entscheiden hat (BGHSt 44, 26, 28; KK-StPO/*Fischer* § 27 Rn. 2). Abs. 1 ist allerdings nicht so zu verstehen, dass der Spruchkörper einfach mit einem Richter weniger entscheidet, sondern die Entscheidung ergeht in der Beschlussbesetzung mit dem geschäftsordnungsmäßigen Ersatzrichter (d.h. am **OLG** nach § 122 Abs. 2 GVG mit drei Richtern [incl. Vorsitzendem], am **BGH** nach § 139 Abs. 1 GVG mit fünf Richtern [incl. Vorsitzendem]). Bei Ablehnung eines Ermittlungsrichters des OLG oder BGH nach § 139 Abs. 1 GVG ergeht die Entscheidung nicht etwa durch einen Senat, sondern durch einen anderen Ermittlungsrichter desselben Gerichts (BGH MDR [S] 1986, 179; LR/*Siolek* § 27 Rn. 12; MüKo-StPO/*Conen/Tsambikakis* § 27 Rn. 14).

Wird ein **richterliches Mitglied einer Strafkammer** abgelehnt, ergeht auch hier die Entscheidung in der 4
Beschlussbesetzung nach § 76 Satz 2 GVG und damit ohne Schöffen (HK-StPO/*Temming* § 27 Rn. 3;
Meyer-Goßner/Schmitt § 27 Rn. 3). Ein abgelehnter Berufsrichter muss dann durch einen anderen Richter der betroffenen Kammer ersetzt werden, wobei u. U. auch die Hinzuziehung eines Richters einer
anderen Kammer möglich ist, wenn alle Ersatzmitglieder der Kammer verhindert sind (BGH NJW
1959, 1141). Werden mehrere oder sogar alle Richter einer Kammer **gleichzeitig und aus demselben
Grund** abgelehnt oder stehen die Gründe jedenfalls in Zusammenhang, werden die Gesuche nicht
nacheinander entschieden, sondern es muss ein einheitlicher Beschluss ergehen (BGHSt 44, 26, 27
m. Anm. *Zieschang* StV 1999, 467 ff.; LG Münster NStZ 1984, 472 m. Anm. *Frohne*; *Voormann*
NStZ 1985, 444, 445). Gehen die Ablehnungsgesuche nacheinander ein oder beruhen sie auf verschiedenen Gründen, ist in der Reihenfolge der Gesuche nacheinander zu entscheiden (BGH NStZ 1996,
144 f.; *Meyer-Goßner/Schmitt* § 27 Rn. 4; MüKo-StPO/*Conen/Tsambikakis* § 27 Rn. 25). Wird mit
dem Ablehnungsgesuch geltend gemacht, eine vorherige Entscheidung über die Ablehnung eines anderen Richters sei fehlerhaft gewesen, kann dieser andere Richter grds. nicht sachlich über dieses spätere
Gesuch entscheiden (weil er dann mittelbar zu seiner eigenen Befangenheit Stellung nehmen müsste,
vgl. Rdn. 2 sowie BGH NJW 2006, 854; NStZ 1984, 419, 420; zw. NStZ 1994, 447 f.; StV 2012,
450; vgl. auch BVerfG NJW 1995, 2914; *Meyer-Goßner/Schmitt* § 27 Rn. 4).

Nach **Abs. 3** entscheidet bei einem Ablehnungsgesuch **gegen einen Amtsrichter** immer ein anderer 5
Richter des AG (bei einstelligen AGen der nach § 22b Abs. 1 GVG bestellte Vertreter) unabhängig davon, ob es sich um einen Vorsitzenden eines Schöffengerichts, einen Strafrichter oder einen Ermittlungsrichter handelt (LR/*Siolek* § 27 Rn. 16). Entbehrlich ist eine Entscheidung nach Abs. 3 Satz 2
allein dann, wenn der abgelehnte Richter das Ablehnungsgesuch für zulässig und begründet hält
(KMR/*Bockemühl* § 27 Rn. 8; SK-StPO/*Rudolphi* § 27 Rn. 7). Bei der Ablehnung eines ersuchten
Richters entscheidet ein anderer Richter des ersuchten (nicht des ersuchenden!) Gerichts (LR/*Siolek*
§ 27 Rn. 17; vgl. auch § 26 Rdn. 2).

C. Beschlussunfähigkeit (§ 27 Abs. 4)
Wird das Gericht durch Ausscheiden des abgelehnten Richters für das Ablehnungsverfahren beschlussunfähig, erfolgt die Entscheidung nach Abs. 4 6
durch das **nächst obere Gericht**, d.h. beim Amts – das LG, beim Land – das OLG und beim OLG
der BGH. Beschlussunfähigkeit tritt allerdings erst dann ein, wenn es sich nicht nur um eine vorübergehende Beschlussunfähigkeit handelt, sondern wenn die Beschlussfähigkeit nicht (unter Einhaltung
des Verfahrens nach §§ 70, 117 GVG) durch das Präsidium bzw. den Präsidenten (nach §§ 21e Abs. 1
Satz 1; 21i Abs. 2 Satz 1 GVG) hergestellt werden kann (OLG Stuttgart MDR 1974, 1034, 1035; OLG
Zweibrücken NJW 1968, 1439; KMR/*Bockemühl* § 27 Rn. 9), insb. wenn kein Vertreter mehr vorhanden ist oder bestellt werden kann (*Meyer-Goßner/Schmitt* § 27 Rn. 8). Eine Kammer, bei der der Vorsitzende und alle anderen Mitglieder ausscheiden, wird in Ausnahme zu § 21f Abs. 2 GVG beschlussunfähig, wenn keine Ersetzung durch Mitglieder einer anderen Kammer möglich ist (BGH NJW 1959,
1141; LR/*Siolek* § 27 Rn. 19).

Werden alle Richter eines Spruchkörpers aus **unterschiedlichen Gründen** abgelehnt, ist bislang noch 7
nicht höchstrichterlich entschieden, ob die Entscheidungen des oberen Gerichts (vgl. Rdn. 6) bis
zur Wiederherstellung der Beschlussfähigkeit des unteren Gerichts (AnwK-StPO/*Werner* § 27 Rn. 6;
SK-StPO/*Rudolphi* § 27 Rn. 9) wie auch sonst in der Reihenfolge der eingegangenen Anträge und den
Vertretungsregeln im Geschäftsverteilungsplan erfolgen müssen (so OLG Frankfurt am Main NStZ
1981, 233, 234; Radtke/Hohmann/*Alexander* § 27 Rn. 13; KMR/*Bockemühl* § 27 Rn. 11; *Meyer-Goßner/Schmitt* § 27 Rn. 8), oder ob nach sachlichen Gründen vorzugehen ist, indem etwa die einfachsten
Fälle bzw. die offensichtlich unbegründeten Gesuche zuerst entschieden werden (so OLG Zweibrücken
NJW 1968, 1439 f.). Während der zuletzt genannte Ansatz auf den ersten Blick (trotz des Erfordernisses, den »einfachsten Fall« erst einmal ausfindig zu machen) das prozessökonomischere Verfahren zu
sein scheint, ist der herrschenden Meinung zuzugeben, dass die Gefahr willkürlicher oder manipulierbarer Verfahrensweisen ausgeschlossen wird (KK-StPO/*Pfeiffer* [5. Auflage] § 27 Rn. 6; LR/*Siolek*
§ 27 Rn. 36; MüKo-StPO/*Conen/Tsambikakis* § 27 Rn. 26).

D. Revision.
Wirkt ein Richter weiter an dem Verfahren mit, obwohl dem Ablehnungsgesuch 8
stattgegeben wurde, liegt stets der absolute Revisionsgrund des § 338 Nr. 3 vor.

§ 28 StPO Rechtsmittel.

(1) Der Beschluß, durch den die Ablehnung für begründet erklärt wird, ist nicht anfechtbar.
(2) ¹Gegen den Beschluß, durch den die Ablehnung als unzulässig verworfen oder als unbegründet zurückgewiesen wird, ist sofortige Beschwerde zulässig. ²Betrifft die Entscheidung einen erkennenden Richter, so kann sie nur zusammen mit dem Urteil angefochten werden.

1 **A. Grundsätzliches und Regelungszweck.** § 28 regelt die Anfechtbarkeit der Entscheidung über das Ablehnungsgesuch, gleichviel ob nach § 26a (Abs. 2 Satz 1) oder nach § 27. Grds. gilt, dass **allein nicht stattgebende Beschlüsse** durch die Beschwerde anfechtbar sind (Abs. 2), während stattgebende Entscheidungen nicht angefochten werden können (Abs. 1) und auch nicht widerrufen werden dürfen (KK-StPO/*Fischer* § 28 Rn. 1; MüKo-StPO/*Conen/Tsambikakis* § 28 Rn. 2).

2 **B. Die Anfechtungsmöglichkeiten im Einzelnen. I. Stattgebende Beschlüsse (Abs. 1)** Wird dem Ablehnungsantrag entsprochen, kann der Beschluss nach Abs. 1 nicht angefochten werden, selbst wenn er sachlich unrichtig ist und damit ein anderer Richter anstelle des abgelehnten an dem Verfahren mitwirkt. Wegen der Garantie des gesetzlichen Richters ist allerdings (wie etwa auch bei § 269, vgl. dort Rdn. 3) dann anders zu entscheiden, wenn dem Ablehnungsgesuch nicht nur rechtsirrig, sondern **willkürlich** stattgegeben wird (SK-StPO/*Rudolphi* § 28 Rn. 1). Hier ist hinsichtlich des neu eingetretenen Richters die Besetzungsrüge möglich (KK-StPO/*Fischer* § 28 Rn. 1).

3 **II. Ablehnende Beschlüsse (Abs. 2)** Wird dem Ablehnungsgesuch hingegen nicht stattgegeben, besteht grds. die Anfechtungsmöglichkeit durch Beschwerde, unabhängig davon, ob der Antrag als unzulässig verworfen oder als unbegründet zurückgewiesen wurde.

4 **1. Sofortige Beschwerde als Rechtsmittel.** Sofortige Beschwerde (d.h. Wochenfrist ab Bekanntgabe, §§ 311 Abs. 1 und 2; 35) ist nach Abs. 2 Satz 1 gegen einen ablehnenden Beschluss zulässig, wenn der abgelehnte Richter **kein erkennender Richter** (zum Begriff s.u. Rdn. 7 f.) ist. **Beschwerdeberechtigt** ist allein der **Ablehnende, nicht auch der Richter**, der sich selbst für befangen hält (AnwK-StPO/*Werner* § 28 Rn. 3; KK-StPO/*Fischer* § 28 Rn. 3). Unzulässig ist die sofortige Beschwerde in Fällen des § 304 Abs. 4, d.h. bei einem Beschluss des BGH oder OLG (BGHSt 27, 96, 97; Radtke/Hohmann/*Alexander* § 28 Rn. 3; LR/*Siolek* § 28 Rn. 4; SK-StPO/*Rudolphi* § 28 Rn. 2; a. A. Schmidt-Leichner NJW 1977, 1804).

5 Der Beschluss wird **umfassend durch das Beschwerdegericht** geprüft (BGH NStZ-RR 2006, 1, 5 [bei *Becker*]). Eine Sachprüfung findet selbst dann statt, wenn das Ablehnungsgesuch irrig als unzulässig verworfen wurde (BGHSt 18, 200, 203; 23, 265, 267; SK-StPO/*Rudolphi* § 28 Rn. 6). Das Beschwerdegericht kann die Sache **zurückverweisen**, wenn noch notwendige Feststellungen fehlen, um den Antrag beurteilen zu können (KG NStZ 1991, 401; LR/*Siolek* § 28 Rn. 8), kann diese aber auch selbst nachholen (KK-StPO/*Fischer* § 28 Rn. 4; Meyer-Goßner/*Schmitt* § 28 Rn. 4). Nach § 336 Satz 2 ist die Revision gegen die Entscheidung des Beschwerdegerichts nicht möglich (LR/*Siolek* § 28 Rn. 10; differenzierend Meyer-Goßner/*Schmitt* § 28 Rn. 4). Der Revisionsgrund des § 338 Nr. 2 bleibt hiervon unberührt.

6 **2. Anfechtung mit der Entscheidung bei Ablehnung eines erkennenden Richters.** Wurde ein **erkennender Richter** abgelehnt, ist die nicht stattgebende Entscheidung nach Abs. 2 Satz 2 nur zusammen mit dem Urteil anfechtbar. Dies dient der **Prozessökonomie**, weil das Verfahren vor dem erkennenden Gericht nicht durch das Beschwerdeverfahren verzögert werden soll (HK-StPO/*Temming* § 28 Rn. 8; SK-StPO/*Rudolphi* § 28 Rn. 8).

7 **a) Erkennende Richter** sind diejenigen, die auch zur **Mitwirkung in der Hauptverhandlung berufen** sind (OLG Karlsruhe NJW 1975, 458, 459; *Meyer-Mews* StraFo 2008, 182; *Sieg* StV 1990, 283); zur entspechenden Anwendung auf Entscheidungen der Strafvollstreckungskammer OLG Braunschweig NStZ-RR 2013, 191. Hierzu zählen auch die vorgesehenen Ergänzungsrichter und -schöffen (§ 192 Abs. 2 und 3 GVG) des betroffenen Spruchkörpers sowie der nach § 27 mitwirkende Richter (KG 2 Ws 121/13, 2 Ws 121/13 – 141 AR 122/13 vom 21.03.2013; krit. *Meyer-Mews* StraFo 2008, 182, 183 f.). Maßgeblicher **Zeitpunkt** ist grds. der Erlass des Eröffnungsbeschlusses und damit die **Rechts-**

hängigkeit (BGH NJW 1952, 234; OLG Hamm NStZ-RR 2002, 238, 239; *Meyer-Goßner/Schmitt* § 28 Rn. 6). Wird über das Ablehnungsgesuch nach Rechtshängigkeit entschieden, liegt auch dann ein Fall von Abs. 2 Satz 2 vor, wenn das Ablehnungsgesuch noch vor Rechtshängigkeit gestellt wurde (OLG Düsseldorf NStZ 2003, 448; OLG Köln NJW 1993, 608; OLG Karlsruhe NJW 1975, 458, 459). Im **Berufungs- und Revisionsverfahren** entsteht die Eigenschaft des erkennenden Richters nach herrschender Meinung mit Vorlage der Akten nach den §§ 321, 347 Abs. 2 (OLG Karlsruhe NStZ-RR 1998, 144; KK-StPO/*Fischer* § 28 Rn. 7; *Meyer-Goßner/Schmitt* § 28 Rn. 6; OLG Düsseldorf NStZ-RR 2013, 215 [selbst wenn noch kein Termin zur Berufungshauptverhandlung bestimmt ist]; a. A. OLG Bremen NStZ 1991, 95, 96), im Fall der **Zurückverweisung** nach den §§ 328 Abs. 2, 354 Abs. 2 und 3, 355 mit dem Eingang der Akten (*Meyer-Goßner/Schmitt* § 28 Rn. 6; AnwK-StPO/ *Werner* § 28 Rn. 5) und im **Strafbefehlsverfahren** nach §§ 407 ff. mit dem Erlass des Strafbefehls oder der Anberaumung der Hauptverhandlung (LG Zweibrücken, NStZ 2006, 120). Im **beschleunigten Verfahren** nach den §§ 417 ff. ist die Terminsanberaumung oder die Anordnung der sofortigen Hauptverhandlung der maßgebliche Zeitpunkt (OLG Hamburg NJW 1964, 2123, 2124; KK-StPO/*Fischer* § 28 Rn. 7). Ob die Mitglieder der **Strafvollstreckungskammern** in Vollzugs- und Vollstreckungsverfahren erkennende Richter i.S.v. § 28 Abs. 2 Satz 2 sind oder ob Abs. 2 Satz 1 anzuwenden ist, ist umstritten (für Ersteres: OLG Brandenburg NStZ 2005, 296; OLG Celle StraFo 1998, 428; *Meyer-Goßner/Schmitt* § 28 Rn. 26a; a. A. zum Strafvollstreckungsverfahren OLG Hamburg StraFo 2008, 520 f.; OLG Hamm StraFo 2008, 344 f.; OLG Saarbrücken NStZ-RR 2007, 222; KG NStZ 1983, 44). Die Eigenschaft, erkennender Richter zu sein, **endet** mit dem Fällen des Urteils (OLG München MDR 1982, 773; LG Düsseldorf StV 1991, 410, 411) selbst dann, wenn noch über einen Wiedereinsetzungsantrag zu entscheiden ist (*Meyer-Goßner/Schmitt* § 28 Rn. 6; a. A. OLG Düsseldorf NStZ-RR 2007, 148 f.; OLG Hamm NStZ-RR 2005, 267, 268). Der Richter, der nach § 27 zu entscheiden hat, ist nur so lange erkennender Richter, bis er über das Gesuch entschieden hat; anschließend ist nur eine Anfechtung nach § 28 Abs. 2 Satz 1 möglich (BGH NStZ 2007, 719; OLG Hamburg NStZ 1999, 50 f.). Eine analoge Anwendung des § 28 Abs. 2 Satz 2 im Wiederaufnahmeverfahren ist ausgeschlossen, weshalb hier die gesonderte Anfechtung nach § 28 Abs. 2 Satz 1 erforderlich ist (OLG Frankfurt am Main NStZ-RR 2008, 378 f.; OLG Hamm, NStZ-RR 2014, 215).

8

b) Nach herrschender Meinung erfolgt die Anfechtung nicht durch, sondern zusammen mit dem Rechtsmittel, sodass die Anfechtung ihrer Natur nach eine Beschwerde bleibt, wobei sich aber **Form und Frist** (§§ 317, 341) nach dem jeweiligen Rechtsmittel richten (bloße Änderung des Rechtszugs, vgl. *Meyer-Goßner/Schmitt* § 28 Rn. 8; vgl. auch BGH StraFo 2011, 312). Der **Anfechtungswille** muss also deutlich hervortreten (BayObLG NJW 1957, 599), was zwar für die Berufung (s.u. Rdn. 11), aber weniger für die Revision von Bedeutung ist, weil diese Voraussetzung schon aufgrund der Anforderungen des § 344 Abs. 2 Satz 2 ohnehin gewährleistet ist (zu den Anforderungen vgl. § 24 Rdn. 25).

9

Da es sich auch bei der Anfechtung nach Abs. 2 Satz 2 noch um eine Beschwerde handelt, gilt für Entscheidungen der OLGs auch hier **§ 304 Abs. 4** (SK-StPO/*Rudolphi* § 28 Rn. 14), und zwar sowohl bei erstinstanzlicher Zuständigkeit des OLG als auch für Entscheidungen des OLG nach § 27 Abs. 4 (vgl. § 27 Rdn. 6). In diesem Fall kann also auch eine Revision nicht darauf gestützt werden, dass das Ablehnungsgesuch zu Unrecht verworfen worden sei (BVerfGE 45, 363, 375; BGHSt 27, 96, 97; BGH NStZ 2007, 417). Offen ist allerdings, ob eine Nachprüfung wegen der Verletzung von Art. 101 Abs. 1 Satz 2 GG begehrt werden kann, wenn die Zurückweisung des Ablehnungsgesuchs auf Willkür beruht (BGHSt 27, 96, 99; BGH NStZ 2007, 417; NJW 1977, 1829, 1830).

10

c) Wird die Beschwerde mit der **Berufung** eingelegt, ist abweichend von § 317 ausnahmsweise eine Berufungsbegründung erforderlich, um den Anfechtungswillen deutlich zu machen (KMR/*Bockemühl* § 28 Rn. 11; MüKo-StPO/*Conen/Tsambikakis* § 28 Rn. 27). Geht man dem Wortlaut des § 328 Abs. 2 seit dem StVÄG von 1987 (BGBl. I, S. 475; BT-Drucks. 10/1313, S. 31) entsprechend freilich davon aus, dass das Berufungsgericht die Sache in jedem Fall selbst entscheiden muss und nicht zurückverweisen darf (HK-GS-StPO/*Bosbach* § 28 StPO Rn. 6; LR/*Siolek* § 28 Rn. 39; *Meyer-Goßner/Schmitt* § 28 Rn. 9; KK-StPO/*Fischer* § 28 Rn. 9; a. A. LG Köln MDR 1992, 892, 893; AnwK-StPO/*Werner* § 28 Rn. 7; SK-StPO/*Rudolphi* § 28 Rn. 18), macht die Beschwerde i.R.d. Berufung rechtlich ohnehin keinen wirklichen Sinn, kann aber ggf. »psychologische Wirkung« zeitigen, um das Berufungsgericht da-

11

§ 29 StPO Vornahme unaufschiebbarer Amtshandlungen

von zu überzeugen, dass das AG insgesamt nicht korrekt gehandelt hat (so ähnlich HK-StPO/*Lemke* [4. Auflage] § 28 Rn. 14).

12 Erfolgt die Beschwerde mit der **Revision**, gelten hinsichtlich der Form- und Fristanforderungen die §§ 341 ff. Die Anfechtung wird wie eine Verfahrensrüge behandelt (mit Geltung von § 344 Abs. 2 Satz 2, vgl. BGHSt 21, 333, 340; 23, 265, 266; AnwK-StPO/*Werner* § 28 Rn. 8; LR/*Siolek* § 28 Rn. 36). Eine inhaltliche Prüfung findet unter Beschwerdegesichtspunkten auch nur bei zulässiger Revisionseinlegung statt. Daher muss der Ablehnungsantrag, der ablehnende oder verwerfende Beschluss sowie die dienstliche Stellungnahme nach § 26 Abs. 3 wörtlich oder dem Wortlaut nach wiedergegeben werden (vgl. § 24 Rdn. 24 f.). In Fällen des § 26a Abs. 1 Nr. 1 ist der vollständige Verfahrensablauf zur Prüfung der Rechtzeitigkeit des Vorbringens unverzichtbar (vgl. § 26a Rdn. 9). Das Nachschieben von Gründen oder Beweismitteln zur Glaubhaftmachung ist unzulässig, weil ansonsten § 25 unterlaufen werden würde (BGHSt 21, 85, 88; LR/*Siolek* § 28 Rn. 35). Fehlt es dem Gericht an einer ausreichenden Beurteilungsgrundlage, besteht die Möglichkeit der Zurückverweisung (BGHSt 23, 265, 267).

§ 29 StPO Vornahme unaufschiebbarer Amtshandlungen.

(1) Ein abgelehnter Richter hat vor Erledigung des Ablehnungsgesuchs nur solche Handlungen vorzunehmen, die keinen Aufschub gestatten.
(2) ¹Wird ein Richter während der Hauptverhandlung abgelehnt und würde die Entscheidung über die Ablehnung (§§ 26a, 27) eine Unterbrechung der Hauptverhandlung erfordern, so kann diese so lange fortgesetzt werden, bis eine Entscheidung über die Ablehnung ohne Verzögerung der Hauptverhandlung möglich ist; über die Ablehnung ist spätestens bis zum Beginn des übernächsten Verhandlungstages und stets vor Beginn der Schlußvorträge zu entscheiden. ²Wird die Ablehnung für begründet erklärt und muß die Hauptverhandlung nicht deshalb ausgesetzt werden, so ist ihr nach der Anbringung des Ablehnungsgesuchs liegender Teil zu wiederholen; dies gilt nicht für solche Handlungen, die keinen Aufschub gestatteten. ³Nach Anbringung des Ablehnungsgesuchs dürfen Entscheidungen, die auch außerhalb der Hauptverhandlung ergehen können, unter Mitwirkung des Abgelehnten nur getroffen werden, wenn sie keinen Aufschub gestatten.

1 **A. Grundsätzliches und Regelungszweck.** § 29 dient dem Ausgleich der **Interessen des Ablehnenden**, möglichst keine richterlichen Handlungen durch einen ausgeschlossenen oder befangenen Richter erdulden zu müssen, und dem **Interesse an einer effektiven Strafrechtspflege** dahingehend, dass nicht schon durch die Antragsstellung und somit bereits vor der Entscheidung über den Ausschluss die Möglichkeit, eilige und u.U. nicht nachholbare Handlungen vorzunehmen, unmöglich gemacht wird (ähnlich LR/*Siolek* § 29 Rn. 1; AnwK-StPO/*Werner* § 29 Rn. 1).

2 Da der abgelehnte Richter zwar grds. (vorläufig) **amtsunfähig** ist (HK-GS-StPO/*Bosbach* § 29 Rn. 1; LR/*Siolek* § 29 Rn. 2; a. A. OLG München NStZ 1993, 354, 355 mit Hinweis auf § 26a; KMR/*Bockemühl* § 29 Rn. 1), wird dem Interesse an einer funktionsfähigen Strafrechtspflege dadurch Rechnung getragen, dass der Richter trotz Ablehnung i.R.d. von § 29 aufgestellten zeitlichen Grenzen wenigstens **unaufschiebbare Handlungen vornehmen** und die Hauptverhandlung zur Vermeidung von Unterbrechung oder Aussetzung weiterführen darf. Ist die Ablehnung erfolgreich, müssen die Handlungen allerdings ggf. nach Erledigung des Gesuchs nachgeholt werden (vgl. u. Rdn. 5). Das Ablehnungsgesuch ist dann **erledigt**, wenn Rechtskraft der Entscheidung (durch stattgebenden Beschluss [§ 28 Abs. 1], durch Ablauf der Beschwerdefrist bei ablehnenden Beschlüssen [§ 28 Abs. 2 Satz 1, vgl. OLG Stuttgart MDR 1994, 499; LR/*Siolek* § 29 Rn. 10; KK-StPO/*Fischer* § 29 Rn. 3; a. A. KG JR 1968, 28, 29] oder beim erkennenden Gericht durch die Entscheidung nach § 27 [§ 28 Abs. 2 Satz 2: nur noch Anfechtung zusammen mit Rechtsmittel gegen das Urteil]) hierüber eintritt (KK-StPO/*Fischer* § 29 Rn. 3; KMR/*Bockemühl* § 29 Rn. 4; LR/*Siolek* § 29 Rn. 10).

3 Bislang ungeklärt ist, ob in Fällen von Ablehnungsgesuchen **unmittelbar vor Beginn der Hauptverhandlung** allein § 29 Abs. 1 oder ggf. auch der großzügigere Abs. 2 (vgl. u. Rdn. 6) anwendbar ist (ausdrücklich offengelassen bei BGHSt 48, 264, 265). Trotz der Missbrauchsgefahr, wegen § 29 Abs. 1 zur Verzögerung des Verfahrens noch Ablehnungsgesuche unmittelbar vor der Hauptverhandlung zu stellen, spricht aufgrund des insoweit eindeutigen Wortlauts des Abs. 2 und der Gefahr der Umgehung der

strengeren Regelung des Abs. 1 aber wohl mehr dafür, Abs. 2 erst ab Beginn der Hauptverhandlung anzuwenden.

B. Unaufschiebbare Handlungen. Unaufschiebbar sind Handlungen, die wegen ihrer Dringlichkeit nicht anstehen können, bis ein Ersatzrichter eintritt (BGHSt 48, 264, 265; BGH NStZ 2002, 429, 430; MüKo-StPO/*Conen/Tsambikakis* § 29 Rn. 4). Ob die Handlung tatsächlich unaufschiebbar ist, liegt im Ermessen des Gerichts, sodass diesbezüglich nur eine eingeschränkte revisionsrechtliche Kontrolle auf Vertretbarkeit und Ermessensfehlerhaftigkeit möglich ist (BGH NStZ 2002, 429, 430; LR/*Siolek* § 29 Rn. 11; vgl. u. Rdn. 13). Unaufschiebbar ist etwa die Beweissicherung, falls die Beweise andernfalls verloren gehen würden (z.B. todkranker Zeuge; AnwK-StPO/*Werner* § 29 Rn. 2; LR/*Siolek* § 29 Rn. 12), das Bestimmen eines Fortsetzungstermins und die Veranlassung der Ladungen hierzu (*Meyer-Goßner/Schmitt* § 29 Rn. 4), die Anberaumung eines Termins, um die Verjährung zu unterbrechen, das Festsetzen von Ordnungsmitteln nach § 178 Abs. 1 GVG (OLG Hamburg GA 70, 1927, 54) oder auch Haftentscheidungen bei Gefahr im Verzug (*Meyer-Goßner/Schmitt* § 29 Rn. 4; weitere Bsp. bei KMR/*Bockemühl* § 29 Rn. 5). Auch der Beginn der Hauptverhandlung durch Aufruf der Sache und Feststellung der Anwesenheit der Beteiligten kann eine unaufschiebbare Handlung sein, wenn der Ablehnungsantrag unmittelbar vorher gestellt wird und nur so eine Aussetzung verhindert werden kann (BGHSt 48, 264, 265 f.). **Aufschiebbare** Handlungen sind im Vergleich dazu etwa regelmäßig die Vernehmung von normal erreichbaren Zeugen (BGH NStZ 2002, 429, 430) oder z.B. die Entscheidung über die Eröffnung des Hauptverfahrens (BGHSt 4, 208, 209; *Meyer-Goßner/Schmitt* § 29 Rn. 5) bzw. über die Verwerfung einer Revision nach § 346 Abs. 1 (MüKo-StPO/*Conen/Tsambikakis* § 29 Rn. 4; SK-StPO/*Rudolphi* § 29 Rn. 7).

Die **unaufschiebbare Handlung** bleibt selbst dann **wirksam**, wenn sich im Nachhinein herausstellt, dass das Ablehnungsgesuch begründet ist (KK-StPO/*Fischer* § 29 Rn. 4). Unwirksam ist die Handlung allerdings, wenn ein **gesetzlicher Ausschlussgrund** nach den §§ 22, 23 vorliegt, weil ein ausgeschlossener Richter auch keine unaufschiebbaren Handlungen vornehmen darf (LR/*Siolek* § 29 Rn. 7; *Meyer-Goßner/Schmitt* § 29 Rn. 7; einschr. BGHSt 29, 351, 355). War die Handlung tatsächlich **aufschiebbar**, führt das zwar zur Fehlerhaftigkeit, aber nicht notwendiger Weise zur Unwirksamkeit der Handlung (BGHSt 48, 264, 267), solange eben keine Unvertretbarkeit oder ein Ermessensfehler vorliegt (vgl. o. Rdn. 4). Ist das Ablehnungsgesuch erfolglos, tritt Heilung ein (OLG Hamm NStZ 1999, 530 [LS]; OLG München NStZ 1993, 354, 355). Ist die Handlung unwirksam, muss das Gericht anordnen, diese zu **wiederholen** damit Heilung eintritt (LR/*Siolek* § 29 Rn. 19). Auch eine wirksame Handlung kann wiederholt werden, wenn Zweifel hinsichtlich der Unaufschiebbarkeit vorliegen, die nicht erst durch das Rechtsmittelgericht behoben werden soll (LR/*Siolek* § 29 Rn. 4). Offensichtliche Unaufschiebbarkeit muss der Richter in einem Aktenvermerk darlegen (HK-StPO/*Temming* § 29 Rn. 7; LR/*Siolek* § 29 Rn. 13; *Meyer-Goßner/Schmitt* § 29 Rn. 6).

C. Sonderregelungen für die Hauptverhandlung. I. Vorübergehende Fortführung der Hauptverhandlung (Abs. 2 Satz 1 Halbs. 1) Zwar kommt es in der Hauptverhandlung seltener zu unaufschiebbaren Handlungen, allerdings besteht gerade hier (auch während einer Unterbrechung, dazu *Meyer-Goßner/Schmitt* § 29 Rn. 9; *Rieß* NJW 1978, 2265, 2268) die **Gefahr einer missbräuchlichen Anwendung** des Ablehnungsrechts mit erheblichen Verfahrensverzögerungen (LR/*Siolek* § 29 Rn. 6). Daher dient auch Abs. 2 Satz 1 Halbs. 1 insb. im Hinblick auf die nur begrenzten Unterbrechungsmöglichkeiten der Hauptverhandlung dem Ausgleich der Interessen der Strafrechtspflege und denen des Ablehnenden (krit. zu dieser Regelung SK-StPO/*Rudolphi* § 29 Rn. 2).

Abs. 2 Satz 1 Halbs. 1 ermöglicht trotz der Amtsunfähigkeit des Richters ab Ablehnung ausnahmsweise dessen weitere Mitwirkung an der Hauptverhandlung, wenn **anderenfalls die Aussetzung drohen** würde. Ist eine Entscheidung über das Ablehnungsgesuch möglich, ohne dass es zu Verfahrensverzögerungen kommt, darf das Gericht nicht weiterverhandeln (*Meyer-Goßner/Schmitt* § 29 Rn. 10). Die Entscheidung trifft der Vorsitzende. Eine auf den Verstoß gegen Abs. 2 Satz 1 beruhende Revision kann beim verteidigten Angeklagten nur Erfolg haben, wenn die Entscheidung nach § 238 Abs. 2 beanstandet wurde (HK-StPO-GS-StPO/*Bosbach* § 29 StPO Rn. 3; *Meyer-Goßner/Schmitt* § 29 Rn. 11).

8 **II. Grenzen der vorübergehenden Fortführung der Hauptverhandlung (Abs. 2 Satz 1 Halbs. 2, Satz 3)** Abs. 2 Satz 1 Halbs. 1 nennt die **max. Obergrenze**, bis wann eine Fortführung der Hauptverhandlung unter Mitwirkung des abgelehnten Richters möglich ist. Je nachdem welcher Zeitpunkt eher eintritt (AnwK-StPO/*Werner* § 29 Rn. 3) ist spätestens **bis zum Beginn des übernächsten Verhandlungstages oder nach Ende der Beweisaufnahme** und damit vor Beginn der Schlussvorträge über das Ablehnungsgesuch zu entscheiden.

9 Werden Handlungen vorgenommen, die sowohl während als auch außerhalb der Hauptverhandlung vorgenommen werden könnten (etwa Haftentscheidungen oder Durchsuchungsanordnungen, weitere Bsp. bei LR/*Siolek* § 29 Rn. 37; SK-StPO/*Rudolphi* § 29 Rn. 19), ist die Fortführung nur dann zulässig, wenn es sich um unaufschiebbare Handlungen handelt (KK-StPO/*Fischer* § 29 Rn. 9).

10 **III. Folgen einer späteren Stattgabe (Abs. 2 Satz 2)** Wird das **Ablehnungsgesuch für begründet** erklärt, ist die Hauptverhandlung auszusetzen und **neu zu verhandeln**. Das ergibt sich für den Regelfall schon aus § 226, der dem Eintritt eines Vertreters (außer in Fällen des § 192 GVG) in eine laufende Hauptverhandlung entgegensteht (KMR/*Bockemühls* § 29 Rn. 17; LR/*Siolek* § 29 Rn. 34). Liegt dabei zwischen der erfolgreichen Ablehnung und dem Neubeginn der Hauptverhandlung nahezu ein Jahr, kann dies eine rechtsstaatswidrige Verfahrensverzögerung sein (BGH StraFo 2009, 245).

11 Aber auch wenn direkt im Anschluss an den stattgebenden Beschluss ein **Ergänzungsrichter** nach § 192 GVG eintritt, muss wenigstens der Teil der Hauptverhandlung wiederholt werden, an dem der abgelehnte Richter vom Zeitpunkt der Ablehnung an bis zur Beschlussfassung mitgewirkt hat, soweit die Handlungen tatsächlich aufschiebbar waren (KK-StPO/*Fischer* § 29 Rn. 11; LR/*Siolek* § 29 Rn. 35; *Rieß* NJW 1978, 2265, 2268). Eine unmittelbare Verwertung der während dieser Zeit erhobenen Beweise scheidet also aus, allerdings darf darüber Beweis erhoben werden, welche Angaben von Zeugen oder auch dem Angeklagten während dieser Zeit gemacht wurden (AnwK-StPO/*Werner* § 29 Rn. 4; HK-StPO/*Temming* § 29 Rn. 13).

12 **D. Revision.** Uneingeschränkt **revisibel** sind jede Überschreitung der Obergrenzen der zeitlichen Grenzen des Abs. 2 Satz 1 Halbs. 2 (BGH NStZ 1996, 398) und die fehlende Nachholung der Hauptverhandlung nach Abs. 2 Satz 2, sofern ein Verstoß gegen § 261 vorliegt, weil das Urteil eben auch auf Ergebnisse aus diesem Teil der Hauptverhandlung gestützt wird (AnwK-StPO/*Werner* § 29 Rn. 5). Für die Anordnung der Fortführung der Hauptverhandlung nach Abs. 2 Satz 1 gilt § 238 Abs. 2 (KK-StPO/*Fischer* § 29 Rn. 12), d.h. die Entscheidung muss in der Hauptverhandlung beanstandet worden sein, weil ansonsten für die Revision Präklusion eintritt.

13 Nur **eingeschränkt revisibel** ist eine fehlerhafte Auslegung des Begriffs der Unaufschiebbarkeit nach § 29 i.V.m. § 337, weil diese Entscheidung grds. im Ermessen des Gerichts liegt (vgl. BGH NStZ 2002, 429, 430; sowie o. Rdn. 4; **krit.** SK-StPO/*Rudolphi* § 29 Rn. 20).

14 **Nicht revisibel** ist grds. die bloß formale Verletzung der Wartepflicht des Abs. 1. Wird also später festgestellt, dass keine Befangenheit vorliegt, kann jedenfalls die Verletzung des Abs. 1 nicht ohne weiteres dazu führen, dass das Urteil auf diesem Verstoß beruht (BGHSt 48, 264, 266; Radtke/Hohmann/*Alexander* § 29 Rn. 12, 6; a. A. OLG Düsseldorf StV 1994, 528 sowie anders auch KG StraFo 2013, 203 bei aufschiebbaren Prozesshandlungen in Fällen, in denen bewusst keine Entscheidung über das Ablehnungsgesuch herbeigeführt worden ist, da hierdurch gegen Art. 101 Abs. 1 S. 2 GG verstoßen wird). Erst recht nicht revisibel ist der Verstoß gegen Abs. 1, wenn das Ablehnungsgesuch noch in der Hauptverhandlung zurückgenommen wird (OLG Koblenz VRS 65, 441, 442; LR/*Siolek* § 29 Rn. 41; MüKo-StPO/*Conen/Tsambikakis* § 29 Rn. 16).

15 Wirkt ein kraft Gesetzes (§§ 22, 23) ausgeschlossener Richter mit, liegt der absolute Revisionsgrund des § 338 Nr. 2 vor, ohne dass es überhaupt eines Ablehnungsantrags bedarf; der ausgeschlossene Richter ist aber in der Revisionsbegründung namentlich zu benennen (vgl. § 22 Rdn. 21).

§ 30 StPO Ablehnung eines Richters bei Selbstanzeige und von Amts wegen.
Das für die Erledigung eines Ablehnungsgesuchs zuständige Gericht hat auch dann zu entscheiden, wenn ein solches Gesuch nicht angebracht ist, ein Richter aber von einem Verhältnis Anzeige macht, das seine Ablehnung rechtfertigen könnte, oder wenn aus anderer Veranlassung Zweifel darüber entstehen, ob ein Richter kraft Gesetzes ausgeschlossen ist.

A. Grundsätzliches und Regelungszweck. Auch **ohne Stellung eines Ablehnungsgesuchs** 1 können Zweifel über Ausschlussgründe nach den §§ 22, 23 vorliegen oder Befangenheitsgründe nach § 24 bestehen. In diesen Fällen muss der betroffene Richter (auch der Ergänzungsrichter, der noch nicht an der Entscheidung mitwirkt, dem Verfahren aber nach § 192 Abs. 2 bzw. Abs. 3 GVG von Anfang an beiwohnt, vgl. KK-StPO/*Fischer* § 30 Rn. 2; LR/*Siolek* § 30 Rn. 11; SK-StPO/*Rudolphi* § 30 Rn. 4) selbst nach § 30 eine Mitteilung machen, die zur Prüfung seiner zukünftigen Mitwirkung am Verfahren führt. Ein Selbstablehnungsrecht des Richters i.e.S. wird dadurch nicht begründet. Auch Richter, die nicht betroffen sind, aber Zweifel haben, müssen auf solche hinweisen (*Meyer-Goßner/Schmitt* § 30 Rn. 3; MüKo-StPO/*Conen/Tsambikakis* § 30 Rn. 3). § 30 gilt nicht nur für (Berufs)Richter, sondern nach § 31 auch für Schöffen und Urkundsbeamte. Die **Erstattung der Selbstanzeige** ist eine **Dienstpflicht** des Richters, der er nach pflichtgemäßem Ermessen nachzukommen hat (OLG Neustadt NJW 1963, 2087, 2088; *Meyer-Goßner/Schmitt* § 30 Rn. 2) und die in Art. 6 EMRK und Art. 101 Abs. 1 Satz 2 GG wurzelt (so HK-StPO/*Temming* § 30 Rn. 1; LR/*Siolek* § 30 Rn. 2).

Das Verfahren nach § 30 kommt **nicht** zur Anwendung, wenn das Bestehen eines **Ausschlussgrundes** 2 nach den §§ 22, 23 (anders beim bloßen Vorliegen eines Ablehnungsgrundes) **zweifelsfrei** feststeht (zum Verfahren dann unten Rdn. 4). Der Beschluss über das Vorliegen eines gesetzlichen Ausschlussgrundes hat dann nur deklaratorische Bedeutung (MüKo-StPO/*Conen/Tsambikakis* § 30 Rn. 6; SK-StPO/*Rudolphi* § 30 Rn. 9).

Bis zur gerichtlichen Entscheidung (§ 27) über die Ablehnung hat der Richter **keine Handlungen** vor- 3 zunehmen (BGHSt 25, 122, 125; 31, 3, 5 [zu vorbereitenden Handlungen]; SK-StPO/*Rudolphi* § 30 Rn. 8), es sei denn diese sind unaufschiebbar (BGHSt 31, 3, 6). Dennoch vorgenommene Handlungen sind **unwirksam** (BGHSt 31, 3, 5). Die entsprechende **Geltung des § 29 Abs. 1** erscheint sachgerecht (BGHSt 25, 122, 125; 31, 5 f.). Nicht anwendbar ist hingegen § 29 Abs. 2, weil bei einer Selbstanzeige keine Gefahr der missbräuchlichen Verfahrensverzögerung besteht und somit keine dem Sinn und Zweck des § 29 Abs. 2 entsprechende Situation vorliegt (vgl. § 29 Rdn. 6). Die Hauptverhandlung ist nach ihrem Beginn daher bei einer Selbstablehnung nicht fortzuführen, sondern immer zu unterbrechen.

B. Die Selbstablehnung. I. Ablehnungsgründe. Innerhalb der Ablehnungsgründe ist zwi- 4 schen **gesetzlichen Ausschlussgründen** nach den §§ 22, 23 und den **Befangenheitsgründen** nach § 24 zu differenzieren. § 30 ist auf Fälle der Befangenheit nach § 24 wie auch auf Fälle der gesetzlichen Ausschlussgründe der §§ 22, 23 anwendbar, die nicht zweifelsfrei vorliegen. Steht ein **gesetzlicher Ausschlussgrund sicher** fest, bedarf es keiner gerichtlichen Entscheidung hierüber (BGHSt 25, 122, 125; KMR/*Bockemühl* § 30 Rn. 5; *Meyer-Goßner/Schmitt* § 30 Rn. 3; SK-StPO/*Rudolphi* § 30 Rn. 7), vielmehr reicht der schlichte Hinweis eines Verfahrensbeteiligten bzw. des betroffenen Richters aus, um eine Ersetzung nach dem Geschäftsverteilungsplan vorzunehmen (vgl. auch § 22 Rdn. 6); diese rechtliche Verhinderung sollte durch den Präsidenten des betroffenen Gerichts oder den aufsichtsführenden Richter dokumentiert werden (vgl. *Meyer-Goßner/Schmitt* § 21e GVG Rn. 8). Im Übrigen ist die Selbstanzeige eines Richters begründet, wenn ein Grund nach § 24 Abs. 2 vorliegt, der geeignet ist, Misstrauen gegen seine Unparteilichkeit zu rechtfertigen, wobei es auf die Sicht eines verständigen und vernünftigen Verfahrensbeteiligten ankommt (und weder darauf an, ob der Richter sich selbst für unbefangen hält, noch darauf, ob er für etwaige Zweifel an seiner Unbefangenheit Verständnis aufbringt). Dabei können dienstliche Beziehungen zu einem Verfahrensbeteiligten eine Besorgnis der Befangenheit allenfalls dann begründen, wenn sie besonders eng sind oder sich zu einem engen persönlichen Verhältnis entwickelt haben (BGH NStZ-RR 2013, 86; vgl. hierzu § 24 Rdn. 9).

5 **II. Verfahren bei Selbstanzeige.** Der betroffene Richter kann die Selbstanzeige grds. **in jedem Verfahrensstadium** anbringen und ist hierbei insb. nicht an die Fristen des § 25 gebunden, wobei die Anzeige aber auch nicht unnötig verzögert werden darf (HK-StPO/*Temming* § 30 Rn. 4; HK-GS-StPO/*Bosbach* § 30 Rn. 1; SK-StPO/*Rudolphi* § 30 Rn. 5), sondern erfolgen sollte, sobald dem Richter Umstände bekannt sind, die die Sorge der Befangenheit begründen könnten. Auch wenn der Richter sich selbst nicht befangen fühlt, entbindet ihn das nicht von seiner Dienstpflicht, sobald **objektive Anhaltspunkte** für einen Ausschluss vorliegen (HK-StPO/*Temming* § 30 Rn. 2; LR/*Siolek* § 30 Rn. 3; *Meyer-Goßner/Schmitt* § 30 Rn. 1).

6 Über die Selbstanzeige hat das auch nach **§ 27 zuständige Gericht** zu entscheiden, bei einer zur Beschlussunfähigkeit führenden Vielzahl von Selbstanzeigen das nach § 27 Abs. 4 nächst obere Gericht (OLG Frankfurt am Main NStZ 1981, 233, 234; OLG Zweibrücken, NJW 1968, 1439; vgl. § 27 Rdn. 6). In der Selbstanzeige hat der Richter unabhängig von der Offensichtlichkeit der die Ablehnung begründenden Umstände alle Tatsachen mitzuteilen, die zu seinem Ausschluss führen könnten und auch mögliche Zweifel über das Vorliegen eines Ausschlussgrundes zu nennen (KK-StPO/*Fischer* § 30 Rn. 2). Bei der Anzeige durch einen anderen Richter (vgl. oben Rdn. 1) hat das Gericht so zu entscheiden, als wäre ein Ablehnungsgesuch gestellt worden (HK-GS-StPO/*Bosbach* § 30 StPO Rn. 2).

7 Die Anzeige ist den Verfahrensbeteiligten **mitzuteilen**, und diese sind nach § 33 **anzuhören** (BVerfGE 89, 28, 31; HK-StPO/*Temming* § 30 Rn. 7; LR/*Siolek* § 30 Rn. 5; KMR/*Bockemühl* § 30 Rn. 6). Die Entscheidung ergeht durch **Beschluss**. Aus diesem muss hervorgehen, ob sich ablehnende Richter auch der gesetzliche Richter ist (BGHSt 25, 122, 125; vgl. o. Rdn. 4).

8 **III. Rechtsmittel.** Beschließt das Gericht, dass **kein Ausschlussgrund** gegeben ist, hat der Richter keine Anfechtungsmöglichkeit (*Meyer-Goßner/Schmitt* § 30 Rn. 8 m.w.N.; MüKo-StPO/*Conen/Tsambikakis* § 30 Rn. 7; a. A. *Teplitzky* JuS 1969, 318, 325). Das gilt auch für die übrigen Verfahrensbeteiligten, die aber ein eigenes Ablehnungsgesuch anbringen können (BGHSt 3, 68, 69; LR/*Siolek* § 30 Rn. 19). Gegen die nicht stattgebende Entscheidung besteht dann wiederum die Anfechtungsmöglichkeit nach § 28 Abs. 2 (vgl. § 28 Rdn. 3). Im Fall des **Ausschlusses** aufgrund der Selbstanzeige scheidet eine Beschwerde entsprechend § 28 Abs. 1 aus (KK-StPO/*Fischer* § 30 Rn. 6).

9 **C. Revision.** Die Revision kann nach ganz herrschender Meinung **nicht** darauf gestützt werden, dass der Richter eine Selbstanzeige nach § 30 unterlassen hat (BGH GA 1962, 338; KK-StPO/*Fischer* § 30 Rn. 7; SK-StPO/*Rudolphi* § 30 Rn. 14; offengelassen bei OLG Neustadt NJW 1963, 2087, 2088). Lag tatsächlich ein Ausschlussgrund (§§ 22, 23) vor, kann dessen **Nichtbeachtung** als absoluter Revisionsgrund nach § 338 Nr. 2 mit der Revision auch dann angegriffen werden, wenn das Gericht hierüber i.R.d. Beschlusses nach § 30 ablehnend entschieden hat (KK-StPO/*Fischer* § 30 Rn. 7; *Meyer-Goßner/Schmitt* § 30 Rn. 9). Bei Ersetzung des Richters noch vor der Entscheidung über § 30 liegt ein Revisionsgrund nach § 338 Nr. 1 vor (BGHSt 25, 122, 125; SK-StPO/*Rudolphi* § 30 Rn. 15).

10 Die Entscheidung über das Selbstablehnungsgesuch ist als solches vom Revisionsgericht grds. nicht überprüfbar (BGHSt 3, 68, 69; 25, 122, 125 m. Anm. *Arzt* JR 1974, 75). Nur in Fällen von Willkür kann die Revision ausnahmsweise auf eine Verletzung von Art. 101 Satz 2 GG oder bei fehlender Anhörung auf die Verletzung rechtlichen Gehörs gestützt werden (BGHSt 27, 96, 99). Wird von einem anderen Verfahrensbeteiligten nach Bekanntgabe des Beschlusses ein eigenes Ablehnungsgesuch gestellt, ist u.U. bei einer ablehnenden Entscheidung hierüber der Weg zur Revision eröffnet.

§ 31 StPO Schöffen, Urkundsbeamte.

(1) Die Vorschriften dieses Abschnitts gelten für Schöffen sowie für Urkundsbeamte der Geschäftsstelle und andere als Protokollführer zugezogene Personen entsprechend.

(2) ¹Die Entscheidung trifft der Vorsitzende. ²Bei der großen Strafkammer und beim Schwurgericht entscheiden die richterlichen Mitglieder. ³Ist der Protokollführer einem Richter beigegeben, so entscheidet dieser über die Ablehnung oder Ausschließung.

A. Grundsätzliches und Regelungszweck.
§ 31 stellt Schöffen und Urkundsbeamte im Hinblick auf Ausschluss- und Ablehnungsgründe den Richtern gleich, wobei hier allerdings z.T. eigene Verfahrensregelungen gelten (vgl. u. Rdn. 8 f.). Für Schöffen ist das mit Blick auf die grundsätzliche Gleichberechtigung mit den Berufsrichtern gemäß §§ 30 Abs. 1, 77 Abs. 1 GVG nur konsequent (vgl. LR/*Siolek* § 31 Rn. 1; SK-StPO/*Rudolphi* § 31 Rn. 1), für Protokollführer ist die Gleichbehandlung wegen der überragenden Bedeutung des **Hauptverhandlungsprotokolls** (§ 274) angezeigt (LR/*Siolek* § 31 Rn. 4; MüKo-StPO/*Conen/Tsambikakis* § 31 Rn. 6), die ihre Unparteilichkeit unverzichtbar macht (SK-StPO/*Rudolphi* § 31 Rn. 7). Die Gleichstellung mit Berufsrichtern führt nach herrschender Meinung dazu, dass auch die **Maßstäbe** zur Beurteilung von Ausschluss- und Ablehnungsgründen grds. gleich bestimmt werden sollen (HK-StPO/*Temming* § 31 Rn. 3; *Meyer-Goßner/Schmitt* § 31 Rn. 2, vgl. auch Rdn. 3).

1

B. Entsprechende Anwendung auf Schöffen und Urkundsbeamte.
I. Anzuwendende Vorschriften. Die entsprechende Geltung betrifft die »**Vorschriften dieses Abschnitts**«, d.h. grds. alle Regelungen und insb. auch die §§ 22 bis 24; daneben aber auch die speziellen Ausschlussgründe der **Amtsunfähigkeit** nach den §§ 31 Satz 2, 32, 77 GVG, wobei str. ist, ob diese den gesetzlichen Ausschlussgründen nach den §§ 22, 23 gleichstehen (LR/*Siolek* § 31 Rn. 3; *Meyer-Goßner/Schmitt* § 31 Rn. 1) oder sogar vorgehen (*Bohnert*, Beschränkungen, S. 95). **Keine Anwendung** findet hingegen § 27, der teilweise durch § 31 Abs. 2 ersetzt wird und auch nicht auf Schöffen und Urkundsbeamte zugeschnitten ist (keine Mitwirkung der Schöffen außerhalb der Hauptverhandlung, keine Vornahme unaufschiebbarer Handlungen, vgl. LR/*Siolek* § 31 Rn. 2 und 6). Daher ist auch § 29 Abs. 1 nicht anwendbar (SK-StPO/*Rudolphi* § 31 Rn. 2; KMR/*Bockemühl* § 31 Rn. 2).

2

II. Anwendung bei Schöffen. Für Schöffen gelten die gleichen **Ausschlussgründe** nach §§ 22, 23 wie für Berufsrichter (KMR/*Bockemühl* § 31 Rn. 3; *Laubenthal/Baier* JR 1998, 299). Auch für die **Befangenheitsgründe** nach § 24 gelten keine Besonderheiten (BGHSt 21, 85, 86), sodass auch hier die grundsätzliche **Vermutung der Unvoreingenommenheit** besteht (vgl. BGHSt 22, 289, 295; KK-StPO/*Fischer* § 31 Rn. 5, daher auch keine »Durchleuchtung« des Privatlebens des Schöffen wie im angloamerikanischen Strafprozess) und die persönlichen Verhältnisse des Schöffen allein grds. keine Befangenheit begründen (vgl. § 24 Rdn. 9; BGHSt 43, 16, 19 m. Anm. *Laubenthal/Baier* JR 1998, 299 ff. [Mitgliedschaft in der durch die Tat geschädigten Genossenschaftsbank]; LG Bielefeld NJW 2007, 3014 [Kopftuch einer Schöffin] m. zust. Anm. *Bader* NJW 2007, 2964 ff.; **a.A.** LG Dortmund NJW 2007, 3013, 3014).

3

Bejaht wurde die Befangenheit eines Schöffen etwa, weil er Angestellter der durch die zu verhandelnde Tat geschädigten Behörde ist (BGH MDR [D] 1954, 151), weil er permanent einschläft und körperlich erschöpft ist (LG Bremen StV 2002, 357), weil er Kleidung trägt, die eindeutig auf eine rechtsextreme Gesinnung schließen lässt (LG Berlin StV 2002, 132) bzw. entsprechende öffentliche Äußerungen tätigt (LG Bremen StV 1993, 69), weil er in der Verhandlungspause Kontakt zu einem noch nicht vollständig vernommenen Zeugen aufnimmt, um Erkenntnisse zum Anklagevorwurf zu erhalten (AG Bremen StV 1993, 181), weil er unsachliche Bemerkungen in der Hauptverhandlung macht (BGH NStZ 1991, 144), weil er als Mitarbeiter des geschädigten FA in einem Verfahren wegen Steuerhinterziehung mit Aufgaben befasst ist, wie sie im Fall des Angeklagten eine Rolle spielen (AG Bremen StV 2009, 181 f.) oder weil die Schöffin in ihrem Beruf als Psychologin den Bruder des Tatopfers behandelt und mit der Mutter des Tatopfers in Kontakt gestanden und ihr aus Anlass der verfahrensgegenständlichen Tat kondoliert hat (LG Augsburg StV 2012, 461). Auch ein Schöffe, der als Inkassounternehmer einem Schuldner, der anwaltlich von dem Verteidiger des Angeklagten vertreten wurde, offen mit Selbstjustiz gedroht hat, um eine Forderung einzutreiben und den Verteidiger als »Spannmann« bezeichnet hat, kann befangen sein (BGH StraFo 2010, 291 m. Anm. *Gatzweiler/Gercke*); Gleiches gilt für einen Schöffen, der vor Beginn des Verhandlungstages Schokoladennikoläuse auf den üblicherweise von den Staatsanwälten benutzten Sitzungstisch legt, vgl. LG Koblenz NJW 2013, 801. Die Befangenheit ist hingegen zu **verneinen**, wenn der Schöffe eine Meinungsäußerung zum Verfahren abgibt, ohne damit endgültig Stellung zu nehmen (BGHSt 21, 85, 86), wenn er mit anderen Schöffen verwandt ist (BGH [D] MDR 1974, 547), wenn er dem gleichen Großunternehmen angehört wie der Angeklagte (LG München II StV 2012, 461; anders aber, wenn auch Mitarbeiter des Unternehmens als Zeugen

4

aussagen und nicht ausgeschlossen werden kann, dass der Schöffe den Aussagen dieser Zeugen nicht unvoreingenommen gegenüber steht), wenn der Schöffe zuvor die Presseberichterstattung zum Verfahren verfolgt hat (BGHSt 22, 289, 294 f.; krit. AnwK-StPO/*Werner* § 31 Rn. 4; zw.) oder wenn eine Schöffin in einem Prozess wegen des Vorwurfs von sexuellem Missbrauch von Kindern gegen einen männlichen Angeklagten (aktives) Mitglied in einem Verein ist, der auf Grundlage eines feministisch-parteilichen Konzepts arbeitet (OLG Celle, NStZ-RR 2014, 346). Genauso wenig wie beim Berufsrichter vermögen beim Schöffen Spannungen mit dem Verteidiger die Sorge der Befangenheit zu begründen (BGH MDR [D] 1975, 23; vgl. auch § 24 Rdn. 21), solange keine Zweifel an seiner grds. rechtstreuen Gesinnung bestehen.

5 Die bloße **Kenntnisnahme** des Schöffen **von Akten** (etwa **Anklageschrift**, soweit sie über den Anklagesatz hinausgeht; zum nur versehentlichen Mitlesen über den Anklagesatz hinaus BGH NStZ [Pf/M] 1984, 14, 15; KMR/*Bockemühl* § 31 Rn. 7; **a.A.** [für Befangenheit] AG Dortmund StV 1994, 422; zur Akteneinsicht *Meyer-Goßner/Schmitt* § 30 GVG Rn. 2 m.w.N.; *Nowak* JR 2006, 459, 462; *Volk* FS Dünnebier, S. 373, 382 f.; *Rennig*, Die Entscheidungsfindung durch Schöffen und Berufsrichter in rechtlicher und psychologischer Sicht, 1993, S. 586) soll nach wohl herrschender Meinung als solche keine Besorgnis der Befangenheit begründen, solange im Einzelfall keine besonderen Umstände hinzutreten. Das ist nur konsequent, wenn die Rechtsprechung auch die Aushändigung von Beweismitteln, wie z.B. TÜ-Protokolle, für zulässig hält, soweit dies zum besseren Verständnis der Beweisaufnahme angezeigt ist (BGHSt 43, 36, 39 ff. m. Anm. *Kaholnigg* NStZ 1997, 507 f. und *Lunnebach* StV 1997, 452 ff.; 43, 360, 364; KK-StPO/*Fischer* § 31 Rn. 7 m.w.N. zum Streitstand), und trotz der Bedenken, juristische Laien könnten weniger leicht zwischen den unterschiedlichen Erkenntnisquellen differenzieren als Berufsrichter (AnwK-StPO/*Werner* § 31 Rn. 4; HK-GS-StPO/*Bosbach* § 31 StPO Rn. 2), mit Blick auf die Gleichstellung von Schöffen und Berufsrichtern in der Hauptverhandlung letztlich auch überzeugend.

6 **III. Anwendung bei Urkundsbeamten.** Für Urkundsbeamte gilt § 22 genauso wie für Schöffen und Berufsrichter, **nicht aber § 23**, denn der Urkundsbeamte darf in allen Verfahrensstadien tätig werden, weil er auf die Entscheidung selbst ohnehin keinen Einfluss hat (KK-StPO/*Fischer* § 31 Rn. 8; LR/*Siolek* § 31 Rn. 7; SK-StPO/*Rudolphi* § 31 Rn. 8). Auch für die **Befangenheit** nach § 24 gelten dieselben Grundsätze, wie bei den Berufsrichtern. Insgesamt dürfte die Ablehnung wegen Befangenheit bei Urkundsbeamten in der Praxis eher die Ausnahme sein (vgl. AnwK-StPO/*Werner* § 31 Rn. 5; HK-GS-StPO/*Bosbach* § 31 Rn. 3; MüKo-StPO/*Conen/Tsambikakis* § 31 Rn. 6).

7 Scheidet der Urkundsbeamte in der Hauptverhandlung wegen der Sorge der Befangenheit aus dem Verfahren aus, muss die Hauptverhandlung wiederholt werden (AnwK-StPO/*Werner* § 31 Rn. 5; KK-StPO/*Fischer* § 31 Rn. 8; **a.A.** HK-StPO/*Temming* § 31 Rn. 5; *Meyer-Goßner/Schmitt* § 31 Rn. 3 mit Hinweis auf die Austauschbarkeit). Bei **selbstständigen Handlungen** von Urkundsbeamten, wie der Entgegennahme von Rechtsmitteleinlegungen, sind die §§ 22 ff. **nicht** anwendbar. Allerdings ist eine Tätigkeit unter entsprechender Anwendung des § 20 VwVfG unzulässig (HK-StPO/*Temming* § 31 Rn. 6; *Meyer-Goßner/Schmitt* § 31 Rn. 4).

8 **C. Verfahren.** Die Entscheidung über die Ablehnung treffen der Amtsrichter als **Strafrichter** oder der beauftragte Richter selbst, beim Schöffengericht und der kleinen Strafkammer der **Vorsitzende**, bei der großen Strafkammer die (**berufs–)richterlichen Mitglieder**. Strafsenate des BGH oder eines OLG entscheiden in der vollen Besetzung von fünf Richtern (*Meyer-Goßner/Schmitt* § 31 Rn. 5; SK-StPO/*Rudolphi* § 31 Rn. 10). § 26a ist anwendbar (KK-StPO/*Fischer* § 31 Rn. 9; SK-StPO/*Rudolphi* § 31 Rn. 10). Scheidet ein Schöffe aus, tritt an seine Stelle ein Hilfsschöffe, wobei während der Hauptverhandlung eine Aussetzung nur dadurch verhindert werden kann, dass von Anfang an ein **Ergänzungsschöffe** hinzugezogen wird (LR/*Siolek* § 31 Rn. 16).

9 Die Entscheidung über die Ablehnung von Schöffen kann nach § 28 angefochten werden. Im Fall des **Urkundsbeamten in der Hauptverhandlung** soll nach wohl herrschender Meinung § 28 Abs. 2 nicht anwendbar sein (vgl. LG Stuttgart NJW 1964, 677; HK-GS-StPO/*Bosbach* § 31 StPO Rn. 6; KK-StPO/*Fischer* § 31 Rn. 10; *Meyer-Goßner/Schmitt* § 31 Rn. 6); nicht direkt, weil kein erkennender Richter vorliegt, nicht entsprechend, weil das Urteil auf dem gerügten Mangel ohnehin nicht beruhen würde.

D. Revision. Im Hinblick auf die Revision gilt für Schöffen dasselbe, wie für Berufsrichter. Auf **10** der Mitwirkung eines befangenen Urkundsbeamten wird das Urteil nicht beruhen (KMR/*Bockemühl* § 31 Rn. 12; *Meyer-Goßner/Schmitt* § 31 Rn. 7; MüKo-StPO/*Conen/Tsambikakis* § 31 Rn. 8; krit. *Bohnert*, Beschränkungen, S. 96). Allerdings fehlt dann dem Protokoll die Beweiskraft nach § 274 und es darf auch nicht nach den §§ 251, 254 verlesen werden (LR/*Siolek* § 31 Rn. 17; SK-StPO/*Rudolphi* § 31 Rn. 12), sodass mittelbar eine Revision mangels entgegenstehender Beweiskraft für das Nichtvorliegen des gerügten Verfahrensverstoßes auch dadurch begünstigt werden kann (RGSt 68, 272, 273; KK-StPO/*Fischer* § 31 Rn. 11).

§ 32 StPO *(weggefallen)*

Vierter Abschnitt. Gerichtliche Entscheidungen und Kommunikation zwischen den Beteiligten

§ 33 StPO Gewährung rechtlichen Gehörs vor einer Entscheidung.
(1) Eine Entscheidung des Gerichts, die im Laufe einer Hauptverhandlung ergeht, wird nach Anhörung der Beteiligten erlassen.
(2) Eine Entscheidung des Gerichts, die außerhalb einer Hauptverhandlung ergeht, wird nach schriftlicher oder mündlicher Erklärung der Staatsanwaltschaft erlassen.
(3) Bei einer in Absatz 2 bezeichneten Entscheidung ist ein anderer Beteiligter zu hören, bevor zu seinem Nachteil Tatsachen oder Beweisergebnisse, zu denen er noch nicht gehört worden ist, verwertet werden.
(4) Bei Anordnung von Untersuchungshaft, der Beschlagnahme oder anderer Maßnahmen ist Absatz 3 nicht anzuwenden, wenn die vorherige Anhörung den Zweck der Anordnung gefährden würde. Vorschriften, welche die Anhörung der Beteiligten besonders regeln, werden durch Absatz 3 nicht berührt.

A. Grundsätzliches. Die Vorschrift **konkretisiert** den grundlegenden **Anspruch** der Verfahrens- **1** beteiligten **auf rechtliches Gehör**, wie ihn das BVerfG in zahlreichen Entscheidungen seit BVerfGE 1, 429 herausgearbeitet hat (vgl. BT-Drs. III/2037 S. 18). Sie geht über den verfassungsrechtlichen Anspruch auf rechtliches Gehör (Art 103 Abs. 1 GG: »Vor Gericht hat jedermann Anspruch auf rechtliches Gehör«) hinaus, weil sie auch Verfahrensbeteiligte begünstigt, die sich nicht auf das Justizgrundrecht des Art. 103 Abs. 1 GG berufen können (wie etwa die Staatsanwaltschaft). Besondere Ausformungen des Anspruchs auf rechtliches Gehör finden sich in den Vorschriften über Rechtsmittel (vgl. § 308 Abs. 1 S. 1 und § 311a Abs. 1 für die Beschwerde, § 320 Abs. 1 S. 1 für die Berufung und § 347 Abs. 1 S. 1 für die Revision) und im Strafbefehlsverfahren (§ 407 Abs. 3) sowie in einer Vielzahl weiterer Einzelvorschriften der StPO (vgl. LR/*Graalmann-Scheerer* § 33 Rn. 39). Gegenüber den spezielleren Vorschriften in der StPO und anderen Gesetzen (etwa § 407 Abs. 1 AO für die am Steuerstrafverfahren beteiligte Finanzbehörde) gilt die allgemeine Regelung in § 33 ergänzend. Auch für die Auslegung der spezielleren (und häufig älteren) Vorschriften ist auf § 33 zurückzugreifen, weil die Norm die aktuellen allgemeinen Vorstellungen des Gesetzgebers über die Gewährung rechtlichen Gehörs enthält.
Rechtliches Gehör in diesem Sinne bedeutet, dass den Verfahrensbeteiligten der Sachverhalt, wie er **2** dem Gericht zur Beurteilung vorliegt und soweit er nicht bereits bekannt ist, sowie das Thema der anstehenden Entscheidung richtig und vollständig mitgeteilt werden und dass ausreichend Gelegenheit gegeben wird, sich hierzu vor Erlass der Entscheidung zu äußern (BGH NJW 1989, 2403 [2407]). Hingegen ist das Gericht regelmäßig weder nach § 33, Art. 103 Abs. 1 GG noch unter dem Gesichtspunkt des fair trial gehalten, die Verfahrensbeteiligten, insb. den Angeklagten bzw. dessen Verteidiger, auf die seiner Entscheidung zugrundeliegenden rechtlichen Erwägungen vorher hinzuweisen, wenn die recht-

§ 33 StPO Gewährung rechtlichen Gehörs vor einer Entscheidung

liche Beurteilung im Rahmen dessen liegt, was nach Rechtsprechung und Lehre voraussehbar ist und was ein vernünftiger Angeklagter auf der Grundlage des ihm bereits bekannten oder bekanntgemachten Sachverhalts noch erwarten kann (BGH NJW 1989, 2403 [2407], vgl. auch BGHSt 22, 336 [339 f.]). Das Gericht ist insbesondere nicht verpflichtet, einen rechtskundig vertretenen Angeklagten über seine rechtliche Einschätzung einer bestimmten, dem Angeklagten bekannten prozessualen Situation und die rechtlichen Folgen einer anstehenden gerichtlichen Entscheidung aufzuklären oder gar hierüber in einen rechtlichen Dialog mit dem Angeklagten einzutreten (BGH NJW 1989, 2403 [2407]). Eine Hinweispflicht besteht lediglich in den Ausnahmefällen, dass das Gericht von einer feststehenden höchstrichterlichen Rechtsprechung oder einer selbst früher geäußerten Rechtsauffassung abweichen will (AnwK/*Rotsch* § 33 Rn. 8 m.w.N.). Auch wenn demnach kein Rechtsanspruch auf einen rechtlichen Dialog besteht (*Meyer-Goßner/Schmitt* § 33 Rn. 1), ist es doch in aller Regel sinnvoll und im Sinne fairer Verhandlungsführung geboten, einen solchen Dialog mit allen Verfahrensbeteiligten zu führen, zumal eine solche **offene Verhandlungsweise** oftmals zu einer Verkürzung des Verfahrens führen kann (vgl. auch BVerfG NJW 2013, 1058 ff. Rn. 106: »Eine offene, kommunikative Verhandlungsführung kann der Verfahrensförderung dienlich sein und ist daher heute selbstverständliche Anforderung an eine sachgerechte Prozessleitung.«).

3 **B. Regelungszweck/Anwendungsbereich.** Anzuhören sind die Verfahrensbeteiligten, bevor Entscheidungen des Gerichts erlassen werden. Entscheidungen der Staatsanwaltschaft oder anderer Behörden wie etwa der Finanzbehörden, die in Steuerstrafverfahren teilweise die Stellung der Staatsanwaltschaft einnehmen, zählen hierzu nicht; § 33 ist insoweit auch nicht analog anwendbar. **Entscheidungen** sind jedenfalls alle Urteile oder Beschlüsse des Gerichts, die unmittelbar (jedenfalls auch) andere Verfahrensbeteiligte betreffen. Rein gerichtsinterne Entscheidungen ohne unmittelbare Außenwirkung wie etwa die Geschäftsverteilung innerhalb einer Kammer sind davon nicht erfasst, auch wenn sie in Beschlussform ergehen (vgl. § 21g GVG). Welche anderen Entscheidungen hierunter fallen, ist im Einzelnen umstritten (vgl. umfassend LR/*Graalmann-Scheerer* § 33 Rn. 4 ff. m.w.N.). Nach Sinn und Zweck der Norm kommt es darauf an, ob die Entscheidung in die sachlich-rechtliche oder verfahrensrechtliche Rechtsstellung eines Verfahrensbeteiligten eingreift (vgl. *Meyer-Goßner/Schmitt* § 33 Rn. 2) oder die Rechtslage sonst unmittelbar mit Außenwirkung ändert (wie etwa bei einem Freispruch oder der Einstellung des Verfahrens).

4 Bei **prozessleitenden Verfügungen** und Entscheidungen, die lediglich den Gang des Verfahrens regeln, ist nach herkömmlicher Auffassung keine Anhörung erforderlich, weil sie keine Eingriffe in Rechte oder Rechtsstellungen bewirken oder sonst die Rechtslage unmittelbar ändern, sondern dieses nur vorbereiten (vgl. LR/*Graalmann-Scheerer* § 33 Rn. 7 m.w.N.; *Meyer-Goßner/Schmitt* § 33 Rn. 2; KMR/*Ziegler* § 33 Rn. 2; a. A. noch die Vorauflage KMR/*Paulus* § 33 Rn. 2). Als besonderes Problem hat sich hierbei die **Terminierung**, insbesondere in Großverfahren, erwiesen. Die Anhörung der Verteidiger und der übrigen Verfahrensbeteiligten vor der Terminierung ist sinnvoll und verhindert spätere Verlegungsanträge, denen nachzugehen sich bei nachvollziehbarem Begehren selten vermeiden lassen wird (vgl. BGH NStZ-RR 2010, 312; LR/*Lüderssen/Jahn* § 137 Rn. 27a). Rechtlich verpflichtet ist der Vorsitzende hierzu vor seiner Terminierung (§ 213) gerade bei einer Vielzahl von Verfahrensbeteiligten allerdings nicht unbedingt (vgl. OLG Frankfurt/Main NStZ-RR 1997, 272; vgl. auch KG StV 2009, 577 m. abl. Anm. *Schlothauer*). Zumeist wird sich anbieten, schon mit der Anklagezustellung die für den Fall der Eröffnung ins Auge gefassten späteren Termine vorab mitzuteilen, damit die Verfahrensbeteiligten Gelegenheit haben, sich hierauf einzurichten und Einwände frühzeitig vorzubringen.

5 Anzuhören sind die Beteiligten **vor Erlass** der Entscheidung. Erlassen sind Entscheidungen in der Hauptverhandlung, wenn sie verkündet werden (vgl. § 35 Abs. 1 S. 1 und § 268 Abs. 2 S. 1); dies gilt unabhängig davon, ob der Betroffene (wie etwa ein unentschuldigt nicht erschienener Angeklagter oder Zeuge) dabei anwesend ist oder nicht (vgl. LR/*Graalmann-Scheerer* § 33 Rn. 10). Schriftliche Entscheidungen außerhalb der Hauptverhandlung sind nicht schon erlassen, sobald sie nach vollständiger Abfassung zur Kenntnis für Personen außerhalb des Gerichts bestimmt werden (so noch RGSt 56, 358 [360]), sondern in der Regel erst, wenn sie von der Geschäftsstelle an eine Behörde oder Person außerhalb des Gerichts hinausgegeben worden sind und eine Abänderung damit tatsächlich unmöglich ist (BGH NStZ 2011, 713; NStZ 2012, 710 f.; noch offen gelassen von BGH NStZ 1994, 96 f.; im Einzelnen umstritten, vgl. nur *Meyer-Goßner/Schmitt* Vor § 33 Rn. 5 ff.; LR/*Graalmann-Scheerer* § 33

Rn. 9 ff., je m.w.N.). Anders verhält es sich bei Beschlüssen, die nach rechtzeitiger Einlegung eines Rechtsmittels unmittelbar die Rechtskraft einer Entscheidung herbeiführen (insb. Entscheidungen nach § 349 Abs. 2 StPO). Diese sind bereits dann erlassen, wenn sie mit den Unterschriften der Richter versehen in den Geschäftsgang gegeben werden (BGH NStZ 1994, 96 f.; 2011, 713; 2012, 710 f.).

Beteiligte sind alle Verfahrensbeteiligte wie der Beschuldigte, sein Verteidiger, die Staatsanwaltschaft, der Nebenkläger oder sein Vertreter, der Verfalls- und Einziehungsbeteiligte, der Erziehungsberechtigte bzw. gesetzliche Vertreter im Jugendverfahren, die Finanzbehörde in Steuerstrafverfahren, aber auch jeder andere, der von einer gerichtlichen Entscheidung sonst in seinen Rechten unmittelbar betroffen ist (vgl. BGHSt 19, 7 [15]) wie etwa der Zeuge bei der Verhängung von Zwangsmaßnahmen oder der Zuschauer bei der Verhängung von Ordnungsmitteln (vgl. LR/*Graalmann-Scheerer* § 33 Rn. 18). 6

C. Anhörung in und außerhalb der Hauptverhandlung.
Die Anhörung bei **Entscheidungen in der Hauptverhandlung** erfolgt, indem den Anwesenden vor Erlass der Entscheidung Gelegenheit zur mündlichen Stellungnahme eingeräumt wird. Ein Anspruch auf schriftliche Stellungnahme besteht nicht. Ohnehin bestimmt das Gericht die Form der Anhörung nach seinem Ermessen (vgl. BGH NStZ 1993, 500). Für eine sachgemäße Äußerung muss den Beteiligten bewusst sein, dass das Gericht eine bestimmte Entscheidung treffen will. Ergeht die Entscheidung auf einen Antrag eines der Verfahrensbeteiligten hin, wird den übrigen Verfahrensbeteiligten Gelegenheit zur Stellungnahme zu diesem Antrag gegeben. Will das Gericht von Amts wegen tätig werden, hat es den Verfahrensbeteiligten kurz mitzuteilen, dass es beabsichtigt, über eine bestimmte Frage zu entscheiden (vgl. *Meyer-Goßner/Schmitt* § 33 Rn. 5). Wie es zu entscheiden beabsichtigt, muss das Gericht nicht offenlegen, sofern klar ist, worüber entschieden wird (siehe auch oben Rdn. 2). 7

Dem rechtlichen Gehör ist Genüge getan, wenn die Beteiligten erkennbar **Gelegenheit** erhalten haben, sich zu äußern (RGSt 47, 342 [343]); sie brauchen in der Regel nicht ausdrücklich zur Äußerung aufgefordert zu werden (BGHSt 17, 337 [340]; BGH NStZ 1993, 500). Der Grundsatz des rechtlichen Gehörs beherrscht die ganze Hauptverhandlung, ihm kann in vielfältiger Weise Rechnung getragen werden. Die Anhörung vor einer im Laufe der Hauptverhandlung ergehenden Entscheidung über das weitere Verfahren stellt deshalb grundsätzlich auch **keine protokollpflichtige** wesentliche **Förmlichkeit** im Sinne der §§ 273, 274 dar (BGH NStZ 1993, 500 m.w.N.; a. A. KMR/*Ziegler* § 33 Rn. 27; SK/*Weßlau* § 33 Rn. 11; *Meyer-Goßner/Schmitt* § 33 Rn. 8). Offengelassen hat der BGH, ob einem nicht durch einen Rechtsanwalt verteidigten Angeklagten vor einer gerichtlichen Entscheidung ausdrücklich Gelegenheit zur Stellungnahme zu geben und ob eine derartige Aufforderung eine protokollierungspflichtige wesentliche Förmlichkeit im Sinne des § 273 Abs. 1 ist (BGH NStZ 1993, 500); diese Frage dürfte eher zu verneinen sein. Wer in der Hauptverhandlung aus Gründen, die er zu vertreten hat, nicht anwesend ist, obwohl er hierzu Gelegenheit hatte, muss nicht etwa noch außerhalb der Hauptverhandlung zusätzlich angehört werden, bevor eine ihm nachteilige Entscheidung in der Hauptverhandlung ergeht (vgl. SK/*Weßlau* § 33 Rn. 25 f.), denn durch seine Abwesenheit hat er konkludent darauf verzichtet. Rechtliches Gehör meint nur, dass effektive Gelegenheit zur Beteiligung gegeben werden muss, nicht mehr. Entsprechendes wie für Entscheidungen in der Hauptverhandlung gilt für Entscheidungen aufgrund sonstiger mündlicher Verhandlung (etwa in Fällen von § 118a, § 124 Abs. 2 S. 3, § 138d; vgl. LR/*Graalmann-Scheerer* § 33 Rn. 32) und für Entscheidungen, die wie etwa der Bewährungswiderruf bei Weisungsverstoß (§ 453 Abs. 1 S. 3) oder die Bewährungsaussetzung (vgl. § 454 Abs. 1 S. 3), nach mündlicher Anhörung ergehen. 8

Bei **Entscheidungen außerhalb der Hauptverhandlung** unterscheidet § 33 Abs. 2 und Abs. 3 zwischen der Anhörung der Staatsanwaltschaft und der Anhörung anderer Beteiligter. Die **Staatsanwaltschaft** ist als Garantin eines rechtsförmigen Verfahrens (Nr. 127 Abs. 1 Nr. 1 RiStBV) immer zu hören, andere Beteiligte nur, wenn Entscheidungen zu ihren Lasten ergehen und dabei ihnen noch nicht bekannte Tatsachen verwertet werden. Die Staatsanwaltschaft kann sich mündlich (insb. in eiligen Fällen telefonisch) oder schriftlich (etwa auch durch E-Mail) äußern; die mündliche Äußerung hat der Richter in einem Aktenvermerk zu dokumentieren. Äußert sich die Staatsanwaltschaft nicht, obwohl sie hierzu Gelegenheit hatte, ist § 33 Abs. 2 Genüge getan. Wegen der allgemeinen Regelung in § 33 eigentlich überflüssige besondere Vorschriften über das Gehör der Staatsanwaltschaft bei Nachtragsentscheidungen (etwa über die Strafaussetzung, die Strafvollstreckung oder die nachträgliche Gesamtstrafenbildung) enthalten § 453 Abs. 1 S. 2, § 454 Abs. 1 S. 2, § 462 Abs. 2 S. 1 (hierzu zuletzt OLG Frankfurt/ 9

Main NStZ-RR 2012, 323) und § 463 Abs. 5 (hierzu insgesamt näher LR/*Graalmann-Scheerer* § 33 Rn. 30).

10 **Andere Beteiligte** sind bei Entscheidungen außerhalb der Hauptverhandlung nicht in jedem Falle anzuhören sofern dies nicht durch andere Vorschriften, die nach § 33 Abs. 4 S. 2 unberührt bleiben, besonders vorgesehen ist. Sie werden nur angehört, wenn die Entscheidung zu ihrem Nachteil ergehen soll und bei der Entscheidung ihnen bislang unbekannte Tatsachen oder Beweisergebnisse verwertet werden. **Tatsachen** sind alle Geschehnisse, auch prozessualer Art, die dem Beweis zugänglich sind, wozu auch innere Tatsachen gehören; Beweisergebnisse sind die Resultate der im Laufe des Verfahrens erfolgten Beweiserhebungen (Zeugenaussagen, Sachverständigengutachten etc.). Das Gegenstück hierzu sind bloße Rechtsauffassungen (OLG Düsseldorf VRS 82, 189) und reine Werturteile, sofern sie nicht – wie häufig – einen Tatsachenkern enthalten (vgl. LR/*Graalmann-Scheerer* § 33 Rn. 34). Schon aus dem Wortlaut ergibt sich, dass die Anhörungspflicht nur die Tatsachen oder Beweisergebnisse betrifft, die sich auch im Ergebnis für den Beteiligten nachteilig auswirken, also die Entscheidung tragen (vgl. *Meyer-Goßner/Schmitt* § 33 Rn. 13 m.w.N.). Zu bloßen Förmlichkeiten, die Voraussetzung der gerichtlichen Entscheidung sind (etwa unbegründete Nichtabhilfeentscheidung im Rahmen des Beschwerdeverfahrens nach § 306 Abs. 2), muss nicht angehört werden. Hat bereits die Staatsanwaltschaft (oder die Kriminalpolizei) die Beteiligten angehört, sind die damit vorgetragenen Tatsachen oder Beweisergebnisse den Beteiligten nicht mehr unbekannt und weiteres rechtliches Gehör nicht mehr notwendig, sofern Gelegenheit zur Stellungnahme bestand (vgl. LR/*Graalmann-Scheerer* § 33 Rn. 33).

11 Sofern der Angeklagte verteidigt ist, **genügt** zu seiner Anhörung die **Anhörung des Verteidigers** (vgl. LR/*Graalmann-Scheerer* § 33 Rn. 20 m.w.N.), allerdings darf nicht umgekehrt bei dem verteidigten Beschuldigten nur dieser und nicht sein Verteidiger gehört werden (vgl. BGHSt 25, 252). Sind mehrere Verteidiger für den Beschuldigten tätig, reicht zur Wahrung des rechtlichen Gehörs des Beschuldigten die Anhörung von einem von ihnen aus. So müssen etwa die dienstlichen Erklärungen wegen Befangenheit abgelehnter Richter (§ 26 Abs. 3) nur einem von mehreren Verteidigern mit der Gelegenheit zur Stellungnahme zugeleitet werden, um das rechtliche Gehör des Angeklagten zu wahren. Ist ein Verfahrensbeteiligter aus Gründen, die er zu vertreten hat, nicht erreichbar, ist der Anspruch auf rechtliches Gehör verwirkt. Um rechtliches Gehör gewährt zu bekommen, muss der Beteiligte wenigstens die Mindestvoraussetzung hierfür schaffen, nämlich als Ansprechpartner für das Gericht erreichbar sein. Die Gewährung rechtlichen Gehörs außerhalb der Hauptverhandlung erfolgt beim verteidigten Beschuldigten in aller Regel dadurch, dass dem Verteidiger **Akteneinsicht** gewährt wird (vgl. BVerfG NStZ 2007, 274; NStZ-RR 2008, 16 [17]); dies gilt entsprechend für sonstige anwaltlich vertretene Verfahrensbeteiligte. Sofern nicht ein Fall des § 33 Abs. 4 S. 1 bzw. § 147 Abs. 2 S. 1 vorliegt, muss die Akteneinsicht alle für die Entscheidung erheblichen Aktenbestandteile betreffen. Jedenfalls im Beschwerdeverfahren kann eine Entscheidung nur auf solche Informationen gestützt werden, die auch der Verteidiger kennen kann (vgl. BVerfGK 10, 7 [9]; 7, 205 [211]; 3, 197 [204]; BVerfG NStZ-RR 2013, 379; 2008, 16; LG Berlin StV 2010, 352; hierzu umfassend auch *Börner* NStZ 2007, 682 und NStZ 2010, 417).

12 **D. Absehen von Anhörung.** In **Ausnahmefällen** ist eine Gewährung rechtlichen Gehörs vor der gerichtlichen Entscheidung nicht möglich, weil dadurch der Zweck der Maßnahme vereitelt würde. Bestimmte prozessuale Zwangsmaßnahmen sollen die Beteiligten gerade überraschen, um etwa das Beiseiteschaffen von Beweismitteln oder die Flucht des Beschuldigten zu verhindern. Für derartige Fälle sieht § 33 Abs. 4 eine eng begrenzte Ausnahme vom Grundsatz des vorherigen rechtlichen Gehörs vor. Eine **Gefährdung des Anordnungszwecks** bei vorheriger Anhörung liegt grundsätzlich bei allen heimlichen und überraschenden strafprozessualen Ermittlungsmaßnahmen (also etwa §§ 99, 100a ff., 102 ff., 110a ff., 131 ff.) und bei überraschenden Zwangsmaßnahmen (insb. §§ 112 ff.) vor. Die Vorschrift gilt entsprechend, wenn die vorherige Anhörung Leib und Leben anderer gefährden könnte oder aus tatsächlichen Gründen unmöglich ist (*Meyer-Goßner/Schmitt* § 33 Rn. 17). Vor Verhängung eines Ordnungsmittels kann von der Gewährung rechtlichen Gehörs abgesehen werden, wenn der Ungebührwille außer Frage steht und mit weiteren Ausfällen des Betroffenen zu rechnen ist (OLG Brandenburg wistra 2014, 79 [80]; OLG Celle, Beschl. v. 17.01.2012 – 1 Ws 504/11).

13 Rechtliches Gehör ist in allen diesen Fällen **nachträglich** zu ermöglichen. Ist die gerichtliche Entscheidung – wie in aller Regel – anfechtbar, wird rechtliches Gehör im **Beschwerdeverfahren** gewährt (BVerfGK 10, 7 [9]; 7, 205 [211]; 3, 197 [204]; BVerfG NStZ-RR 2013, 379; 2008, 16; *Meyer-Goßner/*

Schmitt § 33 Rn. 18). In aller Regel wird der anordnende Richter im Rahmen der Abhilfeprüfung (§ 306 Abs. 2 StPO) schon das rechtliche Gehör gewähren müssen (vgl. LR/*Graalmann-Scheerer* § 33 Rn. 44), anderenfalls das Beschwerdegericht dies nachzuholen hat. Eine dem Betroffenen nachteilige Gerichtsentscheidung kann jedenfalls in der Beschwerdeinstanz nur auf der Grundlage solcher Tatsachen und Beweismittel getroffen werden, über die er zuvor sachgemäß unterrichtet wurde und zu denen er sich äußern konnte; hiermit kann die Notwendigkeit einhergehen, dem Verteidiger des Beschuldigten **Akteneinsicht** zu gewähren, anderenfalls allein wegen Verweigerung von Akteneinsicht der Beschwerde Erfolg beschieden sein kann (vgl. LG Berlin StV 2010, 352 m.w.N.; *Mosbacher* JuS 2010, 689 [693 f.]; vgl. auch *Meyer-Goßner/Schmitt* § 147 Rn. 25a f.; *Börner* NStZ 2010, 417). Gegebenenfalls ist mit der Beschwerdeentscheidung zuzuwarten, bis Akteneinsicht gewährt werden kann (BVerfG NStZ-RR 2013, 379 [380]; 2008, 16 [17]). Ist die gerichtliche Entscheidung nicht anfechtbar, ist das rechtliche Gehör im Verfahren nach § 33a zu gewähren (OLG Frankfurt NStZ-RR 2002, 306); über diese Möglichkeit ist der Betroffene ausdrücklich zu belehren (vgl. LR/*Graalmann-Scheerer* § 33 Rn. 43). Rührt sich der belehrte oder verteidigte Betroffene nicht, muss die Anhörung nicht von Amts wegen durchgeführt werden (vgl. *Meyer-Goßner/Schmitt* § 33 Rn. 18).

E. Revision. Die Verletzung des Anspruchs auf rechtliches Gehör kann zwar **grundsätzlich** als **Verfahrensverstoß** die Revision begründen (vgl. LR/*Graalmann-Scheerer* § 33 Rn. 25; RGSt 69, 401 [404]). Voraussetzung ist allerdings, dass das Urteil darauf auch im Sinne von § 337 Abs. 1 »beruht«. Dies wird sich regelmäßig ausschließen lassen, wenn die Entscheidung des Gerichts Recht und Gesetz entspricht und der Revident nicht vortragen kann, weshalb seine rechtlich gebotene Anhörung zu einer anderen, ihm günstigeren Entscheidung hätte führen müssen (vgl. RGSt 69, 401 [404]; KK/*Maul* § 33 Rn. 16; vgl. auch SK/*Weßlau* § 33 Rn. 9; a. A. KMR/*Ziegler* § 33 Rn. 27: das Beruhen könne sich regelmäßig nicht ausschließen lassen). Wer seine Anhörung selbst vereitelt oder die Möglichkeit hierzu versäumt, kann einen Verstoß gegen § 33 jedenfalls nicht mehr geltend machen (vgl. SK/*Weßlau* § 33 Rn. 9; AnwK/*Rotsch* § 33 Rn. 24, je m.w.N.). 14

Umstritten ist, ob den vom **Gehörsverstoß in der Hauptverhandlung** Betroffenen eine Art **Obliegenheit** trifft, das Unterlassen seiner Anhörung sogleich zu beanstanden. Dies wird mit dem Argument bejaht, anderenfalls müsse angenommen werden, dass er die Entscheidung stillschweigend gebilligt habe und seine Anhörung deshalb zu keinem anderen Ergebnis geführt hätte, so dass die Entscheidung nicht auf dem Gehörsverstoß »beruhe« (vgl. *Meyer-Goßner/Schmitt* § 33 Rn. 19; ähnl. LR/*Graalmann-Scheerer* § 33 Rn. 25; *Pfeiffer* § 33 Rn. 4; differenzierend KK/*Maul* § 33 Rn. 16; ablehnend HK/*Gercke* § 33 Rn. 18; SK/*Weßlau* § 33 Rn. 9; AnwK/*Rotsch* § 33 Rn. 24; KMR/*Ziegler* § 33 Rn. 27). Diese Auffassung hat für sich, dass sie den Vorstellungen des historischen Gesetzgebers entspricht. Dieser war der Auffassung, einer allgemeinen Präklusionsvorschrift bedürfe es aufgrund der Gesetzesfassung des § 337 (früher § 376) nicht. In den Materialien heißt es hierzu (*Hahn* Bd. I S. 252): »Das Gesetz braucht vermöge der von ihm in § 376 aufgestellten Regel nicht besonders vorzuschreiben, dass der Beschwerdeführer die Revision nicht auf die Beschränkung einer prozessualen Befugnis gründen könne, wenn er durch sein eigenes Verhalten zu erkennen gegeben hat, dass er die Beschränkung für eine nachteilige nicht erachte«. Auf ein derartiges Verhalten des Beschwerdeführers wurde insbesondere geschlossen, wenn er von der ihm bekannten Möglichkeit der Anrufung des Gerichts keinen Gebrauch gemacht hatte (hierzu näher *Mosbacher* NStZ 2011, 606 [607] m.w.N.). Heute wird die Frage der Präklusion durch Nichtintervention überwiegend kritisch gesehen (vgl. jeweils zu § 238 Abs. 2: *Widmaier* NStZ 2011, 305; *Gaede* wistra 2010, 210; *Lindemann* StV 2010, 379; SK/*Frister* § 238 Rn. 47 ff.; a. A. *Mosbacher* NStZ 2011, 606 ff. m.w.N., KK/*Schneider* § 238 Rn. 33). 15

Der BGH hat eine Verletzung von § 33 in Fällen des Unterlassens der Übermittlung dienstlicher Erklärungen im Rahmen des Ablehnungsverfahrens mit der Begründung verneint, der Revident sei deshalb *nicht beschwert*, weil er sein Ablehnungsgesuch nach Kenntnis des Beschlusses habe erneuern können (BGH StV 1982, 457; BGHSt 21, 85 [87]). Der entscheidende Gesichtspunkt dürfte demnach sein, dass in der Hauptverhandlung jeder Beteiligte seinen Anspruch auf rechtliches Gehör unschwer sofort geltend machen kann, indem er – wenn er übergangen wurde – sich nach der Entscheidung zu Wort meldet und seine Argumente im Rahmen einer Gegenvorstellung, im Rahmen einer Beanstandung nach § 238 Abs. 2 oder im Rahmen des Erklärungsrechts nach § 257 bzw. des Plädoyers oder des letzten Worts nach § 258 vorträgt. Dem Rechtsgedanken des § 33a folgend ist das Gericht in einem sol- 16 chen Fall verpflichtet, unter Berücksichtigung der erhobenen Einwände umgehend erneut zu entscheiden und damit den Gehörsverstoß zu beseitigen. Bleibt das Gericht auch nach Gegenvorstellung untätig oder unterbindet es den Versuch, sich rechtliches Gehör zu verschaffen, ist ein grundsätzlich revisibler Gehörsverstoß gegeben. Wer hingegen als Rechtskundiger nach einer Entscheidung, zu der zuvor nicht gehört wurde, auch nachträglich schweigt, lässt den (konkludenten) Schluss zu, dass er keine Einwände gegen die Entscheidung vorzubringen hat. Da dem Betroffenen mit den oben genannten Maßnahmen **unmittelbare Möglichkeiten** zur Verfügung stehen, **sich Gehör zu verschaffen**, hat er kein berechtigtes Interesse, diesen Fehler erst mit der Revision zu rügen (vgl. *Mosbacher* NStZ 2011, 606 [607]). Dies gilt jedenfalls für den Rechtskundigen, also den verteidigten Angeklagten, den Staatsanwalt oder sonstige am Verfahren beteiligten Juristen. Sind die Beteiligten in der Hauptverhandlung anwesend, ist eine Verletzung des rechtlichen Gehörs deshalb kaum vorstellbar, weil sich die Beteiligten zu den Vorgängen in der Hauptverhandlung, die nach dem Leitbild des Gesetzes eine normative Einheit bildet, stets umfassend äußern können (vgl. BGH, Beschl. v. 25.09.2012 – 1 StR 534/11; BGH v. 17.02.2010 – 1 StR 95/09; BT-Drs. 15/3706 S. 17).

§ 33a StPO Wiedereinsetzung in den vorigen Stand bei Nichtgewährung rechtlichen Gehörs.

Hat das Gericht in einem Beschluss den Anspruch eines Beteiligten auf rechtliches Gehör in entscheidungserheblicher Weise verletzt und steht ihm gegen den Beschluss keine Beschwerde oder ein anderer Rechtsbehelf zu, versetzt es, sofern der Beteiligte dadurch noch beschwert ist, von Amts wegen oder auf Antrag das Verfahren durch Beschluss in die Lage zurück, die vor dem Erlass der Entscheidung bestand. § 47 gilt entsprechend.

1 **A. Grundsätzliches.** Die Vorschrift ermöglicht die Beseitigung von Verstößen gegen das in Art. 103 Abs. 1 GG garantierte Recht auf rechtliches Gehör und dient deshalb auch der Entlastung des BVerfG und der Landesverfassungsgerichte von auf Art. 103 Abs. 1 GG gestützten Verfassungsbeschwerden (vgl. *Meyer-Goßner/Schmitt* § 33a Rn. 1). Ihre heutige Fassung hat die Norm durch das Anhörungsrügengesetz (v. 9.12.2004, BGBl. I S. 3220) erhalten, das der Umsetzung einer Entscheidung des Plenums des BVerfG (BVerfGE 107, 395) diente. Nach dieser Entscheidung erfordert der Justizgewährungsanspruch eine **Überprüfungsmöglichkeit** von **Gehörsverstößen** in der jeweiligen Gerichtsbarkeit, weshalb bei jeder Fachgerichtsbarkeit entsprechende Rechtsbehelfe einzurichten sind (kritisch und umfassend zu den verschiedenen Formen der Anhörungsrüge: *Eschelbach/Geipel/Weiler* StV 2010, 325 ff.; zum Verhältnis der Anhörungsrüge zur Verfassungsbeschwerde und den prozessualen Problemen hierbei eingehend *Buermeyer*, in: Rensen/Brink, Hrsg., Linien der Rechtsprechung des Bundesverfassungsgerichts, S. 35 [41 ff.]).

2 **B. Regelungszweck/Anwendungsbereich.** Sinn und Zweck der Norm ist, Verstöße gegen den **Grundsatz des rechtlichen Gehörs** (Art. 103 Abs. 1 GG) zu beseitigen. Dieser Zweck bestimmt auch den Anwendungsbereich, der sich an den verfassungsrechtlichen Vorgaben des Art. 103 Abs. 1 GG in ihrer Ausformung durch die Rspr. des BVerfG zu orientieren hat. Die Vorschrift gilt subsidiär. Die Anhörungsrüge greift als subsidiärer Rechtsbehelf nur ein, wenn die betreffende Entscheidung nicht durch andere Rechtsmittel oder Rechtsbehelfe überprüft werden kann, denn durch eine solche Überprüfung wird der Gehörsverstoß regelmäßig geheilt. Zu diesen Rechtsbehelfen zählen auch Anträge nach §§ 44, 45, § 319 Abs. 2, § 346 Abs. 2 (KK/*Maul* § 33a Rn. 6). Vorrangig sind zudem speziellere Anhörungsrügen wie § 311a für die Beschwerde und § 356a für die Revision (vgl. *Meyer-Goßner/Schmitt* § 33a Rn. 1), auch für damit einhergehende Entscheidungen wie etwa Entscheidungen über Befangenheitsgesuche.

3 Der Anwendungsbereich der Anhörungsrüge ist nach dem Wortlaut auf **unanfechtbare Beschlüsse** beschränkt. Nach dem Sinn und Zweck der Vorschrift und wegen der systematischen Nähe zu § 33 sind hierunter aber auch alle sonstigen endgültigen Entscheidungen (Verfügungen, Anordnungen) des Gerichts mit Außenwirkung zu verstehen, der Begriff ist also wie derjenige der »Entscheidung« in § 33 auszulegen (LR/*Graalmann-Scheerer* § 33a Rn. 6; SK/*Weßlau* § 33a Rn. 5; vgl. § 33 Rdn. 3 f.). Erfasst von der förmlichen Anhörungsrüge nach § 33a werden nur die außerhalb der Hauptverhandlung ergan-

genen Beschlüsse (vgl. *Meyer-Goßner/Schmitt* § 33a Rn. 3; a. A. wohl LR/*Graalmann-Scheerer* § 33a Rn. 15). Wird in der Hauptverhandlung durch eine Entscheidung des Gerichts (oder des Vorsitzenden) das rechtliche Gehör verletzt, kann (und muss) der anwesende Betroffene zur Wahrung seines Rechts unmittelbar Gegenvorstellung erheben oder nach § 238 Abs. 2 das Gericht anrufen, um seinen Argumenten sogleich Gehör zu verschaffen (vgl. § 33 Rdn. 15). Auf Urteile ist § 33a nicht anwendbar (BGH NStZ 1992, 27; KK/*Maul* § 33a Rn. 2 m.w.N.; vgl. auch SK/*Weßlau* § 33a Rn. 10); die Spezialvorschrift des § 356a erfasst hingegen auch Urteile, weil Hauptverhandlungen vor dem Revisionsgericht auch ohne den Angeklagten und seinen Verteidiger stattfinden können (vgl. BGH, Beschl. v. 17.02.2010 – 1 StR 95/09; BT-Drs. 15/3706 S. 17; krit. zur bisherigen Praxis BGH NJW 2014, 3527).

Unanfechtbar sind Beschlüsse, wenn sie aufgrund Gesetzes nicht mit einem Rechtsbehelf oder einem Rechtsmittel angefochten werden können und auch nicht sonst im Rahmen eines Rechtsmittelverfahrens einer gerichtlichen Überprüfung unterfallen. Wer es versäumt, den zulässigen Rechtsbehelf oder das zulässige Rechtsmittel zu ergreifen, oder diese zurücknimmt, kann die Anhörungsrüge nicht erheben (vgl. *Meyer-Goßner/Schmitt* § 33a Rn. 4 m.w.N.). Kann ein Beschluss nur zusammen mit dem Urteil angefochten werden wie etwa ein Beschluss, durch den ein Befangenheitsgesuch gegen einen erkennenden Richter zurückgewiesen wird (§ 28 Abs. 2 S. 2), ist der Beschluss grundsätzlich anfechtbar und unterfällt schon deshalb nicht § 33a (a. A. *Meyer-Goßner/Schmitt* § 33a Rn. 4; KMR/*Ziegler* § 33a Rn. 9). Entsprechend anzuwenden ist § 33a bei anfechtbaren Beschlüssen, die den Widerruf der Strafaussetzung bei unbekanntem Aufenthalt betreffen. Unterbleibt vor Anordnung des Widerrufs einer Strafaussetzung zur Bewährung die Anhörung des Verurteilten, weil dessen Aufenthalt nicht zu ermitteln ist, und wird der Widerrufsbeschluss wirksam öffentlich zugestellt, so ist entsprechend § 33a dem Verurteilten nachträglich die Anhörung durch das Gericht zu eröffnen, das den Widerruf beschlossen hat (BGHSt 26, 127; OLG Karlsruhe NStZ-RR 2003, 190). 4

Fraglich ist, ob auch alle **Entscheidungen der erkennenden Gerichte**, die der Urteilsfällung vorausgehen und die nach § 305 S. 1 der Beschwerde ausdrücklich entzogen sind, von § 33a erfasst werden (so die h.M., vgl. nur *Meyer-Goßner/Schmitt* § 33a Rn. 4; LR/*Graalmann-Scheerer* § 33a Rn. 15 m.w.N.; KK/*Maul* § 33a Rn. 2; KMR/*Ziegler* § 33a Rn. 9). Dies ist nicht der Fall: Wenn dem Beteiligten gegen die abschließende Entscheidung des Gerichts das Rechtsmittel der Revision zusteht, kann er mit der Verfahrensrüge auch die für das Urteil relevanten Gerichtsentscheidungen im Sinne von § 305 S. 1 zur Überprüfung des Revisionsgerichts stellen und im Rahmen dieses Rechtsmittelverfahrens seinen Einwendungen Gehör verschaffen. Es verhält sich mit derartigen Entscheidungen wie mit § 28 Abs. 2 S. 2: Die Entscheidungen sind grundsätzlich anfechtbar, aber nur zusammen mit dem Urteil, sofern die dadurch verursachte Beschwer fortwirkt, also das Urteil darauf »beruht«. Entscheidungen der erkennenden Gerichte sollen nach § 305 S. 1 zur Verhinderung von Verfahrensverzögerungen nicht gleichzeitig mit der Beschwerde und auf das Rechtsmittel gegen das Urteil hin überprüft werden können (LR/*Matt* § 305 Rn. 2). Demgemäß gilt der Ausschluss der Beschwerde nach § 305 S. 1 nur, wenn das Urteil anfechtbar ist und die Entscheidung im inneren Zusammenhang mit dem Urteil steht, so dass sie bei der Urteilsfällung erneuter Überprüfung durch das erkennende Gericht unterliegt (vgl. *Meyer-Goßner/Schmitt* § 305 Rn. 1). Ist das Urteil anfechtbar und die Verfahrensweise des Gerichts im Rahmen einer Verfahrensrüge überprüfbar, liegt ein Verstoß gegen Art. 103 Abs. 1 GG fern. Unter »anderer Rechtsbehelf« im Sinne von § 33a S. 1 ist deshalb auch die Revision mit der Verfahrensrüge (§ 344 Abs. 2 S. 1) zu verstehen. § 33a findet keine Anwendung, wenn Rechtsschutzmöglichkeiten eine Überprüfung der unter Gehörsverstoß ergangenen Gerichtsentscheidung ermöglichen. Es gibt nach Art. 103 Abs. 1 GG keinen Anspruch auf eine möglichst sachnahe Heilung des Gehörsverstoßes in der jeweiligen Instanz während des laufenden Verfahrens (a. A. wohl KMR/*Ziegler* § 33a Rn. 9; LR/*Graalmann-Scheerer* § 33a Rn. 15). Beim **Eröffnungsbeschluss** ist zu beachten, dass er grundsätzlich unanfechtbar ist (§ 310 Abs. 1, dann greift § 33a, vgl. KG StraFo 2007, 241; KK/*Maul* § 33a Rn. 6, je m.w.N.), aber in Ausnahmefällen (wie Entscheidungen nach § 211) bei einem behaupteten Verstoß gegen Art. 103 Abs. 3 GG doch mit der Beschwerde angefochten werden kann (vgl. BVerfG StV 2005, 196); dann ist der Gehörsverstoß im Beschwerdeverfahren, nicht nach § 33a zu heilen (unklar deshalb LG Kassel StV 2005, 198). 5

6 **C. Einzelfragen. Anfechtungsberechtigt** sind nach dem Sinn und Zweck der Norm alle Verfahrensbeteiligten, die einen Verstoß gegen Art. 103 Abs. 1 GG rügen können. Hierzu zählen nur die Träger dieses prozessualen Grundrechts. Die Staatsanwaltschaft kann demnach keine Anhörungsrüge erheben, weil sie nicht am Schutz des Art. 103 Abs. 1 GG teilhat (vgl. *Meyer-Goßner/Schmitt* § 33a Rn. 3 m.w.N.).

7 Die Anhörungsrüge kommt nur in Betracht, wenn das rechtliche Gehör in **entscheidungserheblicher Weise** verletzt wurde. Dies ist nicht nur der Fall, wenn der Beteiligte nicht zu Tatsachen oder Beweisergebnissen (vgl. § 33 Rdn. 9) gehört wurde, die sich bei der Entscheidungsfindung ausgewirkt haben, sondern § 33a greift in jedem Fall der Verletzung von Art. 103 Abs. 1 GG ein (vgl. BVerfG NStZ 2003, 606; LR/*Graalmann-Scheerer* § 33a Rn. 9). Hätte der Betroffene auch im Falle seiner Anhörung nichts anderes vorgetragen oder vortragen können, als er tatsächlich getan hat, oder ist sonst ausgeschlossen, dass das Gericht bei ordnungsgemäßer Anhörung anders entschieden hätte, liegt keine entscheidungserhebliche Verletzung des Anspruchs auf rechtliches Gehör vor (vgl. BT-Drs. 15/3706 S. 15; *Meyer-Goßner/Schmitt* § 33a Rn. 3; LR/*Graalmann-Scheerer* § 33a Rn. 11).

8 Die **Beschwer** des von der gerichtlichen Entscheidung Betroffenen muss noch **fortdauern**. Dies ist der Fall, wenn der durch die gerichtliche Entscheidung bewirkte Eingriff in die Rechtsposition des Betroffenen noch gegenwärtig ist (vgl. LR/*Graalmann-Scheerer* § 33a Rn. 16 f.). Die Beschwer muss durch die Entscheidung selbst, nicht lediglich durch ihre Begründung bestehen (vgl. *Meyer-Goßner/Schmitt* § 33a Rdn. 4). Ist die Beschwer entfallen, weil etwa ein Haftbefehl aufgehoben, die Reststrafe vollständig vollstreckt oder die Auslieferung vollzogen wurde, liegt prozessuale Überholung vor (OLG Bamberg NStZ-RR 2014, 347). In derartigen Fällen ist ein berechtigtes Interesse an nachträglicher Feststellung der Rechtswidrigkeit der gerichtlichen Entscheidung anzuerkennen, wenn es sich um tiefgreifende Grundrechtseingriffe handelt, bei denen zuvor nicht ordnungsgemäß angehört wurde (häufig sind dies Fälle des § 33 Abs. 4, vgl. § 33 Rdn. 11); gerade dabei handelt es sich indes häufig um mit Beschwerde entsprechend § 98 Abs. 2 S. 2 anfechtbare Entscheidungen, bei denen der Gehörsmangel nachträglich im Beschwerdeverfahren geheilt wird (vgl. § 33 Rdn. 12; LR/*Graalmann-Scheerer* § 33a Rn. 18). Im Fall der Aufhebung bzw. Außervollzugsetzung eines Haftbefehls wird dem Rehabilitationsinteresse des Betroffenen regelmäßig durch den Fortgang des Strafverfahrens, in dem auch über die Entschädigung für zu Unrecht erlittene Untersuchungshaft entschieden wird, Rechnung getragen (OLG Bamberg NStZ-RR 2014, 347).

9 Das Gericht entscheidet auf **Antrag**, der an keine Form oder Frist gebunden ist (vgl. *Meyer-Goßner/Schmitt* § 33a Rn. 7), oder von Amts wegen. Eine Entscheidung von Amts wegen ist jederzeit zulässig, wenn nachträglich eine Gehörsverletzung erkannt wird. An den Antrag sind keine besonderen Anforderungen zu stellen, Begründungserfordernisse bestehen nicht. Eine Gehörsverletzung sollte danach aber zumindest als möglich erscheinen (LR/*Graalmann-Scheerer* § 33a Rn. 19). Ist keine Gehörsverletzung vorgetragen und auch sonst nicht ersichtlich, wird der Antrag als unbegründet zurückgewiesen (a. A. LR/*Graalmann-Scheerer* § 33a Rn. 19: Verwerfung als unzulässig). Ebenfalls als unbegründet zurückzuweisen sind – als solche bezeichnete – Anträge auf Nachholung des rechtlichen Gehörs, wenn der Antragsteller rügt, seine sachlichen Argumente seien nicht hinreichend berücksichtigt worden. Auch wenn mit derartigen Eingaben im Ergebnis geltend gemacht wird, dass die Entscheidung in der Sache unzutreffend sei, scheidet eine Umdeutung der Anhörungsrüge in den weniger rechtsschutzintensiven formlosen Rechtsbehelf der Gegenvorstellung aus (so aber OLG Hamm, Beschl. v. 15.01.2015 – 3 Ws 4/15; OLG Saarbrücken, Beschl. v. 22.04.2015 – 1 Ws 13/15; a. A. wohl OLG Koblenz NStR-RR 2015, 122). Wird ohne rechtfertigenden Grund ein Antrag nach § 33a erst nach Jahren gestellt, ist der Anspruch auf Nachholung rechtlichen Gehörs verwirkt und der Antrag als unzulässig zurückzuweisen (vgl. OLG Köln, Beschl. v. 14.01.2013 – 2 Ws 308/11: Verwirkung nach 1 ½ Jahren; vgl. auch OLG Koblenz wistra 1987, 357; LR/*Graalmann-Scheerer* § 33a Rn. 20).

10 Liegt ein entscheidungserheblicher fortwirkender Gehörsverstoß vor, wird das rechtliche Gehör dadurch gewährt, dass das Verfahren durch **Beschluss** in die Lage **zurückversetzt** wird, die vor der beanstandeten Entscheidung bestand. Vor dieser Entscheidung sind nach § 33 Abs. 2 und 3 die übrigen Verfahrensbeteiligten zu hören. Nach Zurückversetzung des Verfahrens wird der Betroffene erneut angehört und anschließend unter Berücksichtigung seines Vortrags durch Beschluss entschieden, ob die frühere Entscheidung abgeändert werden muss oder ob es trotz des neuen Vorbringens dabei bleiben kann. Es gilt das Verbot der reformatio in peius (vgl. *Meyer-Goßner/Schmitt* § 33a Rn. 9 m.w.N.).

Hat sich der Antragsteller bei einem von Amts wegen eingeleiteten Verfahren auch nachträglich nicht geäußert, wird das Nachholungsverfahren formlos abgeschlossen; soweit ein Antrag vorliegt, ist er durch Beschluss zu bescheiden (KK/*Maul* § 33a Rn. 10). Wird die Anhörungsrüge zurückgewiesen, weil die gerügte Verletzung des Art. 103 Abs. 1 GG nicht vorliegt, ist ein mit der Anhörungsrüge verbundenes Ablehnungsgesuch wegen Besorgnis der Befangenheit verspätet und gemäß § 26a Abs. 1 Nr. 1 unzulässig, weil der Antrag auf Nachholung des rechtlichen Gehörs nicht dazu dient, einem unzulässigen Ablehnungsgesuch durch die unzutreffende Behauptung eines Gehörsverstoßes Geltung zu verschaffen (OLG Hamm, Beschl. v. 15.01.2015 – 3 Ws 4/15 unter Verweis auf BGH, Beschl. v. 24.04.2014 – 4 StR 479/13). Für Beschlüsse nach § 33a ist eine **Kostengrundentscheidung** geboten, damit eine Kostenfestsetzung erfolgen kann (vgl. *Meyer-Goßner/Schmitt* § 33a Rn. 7). Die Entscheidung, durch die ein Antrag auf Nachholung des rechtlichen Gehörs nach § 33a in vollem Umfang verworfen oder zurückgewiesen wird, löst im Strafverfahren den Gebührentatbestand Nr. 3920 KV-GKG und damit eine Gebühr in Höhe von 60 Euro aus. Mit dieser Gebührenregelung hat der Gesetzgeber zu erkennen gegeben, dass er das Verfahren über eine Gehörsrüge als selbständiges Verfahren ansieht, das zu einer abschließenden Entscheidung im Sinne des § 464 Abs. 1 führt (OLG Köln NStZ 2006, 181 [182]).

Gemäß § 33a S. 2 gilt § 47 entsprechend. Demnach wird durch einen Antrag nach § 33a die **Vollstreckung** einer gerichtlichen Entscheidung nicht gehemmt, das Gericht kann jedoch einen Aufschub der Vollstreckung anordnen. Dies kommt etwa bei dem unanfechtbaren Gesamtstrafenbeschluss eines Strafsenats (vgl. *Meyer-Goßner/Schmitt* § 462 Rn. 5 m.w.N.) in Betracht. Auch § 47 Abs. 3 ist in Verfahren nach § 33a zu beachten: Wird durch die Zurückversetzung des Verfahrens in den Stand vor der Entscheidung in die Rechtskraft einer gerichtlichen Entscheidung eingegriffen, treten die zu diesem Zeitpunkt bestehenden belastenden Anordnungen wie etwa ein Haft- oder Unterbringungsbefehl, die vorläufige Entziehung der Fahrerlaubnis und vorläufige Sicherungsmaßnahmen wieder in Kraft (vgl. hierzu näher *Meyer-Goßner/Schmitt* § 47 Rn. 3).

Ob gegen die Entscheidung des Gerichts die **Beschwerde zulässig** ist, ist im Einzelnen **umstritten** (vgl. zuletzt OLG Frankfurt a.M. NStZ-RR 2012, 315; OLG Celle NJW 2012, 2899, je m.w.N.). Insoweit dürfte Folgendes gelten: Eine Entscheidung, durch die ein Antrag nach § 33a als unbegründet abgelehnt wird, weil keine Verletzung rechtlichen Gehörs festgestellt wird, ist grundsätzlich nicht anfechtbar (vgl. OLG Frankfurt a.M. NStZ-RR 2012, 315; OLG Celle NJW 2012, 2899; OLG Nürnberg StRR 2013, 2; OLG Hamm NJW 1977, 61). Dies gilt selbst dann, wenn vorgetragen wird, die Entscheidung nach § 33a sei nicht ausreichend begründet oder die vom Beschuldigten nachträglich vorgebrachten Umstände seien in ihr nicht ausreichend »verarbeitet« worden (OLG Frankfurt a.M. NStZ-RR 2003, 79; a. A. VerfG Brandenburg NStZ-RR 2000, 172). Die Beschwerde ist auch ausgeschlossen, wenn das Gericht nach § 33a das Verfahren in die Lage vor Beschlussfassung zurückversetzt, aber dann im Ergebnis nach erfolgter Nachholung des rechtlichen Gehörs wie zuvor entschieden. Alles andere liefe auf eine weitere inhaltliche Nachprüfung der eigentlich unanfechtbaren Sachentscheidung und damit im Ergebnis auf die Zulassung einer nach dem Gesetz gerade nicht eröffneten weiteren Beschwerde hinaus (OLG Frankfurt a.M. NStZ-RR 2012, 315; 2005, 238). Wenn das Gericht im Nachverfahren nach § 33a hingegen keine Sachentscheidung trifft, sondern den Antrag als unzulässig zurückweist, soll nach verbreiteter Auffassung die Beschwerde zulässig sein (OLG Celle NJW 2012, 2899; KG StraFo 2007, 241; SK/*Weßlau* § 33a Rn. 31). Dagegen spricht indes die besondere Eigenart des Nachverfahrens, dass lediglich eine Remonstration bei Gehörsverstößen zum Zweck der unmittelbaren Abhilfe ermöglicht (zutreffend OLG Frankfurt a.M. NStZ-RR 2012, 315; offen gelassen OLG Hamm, Beschl. v. 17.10.2013 – 1 Ws 469/13). Die **Beschwerde** ist demnach gegen Entscheidungen nach § 33a **grundsätzlich nicht statthaft** (OLG Frankfurt a.M. NStZ-RR 2012, 315). Mit der Beschwerde kann auch nicht etwa gerügt werden, dass in dem Verfahren nach § 33a wiederum der Anspruch auf rechtliches Gehör verletzt wurde (OLG Frankfurt a.M. NStZ-RR 2012, 315; a. A. noch OLG Frankfurt a.M. NStZ-RR 2005, 238; vgl. auch SK/*Weßlau* § 33a Rn. 32: erneut Nachverfahren gem. § 33a). Unzulässig ist insbesondere auch die inhaltsgleiche Wiederholung eines Antrags nach § 33a nach dessen Ablehnung, denn für die erneute Bescheidung fehlt dem Antragsteller das Rechtsschutzbedürfnis (OLG Nürnberg StRR 2013, 2). Die Beschwerde gegen die nach § 33a ergangene Entscheidung ist nur dann ausnahmsweise statthaft, wenn das Gericht seine ursprüngliche Entscheidung aufhebt und nun gegenteilig entscheidet (vgl. *Meyer-Goßner/Schmitt* § 33a Rn. 10; SK/*Weßlau* § 33a Rn. 32 m.w.N.; a. A. OLG Düsseldorf NStZ 1992, 453 m. abl. Anm. *Wendisch* JR 1993, 126). Dies sollte jedenfalls dann gelten, wenn gegen diese Entscheidung überhaupt die Beschwerde statthaft ist (vgl. LG Aurich, Beschl. v. 03.01.2013 – 12 Qs 175/12). Denn ansonsten würde einem womöglich durch die Ursprungsentscheidung nicht beschwerten und deshalb damals nicht anfechtungsberechtigten Betroffenen oder auch der Staatsanwaltschaft eine Rechtsschutzmöglichkeit ohne sachlichen Grund versagt. Zulässig ist die Beschwerde in derartigen Fällen insbesondere auch, wenn sie sich nicht gegen die Sachentscheidung richtet, sondern gerügt wird, das Gericht habe seine Entscheidung geändert, ohne dass die Voraussetzungen des § 33a vorgelegen hätten (vgl. SK/*Weßlau* § 33a Rn. 32 m.w.N.). Denn die übrigen Beteiligten sollen grundsätzlich auf die Unanfechtbarkeit der Entscheidungen vertrauen dürfen, in die nur im Falle eines wirklichen Gehörsverstoßes eingegriffen werden darf.

§ 34 StPO Begründung anfechtbarer und ablehnender Entscheidungen.

Die durch ein Rechtsmittel anfechtbaren Entscheidungen sowie die, durch welche ein Antrag abgelehnt wird, sind mit Gründen zu versehen.

1 **A. Grundsätzliches.** Der Begründungszwang soll zum einen dem Rechtsmittelgericht die Prüfung ermöglichen, ob die Entscheidung auf zutreffenden rechtlichen und tatsächlichen Erwägungen beruht, und zum anderen den abgewiesenen Antragsteller über die Gründe informieren, weshalb sein Begehren keinen Erfolg hat (**Kontroll- und Informationsfunktion**, vgl. auch LR/*Graalmann-Scheerer* § 34 Rn. 1). Der Anfechtungsberechtigte soll damit in die Lage versetzt werden, eine sachgemäße Entscheidung über die Einlegung eines Rechtsmittels zu treffen (LG Heilbronn StraFo 2012, 208). An dem Zweck, Fremdkontrolle zu ermöglichen und den Antragsteller zu informieren, hat sich die Begründung auch inhaltlich auszurichten. Die Begründung ist mithin kein Selbstzweck und dient nicht der Selbstvergewisserung; dies stellt lediglich einen Nebeneffekt des Begründungszwangs dar. Würde es dem Gesetzgeber auch um Selbstkontrolle durch Begründungszwang gehen (so wohl SK/*Weßlau* § 34 Rn. 1; vgl. auch LR/*Graalmann-Scheerer* § 34 Rn. 1), wäre die gesetzliche Beschränkung auf anfechtbare und ablehnende Entscheidungen verfehlt.

2 Vielfach wird problematisiert, ob die gesetzliche Beschränkung auf anfechtbare oder ablehnende Entscheidungen unter der Geltung von Art. 103 Abs. 1 GG noch tragfähig und mit höherrangigem Recht vereinbar ist (vgl. SK/*Weßlau* § 34 Rn. 2). Insoweit dürfte Folgendes gelten: Für **letztinstanzliche** gerichtliche **Entscheidungen**, die mit ordentlichen Rechtsmitteln nicht mehr anfechtbar sind, gibt es grundsätzlich von Verfassungs wegen keine Begründungspflicht (BVerfG NJW 2001, 1854; NStZ-RR 2007, 381; BGH, Beschl. v. 10.01.2013 – 1 StR 297/12, je m.w.N.). Die Gerichte sind nicht verpflichtet, sich in den Entscheidungsgründen mit jedem Vorbringen zu befassen (vgl. BVerfG NJW 1995, 2912; BGH, Beschl. v. 10.01.2013 – 1 StR 297/12). Grundsätzlich ist davon auszugehen, dass ein Gericht das von ihm entgegengenommene Vorbringen der Beteiligten auch zur Kenntnis genommen und in Erwägung gezogen hat (vgl. BVerfGE 96, 205 [216 f.]; BVerfG NStZ-RR 2007, 381; StraFo 2007, 370).

3 Gerade im **Revisionsverfahren** sind zudem dessen Besonderheiten zu beachten. § 349 Abs. 2 sieht nicht vor, dass ein die Revision verwerfender einstimmiger Beschluss begründet wird. Deshalb kann aus dem Fehlen einer Begründung nicht auf einen Verstoß gegen den Grundsatz der Gewährung rechtlichen Gehörs geschlossen werden. Bei diesem Verfahrensgang ergeben sich die für die Zurückweisung des Rechtsmittels maßgeblichen Gründe vielmehr aus den Entscheidungsgründen des angefochtenen Urteils und dem Inhalt der Antragsschrift des Generalbundesanwalts (BGH wistra 2009, 483). Das Schweigen des Revisionsgerichts auf Rechtsausführungen in der Gegenerklärung des Verteidigers offenbart nach der Sachlogik des revisionsrechtlichen Beschlussverfahrens nicht, dass das neue Vorbringen nicht zur Kenntnis genommen wurde, sondern vielmehr, dass der Vortrag ungeeignet gewesen ist, die vom Generalbundesanwalt begründete Erfolglosigkeit der erhobenen Revisionsrügen zu entkräften (BGH NStZ-RR 2009, 252). Eine weitere Begründungspflicht besteht nicht (vgl. BVerfG NStZ-RR 2007, 381; NJW 2006, 136; StraFo 2007, 370; BGH NJW 2014, 2808).

B. Anwendungsbereich/Begründungspflicht. Anwendbar ist die Norm unmittelbar auf 4
gerichtliche Entscheidungen, entsprechend aber auch auf abschließende Sachentscheidungen der
Staatsanwaltschaft (vgl. KK/*Maul* § 34 Rn. 2). Keiner Begründungspflicht unterliegen prozessleitende
Verfügungen, die lediglich den Gang des Verfahrens bestimmen, wie etwa die Terminierung für die
Hauptverhandlung, die Setzung einer Frist für eine Stellungnahme, die Ladung eines Zeugen oder
die Unterbrechung einer Hauptverhandlung (vgl. LR/*Graalmann-Scheerer* § 34 Rn. 6). Spezielle Begründungsanforderungen wie etwa die ausführlichen Regelungen in § 267 für die Begründung von Urteilen gehen § 34 vor (vgl. zum Vorrang des § 115 StVollzG OLG Celle NStZ 2011, 710).

In der **ersten Alternative** betrifft die Begründungspflicht alle durch ein Rechtsmittel **anfechtbaren** Ent- 5
scheidungen. Rechtsmittel sind nach §§ 296 ff. die Beschwerde, die Berufung und die Revision. Während über die Statthaftigkeit von Berufung und Revision in aller Regel kein Zweifel besteht, ist dies bei
der Beschwerde nicht immer ganz einfach zu entscheiden. Weitgehende Einschränkungen der Rechtsmittelbefugnis enthält § 305. Da der Ausschluss der Beschwerde nach § 305 nur für Entscheidungen gilt, die in innerem Zusammenhang mit dem Urteil stehen, ausschließlich seiner Vorbereitung
dienen, bei der Urteilsfällung der nochmaligen Überprüfung durch das Gericht unterliegen und keine
weiteren Verfahrenswirkungen äußern (*Meyer-Goßner/Schmitt* § 305 Rn. 1 m.w.N.), ist in derartigen
Fällen keine Begründung erforderlich, soweit nicht – wie häufig – ein Fall der zweiten Alternative vorliegt (unklar LR/*Graalmann-Scheerer* § 34 Rn. 3).

In der **zweiten Alternative** setzt die Bescheidungspflicht einen **Antrag** voraus (vgl. zum Folgenden *Mos-* 6
bacher, NStZ-Sonderheft Miebach, 2009, 20 [21 ff.]). Dies ist das ausdrücklich geäußerte, bedingte
oder unbedingte Begehren eines Verfahrensbeteiligten, das Gericht möge in bestimmter Hinsicht tätig
werden. Von Anträgen zu unterscheiden sind bloße Anregungen. Wer ausdrücklich einen Antrag stellt,
verlangt eine Befassung des Gerichts mit seinem Anliegen und eine »Antwort«. Er will, dass seinem Begehren nachgegangen wird, oder möchte die Gründe dafür erfahren, warum dies nicht der Fall ist. Wer
dagegen nur ein bestimmtes Verhalten »anregt«, möchte zwar auch, dass dem nachgegangen wird, verzichtet aber auf eine förmliche Bescheidung, wenn der Anregung nicht gefolgt wird. Anregungen müssen also nicht ausdrücklich beschieden werden. Gleichwohl sollte der Vorsitzende im Rahmen offener
Verhandlungsleitung die Gründe benennen, weshalb das Gericht einer Anregung nicht folgt.

Kein bescheidungspflichtiger **Antrag** liegt vor, wenn ein Prozessbeteiligter sich gegen den Antrag eines 7
anderen Prozessbeteiligten ausspricht. Denn ein solcher **Widerspruch** ist nicht selbst ein Antrag im eigentlichen Sinne des Verfahrensrechts (BGHSt 15, 253 m.w.N.). Geht das Gericht etwa einem Beweisantrag nach, obwohl ein anderer Verfahrensbeteiligter sich gegen die Beweiserhebung ausgesprochen
hat, muss diese Entscheidung nicht begründet werden. Anders kann es liegen, wenn das Gericht
dem Antrag eines Prozessbeteiligten nachgeht und damit in Rechtspositionen eines anderen Verfahrensbeteiligten gegen dessen näher begründeten Widerspruch eingreift (vgl. auch LR/*Graalmann-Scheerer*
§ 34 Rn. 9 m.w.N.). Eine **Gegenvorstellung** gegen eine bestimmte Entscheidung des Gerichts ist kein
Antrag, der förmlich beschieden werden müsste. Lehnt das Gericht etwa einen Beweisantrag mit begründetem Beschluss nach § 244 Abs. 6 ab und legt der Verteidiger anschließend dar, weshalb er diesen
Beschluss für falsch hält, muss hierüber nicht erneut, schon gar nicht in der Form des § 244 Abs. 6 entschieden werden; denn der Antrag ist schon beschieden worden und es gibt keinen Anspruch auf
wiederholte Bescheidung. Eine Ausnahme besteht nur dann, wenn bei der ersten Bescheidung der Anspruch auf rechtliches Gehör verletzt wurde. Dann gebietet § 33a die erneute Befassung und begründete Bescheidung unter Nachholung rechtlichen Gehörs. Kein bescheidungspflichtiger Antrag liegt
auch vor, wenn ein Antrag lediglich angekündigt wird.

Ob sich die Begründungspflicht auf sämtliche Anträge von Verfahrensbeteiligten erstreckt, die in oder 8
außerhalb der Hauptverhandlung gestellt werden, ist nicht unzweifelhaft. Denn § 34 bezieht sich in
seiner zweiten Alternative nur auf Entscheidungen, die einen Antrag voraussetzen, also nicht auf Entscheidungen, die **von Amts wegen** zu treffen sind (BGHSt 16, 253). Richtigerweise gebieten schon die
Grundsätze des fairen Verfahrens und des rechtlichen Gehörs, dass Anträge beschieden werden. Wer
sich ausdrücklich mit einem Begehren an das Gericht wendet, kann zu Recht eine »Antwort« verlangen.
Kein Verfahrensbeteiligter darf darüber im Unklaren gelassen werden, ob und weshalb das Gericht
einem bestimmten Begehren nicht nachkommt. Dies gilt unabhängig davon, ob das Gericht von
Amts wegen oder nur auf Antrag tätig wird (ähnlich LR/*Graalmann-Scheerer* § 34 Rn. 8 m.w.N.).

9 **C. Einzelfragen: Begründungsinhalt.** Wird ein Antrag begründungspflichtig abgelehnt, stellt sich die Frage, wie diese Begründung auszusehen hat. **Inhaltlich** muss die Begründung die wesentlichen rechtlichen und tatsächlichen Erwägungen erkennen lassen, auf denen die Entscheidung beruht (vgl. *Meyer-Goßner/Schmitt* § 34 Rn. 4). Indes sind die Gerichte nicht verpflichtet, sich mit jedem Vorbringen in den Entscheidungsgründen ausdrücklich zu befassen (BVerfGE 47, 182 [187]; BVerfG NJW 1995, 2912). Die bloße Wiedergabe des Gesetzestextes genügt nur ausnahmsweise in einfach gelagerten eindeutigen und klaren Fällen, ansonsten regelmäßig nicht (vgl. *Meyer-Goßner/Schmitt* § 244 Rn. 41a m.w.N.; KK/*Maul* § 34 Rn. 4; SK/*Weßlau* § 34 Rn. 9). Ergibt sich aus der ablehnenden Entscheidung die Begründung von selbst, wie dies bei Ermessensentscheidungen (unten Rdn. 13) der Fall sein kann, ist keine weitere Begründung erforderlich (vgl. RGSt 57, 44 [45]). Eine **Bezugnahme** auf die Gründe früherer in dem Verfahren ergangenen Entscheidungen ist möglich und kann zur Vermeidung von Wiederholungen sinnvoll sein (vgl. auch BGH StraFo 2004, 134). Liegt im Ergebnis eine bloße Wiederholung eines früheren Antrags vor, genügt regelmäßig eine Bezugnahme auf eine frühere Entscheidung (BGH StraFo 2004, 134).

10 Im **Beschwerdeverfahren** kann eine **Bezugnahme** auf die »zutreffenden Gründe der angefochtenen Entscheidung, die durch das Beschwerdevorbringen nicht widerlegt werden« ausreichen, wenn sich das Rechtsmittelgericht alle Erwägungen der angegriffenen Entscheidung zu Eigen macht und die Beschwerdebegründung überhaupt keine oder keine neuen Aspekte vorbringt; dies gilt indes nur, wenn die Ausgangsentscheidung hinreichend begründet wurde. Aus der Bezugnahme des Rechtsmittelgerichts auf die Gründe der angegriffenen Entscheidung zu schließen, es habe sich selbst keine eigenen Gedanken gemacht oder keine eigene Abwägung vorgenommen (in diese Richtung wohl manche Kammerentscheidungen des BVerfG, vgl. etwa BVerfG, Beschl. v. 16.02.2006 – 2 BvR 561/03), erscheint nicht gerechtfertigt. Ein solcher Schluss wäre ähnlich unzulässig wie der von erfolglosen Revisionsführern häufig gezogene Schluss, bei Verwerfung der Revision nach § 349 Abs. 2 habe sich das Revisionsgericht überhaupt keine eigenen Gedanken gemacht. Tatsächlich ist in einem derartigen Fall davon auszugehen, dass sich der BGH die Gründe der Antragsschrift des Generalbundesanwalts zu Eigen gemacht hat (st. Rspr., vgl. nur BGH wistra 2009, 483). Daraus erschließt sich, dass die Inkorporation fremder Begründungen vom Gesetz ganz selbstverständlich vorausgesetzt wird und schon daher nicht per se rechtsfehlerhaft sein kann. Deshalb kann auch unterhalb der Ebene des Revisionsgerichts in einer gerichtlichen Entscheidung auf Gründe Bezug genommen werden, die von der Staatsanwaltschaft oder einem anderen Verfahrensbeteiligten vorgetragen werden (zweifelnd LR/*Graalmann-Scheerer* § 34 Rn. 10 m.w.N.), wenn jeweils deutlich wird, dass das Gericht diese Gründe selbst geprüft hat und sich anschließend zu eigen macht. Insoweit ist grundsätzlich davon auszugehen, dass ein Gericht das von ihm entgegengenommene Vorbringen der Beteiligten auch zur Kenntnis genommen und in Erwägung gezogen hat (vgl. BVerfGE 96, 205 [216 f.]; BVerfG NStZ-RR 2007, 381).

11 Die Verwendung von **Formularen** ist bei häufig wiederkehrenden Anwendungsfällen nicht nur zulässig, sondern für die Arbeit von Gerichten und Staatsanwaltschaften auch von großer praktischer Bedeutung. Gegen die Verwendung von Formularen ist generell nichts einzuwenden (BGHSt 42, 103 [105]; BVerfG NJW 1982, 29; a. A. SK/*Weßlau* § 34 Rn. 11; *Weßlau* StV 1996, 579 f.). Entscheidend ist, wie sie gestaltet sind und wie sie verwendet werden. Bei schwerwiegenden Grundrechtseingriffen wie heimlichen strafprozessualen Ermittlungsmaßnahmen oder Zwangsmaßnahmen muss deutlich werden, dass ein richterlicher Abwägungsprozess, eine Einzelfallprüfung auf der Grundlage sämtlicher für den Eingriff relevanter Erkenntnisse stattgefunden hat (BGHSt 42, 103 [105 f.]). Ein hinreichend ausdifferenziertes Formular stellt im besten Fall alle abstrakten gesetzlichen Anforderungen so detailliert zusammen, dass der Verwender damit das gesetzliche Prüfungsschema abarbeiten und den konkreten Lebenssachverhalt unter sämtliche normativen Vorgaben subsumieren kann; für konkrete Ermessens- oder Verhältnismäßigkeitserwägungen muss daneben ausreichend Raum sein. Die Verwendung solcher Formulare kann die Qualität richterlicher Arbeit durchaus auch erhöhen, wenn damit fehlerhafter oder vorschneller Rechtsanwendung vorgebeugt wird.

12 Im Übrigen richtet sich die **Begründungtiefe** nach den Umständen des Einzelfalls, wobei etwa die Wichtigkeit der Entscheidung, das Vorbringen des Antragstellers und die prozessuale Situation eine Rolle spielen. Besonders begründungsintensiv sind schwerwiegende Grundrechtseingriffe (SK/*Weßlau* § 34 Rn. 11). Entscheidend ist, dass der Antragsteller und das Rechtsmittelgericht durch die Begründung in die Lage versetzt werden, die Entscheidung auf ihre Richtigkeit hin zu überprüfen; zudem muss der Antragsteller bei Entscheidungen in der Hauptverhandlung sein weiteres Prozessverhalten an der Begründung ausrichten können (vgl. BGHSt 1, 29 [32]; LR/ *Graalmann-Scheerer* § 34 Rn. 10).

Bei **prozessualen Ermessensentscheidungen** ist die Begründungspflicht eingeschränkt. Hierbei genügt, dass das Ermessen als rechtliche Grundlage der Entscheidung erkennbar wird. Wie der BGH bereits im ersten Band der amtlichen Sammlung (BGHSt 1, 175 [177]) zutreffend ausgeführt hat, liegt es in der Natur einer Ermessensentscheidung, dass sie weitgehend auf Gründen der Zweckmäßigkeit und Angemessenheit beruht und dabei auch Beurteilungsmaßstäben Raum gibt, die einen nicht näher überprüfbaren Wertungsakt enthalten (vgl. hierzu näher auch *Mosbacher* FS Seebode, 2008, S. 227 [239 ff.]). Aus diesen im Begriff des Ermessens liegenden Gründen hat die Rechtsprechung bisher angenommen, dass Ermessensentscheidungen des Gerichts keiner weiteren Begründung bedürfen, als dass aus ihnen ersichtlich ist, welchen Fall, für den das Gesetz eine auf das richterliche Ermessen gegründete Entscheidung zulässt, das Gericht für gegeben erachtet hat, und dass das Ermessen auch die Grundlage der Entscheidung ist (BGHSt 1, 175 [177]; RGSt 57, 44 f.; 77, 332). Wird etwa ohne nähere Ausführungen Widerspruch gegen die Anordnung des Selbstleseverfahrens erhoben (§ 249 Abs. 2 S. 2), reicht zur Begründung des bestätigenden Gerichtsbeschlusses, dass das Gericht die Durchführung des Selbstleseverfahrens für rechtlich zulässig und zweckdienlich hält. Auf näher begründeten Antrag hin sollten aber auch Ermessensentscheidungen soweit begründet werden, dass ihre Überprüfung auf Rechtsfehler hin möglich ist. Aus der Begründung muss dann hervorgehen, dass die rechtlichen Voraussetzungen für die Ermessensausübung vorliegen, dass sich das Gericht seines Ermessens bewusst ist und aus welchen tragenden Gründen es sein Ermessen in bestimmter Art und Weise ausgeübt hat. Bei **materiellen Ermessensentscheidungen** besteht hingegen eine Begründungspflicht. Die bei nachträglicher Gesamtstrafenbildung häufig zur Begründung allein vorgebrachte Wendung, die festgesetzte Gesamtstrafe sei »tat- und schuldangemessen«, genügt dem in keiner Weise, weil damit nicht erkennbar wird, dass der Richter eine eigene Strafzumessung unter Berücksichtigung aller relevanten Umstände vorgenommen hat (vgl. LG Zweibrücken VRS 120, 316; KG, Beschl. v. 31.02.2002 – 5 Ws 757/01; OLG Düsseldorf StV 1986, 376).

D. Revision/Beschwerde.
Enthält ein **Urteil** keine Gründe, liegt der absolute Revisionsgrund 14 des § 338 Nr. 7 vor. Sind **Beschlüsse** des erkennenden Gerichts entgegen § 34 nicht oder unzulänglich begründet, ist zu unterscheiden: Grundsätzlich liegt bei Begründungsmängeln ein revisibler Verfahrensverstoß vor. Dies gilt aber nicht, wenn der Beschwerdeführer über die Gründe der Entscheidung nicht hat im Zweifel sein können (LR/ *Graalmann-Scheerer* § 34 Rn. 15 m.w.N.); in solchen Fällen »beruht« das Urteil nicht auf dem Verfahrensfehler (vgl. SK/ *Weßlau* § 34 Rn. 17). Der Inhalt eines Beschlusses braucht sich zudem nicht notwendig allein aus seinem Wortlaut ergeben. Zur Ermittlung dessen, was das Gericht mit dem Beschluss ausdrücken wollte, ist vielmehr auch der Zusammenhang der Entscheidung zu berücksichtigen (BGHSt 1, 29).

Fehlt einem anfechtbaren Beschluss die Begründung, wird die **Beschwerde** schon deshalb zumeist Erfolg haben, weil das Fehlen einer Begründung regelmäßig einen Aufhebungsgrund darstellt (BGH NStZ 2003, 273 [274]). Im Einzelnen umstritten ist, ob das Beschwerdegericht bei mangelhafter oder gar fehlender Begründung in der Sache selbst entscheiden oder den angegriffenen Beschluss aufheben und die Sache an das Ausgangsgericht zu erneuter Entscheidung zurückverweisen soll. Nach § 309 Abs. 2 hat das Beschwerdegericht grundsätzlich eine eigene Sachentscheidung zu treffen, wenn die Beschwerde für begründet erachtet wird. Eine Aufhebung und Zurückverweisung der Sache zu erneuter Entscheidung wie in § 354 Abs. 2 sieht das Gesetz hingegen nicht vor (vgl. *Meyer-Goßner/ Schmitt* § 309 Rn. 9 m.w.N.). Dies gilt grundsätzlich auch, wenn die Beschwerde deshalb begründet ist, weil die angegriffene Entscheidung nicht oder nur unzulänglich begründet wurde (KG StV 1986, 142; KG Beschl. v. 31.01.2002 – 5 Ws 575/01). Das Argument der Gegenauffassung, hierdurch ginge dem Beschwerdeführer eine Instanz verloren (OLG Karlsruhe NStZ-RR 2011, 325 [326]; OLG Düsseldorf StV 1986, 376), ist mit § 309 Abs. 2 nicht vereinbar, denn dies ist gerade die zwingende Folge der gesetzlichen Regelung (vgl. *Meyer-Goßner/Schmitt* § 309 Rn. 9).

§ 34a StPO Eintritt der Rechtskraft bei Verwerfung eines Rechtsmittels durch Beschluss.
Führt nach rechtzeitiger Einlegung eines Rechtsmittels ein Beschluss unmittelbar die Rechtskraft der angefochtenen Entscheidung herbei, so gilt die Rechtskraft als mit Ablauf des Tages der Beschlussfassung eingetreten.

1 **A. Grundsätzliches.** Die **Vorschrift** ist **notwendig**, weil über den Zeitpunkt des Eintritts der Rechtskraft keinerlei Zweifel bestehen darf, bei Beschlüssen, die die Rechtskraft einer Entscheidung herbeiführen, aber mehrere Zeitpunkte hierfür in Betracht kommen. Der Eintritt der Rechtskraft ist etwa für die Fragen der Strafzeitberechnung (hierzu näher *Pohlmann* Rechtspfleger 1979, 129), des Beginns der Bewährungszeit oder Führungsaufsicht, der Entziehung der Fahrerlaubnis oder des Berufsverbots entscheidend (näher *Meyer-Goßner/Schmitt* § 34a Rn. 1). Da umstritten ist, wann ein Beschluss erlassen ist (mit Absetzung, Unterschrift, Absendung oder Zustellung, vgl. § 33 Rdn. 5), hat der Gesetzgeber durch Einfügung von § 34a im Jahr 1979 aus Gründen der Rechtssicherheit den Rechtskrafteintritt auf den Ablauf des Tages der Beschlussfassung fingiert, ohne den dogmatischen Streit entscheiden zu wollen (vgl. BT-Drs. VIII/976 S. 35).

2 **B. Regelungszweck/Anwendungsbereich.** In den **Anwendungsbereich** der Norm fallen alle Konstellationen, in denen ein Rechtsmittel gegen eine der Rechtskraft fähige abschließende Entscheidung rechtzeitig eingelegt wurde und anschließend ein Beschluss die Rechtskraft der angefochtenen Entscheidung herbeiführt. In der Hauptsache sind dies einstimmige Beschlüsse des Revisionsgerichts nach § 349 Abs. 2, durch die eine Revision gegen Urteile als offensichtlich unbegründet verworfen wird. Aber auch alle Beschlüsse, die aus anderen Gründen als der Verfristung die Unzulässigkeit eines eingelegten Rechtsmittels endgültig feststellen, fallen unter § 34a. Hinzu kommen Sonderfälle: Bei der Annahmeberufung tritt die formelle Rechtskraft des angefochtenen Urteils durch den Beschluss ein, der die Berufung nach § 313 Abs. 2 S. 2 als unzulässig verwirft (vgl. LR/*Kühne* Einl. K Rn. 70). In Frage kommen aber auch Beschlüsse des Beschwerdegerichts bei angefochtenen Gesamtstrafenbeschlüssen nach § 460 (vgl. *Meyer-Goßner/Schmitt* § 460 Rn. 25). Im Bußgeldverfahren gilt § 34a für Beschlüsse des Rechtsbeschwerdegerichts nach § 72 OWiG (vgl. KK/*Maul* § 34a Rn. 4). Beschlüsse, die in einer Hauptverhandlung verkündet werden, fallen nicht unter § 34a (*Meyer-Goßner/Schmitt* § 34a Rn. 4), weil solche Beschlüsse nie unmittelbar die Rechtskraft einer angefochtenen Entscheidung herbeiführen, sondern bei Unzulässigkeit eines Rechtsmittels nach mündlicher Verhandlung die Verwerfung durch Urteil geschieht (vgl. nur *Meyer-Goßner/Schmitt* § 411 Rn. 12).

3 Das Rechtsmittel muss **rechtzeitig** eingelegt worden sein, sonst tritt die Rechtskraft der angefochtenen Entscheidung mit Ablauf der Rechtsmittelfrist ein, auch wenn erst später darüber entschieden wird (vgl. KK/*Maul* § 34a Rn. 5; LR/*Kühne* Einl. K Rn. 70). Deshalb erfasst § 34a nur rechtzeitige Rechtsmittel. Ansonsten hemmen auch unzulässige fristgemäße Rechtsmittel die Rechtskraft der angefochtenen Entscheidung (Umkehrschluss aus § 343 Abs. 1), bis die Unzulässigkeit rechtskräftig festgestellt worden ist, etwa durch entsprechenden Beschluss des Revisionsgerichts nach § 349 Abs. 1 (vgl. SK/*Weßlau* § 34a Rn. 3).

4 Der Beschluss muss die Rechtskraft **unmittelbar**, also ohne weitere Anfechtungsmöglichkeit, herbeiführen. Zur Rechtskraft führt etwa beim rechtzeitigen, aber sonst unzulässigen Einspruch gegen den Strafbefehl der Beschluss des Amtsgerichts, durch den der Einspruch nach § 411 Abs. 1 S. 1 Halbsatz 1 Alt. 2 als unzulässig verworfen wird. Weil dieser Beschluss aber nach § 411 Abs. 1 S. 1 Halbsatz 2 wiederum mit der sofortigen Beschwerde anfechtbar ist, tritt die Rechtskraft des Strafbefehls nicht unmittelbar mit dieser Beschlussfassung, sondern erst nach Ablauf der Frist für die sofortige Beschwerde ein, so dass kein Fall des § 34a vorliegt. Erst für eine Entscheidung des Beschwerdegerichts nach § 411 Abs. 1 würde § 34a eingreifen. Ebenfalls nicht unter § 34a fällt deshalb die Verwerfung der Revision durch das Tatgericht bei fristgemäßer, aber aus anderen Gründen unzulässiger Revision nach § 346 Abs. 1, da diese Entscheidung wiederum binnen Wochenfrist nach § 346 Abs. 2 angefochten werden kann (vgl. auch *Meyer-Goßner/Schmitt* § 34a Rn. 5).

C. Eintritt der Rechtskraft. Die Rechtskraft tritt mit Ablauf des Tages der Beschlussfassung ein, also Punkt Mitternacht. Der **Tag der Beschlussfassung** ist der Tag, an dem die beteiligten Richter den Beschluss abschließend beraten und den Tenor beschlossen haben (a. A. wohl *Meyer-Goßner/ Schmitt* § 34a Rn. 7; KK/*Maul* § 34a Rn. 7; LR/*Graalmann-Scheerer* § 34a Rn. 10). Dieser Tag wird zumeist vom Vorsitzenden vermerkt und als Datum des Beschlusses in aller Regel im Beschluss selbst angegeben. Deshalb ist grundsätzlich auf das im Beschluss selbst angegebene Datum abzustellen (vgl. *Meyer-Goßner/Schmitt* § 34a Rn. 7; KK/*Maul* § 34a Rn. 8; LR/*Graalmann-Scheerer* § 34a Rn. 10; OLG Frankfurt a.M. NJW 1965, 1724 [1725]). Allerdings kann ein solches Datum fehlen oder offensichtlich falsch sein. Dann ist durch dienstliche Erklärung des Vorsitzenden, die dieser in einem Vermerk festzuhalten hat, der Tag der Beschlussfassung festzustellen und der Beschluss entsprechend um das Datum zu ergänzen. Auf die Frage, wann der Beschluss schriftlich abgesetzt oder mit vollständigen Gründen versehen wird, kommt es für die Frage, wann der Beschluss gefasst worden ist, grundsätzlich nicht an (vgl. LR/*Graalmann-Scheerer* § 34a Rn. 10). Ebenso unerheblich hierfür ist, wann ein Beschluss »erlassen« worden ist (*Meyer-Goßner/Schmitt* § 34a Rn. 7). Beschlüsse nach § 349 Abs. 2 StPO sind erlassen, wenn sie mit den Unterschriften der Richter versehen in den Geschäftsgang gegeben werden (BGH NStZ 1994, 96; 2011, 713; 2012, 710). Gleiches gilt für Beschlüsse, die wie kombinierte Entscheidungen nach § 349 Abs. 2 und 4 nur teilweise die Rechtskraft herbeiführen (BGH NStZ 2011, 713; 2012, 710). Der BGH geht davon aus, dass Beschlüsse des Revisionsgerichts nach § 349 Abs. 2 (auch in Kombination mit § 349 Abs. 4) solange abänderbar sind, bis sie mit den Unterschriften der Richter versehen in den Geschäftsgang gegeben, also »erlassen« worden sind (vgl. BGH NStZ 2012, 710 f.; 1994, 96 f.). Für den Tenor des Beschlusses dürfte dies hingegen nicht gelten, da nach § 34a jederzeit Klarheit über den Umfang des Eintritts der Rechtskraft herrschen muss. Wird in einer Beschlussberatung des BGH die Verwerfung der Revision nach § 349 Abs. 2 beschlossen, trägt dieser Beschluss das Datum der Beratung, führt die Rechtskraft des angegriffenen Urteils mit dem Beginn des Folgetages herbei und kann deshalb im Tenor auch dann nicht mehr abgeändert werden, wenn sich später neue Erkenntnisse einstellen. Denn der Eintritt der Rechtskraft muss nach § 34a jederzeit eindeutig und klar bestimmt werden können und darf nicht von späteren Zufälligkeiten abhängen. Für die Fristberechnung gilt § 43 Abs. 1, nicht aber der nur für prozessuale Erklärungen einschlägige § 43 Abs. 2 (vgl. *Meyer-Goßner/Schmitt* § 34a Rn. 7).

Auch sonst kann sich aus einem **Vermerk** der Tag der abschließenden Beratung und Beschlussfassung eindeutig ergeben, etwa wenn in dem Vermerk über die Anhörung einer großen Strafvollstreckungskammer steht, dass die Kammer am Ende der Anhörung die Fortdauer der Unterbringung in einem psychiatrischen Krankenhaus beschlossen hat, oder der Vorsitzende eines Revisionssenats den Tag der Beratung über eine Revision nach § 349 Abs. 2 und das beschlossene Ergebnis schriftlich festhält. Dieser Tag muss mit dem im Beschluss angegebenen Datum übereinstimmen. Der Tag der Beschlussfassung muss auch deshalb mit dem Tag der abschließenden Beratung und Entscheidung zusammenfallen, weil die Frage, welcher Richter an der Beschlussfassung beteiligt ist, jederzeit sicher festgestellt werden können muss. Wird der Beschluss im Umlaufwege gefasst, hat er das Datum der letzten notwendigen Unterschrift zu tragen, denn erst dann ist die Entscheidung getroffen (vgl. KK/*Maul* § 34a Rn. 7); bis dahin handelt es sich um einen noch nicht durch alle Richter bestätigten bloßen Beschlussentwurf (vgl. BGH NStZ 2012, 225 f.).

Voraussetzung der Anwendung von § 34a ist, dass der **Beschluss wirksam** erlassen worden ist. Ergeht ein Beschluss in einer hierfür gesetzlich nicht vorgesehenen Besetzung (etwa durch nur zwei Richter statt drei), ist der Beschluss wegen der Schwere des Fehlers nicht wirksam zustande gekommen (vgl. BGH NStZ 2012, 225 f.; BGHSt 50, 267 [268 f.]; OLG Hamburg StraFo 2012, 60 [62]). Ein Beschluss ist nicht notwendig durch alle mitwirkenden Richter zu unterzeichnen, doch muss erkennbar sein, dass die Entscheidung in der gesetzlich vorgeschriebenen Besetzung getroffen worden ist (OLG Hamburg StraFo 2012, 60 [62]; BGH NStZ 2012, 225 f.; NStZ-RR 1997, 205). Trägt ein Beschluss einer Großen Strafkammer etwa nur die Unterschriften des Vorsitzenden und eines weiteren Richters und lässt sich nicht mehr feststellen, ob ein weiterer Richter an der Beschlussfassung beteiligt war, ist nicht von einer wirksamen Beschlussfassung auszugehen (OLG Hamburg StraFo 2012, 60 [62]; BGH NStZ 2012, 225 f.).

§ 35 StPO Bekanntmachung.

(1) Entscheidungen, die in Anwesenheit der davon betroffenen Person ergehen, werden ihr durch Verkündung bekannt gemacht. Auf Verlangen ist ihr eine Abschrift zu erteilen.
(2) Andere Entscheidungen werden durch Zustellung bekanntgemacht. Wird durch die Bekanntmachung der Entscheidung keine Frist in Lauf gesetzt, so genügt die formlose Mitteilung.
(3) Dem nicht auf freiem Fuß Befindlichen ist das zugestellte Schriftstück auf Verlangen vorzulesen.

1 **A. Regelungszweck/Anwendungsbereich.** Wer von einer gerichtlichen Entscheidung betroffen ist, muss über sie **informiert** werden. Ansonsten könnte er weder etwaigen Verhaltensanforderungen nachkommen noch wirksam überlegen, ob er gegen die Entscheidung (wenn möglich) mit rechtlichen Mitteln vorgehen will (vgl. auch KK/*Maul* § 35 Rn. 1). Deshalb ist – auch zur Sicherung des Anspruchs auf rechtliches Gehör (vgl. AnwK/*Rotsch* § 35 Rn. 1) – eine Regelung notwendig, die bestimmt, wie gerichtliche Entscheidungen den davon Betroffenen bekannt gemacht werden.

2 Die Norm gilt nur für **gerichtliche** Entscheidungen, nicht solche der Staatsanwaltschaft (KK/*Maul* § 35 Rn. 2). Für die Staatsanwaltschaft enthält die RiStBV teils abweichende Regelungen über die Bekanntgabe (vgl. etwa Nr. 91 und Nr. 105 Abs. 5 RiStBV). Sondervorschriften wie etwa § 114a, § 201 Abs. 1, § 316 Abs. 2 oder § 343 Abs. 2 ergänzen § 35 und gehen als speziellere Normen teilweise vor (vgl. LR/*Graalmann-Scheerer* § 35 Rn. 3, auch zu § 54 Abs. 2 und § 67 Abs. 2 JGG). Der Begriff der **Entscheidung** umfasst alle im Strafverfahren vorkommenden nicht nur internen richterlichen Anordnungen einschließlich der lediglich prozessleitenden Verfügungen (vgl. RGSt 1, 345 [346] unter Hinweis auf die Gesetzesmaterialien), Entscheidungen in der Hauptverhandlung über die Behandlung von Anträgen und den Fortgang des Verfahrens sowie alle förmlichen Entscheidungen (Beschlüsse, Urteile; vgl. LR/*Graalmann-Scheerer* § 35 Rn. 3). Keine Entscheidung ist die bloße Anhörung zu einer beabsichtigten Entscheidung wie etwa eine geplante Pflichtverteidigerbestellung; insoweit gilt § 35 Abs. 2 auch dann nicht, wenn eine Frist zur Äußerung gesetzt wurde (a. A. LG Bochum StV 2012, 526).

3 Die Mitteilungspflicht gilt nur gegenüber dem durch die Entscheidung Betroffenen. **Betroffen** ist jeder, dessen Verfahrensposition, Rechte oder Pflichten durch die Entscheidung (nicht ihre Begründung) unmittelbar berührt sind. Die Staatsanwaltschaft ist als Garantin der Rechtsförmigkeit des Verfahrens von jeder gerichtlichen Entscheidung mit Außenwirkung betroffen und daher stets zu informieren (KMR/*Ziegler* § 35 Rn. 3), es sei denn, sie verzichtet (ausdrücklich oder konkludent) auf eine entsprechende Information. Ein konkludenter Verzicht kann bei häufigen, aber nicht allzu wichtigen prozessleitenden Entscheidungen etwa anzunehmen sein, wenn dies jahrelang unbeanstandeter Übung zwischen Gericht und Staatsanwaltschaft entspricht. Im Privatklageverfahren ist die Staatsanwaltschaft zur Mitwirkung nicht verpflichtet und nur dann zu informieren, wenn sie die Verfolgung gemäß § 377 Abs. 2 S. 1 StPO übernommen hat (*Meyer-Goßner/Schmitt* § 377 Rn. 1).

4 Zu weit geht die Auffassung, dass grundsätzlich jeder Verfahrensbeteiligte von jeder Entscheidung betroffen ist (in diese Richtung LR/*Graalmann-Scheerer* § 35 Rn. 4). Wendet sich etwa ein Drittbeteiligter gegen einen Arrest, der ohne Auswirkung auf andere ausschließlich sein Vermögen betrifft, muss weder die Ausgangsentscheidung noch eine in der Sache ergangene Beschwerdeentscheidung dem Beschuldigten mitgeteilt werden. Entscheidungen über Ordnungsmittel gegen die das Zeugnis zu Unrecht verweigernden Zeugen sind nur insoweit für den Angeklagten relevant, als sie deren mögliche Kostentragungspflicht und damit das Kosteninteresse des Angeklagten betreffen. Ist hingegen der **Rechtskreis** des Beschuldigten von der Entscheidung nicht berührt, ist er grundsätzlich von ihr auch nicht betroffen. Von einem Beschluss, der eine Ablehnung für unbegründet erklärt, ist demnach nur derjenige mitteilungspflichtig betroffen, der das Ablehnungsgesuch angebracht hat (vgl. LR/*Graalmann-Scheerer* § 35 Rn. 4). Deshalb ist der Begriff des Betroffenen enger als derjenige des Prozessbeteiligten (vgl. auch KG GA 59, 476).

5 **B. Einzelfragen.** Die **Bekanntmachung durch Verkündung** erfolgt nach § 35 Abs. 1 S. 1 in allen Fällen, in denen die Entscheidung in Anwesenheit des Betroffenen ergeht. Dies ist nicht nur im Rahmen der Hauptverhandlung, sondern auch bei allen anderen aufgrund mündlicher Verhandlung (etwa nach mündlicher Haftprüfung, bei Zeugenvernehmung oder Augenschein durch den ersuchten Richter, vgl. KK/*Maul* § 35 Rn. 4) ergehenden Entscheidungen der Fall. Die Verkündung erfolgt dadurch,

dass der Vorsitzende (oder ausnahmsweise ein von ihm beauftragter Richter, vgl. LR/*Graalmann-Scheerer* § 35 Rn. 7) den wesentlichen Inhalt der Entscheidung mündlich mitteilt. Besondere Vorschriften über die Verkündung von Urteilen enthält § 268. Nach § 268 Abs. 2 wird das Urteil durch Verlesung der Urteilsformel und Eröffnung der Urteilsgründe verkündet, wobei die Eröffnung der Urteilsgründe durch Verlesung oder durch mündliche Mitteilung ihres wesentlichen Inhalts geschieht; die Verlesung der Urteilsformel hat in jedem Fall der Mitteilung der Urteilsgründe voranzugehen. Beschlüsse, die in der auf dem Grundsatz der Mündlichkeit beruhenden Hauptverhandlung erlassen werden, brauchen nicht durch Verlesung verkündet zu werden. Die mündliche Mitteilung ihres wesentlichen Inhalts genügt (RGSt 44, 53 [54]). Die mündliche Verkündung gegenüber einem der deutschen Sprache nicht mächtigen Angeklagten ist erst dann abgeschlossen, wenn diese ihn vermittelt durch einen Dolmetscher erreicht hat (BGH NStZ-RR 1996, 337). Das Einverständnis mit einer bestimmten Entscheidung ersetzt die Notwendigkeit der Bekanntgabe nicht (vgl. OLG Schleswig StV 2011, 351).

Die Verkündung einer Entscheidung ist als wesentliche Förmlichkeit im **Protokoll** der Hauptverhandlung anzugeben und kann nur durch dieses bewiesen werden (LR/*Graalmann-Scheerer* § 35 Rn. 8). Fehlt es bei in der Hauptverhandlung ergangenen Beschlüssen an ihrer Verkündung, kann dies durch Zustellung der Entscheidung geheilt werden; bei Urteilen ist der Mangel nicht heilbar (LR/*Graalmann-Scheerer* § 35 Rn. 8). 6

Auf Verlangen ist den von der Entscheidung Betroffenen nach Abs. 1 S. 2 eine **Abschrift der Entscheidung** zu erteilen. In komplexeren Verfahren erscheint es ohnehin sinnvoll, dass das Gericht von sich aus Kopien seiner Entscheidungen den Verfahrensbeteiligten unmittelbar zur Verfügung stellt, damit diese ihr Prozessverhalten danach einrichten können. Verlangt werden kann nur eine Abschrift der Entscheidung, nicht mehrere; zur Frage der Notwendigkeit einer Übersetzung der Entscheidung ist bei sprachunkundigen Beschuldigten oder Verurteilten die ab 06.07.2013 geltende Neuregelung in § 187 GVG zu beachten (vgl. Gesetz zur Stärkung der Verfahrensrechte von Beschuldigten im Strafverfahren v. 02.07.2013, BGBl. I 1938). Gründe überragenden Geheimnisschutzes können eine Einschränkung des Anspruchs auf Überreichung von Abschriften rechtfertigen (hierzu näher LR/*Graalmann-Scheerer* § 35 Rn. 11; *Meyer-Goßner/Schmitt* § 35 Rn. 8). Begründet werden muss das Verlangen nach einer Abschrift nicht, sinnvoll muss es ebenfalls nicht sein (vgl. LR/*Graalmann-Scheerer* § 35 Rn. 9; einschränkend *Meyer-Goßner/Schmitt* § 35 Rn. 7 unter Hinweis auf KG JR 1960, 352). 7

Die Abschrift ist dem Betroffenen **so schnell wie möglich** zu erteilen. Der Betroffene hat indes keinen Anspruch darauf, dass eine mündliche Verhandlung unterbrochen wird, damit eine Abschrift der Entscheidung hergestellt und ihm überreicht wird (RGSt 44, 53 [54]). Die Hauptverhandlung wird vom Grundsatz der Mündlichkeit beherrscht. Den von einer mündlich verkündeten Entscheidung Betroffenen wird zugetraut, dass sie den Inhalt der verkündeten Entscheidung verstehen und ihr Verhalten danach ausrichten. Das Gesetz gibt den Prozessbeteiligten nicht die Befugnis, Unterbrechungen der Hauptverhandlung dadurch herbeizuführen, dass sie durch Anträge den Erlass von Beschlüssen erwirken und dann durch Verlangen von Abschriften dazu nötigen, die Beschlüsse sofort niederzuschreiben und die Anfertigung von Abschriften zu erzwingen (RGSt 44, 53 [54]). 8

Probleme stellen sich bei länger andauernder Hauptverhandlung, weil das Protokoll, das die Entscheidung nebst Begründung enthalten muss (vgl. § 273 Abs. 1), erst nach deren Abschluss fertig gestellt wird und nur diese Fertigstellung die besondere Beweiskraft des § 274 auslöst (vgl. hierzu auch *Mosbacher* NStZ-Sonderheft Miebach, 2009, 20 [22]). Einen **Anspruch auf Abschriften aus dem Protokoll vor dessen Fertigstellung** haben die Verfahrensbeteiligten grundsätzlich nicht; der Inhalt des Protokolls steht vor dessen Fertigstellung nicht fest. Daraus ist zu folgern, dass eine Abschrift grundsätzlich erst nach Fertigstellung des Protokolls verlangt werden kann, sofern die Entscheidung in der Hauptverhandlung verkündet wurde (vgl. RGSt 44, 53 [54]; *Meyer-Goßner/Schmitt* § 35 Rn. 6; a. A. etwa LR/*Graalmann-Scheerer* § 35 Rn. 12 m.w.N.). Haben die Betroffenen ein besonderes Interesse an einer früheren Erteilung einer (vorläufigen) Abschrift der ablehnenden Entscheidung, etwa weil es für ihr weiteres prozessuales Verhalten auf die Kenntnis des Wortlauts der Entscheidung ankommt oder diese besonders lang ausfällt, ist ihnen bei mehrtägigen Hauptverhandlungen in der Regel nach Ende des einzelnen Hauptverhandlungstages eine Abschrift zu erteilen (vgl. BGH NStZ 2008, 110; *Meyer-Goßner/Schmitt* § 35 Rn. 6; KK/*Maul* § 35 Rn. 9). Dies gilt für die meisten Beschlüsse, durch die Beweisanträge mit etwas ausführlicherer Begründung zurückgewiesen werden (vgl. *Meyer-Goßner/Schmitt* § 35 Rn. 6). 9

§ 35 StPO   Bekanntmachung

Es empfiehlt sich daher, alle bedeutsameren Beschlüsse ohne Verzögerung abzusetzen und dem Protokoll als Anlage beizufügen (LR/*Graalmann-Scheerer* § 35 Rn. 12; KK/*Maul* § 35 Rn. 9).

10 Alle anderen gerichtlichen Entscheidungen werden nach Abs. 2 S. 1 durch **Zustellung** bekannt gemacht, sofern kein Fall des Abs. 2 S. 2 vorliegt. Zustellung ist eine vom Gesetz besonders hervorgehobene Form der Mitteilung einer Entscheidung, durch die dem Betroffenen nachweislich Gelegenheit zur Kenntnisnahme eines Schriftstücks verschafft wird (vgl. LR/*Graalmann-Scheerer* § 35 Rn. 18). Wie die Zustellung angeordnet und bewirkt wird, ist im Einzelnen in §§ 36 ff. geregelt. Sofern durch die Bekanntmachung der Entscheidung keine Frist in Lauf gesetzt wird, genügt nach Abs. 2 S. 2 die formlose Mitteilung der Entscheidung. Zuzustellen sind demnach alle Beschlüsse, die mit der sofortigen Beschwerde anfechtbar sind, sowie die in Abwesenheit des Betroffenen ergangenen Urteile (vgl. § 232 Abs. 4, § 329 Abs. 1, § 401 Abs. 1 und 2, § 412 S. 1). Ob zuzustellen ist oder nicht, entscheidet sich bei jedem Betroffenen anders. Nicht zuzustellen sind Entscheidungen an solche Betroffene, die eine an sich anfechtbare Entscheidung ausnahmsweise – etwa mangels Beschwer – nicht anfechten können (wie etwa ein Freispruchsurteil an den Angeklagten oder der Straferlass an einen hierdurch Begünstigten; vgl. auch SSW-StGB/*Mosbacher* § 56g Rn. 13).

11 Auch wenn es rechtlich nicht zwingend ist, kann die Zustellung anstelle der formlosen Mitteilung sinnvoll sein. Dies wird stets der Fall sein, wenn der **Nachweis des Erhalts eines Schriftstücks** von besonderer Bedeutung ist, etwa weil bei Nichtbefolgung richterlicher Anordnungen negative Rechtsfolgen drohen. Die Zeugenladung ist insbesondere bei möglicherweise unzuverlässigen oder unwilligen Zeugen zuzustellen, um eine sichere Grundlage für etwaige Ordnungsmittel nach § 70 zu haben. Die ordnungsgemäße Ladung von Zeugen kann aber nicht nur durch eine Zustellungsurkunde, sondern bei einfachen Schreiben auch durch einen Abvermerk der Geschäftsstelle festgestellt werden (a. A. wohl LR/*Graalmann-Scheerer* § 35 Rn. 18). Die Besetzungsmitteilung nach § 222a Abs. 1 ist zum Nachweis ihres Zugangs am besten durch Fax zu übersenden. Einer förmlichen Zustellung bedarf es hingegen nicht, weil durch die Besetzungsmitteilung als solche keine Frist in Lauf gesetzt wird, sondern lediglich bei kürzerem Zeitraum Unterbrechung der Hauptverhandlung beantragt werden kann (§ 222a Abs. 2; a. A. wohl LR/*Graalmann-Scheerer* § 35 Rn. 18; Meyer-Goßner/*Schmitt* § 35 Rn. 10). Knüpfen an die Rechtskraft eines Urteils besondere sanktionsbewehrte Pflichten an (vgl. § 44, § 145a, 145c StGB), kann es zum Nachweis der Kenntnis vom Zeitpunkt der Rechtskraft sinnvoll sein, die Entscheidung, durch die Rechtskraft herbeigeführt wurde (etwa einen Beschluss nach § 349 Abs. 2), ausnahmsweise zuzustellen (vgl. LR/*Graalmann-Scheerer* § 35 Rn. 21).

12 Die **formlose Mitteilung** einer Entscheidung geschieht dadurch, dass eine Ausfertigung oder Abschrift der Entscheidung dem Betroffenen durch einfachen Brief zugeschickt wird. Eine formlose Mitteilung ist auch zulässig, wenn gegen die Entscheidung die fristgebundene (vgl. § 93 Abs. 1 BVerfGG) Verfassungsbeschwerde möglich ist, denn unter Fristen im Sinne von Abs. 2 S. 2 sind nur strafprozessuale Fristen zu verstehen; gleiches gilt für die Individualbeschwerde nach § 35 Abs. 1 MRK (vgl. LR/*Graalmann-Scheerer* § 35 Rn. 22). Ist wahrscheinlich mit einer Verfassungsbeschwerde zu rechnen, kann im Einzelfall die förmliche Zustellung einer ansonsten unanfechtbaren Entscheidung (etwa eines Beschlusses des Revisionsgerichts nach § 349 Abs. 2) sinnvoll erscheinen. Geht es bei Entscheidungen, deren Bekanntmachung keine Frist in Lauf setzt, lediglich darum, den Zugang sicher nachzuweisen, ist bei Rechtsanwälten regelmäßig anstelle einer förmlichen Zustellung die Übersendung per Fax ausreichend.

13 Nach Abs. 3 sind Schriftstücke **auf Verlangen vorzulesen**, wenn sie einem Betroffenen zugestellt werden, der sich nicht auf freiem Fuß befindet. Hierzu zählt jeder, dem die Freiheit auf Anordnung eines Richters oder einer Behörde entzogen und der dadurch in der Wahl seines Aufenthalts beschränkt ist (vgl. Meyer-Goßner/*Schmitt* § 35 Rn. 13). Die Zustellung des Schriftstücks und seine Verlesung sind voneinander zu trennen. Zunächst ist das Schriftstück dem Betroffenen zuzustellen, also zur Kenntnisnahme zu übergeben. Anschließend kann der Inhaftierte die Verlesung des »zugestellten« Schriftstücks verlangen (vgl. RGSt 1, 345 [347]). Erfolgt die Verlesung nicht, bleibt hiervon die Wirksamkeit der Zustellung hiervon unberührt (vgl. Meyer-Goßner/*Schmitt* § 35 Rn. 13); allenfalls kommt Wiedereinsetzung nach § 44 in Betracht. Die Vorlesung ist nach dem Wortlaut nur erforderlich, wenn es sich um eine förmliche Zustellung handelt. Eine Ausdehnung der Lesepflicht auf formlose Mitteilungen ist nicht veranlasst (a. A. LR/*Graalmann-Scheerer* § 35 Rn. 26). Ob die Vorschrift heute insgesamt noch zeitgemäß ist, erscheint angesichts verbreiteter Alphabetisierung zweifelhaft; in der Praxis wird

auf das Vorlesen fast stets verzichtet. Schon aus Gründen der Fürsorge sollten Entscheidungen denjenigen Inhaftierten vorgelesen werden, die Analphabeten sind oder an einer Lese- bzw. Sehschwäche leiden.

§ 35a StPO Rechtsmittelbelehrung. Bei der Bekanntmachung einer Entscheidung, die durch ein befristetes Rechtsmittel angefochten werden kann, ist der Betroffene über die Möglichkeiten der Anfechtung und die dafür vorgeschriebenen Fristen und Formen zu belehren. Ist gegen ein Urteil die Berufung zulässig, so ist der Angeklagte auch über die Rechtsfolgen des § 40 Abs. 3 und der §§ 329, 330 zu belehren. Ist einem Urteil eine Verständigung (§ 257c) vorausgegangen, ist der Betroffene auch darüber zu belehren, dass er in jedem Fall frei in seiner Entscheidung ist, ein Rechtsmittel einzulegen.

A. Regelungszweck/Anwendungsbereich.
Die **Rechtsmittebelehrung** dient dazu, den 1
Rechtsmittelberechtigten über seine Rechtsmittelbefugnis so aufzuklären, dass er von ihr effektiv Gebrauch machen kann. Im Rahmen der gesetzlichen Regelung der Verständigung wurde in Anknüpfung an eine Entscheidung des Großen Senats für Strafsachen (BGHSt 50, 40 [61]) mit Satz 3 das Erfordernis einer sog. »qualifizierten Belehrung« nach Verständigung normiert.

In **sachlicher Hinsicht** betrifft die Belehrungspflicht alle Entscheidungen, die durch ein befristetes 2
Rechtsmittel angefochten werden können. Befristete Rechtsmittel sind die Berufung, die Revision und die sofortige Beschwerde. Ob eine gerichtliche Entscheidung mit einem derartigen befristeten Rechtsmittel angefochten werden kann, ergibt sich aus der Kommentierung zu den entsprechenden Normen. Bei Strafbefehlen ist über die Einspruchsfrist zu belehren (§ 409 Abs. 1 S. 1 Nr. 7); da der Einspruch lediglich ein Rechtsbehelf und kein Rechtsmittel ist, bedarf es insoweit gesonderter gesetzlicher Regelung. Auf die Belehrungspflicht aus § 35a wird verwiesen in § 319 Abs. 2 S. 3, § 346 Abs. 2 S. 3, § 80 Abs. 3 S. 5 OWiG und § 87k Abs. 2 S. 5 IRG. Ergänzende Ausführungen zur Belehrungspflicht aus § 35a finden sich in Nr. 142 RiStBV. Teils sieht das Gesetz auch bei anderen gerichtlichen Entscheidungen besondere Belehrungspflichten über statthafte Rechtsbehelfe (vgl. bei Haft § 115 Abs. 4) oder Wiedereinsetzungsmöglichkeiten (vgl. § 235 S. 2, § 329 Abs. 3, § 412 S. 1) vor. Bei unanfechtbaren Entscheidungen ist demnach keine Rechtsmittelbelehrung veranlasst. Gleiches gilt, wenn die Entscheidung – wie etwa ein Freispruch ohne Nebenklägerbeteiligung – nur von der Staatsanwaltschaft angefochten werden kann (vgl. KK/*Maul* § 35a Rn. 3). Denn diese ist nie über ihre Rechtsmittelbefugnis zu belehren.

In **persönlicher Hinsicht** betrifft die Belehrungspflicht alle Anfechtungsberechtigten mit Ausnahme 3
der staatlichen Verfolgungsbehörden (Staatsanwaltschaft, Bußgeld- und Strafsachenstelle des Finanzamts), weil diese – unabhängig von der tatsächlichen personellen Ausstattung – normativ gesehen als insoweit rechtskundig gelten (vgl. OLG Naumburg NStZ 2007, 603). Gegenüber der Bußgeldbehörde soll nach Auffassung des BayObLG hingegen eine Rechtsmittelbelehrung erfolgen müssen (vgl. NJW 1967, 123; zustimmend etwa LR/*Graalmann-Scheerer* § 35a Rn. 8; SK/*Weßlau* § 35a Rn. 6). Dies überzeugt nicht, weil hier das Gleiche wie bei der Staatsanwaltschaft gelten muss: Dem verfolgenden Staat, der dem Betroffenen im Bußgeldverfahren in Form der Bußgeldbehörde entgegentritt, ist normativ zuzutrauen und deshalb auch zuzumuten, dass er selbst über die Möglichkeiten des Rechtsschutzes weiß. Rechtsunkenntnis kann deshalb weder der Strafverfolger noch die sanktionierende Bußgeldbehörde für sich in Anspruch nehmen. Zu belehren ist auch der gesetzliche Vertreter, dem ein eigenes Recht auf Rechtsmitteleinlegung zusteht (vgl. § 298); ist er bei der Urteilsverkündung trotz ordnungsgemäßer Benachrichtigung abwesend, muss er aber nicht etwa gesondert belehrt werden (BGHSt 18, 21). Ob auch ein Rechtsanwalt (Verteidiger) belehrt werden muss, erscheint zweifelhaft. Zwar steht ihm eine eigene Rechtsmittelbefugnis zu (vgl. § 297 StPO), er gilt aber durch die Zulassung zur Anwaltschaft normativ gesehen in gleichem Maße wie Staatsanwaltschaft und Gericht als rechtskundig. Gegenüber solchermaßen Rechtskundigen ist eine Belehrungspflicht fehl am Platz, wird doch der Verteidiger auch sonst nicht über prozessuale Rechte und Pflichten wie etwa das Beanstandungsrecht nach § 238 Abs. 2 StPO oder die Widerspruchsnotwendigkeit bei bestimmten Beweisverwertungsverboten belehrt (a. A. OLG Hamm, Beschl. v. 07.02.2013 – 1 Ws 30/13 unter – aufgrund anderer gesetzlicher

Grundlagen im anwaltsgerichtlichen Verfahren missverständlichem – Hinweis auf OLG Rostock MDR 2008, 356).

4   **B. Einzelfragen.** Der **Inhalt der Belehrung** ist von ihrem Zweck abzuleiten. Der Rechtsmittelberechtigte ist eindeutig, vollständig und klar darüber zu belehren, wie er von dem ihm zustehenden befristeten Rechtsmittel wirksam Gebrauch machen kann. Dazu gehört die Belehrung über die Frist (hierbei auch, dass es auf den Eingang bei Gericht ankommt), die Form (schriftlich oder zu Protokoll der Geschäftsstelle, in deutscher Sprache) und den Adressaten (insb. bei Inhaftierten auch über die Möglichkeit der für sie geltenden besonderen Zuständigkeit gemäß § 299 StPO; vgl. näher *Meyer-Goßner/Schmitt* § 35a Rn. 10 ff. m.w.N.).

5   Bei Entscheidungen, die mit dem Rechtsmittel der **sofortigen Beschwerde** anfechtbar sind, kann die **Rechtsmittelbelehrung** demnach wie folgt lauten: »Gegen diesen Beschluss ist die sofortige Beschwerde zulässig, die innerhalb einer Woche seit dem Tage der Zustellung dieser Entscheidung schriftlich oder zu Protokoll der Geschäftsstelle bei dem beschließenden Gericht eingelegt werden kann. Eine schriftliche Beschwerde muss innerhalb der genannten Frist in deutscher Sprache bei Gericht eingegangen sein. Der nicht auf freiem Fuß Befindliche kann die Beschwerde auch zu Protokoll der Geschäftsstelle des Amtsgerichts erklären, in dessen Bezirk die Anstalt liegt, in der er auf behördliche Anordnung verwahrt wird. In diesem Fall wird die Frist gewahrt, wenn das Protokoll innerhalb derselben aufgenommen wird.«

6   Bei Urteilen, die mit dem Rechtsmitteln der **Revision** anfechtbar sind, kann die **Rechtsmittelbelehrung** demnach wie folgt lauten: »Gegen dieses Urteil ist das Rechtsmittel der Revision statthaft. Diese muss innerhalb einer Woche, gerechnet ab heute, schriftlich oder zu Protokoll der Geschäftsstelle bei dem erkennenden Gericht in deutscher Sprache eingelegt werden kann. Entscheidend für die Fristwahrung ist bei schriftlicher Erklärung deren Eingang bei Gericht. Wird Revision eingelegt, muss sie auch begründet werden, und zwar regelmäßig binnen einen Monats nach Zustellung des Urteils. Die Begründung muss entweder durch einen Rechtsanwalt oder zu Protokoll der Geschäftsstelle geschehen. Wer sich nicht auf freiem Fuß befindet, kann die Revision auch zu Protokoll der Geschäftsstelle des Amtsgerichts erklären, in dessen Bezirk die Anstalt liegt, in der er auf behördliche Anordnung verwahrt wird. In diesem Fall wird die Frist gewahrt, wenn das Protokoll innerhalb derselben aufgenommen wird. Gegen die Kostenentscheidung ist die Kostenbeschwerde ebenfalls binnen einer Woche zulässig. Für Form und Frist gilt das Gleiche wie bei der Revisionseinlegung.«

7   Bei Urteilen, die mit dem **Rechtsmittel der Berufung** anfechtbar sind, ist der Rechtsmittelberechtigte über Form und Frist der Berufungseinlegung wie bei der Revisionseinlegung und nach Satz 2 zusätzlich darüber zu belehren, dass die öffentliche Zustellung im Verfahren über eine vom Angeklagten eingelegte Berufung bereits dann zulässig ist, wenn eine Zustellung nicht unter einer Anschrift möglich ist, unter der letztmals zugestellt wurde oder die der Angeklagte zuletzt angegeben hat (§ 40 Abs. 3), und dass bei unentschuldigtem Ausbleiben in der Berufungsverhandlung eine Berufung des Angeklagten ohne Verhandlung zur Sache verworfen oder auch ohne den Angeklagten verhandelt werden kann (§ 329). Im Falle gesetzlicher Vertretung ist zusätzlich darüber zu belehren, dass der Angeklagte zur Hauptverhandlung zwangsweise vorgeführt werden kann, wenn sein gesetzlicher Vertreter Berufung einlegt, und dass beim Ausbleiben des gesetzlichen Vertreters und des Angeklagten die Berufung ohne Verhandlung zur Sache verworfen sowie beim Ausbleiben nur des Angeklagten auch ohne ihn verhandelt werden kann. Im Falle der Annahmeberufung (§ 313) ist über die entsprechenden Einschränkungen ebenfalls zu belehren. Steht dem Rechtsmittelberechtigten neben der Berufung auch die Revision zu (§ 335 Abs. 1), ist er über beide Rechtsmittelmöglichkeiten hinreichend zu belehren (vgl. LG München I NJW 1956, 1368).

8   Eine **qualifizierte Rechtsmittelbelehrung**, die gemäß Satz 3 nach einer Verständigung erforderlich ist, weist den Rechtsmittelberechtigten eindeutig und unmissverständlich darauf hin, dass er von dem ihm zustehenden Rechtsmittel völlig unabhängig davon Gebrauch machen kann, dass es zuvor zu einer Verständigung gekommen ist. Sie kann etwa wie folgt lauten: »Ganz unabhängig davon, dass es im vorliegenden Verfahren zu einer Verständigung gekommen ist, und unabhängig von Empfehlungen der übrigen Verfahrensbeteiligten, sind Sie in Ihrer Entscheidung, ob Sie Rechtsmittel einlegen wollen, völlig frei« (vgl. BGH NStZ 2007, 419). Nicht belehrt werden muss nach einer Verständigung darüber, dass in diesen Fällen gemäß § 302 Abs. 1 S. 2 StPO ein Rechtsmittelverzicht ausgeschlossen ist (vgl. BGH

NStZ-RR 2010, 244 f.). Eine qualifizierte Rechtsmittelbelehrung ist in entsprechender Anwendung von § 35a Satz 3 nach jeder Verständigung zu erteilen, nicht nur nach der formgerechten Verständigung gem. § 257c (a. A. *Meyer-Goßner/Schmitt* § 35a Rn. 17). Denn gerade bei einer außerhalb des gesetzlichen Rahmens erfolgenden Verständigung (die unzulässig ist, vgl. BVerfG NJW 2013, 1058) ist der Angeklagte besonders schutzbedürftig; es gelten insoweit sinngemäß weiter die Grundsätze der Entscheidung des Großen Senats für Strafsachen (BGHSt 50, 40 [61]) zur Notwendigkeit einer sog. »qualifizierten Belehrung«.

Bei **Urteilen** ist der Angeklagte zunächst **mündlich** über die ihm zustehenden Rechtsmittel zu belehren. **9** Nach Nr. 142 Abs. 1 S. 2 RiStBV wird dem Angeklagten dabei ein **Merkblatt** ausgehändigt, auf das wegen der Einzelheiten verwiesen werden kann. Notwendig ist dies indes nur bei dem anwaltlich nicht vertretenen Angeklagten. Aus der richterlichen Fürsorgepflicht folgt, dass ein nicht anwaltlich vertretener, rechtsunkundiger Angeklagter ergänzend durch Aushändigung eines Merkblatts zu belehren ist, wenn es sich um eine schwierige Belehrung handelt (vgl. BVerfG NJW 1996, 1811; OLG Köln v. 6.12.2010 – 2 Ws 790/10). Eine generelle Pflicht zur Aushändigung eines Merkblatts gibt es hingegen nicht (BVerfG NStZ-RR 2007, 416). Auch wenn nur mündlich über die Revisionsmöglichkeit belehrt wird, entspricht dies den Anforderungen des Strafverfahrensrechts. § 35a schreibt für Rechtsmittelbelehrungen keine bestimmte Form vor. Die Belehrung über das Rechtsmittel der Revision ist auch nicht derart schwierig, dass eine zusätzliche schriftliche Belehrung stets zwingend erforderlich wäre. Auch die alleinige mündliche Belehrung verdeutlicht dem Angeklagten hinreichend, dass ihm für die Einlegung der Revision nur eine Woche ab der in seiner Anwesenheit erfolgten Urteilsverkündung zur Verfügung steht (BVerfG NStZ-RR 2007, 416). Gleiches gilt für die Berufung (OLG Brandenburg v. 5.11.2012 – 1 Ws 194/12; a. A. OLG Köln, Beschl. v. 06.12.2010 – 2 Ws 790/10). Nur soweit Anhaltspunkte dafür in der Person des Angeklagten vorhanden sind, gebietet es die Fürsorgepflicht, zusätzlich zur mündlichen Belehrung ein Merkblatt auszuhändigen (BVerfG NStZ-RR 2007, 416). Vereitelt der Angeklagte selbst die Erteilung der Rechtsmittelbelehrung, indem er nach Verkündung des Urteils eigenmächtig den Sitzungssaal verlässt, ist das Gericht unter dem Gesichtspunkt der Fürsorge nicht verpflichtet, die Rechtsmittelbelehrung schriftlich nachzuholen (OLG Bamberg NStZ-RR 2014, 376 f.). Wird entgegen Nr. 142 Abs. 1 S. 2 RiStBV kein Merkblatt ausgehändigt, begründet dies regelmäßig nicht die Wiedereinsetzung in eine versäumte Rechtsmittelfrist nach § 44, insbesondere dann nicht, wenn der Angeklagte über entsprechende Erfahrung mit Strafverfahren verfügt (OLG Brandenburg, Beschl. v. 05.11.2012 – 1 Ws 194/12; vgl. aber auch OLG Köln, Beschl. v. 06.12.2010 – 2 Ws 790/10).

Ist der Angeklagte bei der **Verkündung** des Urteils **abwesend**, so ist über die Einlegung des zulässigen **10** Rechtsmittels schriftlich zu belehren, sofern er nicht durch einen mit einer schriftlichen Vollmacht versehenen Verteidiger vertreten war. In diesem Fall genügt es, wenn dem zuzustellenden Urteil ein Merkblatt beigefügt und dies in der Zustellungsurkunde vermerkt wird (Nr. 142 Abs. 3 S. 1 RiStBV). Die Belehrung über Rechtsmittel gegen schriftlich ergangene Beschlüsse erfolgt in der Regel am Ende des Beschlusses und wird durch eine zumeist fett gedruckte Überschrift »Rechtsmittelbelehrung« grafisch hervorgehoben, damit der Rechtsmittelberechtigte den Inhalt der Belehrung eindeutig zur Kenntnis nehmen kann.

Ist der Betroffene der **deutschen Sprache nicht mächtig**, wird die Belehrung über Rechtsmittel gegen **11** die in seiner Anwesenheit ergangene Entscheidung durch den anwesenden Dolmetscher übersetzt. Ein genereller Anspruch auf eine schriftliche Belehrung über die Rechtsmittelbefugnis besteht auch nach der durch das Gesetz zur Stärkung der Verfahrensrechte von Beschuldigten im Strafverfahren (v. 02.07.2013, BGBl. 1938; hierzu BT-Drs. 17/12578) zum 06.07.2013 in Kraft getretenen Neufassung des § 187 Abs. 2 GVG nicht. Gemäß § 187 Abs. 2 S. 4 und 5 GVG kann an die Stelle einer schriftlichen Übersetzung grundsätzlich auch eine mündliche Übersetzung treten, wenn hierdurch die strafprozessualen Rechte des Betroffenen gewahrt werden, was insbesondere anzunehmen ist, wenn dieser einen Verteidiger hat. Anders liegt es, wenn die Belehrung zugleich dazu dienen soll, das rechtliche Gehör zu gewähren, wie etwa bei der Belehrung über den Einspruch gegen den Strafbefehl. Die Belehrung über den Einspruch gehört gemäß § 409 Abs. 1 Nr. 7 zum notwendigen Inhalt des Strafbefehls, der gemäß § 187 Abs. 2 S. 1 GVG zur Ausübung der strafprozessualen Rechte eines der deutschen Sprache nicht mächtigen Beschuldigten regelmäßig zu übersetzen ist (LG Stuttgart NStZ-RR 2014, 216; *Meyer-Goßner/Schmitt* § 35a Rn. 9 m.w.N.). Dasselbe gilt für die Belehrung über die Revision gegen ein in Abwesenheit des Angeklagten gemäß § 329 Abs. 1 S. 1 ergangenes Berufungsurteil (OLG München

§ 35a StPO   Rechtsmittelbelehrung

StV 2014, 532 [533 f.]; vgl. auch § 37 Abs. 3). Wird einem sprachunkundigen ausländischen Angeklagten ein Strafbefehl oder ein in seiner Abwesenheit ergangenes Urteil in deutscher Sprache ohne eine ihm verständliche Belehrung über den Rechtsbehelf bzw. das Rechtsmittel zugestellt, so ist die Zustellung unwirksam und setzt den Lauf der Rechtsmittelfrist nicht in Gang (BT-Drs. 17/12578 S. 15; OLG München StV 2014, 532 [533 f.]; LG Stuttgart NStZ-RR 2014, 216). Soweit Schriftstücke und Entscheidungen nach § 187 GVG nicht zwingend der Übersetzung bedürfen (so etwa für Entscheidungen im Vollstreckungsverfahren OLG Köln NStZ 2014, 229 [230]; OLG Bamberg, Beschl. v. 06.06.2013 – 1 Ws 311/13; LG Frankfurt, Beschl. v. 05.11.2014 – 5/08 Qs 19/14) und der Betroffene insoweit eine Rechtsmittelfrist aufgrund mangelnder Sprachkenntnisse versäumt, kann die Fristsäumnis zwar nicht als verschuldet im Sinne des § 44 angesehen werden. Kann der ausländische Angeklagte den Inhalt des Schriftstücks aber zumindest – was regelmäßig der Fall sein wird – soweit erfassen, dass es sich um ein amtliches Schriftstück handeln könnte, das eine ihn belastende Verfügung enthält, so können im Rahmen seiner Sorgfaltspflicht zumutbare Anstrengungen verlangt werden, sich innerhalb angemessener Frist Gewissheit über den Inhalt des Schriftstücks zu verschaffen (BVerfG NStZ 1991, 446; KG, Beschl. v. 15.02.2013 – 4 Ws 25/13).

12 Der Inhalt der Rechtsmittelbelehrung wird nicht zu **Protokoll** genommen, sondern nach § 273 Abs. 1 nur die Tatsache dass eine Rechtsmittelbelehrung erfolgt ist (BGH NStZ-RR 2009, 282). Das Protokoll lautet dann etwa: »Rechtsmittelbelehrung, auch bezüglich der Kostenentscheidung, ist erfolgt.« Nach einer Verständigung sollte in das Protokoll aufgenommen werden: »Rechtsmittelbelehrung, auch in qualifizierter Form und auch hinsichtlich der Kostenentscheidung, ist erfolgt.« Der Protokollvermerk über die erteilte Rechtsmittelbelehrung beweist nicht nur die Belehrung als solche, sondern auch deren Richtigkeit und Vollständigkeit (KG VRS 102, 198; OLG Köln, Beschl. v. 06.12.2010 – 2 Ws 790/10; a. A. für die Rechtsfolgen gemäß § 35a S. 2 OLG Hamm NStZ 2014, 421 [422]). Im Protokoll muss auch nicht festgehalten werden, dass die Rechtsmittelbelehrung dem Angeklagten übersetzt wurde (BGH NStZ-RR 2009, 282).

13 Ist die Rechtsmittelbelehrung nicht erfolgt, ist sie in einem wesentlichen Punkt unvollständig oder hat sie einen unzutreffenden Inhalt, läuft die Rechtsmittelfrist gleichwohl (vgl. BGH NStZ 1984, 329). Allerdings ist in diesem Falle auf Antrag **Wiedereinsetzung** in die versäumte Rechtsmittelfrist zu gewähren, weil die Versäumung der Rechtsmittelfrist gemäß § 44 S. 2 StPO als unverschuldet anzusehen ist (vgl. *Meyer-Goßner/Schmitt* § 35a Rn. 13 ff. m.w.N.). Dies gilt grundsätzlich auch dann, wenn der Betroffene anwaltlich vertreten ist (BVerfG, Beschl. vom 02.03.2014 – 2 BvR 53/13), nicht aber, wenn ein ursächlicher Zusammenhang zwischen Belehrungsmangel und Fristversäumnis ausgeschlossen ist (OLG Bamberg NStZ-RR 2014, 376 f.). Enthält die Rechtsmittelbelehrung bei Ausländern nicht den Hinweis darauf, dass ein Rechtmittel **in deutscher Sprache** (§ 184 GVG) eingelegt werden muss, ist die Rechtsmittelbelehrung unvollständig. Dieser Fall steht der unterbliebenen Belehrung gleich oder hindert zumindest ein Verschulden an der Fristversäumung (OLG Düsseldorf MDR 1982, 866) und führt zur Wiedereinsetzung, sofern auf diesem Belehrungsmangel die Fristversäumnis beruht (BGH NStZ 2001, 45). Weil § 44 S. 2 lediglich auf § 35a S. 1 und 2 verweist, wird die qualifizierte Belehrung nach einer Verständigung nicht von Vermutungstatbestand des § 44 S. 2 erfasst, so dass das Unterlassen einer qualifizierten Belehrung nicht automatisch die Wiedereinsetzung begründet (vgl. BGH NStZ-RR 2010, 244 f.). Auf die Rechtsmittelbelehrung kann grundsätzlich auch **verzichtet** werden (vgl. BGH NStZ 1984, 329), allerdings – wie sich aus deren Sinn und Zweck ergibt – nicht auf die (qualifizierte) Rechtsmittelbelehrung nach einer Verständigung (vgl. BGHSt 51, 275; *Meyer-Goßner/Schmitt* § 35a Rn. 18).

§ 36 StPO Zustellung und Vollstreckung.

(1) Die Zustellung von Entscheidungen ordnet der Vorsitzende an. Die Geschäftsstelle sorgt dafür, daß die Zustellung bewirkt wird. (2) Entscheidungen, die der Vollstreckung bedürfen, sind der Staatsanwaltschaft zu übergeben, die das Erforderliche veranlaßt. Dies gilt nicht für Entscheidungen, welche die Ordnung in den Sitzungen betreffen.

A. Grundsätzliches. Die Vorschrift regelt das Verfahren bei förmlichen Zustellungen und vollstreckbaren Entscheidungen. Unter **Zustellung** versteht das Gesetz nach der **Legaldefinition** in § 166 Abs. 1 ZPO die Bekanntgabe eines Schriftstücks an eine Person in bestimmter Form. Während nach früherer Auffassung die Beurkundung des Zustellungsvorgangs Wirksamkeitsvoraussetzung für eine Zustellung war, reicht nach der Änderung der Zustellungsvorschriften nunmehr die Möglichkeit des Nachweises aus (LR/ *Graalmann-Scheerer* § 36 Rn. 4). Die Verantwortung bei gerichtlichen Zustellungen wird zwischen Vorsitzendem (Anordnung) und Geschäftsstelle (Ausführung) aufgeteilt (Abs. 1). Die Regelung in Abs. 2 stellt klar, dass die Staatsanwaltschaft grundsätzlich die Vollstreckungsbehörde im Strafverfahren darstellt; damit obliegen ihr auch die entsprechenden Zustellungen. Zustellung und Vollstreckung müssen bei überraschenden Zwangsmaßnahmen in einer Hand sein, damit die Vollstreckung nicht durch eine vorherige Bekanntgabe der Entscheidung gefährdet wird (*Meyer-Goßner/ Schmitt* § 36 Rn. 10). Nach der ursprünglichen Gesetzesfassung bewirkte die Staatsanwaltschaft alle Zustellungen (vgl. LR/ *Graalmann-Scheerer* § 36 Rn. 1 f.). Aus § 36 Abs. 2 folgt auch, dass die Staatsanwaltschaft im anhängigen Verfahren Subjekt, nicht Objekt der Vollstreckung ist, weshalb etwa Aufzeichnungen des Sitzungsstaatsanwalts nicht durch das Gericht beschlagnahmt werden dürfen (OLG Schleswig StraFo 2013, 205).

1

B. Anwendungsbereich. Erfasst werden von der Regelung in § 36 Abs. 1 alle **Entscheidungen** des Gerichts, die nach § 35 Abs. 2 S. 1 der Zustellung bedürfen, weil sie nicht gem. § 35 Abs. 1 durch Verkündung bekannt gemacht wurden und weil ihre formlose Mitteilung nach § 35 Abs. 2 S. 1 nicht genügt (vgl. LR/ *Graalmann-Scheerer* § 36 Rn. 6). Hierunter sind zumindest sämtliche Schriftstücke zu verstehen, die einen Ausspruch enthalten, der die Rechtsstellung eines Beteiligten unmittelbar berührt (etwa Abwesenheitsurteile) und durch ein befristetes Rechtsmittel angefochten werden kann. Nach teilweise vertretener Auffassung sollen bloß prozessleitende Verfügungen von der Vorschrift nicht erfasst werden (vgl. LG Saarbrücken StV 2011, 90). Das überzeugt nicht. Der Begriff der Entscheidung ist in § 36 wie in § 35 Abs. 1 weit auszulegen (unter Einschluss aller prozessleitenden Verfügungen, vgl. § 35 Rdn. 2), weil beide Vorschriften systematisch aufeinander aufbauen (vgl. auch LR/ *Graalmann-Scheerer* § 36 Rn. 3, 6), indem § 36 lediglich die Form der Zustellung regelt, deren Notwendigkeit § 35 bestimmt (vgl. zur Anwendung von § 36 Abs. 1 auf die öffentliche Zustellung von Ladungen etwa KG StraFo 2009, 240).

2

C. Zustellung durch das Gericht. Die **Anordnungskompetenz** bei Zustellungen nach § 36 Abs. 1 obliegt dem Vorsitzenden desjenigen Gerichts, dessen Entscheidung zugestellt werden soll. Daraus folgt, dass der Vorsitzende genau bestimmen muss, wem das Schriftstück zugestellt werden muss (vgl. OLG Hamm NStZ 1982, 479); die Entscheidung über den Zustellungsempfänger darf nicht an den Urkundsbeamten der Geschäftsstelle delegiert werden. Eine allgemeine richterliche Anordnung an die Geschäftsstelle, bestimmte Entscheidungen stets zuzustellen, genügt nicht; erforderlich ist eine Entscheidung in jedem Einzelfall (vgl. LG Zweibrücken NStZ-RR 2013, 49). Eine Zustellung ist unwirksam, wenn sie nicht auf einer wirksamen Zustellungsanordnung des Vorsitzenden beruht (vgl. BGH NStZ 2011, 591; OLG Hamm, Beschl. v. 16.02.2015 – 1 Ws 677/14). Die Anordnung, ein Urteil »an Verteidiger« zuzustellen, ist jedenfalls dann unklar, wenn es mehrere Verteidiger gibt und die Geschäftsstelle die Zustellungsanordnung dahingehend verstehen kann, es solle nur an einen Verteidiger zugestellt werden; dies begründet den Anschein, der Zustellungsempfänger sei nicht durch den Vorsitzenden bestimmt, sondern durch die Geschäftsstelle. Eine entsprechende Zustellung ist dann unwirksam (BGH NStZ 2011, 591) und wird auch nicht etwa durch den tatsächlichen Zugang beim Empfänger geheilt (OLG Celle NStZ-RR 2011, 45; LG Zweibrücken NStZ-RR 2013, 49). Es besteht **keine Ersatzkompetenz der Staatsanwaltschaft**, wenn der Vorsitzende eine Zustellungsanordnung versäumt,

3

denn derartiges ist nach der eindeutigen Regelung in § 36 Abs. 1 und 2 gesetzlich nicht vorgesehen (OLG Düsseldorf NStZ 1988, 150; LR/*Graalmann-Scheerer* § 36 Rn. 10; a. A. *Meyer-Goßner/Schmitt* § 36 Rn. 2 m.w.N.).

4 Von der Wirksamkeit der Zustellung ist auszugehen, wenn trotz einer **allgemein gehaltenen Zustellungsanordnung** kein Zweifel über den Zustellungsempfänger besteht, etwa weil es nur einen Verteidiger gibt (vgl. BGH NStZ 2011, 591; OLG Celle Nds. Rpfl. 1984, 173 f.). Demgemäß kann auch eine Anordnung, das Urteil sei »nach Unterzeichnung aller beteiligten Richter wie üblich« zuzustellen, wirksam sein (vgl. BGH NStZ 1983, 325). Gleiches gilt für die Anordnung, einen Strafbefehl an alle in einem Vordruck Genannten zuzustellen, selbst wenn einer der dort Genannten gar nicht existiert (vgl. VerfG Brandenburg v. 30.9.2010 – 41/10). Unterzeichnet der Vorsitzende den etwa in der Berliner Justiz gebräuchlichen und auf Revisionseinlegungs- oder -begründungsschriftsätzen angebrachten Stempelaufdruck: »1. Revision/Revisions-begründung rechtzeitig. 2. Frau/Herrn U.d.G. zur Zustellung«, handelt es sich kaum um eine wirksame Zustellungsanordnung für ein mit der Revision angegriffenes Urteil. Zum einen ist der Zustellungsadressat nicht ausdrücklich genannt, zum zweiten ist auch nicht klar, dass sich die Zustellungsanordnung auf ein (ggfs. zu diesem Zeitpunkt noch gar nicht fertiggestelltes) Urteil bezieht. Näher liegt, dass die Zustellungsanordnung den Schriftsatz selbst meint, denn die Zustellung der Revisionsbegründungsschrift an den Gegner des Beschwerdeführers sieht § 347 Abs. 1 S. 2 ausdrücklich vor; diese Vorschrift gilt auch, wenn in der Revisionseinlegung – wie häufig – bereits der Revisionsantrag nebst der allgemeinen Sachrüge enthalten ist (vgl. *Meyer-Goßner/Schmitt* § 347 Rn. 1). Zwar ist insoweit eine Zustellungsanordnung überhaupt entbehrlich (es handelt sich nicht um eine »Entscheidung« gem. §§ 35, 36), aber in der Praxis gleichwohl weithin üblich (*Meyer-Goßner/Schmitt* § 347 Rn. 1).

5 Nach der **Aufgabenverteilung** zwischen dem Vorsitzendem und der Geschäftsstelle bestimmt der Vorsitzende das »Ob« der Zustellung, während die Geschäftsstelle für deren Ausführung sorgt. Ob der Vorsitzende neben dem Zustellungsempfänger auch die genaue Art und Weise der Zustellung anordnen muss, ist umstritten (vgl. LR/*Graalmann-Scheerer* § 36 Rn. 7 m.w.N.). Richtiger Weise reicht für eine ordnungsgemäße Zustellungsanordnung die Bezeichnung des Zustellungsempfängers, während die Art und Weise der Zustellung dem Urkundsbeamten der Geschäftsstelle überlassen werden kann (vgl. BayObLG NStZ-RR 1999, 243; OLG Düsseldorf NStZ-RR 2000, 286; *Meyer-Goßner/Schmitt* § 36 Rn. 5; SK/*Weßlau* § 36 Rn. 5; a. A. OLG Düsseldorf NStZ-RR 1997, 332; wohl auch LR/*Graalmann-Scheerer* § 36 Rn. 7); es steht dem Vorsitzenden aber frei, auch insoweit bindende Anordnungen zu treffen (vgl. KG, Beschl. v. 09.05.2003 – 5 Ws 256/03 Vollz). Die **Zustellungsanordnung** kann **schriftlich oder mündlich** getroffen werden, im letzteren Fall ist ein schriftlicher Vermerk aktenkundig zu machen (vgl. BGH, Beschl. v. 06.03.2014 . 4 StR 553/13; LR/*Graalmann-Scheerer* § 36 Rn. 7). Entscheidend ist der Zeitpunkt der Anordnung, nicht der Zeitpunkt der Aufnahme des Vermerks, denn die Zustellung muss lediglich auf einer hinreichenden Anordnung beruhen, während deren rechtzeitige Dokumentation nach dem Gesetz und auch unter anderen Gesichtspunkten keine Wirksamkeitsvoraussetzung ist (a. A. BGH, Beschl. v. 06.03.2014 – 4 StR 553/13; OLG Zweibrücken MDR 1986, 1047, und dem folgend LR/*Graalmann-Scheerer* § 36 Rn. 7, wonach der Vermerk im Zeitpunkt der Zustellung aktenkundig sein muss; ebenso LG Zweibrücken NStZ-RR 2013, 49). Anstelle des Vorsitzenden kann auch ein von ihm im Einzelfall beauftragter Beisitzer die Zustellungsanordnung treffen (vgl. OLG Düsseldorf NStZ 1982, 257; *Meyer-Goßner/Schmitt* § 36 Rn. 7; SK/*Weßlau* § 36 Rn. 15). Die **Ausführung** der **Zustellungsanordnung** obliegt in eigener Verantwortung dem jeweiligen Urkundsbeamten der Geschäftsstelle (vgl. § 153 GVG).

6 **D. Zustellung durch die Staatsanwaltschaft.** Die **Zustellungskompetenz** der Staatsanwaltschaft bezieht sich nach § 36 Abs. 2 auf alle gerichtlichen Entscheidungen, die der Vollstreckung bedürfen; Entscheidungen der Staatsanwaltschaft stellt diese selbstverständlich selbst zu (*Meyer-Goßner/Schmitt* § 36 Rn. 11). Die Zustellungszuständigkeit der Staatsanwaltschaft stellt nach der neuen gesetzlichen Konzeption die Ausnahme, die Zuständigkeit des Vorsitzenden die Regel dar. Der Begriff der »Vollstreckung« ist deshalb nach Sinn und Zweck des Gesetzes auf solche gerichtlichen Entscheidungen zu beschränken, deren Umsetzung bei vorheriger Zustellung durch das Gericht gefährdet wäre, wie dies typischer Weise etwa bei Haft- und Unterbringungsbefehlen, Durchsuchungsbeschlüssen, Beschlagnahmeanordnungen oder anderen heimlichen oder überraschenden strafprozessualen Zwangsmaßnah-

men der Fall ist; nur in solchen Fällen muss sichergestellt werden, dass Zustellung und Vollstreckung in einer Hand liegen (OLG Oldenburg NStZ-RR 2009, 219; *Meyer-Goßner/Schmitt* § 36 Rn. 10; vgl. auch OLG Düsseldorf NStZ 1988, 150).

Bei den von § 36 Abs. 2 S. 1 erfassten Entscheidungen (vgl. im Einzelnen LR/*Graalmann-Scheerer* § 40 Rn. 21, SK/*Weßlau* § 36 Rn. 9) handelt es sich etwa um Haftbefehle (§§ 112 ff., § 230 Abs. 2, § 236, § 329 Abs. 4, § 453c), Unterbringungsbefehle (§ 126a), Ordnungsmittelbeschlüsse (§ 51 Abs. 1 S. 2, 3, § 70 Abs. 1 S. 2, § 77 Abs. 1 S. 2), Widerrufsbeschlüsse nach § 116 Abs. 4, Arrestbeschlüsse (vgl. hierzu LG Hannover NdsRpfl 2001, 465). Nicht darunter fallen nach § 36 Abs. 2 S. 2 diejenigen Entscheidungen, welche die Ordnung in den Sitzungen betreffen (vgl. §§ 177 ff. GVG). Die Vollstreckung derartiger Entscheidungen hat der Vorsitzende nach § 179 GVG unmittelbar zu veranlassen, wobei die gerichtliche Vollstreckung nach § 31 Abs. 3 RPflG grundsätzlich dem Rechtspfleger übertragen ist. 7

Nicht erfasst werden **von § 36 Abs. 2 S. 1** alle anderen Entscheidungen des Gerichts (vgl. im Einzelnen LR/*Graalmann-Scheerer* § 36 Rn. 22), auch wenn zur Durchsetzung der Entscheidung über die Zustellung hinaus ein besonderer Akt der Umsetzung (Vollstreckung) notwendig ist (*Meyer-Goßner/Schmitt* § 36 Rn. 10 m.w.N. auch zur Gegenauffassung). Hierunter zählen etwa die nachträgliche Strafaussetzung zur Bewährung (OLG Oldenburg NStZ-RR 2009, 219), der Widerruf einer Bewährungsentscheidung (OLG Düsseldorf NStZ 1988, 150; a. A. OLG Celle v. 3.1.1992 – 1 Ws 365/91) und die Aufhebung eines Haft- und Unterbringungsbefehls bzw. seine Aussetzung (*Meyer-Goßner/Schmitt* § 36 Rn. 12). Ob auch die Anordnung einer Beobachtung in einem öffentlichen psychiatrischen Krankenhaus nach § 81 Abs. 1 von § 36 Abs. 2 S. 1 erfasst wird, ist schon deshalb zweifelhaft, weil gegen den Beschluss nach § 81 Abs. 4 die sofortige Beschwerde mit der Folge aufschiebender Wirkung statthaft ist, weshalb es der Zustellung und Vollstreckung in einer Hand nicht bedarf; die Zustellungsanordnung eines solchen Beschlusses nebst entsprechender Rechtsmittelbelehrung hat der Vorsitzende zu treffen (LR/*Graalmann-Scheerer* § 36 Rn. 22 m.w.N auch für die Gegenauffassung). 8

E. Mängel der Zustellungsanordnung. Eine **Zustellung** ist **unwirksam**, wenn sie nicht auf einer wirksamen Zustellungsanordnung des Vorsitzenden (oder der Staatsanwaltschaft in Fällen des Abs. 2) beruht (vgl. BGH NStZ 2011, 591; a. A. OLG Hamm NStZ 1982, 479). Mindestvoraussetzung einer wirksamen Zustellungsanordnung ist, dass überhaupt ein Zustellungswille hinsichtlich einer eindeutig zu identifizierenden Entscheidung aus der Anordnung ersichtlich wird und der Adressat der Zustellung konkret angegeben ist oder trotz einer allgemein gehaltenen Zustellungsanordnung kein Zweifel über den Zustellungsempfänger besteht (vgl. BGH NStZ 2011, 591). Eine Zustellung ohne eine diesen Mindestanforderungen genügende Grundlage entfaltet keine Rechtswirkung. Eine Zustellung entbehrt auch der Grundlage, wenn der Zustellungsempfänger nicht mit demjenigen identisch ist, an den nach richterlicher Anordnung zugestellt werden sollte. Verfügt die Geschäftsstelle etwa eigenmächtig entgegen der Anordnung des Vorsitzenden die Zustellung anstatt an den Angeklagten an seinen Verteidiger oder umgekehrt, ist die Zustellung unwirksam (OLG Naumburg, Beschl. v. 23.09.2013 – 2 Ss 132/13; *Meyer-Goßner/Schmitt* § 36 Rn. 8 m.w.N.). Liegt keine wirksame Zustellungsanordnung vor, kann dieser Mangel auch nicht durch den tatsächlichen Zugang des Schriftstücks nach § 37 Abs. 1 i.V. mit § 189 ZPO geheilt werden, denn die Heilung von Zustellungsmängeln setzt voraus, dass überhaupt eine Zustellung beabsichtigt war (OLG Celle NStZ-RR 2011, 45; LG Zweibrücken NStZ-RR 2013, 49). 9

Unbeachtlich sind indes andere Mängel, die der Zustellungsanordnung nicht den Charakter als Grundlage der Zustellung nehmen und die Wirksamkeit der Zustellungsanordnung als solche nicht in Frage stellen. Wählt etwa die Geschäftsstelle anstelle der vom Vorsitzenden ausdrücklich verfügten Zustellungsart eine andere, gleichermaßen mögliche, beruht der Zustellungsakt auf wirksamer Grundlage, weshalb auch die Zustellung selbst wirksam ist (a. A. BayObLG NStZ-RR 1999, 243; *Meyer-Goßner/Schmitt* § 36 Rn. 8). 10

§ 37 StPO Zustellungsverfahren.

(1) Für das Verfahren bei Zustellungen gelten die Vorschriften der Zivilprozeßordnung entsprechend.
(2) Wird die für einen Beteiligten bestimmte Zustellung an mehrere Empfangsberechtigte bewirkt, so richtet sich die Berechnung einer Frist nach der zuletzt bewirkten Zustellung.
(3) Ist einem Prozessbeteiligten gemäß § 187 Absatz 1 und 2 des Gerichtsverfassungsgesetzes eine Übersetzung des Urteils zur Verfügung zu stellen, so ist das Urteil zusammen mit der Übersetzung zuzustellen. Die Zustellung an die übrigen Prozessbeteiligten erfolgt in diesen Fällen gleichzeitig mit der Zustellung nach Satz 1.

Übersicht

		Rdn.
A.	Grundsätzliches	1
B.	Zustellungsgegenstand und Zustellungsadressat	4
C.	Einzelne Formen der unmittelbaren Zustellung	8
D.	Einzelne Formen der Ersatzzustellung	24
E.	Zustellung im Ausland	34
F.	Zustellungsbevollmächtigte	37
G.	Zustellungsurkunde: Inhalt, Mängel, Beweiskraft	41
H.	Zustellungsmängel und Heilung	49
I.	Zustellung an mehrere Empfangsberechtigte, § 37 Abs. 2	51
J.	Zustellung bei Übersetzung des Urteils, § 37 Abs. 3	54

1 **A. Grundsätzliches.** Die Vorschrift **verweist** seit jeher für das Verfahren bei Zustellungen auf die **Vorschriften der Zivilprozessordnung**. Damit ist schon ein Hauptproblem des strafprozessualen Zustellungsrechts benannt. Denn die durch das Zustellungsreformgesetz (v. 25.06.2001, BGBl. 2001, 1206) wesentlich veränderten Zustellungsvorschriften der ZPO (§§ 166 ff. ZPO) passen angesichts der gänzlich verschiedenartigen Struktur des Zivil- und Strafprozesses häufig nicht zu den Anforderungen im Strafverfahren (vgl. zu Verteidigungsansätzen in Zusammenhang mit der Zustellung *Kotz* StRR 2013, 4 ff. und 44 ff.). Voraussetzung für die entsprechende Anwendung der Zustellungsvorschriften nach §§ 166 ff. ZPO ist deshalb, dass sich diese für die Anwendung im Strafverfahren eignen (*Meyer-Goßner/Schmitt* § 37 Rn. 5).

2 **Anwendbar** sind von den Zustellungsvorschriften §§ 166, 168, 169, 173, 174, 175 (vgl. LG Rostock StraFo 2015, 63 [64]; LR/*Graalmann-Scheerer* § 37 Rn. 45 ff., a. A. wohl *Meyer-Goßner/Schmitt* § 37 Rn. 5), 176, 177, 178, 181, 182, 183, 189, 194 ZPO, teilweise bei der öffentlichen Zustellung betreffend Beteiligte, die für den Angeklagten Sicherheit geleistet haben, und Privat- und Nebenkläger die §§ 185 bis 188 ZPO, sowie die §§ 192 bis 194 ergänzend bei unmittelbarer Ladung von Zeugen und Sachverständige nach § 38; **nicht anwendbar** sind §§ 167, 170, 171 (jedoch besteht die Möglichkeit, einen Zustellungsbevollmächtigten zu bestellen, der dann selbst Zustellungsadressat wird, vgl. LR/*Graalmann-Scheerer* § 37 Rn. 5 ff., 15; unklar deshalb OLG Köln NStZ-RR 2005, 379, wonach § 171 ZPO auch im Strafverfahren Anwendung finden soll), 172, 184, 191, 192, 195 (vgl. *Meyer-Goßner/Schmitt* § 37 Rn. 5; LR/*Graalmann-Scheerer* § 37 Rn. 12 ff.). Ebenfalls unanwendbar sind die Zustellungsvorschriften in den §§ 1067 ff. ZPO über die Zustellung nach der VO (EG) Nr. 1393/2007, denn diese betreffen nur die Zustellung gerichtlicher und außergerichtlicher Schriftstücke in Zivil- und Handelssachen in den Mitgliedstaaten.

3 **Zustellung** ist nach der Legaldefinition in § 166 Abs. 1 ZPO die Bekanntgabe eines Schriftstücks in der von §§ 166 ff. ZPO vorgeschriebenen Form (vgl. hierzu und zum Folgenden *Thomas/Putzo*, ZPO, 33. Aufl. 2012, Vor § 166 ZPO Rn. 2 ff.); entgegen dem früheren Rechtszustand ist die Beurkundung damit nicht mehr konstitutiver Bestandteil der Zustellung und deshalb auch nicht mehr Wirksamkeitsvoraussetzung, sondern dient nur noch dem Nachweis (vgl. LR/*Graalmann-Scheerer* § 37 Rn. 1). Grundform der Zustellung ist die Zustellung von Amts wegen (§ 166 Abs. 2 ZPO), die ZPO kennt daneben noch die Parteizustellung (§§ 191 ff. ZPO). **Zustellungsadressat** ist diejenige Person, an die zugestellt werden soll (vgl. § 182 Abs. 2 Nr. 1 ZPO), **Zustellungsempfänger** derjenige, dem das Schriftstück tatsächlich übergeben wurde (vgl. § 182 Abs. 2 Nr. 2 ZPO), **Zustellungsveranlasser** derjenige, der die Zustellung angeordnet hat (vgl. auch § 193 Abs. 1 S. 1 ZPO), **Zusteller** schließlich derjenige, der die Zustellung ausführt (vgl. § 182 Abs. 2 Nr. 8 ZPO). Die **Zustellungsurkunde** begründet als öffentliche Urkunde vollen Beweis für die darin bezeugten Tatsachen (§ 182 Abs. 1 S. 2 i.V. mit § 418 Abs. 1 ZPO).

B. Zustellungsgegenstand und Zustellungsadressat. Zugestellt wird regelmäßig eine 4
Abschrift oder **Ausfertigung** der Urschrift. Eine Ausfertigung ist eine amtliche Abschrift, die im Rechtsverkehr die Urschrift ersetzt (Thomas/Putzo/*Hüßtege* § 169 ZPO Rn. 8), eine Abschrift regelmäßig eine Kopie der Urschrift. Sofern das Gesetz keine besonderen Vorgaben macht, reicht für eine wirksame Zustellung die Übersendung einer einfachen Abschrift, denn diese ermöglicht die Kenntnisnahme der Urschrift in gleicher Weise wie bei einer Ausfertigung oder beglaubigten Abschrift (vgl. LR/*Graalmann-Scheerer* § 37 Rn. 3; a. A. OLG Braunschweig NStZ-RR 2015, 157 [158] – nur für den Empfängerkreis des § 174 Abs. 2 ZPO; *Meyer-Goßner/Schmitt* § 37 Rn. 1). Während früher §§ 170, 210 ZPO aF ausdrücklich die Beglaubigung zu übergebender Abschriften gesetzlich vorsahen, ist dies nach den neuen Zustellungsvorschriften nicht mehr der Fall. Nach § 169 Abs. 2 S. 1 ZPO wird zwar die Beglaubigung der zuzustellenden Schriftstücke auf der Geschäftsstelle vorgenommen, also weiterhin eine Beglaubigungsbefugnis gesetzlich normiert. Daraus kann aber nicht geschlossen werden, dass jedes zuzustellende Schriftstück zu beglaubigen wäre, vielmehr kann die Zustellung auch durch Übergabe einer einfachen Abschrift erfolgen (vgl. LR/*Graalmann-Scheerer* § 37 Rn. 3 m.w.N.). Die Gültigkeit einer Zustellung wird nicht dadurch beeinträchtigt, dass anstelle einer Ausfertigung eine beglaubigte Abschrift zugestellt wird (vgl. RGSt 9, 172 f.) oder umgekehrt anstelle einer beglaubigten Abschrift eine Ausfertigung oder gar die Urschrift (vgl. RGZ 4, 426; 15, 411; 69, 117).

Der **Zustellungsadressat** kann (entgegen dem insoweit unanwendbaren § 170 ZPO) auch ein **Minder-** 5
jähriger oder ein unter **Betreuung** stehender Beschuldigter sein, Geschäftsfähigkeit wird für die Wirksamkeit einer Zustellung nicht vorausgesetzt (vgl. OLG Hamm, Beschl. vom 11.06.2013 – 5 RVs 32/13; OLG Brandenburg NStZ-RR 2009, 219; KG StV 2003, 343; OLG Düsseldorf MDR 1993, 70). Deshalb ist – unbeschadet von Sonderregeln – auch nicht an den gesetzlichen Vertreter oder den gerichtlich bestimmten Betreuer, sondern an den Vertretenen bzw. Betreuten selbst zuzustellen (vgl. OLG Düsseldorf NStZ 1996, 52; OLG Brandenburg NStZ-RR 2009, 219). Hat der Betreute einen Verteidiger, muss sich sein nach § 298 Abs. 1 selbst rechtsmittelbefugter Betreuer die an den Verteidiger erfolgte Zustellung zurechnen lassen (KG v. 15.06.2011 – 2 Ws 204/11). Nach allgemeiner Ansicht ist Voraussetzung der Wirksamkeit der Zustellung, dass der Zustellungsadressat **verhandlungsfähig** ist (vgl. OLG Hamm, Beschl. vom 11.06.2013 – 5 RVs 32/13; LG Zweibrücken VRS 121, 42; OLG Brandenburg NStZ-RR 2009, 219; KG StV 2003, 343; OLG Düsseldorf MDR 1993, 70). So soll eine Zustellung unwirksam sein, wenn der Betroffene wegen hirnorganischer Wesensänderung, Schwerhörigkeit und Sehstörungen nicht in der Lage ist, sich um seine Angelegenheiten adäquat zu kümmern (LG Zweibrücken VRS 121, 42).

Zu beachten ist, dass **hohe Anforderungen** an die Annahme von **Verhandlungsunfähigkeit** bei Zustel- 6
lungen zu stellen sind: Verhandlungsfähigkeit im strafprozessualen Sinne bedeutet, dass der Betroffene in der Lage sein muss, seine Interessen in und außerhalb der Verhandlung vernünftig wahrzunehmen, die Verteidigung in verständiger und verständlicher Weise zu führen sowie Prozesserklärungen abzugeben und entgegenzunehmen. Dies bedeutet aber nicht, dass der Beschuldigte auch tatsächlich fähig sein muss, die ihm gesetzlich eingeräumten Verfahrensrechte in jeder Hinsicht selbständig und ohne fremden Beistand wahrzunehmen. Auch bei solchen Beschuldigten, deren geistige, psychische oder körperliche Fähigkeit zur Wahrnehmung der Verteidigungsrechte eingeschränkt ist, muss die Schuld- und Straffrage in einem rechtsstaatlichen Strafverfahren geklärt und entschieden werden können. Danach liegt Verhandlungsunfähigkeit bei solchen Einschränkungen der geistigen, psychischen oder körperlichen Fähigkeiten nicht vor, wenn die Auswirkungen dieser Einschränkungen auf die tatsächliche Wahrnehmung der Verfahrensrechte durch verfahrensrechtliche Hilfen für den Beschuldigten hinreichend ausgeglichen werden können. Die Grenze zur Verhandlungsunfähigkeit ist erst dann überschritten, wenn dem Beschuldigten auch bei Inanspruchnahme solcher verfahrensrechtlicher Hilfen eine selbstverantwortliche Entscheidung über grundlegende Fragen seiner Verteidigung und eine sachgerechte Wahrnehmung der von ihm persönlich auszuübenden Verfahrensrechte nicht mehr möglich ist (OLG Düsseldorf NJW 1998, 395 [396]; BVerfG NStZ 1995, 390 [391]).

An die Verhandlungsfähigkeit sind in den verschiedenen Verfahrensabschnitten zudem unterschied- 7
liche Anforderungen zu stellen, weil auch die Anforderungen an die Fähigkeit zu einer sachgerechten Interessenwahrnehmung je nach Verfahrenslage unterschiedlich sind (vgl. BGH NStZ 1995, 394; BVerfG NStZ 1995, 390 [391]). Kann sich ein Betroffener der **Hilfe eines Betreuers** bedienen, können seine Defizite betreffend die Verhandlungsfähigkeit ähnlich ausgeglichen werden wie durch den Bei-

stand eines Rechtsanwalts (zweifelhaft deshalb LG Zweibrücken VRS 121, 42). Reicht die Hilfe durch einen Betreuer oder sonstige anwesende Familienangehörige nicht, ist dem Betroffenen zur Kompensation seiner Defizite ein Verteidiger an die Seite zu geben (§ 140 Abs. 2); anschließend kann zugestellt werden.

8 **C. Einzelne Formen der unmittelbaren Zustellung.** Das Gesetz enthält **verschiedene Formen** der **unmittelbaren Zustellung** und der Ersatzzustellung. Eine Ersatzzustellung kommt nur dann in Betracht, wenn eine Form der unmittelbaren Zustellung fehlgeschlagen oder sonst nicht möglich ist. Die Grundformen der unmittelbaren Zustellung enthalten die §§ 173 ff. ZPO. Zu unterscheiden ist dabei die Zustellung durch Aushändigung an der Amtsstelle (§ 173 ZPO), die Zustellung mittels Empfangsbekenntnis (§ 174 ZPO), die Zustellung durch Einschreiben mit Rückschein (§ 175 ZPO) und die Zustellung mittels Zustellungsurkunde nach § 176 ZPO durch direkte Übergabe nach § 177 ZPO. Eine Sonderform der Zustellung ist die öffentliche Zustellung; insoweit geht § 40 den §§ 185 ff. ZPO vor (vgl. *Meyer-Goßner/Schmitt* § 37 Rn. 5).

9 Die erste Form der unmittelbaren Zustellung ist die Zustellung durch **Aushändigung an der Amtsstelle** nach § 37 Abs. 1 i.V.m. **§ 173 ZPO.** Danach kann das Schriftstück dem Adressaten (oder seinem Zustellungsbevollmächtigten) durch Aushändigung an der Amtsstelle zugestellt werden. Unter Amtsstelle ist jeder Dienstraum des Gerichts oder der Staatsanwaltschaft zu verstehen, es reicht auch der Gerichtsflur (vgl. LR/*Graalmann-Scheerer* § 37 Rn. 32). Die Aushändigung kann durch die Geschäftsstelle oder den Richter selbst geschehen; über die Aushändigung ist auf dem Schriftstück und in den Akten ein Vermerk anzubringen, wobei die Aufnahme in ein gerichtliches Protokoll (etwa bei der Zustellung in der Hauptverhandlung) als höherwertige Form der Beurkundung den Zustellungsvermerk ersetzt (LR/*Graalmann-Scheerer* § 37 Rn. 33). Eine Zustellung an Vertreter nach § 170 ZPO, Bevollmächtigte nach § 171 ZPO oder Prozessbevollmächtigte nach § 172 ZPO ist im Strafverfahren – unbeschadet der Möglichkeit der Bestellung eines Zustellungsbevollmächtigten (unten Rdn. 36) – ausgeschlossen (vgl. ausführlich LR/*Graalmann-Scheerer* § 37 Rn. 13 ff. m.w.N.).

10 Gegen **Empfangsbekenntnis** kann die **Zustellung** nach § 37 Abs. 1 i.V.m. **§ 174 ZPO** bewirkt werden. Die Vorschrift ermöglicht eine einfache und praktische Form der Zustellung an als besonders zuverlässig geltende Verfahrensbeteiligte, insbesondere **Rechtsanwälte.** Weil diese Zustellungsform auf die Mitwirkung des Zustellungsempfängers angewiesen ist, eröffnet sie Möglichkeiten des Missbrauchs, der im Strafverfahren leider auch in (wenn auch geringem) praktisch relevantem Umfang zu beobachten ist. Mögliche Zustellungsadressaten einer vereinfachten Zustellung gegen Empfangsbekenntnis sind Anwälte, Notare, Gerichtsvollzieher, Steuerberater oder sonstige Personen, bei denen aufgrund ihres Berufs von einer erhöhten Zuverlässigkeit ausgegangen werden kann (etwa Wirtschaftsprüfer oder Hochschullehrer, vgl. *Meyer-Goßner/Schmitt* § 37 Rn. 19). Erfasst werden zudem Behörden, Körperschaften und Anstalten des öffentlichen Rechts. Auswärtigen Staatsanwaltschaften kann demnach – etwa in eiligen Fällen bei Bewährungsentscheidungen auswärtiger Strafvollstreckungskammern – ebenfalls gegen Empfangsbekenntnis (per Fax) zugestellt werden (vgl. § 40 Rdn. 1).

11 Die Zustellung gegen Empfangsbekenntnis geschieht durch postalische **Übersendung** des Schriftstücks, durch die Einlegung in ein Anwaltsfach oder die Überbringung per Boten, durch die Versendung per Fax (Telekopie, 174 Abs. 2 ZPO) oder die Übermittlung eines elektronischen Dokuments (§ 174 Abs. 3 ZPO). Bei der Übersendung per Fax ist darauf zu achten, dass der nach § 174 Abs. 2 S. 2 ZPO notwendige Zusatz »Zustellung gegen Empfangsbekenntnis« verwendet wird und nicht etwa der Hinweis »vorab per Fax«, denn sonst lässt sich ein Zustellungswille nicht hinreichend feststellen (vgl. Thüringer OVG, Beschl. v. 28.02.2012 – 4 EO 1317/05). Auch bei Übergabe eines Schriftstücks etwa auf der Geschäftsstelle kann gegen Empfangsbekenntnis zugestellt werden, wenn die Zustellung nicht nach § 173 ZPO beurkundet wird. Die Gewährung von Akteneinsicht kann nicht als Übergabe eines zuzustellenden Schriftstücks an den Adressaten gewertet werden (vgl. BGH NStZ-RR 2005, 77 m.w.N.).

12 Die **Zustellung** gegen Empfangsbekenntnis ist erst als **bewirkt** anzusehen, wenn der Zustellungsadressat das ihm zugestellte Schriftstück mit dem Willen entgegen genommen hat, es als zugestellt gegen sich gelten zu lassen, und dies auch durch Unterzeichnung des Empfangsbekenntnisses beurkundet (BGH NJW 2012, 2117). **Zustellungsdatum** ist demnach nicht etwa der Tag, an dem ein Schriftstück in einer Anwaltskanzlei eingeht, sondern das Datum der Annahme des Schriftstücks durch den Rechtsanwalt

mit dem Willen, es als zugestellt anzusehen (vgl. BVerfG NJW 2001, 1563; BGH NJW 1991, 709; NJW 1979, 2566). Verweigert der Zustellungsempfänger die Unterzeichnung des Empfangsbekenntnisses und reicht er die ihm übersandten Dokumente an das Gericht zurück, ist die Zustellung nach § 174 Abs. 1 ZPO unwirksam (BGH NJW 2011, 3581). Den Beginn einer gesetzlichen Frist in dieser Weise vom Willen des Zustellungsempfängers abhängig zu machen, der ein großes Interesse an einer (gesetzlich häufig nicht möglichen) Fristverlängerung haben kann, erscheint im Strafverfahren weder sinnvoll noch zielführend.

In der Strafrechtspraxis sind Fälle nicht ganz selten, in denen bei der Zustellung von Urteilen (mit der Folge des Beginns der nicht verlängerbaren Revisionsbegründungsfrist nach § 345 Abs. 1) die Daten zurückgesandter Empfangsbekenntnisse offensichtlich nicht mit den tatsächlichen Zugangs- und Kenntnisdaten übereinstimmen. Möglichkeiten der Strafjustiz, einem derartigen **Missbrauch** zu begegnen, bestehen kaum. Gibt es Anlass zu der Vermutung, dass der Verteidiger durch Einsetzen eines unrichtigen Datums im Empfangsbekenntnis die Rechtsmittelbegründungsfrist willkürlich verlängert hat, so ist ein solches Verhalten zwar standeswidrig; als Zeitpunkt der Zustellung gilt aber auch dann grundsätzlich die vorgenommene Datierung, weil es für den Zeitpunkt der Zustellung ausschließlich darauf ankommt, wann der Rechtsanwalt tatsächlich von dem Schriftstück mit dem Willen Kenntnis genommen hat, das Schriftstück als zugestellt anzusehen und entgegenzunehmen (vgl. OLG Düsseldorf StV 1990, 345; OLG Dresden, Urt. v. 09.02.2012 – 8 U 1128/11). Es entspricht aber nicht dem Sinn und Zweck des Gesetzes, dass ein Zustellungsadressat den Beginn einer Rechtsmittelfrist nach Gutdünken verzögern kann (vgl. OLG Jena NJW-RR 2011, 1694). Einem anwaltlichen Zustellungsadressat ist es nicht freigestellt, durch beliebiges »Liegenlassen« der in seiner Kanzlei eingegangenen Sendung den Beginn des Laufs einer Rechtsmittelfrist zu manipulieren (vgl. LAG Köln, Beschl. v. 15.12.2010 – 7 Ta 411/09: 2 Monate zwischen Absendung und Datum des Empfangsbekenntnisses). Vor diesem Hintergrund ist zu erwägen, bei einer schuldhaften Verletzung der Mitwirkung am Zustellungsvorgang durch verzögerte Ausstellung des Empfangsbekenntnisses eine dadurch bewirkte Verlängerung der Rechtsmittelfrist nicht anzuerkennen (LAG Nürnberg, Beschl. v. 26.06.2007 – 2 Sa 163/07).

Nach der Rechtsprechung erbringt das **Empfangsbekenntnis** als **Privaturkunde** nach § 416 ZPO zudem grundsätzlich nicht nur für die Entgegennahme des darin bezeichneten Schriftstücks als zugestellt **Beweis**, sondern auch für den Zeitpunkt der Entgegennahme durch den Unterzeichner und damit der Zustellung (BGH NJW 2012, 2117). Zwar ist der Gegenbeweis der Unrichtigkeit der im Empfangsbekenntnis enthaltenen Angaben zulässig, er setzt aber voraus, dass die Beweiswirkung des § 174 ZPO vollständig entkräftet und jede Möglichkeit ausgeschlossen ist, dass die Angaben des Empfangsbekenntnisses richtig sein können; hingegen ist dieser Gegenbeweis nicht schon dann geführt, wenn lediglich die Möglichkeit der Unrichtigkeit besteht, die Richtigkeit der Angaben also nur erschüttert ist (BGH NJW 2012, 2117 m.w.N.). In derartigen Fällen ist gegenüber unzuverlässigen oder unwilligen Verfahrensbeteiligten, die die Zuverlässigkeitsvermutung des § 174 Abs. 1 ZPO durch ihr Verhalten in der Vergangenheit bereits widerlegt haben, von der Möglichkeit einer Zustellung gegen Zustellungsurkunde Gebrauch zu machen. Ist nach dem Zeitablauf praktisch ausgeschlossen, dass ein Rechtsanwalt von einem ihm nachweislich in seine Kanzlei übersandten Schriftstück (erst) an dem im Empfangsbekenntnis angegebenen Zeitpunkt Kenntnis erlangt hat, ist das Datum der Zustellung im Freibeweis zu klären (vgl. BGH NJW 2002, 252; OLG Bremen MDR 2011, 187; LAG Nürnberg, Beschl. v. 26.06.2007 – 2 Sa 163/07; LAG Köln, Beschl. v. 15.12.2010 – 7 Ta 411/09).

Das **Empfangsbekenntnis** hat der **Form** des § 174 Abs. 4 ZPO zu entsprechen. Danach genügt zum Nachweis der Zustellung das mit Datum und Unterschrift versehene Empfangsbekenntnis, das an das Gericht zurückzusenden ist, wobei die Rücksendung auch als Fax oder mit elektronischer Signatur versehenes elektronisches Dokument geschehen kann. Für ein wirksames Empfangsbekenntnis ist die Verwendung des übersandten Formulars nicht notwendig, sondern es reicht aus, wenn der Zustellungsempfänger seinen Annahmewillen schriftlich zum Ausdruck bringt (auch im Rahmen eines Schriftsatzes), was auch im Nachhinein geschehen kann (vgl. LR/*Graalmann-Scheerer* § 37 Rn. 42). Die Empfangsbereitschaft kann etwa auch dadurch konkludent erklärt und dokumentiert werden, dass der Empfänger sich auf den Inhalt des übersandten Schriftstücks einlässt, indem etwa ein Verteidiger in der Revisionsbegründung auf das ihm zuvor übersandte Urteil Bezug nimmt (BGH NStZ-RR 2005, 77). In einem derartigen Fall steht der Annahme einer wirksamen Zustellung nicht entgegen, dass der Verteidiger die Zustellung zurückweist, wenn er sich pflichtwidrig weigert, vom Inhalt des Urteils

Kenntnis zu nehmen (BGH NStZ-RR 2005, 77). Wird hingegen im Rechtsmittelschriftsatz ausdrücklich der Mangel der Zustellung gerügt, kann in der Bezugnahme auf das übersandte Schriftstück keine konkludente Erklärung der Empfangsbereitschaft gesehen werden (vgl. BVerwG ZOV 2011, 138). **Fehlt das Datum** auf dem Empfangsbekenntnis, hat dies nicht die Unwirksamkeit der Zustellung zur Folge, sondern das Datum kann dann auf andere Weise festgestellt werden (BGH NJW 2005, 3216; OLG München NStZ-RR 2010, 15); ein unrichtiges Datum kann vom Empfänger berichtigt werden und ist dann für den Fristbeginn maßgebend, wenn seine Richtigkeit feststeht (vgl. LR/*Graalmann-Scheerer* § 37 Rn. 42).

16 **Unterzeichnet** werden muss das Empfangsbekenntnis grundsätzlich vom Zustellungsadressaten **persönlich**, denn die Zustellung durch Empfangsbekenntnis setzt die persönliche Beteiligung des Adressaten voraus. Ohne wirksame Unterschrift des Zustellungsadressaten ist die Zustellung unwirksam (OLG Stuttgart NJW 2010, 2532; BSG NJW 2010, 317; zweifelnd BGH NJW 2005, 3216). Bei einem Rechtsanwalt ist auch eine Unterzeichnung durch den Zustellungsbevollmächtigten nach § 30 BRAO, den allgemein bestellten Vertreter nach § 53 BRAO und den Abwickler nach § 55 BRAO möglich, nicht aber eine Unterzeichnung durch einen hierzu bevollmächtigten Assessor (OLG Stuttgart NJW 2010, 2532) oder einen Büroangestellten (vgl. BSG NJW 2010, 317). Bei der Zustellung an einen Pflichtverteidiger muss dieser persönlich das Empfangsbekenntnis unterzeichnen, die Unterzeichnung durch einen Sozius ist unwirksam (BGH NStZ-RR 2014, 149 [LS]; wistra 1988, 236 m.w.N.), bei der Zustellung an einen Wahlverteidiger ist die Unterzeichnung durch einen Sozius hingegen möglich (vgl. *Meyer-Goßner/Schmitt* § 37 Rn. 19 m.w.N.). Wird an eine Behörde zugestellt, ist die Unterzeichnung des Empfangsbekenntnisses durch den Behördenleiter oder eine ihn vertretende Person notwendig (OLG Frankfurt/Main NStZ-RR 1996, 234); dies kann auch der nach der Aufgabenverteilung für die Entgegennahme von Zustellungen zuständige Bedienstete sein (VGH München, Beschl. v. 16.03.2012 – 3 ZB 10.1158).

17 An die **Unterschrift** werden keine besonderen Anforderungen gestellt; auch ein unleserlicher Schriftzug auf einem Empfangsbekenntnis kann eine rechtswirksame Unterschrift nach § 174 Abs. 4 ZPO sein (vgl. LSG Rheinland-Pfalz NZS 2011, 159). Als Unterschrift genügt ein Schriftzug, der individuellen Charakter aufweist und einem Dritten, der den Namen kennt, ermöglicht, diesen Namen noch aus dem Schriftbild herauszulesen, der Unterzeichnende also noch erkennbar bleibt. Danach muss die Unterschrift zwar nicht unbedingt lesbar, mindestens einzelnen Buchstaben müssen aber – wenn auch nur andeutungsweise – zu erkennen sein, weil es sonst am Merkmal einer Schrift fehlt (vgl. BGH NJW-RR 1992, 1150 m.w.N.: verneint etwa bei bloßer »Wellenlinie«).

18 Eine **Heilung von Zustellungsmängeln** kommt im Rahmen der Zustellung nach § 174 ZPO nur in Betracht, wenn der Empfänger annahmebereit ist, also bei ihm die Bereitschaft zum Empfang und zur Entgegennahme des Schriftstücks besteht (vgl. BGH NStZ-RR 2005, 77; NJW 1989, 1154). Wird bei der Zustellung durch Empfangsbekenntnis die Annahme verweigert, gilt die Zustellungsfiktion nach § 179 S. 3 ZPO nicht, denn auf Zustellungen nach § 174 ZPO ist § 179 ZPO nicht anwendbar (vgl. BVerwG ZOV 2011, 138).

19 Die Zustellung kann auch nach § 37 Abs. 1 i.V.m. **§ 175 ZPO** durch **Einschreiben mit Rückschein** vorgenommen werden (LG Rostock StraFo 2015, 63 [64]; LR/*Graalmann-Scheerer* § 37 Rn. 45 ff.; a. A. wohl *Meyer-Goßner/Schmitt* § 37 Rn. 5). Zum Nachweis der Zustellung genügt dann der Rückschein (§ 175 S. 2 ZPO). Die Zustellung ist grundsätzlich mit der Übergabe an den Adressaten ausgeführt, also dann, wenn das Schriftstück so in den Bereich des Empfängers gelangt ist, dass dieser unter normalen Verhältnissen die Möglichkeit hatte, vom Inhalt Kenntnis zu nehmen (vgl. Bayerisches LSG, Beschl. v. 06.04.2009 – L 2 B 513/08 U m.w.N.). Diese Form der Zustellung kann auch durch Einlage der Sendung in ein Postfach bewirkt werden, denn die Regelungen für die Möglichkeit der Ersatzzustellung nach §§ 178 bis 181 ZPO gelten nach § 176 Abs. ZPO nur für die Zustellungen, die auf einem formellen Zustellungsauftrag des Gerichts mit Zustellungsurkunde beruhen, nicht aber für Zustellungen durch Einschreiben mit Rückschein (vgl. LSG Baden-Württemberg, Urt. v. 04.08.2010 – L 2 SO 18/10 m.w.N.). Diese Zustellungsart ist nur bei erwartungsgemäß unproblematischen Zustellungsadressaten zu wählen, denn die Verweigerung der Entgegennahme (auch durch Nichtabholung der Sendung innerhalb von sieben Werktagen) führt zur Rücksendung als unzustellbar; § 179 ZPO gilt hingegen nicht (vgl. LG Rostock StraFo 2015, 63 [64]; *Heß* NJW 2002, 2417 [2419]). Dem Rückschein

kommt als Privaturkunde zudem nicht die öffentliche Beweiskraft der Postzustellungsurkunde nach § 182 Abs. 1 S. 2 ZPO i.V.m. § 418 ZPO zu.

Direkte Zustellung im Rahmen eines Zustellungsauftrags: Voraussetzung der Zustellung nach § 37 Abs. 1 i.V.m. den §§ 177 bis 181 ff. ZPO ist, dass nach § 37 Abs. 1 i.V.m. § 176 ZPO ein Zustellungsauftrag erteilt wird. Der **Zustellungsauftrag** kann nach § 176 Abs. 1 der Post, einem Justizbediensteten (häufig »besonderer Wachtmeister«) oder einem Gerichtsvollzieher erteilt werden; möglich ist nach § 176 Abs. 1 ZPO auch ein **Zustellungsersuchen**, wobei eine andere Behörde um die Ausführung der Zustellung ersucht wird. Unter **Post** versteht das Gesetz nach der Legaldefinition in § 168 Abs. 1 S. 2 ZPO einen nach § 33 Abs. 1 PostG beliehenen Unternehmer. Gemäß § 33 Abs. 1 S. 1 PostG sind die nach § 5 Abs. 1 PostG lizensierten Unternehmer, die Briefzustelldienstleistungen erbringen, verpflichtet, Schriftstücke nach den Vorschriften der Prozessordnungen förmlich zuzustellen. Im Umfang dieser Verpflichtung werden diese privaten Unternehmer nach § 33 Abs. 1 S. 2 PostG mit Hoheitsbefugnissen als beliehene Unternehmer ausgestattet. Von der Verpflichtung kann nach § 33 Abs. 2 PostG auch befreit werden. Die in der Praxis häufige Zustellung an Strafgefangene »per Gefangenen-ZU« erfolgt durch Erteilung eines Zustellungsauftrags durch die Geschäftsstelle an einen Bediensteten der Justizvollzugsanstalt als Justizbediensteten im Sinne des § 168 Abs. 1 S. 2 ZPO. Dem Auftrag ist das zuzustellende Schriftstück sowie ein vorbereiteter Vordruck der Zustellungsurkunde beigefügt, in der der Tag der Zustellung und etwa die Tatsache, ob das Schriftstück gemäß § 35 Abs. 3 verlesen oder die Annahme verweigert wurde, zu vermerken ist; die Einzelheiten regeln entsprechende Verwaltungsvorschriften der Länder (vgl. etwa AV des MJ v. 28.05.1993 – 3716 (V)-404.1 – Zustellungen an Gefangene in den Justizvollzugsanstalten, MBl. LSA. 1993, 1675; AV d. MJ vom 18.10.2011 – 3716 – 204.9 – Zustellung durch Justizbedienstete, Nds. Rpfl. 2011 S. 371).

Die **Geschäftsstelle**, die den Zustellungsauftrag erteilt, **übergibt** dafür das zuzustellende Schriftstück in einem verschlossenen Umschlag und zusätzlich den vorbereiteten Vordruck einer Zustellungsurkunde, die der Zusteller wahrheitsgemäß auszufüllen hat (ansonsten droht Strafbarkeit nach § 348 StGB). Über ihr Tun hat die Geschäftsstelle einen Vermerk aufzunehmen (auch in der Form, dass die entsprechende Zustellungsverfügung des Richters abgehakt und dies mit Datum und Unterschrift versehen wird), wodurch die Einlage des bezeichneten Schriftstücks in den übergebenen Briefumschlag mit Beweiskraft für und gegen jedermann öffentlich beurkundet wird (vgl. OLG Jena NJOZ 2006, 844; offen gelassen von OLG Hamm, Beschl. v. 28.09.2010 – 3 Ws 419 – 421/10).

Die Ausführung eines Zustellungsauftrags oder eines Zustellungsersuchens erfolgt nach § 37 Abs. 1 i.V.m §§ 177 bis 181 ZPO (vgl. § 176 Abs. 2 ZPO). Nach § 37 Abs. 1 i.V.m. § 177 **ZPO** kann das Schriftstück dem Zustellungsadressaten **an jedem Ort**, an dem er angetroffen wird, direkt **übergeben** werden. Angetroffen wird der Zustellungsadressat, wenn ihm der Zusteller persönlich begegnet. Wird außerhalb der Wohnung oder des Geschäftsraums auf diese Weise zugestellt, hat sich der Zusteller über die Person des Zustellungsadressaten zu versichern (Thomas/Putzo/*Hüßtege* § 177 ZPO Rn. 3). An unpassendem Ort (Intensivstation, Kirche) oder zur unpassenden Zeit (nachts) soll nicht zugestellt werden (näher LR/*Graalmann-Scheerer* § 37 Rn. 52).

Verweigert der Zustellungsadressat unberechtigt die Annahme des zuzustellenden Schriftstücks, gilt das Schriftstück mit der **Annahmeverweigerung** als zugestellt (§ 37 Abs. 1 i.V.m. § 179 S. 3 ZPO). Das Schriftstück ist in einem solchen Fall in der Wohnung oder dem Geschäftsraum zurückzulassen; gibt es weder Wohnung noch Geschäftsraum, ist es zurückzusenden (§ 179 S. 1, 2 ZPO). Täuscht der Zustellungsadressat den Zusteller darüber, dass er am Zustellort keine Wohnung hat, und schickt der Zusteller daraufhin die Sendung nach § 179 S. 2 ZPO zurück, kann sich der Zustellungsadressat nicht darauf berufen, er habe doch dort gewohnt und die Zustellung sei nach § 179 S. 1 ZPO unwirksam (VGH München NJW 2012, 950).

D. Einzelne Formen der Ersatzzustellung. Die **Ersatzzustellung in der Wohnung, in Geschäftsräumen und Gemeinschaftseinrichtungen** nach § 37 Abs. 1 i.V.m. § 178 Abs. 1 ZPO setzt zunächst voraus, dass eine nach § 176 ZPO angeordnete Zustellung nicht in der Form des § 177 ZPO möglich ist, weil der Zustellungsadressat nicht in seiner Wohnung, seinem Geschäftsraum oder einer von ihm bewohnten Gemeinschaftseinrichtung (etwa Altenheim, Kaserne, Krankenhaus, Studentenwohnheim, Obdachlosenheim) angetroffen wird. In diesem Fall kann das Schriftstück solchen Personen zugestellt werden, bei denen der Gesetzgeber von einer zuverlässigen Weiterleitung ausgeht und deshalb bereits mit der Zustellung an den »Ersatz«-Empfänger die Zustellung als bewirkt ansieht. **Nicht angetroffen** ist der Zustellungsadressat, wenn er persönlich nicht vorgefunden wird, die Begegnung trotz Anwesenheit ablehnt, er an der Entgegennahme des Schriftstücks durch Krankheit oder andere zwingende Gründe gehindert ist (Thomas/Putzo/*Hüßtege* § 178 ZPO Rn. 5) oder der Zusteller zum Zustellungsadressaten nicht vorgelassen wird (vgl. LG Magdeburg StV 2008, 626).

25 **Voraussetzung** der **Ersatzzustellung** nach § 37 Abs. 1 i.V.m. §§ 178 bis 181 ZPO ist, dass eine **Wohnung** (oder ein Geschäftsraum) an dem Ort, an dem zugestellt werden soll, tatsächlich von dem Adressaten genutzt wird (vgl. BGH NJW 2011, 2440; OLG Dresden NStZ 2005, 398 m.w.N.). Für die Wohnungseigenschaft kommt es nicht auf die Meldeverhältnisse oder den Wohnsitz, sondern auf das tatsächliche Wohnen an, also darauf, ob der Zustellungsempfänger hauptsächlich in den Räumen lebt und insbesondere, ob er dort schläft (OLG Dresden NStZ 2005, 398; BGH NJW 1978, 1858; Übernachten ist aber auch nicht zwingend, vgl. OLG Köln NJW-RR 1989, 223). Ein wesentliches Indiz für das tatsächliche Vorliegen einer Wohnung kann sein, dass sich der Zustellungsadressat dort an-, aber nicht abgemeldet hat (vgl. BGH NJW 1992, 1239). Eine Wohnung kann auch auf einem Schiff oder in einer Truppenunterkunft begründet werden. Studenten wohnen regelmäßig zumindest während des Semesters am Studienort (vgl. LR/*Graalmann-Scheerer* § 37 Rn. 64 ff.), in den Semesterferien häufig an anderem Ort wie etwa bei den Eltern (OLG Karlsruhe NStZ-RR 1996, 245). Ist der Zustellungsempfänger längere Zeit abwesend, verliert seine Wohnung nur dann diese Eigenschaft, wenn sich während seiner Abwesenheit der räumliche Mittelpunkt seines Lebens an den neuen Aufenthaltsort verlagert (OLG Dresden NStZ 2005, 398). Eine bloß urlaubsbedingte oder zeitlich begrenzte (auch längere) Abwesenheit genügt hingegen nicht, um Räumen die Eigenschaft, zustellungsfähige Wohnung zu sein, zu nehmen (KG, Beschl. v. 09.11.2010 – 2 Ws 428/10: 1 Monat).

26 **Anhaltspunkte** für eine **Fortdauer** der **Wohnungseigenschaft** sind etwa Fortzahlung der Miete, Vorhandensein von Klingelschild und Briefkasten, Möblierung, keine Erteilung eines Nachsendeauftrags etc. (vgl. LR/*Graalmann-Scheerer* § 37 Rn. 58 m.w.N.). Die Wohnungseigenschaft im Sinne der Zustellungsvorschriften besteht regelmäßig **nicht mehr** bei mehrmonatigem Aufenthalt in einer stationären Therapieeinrichtung oder in einem Frauenhaus (OLG Stuttgart NStZ-RR 2015, 144 [145]), bei mehrmonatigen Auslandsreisen bzw. beruflichen Auslandsaufenthalten, bei voraussichtlich längerer Inhaftierung, bei Aufgabe der Wohnung wegen längerer Flucht vor der Strafverfolgung oder bei Wehrdienst mit Kasernierung (vgl. *Meyer-Goßner/Schmitt* § 37 Rn. 9 m.w.N.). Als **Faustregel** kann insoweit gelten, dass ab einer voraussichtlichen **Abwesenheitsdauer** von **mehr als drei Monaten** von einer Aufgabe der Wohnung ausgegangen werden kann (vgl. LR-*Graalmann-Scheerer* § 37 Rn. 58); insoweit bieten die regelmäßigen Fristen für die ordentliche Kündigung von Wohnraum eine gewisse Orientierung (§ 573c Abs. 1 S. 1 BGB; vgl. aber auch BGH NJW 1978, 1858: Orientierung eher an dem durchschnittlichen Jahresurlaub eines Arbeitnehmers).

27 Bei **vorübergehender Inhaftierung** kommt es darauf an, ob die bisherige Wohnung schon aufgegeben wurde oder mit jederzeitiger Rückkehr in die Wohnung zu rechnen ist, etwa weil nicht berechenbar ist, wie lange die Haft dauert. Nach 17 Tagen Untersuchungshaft ist demnach noch nicht vom Verlust der Wohnungseigenschaft auszugehen (OLG Hamm NStZ-RR 2003, 189), ebenso wenig bei Verbüßung von Ersatzfreiheitsstrafe und anschließender Untersuchungshaft kurz nach Haftbeginn, weil die Ersatzfreiheitsstrafe jederzeit durch Zahlung abgewendet werden kann (vgl. OLG Dresden NStZ 2005, 398). Demgegenüber kann nach zwei Monaten Strafhaft der Verlust der Wohnungseigenschaft angenommen werden, wenn der Inhaftierte keine fortdauernde persönliche Beziehung zu seiner Wohnung, etwa durch dort wohnende Angehörige, aufrechterhalten hat (BGH NJW 1978, 1858); andererseits kann auch nach knapp drei Monaten Inhaftierung bei Fortdauer der Wohnverhältnisse von Frau und Kind des Adressaten die Wohnungseigenschaft erhalten bleiben (OVG Nordrhein-Westfalen NJW 2011, 2683).

28 Die **tatsächliche Nutzung** einer Wohnung ist dann **keine Voraussetzung** für die Wirksamkeit einer Ersatzzustellung, wenn sich der Betroffene als **dort wohnend geriert**, seinen Schriftwechsel unter dieser Anschrift führt und seine Post dort abholt, um auf diese Weise seine tatsächliche Wohnanschrift zu verschleiern und Zustellungen dorthin zu verhindern (vgl. KG, Beschl. v. 09.11.2010 – 2 Ws 428/10; OLG Jena NStZ-RR 2006, 238; vgl. zur »Scheinwohnung« auch LR/*Graalmann-Scheerer* § 37 Rn. 63). Wird gegenüber Gericht und Staatsanwaltschaft stets eine einzige Wohnanschrift angegeben, unter der den Betroffenen auch regelmäßig gerichtliche Post erreicht, kann dort eine Ersatzzustellung wirksam

vorgenommen werden (KG, Beschl. v. 5.8.2010 – 2 Ws 428/10; *Meyer-Goßner/Schmitt* § 37 Rn. 8). Der durch den Adressaten zurechenbar gesetzte bloße Rechtsschein, er unterhalte an dem Zustellungsort eine Wohnung oder einen Geschäftsraum, ermöglicht unter dieser Adresse zwar keine Ersatzzustellung; allerdings stellt es eine unzulässige Rechtsausübung dar, wenn der Zustellungsadressat eine fehlerhafte Ersatzzustellung geltend macht, obwohl er einen Irrtum über seinen tatsächlichen Lebensmittelpunkt bewusst und zielgerichtet herbeigeführt hat (vgl. BGH NJW 2011, 2440; BVerfG NJW-RR 2010, 421; vgl. zur Täuschung des Zustellers auch VGH München NJW 2012, 950).

Die unmittelbare **Ersatzzustellung** in der **Wohnung** an eine **Empfangsperson** kann nach § 178 Abs. 1 Nr. 1 ZPO nur an einen erwachsenen Familienangehörigen, eine in der Familie beschäftigte Person oder eine erwachsenen ständigen Mitbewohner bewirkt werden. Erwachsen bedeutet nicht volljährig, sondern ist ab 14 Jahren anzunehmen (*Meyer-Goßner/Schmitt* § 37 Rn. 10 m.w.N.; LG Köln NStZ-RR 1999, 368). Unter **Familienangehörigen** sind alle zur Familie gehörenden Personen incl. Pflegekinder und in die Wohnung aufgenommene nahe Verwandte zu verstehen (Thomas/Putzo/*Hüßtege* § 178 Rn. 11). Dass diese Personen auch in der Wohnung wohnen, wird von § 178 Abs. 1 Nr. 1 Var. 1 ZPO nicht vorausgesetzt, wie der Vergleich zu § 178 Abs. 1 Nr. 1 Var. 3 ZPO zeigt (ansonsten wäre Variante 3 überflüssig). Allein die Tatsache, dass sich die empfangsbereite Person in der Wohnung des Zustellungsadressaten aufhält und mit diesem verwandt ist, rechtfertigt den Schluss, dass zwischen beiden ein Vertrauensverhältnis besteht, das die Weitergabe der zuzustellenden Sendung an den Adressaten erwarten lässt (BSG WuM 2010, 709). In einer Familie **beschäftigte Personen** sind insbesondere Hausangestellte wie Reinigungskräfte, Gärtner, Köche, Butler, Chauffeure, Sekretäre, Au-Pair-Mädchen, Pflegekräfte, Krankenschwestern, Privatlehrer etc. (vgl. LR/*Graalmann-Scheerer* § 37 Rn. 68). Entgeltlichkeit wird nicht vorausgesetzt, weshalb auch unentgeltlich beschäftigte Verwandte, die nicht unter Variante 1 fallen, erfasst werden (*Meyer-Goßner/Schmitt* § 37 Rn. 11). **Ständige Mitbewohner** sind etwa die Mitglieder einer Wohngemeinschaft oder Kommune, einer nichtehelichen Lebensgemeinschaft oder einer sonstigen häuslichen Gemeinschaft. Auch insoweit genügt für das »Erwachsensein« regelmäßig ein Alter ab 14 Jahre (vgl. LR/*Graalmann-Scheerer* § 37 Rn. 70 m.w.N.).

Die **Ersatzzustellung in Geschäftsräumen** nach § 178 Abs. 1 Nr. 2 ZPO kommt dann in Betracht, wenn der Zustellungsadressat als Geschäftsmann (etwa als Unternehmer, Handwerker, Kaufmann, Notar, Anwalt oder anderer Freiberufler) Geschäftsräume unterhält (etwa Büro, Kanzlei, Lager, Laden, Empfangsraum, Werkstätte, Warte- oder Sprechzimmer, auch Teile einer Wohnung), in denen regelmäßig Geschäfte (jeder Art) ausgeübt werden (vgl. Thomas/Putzo/*Hüßtege* § 178 ZPO Rn. 15 f.). Ein Geschäftsraum ist vorhanden, wenn ein dafür bestimmter Raum – und sei er auch nur zeitweilig besetzt – geschäftlicher Tätigkeit dient und der Empfänger dort erreichbar ist (BGH NJW 2011, 2440). Als Geschäftsraum ist dabei bei größeren Firmen nicht ein Bürogebäude mit allen Geschäftsräumen zu verstehen, sondern regelmäßig der Raum, in dem sich der Publikumsverkehr abspielt und zu dem der Zusteller Zutritt hat, wenn er das Schriftstück abgibt (vgl. BT-Drs. 14/4554 S. 20). Der Zustellungsadressat muss den Geschäftsraum für seine Berufs- oder Gewerbeausübung unterhalten und dieser muss als Geschäftsraum auch von Unbeteiligten objektiv erkennbar sein (vgl. BVerwG NVwZ 2005, 1331; OVG Berlin-Brandenburg NJW 2012, 951). Hat der Adressat die Nutzung der Räume aufgegeben, ist eine Zustellung an ihn dort nicht mehr möglich; insoweit gilt nichts anderes als bei Wohnräumen (BGH NJW 2011, 2440). Ist die Zulassung eines Rechtsanwalts bestandskräftig widerrufen oder die sofortige Vollziehung der Widerrufsverfügung angeordnet, kann eine Ersatzzustellung nach §§ 178, 180 ZPO in den bisherigen Kanzleiräumen grundsätzlich nicht mehr wirksam erfolgen, auch wenn der Rechtsanwalt diese Anschrift weiterhin nutzt (BGH NJW-RR 2011, 601). Die Ersatzzustellung kann an jede im Geschäftsraum beschäftigte Person vorgenommen werden, worunter (unabhängig vom Alter) alle Arbeitnehmer, Auszubildenden und Mitarbeiter ohne Arbeitnehmereigenschaft wie etwa die mitbeschäftigte Ehefrau des Zustellungsadressaten zu verstehen sind (vgl. Thomas/Putzo/*Hüßtege* § 178 Rn. 17). Die Zustellung knüpft an die Vertrauensposition des in einem der Öffentlichkeit zugänglichen Geschäftsraum eingesetzten Beschäftigten an, und nicht etwa daran, dass ein gesetzlicher Vertreter vor Ort ist (OVG Berlin-Brandenburg NJW 2012, 951).

Die **Ersatzzustellung in Gemeinschaftseinrichtungen** wird nach § 178 Abs. 1 Nr. 3 ZPO dadurch bewirkt, dass das Schriftstück dem Leiter der Einrichtung oder einem dazu ermächtigten Vertreter übergeben wird. Voraussetzung hierfür ist, dass der Zustellungsadressat in der Gemeinschaftseinrichtung nicht angetroffen wird. Da das Zutrittsrecht des Zustellers durch den Zweck seiner Tätigkeit begrenzt wird, ist eine derartige Ersatzzustellung in der Regel schon dann wirksam, wenn der Zusteller den Adressaten in den allgemein zugänglichen Teilen der Gemeinschaftseinrichtung nicht antreffen konnte; ein erfolgloses persönliches Aufsuchen im Zimmer ist nicht notwendig (OLG Nürnberg NStZ-RR 2010, 286). Mit der Übergabe an den Leiter der Einrichtung oder einen hierzu ermächtigten Vertreter, etwa an einen zum Empfang berechtigten Mitarbeiter einer Justizvollzugsanstalt, ist die Zustellung bewirkt, unabhängig davon, wann der Zustellungsadressat davon Kenntnis bekommt; verzögerte Weiterleitung kann aber die Wiedereinsetzung begründen (vgl. KG, Beschl. v. 29.10.2013 – 2 Ws 481/13; OLG Stuttgart, Beschl. v. 17.04.2012 – 13 U 47/12). An einen Mitbewohner kann in einer Gemeinschaftseinrichtung nicht zugestellt werden (OLG Bremen StV 2005, 541). Zu den Gemeinschaftseinrichtungen zählen etwa Altenheime, Kasernen, Krankenhäuser, Studentenwohnheime, Obdachlosenheime, aber auch Justizvollzugsanstalten (vgl. *Meyer-Goßner/Schmitt* § 37 Rn. 24, OLG Stuttgart, Beschl. v. 17.04.2012 – 13 U 47/12). Bei Strafgefangenen im geschlossenen Vollzug dürfte eine Ersatzzustellung nach § 178 Abs. 1 Nr. 3 ZPO regelmäßig ausgeschlossen sein, weil sie jederzeit in der Gemeinschaftseinrichtung angetroffen werden können (LG Saarbrücken StV 2004, 362). Dies gilt hingegen nicht, wenn sie den Kontakt zum Zusteller ausdrücklich verweigern und deshalb nicht angetroffen werden können.

32 Die **Ersatzzustellung durch Einlegung in den Briefkasten** ist nach § 180 ZPO möglich, wenn eine Zustellung weder nach § 177 ZPO noch nach § 178 Abs. 1 Nr. 1 oder 2 ZPO ausführbar ist. In diesem Fall kann das Schriftstück in einen zu der Wohnung oder dem Geschäftsraum gehörenden Briefkasten oder in eine ähnliche Vorrichtung eingelegt werden, die der Adressat für den Postempfang eingerichtet hat und die in der allgemein üblichen Art für eine sichere Aufbewahrung geeignet ist. Mit der Einlegung gilt das Schriftstück als zugestellt (§ 180 S. 2 ZPO). Nach § 180 S. 3 ZPO vermerkt der Zusteller auf dem Umschlag des zuzustellenden Schriftstücks das Datum der Zustellung. Erfolgt die Ersatzzustellung durch Einlegung des Schriftstücks in den Briefkasten eines Geschäftsraums, ist sie auch dann am Tag des Einwurfs bewirkt, wenn der Einwurf in den Briefkasten außerhalb der üblichen Geschäftszeiten dieses Geschäftsraums stattfindet (vgl. VGH Müchen, Beschl. v. 28.11.2011 – 11 Cs 11.2413; BFH/NV 2011, 810; BGH, Beschl. v. 24.04.2007 – AnwZ [B] 93/06). Auch ein **Gemeinschaftsbriefkasten** für mehrere Mietparteien erfüllt die Voraussetzungen des **§ 180 S. 1 ZPO**, wenn er durch entsprechende Beschriftung eine eindeutige Zuordnung zum Adressaten ermöglicht, dieser typischer Weise seine Post so erhält und der Kreis der Mitbenutzer noch überschaubar ist (vgl. OLG Frankfurt/Main NStZ-RR 2010, 349; a. A. wohl *Meyer-Goßner/Schmitt* § 37 Rn. 13b). Dies gilt auch dann, wenn die Sendungen nach Einwurf in den Briefschlitz nicht in ein geschlossenes Behältnis, sondern auf den Boden des Hausflurs fallen, sofern der Zustellungsadressat auf diese Art typischer Weise seine Post erhält und eine eindeutige Zuordnung des Briefschlitzes zum Empfänger möglich ist (BGH NJW 2011, 2440). Ein **Postfach** soll jedenfalls dann eine **ähnliche Vorrichtung** nach § 180 S. 1 ZPO sein, wenn eine Wohnanschrift desjenigen, dem zugestellt werden soll, unbekannt oder nicht vorhanden ist (BGH NJW-RR 2012, 1012). Allerdings schließen die AGB etwa der Deutschen Post AG zur Nutzung von Postfächern ein Einlegen von Zustellungsaufträgen im Postfach aus; soweit ersichtlich ist bislang keine Anpassung der AGB erfolgt. Dies entspricht der früheren Rechtslage vor Inkrafttreten des Zustellungsreformgesetzes im Jahr 2001 (vgl. BGH NJW-RR 2012, 1012). Keine ordnungsgemäße Ersatzzustellung nach § 180 S. 1 ZPO liegt vor, wenn das Schriftstück lediglich am Zaun des Grundstücks befestigt wird (vgl. OLG Brandenburg, Beschl. v. 28.01.2008 – 1 Ss 96/07). Die Ersatzzustellung nach § 180 ZPO kommt nach der Systematik der §§ 178, 179, 180 ZPO nicht in Betracht, wenn der Zustellungsadressat im Falle des § 177 ZPO oder der Zustellungsempfänger im Falle des § 178 ZPO die Annahme des zuzustellenden Schriftstücks unberechtigt verweigert; dann gilt die Zustellung gemäß § 179 ZPO als bewirkt. Durch bloßes Zurücklassen des zuzustellenden Schriftstücks in einem Haftraum wird keine wirksame Ersatzzustellung nach § 180 S. 1 ZPO bewirkt (OLG Hamm, Beschl. v. 11.04.2013 – 1 Vollz [Ws] 106/13), es sei denn, die zuzustellenden Schriftstücke werden aufgrund der Verweigerung der Annahme in Anwesenheit des Untergebrachten im Haftraum abgelegt (OLG Hamm, Beschl. v. 14.05.2013 – 1 Vollz (Ws) 94/13).

33 Eine **Ersatzzustellung durch Niederlegung** kommt nach § 37 Abs. 1 i.V.m. § 181 ZPO dann in Betracht, wenn eine Ersatzzustellung nach §§ 178 Abs. 1 Nr. 3 ZPO oder § 180 ZPO nicht möglich ist. Die Unmöglichkeit kann darauf beruhen, dass der Adressat überhaupt keinen Briefkasten hat, das zuzustellende Schriftstück für eine Einlegung in den Briefkasten zu groß ist (vgl. OLG Stuttgart NJW 2006, 1887) oder der Adressat oder seine Empfangspersonen nicht mitwirken (vgl. Thomas/Put-

zo/*Hüßtege* § 181 Rn. 3). In diesem Fall kann das zuzustellende Schriftstück auf der Geschäftsstelle des Amtsgerichts, in dessen Bezirk der Ort der Zustellung liegt, oder, wenn die Post mit der Ausführung der Zustellung beauftragt ist, am Ort der Zustellung oder am Ort des Amtsgerichts bei einer von der Post dafür bestimmten Stelle niedergelegt werden (§ 181 Abs. 1 S. 1 ZPO). Über die Niederlegung ist nach § 181 Abs. 1 S. 2 ZPO eine schriftliche Mitteilung auf dem vorgesehenen Vordruck unter der Anschrift der Person, der zugestellt werden soll, in der bei gewöhnlichen Briefen üblichen Weise abzugeben (Einwurf in Briefschlitz, Durchschieben unter der Tür, Ablegen vor der Tür etc., nicht aber Einwurf in ein Postfach, vgl. *Meyer-Goßner/Schmitt* § 37 Rn. 14 f. m.w.N.; vgl. zum Postfach nunmehr aber auch BGH NJW-RR 2012, 1012) oder, wenn das nicht möglich ist, an der Tür der Wohnung, des Geschäftsraums oder der Gemeinschaftseinrichtung anzuheften. In diesem Fall gilt das Schriftstück mit der Abgabe der schriftlichen Mitteilung als zugestellt (§ 181 Abs. 1 S. 3 ZPO). Auf dem Umschlag des zuzustellenden Schriftstücks vermerkt der Zusteller das Datum der Zustellung (§ 181 Abs. 1 S. 4 ZPO). Um dem Adressaten die Kenntnisnahme vom Inhalt des Schriftstücks zu ermöglichen, ist das niedergelegte Schriftstück drei Monate lang zu Abholung bereitzuhalten und, wenn es in dieser Zeit nicht abgeholt wurde, an den Absender zurückzusenden (§ 181 Abs. 2 ZPO). Zur Niederlegung sind alle Postunternehmen im Sinne der Legaldefinition nach § 168 Abs. 1 S. 2 ZPO in den von ihnen betriebenen Agenturen berechtigt (vgl. OLG Rostock NStZ-RR 2002, 373). Bei Abwesenheitsurteilen ist eine Ersatzzustellung durch Niederlegung nach § 181 Abs. 1 ZPO unzulässig (vgl. § 232 Abs. 4; BGHSt 11, 152).

E. Zustellung im Ausland. Eine **Zustellung im Ausland** erfolgt nach § 37 Abs. 1 i.V.m. § 183 ZPO. Auf **vereinfachte Art durch Einschreiben mit Rückschein** (internationaler Rückschein) kann nach § 183 Abs. 1 Nr. 1 ZPO die Zustellung erfolgen, soweit aufgrund völkerrechtlicher Vereinbarung Schriftstücke unmittelbar durch die Post übersandt werden dürfen. Eine derartige Vereinbarung gibt es insbesondere nicht mit der Türkei (vgl. Bayerisches LSG, Urt. v. 22.07.2009 – L 19 R 467/08). Für Zustellungen an die Vertragsparteien des Schengener Durchführungsübereinkommens, das in den meisten EU-Mitgliedstaaten durch die Ratifizierung des EU-Rechtshilfeübereinkommens abgelöst wurde (näher *Roth*, NStZ 2014, 551 [553 f.]); ermöglichen Art. 52 Abs. 1 SDÜ und Art. 5 Abs. 1 EU-RHÜ die Übersendung gerichtlicher Urkunden unmittelbar per Post (zur Liste der insoweit zustellbaren Urkunden und zu weiteren Einschränkungen vgl. LR/*Graalmann-Scheerer* § 37 Rn. 89; *Heß* NJW 2001, 15 und 2002, 2417; *Jastrow* NJW 2002, 3382; *Roth*, NStZ 2014, 551 [554 ff.]; jeweils m.w.N.). Vollanwenderstaaten des Schengener Übereinkommens bzw. des EU-Rechtshilfeübereinkommens sind Belgien, Frankreich, Griechenland, Italien, Luxemburg, Niederlande, Portugal, Spanien, Österreich, Dänemark, Finnland, Island, Norwegen, Schweden, Estland, Lettland, Litauen, Malta, Polen, Slowakei, Slowenien, Tschechien, Ungarn, Schweiz und Liechtenstein; teilweise wird das Schengener Übereinkommen von Irland, dem Vereinigten Königreich, Bulgarien, Rumänien und Zypern angewandt. Nicht in allen Mitgliedstaaten ist die Zustellung durch Einschreiben mit Rückschein stets möglich (Besonderheiten gelten etwa für Dänemark, Vereinigtes Königreich, Irland und Griechenland, vgl. LR/*Graalmann-Scheerer* § 37 Rn. 89 m.w.N.). Sofern bei Zustellungen nach Art. 52 Abs. 1 SDÜ, Art. 5 Abs. 1 EU-RHÜ Anhaltspunkte dafür vorliegen, dass der Zustellungsempfänger der deutschen Sprache nicht mächtig ist, ist tunlichst eine Übersetzung beizufügen (vgl. Art. 52 Abs. 2 SDÜ; Art. 5 Abs. 3 EU-RHÜ; § 187 GVG). Unbeschadet der Möglichkeit der vereinfachten Zustellung kann auch im Geltungsbereich des SDÜ/EU-RHÜ die Zustellung durch Übermittlung der Justizbehörde der ersuchten Vertragspartei vorgenommen werden, wenn die Anschrift des Empfängers unbekannt ist oder die ersuchende Partei eine förmliche Zustellung fordert (Art. 52 Abs. 5 SDÜ, Art. 5 Abs. 2 lit. b EU-RHÜ).

Bei einer derartigen Auslandszustellung kommt eine **Zustellung** durch **Niederlegung nicht** in Betracht, da in § 183 ZPO nicht auf die Vorschriften über die Ersatzzustellung durch Niederlegung verwiesen wird (LG Nürnberg-Fürth StraFo 2009, 381; OLG Oldenburg StV 2005, 432). Aufgrund der systematischen Stellung von § 183 ZPO hinter den Vorschriften über die Ersatzzustellung und wegen fehlender Bezugnahme in den §§ 178 ff. ZPO auf eine Auslandszustellung nach § 183 ZPO dürften bei vereinfachten Auslandszustellungen auch andere Formen der Ersatzzustellung unzulässig sein (a. A. LR/*Graalmann-Scheerer* § 37 Rn. 89). Zum Nachweis der vereinfachten Zustellung gemäß § 183 Abs. 1 Nr. 1 ZPO genügt nach § 183 Abs. 2 S. 1 ZPO der Rückschein. Der internationale **Rückschein** muss **vom Empfänger unterschrieben** worden und zu den Gerichtsakten gelangt sein, nur dann liegt

§ 37 StPO Zustellungsverfahren

eine wirksame Zustellung im Ausland vor (LG Nürnberg-Fürth StraFo 2009, 381; OLG Brandenburg StV 2003, 324; OLG Oldenburg StV 2005, 432); schon dies schließt Formen der Ersatzzustellung an andere Zustellungsempfänger aus.

36 **Zustellungen in sonstige Länder** werden nach § 183 Abs. 1 Nr. 2 oder 3 ZPO bewirkt. Ist Zustellungsadressat ein deutscher Staatsangehöriger, können die deutschen Auslandsvertretungen nach § 16 KonsG die Zustellung bewirken (*Meyer-Goßner/Schmitt* § 37 Rn. 25a). Für ausländische Staatsangehörige kommt ein Rechtshilfeersuchen an den fremden Staat in Betracht, wenn dies zwischenstaatlich zulässig ist (*Meyer-Goßner/Schmitt* § 37 Rn. 25a). Werden bei einer Auslandszustellung nach dem **Haager Zustellungsübereinkommen** (etwa in der Türkei) die Anforderungen dieses Abkommens gewahrt und bei der Zustellung nur Formvorschiften des Verfahrensrechts des Zustellungsstaates verletzt, wird der **Zustellungsmangel** nach § 189 ZPO durch den tatsächlichen Zugang des Schriftstücks **geheilt** (BGH NJW 2011, 3581). Der nach Verfahrensbeginn weitere Auslandszustellungen im Zivilverfahren vereinfachende § 184 ZPO gilt im Strafverfahren nicht (vgl. LR/ *Graalmann-Scheerer* § 37 Rn. 18).

37 **F. Zustellungsbevollmächtigte.** In der Praxis des Strafverfahrens spielt die Zustellung an Zustellungsbevollmächtigte eine wichtige Rolle. Zustellungsbevollmächtigt sind nach **§ 145a Abs. 1** der gewählte Verteidiger, dessen Vollmacht sich bei den Akten befindet, sowie der bestellte Verteidiger. Die Vorschrift begründet zur Sicherstellung einer ordnungsgemäßen Zustellung von Entscheidungen und sonstigen Schriftstücken eine vom Willen des Beschuldigten unabhängige **gesetzliche Zustellungsvollmacht** (BGH StraFo 2010, 339). Diese gesetzliche Zustellungsvollmacht kann nicht dadurch unterlaufen werden, dass der gewählte Verteidiger in der von ihm zu den Gerichtsakten gereichten Vollmachtsurkunde darauf hinweist, für die Zustellung bestimmter Entscheidungen nicht bevollmächtigt zu sein; erforderlich ist nur, dass ein Verteidigungsverhältnis vorliegt (vgl. KG, Beschl. v. 17.10.2011 – 2 Ss 68/11). Die Ladung des Beschuldigten darf nach § 145a Abs. 2 an den Verteidiger nur zugestellt werden, wenn er in einer bei den Akten befindlichen Vollmacht hierzu ausdrücklich ermächtigt worden ist (vgl. auch OLG Naumburg, Beschl. v. 06.11.2013 – 1 Ws 666/13). Eine Zustellung ist auch wirksam, wenn entgegen § 145a Abs. 3 der Verteidiger nicht von der Zustellung unterrichtet und ihm auch keine Abschrift des Schriftstücks übersandt wurde; regelmäßig begründet dieses Versäumnis aber die Wiedereinsetzung in den vorigen Stand, wenn nicht besondere Umstände vorliegen (KG StV 2003, 343 m.w.N.).

38 Auch unabhängig hiervon kann sich jeder Beschuldigte oder sonstige Verfahrensbeteiligte eines Zustellungsbevollmächtigten im Strafverfahren bedienen, der dann Zustellungsadressat wird (**rechtsgeschäftliche Zustellungsvollmacht**, vgl. *Meyer-Goßner/Schmitt* § 145a Rn. 2a; BGH NStZ 1997, 293; OLG Köln NStZ-RR 2005, 379; LR/ *Graalmann-Scheerer* § 37 Rn. 5); Ausnahmen gelten insoweit für bestimmte Konstellationen, in denen die höchstpersönliche Kenntnisnahme sichergestellt werden soll, wie etwa für die Zustellung von Abwesenheitsurteilen (vgl. RGSt 19, 390; im Einzelnen LR/ *Graalmann-Scheerer* § 37 Rn. 5 ff. m.w.N.). Eine Zustellungsbevollmächtigung zur Sicherung des ordnungsgemäßen Ablaufs des Strafverfahrens nach § 132 Abs. 1 gilt hingegen für alle Zustellungen (vgl. OLG München MDR 1995, 405; BayObLG NStZ 1995, 561 m.w.N.). Die Wirksamkeit einer Zustellungsvollmacht erfordert die Benennung eines bestimmten oder zumindest bestimmbaren Zustellungsempfängers (vgl. LG Baden-Baden NStZ-RR 2000, 372). Die Zustellungsvollmacht bleibt gegenüber dem Gericht so lange wirksam, bis diesem gegenüber durch den Bevollmächtigenden die Rücknahme bzw. Niederlegung erklärt wird (LR/ *Graalmann-Scheerer* § 37 Rn. 6, 10). Eine (zur Sicherung des Verfahrens erteilte) Zustellungs- und Empfangsvollmacht kann nicht durch einseitige Verzichtserklärung des Bevollmächtigten vor Abschluss des Verfahrens zum Erlöschen gebracht werden (vgl. KG NJW 2012, 245; OLG Koblenz NStZ-RR 2004, 373 [375]). Die Vollmacht bleibt vielmehr im Interesse der Rechtssicherheit so lange in Kraft, bis der Vollmachtgeber das Erlöschen angezeigt hat (KG NJW 2012, 245). Für eine wirksame Zustellung an den Zustellungsbevollmächtigten reicht aus, dass die Vollmacht wirksam erteilt ist, bei den Gerichtsakten muss sie sich (noch) nicht befinden (BayObLG JR 1990, 36; BGH StraFo 2010, 339). Die Zustellung an einen Wahlverteidiger ist deshalb als Zustellung an einen Zustellungsbevollmächtigten unabhängig davon wirksam, ob nach § 145a Abs. 1 dessen Vollmacht zu den Akten gelangt ist, sofern er nur zu diesem Zeitpunkt tatsächlich zustellungsbevollmächtigt war (BGH StraFo 2010, 339).

Besonders praxisrelevant ist bei grenznahen Straftaten ausländischer Beschuldigter der **Zustellungsbevollmächtigte nach § 132 Abs. 1 Nr. 2**, wonach zur Sicherstellung des Strafverfahrens die Bevollmächtigung einer im Bezirk des zuständigen Gerichts wohnhaften Person zum Empfang von Zustellungen angeordnet werden kann (vgl. auch § 116a Abs. 3, § 127a Abs. 2 sowie § 123 AO). Soll der Beschuldigte nach § 132 Abs. 1 Nr. 2 einen Zustellungsbevollmächtigten benennen und kann er dazu keine im Bereich des zuständigen Gerichts wohnende Person seiner Wahl angeben, ist er nach Nr. 60 S. 2 RiStBV darauf hinzuweisen, dass er einen Rechtsanwalt oder einen hierzu bereiten Beamten der Geschäftsstelle des zuständigen Amtsgerichts bevollmächtigen kann. Als Zustellungsbevollmächtigten kann der Beschuldigte aber darüber hinaus alle geeigneten natürlichen Personen benennen, auch Mitarbeiter der Strafverfolgungsbehörden (inkl. des Hauptzollamts und der Polizei) oder des Gerichts (vgl. LR/*Hilger* § 132 Rn. 7 m. Fn. 16). Benennt der Beschuldigte keinen Zustellungsbevollmächtigten, wird ihm keiner vom Gericht oder der dies sonst nach § 132 Abs. 2 anordnenden Stelle ersatzweise gestellt, sondern die Rechtsfolgen einer Weigerung bestimmt abschließend § 132 Abs. 3, wonach Beförderungsmittel und andere vom Beschuldigten mitgeführte Sachen beschlagnahmt werden können (vgl. *Meyer-Goßner/Schmitt* § 132 Rn. 14). 39

Dass der **Zustellungsbevollmächtigte** i.S. von § 132 Abs. 1 Nr. 2 nur eine solche Person sein darf, die **nicht** aus dem **Lager** bzw. der Sphäre **der Ermittlungsbehörden** stammt (so neuerdings LG Berlin NStZ 2012, 334 m. Anm. *Weiß* NStZ 2012, 305 und *Schelling* PStR 2012, 59; a. A. LG Landshut, Beschl. v. 20.08.2013 – 6 Qs 86/13), ergibt sich weder aus dem Gesetz noch aus sonstigen Rechtsgrundsätzen. Bei der Benennung von Mitarbeitern von öffentlichen Behörden oder Gerichten ist vielmehr davon auszugehen, dass diese den ihnen im Zusammenhang mit der Zustellungsvollmacht obliegenden Pflichten (Übermittlung der zugestellten Schriftstücke an den Beschuldigten, vgl. OLG München MDR 1995, 405) besonders sorgfältig und gewissenhaft nachkommen, was bei der Benennung von Privatpersonen nicht gleichermaßen gesichert erscheint (LG Landshut, Beschl. v. 20.08.2013 – 6 Qs 86/13). Ob der Beschuldigte derartige Personen oder lieber einen von ihm zu bezahlenden Rechtsanwalt bevollmächtigt oder überhaupt niemanden benennt, bleibt ihm überlassen. Gegen die Bevollmächtigung eines Mitarbeiters des Hauptzollamtes (beim Vorwurf eines Steuervergehens an der Grenze) oder der Ermittlungsbehörden kann auch nicht eingewandt werden, dies lasse besorgen, dass der Bevollmächtigte nicht in gehörigem Ausmaß die Interessen des Beschuldigten gegenüber den Strafverfolgungsbehörden verfolge (so aber LG Berlin NStZ 2012, 334; a. A. LG Landshut, Beschl. v. 20.08.2013 – 6 Qs 86/13). Denn der Zustellungsbevollmächtigte ist nur dazu bestellt, Zustellungen für den Beschuldigten entgegenzunehmen und an ihn weiterzuleiten (vgl. OLG München MDR 1995, 405), nicht aber auch dazu, die Interessen des Beschuldigten im Ermittlungs- oder Strafverfahren (etwa durch Einlegung von Rechtsmitteln oder Rechtsbehelfen) wahrzunehmen. Bei einem unverschuldeten Fristversäumnis, das auf einer durch den Zustellungsbevollmächtigten verzögerten Übermittlung des Schriftstücks ins Ausland beruht, steht dem Beschuldigten die Wiedereinsetzung in den vorigen Stand zu (OLG München MDR 1995, 405). 40

G. Zustellungsurkunde: Inhalt, Mängel, Beweiskraft.

Gemäß § 182 Abs. 1 S. 1 2 ZPO i.V.m. § 37 Abs. 1 ist zum Nachweis von Zustellungen nach §§ 177 bis 181 ZPO eine **Zustellungsurkunde** auf dem hierfür vorgesehenen Vordruck anzufertigen. Die Zustellungsurkunde muss nach § 182 Abs. 2 ZPO in den hier relevanten Fällen folgende **Angaben** enthalten: Den Zustellungsadressaten, den Zustellungsempfänger, im Fall der Ersatzzustellung nach §§ 178, 180 ZPO die Angabe des Grundes hierfür und bei der Zustellung durch Niederlegung nach § 181 ZPO die Bemerkung, wie die schriftliche Mitteilung abgegeben wurde, die Bemerkung, dass der Tag der Zustellung auf dem Umschlag, der das zuzustellende Schriftstück enthält, vermerkt ist, den Ort, das Datum und auf Anordnung der Geschäftsstelle auch die Uhrzeit der Zustellung, Name, Vorname und Unterschrift des Zustellers sowie die Angabe des beauftragten Unternehmens oder der ersuchten Behörde. 41

Nach § 182 Abs. 1 S. 3 ZPO ist die Zustellungsurkunde **der Geschäftsstelle**, die den Zustellungsauftrag erteilt hat, **unverzüglich** (also ohne schuldhaftes Zögern) **zurückzuleiten**. Der Zustellungsveranlasser ist auf einen schnellen Rücklauf der Zustellungsurkunden angewiesen, um das weitere Verfahren entsprechend einrichten zu können, um also etwa, wenn Zustellungen nicht gelingen, nach weiteren Anschriften zu forschen. Der Betrieb, der die Zustellungen vornimmt, muss sich organisatorisch so einrichten, dass ein unmittelbarer Rücklauf der Zustellungsurkunden an den Zustellungsveranlasser ge- 42 gewährleistet ist, um dem Gesetzeszweck gerecht zu werden. Regelmäßige Rücklaufzeiten von mehr als einer Woche sind demnach gesetzeswidrig.

43 **Fehlen** auf der Zustellungsurkunde die nach § 182 Abs. 2 ZPO zwingend anzubringenden **Angaben**, ist die Frage, welche **Auswirkungen** dies auf die **Wirksamkeit** der Zustellung hat. Vor dem Zustellungsreformgesetz 2001 war die Zustellungsurkunde notwendiger und konstitutiver Bestandteil der Zustellung (vgl. § 190 ZPO aF), so dass sämtliche wesentlichen Mängel der Urkunde die Unwirksamkeit der Zustellung zur Folge hatten. Nunmehr dient die Zustellungsurkunde nur noch dem Nachweis der Zustellung, weshalb die früher zu diesem Problem ergangene Rechtsprechung nicht mehr auf die heutige Rechtslage übertragen werden kann (vgl. ausführlich OLG Köln NStZ 2005, 583; BGH NJW 2005, 3216). Nach neuem Recht ist die Zustellungsurkunde für die Zustellung nicht mehr konstitutiv (vgl. BT-Drs. 14/4554 S. 15; OLG Stuttgart NJW 2006, 1887). Fehlt die Urkunde oder ist sie fehlerhaft, bleibt die **Wirksamkeit** der Zustellung deshalb hiervon grundsätzlich **unberührt** (vgl. VG München, Urt. v. 30.11.2009 – M 8 K 09.131; OLG Stuttgart NJW 2006, 1887; OVG Berlin NVwZ-RR 2004, 724); es wird allein die Beweiskraft der Urkunde gemindert oder beseitigt (OVG Berlin NVwZ-RR 2004, 724). Den Nachweis der Zustellung und ihres Zeitpunkts kann der Zustellende daher durch die Zustellungsurkunde, aber auch auf andere Weise führen (OLG Stuttgart NJW 2006, 1887). Nicht zur Unwirksamkeit der Zustellung führt deshalb etwa eine teilweise falsche Geschäftsnummer auf dem Umschlag (vgl. auch OLG Hamm NStZ-RR 2002, 340; OLG Hamm, Beschl. v. 28.9.2010 – 3 Ws 419 – 421/10).

44 Der **Zustellungsurkunde** kommt nach § 37 Abs. 1 i.V.m. § 182 Abs. 1 S. 2 und § 418 ZPO **öffentliche Beweiskraft** zu. An die Beweiskraft dieser öffentlichen Urkunde sind die Strafgerichte grundsätzlich gebunden (BVerfG NJW-RR 2002, 1008). Die Beweiskraft der ordnungsgemäß ausgefüllten und vom Zusteller unterschriebenen Zustellungsurkunde erstreckt sich auf die in der Urkunden enthaltenen Angaben, also etwa darauf, dass die Postsendung dem Adressaten übergeben wurde (OLG Frankfurt/Main NStZ-RR 2011, 147), bei der Ersatzzustellung auf die Tatsache der Niederlegung sowie ihren Zeitpunkt (BVerfG NJW-RR 2002, 1008), darauf, dass die Sendung bei der Ersatzzustellung nach § 180 ZPO in einen zur Wohnung des Zustellungsadressaten gehörenden Briefkasten eingeworfen wurde, dass also der Zustellungsadressat auch dort wohnt (vgl. OLG Frankfurt/Main NStZ-RR 2010, 349; OLG Rostock, Beschl. v. 04.05.2011 – I Ws 101/11; OLG Hamm, Beschl. v. 06.10.2009 – 3 Ss 425/09), sowie darauf, dass der Zustellbeamte bei der Ersatzzustellung unter der ihm angegebenen Anschrift weder den Adressaten persönlich noch eine zur Entgegennahme einer (vorrangigen) Ersatzzustellung in Betracht kommende Person angetroffen und das Schriftstück in einen zur Wohnung (oder dem Geschäftsraum) gehörenden Briefkasten (oder eine ähnliche Vorrichtung) eingelegt hat (OLG Bamberg, Beschl. v. 22.02.2012 – 3 Ss OWi 100/12).

45 Die **Übereinstimmung** zwischen der Angabe des zuzustellenden **Schriftstücks** auf der Postzustellungsurkunde mit dem **Inhalt** des übergebenen **Briefumschlags** kann der Postzusteller nicht bekunden, weil ihm der Inhalt nicht bekannt ist (vgl. OLG Hamm, Beschl. v. 28.09.2010 – 3 Ws 419 – 421/10; OLG Jena NJOZ 2006, 844). Allerdings wird die Einlage des bezeichneten Schriftstücks in den übergebenen Briefumschlag durch den entsprechenden Aktenvermerk über die Ausführung der gerichtlichen Zustellungsverfügung durch den Urkundsbeamten der Geschäftsstelle mit Beweiskraft für und gegen jedermann öffentlich beurkundet (vgl. OLG Jena NJOZ 2006, 844; vgl. auch OLG Düsseldorf, Urt. v. 29.02.2000 – 4 U 62/99; offen gelassen von OLG Hamm v. 28.9.2010 – 3 Ws 419 – 421/10).

46 Die Beweiskraft wird nicht dadurch beeinträchtigt, dass der Zusteller auf der Urkunde im unmittelbaren zeitlichen Zusammenhang mit der Zustellung eine von ihm unterzeichnete **Berichtigung** anbringt (vgl. OLG Frankfurt/Main NStZ-RR 2011, 147 m.w.N.). Die Beweiskraft nach § 418 Abs. 1 ZPO betrifft nur die in der Urkunde bezeugten Tatsachen, nicht aber die aufgrund der Tatsachen vom Postzusteller vorgenommene rechtliche Einordnung des Zustellungsvorgangs (vgl. OLG Köln NStZ-RR 2008, 379).

47 Nach § 37 Abs. 1 i.V.m. § 418 Abs. 2 ZPO ist der **Gegenbeweis** zulässig. Um die Beweiskraft der Zustellungsurkunde nach § 418 Abs. 1 ZPO zu erschüttern, ist allerdings der volle Beweis des Gegenteils erforderlich; dies erfordert den vollen Beweis eines anderen als des beurkundeten Geschehens, wobei die Beweiswirkung der Zustellungsurkunde vollständig entkräftet werden und jede Möglichkeit der Richtigkeit der beurkundeten Tatsache ausgeschlossen sein muss (vgl. BVerfG NJW-RR 2002, 1008; BGH

NJW 2006, 150; OLG Köln NStZ 2012, 284; OLG Frankfurt/Main NStZ-RR 2011, 147; NStZ-RR 2010, 349).

48 Häufig wird die Rechtsprechung mit dem Problem beschäftigt, dass die Wirksamkeit von Ladungen mit der Behauptung angegriffen wird, der Angeklagte wohne an der Anschrift, unter der ihm ein Schriftstück zugestellt wurde, überhaupt nicht mehr. Insoweit gilt Folgendes: Grundsätzlich belegt die ordnungsgemäß erstellte Postzustellungsurkunde die Korrektheit der Ladung. Denn die **Beweiskraft** der öffentlichen Urkunde erstreckt sich auch darauf, dass die Sendung bei der Ersatzzustellung durch Einlegen in den Briefkasten nach § 180 ZPO in einen zur **Wohnung** des Angeklagten gehörenden Briefkasten eingeworfen wurde (vgl. OLG Frankfurt/Main NStZ-RR 2010, 349; OLG Rostock, Beschl. v. 04.05.2011 – I Ws 101/11; OLG Hamm, Beschl. v. 06.10.2009 – 3 Ss 425/09). In einem derartigen Fall hat der Angeklagte zum Nachweis der Unrichtigkeit dieser Beurkundung, etwa im Verfahren über eine Wiedereinsetzung, einen Sachverhalt vorzutragen und glaubhaft zu machen, der zur Überzeugung des Gerichts jede Möglichkeit der Richtigkeit der behaupteten Tatsache ausschließt (vgl. BVerfG NJW 1993, 254 [255]; KG, Beschl. v. 25.05.2000 – 2 Ss 47/00). Wer etwa ein Schriftstück nicht erhalten haben will, muss in aller Regel Einzelheiten vortragen und glaubhaft machen, aus denen sich ergeben kann, dass aufgrund der konkreten Umstände ein Abhandenkommen der Sendung möglich erscheint (vgl. OLG Hamm, Beschl. v. 06.10.2009 – 3 Ss 425/09 m.w.N.). Dass der Zustellungsadressat lediglich unter einer anderen Anschrift gemeldet ist oder sich von der Zustellungsanschrift abgemeldet hat, widerlegt die öffentliche Beweiskraft der Zustellungsurkunde hinsichtlich der Feststellung der Wohnungseigenschaft noch nicht, denn die Meldeverhältnisse sind für die Wohnungseigenschaft grundsätzlich unerheblich (vgl. auch OLG Dresden NStZ 2005, 398; BGH NJW 1978, 1858); auch bei abweichenden Meldeverhältnissen ist die Möglichkeit nicht ausgeschlossen, dass der Adressat unter der (mit öffentlicher Beweiskraft als Wohnung festgestellten) Zustellungsanschrift wohnt.

H. Zustellungsmängel und Heilung.

49 **Wesentliche Mängel** der Zustellung (nicht der Zustellungsurkunde) machen die Zustellung **unwirksam**. Wie sich aus § 189 ZPO ergibt, führt die Verletzung zwingender Zustellungsvorschriften regelmäßig dazu, dass eine rechtswirksame Zustellung nicht vorliegt, dieser Mangel aber nach § 189 ZPO durch den tatsächlichen Zugang des Schriftstücks geheilt werden kann. **Entspricht** das zugestellte **Schriftstück** (Abschrift, Ausfertigung) versehentlich **nicht** dem maßgeblichen **Original**, liegt ein Fehler vor, denn die Abschrift oder Ausfertigung muss die Urschrift wortgetreu und vollständig wiedergeben (vgl. BGH NJW 1978, 60). Für die Wirksamkeit der Zustellung kommt es dann darauf an, ob von dem Mangel ein wesentlicher Teil betroffen ist. Kleine Fehler schaden zudem nicht, wenn der Zustellungsempfänger aus der Abschrift oder Ausfertigung den Inhalt der Urschrift genügend entnehmen kann (BGH NStZ-RR 2005, 261). Ein Urteil ist demnach auch dann wirksam zugestellt, wenn versehentlich eine Seite fehlt, die nur einen nebensächlichen Teil der Beweiswürdigung bezüglich des Mitangeklagten betrifft (vgl. BGH NStZ 2007, 53), wenn nur ein kurzer Textteil vergessen wurde, der dem Sinngehalt nach bereits im Rest des Textes zu finden ist (BGH NStZ-RR 2005, 261), oder wenn das Rubrum unvollständig ist (BGH NStZ 1989, 584). Fehlt der zugestellten Urteilsausfertigung indes ein beträchtlicher Teil der Urteilsformel, ist die Zustellung unwirksam (BGH NJW 1978, 60). Ist hingegen bereits die Urschrift unvollständig und die zugestellte Abschrift eine getreue Widergabe davon, ist die Zustellung wirksam und löst die Revisionsbegründungsfrist nach § 345 Abs. 1 aus, es liegt dann aber ein Mangel des Urteils vor (vgl. BGHSt 44, 251; 46, 204).

50 **Fehlt** es überhaupt an einer **Zustellungsanordnung** des Vorsitzenden (§ 36 Abs. 1 S. 1), wird dieser Mangel nicht nach § 37 Abs. 1 i.V.m § 189 ZPO durch den tatsächlichen Zugang des Schriftstücks geheilt, denn diese Heilung setzt voraus, dass überhaupt eine Zustellung beabsichtigt war (OLG Celle NStZ-RR 2011, 45). **Ansonsten** können **Mängel** der Zustellung oder des Zustellungsnachweises gemäß **§ 189 ZPO geheilt** werden: Lässt sich die formgerechte Zustellung eines Schriftstücks nicht nachweisen oder ist das Schriftstück unter Verletzung zwingender Zustellungsvorschriften zugegangen, so gilt es nach § 189 ZPO in dem Zeitpunkt als zugestellt, in dem das Schriftstück der Person tatsächlich zugegangen ist, an die die Zustellung dem Gesetz gemäß gerichtet war oder gerichtet werden konnte (BGH, Beschl. v. 04.06.2014 – 4 StR 104/14). Bei der Zustellung durch Empfangsbekenntnis ist regelmäßig eine Heilung nach § 189 ZPO ausgeschlossen, weil dort auch die Bereitschaft zur Entgegennahme erforderlich ist (vgl. BGH NStZ-RR 2005, 77, NJW 1989, 1154; BVerwG ZOV 2011, 138). Für die Heilung reicht der tatsächliche Zugang, eine Kenntnisnahme ist nicht erforderlich (Thomas/

Putzo/*Hüßtege* § 189 ZPO Rn. 8). Nach der Gesetzesbegründung liegt ein tatsächlicher Zugang des zuzustellenden Schriftstücks vor, wenn der Adressat das Schriftstück tatsächlich erhalten hat (vgl. BR-Drs. 492/00 S. 55), was in der Rechtsprechung dahingehend auslegt wird, der Adressat müsse das Schriftstück »in die Hand bekommen haben« (vgl. BFHE 244, 536 [546 ff.], in der sich der Große Senat des BFH der abweichenden Auffassung des 8. Senats des BFH – Zugang mit Gelangen in den Machtbereich des Empfängers, vgl. Vorlagebeschluss vom 07.02.2013 – VIII R 2/09 – nicht angeschlossen hat; BGH MDR 2001, 889; BGHSt 51, 257 [261]). Über den Zeitpunkt des Zugangs entscheidet das Gericht nach allgemeinen Beweisgrundsätzen (vgl. *Heß* NJW 2002, 2417 [2421]).

51 **I. Zustellung an mehrere Empfangsberechtigte, § 37 Abs. 2.** Probleme der **Fristberechnung** können auftreten, wenn an mehrere Empfangsberechtigte zu unterschiedlichen Zeiten zugestellt wird. Hierfür stellt § 37 Abs. 2 klar, dass die Frist ab der zuletzt bewirkten Zustellung gerechnet wird. Die Regelung greift nur, wenn die **Frist**, um die es geht, im Zeitpunkt der späteren Zustellung überhaupt **noch läuft**, denn eine einmal abgelaufene Frist wird durch die spätere Zustellung nicht wieder eröffnet (vgl. BGHSt 34, 271; ausführlich hierzu auch OLG Hamm, Beschl. v. 07.02.2013 – 1 Ws 30/13, 1 Ws 49/13; jew. m.w.N.). Entscheidend für die Frage des Fristablaufs ist insoweit allein der Zeitpunkt der späteren Zustellung, unabhängig davon, wann die spätere Zustellung angeordnet wurde (BGHSt 22, 221).

52 In der Praxis wird nicht selten versucht, über § 37 Abs. 2 gesetzliche Fristen zu verlängern; dies betrifft vor allen Dingen die von vielen Verteidigern gerade bei längeren Strafverfahren (zu Recht) als sehr knapp empfundene und nicht verlängerbare Monatsfrist zur Revisionsbegründung nach § 345 Abs. 1. Meldet sich etwa während des Laufs der Revisionsbegründungsfrist ein neuer Verteidiger, **bittet** dieser häufig darum, ihm das Urteil **erneut zuzustellen**, wohl wissend um die durch § 37 Abs. 2 bewirkte Verlängerung der eigentlich nicht verlängerbaren Monatsfrist des § 345 Abs. 1. Solchen Bitten wohlwollend zu entsprechen, obwohl bereits eine wirksame, die Frist des § 345 Abs. 1 auslösende Urteilszustellung stattgefunden hat, verbietet sich in der Regel. Die unnötige doppelte Zustellung nach bereits erfolgter wirksamer Zustellung wird von der Rspr. zutreffend als rechtsfehlerhaft (vgl. etwa BayObLG NJW 1967, 2124 [2126]) oder »überflüssig« (vgl. BGHSt 22, 221 [222]) bezeichnet. Gründe der Gleichbehandlung sprechen regelmäßig dafür, keine rechtsgrundlose Fristverlängerung durch eine weitere Zustellung zu bewirken.

53 Wird **an denselben Zustellungsempfänger mehrfach** zugestellt, ist für die Fristberechnung die erste Zustellung entscheidend (BGH NJW 1978, 60; OLG Hamburg NJW 1965, 1614). Anders verhält es sich nur, wenn diese erste Zustellung an einem durchgreifenden Mangel leidet und deshalb unwirksam ist (BGH NJW 1978, 60; MDR 1967, 834).

54 **J. Zustellung bei Übersetzung des Urteils, § 37 Abs. 3.** Durch Art. 2 Nr. 1 des Gesetzes zur Stärkung der Verfahrensrechte von Beschuldigten im Strafverfahren (v. 02.07.2013, BGBl. 1938; hierzu BT-Drs. 17/12578) wurde mit Wirkung zum 06.07.2013 Absatz 3 angefügt. Diese Änderung dient der Umsetzung des Art. 3 der Richtlinie 2010/64/EU (hierzu näher *Kotz* StRR 2012, 124 ff.; StV 2012, 626) und soll die in § 187 Abs. 1 und 2 GVG geschaffene Neuregelung zur Urteilsübersetzung in die bestehende Systematik von Urteilszustellung und Rechtsmittellauf einpassen (vgl. BT-Drs. 17/12578 S. 15). Die neue Zustellungsvorschrift bezieht sich nur auf Fälle, in denen eine Urteilsübersetzung nach der Neuregelung in § 187 Abs. 1 und 2 GVG zur Wahrung der Verteidigungsrechte unerlässlich ist, und soll nicht Konstellationen erfassen, in denen nach den Grundsätzen der bisherigen Praxis – insbesondere aufgrund der Mitwirkung eines Verteidigers – dem Recht auf ein faires Verfahren bereits durch Simultanübersetzung der mündlichen Eröffnung der Urteilsgründe und die Zustellung des schriftlichen Urteils an den Verteidiger Genüge getan werden kann (vgl. OLG Hamm NStZ-RR 2014, 217 unter Verweis auf BT-Drs. 17/12578 S. 15). Erforderlich zur Wahrung der strafprozessualen Rechte ist eine Übersetzung des Urteils jedoch regelmäßig, wenn mit Zustellung der Entscheidung dem Angeklagten zugleich auch rechtliches Gehör gewährt wird, so etwa bei Abwesenheitsurteilen (OLG München StV 2014, 532 [533 f.]) und im Strafbefehlsverfahren (LG Stuttgart NStZ-RR 2014, 216; *Meyer-Goßner/Schmitt* § 35a Rn. 9 m.w.N). Eine Zustellung der Entscheidung ohne Übersetzung ist hier unwirksam (BT-Drs. 17/12578 S. 15) und setzt den Lauf der Rechtsmittelfrist nicht in Gang (OLG München StV 2014, 532 [533 f.]; LG Stuttgart NStZ-RR 2014, 216).

Im Fall der Unerlässlichkeit einer Urteilsübersetzung soll die Zustellung an alle Verfahrensbeteiligten 55
erst dann gleichzeitig angeordnet werden, wenn die Übersetzung vorliegt, um einen zeitgleichen Beginn
der Begründungsfrist für alle Beteiligte sicherzustellen (§ 37 Abs. 3 S. 2, BT-Drs. 17/12578 S. 16). Da
eine Urteilsübersetzung erst dann in Frage kommt, wenn das Urteil vollständig abgefasst und in der Frist
des § 275 StPO zu den Akten gebracht worden ist, die Übersetzung aber sicher eine geraume Zeit in
Anspruch nehmen wird, könnte die vom Gesetzgeber gewollte faktische Gleichbehandlung hinsichtlich
der Rechtsmittelbegründungsfrist durch den Antrag auf Akteneinsicht leicht unterlaufen werden. Vor
Anordnung der Zustellung des übersetzten Urteils darf das Gericht daher entsprechende Anträge auf
Akteneinsicht hinsichtlich des abgesetzten Urteils mit dem Verweis auf die vom Gesetzgeber gewollte
Regelung, die in § 37 Abs. 3 StPO ihren gesetzlichen Niederschlag gefunden hat, ablehnen. Die Neuregelung erfasst auch vor ihrem Inkrafttreten am 06.07.2013 begonnene Strafverfahren, die noch nicht
rechtskräftig abgeschlossen sind, entfaltet aber keine rückwirkende Kraft (OLG Stuttgart, Beschl. v.
22.07.2013 – 5 Ws 49/13). Vor dem Inkrafttreten von § 187 GVG n.F. war die Übermittlung einer
Übersetzung des Urteils an den verteidigten sprachunkundigen Angeklagten nicht geboten (OLG Stuttgart a.a.O.; BVerfG Beschl. v. 03.06.2005 – 2 BvR 760/05).

§ 38 StPO Unmittelbare Ladung.
Die bei dem Strafverfahren beteiligten Personen, denen die Befugnis beigelegt ist, Zeugen und Sachverständige unmittelbar zu laden, haben mit der Zustellung der Ladung den Gerichtsvollzieher zu beauftragen.

A. Regelungszweck/Anwendungsbereich.
Die Vorschrift ist **notwendig**, weil nicht nur 1
das Gericht befugt ist, Zeugen und Sachverständige zur Hauptverhandlung zu laden, sondern auch anderen Verfahrensbeteiligten dieses Recht zukommt. Gemäß § 220 Abs. 1 S. 1 StPO kann der Angeklagte eine Person unmittelbar zur Hauptverhandlung laden, wenn der Vorsitzende den Antrag auf
Ladung dieser Person abgelehnt hat. Hierzu ist der Angeklagte nach § 220 Abs. 2 S. 2 auch ohne
den vorgängigen Antrag befugt (vgl. auch § 323 Abs. 1 S. 1). Nach § 214 Abs. 3 steht der Staatsanwaltschaft das Recht der unmittelbaren Ladung weiterer Personen zu. Auch andere Verfahrensbeteiligte
haben im Rahmen ihrer Beteiligungsbefugnisse das Recht der unmittelbaren Ladung, etwa der Nebenkläger, der Privatkläger, der Verfalls- und Einziehungsbeteiligte, der Verfahrensbeteiligte oder die juristische Person oder Personenvereinigung bei Bußgeldbeteiligungen im Fall des § 444 (vgl. *Meyer-Goßner/Schmitt* § 38 Rn. 1).

Die **Selbstladung** kommt insbesondere dann in Betracht, wenn bei **Sachverständigen** Differenzen zu 2
dem gerichtlich bestellten Sachverständigen auftreten (zur Selbstladung im Bußgeldverfahren mit Mustertexten insb. *Fromm* SVR 2011, 132 ff.; zur Rechtsstellung des von der Verteidigung geladenen Sachverständigen auch *Widmaier* StV 1985, 526) oder das Gericht nicht bereit ist, Zeugen der Verteidigung
anzuhören bzw. entsprechenden Beweisanträgen nachzugehen. Besonderheiten gelten für die Ladung
von Auslandszeugen (hierzu näher *Rose* wistra 1998, 11 ff.).

Neben der Ladung nach § 38 können Verfahrensbeteiligte auch Zeugen und Sachverständige unmittel- 3
bar zum Erscheinen vor Gericht veranlassen und zur Hauptverhandlung »stellen«. Nur die förmliche
Ladung gemäß § 38 führt indes dazu, dass es sich bei den geladenen Personen um **präsente Beweismittel** nach § 245 Abs. 2 S. 1 handelt (BGH NStZ 2012, 346 m.w.N.). Zum Revisionsvortrag eines Verstoßes gegen § 245 Abs. 2 gehört deshalb nach § 344 Abs. 2 S. 2, dass die Ladung der Auskunftsperson
durch einen Gerichtsvollzieher nach § 38 bewirkt wurde (BGH NStZ 2012, 346). Die Staatsanwaltschaft kann formlos, auch mündlich und telefonisch laden, andere Beteiligte müssen grundsätzlich
die Form des § 38 wahren (vgl. *Meyer-Goßner/Schmitt* § 245 Rn. 16). Die Vernehmung eines ohne Vorladung nach § 38 vom Angeklagten »gestellten« Sachverständigen oder Zeugen richtet sich nicht nach
§ 245 Abs. 2, sondern nach § 244 Abs. 2 bis 4 (vgl. BGH NStZ 1981, 401). Sofern nicht die Aufklärungspflicht die Vernehmung des »gestellten« Sachverständigen oder Zeugen gebietet, wird er nur
auf entsprechenden Beweisantrag gehört, der nach § 244 Abs. 3, 4 zu bescheiden ist.

B. Einzelfragen.
Die zur unmittelbaren Ladung berechtigten Verfahrensbeteiligten können die 4
Vornahme einer formellen Ladung **nur über den Gerichtsvollzieher** vornehmen (BGH NStZ 2012,

346). Der Auftrag muss unmittelbar an den Gerichtsvollzieher erfolgen, eine Vermittlung über die Geschäftsstelle des Gerichts ist nicht vorgesehen (Umkehrschluss aus § 161 GVG, vgl. auch LR/*Graalmann-Scheerer* § 38 Rn. 2). Der Gerichtsvollzieher kann seinerseits mit der Zustellung die Deutsche Post AG beauftragen (§§ 193 ff. ZPO), nicht aber der Ladungsberechtigte selbst (vgl. *Meyer-Goßner/ Schmitt* § 38 Rn. 2 m.w.N.). Soll die Zustellung durch die Post erfolgen, kann hiermit jeder in der Bundesrepublik angestellte Gerichtsvollzieher beauftragt werden (vgl. § 160; LR/*Graalmann-Scheerer* § 38 Rn. 2); nur wenn der Gerichtsvollzieher direkt zustellen soll, ist derjenige zu beauftragen, zu dessen Amtsbezirk der Zustellungsort gehört (LR/*Graalmann-Scheerer* § 38 Rn. 2).

5 **Zum Erscheinen verpflichtet** ist die unmittelbar geladene Person nach § 220 Abs. 2 nur dann, wenn ihr bei der Ladung die gesetzliche **Entschädigung** für Reisekosten und Versäumnis bar dargeboten oder deren Hinterlegung bei der Geschäftsstelle nachgewiesen wird. Da der Gerichtsvollzieher die Ladung durchführt, hat er dem Geladenen den Betrag in bar auszuzahlen, den Betrag mittels Postanweisung zur Verfügung zu stellen oder die Hinterlegungsbescheinigung zuzustellen (LR/*Graalmann-Scheerer* § 38 Rn. 3). Der Gerichtsvollzieher hat die Ladung auch dann auszuführen, wenn ihm weder Bargeld angeboten noch die Hinterlegung nachgewiesen wird. Der Geladene ist in diesem Fall jedoch nicht zum Erscheinen verpflichtet, was in der Zustellungsurkunde ersichtlich zu machen ist, da die Ladung dann keinen Hinweis auf die gesetzlichen Folgen des Ausbleibens enthalten darf (LR/*Graalmann-Scheerer* § 38 Rn. 4). Lehnt der Geladene die Annahme der Entschädigung ab, gibt der Gerichtsvollzieher die Entschädigung mit der Zustellungsurkunde an den Auftraggeber zurück (LR/*Graalmann-Scheerer* § 38 Rn. 4).

§ 39 StPO *(weggefallen)*

§ 40 StPO Öffentliche Zustellung.
(1) Kann eine Zustellung an einen Beschuldigten, dem eine Ladung zur Hauptverhandlung noch nicht zugestellt war, nicht in der vorgeschriebenen Weise im Inland bewirkt werden und erscheint die Befolgung der für Zustellungen im Ausland bestehenden Vorschriften unausführbar oder voraussichtlich erfolglos, so ist die öffentliche Zustellung zulässig. Die Zustellung gilt als erfolgt, wenn seit dem Aushang der Benachrichtigung zwei Wochen vergangen sind.
(2) War die Ladung zur Hauptverhandlung dem Angeklagten schon vorher zugestellt, dann ist die öffentliche Zustellung an ihn zulässig, wenn sie nicht in der vorgeschriebenen Weise im Inland bewirkt werden kann.
(3) Die öffentliche Zustellung ist im Verfahren über eine vom Angeklagten eingelegte Berufung bereits zulässig, wenn eine Zustellung nicht unter einer Anschrift möglich ist, unter der letztmals zugestellt wurde oder die der Angeklagte zuletzt angegeben hat.

1 **A. Regelungszweck.** Die Norm ist **notwendig**, um den Gang des Strafverfahrens unabhängig davon sicherzustellen, ob sich der Beschuldigte dem Verfahren stellt. Ansonsten hätte es der Beschuldigte unschwer in der Hand, den Vollzug ihn belastender Entscheidungen zu hindern (vgl. SK/*Weßlau* § 40 Rn. 1; LR/*Graalmann-Scheerer* § 40 Rn. 1). Die öffentliche Zustellung erreicht den Beschuldigten in aller Regel nicht. In der Praxis sind Fälle höchst selten, in denen ein Beschuldigter auf öffentlich zugestellte Ladungen oder belastende Entscheidungen reagiert. Die Vorschrift des § 40 fingiert den Erfolg der Zustellung (»gilt die Zustellung als erfolgt«), ohne dass es auf eine tatsächliche Bekanntgabe ankäme (vgl. auch LR/*Graalmann-Scheerer* § 40 Rn. 1).

2 Die Vorschrift ist **verfassungsgemäß** (vgl. BVerfGE 77, 285; BVerfG NJW 1988, 2361). Eine Nachholung rechtlichen Gehörs wird durch Vorschriften wie § 33a, § 311 Abs. 3 und § 311a garantiert; allerdings ist Art. 103 Abs. 1 GG verletzt, wenn eine öffentliche Zustellung erfolgt, ohne dass ihre Voraussetzungen gegeben waren und obwohl eine andere Form der Zustellung ohne weiteres möglich gewesen wäre (vgl. BVerfG NStZ-RR 2005, 206).

3 Im Vergleich zur »normalen« Zustellung ist die öffentliche Zustellung die Ausnahme. Nach dem Grundsatz »singularia non sunt extendenda« (vgl. hierzu auch LR/*Mosbacher* § 254 Rn. 1) und im Hin-

blick auf Art. 19 Abs. 4 GG ist die Norm als **Ausnahmevorschrift eng auszulegen** (vgl. BVerfG NStZ-RR 2005, 206; KG NStZ-RR 2006, 208; SK/*Weßlau* § 40 Rn. 1; HK/*Gercke* § 40 Rn. 2).
Die Norm gliedert die Voraussetzungen für die öffentliche Zustellung in **drei Stufen**. Die höchsten Voraussetzungen an die öffentliche Zustellung bestehen, wenn an den Beschuldigten noch keine Ladung zur Hauptverhandlung zugestellt worden ist (betrifft Inlands- und Auslandszustellung, § 40 Abs. 1). War dies hingegen der Fall, ist nur noch die Ausführbarkeit einer Inlandszustellung zu prüfen, Auslandszustellungen bleiben hingegen außer Betracht (§ 40 Abs. 2). Die geringsten Anforderungen bestehen bei Berufungen des Angeklagten. Hier ist eine öffentliche Zustellung schon möglich, wenn unter der zuletzt bekannt gewordenen Anschrift des Angeklagten nicht zugestellt werden konnte (§ 40 Abs. 3). 4

B. Anwendungsbereich. Der Normtext macht keine Einschränkungen bezüglich des Anwendungsbereichs der öffentlichen Zustellung. Grundsätzlich können daher **alle zustellungsbedürftigen Schriftstücke** öffentlich zugestellt werden, also sämtliche gerichtlichen Entscheidungen wie Urteile oder Beschlüsse sowie Ladungen, Anordnungen, Anhörungen oder Verfügungen. Nicht anwendbar ist § 40 auf Entscheidungen der Staatsanwaltschaft (LR/*Graalmann-Scheerer* § 40 Rn. 2). Ob eine Anklageschrift im Zwischenverfahren öffentlich zugestellt werden kann, ist umstritten (dafür mit gewissen Einschränkungen *Mosenheuer* wistra 2002, 409 [413]; OLG Karlsruhe NJW 1974, 712; *Meyer-Goßner/ Schmitt* § 40 Rn. 1; a. A. *Schmid* MDR 1978, 96 [97]; KK/*Maul* § 40 Rn. 3). Dafür dürfte sprechen, dass es sich bei der Zustellung der Anklageschrift nebst Fristsetzung nach § 201 um eine vom Gericht zu bewirkende Zustellung an den Angeschuldigten handelt (vgl. *Meyer-Goßner/Schmitt* § 201 Rn. 3) und § 40 insoweit keine Einschränkungen enthält. Öffentlich zugestellt werden können auch Beschlüsse, die den **Widerruf** einer **Bewährung** aussprechen (BGHSt 25, 127; BGH v. 19.5.1989 – StB 11/89; OLG Düsseldorf JR 1989, 166; KK/*Fischer* § 453c Rn. 5; LR/*Graalmann-Scheerer* § 40 Rn. 3 f.; *Meyer-Goßner/Schmitt* § 453c Rn. 11 m.w.N.). Die Gegenauffassung, die von einem Vorrang des Sicherungshaftbefehls nach § 453c ausgeht (vgl. die Nachweise bei *Meyer-Goßner/Schmitt* § 453c Rn. 11 und LR/*Graalmann-Scheerer* § 40 Rn. 3), findet im Gesetz keine Stütze (*Meyer-Goßner/Schmitt* § 453c Rn. 11) und ist angesichts der Möglichkeit rechtlichen Gehörs nach § 33a auch nicht etwa durch den Grundsatz der Verhältnismäßigkeit geboten (so aber SK/*Weßlau* § 40 Rn. 4, zutreffend dagegen LR/ *Graalmann-Scheerer* § 40 Rn. 4). 5

Ob auch **Strafbefehle** öffentlich zugestellt werden können, ist ebenfalls umstritten (dafür etwa LG Heidelberg, Beschl. v. 20.02.2002 – 2 Qs 71/01; LG München MDR 1981, 71; *Schmid* MDR 1978, 96, 98; dagegen etwa OLG Düsseldorf NJW 1997, 2965; LG Kiel SchlHA 1982, 76; LG Köln MDR 1982, 601; LR/*Graalmann-Scheerer* § 40 Rn. 2; *Meyer-Goßner/Schmitt* § 409 Rn. 21; KK/*Maul* § 40 Rn. 3; *Blankenheim* MDR 1992, 926 [927]). Nachdem frühere Gesetzesentwürfe, die eine Unzulässigkeit der öffentlichen Zustellung von Strafbefehlen ausdrücklich vorsahen (vgl. LR/*Graalmann-Scheerer* § 40 Rn. 2 m.w.N.), nicht Gesetz geworden sind, gilt eigentlich ohne Einschränkung § 40, jedenfalls dann, wenn dem Beschuldigten bereits rechtliches Gehör zum Tatvorwurf eingeräumt worden ist. In der Praxis dürfte sich das Problem aber regelmäßig nicht stellen, denn nach Nr. 175 Abs. 2 S. 1 RiStBV soll der Erlass eines Strafbefehls nur dann beantragt werden, wenn der Aufenthalt des Beschuldigten bekannt ist, so dass in der regelmäßigen Form zugestellt werden kann (vgl. LR/*Graalmann-Scheerer* § 40 Rn. 2). Ansonsten ist nach Nr. 175 Abs. 2 S. 2 RiStBV das Verfahren vorläufig einzustellen oder, wenn sich die Abwesenheit des Beschuldigten erst nach dem Antrag auf Erlass des Strafbefehls herausgestellt hat, die vorläufige Einstellung des Verfahrens nach § 205 zu beantragen. 6

Adressat der **öffentlichen Zustellung** ist nach dem Gesetzeswortlaut der Beschuldigte oder Angeklagte. Unter dem Beschuldigten ist auch der schon rechtskräftig Verurteilte zu verstehen, etwa bei der Zustellung von Bewährungsentscheidungen (*Meyer-Goßner/Schmitt* § 40 Rn. 2). Dem Beschuldigten gleich stehen Einziehungs- und Verfallsbeteiligte, wie sich aus § 433 Abs. 1, § 435 Abs. 1 und § 422 Abs. 1 ergibt. 7

Keine Anwendung soll § 40 im **Jugendstrafverfahren** finden, weil der öffentliche Aushang von Informationen dem Grundsatz der Nichtöffentlichkeit widerspreche (vgl. OLG Stuttgart MDR 1987, 340; LR/*Graalmann-Scheerer* § 40 Rn. 4; SK/*Weßlau* § 40 Rn. 3; *Meyer-Goßner/Schmitt* § 40 Rn. 2 und § 329 Rn. 9; a. A. KG NStZ-RR 2006, 120 m. abl. Anm. *Eisenberg/Haeseler* JR 2006, 303 und *Reitmeier* NJ 2006, 183; LG Zweibrücken MDR 1991, 985; *Nowak* JR 2008, 234). Dies überzeugt nicht. Wie schon die differenzierten Regelungen in § 48 Abs. 2 und 3 JGG zeigen, gibt es keinen 8 uneingeschränkten Grundsatz, dass jede Information aus einem Jugendstrafverfahren nicht für die Öffentlichkeit bestimmt wäre. Gerade bei Ladungen ist nicht ersichtlich, welche über die stets öffentlichen Terminaushänge hinausgehenden schutzwürdigen Informationen dort vor der Öffentlichkeit ausgebreitet würden (vgl. KG NStZ-RR 2006, 120 [122]), zumal derartige Aushänge bei öffentlichen Zustellungen ohnehin kaum wahrgenommen werden und ihnen schon von daher kaum ein Jugendliche beeinträchtigender Öffentlichkeitswert zukommt. Hinzu kommt, dass der Inhalt gerichtlicher Entscheidungen ohnehin nicht mehr ausgehängt, sondern Einsichtnahme für ausschließlich den Berechtigten auf der Geschäftsstelle angeboten wird, um zu vermeiden, dass Außenstehende mehr als unumgänglich über die Zustellung erfahren (vgl. *Meyer-Goßner/Schmitt* § 40 Rn. 7).

9 **C. Voraussetzungen der öffentlichen »Zustellung.** Voraussetzung für die öffentliche Zustellung nach § 40 Abs. 1 ist, dass keine ordnungsgemäße Inlandszustellung bewirkt werden kann und eine Auslandszustellung unausführbar oder voraussichtlich erfolglos erscheint (vgl. zu den leicht abweichenden Anforderungen im Zivilprozessrecht § 185 ZPO). Schon unter diesem Gesichtspunkt scheidet eine öffentliche Zustellung aus, wenn ein **anderer Zustellungsempfänger** bereit steht wie etwa nach § 145a Abs. 1 ein Pflichtverteidiger, ein insoweit bevollmächtigter Wahlverteidiger (vgl. KG NStZ-RR 2011, 86) oder sonst ein Zustellungsbevollmächtigter (vgl. auch RGSt 66, 76 [79]). Hierbei sind Besonderheiten beim Fortwirken der Pflichtverteidigerstellung zu beachten, die leicht übersehen werden können. Im Verfahren über eine nachträgliche Gesamtstrafenbildung nach § 460 gilt etwa eine im Erkenntnisverfahren angeordnete Pflichtverteidigerbestellung fort, weil in die Rechtskraft der ursprünglichen Entscheidung eingegriffen und eine erneute Strafzumessung ausgeübt wird; eine öffentliche Zustellung des Gesamtstrafenbeschlusses ist dann nicht möglich, wenn nicht zuvor der Verteidiger ausdrücklich entpflichtet worden war (KG NStZ-RR 2011, 86). Ansonsten endet die Rechtswirkung der Verteidigerbestellung grundsätzlich mit der Rechtskraft des Urteils (*Meyer-Goßner/Schmitt* § 140 Rn. 33 m.w.N.). Außer in Fällen des § 460 gilt die Pflichtverteidigerbestellung nur für Nachtragsentscheidungen wie etwa nach § 57 JGG und das Wiederaufnahmeverfahren fort (*Meyer-Goßner/Schmitt* § 140 Rn. 33 m.w.N.). Bei Ladungen ist zu prüfen, ob der Wahlverteidiger etwa mit besonderer Ladungsvollmacht nach § 145a Abs. 2 S. 1 versehen und deshalb Zustellungsempfänger ist (vgl. KG StraFo 2009, 240; StV 2009, 14). Ist der Wahlverteidiger der Zustellungsbevollmächtigte, legt er durch einen Antrag auf Bestellung zum Pflichtverteidiger zwar sein Wahlmandat nieder, die Zustellungsbevollmächtigung bleibt aber bis zu ihrem Widerruf durch den Vollmachtgeber in Kraft (vgl. KG StV 2013, 9 [LS]). Ist zwar der Aufenthalt des Zustellungsadressaten unbekannt, verfügt dieser aber über ein **Postfach**, soll eine öffentliche Zustellung regelmäßig ausscheiden, denn in derartigen Fällen sei die Ersatzzustellung nach § 180 S. 1 ZPO möglich (BGH NJW-RR 2012, 1012). Ein Postfach ist nach Auffassung des BGH jedenfalls dann eine ähnliche Vorrichtung nach § 180 S. 1 ZPO, wenn eine Wohnanschrift desjenigen, dem zugestellt werden soll, unbekannt oder nicht vorhanden ist (BGH NJW-RR 2012, 1012). Allerdings schließen die AGB etwa der Deutschen Post AG zur Nutzung von Postfächern ein Einlegen von Zustellungsaufträgen im Postfach aus. Dies entspricht der früheren Rechtslage vor Inkrafttreten des Zustellungsreformgesetzes im Jahr 2001 (vgl. BGH NJW-RR 2012, 1012). Soweit ersichtlich ist bislang keine Anpassung der AGB erfolgt.

10 Für die Anordnung der öffentlichen Zustellung nach § 40 Abs. 1 genügt es, dass die Annahme begründet erscheint, das zuzustellende Schriftstück werde nicht in die Hände des Adressaten gelangen (BayObLGSt 2000, 138; KK/*Maul* § 40 Rn. 4). Dies ist insbesondere der Fall, wenn der **Aufenthaltsort** des Zustellungsempfängers **unbekannt** ist, etwa weil eine Zustellung unter der zuletzt bekannten Anschrift fehlgeschlagen ist. In derartigen Fällen setzt die öffentliche Zustellung als ultima ratio voraus, dass das Gericht zunächst alle **zumutbaren Nachforschungen** angestellt hat, um eine zustellungsfähige Anschrift zu ermitteln, wobei ein strenger Maßstab anzulegen ist (vgl. BVerfG NStZ-RR 2005, 206 f.; KG NStZ-RR 2006, 208; KG, Beschl. v. 13.11.2008 – 2 Ws 564/08). Unterlässt das Gericht solche Nachforschungen, ist die öffentliche Zustellung unwirksam (BVerfG NStZ-RR 2005, 206; *Meyer-Goßner/Schmitt* § 40 Rn. 4). Unterlassene Nachforschungen führen nur dann nicht zur Unwirksamkeit der öffentlichen Zustellung, wenn fest steht, dass sie erfolglos geblieben wären (KG, Beschl. v. 24.06.2011 – 2 Ws 215–216/11). Ob der Betreffende seine Unerreichbarkeit – wie häufig – verschuldet hat (etwa entgegen einer Bewährungsauflage seinen Wohnungswechsel nicht angegeben hat), spielt für die Notwendigkeit von Nachforschungen keine Rolle (vgl. KG NStZ-RR 2006, 208). Nicht begnügen kann

sich ein Gericht deshalb mit der Mitteilung des Postzustellers, der Adressat sei unter der angegebenen Anschrift nicht zu ermitteln bzw. unbekannt verzogen (KG, Beschl. v. 13.11.2008 – 2 Ws 564/08).

Das **gerichtliche Vorgehen** bei notwendigen **Nachforschungen** ist regelmäßig Folgendes: Zunächst sind – ausgehend vom zuletzt bekannten Aufenthaltsort – Anfragen an die Landeseinwohner- bzw. Meldeämter zu richten, zudem ein Bundeszentralregisterauszug einzuholen, aus dem bisweilen neuere Anschriften oder neuere Verurteilungen unter neuem Aufenthaltsort, zudem etwaige aktuelle Haftaufenthalte ersichtlich sind (vgl. auch LR/*Graalmann-Scheerer* § 40 Rn. 8). Interne Verfahrensregister des Gerichts sind ebenfalls zu nutzen, ggfs. bei anderen Abteilungen oder Kammern, die etwa die Bewährungsaufsicht ausüben, Anfragen zu stellen (vgl. KG v. 24.06.2011 – 2 Ws 215–216/11). Bringt dies nichts, ist die Staatsanwaltschaft (und ggfs. die Amtsanwaltschaft) zu befragen, ob sie aus den ihr zugänglichen staatsanwaltschaftlichen Verfahrensregistern neuere Erkenntnisse über des Aufenthaltsort des Zustellungsempfängers hat (ausführlich hierzu LR/*Graalmann-Scheerer* § 40 Rn. 8); gleiches gilt – zumindest in Großstädten – für andere ortsansässige Strafgerichte und die Kriminalpolizei (vgl. KG, Beschl. v. 13.11.2008 – 2 Ws 564/08; NStZ-RR 2006, 208 ff.). Unterliegt der Betreffende einer Bewährungs- oder Führungsaufsicht, sind Nachfragen an die entsprechenden Stellen zu richten und regelmäßig die entsprechenden Bewährungshefte anzufordern und auszuwerten. Bei Ausländern kann die öffentliche Zustellung erst nach erfolgloser Anfrage beim Ausländerzentralregister erfolgen (vgl. OLG Düsseldorf NStZ 1999, 476; OLG Köln StV 1990, 345). Bei häufigen Haftaufenthalten wird sich eine Nachfrage bei den ortsnahen Justizvollzugsanstalten anbieten. Teilweise können Eigenrecherchen im Internet überraschende Erfolge bringen. Auch alle sonstigen erfolgversprechenden Nachforschungen, die sich aus den **besonderen Umständen des Einzelfalls** ergeben, sind vorzunehmen; bei Hinweisen – etwa aus Berichten einer Justizvollzugsanstalt – auf regelmäßige Verbindungen des Zustellungsempfängers mit Dritten sind diese über den Aufenthaltsort zu befragen (vgl. BVerfG NStZ-RR 2005, 206 f.). Nachfragen zum Wohnort des Beschuldigten bzw. Verurteilten können auch an den (früheren) Verteidiger gerichtet werden (vgl. LG Stuttgart, Beschl. v. 17.05.2013 – 6 Qs 3/13), der allerdings nicht zur Auskunft hierüber verpflichtet ist.

Kommt eine Zustellung im Inland nicht in Betracht, ist bei § 40 Abs. 1 die Möglichkeit einer Auslandszustellung zu prüfen. Soweit die **Zustellung im Ausland** zu bewirken wäre, weil ein hinreichender Inlandsaufenthalt auszuschließen ist, sind die Voraussetzungen für eine öffentliche Zustellung weniger streng. Die Auslandszustellung muss unausführbar oder voraussichtlich erfolglos erscheinen. Unausführbar erscheinen Zustellungen im Ausland, wenn es an einer zustellungsfähigen Anschrift dort fehlt. Anhaltspunkten für erfolgversprechende Nachforschungen ist nachzugehen, wobei ggfs. Einschränkungen im Rechtsverkehr mit dem Ausland zu beachten sind. Voraussichtlich erfolglos erscheinen Auslandszustellungen schon dann, wenn nach vernünftiger Prüfung nicht zu erwarten ist, dass die Zustellung im Ausland unter den besonderen rechtlichen Bedingungen, die hierfür im Einzelfall gelten, erfolgreich sein wird. Setzt die Rechtswirksamkeit einer Auslandszustellung etwa die Mitwirkung des Zustellungsempfängers voraus (vgl. *Meyer-Goßner/Schmitt* § 37 Rn. 25) und ist diese nach den Umständen des Einzelfalls auszuschließen oder fernliegend, kann öffentlich zugestellt werden.

Die Möglichkeit von **Auslandszustellungen** muss nach **§ 40 Abs. 2 nicht** mehr **geprüft** werden, wenn dem Angeklagten zuvor bereits eine Ladung zur Hauptverhandlung zugestellt werden konnte. In diesem Fall wird vom Angeklagten verlangt, dass er sich dem weiteren Verfahren im Inland stellt und für das Gericht im Inland erreichbar ist (vgl. OLG Frankfurt/Main NStZ-RR 2004, 48; KG, Beschl. v. 13.03.2015 – 3 Ws (B) 121/15 – 162 Ss 27/15). Konnte die Ladung des zu dieser Zeit inhaftierten Angeklagten zur Hauptverhandlung wirksam in der inländischen Haftanstalt erfolgen und begibt sich der Angeklagte nach Haftentlassung wieder ins Ausland, wo er auch seinen ordentlichen Wohnsitz hat, kann an ihn nach § 40 Abs. 2 ohne weiteres öffentlich zugestellt werden (KG NStZ 2009, 111). Dies gilt auch, wenn der Angeklagte aus der Justizvollzugsanstalt in sein Heimatland abgeschoben wurde (KG, Beschl. v. 05.04.2013 – 4 Ss 71/13). In derartigen Fällen steht es dem Angeklagten frei, seinen Verteidiger nach § 145a Abs. 2 S. 1 zu bevollmächtigen oder auf andere Weise Zustellungen im Inland zu ermöglichen (KG NStZ 2009, 111; OLG Frankfurt/Main NStZ-RR 2004, 48 [49]). Wird mit der Revision in derartigen Fällen gerügt, die Voraussetzungen für eine öffentliche Zustellung hätten nicht vorgelegen, muss der Beschwerdeführer mitteilen, wo der Angeklagte im Inland hätte geladen werden können und auf welche Weise das Gericht diesen Umstand hätte erkennen oder ermitteln können (vgl. KG, Beschl. v. 05.04.2013 – 4 Ss 71/13). Das Gericht ist im Falle der öffentlichen Zustellung nicht verpflichtet, den Angeklagten an seinem bekannten ausländischen Wohnort von einer ergangenen öffentlichen Zustellung zu benachrichtigen (OLG Frankfurt NStZ-RR 2004, 48; KG, Beschl. v. 13.03.2015 – 3 Ws (B) 121/15 – 162 Ss 27/15).

14 Unter den **erleichterten Voraussetzungen** des **§ 40 Abs. 3** kann zugestellt werden, wenn es um das Verfahren über eine vom Angeklagten eingelegte **Berufung** geht. In derartigen Fällen ist es Obliegenheit des Angeklagten, Veränderungen seiner Wohnsituation dem Gericht mitzuteilen. Über die Möglichkeit, ansonsten die öffentliche Zustellung anzuordnen, ist der Angeklagte nach § 35a S. 2 ausdrücklich zu belehren. Umstritten ist, welche Folgen das **Fehlen** dieser **Belehrung** nach sich zieht. Nach teilweise vertretener Ansicht soll eine nach § 40 Abs. 3 bewirkte öffentliche Zustellung unwirksam sein, wenn der Angeklagte nicht zuvor über diese Möglichkeit belehrt wurde (OLG Brandenburg, Beschl. v. 08.09.2009 – 1 Ss 53/09 m.w.N.; LR/*Graalmann-Scheerer* § 35a Rn. 25; SK/*Weßlau* § 40 Rn. 15; *Wendisch* NStZ 1988, 376 [377]; a. A. OLG Frankfurt/Main NStE Nr. 2 zu § 40; differenzierend OLG Hamburg NStZ-RR 2000, 238). Richtiger Weise wird man hier differenzieren müssen: Bei der Zustellung von Urteilen und anderen mit befristeten Rechtsmitteln angreifbaren Entscheidungen ergibt sich aus § 44 S. 2, dass der Gesetzgeber die Versäumung der Rechtsmittelfrist in allen Fällen unterbliebener Belehrung entgegen § 35a S. 1 und 2 als unverschuldet ansieht, weshalb dann regelmäßig Wiedereinsetzung in die versäumte Frist zu gewähren ist. Daraus folgt, dass der Gesetzgeber von der Wirksamkeit derartiger Zustellungen ausgeht, die Rechtsmittelfristen in Gang setzen, gerade auch wenn eine entsprechende Belehrung nach § 35a S. 2 unterblieben ist (vgl. auch OLG Hamm NStZ-RR 2014, 421 [422 f.]). Ansonsten ginge die Bezugnahme auf § 35a S. 2 in § 44 S. 2 vollständig ins Leere. Damit ist jedoch nicht entschieden, ob in anderen Fällen wie insbesondere bei Ladungen die Zustellung auch dann wirksam sein soll, wenn die entsprechende Belehrung unterblieben ist. Dafür spräche zwar der Gleichklang mit der Zustellung von rechtsmittelfähigen Entscheidungen; zudem liegt es auf der Hand, dass sich derjenige, der ein Rechtsmittel eingelegt hat, auch darum kümmern muss, für das Gericht erreichbar zu sein, anderenfalls sein widersprüchliches Verhalten keinen Rechtsschutz verdient. Andererseits ist hier zu beachten, dass der Gesetzgeber eher von einer Verknüpfung zwischen Belehrung und Zulässigkeit einer Maßnahme nach § 40 Abs. 3 ausging (BT-Drs. 10/1313 S. 18) und § 44 S. 2 nach seinem Wortlaut und der Systematik das Gegenteil nur für Rechtsmittelfristen in Gang setzende Zustellungen vorsieht (vgl. auch OLG Hamburg NStZ-RR 2000, 238). Bei Ladungen ist deshalb Wirksamkeitsvoraussetzung der öffentlichen Zustellung nach § 40 Abs. 3 die vorherige Belehrung nach § 35a S. 2 (OLG Brandenburg, Beschl. v. 08.09.2009 – 1 Ss 53/09; a. A. OLG Hamm NStZ-RR 2014, 421 [422]).

15 Die Erleichterungen nach § 40 Abs. 3 finden **auch nach Verkündung des Berufungsurteils** jedenfalls dann Anwendung, wenn – wie etwa bei einem Verwerfungsurteil nach § 329 Abs. 2 – die Verkündung in Abwesenheit des Angeklagten stattgefunden hat (OLG Hamburg NStZ-RR 2000, 238). Aber auch bei in Anwesenheit verkündeten Berufungsurteilen, die lediglich auf Berufung des Angeklagten hin ergangen sind, ist eine öffentliche Zustellung des Berufungsurteils nach § 40 Abs. 3 möglich, denn auch diese Zustellung erfolgt »im Verfahren über eine vom Angeklagten eingelegte Berufung« (a. A. BayObLG NStZ 1991, 598; unentschieden *Meyer-Goßner/Schmitt* § 40 Rn. 5). Bevor unter den erleichterten Bedingungen des § 40 Abs. 3 öffentlich zugestellt wird, sollte regelmäßig ein Zustellversuch über die letztbekannte Anschrift erfolgen (OLG Hamm NStZ-RR 2006, 309); zwingend ist dies aber dann nicht, wenn dem Gericht schon zuverlässig bekannt ist, dass der Angeklagte dort nicht mehr erreichbar ist (BayObLGSt 2000, 138).

16 Wird **nach der Anordnung** der öffentlichen Zustellung zuverlässig eine **neue Anschrift des Angeklagten** bekannt, ist eine öffentliche Zustellung (etwa Ladung zur Berufungshauptverhandlung nach § 40 Abs. 3) nicht weiter ausführbar, sondern es muss nunmehr unter der neuen Anschrift zugestellt werden; dies gilt indes nur, wenn die Zweiwochenfrist des § 40 Abs. 1 S. 2 noch nicht abgelaufen ist und unter der neuen Anschrift auch tatsächlich zugestellt werden kann (vgl. OLG Hamm NStZ-RR 2005, 114). Nicht gefolgt werden kann der Auffassung, wonach bei Bekanntwerden einer neuen Anschrift im Falle der öffentlichen Zustellung einer Ladung vor Beginn der Berufungshauptverhandlung stets erneut nach § 37 förmlich geladen werden müsste (vgl. OLG Oldenburg StraFo 2004, 274; OLG Stuttgart Die Justiz 2001, 227). Gilt die Zustellung gemäß § 40 Abs. 1 S. 2 als erfolgt, wird diese Rechtswirkung nicht durch irgendwelche schwer nachvollziehbaren Kenntnisse von mehr oder weniger zuverlässigen neuen Anschriften des Beschuldigten in Frage gestellt. Ob eine Zustellung wirksam erfolgt ist oder nicht, muss

vielmehr aus Gründen der Rechtssicherheit stets möglichst zuverlässig feststehen. Das Gesetz hat hierfür mit dem Ablauf der Zweiwochenfrist einen klaren und eindeutigen Zeitpunkt vorgesehen. Die Kenntnis von einer neuen Anschrift fordert aus Gründen der Gewährung möglichst umfassenden rechtlichen Gehörs aber, alle Anstrengungen zu unternehmen, um dem Beschuldigten etwa bei der Ladung zur Berufungshauptverhandlung zuverlässig Kenntnis von diesem Termin (und der Tatsache bereits erfolgter Ladung durch öffentliche Zustellung) zu verschaffen (vgl. auch OLG Stuttgart Die Justiz 2001, 227). Dies muss aber nicht in der Form des § 37 geschehen, denn eine wirksame formgerechte Zustellung liegt bereits vor, sondern kann auch telefonisch, per E-Mail, Fax oder durch einfaches Schreiben (möglichst mit Zugangsnachweis) erledigt werden.

D. Anordnung und Ausführung der öffentlichen Zustellung. Die öffentliche Zustellung richtet sich gemäß § 37 Abs. 1 nach § 186 ZPO. Über die **Anordnung** der öffentlichen Zustellung entscheidet nach § 186 Abs. 1 ZPO das Prozessgericht, wobei ohne mündliche Verhandlung entschieden werden kann. Erforderlich ist demnach ein **Gerichtsbeschluss**, nicht nur eine Verfügung des Vorsitzenden; zuständig ist als »Prozessgericht« das Gericht, bei dem die Sache anhängig ist, in Revisionsverfahren das Instanzgericht bis zur Abgabe der Akten an das Revisionsgericht (vgl. LR/*Graalmann-Scheerer* § 40 Rn. 17). Ist der Rechtspfleger als »das Gericht« zuständig wie etwa bei der Kostenfestsetzung, ordnet er die öffentliche Zustellung (etwa eines Kostenfestsetzungsbeschlusses) an. 17

Die **Ausführung** der öffentlichen Zustellung richtet sich nach § 186 Abs. 2 S. 1 ZPO und wird durch den Urkundsbeamten der Geschäftsstelle (§ 153 GVG) bewirkt. Die öffentliche Zustellung erfolgt durch Aushang einer Benachrichtigung an der Gerichtstafel oder durch Einstellung in ein elektronisches Informationssystem, das im Gericht öffentlich zugänglich ist. Nach § 186 Abs. 2 S. 2 ZPO kann die Benachrichtigung zusätzlich in einem von dem Gericht für Bekanntmachungen bestimmten elektronischen Informations- und Kommunikationssystem veröffentlicht werden. Zusätzlich (nicht anstelle des Vorgehens nach § 186 Abs. 2 S. 1 ZPO, missverständlich deshalb *Meyer-Goßner/Schmitt* § 40 Rn. 7) kann das Prozessgericht nach § 187 ZPO anordnen, dass die Benachrichtigung einmal oder mehrfach im – nunmehr durchgehend elektronisch herausgegebenen – Bundesanzeiger oder in anderen Blättern (gemeint sind insb. Zeitungen) zu veröffentlichen. Die Entscheidung, ob zusätzliche Veröffentlichungen vorzunehmen sind, steht im pflichtgemäßen Ermessen des Gerichts. Nur dann, wenn – was bei Beschuldigten in Strafverfahren äußerst selten der Fall sein dürfte – die andere Form der Veröffentlichung eine Kenntnisnahme naheliegender erscheinen lässt, sollte sie gewählt werden. Es ist aber auch darauf zu achten, eine mögliche Prangerwirkung, etwa durch Veröffentlichung öffentlicher Ladungen zu Strafverfahren in weitverbreiteten Zeitungen, zu vermeiden. 18

Weitgehend üblich ist in der Praxis nach wie vor der Aushang der Benachrichtigung an der Gerichtstafel. Gemeint ist die **Gerichtstafel** desjenigen **Gerichts**, das die öffentliche Zustellung angeordnet hat (ausführlich KG StraFo 2009, 240; *Meyer-Goßner/Schmitt* § 40 Rn. 7, je m.w.N.; unklar LR/*Graalmann-Scheerer* § 40 Rn. 18 f.). Bis zur Änderung der Zustellungsvorschriften im Jahr 2004 war der Aushang hingegen stets an der Gerichtstafel des erstinstanzlich zuständigen Gerichts vorzunehmen (vgl. § 40 Abs. 1 S. 1 StPO a.F.). Wird der Aushang an der Gerichtstafel eines falschen Gerichts angeordnet, soll die öffentliche Zustellung auch dann unwirksam sein, wenn die Benachrichtigung an der Gerichtstafel des richtigen Gerichts zum Aushang kam (vgl. KG StraFo 2009, 240, zweifelhaft). 19

Den **Inhalt der Benachrichtigung** bestimmt § 186 Abs. 2 S. 2 bis 4 ZPO. Die Benachrichtigung muss danach erkennen lassen: die Person, für die zugestellt wird, den Namen und die letzte bekannte Anschrift des Zustellungsadressaten, das Datum und Aktenzeichen des Schriftstücks und die Bezeichnung des Prozessgegenstandes sowie die Stelle, an der das Schriftstück eingesehen werden kann (sinnvoller Weise die Geschäftsstelle des anordnenden Gerichts). Die Benachrichtigung muss zudem den Hinweis enthalten, dass ein Schriftstück öffentlich zugestellt wird und Fristen in Gang gesetzt werden können, nach deren Ablauf Rechtsverluste drohen können (§ 186 Abs. 2 S. 3 ZPO). Bei der Zustellung einer Ladung muss die Benachrichtigung den Hinweis enthalten, dass das Schriftstück eine Ladung zu einem Termin enthält, dessen Versäumung Rechtsnachteile zur Folge haben kann (§ 186 Abs. 2 S. 4 ZPO). Eine fehlende Übersetzung der Benachrichtigung über die Ladung in eine dem Angeklagten verständliche Sprache berührt die Wirksamkeit der Zustellung nicht; § 187 Abs. 2 GVG findet auf Ladungen keine Anwendung (OLG Köln, Beschl. v. 09.12.2014 – 1 RVs 167/14). Ein Einsichtsrecht in das Schriftstück hat nur der Berechtigte selbst während der üblichen Geschäftszeiten oder ein ausdrücklich 20 hierzu Bevollmächtigter, dies dient insbesondere der Vereinfachung und dem Persönlichkeitsschutz (vgl. LR/ *Graalmann-Scheerer* § 40 Rn. 18).

21 Nach § 188 S. 1 ZPO gilt ein Schriftstück als öffentlich zugestellt, wenn seit dem Aushang der Benachrichtigung ein Monat vergangen ist. Im Gegensatz hierzu gilt nach § 40 Abs. 1 S. 2 die Zustellung bereits als erfolgt, wenn seit dem Aushang der Benachrichtigung **zwei Wochen vergangen** ist. Für die Fristberechnung gilt § 43. Folgendes **Beispiel** soll dies illustrieren: Wird etwa an einem Mittwoch (01.04.) um 10 Uhr ausgehängt, sind am übernächsten Mittwoch (15.04.) um 10 Uhr zwei Wochen vergangen, die Zustellung gilt nach Abs. 1 S. 2 i.V.m. § 43 Abs. 1 aber erst als mit Ablauf des Mittwochs (15.04., 24.00 Uhr) erfolgt. Abzuhängen ist das Schriftstück von der Gerichtstafel also frühestens am Donnerstag (16.04.) früh, denn erst mit Ablauf des Mittwochs sind zwei Wochen seit dem Aushang der Benachrichtigung vergangen. An die Zustellung anknüpfende Fristen wie etwa die Frist für die Revisionseinlegung bei Zustellung eines in Abwesenheit ergangenen Berufungsurteils (§ 341 Abs. 2) beginnen am nächsten Tag, also am Donnerstag (16.04.). Die Frist des § 341 Abs. 1 liefe mit Ablauf des folgenden Donnerstages (23.04., 24.00 Uhr) ab. Würde keine Revision eingelegt, träte Rechtskraft in dem Beispiel am folgenden Freitag (24.04., 00.01 Uhr) ein (vgl. zur Berechnung dieser Fristen auch OLG Bremen StraFo 2014, 294). Mit Ablauf der Zweiwochenfrist gilt die Zustellung als erfolgt, unabhängig von etwaigen späteren Ereignissen und unabhängig von den tatsächlichen Möglichkeiten der Kenntnisnahme durch den Beschuldigten. Eine Möglichkeit, diese Zweiwochenfrist wie bei § 188 S. 2 ZPO durch Gerichtsbeschluss zu verlängern, sieht die StPO nicht vor. Der Urkundsbeamte der Geschäftsstelle vermerkt gemäß § 186 Abs. 3 ZPO in den Akten (regelmäßig auf dem Aushang), wann die Benachrichtigung ausgehängt und wann sie abgenommen wurde.

22 **Mängel** bei diesem Verfahren machen die öffentliche Zustellung unwirksam. Dies gilt etwa, wenn anstelle des Gerichts nur der Vorsitzende entschieden hat, die Benachrichtigung gar nicht oder an der falschen Gerichtstafel ausgehängt wurde, die Pflichtangaben nach § 186 Abs. 2 S. 2 bis 4 ZPO darauf fehlen (nicht aber wenn entgegen § 186 Abs. 2 BGB das zuzustellende Schriftstück selbst ausgehängt wird, vgl. OLG Karlsruhe NStZ-RR 2007, 205) oder die Zweiwochenfrist nicht eingehalten wurde (OLG Bremen StraFo 2014, 294; näher LR/ *Graalmann-Scheerer* § 40 Rn. 22). Enthält die ausgehängte Ausfertigung der Benachrichtigung einen Druckfehler, ist dies regelmäßig unbeachtlich, zumal wenn nicht eine nach § 186 Abs. 2 S. 2 bis 4 ZPO vorgeschriebene Pflichtangabe betroffen ist (vgl. KG StraFo 2009, 240).

23 **Anfechtbar** ist die Anordnung der öffentlichen Zustellung mit der einfachen Beschwerde; die Beschwerde ist jedoch nur bis zur Durchführung der öffentlichen Zustellung zulässig, weil hierdurch deren Anordnung prozessual überholt ist (OLG Düsseldorf VRS 90, 183). Nach Vollzug der öffentlichen Zustellung ist die Aufhebung des Beschlusses über ihre Anordnung nicht mehr zulässig (LG Aachen NStZ 1992, 143 m. Anm. *Wendisch*). Gegen die Anordnung der öffentlichen Ladung des Angeklagten durch das erkennende Gericht ist die Beschwerde nach § 305 nicht statthaft (KG JR 1995, 38; vgl. auch LR/ *Graalmann-Scheerer* § 40 Rn. 23).

§ 41 StPO Zustellungen an die Staatsanwaltschaft.

Zustellungen an die Staatsanwaltschaft erfolgen durch Vorlegung der Urschrift des zuzustellenden Schriftstücks. Wenn mit der Zustellung der Lauf einer Frist beginnt, so ist der Tag der Vorlegung von der Staatsanwaltschaft auf der Urschrift zu vermerken.

1 **A. Regelungszweck/Anwendungsbereich.** Für den Regelfall sieht § 41 eine **erleichterte Form** der Zustellung bei Zustellungen an die Staatsanwaltschaft vor. Das Gericht ist jedoch nicht gehindert, nach § 37 an die Staatsanwaltschaft zuzustellen (vgl. KG NStE Nr. 3 zu § 41), was sich etwa bei auswärtigen Staatsanwaltschaften anbieten kann (insb. bei schnell umzusetzenden Bewährungsentscheidungen). In derartigen Fällen der Zustellung nach § 37 ist aber die Unterzeichnung des Empfangsbekenntnisses durch den Behördenleiter oder eine ihn vertretende Person notwendig (OLG Frankfurt/Main NStZ-RR 1996, 234). Von welcher Form der Zustellung das Gericht Gebrauch macht, entscheidet es nach den Umständen des Einzelfalls nach seinem pflichtgemäßen Ermessen unter besonderer Berücksichtigung des Umstandes, dass der Gesetzgeber im Regelfall davon ausgeht, dass die

Zustellung nach § 41 erfolgt (vgl. auch LR/*Graalmann-Scheerer* § 41 Rn. 1 m.w.N.). Der Referentenentwurf des BMJV eines Gesetzes zur Einführung der elektronischen Akte in Strafsachen (Stand 08.10.2014, abrufbar unter www.bmjv.de) sieht die Streichung des § 41 StPO vor, weil auf diese untrennbar mit dem Medium »Papier« zusammenhängende Zustellungsform bei elektronischer Aktenführung verzichtet werden könne. Eine Zustellung an die Staatsanwaltschaft soll nur noch nach § 37 Abs. 1 in Verbindung mit § 174 ZPO erfolgen, die bei elektronischer Übermittlung des zuzustellenden Dokuments samt elektronischer Akte viel einfacher und schneller vorgenommen werden könne, als es bei Papierakten der Fall ist (vgl. RefE S. 55). Dem liegt der Gedanke zugrunde, dass nach der Grundentscheidung für die elektronische Aktenführung keine Erleichterung von Zustellungen in Papierform an die Staatsanwaltschaft mehr veranlasst ist; eine Fortgeltung des § 41 für einen begrenzten Zeitraum ist jedoch vorgesehen (zu den Einzelheiten vgl. RefE S. 55).

B. Einzelfragen. Die Zustellung erfolgt durch die **Vorlage der Urschrift** des zuzustellenden 2 Schriftstücks. Unter **Urschrift** ist das vom Verfasser handschriftlich unterzeichnete Schriftstück selbst zu verstehen, weshalb die Vorlage einer Abschrift oder Ausfertigung nicht ausreicht (RGSt 61, 351 [352]). Voraussetzung für die Wirksamkeit der vereinfachten Zustellung nach § 41 ist zudem, dass der **Zustellungswille** des Gerichts erkennbar wird, hierfür genügt die formlose Übersendung nicht (vgl. KG, Beschl. v. 10.08.1999 – 4 Ws 9/99; OLG Düsseldorf Rechtspfleger 1983, 325). Es genügt aber die bloße Vorlage der Akten mit der darin befindlichen Urschrift der Entscheidung an die Staatsanwaltschaft, sofern nur aus der Übersendungsverfügung in Verbindung mit der aus den Akten ersichtlichen Verfahrenslage für die empfangende Staatsanwaltschaft erkennbar ist, dass die Übersendung die Zustellung an sie bezweckt (BGH NJW 2013, 2837 ff.; BayObLG wistra 1996, 38; vgl. auch OLG Oldenburg NStZ 2013, 112). Ist der Zustellungswille des Gerichts erkennbar, kommt es nicht darauf an, ob der Zustellungsempfänger das Schriftstück als Zustellung entgegennehmen will (RGSt 57, 55) oder den Zustellungswillen des Gerichts überhaupt erkannt hat (vgl. OLG Hamm JMBl. NW 1982, 21). Besondere Anforderungen werden an die Erkennbarkeit des Zustellungswillens nicht gestellt. Auf einen Zustellungswillen des Gerichts kann bereits bei der Übersendung von Entscheidungen »zur gefälligen Kenntnisnahme« oder »zur weiteren Veranlassung« geschlossen werden (vgl. LR/*Graalmann-Scheerer* § 41 Rn. 1; *Meyer-Goßner/Schmitt* § 41 Rn. 2 m.w.N.). Eine Verfügung der Geschäftsstellenbeamtin zur Rücksendung der Akten an die Staatsanwaltschaft genügt jedoch nicht (vgl. OLG Hamm JMBl. NW 1977, 257). Für die Frage, ob eine Zustellung gewollt ist, ist die Erklärung unter Berücksichtigung alle Umstände des Einzelfalls auszulegen. Demnach kann auch die Formulierung »unter Hinweis auf das Urteil ... als Zustellung gemäß § 41 StPO versandt« bei der Übermittlung der Akten mit einer Bußgeldentscheidung dann nicht als Zustellungsanordnung verstanden werden, wenn gleichzeitig die Staatsanwaltschaft um Mitteilung gebeten wird, ob auf Rechtsmittel und Urteilsbegründung verzichtet wird (OLG Hamm, Beschl. v. 10.01.2013 – 5 RBs 181/12; vgl. auch BGH NJW 2013, 2837 ff.).

Beginnt mit der Zustellung eine **Frist**, ist der Tag der Vorlegung des Schriftstücks nach § 41 S. 2 auf der 3 Urschrift zu vermerken. Fehlt ein entsprechender Vermerk, beginnt die Frist gleichwohl zu laufen, denn der Erfolg der Zustellung hängt nach § 41 S. 1 nur von der Vorlegung des Schriftstücks ab, nicht von der Anfertigung eines Vermerks nach § 41 S. 2 (RGSt 57, 55 [56]). Daraus folgt zudem, dass sich der Fristbeginn nach dem Tag der Vorlegung, nicht nach dem Tag der Anfertigung des Vermerks richtet (vgl. LR/*Graalmann-Scheerer* § 41 Rn. 3). Die Frist beginnt, sobald die Akten mit der Urschrift bei dem Beamten der Geschäftsstelle der Staatsanwaltschaft (Eingangsstempel, vgl. OLG Braunschweig NStZ 1988, 514) oder der gemeinsamen Posteinlaufstelle der Justizbehörden (OLG Brandenburg NStZ 2014, 360) eingehen, nicht erforderlich ist die Kenntnisnahme durch einen Staatsanwalt (RGSt 71, 317 [319]; a. A. offenbar LG Marburg NStZ-RR 2014, 112 f.) oder der Eingang bei der zuständigen Geschäftsstelle des Dezernats (OLG Braunschweig NStE Nr. 1 zu § 41). Die Zustellung gemäß § 41 verliert ihre Wirksamkeit auch nicht dadurch, dass sich der sachbearbeitende Staatsanwalt nicht in der Lage sieht, die (ohne unüberwindbare Hindernisse lesbare) Urschrift zu entziffern (OLG Saarbrücken NStE Nr. 2 zu § 41).

Besondere Relevanz hat ein Vorgehen nach § 41 in Zusammenhang mit der **Übersendung von Buß-** 4 **geldurteilen** der Amtsgerichte bekommen. Wird ein nicht mit Gründen versehenes Urteil (insb. das Hauptverhandlungsprotokoll mit der Urteilsformel) in einer Bußgeldsache der Staatsanwaltschaft gemäß § 41 zugestellt, obwohl die Voraussetzungen des § 77b Abs. 1 OWiG nicht vorgelegen haben, ist eine nachträgliche Ergänzung des Urteils auf die Rechtsbeschwerde des Betroffenen hin nicht mehr möglich, so dass das Urteil regelmäßig schon deshalb der Aufhebung unterliegt (vgl. BGH NJW 2013, 2837 ff.; OLG Brandenburg VRS 122, 151; OLG Oldenburg DAR 2012, 345; OLG Celle StraFo 2011, 502; OLG Oldenburg NStZ 2013, 112; vgl. zur Problematik auch OLG Hamm, Beschl. v. 04.12.2012 – 3 RBs 222/12 und Beschl. v. 10.01.2013 – 5 RBs 181/12). Mit der Zustellungsanordnung nach § 41 ist jedenfalls der Wille des Gerichts verbunden, die Entscheidung aus seinem Dienstbereich herauszugeben. Andererseits ist nicht mit jeder Übersendung einer Bußgeldakte mit dem Hauptverhandlungsprotokoll an die Staatsanwaltschaft eine Zustellung nach § 41 beabsichtigt, denn die Übersendung dient häufig gerade dazu, die Staatsanwaltschaft um Prüfung zu bitten, ob Rechtsmittel eingelegt werden und deshalb eine Langfassung des Urteils abzufassen ist. Hat der Tatrichter lediglich die formlose Übersendung der Akten und des Hauptverhandlungsprotokolls an die Staatsanwaltschaft verfügt, um diese über den Ausgang des Verfahrens zu informieren und die Frage des Rechtsmittelverzichts möglichst frühzeitig zu klären, so behält er sich ersichtlich die Entscheidung vor, gegebenenfalls innerhalb der Frist des § 275 Abs. 1 S. 2 ein mit Gründen versehenes Urteil als besondere Niederschrift zu den Akten zu bringen. Für die Annahme einer Zustellung im Sinne von § 41 durch Vorlegung der Urschrift des Urteils ist dann kein Raum, weil auf Seiten des Tatrichters ein entsprechender Zustellungswille fehlt und dies in der Zuleitungsverfügung auch deutlich zum Ausdruck kommt (BGHSt 58, 243 [252]).

§ 41a StPO Elektronischer Rechtsverkehr mit Gerichten und Staatsanwaltschaften.

(1) An das Gericht oder die Staatsanwaltschaft gerichtete Erklärungen, Anträge oder deren Begründung, die nach diesem Gesetz ausdrücklich schriftlich abzufassen oder zu unterzeichnen sind, können als elektronisches Dokument eingereicht werden, wenn dieses mit einer qualifizierten elektronischen Signatur nach dem Signaturgesetz versehen und für die Bearbeitung durch das Gericht oder die Staatsanwaltschaft geeignet ist. In der Rechtsverordnung nach Absatz 2 kann neben der qualifizierten elektronischen Signatur auch ein anderes sicheres Verfahren zugelassen werden, das die Authentizität und die Integrität des übermittelten elektronischen Dokuments sicherstellt. Ein elektronisches Dokument ist eingegangen, sobald die für den Empfang bestimmte Einrichtung des Gerichts oder der Staatsanwaltschaft es aufgezeichnet hat. Ist ein übermitteltes elektronisches Dokument zur Bearbeitung nicht geeignet, ist dies dem Absender unter Angabe der geltenden technischen Rahmenbedingungen unverzüglich mitzuteilen. Von dem elektronischen Dokument ist unverzüglich ein Aktenausdruck zu fertigen.
(2) Die Bundesregierung und die Landesregierungen bestimmen für ihren Bereich durch Rechtsverordnung den Zeitpunkt, von dem an elektronische Dokumente bei den Gerichten und Staatsanwaltschaften eingereicht werden können, sowie die für die Bearbeitung der Dokumente geeignete Form. Die Landesregierungen können die Ermächtigung durch Rechtsverordnung auf die Landesjustizverwaltungen übertragen. Die Zulassung der elektronischen Form kann auf einzelne Gerichte oder Staatsanwaltschaften oder Verfahren beschränkt werden.

1 **A. Grundsätzliches.** Die Vorschrift wurde mit Wirkung zum 01.04.2005 durch Art. 6 Nr. 3 des **Justizkommunikationsgesetzes (JKomG)** vom 22.3.2005 (BGBl. I S. 837) eingeführt. Ausgangspunkt der Neuregelung war unter dem Stichwort »E-Mail statt Aktenbock« die Initiative »BundOnline 2005« der Bundesregierung. Die schon in einigen Verfahrensordnungen bestehenden Möglichkeiten elektronischer Kommunikation wurden durch das JKomG auf andere Verfahrensarten erweitert. Eine elektronische Aktenführung ermöglicht die Vorschrift nicht, sondern sie regelt nur die Einreichung elektronischer Dokumente bei Gericht und Staatsanwaltschaft. Im Bußgeldverfahren gibt es sehr viel weitergehende Möglichkeiten elektronischer Aktenführung (§§ 110a ff. OWiG; hierzu und zum Folgenden eingehend Lemke/*Mosbacher*, OWiG, §§ 110a ff.).

2 Entscheidende **Voraussetzung** für die Möglichkeit, elektronische Dokumente rechtswirksam bei Gericht oder der Staatsanwaltschaft einzureichen, ist, dass dies durch **Rechtsverordnung** nach Abs. 2 **gestattet** wird. Inzwischen haben der Bund und eine ganze Reihe von Ländern für viele Staatsanwaltschaften und Gerichte von der Verordnungsermächtigung in Abs. 2 Gebrauch gemacht (vgl. für Berlin die

VO über den elektronischen Rechtsverkehr mit der Justiz im Land Berlin vom 27.12.2006, GVBl. S. 1183, zuletzt geändert durch VO vom 09.12.2009, GVBl. S. 881, für Brandenburg die VO über den elektronischen Rechtsverkehr im Land Brandenburg vom 14.12.2006, GVBl. II S. 558, zuletzt geändert durch Art. 2 der VO vom 12.06.2014, GVBl. II/14, Nr. 34). Den besten Überblick über die noch im Fluss befindliche Rechtsentwicklung gibt die Webseite des »Elektronischen Gerichts- und Verwaltungspostfachs – EGVP« (www.egvp.de).

Mit dem Gesetz zur Förderung des elektronischen Rechtsverkehrs vom 10.10.2013 (BGBl. I S. 3786; vgl. hierzu BT-Drs. 17/12634 und BR-Drs. 818/12 sowie die Beschlussempfehlung BT-Drs. 17/13948; Zusammenfassung bei *Bacher* MDR 2014, 998 ff.) wurden zum Zwecke der bundesweiten Vereinheitlichung der rechtlichen Rahmenbedingungen des elektronischen Rechtsverkehrs u.a. zahlreiche Änderungen der ZPO vorgenommen, die über die entsprechenden Verweisungsnormen (im Strafprozessrecht: § 37 Abs. 1) auch in den übrigen Verfahrensordnungen Anwendung finden. Die Zustellung gegen Empfangsbekenntnis gemäß § 174 ZPO wurde u.a. in Absatz 3 um die Möglichkeit der Übermittlung über De-Mail-Dienste ergänzt; im Übrigen ist etwa in § 130d ZPO zukünftig eine Pflicht zur Übermittlung elektronischer Dokumente für Rechtsanwälte vorgesehen. Die Änderungen treten stufenweise zu unterschiedlichen Zeitpunkten – vom 17.10.2013 bis 01.01.2022 – in Kraft (Art. 26 des Gesetzes zur Förderung des elektronischen Rechtsverkehrs vom 10.10.2013, BGBl. I S. 3798; näher *Bacher* MDR 2014, 998 [1000 f.]). 3

Mit den bisherigen Maßnahmen des Gesetzgebers wurde lediglich die Möglichkeit der elektronischen Übermittlung von Dokumenten geschaffen, nicht aber das Erfordernis beseitigt, die elektronisch übermittelten Dokumente in die herkömmliche Papierakte zu überführen. Der Referentenentwurf des BMJV eines Gesetzes zur Einführung der elektronischen Akte in Strafsachen (Stand: 08.10.2014, abrufbar unter www.bmjv.de) sieht mit der gesetzlichen Grundlage für die elektronische Aktenführung einen vollständigen Medienwechsel von der Papierform auf die elektronische Arbeitsweise in den §§ 32 ff. StPO-E vor (zur Zielsetzung im Einzelnen RefE, S. 25 f.; zu Bedenken und Erfahrungen in der Praxis etwa *Gundlach* DRiZ 2015, 96 ff.; *Müller* DRiZ 2014, 290 f.). Die §§ 32 bis 32g StPO sollen in einen neubenannten vierten Abschnitt als allgemeine Regelungen für das gesamte Strafverfahren von der Ermittlung bis zur Vollstreckung Geltung besitzen (RefE, S. 36). § 32 Abs. 1 StPO-E lautet: »Die Akten werden elektronisch geführt.« Im Gegensatz zu den mit dem Justizkommunikationsgesetz (JKomG) vom 22.3.2005 (BGBl. I S. 837) eingeführten §§ 298a Abs. 1 S. 1 ZPO, 110b Abs. 1 S. 1 OWiG, die den Ländern lediglich eine Option für die Einführung der elektronischen Akte eröffnen, werden mit dieser Regelung alle am Strafverfahren beteiligten Behörden und Gerichte in Bund und Ländern verpflichtet, auf die elektronische Aktenführung umzurüsten. Die Landesregierungen können allenfalls den Zeitpunkt der Einführung bis zum 01.01.2024 ganz oder teilweise aufschieben (»Opt-Out«-Befugnis in § 12 StPO-E, hierzu RefE, S. 36 f., 69 f.) Der Entwurf sieht die Streichung des § 41a vor, weil sich dessen Regelungsgehalt im Wesentlichen in § 32a StPO-E wiederfindet. 4

B. Regelungszweck/Anwendungsbereich. Die Vorschrift betrifft in **Abs. 1** die Grundlagen der elektronischen Kommunikation mit Staatsanwaltschaften und Gerichten im Strafverfahren, **Abs. 2** enthält eine Verordnungsermächtigung für Bundes- und Landesregierungen. Die Norm lehnt sich in Aufbau und Inhalt an die entsprechenden Neuregelungen in § 110a OWiG und § 130a ZPO an. Sie regelt die **Erstellung und Einreichung elektronischer Dokumente**, die im Strafverfahren **von Verfahrensbeteiligten** (insb. dem Beschuldigten, seinem Verteidiger, der Staatsanwaltschaft) **oder** von nicht am Verfahren beteiligten **Dritten** (etwa bei Gesuchen um Akteneinsicht) an die das Verfahren bearbeitenden Staatsanwaltschaften und Gerichte übermittelt werden (vgl. BT-Drs. 15/4067 S. 43). Der elektronische Dokumentenverkehr in umgekehrter Richtung, also von Staatsanwaltschaften und Gerichten an die Verfahrensbeteiligten oder Dritte, ist in der StPO bislang nicht geregelt. 5

In **Abs. 1 S. 1** geht es um die elektronische Einreichung und Erstellung **formgebundener Dokumente**. Dies sind Dokumente, die nach der StPO schriftlich abzufassen oder zu unterzeichnen sind. Hierzu gehören etwa – sofern nicht zu Protokoll der Geschäftsstelle erklärt wird – die Rechtsmittel wie Berufung, Revision oder Beschwerde (vgl. § 306 Abs. 1, § 314 Abs. 1, § 341 Abs. 1), Strafanträge bei den absoluten Antragsdelikten (§ 158 Abs. 2), die Anschlusserklärung des Nebenklägers (§ 396 Abs. 1), der Einspruch bei dem Strafbefehl (§ 410 Abs. 1 S. 1) oder der Wiederaufnahmeantrag (§ 366 Abs. 2). Es handelt sich also um Dokumente, die regelmäßig für den Gang des Verfahrens von besonderer Bedeu- 6 tung sind und bei denen deshalb Authentizität und Integrität in besonders zuverlässiger Weise gewährleistet werden müssen. Satz 1 findet immer schon dann Anwendung, wenn das Gesetz ausdrücklich bestimmt, dass eine bestimmte Erklärung schriftlich abzufassen ist. Unerheblich ist in diesem Fall dagegen, ob es zusätzlich einer handschriftlichen Unterzeichnung bedarf oder nicht (vgl. BT-Drs. 15/4067 S. 45).

7 **Nicht formgebundene Dokumente** können ebenfalls bei Staatsanwaltschaften oder Gerichten als elektronische Dokumente eingereicht werden. In diesem Fall müssen sie lediglich zur Bearbeitung geeignet sein (vgl. BT-Drs. 15/4067 S. 43). Voraussetzung der Einreichung solcher Dokumente ist jedoch, dass der elektronische Rechtsverkehr durch Verordnung nach Abs. 2 bereits für die entsprechende Staatsanwaltschaft oder das entsprechende Gericht und das jeweilige Verfahren zugelassen worden ist. Soweit für einzelne Anträge der Staatsanwaltschaft nicht ausdrücklich die Schriftform vorgeschrieben wird, kann durch innerbehördliche Anweisungen sichergestellt werden, dass diese Anträge ebenfalls mit einer qualifizierten elektronischen Signatur zu versehen sind, sobald die erforderlichen technischen Voraussetzungen dafür vorliegen, um die notwendige Sicherheit des elektronischen Rechtsverkehrs zu gewährleisten (BT-Drs. 15/4067 S. 43).

8 **C. Einzelfragen.** Anstelle von Schriftlichkeit oder Unterzeichnung sieht **Abs. 1 S. 1** die Beifügung einer **qualifizierten elektronischen Signatur** als Garantie für Authentizität und Integrität des elektronischen Dokuments vor. In § 2 Nr. 3 des Gesetzes über Rahmenbedingungen für elektronische Signaturen vom 16.05.2001 (BGBl. I S. 876, SigG) in der Fassung des Ersten Gesetzes zur Änderung des Signaturgesetzes vom 04.01.2005 (BGBl. I S. 2) wird der Begriff der qualifizierten elektronischen Signatur legaldefiniert. Es handelt sich dabei um eine elektronische Signatur, die ausschließlich dem Signaturschlüssel-Inhaber zugeordnet ist, die eine Identifizierung des Signaturschlüssel-Inhabers ermöglicht, die mit Mitteln erzeugt wird, die der Signaturschlüssel-Inhaber unter seiner alleinigen Kontrolle halten kann, die mit den entsprechenden Bezugsdaten so verknüpft werden kann, dass eine nachträgliche Datenveränderung erkannt werden kann, die auf einem zum Zeitpunkt ihrer Erzeugung gültigen qualifizierten Zertifikat beruht und die mit einer sicheren Signaturerstellungseinheit erzeugt werden kann (§ 2 Nr. 2 und 3 SigG). Der Signaturschlüsselinhaber gilt als Urheber des elektronisch übermittelten Dokuments, auch wenn als Sachbearbeiter auf dem Schriftstück eine andere Person ausgewiesen ist (LG Limburg, Beschlüsse v. 10.12.2013 – 1 Qs 166/13, 1 Qs 172/13). Soweit es bei der Einlegung eines Rechtsmittels auf die Person des Unterzeichnenden ankommt, ist das Rechtsmittel unzulässig, wenn es nicht mit der elektronischen Signatur des Berechtigten, sondern eines Kanzleisozius versehen ist (LG Limburg, Beschlüsse v. 10.12.2013 – 1 Qs 166/13, 1 Qs 172/13).

9 Unter dem Begriff der »**elektronischen Signatur**« versteht das Gesetz Daten in elektronischer Form, die anderen elektronischen Daten beigefügt oder logisch mit ihnen verknüpft sind und die zur Authentifizierung dienen (§ 2 Nr. 1 SigG). »**Signaturschlüssel-Inhaber**« sind solche natürlichen Personen, die Signaturschlüssel besitzen; bei qualifizierten elektronischen Signaturen müssen ihnen die zugehörigen Signaturprüfschlüssel durch qualifizierte Zertifikate zugeordnet sein (§ 2 Nr. 9 SigG). »**Zertifikate**« in diesem Sinne sind elektronische Bescheinigungen, mit denen Signaturprüfschlüssel einer Person zugeordnet werden und mit denen die Identität dieser Person bestätigt wird (§ 2 Nr. 6 SigG). »**Qualifizierte Zertifikate**« sind Zertifikate für natürliche Personen, die eine Reihe bestimmter Angaben gemäß § 7 SigG enthalten müssen und nur von Zertifizierungsdiensteanbietern ausgestellt werden dürfen, die ihrerseits bestimmte Anforderungen erfüllen (§ 2 Nr. 7 SigG). Bei den »**Zertifizierungsdiensteanbietern**« handelt es sich um natürliche oder juristische Personen, die qualifizierte Signifikate oder qualifizierte Zeitstempel ausstellen (§ 2 Nr. 8 SigG). »**Sichere Signaturerstellungseinheiten**« sind Software- oder Hardwareeinheiten zur Speicherung und Anwendung des jeweiligen Signaturschlüssels, die bestimmten Mindestanforderungen in Hinblick auf Fälschungssicherheit und Schutz vor unbefugter Nutzung erfüllen und die für qualifizierte elektronische Signaturen bestimmt sind (§ 2 Nr. 10 SigG).

10 Nach **Abs. 1 S. 2** können durch eine Verordnung gemäß Abs. 2 auch **andere sichere Verfahren** zur Sicherstellung von Authentizität und Integrität elektronischer Dokumente **zugelassen** werden. Solche sicheren Verfahren müssen gewährleisten, dass das elektronische Dokument dem angegebenen Absender zuzurechnen ist, in seiner Integrität geschützt übermittelt und nach Eingang bei Gericht oder Behörde so gespeichert wird, dass die Überprüfung der Integrität sichergestellt ist (vgl. BT-Drs. 15/4067 S. 37, 43). Nach der Vorstellung des Gesetzgebers ist zur Sicherung der Integrität des Dokuments notwendig,

dass die Übermittlung der Dokumente mittels kryptografischer Verfahren erfolgt, die mindestens auf den »Standards und Architekturen für eGoverment-Anwendungen (SAGA)« in der jeweils aktuellen Fassung beruhen, und dass das übermittelte Dokument beim Eingang im Bereich des Empfängers so gespeichert wird, dass seine Integrität für die Zeit der Speicherung überprüfbar ist (vgl. BT-Drs. aaO).

Voraussetzung der Einreichung formgebundener elektronischer Dokumente bei Behörden oder Gerichten ist neben der qualifizierten elektronischen Signatur oder eines durch Verordnung zugelassenen anderen sicheren Verfahrens die **Eignung** des übermittelten Dokuments **zur Bearbeitung** durch die Behörde oder das Gericht. Dies entspricht den Regelungen in § 110a Abs. 1 Satz 1 OWiG und § 130a Abs. 1 Satz 1 ZPO. Die Anforderungen an die entsprechende Form elektronischer Dokumente können durch eine Verordnung nach Abs. 2 geregelt werden (vgl. hierzu näher KK/*Graf* § 41a Rn. 24). 11

Kann das formgebundene oder formfreie Dokument von Staatsanwaltschaften oder Gerichten **nicht bearbeitet** werden, muss der Empfänger nach **Abs. 1 S. 4** dies dem Absender unter Angabe der geltenden technischen Rahmenbedingungen **unverzüglich mitteilen**. Die Vorschrift konkretisiert wie die entsprechenden Regelungen in § 130a Abs. 1 S. 3 ZPO, § 55a Abs. 2 S. 3 VwGO und § 110a Abs. 1 S. 4 OWiG die Fürsorgepflicht beim Auftreten technischer Probleme (vgl. BT-Drs. 15/4067 S. 43). Auch bei Beachtung der technischen Vorgaben kann es aus verschiedenen Gründen geschehen, dass Behörde oder Gericht ein ihnen übermitteltes Dokument nicht bearbeiten können. 12

Unverzüglich im Sinne von Abs. 1 S. 4 bedeutet nach der auch für andere Rechtsgebiete maßgeblichen Legaldefinition in § 121 Abs. 1 S. 1 BGB »ohne schuldhaftes Zögern«. Soll durch die Einreichung des elektronischen Dokuments eine Frist gewahrt werden und wird die Fristwahrung durch den Mangel verhindert, muss die Mitteilung möglichst so rechtzeitig nach Eingang und Kenntnisnahme durch den Empfänger erfolgen, dass der Mangel noch fristgerecht beseitigt werden kann. Verstöße hiergegen können die Wiedereinsetzung in die deswegen versäumte Frist begründen (vgl. BT-Drs. 15/4067 S. 37 zu § 55a VwGO; *Meyer-Goßner/Schmitt* § 41a Rn. 7). 13

Den **Zeitpunkt des Eingangs** eines formgebundenen oder formfreien elektronischen Dokuments bestimmt **Abs. 1 S. 3**. Die Regelung entspricht § 110a Abs. 1 S. 3 OWiG. Danach kommt es entscheidend auf die Aufzeichnung des Dokuments durch die für den Empfang bestimmte Einrichtung bei Behörde oder Gericht an, nicht dagegen auf die Kenntnisnahme oder andere Zeitpunkte. Indem der Zeitpunkt des Eingangs auf den Zeitpunkt bezogen wird, zu welchem die übermittelte Datei beim Empfänger auf maschinenlesbarem Datenträger aufgezeichnet ist, wird dem Absender ermöglicht, Fristen bis kurz vor ihrem Ablauf zu nutzen (vgl. BT-Drs 15/4067 S. 43). 14

Fraglich ist, welche Folgen es für die **Bestimmung des Eingangszeitpunkts** hat, wenn ein Dokument in **nicht bearbeitungsfähiger** oder in einer nicht der jeweiligen Verordnung entsprechenden **Form** übermittelt wird. § 55a Abs. 2 S. 1 VwGO sieht in solchen Fällen vor, dass ein elektronisches Dokument dem Gericht nur dann zugegangen ist, wenn es nicht nur dort aufgezeichnet, sondern auch in der von der entsprechenden VO vorgesehenen Form übermittelt wurde (vgl. auch § 52a Abs. 2 S. 1 FGO). Das – wenig verständliche – Fehlen eines entsprechenden Zusatzes in Abs. 1 S. 3 könnte im Umkehrschluss bedeuten, dass es in der StPO im Gegensatz zur VwGO und zur FGO nicht auf die Verwendung der vorgeschriebenen Form, sondern allein auf die Aufzeichnung der in irgendeiner Form übermittelten Datei ankommt. Für diese Auslegung sprechen neben den genannten systematischen Gründen wohl auch die Gesetzesmaterialien. Danach soll von der Frage, ob ein Dokument formgerecht nach Abs. 1 Satz 1 eingereicht wurde, die Frage des Eingangs unterschieden sein. Zudem heißt es dort ohne weitere Einschränkung: »Ein elektronisches Dokument ist bereits dann eingegangen, wenn es aufgezeichnet ist« (vgl. BT-Drs. 15/4067 S. 46 zu § 110a OWiG). 15

In **Abs. 1 Satz 5** wird der **Umgang mit eingehenden elektronischen Dokumenten** geregelt. Unverzüglich (also im Regelfall sofort) ist ein Aktenausdruck zu fertigen, um das elektronische Dokument in Papierform zu den Akten zu nehmen. Die vom Rechtsausschuss des Bundestags in diesem Satz vorgeschlagene Ersetzung des Worts »jedem« durch das Wort »dem« soll verdeutlichen, dass sich die Verpflichtung, Ausdrucke zu fertigen, nur auf solche Dokumente bezieht, denen überhaupt ein inhaltlicher Sinn beigemessen werden kann, nicht dagegen etwa auf eine Anhäufung von Steuerzeichen (vgl. BT-Drs. 15/4952 S. 74 f.). Das Erfordernis, möglichst schnell Ausdrucke zu den Akten zu nehmen, dient auch der vollständigen Information von jedem, der Akteneinsicht nimmt (vgl. BT-Drs. 15/4067 S. 43 f.). 16

§ 41a StPO Elektronischer Rechtsverkehr mit Gerichten und Staatsanwaltschaften

17 Für die **weitere Speicherung des elektronischen Dokuments** enthält § 41a im Gegensatz zu §§ 110a ff. OWiG keine Regelungen. Den Regelungen in § 110d Abs. 3 S. 2 i.V.m. § 110b Abs. 2 S. 3 und Abs. 3 OWiG kann der allgemeine Rechtsgedanke entnommen werden, dass ein zusätzlich zum Ausdruck vorhandenes Dokument bis zum Abschluss des Verfahrens so zu speichern ist, dass es erforderlichenfalls innerhalb einer Frist von einer Woche in elektronischer Form zur Verfügung gestellt werden kann und dass der weiteren Bearbeitung des Verfahrens der gefertigte Ausdruck zugrunde zu legen ist, soweit kein Anlass besteht, an seiner Übereinstimmung mit dem elektronischen Dokument zu zweifeln. Dieser allgemeine Rechtsgedanke findet auch in den Fällen des Abs. 1 S. 5 Anwendung (vgl. BT-Drs. 15/4067 S. 46 zu § 110a OWiG).

18 Eine **Rechtsverordnungsermächtigung** enthält **Abs. 2 S. 1**. Diese gilt für alle an Staatsanwaltschaften und Gerichte übermittelten elektronischen Dokumente unabhängig davon, ob diese dem gesetzlichen Formerfordernis nach Abs. 1 unterliegen oder nicht. Zuständig für den Erlass der Rechtsverordnung sind die Bundesregierung bzw. die Landesregierungen für die jeweils ihrem Zuständigkeitsbereich unterfallenden Staatsanwaltschaften und Gerichte. In der Rechtsverordnung ist neben der für die Bearbeitung der elektronischen Dokumente geeigneten Form auch der Anfangszeitpunkt zu bestimmen, ab dem elektronische Dokumente eingereicht werden können. Der in der Rechtsverordnung nach Abs. 2 bestimmte Anfangszeitpunkt ist im Interesse einer für den Bürger klaren und verlässlichen Regelungen für alle von der Verordnung erfassten Staatsanwaltschaften und Gerichte verbindlich (vgl. BT-Drs. 15/4067 S. 46 zu § 110a OWiG).

19 **Abs. 2 S. 2** gestattet die **Übertragung der Zuständigkeit** für den Erlass der Rechtsverordnung auf die jeweiligen Fachministerien. Wird von dieser Möglichkeit Gebrauch gemacht, muss allerdings auf eine hinreichende Abstimmung zwischen den Rechtsverordnungen der einzelnen Ressorts geachtet werden. Einheitliche Vorgaben sollten für alle Gerichte und Staatsanwaltschaften angestrebt werden. Die Zulassung der Übermittlung elektronischer Dokumente kann nach **Satz 3** auf bestimmte Staatsanwaltschaften, Gerichte oder Verfahren **beschränkt** werden. Ebenso wie in den anderen Verfahrensordnungen bedarf die Rechtsverordnung der Bundesregierung nach den Sätzen 1 und 2 nach Art. 80 Abs. 2 GG **nicht der Zustimmung des Bundesrates**. Auf einen entsprechenden, rein deklaratorischen Hinweis im Gesetz selbst wurde – ebenso wie in § 130a ZPO und § 110a OWiG – verzichtet (vgl. BT-Drs. 15/4067 S. 46 zu § 110a OWiG).

20 **Vor dem Erlass von Rechtsverordnungen** nach Abs. 2 werden Staatsanwaltschaft und Gerichte eingehende elektronische Dokumente nur im Rahmen des **Amtsermittlungsgrundsatzes** zu berücksichtigen haben (vgl. auch BT-Drs. 15/4067 S. 43), während etwa die strikte Vorgabe in Abs. 1 S. 3 zum Eingangszeitpunkt für diese Fälle nicht unmittelbar greift. Die Klärung der Frage, ob für die Übergangszeit bis zum Erlass der Rechtsverordnungen die **Erklärung per E-Mail** als **wirksam** anerkannt wird, obwohl bei der Übersendung einer E-Mail kein automatischer Ausdruck erfolgt, hat der Gesetzgeber ausdrücklich der Rechtsprechung überlassen (vgl. BT-Drs. 15/4067 S. 44). Grundsätzlich kann dabei auf die Entscheidung des gemeinsamen Senats der Obersten Gerichtshöfe des Bundes vom 5.4.2000 zum sog. Computerfax (NJW 2000, 2340) verwiesen werden, in der allerdings maßgeblich auf die Erstellung einer körperlichen Urkunde nebst Wiedergabe der eingescannten Unterschrift am Empfangsort auf Veranlassung des Absenders abgestellt wird (vgl. hierzu auch AG Hünfeld, Beschl. v. 04.07.2013 – 34 Js-OWi 447/13: ohne Ausdruck keine wirksame Rechtsmitteleinlegung per Fax; sehr weitgehend OLG Brandenburg NStZ-RR 2013, 288: wirksame Berufungseinlegung durch »SMS-to-fax-service«). Dies und die zahlreichen Möglichkeiten einer Manipulation sprechen dagegen, eingehende E-Mails ohne qualifizierte elektronische Signatur den Computer-Faxen insoweit gleich zu stellen. Auch die Anforderungen von Abs. 1 S. 1, die der Sicherstellung von Authentizität und Integrität formgebundener elektronischer Dokumente dienen, zeigen den Willen des Gesetzgebers, im elektronischen Rechtsverkehr höhere Anforderungen an die Identifikation des Absenders zu stellen, als dies bei der Übermittlung von Computer-Faxen der Fall ist.

21 In der **Übergangszeit** genügen **E-Mails** ohne qualifizierte elektronische Signatur nach einhelliger Rechtsprechung der **Schriftform nicht**, weil sie weder ein beim Absender erstelltes Originalschriftstück voraussetzen noch zwingend eine urkundliche Verkörperung am Empfangsort erfahren (vgl. OLG Oldenburg NZV 2012, 303; OLG Koblenz NStZ-RR 2011, 211; OLG Oldenburg NJW 2009, 536; LG Zweibrücken VRS 119, 223; LG Heidelberg SVR 2009, 105; LG Fulda, Beschl. v. 02.07.2012 – 2 Qs 65/12; vgl. auch BGH NJW 2008, 2649 zu § 130a ZPO). Anderes dürfte für E-Mails gelten,

die als Anlage eine PDF-Datei mit der Abbildung eines handschriftlich unterzeichneten Schriftstücks enthalten, sofern der E-Mail-Anhang dem Gericht ausgedruckt vorliegt; insoweit gilt nichts anderes als zum Computer-Fax (BGH NJW 2008, 2649; LSG Halle, Beschl. v. 18.01.2011 – L 5 AS 433/10 B; a. A. LSG München SAR 2012, 62). Wirksamkeitsvoraussetzung ist allerdings der Ausdruck des angehängten Dokuments, worauf der Betroffene keinen Anspruch hat und was auch nicht in jedem Gericht technisch möglich sein muss (vgl. LSG Halle a.a.O.). Ein Rechtsmittel, das zu Protokoll der Geschäftsstelle oder schriftlich einzulegen ist, kann demnach alleine durch eine E-Mail ohne qualifizierte elektronische Signatur nicht wirksam eingelegt werden (vgl. LG Zweibrücken VRS 119, 223; OLG Oldenburg NJW 2009, 536).

Fraglich ist, wie es sich insoweit mit den **De-Mails** verhält. Die Besonderheit bei De-Mails besteht darin, dass der Nutzer bei dem akkreditierten Diensteanbieter ein De-Mail Konto errichtet und der Dienstanbieter dabei die Identität des Nutzers zuverlässig anhand amtlicher Dokumente feststellt (vgl. § 3 De-Mail-G v. 18.04.2011, BGBl. I S. 666). Der anschließende Postfach- und Versanddienst durch den Diensteanbieter erfolgt unter Gewährleistung von Vertraulichkeit, Integrität und Authentizität der Nachrichten, insb. durch Verschlüsselung (§ 5 Abs. 3 De-Mail-G). Der Dienstanbieter kann auch einen Identitätsbestätigungsdienst anbieten, der einer sicheren Identifizierung des Nutzers gegenüber einem anderen Nutzer dient (§ 6 De-Mail-G). Nach der Auffassung des Gesetzgebers genügt eine De-Mail grundsätzlich nicht dem strengen Schriftformerfordernis. In der Gesetzesbegründung heißt er hierzu: »Die De-Mail-Dienste stellen keine Alternative zur qualifizierten elektronischen Signatur nach dem Signaturgesetz dar. Die qualifizierte elektronische Signatur nach dem Signaturgesetz stellt insbesondere das Äquivalent zur handschriftlichen Unterschrift dar und dient damit der Erfüllung eines im Einzelfall erforderlichen Schriftformerfordernisses im Sinne von § 126a des Bürgerlichen Gesetzbuchs (BGB), § 3a des Verwaltungsverfahrensgesetzes (VwVfG), § 36a des Ersten Buches Sozialgesetzbuch (SGB I) und § 87a der Abgabenordnung (AO). Mit den De-Mail-Diensten wird hingegen eine Plattform bereitgestellt, die – im Gegensatz zur herkömmlichen E-Mail-Kommunikation – eine sichere und nachvollziehbare Kommunikation schafft. Die bis dato fehlende Nachweisbarkeit der elektronischen Kommunikation wird mit De-Mail nunmehr möglich, da der Versand bzw. der Empfang von De-Mails nachgewiesen werden kann und die Identität der Kommunikationspartner gesichert ist. Ergänzend kann die qualifizierte elektronische Signatur vom Nutzer z.B. in den Fällen eingesetzt werden, wenn ein per De-Mail versendetes Dokument einem Schriftformerfordernis unterliegt und daher nach § 126a BGB, § 3a VwVfG, § 36a SGB I oder § 87a AO mit einer qualifizierten elektronischen Signatur nach dem Signaturgesetz versehen werden muss« (BT-Drs. 17/3630 S. 19). Hieraus und aus § 41a Abs. 1 S. 1 folgt, dass nach dem Gesetz schriftlich einzureichende Schriftstücke in elektronischer Form nur dann formwirksam eingereicht sind, wenn sie – und zwar auch als De-Mail – zusätzlich nach Maßgabe von § 41a mit einer elektronischen Signatur versehen sind.

Beim sog. **E-Postbrief** der Deutschen Post AG (die insoweit auch eine Zulassung als akkreditierter De-Mail-Anbieter anstrebt) besteht neben dem elektronischen Versand auch die Möglichkeit, den elektronisch an die Deutsche Post AG übermittelten Inhalt **ausdrucken** und als Brief verschicken zu lassen. Derartige Schreiben enthalten keine handschriftliche Unterschrift. Der Versender des Briefs muss bei der Deutschen Post AG registriert sein. Um die Identität des Absenders sicherzustellen, wird zudem das TAN-Verfahren verwendet (vgl. OLG Köln MMR 2011, 742). Der E-Postbrief erfüllt, auch wenn er ausgedruckt wird, das Schriftformerfordernis des § 126 BGB nicht (vgl. ausführlich LG Bonn MMR 2011, 747 m. Anm. *Feldmann* MMR 2011, 745). Dies gilt auch für das Strafverfahren. Der Ursprung des ausgedruckten E-Postbriefs ist ein elektronischer Kommunikationsvorgang. Dieser gilt dem Gesetzgeber angesichts weitgehender Manipulationsmöglichkeiten nur dann als zuverlässig und geeignet, die Schriftform zu ersetzen, wenn der Absender mittels elektronischer Signatur sicher festgestellt werden kann (dies ergibt sich aus § 41a Abs. 1 S. 1). Der Ausdruck durch die Deutsche Post AG ist nicht anders zu beurteilen, als würde das elektronische Dokument bei Gericht erstmals ausgedruckt. Deshalb entspricht etwa die Rechtsmitteleinlegung durch ausgedruckten E-Postbrief genau so wenig der Schriftform wie bei Übersendung einer E-Mail. Befindet sich der rechtsunkundige Nutzer des E-Postbriefs im Irrtum über dessen Formgeeignetheit (vgl. zu insoweit irreführender Werbung auch LG Bonn MMR 2011, 747), wird regelmäßig ein entsprechender Hinweis des Gerichts erforderlich und ggfs. Wiedereinsetzung zu gewähren sein.

Fünfter Abschnitt. Fristen und Wiedereinsetzung in den vorigen Stand

Vorbemerkung zu §§ 42 ff. StPO

1 Eine Frist ist ein bestimmbarer Zeitraum, in dem eine Prozesshandlung durch einen Prozessbeteiligten vorgenommen werden muss. Die §§ 42 ff. gelten allein für strafprozessuale und nicht für materiell-rechtliche Fristen. Erfasst sind sowohl gesetzliche als auch richterliche Fristen (vgl. im Einzelnen AnwK-StPO/*Rotsch* §§ 42–43 Rn. 2; MüKo-StPO/*Valerius* § 42 Rn. 5 f.); nicht erfasst sind bestimmbare Zeiträume, in denen Strafverfolgungsbehörden eine Prozesshandlung vornehmen müssen (AnwK-StPO/*Rotsch* §§ 42–43 Rn. 2; *Meyer-Goßner/Schmitt* Vor § 42 Rn. 2; MüKo-StPO/*Valerius* § 42 Rn. 4; a. A. LR/*Graalmann-Scheerer* Vor § 42 Rn. 2); hierzu zählen z.B. §§ 98 Abs. 3, 111e Abs. 2 Satz 1, 115 Abs. 2, 115a Abs. 2 Satz 1, 118 Abs. 5, 118a Abs. 4 Satz 2, 121 Abs. 1, 122 Abs. 4 Satz 2, 128 Abs. 1 Satz 1, 129, 275 Abs. 1 Satz 2.

§ 42 StPO Berechnung von Tagesfristen.
Bei der Berechnung einer Frist, die nach Tagen bestimmt ist, wird der Tag nicht mitgerechnet, auf den der Zeitpunkt oder das Ereignis fällt, nach dem der Anfang der Frist sich richten soll.

1 Bei der Berechnung von Tagesfristen wird für den **Fristbeginn** der Tag nicht mitgezählt, in den das maßgebende Ereignis fällt. Eine Tagesfrist beginnt daher am Folgetag um 0.00 Uhr und **endet** um 24.00 Uhr des letzten Tages der Frist (BVerfGE 41, 323). **Beispiel:** Fällt das fristauslösende Ereignis einer 3-Tages-Frist auf den 17.2., so beginnt die Frist am 18.2. um 0.00 Uhr und endet am 20.2. um 24.00 Uhr.

2 Auf **Stundenfristen** wird § 42 nicht angewendet, so dass bei der Berechnung der 24-Stunden-Frist des § 418 Abs. 2 Satz 3 der Zustellungstag mitzählt (*Meyer-Goßner/Schmitt*, § 42 Rn. 2).

3 Die **gesetzliche Fristverlängerung** des § 43 Abs. 2 bei Ablauf an Wochenend- und Feiertagen gilt auch für Tagesfristen (RGSt 62, 140, 141).

§ 43 StPO Berechnung von Wochen- und Monatsfristen.
(1) Eine Frist, die nach Wochen oder Monaten bestimmt ist, endet mit Ablauf des Tages der letzten Woche oder des letzten Monats, der durch seine Benennung oder Zahl dem Tag entspricht, an dem die Frist begonnen hat; fehlt dieser Tag in dem letzten Monat, so endet die Frist mit dem Ablauf des letzten Tages dieses Monats.
(2) Fällt das Ende einer Frist auf einen Sonntag, einen allgemeinen Feiertag oder einen Sonnabend, so endet die Frist mit Ablauf des nächsten Werktages.

1 Wie bei den Tagesfristen nach § 42 zählt für den **Fristbeginn** bei den Wochen- und Monatsfristen der Tag nicht mit, auf den das maßgebende Ereignis fällt (vgl. § 42 Rn. 1; LR/*Graalmann-Scherer*, § 43 Rn. 2). Das **Fristende** bestimmt sich nach § 43 Abs. 1 bei Wochenfristen nach dem Tages**namen** und bei Monatsfrist nach der Tages**zahl**. **Beispiel:** Fällt das eine Wochenfrist auslösende Ereignis auf einen Mittwoch, so beginnt die Frist für die Berechnung am Donnerstag um 0.00 Uhr und endet am darauf folgenden Mittwoch um 24.00 Uhr. Fällt das eine Monatsfrist auslösende Ereignis auf den 15.7., so beginnt die Frist am 16.7. um 0.00 Uhr und endet am 15.8. um 24.00 Uhr.

2 Wenn das Fristende auf den **letzten Tag eines Monats** fällt, wird die Frist bei Fehlen des entsprechenden Tages gem. § 43 Abs. 1 2. Halbs. auf den letzten Tag des Monats verkürzt. **Beispiel:** Fällt das maßgebliche Ereignis auf den 31.3., so beginnt die Frist am 1.4. um 0.00 Uhr und endet bereits am 30.4. um 24.00 Uhr. Würde das Fristende auf den 30.2. oder 31.2. fallen, so endete die Frist bereits am 28.2. bzw. in Schaltjahren am 29.2.

Schließen zwei Fristen derart **aneinander** an, dass dazwischen kein weiteres Ereignis liegt, so wird der 3
Anfangstag bei der Fristberechnung ebenfalls nicht mitgezählt; so etwa im Fall der Revisionsbegründungsfrist, die sich an die Einlegungsfrist anschließt (BGHSt 36, 241; a. A. BayObLG NJW 1968,
904 f. für die Frist zur Rechtsbeschwerdebegründung). In dem vom BGH entschiedenen Fall erfolgte
die Zustellung des Urteils am Montag, dem 30.1. (Berechnungsbeginn: 31.1.), so dass die Revisionseinlegungsfrist am darauf folgenden Montag, dem 6.2., endete. Die Revisionsbegründungsfrist begann am
7.2. (Berechnungsbeginn: 8.2.) und endete mit Ablauf des 7.3.
Die **gesetzliche Fristverlängerung des § 43 Abs. 2** gilt auch für richterliche Fristen, selbst wenn diese 4
nach dem Datum bestimmt sind (BayObLGSt 1971, 54, 55; AnwK-StPO/*Rotsch*, §§ 42–43 Rn. 18;
Graf/*Cirener*, § 42 Rn. 19/§ 43 Rn. 2; KK-StPO/*Maul*, §§ 42–43 Rn. 22; *Meyer-Goßner/Schmitt*,
§ 43 Rn. 2; MüKo-StPO/*Valerius* § 42 Rn. 12; a. A. LR/*Graalmann-Scherer*, § 42 Rn. 4; SK-StPO/
Weßlau/Deiters, §§ 42, 43 Rn. 24). Das gilt jedoch nicht, wenn der Richter das Fristende eindeutig
auf einen Sonnabend oder Feiertag gelegt hat (»bis Sonntag, den ...«) (AnwK-StPO/*Rotsch*, § 43
Rn. 18; Graf/*Cirener*, § 42 Rn. 19/§ 43 Rn. 2; HK-StPO/*Brauer*, § 43 Rn. 30; *Meyer-Goßner/Schmitt*,
§ 43 Rn. 2; MüKo-StPO/*Valerius* § 43 Rn. 12).
Allgemeine Feiertage sind nur die gesetzlichen, staatlich anerkannten, nicht die nur kirchlichen oder 5
staatlich geschützten Feiertage (BGH, NStZ 2008, 55; BayObLGSt 1957, 131, 132). Sie sind bundes-
und landesrechtlich abschließend geregelt. Sonstige dienstfreie Tage stehen den Feiertagen nicht gleich
(BayObLG, NStZ-RR 1999, 363). Die Fristverlängerung tritt aber nur ein, wenn der Tag am **Ort des
Gerichts**, bei dem die Frist gewahrt werden muss, ein solcher Feiertag ist (AnwK-StPO/*Rotsch*,
§§ 42–43 Rn. 19; Graf/*Cirener*, § 43 Rn. 2; *Meyer-Goßner/Schmitt*, § 43 Rn. 3). In der Rechtsmittelbelehrung muss nicht darauf hingewiesen werden, dass sich die Rechtsmittelfrist verlängert, wenn das
Fristende auf ein Wochenende oder einen Feiertag fällt (BVerfG, NJW 1971, 2217).

§ 44 StPO Wiedereinsetzung in den vorigen Stand bei Fristversäumung.
¹War jemand ohne Verschulden verhindert, eine Frist einzuhalten, so ist ihm auf Antrag Wiedereinsetzung in den vorigen Stand zu gewähren. ²Die Versäumung einer Rechtsmittelfrist
ist als unverschuldet anzusehen, wenn die Belehrung nach den § 35a Satz 1 und 2, § 319 Abs. 2 Satz 3
oder nach § 346 Abs. 2 Satz 3 unterblieben ist.

Übersicht	Rdn.			Rdn.
A. Allgemeines	1		1. Unkenntnis vom Fristbeginn	28
B. Fristversäumnis	3		2. Unkenntnis von der Zustellung	32
I. Fristen	3	III.	Verzögerungen durch Dritte	35
II. Fristwahrung	8		1. Post	35
III. Versäumnis	15		2. Justizbehörden	38
C. Verhinderung ohne Verschulden	19		3. Verteidiger	40
I. Gesetzliche Vermutung des Satz 2	19	D.	Nachholen von Verfahrensrügen	43
II. Eigenes Verschulden	22			

A. Allgemeines. Der Antrag auf Wiedereinsetzung ist kein Rechtsmittel, sondern ein **außer-** 1
ordentlicher Rechtsbehelf (BGHSt 25, 89, 91). Mit ihm wird weder die Nachprüfung einer Entscheidung erstrebt, noch kommt ihm ein Suspensiv- oder Devolutiveffekt zu (RGSt 22, 31, 32). Durch die
erfolgreiche Wiedereinsetzung wird das Verfahren **in die Lage versetzt,** die bestanden hätte, wenn die
Prozesshandlung **fristgerecht** vorgenommen worden wäre (OLG Köln NJW 1987, 80). Dabei wird allein die Säumnis geheilt; dem Säumigen sollen keine sonstigen Vorteile verschafft werden (BGH NStZ
[Pf/M] 1988, 17).
Die **Rechtskraft einer Entscheidung** steht der Wiedereinsetzung nicht entgegen; sie wird ggf. durchbro- 2
chen (RGSt 53, 287, 288). Ergangene Entscheidungen fallen ohne Weiteres weg – es bedarf keiner förmlichen Aufhebung (HK-StPO/*Brauer* § 44 Rn. 3; KK-StPO/*Maul* § 44 Rn. 1; *Meyer-Goßner/Schmitt*
§ 44 Rn. 25). Die Wiedereinsetzung ist i.d.R. ausgeschlossen, wenn das Revisionsgericht eine das Verfahren rechtskräftig abschließende Sachentscheidung getroffen hat (BGH NJW 1962, 818, 819; NStZ
1999, 40, 41; vgl. aber BGH NStZ 2008, 705 f.). Dann greift das Institut der Wiederaufnahme nach

§ 44 StPO   Wiedereinsetzung in den vorigen Stand bei Fristversäumung

§§ 359 ff. (HK-StPO/*Brauer* § 44 Rn. 3; *Meyer-Goßner/Schmitt* § 44 Rn. 1). Dagegen soll für Entscheidungen nach § 349 Abs. 1 die Wiedereinsetzung zulässig bleiben (Graf/*Cirener* § 44 Rn. 2; *Meyer-Goßner/Schmitt* § 44 Rn. 1).

3 **B. Fristversäumnis. I. Fristen.** Wiedereinsetzung setzt voraus, dass eine Frist versäumt wurde.

4 **Fristen** i.S.d. § 44 sind dabei nur prozessuale, bei Gericht wahrzunehmende Fristen (s. § 46 Abs. 1). Es sind sowohl gesetzliche als auch richterliche Fristen erfasst (Graf/*Cirener* § 44 Rn. 4; LR/*Graalmann-Scherer* § 44 Rn. 7; *Meyer-Goßner/Schmitt* § 44 Rn. 3; SK-StPO/*Weßlau/Deiters* § 44 Rn. 8).

5 § 44 gilt **nicht** für Ausschlussfristen (AnwK-StPO/*Rotsch* § 44 Rn. 2; *Meyer-Goßner/Schmitt* § 44 Rn. 3), für Erklärungsfristen im Ermittlungsverfahren (Graf/*Cirener* § 44 Rn. 4; *Meyer-Goßner/Schmitt* § 44 Rn. 3), für die Fristen der §§ 6a, Satz 3, 16 Satz 3, 222a, 222b und 317 (*Meyer-Goßner/Schmitt* § 44 Rn. 3), für die vom Gericht gesetzte Beschwerdebegründungsfrist (OLG Karlsruhe MDR 1983, 250 f.), für Fristen des materiellen Rechts wie die Strafantragsfrist des § 77b Abs. 1 Satz 1 StGB (BGH NJW 1994, 1165, 1166), für die vereinbarte Frist zum Widerruf eines Privatklagevergleichs (LG Würzburg NJW 1954, 768, 769), für den Anschluss als Nebenkläger (BGH NStZ-RR 1997, 136) und für die Versäumung der Bezeichnung des unbenannt eingelegten Rechtsmittels (OLG Hamm NStZ 1991, 601).

6 Bei **Versäumung eines Termins** sehen die §§ 235, 329 Abs. 3, 391 Abs. 4, 401 Abs. 3 Satz 2, 412 i.V.m. 329 Abs. 3 Wiedereinsetzung vor; i.Ü. sind Termine keine Fristen i.S.d. § 44 (AnwK-StPO/*Rotsch* § 44 Rn. 2; Graf/*Cirener* § 44 Rn. 5).

7 § 44 gilt auch für die **Klageerzwingungsfrist** des § 172 Abs. 1 (BVerfG NJW 1993, 720; Graf/*Cirener* § 44 Rn. 4; HK-StPO/*Brauer* § 44 Rn. 12; KK-StPO/*Maul* § 44 Rn. 11; a. A. OLG Celle NJW 1954, 974 f.; LR/*Graalmann-Scherer* § 44 Rn. 11).

8 **II. Fristwahrung. Mündliche Erklärungen** wahren die Frist dann, wenn sie zu Protokoll niedergeschrieben werden. Ob **telefonische Erklärungen** grds. wirksam und damit fristwahrend sein können, ist umstritten (verneinend: BGH NJW 1981, 1627 für die Berufungseinlegung; Graf/*Cirener* § 42 Rn. 6; bejahend: BGH NJW 1980, 1290, 1291 für den Einspruch gegen einen Bußgeldbescheid; LG Münster NJW 2005, 166 f. für die telefonische Erklärung zu Protokoll; LR/*Graalmann-Scheerer* Vor § 42 Rn. 8; MüKo-StPO/*Valerius* § 44 Rn. 13: sofern die Erklärung formfrei oder zur Niederschrift der Geschäftsstelle erfolgen kann; wohl auch HK-StPO/*Brauer* § 43 Rn. 13 und SK-StPO/*Weßlau/Deiters* § 43 Rn. 13).

9 Ein **Telefax** wahrt die Frist uneingeschränkt (BVerfG NJW 1996, 2857), wenn die Daten noch vor Ablauf der Frist vom Empfangsgerät vollständig gespeichert werden (BGH NJW 2006, 2263, 2265 f.; Graf/*Cirener* § 42 Rn. 13; LR/*Graalmann-Scheerer* Vor § 42 Rn. 31; MüKo-StPO/*Valerius* § 44 Rn. 26; a. A. AnwK-StPO/*Rotsch* §§ 42–43 Rn. 12, KK-StPO/*Maul* §§ 42–43 Rn. 19 und *Meyer-Goßner/Schmitt* Vor § 42 Rn. 18; für den rechtzeitigen Ausdruck am Empfangsgerät).

10 Da die Frist nur durch Eingang beim **zuständigen Gericht** gewahrt werden kann (OLG Düsseldorf NStZ-RR 2002, 216 f.), ist ein versehentlich angegangenes unzuständiges Gericht verpflichtet, ggf. außerordentliche Maßnahmen zu ergreifen, etwa die Übermittlung per Telefax, um den rechtzeitigen Eingang einer Rechtsmittelschrift bei dem zuständigen Gericht zu gewährleisten (OLG Zweibrücken NJW 1982, 1008; KK-StPO/*Maul* § 44 Rn. 26; a. A. OLG Naumburg NStZ-RR 2001, 272, 273). Das gilt erst recht, wenn der drohende Fristablauf ohne Weiteres zu erkennen ist (a. A. OLG Hamm NStZ-RR 2009, 347).

11 **Eingang** eines Schriftstücks ist gegeben, wenn es in die Verfügungsgewalt des Gerichts gelangt (BVerfG NJW 1980, 580; anders noch BayObLGSt 1968, 103, 104: wenn das Schriftstück an einen zur Entgegennahme zuständigen Beamten gelangt). Ob es tatsächlich in Empfang genommen wird (BVerfG NJW 1980, 580) oder außerhalb der Dienstzeit eingeht (OLG Frankfurt am Main NStZ-RR 2007, 206), ist unerheblich.

12 Der Einwurf in einen **Hausbriefkasten** wahrt die Frist auch dann, wenn er dort am letzten Tag der Frist nach Dienstschluss erfolgt (BVerfG NJW 1976, 1255; OLG Hamm NJW 1976, 762; anders noch BayObLGSt 1968, 103, 104 ff.). Die Gerichte sind gehalten, **Nachtbriefkästen** vorzuhalten, bei denen durch eine technische Einrichtung kontrolliert wird, ob das Schreiben vor 24 Uhr eingegangen ist

(BVerfG NJW 1976, 1255). Versagt der Mechanismus, so ist von einem rechtzeitigen Eingang auszugehen (BayObLGSt 1968, 103, 106).

Auch der Eingang bei einer gemeinsamen **Postannahmestelle** mehrerer Gerichte oder Justizbehörden wahrt die Frist, sofern sie auch von dem zuständigen Gericht betrieben wird. Und zwar auch dann, wenn das Schriftstück aufgrund falscher Adressierung das zuständige Gericht erst verspätet erreicht (OLG Düsseldorf StV 1991, 248; OLG Bremen NJW 1950, 395; Graf/*Cirener* § 42 Rn. 10; HK-StPO/*Brauer* § 43 Rn. 24; KK-StPO/*Maul* §§ 42–43 Rn. 16; LR/*Graalmann-Scheerer* Vor § 42 Rn. 23; *Meyer-Goßner/Schmitt* Vor § 42 Rn. 17; SK-StPO/*Weßlau/Deiters* § 44 Rn. 21; §§ 42, 43 Rn. 17; a. A. BGH NJW 1983, 123 f.; OLG Frankfurt am Main NStZ-RR 2000, 212; OLG Stuttgart NStZ 1987, 185; MüKo-StPO/*Valerius* § 44 Rn. 21). 13

Das Bereitlegen zur Abholung in einem **Postschließfach** des Gerichts am letzten Tag der Frist genügt unabhängig davon, wann es abgeholt wird oder ob noch mit einer Abholung vor Fristende zu rechnen ist (OLG Frankfurt am Main NStZ-RR 2007, 206; Graf/*Cirener* § 42 Rn. 11; HK-StPO/*Brauer* § 43 Rn. 24.; KK-StPO/*Maul* §§ 42–43 Rn. 17; *Meyer-Goßner/Schmitt* Vor § 42 Rn. 13; SK-StPO/*Weßlau/Deiters* § 42 Rn. 18). Die mit Blick auf die Rspr. des Reichsgerichts (RGZ 114, 289, 292; 142, 408) und die ältere Rechtsprechung des BGH (DB 1955, 214) vertretene a. A. (LR/*Graalmann-Scheerer* Vor § 42 Rn. 25;) ist angesichts BGHR, ZPO, § 577 II Postfach 1 überholt. 14

III. Versäumnis. Säumig ist, wer an der Einhaltung einer Frist verhindert war. Wird von einem Rechtsmittel **bewusst kein Gebrauch** gemacht, so fehlt es an der Verhinderung nach Satz 1 (BGH NStZ 2001, 160; BGH. 19.6.2012 – 3 StR 194/12; zu alternativen Verteidigungsoptionen vgl. *Sommer* StRR 2008, 168, 170 ff.). Das Motiv spielt dann i.d.R. keine Rolle: Eine Wiedereinsetzung kommt nicht in Betracht, wenn die Frist wegen negativer Einschätzung der Erfolgsaussichten des Rechtsmittels versäumt wird, selbst wenn diese auf einer unrichtigen, aber nicht bewusst wahrheitswidrigen Beratung durch einen RA beruht (OLG Düsseldorf NJW 1982, 60, 61). Daher ist auch keine Wiedereinsetzung zu gewähren, wenn der Antragsteller zunächst von der Einlegung der Revision abgesehen hat und den durchgreifenden Revisionsgrund des § 338 Nr. 7 erst nach Ablauf der Revisionsfrist erkennt und geltend macht (*Meyer-Goßner/Schmitt* § 44 Rn. 5; a. A. HK-StPO/*Brauer* § 44 Rn. 4; SK-StPO/*Weßlau/Deiters* § 44 Rn. 10). Ferner schließen ein wirksamer **Rechtsmittelverzicht** (BGH, 11.05.2006 – 1 StR 175/06), der auch konkludent erfolgen kann (OLG Düsseldorf NJW 1982, 60, 61), sowie die **Rücknahme** eines Rechtsmittels (BGH NStZ 1995, 356) die Wiedereinsetzung aus. 15

Ist **keine Frist versäumt** worden, ist eine Wiedereinsetzung nicht möglich (BGH, 1.4.2008 – 4 StR 475/07: Wiedereinsetzungsantrag ist gegenstandslos; BGH NJW 1962, 818, 819). Wurde der Antragsteller dagegen so behandelt, als hätte er die Frist versäumt, ist ihm Wiedereinsetzung zu gewähren (BGH *bei Miebach* NStZ 1988, 209, 210; OLG Köln NStZ-RR 2002, 142; OLG Frankfurt am Main NStZ 1986, 279, 280; BayObLGSt 1970, 73, 74 f.; Graf/*Cirener* § 44 Rn. 8; KK-StPO/*Maul* § 44 Rn. 6; *Meyer-Goßner/Schmitt* § 44 Rn. 2; SK-StPO/*Weßlau/Deiters* § 44 Rn. 6; a. A. KG NStZ-RR 2006, 120, 121). 16

Ein **Fristversäumnis** ist gegeben, wenn die **vorgeschriebene Form** zur Fristwahrung **missachtet** wurde (BGH NJW 1976, 1414, 1415), z.B. die Revisionsbegründungsschrift nicht vom Verteidiger (BGH NStZ 1983, 132) oder unzulässigerweise vom Sozius des Pflichtverteidigers unterschrieben wurde (BGH NStZ 2003, 615) oder nicht den Anforderungen des § 344 entspricht (OLG Zweibrücken StV 1991, 550). Gleiches gilt, wenn ein Telefax nur teilweise innerhalb der Frist eingeht (BGH, 25.01.2002 – 2 StR 511/01). 17

Wiedereinsetzung ist zu gewähren, wenn der Verteidiger gegen ein Verwerfungsurteil mit einem unzulässigen Wiedereinsetzungsantrag anstatt mit dem zulässigen Rechtsmittel vorgeht (KG NStZ 1994, 603, 604; a. A. OLG Düsseldorf, VRS 82, 460, 461). 18

C. Verhinderung ohne Verschulden. I. Gesetzliche Vermutung des Satz 2. Die Säumnis einer **Rechtsmittelfrist** ist als unverschuldet anzusehen, wenn die in § 44 Satz 2 genannten Belehrungen unterblieben sind. Dabei steht der unterlassenen Belehrung eine **unvollständige oder unrichtige** gleich (BGH NStZ 1981, 487; BayObLGSt 1994, 197, 198, OLG Hamm, 5.2.2013 – III–1 RVs 85/12), wenn hiervon ein wesentlicher Punkt betroffen ist (BayObLGSt 1994, 197, 198) – andernfalls kommt nur Wiedereinsetzung nach Satz 1 in Betracht (*Meyer-Goßner/Schmitt* § 44 Rn. 23). § 35a 19

§ 44 StPO Wiedereinsetzung in den vorigen Stand bei Fristversäumung

Satz 3 ist von den Belehrungsvorschriften ausdrücklich ausgenommen, sodass § 44 Satz 2 bei unterbliebener **qualifizierter Belehrung** greift (BGH NStZ-RR 2010, 244).

20 Bei **Verzicht** des Verteidigers auf die Belehrung gilt Satz 2 jedenfalls dann nicht, wenn der Verteidiger ausdrücklich ermächtigt war, Rechtsmittel zurückzunehmen oder auf sie zu verzichten (OLG Zweibrücken MDR 1978, 861). Satz 2 soll zudem dann nicht gelten, wenn eine erforderliche Rechtsmittelbelehrung unterbleibt, weil sich der Angeklagte vor Beendigung der Hauptverhandlung eigenmächtig entfernt hat (OLG Köln NStZ 2009, 655; a. A. *Meyer-Goßner/Schmitt* § 44 Rn. 22).

21 Durch Satz 2 wird das Nicht-Verschulden unwiderleglich vermutet (AnwK-StPO/*Rotsch*, § 44 Rn. 9; LR/*Graalmann-Scherer*, § 44 Rn. 64; SK-StPO/*Weßlau/Deiters*, § 44 Rn. 39; a. A. *Meyer-Goßner/ Schmitt* § 44 Rn. 22: das Verschuldenserfordernis wird aufgehoben). Erforderlich ist weiterhin ein **ursächlicher Zusammenhang** zwischen Belehrungsmangel und Fristversäumnis (BGH NStZ 2001, 45), wobei die Anforderungen jedoch nicht überspannt werden dürfen (BVerfG NJW 1991, 2277). Im Antrag ist darzulegen, dass die Frist infolge des Fehlens der Belehrung versäumt worden ist (OLG Düsseldorf NStZ 1989, 242; OLG Karlsruhe, NStZ-RR 1997, 157).

22 **II. Eigenes Verschulden.** Maßgeblich für die Beurteilung des Verschuldens ist die dem Antragsteller **mögliche und zumutbare Sorgfalt** (vgl. OLG Frankfurt am Main NStZ-RR 2003, 204 f.; Graf/*Cirener* § 44 Rn. 11; HK-StPO/*Brauer* § 44 Rn. 15; *Meyer-Goßner/Schmitt* § 44 Rn. 11). Im Interesse materieller Gerechtigkeit und zur Gewährleistung effektiven Rechtsschutzes ist eine großzügige Anwendung des § 44 geboten (BVerfG NStZ-RR 1996, 138; Graf/*Cirener* § 44 Rn. 11; HK-StPO/*Lemke* § 44 Rn. 16; *Meyer-Goßner/Schmitt* § 44 Rn. 11; MüKo-StPO/*Valerius* § 44 Rn. 40) – v.a. beim sog. »ersten Zugang« zum Gericht (BVerfG NJW 1991, 351; BbgVerfG NStZ-RR 2002, 239, 240). Die diesbezüglich erforderliche Einzelfallabwägung hat dabei nicht nach dem Maßstab von Vorsatz oder Fahrlässigkeit, sondern vielmehr nach betroffenen Verantwortungsbereichen zu erfolgen (HK-StPO/*Brauer* § 44 Rn. 17; MüKo-StPO/*Valerius* § 44 Rn. 41; SK-StPO/*Weßlau/Deiters* § 44 Rn. 16; a. A. KK-StPO/*Maul* § 44 Rn. 16). Ausreichend für die Begründung eines eigenen Verschuldens des Antragstellers ist auch dessen **Mitverschulden** in Bezug auf Verfehlungen Dritter.

23 Die umfangreiche Kasuistik kann einen groben Anhaltspunkt für die Beurteilung des Verschuldens bieten. Die Bemühungen von Rechtsprechung und Literatur, das Phänomen dogmatisch zu erfassen, halten sich in engsten Grenzen. Überzeugend erscheint insoweit allein der Ansatz von *Rotsch* in einem »Zweier-Schritt« zunächst zu untersuchen, ob die Fristversäumnis dem Betroffenen **objektiv zurechenbar** ist, um dann ggf. das **subjektive Verschulden** nach dem materiellen Verschuldensbegriff (wenigstens sorgfaltswidrig) zu prüfen (vgl. AnwK-StPO/*Rotsch* § 44 Rn. 6).

24 In der Praxis ist anhand des Einzelfalls eine Abwägung dahin gehend vorzunehmen, ob die Einhaltung der Frist von dem Antragsteller hätte erwartet werden können – wobei die Gerichte Wiedereinsetzung regelmäßig gewähren, wenn ein amtliches Fehlverhalten zu Grunde liegt.

25 ▶ **Beispiele:**
   Verschulden ist regelmäßig gegeben, wenn eine Frist vergessen wird (Graf/Cirener, § 44 Rn. 13; Meyer-Goßner/Schmitt § 44 Rn. 12), der Verteidiger zu spät oder nicht eindeutig mit der Rechtsmitteleinlegung beauftragt wurde (BGH, 26.04.2006 – 1 StR 154/06) oder der Mandant für Rücksprachen mit dem Verteidiger nicht erreichbar ist (BGH, NStZ 1997, 95; NStZ-RR 2010, 116). Wer die Rechtsmitteleinlegung durch einen Dritten erledigen lässt, muss sich jedenfalls durch Nachfrage vom rechtzeitigen Eingang überzeugen (BGH, NStZ 1996, 50; OLG Hamm, NStZ-RR 2009, 242).

26 Wer die **Frist** bis zu ihrer Grenze **ausnutzt**, handelt nicht schuldhaft (BVerfG NJW 1980, 580; NJW 1986, 244). Das gilt auch, wenn das Rechtsmittel erst kurz vor Fristende eingelegt werden soll (OLG Rostock NStZ 1994, 200). Gegen Fristende sind jedoch höhere Sorgfaltsanforderungen an den Antragsteller zu stellen. So wird Verschulden angenommen, wenn ein Telefax erst wenige Minuten vor Fristablauf abgeschickt wird und der Eingang wegen Belegung des Empfangsgeräts verspätet ist (BVerfG NJW 2000, 574; 2006, 1505). Ebenso, wenn die Rechtsmittelschrift durch den Gefangenen erst am letzten Tag der Frist in der JVA zur Post gegeben wird (BGH NStZ 2006, 54). Verschulden liegt auch vor, wenn der Betreffende die Rechtsmittelschrift aus Unachtsamkeit erst am vorletzten Tag der Frist bei dem **unzuständigen Gericht** einreicht, sodass sie bei ordnungsgemäßem Geschäftsgang nicht mehr rechtzeitig an das zuständige Gericht weitergeleitet werden kann (OLG Naumburg, NStZ-RR

2001, 272, 273; vgl. für Übersendungspflichten des unzuständigen Gerichts auch Rdn. 10). Verschulden ist auch gegeben bei zu später Kenntnisnahme des Angeklagten oder seines Verteidigers von einer gesetzlichen Bestimmung sowie bei Unkenntnis höchstrichterlicher Rechtsprechung (BGH NStZ-RR 2010, 244). **Unzureichende Sprachkenntnisse** eines Ausländers schließen das Verschulden grds. nicht aus, die Anforderungen dürfen diesbezüglich jedoch nicht überspannt werden (BVerfG NJW 1991, 2208 f.).

Kein eigenes Verschulden des Antragstellers liegt vor, wenn die Prozesshandlung des Verteidigers wegen Zurückweisung nach § 146a unwirksam ist (BGH NJW 1976, 1414, 1415). Ebensowenig, wenn der Angeklagte auf einen – auch unberechtigten – Rat oder **Hinweis des Verteidigers** vertraut, sofern sich ihm nach der konkreten Sachlage keine Zweifel aufdrängen müssen, ob der Hinweis seines Verteidigers zutreffend ist (OLG Hamm NStZ-RR 2010, 245 f. bzgl. des Hinweises, dass eine Pflicht des Angeklagten zum Erscheinen vor Gericht nicht bestehe). Der inhaftierte Angeklagte darf grundsätzlich auch darauf vertrauen, dass sein Verteidiger, der rechtzeitig Revision für seinen Mandanten eingelegt hat, diese auch fristgerecht begründen wird (BGH vom 28.01.2015 – 1 StR 591/14). Zudem fehlt ein Verschulden, wenn der Betroffene durch **Naturereignisse** (AnwK-StPO/*Rotsch* § 44 Rn. 12; KK-StPO/*Maul* § 44 Rn. 19; LR/*Graalmann-Scheerer* § 44 Rn. 20) oder etwa wegen einer infolge eines Generalstreiks verschlossenen Tür des Gerichtsgebäudes (RGSt 53, 300 ff.) an der Einhaltung der Frist gehindert ist. Bei **plötzlicher Erkrankung** ist Wiedereinsetzung zudem i.d.R. (AnwK-StPO/*Rotsch* § 44 Rn. 12; KK-StPO/*Maul* § 44 Rn. 20; LR/*Graalmann-Scheerer* § 44 Rn. 24), stets jedoch bei krankhafter Störung der Geistestätigkeit (BayObLG NStZ 1989, 131) zu gewähren. So fehlt ein Verschulden etwa im Fall der Niederkunft der Ehefrau (OLG Celle MDR 1966, 949 f.). **Persönliche Umstände** können die Wiedereinsetzung nur in besonderen Ausnahmefällen begründen; etwa bei einem unverteidigten Jugendlichen, der die Hauptschule nach der siebten Klasse ohne Abschluss verlassen musste, der in erheblichem Umfang Drogen konsumierte und bei dessen Hauptverhandlung auch kein Elternteil als gesetzlicher Vertreter zugegen war (OLG Schleswig, StV 2010, 62).

1. Unkenntnis vom Fristbeginn. Wird die mündliche Rechtsmittelbelehrung **missverstanden**, so ist die Frist grds. schuldhaft versäumt (OLG Jena, NJW 2003, 3071; *Meyer-Goßner/Schmitt* § 44 Rn. 13). Anders kann dies bei einem unverteidigten Ausländer sein, dem nur mündlich eine komplizierte Rechtsmittelbelehrung erteilt wird (KG, NZV 1992, 123, 124). Die Nichthändigung eines Merkblattes entgegen Nr. 142 RiStBV wird regelmäßig als Entschuldigung anzusehen sein (BVerfG NJW 1996, 1811 f.; OLG Köln NStZ 1997, 404; *Meyer-Goßner/Schmitt* § 44 Rn. 13; vgl. auch OLG Saarbrücken NJW 2003, 2182, 2183; einschränkend OLG Hamm NJW 2001, 3279).

Verschulden ist ferner gegeben, wenn sich der Betreffende nicht nach dem Fristbeginn erkundigt hat, obwohl er die Belehrung **überhaupt nicht verstanden** hat (BGH NStZ-RR [B] 2007, 1, 3). Ein Ausländer muss sich i.R.d. Zumutbaren bemühen, den Inhalt einer ihm nicht verständlichen Rechtsmittelbelehrung zu erfahren (BVerfG NStZ 1991, 446). Kein Verschulden ist dagegen gegeben, wenn ein **schwerhöriger Angeklagter** lediglich mündlich belehrt wurde (OLG Saarbrücken NJW 2003, 2182, 2183).

Ist die Aushändigung einer schriftlichen Belehrung vom Gesetz gefordert und erhält der Angeklagte zudem eine **widersprechende unrichtige mündliche Belehrung**, so soll – wenig überzeugend – dieser nicht einfach von der mündlichen Belehrung ausgehen dürfen (OLG Dresden NStZ-RR 2002, 171; OLG Jena NJW 2003, 3071; *Meyer-Goßner/Schmitt* § 44 Rn. 13; a. A. Graf/*Cirener* § 44 Rn. 19.2; SK-StPO/*Weßlau/Deiters* § 44 Rn. 41; wohl auch OLG Saarbrücken, NJW 1965, 1031). In dem umgekehrten Fall korrekt erteilter mündlicher Belehrung bei gleichzeitiger Aushändigung eines dieser **widersprechenden, inhaltlich falschen Merkblattes** ist aber bisher unbestritten von einer insgesamt falschen, der Nichterteilung gleichstehenden Belehrung auszugehen (OLG Dresden NStZ-RR 2002, 171).

Schuldhaft handelt auch, wer trotz bestehender **Zweifel** an der Wirksamkeit seines Rechtsmittelverzichts nicht unverzüglich den Rechtsrat eines Rechtskundigen einholt (OLG Jena NJW 2003, 3071 f.). Dagegen versäumt die Frist schuldlos, wer, obwohl er die Belehrung richtig verstanden hat, auf Anraten seines Verteidigers auf die Urteilszustellung wartet (OLG Frankfurt am Main NJW 1983, 895).

2. Unkenntnis von der Zustellung. Wer von seiner **Wohnung vorübergehend abwesend** ist, muss nicht deshalb besondere Vorkehrungen für die rechtzeitige Kenntnisnahme von Zustellungen treffen, weil gegen ihn Ermittlungen geführt werden (BVerfG NJW 1993, 847; BGH NStZ-RR 2013, 254; LG

Zweibrücken NStZ 1998, 267 f.). Dies ist jedoch anders, wenn bereits ein Strafverfahren anhängig und daher mit Zustellungen zu rechnen ist (OLG Hamm NJW 1970, 1429; NJW 1974, 1477; einschränkend und auf die Dauer der Abwesenheit abstellend: BVerfG NJW 2013, 592, 593) oder dem Betroffenen ein anderes Verschulden, etwa die Vernachlässigung der Abholung, anzulasten ist (OLG Dresden NStZ 2005, 398 f.). Keine Wiedereinsetzung kann beanspruchen, wer sich **in der Bewährungszeit verborgen** hält, insb. entgegen einer richterlich erteilten Weisung seinen Aufenthaltsort nicht angibt (OLG Hamm NStZ-RR 2004, 46, 47 und OLG Brandenburg, 5.11.2012 – 1 Ws 194/12).

33 Ohne besondere Anhaltspunkte muss nicht damit gerechnet werden, dass **Familienangehörige** Zustellungen vorenthalten (OLG Düsseldorf, NStZ 1992, 99).

34 Die **Notwendigkeit einer öffentlichen Zustellung** schließt die Wiedereinsetzung nicht allgemein aus (OLG Frankfurt am Main NStZ-RR 2004, 210).

35 **III. Verzögerungen durch Dritte. 1. Post.** Grds. können dem Betroffenen Verzögerungen durch die Post nicht als Verschulden angerechnet werden, da der Bürger darauf vertrauen darf, dass die nach ihren organisatorischen und betrieblichen Vorkehrungen für den Normalfall festgelegten Postlaufzeiten auch eingehalten werden (BVerfG NJW 1992, 1952; NJW 1994, 1856, 1857). Es muss jedoch die **gewöhnliche Postlaufzeit** zwischen Aufgabe- und Zustellungsort in Rechnung gestellt werden (BGH NStZ [Pf/M] 1984, 209; OLG Hamburg NJW 1974, 68, LG Zweibrücken VRS 123, 175 ff.), wobei übliche **Verlängerungen an Sonn- und Feiertagen** berücksichtigt werden müssen (OLG Düsseldorf VRS 67, 38; OLG Hamm VRR 2010, 283). Eine Differenzierung danach, ob die Post zur relevanten Zeit gerade besonders beansprucht war, ist nicht zulässig (BVerfG NJW 1992, 1952).

36 Eine Laufzeit von mehr als **zwei Tagen** für einen in der Wochenmitte aufgegebenen Brief entspricht auch bei größerer Entfernung nicht der Regel (BVerfG NJW 1975, 1405; NJW 1994, 1856, 1857; NStZ-RR 2005, 176; OLG Stuttgart NStZ-RR 2010, 15, 16) Für den Ortsverkehr wird dagegen von einer regelmäßigen Postlaufzeit von nur **einem Tag** ausgegangen (OLG Stuttgart NStZ-RR 2010, 15, 16; anders aber KG, NStZ-RR 2006, 142, OLG Hamburg NJW 1974, 68 und OLG Hamm NJW 2009, 2230, 2231, die insofern nicht differenzieren). Ob eine Postlaufzeit von einem Tag auch für **Einschreiben** angenommen werden kann, ist umstritten (bejahend: OLG Hamm NJW 2009, 2230, 2231; *Meyer-Goßner/Schmitt* § 44 Rn. 16; verneinend: KG, NStZ-RR 2006, 142; LR/*Graalmann-Scheerer* § 44 Rn. 36; nach Ortsverkehr und inländischem Verkehr differenzierend: OLG Stuttgart NStZ-RR 2010, 15).

37 Eine über die zu erwartenden Postlaufzeiten hinausgehende Verzögerung muss jedoch dann in Rechnung gestellt werden, wenn den Betroffenen jedenfalls ein **Mitverschulden** trifft, etwa regelmäßig bei Fehlen der Postleitzahl (OLG Stuttgart NStZ-RR 2010, 148; OLG Düsseldorf NJW 1994, 2841; OLG Frankfurt am Main NStZ-RR 1997, 137 f.; LR/*Graalmann-Scheerer* § 44 Rn. 36; *Meyer-Goßner/Schmitt* § 44 Rn. 16). Das überzeugt jedenfalls dann nicht, wenn der Empfangsort zweifelsfrei und eindeutig erkennbar ist (OLG Stuttgart NJW 1982, 2832 f.; SK-StPO/*Weßlau/Deiters* § 44 Rn. 29).

38 **2. Justizbehörden.** Grds. ist ein amtliches Verschulden dem Betroffenen **nicht zuzurechnen** (RGSt 70, 186, 188). Das gilt etwa für die Unzulässigkeit einer Rechtsbeschwerde wegen Protokollaufnahme durch einen unzuständigen Beamten (BVerfG NStZ-RR 2005, 238, 239) oder wegen Fehlern der aufnehmenden Justizbediensteten (BVerfG NJW 2005, 3629), die unzutreffende Auskunft durch Justizvollzugsbeamte (BGH NStZ [K] 1993, 27), die Vereitelung des fristgemäßen Eingangs des Schriftstücks (BVerfG NJW 1983, 560), die Störung des Telefaxgeräts des Gerichts (BGH StraFo 2005, 27; OLG Brandenburg NStZ 2005, 711), ggf. auch der nicht feststellbare Eingang des Telefaxes bei Gericht (KG, NStZ-RR 2007, 24; OLG Karlsruhe NStZ 1994, 200, 201), das Unterlassen der Weitergabe von einer unzuständigen Stelle an die erkennbar zuständige (OLG Düsseldorf NStZ-RR 1999, 147; s.a. Rdn. 10) oder das Unterlassen der Mitteilung an den Verteidiger nach § 145a Abs. 3 Satz 2 (OLG München NJW 2008, 3797, 3798; OLG Köln 10.6.2011 – III-2 Ws 308/11; LG Aurich, 4.7.2011 – 12 Qs 49/11; a. A. LG Dresden 8.4.2010 – 5 Qs 44/10) bzw. nach § 145a Abs. 3 Satz 1 an den Beschuldigten (BGH NStZ-RR 2006, 211, 212; vgl. aber BGH NStZ 2010, 584, 585).

39 Ist der Wiedereinsetzungsgrund in einem dem Gericht zuzurechnenden Fehler begründet, fordert der Grundsatz fairer Verhandlungsführung zudem eine Belehrung des Betroffenen über die Möglichkeit der Wiedereinsetzung (BVerfG NStZ-RR 2005, 238, 239).

3. Verteidiger. Ein Verschulden des Verteidigers ist dem Antragsteller **nicht zuzurechnen** (BVerfG 40 NJW 1994, 1856; BGH NJW 1960, 1774, 1775; NJW 1994, 3112; einschränkend: OLG Köln StraFo 2012, 224). Der Angeklagte ist zur Überwachung des Verteidigers grds. nicht verpflichtet (BGH NStZ [M] 1990, 25). Der allgemeine Verfahrensgrundsatz des **§ 85 Abs. 2 ZPO** findet im Strafprozess hinsichtlich des Verteidigers des Angeklagten **keine Anwendung.** Ob auf dessen Grundlage aber eine Verschuldenszurechnung im Hinblick auf den Vertreter von Verfahrensbeteiligten erfolgt, die sich nicht gegen einen Schuldvorwurf verteidigen (etwa Privatkläger, Nebenkläger oder Antragsteller im Klageerzwingungsverfahren nach § 172 Abs. 2; für weitere Anwendungsfälle s. *Meyer-Goßner/Schmitt* § 44 Rn. 19), ist umstritten (bejahend insb. die Rspr.: BGH NJW 1982, 1544 f.; NStZ-RR 2003, 80; BayObLGSt 1970, 9, 12 ff.; HK-StPO/*Brauer* § 44 Rn. 31; KK-StPO/*Maul* § 44 Rn. 34; *Meyer-Goßner/Schmitt* § 44 Rn. 19; verneinend: LR/*Graalmann-Scheerer* § 44 Rn. 61 f.; MüKo-StPO/*Valerius* § 44 Rn. 60; SK-StPO/*Weßlau/Deiters* § 44 Rn. 37).

Jedoch kann anknüpfend an das Verteidigerhandeln ggf. ein **eigenes Verschulden** des Antragstellers ge- 41 geben sein (BGH NJW 1960, 1774, 1775). So liegt ein Verschulden des Angeklagten vor, wenn er untätig bleibt, obwohl er die Unzuverlässigkeit des Verteidigers kennt (BGH NJW 1973, 521; NJW 1973, 1138) oder die Fristversäumung durch den Verteidiger voraussehen konnte (BGH NJW 1973, 1138; vgl. auch NStZ 1995, 352). Letzteres gilt insb., wenn der Angeklagte wusste oder damit rechnen musste, dass der Verteidiger nicht tätig werden würde (BGH NStZ 2004, 166; NStZ-RR 2009, 375, 376).

Besteht in der Rechtsanwaltskanzlei die klare Anweisung, dass dem Anwalt Fristsachen einschließlich 42 der Briefumschläge vorzulegen sind, und wird dem Anwalt ein Urteil mit einem Eingangsstempel ohne den Briefumschlag vorgelegt, vermag der Umstand, dass der Eingangsstempel unrichtig war, ein fehlendes Verschulden des Anwalts an der Fristversäumung nicht zu begründen, wenn weder vorgetragen noch sonst ersichtlich ist, weshalb der Anwalt sich nicht nach dem Briefumschlag erkundigt hat (BGH, 17.3.2010 – 2 StR 27/10).

D. Nachholen von Verfahrensrügen. Ob dem Angeklagten Wiedereinsetzung zur Nach- 43 holung von Verfahrensrügen der bereits formgerecht begründeten Revision bewilligt werden kann, ist umstritten (verneinend: BGHSt 1, 44, 46 jedenfalls für die Fälle, in denen der Angeklagte und sein Verteidiger in der Hauptverhandlung der ersten Instanz anwesend waren; NJW 1960, 1775; NStZ-RR 2008, 18; NStZ-RR 2008, 247, 248; NStZ-RR 2010, 210; jetzt nur noch in Ausnahmefällen bejahend: BGH NStZ-RR 2012, 316 f.; wistra 2013, 34; OLG Nürnberg NJW 2007, 937; BayObLGSt 1984, 6; *Meyer-Goßner/Schmitt* § 44 Rn. 7; bejahend: LR/*Graalmann-Scheerer* § 44 Rn. 15; MüKo-StPO/*Valerius* § 44 Rn. 36; SK-StPO/*Weßlau/Deiters* § 44 Rn. 13).

Wiedereinsetzung wurde jedoch dann **gewährt**, wenn der Beschwerdeführer unverschuldet durch äu- 44 ßere Umstände oder durch Maßnahmen des Gerichts an der rechtzeitigen Revisionsbegründung gehindert worden ist (BGH NStZ 97, 46; NStZ 2008, 705, 706; NStZ-RR 2008, 247, 248; NJW 2010, 1685) – so etwa bei Verzögerung der Postbeförderung (BGH NJW 1960, 1775; BayObLG, NJW 1981, 1055), Ausfall des Faxgeräts des Gerichts (BGH NStZ 2008, 705, 706), Nichtgewährung von Akteneinsicht während der Revisionsbegründungsfrist trotz Bemühens des Verteidigers (BGH NStZ-RR 2008, 282, 283; NStZ 2009, 173, 174; NStZ-RR 2010, 210), Unmöglichkeit, an die eigenen Akten zu gelangen (BGH NStZ 2008, 525), Erkrankung des Verteidigers (BGH NStZ [Pf/M] 1985, 204; NStZ 2008, 525), Fehlen der Unterschrift des Verteidigers (BGH NStZ 1983, 132, 133), bei einem Versehen des Verteidigerbüros (BGH NStZ-RR [B] 2005, 257), bei verspäteter Beiordnung des Verteidigers (BGH StV 1983, 225), Weigerung des Pflichtverteidigers, eine weitere Revisionsbegründung als die Rüge der »Verletzung formellen und sachlichen Rechts« abzugeben (BayObLG, MDR 1974, 247 f.), Weigerung des Rechtspflegers, notwendiges Vorbringen aufzunehmen (BGH wistra 1992, 148) oder wenn die sonst zur Zulässigkeit des Rechtsmittels führenden fristgerechten Rügen völlig ins Leere gehen würden (BayObLGSt 1978, 11, 13). War der Angeklagte in der Hauptverhandlung **ohne Verteidiger**, so kann ihm u.U. Wiedereinsetzung zur Nachholung von Verfahrensrügen zu gewähren sein (BayObLGSt 1984, 6 f.). Umstritten ist die Möglichkeit der Wiedereinsetzung bei Änderung der bisherigen ständigen Rechtsprechung (verneinend: BGH wistra 1993, 347; bejahend: OLG Celle NZV 1993, 42, 43).

Dagegen wurde Wiedereinsetzung **nicht gewährt:** Bei Nichtmitgabe der Akten ins Büro (BGH NStZ 45 [Pf/M] 1985, 13), bei Unterlassen des Verteidigers, an die Erledigung seines Akteneinsichtsgesuchs zu erinnern (BGH NStZ 2000, 326) oder sich um Akteneinsicht zu bemühen (BGH NStZ-RR 2006, 1, 2), bei Nichteinsehen der Akten bei Gericht (BayObLG NStZ-RR 2004, 82), bei Unterlassen, die Besetzung der Kammer in Erfahrung zu bringen (BGH NStZ-RR 2008, 33, 35), bei Weigerung des Rechtspflegers, sich Sätze ins Protokoll diktieren zu lassen (BGH NStZ 2006, 585), bei Versäumung der Revisionsbegründungsfrist durch einen zusätzlichen, zweiten RA, wenn Verfahrensrügen bereits durch den anderen RA erhoben wurden (BGH StraFo 2005, 25).

46 Ausgeschlossen sein soll Wiedereinsetzung zur **Ergänzung** einer bereits erhobenen Verfahrensrüge (BGH NStZ 1985, 181; NJW 2010, 1979, 1986; OLG Köln NStZ-RR 1996, 212) sowie bei einer nicht formgerecht erhobenen Sachrüge (OLG Hamm NZV 2001, 490).

47 Die nachgeschobene Rüge muss innerhalb der **Frist** des § 45 erfolgen (BGH NStZ-RR 2008, 282, 283; NStZ 2009, 173, 174) sowie der **Form** der §§ 344 Abs. 2 Satz 2, 345 Abs. 2 entsprechen (BGH NStZ-RR 1996, 140; s. aber BGH NJW 1997, 1516). Wird geltend gemacht, dass fehlende Akteneinsicht die ordnungsgemäße Erhebung der Rüge verhindert habe, muss die Rüge so genau mitgeteilt werden, wie dies ohne Akteneinsicht möglich ist (BGH NStZ-RR 1996, 140). Zudem muss ausreichend dargelegt werden, dass das Hindernis für eine ordnungsgemäße Begründung gerade auf der fehlenden Akteneinsicht beruht (BGH NStZ-RR [B] 2004, 225, 226; NStZ-RR 2010, 210).

§ 45 StPO Anforderungen an einen Wiedereinsetzungsantrag.

(1) ¹Der Antrag auf Wiedereinsetzung in den vorigen Stand ist binnen einer Woche nach Wegfall des Hindernisses bei dem Gericht zu stellen, bei dem die Frist wahrzunehmen gewesen wäre. ²Zur Wahrung der Frist genügt es, wenn der Antrag rechtzeitig bei dem Gericht gestellt wird, das über den Antrag entscheidet.
(2) ¹Die Tatsachen zur Begründung des Antrags sind bei der Antragstellung oder im Verfahren über den Antrag glaubhaft zu machen. ²Innerhalb der Antragsfrist ist die versäumte Handlung nachzuholen. ³Ist dies geschehen, so kann Wiedereinsetzung auch ohne Antrag gewährt werden.

S.a. RiStBV Nr. 155

1 **A. Antragstellung (Abs. 1)** Der Antrag auf Wiedereinsetzung in den vorigen Stand kann **formfrei** gestellt werden (AnwK-StPO/*Rotsch* § 45 Rn. 2; LR/*Graalmann-Scheerer* § 45 Rn. 5); insb. muss der Antrag nicht schriftlich oder zu Protokoll der Geschäftsstelle gestellt werden (a. A. Graf/*Cirener* § 45 Rn. 1; MüKo-StPO/*Valerius* § 45 Rn. 2; SK-StPO/*Weßlau* § 45 Rn. 1; Meyer-Goßner/*Schmitt* § 45 Rn. 2). Nur hinsichtlich der nachzuholenden versäumten Prozesshandlung sind ggf. besondere Formerfordernisse zu beachten. Eine **fehlerhafte Bezeichnung** des Antrags schadet entsprechend § 300 nicht; es genügt vielmehr, wenn das Begehren sicher erkennbar ist.

2 **Antragsberechtigt** ist jeder Verfahrensbeteiligte, der eine Frist versäumt hat; auch Dritte wie Zeugen (AnwK-StPO/*Rotsch* § 44 Rn. 7; HK-StPO/*Brauer* § 44 Rn. 14; KK-StPO/*Maul*, § 44 Rn. 3; LR/*Graalmann-Scheerer* § 44 Rn. 17). Ebenso etwa die StA (LR/*Graalmann-Scheerer* § 44 Rn. 17 ohne Differenzierung; HK-StPO/*Brauer* § 44 Rn. 14: wenn die Wahrung des fremden Rechts zumindest auch im öffentlichen Interesse liegt; KK-StPO/*Maul* § 44 Rn. 3: nur für die Versäumung eigener Fristen), der Verteidiger in eigener Sache (HK-StPO/*Brauer* § 44 Rn. 14; LR/*Graalmann-Scheerer* § 44 Rn. 17) bzw. für den Angeklagten (KK-StPO/*Maul* § 44 Rn. 3) sowie der gesetzliche Vertreter i.S.v. § 298 Abs. 1 (HK-StPO/*Lemke* § 44 Rn. 14; KK-StPO/*Maul* § 44 Rn. 3; LR/*Graalmann-Scheerer* § 44 Rn. 17).

3 Die **Wochenfrist** (Abs. 1 Satz 1) bemisst sich nach § 43. **Maßgebliches Ereignis** für den Fristbeginn ist die Beseitigung des Hindernisses, auf dem die Fristversäumung beruht (OLG Karlsruhe MDR 1993, 564; LG Köln MDR 1997, 283). Dies ist z.B. der Zeitpunkt, in dem der Betroffene tatsächlich von dem Inhalt des ihm durch Niederlegung zugestellten Strafbefehls und damit von der Fristversäumnis (LG Köln MDR 1997, 283), von der sein Rechtsmittel verwerfenden Entscheidung (BGH NStZ [M] 1988, 209, 210) oder von der Unwirksamkeit des Rechtsmittelverzichts (BGH NStZ 2000, 96, 98) Kenntnis erlangt. Die Wahrnehmung eines Ereignisses kann nicht durch die Einschaltung eines neuen Verteidigers prolongiert werden (BGH NStZ 2006, 54, 55). Verfahrensbeteiligte, die sich nicht gegen einen Schuldvorwurf verteidigen, wie z.B. der Antragsteller in einem Klageerzwingungsverfahren

muss sich nach dem allgemeinen Verfahrensgrundsatz des § 85 Abs. 2 ZPO das Verschulden seines Vertreters zurechnen müssen (OLG Frankfurt am Main NStZ-RR 2003, 369; NStZ-RR 202, 21; vgl. auch § 44 Rdn. 38 ff.).

Wird die **Frist versäumt**, so kann in diese wiederum Wiedereinsetzung gewährt werden (OLG Düsseldorf NJW 1982, 60, 61). Bei **Zweifeln an der Fristeinhaltung** ist zugunsten des Antragstellers zu entscheiden (OLG Hamburg NJW 1974, 68; Graf/*Cirener* § 45 Rn. 4; HK-StPO/*Brauer* § 45 Rn. 6; KK-StPO/*Maul* § 45 Rn. 3; LR/*Graalmann-Scheerer* § 45 Rn. 5; vgl. BGH NJW 1960, 2202, 2203 bzgl. rechtzeitiger Rechtsmitteleinlegung; a. A. OLG Celle MDR 1982, 774 f.; *Meyer-Goßner/Schmitt* § 45 Rn. 3; MüKo-StPO/*Valerius* § 45 Rn. 10; SK-StPO/*Weßlau/Deiters* § 45 Rn. 5). Jedenfalls ist zu seinen Gunsten zu entscheiden, wenn behördliches Verschulden gegeben ist (OLG Hamm NStZ 1999, 97). 4

Zuständig ist einerseits das Gericht, bei dem die Frist wahrzunehmen gewesen wäre (Abs. 1 Satz 1), andererseits nach Abs. 1 Satz 2 das Gericht, welches nach § 46 Abs. 1 über den Antrag entscheidet (s. § 46 Rdn. 1 f.). Dort kann auch die versäumte Handlung nachgeholt werden (OLG Hamburg JR 1978, 430, 431). Für **inhaftierte Beschuldigte** gilt § 299 entsprechend (KK-StPO/*Maul* § 45 Rn. 5; *Meyer-Goßner/Schmitt* § 45 Rn. 4; SK-StPO/*Weßlau/Deiters* § 45 Rn. 6). 5

B. Antragsbegründung (Abs. 2 Satz 1) Der Antrag muss Angaben über die versäumte Frist, den Hinderungsgrund und über den **Zeitpunkt des Wegfalls** des Hindernisses enthalten (BGH NStZ 2006, 54, 55; BGHNStZ 2013, 474; OLG Köln NStZ-RR 2002, 142 f., OLG Hamm, 4.1.2012 – III-3 RVs 1/12). Dargelegt werden muss, wie und durch wessen Verschulden es zur Versäumung der Frist gekommen ist (BGH NJW 1959, 1779, 1780). Die Erläuterungen müssen das Gericht in die Lage versetzen, die Frage des Verschuldens oder Mitverschuldens hinreichend zuverlässig zu beurteilen (BGH NStZ [K] 1993, 27; OLG Frankfurt am Main NStZ-RR 2002, 12). Es ist ein schlüssiger Sachverhalt zu präsentieren, der ein der Wiedereinsetzung entgegenstehendes Verschulden ausschließt (KG NZV 2002, 47, 48; KG vom 10.11.2014 – 4 Ws 114/14 – 141 AR 572/14). 6

Tatsachen, die **akten- oder gerichtskundig** sind, brauchen nicht vorgebracht werden (BVerfG NJW 1995, 2544; OLG Köln NStZ-RR 2002, 142, 143). Weder dargelegt noch glaubhaft gemacht werden muss etwa der Wiedereinsetzungsgrund der unterbliebenen Rechtsmittelbelehrung nach § 35a (HK-StPO/*Brauer* § 45 Rn. 11; SK-StPO/*Weßlau/Deiters* § 45 Rn. 10). 7

Als Zulässigkeitsvoraussetzung des Antrags müssen die erforderlichen Angaben **innerhalb der Wochenfrist** vorgetragen werden (BGH NStZ 1996, 149; OLG Düsseldorf NJW 1984, 2901); sie können nicht nachgeholt werden (BGH NStZ 1996, 149). Z.T. wird aber eine nachträgliche Ergänzung oder Verdeutlichung zugelassen (KG JR 1975, 380, 381; überzeugend einschränkend OLG Braunschweig NJW 1967, 1432: nur für den Fall, dass der Betroffene den wahren Sachverhalt selbst erst nach Fristablauf während der Beschwerdeinstanz erfahren hat). 8

C. Glaubhaftmachung (Abs. 2 Satz 1) Die Glaubhaftmachung bezieht sich i.d.R. auf alle Tatsachen, die für die Entscheidung über den Wiedereinsetzungsantrag von Bedeutung sind. Fehlt sie, so ist der Antrag unzulässig (BGH NStZ 1991, 295; Graf/*Cirener* § 45 Rn. 7; KK-StPO/*Maul* § 45 Rn. 10; *Meyer-Goßner/Schmitt* § 45 Rn. 6; LR/*Graalmann-Scheerer* § 45 Rn. 25; SK-StPO/*Weßlau/Deiters* § 45 Rn. 11). Die Mittel der Glaubhaftmachung beschränken sich nicht auf die Beweismittel des Strengbeweises; vielmehr kommt alles in Betracht, was geeignet ist, die Wahrscheinlichkeit des vorgetragenen Sachverhalts zu unterstützen (*Sommer* StRR 2008, 168, 169). 9

Eine Tatsache ist **glaubhaft gemacht**, wenn das Gericht deren Richtigkeit in einem nach Lage der Sache zur Entscheidung hinreichenden Maß für wahrscheinlich hält (BVerfG NJW 1969, 1531, 1532; OLG Düsseldorf NJW 1985, 2207; vgl. auch BGH NJW 1968, 710, 711 f.; OLG Köln, 24.10.2011 – 2 Ws 659/11). Eine volle Überzeugung des Gerichts ist nicht erforderlich. Dabei hängen die insoweit zu stellenden Anforderungen auch vom Maß der Plausibilität ab, welche das Vorbringen aufweist (OLG Jena NStZ-RR 2006, 345). Die Anforderungen dürfen nicht überspannt werden (BVerfG NJW 1975, 1355 f.). 10

Eine Glaubhaftmachung ist **entbehrlich**, wenn die Begründungstatsachen gerichtsbekannt oder aktenkundig sind (s. Rdn. 7). Auch die Rechtsunkenntnis der Angeklagten bedarf i.d.R. keiner Glaubhaftmachung (Graf/*Cirener* § 45 Rn. 8; *Meyer-Goßner/Schmitt* § 45 Rn. 6). Auf die Glaubhaftmachung 11 kann ferner dann verzichtet werden, wenn sie dem Antragsteller **unmöglich** ist (BVerfG NJW 95, 2545, 2546; OLG Düsseldorf NStZ 1990, 149, 150) und die Unmöglichkeit nicht auf einem verschuldeten Beweisverlust beruht (OLG Düsseldorf NStZ 1990, 149, 150; OLG München NStZ 1988, 377, 378). In diesem Fall soll ausnahmsweise die bloße Erklärung des Antragstellers ausreichen.

12 I. **Frist.** Die Glaubhaftmachung muss bei der Antragstellung oder im Verfahren über den Antrag erfolgen (Abs. 2 Satz 1). Ist sie angekündigt oder nach der Sachlage zu erwarten, ist die Entscheidung durch das Gericht für eine angemessene Zeit zurückzustellen (Graf/ *Cirener* § 45 Rn. 7; *Meyer-Goßner/ Schmitt* § 45 Rn. 7; SK-StPO/ *Weßlau/Deiters* § 45 Rn. 12).

13 Die Glaubhaftmachung kann bis zur Entscheidung im Beschwerderechtszug noch **nachgeholt** werden (BVerfG NJW 1976, 1537, 1538; OLG Bamberg NStZ 1989, 335, 336; HK-StPO/ *Brauer* § 45 Rn. 18; KK-StPO/ *Maul* § 45 Rn. 15; *Meyer-Goßner/Schmitt* § 45 Rn. 7; SK-StPO/ *Weßlau/Deiters* § 45 Rn. 12; a. A. noch OLG Stuttgart NJW 1976, 1278, 1279 und OLG Hamm MDR 1976, 509, die eine Nachholung nur bis zum Erlass der erstinstanzlichen Entscheidung zulassen wollten). Ist der Antrag zunächst mangels Glaubhaftmachung als unzulässig verworfen worden, so lebt die Zulässigkeit bei Nachholung wieder auf (LR/ *Graalmann-Scheerer* § 45 Rn. 25; SK-StPO/ *Weßlau/Deiters* § 45 Rn. 12).

14 II. **Mittel der Glaubhaftmachung.** Zur Glaubhaftmachung kommen alle Mittel in Betracht, die generell geeignet sind, in einem ausreichenden Maß die Wahrscheinlichkeit des Vorbringens des Antragstellers darzutun (BVerfG NJW 1974, 1902, 1903).

15 Die »anwaltliche Versicherung« kann sich nur auf eigene Wahrnehmungen beziehen und greift daher v.a. dann ein, wenn Wiedereinsetzungsgründe in Betracht kommen, die auf Handlungen, Unterlassungen oder Beobachtungen des Verteidigers bei seiner Berufsausübung als RA beruhen (SK-StPO/ *Weßlau/Deiters* § 45 Rn. 13). In diesen Fällen genügt i.d.R. die einfache schriftliche oder mündliche Erklärung des Verteidigers (OLG Schleswig MDR 1972, 165). Für Angaben von Kanzleiangestellten ist jedoch eine eidesstattliche Versicherung erforderlich (vgl. BGH NStZ 1983, 34).

16 Die bloße **Benennung von Zeugen** genügt dann, wenn vorgebracht wird, dass sie eine schriftliche Bestätigung verweigert haben (BayObLGSt 1955, 210 f.; OLG Bremen JZ 1977, 442, 443; OLG Düsseldorf StV 1987, 428; KK-StPO/ *Maul* § 45 Rn. 11 m.w.Bsp.; LR/ *Graalmann-Scheerer* § 45 Rn. 20).

17 Nicht zugelassen sind jedoch **eidesstattliche Versicherungen des Beschuldigten**, denen lediglich der Wert einer bloßen Erklärung zukommt (RGSt 57, 53, 54; BGH NStZ 2006, 54, 55; BayObLG NStZ 1990, 340).

18 **Eigene Erklärungen** des Antragstellers stellen i.d.R. kein Mittel der Glaubhaftmachung dar (BGH NStZ 2006, 54, 55; anders jedoch für Ausnahmefälle: BVerfG StV 1993, 451; BVerfG NJW 1969, 1531, 1532). Anderes gilt z.B., wenn der behauptete Wiedereinsetzungsgrund besonders nahe liegt oder der Lebenserfahrung entspricht (BVerfG NJW 1969, 1531, 1532; KG NJW 1974, 657, 658; a. A. SK-StPO/ *Weßlau/Deiters* § 45 Rn. 15; *Meyer-Goßner/Schmitt* § 45 Rn. 9;). Nicht ausreichen soll es, wenn der ausländische Angeklagte lediglich behauptet, er habe die Rechtsmittelbelehrung nicht verstanden (OLG Oldenburg NStZ-RR 2008, 150). V.a. bei **Unmöglichkeit** der Glaubhaftmachung wird die eigene Erklärung als ausreichend erachtet (BVerfG NJW 1995, 2545, 2546; BVerfG StV 1993, 451; OLG Düsseldorf NStZ 1990, 149, 150).

19 Zur Glaubhaftmachung einer **technischen Störung des Faxgeräts** des Empfängers reicht es nicht aus, nur das Sendeprotokoll mit OK-Vermerk vorzulegen (OLG Karlsruhe NStZ 1994, 200, 201). Erforderlich ist vielmehr eine eidesstattliche Versicherung des Verteidigers oder seines Personals darüber, wann welches konkret bezeichnete Dokument mit welchem Inhalt vorschriftsmäßig übermittelt worden ist (LR/ *Graalmann-Scheerer* § 45 Rn. 22; *Meyer-Goßner/Schmitt* § 45 Rn. 9a). Zudem kann der Angeklagte einen Einzelverbindungsnachweis seiner Telefonrechnung vorlegen, aus dem die Faxverbindung zwischen den betreffenden Faxgeräten zu dem infrage stehenden Zeitpunkt hervorgeht (LR/ *Graalmann-Scheerer* § 45 Rn. 22; *Meyer-Goßner/Schmitt* § 45 Rn. 9a).

20 Fehlt auf einer Zustellungsurkunde entgegen Nr. 142 Abs. 3 Satz 1 RiStBV der Vermerk, dass eine Rechtsmittelbelehrung beigefügt war, beweist dies nicht das **Fehlen der Belehrung**; vielmehr muss unter Würdigung auch des Erledigungsvermerks der Geschäftsstelle beurteilt werden, ob eine fehlende Belehrung nach den §§ 44 Satz 2, 45 Abs. 2 Satz 1 glaubhaft gemacht ist (OLG Stuttgart, 10.08.2010 – 2 Ws 107/10).

D. Nachholung der versäumten Handlung (Abs. 2 Satz 2)
Die Handlung muss, 21
wenn sie entweder bisher gar nicht oder nicht formgerecht vorgenommen wurde, innerhalb der Wochenfrist des Abs. 1 Satz 1 und in der jeweils erforderlichen Form nachgeholt werden (BGH NStZ 1989, 13, 15 f.; OLG Düsseldorf NJW 1998, 919). Andernfalls ist bereits der Wiedereinsetzungsantrag unzulässig (Graf/*Cirener* § 45 Rn. 12; *Meyer-Goßner/Schmitt* § 45 Rn. 11).

Eine **nachgeholte Revisionsbegründung** muss im Wiedereinsetzungsverfahren nur den Formerfordernissen der §§ 344 Abs. 1, Abs. 2 Satz 1, 345 Abs. 2 entsprechen; ob sie auch § 344 Abs. 2 Satz 2 genügt, ist im Revisionsverfahren zu prüfen (BGH NJW 1997, 1516). 22

Ist der Verteidiger nach § 146a zurückgewiesen worden und wird aus diesem Grund Wiedereinsetzung 23
gewährt, so wird zudem die Wochenfrist des § 45 Abs. 2 durch die **Monatsfrist des § 345 Abs. 1** ersetzt (BGH NJW 1976, 1414, 1415). Dasselbe gilt für den Fall, dass der Angeklagte keine Rechtsmittelbelehrung (OLG Koblenz NStZ 91, 42, 43) oder erst verspätet Kenntnis von dem schriftlichen Urteil erhalten hat (BGH StV 2006, 283). Zudem soll dem Angeklagten jedenfalls dann, wenn der Hinderungsgrund allein vom Gericht zu vertreten ist, kein Schuldvorwurf gemacht werden können, wenn sein Verteidiger, ggf. rechtsirrig, die volle Frist des § 345 Abs. 1 für sich in Anspruch nimmt (BGH NStZ 1997, 45, 46). Ist die Einlegung der Revision versäumt worden, so beginnt die Frist zur Begründung des Rechtsmittels erst mit der Zustellung des Wiedereinsetzungsbeschlusses (BGH NJW 1982, 1110).

E. Wiedereinsetzung ohne Antrag (Abs. 2 Satz 3)
Wiedereinsetzung kann auch ohne 24
Antrag von Amts wegen gewährt werden. Dies setzt voraus, dass alle sonstigen **Voraussetzungen des § 45** vorliegen, insb. die **versäumte Handlung** frist- und formgerecht **nachgeholt** wird (BGH MDR [H] 1988, 456) oder diese, wenn auch verspätet, bereits vorgenommen worden ist (*Meyer-Goßner/Schmitt* § 45 Rn. 12). Aus dem Inhalt oder Zusammenhang muss auf den Willen des Betroffenen geschlossen werden können, Wiedereinsetzung zu begehren (LR/*Graalmann-Scheerer* § 45 Rn. 30; SK-StPO/*Weßlau/Deiters* § 45 Rn. 19). Die Handlung braucht dazu nicht zwingend im Bewusstsein der Fristversäumung nachgeholt werden (BayObLGSt 1987, 102, 103).

Der ursächliche Zusammenhang zwischen Versäumungsgrund und Säumnis (OLG Düsseldorf StraFo 25
2000, 412, 413; OLG Saarbrücken NStZ 1986, 470, 472; OLG Zweibrücken VRS 88, 356, 357) muss wie das fehlende Verschulden des Betroffenen (OLG Frankfurt am Main VRS 59, 429, 430; vgl. OLG Hamburg NStZ 1985, 568; *Meyer-Goßner/Schmitt* § 45 Rn. 12; SK-StPO/*Weßlau/Deiters* § 45 Rn. 19) offensichtlich oder den Akten zu entnehmen sein. Wiedereinsetzung ist zu gewähren, wenn der Wiedereinsetzungsgrund auf amtliches Verschulden zurückzuführen ist (OLG Köln NZV 2006, 47; OLG Koblenz *bei Matzke* NStZ 2001, 414 f.; OLG Oldenburg, NStZ 2012, 51) oder bspw. nicht aufgeklärt werden kann, ob die Fristversäumnis auf einer überlangen Postlaufzeit beruht (OLG Brandenburg NZV 2006, 316; OLG Hamm NStZ-RR 2009, 112).

Ist Wiedereinsetzung beantragt worden, aber der **Antrag verspätet** (OLG Bremen StV 1991, 505) oder 26
die **Antragsbegründung mangelhaft**, so kommt ebenfalls eine Wiedereinsetzung von Amts wegen in Betracht, wenn das Gericht wegen allgemein- oder aktenkundiger Tatsachen innerhalb der Antragsfrist ohne Weiteres in der Lage gewesen wäre, das Vorliegen eines Wiedereinsetzungsgrundes zu erkennen (OLG Köln NStZ-RR 2002, 142, 143).

Wiedereinsetzung von Amts wegen kommt nicht nur bei Fristversäumung, sondern auch bei **Versäumung der Hauptverhandlung** in den Fällen der §§ 235, 329, 412 infrage (OLG Düsseldorf NJW 1980, 1704, 1705; LG Siegen NJW 1976, 2359; vgl. auch OLG Köln NStZ-RR 2002, 142, 143). 27

§ 46 StPO Zuständigkeit; Rechtsmittel.
(1) Über den Antrag entscheidet das Gericht, das bei rechtzeitiger Handlung zur Entscheidung in der Sache selbst berufen gewesen wäre.
(2) Die dem Antrag stattgebende Entscheidung unterliegt keiner Anfechtung.
(3) Gegen die den Antrag verwerfende Entscheidung ist sofortige Beschwerde zulässig.

Zuständig für die Entscheidung über den Wiedereinsetzungsantrag ist das Gericht, welches nach recht- 1
zeitiger Handlung zur Entscheidung in der Sache berufen wäre: Das AG ist zuständig bei Versäumung der Einspruchsfrist gegen den Strafbefehl (BGH NJW 1968, 557, 558), das Rechtsmittelgericht bei Ver-

säumung der Rechtsmittelfrist (RGSt 40, 271, 272). Hat der Angeklagte das Rechtsmittel zunächst nicht bezeichnet, so ist das Berufungsgericht zuständig, wenn wegen der Versäumung der Rechtsmittelfrist Wiedereinsetzung beantragt wird (BayObLG NJW 1962, 1927, 1928). Umstritten ist, ob das Berufungsgericht für die Entscheidung über den Wiedereinsetzungsantrag in die Revisionsbegründungsfrist auch dann zuständig ist, wenn die Wiedereinsetzung nur zwecks Übergangs von der Revision zur Berufung begehrt wird (bejahend: OLG München NStZ-RR 2010, 245; dagegen für das Revisionsgericht: OLG Schleswig MDR 1981, 251; AnwK-StPO/*Rotsch* § 46 Rn. 2; Graf/*Cirener* § 46 Rn. 1; HK-StPO/*Brauer* § 46 Rn. 1; KK-StPO/*Maul* § 46 Rn. 1; LR/*Graalmann-Scheerer* § 46 Rn. 4; *Meyer-Goßner/Schmitt* § 46 Rn. 1; MüKo-StPO/*Valerius* § 46 Rn. 2). Denn bei Versäumung der Revisionsbegründungsfrist kann Wiedereinsetzung in den vorigen Stand auch (nur) zu dem Zweck gewährt werden, von der Revision zur Berufung überzugehen (OLG München NStZ-RR 2010, 245).

2 Über einen **durch das AG übergangenen Wiedereinsetzungsantrag** gegen die Versäumung der Einspruchsfrist im Strafbefehlsverfahren darf das Rechtsmittelgericht nicht selbst entscheiden (BGHSt 22, 52, 58; OLG Frankfurt am Main NStZ-RR 2006, 215), und zwar auch dann nicht, wenn der Wiedereinsetzungsantrag erst im Revisionsverfahren gestellt wird (AnwK-StPO/*Rotsch* § 46 Rn. 3; KK-StPO/*Maul* § 46 Rn. 2; LR/*Graalmann-Scheerer* § 46 Rn. 8; *Meyer-Goßner/Schmitt* § 46 Rn. 2; MüKo-StPO/*Valerius* § 46 Rn. 3; SK-StPO/*Weßlau/Deiters* § 46 Rn. 3; vgl. BGH NJW 1968, 557, 558; a. A. BayObLGSt 1963, 54, 56). Hat das Berufungsgericht über eine verspätet eingelegte Berufung zu Unrecht sachlich entschieden, so hat das Revisionsgericht auch in diesem Fall regelmäßig die ergangenen Entscheidungen aufzuheben und zurückzuverweisen (BayObLGSt 1987, 102, 106; BayObLG NStZ-RR 1996, 74; AnwK-StPO/*Rotsch* § 46 Rn. 3; HK-StPO/*Brauer* § 46 Rn. 2; SK-StPO/*Weßlau/Deiters* § 46 Rn. 3; a. A. OLG Hamburg NStZ 1985, 568).

3 Die Entscheidung ergeht durch **Beschluss**. Gem. § 33 Abs. 2, 3 sind die StA und andere betroffene Prozessbeteiligte zu hören. Fehlt ein Formerfordernis, so wird der Antrag als unzulässig verworfen; liegen die Voraussetzungen des § 44 nicht vor, so wird er als unbegründet verworfen; andernfalls wird Wiedereinsetzung gewährt (HK-StPO/*Brauer* § 46 Rn. 7; *Meyer-Goßner/Schmitt* § 46 Rn. 5). Die Kostenentscheidung richtet sich nach § 473 Abs. 7.

4 Wiedereinsetzung kann auch **stillschweigend** gewährt werden, etwa durch Anberaumen der Hauptverhandlung (OLG Stuttgart NJW 1976, 1905; BayObLGSt 1987, 102, 103 f.) oder durch sonstige Fortsetzung des Verfahrens (OLG Oldenburg VRS 68, 282: hier durch die kommissionarische Vernehmung des Betroffenen). Voraussetzung ist jedoch, dass das Gericht sich der Fristversäumung und der sich hieraus ergebenden Notwendigkeit einer Gewährung von Wiedereinsetzung bewusst ist (BayObLGSt 1987, 102, 103 f.; OLG Düsseldorf JR 1986, 121 f.; OLG Hamm MDR 1994, 715).

5 Eine **stattgebende Entscheidung** ist, auch für die folgenden Instanzen, bindend (BVerfG NJW 1962, 580). Sie ist gem. § 46 Abs. 2 unanfechtbar. Dies gilt auch dann, wenn anstelle des Rechtsmittelgerichts der Tatrichter die Wiedereinsetzung bewilligt hat (RGSt 40, 271, 272; BayObLGSt 1980, 36, 37; OLG Düsseldorf NStZ 1988, 238) oder der Beschluss auf rechtsfehlerhaften Erwägungen beruht (OLG Braunschweig NJW 1973, 2119). Wenn er jedoch unter Verletzung des rechtlichen Gehörs ergangen ist, kann dieser direkt mit der Verfassungsbeschwerde angegangen werden (BVerfG NJW 1962, 580).

6 **Verwerfungsentscheidungen** können, wenn § 304 Abs. 4 nicht eingreift (BGH NJW 1976, 525), mit der **sofortigen Beschwerde** angegriffen werden (§ 46 Abs. 3). Die sofortige Beschwerde steht nach § 296 ebenso der StA zu, die von dieser auch zugunsten des Angeklagten Gebrauch machen kann (AnwK-StPO/*Rotsch* § 46 Rn. 6; Graf/*Cirener* § 46 Rn. 6; *Meyer-Goßner/Schmitt* § 46 Rn. 8; SK-StPO/*Weßlau/Deiters* § 46 Rn. 11). Hat das unzuständige AG statt des OLG den Verwerfungsbeschluss gefasst, so entscheidet über die sofortige Beschwerde gem. § 121 Abs. 1 Nr. 2 GVG das OLG, nicht das LG (KG JR 1983, 214; BayObLG NJW 1961, 1982 f.; HK-StPO/*Brauer* § 46 Rn. 11; *Meyer-Goßner/Schmitt* § 46 Rn. 8; MüKo-StPO/*Valerius* § 46 Rn. 12; a. A. LR/*Graalmann-Scheerer* § 46 Rn. 29; SK-StPO/*Weßlau/Deiters* § 46 Rn. 9).

7 Eine Verwerfungsentscheidung kann zurückgenommen werden, wenn sich ihre tatsächliche Grundlage als falsch herausstellt (BayObLGSt 1952, 61).

§ 47 StPO Keine Vollstreckungshemmung. (1) Durch den Antrag auf Wiedereinsetzung in den vorigen Stand wird die Vollstreckung einer gerichtlichen Entscheidung nicht gehemmt.
(2) Das Gericht kann jedoch einen Aufschub der Vollstreckung anordnen.
(3) ¹Durchbricht die Wiedereinsetzung die Rechtskraft einer gerichtlichen Entscheidung, werden Haft- und Unterbringungsbefehle sowie sonstige Anordnungen, die zum Zeitpunkt des Eintritts der Rechtskraft bestanden haben, wieder wirksam. ²Bei einem Haft- oder Unterbringungsbefehl ordnet das die Wiedereinsetzung gewährende Gericht dessen Aufhebung an, wenn sich ohne weiteres ergibt, dass dessen Voraussetzungen nicht mehr vorliegen. ³Andernfalls hat das nach § 126 Abs. 2 zuständige Gericht unverzüglich eine Haftprüfung durchzuführen.

Der Antrag nach §§ 44, 45 bewirkt gemäß § 47 Abs. 1 **keine Vollstreckungshemmung**; sie tritt erst mit Bewilligung der Wiedereinsetzung ein (OLG Köln NJW 1987, 80). 1

Nach § 47 Abs. 2 kann das Gericht auf Antrag oder von Amts wegen (LR/*Graalmann-Scheerer* § 47 Rn. 5; MüKo-StPO/*Valerius* § 47 Rn. 4; SK-StPO/*Weßlau/Deiters* § 47 Rn. 2) einen **Vollstreckungsaufschub** anordnen. **Aufschub** ist sowohl die Aussetzung als auch die Unterbrechung einer bereits eingeleiteten Vollstreckung (KK-StPO/*Maul* § 47 Rn. 2; LR/*Graalmann-Scheerer* § 47 Rn. 2; *Meyer-Goßner/Schmitt* § 47 Rn. 2; SK-StPO/*Weßlau/Deiters* § 47 Rn. 2). Ein Aufschub eines rechtskräftig verhängten **Fahrverbots** nach § 44 StGB soll nicht möglich sein. § 47 Abs. 2 gestattet dem Gericht nur, die Vollstreckung aufzuschieben. Im Gegensatz zu den meisten Strafarten, bei denen es besonderer Vollstreckungsmaßnahmen bedarf, treten bei der Nebenstrafe des Fahrverbots die mit der Strafe verbundenen Nachteile unmittelbar mit Rechtskraft des Urteils ein, ohne dass besondere Vollstreckungshandlungen notwendig wären. (OLG Köln NJW 1987, 80 f.). 2

Der Aufschub setzt voraus, dass der Wiedereinsetzungsantrag form- und fristgerecht gestellt sowie erfolgversprechend ist (HK-StPO/*Lemke* § 47 Rn. 3; KK-StPO/*Maul* § 47 Rn. 2; LR/*Graalmann-Scheerer* § 47 Rn. 1; *Meyer-Goßner/Schmitt* § 47 Rn. 2; SK-StPO/*Weßlau/Deiters* § 47 Rn. 4). 3

Der Vollstreckungsaufschub kann von dem in § 45 Abs. 1 S. 1 oder dem in § 46 Abs. 1 genannten **Gericht** bewilligt werden (AnwK-StPO/*Rotsch* § 47 Rn. 2; Graf/*Cirener* § 47 Rn. 2; KK-StPO/*Maul* § 47 Rn. 1; *Meyer-Goßner/Schmitt* § 47 Rn. 2; MüKo-StPO/*Valerius* § 47 Rn. 5; SK-StPO/*Weßlau/Deiters* § 47 Rn. 3; a. A. HK-StPO/*Brauer* § 47 Rn. 2). Das Gericht nach § 45 Abs. 1 Satz 1 ist jedoch gehalten, die Sache dem nach § 46 Abs. 1 zuständigen Gericht vorzulegen, das die Entscheidung abändern kann (AnwK-StPO/*Rotsch* § 47 Rn. 2; Graf/*Cirener* § 47 Rn. 2; KK-StPO/*Maul* § 47 Rn. 1; *Meyer-Goßner/Schmitt* § 47 Rn. 2; MüKo-StPO/*Valerius* § 47 Rn. 5). Der Vollstreckungsaufschub kann nur bei Gefahr in Verzug durch den Vorsitzenden eines Kollegialgerichts allein bewilligt werden; ansonsten ist immer das Kollegialgericht zuständig (a. A. AnwK-StPO/*Rotsch* § 47 Rn. 2; Graf/*Cirener* § 47 Rn. 2; HK-StPO/*Brauer* § 47 Rn. 4; LR/*Graalmann-Scheerer* § 47 Rn. 5; *Meyer-Goßner/Schmitt* § 47 Rn. 2; nie durch den Vorsitzenden allein). 4

Nach § 304 Abs. 1 ist die Entscheidung mit der **Beschwerde** anfechtbar (AnwK-StPO/*Rotsch* § 47 Rn. 2; Graf/*Cirener* § 47 Rn. 2.1; HK-StPO/*Brauer* § 47 Rn. 4; LR/*Graalmann-Scheerer* § 47 Rn. 5; *Meyer-Goßner/Schmitt* § 47 Rn. 2; MüKo-StPO/*Valerius* § 47 Rn. 10; SK-StPO/*Weßlau/Deiters* § 47 Rn. 5). 5

Haft- und Unterbringungsbefehle sowie sonstige Anordnungen **leben** nach § 47 Abs. 3 **wieder auf**; sonstige praktisch relevante wieder auflebende **Anordnungen** sind: Beschlagnahmen zu Beweiszwecken (§ 94), eine vorläufige Entziehung der Fahrerlaubnis (§ 111a), vorläufige Sicherstellungsmaßnahmen (§§ 111b ff.), ein vorläufiges Berufsverbot (§ 132a) oder die Bestellung eines Pflichtverteidigers (§ 141). Nach § 116 ausgesetzte Haftbefehle werden in gleicher Weise wieder wirksam, Sicherheitsleistungen nach § 123 müssen erneut erbracht werden (HK-StPO/*Brauer* § 47 Rn. 5; KK/*Maul* § 47 Rn. 3; *Meyer-Goßner/Schmitt* § 47 Rn. 3). 6

Die Aufhebung des Haft- bzw. Unterbringungsbefehls durch das die Wiedereinsetzung gewährende Gericht (§ 126 Abs. 3) regelt Abs. 3 S. 2. Die Anordnungsvoraussetzungen sind insbesondere dann nicht mehr gegeben, wenn bereits ein bestehender Strafrest zur Bewährung ausgesetzt worden oder die Strafe voll verbüßt ist (*Meyer-Goßner/Schmitt* § 47 Rn. 4). Andernfalls regelt Abs. 3 S. 3, dass unverzüglich eine Haftprüfung durchzuführen ist. Bei sonstigen Anordnungen ist es Sache des Betroffenen, einen 7 entsprechenden Antrag zu stellen (HK-StPO/*Brauer* § 47 Rn. 7; KK-StPO/*Maul* § 47 Rn. 3; *Meyer-Goßner/Schmitt* § 47 Rn. 4).

Sechster Abschnitt. Zeugen

§ 48 StPO Zeugenpflichten; Ladung.

(1) ¹Zeugen sind verpflichtet, zu dem zu ihrer Vernehmung bestimmten Termin vor dem Richter zu erscheinen. ²Sie haben die Pflicht auszusagen, wenn keine im Gesetz zugelassene Ausnahme vorliegt.

(2) Die Ladung der Zeugen geschieht unter Hinweis auf verfahrensrechtliche Bestimmungen, die dem Interesse des Zeugen dienen, auf vorhandene Möglichkeiten der Zeugenbetreuung und auf die gesetzlichen Folgen des Ausbleibens.

S.a. *RiStBV Nr. 64 bis 66*

1   **A. Grundsätzliches.** Die Vorschrift hat ihre letzte Änderung durch das 2. Opferrechtsreformgesetz v. 29.07.2009 (BGBl. I, S. 2280) erfahren. Eingeführt wurde die Regelung über die allgemeinen Zeugenpflichten in Abs. 1.

2   **B. Tatbestand.** Gem. Abs. 1 muss der Zeuge zur Vernehmung **erscheinen** und **aussagen**. Gesetzliche Ausnahmen von der Aussagepflicht statuieren die §§ 52 bis 55.

3   **Ladung** i.S.d. Vorschrift ist die verbindliche Aufforderung an eine Auskunftsperson, zur Ablegung des Zeugnisses, d.h. zum Zweck einer Vernehmung, zu einer bestimmten Zeit an einem bestimmten Ort zu erscheinen (*Pfeiffer* § 48 Rn. 1). Gericht und StA müssen bei der Ladung bestimmte Förmlichkeiten grds. nicht beachten (vgl. LR/*Ignor/Bertheau* § 48 Rn. 3). Die Verfahrensordnung enthält insoweit keine bindenden Vorgaben. Allein den Richtlinien für das Straf- und das Bußgeldverfahren ist in Nr. 64 Abs. 3 Satz 1 ein Hinweis auf die möglichst einzuhaltende Form zu entnehmen. Danach sollen Zeugen durch einfachen Brief, nicht aber durch Postkarte geladen werden. Nur bei Vorliegen »besonderer Umstände« sei die Ladung zuzustellen, Nr. 64 Abs. 3 Satz 2 RiStBV. Wie sich aus Nr. 117 Abs. 1 Satz 2 RiStBV ergibt, liegen solche »besonderen Umstände« nicht bereits dann vor, wenn der Zeuge zu einer Hauptverhandlung geladen wird. Es liegt mithin im richterlichen und staatsanwaltschaftlichen Ermessen, den Zeugen mittels Telefax, mündlich oder telefonisch zu laden (vgl. LR/*Ignor/Bertheau* § 48 Rn. 4). Die Einschaltung von »Erklärungsboten« ist möglich. Die Ladung kann durch Polizei oder Gerichtswachtmeister übermittelt werden (vgl. *Meyer-Goßner/Schmitt* § 48 Rn. 1). Bei Unterbrechung oder Aussetzung einer Hauptverhandlung wird sie für die neuerliche oder fortzusetzende Vernehmung im Regelfall vom Vorsitzenden selbst vorgenommen (vgl. bereits RGSt 35, 232, 233). Konkrete Fristen sind bei der Zeugenladung nicht zu beachten (vgl. KK-StPO/*Senge* § 48 Rn. 5). Die Auskunftsperson kann zum sofortigen Erscheinen aufgefordert werden. Eine »ordnungsgemäße Ladung« i.S.d. § 51, deren Missachtung Ordnungsmittel und Vorführung nach sich ziehen können soll, wird im Regelfall jedoch eine angemessene Ladungsfrist voraussetzen (vgl. LR/*Ignor/Bertheau* § 48 Rn. 11).

4   Für andere Verfahrensbeteiligte als Gericht und StA, denen das Recht zur Zeugenladung zusteht – also für den Angeklagten (§§ 220 Abs. 1, 323 Abs. 1 Satz 1, 386 Abs. 2), den Privatkläger (§ 386 Abs. 2), den Nebenkläger, den Beschuldigten im Sicherungsverfahren (§ 414 Abs. 1), den Verfalls- und Einziehungsbeteiligten (§§ 433 Abs. 1, 440 Abs. 3, 442 Abs. 1) sowie juristische Personen, gegen die im Strafverfahren über die Festsetzung einer Geldbuße zu entscheiden ist (§ 44 Abs. 2 Satz 2, Abs. 3 Satz 1) – besteht ein Formzwang bei der Ausübung dieses Rechts. Sie haben sich gem. § 38 des Gerichtsvollziehers zu bedienen, der seinerseits das Recht hat, über §§ 191, 194 ZPO ein Postunternehmen mit der Zustellung zu beauftragen (vgl. hierzu näher § 38 Rdn. 4).

5   Als **notwendigen Inhalt** der Zeugenladung nennt § 48 den Hinweis auf verfahrensrechtliche Bestimmungen, die dem Interesse des Zeugen dienen, auf vorhandene Möglichkeiten der Zeugenbetreuung und auf die gesetzlichen Folgen des Ausbleibens. Daneben – vom Gesetz zwar nicht ausdrücklich genannt, aber vorausgesetzt – gehört zum notwendigen Inhalt der Ladung, dass die Auskunftsperson

aus ihr erkennen kann, dass sie als Zeuge vernommen werden soll (vgl. SK-StPO/*Rogall* § 48 Rn. 24). Dies bringt Nr. 64 Abs. 1 Satz 1 RiStBV zum Ausdruck. Grds. soll in der Ladung auch der Name des Beschuldigten angegeben werden, es sei denn, ermittlungstaktische Gründe sprechen dagegen. Demgegenüber soll – um einer Vorbeeinflussung des Zeugen entgegenzuwirken – der Gegenstand der Beschuldigung im Regelfall nicht mitgeteilt werden. Etwas anderes gilt dann, wenn die Bezeichnung der Tat der Vorbereitung der Aussage dienlich ist, Nr. 64 Abs. 1 Satz 2 RiStBV. Wird vermutet, dass der Zeuge im Besitz weiterer, dem Untersuchungszweck dienlicher Beweismittel ist, ist er aufzufordern, diese zur Vernehmung mitzubringen, Nr. 64 Abs. 2 RiStBV.

Der **Hinweis auf die gesetzlichen Folgen des Ausbleibens** (§ 51) ist selbst bei wiederholter Ladung und bei mündlicher Ladung in einem Gerichtstermin im Hinblick auf einen weiteren oder neuen Verhandlungstag obligatorisch (vgl. OLG Hamm NJW 1957, 1330). Grds. ist der Zeuge über sämtliche Konsequenzen seines Fernbleibens gem. der Vorschrift des § 51 (vgl. dort Rdn. 7 ff.) zu belehren. Für schuldunfähige Zeugen gilt eine Ausnahme. Gegen sie dürfen Ordnungsmittel nicht festgesetzt werden (vgl. § 51 Rdn. 10). Daher sind sie allein über die Möglichkeit der Vorführung nach § 51 Abs. 1 Satz 3 zu belehren (vgl. SK-StPO/*Rogall* § 48 Rn. 23). Eine Belehrung über etwaige Ordnungsmittel entfällt auch ggü. dem nicht in Freiheit befindlichen Zeugen. Dieser muss auch nicht auf die Möglichkeit eine Vorführung hingewiesen werden, da er sich aufgrund seiner Situation dem staatlichen Zugriff nicht entziehen kann. Insoweit wird die an ihn gerichtete Aufforderung, sich einer Vernehmungssituation zu stellen, von vornherein um einen richterlichen Vorführungsbefehl oder die Vorführungsanordnung der StA ergänzt (vgl. OLG Koblenz NStZ 1989, 93; KK-StPO/*Senge* § 48 Rn. 6). 6

Der **Hinweis auf die Zeugenrechte** bezieht sich zum einen auf Möglichkeiten der Zeugenbetreuung, also die Möglichkeiten einer organisatorischen Erleichterung der Vernehmungssituation etwa durch Kinderbetreuung oder Einrichtung von Zeugenzimmern (vgl. *Meyer-Goßner/Schmitt* § 48 Rn. 3a). Der Hinweis unterbleibt, wenn entsprechende Betreuungsangebote bei der Justizbehörde nicht vorhanden sind (vgl. LR/*Ignor/Bertheau* § 48 Rn. 9). Daneben ist der Zeuge aber auch über Verfahrensvorschriften zu informieren, deren Wahrung in seinem Interesse liegt. Hierher gehören Vorschriften wie §§ 58a, 247 Satz 2 und § 172 GVG. Der Gesetzgeber fordert eine auf den Einzelfall zugeschnittene Belehrung (vgl. BT-Drucks. 15/1976, S. 10). Daher ist es nicht angängig, sämtliche dem Schutz oder den Interessen von Zeugen dienende Vorschriften in die Ladung mit aufzunehmen. Wegen der bei Befolgung dieser Vorgabe »unangemessenen Arbeitsbelastung« der Justiz bei Erstellung der Ladung deshalb kritisch zu diesem Erfordernis *Wenske* DRiZ 2005, 293, 294. Erfolgt eine Belehrung über die dem Persönlichkeitsschutz des Zeugen dienenden Vorschriften, kann dies eine Befangenheit des Gerichts nicht begründen (KK-StPO/*Senge* § 48 Rn. 7). 7

Die **Anordnung der Ladung** trifft der Richter, der die Vernehmung durchführen will (der Vorsitzende in der Hauptverhandlung, der ersuchte bzw. beauftragte Richter, der Ermittlungsrichter; vgl. SK-StPO/*Rogall* § 48 Rn. 11). Im Vorverfahren liegt die Befugnis auch beim Staatsanwalt (§ 161a Abs. 1; vgl. KK-StPO/*Senge* Rn. 3). Dieser (§§ 214 Abs. 3, 323 Abs. 1), der Angeklagte (§§ 220 Abs. 1, 323 Abs. 1, 386 Abs. 2), der Nebenkläger (§§ 397 Abs. 1, 386 Abs. 2) und der Privatkläger (§ 386 Abs. 2) haben zudem die Möglichkeit, Auskunftspersonen zur Hauptverhandlung zu laden (vgl. KK-StPO/*Senge* § 48 Rn. 3; a. A. für den Nebenkläger LR/*Ignor/Bertheau* § 48 Rn. 2). Ladungen der StA und des Gerichts werden i.d.R. durch die Geschäftsstellen der Justizbehörden bewirkt. Zwingend vorgeschrieben ist dies nicht (vgl. SK-StPO/*Rogall* § 48 Rn. 12). Eine ausdrückliche Regelung für die Ladung zur Hauptverhandlung – Ausführung durch die Geschäftsstelle – enthält § 214 Abs. 1 Satz 2. Die übrigen Prozessbeteiligten haben sich für die Ladung des Gerichtsvollziehers zu bedienen (§§ 38, 220). 8

Wird die vorgesehene **Form der Ladung** nicht eingehalten, berührt das deren Wirksamkeit nicht (vgl. *Meyer-Goßner/Schmitt* § 48 Rn. 4). Entsprechendes gilt für einen **inhaltlichen Mangel** (vgl. *Neuhaus* StV 2004, 620, 621). Eine Beschwerde ist nicht möglich. Ladungen von Gerichten und StA entfalten in jedem Bundesland ihre Wirkung, § 160 GVG. 9

Kinder werden zu Händen ihrer gesetzlichen Vertreter geladen. Diese haben auf die Einhaltung der Zeugenpflichten hinzuwirken (OLG Hamm NJW 1965, 1613). Hat der »kindliche« Zeuge allerdings das 14. Lebensjahr vollendet, kann er bereits persönlich geladen werden (OLG Frankfurt am Main NStZ-RR 2005, 268). Sollte der kindliche Zeuge aufgrund seiner Entwicklung nicht in der Lage sein, den Inhalt der Ladung zu verstehen, so ist sein gesetzlicher Vertreter zu laden. An diesen ergeht zugleich 10 die Aufforderung, den kindlichen Zeugen der Vernehmung zuzuführen (vgl. LR/*Ignor/Bertheau* § 48 Rn. 13).

11 **Seeleute und Binnenschiffer** können über die Wasserschutzpolizei geladen werden (vgl. Schifffahrtsobergericht Hamm NJW 1965, 1613). Dies erfolgt in der Weise, sich bei der nächsten Liegezeit auf der Geschäftsstelle des örtlich zuständigen AG zu melden (vgl. KMR/*Neubeck* § 48 Rn. 9).

12 Hinsichtlich **deutscher Soldaten** gelten keine Besonderheiten. Sie werden wie Zivilpersonen geladen (Nr. 17 ff. des Erlasses des Bundesministeriums der Verteidigung v. 16.03.1982). Zur Ladung in der BRD stationierter ausländischer Streitkräfte vgl. Art. 37a ZusAbk zum NATO-Truppenstatut. Angehörige ausländischer Streitkräfte werden nach deutschem Recht geladen, wenn das Militär ihr Erscheinen nicht sicherstellen kann (vgl. *Marenbach* NJW 1974, 1070).

13 **Deutsche und ausländische Zeugen**, die sich im Ausland befinden, werden über die ausländischen Behörden geladen (Nr. 151, 152 RiVASt). Daneben besteht die Möglichkeit der Ladung über die deutsche Auslandsvertretung, Nr. 172 RiVASt.

14 Ladungen an **Exterritoriale**, also Personen, die nach den §§ 18 bis 20 GVG oder anderen Rechtsvorschriften von der deutschen Gerichtsbarkeit befreit sind, erfolgen stets über Vermittlung des Auswärtigen Amts, Nr. 196 RiStBV. Zu beachten ist die Formvorschrift der Nr. 197 RiStBV.

15 **C. Revision.** Bei § 48 handelt es sich um eine reine Ordnungsvorschrift. Ihre Verletzung begründet daher nicht die Revision (vgl. KK-StPO/*Senge* § 48 Rn. 9; *Wenske* DRiZ 2005, 293, 296).

D. Reformvorhaben. Der Gesetzgeber plant, die Vorschrift durch das 3. Opferrechtsreformgesetz (BT-Drucks. 18/4621) um einen dritten Absatz zu erweitern. Danach sei bei Zeugen, die zugleich Verletzte der Straftat sind, stets deren Schutzbedürftigkeit im Verfahren zu berücksichtigen. Maßnahmen der audiovisuellen Vernehmung nach den §§ 168e und 247a müssten in den Blick genommen werden. Auch sei der Ausschluss der Öffentlichkeit ebenso zu prüfen wie ein Verzicht auf Fragen zum persönlichen Lebensbereich der Auskunftsperson. Die Gesetzesänderung soll der Umsetzung der Richtlinie 2012/29/EU des Europäischen Parlaments und des Rates vom 25. Oktober 2012 über Mindeststandards für die Rechte, die Unterstützung und den Schutz von Opfern von Straftaten dienen. Eingebettet in die Vorschrift des § 48 hat sie allein symbolischen Charakter, indem sie exemplarisch auf bestehende Regelungen über die Zeugenbefragung verweist, die ohnehin schon Beachtung zu finden haben.

§ 49 StPO Vernehmung des Bundespräsidenten.
¹Der Bundespräsident ist in seiner Wohnung zu vernehmen. ²Zur Hauptverhandlung wird er nicht geladen. ³Das Protokoll über seine gerichtliche Vernehmung ist in der Hauptverhandlung zu verlesen.

1 **A. Grundsätzliches.** Die Vorschrift regelt die Vernehmung des Staatsoberhaupts. Sie betrifft nur den Amtsinhaber, nicht aber dessen Vertreter gem. Art. 57 GG (vgl. KK-StPO/*Senge* § 49 Rn. 1).

2 **B. Tatbestand.** Der Bundespräsident ist in seiner **Wohnung** zu vernehmen, es sei denn, dass er hierauf verzichtet (vgl. Meyer-Goßner/*Schmitt* § 49 Rn. 1; *Pfeiffer* Rn. 1; a.A. SK-StPO/*Rogall* § 49 Rn. 5: Verzicht nicht möglich; LR/*Ignor/Bertheau* § 49 Rn. 2: Erscheinen des Bundespräsidenten vor Gericht mit der Würde des Amtes nicht zu vereinbaren). Wohnung ist nicht gleichzusetzen mit Wohnsitz i.S.d. § 7 BGB. Die Wohnung des Bundespräsidenten ist jegliche Räumlichkeit, in der er sich – wenn auch nur vorübergehend – aufhält (vgl. LR/*Ignor/Bertheau* § 49 Rn. 2). Insoweit zählen auch der Dienstsitz, der Urlaubsort und zur Verfügung gestellte Räumlichkeiten anlässlich eines Staatsbesuchs dazu.

3 Bei der Vernehmung kann sich der Bundespräsident auf das besondere Aussageverweigerungsrecht aus § 54 Abs. 3 berufen. Die **Vernehmung** ist, wie sich aus Satz 3 der Vorschrift ergibt, grds. eine richterliche. Neben dem Ermittlungsrichter, dem beauftragten oder ersuchten Richter kommt auch eine Vernehmung durch das gesamte Gericht in Betracht (vgl. KK-StPO/*Senge* § 49 Rn. 3; a. A. SK-StPO/*Ro-

gall § 49 Rn. 8). Ob eine Vernehmung durch die StA zulässig ist, ist str. (bejahend u.a. LR/*Ignor/Bertheau* § 49 Rn. 3; verneinend *Meyer-Goßner/Schmitt* § 49 Rn. 1).

Außerhalb des Gerichts haben Prozessbeteiligte (vgl. etwa § 168c Abs. 2) kein **Anwesenheitsrecht** (vgl. KK-StPO/*Senge* § 49 Rn. 4). Sie müssen deshalb gem. § 168c Abs. 5 über den Vernehmungstermin nicht benachrichtigt werden (vgl. SK-StPO/*Rogall* § 49 Rn. 9). Bei einer Vernehmung im Gericht gelten die allgemeinen Regelungen über die Anwesenheit (vgl. KK-StPO/*Senge* § 49 Rn. 4). 4

Der Bundespräsident nimmt an der gerichtlichen Hauptverhandlung nicht teil, Satz 2. Insoweit wird er auch nicht geladen. Etwas anderes gilt, wenn er zum Zeitpunkt der Hauptverhandlung nicht mehr im Amt ist (vgl. LR/*Ignor/Bertheau* § 49 Rn. 7). 5

Satz 3 enthält eine **Ausnahme vom Unmittelbarkeitsgrundsatz**. Die Niederschrift über die Vernehmung des Bundespräsidenten wird verlesen. Eines besonderen Beschlusses des Gerichts bedarf es hierfür nicht (vgl. SK-StPO/*Rogall* § 49 Rn. 10). § 251 Abs. 4 Satz 3 und 4 gelten entsprechend (vgl. *Meyer-Goßner/Schmitt* § 49 Rn. 2). 6

§ 50 StPO Vernehmung von Abgeordneten und Mitgliedern einer Regierung.

(1) Die Mitglieder des Bundestages, des Bundesrates, eines Landtages oder einer zweiten Kammer sind während ihres Aufenthaltes am Sitz der Versammlung dort zu vernehmen.
(2) Die Mitglieder der Bundesregierung oder einer Landesregierung sind an ihrem Amtssitz oder, wenn sie sich außerhalb ihres Amtssitzes aufhalten, an ihrem Aufenthaltsort zu vernehmen.
(3) Zu einer Abweichung von den vorstehenden Vorschriften bedarf es für die Mitglieder eines in Absatz 1 genannten Organs der Genehmigung dieses Organs, für die Mitglieder der Bundesregierung der Genehmigung der Bundesregierung, für die Mitglieder einer Landesregierung der Genehmigung der Landesregierung.
(4) ¹Die Mitglieder der in Absatz 1 genannten Organe der Gesetzgebung und die Mitglieder der Bundesregierung oder einer Landesregierung werden, wenn sie außerhalb der Hauptverhandlung vernommen worden sind, zu dieser nicht geladen. ²Das Protokoll über ihre richterliche Vernehmung ist in der Hauptverhandlung zu verlesen.

A. Grundsätzliches. Die Vorschrift schützt die Funktionstüchtigkeit von Regierung und Parlament. Die genannten Personen haben ihrer Auskunftspflicht im gesamten (vgl. RGSt 26, 253, 255) Strafverfahren lediglich an Orten zu genügen, die einen störungsfreien Betrieb der obersten Staatsorgane gewährleisten. Diese Regelung ist ein Sonderrecht der Institution und kein persönliches Privileg des betroffenen Zeugen, weshalb es auch nicht verzichtbar ist (vgl. SK-StPO/*Rogall* § 50 Rn. 2). 1

Mitglieder eines Landtages i.S.d. § 50 sind auch die Angehörigen des Berliner Abgeordnetenhauses und der hamburgischen und bremischen Bürgerschaft (vgl. KK-StPO/*Senge* § 50 Rn. 2). 2

B. Tatbestand. **Parlamentarier** (Abs. 1) sind am Sitz des Parlaments zu vernehmen, wenn sie sich dort aufhalten. Außerhalb der Sitzungswoche (a. A. KMR/*Neubeck* § 50 Rn. 3: Außerhalb der Sitzungsperiode, zu der auch die der Parlamentsferien zählen) kann der Zeuge auch an seinem Aufenthaltsort vernommen werden (vgl. LR/*Ignor/Bertheau* § 50 Rn. 3). Die Wahl des Vernehmungsortes liegt dann im Ermessen des Gerichts, das hierbei die Arbeitsbelastung des Zeugen zu berücksichtigen hat (vgl. BGH NStZ 1982, 158, 159; a. A. LR/*Ignor/Bertheau* § 50 Rn. 3: Die Befragung hat an dem sich aus den allgemeinen Vorschriften ergebenden Vernehmungsort zu erfolgen). Dass die Vernehmung am Sitz der Versammlung stattfindet, bedeutet allerdings keine Vernehmung in Räumlichkeiten des Parlaments. Die Befragung findet vielmehr in dem am Parlamentssitz gelegenen Gerichtsgebäude statt (vgl. SK-StPO/*Rogall* § 50 Rn. 5). Abs. 4 Satz 2 legt eine Vernehmung allein durch den Richter (ggf. das gesamte Kollegialgericht) nahe. Wie bei § 49 (vgl. dort Rdn. 3) ist str., ob auch die StA vernehmen darf (bejahend u.a. KK-StPO/*Senge* § 50 Rn. 4; verneinend etwa *Meyer-Goßner/Schmitt* § 50 Rn. 4). Die Anwesenheitsrechte der Prozessbeteiligten werden von § 50 nicht berührt (vgl. SK-StPO/*Rogall* § 50 Rn. 5). 3

Abs. 2 regelt die Vernehmung von **Regierungsmitgliedern**. Gem. Art. 62 GG sind das im Bund Bundeskanzler und Bundesminister. Staatssekretäre gehören nicht zur Regierung. Dies gilt auch für parlamen- 4

§ 50 StPO Vernehmung von Abgeordneten und Mitgliedern einer Regierung

tarische Staatssekretäre (vgl. KK-StPO/*Senge* § 50 Rn. 5). Da Letztere aber den Abgeordnetenstatus innehaben, gilt für sie die Regelung in Abs. 1 (vgl. *Meyer-Goßner/Schmitt* § 50 Rn. 5). Wer Mitglied einer Landesregierung ist, ergibt sich aus den jeweiligen Landesverfassungen (vgl. SK-StPO/*Rogall* § 50 Rn. 7). In den Stadtstaaten sind Mitglieder der Regierung die Bürgermeister – in Berlin der Regierende Bürgermeister – und die Senatoren (vgl. *Meyer-Goßner/Schmitt* § 50 Rn. 5). Aufgrund Art. 43 Abs. 2 BayVerf gehören in Bayern auch die Staatssekretäre zu Regierung (vgl. KK-StPO/*Senge* § 50 Rn. 5).

5 Die Vernehmung eines Regierungsmitglieds findet an dessen Amtssitz oder jeweiligen Aufenthaltsort statt. Vernehmungsort sind im Regelfalle weder das Regierungsgebäude noch die dem Aufenthalt des Zeugen dienenden Räumlichkeiten, sondern vielmehr das am Regierungssitz oder dem Aufenthaltsort gelegene Gericht (vgl. LR/*Ignor/Bertheau* § 50 Rn. 5). Etwas anderes gilt dann, wenn der Regierungssitz oder der Aufenthaltsort kein Gericht beherbergen. Dann haben sich die Vernehmungspersonen an den aktuellen Aufenthaltsort des Zeugen zu begeben und die Vernehmung dort durchzuführen (vgl. SK-StPO/*Rogall* § 50 Rn. 6; a. A. LR/*Ignor/Bertheau* § 50 Rn. 5: Vernehmungsort ist nicht das am Regierungssitz oder Aufenthaltsort gelegene, sondern das für diese Örtlichkeiten zuständige Gericht, weshalb es nie zu einer Vernehmung in Amts- oder Privaträumen des Zeugen kommen kann). Leistet der Zeuge einer – unzulässigen – Ladung an einen Gerichtsort folge, wird dieser nicht zu einem Aufenthaltsort i.S.d. Gesetzes. Die Durchführung einer Vernehmung hat deshalb zu unterbleiben (vgl. *Meyer-Goßner/Schmitt* § 50 Rn. 7). Die Vernehmung in der Hauptverhandlung ist möglich, wenn diese in einem Gericht am Amtssitz oder Aufenthaltsort stattfindet (vgl. KK-StPO/*Senge* § 50 Rn. 8). Anwesenheitsrechte der Prozessbeteiligten werden dann nicht beschnitten. Wird die Hauptverhandlung außerhalb des Amtssitzes oder des Ortes des Aufenthalts durchgeführt, muss die Vernehmung durch den beauftragten oder ersuchten Richter erfolgen (vgl. *Meyer-Goßner/Schmitt* § 50 Rn. 7).

6 Eine **Abweichung von den in Abs. 1 und 2 getroffenen Regelungen** ist möglich, wenn die Genehmigungen der Institutionen vorliegen, denen der Zeuge angehört. Die Genehmigung kann von Amts wegen, aber auch auf Antrag eines Prozessbeteiligten oder des Zeugen erteilt werden (vgl. KK-StPO/*Senge* § 50 Rn. 7). Adressat eines solchen Antrags ist die Regierung oder der Parlamentspräsident (vgl. SK-StPO/*Rogall* § 50 Rn. 8). Bestimmte Formvorgaben für Erteilung und Nachweis der Genehmigung enthält das Gesetz nicht. So ist ausreichend die eidliche Versicherung des Zeugen, ihm sei eine Ausnahmegenehmigung erteilt worden (vgl. *Meyer-Goßner/Schmitt* § 50 Rn. 8). Ohne Sondergenehmigung ist eine Vernehmung unter Verstoß gegen die in Abs. 1 und 2 aufgeführten Grundsätze unzulässig. Dies gilt auch dann, wenn sich der Zeuge in Absprache mit der Vernehmungsperson zu einem Aufenthalt an einem Gerichtsort bereiterklärt hat, der nicht zugleich sein Amtssitz ist und den er ansonsten nicht aufgesucht hätte. Das Genehmigungserfordernis aus Abs. 3 darf nicht umgangen werden (vgl. KK-StPO/*Senge* § 50 Rn. 7).

7 Eine **Ladung von Parlamentariern und Regierungsmitgliedern** zu einer Hauptverhandlung kann nur dann erfolgen kann, wenn diese am Amtssitz oder Aufenthaltsort des Zeugen abgehalten wird oder eine Sondergenehmigung nach Abs. 3 vorliegt und der Zeuge nicht bereits außerhalb der Hauptverhandlung vernommen wurde (Abs. 4 Satz 1). Erhält der Zeuge trotzdem eine Ladung, entfaltet diese keine Wirkung. Die Ungehorsamsfolgen des § 51 treten nicht ein (vgl. LR/*Ignor/Bertheau* § 50 Rn. 11). Etwas Anderes gilt, wenn die Ladung zulässig ist. Bei Abgeordneten sind Ordnungshaft und Vollstreckung eines Vorführungsbefehls jedoch genehmigungsbedürftig; vgl. u.a. Art. 46 Abs. 3 GG (vgl. KK-StPO/*Senge* § 50 Rn. 8).

8 Abs. 4 Satz 2 enthält eine gesetzliche Ausnahme vom Unmittelbarkeitsgrundsatz. Die **Verlesung** ist zulässig, wenn eine Ladung des Zeugen nicht möglich ist und eine Sondergenehmigung nach Abs. 3 nicht vorliegt (vgl. *Meyer-Goßner/Schmitt* § 50 Rn. 10). Den erfolglosen Versuch, eine solche Genehmigung zu erhalten, setzt sie aber nicht voraus (vgl. RGSt 26, 253, 155; LR/*Ignor/Bertheau* § 50 Rn. 13).

9 **C. Revision.** Auf die Unzulässigkeit einer Vernehmung unter Verstoß gegen Abs. 1 bis 3 kann die Revision nicht gestützt werden. § 50 entfaltet keine Schutzwirkung zugunsten des Angeklagten, sondern dient allein Interessen von Parlament oder Regierung (vgl. LR/*Ignor/Bertheau* § 50 Rn. 14). Revisibel ist hingegen eine Verletzung von Abs. 4 Satz 2, da hier mit dem Unmittelbarkeitsgrundsatz gegen eine dem Revidenten dienende Prozessmaxime verstoßen wurde (vgl. KK-StPO/*Senge* § 50 Rn. 8).

§ 51 StPO Folgen des Ausbleibens eines Zeugen.

(1) ¹Einem ordnungsgemäß geladenen Zeugen, der nicht erscheint, werden die durch das Ausbleiben verursachten Kosten auferlegt. ²Zugleich wird gegen ihn ein Ordnungsgeld und für den Fall, daß dieses nicht beigetrieben werden kann, Ordnungshaft festgesetzt. ³Auch ist die zwangsweise Vorführung des Zeugen zulässig; § 135 gilt entsprechend. ⁴Im Falle wiederholten Ausbleibens kann das Ordnungsmittel noch einmal festgesetzt werden.

(2) ¹Die Auferlegung der Kosten und die Festsetzung eines Ordnungsmittels unterbleiben, wenn das Ausbleiben des Zeugen rechtzeitig genügend entschuldigt wird. ²Erfolgt die Entschuldigung nach Satz 1 nicht rechtzeitig, so unterbleibt die Auferlegung der Kosten und die Festsetzung eines Ordnungsmittels nur dann, wenn glaubhaft gemacht wird, daß den Zeugen an der Verspätung der Entschuldigung kein Verschulden trifft. ³Wird der Zeuge nachträglich genügend entschuldigt, so werden die getroffenen Anordnungen unter den Voraussetzungen des Satzes 2 aufgehoben.

(3) Die Befugnis zu diesen Maßregeln steht auch dem Richter im Vorverfahren sowie dem beauftragten und ersuchten Richter zu.

S.a. RiStBV Nr. 64 Abs. 3, 117 Abs. 1

A. Grundsätzliches. Die Vorschrift umschreibt die Ungehorsamsfolgen, die einem Zeugen auferlegt werden können, der trotz ordnungsgemäßer Ladung zur Vernehmung nicht erscheint. Ungehorsam kann sich nur der Zeuge verhalten, für den eine Pflicht besteht, einer an ihn gerichteten Ladung Folge zu leisten (vgl. *Meyer-Goßner/Schmitt* § 51 Rn. 1). Eine Pflicht zum Folgeleisten besteht etwa nicht in den Fällen der §§ 49, 50, 220 Abs. 2. Demgegenüber nimmt die Existenz eines Zeugnisverweigerungsrechts auf die Pflicht, einer Ladung nachzukommen, keinen Einfluss. Auch der zur Auskunftsverweigerung berechtigte Zeuge verhält sich ungehorsam, es sei denn, sein Fernbleiben ist i.S.v. Abs. 2 entschuldigt (vgl. SK-StPO/*Rogall* § 51 Rn. 1; zur Erscheinenspflicht des zur Auskunftsverweigerung berechtigten Zeugen s. auch OLG Rostock StraFo 2015, 15 mit Anm. *Wollschläger*). Ihre Ergänzung findet die Vorschrift in § 70, der die Anwendung von Zwangsmitteln ggü. erschienenen Zeugen zur Erzwingung der Aussage bzw. der Eidesleistung vorsieht (vgl. LR/*Ignor/Bertheau* § 51 Rn. 1). Mit Ausnahme der Ordnungshaft kann im Ermittlungsverfahren auch die StA die Zwangsmaßnahmen nach § 51 anordnen, wenn sie den Zeugen nach § 161a Abs. 2 geladen hat (vgl. SK-StPO/*Rogall* § 51 Rn. 2). Zwangsmaßnahmen verbieten sich gegen gesetzliche Vertreter und Erziehungsberechtigte, die das Nichterscheinen einer ihrer Betreuung unterworfenen Auskunftspersonen zu verschulden haben, denn sie sind nicht selbst Zeuge (vgl. OLG Hamm NJW 1965, 1613; LR/*Ignor/Bertheau* § 51 Rn. 3). 1

B. Tatbestand. Voraussetzung der Anordnung von Ungehorsamsfolgen ist eine **ordnungsgemäße Ladung** des Zeugen (vgl. SK-StPO/*Rogall* § 51 Rn. 3). Die Ordnungsgemäßheit der Ladung setzt voraus, dass aus ihr Ort und Zeit der Vernehmung deutlich werden (vgl. *Meyer-Goßner/Schmitt* § 51 Rn. 2). Zum weiteren Inhalt der Ladung und zu ihrer Ausführung vgl. die Kommentierung zu § 48. Hinsichtlich der Ladung auf Grundlage des § 220 ist § 38 zu beachten. Zur Ladung zur Hauptverhandlung s. § 214 und § 48 Rdn. 2. 2

»**Nicht erschienen**« ist der auf freiem Fuße befindliche Zeuge, der zu der Vernehmung ausbleibt. Ein nicht auf freiem Fuß befindlicher Zeuge wird stets vorgeführt; str. (vgl. KK-StPO/*Senge* § 51 Rn. 2; a. A. *Meyer-Goßner/Schmitt* § 51 Rn. 3: Der Untersuchungsgefangene, der sich weigert, sich zum Ort der Vernehmung transportieren zu lassen, erscheint nicht). Als nicht erschienen gilt auch der Zeuge, der zwar zum Vernehmungsort kommt, sich aber in einem von ihm zu verantwortenden Zustand (Alkohol- oder Betäubungsmittelrausch) befindet, der seiner Vernehmung entgegensteht (vgl. BGHSt 23, 331, 334; *Kaiser* NJW 1968, 185, 188). Die Verhinderung seines Beistands entbindet den Zeugen nicht von seiner Pflicht zum Erscheinen (BGH NStZ 1989, 484 f. m. Anm. *Krehl* NStZ 1990, 192 f.). 3

Str. ist, ob Ungehorsamsfolgen auch gegen den (erheblich) zu spät erschienenen Zeugen verhängt werden dürfen. Hierfür wird ins Feld geführt, dass der Zeuge seiner Pflicht, sich zu einer bestimmten Zeit zur Vernehmung bereitzuhalten, nicht nachgekommen ist (vgl. KK-StPO/*Senge* § 51 Rn. 3; a. A. *Meyer-Goßner/Schmitt* Rn. 3). 4

Entfernt sich der Zeuge, bevor er gem. § 248 entlassen wurde, soll dies einem Nichterscheinen gleichgestellt sein (vgl. LR/*Ignor/Bertheau* § 51 Rn. 6; *Pfeiffer* § 51 Rn. 1; a. A. *Lampe* MDR 1974, 535, 540; 5

SK-StPO/*Rogall* § 51 Rn. 8). Gegen ihn können Ungehorsamsfolgen festgesetzt werden. Nach herrschender Meinung soll einem Vorsitzenden zudem das Recht zustehen, den Zeugen wie einen Angeklagten nach § 231 Abs. 1 Satz 2 festzuhalten (vgl. KMR/*Neubeck* § 51 Rn. 6).

6 Ein Zeuge, der bereits vor dem Vernehmungstermin erklärt, zu diesem nicht zu erscheinen, kann nicht auf Grundlage des § 51 vorgeführt werden. Die Vorschrift lässt vorbeugende Zwangsmaßnahmen nicht zu (vgl. OLG Stuttgart NJW 1956, 840). Das Gericht kann aber in Ansehung der Erklärung des Zeugen den bestehenden Termin absetzen, neuen Termin bestimmen, Ordnungsmittel festsetzen und die Vorführung zum neuen Termin anordnen (vgl. KK-StPO/*Senge* § 51 Rn. 5).

7 Folge des (unerlaubten) Nichterscheinens ist für den Zeugen zunächst die **Auferlegung der durch das Ausbleiben entstandenen Kosten**. Auf diese Kostenfolge hat der Angeklagte einen Rechtsanspruch (vgl. *Meyer-Goßner/Schmitt* § 51 Rn. 14). Die Auferlegung der Kosten darf nicht deshalb unterbleiben, weil der Zeuge sein Fernbleiben möglicherweise nachträglich entschuldigen kann (BGHSt 10, 126 f.). Die zu tragenden Kosten umfassen die Verfahrenskosten und die notwendigen Auslagen des Angeklagten (vgl. *Pfeiffer* § 51 Rn. 2). Die Kosten werden im Kostenausspruch nicht im Einzelnen beziffert, sondern erst im Verfahren nach § 464b festgesetzt(vgl. SK-StPO/*Rogall* § 51 Rn. 13). Bei wiederholtem Ausbleiben entsteht die Kostenpflicht von neuem (vgl. KK-StPO/*Senge* § 51 Rn. 6). Fehlen mehrere Zeugen gleichzeitig unentschuldigt, haften sie als Gesamtschuldner für die Kosten in voller Höhe (vgl. LG Berlin NStZ-RR 2005, 288; *Meyer-Goßner/Schmitt* § 51 Rn. 14).

8 Als Ordnungsmittel sieht das Gesetz die Festsetzung eines **Ordnungsgeldes** bei erstmaligem Ausbleiben des Zeugen zwingend vor. Bei nochmaligem Nichterscheinen steht eine neuerliche Festsetzung des Ordnungsmittels dann stets im Ermessen des Gerichts, Abs. 1 Satz 4. Bleibt der Zeuge darüber hinaus ein weiteres Mal fern, liegt also der zweite Wiederholungsfall vor, kommt eine Festsetzung nicht mehr in Betracht (vgl. LR/*Ignor/Bertheau* § 51 Rn. 20: »Auch wenn sich dies aus dem Wortlaut der Vorschrift nicht eindeutig ergibt«). Dies gilt allerdings nur, wenn sich das Ausbleiben auf denselben Vernehmungsfall bezieht (vgl. SK-StPO/*Rogall* § 51 Rn. 23). Die Verhängung des Ordnungsgeldes im Vorverfahren oder in einer später ausgesetzten Hauptverhandlung hindert daher eine wiederholte Festsetzung in einer neuen Hauptverhandlung nicht (vgl. KK-StPO/*Senge* § 51 Rn. 6; KMR/*Neubeck* § 51 Rn. 19). Die Höhe des Ordnungsgeldes bewegt sich zwischen 5,00 und 1.000,00 €, § 6 EGStGB. Zu Zahlungserleichterungen s. § 7 EGStGB. Es besteht die Möglichkeit, bei geringem Verschulden in Anwendung des Rechtsgedankens von § 153 und § 47 OWiG von der Festsetzung des Ordnungsgeldes abzusehen (vgl. LG Berlin NStZ 1995, 508, 509 m. Anm. *Sander*; KK-StPO/*Senge* § 51 Rn. 7). Die Entscheidung ist von einer Zustimmung der StA (vgl. OLG Düsseldorf MDR 1990, 173, 174) und des Zeugen (vgl. OLG Düsseldorf wistra 1994, 77 f.) nicht abhängig, erfasst aber nicht dessen Kostentragungspflicht (vgl. SK-StPO/*Rogall* § 51 Rn. 17; a. A. OLG Düsseldorf NJW 1993, 546). Von der Verhängung eines Ordnungsgeldes wird insb. dann abzusehen sein, wenn das Ausbleiben des Zeugen nur zu einer geringfügigen Verfahrensverzögerung geführt hat, oder die Verfahrensbeteiligten auf die Ablegung des Zeugnisses verzichtet haben (vgl. LR/*Ignor/Bertheau* § 51 Rn. 22).

9 Weiteres Ordnungsmittel ist die **Ordnungshaft**, die von einem Tag bis zu sechs Wochen dauern kann, Art. 6 Abs. 2 EGStGB. Sie kommt nur dann in Betracht, wenn das Ordnungsgeld nicht beigetrieben werden kann. Ordnungshaft kann über § 8 EGStGB auch nachträglich angeordnet werden, wenn dies im Zusammenhang mit der Anordnung des Ordnungsgeldes unterblieben ist. Ordnungshaft ist durch den Richter anzuordnen. Dies gilt auch dann, wenn das Ordnungsgeld durch den Staatsanwalt verhängt wurde, § 161a Abs. 2 Satz 2.

10 Nur gegen schuldfähige Zeugen dürfen die Ordnungsmittel des § 51 festgesetzt werden (vgl. OLG Hamm MDR 1980, 322), da Ordnungsgeld und Ordnungshaft das Nichtbefolgen der gesetzlichen Pflicht des Zeugen, zur Vernehmung zu erscheinen, sanktionieren (vgl. LR/*Ignor/Bertheau* § 51 Rn. 16). Eine Festsetzung ggü. Kindern oder sonstigen schuldunfähigen Personen hat daher zu unterbleiben (vgl. LG Bremen NJW 1970, 1429, 1430; *Meyer-Goßner/Schmitt* § 51 Rn. 15). Bei entsprechendem Reifegrad ist die Festsetzung von Ordnungsmitteln ggü. Jugendlichen möglich (vgl. LR/*Ignor/Bertheau* § 51 Rn. 16).

11 Der nicht erschienene Zeuge kann auch vorgeführt werden. Die **Vorführung** steht im Ermessen des Gerichts (vgl. *Meyer-Goßner/Schmitt* § 51 Rn. 20). Sie kann neben die Festsetzung von Ordnungsmitteln treten, ist aber auch ggü. schuldunfähigen Zeugen möglich (vgl. KK-StPO/*Senge* § 51 Rn. 9; LR/*Ignor/Bertheau* § 51 Rn. 24; a. A. *Skupin* MDR 1965, 865). Sie kommt namentlich dann in Betracht,

wenn nach Abs. 1 Satz 4 eine erneute Festsetzung nicht mehr in Betracht kommt (vgl. SK-StPO/*Rogall* § 51 Rn. 21). Die Vorführung von Kindern dürfte im Regelfall unverhältnismäßig sein (vgl. *Vierhaus* NStZ 1994, 271 f.). Eine Vorführung kommt nur in Betracht, wenn die begründete Befürchtung besteht, der Zeuge werde zum nächsten Termin erneut nicht erscheinen (vgl. *Meyer-Goßner/Schmitt* § 51 Rn. 20). Die Voraussetzungen des § 135 sind zu beachten (vgl. SK-StPO/*Rogall* § 51 Rn. 22).

Nach Abs. 2 Satz 1 der Vorschrift kommt es nicht zu einer Kostentragungspflicht des Zeugen und auch zu keiner Festsetzung eines Ordnungsmittels, wenn das Ausbleiben des Zeugen rechtzeitig genügend entschuldigt wird. Dabei ist eine eigene **Entschuldigung** des Zeugen nicht Voraussetzung. Es reicht aus, dass ein anderer die Entschuldigung vorbringt (vgl. SK-StPO/*Rogall* § 51 Rn. 25). Nach herrschender Meinung ist allerdings Voraussetzung, dass die Entschuldigung bei der ladenden Stelle angebracht wird. Es soll nicht ausreichen, dass sich für diese die Entschuldigung aus den Akten oder aus anderen Umständen ergibt (vgl. KK-StPO/*Senge* § 51 Rn. 15; a. A. LR/*Ignor/Bertheau* § 51 Rn. 7; *Meyer-Goßner/Schmitt* § 51 Rn. 7). 12

Die Entschuldigung ist nur dann rechtzeitig, wenn sie dem Gericht noch eine Reaktion hinsichtlich seiner Terminierung erlaubt. Sie muss also so früh eingehen, dass eine Verlegung des Termins und ggf. eine Abladung weiterer Beteiligter im normalen Geschäftsbetrieb möglich sind (vgl. KK-StPO/*Senge* § 51 Rn. 10; *Meyer-Goßner/Schmitt* § 51 Rn. 8). In dieser Möglichkeit offenbart sich die gesetzliche Intention der Regelung des Abs. 2. Unnötige Kosten (für den Angeklagten oder die Staatskasse) und unnötiger Arbeitsaufwand sollen vermieden werden (vgl. BT-Drucks. 8/976, S. 22, 36). 13

Wie sich aus Satz 2 des Abs. 2 ergibt, löst die **verspätete Entschuldigung** die Ungehorsamsfolgen des Abs. 1 grds. nur dann nicht aus, wenn der Zeuge vor deren Anordnung glaubhaft macht, dass ihn an der Verspätung seiner Entschuldigung kein Verschulden trifft. Im Umkehrschluss müssen Ungehorsamsfolgen angeordnet werden, wenn es entweder an einem unverschuldeten Verspäten oder gar dem Vorbringen eines Entschuldigungsgrundes fehlt. Davon will *Meyer-Goßner/Schmitt* § 51 Rn. 9 (ihm grundsätzlich folgend SK-StPO/*Rogall* § 51 Rn. 33) eine Ausnahme machen. Danach soll es nur zu einem kurzen Aufschub der Entscheidung über die Ungehorsamsfolgen kommen, wenn der Zeuge vor deren Anordnung sein mangelndes Verschulden an der Verspätung glaubhaft gemacht und gleichzeitig angekündigt hat, seine Entschuldigungsgründe, für die er noch Beweise beschaffen müsse, alsbald vorzubringen werde (a. A. KK-StPO/*Senge* § 51 Rn. 18). 14

Eine **genügende Entschuldigung** liegt nach herrschender Meinung vor, wenn das Gericht an ihrem Vorliegen keine Zweifel hegt (vgl. BGHR StPO, § 51 Entschuldigung 1; LR/*Ignor/Bertheau* § 51 Rn. 7). Demgegenüber will eine a. A. von einer Entschuldigung nur dann ausgehen, wenn diese erwiesen ist (vgl. KK-StPO/*Senge* § 51 Rn. 16). Die herrschende Meinung führt für ihre Auffassung ins Feld (vgl. LR/*Ignor/Bertheau* § 51 Rn. 7), dass der Zeuge hinsichtlich in seinem persönlichen Bereich liegender Gründe eine Entschuldigung häufig gar nicht beweisen könne. Letztlich liegen beide Auffassungen inhaltlich aber nicht weit auseinander. Denn was zum Nachweis der Entschuldigung erforderlich sein soll, bestimmt sich nach der nicht vorherrschenden Ansicht im Einzelfall nach pflichtmäßigem richterlichem Ermessen (vgl. KK-StPO/*Senge* § 51 Rn. 16). Es kann somit die eigene eidesstattliche Versicherung durchaus zum Beweis der Entschuldigung ausreichen. 15

Ein **Entschuldigungsgrund** liegt vor, wenn dem Zeugen bei Würdigung und Berücksichtigung sämtlicher Umstände das Erscheinen nicht zugemutet werden kann (vgl. KK-StPO/*Senge* § 51 Rn. 11), wobei Berücksichtigung finden muss, dass die staatsbürgerliche Pflicht, das Zeugnis abzulegen, privaten als auch beruflichen Pflichten grds. vorgeht (vgl. OLG Hamm MDR 1974, 330 L). Eine Entschuldigung wird deshalb in der Regel bei für den Zeugen unvorhersehbaren Verhinderungen in Betracht kommen. Hierunter fallen Krankheiten, Verkehrsunfälle oder nicht einzukalkulierende Verspätungen oder Ausfälle öffentlicher Verkehrsmittel (dabei kann es allerdings mit Blick auf »sozial übliche«, zu erwartende geringfügige Verspätungen geboten sein, einen früheren Abfahrtstermin zu wählen). Berufliche Gründe können im Einzelfall zur Entschuldigung führen. Sie müssen allerdings dringender Natur sein (vgl. BVerfG NJW 2002, 955). 16

Ausreichend entschuldigt ist der Zeuge, der aus Gründen, die nicht in seiner Person liegen, keine **Kenntnis von der Ladung** erhalten hat, denn es ist nicht Aufgabe des Zeugen, deren Erhalt sicherzustellen (vgl. *Meyer-Goßner/Schmitt* § 51 Rn. 11). Etwas anderes gilt, wenn der Zeuge mit einer Ladung rechnen musste. Der Umstand, dass sich der Zeuge nur unregelmäßig an seinem Wohnsitz aufhält, verhindert dessen Exkulpation demgegenüber nicht (a. A. OLG Düsseldorf NJW 1980, 2721; *Meyer-Goßner/* 17

§ 51 StPO Folgen des Ausbleibens eines Zeugen

Schmitt § 51 Rn. 11). Ob die Unkenntnis des Zeugen von der Ladung, wenn sie auf dem Verschulden Dritter beruht, den Zeugen entlastet, ist eine Frage des Einzelfalls. Handelt es sich bei dem Dritten um eine Hilfsperson des Zeugen, die dieser zu überwachen hat, liegt bei einem Überwachungsverschulden der Auskunftsperson kein Entschuldigungsgrund i.S.d. § 51 vor (Büropersonal; vgl. OLG Hamm NJW 1956, 1935; SK-StPO/*Rogall* § 51 Rn. 27). Für das Verschulden von Dritten, die seiner Kontrolle und Weisungsbefugnis nicht unterworfen sind, hat der Zeuge demgegenüber nicht einzustehen. Dies gilt jedenfalls dann, wenn der Zeuge auf die Zuverlässigkeit des Dritten vertrauen durfte (vgl. OLG Düsseldorf NJW 1995, 472: »Zuverlässige« Ehefrau hatte den Vernehmungstermin falsch notiert).

18 Die Behandlung von **Urlaubsreisen** des Zeugen ist umstritten. Der vorherrschenden Ansicht, dass Urlaub notfalls verlegt (vgl. OLG Jena NStZ-RR 1997, 333), unterbrochen oder vorzeitig abgebrochen werden muss (vgl. *Meyer-Goßner/Schmitt* § 51 Rn. 12), kann in dieser Allgemeinheit nicht zugestimmt werden. Hier sind Grundsätze der Verhältnismäßigkeit zu beachten. Handelt es sich bei der Urlaubsreise des Zeugen um einen seit Monaten geplanten Auslandsaufenthalt (ggf. in Übersee) wird man von einer genügenden Entschuldigung grds. ausgehen dürfen (vgl. in diesem Zusammenhang auch OLG Düsseldorf VRS 99, 441, 444). Dies gilt allerdings nur unter dem Vorbehalt, dass der Zeuge ggü. der vernehmenden Stelle die Reise angezeigt und diese eine Verlegung des Vernehmungstermins abgelehnt hatte.

19 **Nachteile**, die für den Zeugen aus der Erstattung seiner Aussage erwachsen können, sind von diesen hinzunehmen und stellen keinen Entschuldigungsgrund dar. Die Zeugnispflicht soll dabei nicht nur bestehen, wenn der Zeuge Angst vor dem Angeklagten hat (vgl. OLG Hamm MDR 1974, 330; *Molketin* DRiZ 1981, 385). Auch die Furcht vor der eigenen Verhaftung soll den Zeugen nicht entschuldigen (vgl. OLG Jena NStZ 2004, 280; *Meyer-Goßner/Schmitt* § 51 Rn. 12); zw. (vgl. insoweit KK-StPO/*Senge* § 51 Rn. 11). Ein Zeugnisverweigerungsrecht entschuldigt das Fernbleiben von der Vernehmung grds. nicht (vgl. oben Rdn. 1). Erklärt der Zeuge im Vorfeld jedoch, von seinem Weigerungsrecht gebrauch zu machen, steht es im Ermessen des Gerichts, auf ein Erscheinen zu verzichten (vgl. BGHSt 21, 12, 13).

20 Irrt sich der Zeuge über seine Pflicht zum Erscheinen, ist dies im Regelfall unbeachtlich. Insb. der **Irrtum**, wegen eines Zeugnisverweigerungsrechts der Vernehmung fernbleiben zu dürfen, entlastet den Zeugen nicht. Etwas anderes gilt, wenn das Verhalten des Zeugen auf der unrichtigen Auskunft eines RA beruht (vgl. OLG Oldenburg MDR 1976, 336). In einem entschuldigenden Irrtum soll sich auch der Zeuge befinden, der vor dem Termin einen Entschuldigungsgrund angebracht hat, vom Gericht aber nicht unterrichtet wurde, dass dieser ein Fernbleiben nicht rechtfertigt (vgl. *Meyer-Goßner/Schmitt* § 51 Rn. 12; zw.).

21 Das **Verfahren** über die Festsetzung der Ordnungsmittel ist gesetzlich nicht geregelt. Wie sich aus Abs. 3 ergibt, ist im Vorverfahren der Ermittlungsrichter (§§ 162, 169) oder der beauftragte oder ersuchte Richter (§ 223) zuständig. Lädt die StA zur Vernehmung, obliegt ihr auch die Anordnung der Ungehorsamsfolgen mit Ausnahme der Ordnungshaft, § 161a Abs. 2 Satz 1 und 2. Ansonsten entscheidet das Gericht. Eine Anordnungsbefugnis des Vorsitzenden besteht nicht (vgl. KG NStZ-RR 2000, 145). In der Hauptverhandlung wirken die Schöffen mit, § 30 Abs. 1, 77 Abs. 1 GVG. Das Gericht entscheidet von Amts wegen durch Beschluss (vgl. KG NStZ-RR 2006, 288; *Meyer-Goßner/Schmitt* § 51 Rn. 23). Dadurch wird ein Antragsrecht der Verfahrensbeteiligten nicht ausgeschlossen. Auch nach rechtskräftigem Abschluss des Verfahrens kann der Beschluss noch ergehen (a. A. SK-StPO/*Rogall* § 51 Rn. 37).

22 Ein Erfordernis, den Zeugen vor Festsetzung der Ordnungsmittel zu hören, besteht nicht (vgl. *Meyer-Goßner/Schmitt* § 51 Rn. 24). Die StA wird angehört, wenn sie an der Vernehmung teilnimmt (vgl. SK-StPO/*Rogall* § 51 Rn. 37). Da der Beschluss angefochten werden kann (vgl. Rdn. 23), ist er zu begründen, § 34.

23 Die **Anfechtung** des Beschlusses erfolgt mangels abweichender gesetzlicher Regelung mit der (einfachen) Beschwerde. § 305 Satz 1 steht wegen Satz 2 dieser Vorschrift nicht entgegen, auch wenn das entscheidende Gericht das erkennende Gericht ist. Beschwerdeberechtigt ist neben dem betroffenen Zeugen die StA. Der Beschuldigte ist dann beschwert, wenn der Beschluss zur Folge hat, dass der Zeuge die durch sein Ausbleiben verursachten Kosten nicht zu tragen hat (vgl. OLG Schleswig SchlHA 1988, 108 f.). Auch wenn Ordnungshaft festgesetzt wird, ist eine weitere Beschwerde nach § 310 nicht möglich (vgl. OLG Frankfurt am Main NStZ-RR 2000, 382, 383; a. A. LR/*Ignor/Bertheau*

§ 51 Rn. 30). Die Beschwerde kann auch nach Vollstreckung des Ordnungsmittels (vgl. KG NStZ-RR 2000, 145) und sogar auch nach Rechtskraft des Urteils eingelegt werden. Bei Ordnungshaft und Ordnungsgeld ist die Beschränkung des Rechtsbehelfs auf deren Höhe zulässig (*Meyer-Goßner/Schmitt* § 51 Rn. 28). Das in §§ 331, 358 Abs. 2 verankerte Verschlechterungsverbot gilt entsprechend (vgl. OLG Hamm MDR 1960, 946; LR/*Ignor/Bertheau* Rn. 31). Mit der Begründung, die Ladung des Zeugen sei nicht erforderlich gewesen, kann die Beschwerde nicht geführt werden. Reicht der Zeuge mit der Beschwerde Entschuldigungsvorbringen nach, ist der Rechtsbehelf in einen Antrag nach Abs. 2 Satz 3 umzudeuten (vgl. OLG Koblenz VRS 67, 252 f.; a. A. LG Itzehoe SchlHA 1988, 36). Wird der Antrag zurückgewiesen, ist gegen diese Entscheidung die Beschwerde eröffnet (vgl. *Meyer-Goßner/Schmitt* § 51 Rn. 28). Gegen Entscheidungen der StA nach § 51 kann auf gerichtliche Entscheidung nach § 161a Abs. 3 angetragen werden.

Trotz **Immunität** können gegen Abgeordnete Ungehorsamsfolgen angeordnet werden. Die Vollstreckung von Ordnungshaft und die zwangsweise Vorführung bedürfen aber gem. Anl 6 Abschn A Nr. 14 Buchst. c) BT-GeschO der Genehmigung des Parlaments. **Exterritoriale** unterliegen nicht den Maßnahmen nach § 51. Gleiches gilt für andere im Inland lebende Ausländer, die sich z.Zt. der Vernehmung im Ausland aufhalten (vgl. OLG Düsseldorf NJW 1999, 1647, 1648), sofern nicht der Aufenthalt der Umgehung der Zeugenpflicht dient (vgl. KK-StPO/*Senge* § 51 Rn. 24; a. A. SK-StPO/*Rogall* § 51 Rn. 11). 24

Die **Vollstreckung** eines Beschlusses, durch den Ordnungsmittel festgesetzt werden, obliegt gem. § 36 Abs. 2 Satz 1 der StA in Person des Rechtspflegers, § 31 Abs. 2 und 4 RpflG. Für Ordnungsgeld vgl. § 1 Abs. 1 Nr. 3 JBeitrO. Zur Vollstreckungsverjährung s. Art. 9 Abs. 2 EGStGB. Vollstreckungskosten hat der Zeuge zu tragen (vgl. LR/*Ignor/Bertheau* § 51 Rn. 29; *Meyer-Goßner/Schmitt* § 51 Rn. 27). 25

C. Revision. Eine Verletzung des § 51 durch ein fehlerhaftes Anordnungsverfahren kann mit der Revision nicht gerügt werden. Wird gegen den Zeugen ein Ordnungsmittel nicht festgesetzt und unterbleibt eine Vorführung, ist der Angeklagte nicht beschwert. Das Gericht kann aber seine Aufklärungspflicht aus § 244 Abs. 2 dadurch verletzen, dass es einen ausgebliebenen Zeugen nicht zum Erscheinen zwingt (vgl. KK-StPO/*Senge* § 51 Rn. 25; *Meyer-Goßner/Schmitt* § 51 Rn. 30). 26

§ 52 StPO Zeugnisverweigerungsrecht der Angehörigen des Beschuldigten.

(1) Zur Verweigerung des Zeugnisses sind berechtigt
1. der Verlobte des Beschuldigten oder die Person, mit der der Beschuldigte ein Versprechen eingegangen ist, eine Lebenspartnerschaft zu begründen;
2. der Ehegatte des Beschuldigten, auch wenn die Ehe nicht mehr besteht;
2a. der Lebenspartner des Beschuldigten, auch wenn die Lebenspartnerschaft nicht mehr besteht;
3. wer mit dem Beschuldigten in gerader Linie verwandt oder verschwägert, in der Seitenlinie bis zum dritten Grad verwandt oder bis zum zweiten Grad verschwägert ist oder war.

(2) ¹Haben Minderjährige wegen mangelnder Verstandesreife oder haben Minderjährige oder Betreute wegen einer psychischen Krankheit oder einer geistigen oder seelischen Behinderung von der Bedeutung des Zeugnisverweigerungsrechts keine genügende Vorstellung, so dürfen sie nur vernommen werden, wenn sie zur Aussage bereit sind und auch ihr gesetzlicher Vertreter der Vernehmung zustimmt. ²Ist der gesetzliche Vertreter selbst Beschuldigter, so kann er über die Ausübung des Zeugnisverweigerungsrechts nicht entscheiden; das gleiche gilt für den nicht beschuldigten Elternteil, wenn die gesetzliche Vertretung beiden Eltern zusteht.

(3) ¹Die zur Verweigerung des Zeugnisses berechtigten Personen, in den Fällen des Absatzes 2 auch deren zur Entscheidung über die Ausübung des Zeugnisverweigerungsrechts befugte Vertreter, sind vor jeder Vernehmung über ihr Recht zu belehren. ²Sie können den Verzicht auf dieses Recht auch während der Vernehmung widerrufen.

Übersicht

		Rdn.			Rdn.
A.	Allgemeines	1	III.	Anwendungsbereich	3
I.	Schutzzweck	1	1.	Zeugnisverweigerung bei Vernehmungen	3
II.	Rechtsfolgen	2			

	Rdn.			Rdn.
2. Umgehung des Zeugnisverweigerungsrechts bei informellen Befragungen	4	II.	Kompetenz zur Zustimmungserklärung	32
3. Anwendung bei Befragungen durch Gerichtsgehilfen	5	III.	Nachholung oder Widerruf der Zustimmung des gesetzlichen Vertreters und abschließende Entscheidung des Zeugen	36
4. Zwang zum Erscheinen	6	IV.	Ausschluss des gesetzlichen Vertreters	40
B. Die zur Zeugnisverweigerung Berechtigten (Abs. 1)	7	F.	**Verzicht oder Teilverzicht auf das Zeugnisverweigerungsrecht**	43
I. Verlobte (Abs. 1 Nr. 1)	8	I.	Verzichtbarkeit des Aussageverweigerungsrechts	43
II. Ehegatten (Abs. 1 Nr. 2)	11	II.	Beschränkbarkeit des Aussageverweigerungsrechts	46
III. Lebenspartner (Abs. 1 Nr. 2a)	12			
IV. Verwandte und Verschwägerte (Abs. 1 Nr. 3)	13	G.	**Folgen der Ausübung des Zeugnisverweigerungsrechts**	47
C. Beziehung des Zeugen zu einem Beschuldigten in einem konkreten Strafverfahren	18	I.	Beweiserhebungs- und Verwertungsverbot	47
I. Angehörigenverhältnis zu Beschuldigten	18	II.	Unzulässigkeit der Aussageerzwingung bei Zulässigkeit der Erhebung von Sachbeweisen	50
II. Angehörigenverhältnis zu Mitbeschuldigten	19			
1. Prozessualer Zusammenhang	19	III.	Verzichtbarkeit des Beweisverwertungsverbots für den Zeugen	53
2. Aufhebung des prozessualen Zusammenhangs	20	H.	**Belehrung des Zeugen über sein Zeugnisverweigerungsrecht (Abs. 3)**	57
3. Mehrzahl prozessualer Taten innerhalb eines Verfahrens	22	I.	Art und Weise der Belehrung	57
D. Ausübung des Aussageverweigerungsrechts und deren Beweisverbotsfolge	23	II.	Belehrungszuständigkeit und Adressat	61
		III.	Protokollierung	62
I. Prozesshandlung	23	I.	Folgen eines Unterlassens der Belehrung	63
II. Rechtsfolge der Unverwertbarkeit aktueller und früherer Aussagen	26	I.	Möglichkeit der Fehlerheilung	63
		II.	Beweisverwertungsverbot	64
E. Zustimmung des gesetzlichen Vertreters (Abs. 2)	28	J.	**Rechtsbehelfe**	69
		I.	Revision	69
I. Zustimmungserfordernis bei Fehlen der erforderlichen Verstandesreife	28	II.	Wiederaufnahme	75

1 **A. Allgemeines. I. Schutzzweck.** Die Vorschrift ist, wie es die Alternativen des subsidiären § 55 Abs. 1 andeuten, eine Verwandte des nemo-tenetur-Grundsatzes (*Degener* StV 2006, 509 [511]) und sie schützt das allgemeine **Persönlichkeitsrecht des Zeugen**, der mit dem Beschuldigten verlobt, verheiratet oder verwandt ist (BVerfG NStZ-RR 2004, 18 [19]; *Neumann* Zeugnisverweigerungsrechte und strafprozessuale Ermittlungsmaßnahmen, 2005, S. 62 ff.). Die Bestimmung über das mit langer Historie bestehende (SK-StPO/*Rogall* § 52 Rn. 2 ff.) Zeugnisverweigerungsrecht, das von §§ 61, 81c Abs. 3, 95 Abs. 2 S. 2, 97 Abs. 1 Nr. 1, 98a, 98b, 100c Abs. 3 S. 3, 252 flankiert wird und im Bußgeldverfahren gem. § 46 Abs. 1 OWiG entsprechend gilt, dient nach der Vorstellung des Gesetzgebers (LR/*Ignor/Bertheau* § 52 Rn. 1) dem **Schutz des Familienfriedens** (BGHSt 38, 96 [99]) und dem **Schutz des Zeugen vor einem Interessenkonflikt** (BVerfG NStZ-RR 2004, 18 [19]; BGHSt 11, 213 [216]; 17, 324 [327]; 20, 384 [385]; 38, 96 [99]; 40, 211 [214]; 54, 1 [6]; *Eisenberg* Beweisrecht der StPO, Rn. 1211; *Neumann* a.a.O. S. 31 ff.; *Ranft* StV 2000, 520; KK/*Senge* § 52 Rn. 1; krit. SK-StPO/*Rogall* § 52 Rn. 9 ff.). Der Interessenkonflikt entsteht besonders, wenn der Zeuge befürchten muss, einem Angehörigen durch seine Zeugenaussage im Strafverfahren Nachteile zu bereiten, sofern er wahrheitsgemäße Angaben macht (BGHSt 12, 235 [239]; *Bertheau* StV 2010, 611 [612]; *Degener* StV 2006, 509 [512]). Er soll für den Fall, dass er über belastende Informationen verfügt, nicht zwischen der Belastung des Angehörigen und einer Falschaussage zu dessen Gunsten wählen müssen (BGHSt 9, 37 [39]; 21, 303 [305]; 38, 96 [99]). Ob er sich tatsächlich in einer solchen **Zwangslage** befindet, wird nicht hinterfragt (*Eisenberg* Beweisrecht der StPO, Rn. 1212). Das Zeugnisverweigerungsrecht besteht **nicht** im Hinblick auf eine **potenzielle Unzuverlässigkeit der Zeugenaussage** im Interesse der Wahrheitserforschung (BGHSt 11, 213 [215]; *Neumann* a.a.O. S. 51 ff.; SK-StPO/*Rogall* § 52 Rn. 12; *Tsambikakis* Strafprozessuale Zeugnisverweigerungsrechte aus beruflichen Gründen – Studien zu § 53a StPO, 2011, S. 41 f.). Eine abstrakt-generelle Aussage über die Unzuverlässigkeit be-

stimmter Zeugengruppen lässt sich auch empirisch nicht machen. Sie sollte daher nicht in die Vorschrift hinein interpretiert werden.

II. Rechtsfolgen. Das Zeugnisverweigerungsrecht enthält die **Befugnis** des Zeugen, **insgesamt zur Sache keine Angaben zu machen** und zwar etwa auch dann, wenn der angehörige Beschuldigte seine Vernehmung beantragt (KMR/*Neubeck* § 52 Rn. 1). Der zur Aussageverweigerung berechtigte Zeuge kann sich andererseits auf eine **Auskunftsverweigerung** bezüglich einzelner Themen oder – insoweit kongruent mit § 55 Abs. 1 – konkreter Fragen beschränken. Der Schutz des Aussageverweigerungsrechts erstreckt sich auf Sekundärbereiche, wie die Frage der (Un-) Verwertbarkeit früherer Angaben oder die (Unzulässigkeit der) Beweiswürdigung des Prozessverhaltens. Eine Aussageverweigerung des Zeugen **darf** zur Verhinderung einer Aushöhlung des Zeugnisverweigerungsrechts auch **nicht bei der Würdigung aller Beweise** zum Nachteil des Beschuldigten **gewertet werden** (BGHSt 32, 140 [141 f.]; BGH StV 1991, 450 [451]; *Eisenberg* Beweisrecht der StPO, Rn. 1228; LR/*Ignor/Bertheau* § 52 Rn. 40; SK-StPO/*Rogall* § 52 Rn. 59). Gerade im Hinblick auf die verschiedenen denkbaren Motive des Zeugen für die Aussageverweigerung, die aber im konkreten Fall unbekannt bleiben, ist dem Gericht untersagt, aus der Zeugnisverweigerung irgendwelche Schlüsse zum Nachteil des Angeklagten zu ziehen (BGH StV 2014, 722 f.; KK/*Senge* § 52 Rn. 45). Dürfte es dies tun, wäre der Zeuge in seiner Entscheidung nicht mehr frei. Der Zeuge wäre versucht, mögliche Schlussfolgerungen des Gerichts zu vermuten und bei seiner Entscheidung über die Aussageverweigerung zu berücksichtigen. Auch aus diesem Grund muss es bei dem Verbot bleiben, aus der Tatsache der Zeugnisverweigerung Schlüsse zu ziehen. Das gilt auch für den Zeitpunkt der Ausübung des Zeugnisverweigerungsrechts, aber angeblich – ähnlich wie bei der Aussageverweigerung des Beschuldigten – nicht für ein **Teilschweigen** (vgl. BGH StV 1987, 281 f.; a. A. *Eisenberg* Beweisrecht der StPO, Rn. 1229; LR/*Ignor/Bertheau* § 52 Rn. 42). Das Aussageverweigerungsrecht besteht unabhängig davon, aus welchen Gründen der Zeuge keine Angaben machen will; seine Ausübung bedarf keiner Begründung. Das auf dem Persönlichkeitsrecht des Zeugen beruhende Zeugnisverweigerungsrecht wird mit dem Tod des Zeugen gegenstandslos, wonach die Verwertung früherer Aussagen mangels einer fortbestehenden Konfliktlage des Zeugen möglich wird (BGHSt 22, 35 [37]; a. A. OLG Celle NJW 1968, 415; Roxin/*Schünemann* Strafverfahrensrecht § 24 Rn. 43).

III. Anwendungsbereich. 1. Zeugnisverweigerung bei Vernehmungen. Das Zeugnisverweigerungsrecht betrifft nach bisheriger Rechtsprechung zunächst nur Angaben eines Zeugen zur Sache im Rahmen einer **förmlichen Vernehmung** (BGHSt 40, 211 [213]), gegebenenfalls in einem **Gerichtsverfahren außerhalb des Strafverfahrens** (*Ranft* StV 2000, 520 [521 ff.]), aber nicht bei **Spontanäußerungen** aus freien Stücken (BGH NJW 1956, 1886; StV 1981, 62; LG Stuttgart Die Justiz 2015, 65 f.; einschr. OLG Frankfurt StV 1994, 117 [118 f.]; *Ranft* StV 2000, 520 [522 f.]) und nicht **bei informellen Befragungen** im Rahmen heimlicher Ermittlungen.

2. Umgehung des Zeugnisverweigerungsrechts bei informellen Befragungen. Eine rechtlich relevante und zum Beweisverwertungsverbot führende Umgehung des Zeugnisverweigerungsrechts wird von der bisherigen Rechtsprechung nur angenommen, wenn ein bereits ausgeübtes Aussageverweigerungsrecht von den Ermittlungsbehörde entwertet wird, indem sie durch informelle Maßnahmen, etwa einen **V-Mann-Einsatz**, den zur Zeugnisverweigerung berechtigten Zeugen ausforschen (BGHSt 40, 211 [214]; weiter gehend BVerfG StV 2000, 233 [234]; 2000, 466 f. m. Anm. *Lesch* JR 2000, 333 ff.; *Rogall* NStZ 2000, 489 f.; *Weßlau* StV 2000, 466 f.). Gegen die informelle Fremdbelastungsprovokation im Angehörigenverhältnis bestehen jedoch dieselben Bedenken wie gegen die Selbstbelastungsprovokation des Beschuldigten durch Vortäuschung einer privaten Gesprächssituation durch Verdeckte Ermittler oder im behördlichen Auftrag handelnde V-Leute oder Informanten (§ 136 Rdn. 23 ff., § 136a Rdn. 9, 36; s.a. LR/*Ignor/Bertheau* § 52 Rn. 39). Weil darin sogar eine Verletzung des absolut geschützten Kernbereichs der Persönlichkeitsentfaltung (zum höchstpersönlichen Gespräch des Beschuldigten mit Angehörigen BVerfGE 109, 279 [317]) im Sinne einer von heimlichen Ermittlungen durch Täuschung überwundenen Selbstbestimmung über die Angehörigenbelastung gesehen werden kann, ist dieser Verfahrensfehler nach dem Maßstab aus den §§ 69 Abs. 3, 136a Abs. 3 auch vom Beschuldigten geltend zu machen, ohne dass er davon nach Art der Rechtskreistheorie ausgeschlossen wäre.

§ 52 StPO Zeugnisverweigerungsrecht der Angehörigen des Beschuldigten

5 **3. Anwendung bei Befragungen durch Gerichtsgehilfen.** Das Zeugnisverweigerungsrecht berechtigt den Zeugen auch zur Verweigerung von Angaben bei einer **Exploration durch einen Sachverständigen**. Darüber ist der Zeuge vom Gericht zu belehren (BGHSt 11, 97 [100]; 36, 217 [220]; 40, 336 [337]; BGH StV 1989, 375 [376]). Der Sachverständige darf den verweigerungswilligen Zeugen nicht zur Aussage drängen (OLG Rostock NZFam 2015, 214 [215 f.] m. Anm. *Aymans*). Das Zeugnisverweigerungsrecht ist ferner bei **Befragungen durch die Jugendgerichtshilfe** zu beachten (BGH StV 2005, 63 f.).

6 **4. Zwang zum Erscheinen.** Das Zeugnisverweigerungsrecht gestattet es dem Zeugen nicht ohne weiteres, auf eine Ladung zur Vernehmung hin nicht zu erscheinen (*Meyer-Goßner/Schmitt* § 52 Rn. 2; KMR/*Neubeck* § 52 Rn. 3). Solange er jedenfalls nicht schriftlich von seinem Zeugnisverweigerungsrecht Gebrauch macht, ist er ein zulässiges personales Beweismittel und hat auf Ladung zur Vernehmung zu erscheinen (LR/*Ignor/Bertheau* § 52 Rn. 2). **Erklärt der Zeuge** hingegen ausdrücklich, **dass er die Aussage verweigern werde**, handelt es sich bei ihm um ein **ungeeignetes Beweismittel**, das auch die Ablehnung eines Beweisantrags rechtfertigt (BGHSt 21, 12 [13]). Es wäre **unangemessen**, einen Zeugen, der eindeutig nicht aussagewillig ist, mit **Zwangsmaßnahmen** zum Erscheinen zu bewegen. Das Gericht kann aber den Beweisantrag eines Verfahrensbeteiligten auf Vernehmung des Angehörigen als Zeuge, der noch nicht die Aussageverweigerung angekündigt hat, nicht ohne einen Ladungsversuch abzulehnen. Das gilt selbst dann, wenn der Zeuge gegenüber Dritten geäußert hat, dass er nicht aussagen werde, oder wenn er im Vorverfahren das Zeugnis verweigert hatte. Von einer bestehenden Absicht zur Aussageverweigerung ist – vor einer neuen Erklärung über die Aussageverweigerung – nur dann mit der Folge auszugehen, dass das Gericht die Unerreichbarkeit des Zeugen annehmen kann, wenn der Zeuge schon einmal bei einer richterlichen Vernehmung von seinem Zeugnisverweigerungsrecht Gebrauch gemacht hatte und keine Anhaltspunkte vorliegen, dass er sich seither anders entschieden hat.

7 **B. Die zur Zeugnisverweigerung Berechtigten (Abs. 1)** § 52 Abs. 1 enthält einen **abschließenden Katalog** der zur Zeugnisverweigerung aus persönlichen Gründen Berechtigten (SK-StPO/*Rogall* § 52 Rn. 20). Eine analoge Anwendung auf gesetzlich nicht vorgesehene Fälle (vgl. *Jansen* Das Zeugnisverweigerungsrecht aus § 52 StPO für besondere Nähe- und Vertrauensverhältnisse, 2004) scheidet wegen des Ausnahmecharakters der Norm, die an bestimmte Kriterien anknüpft (BVerfGE 109, 279 [322]), im Interesse an Rechtsklarheit aus (LR/*Ignor/Bertheau* § 52 Rn. 16). Auch eine noch so enge Freundschaft genügt nicht zur Begründung eines Aussageverweigerungsrechts entsprechend § 52 (BVerfG NStZ 1999, 255 m. Anm. *Wollweber* NStZ 1999, 628). Das Aussageverweigerungsrecht gem. § 52 Abs. 1 steht auch **nur Zeugen, nicht** verlobten, verheirateten oder verwandten **Mitbeschuldigten** zu (BGHSt 3, 149 [151 ff.]; 45, 342 [350]), die ohnehin aufgrund ihrer eigenen Selbstbelastungsfreiheit keiner Aussagepflicht unterliegen. Das Zeugnisverweigerungsrecht kann insoweit nur bei Verfahrensabtrennung oder Teilerledigung relevant werden, durch die der Mitbeschuldigte zum Zeugen in anderer Sache wird. Im Fall der Manipulation, etwa durch Flucht, kann dies im Einzelfall anders zu bewerten sein (BGHSt 27, 139 [141]).

8 **I. Verlobte (Abs. 1 Nr. 1)** Nach § 52 Abs. 1 Nr. 1 ist der **Verlobte des Beschuldigten** oder die Person, mit welcher der Beschuldigte ein Versprechen ausgetauscht hat, eine Lebenspartnerschaft zu begründen (§ 1 Abs. 3 S. 2 LPartG), zur Aussageverweigerung berechtigt. Auf ein Verlöbnis mit einem Verwandten des Beschuldigten kommt es dagegen nicht an (BGH StV 2001, 105). Eine bloße Liebesbeziehung oder Wohngemeinschaft reicht nicht aus (LR/*Ignor/Bertheau* § 52 Rn. 4; für Analogiemöglichkeiten *Eisenberg* Beweisrecht der StPO, Rn. 1214).

9 Bei dem Verlöbnis handelt es sich um ein auch i.S.d. §§ 134, 138 BGB gültiges, unbedingtes, **gegenseitiges**, von beiden Seiten **ernst gemeintes Eheversprechen** (§ 1297 Abs. 2 BGB; BGHSt 3, 215 [216]; OLG Frankfurt NStZ-RR 2007, 241; SK-StPO/*Rogall* § 52 Rn. 23) oder, dem gleichstehend, das Versprechen zur Begründung einer Lebenspartnerschaft. Bezugspunkt des Versprechens ist eine nach deutschem Recht wirksame oder zumindest anerkennungsfähige ausländische Ehe oder Lebenspartnerschaft, keine solche nach bloßen Sippengebräuchen oder religiösen Vorstellungen. Das Versprechen kann **ausdrücklich oder konkludent** erklärt werden, ist also **formfrei** möglich und muss nicht nach außen bekannt gemacht worden sein (LR/*Ignor/Bertheau* § 52 Rn. 4). Daraus folgen freilich Feststel-

lungsprobleme im Prozess, etwa gegen Zuhälter, weil Manipulationsmöglichkeiten gegeben sind. Fehlt bei einem der Partner der ernsthafte Wille zur Eheschließung oder zur Eingehung einer Lebenspartnerschaft, liegt kein wirksames Verlöbnis (mehr) vor, auch wenn der Mangel der Ernstlichkeit dem anderen Partner nicht bekannt ist (BGHSt 3, 215 [216]; 48, 294 [300 f.]). Das Verlöbnis kann jederzeit begründet und aufgelöst werden; ein Zeugnisverweigerungsrecht folgt aber nur aus einem **zum Vernehmungszeitpunkt bestehenden Verlöbnis** (*Eisenberg* Beweisrecht der StPO, Rn. 1213; LR/*Ignor/Bertheau* § 52 Rn. 6); das Recht zur Aussageverweigerung **entfällt** mit Auflösung des Verlöbnisses (BGHSt 23, 16 [17]), die schon anzunehmen ist, wenn nur einer der Verlobten den Heiratswillen aufgibt, mag auch der andere davon nichts wissen (LR/*Ignor/Bertheau* § 52 Rn. 6). Wegen Verstoßes gegen das Gesetz und die guten Sitten **nichtig** ist das Eheversprechen des Heiratsschwindlers (BGHSt 3, 215 [216]). In verfassungsrechtlich nicht zu beanstandender Weise (BVerfG Beschl. v. 21.07.1987 – 2 BvR 744/87) unbeachtlich ist das Eheversprechen **bei anderweitig bestehender Ehe** oder bei einem anderweitigen Verlöbnis (KMR/*Neubeck* § 52 Rn. 5; einschr. *Füllkrug* StV 1986, 37 [38]; SK-StPO/*Rogall* § 52 Rn. 26). Ob bei Vorliegen besonderer Umstände, etwa wenn ein Scheidungsurteil ergangen, aber noch nicht rechtskräftig ist, Ausnahmen gelten können, ist nicht abschließend entschieden (offen gelassen BGHR StPO § 52 Abs. 1 Nr. 1 Verlobte 1; für Anknüpfung an die Rechtskraft der Scheidung BayObLG JR 1984, 125 m. Anm. *Strätz*).

Das Gericht hat autonom festzustellen, ob ein Verlöbnis als Grund für ein Zeugnisverweigerungsrecht besteht (*Eisenberg* Beweisrecht der StPO, Rn. 1215; KMR/*Neubeck* § 52 Rn. 7). Zweifelt das Gericht am Bestehen eines Verlöbnisses, muss es die **Glaubhaftmachung** der Behauptung gem. § 56 verlangen (BGHSt 55, 65 [68 f.]; BGH StV 1984, 450; *Eisenberg* Beweisrecht der StPO, Rn. 1215; *Füllkrug* StV 1986, 37 [38]; LR/*Ignor/Bertheau* § 52 Rn. 7; SK-StPO/*Rogall* § 52 Rn. 27), wozu es nach § 56 S. 2 in der Regel ausreichend ist, eine **eidliche Versicherung** herbeizuführen (BGH NJW 1972, 1334; SK-StPO/*Rogall* § 52 Rn. 18). Erfolgt eine solche Glaubhaftmachung, genügt dies dem Tatgericht prinzipiell, um von einem Aussageverweigerungsrecht auszugehen, sofern keine konkreten Anhaltspunkte für Unwirksamkeit oder Nichtbestehen des Verlöbnisses vorliegen. Im Übrigen haben der Vorsitzende und ggf. das nach § 238 Abs. 2 angerufene Gericht einen Beurteilungsspielraum (BGH Beschl. v. 11.02.2014 – 4 StR 437/13).

II. Ehegatten (Abs. 1 Nr. 2) Zur Zeugnisverweigerung berechtigt ist ein Ehegatte des Beschuldigten, auch wenn die Ehe nicht mehr besteht. Vorausgesetzt wird eine Ehe, die entweder **wirksam** im Inland nach der hier geltenden Eheschließungsform **abgeschlossen** wurde oder eine Auslandsehe, die im Inland **anerkannt** wird (*Eisenberg* Beweisrecht der StPO, Rn. 1216; KMR/*Neubeck* § 52 Rn. 9). Eine »hinkende Ehe«, die nur nach ausländischem Recht, aber nicht in einer im Inland anerkennungsfähigen Weise abgeschlossen wurde, genügt nicht. Für eine abweichende verfassungskonforme Auslegung des § 52 ist mangels Anerkennungsfähigkeit kein Raum (krit. *Ebner/Müller* NStZ 2010, 657 [658 ff.]). Für das Bestehen des Zeugnisverweigerungsrechts als Ehegatte ist es dagegen nicht von Bedeutung, ob **Aufhebungsgründe** gegenüber der Ehe bestehen (*Eisenberg* Beweisrecht der StPO, Rn. 1216; LR/*Ignor/Bertheau* § 52 Rn. 8). Selbst die Möglichkeit einer **Scheinehe** rechtfertigt nach der Rechtsprechung die Zeugnisverweigerung (BayObLG StV 1989, 535 [536]; SK-StPO/*Rogall* § 52 Rn. 29). Nur die evidente Nichtehe reicht nicht aus, etwa wenn die Eheschließung ohne Mitwirkung eines Standesbeamten erfolgt ist (BVerfG NStZ 1993, 349; KMR/*Neubeck* § 52 Rn. 9). Das Zeugnisverweigerungsrecht gilt zudem für einen **geschiedenen Ehegatten**. Es endet erst, wenn das Verfahren gegen den anderen Ehegatten, etwa durch dessen Tod, endgültig beendet ist und nur noch gegen andere Beschuldigte fortgeführt wird. Das Zusammenleben in einer **eheähnlichen Gemeinschaft** begründet – ohne Verletzung von Art. 3 Abs. 1, 6 Abs. 1 GG (BVerfGE 105, 313 [342 ff.]) – kein Zeugnisverweigerungsrecht (*Meyer-Goßner/Schmitt* § 52 Rn. 5; KK/*Senge* § 52 Rn. 11).

III. Lebenspartner (Abs. 1 Nr. 2a) Ein Zeugnisverweigerungsrecht billigt § 52 Abs. 1 Nr. 2a Lebenspartnern zu und zwar – ebenso wie bei Ehegatten – auch dann, wenn die Lebenspartnerschaft nicht mehr besteht. Bei den Lebenspartnern handelt es sich um **gleichgeschlechtliche Partner**, die nach § 1 Abs. 1 LPartG eine **Lebenspartnerschaft begründet** haben, welche rechtlich der Ehe gleichgestellt wird (*Meyer-Goßner/Schmitt* § 52 Rn. 5a; KK/*Senge* § 52 Rn. 14a). Das Verlöbnis wird bei Ehe und Lebenspartnerschaft in § 52 Abs. 1 Nr. 1 ebenfalls gleich behandelt (KK/*Senge* § 52 Rn. 13a). In Bezug auf die

§ 52 StPO Zeugnisverweigerungsrecht der Angehörigen des Beschuldigten

Verwandten des Lebenspartners begründet die Lebenspartnerschaft eine Schwägerschaft (§ 11 Abs. 2 LPartG), die nach § 52 Abs. 1 Nr. 3 zu einem Zeugnisverweigerungsrecht führt.

13 **IV. Verwandte und Verschwägerte (Abs. 1 Nr. 3)** Wer mit dem Beschuldigten in gerader Linie verwandt oder verschwägert, in der Seitenlinie bis zum dritten Grad verwandt oder bis zum zweiten Grad verschwägert ist oder war, hat ein Zeugnisverweigerungsrecht. Verwandtschaft oder Schwägerschaft in diesem Sinne werden nach §§ 1589, 1590 BGB beurteilt.

14 **In gerader Linie verwandt** (§ 1589 Abs. 1 S. 1 BGB) sind Personen, die voneinander abstammen. Das Zeugnisverweigerungsrecht steht den Eltern, Kindern, Großeltern, Enkeln, Urgroßeltern und Urenkeln des Beschuldigten zu. In der **Seitenlinie** (§ 1589 Abs. 1 S. 2 BGB) besteht es nur für Geschwister sowie Kinder der Geschwister (Nichten, Neffen) und Geschwister der Eltern (Onkel, Tanten). Die nach § 52 relevante Verwandtschaft **endet im dritten Grad**, für dessen Bestimmung § 1589 Abs. 1 S. 3 BGB gilt. Kein Zeugnisverweigerungsrecht haben demnach die erst im vierten Grad verwandten Cousins und Cousinen (BGH StV 1996, 129) sowie Geschwisterkinder (Basen, Vettern) untereinander (*Meyer-Goßner/Schmitt* § 52 Rn. 6). Nichteheliche Kinder (LR/*Ignor/Bertheau* § 52 Rn. 10) und Halbgeschwister werden den ehelichen Geschwistern gleich behandelt.

15 Eine **Schwägerschaft** besteht zwischen **Verwandten eines Ehegatten** mit dem anderen Ehegatten (LR/*Ignor/Bertheau* § 52 Rn. 11), die aber nur **bis zum zweiten Grade** ein Zeugnisverweigerungsrecht begründet. Erforderlich ist eine zunächst wirksame Eheschließung oder Lebenspartnerschaft, die aber im Zeitpunkt der Vernehmung nicht mehr bestehen muss und selbst bei nachträglicher Nichtigerklärung nicht ihre strafprozessuale Wirkung verliert (BGHSt 9, 37 [38 f.]). Das Aussageverweigerungsrecht des Ehegatten oder Lebenspartners des Beschuldigten besteht nur gegen dessen Eltern, Großeltern und Urgroßeltern, nicht aber auch gegenüber von diesem abstammenden Kindern, Enkeln und Urenkeln. Im Verfahren gegen Geschwister des Ehegatten (Schwager, Schwägerin) besteht es nicht gegenüber deren Kindern (*Meyer-Goßner/Schmitt* § 52 Rn. 7).

16 Eine **Adoption** begründet auch im Strafprozess die rechtliche Stellung wie diejenige eines leiblichen Kindes des Annehmenden (*Meyer-Goßner/Schmitt* § 52 Rn. 8). Sie hebt aber das Zeugnisverweigerungsrecht zugunsten der bisherigen Verwandten (nur) eines minderjährigen Angenommenen nicht auf, obwohl zivilrechtlich gem. § 1755 Abs. 1 S. 1 BGB das Verwandtschaftsverhältnis entfällt (*Eisenberg* Beweisrecht der StPO, Rn. 1219; LR/*Ignor/Bertheau* § 52 Rn. 14; KK/*Senge* § 52 Rn. 19). Dies gilt nicht im Fall der Erwachsenenadoption (*Radtke/Hohmann/Otte* § 52 Rn. 10). Gegenüber den Annehmenden und deren Verwandten besteht das Zeugnisverweigerungsrecht im Fall der Kindesadoption so, als wäre das adoptierte Kind ehelich geboren. Im Fall der Erwachsenenadoption besteht aber gegenüber den Verwandten des Annehmenden kein das Zeugnisverweigerungsrecht begründendes Verhältnis (KMR/*Neubeck* § 52 Rn. 13). Das Aussageverweigerungsrecht gilt, soweit es durch Adoption begründet wird, hingegen auch dann, wenn das Adoptionsverhältnis später aufgelöst wird (LR/*Ignor/Bertheau* § 52 Rn. 13; anders früher für die Nichtigerklärung nach Irrtumsanfechtung BGHSt 23, 16 [17]). Wird ein Volljähriger adoptiert, gilt das Zeugnisverweigerungsrecht nur gegenüber den Adoptierenden, nicht auch gegenüber deren Verwandten.

17 Für **Pflegeeltern und Pflegekinder** gibt es nach dem Wortlaut des Gesetzes kein Zeugnisverweigerungsrecht (LR/*Ignor/Bertheau* § 52 Rn. 15; SK-StPO/*Rogall* § 52 Rn. 38); eine entsprechende Anwendung von § 52 Abs. 1 Nr. 3 kommt nicht in Betracht (a. A. *Eisenberg* Beweisrecht der StPO, Rn. 1219).

18 **C. Beziehung des Zeugen zu einem Beschuldigten in einem konkreten Strafverfahren. I. Angehörigenverhältnis zu Beschuldigten.** Das Zeugnisverweigerungsrecht steht **nur den Angehörigen des Beschuldigten** zu (*Eisenberg* Beweisrecht der StPO, Rn. 1220; KMR/*Neubeck* § 52 Rn. 2), nicht einem Mitbeschuldigten. Verlöbnis, Ehe, Lebenspartnerschaft oder Verwandtschaft des Zeugen **zu einem verdächtigen Zeugen** im Sinne von § 55 spielen keine Rolle. Gleiches gilt für entsprechende Beziehungen zu einem **Privatkläger**, dies gilt aber nicht mehr, wenn der Privatkläger durch eine Widerklage zugleich Angeklagter wird (LR/*Ignor/Bertheau* § 52 Rn. 17; SK-StPO/*Rogall* § 52 Rn. 44); Privatklage und Widerklage sind einheitlich zu behandeln, sodass sich das Zeugnisverweigerungsrecht zugunsten des Widerbeklagten auch auf seine Privatklage erstreckt (LR/*Ignor/Bertheau* § 52 Rn. 20). Wer Beschuldigter ist, richtet sich im Vorverfahren in erster Linie nach dem Verfolgungswillen der Staatsanwaltschaft (§ 136 Rdn. 12 ff.).

II. Angehörigenverhältnis zu Mitbeschuldigten. 1. Prozessualer Zusammenhang. Wird ein 19 Ermittlungsverfahren gegen **mehrere Beschuldigte** geführt, kann der Angehörige eines der Beschuldigten in vollem Umfang von seinem Zeugnisverweigerungsrecht Gebrauch machen, sofern seine Aussage jedenfalls unter anderem auch seinen Angehörigen betrifft (BGHSt 34, 215 [216]; 54, 1 [4]; *Eisenberg* Beweisrecht der StPO, Rn. 1221; KK/*Senge* § 52 Rn. 6; krit. *Otto* NStZ 1991, 220 ff.). Denn ein Zeuge kann grundsätzlich **nur einheitlich aussagen** (BGHSt 38, 96 [98]), sodass von dieser Aussage stets alle Beschuldigten einschließlich des Verlobten, Ehegatten oder Angehörigen des Zeugen betroffen werden. Das Zeugnisverweigerungsrecht ist grundsätzlich unteilbar (LR/*Ignor/Bertheau* § 52 Rn. 19). Anders liegt es bei getrennten Verfahren ohne prozessuale Gemeinsamkeit (BGH StV 1982, 557). Dann kann und muss der Zeuge in einem Verfahren, das sich nicht gegen einen Angehörigen richtet, aussagen und wird dort auch nicht über sein Aussageverweigerungsrecht an anderer Stelle belehrt, während er in dem weiteren Verfahren, welches seinen Angehörigen betrifft, nach § 52 Abs. 3 belehrt werden muss und von seinem Zeugnisverweigerungsrecht Gebrauch machen kann. Ein Beweistransfer von dem fremden Verfahren in dasjenige, in dem das Aussageverweigerungsrecht wirkt, scheidet nach § 252 aus, sofern der Zeuge hier von seiner Befugnis zur Zeugnisverweigerung Gebrauch macht. Ob ein **einheitliches Verfahren** vorliegt, richtet sich grundsätzlich zunächst nach der Verfahrensführung durch die Staatsanwaltschaft (BGHSt 34, 215 [217 f.]; krit. *Prittwitz* NStZ 1986, 64 ff.), später nach den Regeln über die Verbindung getrennter Verfahren. Von einer prozessualen Gemeinsamkeit ist auszugehen, wenn in irgendeinem Stadium ein einheitliches Verfahren gegen die mehreren Beschuldigten vorgelegen hat (BGH NJW 1974, 758), es muss nicht notwendigerweise z.Zt. der Vernehmung des angehörigen Zeugen vorliegen (BGHSt 34, 215 [216]). Ausreichend ist, dass das Verfahren zeitweise zugleich auch gegen den angehörigen Beschuldigten und gegen den späteren Zeugen als damaligen Mitbeschuldigten geführt wurde (BGH StV 2012, 193 [194]).

2. Aufhebung des prozessualen Zusammenhangs. Scheidet der Angehörige des Zeugen durch 20 **Einstellung** des Verfahrens (BGH StV 1998, 245) oder **Abtrennung** aus dem Strafverfahren aus, so bleibt das Zeugnisverweigerungsrecht erhalten, soweit jedenfalls nicht auch die Möglichkeit einer Wiederaufnahme des Verfahrens und der nachteiligen Verwendung der Zeugenaussage gegen den Angehörigen ausgeschlossen ist (BGHSt 54, 1 [4]; a. A. für eine »streng akzessorische« Anknüpfung an den aktuellen Verfahrensstand SK-StPO/*Rogall* § 52 Rn. 52). Grundsätzlich führt aber nach einer geänderten Rechtsprechungslinie bereits die **rechtskräftige Erledigung** des Verfahrens gegen den Angehörigen des Zeugen zum Erlöschen des Zeugnisverweigerungsrechtes (BGHSt 38, 96 [101]; BGH StV 1992, 1; 1992, 51 ff.; 1992, 145; 1998, 245; 2012, 193 [194]; 2012, 194; KK/*Senge* § 52 Rn. 6; abl. *Dahs/Langkeit* StV 1992, 492 ff.; LR/*Ignor/Bertheau* § 52 Rn. 19; anders früher BGH StV 1991, 145). Das gilt bei rechtskräftiger **Verurteilung** (BGHSt 38, 96 [97 ff.]) oder rechtskräftigem **Freispruch** (BGH StV 1993, 339), erst recht bei **Tod** des angehörigen Beschuldigten. Gleiches gilt bei einer **Einstellung** des Verfahrens gegen den Angehörigen **nach § 154**, die nur eingeschränkte Wiederaufnahmemöglichkeiten eröffnet (BGHSt 54, 1 [5 ff.] m. abl. Anm. *Bertheau* StV 2010, 611 ff.), wogegen ausreichender Schutz nach § 55 Abs. 1 bestehen soll. Ob im Fall der Einstellung unter Auflagen **nach § 153a** die Auflagenerfüllung und das Nichtvorhandensein von Gründen für eine Wiederaufnahme des Verfahrens (§ 153a Abs. 3 S. 5) zur Beendigung des Zeugnisverweigerungsrechts im Verfahren gegen andere Beschuldigte führt, ist noch nicht abschließend entschieden worden (offen gelassen BGHSt 54, 1 [4]); dies liegt aber auf der Linie der Rechtsprechungsänderung.

Bei einer **Verfahrensabtrennung** kann das Zeugnisverweigerungsrecht nach neuerer Rechtsprechung 21 nicht mehr eingreifen, wenn der Zeuge nur noch in einem getrennten Verfahren aussagen soll, indem sein Angehöriger nicht mehr zu den Beschuldigten zählt (BGHSt 38, 96 [100]). Zur Vermeidung eines Rechtsmissbrauchs sollte eine Verfahrensabtrennung nicht alleine deswegen möglich sein, um ein störendes Zeugnisverweigerungsrecht auszuschalten (*Rengier* StV 1988, 465 [467]).

3. Mehrzahl prozessualer Taten innerhalb eines Verfahrens. Ein Zeugnisverweigerungsrecht wird 22 auch innerhalb eines (abtrennbaren, aber noch nicht abgetrennten) einheitlichen Verfahrens nicht anerkannt, wenn ein Verfahren mehrere rechtlich selbstständige Straftaten betrifft, und der Zeuge nur zu einer Tat vernommen werden soll, an der sein Angehöriger nicht beteiligt war (*Eisenberg* Beweisrecht der StPO, Rn. 1222; LR/*Ignor/Bertheau* § 52 Rn. 20; KK/*Senge* § 52 Rn. 8; a. A. SK-StPO/*Rogall* § 52 Rn. 53). Voraussetzung dafür ist aber, dass jeder Zusammenhang zwischen den Taten ausgeschlossen

§ 52 StPO Zeugnisverweigerungsrecht der Angehörigen des Beschuldigten

ist. Ein materiellrechtlicher Zusammenhang kann bei Hehlerei, Begünstigung, Strafvereitlung und Teilnahme infrage kommen, ein prozessualer Zusammenhang bei einer Indizbedeutung der anderen Tat für den Vorwurf gegen den Angehörigen des Zeugen.

23 **D. Ausübung des Aussageverweigerungsrechts und deren Beweisverbotsfolge.**
I. Prozesshandlung. Das Zeugnisverweigerungsrecht ist ein **höchstpersönliches Recht** (BGHSt 21, 303 [305]; 45, 203 [207]; LR/*Ignor/Bertheau* § 52 Rn. 22; SK-StPO/*Rogall* § 52 Rn. 14; KK/*Senge* § 52 Rn. 2), das nur der Berechtigte selbst geltend machen und auf dessen Ausübung auch nur er verzichten kann. Der Beschuldigte hat dagegen keine Entscheidungsmöglichkeit, da ihm nicht die Dispositionsmacht über das Recht des Zeugen zusteht (KMR/*Neubeck* § 52 Rn. 1). Die Abgabe einer Erklärung durch einen Dritten, etwa einen Rechtsanwalt, reicht nicht aus (BGH StV 2008, 57 [58]). Zudem ist kein Verfahrensbeteiligter berechtigt, auf die Entscheidung des Zeugen Einfluss zu nehmen. Die Entschließungsfreiheit gilt **auch für Minderjährige** ohne Mitwirkung gesetzlicher Vertreter (BGHSt 14, 21 [24]), sofern ihnen nicht die nötige Verstandesreife fehlt.

24 Will ein Zeuge als Angehöriger des Beschuldigten im Sinne von § 52 Abs. 1 von seinem Zeugnisverweigerungsrecht Gebrauch machen, muss er dies **ausdrücklich** selbst erklären (*Eisenberg* Beweisrecht der StPO, Rn. 1223; SK-StPO/*Rogall* § 52 Rn. 55). Dies kann auch unabhängig von der Belehrung des Richters nach § 52 Abs. 3 erfolgen (BGH StV 2008, 57). Es genügt nicht, wenn der Zeuge ohne Abgabe einer solchen Erklärung einfach bestimmte Tatsachen verschweigt. Dem Zeugen steht es jedoch frei, von seinem erklärten Recht zur Zeugnisverweigerung **nur für einzelne Teile seiner Aussage** Gebrauch zu machen (LR/*Ignor/Bertheau* § 52 Rn. 22; SK-StPO/*Rogall* § 52 Rn. 56). Er kann den Zeitpunkt der Zeugnisverweigerung frei wählen (BGH StV 1987, 188) und sich erst im Lauf der Vernehmung auf sein Verweigerungsrecht berufen mit der Folge, dass die Vernehmung abzubrechen ist.

25 Der Zeuge **muss nicht begründen**, warum er von seinem Zeugnisverweigerungsrecht Gebrauch macht (LR/*Ignor/Bertheau* § 52 Rn. 23). Das Gericht darf den Zeugen im Fall der Aussageverweigerung auch nicht nach seinen Beweggründen fragen. Fragen von Verfahrensbeteiligten nach den Weigerungsgründen sind als ungeeignet zurückzuweisen (§ 241 Abs. 2). Antworten auf gleichwohl gestellte Fragen nach dem Motiv der Aussageverweigerung sind im Urteil nicht zu verwerten (BGHSt 6, 279 [280]), damit der Zeuge nicht mittelbar in Erklärungszwang versetzt und sein Zeugnisverweigerungsrecht dadurch ausgehöhlt wird. Wenn der Zeuge allerdings aussagt, unterliegt er der **Pflicht, die Wahrheit zu sagen** (*Radtke/Hohmann/Otte* § 52 Rn. 2). Verfahrensfehler bei der Vernehmung, die zu einer strafbaren Falschaussage führt, haben für den angeklagten Angehörigen des Zeugen allenfalls Strafzumessungsrelevanz (vgl. BGH StV 2004, 482), beseitigen aber nicht den Tatbestand einer falschen Zeugenaussage vor Gericht.

26 **II. Rechtsfolge der Unverwertbarkeit aktueller und früherer Aussagen.** Macht der Zeuge von seinem Aussageverweigerungsrecht Gebrauch, gilt nach § 252 ein **selbstständiges Beweiserhebungs- und -verwertungsverbot** für frühere Angaben des Zeugen im Rahmen einer Zeugenvernehmung (SK-StPO/*Rogall* § 52 Rn. 15), auch bei audiovisueller Gestaltung (BGHSt 49, 72 [75 ff.] m. Anm. *Degener* StV 2006, 509 ff.), ferner für Aussagen im Rahmen einer früheren Beschuldigtenvernehmung des späteren Zeugen (BGH StV 2005, 536) oder für Aussagen im Rahmen einer Exploration durch einen Sachverständigen zu Anknüpfungstatsachen (BGH StV 2007, 68), aber auch im Rahmen einer informatorischen Befragung durch Polizeibeamte (BGH StV 1981, 62 [63]; 1983, 452). Das Verwertungsverbot besteht im Interesse des Zeugen, sodass der Beschuldigte nicht mit Erfolg reklamieren kann, die zunächst nicht zu seinem Nachteil verwertbare Zeugenaussage möge jedenfalls zu seinen Gunsten verwendet werden (BVerfG NStZ-RR 2004, 18 [19]).

27 Nach bisheriger Rechtsprechung wird dieses Verwertungsverbot nur insoweit durchbrochen, als die **frühere Aussage des Zeugen vor einem Richter**, der ihn über das Aussageverweigerungsrecht belehrt hatte, durch Vernehmung des Richters als Zeuge vom Hörensagen in die Hauptverhandlung eingeführt und dort verwertet werden kann (BGHSt 49, 72 [76] m. Anm. *Degener* StV 2006, 509 [510 ff.]; BGHSt 57, 254 [256]). Verwertbar sind auch **Befundtatsachenmitteilungen durch einen Sachverständigen** als solchen und nicht als Zeugen (BGH StV 1987, 328), wenn der zeugnisverweigerungsberechtigte Zeuge ihm dazu **nach Belehrung** durch den Richter Angaben gemacht hatte (BGH StV 1989, 375 [376]). In diesem Fall geht die Rechtsprechung von einer eigenverantwortlichen früheren Aussage des

Zeugen aus, die verwertbar bleibt, weil der generelle Interessenkonflikt (Rdn. 1) des mit dem Beschuldigten verlobten, verheirateten oder verwandten Zeugen sich darauf nicht ausgewirkt hatte. Ob die Möglichkeit der Vernehmung des Erstrichters als Zeuge von Hörensagen überhaupt weiter gelten soll (krit. *Eschelbach* FS v. Heintschel-Heinegg, 2015, S. 145 ff.) oder zumindest einer qualifizierten Belehrung des Zeugen durch den Erstrichter über die Verwertbarkeit der Aussage in der späteren Hauptverhandlung gelten soll, wird im Verfahren nach § 132 GVG überprüft (Anfr. des 2. Strafsenats StV 2014, 717 ff.; Antw. BGH Beschl. v. 04.06.2014 – 1 ARs 21/14; Beschl. v. 08.01.2015 – 3 ARs 20/14; NStZ-RR 2015, 48 f.; 2015, 118 f. m. Anm. *El Ghazi* JR 2015, 343 ff.; *Henckel* HRRS 2014, 482 ff.; *T. Meyer* StV 2015, 319 ff.; Vorlage BGH Beschl. v. 19.03.2015 – 2 StR 656/13). Die Rechtsprechung tendiert bisher dazu, dem Zeugen eine Dispositionsmacht einzuräumen (Rdn. 53), auch indem er in der Hauptverhandlung trotz Aussageverweigerung durch Zustimmung die Verwertbarkeit der früheren Angaben mit beliebigen Beweismitteln ermöglicht, wenn er in der Hauptverhandlung über die Folgen dieses Verzichts belehrt wurde (BGH NStZ 2015, 232). Mit den gesetzgeberischen Ausgangsüberlegungen zu den §§ 52, 252 hat das nur noch wenig zu tun und führt zur Vorverlagerung der urteilsrelevanten Stoffsammlung in das Vorverfahren, wodurch bisweilen das Recht des Angeklagten auf konfrontative Befragung gemäß Art. 6 Abs. 3 lit. d EMRK (EGMR StV 2014, 452 ff. m. Anm. *Pauli*) ausgehöhlt wird. Eine solche Änderung der Verfahrensstruktur müsste dem Gesetzgeber vorbehalten bleiben, der zur Kompensation des Funktionsverlusts der Hauptverhandlung das Vorverfahren partizipatorisch auszugestalten hätte.

E. Zustimmung des gesetzlichen Vertreters (Abs. 2)

I. Zustimmungserfordernis bei Fehlen der erforderlichen Verstandesreife. Vernommen wird nur ein Zeuge, der **aussagetüchtig** ist (BGHSt 21, 303 [304]). Zur **eigenverantwortlichen Ausübung des Zeugnisverweigerungsrechts** muss der Zeuge in der Lage sein zu erkennen, dass der Beschuldigte Unrecht begangen hat und ihm dafür eine Strafe oder Maßregel droht. Weiter muss der Zeuge erkennen können, dass seine Aussage zu einem Strafurteil gegen seinen Angehörigen beitragen kann, und dass er deshalb nicht aussagen muss. Den Widerstreit muss der Zeuge verstandesmäßig erfassen (BGHSt 23, 221 [222]; *Eisenberg* StV 1995, 625 [626]; LR/*Ignor/Bertheau* § 52 Rn. 26; SK-StPO/*Rogall* § 52 Rn. 75). 28

Ob die hierfür erforderliche Verstandesreife vorliegt, hat das Tatgericht eigenverantwortlich zu prüfen (BGHSt 14, 159 [160]), das sich im Bedarfsfall der Hilfe eines Sachverständigen bedienen kann. Beim gesunden **Volljährigen** ist prinzipiell ausreichende Verstandesreife anzunehmen, sofern keine konkreten Anhaltspunkte für einen **psychischen oder physischen Defekt** vorliegen, der die Einsichtsfähigkeit aufheben könnte (*Radtke/Hohmann/Otte* § 52 Rn. 18). Auch bei **Jugendlichen** kann im Allgemeinen vom Vorhandensein der nötigen Verstandesreife ausgegangen werden; bei **Kindern** ist von Fall zu Fall zu unterscheiden. 29

Auf das Alter des Zeugen oder das Bestehen einer Betreuung kommt es für sich genommen nicht an. Es gibt **keine feste Altersgrenze** (*Eisenberg* Beweisrecht der StPO, Rn. 1224), wenn auch bei einem Siebenjährigen die erforderliche Verstandesreife tendenziell eher fehlen wird, während sie bei einem 14-Jährigen eher zu bejahen sein dürfte (LR/*Ignor/Bertheau* § 52 Rn. 27; SK-StPO/*Rogall* § 52 Rn. 76). Auch **minderbegabte oder psychisch kranke Zeugen** können im Einzelfall die notwendige Verstandesreife haben. 30

Kann das Gericht **Zweifel** nicht überwinden, muss es von fehlender Verstandesreife ausgehen (BGHSt 19, 85 [86]; KK/*Senge* § 52 Rn. 24). Unzulässig ist es, das Verfahren einzustellen, um abzuwarten, bis der Zeuge die Verstandesreife erlangt (LR/*Ignor/Bertheau* § 52 Rn. 27). 31

II. Kompetenz zur Zustimmungserklärung. Wenn der Zeuge von der Bedeutung seines Aussageverweigerungsrechts keine genügende Vorstellung, ist nicht anstelle der Entscheidung des Zeugen, sondern **zusätzlich** (BGHSt 49, 72 [75 f.]) eine **Entscheidung des gesetzlichen Vertreters** erforderlich, der indes bei der Zeugenvernehmung, anders als bei der Untersuchung nach § 81c (dazu *Eisenberg* StV 1995, 625 ff.), nicht in vollem Umfang an die Stelle des Zeugen tritt (BGHSt 21, 303 [305]; 40, 336 [338]). Sind **mehrere Vertreter** vorhanden, müssen alle einwilligen (LR/*Ignor/Bertheau* § 52 Rn. 31; KMR/*Neubeck* § 52 Rn. 24; KK/*Senge* § 52 Rn. 28); willigt nur einer nicht ein, muss die Vernehmung unterbleiben. Wer gesetzlicher Vertreter ist, bestimmt sich nach Zivilrecht (SK-StPO/*Rogall* § 52 32

Rn. 80). Ist Vertretung erforderlich, ein gesetzlicher Vertreter aber nicht vorhanden, muss ein Verfahrenspfleger bestellt werden.

33 **Minderjährige** werden, soweit gesetzliche Vertretung erforderlich ist, durch die Eltern oder zumindest durch einen zur Ausübung der Personensorge berechtigten Elternteil (§§ 1626 Abs. 1, 1626a, 1671 Abs. 1 BGB), bei Elternlosigkeit durch einen bestellten Vormund (§ 1789 BGB) vertreten (KMR/*Neubeck* § 52 Rn. 22).

34 **Bei volljährigen Zeugen** kommt die Einschaltung eines Vertreters nur infrage, wenn wegen einer psychischen Erkrankung oder einer geistigen oder seelischen Behinderung eine Betreuung des Zeugen angeordnet ist (§ 1896 BGB).

35 Der gesetzliche Vertreter oder Betreuer ist, neben dem Zeugen selbst, gemäß § 52 Abs. 3 S. 1 über die Bedeutung des Zeugnisverweigerungsrechts und seiner stellvertretenden Zustimmungserklärung **zu belehren** (BGHSt 14, 159 [160]; 40, 336 [338]). Nach der Rechtsprechung führt ein Belehrungsdefizit regelmäßig zu einem **Beweisverwertungsverbot** (BGH StV 1981, 4). Es ist ausnahmsweise nicht gegeben, wenn anzunehmen ist, dass der gesetzliche Vertreter seine Befugnisse ohnehin kennt und davon keinen Gebrauch machen will (BGH StV 1995, 171 m. krit. Anm. *Eisenberg* StV 1995, 625 [627]).

36 **III. Nachholung oder Widerruf der Zustimmung des gesetzlichen Vertreters und abschließende Entscheidung des Zeugen.** Das Zustimmungserfordernis bezüglich des gesetzlichen Vertreters soll den verstandesunreifen Zeugen davor schützen, dass er aus Unverständnis keine dem Angehörigen nachteilige Aussage mit dauernden Folgen macht (BGHSt 14, 159 [160]; 19, 85 [86]; 23, 221 [222]; 49, 72 [76]).

37 Der gesetzliche Vertreter kann lediglich die Aussage oder deren Verwertbarkeit verhindern, indem er der Aussage nicht zustimmt; dann darf der verstandesunreife Zeuge nicht vernommen werden. Der gesetzliche Vertreter kann aber nicht durch seine Zustimmung zur Aussage den verstandesunreifen Zeugen einem Aussagezwang unterwerfen. Die **abschließende Entscheidung im Fall der Zustimmung** des gesetzlichen Vertreters liegt immer noch **bei dem Zeugen** selbst (BGHSt 21, 303 [305 f.]; 23, 221 [222]; 49, 72 [76]; *Eisenberg* Beweisrecht der StPO, Rn. 1225; SK-StPO/*Rogall* § 52 Rn. 78). Darüber ist der Zeuge vom Richter nach Erteilung der Zustimmung des gesetzlichen Vertreters **zu belehren** (BGH StV 1991, 401; LR/*Ignor/Bertheau* § 52 Rn. 48).

38 Die Genehmigung des gesetzlichen Vertreters kann unter **Heilung eines anfänglichen Fehlers** im Verfahren auch nachgeholt werden, wenn der Zeuge bereits ohne Genehmigung Angaben gemacht hat (BGHSt 40, 336 [339]; KMR/*Neubeck* § 52 Rn. 25). Die Zustimmung ist nur dann nicht mehr nachholbar, wenn der Zeuge anschließend das Zeugnis verweigert (BGH NJW 1970, 766). Verweigert dagegen der zunächst nicht eingeschaltete gesetzliche Vertreter eine nachträgliche Genehmigung, dann ist die Aussage des verstandesunreifen Zeugen unverwertbar.

39 Eine zunächst erteilte **Zustimmung** kann auch während der Vernehmung **widerrufen** werden mit der Folge, dass die Vernehmung abgebrochen werden muss und weitere Aussagen nicht eingeholt werden können. Ob bisherige Angaben des Zeugen dann verwertbar bleiben (dafür LR/*Ignor/Bartheau* § 25 Rn. 36), ist noch nicht entschieden. Dies dürfte aber nach der Rechtsprechung, die auch bei nachträglicher Zeugnisverweigerung die bisherigen Angaben des Zeugen für verwertbar hält, anzunehmen sein.

40 **IV. Ausschluss des gesetzlichen Vertreters.** Der gesetzliche Vertreter kann über die Ausübung des Zeugnisverweigerungsrechtes von Rechts wegen nicht entscheiden, wenn er **selbst Beschuldigter** in dem Verfahren ist, in dem der verstandesunreife Angehörige als Zeuge aussagen soll (§ 52 Abs. 2 S. 2 Hs. 1; KK/*Senge* § 52 Rn. 29; zum Zweck *Schwenckendiek* NStZ 2008, 537 [538]), so etwa in Inzestfällen. Dafür kommt es nicht darauf an, ob der Zeuge Tatopfer ist. Auch die Eigenschaft eines alleine zur Ausübung der Personensorge berechtigten Elternteils als Geschädigter steht der Zustimmungskompetenz nicht entgegen, sodass es insoweit nicht der Bestellung eines Ergänzungspflegers bedarf (OLG Karlsruhe NJW-RR 2012, 839). Bei gemeinschaftlicher elterlicher Sorge durch ein Elternpaar ist in diesem Fall **auch der nicht beschuldigte Elternteil** von der gesetzlichen Vertretung des Kindes bei der Entscheidung über die Ausübung des Zeugnisverweigerungsrechts ausgeschlossen (§ 52 Abs. 2 S. 2 Hs. 2).

41 Anders liegt es nach dem Gesetzeswortlaut, wenn **nur ein Elternteil gesetzlicher Vertreter** ist (OLG Nürnberg NJW 2010, 3041 [3042]; a. A. *Eisenberg* Beweisrecht der StPO, Rn. 1225; offen gelassen BGH NJW 1996, 206), obwohl dann ein Interessenkonflikt auch im Hinblick auf den mit beschuldig-

ten Elternteil ohne eigenes Personensorgerecht bestehen kann, der im Ergebnis nur in der Weise zu lösen ist, dass Staatsanwaltschaft oder Gericht sich im Fall der die Vernehmung des aussagebereiten Zeugen hindernden Zustimmungsverweigerung um eine Entziehung der Personensorge auch bei dem nicht selbst beschuldigten Elternteil bemühen (*Schwenckendiek* NStZ 2008, 537 [538 ff.]). Nicht im Gesetz geregelt ist der Fall, dass der gesetzliche Vertreter des Zeugen zugleich gesetzlicher Vertreter des Beschuldigten ist; dann liegt ein Ausschluss auch mangels gesetzlicher Bestimmung besonders nahe (LR/*Ignor/Bertheau* § 52 Rn. 32).

Ist der gesetzliche Vertreter von der Zustimmung nach § 52 Abs. 3 ausgeschlossen, muss ein **Ergänzungspfleger** bestellt werden (§ 1909 Abs. 1 S. 1 BGB; OLG Koblenz Beschl. v. 22.04.2014 – 13 WF 293/14; SK-StPO/*Rogall* § 52 Rn. 84; zum Beschwerderecht der Staatsanwaltschaft *Müther* FamRZ 2015, 43 f.). Zuständig für den **Antrag** ist das Gericht oder die Staatsanwaltschaft, die den Zeugen vernehmen will (LR/*Ignor/Bertheau* § 52 Rn. 32). Auch wenn eine polizeiliche Vernehmung durchgeführt werden soll, muss die Staatsanwaltschaft den Antrag auf Einrichtung der Ergänzungspflegschaft stellen, weil die Ermittlungspersonen der Polizei nicht antragsberechtigt und im Vorverfahren alleine die Staatsanwaltschaft verfahrensleitend ist. Für die **Anordnung** der Ergänzungspflegschaft ist das Familiengericht zuständig (OLG Zweibrücken NJW-RR 2000, 1679). Das Familiengericht ist an die Rechtsansicht des antragstellenden Gerichts oder der Staatsanwaltschaft zum Vorliegen eines Falles nach § 52 Abs. 3 gebunden. Andererseits ist die Pflegschaftsanordnung des Familiengerichts bindend. Sie wird regelmäßig nur ergehen, wenn der Zeuge seine Aussagebereitschaft erklärt (OLG Bremen NJW-RR 2011, 154; OLG Saarbrücken NJW 2011, 2306 [2307]; LR/*Ignor/Bertheau* § 52 Rn. 32). Vor der Anordnung muss auch dem betroffenen Sorgerechtsinhaber rechtliches Gehör gewährt werden.

F. Verzicht oder Teilverzicht auf das Zeugnisverweigerungsrecht.

I. Verzichtbarkeit des Aussageverweigerungsrechts. Der Zeuge kann auf sein Zeugnisverweigerungsrecht **in widerruflicher Weise** (BGH NJW 1988, 716; BGHR StPO § 52 Abs. 3 S. 2 Widerruf 2) **verzichten** (BGH NJW 1961, 1484 [1485]; *Eisenberg* Beweisrecht der StPO, Rn. 1226; SK-StPO/*Rogall* § 52 Rn. 63). Dies kann nach verbreiteter Ansicht **stillschweigend** geschehen (*Meyer-Goßner/Schmitt* § 52 Rn. 21; *Radtke/Hohmann/Otte* § 52 Rn. 21; a. A. LR/*Ignor/Bertheau* § 52 Rn. 33; SK-StPO/*Rogall* § 52 Rn. 60), auch indem der Zeuge in Kenntnis seines Rechts Angaben zur Sache macht. Dabei ist die Abgabe der Erklärung nicht der Hauptverhandlung vorbehalten; sie kann außerhalb derselben erfolgen. Möglich ist aber auch eine Zeugnisverweigerung erst im Rahmen der Befragung des Zeugen (BGH StV 2003, 604); erfolgt dies in der Hauptverhandlung, können die zunächst freiwillig gemachten Aussagen verwertet werden (BGH NJW 2004, 1466 [1467]; a. A. LR/*Ignor/Bertheau* § 52 Rn. 35).

Auch wenn der Verzicht ausdrücklich oder konkludent erklärt werden kann, so muss doch **Klarheit** über die Ausübung oder Nichtausübung des Zeugnisverweigerungsrechts herrschen (LR/*Ignor/Bertheau* § 52 Rn. 33). Erklärt der Zeuge lediglich, er wolle sich nicht selbst belasten, liegt hierin noch kein Verzicht auf das Zeugnisverweigerungsrecht im Hinblick auf das Angehörigenverhältnis (*Meyer-Goßner/Schmitt* § 52 Rn. 21).

In ähnlicher Weise wie beim Verzicht des Zeugen aus sein Aussageverweigerungsrecht ist von der **konkludenten Genehmigung** der Aussage des verstandesunreifen Zeugen durch den gesetzlichen Vertreter auszugehen, wenn dieser die Vernehmung widerspruchslos hinnimmt (*Radtke/Hohmann/Otte* § 52 Rn. 21). Das macht aber die anschließende Entscheidung des Zeugen nicht entbehrlich.

II. Beschränkbarkeit des Aussageverweigerungsrechts. Der Zeuge kann seinen Verzicht auf das Zeugnisverweigerungsrecht auf einzelne Fragen oder Themenkomplexe beschränken und im Übrigen auszusagen (*Eisenberg* Beweisrecht der StPO, Rn. 1226; LR/*Ignor/Bertheau* § 52 Rn. 33; krit. *Vogel* StV 2003, 598 [599 ff.]). Macht ein Zeuge umfassende Angaben, so kann er nicht nachträglich die Verwertung dieser Aussage nur hinsichtlich einzelner Passagen seiner Angaben erbitten. Ihm steht es dann nur frei, das Zeugnis ganz oder teilweise zu verweigern oder auf dieses Recht zu verzichten. Im Fall der Zeugnisverweigerung nach einer teilweise bereits freiwillig gemachten Aussage bleibt dagegen der anfänglich nach Belehrung gemäß § 52 Abs. 3 offenbarte Aussageteil verwertbar (*Radtke/Hohmann/Otte* § 52 Rn. 22). Das Gericht ist nicht aufgrund seiner Aufklärungspflicht gehalten, den Zeugen zu befragen, ob er nur teilweise von seinem an sich umfassenden Aussageverweigerungsrecht Gebrauch machen und frühere Angaben freigeben wollen (BGH StV 2003, 603 ff.).

47 **G. Folgen der Ausübung des Zeugnisverweigerungsrechts. I. Beweiserhebungs- und Verwertungsverbot.** Macht der Zeuge in der Hauptverhandlung oder durch eindeutige Erklärung außerhalb der Hauptverhandlung von seinem Verweigerungsrecht Gebrauch, so ist seine **aktuelle Vernehmung zur Sache unzulässig** und daher abzubrechen (*Eisenberg* Beweisrecht der StPO, Rn. 1228; *Meyer-Goßner/Schmitt* § 52 Rn. 23; a. A. LR/*Ignor/Bertheau* § 52 Rn. 38: ungeeignetes Beweismittel). Ein Beweisantrag auf Vernehmung des Zeugen kann nach berechtigter Ausübung des Zeugnisverweigerungsrechts gem. § 244 Abs. 3 S. 1 zurückgewiesen werden (Rdn. 52), solange jedenfalls nicht schlüssig dargetan wird, dass der Zeuge seine Aussageverweigerung aufgeben will.

48 Zudem entsteht ein **Beweiserhebungs- und -verwertungsverbot für frühere Aussagen** oder Angaben gegenüber Verteidigern oder Sachverständigen aus § 252, nach bisherigem, derzeit in Frage gestelltem (Rdn. 27) Richterrecht mit Ausnahme früherer Aussagen im Rahmen einer richterlichen Vernehmung nach dort erfolgter Zeugenbelehrung gemäß § 52 Abs. 3 (BGHSt 36, 384 [385 f.]; 45, 342 [345]; 46, 1 [3]; 46, 189 [192]; 57, 254 [256 f.]). Die alleine durch Befragung des Vernehmungsrichters als Zeuge in die Hauptverhandlung eingeführte frühere Aussage des zeugnisverweigerungsberechtigten Zeugen ist aber bei ihrer Verwertung genau, insbesondere auf eventuelle Falschaussagemotive, zu überprüfen (BGH StV 2002, 3). Auch das Fehlen der Zustimmung des gesetzlichen Vertreters bei der Aussage des verstandesunreifen Zeugen begründet ein Beweisverwertungsverbot (BGHSt 14, 159 [160]). Unverwertbar sind ferner Angaben des Zeugen im Rahmen der Exploration durch einen Sachverständigen (BGH StV 1996, 522 [523]; 2007, 68 [69]), wenn der Zeuge deren Verwertung nicht gesondert gestattet (BGH StV 2003, 604).

49 Das Verwertungsverbot für Sekundärbeweismittel darf nicht umgangen werden, indem der Zeuge weder geladen noch zur Ausübung des Zeugnisverweigerungsrechts befragt, sondern sogleich auf seine früheren Angaben zurückgegriffen wird (*Wohlers* StV 1996, 192 [194]). Die Frage, ob der Zeuge von seinem Zeugnisverweigerungsrecht Gebrauch machen würde, ist vielmehr **im Freibeweisverfahren zu klären** (BGH StV 1996, 194).

50 **II. Unzulässigkeit der Aussageerzwingung bei Zulässigkeit der Erhebung von Sachbeweisen.** Der Zeuge, der mit Recht nach § 52 Abs. 1 das Zeugnis verweigert, darf **nicht durch Zwangsmittel nach § 70 zur Aussage bewegt** werden (LR/*Ignor/Bertheau* § 52 Rn. 38); andernfalls greift § 136a Abs. 1 S. 2 ein. Ist der Zeuge prinzipiell aussagebereit, aber nur wegen der Vernehmungssituation gehemmt, darf das Gericht durch Ausschluss der Öffentlichkeit, Ausschließung des Angeklagten (BGH StV 1995, 509 Ls.) oder audiovisuelle Vernehmung für Abhilfe sorgen; darin liegt noch keine Verletzung des Zeugnisverweigerungsrechts.

51 Eine **Augenscheinseinnahme** des Zeugen ist nach der Rechtsprechung auch dann nicht ausgeschlossen, wenn er die Aussage verweigert (BGH bei Becker NStZ-RR 2004, 257; abl. LR/*Ignor/Bertheau* § 52 Rn. 24; SK-StPO/*Rogall* § 52 Rn. 58). Der Zeuge muss sich danach für eine Gegenüberstellung zur Verfügung stellen (*Meyer-Goßner/Schmitt* § 52 Rn. 23; a. A. SK-StPO/*Rogall* § 52 Rn. 58). **Nicht zulässig** ist es allerdings, sein **äußeres Verhalten** im Urteil **zu bewerten**, weil dadurch wiederum das Zeugnisverweigerungsrecht ausgehöhlt würde. Auch soll der Zeuge **von einer stummen Mitwirkung befreit** sein, wenn seine Anwesenheit nur dazu herbeigeführt wird, um festzustellen, ob eine andere Auskunftsperson in seiner Gegenwart Angaben macht (BGH NJW 1960, 2156).

52 Ein **Beweisantrag** kann nach § 244 Abs. 3 S. 1 abgelehnt werden, wenn der als Beweismittel benannte Zeuge zu Recht das Zeugnis verweigert oder davon auszugehen ist, dass eine bereits erklärte Aussageverweigerung weiter Bestand hat (*Meyer-Goßner/Schmitt* § 52 Rn. 24; SK-StPO/*Rogall* § 52 Rn. 57). Kann der Antragsteller substanziiert geltend machen, dass der Zeuge, der früher die Aussage verweigert hatte, nunmehr – insbesondere in einer neuen Tatsacheninstanz im Hinblick auf das bisherige Prozessergebnis – aussagebereit ist, darf der Beweisantrag nicht alleine wegen des Bestehens eines Zeugnisverweigerungsrechts abgelehnt werden.

53 **III. Verzichtbarkeit des Beweisverwertungsverbots für den Zeugen.** Der Zeuge kann die erklärte **Zeugnisverweigerung widerrufen** (BGHSt 45, 203 [206]), aber auch der Verzicht auf das Zeugnisverweigerungsrecht ist widerruflich (LR/*Ignor/Bertheau* § 52 Rn. 34). Der Zeuge kann nach weiter verdrechselter Regel-Ausnahme-Rechtsprechung zu §§ 52, 252 (Rdn. 27), die das Zeugnisverweigerungsrecht in der Hauptverhandlung aushöhlt, sich nach Belehrung gemäß § 52 Abs. 3 und **qualifizierter Belehrung** über die Möglichkeit der Gestattung einer Verwertung früherer Angaben (BGHSt 57,

254 [257]) **mit der Verwertung einer früheren Aussage einverstanden erklären**, auch einer solchen, die in einer Vernehmung vor Entstehung des Zeugnisverweigerungsrechts oder ohne Belehrung über das Zeugnisverweigerungsrecht gemacht wurde. Die frühere Aussage ist dann aufgrund eines Verzichts des Zeugen auf das **Verwertungsverbot** mithilfe von Sekundärbeweismitteln verwertbar, auch wenn der Zeuge eine erneute Aussage verweigert (BGHSt 45, 203 [206]; 48, 294 [297]; 57, 254 [256]; BGH NStZ 2007, 352 [353]; 2015, 232; KK/*Senge* § 52 Rn. 43a; a. A. LR/*Ignor/Bertheau* § 52 Rn. 39; SK-StPO/*Rogall* § 52 Rn. 93; *Vogel* StV 2003, 598 ff.).

Qualifizierte Belehrung und Verzichtserklärung des Zeugen sind in diesem Fall **wesentliche Förmlichkeiten der Hauptverhandlung**, die an der **Beweiskraft des Protokolls** nach § 274 teilnehmen (BGHSt 57, 254 [257]). 54

Ob nach dem Verzicht des Zeugen auf das Verwertungsverbot gem. § 252 zu der dann möglichen Einführung der früheren Aussage in die Hauptverhandlung die Vernehmung einer Verhörsperson als Zeuge erforderlich oder die Urkundenverlesung des Vernehmungsprotokolls ausreichend ist, richtet sich nach §§ 244 Abs. 2, 251 (BGHSt 57, 254 [257]). 55

Auch der **Verzicht** auf das Zeugnisverweigerungsrecht ist **widerruflich**, solange die Vernehmung nicht beendet ist. Die Vernehmung ist dann abzubrechen. Hat der Zeuge bis dahin Angaben gemacht, bleiben diese verwertbar. Auf den Umfang der Verwertung bereits freiwillig gemachter Angaben hat der Zeuge nach der Vernehmung keinen Einfluss mehr (BGHSt 48, 294 [298]). Wird das Zeugnis bei einer weiteren Vernehmung verweigert, greift hinsichtlich der früheren Vernehmung § 252 ein. 56

H. Belehrung des Zeugen über sein Zeugnisverweigerungsrecht (Abs. 3)

I. **Art und Weise der Belehrung.** Der Zeuge ist **vor jeder Vernehmung** zur Sache (KMR/*Neubeck* § 52 Rn. 32) in jeder Lage des Verfahrens über sein Zeugnisverweigerungsrecht zu belehren. Das gilt für polizeiliche, staatsanwaltschaftliche und gerichtliche Vernehmungen. Mit welchen Worten die Belehrung durchgeführt wird, ist unerheblich, solange das Zeugnisverweigerungsrecht **verständlich** vermittelt wird (*Eisenberg* Beweisrecht der StPO, Rn. 1230; LR/*Ignor/Bertheau* § 52 Rn. 48). Der Vorsitzende hat nach der Rechtsprechung ein Ermessen, wie die Belehrung vorzunehmen ist (BGHSt 9, 195 [197]; BGH StV 1984, 405 f. m. Anm. *K. Peters*; BGH StV 2006, 507; KK/*Senge* § 52 Rn. 33). Dem Zeugen muss eine genügende Vorstellung von der Bedeutung des Zeugnisverweigerungsrechts vermittelt werden (SK-StPO/*Rogall* § 52 Rn. 66). Nicht zulässig ist es, bei der Belehrung auf den Entschluss des Zeugen Einfluss zu nehmen (BGHSt 1, 34 [37]; 9, 195 [197]; 45, 203 [209]; BGH StV 1988, 509). Daraus könnte sich ein Grund zur Richterablehnung ergeben (LR/*Ignor/Bertheau* § 52 Rn. 63). Möglich ist aber eine **gleichzeitige Belehrung nach § 55 Abs. 2** im Hinblick auf eine denkbare Selbstbelastung des Zeugen durch seine Aussage (BGH StV 1988, 509; LR/*Ignor/Bertheau* § 52 Rn. 44). Zusätzlich zur Belehrung über das Zeugnisverweigerungsrecht bei einer Aussage im Rahmen der Vernehmung durch das Gericht ist gem. § 61 auch eine Belehrung über das flankierende **Eidesverweigerungsrecht** anzubringen (BGH StV 2008, 563). Die richterliche Belehrung über das Aussageverweigerungsrecht ist ferner **vor einer Exploration** des Zeugen durch einen Sachverständigen erforderlich (BGHSt 11, 97 [100]; 14, 21 [24]; BGH StV 1988, 419; 1995, 564). 57

Hat das Gericht Zweifel am Bestehen eines Verhältnisses des Zeugen zum Beschuldigten im Sinne von § 52 Abs. 1, kann es ihn **vorsorglich** darüber **belehren**, dass er ein Zeugnisverweigerungsrecht hat, »falls« ein solches Verhältnis besteht. Dies ist aber **nur dann wirkungsvoll, wenn ein derartiges Verhältnis besteht und der Zeuge dies weiß** (BGH StV 2006, 507). Geht der Zeuge irrtümlich davon aus, dass kein derartiges Verhältnis bestehe, so geht die vorsorglich erteilte Belehrung gegenüber dem anschließend aussagenden Zeugen ins Leere. Sagt der Zeuge in der irrtümlichen Annahme aus, dass er zur Zeugnisverweigerung berechtigt sei, obwohl dies nicht der Fall ist, kann eine Verletzung der Aufklärungspflicht nach § 244 Abs. 2 des Gerichts vorliegen; denn es hat letztlich selbst die Frage zu klären, ob ein Fall des § 52 Abs. 1 vorliegt oder nicht. 58

Die Belehrung hat **vor jeder Vernehmung** zur Sache zu erfolgen (BGHSt 9, 195 [196]; BGH StV 1984, 318 [319]; *Eisenberg* Beweisrecht der StPO, Rn. 1230), auch wenn der Zeuge bereits bei einer vorhergehenden Vernehmung belehrt worden ist (LR/*Ignor/Bertheau* § 52 Rn. 50; *Meyer-Goßner/Schmitt* § 52 Rn. 29) oder er bereits zuvor auf sein Weigerungsrecht verzichtet hatte. Wird ein Zeuge an einem Verhandlungstag mehrfach vernommen oder ergänzend befragt, ist eine wiederholende Belehrung nicht erforderlich. Die **Bezugnahme** auf die bereits erteilte Belehrung reicht aus. Gleiches gilt, wenn 59 der Zeuge an einem weiteren Verhandlungstag ergänzend befragt wird. Der Zeuge kann freilich auch auf eine Belehrung über das Zeugnisverweigerungsrecht verzichten, wenn er sein Recht kennt.

60 Wurde ein Zeuge vernommen, bevor er das Zeugnisverweigerungsrecht erlangt hat, muss er nochmals nach Belehrung vernommen werden, weil anderenfalls seine frühere Aussage auch nicht durch Vernehmung der Verhörsperson in die Hauptverhandlung eingeführt werden kann, soweit jedenfalls keine Verfahrensmanipulation vorliegt (BGHSt 45, 342 [347]).

61 **II. Belehrungszuständigkeit und Adressat.** Die Belehrung erfolgt **durch den Vorsitzenden** (BGHSt 9, 195 [196 f.]; *Eisenberg* Beweisrecht der StPO, Rn. 1231) und zwar vor der Vernehmung zur Sache. Dieser darf sie weder ganz noch teilweise auf einen Beisitzer oder auf einen Sachverständigen (BGH StV 1991, 289 [290]; Roxin/*Schünemann* Strafverfahrensrecht § 24 Rn. 43) übertragen (LR/*Ignor/ Bertheau* § 52 Rn. 46). Die Belehrung hat sich **an den Zeugen** zu richten, auch wenn er minderjährig ist (LR/*Ignor/Bertheau* § 52 Rn. 45; SK-StPO/*Rogall* § 52 Rn. 68; KK/*Senge* § 52 Rn. 32), nicht an einen Dritten mit der Maßgabe, die Belehrung weiterzugeben (BGHSt 9, 195 [197]). Im Fall einer Untersuchung des Zeugen durch einen Sachverständigen ist der Zeuge vom Gericht auf sein Recht hinzuweisen, nicht an der Exploration mitzuwirken (BGHSt 14, 21 [24]; 36, 217 [220]). Besteht eine gesetzliche Vertretung des Zeugen, ist der Zeuge auch darauf hinzuweisen, dass er selbst bei Zustimmung seines gesetzlichen Vertreters nicht zur Aussage verpflichtet ist (BGH NJW 1991, 2432).

62 **III. Protokollierung.** Die Belehrung und die dazu abgegebene Erklärung des Zeugen sind als **wesentliche Förmlichkeiten** der Hauptverhandlung in das **Protokoll** aufzunehmen (*Eisenberg* Beweisrecht der StPO, Rn. 1232; LR/*Ignor/Bertheau* § 52 Rn. 51; SK-StPO/*Rogall* § 52 Rn. 73; KK/*Senge* § 52 Rn. 38) und sie nehmen an dessen Beweiskraft nach § 274 teil (BGH StV 2004, 297).

63 **I. Folgen eines Unterlassens der Belehrung.** I. **Möglichkeit der Fehlerheilung.** Ein Verfahrensfehler durch Versäumung der Belehrung kann **nachträglich geheilt** werden, wenn das Fehlen vor Ende der Beweisaufnahme bemerkt wird (*Eisenberg* Beweisrecht der StPO, Rn. 1233; LR/*Ignor/ Bertheau* § 52 Rn. 52; KMR/*Neubeck* § 52 Rn. 35). Die Nachholung der Belehrung ist dafür noch nicht ausreichend. Der Zeuge muss vielmehr, gegebenenfalls nach qualifizierter Belehrung über die Bedeutung des Vorgangs (SK-StPO/*Rogall* § 52 Rn. 71), erklären oder sonst erkennen lassen, dass er auch nach Belehrung über sein Zeugnisverweigerungsrecht von diesem bei der bereits durchgeführten Vernehmung keinen Gebrauch gemacht hätte (BGHSt 20, 234; 40, 336 [339]). Eine Wiederholung der Zeugenaussage ist nicht unbedingt erforderlich; wird sie gleichwohl durchgeführt, heilt dies den anfänglichen Verfahrensmangel erst recht. Auch eine Heilung des Belehrungsmangels durch Zustimmung des Zeugen zur Verwertung der bereits erfolgten Aussage ist möglich (BGHSt 45, 203 [208]). Ist eine Heilung wegen Todes oder Unerreichbarkeit des Zeugen nicht möglich, dann bleibt die Aussage unverwertbar. Das schriftliche Urteil muss im Verurteilungsfall darauf nicht eingehen, wenn es die unverwertbare Zeugenaussage nicht als Beweisgrundlage nennt (a. A. *Meyer-Goßner/Schmitt* § 52 Rn. 31). Ein freisprechendes Urteil sollte erkennen lassen, dass und warum die Zeugenaussage des Angehörigen des Angeklagten nicht verwertet wurde.

64 **II. Beweisverwertungsverbot.** Fehlt die Belehrung des Zeugen über sein Aussageverweigerungsrecht oder des gesetzlichen Vertreters eines verstandesunreifen Zeugen über das Zustimmungserfordernis, dann kann daraus mangels Heilung des Fehlers ein Beweisverwertungsverbot für die Aussage im Rahmen der verfahrensfehlerhaft durchgeführten Zeugenvernehmung folgen (BGHSt 17, 324 [328]; LR/*Ignor/Bertheau* § 52 Rn. 53; SK-StPO/*Rogall* § 52 Rn. 85; KK/*Senge* § 52 Rn. 39), wenn der Fehler nicht vor der Urteilsberatung geheilt wurde und das Belehrungsdefizit jedenfalls nicht ausschließbar für die Zeugenaussage kausal geworden ist. Entsprechendes gilt für Angaben des Zeugen im Rahmen einer Exploration durch einen Sachverständigen (BGHSt 36, 217 [220]).

65 Das Verwertungsverbot wegen einer Verletzung der Belehrungspflicht gilt auch, wenn der Zeuge statt nach § 52 Abs. 3 über sein Aussageverweigerungsrecht **nur** über ein Auskunftsverweigerungsrecht **nach § 55 Abs. 2 belehrt** wurde (*Meyer-Goßner/Schmitt* § 52 Rn. 32). Auch eine **unvollständige Belehrung nach § 52 Abs. 3** für den Fall dass ein Zeugnisverweigerungsrecht bestehen würde, »falls« der Zeuge mit dem Beschuldigten verlobt, verheiratet oder verwandt sein sollte, führt zu einem Beweisverwertungsverbot, wenn der Zeuge nicht über besseres Wissen verfügt (BGH StV 2006, 507).

Steht fest, dass der Zeuge sein bestehendes **Zeugnisverweigerungsrecht auch ohne Belehrung gekannt** 66
und er in Kenntnis dieses Rechts ausgesagt hat oder auch ohne solche Kenntnis **in jedem Fall ausgesagt**
hätte, reicht der Belehrungsmangel nicht dazu aus, ein Beweisverwertungsverbot zu begründen
(BGHSt 40, 336 [339]; BGH StV 2002, 3; LR/*Ignor/Bertheau* § 52 Rn. 53; KMR/*Neubeck* § 52
Rn. 37; SK-StPO/*Rogall* § 52 Rn. 85; krit. *Eisenberg* StV 1995, 625). Ein Rückschluss auf generelle
Aussagebereitschaft ist jedoch nicht bereits aus der Tatsache möglich, dass der Zeuge bei einer polizeilichen Vernehmung ausgesagt hatte. Die fehlende Zustimmung des gesetzlichen Vertreters kann nicht
nachgeholt werden, wenn der verstandesunreife Zeuge die Aussage verweigert (BGHSt 23, 221 [223]).
Hat der Zeuge das Gericht über das Bestehen eines Verhältnisses nach § 52 Abs. 1 getäuscht und dadurch die Belehrung gemäß § 52 Abs. 3 verhindert, dann folgt aus dem Belehrungsdefizit kein Beweisverwertungsverbot (OLG Oldenburg NJW 1967, 1872).

Ist der aussageverweigerungsberechtigte **Zeuge verstorben**, so kann seine Aussage nach der Rechtspre- 67
chung verlesen werden, auch wenn er bei der früheren Vernehmung nicht nach § 52 Abs. 3 belehrt worden war (BGHSt 22, 35 [37]; SK-StPO/*Rogall* § 52 Rn. 87; krit. LR/*Ignor/Bertheau* § 52 Rn. 56).

Das Beweisverwertungsverbot wegen mittelbarer Verletzung des Zeugnisverweigerungsrechts durch 68
Belehrungsmängel wirkt auch **zugunsten von Mitangeklagten** (BGHSt 7, 194 [196]). Es hat nach
der Rechtsprechung aber **keine Fernwirkung** auf andere Beweismittel, die erst aufgrund der verfahrensfehlerhaft herbeigeführten Zeugenaussage erlangt wurden (OLG Köln NZV 2001, 137; *Meyer-Goßner/
Schmitt* § 52 Rn. 32; KMR/*Neubeck* § 52 Rn. 37; KK/*Senge* § 52 Rn. 39; a. A. SK-StPO/*Rogall* § 52
Rn. 88). Jedoch sind **schriftliche Unterlagen**, die bei der verfahrensfehlerhaft durchgeführten Vernehmung von dem Zeugen **zur Aussageergänzung** überreicht wurden, **unverwertbar** (BGHSt 22, 219
[220 f.]; BGH StV 1996, 196 [197]; 2005, 536).

J. Rechtsbehelfe. I. Revision. Mit der Revision kann vor allem durch den vom Zweck des 69
Schutzes der Familienbande eingeschlossenen Angeklagten ebenso wie durch einen über den Fairnessgrundsatz mittelbar betroffenen Mitangeklagten (KK/*Senge* § 52 Rn. 49) ein Rechtsfehler bei der Zeugenvernehmung gerügt werden, durch den das **Zeugnisverweigerungsrecht** dieses mit dem Angeklagten verlobten, verheirateten oder verwandten Zeugen **verletzt** wurde. Der Rechtsfehler kann vor allem
im Unterlassen der Belehrung nach § 52 Abs. 3 oder in der rechtsfehlerhaften Bejahung oder Verneinung eines Zeugnisverweigerungsrechts für den vernommenen Zeugen oder in entsprechenden Rechtsfehlern bezüglich der Zustimmung des gesetzlichen Vertreters für den verstandesunreifen Zeugen bestehen.

Zur revisionsrechtlichen Beanstandung erforderlich ist eine **Verfahrensrüge**, die den Anforderungen 70
nach §§ 344 Abs. 2 S. 2, 345 genügt (vgl. BGH NJW 1998, 2229 f.; OLG Frankfurt NStZ-RR 2007,
241). Die Behauptung der Substanziierungspflicht für den Revisionsführer nach § 344 Abs. 2 S. 2 geht,
wie in der Rechtsprechung üblich, sehr weit. Sie erfasst ausnahmsweise nicht die Negativtatsachen zur
Neukonstruktion einer Ausnahme vom Beweisverwertungsverbot gem. § 252 nach qualifizierter Belehrung des Zeugen und dessen Teilverzicht auf die Unverwertbarkeit früherer Angaben (BGHSt 57, 254
[256 f.]). Zur Beanstandung der Bewertung des Prozessverhaltens des Zeugen bei der Beweiswürdigung
(Rdn. 2) genügt von Fall zu Fall die **Sachbeschwerde**, wenn schon die Gründe des schriftlichen Urteils
einen Rechtsfehler erkennen lassen (vgl. BGHR StPO § 52 Abs. 1 Nr. 2 Verweigerung 2; a. A. BGHR
StPO § 52 Abs. 1 Verweigerung 4). Ratsam erscheint es aber für Verteidiger, auch vorsorglich eine Verfahrensrüge zu erheben (SK-StPO/*Rogall* § 52 Rn. 102).

Die Feststellung der Tatsachen i.S.d. § 52 Abs. 1, die nach § 56 zunächst auch nur der Glaubhaftma- 71
chung unterliegen, gilt als nicht revisibel; andererseits hat das Revisionsgericht aufgrund einer zulässig
erhobenen Verfahrensrüge die Prozesstatsachen, aus denen sich ein Rechtsfehler des Tatgerichts ergeben würde, gegebenenfalls im **Freibeweisverfahren** zu klären, soweit nicht der Maßstab des § 56 entgegensteht. Eine **Bindung an Urteilsfeststellungen** der Tatsacheninstanz, die sich dazu gar nicht abschließend im Urteilstext äußern muss, besteht im Allgemeinen aber nicht (offen gelassen BGHSt
48, 294 [300]). Mit der Verfahrensrüge kann jedenfalls eine Überschreitung des Beurteilungsspielraums bei der Feststellung der Voraussetzungen des § 52 Abs. 1 geltend gemacht werden, sofern zuvor
gegen die Verfügung des Vorsitzenden als Zwischenrechtsbehelf (abl. *Lindemann* StV 2010, 379 ff.)
gem. § 238 Abs. 2 das Gericht angerufen wurde (BGHSt 55, 65 [67 ff.]). Auf den Zwischenrechtsbehelf kommt es bei Verletzungen des Beweisverwertungsverbots aus § 252 nicht an (BGH StV 2007,

68). Die **Widerspruchslösung** (§ 136 Rdn. 96 ff.) **gilt** in den Fällen einer Verletzung von §§ 52, 252 **nicht** (BGHSt 45, 203 [205]).

72 Das **Unterlassen der Belehrung** des Zeugen über sein Zeugnisverweigerungsrecht gemäß § 52 Abs. 3 oder eine essenzielle Unrichtigkeit der Belehrung, beim verstandesunreifen Zeugen erst recht im Fall der Zustimmung des gesetzlichen Vertreters zur Aussage (BGHSt 21, 303 [306]), begründet die Revision (LR/*Ignor/Bertheau* § 52 Rn. 58; SK-StPO/*Rogall* § 52 Rn. 98; KK/*Senge* § 52 Rn. 47), wenn der Zeuge deshalb aus Unkenntnis von seinem Zeugnisverweigerungsrecht ausgesagt hat, der Fehler nicht nachträglich geheilt wurde und das Urteil auf der Aussage beruht. Ein Rechtsfehler liegt insoweit auch vor, wenn das Gericht im Vernehmungszeitpunkt wegen der fehlerhaften Mitteilung des Zeugen, er sei mit dem Angeklagten »nicht verwandt oder verschwägert«, nicht wusste, dass der Zeuge ein Aussageverweigerungsrecht besitzt (BGH StV 2002, 3). Im Fall der Verwertung früherer Angaben aus einer Sachverständigenexploration muss der Revisionsführer nach **§ 344 Abs. 2 S. 2**, der nach der Rechtsprechung umfassenden Tatsachenvortrag zu allen potenziell entscheidungserheblichen Umständen einschließlich der »Negativtatsachen« voraussetzt, auch dazu vortragen, ob der explorierte Zeuge zuvor von einem Richter über sein Zeugnisverweigerungsrecht belehrt worden war (BGH StV 1995, 564 [565]; *Wohlers* StV 1996, 192 [193]).

73 Den Rechtsfehler im Sinne von § 52 Abs. 3 können der mit dem Zeugen verlobte, verheiratete oder verwandte Anklagte selbst (SK-StPO/*Rogall* § 52 Rn. 96), aber auch ein **Mitangeklagter** rügen, zu dessen Ungunsten die Zeugenaussage verwertet wurde (BGHSt 7, 194 [196 f.]; 27, 139 [141]; BGH StV 2012, 194; SK-StPO/*Rogall* § 52 Rn. 97). Die **Staatsanwaltschaft** kann ein Beweisverwertungsverbot mit ihrer Revision zugunsten des Angeklagten geltend machen, nach § 339 aber nicht zu seinen Ungunsten. Dem **Nebenkläger** steht im Kern aus demselben Grund kein Rügerecht zu (KMR/*Neubeck* § 52 Rn. 42).

74 Wird einem Zeuge zu Unrecht ein Zeugnisverweigerungsrecht zugebilligt und damit eine **Aussageverweigerung oder Nichtvernehmung ohne rechtlichen Grund** verursacht, so wird dadurch letztlich die **Aufklärungspflicht** gem. § 244 Abs. 2 verletzt, bei einem geladenen Zeugen auch § 245 Abs. 1 (BGH StV 1996, 129; LR/*Ignor/Bertheau* § 52 Rn. 58; SK-StPO/*Rogall* § 52 Rn. 100). Nur wenn ein Aussageverweigerungsrecht besteht, erstreckt sich auch die gerichtliche Aufklärungspflicht nicht mehr auf den Zeugen, der sich darauf beruft (OLG Koblenz StV 2014, 330 f.). Eine zu Unrecht erfolgte Belehrung nach § 52 Abs. 3 ist revisionsrechtlich irrelevant, wenn der Zeuge trotz unzutreffenden Hinweises auf ein Aussageverweigerungsrecht doch Angaben zur Sache macht.

75 **II. Wiederaufnahme.** Hatte im Erstverfahren ein Zeuge die Aussage verweigert, so ist er dann, wenn er nach Rechtskraft der Verurteilung zur Aussage bereit ist, ein neues Beweismittel i.S.d. § 359 Nr. 5 (*Neumann* System der strafprozessualen Wiederaufnahme, 1932, S. 44). Nach verbreiteter Praxis muss der Antragsteller die Gründe für eine Änderung des Entschlusses des Zeugen zur Aussage substanziiert darlegen. Anders als in Fällen des Geständniswiderrufs kennt der Antragsteller bisweilen nicht das Motiv des Zeugen für die anfängliche Aussageverweigerung und kann daher nur anhand von äußeren Umständen zur Änderung des Entschlusses des Zeugen hinsichtlich seiner nunmehr bestehenden Aussagebereitschaft vortragen (OLG Jena StraFo 2010, 205). Deshalb sind keine übertriebenen Anforderungen an die Sachdarstellung im Wiederaufnahmeantrag zu stellen. Andererseits soll es nicht in der Hand eines wankelmütigen Zeugen liegen, durch anfängliches Schweigen und schlichte Willensänderung zum Aufrollen eines rechtskräftig erledigten Verfahrens beizutragen. Daher bedarf es einiger Erläuterungen in der Antragsbegründung dazu, warum der Zeuge nun aussagebereit ist.

§ 53 StPO Zeugnisverweigerungsrecht der Berufsgeheimnisträger.

(1) ¹Zur Verweigerung des Zeugnisses sind ferner berechtigt
1. Geistliche über das, was ihnen in ihrer Eigenschaft als Seelsorger anvertraut worden oder bekanntgeworden ist;
2. Verteidiger des Beschuldigten über das, was ihnen in dieser Eigenschaft anvertraut worden oder bekanntgeworden ist;
3. Rechtsanwälte, Patentanwälte, Notare, Wirtschaftsprüfer, vereidigte Buchprüfer, Steuerberater und Steuerbevollmächtigte, Ärzte, Zahnärzte, Psychologische Psychotherapeuten, Kinder- und

Jugendlichenpsychotherapeuten, Apotheker und Hebammen über das, was ihnen in dieser Eigenschaft anvertraut worden oder bekanntgeworden ist; Rechtsanwälten stehen dabei sonstige Mitglieder einer Rechtsanwaltskammer gleich;

3a. Mitglieder oder Beauftragte einer anerkannten Beratungsstelle nach den §§ 3 und 8 des Schwangerschaftskonfliktgesetzes über das, was ihnen in dieser Eigenschaft anvertraut worden oder bekanntgeworden ist;

3b. Berater für Fragen der Betäubungsmittelabhängigkeit in einer Beratungsstelle, die eine Behörde oder eine Körperschaft, Anstalt oder Stiftung des öffentlichen Rechts anerkannt oder bei sich eingerichtet hat, über das, was ihnen in dieser Eigenschaft anvertraut worden oder bekanntgeworden ist;

4. Mitglieder des Deutschen Bundestages, der Bundesversammlung, des Europäischen Parlaments aus der Bundesrepublik Deutschland oder eines Landtages über Personen, die ihnen in ihrer Eigenschaft als Mitglieder dieser Organe oder denen sie in dieser Eigenschaft Tatsachen anvertraut haben sowie über diese Tatsachen selbst;

5. Personen, die bei der Vorbereitung, Herstellung oder Verbreitung von Druckwerken, Rundfunksendungen, Filmberichten oder der Unterrichtung oder Meinungsbildung dienenden Informations- und Kommunikationsdiensten berufsmäßig mitwirken oder mitgewirkt haben.

²Die in Satz 1 Nr. 5 genannten Personen dürfen das Zeugnis verweigern über die Person des Verfassers oder Einsenders von Beiträgen und Unterlagen oder des sonstigen Informanten sowie über die ihnen im Hinblick auf ihre Tätigkeit gemachten Mitteilungen, über deren Inhalt sowie über den Inhalt selbst erarbeiteter Materialien und den Gegenstand berufsbezogener Wahrnehmungen. ³Dies gilt nur, soweit es sich um Beiträge, Unterlagen, Mitteilungen und Materialien für den redaktionellen Teil oder redaktionell aufbereitete Informations- und Kommunikationsdienste handelt.

(2) ¹Die in Absatz 1 Satz 1 Nr. 2 bis 3b Genannten dürfen das Zeugnis nicht verweigern, wenn sie von der Verpflichtung zur Verschwiegenheit entbunden sind. ²Die Berechtigung zur Zeugnisverweigerung der in Absatz 1 Satz 1 Nr. 5 Genannten über den Inhalt selbst erarbeiteter Materialien und den Gegenstand entsprechender Wahrnehmungen entfällt, wenn die Aussage zur Aufklärung eines Verbrechens beitragen soll oder wenn Gegenstand der Untersuchung

1. eine Straftat des Friedensverrats und der Gefährdung des demokratischen Rechtsstaats oder des Landesverrats und der Gefährdung der äußeren Sicherheit (§§ 80a, 85, 87, 88, 95, auch in Verbindung mit § 97b, §§ 97a, 98 bis 100a des Strafgesetzbuches),

2. eine Straftat gegen die sexuelle Selbstbestimmung nach den §§ 174 bis 176, 179 des Strafgesetzbuches oder

3. eine Geldwäsche, eine Verschleierung unrechtmäßig erlangter Vermögenswerte nach § 261 Abs. 1 bis 4 des Strafgesetzbuches

ist und die Erforschung des Sachverhalts oder die Ermittlung des Aufenthaltsortes des Beschuldigten auf andere Weise aussichtslos oder wesentlich erschwert wäre. ³Der Zeuge kann jedoch auch in diesen Fällen die Aussage verweigern, soweit sie zur Offenbarung der Person des Verfassers oder Einsenders von Beiträgen und Unterlagen oder des sonstigen Informanten oder der ihm im Hinblick auf seine Tätigkeit nach Absatz 1 Satz 1 Nr. 5 gemachten Mitteilungen oder deren Inhalts führen würde.

Übersicht

		Rdn.
A.	Allgemeines	1
I.	Schutzzweck	1
II.	Praktische Bedeutung für den Zeugen und die Verfahrensbeteiligten	2
III.	Abgrenzung zum strafrechtlichen Geheimnisschutz	3
IV.	Entscheidung des Zeugen über die Durchführung oder Verweigerung einer Aussage	6
V.	Tatsächlicher Bezugspunkt und Umfang des Zeugnisverweigerungsrechts	7
VI.	Beginn und Ende des Zeugnisverweigerungsrechts	10
B.	Die zur Zeugnisverweigerung Berechtigten (Abs. 1)	11
I.	Geistliche (Abs. 1 S. 1 Nr. 1)	12
II.	Verteidiger (Abs. 1 S. 1 Nr. 2)	15
III.	Rechtlich, wirtschaftlich und medizinisch beratende Berufe (Abs. 1 S. 1 Nr. 3)	18
	1. Rechtsanwälte, Notare und steuerlich sowie wirtschaftliche beratende Berufe	18
	2. Heilberufe	22
IV.	Mitarbeiter der Schwangerschaftsberatungsstellen (Abs. 1 S. 1 Nr. 3a)	25
V.	Drogenberater der Suchtberatungsstellen (Abs. 1 S. 1 Nr. 3b)	26
VI.	Abgeordnete (Abs. 1 S. 1 Nr. 4)	27
VII.	Presse- und Rundfunkangehörige (Abs. 1 S. 1 Nr. 5, S. 2, Abs. 2 S. 2 und S. 3)	29

§ 53 StPO Zeugnisverweigerungsrecht der Berufsgeheimnisträger

	Rdn.			Rdn.
1. Schutzzweck	29		verweigerungsrechts bei selbst recherchiertem Material	38
2. Zeugnisverweigerungsberechtigte Personen	31	C.	Die Ausübung des Zeugnisverweigerungsrechts und ihre Folgen	40
3. Gegenstand des Zeugnisverweigerungsrechts (Abs. 1 S. 2)	35	D.	Entbindung des Zeugen von der Schweigepflicht (Abs. 2 S. 1)	44
4. Einschränkung des Zeugnis-		E.	Revision	51

1 **A. Allgemeines. I. Schutzzweck.** Die Vorschrift ist aufgrund zahlreicher Änderungen und Ergänzungen nachkonstitutionelles Recht (BVerfGE 33, 367 [374]). Sie dient nach vorherrschender Ansicht in den meisten Fällen mittelbar dem – einseitig auf die Perspektive des Berufsgeheimnisträgers fokussierten (*Groß* StV 1996, 559 [560]) – **Schutz des Vertrauensverhältnisses** zwischen bestimmten Berufsgeheimnisträgern und den Personen, die ihre Hilfe in Anspruch nehmen (*Eisenberg* Beweisrecht der StPO, Rn. 1234; *von Harenne* Das Zeugnisverweigerungsrecht der Berufshelfer nach § 53a StPO, 2002, S. 8 f., 13 f.; LR/*Ignor/Bertheau* § 53 Rn. 1; KK/*Senge* § 53 Rn. 1; *Zöller* ZJS 2012, 558 [562]; abl. SK-StPO/*Rogall* § 53 Rn. 6). Sie ist auch ein **Ausfluss des allgemeinen Persönlichkeitsrechts** (vgl. BVerfGE 33, 367 [376 f.]; krit. SK-StPO/*Rogall* § 53 Rn. 8) des Beschuldigten, der sich der Berufsgeheimnisträger als Hilfspersonen bei der Religionsausübung oder Gewissensbetätigung, bei der Inanspruchnahme von Verteidigung oder sonstigen Rechts- oder Wirtschaftsberatung oder bei der Gesundheitsfürsorge bedient (*Neumann* Zeugnisverweigerungsrechte und strafprozessuale Ermittlungsmaßnahmen, 2005, S. 128), wobei der **Kommunikation des Beschuldigten mit einem Beichtvater** (§ 53 Abs. 1 S. 1 Nr. 1), **Verteidiger** (Abs. 1 S. 1 Nr. 2) **oder Arzt** (Abs. 1 S. 1 Nr. 3) tendenziell sogar dessen **Kernbereich** berührt wird. Im Übrigen dient das Zeugnisverweigerungsrecht z.T. dem **Schutz der Funktionstüchtigkeit** der im Interesse der Allgemeinheit agierenden Institutionen, nämlich des **Parlamenten** in Bund, Ländern und Europäischer Union (Abs. 1 S. 1 Nr. 4) sowie der freien **Presse** (Abs. 1 S. 1 Nr. 5). Zudem soll dem Berufsgeheimnisträger, ähnlich wie dem Angehörige in den Fällen des § 52 Abs. 1, in einem **Interessenkonflikt** zwischen der Wahrheitspflicht und der Verpflichtung zum Geheimnisschutz geholfen werden (BGHSt 9, 59 [61]; einschränkend LR/*Ignor/Bertheau* § 53 Rn. 1); daraus resultiert eine Doppelstruktur des Normzwecks zwischen dem Schutz des Vertrauensverhältnisses und einer Konfliktlagenbewältigung. In den Schutz werden die Mandanten, Klienten, Patienten oder Informanten zumindest mittelbar einbezogen, sodass sie, insbesondere in der Rolle als Beschuldigter im Strafverfahren, daraus – z.T. – auch subjektive Rechte im Prozess herleiten können. **Flankierend** wirken §§ 53a, 95 Abs. 2 S. 2, 97, 98a Abs. 5, 100c Abs. 6. Dagegen **relativiert** die neue Regelung des § 160a Abs. 2 den Schutz durch Zulassung einer Verhältnismäßigkeitsprüfung bezüglich der Verwertung von Sekundärbeweismitteln (BVerfG StV 2012, 257 [263]; *Bertheau* StV 2012, 303 ff.; krit. *Gercke* StV 2012, 266 [268 f.]; *Kretschmer* HRRS 2010, 551 [554]); mit § 53 ist jene Regelung nicht bruchlos abgestimmt.

2 **II. Praktische Bedeutung für den Zeugen und die Verfahrensbeteiligten.** Auch bei Bestehen des Zeugnisverweigerungsrechts ist der Zeuge aber prinzipiell zunächst **zum Erscheinen vor Gericht verpflichtet** (LR/*Ignor/Bertheau* § 53 Rn. 2), weil die Frage der Zeugnisverweigerung mitsamt der möglichen Entpflichtung durch den Beschuldigten nach § 53 Abs. 2 S. 1 oft erst in der Hauptverhandlung definitiv zu klären ist. Ein **Beweisantrag** eines Verfahrensbeteiligten auf Vernehmung des zur Zeugnisverweigerung berechtigten Zeugen kann nicht von vornherein allein wegen der Rechtstatsache, dass ein Zeugnisverweigerungsrecht besteht, abgelehnt werden, sondern erst dann, wenn die Ausübung des Zeugnisverweigerungsrechts gesichert erscheint.

3 **III. Abgrenzung zum strafrechtlichen Geheimnisschutz.** Das Zeugnisverweigerungsrecht steht im Zusammenhang mit dem strafrechtlichen Geheimnisschutz (LR/*Ignor/Bertheau* § 53 Rn. 8) und stellt in gewisser Weise dessen Kehrseite dar (*Widmaier* FS Dahs, 2005, S. 543 [547]; es geht aber **inhaltlich weiter als die Schweigepflicht** nach § 203 StGB (SK-StPO/*Rogall* § 53 Rn. 14; KK/*Senge* § 53 Rn. 3). Es bezieht sich nämlich auch auf Tatsachen, die keine Geheimnisse im Sinne der Strafnorm sind (*Meyer-Goßner/Schmitt* § 53 Rn. 4). Allerdings ist der betroffene **Personenkreis** der vorliegenden Vorschrift **enger** als derjenige des § 203 StGB gefasst (KMR/*Neubeck* § 53 Rn. 5; SK-StPO/*Rogall* § 53

Rn. 13). Aus der strafrechtlichen **Schweigepflicht** folgt daher nicht automatisch ein **Recht zur Zeugnisverweigerung** (BGHSt 9, 59 [60 f.]; LR/*Ignor/Bertheau* § 53 Rn. 8; SK-StPO/*Rogall* § 53 Rn. 16). Umgekehrt handelt der nicht zur Aussageverweigerung berechtigte Zeuge, der im Strafverfahren wegen seines Zeugniszwangs aussagt, nicht unbefugt i.S.d. § 203 StGB, auch wenn er ein an sich danach geschütztes Geheimnis preisgibt (*Eisenberg* Beweisrecht der StPO, Rn. 1235; LR/*Ignor/Bertheau* § 53 Rn. 10; SK-StPO/*Rogall* § 53 Rn. 16; *Schwaben* Die personelle Reichweite von Beweisverwertungsverboten, 2005, S. 109). Nur der zugleich zur Zeugnisverweigerung prozessual berechtigte Zeuge, der zur Wahrung eines Berufsgeheimnisses nach § 203 StGB unter Strafandrohung verpflichtet ist, macht sich strafbar, wenn er das Geheimnis preisgibt, ohne von der geschützten Person von der Schweigepflicht entbunden zu sein (LR/*Ignor/Bertheau* § 53 Rn. 11), er unterliegt gleichwohl nach der Rechtsprechung prozessual **keiner Zeugnisverweigerungspflicht.** Die Tatsache der Aussage in einem staatlichen Strafverfahren alleine lässt dann aber den Tatbestand des § 203 StGB noch nicht entfallen und sie rechtfertigt den Geheimnisverrat für sich genommen noch nicht (vgl. BGHSt 9, 59 [61 f.]).

§ 53 enthält **keinen Rechtfertigungsgrund** für einen Bruch der Schweigepflicht (BGHSt 9, 59 [61 f.]; *Meyer-Goßner/Schmitt* § 53 Rn. 5). Ein Zeuge kann sich demnach nur im Einzelfall ausnahmsweise auf einen **rechtfertigenden Notstand** berufen, wenn er eigene Interessen schützen muss oder das Interesse an der Geheimhaltung geringer ist, als das Interesse der Allgemeinheit an der Offenbarung (*Roxin/Schünemann* Strafverfahrensrecht § 26 Rn. 22). Der Zeuge kann das Zeugnis andererseits auch dann verweigern, wenn die Voraussetzungen eines rechtfertigenden Notstands für eine Verletzung der Schweigepflicht gegeben wären. Ist der Zeuge trotz Geheimnisschutzes zur Aussage bereit, dann kann und muss das Gericht ihn nach herrschender Meinung vernehmen und seine Aussage verwerten. Das materielle Strafrecht begründet kein Beweisverwertungsverbot (LR/*Ignor/Bertheau* § 53 Rn. 12; KMR/*Neubeck* § 53 Rn. 6; SK-StPO/*Rogall* § 53 Rn. 25; KK/*Senge* § 53 Rn. 9; a. A. *von Harenne* Das Zeugnisverweigerungsrecht der Berufshelfer nach § 53a StPO, 2002, S. 163 ff.); dieses folgt vielmehr erst aus einer zusätzlichen Verletzung spezifisch prozessualer Regeln (*Schwaben* Die personelle Reichweite von Beweisverwertungsverboten, 2005, S. 111). 4

Ein absolutes Beweisverwertungsverbot kann, soweit die §§ 53, 252 nicht eingreifen, nur von Verfassungs wegen bestehen und dies ist insbesondere dann anzunehmen, wenn es um Kommunikation aus dem absolut geschützten **Kernbereich privater Lebensgestaltung** geht (Rdn. 16). Dazu kann, wie § 160a Abs. 1 erkennen lässt, die Kommunikation mit Geistlichen im Rahmen des Beichtgeheimnisses und mit Strafverteidigern im Rahmen der Verteidigungskonzeption zählen (BVerfG StV 2012, 257 [263]), von Fall zu Fall auch das Beratungsgespräch mit einem Arzt (BVerfGE 109, 279 [322 f.]; BVerfG StV 2012, 257 [265]; LR/*Ignor/Bertheau* § 53 Rn. 13), aber nicht die berufsbezogene Kommunikation innerhalb der anderen Berufsgruppen. Soweit aber im Einzelfall der absolut geschützte Kernbereich privater Lebensgestaltung betroffen ist, kann eigentlich auch eine Schweigepflichtsentbindung nach § 53 Abs. 2 S. 1 nicht zur Äußerung verwertbarer Informationen führen. 5

IV. Entscheidung des Zeugen über die Durchführung oder Verweigerung einer Aussage. Steht dem Zeugen ein Aussageverweigerungsrecht zu, so kann er nach eigenem Entschluss davon Gebrauch machen oder aussagen. Nicht das Gericht, sondern der Zeuge selbst hat die erforderliche Abwägung vorzunehmen (BGHSt 42, 73 [76]; *Meyer-Goßner/Schmitt* § 53 Rn. 6). Das Gericht darf auf seinen Entschluss nicht durch Hinweise oder Empfehlungen Einfluss nehmen (BGHSt 42, 73 [76]; LR/*Ignor/Bertheau* § 53 Rn. 7). Dies gilt auch dann, wenn durch eine Aussage des Zeugen ein Schaden abgewendet werden könnte. Nur der Zeuge hat zu entscheiden, ob er sich der Gefahr einer Strafverfolgung aussetzen will, wenn er trotz seiner Schweigepflicht aufgrund des Berufsgeheimnisses aussagt. Das Gericht hat den Zeugen, der sachdienliche Angaben machen kann und will, aufgrund seiner Aufklärungspflicht nach § 244 Abs. 2 zu vernehmen, wenn der Zeuge auf sein Zeugnisverweigerungsrecht verzichtet. Seine Aussage ist dann auch verwertbar, selbst wenn er sich nach § 203 StGB strafbar macht (*Meyer-Goßner/Schmitt* § 53 Rn. 6). 6

V. Tatsächlicher Bezugspunkt und Umfang des Zeugnisverweigerungsrechts. Der Zeuge ist nur zur Verweigerung von Angaben berechtigt, die sich auf **Tatsachen** beziehen, **welche ihm bei seiner Berufsausübung anvertraut oder bekannt geworden sind.** Hierzu zählen auch das Ob und Wie des Kontaktes mit dem Klienten, Patienten, Mandanten oder Informanten (*Meyer-Goßner/Schmitt* § 53 Rn. 7). Die Beurteilung des Bestehens oder Nichtbestehens eines Zeugnisverweigerungsrechts hat für densel- 7 ben Vernehmungsgegenstand grundsätzlich einheitlich zu erfolgen. Das Zeugnisverweigerungsrecht ist prinzipiell nicht personell teilbar, gilt also nicht nur im Verhältnis zu beschuldigten Mandanten; Patienten; Klienten oder Informanten, sondern **auch im Verhältnis zu Mitbeschuldigten** (LR/*Ignor/Bertheau* § 53 Rn. 14). Es kann nur **inhaltlich beschränkt** auf einzelne Themen ausgeübt oder nicht ausgeübt werden. Es besteht nur, soweit das Wissen des Zeugen wenigstens in einem **Zusammenhang mit seiner Berufsausübung** steht (*Eisenberg* Beweisrecht der StPO, Rn. 1237; LR/*Ignor/Bertheau* § 53 Rn. 14; *Meyer-Goßner/Schmitt* § 53 Rn. 7; KMR/*Neubeck* § 53 Rn. 8; SK-StPO/*Rogall* § 53 Rn. 60), nicht bei rein privater Kenntnisnahme (zu restriktiv für eine Wahrnehmung in einer Verhandlungspause OLG Bamberg StV 1984, 499). Vom Zeugnisverweigerungsrecht werden auch sonst Erkenntnisse, die der Berufsträger außerhalb seiner geschützten Tätigkeit, etwa in seiner Eigenschaft als Mitglied eines Aufsichtsrats einer juristischen Person, erlangt hat, nicht umfasst (OLG Celle NJW 1983, 1573 Ls.; *Meyer-Goßner/Schmitt* Rn. 53 Rn. 16). Schon von der Frage, ob ein Auftrag erteilt wurde, ist dagegen bereits der Gegenstand des Zeugnisverweigerungsrechts betroffen. Zur Herstellung eines beruflichen Bezuges genügt es aber, wenn der Zeuge im Rahmen seiner Berufsausübung nicht nur bei deren Gelegenheit, von den **Tatsachen aus Akten, Behandlungsunterlagen oder Patientenkarteien** (vgl. zum Beschlagnahmeverbot BVerfGE 32, 373 [379 ff.]) eines anderen Berufsgeheimnisträgers oder Praxisvorgängers Kenntnis erlangt (LR/*Ignor/Bertheau* § 53 Rn. 14). Durch das Zeugnisverweigerungsrecht wird auch der Inhalt von beruflichen Gesprächen geschützt; hierzu zählen auch die eigenen Äußerungen des zeugnisverweigerungsberechtigten Zeugen gegenüber dem Mandanten, Klienten, Patienten oder Informanten.

8 **Anvertraute Tatsachen** sind solche Informationen, die dem Berufsträger unter der ausdrücklichen oder stillschweigenden Erwartung der Geheimhaltung im Mandats-, Klienten- oder Patientenverhältnis mitgeteilt worden sind (BGH StV 2014, 388 [389 f.]; LR/*Ignor/Bertheau* § 53 Rn. 16; KMR/*Neubeck* § 53 Rn. 9; SK-StPO/*Rogall* § 53 Rn. 62; *Tsambikakis* Strafprozessuale Zeugnisverweigerungsrecht aus beruflichen Gründen – Studien zu § 53a StPO, 2011, S. 132 f.) oder sich aufgrund beruflich bedingter Untersuchungen ergeben haben. Unerheblich ist, ob ihm die Information schriftlich oder mündlich erteilt wurde oder in sonstiger Weise aus der sinnlichen Wahrnehmung bei einer Untersuchung herrührt. Auch die Herkunft vom Beschuldigten oder einem Dritten, etwa bei Durchführung einer Fremdanamnese durch den behandelnden Arzt, spielt keine Rolle (LR/*Ignor/Bertheau* § 53 Rn. 15), wenn die Wahrnehmung aufgrund der beruflichen Tätigkeit im Verhältnis zum Beschuldigten gemacht wird.

9 Neben anvertrauten Tatsachen werden auch die im Rahmen des Mandats-, Patienten- oder Klientenverhältnisses des Berufsgeheimnisträgers zum Beschuldigten sonst **bekannt gewordenen Tatsachen** vom Zeugnisverweigerungsrecht erfasst. Hierbei handelt es sich im Sinne eines Auffangtatbestands (SK-StPO/*Rogall* § 53 Rn. 63) um Tatsachen, die der Berufsgeheimnisträger entweder vom Beschuldigten selbst oder aber im Rahmen seines Auftrags oder Mandats von einem Dritten erfahren hat, ohne dass sie ihm unter der ausdrücklichen oder stillschweigenden Erwartung der Geheimhaltung besonders anvertraut wurden (LR/*Ignor/Bertheau* § 53 Rn. 17; KMR/*Neubeck* § 53 Rn. 10). Unerheblich ist, warum und von wem der Berufsgeheimnisträger diese Kenntnis erlangt hat; es reicht zufällig erhaltenes Wissen, das aber jedenfalls in einem berufs- oder aufgabenbedingten Zusammenhang mit dem Vertrauensverhältnis erlangt wurde (*Meyer-Goßner/Schmitt* § 53 Rn. 9).

10 **VI. Beginn und Ende des Zeugnisverweigerungsrechts.** Das Zeugnisverweigerungsrecht **beginnt** spätestens mit der Begründung des beruflich bedingten Vertrauensverhältnisses, z.T. auch schon im Anbahnungsverhältnis. Es gilt auch **über den Abschluss** des Auftrages und des Mandats-, Patienten- oder Klientenverhältnisses **hinaus** (LR/*Ignor/Bertheau* § 53 Rn. 18; *Meyer-Goßner/Schmitt* § 53 Rn. 10; KMR/*Neubeck* § 53 Rn. 11). Aussageverweigerungsmöglichkeiten können dabei nach Ende des Mandats bestehen, dann aber prinzipiell nicht mehr entstehen, soweit dies nicht unmittelbar aus der Verfassung abgeleitet werden kann (dafür *Bosbach* NStZ 2009, 177 [179 ff.]). Es gilt nach überkommener Rechtsprechung **ferner nach dem Tod** desjenigen, dessen Vertrauen geschützt wurde (*Eisenberg* Beweisrecht der StPO, Rn. 1238; SK-StPO/*Rogall* § 53 Rn. 64; KK/*Senge* § 53 Rn. 5). Es endet zudem nicht dadurch, dass der Berufsgeheimnisträger seinen **Beruf aufgibt** (LR/*Ignor/Bertheau* § 53 Rn. 18; KMR/*Neubeck* § 53 Rn. 11).

B. Die zur Zeugnisverweigerung Berechtigten (Abs. 1) Zur Zeugnisverweigerung 11
sind nur die in § 53 Abs. 1 **abschließend** (*Eisenberg* Beweisrecht der StPO, Rn. 1234; *Rogall* FS Eisenberg, 2009, S. 584 [590 f.]) aufgezählten Berufsgruppen mit z.T. unterschiedlicher Reichweite (*Groß* StV 1996, 559 [560]) berechtigt, anderen Berufsgruppen wird im Umkehrschluss ein berufsbedingtes Zeugnisverweigerungsrecht überhaupt abgesprochen (BVerfGE 33, 367 [374]; 38, 312 [319]). Die Differenzierung beruht auf einer abstrakt-generellen Vorausbewertung durch den Gesetzgeber und prinzipiell auf sachgemäßen Erwägungen, sodass Art. 3 Abs. 1 GG nicht durch Einbeziehung bestimmter und Ausschließung anderer Berufsgruppen verletzt ist (vgl. BVerfGE 33, 367 [382]; s.a. BVerfG StV 2012, 257 [264 f.] zu § 160a. Das gilt etwa auch deshalb, weil sich für die genannten Berufsgruppen einigermaßen feste Maßstäbe dafür entwickelt haben, worauf sich die berufsbedingte Verschwiegenheitspflicht bezieht, während dies für andere Berufsgruppen nicht in gleicher Weise festgestellt werden kann (BVerfGE 33, 367 [385]). Eine **analoge Anwendung** ist nach dem Prinzip vom Vorrang und vom Vorbehalt des Gesetzes sowie aus Gründen der Rechtssicherheit und Rechtsklarheit **nicht zulässig** (LR/*Ignor/Bertheau* § 53 Rn. 3 f.; *Meyer-Goßner/Schmitt* § 53 Rn. 2; KMR/*Neubeck* § 53 Rn. 3; *Rogall* FS Eisenberg, 2009, S. 584 [591]; KK/*Senge* § 53 Rn. 2). Auch private Geheimhaltungsinteressen begründen ein Zeugnisverweigerungsrecht nur dann, wenn das Gesetz diese als insoweit schützenswert anerkennt. Allenfalls in besonderen Ausnahmefällen kommt nach der Rechtsprechung des Bundesverfassungsgerichts, anfangs auch vor dem Hintergrund von Unklarheiten über die Gesetzgebungskompetenz des Bundes für Abs. 1 Nr. 5 oder der Länder für das Presserecht (BVerfGE 36, 193 [207 ff.]), auf den Einzelfall bezogen ein Absehen vom Aussagezwang (*Rogall* FS Eisenberg, 2009, S. 584 [591]) für einen Angehörigen einer anderen Berufsgruppe **von Verfassungs wegen** in Betracht (BVerfGE 25, 296 [305]; 33, 367 [374 ff.]; LG Freiburg NJW 1997, 813 f.; abl. BGHSt 28, 240 [254]; OLG Koblenz NStZ-RR 2008, 283 f.), was aber wenig praktikabel wirkt. Jedenfalls folgt auch aus Art. 5 Abs. 1 S. 2 GG kein generelles, sondern nur ein im Rahmen der Abwägung zu jener Verfassungsnorm in Betracht zu ziehendes Zeugnisverweigerungsrecht (BVerfGE 107, 299 [334]). Wegen der Limitierung in Abs. 1 S. 1 steht ein Zeugnisverweigerungsrecht z.B. **nicht** den Bankangestellten, auch im Hinblick auf ein »Bankgeheimnis« (*Eisenberg* Beweisrecht der StPO, Rn. 1234; *Neumann* Zeugnisverweigerungsrechte und strafprozessuale Ermittlungsmaßnahmen, 2005, S. 250 ff.), ferner nicht den Bewährungshelfern und Gerichtshelfern, den Haftpflichtversicherern (OLG Celle NJW 1985, 640 f.), den Psychologen (BGH NStZ 2006, 509) oder den Mitarbeitern der psychologischen Beratungsstellen, den Personal- und Betriebsräten (BVerfG NJW 1979, 1286), den Rechtsbeiständen und Schiedsmännern, den Sozialarbeitern (BVerfGE 33, 367 [376 ff.]) und Sozialpädagogen, den Tierärzten (BVerfGE 38, 312 [318 ff.]) und den Mitarbeitern der Haftpflichtversicherungen zu (LR/*Ignor/Bertheau* § 53 Rn. 4; KMR/*Neubeck* § 53 Rn. 4; *Neumann* a.a.O. S. 254 ff.). Inwieweit ausländischen Beratern oder Behandlern des Beschuldigten ein Zeugnisverweigerungsrecht zusteht, ist nicht abschließend geklärt. Prinzipiell sind insoweit vor deutschen Behörden und Gerichten die Maßstäbe des deutschen Strafprozessrechts maßgeblich, sodass die vorliegende Vorschrift nur anwendbar ist, soweit die ausländischen Berater die Voraussetzungen nach Abs. 1 unmittelbar erfüllen (LR/*Ignor/Bertheau* § 53 Rn. 5).

I. Geistliche (Abs. 1 S. 1 Nr. 1) Zu den Geistlichen im Sinne der Vorschrift zählen nur Geistliche 12
der christlichen Kirchen und der sonstigen staatlich anerkannten öffentlich-rechtlichen Religionsgemeinschaften, sondern auch Geistliche sonstiger **Religionsgemeinschaften** (BGH NStZ 2010, 646; KK/*Senge* § 53 Rn. 11; a. A. *Haas* NJW 1990, 3253 f.). Erforderlich ist aber die **Übertragung eines seelsorgerischen Amtes** in hervorgehobener Stellung. Der Geistliche muss zudem nach verbreiteter Ansicht einer ihm **von der Religionsgemeinschaft auferlegten Verschwiegenheitspflicht** unterliegen (*Meyer-Goßner/Schmitt* § 53 Rn. 12; a. A. für Beichtgespräche im Hinblick auf die Kernbereichsrelevanz LR/*Ignor/Bertheau* § 53 Rn. 19). Zu den Geistlichen gehören nach herrschender Meinung **auch** hauptamtlich tätige **Laientheologen** (BVerfG NJW 2007, 1866 ff.; BGHSt 51, 140 [142] m. Anm. *Bussenius/Dahs* NStZ 2007, 277 f.; *de Wall* NJW 2007, 1856 f.), mit aber der Begriff des Geistlichen ohne Not überdehnt wird (*Rogall* FS Eisenberg, 2009, S. 583 [585 ff.]). Seelsorgehelfer sind allenfalls Berufshelfer i.S.d. § 53a (*Rogall* FS Eisenberg, 2009, S. 584 [599 ff.]).

Vom Zeugnisverweigerungsrecht des Geistlichen werden alle Tatsachen umfasst, die dem Geistlichen 13
gerade **in seiner Eigenschaft als Seelsorger anvertraut oder bekannt geworden** sind (BGHSt 37, 138 [139]; 51, 140 [143]; *Eisenberg* Beweisrecht der StPO, Rn. 1239; LR/*Ignor/Bertheau* § 53 Rn. 23; *Ro-*

gall FS Eisenberg, 2009, S. 584 [603]; KK/*Senge* § 53 Rn. 12), insbesondere durch Gespräche mit Beichtcharakter, die auch zum absolut geschützten Kernbereich der Persönlichkeitsentfaltung gehören (BVerfGE 109, 279 [322]), was § 160a Abs. 1 besonders zum Ausdruck bringt (BVerfG StV 2012, 257 [264]). Nicht unter das Zeugnisverweigerungsrecht fällt dagegen nach verfassungsrechtlich nicht beanstandeter (BVerfG NJW 2007, 1866 [1867 f.]) herrschender Meinung solches Wissen, das der Geistliche in ausschließlich karitativer, fürsorgerischer, erzieherischer oder verwaltender Tätigkeit erlangt hat (BGHSt 37, 138 [140]; 51, 140 [141]; LR/*Ignor*/*Bertheau* § 53 Rn. 24; *Meyer-Goßner*/*Schmitt* § 53 Rn. 12). Gesprächsinhalte sollen nach der Rechtsprechung insoweit in geschützte und ungeschützten Teile zerlegt werden können (abl. *de Wall* NJW 2007, 1856 [1857 f.]). Besonders relevant ist dies für die Tätigkeit als Vermittler zwischen Staat oder Opfern und Entführern oder Erpressern, die im Fall des Geistlichen nicht dem Geheimnisschutz unterliegt (LR/*Ignor*/*Bertheau* § 53 Rn. 24).

14 Für das Bestehen eines zur Zeugnisverweigerung berechtigten Verhältnisses entscheidend ist grundsätzlich die **objektive Sach- und Rechtslage**, nicht wie der Zeuge und die Verfahrensbeteiligten die Situation beurteilen, wobei aber in Grenzfällen auch die Einschätzung des Geistlichen selbst als Indiz maßgeblich sein kann (BGHSt 37, 138 [140 f.]; 51, 140 [141]; *Eisenberg* Beweisrecht der StPO, Rn. 1239; LR/*Ignor*/*Bertheau* § 53 Rn. 25; SK-StPO/*Rogall* § 53 Rn. 72). Eine Entbindung von der Schweigepflicht ist in Abs. 2 S. 1 in Bezug auf die Geheimnisse der Geistlichen nicht vorgesehen (LR/*Ignor*/*Bertheau* § 53 Rn. 20).

15 **II. Verteidiger (Abs. 1 S. 1 Nr. 2)** Wirksame Verteidigung durch einen eigenverantwortlich handelnden Strafverteidiger (*Beulke* ZIS 2011, 324 [328]) und das Verhältnis des Beschuldigten zum Verteidiger sind im Strafverfahren oder strafrechtsähnlichen (Bußgeld- oder Disziplinar-) Verfahren von essenzieller Bedeutung, dies **berührt sogar**, wie es nun auch § 160a Abs. 1 verdeutlicht, der indes diesen besonderen Unterschied zu sonstiger anwaltlicher Tätigkeit wieder nivelliert (zu euphorisch *Müller-Jacobsen* NJW 2011, 257 ff.), **den absolut geschützte Kernbereich der Persönlichkeitsentfaltung** des Beschuldigten (BVerfGE 109, 279 [322]; s.a. BVerfG StV 2012, 257 [264]; abl. OLG Koblenz NStZ-RR 2008, 283 [284]) und es genießt allgemein in Verfassung, Konvention und einfachgesetzlichem Strafprozessrecht umfassenden Schutz. Die Möglichkeit, **wirksame Verteidigung** zu erlangen, ist **Bestandteil des Rechts auf ein faires Verfahren**. Dem Mandat soll die Möglichkeit haben, sich dem Verteidiger frei und ungezwungen anvertrauen zu können; deshalb soll der Verteidiger über alles, was ihm vom Mandanten anvertraut oder sonst bekannt wird, schweigen können (BGHSt 38, 7 [10]). Unter die deshalb auch zur Zeugnisverweigerung berechtigten Verteidiger nach Abs. 1 S. 1 Nr. 2 fallen alle gewählten oder bestellten Verteidiger (*Eisenberg* Beweisrecht der StPO, Rn. 1240), auch wenn sie keine Rechtsanwälte (Abs. 1 S. 1 Nr. 3) sind; anwaltliche Verteidiger werden nach Abs. 1 S. 1 Nr. 2 und 3 geschützt, was § 160a Abs. 1 wiederum nivelliert. Es ist nicht erforderlich, dass der Zeuge die Verteidigung tatsächlich durchgeführt hat (*Eisenberg* Beweisrecht der StPO, Rn. 1240; LR/*Ignor*/*Bertheau* § 53 Rn. 26; *Meyer-Goßner*/*Schmitt* § 53 Rn. 13), da das Recht zur Zeugnisverweigerung bereits im Anbahnungsverhältnis beginnt und auch die Tatsache, dass der Beschuldigte einen Verteidiger gesucht hat, im Fall ihrer Verwertbarkeit im Einzelfall eine Indizbedeutung haben könnte. Ob die Beschuldigteneigenschaft aus der Behördenperspektive dann bereits begründet war oder erst später durch Willensakt des Strafverfolgungsorgans herbeigeführt, kann nach dieser Regelungskonzeption nicht ausschlaggebend sein (LG Lübeck StV 1993, 516; *Groß* StV 1996, 559 [561]); diese Frage wird aber vom Gesetz selbst nicht beantwortet.

16 Eine **Verwirkung** des Zeugnisverweigerungsrechts kommt schon mangels positivrechtlicher Regelung grundsätzlich nicht in Betracht (*Meyer-Goßner*/*Schmitt* § 53 Rn. 13; *Neumann* Zeugnisverweigerungsrechte und strafprozessuale Ermittlungsmaßnahmen, 2005, S. 148; SK-StPO/*Rogall* § 53 Rn. 78), ist aber auch nicht erforderlich (LR/*Ignor*/*Bertheau* § 53 Rn. 28), da verteidigungsfremdes Verhalten (vgl. BGHSt 46, 36 [45 f.]) schon nicht unter den Schutzbereich des Zeugnisverweigerungsrechts fällt (vgl. BGHSt 53, 257 [263] m. abl. Anm. *Norouzi* StV 2010, 670 ff.). Das gilt namentlich für eigene »kriminelle Betätigung« (KMR/*Neubeck* § 53 Rn. 14). Der Beschuldigte kann nach überkommener Ansicht auf den Schutz durch das Zeugnisverweigerungsrecht des Verteidigers **verzichten**, indem er den Verteidiger von seiner Schweigepflicht entbindet (§ 53 Abs. 2 S. 1). Ob das auch dann noch gilt, wenn die Verteidigerkommunikation zum absolut geschützten **Kernbereich der Persönlichkeitsentfaltung** gerechnet wird (vgl. § 160a Abs. 1), erscheint zweifelhaft (BGH StV 2008, 284 m. Anm. *Beulke*/*Ruh-*

mannseder; zu eng OLG Koblenz NStZ-RR 2008, 283 [284]). Andererseits ist kaum einzusehen, dass es dem Beschuldigten auch nicht für Zwecke seiner Entlastung von einem strafrechtlichen Vorwurf verwehrt sein soll, den Kommunikationsinhalt preiszugeben und durch das Zeugnis seines Verteidigers unter Beweis zu stellen. Dieser steht deshalb nach überkommener Ansicht im Fall der Entbindung von der Verschwiegenheitspflicht durch den Mandanten als Zeuge zur Verfügung (BGH StV 2010, 287 f.; *Beulke/Ruhmannseder* StV 2008, 285 [286]), kann allerdings die **Rolle als Zeuge und Verteidiger** in der Hauptverhandlung **nicht gleichzeitig** wahrnehmen und muss in Fällen notwendiger Verteidigung während seiner Zeugenvernehmung durch einen anderen Verteidiger ersetzt werden. Die Löschung nach § 160a Abs. 1 S. 3 und S. 5 (BGH StV 2014, 388 [390 f.] m. Anm. *Roggan* NJW 2014, 1316) führt allerdings zur faktischen Unverwertbarkeit.

Das Zeugnisverweigerungsrecht umfasst **alle Informationen**, die er **im Rahmen des Mandats**, gegebenenfalls auch aufgrund eigener Ermittlungen (*Wehnert* StraFo 2012, 253) und Recherchen, erlangt hat (BGH StV 2014, 388 [389 f.]; LR/*Ignor/Bertheau* § 53 Rn. 27). Es umfasst aber auch Erkenntnisse, die der Verteidiger in einem anderen Verfahren oder von einem anderen Beschuldigten gewonnen hat (KMR/*Neubeck* § 53 Rn. 14; KK/*Senge* § 53 Rn. 14). Es gilt jedoch nicht für Tatsachen, die der Verteidiger im Zusammenhang mit einer eigenen strafbaren Handlung erfahren hat, die ohne anerkennenswertes Verteidigungsziel begangen wurde (LR/*Ignor/Bertheau* § 53 Rn. 27). Insoweit steht dem Verteidiger aber das Auskunftsverweigerungsrecht nach § 55 Abs. 1 zu. **17**

III. Rechtlich, wirtschaftlich und medizinisch beratende Berufe (Abs. 1 S. 1 Nr. 3) 1. Rechtsanwälte, Notare und steuerlich sowie wirtschaftliche beratende Berufe. § 53 Abs. 1 S. 1 Nr. 3 berücksichtigt die Inanspruchnahme besonderen Vertrauens im Verhältnis des Berufsgeheimnisträgers zum Mandanten, Patienten oder Klienten im Hinblick auf die besondere Sachkunde des bestimmten Berufstätigen (BVerfGE 33, 367 [382]) und die herausragende Rolle seiner Aufgabe für die Lebensführung im Bereich rechtlicher, wirtschaftlicher und heilfürsorglicher Angelegenheiten. **18**

Rechtsanwälte sind Organe der Rechtspflege (BVerfGE 113, 29 [49]), aber bezüglich mandatsbezogener Tatsachen (KG StV 1991, 507) gem. § 43a BRAO zum Schutze des Vertrauensverhältnisses zum Mandanten und damit zum Schutz seines Persönlichkeitsrechts zur Verschwiegenheit verpflichtet (BVerfGE 108, 150 [159]); sie haben deshalb auch im Strafverfahren ein Zeugnisverweigerungsrecht. Zu den Rechtsanwälten im Sinne von § 53 Abs. 1 S. 1 Nr. 3 zählen alle nach § 12 BRAO zugelassenen Rechtsanwälte, deren amtlich bestellte Vertreter (§ 53 BRAO), Abwickler (§ 55 BRAO) und Kammerbeistände (LR/*Ignor/Bertheau* § 53 Rn. 29 ff.). Nehmen **Syndikusanwälte** (§ 46 BRAO) auch anwaltliche Aufgaben war, so werden sie ebenfalls von § 53 Abs. 1 S. 1 Nr. 3 erfasst (LR/*Ignor/Bertheau* § 53 Rn. 29; SK-StPO/*Rogall* § 53 Rn. 85; näher *Roxin* NJW 1992, 1129 ff.; abl. LG Bonn NStZ 2007, 605 [606 ff.]). Dies gilt nach der nicht gesicherten Rechtsprechung aber nicht **bei unternehmensinternen Ermittlungen** (LG Hamburg StV 2011, 148 [150 f.] m. abl. Anm. *Jahn/Kirsch* und *Bauer* StV 2012, 277 ff.; *Meyer-Goßner/Schmitt* Rn. 53 Rn. 16; krit. *Hamm* NJW 2010, 1332 [1335]; allgemein zu internen Ermittlungen *Knierim* StV 2009, 324 ff.; *Wehnert* StraFo 2012, 253 ff.), wohl aber etwa bei der Tätigkeit als auf Opferseite stehender Vermittler zwischen Erpressten und Erpressern (BGH StV 1987, 514; SK-StPO/*Rogall* § 53 Rn. 97). **Ausländische Rechtsanwälte** können sich zumindest dann auf ein Zeugnisverweigerungsrecht berufen, wenn sie in einem EU-Mitgliedsstaat zugelassen sind (§§ 206, 207 BRAO). **19**

Unter § 53 Abs. 1 S. 1 Nr. 3 fallen ferner **Notare** (§ 18 BNotO), Notarassessoren (§ 7 BNotO), **Patentanwälte** (§ 19 PatAO; *Neumann* Zeugnisverweigerungsrechte und strafprozessuale Ermittlungsmaßnahmen, 2005, S. 157 f.; SK-StPO/*Rogall* § 53 Rn. 87 f.) und, was sich freilich nicht von selbst versteht (BVerfGE 33, 367 [384]), auch **Wirtschaftsprüfer** (§§ 1 Abs. 1 S. 1, 15 WiPrO; vgl. LG Bonn Beschl. v. 26.06.2000 – 37 Qs 19, 20/00; zur Beschlagnahmefreiheit von Unterlagen LG Bonn StV 2002, 68 f. m. Anm. *Wehnert*; s.a. *Dierlamm* StV 2011, 144 f.), **vereidigte Buchprüfer** (§ 128 Abs. 1 WiPrO), **Steuerberater und Steuerbevollmächtigte** (§§ 40, 42 StBerG). Diese Berufsgruppen werden, anders als Verteidiger und Rechtsanwälte, in § 160a nicht absolut geschützt, was auch ihr Zeugnisverweigerungsrecht erheblich relativiert (krit. *Emde* DStR 2009, 2556 [2558 f.]; *Kretschmer* HRRS 2010, 551 [554]; *Rüping* DStR 2007, 1182 ff.). **20**

Das Zeugnisverweigerungsrecht der Rechtsanwälte, Notare, Steuerberater und Wirtschaftsprüfer usw. ist **durch die Anzeigepflicht nach § 11 Abs. 1 S. 1, Abs. 3 GwG beschränkt**, wenn der Berater sicher **21** erfährt, dass er vom Mandanten oder Klienten für Geldwäsche in Anspruch genommen wird (BGHSt 50, 64 [76]; LR/*Ignor/Bertheau* § 53 Rn. 34; *Meyer-Goßner/Schmitt* Rn. 53 Rn. 16; KK/*Senge* § 53 Rn. 16a; krit. *Widmaier* FS Dahs, 2005, S. 543 [548 ff.]).

22 **2. Heilberufe.** Zu den **Ärzten** gemäß § 53 Abs. 1 S. 1 Nr. 3, die wegen ihrer Sachkenntnis um Gesundheitsbelange und insoweit relativ intime Personaldaten des Beschuldigten geschützt werden (*Neumann* Zeugnisverweigerungsrechte und strafprozessuale Ermittlungsmaßnahmen, 2005, S. 158 ff.), zählen alle im Inland approbierten Ärzte und Personen, die zur vorübergehenden Ausübung des Arztberufs berechtigt sind (§ 2 BÄO) sowie ausländische Ärzte, die EU-Staatsangehörige sind. Abs. 1 S. 1 Nr. 3 gilt weiter für **Zahnärzte** (§ 1 ZahnHkG), **Psychotherapeuten** im Sinne von § 1 PsychThG (SK-StPO/*Rogall* § 53 Rn. 118 ff.) und **Apotheker**, die approbiert sind oder den Beruf vorübergehend ausüben dürfen sowie **Hebammen** oder deren männliches Gegenstück (*Rogall* FS Eisenberg, 2009, S. 584 [592]). Das Zeugnisverweigerungsrecht umfasst alle Erkenntnisse, die der heilberuflich Tätige bei der **Anbahnung des Patientenverhältnisses** (BGHSt 45, 362 [366]) sowie bei der Untersuchung oder Heilbehandlung in einem funktionalen Zusammenhang mit der medizinischen Tätigkeit erlangt hat (OLG Hamm RDG 2009, 266; LR/*Ignor/Bertheau* § 53 Rn. 37). Hierzu zählen auch schon im vertraglichen Anbahnungsverhältnis (SK-StPO/*Rogall* § 53 Rn. 109) die **Identität des Patienten** und die **Tatsache der Behandlung** (BGHSt 33, 148 [152]; 45, 362 [366]) sowie auch durch Beobachtungen erlangtes Wissen, etwa bei der Untersuchung des bewusstlosen Patienten (KMR/*Neubeck* § 53 Rn. 17). Sogar die Beobachtung einer Straftat des Patienten in der stationären Behandlung wird nach der Konzeption der vorliegenden Vorschrift, anders als nach § 160a Abs. 2, vom Zeugnisverweigerungsrecht umfasst (LG Karlsruhe StV 1983, 144 m. Anm. *Kreuzer*).

23 Dem Berufsgeheimnisträger steht das Zeugnisverweigerungsrecht auch zu, wenn er sein Wissen aufgrund einer gesetzlichen Duldungspflicht zwangsweise erlangt hat (BGH StV 2002, 633 m. Anm. *Bosch*; *Meyer-Goßner/Schmitt* Rn. 53 Rn. 19). Unter § 53 Abs. 1 S. 1 Nr. 3 fallen daher auch die Untersuchungs- und Behandlungsverhältnisse der **Truppenärzte** (BDH NJW 1963, 409 f.), der **Amtsärzte** und der **Ärzte im Strafvollzug** (LR/*Ignor/Bertheau* § 53 Rn. 37; sie *Radtke/Hohmann/Otte* § 53 Rn. 18).

24 Kein Zeugnisverweigerungsrecht haben dagegen, soweit sie als **Sachverständige** bestellt sind, weil sich die Sachverständigentätigkeit, die – von Anamnese und Exploration abgesehen – nicht unbedingt eine freiwillige Mitwirkung des Probanden voraussetzt, von der medizinischen Tätigkeit bei der Untersuchung und Behandlung von Patienten rechtlich unterscheidet (LR/*Ignor/Bertheau* § 53 Rn. 38 f.; KK/*Senge* § 53 Rn. 19). Sie können **Befundtatsachen** als Sachverständige mitteilen; dazu müssen sie nicht als Zeugen befragt werden und dafür gilt auch im Übrigen kein Zeugnisverweigerungsrecht (LR/*Ignor/Bertheau* § 53 Rn. 38). Ob dasselbe für **Zusatztatsachen** gilt, deren Wahrnehmung keiner besonderen Sachkunde bedarf, ist umstritten. Die vorherrschende Meinung verneint auch insoweit ein Zeugnisverweigerungsrecht (BGH StV 2002, 633 m. abl. Anm. *Bosch*; SK-StPO/*Rogall* § 53 Rn. 116; a. A. *Eisenberg* Beweisrecht der StPO, Rn. 1243; LR/*Ignor/Bertheau* § 53 Rn. 38). Das trifft aber nur zu, soweit der Arzt sein Wissen über Zusatztatsachen außerhalb eines Arzt-Patientenverhältnisses erlangt hat. Die Beschränkung des Zeugnisverweigerungsrechtes des zum Sachverständigen bestellten Arztes gilt sonst nur im Rahmen des jeweiligen Gutachtenauftrags. Dieser braucht also Erkenntnisse aus einer früheren Untersuchung des Probanden nicht zu offenbaren (*Meyer-Goßner/Schmitt* Rn. 53 Rn. 20), das soll sogar auch für eine frühere Untersuchung im Rahmen damaliger Sachverständigentätigkeit gelten (BGHSt 38, 369 [370]), womit aber die Unterschiede zwischen Behandlungs- und Sachverständigentätigkeit wieder eingeebnet werden. Vor allem steht damit die Frage der Verwertbarkeit von medizinischen Gutachten aus anderen Strafverfahren sehr infrage (*Cramer* NStZ 1996, 209 [211 ff.]).

25 **IV. Mitarbeiter der Schwangerschaftsberatungsstellen (Abs. 1 S. 1 Nr. 3a)** Das nachträglich geschaffene Zeugnisverweigerungsrecht zugunsten der Mitarbeiter einer anerkannten Schwangerschaftsberatungsstelle schützt nicht nur ein bestimmtes personenbezogenes Vertrauensverhältnis und damit das Persönlichkeitsrecht der Schwangeren (*Neumann* Zeugnisverweigerungsrechte und strafprozessuale Ermittlungsmaßnahmen, 2005, S. 175), sondern auch die Funktionstüchtigkeit der Einrichtung (LR/*Ignor/Bertheau* § 53 Rn. 40). Zu den Zeugnisverweigerungsberechtigten gehören hier alle Mitarbeiter der anerkannten Schwangerschaftsberatungsstellen, die mit der Beratung der Schwangeren befasst sind, also der Leiter der Beratungsstelle, Ärzte, Psychologen, Sozialarbeiter und alle Beauftragte, die dazu bestellt sind, im Auftrag einer Beratungsstelle deren Aufgaben wahrzunehmen. Vom Zeugnis-

verweigerungsrecht werden neben der Schwangerschaft als solche auch alle für die Beratung bedeutsamen Lebensumstände der Schwangeren mit umfasst (LR/*Ignor/Bertheau* § 53 Rn. 41; SK-StPO/*Rogall* § 53 Rn. 129). Nicht unter § 53 Abs. 1 S. 1 Nr. 3a fallen Betreuer einer »Babyklappe« (LG Köln NJW 2002, 909 [910]; *Meyer-Goßner/Schmitt* Rn. 53 Rn. 21).

V. Drogenberater der Suchtberatungsstellen (Abs. 1 S. 1 Nr. 3b) Das nachträglich eingeführte Zeugnisverweigerungsrecht für Mitarbeiter von Suchtberatungsstellen (Drogenberater; *Neumann* Zeugnisverweigerungsrechte und strafprozessuale Ermittlungsmaßnahmen, 2005, S. 165 ff.; KK/*Senge* § 53 Rn. 21a ff.) gilt ausschließlich bei einer Beratung über die im Betäubungsmittelgesetz erfassten Suchtformen und für die bei der Beratung oder Behandlung erlangten Informationen (LG Kiel StV 2010, 127; LR/*Ignor/Bertheau* § 53 Rn. 43; *Meyer-Goßner/Schmitt* Rn. 53 Rn. 21). Es wurde vom Gesetzgeber bewusst nicht bei sonstiger Suchtberatung vorgesehen. Es gilt nur für Mitarbeiter von Beratungsstellen, die von einer Behörde oder Körperschaft, Anstalt oder Stiftung des öffentlichen Rechts eingerichtet oder anerkannt worden sind. Ehrenamtliche Berater in Selbsthilfegruppen fallen nicht hierunter (BVerfG StV 1998, 355 m. Anm. *Kühne*; LR/*Ignor/Bertheau* § 53 Rn. 42). Auch Gespräche des Drogenberaters mit Familienangehörigen und Freunden eines Drogensüchtigen werden aber von Abs. 1 S. 1 Nr. 3b umfasst (*Meyer-Goßner/Schmitt* Rn. 53 Rn. 21; KMR/*Neubeck* § 53 Rn. 21). Ausgenommen sind Gerichts- und Bewährungshelfer, Strafvollzugsbedienstete und Sozialarbeiter, auch wenn sie Probanden in Betäubungsmittelfragen beraten.

VI. Abgeordnete (Abs. 1 S. 1 Nr. 4) Das Zeugnisverweigerungsrecht der Abgeordneten (*Neumann* Zeugnisverweigerungsrechte und strafprozessuale Ermittlungsmaßnahmen, 2005, S. 178 ff.) besteht vor allem zum **Schutz der Funktionstüchtigkeit der Parlamente** (BVerfGE 109, 279 [323]; BVerfG StV 2012, 257 [265]) und deshalb auch des freien Mandats der Abgeordneten (BVerfGE 108, 251 [269]; LR/*Ignor/Bertheau* § 53 Rn. 44), aber jedenfalls nicht vorrangig zum Schutz der handelnden Personen, auch wenn sie das Zeugnisverweigerungsrecht als subjektive Rechtsposition in Anspruch nehmen können (vgl. BVerfGE 108, 251 [266 f.]). Insoweit hat aber das Zeugnisverweigerungsrecht angeblich besondere Bedeutung, wie § 160a Abs. 1 erkennen lässt (BVerfG StV 2012, 257 [265]), obwohl dies mit dem sonst in § 160a Abs. 1 berücksichtigten Kernbereichsschutz nichts zu tun hat (krit. zu dieser gesetzgeberischen Selbstbegünstigung der Parlamentarier *Kühne* Strafprozessrecht, Rn. 821). Zu den Zeugnisverweigerungsberechtigten zählen Abgeordnete **des Deutschen Bundestages** (Art. 47 S. 1 GG) und **der Länderparlamente** sowie die deutschen Mitglieder **des Europäischen Parlaments** (§ 6 EUAbgG), ferner die Mitglieder **der Bundesversammlung**, die den Bundespräsidenten wählt (§ 7 BPräsWahlG). Sie können über Tatsachen, die sie im funktionalen Zusammenhang mit der Abgeordnetentätigkeit (SK-StPO/*Rogall* § 53 Rn. 141) von einem anderen Abgeordneten, Regierungsvertretern oder auch von einer Privatperson anvertraut bekommen oder anderen anvertraut haben, das Zeugnis verweigern (*Meyer-Goßner/Schmitt* § 53 Rn. 24), nach dem Wortlaut der Norm aber nicht über Tatsachen, die ihnen in sonstiger Weise bekannt geworden sind. Die Erstreckung auf jeden Informationsaustausch ohne das Kriterium des »Anvertrauens« wäre hier zu weitgehend (LR/*Ignor/Bertheau* § 53 Rn. 46). Die Abgeordneten müssen, soweit ihr Zeugnisverweigerungsrecht reicht, aber bereits keine Angaben zur Person ihres Gewährsmanns machen.

Die Abgeordneten entscheiden über die Anwendung des Zeugnisverweigerungsrechts **nach eigenem Ermessen**; Weisungen sind unzulässig (*Eisenberg* Beweisrecht der StPO, Rn. 1245; LR/*Ignor/Bertheau* § 53 Rn. 45; *Meyer-Goßner/Schmitt* § 53 Rn. 24; KMR/*Neubeck* § 53 Rn. 23). Auch ist eine Befreiung von der Schweigepflicht nicht vorgesehen. Das Zeugnisverweigerungsrecht steht dem Abgeordneten auch noch nach Beendigung des Mandats zu (SK-StPO/*Rogall* § 53 Rn. 141).

VII. Presse- und Rundfunkangehörige (Abs. 1 S. 1 Nr. 5, S. 2, Abs. 2 S. 2 und S. 3). 1. Schutzzweck. § 53 Abs. 1 S. 1 Nr. 5 wurde im Jahr 2002 novelliert (*Kunert* NStZ 2002, 169 ff.; *Neumann* Zeugnisverweigerungsrechte und strafprozessuale Ermittlungsmaßnahmen, 2005, S. 229 ff.). Die **Pressefreiheit** (Art. 5 Abs. 1 S. 2 GG), die eine wichtige Kontrollfunktion ausübt (*Neumann* a.a.O. S. 193), erfordert einen wirksamen, wenngleich nicht absoluten (BVerfG StV 2012, 257 [265]) Schutz des Vertrauensverhältnisses zwischen Presseangehörigen und privaten Informanten, der vor allem durch das Zeugnisverweigerungsrecht der Presseangehörigen und das Beschlagnahmeverbot nach § 97 Abs. 5 sowie das Überwachungsverbot nach § 100c Abs. 6 S. 1 gewährleistet werden soll. Die

Gesetzgebungskompetenz liegt dabei nicht bei den für das Presserecht zuständigen Ländern, sondern beim Bund, der das gerichtliche Verfahren in Strafsachen gem. Art. 74 Nr. 1 GG zu regeln hat (BVerfGE 36, 193 [202 ff.]; 36, 314 [319 f.]) und hier abschließend von seiner konkurrierenden Gesetzgebungszuständigkeit Gebrauch gemacht hat. § 53 Abs. 1 S. 1 Nr. 5 ist prinzipiell mit dem Grundrecht der Pressefreiheit vereinbar (BVerfGE 36, 193 [210 ff.] für die a.F.). Dabei dient das Zeugnisverweigerungsrecht, das der Bundesgesetzgeber im Rahmen seiner Gestaltungsbefugnis zugunsten der Pressemitarbeiter geschaffen hat (BVerfGE 107, 299 [333 f.]), in erster Linie dem öffentlichen **Interesse an einer funktionsfähigen Presse** als Instrument der öffentlichen Meinungsbildung (BVerfGE 36, 193 [204]; 36, 314 [320]; 64, 108 [118]; 95, 220 [238]; 109, 279 [323]; *Eisenberg* Beweisrecht der StPO, Rn. 1246; LR/*Ignor/Bertheau* § 53 Rn. 48), die auch im Schutzbereich des Art. 10 EMRK angesiedelt ist. Nur im Sinne eines Reflexes wird dagegen von Fall zu Fall ein Schutz des Informanten bewirkt. Daher ist eine Entbindung der Presseangehörigen von der Schweigepflicht nicht möglich (LR/*Ignor/Bertheau* § 53 Rn. 48), weil der Beschuldigte und der Informant insoweit **keine Dispositionsmacht** haben. Dies bedeutet andererseits auch, dass der Informant keinen Anspruch hat, dass ein Journalist von seinem Zeugnisverweigerungsrecht Gebrauch macht oder darauf verzichtet (*Meyer-Goßner/Schmitt* § 53 Rn. 26).

30 Über den Wortlaut des § 53 Abs. 1 S. 1 Nr. 5 hinaus kann sich ein Zeugnisverweigerungsrecht nach der nicht unumstrittenen Rechtsprechung des Bundesverfassungsgerichts, in der die Pressefreiheit eine besonders hervorgehobene Stellung besitzt, **auch unmittelbar aus Art. 5 Abs. 1 S. 2 GG** ergeben (offen gelassen von BVerfGE 25, 296 [305]).

31 **2. Zeugnisverweigerungsberechtigte Personen.** Das Zeugnisverweigerungsrecht steht **allen Personen** zu, **die bei der Vorbereitung, Herstellung oder Verbreitung von Druckwerken, Rundfunksendungen und Filmberichten**, einschließlich des wissenschaftlichen Publikationswesens sowie allen der Unterrichtung oder der Meinungsbildung dienenden Informations- und Kommunikationsdiensten **beruflich mitwirken** (*Meyer-Goßner/Schmitt* § 53 Rn. 28). Es sind alle **Druckwerke** umfasst, auch wenn sie nicht periodisch erscheinen (LR/*Ignor/Bertheau* § 53 Rn. 50). Erfasst werden ferner **Rundfunksendungen**; darunter fallen alle Sendungen des Hör- und Bildfunks, aber auch **Fernsehsendungen** und die Filmberichterstattung (LR/*Ignor/Bertheau* § 53 Rn. 51). Der Unterrichtung oder Meinungsbildung dienende **Informations- und Kommunikationsdienste** sind elektronisch übertragene Ton- und Bildmitteilungen oder Texte in Abrufdiensten im Fernsehen (Teletext, Videotext u.a.) oder im Internet (online-Dienste), soweit sie nicht nur Unterhaltung, Möglichkeiten zur Geschäftsabwicklung (z.B. online-banking) oder zur Individualkommunikation darbieten, sondern gemäß § 53 Abs. 1 S. 3 nach redaktioneller Aufbereitung (also nicht auf privaten Homepages) den Benutzer informieren (LR/*Ignor/Bertheau* § 53 Rn. 52).

32 Ein Zeugnisverweigerungsrecht besteht nur, wenn der Zeuge **berufsmäßig** an der Herstellung oder Verbreitung des Druckwerks oder der Sendung mitwirkt (*Eisenberg* Beweisrecht der StPO, Rn. 1249; SK-StPO/*Rogall* § 53 Rn. 151 ff.). Zu diesem Personenkreis gehören **unabhängig vom Grad der Verantwortlichkeit für das Presseerzeugnis** die Journalisten, Intendanten, Sendeleiter, Archivare, ferner redaktionelles, kaufmännisches und technisches Personal eines Presseorgans, außerdem aber **auch Hilfspersonen und Praktikanten**, wie Sekretärinnen, Setzergehilfen, Volontäre, Justitiare und sonstige Personen, die aufgrund ihrer beruflichen Stellung, für die auch freiberufliche Tätigkeit ausreichen kann, von der Person eines Informanten oder dem Inhalt einer Mitteilung Kenntnis erlangen können (LR/*Ignor/Bertheau* § 53 Rn. 54; *Meyer-Goßner/Schmitt* § 53 Rn. 31; SK-StPO/*Rogall* § 53 Rn. 153). Auf Hilfspersonen und Praktikanten muss sich daher auch die Regelung des § 53a nicht strecken, die aus diesem Grund nicht auf § 53 Abs. 1 S. 1 Nr. 5 verweist. Für die Ausübung des Zeugnisverweigerungsrechts ist es unerheblich, ob die Kenntnis vor oder nach einer Presseveröffentlichung erlangt worden ist. Das Verweigerungsrecht wirkt, wie der Normtext zeigt (»oder mitgewirkt haben«), auch hier **über das Ende der beruflichen Tätigkeit hinaus** fort (LR/*Ignor/Bertheau* § 53 Rn. 53).

33 Auf eine Gewinnerzielungsabsicht kommt es für die Einordnung als berufliche Tätigkeit des Geheimnisträgers nicht an. Nebenberuflich Mitwirkende sind allerdings nur dann berufsmäßig tätig, wenn sie in der Absicht handeln, ihre Tätigkeit durch nicht nur einmalige Ausübung zu einer dauernden oder zumindest wiederkehrenden Beschäftigung zu machen (LR/*Ignor/Bertheau* § 53 Rn. 55). Ausreichend ist dann auch die Mitwirkung in einem Einzelfall. Kein Zeugnisverweigerungsrecht haben Personen,

die nur gelegentlich Beiträge einsenden oder ohne berufsmäßige Einbindung in den Medienbereich einmalig in irgendeiner Weise dort tätig geworden sind.

Die Person muss bei der Vorbereitung, Herstellung oder Verbreitung des Druckwerks oder der Sendung tätig geworden sein (*Meyer-Goßner/Schmitt* § 53 Rn. 32). Unter die **Vorbereitung** fällt die Informationsbeschaffung (*Eisenberg* Beweisrecht der StPO, Rn. 1250; SK-StPO/*Rogall* § 53 Rn. 155). Die inhaltliche, sprachliche oder technische Gestaltung ist die **Herstellung** des Presseerzeugnisses oder der Rundfunk- oder Fernsehsendung. Jede Maßnahme, durch die das Druckwerk oder die Sendung dem Publikum zugänglich gemacht wird, fällt unter die **Verbreitung** (*Eisenberg* Beweisrecht der StPO, Rn. 1250; LR/*Ignor/Bertheau* § 53 Rn. 58); eine »öffentliche« Verbreitung ist nicht erforderlich (KMR/*Neubeck* § 53 Rn. 28; SK-StPO/*Rogall* § 53 Rn. 157). 34

3. Gegenstand des Zeugnisverweigerungsrechts (Abs. 1 S. 2) Das Zeugnisverweigerungsrecht umfasst zunächst im Rahmen des verfassungsrechtlich verankerten Quellenschutzes (BGHSt 36, 298 [300 f.]) die Person des Informanten, auch wenn dieser selbst bei dem Presseorgan tätig ist (LR/*Ignor/Bertheau* § 53 Rn. 61; SK-StPO/*Rogall* § 53 Rn. 169). Gemeint ist die **Identität des Verfassers oder Einsenders** von Beiträgen und Unterlagen oder des **sonstigen Informanten** (KK/*Senge* § 53 Rn. 35). Damit sind der geistige Urheber von Mitteilungen, der Übermittler oder eine Person gemeint, die einen Pressebeitrag in sonstiger Weise anregt oder durch mündliche oder schriftliche Informationen, Hinweise oder sonstiges Rohmaterial ermöglicht oder erleichtert (LR/*Ignor/Bertheau* § 53 Rn. 65; KMR/*Neubeck* § 53 Rn. 30). Der Informant hat keinen Anspruch darauf, dass der Presseangehörige schweigt (*Eisenberg* Beweisrecht der StPO, Rn. 1251); dieser hat nur ein Recht zur Zeugnisverweigerung. Bezweckt der Informant, etwa durch einen anonymen Bekennerbrief, nur durch eine Presseveröffentlichung auf sich selbst aufmerksam zu machen, dann kann auch das Zeugnisverweigerungsrecht der Pressemitarbeiter entfallen (*Eisenberg* Beweisrecht der StPO, Rn. 1251; *Meyer-Goßner/Schmitt* § 53 Rn. 33). 35

Unzulässig sind im Strafverfahren **Fragen an den zeugnisverweigerungsberechtigten Zeugen** nach dem Namen oder sonstigen Tatsachen, die mittelbar ein Aufdecken der Identität des Informanten ermöglichen (LR/*Ignor/Bertheau* § 53 Rn. 61; *Meyer-Goßner/Schmitt* § 53 Rn. 34). Wenn das Presseorgan die Identität des Informanten jedoch selbst aufgedeckt hat, ist das Zeugnisverweigerungsrecht insoweit nach Ansicht der Rechtsprechung vor der Gesetzesnovellierung der vorliegenden Vorschrift – ungeachtet der Möglichkeit einer thematischen Beschränkung – gegenstandslos und es besteht auch nicht mehr hinsichtlich der weiteren Einzelheiten des Informantenkontakts (BGHSt 28, 240 [242 ff.]; BGH StV 1999, 183 [184 f.]; *Eisenberg* Beweisrecht der StPO, Rn. 1251; a. A. LR/*Ignor/Bertheau* § 53 Rn. 61; SK-StPO/*Rogall* § 53 Rn. 171). An den Informanten geleistete Zahlungen oder sonstige Umstände der Veröffentlichung dürfen dann nicht mehr verschwiegen werden (BGHSt 28, 240 [255]; *Meyer-Goßner/Schmitt* § 53 Rn. 34). Dieser Standpunkt kann aber durch die Gesetzesnovellierung im Jahr 2002 überholt sein. 36

Das Zeugnisverweigerungsrecht umfasst alle Mitteilung, die der Pressemitarbeiter in seiner beruflichen Funktion erhält, mitsamt ihrem Inhalt, zusätzlich aber auch schon die Tatsache, dass eine solche Mitteilung eingegangen ist (LR/*Ignor/Bertheau* § 53 Rn. 66). Unerheblich ist, ob die Mitteilung tatsächlich im Rahmen eines Pressebeitrags veröffentlicht wird oder eine Veröffentlichung beabsichtigt ist. Geschützt wird damit auch **Hintergrund- und Archivmaterial** (BGHSt 28, 240 [251]; *Eisenberg* Beweisrecht der StPO, Rn. 1252). Auch von einem Presseangehörigen **selbst recherchiertes Material** wird nach Abs. 1 S. 2 von dessen Zeugnisverweigerungsrecht erfasst (LR/*Ignor/Bertheau* § 53 Rn. 67; *Meyer-Goßner/Schmitt* § 53 Rn. 39; krit. zur Neuregelung *Kunert* NStZ 2002, 169 [171 f.]), ebenso dessen berufsbezogene Wahrnehmungen. Die Beiträge, Unterlagen, Materialien oder Mitteilungen müssen nach § 53 Abs. 1 S. 3 aber stets **für den redaktionellen Teil** des Presseorgans bestimmt sein, wozu auch Leserbriefe gehören. Handelt es sich dagegen um Materialien für den **Anzeigenteil oder Werbepublikationen**, dann greift das Zeugnisverweigerungsrecht eher nicht ein (*Eisenberg* Beweisrecht der StPO, Rn. 1253; LR/*Ignor/Bertheau* § 53 Rn. 70), sofern dem Anzeigen- oder Werbeteil jedenfalls nicht eine ähnliche Funktion wie dem redaktionellen Teil zukommt (vgl. BVerfGE 64, 108 [114 ff.]). 37

4. Einschränkung des Zeugnisverweigerungsrechts bei selbst recherchiertem Material. Im staatlichen Strafverfolgungsinteresse gilt das Zeugnisverweigerungsrecht der Pressemitarbeiter allerdings im Hinblick auf selbst recherchiertes Material nur **eingeschränkt bei der Aufklärung von Straf-** 38 taten mit besonderem Gewicht (§ 53 Abs. 2 S. 2), alle Verbrechen und bestimmte Katalogvergehen aus dem Bereich der Staatsschutzdelikte, Sexualstraftaten und der Geldwäsche. Der inhomogene Straftatenkatalog ist abschließend; die missglückte (KMR/*Neubeck* § 53 Rn. 33; *Radtke/Hohmann/Otte* § 53 Rn. 37) Subsidiaritätsklausel für Fälle, in denen eine andere Sachaufklärung oder Aufenthaltsermittlung des Beschuldigten aussichtslos oder wesentlich erschwert wäre, gilt nach vorherrschender Ansicht nur für die im Katalog aufgeführten Vergehen, nicht für Verbrechen (*Meyer-Goßner/Schmitt* § 53 Rn. 39a; KK/*Senge* § 53 Rn. 44b).

39 Das Zeugnisverweigerungsrecht besteht nach der Gegenausnahme des § 53 Abs. 2 S. 3 jedoch auch in Fällen der Einschränkung nach § 53 Abs. 2 S. 2 zur Lösung der Gemengelage zwischen Fremdinformationen und selbst recherchiertem Material weiter, wenn die Angaben des Zeugen zur Aufdeckung der **Person des Informanten** oder der dem Zeugen im Hinblick auf seine Tätigkeit gemachten **Mitteilungen** oder deren Inhalt führen würde (LR/*Ignor/Bertheau* § 53 Rn. 69). Damit wird der Ausnahmetatbestand auf selbst recherchiertes Material beschränkt und in der Praxis meist wieder annähernd gegenstandslos, weil der Presseangehörige stets bereits mit Hinweis auf das Eingreifen der Gegenausnahme zum Quellenschutz die Aussage verweigern kann (*Radtke/Hohmann/Otte* § 53 Rn. 37).

40 **C. Die Ausübung des Zeugnisverweigerungsrechts und ihre Folgen.** Für die Ausübung des Zeugnisverweigerungsrechts gelten im Kern dieselben Grundsätze wie bei der Ausübung des Zeugnisverweigerungsrechts nach § 52 (LR/*Ignor/Bertheau* § 53 Rn. 71). Der Zeuge muss sich also zur **Geltendmachung des Aussageverweigerungsrechts ausdrücklich** gegenüber der Verhörsperson darauf berufen. Er kann die Ausübung des Zeugnisverweigerungsrechts aber auch auf Teilbereiche des Beweisthemas oder Einzelfragen **beschränken** (*Meyer-Goßner/Schmitt* § 53 Rn. 41). Er muss die Nutzung des Rechts **nicht begründen** (KMR/*Neubeck* § 53 Rn. 35; SK-StPO/*Rogall* § 53 Rn. 186), darf dabei grundsätzlich nicht vom Gericht oder den Verfahrensbeteiligten beeinflusst werden (BGHSt 42, 73 [76]) und er darf im Fall der berechtigten Aussageverweigerung nicht mit den Mitteln des § 70 zur Aussage gezwungen werden (LR/*Ignor/Bertheau* § 53 Rn. 2). Macht er nicht von dem Zeugnisverweigerungsrecht Gebrauch, dann bleibt er jedoch zur wahrheitsgemäßen Aussage verpflichtet. Der Angeklagte hat auch keinen Anspruch darauf, dass der Zeuge von seinem Aussageverweigerungsrecht Gebrauch macht (BGHSt 9, 59 [61]). Bei Zweifeln am Bestehen eines das Zeugnisverweigerungsrecht begründenden Verhältnisses kann das Gericht die **Glaubhaftmachung**, insbesondere durch eidliche Versicherung, nach § 56 verlangen (*Meyer-Goßner/Schmitt* § 53 Rn. 41). Die Tatsache der **Zeugnisverweigerung** darf **bei der Beweiswürdigung nicht**, zumindest nicht zum Nachteil des Beschuldigten, **verwertet** werden (LR/*Ignor/Bertheau* § 53 Rn. 75; SK-StPO/*Rogall* § 53 Rn. 216). Die Vernehmung des Zeugen, der in berechtigter Weise die Aussage verweigert, ist abzubrechen. Ein Beweisantrag auf Vernehmung des Zeugen, der von dem Aussageverweigerungsrecht Gebrauch macht, kann nach § 244 Abs. 3 S. 1 abgelehnt werden. Die Zeugnisverweigerung führt zu einem **Beweisverwertungsverbot** i.S.d. § 252 (BGHSt 38, 7 [9]; SK-StPO/*Rogall* § 53 Rn. 207 ff.). Inwieweit sich die derzeitige Prüfung des Richterrechts zur ausnahmsweisen Zulässigkeit der Verwertung einer früheren richterlichen Vernehmung durch Zeugenvernehmung des Erstrichters im Verfahren gemäß § 132 GVG (§ 52 Rdn. 27) auf die Fälle des § 53 auswirkt, ist noch unklar.

41 Der Zeugnisverweigerungsberechtigte kann – unbeschadet materiellrechtlicher Verschwiegenheitspflichten – ausdrücklich oder konkludent **auf sein Aussageverweigerungsrecht** ganz oder teilweise **verzichten** (LR/*Ignor/Bertheau* § 53 Rn. 72). Bis zum Schluss der Vernehmung kann der Zeuge, ebenso wie in den Fällen des § 52 Abs. 3 S. 2, seinen Verzicht auf sein Zeugnisverweigerungsrecht aber auch **widerrufen**. Angaben, die er bis zu diesem Zeitpunkt gemacht hat, bleiben aber verwertbar (*Meyer-Goßner/Schmitt* § 53 Rn. 42; SK-StPO/*Rogall* § 53 Rn. 190; a. A. LR/*Ignor/Bertheau* § 53 Rn. 73).

42 Der Zeuge ist über sein Zeugnisverweigerungsrecht nach der vorliegenden Vorschrift, anders als im Fall des § 52 Abs. 3, **nicht zu belehren** (BGHSt 18, 146 [150]; 42, 73 [76]; *Eisenberg* Beweisrecht der StPO, Rn. 1238; SK-StPO/*Rogall* § 53 Rn. 31), da das Gesetz davon ausgeht, dass er seine beruflich bedingten Rechte und -pflichten kennt (LR/*Ignor/Bertheau* § 53 Rn. 76). Die **Fürsorgepflicht** des Gerichts gebietet es jedoch, einen Zeugen darauf hinzuweisen, wenn erkennbar wird, dass er die Rechte und Pflichten verkennt (BGHSt 42, 73 [76]; LR/*Ignor/Bertheau* § 53 Rn. 76; *Meyer-Goßner/Schmitt* § 53 Rn. 44; SK-StPO/*Rogall* § 53 Rn. 31). Vor allem darf das Gericht keinen Irrtum bei dem Zeugen über das Bestehen oder Nichtbestehen eines Zeugnisverweigerungsrechts hervorrufen oder einen er-

kennbar bestehenden Irrtum ausnutzen (§ 136a Rn. 32); dann ist rasch der Anwendungsbereich der §§ 69 Abs. 3, 136a Abs. 1 S. 1 eröffnet (LR/*Ignor/Bertheau* § 53 Rn. 13). Der fehlerhafte Hinweis auf eine fortbestehende Entbindung von der Verschwiegenheitpflicht führt unabhängig davon zu einem Beweisverwertungsverbot (BGHSt 46, 73 [78]; *Eisenberg* Beweisrecht der StPO, Rn. 1238; SK-StPO/*Rogall* § 53 Rn. 212).

Wird der Zeuge in der Hauptverhandlung danach gefragt, ob er von seinem Zeugnisverweigerungsrecht Gebrauch machen oder darauf verzichten will, so sind Frage und Antwort als wesentliche Förmlichkeiten zu protokollieren (LR/*Ignor/Bertheau* § 53 Rn. 74; SK-StPO/*Rogall* § 53 Rn. 191). 43

D. Entbindung des Zeugen von der Schweigepflicht (Abs. 2 S. 1)

Wird ein zeugnisverweigerungsberechtigter Zeuge von dem Mandanten, Patienten oder Klienten in den Fällen, in denen nach dem Gesetz insoweit eine Dispositionsbefugnis besteht (§ 53 Abs. 1 Nr. 2 bis Abs. 1 Nr. 3b), **von seiner Verschwiegenheitpflicht entbunden**, dann ist er zur Aussage verpflichtet (BGHSt 18, 146 [147]; *Eisenberg* Beweisrecht der StPO, Rn. 1256; SK-StPO/*Rogall* § 53 Rn. 193). Alle anderen Berufsgeheimnisträger haben eine Entpflichtung nur bei ihrer autonomen Entscheidung über die Ausübung oder Nichtausübung des Zeugnisverweigerungsrechts zu berücksichtigen (LR/*Ignor/Bertheau* § 53 Rn. 77). Inwieweit der Kernbereichsschutz die Dispositionsfreiheit und Beweisverwertungsmöglichkeit weiter einengt, ist im Einzelnen noch unklar (vgl. *Bertheau* StV 2012, 303 f.). Bei der Entpflichtung handelt es sich um eine **Prozesserklärung**, die zumindest außerhalb des geschäftlichen Bereichs grundsätzlich nur Prozesshandlungsfähigkeit voraussetzt (*Eisenberg* Beweisrecht der StPO, Rn. 1256; SK-StPO/*Rogall* § 53 Rn. 195). Fehlt diese, dann hat der gesetzliche Vertreter zu entscheiden. 44

Eine Verpflichtung des Gerichts, **den Angeklagten** zu **befragen**, ob er den zeugnisverweigerungsberechtigten Zeugen entpflichtet, besteht nicht, auch nicht aufgrund von § 244 Abs. 2 oder aufgrund einer Fürsorgepflicht für den Angeklagten (*Meyer-Goßner/Schmitt* § 53 Rn. 45). **Weigert sich der Angeklagte**, einen Zeugen von der Schweigepflicht zu entbinden, so hindert dies den Zeugen andererseits nicht an einer Aussage, die für das Gericht verwertbar bleibt, selbst wenn die Aussage gegen § 203 StGB verstößt. Die Verweigerung der Entpflichtung des Zeugen durch den Angeklagten darf im Hinblick auf die Selbstbelastungsfreiheit nicht bei der Beweiswürdigung zu dessen Nachteil bewertet werden (BGHSt 45, 362 [364]). Das Gericht hat **den im Sinne von § 245 geladenen Zeugen**, der vom Angeklagten nicht von der Verschwiegenheitpflicht entbunden wird, nach der Rechtsprechung zu **fragen**, ob er von seinem Zeugnisverweigerungsrecht Gebrauch macht oder nicht (BGHSt 15, 200 [202]). 45

Einen Zeugen von der Schweigepflicht entbinden kann in den Fällen, in denen das Gesetz dies überhaupt vorsieht (Abs. 1 Nr. 2 bis Abs. 1 Nr. 3b), nur **diejenige Person, zu deren Gunsten die Schweigepflicht besteht** (*Eisenberg* Beweisrecht der StPO, Rn. 1257; LR/*Ignor/Bertheau* § 53 Rn. 78; *Meyer-Goßner/Schmitt* § 53 Rn. 46; SK-StPO/*Rogall* § 53 Rn. 196; KK/*Senge* § 53 Rn. 46). Erstreckt sich die Verschwiegenheitpflicht auf mehrere Personen, dann müssen alle die Erklärung abgeben, damit die Entpflichtung wirksam wird, denn über das Zeugnisverweigerungsrecht kann auch insoweit nur einheitlich entschieden werden. Bei einer juristischen Person ist eine Erklärung des Entscheidungsorgans erforderlich, bei der Gesellschaft mit beschränkter Haftung der Geschäftsführer, bei der eingetragenen Genossenschaft oder Aktiengesellschaft der Vorstand. Kommt es zu einem Wechsel in der Geschäftsführung ist eine Erklärung sowohl der aktuellen wie auch der früheren Vertretungsberechtigten erforderlich (*Meyer-Goßner/Schmitt* § 53 Rn. 46; differenzierend zwischen Eigengeheimnissen und wirtschaftlichen Geheimnissen SK-StPO/*Rogall* § 53 Rn. 199). Ebenso ist im Fall der Insolvenz der Insolvenzverwalter nicht alleine, sondern nur zusammen mit dem bisher zuständigen Entscheidungsträger der Gesellschaft für die Entpflichtungserklärung zuständig (OLG Düsseldorf StV 1993, 346 m. Anm. *Münchhalffen*; OLG Schleswig NJW 1981, 294; *Eisenberg* Beweisrecht der StPO, Rn. 1257; LR/*Ignor/Bertheau* § 53 Rn. 78; a. A. OLG Nürnberg StV 2011, 142 [143 f.] m. abl. Anm. *Dierlamm*; *Kiethe* NZI 2006, 267 ff.). 46

Die Entpflichtungserklärung kann **ausdrücklich oder konkludent** von der durch das Zeugnisverweigerungsrecht geschützten Person abgegeben werden (LR/*Ignor/Bertheau* § 53 Rn. 80; *Meyer-Goßner/Schmitt* § 53 Rn. 47; KMR/*Neubeck* § 53 Rn. 38; SK-StPO/*Rogall* § 53 Rn. 202; KK/*Senge* § 53 Rn. 50). Eine mutmaßliche Einwilligung genügt nicht. Die Entpflichtungserklärung wirkt für das gesamte Verfahren, für das sie abgegeben worden ist, in allen Stadien, nicht aber für andere Verfahren 47

(*Meyer-Goßner/Schmitt* § 53 Rn. 47). Die Beurteilung der Wirksamkeit der Erklärung obliegt dem Gericht. Bei Versterben des Geheimgeschützten kann eine zu Lebzeiten abgegebene Erklärung genügen (LR/*Ignor/Bertheau* § 53 Rn. 80).

48 Bei der Schweigepflichtentbindung handelt es sich um ein **höchstpersönliches Recht**, bei dem eine Vertretung nicht möglich ist (LR/*Ignor/Bertheau* § 53 Rn. 81; *Meyer-Goßner/Schmitt* § 53 Rn. 48; KK/*Senge* § 53 Rn. 48); eine Sonderregelung bei Notaren trifft nur § 18 Abs. 2 BNotO. Das gilt auch dann, wenn der Geheimgeschützte geschäfts- oder prozessunfähig ist; erforderlich ist nur die Fähigkeit zur natürlichen Willensbildung. Ist die geschützte Person verstorben, dann können ihre Erben oder nächsten Angehörigen nicht an ihrer Stelle eine Entpflichtungserklärung abgeben. Der zeugnisverweigerungsberechtigte Zeuge muss dann selbst entscheiden, ob er aussagt oder schweigt (LR/*Ignor/Bertheau* § 53 Rn. 81; KMR/*Neubeck* § 53 Rn. 39), sofern der Verstorbene nicht durch hinterlassene schriftliche Erklärung disponiert hatte (BDH NJW 1960, 1416 Ls.).

49 Wird der Zeuge in einem Fall nach § 53 Abs. 1 S. 1 Nr. 2 bis Abs. 1 Nr. 3b von der Verpflichtung zur Verschwiegenheit entbunden, dann besteht für ihn prinzipiell eine **Aussagepflicht** und zwar auch hinsichtlich des vom Berufsgeheimnisträger selbst ermittelten Materials (LR/*Ignor/Bertheau* § 53 Rn. 82). Auch die **Ausnahme von der Editionspflicht** nach § 95 Abs. 2 S. 2 und das **Beschlagnahmeverbot** gem. § 97 Abs. 1 **entfallen** prinzipiell mit dem Wegfall des hierdurch flankierten Zeugnisverweigerungsrechts. Dass die geschützte Person davon unter Umständen keine Kenntnis hat, ist nach dem Gesetzeswortlaut hinzunehmen. Eine Ausnahme vom Grundsatz der Verwertbarkeit der Zeugenaussage im Fall der Entbindung von der Verschwiegenheitspflicht kann – entsprechend dem Maßstab zu § 160a Abs. 1 – nur **bei einem Eingriff in den absolut geschützten Kernbereich der Persönlichkeitsentfaltung** anzunehmen sein (vgl. Rdn. 16). Zudem liegt es nahe anzunehmen, dass das flankierende Beschlagnahmeverbot für Verteidigungsunterlagen nicht aufgrund der Schweigepflichtentbindung entfallen darf, weil andernfalls wirksame Verteidigung nicht mehr möglich wäre, was konstruktiv aber nur durch Zuordnung zum Unverfügbaren, Einordnung unter ein Sonderreglement nach § 148 (auch i.V.m. Art. 12 Abs. 1 GG) oder teleologische Reduktion des § 53 Abs. 2 S. 1 möglich ist (*Beulke* ZIS 2011, 324 ff.).

50 Die Entpflichtung kann aber **auf einzelne Tatsachenkomplexe beschränkt** werden (*Eisenberg* Beweisrecht der StPO, Rn. 1257; LR/*Ignor/Bertheau* § 53 Rn. 82; *Meyer-Goßner/Schmitt* § 53 Rn. 49; SK-StPO/*Rogall* § 53 Rn. 203; KK/*Senge* § 53 Rn. 52). Sie **kann** zudem **widerrufen werden**, wobei ein Widerruf ausdrücklich erklärt werden muss (KMR/*Neubeck* § 53 Rn. 41; SK-StPO/*Rogall* § 53 Rn. 204; *Zöller* ZJS 2012, 558 [559 f.]). Angaben, die ein Zeuge vor dem Widerruf gemacht hat, bleiben verwertbar (*Bertheau* StV 2012, 303 [304]; LR/*Ignor/Bertheau* § 53 Rn. 83; *Meyer-Goßner/Schmitt* § 53 Rn. 49).

51 **E. Revision.** Mit der Revision kann nicht gerügt werden, dass sich ein Zeuge **zu Unrecht für die Zeugnisverweigerung oder den Verzicht darauf entschieden** hat. Gleiches gilt für eine unterlassene Belehrung (*Meyer-Goßner/Schmitt* § 53 Rn. 50). Erteilt das Gericht jedoch – bewusst oder unbewusst – **unrichtige Hinweise**, durch die der Zeuge objektiv in seiner Entscheidung über die Zeugnisverweigerung oder eine Aussage beeinflusst wird (vgl. BGHSt 42, 73 [76 f.]; *Eisenberg* Beweisrecht der StPO, Rn. 1238; SK-StPO/*Rogall* § 53 Rn. 220; KK/*Senge* § 53 Rn. 55), oder weist es zu Unrecht auf eine tatsächlich nicht oder nicht wirksam erfolgte Entbindung von der Verschwiegenheitspflicht hin, so kann dies die Revision begründen, sofern der Zeuge deshalb ausgesagt oder das Zeugnis verweigert hat und das Urteil hierauf beruht (LR/*Ignor/Bertheau* § 53 Rn. 84). Auf die Anrufung des Gerichts nach § 238 Abs. 2 als Zwischenrechtsbehelf kommt es nicht an (BGHSt 46, 73 [77 f.]). Die Widerspruchslösung für unselbstständige Beweisverwertungsverbote (§ 136 Rdn. 95 ff.) gilt hier jedenfalls nicht (*Schwaben* Die personelle Reichweite von Beweisverwertungsverboten, 2005, S. 195 f.).

52 Eine **Verletzung von §§ 244 Abs. 2, 245** ist gegeben, wenn ein Zeuge aufgrund einer unrichtigen Belehrung die Aussage verweigert (*Meyer-Goßner/Schmitt* § 53 Rn. 50). Auch die Beendigung der Vernehmung allein aufgrund der evident unhaltbaren Behauptung eines Zeugen, zur Zeugnisverweigerung berechtigt zu sein, ist ein revisibler Rechtsfehler (BGH StV 1994, 57). Wirkt der Richter auf den Zeugen dahin ein, dass er sich für oder gegen eine Zeugnisverweigerung entscheidet, dann kann dies die Besorgnis der Befangenheit rechtfertigen und nach erfolglosem Richterablehnungsverfahren vor dem Tatge-

richt in der Revisionsinstanz nach §§ 28 Abs. 2 S. 2, 338 Nr. 3 gerügt werden (LR/*Ignor/Bertheau* § 53 Rn. 83).

Rügeberechtigt ist **jeder Angeklagte oder Mitangeklagte**, zu dessen Nachteil die Aussage verwertet worden ist, und zwar unabhängig davon, ob er selbst durch das Zeugnisverweigerungsrecht unmittelbar geschützt ist (LR/*Ignor/Bertheau* § 53 Rn. 84; KMR/*Neubeck* § 53 Rn. 42; *Schwaben* Die personelle Reichweite von Beweisverwertungsverboten, 2005, S. 112 ff., 177 ff.); die »Rechtskreistheorie« spielt hier keine Rolle (BGHSt 42, 73 [77]). **Staatsanwaltschaft und Nebenkläger** können nach dem Maßstab des § 339 eine Verletzung von § 53 nicht zum Nachteil des Angeklagten geltend machen. 53

§ 53a StPO Zeugnisverweigerungsrecht der Berufshelfer.

(1) ¹Den in § 53 Abs. 1 Satz 1 Nr. 1 bis 4 Genannten stehen ihre Gehilfen und die Personen gleich, die zur Vorbereitung auf den Beruf an der berufsmäßigen Tätigkeit teilnehmen. ²Über die Ausübung des Rechtes dieser Hilfspersonen, das Zeugnis zu verweigern, entscheiden die in § 53 Abs. 1 Satz 1 Nr. 1 bis 4 Genannten, es sei denn, daß diese Entscheidung in absehbarer Zeit nicht herbeigeführt werden kann.

(2) Die Entbindung von der Verpflichtung zur Verschwiegenheit (§ 53 Abs. 2 Satz 1) gilt auch für die Hilfspersonen.

A. Allgemeines. Mit der Erstreckung des Zeugnisverweigerungsrechts der Berufsgeheimnisträger im Sinne von § 53 Abs. 1 S. 1 Nr. 1 bis 4 auf deren Gehilfen und Auszubildende soll verhindert werden, dass das **Zeugnisverweigerungsrecht** der Berufsgeheimnisträger durch Vernehmung der Gehilfen oder Auszubildenden **umgangen** (*von Harenne* Das Zeugnisverweigerungsrecht der Berufshelfer nach § 53a StPO, 2002, S. 5 ff., 24 ff.; *Neumann* Zeugnisverweigerungsrechte und strafprozessuale Ermittlungsmaßnahmen, 2005, S. 265 f.; *Radtke/Hohmann/Otte* § 53a Rn. 1; *Tsambikakis* Strafprozessuale Zeugnisverweigerungsrecht aus beruflichen Gründen – Studien zu § 53a StPO, 2011, S. 120 f.) und dadurch das Vertrauensverhältnis der Berufsgeheimnisträger zu den Mandanten, Klienten, Patienten oder Informanten beeinträchtigt wird (LR/*Ignor/Bartheau* § 53a Rn. 1). Daher erhalten die Gehilfen und Auszubildenden selbst ein abgeleitetes Zeugnisverweigerungsrecht, das vom Beschlagnahmeverbot nach **§ 97 Abs. 4** flankiert wird (*Tsambikakis* a.a.O. S. 153). Auch die Editionspflicht nach **§ 95 Abs. 2 S. 2** und die Möglichkeit der Rasterfahndung (§ 98a Abs. 5 i.V.m. § 95 Abs. 2 S. 2) werden durch das sekundäre Zeugnisverweigerungsrecht aufgehoben. Beim großen Lauschangriff gilt für die Gehilfen und Auszubildenden des Zeugnisverweigerungsberechtigten das Verwertungsverbot nach **§ 100c Abs. 6 S. 2.** Bezüglich sonstiger Ermittlungsmaßnahmen relativiert **§ 160a Abs. 3** i.V.m. Abs. 2 (*Tsambikakis* a.a.O. S. 157 ff.) den Schutz durch Verhältnismäßigkeitserwägungen im Sinne der heute vorherrschenden Abwägungsdoktrin (vgl. § 136 Rdn. 82 ff.), während nur im absolut geschützten Kernbereich der Persönlichkeitsentfaltung ein absolutes Beweisverbot besteht, was § 160 Abs. 3 i.V.m. § 53a Abs. 1 klarstellt. Dem abgeleiteten Zeugnisverweigerungsrecht korrespondiert im materiellen Strafrecht die Erstreckung der – freilich nicht ganz kongruenten – Geheimhaltungspflicht (§ 53 Rdn. 3 ff.) auf Hilfspersonen gem. **§ 203 Abs. 3 Satz 2 StGB** (LR/*Ignor/Bartheau* § 53a Rn. 1; a. A. *Tsambikakis* a.a.O. S. 137 f.). 1

Die vorliegende Regelung gilt nach vorherrschender Ansicht nicht für Personen, die unmittelbar ein Zeugnisverweigerungsrecht nach § 53 Abs. 1 haben (*von Harenne* Das Zeugnisverweigerungsrecht der Berufshelfer nach § 53a StPO, 2002, S. 143 ff.; LR/*Ignor/Bartheau* § 53a Rn. 1; *Meyer-Goßner/Schmitt* § 53a Rn. 1). Hilfspersonen der Presseorgane und Journalisten fallen generell bereits unter § 53 Abs. 1 S. 1 Nr. 5, sodass die vorliegende Vorschrift aus diesem Grund darauf nicht gesondert Bezug nehmen muss (*Tsambikakis* Strafprozessuale Zeugnisverweigerungsrecht aus beruflichen Gründen – Studien zu § 53a StPO, 2011, S. 44 f.). 2

Zu den Hilfspersonen gehören nicht nur **berufsmäßig tätige Hilfskräfte**, sondern auch ständig oder gelegentlich **Mithelfende**, wie Familienangehörige (BGHSt 50, 64 [78]; *Meyer-Goßner/Schmitt* § 53a Rn. 2; KK/*Senge* § 53a Rn. 2). Ein berufliches, rechtliches oder wirtschaftliches Abhängigkeitsverhältnis ist nicht erforderlich. Es muss jedoch ein **inhaltlicher Zusammenhang** der Hilfstätigkeit **mit der Haupttätigkeit** des Berufsgeheimnisträgers bestehen. Hieran fehlt es regelmäßig bei Hauspersonal 3 und Reinigungskräften oder technischem Personal, wie Hausmeistern, Fahrern oder Boten, soweit diese nicht auch bei der inhaltlichen Büroarbeit mithelfen (krit. LR/*Ignor/Bartheau* § 53a Rn. 2). Ein nur mittelbarer Zusammenhang der Unterstützungstätigkeit für die Berufsausübung des Berufsgeheimnisträgers genügt andererseits, wenn der Gehilfe oder Auszubildende dadurch **funktional und zweckbezogen** (*Münchhalffen* FS Richter II, 2006, S. 407 [408]; *Tsambikakis* Strafprozessuale Zeugnisverweigerungsrecht aus beruflichen Gründen – Studien zu § 53a StPO, 2011, S. 112) mit mandats- oder auftragsbezogenen Informationen **inhaltlich oder gegenständlich** in Kontakt kommt (OLG Hamm NStZ 2010, 164 f.; *von Harenne* Das Zeugnisverweigerungsrecht der Berufshelfer nach § 53a StPO, 2002, S. 73 ff.) und dann in den informationellen Schutzbereich einzubeziehen ist, um diesen im Ganzen zu bewahren (LR/*Ignor/Bartheau* § 53a Rn. 2 f.; *Tsambikakis* a.a.O. S. 82 f.).

4 Selbstständige Berufstätige oder Gewerbetreibende, die vom Berufsträger zur Erledigung bestimmter **Aufträge im unmittelbaren Zusammenhang mit dem Hauptmandat** hinzugezogen werden, sind daher auch zur Zeugnisverweigerung berechtigt (*Eisenberg* Beweisrecht der StPO, Rn. 1258; *von Harenne* Das Zeugnisverweigerungsrecht der Berufshelfer nach § 53a StPO, 2002, S. 56 ff.; LR/*Ignor/Bartheau* § 53a Rn. 2; SK-StPO/*Rogall* § 53a Rn. 10; *Tsambikakis* Strafprozessuale Zeugnisverweigerungsrechte aus beruflichen Gründen, 2011, S. 116 ff.; a. A. *Meyer-Goßner/Schmitt* § 53a Rn. 2; KMR/*Neubeck* § 53a Rn. 3; *Radtke/Hohmann/Otte* § 53a Rn. 2), so etwa der von einem Verteidiger oder Rechtsanwalt beauftragte Detektiv (Rdn. 7), der privat beauftragte Sachverständige (Rdn. 7) oder der von einem Arzt hinzugezogene Konsiliararzt, soweit dieser nicht ohnehin unmittelbar nach § 53 Abs. 1 zur Zeugnisverweigerung berechtigt ist.

5 **B. Gehilfen und Auszubildende der einzelnen zur Zeugnisverweigerung Berechtigten.** Die funktions-, tätigkeits- oder personenbezogene Eigenschaft als Gehilfe (*Tsambikakis* Strafprozessuale Zeugnisverweigerungsrecht aus beruflichen Gründen – Studien zu § 53a StPO, 2011, S. 57 ff.) oder Auszubildende im Sinne der vorliegenden Vorschrift ist **unabhängig von der Rechtsbeziehung** zwischen dieser Person und dem Berufsgeheimnisträger oder einem sozialen Abhängigkeitsverhältnis (BGHSt 50, 64 [78]; *Meyer-Goßner/Schmitt* § 53a Rn. 2) zu bestimmen. Auf die Existenz eines zivilrechtlich wirksamen Arbeitsverhältnisses (*von Harenne* Das Zeugnisverweigerungsrecht der Berufshelfer nach § 53a StPO, 2002, S. 38 ff., 61 ff.; LR/*Ignor/Bartheau* § 53a Rn. 2), Dienst- oder Werkvertrags kommt es nicht an (SK-StPO/*Rogall* § 53a Rn. 8). Der Kreis der zur Zeugnisverweigerung berechtigen Hilfspersonen ist vielmehr bei Berücksichtigung des Normzwecks **in funktionaler Betrachtung** zu ermitteln, jedenfalls nicht alleine nach Überlegungen zur »Effektivität der Strafrechtspflege« (Graf/*Huber* BeckOK-StPO § 53a Rn. 7). Ein »Verbot erweiternder Auslegung« (*Meyer-Goßner/Schmitt* § 53a Rn. 2) greift insoweit nicht ein (SK-StPO/*Rogall* § 53a Rn. 15), weil Wortlaut und Normzweck der gesetzlichen Bestimmung die Zuweisung eines abgeleiteten Zeugnisverweigerungsrechts gestatten und gebieten. Nur eine analoge Anwendung wäre ausgeschlossen (§ 53 Rdn. 11), um die es hier aber nicht geht. Der Schutzzweck der Norm fordert – innerhalb des vom Wortlaut gesetzten Rahmens – dagegen eine weite Auslegung (*Tsambikakis* Strafprozessuale Zeugnisverweigerungsrecht aus beruflichen Gründen – Studien zu § 53a StPO, 2011, S. 83 ff.).

6 **I. Gehilfen und Auszubildende der Geistlichen.** Bei Geistlichen im Sinne von § 53 Abs. 1 S. 1 Nr. 1 sind nur **bei der Seelsorge substanziell mitwirkende Personen** als Gehilfen (*Rogall* FS Eisenberg, 2009, S. 584 [599 ff.]) oder Auszubildende zur Zeugnisverweigerung berechtigt, nicht diejenigen, die nur formale Aufgaben erfüllen, wie Messdiener oder Pfarrgemeinderäte (*Meyer-Goßner/Schmitt* § 53a Rn. 3; SK-StPO/*Rogall* § 53a Rn. 14).

7 **II. Gehilfen und Auszubildende der Verteidiger und Rechtsanwälte, Notare, Steuerberater und Wirtschaftsprüfer.** Hilfspersonen von Verteidigern (*Krause* StraFo 1998, 1 f.) oder Rechtsanwälten im Sinne von § 53 Abs. 1 S. 1 Nr. 2 und 3, auch im Fall einer Sozietät (*Thielen* StraFo 2000, 121 ff.) sind alle juristischen Mitarbeiter, insbesondere **Rechtsreferendare und Jurastudenten im Praktikum** (*Meyer-Goßner/Schmitt* § 53a Rn. 4), ferner das **Büropersonal** (LG Dresden NJW 2007, 2789 [2790]; SK-StPO/*Rogall* § 53a Rn. 16), **Sachverständige** (LR/*Ignor/Bartheau* § 53a Rn. 5; *Oster* StraFo 1996, 92 f.; *Schäfer* FS Hanack, 1999, S. 77 [92]; KK/*Senge* § 53a Rn. 3; a. A. LG Essen StraFo 1996, 92), **Detektive** (*Eisenberg* Beweisrecht der StPO, Rn. 1258; *Jungfer* StV 1989, 495 [504 f.]; *Münchhalffen* FS Richter II, 2006, S. 407 [408]; *Schäfer* FS Hanack, 1999, S. 77 [90 ff.]; KK/*Senge* § 53a Rn. 3; a. A.

Meyer-Goßner/Schmitt § 53a Rn. 2) oder **technische Spezialkräfte**, etwa für EDV, **Unternehmensberater** (offen gelassen OLG Köln StV 1991, 506 m. Anm. *Münchhalffen*) oder **Umweltberater** (LG Hannover StraFo 2001, 167 [168]), sowie **Dolmetscher** (LG Verden StV 1996, 371 Ls.; *Meyer-Goßner/Schmitt* § 53a Rn. 4; SK-StPO/*Rogall* § 53a Rn. 15), wenn diese für die Beratung, Rechtsdienstleistungen oder zulässige eigene Ermittlungstätigkeiten des Verteidigers (*Münchhalffen* FS Richter II, 2006, S. 407) sowie des Rechtsanwalts in der Sache selbst hinzugezogen worden sind. Entsprechendes gilt für Gehilfen oder Auszubildende der Notare (BGHSt 50, 64 [78]), Steuerberater und Wirtschaftsprüfer. Soweit es um die Führung von Anderkonten geht, können auch **Bankangestellte** Berufshelfer der Rechtsanwälte und Notare sein (*von Harenne* Das Zeugnisverweigerungsrecht der Berufshelfer nach § 53a StPO, 2002, S. 61 ff.; *Tsambikakis* Strafprozessuale Zeugnisverweigerungsrecht aus beruflichen Gründen – Studien zu § 53a StPO, 2011, S. 103 ff.).

III. Gehilfen und Auszubildende der Ärzte. Beim Arzt (§ 53 Abs. 1 S. 1 Nr. 3) gehören zu den Gehilfen auch die zur Behandlung hinzugezogenen **Krankenpfleger, Krankenschwestern** (einschränkend OLG Hamm NStZ 2010, 164 m. Anm. *Roßbruch* PflR 2010, 27 f.), **Masseure, Bademeister, Psychologen** (*Meyer-Goßner/Schmitt* § 53a Rn. 5; SK-StPO/*Rogall* § 53a Rn. 20), **Operationsassistenten**, die mit dem Patienten befassten **technischen Dienste** und die **Sekretärin** (LR/*Ignor/Bartheau* § 53a Rn. 6; *Meyer-Goßner/Schmitt* § 53a Rn. 5; SK-StPO/*Rogall* § 53a Rn. 19), im Krankenhausbetrieb aber auch der **Verwaltungsdirektor** (OLG Oldenburg NStZ 1983, 39 f. m. Anm. *Pelchen*; *von Harenne* Das Zeugnisverweigerungsrecht der Berufshelfer nach § 53a StPO, 2002, S. 60 f.; LR/*Ignor/Bartheau* § 53a Rn. 6; SK-StPO/*Rogall* § 53a Rn. 21). Keine Hilfspersonen sind dagegen sonstige Personen aus der Verwaltung des Krankenhauses (*Meyer-Goßner/Schmitt* § 53a Rn. 5), aus dem Abrechnungswesen, soweit sie nicht in einen konkreten Vorgang einbezogen werden, oder aber Einsatzkräfte des Rettungsdienstes, soweit sie nicht als Gehilfen des zeugnisverweigerungsberechtigten Notarztes zu gelten haben. Für die Berufshelfer der Apotheker, psychologischen Psychotherapeuten und Hebammen gelten entsprechende Grundsätze.

IV. Gehilfen und Auszubildende der Schwangerschafts- oder Drogenberatungsstellen. Gehilfen oder Auszubildenden der Schwangerschafts- oder Drogenberatungsstellen nach § 53 Abs. 1 S. 1 Nr. 3a und 3b sind **meist unmittelbar** nach jener Vorschrift zur Zeugnisverweigerung berechtigt, soweit sie inhaltlich und funktional mit Informationen über Person und Lebensverhältnisse der Schwangeren oder Drogenabhängigen in Kontakt kommen; auf die vorliegende Vorschrift kommt es insoweit nicht an. Diese ist vielmehr eher **bei untergeordneten Tätigkeiten** oder Sekundäraufgaben, die aber immer noch **inhaltlich und funktional mit der Beratertätigkeit zusammenhängen** müssen, von Bedeutung.

V. Gehilfen und Auszubildende der Abgeordneten. Zu den Hilfspersonen bei Abgeordneten im Sinne von § 53 Abs. 1 S. 1 Nr. 4 gehören **Assistenten**, **Referenten** und **Sekretärinnen** (LR/*Ignor/Bartheau* § 53a Rn. 7; SK-StPO/*Rogall* § 53a Rn. 25) sowie **Auszubildende** (*Meyer-Goßner/Schmitt* § 53a Rn. 6), im Allgemeinen dagegen **nicht Wahlhelfer** (*Eisenberg* Beweisrecht der StPO, Rn. 1258) oder **Fahrer** (KMR/*Neubeck* § 53a Rn. 4).

C. Das Zeugnisverweigerungsrecht. Den Gehilfen und Auszubildenden steht nicht unmittelbar ein eigenes, sondern nur ein vom Berufsgeheimnisträger i.S.d. § 53 Abs. 1 S. 1 Nr. 1 bis 4 **abgeleitetes Zeugnisverweigerungsrecht** zu (BGHSt 9, 59 [61]; LR/*Ignor/Bartheau* § 53a Rn. 8; *Meyer-Goßner/Schmitt* § 53a Rn. 7; SK-StPO/*Rogall* § 53a Rn. 5; KK/*Senge* § 53a Rn. 6; *Tsambikakis* Strafprozessuale Zeugnisverweigerungsrecht aus beruflichen Gründen – Studien zu § 53a StPO, 2011, S. 45, 68 ff.), das nach Gegenstand, Art, Inhalt und Dauer dem Zeugnisverweigerungsrecht des Hauptberufsgeheimnisträgers gleicht. Der (Haupt-) **Berufsgeheimnisträger**, der alleine die Bedeutung der Aussage zu beurteilen, **entscheidet** für den Helfer **bindend** über die Aussagepflicht auch des Gehilfen oder Auszubildenden (BGHSt 9, 59 [60 f.]; 50, 64 [78]; *von Harenne* Das Zeugnisverweigerungsrecht der Berufshelfer nach § 53a StPO, 2002, S. 120 ff.; SK-StPO/*Rogall* § 53a Rn. 31 f.; *Tsambikakis* a.a.O. S. 141 f.) und zwar auch dann, wenn eine Information alleine der Hilfsperson zugeflossen ist und der Berufsgeheimnisträger i.S.d. § 53 Abs. 1 S. 1 Nr. 1 bis 4 davon noch nicht erfahren hat (LR/*Ignor/Bartheau* § 53a Rn. 8).

Eine Pflicht des Gerichts zur **Belehrung des Zeugen**, der als Gehilfe oder Auszubildender des Berufsgeheimnisträgers zur Zeugnisverweigerung berechtigt ist, besteht nach dem Wortlaut des Gesetzes nicht. Die beim Hauptrecht nach § 53 zugrunde liegende Überlegung, dass der Berufsgeheimnisträger selbst ausreichend über seine Rechte und Pflichten informiert sei, kann aber hier nicht ebenso überzeugen. Zumindest die **Fürsorgepflicht** des Gerichts, dass schließlich vorgreiflich über die Ladung und Vernehmung des Berufsgeheimnisträgers und dessen Aussagepflicht oder Zeugnisverweigerungsberechtigung zu befinden hat, ist deshalb hier weiter dahin zu definieren, dass in der Regel eine Hinweis- und Belehrungspflicht besteht (vgl. *von Harenne* Das Zeugnisverweigerungsrecht der Berufshelfer nach § 53a StPO, 2002, S. 135 ff.; *Tsambikakis* Strafprozessuale Zeugnisverweigerungsrechte aus beruflichen Gründen, 2011, S. 151 f.).

12 Nur wenn eine **Entscheidung des Berufsgeheimnisträgers nicht in absehbarer Zeit** herbeigeführt werden kann, weil er verstorben, schwer erkrankt oder sonst auf lange Zeit unerreichbar ist (SK-StPO/*Rogall* § 53a Rn. 35), entscheidet der Gehilfe oder Auszubildender selbst (Abs. 1 Satz 2; *Tsambikakis* Strafprozessuale Zeugnisverweigerungsrecht aus beruflichen Gründen – Studien zu § 53a StPO, 2011, S. 142 f.). Weigert sich die Hilfsperson trotz einer Entscheidung des Berufsgeheimnisträgers für eine Aussage, so unterliegt der Gehilfe oder Auszubildende der **Aussagepflicht**, die nach § 70 **erzwingbar** ist.

13 Das Zeugnisverweigerungsrecht des Gehilfen oder Auszubildenden ist zeitlich und inhaltlich akzessorisch zu demjenigen des Berufsgeheimnisträgers (LR/*Ignor/Bartheau* § 53a Rn. 10); dessen Entscheidung ist aber **beschränkbar und teilbar** (*von Harenne* Das Zeugnisverweigerungsrecht der Berufshelfer nach § 53a StPO, 2002, S. 131 ff.). Der Berufsgeheimnisträger kann deshalb auch selbst aussagen und trotzdem dem Gehilfen oder Auszubildenden die Aussage untersagen oder umgekehrt selbst das Zeugnis verweigern und dem Gehilfen oder Auszubildenden die Aussage erlauben (*Eisenberg* Beweisrecht der StPO, Rn. 1258; LR/*Ignor/Bartheau* § 53a Rn. 9; *Meyer-Goßner/Schmitt* § 53a Rn. 8; SK-StPO/*Rogall* § 53a Rn. 33; *Tsambikakis* Strafprozessuale Zeugnisverweigerungsrecht aus beruflichen Gründen – Studien zu § 53a StPO, 2011, S. 144 f.). Er kann auch einem Gehilfen oder Auszubildenden die Aussage gestatten und einem anderen nicht (LR/*Ignor/Bartheau* § 53a Rn. 10). Der Berufsgeheimnisträger kann nur **nicht wirksam eine Anweisung** an seinen Gehilfen oder Auszubildenden erteilen, dieser solle strafbaren **Geheimnisverrat** nach § 203 StGB begehen.

14 Der Berufsgeheimnisträger kann seine eigene Entscheidung auch **widerrufen**, sodass das sekundäre Zeugnisverweigerungsrecht des Gehilfen oder Auszubildenden wieder auflebt.

15 Die **Pflicht des Gehilfen oder Auszubildenden** zur Befolgung der Entscheidung des Berufsgeheimnisträgers beurteilt sich **nach dem Innenverhältnis** und nach § 203 StGB. Sagt der Gehilfe oder Auszubildende entgegen der Entscheidung des Berufsträgers aus, so ist diese Aussage nach vorherrschender Ansicht **verwertbar** (BGHSt 50, 64 [79]; LR/*Ignor/Bartheau* § 53a Rn. 8; *Meyer-Goßner/Schmitt* § 53a Rn. 7; a. A. *von Harenne* Das Zeugnisverweigerungsrecht der Berufshelfer nach § 53a StPO, 2002, S. 176 ff.; SK-StPO/*Rogall* § 53a Rn. 43; *Tsambikakis* Strafprozessuale Zeugnisverweigerungsrechte aus beruflichen Gründen, 2011, S. 147 ff.), selbst wenn sich der Helfer nach § 203 StGB **strafbar** gemacht haben sollte. Das trifft aber deshalb nicht zu, weil die Aussage des Berufshelfers dann nicht nur strafrechtswidrig, sondern auch prozessrechtswidrig erfolgt, sodass ein unselbstständiges Beweisverwertungsverbot nahe liegt, wenn dieser Fall als Anlass für eine Verwertungsverbotsprüfung erkannt wird (SK-StPO/*Rogall* § 53a Rn. 43). Der Verstoß gegen die Weisung betrifft im Übrigen das Innenverhältnis, aus dem sich aber **berufs- und haftungsrechtlichen Konsequenzen** der Weisungsverletzung ergeben können.

16 Das akzessorische Zeugnisverweigerungsrecht des Gehilfen oder Auszubildenden spielt **in einem Strafverfahren gegen den Berufsgeheimnisträger** als Beschuldigten nach verbreiteter Ansicht keine Rolle (*Meyer-Goßner/Schmitt* § 53a Rn. 9; a. A. *von Harenne* Das Zeugnisverweigerungsrecht der Berufshelfer nach § 53a StPO, 2002, S. 96 ff., 129 f.; SK-StPO/*Rogall* § 53a Rn. 36; *Schliwienski* NJW 1988, 1507 f.) und zwar auch dann nicht, wenn der Geheimnisgeschützte ein Mitbeschuldigter ist (LR/*Ignor/Bartheau* § 53a Rn. 11). Das erscheint zweifelhaft, weil damit der Schutzzweck der Norm wiederum verfehlt werden könnte (vgl. LG Hamburg StV 1989, 385 [386]; *Meyer-Goßner/Schmitt* § 53a Rn. 9; SK-StPO/*Rogall* § 53a Rn. 36).

17 **D. Schweigepflichtentbindung gegenüber dem Berufsgeheimnisträger (Abs. 2)**
Wird der Berufsgeheimnisträger durch den Geheimnisgeschützten nach § 53 Abs. 2 Satz 1 von der Ver-

schwiegenheitspflicht entbunden, so **wirkt sich** dies gemäß Abs. 2 der vorliegenden Vorschrift **auch auf den Gehilfen oder Auszubildenden aus** (*von Harenne* Das Zeugnisverweigerungsrecht der Berufshelfer nach § 53a StPO, 2002, S. 100 ff.; *Tsambikakis* Strafprozessuale Zeugnisverweigerungsrecht aus beruflichen Gründen – Studien zu § 53a StPO, 2011, S. 146), sofern der Berufsgeheimnisträger dann einem Aussagezwang unterliegt. Die Entbindung zwingt den Gehilfen oder Auszubildenden dann zur Aussage, wenn auch der Berufsgeheimnisträger aussagt.

Der Geheimnisgeschützte kann seine Entbindungserklärung insoweit **nicht teilen**, weil die Wirkung der Entpflichtung des Berufsgeheimnisträgers **kraft Gesetzes** auf den Gehilfen oder Auszubildenden erstreckt wird (*Eisenberg* Beweisrecht der StPO, Rn. 1258; LR/*Ignor/Bartheau* § 53a Rn. 13; SK-StPO/*Rogall* § 53a Rn. 37). 18

E. Rechtsmittel. Verweigert der Gehilfe oder Auszubildende des Berufsgeheimnisträgers die Aussage und wird er deshalb Zwangsmaßnahmen nach § 70 unterworfen, dann hat nicht nur er selbst, sondern auch der Berufsgeheimnisträger dagegen die Möglichkeit der Einlegung einer **Beschwerde** (OLG Köln StV 1991, 506 m. Anm. *Münchhalffen; von Harenne* Das Zeugnisverweigerungsrecht der Berufshelfer nach § 53a StPO, 2002, S. 199 ff.; SK-StPO/*Rogall* § 53a Rn. 44; *Tsambikakis* Strafprozessuale Zeugnisverweigerungsrecht aus beruflichen Gründen – Studien zu § 53a StPO, 2011, S. 152). 19

Rechtsfehler bei der Verneinung eines Zeugnisverweigerungsrechts, namentlich durch unzutreffende Hinweise oder Belehrungen (BGHSt 50, 64 [79]; *von Harenne* Das Zeugnisverweigerungsrecht der Berufshelfer nach § 53a StPO, 2002, S. 181 ff.), aber auch sonstige Beweisverwertungsverbote wegen Verletzung einer bindenden Weisung oder nach Widerruf der Entbindung des Hauptberufsgeheimnisträgers von der Verschwiegenheitspflicht, können vom Angeklagten als Geheimnisgeber oder auch von einem Mitangeklagten als Verstoß gegen die vorliegende Vorschrift mit einer **Verfahrensrüge** gegen das tatrichterliche Urteil **im Revisionsrechtszug** gerügt werden (*von Harenne* a.a.O. S. 188 ff.). Dies gilt in gleicher Weise wie bei § 53. Eine zu Unrecht angenommene Berechtigung zur Aussageverweigerung des Berufshelfers kann ein Rechtsfehler i.S.d. § 244 Abs. 2 oder bei geladenem Zeugen nach § 245 sein. 20

§ 54 StPO Aussagegenehmigung für Angehörige des öffentlichen Dienstes.

(1) Für die Vernehmung von Richtern, Beamten und anderen Personen des öffentlichen Dienstes als Zeugen über Umstände, auf die sich ihre Pflicht zur Amtsverschwiegenheit bezieht, und für die Genehmigung zur Aussage gelten die besonderen beamtenrechtlichen Vorschriften.
(2) Für die Mitglieder des Bundestages, eines Landtages, der Bundes- oder einer Landesregierung sowie für die Angestellten einer Fraktion des Bundestages und eines Landtages gelten die für sie maßgebenden besonderen Vorschriften.
(3) Der Bundespräsident kann das Zeugnis verweigern, wenn die Ablegung des Zeugnisses dem Wohl des Bundes oder eines deutschen Landes Nachteile bereiten würde.
(4) Diese Vorschriften gelten auch, wenn die vorgenannten Personen nicht mehr im öffentlichen Dienst oder Angestellte einer Fraktion sind oder ihre Mandate beendet sind, soweit es sich um Tatsachen handelt, die sich während ihrer Dienst-, Beschäftigungs- oder Mandatszeit ereignet haben oder ihnen während ihrer Dienst-, Beschäftigungs- oder Mandatszeit zur Kenntnis gelangt sind.

Übersicht

		Rdn.			Rdn.
A.	Allgemeines	1	2.	Form	18
B.	Betroffene Personen	6	3.	Maßstab	19
I.	Richter	6	4.	Begründung	21
II.	Beamte	7	5.	Beschränkung	22
III.	Andere Personen im öffentlichen Dienst	8	6.	Widerruf	23
C.	Verhalten der betroffene Personen	13	III.	Folgen von Erteilung und Widerruf oder Versagung der Aussagegenehmigung	24
D.	Maßnahmen von Gericht, Verfahrensbeteiligten und Dienstherrn der Zeugen	15	1.	Bindung der Strafjustizorgane an die Behördenentscheidung	24
I.	Einholung der Aussagegenehmigung	15	2.	Beweisrechtliche Folgen	26
II.	Erteilung und Widerruf oder Versagung der Aussagegenehmigung	16	3.	Kompensation des behördlich verursachten Beweisdefizits	27
	1. Zuständigkeit	16			

§ 54 StPO Aussagegenehmigung für Angehörige des öffentlichen Dienstes

	Rdn.		Rdn.
a) Beweiswürdigungslösung	28	d) Anfechtung der Behördenentscheidung	34
b) Zurückweisung einer Beweisverbotslösung durch die bisherige Rechtsprechung	30	E. Sonderregeln für Abgeordnete, Regierungsmitglieder und den Bundespräsidenten	37
c) Zurückweisung einer Wahrunterstellung und einer Verfahrenshindernislösung	33	F. Revision	39

1 **A. Allgemeines.** § 54 gilt für alle Zeugenvernehmungen von Richtern oder Beamten, seien dies polizeiliche, staatsanwaltschaftliche oder richterliche Vernehungen im Strafverfahren (KK/*Senge* § 54 Rn. 2). Die Blankettnorm, die auf beamten- und dienstrechtliche Sondernormen verweist, schützt **exekutive Geheimhaltungsinteressen** an amtlichen Informationen einerseits (BGHSt 50, 318 [326 f.]; *Eisenberg* Beweisrecht der StPO, Rn. 1259; KMR/*Neubeck* § 54 Rn. 1; *Radtke/Hohmann/Otte* § 54 Rn. 1) und **Vertraulichkeit** der Gerichte und Behörden andererseits (SK-StPO/*Rogall* § 54 Rn. 3) durch Statuierung einer **Zeugnisverweigerungspflicht** mit Genehmigungsvorbehalt für Richter, Beamte und andere Personen des öffentlichen Dienstes, soweit es um Amtsgeheimnisse geht. Eine **Differenzierung zwischen Amts- und Privatgeheimnissen** im Informationsbestand der Behörden und Gerichte (*Eisenberg* Beweisrecht der StPO, Rn. 1259; *Meyer-Goßner/Schmitt* § 54 Rn. 1; KMR/*Neubeck* § 54 Rn. 1; einschränkend SK-StPO/*Rogall* § 54 Rn. 4) erscheint dabei kaum angebracht (LR/*Ignor/Bartheau* § 54 Rn. 1), weil auch der dienstliche Umgang mit gerichtlich oder behördlich bekannt gewordenen Privatgeheimnissen unter dem Aspekt der Verschwiegenheitspflicht der Amtsträger der Pflicht zur Amtsverschwiegenheit unterliegt, der nur ausnahmsweise bei Kollision mit höherrangigen Interessen, einschließlich dem Interesse an vollständiger und wahrheitsgemäßer Sachverhaltsaufklärung im Strafprozess, zurücktreten muss.

2 § 54 betrifft nur die **Vernehmung** von Richtern, Beamten und anderen Personen des öffentlichen Dienstes **als Zeugen**, nicht als Beschuldigte (LR/*Ignor/Bartheau* § 54 Rn. 3; SK-StPO/*Rogall* § 54 Rn. 6). Die Verschwiegenheitspflicht gilt **auch nach dem Ausscheiden** des Zeugen aus dem öffentlichen Dienst (*Eisenberg* Beweisrecht der StPO, Rn. 1259; LR/*Ignor/Bartheau* § 54 Rn. 4). Für **Auskunftsersuchen** (BGHSt 30, 34 [35 f.]) oder **Herausgabeverlangen** gilt nach herrschender Auffassung § 96 (*Ellbogen* Die verdeckte Ermittlungstätigkeit der Strafverfolgungsbehörden durch die Zusammenarbeit mit V-Personen und Informanten, 2004, S. 141).

3 Richter, Beamte und andere Angehörige des öffentlichen Dienstes unterliegen im öffentlichen Recht durch Gesetz oder Vertrag einer **Pflicht zur Amtsverschwiegenheit** (*Meyer-Goßner/Schmitt* § 54 Rn. 1), die nach **Abs. 1** im Strafverfahren dadurch geschützt wird, dass dort bei Vernehmungen die dienstrechtlichen Bestimmungen über Verschwiegenheitspflichten und Genehmigungsmöglichkeiten zu beachten sind. Entsprechendes gilt nach **Abs. 2** für Abgeordnete und Fraktionsangestellte der Parlamente. Für den Bundespräsidenten enthält **Abs. 3** eine Sonderbestimmung. Die Vorschrift begründet für die Strafverfolgungsorgane ein relatives **Verbot der Beweiserhebung** (*Eisenberg* Beweisrecht der StPO, Rn. 1259; SK-StPO/*Rogall* § 54 Rn. 2) durch Zeugenvernehmung ohne Beachtung der dienstrechtlichen Bestimmungen. Soweit die Pflicht zur Verschwiegenheit reicht, entfallen die Aussagebefugnis und die Aussagepflicht des Zeugen (*Meyer-Goßner/Schmitt* § 54 Rn. 2).

4 Der Zeuge muss über seine Verschwiegenheitspflicht **nicht durch das Gericht belehrt** werden (*Eisenberg* Beweisrecht der StPO, Rn. 1259; LR/*Ignor/Bartheau* § 54 Rn. 14; *Meyer-Goßner/Schmitt* § 54 Rn. 2; SK-StPO/*Rogall* § 54 Rn. 9), weil das Gesetz davon ausgeht, dass er sie aufgrund seiner dienstlichen Tätigkeit kennt. Ebenso wie in den Fällen der §§ 53, 53a wird aber unter besonderen Umständen eine Belehrungspflicht aus dem Gebot der **Fürsorge** des Gerichts für den Zeugen herzuleiten sein, wenn dieser sich erkennbar im Irrtum befindet. **Der Zeuge hat** grundsätzlich auf Ladung zur Vernehmung vor der Staatsanwaltschaft oder dem Gericht **zu erscheinen**, auch wenn er ein Zeugnisverweigerungsrecht hat (LR/*Ignor/Bartheau* § 54 Rn. 2; KK/*Senge* § 54 Rn. 1).

5 Wird dem Zeugen vom Dienstherrn eine **Aussagegenehmigung** erteilt, so ist er uneingeschränkt wie jeder andere Zeuge **zur Aussage verpflichtet**. Sagt er aus, obwohl eine **Genehmigung** des Dienstherrn **fehlt**, so bleiben seine **Angaben** nach vorherrschender Ansicht **verwertbar** (Rdn. 23). Ob das auch aber

dann noch gilt, wenn der Zeuge trotz **Verweigerung** der Aussagegenehmigung Angaben macht, erscheint zumindest zweifelhaft.

B. Betroffene Personen. I. Richter. Für **Berufsrichter** gelten nach §§ 46, 71 Abs. 1 DRiG 6
die beamtenrechtlichen Vorschriften (LR/*Ignor/Bartheau* § 54 Rn. 5). Von der Genehmigungspflicht werden nicht nur gerichtsverwaltungsmäßige Daten und Interna, sondern auch Aussagen über Informationen aus Verfahren, in denen der Richter als solcher, in der Praxis oftmals als Ermittlungsrichter, tätig geworden war, umfasst (*Eisenberg* Beweisrecht der StPO, Rn. 1261; LR/*Ignor/Bartheau* § 54 Rn. 5; *Meyer-Goßner/Schmitt* § 54 Rn. 8; KMR/*Neubeck* § 54 Rn. 4; SK-StPO/*Rogall* § 54 Rn. 14). Vor allem haben die Richter – möglicherweise bei Strafandrohung nach § 353b Abs. 1 StGB (OLG Köln NJW 2005, 1000 f.; a. A. OLG Düsseldorf NStZ 1981, 25 f.) – das **Beratungsgeheimnis** zu wahren (einschränkend OLG Naumburg NJW 2008, 3585 [3585]; krit. *Lamprecht* ZRP 2010, 117 ff.; *Mandla* ZIS 2009, 143 ff.), was aber unabhängig von der vorliegenden Vorschrift und ohne Rücksicht auf die Haltung des Dienstvorgesetzten zu geschehen hat (SK-StPO/*Rogall* § 54 Rn. 17). **Ehrenamtliche Richter** haben das Beratungsgeheimnis zu beachten; eine weiter gehende Verschwiegenheitspflicht wird meist ohne nähere Begründung verneint (*Eisenberg* Beweisrecht der StPO, Rn. 1261; LR/*Ignor/Bartheau* § 54 Rn. 5), weil die Laienrichter kein Mehr an Informationen aus dem gerichtlichen Informationsbestand erhalten und nur an der Verhandlung teilnehmen (*Ellbogen* DRiZ 2010, 136 ff.; *Nowak* JR 2006, 459 ff.); das ist aber nicht mehr ausreichend, sobald Laienrichtern nach dem ebenso »modernen« wie systemwidrigen Prozessrechtsverständnis auch Akteninhalte zur Kenntnis gebracht werden können; dann erstreckt sich ihre Verschwiegenheitspflicht naturgemäß auch hierauf.

II. Beamte. Die **Verschwiegenheitspflicht** (§ 67 Abs. 1 S. 1 BBG, § 37 Abs. 1 S. 1 BeamtStG und 7
entsprechende Regeln der Beamtengesetze der Länder) **hinsichtlich aller geheimhaltungsbedürftigen und nicht ohnehin offenkundigen Tatsachen** (§ 37 Abs. 2 S. 1 Nr. 2 BeamtStG) mit der Folge der Zeugnisverweigerungspflicht (§ 67 Abs. 3 S. 1 BBG; § 37 Abs. 3 S. 1 BeamtStG) bezieht sich ferner auf **Statusbeamte** (KK/*Senge* § 54 Rn. 6). Damit sind alle unmittelbaren und mittelbaren Bundes- und Landesbeamten sowie Ehrenbeamte gemeint (LR/*Ignor/Bartheau* § 54 Rn. 6). Sie müssen unter Berufung in das Beamtenverhältnis in einem öffentlichen Dienst- und Treueverhältnis zum Bund, zu einem Bundesland, einer Gemeinde, einer Körperschaft, Anstalt oder Stiftung des öffentlichen Rechts stehen (§ 4 BBG; § 3 Abs. 1 BeamtStG). Die Verschwiegenheitspflicht gehört zu den hergebrachten Grundsätzen des Berufsbeamtentums auch im Sinne von § 33 Abs. 5 GG (BVerwG NJW 1983, 638; *Eisenberg* Beweisrecht der StPO, Rn. 1260). Sie besteht auch nach Ende des Beamtenverhältnisses weiter (§ 67 Abs. 1 S. 2 BBG; § 37 Abs. 1 S. 2 BeamtStG).

III. Andere Personen im öffentlichen Dienst. Die Verschwiegenheitspflicht der **Angestellten im** 8
öffentlichen Dienst folgt aus § 3 TVöD und § 9 BAT (LR/*Ignor/Bartheau* § 54 Rn. 8). § 68 Abs. 1 BBG und § 37 Abs. 4 BeamtStG oder die entsprechenden Bestimmungen der Landesbeamtengesetze sind auf die Frage der Erteilung einer Aussagegenehmigung anzuwenden.

Eine Verschwiegenheitspflicht für andere Personen des öffentlichen Dienstes besteht im Übrigen, wenn 9
ihre Tätigkeit **funktional mit der Aufgabe einer Behörde** im weitesten Sinne **zusammenhängt**, sofern sie jedenfalls nicht nur völlig untergeordneter Art ist (LR/*Ignor/Bartheau* § 54 Rn. 9; *Meyer-Goßner/Schmitt* § 54 Rn. 10). So unterliegen Gemeinderatsmitglieder, Schiedsmänner, Geistliche außerhalb des Anwendungsbereichs von § 53 Abs. 1 Nr. 1, Mitarbeiter kirchlicher Beratungsstellen, Mitarbeiter öffentlich-rechtlicher Kreditinstitute (einschränkend BVerwG NVwZ 2012, 112 f.) oder Geschäftsführer einer Kreishandwerkerschaft der Schweigepflicht (*Eisenberg* Beweisrecht der StPO, Rn. 1262; LR/*Ignor/Bartheau* § 54 Rn. 9; KMR/*Neubeck* § 54 Rn. 6; *Radtke/Hohmann/Otte* § 54 Rn. 13). Ebenfalls zur Verschwiegenheit verpflichtet sind nach herrschender Meinung die **V-Leute** der Polizei, wenn sie mit den Ermittlungsbehörden länger zusammenarbeiten und für ihre Dienste entlohnt werden (BGHSt 50, 318 [328]) und wenn sie nach dem Verpflichtungsgesetz besonders zur Verschwiegenheit verpflichtet worden sind (OLG Hamburg NStZ 1994, 98; *Ellbogen* Die verdeckte Ermittlungstätigkeit der Strafverfolgungsbehörden durch die Zusammenarbeit mit V-Personen und Informanten, 2004, S. 177 f.; LR/*Ignor/Bartheau* § 54 Rn. 9; KMR/*Neubeck* § 54 Rn. 7; *Radtke/Hohmann/Otte* § 54 Rn. 11; nur für letzteren Fall *Gribbohm* NJW 1981, 305 [308]; SK-StPO/*Rogall* § 54 Rn. 27; KK/*Senge* § 54 Rn. 9). Keine Personen des öffentlichen Dienstes sind sonstige **Zeugen, die in ein Zeugenschutzpro-**

§ 54 StPO Aussagegenehmigung für Angehörige des öffentlichen Dienstes

gramm aufgenommen werden, auch wenn sie insoweit zur Verschwiegenheit verpflichtet werden (BGHSt 50, 318 [326 f.] m. Anm. *Eisenberg/Reuther* JR 2006, 346 ff.).

10 Auf **Soldaten** ist die vorliegende Vorschrift entsprechend anzuwenden; denn Soldaten sind nach § 14 SG, der im Wesentlichen den beamtenrechtlichen Normen entspricht, zur Verschwiegenheit verpflichtet (LR/*Ignor/Bartheau* § 54 Rn. 11; SK-StPO/*Rogall* § 54 Rn. 29).

11 Hinsichtlich der **Datenschutzbeauftragten** gelten in den Ländern z.T. Sonderbestimmungen, z.T. die beamtenrechtlichen Vorschriften entsprechend (LR/*Ignor/Bartheau* § 54 Rn. 10). Jedenfalls zählen sie zu den Personen im öffentlichen Dienst (vgl. § 22 Abs. 4 S. 1 BDSG).

12 Auch für **EU-Bedienstete** besteht eine Verschwiegenheitspflicht. Sie dürfen über Tatsachen, die ihnen anlässlich ihrer amtlichen Tätigkeit bekannt geworden sind, nur mit Zustimmung ihrer Anstellungsbehörde im Strafverfahren aussagen (*Eisenberg* Beweisrecht der StPO, Rn. 1264; LR/*Ignor/Bartheau* § 54 Rn. 12; *Meyer-Goßner/Schmitt* § 54 Rn. 14; KMR/*Neubeck* § 54 Rn. 9). Die Zustimmung darf nur versagt werden, wenn die Interessen der Gemeinschaft es erfordern, es sei denn, den Beamten würden durch die Versagung strafrechtliche Folgen treffen.

13 **C. Verhalten der betroffene Personen.** Der Zeuge entscheidet nach vorherrschender Ansicht **selbst über Bestehen**, insbesondere nach den Kriterien aus § 37 Abs. 2 S. 1 Nr. 2 BeamtStG oder § 14 Abs. 1 Satz 2 SG, **und den Umfang seiner Verschwiegenheitspflicht** (*Eisenberg* Beweisrecht der StPO, Rn. 1266; LR/*Ignor/Bartheau* § 54 Rn. 14; KMR/*Neubeck* § 54 Rn. 11; SK-StPO/*Rogall* § 54 Rn. 44). Er muss demnach beurteilen, ob eine Tatsache bereits offenkundig geworden oder mangels Bedeutsamkeit nicht geheimhaltungsbedürftig ist. Im Zweifel muss er die Aussage verweigern (LR/*Ignor/Bartheau* § 54 Rn. 14; *Meyer-Goßner/Schmitt* § 54 Rn. 15; KMR/*Neubeck* § 54 Rn. 11). Ist er zur Aussage bereit, so darf ihn das Gericht dennoch eigentlich nicht zu erkennbar geheimhaltungsbedürftigen Tatsachen vernehmen. Geschieht dies aber doch, so entsteht nach vorherrschender Ansicht indes **kein Beweisverwertungsverbot** (*Meyer-Goßner/Schmitt* § 54 Rn. 15).

14 **Ermittlungspersonen** und **Beamte der Staatsanwaltschaft** können im Strafverfahren, an dem sie als Sachbearbeiter der Ermittlungsbehörde beteiligt sind, grundsätzlich auch als Zeugen vernommen werden, sofern nicht allgemein oder für bestimmte Einzelfälle eine Genehmigungspflicht angeordnet wurde (*Eisenberg* Beweisrecht der StPO, Rn. 1266; LR/*Ignor/Bartheau* § 54 Rn. 14; *Meyer-Goßner/Schmitt* § 54 Rn. 15; KMR/*Neubeck* § 54 Rn. 11). Gleiches gilt für Vertreter der Gerichtshilfe oder der **Jugendgerichtshilfe**.

15 **D. Maßnahmen von Gericht, Verfahrensbeteiligten und Dienstherrn der Zeugen. I. Einholung der Aussagegenehmigung.** Die Aussagegenehmigung ist **von Amts wegen** einzuholen (BGH NStZ 2001, 656; LR/*Ignor/Bartheau* § 54 Rn. 15; SK-StPO/*Rogall* § 54 Rn. 45). Von der in der Sache gem. § 244 Abs. 2 gebotenen Vernehmung eines Zeugen, der einer Pflicht zur Wahrung der Amtsverschwiegenheit unterliegt, darf insbesondere das Gericht im Rahmen seiner Aufklärungspflicht nur dann absehen, wenn es zunächst versucht hat, die Erteilung einer Aussagegenehmigung herbeizuführen (*Eisenberg* Beweisrecht der StPO, Rn. 1267; *Meyer-Goßner/Schmitt* § 54 Rn. 17). **Zuständig** für die Einholung der Genehmigung ist **das Gericht, die Staatsanwaltschaft oder Polizeibehörde**, die den Zeugen vernehmen will (KMR/*Neubeck* § 54 Rn. 12; KK/*Senge* § 54 Rn. 13). Der Zeuge ist hingegen nicht darauf zu verweisen, selbst eine Aussagegenehmigung einzuholen (LR/*Ignor/Bartheau* § 54 Rn. 15). Bestehen seitens des zuständigen Richters oder Staatsanwalts Zweifel am tatsächlichen Vorliegen einer gegebenenfalls mündlich erteilten Aussagegenehmigung, so ist beim Dienstvorgesetzten nachzufragen. Beantragen andere **Prozessbeteiligte**, insbesondere Verteidiger oder Nebenkläger, die Vernehmung eines Zeugen, der der Verschwiegenheitspflicht unterliegt, oder machen sie von ihrem Selbstladungsrecht Gebrauch (LR/*Ignor/Bartheau* § 54 Rn. 15), so können auch sie eine Aussagegenehmigung anfordern (*Meyer-Goßner/Schmitt* § 54 Rn. 17; KMR/*Neubeck* § 54 Rn. 13; SK-StPO/*Rogall* § 54 Rn. 46). Mit dem Antrag müssen der zuständigen Stelle die Vorgänge, über die der Zeuge vernommen werden soll, mitgeteilt werden. Dazu genügt die **Angabe des Beweisthemas** (LR/*Ignor/Bartheau* § 54 Rn. 16; *Meyer-Goßner/Schmitt* § 54 Rn. 18).

16 **II. Erteilung und Widerruf oder Versagung der Aussagegenehmigung. 1. Zuständigkeit.** Die Aussagegenehmigung erteilt **der Dienstvorgesetzte** des Zeugen (*Ellbogen* Die verdeckte Ermittlungs-

tätigkeit der Strafverfolgungsbehörden durch die Zusammenarbeit mit V-Personen und Informanten, 2004, S. 178 ff.; KMR/*Neubeck* § 54 Rn. 14; SK-StPO/*Rogall* § 54 Rn. 49; KK/*Senge* § 54 Rn. 14), nach Beendigung der Tätigkeit **der letzte Dienstvorgesetzte** (vgl. § 67 Abs. 3 S. 2 BBG; § 37 Abs. 3 S. 2 BeamtStG). Bei einem Wechsel des Dienstherrn gelten § 37 Abs. 3 S. 3 BeamtStG, § 67 Abs. 3 S. 3 BBG oder funktional entsprechende Vorschriften. Untersteht ein Zeuge mehreren Behörden, so ist **der Disziplinarvorgesetzte** zuständig (*Eisenberg* Beweisrecht der StPO, Rn. 1268; *Meyer-Goßner/Schmitt* § 54 Rn. 19).

Für Ermittlungspersonen der Staatsanwaltschaft erteilt nach herrschender Meinung der polizeiliche **17** Dienstvorgesetzte, nicht der Leiter der Staatsanwaltschaft die Aussagegenehmigung (LR/*Ignor/Bartheau* § 54 Rn. 17; *Meyer-Goßner/Schmitt* § 54 Rn. 19). Für V-Leute soll auch beim repressiv-polizeilichen Einsatz das **Innenressort** zuständig sein (BGHSt 32, 115 [123 f.]; 41, 36 [38 ff.]), was aber dem Prinzip der Verfahrensherrschaft der zum **Justizressort** gehörenden Staatsanwaltschaft widerspricht (*Ellbogen* Die verdeckte Ermittlungstätigkeit der Strafverfolgungsbehörden durch die Zusammenarbeit mit V-Personen und Informanten, 2004, S. 143 ff., 180 f.) und letztlich auf einer dem Strafprozessrechtssystem sachlich unangemessenen Verpolizeilichung des Strafverfahrens beruht.

2. Form. Die Genehmigung kann im Eilfall **mündlich** erteilt werden, sie wird vor allem zur Doku- **18** mentation aber sonst regelmäßig **schriftlich** erklärt (*Ellbogen* Die verdeckte Ermittlungstätigkeit der Strafverfolgungsbehörden durch die Zusammenarbeit mit V-Personen und Informanten, 2004, S. 183; LR/*Ignor/Bartheau* § 54 Rn. 18).

3. Maßstab. Die Genehmigung »**darf nur**« versagt werden, wenn die Aussage dem **Wohl des Bundes** **19** **oder eines** deutschen **Landes Nachteile** bereiten (SK-StPO/*Rogall* § 54 Rn. 59 f.) oder die **Erfüllung öffentlicher Aufgaben**, insbesondere hinsichtlich der Funktionstüchtigkeit der Exekutive bei der Gewährung von Vertraulichkeitszusagen (SK-StPO/*Rogall* § 54 Rn. 61), ernstlich gefährden oder erheblich erschweren würde (§ 68 Abs. 1 BBG, § 37 Abs. 4 Satz 1 BeamtStG). Die Behörde hat nach dem Wortlaut der Norm eigentlich keinen Ermessensspielraum (*Meyer-Goßner/Schmitt* § 54 Rn. 20; krit. LR/*Ignor/Bartheau* § 54 Rn. 21; a. A. *Eisenberg* Beweisrecht der StPO, Rn. 1269; KMR/*Neubeck* § 54 Rn. 15; *Radtke/Hohmann/Otte* § 54 Rn. 18). Gleichwohl sollen das Geheimhaltungsinteresse der Behörde gegen das Sachaufklärungs- und Verteidigungsinteresse im Strafverfahren abgewogen werden (SK-StPO/*Rogall* § 54 Rn. 63); das passt nicht zusammen. Der Widerspruch wird nur dann rechtlich zutreffend aufgelöst, wenn der Mischtatbestand so interpretiert wird, dass dem Dienstvorgesetzten oder der obersten Dienstbehörde zwar auf der Tatbestandsseite **kein Beurteilungsspielraum**, bei der Rechtsfolgenbeurteilung **aber ein Ermessen** eingeräumt wird (SK-StPO/*Rogall* § 54 Rn. 43).

Wird ein Ermittlungsbeamter oder polizeilicher V-Mann im Fall der Zeugenaussage im Strafprozess **20** gegen eine Zielperson oder das Mitglied einer von ihm ausgeforschten kriminellen Szene einer **Lebens- oder Leibesgefahr** ausgesetzt, so kann darin nach der vorherrschenden Ansicht ein Nachteil für das Wohl des Landes liegen, der die Versagung der Aussagegenehmigung rechtfertigt (BVerfGE 57, 250 [285]; BGHSt 36, 159 [164]; *Meyer-Goßner/Schmitt* § 54 Rn. 20). Für Abwägungen bleibt dann wenig Raum (*Ellbogen* Die verdeckte Ermittlungstätigkeit der Strafverfolgungsbehörden durch die Zusammenarbeit mit V-Personen und Informanten, 2004, S. 147). Nach langem Zeitablauf bedarf die Annahme einer weiter bestehenden Geheimhaltungsbedürftigkeit dagegen zumindest näherer Begründung (OVG Berlin StV 1984, 279 [280]). Die Gefahr der Enttarnung von Mittelsmännern ist ein gebräuchlicher Grund für die Versagung der Aussagegenehmigung (KK/*Senge* § 54 Rn. 17). Stets ist zu prüfen, ob **andere Maßnahmen als die Versagung** der Aussagegenehmigung, etwa nach §§ 68 Abs. 3, 223 Abs. 1, 247, 247a StV, § 169 GVG, das Geheimhaltungsinteresse in ausreichender Weise wahren können, ohne ebenso tief in die Kompetenz des Strafgerichts zur Sachverhaltsaufklärung einzugreifen (OVG Berlin StV 1984, 280 [281]).

4. Begründung. Bei der Versagung einer Aussagegenehmigung muss die Behörde die Gründe dafür **21** so weit mitteilen, dass das **Gericht in die Lage versetzt wird, auf die Beseitigung etwaiger Hindernisse hinzuwirken** und auf die Bereitstellung des bestmöglichen Beweises drängen zu können (BVerfGE 57, 250 [288]; BGHSt 36, 44 [49]; LR/*Ignor/Bartheau* § 54 Rn. 21; *Meyer-Goßner/Schmitt* § 54 Rn. 21; KMR/*Neubeck* § 54 Rn. 16). Meist beschränken sich die Behörden auf formelhafte Mitteilungen, um nicht mittelbar das zu wahrende Dienstgeheimnis preiszugeben. Der Ausweg, das Geheimnis in einem »in camera-Verfahren« (vgl. für den Verwaltungsprozess BVerfGE 101, 106 [128 ff.]) lediglich dem Strafgericht zu offenbaren, bietet sich im Strafverfahren nicht, weil dies hier einen inakzeptablen Verstoß gegen den Anspruch auf rechtliches Gehör der Beteiligten begründen würde (BVerfGE 57, 250 [288]).

22 **5. Beschränkung.** Die Versagung der Aussagegenehmigung kann unter Erteilung der Genehmigung im Übrigen **auf Tatkomplexe** des Verfahrens **oder bestimmte Fragen** beschränkt werden (*Eisenberg* Beweisrecht der StPO, Rn. 1270; *Ellbogen* Die verdeckte Ermittlungstätigkeit der Strafverfolgungsbehörden durch die Zusammenarbeit mit V-Personen und Informanten, 2004, S. 184; LR/*Ignor/Bartheau* § 54 Rn. 29; *Meyer-Goßner/Schmitt* § 54 Rn. 22; *Radtke/Hohmann/Otte* § 54 Rn. 19; SK-StPO/*Rogall* § 54 Rn. 54). So kann – insbesondere nach einer Vertraulichkeitszusage – die **Identität** eines Anzeigeerstatters oder eines V-Manns geheim gehalten werden (SK-StPO/*Rogall* § 54 Rn. 55).

23 **6. Widerruf.** Eine Aussagegenehmigung kann **jederzeit** widerrufen werden (*Eisenberg* Beweisrecht der StPO, Rn. 1270; LR/*Ignor/Bartheau* § 54 Rn. 20; *Meyer-Goßner/Schmitt* § 54 Rn. 23; KMR/*Neubeck* § 54 Rn. 18; SK-StPO/*Rogall* § 54 Rn. 56; KK/*Senge* § 54 Rn. 18). Vor dem Widerruf **gemachte Aussagen** des Zeugen bleiben nach herrschender Meinung **verwertbar** (LR/*Ignor/Bartheau* § 54 Rn. 20; KMR/*Neubeck* § 54 Rn. 18). Wird die Aussagegenehmigung aber erst nach Abschluss der Aussage widerrufen, bleibt der Widerruf wirkungslos.

24 **III. Folgen von Erteilung und Widerruf oder Versagung der Aussagegenehmigung. 1. Bindung der Strafjustizorgane an die Behördenentscheidung.** Die Behördenentscheidung bindet – im Gegensatz zu einer behördlichen erteilten Vertraulichkeitszusage (BGH StV 2012, 5) – nach herrschender Meinung die Strafjustizorgane (BGHSt 33, 178 [179 f.]; BGH NStZ 1994, 98 [99]; *Eisenberg* Beweisrecht der StPO, Rn. 1271; KMR/*Neubeck* § 54 Rn. 20; *Radtke/Hohmann/Otte* § 54 Rn. 21; SK-StPO/*Rogall* § 54 Rn. 65; KK/*Senge* § 54 Rn. 19), sodass diese eine **Zeugenaussage nicht erzwingen** können (*Ellbogen* NStZ 2007, 310 f.). Nach Erteilung der Aussagegenehmigung muss der Zeuge im Rahmen der **Aufklärungspflicht** vom Gericht vernommen werden, auch wenn er selbst Bedenken gegen die Offenbarung des Wissens hätte (LR/*Ignor/Bartheau* § 54 Rn. 19; *Meyer-Goßner/Schmitt* § 54 Rn. 24). Soweit die Genehmigung versagt wird, darf er vom Gericht nicht vernommen werden (BGH StV 2003, 316), auch wenn das Gericht die Versagungsgründe nicht für zutreffend hält (*Meyer-Goßner/Schmitt* § 54 Rn. 24; KMR/*Neubeck* § 54 Rn. 20); Fragen an den Zeugen durch Prozessbeteiligte sind dann ebenfalls nicht zulässig.

25 Dies gilt auch, wenn das Gericht die Versagungsgründe als rechtswidrig ansieht. Es muss gegebenenfalls **Gegenvorstellungen** erheben und die **Entscheidung der obersten Dienstbehörde** (BGH StV 1987, 284; 1989, 377) herbeiführen (BGHSt 33, 178 [180]; 36, 159 [161]; 42, 175 [178]; SK-StPO/*Rogall* § 54 Rn. 67), es sei denn die Entscheidung der Behörde erscheine sachgerecht; dann ist sie vom Gericht hinzunehmen (OLG Hamm NJW 1970, 821). **Sagt der Zeuge aus**, obwohl keine Aussagegenehmigung vorliegt oder diese angelehnt wurde, so bleibt seine Aussage nach herrschender Meinung für das Strafgericht **verwertbar** (*Eisenberg* Beweisrecht der StPO, Rn. 1266; *Meyer-Goßner/Schmitt* § 54 Rn. 2).

26 **2. Beweisrechtliche Folgen.** Mit Versagung der Aussagegenehmigung oder mit dem Wirksamwerden eines Widerrufs wird der Zeuge ein **unzulässiges Beweismittel** (LR/*Ignor/Bartheau* § 54 Rn. 26; *Meyer-Goßner/Schmitt* § 54 Rn. 25; KMR/*Neubeck* § 54 Rn. 21; Radtke/Hohmann/*Otte* § 54 Rn. 22; SK-StPO/*Rogall* § 54 Rn. 68). Eine staatsanwaltschaftliche oder gerichtliche Vernehmung scheidet aus. Fragen der Prozessbeteiligten an den Zeugen sind unzulässig und nach § 241 Abs. 2 zurückzuweisen (*Eisenberg* Beweisrecht der StPO, Rn. 1271). **Beweisanträge** sind nach §§ 244 Abs. 3 Satz 1, 245 Abs. 2 S. 2 **abzulehnen** (BGHSt 30, 34 [37]; KMR/*Neubeck* § 54 Rn. 21). Damit wird das Recht auf wirksame Verteidigung beschränkt (BGHSt 36, 44 [48]; BGH StV 2007, 505 [506]), was eine Kompensation erforderlich macht, die aber nach der Rechtsprechung in ausreichendem Maß dadurch bewirkt wird, dass die verbleibenden Belastungsbeweise besonders vorsichtig und zurückhaltend gewürdigt werden (Rdn. 29). Bei der Beweiswürdigung kann auch die Versagung der Genehmigung, gegebenenfalls mit der Folge der Unmöglichkeit einer Ausübung des Konfrontationsrechts aus Art. 6 Abs. 3 Buchst. d) EMRK (BVerfG StV 2010, 337 [338]), zwar von Rechts wegen berücksichtigt werden (*Meyer-Goßner/Schmitt* § 54 Rn. 26, sie besitzt aber für sich genommen regelmäßig keine Aussagekraft.

3. Kompensation des behördlich verursachten Beweisdefizits. Die behördliche Verursachung 27
eines Beweisdefizits durch eine für die Strafjustizorgane bindende und die Verfahrensbeteiligten nicht
zu ihrem Recht kommen lassende Verwaltungsentscheidung bedarf der **Kompensation, weil** hier immerhin **die Exekutive in die gerichtliche Sachverhaltsaufklärung eingreift** und zugleich verfassungs-
und konventionsrechtlich verankerte **subjektive Rechte des Angeklagten beschränkt**. In Betracht zu
ziehen sind Verfahrenshindernis-, Beweisverbots-, Beweiswürdigungs- und Strafzumessungslösungen
(vgl. § 136 Rdn. 79), von denen aber tendenziell zunächst die Verfahrenshindernislösung als im Allgemeinen zu weitgehend und die Strafzumessungslösung (BGH StV 1989, 237) als völlig unpassend
auszuscheiden sind, sodass im Allgemeinen nur noch Beweiswürdigungs- und Beweisverbotslösungen
im Mittelpunkt der Diskussion bleiben (SK-StPO/*Rogall* § 54 Rn. 79).

a) **Beweiswürdigungslösung.** Bei Unerreichbarkeit gesperrter V-Leute als Zeugen in der Hauptver- 28
handlung kann nach herrschender Ansicht ein **Zeuge vom Hörensagen** (*Ellbogen* Die verdeckte Ermittlungstätigkeit der Strafverfolgungsbehörden durch die Zusammenarbeit mit V-Personen und Informanten, 2004, S. 258 ff.), namentlich der Führungsbeamte, über die außergerichtlichen Angaben des
V-Manns vernommen werden (BVerfG StV 2010, 337 [338 ff.] m. Anm. *Safferling*; BGHSt 36, 159
[162 ff.]; 49, 112 [119]). Das Zeugnis vom Hörensagen ist als solches nicht unverwertbar (BGHSt
33, 178 [181]; *Ellbogen* NStZ 2007, 310 [311]; *Gribbohm* NJW 1981, 305), es besitzt aber nur reduzierten Beweiswert und kann nach der Rechtsprechung ohne Zusatzindizien zur Absicherung des Beweisbildes eine Verurteilung nicht tragen (BVerfGE 57, 250 [292 f.]; BVerfG StV 2010, 337 [338]
m. Anm. *Safferling*; BGHSt 33, 178 [181]; 49, 112 [120]).

Die Kompensation des behördlich verursachten Beweisdefizits im Rahmen der von der Rechtsprechung 29
für erforderlich und ausreichend gehaltenen **besonders vorsichtigen Beweiswürdigung** (BVerfG StV
2010, 337 [338 ff.] m. Anm. *Safferling*; BGHSt 49, 112 [120 ff.]; *Radtke/Hohmann/Otte* § 54 Rn. 23;
krit. *Ellbogen* Die verdeckte Ermittlungstätigkeit der Strafverfolgungsbehörden durch die Zusammenarbeit mit V-Personen und Informanten, 2004, S. 249 ff., 261) hat durch Neubewertung der übrigen
Indizien und Berücksichtigung der Tatsache des Beweisdefizits zu erfolgen. Dessen Beweisgewicht
ist aber letztlich unkalkulierbar, sodass auch »große Sorgfalt« bei der Würdigung des restlichen Beweisbildes in der schriftlichen Urteilsbegründung eine Fehlbewertung nicht verhindern kann. **Empirische
Belege** oder auch nur Versuche einer Validierung und Reliabilitätskontrolle der intuitiven Annahme der
Rechtsprechung, die Tatgerichte seien dennoch in der Lage die Beweislücke ohne erhebliche Einbußen
an Richtigkeitsgewähr für Verurteilungen zu bewältigen, sodass ein Beweisverwertungsverbot für Sekundärbeweismittel nicht geboten sei (BVerfG StV 2010, 337 [338]), **fehlen** bisher völlig.

b) **Zurückweisung einer Beweisverbotslösung durch die bisherige Rechtsprechung.** Die Rechts- 30
behauptung, es gebe »keinen Verfassungsrechtssatz« (BVerfG StV 2010, 337 [338]), der ein Beweisverwertungsverbot für Sekundärbeweismittel **bei behördlicher Sperrung des Primärbeweises** im verpolizeilichten Strafverfahren gebiete, ist letztlich eine **Ergebnisbehauptung ohne dogmatische
Begründung.** Tatsächlich ist die Verschiebung der Gewichte dahin, dass die Polizei im Bereich der
Strafverfolgung in einer für die an sich mit Leitungsmacht im Vorverfahren ausgestatteten Staatsanwaltschaften und später für die eigentlich verfahrensbeherrschenden Gerichte völlig unüberprüfbaren Weise
V-Leute einsetzen (vgl. Anl. D zu den RiStBV; dazu *Ellbogen* Die verdeckte Ermittlungstätigkeit der
Strafverfolgungsbehörden durch die Zusammenarbeit mit V-Personen und Informanten, 2004,
S. 45 ff., 133 f.), deren angebliche Erkenntnisse in den Prozess einbringen und das Primärbeweismittel
bis zur Unerreichbarkeit und Verhinderung einer unmittelbaren sowie konfrontativen Zeugenvernehmung sperren können, mit den gesetzlichen Strukturen des deutschen Strafverfahrensrechts derart unvereinbar, dass nur das Gegenteil der Rechtsbehauptung überzeugend wirken sollte.

Der **ohne gesetzliche Grundlage** durchgeführte Einsatz von besonders für den öffentlichen Dienst ver- 31
pflichteten, zumindest im Grenzbereich zu § 136a Abs. 1 S. 3 heimlich für ihre Tätigkeit und ihre Aussagen im Vorverfahren bezahlte (*Eschelbach* StV 2000, 390 [367]), durch paralegale Vertraulichkeitszusagen geschützten, aber als Zeugen für die gerichtliche Untersuchung gesperrten V-Leuten, deren
Verpflichtung, Einsatzauftrag und Einsatzmeldungen auch in den Akten des Strafverfahrens nicht dokumentiert werden, ist eine markante **Umgehung der zentralen Grundsätze der Strafprozessordnung**,
darunter den Grundsätzen der Aktenwahrheit und Aktenvollständigkeit (LG Berlin StV 1986, 96). Die
Grundsätze sind in Vergessenheit geraten, die Ausnahmeregeln werden heute als alleinige Prämisse da-

hin bewertet, es gebe keinen abweichenden Rechtssatz, und auf dieser Grundlage wird ohne empirische und dogmatische Belege die Nichtberechtigung eines Beweisverwertungsverbots behauptet. Das geschieht letztlich ohne Rücksicht auf rechtsstaatliche Defizite alleine aus Gründen der Praktikabilität der polizeilichen Ermittlungstätigkeit. Dagegen müssen weiterhin Bedenken angemeldet werden. Ziff. I.3.2. der – nicht durch den Bund in Kraft gesetzten – Anlage D zu den RiStBV, macht die bisherige Absicht der Gesetzesumgehung deutlich, indem dort bestimmt wird: »Informanten dürfen nur in Anspruch genommen, V-Personen nur eingesetzt werden, wenn die Aufklärung sonst aussichtslos oder wesentlich erschwert wäre. Werden sie in Anspruch genommen bzw. eingesetzt, so ist Ziel der weiteren Ermittlungen das Beschaffen von Beweismitteln, die den strafprozessualen Erfordernissen der Unmittelbarkeit der Beweisaufnahme entsprechen und einen Rückgriff auf diese Personen erübrigen.« Das spricht für sich.

32 Auf dieser Grundlage werden heute oftmals V-Personen eingesetzt, deren Einsatz und Honorierung in den Strafakten, die – mit dem nichtssagenden Vermerk beginnen: »dienstlich wurde bekannt...« (*Ellbogen* Die verdeckte Ermittlungstätigkeit der Strafverfolgungsbehörden durch die Zusammenarbeit mit V-Personen und Informanten, 2004, S. 134) – nach § 199 dem Gericht vorgelegt werden, nicht einmal klar erkennbar ist. Der rechtsstaatlich bedenkliche **Befund** eines großen Bereichs völlig unbekannter, anonymer und gezielt ohne gesetzliche Grundlage **geheim gehaltener Ermittlungstätigkeiten** mithilfe staatlich entlohnter Personen von zweifelhaftem Ruf (*Eschelbach* StV 2000, 390 [396 f.]), wird im Gesamtergebnis kaschiert. Es fehlt aber eine rechtsstaatliche Legitimation dafür. Das Prinzip vom Vorrang und vom Vorbehalt des Gesetzes (*Ellbogen* Die verdeckte Ermittlungstätigkeit der Strafverfolgungsbehörden durch die Zusammenarbeit mit V-Personen und Informanten, 2004, S. 58 ff., 102 ff.) ist jedenfalls nicht gewahrt (*Eschelbach* StV 2000, 390 [391 f.]).

33 **c) Zurückweisung einer Wahrunterstellung und einer Verfahrenshindernislösung.** Ob eine behauptete Beweistatsache als wahr unterstellt werden muss, deren Klärung durch Verweigerung der Aussagegenehmigung unmöglich geworden ist, bleibt streitbar, auch wenn die heute herrschende Meinung dies ablehnt (BGHSt 49, 112 [122]; *Meyer-Goßner/Schmitt* § 54 Rn. 26; *Radtke/Hohmann/Otte* § 54 Rn. 23; SK-StPO/*Rogall* § 54 Rn. 69; ausführlich a. A. *H.E. Müller* Behördliche Geheimhaltung und Entlastungsvorbringen des Angeklagten, 1992, S. 67 ff.; s.a. BGH NStZ 1981, 70). Kann der Mangel der Beweisgrundlagen endgültig nicht kompensiert werden, dann kommt im Extremfall nach erfolgloser Ausschöpfung aller minderen Kompensationsmöglichkeiten sogar ein Verfahrenshindernis von Verfassungs wegen infrage (BGH StV 2007, 505 [506]), das derzeit aber mehr Gegner als Anhänger in der Richterschaft findet.

34 **d) Anfechtung der Behördenentscheidung.** Aus der Aufklärungspflicht (LR/*Ignor/Bartheau* § 54 Rn. 22; KMR/*Neubeck* § 54 Rn. 19) folgt eine **Verpflichtung des Gerichts zur** Erhebung einer **Gegenvorstellung** gegen eine Versagung der Genehmigung, wenn der Zeuge in der Sache ein entscheidungserhebliches Beweismittel sein könnte und die behördliche Versagungsentscheidung fehlerhaft erscheint oder nicht substanziiert begründet wurde (BVerfGE 57, 250 [288]; BGHSt 32, 115 [126]; 36, 44 [49]; 42, 175 [176 f.]; *Eisenberg* Beweisrecht der StPO, Rn. 1271; *Ellbogen* Die verdeckte Ermittlungstätigkeit der Strafverfolgungsbehörden durch die Zusammenarbeit mit V-Personen und Informanten, 2004, S. 185; *Radtke/Hohmann/Otte* § 54 Rn. 20). Anders soll es zu bewerten sein, wenn die Verweigerung der Aussagegenehmigung berechtigt erscheint (*Meyer-Goßner/Schmitt* § 54 Rn. 27).

35 **Verfahrensbeteiligte**, die ein rechtliches Interesse an der Aussage besitzen, können die Entscheidung der Behörde anfechten. Klagebefugt sind auch Neben- und Privatkläger, nicht aber das Gericht oder die Staatsanwaltschaft (für letztere a. A. *Ellbogen* NStZ 2007, 310 [311 f.]). Für die Klage ist – nach dem einmal beschrittenen Weg zur Einordnung der Maßnahmen unter das Innenressort zu Unrecht (*Ellbogen* Die verdeckte Ermittlungstätigkeit der Strafverfolgungsbehörden durch die Zusammenarbeit mit V-Personen und Informanten, 2004, S. 163 ff.), aber folgerichtig – der **Verwaltungsrechtsweg** eröffnet (BGHSt 44, 107 [111 ff.]; BGH StV 2007, 505 [507]; KG StV 1996, 531; OVG Berlin StV 1984, 280; *Eisenberg* Beweisrecht der StPO, Rn. 1272; LR/*Ignor/Bartheau* § 54 Rn. 24; *Meyer-Goßner/Schmitt* § 54 Rn. 28; KMR/*Neubeck* § 54 Rn. 19; *Radtke/Hohmann/Otte* § 54 Rn. 20; SK-StPO/ *Rogall* § 54 Rn. 70), nicht der Weg nach § 23 EGGVG (so aber *Ellbogen* Die verdeckte Ermittlungstätigkeit der Strafverfolgungsbehörden durch die Zusammenarbeit mit V-Personen und Informanten, 2004, S. 186). Dies gilt auch, wenn eine versagte Genehmigung für einen Richter oder Justizbeamten angefochten werden soll (LR/*Ignor/Bartheau* § 54 Rn. 24). Wird die Aussagegenehmigung erteilt, so kann der Beamte selbst dies nach vorherrschender Ansicht nicht mit Widerspruch oder Anfechtungsklage beanstanden, auch wenn er sich gefährdet fühlt (*Meyer-Goßner/Schmitt* § 54 Rn. 28).

Die Prozessbeteiligten haben nach herrschender Meinung keinen Anspruch auf **Aussetzung des Strafverfahrens** bis zur Entscheidung über die Gegenvorstellung oder Klage (*Ellbogen* Die verdeckte Ermittlungstätigkeit der Strafverfolgungsbehörden durch die Zusammenarbeit mit V-Personen und Informanten, 2004, S. 246 ff.; LR/*Ignor/Bartheau* § 54 Rn. 25; KMR/*Neubeck* § 54 Rn. 19; SK-StPO/*Rogall* § 54 Rn. 73). Jedoch kann die **Aufklärungspflicht** des Gerichts im Einzelfall eine Aussetzung gebieten (*Eisenberg* Beweisrecht der StPO, Rn. 1272; *Meyer-Goßner/Schmitt* § 54 Rn. 29). Dass über die Voraussetzungen der Einführung eines Beweismittels in den Strafprozess vor einem Gericht eines anderen Gerichtszweigs prozessiert werden muss, weckt aber generell Bedenken (*Gusy* StV 2001, 271 [272]) und deutet erneut eine Fehlentwicklung an. 36

E. Sonderregeln für Abgeordnete, Regierungsmitglieder und den Bundespräsidenten. Für Angehörige der Parlamente besteht ebenfalls eine Verschwiegenheitspflicht. Für Bundestagsmitglieder ergibt sich dies aus § 44d AbgG, für Fraktionsangestellte aus § 49 AbgG, für Mitglieder der Bundesregierung aus §§ 6 ff. BMinG. In den Bundesländern gelten ähnliche Vorschriften. Insoweit ist eine Übertragung auf das Strafverfahren nach der vorliegenden Vorschrift erfolgt. 37

Der Bundespräsident hat selbst darüber zu entscheiden, ob er aussagt oder nicht (*Eisenberg* Beweisrecht der StPO, Rn. 1265; LR/*Ignor/Bartheau* § 54 Rn. 33; KMR/*Neubeck* § 54 Rn. 22). Das Gericht muss seine Entscheidung akzeptieren; es kann vom Bundespräsidenten auch keine Begründung verlangen. 38

F. Revision. Ein Verstoß gegen die vorliegende Vorschrift kann eine Revision nach überkommener Rechtsprechung meist nicht begründen, weil nach überholt wirkender Annahme von einem Rechtsfehler der **Rechtskreis des Angeklagten nicht betroffen** sein soll (BGH NJW 1952, 151; KMR/*Neubeck* § 54 Rn. 24; *Radtke/Hohmann/Otte* § 54 Rn. 26; SK-StPO/*Rogall* § 54 Rn. 80; krit. LR/*Ignor/Bartheau* § 54 Rn. 34). Infrage kommt aber jedenfalls eine **Aufklärungsrüge**, wenn das Gericht sich nicht genügend darum bemüht hat, die Genehmigung für eine Aussage des Zeugen zu erhalten (LR/*Ignor/Bartheau* § 54 Rn. 34; *Meyer-Goßner/Schmitt* § 54 Rn. 32; KMR/*Neubeck* § 54 Rn. 24; SK-StPO/*Rogall* § 54 Rn. 80; KK/*Senge* § 54 Rn. 26) oder wenn es die ablehnende Entscheidung einer unzuständigen Behörde hinnimmt (BGH StV 2001, 549 [550]). 39

§ 55 StPO Auskunftsverweigerungsrecht.

(1) Jeder Zeuge kann die Auskunft auf solche Fragen verweigern, deren Beantwortung ihm selbst oder einem der in § 52 Abs. 1 bezeichneten Angehörigen die Gefahr zuziehen würde, wegen einer Straftat oder einer Ordnungswidrigkeit verfolgt zu werden.

(2) Der Zeuge ist über sein Recht zur Verweigerung der Auskunft zu belehren.

Übersicht

		Rdn.				Rdn.
A.	**Allgemeines**	1		1.	Bedeutung	17
I.	Zweck	1		2.	Geltendmachung	18
II.	Regelungszusammenhang	2		3.	Folgen im Verfahren	19
B.	**Voraussetzungen und Wirkungen des Auskunftsverweigerungsrechts (Abs. 1)**	4	**C.**		**Belehrung (Abs. 2)**	25
I.	Zeugenvernehmung	4	I.		Belehrungspflicht	25
II.	Verfolgungsgefahr	5	II.		Zuständigkeit, Form und Inhalt	26
	1. Verdacht einer Straftat oder Ordnungswidrigkeit	5	III.		Frage des Beweisverwertungsverbots als Rechtsfolge der Versäumung einer Belehrung nach Abs. 2	29
	2. Potenzieller Beitrag der Fragenbeantwortung zur Verfolgung	8		1.	Rechtskreistheorie	29
	3. Ausschluss einer Verfolgungsgefahr	10		2.	Abwägungslehre	31
	4. Beurteilung der Lage	13		3.	Beweisbefugnislehre	32
III.	Auskunftsverweigerungsrecht	17	**D.**		**Revision**	33

§ 55 StPO Auskunftsverweigerungsrecht

1   A. Allgemeines. I. Zweck. Die Vorschrift dient nachrangig gegenüber § 136 Abs. 1 S. 2, aber mit einer ähnlichen Zielrichtung, unter anderem dem Schutz der **Selbstbelastungsfreiheit** (§ 136 Rdn. 43 ff.; BGHSt 17, 245 [246]; 38, 302 [305 f.]; 47, 220 [223]; *Eisenberg* Beweisrecht der StPO, Rn. 1113; KMR/*Neubeck* § 55 Rn. 1; SK-StPO/*Rogall* § 55 Rn. 1; KK/*Senge* § 55 Rn. 1) des Zeugen, ferner mit derselben Zielrichtung, aber in anderem Umfang, wie § 52 dem **Schutz des Familienfriedens**. Sie bezweckt den Schutz des Zeugen vor ungewollter Selbstbelastung oder Angehörigenbelastung, nach herrschender Meinung aber – fast im Sinne einer petitio principii – **nicht** zugleich dem Schutz **des Beschuldigten** in dem Verfahren, in dem die Aussage des Zeugen erfolgen soll (BGHSt 1, 39 f.; 11, 213 [214 ff.]; *Meyer-Goßner/Schmitt* § 54 Rn. 1; *Radtke/Hohmann/Otte* § 55 Rn. 1). Sie soll dem Zeugen eine **Zwangslage ersparen**, wenn er in einen Konflikt zwischen der Möglichkeit einer Selbst- oder Angehörigenbelastung einerseits und der Pflicht zur wahrheitsgemäßen Zeugenaussagen andererseits geraten kann. Insoweit gebietet es die **Achtung der Persönlichkeit**, dem Zeugen ein Auskunftsverweigerungsrecht zuzubilligen (BVerfGE 38, 105 [113]). Das Gesetz will durch Zubilligung eines Auskunftsverweigerungsrechts diesen Konflikt auflösen, aber nach der Mehrheitsmeinung in Rechtsprechung und Literatur **nicht die Wahrheit der Zeugenaussage garantieren** (*Meyer-Goßner/Schmitt* § 54 Rn. 1; *Radtke/Hohmann/Otte* § 55 Rn. 1; krit. LR/*Ignor/Bartheau* § 55 Rn. 1, 37 f.); der **Schutz der Wahrheitserforschung** sei nur **ein Reflex** (*Eisenberg* Beweisrecht der StPO, Rn. 1113; SK-StPO/*Rogall* § 55 Rn. 5). Das ist ständige Rechtsprechung, jedoch bis heute nicht unumstritten.

2   II. Regelungszusammenhang. Das Gesetz **ergänzt** mit der vorliegenden Vorschrift die Regeln über die **Selbstbelastungsfreiheit** des Beschuldigten (§§ 136 Abs. 1 S. 2, 136a) und das **Zeugnisverweigerungsrecht** der Angehörigen des Beschuldigten (§ 52 Abs. 1). Der Unterschied zwischen der vorliegenden Vorschrift einerseits und den §§ 136 Abs. 1 S. 2, 52 andererseits besteht darin, dass hier die Belastung einer Person droht, die weder selbst Beschuldigter ist noch in einem Angehörigenverhältnis zu einer bereits beschuldigten Person steht (SK-StPO/*Rogall* § 55 Rn. 14), sondern den Zeugen oder einen Angehörigen als (noch) nicht in der Beschuldigtenrolle prozessbeteiligte Person betrifft. Aus der Sicht des Zeugen und des Beschuldigten ist aber die Zuweisung einer solchen Prozessrolle bei Existenz möglicher Verdachtsgründe vom Zufall abhängig. Daher ist nicht von einem anderen Schutzzweck der Norm, sondern nur von einem minderen Schutzumfang wegen andersgearteter und von Fall zu Fall ferner liegender Gefahrenquellen auszugehen. Das drückt sich auch in der Normenkonkurrenz aus.

3   Die vorliegende Vorschrift greift nicht ein, wenn es sich bei einem von der Aussage potenziell betroffenen Angehörigen des Zeugen um den Beschuldigten handelt, denn dann gilt § 52 (*Meyer-Goßner/Schmitt* § 54 Rn. 1; a. A. *Eisenberg* Beweisrecht der StPO, Rn. 1114; SK-StPO/*Rogall* § 55 Rn. 18), der für sich genommen dem Zeugen das Wahlrecht zwischen einer vollständigen Aussageverweigerung und einer begrenzten Auskunftsverweigerung unter Beschränkung der Rechtsausübung nach § 52 Abs. 1 einräumt (§ 52 Rdn. 2), ohne dass es dafür auf die vorliegende Vorschrift ankommt. Ist die Auskunftsperson dagegen selbst (Mit-)Beschuldigter, dann gilt ausschließlich **§ 136 Abs. 1 Satz 2**. Nur wenn verschiedene zu schützende Personen in Betracht kommen, ein angehöriger Beschuldigter und ein angehöriger Dritter oder eine Verfolgungsgefahr zugleich bei dem Zeugen und einem Angehörigen, ist eine Kombination der Regeln nach §§ 52, 55 erforderlich (vgl. LR/*Ignor/Bartheau* § 55 Rn. 3; s.a. SK-StPO/*Rogall* § 55 Rn. 16).

4   B. Voraussetzungen und Wirkungen des Auskunftsverweigerungsrechts (Abs. 1). I. Zeugenvernehmung. Das Auskunftsverweigerungsrecht **gilt für alle Vernehmungen** eines Zeugen **bei der Polizei, beim Staatsanwalt, beim** Ermittlungsrichter, beauftragten oder ersuchten **Richter oder** bei dem erkennenden **Gericht** (*Radtke/Hohmann/Otte* § 55 Rn. 2; SK-StPO/*Rogall* § 55 Rn. 9). Es ist unerheblich, ob der Zeuge bereits zuvor in einer früheren Vernehmung belastende Angaben gemacht hatte (LR/*Ignor/Bartheau* § 55 Rn. 5). Keine Rolle spielt auch die Bewertung, ob die verlangte Auskunft den Beschuldigten oder Angehörigen des Zeugen be- oder entlasten würde (*Meyer-Goßner/Schmitt* § 54 Rn. 2), denn das Auskunftsverweigerungsrecht richtet sich unter anderem nach der **Frage**, aber mitsamt allen **Antwortmöglichkeiten**, nicht nach einer zu erwartenden oder angedeuteten Antwort des Zeugen hierauf (LR/*Ignor/Bartheau* § 55 Rn. 7; *König* FS Richter II, 2006, S. 307 [308]; *Lohberger* FS E. Müller, 2008, S. 411 [414 f.]; *Richter II* StV 1996, 457 [461]; a. A. SK-StPO/

Rogall § 55 Rn. 34) und auch nach dem Risiko, **im Rahmen des freien Berichts** als Zeuge ihn selbst oder einen Angehörigen belastende (wahre) Angaben zu machen (SK-StPO/*Rogall* § 55 Rn. 32 ff.).

II. Verfolgungsgefahr. 1. Verdacht einer Straftat oder Ordnungswidrigkeit. Die vorliegende 5 Vorschrift kommt nur zur Anwendung, wenn **nach den vom Zeugen mitgeteilten Tatsachen** allein oder in Verbindung mit bereits bekannten, insbesondere **aktenkundigen Tatsachen** dem Zeugen die Verfolgung wegen einer Straftat oder einer Ordnungswidrigkeit droht. Diese Gefahr ist aber nur in Bezug auf eine **Straftat oder Ordnungswidrigkeit** relevant, die der Zeuge **vor der Vernehmung** begangen hatte, nicht eine solche, die er durch die Aussage selbst, insbesondere in Form eines Aussagedelikts, begehen könnte (OLG Düsseldorf StV 1982, 344 m. Anm. *Prittwitz*; *Eisenberg* Beweisrecht der StPO, Rn. 1117; KMR/*Neubeck* § 55 Rn. 5; *Radtke/Hohmann/Otte* § 55 Rn. 4; ein Auskunftsverweigerungsrecht auch aus Gründen der [Un-] Zumutbarkeit ablehnend SK-StPO/*Rogall* § 55 Rn. 28 f.; krit. LR/*Ignor/Bartheau* § 55 Rn. 12 f.). Ob im Einzelfall der auf konkrete Umstände gestützte Verdacht einer früher durch Falschaussage in einer polizeilichen Vernehmung begangenen falschen Verdächtigung als Anknüpfungspunkt für ein Auskunftsverweigerungsrecht infrage kommt (OLG Koblenz StV 1996, 474 [475] m. abl. Anm. *Gatzweiler*; LG Berlin StV 1991, 297; SK-StPO/*Rogall* § 55 Rn. 30) erscheint zumindest fraglich, weil damit nur allzu rasch ein umfassendes Auskunftsverweigerungsrecht konstruiert werden könnte.

Erforderlich ist es andererseits nicht, dass dem Zeugen oder seinem Angehörigen eine bestimmte Strafe 6 oder Geldbuße droht; auf die denkbaren Rechtsfolgen einer zu offenbarenden Straftat kommt es nicht an (LR/*Ignor/Bartheau* § 55 Rn. 8; *Meyer-Goßner/Schmitt* § 54 Rn. 6), sondern auf den Tatbestand und dessen **Verfolgung**. Eine mögliche Strafverfolgung **im Ausland** genügt zur Begründung des Zeugnisverweigerungsrechts (*Meyer-Goßner/Schmitt* § 54 Rn. 7; SK-StPO/*Rogall* § 55 Rn. 39). Das gilt auch dann, wenn nur nach ausländischem Strafrecht eine Strafbarkeit infrage kommt; denn der Konflikt, in dem sich der Zeuge dann befindet, ist insoweit nicht wesentlich geringer als bei drohender Verfolgung wegen einer nach deutschem Recht strafbaren Handlung (LR/*Ignor/Bartheau* § 55 Rn. 13).

Droht (im Inland) ausschließlich eine **disziplinarrechtliche oder ehrengerichtliche Verfolgung**, so ist 7 die vorliegende Vorschrift nicht anwendbar (LR/*Ignor/Bartheau* § 55 Rn. 9; *Meyer-Goßner/Schmitt* § 54 Rn. 5; *Radtke/Hohmann/Otte* § 55 Rn. 4; SK-StPO/*Rogall* § 55 Rn. 48 ff.; KK/*Senge* § 55 Rn. 7; für analoge Anwendung OLG Köln StV 1987, 537 [538]; *Eisenberg* Beweisrecht der StPO, Rn. 1116). Ebenso ist das Auskunftsverweigerungsrecht – anders als das fragenbezogene Zeugnisverweigerungsrecht nach § 384 ZPO – unanwendbar, wenn die Aussage dem Zeugen oder seinem Angehörigen lediglich zur **Unehre** oder zu einem **Vermögensnachteil** oder zur **Offenbarung eines Kunst- oder Gewerbegeheimnisses** führen würde, ohne dass dies mit einer strafrechtlichen oder bußgeldrechtlichen Verfolgung verbunden wäre. Insoweit kann der Zeuge durch Ausschluss der Öffentlichkeit nach § 162 Nr. 2 GVG geschützt werden (LR/*Ignor/Bartheau* § 55 Rn. 9).

2. Potenzieller Beitrag der Fragenbeantwortung zur Verfolgung. Es ist erforderlich und ausrei- 8 chend, dass dem Zeugen durch seine Angaben **unmittelbar oder mittelbar** (LG Baden-Baden StV 2005, 78; LR/*Ignor/Bartheau* § 55 Rn. 11) die Einleitung eines Ermittlungs- oder Bußgeldverfahrens wegen einer früher begangenen Straftat oder Ordnungswidrigkeit droht, also dass seine Angaben durch Offenbarung der Tat oder Ordnungswidrigkeit selbst oder von konkreten **Indizien**, die im **Mosaik** einer Summe von Beweisanzeichen ein verdächtiges Beweisbild ergeben könnte (BGH StV 1987, 328 [329]; OLG Celle StV 1988, 99; OLG Zweibrücken StV 2000, 606; *Lohberger* FS E. *Müller*, 2008, S. 411 [415 ff.]; KMR/*Neubeck* § 55 Rn. 6; SK-StPO/*Rogall* § 55 Rn. 27), einen **Anfangsverdacht** für strafbares Verhalten des Zeugen begründen können (BVerfG StV 2002, 177; *Eisenberg* Beweisrecht der StPO, Rn. 1116; LR/*Ignor/Bartheau* § 55 Rn. 10; *König* FS Richter II, 2006, S. 307 [310]; *Meyer-Goßner/Schmitt* § 54 Rn. 7; SK-StPO/*Rogall* § 55 Rn. 37; KK/*Senge* § 55 Rn. 9).

Eine sichere Erwartung der Strafverfolgung ist weder feststellbar, noch wird sie hier vorausgesetzt. An- 9 dererseits ist eine **nur theoretische Möglichkeit** einer Strafverfolgung ohne konkrete Anhaltspunkte für einen Verdachtsgrund im Sinne von § 152 Abs. 2 alleine im Hinblick auf pure Vermutungen irrelevant (BGH StV 1994, 524 [525]; LR/*Ignor/Bartheau* § 55 Rn. 10; *Meyer-Goßner/Schmitt* § 54 Rn. 7; SK-StPO/*Rogall* § 55 Rn. 26). Der Unterschied zwischen Vermutung und Verdacht ist aber gering und die Grenze von der rein spekulativen Vermutung zum konkreten Verdacht wird schon dann überschritten,

§ 55 StPO   Auskunftsverweigerungsrecht

wenn irgendwelche konkrete tatsächliche Anhaltspunke vorliegen, die auf eine Straftat oder Ordnungswidrigkeit hindeuten können (BVerfG StV 1999, 71).

10   **3. Ausschluss einer Verfolgungsgefahr.** Bereits die Möglichkeit der Einleitung oder Intensivierung einer Strafverfolgung reicht zur Begründung des Auskunftsverweigerungsrechts aus (BGH StV 19986, 282). Ist die Gefahr einer strafrechtlichen **Verfolgung** aber **aus Rechtsgründen sicher ausgeschlossen** (BGHSt 9, 34 [35]; *Eisenberg* Beweisrecht der StPO, Rn. 1118; *König* FS Richter II, 2006, S. 307 [310]; KMR/*Neubeck* § 55 Rn. 7; *Radtke/Hohmann/Otte* § 55 Rn. 7; SK-StPO/*Rogall* § 55 Rn. 40), weil offensichtlich ein **Straftatbestand nicht erfüllt** ist, **Rechtfertigungs- oder Entschuldigungsgründe eingreifen**, der Zeuge noch strafunmündig ist, der Angehörige verstorben oder endgültig verhandlungsunfähig geworden ist oder ein sonstiges **Verfahrenshindernis** die Verfolgung endgültig verhindert, so greift das Auskunftsverweigerungsrecht nicht ein (LR/*Ignor/Bartheau* § 55 Rn. 14; *Meyer-Goßner/Schmitt* § 54 Rn. 8).

11   Das Verfahrenshindernis kann etwa auf der im Einzelfall sicher feststehenden und nicht nur möglichen Strafverfolgungsverjährung (BGH StV 1991, 145 m. Anm. *Wächtler*) beruhen oder auf dem Fristablauf bei reinen Antragsdelikten oder auf einem – ohne Wiedereinsetzungsmöglichkeit im Rechtsmittelverfahren (*Meyer-Goßner/Schmitt* § 54 Rn. 8) – sicher vorliegenden (BGH StV 1999, 351 [352]) und vollständigen (BGH StV 2006, 283; 2006, 508) Strafklageverbrauch (BGH StV 1999, 352; LR/*Ignor/Bartheau* § 55 Rn. 16). Teilrechtskraft genügt aber nicht (LR/*Ignor/Bartheau* § 55 Rn. 17; differenzierend LG Darmstadt StV 1988, 101). Der Anwendungsbereich der Norm ist nach der vorherrschenden Ansicht auch dann nicht mehr eröffnet, wenn der von der Aussage potenziell Belastete bereits wegen der möglicherweise zu offenbarenden Tat bereits rechtskräftig verurteilt worden ist (BVerfG NStZ 1985, 277; OLG Hamm NStZ-RR 2015, 49 f.; SK-StPO/*Rogall* § 55 Rn. 40), nicht bezüglich anderer Taten (KK/*Senge* § 55 Rn. 5). Auf eine Vereitelung von Wiederaufnahmemöglichkeiten nach § 359 Nr. 5 wird dabei keine besondere Rücksicht genommen; nur die Gefahr einer Wiederaufnahme des Verfahrens zuungunsten des Beschuldigten nach §§ 211, 362 soll das Auskunftsverweigerungsrecht erhalten (*Eisenberg* Beweisrecht der StPO, Rn. 1118; LR/*Ignor/Bartheau* § 55 Rn. 15; *Meyer-Goßner/Schmitt* § 54 Rn. 9; KMR/*Neubeck* § 55 Rn. 8).

12   Bei nur **vorläufiger Einstellung des Verfahrens** ist prinzipiell zu berücksichtigen, dass ein Wiederaufgreifen des Verfahrens möglich wäre, sodass insoweit weiterhin eine Verfolgungsgefahr für den Zeugen oder einen Angehörigen bestehen kann (*Eisenberg* Beweisrecht der StPO, Rn. 1118; LR/*Ignor/Bartheau* § 55 Rn. 15), weil kein Strafklageverbrauch eintritt (BGHSt 10, 104 [105 f.]). Auf eine **Zusage der Staatsanwaltschaft**, das Verfahren nicht wieder aufzugreifen, kommt es nicht an (LR/*Ignor/Bartheau* § 55 Rn. 15), weil aus dem Bruch einer Zusage kein Verfahrenshindernis folgt (BGHSt 37, 10 [11 f.]).

13   **4. Beurteilung der Lage.** Die prognostische Einschätzung einer Selbst- oder Angehörigengefährdung durch drohende Strafverfolgung liegt – zunächst – **bei dem Zeugen** (KG Beschl. v. 01.08.2014 – 4 Ws 77/14; *Eisenberg* Beweisrecht der StPO, Rn. 1124; LR/*Ignor/Bartheau* § 55 Rn. 19; SK-StPO/*Rogall* § 55 Rn. 21 f.), sodann beim Gericht. Dem Zeugen vorbehalten ist die Abwägung, ob er von einem Auskunftsverweigerungsrecht Gebrauch machen will oder nicht (KMR/*Neubeck* § 55 Rn. 10; *Radtke/Hohmann/Otte* § 55 Rn. 10).

14   **Das Gericht** hat zur Frage der Selbst- oder Angehörigengefährdung die verbindliche Entscheidungskompetenz. Es kann insoweit bei Tatsachenzweifeln am Bestehen des Auskunftsverweigerungsrechts nach § 56 verfahren (BGHSt 51, 325 [330]; *Eisenberg* Beweisrecht der StPO, Rn. 1125). Die abschließende Beurteilung der Verfolgungsgefahr obliegt nicht dem Zeugen oder dem Beschuldigten, sondern im Vorverfahren der Staatsanwaltschaft oder bei dortigen richterlichen Vernehmungen dem Ermittlungsrichter, danach dem erkennenden Gericht im Freibeweisverfahren (KG Beschl. v. 01.08.2014 – 4 Ws 77/14; LR/*Ignor/Bartheau* § 55 Rn. 20; *Meyer-Goßner/Schmitt* § 54 Rn. 10).

15   In der Hauptverhandlung eines Kollegialgerichts entscheidet insoweit zunächst **der Vorsitzende** im Rahmen seiner Sachleitungskompetenz gem. § 238 Abs. 1 (BGHSt 51, 144 [146]), nach Anrufung gem. § 238 Abs. 2 **das Gericht** (BGHSt 51, 144 [147]; LR/*Ignor/Bartheau* § 55 Rn. 20), dem bisweilen ein Ermessen zugebilligt wird (KMR/*Neubeck* § 55 Rn. 9; *Radtke/Hohmann/Otte* § 55 Rn. 9), wo aber eher von einem Beurteilungsspielraum auf der Tatbestandsseite gesprochen werden müsste.

Das Gericht kann die **Glaubhaftmachung** der Umstände, aus denen sich die Verfolgungsgefahr erheben 16
soll, gem. § 56 StPO verlangen. Soweit aber der Inhalt der Glaubhaftmachung wiederum eine Verfolgungsgefahr begründen würde, kann diese wiederum nach dem Zweck der Regelung nicht verlangt werden (§ 56 Rdn. 7; *Eisenberg* Beweisrecht der StPO, Rn. 1125; LR/*Ignor/Bartheau* § 55 Rn. 20). Das Verfahren nach § 56 hat sich dann formal auf die eidliche Versicherung der Tatsachenbehauptung zu der Annahme, dass ein Auskunftsverweigerungsrecht vorliege, zu beschränken.

III. Auskunftsverweigerungsrecht. 1. Bedeutung. Abs. 1 begründet zunächst **kein umfassendes** 17
Zeugnisverweigerungsrecht, sondern nur ein Auskunftsverweigerungsrecht in Bezug auf verfängliche Fragen oder zu einzelnen Themen (BGHSt 10, 104 [105]; 38, 302 [303 f.]; 51, 325 [330]; BGH StV 2005, 649 f.; *Eisenberg* Beweisrecht der StPO, Rn. 1114; KK/*Senge* § 55 Rn. 2 f.). Es kann aber praktisch zu einem Aussageverweigerungsrecht führen, wenn **nach dem konkreten Beweisthema** der gesamte Inhalt der Zeugenaussage hierzu eine Gefahr der Selbstbelastung des Zeugen oder der Belastung eines seiner Angehörigen begründet (BGHSt 10, 104 [105]; 47, 220 [223]; *Eisenberg* Beweisrecht der StPO, Rn. 1115; LR/*Ignor/Bartheau* § 55 Rn. 6; *Lohberger* FS E. Müller, 2008, S. 411 [417 ff.]; KMR/*Neubeck* § 55 Rn. 2; SK-StPO/*Rogall* § 55 Rn. 51; Roxin/*Schünemann* Strafverfahrensrecht, § 26 Rn. 33). Im Zweifel ist nach dem Schutzzweck der Norm und aufgrund der Wertungen aus § 56 eine Auskunftsverweigerung berechtigt (a. A. LR/*Ignor/Bartheau* § 55 Rn. 6). Der Zeuge darf auch nicht in die Situation gebracht werden, dass bereits die Inanspruchnahme des Auskunftsverweigerungsrechts einen Verdachtsgrund gegen ihn oder einen Angehörigen begründen würde. Andererseits steht es nicht im freien Belieben des Zeugen, belastungsferne Sachverhalte mit Themen, die ihn zur Auskunftsverweigerung berechtigen, zu einer Gesamtheit zusammenzufassen, um so das Auskunftsverweigerungsrecht zu einem Aussageverweigerungsrecht auszuweiten (OLG Hamburg Beschl. v. 10.02.2015 – 2 Ws 27/15).

2. Geltendmachung. Der Zeuge hat zunächst zur Vernehmung zu erscheinen (OLG Rostock StraFo 18
2015, 15). Um von seinem Auskunftsverweigerungsrecht wirksam Gebrauch zu machen, muss der Zeuge dort seine Verweigerung **ausdrücklich** erklären (BVerfGE 38, 105 [113]; *Eisenberg* Beweisrecht der StPO, Rn. 1123; LR/*Ignor/Bartheau* § 55 Rn. 19; KMR/*Neubeck* § 55 Rn. 11; SK-StPO/*Rogall* § 55 Rn. 52; KK/*Senge* § 55 Rn. 12). Er darf nicht lediglich die belastende Tatsache verschweigen. Für **Fälle fehlender Verstandesreife** ist auf § 52 Abs. 2 analog zurückzugreifen (SK-StPO/*Rogall* § 55 Rn. 53). Der Zeuge kann eine Erklärung der Auskunftsverweigerung **bis zum Schluss der Vernehmung** abgeben (LR/*Ignor/Bartheau* § 55 Rn. 19) und dadurch weitere Fragen verhindern. Hat sich der Zeuge zur Auskunftsverweigerung entschieden, so kann er seinen Entschluss, wie auch einen Verzicht auf das Auskunftsverweigerungsrecht, jederzeit **widerrufen** (LR/*Ignor/Bartheau* § 55 Rn. 19; Meyer-Goßner/*Schmitt* § 54 Rn. 11; Radtke/Hohmann/*Otte* § 55 Rn. 11; SK-StPO/*Rogall* § 55 Rn. 55). Ob er vom Auskunftsverweigerungsrecht Gebrauch machen will, liegt bei dem Zeugen, auch wenn er verstandsunreif ist. Sind dagegen Angehörige gefährdet, so gilt § 52 Abs. 2 entsprechend. Der Zeuge **kann sich** bei seiner Entscheidung **des Beistands eines Rechtsanwalts bedienen** (BVerfGE 38, 105 [113 ff.]; *Eisenberg* Beweisrecht der StPO, Rn. 1124; zur Neuregelung des Rechts auf Zeugenbeistand *Klengel/Müller* NJW 2011, 23 ff.). Dies ist nicht nur wegen der Schwierigkeit der Beurteilung der prozessualen Rechtslage, sondern auch wegen der weitreichenden Risiken der Rechtsausübung über die Selbst- oder Angehörigenbelastung hinaus zulässig. Eine vorsätzlich unberechtigte Verweigerung des Zeugnisses könnte zu einer Strafbarkeit des Zeugen wegen Strafvereitelung durch Unterlassen führen. Für die Beiordnung eines Rechtsbeistands gilt § 68b.

3. Folgen im Verfahren. Hat ein Zeuge von seinem Auskunftsverweigerungsrecht wirksam Ge- 19
brauch gemacht, so sind Fragen des Gerichts, deren Beantwortung ihn selbst oder einen seiner Angehörigen belasten können, unzulässig (*Eisenberg* Beweisrecht der StPO, Rn. 1126; SK-StPO/*Rogall* § 55 Rn. 56). Fragen der Verfahrensbeteiligten sind nach § 241 Abs. 2, Beweisanträge gem. §§ 244 Abs. 3 S. 1, 245 Abs. 2 S. 2 abzulehnen (*Eisenberg* Beweisrecht der StPO, Rn. 1126; LR/*Ignor/Bartheau* § 55 Rn. 21; Meyer-Goßner/*Schmitt* § 54 Rn. 12; KMR/*Neubeck* § 55 Rn. 12; Radtke/Hohmann/*Otte* § 55 Rn. 12; SK-StPO/*Rogall* § 55 Rn. 56).
Angaben, die der Zeuge **vor der Erklärung der Auskunftsverweigerung** gemacht hat, bleiben nach herr- 20
schender Meinung jedoch **verwertbar** (BGHSt 38, 302 [304]; BGH StV 1997, 512 [513]; LR/*Ignor*/

§ 55 StPO   Auskunftsverweigerungsrecht

Bartheau § 55 Rn. 23; *Meyer-Goßner/Schmitt* § 54 Rn. 12; *Radtke/Hohmann/Otte* § 55 Rn. 13; SK-StPO/*Rogall* § 55 Rn. 59; KK/*Senge* § 55 Rn. 15). **§ 252 gilt** danach **nicht** (BGHSt 17, 245 [246]; 38, 302 [304]; BGH StV 2002, 120 f.; a. A. *Eisenberg* Beweisrecht der StPO, Rn. 1129; LR/*Ignor/Bartheau* § 55 Rn. 24 f.; 39; a. A. SK-StPO/*Rogall* § 55 Rn. 63).

21 Auch auf **Aussagen vor der Hauptverhandlung** kann mithilfe von Sekundärbeweismitteln, die dem Unmittelbarkeitsgrundsatz Rechnung zu tragen haben, zurückgegriffen werden. Trotz Auskunftsverweigerung können deshalb **Verhörspersonen** über eine frühere Aussage **vernommen** werden(BGHSt 17, 245 [247]); insoweit ist aber gegebenenfalls zu beachten, dass das Konfrontationsrecht des Angeklagten aus Art. 6 Abs. 3 Buchst. d) EMRK nicht realisiert werden kann (BGH StV 2009, 346 [347]), wenn er bei der früheren Vernehmung nicht anwesend oder durch einen Verteidiger vertreten wurde (LR/*Ignor/Bartheau* § 55 Rn. 25). Auch ist die Mittelbarkeit der Beweisführung bei der Beweiswürdigung zu berücksichtigen (BGH StV 1999, 7 [8]; OLG Koblenz StV 2007, 519 [520]). Eine **Protokollverlesung** nach § 251 Abs. 1 Nr. 1 oder Nr. 2 StPO ist im Hinblick auf den Unmittelbarkeitsgrundsatz nach der Rechtsprechung nicht zulässig (BGHSt 51, 325 [328 ff.] m. abl. Anm. *Murmann* StV 2008, 339 ff.; BGH StV 1996, 191; LR/*Ignor/Bartheau* § 55 Rn. 26; *Langkeit/Cramer* StV 1996, 230 ff.), wohl aber mit Einverständnis aller Prozessbeteiligten nach § 251 Abs. 1 Nr. 4 und Abs. 2 Satz 1 (BGH StV 2002, 120 [121]; SK-StPO/*Rogall* § 55 Rn. 65 f.).

22 Soweit das Auskunftsverweigerungsrecht nicht besteht, kann der Zeuge auch **mit Beugemitteln** nach § 70 zur Aussage gezwungen werden (LR/*Ignor/Bartheau* § 55 Rn. 30), soweit es besteht, ist ein Aussagezwang unzulässig (BVerfG StV 1999, 71). Der Zeuge bleibt ferner selbst nach der Auskunftsverweigerung zu einzelnen Fragen zur **Eidesleistung** in Bezug auf die übrige Aussage verpflichtet, sofern das Gericht ihn dazu vereidigen will (LR/*Ignor/Bartheau* § 55 Rn. 31; *Meyer-Goßner/Schmitt* § 54 Rn. 13; SK-StPO/*Rogall* § 55 Rn. 57).

23 Die **Tatsache der Auskunftsverweigerung** des Zeugen darf nach bisheriger Rechtsprechung im Rahmen der freien **Beweiswürdigung** zum Nachteil des Angeklagten bewertet werden (BGHSt 2, 351 [353]; 38, 302 [304]; KK/*Senge* § 55 Rn. 16); sie besitzt aber kaum Aussagekraft, weil das Motiv im Dunkeln bleibt (*Richter II* StV 1996, 457 [461]; SK-StPO/*Rogall* § 55 Rn. 69). Zudem wird das Auskunftsverweigerungsrecht ausgehöhlt, wenn aus seiner Geltendmachung oder einer Teilaussage Schlüsse gezogen werden dürfen (BGHSt 22, 113 [114]). Deshalb nimmt eine im Vordringen befindliche Meinung an, dass die Aussage- oder Auskunftsverweigerung als solche **nicht zum Nachteil des Angeklagten bewertet** werden darf (*Eisenberg* Beweisrecht der StPO, Rn. 1130). Wohl aber soll ein teilweises Schweigen bezüglich bestimmter Fragen verwertbar sein. Richtet sich das Strafverfahren nach der Zeugenaussage nachträglich **gegen einen Angehörigen** des Zeugen, so darf dessen Auskunftsverweigerung ebenfalls grundsätzlich nicht gegen den nunmehr angeklagten Angehörigen verwertet werden (SK-StPO/*Rogall* § 55 Rn. 71).

24 Hatte ein Angeklagter früher als Zeuge von seinem Auskunftsverweigerungsrecht Gebrauch gemacht, so dürfen hieraus **nach prozessualem Rollentausch** keine Schlüsse zu seinem Nachteil gezogen werden (BGHSt 38, 302 [303 ff.]; LR/*Ignor/Bartheau* § 55 Rn. 28; SK-StPO/*Rogall* § 55 Rn. 70); Gleiches gilt in einem späteren Verfahren gegen den Angehörigen des Zeugen, der z.Zt. der Zeugenvernehmung noch nicht Beschuldigter war (LR/*Ignor/Bartheau* § 55 Rn. 29).

25 **C. Belehrung (Abs. 2) I. Belehrungspflicht.** Nach § 55 Abs. 2 ist eine Belehrung des Zeugen durch die Verhörsperson der Polizei (§ 163a Abs. 5), der Staatsanwaltschaft (§ 161a Abs. 1 Satz 2) oder des Gerichts über sein Auskunftsverweigerungsrecht zwingend vorgeschrieben (*Eisenberg* Beweisrecht der StPO, Rn. 1121; LR/*Ignor/Bartheau* § 55 Rn. 32; SK-StPO/*Rogall* § 55 Rn. 72; KK/*Senge* § 55 Rn. 17). Dies gilt auch, wenn der Zeuge bereits nach § 52 Abs. 3 S. 1 belehrt worden ist (*Meyer-Goßner/Schmitt* § 54 Rn. 14). Eine Belehrungspflicht besteht aber erst, wenn für die Verhörsperson aufgrund konkreter Tatsachen (OLG Frankfurt NJW 1951, 614) Verdachtsgründe erkennbar werden, die ein Auskunftsverweigerungsrecht in Betracht kommen lassen (*Eisenberg* Beweisrecht der StPO, Rn. 1121, LR/*Ignor/Bartheau* § 55 Rn. 33; SK-StPO/*Rogall* § 55 Rn. 74).

26 **II. Zuständigkeit, Form und Inhalt.** Die Belehrung obliegt im Vorverfahren dem Vernehmungsbeamten, in der Hauptverhandlung dem **Vorsitzenden** (LR/*Ignor/Bartheau* § 55 Rn. 35). Sie hat Fürsorgecharakter (*König* FS Richter II, 2006, S. 307 [309]). Die Sach- und Rechtslage im Sinne von Abs. 1

ist dem Zeugen im Einzelfall aber nicht leicht zu erklären; oft wirken Belehrungen fehlerhaft oder sogar irreführend (LR/*Ignor/Bartheau* § 55 Rn. 34). Die **Mitteilung des Gesetzestextes** reicht meist nicht aus, um dem Zeugen die Lage verständlich zu machen (BVerfGE 38, 105 [113]; *König* FS Richter II, 2006, S. 307 ff.; *Richter II* StV 1996, 457 [461]). Insbesondere erscheint es angezeigt, dem Zeugen auch Tatsachenhinweise zu geben (BGH StV 1988, 509), insbesondere darauf, welche Fragen oder Beweisthemen in einer Verdachtszone liegen könnten (*König* FS Richter II, 2006, S. 307 [313 ff.]; SK-StPO/*Rogall* § 55 Rn. 75). Der Zeuge hat auch vor diesem Hintergrund das Recht, sich eines **anwaltlichen Rechtsbeistands** zu bedienen (BVerfGE 38, 105 [114]; LR/*Ignor/Bartheau* § 55 Rn. 4), dem die Rechtsprechung aber – in wenig überzeugender Weise – z.T. keine Akteneinsicht gewähren will (KG StV 2010, 298 f. m. Anm. *Koch*), wonach die Rechtsberatung des bisher über die komplizierte Frage der drohenden Verfolgungsgefahr ratlosen Zeugen (*König* FS Richter II, 2006, S. 307 [310]) aber praktisch unmöglich wird.

Der Zeuge ist unter Hinweis auf das Auskunftsverweigerungsrecht oder in der Weise, dass er bestimmte Fragen nicht beantworten muss, zu belehren. Kommt nach dem gesamten Beweisthema bei jeder Frage eine Verfolgungsgefahr in Betracht, dann besteht praktisch ein **umfassendes Verweigerungsrecht**; darauf ist der Zeuge gegebenenfalls auch hinzuweisen. 27

Die Belehrung ist als wesentliche Förmlichkeit der Hauptverhandlung in das **Protokoll** aufzunehmen (LR/*Ignor/Bartheau* § 55 Rn. 34; *Meyer-Goßner/Schmitt* § 54 Rn. 15; *Radtke/Hohmann/Otte* § 55 Rn. 15; SK-StPO/*Rogall* § 55 Rn. 76). 28

III. Frage des Beweisverwertungsverbots als Rechtsfolge der Versäumung einer Belehrung nach Abs. 2. 1. Rechtskreistheorie. Die Versäumung oder Fehlerhaftigkeit der Belehrung des Zeugen nach § 55 Abs. 2 begründet nach überkommener Rechtsprechung, die der »Rechtskreistheorie« folgt und diese von einer revisionsrechtlichen Überlegung zu einem beweisrechtlichen Satz fortentwickelt hat, im Verfahren gegen eine andere Person in der Beschuldigtenrolle **kein Beweisverwertungsverbot** (BGHSt 11, 213 [214 ff.]; 38, 302 [304]; BayObLGSt 1966, 166 [167 f.]). Ein allgemeines Recht der Verfahrensbeteiligten, jedes prozessordnungswidrige Verhalten mit der Revision zu rügen, könne nicht anerkannt werden. Gegen die unbeschränkte Anfechtbarkeit spreche die natürliche Stufung der Verfahrensvorschriften. Neben übergeordneten Normen, welche die rechtsstaatlichen Grundlagen des Verfahrens gewährleisten, enthalte das Strafverfahrensrecht auch Vorschriften, die nach ihrer Bedeutung für die Rechte der Verfahrensbeteiligten verschieden zu bewerten seien, und auch solche, deren Anwendung von dem nicht nachprüfbaren Ermessen des Tatrichters abhänge. Da sich ein **Ausschluss des Rügerechts** nicht unmittelbar aus dem Gesetz ergebe, müsse bei jeder Vorschrift geprüft werden, ob ihre Verletzung den Rechtskreis des Angeklagten wesentlich berühre oder ob sie für ihn nur von untergeordneter oder von keiner Bedeutung ist. Bei dieser Untersuchung sei vor allem der **Zweck der Bestimmung** zu berücksichtigen. Zum Schutz der Wahrheitsfindung seien weder das Auskunftsverweigerungsrecht nach der vorliegenden Vorschrift noch das Zeugnisverweigerungsrecht der Angehörigen des Angeklagten bestimmt; dazu diene im Prozess der Eid. Die Wahrheitsermittlung geschehe im Wege der freien Beweiswürdigung. Dem Misstrauen des Gesetzgebers gegen die Zeugen verdankten die verschiedenen Aussageverweigerungsrechte nicht ihre Entstehung. Die Rechtskreise, zu deren Schutz sie dienen sollen, berührten sich nicht. So entspringe das Zeugnisverweigerungsrecht des verwandten Zeugen (§ 52 Abs. 1) der schonenden Rücksicht auf die Familienbande, die den Angeklagten mit dem Zeugen verknüpfen. Der Rechtskreis des Angeklagten werde davon unmittelbar berührt. Dagegen **beruhe das Auskunftsverweigerungsrecht** nach der vorliegenden Vorschrift **ausschließlich auf der Achtung vor der Persönlichkeit des Zeugen**. Der Angeklagte könne kein rechtlich zu schützendes Interesse daran haben, dass die Entschlussfreiheit des Zeugen gewahrt bleibe, auch wenn dieser etwa durch eine wahrheitsgemäße Bekundung offenbaren müsste, dass er oder ein naher Angehöriger an der Tat beteiligt war. Durch den Konflikt des Zeugen werde sein Rechtskreis nicht so berührt, dass ihm wegen unterbliebener Belehrung des Zeugen ein Revisionsrügerecht zugestanden werden könne. Auch auf dem Boden der Schutzzwecklehre gelangt man mit diesem Argument eher zur Verneinung eines Beweisverwertungsverbots wegen Verletzung von § 55 Abs. 2. 29

Seit der Entscheidung des Großen Senats des Bundesgerichtshofs für Strafsachen hat sich die Prozesslandschaft verändert und die Gründe des Beschlusses, die seit jeher der Kritik der Literatur ausgesetzt sind (*Dencker* StV 1995, 232 ff.), wirken **überholt** (*Jahn* Gutachten C zum 67. DJT 2008, C 41) sowie 30 durch die nachfolgende Rechtsprechung weitestgehend aufgegeben. Zunächst ist der **Regeleid** als Mittel der Herbeiführung wahrheitsgemäßer Zeugenaussagen, der durch Vorankündigung des Nacheides bereits eine gewisse Disziplinierungswirkung entfaltet hatte, **abgeschafft** worden (LR/*Ignor/Bartheau* § 55 Rn. 38). Sodann ist die **Bedeutung des** verfassungsrechtlichen **Anspruchs des Angeklagten auf ein faires Verfahren** erst nach der Entscheidung des Großen Senats für Strafsachen zur Rechtskreistheorie genauer herausgearbeitet worden. Aus dieser Perspektive und erst recht nach den Maßstäben der Beweisbefugnislehre (§ 136 Rdn. 90 ff.) liegt nunmehr ein Beweisverwertungsverbot als prozessuale Rechtsfolge einer Verletzung der vorliegenden Vorschrift näher als es die Argumentationslinie des Großen Senats für Strafsachen nahe gelegt hatte. Schließlich scheint es zweifelhaft, ob die Entschärfung der Konfliktlage des Zeugen durch ein Zeugnisverweigerungsrecht oder deren Verfehlung durch Versäumung einer Belehrung nach Abs. 2 u.a. tatsächlich keinen rechtlich relevanten **Bezug zur Frage der Wahrheit der Zeugenaussage** hat. Der Angeklagte soll aber durch die strikte Einhaltung der Förmlichkeiten des Strafverfahrens mitsamt § 55 Abs. 2 auch vor der Gefahr einer fehlerhaften Zeugenaussage geschützt werden. Daher hat er **Anspruch auf Einhaltung zwingender Verfahrensvorschriften** auch dann, wenn diese nicht primär zu seinem Schutz konzipiert wurden (*Eisenberg* Beweisrecht der StPO, Rn. 365). Empirische Erkenntnisse aus den Bereichen der Kriminologie und Aussagepsychologie aus jüngerer Zeit ergeben einen kategorial anderen Befund als er der Rechtsprechung zur Rechtskreistheorie zugrunde liegt. Vor diesem Hintergrund lässt sich die These von der natürlichen Stufung der Verfahrensvorschriften kaum aufrechterhalten (*Dallmeyer* Beweisführung im Strengbeweisverfahren, 2002, S. 199). Erst recht muss die Versäumung einer Belehrung über die Selbstbelastungsfreiheit in einem späteren Verfahren gegen die Auskunftsperson selbst zu einem Verwertungsverbot führen (zum Rollentausch § 136 Rdn. 17; a. A. KK/*Senge* § 55 Rn. 19).

31 **2. Abwägungslehre.** Heute ist die Frage, ob und inwieweit ein Verfahrensfehler den Rechtskreis des Angeklagten berührt, nach der vorherrschenden Abwägungsdoktrin (vgl. § 136 Rdn. 82 ff.) zudem nur ein Faktor unter vielen, die Gegenstand der Gesamtabwägung sind (*Jahn* Gutachten C zum 67. DJT 2008, C 40). Mit der Abwägungslösung gelangt man wiederum meist, wenngleich nicht zwingend in jedem Fall, zur Ablehnung eines Beweisverwertungsverbots. Nur ausnahmsweise ist danach etwa von einem Verwertungsverbot auszugehen, wenn die Verhörsperson bewusst gegen Abs. 2 verstoßen hat, um eine Zeugenaussage zu erlangen (SK-StPO/*Rogall* § 55 Rn. 79).

32 **3. Beweisbefugnislehre.** Ein anderes Resultat erreicht heute vor allem die Beweisbefugnislehre (§ 136 Rdn. 90 ff.), die aus dem prozessordnungswidrigen Verfahren bei der Informationsgewinnung prinzipiell ein Verwertungsverbot als angemessene Maßnahme zur prozessualen Folgenbeseitigung herleitet und daher auch hier die für sich genommen wichtige Bedeutung des Auskunftsverweigerungsrechts und der hierauf gerichteten Belehrung für ein faires Verfahren zur Geltung kommen lässt. Die vorliegende Vorschrift ist erst danach durchaus mehr als eine »bloße Ordnungsvorschrift«. Nachdem § 243 Abs. 5 (BGHSt 25, 325 [329 ff.]) und § 136 Abs. 1 S. 2 (BGHSt 38, 214 [219 ff.]) jeweils Jahrzehnte gebraucht haben, um der Einordnung als »bloße Ordnungsvorschriften« ohne revisionsrechtlichen Gehalt zu entrinnen und zur Geltung zu gelangen, steht noch die Erweckung des § 55 Abs. 2 zum Leben aus, zumal es sich dabei um die »Urform der Selbstbelastungsfreiheit« handelt (SK-StPO/ *Rogall* § 55 Rn. 4).

33 **D. Revision.** Auf eine berechtigte Auskunftsverweigerung kann eine Revision nicht mit Erfolg gestützt werden (LR/*Ignor/Bartheau* § 55 Rn. 40; Meyer-Goßner/Schmitt § 54 Rn. 16; KMR/*Neubeck* § 55 Rn. 14). Auch die **tatsächliche Beurteilung der Verfolgungsgefahr** durch das Tatgericht, das sich schließlich mit einer überwiegenden Wahrscheinlichkeit aufgrund einer Glaubhaftmachung nach § 56 begnügen kann, kann nicht durch das Revisionsgericht korrigiert werden (BGHSt 10, 104 [105]; BGH StV 1986, 515 Ls.; LR/*Ignor/Bartheau* § 55 Rn. 40; Meyer-Goßner/Schmitt § 54 Rn. 16; SK-StPO/*Rogall* § 55 Rn. 80). Hat das Gericht eine **Auskunftsverweigerung** aber **rechtlich unzutreffend hingenommen**, obwohl etwa ein Verfolgungshindernis bestanden hat, so kann darin ein Verstoß gegen die Aufklärungspflicht liegen, der mit einer entsprechenden **Verfahrensrüge** geltend gemacht werden kann, welche indes den strengen Anforderungen nach § 344 Abs. 2 S. 2 genügen muss.

34 Wird der Zeuge **nicht nach § 55 Abs. 2 belehrt**, so kann dies nach der überkommenen Rechtsprechung eine Revision des Angeklagten, soweit er jedenfalls nicht nach prozessualem Rollentausch mit dem Zeu-

gen identisch ist, nicht begründen (BGHSt 1, 39 f.; 11, 213 [214 ff.]; BGH NJW 1951, 368; BayObLGSt 1966, 166 [167 f.]; *Radtke/Hohmann/Otte* § 55 Rn. 19; differenzierend *Eisenberg* Beweisrecht der StPO, Rn. 1131 f.; LR/*Ignor/Bartheau* § 55 Rn. 41). Auch die Staatsanwaltschaft kann diesen Fehler aus demselben Grund nicht mit Erfolg zu seinen Gunsten geltend machen, zu seinen Ungunsten nicht, weil hierdurch die Sachaufklärung nicht beeinträchtigt wurde. Wurde der Angeklagte dagegen früher als Zeuge vernommen und gar nicht oder in fehlerhafter Weise oder nur über ein beschränktes Auskunftsverweigerungsrecht, nicht aber über ein umfassendes Recht zu schweigen (§ 136 Abs. 1 S. 2) belehrt, dann kann unter denselben Voraussetzungen, unter denen ein Beweisverwertungsverbot wegen Verletzung von § 136 Abs. 1 Satz 2 geltend gemacht werden kann, auch hier eine entsprechende Revisionsrüge Erfolg haben. Dabei ist auch die Widerspruchslösung der Rechtsprechung (§ 136 Rdn. 96 ff.) zu beachten (BayObLG StV 2002, 179 [180]).

Hat der Zeuge nach einer zu Unrecht erfolgten Belehrung im Sinne von § 55 Abs. 2 **von einem vermeintlichen Auskunftsverweigerungsrecht Gebrauch gemacht**, so ist bei präsenten Zeugen § 245 (OLG Celle NJW 1962, 2315) oder bei nicht präsenten Zeugen § 244 Abs. 2 verletzt (OLG Oldenburg NJW 1961, 1225; LR/*Ignor/Bartheau* § 55 Rn. 40; *Meyer-Goßner/Schmitt* § 54 Rn. 18; SK-StPO/*Rogall* § 55 Rn. 80). Mit der Revision kann dies aber nach der Rechtsprechung nur erfolgreich geltend gemacht werden, wenn in der Tatsacheninstanz der Vorschaltrechtsbehelf nach § 238 Abs. 2 erhoben worden war (BGHSt 51, 144 [147 ff.]). 35

Rechtsfehler bei der **Beweiswürdigung** (§ 261), etwa dadurch, dass eine frühere Auskunftsverweigerung des späteren Angeklagten als damaliger Zeuge im Sinne der vorliegenden Vorschrift zu Unrecht gegen diesen verwertet wurde, können im Rahmen der Sachrüge nachgeprüft werden, soweit sie sich bereits aus den Urteilsgründen ergeben. 36

§ 56 StPO Glaubhaftmachung des Verweigerungsgrundes.
¹Die Tatsache, auf die der Zeuge die Verweigerung des Zeugnisses in den Fällen der §§ 52, 53 und 55 stützt, ist auf Verlangen glaubhaft zu machen. ²Es genügt die eidliche Versicherung des Zeugen.

A. Zweck und Bedeutung der Regelung.
Ein Zeuge, dem nach §§ 52, 53, 53a, 55 ein Zeugnis- oder Auskunftsverweigerungsrecht zusteht, soll zur **MIssbrauchsverhinderung** (SK-StPO/*Rogall* § 56 Rn. 1) in Zweifelsfällen nicht schon aufgrund seiner bloßen Behauptung des Bestehens eines solchen Rechts vom Aussagezwang befreit werden. Daher wird bei fragwürdigen Lagen einerseits ein Mehr als die bloße Behauptung, im Interesse der Verfahrensbeschleunigung und Prozessökonomie aber weniger als der Vollbeweis verlangt, sondern nur die Annahme der überwiegenden Wahrscheinlichkeit der Richtigkeit der Tatsachenbehauptung (SK-StPO/*Rogall* § 56 Rn. 5), notfalls aufgrund einer von der Staatsanwaltschaft oder vom Gericht gegenüber dem Zeugen eingeforderten Glaubhaftmachung. Glaubhaftmachen bedeutet dabei, einen **Wahrscheinlichkeitsbeweis** zu erbringen (BGHSt 21, 334 [350]; HK-GS/*Trüg* § 56 Rn. 1). Die Glaubhaftmachung ist im Beweisgrad eine gegenüber dem Vollbeweis reduzierte Form des Nachweises einer Tatsache, wofür auf eine erschöpfende und förmliche Beweisaufnahme hierzu verzichtet wird, während andererseits eine gegenüber dem Freibeweis qualifizierte Beweisart vorliegt. Der mindere Beweisgrad wird **im Interesse an der Beschleunigung** und Vereinfachung des Verfahrens hier bei staatsanwaltschaftlichen oder gerichtlichen Zeugenvernehmungen hingenommen, soweit es um **Prozesstatsachen** zu den Zeugnis- und Auskunftsverweigerungsrechten geht, die nicht ebenso strenge Beweisanforderungen stellen wie **Sachverhaltstatsachen**. Ist die Tatsache dagegen in der Hauptverhandlung für prozessuale Aspekte und die Sachentscheidung selbst **doppelrelevant**, dann muss sie im Strengbeweisverfahren geklärt werden. Bei polizeilichen Vernehmungen besteht ohnehin keine Aussagepflicht, sodass es dort auch der Glaubhaftmachung eines besonderen Verweigerungsgrundes nicht bedarf (LR/*Ignor/Bartheau* § 56 Rn. 1). Auf rechtliche Aspekte des Zeugnis- oder Auskunftsverweigerungsrechts bezieht sich die Glaubhaftmachung naturgemäß nicht (OLG Bamberg StV 1984, 499 [500]). Sie lässt im Übrigen die **Freiheit der Beweiswürdigung** des Gerichts unberührt (SK-StPO/*Rogall* § 56 Rn. 5, 17), sodass das Gericht der Glaubhaftmachung bei Vorliegen von Gegengründen durchaus nicht zwingend folgen muss. 1

§ 56 StPO Glaubhaftmachung des Verweigerungsgrundes

2 Der Gesetzgeber hat sich bei den Zeugnis- und Auskunftsverweigerungsrechten nach §§ 52, 53, 55 dafür entschieden, dass die Akzeptierung der behaupteten Prozesstatsache mangels Zweifeln der Verhörsperson oder die bloße Glaubhaftmachung im Zweifelsfall ausreiche, weil die zu Grunde liegenden Prozesstatsachen im Allgemeinen der Staatsanwaltschaft und dem Gericht aufgrund der situativen Zusammenhänge mit dem Tatvorwurf und den diesbezüglichen Umfeldermittlungen ohnehin im Sinne freibeweislicher Prüfung anhand des Aktenmaterials bekannt sind. § 53a ist nachträglich ins Gesetz aufgenommen, nicht ausdrücklich in der vorliegenden Vorschrift in Bezug genommen worden, aber nach deren Zweck ebenso davon erfasst (LR/*Ignor/Bartheau* § 56 Rn. 2; KMR/*Neubeck* § 56 Rn. 1; SK-StPO/*Rogall* § 56 Rn. 10; HK-GS/*Trüg* § 56 Rn. 1). In den Fällen des § 54 spielt die Glaubhaftmachung keine Rolle, weil das Gericht selbst auf freibeweislicher Grundlage beurteilen kann und muss, ob eine Aussageverweigerung gerechtfertigt ist oder nicht. Praktisch ergeben sich Bedenken meist nur aus Verlöbnisbehauptungen (§ 52 Abs. 1 Satz 1 Nr. 1; BGHSt 55, 65 [68 ff.]; BGH NJW 1972, 1334; NStZ 1986, 84; OLG Köln StraFo 2002, 131 f.) oder der Auskunftsverweigerung von Zeugen wegen deren Annahme, sie könnten sich selbst belasten (§ 55). Die Gefahr der Simulation (vgl. BGHSt 45, 342 [349]) oder Fehleinschätzung durch Zeugen ist in allen anderen Fällen erfahrungsgemäß statistisch eher gering, wenngleich auch Personenstandsfälschungen u.a. im Anwendungsbereich des § 52 Abs. 1 möglich sind, fehlerhafte Behauptungen von Mandatsanbahnungen im Regelungsbereich des § 53 Abs. 1 vorkommen und anderes mehr. Die abstrakt-generelle Vorwertung des Gesetzgebers, dass die verbleibenden Zweifelsfälle für prozessuale Zwecke alleine mit der minderen Beweisform der Glaubhaftmachung sachgerecht gelöst werden, erscheint aufs Ganze gesehen akzeptabel. Praxisprobleme fallen hiernach jedenfalls nicht in großer Zahl an.

3 **B. Anwendungsbereich.** Die vorliegende Regelung gilt **für alle richterlichen Zeugenvernehmungen**, außerdem – mit Ausnahme der Regelung über die eidliche Versicherung – auch für **staatsanwaltschaftliche**, **nicht** aber für **polizeiliche Vernehmungen** (KMR/*Neubeck* § 56 Rn. 1; SK-StPO/*Rogall* § 56 Rn. 3). Dort wird regelmäßig im Anschluss an die Identifizierung des Zeugen nach dem Bestehen eines Verhältnisses im Sinne von § 52 Abs. 1 gefragt, über dessen rechtliche Relevanz der Zeuge alsdann zu belehren wäre, bei konkreten Anhaltspunkten für eine berufliche Verknüpfung im Sinne von § 53 Abs. 1 auch danach. Zeugen können sich dann dazu äußern. Eine **vom Zeugen behauptete Tatsache**, aus der ein Zeugnisverweigerungsrecht nach §§ 52 Abs. 1, 53 Abs. 1, 53a oder ein Auskunftsverweigerungsrecht nach § 55 Abs. 1 hergeleitet wird, ist glaubhaft zu machen, wenn sie dem Gericht nicht ohnehin bekannt ist, was sich bei einer Verfolgungsgefahr im Sinne von § 55 Abs. 1 meist **aus dem Aktenmaterial** ergibt (*Richter II* StV 1996, 457 [460]; vgl. auch LG Hamburg NStZ 2008, 588) oder alleine aufgrund der Behauptung unzweifelhaft erscheint, insbesondere wenn ihr niemand widerspricht (KMR/*Neubeck* § 56 Rn. 4; SK-StPO/*Rogall* § 56 Rn. 6) oder sonst keine Gegengründe konkret ersichtlich sind. Glaubhaftmachung liegt vor, wenn die Tatsache immerhin soweit nachgewiesen ist, dass das Gericht sie für in ausreichendem Maße wahrscheinlich hält (BGHSt 21, 334 [350]; LR/*Ignor/Bartheau* § 56 Rn. 6). Dem Gericht muss es möglich sein, alleine aufgrund der behaupteten Tatsache und der präsenten Mittel der Glaubhaftmachung **ohne weitere Ermittlungen entscheiden** zu können (vgl. BGHSt 21, 334 [347]). Zweifel an der Richtigkeit der behaupteten Tatsache wirken im Ergebnis zum Nachteil des Zeugen (SK-StPO/*Rogall* § 56 Rn. 5). Die Entscheidungsregel »in dubio pro reo« spielt hier keine Rolle (BGHSt 21, 334 [352]; LR/*Ignor/Bartheau* § 56 Rn. 6; *Meyer-Goßner/ Schmitt* § 56 Rn. 3; SK-StPO/*Rogall* § 56 Rn. 5; HK-GS/*Trüg* § 56 Rn. 1). Auch eine eidliche Versicherung des Zeugen hindert das Gericht bei Vorliegen von Gegenindizien wegen der Freiheit der Beweiswürdigung nicht daran, die Tatsachenbehauptung nicht zu glauben (LR/*Ignor/Bartheau* § 56 Rn. 6; KMR/*Neubeck* § 56 Rn. 3).

4 **C. Gegenstand der Glaubhaftmachung. Vom Zeugen** selbst, die sich auf ein Zeugnis- oder Auskunftsverweigerungsrecht beruft, sind die Tatsachen, auf die er seine Verweigerung stützt, auf Verlangen **glaubhaft zu machen** (KK/*Senge* § 56 Rn. 3). Dies sind die Umstände, die ein **Angehörigenverhältnis** nach § 52 Abs. 1 (KMR/*Neubeck* § 56 Rn. 2; SK-StPO/*Rogall* § 56 Rn. 8) oder einen im Sinne von § 53 Abs. 1 **berufsbedingter Grund** der Tatsachenwahrnehmung (*Neubeck* a.a.O.; SK-StPO/*Rogall* § 56 Rn. 9) von Sachverhaltstatsachen ergeben. Beruft sich der Zeuge auf ein Auskunftsverweigerungsrecht wegen einer behaupteten **Gefahr der Selbst- oder Angehörigenbelastung**, so

bezieht sich die Notwendigkeit der Glaubhaftmachung allenfalls auf die für eine Verfolgungsgefahr sprechenden Umstände, soweit nicht schon dadurch eine Verfolgungsgefahr begründet würde (Rdn. 7).

D. Verlangen der Glaubhaftmachung. Bei dem Verlangen nach Glaubhaftmachung handelt es sich um eine **Entscheidung aufgrund eines Ermessensspielraums** der Verhörsperson (BGHSt 55, 65 [68]; OGHBrZ NJW 1950, 271; *Meyer-Goßner/Schmitt* § 56 Rn. 1; KMR/*Neubeck* § 56 Rn. 4; SK-StPO/*Rogall* § 56 Rn. 6; KK/*Senge* § 56 Rn. 4). Nur wenn sie die Angaben des Zeugen zu den vorgebrachten Verweigerungsgründen anzweifelt, hat sie eine Glaubhaftmachung zu verlangen. Glaubhaftmachung ist entbehrlich, wenn diese mindere Form der Beweiserhebung wegen **Offenkundigkeit** der erforderlichen Tatsachen überflüssig ist (SK-StPO/*Rogall* § 56 Rn. 6). 5

Über das Erfordernis der Glaubhaftmachung entscheidet bei der Hauptverhandlung vor einem Kollegialgericht **der Vorsitzende** (LR/*Ignor/Bartheau* § 56 Rn. 3; KMR/*Neubeck* § 56 Rn. 5; SK-StPO/*Rogall* § 56 Rn. 6) im Rahmen seiner Sachleitung bei der Vernehmung (§ 238 Abs. 1), gegen dessen Entscheidung das Gericht angerufen werden kann (§ 238 Abs. 2). Die Prozessbeteiligten können eine Glaubhaftmachung nicht selbst verlangen (LR/*Ignor/Bartheau* § 56 Rn. 3; KMR/*Neubeck* § 56 Rn. 5; SK-StPO/*Rogall* § 56 Rn. 6). 6

Auch das Gericht darf nicht Glaubhaftmachung von Tatsachen fordern, die gerade Gegenstand des Zeugnisverweigerungsrechts sind, also insbesondere, wenn das Angehörigen- oder Mandatsverhältnis i.S.d. §§ 52, 53, 53a auch für die Sachentscheidung erheblich ist, oder wenn der Zeuge **in den Fällen des § 55 Abs. 1** durch die Glaubhaftmachung sich oder einen Angehörigen i.S.d. § 55 Abs. 1 der **Gefahr der Strafverfolgung** aussetzen müsste (BGH StV 1986, 282; 1987, 328 [329]; LG Traunstein StV 1989, 474; *Eisenberg* Beweisrecht der StPO, Rn. 1125; LR/*Ignor/Bartheau* § 56 Rn. 5; *Mayer* StV 1989, 376; *Meyer-Goßner/Schmitt* § 56 Rn. 2; KMR/*Neubeck* § 56 Rn. 2; SK-StPO/*Rogall* § 56 Rn. 11). In diesen Fällen genügt die Glaubhaftmachung der Tatsache, dass der Zeuge nach bestem Wissen und Gewissen annimmt, dass ihm ein Weigerungsrecht zustehe (LG Hamburg VRS 74 [1988], 442; *Eisenberg* Beweisrecht der StPO, Rn. 1125; *Gatzweiler* StV 1996, 476; LR/*Ignor/Bartheau* § 56 Rn. 5; *Meyer-Goßner/Schmitt* § 56 Rn. 2), im Ergebnis alleine durch das formale Mittel der eidlichen Versicherung (*Kühne* Strafprozessrecht, Rn. 828; SK-StPO/*Rogall* § 56 Rn. 11). 7

E. Mittel der Glaubhaftmachung. Zur Glaubhaftmachung ist hier mangels gesetzlicher Beschränkung der Möglichkeiten **jedes** präsente **Beweismittel** zulässig (vgl. § 294 Abs. 1 ZPO), das im Freibeweisverfahren genutzt werden kann. Prozessual **genügendes Mittel der Glaubhaftmachung** der das Verweigerungsrecht begründenden Tatsache ist bei der gerichtlichen Zeugenvernehmung aber die in jeder Lage des Verfahrens mögliche eidliche Versicherung (§ 56 S. 2), die aber von vornherein zu unterbleiben hat, wenn die Behauptung bereits durch andere Umstände widerlegt ist. 8

Für die **eidliche Versicherung** durch förmlichen Eid oder eidesgleiche Bekräftigung gelten die §§ 64, 65, 67 (LR/*Ignor/Bartheau* § 56 Rn. 8; *Meyer-Goßner/Schmitt* § 56 Rn. 3). Das Eidesverbot des § 60 Nr. 1 ist gegebenenfalls zu beachten (*Meyer-Goßner/Schmitt* § 56 Rn. 3; HK-GS/*Trüg* § 56 Rn. 2); § 60 Nr. 2 ist dagegen nicht anzuwenden, weil sonst im Fall des § 55 eine Glaubhaftmachung ausgeschlossen wäre (*Eisenberg* Beweisrecht der StPO, Rn. 1125; LR/*Ignor/Bartheau* § 56 Rn. 9; KMR/*Neubeck* § 56 Rn. 3). 9

Das Gericht kann sich aber auch **mit minderen Nachweisformen** begnügen (SK-StPO/*Rogall* § 56 Rn. 12), etwa der Versicherung an Eidesstatt (vgl. BGHSt 5, 69 [71]; OLG Köln StraFo 2002, 131 f.; *Meyer-Goßner/Schmitt* § 56 Rn. 3; KMR/*Neubeck* § 56 Rn. 3; SK-StPO/*Rogall* § 56 Rn. 13), der Vorlage eidesstattlicher Erklärungen Dritter, der Vorlage einer behördlichen Urkunde oder schriftlicher Auskünfte von Zeugen oder Sachverständigen. 10

Glaubhaft machen setzt die **Beibringung von Beweismitteln** voraus, die dann vor Gericht **präsent** sein und nicht erst von diesem auf Beweisangebot des Zeugen beschafft werden müssen (vgl. BGHSt 21, 334 [347]). 11

F. Rechtsmittel. Eine Anfechtung des staatsanwaltschaftlichen oder gerichtlichen Verlangens nach Glaubhaftmachung mit der **Beschwerde** ist für die Verfahrensbeteiligten mangels Beschwer nicht zulässig. 12

§ 57 StPO Belehrung

13 Hat das Gericht ein Verweigerungsrecht ohne Glaubhaftmachung anerkannt, so kann dies, nach Beanstandung durch den **Zwischenrechtsbehelf** gem. § 238 Abs. 2 (*Meyer-Goßner/Schmitt* § 56 Rn. 4) mit der **Revision** gerügt werden, wenn die Entscheidung auf einem Rechtsfehler beruht, nicht aber auf einer Fehlbeurteilung der Glaubhaftmachung (LR/*Ignor/Bartheau* § 56 Rn. 10). §§ 244 Abs. 2, 245 können im Einzelfall verletzt sein, wenn das Gericht dem Zeugen ohne einen angesichts von Gegenindizien ausreichenden Grund ein Zeugnis- oder Auskunftsverweigerungsrecht zubilligt und einem **rechtliche Grenzen überschreitenden Ermessensfehlgebrauch** (vgl. § 114 S. 1 VwGO) bei der Entscheidung über das Glaubhaftmachungsverlangen unterliegt (BGH NJW 1972, 1334; LR/*Ignor/Bartheau* § 56 Rn. 10; enger OGHBrZ NJW 1950, 271). Eine Möglichkeit zur Nachreichung neuer Mittel der Glaubhaftmachung besteht im Revisionsrechtszug hingegen prinzipiell nicht (vgl. in anderem Zusammenhang BGHSt 21, 85 [88]).

§ 57 StPO Belehrung. ¹Vor der Vernehmung werden die Zeugen zur Wahrheit ermahnt und über die strafrechtlichen Folgen einer unrichtigen oder unvollständigen Aussage belehrt. ²Auf die Möglichkeit der Vereidigung werden sie hingewiesen. ³Im Fall der Vereidigung sind sie über die Bedeutung des Eides und darüber zu belehren, dass der Eid mit oder ohne religiöse Beteuerung geleistet werden kann.

S.a. RiStBV Nr. 130

1 **A. Grundsätzliches.** Die Vorschrift ist auf die richterliche Vernehmung zugeschnitten. Über § 161a Abs. 1 Satz 2 und 3 hat sie – wenn auch in modifizierter Form – aber auch Geltung für die StA. Die Bezugnahme auf die Möglichkeit einer Vereidigung entfällt dabei allerdings. Ebenso unterbleibt bei einer staatsanwaltschaftlichen Vernehmung der Hinweis auf die Strafbarkeit wegen falscher uneidlicher Aussage. An die Stelle dieses Hinweises tritt im Regelfall aber das Aufzeigen strafrechtlicher Folgen nach §§ 145d, 164, 257 und 258 StGB (vgl. KK-StPO/*Senge* § 57 Rn. 2). Für die polizeiliche Vernehmung gilt § 57 Satz 1 über § 163 Abs. 3 Satz 1.

2 **B. Tatbestand.** Die **Belehrung** hat mündlich und vor der Vernehmung zu erfolgen. Dies gilt auch dann, wenn die Auskunftspersonen mit der Ladung bereits schriftlich belehrt wurden (vgl. *Meyer-Goßner/Schmitt* § 57 Rn. 1). Die gemeinsame Belehrung sämtlicher erschienener Zeugen ist zulässig. Vor der Belehrung dürfen die Zeugen auch nicht »informatorisch« zum Beweisthema befragt werden (vgl. RGSt 67, 287, 288).

3 Der Zeuge ist darauf hinzuweisen, dass seine Wahrheitspflicht und seine Pflicht, die von ihm getätigten Angaben ggf. zu beeiden, sich auch auf Angaben zur Person beziehen (vgl. KK-StPO/*Senge* § 57 Rn. 4). Wird auf die Vorschriften über den Eid hingewiesen, muss auch auf die Vorschrift des § 161 StGB Bezug genommen werden. Einer Belehrung über den Eid und die strafrechtlichen Konsequenzen des Meineides bedarf es nicht, wenn hinsichtlich der Person des Zeugen feststeht, dass eine Vereidigung nicht erfolgen darf (§ 60). Ein Hinweis des Gerichts auf Strafvorschriften, die in keinem Zusammenhang mit den Regelungen über die Falschaussage stehen (§§ 145d StGB etc.), kann geboten sein (vgl. SK-StPO/*Rogall* § 57 Rn. 5).

4 Die **Form der Belehrung** steht im Ermessen des Gerichts. Gem. Nr. 130 RiStBV soll sie in angemessener und wirkungsvoller Weise erfolgen. Dabei ist auf die Verständnismöglichkeiten des Zeugen Rücksicht zu nehmen. So kann bei Juristen im Zeugenstand ein kurzer Hinweis auf die Pflichten des § 57 genügen. Gänzlich verzichtet sollte aber auch bei ihnen auf die Belehrung nicht (vgl. LR/*Ignor/Bertheau* § 57 Rn. 5; a. A. KK-StPO/*Senge* § 57 Rn. 5). Eine Wiederholung der Belehrung während der Vernehmung ist möglich und tunlich, wenn sich im Laufe der Vernehmung Zweifel an der Richtigkeit des Inhalts der Aussage einstellen (vgl. BGHSt 3, 199, 200).

5 In das **Protokoll** wird die Belehrung zwar regelmäßig aufgenommen, (vgl. RiStBV Nr. 130, S. 2). Die Belehrung zählt nach herrschender Meinung jedoch nicht zu den wesentlichen Förmlichkeiten des Verfahrens, weshalb die Verhandlungsniederschrift diesbezüglich keine absolute Beweiskraft gem. §§ 273, 274 besitzt (a. A. LR/*Ignor/Bertheau* § 57 Rn. 8, die deshalb auch folgerichtig bei einer Verletzung des § 57 einen revisiblen Verstoß annehmen; § 57 Rn. 9).

C. Revision. Nach vorherrschender Ansicht ist bei einem Verstoß gegen § 57 die Revision nicht 6
eröffnet. Die Regelung sei eine reine Ordnungsvorschrift, die allein dem Schutz des Zeugen, nicht aber
den Interessen des Angeklagten diene (vgl. BGH VRS 36, 23 f.; *Meyer-Goßner/Schmitt* § 57 Rn. 7). Die
Gegenansicht (u.a. LR/*Ignor/Bertheau* § 57 Rn. 9) sieht in ihr demgegenüber eine der Erforschung der
Wahrheit dienende Regelung, die rechtliche Interessen des Angeklagten wahre, indem sie dem Zeugen
die Bedeutung seiner Aussage und die Konsequenzen eines Verstoßes gegen seine Pflichten nachdrücklich vor Augen führe. Werde sie missachtet oder verletzt, könne der Angeklagte daher die Aufklärungsrüge erheben (vgl. SK-StPO/*Rogall* § 57 Rn. 14).

§ 58 StPO Vernehmung; Gegenüberstellung. (1) Die Zeugen sind einzeln und in Abwesenheit der später zu hörenden Zeugen zu vernehmen.
(2) Eine Gegenüberstellung mit anderen Zeugen oder mit dem Beschuldigten im Vorverfahren ist zulässig, wenn es für das weitere Verfahren geboten erscheint.

S.a. RiStBV Nr. 18

A. Grundsätzliches. Die Vorschrift enthält eine allgemeine gesetzliche Regelung über die 1
Durchführung der Vernehmung (Abs. 1) und eine Sonderregelung über die Gegenüberstellung von
Zeugen im Vorverfahren. Abs. 1 dient dazu, die Unvoreingenommenheit und Unbefangenheit des Zeugen und die Selbstständigkeit seiner Darstellung zu bewahren (vgl. BGHSt 3, 386, 388). Er gilt in allen
Verfahrensabschnitten und ist auf Vernehmungen durch die StA (§ 161a Abs. 1 Satz 2) und die Polizei
(§ 163 Abs. 3 Satz 1) anzuwenden.

B. Tatbestand. § 58 Abs. 1 gebietet die sog. **Einzelvernehmung** in Abwesenheit der später anzu- 2
hörenden Zeugen. Gesprächskontakte der Auskunftsperson mit bereits vernommenen Zeugen in der
Verhandlungspause sind damit nicht verboten (vgl. BGH NJW 1962, 260, 261).
Die Vorschrift gilt für **sämtliche Zeugen**, auch für den sachverständigen Zeugen und den Beistand nach 3
§ 149, wenn dieser gleichzeitig Zeuge ist (vgl. BGHSt 4, 205, 206). Sie ist auch auf den Staatsanwalt,
sofern dieser als Zeuge vernommen wird (vgl. BGH NJW 1987, 3088, 3090; a. A. *Häger* GS Meyer,
S. 171, 182) und den Wahlverteidiger (vgl. RGSt 55, 219) anzuwenden. Keine Anwendung findet
Abs. 1 auf den Nebenkläger (§ 397 Abs. 1 Satz 1; vgl. BGH VRS 48, 18, 19), den Antragsteller im Adhäsionsverfahren sowie den Erziehungsberechtigten und den gesetzlichen Vertreter von Jugendlichen
i.S.d. § 67 JGG (vgl. KK-StPO/*Senge* § 58 Rn. 2). Diese Personen haben in der Verhandlung ein Recht
auf Anwesenheit. Bezüglich der Erziehungsberechtigten und gesetzlichen Vertreter sind aber die Ausschlussmöglichkeiten in § 51 JGG zu beachten. Ein Anwesenheitsrecht während der gesamten Verhandlung genießen auch der Einziehungs- und Verfallsbeteiligte (vgl. SK-StPO/*Rogall* § 58 Rn. 10).
§ 406g Abs. 1 Satz 2 gestattet auch dem zur Nebenklage lediglich berechtigten Zeugen die dauernde
Anwesenheit im Termin. Umstritten ist, ob der Zeugenbeistand nach § 68b trotz seiner möglichen Zeugenstellung auch über die Vernehmung seines Mandanten hinaus ein Anwesenheitsrecht genießt. Teilweise wird dies mit Hinweis auf die prozessuale Verpflichtung des Beistands bejaht. Dieser habe seinem
Mandanten effektiv zur Seite zu stehen, was Kenntnis vom gesamten Verfahren voraussetze (vgl. LG
Heilbronn NStZ 2004, 100, 101 m. abl. Anm. *Wagner*; LR/*Ignor/Bertheau* § 58 Rn. 3; a. A. KK-StPO/
Senge § 58 Rn. 2; s.a. BGH NStZ-RR 2010, 246, 247: Die Rechte des Zeugenbeistands leiten sich aus
den Rechten des Zeugen her. Daher habe der Beistand keine weitergehenden Befugnisse als der Zeuge).
In welcher **Reihenfolge** das Gericht die Zeugen vernimmt, steht in seinem Ermessen (vgl. BGHSt 2, 4
110, 111; *Meyer-Goßner/Schmitt* § 58 Rn. 4). Das Ermessen wird durch die gerichtliche Fürsorge- und Aufklärungspflicht im Einzelfall eingeschränkt. So sollten Kinder und Jugendliche möglichst vorrangig vernommen werden, um sie frühzeitig entlassen und damit den Belastungen des Verfahrens entziehen zu können (vgl. *Meyer-Goßner/Schmitt* § 58 Rn. 4 und RiStBV Nr. 135 Abs. –3). Auch sollten
die Zeugen, die in Ausnahme der Regelung des § 58 Abs. 1 ein Anwesenheitsrecht genießen (vgl. oben
Rdn. 3), sobald wie möglich vernommen werden. Dies versetzt sie in den Stand, ihre prozessualen
Rechte wahrzunehmen (vgl. KK-StPO/*Senge* § 58 Rn. 3). Verhörspersonen, die im Verfahren einen
zur Aussageverweigerung berechtigten Zeugen vernommen haben, dürfen ihrerseits erst vernommen

werden, wenn feststeht, dass der weigerungsberechtigte Zeuge auf das ihm zustehende Weigerungsrecht nunmehr verzichtet hat (vgl. BGHSt 2, 110, 111; nach LR/*Ignor/Bertheau* § 58 Rn. 8 soll nichts anderes gelten, wenn dem unmittelbaren Zeugen ein Auskunftsverweigerungsrecht nach § 55 zusteht).

5 § 58 Abs. 1 steht einer Vernehmung von Zeugen, die der bisherigen Verhandlung als Zuhörer gefolgt sind, nicht entgegen. Ein auf Vernehmung gerichteter Beweisantrag darf mit Blick auf die Regelung nicht zurückgewiesen werden (vgl. bereits RGSt 1, 366, 367; KK-StPO/*Senge* § 58 Rn. 4). Bei seiner Aussagebewertung muss das Gericht allerdings den Umstand einer Kenntnis des Zeugen vom Verfahrensgang berücksichtigen. Stellt sich heraus, dass ein Zuhörer als Zeuge in Betracht kommt, ist er umgehend zum Verlassen des Sitzungssaals aufzufordern (vgl. BGH NJW 2001, 2732). Die Zuständigkeit hierfür liegt beim Vorsitzenden, gegen dessen Entscheidung das Gericht angerufen werden kann, § 238 Abs. 2 (vgl. BGH NJW 2001, 2732). Die Aufforderung muss auch dann ergehen, wenn nicht sicher ist, ob der Zeuge tatsächlich gehört werden wird.

6 Bereits **vernommene Zeugen** können ebenfalls des Saales verwiesen werden, wenn sie noch nicht entlassen sind. Von § 58 Abs. 1 ist dies gefordert, wenn der vernommene Zeuge ein weiteres Mal vernommen werden soll und damit »späterer Zeuge« i.S.d. Vorschrift ist. Ansonsten liegt es im Ermessen des Gerichts, der bereits vernommenen Auskunftsperson die Anwesenheit bei weiteren Zeugenvernehmungen zu gestatten (vgl. BGH NJW 1962, 260, 261).

7 § 58 Abs. 2 statuiert für den Zeugen die Pflicht, sich anderen Zeugen oder dem Beschuldigten im Vorverfahren gegenüberstellen zu lassen. Neben dem Gericht besitzt über § 161a Abs. 1 Satz 2 auch die StA das Recht, **Gegenüberstellungen** vorzunehmen (zur Befugnis der Polizei vgl. §§ 163 Abs. 3 Satz 1). Durch richterliche Anordnung kann ein Zeuge verpflichtet werden, sich zur Gegenüberstellung in Räumlichkeiten der Polizei einzufinden (vgl. LG Hamburg MDR 1985, 72). Die Gegenüberstellung im Vorverfahren ist nur möglich, wenn sie für das »weitere Verfahren geboten erscheint«, d.h. sie muss der Sachaufklärung dienen (vgl. KK-StPO/*Senge* § 58 Rn. 6). Der Beschuldigte hat auf die Anordnung einer Gegenüberstellung ebenso wenig einen Anspruch wie auf eine bestimmte Art und Weise ihrer Durchführung (vgl. RGSt 48, 201, 202). Für das Hauptverfahren bedarf es keiner besonderen Regelung. Hier sind Gegenüberstellungen auf Anordnung des Gerichts möglich, weil es aus § 244 Abs. 2 zur Erforschung des Sachverhalts verpflichtet ist. Allerdings ist der Antrag auf Durchführung einer Gegenüberstellung kein Beweisantrag i.S.d. § 244 Abs. 3 (vgl. *Meyer-Goßner/Schmitt* § 58 Rn. 8).

8 Die Gegenüberstellung erfolgt entweder zu Identifizierungszwecken oder sie soll – als Vernehmungsgegenüberstellung – Widersprüche zwischen der Aussage des Zeugen und der Einlassung des Beschuldigten oder anderen Zeugenaussagen beseitigen (vgl. KG NJW 1979, 1668, 1669). Bei der **Identifizierungsgegenüberstellung** wird eine Person dem Zeugen zum Zwecke der Wiedererkennung präsentiert. Der Zeuge wird anschließend zu seiner Augenscheineinnahme befragt. Die Gegenüberstellung stellt sich insoweit als Teil der zeugenschaftlichen Vernehmung dar (vgl. *Meyer-Goßner/Schmitt* § 58 Rn. 9). Daraus folgt, dass der Zeuge zur Teilnahme an der Gegenüberstellung grds. verpflichtet ist, es sei denn, ihm steht ein Aussageverweigerungsrecht zu (vgl. KK-StPO/*Senge* § 58 Rn. 8). Die zu identifizierende Person soll, wenn sie Beschuldigte des Verfahrens ist, trotz der Möglichkeit, die Einlassung zu verweigern, kein Recht haben, die Teilnahme an der Gegenüberstellung zu verweigern (vgl. BGHSt 34, 39, 49; SK-StPO/*Rogall* § 58 Rn. 35). Streitig ist, ob ein Zeuge, der das Recht zur Aussageverweigerung hat, sich gegenüberstellen lassen muss. Soweit dies verneint wird (vgl. KK-StPO/*Senge* § 58 Rn. 8 unter Bezugnahme auf BGH NJW 1960, 2156; befürwortend demgegenüber u.a. *Meyer-Goßner/Schmitt* § 58 Rn. 9), trägt dies zwar dem verständlichen Wunsch des Zeugen Rechnung, an der Aufklärung einer Straftat nicht teilnehmen zu wollen, die einer ihm durch ein besonderes Näheverhältnis verbundenen Person angelastet wird, wirft aber zugleich die Frage der Privilegierung ggü. dem Beschuldigten auf. Die herrschende Meinung löst das Problem über die Rechtsnatur des Aktes der Gegenüberstellung. Sie folgert die notwendige Teilnahme des Beschuldigten an der Gegenüberstellung nicht unmittelbar aus § 58 Abs. 2 (a. A. KG JR 1979, 347, 348; *Meyer-Goßner/Schmitt* § 58 Rn. 9), sondern aus dessen Pflicht, körperliche Untersuchungen nach § 81a (so u.a. LR/*Ignor/Bertheau* § 58 Rn. 12; *Odenthal* NStZ 1985, 433, 434; dies., Die Gegenüberstellung im Strafverfahren, 3. Aufl. 1999, S. 57 ff.;) oder erkennungsdienstliche Behandlungen nach § 81b (so u.a. SK-StPO/*Rogall* § 58 Rn. 35) zu dulden.

9 Die **Vernehmungsgegenüberstellung** ist demgegenüber eine besondere Art der Vernehmung der beiden gegenübergestellten Personen. Die Widersprüche der Aussageinhalte bzw. Angaben erfolgt durch Rede und Gegenrede, Fragen und Vorbehalte. Sofern das Gericht es für erforderlich hält, können die gegen-

übergestellten Personen sich auch gegenseitig befragen (vgl. *Meyer-Goßner/Schmitt* § 58 Rn. 10). Da die Vernehmungsgegenüberstellung eine Vernehmung ist, kann ein zur Aussageverweigerung berechtigter Zeuge unter Berufung auf sein Verweigerungsrecht die Teilnahme an ihr ablehnen (vgl. LR/*Ignor/Bertheau* § 58 Rn. 10). Nicht als Vernehmungsgegenüberstellung soll die stumme Anwesenheit eines Zeugen bei der Vernehmung eines anderen Zeugen gelten, mit der erforscht werden soll, ob der Vernommene seine bisherigen Angaben aufrechterhält (vgl. BGH NJW 1960, 2156). Allerdings soll ein zur Aussageverweigerung berechtigter Zeuge auch an einer solchen Form der Konfrontation nicht teilnehmen müssen, worüber er auch zu belehren sei (vgl. KK-StPO/*Senge* § 58 Rn. 7).

Die **Art und Weise einer Identifizierungsgegenüberstellung** wird durch das Gericht bestimmt. Dieses 10 kann Anordnungen zu der zu tragenden Kleidung aber auch zu einer Veränderung der Haar- und Barttracht treffen (vgl. *Meyer-Goßner/Schmitt* § 58 Rn. 11). Der Beschuldigte hat den gerichtlichen Anordnungen Folge zu leisten. Ihm ist es darüber hinaus untersagt, Handlungen vorzunehmen, die den Vorgang der Identifizierung erschweren (Grimassen, Schließen der Augen etc.). Nach herrschender Meinung ist die Anwendung unmittelbaren Zwangs möglich, um solche Handlungen zu unterbinden, wozu die Vorschrift des § 58 Abs. 2 die Rechtsgrundlage bilden soll (vgl. KG JR 1979, 347, 348; *Meyer-Goßner/Schmitt* § 58 Rn. 11; a. A. *Grünwald* JZ 1981, 423, 424 f.; *Odenthal* NStZ 1985, 433, 435). Eine Identifizierungsgegenüberstellung muss nicht im selben Raum stattfinden. Die Betrachtung der zu identifizierenden Personen durch einen venezianischen Spiegel ist zulässig (vgl. *Geppert* Jura 1989, 274, 277; SK-StPO/*Rogall* § 58 Rn. 41). Soll eine Person als Beschuldigter identifiziert werden, findet im Regelfall eine sog. **Wahlgegenüberstellung** statt, bei der dem Betrachter mehrere Personen gleichen Geschlechts, ähnlichen Alters und ähnlicher Erscheinung präsentiert werden. Hierbei darf für den Identifizierenden nicht erkennbar sein, bei welcher Person es sich um den Beschuldigten handelt, Nr. 18 Satz 1 RiStBV. Der Gang der Gegenüberstellung sollte protokolliert werden (vgl. SK-StPO/*Rogall* § 58 Rn. 41). Empfehlenswert ist die bildliche Dokumentation auch mittels Videoaufnahme (vgl. zur Zulässigkeit BVerfG NStZ 1983, 84). Eine Einzelgegenüberstellung zur Identifizierung in Abweichung von Nr. 18 Satz 1 RiStBV ist durchaus möglich, sie besitzt aber einen geringeren Beweiswert (vgl. OLG Schleswig SchlHA 1971, 216). Den höchsten Beweiswert misst die Rechtsprechung inzwischen der sequenziellen oder sukzessiven Wahlgegenüberstellung bei (vgl. BGH StV 2000, 603). Bei dieser Art der Gegenüberstellung werden dem Identifizierenden mehrere Personen nacheinander vorgeführt.

Unzulänglichkeiten bei der Gegenüberstellung führen nicht zum Ausschluss des Beweismittels, min- 11 dern aber dessen Beweiswert. Dessen muss sich das Gericht bei seiner Würdigung bewusst sein (vgl. BGHSt 16, 204, 206; KK-StPO/*Senge* § 58 Rn. 9).

Besonders kritisch muss auch die **Wiedererkennung des Angeklagten in der Hauptverhandlung** durch 12 einen Zeugen hinterfragt werden. Hier besteht die Gefahr, dass der Angeklagte nicht mit dem Täter, sondern der anlässlich einer Gegenüberstellung gem. § 58 Abs. 2 wiedererkannten Person verglichen wird (vgl. BGHSt 16, 204, 206; OLG Koblenz StV 2007, 348, 349; *Meyer-Goßner/Schmitt* § 58 Rn. 13 m.w.N.). Dessen ungeachtet kommt auch dem (wiederholten) Wiedererkennen in der Hauptverhandlung ein – wenn auch eingeschränkter – Beweiswert zu (BGH NStZ 2011, 648, 650).

Die durch Nr. 18 Satz 1 RiStBV aufgestellten Regelungen besitzen auch für eine **Identifizierung mittels** 13 **Stimmenvergleich** Gültigkeit. Es ist also insb. darauf zu achten, dass dem Identifizierenden mehrere Stimmen vorgespielt werden, die zudem eine gewisse Ähnlichkeit besitzen (vgl. BGHSt 40, 66, 69). Eine Identifizierung über die Stimme dürfte aber im Regelfall als alleinige Grundlage für eine Verurteilung nicht ausreichen (vgl. *Meyer-Goßner/Schmitt* § 58 Rn. 14).

C. Revision. § 58 Abs. 1 ist eine bloße Ordnungsvorschrift, deren Verletzung die Revision grds. 14 nicht begründen kann (vgl. BGH NJW 1962, 260, 261). Allerdings ist nicht ausgeschlossen, dass das Gericht durch eine fehlerhafte Handhabung der Regelung zugleich gegen seine Pflicht aus § 244 Abs. 2 verstößt, was zur Zulässigkeit der Aufklärungsrüge führt (vgl. OLG Nürnberg, Beschl. v. 14.04.2009 – 2 St OLG Ss 33/09, juris; KK-StPO/*Senge* § 58 Rn. 11). So kann gerügt werden, dass der Zeuge in Abwesenheit der weiteren Zeugen anders ausgesagt hätte (vgl. BGH MDR [D] 1974, 274). Auch das Unterbleiben einer Gegenüberstellung nach § 58 Abs. 2 kann eine Verletzung der Aufklärungspflicht darstellen (vgl. KK-StPO/*Senge* § 58 Rn. 12). Die Sachrüge hat Erfolg, wenn die Urteilsgründe nicht erkennen lassen, dass sich das Gericht des eingeschränkten Beweiswerts einer Einzelgegenüberstellung, eines wiederholten Wiedererkennens in der Hauptverhandlung oder eines unzureichenden Stimmenvergleichs bewusst gewesen ist (vgl. *Meyer-Goßner/Schmitt* § 58 Rn. 15 m.w.N.). Eine unzulässige Beschränkung der Öffentlichkeit kann vorliegen, wenn ein Zuhörer des Saales verwiesen wird, obwohl keine hinreichenden Anhaltspunkte dafür vorliegen, dass er als Zeuge zur Sachverhaltsaufklärung hätte beitragen können (vgl. BGH NStZ 2004, 453 f.; KK-StPO/*Senge* § 58 Rn. 13).

§ 58a StPO Aufzeichnung der Vernehmung in Bild und Ton.

(1) ¹Die Vernehmung eines Zeugen kann auf Bild-Ton-Träger aufgezeichnet werden. ²Sie soll nach Würdigung der dafür jeweils maßgeblichen Umstände aufgezeichnet werden und als richterliche Vernehmung erfolgen, wenn
1. damit die schutzwürdigen Interessen von Personen unter 18 Jahren sowie von Personen, die als Kinder oder Jugendliche durch eine der in § 255a Absatz 2 genannten Straftaten verletzt worden sind, besser gewahrt werden können oder
2. zu besorgen ist, dass der Zeuge in der Hauptverhandlung nicht vernommen werden kann und die Aufzeichnung zur Erforschung der Wahrheit erforderlich ist.

(2) ¹Die Verwendung der Bild-Ton-Aufzeichnung ist nur für Zwecke der Strafverfolgung und nur insoweit zulässig, als dies zur Erforschung der Wahrheit erforderlich ist. ²§ 101 Abs. 8 gilt entsprechend. ³Die §§ 147, 406e sind entsprechend anzuwenden, mit der Maßgabe, dass den zur Akteneinsicht Berechtigten Kopien der Aufzeichnung überlassen werden können. ⁴Die Kopien dürfen weder vervielfältigt noch weitergegeben werden. ⁵Sie sind an die Staatsanwaltschaft herauszugeben, sobald kein berechtigtes Interesse an der weiteren Verwendung besteht. ⁶Die Überlassung der Aufzeichnung oder die Herausgabe von Kopien an andere als die vorbezeichneten Stellen bedarf der Einwilligung des Zeugen.

(3) ¹Widerspricht der Zeuge der Überlassung einer Kopie der Aufzeichnung seiner Vernehmung nach Absatz 2 Satz 3, so tritt an deren Stelle die Überlassung einer Übertragung der Aufzeichnung in ein schriftliches Protokoll an die zur Akteneinsicht Berechtigten nach Maßgabe der §§ 147, 406e. ²Wer die Übertragung hergestellt hat, versieht die eigene Unterschrift mit dem Zusatz, dass die Richtigkeit der Übertragung bestätigt wird. ³Das Recht zur Besichtigung der Aufzeichnung nach Maßgabe der §§ 147, 406e bleibt unberührt. ⁴Der Zeuge ist auf sein Widerspruchsrecht nach Satz 1 hinzuweisen.

S.a. RiStBV Nr. 19, 19a, 19b

1 **A. Allgemeines. I. Regelungszweck.** Die Vorschrift gestattet die Bild- und Tonaufzeichnung einer Zeugenvernehmung. Da diese regelmäßig das Recht des Zeugen am eigenen Bild und am gesprochenen Wort verletzt und damit in sein allgemeines Persönlichkeitsrecht eingreift, bedarf es für diesen Grundrechtseingriff einer gesetzlichen **Ermächtigungsgrundlage**: § 58a Abs. 1. Sie begründet eine Duldungspflicht des Zeugen. Verweigert sich der Zeuge einer Aufzeichnung, darf **Zwang** (§ 70) angewendet werden (SK-StPO/*Rogall* § 58a Rn. 10; *Meyer-Goßner/Schmitt* § 58a Rn. 8; MüKo-StPO/*Maier* § 58a Rn. 32; AnwK-StPO/*v. Schlieffen* § 58a Rn. 1; HK-StPO/*Gercke* Rn. 5; zweifelnd *Rieß* StraFo 1999, 1, 2 Fn. 34). Um ein optimales Ergebnis zu erzielen, sollte sich der Vernehmende dennoch stets um die Zustimmung des Zeugen bemühen und seine Kooperationsbereitschaft wecken (BT-Drucks. 13/7165, S. 6; SK-StPO/*Rogall* § 58a Rn. 10; AnwK-StPO/*v. Schlieffen* § 58a Rn. 1).

2 Abs. 2 und 3 enthalten Vorschriften über die weitere Verwendung der angefertigten Aufzeichnungen und die Akteneinsicht.

3 Ein wesentlicher Zweck des § 58 wird in dem **Schutz** des Zeugen gesehen. Denn durch die Aufzeichnung einer frühen Aussage könne ihm eine Beeinträchtigung durch eine wiederholte Vernehmung erspart werden (BGH NStZ-RR 2004, 336; HK-*Gercke*, § 58a Rn. 4; SK-StPO/*Rogall* § 58a Rn. 2; MüKo-StPO/*Maier* § 58a Rn. 4). Sie erleichtert darüber hinaus durch die exakte **Dokumentation** der Zeugenaussage die Wahrheitsfindung (SK-StPO/*Rogall* § 58a Rn. 2; MüKo-StPO/*Maier* § 58a Rn. 7 f.) und kann helfen, die bedeutsame *Erstaussage* von Zeugen zu fixieren (vgl. zu kindlichen Zeugen: BGH NStZ-RR 1998, 16; StV 1997, 513; NJW 1996, 206; NStZ 1995, 558; *Meyer-Goßner/ Schmitt* § 58a Rn. 1b; *Deckers* NJW 1996, 3105, 3108). Darüber hinaus bietet die Vorschrift einen zu-

verlässigen Schutz vor **Beweisverlusten**, wenn der Zeuge im weiteren Verfahren möglicherweise nicht mehr zur Verfügung stehen wird (LR/*Ignor/Bertheau* Rn. 1; SK-StPO/*Rogall* Rn. 2; *Meyer-Goßner/ Schmitt* § 58a Rn. 1b; AnwK-StPO/*v. Schlieffen* § 58a Rn. 2; KK-StPO/*Senge* § 58a Rn. 5).

Dem steht die Durchbrechung des Unmittelbarkeitsgrundsatzes gegenüber bzw. entgegen; zumal wissenschaftliche Überprüfungen einer etwaigen verzerrenden Wirkung der Videoaufnahme und ihrer Umstände auf die Aussage oder etwaiger Suggestiveffekten auf die zu vernehmende Person fehlen. Diese Form der Beweisaufnahme kreiert Beweissurrogate für die Hauptverhandlung und präjudiziert Letztere (*Eisenberg* Rn. 1305, 1311). 4

II. Entstehungsgeschichte. Eingeführt wurde die Vorschrift durch das **Zeugenschutzgesetz** 5 (ZSchG) v. 30.04.1998 (Gesetz zum Schutz von Zeugen bei Vernehmungen im Strafverfahren und zur Verbesserung des Opferschutzes, BGBl. I, S. 820; ausführlich *Caesar* NJW 1998, 2313; LR/*Ignor/ Bertheau* § 58a Rn. 2 m.w.N.). Das ZSchG hat die StPO um einige kleine Buchstaben bereichert. Neben § 58a wurden eingeführt: §§ 68b, 168e, 247a, 255a, 397a Abs. 1. Mit dem **Opferrechtsreformgesetz** v. 24.06.2004 wurde Abs. 2 um die Sätze 3 bis 6 erweitert und Abs. 3 neu in die Vorschrift eingefügt (BGBl. I, S. 1354; ausführlich SK-StPO/*Rogall* § 58a Rn. 6 m.w.N.) und mit dem **2. Opferrechtsreformgesetz** v. 29.07.2009 u.a. die Schutzaltersgrenze in Abs. 1 Nr. 1 auf 18 Jahre angehoben (BGBl. I, S. 2280). Der terminologische Wandel vom *Zeugenschutz* zum *Opferrecht* spiegelt die rechtspolitischen und gesellschaftlichen Strömungen der letzten Dekade wieder. Schließlich wurde Absatz 1 Satz 2 (hier insbesondere die Nr. 1) durch das Gesetz zur Stärkung der Rechte von Opfern sexuellen Missbrauchs (StORMG) vom 26.6.2013 (Inkrafttreten am 1.9.2013) in dreierlei Hinsicht (vgl. unten Rdn. 9 ff.) ergänzt.

B. Regelungsgehalt. § 58a gilt für alle (richterlichen, staatsanwaltlichen und polizeilichen) Zeu- 6 genvernehmungen im Ermittlungsverfahren (Graf/*Huber* Rn. 4; AnwK-StPO/*v. Schlieffen* Rn. 4–6; Radtke/Hohmann/*Otte* § 58a Rn. 2).

I. Fakultative Aufzeichnung. Nach Abs. 1 Satz 1 **kann** grds. **jede** Zeugenvernehmung aufgezeichnet 7 werden. Alle Verfahrensvorgänge sind zu erfassen, die mit der Vernehmung im Zusammenhang stehen oder sich aus dieser ergeben (*Meyer-Goßner/Schmitt* § 58a Rn. 4; KMR/*Neubeck* § 58a Rn. 4). Hierzu gehören auch Vorgespräche (KK-StPO/*Senge*, § 58a Rn. 4) und informelle Zwischengespräche (*Schlothauer* StV 1999, 47, 48) oder eigenständige Vorgänge, wie die Augenscheinnahme oder die Verhandlung über die Vereidigung und diese selbst (KMR/*Neubeck* § 58a Rn. 4; Graf/*Huber* § 58a Rn. 5; vgl. zu alldem auch Rdn. 32). Zwar sind Teilaufnahmen nicht grds. unzulässig (a. A. *Leitner* StraFo 1999, 45, 47), aber unzweckmäßig (*Rieß* StraFo 1999, 1, 3) und dadurch im Beweiswert gemindert. Wegen des erheblichen Eingriffs in das Persönlichkeitsrecht des Zeugen und der Durchbrechung des Unmittelbarkeitsgrundsatzes soll nach weit verbreiteter Ansicht von der Möglichkeit der Aufzeichnung jedoch nur sparsam Gebrauch gemacht werden (*Meyer-Goßner/Schmitt* § 58a Rn. 4; KMR/*Neubeck* § 58a Rn. 5; LR/*Ignor/Bertheau* § 58a Rn. 12; Graf/*Huber* § 58a Rn. 6; MüKo-StPO/*Maier* § 58a Rn. 22 ff. mit differenzierenden Beispielen; massiv: *Eisenberg* Rn. 1311 »auf ein Mindestmaß zu beschränken«). Für einen zurückhaltenden Einsatz soll auch der hohe technische Aufwand streiten (Radtke/Hohmann/*Otte* § 58a Rn. 3). All dies überzeugt nicht: Soweit die Kamera den Vernehmenden, den Zeugen und etwa anwesende Sachverständige erfasst (was stets der Fall sein sollte, vgl. KK-StPO/*Senge* § 58a Rn. 4) und die Verteidigungsrechte des Beschuldigten gewahrt sind (vgl. insb. Art. 6 Abs. 3 Buchst. d) EMRK), ist eine Aufzeichnung und die damit einhergehende Dokumentation der Zeugenaussage den üblichen »Protokollen« in ihrem Beweiswert überlegen. Sie bietet nicht nur den Vorteil einer exakten Dokumentation und weiterer optischer und akustischer Eindrücke (HK-GS/*Trüg* § 58a Rn. 2: »plastischer«) – sondern erfasst auch die Fragestellung. Die Warnung aus der Feder eines Staatsanwalts (Radtke/Hohmann/*Otte* § 58a Rn. 8) ist ein beredtes Zeichen: »Bei der Durchführung der Vernehmung ist auf eine gute, vollständige und nichtsuggestive Befragung zu achten, da sich Fehler in diesem Verfahrensstadium im weiteren Verlauf nicht mehr ausgleichen lassen« (vgl. auch Graf/*Huber* § 58a Rn. 14 und *Schöch* in: FS für Meyer-Goßner, S. 365, 371).

Der Erkenntniszuwachs, der sich durch eine exakte Dokumentation der Zeugenaussage gewinnen lässt, 8 wiegt schwerer als die Beeinträchtigungen des Unmittelbarkeitsprinzips in der Hauptverhandlung. Ohnehin spricht vieles dafür, dass Richter ihre Fähigkeiten überschätzen, nonverbale (vermeintliche)

§ 58a StPO   Aufzeichnung der Vernehmung in Bild und Ton

Beweisanzeichen fundiert zu deuten (vgl. *Sporer/Köhnken* Nonverbale Indikatoren von Täuschung, in: *Volbert/Steller* Handbuch der Rechtspsychologie, 2008, S. 353 ff. m.w.N.). Überdies erscheint der technische Aufwand im heutigen *digitalen Zeitalter*, in dem mit jedem Mobilfunktelefon eine Bild- und Tonaufnahme hergestellt werden kann, überschaubar.

9   **II. Gebotene Aufzeichnung.** Absatz 1 Satz 2 wurde zuletzt durch das StORMG geändert (s. Rdn. 5). Für Nr. 1 und Nr. 2 wurden eine »Würdigung der dafür jeweils maßgeblichen Umstände« und das Gebot einer »richterlichen Vernehmung« eingefügt. Der nunmehr erweiterte Personenkreis gilt hingegen nur für Nr. 1 (s.u. Rdn. 10).
Die »Würdigung der dafür jeweils maßgeblichen Umstände« ist eine kodifizierte Verhältnismäßigkeitsprüfung. Nach dem Willen des Gesetzgebers sind Mehrfachvernehmungen zu vermeiden und eine mögliche erhöhte Geständnisbereitschaft und die Beweissicherung zu berücksichtigen (BT-Drucks. 17/6261, S. 10). Das Gebot der Aufzeichnung als richterliche Vernehmung gilt nicht uneingeschränkt. So sind Ausnahmen zum Beispiel dann denkbar, wenn die Aufzeichnung einer polizeilichen Vernehmung den Vorteil hat, dass sie unmittelbar im Anschluss an eine Anzeigenerstattung vor Ort erfolgen kann. Allerdings hat sich der Gesetzgeber dennoch für ein grundsätzliches Gebot entschieden (kritisch *Bittmann* ZRP 2011, 72, 73).

10   Nach Abs. 1 Satz 2 Nr. 1 **soll** die Zeugenvernehmung aufgezeichnet werden, wenn damit die schutzwürdigen Interessen von Personen **unter 18 Jahren** sowie von Personen, die als Kinder oder Jugendliche durch einer der in § 255a Abs. 2 genannten **Straftaten verletzt** worden sind, besser gewährt werden können. Mit dieser Ergänzung soll den Belangen von Personen Rechnung getragen werden, die als Minderjährige durch eine dieser Straftaten verletzt worden sind, zum Zeitpunkt ihrer Vernehmung aber bereits das Erwachsenenalter erreicht haben (BT-Drucks 17/6261, S. 10). Was Personen unter 18 Jahren betrifft, ist eine Anwendung der Vorschrift auf Fälle reiner Alltagskriminalität nicht mehr ohne Weiteres ausgeschlossen, weil die Aufzeichnung zur Wahrung schutzwürdiger Interessen nicht mehr »geboten sein muss«, sondern nach dem aktuellen Gesetzestext lediglich die schutzwürdigen Interessen »besser gewahrt werden« können, so dass eine Einzelfallabwägung geboten ist (MüKo-StPO/*Maier* § 58a Rn. 38 f.). Wenig befriedigend bleibt trotz aller gesetzlicher Bemühungen, Opfer von Straftaten besser zu schützen, die Formulierung »die durch die Straftat verletzt worden sind«; sie widerspricht der Unschuldsvermutung und greift einem möglichen Ergebnis des Ermittlungsverfahrens vor.

11   Bild- und Ton einer Zeugenaussage sollen nach Abs. 1 Satz 2 Nr. 2 ferner immer dann aufgezeichnet werden, wenn zu besorgen ist, der Zeuge könne in der **Hauptverhandlung nicht vernommen** werden. Zu denken ist an gebrechliche oder lebensgefährlich erkrankte, im Ausland wohnende Zeugen oder Kinder, zu deren Wohl die Erziehungsberechtigen die Teilnahme an der Hauptverhandlung verwehren (KK-StPO/*Senge* § 58a Rn. 7; *Meyer-Goßner/Schmitt* § 58a Rn. 7). Wird vermutet, der Zeuge werde in der Hauptverhandlung von einem etwaigen Zeugnis- oder **Auskunftsverweigerungsrecht** Gebrauch machen, ist dies allein kein zwingender Grund die Zeugenaussage aufzuzeichnen (MüKo-StPO/*Maier* § 58a Rn. 57; SK-StPO/*Rogall* § 58a Rn. 15; LR/*Ignor/Bertheau* § 58a Rn. 20; HK-GS/*Trüg* § 58a Rn. 6; a. A. *Meyer-Goßner/Schmitt* § 58a Rn. 7), denn der Zeuge kann vernommen werden und verweigert ggf. aus **Rechtsgründen** seine Aussage. Die Vorschrift soll **tatsächliche Hindernisse** beseitigen helfen, die der Wahrheitsfindung im Weg stehen können – nicht rechtliche.

12   Zur **Erforschung der Wahrheit erforderlich** ist eine Aussage, wenn sie voraussichtlich zur Wahrung der gerichtlichen Aufklärungspflicht gebraucht wird (HK-StPO/*Gercke* § 58a Rn. 10). Nach anderer Definition ist die Aufzeichnung zur Erforschung der Wahrheit erforderlich, wenn die Verwendung der Aufzeichnung ergiebiger ist, als die Vernehmung des Zeugen oder die Verlesung der Niederschrift der Vernehmung (MüKo-StPO/*Maier* § 58a Rn. 60; Graf/*Huber* § 58a Rn. 10). Das dürfte freilich aufgrund der überlegenen Dokumentation (vgl. Rdn. 7 f.) regelmäßig der Fall sein.

13   Wird ein *Video* aufgezeichnet, kommt ihr ein höherer Beweiswert zu als einem herkömmlichen Vernehmungsprotokoll (vgl. Rdn. 7). In der Hauptverhandlung ist die Vorführung der Aufnahme nach § 255a Abs. 1 der Protokollverlesung nach § 251 Abs. 1 zwingend vorzuziehen (*Leitner* StraFo 1999, 45, 48; *Weider/Staechelin* StV 1999, 51, 53; HK-GS/*Trüg* § 58a Rn. 7; a. A. BGH StV 1999, 580).

14   **III. Zuständigkeit.** Die Aufzeichnung wird durch den Vernehmenden angeordnet (*Meyer-Goßner/Schmitt* § 58a Rn. 9; HK-StPO/*Gercke* § 58a Rn. 11). Für eine ermittlungsrichterliche Vernehmung bleibt das AG zuständig, in dessen Bezirk der Wohnort oder der Ort des gewöhnlichen Aufenthalts

der zu vernehmenden Person liegt, wenn deren Aussage auf Video aufgezeichnet werden soll, dies aber nur in einem anderen Gerichtsbezirk durchgeführt werden kann (OLG München NStZ 2004, 642; MüKo-StPO/*Maier* § 58a Rn. 64; a. A. LG München NStZ-RR 2005, 317).

IV. Verwendung und Vernichtung. 1. Verwendung. Die Aufzeichnung darf nur für die **Strafverfolgung** genutzt werden. Das schließt eine Verwendung im Bußgeldverfahren aus (KK-StPO/*Senge* § 58a Rn. 10). Die Beschränkung auf die »Erforschung der Wahrheit« betont lediglich das (selbstverständliche) Erfordernis einer Beweisrelevanz der Aussage. 15

Die Verwertung beschränkt sich jedoch nicht auf das Verfahren, in dem die Aufzeichnung angefertigt worden ist. Sie kann in einem späteren Verfahren – auch gegen den Zeugen selbst – verwendet werden. Dieses andere Strafverfahren braucht zwar im Zeitpunkt der Aufzeichnung noch nicht anhängig zu sein (LR/*Ignor*/*Bertheau* § 58a Rn. 31), **unstatthaft** ist nach Abs. 2 aber eine »**Vorratsdatenspeicherung**«, um die Aufzeichnung für die Zwecke etwaiger späterer Strafverfolgung langfristig zur jederzeitigen Verfügung zu halten (BT-Drucks. 13/7165, S. 7; KK-StPO/*Senge* § 58a Rn. 10; SK-StPO/*Rogall* § 58a Rn. 18). Das ergibt sich bereits aus der Löschungsverpflichtung nach Abs. 2 Satz 2 i.V.m. § 101 Abs. 8. 16

Die Einzelheiten zur **Vorführung** der Aufzeichnung in der **Hauptverhandlung** regelt § 255a. 17

Der Zeuge kann nicht über die weitere Verwendung der Aufnahme disponieren und insb. in die Nutzung der Bild- und Tonaufzeichnung außerhalb eines Strafverfahrens einwilligen, z.B. zur Geltendmachung von Schadensersatzansprüchen oder bei familienrechtlichen Streitigkeiten (a. A. KK-StPO/*Senge* Rn. 11; *Meyer-Goßner*/*Schmitt* § 58a Rn. 10; HK-StPO/*Gercke* § 58a Rn. 12). Eine solche Auslegung überschreitet die Wortlautgrenze des Abs. 1 Satz 1 (auch wenn es der historische Gesetzgeber wohl anders intendiert hat: BT-Drucks. 13/7165, S. 7). 18

2. Vernichtung. Nach Abs. 2 Satz 2 i.V.m. § 101 Abs. 8 ist die **Aufzeichnung** unverzüglich zu **löschen**, sobald sie zur Strafverfolgung nicht länger benötigt wird. 19

Eine **Herausgabepflicht** von **Kopien**, die an andere (Verfahrens-) Beteiligte überlassen wurden, statuiert Abs. 2 Satz 5, sobald kein berechtigtes Interesse an einer weiteren Verwertung besteht. 20

V. Akteneinsicht. Berechtigt Akteneinsicht zu nehmen, sind nach Abs. 2 i.V.m. §§ 147, 406e der **Verteidiger** des Beschuldigten und der **Verletztenbeistand**. Nach § 397 Abs. 1 Satz 2, § 385 Abs. 3 i.V.m. § 147 steht dem anwaltlichen Vertreter der **Nebenklage** ein Akteneinsichtsrecht zu; und auch dem **unverteidigten Beschuldigten** kann nach § 147 Abs. 7 Einsicht in die Akten gewährt werden. 21

Es wird vertreten, dass die Originalaufzeichnung als Beweisstück i.S.d. § 147 Abs. 1 anzusehen ist (SK-StPO/*Rogall* § 58a Rn. 36; LR/*Ignor*/*Bertheau* § 58a Rn. 35), mit der Konsequenz, dass der zur Akteneinsicht Berechtigte nur bei Gericht die Aufzeichnungen einsehen kann. Im Ergebnis führt das zu einer unzumutbaren Einschränkung der Verteidigung (AnwK-StPO/*v. Schlieffen* § 58a Rn. 17). Es erscheint daher richtig, das Original der Aufzeichnung als Bestandteil der **Sachakten** anzusehen (OLG Stuttgart NJW 2003, 767; *Neuhaus* StV 2004, 620, 623; *Schlothauer* StV 1999, 47; *Meyer-Goßner*/*Schmitt* § 58a Rn. 13; KK-StPO/*Senge* § 58a Rn. 9; Radtke/Hohmann/*Otte* § 58a Rn. 11; HK-StPO/*Gercke* Rn. 14; *Pfeiffer* § 58a Rn. 3). Das Akteneinsichtsrecht wird nach Abs. 2 Satz 3 verwirklicht, indem i.d.R. Kopien der Aufzeichnung zur Verfügung gestellt werden. Dabei eröffnet die Formulierung »können« der StA keinen Ermessensspielraum; vielmehr besteht ein Anspruch auf Überlassung wenigstens der Kopie der Videoaufnahme (*Meyer-Goßner*/*Schmitt* § 58a Rn. 13; KK-StPO/*Senge* § 58a Rn. 9). Stattdessen kann auch das Original überlassen werden (a. A. MüKo-StPO/*Maier* § 58a Rn. 77). 22

Allein der Zeuge kann der Überlassung von **Kopien** nach Abs. 3 Satz 3 widersprechen, worüber er nach Abs. 3 Satz 4 zu belehren ist. Der Widerspruch hat zur Folge, dass sich die Akteneinsicht auf die Besichtigung der Aufzeichnung bei der StA oder auf die Überlassung einer Niederschrift der Vernehmung an den Berechtigten beschränkt. Der Anspruch des Verteidigers auf eine Aufzeichnungskopie wandelt sich dann in einen Anspruch auf ein schriftliches Protokoll der Aussage nach Abs. 3 Satz 1 (KK-StPO/*Senge* § 58a Rn. 9). Ob diese durch das 1. Opferrechtsreformgesetz 2004 (BGBl. I, S. 1354) in Kraft getretene Erstreckung des Widerspruchsrechts nicht die Möglichkeiten einer effektiven Verteidigung bedenklich begrenzt und der Akzeptanz von Videovernehmungen eher schadet, ist frühzeitig diskutiert worden (vgl. *Hilger* GA 2004, 478, 485). 23

Soweit Einsichtsgesuche nach den §§ 474 ff. in Rede stehen, bedarf die Überlassung der Aufzeichnung der Einwilligung des Zeugen (*Meyer-Goßner*/*Schmitt* § 58a Rn. 14; KMR/*Neubeck* § 58a Rn. 14). 24

25 Kopien, die i.R.d. Akteneinsicht nach Abs. 2 Satz 3 dem Berechtigten überlassen wurden, dürfen nach Abs. 2 Satz 4 weder vervielfältigt noch weitergegeben werden und sind nach Abs. 2 Satz 5 wieder an die StA herauszugeben (vgl. Rdn. 16). Abs. 2 Satz 4 verbietet die Weitergabe von Kopien an Dritte, nicht jedoch an den beschuldigten Mandanten (a. A. SK-StPO/*Rogall* § 58a Rn. 341). Der Beschuldigte hat im Grundsatz ein eigenes Akteneinsichtsrecht nach § 147 Abs. 7 Satz 1, wenn er nicht verteidigt ist; auch hierauf verweist Abs. 2 Satz 4. Es gibt keinen sachlichen Grund, weshalb der verteidigte Beschuldigte insoweit schlechter gestellt sein sollte. Keinesfalls verwehrt ist es dem Verteidiger, die Aufzeichnung dem Mandanten vorzuführen (SK-StPO/*Rogall* § 58a Rn. 41; HK-StPO/*Gercke* § 58a Rn. 15), was allerdings gerade bei inhaftierten Mandanten erhebliche logistische Probleme mit sich bringen kann.

26 **VI. Rechtsbehelfe.** Gegen **die richterliche Anordnung** einer Bild- und Tonaufzeichnung kann der vernommene Zeuge nach den allgemeinen Regeln **Beschwerde** einlegen (§ 304 Abs. 2). Sieht der Richter hingegen von einer Aufzeichnung ab, ist die Beschwerde des Zeugen mangels Beschwer unzulässig, da er durch die Nichtaufzeichnung nicht in seinen Rechten verletzt wird (SK-StPO/*Rogall* § 58a Rn. 48; LR/*Ignor/Bertheau* § 58a Rn. 42; *Meyer-Goßner/Schmitt* § 58a Rn. 15; a. A. HK-GS/*Trüg* § 58a Rn. 11).

27 Gegen die Anordnung einer **staatsanwaltlichen Vernehmung** hat der Zeuge ein Beschwerderecht analog § 98 Abs. 2 Satz 2 (SK-StPO/*Rogall* § 58a Rn. 49; MüKo-StPO/*Maier* § 58a Rn. 83; a. A. LR/*Ignor/Bertheau* § 58a Rn. 43: Antrag auf gerichtliche Entscheidung nach § 161a Abs. 3).

28 Keine Relevanz hat die Frage der Anfechtbarkeit bei einer **polizeilichen Vernehmung**, da der Zeuge dort ohnehin nicht zur Aussage verpflichtet werden kann (vgl. § 163a, § 133 Rdn. 1; s.a. HK-StPO/*Zöller* § 163a Rn. 25; LR/*Erb* § 163a Rn. 86).

29 **C. Revision.** Ein Unterlassen einer Bild- und Tonaufzeichnung kann in der Revision mit der **Aufklärungsrüge** ebenso beanstandet werden, wie die zu Unrecht unterlassene Verwertung einer bereits vorhandenen Aufzeichnung (*Schlothauer* StV 1999, 47, 50; *Weider/Staechelin* StV 1999, 51, 53 f.; *Meyer-Goßner/Schmitt* § 58a Rn. 15; SK-StPO/*Rogall* § 58a Rn. 44; KMR/*Neubeck* § 58a Rn. 18; LR/*Ignor/Bertheau* § 58a Rn. 44; MüKo-StPO/*Maier* § 58a Rn. 90; HK-GS/*Trüg* § 58a Rn. 11; *Pfeiffer* § 58a Rn. 6; Graf/*Huber* § 58a Rn. 22).

30 Hatte die Verteidigung keine ausreichende Gelegenheit, die Aufzeichnungen auszuwerten, da ihr durch den Widerspruch des Zeugen keine Kopie überlassen wurde, kommt eine Rüge nach **§ 338 Nr. 8** in Betracht. Dies gilt v.a., wenn ohne den Widerspruch des Zeugen keine Kopien ausgegeben wurden (*Neuhaus* StV 2004, 620, 624; LR/*Ignor/Bertheau* § 58a Rn. 45; AnwK-StPO/*v. Schlieffen* § 58a Rn. 19; vgl. auch OLG Koblenz StV 2003, 608). Gleiches gilt, wenn der Verteidigung eine Kopie des schriftlichen Transkriptes der Aufzeichnung oder die Besichtigung verwehrt wurde (AnwK-StPO/*v. Schlieffen* § 58a Rn. 19; LR/*Ignor/Bertheau* § 58a Rn. 45; MüKo-StPO/*Maier* § 58a Rn. 95).

31 I.Ü. soll eine Verletzung des § 58a nicht wirksam mit der Revision angegriffen werden können, weil die Norm nicht dem **Schutz des Angeklagten** diene (Radtke/Hohmann/*Otte* § 58a Rn. 13). Dies ist sicher für die Verwendungsbeschränkung des Abs. 2 Satz 1 nicht richtig (so auch SK-StPO/*Rogall* § 58a Rn. 51), aber auch sonst zu überdenken, wenn man richtigerweise der Vorschrift einen zusätzlichen Dokumentationszweck zubilligt (vgl. Rdn. 3).

32 **D. Praktische Hinweise. I. Umfang der Aufzeichnung.** Die Aufzeichnung umfasst regelmäßig die gesamte Vernehmung des Zeugen. Einschließlich aller ihm gestellter Fragen, Vorhalte und sonstiger damit in Verbindung stehender Reaktionen (*Meyer-Goßner/Schmitt* § 58a Rn. 4). Eine Teilaufzeichnung ist nicht unzulässig (a. A. *Leitner* StraFo 1999, 45, 47; SK-StPO/*Rogall* § 58a Rn. 11; AnwK-StPO/*v. Schlieffen* § 58a Rn. 20), aber unzweckmäßig und von fragwürdigem Beweiswert.

33 Ob informatorische Vorgespräche aufzunehmen sind, ist umstritten. Gegen eine Aufzeichnung spricht, dass es sich hier nicht um eine Vernehmung i.e.S. handelt, sodass sie nicht zum Gegenstand der Aufzeichnung werden muss (LR/*Ignor/Bertheau* § 58a Rn. 24; SK-StPO/*Rogall* § 58a Rn. 11). Um jedoch der Gefahr einer unlauteren Einwirkung auf den Zeugen vorzubeugen, ist es richtig, auch die informatorischen Vor- und Zwischengespräche zu dokumentieren (*Leitner* StraFo 1999, 45, 47; LR/*Ignor/Bertheau* § 58a Rn. 24; AnwK-StPO/*v. Schlieffen* § 58a Rn. 20). Die Videoaufzeichnung sollte im Interesse

aller Verfahrensbeteiligter möglichst umfassend sein (vgl. auch Rdn. 6). Die vollständige Aufzeichnung muss immer auch die Zeugenbelehrung und die Bekanntgabe des gesamten Untersuchungsgegenstandes umfassen (SK-StPO/*Rogall* § 58a Rn. 11 m.w.N.; LR/*Ignor/Bertheau* § 58a Rn. 25; a. A. LR/*Ignor/Bertheau* § 58a Rn. 25; KK-StPO/*Senge* § 58a Rn. 8).

II. Durchführung. Die Vorschrift des § 58a enthält weder eine Regelung zur technischen Durchführung der Aufzeichnung noch Vorgaben zum »Setting« (SK-StPO/*Rogall* § 58a Rn. 12 m.w.N.). In der RiStBV unter Nr. 19 Abs. 2 Satz 2 finden sich einige Hinweise. Wesentlich erscheint – neben der Vollständigkeit der Aufnahmen –, dass auch der Vernehmende zu erkennen ist. Datum und Uhrzeit der Aufnahme sollten eingeblendet sein (HK-GS/*Trüg* § 58a Rn. 4). Die Aufzeichnung einer Zeugenaussage in Bild und Ton macht ein Vernehmungsprotokoll nicht entbehrlich (SK-StPO/*Rogall* § 58a Rn. 22; *Meyer-Goßner/Schmitt* § 58a Rn. 9). 34

III. Widerspruch des Zeugen. Widerspricht der Zeuge der Anfertigung einer Kopie, sollte die Verteidigung dennoch darauf drängen, die Originalaufzeichnung im Zuge der Akteneinsicht in die Kanzleiräume zu erhalten, um eine optimale Auswertung in der gewohnten Arbeitsatmosphäre mit den nötigen technischen Hilfsmitteln zu erlangen. Begründet werden kann der Antrag mit dem Hinweis auf die Vorbereitung der Verteidigung im Allgemeinen und mit Blick auf die Notwendigkeit einer Vorbereitung bei einer möglichen Anwendung des § 255a im Besonderen. Sollte dieser Antrag abgelehnt werden, ist eine Rüge nach § 338 Nr. 8 zumindest denkbar (AnwK-StPO/*v. Schlieffen* § 58a Rn. 22). 35

§ 58b StPO Vernehmung im Wege der Bild- und Tonübertragung.

Die Vernehmung eines Zeugen außerhalb der Hauptverhandlung kann in einer Weise erfolgen, dass dieser sich an einem anderen Ort als die vernehmende Person aufhält und die Vernehmung zeitgleich in Bild und Ton an den Ort, an dem sich der Zeuge aufhält, und in das Vernehmungszimmer übertragen wird.

A. Allgemeines. I. Regelungszweck. Der neue, am 01.11.2013 in Kraft getretene (vgl. aber auch Rdn. 4) § 58b StPO dient einem vereinfachten Einsatz von Videokonferenztechnik bei einer Zeugenvernehmung. Damit ist eine Vernehmung nunmehr auch dann möglich, wenn sich Vernehmender und Vernommener nicht in einem Raum aufhalten. 1

§ 58b entstammt einem Gesetzesentwurf des Bundesrates zur Intensivierung des Einsatzes von Videokonferenztechnik in gerichtlichen und staatsanwaltlichen Verfahren. Dieser verfolgte zum einen die Absicht, die Verfahrensordnungen auf die technischen Möglichkeiten der Gegenwart von Bild- und Tonübertragungen auszurichten, um Zeitaufwand und Kosten aller Verfahrensbeteiligten einzusparen, aber auch dem Beschleunigungsgrundsatz zu dienen. Zum anderen soll die Anwendung dem Opferschutzgedanken und der Beweissicherung Rechnung tragen (BT-Drucks. 17/12418, S. 1, BT-Drucks. 17/1224, S. 13). 2

Der Einsatz von Videokonferenztechniken hat sich in der gerichtlichen Praxis bislang (noch) nicht durchgesetzt. Dies liegt zum einen an der unzureichenden Ausstattung der Justiz, zum anderen an der Struktur der Verfahrensordnungen (Mündlichkeitsprinzip, Unmittelbarkeitsgrundsatz). Das Gesetz soll einer Lösung beider Probleme dienen, wobei dem zweiten hauptsächlich mit dem weitgehenden Verzicht auf das Erfordernis des Einverständnisses aller Verfahrensbeteiligten zum Einsatz der betreffenden Technik begegnet werden soll (BT-Drucks. 17/12418, S. 1). So ist bei der Zeugenvernehmung nun eine Videokonferenz nach § 58b nach Ermessen des Vernehmenden möglich. 3

II. Entstehungsgeschichte. § 58b wurde mit dem Gesetzesentwurf des Bundesrates zur Intensivierung des Einsatzes von Videokonferenztechnik in gerichtlichen und staatsanwaltlichen Verfahren eingebracht. Über seine Einführung bestand während des Gesetzgebungsverfahrens bis auf kleine sprachliche Präzisierungen weitgehend Einigkeit. Besonderen Wert wurde dabei darauf gelegt, dass die bereits bestehenden Vernehmungsmöglichkeiten für die Staatsanwaltschaft und Polizei nicht eingeschränkt werden (BT-Drucks. 17/1224, S. 17). § 58b tritt zum 01.11.2013 in Kraft, wobei jedoch die Landesregierungen durch Rechtsverordnung für ihr Bundesland bestimmen können, dass die Norm bis zum 31.7.2017 nicht angewendet wird, vgl. Art. 9 des Gesetzes vom 25.04.2013 (BGBl. I S. 935; zu Kritik 4

§ 58b StPO Vernehmung im Wege der Bild- und Tonübertragung

und Entstehung dieses Artikels vgl. BT-Drucks. 17/12418, S. 17). Von dieser Möglichkeit haben Mecklenburg-Vorpommern durch Verordnung vom 9. November 2013 mit Geltung bis zum 31.12.2017 sowie das Saarland durch Verordnung vom 19. September 2013, die seit dem 11.12.2014 jedoch außer Kraft ist, Gebrauch gemacht.

5 **B. Regelungsgehalt.** § 58b gilt für alle (richterlichen, staatsanwaltlichen und polizeilichen) Zeugenvernehmungen im Ermittlungs- und Zwischenverfahren (SK-StPO/*Rogall* § 58b Rn. 3; MüKo-StPO/*Maier* § 58b Rn. 11). Die Einbeziehung der richterlichen Vernehmung ist nicht unbedenklich, berücksichtigt man, dass die Verlesung der richterlichen Vernehmung aus dem Ermittlungsverfahren in der Hauptverhandlung als Durchbrechung des Unmittelbarkeitsgrundsatzes die Ausnahme darstellen soll. Wird nun die Zeugenvernehmung in der Hauptverhandlung durch eine Videoaufzeichnung im Ermittlungsverfahren ersetzt, so führt dies zu einer weiteren Einschränkung des Unmittelbarkeitsgrundsatzes. Denn eine Vernehmung per Bild-Ton-Übertragung steht selbst bei ausgezeichneter technischer Qualität der persönlichen Vernehmung nach wohl überwiegender Meinung der Justizpraktiker im Erkenntniswert nach (LR/*Becker* § 247a Rn. 2; MüKo-StPO/*Maier* § 58b Rn. 18). Ob sich hierdurch, wie von der BRAK befürchtet, eine Umkehrung des Regel-Ausnahme-Verhältnisses etabliert (BRAK-Stellungnahme-Nr. 30/210, S. 4) oder ob seitens der Gerichte, wie vom Gesetzesentwurf vorgesehen, von dieser Regelung mit Bedacht Gebrauch gemacht wird, bleibt abzuwarten. Schließlich richtet sich gem. § 72 auch die Vernehmung von Sachverständigen nach § 58b. Für die Vernehmung in der Hauptverhandlung gilt weiterhin § 247a.

6 **I. Durchführung der Vernehmung.** Details über die Art und Weise der Durchführung der Vernehmung werden durch die neue Vorschrift nicht geregelt. Der Einsatz von Internettechnik dürfte jedoch aufgrund der nicht gleichbleibenden Übertragungsqualität, obwohl kostengünstiger, nicht in Betracht kommen (BT-Drucks. 17/1224, S. 11; zu der Anwendung von Skype bei Zeugenvernehmung vgl. *Gerst* StraFo 2013, 103 ff.). Im Übrigen lassen sich praktikable Ansätze aus § 247a herleiten (vgl. im Einzelnen § 247a Rdn. 21). Dabei ist im Unterschied zu § 58a darauf zu achten, dass es bei § 58b nicht um die Aufzeichnung, sondern lediglich die zeitgleiche Übertragung geht (SK-StPO/*Rogall* § 58b Rn. 1).

7 **II. Anwendungsfälle.** Aufgrund der zeitlichen und wirtschaftlichen Vorteile einer Videokonferenzschaltung dürfte sich diese Methode auf Dauer durchsetzen. In diesem Sinne stellt die Verstärkung des Einsatzes der Technik »ein Serviceangebot einer kundenorientierten Justiz dar« (BT-Drucks. 17/1224, S. 12). Vor allem dann, wenn aufwändige Reisen oder lange Aktenwege zwischen Verfahrensbeteiligten vermieden werden können und damit eine Verfahrensverkürzung erreicht werden kann (BT-Drucks. 17/1224, S. 13), liegt eine Übertragung nicht fern. Ferner könnten Aspekte des Zeugenschutzes oder sonst drohende Beweismittelverluste, Videokonferenzen befördern. So kommt der Einsatz von Bild- und Tonübertragungen zum Beispiel in Betracht, wenn dem Zeugen die Anreise aufgrund der weiten räumlichen Entfernung – was nicht stets einen Auslandsaufenthalt beinhalten muss – nicht zugemutet werden kann oder der Zeuge bei einer polizeilichen Vernehmung möglicherweise nur aussagen möchte, wenn er nicht anreisen muss (so SK-StPO/*Rogall* § 58b Rdn. 7). Ein Anspruch des Zeugen auf Einsatz der Videokonferenztechnik besteht freilich nicht.

8 **III. Zuständigkeit.** Die Entscheidung über die Bild- und Tonübertragung trifft die vernehmende Person, also der Richter, Staatsanwalt oder Polizeibeamte. Dabei wird dem Vernehmenden ein Ermessen eingeräumt, das Wahrheitsfindung und Zweckrichtung der Vorschrift berücksichtigen muss. Entscheidend ist, dass die vernehmende Person das Einverständnis der Verfahrensbeteiligten nicht abwarten muss, was unter dem Aspekt der Beschleunigung des Verfahrens begrüßenswert ist. Allerdings dürfen die Prinzipien der Mündlichkeit, Öffentlichkeit, Unmittelbarkeit und des rechtlichen Gehörs einem Effizienzstreben nicht zum Opfer fallen. Die Anwesenheitspflicht hat sich nur in räumlicher Hinsicht verändert, ansonsten richtet sie sich nach den allgemeinen Vorschriften (§ 48 Abs. 1 und § 161a Abs. 1 Satz 1).

9 **C. Rechtsbehelfe; Revision.** Entscheidungen über die Bild- und Tonübertragung sind nicht anfechtbar (BT-Drucks. 17/1224, S. 11). Eine hierauf gestützte Revision kann nicht begründet sein, da

keine absoluten Revisionsgründe einschlägig sind und das Urteil auf der Entscheidung zur Übertragung nicht beruhen kann.

D. Praktische Hinweise. Da es sich auch bei der Zeugenvernehmung durch Bild- und Tonübertragung um eine (einfache) Zeugenvernehmung handelt, hielt es der Gesetzgeber richtigerweise nicht für notwendig hinsichtlich der Anwesenheitsrechte, Benachrichtigungspflichten und der Protokollierung etwas zu regeln. Es bleibt bei den hierfür geltenden Vorschriften einer Zeugenvernehmung außerhalb der Hauptverhandlung, vgl. § 168c für die Anwesenheitsrechte, §§ 168, 168a und 168b für die Protokollierung und § 224 für die Benachrichtigungspflichten. Zum Schutz der (Opfer-)Zeugen ist auch eine Verfremdung seiner Stimme bzw. seines Erscheinungsbildes denkbar (SK/StPO-*Rogall* § 58b Rn. 10). 10

§ 59 StPO Vereidigung.
(1) ¹Zeugen werden nur vereidigt, wenn es das Gericht wegen der ausschlaggebenden Bedeutung der Aussage oder zur Herbeiführung einer wahren Aussage nach seinem Ermessen für notwendig hält. ²Der Grund dafür, dass der Zeuge vereidigt wird, braucht im Protokoll nicht angegeben zu werden, es sei denn, der Zeuge wird außerhalb der Hauptverhandlung vernommen.
(2) ¹Die Vereidigung der Zeugen erfolgt einzeln und nach ihrer Vernehmung. ²Soweit nichts anderes bestimmt ist, findet sie in der Hauptverhandlung statt.

A. Grundsätzliches. Die aktuelle Fassung der Vorschrift geht auf das 1. Justizmodernisierungsgesetz v. 24.08.2004 zurück und ist am 01.09.2004 in Kraft getreten. Geändert mit der Neufassung wurde die Pflicht des Gerichts zur Vereidigung von Zeugen. Während das alte Recht die Vereidigung als Regel vorsah, von der nur bei Vorliegen eines Verbots oder Ausnahmegrundes abgesehen werden durfte, ist dieses Regel-Ausnahme-Verhältnis durch die Gesetzesänderung umgekehrt worden. Nunmehr ist die Beeidigung der Aussage die Ausnahme und die uneidliche Aussage die Regel. Mit der Änderung der Vorschrift hat der Gesetzgeber das geschriebene Recht der Rechtswirklichkeit angepasst (vgl. BT-Drucks. 15/1508, S. 23; SK-StPO/*Rogall* § 59 Rn. 1). Auch vor Neufassung des § 59 war in der Praxis das Absehen von der Vereidigung – insb. über § 61 Nr. 5 a.F. – die übliche Vorgehensweise. Darüber hinaus ist § 59 durch die Neufassung den Regelungen über die Vereidigung in den anderen Verfahrensordnungen angeglichen worden (vgl. z.B. § 391 ZPO, § 173 VwGO). 1

B. Tatbestand. Die **Vereidigung** des Zeugen steht im Ermessen des Gerichts. Sie ist aber nur zulässig wegen der ausschlaggebenden Bedeutung der Aussage oder zur Herbeiführung eines wahren Zeugnisses. Von **ausschlaggebender Bedeutung** ist eine Aussage wenn sie für eine Tatsache, die für die Entscheidung erheblich ist, das alleinige Beweismittel darstellt (vgl. *Meyer-Goßner/Schmitt* § 59 Rn. 3), sie sozusagen das »Zünglein an der Waage« ist (vgl. BGHSt 16, 99, 103; KK-StPO/*Senge* § 59 Rn. 1b). Daraus folgt, dass eine Aussage dann nicht von ausschlaggebender Bedeutung sein kann, wenn der Richter ihr keinen Glauben schenkt und auch bei Beeidigung nicht schenken würde. Fraglich ist, ob zwei einander widersprechende Aussagen gleichzeitig von ausschlaggebender Bedeutung sein können. Krit. zu Recht LR/*Ignor/Bertheau* § 59 Rn. 7 und *Meyer-Goßner/Schmitt* § 59 Rn. 3: Ausschlaggebend kann nur eine Aussage sein. Hier kommt das Beeiden nur zur Herbeiführung einer wahren Aussage in Betracht (a. A. KK-StPO/*Senge* § 59 Rn. 1b). 2

Zur **Herbeiführung einer wahren Aussage** kommt die Vereidigung in Betracht, wenn der Richter vom Vorliegen eines falschen Zeugnisses überzeugt ist, jedoch glaubt, der Zeuge werde sich im Hinblick auf die Eidesleistung korrigieren (vgl. OLG Hamm NJW 1973, 1939, 1940; KK-StPO/*Senge* § 59 Rn. 1b). Dabei muss die Überzeugung des Richters auf konkreten Tatsachen beruhen. »Berufliche Erfahrung«, Ahnungen und Intuitionen können deshalb eine Vereidigung des Zeugen nicht rechtfertigen (vgl. LR/*Ignor/Bertheau* § 59 Rn. 8). Von ausschlaggebender Bedeutung muss die Aussage nicht sein. Jedoch wird der Versuch, durch den Eid eine wahre Aussage zu erzwingen, nicht in Betracht kommen, wenn der Aussageinhalt unwesentlich ist (vgl. KK-StPO/*Senge* § 59 Rn. 1b). 3

Güntge

§ 59 StPO Vereidigung

4 In die **Ermessensentscheidung über die Vereidigung** werden in der Person des Zeugen liegende Besonderheiten mit einzufließen haben. So ist für die Frage der Vereidigung von Bedeutung, ob der Zeuge jugendlich, Verletzter der Straftat oder Angehöriger des Verletzten oder des Beschuldigten ist oder ob eine Verurteilung wegen Meineides in der Vergangenheit vorliegt (vgl. *Meyer-Goßner/Schmitt* § 59 Rn. 2).

5 Die Vereidigung erfolgt für jeden Zeugen einzeln und nach der Vernehmung, wenn diese in der Hauptverhandlung stattgefunden hat, Abs. 2 Satz 1. Die **Einzelvereidigung** dient dem Zweck, die Ordnungsmäßigkeit der Eidesleistung zuverlässig festzustellen (vgl. KK-StPO/*Senge* § 59 Rn. 2). Dabei stellt es keinen Verstoß gegen das gesetzliche Gebot dar, wenn der Richter die Eidesnorm sämtlichen Zeugen gemeinsam vorspricht und die Zeugen anschließend einzeln die Eidesformel sprechen lässt (vgl. LR/*Ignor/Bertheau* § 59 Rn. 17). Der gesetzlich vorgesehene Nacheid setzt eine abgeschlossene Vernehmung voraus (vgl. BGHSt 8, 302, 310). Beendet ist eine Vernehmung, wenn »das Bekunden des Zeugen und die Fragen von Gericht und Prozessbeteiligten endgültig aufgehört haben« (vgl. BGHSt 8, 302, 310; KK-StPO/*Senge* § 59 Rn. 3).

6 Die Vereidigung kann sich auch auf einzelne **Teile einer Aussage** beziehen. Voraussetzung hierfür ist aber, dass es sich um selbstständige Taten i.S.d. § 264 handelt. Tatmehrheit i.S.v. § 53 StGB reicht demgegenüber nicht aus (vgl. BGHSt 48, 221, 232). Auch bei prozessual selbständigen Taten kommt aber eine Teilvereidigung nicht in Betracht, wenn die Taten in einem inneren Zusammenhang miteinander stehen, insbesondere ein nicht oder nur schwer trennbares Gesamtgeschehen bilden (vgl. BGHR StPO § 60 Nr. 2 Teilvereidigung 6).

7 **Sämtliche Angaben** des Zeugen, nicht nur die zur Sache, werden vom Eid umfasst. Dem Eid unterliegen daher auch die Angaben zur Person und zu den Generalfragen nach § 68 (vgl. *Meyer-Goßner/Schmitt* § 59 Rn. 6). Streitig ist, ob Angaben zu Fragen, die dem Freibeweis angehören, der Eidesleistung unterfallen (so *Meyer-Goßner/Schmitt* § 59 Rn. 6; a. A. LR/*Ignor/Bertheau* § 59 Rn. 13: Die Voraussetzungen des § 59 liegen nicht vor). Keine Vernehmung i.S.d. § 59 stellt die **Anhörung** dar, ob Angaben zur Sache gemacht werden können oder ob die Voraussetzungen eines Zeugnisverweigerungsrechts vorliegen (vgl. KK-StPO/*Senge* § 59 Rn. 7). Auch Antworten auf Fragen nach dem Aufenthalt anderer Zeugen sind nicht Gegenstand einer Vernehmung (vgl. LR/*Ignor/Bertheau* § 59 Rn. 12).

8 Ob eine **Entscheidung über die Vereidigung** des Zeugen stets getroffen werden muss, ist streitig. Teilweise wird vertreten, dies sei nicht der Fall, wenn nach der Regel erfahren werde, der Zeuge also unvereidigt bleibe. Es bedürfe keiner förmlichen und zu protokollierenden Entscheidung, wenn das Gericht vom regelmäßigen Verfahrensgang nicht abweiche (vgl. BGHSt 50, 282, 283; KK-StPO/*Senge* § 59 Rn. 10; a. A. *Meyer-Goßner/Schmitt* § 59 Rn. 8 m.w.N.: Notwendige Entscheidung). Wird eine Entscheidung getroffen – etwa weil sie beantragt wurde (in diesem Fall ist stets eine Entscheidung vonnöten; vgl. KK-StPO/*Senge* § 59 Rn. 11) – und soll der Zeuge vereidigt werden, kann dies unmittelbar nach Beendigung der Vernehmung geschehen. Möglich ist die Vereidigung aber auch erst am Schluss der Beweisaufnahme (vgl. BGHSt 1, 346, 348). Zur Entscheidung berufen ist zunächst der Vorsitzende im Rahmen seiner Sachleitungsbefugnis, § 238 Abs. 1. Eine Entscheidung des Gerichts anstelle des Vorsitzenden wird dadurch aber nicht unzulässig (vgl. *Meyer-Goßner/Schmitt* § 59 Rn. 9). Gegen die Entscheidung des Vorsitzenden ist die Anrufung des Gerichts nach § 238 Abs. 2 möglich (vgl. BGH NStZ-RR 2005, 208; KK-StPO/*Senge* § 59 Rn. 11; a. A. *Meyer-Goßner/Schmitt* § 59 Rn. 10 und LR/*Ignor/Bertheau* § 59 Rn. 23: Der Rechtsbehelf sei nicht eröffnet, da die Entscheidung über die Vereidigung keine Vorabentscheidung des Vorsitzenden sei. Dieser handele i.R.d. § 59 vielmehr als Stellvertreter des Gerichts). Wird der Zeuge in der Hauptverhandlung ein weiteres Mal vernommen, muss erneut über seine Vereidigung befunden werden. Die Entscheidung umfasst dann die gesamte bisherige Aussage (vgl. BGHSt 48, 221, 232).

9 Wird der Zeuge vereidigt, muss eine Begründung hierfür nicht in das **Protokoll** aufgenommen werden, es sei denn, die Vernehmung findet außerhalb der Hauptverhandlung statt, Abs. 1 Satz 2. Hierin liegt eine Befreiung vom Begründungszwang. Ein Begründungsverbot enthält die Vorschrift aber nicht (vgl. SK-StPO/*Rogall* § 59 Rn. 25). Es kann vielmehr durchaus geboten sein, die gerichtliche Entscheidung mit Gründen zu versehen, da sich hieraus für die Verfahrensbeteiligten Rückschlüsse auf die Bewertung der Beweisaufnahme durch das Gericht ergeben können (Vereidigung zur Erzielung einer wahren Aussage). Außerhalb der Hauptverhandlung besteht eine Begründungspflicht, weil die Gründe, die den vernehmenden Richter zu seiner Entscheidung bewogen haben, bei der Würdigung der Aussage durch den

erkennenden Richter Bedeutung erlangen können (vgl. BT-Drucks. 15/1508, S. 23). Die Begründungsfreiheit nach Abs. 1 Satz 2 soll nach vorherrschender Ansicht auch für einen auf Grundlage von § 238 Abs. 2 ergangenen Beschluss sowie dann gelten, wenn ein Antrag auf Vereidigung oder auf Absehen von der Vereidigung des Zeugen abgelehnt wurde (vgl. *Meyer-Goßner/Schmitt* § 59 Rn. 11 und KK-StPO/ *Senge* § 59 Rn. 12 jeweils m.w.N.). Die Gegenansicht reklamiert für sich die Regelung in § 34, wonach Entscheidungen, durch welche ein Antrag abgelehnt wird, mit Gründen zu versehen sind (hiergegen KK-StPO/*Senge* § 59 Rn. 12: § 34 besitzt nur Geltung für solche Entscheidungen, zu deren Ergehen ein Antrag unabläßige Voraussetzung sei).

Umstritten ist, ob die Tatsache der Vereidigung oder Nichtvereidigung protokollierungsbedürftig ist. **10** Teilweise wird dies uneingeschränkt bejaht (vgl. *Meyer-Goßner/Schmitt* § 59 Rn. 12; *Peglau/Wilke* NStZ 2005, 186, 187). Richtigerweise dürfte zu differenzieren sein. Die Vereidigung eines Zeugen ist eine wesentliche Förmlichkeit gem. §§ 168a Abs. 1, 273 Abs. 1 und daher zu beurkunden. Die Nichtvereidigung ist demgegenüber nur dann zu protokollieren, wenn ihr ein erfolgloser Antrag vorangegangen ist. Ansonsten besteht für eine Protokollierung kein Anlass, da es nicht erforderlich ist, den gesetzlichen Regelfall der Nichtvereidigung zu dokumentieren (vgl. BGHSt 50, 282, 283; BGH NStZ 2006, 114). Über das Hauptverhandlungsprotokoll nimmt die dort vermerkte Vereidigung an dessen absoluter Beweiskraft teil. Für die Vereidigung, die in eine Vernehmungsniederschrift nach §§ 168, 168a aufgenommen wurde, gilt dies nicht (vgl. BGHSt 26, 281, 284; KK-StPO/*Senge* § 59 Rn. 13).

C. Revision. Erfolgt die Vereidigung des Zeugen unter Verstoß gegen § 60, ist die Revision eröff- **11** net. Revisibel ist auch der Fall, dass die Vereidigung in irrtümlicher Annahme eines Vereidigungsverbots unterbleibt (vgl. KK-StPO/*Senge* § 59 Rn. 14). Gleiches gilt, wenn ein bereits vereidigter Zeuge ein weiteres Mal vernommen wurde, ohne sich auf seinen früheren Eid zu berufen (§ 67) oder die Nichtvereidigung angeordnet worden war (vgl. BGHSt 1, 346, 348; *Meyer-Goßner/Schmitt* § 59 Rn. 13). Darüber hinaus kann die Vereidigung des Zeugen bzw. das Unterbleiben der Vereidigung mit der Revision im Regelfall nicht gerügt werden (krit. LR/*Ignor/Bertheau* § 59 Rn. 31 ff.). Dies liegt daran, dass die Entscheidung über die Vereidigung in das Ermessen des Gerichts gestellt ist. Insoweit bleibt der Einwand erfolglos, die Voraussetzungen für eine Vereidigung nach Abs. 1 Satz 1 hätten nicht vorgelegen. Entsprechendes gilt für die Rüge, der Zeuge hätte, um zur Wahrheit angehalten zu werden bzw. weil seiner Aussage ausschlaggebende Bedeutung zukomme, vereidigt werden müssen (a. A. allerdings BGH NStZ 2009, 343: Revision möglich bei Überschreitung des Beurteilungsspielraums oder rechtsfehlerhafter Ermessensausübung). Demgegenüber ist die Revision begründet, wenn der Vorsitzende unter Verletzung der entgegenstehenden gesetzlichen Regelung dem Zeugen statt des Nacheides den Voreid abnimmt (vgl. KK-StPO/*Senge* § 59 Rn. 14).

§ 60 StPO Vereidigungsverbote. Von der Vereidigung ist abzusehen

1. bei Personen, die zur Zeit der Vernehmung das 18. Lebensjahr noch nicht vollendet haben oder die wegen mangelnder Verstandesreife oder wegen einer psychischen Krankheit oder einer geistigen oder seelischen Behinderung vom Wesen und der Bedeutung des Eides keine genügende Vorstellung haben;
2. bei Personen, die der Tat, welche den Gegenstand der Untersuchung bildet, oder der Beteiligung an ihr oder der Begünstigung, Strafvereitelung oder Hehlerei verdächtig oder deswegen bereits verurteilt sind.

Übersicht

	Rdn.		Rdn.
A. Grundsätzliches	1	C. Revision	13
B. Tatbestand	2		

A. Grundsätzliches. Die Vorschrift dient dem Schutz des Zeugen ebenso wie der Wahrheits- **1** erforschung durch das Gericht. Die normierten Verbote sollen den Zeugen vor der Leistung eines Meineids bewahren. Andererseits soll der Richter zu besonders sorgfältiger Prüfung der Aussagen von

§ 60 StPO Vereidigungsverbote

Zeugen angehalten werden, an deren Verständnis vom Eid (und vom Verfahren) begründete Zweifel bestehen, oder die zu der Tat, über die sie Auskunft geben sollen, in einer strafrechtlich relevanten Beziehung stehen (vgl. BGHSt 17, 128, 134). Der Grundsatz der freien tatrichterlichen Beweiswürdigung aus § 261 wird durch § 60 nicht eingeschränkt. Auch wenn eine Vereidigung des Zeugen aufgrund gesetzlichen Verbots nicht in Betracht kommt, ist das Gericht nicht gehindert, der Aussage – möglicherweise sogar in Abgrenzung zu beeideten Angaben anderer Zeugen – zu glauben (vgl. BGHSt 10, 65, 70). Von der Vereidigung ist nur abzusehen, wenn die Voraussetzungen eines Verbots feststehen. Bloße Zweifel an der Fähigkeit zur Ablegung des Eides oder an der Eidesmündigkeit reichen hierfür nicht aus (vgl. *Meyer-Goßner/Schmitt* § 60 Rn. 1).

2 **B. Tatbestand.** Gem. § 60 Nr. 1 besteht ein Vereidigungsverbot zunächst dann, wenn der Zeuge das achtzehnte Lebensjahr noch nicht vollendet hat. Mit dem achtzehnten Geburtstag tritt die sog. **Eidesmündigkeit** ein. Daraus folgt, dass eine Aussage auch nachträglich noch beeidet werden kann, wenn der Zeuge vor Schluss der Beweisaufnahme diesen Geburtstag feiert (vgl. KK-StPO/*Senge* § 60 Rn. 4).

3 Zu unterbleiben hat die Vereidigung auch dann, wenn dem Zeugen die **Fähigkeit zur Ableistung des Eides** fehlt. Das Gesetz nennt als Gründe hierfür mangelnde Verstandesreife, psychische Krankheit oder geistige oder seelische Behinderung. Voraussetzung ist aber, dass diese Zustände sich dergestalt auf den Zeugen auswirken, dass dieser sich keine genügende Vorstellung von der Bedeutung des Schwures machen kann. Insoweit führt allein der Umstand, dass der Zeuge in einem gegen ihn geführten Strafverfahren auf Grundlage der Voraussetzungen des § 20 StGB freigesprochen wurde, noch nicht zu einer Befreiung von der Eidespflicht. Erst recht nicht führt der kurzzeitige Verlust der Eidesfähigkeit infolge Alkohol- oder Betäubungsmittelkonsums zu einer Anwendung des Verbotstatbestandes des § 60 Nr. 1 (vgl. LR/*Ignor/Bertheau* § 60 Rn. 5). In diesem Fall ist der Zeitpunkt der Vereidigung zu verschieben. Es obliegt dem Tatrichter, die Fähigkeit des Zeugen, sich eine hinreichende Vorstellung von der Bedeutung des Eides zu machen, nach pflichtgemäßem Ermessen zu prüfen (vgl. BGHSt 22, 266, 267).

4 Die **Entscheidung über die Vereidigung** trifft außerhalb der Hauptverhandlung der vernehmende Richter. In der Hauptverhandlung ist zunächst der Vorsitzende, bei Beanstandungen nach § 238 Abs. 2 das Gericht zuständig (vgl. KK-StPO/*Senge* § 60 Rn. 6). Unterlässt der Richter die Prüfung, obwohl sich eine solche wegen Besonderheiten in der Person des Zeugen aufgedrängte – eingerichtete Betreuung – stellt dies einen Rechtsfehler dar (vgl. *Meyer-Goßner/Schmitt* § 60 Rn. 5). Die Entscheidung über die Nichtvereidigung ist zu begründen. Ausreichend hierfür ist im Fall der Eidesunmündigkeit die Angabe der Gesetzesstelle. Ansonsten ist darzulegen, welche der anderen in § 60 Nr. 1 genannten Gründe zum Absehen von der Vereidigung geführt haben (vgl. LR/*Ignor/Bertheau* § 60 Rn. 34).

5 § 60 Nr. 2 spricht ein Vereidigungsverbot für den Zeugen bei **Tat- oder Teilnahmeverdacht** aus. Das Gesetz geht davon aus, dass der Zeuge, der in die Tat involviert sein könnte, zu der er Auskunft geben soll, nicht unbefangen ist (vgl. BGHSt 10, 65, 67; 17, 128, 134) und die Leistung des Eides den Beweiswert seiner Aussage im Regelfall nicht erhöht (vgl. BGHSt 4, 255, 257). Insoweit müssen sich die Gerichte bei ihrer Würdigung der Aussage eines teilnahmeverdächtigen Zeugen den Aspekt einer möglicherweise geringeren Beweisbedeutung auch stets bewusst sein (vgl. BGHSt 17, 128, 134). Andererseits besteht für das Gericht auch kein Verbot, einem unter dem Verdacht der Täterschaft oder sonstigen Tatbeteiligung stehenden Zeugen zu glauben (vgl. *Meyer-Goßner/Schmitt* § 60 Rn. 8).

6 Die den **Gegenstand der Untersuchung bildende Tat** ist die Tat im prozessualen Sinne, § 264. Es ist also der raum-zeitlich zusammenhängende Sachverhalt, in dessen Kontext das Strafgesetz verwirklicht wurde (vgl. BGHSt 23, 141, 145). Zur Tat gem. § 60 Nr. 2 gehört, wenn dem Angeklagten eine Beihilfehandlung vorgeworfen wird, auch die Haupttat, zu der geholfen wurde (vgl. BGH StV 1993, 57, 58; KK-StPO/*Senge* § 60 Rn. 10). Auch Vortaten können den Gegenstand der Untersuchung bilden. So besteht ein Vereidigungsverbot für den Zeugen, der als Täter eines Diebstahls von dem Angeklagten begünstigt wurde (vgl. BGHSt 4, 368, 371). Gegen den Zeugen besteht Tatverdacht, wenn nach dem bisherigen Ergebnis der Hauptverhandlung er und nicht der Angeklagte als Täter anzusehen ist.

7 Wer **Tatbeteiligter** i.S.d. Vorschrift ist, ist streitig. Während eine Auffassung Tatbeteiligung mit Teilnahme i.S.d. §§ 25 ff. StGB gleichsetzt (vgl. *Rotsch/Sahan* ZIS 2007, 142, 148), ist für die herrschende Meinung Tatbeteiligter jeder, der bei der verfahrensgegenständlichen Tat in strafbarer Weise und in derselben Richtung wie der Beschuldigte mitgewirkt hat (vgl. BGH NStZ 1983, 516; *Meyer-Goßner/*

Schmitt § 60 Rn. 12). Beteiligt ist also u.a. der Käufer von Betäubungsmitteln im Verfahren gegen den Dealer (vgl. OLG Düsseldorf StraFo 2001, 413), der Dieb im Verfahren gegen den Hehler (vgl. BGHSt 6, 382, 383), der nach § 13 StGB deliktisch Verantwortliche (vgl. BGH StV 1982, 342) und sogar derjenige, der es mit Blick auf die angeklagte Tat unterlassen hat, Hilfe zu leisten (vgl. BGH StV 1992, 547).

Die Involvierung des Zeugen in die Tat muss eine strafbare gewesen sein. Es reicht also nicht aus, ohne den erforderlichen Vorsatz nach § 27 StGB eine fremde Tat gefördert zu haben. Ebenso wenig ausreichend ist die Tätigkeit als Lockspitzel (vgl. BGH NStZ 1982, 197). Für den sog. »notwendigen« Teilnehmer gilt das Vereidigungsverbot mangels strafbaren Verhaltens des »Teilnehmers« ebenfalls nicht (vgl. KK-StPO/*Senge* § 60 Rn. 15). Etwas anderes gilt erst dann, wenn die Handlung über das vom Tatbestand vorausgesetzten »Notwendige« hinausgeht, mithin eine dem Bereich des § 26 StGB oder § 27 StGB zuzurechnende Tätigkeit vorliegt (vgl. BGHSt 19, 107, 108).

Liegen Rechtfertigungs- oder Schuldausschließungsgründe vor, fehlt es an einem strafbaren Verhalten des Zeugen, weshalb für ihn die Pflicht zur Ablegung des Eides besteht. Etwas anderes gilt bei Vorliegen von Strafverfolgungshindernissen (vgl. BGHSt 4, 130, 131). Verfolgungsverjährung (vgl. BGH NJW 1952, 1146; KK-StPO/*Senge* § 60 Rn. 19), das Fehlen des erforderlichen Strafantrags (vgl. BGH MDR [D] 1968, 895 f.) oder das Eingreifen eines Straffreiheitsgesetzes lassen das Vereidigungsverbot unberührt, da sie die Strafbarkeit nicht grds. beseitigen. Insoweit führen auch persönliche Strafaufhebungs- und Ausschließungsgründe nicht zum Wegfall des Vereidigungsverbots (so der Rücktritt vom Versuch gem. § 24 StGB oder § 31 BtMG; vgl. im Einzelnen die Zusammenstellung bei LR/*Ignor*/*Bertheau* § 60 Rn. 14).

Der Zeuge muss, um in den Anwendungsbereich des § 60 Nr. 2 zu gelangen, nach seiner Vorstellung in derselben Richtung wie der Beschuldigte oder Angeklagte an der Tat mitgewirkt haben. Daher liegt keine Partizipation vor, wenn der Zeuge eine eigenständige Tat anlässlich der den Gegenstand der Untersuchung bildenden Tat begangen hat (so bereits RGSt 17, 116, 120; SK-StPO/*Rogall* § 60 Rn. 32). Erst recht fehlt es an einer Mitwirkung, wenn noch nicht einmal deliktischer Zusammenhang besteht und der Zeuge unabhängig vom Beschuldigten eine Tat an demselben Verletzten verübt hat (vgl. LR/*Ignor*/*Bertheau* § 60 Rn. 19). An einer Tat mit Wirkung in dieselbe Richtung fehlt es auch, wenn die Tat des Beschuldigten gegen den Zeugen gerichtet war und von diesem ebenfalls mit der Begehung einer Straftat – wechselseitige Beleidigungen oder Körperverletzungen – beantwortet wurde (vgl. KK-StPO/*Senge* § 60 Rn. 22 m.w.N.).

Demgegenüber schließt der Umstand, dass die verfahrensgegenständliche Tat ein Fahrlässigkeitsdelikt ist, die Existenz eines Vereidigungsverbots auf Grundlage von § 60 Nr. 2 nicht aus. Hat der Zeuge ebenso wie der Beschuldigte durch eigene Fahrlässigkeit an der Verursachung des tatbestandlichen Erfolges mitgewirkt, darf er nicht vereidigt werden (vgl. BGHSt 10, 65, 68; BGH VRS 14, 58, 60).

Das Vereidigungsverbot des § 60 Nr. 2 besteht auch dann, wenn der Zeuge der **Begünstigung**, der **Strafvereitelung** oder **Hehlerei** verdächtig ist. Versuchte Strafvereitelung ist ausreichend (vgl. BGH NJW 1992, 1054, 1055). Dem Vereidigungsverbot des § 60 Nr. 2 steht nicht entgegen, dass der Vereitelungserfolg des § 258 StGB nicht dem Beschuldigten oder Angeklagten zugutekommen soll. Von Vereidigung muss auch abgesehen werden, wenn die Vereitelungshandlung zugunsten eines anderen Verfahrensbeteiligten – etwa des Nebenklägers – vorgenommen wird (vgl. OLG Hamm MDR 1982, 690). 8

Strafvereitelung und Begünstigung müssen vor der Hauptverhandlung begangen worden sein. Der Verdacht, der Zeuge könne sich bei seiner aktuellen Vernehmung strafbar machen, steht seiner Vereidigung nicht entgegen (st. Rspr. seit BGHSt 1, 360, 363). Von Vereidigung muss allerdings abgesehen werden, wenn der Zeuge seine Aussage bereits in einem anderen Verfahrensstadium – vor der Polizei oder StA im Ermittlungsverfahren, im ersten Rechtszug oder in einer ausgesetzten Hauptverhandlung – getätigt hat (vgl. BGH NStZ 2004, 97). Die Zusage des Zeugen an den Angeklagten, in der anstehenden Hauptverhandlung zu dessen Gunsten falsch auszusagen, ist lediglich straflose Vorbereitungshandlung zu einer Strafvereitelung (vgl. BGHSt 31, 10, 12; *Meyer-Goßner*/*Schmitt* § 60 Rn. 21 m.w.N.) und hindert deshalb die Vereidigung nicht. Entsprechendes gilt für die Absprache und die Aufforderung zu einer falschen Aussage (vgl. KK-StPO/*Senge* § 60 Rn. 25). Ist mit dem Versprechen aber zugleich eine sachliche Begünstigung nach § 257 StGB verbunden, greift das Verbot nach § 60 Nr. 2 (vgl. BGHSt 27, 74 f.; a. A. *Lenckner* NStZ 1982, 401, 403 f.). Gleiches gilt, wenn der Zeuge, der sich straflos selbst be-

günstigen will (§§ 257 Abs. 1, 258 Abs. 5 StGB) zugleich beabsichtigt, den Beschuldigten der Strafverfolgung zu entziehen (vgl. BGHSt 9, 71, 73; KK-StPO/*Senge* § 60 Rn. 28).
Auch für den Hehler besteht ein Vereidigungsverbot. Entsprechendes gilt für eine Person, die der Anstiftung oder Teilnahme an einer Hehlerei verdächtig ist (vgl. BGH StV 1990, 484). Hehlerei i.S.d. Gesetzes liegt nicht nur dann vor, wenn der Zeuge im Verdacht steht, eine Sache von einem angeklagten Vortäter, also etwa dem Dieb, erworben zu haben. Der Erwerb von einem Zwischenhehler reicht aus (vgl. LR/*Ignor/Bertheau* § 60 Rn. 26). Ebenfalls nach § 60 Nr. 2 bleibt unvereidigt, wer Zeuge in einem Verfahren gegen einen Angeklagten ist, an den er als Zwischenhehler die Sache abgesetzt hat (vgl. RGSt 42, 248). Zu unterbleiben hat die Vereidigung des der Hehlerei verdächtigen Zeugen auch in einem Verfahren, das die Begünstigung des Vortäters durch den Beschuldigten zum Inhalt hat (vgl. RGSt 58, 373, 374).

9 Die strafrechtliche Verwicklung des Zeugen muss nicht feststehen. Ein **Verdacht** genügt, der weder hinreichend noch dringend sein muss (st. Rspr. seit BGHSt 4, 255, 256). Nicht ausreichend ist aber, dass das Gericht das Vorliegen der Voraussetzungen des § 60 Nr. 2 lediglich für theoretisch möglich hält (vgl. BGH NJW 1985, 638; *Meyer-Goßner/Schmitt* § 60 Rn. 23). Dadurch, dass der Angeklagte freigesprochen wird oder ein gegen ihn (vgl. BGH NStZ 2000, 45 f.) oder den Zeugen (vgl. LR/*Ignor/Bertheau* § 60 Rn. 28) geführtes Ermittlungsverfahren eingestellt oder der Zeuge vom Verdacht der Beteiligung an der Tat freigesprochen wurde (vgl. KK-StPO/*Senge* § 60 Rn. 31), wird der Verdacht nicht beseitigt. Andererseits zwingt die Existenz eines Ermittlungsverfahrens gegen den Zeugen nicht automatisch zur Verdachtsannahme. Ausschlaggebend ist allein die Verdachtseinschätzung durch das Gericht (vgl. BGHR StPO § 60 Nr. 2 Tatbeteiligung 7). Insoweit kann es auch unerheblich sein, dass sich der Zeuge der Beteiligung an der Tat selbst bezichtigt (vgl. *Meyer-Goßner/Schmitt* § 60 Rn. 24). Dem Zeugen ist es verwehrt, den gegen ihn bestehenden Verdacht durch die beeidete Erklärung, unschuldig zu sein, auszuräumen (vgl. BGH VRS 14, 58, 60).
Ist der Zeuge aber wegen einer Beteiligung an der den Gegenstand der Untersuchung bildenden Tat verurteilt worden, wofür auch ein Strafbefehl ausreicht (vgl. KK-StPO/*Senge* § 60 Rn. 32), liegt eine unwiderlegliche Verdachtsvermutung vor (KMR/*Neubeck* § 60 Rn. 28). Dies gilt auch dann, wenn das Erkenntnis noch nicht rechtskräftig ist (a. A. *Lenckner* FS Peters, S. 333, 342 Fn. 37). Die Verdachtsvermutung entfällt erst wieder, wenn das Urteil auf ein Rechtsmittel oder einen Wiederaufnahmeantrag hin beseitigt wird. Eine Gnadenentscheidung lässt ebenso wie der Erlass der Strafe aufgrund eines Straffreiheitsgesetzes die durch das Urteil herbeigeführte Verdachtsvermutung unberührt (vgl. LR/*Ignor/Bertheau* § 60 Rn. 29).

10 Eine **Teilvereidigung** ist geboten, wenn mehrere rechtlich selbstständige Taten den Gegenstand des Verfahrens bilden, ein Teilnahmeverdacht gegen den Zeugen aber nicht hinsichtlich sämtlicher Lebenssachverhalte besteht (vgl. BGH NStZ 1987, 516 m. Anm. *Dahs*). Allerdings soll eine Teilvereidigung dann nicht vorgenommen werden dürfen, wenn die Taten ein schwer zu trennendes Gesamtgeschehen bilden (vgl. LR/*Ignor/Bertheau* § 60 Rn. 30).

11 Die **Entscheidung über das Absehen von der Vereidigung** trifft grds. der Vorsitzende. Eine Entscheidung des Gerichts ist erst dann veranlasst, wenn ein Mitglied des Gerichts auf sie drängt oder ein Verfahrensbeteiligter einen entsprechenden Antrag stellt. Die endgültige Entscheidung erfolgt allerdings erst bei Urteilsberatung (vgl. BGH StV 1982, 251, 252). So muss etwa die Vereidigung nachgeholt werden, wenn der Tat- oder Teilnahmeverdacht gegen den Zeugen bei der Beratung des Urteils entfällt (vgl. BGHSt 8, 155, 157) und ein anderer Grund für eine Nichtvereidigung nicht vorliegt (vgl. KK-StPO/*Senge* § 60 Rn. 33). Ergibt sich bei der Urteilsberatung, dass gegen den Zeugen, der seine Aussage beeidet hat, nunmehr der Verdacht besteht, er sei an der den Gegenstand der Untersuchung bildenden Tat in relevanter Weise beteiligt gewesen, dürfen dessen Angaben nur als uneidliche gewertet werden (vgl. BGHSt 4, 130, 131 f.). Die Wertung muss den Verfahrensbeteiligten mitgeteilt werden, damit es ihnen möglich ist, ggf. Beweisanträge zu stellen (vgl. BGH NStZ 1986, 230, 231).

12 Auch wenn sich aus § 59 Abs. 1 Satz 2 herleiten lässt, dass **Gründe** für das Unterbleiben einer Vereidigung nicht mehr angegeben werden müssen, gilt etwas anderes, wenn die Nichtvereidigung des Zeugen auf § 60 gestützt wird und das Gericht den Zeugen ansonsten vereidigt hätte. In diesem Fall muss die Entscheidung erkennen lassen, inwieweit der Zeuge in die verfahrensgegenständliche Tat involviert ist (vgl. BGH NJW 1952, 273; nach BGH NJW 1953, 231, 232 sind solche Angaben entbehrlich, wenn die Beziehung des Zeugen zur Tat – etwa im Fall seiner Verurteilung – offensichtlich ist).

C. Revision. Die Rechtsprechung lässt die Revision gegen eine rechtsfehlerhafte Nichtvereidigung des Zeugen nur gegen eine Entscheidung des Gerichts zu (vgl. BGHR StPO § 60 Nr. 2 Tatbeteiligung 2; BGH NJW 1996, 2242, 2243; a. A. *Widmaier* NStZ 1992, 519, 522). Es obliegt daher dem Revisionsführer, sofern der Spruchkörper nicht eigenständig den Weg der gerichtlichen Entscheidung gewählt hat, eine solche gem. § 238 Abs. 2 gegen die Vorabentscheidung des Vorsitzenden herbeizuführen (vgl. KK-StPO/*Senge* § 60 Rn. 37 m.w.N.). Eines Gerichtsentscheids bedarf es nicht, wenn der Vorsitzende unter Verstoß gegen § 60 zu Unrecht vereidigt hat. Die abweichende Behandlung rechtfertigt sich daraus, dass bei dieser Sachlage auch das Gericht – nämlich durch die Würdigung der Zeugenaussage als beeidete – gegen das Gesetz verstoßen hat (vgl. BGHSt 20, 98, 99; BGH GA 1969, 348). Die Revision bei § 60 Nr. 1 ist begründet, wenn die Vereidigung eines Zeugen in Unkenntnis seines tatsächlichen Alters erfolgt (vgl. *Meyer-Goßner/Schmitt* § 60 Rn. 32). Das Rechtsmittel greift darüber hinaus durch, wenn das Gericht ein Absehen von der Vereidigung nicht geprüft hat, obwohl Anhaltspunkte für eine mangelnde Eidesfähigkeit vorlagen (vgl. BGHSt 22, 266, 267). Bei § 60 Nr. 2 ist revisibel, dass das Gericht eine Nichtvereidigung des Zeugen nicht geprüft hat, obwohl sich aus seinem Urteil Anhaltspunkte für den Verdacht einer Involvierung des Zeugen in die verfahrensgegenständlichen Tat ergeben (vgl. BGHSt 21, 147, 148; OLG Köln StV 2004, 308). Ist das Gericht demgegenüber in eine solche Prüfung eingetreten, kann deren unrichtiges Ergebnis nicht gerügt werden. Angriffsziel der Revision kann allein die Verkennung von Rechtsbegriffen sein (vgl. BGHSt 4, 255 f.).
Das Beruhen des Urteils auf einer Verletzung des § 60 ist im Regelfall nicht zw. Es wird selten auszuschließen sein, dass einer beeideten Aussage mehr Glauben als einer unbeeideten geschenkt wurde (vgl. BGH StV 1994, 225 f.). Ebenso wird kaum von der Hand zu weisen sein, dass ein unvereidigt gebliebener Zeuge unter Eid möglicherweise anders ausgesagt hätten (vgl. BGH VRS 14, 58, 60). Auch der fehlende Hinweis des Gerichts, dass es eine beschworene Aussage lediglich als unbeeidete Aussage werten werde, verhilft der Revision üblicherweise zum Erfolg. Es ist nicht auszuschließen, dass der unterbliebene Hinweis die Verteidigung von Anträgen abgehalten hat, durch die auf die Entscheidung des Gerichts noch hätte Einfluss genommen werden können (vgl. OLG Frankfurt am Main NStZ-RR 2003, 141; KK-StPO/*Senge* § 60 Rn. 42). Etwas anderes gilt, wenn die Umbewertung der Aussage durch das Gericht für die Verfahrensbeteiligten aus dem weiteren Verlauf der Verhandlung offenbar wurde (vgl. BGHR StPO § 60 Nr. 2 Vereidigung 4; *Meyer-Goßner/Schmitt* § 60 Rn. 34). Ansonsten kann es an einem Beruhen fehlen, wenn die unter Verstoß gegen § 60 beeidete Aussage durch andere Beweismittel bestätigt wurde. In diesem Fall fußt das Urteil nicht auf dem erhöhten Beweiswert der durch Eid bestätigten Zeugenangaben (vgl. BGHR StPO § 60 Nr. 2 Vereidigung 7).

§ 61 StPO Recht zur Eidesverweigerung. Die in § 52 Abs. 1 bezeichneten Angehörigen des Beschuldigten haben das Recht, die Beeidigung des Zeugnisses zu verweigern; darüber sind sie zu belehren.

A. Grundsätzliches und Tatbestand. Die Vorschrift gibt den im § 52 Abs. 1 genannten Angehörigen des Beschuldigten das Recht, die Eidesleistung zu verweigern. Erklärt der Zeuge seine Weigerung, ist eine Beschlussfassung hierüber nicht vonnöten. Mit der Erklärung tritt das Verbot der Vereidigung ein. Auf das Recht zur **Eidesverweigerung** kann der Zeuge verzichten. Verzicht und Verweigerung sind protokollierungsbedürftig (vgl. *Meyer-Goßner/Schmitt* § 61 Rn. 1). Der Zeuge kann seinen Verzicht widerrufen (vgl. RGSt 62, 142, 144) und seine Weigerung, den Eid zu leisten, zurücknehmen (LR/*Ignor/Bertheau* § 61 Rn. 4). Nimmt der Zeuge sein Recht zur Eidesverweigerung wahr, dürfen für den Angeklagten hieraus keine nachteiligen Schlüsse gezogen werden (vgl. KMR/*Neubeck* § 61 Rn. 1; SK-StPO/*Rogall* § 61 Rn. 4; a. A. BGHR StPO § 63 Verletzung 2; KK-StPO/*Senge* § 61 Rn. 4).

Über das Eidesverweigerungsrecht sind die Zeugen zu belehren. Die **Belehrung** über das Zeugnisverweigerungsrecht nach § 52 ist nicht ausreichend (vgl. SK-StPO/*Rogall* § 61 Rn. 5). Die Belehrung hat auch dann zu erfolgen, wenn der Zeuge sich dazu bereit bereiterklärt hat, den Eid zu leisten (vgl. *Meyer-Goßner/Schmitt* § 61 Rn. 2). Ihrer bedarf es aber nur, wenn der Richter den Zeugen auch vereidigen will (vgl. BGH MDR [D] 1969, 194; SK-StPO/*Rogall* § 61 Rn. 5). Unterbleibt die Belehrung, kann dieser Mangel dadurch geheilt werden, dass der Zeuge erklärt, er hätte den Eid auch nach Belehrung geleistet. Möglich ist zudem, dass das Gericht die beeidete Aussage als uneidliche wertet und dies den Verfahrensbeteiligten mitgeteilt (vgl. *Meyer-Goßner/Schmitt* § 61 Rn. 2). Die Belehrung ist als wesentliche Förmlichkeit des Verfahrens gem. §§ 273 Abs. 1, 168a Abs. 1 zu protokollieren.

3 **B. Revision.** Unterbleibt die vorgeschriebene Belehrung, kann dies mit der Revision gerügt werden, wenn nicht auszuschließen ist, dass das Gericht die Glaubwürdigkeit des Zeugen anders beurteilt hätte, wenn er nach Belehrung von seinem Eidesverweigerungsrecht Gebrauch gemacht hätte (vgl. BGH NStZ 2008, 171, 172; 2001, 604). Fehlt es an einer Verwertung der Aussage im Urteil (vgl. *Meyer-Goßner/Schmitt* § 61 Rn. 3) oder wertet das Gericht diese lediglich als uneidlich (vgl. OLG Düsseldorf NStZ 1984, 182 m. Anm. *Krekeler*), fehlt es an einem Beruhen. Streitig ist, ob es an einem Beruhen auch dann fehlt, wenn mit Sicherheit davon auszugehen ist, dass der nicht belehrte Zeuge auch nach Belehrung geschworen hätte (abl. LR/*Ignor/Bertheau* § 61 Rn. 10). Der befürwortenden Ansicht (u.a. *Meyer-Goßner/Schmitt* § 61 Rn. 3) ist zuzugeben, dass es dann an der Ursächlichkeit des Verstoßes für das Urteil fehlt. Nur wird man – sieht man von einer entsprechenden ausdrücklichen Erklärung des Zeugen ab – aus früheren Belehrungen oder dem Prozessverhalten des Zeugen kaum auf die Unerheblichkeit des Unterbleibens der Belehrung schließen können.

§ 62 StPO Vereidigung im vorbereitenden Verfahren. Im vorbereitenden Verfahren ist die Vereidigung zulässig, wenn
1. Gefahr im Verzug ist oder
2. der Zeuge voraussichtlich am Erscheinen in der Hauptverhandlung verhindert sein wird und die Voraussetzungen des § 59 Abs. 1 vorliegen.

1 **A. Grundsätzliches und Tatbestand.** Die Vorschrift bringt den Willen des Gesetzgebers zum Ausdruck, die Vereidigung im Ermittlungsverfahren – auch im Fall richterlicher Vernehmungen nach §§ 173 Abs. 3, 202 Satz 1 – nur ausnahmsweise zuzulassen. Sie ist nur zulässig, wenn die Voraussetzungen des § 59 Abs. 1 (vgl. dort Rdn. 2 f.) vorliegen, die Aussage des Zeugen also von ausschlaggebender Bedeutung ist oder die Vereidigung erforderlich wird, um wahrheitsgemäße Angaben zu erhalten. Darüber hinaus ist sie an das Vorliegen von Gefahr im Verzug (Nr. 1) oder den Umstand gebunden, dass der Zeuge voraussichtlich am Erscheinen in der Hauptverhandlung verhindert sein wird (Nr. 2). **Gefahr im Verzug** ist gegeben, wenn ohne Vereidigung der Verlust des Beweismittels oder das Scheitern weiterer Sachaufklärung droht, etwa durch Tod des Zeugen (vgl. *Meyer-Goßner/Schmitt* § 62 Rn. 4). Die **Verhinderung des Zeugen** zum Erscheinen in der Hauptverhandlung kann auf unterschiedlichen Gründen beruhen. Im Betracht kommen Krankheit, Gebrechlichkeit und längerer Auslandsaufenthalt. Generell ist aber eine große Entfernung des Wohnorts zum Verhandlungsort kein Grund für eine Vernehmung unter Eid außerhalb der Hauptverhandlung (vgl. SK-StPO/*Rogall* § 62 Rn. 5). Die Vernehmungsniederschrift kann in der Hauptverhandlung nach § 251 Abs. 2 Nr. 1 (im Fall der Nr. 1) und nach § 251 Abs. 2 Nr. 2 (im Fall der Nr. 2) als eidliche verlesen werden. Der Umstand der Vereidigung ist im Protokoll nach § 168a Abs. 1 zu vermerken. Auch der Grund der Vereidigung ist zu protokollieren, wobei der Hinweis auf die gesetzliche Vorschrift genügt (vgl. *Meyer-Goßner/Schmitt* § 62 Rn. 6).

2 **B. Revision.** Stellt sich heraus, dass die Voraussetzungen für eine Vereidigung nach § 62 nicht vorgelegen haben, kann hierauf die Revision nicht gestützt werden (vgl. KK-StPO/*Senge* § 62 Rn. 5 m.w.N.). Dagegen ist mit der Revision angreifbar, dass die §§ 59, 60 und 61 einer Eidesleistung des Zeugen entgegenstanden (vgl. KMR/*Neubeck* § 62 Rn. 7; LR/*Ignor/Bertheau* § 62 Rn. 8).

§ 63 StPO Vereidigung bei Vernehmung durch den beauftragten oder ersuchten Richter.
Wird ein Zeuge durch einen beauftragten oder ersuchten Richter vernommen, muss die Vereidigung, soweit sie zulässig ist, erfolgen, wenn es in dem Auftrag oder in dem Ersuchen des Gerichts verlangt wird.

A. Tatbestand. Die Vorschrift gilt für alle **kommissarischen Vernehmungen** in jedem Verfahrensstadium, also nicht nur im Vorverfahren (vgl. KK-StPO/*Senge* § 63 Rn. 1; LR/*Ignor/Bertheau* § 63 Rn. 1), wobei der Hauptanwendungsfall der Regelung bei der Vernehmung nach § 223 liegt. **Beauftragter Richter** ist das mit der Vernehmung beauftragte Mitglied des erkennenden Gerichts, **ersuchter Richter** der im Wege der Rechtshilfe gem. § 157 GVG um Vernehmung gebetene Richter (vgl. *Meyer-Goßner/Schmitt* § 63 Rn. 1). Trifft das Vernehmungsersuchen keine Aussage über die Frage der Vereidigung, entscheidet hierüber der vernehmende Richter nach Maßgabe des § 59 Abs. 1 (vgl. *Knauer/Wolf* NJW 2004, 2932, 2933; SK-StPO/*Rogall* § 63 Rn. 5;). Das erkennende Gericht ist an diese Entscheidung allerdings nicht gebunden, sondern kann auch noch nachträglich eine unterbliebene Vereidigung herbeiführen lassen. Auch an eine Vereidigung durch den vernehmenden Richter ist das erkennende Gericht nicht gebunden. Hält es die Vereidigung für unzulässig, kann es die eidliche Aussage als uneidliche werten (vgl. *Meyer-Goßner/Schmitt* § 63 Rn. 2). Einem Ersuchen um Vereidigung hat der beauftragte oder ersuchte Richter zu entsprechen, es sei denn, eine Vereidigung ist nach §§ 60, 61 ausgeschlossen (vgl. LR/*Ignor/Bertheau* § 63 Rn. 2). Demgegenüber bindet ein Ersuchen um uneidliche Vernehmung den vernehmenden Richter nicht (vgl. *Meyer-Goßner/Schmitt* § 63 Rn. 4). 1

B. Revision. Der Verstoß gegen § 63 begründet die Revision nicht. Gerügt werden kann aber ein Verstoß gegen §§ 59, 60. 2

§ 64 StPO Eidesformel.
(1) Der Eid mit religiöser Beteuerung wird in der Weise geleistet, dass der Richter an den Zeugen die Worte richtet:
»Sie schwören bei Gott dem Allmächtigen und Allwissenden, dass Sie nach bestem Wissen die reine Wahrheit gesagt und nichts verschwiegen haben«
und der Zeuge hierauf die Worte spricht:
»Ich schwöre es, so wahr mir Gott helfe«.
(2) Der Eid ohne religiöse Beteuerung wird in der Weise geleistet, dass der Richter an den Zeugen die Worte richtet:
»Sie schwören, dass Sie nach bestem Wissen die reine Wahrheit gesagt und nichts verschwiegen haben«
und der Zeuge hierauf die Worte spricht:
»Ich schwöre es«.
(3) Gibt ein Zeuge an, dass er als Mitglied einer Religions- oder Bekenntnisgemeinschaft eine Beteuerungsformel dieser Gemeinschaft verwenden wolle, so kann er diese dem Eid anfügen.
(4) Der Schwörende soll bei der Eidesleistung die rechte Hand erheben.

A. Grundsätzliches und Tatbestand. Die Vorschrift ermöglicht dem Zeugen die **Wahl** zwischen einem Eid mit oder ohne religiöse Beteuerung. Über die Wahlmöglichkeit ist der Zeuge zu belehren, § 57 Satz 2 (vgl. dort Rdn. 2 ff.). Die Eidesleistung wird im Protokoll vermerkt (vgl. BGH NStZ 1999, 396, 399). 1
Der Akt des Schwures zerfällt in die **Kundgabe der Eidesnorm** durch das Gericht und das **Sprechen der Eidesformel** durch den Zeugen. Ein dem islamischen Glauben anhängender Zeuge kann statt auf Gott auf Allah schwören (vgl. *Jünemann* MDR 1970, 725, 727; LR/*Ignor/Bertheau* § 64 Rn. 3). Die Eidesnorm kann an sämtliche Zeugen gerichtet werden. Die Eidesformel muss von jedem Zeugen aber einzeln gesprochen werden (vgl. OLG Frankfurt am Main NJW 1962, 1834). Gem. § 188 GVG leisten Personen, die der deutschen Sprache nicht mächtig sind, den Eid in der ihnen geläufigen Sprache.

§ 65 StPO   Eidesgleiche Bekräftigung der Wahrheit von Aussagen

Die vom Zeugen gesprochene Eidesformel wird durch einen Dolmetscher übersetzt (vgl. SK-StPO/*Rogall* § 64 Rn. 10).
Abs. 3 erlaubt es, dass ein Zeuge, der Mitglied einer Religions- oder Bekenntnisgemeinschaft ist, dem Eid eine **Beteuerungsformel** dieser Gemeinschaft angefügt. Die Anfügung darf den Bedeutungsgehalt des Eides nicht schmälern oder sogar aufheben (vgl. RGSt 10, 181, 182).
Das Erheben der Schwurhand ist kein wesentlicher Bestandteil der Eidesleistung. Es kann unterbleiben und auch nicht erzwungen werden (vgl. KK-StPO/*Senge* § 64 Rn. 5). Die Regelung in Abs. 4 schließt andere symbolische Handlungen zur Bekräftigung des Schwures nicht aus (vgl. RGSt 57, 342, 343: Handschlag beim Mennoniteneid).
Die Form der Vereidigung ist, anders als der Umstand der Eidesleistung, im **Protokoll** nicht zu vermerken (vgl. BGH NStZ 1999, 396, 399).

2 **B. Revision.** Wird bei der Vereidigung von den Formulierungen des § 64 hinsichtlich der Eidesnorm und der Eidesformel abgewichen, kann dies zwar grds. die Revision begründen. Im Regelfall wird das Urteil auf diesem Verstoß jedoch nicht beruhen (vgl. KK-StPO/*Senge* § 64 Rn. 6; a. A. SK-StPO/*Rogall* Rn. 14).

§ 65 StPO Eidesgleiche Bekräftigung der Wahrheit von Aussagen.

(1) ¹Gibt ein Zeuge an, dass er aus Glaubens- oder Gewissensgründen keinen Eid leisten wolle, so hat er die Wahrheit der Aussage zu bekräftigen. ²Die Bekräftigung steht dem Eid gleich; hierauf ist der Zeuge hinzuweisen.
(2) Die Wahrheit der Aussage wird in der Weise bekräftigt, dass der Richter an den Zeugen die Worte richtet:
»Sie bekräftigen im Bewusstsein Ihrer Verantwortung vor Gericht, dass Sie nach bestem Wissen die reine Wahrheit gesagt und nichts verschwiegen haben«
und der Zeuge hierauf spricht:
»Ja«.
(3) § 64 Abs. 3 gilt entsprechend.

1 **A. Grundsätzliches und Tatbestand.** Die Vorschrift trägt Art. 4 Abs. 1 GG Rechnung. Dieses Grundrecht schützt auch die Ablehnung der Eidesleistung aus religiösen Gründen (vgl. BVerfGE 33, 23 ff.). Über die Möglichkeit der **Aussagebekräftigung** nach § 65 ist der Zeuge nur zu belehren, wenn er die Eidesleistung in jeder Form abgelehnt hat. Die Vorschrift ist aber andererseits bereits auf die Erklärung des Zeugen hin, seinem Eid stünden Glaubens- oder Gewissensgründe entgegen, anzuwenden. Ob tatsächlich Gründe zur Verweigerung der Eidesleistung vorliegen, prüft das Gericht nicht nach (vgl. KK-StPO/*Senge* § 65 Rn. 2).
Die Bekräftigung der Aussage steht dem Eid gleich. Dies gilt nicht nur für den Zeugen, sondern auch für das Verfahren. Anwendbar sind damit insb. die §§ 67, 70. Im materiellen Strafrecht hat die Gleichstellung von Aussage und Bekräftigung ihren Niederschlag in § 155 Nr. 1 StGB gefunden.
Wie beim Schwur können auch der Bekräftigung bestimmte Beteuerungsformeln angeschlossen werden, Abs. 3.

2 **B. Revision.** Die Revision kann darauf gestützt werden, dass der seine Aussage bekräftigende Zeuge Gründe gem. Abs. 1 Satz 1 nicht geltend gemacht hat. Sofern solche Gründe aber tatsächlich vorgelegen haben und das Gericht von ihrem Vorliegen auch ausging, fehlt es an einem Beruhen des Urteils auf dem Verstoß (vgl. KK-StPO/*Senge* § 65 Rn. 5).

§ 66 StPO Eidesleistung bei Hör- oder Sprachbehinderung.

(1) ¹Eine hör- oder sprachbehinderte Person leistet den Eid nach ihrer Wahl mittels Nachsprechens der Eidesformel, mittels Abschreibens und Unterschreibens der Eidesformel oder mit Hilfe einer die Verständigung ermöglichenden Person, die vom Gericht hinzuzuziehen ist. ²Das Gericht hat die geeigneten technischen Hilfsmittel bereitzustellen. ³Die hör- oder sprachbehinderte Person ist auf ihr Wahlrecht hinzuweisen.
(2) Das Gericht kann eine schriftliche Eidesleistung verlangen oder die Hinzuziehung einer die Verständigung ermöglichenden Person anordnen, wenn die hör- oder sprachbehinderte Person von ihrem Wahlrecht nach Absatz 1 kein Gebrauch gemacht hat oder eine Eidesleistung in der nach Absatz 1 gewählten Form nicht oder nur mit unverhältnismäßigen Aufwand möglich ist.
(3) Die §§ 64 und 65 gelten entsprechend.

A. Grundsätzliches und Tatbestand. Die Vorschrift regelt die Eidesleistung durch eine hör- oder sprachbehinderte Person. Der Begriff der **Behinderung** drückt aus, dass bei dem Zeugen eine vollständige Aufhebung seiner Fähigkeit, zu hören oder zu sprechen (Taubheit und Stummheit) nicht vorliegen muss. § 66 dient der Integration von Menschen mit Behinderungen, denen vor Gericht die gleichberechtigte Teilhabe ermöglicht werden soll (vgl. BT-Drucks. 14/9266, S. 35). Über ihren Wortlaut hinaus gilt die Vorschrift selbstverständlich nicht nur für Zeugen, die entweder sprach- oder hörbehindert sind. Auch Personen, bei denen beide Formen der Behinderung vorliegen, unterfallen der Regelung. Zur Verständigung allgemein im Verfahren mit hör- und sprachbehinderten Personen vgl. § 186 GVG. Das Vorliegen der Behinderung hat das Gericht bei Zweifeln im Freibeweisverfahren zu klären. 1

Der behinderte Zeuge hat ein **Wahlrecht**, wie er den Eid leisten will. Er kann die Eidesformel (§§ 64 und 65) entweder nachsprechen, sie abschreiben und mit seiner Unterschrift versehen oder den Eid mithilfe einer die Verständigung ermöglichenden Person leisten. Der Zeuge ist auf sein Wahlrecht hinzuweisen. Die notwendigen (technischen) Mittel zur Eidesleistung – als solche sind u.a. Höranlagen anzusehen (vgl. KK-StPO/*Senge* § 66 Rn. 4) – hat das Gericht bereitzustellen, § 66 Abs. 1. Diese Pflicht findet ihre Grenzen in einem unverhältnismäßigen Aufwand der gewünschten Form der Eidesleistung. Dann kann das Gericht – wie auch in dem Fall, dass der Zeuge sein Wahlrecht nicht ausübt – die schriftliche Eidesleistung verlangen oder die Hinzuziehung einer die Verständigung ermöglichenden Person anordnen. Allerdings wird der mit der Hinzuziehung von Sprachmittlern oder technischen Hilfsmitteln verbundene Aufwand nur ausnahmsweise als unverhältnismäßig bewertet werden können (vgl. BT-Drucks. 14/9266, S. 41). 2

Aus § 66 Abs. 3 ergibt sich, dass auch der sprach- oder hörbehinderte Zeuge den Eid mit oder ohne religiöse Beteuerung leisten kann, die Befugnis hat, eine Beteuerungsformel nach § 64 Abs. 3 anzuschließen und statt eines Eides aus Glaubens- oder Gewissensgründen die Möglichkeit besitzt, seine Aussage zu bekräftigen. 3

B. Revision. Unterlässt es das Gericht, den Zeugen auf sein Wahlrecht nach Abs. 1 hinzuweisen, begründet dies die Revision nicht (vgl. LR/*Ignor/Bertheau* § 66 Rn. 7). 4

§ 67 StPO Berufung auf einen früheren Eid.

Wird der Zeuge, nachdem er eidlich vernommen worden ist, in demselben Vorverfahren oder in demselben Hauptverfahren nochmals vernommen, so kann der Richter statt der nochmaligen Vereidigung den Zeugen die Richtigkeit seiner Aussage unter Berufung auf den früher geleisteten Eid versichern lassen.

A. Grundsätzliches und Tatbestand. § 67 ermöglicht den Verzicht auf die Eidesleistung eines Zeugen, der im selben Vor- oder Hauptverfahren schon einmal unter Eid ausgesagt hat. Die neuerliche Eidesleistung kann durch die Berufung des Zeugen auf seinen früher geleisteten Eid ersetzt werden. Die Vorschrift dient dem Zweck, den Wert und die Bedeutung des Eides durch häufige Wiederholung nicht zu schmälern (vgl. LR/*Ignor/Bertheau* § 67 Rn. 1). 1

2 § 67 setzt eine **nochmalige Vernehmung** des Zeugen voraus. Es muss daher bereits eine mit Eidesleistung oder Bekräftigung nach § 65 abgeschlossene Zeugenaussage vorliegen. Diese kann durchaus vom selben Tag wie die weitere Vernehmung stammen (vgl. BGHSt 4, 140, 142). Auf den Inhalt der zweiten Aussage kommt es für den Begriff der nochmaligen Vernehmung nicht an. Auch die Wiederholung der ersten Aussage ist eine nochmalige Vernehmung (vgl. LR/*Ignor/Bertheau* § 67 Rn. 2). Eine nochmalige Vernehmung liegt allerdings nicht vor, wenn die vorangegangene Vernehmung keine Zeugen-, sondern eine Sachverständigenvernehmung war (vgl. OLG Köln MDR 1955, 183 f.; *Meyer-Goßner/Schmitt* § 67 Rn. 1).

3 Die Berufung auf den früheren Eid ist nur im selben Verfahren möglich. Dies setzt zunächst Personenidentität des Beschuldigten voraus. Geht es in der weiteren Vernehmung nunmehr um neu hinzugetretene Beschuldigte, ist § 67 nicht anwendbar (vgl. RGSt 44, 352). **Dasselbe Vorverfahren** liegt vor, wenn die weitere Vernehmung des Zeugen vor Anklageerhebung oder Beantragung des Strafbefehls stattfindet. Erfolgt die weitere Vernehmung also erst im Zwischenverfahren oder gar erst im Hauptverfahren, ist dem Zeugen die Bezugnahme auf seinen früher geleisteten Eid nicht möglich (vgl. *Meyer-Goßner/Schmitt* § 67 Rn. 4). **Das Hauptverfahren** i.S.d. Vorschrift umfasst den Zeitraum vom Erlass des Eröffnungsbeschlusses hin bis zur Rechtskraft des Urteils (vgl. BGHSt 23, 283, 285). Auch die erneute Hauptverhandlung nach Durchlaufen der Rechtsmittelinstanz zählt dazu (vgl. KK-StPO/*Senge* § 67 Rn. 5). Das Berufungsverfahren ist ebenfalls noch dasselbe Hauptverfahren (vgl. RG GA 1906, 77, 78); schließlich auch die Hauptverhandlung nach Verweisung auf Grundlage des § 270. Dieselbe Hauptverhandlung liegt auch bei Verhandlungsneubeginn nach Aussetzung sowie hinsichtlich einer kommissarischen Vernehmung unter Eid vor (vgl. LR/*Ignor/Bertheau* § 67 Rn. 5). Obwohl die StPO das Hauptverfahren grds. erst mit dem Eröffnungsbeschluss beginnen lässt, soll als Hauptverfahren gem. § 67 auch das Zwischenverfahren gelten (vgl. u.a. *Meyer-Goßner/Schmitt* § 67 Rn. 5). Auf seinen früheren Eid kann sich der Zeuge nicht berufen, wenn er nach Wiederaufnahme des Verfahrens erneut aussagen soll (vgl. KK-StPO/*Senge* § 67 Rn. 6).

4 Die Frage, ob der Zeuge bei wiederholter Aussage neu vereidigt oder die Berufung auf seinen früher geleisteten Eid ausreichen soll, **entscheidet der Richter nach seinem pflichtgemäßen Ermessen**, wobei zunächst dem Vorsitzenden die Vorabentscheidung obliegt (vgl. *Meyer-Goßner/Schmitt* § 67 Rn. 6). Ein Vorgehen nach § 67 wird sich dann nicht anbieten, wenn sich dem Zeugen die Bedeutung eines Berufens auf den zuvor geleisteten Eid nicht erschließt (vgl. LR/*Ignor/Bertheau* § 67 Rn. 10). Kann der Zeuge demgegenüber den Sinngehalt einer solchen Erklärung, über den er i.Ü. entsprechend § 57 Satz 2 belehrt werden muss, erfassen, ist es als solches unschädlich, wenn er sich nicht an die Eidesleistung erinnert (vgl. *Meyer-Goßner/Schmitt* § 67 Rn. 6).

5 Die Versicherung unter Berufung auf den früheren Eid erfolgt – wie die Eidesleistung nach § 59 Abs. 2 Satz 1 – erst **nach Beendigung der Vernehmung** (vgl. BGH MDR [D] 1972, 198 f.). Sie muss durch den Zeugen selbst erfolgen. Der Hinweis des Richters auf den früher geleisteten Eid genügt nicht (vgl. KK-StPO/*Senge* § 67 Rn. 8). Nicht erforderlich ist das Sprechen einer am Gesetzeswortlaut orientierten »Berufungsformel« (»versichere ich die Richtigkeit meiner Aussage unter Berufung auf den früher geleisteten Eid«). Irgendeine Form von Bezugnahme auf den früheren Eid reicht aus (vgl. BGH MDR [D] 1972, 198 f.; LR/*Ignor/Bertheau* § 67 Rn. 11). Beruft sich der Zeuge auf einen Eid, der gar nicht geleistet wurde, liegt eine wirksame Bekräftigung der Aussage i.S.d. § 67 nicht vor (vgl. *Meyer-Goßner/Schmitt* § 67 Rn. 7).

6 Die Berufung auf den früheren Eid ist eine **zu protokollierende Förmlichkeit des Verfahrens** (§§ 168a Abs. 1, 273 Abs. 1). Sie sollte wie folgt lauten: »Der Zeuge versicherte die Richtigkeit seiner Aussage unter Berufung auf den früher geleisteten Eid« (vgl. *Meyer-Goßner/Schmitt* § 67 Rn. 8). Nicht protokollierungsbedürftig ist der Umstand, wann und wo der Zeuge den früheren Eid geleistet bzw. die frühere Bekräftigung abgegeben hat (vgl. KMR/*Neubeck* § 67 Rn. 8; LR/*Ignor/Bertheau* § 67 Rn. 14).

7 **B. Revision.** Mit der Revision kann nicht gerügt werden, dass eine erneute Vereidigung des Zeugen im Verfahren der Wahrheitsfindung dienlicher gewesen wäre als das Vorgehen nach § 67 (vgl. LR/*Ignor/Bertheau* § 67 Rn. 15). Demgegenüber liegt ein revisibler Verstoß vor, wenn der Eid, auf den sich der Zeuge berufen hat, gar nicht oder nicht im selben Verfahren geleistet worden war. Nur wird das Urteil auf diesem Verstoß nicht beruhen, wenn Zeuge und Gericht von einem wirksamen Berufen ausgegangen sind (vgl. BGH MDR [D] 1953, 722 f.; NStZ 1984, 328). Ob dies der Fall ist, hat das Revi-

sionsgericht im Wege des Freibeweises zu ermitteln (vgl. LR/*Ignor/Bertheau* § 67 Rn. 16). Die Revision ist auch möglich, wenn gegen die Vorabentscheidung des Vorsitzenden nicht das Gericht angerufen wurde (vgl. BGH MDR [D] 1972, 198 f.; *Meyer-Goßner/Schmitt* § 67 Rn. 9).

§ 68 StPO Vernehmung zur Person; Beschränkung von Angaben, Zeugenschutz.

(1) ¹Die Vernehmung beginnt damit, dass der Zeuge über Vornamen und Nachnamen, Geburtsnamen, Alter, Beruf und Wohnort befragt wird. ²Ein Zeuge, der Wahrnehmungen in amtlicher Eigenschaft gemacht hat, kann statt des Wohnortes den Dienstort angeben.
(2) ¹Einem Zeugen soll zudem gestattet werden, statt des Wohnortes seinen Geschäfts- oder Dienstort oder eine andere ladungsfähige Anschrift anzugeben, wenn ein begründeter Anlass zu der Besorgnis besteht, dass durch die Angabe des Wohnortes Rechtsgüter des Zeugen oder einer anderen Person gefährdet werden oder dass auf Zeugen oder eine andere Person in unlauterer Weise eingewirkt werden wird. ²In der Hauptverhandlung soll der Vorsitzende dem Zeugen bei Vorliegen der Voraussetzungen des Satzes 1 gestatten, seinen Wohnort nicht anzugeben.
(3) ¹Besteht ein begründeter Anlass zu der Besorgnis, dass durch die Offenbarung der Identität oder des Wohn- oder Aufenthaltsortes des Zeugen Leben, Leib oder Freiheit des Zeugen oder einer anderen Person gefährdet wird, so kann ihm gestattet werden, Angaben zur Person nicht oder nur über eine frühere Identität zu machen. ²Er hat jedoch in der Hauptverhandlung auf Befragen anzugeben, in welcher Eigenschaft ihm die Tatsachen, die er bekundet, bekannt geworden sind.
(4) ¹Liegen Anhaltspunkte dafür vor, dass die Voraussetzungen der Absätze 2 oder 3 vorliegen, ist der Zeuge auf die dort vorgesehenen Befugnisse hinzuweisen. ²Im Fall des Absatzes 2 soll der Zeuge bei der Benennung einer ladungsfähigen Anschrift unterstützt werden. ³Die Unterlagen, die die Feststellung des Wohnortes oder der Identität des Zeugen gewährleisten, werden bei der Staatsanwaltschaft verwahrt. ⁴Zu den Akten sind sie erst zu nehmen, wenn die Besorgnis der Gefährdung entfällt.
(5) ¹Die Absätze 2 bis 4 gelten auch nach Abschluss der Zeugenvernehmung. ²Soweit dem Zeugen gestattet wurde, Daten nicht anzugeben, ist bei Auskünften aus und Einsichtnahmen in Akten sicherzustellen, dass diese Daten anderen Personen nicht bekannt werden, es sei denn, dass eine Gefährdung im Sinne der Absätze 2 und 3 ausgeschlossen erscheint.

A. Grundsätzliches und Regelungsgehalt. Die Vorschrift bestimmt, welche Angaben zur 1
Person Zeugen bei ihrer Vernehmung machen müssen und regelt zugleich, unter welchen Voraussetzungen von einzelnen Angaben abgesehen werden kann. Sie dient damit einerseits der **Vermeidung von Personenverwechslungen** und trägt dem Interesse des Angeklagten und seines Verteidigers Rechnung, auch über die Person des Zeugen Einzelheiten zu erfahren, um ggf. dessen **Glaubwürdigkeit** nach Einholung entsprechender Erkundigungen **besser beurteilen zu können** (BGHSt [GS] 32, 118 [128]; 33, 83 [87]; *Meyer-Goßner/Schmitt* § 68 Rn. 1). Andererseits steht sie, insb. nach den gesetzgeberischen Änderungen der letzten Jahre (Rdn. 2), **im Dienste des Zeugen- und Opferschutzes** (MüKo-StPO/*Maier* § 68 Rn. 2). Ihr Anwendungsbereich erstreckt sich auch auf kommissarische Vernehmungen und solche durch die StA. Spätestens durch die jetzt geltende Fassung gibt das Gesetz der Erforschung der materiellen Wahrheit durch einen unbelastet aussagenden Zeugen den Vorrang vor dem Interesse an der Kenntnis seiner persönlichen Daten (so explizit BT-Drucks. 16/12098, S. 13).

Die Regelung wurde v.a. durch Art. 3 des OrgKG im Jahr 1992 zugunsten des Zeugenschutzes tief grei- 2
fend umgestaltet (BT-Drucks. 12/989, S. 35 ff.). Die jüngste Änderung durch das **2. Opferrechtsreformgesetz** v. 29.07.2009 (BGBl. I S. 2280) hat neben sprachlichen Anpassungen eine Ausdehnung des Anwendungsbereichs des Abs. 2 gebracht (BT-Drucks. 16/12098, S. 12 f.); die Verfahrensregelungen wurden in den komplett neu gefassten Abs. 4 überführt und erweitert, dessen früherer Regelungsgegenstand nunmehr in § 68a Abs. 2 angesiedelt ist (BT-Drucks. 16/12098, S. 13). Änderungen durch das gegenwärtig im Gesetzgebungsverfahren befindliche 3. Opferrechtsreformgesetz sind – soweit ersichtlich – nicht zu erwarten. Im Verhältnis zu den Vorschriften des ZSHG ist § 68 lex specialis (§ 10 Abs. 3 ZSHG; vgl. BGHSt 50, 318 [324 f.]; *Roggan* GA 2012, 434). Für Verdeckte Ermittler ist die gesonderte Regelung in § 110b Abs. 3 Satz 3 nicht abschließend; Maßnahmen nach § 68 bleiben auch in solchen Fällen möglich (MüKo-StPO/*Maier* § 68 Rn. 13; KK-StPO/*Nack* § 110b Rn. 18).

§ 68 StPO Vernehmung zur Person; Beschränkung von Angaben, Zeugenschutz

3 **B. Befragung zur Person (Abs. 1 Satz 1)** **I. Allgemeines.** Zusammen mit §§ 68a und 69 regelt die Vorschrift den **Beginn der Zeugenvernehmung**, also der Befragung, in der der Vernehmende dem Zeugen in amtlicher Funktion ggü. tritt (vgl. dazu BGHSt 40, 208 [213]). Das Zeugnisverweigerungsrecht gilt für die Angaben zur Person nicht (KK-StPO/*Senge* § 52 Rn. 2). Bei einer Weigerung des Zeugen ist § 70 nicht anwendbar; jedoch erfüllt die Nichtbeantwortung den Tatbestand einer Ordnungswidrigkeit gem. § 111 OWiG (*Meyer-Goßner/Schmitt* § 68 Rn. 3).

4 **II. Fragen. 1. Nach dem Namen.** Anzugeben sind **Vor- und Familienname** sowie der **Geburtsname** (vgl. auch § 1355 Abs. 4 Satz 1 BGB), es sei denn, diese sind dem erkennenden Gericht und den übrigen Verfahrensbeteiligten bekannt (RGSt 40, 157). Ggf. sind auch frühere (Familien-)namen anzugeben, ebenso ein **Künstlername** (*Meyer-Goßner/Schmitt* § 68 Rn. 5; zur Frage nach einem **Decknamen** BGH NStZ 1981, 72).

5 **2. Nach dem Alter.** Für gewöhnlich erfolgt die **Altersangabe in Jahren**; der Zeuge kann jedoch auch sein **Geburtsdatum angeben**. Die Altersangabe kann für die Frage der Vereidigung bedeutsam sein (RGSt 40, 157 [158]), aber auch für die Einschätzung von Urteilsfähigkeit und Lebenserfahrung des Zeugen im Zusammenhang mit dessen Angaben zur Sache (LR/*Ignor/Bertheau* § 68 Rn. 4).

6 **3. Nach dem Beruf.** Berufsbezeichnung und berufliche Tätigkeit können auseinanderfallen. Zulässig ist die Frage nach beidem (*Meyer-Goßner/Schmitt* § 68 Rn. 7). Die Frage betrifft die berufliche Tätigkeit oder Stellung des Zeugen **im Zeitpunkt der Vernehmung**. Fragen nach früher ausgeübten Berufen gehören zur Vernehmung zur Sache (BGH bei *Dallinger* MDR 1966, 383).

7 **4. Nach dem Wohnort.** Ob unter der Angabe des Wohnortes die **bloße Ortsangabe oder die Mitteilung der vollständigen postalischen Anschrift** zu verstehen ist, wird unterschiedlich beantwortet (Nachweise zum Meinungsstand bei LR/*Ignor/Bertheau* § 68 Rn. 6; vgl. auch BGH NJW 1990, 1125). Der Begriff der »ladungsfähigen Anschrift« in Abs. 2 Satz 1 dürfte den Willen des Gesetzgebers zwar hinlänglich zum Ausdruck bringen. Die Praxis verfährt überwiegend anders und lässt die Angabe des Ortes genügen, was angesichts des Akteneinsichtsrechts bzw. der Aktenkenntnis der Verfahrensbeteiligten auch im Hinblick auf den Schutz der berechtigten Belange des Zeugen ausreichen dürfte (LR/*Ignor/Betheau* a.a.O.). Derjenige, der keinen Wohnort hat, muss seinen gewöhnlichen Aufenthaltsort nennen (KK-StPO/*Senge* § 68 Rn. 5).

8 **5. Nach dem Dienstort.** Statt des Wohnortes kann derjenige Zeuge, der seine **Wahrnehmungen in amtlicher Eigenschaft** gemacht hat, nach Abs. 1 Satz 2 seinen Dienstort angeben. Voraussetzung für die Anwendung dieser dem Schutz des betreffenden Zeugen dienenden Vorschrift ist, dass die Wahrnehmungen während oder im Zusammenhang mit der dienstlichen Tätigkeit gemacht wurden (vgl. *Hilger* NStZ 1992, 458). Dienstort ist der (Haupt-)sitz der Behörde, der der jeweilige Zeuge angehört (KK-StPO/*Senge* § 68 Rn. 6).

9 **6. Nach der Religionszugehörigkeit.** Fragen nach der Religionszugehörigkeit sind im Hinblick auf den Gewährleistungsgehalt von Art. 140 GG i.V.m. Art. 136 Abs. 3 Satz 1 WRV **nicht zulässig** (MüKo-StPO/*Maier* § 68 Rn. 33; *Radtke/Hohmann/Otte* § 68 Rn. 7). Eine **Ausnahme** wird dann gemacht werden müssen, wenn die Religionszugehörigkeit für die Wahrnehmung eines prozessualen Rechts von Bedeutung ist (Beispiel: BGH NStZ-RR 2010, 178). Wenn es der Sachaufklärung dient, muss der Zeuge auch in seiner Vernehmung zur Sache über seine Religionszugehörigkeit Angaben machen (LR/*Ignor/Bertheau* § 68 Rn. 8).

10 **C. Ausnahmen nach Abs. 2. I. Gefährdung.** Die Vorschrift schützt neben dem Zeugen selbst jede andere Person, die durch Bekanntwerden des Wohnortes des Zeugen gefährdet werden könnte, geht also über den Kreis von Angehörigen des Zeugen hinaus (allg. M.; vgl. nur KK-StPO/*Senge* § 68 Rn. 7). Als **Schutzgüter** kommen insb. Leib, Leben, Freiheit, Eigentum, Besitz und Hausfrieden (Stalking) in Betracht, sofern es sich nicht um bloße Belästigungen handelt (*Meyer-Goßner/Schmitt* § 68 Rn. 12; KK-StPO/*Senge* § 68 Rn. 7).

11 **II. Einwirkung.** Soweit es um die Gefahr der (unlauteren) Einwirkung auf Zeugen oder andere Personen geht, handelt es sich um einen speziellen Schutz vor Beeinträchtigungen der **Willensentschlie-**

ßungsfreiheit (OK-StPO/*Monka* § 68 Rn. 4). Insoweit knüpft der Gesetzgeber an die Formulierung in § 112 Abs. 2 Nr. 3b an (BT-Drucks. 16/12098, S. 13; vgl. dazu die Erl. zu § 112; ausf. LR/*Hilger* § 112 Rn. 48).

III. Begründeter Anlass zur Besorgnis. Ob ein begründeter Anlass zur Besorgnis einer Gefährdung 12 der genannten Rechtsgüter anzunehmen ist, entscheidet der Vorsitzende oder das Strafverfolgungsorgan nach pflichtgemäßem Ermessen (SK-StPO/*Rogall* § 68 Rn. 40). Er kann insb. zu bejahen sein, wenn schon früher ein Anschlag auf den Zeugen oder eine dritte Person stattgefunden hat oder angedroht wurde und wenn dies im Zusammenhang mit dem jeweiligen Verfahren steht (Meyer-Goßner/ *Schmitt* § 68 Rn. 12). Der begründete Anlass kann auch **auf der Grundlage kriminalistischer Erfahrung** angenommen werden (KK-StPO/*Senge* § 68 Rn. 7; vgl. *Leineweber* Kriminalistik 1979, 39 f.). Eine unmittelbar bevorstehende Verletzung von Rechtsgütern ist nicht erforderlich (OLG Koblenz 1992, 95 m. Anm. *Hund*).

IV. Nichtangabe des Wohnortes (Abs. 2 Satz 2) Diese als Sollvorschrift ausgestaltete Bestimmung 13 enthält eine **weitere Einschränkung des Fragerechts** (KMR/*Neubeck* § 68 Rn. 11). Ist dem Zeugen die Nichtangabe des Wohnortes gestattet, darf er dessen Angabe während der gesamten Hauptverhandlung verweigern (Meyer-Goßner/Schmitt § 68 Rn. 13). Dies gilt auch dann, wenn die Hauptverhandlung nicht öffentlich stattfindet (LR/*Ignor/Bertheau* § 68 Rn. 12 m.w.N.; arg. e §§ 222 Abs. 1 Satz 3, 200 Abs. 1 Satz 2, 4, 5).

D. Geheimhaltung nach Abs. 3.

I. Gefährdete Rechtsgüter. Unter den engeren Voraus- 14 setzungen der Gefährdung der in Abs. 3 Satz 1 **abschließend** aufgezählten Rechtsgüter kann die Preisgabe der Identität des Zeugen in der Hauptverhandlung gänzlich verweigert werden. Die nach Satz 2 vorgesehene Befragung lässt erkennen, dass Abs. 2 insb. den Schutz von Informanten, der Polizei, V-Leuten und Verdeckten Ermittlern als besonders gefährdeter Personenkreis im Auge hat (KK-StPO/ *Senge* § 68 Rn. 8; vgl. auch § 110b Abs. 3). Zur Einschätzung der Gefährdung gelten die unter Rdn. 12 dargelegten Grundsätze.

II. Identität. Der Begriff der Identität umfasst alle nach § 68 Abs. 1 zu erfragenden Angaben (LR/ 15 *Ignor/Bertheau* § 68 Rn. 15), aber auch eine frühere Identität (Meyer-Goßner/Schmitt § 68 Rn. 15).

III. Befragung nach Abs. 3 Satz 2. Das Recht zur Verheimlichung der Identität gilt bei Beamten 16 des Polizeidienstes und besonders verpflichteten Personen nicht für Zufallsbeobachtungen, sondern nur auf einsatzbezogene Feststellungen (*Hilger* NStZ 1992, 459). Es besteht (nur) während der Hauptverhandlung. Ob die Offenbarung nach Satz 2 durch eine Sperrerklärung verhindert werden kann, ist umstritten (LR/*Ignor/Bertheau* § 68 Rn. 16 m.w.N.).

E. Verfahren in den Fällen der Abs. 2 und 3 (Abs. 4)
Der Zeuge muss möglichst früh 17 auf die Möglichkeiten der Abs. 2 und 3 hingewiesen werden; das ergibt sich schon aus § 168 Abs. 3. Die vorgeschriebene Unterstützung bei der Suche nach einer geeigneten ladungsfähigen Anschrift versteht der Gesetzgeber als konkrete **Handlungsanleitung für die Polizeibehörden** (Meyer-Goßner/Schmitt § 68 Rn. 18). Die in Satz 3 und 4 genannten Unterlagen werden während der Dauer der Gefährdung von **der Akteneinsicht ausgenommen**.

F. Geltungsbereich und Schutz bei Akteneinsicht (Abs. 5)
Der Schutz des Zeugen 18 erstreckt sich **über dessen Vernehmung hinaus**, weil auch die Gefährdung weiter andauern kann (OK-StPO/*Monka* § 68 Rn. 7). Die Regelungen der Abs. 2 bis 4 gelten daher weiter; bei erst nachträglich erkannter Gefährdung dürfen die Strafverfolgungsbehörden nicht untätig bleiben (BR-Drucks. 178/09, S. 21). Sensibel im Hinblick auf eine mögliche spätere Gefährdung sind insb. die Fälle der Akteneinsicht (§§ 147, 474 ff.).

G. Hauptverhandlungsprotokoll.
Die Vernehmung eines Zeugen zur Person i.S.d. Abs. 1 19 Satz 1 ist eine **wesentliche Förmlichkeit** gem. §§ 168a Abs. 2, 273 Abs. 1 und muss daher in das Hauptverhandlungsprotokoll aufgenommen werden (RGSt 1, 299 [300]; KK-StPO/*Senge* 12). Kommt es im Rahmen dieser Vernehmung zu Beanstandungen und Entscheidungen nach § 238 Abs. 2, besteht eben-

§ 68a StPO Beschränkung des Fragerechts aus Gründen des Persönlichkeitsschutzes

falls eine Protokollierungspflicht unter Einschluss der jeweiligen Begründung (LR/*Ignor/Bertheau* § 68 Rn. 22).

20 **H. Revision.** Nach überwiegender Ansicht soll die Revision auf einen Verstoß gegen § 68 regelmäßig nicht gestützt werden können, weil es sich um eine Ordnungsvorschrift handele (*Meyer-Goßner/Schmitt* § 68 Rn. 23; KK-StPO/*Senge* § 68 Rn. 13; MüKo-StPO/*Maier* § 68 Rn. 84). Diese Ansicht wird inzwischen auch von der Rechtsprechung vertreten (BGH, Beschluss vom 26. Oktober 2011 – 5 StR 292/11; noch offen gelassen in BGHSt 23, 244 [245]). Dies führt indes ebenso wie eine Anwendung der Grundsätze der Rechtskreistheorie an dieser Stelle nicht weiter (so aber KK-StPO/*Senge* § 68 Rn. 13). Nach richtiger Auffassung ist die Einordnung der Norm als bloße Ordnungsvorschrift, wie bei einer Reihe anderer Normen auch, für die Revisibilität ohne Bedeutung (LR/*Ignor/Bertheau* § 68 Rn. 23). Dass ein Urteil auf der Verletzung des § 68 beruht, wird jedoch praktisch selten der Fall sein (LR/*Ignor/Bertheau* § 68 Rn. 23). Es ist jedoch nicht gänzlich ausgeschlossen, dass die Handhabung der Vorschrift eine Verletzung der Aufklärungspflicht (§ 244 Abs. 2) zur Folge hat oder die Verteidigung des Angeklagten in einem wesentlichen Punkt (§ 338 Nr. 8) beschränkt (BGHSt 23, 244; LR/*Ignor/Bertheau* § 68 Rn. 23; *Meyer-Goßner/Schmitt* § 263 Rn. 23; *Rebmann/Schnarr* NJW 1989, 1191; vgl. auch BGH NJW 1989, 1231). Das Unterlassen von Generalfragen kann unter dem Gesichtspunkt einer Verletzung der Aufklärungspflicht nicht gerügt werden, weil damit letztlich die Nichtausschöpfung eines Beweismittels beanstandet wird (zutr. LR/*Ignor/Bertheau* § 68 Rn. 23).

§ 68a StPO Beschränkung des Fragerechts aus Gründen des Persönlichkeitsschutzes.

(1) Fragen nach Tatsachen, die dem Zeugen oder einer Person, die im Sinne des § 52 Abs. 1 sein Angehöriger ist, zur Unehre gereichen können oder deren persönlichen Lebensbereich betreffen, sollen nur gestellt werden, wenn es unerlässlich ist.
(2) ¹Fragen nach Umständen, die die Glaubwürdigkeit des Zeugen in der vorliegenden Sache betreffen, insbesondere nach seinen Beziehungen zu dem Beschuldigten oder der verletzten Person, sind zu stellen, soweit dies erforderlich ist. ²Der Zeuge soll nach Vorstrafen nur gefragt werden, wenn ihre Feststellung notwendig ist, um über das Vorliegen der Voraussetzungen des § 60 Nr. 2 zu entscheiden oder um seine Glaubwürdigkeit zu beurteilen.

1 **A. Grundsätzliches und Regelungsgehalt.** Die Vorschrift ist eine Ausprägung des Gebotes der Achtung der Menschenwürde des Zeugen, insb. des Tatopfers und gleichzeitig Ausprägung des Rechtsstaatsprinzips (BVerfGE 38, 105 ff.; NJW 1975, 103 [104]; BGHSt 48, 372; BGH NJW 2005, 1519; SK-StPO/*Rogall* § 68a Rn. 1 m.w.N.). Sie gilt für alle richterlichen und staatsanwaltschaftlichen Vernehmungen (§ 161a Abs. 1 Satz 2) und hat nach zutreffender Ansicht vornehmlich appellativen Charakter (MüKo-StPO/*Maier* § 68a Rn. 4; *Rieß/Hilger* NStZ 1987, 150), was auch in der Rechtsprechung zum Ausdruck kommt. Einen durchgreifenden Revisionsgrund stellt die Verletzung der Vorschrift nur in Ausnahmefällen dar (vgl. BGHSt 13, 252 [254 f.]; BGH NStZ 2001, 435). Ob sie als bloße Ordnungsvorschrift anzusehen ist (so *Meyer-Goßner/Schmitt* § 68a Rn. 9), kann daher letztlich auch hier dahin stehen (s.u. Rdn. 9). Sie wird von § 171b GVG flankiert, wonach die Öffentlichkeit auch zum Schutz der Privatsphäre von Zeugen ausgeschlossen werden kann (s.u. Rn. 3; vgl. auch MüKo-StPO/*Maier* § 68a Rn. 5).

2 **B. Fragen nach entehrenden Tatsachen (Abs. 1)** I. **Entehrende Tatsachen.** Die Befugnis des Vorsitzenden zur Leitung der Verhandlung (§ 238 Abs. 1) umfasst auch die Befugnis, die **sachgerechte Vernehmung von Zeugen und Sachverständigen zu gewährleisten.** Dies beinhaltet insb. die Abwehr von Angriffen, die mit dem Anspruch des Zeugen auf angemessene Behandlung und Ehrenschutz unvereinbar sind, und die Zurückweisung von nicht erforderlichen Fragen (BGHSt 48, 372). Ungeachtet der Unsicherheiten im Einzelfall und der Unschärfe des Begriffs der (Un-)Ehre (vgl. dazu LR/*Ignor/Bertheau* § 68a Rn. 4 m.w.N.) wird man mit der Rechtsprechung solche Tatsachen für ehrenrührig halten können, die, wenn sie vorlägen, den sozialen Geltungsanspruch des Betroffenen oder eines seiner Angehörigen i.S.d. § 52 Abs. 1 (dazu *Meyer-Goßner/Schmitt* § 68a Rn. 3 f.) mindern

würden (BGHSt 13, 252 [254]; 36, 145 [148]). Ob diese Voraussetzung erfüllt ist, wird nach objektiven Maßstäben ohne Rücksicht auf spezielle Empfindlichkeiten des Zeugen beurteilt (allg. M.; KK-StPO/ *Senge* § 68a Rn. 1).

II. Persönlicher Lebensbereich. Diese Erweiterung ist durch das OpferschutzG im Jahr 1986 eingefügt worden und hat die Formulierung in § 171b Abs. 1 GVG zum Vorbild. Sie zielt v.a. auf den **Schutz von Opferzeugen** in Verfahren wegen Straftaten gegen die sexuelle Selbstbestimmung ab und soll verhindern, dass solche Zeugen Fragen zu ihrem Privat- und v.a. zum Intimleben oder dem von Familienangehörigen (vgl. BGHSt 30, 212 [214], die zu dem Verfahrensgegenstand in keinem unmittelbaren Zusammenhang stehen, nur nach sorgfältiger Prüfung ihrer Unerlässlichkeit beantworten müssen (BGH NJW 2005, 1519; KK-StPO/*Senge* § 68a Rn. 1a). Zum privaten Lebensbereich gehören neben seiner Intimsphäre insb. private Neigungen und Eigenschaften des Zeugen, seine Gesundheit, seine religiöse und politische Einstellung (*Meyer-Goßner/Schmitt* § 68a Rn. 4; weiter gehend wohl SK-StPO/ *Rogall* § 68a Rn. 29).

III. Unerlässlich. Unerlässlichkeit der Befragung liegt dann vor, wenn die **Wahrheit anderenfalls nicht aufgeklärt** werden könnte (BGHSt 13, 252 [254]; 21, 334 [360]; allg.M.). Auf die Bedeutung der Strafsache kommt es dabei nicht an (*Meyer-Goßner/Schmitt* § 68a Rn. 5; LR/*Ignor/Bertheau* § 68a Rn. 6). Ebenso ist es unerheblich, ob die Frage eine Haupt- oder Hilfstatsache betrifft (BGH NStZ 1982, 170).

C. Generalfragen (Abs. 2 Satz 1) I. Glaubwürdigkeit des Zeugen. Die sog. Generalfragen dienen zum einen der Beurteilung der **Glaubwürdigkeit eines Zeugen**. Sie werden indes nach Sinn und Zweck der Vorschrift nur gestellt, wenn die Aussage des Zeugen dazu Anlass gibt (KK-StPO/*Senge* § 68a Rn. 3). Darüber zu entscheiden liegt zunächst im pflichtgemäßen Ermessen des Vorsitzenden, der dabei auch zu berücksichtigen hat, dass entsprechende Fragen Schutzmaßnahmen i.S.d. § 68 nicht unterlaufen dürfen (*Meyer-Goßner/Schmitt* § 68a Rn. 6a; *Hilger* NStZ 1992, 459). Fragen nach der Glaubwürdigkeit können sich auf die allgemeine oder die spezielle Glaubwürdigkeit des Zeugen beziehen.

II. Beziehungen zum Beschuldigten und Verletzten. Die Klärung möglicher Beziehungen des Zeugen zum Beschuldigten und zum Verletzten dient nicht nur der Vorbereitung von Entscheidungen zur Vereidigung (§ 61) und der Klärung von Weigerungsrechten (§§ 52, 55), sondern soll den Verfahrensbeteiligten auch die Beurteilung der Interessenlage des Zeugen ermöglichen (vgl. *Meyer-Goßner/ Schmitt* § 68a Rn. 6c; LR/*Ignor/Bertheau* § 68 Rn. 19; a. A. KK-StPO/*Senge* § 68a Rn. 3).

D. Fragen nach Vorstrafen. Vorstrafen i.S.d. Vorschrift sind auch noch nicht rechtskräftige Verurteilungen (all.M.; vgl. nur KK-StPO/*Senge* § 68a Rn. 4), nicht aber Bundeszentralregister getilgte oder tilgungsreife Vorstrafen (*Meyer-Goßner/Schmitt* § 68a Rn. 7). Voraussetzung für die Zulässigkeit einer Frage nach Vorstrafen eines Zeugen ist jedoch, dass diese zur Klärung der Voraussetzungen des § 60 Nr. 2 oder zur Beurteilung der Glaubwürdigkeit des Zeugen notwendig ist (*Radtke/Hohmann/ Otte* § 68a Rn. 8). In Fällen der Klärung von Glaubwürdigkeitsfragen steht die Frage nach Verurteilungen wegen eines Aussagedeliktes im Vordergrund. Der Kreis der zulässigen Fragen ist jedoch nicht abschließend bestimmt und richtet sich nach den Umständen des Einzelfalles (ausf. LR/*Ignor/Bertheau* § 68a Rn. 8 m.w.N.).

E. Entscheidung. Der Vorsitzende entscheidet nach pflichtgemäßem Ermessen darüber, ob die Voraussetzungen für die jeweilige Frage gegeben sind, insb. über deren Unerlässlichkeit, Erforderlichkeit bzw. Notwendigkeit. Wird dessen Entscheidung beanstandet, entscheidet gem. § 238 Abs. 2 das Gericht. In entsprechender Anwendung der zu §§ 241 Abs. 2, 242 geltenden Grundsätze ist der Gerichtsbeschluss zu begründen (BGH NStZ-RR 2001, 138). Das Beanstandungsrecht hat nach zutreffender allgemeiner Ansicht auch der Zeuge (KK-StPO/*Senge* § 68a Rn. 5).

F. Revision. Die unberechtigte Zurückweisung einer Frage kann unter dem Gesichtspunkt der Behinderung der Verteidigung in einem wesentlichen Punkt (§ 338 Nr. 8) – nach Herbeiführung eines

§ 68b StPO Beiordnung eines Zeugenbeistands

Gerichtsbeschlusses nach § 238 Abs. 2 – oder der Verletzung der Aufklärungspflicht (§ 244 Abs. 2) die Revision begründen (vgl. BGH NStZ 2001, 435; *Meyer-Goßner/Schmitt* § 68a Rn. 9). Wegen der hohen Anforderungen an die Darlegung (§ 344 Abs. 2 Satz 2) einer Verletzung der Aufklärungspflicht dürften derartige Rügen nur in Ausnahmefällen Erfolg haben, zumal die Beanstandung, ein Beweismittel sei (wegen einer unterbliebenen Frage) nicht ausgeschöpft worden, im Revisionsverfahren unzulässig ist (vgl. KK-StPO/*Senge* § 68a Rn. 7 m.w.N.).

§ 68b StPO Beiordnung eines Zeugenbeistands.

(1) ¹Zeugen können sich eines anwaltlichen Beistandes bedienen. ²Einem zur Vernehmung des Zeugen erschienenen Beistand ist die Anwesenheit gestattet. ³Er kann von der Vernehmung ausgeschlossen werden, wenn bestimmte Tatsachen die Annahme rechtfertigen, dass seine Anwesenheit die geordnete Beweiserhebung nicht nur unwesentlich beeinträchtigen würde. ⁴Dies wird in der Regel anzunehmen sein, wenn aufgrund bestimmter Tatsachen anzunehmen ist, dass
1. der Beistand an der zu untersuchenden Tat oder an einer mit ihr im Zusammenhang stehenden Begünstigung, Strafvereitelung oder Hehlerei beteiligt ist,
2. das Aussageverhalten des Zeugen dadurch beeinflusst wird, dass der Beistand nicht nur den Interessen des Zeugen verpflichtet erscheint, oder
3. der Beistand die bei der Vernehmung erlangten Erkenntnisse für Verdunkelungshandlungen im Sinne des § 112 Absatz 2 Nummer 3 nutzt oder in einer den Untersuchungszweck gefährdenden Weise weitergibt.

(2) ¹Einem Zeugen, der bei seiner Vernehmung keinen anwaltlichen Beistand hat und dessen schutzwürdigen Interessen nicht auf andere Weise Rechnung getragen werden kann, ist für deren Dauer ein solcher beizuordnen, wenn besondere Umstände vorliegen, aus denen sich ergibt, dass der Zeuge seine Befugnisse bei seiner Vernehmung nicht selbst wahrnehmen kann. ²§ 142 Absatz 1 gilt entsprechend.

(3) ¹Entscheidungen nach Absatz 1 Satz 3 und Absatz 2 Satz 1 sind unanfechtbar. ²Ihre Gründe sind aktenkundig zu machen, soweit es den Untersuchungszweck nicht gefährdet.

1 **A. Grundsätzliches und Regelungsgehalt. I. Allgemeines.** Mit der durch das Zeugenschutzgesetz (ZSchG) v. 30.04.1998 (BGBl. I S. 820) in die StPO eingeführten Vorschrift in ihrer ursprünglichen Fassung – **nunmehr in Abs. 2 geregelt** – wurden lediglich die Voraussetzungen für die gerichtliche Beiordnung eines Zeugenbeistandes geregelt. Die Erweiterung auf den vom Zeugen hinzugezogenen Beistand – **nunmehr Abs. 1** – durch das 2. Opferrechtsreformgesetz v. 01.10.2009 (BGBl. I S. 2280) nimmt die auf das Rechtsstaatsgebot sowie auf Art. 2 Abs. 1 i.V.m. Art. 1 Abs. 1 GG gestützte Rechtsprechung des BVerfG auf (vgl. BVerfGE 38, 105; BVerfG NStZ 2000, 434), wonach sich ein Zeuge in jeder Lage des Verfahrens eines anwaltlichen Beistandes bedienen darf. Zugleich strebte der Gesetzgeber eine Harmonisierung mit den Vorschriften über die Rechtsstellung des Verletztenbeistandes (§§ 406f, 406g) an (vgl. BR-Drucks. 178/09 S. 22; zur Entstehungsgeschichte SK-StPO/*Rogall* § 68b Rn. 4; *Seitz* JR 1998, 310). Das im Gesetzgebungsverfahren befindliche **3. Opferrechtsreformgesetz** sieht in § 406g E-StPO die Einführung eines sog. **psychosozialen Prozessbegleiters** für Opferzeugen vor, der stark belasteteten Verletzten durch Informationsvermittlung, qualifizierte Betreuung und Unterstützung **im nichtrechtlichen Bereich** helfen, die individuelle Belastung der betreffenden Person reduzieren und ihre Aussagebereitschaft fördern soll. Schwierigkeiten bei der Abgrenzung der Tätigkeit eines derartigen Begleiters von der des Zeugenbeistands sind absehbar, die Frage eines Zeugnisverweigerungsrechts ist nach dem bisherigen Entwurf ungeklärt.

2 **II. Geltungsbereich.** Die Befugnis des Zeugen nach **Abs. 1** ist nicht auf Vernehmungen beschränkt, sondern erstreckt sich auf alle weiteren Ermittlungshandlungen. Durch die Bezugnahme auf die Vorschrift in § 161a Abs. 1 Satz 2 und in § 163 Abs. 3 Satz 1 i.d.F. des 2. Opferrechtsreformgesetzes ist die frühere Streitfrage, ob von **Abs. 2**, der sich nur auf Vernehmungen bezieht, neben richterlichen und staatsanwaltschaftlichen auch polizeiliche Vernehmungen erfasst werden, i.S.d. Befürworter einer weiten Auslegung entschieden (vgl. dazu LR/*Ignor/Bertheau* § 68b Rn. 4 m.w.N.).

B. Zeugenbeistand nach Abs. 1 Satz 1. I. Rechte des Beistandes. 1. Anwesenheits- 3
recht. Während Abs. 1 Satz 1 allgemein davon spricht, der Zeuge dürfe sich eines Beistandes bedienen, wird diese Befugnis durch Satz 2 zu einem **Anwesenheitsrecht bei Vernehmungen** konkretisiert. Die Verantwortung dafür, dass der Beistand bei der Vernehmung tatsächlich anwesend ist, liegt beim jeweiligen Zeugen (vgl. BT-Drucks. 16/12098 S. 15; *Meyer-Goßner/Schmitt* § 68b Rn. 3). Der Gesetzgeber sieht die Strafverfolgungsbehörden jedoch im Hinblick auf den Grundsatz des fairen Verfahrens in der Pflicht, bei der Terminierung von Vernehmungen dem Wunsch des Zeugen nach Anwesenheit eines Beistandes Rechnung zu tragen (BT-Drucks. 16/12098 S. 15). Ein Recht des Zeugen, der terminierten Vernehmung fernzubleiben, weil der Beistand verhindert ist, ist jedenfalls dann nicht anzuerkennen, wenn der Zeuge die Möglichkeit hatte, rechtzeitig einen anderen Beistand einzuschalten (vgl. BGH NStZ 1989, 484 m. abl. Anm. *Krehl* NStZ 1990, 192; krit. auch LR/*Ignor/Bertheau* Vor § 48 Rn. 21).

2. Weitere Rechte. Ob und welche **weiteren Befugnisse** der Zeugenbeistand **nach Satz 2** hat, ergibt 4 sich unmittelbar aus dem Gesetz nicht (SK-StPO/*Rogall* § 68b Rn. 9). Den Materialien ist indes mittelbar zu entnehmen, dass der Beistand den Zeugen während der Vernehmung beraten kann, etwa im Hinblick auf die Wahrnehmung von Auskunfts- und Zeugnisverweigerungsrechten (BT-Drucks. 16/12098 S. 16). Das versteht sich jedoch von selbst, da das Anwesenheitsrecht anderenfalls weitgehend leer laufen würde. Er hat auch die Befugnis zur Beanstandung unzulässiger Fragen und zur Anbringung von Erklärungen und Anträgen **für den Zeugen**, jedoch kein selbstständiges Antragsrecht (BGH NStZ-RR 2010, 246; *Meyer-Goßner/Schmitt* § 68b Rn. 4). Im Hinblick auf den Inhalt der Besprechungen mit seinem anwaltlichen Beistand hat der Zeuge seinerseits ein Recht zur **Auskunftsverweigerung** (OLG Düsseldorf NStZ 1991, 504; LR/*Ignor/Bertheau* Vor § 48 Rn. 21). Der Beistand ist nicht Verfahrensbeteiligter und hat auch kein über § 475 hinausgehendes Akteneinsichtsrecht (str.; wie hier BGH NStZ-RR 2010, 246; *Meyer-Goßner/Schmitt* § 68b Rn. 5 m.w.N.; a. A. LR/*Ignor/Bertheau* Vor § 48 Rn. 22; MüKo-StPO/*Maier* § 68b Rn. 33).

II. Ausschluss von der Vernehmung. Abs. 1 Satz 3 und 4 stellen nach dem Willen des Gesetzgebers 5 die vom BVerfG geforderte (BVerfGE 38, 105 ff.) **gesetzliche Grundlage für den Ausschluss des anwaltlichen Zeugenbeistandes** von der Vernehmung dar (BT-Drucks. 16/12098 S. 15 f.). Die Entscheidung ist nach pflichtgemäßem Ermessen unter Berücksichtigung des Grades der Gefahren für eine geordnete Beweiserhebung, das Strafverfolgungsinteresse, die Bedeutung der anwaltlichen Beratung im konkreten Fall sowie das Interesse des Rechtsanwalts auf ungestörte Berufsausübung (vgl. dazu BVerfG NJW 2000, 2660) zu treffen (BVerfG StraFo 2010, 243; OK-StPO/*Monka* § 68b Rn. 3). Der Ausschluss kann sich nur auf die jeweilige Vernehmung beziehen, nicht auf die Tätigkeit des Anwalts für den Zeugen insgesamt (OK-StPO/*Monka* § 68b Rn. 3).

1. Ausschluss nach Abs. 1 Satz 3. Den Ausschluss können nur bestimmte Tatsachen begründen, die 6 die Annahme rechtfertigen, dass die Anwesenheit des Beistandes die geordnete Beweiserhebung nicht nur unwesentlich beeinträchtigen würde. **Vage Verdachtsmomente** reichen danach nicht aus, ein **Verdachtsgrad i.S.d. dringenden Tatverdachts** ist indes nicht erforderlich (vgl. BVerfGE 100, 313 [395]; 109, 279 [350 f.]; AG Berlin-Tiergarten wistra 2011, 155; *Meyer-Goßner/Schmitt* § 68b Rn. 7). Dass die Beratungstätigkeit des Beistandes während der Vernehmung des Zeugen dazu führen kann, dass dieser etwa von einem bestehenden Auskunftsverweigerungsrecht nach § 55 Gebrauch machen wird, kann als Rechtfertigung für einen Ausschluss unter keinen Umständen herangezogen werden (BVerfG StraFo 2010, 243; vgl. auch BT-Drucks. 16/12098 S. 16).

2. Ausschluss nach Abs. 1 Satz 4. Die notwendigerweise sehr allgemeine Formulierung (krit. *Matt/* 7 *Dierlamm/Schmidt* StV 2009, 715 [716]) der generellen Voraussetzungen für den Ausschluss des Zeugenbeistandes von der Vernehmung in Satz 3 wird durch die den Regelbeispielen ähnliche Aufzählung von Voraussetzungen, unter denen der Ausschluss typischerweise gerechtfertigt sein kann, in Satz 4 konkretisiert. Sämtliche Ausschlussgründe beziehen sich auf die Gewährleistung der Funktionstüchtigkeit der Strafrechtspflege, die nach der Rechtsprechung des BVerfG allein einen Ausschluss des Beistandes rechtfertigen kann (BVerfG 38, 105). Den gegen die »Regelbeispielsmethode« erhobenen verfassungsrechtlichen Bedenken (*Matt/Dierlamm/Schmidt* StV 2009, 715 [716]) kann – mit Ausnahme von Satz 4 Nr. 2 – durch eine restriktive Auslegung im Einzelfall begegnet werden.

8 **a) Tatbeteiligung des Beistandes (Nr. 1)** Die in Nr. 1 aufgezählten Fallgestaltungen orientieren sich an den Gründen, die gem. § 138a Abs. 1 Nr. 1 und 3 einen Verteidigerausschluss rechtfertigen. Ist der Beistand in der tatbestandlich umschriebenen Weise verstrickt, besteht die Gefahr fehlender Objektivität (BT-Drucks. 16/12098 S. 16). Hinsichtlich des Verdachtsgrades bleibt die Vorschrift jedoch hinter § 138a zurück (*Meyer-Goßner/Schmitt* § 68b Rn. 7; krit. *Matt/Dierlamm/Schmidt* StV 2009, 715 [717]).

9 **b) Interessenkollision des Beistandes (Nr. 2)** Dass der Zeuge – nicht nur zur Sicherstellung einer effektiven Wahrheitsermittlung (so aber BT-Drucks. 16/12098 S. 16) - frei entscheiden können soll, ob er etwa ein Auskunftsverweigerungsrecht wahrnimmt, ist eine Selbstverständlichkeit, ebenso, dass ein anwaltlicher Beistand, der dem zum Schaden des Zeugen entgegenwirkt, bei einer Vernehmung fehl am Platze ist. Aber abgesehen davon, dass ein RA im Einzelfall rechtlich geschützte Interessen Dritter im Einklang mit seiner Funktion als Zeugenbeistand auszuüben imstande ist (daher wohl zu weit gehend AG Rudolstadt StraFo 2012, 181 m. abl. Anm. *Fromm*), erweist sich schon der Begriff »Interesse« in diesem Zusammenhang als zu weit gefasst, um das Vorliegen eines Ausschlussgrundes beurteilen zu können, zumal Mandatsinterna regelmäßig nicht in Erfahrung gebracht werden können (*Matt/Dierlamm/Schmidt* StV 2009, 715 [717]).

10 **c) Verdunkelung durch den Beistand (Nr. 3)** Nr. 3 erfasst Fälle der **Verdunkelungsgefahr durch den Zeugenbeistand.** Bei der vom BVerfG geforderten restriktiven Auslegung dürften die im Schrifttum befürchteten Missbräuche (dazu *Matt/Dierlamm/Schmidt* StV 2009, 715 [717]; zur früheren Rechtslage schon *Tondorf* StV 1996, 511 [512]; *Wagner* DRiZ 1983, 21 [23]) ausgeschlossen werden können. Abs. 1 Satz 3 und 4 ist im Verhältnis zu § 164 und § 177 GVG die speziellere Regelung (*Meyer-Goßner/Schmitt* § 68b Rn. 7).

11 **C. Beiordnung nach Abs. 2. I. Voraussetzungen der Beiordnung. 1. Schutzwürdige Interessen.** Die Möglichkeit der Beiordnung ist nicht nur auf die Fälle kindlicher oder jugendlicher Zeugen beschränkt, sondern besteht bei jedem Zeugen, der in seiner Aussagefähigkeit oder Aussagebereitschaft aus persönlichen Gründen (körperliche oder geistige Beeinträchtigungen) oder wegen der Umstände des Falles (gefährdeter oder bedrohter Zeuge) beeinträchtigt ist (BT-Drucks. 16/12098 S. 17; *Meyer-Goßner/Schmitt* § 68b Rn. 9; SK-StPO/*Rogall* § 68b Rn. 28 f.). Die nach altem Recht gem. § 68b Satz 1 und 2 bestehenden Antrags- und Zustimmungserfordernisse sind durch das 2. Opferrechtsreformgesetz weggefallen. Eine Beiordnung ist ausgeschlossen, wenn der Zeuge selbst einen RA als Beistand hinzugezogen hat oder wenn seinen schutzwürdigen Interessen auf andere Weise Rechnung getragen werden kann, etwa durch Hinweise seitens des Gerichts oder Anwendung gesetzlich geregelter Zeugenschutzvorschriften wie §§ 247, 247a oder §§ 171b ff. GVG. Diese Subsidiarität hat ihre Rechtfertigung in dem Umstand, dass die Kosten für den beigeordneten Zeugenbeistand letztlich von der Allgemeinheit getragen werden. Die Beiordnung gilt regelmäßig für die gesamte Dauer der Vernehmung des Zeugen bis zu dessen Entlassung im Sinne von § 248 (OLG Düsseldorf RVGreport 2012, 454 [455]).

12 **2. Besondere Umstände.** Mit der Bezugnahme auf besondere Umstände als Rechtfertigung für eine Beiordnung wollte der Gesetzgeber den Ausnahmecharakter der Beiordnung von Amts wegen betonen (BT-Drucks. 16/12098 S. 17). Ein solcher Ausnahmefall wird regelmäßig bei der Vernehmung besonders unreifer oder psychisch stark beeinträchtigter Personen anzunehmen sein oder dann, wenn sich der Zeuge im Hinblick auf die Wahrnehmung seiner Rechte einer besonders schwierigen tatsächlichen oder rechtlichen Situation gegenübersieht (OK-StPO/*Monka* § 68b Rn. 5).

13 **II. § 142 Abs. 1.** Das 2. Opferrechtsreformgesetz hat die Verweisung auf § 142 Abs. 1 beibehalten, diejenige auf § 141 Abs. 4, der die Zuständigkeit für die Pflichtverteidigerbestellung regelt, jedoch entfallen lassen. Ausschlaggebend dafür waren praktische Erwägungen; die in § 141 Abs. 4 Halbs. 1 angeordnete Zuständigkeit des Vorsitzenden des Gerichts der Hauptsache würde etwa bei der Vernehmung eines Zeugen durch den Ermittlungsrichter zu Zeitverzögerungen und erheblichem Mehraufwand führen (BT-Drucks. 16/12098, S. 18).

D. Verfahren (Abs. 3) I. Ausschluss der Anfechtbarkeit. Abs. 3 Satz 1 entzieht den Ausschluss eines Beistandes nach Abs. 3 Satz 1 sowie dessen Beiordnung gem. Abs. 2 Satz 1 der Anfechtbarkeit, was nach dem Willen des Gesetzgebers v.a. im Ermittlungsverfahren Zeitverzögerungen entgegenwirken soll (BT-Drucks. 16/12098, S. 18). Soweit entsprechende Entscheidungen durch den Staatsanwalt getroffen werden (§ 161a Abs. 1 Satz 2), kann der Zeuge dagegen gerichtliche Entscheidung nach § 161a Abs. 3 beantragen; Entsprechendes gilt gem. § 163 Abs. 3 Satz 3 i.V.m. § 161a Abs. 3 Satz 2 bis 4 auch für den ermittelnden Polizeibeamten. Die Entscheidung des Gerichts ist sodann nicht mehr anfechtbar (*Meyer-Goßner/Schmitt* § 68b Rn. 15). Soweit die Beiordnung von der Anfechtbarkeit ausgenommen ist, entspricht dies § 68b Satz 4 a.F. 14

II. Abs. 3 Satz 2. Entscheidungen nach Abs. 1 Satz 3 und Abs. 2 Satz 1 sind wegen ihrer Bedeutung, etwa für die Würdigung der Zeugenaussage oder im Fall einer erneuten Vernehmung desselben Zeugen unter Nennung der Gründe aktenkundig zu machen, es sei denn, der Untersuchungszweck würde dadurch gefährdet. Der Gesetzgeber hat hier insb. die Fälle des Abs. 1 Satz 4 Nr. 1 und 3 im Auge (BT-Drucks. 16/12098, S. 18). 15

E. Kosten und Gebühren. I. Beistand nach Abs. 1. Der Zeuge, der einen Rechtsanwalt als Beistand zuzieht, hat regelmäßig keinen Erstattungsanspruch hinsichtlich der angefallenen Gebühren ggü. der Staatskasse. Auch dem Beistand steht kein eigener Gebührenanspruch gegen die Staatskasse zu (str., vgl. *Meyer-Goßner/Schmitt* § 68b Rn. 6 m.w.N.). Der Gebührenanspruch des Beistandes gegen den Zeugen bleibt davon unberührt (vgl. OLG Köln StraFo 2008, 350; OLG Schleswig NStZ 2007, 126). 16

II. Beigeordneter Beistand (Abs. 2) Dem beigeordneten RA steht ein Gebührenanspruch gegen die Staatskasse nach dem RVG zu (näher OLG Düsseldorf RVGreport 2012, 454 [455]; OLG Bamberg DAR 2008, 493 [494] m. eingehenden N.; MüKo-StPO/*Maier* § 68b Rn. 77 f.). Nach Anlage 1 zu § 2 Abs. 2 RVG, Teil 4: Strafsachen, Vorbem. 4 sind die Vorschriften über die dem Verteidiger zustehenden Gebühren entsprechend anwendbar (LR/*Ignor/Bertheau* § 68b Rn. 33). 17

§ 69 StPO Vernehmung zur Sache.

(1) ¹Der Zeuge ist zu veranlassen, das, was ihm von dem Gegenstand seiner Vernehmung bekannt ist, im Zusammenhang anzugeben. ²Vor seiner Vernehmung ist dem Zeugen der Gegenstand der Untersuchung und die Person des beschuldigten, sofern ein solcher vorhanden ist, zu bezeichnen.
(2) Zur Aufklärung und zur Vervollständigung der Aussage sowie zur Erforschung des Grundes, auf dem das Wissen des Zeugen beruht, sind nötigenfalls weitere Fragen zu stellen. Zeugen, die durch die Straftat verletzt sind, ist insbesondere Gelegenheit zu geben, sich zu den Auswirkungen, die die Tat auf sie hatte, zu äußern.
(3) Die Vorschrift des § 136a gilt für die Vernehmung des Zeugen entsprechend.

A. Grundsätzliches und Regelungsgehalt. Die Zweiteilung der Zeugenvernehmung zur Sache (Bericht und Verhör) basiert auf aussagepsychologischen Erkenntnissen (LR/*Ignor/Bertheau* § 69 Rn. 1 m.w.N.). § 69 findet bei allen Zeugenvernehmungen in der Hauptverhandlung, bei richterlichen Vernehmungen außerhalb der Hauptverhandlung sowie bei kommissarischen Vernehmungen (im Inland; vgl. BGH GA 1982, 40) Anwendung. Für Vernehmungen durch die StA gilt § 69 entsprechend (§ 161a Abs. 1 Satz 2). Für polizeiliche Vernehmungen gilt sie gemäß § 163 Abs. 3 entsprechend. 1

B. Zeugenbericht (Abs. 1) I. Bericht (Abs. 1 Satz 1) Der Bericht des Zeugen als unbeeinflusste Schilderung seiner Wahrnehmungen zum Untersuchungsgegenstand ist das »Kernstück« (KK-StPO/*Senge* § 69 Rn. 4) der Vernehmung zur Sache. Dem Gericht und den anderen Verfahrensbeteiligten soll so ein authentischer Eindruck vom Geschehen, soweit es der Wahrnehmung des jeweiligen Zeugen unterlag, aber auch von der Person und der Glaubwürdigkeit des Zeugen vermittelt werden. Ist der Zeuge, aus welchen Gründen auch immer, zu einem solchen zusammenhängenden Bericht nicht in der Lage, muss das Gericht zur Befragung übergehen (KK-StPO/*Senge* § 69 Rn. 4). Vorhalte, Fragen, 2 unterbrechende Bemerkungen u.Ä. widersprechen dem Wesen eines Berichts, wie ihn der Gesetzgeber durch die Regelung des Abs. 1 Satz 1 abverlangt (str.; wie hier LR/*Ignor/Bertheau* § 69 Rn. 7; weniger streng HK-StPO/*Gercke* § 69 Rn. 5; BGH MDR [D] 1966, 25; KK-StPO/*Senge* § 69 Rn. 4; *Meyer-Goßner/Schmitt* § 69 Rn. 5). Es handelt sich indes weitgehend um ein Scheinproblem: Nach der zwingenden Fassung des Gesetzes dürfen die Grenzen zwischen Bericht und Verhör nicht verwischt werden (*Rostek* StraFo 2011, 386 [387]). Dem Vorsitzenden kann es aber nicht verwehrt sein, einen abschweifenden oder gar unsachlichen Zeugen zum Untersuchungsgegenstand zurückzuführen; letztlich kann er sich dabei auch auf Abs. 1 Satz 2 stützen. Ebenso ist es zulässig und evtl. sogar geboten, die Zeugenvernehmung bei komplexen Sachverhalten zu strukturieren und bei mehreren Taten im prozessualen oder materiell-rechtlichen Sinne den Verfahrensstoff aufzugliedern, sodass der Zeuge sein Wissen jeweils für ein einzelnes Beweisthema im Zusammenhang vortragen kann (BGH NStZ 2011, 422 [423]).

3 **II. Untersuchungsgegenstand (Abs. 1 Satz 2)** Der Zeuge kann nur dann einen **sinnvollen Bericht** geben, wenn ihm neben der Identität des Beschuldigten bekannt ist, wozu er vernommen werden soll. Daher kann auf seine Unterrichtung auch nur in Ausnahmefällen verzichtet werden. Dass eine solche Ausnahme immer dann anzunehmen sein soll, wenn dem Zeugen der Beschuldigte und der Untersuchungsgegenstand bekannt sind (so *Meyer-Goßner/Schmitt* § 69 Rn. 2; LR/*Ignor/Bertheau* § 69 Rn. 3), erscheint zweifelhaft: Nicht selten führt dies beim Zeugen zu **Fehlvorstellungen** darüber, zu welchen Punkten er gehört werden soll (vgl. *Rostek* StraFo 2011, 386 [387]).

4 **C. Verhör (Abs. 2)** Das sog. **Verhör** dient der Vervollständigung und Vertiefung des Berichts sowie der Bereinigung von Widersprüchen und Unklarheiten (*Meyer-Goßner/Schmitt* § 68 Rn. 6; KK-StPO/*Senge* § 68 Rn. 5). Der Zeuge wird dazu regelmäßig nicht nur ergänzende Fragen beantworten, sondern **auch zu Vorhalten Stellung nehmen** müssen. Dabei ist zu beachten, dass solche Vorhalte erst dann zulässig sind, wenn der Zeuge seine Erinnerung aus eigener Kraft – also ohne Nachhilfe – »ausgeschöpft« hat (BGHSt 3, 281 [284]). Das ist nicht nur für die Würdigung des Aussageinhalts von Bedeutung, sondern dient auch dazu, die Grenze zwischen dem Bericht i.S.d. Abs. 1 und dem Verhör nicht zu verwischen (ähnl. KK-StPO/*Senge* § 69 Rn. 6). Der Zeuge ist berechtigt und teilweise verpflichtet, sich auf seine Vernehmung vorzubereiten. Zur Auffrischung des Gedächtnisses kann er auf schriftliche Unterlagen zurückgreifen (*Meyer-Goßner/Schmitt* § 69 Rn. 8). Hat er seine Wahrnehmungen in amtlicher Eigenschaft gemacht, etwa als Angehöriger der Polizei oder der Justiz, trifft ihn eine Pflicht zur Vorbereitung (Einzelheiten bei LR/*Ignor/Bertheau* § 69 Rn. 9). Diese kann auch in der Einsichtnahme in amtlich verwahrte Aufzeichnungen und Akten bestehen (so schon BGHSt 1, 4 [8]; *Meyer-Goßner/Schmitt* § 69 Rn. 8). Gem. Abs. 2 Satz 2 in der ab dem 01.09.2013 geltenden Fassung (eingeführt durch das Gesetz zur Stärkung der Rechte von Opfern sexuellen Missbrauchs [StORMG] vom 26.06.2013 [BGBl I, S. 1805]) soll der Zeuge auch Gelegenheit bekommen, sich zu den Auswirkungen der Tat auf ihn zu äußern. Damit hat der Gesetzgeber (schon wegen § 46 StGB) Selbstverständliches geregelt.

5 **D. § 136a (Abs. 3)** Auf die Einhaltung dieser Vorschrift, die auch im Ermittlungsverfahren gilt, kann nicht verzichtet werden (vgl. auch die Erl. zu § 136a).

6 **E. Protokoll.** In der **Hauptverhandlung** gilt § 273 Abs. 2 und 3, für **richterliche Vernehmungen im Ermittlungsverfahren** §§ 168, 168a, für staatsanwaltschaftliche Vernehmungen die Sollvorschrift des § 168b Abs. 2. Es entspricht der Praxis, dass über alle Vernehmungen im Vorverfahren unter Einschluss derjenigen durch Beamte des Polizeidienstes Protokolle gefertigt werden (LR/*Ignor/Bertheau* § 69 Rn. 13; SK-StPO/*Rogall* § 69 Rn. 10).

7 **F. Revision.** Abs. 1 Satz 1 ist zwingendes Recht; ein Verstoß gegen diese Vorschrift begründet daher die Revision (BGH StV 1981, 269; allg.M.). Die Rüge kann nur erhoben werden, wenn in der Hauptverhandlung ein Gerichtsbeschluss nach § 238 Abs. 2 herbeigeführt wurde (BGH NStZ 1997, 198; NStZ 2000, 549; LR/*Ignor/Bertheau* § 69 Rn. 16). Ob es sich bei **Abs. 1 Satz 2** nur um eine Ordnungsvorschrift handelt (so *Meyer-Goßner/Schmitt* § 69 Rn. 14; KK-StPO/*Senge* § 69 Rn. 9), ein revisibler Verfahrensverstoß also nur bei gleichzeitiger Verletzung von § 244 Abs. 2 in Betracht kommt,

kann letztlich offen bleiben. Schwer einzusehen ist dies allemal, da die Bezeichnung von Tatvorwurf und Täter die logische Voraussetzung für den Sachbericht des Zeugen bildet, der vom Gesetz seinerseits zwingend vorgesehen ist (LR/*Ignor/Bertheau* § 69 Rn. 17; i.E. ebenso HK-StPO/*Gercke* § 69 Rn. 11). Entscheidend ist, dass das Urteil auf einem entsprechenden Verfahrensverstoß regelmäßig nicht beruhen wird (SK-StPO/*Rogall* § 69 Rn. 43). Bei einem Verstoß gegen **Abs. 2** kommt zwar grds. ebenfalls ein Verstoß gegen die Aufklärungspflicht (§ 244 Abs. 2) in Betracht. Wegen des **Verbotes der Rekonstruktion der tatrichterlichen Beweisaufnahme** wird die Rüge jedoch lediglich in den seltenen Fällen Erfolg haben können, in denen sich der Verfahrensmangel aus dem schriftlichen Urteil ergibt (BGHSt 17, 351 [352]; KK-StPO/*Senge* § 69 Rn. 10). Dies gilt erst recht für die Rüge der mangelnden Ausschöpfung eines Beweismittels durch Unterlassen einzelner Fragen (BGH a.a.O.).

§ 70 StPO Folgen unberechtigter Zeugnis- oder Eidesverweigerung.

(1) ¹Wird das Zeugnis oder die Eidesleistung ohne gesetzlichen Grund verweigert, so werden dem Zeugen die durch die Weigerung verursachten Kosten auferlegt. ²Zugleich wird gegen ihn ein Ordnungsgeld und für den Fall, daß dieses nicht beigetrieben werden kann, Ordnungshaft festgesetzt.
(2) Auch kann zur Erzwingung des Zeugnisses die Haft angeordnet werden, jedoch nicht über die Zeit der Beendigung des Verfahrens in dem Rechtszug, auch nicht über die Zeit von sechs Monaten hinaus.
(3) Die Befugnis zu diesen Maßregeln steht auch dem Richter im Vorverfahren sowie dem beauftragten und ersuchten Richter zu.
(4) Sind die Maßregeln erschöpft, so können sie in demselben oder in einem anderen Verfahren, das dieselbe Tat zum Gegenstand hat, nicht wiederholt werden.

A. Grundsätzliches. Die Regelung ergänzt § 51, setzt aber nicht voraus, dass vor ihrer Anwendung Maßnahmen nach dieser Vorschrift ergriffen wurden (vgl. *Meyer-Goßner/Schmitt* § 70 Rn. 1). Sie gilt für richterliche Vernehmungen in allen Verfahrensstadien. Über § 161a Abs. 2 gewinnt sie eingeschränkte Bedeutung auch für Vernehmungen der StA. Ob die Folgen nach § 70 den Zeugen auch dann treffen können, wenn sich dessen Weigerung auf Angaben zur Person nach § 68 Abs. 1 Satz 1 beziehen, ist streitig (verneinend u.a. OLG Hamburg NStZ 2002, 386 f.; *Meyer-Goßner/Schmitt* § 70 Rn. 1; befürwortend u.a. LG Stuttgart Justiz 1989, 203).
Sinn der Vorschrift ist es, die Erfüllung der Zeugnis- und Eidespflicht sicherzustellen. Ihre Aufgabe besteht nicht in der Erzwingung wahrheitsgemäßer Aussagen (vgl. *Meyer-Goßner/Schmitt* § 70 Rn. 5). Sie findet insoweit bereits Anwendung, wenn der Zeuge einzelne Fragen nicht beantwortet oder vorgibt, sich nicht erinnern zu können und damit – wenn auch nur partiell – willentlich Angaben unterlässt (vgl. BGHSt 9, 362, 364). Demgegenüber dürfen Maßnahmen nach § 70 nicht ergriffen werden, wenn die Aussage des Zeugen erkennbar lückenhaft ist. In diesem Fall liegt keine Aussageverweigerung, sondern allein eine unwahre Aussage vor (vgl. OLG Koblenz VRS 49, 188, 189; *Krehl* NStZ 1991, 416, 417).

B. Tatbestand. Die Verhängung der Maßnahmen nach § 70 setzt die **Schuldfähigkeit des Zeugen** voraus. Deshalb dürfen gegen Kinder, die ohnehin nicht vereidigt werden dürfen (§ 60 Nr. 1) weder Ordnungsmittel noch Beugehaft angeordnet werden. Es ist auch nicht angängig, diese gegen die Eltern oder gesetzlichen Vertreter eines grundlos die Aussage verweigernden Kindes zu verhängen (vgl. *Meyer-Goßner/Schmitt* § 70 Rn. 3). Ein Irrtum des Zeugen über das Bestehen eines Weigerungsrechts lässt das Verschulden nur dann entfallen, wenn er unvermeidbar (i.S.d. § 17 StGB) war, woran es fehlt, wenn das Gericht auf die Unzulässigkeit der Weigerung hingewiesen hatte (vgl. LR/*Ignor/Bertheau* § 70 Rn. 8).
§ 70 greift, wenn der Zeuge **ohne gesetzlichen Grund** die Aussage oder die Eidesleistung, was auch die Bekräftigung nach § 65 unter Berufung auf den früher geleisteten Eid nach § 67 umfasst (vgl. LR/*Ignor/Bertheau* § 70 Rn. 6), verweigert. Zur Weigerung vgl. oben Rdn. 1. Sie erfolgt ohne gesetzlichen Grund, wenn dem Zeugen kein Weigerungsrecht nach §§ 52 ff. oder nach § 60 f. zusteht (vgl. *Meyer-Goßner/Schmitt* § 70 Rn. 6). Das Berufen auf ein Auskunftsverweigerungsrecht versagt, wenn für das Gericht keinerlei Anhaltspunkte für ein strafbares Verhalten des Zeugen ersichtlich sind (vgl. OLG

§ 70 StPO Folgen unberechtigter Zeugnis- oder Eidesverweigerung

Celle NStZ-RR 2011, 377). Anerkannt ist ein Weigerungsrecht des Zeugen aufgrund Notstandes (§ 34 StGB), etwa wenn der Zeuge sich oder ihm nahe stehende Personen ernstzunehmenden Morddrohungen ausgesetzt sieht (vgl. BGH NStZ 1984, 31 f.; *Klein* StV 2006, 338, 340). Der Zeuge kann die Aussage auch dann verweigern, wenn diese unter Verstoß gegen § 168a Abs. 2 Satz 1 oder § 169 Satz 2 GVG dokumentiert werden soll (vgl. LR/*Ignor*/*Bertheau* § 70 Rn. 7). Nach BVerfGE 64, 108 ff. soll ein Aussageverweigerungsrecht im Einzelfall auch unmittelbar Art. 5 Abs. 1 GG entspringen können, selbst wenn ein Weigerungsrecht nach § 53 Abs. 1 Nr. 5 nicht vorliegt. Zur Aussageverweigerung zum Schutz der freien Entfaltung der Persönlichkeit – Art. 2 Abs. 1 GG – vgl. BayObLG NJW 1979, 2624, 2625 f.

4 Zwingende Folge einer unzulässigen Verweigerung ist zunächst die Pflicht des Zeugen, die durch seine Weigerung entstandenen Kosten zu tragen. Hinsichtlich der **Auferlegung der Kosten** steht dem Gericht kein Anordnungsermessen zu. Ist sie versehentlich unterblieben, werden die Kosten auch vom Angeklagten nicht erhoben, § 21 GKG (vgl. *Meyer-Goßner/Schmitt* § 70 Rn. 8).
Daneben ist gegen den Zeugen ein **Ordnungsgeld** festzusetzen, das sich zwischen 5,00 und 1.000,00 € bewegen kann, Art. 6 Abs. 1 EGStGB. Maßgeblich für die konkrete Festsetzung sind neben der Bedeutung der Straftat, auf die sich die Aussage des Zeugen bezieht, auch der Grund des Ungehorsams und die wirtschaftlichen Verhältnisse der Auskunftsperson (vgl. LG Hamburg NStZ 2008, 588, 589). Zahlungserleichterungen sind möglich, Art. 7 EGStGB Auch die Festsetzung des Ordnungsgeldes ist obligatorisch (vgl. LG Mainz NJW 1988, 1744, 1745). Kommt der Zeuge seiner Aussagepflicht bzw. seiner Pflicht zur Ableistung des Eides nach Verhängung des Ordnungsgeldes nach, wird dieses nicht aufgehoben (vgl. *Meyer-Goßner/Schmitt* § 70 Rn. 10).
Kann das Ordnungsgeld nicht beigetrieben werden, wird **Ordnungshaft** festgesetzt, deren Dauer sich gem. Art. 6 Abs. 2 Satz 1 EGStGB von einem Tag bis 42 Tagen bemisst. Ordnungshaft ist auch dann festzusetzen, wenn zugleich Beugehaft nach Abs. 2 angeordnet wird (vgl. LR/*Ignor*/*Bertheau* § 70 Rn. 13). Unterbleibt die Festsetzung der ersatzweisen Ordnungshaft zusammen mit der Festsetzung des Ordnungsgeldes, besteht die Möglichkeit der Nachholung, Art. 8 EGStGB.

5 Gem. Abs. 2 kann gegen den sich weigernden Zeugen auch **Beugehaft** angeordnet werden. Dies gilt – über den Wortlaut hinaus – nicht nur, wenn das Zeugnis erzwungen werden soll. Auch bei der Verweigerung des Eides ist Beugehaft zulässig. Bereits mit der Festsetzung des Ordnungsgeldes kann, wie sich der Gesetzesfassung entnehmen lässt, die Beugehaft angeordnet werden (vgl. BVerfG NJW 1988, 897, 900). Vor der Festsetzung des Ordnungsgeldes ist dies nicht möglich (vgl. *Meyer-Goßner/Schmitt* § 70 Rn. 12; a. A. AG Bonn JR 1994, 171, 172 m. Anm. *Derksen*). Ob Beugehaft angeordnet wird, steht im Ermessen des Gerichts (vgl. BGH NJW 1966, 211). Bei seiner Entscheidung hat das Gericht das Aufklärungsinteresse einerseits und den Grundsatz der Verhältnismäßigkeit andererseits gegeneinander abzuwägen (vgl. BGHSt 51, 140, 143). Als Eingriff in das Freiheitsgrundrecht aus Art. 2 Abs. 2 Satz 2 GG kann Beugehaft mithin nur dann in Betracht kommen, wenn sie unerlässlich zur Aufklärung einer nicht unbedeutenden Straftat ist. Seine Erwägungen hat der Richter vor dem Hintergrund des Grundrechtseingriffs dezidiert zu begründen (vgl. BVerfG NJW 2007, 1865, 1868). Steht zur Überzeugung des Gerichts fest, dass der Zeuge durch die Haft nicht gebeugt werden wird, kommt ihre Anordnung nicht in Betracht. Bloße Zweifel an dem Erfolg der Maßnahme zwingen demgegenüber aber nicht dazu, von ihrer Anordnung Abstand zu nehmen (vgl. *Nehm* FS Odersky, S. 433, 446 ff.). Zur Bedeutung der Pressefreiheit vgl. BVerfGE 15, 223, 225. Die Höchstdauer für Beugehaft liegt bei sechs Monaten. Ihre konkrete Höhe steht – wie ihre Anordnung – im Ermessen des Richters, der sich bei seiner Entscheidung vorrangig von der Bedeutung der Aussage für das Verfahren leiten lassen wird (vgl. BVerfG NJW 2006, 40, 41). Insoweit abzulehnen ist die Auffassung, empfehlenswert sei stets die Anordnung der Höchstdauer (vgl. KK-StPO/*Senge* § 70 Rn. 7; *Meyer-Goßner* § 70 Rn. 14 und LR/*Ignor*/*Bertheau* § 70 Rn. 16: Nur so könne der Zeuge vor einem Irrtum über die mögliche Dauer der Maßnahme bewahrt werden). Entsteht nachträglich ein Grund für den Zeugen, Aussage oder Eid zu verweigern, ist die Haft sofort zu beenden. Gleiches gilt, soweit der Zeuge seinen Zeugenpflichten nachkommt oder die Höchstdauer der Haft erreicht ist. Der Verhältnismäßigkeitsgrundsatz erzwingt eine Aufhebung der Haft, wenn die Aussage des Zeugen für das Verfahren nicht mehr von Bedeutung ist (vgl. *Meyer-Goßner/Schmitt* § 70 Rn. 15). Entsprechend darf bei Bedeutungslosigkeit der Aussage Beugehaft schon nicht angeordnet werden (vgl. BGHR StPO § 70 Erzwingungshaft 7).

Das **Wiederholungsverbot für Maßregeln** gilt nicht für die Beugehaft. Diese darf mehrmals angeordnet werden, wobei die Freiheitsentziehung in der Addition aber sechs Monate nicht überschreiten darf (vgl. OLG Köln NStZ-RR 2007, 242; OLG Nürnberg NStZ 2013, 614 f.). Dieselbe Tat i.S.d. Regelung ist die prozessuale Tat nach § 264 (vgl. LR/*Ignor/Bertheau* § 70 Rn. 22). Ordnungsgeld darf nur einmal festgesetzt werden (vgl. *Meyer-Goßner/Schmitt* § 70 Rn. 16). 6

Die **Entscheidung über die Anordnung** der von § 70 vorgesehenen Maßnahmen trifft das Gericht durch Beschluss (vgl. *Meyer-Goßner/Schmitt* § 70 Rn. 17), nachdem es den Zeugen auf das Fehlen eines Weigerungsgrundes und die Folgen seines Verhaltens hingewiesen hat (vgl. BGHSt 28, 240, 259). Erfolgt die Anordnung in der Hauptverhandlung, sind die Verfahrensbeteiligten zu hören, § 33 Abs. 1. Die Anhörung der StA unterbleibt im Fall des Abs. 3. Dem nach § 162 auf Antrag tätig werdenden Ermittlungsrichter stehen zwar sämtliche Möglichkeiten eines Vorgehens nach § 70 zu. Beugehaft wird er im Regelfall aber nur im Einvernehmen mit der StA anordnen, da diese ihren Antrag auf Durchführung der richterlichen Untersuchungshandlung jederzeit zurücknehmen kann (vgl. KK-StPO/*Senge* § 70 Rn. 10). Eine Entscheidung des ersuchten Richters über Maßnahmen ist lediglich vorläufig. Eine endgültige Entscheidung ergeht erst durch das von ihm zu benachrichtigende ersuchende Gericht (OLG Karlsruhe Justiz 1979, 68). Das Gericht ändert seine Entscheidung über die Anordnung von Maßnahmen nicht ab, wenn der Zeuge seinen Pflichten nachträglich nachkommt (vgl. *Meyer-Goßner/Schmitt* § 70 Rn. 18). Eine Aufhebung des Anordnungsbeschlusses ist allerdings dann geboten, wenn sich nachträglich herausstellt, dass der Zeuge zur Weigerung befugt war (vgl. LR/*Ignor/Bertheau* § 70 Rn. 27). 7

Gem. § 36 Abs. 2 Satz 1 obliegt die **Vollstreckung der Ordnungsmittel** der StA. Dabei liegt die konkrete Zuständigkeit beim Rechtspfleger, § 31 Abs. 3 RpflG. Die Vollstreckung der Beugehaft liegt in Händen des Gerichts, es sei denn, sie erfolgte im Hinblick auf eine Vernehmung durch die StA. In diesem Fall ist ebenfalls die Strafverfolgungsbehörde für die Vollstreckung zuständig (vgl. BGHSt 36, 155, 157). Ordnungshaft ist vor Beugehaft zu vollstrecken (vgl. *Meyer-Goßner/Schmitt* § 70 Rn. 19). Der Zeuge hat die Kosten der Vollstreckung zu tragen (vgl. LR/*Ignor/Bertheau* § 70 Rn. 28). 8

Den anordnenden Beschluss können mit der **Beschwerde** nach § 304 Abs. 1 und 2 die StA und der betroffene Zeuge angreifen. Für den Angeklagten besteht eine Beschwerdemöglichkeit, wenn dem Zeugen nicht die durch seine Weigerung entstandenen Kosten auferlegt wurden (vgl. *Meyer-Goßner/Schmitt* § 70 Rn. 20). Wird der Beschluss eines ersuchten Richters angegriffen, ist für die Beschwerdeentscheidung das ersuchende Gericht zuständig (vgl. OLG Karlsruhe Justiz 1979, 68). Die Beschwerdebeschränkungen des § 304 Abs. 4 Satz 2 und Abs. 5 sind zu beachten. Nach im Vordringen befindlicher Ansicht ist die weitere Beschwerde bei Anordnung von Beugehaft statthaft (vgl. KG StraFo 2008, 199; *Meyer-Goßner/Schmitt* § 70 Rn. 20). 9

Gegen **Abgeordnete** dürfen Ordnungs- und Beugehaft zwar ohne Weiteres festgesetzt, ohne Genehmigung des Parlaments aber nicht vollstreckt werden. Nur insoweit reicht der Schutz von Art. 46 Abs. 2 und 3 GG. Gegen Zeugen, die der deutschen Gerichtsbarkeit nicht unterliegen, können Maßnahmen nach § 70 nicht ergriffen werden (vgl. OLG Stuttgart StraFo 2012, 12; *Meyer-Goßner/Schmitt* § 70 Rn. 22). 10

C. Revision. Der Angeklagte kann mangels Beschwer die Anordnung oder Nichtanordnung von Ordnungsmitteln und Beugehaft nicht rügen (vgl. BGH NJW 1966, 211 unter Hinweis auf RGSt 57, 29 ff.). Im Fall der Nichtanordnung kann u.U. allerdings eine Verletzung der Aufklärungspflicht vorliegen (vgl. BGH NStZ 1999, 46, 47). Eine Verletzung von §§ 69 Abs. 3, 136a kann geltend gemacht werden, wenn gegen einen weigerungsberechtigten Zeugen Maßnahmen nach § 70 ergriffen wurden, die zur Ablegung des Zeugnisses geführt haben. Das Rügerecht besitzt auch die StA im Fall einer für den Angeklagten günstigen Aussage (vgl. *Meyer-Goßner/Schmitt* § 70 Rn. 21). 11

§ 71 StPO Zeugenentschädigung. Der Zeuge wird nach dem Justizvergütungs- und -entschädigungsgesetz entschädigt.

Die Vorschrift enthält einen Hinweis auf das JVEG i.d.F. des Art. 2 des KostRMoG v. 05.05.2004 (BGBl. I, S. 718, 776), das das ZSEG abgelöst hat. Es gilt für Zeugen, die vom Gericht und der StA geladen wurden. Findet die Vernehmung vor der Polizei statt, gelten landesrechtliche Vorschriften. 1

Für Vernehmungen der Finanzbehörden findet § 405 AO Anwendung. Kein Zeuge i.S. der Vorschrift ist der als gesetzlicher Vertreter des Angeklagten geladene Berufsbetreuer, auch wenn er im Termin Angaben zum Betreuten macht (AG Köln v. 11.09.2013 – 707 Ds 16/13).

2 Nach dem JVEG können Fahrtkostenersatz (§ 5), Tage- und Übernachtungsgeld (§ 6), sonstige Aufwendungen (§ 7), Zeitversäumnis (§ 20) Nachteile bei der Haushaltsführung (§ 21) und Verdienstausfall (§ 22) entschädigt werden. Die Gewährung eines Vorschusses ist möglich (§ 2 Abs. 1 Satz 1). Eine Entschädigung für unrechtmäßig erlittene Erzwingungshaft nach StrEG findet nicht statt (vgl. KK-StPO/*Senge* § 71 Rn. 2).

Siebter Abschnitt. Sachverständige und Augenschein

§ 72 StPO Anwendung der Vorschriften über Zeugen auf Sachverständige.
Auf Sachverständige ist der sechste Abschnitt über Zeugen entsprechend anzuwenden, soweit nicht in den nachfolgenden Paragraphen abweichende Vorschriften getroffen sind.

1 **A. Grundsätzliches und Regelungsgehalt.** Sachverständigen- und Zeugenbeweis sind wesensverschieden (vgl. § 85 Rdn. 2 f.). § 72 ordnet deshalb eine entsprechende Anwendung der Zeugenvorschriften nur für den Fall einer fehlenden Regelung in den §§ 72 ff. an (zur insoweit systematisch verfehlten Positionierung der Vorschrift, die ein Regel-Ausnahmeverhältnis impliziert, SK-StPO/*Rogall* § 72 Rn. 1). Es ist für jede Norm des sechsten Abschnitts (§§ 48 ff.) einzeln zu ermitteln, ob sie Anwendung finden kann. Nicht einbezogen sind die an anderer Stelle geregelten Zeugenvorschriften (z.B. §§ 243 Abs. 2 Satz 2, 247 [§ 247 Abs. 1 Satz 3 ist hingegen zum Schutz des Angeklagten unmittelbar anwendbar; a. A. LR/*Krause* § 72 Rn. 2], 252. Zur Vernehmung eines Sachverständigen an einem anderen Ort und Übertragung in das Sitzungszimmer vgl. § 247a Abs. 2).

2 **B. Reichweite der Verweisung.** Auf Sachverständige sind **anzuwenden**: §§ 48 bis 50, § 51 Abs. 2 und 3, §§ 52 bis 53a, § 55 und § 56 (vgl. auch § 76 Abs. 1). Auch die Belehrung nach § 57 (zur Anwendbarkeit BGH, VRS 22, 147; NStZ 1998, 159) sollte selbst bei erfahrenen Sachverständigen regelmäßig erfolgen (zutr. SK-StPO/*Rogall* § 72 Rn. 10; HK-StPO/*Brauer* § 72 Rn. 2; abw. RGSt 56, 66: »inhaltslose Formalität«; KMR/*Neubeck* § 72 Rn. 2; Meyer-Goßner/Schmitt § 72 Rn. 1), selbst wenn ein Verstoß hiergegen mangels Beruhen nicht revisibel sein wird. Ebenso anwendbar sind §§ 58 Abs. 2, 59 (Einzelvereidigung, Nacheid; vgl. aber ansonsten § 79), §§ 60 bis 65, 67 und 68 (LR/*Krause* § 72 Rn. 18 ff.), § 68a (nicht hingegen § 68b mangels vergleichbarer Interessenlage vgl. MK-StPO/ *Trück* § 72 Rn. 27, § 69 und § 70 Abs. 3 und Abs. 4).

3 Aufgrund spezieller Regeln für den Sachverständigen finden weder § 54 (vgl. stattdessen für Angehörige des öffentlichen Dienstes § 76 Abs. 2 i.V.m. § 67 BBG oder § 37 Abs. 3 BeamtStG) noch § 58 Abs. 1 Anwendung, da die Gutachtenerstattung in Anwesenheit anderer Sachverständiger zweckmäßig sein kann (vgl. RGSt 52, 161; erg. § 80; anders, wenn er neben der Gutachtenerstattung auch als Zeuge zu vernehmen ist, vgl. auch RGSt 22, 434). Die Anwendung von §§ 51 Abs. 1, 70 Abs. 1, 2 wird durch § 77 und die von § 71 durch den gleichlautenden § 84 ausgeschlossen.

§ 73 StPO Auswahl des Sachverständigen.
(1) ¹Die Auswahl der zuzuziehenden Sachverständigen und die Bestimmung ihrer Anzahl erfolgt durch den Richter. ²Er soll mit diesen eine Absprache treffen, innerhalb welcher Frist die Gutachten erstattet werden können.
(2) Sind für gewisse Arten von Gutachten Sachverständige öffentlich bestellt, so sollen andere Personen nur dann gewählt werden, wenn besondere Umstände es erfordern.

S.a. RiStBV Nr. 70

A. Grundsätzliches und Regelungsgehalt. Die Vorschrift enthält keine Vorgaben dafür, 1
wann es erforderlich ist, einen oder mehrere Sachverständige hinzuzuziehen, sondern regelt Zuständigkeit, Auswahl und Verfahrensablauf, wenn die Notwendigkeit einer Beauftragung zur Aufklärung des Sachverhalts bereits feststeht. § 73 Abs. 1 Satz 1 zeigt, dass die **Auswahl** des zuzuziehenden Sachverständigen allein **Sache des Gerichts** ist. Das Gericht wird zwar die Verfahrensbeteiligten vor der Bestellung regelmäßig anhören und insb. der Verteidigung rechtliches Gehör gewähren (entgegen der gesetzlichen Konzeption sollte dies zwingend sein, vgl. auch BGH, NStZ 2003, 100 [bei Einholung eines weiteren Gutachtens]; BGHSt 44, 31), ein Verstoß hiergegen bleibt aber regelmäßig ohne Sanktion (zur Pflicht der Staatsanwaltschaft, dem Verteidiger Gelegenheit zur Stellungnahme zu geben, vgl. Nr. 70 Abs. 1 RiStBV). Deshalb wird teilweise ein gesetzlich verankertes Beteiligungsrecht (so *Detter* NStZ 1998, 58) oder zumindest bei fehlender Anhörung ein Beweisverwertungsverbot gefordert (so *Dierlamm* FS Müller, S. 117). Die gegenwärtige Rechtssituation ist jedenfalls unbefriedigend, da angesichts der besonderen Bedeutung von Gutachten für den Ausgang des Verfahrens eine Einflussnahmemöglichkeit auf die Auswahl des Sachverständigen zumindest durch vorhergehende Anhörung selbstverständlich sein sollte. Bspw. kann bei Bestellung eines Sachverständigen aus dem Bereich der Psychologie oder Psychiatrie die Wahl der zugehörigen »Schule« verfahrensentscheidende Bedeutung besitzen. Hinzu kommt, dass die Einflussnahme im Wege des Selbstladeverfahrens u.a. durch § 244 Abs. 4 Satz 2 Halbs. 2 stark eingeschränkt und eine nachträgliche Korrektur im Wege der Aufklärungsrüge kaum möglich ist. Nr. 70 Abs. 1 RiStBV sieht zumindest für die Bestellung durch den StA vor, dass dem Verteidiger Gelegenheit zur Stellungnahme zu geben ist, es sei denn es handelt sich um Routinegutachten (z.B. Blutalkoholgutachten) oder es ist eine Verfahrensverzögerung oder eine Gefährdung des Untersuchungszwecks zu besorgen.

B. Zuständigkeit für die Auswahl. Zuständig für die Bestellung von Sachverständigen ist 2
im **Ermittlungsverfahren** primär die StA (vgl. § 161a Abs. 1 Satz 2), aber auch ihre Ermittlungspersonen (§ 152 GVG), die ihre Wahl mit der StA absprechen sollten (LR/*Krause* § 73 Rn. 2). Der Ermittlungsrichter darf den Sachverständigen nur auswählen, wenn die StA ihn darum ersucht, ansonsten hat er den Sachverständigen zu hören, dessen Vernehmung die StA beantragt hat (*Meyer-Goßner/Schmitt* § 73 Rn. 1a). Diese Rollenverteilung wird nicht völlig zu Unrecht kritisiert, da das Gericht des Hauptverfahrens häufig den bereits benannten Sachverständigen übernehmen wird und so mangels Partizipation des Beschuldigten sehr frühzeitig endgültige Weichen gestellt werden (krit. etwa *Dippel* FS Müller, S. 133; *Duttge* NStZ 2003, 374; *Krekeler* AnwBl. 1986, 62; nach herrschender Meinung bezieht sich Abs. 1 Satz 1 aber nur auf das gerichtliche Verfahren, vgl. *Meyer-Goßner/Schmitt* § 73 Rn. 1a; *Jessnitzer/Ulrich* § 73 Rn. 108 f.; *Karpinski* NJW 1968, 1173). Im **Zwischenverfahren** ist das Gericht zuständig, bei dem die Anklage erhoben wurde, nach Eröffnung das erkennende Gericht. Das Gericht des Hauptverfahrens ist auch dann, wenn die StA bereits einen Sachverständigen hinzugezogen hatte, frei, diesen oder einen anderen Sachverständigen für das **Hauptverfahren** zu bestellen (BGHSt 44, 31 m. Anm. *Zieschang* StV 1999, 463; *Dippel* Die Stellung des Sachverständigen, S. 82 ff.; *Leineweber* MDR 1980, 9; a. A. *Lürken* NJW 1968, 1161). Schließlich obliegt die Auswahl auch im Fall des § 223 dem beauftragenden Richter und er darf diese nicht dem Richter überlassen, der die kommissarische Vernehmung durchführt (zutr. SK-StPO/*Rogall* § 73 Rn. 10; a.A. KK-StPO/*Senge* § 73 Rn. 1; *Meyer-Goßner/Schmitt* § 73 Rn. 1a; KMR/*Neubeck* § 73 Rn. 2). Das beauftragende Gericht muss selbst entscheiden, welche Sachkunde ihm zu vermitteln ist.

C. Hinzuziehung Dritter zur Gutachtenerstellung. Benötigt der Sachverständige 3
Hilfskräfte (z.B. medizinisches Personal, Techniker) für sein Gutachten, darf er sie selbst heranziehen (*Meyer-Goßner/Schmitt* § 73 Rn. 3; *Hanack* NJW 1961, 2044). Dies gilt auch für die **Hinzuziehung** eines anderen **Sachverständigen**, sofern dieser lediglich eine Hilfsfunktion wahrnimmt und der bestellte Sachverständige seine Befunde nach eigener Prüfung in sein Gutachten übernimmt (BGHSt 22, 274 m. Anm. *Peters* JR 1969, 426). Die Hinzuziehung Dritter ist damit stets unzulässig, wenn ihre Tätigkeit so im Vordergrund steht, dass der wesentliche Teil des Gutachtens von ihnen stammt (OLG Frankfurt am Main MDR 1983, 849; OLG Schleswig SchlHA 1974, 181) und damit die eigene Beurteilung und Verantwortung für den Gesamtinhalt des Gutachtens infrage gestellt wird (*Bleutge* NJW 1985, 1185, *Eisenberg* StV 2011, 11). Es besteht daher ein Delegationsverbot, soweit durch Heran-

§ 73 StPO Auswahl des Sachverständigen

ziehung anderer Personen die Verantwortung des Sachverständigen für das Gutachten in Frage gestellt wird (so zu Recht BGH NStZ 2012, 103, zu einer Exploration des Angeklagten durch Dritte). Der hinzugezogene Sachverständige wird nicht zum »Hilfssachverständigen« (so aber BGHSt 22, 272; dagegen LR/*Krause* § 73 Rn. 7), denn der vom Gericht bestellte Sachverständige kann keine weiteren Sachverständigen bestellen (BVerwG, NJW 1984, 2645; *Friderichs* NJW 1973, 2259; insoweit problematisch OLG Hamm, NJW 1973, 1427, da hier betont wird, der Leiter einer »Sachverständigengruppe« müsse nur die Verantwortung für die durch den Dritten erhobenen Befundtatsachen übernehmen, im konkreten Fall die Untersuchung der Kindesmutter und ihres Kindes für ein erbbiologisches Gutachten). Die persönliche Verantwortung für das Gutachten muss in jedem Fall uneingeschränkt gewahrt bleiben (so BVerwG a.a.O. zur bloßen Abzeichnung eines durch einen Dritten erstellten Gutachtens durch den Klinikdirektor mit »Einverstanden«; ebenso OLG Nürnberg StraFo 2007, 328: »inhaltlich einverstanden«), sodass der Sachverständige bei Einschaltung Dritter auch die Prüfung der von diesen erhobenen Befundtatsachen und Einzelergebnisse übernehmen muss; vgl. erg. LG Duisburg JR 2009, 343 m. zu Recht abl. Anm. *Eisenberg* zur Hinzuziehung eines Angestellten zur Durchführung psychologischer Tests, die Grundlage und Vorbereitung einer Exploration werden sollen. Fehlen ihm die erforderlichen Fachkenntnisse auf einem Teilgebiet, so muss er die erforderliche Bestellung von »Untersachverständigen« bei Gericht anregen, kann sie aber nicht selbst beauftragen (*Meyer-Goßner/Schmitt* § 73 Rn. 3).

4 **D. Auswahl des Sachverständigen.** Die **Auswahl** des Sachverständigen hat sich an dem anzuwendenden **Fachgebiet** des Sachverständigen sowie seiner **persönlichen Eignung** (vgl. dazu Rdn. 5 ff.), d.h. seiner Zuverlässigkeit und hinreichenden Sachkunde, zu orientieren (zu den Gründen der Auswahl vgl. auch *Detter* NStZ 1998, 59; zur Auswahl in Wirtschaftsstrafverfahren *Krekeler* wistra 1989, 52 f.).

5 **I. Wahl des Fachgebietes.** Die **Wahl** des **einschlägigen Fachgebietes** obliegt dem Richter (vgl. etwa zur Wahl eines Psychiaters oder Psychologen BGHSt 34, 357), der sein pflichtgemäßes Ermessen angesichts der zunehmenden Spezialisierung und Herausbildung neuer Fachgebiete ohne ein Mindestmaß an eigener Sachkunde kaum ausüben kann (vgl. auch *Rudolphi* Justiz 1969, 27). Dennoch darf das Gericht Zweifel nicht durch Bestellung eines »Auswahlsachverständigen« überwinden, sondern muss den am besten geeigneten wählen und ggf. später, nicht notwendig zeitgleich, einen weiteren Vertreter der anderen Fachrichtung hinzuziehen (OLG Koblenz VRS 36, 18; LR/*Krause* § 73 Rn. 9; *Rasch* NStZ 1992, 264). Auch unabhängig von der festzulegenden Fachrichtung hat der Richter den Sachverständigen selbst zu bestimmen und kann dies nicht Privatpersonen überlassen. Abgesehen von Fällen des § 83 Abs. 3 darf im Beweisbeschluss damit nicht etwa die Einholung eines Gutachtens einer Universitätsklinik (und nicht einer konkreten Person) angeordnet werden (OLG München NJW 1968, 202; *Franzki* DRiZ 1976, 100; *Laufs* NJW 1976, 1124). Entgegen einer häufig zu beobachtenden Praxis darf es damit auch nicht dem Klinik- oder Institutsleiter überlassen bleiben, ob er das Gutachten selbst erstattet oder einen Mitarbeiter damit betraut (KK-StPO/*Senge* § 73 Rn. 6; LR/*Krause* § 73 Rn. 25; a. A. aber BGH bei *Kusch* NStZ 1993, 31). Dies soll auch nicht dadurch geschehen, dass der Klinik- oder Institutsleiter lediglich ein Gutachten seiner Mitarbeiter »verantwortlich« unterzeichnet. Ist dem Richter kein geeigneter Sachverständiger bekannt, kann er Berufsorganisationen oder Behörden der vermuteten Fachrichtung um Vorschläge ersuchen (vgl. Nr. 70 Abs. 2 RiStBV), in das Verzeichnis bewährter Sachverständiger Einsicht nehmen (Nr. 70 Abs. 3 RiStBV) oder die Hinweise über die Zuziehung geeigneter Sachverständiger nach der RiStBV konsultieren.

6 **II. Die Person des Sachverständigen.** Bei der **Person des Sachverständigen**, die auch durch den Richter zu bestimmen ist, muss auf die fachliche und persönliche Eignung geachtet werden. Liegt keine öffentliche Bestellung vor (vgl. § 73 Abs. 2), wird sich der Richter an allgemein anerkannten Qualifikationsmerkmalen (z.B. Facharzt etc.) orientieren. Fehlt wie bei der Schriftbegutachtung eine allgemein anerkannte Untersuchungsmethode, muss die Auswahl mit besonders hoher Sorgfalt erfolgen (LR/ *Krause* § 73 Rn. 23). Dem Richter ist es zwar nicht grds. untersagt, Gutachten einzuholen, die auf noch nicht allgemein anerkannten Methoden beruhen, er muss dann aber besondere Sorgfalt bei der Beweiswürdigung an den Tag legen (vgl. auch BGHSt 41, 212 ff.; BGH StV 1998, 472). Für Beschuldigte, die Ausländer sind, muss kein Sachverständiger gewählt werden, der dem Kulturkreis des Beschuldigten entstammt und dessen Sprache beherrscht (BGH b. *Dallinger* MDR 1973, 16; zu Verstän-

digungsproblemen aber auch *Schmidt* StV 2006, 51 f.). Die Tätigkeit als Wirtschaftsreferent bei der Kriminalpolizei soll mit den Aufgaben eines Sachverständigen vereinbar sein, wenn ihm persönlich und losgelöst von der eigentlichen Ermittlungstätigkeit der Auftrag erteilt wird, eigenverantwortlich und frei von jeder Beeinflussung ein Gutachten zu einem bestimmten Beweisthema zu erstatten (BGHSt 28, 384; BGH, NStZ 1984, 216; StV 1986, 465; SK-StPO/*Rogall* § 73 Rn. 34; *Lemme* wistra 2002, 286). Verweigert ein zu begutachtender Zeuge die Begutachtung durch einen bestimmten Sachverständigen, dann kann trotz des Auswahlrechts des Richters aufgrund seiner Aufklärungspflicht die Beauftragung eines anderen Sachverständigen geboten sein (vgl. KG NJW 1997, 69 m. Anm. *Dürig/ Eisenberg* StV 1997, 456).

III. Die Anzahl der Sachverständigen. Die **Anzahl** der hinzuzuziehenden **Sachverständigen** steht 7 im Ermessen des Gerichts (OLG Düsseldorf wistra 1994, 78; *Meyer-Goßner/Schmitt* § 73 Rn. 11). Auch wenn das Erstgutachten einwandfrei erscheint, kann unabhängig von § 83 ein weiterer Sachverständiger beauftragt werden (BayObLG NJW 1956, 1016; KMR/*Neubeck* § 73 Rn. 1). Es kann von vornherein etwa bei einem »Schulenstreit« mehrere Sachverständige auch unterschiedlicher Fachrichtungen bestellen (vgl. LR/*Krause* § 73 Rn. 28). Führt dies zu zwei widersprechenden Gutachten, ist es letztlich eine Frage der Aufklärungspflicht, ob deshalb ein dritter Sachverständiger bestellt werden muss oder sich das Gericht für die für den Angeklagten günstigere Meinung entscheiden wird (vgl. auch BGH NStZ 1990, 244 f.; 1991, 448; NStZ-RR 1997, 42 f.). Auch wenn sich das Gericht im Regelfall mit einem Sachverständigen begnügen wird, besteht die Pflicht, einen nach §§ 215 Abs. 3, 220 geladenen Sachverständigen in den Grenzen des § 245 Abs. 2 zu hören (vgl. i.Ü. § 83 Rdn. 2 f.).

IV. Einzelne Fallgruppen. Zur **Blutalkoholbestimmung** kann, sofern keine besonderen Umstände 8 die Hinzuziehung eines erfahrenen medizinischen Sachverständigen erfordern (etwa bei Nachtrunk oder zusätzlicher Medikamenteneinnahme, vgl. BGH VRS 34, 211; OLG Frankfurt am Main NJW 1961, 283, oder wenn der Blutalkoholgehalt allein aufgrund der Trinkmengenangabe zu berechnen ist, weil keine Blutprobe entnommen wurde, BGH DAR 1971, 116), jeder Sachverständige herangezogen werden, der auf diesem Gebiet über ausreichende Erfahrung verfügt (OLG Hamm VRS 36, 291; 434; KK-StPO/*Senge* § 73 Rn. 5). Es muss sich dabei – anders als hinsichtlich der Entnahme (vgl. § 81a Rdn. 25) – um keinen Arzt handeln (a. A. *Martin* Blutalkohol 1970, S. 95). Die Rückrechnung des Blutalkoholgehalts kann der Richter im Regelfall selbst vornehmen (BGH VRS 21, 55).

Die **Glaubwürdigkeit** von Zeugen wird im Regelfall von einem Psychologen beurteilt (BGHSt 7, 85 9 [zur Ungeeignetheit eines Pädagogen bereits BGHSt 2, 166]; 23, 24; BGH NStZ 1982, 42), sofern dieser über spezielles Wissen der Aussagepsychologie verfügt und »normalpsychologische« Wahrnehmungs-, Gedächtnis- und Denkprozesse zu beurteilen sind (BGH NStZ 2002, 490; speziell zu Kindern vgl. Nr. 19 Abs. 3, 222 Abs. 1 Satz 2 RiStBV; BGHSt 14, 23; NStZ 1982, 42). Die Rspr. geht allerdings davon aus, dass zur Beurteilung der Glaubwürdigkeit von Zeugenaussagen auch von Kindern i.d.R. kein Sachverständiger benötigt wird (vgl. BGH NStZ 2001, 105; NStZ-RR 2006, 241; vgl. auch *Trück* NStZ 2007, 380). Kann die Glaubwürdigkeit des Zeugen hingegen durch psychische Erkrankungen beeinflusst sein, wird ein Psychiater gehört (BGHSt 23, 12; BGH DAR 1980, 209). Der beauftragte Sachverständige kann zugleich Therapeut des zu Begutachtenden sein (BGH StV 1996, 130). Bei der Beurteilung der Verantwortlichkeit von Jugendlichen und der Entwicklungsreife nach § 105 JGG ist § 43 Abs. 2 Satz 2 JGG zu beachten (HK-StPO/*Brauer* Rn. 9).

Bei der Beurteilung der **Schuldfähigkeit** ist zu beachten, dass es sich bei dieser um eine juristische Konstruktion handelt, die weder im verhaltenswissenschaftlichen System existiert (vgl. auch LR/*Krause* § 73 Rn. 12), noch in ihrer normativen Deutung dem Sachverständigen überlassen werden darf. Die biologischen Merkmale der Schuldfähigkeitsbeurteilung auch bei Krankheitszuständen sind ausschließlich durch Psychiater oder Neurologen zu begutachten (OLG Karlsruhe Justiz 1974, 94; OLG Koblenz VRS 49, 433; KK-StPO/*Senge* § 73 Rn. 5; LR/*Krause* § 73 Rn. 12; *Meyer-Goßner/Schmitt* § 73 Rn. 8; *Rauch* NStZ 1984, 497; abw. BGHSt 34, 355 m. Anm. *Meyer* NStZ 1988, 85). Nach Auffassung des BGH muss der Sachverständige kein Facharzt für Psychiatrie oder Neurologie sein (vgl. auch BGHSt 23, 311). Sofern hingegen etwa Neurosen, Triebstörungen oder Affekthandlungen zu beurteilen sind, kann neben einem Psychiater auch ein Psychologe gehört werden (nach BGH StV 1984, 495; NStZ 1988, 85 im pflichtgemäßen Ermessen des Gerichts, vgl. auch BGH NStZ 1997, 619; 1998, 366: Ablehnung zulässig mit Hinweis auf ausreichende Sachkenntnis des Psychiaters). Da sich die aufgezeigte Differenzierung der Rechtsprechung wohl an der nicht mehr dem Stand der Wissenschaft entsprechenden Einteilung des § 20 in krankhafte seelische Störungen und den anderen Eingangskategorien des § 20 orientiert, wird teilweise eine Erweiterung des jeweils geeigneten Sachverständigerkreises eingefordert (vgl. *Kruse* NJW 2014, 510 ff.). Soll der Entwicklungsstand und die strafrechtliche Verantwortlichkeit Jugendlicher (§ 3 JGG) oder Heranwachsender (§ 105 JGG) begutachtet werden, wird dies im Regelfall auch einem Psychiater oder einem zu kriminalbiologischen Untersuchungen befähigten Psychologen zu übertragen sein (KMR/ *Neubeck* § 73 Rn. 7a; *Blau* ZStW 78, 179).

11 **E. Fristabsprache.** Der Richter oder StA (§ 161a Abs. 1 Satz 2) soll nach **Abs. 1** Satz **2** mit dem Sachverständigen eine **Fristabsprache** treffen. Da es sich um eine Sollvorschrift handelt, zieht ihre Nichtbeachtung keine zwingenden Rechtsfolgen nach sich. Abgesehen von Ausnahmefällen (bspw. der Sachverständige ist für seine zügige Arbeitsweise bekannt, so *Meyer-Goßner/Schmitt* § 73 Rn. 12) wird aber eine Absprache regelmäßig erfolgen. Die Absprache wird meist mündlich bzw. telefonisch erfolgen und ist dann aktenkundig zu machen. Eine mündliche Absprache bietet sich schon deshalb an, weil so geklärt werden kann, welche Frist angesichts der sonstigen Arbeitsbelastung des Sachverständigen im Interesse der Prozessbeschleunigung vereinbart werden kann. Zudem kann aber auch die Themenstellung des Gutachtens besser konkretisiert und begrenzt werden und der Sachverständige hat die Möglichkeit, auf noch benötigte Anknüpfungstatsachen hinzuweisen.

12 Der Richter berücksichtigt bei der Berechnung einer **angemessenen Frist** die Arbeitsbelastung des Sachverständigen, die erforderlichen Vorbereitungen, aber v.a. auch das Interesse an einer beschleunigten Durchführung von Strafverfahren. Im Regelfall sind drei Monate jedenfalls ausreichend, gerade bei staatsanwaltschaftlicher Anordnung wird angesichts des betroffenen Verfahrensstadiums und Gutachtenzwecks häufig auch eine deutlich kürzere Frist ausreichen. Wenn der Sachverständige nur zur Gutachtenerstellung in einer unangemessenen Frist bereit ist, werden entweder Maßnahmen nach § 77 Abs. 2 angeordnet (vgl. dort) oder es wird, sofern auf ihn verzichtet werden kann, ein anderer Sachverständiger bestellt. Eine nachträgliche Änderung der bereits laufenden Frist kann entsprechend § 224 Abs. 2 ZPO erfolgen, sofern erhebliche Gründe hierfür vorliegen und der Sachverständige diese glaubhaft machen kann.

13 **F. Vorrang öffentlich bestellter Sachverständiger.** Öffentlich bestellt sind Sachverständige, die aufgrund öffentlich-rechtlicher Vorschriften des Bundes- (z.B. § 36 Abs. 1 Satz 1 GewO; § 91 Abs. 1 Nr. 8 HandwO) oder Landesrechts für bestimmte Sachgebiete auf bestimmte Zeit berufen sind. Die öffentliche Bestellung ist nicht identisch mit der Frage der allgemeinen Vereidigung i.S.v. § 79 Abs. 3. Öffentlich bestellt können Einzelpersonen wie auch Behörden sein, insb. gehören dazu die Gerichtsärzte einschließlich der bayerischen Landgerichtsärzte, die Ärzte staatlicher Untersuchungsämter und die Leiter der rechtsmedizinischen Universitätsinstitute (*Jessnitzer/Ullrich* § 73 Rn. 42 ff.; *Meyer-Goßner/Schmitt* § 73 Rn. 16; LR/*Krause* § 73 Rn. 35).

14 Da die öffentliche Bestellung persönliche und fachliche Eignung indiziert (ohne aber den Richter aus seiner Verantwortung hierfür zu entlassen, vgl. LR/*Krause* § 73 Rn. 35), sollen **andere Personen** nur bei besonderen Umständen herangezogen werden. Besondere Umstände liegen etwa bei Verhinderung des öffentlich bestellten Sachverständigen vor oder wenn es einer ganz besonderen Spezialisierung für den Gutachtenauftrag bedarf. Natürlich ist bei Beauftragung Privater der Prüfung der Unparteilichkeit besonderes Augenmerk zu schenken (vgl. LG Kiel JR 2007, 81 m. Anm. *Wehnert*).

15 **G. Rechtsbehelfe. I. Beschwerde.** Nach der gesetzlichen Konzeption ist gegen die Auswahl des Sachverständigen durch die StA (OLG Schleswig StV 2000, 542 m. Anm. *Wagner*) oder das Gericht keine Beschwerde zulässig (OLG Celle NJW 1966, 1881; OLG Hamburg MDR 1994, 83; LR/*Krause* § 73 Rn. 36; zum Ausschluss nach § 305 Satz 1 OLG Düsseldorf MDR 1986, 256; ebenso im Strafvollstreckungs- und im Maßregelvollzugsverfahren sowie bei Aussetzung der Vollstreckung einer Unterbringung, vgl. OLG Karlsruhe Justiz 2014, 197). Zu behaupten, dass die Belange des Beschuldigten durch das Ablehnungsrecht des § 74 gewahrt sind, erscheint angesichts der begrenzten Einflussnahmemöglichkeiten auf die Auswahl des Sachverständigen und die Hinzuziehung weiterer Sachverständiger sowie deren Überprüfung i.R.d. Revision nicht unproblematisch.

II. Revision. Auf Verstöße gegen Abs. 1 Satz 2 und Abs. 2 kann die Revision regelmäßig nicht ge- 16
stützt werden (RGSt 5, 85). Wählt das Gericht hingegen einen ungeeigneten Sachverständigen oder begnügt es sich mit unzureichender Sachkunde bzw. einer oberflächlichen Begutachtung, dann kann die Aufklärungsrüge (§ 244 Abs. 2) erhoben werden. Bei einer entsprechenden Darstellung im Urteil, warum das Gericht die Ausführungen des Sachverständigen für hinreichend und überzeugend erachtete, dürfte der Verteidigung die Darlegung von Aufklärungsmängeln allerdings sehr schwer fallen. Die Sachrüge kann begründet sein, wenn die fehlende Sachkunde des Sachverständigen entgegen § 261 zu Urteilsfeststellungen geführt hat, die gegen Denk- oder Erfahrungssätze verstoßen (BGH NStZ 1994, 228; *Meyer-Goßner/Schmitt* § 73 Rn. 19). Hat das Gericht einen Sachverständigen beauftragt, will es dann aber von seiner Beurteilung abweichen, muss das Gericht auch sein insoweit überlegenes Fachwissen im Urteil begründen (vgl. BGH 3 StR 302/08), auch wenn dies de facto zu einer problematischen Bindung an das Gutachten führt.

§ 74 StPO Ablehnung des Sachverständigen.
(1) ¹Ein Sachverständiger kann aus denselben Gründen, die zur Ablehnung eines Richters berechtigen, abgelehnt werden. ²Ein Ablehnungsgrund kann jedoch nicht daraus entnommen werden, daß der Sachverständige als Zeuge vernommen worden ist.
(2) ¹Das Ablehnungsrecht steht der Staatsanwaltschaft, dem Privatkläger und dem Beschuldigten zu. ²Die ernannten Sachverständigen sind den zur Ablehnung Berechtigten namhaft zu machen, wenn nicht besondere Umstände entgegenstehen.
(3) Der Ablehnungsgrund ist glaubhaft zu machen; der Eid ist als Mittel der Glaubhaftmachung ausgeschlossen.

A. Grundsätzliches und Regelungsgehalt. Die Ablehnung eines Sachverständigen wird 1
nicht etwa wegen dessen faktisch nicht zu leugnendem Einfluss auf das Urteil (»Richtergehilfe«), sondern deshalb zugelassen, weil er anders als ein Zeuge austauschbar sein soll (LR/*Krause* § 74 Rn. 1; *Meyer-Goßner/Schmitt* § 74 Rn. 1; krit. zur Inkonsequenz dieses Ausgangspunktes *Erb* ZStW 121, 2009, 886 f.). Ob der Sachverständige hingegen tatsächlich ersetzbar ist, spielt keine Rolle, zumal er dies hinsichtlich der Feststellung von Befundtatsachen (z.B. bei der Untersuchung einer Leiche oder bei sechswöchiger Beobachtung des Beschuldigten) oder einer speziellen Sachkunde (dazu *Hanack* JR 1966, 427) häufig auch gar nicht sein wird. Angesichts der ansonsten überbetonten Kompetenz des Richters, i.R.d. Beweiswürdigung den Beweiswert von Gutachten einschätzen zu können, kann die gesetzliche Konzeption nicht völlig überzeugen. Eine Anzeige des Sachverständigen entsprechend § 30 ist zwar gesetzlich nicht vorgesehen, eine begründete Selbstablehnung wird aber regelmäßig ein Gutachtenverweigerungsrecht und die Möglichkeit der Entbindung nach § 76 Abs. 1 Satz 2 zur Folge haben (KK-StPO/ *Senge* § 74 Rn. 1; KMR/*Neubeck* § 74 Rn. 2). Auch der nach §§ 214 Abs. 3, 220 Abs. 1 geladene Sachverständige kann abgelehnt werden (OLG Hamm VRS 26, 365). Ist der Gutachter eine Behörde, so kann diese nicht in ihrer Gesamtheit, sondern nur der Behördenvertreter abgelehnt werden, der gem. § 256 Abs. 2 das Behördengutachten in der Hauptverhandlung vertritt (OLG Hamm GA 1927, 116; *Jessnitzer/Ulrich* § 74 Rn. 151; KK-StPO/*Senge* § 74 Rn. 1; a. A. *Ahlf* MDR 1978, 983; *Leineweber* MDR 1980, 9; *Gollwitzer* FS Weißauer, S. 34). Entsprechend § 26a Abs. 1 Nr. 3 sind Ablehnungsanträge zu verwerfen, wenn sie verfahrensfremden Zwecken oder der Prozessverschleppung dienen.

B. Ablehnungsgründe. I. Zwingende Ablehnungsgründe. Die Gründe, die in den Fällen 2
von § 22 Nr. 1 bis 4 zum Ausschluss eines Richters kraft Gesetz führen, sind beim Sachverständigen nur Ablehnungsgründe, d.h. ohne ausdrückliche Ablehnung darf der Sachverständige dennoch mitwirken. Einen gesetzlichen Ausschlussgrund normiert für Sachverständige lediglich § 87 Abs. 2 Satz 3. Erfolgt aber ein Antrag, dann ist in den Fällen von § 22 Nr. 1 bis 4 der Sachverständige ohne weitere Prüfung **zwingend auszuschließen** (BGHSt 18, 214; *Meyer-Goßner/Schmitt* § 74 Rn. 3; *Gössel* DRiZ 1980, 370; a. A. *Krause* FS Maurach, S. 549). So kann der Sachverständige abgelehnt werden, wenn er der Verletzte ist (§ 22 Nr. 1) oder wenn er in einem Eheverhältnis (§ 22 Nr. 2) oder einem in Nr. 3 genannten Verwandtschaftsverhältnis zu dem Beschuldigten oder Verletzten steht. Ebenso kann ohne nähere Be-

§ 74 StPO Ablehnung des Sachverständigen

gründung abgelehnt werden, wer als Staatsanwalt, Verteidiger oder Polizeibeamter in derselben Sache in einer Stellung tätig war, die der Strafverfolgung oder Verteidigung des Beschuldigten diente (zur funktionalen Beschränkung *Eisenberg* BR, Rn. 1550). Diese Einschränkung gilt auch bei Polizeibeamten (BGHSt 18, 214), die damit nicht bereits abgelehnt werden können, weil sie mit der Sache irgendwie befasst waren, sondern erst dann, wenn sie an den Ermittlungen teilgenommen haben (vgl. BGH MDR 1958, 785; *Foth/Kracher* NStZ 1989, 168; einzelne Ermittlungshandlungen bei *Wiegemann* StV 1996, 571 ff.). So besteht bspw. gegen Wirtschaftsreferenten der StA keine Besorgnis der Befangenheit, wenn sie selbstständig und losgelöst von der eigentlichen Ermittlungstätigkeit allein gutachtlich tätig werden (LR/*Krause* § 74 Rn. 7, 8, 14; *Meyer-Goßner/Schmitt* § 74 Rn. 5; SK-StPO/*Rogall* § 74 Rn. 24; *Bittmann* wistra 2011, 51; *Kohlhaas* NJW 1962, 1331; *Lemme* wistra 2002, 281; *Schäfer* FS Dünnebier, S. 557; vgl. auch OLG Zweibrücken NJW 1979, 1995; BGH NStZ 1983, 208). Gleiches gilt für Beamte der kriminalwissenschaftlichen, technischen und chemischen Untersuchungsämter der Polizei (BGHSt 18, 216; BGH, MDR 1958, 785; KG, VRS 25, 274; *Meyer-Goßner/Schmitt* § 74 Rn. 3; LR/*Krause* § 74 Rn. 8). Auch Angehörige des Verfassungsschutzes, die nur gesammelte Erkenntnisse ohne Bindung an § 163 weitergeben und nicht Ermittlungspersonen der StA sind, können nach § 22 Nr. 4 abgelehnt werden (BGHSt 18, 218; BGH NJW 1964, 1681 [nur § 24 Abs. 2, wenn Tätigkeit faktisch Strafverfolgung ist]; a. A. *Nix* Kriminalistik 1994, 85). Umstr. ist, ob trotz der Regelung des Abs. 1 Satz 2 eine sinngemäße Anwendung von § 22 Nr. 5 in Betracht kommt, wenn der Sachverständige schon früher (etwa in erster Instanz oder bei Mitwirkung an einer durch Antrag auf Wiederaufnahme angefochtenen Entscheidung) mitgewirkt hat (aus gesetzessystematischen Erwägungen wohl zu Recht ablehnend KMR/*Neubeck* § 74 Rn. 2; *Meyer-Goßner/Schmitt* § 74 Rn. 3; a. A. LR/*Krause* § 74 Rn. 10).

3 **II. Besorgnis der Befangenheit.** Neben den zwingenden Ablehnungsgründen besteht **Besorgnis der Befangenheit** nach §§ **74 Abs. 1 Satz 1, 24 Abs. 2**, wenn nach den angeführten Gründen, die in ihrer Gesamtheit zu würdigen sind (BGHSt 8, 235), vom Standpunkt des Ablehnenden aus (nicht von dem des Gerichts, BGHSt 8, 233; BGH DAR 1980, 206) verständigerweise Misstrauen gegen die Unparteilichkeit des Sachverständigen gerechtfertigt erscheint (BGHSt 8, 145; BGH StV 1981, 55; 1990, 389). Mehrere für sich selbst nicht hinreichende Gründe können bei Gesamtwürdigung Befangenheit begründen (BGHSt 8, 233), allein die Anzahl mehrerer selbst nicht hinreichender Gründe führt noch nicht zur Befangenheit (LG Duisburg JR 2009, 343). Ob der Sachverständige tatsächlich befangen ist oder sich befangen fühlt, ist gleichgültig (BGH MDR 1952, 409).

4 **Im Einzelnen** (*Eisenberg* NStZ 2006, 372, unterscheidet Fehler im Vorgehen, Kompetenzüberschreitungen und das Vorhandensein von Eigenbelangen) kann eine Befangenheit infrage kommen, wenn der Sachverständige für den Verletzten (BGHSt 20, 245) bzw. Nebenkläger (OLG Hamm VRS 26, 265; a. A. *Brammsen* ZStW 119, 2005, 93) oder eine am Verfahrensausgang interessierte Versicherungsgesellschaft (vgl. BGH NStZ 2002, 215) ein Privatgutachten erstattet hat oder das Tatopfer ärztlich oder therapeutisch betreut hat (BGH MDR 1972, 295; StV 1996, 160). Umgekehrt lässt sich aber nicht pauschal eine Befangenheit in den Fällen ablehnen, in denen der Sachverständige für den Beschuldigten ein Privatgutachten erstattet hat (vgl. aber *Jessnitzer/Ulrich* § 74 Rn. 169; OLG Frankfurt am Main VRS 51, 212; OLG Koblenz VRS 71, 200; zu Recht krit. aber *Brammsen* ZStW 119, 95 ff.) oder er sich zuvor wissenschaftlich über den Gutachteninhalt geäußert hat (BGHSt 41, 211; OLG Düsseldorf wistra 1994, 78), auch wenn nicht jede Form des Eigeninteresses eines Sachverständigen Befangenheit begründen kann (vgl. *Eisenberg* JR 2009, 345). Hier hängt es sehr von den Umständen im Einzelfall ab, ob Befangenheit – hier etwa aus Sicht der StA – vorliegt, bspw. wenn die wissenschaftliche Äußerung in engem unmittelbarem Verfahrenszusammenhang erfolgte und dennoch den Eindruck allgemein-wissenschaftlicher Verbindlichkeit erwecken soll. Gerade bei noch wissenschaftlich ungesicherten Sachfragen kann sich hier ein noch nicht hinreichend untersuchter Spielraum für Prozesstaktik bieten. Sein Verhalten ggü. dem Beschuldigten kann etwa im Fall eines unberechtigten körperlichen Eingriffs (BGHSt 8, 144; BGH StV 1990, 389), einer ohne Einwilligung vorgenommenen Exploration vor Studenten (BGH MDR 1980, 456) oder des Verschweigens der Tätigkeit für die Justizbehörden (BGH NStZ 1997, 349), nicht aber bei bloßer Teilnahme an Vernehmungen und einer Befragung des Beschuldigten nach § 80 Abs. 2 (KK-StPO/*Senge* Rn. 5) Befangenheit begründen. Auch eine durch eine einseitige Belastungsperspektive geprägte Vorgehensweise (vgl. BGHSt 41, 211; BGH NJW 1991, 2357; StV 1981, 55; zu Fangfragen an einen Entlastungszeugen vgl. OLG Hamburg StV 1987, 142; zur gro-

ben Missachtung des Aussageverweigerungsrechts eines zeugnisverweigerungsberechtigten Zeugen vgl. OLG Rostock NZFam 2015, 214) kann die Ablehnung rechtfertigen. Eine ungefragte rechtliche Beratung darüber, dass ein bestimmtes Verteidigungsvorbringen vor Gericht keinen Erfolg haben wird, kann ebenso Befangenheit begründen (and. wohl BGH NStZ 2008, 229).Vergleichbares muss gelten, wenn der Sachverständige den Wunsch des Beschuldigten auf Beisein eines Verteidigers bei der Exploration unterbindet und zugleich dessen Verteidiger wahrheitswidrig darüber informiert, dass die Begutachtung auf Wunsch des Beschuldigten ohne Beisein eines Verteidigers erfolgt und bereits abgeschlossen sei (vgl. BGH NStZ 2014, 663).

Ein **Ablehnungsgrund besteht nicht** allein deshalb, weil der Sachverständige Polizeibeamter (RGSt 17, 425) ist, selbst wenn er bereits in einem früheren Strafverfahren gegen den Beschuldigten tätig war (BGHSt 18, 217). Ebenso wenig besteht eine Befangenheit allein wegen der Stellung als Mitarbeiter bzw. Beamter des durch die Tat geschädigten Staates (RG JW 1930, 2790). Auch eine Tätigkeit des Sachverständigen im Auftrag der StA oder Polizei im Vorverfahren soll selbst dann kein Ablehnungsgrund sein, wenn erst durch das Gutachten die Ermittlungen veranlasst wurden (vgl. BGHSt 18, 217; BGH NStZ 2008, 50). Zweifelhaft erscheint dies zumindest dann, wenn der Sachverständige selbst die Strafanzeige gegen den Beschuldigten erstattet hat (dennoch Befangenheit ablehnend KG LRE 1, 120; 4, 313; *Meyer-Goßner/Schmitt* § 74 Rn. 5). Anders beurteilt die Rspr. dies aber zumindest dann, wenn der Gutachter bereits zuvor ohne Gutachtenauftrag allgemein in die konkreten Ermittlungen einbezogen war (vgl. zum Wirtschaftsreferenten LG Köln Beschl. v. 12.12.2013 – 116 KLs 2/12). Problematisch sind ebenso die wohl nicht selten vorkommenden Fälle, in denen etwa bei untergebrachtem Beschuldigten der Sachverständige schon im Rahmen seiner ärztlichen Tätigkeit mit dem Beschuldigten vorbefasst war und damit letztlich das Gutachten auch den Erfolg eigener beruflicher Tätigkeit zu beurteilen hat (vgl. BGH JR 2014, 441 ff.). Grenzfälle liegen ebenso vor, wenn der Sachverständige im Gutachten von Opfer und Tat spricht oder auf andere Weise in seinem Gutachten die Beweisaufnahme zum Nachteil des Beschuldigten würdigt (vgl. BGH MDR 1974, 367). Auf **mangelnde Sachkunde** kann ein Befangenheitsantrag nicht gestützt werden (BGH NStZ-RR 2009, 3), vielmehr hat der Richter dann die Hinzuziehung eines weiteren Sachverständigen zu erwägen. Unprofessionelles Verhalten, etwa die Erledigung von verfahrensfremden Bürotätigkeiten in der Hauptverhandlung, soll hingegen Befangenheit begründen können, wenn der Sachverständige dadurch sein Desinteresse bekundet und nicht in der Lage zu sein scheint, dem Verhandlungsgeschehen zu folgen (so LG Stuttgart StraFo 2014, 69). Hat der Beschuldigte durch **eigenes Verhalten** den Ablehnungsgrund zurechenbar verursacht, wird meist eine Befangenheit ausscheiden, zumal der Beschuldigte sonst die Möglichkeit hätte, den Sachverständigen gezielt aus dem Verfahren zu verdrängen (*Meyer-Goßner/Schmitt* § 74 Rn. 8), etwa durch Provokation des Sachverständigen durch ein unsachliches Ablehnungsgesuch (vgl. OLG Düsseldorf BB 1975, 627), durch eine Vielzahl von Strafanträgen gegen den Sachverständigen, der zugleich der behandelnde Arzt bei Unterbringung ist (vgl. zu BGH JR 2014, 441 (445), oder durch dessen Beleidigung, selbst wenn der Sachverständige deshalb Strafantrag stellt (OLG München NJW 1971, 384).

C. Ablehnungsberechtigte. Die Beschränkung des **Ablehnungsrechts** auf StA, Privatkläger und den Beschuldigten (so der Wortlaut von § 74 Abs. 2 Satz 1) ist willkürlich, sodass es auch dem Nebenkläger (§ 397 Abs. 1 Satz 3), dem Verfalls- und Einziehungsbeteiligten (vgl. § 433) und dem gesetzlichen Vertreter bzw. dem nebenbetroffenen Unternehmen (§ 30 OWiG, § 444) eingeräumt wird (BGHSt 28, 272; OLG Düsseldorf StV 1996, 277), nicht hingegen dem Verletzten, der nach § 172 Abs. 2 eine gerichtliche Entscheidung beantragt (vgl. RGSt 52, 291) oder im Adhäsionsverfahren (§§ 403 ff.) Antragsteller ist. Der Verteidiger kann einen Sachverständigen nur im Namen des Beschuldigten ablehnen (so zur Ablehnung eines Richters OLG Hamm NJW 1951, 731).

D. Form und Begründung des Antrags. I. Namhaftmachung. Das Gericht (nicht die Polizei und StA s. Rdn. 12 f.) hat den Sachverständigen den antragsberechtigten Prozessbeteiligten unaufgefordert (and. § 24 Abs. 3 Satz 2) **namhaft zu machen (Abs. 2 Satz 2)**, sofern dem keine besonderen Umstände entgegenstehen. Besondere Umstände können sich aus dem Beschleunigungsgebot und der Gefahr eines drohenden Beweismittelverlusts ergeben (LR/*Krause* § 74 Rn. 18). Bei Bestellung einer Behörde kann ggf. zunächst nur diese genannt werden.

8 II. Form und Zeitpunkt. Der **Ablehnungsantrag** ist **formlos** möglich, sofern der Ablehnungswille des Antragstellers deutlich wird. Bspw. kann es genügen, wenn Bedenken gegen die Ladung des Sachverständigen erhoben werden (OLG Schleswig SchlHA 1949, 87). Das Ablehnungsgesuch soll erst dann statthaft sein, wenn der Sachverständige ernannt wurde und die Sache bei Gericht anhängig ist (BGH VRS 29, 26). Im Ermittlungsverfahren von Polizei und StA hinzugezogene Sachverständige können damit erst dann abgelehnt werden, wenn sich das Gericht ihrer bedienen will (OLG Düsseldorf MDR 1984, 71; KK-StPO/*Senge* § 74 Rn. 7; KMR/*Neubeck* § 74 Rn. 18; a. A. *Eisenberg* NStZ 2006, 373; *Duttge* NStZ 2003, 376; *Tondorf* StV 2004, 279). Unabhängig davon, dass dies angesichts des Schutzzwecks von § 74 wenig konsequent erscheint, verbietet es sich schon aus Beschleunigungsgesichtspunkten »sehenden Auges« einen befangenen Sachverständigen zu bestellen (zutr. LR/*Krause* § 74 Rn. 21). Der Ablehnungsantrag muss als Antrag zur Beweisaufnahme in der Hauptverhandlung gestellt bzw. dort wiederholt werden, falls er vor der Hauptverhandlung gestellt, aber nicht beschieden oder zurückgewiesen wurde (RGSt 58, 301; 68, 328; OLG Hamm VRS 39, 217). Spätester Zeitpunkt hierfür ist der Schluss der Beweisaufnahme (*Meyer-Goßner/Schmitt* § 74 Rn. 21). Der Antragsteller muss das Ablehnungsgesuch abweichend von § 25 Abs. 2 nicht unverzüglich nach Kenntnis des Ablehnungsgrundes, sondern kann es – wie § 83 Abs. 2 verdeutlicht – noch nach Erstattung des Gutachtens anbringen (SK-StPO/*Rogall* § 74 Rn. 55; einschr. OLG Stuttgart NJW 1957, 1646).

9 Ein vor der Hauptverhandlung gestellter Antrag kann – selbst wenn darüber schon entschieden wurde – ggf. mit derselben Begründung in der Hauptverhandlung **wiederholt** werden (RGSt 47, 239; LR/*Krause* § 74 Rn. 27). Auch eine Verwerfung des ursprünglichen Gesuchs im Rahmen einer Beschwerde hindert den Tatrichter nicht an einer erneuten Prüfung (OLG Oldenburg JZ 1960, 291 m. Anm. *Peters*). Die Wiederholung eines in der Hauptverhandlung bereits gestellten Antrags ist hingegen rechtsmissbräuchlich und der Antrag ebenso wie bei Prozessverschleppung (vgl. zu einer im Ermittlungsverfahren tätigen Dolmetscherin, die erst nach sieben Monaten abgelehnt wurde, BGH NStZ 2008, 50) als unzulässig zu verwerfen. Wird hingegen ein vor der Hauptverhandlung gestellter und nicht beschiedener Antrag nicht wiederholt, kann darin ein Verzicht auf Ablehnung liegen (RGSt 58, 301), sofern der Vorsitzende nicht eine Verbescheidung in der Hauptverhandlung zugesichert hatte (*Meyer-Goßner/Schmitt* § 74 Rn. 14).

10 III. Inhalt und Glaubhaftmachung. Nach **Abs. 3** sind in dem Ablehnungsgesuch die **Tatsachen**, die den Ablehnungsgrund stützen, anzugeben und **glaubhaft zu machen** (vgl. § 26 Rdn. 5 ff.). Der Antragsteller trägt die Beweislast (vgl. BGHSt 21, 352), sodass die Glaubhaftmachung den Richter ohne weitere Ermittlungen in den Stand versetzen muss, über den Antrag zu entscheiden. Entsprechend § 26 Abs. 3 Satz 3 kann sich der Ablehnende zur Glaubhaftmachung allerdings auf das uneidliche Zeugnis des Sachverständigen berufen (LR/*Krause* § 74 Rn. 25; KK-StPO/*Senge* § 74 Rn. 8). Die Glaubhaftmachung muss nicht zur sicheren Überzeugung des Gerichts von der Richtigkeit der Ablehnungsgründe aufgrund der vorgebrachten Tatsachen führen (BGHSt 21, 350; BayObLGSt 1955, 224).

11 IV. Rücknahme. Eine **Zurücknahme** des Ablehnungsgesuchs ist jederzeit möglich, auch wenn das Gericht es bereits für begründet erachtet. Der Sachverständige kann dann selbst bei zwingenden Ablehnungsgründen vernommen werden (KK-StPO/*Senge* § 74 Rn. 9; *Meyer-Goßner/Schmitt* § 74 Rn. 15). Es wird sich dann jedoch ggf. eine Ablösung von Amts wegen anbieten (§ 76 Abs. 1 Satz 2).

12 E. Zuständigkeit des Gerichts und Beschluss. Über den Ablehnungsantrag entscheidet das **Gericht**, vor dem der Sachverständige tätig geworden ist oder werden soll durch **Beschluss** (HK-StPO/*Lemke* § 74 Rn. 13). In der Hauptverhandlung geschieht dies unter Mitwirkung der Schöffen, außerhalb ohne deren Beteiligung (BGH wistra 1997, 147; RGSt 47, 239). Der ersuchte oder beauftragte Richter entscheidet nicht selbst, sondern führt eine Entscheidung des zuständigen Gerichts herbei (KK-StPO/*Senge* § 74 Rn. 15). Der Beschluss muss ausdrücklich ergehen und kann nicht stillschweigend durch Vernehmung eines neuen oder des abgelehnten Sachverständigen erfolgen (OLG Hamm NJW 1966, 1880 f. auch zur Frage des Beruhens i.S.v. § 337). Der Beschluss erwächst nicht in Rechtskraft, sodass das Gericht ihn von Amts wegen jederzeit ändern kann.

13 Vor der Entscheidung hat das Gericht die Prozessbeteiligten anzuhören, eine **Anhörung** des Sachverständigen entsprechend § 26 Abs. 3 ist hingegen gesetzlich nicht vorgesehen (RGSt 25, 362; OLG Frankfurt am Main NJW 1965, 315), kann aber zur Klärung der Befangenheit angebracht sein

(BGH NStZ 2008, 50). Äußert sich der Sachverständige, ist dies dem Antragsteller vor der Entscheidung mitzuteilen (KK-StPO/*Senge* § 74 Rn. 13). Sowohl der ablehnende als auch der stattgebende Beschluss müssen nach § 34 **mit Gründen versehen** werden. Diese müssen so ausführlich gehalten sein, dass die Prozessbeteiligten ihr weiteres Verhalten daran orientieren können und dem Revisionsgericht eine Überprüfung der angewendeten Rechtsbegriffe möglich ist (BGH MDR 1978, 459; LR/*Krause* § 74 Rn. 32; *Meyer-Goßner/Schmitt* § 74 Rn. 17).

F. Folge eines begründeten Ablehnungsantrags. Bei begründeter Ablehnung wird der Sachverständige zum ungeeigneten Beweismittel (§ 245 Abs. 2; vgl. BGH StV 1999, 576) und darf nicht weiter vernommen werden. Ein bereits erstattetes Gutachten wird unverwertbar (BGH NJW 2005, 447; *Eisenberg* BR, Rn. 1560; KMR/*Neubeck* § 74 Rn. 23; *Jessnitzer/Ulrich* § 74 Rn. 183 f.) und es kann dem Gericht damit auch nicht mehr die erforderliche Sachkunde vermitteln. Ebenso wenig darf § 74 dadurch umgangen werden, dass der Sachverständige als sachverständiger Zeuge vernommen (BGHSt 20, 224) oder sein Gutachten von einem anderen Sachverständigen vertreten wird (OLG Celle NJW 1964, 462). Soweit der Sachverständige Tatsachen wahrgenommen hat, darf er hingegen nach allg. Ansicht über diese als Zeuge gehört werden. Sofern es sich um verwertbare Zufallstatsachen und Zufallsbeobachtungen handelt, wird dem allgemein zugestimmt, umstr. ist hingegen, ob eine Vernehmung als sachverständiger Zeuge (§ 85) auch über die Wahrnehmung der zur Vorbereitung seines Gutachtens ermittelten Befundtatsachen möglich ist (so BGH NStZ 2002, 44; 215; *Fezer* JR 1990, 397; *Meyer-Goßner/Schmitt* § 74 Rn. 19; zu Recht a. A., da dies kaum von der Gutachtenerstattung zu trennen ist, LR/*Krause* § 74 Rn. 36; *Eisenberg* BR, Rn. 1561; *Geppert* DAR 1980, 321; ders. FG v. Lübtow, S. 790; *Hanack* JR 1966, 425). 14

G. Rechtsmittel. I. Beschwerde. Mit der einfachen Beschwerde (§ 304 Abs. 1) können alle auf den Antrag ergehenden richterlichen Entscheidungen angefochten werden, auch der Beschluss, der die Ablehnung für begründet erachtet (OLG Celle NJW 1966, 415; OLG Frankfurt am Main VRS 51, 212). § 28 Abs. 1 schließt die Beschwerde nicht aus, da sich die Verweisung in Abs. 1 Satz 1 nur auf die Ablehnungsgründe, nicht aber das Ablehnungsgesuch bezieht (RGSt 47, 240; OLG Koblenz VRS 71, 200). Wird eine Entscheidung unterlassen, kann dies auch mittels der Beschwerde gerügt werden. Die weitere Beschwerde ist nach § 310 Abs. 2 ausgeschlossen. Statthaft ist die Beschwerde nur bis zur Eröffnung der Hauptverhandlung, Entscheidungen des erkennenden Gerichts sind nach § 305 Satz 1 unanfechtbar (KG JR 1959, 350; OLG Celle NJW 1966, 615; OLG Düsseldorf NJW 1967, 692; OLG Hamburg NJW 1967, 2274; KK-StPO/*Senge* § 74 Rn. 16). Das Beschwerdegericht überprüft nicht nur die rechtliche, sondern auch die tatsächliche Grundlage der angefochtenen Entscheidung und kann das Ermessen des ersten Richters ersetzen (*Meyer-Goßner/Schmitt* § 74 Rn. 20). Beschwerdeberechtigt sind alle Antragsberechtigten, d.h. nicht der Sachverständige (vgl. Rdn. 1; OLG Frankfurt am Main NJW 1965, 314). 15

II. Revision. Auf einer unterlassenen Namhaftmachung (Abs. 2 Satz 2) wird das Urteil regelmäßig nicht beruhen, da die Prozessbeteiligten bei Ladung den Namen ohnehin erfahren (OLG Köln JMBl., NRW 1962, 202; LR/*Krause* § 74 Rn. 41). Auf eine Verletzung des § 74 Abs. 1 kann die Revision nur gestützt werden, wenn der Sachverständige in der Hauptverhandlung, in der das Urteil erfolgte, abgelehnt wurde, nicht aber daraus abgeleitet werden, dass ein in der Hauptverhandlung nicht wiederholter Antrag nicht verbeschieden wurde (BGH NStZ-RR 2002, 110; erg. Rdn. 8 f.). Gerügt werden kann, dass über ein Ablehnungsgesuch gar nicht oder nur stillschweigend entschieden (OLG Hamm NJW 1966, 1880), der Antrag zu Unrecht zurückgewiesen oder der ablehnende Beschluss unzureichend begründet wurde, insb. die Ablehnungstatsachen nicht ausreichend würdigt, sofern diese nicht offensichtlich sind (BGH MDR 1978, 459; RGSt 47, 241; OLG Hamburg VRS 56, 457; bei einem bloß wiederholenden Antrag kann auf die Gründe des ersten Beschlusses Bezug genommen werden, BGH NStZ-RR 2004, 119). Wird dem Gesuch zu Unrecht stattgegeben, dann wird das Urteil darauf nicht beruhen, wenn stattdessen ein anderer Sachverständiger prozessordnungsgemäß gehört wurde. 16

Beim Sachverständigen ist die Rüge, da es sich nicht wie beim Richter (vgl. § 338 Nr. 3) um einen absoluten Revisionsgrund handelt, nach allgemeinem Revisionsrecht zu beurteilen (BGHSt 8, 232; 49, 381; BGH StV 1981, 55; 1990, 389; 1999, 576; LR/*Krause* § 74 Rn. 44). Da das Revisionsgericht 17 ohne Möglichkeit eigener Ermittlungen an die Tatsachenfeststellung des Tatrichters gebunden ist (BGH NStZ 1994, 388; 1999, 632; 2008, 50; NStZ-RR 2002, 66) und nur darüber entscheidet, ob dieser die Rechtsbegriffe richtig angewendet und das Ablehnungsgesuch verfahrensfehlerfrei mit ausreichender Begründung abgelehnt hat (BGHSt 8, 233; BGH NStZ 2008, 229), können keine neuen Tatsachen oder Beweismittel in der Revision nachgeschoben werden. Das Tatgericht muss deshalb in seinem Beschluss darlegen, von welchen Tatsachen es ausgeht (vgl. BGH NStZ 2014, 663). Die Frage, ob Umstände die Besorgnis der Befangenheit begründen, wird durch die Revisionsgerichte zu Recht als Rechtsfrage angesehen (vgl. nur BGHSt 8, 233; 41, 212). Aus den aufgezeigten Grundsätzen ergibt sich, dass formell die erhobene Rüge die Mitteilung des Ablehnungsantrags als auch des Gerichtsbeschlusses voraussetzt, durch den der Antrag abgelehnt wurde (BGH DAR 1979, 191; VRS 35, 428; OLG Koblenz GA 1975, 28; OLG Düsseldorf JMBl., NRW 1987, 102). Werden lediglich einzelne Passagen aus dem Gutachten zitiert, geht der BGH davon aus, dass dies nicht ausreicht, wenn sie – wie im Regelfall – nur aus dem Zusammenhang heraus beurteilt werden können (BGH NStZ 1988, 210). Es empfiehlt sich deshalb eine möglichst weitgehende Darstellung unter Hervorhebung der relevanten Passagen (so auch *Miebach* NStZ 1988, 210).

§ 75 StPO Pflicht des Sachverständigen zur Erstattung des Gutachtens.

(1) Der zum Sachverständigen Ernannte hat der Ernennung Folge zu leisten, wenn er zur Erstattung von Gutachten der erforderten Art öffentlich bestellt ist oder wenn er die Wissenschaft, die Kunst oder das Gewerbe, deren Kenntnis Voraussetzung der Begutachtung ist, öffentlich zum Erwerb ausübt oder wenn er zu ihrer Ausübung öffentlich bestellt oder ermächtigt ist.
(2) Zur Erstattung des Gutachtens ist auch der verpflichtet, welcher sich hierzu vor Gericht bereit erklärt hat.

1 **A. Grundsätzliches und Regelungsgehalt.** § 75 legt die Voraussetzungen einer öffentlich-rechtlichen Pflicht zur Tätigkeit als Sachverständiger fest. Sie besteht auch im Vorverfahren ggü. der StA, nicht aber ggü. der Polizei. Gegenüber der Polizei kann sich eine entsprechende Verpflichtung allerdings aus Amtshilfegrundsätzen (Art. 35 GG) ergeben (KK-StPO/*Senge* § 75 Rn. 1). Die Gutachterpflicht bleibt auf die vier im Gesetz genannten Fälle beschränkt, da sie dem Einzelnen mehr als i.R.d. allgemeinen Zeugenpflicht zumutet und Sachverständige, anders als Zeugen, häufig ersetzbar sind (vgl. SK-StPO/*Rogall* § 75 Rn. 1). Sie gilt nicht nur bei Ernennung, sondern auch in den Fällen der Erscheinungspflicht nach § 220 Abs. 2 bei unmittelbarer Ladung durch einen Prozessbeteiligten (§§ 214 Abs. 3, 220 Abs. 1).

2 **B. Entstehungsgründe der Gutachterpflicht.** Die Voraussetzungen einer Gutachterpflicht kraft öffentlicher Bestellung etwa als Gerichtsarzt oder Wirtschaftsprüfer sind außerhalb der StPO geregelt (vgl. § 73 Rdn. 13 f.). Die Bestellung muss Gutachten der vorliegenden Art umfassen. Zur Gutachtenerstattung ist ebenso verpflichtet, wer die Wissenschaft, die Kunst oder das Gewerbe öffentlich zum Erwerb ausübt. Gewerbsmäßigkeit i.d.S. liegt vor, wenn die Erwerbstätigkeit ggü. einem zahlenmäßig unbestimmten Personenkreis in der Absicht erfolgt, laufende Einnahmen zu erzielen (KMR/*Neubeck* § 75 Rn. 1; HK-StPO/*Brauer* nennt Ärzte, Apotheker, Schriftsteller, Künstler oder Handwerker). Schließlich trifft die Pflicht auch Personen, die zur Ausübung der Wissenschaft, der Kunst oder des Gewerbes öffentlich bestellt (z.B. Universitätsprofessoren) oder ermächtigt (z.B. Lehrbeauftragung oder ärztliche Approbation LR/*Krause* § 75 Rn. 5) sind und zwar unabhängig davon, ob die betreffende Tätigkeit (noch) tatsächlich ausgeübt wird (*Meyer-Goßner/Schmitt* § 75 Rn. 1; KK-StPO/*Senge* § 75 Rn. 4). Für Dolmetscher gilt die Vorschrift nicht (vgl. § 191 Satz 1 GVG).

3 **Abs. 2** legt fest, dass auch derjenige zur Erstattung eines Gutachtens verpflichtet ist, der sich in einer konkreten Strafsache hierzu ggü. dem Gericht (oder ggü. der StA, vgl. § 161a Abs. 1 Satz 2) **bereit erklärt** hat. Durch diese Regelung soll eine Verschleppung des Verfahrens verhindert werden, die eintreten könnte, wenn sich der Gutachter trotz Bereiterklärung nach eigenem Belieben von der übernommenen Pflicht lösen könnte (SK-StPO/*Rogall* § 75 Rn. 23). Die Bindung setzt deshalb keine bestimmte Form der Erklärung voraus, d.h. sie kann auch mündlich oder konkludent durch Beginn der Gutachter-

tätigkeit oder Erscheinen vor Gericht erfolgen. Unwiderruflich wird die Erklärung allerdings erst dann, wenn das Gericht oder ein Prozessbeteiligter den Sachverständigen auch tatsächlich nach §§ 214 Abs. 3, 220 Abs. 1 geladen hat (*Meyer-Goßner/Schmitt* § 75 Rn. 2).

C. Inhalt der Begutachtungspflicht. Besteht eine Begutachtungspflicht, dann erstreckt 4 sich diese auf alle Pflichten, die einem Sachverständigen obliegen. Der Verpflichtete muss das Gutachten erstatten und die dafür erforderlichen vorbereitenden Tätigkeiten ausführen (z.B. die Vornahme von Untersuchungen, aber etwa auch auf Verlangen des Gerichts das Gutachten schriftlich erstellen). Des Weiteren muss er vor Gericht erscheinen und das Gutachten persönlich erstatten (zur Unzulässigkeit der Vertretung vgl. OLG Köln VRS 58, 73). Begrenzt wird die Sachverständigenpflicht in Entstehung und Umfang durch das regulative Prinzip der Zumutbarkeit. So kann etwa eine starke berufliche Belastung (*Bleutge* DRiZ 1977, 172), hohes Alter (MK-StPO/*Trück* § 75 Rn. 5) oder Krankheit einer Inanspruchnahme entgegenstehen. Tritt die Unzumutbarkeit erst nach Hinzuziehung des Sachverständigen auf, gilt § 76 Abs. 1 Satz 2 (KMR/*Neubeck* § 75 Rn. 2).

§ 76 StPO Gutachtenverweigerungsrecht des Sachverständigen.

(1) ¹Dieselben Gründe, die einen Zeugen berechtigen, das Zeugnis zu verweigern, berechtigen einen Sachverständigen zur Verweigerung des Gutachtens. ²Auch aus anderen Gründen kann ein Sachverständiger von der Verpflichtung zur Erstattung des Gutachtens entbunden werden.
(2) ¹Für die Vernehmung von Richtern, Beamten und anderen Personen des öffentlichen Dienstes als Sachverständige gelten die besonderen beamtenrechtlichen Vorschriften. ²Für die Mitglieder der Bundes- oder einer Landesregierung gelten die für sie maßgebenden besonderen Vorschriften.

A. Grundsätzliches. Eine Verweigerung des Gutachtens aus den in §§ 52, 53 und 53a genann- 1 ten Gründen kommt für einen Sachverständigen in Betracht, wenn er an sich nach § 75 zur Gutachtenerstattung verpflichtet ist. Aus der Einbeziehung von § 52 wird geschlossen, dass auch ein Angehöriger Sachverständiger sein kann (vgl. KMR/*Neubeck* § 76 Rn. 1). Ohne eine entsprechende Pflichtenstellung kann er das Gutachten ohnehin begründungslos ablehnen. Hinsichtlich der Amtsverschwiegenheitspflichten wird § 54 durch § 76 Abs. 2 verdrängt (vgl. Rdn. 4). Ob § 55 über § 76 oder über § 72 (so die h.M. vgl. LR/*Krause* § 76 Rn. 1; *Meyer-Goßner/Schmitt* § 76 Rn. 1) anwendbar ist, hängt davon ab, ob der Begriff der Zeugnisverweigerung untechnisch auch auf ein Auskunftsverweigerungsrecht erstreckt wird (so SK-StPO/*Rogall* § 76 Rn. 7). Der Streit hierüber ist bedeutungslos, zumal eine Verweisung wegen des verfassungsrechtlich unabdingbaren Regelungsgehalts des § 55, anders als bei §§ 52 ff., ohnehin nur deklaratorischen Charakter hat. Die Belehrungspflichten (§§ 52 Abs. 3 Satz 1, 55 Abs. 2) und die Pflicht zur Glaubhaftmachung (§ 56) gelten entsprechend.
Ärztlichen Sachverständigen steht selbstverständlich kein Schweigerecht nach § 53 Abs. 1 Nr. 3 zu, da 2 der Arzt Mitteilungen des Beschuldigten oder Zeugen in der erkennbaren Absicht der Verwertung vor Gericht entgegennimmt und deshalb kein Vertrauensverhältnis besteht (vgl. KK-StPO/*Senge* § 76 Rn. 3; *Krauß* ZStW 97, 110). Der Sachverständige darf daher die Wiedergabe von Befundtatsachen nicht verweigern, auch wenn der Angeklagte oder Zeuge die Untersuchung nicht freiwillig geschehen lässt (BGHZ 40, 294; RGSt 61, 384; OLG Hamm NJW 1968, 1202; einschr. *Kühne* JZ 1981, 652; zu Zusatztatsachen vgl. § 53 Abs. 1 Nr. 3; für Zusatztatsachen, die vom Beschuldigten in »vernehmungsähnlicher Situation« erlangt wurden, kann allerdings unabhängig von einem Zeugnisverweigerungsrecht des Arztes ein selbständiges Beweisverwertungsverbot bestehen).

B. Entbindung von der Gutachterpflicht. Der Auftraggeber kann nach **Abs. 1 Satz 2** den 3 Sachverständigen bei Unzumutbarkeit oder besonderer Härte von Amts wegen oder auf Antrag nach freiem Ermessen von seiner Gutachterpflicht entbinden. Infrage kommt eine Entbindung trotz Nichtvorliegen der Verweigerungsgründe des Satzes 1 bei hohem Alter des Sachverständigen, beruflicher Belastung, bei nunmehr festgestellter Ungeeignetheit (vgl. hierzu LG Augsburg StV 2014, 131 ff. m. Anm. *Ahmend*) bzw. möglicher Heranziehung eines geeigneteren Sachverständigen, nicht geltend gemachter Befangenheit oder bei Unmöglichkeit, das Gutachten rechtzeitig zu erstatten (*Meyer-Goßner/Schmitt*

§ 76 Rn. 3). Auch bei unmittelbarer Ladung des Sachverständigen durch einen Prozessbeteiligten (§§ 214 Abs. 3, 220 Abs. 1) kann der Sachverständige entbunden werden: Damit dem Prozessbeteiligten aber nicht das Recht auf unmittelbare Ladung genommen wird, darf die Entbindung nur auf Antrag des Prozessbeteiligten oder des Sachverständigen selbst erfolgen.

4 C. Angehörige des öffentlichen Dienstes (Abs. 2) Abs. 2 verweist für die Vernehmung von Personen des öffentlichen Dienstes auf »besondere beamtenrechtliche Vorschriften«, die i.d.R. ein **Genehmigungserfordernis** für die sachverständige Tätigkeit vorsehen und eine Versagung der Genehmigung bei Beeinträchtigung dienstlicher Interessen zulassen (vgl. nur § 69 BBG, § 37 Abs. 4 Satz 3 BeamtStG; § 14 Abs. 2 Satz 3 SoldG; vgl. i.Ü. § 54 Rdn. 15 ff.). Kann die Erstattung des Gutachtens die Pflicht zur Amtsverschwiegenheit verletzen, sind die Grundsätze zu § 54 anwendbar und der Sachverständige bedarf der Aussagegenehmigung (LR/*Krause* § 76 Rn. 7; SK-StPO/*Rogall* § 76 Rn. 23). Bei Beamten kann das Auftreten als Sachverständiger als Nebentätigkeit genehmigungsbedürftig sein (vgl. § 99 BBG), da seine Arbeitskraft erhalten bleiben soll. Ist der Sachverständige in der Hauptverhandlung bereits erschienen, so wird Abs. 1 Satz 2 durch die speziellere Regelung von § 245 Abs. 1 verdrängt (*Meyer-Goßner/Schmitt* § 76 Rn. 3; LR/*Krause* § 76 Rn. 6; wohl auch BGH StraFo 2003, 198: Entscheidung nach § 76 Abs. 1 Satz 2 »steht § 245 entgegen«; a. A. *Jessnitzer/Frieling* § 76 Rn. 148; KK-StPO/*Senge* § 76 Rn. 4). Nach Erstattung des Gutachtens kann keine Entbindung mehr erfolgen, erweist sich der Sachverständige erst in diesem Zeitpunkt als ungeeignet, wird nach § 83 Abs. 1 verfahren (BGH StraFo 2003, 199).

5 D. Rechtsbehelfe. I. Beschwerde. Im Vorverfahren können die Prozessbeteiligten die Entbindung (Abs. 1 Satz 2) mit der Beschwerde anfechten. Entscheidungen des erkennenden Gerichts sind i.R.d. § 305 Satz 1 von der Beschwerde ausgenommen. Der Sachverständige kann nach § 304 Abs. 2 Beschwerde nur gegen die Ablehnung seines Antrags auf Entbindung einlegen (KK-StPO/*Senge* § 76 Rn. 5), allerdings für diesen Fall auch gegen Entscheidungen des erkennenden Gerichts (§ 305 Satz 2). Die weitere Beschwerde ist durch § 310 ausgeschlossen. Die Ermessensentscheidung unterliegt in vollem Umfang der Kontrolle des Beschwerdegerichts (*Meyer-Goßner/Schmitt* § 76 Rn. 6; LR/*Krause* § 76 Rn. 8; SK-StPO/*Rogall* § 76 Rn. 28; a. A. *Schwung* ZStW 1982, 147).

6 II. Revision. Wird dem Sachverständigen rechtsfehlerhaft ein Verweigerungsrecht zuerkannt (vgl. RG JW 1928, 414; LR/*Krause* § 76 Rn. 9) oder trotz Vorliegens der Voraussetzung des Abs. 1 Satz 1 nicht gewährt, so kann dies im Wege der Aufklärungsrüge (§ 244 Abs. 2) geltend gemacht werden. Zweifelhaft erscheint allerdings, ob das Urteil auf einem unberechtigten Ausscheiden des Sachverständigen beruhen kann, wenn das Gericht einen gleichermaßen sachkundigen Sachverständigen als Ersatz vernommen hat (zutr. KK-StPO/*Senge* § 76 Rn. 6; and. LR/*Krause* § 76 Rn. 9). Wird § 55 in § 76 einbezogen (vgl. Rdn. 1), dann kann durch die fehlerhafte Nichtberücksichtigung einer Berufung des Sachverständigen auf § 55 die Revision nicht begründet sein, da § 55 nicht dem Schutz des Angeklagten dient. Ebenso wenig kann die Revision darauf gestützt werden, dass die in Abs. 2 angesprochenen Voraussetzungen für eine Vernehmung des genannten Personenkreises nicht vorlagen, denn diese berühren nicht den Rechtskreis des Angeklagten (KMR/*Neubeck* § 76 Rn. 6; LR/*Krause* § 76 Rn. 9).

§ 77 StPO Ausbleiben oder unberechtigte Gutachtenverweigerung des Sachverständigen.

(1) ¹Im Falle des Nichterscheinens oder der Weigerung eines zur Erstattung des Gutachtens verpflichteten Sachverständigen wird diesem auferlegt, die dadurch verursachten Kosten zu ersetzen. ²Zugleich wird gegen ihn ein Ordnungsgeld festgesetzt. ³Im Falle wiederholten Ungehorsams kann neben der Auferlegung der Kosten das Ordnungsgeld noch einmal festgesetzt werden.
(2) ¹Weigert sich ein zur Erstattung des Gutachtens verpflichteter Sachverständiger, nach § 73 Abs. 1 Satz 2 eine angemessene Frist abzusprechen, oder versäumt er die abgesprochene Frist, so kann gegen ihn ein Ordnungsgeld festgesetzt werden. ²Der Festsetzung des Ordnungsgeldes muß eine Androhung unter Setzung einer Nachfrist vorausgehen. ³Im Falle wiederholter Fristversäumnis kann das Ordnungsgeld noch einmal festgesetzt werden.

Ausbleiben od. unberechtigte Gutachtenverweigerung d. Sachverständigen **§ 77 StPO**

A. Grundsätzliches und Regelungsgehalt. Die Norm regelt Art und Anlass der Festset- 1
zung von **Ungehorsamsfolgen** bei Verstößen gegen die Pflicht zur Erstattung eines Gutachtens. Sie ersetzt die für den Zeugen geltenden Bestimmungen der §§ 51 Abs. 1, 70 Abs. 1, 2 durch mildere Folgen des Ungehorsams (weder Ordnungs- oder Beugehaft noch zwangsweise Vorführung; vgl. LR/*Krause* § 77 Rn. 1). Ein Ungehorsamsfall liegt nur vor, wenn der Sachverständige zur Erstattung des Gutachtens verpflichtet ist, d.h. bestellt oder unmittelbar geladen wurde (§§ 214 Abs. 3, 220 Abs. 1), der Ernennung nach § 75 folgen muss und ihm kein Gutachtenverweigerungsrecht (§ 76) zusteht. Die Zwangsbefugnisse stehen sowohl dem Gericht als auch der StA (§ 161a Abs. 2), nicht aber der Polizei zu. Zur fehlenden Anwendung auf Dolmetscher hinsichtlich des Ordnungsgeldes vgl. § 185 GVG; LG Hamburg StV 1985, 500; LG Nürnberg-Fürth NJW 1978, 119; LG Cottbus 24 jug Qs 40/08.

B. Ungehorsamsfälle. I. Nichterscheinen (Abs. 1 Satz 1, 1. Alt.) Bei **Nichterscheinen** 2
setzt die Ungehorsamsfolge wie beim Zeugen eine ordnungsgemäße Ladung mit Hinweis auf die Folgen des Ungehorsams voraus (vgl. § 51 Rdn. 2). Steht dem Sachverständigen ein Gutachtenverweigerungsrecht nach § 76 Abs. 1 Satz 1 zu, ist dieser aber anders als ein Zeuge von der Pflicht zu Erscheinen befreit (*Meyer-Goßner/Schmitt* § 77 Rn. 3; KK-StPO/*Senge* § 77 Rn. 2). Die Folgen des § 77 treten nicht ein, wenn das Ausbleiben des Sachverständigen genügend entschuldigt ist (entsprechend § 51 Abs. 2 Satz 1, 2). Erscheint der Sachverständige aufgrund eines vermeidbaren Irrtums über das Recht zur Gutachtenverweigerung nicht, so liegt ein schuldhafter Verstoß vor (KMR/*Neubeck* § 77 Rn. 2). Die Erscheinenspflicht umfasst auch die Pflicht, bis zur endgültigen Entlassung durch das Gericht (§ 248) anwesend zu bleiben (HK-StPO/*Brauer* Rn. 2).

II. Gutachtenverweigerung (Abs. 1 Satz 1, 2. Alt.) Der Sachverständige verweigert das Gutachten 3
nicht nur dann, wenn er den Auftrag nicht oder bei fehlender Fristabrede trotz Mahnung nicht in angemessener Frist erfüllt, sondern auch dann, wenn er sich weigert, die erforderlichen Vorarbeiten durchzuführen, einzelne Fragen zu beantworten, den Eid nach § 79 zu leisten oder sich der Leitung durch den Auftraggeber (§ 78) zu unterwerfen (*Meyer-Goßner/Schmitt* § 77 Rn. 4). Die Anwendung von § 77 kommt nur bei schuldhafter Weigerung in Betracht. Da über die Öffentlichkeit der Verhandlung das Gericht zu entscheiden hat, darf der Sachverständige nicht deshalb das Gutachten verweigern, weil seinem Antrag auf Ausschluss der Öffentlichkeit nicht stattgegeben wird (LR/*Krause* § 77 Rn. 7; a. A. *Herbst* NJW 1969, 548). Die Festsetzung von Ordnungsgeld kommt erst nach Androhung unter Setzung einer Nachfrist in Betracht. Sie ist so bemessen sein muss, dass sie zur Erstellung des Gutachtens ausreicht (etwas unklar LR/*Krause* § 77 Rn. 10: »in Verbindung mit der ersten, versäumten Frist ausreicht«). Wird diese Frist ebenso versäumt, wird es sich empfehlen, den Sachverständigen nach § 76 Abs. 1 Satz 2 zu entbinden (SK-StPO/*Rogall* § 77 Rn. 26). Ansonsten kann mit der Festsetzung des Ordnungsgeldes zugleich eine zweite Nachfrist gesetzt und erneut Ordnungsgeld angedroht werden (*Meyer-Goßner/Schmitt* § 77 Rn. 10).

III. Weigerung der Fristabsprache (Abs. 2 Satz 1, 1. Alt.) Nach § 73 Abs. 1 Satz 2 soll der Richter 4
mit dem Sachverständigen eine **Absprache treffen**, innerhalb welcher **Frist** die Gutachten erstattet werden können. Verweigert der Sachverständige die Fristabsprache oder ist er nur bereit, eine unangemessene Frist abzusprechen, kann gegen ihn ein Ordnungsgeld festgesetzt werden. Es bedarf in diesem Fall keiner Nachfristsetzung (KK-StPO/*Senge* § 77 Rn. 4). Die Festsetzung setzt voraus, dass dem Sachverständigen eine **angemessene Frist** vorgeschlagen wurde, bei deren Berechnung die Arbeitsbelastung des Sachverständigen, die erforderlichen Vorbereitungen, aber auch das Interesse an einer beschleunigten Durchführung von Strafverfahren zu berücksichtigen sind (vgl. auch § 73 Rdn. 12). Insbesondere in Haftsachen gewinnt aufgrund des Beschleunigungsgebots die Fristabsprache besondere Bedeutung (vgl. auch MK-StPO/*Trück* § 77 Rn. 12 ff.) und der Sachverständige muss ggf. unter Androhung von Ordnungsmitteln zur zügigen Erstellung des Gutachtens angehalten werden (vgl. OLG Düsseldorf NStZ-RR 2010, 19). Da auch hier die Vorwerfbarkeit des Verstoßes vorausgesetzt wird, orientiert sich die Unangemessenheit an einer Frist, deren Einhaltung unter den konkreten Umständen ohne Weiteres möglich ist (wohl etwas restriktiver *Rieß* NJW 1975, 85; AnwK-StPO/*Krekeler/Werner* § 77 Rn. 6; *Meyer-Goßner/Schmitt* § 77 Rn. 5, die auf die Evidenz des Verstoßes abstellen).

§ 78 StPO Richterliche Leitung der Tätigkeit des Sachverständigen

5   **IV. Versäumung der abgesprochenen Frist (Abs. 2 Satz 1, 2. Alt.)** Wurde nach § 73 Abs. 1 Satz 2 eine Frist zur Gutachtenerstellung vereinbart, muss der Sachverständige sie einhalten. Bei schuldhafter Versäumung der Frist, entscheidet das Gericht nach seinem Ermessen, ob es ein Ordnungsgeld festsetzt oder den Sachverständigen nach § 76 Abs. 1 Satz 2 unter Wegfall des Gebührenanspruchs abberuft und einen anderen ernennt. Keine schuldhafte Fristversäumung liegt bei Krankheit, unvorhersehbarer Arbeitsüberlastung oder beruflicher Abordnung vor. Zur Vermeidung der Ungehorsamsfolgen muss er in den genannten Fällen aber dem Gericht seine Verhinderung insb. in Fällen der Arbeitsüberlastung unverzüglich mitteilen (OLG Celle NJW 1972, 1524; LR/*Krause* § 77 Rn. 9).

6   **C. Ungehorsamsfolgen.** Die **Auferlegung der Kosten** (i.S.v. § 464a Abs. 1 Satz 1) ist in Fällen des § 77 Abs. 1 für jeden Fall des Ungehorsams ohne Rücksicht auf deren Anzahl zwingend vorgeschrieben (LR/*Krause* § 77 Rn. 12; *Meyer-Goßner/Schmitt* § 77 Rn. 8). Die Kosten werden dem Sachverständigen durch Gerichtsbeschluss auferlegt. Darauf hat der Angeklagte wegen der Minderung seiner Pflicht, die Verfahrenskosten zu tragen (vgl. § 465), einen Anspruch (LR/*Krause* § 77 Rn. 12; zu Art und Höhe der Kosten vgl. die Ausführungen zu § 51).

7   **Ordnungsgeld** wird i.R.d. § 77 **Abs. 1** nur beim ersten Ungehorsamsfall zwingend festgesetzt, im zweiten Fall steht die Festsetzung im Ermessen des Gerichts. In weiteren Fällen ist ein Ordnungsgeld unzulässig (Abs. 1 Satz 3). Ungehorsamsfolgen wegen Verweigerung des Gutachtens dürfen nach dem entsprechend anwendbaren § 70 Abs. 4 hinsichtlich derselben Tat (§ 264) nicht in einem anderen Verfahren wiederholt werden (*Meyer-Goßner/Schmitt* § 77 Rn. 9; KK-StPO/*Senge* § 77 Rn. 7). In den Fällen des § 77 Abs. 2 muss das Ordnungsgeld nicht zwingend festgesetzt werden, die Anordnung steht vielmehr im Ermessen des Gerichts. Auch hier darf die Festsetzung nur einmal wiederholt werden (Abs. 2 Satz 3).

8   Die **Höhe des Ordnungsgeldes** richtet sich nach Art. 6 EGStGB (5,00 – 1.000,00 €), wobei maßgebend die Schwere der Pflichtverletzung, die Bedeutung des Gutachtens für die Sachentscheidung und die wirtschaftlichen Verhältnisse des Sachverständigen sind (vgl. erg. § 51 Rdn. 8). Die Festsetzung von Ordnungshaft ist auch dann unzulässig, wenn das Ordnungsgeld nicht beigetrieben werden kann.

9   **D. Verfahren.** Zuständig sind das mit der Sache befasste Gericht oder die StA. Das Gericht fasst den zu begründenden Beschluss in der Hauptverhandlung unter Mitwirkung der Schöffen (§§ 30 Abs. 1, 77 Abs. 1 GVG; KMR/*Neubeck* § 77 Rn. 11). Der Sachverständige muss nur in den Fällen des Abs. 2 vor der Beschlussfassung angehört werden, im Fall des Nichterscheinens (Abs. 1) hat er die Möglichkeit der nachträglichen Entschuldigung (vgl. auch § 61 Abs. 2, 3). Der Beschluss kann von Amts wegen nachträglich abgeändert oder aufgehoben werden, wenn die Voraussetzungen des § 77 nicht vorlagen. Vgl. i.Ü. zum Verfahren § 51 Rdn. 21 ff.; zur entsprechenden Anwendbarkeit von § 153 vgl. OLG Koblenz NStZ 1988, 192.

§ 78 StPO Richterliche Leitung der Tätigkeit des Sachverständigen.

Der Richter hat, soweit ihm dies erforderlich erscheint, die Tätigkeit der Sachverständigen zu leiten.

1   **A. Grundsätzliches und Regelungsgehalt.** Die Vorschrift regelt das **Verhältnis zwischen Richter und Sachverständigen** bei der Vorbereitung des Gutachtens (LR/*Krause* § 78 Rn. 2; KK-StPO/*Senge* § 78 Rn. 2). In der Hauptverhandlung obliegt die Vernehmung des Sachverständigen als Teil der Beweisaufnahme bereits nach § 238 Abs. 1 der Sachleitungsbefugnis des Gerichts. Die in der gerichtlichen Praxis häufig verkannte und in ihre Bedeutung unterschätzte Vorschrift (vgl. *Dippel* S. 106, 107; *Krauß* ZStW 85, 1973, 325; *Sarstedt* NJW 1968, 180; die Bedeutung betonend aber etwa BGHSt 45, 168; BGH StV 1986, 138; NStZ 1995, 230) stellt klar, dass der Richter – im Vorverfahren auch die StA und Polizei – als Auftraggeber die Tätigkeit des Sachverständigen zu leiten und zu überwachen und auf die Einhaltung der rechtlichen Grenzen seiner Tätigkeit zu achten hat.

B. Umfang der Leitung. I. Auftragsbeschreibung. Fundament der Leitungspflicht ist ein 2
klarer und eindeutig bestimmter **Auftrag an den Sachverständigen** (*Krauß* ZStW 85, 1973, 322; vgl.
auch BGH NJW 2005, 1519). Dieser muss zunächst die durch den Sachverständigen zu beantwortenden Beweisfragen eindeutig benennen, um einer Überschreitung des Gutachtenauftrags entgegenzuwirken (*Meyer-Goßner/Schmitt* § 78 Rn. 3; *Tröndle* JZ 1969, 376). Des Weiteren sind insb. die
Anknüpfungstatsachen anzuführen, die dem Gutachten zugrunde zu legen sind, sofern sie nicht als Befundtatsachen zu ermitteln sind (BGHSt 18, 107, 108; BGH StV 1995, 113; *Jessnitzer/Ullrich* 221; zur
Frage, ob ein Sachverständiger bei zu wenig Anknüpfungstatsachen ein ungeeignetes Beweismittel i.S.v.
§ 245 Abs. 2 sein kann, vgl. BGH StV 2007, 513). Inwieweit dem Sachverständigen zur hinreichenden
Instruktion Aktenmaterial zugänglich gemacht werden muss (vgl. § 80 Abs. 2) oder zur Begutachtung
bereits ein Sachbericht ausreicht, muss im Einzelfall durch Abwägung ermittelt werden (vgl. auch § 93
Rdn. 2; zur mündlichen Bekanntgabe der Anknüpfungstatsachen außerhalb der Hauptverhandlung,
wenn der Sachverständige erst während oder nach der Beweisaufnahme beauftragt wurde, BGHSt 2,
25, 29; BGH NStZ 1995, 201; 282; 1985, 421 m. Anm. *Deckers* StV 1986, 138). Abgesehen von
den in den §§ 87 bis 90 genannten Fällen steht es im pflichtgemäß auszuübenden Ermessen des zur
Leitung Verpflichteten, ob er seine Anwesenheit bei der Untersuchungshandlung des Sachverständigen
für erforderlich erachtet (KK-StPO/*Senge* § 78 Rn. 4).

II. Belehrungen. Können Verfahrensvorschriften oder die Rechte von Verfahrensbeteiligten bzw. 3
Zeugen durch die Begutachtung verletzt werden, dann ist der Sachverständige über ihren Inhalt und
die rechtlichen Grenzen seiner Tätigkeit zu **belehren**. So ist er etwa darüber zu belehren, dass er nicht
zur »Vernehmung« von Auskunftspersonen berechtigt ist (vgl. auch § 80 Rdn. 2) und die Ermittlung
von Zusatztatsachen nicht zu seinen Aufgaben gehört, diese vielmehr beim Beschuldigten im Fall
der Aussageverweigerung sogar unverwertbar sind (vgl. *Bosch* Aspekte des nemo tenetur-Prinzips, 1998,
S. 315 ff.; and. die h.M.). Sollte trotz Aussageverweigerung des Beschuldigten eine Begutachtung infrage kommen (vgl. auch § 81 Rdn. 9), ist der Sachverständige auch darüber zu belehren, dass er zulässiges Verteidigungsverhalten nicht zu dessen Lasten verwerten darf (vgl. BGH 1 StR 512/02 v.
16.01.2003). Nicht nur im letztgenannten Fall wird häufig auch auf die rechtlichen Voraussetzungen
und Folgen einer Anwendung der §§ 20, 21 StGB hinzuweisen sein. Gerade bei der Belehrung über die
für das Gutachten relevanten Strafvorschriften und ihre Auslegung (so etwa KMR/*Neubeck* § 78 Rn. 2;
MK-StPO/*Trück* § 78 Rn. 5) ist aber besondere Vorsicht zu wahren, da die Gefahr besteht, dass der
Richter dadurch rechtliche Wertungen vorgibt und dem Sachverständigen zu Unrecht richterliche Aufgaben, die Subsumtion unter Rechtsbegriffe, »delegiert«.

III. Fachliche Durchführung. Die **fachliche Durchführung** der Untersuchung und die Wahl der da- 4
bei anzuwendenden Methode bleibt grds. dem Sachverständigen überlassen. Dies schließt sowohl fachliche Weisungen hinsichtlich der Art der Durchführung des Gutachtens (BGH DAR 1978, 155; sehr
weitgehend auch BGH NJW 1970, 1242) als auch der Anwendung einer bestimmten Untersuchungsmethode (vgl. BGH NStZ 1992, 27; 1997, 610) aus. Dennoch ist mit der Wahl eines Sachverständigen
einer bestimmten Fachrichtung und Disziplin natürlich auch eine gewisse Vorentscheidung hinsichtlich der betreffenden Untersuchungsmethode gegeben. Zudem muss der Leitende auch die Einhaltung
wissenschaftlicher Mindeststandards des jeweiligen Fachgebiets bei der Begutachtung beurteilen (vgl.
auch KK-StPO/*Senge* § 78 Rn. 1; *Boetticher* u.a. NStZ 2006, 537). Die Anwesenheit eines Verteidigers
soll der Beschuldigte trotz der hohen Selbstbelastungsgefahr bei Exploration durch den Sachverständigen nicht verlangen können (BGH StV 2003, 537 m. zu Recht krit. Anm. *Barton*; BGH NStZ 2008,
229; SK-StPO/*Rogall* § 78 Rn. 5). Gerechtfertigt wird dies damit, dass die fachliche Durchführung
allein Sache des Sachverständigen sei und dieser beurteilen müsse, ob die Anwesenheit des Verteidigers
dem Zweck der Untersuchung entgegenstehe. Dann müsste der Beschuldigte aber auch ausdrücklich
darüber belehrt werden, dass er eine Exploration (nicht eine bloße Untersuchung nach § 81a) ohne Verteidiger verweigern kann, ohne dass dies bei der Beweiswürdigung zu seinen Lasten verwertet wird. Zudem darf die Verweigerung der Exploration nicht durch eine ohnehin fragwürdige Vernehmung des Beschuldigten in Anwesenheit des Sachverständigen (vgl. § 80) umgangen werden.

C. Revision. Die Revision lässt sich zwar nicht unmittelbar auf eine Verletzung des § 78 stützen, 5
führt die fehlende Leitung des Sachverständigen aber etwa zu einer Verletzung des nemo tenetur-

§ 79 StPO Vereidigung des Sachverständigen

Grundsatzes (u.a. §§ 136, 136a), von Zeugnisverweigerungsrechten, der Aufklärungspflicht (vgl. OLG Zweibrücken NStZ-RR 2000, 47) oder von Grundsätzen der Beweiswürdigung (vgl. zu §§ 20, 21 StGB auch BGH NStZ-RR 2000, 361), kann dies selbstverständlich die Revision begründen (vgl. KK-StPO/*Senge* § 78 Rn. 5; LR/*Krause* § 78 Rn. 11).

§ 79 StPO Vereidigung des Sachverständigen.
(1) Der Sachverständige kann nach dem Ermessen des Gerichts vereidigt werden.
(2) Der Eid ist nach Erstattung des Gutachtens zu leisten; er geht dahin, daß der Sachverständige das Gutachten unparteiisch und nach bestem Wissen und Gewissen erstattet habe.
(3) Ist der Sachverständige für die Erstattung von Gutachten der betreffenden Art im Allgemeinen vereidigt, so genügt die Berufung auf den geleisteten Eid.

1   **A. Grundsätzliches.** Die Vereidigung steht allein im **Ermessen des Gerichts**, d.h. die StA, der Angeklagte oder sein Verteidiger können, anders als nach alter Rechtslage (§ 79 Abs. 1 Satz 2 a.F.), eine Vereidigung nicht mehr durch Antrag erzwingen. Die Nichtvereidigung ist der Regelfall, eine Vereidigung kommt nur in Ausnahmefällen in Betracht (vgl. auch BGHSt 21, 227; auch nicht stets bei ausschlaggebender Bedeutung des Gutachtens, vgl. LR/*Krause* § 79 Rn. 2 und bereits BGH MDR [H] 1955, 651), etwa wenn Sachkunde und Gewissenhaftigkeit im Einzelfall zweifelhaft erscheinen oder der Sachverständige zugleich als Zeuge infrage kommt und deshalb nicht unbefangen sein könnte (KMR/*Neubeck* § 79 Rn. 1). Eine Vereidigung wird zudem für erforderlich erachtet, wenn dem Gutachten blindlings gefolgt werden muss, weil die Gutachtengrundlagen dem Laien nicht zugänglich sind (*Eisenberg* BR, Rn. 1595; Meyer-Goßner/Schmitt § 79 Rn. 1). Dies erscheint zweifelhaft, da dieser Fall nicht selten eintreten dürfte und der Richter an sich im Urteil begründen muss, warum er das Gutachten für überzeugend erachtet. Ein Eid wird die erforderliche Überzeugung aber nur selten vermitteln können. Wird der Sachverständige zu verfahrensrechtlichen Fragen (z.B. Verhandlungsunfähigkeit des Angeklagten) im Wege des Freibeweises gehört, ist die Vorschrift nicht anwendbar (BGH DAR 1977, 172; 1979, 186).

2   **B. Entscheidung über die Vereidigung.** Da die Vereidigung gesetzlich als Ausnahmefall vorgesehen ist, soll **keine ausdrückliche Entscheidung** über die Nichtvereidigung erforderlich sein (BGHSt 21, 227, 228; Meyer-Goßner/Schmitt § 79 Rn. 2). Dies ist zumindest nach Abschaffung des Antragsrechts der Prozessbeteiligten (vgl. hierzu *Neuhaus* StV 2005, 49) nicht unproblematisch, zumal die Vorschrift zumindest eine Ausübung des Ermessens verlangt (vgl. auch LR/*Krause* § 79 Rn. 3). In Zweifelsfällen kann es sich für die Verfahrensbeteiligten empfehlen, einen Antrag auf Vereidigung zu stellen (LR/*Krause* § 79 Rn. 5), zumal es sich in der Praxis eingebürgert hat, am Ende der Sachverständigenvernehmung zu fragen, ob Anträge zur Vereidigung gestellt werden. Auch wenn der Antrag nicht mehr zwingend zur Vereidigung führt, kann dadurch zumindest eine nachprüfbare Ermessensausübung des Gerichts ermöglicht werden. Über die Nichtvereidigung muss nicht durch Gerichtsbeschluss entschieden werden, im Regelfall wird dies vielmehr durch Vorabentscheidung des Vorsitzenden geschehen. Das Gericht entscheidet wie bei § 59 Abs. 1 nach pflichtgemäßem Ermessen, hat dabei aber die Regelungen der § 60 und § 61 zu beachten.

3   **C. Form und Umfang des Sachverständigeneides. I. Form.** Der Eid wird als **Nacheid** (Abs. 2 Satz 1) mit der sich aus § 79 Abs. 2 i.V.m. § 64 Abs. 1 ergebenden Eidesformel geleistet. Bei Verweigerung des Eides aus Glaubens- oder Gewissensgründen genügt die dem Eid gleichstehende Bekräftigung nach § 65. Mehrere Sachverständige werden einzeln vereidigt (§ 59 Abs. 2 Satz 1; vgl. aber zur fehlenden Revisibilität RGSt 2, 158). Bei wiederholter Vernehmung in demselben Verfahren gilt § 67. Leistet der Sachverständige den Sachverständigeneid, muss dies entsprechend als wesentliche Förmlichkeit in der Sitzungsniederschrift beurkundet werden (§ 273 Abs. 1).

4   **II. Umfang. 1. Angaben zur Person.** Der Eid betrifft nur die Angaben des Gutachters, die er als Sachverständiger gemacht hat. Auch die Eidesformel nach § 79 Abs. 2 verdeutlicht, dass sich der Sachverständigeneid deshalb nicht auf die **Angaben zur Person** (§ 68) erstreckt (vgl. OLG Schleswig

SchlHA 1986, 103; *Meyer-Goßner/Schmitt* § 79 Rn. 9). Sollte dennoch, bspw. wegen einer möglichen persönlichen Beziehung des Sachverständigen zum Angeklagten, eine Beeidigung der Personalangaben erforderlich sein, wird dem Sachverständigen ggf. unter Verbindung der Eidesformeln auch der Zeugeneid abgenommen (LR/*Krause* § 79 Rn. 16).

2. Befund- und Zusatztatsachen. Der Sachverständige wird Tatsachen, die er seinem Gutachten zugrunde legt (**Anknüpfungstatsachen**), häufig selbst ermitteln. Kann er Tatsachen nur kraft besonderer Sachkunde feststellen (**Befundtatsachen**; vgl. BGHSt 9, 292; 13, 1; 20, 164; BGH NStZ 1988, 20), dann sind sie Teil des Gutachtens (BGH, NStZ 2002, 44) und damit vom Sachverständigeneid umfasst. Zu den Befundtatsachen gehören bspw. die Wahrnehmungen bei der Leichenöffnung (BGH VRS 32, 434), am lebenden Körper (BGHSt 18, 108) und über das (Aussage-) Verhalten einer Person bei einer Untersuchung (BGHSt 13, 2; SK-StPO/*Rogall* § 85 Rn. 27). Wahrnehmungen am Tatort (RG HRR 1932, 213) oder an der Unfallstelle (BGH VRS 10, 187), bei der Auswertung von Gutachten und der Krankengeschichte (BGHSt 9, 292), bei der Untersuchung von Lebensmitteln (LR/*Krause* § 79 Rn. 20) oder der Überprüfung von Handelsbüchern (BGH NJW 1951, 771) können ebenso Befundtatsachen betreffen, nicht aber Schriftproben (KG StV 1993, 628).

Über **Zusatztatsachen** berichtet der Sachverständige hingegen als Zeuge, sodass er, wenn er nicht ohnehin unvereidigt bleiben kann, hierüber den Zeugeneid zu leisten hat (BGHSt 13, 250, 251; 22, 271; BGH NStZ 1985, 182). Zusatztatsachen sind Tatsachen, die der Sachverständige bei der Ausführung seines Auftrages festgestellt hat, ohne dass es hierzu seiner besonderen Sachkunde bedurfte, und die daher auch durch das Gericht oder die Ermittlungsbehörden festgestellt hätten werden können (BGHSt 9, 293; 18, 107; 20, 166). Angesprochen sind v.a. das Tatgeschehen betreffende Tatsachen, die der Sachverständige bei Begutachtung von den zu begutachtenden Personen unaufgefordert mitgeteilt bekommen oder gezielt erhoben hat (vgl. zum Angeklagten etwa BGH NJW 1988, 1224; zur Unverwertbarkeit von Zusatztatsachen, die vom Beschuldigten »unaufgefordert« bei der Exploration mitgeteilt wurden, aber *Bosch* Aspekte des nemo-tenetur-Prinzips, 1998, S. 315 ff.; zu einem Fall der Verwertbarkeit von Zusatztatsachen, die durch Augenschein [Beobachtung des Angeklagten bei Gewalttätigkeiten während einer Unterbringung] erlangt wurden, vgl. BGH NStZ 1993, 245). Gleiches gilt für sog. **Zufallsbeobachtungen**, d.h. Beobachtungen, die der Sachverständige unabhängig von seiner Bestellung zum Sachverständigen gemacht hat (vgl. *Meyer-Goßner/Schmitt* § 79 Rn. 12; LR/*Krause* § 79 Rn. 17). Soweit dieser Begriff zufällige Wahrnehmungen kennzeichnet, die der Sachverständige bereits vor Beauftragung gemacht hat, versteht sich eine Qualifizierung als Zeugenbeweis von selbst, darüber hinausgehend kann aber im Einzelfall zweifelhaft sein, wann Beobachtungen nach Bestellung in keinem »unmittelbaren Zusammenhang« mit dem Gutachtenauftrag stehen.

III. Berufung auf die allgemeine Vereidigung. Abs. 3 sieht vor, dass die **Berufung auf die allgemeine Vereidigung** den Eid ersetzt und der Sachverständige ihn daher verweigern kann (KMR/*Neubeck* § 79 Rn. 8; LR/*Krause* § 79 Rn. 15; SK-StPO/*Rogall* § 79 Rn. 17; abw. KK-StPO/*Senge* § 79 Rn. 6: trotz allgemeiner Vereidigung im Einzelfall Vereidigung möglich). Voraussetzungen und Umfang der allgemeinen Vereidigung werden durch Bundes- oder Landsrecht geregelt (vgl. LR/*Krause* § 79 Rn. 10). Neben der Beschränkung auf Gutachten auf einem bestimmten Fachgebiet (oder wissenschaftlich damit zusammenhängende Fragen, vgl. KMR/*Neubeck* § 79 Rn. 8), kann sie bei örtlicher Eingrenzung auf die Abgabe von Gutachten vor dem Gericht des betreffenden Bezirks beschränkt sein (*Meyer-Goßner/Schmitt* § 79 Rn. 8; vgl. RGSt 43, 158; 45, 373). Beamte können sich auf den Diensteid berufen, wenn zu ihren Dienstpflichten die Erstattung von Gutachten der verfahrensgegenständlichen Art gehört (RGSt 42, 369; 43, 158; 45, 375). Die Berufung auf die allgemeine Vereidigung als Dolmetscher reicht hingegen nicht aus (BGH NJW 1965, 643). Der Sachverständige muss sich auf die allgemeine Vereidigung berufen (vgl. auch § 67) und dies ist als wesentliche Förmlichkeit nach § 273 im Protokoll zu beurkunden. Sofern die Tatsache der allgemeinen Vereidigung nicht ohnehin gerichtskundig ist, wird sie im Freibeweisverfahren festgestellt. Bleiben Zweifel hinsichtlich Umfang oder Bestehen einer allgemeinen Vereidigung, so ist zu vereidigen (*Jessnitzer/Ullrich* § 79 Rn. 412; KK-StPO/*Senge* § 79 Rn. 6).

D. Revision. Mit der Revision können Fehler bei der Ermessensausübung nach Abs. 1 nicht gerügt werden (BGHSt 21, 227). Wurde der Sachverständige zugleich als Zeuge vernommen und vereidigt, dann erstreckt sich der Zeugeneid auch auf die Erstattung des Gutachtens (BGH GA 76, 78;

5

6

7

8

OLG Hamm NJW 1969, 567). Unterblieb hingegen die Vernehmung als Zeuge, obwohl der Sachverständige über Zusatztatsachen berichtete, wird darauf das Urteil beruhen, sofern nicht ausgeschlossen werden kann, dass der Sachverständige sein Aussageverhalten als Zeuge geändert hätte (BGH NStZ 1985, 135; 1986, 323; 1993, 246; 1 StR 434/06). Wurde von der Vereidigung abgesehen, weil sich der Sachverständige zu Unrecht auf die allgemeine Vereidigung berufen hat (Abs. 3), kann darauf die Revision gestützt werden, allerdings soll trotz fehlender allgemeiner Vereidigung das Urteil auf diesem Fehler im Regelfall nicht beruhen, wenn Gericht und Sachverständiger die Berufung auf den allgemeinen Eid für zulässig erachtet hatten (RG JW 1929, 1047; LR/*Krause* § 79 Rn. 24; KK-StPO/*Senge* § 79 Rn. 8).

§ 80 StPO Vorbereitung des Gutachtens durch weitere Aufklärung.

(1) Dem Sachverständigen kann auf sein Verlangen zur Vorbereitung des Gutachtens durch Vernehmung von Zeugen oder des Beschuldigten weitere Aufklärung verschafft werden.
(2) Zu demselben Zweck kann ihm gestattet werden, die Akten einzusehen, der Vernehmung von Zeugen oder des Beschuldigten beizuwohnen und an sie unmittelbar Fragen zu stellen.

1 **A. Grundsätzliches.** Soweit dies dem Auftraggeber möglich ist, müssen dem Sachverständigen die zur Erstellung des Gutachtens erforderlichen **Anknüpfungstatsachen** zur Verfügung gestellt werden. Davon kann lediglich abgesehen werden, wenn die Ermittlung der Anknüpfungstatsachen nur dem Sachverständigen kraft besonderer Sachkunde möglich ist (AnwK-StPO/*Krekeler/Werner* § 80 Rn. 1). § 80 konkretisiert insoweit das **Verhältnis** zwischen der **Aufklärungspflicht** (§ 244 Abs. 2) des Auftraggebers (vgl. BGH, JR 1962, 111) **und der Vorbereitungspflicht** des Sachverständigen in Fällen, in denen der Sachverständige weitere Anknüpfungstatsachen benötigt. Häufig wird nur der Sachverständige beurteilen können, ob er über eine ausreichende Tatsachenbasis verfügt. Ihn trifft deshalb auch die Pflicht, auf eine aus seiner Sicht mögliche Aufklärung hinzuwirken, wenn dies für eine sichere Beurteilungsgrundlage erforderlich ist (*Meyer-Goßner/Schmitt* § 80 Rn. 1; bei Selbstladung trifft ihn diese Pflicht erst nach dem Beschluss gem. § 245 Abs. 2, vgl. BGH StV 1999, 464 m. Anm. *Grabow* StV 1999, 465 ff.). Soweit die Aufklärungspflicht nicht entgegensteht, kann das Gericht dem Sachverständigen auch aufgeben, seiner Gutachtenerstattung bestimmte Tatsachen zu unterstellen (v.a. wenn das Gericht ohne Sachkunde die erforderlichen Anknüpfungstatsachen nicht benennen kann, vgl. LR/*Krause* § 80 Rn. 3) oder alternative Geschehen zu beurteilen (KK-StPO/*Senge* § 80 Rn. 1).

2 **B. Mittel der Aufklärung.** Zur Verschaffung weiterer Aufklärung kann der Sachverständige die **Vernehmung von Beschuldigten** und **Zeugen** verlangen (BGHSt 45, 174). Durchgeführt wird die Vernehmung von der StA bzw. der Polizei oder dem Gericht. Der Sachverständige ist hingegen zu einer Vernehmung nicht befugt (BGH NJW 1951, 771; 1968, 2297; JR 1962, 111; *Eisenberg* BR, Rn. 1589; SK-StPO/*Rogall* § 80 Rn. 12 ff.; *Weigend* JZ 1990, 49; a. A. *Cabanis* NJW 1978, 2331; *Fincke* ZStW 86, 669; zur Erstellung von Aussageanalysen auch *Schoreit* StV 2004, 287; zur Nichtberücksichtigung von Erkenntnissen einer »Vernehmung« und zu einem entsprechenden Verlesungsverbot BGHSt 13, 1). Diese Grundsätze sind auch bei psychiatrischen und psychologischen Explorationen zu beachten (LR/*Krause* § 80 Rn. 8; SK-StPO/*Rogall* § 80 Rn. 16 ff.). Bei diesen ist insb. bei Beschuldigten die Gefahr einer Verletzung der Aussagefreiheit besonders hoch, den Sachverständigen trifft aber weder eine Belehrungspflicht noch kann er sie überhaupt effektiv durchführen (vgl. dazu und zur möglichen Konsequenz einer Unverwertbarkeit von Zusatztatsachen ausführlich *Bosch* Aspekte des nemotenetur-Prinzips, 1998, S. 315 ff.; teilw. a. A. BGH JR 1969, 231; NStZ 1996, 146; zum fehlenden Anwesenheitsrecht des Verteidigers BGH NStZ 2008, 229). Soweit es hingegen die überwiegende Auffassung dem Sachverständigen gestattet, sog. informatorische Befragungen bei Angehörigen und Zeugen durchzuführen, um die Beweiserheblichkeit des Wissens der Auskunftspersonen festzustellen und dann eine förmliche Vernehmung beantragen zu können (so BGHSt 9, 926; *Heinitz* FS Engisch, S. 699), erscheint dies wegen der unklaren Abgrenzung zur Vernehmung problematisch (zutr. *Eisenberg* BR, Rn. 1589; krit. auch BGHSt 45, 174; LG Essen StraFo 2006, 521; vgl. erg. *Nagler* StV 2006, 521). Unstr. darf der Sachverständige lediglich Vernehmungen beiwohnen und an Zeugen oder Beschuldigte

ergänzende Fragen stellen (§ 80 Abs. 2). Ob ihm das Fragerecht vor dem Angeklagten bzw. seinem Verteidiger überlassen wird, soll im Ermessen des Gerichts stehen (BGH NJW 1969, 438), keinesfalls darf ihm aber die gesamte Vernehmung oder auch nur ein Teil von dieser überlassen werden (LR/*Krause* § 80 Rn. 5). Wird eine Anordnung des Vorsitzenden bzgl. der Anwesenheit oder des Fragerechts beanstandet, gilt § 238 Abs. 2 (KK-StPO/*Senge* § 80 Rn. 4). Legt der Sachverständige seinem Gutachten im Weg des § 80 Abs. 1 gewonnene Zusatztatsachen zugrunde, ist er nach der Rspr. zumindest verpflichtet, diese in seinem Gutachten zu benennen (vgl. zu Auskünften des Verteidigers BGH 2 StR 73–11).

Akteneinsicht wird dem Sachverständigen bereits bei der Auftragserteilung gewährt, soweit die Gutachtenerstellung Aktenkenntnis voraussetzt (vgl. § 78 Rdn. 2). Über das Verlangen des Sachverständigen nach Akteneinsicht entscheidet der Auftraggeber im Rahmen seiner Aufklärungs- und Leitungspflicht nach pflichtgemäßem Ermessen (§§ 160 Abs. 1, 244 Abs. 2, 78). Da eine Akteneinsicht die Unvoreingenommenheit des Sachverständigen beeinträchtigen kann und die Gefahr besteht, dass dieser sein Gutachten an unverwertbare Aktenbestandteile anknüpft, sind diese Nachteile mit einem entsprechenden Informationserfordernis sorgfältig abzuwägen. Dem entspricht es nicht, wenn dem Sachverständigen unreflektiert und routinemäßig die Akte vollständig überlassen wird (SK-StPO/*Rogall* § 80 Rn. 10; *Dippel* Die Stellung des Sachverständigen, 1986, S. 121; *ders.* FS Müller, S. 138; *Groß/Fünfsinn* NStZ 1992, 110). 3

Das Gericht kann über § 80 Abs. 2 hinausreichend dem Sachverständigen auch **Urkunden** und Akten zugänglich machen sowie durch Vorlage von **Augenscheinsobjekten** (vgl. OLG Karlsruhe Justiz 1963, 36) Aufklärung verschaffen. Der Sachverständige kann des Weiteren ohne die Mitwirkung von Prozessbeteiligten, insb. ohne Benachrichtigung des Beschuldigten oder seines Verteidigers, **Örtlichkeiten** besichtigen (BGH MDR 1966, 17). 4

C. Teilnahme an der Hauptverhandlung. Da §§ 58 Abs. 1, 243 Abs. 2 Satz 1 einer **Anwesenheit in der Hauptverhandlung** nicht entgegenstehen, darf der Sachverständige der Hauptverhandlung beiwohnen, soweit er dies zur Erstellung des Gutachtens für erforderlich erachtet. Zu einer ständigen Anwesenheit ist er nicht verpflichtet (BGH DAR 1983, 205; NStZ [Pf] 1981, 297), abgesehen von ausdrücklichen Weisungen des Gerichts entscheidet er eigenverantwortlich über die Dauer seiner Teilnahme (BGH NStZ [Pf] 1981, 297; DAR 1985, 195). Ob dem Sachverständigen die Anwesenheit und Ausübung des Fragerechts gestattet wird, bestimmt das Gericht unter Beachtung des Aufklärungsgrundsatzes (vgl. BGHSt 19, 367, 368 zur Gestattung der Anwesenheit bei der Vernehmung eines Zeugen) nach pflichtgemäßem Ermessen (BGHSt 2, 25). Dabei sollte das Gericht trotz Nichtanwendbarkeit des § 58 Abs. 1 darauf achten, ob eine Vernehmung des Sachverständigen auch als Zeuge erforderlich ist (vgl. aber RGSt 22, 434). Es hat ebenso darüber zu befinden, ob der Sachverständige zur Vorbereitung seines Gutachtens über das Ergebnis einer Beweisaufnahme zu unterrichten ist, die in seiner Abwesenheit stattgefunden hat (BGHSt 2, 25, 27 f.; BGH DAR 1985, 195). Die Unterrichtung des Sachverständigen über das Ergebnis der bisherigen Beweisaufnahme soll in Abwesenheit des Angeklagten und seines Verteidigers erfolgen können (so BGHSt 2, 28). Problematisch ist dies, weil zwar nicht Vorgänge außerhalb der Hauptverhandlung unmittelbar Gegenstand der Beweiswürdigung werden, ggf. aber eine Vorabwürdigung des Beweisergebnisses durch das Gericht einen unklaren Einfluss auf das Ergebnis der Hauptverhandlung gewinnt. 5

D. Revision. Wird dem Sachverständigen unter Verletzung des § 80 Abs. 1 keine weitere Sachaufklärung verschafft, dann kann dies die Revision begründen, wenn die Aufklärungspflicht (§ 244 Abs. 2) verletzt ist oder der Sachverständige deswegen sein Gutachten auf fehlerhafter Grundlage erstellt hat (KMR/*Neubeck* § 80 Rn. 7; *Meyer-Goßner/Schmitt* § 80 Rn. 3). Gleiches gilt für die Missachtung der Anforderung von Abs. 2, sofern dadurch ein Aufklärungsmangel verursacht worden ist (zutr. SK-StPO/*Rogall* § 80 Rn. 22; *Eisenberg* BR, Rn. 1593; a. A. KK-StPO/*Senge* § 80 Rn. 6; *Meyer-Goßner/Schmitt* § 80 Rn. 3; LR/*Krause* § 80 Rn. 13: bloße »Ordnungsvorschrift«). Unverwertbar sind schließlich die Erkenntnisse unzulässiger »Vernehmungen« des Sachverständigen. 6

§ 81 StPO Unterbringung des Beschuldigten zur Vorbereitung eines Gutachtens

§ 80a StPO Vorbereitung des Gutachtens im Vorverfahren. Ist damit zu rechnen, daß die Unterbringung des Beschuldigten in einem psychiatrischen Krankenhaus, einer Entziehungsanstalt oder in der Sicherungsverwahrung angeordnet werden wird, so soll schon im Vorverfahren einem Sachverständigen Gelegenheit zur Vorbereitung des in der Hauptverhandlung zu erstattenden Gutachtens gegeben werden.

1 **A. Grundsätzliches.** Um eine medizinisch und pädagogisch angemessene Behandlung schuld- oder verhandlungsunfähiger Beschuldigter zu gewährleisten und diese geeigneten Anstalten zuführen zu können (vgl. LR/*Krause* § 80a Rn. 1), soll einem Sachverständigen bereits im Ermittlungsverfahren Gelegenheit zur Vorbereitung des später zu erstattenden Gutachtens gegeben werden. Davon soll lediglich abgesehen werden können, wenn der Zustand des Beschuldigten und seine Gemeingefährlichkeit offensichtlich sind (*Meyer-Goßner/Schmitt* § 80a Rn. 2). Da sich aber in Anbetracht des Regelungszwecks der Norm das Gutachten neben dem psychischen und körperlichen Zustand des Beschuldigten auch auf die Behandlungsaussichten erstrecken soll (so u.a. LR/*Krause* § 80a Rn. 3; *Meyer-Goßner/Schmitt* § 80a Rn. 2), wird kaum Raum für entsprechende Ausnahmen bestehen. Eine parallele Vorschrift für das Sicherungsverfahren (§§ 413 ff.) enthält § 414 Abs. 3. In der Hauptverhandlung gilt § 246a.

2 **B. Auswahl des Sachverständigen und Verfahren.** Die Auswahl des Sachverständigen, der i.d.R. ein Psychiater sein wird (KK-StPO/*Senge* § 80a Rn. 3; *Müller-Dietz* NStZ 1983, 204; vgl. auch BGH MDR 1976, 17), erfolgt durch die StA als Herrin des Ermittlungsverfahrens (§§ 73, 161a). Das erkennende Gericht ist aber nach Anklageerhebung nicht an die Wahl der StA gebunden, sondern kann einen anderen Sachverständigen wählen. Bei **Weigerung des Beschuldigten**, sich zur Vorbereitung des Gutachtens untersuchen zu lassen, soll eine zwangsweise Vorführung (§ 133 Abs. 2) und Vernehmung unter Beteiligung eines Sachverständigen (vgl. § 80) zulässig sein (LR/*Krause* § 80a Rn. 3; *Meyer-Goßner/Schmitt* § 80a Rn. 3). Abgesehen davon, dass diese Vorgehensweise bereits methodisch zweifelhaft ist, darf sie jedenfalls nicht zu einer Umgehung der Aussagefreiheit führen. Damit wird bei körperlichen Mängeln zwar eine Untersuchung nach § 81a infrage kommen, eine Unterbringung nach § 81 aber im Regelfall ausscheiden (vgl. erg. § 81 Rdn. 9; aber auch BGH NJW 1972, 348).

3 **C. Anfechtung und Revision.** Der Beschluss, einen Sachverständigen hinzuziehen ist nicht selbstständig anfechtbar (KMR/*Neubeck* § 80a Rn. 3), sondern erst die Anordnung der körperlichen Untersuchung (§ 81a) des Beschuldigten oder seiner Unterbringung zur Beobachtung (§ 81). Ebenso wenig kann eine Revision auf die Verletzung von § 80a gestützt werden, revisibel ist nur der Verstoß gegen § 246a (BGH NStZ 1984, 134; SK-StPO/*Rogall* § 80a Rn. 10).

§ 81 StPO Unterbringung des Beschuldigten zur Vorbereitung eines Gutachtens.
(1) Zur Vorbereitung eines Gutachtens über den psychischen Zustand des Beschuldigten kann das Gericht nach Anhörung eines Sachverständigen und des Verteidigers anordnen, daß der Beschuldigte in ein öffentliches psychiatrisches Krankenhaus gebracht und dort beobachtet wird.
(2) ¹Das Gericht trifft die Anordnung nach Absatz 1 nur, wenn der Beschuldigte der Tat dringend verdächtig ist. ²Das Gericht darf diese Anordnung nicht treffen, wenn sie zu der Bedeutung der Sache und der zu erwartenden Strafe oder Maßregel der Besserung und Sicherung außer Verhältnis steht.
(3) Im vorbereitenden Verfahren entscheidet das Gericht, das für die Eröffnung des Hauptverfahrens zuständig wäre.
(4) ¹Gegen den Beschluß ist sofortige Beschwerde zulässig. ²Sie hat aufschiebende Wirkung.
(5) Die Unterbringung in einem psychiatrischen Krankenhaus nach Absatz 1 darf die Dauer von insgesamt sechs Wochen nicht überschreiten.

S.a. RiStBV Nr. 61, 62

§ 81 StPO

A. Grundsätzliches und Regelungsgehalt. I. Anwendungsbereich. Die Unterbringung zur Beobachtung dient der Vorbereitung eines Gutachtens über den psychischen Zustand des Beschuldigten. § 81 gestattet einen auf höchstens 6 Wochen beschränkten Eingriff in das Grundrecht auf persönliche Freiheit (zum Eingriff in Art. 2 Abs. 1, 1 Abs. 1 GG vgl. erg. BVerfG StV 2001, 657; *Schumacher/Arndt* StV 2003, 96). Der **Anwendungsbereich** der Anstaltsbeobachtung erstreckt sich vom Vorverfahren bis zum Abschluss des Verfahrens durch rechtskräftiges Urteil. Sie kann auch im Sicherungsverfahren (§§ 413 ff.), nicht jedoch im Bußgeld- (§ 46 Abs. 3 Satz 1 OWiG) oder Privatklageverfahren (OLG Hamburg JR 1955, 394) angeordnet werden (zur Unverhältnismäßigkeit auch Rdn. 11). Sie darf weder für Zwecke der Strafvollstreckung, noch zur Vorbereitung von Entscheidungen nach §§ 57, 57a, 67d Abs. 2, 3, 67g StGB (OLG Hamm NJW 1974, 914; OLG Düsseldorf StV 1985, 377) erfolgen. Teilrechtskraft und Vollzug einer Freiheitsstrafe schließen eine Unterbringungsanordnung jedoch nicht aus, wenn der Beschuldigte zugleich zu einer Maßregel (§ 63 StGB) verurteilt wurde, eine Anordnung gem. § 67 Abs. 2 StGB erfolgte und der Beschuldigte das Urteil nur wegen der Maßregel angefochten hat (OLG Celle NJW 1961, 981). Zulässig ist die Anordnung ebenso bei der Beweisaufnahme im Wiederaufnahmeverfahren nach § 369 (BayObLGSt 24, 60; SK-StPO/*Rogall* § 81 Rn. 3; *Eisenberg* BR Rn. 1694; a. A. OLG Düsseldorf 1913, 154). Bei Abgeordneten kann die Unterbringung nur mit Genehmigung des Parlaments erfolgen (RiStBV Nr. 191 bis 192a). 1

Eine **Unterbringungsanordnung** nach § 81 **soll** dann **nicht erforderlich sein**, wenn gegen den Beschuldigten ein Unterbringungsbefehl nach § 126a vollzogen wird (BGH StV 2002, 633; KK-StPO/*Senge* § 81 Rn. 2; LR/*Krause* § 81 Rn. 5; a. A. OLG Hamburg MDR 1972, 1048; *Eisenberg* BR, Rn. 1694; LR/*Hilger* § 126a Rn. 16; *Bosch* StV 2002, 634), er aufgrund eines landesrechtlichen Unterbringungsgesetzes untergebracht ist oder wenn er sich bereits in einer JVA in Straf- oder U-Haft befindet und er in deren psychiatrische Abteilung (BGH NStZ [K] 1995, 219) oder ein anderes Vollzugskrankenhaus zur Beobachtung verlegt werden soll (OLG Karlsruhe Justiz 1972, 18; OLG Celle NStZ 1991, 598; offengelassen vom BVerfG StV 2001, 658; EuGRZ 2001, 413 f.; krit. *Pollähne* RuP 2002, 235 in Fn. 38; a. A. *Eisenberg* BR, Rn. 1694; *Wohlers* NStZ 1992, 348 f.; ebenso nunmehr *Duttge* NStZ 2003, 377 f.; einschränkend auch OLG Düsseldorf StV 1998, 639: »keine geringeren Anforderungen an die Unterbringung bei U-Haft«); die Anordnung trifft bei U-Haft der nach § 126 zuständige Haftrichter, bei Strafhaft der JVA-Vorstand (vgl. *Meyer-Goßner/Schmitt* § 81 Rn. 2). Ebenso entfällt nach herrschender Meinung die Frist des § 81 Abs. 5, wenn die Unterbringung nicht auf § 81 gestützt wird (RGSt 34, 306; OLG Stuttgart NJW 1961, 2077), und es genügt ein Untersuchungsauftrag nach § 73 (OLG Stuttgart NJW 1973, 1426). Ein Beschluss soll wegen des anders gearteten Freiheitsentzuges (vgl. *Schlüchter* Rn. 281) hingegen notwendig sein, wenn die Beobachtung in einem psychiatrischen Krankenhaus außerhalb einer Vollzugsanstalt durchgeführt wird (LR/*Krause* § 81 Rn. 4 f.; HK-StPO/*Brauer* § 81 Rn. 3; OLG Stuttgart NJW 1973, 1426). 2

Entgegen der herrschenden Meinung muss auch bei einem bereits untergebrachten oder in Haft befindlichen Beschuldigten eine Anordnung nach § 81 unter Beachtung der dafür vorgesehenen Anforderungen erfolgen. Nur eine Anordnung nach § 81 kann dem Beschuldigten die strafprozessualen Konsequenzen einer Mitwirkung verdeutlichen. Zudem kann v.a. die Nichtanwendbarkeit der Frist des § 81 Abs. 5 einen unzulässigen Beobachtungsdruck zur Folge haben (Rdn. 9; zu weiteren Argumenten KMR/*Bosch* § 81 Rn. 5). 3

II. Beweisanregung und Aufklärungspflicht. Angeordnet wird die Untersuchung **von Amts wegen**, häufig auf Anregung eines bereits mit der Untersuchung des Beschuldigten beauftragten Sachverständigen. Der Antrag auf Unterbringung zur Beobachtung durch einen Prozessbeteiligten ist kein Beweisantrag i.S.v. § 244 Abs. 3, 4 (a. A. RGSt 27, 349; BGH JR 1955, 472; HK-StPO/*Brauer* § 81 Rn. 5; KK-StPO/*Senge* § 81 Rn. 3), da er sich nur auf die Art und Weise der Untersuchung und nicht auf eine bestimmte Beweiserhebung bezieht (*Eisenberg* BR, Rn. 1695; *Meyer-Goßner/Schmitt* § 81 Rn. 3; LR/*Krause* § 81 Rn. 6; SK-StPO/*Rogall* § 81 Rn. 61). Er ist deshalb lediglich als **Beweisanregung** zu behandeln, über die das Gericht im Rahmen seiner Sachaufklärungspflicht (§ 244 Abs. 2) nach pflichtgemäßem Ermessen entscheidet. Das Gericht könnte damit eine Anordnung auch dann treffen, wenn der anzuhörende Sachverständige diese nicht für erforderlich erachtet, tatsächlich dürfte dem Gericht hierzu aber regelmäßig die erforderliche eigene Sachkunde fehlen (SK-StPO/*Rogall* § 81 Rn. 9). Eine Beweisanregung kann durch den Verteidiger auch gegen den Willen des Beschuldigten erfolgen 4

§ 81 StPO Unterbringung des Beschuldigten zur Vorbereitung eines Gutachtens

(*Eisenberg* BR, Rn. 1695; LR/*Krause* § 81 Rn. 6). Die Anstaltsunterbringung ist nicht ohne Weiteres ein überlegenes Beweismittel i.S.v. § 244 Abs. 4 Satz 2 (BGHSt 8, 76 f.; 23, 312; BGH StraFo 2006, 114, 116; *Meyer-Goßner/Schmitt* § 244 Rn. 76).

5 **B. Voraussetzungen der Anstaltsunterbringung. I. Materielle Voraussetzungen.** Die Anstaltsunterbringung darf zur Vorbereitung eines Gutachtens über den psychischen Zustand des Beschuldigten angeordnet werden, sofern dringender Tatverdacht besteht und die Maßnahme den Verhältnismäßigkeitsgrundsatz beachtet (Rdn. 8 ff.).

6 **1. Zweck der Unterbringung.** Abs. 1 beschränkt den Zweck der Unterbringung auf die Feststellung des psychischen Zustandes des Beschuldigten. Die Unterbringung erfolgt damit vorrangig zur Klärung der **Schuldfähigkeit** nach §§ 20, 21 StGB, nicht jedoch zur Prüfung der Glaubwürdigkeit (BGH JR 1955, 472; OLG Celle StV 1987, 518; vgl. auch SK-StPO/*Rogall* § 81 Rn. 2). Auch ein zum Zeitpunkt der Unterbringung geistig Gesunder darf nach § 81 beobachtet werden, sofern es methodisch überhaupt möglich ist, dadurch Rückschlüsse auf seinen psychischen Zustand zur Tatzeit zu ziehen (RGSt 20, 378; 27, 348; *Eisenberg* BR, Rn. 1696; LR/*Krause* § 81 Rn. 8). § 81 gestattet ebenso die Unterbringung, wenn festgestellt werden soll, ob der Beschuldigte aufgrund seines psychischen Zustandes **verhandlungsunfähig** ist bzw. früher war (BVerfG StV 1995, 618; *Eisenberg* BR, Rn. 1696; LR/*Krause* § 81 Rn. 10; *Meyer-Goßner/Schmitt* § 81 Rn. 5; SK-StPO/*Rogall* § 81 Rn. 14; a. A. *Schroeder* JZ 1985, 1030, sofern die Verhandlungsfähigkeit des Beschuldigten bei einem früheren Geständnis überprüft werden soll).

7 Des Weiteren kann trotz feststehender Schuldunfähigkeit eine Unterbringung zur Prüfung der Gemeingefährlichkeit (**§§ 63, 66 StGB**) erfolgen (LR/*Krause* § 81 Rn. 9; SK-StPO/*Rogall* § 81 Rn. 15; *Arzt* JZ 1969, 439; kritisch hinsichtlich § 66 StGB *Eisenberg* BR, Rn. 1692). Die Anordnung ist schließlich zulässig, wenn im Jugendgerichtsverfahren oder im Verfahren gegen Jugendliche und Heranwachsende vor den allgemeinen Strafgerichten ein Gutachten zur Feststellung des Entwicklungsstandes eines Jugendlichen erforderlich wird (vgl. § 73, 104 Abs. 1 Nr. 12 JGG). Eine Unterbringung scheidet hingegen aus, wenn lediglich eine vorübergehende Bewusstseinsstörung (etwa infolge des Einflusses von Alkohol, Rauschgift oder Medikamenten) durch Trinkversuche rekonstruiert werden soll (BGH MDR [D] 1966, 383; KK-StPO/*Senge* § 81 Rn. 2; a. A. *Eb. Schmidt* II 7; *Löffler* NJW 1951, 821).

8 **2. Verhältnismäßigkeit der Unterbringung.** Die Unterbringung darf nach der überflüssigen, weil selbstverständlichen Regelung des **Abs. 2 Satz 2** nur unter strikter Beachtung des **Verhältnismäßigkeitsprinzips** angeordnet werden (BVerfG StV 1995, 618).

9 Sofern von Anfang an erkennbar wird, dass der zulässige Beobachtungszeitraum von 6 Wochen nicht ausreicht (Abs. 5), ist die Unterbringung zur Zweckerreichung **ungeeignet** und damit unzulässig. Gleiches muss gelten, wenn der Unterzubringende sich weigert, an einer Exploration mitzuwirken und die schlichte Beobachtung – wie im Regelfall – allein keine Erfolgsaussichten bietet (OLG Celle StV 1985, 224; 1991, 248; OLG Schleswig SchlHA 2001, 134; BVerfG StV 2001, 657; BGH NStZ 2003, 100 f.; OLG Düsseldorf StV 2005, 490; OLG Oldenburg StV 2008, 128; KG NStZ-RR 2013, 182; OLG Rostock Beschl. v. 2.1.2014 -Ws 388/13). Eine Beobachtung ist in diesen Fällen ungeeignet, da sie unter Umgehung der Aussagefreiheit des Beschuldigten den Zweck verfolgt, den durch die Unterbringung erzeugten Druck zur Interaktion mit Dritten auszunutzen (BVerfG StV 2001, 658). Problematisch deshalb der Hinweis des OLG Oldenburg NStZ-RR 2006, 111, eine Unterbringung könne zulässig sein, wenn Anhaltspunkte dafür bestehen, dass der Beschuldigten während der Unterbringung seine Einstellung ändere und sich kooperativ zeige. Eine Unterbringung darf schon wegen der damit verbundenen Missbrauchsgefahr nicht dem Zweck dienen, eine Einstellungsänderung des Beschuldigten abzuwarten.

10 Die Unterbringung muss **unerlässlich** sein, d.h. ihr Zweck, den psychischen Zustand des Beschuldigten zu beurteilen, darf nicht auf weniger einschneidende Weise erreichbar sein (BVerfG StV 1995, 618; OLG Hamm StV 2001, 156; KK-StPO/*Senge* § 81 Rn. 5). Deshalb scheidet eine Unterbringung aus, wenn (1) ambulante Untersuchungen genügen (OLG Frankfurt am Main NJW 1967, 690; StV 1986, 51; LG Zweibrücken StV 1997, 347; StraFo 2003, 89; *Eb. Schmidt* II 5), (2) Befunde einer früheren Untersuchung zur Beurteilung des Anordnungszwecks ausreichen (LG Berlin NJW 1960, 2256) oder (3) der Beschuldigte sich freiwillig in eine Privatklinik begibt und das Gericht den dort unter-

suchenden Arzt für geeignet erachtet, die Rolle des Sachverständigen zu übernehmen. Wurde bereits eine Exploration durchgeführt, dann sind die Anforderungen an die Darlegungen zur Unerlässlichkeit in der Beschlussbegründung höher, vgl. BGHSt 48, 4, 11; OLG Düsseldorf StV 2005, 491. Hinsichtlich des geringeren Eingriffs einer ambulanten Untersuchung muss beachtet werden, dass bei Mitwirkungsverweigerung des Beschuldigten seine zwangsweise Vorführung nicht nur mangels Rechtsgrundlage (vgl. dazu SK-StPO/*Rogall* § 81 Rn. 19) unzulässig ist (vgl. auch Rdn. 19).

Die Unterbringung darf schließlich dann nicht erfolgen, wenn sie zur Bedeutung der Sache und der zu erwartenden Strafe oder Maßregel **außer Verhältnis** steht (OLG Bamberg MDR 1984, 602; OLG Düsseldorf StV 1993, 571; LG Zweibrücken StV 1997, 347; ergänzend Rdn. 1), insb., wenn die Unterbringung schwerer als die Rechtsfolge wiegt, die der Beschuldigte für die Begehung der Tat zu erwarten hat (*Meyer-Goßner/Schmitt* § 81 Rn. 7; LR/*Krause* § 81 Rn. 14). Auch Maßnahmen zur Vorbereitung der Entscheidung nach § 81 sind dann unzulässig (etwa eine Anordnung der Vernehmung nach § 80, vgl. OLG Karlsruhe Justiz 1997, 141). Ob eine Bagatellstrafsache vorliegt, hängt von der Dauer und Häufigkeit der strafrechtlich relevanten Verhaltensweise und der Schwere der dadurch verursachten Beeinträchtigungen ab (vgl. etwa zu § 185, § 240 StGB BVerfG 15.03.1995 – 2 BvR 563/95). Bspw. verstößt die Unterbringung des Beschuldigten regelmäßig gegen den Verhältnismäßigkeitsgrundsatz, sofern lediglich eine Geldstrafe zu erwarten ist (vgl. LG Zweibrücken VRS 104, 363). In diesem Fall bleibt eine Anordnung auch dann unzulässig, wenn infolge einer Mitwirkungsverweigerung eine Untersuchung des Beschuldigten auf seine Schuldunfähigkeit nach §§ 81, 81a nicht möglich ist (vgl. LG Zweibrücken VRS 104, 363). 11

3. Dringender Tatverdacht. Nach **Abs. 2 Satz 1** erfordert die Anordnung **dringenden Tatverdacht** i.S.d. §§ 112 Abs. 1 Satz 1, Abs. 2, 112a Abs. 1. Ob ein entsprechend hoher Grad an Wahrscheinlichkeit besteht, dass der Beschuldigte Täter (oder Teilnehmer an) einer zumindest rechtswidrigen Tat ist, wird grds. nach Aktenlage entschieden. 12

Das Gericht kann Beweise zur Klärung des Tatverdachts erheben. Dazu mag es in Einzelfällen geboten sein, zunächst eine Hauptverhandlung durchzuführen, um diese ggf. zum Zwecke der Anstaltsunterbringung auszusetzen (OLG Düsseldorf JMBl. NRW 1958, 213; LR/*Krause* § 81 Rn. 13; a. A. *Meyer-Goßner/Schmitt* Rn. 6; SK-StPO/*Rogall* § 81 Rn. 11: »experimentelle Hauptverhandlung« gesetzeswidrig). Eine Vernehmung des Beschuldigten zur inneren Tatseite soll vor der Anordnung hingegen nicht erforderlich sein, da gerade bei Zweifeln an der Zurechnungsfähigkeit die subjektive Tatseite erst nach der Anstaltsbeobachtung beurteilt werden könne (*Löffler* NJW 1951, 821; KK-StPO/*Senge* § 81 Rn. 5; *Meyer-Goßner/Schmitt* § 81 Rn. 6; SK-StPO/*Rogall* § 81 Rn. 11; krit. *Eisenberg* BR, Rn. 1693). Diese Auffassung erscheint dann problematisch, wenn die innere Tatseite aus Gründen ausgeschlossen ist, die nicht mit den Anordnungsgründen im Zusammenhang stehen. 13

4. Zulässige Maßnahmen. Körperliche Untersuchungen bedürfen wegen des mit ihnen verbundenen Eingriffs in die körperliche Unversehrtheit (Art. 2 Abs. 2 Satz 1 GG) der rechtswirksamen Einwilligung des Beschuldigten oder einer besonderen Anordnung nach § 81a, die ggf. mit der Anordnung nach § 81 verbunden werden kann (BGHSt 8, 144, 147; BGH JZ 1969, 437). Dies gilt auch für ungefährliche Untersuchungen (a. A. OLG Schleswig NStZ 1982, 81 für Blutdruckmessung und EKG ohne körperliche Belastung) sowie für Heilmaßnahmen (*Arzt* JZ 1969, 439 f.). 14

Der Sachverständige hat zwar das Recht, den Beschuldigten über seinen Zustand zu befragen (BGH NJW 1968, 2297), die Verwertung von Angaben im Gutachten setzt jedoch voraus, dass diese unzweifelhaft freiwillig erfolgt sind, d.h. der Untergebrachte muss regelmäßig von den Strafverfolgungsbehörden auf die Dokumentation zu Beweiszwecken hingewiesen worden sein (vgl. BVerfG StV 2001, 658). Zur Überwachung des Schriftverkehrs ist nicht der Anstaltsarzt, sondern nur der Richter befugt (BGH NJW 1961, 2069; a. A. *Koch* NJW 1969, 177). Auch eine richterliche Überwachung kommt aber nur dann infrage, wenn sie etwa auf § 119 Abs. 3, 4 gestützt werden kann, weil sich der Beschuldigte bereits vor der Unterbringung in Haft befunden hat (vgl. LR/*Krause* § 81 Rn. 32). 15

II. Formelle Voraussetzungen. 1. Zuständigkeit für den Erlass. Für den Erlass des Unterbringungsbeschlusses ist im Vorverfahren das Gericht anordnungsbefugt, das für die Eröffnung des Hauptverfahrens zuständig wäre (**Abs. 3**); bei Zuständigkeitswahl der StA zwischen mehreren örtlich zuständigen Gerichten (§ 24 Abs. 1 Nr. 2 und 3 GVG) das Gericht, bei dem die Anklage erhoben werden soll, 16 es sei denn, dieses überträgt entsprechend § 209 die Entscheidung dem AG (*Meyer-Goßner/Schmitt* NStZ 1981, 174). Nach Anklageerhebung entscheidet das erkennende Gericht (§§ 25, 76 Abs. 2 GVG).

17 2. **Anhörungspflichten. a) Sachverständiger.** Vor der Entscheidung ist ein Psychiater oder Neurologe (OLG Frankfurt am Main NJW 1967, 690; vgl. auch Nr. 63 Abs. 1 RiStBV) als **Sachverständiger** (Abs. 1) zur Geeignetheit (Rdn. 9), Notwendigkeit (Rdn. 10) und voraussichtlichen Dauer der Anstaltsbeobachtung (OLG Karlsruhe NJW 1973, 573; OLG Frankfurt am Main StV 1986, 51; OLG Hamm StV 2001, 156; OLG Stuttgart StV 2004, 583; SK-StPO/*Rogall* § 81 Rn. 24 ff.) anzuhören. In der Praxis wird dies regelmäßig der Arzt sein, der die Beobachtung durchführen soll (OLG Düsseldorf StV 1998, 639; *Meyer-Goßner/Schmitt* § 81 Rn. 10; LR/*Krause* § 81 Rn. 16). In Einzelfällen kann allerdings bei Anhörung des behandelnden Krankenhausarztes dessen Unbefangenheit nicht gewährleistet sein (*Eisenberg* BR, Rn. 1699; LR/*Krause* § 81 Rn. 16). Eine Anhörung ist auch dann erforderlich, wenn sich der Betroffene in Untersuchungshaft befindet (OLG Düsseldorf StV 1998, 638).

18 Die Anhörung des Sachverständigen setzt voraus, dass sich dieser einen **persönlichen Eindruck** von dem Unterzubringenden verschafft hat (OLG Hamm JMBl. NW 1952, 195; KG JR 1965, 69; NStZ-RR 2013, 182; OLG Karlsruhe StV 1984, 369; LG Zweibrücken VRS 106, 385; *Eisenberg* BR, Rn. 1699; LR/*Krause* § 81 Rn. 17). Sie kann deshalb nicht dadurch entbehrlich werden, dass der Betroffene der Einladung zur Untersuchung nicht nachgekommen ist (OLG Stuttgart StV 2004, 582). Eine zu anderen Zwecken erfolgte, vorangegangene Untersuchung mag bei engem zeitlichen und inhaltlichen Zusammenhang in Ausnahmefällen genügen (KG JR 1964, 231; einschränkend OLG Karlsruhe NJW 1973, 573). Das Aktenstudium kann den persönlichen Eindruck jedoch grds. nicht ersetzen (KG JR 1965, 69; OLG Celle NStZ 1991, 599; LG Zweibrücken NJW 1997, 70; wohl auch OLG Köln RuP 1999, 38; OLG Düsseldorf StV 1998, 639; OLG Jena RuP 2008, 58; *Meyer-Goßner/Schmitt* § 81 Rn. 11), selbst wenn es durch ein Telefongespräch mit dem Beschuldigten ergänzt wird (OLG Düsseldorf StV 1993, 571; OLG Köln NStZ-RR 2011, 18). Vereinzelt wird eine Anhörung bei evidenter Unterbringungsnotwendigkeit, die in der Stellungnahme begründet werden muss, für entbehrlich erachtet (OLG Hamburg JR 1964, 191; OLG Karlsruhe NJW 1973, 573; StV 1984, 369; KK-StPO/*Senge* § 81 Rn. 7).

19 Da § 81 keine gesetzliche Grundlage für eine ambulante Beobachtung des Beschuldigten bietet (LR/*Krause* § 81 Rn. 3; SK-StPO/*Rogall* § 81 Rn. 19), ist der Beschuldigte zur Ermöglichung der Anhörung ggf. vorzuladen und unter Beteiligung des Sachverständigen (§§ 80, 80a) zu vernehmen (OLG Oldenburg NJW 1961, 982; OLG Celle NStZ 1989, 243; LG Gera StV 1995, 631 f.; LG Aschaffenburg StV 2004, 583; OLG Jena RuP 2008, 58; OLG Köln NStZ-RR 2011, 18; zu methodischen Schwächen dieses Verfahrens *Eisenberg* BR, Rn. 1699, 1797). Die **Vorführung** des kooperationsunwilligen Beschuldigten wird nur in Ausnahmefällen zu verwertbaren Erkenntnissen führen, da sie nicht den Zweck haben darf, dessen Aussagefreiheit zu umgehen (Rdn. 14). Damit wird die Vorführung regelmäßig unverhältnismäßig und damit rechtswidrig sein, wenn ein Angeklagter sich weigert, sich im Rahmen eines Explorationsgesprächs zu äußern (zutr. LG Hagen StraFo 2008, 157).

20 Die Äußerung des Sachverständigen muss schriftlich oder mündlich in Anwesenheit aller Verfahrensbeteiligten erfolgen, um diesen eine substantiierte Stellungnahme zu ermöglichen; die telefonische Mitteilung des Untersuchungsergebnisses ggü. dem Gericht genügt deshalb nicht (KG JR 1964, 231; OLG Karlsruhe MDR 1984, 72; OLG Stuttgart StV 2004, 582). Im Regelfall muss eine schriftliche Stellungnahme zur Unerlässlichkeit und Dauer der Einweisung, zum Untersuchungskonzept sowie dessen Geeignetheit zur Feststellung des Untersuchungszwecks erfolgen (vgl. KG NStZ-RR 2013, 182).

21 Will das Gericht aufgrund des ihm eingeräumten Ermessens der gutachterlichen Stellungnahme nicht folgen, wird i.d.R. die Anhörung eines weiteren Sachverständigen erforderlich (BGHSt 8, 117; OLG Hamm NJW 1957, 1291). Dies ist auch dann geboten, wenn der erste Sachverständige die Stellungnahme eines Sachverständigen mit Spezialkenntnissen für erforderlich erachtet (OLG Hamm StV 2001, 156).

22 b) **Beschuldigter, Verteidiger und StA.** Der Anspruch auf rechtliches Gehör (Art. 103 Abs. 1 GG, § 33 Abs. 3) gebietet es, dem **Beschuldigten** nach Bekanntgabe des Gutachtens Gelegenheit zur Stellungnahme zu geben (HK-StPO/*Brauer* § 81 Rn. 17; LR/*Krause* § 81 Rn. 23; SK-StPO/*Rogall* § 81 Rn. 30; offengelassen vom OLG Karlsruhe NJW 1972, 1584; a. A. KK-StPO/*Senge* § 81 Rn. 7; *Meyer-Goßner/Schmitt* § 81 Rn. 14). Erforderlich ist dies auch deshalb, weil der Unterzubringende das Recht

hat, die Mitwirkung zu verweigern und die Unterbringung dann unzulässig sein kann (Rdn. 14). Die Anhörung dient i.d.S. ebenso der Verdeutlichung des Beweiszwecks der Unterbringung, denn der Sachverständige ist selbst nicht zur Belehrung verpflichtet (vgl. auch BGH JZ 1969, 437). Kann dem Beschuldigten aufgrund seiner psychischen Verfassung kein rechtliches Gehör gewährt werden, so bedarf es keiner Anhörung des gesetzlichen Vertreters analog §§ 52 Abs. 2, 81c Abs. 3 Satz 2 (a. A. LR/*Krause* § 81 Rn. 23; HK-StPO/*Brauer* § 81 Rn. 17).

Der **Wahl-** oder ein nach § 140 Abs. 1 Nr. 6 zu bestellender **Pflichtverteidiger** muss angehört werden (**Abs. 1**). Zuvor müssen ihm die gutachterliche Stellungnahme des Sachverständigen und alle für die Entscheidung nach § 81 bedeutsamen Ermittlungsergebnisse mitgeteilt werden (KG JR 1964, 231; OLG Karlsruhe NJW 1972, 1584; MDR 1984, 72; LG Zweibrücken VRS 106, 385; BGH NStZ 2003, 100; zutr. auch LG Aschaffenburg StV 2004, 583). Die Anhörung des Wahlverteidigers wird nicht dadurch entbehrlich, dass zuvor ein Pflichtverteidiger ordnungsgemäß angehört wurde (OLG München StV 2008, 127). Auch bei Ablehnung eines begründeten Antrages des Beschuldigten auf Unterbringung nach § 81 wird die Mitwirkung des Verteidigers notwendig (BGH NJW 1952, 797; SK-StPO/*Rogall* § 81 Rn. 21). Der Verteidiger muss Gelegenheit gehabt haben, seine Stellungnahme vorzubereiten und mit dem Beschuldigten in Verbindung zu treten (OLG Frankfurt am Main NJW 1967, 689; OLG Köln NStZ-RR 2011, 18; LR/*Krause* § 81 Rn. 22). Die **StA** ist nach § 33 Abs. 2 zu hören (*Eb. Schmidt* II 13). 23

3. Notwendiger Inhalt der Entscheidung und Bekanntgabe des Beschlusses. Im Anordnungsbeschluss muss die **Dauer der Unterbringung** bestimmt werden (OLG Stuttgart NJW 1961, 2077), wobei sich im Anschluss an den Wortlaut des Abs. 5 die Tenorierung »bis zu 6 Wochen« empfiehlt. Die Dauer von 6 Wochen darf weder mit Einverständnis des Beschuldigten (*Meyer-Goßner/Schmitt* § 81 Rn. 17; KK-StPO/*Senge* § 81 Rn. 7), noch bei gleichzeitiger Anordnung nach § 73 JGG (vgl. Brunner/*Dölling* § 73 JGG Rn. 4) überschritten werden. Steht fest, dass eine kürzere Dauer ausreicht, so muss die Unterbringung im Beschluss auf diesen Zeitraum beschränkt werden (OLG Oldenburg NJW 1961, 981). Auch ohne ausdrückliche Festsetzung muss der Sachverständige den Beschuldigten natürlich sofort entlassen, wenn der Beobachtungszweck erreicht ist (vgl. RiStBV Nr. 62 Abs. 1; *Meyer-Goßner/Schmitt* § 81 Rn. 17). 24

Wird in demselben Verfahren bspw. aus Gründen inhaltlicher Ergänzungsbedürftigkeit der Erstbegutachtung eine **wiederholte Unterbringung** erforderlich (vgl. OLG Hamm NJW 1953, 1237), so bedarf es einer erneuten richterlichen Anordnung. Insgesamt darf aber die Höchstdauer des § 81 Abs. 5 nicht überschritten werden (RGSt 23, 209; BGH JZ 1969, 438). Entgegen der allgemein vertretenen Auffassung (vgl. nur KK-StPO/*Senge* § 81 Rn. 6; LR/*Krause* § 81 Rn. 28; zw. *Eisenberg* BR, Rn. 1701) muss die Grenze des Abs. 5 auch dann beachtet werden, wenn der Beschuldigte sich bereits in Haft befindet und eine Beobachtung in einer psychiatrischen Abteilung der JVA erfolgen soll. 25

Durch das Gericht muss ein **psychiatrisches Krankenhaus** zur Unterbringung **bestimmt** werden, dessen Träger nur der Staat, die Gemeinde oder ein anderer Hoheitsträger sein kann (BayObLGSt 21, 198; OLG Frankfurt am Main NJW 1967, 689; LR/*Krause* § 81 Rn. 29). Von einer namentlichen Bezeichnung des beobachtenden Arztes (OLG Nürnberg OLGSt § 81, 10) und einer Regelung der Art der Unterbringung (OLG Hamm NJW 1953, 1273) kann hingegen abgesehen werden. 26

Die nach § 34 erforderlichen Gründe des Gerichtsbeschlusses müssen sich auf die sachlichen Unterbringungsvoraussetzungen erstrecken (Rdn. 6 ff.), die Geeignetheit des Untersuchungskonzeptes darlegen (BVerfG StV 2001, 658) und v.a. dazu Stellung nehmen, warum eine Unterbringung zur Klärung des psychischen Zustandes unerlässlich ist (OLG Frankfurt am Main StV 1986, 51; LG Zweibrücken NJW 1997, 70; BVerfG StV 1995, 618; StV 2001, 658). 27

Das Gericht darf einen rechtskräftigen Beschluss **nicht abändern**, sondern muss bei veränderter Sach- oder Rechtslage ggf. einen neuen Beschluss erlassen, der selbstständig anfechtbar ist (OLG Düsseldorf JMBl. NRW 1961, 45; OLG Hamm JMBl. NRW 1976, 21; LR/*Krause* § 81 Rn. 37). **Bekanntgegeben** wird der Beschluss in der Hauptverhandlung durch Verkündung (§ 35 Abs. 1), ansonsten durch Zustellung nach §§ 35 Abs. 2, 3 sowie § 145a. 28

C. Vollstreckung. I. Vollstreckung. Die **Vollstreckung** durch die StA (§ 36 Abs. 2 Satz 1) muss den Verhältnismäßigkeitsgrundsatz beachten. Zur Vorbereitung und Durchführung der Vollstreckung im Einzelnen vgl. **RiStBV 61 Abs. 2, 62, 63**. Der ggf. erforderliche Vorführungsbefehl kann 29 nach § 23 EGGVG angefochten werden (OLG Koblenz JVBl. 1961, 237; *Meyer-Goßner/Schmitt* § 81 Rn. 27; a.M. OLG Hamm NJW 1966, 685). Die Kosten der Unterbringung sind als Auslagen Kosten des Verfahrens (§ 464a Abs. 1 Satz 1; SK-StPO/*Rogall* § 81 Rn. 50).

30 **II. Anrechnung auf Strafe.** Gem. § 51 Abs. 1 Satz 1 StGB ist die Dauer der Unterbringung im Urteil auf die verhängte Freiheits- oder Geldstrafe **anzurechnen** (BGHSt 4, 325; zur entsprechenden Anwendung von § 51 Abs. 1 Satz 1 StGB bei fehlender Verfahrensidentität, wenn das vorangegangene Verfahren im Hinblick auf das folgende Verfahren nach § 154 Abs. 2 eingestellt wurde, OLG Karlsruhe MDR 1994, 1032; zur Aufnahme ins Urteil vgl. BGHSt 24, 29; BGH NJW 1973, 1420). Die Dauer der Unterbringung muss ebenso bei der Fristberechnung nach § 121 berücksichtigt werden, selbst wenn der Vollzug der U-Haft für den Zeitraum der Beobachtung ausdrücklich unterbrochen worden ist (KG NStZ 1997, 148; OLG Dresden StV 2002, 149; a. A. *Meyer-Goßner/Schmitt* § 121 Rn. 5; *Starke* StV 1988, 225). Von einer Einbeziehung kann lediglich dann abgesehen werden, wenn unabhängig von der Fortdauer der Unterbringung nach § 81 der Vollzug der U-Haft zunächst außer Vollzug gesetzt wurde (offengelassen von OLG Dresden StV 2002, 150).

31 **D. Rechtsbehelfe. I. Beschwerde.** Die sofortige Beschwerde ist **statthaft** gegen die **Unterbringungsanordnung** (Abs. 4 Satz 1), abweichend von § 305 auch gegen eine Anordnung des erkennenden Gerichts (KG JR 1965, 69; OLG Karlsruhe Justiz 1997, 141; OLG Düsseldorf StV 2005, 490; *Meyer-Goßner/Schmitt* § 81 Rn. 28), und zwar selbst dann, wenn der Beschluss vom OLG im ersten Rechtszug erlassen wurde (§ 304 Abs. 4 Satz 2 Nr. 1). Die Beschwerde kann auf die Auswahl des Sachverständigen oder der Anstalt beschränkt werden (LR/*Krause* § 81 Rn. 40; *Meyer-Goßner/Schmitt* § 81 Rn. 28; a. A. OLG Stuttgart NJW 1961, 2077; OLG Celle NJW 1966, 1881; OLG Hamburg NJW 1972, 1048; KK-StPO/*Senge* § 81 Rn. 12), die isolierte Anfechtung wird jedoch meist erfolglos bleiben, da das Beschwerdegericht bei Ermessen des anordnenden Gerichts keine abweichende Entscheidung treffen darf (vgl. Rdn. 33). Wenn mit der Anordnung der psychiatrischen Untersuchung weder eine Freiheitsentziehung noch ein Eingriff in die körperliche Unversehrtheit verbunden ist, etwa weil der Beschuldigte sich bereits in Untersuchungshaft befindet, unterliegt sie nicht der Beschwerde (OLG Düsseldorf StV 2001, 157; HK-StPO/*Brauer* § 81 Rn. 25; vgl. aber Rdn. 2 f.). **Aktivlegitimiert** sind StA, Beschuldigter und Verteidiger. Da die Verhandlungsfähigkeit des Beschuldigten zweifelhaft ist, kann der Verteidiger gemäß § 297 Beschwerde auch gegen den Willen des Beschuldigten erheben (LR/*Krause* § 81 Rn. 40; KK-StPO/*Senge* § 81 Rn. 12), wobei die Rechtsmittelfrist für ihn erst mit Zustellung des Beschlusses beginnt (*Meyer-Goßner/Schmitt* § 81 Rn. 28). Ein Rechtsmittelverzicht des Beschuldigten ohne Mitwirkung seines Verteidigers ist i.d.R. unwirksam (OLG Frankfurt am Main NJW 1967, 960).

32 Entgegen der Regelung des § 307 Abs. 1 hat die Beschwerde aufschiebende Wirkung (**Abs. 4 Satz 2**). Auch wenn keine Beschwerde erhoben wird, setzt die Vollstreckung der Unterbringungsanordnung die Rechtskraft des Beschlusses voraus (vgl. auch Nr. 62 Abs. 4 RiStBV).

33 Die **Überprüfung** des **Beschwerdegerichts** erstreckt sich nicht nur auf die Zulässigkeit, sondern ebenso auf die Zweckmäßigkeit der Anordnung (OLG Hamm MDR 1950, 373; OLG Köln MDR 1951, 173; OLG Schleswig MDR 1959, 415; OLG Hamburg MDR 1972, 1048; a. A. OLG Hamm NJW 1953, 1237). Das Beschwerdegericht darf damit zwar auch über die Erforderlichkeit der Unterbringung befinden, seine Prüfungsbefugnis wird jedoch durch die Reichweite des tatrichterlichen Ermessens beschränkt (*Meyer-Goßner/Schmitt* § 81 Rn. 29). Überprüft werden kann auch die Frage einer Besorgnis der Befangenheit des Sachverständigen (OLG Celle Nds. Rpfl. 1956, 80). Bei substantiellen Verfahrensfehlern entscheidet das Beschwerdegericht nicht selbst, sondern verweist die Sache an den anordnenden Richter zurück (OLG Hamm JMBl. NRW 1952, 195; OLG Karlsruhe NJW 1972, 1584; LG Zweibrücken NJW 1997, 70). Dies wird zwar nicht stets der Fall sein, wenn die nach § 34 erforderliche Begründung fehlt (OLG Schleswig MDR 1959, 415; OLG Oldenburg NJW 1961, 98; a. A. SK-StPO/*Rogall* § 81 Rn. 55), eine Zurückverweisung wegen Begründungsmängeln dürfte aber zumindest dann geboten sein, wenn ansonsten das tatrichterliche Ermessen durch das Ermessen des Beschwerdegerichts ersetzt werden müsste.

34 Teilweise wird davon ausgegangen, dass der die Unterbringung ablehnende Beschluss unanfechtbar ist. Abs. 4 nehme auf Abs. 1 und 2 Bezug und eröffne damit die sofortige Beschwerde nur gegen die An-

ordnung der Unterbringung (BayObLGSt 2, 194; 13, 497; OLG Karlsruhe Justiz 1972, 18; *Eb. Schmidt* II 19; KK-StPO/*Senge* § 81 Rn. 13). Nach wohl überwiegend vertretener Auffassung (OLG Braunschweig NJW 1955, 1492; OLG Nürnberg MDR 1966, 347; OLG Stuttgart Justiz 1972, 321; LG Köln NStZ-RR 1996, 267; *Meyer-Goßner/Schmitt* § 81 Rn. 31; LR/*Krause* § 81 Rn. 44; SK-StPO/*Rogall* § 81 Rn. 58) schließt Abs. 4 die einfache Beschwerde nicht aus. Da durch § 305 Abs. 1 die Anfechtung einer ablehnenden Entscheidung nach Eröffnung der Hauptverhandlung ausgeschlossen wird, kommt auch dann eine Anfechtung nur in den seltenen Fällen infrage, in denen ein Antrag der Prozessbeteiligten im Vorverfahren ablehnend beschieden wird (vgl. LR/*Krause* § 81 Rn. 44). Die **weitere Beschwerde** ist nach § 310 Abs. 2 unzulässig (OLG Bremen NJW 1949, 74; OLG Hamburg JR 1956, 192; OLG Hamm MDR 1984, 602 f.; *Engländer* Jura 2010, 418; a. A. HK-StPO/*Brauer* § 81 Rn. 25; KK-StPO/*Engelhardt* § 310 Rn. 11; krit. auch *Eisenberg* BR, Rn. 1705).

II. Revision. Die Rüge der *Rechtswidrigkeit* der Unterbringung wird durch § 336 Satz 2 ausgeschlossen, da Abs. 4 Satz 1 die sofortige Beschwerde gegen die Unterbringungsanordnung eröffnet. Die *Unterlassung* der Unterbringung nach § 81 kann hingegen die Aufklärungsrüge (§ 244 Abs. 2), ggf. auch eine auf § 246a gestützte Rüge begründen. Das Revisionsgericht überprüft den ablehnenden Gerichtsbeschluss nur auf Rechtsfehler, nicht jedoch auf eine sachgerechte Ermessensausübung durch das Tatgericht (BGHSt 8, 76 f.). Eine Aufklärungsrüge kommt in Betracht, wenn ein Sachverständiger die Unterbringung wegen unsicherer Beweisgrundlage selbst angeregt hatte (RG JW 1937, 3101; OGH 1, 193), sie ist aber nicht bereits deshalb erfolgreich, weil der Sachverständige die ihm eingeräumten Befugnisse i.R.d. Unterbringung nicht voll ausgeschöpft hat (BGH MDR [D] 1974, 725; LR/*Krause* § 81 Rn. 47). Erweckt die Anordnung und Durchführung der Unterbringung den Anschein der Willkür, weil sie scheinbar nur den Zweck verfolgt, ein für den Angeklagten günstiges Ergebnis des Erstgutachtens zu widerlegen und weil sie auf unzulässige Begutachtungsmethoden erstreckt wird, dann kann dies einen Befangenheitsantrag rechtfertigen und bei dessen Ablehnung die Revision begründen, vgl. BGHSt 48, 4, 11 ff.; vgl. dazu auch *Duttge* NStZ 2003, 375 f. 35

§ 81a StPO Körperliche Untersuchung des Beschuldigten; Zulässigkeit körperlicher Eingriffe.

(1) ¹Eine körperliche Untersuchung des Beschuldigten darf zur Feststellung von Tatsachen angeordnet werden, die für das Verfahren von Bedeutung sind. ²Zu diesem Zweck sind Entnahmen von Blutproben und andere körperliche Eingriffe, die von einem Arzt nach den Regeln der ärztlichen Kunst zu Untersuchungszwecken vorgenommen werden, ohne Einwilligung des Beschuldigten zulässig, wenn kein Nachteil für seine Gesundheit zu befürchten ist.
(2) Die Anordnung steht dem Richter, bei Gefährdung des Untersuchungserfolges durch Verzögerung auch der Staatsanwaltschaft und ihren Ermittlungspersonen (§ 152 des Gerichtsverfassungsgesetzes) zu.
(3) Dem Beschuldigten entnommene Blutproben oder sonstige Körperzellen dürfen nur für Zwecke des der Entnahme zugrundeliegenden oder eines anderen anhängigen Strafverfahrens verwendet werden; sie sind unverzüglich zu vernichten, sobald sie hierfür nicht mehr erforderlich sind.

Übersicht	Rdn.		Rdn.
A. Gegenstand der Norm	1	2. Die Entnahme von Blutproben	7
B. Anwendungsbereich der Norm	2	3. Andere körperliche Eingriffe (Abs. 1 Satz 2)	8
I. Einfache körperliche Untersuchungen (Abs. 1 Satz 1)	2	III. Einwilligung des Beschuldigten	10
1. Begriff und Umfang zulässiger Untersuchungen	2	1. Zulässigkeit der Einwilligung	10
2. Abgrenzung zur körperlichen Durchsuchung	4	2. Voraussetzungen der Einwilligung	11
		C. Materielle und formelle Voraussetzungen der Anordnung von Zwangseingriffen	12
3. Die Mitwirkungsfreiheit des Beschuldigten als Grenze körperlicher Untersuchungen	5	I. Sachliche Voraussetzungen	12
		1. Beschuldigter	12
II. Körperliche Eingriffe	6	2. Abgeordnete, NATO-Streitkräfte, Exterritoriale und Konsularbeamte	13
1. Begriff	6	3. Untersuchungszweck (Abs. 1 Satz 1)	14

§ 81a StPO   Körperl. Untersuchung des Beschuldigten; Zulässigkeit körperl. Eingriffe

	Rdn.		Rdn.
4. Verhältnismäßigkeitsgrundsatz	15	1. Vollstreckung	21
5. Keine Gesundheitsnachteile	16	2. Zulässige Zwangsmaßnahmen zum Vollzug der Anordnung	22
II. Anordnung der Untersuchung	17	3. Durchführung	25
1. Zuständigkeit	17	D. **Verwendungs- und Vernichtungsregelung (Abs. 3)**	26
a) Richtervorbehalt	17	E. **Rechtsbehelfe**	29
b) Staatsanwaltschaftliche Eilkompetenz	18	I. Anordnungen der StA und ihrer Hilfsbeamten	29
2. Vorherige Anhörung	19	II. Richterliche Anordnungen	30
3. Form und Inhalt der Anordnung	20	III. Revision	31
III. Vollstreckung und Durchführung der Maßnahme	21		

1 **A. Gegenstand der Norm.** Die Norm regelt die **zwangsweise körperliche Untersuchung des Beschuldigten**. Zu diesem Zweck darf der Körper des Beschuldigten auch gegen seinen Willen in Augenschein genommen werden. Den gegen die Vorschrift auch im Hinblick auf das Bestimmtheitsgebot und die Unschuldsvermutung (Art. 6 Abs. 2 EMRK) erhobenen Bedenken (vgl. *Sautter* AcP 161, 215, 247 ff.; *Eb. Schmidt* Nachtr. II 3; aufgegriffen von *Naucke* FS Hamm, S. 497) hat sich das BVerfG zu Recht nicht angeschlossen (BVerfGE 16, 194, 202; 17, 108, 117; BVerfG NJW 1996, 3071, 3072; zum Bestimmtheitsgebot BVerfGE 47, 239, 248 ff.; zur Vereinbarkeit von Eingriffen mit Art. 3, 6, 8 EMRK vgl. EGMR NJW 2006, 3117, 3120 ff.; offen gelassen im Hinblick auf die erforderliche Freiheitsziehung von BVerfG, NJW 2004, 3697, 3698; und unten Rdn. 23 ff.); vielmehr eine besondere Beachtung des Verhältnismäßigkeitsgrundsatzes für eine verfassungsorientierte Auslegung des § 81a eingefordert (vgl. zur Liquorentnahme nur BVerfGE 16, 194, 201 f.; erg. Rdn. 23 ff.). Im Bußgeldverfahren findet § 81a Abs. 1 Satz 2 mit der Einschränkung Anwendung, dass nur die Entnahme von Blutproben und andere geringfügige Eingriffe zulässig sind (§ 46 Abs. 4 OWiG). Die Durchführung molekulargenetischer Untersuchungen wird durch § 46 Abs. 4 Satz 3 OWiG ausgeschlossen.

2 **B. Anwendungsbereich der Norm.** **I. Einfache körperliche Untersuchungen (Abs. 1 Satz 1) 1. Begriff und Umfang zulässiger Untersuchungen.** Nach herrschender Meinung liegt eine nicht notwendig von einem Arzt vorzunehmende **körperliche Untersuchung** vor, wenn ohne körperlichen Eingriff die Beschaffenheit (etwa den Beschuldigten zeichnende Tatspuren) oder Funktionsfähigkeit des Körpers bzw. einzelner Körperteile, das Vorhandensein von Fremdkörpern in den natürlichen Körperöffnungen oder der psychische Zustand des Beschuldigten mittels sinnlicher Wahrnehmung festgestellt werden soll (BGHSt 5, 332, 336; *Eisenberg* BR, Rn. 1629; *Meyer-Goßner/Schmitt* § 81a Rn. 9; LR/*Krause* § 81a Rn. 19). Auch die Überprüfung der Arbeitsweise des Gehirns sowie körperlich bedingter psychologischer Reaktionen ist demnach umfasst (zur Wahrnehmungsfähigkeit nach Alkoholgenuss vgl. BGHSt 5, 332, 336), soweit nicht der Geisteszustand des Beschuldigten i.S.v. § 81 durch Beobachtung festgestellt werden soll (OLG Bamberg MDR 1984, 602; OLG Nürnberg NStZ-RR 1998, 242, 242 f.; LG Hagen StraFo 2008, 157; erg. § 81 Rdn. 6 f.). Die Benutzung ärztlicher Instrumente ist kein Spezifikum des körperlichen Eingriffs, auch wenn die Notwendigkeit der Hinzuziehung eines Arztes die Grenzen zulässiger Untersuchungshandlungen mitbestimmt. Bspw. ist auch die Hirnstromuntersuchung (Elektroenzephalographie [EEG], vgl. BVerfG NJW 1963, 2368, 2369) den einfachen Untersuchungshandlungen zuzurechnen.

3 Die **Veränderung der Haar- und Barttracht** dient meist nicht den Feststellungszwecken des § 81a Abs. 1, kann sich aber als erforderlich erweisen, um eine Untersuchungsmaßnahme vorzubereiten (z.B. die Begutachtung der Kopfhaut). Sie kann auf § 81a gestützt werden, wenn sie eine Untersuchung nach § 81a Abs. 1 Satz 1 ermöglichen soll (zutr. zur Rechtsgrundlage *Dzendzalowski* Die körperliche Untersuchung, 1971, S. 37 f. mit Fn. 146; SK-StPO/*Rogall* § 81a Rn. 30, 36; *Odenthal* Die Gegenüberstellung im Strafverfahren, 1999, S. 95 f.; abw. BGH 09.03.1977 – 1 BJs 128/76 – StB 56/77; HK-StPO/ *Brauer* § 81a Rn. 14; LR/*Krause* § 81a Rn. 47 f.; KK-StPO/*Senge* § 81a Rn. 6; *Meyer-Goßner/Schmitt* § 81a Rn. 23, die einen körperlichen Eingriff verneinen). Das BVerfG bejaht zu Recht einen wenn auch seiner Ansicht nach »relativ geringfügigen« Eingriff (vgl. BVerfGE 47, 239, 246, 248 ff.; vgl. aber KMR/ *Bosch* § 81a Rn. 3). Von der Qualifizierung als Eingriff muss die Folgefrage getrennt werden, ob der strikte Arztvorbehalt des Abs. 1 Satz 2 auch Beachtung beansprucht, wenn weder Regeln der ärztlichen Kunst zu beachten sind noch die Maßnahme Gesundheitsgefahren für den Betroffenen mit sich bringt. So dürfte es dem Zweck des Arztvorbehalts (vgl. Rdn. 25) entsprechen, die Entfernung von Haarwurzeln zur Durchführung einer DNA-Analyse der Aufsicht eines Arztes zu unterstellen (vgl. SK-StPO/ *Rogall* § 81a Rn. 54). In anderen Fällen einer Veränderung der Haar- und Barttracht erscheint dies aber nicht geboten und es sollte deshalb eine teleologische Reduktion des Arztvorbehalts erwogen werden. Jedenfalls muss § 81a aufgrund seiner Beschränkung auf Eingriffe zu Untersuchungszwecken als Eingriffsgrundlage ausscheiden, wenn der Eingriff lediglich erkennungsdienstlichen Zwecken dient oder eine Gegenüberstellung ermöglichen soll (vgl. SK-StPO/*Rogall* § 81a Rn. 30; KK-StPO/*Senge* § 81a Rn. 6; *Ranft* Rn. 730; *Schlüchter* Strafverfahrensrecht, Rn. 186; abw. BVerfGE 47, 239 ff.; zur Rechtfertigung nach § 81b vgl. dort Rdn. 7 f.).

2. Abgrenzung zur körperlichen Durchsuchung. Die **Abgrenzung** von körperlichen Untersuchungen i.S.v. § 81a und **körperlichen Durchsuchungen** nach §§ 102, 103 erfolgt nach überwiegender Auffassung anhand des jeweils verfolgten Zwecks (HK-StPO/*Brauer* § 81a Rn. 6; *Meyer-Goßner/Schmitt* § 81a Rn. 9; LR/*Krause* § 81a Rn. 19; auf die Verletzungsgefahren abstellend hingegen LG Trier NJW 1987, 722, zur Sicherstellung von rektal geschmuggelten Drogen; AK/*Wassermann* § 81a Rn. 2: Abgrenzung anhand des Mittels der Durchsuchung; beide Ansätze verbindend *Eisenberg* BR, Rn. 1630). Beweisthema der §§ 102, 103 sei nicht die Beschaffenheit des Körpers, sondern die Existenz von Gegenständen am oder im Körper oder in der getragenen Kleidung. Der Anwendungsbereich des § 102 erstreckt sich nach dieser Auffassung nicht nur auf Beweismittel oder Einziehungsgegenstände, die in oder unter der Kleidung sowie auf der Körperoberfläche aufgefunden werden können (etwa fremdes Blut oder Hautfetzen unter den Fingernägeln; abw. LR/*Krause* § 81a Rn. 19), sondern auch auf Gegenstände, die in den natürlichen Köperöffnungen (Mund, Scheide, After) versteckt sind (KK-StPO/ *Nack* § 102 Rn. 10; zu Recht a. A. SK-StPO/*Rogall* § 81a Rn. 25; zur Durchsuchung des Mundraumes vgl. OLG Celle NStZ 1998, 87, 87 f.). Eine Abgrenzung nach dem Zweck der Untersuchung scheidet allerdings nach allg. Auffassung bei Gegenständen aus, die verschluckt worden sind (etwa sog. bodypacks zum Drogentransport; vgl. KK-StPO/*Senge* § 81a Rn. 6; erg. auch *Rogall* NStZ 1998, 66 f. m.w.N.). Da § 81a eine abschließende Regelung körperlicher Eingriffe beinhaltet, kann die Suche im Körperinneren (z.B. mittels Röntgenaufnahmen) nur auf § 81a gestützt werden. Gleiches muss aber auch für Eingriffe in das Körperinnere über die natürlichen Körperöffnungen gelten (vgl. Rdn. 6).

3. Die Mitwirkungsfreiheit des Beschuldigten als Grenze körperlicher Untersuchungen. Nach herkömmlichem Begriffsverständnis muss der Beschuldigte körperliche **Untersuchungen** lediglich **passiv dulden**, zu einer aktiven Beteiligung an diesen kann er jedoch aufgrund seiner verfassungsrechtlich abgesicherten **Mitwirkungsfreiheit** nicht gezwungen werden (BGHSt 34, 39, 46; 40, 66, 71 f.; KK-StPO/*Senge* § 81a Rn. 4; *Meyer-Goßner/Schmitt* § 81a Rn. 10 f.; *Beulke* Strafprozessrecht Rn. 241; *Eser* Beiheft zur ZStW 86, 1974, 146). So müsse er insb. keine Fragen des Untersuchenden beantworten (OLG Hamm NJW 1974, 713) und sich keiner Prüfung unterziehen. Bspw. könne er nicht dazu verpflichtet werden, an einem Atemalkoholtest durch Blasen in ein Alkoholteströhrchen (BGH VRS 39, 184, 185; BayObLGSt 63, 15, 16; OLG Schleswig VRS 30, 344, 345 f.; *Geppert* FS Spendel, S. 659), an einem Hirnleistungstest (OLG Hamm NJW 1967, 1524; MDR 1974, 508, 509) oder an einem Belastungs-EKG mitzuwirken (OLG Schleswig NStZ 1982, 81), zwecks Röntgenuntersuchung Kontrastmittel einzunehmen (*Eisenberg* BR, Rn. 1627), zum Zwecke eines Trinkversuchs Alkohol zu trinken (BGH VRS 29, 203, 203 f.; OLG Hamm VRS 34, 287, 289; vgl. erg. zur mangelnden Beweiseignung zur Feststellung einer Alkoholverträglichkeit BGHSt 10, 265, 267; BGH VRS 28, 190; zur Feststellung eines pathologischen Rauschzustandes vgl. aber BGH NStZ [Pf] 1982, 189; OLG Hamm VRS 34, 287, 289; *Eisenberg* BR, Rn. 1752), die Knie zu beugen, die Arme auszustrecken, Finger- oder Gehproben vorzunehmen (OLG Hamm NJW 1968, 1203; *Dahs/Wimmer* NJW 1960, 2200) oder sich zwecks Feststellung des Drehnachnystagmus herumzudrehen (*Klinkhammer/Stürmann* DAR 1968, 44). Mit dem Begriffspaar Aktivität/Passivität nur schwer vereinbar soll der Beschuldigte andererseits verpflichtet sein, sich für die Untersuchung zu entkleiden (LG Düsseldorf NJW 1973, 1931) und die erforderliche Körperhaltung einzunehmen (*Eisenberg* BR, Rn. 1627; *Meyer-Goßner/Schmitt* § 81a Rn. 10; LR/ *Krause* § 81a Rn. 22). Jedenfalls entfällt nach h.A. die Pflicht zur **Belehrung** über die Freiwilligkeit der Mitwirkung bei Handlungen, die ein Arzt üblicherweise von seinen Patienten verlangen könne,

§ 81a StPO Körperl. Untersuchung des Beschuldigten; Zulässigkeit körperl. Eingriffe

wozu erstaunlicherweise auch die Tests bei Blutprobenentnahme gerechnet werden (vgl. auch *Siebler* Polizei 2009, 236; erg. Rdn. 11). Die angedeuteten Abgrenzungsschwierigkeiten beruhen letztlich auf einer fehlerhaften Parallelisierung der Mitwirkungsfreiheit des Beschuldigten und seiner Aussagefreiheit. Die Mitwirkungsfreiheit des Beschuldigten basiert aber lediglich auf Verhältnismäßigkeitserwägungen (umfassend hierzu *Bosch* Aspekte des nemo-tenetur-Prinzips, 1998, S. 277 ff.; 283 ff., 284; KMR *ders.* § 81a Rn. 5 f.; vgl. mit anderer Umschreibung auch *Neumann* FS Wolff, S. 389, und *Verrel* Die Selbstbelastungsfreiheit im Strafverfahren, 2001, S. 235 ff., 253 ff.). Damit ist nicht entscheidend, ob sich das Verhalten des Beschuldigten als Aktivität oder Passivität darstellt, sondern es darf nur dann nicht »erzwungen« werden, wenn es einen eigenständigen Beweiswert mit Aussagequalität besitzt.

6   **II. Körperliche Eingriffe. 1. Begriff.** Hinsichtlich der ausschließlich einem Arzt vorbehaltenen körperlichen Eingriffe unterscheidet das Gesetz zwischen der Blutprobenentnahme (Rdn. 7) und sonstigen Eingriffen (Rdn. 8 f.). Der Begriff des **körperlichen Eingriffs** erschließt sich in Abgrenzung zur körperlichen Untersuchung. Er umfasst sowohl die künstliche Entnahme natürlicher Körperbestandteile wie Blut, Liquor, Urin oder Speichel (zu molekulargenetischen Untersuchungen vgl. nur LG Offenburg StV 2003, 153, 154 f.) als auch die Zuführung von Stoffen sowie alle sonstigen Eingriffe, bei denen in das haut- und muskelumschlossene Innere des Körpers eingegriffen wird, wobei die Verursachung von Schmerzen kein eingriffskonstituierendes Kriterium ist (*Dzendzalowski* S. 15; *Meyer-Goßner/Schmitt* § 81a Rn. 15). Abgesehen von einer meist unproblematisch möglichen, visuellen Wahrnehmung der Mundhöhle muss regelmäßig auch das Eindringen in das Körperinnere über die natürlichen Körperöffnungen (After, Scheide), insb. wenn es unter Verwendung technischer Hilfsmittel geschieht, nicht nur wegen der damit verbundenen Verletzungsgefahren als ein körperlicher Eingriff angesehen werden, der ausschließlich durch einen Arzt vorgenommen werden darf (vgl. auch SK-StPO/*Rogall* § 81a Rn. 25; differenzierend *Eisenberg* BR, Rn. 1632; a. A. LR/*Krause* § 81a Rn. 28; KK-StPO/*Senge* § 81a Rn. 6; *Meyer-Goßner/Schmitt* § 81a Rn. 15). Zumindest der Arztvorbehalt des Abs. 1 Satz 2 müsste auf eine Untersuchung der natürlichen Körperöffnungen erstreckt werden, da diese üblicherweise von einem Arzt vorgenommen wird (vgl. auch *Eisenberg* BR, Rn. 1633; erg. SK-StPO/*Rogall* § 81a Rn. 54). Maßnahmen, die darauf abzielen, die seelisch-psychische Verfassung des Beschuldigten zu verändern, sind selbst dann nicht gestattet, wenn dies nur vorübergehend zu Untersuchungszwecken erfolgen soll (LR/*Krause* § 81a Rn. 29; *Eb. Schmidt* Nachtr. I 7). Soweit der Eingriff – wie Hypnose, Elektroschock oder Narkoanalyse – der Herbeiführung einer Aussage dienen soll, ergibt sich seine Unzulässigkeit selbst bei Einwilligung des Beschuldigten bereits aus § 136a Abs. 3 Satz 1. Die genannten Maßnahmen dürfen aber unabhängig von der Frage ihrer Zumutbarkeit auch nicht zu rein diagnostischen Zwecken angewendet werden (*Eisenberg* BR, Rn. 1634; *Meyer-Goßner/Schmitt* § 81a Rn. 16).

7   **2. Die Entnahme von Blutproben. Blutprobenentnahmen** stellen den Hauptanwendungsfall des Abs. 1 Satz 2 dar (zur Eingriffsqualität BVerfG NJW 1956, 986; BGHSt 24, 125, 129 ff.) und dienen bspw. der Feststellung des Blutalkoholgehaltes bei Trunkenheitsdelikten im Straßenverkehr (§§ 315a, 315c, 316 StGB, § 24a StVG), dem Vaterschaftsausschluss (vgl. § 170b StGB; erg. zum AuslG LG Verde NStZ-RR 2006, 246, 247), der Feststellung der Schuldfähigkeit (§§ 20, 21 StGB), der Feststellung von Krankheiten (vgl. zu Aids-Erkrankungen *Mayer* JR 1990, 358 ff.) oder der Durchführung molekulargenetischer Untersuchungen (vgl. die Erläuterungen zu §§ 81e, 81 f.). Die Entnahme einer Blutprobe wird allgemein als ein geringfügiger und ungefährlicher Eingriff in die körperliche Unversehrtheit angesehen, sodass deren Anordnung im Lichte des Verhältnismäßigkeitsgrundsatzes keine besonderen Schwierigkeiten aufwirft (vgl. OLG Köln NStZ 1986, 234, 235; KK-StPO/*Senge* § 81a Rn. 5a; *Meyer-Goßner/Schmitt* § 81a Rn. 13; LR/*Krause* § 81a Rn. 40; vgl. aber auch *Rittner* BA 1981, 161, 168, zu Verletzungsgefahren bei Beschuldigten, die Widerstand leisten). **Atemalkoholtestgeräte** gelten zwar als weniger zuverlässig (vgl. aber OLG Nürnberg DAR 2010, 218; *Jänker* DAR 2009, 1), dennoch ist es unzutreffend, wenn überwiegend davon ausgegangen wird, dass die auch in den bundeseinheitlichen Richtlinien über die Feststellung von Alkohol im Blut bei Straftaten und Ordnungswidrigkeiten (RiBA; abgedr. bei *Janiszewski/Jagow/Burmann* StVO, § 316 StGB Rn. 40) vorgesehene Durchführung eines Atemalkoholtests bei verfügbaren Testgeräten unter dem Aspekt des Notwendigkeitsgebots keine Zulässigkeitsvoraussetzung der Blutentnahme sein soll (so OLG Köln NStZ 1986, 234, 235; *Eisenberg* BR, Rn. 1637; *Meyer-Goßner/Schmitt* § 81a Rn. 13; zutr. hingegen SK-StPO/*Ro-*

gall § 81a Rn. 41; abw. auch *Arbah-Zadeh* NJW 1984, 2615 ff.; vgl. erg. zur Rechtmäßigkeit einer dennoch erfolgten Vollstreckung der Blutentnahme MüKo/*Bosch* § 113 Rn. 46; zur Frage, ob eine Belehrung über die nach h.M. nur freiwillig zulässige Untersuchung erfolgen muss, LG Freiburg NZV 2009, 614; AG Frankfurt NZV 2010, 266; ablehnend OLG Brandenburg NZV 2012, 97 und eingehend *Cierniak/Herb* NZV 2012, 410 ff.; *Geppert* NStZ 2014, 481 ff.). Da abgesehen von Zweifelsfällen ein negatives Testergebnis durchaus geeignet sein kann, etwa einen aufgrund von Fahrfehlern bedingten Verdacht der relativen Fahruntüchtigkeit zu entkräften, kann die Vornahme eines Atemalkoholtests ein Gebot der Verhältnismäßigkeit sein. Dies umso mehr, wenn berücksichtigt wird, dass die Rechtsprechung bei entsprechender Eichung und Wartung des verwendeten Atemalkoholmessgeräts eine Verwertung des Messwertes ohne Sicherheitsabschlag für zulässig erachtet (vgl. BGH NJW 2001, 1952, 1953 ff.; erg. zu den Anforderungen an die Urteilsfeststellung BayObLG NJW 2001, 3138). Bei positivem Testergebnis des Atemalkoholtests wird die Anordnung einer Blutprobe allerdings im Regelfall erforderlich sein (vgl. auch SK-StPO/*Rogall* § 81a Rn. 41), zumal nur so ein Nachtrunk oder eine (zusätzliche) Einnahme von Drogen widerlegt werden kann (vgl. *de Vries* SVR 2014, 330).

3. Andere körperliche Eingriffe (Abs. 1 Satz 2) Neben den im Gesetz besonders erwähnten Blut- 8
proben können auch »**andere körperliche Eingriffe**« Gegenstand einer Anordnung nach § 81a sein, sofern sie von einem Arzt nach den Regeln der ärztlichen Kunst durchgeführt werden, kein Nachteil für die Gesundheit zu befürchten ist und das Verhältnismäßigkeitsprinzip beachtet wird. Eine gegen den Willen des Beschuldigten mittels eines Katheders entnommene **Urinprobe** kann im Einzelfall erforderlich sein, um die Einnahme bestimmter, im Blut nicht oder nur unzuverlässig nachweisbarer Medikamente oder Drogen festzustellen (*Benfer* Rechtseingriffe Rn. 956). Die Urinabnahme mittels eines Katheders wird allerdings z.T. wegen der damit verbundenen Infektionsgefahr bzw. der durch sie verursachten Schmerzen generell für unzulässig erachtet (so *Eisenberg* BR, Rn. 1640; *Meyer-Goßner/Schmitt* § 81a Rn. 21; *Kohlhaas* NJW 1968, 2277; *Adams/Gerhardt* NStZ 1981, 244; vgl. aber auch BVerfG NStZ 1993, 482; SK-StPO/*Rogall* § 81a Rn. 44) oder zumindest nur bei Verdacht besonders schwerer Straftaten für statthaft gehalten (*Benfer* Rechtseingriffe Rn. 956; *Kuhlmann* Kriminalistik 1980, 374). Bei Beachtung des Verhältnismäßigkeitsgrundsatzes wird die Harnentnahme für zulässig erachtet werden müssen, sofern der Beschuldigte zuvor auf die Möglichkeit ihrer Abwendung durch freiwillige Harnabgabe hingewiesen wurde. Eine durch Zwang bewirkte **Entnahme von Samen** wird hingegen im Regelfall weder erforderlich sein noch in einer Form durchgeführt werden können, die den Anforderungen von Art. 1 Abs. 1, 2 Abs. 1 GG sowie dem Verhältnismäßigkeitsgebot Rechnung trägt (vgl. SK-StPO/*Rogall* § 81a Rn. 45). Die **Entnahme von Liquor** (Gehirn- und Rückenmarkflüssigkeit) durch Lumbal- oder Subokzipitalpunktion zur Feststellung von Erkrankungen des zentralen Nervensystems ist lediglich bei dringendem Tatverdacht zur Aufklärung schwerer Straftaten zulässig (BVerfGE 16, 194, 198 ff., 201; 17, 108, 115 ff.; OLG Hamm NJW 1971, 1904; *Eisenberg* BR, Rn. 1640; *Meyer-Goßner/Schmitt* § 81a Rn. 22; *Bresser* NJW 1961, 253; a. A. *Schlüchter* Strafverfahrensrecht Rn. 174; *Malek/Wohlers* Zwangsmaßnahmen Rn. 270: Eingriff unzulässig; die Eingriffsqualität sehr verharmlosend BayObLGSt 1951, 472, 473). Der Eingriff führt infolge Liquorunterdrucks häufig zu Übelkeit, Kopfschmerzen und einer Störung des Allgemeinbefindens (LR/*Krause* § 81a Rn. 49; SK-StPO/*Rogall* § 81a Rn. 46). Vergleichbare Beeinträchtigungen des körperlichen Wohlbefindens sind mit einer **Pneumoenzephalographie** (Hirnkammerluftfüllung) verbunden (vgl. dazu *Dzendzalowski* Die körperliche Untersuchung, S. 70 f.; *Bresser* NJW 1961, 250). Ihre Anordnung wird wohl selbst in Ausnahmefällen nicht verantwortet werden können (so aber BVerfGE 17, 108, 115; BGHSt 23, 176, 186 f.; OLG Celle MDR 1956, 695; OLG Hamm NJW 1960, 1400, 1401 f.; NJW 1975, 2256; *Meyer-Goßner/Schmitt* § 81a Rn. 22; LR/*Krause* § 81a Rn. 57; *Kuhlmann* NJW 1976, 350; *Ostertag/Sternsdorf* NJW 1977, 1485: generell unzulässig), zumal sie wohl durch die Computer-Tomographie ersetzt werden kann (HK-StPO/*Brauer* § 81a Rn. 17; SK-StPO/*Rogall* § 81a Rn. 50). Ebenso unzulässig ist die **Ballondilatation** (medizinischer Eingriff im Herzbereich), die als schwerer Eingriff mit Art. 2 Abs. 2 Satz 1 GG unvereinbar ist (BVerfGE 89, 119, 130 f.).
Röntgendiagnostische Verfahren einschließlich der Kernspin- und Computertomographie sind zwar 9
lege artis durchgeführt zulässige körperliche Eingriffe (*Eisenberg* BR, Rn. 1639; HK-StPO/*Brauer* § 81a Rn. 16; *Meyer-Goßner/Schmitt* § 81a Rn. 22; SK-StPO/*Rogall* § 81a Rn. 49; *Ostertag/Sternsdorf* NJW 1977, 1482; *Stöppler/Vogelsang* NJW 1978, 577 f.), die allerdings wegen der mit ihnen verbunde-

§ 81a StPO Körperl. Untersuchung des Beschuldigten; Zulässigkeit körperl. Eingriffe

nen Strahlenexposition voraussetzen, dass insb. unter Berücksichtigung der bisherigen Strahlenbelastung des Beschuldigten ein Gesundheitnachteil für diesen ausgeschlossen werden kann (OLG Karlsruhe StV 2005, 376; OLG Schleswig NStZ 1982, 81; zu Altersuntersuchungen eingehend *Jung* StV 2013, 51). Ebenso statthaft ist die Anordnung einer **Szintigraphie** (LR/*Krause* § 81a Rn. 61; SK-StPO/ *Rogall* § 81a Rn. 51; *Kuhlmann* NJW 1976, 351), mittels derer durch Injektion von Kontrastmitteln in die Ellenbeugenvene Organe bildhaft dargestellt werden können. Für unzulässig erachtet wird hingegen die **Angiographie** (Arteriographie), bei der zur röntgenologischen Darstellung von Blutgefäßen des Gehirns ein Kontrastmittel in die Halsschlagader injiziert wird (*Meyer-Goßner/Schmitt* § 81a Rn. 21; LR/ *Krause* § 81a Rn. 38; *Kuhlmann* NJW 1976, 351). Da bei diesem Eingriff ernsthafte gesundheitliche Folgen nicht ausgeschlossen werden können (vgl. OLG Hamm VersR 1992, 833), darf er trotz seines diagnostischen Wertes nicht gegen den Willen des Beschuldigten vorgenommen werden (LR/*Krause* § 81a Rn. 38; SK-StPO/*Rogall* § 81a Rn. 47). Die **Magenaushebung** (Magenauspumpen) wird zwar als statthaft angesehen (*Eisenberg* BR, Rn. 1639; LR/*Krause* § 81a Rn. 42; *Meyer-Goßner/Schmitt* § 81a Rn. 20; a. A. *Renzikowski* FS Amelung, S. 685), dürfte aber im Regelfall weder erforderlich noch aus Gründen der Beweisführung geboten sein. Sofern eine natürliche Ausscheidung von verschluckten Beweis- bzw. Verfalls- oder Einziehungsgegenständen wegen einer damit einhergehenden Freiheitsentziehung nicht abgewartet werden kann, darf der Ausscheidevorgang durch Vergabe von Abführmitteln beschleunigt werden. Nach Auffassung des EGMR StV 2006, 617, 619 ff., verstößt die zwangsweise Verabreichung von **Vomitivmitteln** (= Brechmittel, z.B. Ipecacuanha-Sirup über Nasen-Magensonde) zur Exkorporation von Beweis-, Verfalls- und Einziehungsgegenständen oder -substanzen sowohl gegen das Verbot unmenschlicher und erniedrigender Behandlung (Art. 3 EMRK) als auch im konkreten Fall gegen Art. 6 EMRK. Dem kann angesichts der konkreten Umstände (Fixierung durch vier Polizeibeamte, Kleindealer etc.) und nicht gesicherter Folgerisiken zugestimmt werden. In der Entscheidung wird angedeutet, dass bei repressiver Zwecksetzung wohl immer von Unverhältnismäßigkeit auszugehen ist (abw. aber methodisch unklar *Meyer-Goßner/Schmitt* § 81a Rn. 22: »strenge Beachtung des Verhältnismäßigkeitsgebots«; vgl. auch *Schumann* StV 2006, 661, 663 ff.; erg. *Gaede* HRRS 2006, 241; *Schuhr* NJW 2006, 3538). Vor der Entscheidung des EGMR wurde die Maßnahme überwiegend für zulässig erachtet (etwa zum Nachweis eines intrakorporalen Drogenschmuggels, vgl. *Körner* StV 1988, 448 ff.; *Solbach* MedR 1987, 80 ff.), sofern eine Gesundheitsgefährdung ausgeschlossen werden konnte (KG JR 2001, 162 m. abl. Anm. *Hackethal*; KG JR 2002, 122 m. abl. Anm. *Zaczyk*; OLG Bremen NStZ-RR 2000, 270; *Benfer* JR 1998, 53; *Grüner* JuS 1999, 122; *Rogall* NStZ 1998, 68; *Schäfer* NJW 1997, 2438; *Weßlau* StV 1997, 341; vgl. auch den Nichtannahmebeschluss des BVerfG NStZ 2000, 96 m. abl. Anm. *Rixen* NStZ 2000, 381; *Naucke* StV 2000, 1; zur verfassungsrechtlichen Unbedenklichkeit *Amelung/Wirth* StV 2002, 167; abwegig insoweit EGMR StV 2006, 617, 622 f., da der EGMR einen Verstoß gegen die Selbstbelastungsfreiheit [Art. 6 Abs. 1 EMRK] feststellt; ähnlich OLG Frankfurt am Main StV 1997, 651; *Malek/Wohlers* Zwangsmaßnahmen Rn. 271; *Mushoff* KritV 2005, 83; *Dallmeyer* StV 1997, 606, 609 f.: Verstoß gegen § 136a; krit. aus medizinischer Sicht *Dettmeyer* MedR 2000, 316 ff.; *Bachmann/Püschel/Sonnen* Kriminalistik 2004, 678; vgl. erg. *Vetter* Problemschwerpunkte des § 81a StPO, 2000, S. 15 ff.; *Hackethal* Der Einsatz von Vomitivmitteln zur Beweissicherung im Strafverfahren, 2004). Eine Beschränkung auf die Aufklärung schwerer Straftaten dürfte zwar geboten (abw. SK-StPO/*Rogall* § 81a Rn. 48), aber nicht praktikabel sein, da etwa im Bereich der Betäubungsmitteldelikte die hierfür erforderliche Beurteilung der Schwere der Tat häufig nur ex post möglich ist (zur Unzulässigkeit bei Kleindealern aber *Binder/Seelmann* NStZ 2002, 234). Eine durch Zwang bewirkte, operative Entfernung sog. bubbles ist unzulässig, wenn sie allein aus Gründen der Beweissicherung erfolgt (vgl. auch BVerfG NJW 2002, 2859 f.).

10 **III. Einwilligung des Beschuldigten. 1. Zulässigkeit der Einwilligung.** Einer Anordnung nach § 81a bedarf es nicht, wenn der Beschuldigte rechtswirksam in die angestrebte Maßnahme einwilligt (BVerfGE 27, 211, 219; OLG Celle StV 2009, 518; OLG Dresden StV 2009, 571; OLG Hamburg NJW 2008, 2599). Davon ausgenommen sind schwerwiegende Eingriffe, die trotz Einwilligung der richterlichen Anordnung bedürfen (BVerfGE 27, 211, 219; *Meyer-Goßner/Schmitt* § 81a Rn. 3). Bei wirksamer Einwilligung dürfen Maßnahmen durchgeführt werden, die nach § 81a unzulässig, aber zur Wahrheitserforschung geeignet sind. Eine Einwilligung kann bspw. von der Beachtung des Arztvorbehaltes entbinden, etwa die Entnahme einer Blutprobe durch einen Nichtarzt (BayObLGSt 1964, 156,

158; *Eb. Schmidt* MDR 1970, 465) oder eine Krankenschwester (vgl. OLG Bremen VRS 36, 180, 182; OLG Oldenburg NJW 1955, 683) gestatten. Wegen ihrer besonderen Gefährlichkeit sittenwidrige (vgl. § 228 StGB; dazu *Löffler* NJW 1951, 822; *Ostertag/Sterndorf* NJW 1977, 1482; erg. BVerfGE 27, 211, 219) oder wegen der gesundheitlichen Folgen unverhältnismäßige Maßnahmen (vgl. Rdn. 16 f.; *Amelung* StV 1985, 259) können auch durch Einwilligung nicht legitimiert werden. Ebenso wenig können nach herrschender Meinung **phallometrische Untersuchungen** (Aufzeichnung der Penisreaktion auf sexuelle Reize, etwa bei Sexualstraftätern) auf eine Einwilligung des Beschuldigten gestützt werden (OLG Düsseldorf NJW 1973, 2255, 2256; *Eisenberg* BR, Rn. 1640; *Meyer-Goßner/Schmitt* § 81a Rn. 21; *Peters* ZStW 88, 1976, 1027, 1029; a. A. LG Hannover NJW 1977, 1110, 1111; *Binder* NJW 1972, 322; *Jessnitzer* NJW 1977, 2128). Diese sind unter Berücksichtigung ihres ohnehin zweifelhaften diagnostischen Wertes (vgl. OLG Düsseldorf NJW 1973, 2255, 2256) aufgrund der Unzumutbarkeit der Begleitumstände generell unzulässig. Ob sog. Nachtschlafuntersuchungen zur Feststellung der Erektionsfähigkeit zwangsweise durchgesetzt werden könnten (offengelassen von BVerfG NJW 2004, 3697, 3698), dürfte zweifelhaft sein (vgl. KMR/*Bosch* § 81a Rn. 14).

2. Voraussetzungen der Einwilligung. Eine rechtswirksame Einwilligungserklärung setzt voraus, 11 dass sie **freiwillig**, d.h. in Kenntnis der Sachlage (*Kohlhaas* DAR 1956, 203; *ders.* DAR 1973, 13) und des Weigerungsrechts (BGH NJW 1964, 1177, 1178; *Peters* JR 1969, 233) abgegeben und nicht durch Zwang oder Täuschung erwirkt wurde (BGH VRS 29, 203, 204; OLG Bremen VRS 36, 180, 182; *Kohlhaas* DAR 1973, 10). Geschäftsfähigkeit wird hierfür nicht vorausgesetzt, die erforderliche **Einsichts- und Urteilsfähigkeit** dürfte vielmehr entsprechend den zu § 228 StGB entwickelten Grundsätzen festzustellen sein (vgl. auch *Burhoff* StRR 2009, 204). Ggf. muss eine hinreichende Urteilsfähigkeit bei erheblicher Alkoholisierung verneint werden (vgl. *Dahs/Wimmer* NJW 1960, 2220; LR/*Krause* Rn. 14; *Eisenberg* BR, Rn. 1628; OLG Hamm NStZ-RR 2011, 186). Von einem freiwilligen Verzicht auf ein bestehendes Weigerungsrecht kann nur gesprochen werden, wenn der Beschuldigte vor dem Eingriff durch das Gericht bzw. die Strafverfolgungsbehörde über die Bedeutung seiner Erklärung und die Folgen und Risiken des Eingriffs **belehrt** und ihm ggf. eine Überlegungsfrist eingeräumt worden ist (BGH VRS 29, 203; vgl. aber auch LG Saarbrücken NStZ-RR 2009, 55). Der durchführende Arzt kann die erforderliche Belehrung nicht vornehmen (vgl. OLG Hamm BA 1980, 171), vielmehr hat dieser die Untersuchung abzubrechen, wenn er erkennt, dass der Beschuldigte unzureichend über seine Mitwirkungsfreiheit belehrt worden ist. Eine Belehrung soll allerdings dann nicht erforderlich sein, wenn lediglich einfachere Mitwirkungshandlungen (etwa Tests bei der Blutprobenentnahme wie Fingerprobe, Sichdrehen, Rombergtest, vgl. auch Rdn. 5 f.) des Beschuldigten erforderlich sind, »die der Arzt üblicherweise bei der Untersuchung von seinen Patienten (...) zu fordern berechtigt ist« (so KK-StPO/*Senge* § 81a Rn. 5a; *Meyer-Goßner/Schmitt* § 81a Rn. 12; LR/*Krause* § 81a Rn. 13, 26; i.E. ebenso OLG Hamm NJW 1968, 1202, 1203; OLG Hamm BA 1980, 171; OLG Köln NJW 1962, 692, 693; zu Recht krit. *Cierniak/Herb* NZV 2012, 411 ff.). Diese Einschränkung ist ein weiteres Indiz für die Inkonsequenz der allgemeinen Unterscheidung von Aktivität und Passivität (vgl. Rdn. 5). Jedenfalls muss die Einwilligung **ausdrücklich** im Hinblick auf den konkreten Eingriff erklärt werden und kann nicht aus der schlichten Hinnahme einer Untersuchung abgeleitet werden (OLG Bamberg NJW 2009, 2146; *Meyer-Goßner/Schmitt* § 81a Rn. 4; LR/*Krause* § 81a Rn. 13), sodass nicht zuletzt aus Beweiserwägungen regelmäßig belehrt werden muss. Eine erteilte Einwilligung kann jederzeit **widerrufen** werden; das bis zum Zeitpunkt des Widerrufs Ermittelte bleibt jedoch verwertbar (KK-StPO/*Senge* § 81a Rn. 3; *Meyer-Goßner/Schmitt* § 81a Rn. 5). Von einer Verwertbarkeit der bisher erlangten Ergebnisse darf jedoch nur dann ausgegangen werden, wenn der Beschuldigte vor der Untersuchung sowohl über die rechtlichen Konsequenzen des Widerrufs der Einwilligung belehrt als auch über die mögliche Beweisrelevanz der Untersuchung aufgeklärt worden ist (i.E. wohl vergleichbar *Eisenberg* BR, Rn. 1626).

C. Materielle und formelle Voraussetzungen der Anordnung von Zwangseingriffen. 12 **I. Sachliche Voraussetzungen. 1. Beschuldigter.** Maßnahmen nach § 81a können nur gegen den Beschuldigten ergehen. Der Begriff des Beschuldigten umfasst auch den Angeschuldigten und den Angeklagten (§ 157), nicht hingegen den rechtskräftig Verurteilten. § 81a ist deshalb nach Urteilsrechtskraft – z.B. zur Vorbereitung von Prognoseentscheidungen nach §§ 57 Abs. 1, 67d Abs. 2

§ 81a StPO   Körperl. Untersuchung des Beschuldigten; Zulässigkeit körperl. Eingriffe

Satz 1 StGB – grds. unanwendbar (OLG Hamm NJW 1974, 914, 915; *Eisenberg* BR, Rn. 1624; SK-StPO/*Rogall* § 81a Rn. 9; *Geerds* Jura 1988, 2; a. A. KK-StPO/*Senge* § 81a Rn. 2; *Meyer-Goßner/ Schmitt* § 81a Rn. 2; LR/*Krause* § 81a Rn. 6). Es muss nicht bereits ein Ermittlungsverfahren gegen den Betroffenen anhängig sein. Vielmehr genügt es, wenn er durch die Anordnung nach § 81a in den Beschuldigtenstatus versetzt wird, sofern aufgrund zureichender tatsächlicher Anhaltspunkte ein einfacher Tat- oder Teilnahmeverdacht i.S.v. § 152 Abs. 2 besteht (vgl. BVerfG NJW 1996, 3071, 3072 f. m. Anm. *Benfer* NStZ 1997, 397; *Gusy* JZ 1996, 1175). So wird etwa bei Verkehrsunfällen ein Ermittlungsverfahren häufig mit einer Anordnung der Blutprobenentnahme eingeleitet, da zunächst jeder Unfallbeteiligte (auch der Beifahrer, sofern eine Fahrzeugführerschaft nicht sicher ausgeschlossen werden kann) als tatverdächtig gilt (vgl. OLG Hamm DAR 1962, 131; *Eisenberg* BR, Rn. 1624). Um eine rechtsmissbräuchliche Inkulpation Tatunbeteiligter zu verhindern, darf die Anordnung allerdings nicht ergehen, wenn entsprechende Verdachtsmomente erst aufgespürt werden sollen (HK-StPO/*Brauer* § 81a Rn. 2; *Krause/Nehring* Strafverfahrensrecht Rn. 2; *Meyer-Goßner/Schmitt* § 81a Rn. 2; *Geerds* GA 1965, 321, 327; KMR/*Bosch* § 81a Rn. 18). Unzulässig sind die in der Praxis leider zu beobachtenden, verdachtsunabhängigen Anordnungen der Blutprobenentnahme, wenn die polizeiliche Aufforderung zur Mitwirkung an einem Atemalkoholtest berechtigt verweigert wurde.

13   **2. Abgeordnete, NATO-Streitkräfte, Exterritoriale und Konsularbeamte.** Auch gegen **Abgeordnete** des Deutschen Bundestages, der Landtage und des Europäischen Parlaments können Maßnahmen nach § 81a angeordnet werden. Sie können bspw. in den Grenzen des Art. 46 Abs. 2 Halbs. 2 GG (oder der Verfassungen der Länder) ohne Verletzung ihrer Immunität auch ohne Parlamentsgenehmigung zur Durchführung einer Blutprobenentnahme festgenommen werden (OLG Bremen NJW 1966, 743, 744; OLG Oldenburg NJW 1966, 1764, 1765 f.; KK-StPO/*Senge* § 81a Rn. 11; *Meyer-Goßner/Schmitt* § 81a Rn. 35; LR/*Krause* § 81a Rn. 103; vgl. erg. Nr. 191 Abs. 3 Buchst. h) i.V.m. Abs. 3 Buchst. a) RiStBV). Die Verbringung zum Arzt ist keine Freiheitsentziehung i.S.v. Nr. 192 Abs. 1, 192a Abs. 2 Buchst. c) RiStBV. Zulässig sind Maßnahmen nach § 81a ebenso gegen Beschuldigte, die dem **NATO-Truppenstatut** und der deutschen Gerichtsbarkeit unterfallen, und zwar schon vor Verzichtsrücknahme (Art. 19 Abs. 3 des Zus. Abk. z. NTS v. 03.08.1959, BGBl. II 1961, S. 1183, 1218; vgl. *Meyer-Goßner/Schmitt* § 81a Rn. 35a; LR/*Krause* § 81a Rn. 104; SK-StPO/*Rogall* § 81a Rn. 114). Unstatthaft sind Anordnungen gem. § 81a gegen **Exterritoriale**, die nach §§ 18 bis 20 GVG von der deutschen Gerichtsbarkeit befreit sind (vgl. auch Nr. 193 Abs. 1 RiStBV; SK-StPO/*Rogall* § 81a Rn. 114). Gegen **Konsularbeamte** (vgl. § 19 GVG) dürfen sie unter Berücksichtigung von Art. 41 Abs. 1 WÜK nur unter den Voraussetzungen des Rundschreibens des Auswärtigen Amtes v. 19.09.2008, GMBl. 1154 unter VIII B.

14   **3. Untersuchungszweck (Abs. 1 Satz 1)** Abs. 1 Satz 1 beschränkt den **Zweck der Untersuchung** auf die **Feststellung verfahrenserheblicher Tatsachen** und bringt dadurch zum Ausdruck, dass körperliche Untersuchungen (und Eingriffe nach Abs. 1 Satz 2) kein Feld beliebigen Nachforschens sind. Sie müssen vielmehr im Lichte des verfolgten Verfahrensziels legitimiert sein (vgl. auch SK-StPO/*Rogall* § 81a Rn. 11) und setzen voraus, dass für die festzustellende Tatsache bereits gewisse Anhaltspunkte vorhanden sind (*Meyer-Goßner/Schmitt* § 81a Rn. 6; *Ebert* ZIS 2010, 250 f.). Feststellungsfähig sind zum einen alle Umstände, die für die **Tat- und Schuldfrage** oder die **Rechtsfolgenentscheidung** (z.B. die Gemeingefährlichkeit nach §§ 63, 66 StGB oder die körperliche oder geistige Eignung i.S.v. § 69 StGB) erheblich sein können. Zum anderen kann der Eingriff der Feststellung von **prozessual bedeutsamen Tatsachen** dienen, bspw. der Klärung der Reisefähigkeit (LG Zweibrücken VRS 99, 54, 55; *Meyer-Goßner/Schmitt* § 81a Rn. 7; LR/*Krause* § 81a Rn. 17) oder der Verhandlungsfähigkeit (BVerfGE 27, 211, 219; BayObLG NJW 1957, 272 m. Anm. *Eb. Schmidt* JR 1957, 110; OLG Celle NJW 1971, 256, 257; OLG Schleswig NStZ 1982, 81; OLG Düsseldorf StV 1989, 193). Außerhalb des Anwendungsbereichs der Durchsuchung (vgl. Rdn. 4) darf ebenso das Vorhandensein von Fremdkörpern geklärt werden, sofern die betreffenden Gegenstände als Beweismittel dienen können oder der Einziehung bzw. dem Verfall unterliegen (BGHSt 5, 332, 336; *Eisenberg* BR, Rn. 1625; SK-StPO/*Rogall* § 81a Rn. 11). Unzulässig sind hingegen körperliche Untersuchungen zur Beurteilung der Glaubwürdigkeit des Beschuldigten sowie die Beobachtung des Geisteszustandes des Beschuldigten (vgl. *Eisenberg* BR, Rn. 1625; LR/*Krause* § 81a Rn. 16). Natürlich kann eine körperliche Untersuchung des Beschuldigten mittelbar der Beurteilung seiner Glaubwürdigkeit dienen, etwa wenn Behauptungen

des Beschuldigten über körperliche Mängel durch seine körperliche Untersuchung überprüft werden (BGHSt 5, 332, 336; OLG Bamberg MDR 1984, 602; OLG Celle NStZ 1989, 242, 243).

4. Verhältnismäßigkeitsgrundsatz. Anordnungen auf der Grundlage des § 81a dürfen insb. bei Eingriffen in die körperliche Unversehrtheit (Art. 2 Abs. 2 Satz 1 GG) nur unter besonders sorgfältiger Prüfung der Einhaltung des **Verhältnismäßigkeitsgrundsatzes** im konkreten Einzelfall ergehen (BVerfGE 16, 194, 202; 17, 108, 117 f.; 27, 211, 219). In Anwendung des allgemeinen **Verhältnismäßigkeitsgrundsatzes** muss die angeordnete Maßnahme zur Erreichung des mit ihr verfolgten Untersuchungszwecks **geeignet** und **erforderlich** sein. Vor der Anordnung körperlicher Eingriffe ist deshalb stets zu prüfen, ob nicht eine einfache Untersuchung genügt (OLG Hamm NJW 1960, 1400, 1402; NJW 1971, 1903, 1904). Des Weiteren setzt die Anordnung voraus, dass die Schwere des Eingriffs **nicht außer Verhältnis (Übermaßverbot)** zur Bedeutung der Sache und des bestehenden Aufklärungsinteresses steht (BVerfGE 16, 194, 202; 17, 108, 116; erg. BVerfGE 27, 211, 221; BVerfG, NJW 1996, 771, 773; NJW 2004, 3697, 3698; zur Blutentnahme im Rahmen einer Reihenuntersuchung BVerfG, NJW 1996, 3071, 3072 f.). Wesentliche Abwägungsparameter sind einerseits die Intensität der angeordneten Maßnahme sowie die mit ihr verbundenen Nachteile für den Beschuldigten und andererseits der Grad des Tatverdachts (vgl. auch BVerfGE 16, 194, 200; 17, 108, 117) sowie die Bedeutung der Sache unter Berücksichtigung der für sie zu erwartenden Strafe oder Maßregel und des Beitrags der Zwangsmaßnahme nach § 81a zu ihrer Aufklärung. Blutprobenentnahmen oder vergleichbar leichte Eingriffe können regelmäßig bereits dann angeordnet werden, wenn ein Anfangsverdacht i.S.v. § 152 besteht. Sofern auf Grundlage des § 81a die Anordnung einer Freiheitsentziehung für möglich erachtet wird (vgl. aber Rdn. 23 f.), muss deren Dauer dem Grundsatz der Verhältnismäßigkeit genügen. Gerade die Unbestimmtheit der erforderlichen Abwägung (vgl. nur LR/*Krause* § 81a Rn. 34: Dauer »Frage des Einzelfalls«) spricht gegen eine inzident durch den Gesetzgeber gewährte Befugnis. 15

5. Keine Gesundheitsnachteile. Als spezielle gesetzliche Ausprägung des Verhältnismäßigkeitsgebots ordnet **Abs. 1 Satz 2** an, dass durch den körperlichen Eingriff kein **Gesundheitsnachteil** für den Beschuldigten zu befürchten sein darf. Der Begriff des Gesundheitsnachteils kann nicht jede, mit körperlichen Eingriffen zwangsläufig verbundene Beeinträchtigung der Körperintegrität erfassen, sondern setzt eine mehr als nur unerhebliche, über den Eingriff hinausreichende und auf eine gewisse Dauer angelegte nachteilige Veränderung des körperlichen oder seelischen Wohlbefindens voraus (vgl. *Eisenberg* BR, Rn. 1635; LR/*Krause* § 81a Rn. 31; SK-StPO/*Rogall* § 81a Rn. 57). Dies kann auch bei seelischen Beeinträchtigungen mit Krankheitswert der Fall sein (HK-StPO/*Brauer* § 81a Rn. 16; *Malek/Wohlers* Zwangsmaßnahmen, Rn. 244; enger *Eisenberg* BR, Rn. 1635; LR/*Krause* § 81a Rn. 31; *Meyer-Goßner/Schmitt* § 81a Rn. 17), nicht aber schon bei Schmerzen oder vorübergehenden Unannehmlichkeiten (zur Frage von Gesundheitsnachteilen bei Zwangsblutentnahmen *Rittner* BA 1981, 161 ff.; *Kleiber/Püschel* BA 1987, 100 ff.). Dies schließt natürlich nicht aus, dass auch Eingriffe unterhalb dieser Schwelle unverhältnismäßig sein können (SK-StPO/*Rogall* § 81a Rn. 57). **Zu befürchten** sind Nachteile für die Gesundheit des Beschuldigten, wenn sie angesichts seiner konkret festzustellenden körperlichen und geistigen Konstitution nicht mit an Sicherheit grenzender Wahrscheinlichkeit ausgeschlossen werden können. Kann dies nur durch ärztliches Fachpersonal beurteilt werden, muss der Anordnende diese Frage vorab mit dem durchführenden Arzt, ggf. im Wege der Begutachtung durch einen Sachverständigen klären (zur Erforderlichkeit eines Vorgutachtens vgl. BGHSt 8, 144, 148; KK-StPO/*Senge* § 81a Rn. 6; *Meyer-Goßner/Schmitt* § 81a Rn. 17; *Bresser* NJW 1961, 251). An das Ergebnis der Begutachtung ist der Anordnende zwar nicht rechtlich (*Meyer-Goßner/Schmitt* § 81a Rn. 17), aber zumindest dann faktisch gebunden, wenn kein abweichendes, eindeutig das Erstgutachten widerlegendes Zweitgutachten vorliegt (vgl. *Eisenberg* BR, Rn. 1635; LR/*Krause* § 81a Rn. 31; SK-StPO/*Rogall* § 81a Rn. 58; *Kohlhaas* NJW 1968, 2278). 16

II. Anordnung der Untersuchung. 1. Zuständigkeit. a) Richtervorbehalt. Anordnungen nach § 81a sind grds. dem **Richter** vorbehalten (**Abs. 2 Halbs. 1**). Im Vorverfahren entscheidet der Ermittlungsrichter (§§ 162 Abs. 1, 169 Abs. 1; vgl. BGHSt 8, 144, 146; BGH NStZ 2000, 212; LG Zweibrücken StV 1997, 347), nach Anklageerhebung das für die Hauptverhandlung zuständige Gericht (§ 30 Abs. 2 GVG). Wurde die Hauptverhandlung eröffnet, ist die Zuständigkeit des erkennenden Gerichts begründet (vgl. §§ 25, 30 Abs. 1, 76 Abs. 1 GVG), das in der Hauptverhandlung ggf. unter Mit- 17

§ 81a StPO   Körperl. Untersuchung des Beschuldigten; Zulässigkeit körperl. Eingriffe

wirkung der Schöffen zu entscheiden hat (§§ 30 Abs. 1, 77 Abs. 1 GVG; vgl. *Eisenberg* BR, Rn. 1641; *Meyer-Goßner/Schmitt* § 81a Rn. 25c). Wird zugleich die Anstaltsunterbringung nach § 81 angeordnet, entscheidet das nach § 81 Abs. 3 zuständige Gericht (vgl. dort Rdn. 16) auch über Maßnahmen nach § 81a (OLG Karlsruhe Die Justiz 1972, 18; LR/*Krause* § 81a Rn. 65).

18   **b) Staatsanwaltschaftliche Eilkompetenz.** Bei Gefährdung des Untersuchungserfolges (**Gefahr im Verzug**) sind auch die **StA** (§ 142 GVG) und subsidiär (vgl. OLG Jena DAR 2009, 283; OLG Köln NStZ 2009, 406; OLG Schleswig StV 2010, 13; *Rabe v. Kühlwein* NStZ 2010, 168; *Ebert* ZIS 2010, 255) ihre **Ermittlungspersonen** (§ 152 GVG) anordnungsbefugt (**§ 81a Abs. 2 Halbs. 2**), schwerwiegende Eingriffe können aber ausschließlich durch den Richter angeordnet werden (BVerfGE 16, 194, 201; *Genzel* NJW 1969, 1562). Führt die Anordnung zu einem Freiheitsentzug, muss die Strafverfolgungsbehörde wegen Art. 104 Abs. 1, 2 GG unverzüglich eine richterliche Anordnung erwirken (vgl. auch BayObLG NJW 1957, 272, 273). Da die in Abs. 2 Halbs. 2 vorausgesetzte Gefährdungslage besteht, wenn das Abwarten einer richterlichen Anordnung den Beweiswert verschlechtert, wurde die Inanspruchnahme der »Ausnahmekompetenz« bei Trunkenheitsdelikten aufgrund der sich rasch verändernden Blutalkoholkonzentration in der Praxis als Regelfall behandelt. Tatsächlich ist das Postulat eines Richtervorbehalts für Blutentnahmen gänzlich sinnlos (zu einer möglichen Abschaffung vgl. BR-Drucks. 615/10 und *de Vries* SVR 2014, 330), da sich die zwischenzeitlich wohl h.A. darauf geeinigt hat, dass eine rechtsstaatlich völlig verzichtbare telefonische Anordnung durch den Richter ausreicht und ein Verstoß in aller Regel kein Verwertungsverbot zur Folge hat (bspw. nimmt die exzellente Nachzeichnung der hierzu ergangenen Rechtsprechung bei *Meyer-Goßner/Schmitt* § 81a Rn. 25a ff., 32 ff. etwa ein Viertel [!] der Gesamtkommentierung ein, ohne dass die Diskussion ernsthafte prozessuale Konsequenzen hätte). Zudem kann jedenfalls dann pauschal Gefahr im Verzug angenommen werden, wenn mangels eindeutig höherem Alkoholisierungsgrad ein unklares Ermittlungsbild besteht und damit eine Unterschreitung des Grenzwertes droht (so in der Konsequnz absurd, in der Sache zu Recht OLG Frankfurt NStZ-RR 2011, 47). Auch für eine Blutentnahme wegen vermuteten Betäubungsmittelmissbrauchs hat das BVerfG allerdings gefordert, dass die Gefährdung des Untersuchungserfolges mit einzelfallbezogenen Tatsachen, die in den Ermittlungsakten zu dokumentieren sind (zur Dokumentationspflicht und zu den Konsequenzen ihrer Verletzung bei § 81a OLG Düsseldorf VRS 121, 48), zu belegen ist (BVerfG StV 2007, 281, 282, mit Verweis auf die kaum vergleichbare Situation bei Wohnungsdurchsuchungen; BVerfGE 103, 142, 155 f.; zur Blutentnahme ansonsten BVerfG NStZ 2011, 289; die Konsequenzen aber ablehnend und deshalb für die im Ergebnis für Bedeutungslosigkeit des Richtervorbehalts BVerfG 14.02.2011 – 2 BvR 1596/10 und 24.02.2011 – 2 BvR 2346/10 jeweils Nichtannahmebeschluss auch im Hinblick auf eine fehlende Dokumentation; vgl. auch den insoweit oberflächlichen Überblick von *Trück* NStZ 2011, 202; erg. *Vergho* SVR 2011, 201) und deshalb gerade nicht für den Regelfall vermutet werden kann (zur Dokumentationspflicht erg. *Rabe v. Kühlwein* NZV 2007, 581; BVerfG NJW 2008, 3053; OLG Karlsruhe StV 2009, 516; LG Flensburg StV 2008, 459 f.; zusammenfassend zum Richtervorbehalt auch *Güntge* SchlHA 2011, 149; *Metz* NStZ-RR 2010, 232 ff.; 271 ff.; *Rose* SchlHA 2010, 157; *Ernst* Jura 2011, 94). Ganz im Gegenteil müssen die Strafverfolgungsbehörden regelmäßig versuchen, eine – zumindest mündliche (OLG Bamberg NJW 2009, 2147; OLG Hamm NJW 2009, 242; a. A. LG Hamburg NZV 2008, 213 m. Anm. *Laschewski*; LG Limburg NStZ-RR 2009, 384, *Wiesneth* DRiZ 2010, 51) – Anordnung des zuständigen Richters zu erlangen, bevor sie selbst eine Blutentnahme anordnen (BVerfG StV 2007, 282, 283; OLG Stuttgart NStZ 2008, 238; LG Itzehoe NJW 2008, 2601). Bei Blutentnahmen zur Feststellung von Trunkenheitsdelikten kann Gefahr im Verzug damit nicht allein wegen des Abbaus des Blutalkohols bejaht werden (vgl. nur OLG Celle NJW 2009, 3524; OLG Dresden NJW 2009, 2150 m. zust. Anm. *Pohlmann/Primaczenko* JR 2010, 88; OLG Nürnberg DAR 2010, 217; OLG Schleswig StV 2010, 13; *Dencker* DAR 2009, 258; *Heß/Burmann* NJW 2008, 812; *Meyer-Goßner/Schmitt* § 81a Rn. 25b m.w.N.; vgl. aber auch OLG Köln NZV 2011, 513; zu grenzwertnahen Werten OLG Koblenz NStZ-RR 2011, 148; er. OLG Frankfurt NStZ-RR 2011, 46; zum Drogenkonsum OLG Düsseldorf NZV 2011, 456), sondern nur bei unklarem Ermittlungsbild, etwa relativer Fahruntüchtigkeit, (behauptetem) Nachtrunk (vgl. aber OLG Frankfurt am Main DAR 2010, 146; OLG Hamm NJW 2009, 242 m. Anm. *Zopfs*; OLG Bamberg NJW 2009, 384) oder geringer Alkoholisierung (LG Itzehohe NStZ-RR 2008, 249 zur Medikamenteneinnahme; krit. zu Grenzwerten bei Alkohol *Fickenscher/Dingelstadt* NStZ

2009, 127; OLG Köln NStZ 2009, 406). Droht Beweisverlust infolge einer tageszeitbedingten schlechten Erreichbarkeit des Ermittlungsrichters (OLG Bamberg DAR 2010, 97; OLG Köln DAR 2011, 150: dann muss auch nicht der Eildienst-Staatsanwalt durch den anordnenden Polizeibeamten kontaktiert werden; dagegen aber wohl BVerfG NStZ 2011, 289; OLG Hamm StV 2009, 463; zur fehlenden Erforderlichkeit eines Eildienstes zur Nachtzeit OLG Köln NStZ-RR 2010, 281) oder weigert sich dieser mündlich zu entscheiden (OLG Hamm StraFo 2009, 50), kann ebenfalls Gefahr im Verzug gegeben sein (krit. *Heinrich* NZV 2010, 278 ff.). Ob die Zeitspanne zwischen Anfahrt und Wartezeit genutzt werden muss, um über einen StA den Richter zu erreichen, ist umstr. (vgl. nur OLG Hamm NJW 2009, 243; *Brocke/Herb* NStZ 2009, 674; *Meyer-Goßner/Schmitt* § 81a Rn. 25b m. umfangreichen N.; a. A. *Ebert* ZIS 2010, 254; zur Frage, ob bei Verzögerung eine erneute Beurteilung erforderlich ist KG NStZ 2010, 468). Versucht der Beschuldigte zu flüchten, ist ebenso von Gefahr im Verzug auszugehen, jedoch nur, wenn konkrete Anhaltspunkte für eine Flucht bestehen (a. A. *Götz* NStZ 2008, 239). Die Eilzuständigkeit kann zudem nur auf die Gefahr des Beweismittelverlustes, nicht aber bspw. auf die mit dem Verschlucken von sog. bodypacks verbundenen Gesundheitsgefahren gestützt werden (OLG Karlsruhe StV 2005, 376, 377, *Dallmeyer* StV 2005, 378). Sofern ein Polizeibeamter nicht Ermittlungsperson der StA ist, darf er ohne Beauftragung durch ein zuständiges Organ auch keine Zwangsmaßnahmen vollziehen, die eine Anordnung nach Abs. 1 durch einen dazu Befugten erst ermöglichen sollen. Er darf deshalb – sofern die Voraussetzungen des § 127 nicht gegeben sind – zu diesem Zweck den Beschuldigten weder festhalten noch gegen seinen Willen auf eine Polizeiwache verbringen (vgl. Rdn. 32 ff.).

2. Vorherige Anhörung. Vor der Anordnung ist eine Anhörung des Beschuldigten geboten, sofern 19 durch sie der Zweck der Anordnung nicht gefährdet wird (vgl. *Eisenberg* BR, Rn. 1642; KK-StPO/ *Senge* § 81a Rn. 8; SK-StPO/*Rogall* § 81a Rn. 105; a. A. die h.M.: nur wenn die Voraussetzungen des § 33 Abs. 3 vorliegen, vgl. BGH VRS 29, 203; *Meyer-Goßner/Schmitt* § 81a Rn. 25c; LR/*Krause* § 81a Rn. 67). Von der Gewährung rechtlichen Gehörs kann nur in den Fällen der Gefahr im Verzug (§ 33 Abs. 4 Satz 1) abgesehen werden. Für eine Anordnung, die unter dem Vorbehalt der Einwilligung des Beschuldigten getroffen wird, besteht damit kein praktisches Bedürfnis (vgl. *Eisenberg* BR, Rn. 1642; a. A. BGH VRS 29, 203; LR/*Krause* § 81a Rn. 69; *Meyer-Goßner/Schmitt* § 81a Rn. 27; zu den rechtlichen Konsequenzen OLG Hamm NJW 1974, 713; zur Unzulässigkeit sog. Vorabbeschlüsse BGH NStZ 2000, 212). Unterbleibt die Anhörung, so gilt § 33a in den Fällen unstatthafter Beschwerde.

3. Form und Inhalt der Anordnung. **Richterliche Anordnungen** ergehen in **Beschlussform** und 20 sind, sofern sie angefochten werden können, nach § 34 zu begründen. Anordnungen der **StA** und ihrer **Ermittlungspersonen** können auch mündlich erfolgen, müssen jedoch stets ausdrücklich getroffen werden. Nach der Rechtsprechung soll es allerdings genügen, wenn der Beschuldigte aufgefordert wird, dem Polizeibeamten zur Polizeidienststelle zu folgen, sofern für ihn klar erkennbar sei, dass dort eine Blutprobe entnommen wird (OLG Neustadt DAR 1962, 243; zust. LR/*Krause* § 81a Rn. 68; *Meyer-Goßner/Schmitt* § 81a Rn. 26; vgl. auch OLG Koblenz DAR 1973, 219; offengelassen in BGH VRS 39, 184, 185; abl. *Eisenberg* BR, Rn. 1643). Einer ausdrücklichen Anordnung bedürfe es lediglich, wenn der Beschuldigte zuvor einen Alkoholtest verweigert habe und deshalb unklar sei, ob der Test oder eine Blutprobenentnahme erzwungen werden soll (BayObLG NJW 1963, 772, 773). Jedenfalls müssen für eine effektive nachträgliche gerichtliche Kontrolle auch bei mündlicher Anordnung die Tatsachen, die im Einzelfall eine Gefährdung des Untersuchungszwecks begründet haben, nachträglich in den Ermittlungsakten dokumentiert werden, sofern die Dringlichkeit nicht evident ist (OLG Karlsruhe StV 2005, 376; BVerfG StV 2007, 282, 283). **Inhaltlich** müssen durch die Anordnung die konkret vorzunehmende Maßnahme und die mit ihrer Hilfe festzustellenden Tatsachen bezeichnet werden (OLG Hamm JMBl. NRW 1953, 117). Bei schwereren Eingriffen ist auch deren Unerlässlichkeit zu begründen (LR/*Krause* § 81a Rn. 69; *Meyer-Goßner/Schmitt* § 81a Rn. 27; SK-StPO/*Rogall* § 81a Rn. 104). Die Auswahl des erforderlichen Eingriffs darf nicht dem Arzt überlassen bleiben, weil der Anordnende selbst die gebotene Verhältnismäßigkeitsabwägung vorzunehmen hat (vgl. BayObLGSt 1956, 180, 186 m. Anm. *Eb. Schmidt* JR 1957, 112; OLG Celle MDR 1956, 695; OLG Hamm NJW 1974, 713, 714; StrAFo 2004, 92 m. Anm. *Münchhalffen*; OLG Düsseldorf StV 2005, 490; OLG Jena StV 2007, 24). Lediglich die Art und Weise der fachlichen Durchführung bleibt bei Fehlen entgegenstehender Weisun-

§ 81a StPO Körperl. Untersuchung des Beschuldigten; Zulässigkeit körperl. Eingriffe

gen dem Arzt vorbehalten (LR/*Krause* § 81a Rn. 69). Ist eine Wiederholung des Eingriffs erforderlich, bedarf es hierfür einer erneuten Anordnung. Die Entnahme einer zweiten Blutprobe durch den Arzt dürfte aber auch ohne diese zulässig sein (*Meyer-Goßner/Schmitt* § 81a Rn. 27; *Eisenberg* BR, Rn. 1643; a. A. SK-StPO/*Rogall* § 81a Rn. 104; wohl auch LG Berlin NZV 2009, 203).

21 **III. Vollstreckung und Durchführung der Maßnahme. 1. Vollstreckung.** Anordnungen des Richters werden nach § 36 Abs. 2 Satz 1 der StA zur Vollstreckung übergeben (BayVerfGH NJW 1969, 229; OLG Hamm NJW 1974, 713; *Meyer-Goßner/Schmitt* § 81a Rn. 28; *Wendisch* JR 1978, 447). Diese kann sich hierzu ihrer Ermittlungspersonen oder anderer Polizeibeamter bedienen (§ 161 Abs. 1; vgl. KK-StPO/*Senge* § 81a Rn. 9; LR/*Krause* § 81a Rn. 70; SK-StPO/*Rogall* § 81a Rn. 108), wobei die Anwendung von unmittelbarem Zwang abweichend von § 81c auch ohne besondere Anordnung durch den Richter statthaft ist (OLG Hamm NJW 1974, 713; a. A. *Naucke* SchlHA 1963, 186). Die Anwendung unmittelbaren Zwangs kann unmittelbar auf § 81a gestützt werden; die polizeigesetzlichen Regelungen der Länder sind nicht entsprechend anwendbar (OLG Dresden NJW 2001, 3643, 3643 f.; a. A. *Beufer* NJW 2002, 2688). Anordnungen der StA und ihrer Hilfsbeamten werden von der Polizei vollstreckt (SK-StPO/*Rogall* § 81a Rn. 108).

22 **2. Zulässige Zwangsmaßnahmen zum Vollzug der Anordnung.** Sofern **keine Gefahr im Verzug** vorliegt und eine sofortige Vollstreckung der Maßnahme nicht geboten ist, wird der Beschuldigte zur Untersuchung geladen (*Kleinknecht* NJW 1964, 2183). Erscheint der Beschuldigte auf Ladung nicht freiwillig vor dem Arzt oder dem untersuchenden Beamten, so ordnet die StA (die von der Polizei zu vollstreckende) **Vorführung des Beschuldigten** an. Es bedarf weder eines richterlichen Vorführungsbefehls (so aber LG Berlin MDR 1958, 861; *Eisenberg* BR, Rn. 1645; *Geerds* GA 1965, 321, 331; *Genzel* NJW 1969, 1564) noch ist ein förmlicher Vorführungsbefehl der StA erforderlich (OLG Hamm NJW 1974, 713; LR/*Krause* § 81a Rn. 73 f.; *Meyer-Goßner/Schmitt* § 81a Rn. 28; a. A. BayVerfGH NJW 1969, 229; AG München MDR 1971, 596). Gem. § **51 Abs. 1 StGB** ist jede mit einer Maßnahme nach § 81a verbundene **Freiheitsentziehung** auf eine zeitige Freiheits- oder Geldstrafe **anzurechnen** (vgl. aber auch unten Rdn. 24). Auch die lediglich mit einer Zwangsvorführung des Beschuldigten verbundene Freiheitsbeschränkung ist anrechnungsfähig (LG Osnabrück NJW 1973, 2256, 2257; *Fischer* § 51 StGB Rn. 3; a. A. LG Oldenburg Rpfleger 1970 m. abl. Anm. *Pohlmann*; KK-StPO/*Senge* Rn. 9; *Meyer-Goßner/Schmitt* Rn. 28. **Durchsuchungen** des Körpers [LG Berlin NJW 1971, 620, 621] und der Wohnung des Beschuldigten oder eines Dritten zum Zwecke der Ergreifung des Beschuldigten sind hingegen nur gestattet, wenn auch die weiteren Voraussetzungen der §§ 103, 102, 105 gegeben sind [OLG Düsseldorf VRS 41, 429, 430; LG Hamburg NStZ-RR 2004, 213; KK-StPO/*Senge* § 81a Rn. 10; *Meyer-Goßner/Schmitt* § 81a Rn. 29]; zum richterlichen Durchsuchungsbefehl OLG Stuttgart Justiz 1971, 29; OLG Düsseldorf VRS 41, 429, 430; LR/*Krause* § 81a Rn. 75; vgl. erg. BayObLG NVZ 2003, 148).

23 § 81a erlaubt eine **vorübergehende Festnahme** des Beschuldigten zur Durchführung des Eingriffs (BayObLG NJW 1963, 772; 1964, 459, 460 m. Anm. *Dünnebier* JR 1964, 149; OLG Köln NStZ 1986, 234, 236; OLG Schleswig NJW 1964, 2215, 2217; *Kleinknecht* NJW 1964, 2183; *Waldschmidt* NJW 1979, 1920; a. A. *Benfer* NJW 1980, 1161; *Geerds* GA 1965, 321, 332). Der Richtervorbehalt des Art. 104 Abs. 2 GG wird dadurch nicht verletzt, da § 81a als förmliches Gesetz i.S.v. Art. 104 Abs. 1 Satz 1 GG (vgl. LG Hannover StV 1989, 198; *Eisenberg* BR, Rn. 1646) zumindest die für eine Durchführung des ärztlichen Eingriffs erforderliche, vorübergehende Freiheitsbeschränkung gestattet. Eine Festnahme könnte i.d.R. nicht auf § 127 Abs. 2 oder § 112 Abs. 1, Abs. 2 Nr. 3a gestützt werden, da etwa die Weigerung, eine Blutprobe entnehmen zu lassen, weder Flucht- noch Verdunkelungsgefahr begründet (vgl. OLG Stuttgart Justiz 1971, 29; *Kaiser* NJW 1964, 581; a. A. OLG Saarbrücken NJW 1959, 1190, 1191; LR/*Krause* § 81a Rn. 74). Diese könnte lediglich bei konkreten Anhaltspunkten dafür angenommen werden, dass der Beschuldigte durch aktives Tun (z.B. Nachtrunk) seinen physischen oder psychischen Zustand die Wahrheitsfindung erschwerend verändert. Zum Zwecke des Vollzugs der angeordneten Maßnahme darf der Beschuldigte bis zum Eintreffen eines für den Transport zu einem Arzt oder Krankenhaus bestellten Dienstfahrzeugs der Polizei **festgehalten** (OLG Koblenz DAR 1973, 219) und zur Vornahme des Eingriffs (z.B. Blutentnahme) zwangsweise verbracht werden (BayObLG NJW 1964, 459, 460; VRS 66, 275; KG NJW 1979, 1669; OLG Dresden NJW 2001, 3643, 3643 f. m. krit. Anm. *Benfer* NJW 2002, 2688; OLG Düsseldorf VRS 41, 429; OLG Schleswig NJW 1964, 2215, 2216 f.; a. A. *Geerds* Jura 1988, 11). Ebenso zulässig ist es, den Beschuldigten zu

einem Polizeirevier zu verbringen, um ihn dort (zu einem Fall der Freiheitsberaubung hingegen OLG Hamburg VRS 38, 440, 441 f.) bis zum Erscheinen eines Arztes festzuhalten (OLG Neustadt MDR 1962, 593, 594; OLG Hamburg MDR 1965, 152, 153; OLG Köln NJW 1966, 416, 417; VRS 48, 24, 25; VRS 71, 183, 184 f.; LG Berlin NZV 2009, 204). Ein Polizeibeamter, der nicht Hilfsbeamter der StA ist, darf jedoch abgesehen von den Fällen des § 127 Abs. 2 einen Tatverdächtigen weder festhalten noch auf eine Polizeidienststelle verbringen (OLG Schleswig NJW 1964, 2215, 2216 f.), um dort eine Anordnung nach Abs. 1 durch einen dazu Befugten erst zu ermöglichen. Unter Beachtung des Verhältnismäßigkeitsgrundsatzes darf der Widerstand des Beschuldigten gegen die Vollziehung der Maßnahme durch Anwendung **unmittelbaren Zwangs** gebrochen werden. Er darf etwa auf einen Stuhl oder eine Trage geschnallt und von einem Polizeibeamten festgehalten werden (OLG Koblenz VRS 54, 357; LR/*Krause* § 81a Rn. 77; zweifelhaft aber OLG Dresden NJW 2001, 3643 f.). Eine Beruhigungsinjektion ist jedenfalls nur mit Einwilligung des Beschuldigten gestattet (*Kohlhaas* DAR 1973, 12; *Geppert* DAR 1980, 318; *Meyer-Goßner/Schmitt* § 81a Rn. 29).

Da § 81a auch schwerwiegendere Eingriffe gestattet, die einen **stationären Aufenthalt** des Beschuldigten im Krankenhaus erfordern können, stellt sich das Problem, ob auf der Grundlage des § 81a auch die vorübergehende Unterbringung richterlich angeordnet werden kann. Die herrschende Meinung geht davon aus, dass § 81a auch die zur fachgerechten Vorbereitung und Durchführung der Maßnahme sowie zu einer evtl. erforderlichen Nachbehandlung benötigte Freiheitsentziehung legitimiert (vgl. BayVerfGH NJW 1982, 1583, 1584; OLG Frankfurt am Main MDR 1979, 694; OLG Schleswig NStZ 1982, 81; *Genzel* NJW 1969, 1563; *Seetzen* DRiZ 1974, 260), sofern diese einen Zeitraum von 4–5 Tagen nicht überschreitet (so zur Klärung der Verhandlungsfähigkeit OLG Celle NJW 1971, 256, 257; LR/*Krause* § 81a Rn. 34; *Meyer-Goßner/Schmitt* § 81a Rn. 24; nach BayObLG NJW 1957, 273 sogar 14 Tage; abl. hierzu *Eb. Schmidt* JR 1957, 110). Ohne Verletzung des Vorbehalts des Gesetzes (vgl. auch Art. 104 GG) kann aber § 81a nur eine Ermächtigung zu freiheitsbeschränkenden, nicht hingegen zu freiheitsentziehenden Maßnahmen entnommen werden (SK-StPO/*Rogall* § 81a Rn. 112; *Eisenberg* BR, Rn. 1623; *Krey* ZStW 101, 858; wohl auch HK-StPO/*Brauer* § 81a Rn. 26; offengelassen von BVerfG NJW 2004, 3697). Maßnahmen nach § 81a, die ohne Freiheitsentzug lege artis nicht durchgeführt werden können, müssen deshalb unterbleiben, sofern nicht zugleich die Voraussetzungen für die Anordnung von Untersuchungshaft vorliegen (SK-StPO/*Rogall* § 81a Rn. 112).

3. Durchführung. Die Durchführung der nach § 81a Abs. 1 angeordneten Maßnahmen obliegt einem gem. § 73 auszuwählenden Sachverständigen und muss den Regeln der ärztlichen Kunst entsprechen (BGHSt 8, 144, 148; BayObLG NJW 1957, 272, 274; OLG Celle MDR 1956, 695). Sind solche Regeln, wie bei neuartigen Untersuchungsmethoden, (noch) nicht vorhanden, dann besteht auch keine Pflicht des Beschuldigten, den Eingriff zu dulden (BGHSt 8, 144, 148; KK-StPO/*Senge* § 81a Rn. 6; *Meyer-Goßner/Schmitt* § 81a Rn. 16). **Abs. 1 Satz 2** sieht für die Entnahme von Blutproben und die Vornahme anderer körperlicher Eingriffe einen **strikten Arztvorbehalt** vor. Dieser dient zwar vorrangig dem Schutz der Gesundheit des Beschuldigten, stellt aber zugleich eine den Regeln der ärztlichen Kunst entsprechende Beweiserhebung und damit einen gewissen Qualitätsstandard der Informationserhebung sicher (vgl. SK-StPO/*Rogall* § 81a Rn. 52). Überwiegend wird allerdings ein doppelter Schutzzweck des Arztvorbehalts in Abrede gestellt (vgl. nur BGHSt 24, 125, 130; LR/*Krause* § 81a Rn. 96; zutr. hingegen *Eb. Schmidt* MDR 1970, 464 f.). Arzt i.d.S. ist eine Person, die als Arzt approbiert (vgl. §§ 2 Abs. 1, 2a, 3 BÄO) oder zur vorübergehenden Ausübung des ärztlichen Berufs berechtigt ist (vgl. §§ 2 Abs. 2 bis 4, 2a, 10, 10a, b BÄO; vgl. BGHSt 24, 125, 127 f.; BayObLG NJW 1965, 1088; NJW 1966, 415, 416; OLG Hamm NJW 1965, 1089; 2019; abw. *Otto* GA 1970, 293). Ggf. bedarf es bei schwierigen oder gefährlichen Eingriffen einer besonderen Qualifikation des Arztes (z.B. Facharzt, vgl. KK-StPO/*Senge* § 81a Rn. 7; *Meyer-Goßner/Schmitt* § 81a Rn. 19; SK-StPO/*Rogall* § 81a Rn. 53). Deshalb kann bei Eingriffen im Bereich der Mundhöhle oder des Kiefers nach den Regeln der ärztlichen Kunst die Durchführung durch einen Zahnarzt erforderlich sein (zutr. SK-StPO/*Rogall* § 81a Rn. 53; HK-StPO/*Brauer* § 81a Rn. 9; a. A. AK-StPO/*Wassermann* § 81a Rn. 3; *Meyer-Goßner/Schmitt* § 81a Rn. 19). Andere Personen, die nicht dem Arztbegriff unterfallen (z.B. medizinisch-technische Assistenten, Medizinstudenten im Praktikum, Krankenschwestern, Sanitäter), dürfen Eingriffe (z.B. Blutprobenentnahmen) nur mit Einwilligung des Beschuldigten (vgl. Rdn. 10 f.) oder unter ärzt-

§ 81a StPO   Körperl. Untersuchung des Beschuldigten; Zulässigkeit körperl. Eingriffe

licher Leitung und Verantwortung vornehmen (BGHSt 24, 125, 127 f.; BayObLG NJW 1965, 1088; JR 1966, 186).

26   **D. Verwendungs- und Vernichtungsregelung (Abs. 3)** Die **Verwendungsregelung** des § 81a Abs. 3 Halbs. 1 sieht vor, dass dem Beschuldigten entnommene Blutproben oder sonstige Körperzellen (z.B. Liquor, Samen oder Harn) nur für Zwecke eines anhängigen Strafverfahrens – auch gegen Unbekannt (vgl. KK-StPO/*Senge* § 81a Rn. 9a) – verwendet werden dürfen. Unerheblich ist, ob es sich um das der Entnahme zugrunde liegende (Anlass-Strafverfahren, vgl. SK-StPO/*Rogall* § 81a Rn. 81) oder ein anderes anhängiges Verfahren handelt, sofern das Verfahren im Zeitpunkt der Anordnung nach § 81a bereits anhängig war (LR/*Krause* § 81a Rn. 80). Die Verwendung des Materials ist in allen Verfahrensabschnitten und hinsichtlich aller Tatbeteiligten des anhängigen Verfahrens möglich (SK-StPO/*Rogall* § 81a Rn. 81). Bei Übergang des Strafverfahrens in ein Bußgeldverfahren kann das nach § 81a entnommene Material nach Maßgabe des § 46 Abs. 4 Satz 1, 2 OWiG verwendet werden, nicht jedoch zur Durchführung molekulargenetischer Untersuchungen i.S.v. § 81e (§ 46 Abs. 4 Satz 3 OWiG; LG Osnabrück StraFo 2007, 382).

27   Nach der **Vernichtungsregelung** des § 81a Abs. 3 Halbs. 2 muss das gesamte – auch das nicht untersuchte – Material unverzüglich vernichtet werden, wenn es nicht mehr für den in Halbs. 1 genannten Verwendungszweck benötigt wird. Erfasst wird nicht nur das ursprünglich entnommene, sondern auch das aufbereitete Material sowie entstandene Zwischenprodukte. Nicht zu Untersuchungszwecken entnommenes oder aufbereitetes, sondern sichergestelltes, aufgefundenes oder beschlagnahmtes Spurenmaterial wird von dem Vernichtungsgebot hingegen nicht erfasst (*Rath/Brinkmann* NJW 1999, 2699; LR/*Krause* § 81a Rn. 81; zur teleologischen Reduktion bzgl. aufgefundenem Spurenmaterial vgl. *Rath/Brinkmann* NJW 1999, 2699; LR/*Krause* § 81a Rn. 81). Der Vernichtungspflicht unterfällt lediglich das zu Untersuchungszwecken entnommene Material, nicht hingegen die mit seiner Hilfe gewonnenen Untersuchungsergebnisse. Sie werden Bestandteil der Akten (*Meyer-Goßner/Schmitt* § 81a Rn. 38; *Hilger* NStZ 1997, 372). Die Vernichtung des Materials erfolgt auf Anordnung der StA. Abweichend von § 100b Abs. 6 hat der Gesetzgeber in § 81a Abs. 3 weder eine Aufsichtspflicht der StA über den Vernichtungsvorgang noch eine Pflicht zur Fertigung einer Niederschrift über diesen statuiert. Gleichwohl wird eine entsprechende Dokumentation und Aufsicht empfohlen (*Meyer-Goßner/Schmitt* § 81a Rn. 37; *Senge* NJW 1997, 2410; krit. SK-StPO/*Rogall* § 81a Rn. 101).

28   Die zulässige **Dauer der Aufbewahrung** hängt von deren Erforderlichkeit für den in Halbs. 1 genannten Verwendungszweck ab. I.d.R. ist das Material mit dem rechtskräftigen Abschluss des Verfahrens oder dessen Einstellung zu vernichten, ggf. kann aber auch noch eine längere Aufbewahrung erforderlich sein, etwa wenn die Wiederaufnahme des Verfahrens oder die Wiedereinsetzung in den vorigen Stand nach Versäumung einer Frist beantragt bzw. nach dem bisherigen Verfahrensgang nicht mit überwiegender Wahrscheinlichkeit ausgeschlossen werden kann (BT-Drucks. 13/667, S. 6; *Meyer-Goßner/Schmitt* § 81a Rn. 39; LR/*Krause* § 81a Rn. 82; *Laschewski* NZV 2009, 4) oder wenn das Material noch für ein anderes Verfahren benötigt wird, das bei Vornahme der Untersuchungshandlung bereits anhängig war (vgl. LG Berlin NJW 2006, 2713, 2714).

29   **E. Rechtsbehelfe. I. Anordnungen der StA und ihrer Hilfsbeamten.** Anordnungen der StA und ihrer Hilfsbeamten setzen Gefahr im Verzug voraus (Abs. 2) und werden daher sofort vollzogen. Da die Rechtsweggarantie des Art. 19 Abs. 4 GG auch Ermittlungshandlungen der Strafverfolgungsbehörden erfasst (vgl. auch BVerfG NJW 2002, 815), entspricht es der herrschenden Meinung, dass trotz Vollzug der Maßnahme der mit Untersuchungen und Eingriffen nach § 81a verbundene Grundrechtseingriff der gerichtlichen Kontrolle zugänglich sein muss (insb. auch die Annahme von Gefahr im Verzug), sofern aufgrund der erheblichen Folgen des Eingriffs oder wegen Wiederholungsgefahr ein Bedürfnis für die richterliche Überprüfung geltend gemacht werden kann (vgl. nur BVerfG StV 2007, 282; BGHSt 28, 206, 208 ff. m.w.N.; *Meyer-Goßner/Schmitt* § 81a Rn. 31; LR/*Krause* § 81a Rn. 89; *Wohlers* GA 1992, 227 ff.). Aus Gründen der größeren Sachnähe des Ermittlungsrichters und zur Vermeidung einer sachwidrigen Spaltung des Rechtsweges ist auch gegen die Art und Weise des Vollzugs § 98 Abs. 2 Satz 2 einschlägig (zur Durchsuchung BGHSt 44, 265, 267 ff.; vgl. erg. *Fezer* NStZ 1999, 152; *Eisele* StV 1999, 298; *Schroth* StV 1999, 118). In Fällen der Überprüfung der Annahme von Gefahr im Verzug darf der präventive Richtervorbehalt nicht dadurch entwertet werden, dass eine fehlende Do-

kumentation durch eine nachträgliche Stellungnahme im Rechtsbehelfsverfahren ersetzt wird (BVerfG NJW 2008, 3054; *Brocke/Herb* StraFo 2009, 52).

II. Richterliche Anordnungen. Gegen **richterliche Anordnungen** kann, sofern sie nicht im Eröffnungsverfahren ergehen (§ 202 Satz 2) oder vom OLG erlassen werden (§ 304 Abs. 4 Satz 2 Halbs. 1), die **einfache Beschwerde** erhoben werden (**§ 304 Abs. 1**). Gegen Anordnungen des **erkennenden Gerichts** ist die Beschwerde weder stets (so aber BayObLG NJW 1957, 272, 273 f.; OLG Nürnberg BayJMBl. 1960, 36; LG Bremen NJW 1968, 208) noch niemals (a. A. unter Berufung auf § 305 Satz 1 OLG Braunschweig GA 1965, 345; OLG Frankfurt am Main NJW 1957, 839; OLG Hamm NJW 1959, 447) zulässig; vielmehr hängt die Zulässigkeit davon ab, ob die Eingriffsqualität der angeordneten Maßnahme den in § 305 Satz 2 genannten Zwangsmaßnahmen entspricht (so i.E. auch OLG Jena StV 2007, 24 [für Röntgenuntersuchungen]; OLG Koblenz NStZ 1994, 355; OLG Celle NStZ-RR 2012, 253; OLG Köln StraFo 2014, 78 [für zwangsweise Vorführung]; *Eisenberg* BR, Rn. 1648; KK-StPO/ *Senge* § 81a Rn. 13; *Meyer-Goßner/Schmitt* § 81a Rn. 30; LR/*Krause* § 81a Rn. 87). Dies ist jedenfalls dann der Fall, wenn sie mit einer Freiheitsentziehung (BGH StV 1995, 628; OLG Celle NJW 1971, 256, 257; OLG Koblenz NStZ 1994, 356; OLG Schleswig NStZ 1982, 81) oder einem Eingriff in die körperliche Unversehrtheit verbunden ist, wobei angesichts des hohen Rangs des betroffenen Grundrechts (Art. 2 Abs. 2 GG) nicht zwischen »unbedeutenden« und schwereren körperlichen Eingriffen differenziert werden darf (KK-StPO/*Senge* § 81a Rn. 13; so aber zu Blutprobenentnahmen OLG Hamm MDR 1975, 1040, 1040 f.; SK-StPO/*Rogall* § 81a Rn. 115; abw. BGH b. *Schmidt* NStZ 1996, 484; *Eisenberg* BR, Rn. 1648; erg. OLG Bremen StV 2010, 122; OLG Hamburg NStZ-RR 1998, 337, 337 f.; abl. hinsichtlich gerichtlicher Zwischenentscheidungen BayVerfGH NJW 1991, 2953, 2953 f.; verneinend hinsichtlich psychiatrischer Untersuchungen OLG Nürnberg NStZ-RR 1998, 242; OLG Zweibrücken MDR 1990, 75). Die Beschwerde hat keine aufschiebende Wirkung (§ 307 Abs. 1), die Vollziehung kann aber ausgesetzt werden (§ 307 Abs. 2). Auch nach Erledigung der richterlichen Anordnung bleibt die Beschwerde zulässig, wenn der Eingriff mit einer erheblichen Grundrechtsbeeinträchtigung verbunden war oder der Beschwerdeführer sonst aus Gründen der Rehabilitation oder der Wiederholungsgefahr ein berechtigtes Interesse darlegen kann, die Rechtswidrigkeit der Maßnahme feststellen zu lassen (vgl. LG Frankenthal NStZ-RR 1998, 146; *Meyer-Goßner/ Schmitt* vor § 269 Rn. 18a; SK-StPO/*Rogall* § 81a Rn. 116). Die **Prüfungsbefugnis** des Beschwerdegerichts erstreckt sich sowohl auf die Frage der Rechtmäßigkeit als auch der Zweckmäßigkeit der Anordnung (vgl. LG Göttingen MDR 1952, 629, 630; OLG Hamm StraFo 2004, 93). Eine **weitere Beschwerde** ist ausgeschlossen (§ 310).

III. Revision. Verwertungsverbote, die auf eine Verletzung des § 81a gestützt werden, werden von der Rechtsprechung nur in eng begrenztem Rahmen anerkannt, da diese im Wege einer schutzzweckorientierten Abwägung regelmäßig den bestehenden Aufklärungsinteressen den Vorrang einräumt (vgl. nur BGHSt 24, 125, 128, 131; OLG Stuttgart NStZ 2008, 238; KK-StPO/*Senge* § 81a Rn. 14; *Meyer-Goßner/Schmitt* § 81a Rn. 32; zum notwendigen Rügevorbringen OLG Celle NJW 2008, 3079; OLG Dresden StV 2009, 571; OLG Karlsruhe StV 2009, 516; OLG Oldenburg StV 2010, 14; zur Annahme eines Beweisverwertungsverbots OLG Hamm StV 2009, 460; *Graalmann-Scheerer* FS Rieß, S. 161). Maßgeblich bestimmt wird diese Abwägung durch die Annahme, dass § 81a, soweit er dem Schutz der körperlichen Unversehrtheit dient, vorwiegend außerprozessuale Interessen des Beschuldigten schützt. Ergänzend wird i.R.d. Abwägung auf die Konstruktion des hypothetischen Ersatzeingriffs verwiesen, die einem Verwertungsverbot entgegenstehe, wenn das Beweismittel auch auf gesetzmäßige Weise hätte erlangt werden können (vgl. BGHSt 24, 128; KG NJW 2009, 3527; OLG Bamberg NJW 2009, 2148; OLG Dresden BA 2009, 213; OLG Frankfurt am Main DAR 2010, 146; OLG Hamburg NJW 2008, 2599; OLG Karlsruhe StV 2009, 517; OLG Köln NStZ 2009, 408). Zudem soll die Möglichkeit der **Rügeverkümmerung** gegeben sein, sofern bei einem Verstoß gegen Abs. 2 nicht rechtzeitig (§ 257) Widerspruch erhoben wurde (vgl. OLG Celle StV 2009, 518; OLG Hamburg NJW 2008, 2597; OLG Hamm StV 2009, 462; NStZ-RR 2010, 148; NJW 2011, 469 auch zur Frage der Darlegungslast bei fehlender Dokumentation; OLG Frankfurt NStZ-RR 2011, 46; OLG Thüringen VRS 121, 42; selbst bei Freispruch in erster Instanz vgl. OLG Koblenz NStZ-RR 2011, 148; vgl. erg. *Burhoff* StRR 2009, 209; *Kudlich* HRRS 2011, 1144; *Zopfs* NJW 2009, 242; a. A. *Prittwitz* StV 2008, 492).

§ 81a StPO   Körperl. Untersuchung des Beschuldigten; Zulässigkeit körperl. Eingriffe

32   Grds. irrevisibel sind Fehler, die ausschließlich die **Zuständigkeit** des Anordnenden betreffen; etwa die Unzuständigkeit des Richters bei richterlichen Anordnungen (*Meyer-Goßner/Schmitt* § 81a Rn. 32; KK-StPO/*Senge* § 81a Rn. 14); die Anordnung durch einen Polizeibeamten, der nicht Ermittlungsperson der StA (§ 152 GVG) ist (BayObLG NJW 1966, 416). Ebenso soll unbeachtlich sein, dass zu Unrecht **Gefahr im Verzug** angenommen wurde (BVerfG NJW 2008, 3053 m. Anm. *Laschewski* NZV 2008, 637; KG NStZ-RR 2009, 243; OLG Hamm NStZ-RR 2009, 185; OLG Hamburg NJW 2008, 2597; OLG Karlsruhe NStZ 2005, 399; OLG Stuttgart NStZ 2008, 238; OLG Karlsruhe Justiz 2004, 493, 494; *Meyer-Goßner/Schmitt* § 81a Rn. 32 m.w.N.; *Janker/Knape* Polizei 2008, 283; krit. *Eisenberg* BR, Rn. 1656; LR/*Krause* § 81a Rn. 94; a. A. AK-StPO/*Wassermann* § 81a Rn. 14, *Prittwitz* StV 2008, 492; zur Berücksichtigung im Fahrerlaubnisentziehungsverfahren OVG Rheinland-Pfalz BAK 47, 2010, 264). Wegen der damit einhergehenden Verkürzung des Anspruchs auf rechtliches Gehör (Begründungspflicht bei richterlichen Anordnungen etc.) kann dem nicht zugestimmt werden. Die herrschende Meinung geht hingegen nur bei **bewusster Umgehung des Richtervorbehalts** oder willkürlicher Annahme von Gefahr im Verzug von einem Verwertungsverbot aus (vgl. nur OLG Celle NJW 2009, 3591; StV 2009, 518; 2010, 14; OLG Dresden NJW 2009, 2149 m. Anm. *Pohlmann/Primaczenko* JR 2010, 88; OLG Düsseldorf NStZ-RR 2011, 186; OLG Karlsruhe StV 2009, 516; was gänzlich unsystematisch auch bei genereller Nichtbeachtung des Richtervorbehalts der Fall sein soll, vgl. nur OLG Hamm StV 2009, 459; OLG Nürnberg DAR 2010, 217; OLG Schleswig StV 2010, 13; *Dencker* DAR 2009, 260; krit. *Brocke/Herb* NStZ 2009, 676; Überblick bei *Burhoff* StRR 2009, 204; zur Gefahr im Verzug bei Blutprobenentnahme aber auch Rdn. 18). Entgegen der herrschenden Meinung kann i.R.d. erforderlichen Abwägung auch die fehlende **Dokumentation** der Gefährdung des Untersuchungserfolges zur Unverwertbarkeit führen (a. A. OLG Bamberg DAR 2010, 97; OLG Dresden BA 2009, 213; OLG Hamm StV 2009, 462; *Meyer/Goßner/Schmitt* § 81a Rn. 32 m.w.N.; wohl anders BVerfG NJW 2008, 3054; zum mündlich erlassenen Beschluss *Brocke/Herb* StraFo 2009, 51). Die Vornahme des nach § 81a angeordneten Eingriffs durch einen **Nichtarzt** vermag insb. bei leichteren Eingriffen, wie der Entnahme einer Blutprobe, die Revision nicht zu begründen (vgl. BGHSt 24, 125, 128 ff.; BayObLGSt 1965, 128, 129; *Beulke* ZStW 103, 1991, 672; *Meyer-Goßner/Schmitt* § 81a Rn. 32; SK-StPO/*Rogall* § 81a Rn. 89). Rechtfertigen lässt sich dies allerdings nicht mit dem Hinweis auf den hier nicht beeinträchtigten Beweiswert der Blutprobe, da die Zuverlässigkeit der Wahrheitsfindung nicht Rechtsgrund von Beweisverboten, sondern lediglich i.R.d. freien Beweiswürdigung zu berücksichtigen ist. Eine Verletzung des **Verhältnismäßigkeitsgrundsatzes** kann nach herrschender Meinung (vgl. LR/*Krause* § 81a Rn. 94; KK-StPO/*Senge* § 81a Rn. 14; *Meyer-Goßner/Schmitt* § 81a Rn. 32; *Kleinknecht* NJW 1964, 2186; a. A. *Eisenberg* BR, Rn. 1656) die Revision ebenso wenig begründen wie der Umstand, dass gesundheitliche Nachteile für den Beschuldigten zu besorgen waren oder eingetreten sind (LR/*Krause* § 81a Rn. 94; krit. *Eisenberg* BR, Rn. 1656). So soll es etwa unerheblich sein, dass ein Hilfsbeamter der StA eine Blutprobe entnehmen lässt, ohne zuvor – dem Gebot der Verhältnismäßigkeit entsprechend – einen Alkoholtest angeboten zu haben (OLG Köln NStZ 1986, 234, 235). Wegen des hohen Rangs des Rechts auf körperliche Unversehrtheit kann dem nicht zugestimmt werden, zumal eine Berufung auf das Argument des hypothetischen Ersatzeingriffs hier fragwürdig erscheint.

33   Eine **Unverwertbarkeit** wird nach herrschender Meinung angenommen, wenn ein körperlicher Eingriff gänzlich ohne Anordnung und auch ohne Einwilligung des Betroffenen vorgenommen wurde (BayObLG b. *Rüth* DAR 1966, 261; *Meyer-Goßner/Schmitt* § 81a Rn. 33). Hingegen soll es möglich sein, eine zu anderen Zwecken entnommene Blutprobe (etwa zu Behandlungszwecken) auch ohne Entbindung der Ärzte von der Schweigepflicht durch den Beschuldigten sicherzustellen und zu benutzen, wenn sie aufgrund einer Anordnung nach § 81a hätte entnommen werden dürfen (OLG Celle NStZ 1989, 385, 386 m. abl. Anm. *Mayer* JZ 1989, 908; OLG Frankfurt am Main NStZ-RR 1999, 246; OLG Zweibrücken NJW 1994, 810 m. abl. Anm. *Weiler* NStZ 1995, 98; SK-StPO/*Rogall* § 81a Rn. 95; a. A. *Hauf* NStZ 1993, 64; *Wohlers* NStZ 1990, 245; diff. *Beulke* ZStW 103, 1991, 675 ff.). Die **unterlassene Belehrung** des Beschuldigten über sein Recht, die Mitwirkung zu verweigern, führt zur Unverwertbarkeit des in der Folge erlangten Untersuchungsergebnisses, sofern es nicht auch ohne seine Einwilligung hätte erlangt werden können (AK-StPO/*Wassermann* § 81a Rn. 14; *Eisenberg* BR, Rn. 1656; *Geppert* NStZ 2014, 484 ff.; *Rogall* Der Beschuldigte, S. 229; a. A. BayObLG b. *Rüth* DAR 1966, 262; OLG Hamm NJW 1967, 1524, 1524 f.; nur bei Täuschung über eine Mitwirkungs-

pflicht KG NStZ 2015, 42; *Meyer-Goßner/Schmitt* § 81a Rn. 32). Die Gegenauffassung bejaht unter Berufung auf den Rechtsgedanken des § 136a ein Verwertungsverbot lediglich dann, wenn der Beschuldigte über sein Recht zur Verweigerung der Mitwirkung getäuscht wurde (LR/*Krause* § 81a Rn. 95; KK-StPO/*Senge* § 81a Rn. 14). Eine Anwendbarkeit von § 136a wird von der herrschenden Meinung bei körperlichen Untersuchungen aufgrund eines formellen Verständnisses des in § 136a verwendeten Vernehmungsbegriffs verneint (BGHSt 24, 129 ff.; OLG Hamm NJW 1970, 528, 529; *Eisenberg* BR, Rn. 1655; KK-StPO/*Senge* § 81a Rn. 14; a. A. BayObLG BA 1971, 67; OLG Celle NJW 1969, 567, 568; NJW 1965, 2019; OLG Hamm VRS 38, 127). Dennoch wird ein Beweisverwertungsverbot in den Fällen des bewussten **Missbrauchs staatlicher Zwangsbefugnisse** angenommen (BGHSt 24, 131; vgl. auch OLG Karlsruhe NStZ 2005, 399), bspw. wenn ein Polizeibeamter dem Beschuldigten vorspiegelt, ein die Blutprobe entnehmender Nichtarzt sei Arzt (OLG Hamm NJW 1965, 1090; NJW 1970, 528) oder er Zwang androht oder anwendet, um die Blutentnahme auch bei einem Nichtarzt durchzusetzen (BGHSt 24, 131; BayObLG BA 1971, 67, 68; OLG Hamm NJW 1970, 528), nicht aber bereits dann, wenn der Beamte die Aufklärung hierüber lediglich unterlassen hat (OLG Bremen VRS 36, 182; OLG Celle NJW 1969, 568; OLG Hamm NJW 1970, 528). Ebenso soll es die Verwertbarkeit nicht beeinflussen, wenn der Beamte die fehlende Arzteigenschaft irrtümlich nicht erkannte (BGHSt 24, 131; BayObLG NJW 1965, 1088; OLG Hamm NJW 1965, 1090; OLG Düsseldorf VRS 39, 211), selbst wenn sich der Beschuldigte der Zwangsanwendung widersetzte, weil er an der Arzteigenschaft des Durchführenden zweifelte (LR/*Krause* § 81a Rn. 98; abw. OLG Hamm NJW 1970, 1986).

§ 81b StPO Erkennungsdienstliche Maßnahmen bei dem Beschuldigten.
Soweit es für die Zwecke der Durchführung des Strafverfahrens oder für die Zwecke des Erkennungsdienstes notwendig ist, dürfen Lichtbilder und Fingerabdrücke des Beschuldigten auch gegen seinen Willen aufgenommen und Messungen und ähnliche Maßnahmen an ihm vorgenommen werden.

Übersicht

	Rdn.		Rdn.
A. Grundsätzliches und Regelungsgehalt	1	D. Durchführung erkennungsdienstlicher Maßnahmen	12
I. Strafprozessrecht	2		
II. Materielles Polizeirecht	3	I. Zuständigkeit	12
B. Beschuldigtenstellung	5	II. Unmittelbarer Zwang	13
C. Art und Umfang zulässiger Maßnahmen	7	E. Aufbewahrung erkennungsdienstlicher Unterlagen	14
I. Zulässige Maßnahmen	7		
1. Begriffsmerkmale	7	I. Erkennungsdienstliche Unterlagen zu repressiven Zwecken	14
2. Grundsatz der Passivität	8		
3. Vorbereitende Maßnahmen	9	II. Erkennungsdienstliche Unterlagen zu präventiven Zwecken	15
II. Verhältnismäßigkeitsgebot	10		
		F. Rechtsbehelfe	16

A. Grundsätzliches und Regelungsgehalt. Die mit dem Grundgesetz vereinbare Vorschrift des § 81b (BVerfGE 47, 239, 252; BVerfG, NStZ 1983, 84; BGHSt 34, 39, 44; vgl. aber *Frister* FS Amelung, S. 612) dient sowohl **repressiven Zwecken** der Strafverfolgung (**1. Alt**), als auch **präventiven Zwecken** des Erkennungsdienstes (**2. Alt**). Ergänzt wird § 81b durch § 163b, der in Abs. 1 Maßnahmen zur Identitätsfeststellung gegen Tatverdächtige und ihre erkennungsdienstliche Erfassung gestattet sowie in Abs. 2 die Möglichkeit entsprechender Maßnahmen gegen Nichtverdächtige eröffnet, nicht jedoch ihre erkennungsdienstliche Behandlung gegen ihren Willen. War der Betroffene bereits vor Anordnung der Identitätsfeststellung Beschuldigter, richtet sich ihre Zulässigkeit allein nach § 81b (vgl. SK-StPO/*Rogall* § 81b Rn. 13). Erkennungsdienstliche Maßnahmen sind schließlich nach Bundesrecht aufgrund von § 86 StVollzG zur Sicherung des Strafvollzugs, § 15 Abs. 2 Nr. 7 AsylVfG, § 20e BKAG, §§ 49, 89 AufenthG und § 6 Abs. 3 Satz 1 PassG zulässig. 1

I. Strafprozessrecht. Die **1. Alt.** der Vorschrift gestattet erkennungsdienstliche Maßnahmen in einem bereits eingeleiteten Straf- oder Bußgeldverfahren zum Beweis der Schuld oder Unschuld des 2

Beschuldigten (**Tatnachweis**) oder zur Feststellung seiner Identität (**Identifizierung**). In Betracht kommt bspw. die Anfertigung von Lichtbildern vom Beschuldigten, die Zeugen zur Identifizierung vorgelegt werden sollen, oder die Abnahme von Fingerabdrücken, um diese mit Tatortspuren zu vergleichen (*Meyer-Goßner/Schmitt* § 81b Rn. 2).

3 **II. Materielles Polizeirecht.** Andererseits dürfen nach der 2. **Alt.** erkennungsdienstliche Maßnahmen zur erleichterten Identifizierung und Ermittlung unbekannter Straftäter in anderen Verfahren durchgeführt werden. Der Polizei wird dadurch ein originäres Recht zu Maßnahmen eröffnet, die der **vorsorglichen Bereitstellung** von sächlichen Hilfsmitteln für die Erforschung und Aufklärung von Straftaten dienen (BVerwGE 66, 192, 196; 66, 202, 204; OVG Nordrhein-Westfalen NJW 1972, 2147). Sie sollen ein **Wiedererkennen in künftigen Fällen** durch Registrierung unveränderlicher körperlicher Merkmale des Beschuldigten ermöglichen (zum Begriff der erkennungsdienstlichen Maßnahme *Kramer* JR 1994, 224 ff. und Rdn. 12 ff.). Erfasst sind aber ebenso Konstellationen, in denen die erkennungsdienstliche Behandlung auf den Verdacht gestützt wird, der Betroffene komme wegen bereits begangener, aber noch unaufgeklärter Delikte als Täter in Betracht (vgl. nur BVerwG NJW 1983, 772 f.).

4 Die **2. Alt.** des § 81b enthält **materielles Polizeirecht** (BVerwGE 11, 181, 183; 26, 169 f.; zweifelnd BVerwG NVwZ-RR 2011, 710; OVG Nordrhein-Westfalen NJW 1972, 2147 f.; VG Freiburg NJW 1980, 901; VGH Baden-Württemberg NJW 1973, 1664; 1987, 2762; OLG Naumburg NStZ-RR 2006, 179; OVG Rheinland-Pfalz NVwZ-RR 2001, 238; VGH Hessen NVwZ-RR 1994, 653; OVG Schleswig-Holstein NVwZ-RR 2007, 817; *Meyer-Goßner/Schmitt* § 81b Rn. 3; LR/*Krause* § 81b Rn. 3; *Beulke* Strafprozessrecht, Rn. 243; *Müller* GA 2013, 510; a.M. SK-StPO/*Rogall* § 81b Rn. 10; *Baumanns* Polizei 2008, 82; *Eisenberg/Singelnstein* GA 2006, 170; *Fuss* FS Wacke, S. 317 f.; *Schweckendieck* ZRP 1989, 125, 127; *Kramer* JR 1994, 228 ff.; *Siebrecht* JZ 1996, 713; vgl. auch *Dreier* JZ 1987, 1015 f.), wobei diese Charakterisierung weniger auf den empirisch zweifelhaften Effekt einer Verhinderung künftiger Straftaten durch das höhere Entdeckungsrisiko des registrierten Täters gestützt (so VGH Bayern NJW 1984, 2235; *Sternberg-Lieben* NJW 1987, 1246; ablehnend OVG Schleswig-Holstein NJW 1999, 1418), sondern negativ daraus abgeleitet wird, dass Maßnahmen nach § 81b, 2. Alt. nicht der Aufklärung bereits begangener Straftaten dienen (*Dreier* JZ 1987, 1012). Die Unterscheidung ist vorrangig für die Statthaftigkeit möglicher Rechtsbehelfe von Bedeutung (vgl. Rdn. 16 f.). Die präventiv-polizeiliche Natur von § 81b, 2. Alt. lässt sich nicht mit der Einordnung molekulargenetischer Untersuchungen (§ 81g) als »genuines Strafprozessrecht« (BVerfG StV 2001, 146; vgl. § 81g Rdn. 1) vereinbaren, da deren Erfassung in einer zentralen Verbunddatei zu erkennungsdienstlichen Zwecken gleichermaßen der »Vorsorge für die künftige Strafverfolgung« dient. Daraus kann ebenso wenig die Konsequenz gezogen werden, künftig alle Maßnahmen der »antizipierten Strafverfolgung« (vgl. *Gusy* VerwArch 84, 1993, 449 ff.) nunmehr allein deshalb als reines Strafverfahrensrecht zu qualifizieren, weil sie der Beweisbeschaffung in künftigen Strafverfahren dienen (so aber BVerwG NJW 2006, 1225 m. Anm. *Eisenberg/Puschke* JZ 2006, 727; *Bock* ZIS 2007, 130; SK-StPO/*Rogall* § 81b Rn. 10; *Schenke* JZ 2006, 708; *Siebrecht* JZ 1996, 713 f.; a.M. *Gusy* StV 1993, 372 m.w.N.; vgl. KMR/*Bosch* § 81b Rn. 3). Unabhängig von kompetenzrechtlichen Erwägungen ermöglicht allein der Zweck der »Strafverfolgungsvorsorge« keine Abgrenzung von Polizei- und Strafverfahrensrecht, denn dann müssten Parallelvorschriften zu § 81b in den Polizeigesetzen der Länder ebenso als genuines Strafprozessrecht qualifiziert werden, sofern von diesen Personen betroffen sind, die nicht oder nicht mehr Beschuldigte in einem Strafverfahren sein können (vgl. dazu nur OVG Nordrhein-Westfalen DÖV 1999, 522 f.; OVG Schleswig-Holstein NJW 1999, 1418 f.; VGH Baden-Württemberg NVwZ-RR 2004, 572; OVG Nds. NVwZ 2010, 69; zum Maßregelvollzugsgesetz Niedersachsen LG Itzehoe NStZ-RR 2008, 260). Auch bei diesen bildet das Anlassverfahren die Quelle für Informationen, die bei dem Betroffenen die Gefahr einer künftigen Straftatbegehung prognostizieren lassen, sodass weder der Zweck noch der Anlass der Maßnahme alleine entscheidend sein können (abweichend SK-StPO/*Rogall* § 81b Rn. 24). Eine eindeutige Zuordnung doppel-funktionaler Maßnahmen muss scheitern, weil im Zeitpunkt der Aufbewahrungsanordnung noch unklar ist, ob die Unterlagen zu Zwecken der Gefahrenabwehr oder Strafverfolgung genutzt werden (vgl. *Dreier* JZ 1987, 1016; *Schoreit* NJW 1985, 171). Trotz des präventivpolizeilichen Charakters erkennungsdienstlicher Maßnahmen wird fast einhellig eine **Gesetzgebungskompetenz** des Bundes nach Art. 74 Nr. 1 GG kraft Sachzusammenhangs angenommen (vgl.

BVerwGE 26, 169, 170; 66, 197; BVerwG NJW 2006, 1226; VGH Baden-Württemberg NJW 1973, 1663; LR/*Krause* § 81b Rn. 3 m.w.N.; *Siebrecht* JZ 1996, 714; krit. *Dreier* JZ 1987, 1013 f.; *Paeffgen* JZ 1991, 443). Aufgrund des dualistisch ausgestalteten Gesetzgebungssystems des Grundgesetzes (vgl. Art. 72 Abs. 1 GG) muss es dann verwundern, wenn Vorschriften der landesrechtlichen Polizeigesetze, die entsprechend § 81b, 2. Alt. die Befugnis zu erkennungsdienstlichen Maßnahmen regeln (vgl. u.a. § 10 Abs. 1 Nr. 2 MEPolG und die Nachw. oben), ebenso für zulässig erachtet werden (vgl. *Dreier* JZ 1987, 1014). § 81b, 2. Alt. soll keine abschließende Regelung erkennungsdienstlicher Maßnahmen zu präventiven Zwecken beinhalten, sofern die landesrechtlichen Regelungen lediglich nicht unter § 81b fallende Personen (Nicht-Beschuldigte) erfassen (OVG Rheinland-Pfalz NVwZ-RR 2001, 238; OVG Nordrhein-Westfalen DÖV 1983, 604; NJW 1999, 2689; *Meyer-Goßner/Schmitt* § 81b Rn. 4). Tatsächlich lässt sich der Bereich der »Datenvorsorge« nicht mit der »methodischen Brechstange« (*Paeffgen* JZ 1991, 443) einer Annexkompetenz dem Begriff der Strafverfolgung zuordnen, da sich dessen strafprozessualer Charakter erst mit der Datenverwendung in einem konkreten Verfahren aktualisiert.

B. Beschuldigtenstellung. Die Anordnung erkennungsdienstlicher Maßnahmen nach § 81b, 5
1. Alt. setzt voraus, dass der Betroffene eine **Beschuldigtenstellung** innehat (vgl. BVerwGE 2, 202; *Fuss* FS Wacke, S. 306 ff.). Fehlt es daran kommen lediglich §§ 163b, c als Eingriffsgrundlage in Betracht. Der Anwendungsbereich der ersten Alternative wird dadurch auf den Zeitraum von der Einleitung bis zum endgültigen Abschluss des Verfahrens durch Urteil oder Verfahrenseinstellung (§§ 170 Abs. 2, 153 ff., 206a, 260 Abs. 3) begrenzt. Erkennungsdienstliche Maßnahmen im Vollstreckungsverfahren (§§ 449 ff.) können nicht auf § 81b gestützt werden, zumal der Gesetzgeber mit § 86 StVollzG eine Sonderregelung für die Dauer der Strafvollstreckung geschaffen hat (SK-StPO/*Rogall* § 81b Rn. 27; a. A. KK-StPO/*Senge* § 81b Rn. 2; *Meyer-Goßner/Schmitt* § 81b Rn. 6; LR/*Krause* § 81b Rn. 6). Ebenso unanwendbar ist § 81b, 1. Alt. wenn der Betroffene infolge Schuldunfähigkeit nicht Beschuldigter sein kann, etwa weil er strafunmündig ist (§ 19 StGB, dann nur § 163b Abs. 2; vgl. LR/*Krause* § 81b Rn. 8; KK-StPO/*Senge* § 81b Rn. 2). Werden schon am Tatort Lichtbilder zu Identifizierungszwecken angefertigt, dann muss der Betroffene den Beschuldigtenstatus bereits erlangt haben (OLG Köln MDR 1976, 67 f.). Deshalb kann das Fotografieren der Teilnehmer einer Demonstration zur Entdeckung eines bisher unbekannten Täters früherer Straftaten nicht auf § 81b, 1. Alt. (BGH NJW 1975, 2075; JZ 1978, 762; *Paeffgen* JZ 1978, 741; *Wälter/Stienkemeier* Kriminalistik 1994, 93, 95; a.M. *Krüger* Die Polizei 1993, 33), sondern allenfalls auf § 100h Abs. 1 Satz 1 Nr. 1 gestützt werden (*Meyer-Goßner/Schmitt* § 81b Rn. 9). Ebenso wenig kann die Videoüberwachung im Straßenverkehr auf § 81b gestützt werden (OLG Düsseldorf NJW 2010, 1217; OLG Stuttgart NJW 2010, 1220; *Arzt/Eier* NZV 2010, 117; *Harnisch/Pohlmann* NZV 2010, 382; *Roggan* NJW 2010, 1043; abw. *Niehaus* DAR 2009, 636; vgl. erg. jurisPR extra 2010. 88 ff. zu OLG Oldenburg 27.11.2009 – SS Bs 186/09). Auch eine zur Durchführung erkennungsdienstlicher Maßnahmen erforderliche Freiheitsbeschränkung (vgl. Rdn. 13) setzt eine Beschuldigtenstellung des Eingriffsadressaten zum Zeitpunkt der Festnahme voraus (LG Amberg StV 1990, 541). Die Polizei wird allerdings Maßnahmen nach § 81b häufig ergreifen, um einen (vagen) Verdacht so zu erhärten, dass gegen den Betroffenen als Beschuldigten vorgegangen werden kann. Deshalb wird sich gerade in Zweifelsfällen, in denen die Anordnung als Inkulpationsakt selbst konstitutive Bedeutung für den Beschuldigtenstatus besitzt, mithilfe einer formell-materiellrechtlichen Bestimmung des Beschuldigtenbegriffs keine eindeutige Aussage treffen lassen, ob bereits der Anwendungsbereich von § 81b eröffnet ist (vgl. KMR/*Bosch* § 81b Rn. 8).
Die 2. Alt. erfasst Konstellationen, in denen sich nur anlässlich und aufgrund der gewonnenen Erkenntnisse eines Strafverfahrens – nicht jedoch zur Wahrheitsfindung im konkreten Strafverfahren – die Notwendigkeit zur erkennungsdienstlichen Behandlung des Beschuldigten ergibt (BVerwGE 66, 192, 196; 66, 204). Aufgrund dieser Zielrichtung wird der 2. Alt. überwiegend ein von der 1. Alt. abweichender Beschuldigtenbegriff zugrunde gelegt und lediglich vorausgesetzt, dass die Anordnung nicht an beliebige Tatsachen anknüpfen oder zu einem beliebigen Zeitpunkt ergehen darf (*Meyer-Goßner/Schmitt* § 81b Rn. 7). Die Anordnung von Maßnahmen nach § 81b, 2. Alt. soll deshalb auch dann zulässig sein, wenn das Ermittlungsverfahren nach §§ 153 ff. bzw. § 170 Abs. 2 eingestellt (VGH Baden-Württemberg NJW 1987, 2766 f.; OVG Sachsen NVwZ-RR 2001, 239; VG Minden NJW-Spezial 2008, 569) oder der Beschuldigte rechtskräftig verurteilt oder freigesprochen wurde (KK/*Senge* § 81b Rn. 2;

§ 81b StPO Erkennungsdienstliche Maßnahmen bei dem Beschuldigten

Pfeiffer § 81b Rn. 1; *Fugmann* NJW 1981, 2228; a.M. BVerwGE 66, 192, 196; *Meyer-Goßner/Schmitt* § 81b Rn. 7; HK-StPO/*Brauer* § 81b Rn. 3; LR/*Krause* § 81b Rn. 9; *Fuß* FS Wacke, S. 307; *Kramer* JR 1994, 227). Ebenso einbezogen werden wegen der Möglichkeit eines Sicherungsverfahrens (§§ 413 ff.) meist Schuldunfähige (KK-StPO/*Senge* § 81b Rn. 2; *Meyer-Goßner/Schmitt* § 81b Rn. 7), nicht hingegen Kinder (*Bottke* FS Geerds, S. 279; *Eisenberg* StV 1989, 556; *Frehsee* ZStW 100, 1988, 303; *Streng* FS Gössel, S. 505; a.M. VG Freiburg NJW 1980, 901; VG Aachen 6 K 2611/12; KK-StPO/*Senge* § 81b Rn. 2). Aus gesetzessystematischen Erwägungen vermag die unterschiedliche Auslegung des innerhalb einer Vorschrift einheitlich verwendeten Beschuldigtenbegriffs nicht zu überzeugen. V.a. die Rechtfertigung erkennungsdienstlicher Maßnahmen durch die Polizei trotz Einstellung des Verfahrens nach § 170 Abs. 2 mittels eines diffusen »Restverdachts« (vgl. nur VGH Baden-Württemberg NJW 1987, 2764) führt zu einer nicht gerechtfertigen Beschränkung des Rechtsschutzes. Der Vollzug von erkennungsdienstlichen Maßnahmen kann nur dann Personen betreffen, die keine Beschuldigtenstellung i.S.d. 1. Alt. innehaben, wenn sie ihre Beschuldigteneigenschaft nach Erlass der rechtmäßigen Anordnung und noch vor deren Vollzug verloren haben, weil dies die Rechtmäßigkeit der Anordnung nicht unmittelbar berührt (so BVerwGE 66, 196 f.; NJW 2006, 1226; VGH Baden-Württemberg NJW 2008, 3082; zum Wegfall der Anordnungsvoraussetzungen vor Erlass eines Widerspruchsbescheids vgl. OVG Sachsen NVwZ-RR 2001, 239).

7 **C. Art und Umfang zulässiger Maßnahmen.** I. Zulässige Maßnahmen. 1. **Begriffsmerkmale.** Zulässig sind neben den in § 81b genannten Maßnahmen nur diejenigen Identifizierungsmöglichkeiten, die – ohne dass es einer Untersuchung i.S.d. § 81a Abs. 1 bedarf – der Feststellung **dauerhafter körperlicher Beschaffenheitsmerkmale** dienen (BGHSt 34, 39, 44 f.; *Vahle* Kriminalistik 1992, 158; *Kramer* JR 1994, 225). So können etwa Abdrücke und Aufnahmen von den Händen (vgl. § 24 Abs. 3 Nr. 1 BPolG, § 86 Abs. 1 StVollzG), von den Fingern, von den Füßen oder Teilen davon angefertigt und äußerliche Körpermerkmale (z.B. Tätowierungen) durch Fotografie oder Beschreibung festgehalten werden (*Meyer-Goßner/Schmitt* § 81b Rn. 8).

Der Gesetzgeber wollte der Entwicklung der Kriminaltechnik nicht vorgreifen und hat deshalb den Anwendungsbereich von § 81b durch die Verwendung des Begriffs der **ähnlichen Maßnahme** für künftige Entwicklungen bewusst offen gehalten. Um zu verhindern, dass § 81b als Generalklausel für nicht ausdrücklich geregelte Zwangs- und Ermittlungsmaßnahmen missbraucht wird, muss der Begriff der »ähnlichen Maßnahme« in Relation zu den gesetzlich genannten »Regelbeispielen« ausgelegt werden (BVerfGE 47, 252; *Kramer* JR 1994, 224). Da erkennungsdienstliche Maßnahmen ausschließlich der Feststellung dauerhafter, äußerer Merkmale des Beschuldigten dienen dürfen, fällt die Registrierung des jeweiligen Ausdrucks des Beschuldigten, z.B. Messungen der Atem- und Pulsbewegungen, um die innere Erregung der Aussageperson zu ermitteln, nicht unter § 81b (BGHSt 34, 45). Ebenso wenig kann die Aufbewahrung personenbezogener Hinweise über frühere Verhaltensweisen des Betroffenen (»bewaffnet«, »gewalttätig«, »geisteskrank«) auf § 81b gestützt werden (BVerwG JZ 1991, 471, 473; VGH Hessen NVwZ-RR 1994, 653; *Meyer-Goßner/Schmitt* § 81b Rn. 8). Umfasst ist hingegen der Geruchsspurenvergleich, bei dem mithilfe von Diensthunden olfaktorische Spuren zum Zwecke der Identifizierung des Spurenlegers beschafft und ausgewertet werden (HK-StPO/*Brauer* § 81b Rn. 10; *Maciejewski* NStZ 1995, 482). Ein Sonagramm, das der **Stimmenidentifizierung** dient und bei dem es auf den Inhalt des gesprochenen Wortes nicht ankommt, darf auch gegen den Willen des Beschuldigten mithilfe eines auf Tonband aufgezeichneten Gesprächs erstellt werden, wenn der Beschuldigte der Aufzeichnung zugestimmt hat (BGH StV 1985, 397; *Meyer-Goßner/Schmitt* § 81b Rn. 8; *Schneider* GA 1997, 382 ff.). Heimliche Bild- und Tonaufnahmen und deren Verwertung sind hingegen nur unter den Voraussetzungen der §§ 100f, 100h Abs. 1 Satz Nr. 1 zulässig (vgl. BGHSt 34, 39, 44 ff.; *Achenbach/Perschke* StV 1994, 578 ff.; *Beulke* StV 1990, 183; *Bottke* Jura 1987, 360 f.; *Küpper* JZ 1990, 421). Da außerhalb spezialgesetzlicher Regelungen entsprechende Informationen nur offen erhoben werden können, ist für die Verwertung einer heimlich aufgezeichneten Sprechprobe entscheidend, ob diese staatlich veranlasst worden ist (vgl. *Bosch* Aspekte des nemo-tenetur-Prinzips, 1998, S. 298 ff.). So kann auch die Identifizierung des Beschuldigten durch einen Ohrenzeugen nicht verwertet werden, wenn der erforderliche Stimmenvergleich dadurch ermöglicht wurde, dass der Zeuge heimlich ein zu Zwecken der Identifizierung arrangiertes Gespräch zwischen Kriminalbeamten und dem Beschuldigten belauscht hat (vgl. BGH NJW 1994, 1807, 1809; zum Beweiswert des Stimmenvergleichs OLG Köln NStZ 1996, 509; OLG Stuttgart Justiz 1997, 378; BGHSt 40, 66). Ebenso darf ein nach § 168a Abs. 2 Satz 1 erstelltes Tonbandprotokoll nur zur Stimmenidentifizierung verwendet werden, wenn dieser Beweiszweck vor der Vernehmung offengelegt wurde (*Schneider* GA 1997, 380) und die Anfertigung von **Schriftproben** kann nicht als ähnliche Maßnahme i.S.d. § 81b angesehen werden (so aber LR/*Krause* § 81b Rn. 15; HK-StPO/*Brauer* § 81b Rn. 9), da sie nur nach Belehrung über ihre verfahrensgegenständliche Bedeutung im Einvernehmen mit dem Beschuldigten erfolgen darf (SK-StPO/*Rogall* § 81b Rn. 52). Zu den Voraussetzungen eines Einverständnisses mit einer erkennungsdienstlichen Behandlung bei Jugendlichen vgl. AG Bielefeld m. zust. Anm. *Eisenberg* StraFo 2014, 208.

2. Grundsatz der Passivität. Nach herrschender Meinung ist der Beschuldigte lediglich zu einer passiven Duldung der erkennungsdienstlichen Behandlung verpflichtet, er kann jedoch als Ausfluss der **Mitwirkungsfreiheit** nicht zu einer aktiven Mitwirkung an ihrer Durchführung gezwungen werden (SK-StPO/*Rogall* § 81b Rn. 38; *Kramer* JR 1994, 225; vgl. § 81a Rdn. 5). So dürfen etwa vom Beschuldigten **Videoaufnahmen** angefertigt werden, die neben ihm auch andere Personen zeigen, um diese Zeugen zur Identifizierung des Beschuldigten vorzuführen (Meyer-Goßner/*Schmitt* § 81b Rn. 8; *Görling* Kriminalistik 1985, 58; *Schmidt* Kriminalistik 1985, 240; vgl. auch § 24 Abs. 3 Nr. 2 BPolG; zu Videoaufnahmen einer Gegenüberstellung BVerfG NStZ 1983, 84; LG Berlin NStZ 1989, 488; *Odenthal* NStZ 1985, 434; zum sequenziellen Verfahren *ders.* NStZ 2001, 580; erg. BGH NStZ-RR 2001, 133). Hingegen soll es unzulässig sein, den sich heftig wehrenden Beschuldigten bei einer Gegenüberstellung durch Anziehen von Knebelketten dazu zu zwingen, eine einwandfreie Betrachtung durch den Zeugen zu ermöglichen (vgl. *Kühne* Rn. 479; SK-StPO/*Rogall* Vor § 133 Rn. 73; *Grünwald* JZ 1981, 428; *Wolfslast* NStZ 1987, 103; a. A. KG NJW 1979, 1669; JR 1979, 347 ff.). Dennoch wird es für zulässig erachtet, dem Beschuldigten eine ganz bestimmte Körper- und Kopfhaltung aufzunötigen (*Grünwald* JZ 1981, 428; a.M. *Welp* JR 1994, 39); bspw. dem Beschuldigten für Vergleichsaufnahmen eine Strumpfmaske aufzuziehen und ihn am Tatort zu zwingen, eine Körperhaltung einzunehmen, die der Täter am Tatort eingenommen hatte (BGH NStZ 1993, 47). Im Ergebnis berühren alle genannten Maßnahmen den nemo tenetur-Grundsatz nicht und können, da sie lediglich der Registrierung körperlicher Merkmale dienen und keinen eigenständigen, tatrelevanten Erklärungswert beinhalten (zu diesem Kriterium *Bosch* Aspekte des nemo-tenetur-Prinzips, S. 277 ff., 303; erg. KMR/*Bosch* § 81b Rn. 12), unter Beachtung des Verhältnismäßigkeitsgrundsatzes auf § 81b gestützt werden.

3. Vorbereitende Maßnahmen. Ist zur Durchführung der erkennungsdienstlichen Behandlung eine Veränderung des äußeren Erscheinungsbildes des Beschuldigten erforderlich, können diese **vorbereitenden Maßnahmen** auf § 81b gestützt werden (*Geerds* Jura 1986, 9). Bspw. kann dem Beschuldigten eine Perücke oder eine Brille abgenommen bzw. aufgesetzt, eine Strumpfmaske übergezogen (vgl. BGH NStZ 1993, 47), verschmutzte Finger gereinigt oder Schminke entfernt werden. Die Haar- und Barttracht des Beschuldigten kann hingegen als Eingriff in die körperliche Integrität des Beschuldigten an sich nur aufgrund einer Anordnung nach § 81a Abs. 1, 2 verändert werden (SK-StPO/*Rogall* § 81b Rn. 33; vgl. auch BVerfGE 47, 239). Eine Rechtfertigung durch § 81a dürfte jedoch kaum infrage kommen (so aber BVerfGE 47, 239 ff.; *Odenthal* NStZ 1985, 434), denn körperliche Untersuchungen i.S.v. § 81a dienen der Feststellung verfahrenserheblicher Tatsachen und unterliegen einem strikten Arztvorbehalt. Eine Legitimation des vergleichsweise geringfügigen Eingriffs in die Körpersubstanz unmittelbar durch § 81b (so LG Gera StraFo 1997, 113; LR/*Krause* § 81b Rn. 21; SK-StPO/*Rogall* § 81b Rn. 34) ist zweifelhaft, weil dadurch zugleich in erheblichem Maße in das allgemeine Persönlichkeitsrecht des Betroffenen eingegriffen wird und deshalb eine hinreichend bestimmte Eingriffsnorm erforderlich ist.

II. Verhältnismäßigkeitsgebot. Die Maßnahme der erkennungsdienstlichen Behandlung muss im Hinblick auf die Sachaufklärungspflicht (§ 244 Abs. 2) zur Zweckerreichung **notwendig** und **geeignet** sein. Hinsichtlich der **1. Alt.** entfällt die Notwendigkeit, wenn das eingeleitete Strafverfahren gegen den Beschuldigten nicht weiterbetrieben werden darf, sondern einzustellen ist.
Schwierigkeiten bereitet die **2. Alt.** des § 81b, sofern sich die erkennungsdienstlichen Maßnahmen nicht gegen gewerbs- oder gewohnheitsmäßig Handelnde und sonstige Rückfalltäter richten. Hier setzt eine Eignung der Maßnahme zunächst voraus, dass sie zur Aufklärung solcher Straftaten **geeignet** ist, für die eine Wiederholungsgefahr prognostiziert wird (VGH Baden-Württemberg NVwZ-RR 2004,

572; zur Prognose *Petersen-Thrö/Ornatowski* SächsVBl. 2008, 30 ff., 33; zu Recht bejaht VGH Baden-Württemberg NJW 2008, 3082 in Fällen des § 184b Abs. 4 StGB bei pädophiler Neigung des Beschuldigten eine Eignung auch im Hinblick auf die Gefahr der Begehung von §§ 176, 176a StGB). **Notwendig** sind erkennungsdienstliche Maßnahmen für Zwecke des Erkennungsdienstes (2. Alt.), wenn nach kriminalistischer Erfahrung unter Berücksichtigung des Zeitablaufs sowie aller Umstände des Einzelfalls – insb. Art, Schwere und Begehungsweise der dem Beschuldigten zur Last gelegten Tat, seiner Persönlichkeit sowie möglicher Vortaten des Beschuldigten – Anhaltspunkte dafür bestehen, dass der Beschuldigte erneut straffällig werden könnte und die erkennungsdienstlichen Unterlagen zur Förderung der dann zu führenden Ermittlungen geeignet erscheinen (BVerwGE 66, 192, 199; 66, 202, 205; BVerwG NJW 2006, 1226; VGH Baden-Württemberg NJW 2008, 3082; OVG Hamburg MDR 1977, 80 f.; OVG Nds. NdsVBl. 2007, 43 [zur Rückfallgefahr bei Verstößen gegen § 95 Abs. 1 Nr. 1 AufenthG]; *Riegel* DÖV 1978, 18; *Meyer-Goßner/Schmitt* § 81b Rn. 12; für eine Beschränkung auf vergleichbare Straftaten wegen der Verweisung auf die Polizeigesetze VG Braunschweig NVwZ-RR 2008, 31; StV 2008, 632). Erfolgt etwa eine Verurteilung wegen Erwerbs und Besitzes kinderpornographischer Schriften, soll angesichts des betroffenen Rechtsguts eine geringere Wahrscheinlichkeit die Anordnung erkennungsdienstlicher Maßnahmen rechtfertigen (vgl. OVG Nordrhein-Westfalen 5 A 1692/13; noch geringer bei pädophil-sexuellem Missbrauch Sächsisches OVG 3 D 77/13). Eine Einstellung nach § 170 Abs. 2 (OVG Schleswig-Holstein NJW 1999, 1418; OVG Saarland 3 A 295/13; erg. BVerfG NJW 2002, 3231) oder § 153a Abs. 2 (VGH Baden-Württemberg NVwZ-RR 2000, 287 f.) soll einer Anordnung ebenso wenig entgegenstehen wie eine Strafaussetzung zur Bewährung (BVerwGE 66, 192; vgl. aber auch Rdn. 6) oder ein bisher strafloser Lebenswandel des Beschuldigten (*Baumanns* Polizei 2008, 85; *Riegel* DÖV 1978, 19; *Meyer-Goßner/Schmitt* § 81b Rn. 12; krit. bei bloßen Ermittlungen wegen einer Sexualstraftat OVG Nordrhein-Westfalen StraFo 2008, 503; vgl. auch VG Münster 1 K 226/13 zur Behauptung, Sexualdelikte seien stets Neigungsdelikte). Sieht man von den Fällen einer Einstellung trotz erwiesener Schuld ab (zu dieser Einschränkung *Geerds* Jura 1986, 18), kann dies nicht überzeugen, da mangels hinreichend konkretisierter Tatsachengrundlage nicht ersichtlich wird, wie die Beurteilung durch die Polizeibehörden trotz Einstellung einer ernsthaften nachträglichen Kontrolle zugeführt werden soll. Eine Anordnung ist jedenfalls dann nicht notwendig, wenn, wie bei der Verletzung von Unterhaltspflichten (OVG Sachsen NVwZ-RR 2001, 240), die Identität des Täters feststeht. Liegt erneut eine Beschuldigtenstellung vor (vgl. Rdn. 5 f.), dann kann wegen Zeitablaufs ungeeignet gewordenes Material ersetzt werden (zu neuen Fingerabdrücken nach 5 Jahren OVG Nordrhein-Westfalen NdsVBl. 2008, 174; Sächsisches OVG 3 A 734/13; zu Lichtbildern OVG Nds. NdsVBl. 2007, 42). Zufallserkenntnisse aus Überwachungsmaßnahmen gegen Dritte sollen nur unter den für die jeweilige Maßnahme maßgebenden Voraussetzungen bei der Anordnung einer erkennungsdienstlichen Behandlung nach § 81b Berücksichtigung finden dürfen (zu §§ 100a, 477 Abs. 2 S. 3 vgl. OVG Lüneburg NVwZ-RR 2015, 336).

11 Schließlich darf die Maßnahme im Einzelfall **nicht außer Verhältnis zu den** mit ihr **verfolgten Zwecken** stehen (vgl. VGH Bad.-Württ. NVwZ-RR 2004, 572). Sie scheidet deshalb aus, wenn lediglich die Verfolgung von Bagatellkriminalität in Rede steht (AG Kiel StraFo 2006, 70; *Meyer-Goßner/Schmitt* § 81b Rn. 12a; zu Beleidigungsdelikten vgl. VGH Bayern NVwZ-RR 1998, 496 f.) und kommt bei Bußgeldverfahren wegen Ordnungswidrigkeiten nur in Ausnahmefällen in Betracht (*Göhler* § 46 OWiG Rn. 32; LR/*Krause* § 81b Rn. 8; abw. OLG Stuttgart NJW 2014, 3590). Bestehen weniger belastende Möglichkeiten einer Identitätsfeststellung, so haben diese Vorrang vor einer erkennungsdienstlichen Behandlung (vgl. etwa AG Hamburg StV 1985, 364; zur Anforderung eines Lichtbildes bei Personalausweis- oder Passbehörden LG Rostock StV 2008, 629; zur Anfertigung eines Vergleichbilds in der Hauptverhandlung OLG Stuttgart NJW 2014, 3591 f.).

12 **D. Durchführung erkennungsdienstlicher Maßnahmen. I. Zuständigkeit.** Zuständig für die **Anordnung** sind im Ermittlungsverfahren die StA und die Polizeibeamten des Polizeidienstes (*Meyer-Goßner/Schmitt* § 81b Rn. 13), nach Anklageerhebung das mit der Sache befasste Gericht (LR/*Krause* § 81b Rn. 22). Für Maßnahmen nach § 81b, 2. Alt. ist ausschließlich die insoweit von Weisungen der StA freie Kriminalpolizei zuständig, deren Angehörige nicht als Ermittlungspersonen der StA tätig werden (OLG Düsseldorf NJW 1959, 1790; OVG Nordrhein-Westfalen NJW 1972, 2147; *Schenke* JZ 2006, 709; a.M. SK-StPO/*Rogall* § 81b Rn. 65: Anordnungskompetenz in § 81b ein-

heitlich zu bestimmen; *Eisenberg/Puschke* JZ 2006, 731). Die **Durchführung** der Maßnahmen obliegt in beiden Alternativen der Polizei (*Geerds* Jura 1986, 9). Richterliche Anordnungen werden nach § 36 Abs. 2 durchgesetzt (vgl. LG Hamburg MDR 1985, 72). Vor Anordnung nach § 81b, 2. Alt. ist der Betroffene anzuhören (§ 28 VwVfG; dazu VG Düsseldorf StraFo 2009, 146).

II. Unmittelbarer Zwang. § 81b beinhaltet auch die Rechtsgrundlage für die Anwendung unmittelbaren Zwangs (BGHSt 34, 45; *Fezer* 6, Rn. 27; *Meyer-Goßner/Schmitt* § 81b Rn. 15). § 81b enthält keine näheren Aussagen über das dabei einzuhaltende Verfahren sowie die Mittel der Zwangsausübung; das Verhältnismäßigkeitsgebot ist aber zu beachten. Die allgemeinen Regeln des Bundes und der Länder zur Anwendung unmittelbaren Zwangs werden aber entsprechend herangezogen werden (vgl. auch SK-StPO/*Rogall* § 81b Rn. 35). Hinsichtlich der 2. Alt. folgt dies bereits aus der Qualifizierung der Anordnung als Verwaltungsakt (vgl. *Vahle* Kriminalistik 1992, 231). Eine vorherige Androhung ist deswegen nicht entbehrlich (HK-StPO/*Brauer* § 81b Rn. 16; a.M. OLG Naumburg NStZ-RR 2006, 180; LG Zweibrücken DAR 1999, 567; *Meyer-Goßner/Schmitt* § 81b Rn. 15; KK-StPO/*Senge* § 81b Rn. 6; LR/*Krause* § 81b Rn. 24), vielmehr dürfte sie, sofern dies im konkreten Fall möglich ist, geboten sein, um dem Beschuldigten die Möglichkeit zu eröffnen, den unmittelbaren Zwang durch freiwillige Befolgung der Anordnung abzuwenden. Unproblematisch durch § 81b gestattet ist die zur Durchsetzung der erkennungsdienstlichen Maßnahmen unabdingbare Gewalt, etwa das Festhalten des Beschuldigten, um Lichtbildaufnahmen zu ermöglichen oder das gewaltsame Strecken von Armen und Fingern, um Abdrücke von diesen vorzunehmen (BGHSt 34, 45). § 81b umfasst ebenso die zur Durchführung der Maßnahme erforderliche Freiheitsbeschränkung (OLG Stuttgart StV 1988, 424; LG Kiel StV 2006, 125; OLG Hamm NStZ-RR 2012, 254; vgl. zur Verhältnismäßigkeit aber auch BVerfG 1 BvR 47/05; zu § 163b BVerfG StV 1992, 210); der Beschuldigte darf deshalb ohne richterliche Anordnung zwangsweise zur Polizeibehörde gebracht und dort bis zur Erledigung der Maßnahme festgehalten werden (*Meyer-Goßner/Schmitt* § 81b Rn. 15; LR/*Krause* § 81b Rn. 25). Darin liegt keine Freiheitsentziehung i.S.v. Art. 104 Abs. 2 Satz 1 GG (BayObLG DÖV 1984, 515; a.M. *Oehm* MDR 1986, 99), noch eine vorläufige Festnahme nach § 127 Abs. 2 (KG GA 1979, 225). Die Durchsuchung von Räumen zur Ergreifung des Beschuldigten ist nach § 102 hingegen nur zulässig zu Zwecken des anhängigen Strafverfahrens, nicht hingegen zur »Datenvorsorge«, da dann aufgrund des präventivpolizeilichen Charakters der 2. Alt. ein amtsgerichtlicher Durchsuchungsbefehl erforderlich ist (*Meyer-Goßner/Schmitt* § 81b Rn. 15; a. A. SK-StPO/*Rogall* § 81b Rn. 36).

E. Aufbewahrung erkennungsdienstlicher Unterlagen. I. Erkennungsdienstliche Unterlagen zu repressiven Zwecken. Die zur **Durchführung eines Strafverfahrens** angefertigten Unterlagen (**1. Alt.**) werden Bestandteil der Strafakten (OVG Hamburg MDR 1977, 80; *Dreier* JZ 1987, 1010), können aber aufgrund eigenständiger Anordnung in die erkennungsdienstlichen Unterlagensammlungen der Polizei übernommen werden (vgl. § 481). Aufgrund des Zweckbindungsgebots kann es nicht überzeugen, wenn die Kommentarliteratur auf dem Standpunkt steht, hinsichtlich der nach § 81b, 1. Alt. gewonnenen Unterlagen habe der Beschuldigte unabhängig vom Ausgang des Verfahrens keinen Anspruch auf Vernichtung (*Meyer-Goßner/Schmitt* § 81b Rn. 17; LR/*Krause* § 81b Rn. 26; a.M. SK-StPO/*Wolter* § 163c Rn. 32; erg. *Gusy* VerwArch 84, 1993, 447). Entfällt durch Beendigung des Verfahrens der Zweck für eine weitere Aufbewahrung (vgl. § 483), ohne dass die Voraussetzungen nach § 81b, 2. Alt. vorliegen, kann der Betroffene die Vernichtung der Unterlagen verlangen.

II. Erkennungsdienstliche Unterlagen zu präventiven Zwecken. Die **Aufbewahrung erkennungsdienstlicher Unterlagen** richtet sich nach § 481 (vgl. VGH Hessen NJW 2005, 2727; *Meyer-Goßner/Schmitt* § 81b Rn. 18; zur alten Rechtslage noch BVerwGE 11, 181, 183; 26, 170 ff.; 66, 202, 205; OVG Rheinland-Pfalz NVwZ-RR 2001, 238; OVG Sachsen NVwZ-RR 2001, 239 f.; *Gusy* VerwArch 84, 1993, 466; erg. VG Gießen Kriminalistik 2002, 428; KMR/*Bosch* § 81b Rn. 22). Die Aufbewahrung ist unzulässig, wenn schon die Anordnung der Maßnahme unzulässig war. Ansonsten richten sich Dauer der Aufbewahrung, Berichtigung, Löschung etc. aufgrund des Verweises von § 481 Abs. 1 nach den Polizeigesetzen der Länder (vgl. auch LR/*Krause* § 81b Rn. 27). Die teilweise noch vertretene Auffassung, es sei ausschließlich auf § 81b, 2. Alt. abzustellen, lässt offen, wann ein Anspruch auf Vernichtung besteht, weil der Tatverdacht gegen den Beschuldigten »völlig ausgeräumt« (vgl. etwa KK-StPO/*Senge* § 81b Rn. 7), d.h. der Zweck der Anordnung entfallen ist. So wurde früher zu

Unrecht vertreten, auch ein freisprechendes Urteil stünde der Aufbewahrung nicht entgegen, wenn schwerwiegende Belastungstatsachen nicht berücksichtigt wurden (VG Berlin NJW 1955, 965) bzw. ein Freispruch (VGH Baden-Württemberg NJW 1973, 1163 f.; OVG Sachsen-Anhalt 3 O 322/13; vgl. auch BVerfG NJW 2002, 3231 f.) oder eine Einstellung nach § 170 Abs. 2 (BVerwGE 26, 169, 172; VGH Baden-Württemberg NJW 1987, 2762; a. A. zu § 153 a.F. VG Neustadt NJW 1965, 1934) lediglich mangels ausreichendem Tatverdacht erfolgte (vgl. auch § 484 Abs. 1, Abs. 2 Satz 2). Entgegen dieser Auffassung darf der Zweck des Vernichtungsgebots nicht durch einen unbestimmten Restverdacht entwertet werden. Für die Speicherung von Daten gelten die §§ 483 ff., insb. § 489 hinsichtlich der Löschung (vgl. zu Art. 8 EMRK EGMR EuGRZ 2009, 308, 311).

16 **F. Rechtsbehelfe.** Bei Identifizierungsmaßnahmen für Zwecke der Strafverfolgung im anhängigen Verfahren (**1. Alt.**) hängt die Zulässigkeit des Rechtsbehelfs davon ab, welches Organ die Anordnung getroffen hat: **Anordnungen des Gerichts** können nach § 304 Abs. 1 in den Grenzen von §§ 304 Abs. 4, 305 Satz 1 mit der Beschwerde angefochten werden. Eine weitere Beschwerde ist ausgeschlossen (§ 310 Abs. 2). Wurde die angefochtene Anordnung nach Einlegung des zulässigen Rechtsbehelfs vollzogen, wird sie ohne Kostenentscheidung für erledigt erklärt (OLG Bremen MDR 1963, 335; OLG Frankfurt am Main NJW 1957, 839; KK-StPO/*Senge* § 81b Rn. 8), es sei denn, der Beschuldigte hat ein berechtigtes Interesse an der Feststellung der Rechtswidrigkeit der Maßnahme (vgl. BVerfGE 96, 27 ff., 40). Gegen **Maßnahmen der StA und der Polizei** kann in entsprechender Anwendung von § 98 Abs. 2 Satz 2 das AG angerufen werden (BGH NJW 1998, 3654; OLG Stuttgart MDR 1986, 689; OLG Oldenburg NStZ 1990, 504; OLG Braunschweig NStZ 1991, 551; OLG Koblenz StV 2002, 127; *Meyer-Goßner/Schmitt* § 81b Rn. 21; krit. *Amelung* FG BGH, 924 f.). Ausnahmsweise kann bei »tiefgreifenden« Grundrechtsbeeinträchtigungen (vgl. BVerfGE 96, 27 ff., 40) auch nach Vollzug der Maßnahme § 98 Abs. 2 Satz 2 analog herangezogen werden (LG Zweibrücken DAR 1999, 567; AG München NStZ 1999, 529; zur Feststellung, inwieweit die Art und Weise der Durchführung einer erledigten Maßnahme rechtswidrig war, vgl. auch BGHSt 44, 265; 45, 183; *Amelung* FG BGH, 927 f.). Kein Fall der Erledigung liegt vor, wenn die zum Zweck der Identitätsfeststellung erhobenen Informationen nach erkennungsdienstlicher Behandlung weiter aufbewahrt bzw. gespeichert werden, denn dann ist von einer fortbestehenden Grundrechtsbeeinträchtigung auszugehen.

17 Die **Anfechtung von erkennungsdienstlichen Maßnahmen** i.S.d. **2. Alt.** erfolgt nach überwiegender Auffassung im Verwaltungsrechtsweg, da sie nicht als Justizverwaltungsakte, sondern als polizeiliche Verwaltungsakte der Anfechtung im Rahmen von § 42 Abs. 1 VwGO unterliegen (BGHSt 28, 206, 209; BVerwG NVwZ-RR 2011, 710; OLG Celle NStZ-RR 2012, 254; AG München NStZ 1999, 529; a.M. *Kramer* JR 1994, 225; SK-StPO/*Rogall* § 81b Rn. 69; *Bock* ZIS 2007, 132; *Merten/Merten* ZRP 1991, 213, 220: §§ 23 ff. EGGVG; *Eisenberg/Puschke* JZ 2006, 732; *Krach* Jura 2001, 741: analoge Anwendung von § 98 Abs. 2 Satz 2; vgl. auch *Baumanns* Polizei 2008, 86; *Frister* FS Amelung, S. 615). Ob die Frage der Eignung und Notwendigkeit tatsächlich nur auf Vertretbarkeit überprüft werden kann, erscheint angesichts der verfassungsgerichtlichen Anforderungen an die Überprüfung von Prognosen zweifelhaft (so aber VGH Baden-Württemberg NJW 2008, 3082; *Meyer-Goßner/Schmitt* § 81b Rn. 23). Ein Widerspruch hat aufschiebende Wirkung, soweit nicht die sofortige Vollziehbarkeit des Verwaltungsaktes angeordnet worden ist (§ 80 Abs. 2 Nr. 4 VwGO; zur Nichtanwendbarkeit von § 80 Abs. 2 Nr. 2 VwGO vgl. VG Gera Az. 1 E 1862/01 GE). Eine anhand des konkreten Einzelfalls zu begründende Vollziehungsanordnung kommt bspw. infrage, wenn aufgrund der Lebensweise und der Art der dem Beschuldigten zur Last gelegten Straftaten die Befürchtung besteht, dass dieser noch vor Bestandskraft der behördlichen Entscheidung erneut strafrechtlich in Erscheinung treten könnte (OVG Rheinland-Pfalz NVwZ-RR 2001, 238; zur besonderen Eilbedürftigkeit bei Fluchtgefahr vgl. VG Gera Az. 1 E 1862/01 GE). Die Anfechtungsklage (§ 42 Abs. 1 VwGO) kann sich bereits gegen die Aufforderung richten, sich zwecks erkennungsdienstlicher Behandlung bei der Polizei einzufinden (BVerwGE 66, 192; OVG Hamburg MDR 1977, 80). Begehrt der Kläger die Vernichtung erstellter Unterlagen, hat er dies im Wege der Verpflichtungsklage geltend zu machen (VGH Hessen NJW 2005, 2727; LR/*Krause* § 81b Rn. 35; *Meyer-Goßner/Schmitt* § 81b Rn. 23). Ein Anspruch auf Herausgabe der erkennungsdienstlichen Unterlagen besteht nicht (VG Neustadt NJW 1965, 1934; KK-StPO/*Senge* § 81b Rn. 10; LR/*Krause* § 81b Rn. 29). Auch die Ablehnung eines Antrages auf Vernichtung ist ein Verwaltungsakt, der nicht in dem Verfahren nach § 23 EGGVG, sondern nur vor den VG

angefochten werden kann (BVerfGE 16, 89, 94; BGH NJW 1975, 2076). Anders ist dies lediglich zu beurteilen, wenn sich die Unterlagen nicht mehr bei der Polizei, sondern in Ermittlungsakten der StA befinden (dann §§ 23 ff. EGGVG; SK-StPO/*Rogall* § 81b Rn. 70). Für die Rechtmäßigkeit der Aufbewahrung ist die Rechtslage im Zeitpunkt der verwaltungsgerichtlichen Entscheidung maßgebend (OVG Nordrhein-Westfalen NJW 1972, 2147 f.; VGH Baden-Württemberg NJW 1973, 1664).

§ 81c StPO Untersuchung anderer Personen.

(1) Andere Personen als Beschuldigte dürfen, wenn sie als Zeugen in Betracht kommen, ohne ihre Einwilligung nur untersucht werden, soweit zur Erforschung der Wahrheit festgestellt werden muß, ob sich an ihrem Körper eine bestimmte Spur oder Folge einer Straftat befindet.
(2) ¹Bei anderen Personen als Beschuldigten sind Untersuchungen zur Feststellung der Abstammung und die Entnahme von Blutproben ohne Einwilligung des zu Untersuchenden zulässig, wenn kein Nachteil für seine Gesundheit zu befürchten und die Maßnahme zur Erforschung der Wahrheit unerläßlich ist. ²Die Untersuchungen und die Entnahme von Blutproben dürfen stets nur von einem Arzt vorgenommen werden.
(3) ¹Untersuchungen oder Entnahmen von Blutproben können aus den gleichen Gründen wie das Zeugnis verweigert werden. ²Haben Minderjährige wegen mangelnder Verstandesreife oder haben Minderjährige oder Betreute wegen einer psychischen Krankheit oder einer geistigen oder seelischen Behinderung von der Bedeutung ihres Weigerungsrechts keine genügende Vorstellung, so entscheidet der gesetzliche Vertreter; § 52 Abs. 2 Satz 2 und Abs. 3 gilt entsprechend. ³Ist der gesetzliche Vertreter von der Entscheidung ausgeschlossen (§ 52 Abs. 2 Satz 2) oder aus sonstigen Gründen an einer rechtzeitigen Entscheidung gehindert und erscheint die sofortige Untersuchung oder Entnahme von Blutproben zur Beweissicherung erforderlich, so sind diese Maßnahmen nur auf besondere Anordnung des Gerichts und, wenn dieses nicht rechtzeitig erreichbar ist, der Staatsanwaltschaft zulässig. ⁴Der die Maßnahmen anordnende Beschluß ist unanfechtbar. ⁵Die nach Satz 3 erhobenen Beweise dürfen im weiteren Verfahren nur mit Einwilligung des hierzu befugten gesetzlichen Vertreters verwertet werden.
(4) Maßnahmen nach den Absätzen 1 und 2 sind unzulässig, wenn sie dem Betroffenen bei Würdigung aller Umstände nicht zugemutet werden können.
(5) ¹Die Anordnung steht dem Gericht, bei Gefährdung des Untersuchungserfolges durch Verzögerung auch der Staatsanwaltschaft und ihren Ermittlungspersonen (§ 152 des Gerichtsverfassungsgesetzes) zu; Absatz 3 Satz 3 bleibt unberührt. ²§ 81a Abs. 3 gilt entsprechend.
(6) ¹Bei Weigerung des Betroffenen gilt die Vorschrift des § 70 entsprechend. ²Unmittelbarer Zwang darf nur auf besondere Anordnung des Richters angewandt werden. ³Die Anordnung setzt voraus, daß der Betroffene trotz Festsetzung eines Ordnungsgeldes bei der Weigerung beharrt oder daß Gefahr im Verzuge ist.

Übersicht

	Rdn.
A. Grundsätzliches und Regelungsgehalt	1
I. Allgemeiner Geltungsbereich	1
II. Weitergehende Untersuchungsmaßnahmen bei Einwilligung	2
1. Umfang der rechtfertigenden Wirkung	2
2. Voraussetzungen wirksamer Einwilligung	3
B. Materielle Voraussetzungen	5
I. Duldungspflichtige Personen	5
II. Untersuchungszweck	6
III. Art und Umfang möglicher Untersuchungshandlungen nach Abs. 1	
1. Körperliche Untersuchung auf Spuren und Tatfolgen	8
2. Psychologische Untersuchungen	9
3. Abstammungsuntersuchungen und Blutprobenentnahmen (Abs. 2)	11
4. Verhältnismäßigkeitsgrundsatz	13
a) Erforderlichkeit	14
b) Zumutbarkeit	16
C. Untersuchungsverweigerungsrecht (Abs. 3)	18
I. Grundlage des Weigerungsrechts	18
II. Ausübung des Untersuchungsverweigerungsrechts und Belehrungspflicht	21
1. Belehrungspflicht	21
2. Personen mit mangelnder Verstandesreife	22
3. Folgen unterlassener Belehrung	24
D. Beweissicherungsverfahren	27
E. Verwendungsbeschränkungen und Vernichtungsgebot	28

§ 81c StPO Untersuchung anderer Personen

	Rdn.		Rdn.
F. Vollstreckung und Durchführung der Anordnung	29	I. Beschwerde	32
G. Rechtsbehelfe	32	II. Revision	33

1 **A. Grundsätzliches und Regelungsgehalt. I. Allgemeiner Geltungsbereich.** Die Vorschrift regelt für »andere Personen« als Beschuldigte (für jene gilt § 81a) die Pflicht zur Duldung von Untersuchungen und körperlichen Eingriffen. Der Begriff der **Untersuchung** deckt sich mit dem Begriff der »körperlichen Untersuchung« in § 81a und bezieht sich lediglich auf Untersuchungen am Körper selbst. Die **Duldungspflichten** des § 81c unterscheiden sich von der Zeugnispflicht dadurch, dass dem Betroffenen keine Pflicht zur aktiven Mitwirkung auferlegt wird (SK-StPO/*Rogall*, § 81c Rn. 2; vgl. auch *Bockelmann*, GA 1955, 332; *Eb. Schmidt*, NJW 1962, 665; z.B. kein Ausführung von Tests, Beantwortung von Fragen). Deshalb überzeugt es nicht, wenn überwiegend davon ausgegangen wird, die Duldungspflicht umfasse auch die Pflicht, sich zu der Untersuchung einzufinden, sich zu entkleiden und die jeweils erforderliche Körperhaltung einzunehmen (*Eisenberg*, BR, Rn. 1658; KK-StPO/*Senge*, § 81c Rn. 6; *Meyer-Goßner/Schmitt*, § 81c Rn. 16; a. A. zu Recht SK-StPO/*Rogall*, Rn. 21). § 81c genügt dem Gesetzesvorbehalt des Art. 2 Abs. 2 Satz 3 GG (zur zivilprozessualen Regelung des § 372a ZPO vgl. BVerfGE 5, 13, 15).

2 **II. Weitergehende Untersuchungsmaßnahmen bei Einwilligung. 1. Umfang der rechtfertigenden Wirkung.** Maßnahmen nach Abs. 1 und 2 sind ohne **Einwilligung** des Betroffenen zulässig, eine Einwilligung kann aber, sofern sie nicht sittenwidrig ist, von den Beschränkungen des § 81c teilweise entbinden. Auch bei wirksamer Einwilligung bedarf es einer Anordnung der nach Abs. 5 zuständigen Personen, da diese selbst bei »harmlosen Eingriffen« (a.M. LR/*Krause*, § 81c Rn. 4; *Meyer-Goßner/Schmitt*, § 81c Rn. 2: nur bei »schwereren Eingriffen«) die Zulässigkeitsvoraussetzungen und -grenzen der Maßnahme zu prüfen haben (*Eisenberg*, BR, Rn. 1658). Selbst bei Einwilligung des Betroffenen dürfen – mit Ausnahme einer Blutprobenentnahme – körperliche Eingriffe stets nur von einem Arzt vorgenommen werden (*Eisenberg*, BR, Rn. 1658; *Meyer-Goßner/Schmitt*, § 81c Rn. 2).

3 **2. Voraussetzungen wirksamer Einwilligung.** Eine eingriffslegitimierende Wirkung kann die Einwilligung nur dann entfalten, wenn sie von dem einwilligungsfähigen Betroffenen in Kenntnis der Sachlage und des Weigerungsrechtes ausdrücklich und freiwillig erklärt wurde und frei von Willensmängeln ist (*Meyer-Goßner/Schmitt*, § 81c Rn. 3; allgemein zur Einwilligung BGH, NJW 1964, 1177 f.; *Amelung*, StV 1985, 257). Fehlt dem Betroffenen die Fähigkeit, Bedeutung und Tragweite der Maßnahme abzuschätzen, so entscheidet der gesetzliche Vertreter (RGSt 64, 160; erg. Rdn. 26). Eine Einwilligung darf nicht schon deshalb angenommen werden, weil der Betroffene sich zur Untersuchung eingefunden und diese ohne Widerspruch hingenommen hat (*Janetzke*, NJW 1958, 534, 535), denn in diesen Fällen bleibt offen, ob er die Notwendigkeit einer Einwilligung erkannt hatte (*Eisenberg*, BR, Rn. 1659; *Peters*, JR 1969, 233). Ebenso wenig lässt sich aus der Aussagebereitschaft einer zeugnisverweigerungsberechtigten Person zugleich auf eine Einwilligung in eine körperliche Untersuchung schließen (*Eisenberg*, BR, Rn. 1659). Bis zum Abschluss der Untersuchung kann die Einwilligung widerrufen werden (zu den Rechtsfolgen Rdn. 30). Das Gericht kann von Amts wegen zur Aufklärung verpflichtet sein, ob der Betroffene die Einwilligung in eine Untersuchung erteilt, die das Gericht zur Sachaufklärung für erforderlich erachtet, zu deren Duldung er aber nicht gezwungen werden kann (BGHSt 14, 14; *Eisenberg*, BR, Rn. 1660; LR/*Krause*, § 81c Rn. 7). Soll mit der Revision allerdings eine Verletzung der Aufklärungspflicht gerügt werden, weil eine durch Einwilligung mögliche Untersuchung unterlassen wurde, muss die Revision auch das Vorliegen einer Einwilligung darlegen (vgl. BGH, NStZ-RR 2013, 218).

4 Aus den angeführten Gründen muss der Betroffenen darüber **belehrt** werden, welche Maßnahme vorgenommen werden soll und dass sie ohne seine Einwilligung nicht zulässig ist (*Meyer-Goßner/Schmitt*, § 81c Rn. 4, 7; LR/*Krause*, § 81c Rn. 5; *Hanack*, JZ 1971, 128; *Heinitz*, in: FS für für Engisch, S. 700; a. A. BGHSt 13, 394, 398; BGHSt 36, 220; 40, 337: Pflicht zur Belehrung nur, wenn dem Betroffenen ein Untersuchungsverweigerungsrecht zusteht; KK-StPO/*Senge*, § 81c Rn. 11). Zwar besteht bei einer lediglich auf freiwilliger Basis möglichen Untersuchung (etwa Glaubwürdigkeitsuntersuchungen) des nicht zur Zeugnisverweigerung Berechtigten keine dem § 81c Abs. 3 vergleichbare Konfliktlage (so

KK-StPO/*Senge*, § 81c Rn. 11), da der Gesetzgeber aber dem Zeugen insoweit keine Duldungspflicht auferlegen wollte (vgl. auch Rdn. 12 f.), muss der Zeuge aus Gründen prozessualer Fairness über sein Weigerungsrecht belehrt werden. Eine Belehrung ist auch dann erforderlich, wenn der Betroffene bereits über ein Zeugnisverweigerungsrecht nach § 52 Abs. 3 Satz 1 belehrt wurde (BGHSt 13, 394, 399; 20, 234; 36, 217, 219; BGH, StV 1996, 195). Die Belehrung kann nicht durch den Sachverständigen, sondern nur durch das Gericht oder Strafverfolgungsorgan erteilt werden, das die Untersuchung veranlasst hat (*Hanack*, JZ 1971, 128; *Eisenberg*, BR, Rn. 1659; erg. Rdn. 25).

B. Materielle Voraussetzungen. I. Duldungspflichtige Personen. § 81c beschränkt die 5
Pflicht zur Duldung von körperlichen Untersuchungen auf Personen, die »als Zeugen in Betracht kommen« (**Zeugengrundsatz**). Überwiegend wird nicht an die verfahrensrechtliche Stellung eines Zeugen angeknüpft, da dies Untersuchungen an nicht zur Aussage fähigen Personen ausschließen würde (vgl. SK-StPO/*Rogall*, § 81c Rn. 11 ff.), vielmehr soll i.E. jede tatunverdächtige Person eine Duldungspflicht treffen, bei der Spuren oder Tatfolgen zu vermuten sind (*Dünnebier*, GA 1953, 65, 67 f.; *Meyer-Goßner/Schmitt*, § 81c Rn. 10; LR/*Krause*, § 81c Rn. 12). Damit können nicht nur schlafende und bewusstlose Tatopfer (vgl. HK-StPO/*Brauer*, § 81c Rn. 6; KK-StPO/*Senge*, § 81c Rn. 1), sondern auch Säuglinge, Kleinkinder und schwer Geistesgestörte untersucht werden (*Eisenberg*, BR, Rn. 1662; *Kleinknecht*, Kriminalistik 1967, 462; *Kohlhaas*, JR 1974, 90; *Krause*, JZ 1976, 124 f.; *Meier*, JZ 1991, 642; ablehnend *Seidel*, Kriminalistik 1967, 303). Der Gesetzgeber soll durch die Aufnahme des Zeugengrundsatzes lediglich beabsichtigt haben, Reihenuntersuchungen nach Spurenträgern auszuschließen (*Dünnebier*, GA 1953, 68; *Krause*, JZ 1976, 125). Tatsächlich werden aus Verhältnismäßigkeitserwägungen aber nur die Personen als Zeuge i.S.v. § 81c infrage kommen, bei denen konkrete, individualbezogene Anhaltspunkte dafür bestehen, dass ihre Untersuchung einen Beweiserfolg herbeiführen kann (zutr. SK-StPO/*Rogall*, § 81c Rn. 13; vgl. erg. Rdn. 8 und KMR/*Bosch*, § 81c Rn. 6; zur DNA-Analyse, § 81e Rdn. 8).

II. Untersuchungszweck. Der Zweck der Untersuchung von tatunverdächtigen Personen ist auf die 6
Feststellung von Spuren oder Tatfolgen am Körper beschränkt (**Spurengrundsatz**). Zu den Spuren werden unmittelbar durch die Tat verursachte Veränderungen am Körper gerechnet, die Rückschlüsse auf den Täter oder die Tatausführung ermöglichen (z.B. Blutspuren, Blut- und Hautreste unter den Fingernägeln, Spermienreste, Stichwunden). Der Begriff der **Tatfolgen** umfasst hingegen die unmittelbar oder mittelbar durch die Tat eingetretenen Veränderungen am Körper des Opfers, die keine Spurenhinweise zulassen (z.B. Hautabschürfungen, Hämatome, Krankheitszustand, Zahnlücken). Die Zulässigkeit der Untersuchung hängt weder von der Dauerhaftigkeit der Spuren und Tatfolgen ab, noch müssen diese unmittelbar für den Nachweis des gesetzlichen Tatbestandes von Bedeutung sein (*Meyer-Goßner/Schmitt*, § 81c Rn. 13; LR/*Krause*, § 81c Rn. 15). Es genügt, wenn sie Relevanz für die Strafzumessung besitzen können (KG, 29.09.1998 – 3 AR 66/97 – 4 Ws 202/98).
Vorausgesetzt wird allerdings, dass ein **konkreter Anlass** zur Untersuchung besteht, d.h. es müssen 7
schon vorher bestimmte Anhaltspunkte über die Spuren und Tatfolgen vorhanden sein, die durch die Untersuchung gefunden werden sollen. Da eine nicht personenbezogene Vermutung, durch die Untersuchung könnten überhaupt irgendwelche Spuren oder Tatfolgen gefunden werden, die Untersuchung nicht rechtfertigen kann, sind auch unter diesem Gesichtspunkt Reihenuntersuchungen ausgeschlossen (*Dünnebier*, GA 1953, 68).

III. Art und Umfang möglicher Untersuchungshandlungen nach Abs. 1. 1. Körperliche Untersuchung auf Spuren und Tatfolgen. § 81c Abs. 1 gestattet nur die Suche nach Spuren und Tatfolgen »am« Körper des Betroffenen (zum Erfordernis einer durch die Straftat verursachten Veränderung vgl. LG Koblenz StraFo 2013, 32). Ohne Einwilligung unzulässig sind damit jedenfalls Untersuchungen, die mit körperlichen Eingriffen verbunden sind, wie z.B. Magenauspumpen, Untersuchungen unter Narkose (nach BGH, NJW 1970, 1242, lediglich Frage der Zumutbarkeit; dagegen aber BGH, MDR [H] 1991, 297). oder Röntgenuntersuchungen. Unter Außerachtlassung des Wortlautes und der Systematik von § 81c soll nach herrschender Meinung auch eine Untersuchung der natürlichen Körperöffnungen, deren Inneres ohne ärztliche Eingriffe sichtbar gemacht werden kann, zulässig sein. Damit könnten auch vaginale (zum Scheidenabstrich *Meyer-Goßner/Schmitt*, § 81c Rn. 16) und rektale Inspektionen zwangsweise durchgesetzt werden (*Eisenberg*, BR, Rn. 1664; KK-StPO/*Senge*, § 81c

Rn. 4). Zur Vermeidung von Gesundheitsgefahren muss aber entgegen der allg. Auffassung insb. bei Verwendung technischer Hilfsmittel ein körperlicher Eingriff angenommen werden, der dem Betroffenen nicht durch Zwang abverlangt werden kann (vgl. HK-StPO/*Brauer*, § 81c Rn. 13; SK-StPO/*Rogall*, § 81a Rn. 19).

9 **2. Psychologische Untersuchungen.** Untersuchungen zur Feststellung der Beeinträchtigung des **psychischen Zustandes** des Betroffenen durch die Tat, zur Überprüfung von dessen Zeugentüchtigkeit (z.B. Merkfähigkeit, zur Sehtüchtigkeit vgl. OLG Hamm, VRS 21, 62), zur Vernehmungsfähigkeit (vgl. LG Frankfurt, StraFo 2009, 18) und insb. von dessen **Glaubwürdigkeit** sind vom Wortlaut des § 81c nicht umfasst und daher ohne **Einwilligung** des Betroffenen oder seines gesetzlichen Vertreters unzulässig (BGHSt 13, 394, 398; 14, 21, 23; 36, 217, 219; BGH, MDR [H] 1979, 988; NStZ 1982, 432; NStZ-RR 2013, 218; *Meyer-Goßner/Schmitt*, § 81c Rn. 7; vgl. erg. Rdn. 3 f.).

10 **Verweigert** der Zeuge die Einwilligung, so soll die Glaubwürdigkeit des Zeugen dadurch festgestellt werden können, dass ein Sachverständiger zur gerichtlichen Vernehmung des Zeugen hinzugezogen, ihm nach § 80 Abs. 2 die Möglichkeit zur eigenen Befragung eröffnet wird und er sich – ggf. unter Berücksichtigung sonstiger niedergelegter Angaben des Zeugen (BGH, NStZ 1982, 432) – im Anschluss an die Vernehmung gutachtlich äußert (BGHSt 23, 1, 2; BGH, NStZ 1982, 432; StV 1990, 246; 1991, 405; 1995, 622; NStZ-RR 2015, 17; KK-StPO/*Senge*, § 81c Rn. 9; *Meyer-Goßner/Schmitt*, § 81c Rn. 8; LR/*Krause*, § 81c Rn. 9 f.; SK-StPO/*Rogall*, § 81c Rn. 20; *Meier*, JZ 1991, 643; a.A. OLG Hamm, JZ 1957, 186; *Peters*, JR 1970, 70; *Eisenberg*, BR, Rn. 1868; krit. *Blau*, StV 1991, 407). Obwohl der Zeuge zur Duldung der Überprüfung seiner Glaubwürdigkeit durch den Richter verpflichtet ist (vgl. § 68 Abs. 4) und es dem Richter nicht verboten sein kann, sich dabei der Hilfe eines Sachverständigen zu bedienen (BGHSt 23, 2), darf das aufgezeigte Verfahren dennoch nicht dazu führen, dass die Weigerung des Zeugen, sich für eine Exploration durch den Sachverständigen zur Verfügung zu stellen, umgangen wird (vgl. *Blau*, StV 1991, 407 f.). Zudem kann der Sachverständige in der Hauptverhandlung allenfalls eine Hilfsfunktion wahrnehmen (and. BGH, StV 1991, 405), sodass durch die aufgezeigte Vorgehensweise in Zweifelsfällen, in denen die Hinzuziehung eines Sachverständigen geboten erscheint, keine ausreichende Datenbasis für eine Begutachtung geschaffen werden kann (zweifelnd auch LR/*Krause*, § 81c Rn. 10; *Peters*, JR 1970, 70). Es dürfte vielmehr die Gefahr begründet werden, dass der Stellungnahme des Sachverständigen ein schwer überprüfbarer und tatsächlich nicht vorhandener Erkenntniswert zugebilligt wird.

11 **3. Abstammungsuntersuchungen und Blutprobenentnahmen (Abs. 2)** Nach § 81c Abs. 2 Satz 1 sind **Untersuchungen zur Abstammungsfeststellung** und die **Entnahme von Blutproben** gestattet. Die herkömmlichen Methoden der Abstammungsfeststellung (anthropologisch-erbbiologische und serostatische Gutachten; zunehmend durch molekulargenetische Untersuchungen verdrängt) setzen neben der Anfertigung von Lichtbildaufnahmen, Messungen und der Abnahme von Fingerabdrücken (LR/*Krause*, § 81c Rn. 23) regelmäßig die Entnahme einer Blutprobe voraus. Deshalb soll die Anordnung einer Abstammungsuntersuchung auch zur Duldung einer Blutprobenentnahme verpflichten (*Eisenberg*, BR, Rn. 1666; *Meyer-Goßner/Schmitt*, § 81c Rn. 18; LR/*Krause*, § 81c Rn. 23; a.M. SK-StPO/*Rogall*, § 81c Rn. 32). Für die in Abs. 2 genannten Maßnahmen gilt nicht der Zeugen- und Spurengrundsatz, sondern der **Aufklärungsgrundsatz**. Eine Duldungspflicht besteht damit auch dann, wenn der Betroffene nicht als Zeuge in Betracht kommt, etwa für den Säugling im Prozess gegen seine wegen Falschaussage im früheren Unterhaltsrechtsstreit angeklagte Mutter. Eine Blutprobenentnahme wird bspw. angeordnet, um die Infizierung des Tatopfers mit einer Krankheit festzustellen (*Eisenberg*, BR, Rn. 1666; KK-StPO/*Senge*, § 81c Rn. 5).

12 Die in Abs. 2 genannten Maßnahmen setzen voraus, dass kein körperlicher oder psychischer Gesundheitsnachteil für den Betroffenen zu befürchten ist. Diese Einschränkung besitzt angesichts der Natur der gestatteten Eingriffe und dem in Abs. 2 Satz 2 geregelten Arztvorbehalt kaum eine Bedeutung (*Meyer-Goßner/Schmitt*, § 81c Rn. 19; zur Möglichkeit eines psychischen Schadens bei Blutprobenentnahmen infolge einer »Spritzenphobie« vgl. OLG Koblenz, NJW 1976, 379; abl. *Händel*, BA 1976, 389). Sowohl für Blutprobenentnahmen als auch für Abstammungsuntersuchungen ist in **Abs. 2 Satz 2** ein **uneingeschränkter Arztvorbehalt** angeordnet.

4. Verhältnismäßigkeitsgrundsatz. Die nach Abs. 1 und 2 zulässigen Maßnahmen (Rdn. 8 bis 11) müssen verhältnismäßig sein. 13

a) Erforderlichkeit. Die Untersuchung auf Spuren oder Tatfolgen bei Tatunverdächtigen darf nur 14 erfolgen, wenn sie zur Wahrheitserforschung **notwendig** ist. Sie kommt aber nicht nur als letztes Mittel in Betracht, wenn nach Auswertung der übrigen Beweismittel noch Zweifel an der Tat bestehen. Es genügt vielmehr, dass die bisher bekannten Beweismittel die Aufklärung des Sachverhaltes nicht mit hinreichender Sicherheit ermöglichen (LR/*Krause*, § 81c Rn. 17; *Meyer-Goßner*/*Schmitt*, § 81c Rn. 15), etwa weil die Gefahr eines Geständniswiderrufs besteht (*Fezer*, JuS 1978, 765 in Fn. 1). Zudem muss bedacht werden, dass Spuren und Tatfolgen häufig flüchtig sind und ihr Beweiswert meist von einer frühzeitigen Feststellung abhängen wird (LR/*Krause*, § 81c Rn. 17).

Bei Abstammungsuntersuchungen oder Blutprobenentnahmen wird durch Abs. 2 ein vergleichsweise 15 strengerer Maßstab eingeführt, da die Maßnahmen zur Erforschung der Wahrheit **unerlässlich** sein müssen (vgl. AK-StPO/*Wassermann*, § 81c Rn. 11; *Benfer*, Rechtseingriffe, Rn. 1012: »verschärfte Form des Verhältnismäßigkeitsgrundsatzes«; HK-StPO/*Brauer*, § 81c Rn. 18; krit. zur Abweichung von § 372a ZPO LR/*Krause*, § 81c Rn. 26). In wortgetreuer Auslegung wird deshalb gefordert, dass ohne die Durchführung der Maßnahme eine Erforschung der Wahrheit ausgeschlossen erscheint (SK-StPO/*Rogall*, § 81c Rn. 38). Dies soll allerdings bereits dann der Fall sein, wenn die erhobenen Beweise bei vernünftiger Beurteilung noch Zweifel lassen (vgl. OLG Saarbrücken, FamRZ 1959, 35; LR/*Krause*, § 81c Rn. 26; SK-StPO/*Rogall*, § 81c Rn. 38; krit. hierzu KMR/*Bosch*, § 81c Rn. 18) oder eine an sich hinreichende Beweisgrundlage mit Unsicherheiten belastet ist (z.B. die Möglichkeit des Widerrufs einer Zeugenaussage). Abs. 2 wird sich damit vorrangig ein Gebot entnehmen lassen, bei der Anordnung Zurückhaltung auszuüben und etwa erbbiologische bzw. molekulargenetische Untersuchungen erst dann anzuordnen, wenn eine zuvor erfolgte Blutgruppenbestimmung kein eindeutiges Ergebnis erbracht hat (vgl. HK-StPO/*Brauer*, § 81c Rn. 18; *Meyer-Goßner*/*Schmitt*, § 81c Rn. 20; LR/*Krause*, § 81c Rn. 26; SK-StPO/*Rogall*, § 81c Rn. 38).

b) Zumutbarkeit. Eine notwendige Maßnahme kann gleichwohl unzulässig sein, wenn sie dem Be- 16 troffenen »bei Würdigung aller Umstände« **nicht zugemutet** werden kann (**Abs. 4**). Das Zumutbarkeitsprinzip, eine besondere Ausprägung des Verhältnismäßigkeitsgrundsatzes, verlangt eine Abwägung zwischen dem Aufklärungsinteresse hinsichtlich der konkret begangenen Straftat und den Persönlichkeitsinteressen des Betroffenen (vgl. BGH, MDR [D] 1956, 527; *Meyer-Goßner*/*Schmitt*, § 81c Rn. 16; SK-StPO/*Rogall*, § 81c Rn. 72). Dabei sind die Art der Untersuchung, ihre Folgen, persönliche Umstände der Betroffenen und die Schwere des begangenen Deliktes wichtige Parameter der Abwägung sodass etwa im Privatklageverfahren eine Abstammungsuntersuchung regelmäßig ausgeschlossen sein wird (*Eisenberg*, BR, Rn. 1669; LR/*Krause*, § 81c Rn. 28; SK-StPO/*Rogall*, § 81c Rn. 73).

Eine Unzumutbarkeit wegen der **Art und Weise einer Untersuchung** kann sich etwa daraus ergeben, 17 dass eine Untersuchungsmethode nicht den anerkannten Regeln der Wissenschaft entspricht (OLG Celle, NJW 1954, 1331 zu § 372a ZPO; *Eisenberg*, BR, Rn. 1669) oder den Kernbereich des Persönlichkeitsrechts berührt (etwa die Feststellung der Zeugungsfähigkeit durch Gewinnung von Ejakulat, vgl. LR/*Krause*, § 81c Rn. 28). Ebenso kann eine Verweigerung aus religiöser Überzeugung in Ausnahmefällen von der Religionsausübungsfreiheit (Art. 4 Abs. 2 GG) umfasst sein (and. OLG Düsseldorf, FamRZ 1976, 51). Ebenso wenig überzeugt es, eine Unzumutbarkeit wegen den **Folgen des Beweisergebnisses** bei drohenden wirtschaftlichen Nachteilen generell auszuschließen (so aber *Eisenberg*, BR, Rn. 1669; LR/*Krause*, § 81c Rn. 29; a. A. SK-StPO/*Rogall*, § 81c Rn. 76), auch wenn dem Betroffenen die Gefahr, als Unterhaltsschuldner in Anspruch genommen zu werden, regelmäßig zugemutet werden kann (vgl. OLG Nürnberg, FamRZ 1970, 597, 598; LR/*Krause*, § 81c Rn. 29). Ob eine Blutentnahme zur Feststellung einer Aids-Infizierung zumutbar ist, wird sich nur im Einzelfall beantworten lassen (a.M. *Meyer-Goßner*/*Schmitt*, § 81c Rn. 17: »i.d.R. zumutbar«; *Mayer*, JR 1990, 363: »generell unzulässig«).

C. Untersuchungsverweigerungsrecht (Abs. 3) I. Grundlage des Weigerungsrechts. 18
Nach **Abs. 3 Satz 1** kann die Untersuchung aus »den gleichen Gründen wie das Zeugnis« verweigert werden. Das **Untersuchungsverweigerungsrecht** des § 81c Abs. 3 Satz 1 und das Zeugnisverweigerungsrecht nach § 52 werden auf die einheitliche **Ratio** zurückgeführt, dass es der freiwilligen Entschei-

dung des Angehörigen überlassen bleiben soll, ob er sich in einem Strafverfahren gegen einen Angehörigen als Beweismittel zur Verfügung stellen will (vgl. BGHSt 13, 399; 32, 143). Ein der Zeugnispflicht vergleichbarer Gewissenskonflikt liegt bei zwangsweise vollziehbaren Untersuchungen allerdings nicht vor (vgl. *Weigend*, DJT 62, 1998, C 117). Nach fast einhelliger Auffassung besteht kein Weigerungsrecht nach §§ 53, 53a, 54 (*Eisenberg*, BR, Rn. 1670; KK-StPO/*Senge*, § 81c Rn. 10; *Meyer-Goßner/ Schmitt*, § 81c Rn. 23; *Kohlhaas*, JR 1974, 91; LR/*Krause*, § 81c Rn. 37), da eine Untersuchung von Berufsgeheimnisträgern nicht das Vertrauensverhältnis zu den von ihnen betreuten Personen beeinträchtigt (SK-StPO/*Rogall*, § 81c Rn. 42). Der Betroffene hat die Wahl, ob er das Zeugnis (§ 52 Abs. 1), die Untersuchung (Abs. 3 Satz 1) oder beides verweigert (LR/*Krause*, § 81c Rn. 30). Die Einnahme des richterlichen **Augenscheins** (§ 86) an der Person des Zeugnisverweigerungsberechtigten ist keine Untersuchung und damit auch gegen seinen Willen zulässig (OLG Hamm, MDR 1974, 1036; *Eisenberg*, BR, Rn. 1670a). Ob allerdings die dabei gewonnenen Erkenntnisse ohne eine zuvor erteilte Belehrung verwertbar sind (so *Eisenberg*, BR, Rn. 1670a; *Meyer-Goßner/Schmitt*, § 81c Rn. 23 f.), erscheint zumindest dann zweifelhaft, wenn sich das Gericht bei der Einnahme des Augenscheins der Hilfe eines Sachverständigen bedient (vgl. aber BGH, StV 1995, 622).

19 Das Untersuchungsverweigerungsrecht besteht auch dann, wenn sich das Verfahren gegen **mehrere Beschuldigte** richtet und nur zu einem von ihnen ein Angehörigenverhältnis besteht, selbst wenn das Verfahren gegen den Angehörigen abgetrennt wurde (BGH b. *Dallinger*, MDR 1973, 902). Ob der Angehörige eines Beschuldigten, der zugleich Mitbeschuldigter ist und damit einer körperlichen Untersuchung nach § 81a dulden muss, der Verwertung eines Befundes gegen den Mitbeschuldigten widersprechen kann (so *Meyer-Goßner/Schmitt*, § 81c Rn. 23; *Mitsch*, in: FS für Lenckner, S. 735), ist in den Fällen zweifelhaft, in denen die Untersuchung auch zur Feststellung verfahrenserheblicher Tatsachen hinsichtlich des Untersuchten erfolgt (vgl. KMR/*Bosch*, § 81c Rn. 22).

20 Die herrschende Meinung lehnt wegen des Wortlautes von Abs. 3 Satz 1 ebenso eine Einbeziehung des **Auskunftsverweigerungsrechts** nach § 55 in den Kreis möglicher Untersuchungsverweigerungsrechte ab (AK-StPO/*Wassermann*, § 81c Rn. 15; KK-StPO/*Senge*, § 81c Rn. 10; *Meyer-Goßner/Schmitt*, § 81c Rn. 23; *Beulke* Strafprozessrecht Rn. 244; a. A. OLG Braunschweig, NJW 1954, 1053; OLG Saarbrücken, FamRZ 1959, 36; *Eisenberg*, BR, Rn. 1670; SK-StPO/*Rogall*, § 81c Rn. 43 ff.; *Krause*, JZ 1976, 125; LR/*Krause*, § 81c Rn. 38 f.: nur bei Unzumutbarkeit). Hinsichtlich der von § 55 Abs. 1 2. Alt erfassten Gefahr einer Belastung von Angehörigen kann dies kaum überzeugen, da die von § 81c Abs. 3 Satz 1 erfasste Konfliktlage nicht minder ausgeprägt ist, wenn ein Beweisakt des Betroffenen den Angehörigen erstmals mit einer Straftat in Verbindung bringt (SK-StPO/*Rogall*, § 81c Rn. 44). Aber auch bei möglicher Selbstbelastung des Zeugen (§ 55 Abs. 1, 1. Alt) besteht die Gefahr, dass der Zeuge durch seine Weigerung einen Anfangsverdacht begründet, der es gestattet, ihn in den Beschuldigtenstatus zu versetzen und nach § 81a zu untersuchen (so inkonsequent LR/*Krause*, § 81c Rn. 39; *Meyer-Goßner/Schmitt*, § 81c Rn. 21). Da Selbstbelastung und Angehörigenbelastung aber nicht strukturell verwandt sind (so aber OLG Braunschweig, NJW 1954, 1052 f.; SK-StPO/*Rogall*, § 81c Rn. 45) und § 81a nach Versetzung in den Beschuldigtenstatus weitreichendere Eingriffe als § 81c gestattet, kann eine Untersuchungsverweigerung nicht auf die Unzumutbarkeit einer möglichen Eigenbelastung gestützt werden (vgl. KMR/*Bosch*, § 81c Rn. 24; a.M. *Krause*, JZ 1976, 126).

21 **II. Ausübung des Untersuchungsverweigerungsrechts und Belehrungspflicht. 1. Belehrungspflicht.** Der Betroffene ist nach Abs. 3 Satz 2 Halbs. 2 i.V.m. § 52 Abs. 3 Satz 1 über ein Untersuchungsverweigerungsrecht zu belehren und zwar auch dann, wenn der Betroffene bereits über ein Zeugnisverweigerungsrecht (§ 52 Abs. 3 Satz 1) belehrt wurde und seine Aussagebereitschaft erklärt hatte (BGHSt 13, 399; BGHStV 1988, 419; 1993, 563; 1996, 196; *Dölling*, NStZ 1997, 78). Ebenso wenig lässt die nach Hinweis (vgl. Rdn. 4) erklärte Bereitschaft, sich freiwillig untersuchen zu lassen, die Belehrungspflicht entfallen (*Fezer*, JuS 1978, 766 Fn. 16). Die Pflicht zur Belehrung **obliegt** der **anordnenden Amtsperson** (BGHSt 36, 220; BGH, NStZ [K] 1994, 23), hat ein Richter die Maßnahme angeordnet, kann er die StA bei Übergabe der Anordnung nach § 36 Abs. 2 Satz 1 ersuchen, die Belehrung vorzunehmen (*Meyer-Goßner/Schmitt*, § 81c Rn. 24). Der Sachverständige ist weder zur Belehrung befugt (BGH, StV 1993, 563; NStZ 1997, 350) noch erscheint dies geboten (a. A. *Eisenberg*, BR, Rn. 1672; BGH, StV 1988, 419), da nach zutreffender Ansicht ohnehin vor jeder eigenständigen Untersuchung eine Belehrung durch eine Amtsperson erforderlich ist. Stellt der Sachverständige fest,

dass die Belehrung unterblieben ist, so muss er ihre Nachholung durch die zuständige Stelle veranlassen (vgl. BGH, NStZ 1997, 350, auch zur Frage einer möglichen Befangenheit des Sachverständigen, wenn dieser seine Tätigkeit für die Justizbehörden bewusst verschweigt; KK-StPO/*Senge*, § 81c Rn. 12; LR/*Krause*, § 81c Rn. 35).

2. Personen mit mangelnder Verstandesreife. Fehlt einem Minderjährigen wegen mangelnder Verstandesreife **die Fähigkeit, die Bedeutung des Verweigerungsrechts zu erkennen,** oder ist diese bei anderen Personen aufgrund einer psychischen Krankheit oder geistigen Behinderung ausgeschlossen, so ist nach § 81c Abs. 3 Satz 2 Halbs. 2 i.V.m. § 52 Abs. 3 Satz 1 ausschließlich der gesetzliche Vertreter zur Entscheidung über das Untersuchungsverweigerungsrecht berufen (vgl. Rdn. 27). Sind mehrere gesetzliche Vertreter vorhanden, so müssen alle in die Untersuchung einwilligen (BGH, MDR [D] 1972, 923; *Eisenberg*, BR, Rn. 1675; LR/*Krause*, § 81c Rn. 45). Eine »genügende Vorstellung« von der Bedeutung des Weigerungsrechts ist anzunehmen, wenn der Betroffene die Gefahr einer Strafverfolgung für den Angehörigen und die Folgen einer fehlenden Verweigerung für dessen mögliche Bestrafung zu erkennen vermag (vgl. BGHSt 14, 161 f.). Geht es um die Frage ausreichender **Verstandesreife**, wird eine Orientierung an festen Altersgrenzen (insb. §§ 19 StGB, 1 JGG; vgl. BGHSt 20, 235) dem Schutzzweck von § 81c Abs. 3 nicht gerecht (*Eisenberg*, BR, Rn. 1671). Verstandesreife kann bereits bei 4 – 5 Jahren angenommen werden (vgl. auch BGH, NStZ 1997, 350) und wird zumindest ab 10 Jahren regelmäßig nicht mehr auszuschließen sein (*Eisenberg*, BR, Rn. 1671; erg. BGH, NStZ [K] 1994, 23). Bei Zweifeln verdient im Konfliktfall die Entscheidung des Minderjährigen Vorrang (a. A. BGHSt 19, 86; 22, 224). 22

Verstandesunreife haben kein (Mit-) Entscheidungsrecht; es entscheidet ausschließlich der gesetzliche Vertreter (BGHSt 40, 337; krit. *Peters*, JR 1970, 69). Kann dem Betroffenen offensichtlich keine genügende Vorstellung von der Bedeutung des Weigerungsrechtes vermittelt werden, soll lediglich eine Pflicht zur Belehrung des gesetzlichen Vertreters, nicht jedoch des Betroffenen bestehen (BGHSt 40, 336, 338; KK-StPO/*Senge*, § 81c Rn. 11; *Meyer-Goßner/Schmitt*, § 81c Rn. 26; a.M. LR/*Krause*, § 81c Rn. 33; *Eisenberg*, StV 1995, 626; *Welp*, JR 1996, 77 f.; vgl. aber auch *Eisenberg*, BR, Rn. 1671; a.M. SK-StPO/*Rogall*, § 81c Rn. 59). Eine eigenständige Belehrung des Verstandesunreifen nach dem Belehrungsmodell des § 52 Abs. 3 ist hingegen in den Fällen der Glaubwürdigkeitsuntersuchung geboten, da diese Form der »Untersuchung« einer Aussagesituation vergleichbar ist (*Weigend*, JZ 1990, 49; *Welp*, JR 1996, 78; krit. auch *Dölling*, NStZ 1997, 78; a.M. BGHSt 40, 336, 338) und ggü. dieser lediglich eine Hilfsfunktion hat. 23

3. Folgen unterlassener Belehrung. Eine ohne die erforderliche Belehrung vorgenommene Untersuchung ist **nicht verwertbar** (BGHSt 12, 235, 243; 13, 399; BGH, NStZ [K] 1994, 23; zur Verlesung des ärztlichen Untersuchungsberichts vgl. BGH, StV 1992, 308). Entsprechendes gilt für die unterlassene Belehrung des gesetzlichen Vertreters (BGHSt 14, 159 f.). **Belehrungsmängel** können dadurch **geheilt** werden, dass das Untersuchungsergebnis nicht berücksichtigt wird (BGHSt 13, 399; BGH, StV 1996, 195) oder dass der Betroffene (bzw. sein gesetzlicher Vertreter, vgl. Rdn. 27) nach (qualifizierter) Belehrung der Verwertung zustimmt (BGHSt 12, 242; *Kohlhaas*, JR 1974, 91). Dies bedarf i.d.R. einer ausdrücklichen Erklärung, in Ausnahmefällen auch konkludent durch Aussage des Zeugen zur Sache in einer nachfolgenden Hauptverhandlung nach Belehrung über ein Zeugnisverweigerungsrecht (vgl. BGHSt 20, 234; a.M. SK-StPO/*Rogall*, § 81c Rn. 66; *Hanack*, JZ 1971, 126 f.). Ebenso mag in seltenen Fällen ein Beruhen ausgeschlossen werden können, wenn die ohne Belehrung erfolgte Untersuchung »auf Betreiben« des juristisch geschulten gesetzlichen Vertreters erfolgte (vgl. BGHSt 40, 340). Ansonsten bedarf es regelmäßig einer qualifizierten Belehrung des Betroffenen, d.h. dieser muss nach Hinweis auf die fehlende Verwertbarkeit einer Verwertung zustimmen. Ist der Betroffene erst nach der Untersuchung Angehöriger des Beschuldigten geworden, scheidet eine entsprechende Anwendung von § 252 aus (*Meyer-Goßner/Schmitt*, § 252 Rn. 6; LR/*Krause*, § 81c Rn. 34; a.M. *Eisenberg*, BR, Rn. 1673; *Geppert*, Jura 1988, 365). 24

Widerrufen werden kann der Verzicht auf das Untersuchungsverweigerungsrecht bis zum Abschluss der Untersuchung (Abs. 3 Satz 2 Halbs. 2, § 52 Abs. 3 Satz 2), mit der Folge, dass deren Fortsetzung unzulässig wird. Über das Widerrufsrecht muss der Betroffene belehrt werden (RGSt 62, 144 f.; SK-StPO/*Rogall*, § 81c Rn. 62; a.M. LR/*Krause*, § 81c Rn. 36). Das bis zum Widerruf erlangte Untersuchungsergebnis soll allerdings uneingeschränkt verwertbar sein (nicht jedoch ohne Zustimmung 25

§ 81c StPO Untersuchung anderer Personen

die Mitteilung über Zusatztatsachen, vgl. BGHSt 45, 206), wenn der Betroffene im Laufe des Verfahrens von einem Richter belehrt wurde. Eine Verwertung soll nicht voraussetzen, dass die Belehrung anlässlich der konkreten Untersuchung erfolgte (BGHSt 12, 235, 242; BGH, NStZ 1997, 296 f.; KK-StPO/*Senge*, § 81c Rn. 14; *Meyer-Goßner/Schmitt*, § 81c Rn. 25; für eine entsprechende Anwendung von § 252 hingegen *Eisenberg/Kopatsch*, NStZ 1997, 299; *Eb. Schmidt*, JR 1959, 369, 373; *Rengier*, Jura 1981, 304; and KMR/*Bosch*, § 81c Rn. 30). Eine einmalige Belehrung durch den Richter irgendwann im Laufe des Verfahrens kann jedenfalls nicht genügen (*Eisenberg/Kopatsch*, NStZ 1997, 299; vgl. auch BGH, NStZ 1994, 23), vielmehr muss der Angehörige entsprechend § 52 Abs. 3 vor jeder Untersuchung belehrt werden.

26 Macht ein Angehöriger von seinem Untersuchungsverweigerungsrecht Gebrauch, so dürfen aus der Weigerung grds. **keine Schlüsse zum Nachteil des Angeklagten** gezogen werden (BGHSt 32, 141 f.; zur Zeugnisverweigerung nach § 52 vgl. BGHSt 22, 113; BGH, MDR 1981, 157). Anderes soll hingegen gelten, wenn ein Zeuge unter Verzicht auf sein Zeugnisverweigerungsrecht zur Sache aussagt, aber die Überprüfung der Richtigkeit seiner Angaben verhindert, indem er die ihm mögliche und zumutbare Mitwirkung an einer Untersuchung verweigert, die zur Überprüfung seiner Aussage erforderlich ist (BGHSt 32, 142 f.; *Pelchen*, JR 1985, 73; *Kühl*, JuS 1986, 122; vgl. aber KMR/*Bosch*, § 81c Rn. 31).

27 **D. Beweissicherungsverfahren.** Sofern der gesetzliche Vertreter von der Entscheidung ausgeschlossen (§ 52 Abs. Satz 2) oder aus sonstigen Gründen an einer rechtzeitigen Entscheidung gehindert ist, kann nach **Abs. 3 Satz 3, 4** zum Zwecke der **Beweissicherung** die sofortige Untersuchung angeordnet werden. Die Anordnung steht selbst bei Gefahr im Verzug ausschließlich dem Richter zu, der im Beschluss die Gründe für ein Vorgehen nach Abs. 3 Satz 3 darzulegen hat. Der Beschluss ersetzt zwar die Zustimmung des gesetzlichen Vertreters (vgl. auch LG Verden, NStZ-RR 2006, 246), die Untersuchungsergebnisse dürfen aber nur mit Einwilligung eines dazu bestellten Ergänzungspflegers oder aufgrund eines Einverständnisses des zwischenzeitlich erreichbaren gesetzlichen Vertreters verwertet werden (**Abs. 3 Satz 5**; vgl. *Eisenberg*, BR, Rn. 1677; LR/*Krause*, § 81c Rn. 48). Über den für die Bestellung eines Ergänzungspflegers erforderlichen Antrag entscheidet das FamG. Dieses ist bei seiner Entscheidung an die Annahme der Voraussetzungen des Abs. 3 Satz 3 gebunden (LG Memmingen, MDR 1982, 145; SK-StPO/*Rogall*, § 81c Rn. 58). Die Einwilligung muss im Vorverfahren nicht durch den Richter selbst, sondern kann auch durch StA oder Polizei eingeholt werden (*Eisenberg*, BR, Rn. 1677). Wird die Verwertung des nach Abs. 3 Satz 2 rechtmäßig erlangten Untersuchungsergebnisses verweigert, begründet Abs. 3 Satz 5 ein selbstständiges Verwertungsverbot (LR/*Krause*, § 81c Rn. 48).

28 **E. Verwendungsbeschränkungen und Vernichtungsgebot.** Nach **Abs. 5 Satz 2** findet die Regelung des § 81a Abs. 3 Satz 1 Halbs. 1 über die **Verwendung von Beweisergebnissen** sowie die Bestimmung über die **Vernichtung von Körpermaterial** (§ 81a Abs. 3 Satz 1 Halbs. 2) entsprechende Anwendung (zum Zweckbindungsgebot vgl. die Ausführungen zu § 81a Abs. 3).

29 **F. Vollstreckung und Durchführung der Anordnung.** Die Zuständigkeitsregelung des Abs. 5 entspricht der Regelung des § 81a Abs. 2 (vgl. die Erläuterungen zu § 81a Abs. 2). Die Zuständigkeit für die **Vollstreckung** von Anordnungen nach Abs. 5 liegt bei richterlichen Anordnungen in den Händen der StA (§ 36 Abs. 2 Satz 1). Sie vollstreckt, ebenso wie die Polizei, ihre eigenen Anordnungen selbst (*Meyer-Goßner/Schmitt*, § 81c Rn. 29), die StA kann diese Aufgabe aber nach § 161 Abs. 1, 2 übertragen (SK-StPO/*Rogall*, § 81c Rn. 93). Vor der Vollstreckung muss sichergestellt sein, dass die erforderlichen Belehrungen (vgl. Abs. 3) erteilt sind und eine Untersuchung unterbleibt, sofern sie vom Betroffenen berechtigt verweigert wird oder der gesetzliche Vertreter widerspricht (KK-StPO/*Senge*, § 81c Rn. 20). Der Betroffene (oder sein gesetzlicher Vertreter) muss in entsprechender Anwendung von § 33 Abs. 3 vor der Anordnung angehört werden (*Eisenberg*, BR, Rn. 1678; a. A. KK-StPO/*Senge*, § 81c Rn. 19; *Meyer-Goßner/Schmitt*, § 81c Rn. 28; LR/*Krause*, § 81c Rn. 52). Von einer vorherigen Anhörung kann lediglich dann abgesehen werden, wenn der Zweck der Untersuchung durch diese gefährdet werden könnte.

Mit Ausnahme der Fälle von Gefahr im Verzug wird der Betroffene zur Untersuchung **vorgeladen**. Bei **30 unberechtigter Weigerung** des Betroffenen gilt hinsichtlich der zwangsweisen Durchsetzung der Maßnahme § 70 entsprechend (**Abs. 6 Satz 1**). Die Weigerung muss zwar nicht ausdrücklich ausgesprochen werden, inwieweit aber das bloße Nichterscheinen zur Untersuchung als Weigerung aufgefasst werden kann, hängt von den konkreten Umständen des Einzelfalles ab (zu § 372a ZPO vgl. OLG Karlsruhe, FamRZ 1962, 395; wohl a.M. *Meyer-Goßner/Schmitt*, § 81c Rn. 30; LR/*Krause*, § 81c Rn. 54: i.d.R. als Weigerung anzusehen).

Vorgesehen sind als Sanktionsmittel Kostenersatz, Ordnungsgeld und Ersatzordnungshaft, nicht hingegen die Anordnung von Beugehaft (§ 70 Abs. 2), weil im Gegensatz zum Zeugnis die Untersuchung und die Blutprobenentnahme durch unmittelbaren Zwang herbeigeführt werden kann (vgl. Abs. 6 Satz 2). Die Festsetzung von Ordnungsgeld und -haft ist ausschließlich dem Richter vorbehalten, da § 161a Abs. 2 nur die Verweigerung des Zeugnisses, nicht jedoch der Untersuchung betrifft (*Achenbach*, NJW 1977, 1271; *Meyer-Goßner/Schmitt*, § 81c Rn. 30; *Wendisch*, JR 1978, 447). Der Richter ist nicht an eine Untersuchungsanordnung durch die StA und ihre Hilfsbeamten gebunden, sondern kann diese umfassend auch auf ihre Zweckmäßigkeit überprüfen (LR/*Krause*, § 81c Rn. 55). Gegen den gesetzlichen Vertreter dürfen die Ordnungsmittel des § 70 Abs. 1 Satz 2 nicht festgesetzt werden (OLG Hamm, NJW 1965, 1613).

G. Rechtsbehelfe. I. Beschwerde. Richterliche Anordnungen (Abs. 5, 1. Alt) können durch **32** den Betroffenen in den Grenzen des § 304 Abs. 4 mit der einfachen Beschwerde (§ 304 Abs. 2) angefochten werden, wobei diese keine aufschiebende Wirkung hat (§ 307 Abs. 1). Der Gerichtsbeschluss nach Abs. 3 Satz 3 ist unanfechtbar (Abs. 3 Satz 4), wird hingegen die Beweissicherung abgelehnt, steht der StA gegen den Beschluss die Möglichkeit der einfachen Beschwerde offen. Bei einer nach Abschluss der Untersuchung eingelegten Beschwerde muss der Beschwerdeführer ein berechtigtes Interesse an der Feststellung ihrer Rechtswidrigkeit haben. **Anordnungen der StA** und der Polizei können nach überwiegender Auffassung nicht nach § 23 EGGVG angefochten werden, aber der Betroffene kann entsprechend § 98 Abs. 2 einen Antrag auf gerichtliche Entscheidung stellen (vgl. HK-StPO/*Brauer*, § 81c Rn. 18; LR/*Krause*, § 81c Rn. 63).

II. Revision. Haben die Voraussetzungen des Abs. 1 und 2 nicht vorgelegen, so kann dies nach herr- **33** schender Meinung die Revision nicht begründen, da diese allein dem Schutz des Betroffenen dienen (BGH, MDR [D] 1953, 148; *Eisenberg*, BR, Rn. 1683; KK-StPO/*Senge*, § 81c Rn. 24; *Meyer-Goßner/ Schmitt*, § 81c Rn. 32; a.M. *Eb. Schmidt*, MDR 1970). Damit sind v.a. Fälle angesprochen, in denen Untersuchungen oder Blutproben entgegen Abs. 2 Satz 2 durch einen Nichtarzt vorgenommen und im Urteil verwertet wurden oder in über Abs. 1 und 2 hinausgehende Untersuchungen oder Eingriffe ohne Einwilligung des Betroffenen erfolgten, sofern dieser nicht zugleich Angehöriger des Beschuldigten ist (*Rogall*, JZ 1996, 953). Ebenso wenig kann der Angeklagte die Revision darauf stützen, dass der Betroffene sich freiwillig einer Untersuchung oder einem Eingriff unterzogen hat, ohne über die fehlende Pflicht hierzu belehrt worden zu sein (LR/*Krause*, § 81c Rn. 65; vgl. erg. Rdn. 4). Verweigert der Untersuchungspflichtige aufgrund einer irreführenden Belehrung über ein tatsächlich nicht bestehendes Untersuchungsverweigerungsrecht die Untersuchung und scheidet dadurch als Beweismittel aus, so kann dies mit der Aufklärungsrüge (§ 244 Abs. 2) gerügt werden (*Eisenberg*, BR, Rn. 1684; KK-StPO/*Senge*, § 81c Rn. 24). Verneint der Richter umgekehrt irrtümlich ein Verweigerungsrecht, so kann dies ebenso wie das Unterlassen der erforderlichen Belehrung die Revision begründen (KK-StPO/*Senge*, § 81c Rn. 24). Auch die Nichtberücksichtigung des Richtervorbehalt nach Abs. 5 soll die Revision begünden können (LG Dresden 14 KLs 204 Js 41068/08). Die Revision kann schließlich darauf gestützt werden, dass eine Belehrung des Betroffenen bzw. seines gesetzlichen Vertreters unterlassen wurde (vgl. im Einzelnen Rdn. 22 ff.)

§ 81d StPO Durchführung körperlicher Untersuchungen durch Personen gleichen Geschlechts.

(1) ¹Kann die körperliche Untersuchung das Schamgefühl verletzen, so wird sie von einer Person gleichen Geschlechts oder von einer Ärztin oder einem Arzt vorgenommen. ²Bei berechtigtem Interesse soll dem Wunsch, die Untersuchung einer Person oder einem Arzt bestimmten Geschlechts zu übertragen, entsprochen werden. ³Auf Verlangen der betroffenen Person soll eine Person des Vertrauens zugelassen werden. ⁴Die betroffene Person ist auf die Regelungen der Sätze 2 und 3 hinzuweisen.
(2) Diese Vorschrift gilt auch dann, wenn die betroffene Person in die Untersuchung einwilligt.

S.a. RiStBV Nr. Nr. 220 Abs. 1

1 **A. Grundsätzliches und Regelungsgehalt.** Das Gebot des **Abs. 1 Satz 1**, die körperliche Untersuchung Personen gleichen Geschlechts oder einem Arzt zu übertragen, dient dem verfassungsrechtlichen Gebot zur Achtung der Privat- und Intimsphäre von Beschuldigten und Zeugen bei körperlichen Untersuchungen und ist sowohl bei gegen den Willen als auch bei freiwillig vorgenommenen Untersuchungen (vgl. Abs. 2) zu beachten. Abs. 1 Satz 2 eröffnet insoweit dem zu Untersuchenden lediglich ein Wahlrecht hinsichtlich des Geschlechts der Untersuchenden, um bei berechtigtem Interesse individuellen Befindlichkeiten Rechnung tragen zu können (z.B. bei Missbrauch durch eine Person gleichen Geschlechts, vgl. SK-StPO/*Rogall*, § 81d Rn. 9). Eine entsprechende Verpflichtung für Durchsuchungen nach §§ 102, 103 kann wegen des eindeutigen Wortlauts nicht auf § 81d gestützt, sondern lediglich unmittelbar aus Art. 1 Abs. 1, 2 Abs. 1 GG abgeleitet werden (HK-StPO/*Lemke*, § 81d Rn. 2; a. A. *Eisenberg*, BR, Rn. 1685; KK-StPO/*Senge*, § 81d Rn. 1; *Meyer-Goßner/Schmitt*, § 81d Rn. 1). Das Schamgefühl ist jedenfalls bei vollständigem Entkleiden vor einer anderen Person oder bei Untersuchung der Genitalien oder des Gesäßes generell verletzt, es soll darüber hinaus aber auch einem kulturell bedingten strengeren Maßstab Rechnung getragen werden HK-StPO/*Brauer*, § 81d Rn. 39

2 Die Einwilligungsschranke des **Abs. 2** verdeutlicht, dass § 81d zugleich staatlichen Interessen dient (*Amelung*, StV 1985, 260) und den Schutz des Untersuchenden gegen Verdächtigung bezweckt. Aufgrund des doppelten Schutzzwecks setzt § 81d dessen Anwendung nicht das Erreichen einer bestimmten **Altersgrenze** voraus (i.E. ebenso *EbSchmidt*, II 2; a. A. LR/*Krause*, § 81d Rn. 3; *Meyer-Goßner/Schmitt*, § 81d Rn. 2: 6 Jahre; SK-StPO/*Rogall*, § 81d Rn. 7: nach den Umständen des Einzelfalls auch unter 6 Jahren; ähnlich HK-StPO/*Brauer*, § 81d Rn. 2).

3 Zweck (Schutz des Kernbereichs des allgemeinen Persönlichkeitsrechts) und Wortlaut der Vorschrift verbieten selbst bei erheblichen Straftaten Ausnahmen von der Pflicht zur Übertragung der Untersuchung bei Gefahr des Beweismittelverlustes (*Meyer-Goßner/Schmitt*, § 81d Rn. 4; SK-StPO/*Rogall*, § 81d Rn. 8; a. A. KK-StPO/*Senge*, § 81d Rn. 1).

4 **B. Beweisart.** Der Arzt oder die hinzugezogene Frau wird auch in den Fällen der Augenscheineinnahme durch das Gericht als Augenscheinsgehilfe tätig und berichtet als Zeuge über die gemachten Wahrnehmungen (*Eisenberg*, BR, Rn. 1686). Erfordert die Untersuchung ärztliche Sachkunde, so ist sie einem Arzt zu übertragen, der dann als Sachverständiger tätig wird.

5 **C. Zulassung von Dritten.** Dem Verlangen des zu Untersuchenden, eine andere Person oder einen Angehörigen zur Durchführung der Ermittlungshandlung zuzulassen, soll nach **Abs. 1 Satz 2** regelmäßig entsprochen werden. Die verlangte Zulassung kann abgelehnt werden, sofern eine untragbare Verzögerung oder eine erhebliche Störung der Untersuchungshandlung zu besorgen ist (LR/*Krause*, § 81d Rn. 7; *Neuhaus*, StV 2004, 621). Auf das Recht auf Hinzuziehung einer Vertrauensperson und das Wahlrecht nach Abs. 1 Satz 2 muss nach **Abs. 1 Satz 4** aus Gründen der Verfahrensfairness hingewiesen werden (so bereits vor dem OpferRRG KMR/*Bosch*, § 81d Rn. 5).

6 **D. Revision.** Mit der **Revision** kann eine Verletzung des § 81d nicht gerügt werden. Sofern der Verstoß einen Zeugen betrifft, sind Interessen des Angeklagten nicht berührt (*Gössel*, GA 1991, 486; *Meyer-Goßner/Schmitt*, § 81d Rn. 6); bei dessen eigener Untersuchung scheidet ein Verwertungsverbot aus, weil § 81d nicht die Zuverlässigkeit des Untersuchungsergebnisses gewährleisten soll (*Rudolphi*, MDR 1970, 97). Da Verwertungsverbote nicht die Aufgabe haben, zu einer Disziplinierung der Straf-

verfolgungsbehörden beizutragen, begründet selbst die bewusste Missachtung der Regelung des § 81d nicht die Revision (a. A. SK-StPO/*Rogall*, § 81d Rn. 11; *Hofmann*, JuS 1992, 590, die aufgrund des gesteigerten Handlungsunrechts ein Beweisverwertungsverbot auf den Grundsatz des fairen Verfahrens stützen, damit aber de facto den Disziplinierungsgedanken aufgreifen).

§ 81e StPO Molekulargenetische Untersuchung.

(1) ¹An dem durch Maßnahmen nach § 81a Abs. 1 erlangten Material dürfen auch molekulargenetische Untersuchungen durchgeführt werden, soweit sie zur Feststellung der Abstammung oder der Tatsache, ob aufgefundenes Spurenmaterial von dem Beschuldigten oder dem Verletzten stammt, erforderlich sind; hierbei darf auch das Geschlecht der Person bestimmt werden. ²Untersuchungen nach Satz 1 sind auch zulässig für entsprechende Feststellungen an dem durch Maßnahmen nach § 81c erlangten Material. ³Feststellungen über andere als die in Satz 1 bezeichneten Tatsachen dürfen nicht erfolgen; hierauf gerichtete Untersuchungen sind unzulässig.
(2) ¹Nach Absatz 1 zulässige Untersuchungen dürfen auch an aufgefundenem, sichergestelltem oder beschlagnahmtem Spurenmaterial durchgeführt werden. ²Absatz 1 Satz 3 und § 81a Abs. 3 erster Halbsatz gelten entsprechend.

A. Grundsätzliches und Regelungsgehalt. I. Regelungsgehalt. § 81e regelt die **Voraus-** 1
setzungen für die **Auswertung** von **Vergleichs-** (Abs. 1) und **Spurenmaterial (Abs. 2)** durch DNA-Analyse (molekulargenetische Untersuchung der Desoxyribonukleinsäure aus kernhaltigen Körperzellen). Die Befugnis zur Gewinnung des erforderlichen Vergleichsmaterials ergibt sich aus §§ 81a, 81c. Zweck der DNA-Analyse ist es, aufgefundenes Spurenmaterial (z.B. Blut, Haar, Speichel) gentechnisch zu untersuchen und mit Körpermaterial des Beschuldigten oder sonstigen Spurenlegern zu vergleichen, um es so einer bestimmten Person zuordnen zu können (»genetischer Fingerabdruck«; eingehend zur Durchführung der DNA-Analyse Heghmanns/Scheffler/*Murmann* IV Rn. 367; SK-StPO/*Rogall*, § 81a Rn. 63 ff.; *Kimmich/Spyra/Steinke*, NStZ 1990, 318; *Rath/Brinkmann*, NJW 1999, 2697; *Schneider/ Fimmers/Schneider/Brinkmann*, NStZ 2007, 447; *Wiegand/Kleiber/Brinkmann*, Kriminalistik 1996, 720). Mit Hilfe des heute weithin üblichen PCR (= Polymerase Chain Reaction)-Verfahrens kann durch Vermehrung des aufgefundenen Spurenmaterials auch bei geringsten Mengen (z.B. Hautabrieb) ein »genetischer Fingerabdruck« erstellt werden (vgl. zu den Methoden *Eisenberg*, BR, Rn. 1904 ff.; LR/ *Krause*, § 81e Rn. 9 ff.; *Neuhaus*, StraFo 2005, 148; *ders.*, in: GS für Schlüchter, S. 539; *Schneider* NStZ 2013, 683).

Die molekulargenetische Untersuchung des nicht-codierenden Bereichs des DNA-Moleküls sowie die 2
Verwertung der dadurch gewonnenen Ergebnisse zu Beweiszwecken wurde von der Rechtsprechung bereits vor Einfügung von § 81e für zulässig erachtet, da den vorwiegend persönlichkeitsneutralen Bereichen keine genetische Informationsfunktion beigemessen wurde (BVerfG, NStZ 1996, 45; BGHSt 37, 157). Der Gesetzgeber hat auf die Unterscheidung zwischen **codierenden** (ca. 5 % der DNA-Struktur) und **nicht-codierenden Merkmalen** verzichtet, um die wissenschaftliche Entwicklung der Untersuchungsmethoden nicht unnötig einzuengen; zumal auch die nicht-codierenden Merkmale Rückschlüsse auf Persönlichkeitsmerkmale erlauben und bereits die derzeitigen Spurengutachten Informationen über codierende und nicht-codierende Anteile enthielten (BT-Drucks. 13/667, S. 6; vgl. auch *Vath*, Der genetische Fingerabdruck zur Identitätsfeststellung in künftigen Strafverfahren, 2003, S. 33).

Das **Bedürfnis für** eine eigenständige **Rechtsgrundlage** zur Auswertung des nach §§ 81a, c gewonnenen 3
Vergleichsmaterials wird z.T. bestritten, da eine Befugnis zur Materialgewinnung, ohne dass dieses zugleich ausgewertet werden dürfe, sinnlos sei (SK-StPO/*Rogall*, § 81a Rn. 75 ff.; LG Berlin, NJW 1989, 787; BGHSt 37, 157; BVerfG, NStZ 1996, 46). Der Streit, ob es angesichts der besonderen Gefährdungslage bei DNA-Analysen (so etwa *Benfer*, StV 1999, 402) und der »in weiten Teilen der Bevölkerung anzutreffenden Ängste(n) und Befürchtungen (...) vor übermäßigen, den Kern der Persönlichkeit berührenden Eingriffen« sowie im Hinblick auf die Anforderungen des Volkszählungsurteils (BVerfGE 65, 1) einer besonderen Eingriffsrechtfertigung für ihre Durchführung bedurfte, hat keine praktischen Konsequenzen. Die Zulässigkeit eines Eingriffs in das durch molekulargenetische Untersuchungen tan-

gierte Recht auf informationelle Selbstbestimmung kann nur unter Berücksichtigung des Verwendungszwecks und der Durchführung des Eingriffs beurteilt werden. § 81e enthält i.d.S. zumindest einen durch den Gesetzgeber festgelegten Maßstab, anhand dessen die rechtliche Zulässigkeit des Eingriffs beurteilt werden muss (vgl. aber auch *Benfer/Bialon*, Rechtseingriffe, Rn. 963). Im Bereich der Ordnungswidrigkeiten ist eine molekulargenetische Untersuchung i.S.d. § 81e generell unzulässig (vgl. § 46 Abs. 4 S. 3 OWiG; LG Osnabrück NZV 2007, 536).

4 **II. Beweiswert.** Die DNA-Analyse besitzt eine überragende **Indizwirkung**, auch wenn es im Einzelfall missverständlich sein kann, ihr einen »absolut sicheren Beweiswert« zuzusprechen. Angesichts eines im Millionenbereich liegenden Seltenheitswertes (Zuordnungswahrscheinlichkeit einer Spur nach allg. Auffassung bis zu eins zu 100 Milliarden, vgl. Heghmanns/Scheffler/*Murmann* IV Rn. 367; LR/*Krause*, § 81e Rn. 13) und der inzwischen erreichten Standardisierung der Untersuchung wird die ursprünglich durch den BGH vertretene Ansicht, der Tatrichter müsse den **Beweiswert** der DNA-Analyse stets kritisch würdigen und berücksichtigen, dass sie lediglich eine statistische Aussage erlaubt, die eine Würdigung aller Beweismittel nicht überflüssig macht (BGHSt 37, 159; 38, 320 m. Anm. *von Hippel*, JZ 1993, 102 und *Keller*, StV 1992, 455; BGH, NStZ 1994, 554), zu Recht relativiert (vgl. BGH, NStZ 2009, 285; NStZ 2013, 420; zust. *Baur/Fimmers/Schneider*, StV 2010, 175; zu den Anforderungen an das Wahrscheinlichkeitsurteil vgl. *Schneider* NStZ 2013, 694 ff.). Sofern Beweisgegenstand allein die Frage ist, ob die am Tatort gefundene Spur vom Angeklagten herrührt, kann das Ergebnis der Untersuchung dem Richter selbstverständlich die erforderliche Überzeugung von der Herkunft der DNA-Spur vermitteln. Der Tatrichter hat insoweit allerdings zu überprüfen, ob die Berechnungsgrundlage den von der Rechtsprechung des BGH aufgestellten Anforderungen entspricht (vgl. zu diesen BGHSt 38, 322 ff.; erg. zum Beweiswert einer mitochondrialen DNA-Untersuchung bei fehlender Kern-DNA BGH, NJW 2009, 2835; zu möglichen Fehlerquellen von DNA-Analysen vgl. *Neuhaus*, StraFo 2006, 393). In jedem Fall sind deshalb im Urteil die verwendete Berechnungsgrundlage und die Wahrscheinlichkeit anzugeben, mit der der Angeklagte als Spurenleger in Betracht kommt (BGH, NStZ 2012, 403; 2013, 420), nicht hingegen – wegen ihrer Standardisierung – die verwendete Untersuchungsmethode (BGH, NStZ 2013, 179). Ob die DNA-Spur aber durch den Angeklagten am Tatort verursacht wurde, wird sich häufig nur aufgrund weiterer Indizien beurteilen lassen (vgl. auch *Krehl/Kolz* StV 2004, 450; zu streng dennoch BGHSt 38, 320, da hier feststand, dass der Angeklagte zur Tatzeit am Tatort war und er trotz Spermaspuren mit nachgewiesener Merkmalsübereinstimmung sexuelle Kontakte bestritt). Die Diskussion um den Beweiswert der DNA-Analyse gewinnt damit v.a. an Bedeutung, wenn keine Beweismittel vorhanden sind, die unabhängig vom Analyseergebnis die Täterschaft des Beschuldigten belegen. Dies kann etwa der Fall sein, wenn ein Verteidigungsvorbringen des Beschuldigten, er kenne das Tatopfer nicht und sei nie am Tatort gewesen, allein durch aufgefundene Spuren an der Tatwaffe widerlegt werden könnte. Ob in diesen Fällen eine Verurteilung erfolgen darf, erscheint zweifelhaft. Dem entspricht es wohl, wenn der BGH feststellt das Tatgericht müsse unabhängig vom Ergebnis der DNA-Analyse die Frage beurteilen, ob zwischen DNA-Spur und der Tat ein Zusammenhang besteht (so BGH, NStZ 2009, 286).

5 Einem **Beweisantrag** auf Durchführung der Genomanalyse muss stattgegeben werden, sofern diese geeignet ist, das bisherige Beweisergebnis zu widerlegen und die Unschuld des Beschuldigten zu beweisen (BGH, NJW 1990, 2328). Bei Vorhandensein von Spurenmaterial gebietet die Aufklärungspflicht (§ 244 Abs. 2) i.d.R. die DNA-Analyse (BGH, NStZ 1991, 399).

6 **III. Untersuchungszweck.** Der **Untersuchungszweck** von molekulargenetischen Untersuchungen wird durch Abs. 1 Satz 1 auf die Feststellung der Abstammung sowie die Klärung der Tatsache beschränkt, ob aufgefundenes Spurenmaterial vom Beschuldigten oder vom Verletzten stammt. Zudem wird durch Abs. 1 Satz 1 Halbs. 2 die Bestimmung des Geschlechts gestattet. Die Beschränkung des Analyseziels auf Abstammungs-, Geschlechts- und Täterermittlung wird vielfach als unbefriedigend empfunden und eine Erweiterung des Untersuchungszwecks auf äußere Körpermerkmale (z.B. Größe, Augenfarbe) und Rasse gefordert (SK-StPO/*Rogall*, § 81e Rn. 9; abl. wegen fehlender kriminalpolitischer Zweckmäßigkeit *Graalmann-Scheerer*, ZRP 2002, 74; dagegen zutr. *Rackow*, ZRP 2002, 236, der selbst den Eingriff in das Recht auf informationelle Selbstbestimmung begrenzen will). Gerade die Frage, ob die Spur von einem Europäer, Asiaten oder Afrikaner herrührt hat zumindest Einfluss auf die statistische Aussagekraft des Vergleichs und würde auch den Kreis möglicher Tatverdächtiger

leicht begrenzen. Dennoch hat die gesetzliche Beschränkung auf die in Satz 1 genannten Persönlichkeitsmerkmale zumindest den Vorteil, dass sie eine abstrakt kaum mögliche Abwägung vermeidet, durch welche Feststellungen das Persönlichkeitsrecht des Betroffenen unangemessen beeinträchtigt wird (vgl. auch BVerfG, StV 1995, 620).

B. Zulässigkeitsvoraussetzungen. I. Beim Beschuldigten, Verletzten oder Dritten.

Das erforderliche Vergleichsmaterial wird beim **Beschuldigten** durch **Eingriff nach § 81a Abs. 1** erlangt. Ob auch durch heimliche Ermittlungsmaßnahmen gewonnenes Material untersucht werden darf (z.B. durch eine Ermittlungsmaßnahme nach § 163f erlangte Zigarettenreste; vgl. hierzu zutr. *Meyer-Goßner/Schmitt*, § 81e Rn. 5 zu BGH [ER] 1 BGs 96/2007 v. 21.03.2007), erscheint angesichts des ausschließlichen Verweises auf § 81a im Hinblick auf den sich aus dem Recht auf informationelle Selbstbestimmung ergebenden Gesetzesvorbehalt zweifelhaft. Ebenso wird man es für unzulässig erachten müssen, auf die in Biobanken mit Zustimmung des Betroffenen gesammelten Körperflüssigkeiten oder Gewebeproben zuzugreifen, auch wenn diese Beschränkung wenig sinnvoll erscheint, da ein bereits ausgewertetes DNA-Identifizierungsmuster beschlagnahmt werden könnte und ein Zugriff, etwa bei Flucht des Beschuldigten, durchaus zweckmäßig sein kann (zutr. KK-StPO/*Senge*, § 81e Rn. 8). Nach **Abs. 1 Satz 2** sind unter Beachtung des in Satz 1 geregelten Zweckbindungsgrundsatzes ebenso Untersuchungen an Vergleichsmaterial zulässig, das durch Eingriff nach § 81c vom **Verletzten** oder von **Dritten** erlangt wurde (vgl. beispielhaft LG Frankenthal, NStZ-RR 2000, 146; zu einem DNA-Massentest vor Schaffung von § 81h vgl. in der Begründung unzutr. LG Mannheim, NStZ-RR 2004, 301). Die Untersuchung kommt infrage, wenn die Person, die nicht Beschuldigter ist, als Spurenverursacher ausgeschlossen werden soll (vgl. zur verfassungsrechtlichen Eingriffsrechtfertigung BerlVerfGH, NJW 2006, 1416). Aus dem uneingeschränkten Verweis auf § 81c ergibt sich, dass die in § 81c Abs. 3, 4 und 6 geregelten Schutzvorschriften, insb. Zeugnis- und Untersuchungsverweigerungsrechte, zu beachten sind.

Sog. **Reihenuntersuchungen** (»Massenscreenings«) sind hingegen nach der verfehlten gesetzlichen Konzeption nur auf freiwilliger Basis zulässig (vgl. § 81h), da für die erforderliche Erhebung des Körpermaterials von einem unbestimmten Kreis von Tatverdächtigen keine Rechtsgrundlage vorhanden ist (*Benfer*, StV 1999, 404; *Satzger*, JZ 2001, 643). § 81a scheidet als Rechtsgrundlage aus, da die Beschuldigteneigenschaft der Betroffenen erst nach Durchführung des Massentests feststeht (i.E. offengelassen in BVerfG, NStZ 1996, 606). § 81c Abs. 2 scheint zwar dem Wortlaut nach anwendbar, § 81e Abs. 1 beschränkt den Zweck der DNA-Analyse aber auf die Feststellung, ob Spurenmaterial vom Beschuldigten oder dem Verletzten stammt und § 81c erlaubt Entnahmen nur, wenn die Betroffenen als Zeugen in Betracht kommen.

Abs. 1 Satz 3 stellt klar, dass **andere** als die angeführten **Tatsachen** (z.B. ethnische Zuordnung) auch mit Einwilligung des Beschuldigten (zutr. LR/*Krause*, § 81e Rn. 24; vgl. auch *Pommer*, JA 2007, 624; a. A. *Hilger*, NStZ 1997, 371, Fn. 30; *Meyer-Goßner/Schmitt*, § 81e Rn. 4) nicht untersucht werden dürfen (zur Widersprüchlichkeit dieser Regelung KMR/*Bosch* § 81e Rn. 8). Sollten zufällig oder unvermeidbar Informationen über geschützte Tatsachen anfallen, so dürfen keine Feststellungen hinsichtlich dieser erfolgen. Auch eine Weitergabe der »Überschussinformationen« an Dritte, insb. deren Verwertung im Strafverfahren ist unzulässig (BT-Drucks. 13/667, S. 7; *Volk*, NStZ 2002, 564).

Dem Regelungszusammenhang der §§ 81e Abs. 1, 81a Abs. 3, 81c Abs. 5 Satz 2 lässt sich schließlich entnehmen, dass das entnommene Körpermaterial nur in einem **anhängigen Strafverfahren** zu den in Abs. 1 genannten Zwecken verwendet werden darf und für dieses Beweisrelevanz besitzen muss (KK-StPO/*Senge*, § 81e Rn. 4; zum Erfordernis eines konkret anhängigen Ermittlungsverfahrens und einem entsprechenden Anfangsverdacht LG Mainz, NStZ 2001, 499 f.). Dessen ungeachtet setzt aber eine Entnahme der Körperzellen beim Beschuldigten nicht voraus, dass aufgefundenes Spurenmaterial bereits auf seine Geeignetheit für eine DNA-Analyse untersucht worden ist (LG Mainz, StV 2001, 266; LG Ravensburg NStZ-RR 2010, 18; enger LG Offenburg, StV 2003, 153, das sich aber auch auf den zu Recht weggefallenen Richtervorbehalt bei der Untersuchung von Spurenmaterial stützte). Anders kann dies aus Gründen der Verhältnismäßigkeit zu beurteilen sein, wenn das Spurenmaterial unproblematisch vorher untersucht werden kann. Um einer unzulässigen Vorratshaltung der DNA-Untersuchungsanordnung vorzubeugen, darf diese jedenfalls nicht erfolgen, wenn noch kein Spurenmaterial vorhanden ist (LG Ravensburg NStZ-RR 2010, 18). Die Verwertung eines für strafverfahrensrelevante

§ 81e StPO Molekulargenetische Untersuchung

Zwecke erstellten Gutachtens im Zivilverfahren soll dadurch allerdings nicht ausgeschlossen sein (BT-Drucks. 13/667, S. 7). Wird das entnommene Material im anhängigen Verfahren nicht mehr benötigt, muss es vernichtet werden. Ebenso dürfen die Voraussetzungen des § 81g nicht dadurch umgangen werden, dass beim Beschuldigten entnommene Körperzellen noch aufbewahrt werden, obwohl kein verwertbares Spurenmaterial auf Spurenträgern des Verletzten aufgefunden werden kann (vgl. LG Mainz, StV 2001, 266).

11 **II. Spurenmaterial.** Um den molekulargenetischen Abgleich mit dem nach §§ 81a, 81c gewonnenen Körpermaterial zu ermöglichen, erlaubt **Abs. 2** die DNA-Analyse an aufgefundenem, sichergestelltem oder beschlagnahmtem **Spurenmaterial**. Das Merkmal des »Auffindens« hat keine eigenständige Bedeutung, da entgegen des missverständlichen Wortlautes auch »aufgefundenes« Spurenmaterial sichergestellt werden muss (*Benfer*, StV 1999, 404; SK-StPO/*Rogall*, § 81e Rn. 13). Die Untersuchung des Spurenmaterials kann bereits dann erfolgen, wenn noch kein Beschuldigter vorhanden ist, aber die Durchführung der erst zu einem späteren Zeitpunkt möglichen DNA-Analyse des Vergleichsmaterials vorbereitet werden soll (etwa weil das Material »zu verderben droht« und deshalb eine frühzeitige Untersuchung zur Sicherung strafverfahrensrechtlicher Zwecke geboten ist; BT-Drucks. 13/667, S. 7; *Rogall*, in: FS für Schroeder, S. 701). Steht die Zuordnung des aufgefundenen Spurenmaterials zu einer Person bereits ohne Spurenabgleich fest, so darf dieses lediglich unter den einengenden Voraussetzungen des Abs. 1 untersucht werden, da ansonsten die zwingende Vernichtungsregelung des Abs. 1 i.V.m. § 81a Abs. 3 Halbs. 2 umgangen werden könnte (*Eisenberg*, BR, Rn. 1687 f.).

12 Bei der Untersuchung sind nach **Abs. 2 Satz 2** die **Feststellungs-** und **Untersuchungsverbote** des Abs. 1 Satz 3 sowie die **Verwendungsbeschränkungen** des § 81a Abs. 3 Halbs. 1 zu beachten. Auf die Vernichtungsklausel des § 81a Abs. 3 Halbs. 2 wurde hingegen nicht verwiesen, da das aufgefundene Spurenmaterial mit der Vernichtung unwiederbringlich verloren wäre, während die erforderlichen Vergleichssubstanzen erneut gewonnen werden können (*Eisenberg*, BR, Rn. 1686; HK-StPO/*Brauer*, § 81e Rn. 13).

13 **III. Eingriffsschwelle.** Von einer **besonderen Eingriffsschwelle** für die Zulässigkeit einer molekulargenetischen Untersuchung wurde bewusst abgesehen (vgl. BT-Drucks. 13/667, S. 6 f.); eine Anordnung steht lediglich unter dem Vorbehalt, dass die Untersuchung unter Berücksichtigung der Schwere des aufzuklärenden Deliktes verhältnismäßig sein muss (BVerfG, StV 1995, 620; *Eisenberg*, BR, Rn. 1682). Sie setzt deshalb **keinen** bestimmten **Verdachtsgrad** voraus und kann auch vor Ausschöpfung sonstiger Erkenntnismöglichkeiten angeordnet werden. Begründet wird der Verzicht auf eine **Subsidiaritätsklausel** (vgl. z.B. §§ 98a Abs. 1 Satz 2, 100c Abs. 1 Nr. 4) mit dem hohen Beweiswert der DNA-Analyse, die es gestattet, eine Täterschaft des Beschuldigten bereits frühzeitig auszuschließen, um damit auf eingriffsintensivere Maßnahmen verzichten zu können (HK-StPO/*Brauer*, § 81e Rn. 9; *Meyer-Goßner/Schmitt*, § 81e Rn. 7; *Senge*, NJW 1997, 2411). Zudem wäre es gesetzessystematisch verfehlt, für die Auswertung rechtmäßig erlangten Körpermaterials eine höhere Eingriffsschwelle anzusetzen als dies die §§ 81a, c für körperliche Eingriffe vorsehen, die der Gewinnung der zu untersuchenden Körpersubstanzen dienen (SK-StPO/*Rogall*, § 81e Rn. 6).

14 **C. Revision.** Wurde bei der Beweiserhebung das Untersuchungsverbot des Abs. 1 Satz 3 Halbs. 2 nicht beachtet, führt dies zu einem Beweisverwertungsverbot (*Meyer-Goßner/Schmitt*, § 81e Rn. 9; *Graalmann-Scheerer*, in: FS für Rieß, S. 163; a. A. KK-StPO/*Senge*, § 81e Rn. 7: Einzelfallabwägung). Auch durch unzulässige heimliche Ermittlungsmaßnahmen gewonnene Substanzen sind unverwertbar (vgl. Rdn. 7).

§ 81f StPO Verfahren bei der molekulargenetischen Untersuchung.

(1) ¹Untersuchungen nach § 81e Abs. 1 dürfen ohne schriftliche Einwilligung der betroffenen Person nur durch das Gericht, bei Gefahr im Verzug auch durch die Staatsanwaltschaft und ihre Ermittlungspersonen (§ 152 des Gerichtsverfassungsgesetzes) angeordnet werden. ²Die einwilligende Person ist darüber zu belehren, für welchen Zweck die zu erhebenden Daten verwendet werden.

(2) ¹Mit der Untersuchung nach § 81e sind in der schriftlichen Anordnung Sachverständige zu beauftragen, die öffentlich bestellt oder nach dem Verpflichtungsgesetz verpflichtet oder Amtsträger sind, die der ermittlungsführenden Behörde nicht angehören oder einer Organisationseinheit dieser Behörde angehören, die von der ermittlungsführenden Dienststelle organisatorisch und sachlich getrennt ist. ²Diese haben durch technische und organisatorische Maßnahmen zu gewährleisten, daß unzulässige molekulargenetische Untersuchungen und unbefugte Kenntnisnahme Dritter ausgeschlossen sind. ³Dem Sachverständigen ist das Untersuchungsmaterial ohne Mitteilung des Namens, der Anschrift und des Geburtstages und -monats des Betroffenen zu übergeben. ⁴Ist der Sachverständige eine nichtöffentliche Stelle, gilt § 38 des Bundesdatenschutzgesetzes mit der Maßgabe, daß die Aufsichtsbehörde die Ausführung der Vorschriften über den Datenschutz auch überwacht, wenn ihr keine hinreichenden Anhaltspunkte für eine Verletzung dieser Vorschriften vorliegen und der Sachverständige die personenbezogenen Daten nicht in Dateien automatisiert verarbeitet.

A. Anordnungsvoraussetzungen und -inhalt. I. Anordnungskompetenz.

Die Anordnung einer molekulargenetischen Untersuchung unterstand zunächst wegen des mit ihr verbundenen Eingriffs in das Recht auf informationelle Selbstbestimmung (vgl. BVerfG, NStZ 2001, 329; StV 2001, 380; BerlVerfGH, NJW 2006, 1417) einem ausschließlichen **Richtervorbehalt**. Seit der Neuregelung durch das Gesetz zur Novellierung der forensischen DNA-Analyse entfällt der Richtervorbehalt, wenn der Beschuldigte nach Belehrung schriftlich in die Untersuchung einwilligt. Während zunächst ein richterlicher Beschluss auch bei der Untersuchung von aufgefundenem **Spurenmaterial** (§ 81e Abs. 2) erforderlich war, das noch keiner bestimmten Person zugeordnet werden kann (vgl. hierzu Abs. 1 Satz 2 a.F.; zur Rechtslage vor Regelung des Richtervorbehalts erg. LG Hamburg, StV 2000, 659; BT-Drucks. 13/667, S. 7), wurde dieser Vorbehalt in der Neufassung gestrichen. Der Gesetzgeber ließ sich dabei von der Vorstellung leiten, dass mit dem Erfordernis kein messbarer Gewinn an Rechtssicherheit verbunden sei, weil für die vergleichende Untersuchung ohnehin Material des Spurenverursachers benötigt werde, das nur aufgrund einer Anordnung nach Abs. 1 Satz 1 untersucht werden dürfe. Es genügt deshalb für die molekulargenetische Untersuchung eine Anordnung der StA oder Polizei, die aber auch den in Abs. 2 Satz 1 genannten Anforderungen (vgl. Rdn. 3) entsprechen muss (LG Potsdam, NJW 2006, 1224). 1

Von der in **Abs. 1 Satz 1** geregelten **Eilzuständigkeit** der StA oder ihrer Ermittlungspersonen wurde in der alten Fassung des § 81f abgesehen, da entnommenes oder aufgefundenes Material bei sachgemäßer Lagerung bis zu 2 Jahre gentechnisch untersucht werden kann (BT-Drucks. 13/3116, S. 8). Es besteht damit nur in seltenen Fällen ein praktisches Bedürfnis für eine Notkompetenz, da bereits unter den Voraussetzungen der §§ 81a Abs. 2 und 81c Abs. 5 Satz 1 die Entnahme des Materials durch die StA bzw. ihre Ermittlungspersonen angeordnet werden kann. Der Gesetzgeber verweist insoweit auf die Sicherung dringender Ermittlungsmaßnahmen, deren Erfolg durch den Zeitverlust bei Einschaltung eines Richters vereitelt werden könnte (BT-Drucks. 15/5674, S. 8). Da aber bspw. die durch den Gesetzgeber genannte Untersuchungshaft dringenden Tatverdacht verlangt und nur bei Fluchtgefahr gefährdet sein wird, dürfte die Eilzuständigkeit in diesen Fällen ungeeignet sein. Entweder liegt schon ein entsprechender Tatverdacht vor oder die Sicherung der Untersuchungshaft scheitert an den materiellen Hürden der Art. 104 Abs. 3 Satz 1 GG, § 127 Abs. 2 StPO (zutr. *Senge*, NJW 2005, 3030). **Keiner Anordnung** nach Abs. 1 bedarf es, wenn der Beschuldigte nach Belehrung über den Zweck der Datenverwendung (Abs. 1 S. 2) schriftlich seine Einwilligung in die Untersuchung erteilt. Der Wortlaut des Belehrungserfordernisses scheint lediglich eine Belehrung über den Zweck der Untersuchung nach § 81e zu erfordern, nicht hingegen über die Möglichkeit einer darüber hinausreichenden Speicherung und Verwendung der Daten nach § 81g Abs. 5 S. 2 Nr. 1 (so *Meyer-Goßner/Schmitt*, § 81f Rn. 2; SK-StPO/*Rogall*, Rn. 15; für eine qualifizierte Belehrung *Senge*, NJW 2005, 3029; *Eisenberg*, BR, Rn. 1687; 2

Heghmanns/Scheffler/*Murmann* IV, Rn. 376; vgl. erg. *Bergemann/Hornung*, StV 2007, 167; zur alten Rechtslage auch LG Düsseldorf NJW 2003, 1884). Wird die Belehrung hingegen als Ausdruck der Verfahrensfairness betrachtet, kann trotz der Möglichkeit, die Daten auch ohne Einwilligung zu erheben, an sich kein Zweifel bestehen, dass eine entsprechende Belehrung zur Wahrung vorhandener Rechtsschutzmöglichkeiten erfolgen muss.

3 II. **Form und Inhalt der Anordnung. 1. Auswahl des Sachverständigen. Form und Inhalt** der Untersuchungsanordnung werden durch **Abs. 2 Satz 1** geregelt. Die Anordnung muss schriftlich erfolgen und den Tatvorwurf, die Gründe für einen Anfangsverdacht, den Zweck der DNA-Untersuchung (LG Ravensburg, NStZ-RR 2010, 18) und den durchführenden Sachverständigen benennen. In Abkehr von der ansonsten gegebenen Leitungsbefugnis der StA im Ermittlungsverfahren (vgl. § 161a Abs. 1 Satz 2) muss bei fehlender Gefahr im Verzug auch die Bezeichnung des Sachverständigen durch den Richter erfolgen (and. KK-StPO/*Senge*, § 81f Rn. 6: Richterliche Bestellung des Sachverständigen, der von der StA benannt wurde). Die Pflicht zur Beauftragung eines namentlich bezeichneten Sachverständigen (*Graalmann-Scheerer*, ZRP 2002, 74) dürfte ggü. der bloßen Benennung einer bestimmten Einrichtung, die den Anforderungen des Abs. 2 genügt, keine zusätzliche Verfahrenssicherung bewirken (so aber BT-Drucks. 13/667, S. 7), da der anordnende Richter regelmäßig auf die Mitteilung geeigneter Gutachter durch die Institute angewiesen sein wird. Örtlich zuständig für die richterliche Anordnung ist der Richter desjenigen AG, in dessen Bezirk die StA ihren Sitz hat (§ 162 Abs. 1 Satz 1; *Meyer-Goßner/Schmitt*, § 81f Rn. 3).

4 Abs. 2 Satz 1 beschränkt den **Kreis der** infrage kommenden **Gutachter** auf (1) öffentlich bestellte Sachverständige, etwa Gerichtsärzte und Leiter der rechtsmedizinischen Universitätsinstitute, (2) nach dem Verpflichtungsgesetz Verpflichtete oder (3) sachverständige Amtsträger, die der ermittlungsführenden Behörde nicht angehören bzw. zumindest in einer organisatorisch und sachlich von der ermittlungsführenden Organisationseinheit getrennten Dienststelle tätig sind (z.B. organisatorisch selbstständige Forschungsabteilungen des BKA oder eines LKA). Die Begrenzung des Personenkreises soll Gefahren des Datenmissbrauchs begrenzen und sicherstellen, dass nur zuverlässige Einrichtungen mit den »notwendigen apparativen und personellen Standards« beauftragt werden (BT-Drucks. 13/667, S. 8). Da ein Sachverständiger schon dann mit Erfolg nach § 74 abgelehnt werden kann, wenn er einer »sicherheitspolizeilichen« Organisationseinheit angehört (BGHSt 18, 217), dürfte das unter (3) angesprochene Trennungsgebot bei der Beauftragung von Amtsträgern lediglich klarstellende Bedeutung besitzen (SK-StPO/*Rogall*, § 81f Rn. 21).

5 **2. Wahl der Untersuchungsmethode.** Die **Auswahl** der anzuwendenden **Untersuchungsmethode** bleibt als naturwissenschaftliche Fragestellung dem Sachverständigen überlassen, da sich das erkennende Gericht ohnehin in jedem Einzelfall bei der Urteilsfindung davon zu überzeugen hat, dass die angewandte Methode den nach dem Stand der Wissenschaft anerkannten Sicherheitsanforderungen entspricht (BGHSt 37, 159; BGH, NStZ-RR 2002, 145). Zudem wird der Sachverständige oftmals kein standardisiertes Analyseverfahren verwenden können, sodass eine Vorauswahl durch den Richter nicht sinnvoll ist (*Eisenberg*, BR, Rn. 1687). Die Analyse durch den Sachverständigen muss sich jedoch auf den Zweck des Spurenabgleichs beschränken. Zur Vermeidung persönlichkeitsrelevanter »Überschussinformationen« (vgl. BT-Drucks. 13/667, S. 7 f.) sollte deshalb in der Anordnung der Untersuchungszweck (Abstammungsfeststellung, Tätererkennung) mitgeteilt werden (SK-StPO/*Rogall*, § 81f Rn. 7).

6 **III. Datenschutzrechtliche Vorkehrungen. 1. Organisatorische Anforderungen.** In **Abs. 2 Satz 2, 3** werden für die Durchführung der DNA-Analyse **datenschutzrechtliche Vorkehrungen** getroffen. Der Sachverständige muss besondere technische und organisatorische Maßnahmen ergreifen, die geeignet sind, unzulässige molekulargenetische Untersuchungen auszuschließen (**Missbrauchsschutz**). Welche Maßnahmen zu treffen sind, wurde im Gesetz aufgrund der ständig fortschreitenden Entwicklung möglicher Qualitätsstandards und der Vielzahl denkbarer Organisationsmodelle bewusst offengelassen, empfohlen wurde lediglich die Aufnahme eines ständig zu aktualisierenden Verzeichnisses anerkannter Methoden molekulargenetischer Untersuchungen in Nr. 70 Abs. 3 RiStBV (BT-Drucks. 13/667, S. 8). Die Untersuchungsbefunde müssen zudem vor einer unbefugten Kenntnisnahme durch

Dritte geschützt sein. Es muss deshalb sichergestellt werden, dass nur Personen, die an der Untersuchung planmäßig mitwirken, von den gewonnenen Informationen Kenntnis erlangen können.

2. Anonymisierungsgebot. Das **Anonymisierungsgebot** des Abs. 2 Satz 3 schreibt vor, dass dem Sachverständigen das Untersuchungsmaterial ohne Mitteilung des Namens, der Anschrift und der Geburtsdaten zu übermitteln ist. Diese Regelung ist nicht nur aufgrund möglicher Fehlerquellen bei der Anonymisierung durch Codierung und Decodierung der Daten problematisch (vgl. *Brinkmann*, Kriminalistik 1996, 598), vielmehr dürfte sich der mit ihr intendierte Zweck schon deshalb kaum erreichen lassen, weil im Hinblick auf die populationsstatistische Auswertung der Probe deren Deanonymisierung – etwa durch Bekanntgabe der Verwandtschaftsverhältnisse – unvermeidbar sein dürfte (vgl. *Huber*, Kriminalistik 1997, 736; *Rath/Brinkmann*, NJW 1999, 2700; SK-StPO/*Rogall*, § 81f Rn. 24). Ist dem Sachverständigen die Identität des Betroffenen bereits aus vorangegangenen Untersuchungen bekannt (in der rechtsmedizinischen Praxis soll dies häufig der Fall sein, vgl. *Rath/Brinkmann*, NJW 1999, 2700), so schließt dies weder seine Bestellung als Gutachter aus (SK-StPO/*Rogall*, § 81f Rn. 25) noch kann allein auf die Kenntnis der Identität ein Ablehnungsrecht (§ 74) gestützt werden. 7

Sollte die Anonymisierung der Daten dazu führen, dass ein Sachverständiger erst nach Erstellung des Gutachtens ein Gutachtenverweigerungsrecht (§ 76) ausübt, so kann aufgrund der Standardisierung und Revalidierbarkeit der DNA-Analyse das Gutachten von einem anderen Sachverständigen vertreten werden (*Cramer*, NStZ 1998, 499; *Meyer-Goßner/Schmitt*, § 81f Rn. 6). Der letztgenannte Gesichtspunkt steht auch der Empfehlung entgegen, dem Beschuldigten aufgrund der richterlichen Anordnung der DNA-Analyse einen Pflichtverteidiger zu bestellen, um etwaigen (Analyse-Fehlern) frühzeitig entgegenzuwirken (zu Recht ablehnend SK-StPO/*Rogall*, § 81f Rn. 5). Anders als etwa in den von § 140 nicht ausdrücklich erfassten Fällen der Gegenüberstellung besteht bei molekulargenetischen Untersuchungen nicht die Gefahr, dass der Beweiswert der DNA-Analyse im Fall ihrer Wiederholung verfälscht werden könnte. 8

3. Überwachung. Zur **Überwachung** der datenschutzrechtlichen Anforderungen bei Sachverständigen einer nichtöffentlichen Stelle wird § 38 BDSG mit der Maßgabe für anwendbar erklärt, dass die nach Landesrecht zuständige Aufsichtsbehörde (der Datenschutzbeauftragte, HK-StPO/*Brauer*, § 81f Rn. 8) auch dann Kontrollen vorzunehmen hat, wenn keine hinreichenden Anhaltspunkte für eine Verletzung von Schutzvorkehrungen oder für einen Datenmissbrauch vorliegen. Abweichend von § 38 BDSG kann die Aufsichtsbehörde selbst dann tätig werden, wenn die Daten nicht in Dateien, sondern in Akten verarbeitet worden sind. Diese Form einer erweiterten »institutionalisierten Datenschutzkontrolle« (SK-StPO/*Rogall*, § 81f Rn. 16) hätte aus gesetzessystematischen Erwägungen den Datenschutzgesetzen überlassen bleiben sollen. 9

B. Rechtsbehelfe. I. Beschwerde. Die Anordnung der molekulargenetischen Untersuchungen unterliegt nach § 304 Abs. 1 und 2 der **Beschwerde**. Sie kann auch von der StA erhoben werden, sofern ihr Antrag auf Durchführung der Analyse abgelehnt worden ist. § 305 Satz 2 findet entsprechende Anwendung, wenn die Anordnung durch das erkennende Gericht erfolgte (vgl. OLG Bremen, StV 2010, 122; KK-StPO/*Senge*, § 81f Rn. 11). Eine isolierte Anfechtung der Bestimmung des Sachverständigen ist nicht statthaft (HK-StPO/*Brauer*, § 81f Rn. 8; LR/*Krause*, § 81f Rn. 35; *Meyer-Goßner/Schmitt*, § 81f Rn. 8; SK-StPO/*Rogall*, § 81f Rn. 27; a. A. KK-StPO/*Senge*, § 81f Rn. 11). Die weitere Beschwerde wird durch § 310 ausgeschlossen, sie kann aber bei schwerwiegenden Mängeln der Beschwerdeentscheidung in eine Gegenvorstellung umgedeutet werden (OLG Karlsruhe, StV 2002, 59 zu §§ 81g, 2 Abs. 1 DNA-IFG a.F.). 10

II. Revision. Fehlt eine richterliche Anordnung für die Untersuchung von Spurenmaterial des Beschuldigten, so kann dies, anders als der schlichte Verstoß gegen das Schriftformerfordernis, die Revision begründen. Eine durch den Beschuldigten nach Belehrung freiwillig abgegebene Speichelprobe kann nur dann verwertet werden, wenn der Beschuldigte seine Einwilligung schriftlich erteilt hat (Abs. 1 Satz 1). Eine Ausnahme hiervon erscheint geboten, wenn die Speichelprobe zum betreffenden Zeitpunkt auch ohne Einwilligung erzwungen werden hätte können. Nach dem BGH hängt das Verwertungsverbot zudem von einem Verwertungswiderspruch des Betroffenen ab (BGH, NStZ 2010, 157 zum Fall einer in einem anderen Verfahren freiwillig abgegebenen Speichelprobe). Die Ergebnisse 11

§ 81g StPO   DNA-Identitätsfeststellung

der Untersuchung von Körperzellen des Verletzten oder eines Dritten unterliegen im Regelfall bei Anordnungsfehlern durch StA oder Polizei ohnehin keinem Verwertungsverbot, da die ggf. entsprechend anzuwendenden Vorschriften nur den Schutz außerprozessualer Rechte bezwecken (SK-StPO/*Rogall*, § 81f Rn. 28). Aus vergleichbaren Erwägungen kann der Beschuldigte ebenso wenig eine Verletzung der in Abs. 2 verankerten datenschutzrechtlichen Regelungen erfolgreich rügen (etwa das Gebot der Teilanonymisierung in § 81f Abs. 2 Satz 3, vgl. BGH, NStZ 1999, 209; *Graalmann-Scheerer*, in: FS für Rieß, S. 164). Beanstandet der Beschuldigte mit der Aufklärungsrüge die Nichtvornahme der DNA-Analyse, so trifft ihn die Darlegungspflicht, dass das dafür erforderliche Zellmaterial zur Verfügung stand (BGHR, § 344 Abs. 2 Satz 2 Aufklärungsrüge 5; *Meyer-Goßner/Schmitt*, § 81f Rn. 9). Die ordnungsgemäße Erhebung der Aufklärungsrüge setzt hingegen nicht die Bezeichnung des anzuwendenden Untersuchungsverfahrens voraus (BGH, NStZ-RR 2002, 145; erg. Rdn. 5; grds. zur Revision *Graalmann-Scheerer*, in: FS für Rieß, S. 153 ff.).

§ 81g StPO   DNA-Identitätsfeststellung.

(1) Ist der Beschuldigte einer Straftat von erheblicher Bedeutung oder einer Straftat gegen die sexuelle Selbstbestimmung verdächtig, dürfen ihm zur Identitätsfeststellung in künftigen Strafverfahren Körperzellen entnommen und zur Feststellung des DNA-Identifizierungsmusters sowie des Geschlechts molekulargenetisch untersucht werden, wenn wegen der Art oder Ausführung der Tat, der Persönlichkeit des Beschuldigten oder sonstiger Erkenntnisse Grund zu der Annahme besteht, dass gegen ihn künftig Strafverfahren wegen einer Straftat von erheblicher Bedeutung zu führen sind. Die wiederholte Begehung sonstiger Straftaten kann im Unrechtsgehalt einer Straftat von erheblicher Bedeutung gleichstehen.
(2) Die entnommenen Körperzellen dürfen nur für die in Absatz 1 genannte molekulargenetische Untersuchung verwendet werden; sie sind unverzüglich zu vernichten, sobald sie hierfür nicht mehr erforderlich sind. Bei der Untersuchung dürfen andere Feststellungen als diejenigen, die zur Ermittlung des DNA-Identifizierungsmusters sowie des Geschlechts erforderlich sind, nicht getroffen werden; hierauf gerichtete Untersuchungen sind unzulässig.
(3) Die Entnahme der Körperzellen darf ohne schriftliche Einwilligung des Beschuldigten nur durch das Gericht, bei Gefahr im Verzug auch durch die Staatsanwaltschaft und ihre Ermittlungspersonen (§ 152 des Gerichtsverfassungsgesetzes) angeordnet werden. Die molekulargenetische Untersuchung der Körperzellen darf ohne schriftliche Einwilligung des Beschuldigten nur durch das Gericht angeordnet werden. Die einwilligende Person ist darüber zu belehren, für welchen Zweck die zu erhebenden Daten verwendet werden. § 81f Abs. 2 gilt entsprechend. In der schriftlichen Begründung des Gerichts sind einzelfallbezogen darzulegen
1. die für die Beurteilung der Erheblichkeit der Straftat bestimmenden Tatsachen,
2. die Erkenntnisse, auf Grund derer Grund zu der Annahme besteht, dass gegen den Beschuldigten künftig Strafverfahren zu führen sein werden, sowie
3. die Abwägung der jeweils maßgeblichen Umstände.
(4) Die Absätze 1 bis 3 gelten entsprechend, wenn die betroffene Person wegen der Tat rechtskräftig verurteilt oder nur wegen
1. erwiesener oder nicht auszuschließender Schuldunfähigkeit,
2. auf Geisteskrankheit beruhender Verhandlungsunfähigkeit oder
3. fehlender oder nicht auszuschließender fehlender Verantwortlichkeit (§ 3 des Jugendgerichtsgesetzes)

nicht verurteilt worden ist und die entsprechende Eintragung im Bundeszentralregister oder Erziehungsregister noch nicht getilgt ist.
(5) Die erhobenen Daten dürfen beim Bundeskriminalamt gespeichert und nach Maßgabe des Bundeskriminalamtgesetzes verwendet werden. Das Gleiche gilt
1. unter den in Absatz 1 genannten Voraussetzungen für die nach § 81e Abs. 1 erhobenen Daten eines Beschuldigten sowie
2. für die nach § 81e Abs. 2 erhobenen Daten.

Die Daten dürfen nur für Zwecke eines Strafverfahrens, der Gefahrenabwehr und der internationalen Rechtshilfe hierfür übermittelt werden. Im Fall des Satzes 2 Nr. 1 ist der Beschuldigte unverzüglich von der Speicherung zu benachrichtigen und darauf hinzuweisen, dass er die gerichtliche Entscheidung beantragen kann.

Übersicht

		Rdn.				Rdn.
A.	Grundsätzliches und Regelungsgehalt	1	III.	Form und Inhalt der Entscheidung		22
B.	Materielle Anordnungsvoraussetzungen	3	D.	Durchführung und Vollzug der Maßnahme		24
I.	Beschuldigter	3	I.	Durchführung der Entnahme		24
II.	Verdacht der Begehung einer Straftat	4	II.	Vollzug der Maßnahme durch Zwang		25
	1. Straftat von erheblicher Bedeutung	5	III.	Bestellung eines Verteidigers		26
	2. Straftat gegen die sexuelle Selbstbestimmung (2. Alt.)	6	E.	Datenschutzrechtliche Regelungen		27
			I.	Zweckbindung		27
	3. Wiederholte Begehung sonstiger Straftaten (Abs. 1 Satz 2)	7	II.	Speicherung		28
			III.	Vernichtung des Materials und Löschung		29
III.	Erforderlichkeit der Maßnahme	8	IV.	Verwendungsbeschränkung und Umwidmung		30
IV.	Negativprognose	10				
V.	Rechtskräftig Verurteilte (Abs. 4)	15				
C.	Formelle Anordnungsvoraussetzungen	17	F.	Rechtsbehelfe		32
I.	Anordnungskompetenz	18	I.	Beschwerde		32
II.	Einwilligung des Beschuldigten	21	II.	Revision		33

A. **Grundsätzliches und Regelungsgehalt.** Der Gesetzgeber verfolgte mit § 81g und den 1 zwischenzeitlich aufgehobenen, teilweise in Abs. 4 und 5 aufgenommenen Regelungen des DNA-Identitätsfeststellungsgesetzes v. 07.09.1998 (DNA-IFG aufgehoben durch Gesetz v. 12.09.2005, BGBl. I 2360) das Ziel, eine **gesetzliche Grundlage** für die beim BKA als zentrale Verbunddatei eingerichtete **DNA-Identifizierungsdatei** (vgl. § 8 Abs. 6 BKAG) zu schaffen (grundlegend hierzu *Rackow* Das DNA-IFG und seine Probleme, 2001). § 81g eröffnet in Erweiterung der §§ 81a Abs. 1, 81e und 81f (Gewinnung von Körpermaterial für Zwecke eines bereits anhängigen Strafverfahrens) die Möglichkeit, allein zum Zwecke der Identitätsfeststellung **in künftigen Strafverfahren** Körperzellen zu entnehmen und molekulargenetisch zu untersuchen. Durch einen Vergleich von vorgelegten mit gespeicherten DNA-Mustern wird ggf. eine schnellere Identifizierung bereits auffällig gewordener Beschuldigter ermöglicht. Da diese Maßnahmen erkennungsdienstlichen Zwecken dienen (»Vorsorge für die künftige Strafverfolgung«), wird die konkurrierende Zuständigkeit des Bundesgesetzgebers z.T. infrage gestellt (*Meyer-Goßner/Schmitt* § 81g Rn. 2; *Schewe* JR 2006, 187; krit. auch *Bosch* StV 2008, 574; a. A. BVerfGE 103, 21 [30]; NStZ 2008, 226; BGH StV 1999, 303: »Strafverfolgungsmaßnahmen im weiteren Sinne«; *Senge* NStZ 2001, 331; SK-StPO/*Rogall* § 81g Rn. 1 f.; *Wollweber* NJW 2001, 2304; nicht weiterführende Zusammenfassung bei *Bock* ZIS 2007, 129). Ihre strafverfahrensrechtliche Einordnung wird überwiegend damit begründet, dass sie der Beweiserleichterung in künftigen Strafverfahren dienen und damit »genuines Strafprozessrecht« beinhalten (BVerfGE 103, 21 [30]; vgl. auch *Eisenberg/Singelstein* GA 2006, 169). Diese ausschließlich folgenorientierte Begründung erlaubt weitreichende Regelungen zur Datenvorsorge im Strafverfahrensrecht, sofern der Gesetzgeber nur deutlich macht, dass er die Datensammlung lediglich zu Strafverfolgungszwecken gestattet. Sie bleibt auch deshalb fragwürdig, weil ein Verstoß gegen die Unschuldsvermutung mit der gegenläufigen Begründung abgelehnt wird, die Maßnahme diene nicht der Durchführung und Sicherung eines bereits konkretisierten Verfahrens (*Wollweber* NJW 2001, 2305 m.w.N.). Rechtfertigen lässt sich die strafprozessrechtliche Verankerung lediglich aus Rechtsschutzerwägungen, da sie der Tendenz entgegenwirkt, Maßnahmen der Verdachtsgewinnung in den präventivpolizeilichen Bereich zu verlagern und sie dadurch einer effektiven gerichtlichen Kontrolle zu entziehen.

Formal betrachtet betreffen Abs. 1 bis 3 den Eingriff im laufenden Strafverfahren, während Abs. 4 und 2 5 eine Eingriffsbefugnis nach rechtskräftiger Verurteilung sowie dieser gleichgestellte Fälle der Schuld- oder Verhandlungsunfähigkeit oder fehlender Verantwortlichkeit (§ 3 JGG) vorsehen. Auch wenn sich für den Regelfall trotz fehlender Flucht- oder Vereitelungsgefahr kein Anwendungsvorrang des Abs. 4 Satz 1 und damit eine Pflicht zum Abwarten der rechtskräftigen Entscheidung begründen lässt (so undifferenziert LG Hamburg StV 2008, 571), kann dennoch eine Anordnung vor Rechtskraft des Urteils im Einzelfall unverhältnismäßig sein (vgl. *Bosch* StV 2008, 575; vgl. auch *Eisenberg* BR Rn. 1689 mit Fn. 112).

§ 81g StPO   DNA-Identitätsfeststellung

3 **B. Materielle Anordnungsvoraussetzungen. I. Beschuldigter.** Die Anordnung darf nur gegen **Beschuldigte** erfolgen, die einer in § 81g Abs. 1 genannten Straftat verdächtig sind. § 81g knüpft an den Verdacht der Anlasstat an und lässt insoweit einen Anfangsverdacht (§ 152 Abs. 2) genügen (LG Hamburg StV 2008, 571; a. A. *Eisenberg* BR Rn. 1689: »gesteigerter Verdachtsgrad«). Eine Anordnung scheidet damit ggü. Kindern und bei rechtskräftigem Freispruch (OLG Oldenburg NStZ 2008, 711; AG Tiergarten StV 2008, 349) aus (vgl. aber auch den erweiterten Personenkreis in Abs. 4, dazu Rdn. 15).

4 **II. Verdacht der Begehung einer Straftat.** Der Beschuldigte muss verdächtig sein, entweder eine **Straftat von erheblicher Bedeutung** oder eine Straftat **gegen die sexuelle Selbstbestimmung** oder eine **sonstige Straftat wiederholt** begangen zu haben. Ein bestimmter Verdachtsgrad wird nicht verlangt; es genügt ein einfacher Tatverdacht zum Zeitpunkt der Anordnung (KK-StPO/*Senge* Rn. 2; unklar *Benfer/Bialon* Rechtseingriffe Rn. 977: Überzeugung von der Täterschaft). Während in der ursprünglichen Fassung die Straftat zumindest im Bereich der mittleren Kriminalität angesiedelt sein musste (vgl. BT-Drucks. 13/10791, S. 5), wurden die Eingriffsvoraussetzungen durch die Einbeziehung der wiederholten Begehung von »sonstigen Straftaten« in Richtung der Abnahme von Fingerabdrücken (§ 81b) verschoben (für eine Gleichstellung de lege ferenda *König* Kriminalistik 2004, 262; dagegen *Pfeiffer/Höynck/Görgen* ZRP 2005, 113; vgl. erg. *Rogall* FS Schroeder, S. 706).

5 **1. Straftat von erheblicher Bedeutung.** Die Verwendung des »recht unbestimmten« Merkmals der Straftat von erheblicher Bedeutung (vgl. auch §§ 98a Abs. 1, 110a Abs. 1; zur Bestimmtheit vgl. auch EGMR EuGRZ 2014, 285 ff.) verdeutlicht das Erfordernis einer einzelfallbezogenen Verhältnismäßigkeitsabwägung. Unter Zugrundelegung des konkreten Tatunrechts müssen Straftaten vorliegen, »die den Rechtsfrieden empfindlich stören oder geeignet sind, das Gefühl der Rechtssicherheit der Bevölkerung erheblich zu beeinträchtigen« (BT-Drucks. 13/10791, S. 5; *Senge* NJW 1999, 254; BVerfGE 103, 34; BGHSt 42, 157; OLG Karlsruhe StV 2002, 61; LG Duisburg StraFo 1999, 203; *Krause* FS Rieß, S. 271; krit. *Fluck* NJW 2001, 2293), wobei unklar bleibt, wie diese beiden Alternativen sinnvoll unterschieden werden sollen. Bei Verbrechen soll stets eine Straftat von erheblicher Bedeutung anzunehmen sein (*Senge* NJW 1999, 254), bei Vergehen nur dann, wenn diese zumindest im Bereich der mittleren Kriminalität angesiedelt sind. Genannt werden hierfür etwa §§ 224, 243, 253 StGB, gewerbsmäßige Hehlerei (OLG Celle NStZ-RR 2010, 150), gewerbsmäßige Steuerhehlerei und Steuerhinterziehung (LG Bielefeld PStR 2010, 234), schwerwiegende Straftat nach dem BtMG (OLG Hamburg StV 2008, 571; OLG Köln StV 2006, 517; a. A. LG Frankenthal NStZ-RR 2001, 19; *Endriss/Kinzig* NStZ 2001, 300; *Kauffmann/Ureta* StV 2000, 105, dem WaffG (BVerfG 2 BvR 2391/07 v. 16.01.2008); im Regelfall aber nicht Straftaten im Zusammenhang mit dem Straßenverkehr, vgl. *Lengler* SVR 2008, 249 zu §§ 142, 315c StGB etc.; vgl. erg. *Meyer-Goßner/Schmitt* § 81g Rn. 7a; zur Ausdehnung auf § 263 StGB LG Freiburg NJW 2001, 3720 (vgl. erg. u. Rdn. 8). Eine Einstellung nach § 47 Abs. 1 S. 1 Nr. 3 wird regelmäßig gegen das Vorliegen einer erheblichen Straftat sprechen (vgl. LG Freiburg 3 Qs 56/14).

6 **2. Straftat gegen die sexuelle Selbstbestimmung (2. Alt.)** Der Auffangtatbestand (so zutr. SK-StPO/*Rogall* § 81g Rn. 25) der 2. Alt. umfasst Straftaten nach §§ **174 bis 184g StGB** und damit im Bereich der §§ 183 ff. StGB auch Straftaten, die mangels Erheblichkeit nicht bereits der 1. Alt. unterfallen (LR/*Krause* § 81g Rn. 23; krit. zu dieser Ausweitung *Duttge/Hörnle/Renzikowski* NJW 2004, 1071; abl. *Schewe* JR 2006, 186 f.). Die Ausweitung des Kreises der Anlasstaten beruht auf der Erwägung, dass es etwa bei wegen exhibitionistischer Handlungen verurteilten Straftätern in ein bis 2 % der Fälle zu Folgeverurteilungen wegen schwerer sexueller oder anderer Gewaltdelikte gekommen ist. Ob diese empirische Erkenntnis generell eine Ausweitung auf alle Sexualstraftaten im unteren Kriminalitätsbereich rechtfertigen kann, erscheint nicht zuletzt unter dem Gesichtspunkt der Geeignetheit zweifelhaft, da zu anderen Delikten keine vergleichbaren empirischen Erkenntnisse vorliegen. Diese Zweifel werden nicht dadurch beseitigt, dass auch bei leichten Sexualstraftaten eine belastbare Negativprognose der künftigen Begehung von Straftaten erheblicher Bedeutung erforderlich ist (vgl. *Meyer-Goßner/Schmitt* § 81g Rn. 7b; LG Bremen StraFo 2007, 58; krit. auch LK/*Krause* § 81g Rn. 23; *Murmann*, in: Handbuch zum Strafverfahren Rn. 394), denn für eine entsprechende Prognose fehlt regelmäßig die erforderliche Tatsachenbasis. Soll die 2. Alt. damit nicht als Regelvermutung gehandhabt

werden, wird der Auffangtatbestand nicht selten leerlaufen müssen. So wurde in der Rechtsprechung etwa bei einer Verurteilung wegen Besitzes kinderpornografischer Schriften eine Anordnung nach § 81g abgelehnt, wenn weitere Anhaltspunkte für eine Fortschreibung der Anlasstat nicht ersichtlich sind und damit neben der abstrakt erhöhten Wahrscheinlichkeit bei entsprechenden sexuellen Neigungen keine weiteren konkreten Anhaltspunkte für eine künftige Straftatbegehung ersichtlich sind (vgl. LG Darmstadt v. 28.03.2011 – 3 Qs 151/11; zur Zulässigkeit einer Anordnung bei § 184b Abs. 4 Satz 2 StGB großzügiger AG Bremen NStZ-RR 2008, 346; zum weniger strengen Maßstab des § 81b VG Braunschweig NVwZ-RR 2008, 32; abw. LG Traunstein StV 2007, 521, das aber verkennt, dass es für eine mögliche Spurenverursachung auf die zu prognostizierende Tat ankommt).

3. Wiederholte Begehung sonstiger Straftaten (Abs. 1 Satz 2) Liegt weder eine Straftat von erheblicher Bedeutung noch eine Straftat gegen die sexuelle Selbstbestimmung vor, kann bei **sonstigen** nicht notwendiger Weise gleichartigen **Straftaten** eine **wiederholte Begehung** Anlass für eine Anordnung nach § 81g bieten. In einer einzelfallbezogenen Gesamtwürdigung der begangenen Straftaten ist zu ermitteln, ob diese ein vergleichbares Maß an Unrecht wie bei einer Straftat von erheblicher Bedeutung erlangen und damit den Rechtsfrieden in einem Maße stören, das geeignet ist, das Gefühl der Rechtssicherheit der Bevölkerung erheblich zu beeinträchtigen (BVerfG NStZ-RR 2007, 378; StV 2009, 1; StraFo 2009, 276; einst. A.v. 19.02.2009 – 2 BvR 287/09; v. 10.03.2009 – 2 BvR 400/09; LG Würzburg StraFo 2010, 22; LG Bremen StV 2011, 404; vgl. auch *Pommer* JA 2007, 625). Auch hier soll keine rechtskräftige Verurteilung wegen der Anlassstraftaten erforderlich sein, vielmehr soll ein kaum verifizierbarer Verdacht der wiederholten Straftatbegehung genügen (vgl. BT-Drucks. 15/5674, S. 11; zu Recht krit. *Meyer-Goßner/Schmitt* § 81g Rn. 7c). Der Gesetzgeber hat – wie nicht anders zu erwarten – auf das angesichts der bestehenden Eskalationsgefahr noch vergleichsweise einleuchtende Beispiel des wiederholten Hausfriedensbruchs in den Fällen des Stalkings verwiesen (vgl. BT-Drucks. 15/5674, S. 11; gebilligt durch den EGMR EuGRZ 2014, 285 ff. auch hinsichtlich der Einfuhr und des Handels mit Cannabis). Offen bleibt aber etwa wie sich der zeitliche Abstand zwischen den einzelnen Taten und auch die Verschiedenheit von Rechtsgutverletzungen auf das geforderte Maß an Unrecht auswirken (zutr. *Murmann*, in: Handbuch zum Strafverfahren Rn. 391). Sind aufgrund einer Kleptomanie auch in Zukunft Bagatelldiebstähle ohne Steigerung der Handlungsgefährlichkeit zu erwarten, liegen die Anordnungsvoraussetzungen im Regelfall hingegen nicht vor (LG Bremen StV 2011, 403).

III. Erforderlichkeit der Maßnahme. **Unzulässig** sind unter dem Gesichtspunkt der Geeignetheit Maßnahmen nach § 81g, wenn im konkreten Einzelfall ein **Aufklärungserfolg** mithilfe der DNA-Analyse **nicht erwartet** werden kann, weil – wie etwa bei § 154 StGB oder bei Vergehen nach §§ 263, 266, 266a StGB (vgl. LG Aachen StraFo 2009, 18 f.; LG Leipzig StraFo 2007, 464; a. A. LG Freiburg NJW 2001, 3720) – nach allgemeiner Erfahrung eine Absonderung von geeigneten Körperzellen ausscheidet (BVerfG StV 2001, 147). Diese Einschränkung hat sich am Begehungscharakter der zu prognostizierenden Tat und nicht an der Anlasstat zu orientieren. Deshalb kann auch bei Teilnahme (zur Anstiftung LG Berlin NJW 2000, 752) und versuchter Tat ein Anordnungsgrund bestehen (SK-StPO/*Rogall* § 81g Rn. 19; *Eisenberg* FS Meyer-Goßner, S. 295), sofern bei künftigen Taten eine Spurenverursachung möglich erscheint. Angesichts zunehmend verbesserter Analysemethoden dürfte diese Einschränkung allerdings kaum Bedeutung besitzen (LG Bautzen NJW 2000, 1207 f.; selbst bei Umsatzsteuerhinterziehung wegen DNA-Spuren an Rechnungen bejaht von LG Saarbrücken NStZ 2011, 424; vgl. des Weiteren *Markwardt/Brodersen* NJW 2000, 695; SK-StPO/*Rogall* Rn. 46; a. A. hinsichtlich des Handeltreibens mit Betäubungsmitteln LG Koblenz StV 1999, 141; LG Frankenthal StV 2000, 609; AG Kaiserslautern StV 2000, 72; ebenso für Hehlerei LG Freiburg NStZ 2000, 165; generell zu §§ 257 bis 266b StGB OLG Celle NStZ-RR 2010, 149). Auch bei Straftaten, die allein unter Einsatz von Computern und des Internets begangen werden, wird z.T. ein möglicher Aufklärungserfolg verneint (vgl. zum Besitz kinderpornographischer Schriften LG Hannover StraFo 2013, 335). Da § 81g **keine Subsidiaritätsklausel** kennt, steht er der Anordnung nicht entgegen, dass eine Tataufklärung in künftigen Strafverfahren auch mit anderen Maßnahmen in Betracht kommen könnte (vgl. LG Saarbrücken NStZ 2011, 424), zumal dies gerade bei der hier systemfremden Aufnahme einer an sich präventiv ausgerichteten Befugnis ohnehin kaum justiziabel wäre. Auch eine Beziehungstat kann die erforderliche Eignung besitzen (OLG Karlsruhe StV 2002, 61), eine Anordnung scheidet aber aus, wenn sich der Täter zur

§ 81g StPO DNA-Identitätsfeststellung

Tatzeit in einer nicht wiederholbaren psychischen Ausnahmesituation befunden hat (VerfG des Landes Brandenburg StV 2002, 58; OLG Oldenburg NStZ-RR 2009, 19).

9 Von einem Eingriff muss hingegen unter dem Gesichtspunkt der Erforderlichkeit abgesehen werden, wenn die Strafverfolgungsbehörden bereits über ein geeignetes DNA-Identifizierungsmuster verfügen (BT-Drucks. 13/11116, S. 7; AG Hamburg, StV 2013, 148; SK-StPO/*Rogall* § 81g Rn. 46; HK/*Brauer* Rn. 19). Zulässig soll aber bei Verdacht einer erneuten Anlasstat eine Auftypisierung eines alten DNA-Identifizierungsmusters im Wege erneuter molekulargenetischer Untersuchung sein, da zwischenzeitlich die gespeicherten Merkmale erweitert wurden (vgl. LG Freiburg 2 Qs 12/12). Ein im anhängigen Strafverfahren nach § 81e gewonnenes DNA-Muster kann unter den engeren Voraussetzungen des § 81g auch für Zwecke der Identifizierung in einem künftigen Strafverfahren verwendet werden (KK-StPO/*Senge* § 81g Rn. 6). Ebenso ist eine erneute Anordnung zur Entnahme und Untersuchung ausgeschlossen, wenn bereits ein nach § 81g gewonnenes Identifizierungsmuster vorliegt (OLG Bremen NStZ 2006, 653; LR/*Krause*, § 81g Rn. 38). In diesem Fall kommt lediglich eine erneute Anordnung zur Speicherung des Identifizierungsmusters in der DNA-Analysedatei in Betracht.

10 **IV. Negativprognose.** Ferner muss die Gefahr bestehen, dass gegen den Beschuldigten künftig erneut wegen Straftaten ermittelt wird, die den in § 81g Abs. 1 genannten Taten entsprechen (**Wiederholungsgefahr**). Die erforderliche »Negativprognose« (BT-Drucks. 13/10791, S. 5 verweist auf § 8 Abs. 6 Nr. 1 BKAG; dagegen LR/*Krause* Rn. 27) setzt eine prognostische Beurteilung voraus, die auf zutreffend ermittelten, in sich schlüssigen und verwertbaren Tatsachen beruhen muss (zur korrespondierenden Begründungspflicht Rdn. 22). Der Anordnende besitzt einen gewissen Beurteilungsspielraum (SK-StPO/*Rogall* § 81g Rn. 15), die Maßnahme darf aber nur auf Umstände gestützt werden, denen Aussagekraft für die Wahrscheinlichkeit einer künftigen Tatbegehung zukommt (BVerfGE 103, 21; LG Nürnberg-Fürth StV 2000, 71 f.).

11 Eine erhöhte **Wahrscheinlichkeit für den Rückfall** wird nicht verlangt (BVerfG StV 2009, 2; LG Hannover NStZ 2000, 221; OLG Celle NStZ 2006, 717 f.; LG Saarbrücken NStZ 2011, 424), der Entscheidungsträger muss lediglich »Grund« zu der Annahme von Wiederholungsgefahr haben (LG Waldshut-Tiengen StV 1999, 366). Eine Orientierung am strengeren Maßstab der §§ 63, 64 und 66 StGB (so LG Zweibrücken StV 1999, 303; LG Gera StV 1999, 589; *Senge* NJW 1999, 255) scheidet deshalb nach dem Gesetzeswortlaut ebenso aus (vgl. auch *Endriss/Kinzig* NStZ 2001, 301) wie die Übernahme des Maßstabs von § 112a (so *Schneider* StV 2001, 6). Die Gefährlichkeitsprognose des § 63 StGB bzw. die Feststellung einer Hangtäterschaft hätte allerdings zumindest den Vorteil, eine justiziable Schranke für die Anordnung nach § 81g aufzustellen. Sollte sich die immer noch zu beobachtende Praxis einer mangelhaft substanziierten Feststellung der erforderlichen Prognose fortsetzen (zu Recht krit. *Eisenberg* FS Lenckner, S. 296 ff.), könnte es durchaus geboten sein, im Wege der verfassungskonformen Auslegung den Maßstab des § 81g an die §§ 63, 64, 66 StGB anzulehnen. Erforderlich ist jedenfalls eine positive Feststellung der Wiederholungsgefahr (SK-StPO/*Rogall* § 81g Rn. 38), die dafür erforderlichen Erkenntnisse können im Freibeweisverfahren gewonnen werden. Zudem muss darauf hingewiesen werden, dass eine Einwilligung die erforderliche Prognose nicht ersetzen kann (zutr. *Eisenberg* BR Rn. 1690).

12 Nach der gesetzlichen Regelung hat sich die Prognose zunächst an der **Art oder Ausführung der Anlasstat** zu orientieren, etwa an der aufgewendeten kriminellen Energie oder dem Deliktstypus, sofern dieser wie bei schweren Sexualstraftaten oder gewerbs- bzw. bandenmäßiger Begehung nach kriminalistischer Erfahrung eine Wiederholungsgefahr begründet (vgl. auch OLG Köln NStZ-RR 2002, 306). Einzubeziehen ist des Weiteren die **Persönlichkeit** des Beschuldigten. Die dafür maßgebende innere Bereitschaft, erneut Straftaten zu begehen, wird anhand der Vortaten des Beschuldigten, der Rückfallgeschwindigkeit, bestehender psychischer Erkrankungen sowie seiner persönlichen Lebensumstände (LG Berlin StV 2000, 303; LG Hannover StV 2000, 302) ermittelt. Ergänzend sind schließlich **sonstige Erkenntnisse** heranzuziehen, die mit kriminalistisch und kriminologisch anerkannten Erfahrungsgrundsätzen in Verbindung gebracht werden können. Bei einer einmaligen Beziehungstat kann eine Wiederholungsgefahr zu verneinen sein (OLG Oldenburg StV 2009, 8 zum Verdacht der sexuellen Nötigung einer früheren Lebensgefährtin des Angeklagten).

13 Die »Negativprognose« des § 81g soll anderen Grundsätzen folgen als die »**positive Sozialprognose**« des § 56 StGB (OLG Celle NJW 2006, 3155), sodass eine Strafaussetzung einer Anordnung nach § 81g

nicht entgegensteht (BVerfGE 103, 21; BVerfG StV 2009, 1; NStZ-RR 2014, 48; OLG Jena StV 2001, 5; LG Göttingen NJW 2000, 751; AG Wendel ZJJ 2010, 432; *Meyer-Goßner/Schmitt* Rn. 8; SK-StPO/ *Rogall* Rn. 45; *Krause* FS Rieß, S. 278; *Markwardt/Brodersen* NJW 2000, 693 f.; krit. *Bosch* StV 2008, 574; *Neubacher/Walther* StV 2001, 587; a. A. LG Freiburg StV 2001, 8; LG Frankenthal NStZ-RR 2001, 19; *Kauffmann/Ureta* StV 2000, 104). Wenn beide Prognosen zeitnah erfolgen und nicht auf abweichende, zwischenzeitlich gewonnene Erkenntnisse gestützt werden, lässt sich der differierende Maßstab nur durch eine großzügige Bewährungspraxis erklären, die ohne Rücksicht auf das Kriterium der Legalbewährung ausschließlich nach Strafaxen erfolgt. Methodisch erfolgt die Prognose nach den gleichen Grundsätzen, da eine durch Tatsachen begründete Wahrscheinlichkeit straffreier Führung (so der Maßstab des § 56 StGB) der Annahme entgegensteht, gegen den Beschuldigten würden künftig erneut Strafverfahren wegen einer der in § 81g genannten Straftaten geführt (nach h.M. erzeugt die Aussetzung hingegen lediglich einen erhöhten Begründungsaufwand, vgl. BVerfGE 103, 21; BVerfG StraFo 2009, 276; NStZ-RR 2014, 48; LG Berlin StraFo 2009, 203). Zudem spricht der gerade bei Negativprognosen zu vermutende Effekt einer selbstbestätigenden Wirkung der Einschätzung künftiger Entwicklungen gegen eine abweichende Beurteilung. Rechtfertigen lässt sich die unterschiedliche Behandlung allenfalls durch die (systemfremde) Erwägung, bei der Bewährung könne die Straffreiheit auch durch Weisungen nach § 56c StGB spezialpräventiv beeinflusst werden. Das erhöhte Entdeckungsrisiko durch Speicherung des DNA-Identifizierungsmusters würde dann vergleichbar den in § 56c StGB genannten Überwachungsmaßnahmen dazu dienen, die erforderliche günstige Sozialprognose abzusichern.

Ungeklärt ist des Weiteren, ob – wie der Wortlaut dies nahelegt – das Erfordernis **künftiger Strafverfahren** auch die Fälle umfasst, in denen die Straftaten zwar schon begangen, aber noch nicht aufgeklärt sind, sodass zwar keine neuen Straftaten, aber zumindest künftige Verfahren wegen alter Taten zu erwarten sind (etwa bei RAF-Tätern, bei denen keine neuen Taten prognostiziert werden können, deren Beteiligung an Altfällen jedoch offen ist; vgl. Ermittlungsrichter des BGH, Beschl. v. 23.07.2001 – 1 BGs 129/2001, 1 StE 4/85, S. 4 f.). Eine Einbeziehung dieser Fälle muss trotz des offenen Wortlautes von § 81g abgelehnt werden (a. A. Ermittlungsrichter des BGH a.a.O.; *Meyer-Goßner/Schmitt* Rn. 8; *Fluck* NJW 2001, 2293). Der mit der Genomanalyse verbundene Grundrechtseingriff kann nur durch einen in diesen Fällen nicht vorhandenen Anfangsverdacht oder eine festgestellte Negativprognose gerechtfertigt werden. Wird hingegen die beschriebene Praxis auch auf andere ungeklärte Altfälle ausgedehnt, so tritt eine vergleichbare Problematik wie bei Reihenuntersuchungen auf. Soll es etwa für die Erfassung eines zwischenzeitlich sozial angepassten Täters eines Wohnungseinbruchsdiebstahls genügen, dass noch weitere unaufgeklärte Diebstahlsdelikte im näheren Umkreis des Aufenthaltsortes des Täters begangen wurden? Letztlich würde bei extensiver Wortlautinterpretation eine unbegrenzte Erfassung von Alttätern ohne Rücksicht auf die kumulativ erforderliche Negativprognose ermöglicht (dagegen ausführlich SK-StPO/*Rogall* § 81g Rn. 32 f.). 14

V. Rechtskräftig Verurteilte (Abs. 4) Abs. 4 erweitert den Anwendungsbereich des § 81g auf **rechtskräftig** wegen einer in § 81g Abs. 1 genannten Anlasstat **Verurteilte**, setzt aber voraus, dass die entsprechende Eintragung im Bundeszentralregister oder im Erziehungsregister noch nicht getilgt ist. Den Verurteilten **gleichgestellt** sind Personen, die nur wegen erwiesener oder nicht ausschließbarer Schuldunfähigkeit (nicht bei Freispruch aus Mangel an Beweisen trotz »fortbestehendem Tatverdacht«, vgl. AG Tiergarten StV 2008, 349; OLG Oldenburg NStZ 2008, 711), auf Geisteskrankheit beruhender Verhandlungsunfähigkeit oder fehlender oder nicht ausschließbar fehlender Verantwortlichkeit (§ 3 JGG) nicht verurteilt worden sind. Urteile aus anderen EU-Staaten oder eine nach § 54 BZRG eingetragene ausländische Verurteilung soll hierfür genügen (*Meyer-Goßner/Schmitt* § 81g Rn. 10; a. A. AG Aachen StraFo 2008, 239, allerdings auch gestützt auf die fehlende Eintragung nach § 54 BZRG; zur EU vgl. aber Art. 3 Rahmenbeschluss 2008/675/JI v. 24.07.2008, AblEU L 220, S. 32; OVG Hamburg NJW 2009, 1367). Infolge des uneingeschränkten Verweises auf die z.T. erheblichen Tilgungsfristen des BZRG (vgl. §§ 46, 63 BZRG: § 46 Abs. 1 Nr. 3 BZRG: 20 Jahre) können auch sehr lange zurückliegende Straftaten, sofern die Eintragung nicht tilgungsreif ist (vgl. LG Aachen StV 2004, 9; HK-GS/*Neuhaus* § 81g Rn. 3), Maßnahmen nach § 81g auslösen. Den dagegen geäußerten Bedenken (krit. HK/*Brauer* § 81g Rn. 32; *Ohler* StV 2000, 326) kann nur durch eine äußerst sorgfältige Prüfung der Wiederholungsgefahr Rechnung getragen werden (*Meyer-Goßner/Schmitt* Rn. 10; SK-StPO/*Rogall* 15

§ 81g StPO   DNA-Identitätsfeststellung

Rn. 70). Die erhebliche Weite der Regelung bleibt dennoch problematisch und lässt sich jedenfalls nicht allein mit der Entlastung von Nichttätern rechtfertigen (so SK-StPO/*Rogall* Rn. 70 zur Einbeziehung von Schuld- und Verhandlungsunfähigen), denn dieses Ziel legitimiert unter normativen Gesichtspunkten (Unschuldsvermutung) nicht die Auswahl des genannten Personenkreises.

16 Die auch bei rechtskräftiger Verurteilung erforderliche **Negativprognose** folgt den oben dargestellten Grundsätzen (Rdn. 10 ff.), bereitet in der Praxis jedoch angesichts der unbestimmten Abgrenzung des betroffenen Personenkreises Schwierigkeiten. Eine Wiederholungsgefahr wurde etwa verneint bei einer mehr als acht, zehn oder sogar 21 Jahre zurückliegenden Verurteilung bei anschließend weitgehend straffreier Führung (BVerfG NJW 2001, 2320; LG Aurich StV 2000, 609; AG Stade StV 2000, 304; LG Freiburg StraFo 2001, 324, LG Karlsruhe StV 2003, 609; LG Hamburg StraFo 2006, 376; LG Nürnberg-Fürth StraFo 2009, 509), beim Handeln in einer zwischenzeitlich nicht mehr bestehenden finanziellen Notsituation (LG Traunstein StV 2001, 391), bei lediglich geringfügigen Straftaten, auch wenn der Verurteilte bewährungsbrüchig geworden ist (LG Mannheim StV 2001, 266), bei schwerwiegender einmaliger Entgleisung aufgrund eines »Impulsdurchbruchs« (LG Oldenburg StV 2001, 8), bei nicht vorbestraften Erstverbüßern, die in hinlänglich geordneten Verhältnissen gelebt haben und sich im Vollzug beanstandungsfrei führen (LG Tübingen StV 2000, 114), bei Drogenstraftätern, wenn diese erfolgreich eine Drogentherapie durchgeführt haben (LG Bremen StV 2000, 303; LG Bückeburg StV 2001, 9) oder bei Sexualdelikten, sofern diese Ausfluss einer entwicklungsbedingten Krise waren (LG Freiburg NStZ-RR 2001, 336). Eine Anordnung ist auch bei Vollstreckung eines längeren Straf- oder Maßregelvollzugs zulässig, da erhebliche Straftaten auch bei einer noch nicht vorhersehbaren Vollzugsunterbrechung begangen werden können (*Meyer-Goßner/Schmitt* § 81g Rn. 10). Bei Jugendlichen wird mit unklarer Abgrenzung zur Feststellung der Prognosetatsachen eine besonders sorgfältige Abwägung der für die Negativprognose erheblichen Umstände gefordert, da bei der erforderlichen Verhältnismäßigkeitsprüfung auch die Auswirkungen einer Erfassung und Speicherung von Genmerkmalen auf die weitere Entwicklung des Jugendlichen zu berücksichtigen sein sollen (vgl. BVerfG NJW 2008, 281; NStZ-RR 2013, 315; BVerfG 2 BvR 2392/12; *Meyer-Goßner/Schmitt* § 81g Rn. 10). Ergibt sich aber bereits unabhängig von einer Erfassung die erforderliche Negativprognose, ist es äußerst fernliegend, auf eine Erfassung mit Rücksichtnahme auf den Selbstfindungsprozess des Jugendlichen zu verzichten (so aber BVerfG NJW 2008, 282).

17 **C. Formelle Anordnungsvoraussetzungen. Anordnungskompetenz** und einzuhaltendes **Verfahren** werden in **Abs. 3** geregelt. Sachlich muss zwischen der Anordnung der Entnahme von Körperzellen (Abs. 3 Satz 1) und der Anordnung der molekulargenetischen Untersuchung (Abs. 3 Satz 2) unterschieden werden.

18 **I. Anordnungskompetenz.** Für die **Entnahme von Körperzellen** ist grds. ein Richtervorbehalt vorgesehen. Bei Gefährdung des Untersuchungserfolgs kann die Entnahme durch die StA oder nachrangig ihre Ermittlungspersonen angeordnet werden (vgl. dazu auch *Ohler* StV 2000, 327). Wegen der verfassungsrechtlich gebotenen, engen Auslegung von »Gefahr im Verzug« (vgl. BVerfG NJW 2001, 1222 f.) dürfte die Ausnahmekompetenz kaum praktische Bedeutung besitzen (vgl. auch AG Bremen NStZ-RR 1999, 180; meist wird auf die Fälle der Flucht vor Entnahme verwiesen, vgl. *Murmann*, in: Handbuch zum Strafverfahren Rn. 397). **Sachlich zuständig** ist auch in Altfällen (Abs. 4) im Vorverfahren der örtlich zuständige Ermittlungsrichter (§ 162 Abs. 1 Satz 1), bei Jugendlichen hingegen der Jugendrichter (*Eisenberg* NStZ 2003, 131; *ders.* FS Meyer-Goßner, S. 302). Da Entnahme und anschließende Untersuchung trotz unterschiedlicher Eingriffsvoraussetzungen eine »einheitliche Untersuchungshandlung im Rechtssinne bilden«, ist dasjenige AG **örtlich zuständig**, in dessen Bezirk die Untersuchungshandlung beginnen soll (BGHR § 81g Zuständigkeit 1; BGHSt 45, 378; LR/*Krause* § 81g Rn. 50; SK-StPO/*Rogall* § 81g Rn. 48; a. A. noch OLG Köln NJW 1999, 1878).

19 **Nach Erhebung der Anklage** bis zum rechtskräftigen Abschluss des Verfahrens geht die Zuständigkeit auf das erkennende Gericht über (OLG Celle NStZ-RR 2000, 374; OLG Hamm StV 2000, 606; OLG Bremen NStZ 2006, 716; *Meyer-Goßner/Schmitt* § 81g Rn. 15; a. A. *Senge* NJW 1999, 255). Obwohl Maßnahmen nach § 81g nicht der Beweisführung im anhängigen Strafverfahren dienen und die Prognoseentscheidung nach § 81g Befangenheitsanträge provozieren mag (vgl. KG NStZ-RR 2004, 83; NStZ-RR 1999, 146; LG Karlsruhe NJW 1999, 301; OLG Zweibrücken NStZ-RR 1999, 146; KK-

StPO/*Senge* § 81g Rn. 18), dürfte eine Zuständigkeit des erkennenden Gerichts v.a. wegen dessen größerer Sachnähe geboten sein (SK-StPO/*Rogall* § 81g Rn. 48). Sie trägt den Anforderungen an die Begründung der Negativprognose (vgl. BVerfG StV 2001, 378) am besten Rechnung. Nach Eintritt der Rechtskraft bzw. wenn ein verurteilter Jugendlicher zwischenzeitlich erwachsen ist (vgl. LG Essen StV 2000, 365) geht die Zuständigkeit wieder auf den Ermittlungsrichter über (OLG Oldenburg v. 16.07.2008 – 1 Ws 390/08; OLG Brandenburg v. 04.01.2008 – 1 Ws 320/07; vgl. auch BGH NStZ-RR 2007, 179; noch zu § 2 DNA-IFG OLG Saarbrücken NStZ-RR 2004, 112; OLG Düsseldorf NStZ 2004, 349). Eine zu diesem Zeitpunkt nicht erledigte Beschwerde ist in einen Antrag nach Abs. 4 umzudeuten.

Für die Anordnung der **molekulargenetischen Untersuchung** des entnommenen Körpermaterials besteht nach **Abs. 3 Satz 2** ein ausschließlicher Richtervorbehalt, zumal hier Eilentscheidungen noch weniger als bei der Entnahme vorstellbar sind. Sie kann nur auf Antrag der StA und nicht der Polizei erfolgen (*Meyer-Goßner/Schmitt* § 81g Rn. 15; *Graalmann-Scheerer* Kriminalistik 2000, 331).

II. Einwilligung des Beschuldigten. Die **schriftliche Einwilligung** des Betroffenen in die Entnahme der Köperzellen (Abs. 3 Satz 1) bzw. deren Untersuchung (Abs. 3 Satz 2) macht die richterliche Anordnung entbehrlich, sofern der Beschuldigte über den Zweck und das Ziel der Maßnahme, der Aufnahme der Daten in die DNA-Analyse-Datei sowie Umfang, Tragweite und Grenzen seines Weigerungsrechts belehrt wurde und sowohl Belehrung als auch Einverständnis in den Akten dokumentiert sind (vgl. aber zur alten Rechtslage auch AG Hamburg StV 2001, 13; LG Hannover NStZ-RR 2001, 20; *Volk* NStZ 1999, 169; *Graalmann-Scheerer* JR 1999, 455; *Golembiewski* NJW 2001, 1037; *Sprenger/Fischer* NJW 1999, 1833; abw. LG Hamburg StV 2000, 661; krit. zu den Folgen einer Einwilligung *Hinrichs* KJ 2006, 68). Da sich der Gesetzgeber bewusst im überindividuellen Interesse einer möglichst unabhängigen Kontrolle gentechnischer Untersuchungen für den Richtervorbehalt entschieden hat (vgl. zur alten Rechtslage noch BT-Drucks. 13/10791, S. 5) und der Beschuldigte die Bedeutung der nach Abs. 1 erforderlichen Negativprognose ohnehin kaum erfassen kann, sind an das Vorliegen einer Einwilligung sehr strenge Maßstäbe anzulegen. Eine erteilte Einwilligung kann jederzeit widerrufen werden, der Widerruf hindert jedoch nicht die Untersuchung und Verwertung des durch Einwilligung erlangten Materials (*Finger* Kriminalistik 2006, 698). Die Probe bleibt verwertbar, da sie rechtmäßig erlangt wurde (LG Saarbrücken StV 2001, 266; vgl. aber auch *Bergmann/Hornung* StV 2007, 167). Verweigert der Beschuldigte die Entnahme der Körperzellen, kann sie mittels Anwendung von Zwang durchgesetzt werden.

III. Form und Inhalt der Entscheidung. Form und Inhalt der Entscheidung richten sich nach § 81g Abs. 3 Satz 4, 5, wobei die gesetzliche Regelung lediglich die zuvor durch das BVerfG aufgestellten Grundsätze wiedergibt (vgl. BVerfGE 103, 35; BVerfG StV 2001, 380 f.). Das Gericht entscheidet stets, d.h. auch in der Hauptverhandlung, durch Beschluss (BGH NStZ-RR 2002, 67). Die **Entscheidungsgründe** haben die für die Erheblichkeit nach Abs. 1 maßgebenden Tatsachen zu benennen. Ebenso müssen die für die erforderliche Negativprognose maßgeblichen Umstände mitgeteilt und abgewogen werden; eine bloße Wiedergabe des Gesetzeswortlauts oder die Aufzählung der Eintragungen des Bundeszentralregisters genügt nicht (BVerfGE 103, 35; BVerfG StV 2001, 380 f.; OLG Hamm StraFo 2009, 509; OLG Karlsruhe StV 2002, 60; OLG Celle NStZ-RR 2010, 150; KG StV 2011, 402). Die Begründung der Prognose muss durch positive Tatsachen belegt sein und kann sich nicht in unverbindlichen Wendungen erschöpfen (*Eisenberg* FS Lenckner, S. 297). Hierzu sind regelmäßig die verfügbaren Straf- und Vollstreckungsakten, das Bewährungsheft und ein zeitnah zur Entscheidung erstellter Auszug aus dem Bundeszentralregister hinzuzuziehen (BVerfG NStZ-RR 2007, 378; VerfG des Landes Brandenburg StV 2002, 58; KG StV 2011, 403; LG Würzburg StV 2000, 12).

Diese Grundsätze sind auch bei nachträglicher Anordnung zu beachten (Abs. 4). Wurde durch ein anderes Gericht etwa im Rahmen einer Strafaussetzung zur Bewährung eine abweichende Prognose erstellt, unterliegt die nachfolgende Anordnung nach § 81g einem erhöhten Begründungsbedarf (LG Oldenburg StV 2001, 8; *Graalmann-Scheerer* Kriminalistik 2000, 334). Da die gebotene Begründung dem Eingriff in das Recht auf informationelle Selbstbestimmung unter Berücksichtigung aller Einzelumstände Rechnung tragen muss, kommt eine Anordnung nicht in Betracht, wenn völlig ungewiss ist, ob der Verurteilte jemals für die Untersuchung zur Verfügung stehen wird (BGH StV 2000, 114: unzulässige »Vorratshaltung« richterlicher Beschlüsse; BGH wistra 2002, 475). Hinsichtlich der Benennung und Auswahl des **Sachverständigen**, der die Untersuchung vornimmt, sowie der flankierenden Schutzmaßnahmen verweist Abs. 3 Satz 4 auf § 81f Abs. 2 (vgl. dort Rdn. 3 ff.). Ist eine gerichtliche Anordnung aufgrund einer Einwilligung des Beschuldigten entbehrlich, so erfolgt die Beauftragung des die Entnahme der Körperzellen durchführenden Sachverständigen im Regelfall durch die StA. Der Beschluss ergeht ohne Kosten und Auslagenentscheidung (LG Essen StV 2000, 365).

24 **D. Durchführung und Vollzug der Maßnahme. I. Durchführung der Entnahme.**
§ 81g trifft anders als §§ 81a, c keine näheren Aussagen über die **Art und Weise** der Durchführung des körperlichen Eingriffs. Die bestehende Lücke ist durch entsprechende Anwendung von § 81a Abs. 1 Satz 2 zu schließen (SK-StPO/*Rogall* § 81g Rn. 13). § 81a Abs. 1 Satz 2 beinhaltet eine dem Verhältnismäßigkeitsgrundsatz entsprechende Abwägung für körperliche Eingriffe beim Beschuldigten. Der Eingriff hat deshalb durch einen Arzt nach den Regeln der ärztlichen Kunst zu erfolgen. Aus dem Verhältnismäßigkeitsgrundsatz kann des Weiteren die Pflicht abgeleitet werden, bei der Art des Eingriffs eine **Stufenfolge** zu wahren. Bei gleicher Eignung zur DNA-Identitätsfeststellung gebührt der Speichelprobe bei freiwilliger Mitwirkung des Beschuldigten als weniger einschneidende Maßnahme ggü. der zwangsweisen Blutentnahme der Vorrang (*Volk* NStZ 1999, 169). Der Beschuldigte muss deshalb über die Möglichkeit belehrt werden, die intensivere Eingriffsform durch freiwillige Mitwirkung abzuwenden (*Graalmann-Scheerer* JR 1999, 454).

25 **II. Vollzug der Maßnahme durch Zwang.** Widersetzt sich der Beschuldigte der Entnahme von Körperzellen kann diese auf der Grundlage des anordnenden Beschlusses mit unmittelbarem Zwang durchgesetzt werden (OLG Jena NStZ 1999, 635; zum Strafvollzug vgl. § 94 Abs. 1 StVollzG und hierzu *Radtke/Britz* ZfStrVO 2001, 134). § 2 Abs. 3 DNA-IFG verwies auf §§ 131a, c und ermöglichte damit **die Aufenthaltsermittlung** durch **Ausschreibung** bei Verurteilten, wenn dies bei Personen unbekannten Aufenthalts zur Anfertigung einer DNA-Analyse erforderlich war (§ 131 Abs. 2). Infolge der Gleichstellung durch Abs. 4 ist klargestellt, dass diese Befugnisse auch weiterhin ggü. rechtskräftig Verurteilten und gleichgestellten Personen bestehen (vgl. aber auch SK-StPO/*Rogall* § 81g Rn. 76). Soweit eine Aufenthaltsermittlung auf andere Weise erheblich weniger Erfolg verspricht oder wesentlich erschwert ist, kann eine **Öffentlichkeitsfahndung** angeordnet werden (§ 131a Abs. 3). Die Anordnungskompetenz richtet sich nach § 131c Abs. 1 Satz 2. Steht der Aufenthalt des Betroffenen fest, so soll, wenn der Betroffene einer Vorladung zur Entnahme der Körperzellen nicht nachkommt, als weitere Fahndungsmaßnahme zu seiner Auffindung die **Durchsuchung der Wohnung** (§§ 102, 103) auf richterliche Anordnung möglich sein (*Graalmann-Scheerer* ZRP 2002, 75; a. A. zur alten Rechtslage noch *Fluck* NJW 2001, 2295). Strafprozessual lässt sich dies trotz der Gleichstellung von Verurteilten und Beschuldigten kaum auf §§ 102, 105 stützen, denn der mit einer strafprozessualen Durchsuchung verbundene Grundrechtseingriff (Art. 13 GG) kann nur im Rahmen eines Ermittlungsverfahrens zur Ergreifung eines Tatverdächtigen, nicht aber aus lediglich präventiven Gründen gerechtfertigt werden. Die **Kosten** der Körperzellenentnahme und ihrer Untersuchung sind keine Verfahrenskosten und deshalb vom Staat zu tragen (*Meyer-Goßner/Schmitt* § 81g Rn. 20).

26 **III. Bestellung eines Verteidigers.** Bei Anordnungen molekulargenetischer Untersuchung nach § 81g wird in Abhängigkeit von der maßgebenden Anlasstat häufig ein Fall der **notwendigen Verteidigung** nach § 140 Abs. 1 Nr. 2, 5 gegeben sein. Je nach den Umständen des Einzelfalls kann dies auch aus rechtsstaatlichen Erwägungen darüber hinausreichend geboten sein (vgl. BVerfGE 103, 21; BVerfG NStZ 2008, 226; LG Karlsruhe StV 2001, 390). Die Bestellung eines Verteidigers ist jedenfalls dann zwingend erforderlich, wenn die Sozialprognose nach § 56 StGB und die nach Abs. 1 erforderliche Negativprognose divergieren können, da der Beschuldigte die jeweilige prognostische Wertung und ihre Unterscheidung kaum nachvollziehen kann (vgl. auch Rdn. 13). Ebenso ist dies geboten, wenn zur Klärung der Prognoseentscheidung die Bestellung eines (psychiatrischen) Sachverständigen erforderlich wird (vgl. auch LR/*Krause* § 81g Rn. 57). Davon abgesehen ist nach herrschender Meinung auch der unverteidigte Beschuldigte vor der Anordnung anzuhören (so *Murmann*, in: Handbuch zum Strafverfahren Rn. 399; SK-StPO/*Rogall* § 81g Rn. 57; LR/*Krause* Rn. 52; a. A. *Meyer-Goßner/Schmitt* § 81g Rn. 15).

E. **Datenschutzrechtliche Regelungen.** I. **Zweckbindung.** Abs. 2 Satz 1 Halbs. 1, **27** Satz 2 entsprechen sachlich den in §§ 81a Abs. 3, 81e Abs. 1 Satz 3 getroffenen Regelungen (vgl. § 81e Rdn. 6, 9) und gestatten molekulargenetische **Untersuchungen** des nach § 81g gewonnenen Materials nur insoweit, als sie dem **Zweck** der Feststellung des DNA-Identifizierungsmusters und der Vorsorge für die künftige Strafverfolgung dienen. Eine weiter gehende Erforschung des »Persönlichkeitsprofils« darf nicht erfolgen (BT-Drucks. 13/10791, S. 5).

II. **Speicherung.** Abs. 5 Satz 1 legt fest, dass die erhobenen Daten beim BKA in einer gemeinsam mit **28** den Landeskriminalämtern geführten Verbunddatei gespeichert und nach Maßgabe des BKAG verwendet werden dürfen. Sofern § 81g keine abweichende Regelung beinhaltet ist damit hinsichtlich Datenschutzkontrolle, Verarbeitung und Nutzung, Schadensersatz, Berichtigung und Löschung sowie der Verantwortung für den Datenbestand etc. das BKAG maßgebend (LR/*Krause* § 81g Rn. 66; *Meyer-Goßner/Schmitt* § 81g Rn. 12; eingehend *Eisenberg/Singelstein* GA 2006, 173).

III. **Vernichtung des Materials und Löschung.** Abs. 2 Satz 1 Halbs. 2 enthält eine **Vernichtungs-** **29** **regelung**, die dem Vernichtungsgebot des § 81a Abs. 3 Halbs. 2 entspricht (vgl. § 81a Rdn. 27). Das gesamte, dem Beschuldigten entnommene Körpermaterial ist unverzüglich zu vernichten, wenn es nicht mehr für molekulargenetische Untersuchungen benötigt wird. Das Vernichtungsgebot umfasst auch Zwischenprodukte und aufbereitetes Material (SK-StPO/*Rogall* § 81g Rn. 61); die erstellten DNA-Identifizierungsmuster dürfen hingegen beim Bundeskriminalamt **gespeichert, verarbeitet** **und genutzt** werden. Nach § 8 Abs. 3, 6 BKAG ist eine Speicherung, Veränderung oder Nutzung der Daten unzulässig, wenn sich aus den Gründen der dort genannten, verfahrensbeendigenden Entscheidungen ergibt, dass der Betroffene die Tat nicht oder nicht rechtswidrig begangen hat (*Meyer-Goßner/Schmitt* § 81g Rn. 12, 13; ausführlich *Eisenberg* BR Rn. 1691; SK-StPO/*Rogall* Rn. 87 ff.; vgl. erg. AG Tiergarten StV 2008, 349). Da Löschungsfristen nicht vorgesehen sind (vgl. aber die abgestuften Aussonderungsprüffristen des § 32 Abs. 3, 9 BKAG, die in der Errichtungsanordnung nach § 34 Abs. 1 Satz 1 Nr. 8 BKAG festgesetzt werden), können die gewonnenen DNA-Identitätsmuster beliebig lange aufbewahrt werden (*Meyer-Goßner/Schmitt* § 81g Rn. 12, 13; abl. *Bergmann/Hornung* StV 2007, 168; zu einem Anspruch auf Löschung VG Köln v. 12.07.2007 – 20 K 5777/05; vgl. auch OLG Bremen NStZ 2006, 653). Dies lässt sich bei rechtskräftig festgestellter Tatverantwortung des Beschuldigten rechtfertigen, um etwa auch nach dessen Tod Unschuldige entlasten zu können, ist darüber hinausreichend aber verfassungsrechtlich nicht zu legitimieren (zu Art. 8 EMRK vgl. aber EGMR EuGRZ 2009, 299, 311).

IV. **Verwendungsbeschränkung und Umwidmung.** Für die **gespeicherten Daten** sieht **Abs. 5** **30** **Satz 3** eine **Verwendungsbeschränkung** vor, die auch in den Fällen der Umwidmung (vgl. Rdn. 31) zu beachten ist. Obwohl die Reglung die nach Satz 1 anwendbaren §§ 10, 14 BKAG einschränkt (vgl. auch *Meyer-Goßner/Schmitt* § 81g Rn. 12a) und deshalb zunächst auch nach dem BKAG zulässig sein muss (vgl. BT-Drucks. 15/5674, S. 13), ist die Regelung der Zweckbindung für die Erteilung von Auskünften aus der DNA-Analyse-Datei angesichts ihrer unbestimmten Weite nicht unbedenklich. Die Auskunftserteilung für Zwecke eines Strafverfahrens umfasst auch den Bereich des Strafvollzugs, der Strafvollstreckung und des Gnadenverfahrens (vgl. bereits BT-Drucks. 13/11116, S. 8). Der Begriff der Gefahrenabwehr wird ebenso in weitem Sinne verstanden und nicht auf die Abwehr konkreter Gefahren beschränkt (krit. *Paeffgen* StV 1999, 626).

Abs. 5 Satz 2 und Satz 4 dehnen die Regelung auf die Verarbeitung von Identifizierungsmustern von **31** Beschuldigten aus einem **laufenden Strafverfahren** aus, sodass auch die nach § 81e Abs. 1 erhobenen Daten unter den Voraussetzungen von § 81g Abs. 1 in der DNA-Analyse-Datei verarbeitet werden dürfen. Gleiches gilt nach **Abs. 5 Satz 2 Nr. 2** für das nach § 81e Abs. 2 untersuchte **Spurenmaterial**. Problematisch ist eine **Umwidmung** dann, wenn der Richter zwar die Voraussetzungen der §§ 81e und f im laufenden Strafverfahren überprüft hat, die dadurch gewonnenen Identifizierungsmuster aber ohne weitere richterliche Überprüfung des abweichenden Maßstabs von § 81g zum Zwecke der Datenvorsorge für künftige Strafverfahren verarbeitet werden (vgl. auch *Graalmann-Scheerer* ZRP 2002, 74). Ermöglicht wird diese Vorgehensweise durch eine Rechtspraxis, nach der eine erneute richterliche Anordnung dann entbehrlich ist, wenn der Beschuldigte in die Umwidmung einwilligt. Bei Umwidmung der Daten eines laufenden Strafverfahrens ist der Beschuldigte nach Abs. 5 Satz 4 durch die tätig gewor-

§ 81h StPO DNA-Reihenuntersuchung

dene Polizeibehörde (nicht zwingen das BKA, vgl. LR/*Krause* § 81g Rn. 70; *Meyer-Goßner/Schmitt* § 81g Rn. 12; *Störzer* Kriminalistik 2006, 184) über die Speicherung zu informieren und auf die Möglichkeit des Antrags auf gerichtliche Entscheidung (entsprechend § 98 Abs. 2 Satz 2) hinzuweisen.

32 **F. Rechtsbehelfe. I. Beschwerde.** Die Anfechtung der Anordnung einer Entnahme von Körperzellen folgt den zu § 81a dargestellten Grundsätzen (§ 81a Rdn. 29 f.). Richtet sich die Beschwerde gegen die richterliche Anordnung der molekulargenetischen Untersuchung, so gelten die Erläuterungen zu § 81f entsprechend (§ 81f Rdn. 10; vgl. OLG Köln NStZ-RR 2002, 306). Eine Beschwerde gegen den stattgebenden Beschluss des Ermittlungsrichters des BGH, beim Beschuldigten Körperzellen zu entnehmen, ist ausgeschlossen, da die Entnahme von Körperzellen und deren molekulargenetische Untersuchungen nicht den in § 304 Abs. 5 genannten Maßnahmen gleichgestellt werden kann (BGH StV 2002, 59). Gegen die Art und Weise des Vollzugs kann nach § 98 Abs. 2 analog auch nach Vollzug der Anordnung vorgegangen werden (OLG Karlsruhe NJW 2002, 3117; LR/*Krause* § 81g Rn. 76).

33 **II. Revision.** Im **anhängigen Strafverfahren** können Fehler bei der Anordnung nach § 81g nicht gerügt werden. Das Urteil kann nicht auf dem Verfahrensfehler beruhen, weil das erlangte DNA-Identifizierungsmuster in diesem nicht verwertet wird (KK-StPO/*Senge* § 81g Rn. 17; SK-StPO/*Rogall* § 81g Rn. 93). Wird hingegen das DNA-Identifizierungsmuster in **künftigen Strafverfahren** wegen erneut begangener Straftaten verwendet, so ist zwischen Fehlern bei der Anordnung der Entnahme sowie deren Durchführung und den ergänzenden Normvoraussetzungen des § 81g zu differenzieren.

34 Die Überprüfung der von § 81g vorausgesetzten **Verdachtslage** (Rdn. 4 ff.) durch das Revisionsgericht wird sich entsprechend der zur Telefonüberwachung entwickelten Grundsätze (BGHSt 41, 34) auf eine objektivierte Willkürkontrolle zu beschränken haben (LR/*Krause* § 81g Rn. 84; *Graalmann-Scheerer* FS Rieß, S. 167). Stellt sich allerdings nachträglich heraus, dass keine Straftat von erheblicher Bedeutung oder gleichgestellte Straftaten vorgelegen haben, so darf das ursprünglich rechtmäßig erlangte Beweisergebnis nicht mehr verwertet werden (etwa auch bei rechtskräftigem Freispruch im Anlassstrafverfahren (vgl. auch LG Oldenburg, StV 2013, 145). Eine Verwertung ist darüber hinausreichend aber auch dann ausgeschlossen, wenn der Beschuldigte nur wegen einer nicht erheblichen Straftat verurteilt wurde und keine wiederholte Tatbegehung vorliegt (SK-StPO/*Rogall* § 81g Rn. 95, allerdings begrenzt auf »Unvertretbarkeit«; a. A. KK-StPO/*Senge* § 81g Rn. 17: »Willkür«). Dies auch deshalb, weil das Ermittlungsverfahren verglichen mit der verfahrensbeendenden Entscheidung häufig auf eine straftatbestandliche Höherstufung des mutmaßlichen Geschehensablaufes ausgerichtet ist (*Eisenberg* FS Lenckner, S. 305).

35 Schließlich muss ein unmittelbar auf den Grundsatz des fairen Verfahrens gestütztes Verwertungsverbot angenommen werden, wenn die neben der Verdachtslage vorausgesetzte **Wiederholungsgefahr** im Anordnungsbeschluss nicht nachvollziehbar begründet worden ist. Zwar besitzt der anordnende Richter einen Beurteilungsspielraum, der nur eingeschränkt durch das Revisionsgericht überprüft werden kann, fehlen aber die erforderlichen Angaben zur Begründung der Negativprognose, so kann der Richtervorbehalt nicht gewährleisten, dass der Grundrechtseingriff mess- und kontrollierbar bleibt. Zur Verwertbarkeit einer ohne schriftliches Einverständnis, aber nach Belehrung entnommenen Speichelprobe bei fehlendem Widerspruch des Beschuldigten vgl. BGH NStZ 2010, 157.

§ 81h StPO DNA-Reihenuntersuchung. (1) Begründen bestimmte Tatsachen den Verdacht, dass ein Verbrechen gegen das Leben, die körperliche Unversehrtheit, die persönliche Freiheit oder die sexuelle Selbstbestimmung begangen worden ist, dürfen Personen, die bestimmte, auf den Täter vermutlich zutreffende Prüfungsmerkmale erfüllen, mit ihrer schriftlichen Einwilligung

1. Körperzellen entnommen,
2. diese zur Feststellung des DNA-Identifizierungsmusters und des Geschlechts molekulargenetisch untersucht und
3. die festgestellten DNA-Identifizierungsmuster mit den DNA-Identifizierungsmustern von Spurenmaterial automatisiert abgeglichen werden,

soweit dies zur Feststellung erforderlich ist, ob das Spurenmaterial von diesen Personen stammt, und die Maßnahme insbesondere im Hinblick auf die Anzahl der von ihr betroffenen Personen nicht außer Verhältnis zur Schwere der Tat steht.

(2) [1]Eine Maßnahme nach Absatz 1 bedarf der gerichtlichen Anordnung. [2]Diese ergeht schriftlich. [3]Sie muss die betroffenen Personen anhand bestimmter Prüfungsmerkmale bezeichnen und ist zu begründen. [4]Einer vorherigen Anhörung der betroffenen Personen bedarf es nicht. [5]Die Entscheidung, mit der die Maßnahme angeordnet wird, ist nicht anfechtbar.

(3) [1]Für die Durchführung der Maßnahme gelten § 81f Abs. 2 und § 81g Abs. 2 entsprechend. [2]Soweit die Aufzeichnungen über die durch die Maßnahme festgestellten DNA-Identifizierungsmuster zur Aufklärung des Verbrechens nicht mehr erforderlich sind, sind sie unverzüglich zu löschen. [3]Die Löschung ist zu dokumentieren.

(4) [1]Die betroffenen Personen sind schriftlich darüber zu belehren, dass die Maßnahme nur mit ihrer Einwilligung durchgeführt werden darf. [2]Hierbei sind sie auch darauf hinzuweisen, dass
1. die entnommenen Körperzellen ausschließlich für die Untersuchung nach Absatz 1 verwendet und unverzüglich vernichtet werden, sobald sie hierfür nicht mehr erforderlich sind, und
2. die festgestellten DNA-Identifizierungsmuster nicht zur Identitätsfeststellung in künftigen Strafverfahren beim Bundeskriminalamt gespeichert werden.

Übersicht	Rdn.		Rdn.
A. Grundsätzliches und Regelungsgehalt	1	2. Zuständigkeit und formelle Voraussetzungen der Anordnung	12
B. Anordnungsvoraussetzungen	5		
I. Anfangsverdacht einer Katalogtat	5	C. Durchführung	14
II. Bestimmte Prüfungsmerkmale des betroffenen Personenkreises	7	I. Schutzvorkehrungen (Abs. 3 Satz 1)	14
		II. Folgen verweigerter Einwilligung	16
III. Verhältnismäßigkeit der Anordnung	8	D. Rechtsbehelfe	17
IV. Schriftliche Einwilligung	10	I. Beschwerde	17
V. Richterliche Anordnung (Abs. 2)	11	II. Revision	18
1. Richtervorbehalt	11		

A. Grundsätzliches und Regelungsgehalt.

§ 81h bietet die gesetzliche Grundlage für sog. **1 Reihengentests** bzw. **Massenscreenings**. Bei diesen werden einer Vielzahl von Personen mit bestimmten gruppenspezifischen Merkmalen Körperzellen entnommen (i.d.R. durch Speichelproben, aber auch durch Entnahme von Blutproben), um sie nach ihrer molekulargenetischen Untersuchung mit den Identifizierungsmustern von aufgefundenem Spurenmaterial (z.B. Haar, Blut, Speichel, Sperma) abzugleichen (vgl. nur *Sauter*, DNA Massentests im Strafverfahren, 2003, S. 27 ff.).

Reihengentests wurden bereits vor Einführung der Norm durchgeführt (abl. hierzu u.a. *Satzger*, JZ 2 2001, 639; zu Fällen vor Einführung des § 81h vgl. *Kerner/Trüg*, in: FS für Weber, S. 458 f.), problematisch war aber, auf welche Rechtsgrundlage diese gestützt werden können. Gegen den Willen der Betroffenen konnte die Maßnahme jedenfalls nicht nach § **81e Abs. 1 Satz 1, 2 i.V.m.** § **81a** durchgeführt werden, da eine Inkulpation der Betroffenen einen personenbezogenen Anfangsverdacht voraussetzt (vgl. dazu *Kerner/Trüg*, in: FS für Weber, S. 462 ff.; *Kretschmer* HRRS 2012, 183 ff.). Eine flächendeckende Inkulpation wird aber der eingriffslimitierenden Bedeutung der Versetzung in den **Beschuldigtenstatus** nicht gerecht (äußerst fernliegend deshalb die Erwägungen des BVerfG, NStZ 1996, 606 zum Anfangsverdacht bei ca. 750 Porsche-Haltern; zu Recht abl. u.a. *Fahl*, Rechtsmißbrauch im Strafprozeß, 2003, S. 206 f.; *Geppert*, in: FS für Schroeder, S. 683 f.).

Eine an sich naheliegende Berufung auf die für andere Personen als den Beschuldigten einschlägige Ein- **3** griffsbefugnis nach § **81e Abs. 1, 2 i.V.m.** § **81c Abs. 2** scheitert nicht nur aus Wortlauterwägungen, sondern v.a. daran, dass für die **Qualifizierung als Zeuge** ein gewisser Beweisbezug vorhanden sein muss. Dieser ist gerade dann nicht gegeben, wenn eine Untersuchung allein der Klärung dient, ob der Betroffene Beschuldigter ist oder als Beweisperson ausgeschieden werden kann (abw. LG Mannheim, NStZ-RR 2004, 302 f.; unklar LG Frankenthal, NStZ-RR 2000, 146). Entgegen dem Gesetzeswortlaut kann zwar durchaus vertreten werden, dass das Gesetz in § 81c Abs. 2 Satz 1 StPO nicht nur Blut-, sondern auch Speichelproben gestattet und diese auch zur Klärung der Frage, ob jemand als Beschuldigter in Betracht kommt (so mit unklarer Formulierung BerlVerfGH, NJW 2006, 1416). Fragwürdig bleibt die wortlautüberschreitende Auslegung aber deshalb, weil bei einem Eingriff in das Recht auf informationelle Selbstbestimmung die eingriffslegitimierende Norm den Zweck der Datenerhebung klar bestimmen muss. Zudem bestimmt die herrschende Meinung den Kreis zulässiger Untersuchungshandlungen bei einem lediglich nach allgemeinen Merkmalen bestimmten Personenkreis anhand einer **Zumutbarkeitsprüfung** nach § 81c Abs. 4 (so u.a. *Busch*, NJW 2001, 1336 f.; *Pommer*, JA 2007, 627; dagegen KMR/*Bosch*, § 81h Rn. 4). Diese individualbezogene Betrachtung ist für Masseneingriffe ungeeignet.

4 Da Zwangstests einer Rechtsgrundlage entbehren, behalf sich die Praxis mit dem Gesetz gewordenen **Freiwilligkeitsmodell**. In dessen Rahmen wird zunächst der Kreis der Probanden durch Aufforderung zur freiwilligen Teilnahme reduziert und dann der verbleibende Kreis auf Grundlage der §§ 81a bzw. 81c zwangsweise untersucht (hiergegen m. teils abweiger Begr. *Bommer*, ZStW 118 [2000], 154 ff.; *Wüsteney*, Rechtliche Zulässigkeit sog. DNA-Massentests zur Ermittlung des Täters einer Straftat, 2003, S. 197 ff.; *Graalmann-Scheerer*, NStZ 2004, 298; verfassungsrechtliche Zulässigkeit offengelassen von BVerfG, NStZ 1996, 1587 f.). Trotz des Grundrechtsverzichts (vgl. zur Zulässigkeit *Krehl/Kolz*, StV 2004, 453; *Pommer*, JA 2007, 623) muss jedenfalls auch bei freiwillig durchgeführter Untersuchung ein zumindest faktischer Grundrechtseingriff bejaht werden (vgl. erg. auch *Bergemann/Hornung*, StV 2007, 166; *Gusy*, JZ 1996, 1177). Damit bestand für freiwillige Massengentests keine gesetzliche Grundlage. Der Gesetzgeber hat sich dafür entschieden, Reihengentests nur auf freiwilliger Basis, d.h. mit Einwilligung der zuvor über das Freiwilligkeitserfordernis belehrten Person zuzulassen (bereits der Vorschlag von *Volk*, NStZ 2002, 563; *Graalmann-Scherer*, ZRP 2002, 76; zu Recht abl., wenn auch mit unzutr. Ansatz SK-StPO/*Rogall*, § 81h Rn. 3: »verheerende« »paternalistische Disziplinierungsnorm«; unklar Krekeler/Löffelmann/*Walther*, § 81h Rn. 2). Nicht beantwortet hat der Gesetzgeber die Frage, ob freiwillige Massengentest überhaupt zur Zielerreichung **geeignet** sind oder ob nicht verfassungsrechtlich die Normierung eines Zwangsmodells vorgegeben ist. Tatsächlich ist die Norm wegen fehlender Geeignetheit verfassungsrechtlich äußerst bedenklich (vgl. näher Rdn. 16), da der Gesetzgeber v.a. die Voraussetzungen regeln muss, unter denen ein Reihengentest auch auf unfreiwilliger Basis durchgeführt werden kann. Er darf nicht offenlassen, welche Folgen an eine Verweigerung des Tests geknüpft werden dürfen (näher KMR/*Bosch*, § 81h Rn. 5 ff.). Wegen des Ziels des Reihengentests, eine Konkretisierung des Tatverdachts zu erreichen, kann nur eine gesetzliche Zulassung der Maßnahme auch gegen den Willen der Betroffenen bereits bei Anordnung des Reihengentests die Widersprüche der gesetzlichen Regelung vermeiden (näher auch u. Rdn. 16).

5 **B. Anordnungsvoraussetzungen. I. Anfangsverdacht einer Katalogtat.** Die Anordnung ist nur bei Verdacht eines **Verbrechens gegen das Leben** (§§ 211 bis 222 StGB), gegen die **körperliche Unversehrtheit** (§§ 225 Abs. 3, 226, 227 StGB), die **persönliche Freiheit** (§§ 234a, 235 Abs. 4, 5; 239a, 239b StGB) oder die **sexuelle Selbstbestimmung** (§§ 176a, 176b, 178, 179 Abs. 5, 181 StGB) zulässig. Der Kreis möglicher Katalogtaten ist abschließend, umfasst nach dem Willen des Gesetzgebers aber auch den **Versuch** der genannten Verbrechen (BT-Drucks. 15/5674, S. 13; *Senge*, NJW 2005, 2032).

6 Für die Anordnung reicht **einfacher Tatverdacht** aus (vgl. zur Auffindung eines Säuglings, der wohl nach der Geburt von der Kindsmutter getötet wurde, LG Dortmund, NStZ 2008, 175). **Zweck** der Maßnahme darf lediglich die Prüfung sein, ob das aufgefundene Spurenmaterial von einem der Probanden (Merkmalsträger vgl. Rdn. 7; vgl. auch SK-StPO/*Rogall*, § 81h Rn. 18) stammt.

7 **II. Bestimmte Prüfungsmerkmale des betroffenen Personenkreises.** Der (zulässiger Weise) betroffene Personenkreis wird durch das Gesetz lediglich dadurch eingegrenzt, dass die Probanden bestimmte, nach dem bisherigen Ermittlungsergebnis auf den Täter zutreffende **Prüfungsmerkmale** aufweisen müssen. Der Personenkreis muss demnach durch bestimmte Eigenschaften, Verhältnisse oder Umstände (z.B. Geschlecht, Alter, Wohnort, Halter eines bestimmten Fahrzeugtyps, Zugehörigkeit zu einer bestimmten Berufsgruppe) eingegrenzt sein. Unklar ist v.a., welchen Inhalt das Erfordernis einer »hinreichenden Begrenzung« des Personenkreises (so BT-Drucks. 15/5674, S. 13) hat. Selbstverständlich kann der Kreis der heranzuziehenden Personen nur dann hinreichend eingegrenzt werden, wenn eine ausreichende Anzahl möglichst spezieller Merkmale benannt wird (vgl. SK-StPO/*Rogall*, § 81h Rn. 12). Ebenso selbstverständlich dürfen auch über den Kreis der benannten Merkmale hinaus-

reichende Umstände Berücksichtigung finden, wenn diese – wie etwa ein nachgewiesenes Alibi (vgl. BT-Drucks. 15/5674, S. 13) – geeignet sind, die Streubreite der Maßnahme möglichst gering zu halten. Nicht vorausgesetzt wird darüber hinausgehend allerdings, dass die Merkmale eine bestimmte Qualität aufweisen bzw. in ihrer Verbindung den Personenkreis auf eine bestimmte Anzahl betroffener Personen einengen. Entscheidend kann insoweit nur sein, ob die Streubreite der Maßnahme in einer noch verhältnismäßigen Relation zu den mit der Durchführung verbundenen Kosten steht (vgl. auch Rdn. 7). Selbstverständlich verlangt eine Anordnung keine Gewissheit, dass sich der mutmaßliche Täter unter den von der Maßnahme betroffenen Personen befindet, sondern es reicht insoweit eine begründete Vermutung aus (»vermutlich zutreffend«; LG Dortmund, NStZ 2008, 175 lässt eine aufgrund einer Isotopenanalyse begründet Wahrscheinlichkeit von 30 % ausreichen). Der sich aus Abs. 1 ergebende Zweckbindungsgrundsatz und das Verbot überschießender Feststellungen (Abs. 3 Satz 1 i.V.m. § 81g Abs. 2 Satz 2 führen dazu, dass die zufällige Feststellung der Verwandtschaft zwischen DNA-Geber und dem Verursacher der Tatort-DNA (sog. »Beinahetreffer«) nicht als Verdachtsmoment verwertet werden darf (so BGH NJW 2013, 1827 ff.; vgl. auch unten Rdn. 18; *Meyer-Goßner/Schmitt* § 81h Rn. 13a; umfassend zum »familia searching« *Swoboda* StV2013, 465 ff., die allerdings zugleich für eine Fernwirkung und gegen eine gesetzliche Neuregelung eintritt; a. A. *Magnus* ZRP 2015, 14 f. mit einem unzutreffenden Vergleich zur ansonsten verbreiteten Behandlung von Zufallsfunden, denn tatsächlich handelt es sich gerade nicht um einen Zufallsfund, insoweit zutr. *Rogall* JZ 2013, 879). Diese Zweckbindung mag vom Gesetzgeber nicht bedacht gewesen sein und erscheint auch überflüssig (vgl. *Rogall* JZ 2013, 877 ff.), ist aber eine Konsequenz des aus dem Recht auf informationelle Selbstbestimmung abzuleitenden Gesetzesvorbehalts. Nach dem Grundsatzurteil des BGH zu dieser Frage (vgl. BGH NJW 2013, 1827) ist nun der Gesetzegeber zwingend zu einer Änderung aufgerufen, da der BGH eine Verwertung nur ausnahmsweise für zulässig erachtete, weil keine bewusste Umgehung vorlag; ein Weg der nach dem Urteil des BGH verschlossen sein dürfte (vgl. auch *Löffelmann* JR 2013, 283 ff.).

III. Verhältnismäßigkeit der Anordnung. Gemeinhin wird gefordert, dass die Maßnahme im Hinblick auf die Schwere der Tat und die Anzahl der betroffenen Personen **verhältnismäßig** sein muss (*Meyer-Goßner/Schmitt*, § 81h Rn. 5; zur Untersuchung von 284 Frauen im Fall der Tötung eines Neugeborenen vgl. LG Dortmund, NStZ 2008, 175). Da die Schwere der Tat bereits bei der Auswahl der Katalogverbrechen berücksichtigt ist, werden v.a. die von der Teilnehmerzahl abhängigen **Kosten** der Untersuchung und der Umstand einbezogen werden müssen, dass die Maßnahme in polizeirechtlicher Terminologie v.a. **Nichtstörer** betrifft. Auch hier verbiete sich aber jede pauschale Grenzziehung, da bspw. auch eine Untersuchung von 100.000 Männern zur Aufklärung von zwei Fällen der Vergewaltigung und des sexuellen Kindesmissbrauchs verhältnismäßig sein kann (so beim bisher größten Massengentest in Dresden, der im Juni 2008 bereits nach der Untersuchung von ca. 14.000 Speichelproben zum Erfolg führte; abw. *Meyer-Goßner/Schmitt*, § 81h Rn. 5: Test bei mehr als 10.000 Personen i.d.R. unzulässig). Zudem muss beachtet werden, dass der Verhältnismäßigkeitsgrundsatz nur bei Grundrechtseingriffen limitierend wirkt, Reihengentests aber eine freiwillige Mitwirkung voraussetzen. Seine Anwendung kann zwar über die Lehre vom sog. faktischen Grundrechtseingriff gefordert werden (eingehend hierzu KMR/*Bosch*, § 81h Rn. 11), seine limitierende Funktion bei sog. Masseneingriffen bleibt aber problematisch. 8

Abgesehen von Kostenerwägungen, die rein tatsächlich dazu zwingen, zunächst konventionelle Ermittlungsmaßnahmen auszuschöpfen, lässt sich damit auf grundrechtliche Erwägungen auch **keine** eng gefasste **Subsidiaritätsklausel** stützen. Die weit verbreitete Behauptung, der Reihengentest sei eine »außergewöhnliche Maßnahme«, die nur dann in Betracht komme, wenn »fast alle anderen Ermittlungsmaßnahmen erfolglos geblieben sind«, bleibt abgesehen von Kostenerwägungen unbegründet (so *Meyer/Goßner/Schmitt*, § 81h Rn. 5; *Kuhne*, Polizei 2011, 21; noch enger Schulz/Händel/*Soiné*, § 81h Rn. 9; eine Subsidiaritätsklausel forderte vor Einführung des § 81h etwa *Graalmann-Scheerer*, NStZ 2004, 300; zutr. hingegen Heghmanns/Scheffler/*Murmann*, Handbuch zum Strafverfahren, Rn. 381). Sie wäre auch kaum sachlich zu rechtfertigen, da ein Reihengentest häufig in einem frühen Stadium der Ermittlungen eingesetzt und insoweit die gerade etwa bei Sexualdelikten hohe Wiederholungsgefahr in die Abwägung mit einbezogen werden muss. 9

IV. Schriftliche Einwilligung. Die Durchführung der molekulargenetischen Untersuchung setzt eine **schriftliche Einwilligung** der betroffenen Person voraus. Diese Einwilligung ist neben den all- 10 gemeinen Voraussetzungen nur dann wirksam erteilt, wenn ihr eine qualifizierte, schriftlich erteilte **Belehrung** über das Einwilligungserfordernis vorausgegangen ist (**§ 81h Abs. 4 Satz 1**). Belehrt werden muss nicht nur darüber, dass die Maßnahme ohne Einwilligung nicht durchgeführt werden darf, sondern es muss auch auf den Verwendungszweck (Abs. 4 Nr. 1), das Gebot der unverzüglichen Vernichtung (Abs. 4 Nr. 1) und die fehlende Speicherung für künftige Strafverfahren (Abs. 4 Nr. 2) hingewiesen werden. Das Schriftformerfordernis für Belehrung und Hinweispflichten soll sicherstellen, dass die Mitwirkung am Reihengentest auf einer freien Entscheidung der betroffenen Person beruht (vgl. BT-Drucks. 15/5674, S. 14). Tatsächlich kann die gesetzlich vorgesehene Belehrung den ihr zugedachten Zweck nicht erfüllen, da sie konsequent auch auf die Möglichkeit der Zwangsanordnung nach Reduktion des Personenkreises hinweisen müsste – eine offensichtlich widersprüchliche Belehrungsformel (insofern irreführend und fernliegend die Forderung von *Saliger/Ademi*, JuS 2008, 197, es müsse auf die Verdachtsneutralität einer Weigerung hingewiesen werden).

11 **V. Richterliche Anordnung (Abs. 2) 1. Richtervorbehalt.** Die **Anordnung** der Maßnahme ist ausschließlich dem **Richter vorbehalten**. Da eine Durchführung nur mit Einwilligung der Betroffenen zulässig ist, kann die gesetzliche Verankerung eines absoluten Richtervorbehalts nicht mit Erwägungen individueller Rechtsbetroffenheit oder der Eingriffsintensität bzw. Grundrechtsrelevanz der Maßnahme begründet werden (deshalb abl. *Rogall*, in: FS für Schröder, S. 711). Der Richter hat v.a. die zur Rechtfertigung erforderliche Gesamtabwägung (vgl. Rdn. 7 f.) vorzunehmen; für eine Streichung des Richtervorbehalts allerdings BT-Drucks. 99/05, S. 1 ff. Maßgebend für den absoluten Richtervorbehalt ist vielmehr die »Streubreite« der Maßnahme (so BT-Drucks. 15/5674, S. 9). Der Richter fungiert damit zugleich als Garant des – wenn auch zu Unrecht angenommenen – »Ausnahmecharakters« der Maßnahme (so *Saliger/Ademi*, JuS 2008, 197). Er soll sicherstellen, dass ein Reihengentest auf Fälle fehlender anderer Aufklärungsmöglichkeiten beschränkt bleibt (vgl. aber Rdn. 8). Folgerichtig besteht auch keine Eilzuständigkeit der StA und ihrer Ermittlungspersonen.

12 **2. Zuständigkeit und formelle Voraussetzungen der Anordnung.** Sachlich zuständig für die Anordnung ist der **Ermittlungsrichter**, der auf Antrag der StA tätig wird (§§ 162 Abs. 1, 169 Abs. 1). **Örtlich zuständig** ist der Ermittlungsrichter am Sitz der StA (§ 162 Abs. 1 Satz 1; vgl. BGHSt 45, 376 ff.). Die Anordnung ergeht **schriftlich (Abs. 2 Satz 2)** in Form eines Beschlusses, der zu begründen ist (Abs. 2 Satz 2). Der Beschluss muss die Prüfmerkmale anführen (Abs. 2 Satz 2), um einerseits die Begrenzung des betroffenen Personenkreises zu verdeutlichen und andererseits die Grundlage für die erforderliche Begründung der Anordnungsvoraussetzungen nach Abs. 1 offenzulegen (insb. die Verhältnismäßigkeit der Maßnahme). Die gerichtliche Anordnung wird der StA übergeben (§ 36 Abs. 2 Satz 1), die wiederum die Polizei mit dem Vollzug beauftragt (vgl. SK-StPO/*Rogall*, § 81h Rn. 24).

13 Eine **vorherige Anhörung** der zu untersuchenden Personen ist nicht erforderlich (**Abs. 2 Satz 4**). Der Gesetzgeber hat auf sie zu Recht verzichtet, denn der Betroffene kann den belastenden Eingriff schlicht durch Verweigerung der erforderlichen Einwilligung abwenden. Dem Freiwilligkeitserfordernis wird dadurch Rechnung getragen, dass vor Erklärung der Einwilligung und Durchführung der Maßnahme eine schriftliche Belehrung zu erteilen ist (vgl. Rdn. 10).

14 **C. Durchführung. I. Schutzvorkehrungen (Abs. 3 Satz 1)** Für die **Durchführung** der Maßnahme bestimmt **Abs. 3 Satz 1**, dass § 81f Abs. 2 und § 81g Abs. 2 entsprechend gelten. Das anordnende Gericht hat einen Sachverständigen zu bestimmen, der mit der Untersuchung der durch den Reihengentest gewonnen Körperzellen zu beauftragen ist. Dieser hat durch molekulargenetische Untersuchungen das DNA-Identifizierungsmuster des Betroffenen und sein Geschlecht zu ermitteln (Abs. 1 Nr. 2). Die festgestellten DNA-Identifizierungsmuster werden anschließend automatisiert mit den DNA-Identifizierungsmustern des Spurenmaterials abgeglichen (Abs. 1 Nr. 3). I.R.d. Durchführung sind die Schutzvorkehrungen des § 81f Abs. 2 und der Verwendungsregelung des § 81g Abs. 2 zu beachten, d.h. es ist sicherzustellen, dass unzulässige Untersuchungen und eine Kenntnisnahme Dritter ausgeschlossen sind und datenschutzrechtlichen Belangen Rechnung getragen wird (BT-Drucks. 15/5674, S. 14).

15 Nach **Abs. 3 Satz 2** sind die Aufzeichnungen über die festgestellten **DNA-Identifizierungsmuster** unverzüglich zu **löschen**, wenn sie zur Aufklärung des Verbrechens nicht mehr benötigt werden. Dies ist unbestritten der Fall, wenn der Spurenverursacher ermittelt werden konnte und infolgedessen die

DNA-Identifizierungsmuster der übrigen Probanden für die Aufklärung des Verbrechens nicht mehr erforderlich sind (BT-Drucks. 15/5674, S. 14; SK-StPO/*Rogall*, § 81h Rn. 30). Bleibt die Maßnahme hingegen erfolglos, dann wird im Einklang mit der Gesetzesbegründung eine Speicherung bis zum Eintritt der Verjährung des betreffenden Deliktes für zulässig erachtet (vgl. BT-Drucks. 15/5674, S. 14). Uneinigkeit besteht hingegen darüber, ob eine Löschung zu diesem späten Zeitpunkt auf absolute Ausnahmefälle beschränkt bleiben sollte (so SK-StPO/*Rogall*, § 81h Rn. 30; *Saliger/Ademi*, JuS 2008, 198) oder eher der Regelfall ist (so tendenziell *Meyer-Goßner/Schmitt*, § 81h Rn. 13; Krekeler/Löffelmann/ *Walther*, § 81h Rn. 17). Geht man davon aus, dass mit Zweckerreichung auch die Legitimation für eine Speicherung entfällt, dann muss bei sicherem Ausschluss des Probanden als Täter auch die Löschung der Daten erfolgen. Ausnahmen sind etwa denkbar, wenn Zweifel an der Auswertung bestehen (SK-StPO/*Rogall*, § 81h Rn. 30). Nach **Satz 3** muss die **Löschung** schriftlich oder elektronisch **dokumentiert** werden.

II. Folgen verweigerter Einwilligung. Wird die Einwilligung nicht erteilt, dann soll nach der gesetzlichen Konzeption jede Form des Zwangs ausgeschlossen und der Vollzug der Maßnahme bei dem konkret Betroffenen nicht möglich sein. In diesem Fall stellt sich die Frage, ob von dem Verweigernden eine Speichelprobe nach §§ 81e, f i.V.m. § 81a erzwungen werden kann. Zum Zeitpunkt der Anordnung der Reihenuntersuchung wird ein größerer Personenkreis lediglich durch allgemeine Prüfmerkmale (vgl. Rdn. 7) umgrenzt, sodass eine Anordnung nach § 81a an der fehlenden Beschuldigtenstellung der Betroffenen scheitert. Verbleibt aber nach ihrer Durchführung nur ein kleiner Kreis von Personen, die an der Untersuchung nicht teilgenommen haben, könnte gegen diese nunmehr ein ausreichender Verdacht bestehen (zutreffend gegen einen Erwerb der Beschuldigtenstellung durch Reduktion des Kreises der Merkmalsträger hingegen *Beulke*, Strafprozessrecht, Rn. 242b m.w.N.) oder – wenn die Zahl der Verweigernden zu groß ist – zumindest mit herkömmlichen Ermittlungsmethoden versucht werden, einen Anfangsverdacht zu erlangen. Da die prozessual zulässige Verweigerung einer freiwilligen Mitwirkungshandlung nicht als belastendes Indiz für eine Täterschaft des Verweigernden herangezogen werden kann (allg. BVerfG, NJW 1996, 1588; erg. speziell zur Verweigerung der Speichelprobe LG Regensburg, StraFo 2003, 131 m. Anm. *Lammer*), betont die herrschende Meinung, zwangsweise dürfe eine DNA-Analyse erst angewendet werden, wenn weitere verdachtsbegründende Umstände angeführt werden könnten und sich der Kreis der Verdächtigen durch die Abgabe einer hinreichenden Anzahl freiwilliger Speichelproben verdichtet habe (BGHSt 49, 56, 60: »andere« verdachtsbegründende Kriterien; *Meyer-Goßner/Schmitt*, § 81h Rn. 15; *Volk*, NStZ 2002, 63; abw. SK-StPO/*Rogall*, § 81h Rn. 7, der die Maßnahme selbst in dem diskutierten Kirmes-Mord-Fall mit 595 Probanden [vgl. dazu auch *Sauter*, DNA-Massentests, S. 36] auf § 81c Abs. 2 Satz 1 stützen will; *ders.*, in: FS für Schroeder, S. 709; zust. *Beulke*, Strafprozessrecht, Rn. 242b m.w.N.). Diese Argumentation ist widersprüchlich, weil zugleich behauptet wird, die Maßnahme müsse ultima ratio sein, d.h. es dürften gerade keine weiteren Ermittlungsmöglichkeiten bestehen. Damit kann eben doch nur ausschließlich an die Verweigerung als verdachtsbegründender Umstand angeknüpft werden (etwa wenn in einem Sprachspiel angeführt wird, nicht die Tatsache der Mitwirkungsverweigerung, sondern der Umstand, dass kein anderer als möglicher Täter infrage komme, sei für eine Inkulpation ausschlaggebend, so SK-StPO/*Rogall*, § 81h Rn. 6; widersprüchlich ebenso Krekeler/Löffelmann/*Walther*, § 81h Rn. 24; i.E. wohl ebenso LR/*Krause*, § 81a Rn. 9, der das »Aussageverhalten« als Indiz heranziehen will; i.E. auch BGH, NStZ 2004, 392; *Volk*, Grundkurs StPO, Rn. 30).

D. Rechtsbehelfe. I. Beschwerde. Eine **Anfechtung** der gerichtlichen Anordnung des Reihengentests durch den Betroffenen ist nach (**§ 81h**) **Abs. 2 Satz 5 ausgeschlossen.** Ebenso wie hinsichtlich der konkret erfolgten Durchführung der Maßnahme fehlt insoweit die individuelle Beschwer (vgl. Rdn. 13). Wird der Antrag der StA auf Anordnung der Reihenuntersuchung abgelehnt, dann steht dieser gegen die Entscheidung das Recht der **Beschwerde (§ 304)** zu. Die weitere Beschwerde wird durch § 310 Abs. 1, 2 ausgeschlossen.

II. Revision. I.S.d. verfehlten gesetzlichen Konzeption wird vertreten, dass Einwilligungsmängel, etwa die Erteilung der Einwilligung aufgrund einer unzureichenden Belehrung, die Revision begründen, wenn das so erlangte Untersuchungsergebnis im Urteil verwertet wird (vgl. *Meyer-Goßner/Schmitt*, § 81h Rn. 15; LR/*Krause*, § 81h Rn. 37; SK-StPO/*Rogall*, § 81h Rn. 35; ebenso Krekeler/Löffelmann/

§ 82 StPO Form der Erstattung eines Gutachtens im Vorverfahren

Werner, § 81h Rn. 22). Tatsächlich könnte in diesem Fall nach Eingrenzung des Probandenkreises das Untersuchungsergebnis mangels Fernwirkung des Verfahrensverstoßes ohne Weiteres auf legalem Weg erlangt werden, sodass ein Verwertungsverbot offensichtlich sinnlos ist. Ebenso sinnlos wäre es aber, wenn i.S.d. herrschenden Meinung bei noch nicht hinreichender Eingrenzung des Personenkreises dann zunächst die Reihenuntersuchung vollständig durchzuführen wäre, um anschließend nach § 81e i.V.m. § 81a vorgehen zu können. Hier zeigt sich einmal mehr, wie unsinnig das gesetzlich vorgegebene Freiwilligkeitskonzept ist. Mit der Revision kann allerdings nach gegenwärtiger Gesetzeslage ein Verstoß gegen den Zweckbindungsgrundsatz bei sog. »Beinahetreffern« gerügt werden (vgl. bereits oben Rdn. 7), weil bei der bisher gesetzlich nicht gestatten Feststellung eines Verwandtschaftsverhältnisses entsprechend der Rechtsprechung zu §§ 52, 81c StPO auch der Rechtskreis des Angeklagten berührt sein soll (vgl. BGH, NStZ 2013, 242 und eingehend hierzu *Busch* NJW 2013, 1771 ff.) und damit bei fehlender Einwilligung durch die Verwandten nach ordnungsgemäßer Belehrung keine Verwertung zulässig ist. Diese durchaus konsequente Rechtsprechung verdeutlicht die Absurdität der gesetzlichen Regelung in hohem Maße, denn weder hätten die untersuchten Verwandten eine DNA-Untersuchung mangels bis dato feststehendem Beschuldigten verweigern können, noch wird durch den Verstoß gegen den Zweckbindungsgrundsatz der Rechtskreis des Angeklagten tatsächlich berührt.

§ 82 StPO Form der Erstattung eines Gutachtens im Vorverfahren.

Im Vorverfahren hängt es von der Anordnung des Richters ab, ob die Sachverständigen ihr Gutachten schriftlich oder mündlich zu erstatten haben.

1 **A. Grundsätzliches und Regelungsgehalt.** § 82 stellt klar, dass die Entscheidung, ob das Gutachten durch den Sachverständigen schriftlich oder mündlich zu erstatten ist, im (pflichtgemäß auszuübenden) **Ermessen** des anordnenden Strafverfolgungsorgans liegt. Trotz des scheinbar abweichenden Wortlauts wird im Regelfall im Ermittlungsverfahren die StA den Sachverständigen auswählen, anweisen und leiten, sodass sie auch über die in § 82 vorgesehene **Art der Gutachtenerstattung** entscheidet (§§ 161a Abs. 1 Satz 2, 82; vgl. auch *Gössel*, DRiZ 1980, 368; *Zwiehoff*, Das Recht auf den Sachverständigen, 2000, S. 51 ff.). Eine Anordnung nach § 82 durch den Ermittlungsrichter wird etwa erfolgen, wenn dieser auf Antrag der StA (vgl. § 162) den Sachverständigenbeweis erhebt.

2 Im Regelfall wird das Gutachten **schriftlich** erstattet, da im Ermittlungsverfahren Beweisergebnisse zu den Akten zu bringen sind (vgl. § 168b Abs. 1; KMR/*Neubeck*, § 82 Rn. 1; Meyer-Goßner/*Schmitt*, § 82 Rn. 1; SK-StPO/*Rogall*, § 82 Rn. 4). Lediglich in einfachen Fällen kommt auch eine **mündliche Gutachtenerstattung** ggü. dem Richter oder der StA in Betracht. Dazu wird der Sachverständige entweder vernommen (vgl. § 161a) oder er übergibt sein Gutachten dem anordnenden Strafverfolgungsorgan zur Verlesung. Über die Beweiserhebung ist in jedem Fall ein Protokoll (§§ 168, 168a, 168b) unter Wahrung von Anwesenheitsrechten (§ 168c) anzufertigen, das aber auf das beigefügte Gutachten Bezug nehmen kann (Meyer-Goßner/*Schmitt*, § 82 Rn. 2), wenn das Gutachten zumindest verlesen wurde.

3 **B. Gutachtenerstattung nach Anklageerhebung.** **Im Zwischenverfahren** kann das Gericht zur Vorbereitung der Hauptverhandlung (vgl. auch § 202) oder zur Entscheidung über ihre Eröffnung die schriftliche Gutachtenerstattung anordnen (BGH, GA 1963, 18, 19; vgl. auch BGH, JR 1962, 111 f.). In der **Hauptverhandlung** sind Gutachten zur Schuld- oder Rechtsfolgenfrage grds. ohne Bezugnahme auf ein schriftliches Gutachten mündlich zu erstatten und eine Verlesung kommt nur in den gesetzlich vorgesehenen Ausnahmefällen in Betracht (vgl. §§ 256, 251 Abs. 1, 2; anders hinsichtlich der dem Freibeweis zugänglichen Prozessvoraussetzungen, vgl. KK-StPO/*Senge*, § 82 Rn. 3). Die Prozessbeteiligten sollen darüber hinaus auch keinen Rechtsanspruch darauf haben, dass ein lediglich mündlich in der Hauptverhandlung erstattetes und nicht zu den Akten gebrachtes Gutachten (vgl. auch BGH, GA 1963, 18) schriftlich abgefasst und ihnen zugänglich gemacht wird (so BGHSt 54, 177; KK-StPO/*Senge*, § 82 Rn. 3; Meyer-Goßner/*Schmitt*, § 82 Rn. 2; *Peglau* JR 2010, 303; a.M. LR/*Krause*, § 82 Rn. 5; *Deckers/Heusel*, StV 2009, 7; *Geipel* StraFo 2010, 273; *Ziegert* StV 2011, 199; vgl. zur Anordnung einer Sicherungsverwahrung auch *Deckers*, NStZ 2011, 69; offen gelassen von BGH, NStZ 2008, 418). Dies auch deshalb, weil aufgrund der Grundsätze der Mündlichkeit und Unmittelbarkeit

sowie der Pflicht, neu gewonnene Erkenntnisse der Hauptverhandlung in das Gutachten einzubeziehen, nur das mündlich erstatte Gutachten maßgebend sein könne (vgl. BGH – 4 StR 173/11). Tatsächlich dürfte sich ein entsprechender Anspruch nur im Einzelfall bei umfangreichen oder komplizierten Gutachten aus dem Recht auf effektive Verteidigung und der Aufklärungspflicht des Gerichts ableiten lassen, wenn ansonsten für die Beteiligten nur eine eingeschränkte Überprüfung des Gutachtens und seiner wissenschaftlichen Grundlage möglich ist (vgl. aber BGH – 1 StR 407/07, Rn. 5; 1 StR 649/07, Rn. 10). Ein Verstoß hiergegen kann ggf. nicht nur als Verletzung des Rechts auf effektive Verteidigung, sondern auch im Wege einer Aufklärungsrüge die Revision begründen. Der BGH hat hingegen nur in Ausnahmefällen zumindest einen Zugang der Verfahrensbeteiligten zu den Arbeitsunterlagen des Sachverständigen eröffnet, wenn ansonsten eine kritische Überprüfung des Gutachtens nicht möglich ist (vgl. BGH, StV 1995, 565).

§ 83 StPO Anordnung einer neuen Begutachtung.

(1) Der Richter kann eine neue Begutachtung durch dieselben oder durch andere Sachverständige anordnen, wenn er das Gutachten für ungenügend erachtet.
(2) Der Richter kann die Begutachtung durch einen anderen Sachverständigen anordnen, wenn ein Sachverständiger nach Erstattung des Gutachtens mit Erfolg abgelehnt ist.
(3) In wichtigeren Fällen kann das Gutachten einer Fachbehörde eingeholt werden.

A. Grundsätzliches. Die **Befugnis** zur Hinzuziehung **weiterer Sachverständiger** ergibt sich bereits aus § 73 Abs. 1, während sich die **Pflicht** zu einer entsprechenden Anordnung nach §§ 160, 244 Abs. 2 und 4 richtet (vgl. BGH, StraFo 2003, 198). In seiner restriktiven Formulierung stellt § 83 damit eine eher irreführende, zumindest aber überflüssige Konkretisierung der gerichtlichen Aufklärungspflicht dar. Die Rechtsprechung betont deshalb zu Recht, dass der Richter auch dann, wenn die Voraussetzungen des § 83 Abs. 1 nicht vorliegen, in jedem Verfahrensabschnitt befugt und ggf. auch verpflichtet ist, ein neues Gutachten einzuholen (BayObLG, NJW 1956, 1001). Im Vorverfahren steht die pflichtgemäß auszuübende Befugnis der Polizei und StA zu. Das erneute Gutachten kann zwar auch durch denselben Sachverständigen erfolgen, der Regelfall wird aber die Beauftragung eines anderen Sachverständigen sein. 1

B. Umfang der Aufklärungspflicht. Wenn ein Gutachten **ungenügend** ist (Abs. 1), wird die richterliche Aufklärungspflicht regelmäßig eine erneute Begutachtung gebieten (vgl. § 244 Abs. 2 Satz 2, Abs. 4 Satz 2 Halbs. 2). Ungenügend ist das Gutachten, wenn es dem Richter nicht die erforderliche Sachkunde vermitteln kann. Überzeugt sein Ergebnis den Richter hingegen nicht, so hängt die Pflicht zur erneuten Begutachtung davon ab, ob es dem Richter dennoch die entscheidungsnotwendige Sachkunde vermittelt hat (BGH, NStZ 1984, 467; KK-StPO/*Senge*, § 83 Rn. 2; KMR/*Neubeck*, § 83 Rn. 2; *Meyer-Goßner/Schmitt*, § 83 Rn. 2). Ansonsten würde eine ungewollte Bindung an das Gutachten verursacht, da der Richter nur nach Anhörung eines weiteren Sachverständigen von diesem abweichen dürfte. Natürlich besteht ebenso wenig eine Pflicht zur wiederholten Begutachtung, wenn der Anordnende nunmehr erkennt, dass die Hinzuziehung eines Sachverständigen bereits von Anfang an nicht geboten war (BayObLG, NJW 1956, 1001; LR/*Krause*, § 83 Rn. 5). Eine Pflicht zur Einholung wird demnach v.a. bestehen, wenn das Gutachten unklar oder widersprüchlich ist, die erforderliche Tatsachenfeststellung lückenhaft ist oder nicht behebbare Zweifel an der Eignung des Sachverständigen bestehen (LR/*Krause*, Rn. 3; *Duttge*, NStZ 2003, 376). Bei **widersprechenden Gutachten** wird hingegen – aus prozessökonomischen Erwägungen verständlich – betont, dass eine neue Begutachtung nur angezeigt ist, wenn die Gutachten trotz gleichem Sachverhalt und übereinstimmender wissenschaftlicher Auffassung zu divergierenden Ergebnissen gelangen (so KK-StPO/*Senge*, § 83 Rn. 2; KMR/*Neubeck*, § 83 Rn. 2; LR/*Krause*, § 83 Rn. 4). Zur Wahrung von Interessen der Verteidigung wird dann aber zumindest der Richter im Urteil ausführlich darzulegen haben, warum und in welchem Umfang er die jeweiligen Gutachten zugrunde gelegt hat. 2

Auch **Abs. 2** verdeutlicht, dass § 83 keine erweiterte Aufklärungspflicht des Gerichts verankert. Bei **Ablehnung eines Sachverständigen** ist sein Gutachten zwar nicht verwertbar (vgl. § 74 Rdn. 14), dennoch 3 kann ein erneutes Gutachten entbehrlich sein, wenn das Gericht nunmehr davon ausgeht, selbst die erforderliche Sachkunde zu besitzen, die Beweisfrage für nicht mehr erheblich erachtet oder sie jetzt als Rechtsfrage einstuft, die durch das Gericht selbst zu beantworten ist (BayObLG, NJW 1956, 1001; LR/*Krause*, § 83 Rn. 8).

4 **C. Gutachten von Fachbehörden.** Unabhängig von den in Abs. 1 und 2 genannten Voraussetzungen kann in wichtigeren Fällen das **Gutachten einer Fachbehörde** eingeholt werden (**Abs. 3**). Fachbehörden sind etwa das BKA, das deutsche Patentamt (§ 29 PatG), die Industrie- und Handelskammern oder die Handwerkskammern (vgl. KK-StPO/*Senge*, § 83 Rn. 5), nicht aber etwa technische Überwachungsvereine (vgl. HK-StPO/*Brauer*, § 83 Rn. 6). Ob ein »wichtigerer Fall« vorliegt (zu diesem Merkmal *Seyler*, GA 1989, 549, entscheidet das Gericht (KK-StPO/*Senge*, § 83 Rn. 4), das aber nicht gehindert ist, eine behördliche Stellungnahme auch unterhalb der genannten Schwelle einzuholen (*Meyer-Goßner/Schmitt*, § 83 Rn. 6). Abs. 3 begründet keine Pflicht zur Gutachtenerstattung, diese ergibt sich vielmehr unmittelbar aus den betreffenden Vorschriften über die Rechtsstellung und Organisation der Fachbehörde (z.B. aus § 2 Abs. 7 BKAG für erkennungsdienstliche und kriminaltechnische Gutachten; Beispiele bei LR/*Krause*, Rn. 10) sowie bei Fehlen einer ausdrücklichen Zuweisung aus der allgemeinen Pflicht zur gegenseitigen Amtshilfe (Art. 35 GG). In Betracht kommen insoweit Behörden, die in ihrer Funktion zumindest auch zur Mitwirkung im gerichtlichen Verfahren berufen sind (*Meyer-Goßner/Schmitt*, § 83 Rn. 4; zu den infrage kommenden Behörden vgl. *Jessnitzer/Ulrich*, Rn. 71 ff.). Eine Pflicht der Behördenangehörigen kann sich auch aus § 75 ergeben.

5 Behördengutachten können nach § 256 Abs. 1 Nr. 1a verlesen werden. Dessen ungeachtet beinhaltet die Pflicht zur Erstellung der Gutachten auch die Pflicht, diese ggf. durch einen Bediensteten der Behörde in der Hauptverhandlung verlesen zu lassen (*Kube/Leinweber*, 80 ff.). Die Rechtsstellung des entsandten Behördenvertreters entspricht dann der eines Sachverständigen, d.h. er kann auch nach § 74 abgelehnt und nach § 79 vereidigt werden (*Meyer-Goßner/Schmitt*, § 83 Rn. 5; a.M. *Jessnitzer/Ulrich*, Rn. 88; *Rogall*, in: FS für Gössel, S. 524).

§ 84 StPO Sachverständigenvergütung. Der Sachverständige erhält eine Vergütung nach dem Justizvergütungs- und -entschädigungsgesetz.

1 Eine Sachverständigenvergütung nach dem JVEG erhält, wer als Sachverständiger tätig geworden ist, d.h. ein Gutachten vorbereitet oder erstellt hat bzw. als Sachverständiger vernommen wurde. Wird eine Vernehmung sowohl als Sachverständiger als auch als Zeuge erforderlich, ist nur die höhere Entschädigung als Sachverständiger maßgebend. Die Bezeichnung in der Ladung ist insoweit nicht maßgebend (*Meyer-Goßner/Schmitt*, § 84 Rn. 1; LR/*Krause*, § 84 Rn. 2), entscheidend ist nur, ob der Geladene tatsächlich **als Sachverständiger vernommen** wurde. Der sachverständige Zeuge wird hingegen als Zeuge entschädigt (SK-StPO/*Rogall*, § 84 Rn. 2).

2 Die **Höhe der Entschädigung** bestimmt sich nach dem **Justizvergütungs- und entschädigungsgesetz** (vgl. §§ 8 ff. JVEG; zu Einzelheiten *Hartmann*, Kostengesetz, Teil V). Die Entschädigung kann bei schuldhaft herbeigeführter (teilweiser) Unverwertbarkeit des Gutachtens versagt werden (AnwK-StPO/*Krekeler/Werner*, § 84 Rn. 4). Die berechtigte Gutachtenverweigerung lässt den Anspruch hingegen unberührt (*Eisenberg*, Beweisrecht, Rn. 1594; SK-StPO/*Rogall*, § 84 Rn. 3). Nach § 1 Abs. 3 Satz 1 JVEG gilt das JVEG auch für die auf Anordnung der StA von der Polizei beauftragten Sachverständigen. Werden Behördenvertreter in Erfüllung ihrer Dienstpflichten als Sachverständige tätig, besteht keine Entschädigungspflicht.

§ 85 StPO Sachverständige Zeugen. Soweit zum Beweis vergangener Tatsachen oder Zustände, zu deren Wahrnehmung eine besondere Sachkunde erforderlich war, sachkundige Personen zu vernehmen sind, gelten die Vorschriften über den Zeugenbeweis.

1 **A. Grundsätzliches und Regelungsgehalt.** Auch wenn ein Zeuge seine Wahrnehmungen nur aufgrund besonderer Sachkunde machen konnte (**sachverständiger Zeuge**), gelten für ihn nach

§ 85 ausschließlich die Regeln des Zeugenbeweises (§§ 48 bis 71). Die Nichtanwendbarkeit der Normen über den Sachverständigen ist sachgerecht, da entsprechende Wahrnehmungen häufig nicht wiederholt werden können (z.B. die Wahrnehmung besonderer Misshandlungsfolgen durch einen Arzt; vgl. auch BGH, MDR 1974, 382), selbst wenn eine vergleichbare Beweissituation auch bei Sachverständigen vorliegen kann (insoweit zutr. LR/*Krause*, § 85 Rn. 6, 9). Im Gegensatz zum Sachverständigen (vgl. § 74) kann ein sachverständiger Zeuge deshalb nicht wegen Besorgnis der Befangenheit abgelehnt werden. Zudem trifft ihn keine Vorbereitungspflicht (vgl. § 75). Wird ein Antrag auf seine Vernehmung gestellt, so kann dieser nicht bereits wegen eigener Sachkunde des Gerichts (§ 244 Abs. 4 Satz 1), sondern nur aus den in § 244 Abs. 3 genannten Gründen abgelehnt werden. Auch die Entschädigung (vgl. § 1 Abs. 1 Nr. 3, 19 ff. JVEG) und Vereidigung richtet sich nach den für Zeugen geltenden Regeln.

B. Abgrenzung zum Sachverständigen. Für die **Unterscheidung** zwischen sachkundigem **Zeugen und Sachverständigem** bietet das Gesetz nur wenig Hinweise, da zwar die Vermittlung von Sachkunde ausschließlich Aufgabe des Sachverständigen ist, die Aussage über Wahrnehmungen aber sowohl Aufgabe des Zeugen als auch eines Sachverständigen sein kann. Auch die nach dem Wortlaut naheliegende Feststellung, ein sachverständiger Zeuge sage im Gegensatz zum Sachverständigen nicht über die Wahrnehmung gegenwärtiger Tatsachen oder Zustände aus, führt nicht weiter, da auch ein Zeuge bspw. über seinen gegenwärtigen Gesundheitszustand Auskunft geben kann (zutr. Meyer-Goßner/*Schmitt*, § 85 Rn. 2; SK-StPO/*Rogall*, § 85 Rn. 5). Überwiegend wird deshalb neben der erforderlichen Sachkunde formal nach dem Anlass der Wahrnehmung abgegrenzt (beide Kriterien zu Recht verbindend LR/*Krause*, § 85 Rn. 11). Der sachverständige Zeuge sagt zwar ebenso wie der Sachverständige über Wahrnehmungen aus, die er mit oder aufgrund seiner besonderen Sachkunde gemacht hat, sie sind aber nicht im Auftrag des Gerichts, der StA oder Polizei, sondern ohne behördlichen Auftrag erfolgt (so OLG Düsseldorf, NStZ-RR 2014, 114; Meyer-Goßner/*Schmitt*, § 85 Rn. 3; KMR/*Neubeck*, § 85 Rn. 2; dagegen *Foth*/*Karcher*, NStZ 1989, 169). Ebenso ist Zeuge, wer Auskunft über Wahrnehmungen gibt, die er als Augenscheinsgehilfe zwar im Auftrag einer Behörde, aber ohne eigene Sachkunde gemacht hat (LR/*Krause*, § 85 Rn. 11). Erfolgen die Wahrnehmungen einer sachkundigen Auskunftsperson im Hinblick auf ein laufendes oder künftiges Strafverfahren im Auftrag eines anderen Prozessbeteiligten (etwa die Gegenprobe nach § 42 Abs. 1 Satz 2 LFGB), dann wird diese zwar zunächst nicht als Sachverständiger tätig, ist aber über die Wahrnehmungen als Sachverständiger zu vernehmen (Meyer-Goßner/*Schmitt*, § 85 Rn. 3; LR/*Krause*, § 85 Rn. 11; a.A. BGH, MDR 1974, 382; *Toepel*, Grundstrukturen des Sachverständigenbeweises, S. 271).

Vergleichbar der zusätzlichen Vernehmung eines Sachverständigen als Zeuge (vgl. § 79 Rdn. 6) kann sich bei der Vernehmung von Zeugen die Frage stellen, ob dieser auch als Sachverständiger zu bestellen und vernehmen ist. Von Bedeutung ist dies für die Frage der Ablehnung (§ 74) und Entschädigung sowie mittelbar für die Beweiswürdigung. Die Abgrenzung erfolgt nach dem Schwergewicht der Vernehmung (OLG Düsseldorf, NStZ-RR 2014, 114). Liegt dieser auf der sachverständigen Beurteilung, muss eine Vernehmung als Sachverständiger erfolgen, während dies trotz gutachterlicher Äußerung bei im Vordergrund stehenden Tatsachenbekundungen nicht erforderlich ist (vgl. NJW 2003, 151; BayObLGSt 1951, 305; KK-StPO/*Senge*, § 85 Rn. 3; a.A. SK-StPO/*Rogall*, § 85 Rn. 19 ff.). Wird ein sachverständiger Zeuge zugleich als Sachverständiger vernommen, ohne dass er entsprechend belehrt worden oder eine Entscheidung nach § 79 ergangen ist, wird dies nach Abschaffung des Eides als Regelfall die **Revision** meist nicht begründen können (BGH, DAR 1997, 181; Meyer-Goßner/*Schmitt*, § 85 Rn. 4; LR/*Krause*, § 85 Rn. 13; insoweit überholt SK-StPO/*Rogall*, § 85 Rn. 39).

C. Einzelfälle. Haben Ärzte im konkreten Verfahren aufgrund eines behördlichen Auftrags Umstände wahrgenommen, sind sie als Sachverständige zu vernehmen, etwa wenn sie eine Blutprobe entnommen (§ 81a Abs. 1 Satz 2) und dabei aufgrund besonderer Sachkunde Wahrnehmungen über den gesundheitlichen Zustand des Beschuldigten gemacht haben (Meyer-Goßner/*Schmitt*, § 85 Rn. 5; LR/*Krause*, § 85 Rn. 14; *Geppert*, DAR 1980, 329; a.A. KG, VRS 31, 273; OLG Hamburg, NJW 1963, 408; OLG Köln, BA 1966, 609). Erstellt der Arzt hingegen ohne behördlichen Auftrag eine Diagnose, soll er unabhängig von einer ansonsten erforderlichen Hinzuziehung eines Sachverständigen lediglich als Zeuge zu vernehmen sein (OLG Köln, OLGSt, § 261, 96, 98; LR/*Krause*, § 85 Rn. 14). Dies wird jedoch für die Fälle einzuschränken sein und damit eine Vernehmung auch als Sachverständiger erforderlich machen, in denen die Wahrnehmungen ggü. den aus ihnen gezogenen Schlussfolgerungen zurücktreten, etwa wenn sich ein Obduzent über die Todesursache äußert (KK-StPO/*Senge*, § 85 Rn. 4). Auch bei technischen Sachverständigen gelten unabhängig von dem Umstand, ob sie als Berufssachverständige tätig sind (bspw. ein KfZ-Sachverständiger, der ein Unfallfahrzeug im Auftrag einer Haftpflichtversicherung begutachtet, vgl. HK-StPO/*Brauer*, § 85 Rn. 7), die gleichen Abgrenzungskriterien (LR/*Krause*, § 85 Rn. 15; KK-StPO/*Senge*, § 85 Rn. 4). Gerichtshelfer (§ 160 Abs. 3 Satz 2) sind als Zeugen zu vernehmen (BGH, StraFo 2007, 510; LR/*Krause*, § 85 Rn. 16; a. A. *Sonntag*, NJW 1976, 1436). Zur Stellung des Wirtschaftsreferenten bei der Staatsanwaltschaft vgl. *Bittmann* wistra 2011, 49.

§ 86 StPO Richterlicher Augenschein.
Findet die Einnahme eines richterlichen Augenscheins statt, so ist im Protokoll der vorgefundene Sachbestand festzustellen und darüber Auskunft zu geben, welche Spuren oder Merkmale, deren Vorhandensein nach der besonderen Beschaffenheit des Falles vermutet werden konnte, gefehlt haben.

1 **A. Grundsätzliches und Regelungsgehalt. I. Begriff des Augenscheins.** Der **Begriff des Augenscheins** kennzeichnet als Oberbegriff jede Form der Beweiserhebung durch sinnliche Wahrnehmung, d.h. durch Hören, Sehen, Riechen, Fühlen oder Schmecken (BGHSt 18, 51, 53). Da eine so allgemein gehaltene Definition keine Abgrenzung zum Zeugen-, Urkunden- und Sachverständigenbeweis, aber auch zur Vernehmung des Beschuldigten erlaubt, setzt eine Augenscheinseinnahme **negativ** voraus, dass eine Beweisaufnahme vorliegt, die nicht den genannten spezialgesetzlich geregelten Kategorien zugeordnet werden kann (LR/*Krause*, § 86 Rn. 1; gegen eine Negativdefinition *Wenskat*, Der richterliche Augenschein im deutschen Strafprozess, 1988, S. 41, 43; vergleichbar auf die Methode der Erkenntnisfindung abstellend *Rogall*, ZStW 105, 1993, 591 ff.). Besonders geregelt ist die Augenscheinsnahme für die Besichtigung des Körpers lebender Menschen (§§ 81a, c) und des Leichnams (§ 87 Abs. 1).

2 Beim **richterlichen Augenschein** verschafft sich der Richter mittels unmittelbarer sinnlicher Wahrnehmung der Existenz oder Beschaffenheit von Körpern oder Sachen, des Zustands oder der Lage von Örtlichkeiten oder der Beobachtung von Verhaltensweisen bzw. wiederholbaren Vorgängen (vgl. RGSt 47, 100, 106; OLG Hamm, VRS 34, 61; OLG Koblenz, VRS 45, 50; *Meyer-Goßner/Schmitt*, § 86 Rn. 2) einen Eindruck von beweiserheblichen Tatsachen oder Beweisanzeichen (vgl. RGSt 47, 235, 237; 65, 304, 307; BayObLG, JR 1966, 389).

3 **II. Abgrenzung zur informatorischen Besichtigung.** Abgegrenzt wird die richterliche Augenscheinseinnahme von der **informatorischen Besichtigung** einer Sache oder Örtlichkeit. Abgesehen davon, dass die Aktenkenntnis des Richters strukturell eine Schwäche des deutschen Strafprozesses ist, spricht jedenfalls nichts dagegen, dass sich der Richter anhand der in den Akten befindlichen Lichtbilder, Skizzen und Zeichnungen oder etwa durch die Besichtigung beschlagnahmter Tatwerkzeuge auf die Hauptverhandlung vorbereitet (BGH, MDR [D] 1966, 383). Die dabei gewonnenen Erkenntnisse kann er auch, soweit sie nicht aus anderen Erwägungen unverwertbar sind, zum Vorhalt bei Vernehmungen nutzen (*Meyer-Goßner/Schmitt*, § 86 Rn. 6). Im Urteil verwertet werden darf aber natürlich nur die auf den Vorhalt getätigte Aussage des Zeugen oder Angeklagten. Auch sonst dürfen die bei informatorischer Besichtigung gewonnenen Erkenntnisse nicht selbst Urteilsgrundlage sein (BGHSt 2, 3; BGH, MDR [D] 1966, 382; OLG Frankfurt am Main, StV 1983, 192; KG, VRS 17, 287; OLG Köln, VRS 44, 211).

4 **III. Unmittelbarkeit der Beweisaufnahme.** Sofern die Aufklärungspflicht (§ 244 Abs. 2) dem nicht entgegensteht, kann der Richter die Augenscheinseinnahme durch andere Beweismittel ersetzen. Es existiert insoweit **keine** dem Zeugenbeweis vergleichbare Vorschrift (§ 250), die eine **Unmittelbarkeit der Beweisaufnahme** gebietet. So kann insb. der gerichtliche Augenschein durch eine Vernehmung von Zeugen über ihre Wahrnehmungen ersetzt werden (RGSt 47, 106), es können Lichtbilder oder Skizzen des Tatorts statt seiner unmittelbaren Besichtigung in Augenschein genommen werden und es können Niederschriften von Tonbandaufnahmen verlesen werden, statt diese unmittelbar abzuspielen

(BGHSt 27, 153 m. Anm. *Gollwitzer*, JR 1978, 117). Damit kann das Gericht eine Augenscheinseinnahme außerhalb des Gerichtssaals auch durch einen beauftragten oder ersuchten Richter vornehmen lassen (RGSt 47, 104).

IV. Der Augenscheinsgehilfe. Die Augenscheinseinnahme kann nichtrichterlichen Personen als sog. Augenscheinsgehilfen übertragen werden (BGHSt 27, 136; RGSt 46, 106; *Rogall*, in: GS für Meyer, S. 391), ggf. wird der Richter dazu sogar verpflichtet sein (z.B. in den Fällen des § 81d). Welcher Beweismittelkategorie der Augenscheinsgehilfe zugeordnet werden muss, ist umstr. Nach zutreffender Ansicht sind jedenfalls bei Heranziehung des Augenscheinsgehilfen die Vorschriften über den Sachverständigen hinsichtlich Auswahl (§ 73 Abs. 1), Befangenheit (§ 74) und Pflicht zum Tätigwerden (§ 75) entsprechend heranzuziehen (*Meyer-Goßner/Schmitt*, § 86 Rn. 4; LR/*Krause*, § 86 Rn. 7; a. A. *Eisenberg*, Beweisrecht Rn. 2273 ff.; KMR/*Neubeck*, vor § 72 Rn. 14 f.: immer Zeuge; and. auch *Rogall*, in: GS für Meyer, S. 401 ff.: mittelbarer Augenscheinsgehilfe), während er in seiner Funktion als Beweismittel über Wahrnehmungen Auskunft gibt und damit als Zeuge zu vernehmen ist (RGSt 46, 106; OLG Frankfurt am Main, VRS 58, 368; *Jessnitzer*, StV 1982, 177). Ein Sachverständigenbeweis wird hingegen erhoben, wenn ein Sachverständiger nach §§ 81a, c mit einer Inaugenscheinnahme des Beschuldigten oder Dritter beauftragt wird.

B. Ort und Verfahrensstandort des Augenscheins. Findet der richterliche Augenschein **außerhalb der Hauptverhandlung** statt, sind der Richter und der Protokollführer gemeinsam für das Protokoll verantwortlich (vgl. §§ 168, 168a) und haben bei seiner Entstehung zusammenzuwirken (OLG Celle, GA 1954, 316), sofern der Richter nicht von der Hinzuziehung eines Protokollführers abgesehen hat (SK-StPO/*Rogall*, § 86 Rn. 6; zu möglichen Anwesenheitsrechten vgl. §§ 168d, 224). § 86 enthält nähere Bestimmungen zum verlesbaren (vgl. § 249 Abs. 1 Satz 2) Inhalt des Protokolls, § 168a Abs. 2 zum erforderlichen formellen Protokollinhalt. Im Protokoll ist der vorgefundene Sachbestand möglichst umfassend und anschaulich darzustellen, da die Verlesung des Protokolls den Augenschein des erkennenden Gerichts ersetzt (LR/*Krause*, § 86 Rn. 44). Deshalb ist auch zu erwähnen, welche Spuren und Merkmale nicht vorgefunden wurden, die nach den Umständen des Falles am Ort des Augenscheins vermutet werden konnten. Skizzen, Zeichnungen, Pläne und Lichtbilder können zum Protokoll hinzugenommen und dann in der Hauptverhandlung in Augenschein genommen werden (vgl. RGSt 36, 55; *Meyer-Goßner/Schmitt*, § 86 Rn. 16).

Der **in der Hauptverhandlung** durchgeführte Augenschein ist Teil des Beweisaufnahmeverfahrens der Hauptverhandlung (BGHSt 3, 188; RGSt 66, 29) und als wesentliche Förmlichkeit (§ 273 Abs. 1) zu protokollieren (BGH NStZ 1993, 51 f.; OLG Bremen StV 2015, 109). Deshalb müssen das ganze Gericht und alle Prozessbeteiligten, deren Anwesenheit das Gesetz vorschreibt (zu § 247 Satz 2 vgl. BGH, JR 1989, 255; zum unzulässigen Ausschluss des Angeklagten bei Sperrerklärung der Behörde hinsichtlich einer Videovorführung OLG Karlsruhe, NStZ-RR 2008, 315), am Augenschein teilnehmen (BGH, StV 1989, 187). Führen Richter während einer laufenden Hauptverhandlung einen »privaten Augenschein« durch, um bestimmte Tatsachen später als gerichtsbekannt im Urteil zu verwerten, führt dies zu einem Verstoß gegen § 261 (vgl. BGH, NStZ 2013, 357). Der Augenschein findet im Gerichtssaal oder an dem Ort statt, an dem sich der zu besichtigende Augenscheinsgegenstand befindet. Im Anschluss an den Augenschein wird dessen Gegenstand mit den Verfahrensbeteiligten erörtert (LR/*Krause*, § 86 Rn. 46; *Rogall*, ZStW 105, 1993, 59 f.). Dies ist entgegen der Rechtsprechung (vgl. BGH, NJW 2010, 1010; OLG Zweibrücken, VRS 83, 349; a. A. *Schlothauer*, StV 2009, 229) wegen den Besonderheiten der Beweiserhebungssituation und zur Gewährleistung des Erklärungsrechts des Angeklagten bzw. seines Anspruchs auf rechtliches Gehör nach § 257 geboten. In der Sitzungsniederschrift wird nur die Tatsache der Augenscheinseinnahme, nicht aber ihr Ergebnis vermerkt (vgl. OLG Bremen, NJW 1981, 2827; OLG Köln, VRS 24, 62). § 86 findet insoweit keine Anwendung. Werden Augenscheinsgegenstände als Vernehmungshilfe benutzt, soll dies nicht protokollierungspflichtig sein (BGH, NStZ-RR 2005, 66).

Nichtrichterliche Besichtigungen durch StA und Polizei sind keine Augenscheinseinnahme i.S.d. § 86 (*Dähn*, JZ 1978, 640). Wurde bei der Besichtigung ein Vermerk erstellt, kann er nicht nach § 249 verlesen werden, vielmehr müssen die Durchführenden als Zeugen vernommen werden.

§ 86 StPO Richterlicher Augenschein

9 **C. Gegenstände des Augenscheins.** Gegenstand des Augenscheins kann alles sein, was der Richter zur Bildung seiner Überzeugung für geeignet erachtet (BGH, NJW 1960, 2156; LR/*Krause*, § 86 Rn. 9), d.h. Personen, Körper unabhängig von ihrem Aggregatszustand, Örtlichkeiten und auch bestimmte Vorgänge, die der sinnlichen Wahrnehmung zugänglich sind. Werden bestimmte Gegenstände wie etwa Tatortskizzen nur als **Hilfsmittel zur Befragung** von Zeugen und Sachverständigen und zur Veranschaulichung ihrer Aussagen verwendet, so sind sie nicht Gegenstand des Augenscheinsbeweises. Da Beweismittel nur das ist, was zum Inhalt der Bekundung des Zeugen wird, muss die Verwendung sog. **Vernehmungshilfen** nicht als wesentliche Förmlichkeit (§ 273) ins Protokoll aufgenommen werden (OLG Hamm, VRS 28, 380; 44, 117).

10 **Abbildungen, Lichtbilder** und **Filme** können zum Beweis eines strafbaren Inhalts (z.B. nach §§ 86, 86a, 90 ff., 186 StGB) in Augenschein genommen werden. Sie können ebenso unmittelbaren Beweis über aufgezeichnete Vorgänge, insb. die Begehung der Straftat, erbringen (zur Aufzeichnung der Überwachungskamera einer Bank OLG Celle, NJW 1965, 1677, 1679; zur Verkehrsüberwachung OLG Hamm, VRS 44, 117; OLG Stuttgart, VRS 59, 360, 363; zu heimlich hergestellten Filmaufnahmen einer Straftat OLG Schleswig, NJW 1980, 352; zweifelhaft allerdings die Feststellung des BayObLG, NStZ-RR 1999, 91 statt des in der Hauptverhandlung abgespielten Videofilms könne sich das Gericht auf nicht in Augenschein genommene, aber in den Akten befindliche Abzüge des Films stützen). Die Beweisführung kann auch mittelbar erfolgen, etwa durch Aufnahmen von einer Gegenüberstellung (vgl. BVerfG, NStZ 1983, 84), einem Geständnis des Angeklagten (BGH, MDR 1976, 634) oder durch Aufnahmen des Tatorts (*Meyer-Goßner/Schmitt*, § 86 Rn. 10). Soweit möglich wird wegen der hohen Manipulationsgefahr der genannten Augenscheinsobjekte meist ihr Hersteller über Aufnahmezeit, Ort usw. als Zeuge vernommen werden müssen (vgl. aber auch RGSt 36, 55, 57; BayObLG, JR 1966, 389; OLG Frankfurt am Main, VRS 64, 287; OLG Stuttgart, DAR 1977, 328; zum Beweiswert digitaler Fotos *Knopp*, ZRP 2008, 158). Bei der Vorführung von Bild- und Tonaufzeichnungen in der Hauptverhandlung ist § 255a zu beachten.

11 **Urkunden** müssen i.d.R., soweit dies zulässig ist (§§ 250 ff.), verlesen werden (vgl. § 249; LR/*Krause*, § 86 Rn. 32). In Augenschein genommen werden sie nur, wenn sie nicht verlesbar sind und es auf ihre Beschaffenheit ankommt oder ihr gedanklicher Inhalt mittels sachverständiger Hilfe ermittelt werden muss (wie etwa bei technischen Aufzeichnungen, die durch Fahrtenschreiber [OLG Hamm, VRS 51, 45, 47; hierfür bedarf der erfahrene Verkehrsrichter keines Sachverständigen, vgl. OLG Jena, DAR 2005, 44] oder Registrierkassen [RGSt 55, 107] erstellt wurden).

12 **Tonaufzeichnungen** in analoger oder digitaler Form können sowohl zum Beweis ihrer äußeren Beschaffenheit als auch des aufgezeichneten Inhalts dienen (BGHSt 14, 339, 441; 27, 135, 136; OLG Celle, NJW 1965, 1677; KG, NJW 1980, 592). Durch Inaugenscheinnahme kann etwa der strafbare Inhalt oder die Straftatbegehung durch Tonaufzeichnung (etwa bei § 201 StGB) bewiesen werden. Aber auch sonstige Umstände sind dem Augenschein zugänglich, etwa bei Gesprächsaufzeichnung die Teilnehmer eines Gesprächs (sofern deren Identität durch andere Beweismittel bestätigt werden kann, vgl. BGHSt 14, 339, 341), Aussprache und Sprachstil der Teilnehmer, die Umstände der Äußerung und die Freiwilligkeit der Gesprächsteilnahme (vgl. BGHSt 14, 339; *Meyer-Goßner/Schmitt*, § 86 Rn. 11). Wurde ein Sachverständiger wegen Befangenheit abgelehnt, soll dennoch die erfolgte Aufzeichnung einer Exploration in Augenschein genommen werden dürfen (vgl. BGH, NStZ-RR 2010, 210).

13 **Skizzen und Zeichnungen** können nur hinsichtlich ihrer Existenz, nicht aber im Hinblick auf ihren gedanklichen Inhalt im Wege des Augenscheins eingeführt werden. Kommt es wie etwa bei Tatortskizzen auf ihren Inhalt an, muss nach § 250 ihr Hersteller als Zeuge über diesen vernommen werden (BGH, DAR 1969, 152; VRS 36, 189; BayObLG, JR 1966, 389; KK-StPO/*Senge*, § 86 Rn. 6; KMR/ *Neubeck*, § 86 Rn. 10; a.M. BGH, DAR 1977, 176; VRS 27, 119), wobei diesem aber die Skizze vorgehalten werden kann. Ohne Weiteres können aber Land- und Straßenkarten sowie amtliche Lagepläne in Augenschein genommen werden (*Meyer-Goßner/Schmitt*, § 86 Rn. 12).

14 **Personen** werden bei Beweiserheblichkeit zwar regelmäßig i.R.d. §§ 81a, c von Sachverständigen in Augenschein genommen, aber auch das Gericht kann unter Beachtung des § 81d bestimmte Merkmale oder Auffälligkeiten überprüfen (OLG Hamm, MDR 1974, 1036). Den äußeren Eindruck von Zeugen und Angeklagtem, den der Richter aufgrund des Mienenspiels und bestimmter Körperreaktionen (z.B. Erröten, Erbleichen) im Rahmen von Vernehmungen in der Hauptverhandlung gewinnt, darf er als »nicht aufgesuchte« Wahrnehmungen ohne Weiteres dem Urteil zugrunde legen (BGHSt 5, 536;

BGH, MDR 1974, 368; OLG Jena, VRS 114, 447; KMR/*Neubeck*, § 86 Rn. 11). Davon ausgenommen sind allerdings Fälle, in denen die Aussageperson kraft prozessualen Rechts die Aussage oder Einlassung verweigert, da dann die Rechtsausübung nicht auf die Würdigung von Aussagesurrogaten erstreckt werden darf (vgl. auch *Meyer-Goßner/Schmitt*, § 86 Rn. 14; *Haas*, GA 1997, 368).

Experimente und **nachgestellte Geschehensabläufe** können einerseits Bestandteil von Sachverständigengutachten oder Zeugenaussagen, andererseits aber auch Gegenstand des Augenscheinsbeweises sein. Eine Augenscheinseinnahme wurde bspw. angenommen bei Fahrversuchen (BGH, VRS 16, 273; 35, 266; OLG Koblenz, MDR 1971, 507), Trinkversuchen (BGH, NStZ [Pf] 1982, 189), Schießversuchen (RG, GA 59 [1912], 133), Wiedererkennungsversuchen (RGSt 60, 179), Versuchen zur Überprüfung der Glaubwürdigkeit von Zeugenaussagen etwa im Hinblick auf die Merkfähigkeit oder die Fähigkeit zur Sinneswahrnehmung (vgl. RGSt 40, 48, 50 und die Beispiele bei LR/*Krause*, § 86 Rn. 39) oder bei der Rekonstruktion des Tatverlaufs (BGH, NJW 1961, 1486; OLG Köln, NJW 1955, 843). Gegenüberstellungen zur Wiedererkennung des Angeklagten durch Zeugen sind hingegen Teil der Zeugenaussage. 15

§ 87 StPO Leichenschau, Leichenöffnung, Ausgrabung der Leiche.

(1) ¹Die Leichenschau wird von der Staatsanwaltschaft, auf Antrag der Staatsanwaltschaft auch vom Richter, unter Zuziehung eines Arztes vorgenommen. ²Ein Arzt wird nicht zugezogen, wenn dies zur Aufklärung des Sachverhalts offensichtlich entbehrlich ist.

(2) ¹Die Leichenöffnung wird von zwei Ärzten vorgenommen. ²Einer der Ärzte muss Gerichtsarzt oder Leiter eines öffentlichen gerichtsmedizinischen oder pathologischen Instituts oder ein von diesem beauftragter Arzt des Instituts mit gerichtsmedizinischen Fachkenntnissen sein. ³Dem Arzt, welcher den Verstorbenen in der dem Tod unmittelbar vorausgegangenen Krankheit behandelt hat, ist die Leichenöffnung nicht zu übertragen. ⁴Er kann jedoch aufgefordert werden, der Leichenöffnung beizuwohnen, um aus der Krankheitsgeschichte Aufschlüsse zu geben. ⁵Die Staatsanwaltschaft kann an der Leichenöffnung teilnehmen. ⁶Auf ihren Antrag findet die Leichenöffnung im Beisein des Richters statt.

(3) Zur Besichtigung oder Öffnung einer schon beerdigten Leiche ist ihre Ausgrabung statthaft.

(4) ¹Die Leichenöffnung und die Ausgrabung einer beerdigten Leiche werden vom Richter angeordnet; die Staatsanwaltschaft ist zu der Anordnung befugt, wenn der Untersuchungserfolg durch Verzögerung gefährdet würde. ²Wird die Ausgrabung angeordnet, so ist zugleich die Benachrichtigung eines Angehörigen des Toten anzuordnen, wenn der Angehörige ohne besondere Schwierigkeiten ermittelt werden kann und der Untersuchungszweck durch die Benachrichtigung nicht gefährdet wird.

S.a. RiStBV Nr. 33 bis 38

A. Grundsätzliches und Regelungsgehalt. Die Norm regelt die Voraussetzungen von Leichenschau (Abs. 1) und Leichenöffnung (Abs. 2) sowie der dazu ggf. erforderlichen Exhumierung (Abs. 3, 4). Leichenschau und Leichenöffnung sind mit größter Beschleunigung durchzuführen (Nr. 36 RiStBV), um eine möglichst hohe Zuverlässigkeit der ärztlichen Feststellungen zur Todesursache zu gewährleisten (*Maiwald*, NJW 1978, 565). Bei der Leichenschau wird im Gegensatz zur Leichenöffnung lediglich die äußere Beschaffenheit einer Leiche besichtigt. 1

B. Leichenschau. Kann eine Straftat als Todesursache nicht von vornherein ausgeschlossen werden, ist möglichst am Tat- oder Fundort der Leiche eine Leichenschau durchzuführen (RiStBV Nr. 33 Abs. 1 Satz 2). Eine etwa bei Verdacht der fahrlässigen Tötung im Straßenverkehr erforderliche Leichenblutentnahme zur Feststellung der Alkoholtoxikation (z.B. bei möglichem Mitverschulden) ist nicht Bestandteil der Leichenschau und kann deshalb nur im Wege der Sicherstellung erfolgen (vgl. auch *Ebner* SVR 2010, 251). 2

I. Zuständigkeit. Zuständig für die Leichenschau ist primär die StA (RiStBV Nr. 33 Abs. 3 Satz 1), die hierfür, anders als bei der Leichenöffnung (Abs. 4 Satz 1), keiner richterlichen Anordnung bedarf. Die im Regelfall vorausgehende Besichtigung der Leiche durch die Polizei ist keine Leichenschau i.S.v. § 87. In Ausnahmefällen wird die StA bei dem nach § 162 Abs. 1 Satz 3 zuständigen Richter beantra- 3 gen, dass dieser die Leichenschau vornimmt, etwa wenn eine nach § 249 Abs. 1 Satz 2 verlesbare Niederschrift gewonnen werden soll (Nr. 33 Abs. 3 Satz 2 RiStBV; *Meyer-Goßner/Schmitt*, § 87 Rn. 4). Bei Antrag der StA hat der Richter nur die rechtliche Zulässigkeit der Maßnahme, nicht aber deren Zweckmäßigkeit zu prüfen (LG Waldshut, NJW 1972, 1148; KK-StPO/*Senge*, § 87 Rn. 3; LR/*Krause*, § 87 Rn. 10). Ohne einen Antrag kann der Richter die Leichenschau nur vornehmen, wenn ihm nach § 159 Abs. 1 ein ungeklärter Todesfall gemeldet wird und die Voraussetzungen von § 165 vorliegen (*Meyer-Goßner/Schmitt*, § 87 Rn. 5; *Maiwald*, NJW 1978, 561). Wird die Leichenschau unter Beteiligung eines Richters durchgeführt, liegt ein richterlicher Augenschein unter Hinzuziehung eines Sachverständigen vor, sodass § 168d anzuwenden ist.

4 **II. Durchführung durch einen Arzt.** Der nach **Abs. 1 Satz 1** im Regelfall **hinzuzuziehende Arzt** muss weder Gerichts- noch Amtsarzt sein (krit. *Geerds*, ArchKrim 199 [1997], 50). Er unterstützt und ergänzt als Sachverständiger die Tätigkeit von StA und Gericht. Vollständig überlassen werden darf ihm die Leichenschau nach dem klaren Gesetzeswortlaut jedoch nicht (LR/*Krause*, § 87 Rn. 11), auch wenn dem Staatsanwalt die erforderliche Sachkunde bei Ermittlung der Befundtatsachen meist fehlen wird. Von der Hinzuziehung eines Arztes kann abgesehen werden, wenn diese bei pflichtgemäßer Ermessensausübung offensichtlich entbehrlich erscheint, bspw. weil die Todesursache und die an der Leiche vorhandenen Verletzungen auch ohne sachverständige Begutachtung feststehen (*Meyer-Goßner/Schmitt*, § 87 Rn. 6; den durch fehlende medizinische Sachkunde der Strafverfolgungsbehörden ausgelösten Bedenken von *Geerds*, ArchKrim 199, [1997], 50 ist durch eine restriktive Handhabung der Ausnahmeregelung Rechnung zu tragen).

5 **III. Protokollierung.** Für die Leichenschau durch den Richter besteht eine **Protokollierungspflicht** nach §§ 168, 168a, hinsichtlich des Inhalts ist § 86 zu beachten. Nach § 168a Abs. 3 muss das Protokoll auch von dem hinzugezogenen Arzt unterschrieben werden. Auch wenn die Unterschrift unterbleibt, kann das Protokoll in der Hauptverhandlung nach § 249 Abs. 1 Satz 2 verlesen werden (KK-StPO/*Senge*, § 87 Rn. 3). Wird die Leichenschau durch den StA durchgeführt, reicht ein Aktenvermerk aus (§ 168b).

6 **C. Leichenöffnung. I. Zuständigkeit und Anordnungsvoraussetzungen.** Die **Leichenöffnung** wird grds. auf Antrag der StA (Ausnahme: § 165) durch den **Richter angeordnet (Abs. 4 Satz 1)**. Zuständig für die Anordnung ist der Ermittlungsrichter, in dessen Bezirk sich die Leiche befindet (*Meyer-Goßner/Schmitt*, § 87 Rn. 10; SK-StPO/*Rogall*, § 87 Rn. 40; a. A. KMR/*Neubeck*, § 87 Rn. 9: Richter des Sektionsortes). Eine **Eilzuständigkeit** der StA, nicht aber ihrer Ermittlungspersonen, besteht bei Gefährdung des Untersuchungserfolges (§ 87 Abs. 4 Satz 1 Halbs. 2), bspw. wenn der Zustand der Leiche dies erfordert oder die Todesursache sofort aufgeklärt werden muss (*Meyer-Goßner/Schmitt*, § 87 Rn. 10).

7 Angeordnet wird die Leichenöffnung, wenn Anhaltspunkte für einen nicht natürlichen Tod (§ 159) oder für Fremdverschulden (§ 160) bestehen, eine Straftat nicht schon von vornherein ausgeschlossen werden kann (Nr. 33 Abs. 1 Satz 2 RiStBV; vgl. auch *Koch*, NJW 1965, 528) und eine Leichenschau nicht ausreicht, eine Straftat als Todesursache auszuschließen (vgl. BVerfG, NJW 1994, 783; NZS 2007, 83; LG Mainz, NStZ-RR 2002, 43; *Kuhlmann*, Kriminalistik 1973, 443; *Maiwald*, NJW 1978, 561). Mit der Leichenöffnung kann sowohl festgestellt werden, ob eine Straftat vorliegt als auch die konkrete Todesursache und Todeszeit geklärt werden (*Meyer-Goßner/Schmitt*, § 87 Rn. 9; KMR/*Neubeck*, § 87 Rn. 2). Die Angehörigen sind nach Möglichkeit vor der Leichenöffnung zu hören. Verweigern die Angehörigen die Herausgabe der Leiche, muss sie nach Anhörung des Totensorgeberechtigten ggf. beschlagnahmt werden (*Meyer-Goßner/Schmitt*, § 87 Rn. 9). Der Fall, dass eine Leichenöffnung zu unterbleiben hat, weil sie außer Verhältnis zur Einschränkung des Rechts auf Totenfürsorge und des Pietätsgefühls der Hinterbliebenen stünde, dürfte kaum eintreten (KK-StPO/*Senge*, § 87 Rn. 2; vgl. aber BVerfG, NJW 1994, 783), da sie dann meist bereits nicht erforderlich ist.

8 Die StA hat nach pflichtgemäßem Ermessen zu beurteilen, ob sie selbst teilnimmt und dann die Leichenöffnung eigenverantwortlich leitet (§ 161a Abs. 1 Satz 2 i.V.m. § 86), einen Richter hinzuzieht oder die Leichenöffnung den zwei Ärzten überlässt (LR/*Krause*, § 87 Rn. 19). Nach Nr. 33 Abs. 4 Satz 1 RiStBV kommt eine Teilnahme der StA in Betracht, wenn es sich um Kapitalsachen bzw. die Rekonstruktion eines Unfallgeschehens bei tödlichen Unfällen, um Todesfälle durch Schusswaffengebrauch im Dienst

oder im Vollzug freiheitsentziehender Maßnahmen handelt oder wenn ärztliche Behandlungsfehler Verfahrensgegenstand sind. Nimmt ein Staatsanwalt teil, hat er ggf. beweissichernde Maßnahmen zu veranlassen (z.B. die Beschlagnahme von Leichenteilen sowie die Entnahme von Gewebeproben oder von Körperflüssigkeiten, wenn deren besondere Untersuchung geboten ist, vgl. Nr. 35 Abs. 1 Satz 1 RiStBV; zur Hinzuziehung eines Toxikologen oder Chemikers bei Verdacht der Vergiftung vgl. § 91; zur Tötung durch Stromschlag erg. Nr. 26 Abs. 2 Satz 2 RiStBV).

Stellt die StA einen Antrag auf **Mitwirkung eines Richters** (Abs. 2 Satz 6), prüft der Richter lediglich 9 dessen Zulässigkeit, nicht aber die Erforderlichkeit und Zweckmäßigkeit der Anwesenheit. Wenn der Antrag zulässig ist, muss er diesem stattgeben. Die StA entscheidet über die Hinzuziehung nach pflichtgemäßem Ermessen, wird sie aber nur in voraussehbar problematischen Fällen oder bei besonderer Problematik des vermuteten Sachverhalts (etwa politischer Mord, *Meyer-Goßner/Schmitt*, § 87 Rn. 14) in Betracht ziehen. Allein die Notwendigkeit, ein nach § 249 Abs. 1 Satz 2 verlesbares Protokoll zu gewinnen, wird nicht ausreichen (zutr. *Meyer-Goßner/Schmitt*, § 87 Rn. 14; a. A. LR/*Krause*, § 87 Rn. 19). Nimmt ein Richter teil, so leitet er die Untersuchung und erteilt die erforderlichen Weisungen.

II. Durchführung durch zwei Ärzte. Abs. 2 Satz 1 verlangt, dass die Leichenöffnung von **zwei Ärz-** 10 **ten** vorgenommen wird, die zudem von ihrem Beginn bis zu ihrer Beendigung ununterbrochen anwesend sind. Satz 2 sieht vor, das seiner der Obduzenten ein Gerichtsarzt, d.h. zur Wahrnehmung der in gerichtlichen Angelegenheiten vorkommenden ärztlichen Geschäfte bestellt ist (LR/*Krause*, § 87 Rn. 24 m.w.N. zum Landesrecht), oder ein Leiter eines öffentlichen gerichtsmedizinischen oder pathologischen Instituts oder ein von diesem beauftragter Arzt sein muss. Zu den genannten Instituten gehören insb. Universitätsinstitute, nicht aber die Abteilungen für Pathologie der öffentlichen Krankenhäuser. Ist einer der in Satz 2 genannten Ärzte nicht rechtzeitig erreichbar, kann in dringlichen Fällen ein anderer in seiner Vertretung mitwirken (*Eisenberg*, BR, Rn. 1953; KMR/*Neubeck*, § 87 Rn. 12). Der **behandelnde Arzt** ist von der Mitwirkung **ausgeschlossen**, da das Gesetz davon ausgeht, der Arzt könnte deshalb befangen sein, weil er den Verstorbenen wegen einer dem Tod unmittelbar vorausgehenden Krankheit behandelt hat. Die Ursächlichkeit der Krankheit für den Tod muss nicht feststehen, da für die Befangenheit lediglich die Möglichkeit eines Ursachenzusammenhangs zwischen Behandlung und Todeseintritt ausschlaggebend ist. Sofern es etwa zur Untersuchung hilfreich ist, Details aus der Krankengeschichte des Verstorbenen zu wissen, kann der behandelnde Arzt allerdings durch StA oder Richter aufgefordert werden, an der Leichenöffnung teilzunehmen (**Abs. 2 Satz 4**). Er ist dann sachverständiger Zeuge, kann aber nicht als Sachverständiger in der Hauptverhandlung vernommen werden (zutr. SK-StPO/*Rogall*, § 87 Rn. 24; a. A. *Meyer-Goßner/Schmitt*, § 87 Rn. 12).

III. Protokollierung. Erfolgt die Leichenöffnung im Beisein des Richters muss nach § 168 Satz 1 ein 11 **Protokoll** angefertigt werden, dessen Inhalt sich aus §§ 168a, 86 ergibt. Das Protokoll wird von dem Richter (§ 168a Abs. 3 Satz 3) und von den Ärzten (§ 87 Abs. 2 Satz 1) unterschrieben. Soweit in dem Protokoll die sachverständigen Bekundungen der Ärzte über Befundtatsachen und ihre Schlussfolgerungen beurkundet werden, handelt es sich um ein Vernehmungsprotokoll, das nur unter den Voraussetzungen der §§ 251, 253, 256 verlesen werden kann (BGH, NStZ-RR 2001, 262; BGH, 21.09.2000 – 1 StR 634/99). Sind diese nicht erfüllt, müssen die teilnehmenden Ärzte als Sachverständige vernommen werden, wobei bei einstimmigem Ergebnis die Vernehmung eines Arztes genügt (BGH, 02.04.2008 – 2 StR 621/07). Soweit das Protokoll hingegen den richterlichen Augenschein beurkundet, darf es nach § 249 Abs. 1 Satz 2 verlesen werden. Findet die Leichenöffnung nur im Beisein der StA statt, dann ist lediglich das Ergebnis der Untersuchung (vgl. § 168b Abs. 1) aktenkundig zu machen. Selbstverständlich erfolgt dabei die Niederschrift der von den Sachverständigen festgestellten Befunde.

IV. Anwesenheit weiterer Personen. Für den Beschuldigten oder seinen Verteidiger besteht kein An- 12 wesenheitsrecht bei der Leichenöffnung. § 168d ist insoweit auch bei Mitwirkung eines Richters nicht anwendbar, da im Kern keine Augenscheinseinnahme vorliegt (LR/*Krause*, § 87 Rn. 28; krit. LR/*Erb*, § 168d Rn. 4). Wegen der besonderen Bedeutung der Beweissituation sollte aber nach Möglichkeit einem von der Verteidigung benannten Sachverständigen die Anwesenheit gestattet werden (enger *Meyer-Goßner/Schmitt*, § 87 Rn. 15). Die Anwesenheit der in der Sache ermittelnden Kriminalbeamten wird meist zweckmäßig, ggf. sogar notwendig sein (LR/*Krause*, § 87 Rn. 28; *Falter*, Kriminalistik 1964, 87).

§ 88 StPO Identifizierung des Verstorbenen vor Leichenöffnung

13 **D. Ausgrabung der Leiche. I. Zuständigkeit.** Wenn Leichenschau und Obduktion die **Ausgrabung einer Leiche (Abs. 3, 4)** erfordern, erfolgt ihre Anordnung auf Antrag der StA (Ausnahme: § 165) durch den nach § 162 zuständigen Ermittlungsrichter bzw. nach Anklageerhebung durch das mit der Sache befasste Gericht. Die StA darf sie nur bei Gefährdung des Untersuchungserfolges anordnen (§ 87 Abs. 4 Satz 1). Zur Ausgrabung sollte einer der Obduzenten, bei Verdacht der Vergiftung auch ein chemischer Sachverständiger hinzugezogen werden (vgl. Nr. 34 RiStBV).

14 **II. Benachrichtigungspflichten.** Eine auch formlos mögliche **Benachrichtigung der Angehörigen** erfolgt, wenn sie bekannt oder leicht zu ermitteln sind **(Abs. 4 Satz 2)**. Eine Benachrichtigung unterbleibt bei Gefährdung des Untersuchungszwecks, bspw. wenn der Angehörige selbst tatverdächtig ist oder die Gefahr besteht, dass er andere Tatverdächtige benachrichtigt (KMR/*Neubeck*, § 87 Rn. 16). Ohne entsprechenden Antrag der StA wird dem Richter die Beurteilung einer Gefährdung des Untersuchungszwecks nicht leicht fallen, sodass er die Benachrichtigung von Angehörigen mit der StA abstimmen wird (vgl. *Meyer-Goßner/Schmitt*, § 87 Rn. 18).

15 **E. Revision.** Ein Verstoß gegen § 87 wird in aller Regel die Revision nicht begründen. Auch ein Verstoß gegen Abs. 2, d.h. die Durchführung nur durch einen Arzt oder die Mitwirkung eines nach Satz 3 ausgeschlossenen Arztes führt grds. nicht zur Unverwertbarkeit der gewonnenen Ergebnisse (KK-StPO/*Senge*, § 87 Rn. 9; KMR/*Neubeck*, § 87 Rn. 19; LR/*Krause*, § 87 Rn. 34; a. A. *Eisenberg*, BR, Rn. 1962; HK-StPO/*Brauer*, § 87 Rn. 18: S. 3 beinhaltet eine »unwiderlegliche Befangenheitsvermutung«; *Meyer-Goßner/Schmitt*, § 87 Rn. 19), sofern der Richter bei der Beweiswürdigung zu erkennen gibt, dass er diese Umstände berücksichtigt hat. Der Verstoß gegen die Benachrichtigungsvorschrift des Abs. 4 Satz 2 ist ebenso nicht revisibel, da mit dieser lediglich Angehörigeninteressen Rechnung getragen werden soll.

§ 88 StPO Identifizierung des Verstorbenen vor Leichenöffnung.

(1) ¹Vor der Leichenöffnung soll die Identität des Verstorbenen festgestellt werden. ²Zu diesem Zweck können insbesondere Personen, die den Verstorbenen gekannt haben, befragt und Maßnahmen erkennungsdienstlicher Art durchgeführt werden. ³Zur Feststellung der Identität und des Geschlechts sind die Entnahme von Körperzellen und deren molekulargenetische Untersuchung zulässig; für die molekulargenetische Untersuchung gilt § 81f Abs. 2 entsprechend.
(2) Ist ein Beschuldigter vorhanden, so soll ihm die Leiche zur Anerkennung vorgezeigt werden.

1 **A. Grundsätzliches und Regelungsgehalt.** Die Feststellung der Identität des Verstorbenen ist auch unabhängig von einer Leichenöffnung erforderlich, so wie umgekehrt insb. bei einer möglichen Verschlechterung der Beweissituation (vgl. § 89) eine Leichenöffnung auch vor Identifizierung geboten sein kann. Neben der ausdrücklich angeführten Befragung von Zeugen sind erkennungsdienstliche Maßnahmen (vgl. § 81b) zulässig. In Frage kommen etwa radiologische Untersuchungen oder ein Vergleich des Zahnschemas. **Abs. 1 Satz 3** stellt zudem klar, dass auch molekulargenetische Untersuchungen nach Maßgabe des § 81f Abs. 2 durchgeführt werden können (vgl. dazu *Rogall*, in: FS für Schroeder, S. 697). Da lediglich auf § 81f Abs. 2 verwiesen wird, soll diese Maßnahme widersprüchlicher Weise keinem Richtervorbehalt unterliegen (vgl. MK-StPO/*Trück*, § 88 Rn. 3).

2 **B. Anerkennung durch den Beschuldigten.** Aufgrund der sprachlich missglückten, rechtlich fragwürdigen und tatsächlich weitgehend entbehrlichen Anordnung des **Abs. 2**, soll dem Beschuldigten die Leiche zur Anerkennung vorgezeigt werden. Auch wenn die Regelung lediglich als »Sollvorschrift« neu gestaltet wurde (so zur a.F. bereits LR/*Krause*, § 88 Rn. 2; *Bohnert*, NStZ 1982, 5), bleibt ihre Bedeutung im Dunkeln, da der Beschuldigte zu keiner Erklärung verpflichtet ist und ihm dies auch vor der »Anerkennung« verdeutlicht werden muss. Da es den Strafverfolgungsbehörden auch außerhalb des Anwendungsbereichs des § 136a untersagt bleiben muss, die Vorführung der Leiche zur Aussageerlangung auszunutzen (auch die »Anerkennung« der Leiche ist unabhängig von der Schuld des Beschuldigten eine Aussage; vgl. zutr. KMR/*Neubeck*, § 88 Rn. 2: »Teil der Vernehmung«), kann die Leiche nur bei einem ohnehin aussagebereiten Beschuldigten, der sich der Bedeutung der Beweissituation bewusst

ist, vorgezeigt werden. Da bei feststehender Identität des Verstorbenen eine »Anerkennung« überflüssig ist (vgl. BGH, NStZ [Pf] 1981, 94; *Meyer-Goßner/Schmitt*, § 88 Rn. 2), hätte es für die wenigen verbleibenden Fälle der irreführenden Regelung des Abs. 2 nicht bedurft.

C. Revision. Nach allgemeiner Auffassung kann ein Verstoß insb. gegen Abs. 2 nur ganz ausnahmsweise die Revision begründen, wenn ansonsten die Identität des Opfers nicht zweifelsfrei festgestellt werden kann und dies (wie wohl im Regelfall) für die Feststellung der Täterschaft und Schuld des Beschuldigten von Bedeutung ist (vgl. *Eisenberg*, BR Rn. 1961; LR/*Krause*, § 88 Rn. 3; KMR/*Neubeck*, § 88 Rn. 3 zu BGH, 10.09.1953 – 3 StR 336/53). Ein Verstoß gegen § 136a scheide hingegen aus, da sonst die Regelung des § 88 Abs. 2 bedeutungslos wäre. Wenn dann noch betont wird, ein Verstoß gegen § 136a sei allerdings gegeben, wenn der Beschuldigte über das »bloße Ansehen« der Leiche hinaus durch Vorzeigen zur Schilderung des Tatgeschehens veranlasst werden und seine Sühnebereitschaft geweckt werden soll (so LR/*Krause*, § 88 Rn. 3; vgl. bereits BGHSt 15, 187, 189), dann zeigt sich der logische Widerspruch in aller Deutlichkeit. Da dem Beschuldigten die Leiche zur Anerkennung und damit zu einer Aussage vorgezeigt wird, muss er über die Bedeutung der Beweissituation belehrt worden sein, ansonsten ist jede Form der Anerkennung aber auch jede darüber hinausgehende Erklärung aufgrund eines Verstoßes gegen den nemo tenetur-Grundsatz unverwertbar. Umgekehrt kann ein Verstoß gegen die gerichtliche Aufklärungspflicht wegen unterlassener Identifizierung nach Abs. 2 nur darauf gestützt werden, dass es unterlassen wurde, dem Beschuldigten nach ordnungsgemäßer Belehrung die Möglichkeit zur Anerkennung der ansonsten nicht festzustellenden Identität des Tatopfers zu geben.

3

§ 89 StPO Umfang der Leichenöffnung. Die Leichenöffnung muss sich, soweit der Zustand der Leiche dies gestattet, stets auf die Öffnung der Kopf-, Brust- und Bauchhöhle erstrecken.

A. Grundsätzliches und Regelungsgehalt. Die Vorschrift legt den Umfang der Leichenöffnung (§ 87 Abs. 2) fest. Sie hat sich, sofern der Zustand der Leiche dies noch zulässt, stets auf die genannten drei Körperhöhlen zu erstrecken, selbst wenn die Todesursache bereits nach Öffnung einer Körperhöhle festzustehen scheint (LR/*Krause*, § 89 Rn. 1; *Meyer-Goßner*, § 89 Rn. 1; SK-StPO/*Rogall*, § 89 Rn. 1: »obligatorisches Mindestprogramm«). Im Regelfall können nur auf diesem Wege andere Todesursachen ausgeschlossen werden. Zur Vorgehensweise, wenn die Aufklärungspflicht die Entnahme von Leichenteilen zur weiteren Untersuchung gebietet, vgl. Nr. 35 RiStBV (dazu *Haehling von Lanzenauer*, Kriminalistik 1993, 379). Für die Durchführung der Leichenöffnung sind vereinzelt landesrechtliche Regelungen vorhanden (z.B. Hamburg, Berlin), einheitliche Sektionsgesetze fehlen bislang. Richter (vgl. § 78) und Staatsanwalt (vgl. § 161a Abs. 1 Satz 2) treffen ggf. Pflichten zur Instruktion des Sachverständigen über den nach § 89 gebotenen Umfang der Leichenöffnung (KK-StPO/*Senge*, § 89 Rn. 1; SK-StPO/*Rogall*, § 89 Rn. 3).

1

B. Revision. Auf einen Verstoß gegen § 89 kann die Revision nicht gestützt werden (KMR/*Neubeck*, § 89 Rn. 2; LK/*Krause*, § 89 Rn. 3). Entscheidend ist insoweit allein, ob die gerichtliche Aufklärungspflicht verletzt worden ist (HK-StPO/*Brauer*, § 89 Rn. 2).

2

§ 90 StPO Öffnung der Leiche eines Neugeborenen. Bei Öffnung der Leiche eines neugeborenen Kindes ist die Untersuchung insbesondere auch darauf zu richten, ob es nach oder während der Geburt gelebt hat und ob es reif oder wenigstens fähig gewesen ist, das Leben außerhalb des Mutterleibes fortzusetzen.

A. Grundsätzliches und Regelungsgehalt. § 90 ordnet als Ergänzung der § 87 Abs. 2, 89 an, dass sich bei der Leichenöffnung Neugeborener die Untersuchung v.a. darauf zu erstrecken hat, ob das Kind lebend geboren wurde und lebensfähig war (zur insoweit missverständlichen Gesetzesfas-

1

sung LR/*Krause*, § 90 Rn. 1). Diese Feststellungen sind erforderlich, um anhand der Rechtsgutqualität im Zeitpunkt des Einwirkens der Tathandlung (vgl. § 8 StGB) die Tötungs- und Körperverletzungsdelikte (§§ 211 ff., 223 StGB) vom Abbruch einer Schwangerschaft (§§ 218 ff. StGB) abgrenzen und entsprechende Indizien feststellen zu können (SK-StPO/*Rogall*, § 90 Rn. 2). Auch zur Aufklärung von Kunstfehlern bei der geburtshelferlichen Tätigkeit bedarf es einer entsprechenden Untersuchung (*Meyer-Goßner/Schmitt*, § 90 Rn. 1). Hier kann in besonderen Fällen die ergänzende Hinzuziehung eines Pädiaters oder Gynäkologen sinnvoll sein (LR/*Krause*, § 90 Rn. 1). Gericht und StA weisen den Sachverständigen in der Auftragsbeschreibung auf den geforderten Umfang der Obduktion hin (§ 78).

2 **B. Revision.** Ein Verstoß gegen § 90 ist ebenso wenig revisibel wie die Missachtung von § 89.

§ 91 StPO Untersuchung der Leiche bei Verdacht einer Vergiftung.

(1) Liegt der Verdacht einer Vergiftung vor, so ist die Untersuchung der in der Leiche oder sonst gefundenen verdächtigen Stoffe durch einen Chemiker oder durch eine für solche Untersuchungen bestehende Fachbehörde vorzunehmen.

(2) Es kann angeordnet werden, dass diese Untersuchung unter Mitwirkung oder Leitung eines Arztes stattzufinden hat.

S.a. RiStBV Nr. 34, 35

1 **A. Grundsätzliches und Regelungsgehalt.** Die Vorschrift konkretisiert die bei Leichenöffnungen (§ 87 Abs. 2) bestehende **Aufklärungspflicht** und das bei Beauftragung eines Sachverständigen bestehende **Auswahl- und Leitungsermessen** (§§ 73, 78; vgl. SK-StPO/*Rogall*, § 91 Rn. 1). Bei Verdacht einer Vergiftung hat zur sachgerechten Aufklärung der Zusammensetzung und Wirkung verdächtiger Stoffe die Beauftragung eines Chemikers oder die Begutachtung durch eine Fachbehörde (§ 83 Abs. 3) zu erfolgen.

2 Der ohnehin unscharfe **Begriff der Vergiftung** beschränkt den Anwendungsbereich nicht auf Fälle der Tötung (§§ 211 ff., 222 StGB; vgl. auch Nr. 35 Abs. 1 Satz 1 RiStBV) oder Körperverletzung (insb. § 224 StGB), sondern umfasst alle Delikte, bei denen die Untersuchung nach § 91 Aufschluss über Art und Mittel der Tatbegehung geben kann (z.B. §§ 229, 314, 324, 326, 330a oder auch Tatbestände des Nebenstrafrechts, bei denen gesundheitsschädliche Stoffe als Tatmittel eingesetzt werden, vgl. SK-StPO/*Rogall*, § 91 Rn. 2; MK-StPO/*Trück*, § 91 Rn. 1).

3 **B. Auswahl des Sachverständigen und Hinzuziehung eines Arztes.** Angeordnet wird die Hinzuziehung eines auf dem Gebiet der Toxikologie ausgewiesenen Chemikers bzw. die Übergabe der zu untersuchenden Stoffe an eine Fachbehörde durch den die Leichenöffnung leitenden Richter oder StA. Die Auswahl des geeigneten Sachverständigen erfolgt durch den Anordnenden (vgl. § 73). Abs. 2 sieht die Anordnung der **Mitwirkung eines Arztes** bei der Untersuchung der in der Leiche oder sonst aufgefundenen Stoffe oder sogar die Leitung der Untersuchung durch den Arzt vor. Die Anordnung erfolgt ebenso durch den Richter oder StA, der die Leichenöffnung leitet (KMR/*Neubeck*, § 91 Rn. 2), wobei der hinzugezogene Arzt nicht der Obduzent oder ein Gerichtsarzt sein muss (*Meyer-Goßner/Schmitt*, § 91 Rn. 3). Der Arzt kann sachverständiger Zeuge oder Sachverständiger sein, je nachdem, ob er nur über Wahrnehmung berichtet oder sich gutachterlich äußern soll (*Eisenberg*, BR, Rn. 1964).

§ 92 StPO Gutachten bei Verdacht einer Geld- oder Wertzeichenfälschung.
(1) ¹Liegt der Verdacht einer Geld- oder Wertzeichenfälschung vor, so sind das Geld oder die Wertzeichen erforderlichenfalls der Behörde vorzulegen, von der echtes Geld oder echte Wertzeichen dieser Art in Umlauf gesetzt werden. ²Das Gutachten dieser Behörde ist über die Unechtheit oder Verfälschung sowie darüber einzuholen, in welcher Art die Fälschung mutmaßlich begangen worden ist.
(2) Handelt es sich um Geld oder Wertzeichen eines fremden Währungsgebietes, so kann an Stelle des Gutachtens der Behörde des fremden Währungsgebietes das einer deutschen erfordert werden.

S.a. RiStBV Nr. 215 bis 219

A. Grundsätzliches und Regelungsgehalt. Liegt ein Verdacht einer **Geld- oder Wertzeichenfälschung** (§§ 146 ff. StGB; and. SK-StPO/*Rogall*, § 92 Rn. 5, der die Wertpapierfälschung gem. § 151 StGB ausnimmt) vor, so sind die Tatprodukte »erforderlichenfalls« der Behörde vorzulegen, die echtes Geld oder echte Wertzeichen dieser Art in Umlauf setzt (zur zuständigen Behörde vgl. Nr. 216 RiStBV; erg. zur Verfolgung sog. Münzstraftaten Nr. 215 bis 219 RiStBV). Die Begutachtung der Art der Fälschung dient dabei zumindest auch präventiven Zwecken. Da die **Vorlagepflicht** nur i.R.d. gerichtlichen Aufklärungspflicht besteht, muss kein Behördengutachten eingeholt werden, wenn die Unechtheit und Art der Fälschung auch durch Augenschein festgestellt werden können (KMR/*Neubeck*, § 92 Rn. 1; KK-StPO/*Senge*, § 92 Rn. 1; *Meyer-Goßner/Schmitt*, § 92 Rn. 2).

B. Verfahren und Revision. Die eingeholten Behördengutachten können ggf. nach § 256 verlesen werden (vgl. auch RGSt 63, 122). Werden Wertpapiere (§ 151 StGB) von Privaten, etwa Gesellschaften, ausgegeben, können auch diese zur Begutachtung herangezogen werden (unklar MK-StPO/*Trück*, § 92 Rn. 1, der hinsichtlich der Auswahl auf § 73 verweist). In diesem Fall handelt es sich jedoch nicht um ein Behördengutachten i.S.v. § 92, sodass das Gutachten mündlich zu erstatten ist. **Abs. 2** sieht vor, dass in den Fällen des § 152 StGB zur Verfahrensvereinfachung auch eine deutsche Behörde (vgl. § 216 Abs. 1 RiStBV) mit dem Gutachten betraut werden kann (vgl. zur Einbeziehung der Deutschen Bundesbank auch § 216 Abs. 1b RiStBV und BGH, wistra 1996, 343).
Da § 92 lediglich die gerichtliche Aufklärungspflicht (§ 244 Abs. 2) konkretisiert, kann ein Verstoß unter entsprechenden Voraussetzungen die **Revision** begründen (SK-StPO/*Rogall*, § 92 Rn. 13).

1

2

3

§ 93 StPO Schriftgutachten.
Zur Ermittlung der Echtheit oder Unechtheit eines Schriftstücks sowie zur Ermittlung seines Urhebers kann eine Schriftvergleichung unter Zuziehung von Sachverständigen vorgenommen werden.

A. Grundsätzliches und Regelungsgehalt. Die Ermittlung der Echtheit oder Unechtheit eines Schriftstücks, dessen Urheber nicht der Beschuldigte sein muss, kann mittels eines Schrift-Sachverständigen erfolgen (Form des Sachverständigenbeweises; zur Maschinenschrift als Gegenstand der Schriftvergleichung *Eisenberg*, BR, Rn. 1978 ff.). Daneben muss der Richter zwar das Schriftstück und die hierfür erforderlichen Schriftproben auch selbst in Augenschein nehmen (KG, StV 1993, 628; a. A. LR/*Krause*, § 93 Rn. 3), die nach § 93 zu prüfende Beweisfrage wird er aber kraft eigener Sachkunde in den seltensten Fällen selbst beantworten können (KG, StraFo 2009, 154 auch zur Pflicht, diese eigene Sachkunde im Urteil zu begründen). Keine Schriftvergleichung i.S.v. § 93 liegt vor, wenn mittels eines graphologischen Gutachtens Charaktereigenschaften des Schreibers ermittelt werden sollen (KMR/*Neubeck*, § 93 Rn. 1; *Eisenberg*, BR, Rn. 1966 erachtet Erkenntnisse der Graphologie für nicht gerichtsverwertbar; sehr krit. zu forensisch-linguistischen Textvergleichen, die sich am textlichen Schreibstil orientieren [kein Fall des § 93!] auch *ders.* NStZ 2010, 680).

1

B. Durchführung des Schriftvergleichs. Da gesicherte und überprüfbare Standards der Schriftvergleichung wohl nicht in vergleichbarem Umfang wie auf anderen Fachgebieten bestehen (vgl. LR/*Krause*, § 93 Rn. 8; zu den Grundkomponenten, etwa Merkmale der Schriftführung, Schreibtiefe,

2

Schriftgeschwindigkeit, Bewegungsrichtung, vertikale und horizontale Ausdehnung, vertikale und horizontale Flächengliederung etc. *Michel*, Kriminalistik 1992, 478; MK-StPO/*Trück*, § 93 Rn. 4), ist bei der Auswahl und Leitung des Sachverständigen besondere Sorgfalt zu wahren. In der Urteilsbegründung ist insoweit darzulegen, mit welcher Methode und unter Berücksichtigung welcher Kennzeichen eine Übereinstimmung ermittelt wurde. Selbstverständlich sind auch die jeweiligen Materialvoraussetzungen mitzuteilen. Kommt dem Gutachten maßgebliche Bedeutung zu, kann die Bestellung mehrerer Sachverständiger erforderlich sein, die ihr Gutachten unabhängig voneinander erstellen sollen (BGHSt 10, 119; OLG Celle, NJW 1974, 616; OLG Düsseldorf, StV 1986, 375; 1991, 456; KG, StraFo 2009, 154). Auch die Hinzuziehung eines Experten des BKA kommt dann in Betracht. Zur Schriftvergleichung sollten möglichst Originalurkunden und keine Kopien genutzt werden (OLG Braunschweig, NJW 1953, 1035; LG Berlin, MDR 1964, 694). Auf Abschriften sollte sich das Gutachten nur stützen, wenn keine Originale zur Verfügung stehen, wobei dies im Urteil zu begründen ist (OLG Celle, StV 1981, 608; OLG Düsseldorf, StV 1986, 376; OLG Köln, StV 1981, 530; SK-StPO/*Rogall*, § 93 Rn. 11; *Philipp*, Kriminalistik 1973, 25; a.M. *Hecker*, Kriminalistik 1972, 24). Teilweise wird es für erforderlich erachtet, dem Sachverständigen Akteneinsicht zu gewähren, damit dieser die Rahmenbedingungen der Schreibleistung und die Entstehungsgeschichte des Schreibens ergründen kann (vgl. *Händel*, Kriminalistik 1976, 495; *Pfanne*, NJW 1974, 1439; KK-StPO/*Senge*, § 93 Rn. 4: nur im Einzelfall). Zur Wahrung der Unbefangenheit des Sachverständigen ist dies jedoch abzulehnen (vgl. OLG Celle, NJW 1974, 616; LR/*Krause*, § 93 Rn. 9; *Schlothauer*, StV 1981, 582; HK-StPO/*Brauer*, § 93 Rn. 5: Zumindest keine umfassende Akteneinsicht).

3 Nach fast einhellig vertretener Auffassung sind weder der Zeuge noch der Beschuldigte verpflichtet, **Vergleichsschriften** anzufertigen (*Meyer-Goßner*/*Schmitt*, § 93 Rn. 2), sodass etwa durch Täuschung erlangte Schriftproben unverwertbar sind (vgl. BGHSt 34, 39, 46). Auch soll es unzulässig sein, aus der Verweigerung der Mitwirkung an einem Schriftenvergleich Schlüsse zulasten des Angeklagten zu ziehen. Die erforderlichen Vergleichsstücke sind deshalb bspw. durch Beschlagnahme (§ 94) zu erlangen. Tatsächlich würde mittelbarer Zwang zur Mitwirkung insoweit jedenfalls nicht gegen den nemo-tenetur-Grundsatz, sondern allenfalls gegen das Verhältnismäßigkeitsprinzip verstoßen, da bei einer Schriftprobe kein Zugriff auf Tatwissen des Beschuldigten erfolgt (vgl. § 81a Rdn. 5). Bei der Beschaffung der Schriftproben sind die Richtlinien des BKA (abgedruckt bei LR/*Krause*, § 93 Rn. 13; *Michel*, Gerichtliche Schriftvergleichung, 1982, S. 226) zu beachten.

4 **C. Beweiswürdigung und Revision.** Mittels der **Revision** kann eine Verletzung des § 261 gerügt werden, wenn die zu vergleichenden Schriftproben nicht in der Hauptverhandlung in Augenschein genommen worden sind (§ 86), sondern lediglich Gegenstand des erstatteten Schriftgutachtens waren (vgl. OLG Hamm, StV 1984, 457). Die Urteilsfeststellungen beruhen dann bei Verwertung des Gutachtens auf einem Vorgang, der nicht zum Inbegriff der Hauptverhandlung gehörte. Die auf § 261 gestützte Revision kann auch begründet sein, wenn das Gericht den **Beweiswert** des Schriftgutachtens verkannt hat. Dessen Ermittlung und die korrespondierende Pflicht zur Begründung der Urteilsfeststellungen hängen ab von der Qualität des zu begutachtenden Schriftstücks und des Vergleichsmaterials, der angewendeten Vergleichsmethode (OLG Celle, StV 1981, 608 m. Anm. *Barton*) und der Anzahl persönlichkeitsspezifischer Handschriftenmerkmale (BGH, NJW 1982, 2882). Ob allein durch einen Schriftvergleich der volle Beweis für die Urheberschaft des Angeklagten erbracht werden kann, ist umstr., wird sich aber bei entsprechender Erfahrung der Sachverständigen nicht in Abrede stellen lassen (BGH, NJW 1982, 2882; SK-StPO/*Rogall*, § 93 Rn. 22; Textvergleichen von Bekennerschreiben wird zu Recht ein äußerst geringer Beweiswert zugebilligt, vgl. BGH, NStZ 2010, 712). Zweifel können insoweit bestehen, wenn nur geringe Vergleichsmöglichkeiten vorhanden sind, z.B. nur ein kurzer Namenszug zur Verfügung steht (OLG Celle, StV 1981, 608; OLG Köln, StV 1981, 539; KMR/*Neubeck*, § 93 Rn. 3), der aber nach überwiegend vertretener Ansicht für ein Gutachten ausreichen kann (OLG Düsseldorf, NStZ 1990, 506; *Meyer-Goßner*/*Schmitt*, § 93 Rn. 3).

Achter Abschnitt. Beschlagnahme, Überwachung des Fernmeldeverkehrs, Rasterfahndung, Einsatz technischer Mittel, Einsatz Verdeckter Ermittler und Durchsuchung

§ 94 StPO Sicherstellung und Beschlagnahme von Gegenständen zu Beweiszwecken.

(1) Gegenstände, die als Beweismittel für die Untersuchung von Bedeutung sein können, sind in Verwahrung zu nehmen oder in anderer Weise sicherzustellen.
(2) Befinden sich die Gegenstände in dem Gewahrsam einer Person und werden sie nicht freiwillig herausgegeben, so bedarf es der Beschlagnahme.
(3) Die Absätze 1 und 2 gelten auch für Führerscheine, die der Einziehung unterliegen.

Übersicht

		Rdn.			Rdn.
A.	Allgemeines	1	II.	Die beweistechnisch zu fördernde Untersuchung	18
I.	Ermächtigung zu Grundrechtseingriffen	1	1.	Der Verdacht als Eingriffsanlass	18
II.	Regelungszusammenhang	3	2.	Stadien der Untersuchung	21
B.	Beweismittel als Gegenstand von Sicherstellung oder Beschlagnahme	5	D.	Sicherstellung (Abs. 1)	27
I.	Körperliche Beweisgegenstände	5	E.	Beschlagnahme (Abs. 2)	31
II.	E-Mails und andere Daten	7	F.	Verhältnismäßigkeitsprüfung bei Grundrechtseingriffen	34
1.	Auslegung der Eingriffsnorm	7	G.	Beendigung der amtlichen Verwahrung	39
2.	Verfassungsrechtliche Bedeutung des Eingriffs in die Fernkommunikation durch Datenzugriff	10	H.	Führerscheinbeschlagnahme (Abs. 3)	43
3.	Abstufungen des Eingriffsrechts und des Eingriffsakts	13	I.	Konkurrenz der Beweismittelbeschlagnahme mit den Sonderregeln der Beschlagnahme von Verfalls- oder Einziehungsgegenständen	44
C.	Beweisbedeutung für die strafrechtliche Untersuchung als Zweck der Maßnahme	15	J.	Beweisverwertungsverbote	45
I.	Beweisrelevanz des Gegenstands	15			

A. Allgemeines. I. Ermächtigung zu Grundrechtseingriffen. Sicherstellung (§ 94 Abs. 1), 1 Beschlagnahme (§ 94 Abs. 2) und – als lex generalis (*Baumann* Die Systematik der Regelungen über die beweissichernde Sicherstellung im Strafverfahren [§§ 94 bis 98 StPO], 2010, S. 29 ff.) – das **Herausgabeverlangen** (§ 95) als offen durchzuführende Eingriffsmaßnahmen dienen dazu, **Sachbeweise** für das Strafverfahren zu beschaffen. Die Regelungen wirken in ihrer Systematik unstrukturiert und unpräzise, was die Auslegung und Anwendung der einzelnen Normen erschwert (*Baumann* a.a.O. S. 2). Der dahinter stehende **Anspruch** der staatlichen Strafverfolgungsorgane **auf Inbesitznahme von Beweisgegenständen** oder deren »Beweisbefugnis« (vgl. § 136 Rdn. 90) beruht im Prinzip auf der Aufklärungspflicht i.S.d. §§ 160 Abs. 1 und 2, 202, 244 Abs. 2 (*Baumann* a.a.O. S. 45 ff.). Eine spezielle Eingriffsermächtigung ist jedoch erforderlich, denn die Beschlagnahme solcher »Gegenstände«, die als »Beweismittel« in Betracht kommen, fügt dem Betroffenen einen andauernden rechtlichen Nachteil zu. Sie schränkt die Dispositionsbefugnis des Eigentümers (§ 903 BGB) oder des sonstigen Nutzungsberechtigten ein (BVerfGE 18, 399 [404]), trifft aber zunächst ohne Rücksicht auf dessen Rechtsstellung den Gewahrsamsinhaber. Die vorliegende Vorschrift ist die gesetzliche **Ermächtigungsgrundlage** für den Eingriff in die betroffenen Grundrechte (*Hoffmann/Knierim* NStZ 2000, 461; SK-StPO/*Wolters* § 94 Rn. 1) aus **Art. 14 Abs. 1** (*Baumann* a.a.O. S. 20 f.; Radtke/Hohmann/*Joecks* § 94 Rn. 4; LR/*Menges* § 94 Rn. 1), hilfsweise aus **Art. 2 Abs. 1 GG** (BVerfGE 113, 29 [45]), zur Sicherung der ordnungsgemäßen Durchführung eines gerichtlichen Verfahrens (BGHSt 9, 351 [355]). Dabei gilt die Eingriffsnorm als hinreichend bestimmt (BVerfGE 113, 29 [50 ff.]; 115, 166 [191]; 124, 43 [60 ff.]), was auch mit Blick auf das Fehlen eines durch die § 160a nur rudimentär ersetzten Kernbereichsschutzes für die Datenbeschlagnahme (BVerfGE 113, 29 [45]; 124, 43 [58]) infrage gestellt ist. In den Schutzbereich des **Art. 12 Abs. 1 GG** wird durch Beschlagnahme mangels berufsregelnder Tendenz nicht eingegriffen, jedoch ist der Bedeutungsgehalt der im Einzelfall auch ohne diesbezügliche Intention fak-

§ 94 StPO Sicherstellung und Beschlagnahme von Gegenständen zu Beweiszwecken

tisch beschränkten Freiheit der Berufsausübung bei der Verhältnismäßigkeitsprüfung zu berücksichtigen (BVerfGE 113, 29 [48]). Ebenso ist der Schutzbereich des **Art. 10 Abs. 1 GG** etwa bei einem Zugriff auf die nach Beendigung einer Telekommunikation gespeicherten Verbindungsdaten nach der Rechtsprechung nicht direkt berührt, aber auch dann bleibt der Bedeutungsgehalt des Spezialgrundrechts zu beachten (BVerfGE 115, 166 [183 f.]; 124, 43 [54]). Beim Zugriff auf E-Mails während laufender Telekommunikation oder nach einer Zwischenspeicherung der Kommunikationsinhalte auf dem Server eines Providers zumindest vor dem Abruf durch den Empfänger wird direkt in den Schutzbereich des Art. 10 Abs. 1 GG eingegriffen (Rdn. 10 f.). Ob die vorliegende Vorschrift dafür die richtige und ausreichende Ermächtigung darstellt, bleibt auch nach Bejahung dieser Fragen durch das Bundesverfassungsgericht (BVerfGE 124, 43 [58 ff.]) dogmatisch umstritten (Rdn. 7 ff.). Im Übrigen bildet zumindest die allgemeine Handlungsfreiheit aus **Art. 2 Abs. 1 GG** als Auffanggrundrecht den Maßstab der verfassungsrechtlichen Bewertung einer Beschlagnahme, bei Beweisgegenständen mit personenbezogenen Informationen in Urkunden oder Computerdateien darüber hinaus das Recht auf informationelle Selbstbestimmung aus **Art. 2 Abs. 1 i.V.m. Art. 1 Abs. 1 GG** (BVerfGE 113, 29 [45 f.]; 115, 166 [187 ff.]), das einerseits nur beim Eingreifen von Spezialgrundrechten zurücktritt (BVerfGE 100, 313 [358]; 124, 43 [56 f.]; 125, 260 [309]), das andererseits beim Zugriff auf große Datenbestände in der EDV auch in der besonderen Erscheinungsform des »Grundrechts auf Gewährleistung der Vertraulichkeit und Integrität informationstechnischer Systeme« (BVerfGE 120, 274 [303 ff.]) zu beachten ist.

2 Außerdem bestimmt die vorliegende Vorschrift – auch soweit die Maßnahme mangels Gewahrsams einer Person an der Sache keinen Eingriffscharakter besitzt – den staatlichen Gewahrsam an einem Gegenstand im Kontext mit einem konkreten Strafverfahren. Sie dient der **Beweissicherung**, während die §§ 111b ff. die Vollstreckungssicherung bezwecken. Die Beweissicherung durch Sicherstellung oder Beschlagnahme von Sachbeweisen wirkt wegen der Ambivalenz der Beweisziele (vgl. § 160 Abs. 1 und 2) **sowohl für als auch gegen den Beschuldigten** (AK-StPO/*Amelung* § 94 Rn. 2). Daher erscheint die Annahme, dass sich die Beweisbefugnis der staatlichen Strafverfolgungsorgane bei der Sicherung von Beweisgegenständen als Ausübung staatlicher Strafgewalt begründen lasse (*Baumann* Die Systematik der Regelungen über die beweissichernde Sicherstellung im Strafverfahren [§§ 94 bis 98 StPO], 2010, S. 14 f.), verkürzt.

3 **II. Regelungszusammenhang.** § 94 gilt im Strafverfahren und gemäß § 46 OWiG im Bußgeldverfahren entsprechend (LR/*Menges* § 94 Rn. 3), sowie nach den Verfahrensordnungen der Ehrengerichte und Berufsgerichte auch in strafprozessähnlichen Verfahren (HK-GS/*Hartmann* § 94 Rn. 1). **Abs. 1** regelt die **Sicherstellung** von Gegenständen mit potenzieller Beweisbedeutung im Strafverfahren, **Abs. 2** deren **Beschlagnahme**, wenn ein Gewahrsamsinhaber existiert, der sie nicht freiwillig zur Verfügung stellt (BGHSt 38, 237 [240]). Daraus folgt im Umkehrschluss (*Baumann* Die Systematik der Regelungen über die beweissichernde Sicherstellung im Strafverfahren [§§ 94 bis 98 StPO], 2010, S. 107), dass Abs. 1 nur Gegenstände betrifft, an denen z.Zt. des hoheitlichen Zugriffs auf die Sache kein Gewahrsam besteht oder die vom Gewahrsamsinhaber freiwillig herausgegeben werden. Die Regelungen der Abs. 1 und 2 gelten gemäß **Abs. 3** auch für die Sicherstellung oder **Beschlagnahme von Führerscheinen** zur Sicherung der Einziehung oder als Präventivmaßnahme (vgl. § 111a Abs. 3).

4 Von der Beschlagnahme ist die Durchsicht von schriftlichen Unterlagen oder Daten zu unterscheiden (BVerfGE 124, 43 [75]), die nur eine vorläufige Sicherstellung im Rahmen der Durchsuchung darstellt und den Regelungen des § 110 unterliegt. Für die Kommunikation zwischen Beschuldigtem und Verteidiger gilt besonderer Schutz nach dem Regelungsgedanken des § 148 (*Beulke/Ruhmannseder* StV 2011, 180 [183]; *Norouzi* StV 2010, 670 f.). Die Sicherstellung von Verfalls- und Einziehungsgegenständen ist in den §§ 111b ff. speziell geregelt (LR/*Menges* § 94 Rn. 7; *Meyer-Goßner/Schmitt* § 94 Rn. 1; Radtke/Hohmann/*Joecks* § 94 Rn. 3). Sie kann kumulativ mit der Beweismittelbeschlagnahme erfolgen, wenn die jeweiligen Voraussetzungen vorliegen (KK/*Greven* § 94 Rn. 2). § 94 Abs. 3 weicht von dieser Systematik ab und regelt für sich genommen eine Führerscheinbeschlagnahme zu Einziehungszwecken. Für die Sicherstellung von Gegenständen im Rahmen sitzungspolizeilicher Maßnahmen gilt die Vorschrift nicht (BGH NStZ 1998, 364; SK-StPO/*Wolters* § 94 Rn. 3), dort sind vielmehr die §§ 176, 181 GVG maßgeblich.

B. Beweismittel als Gegenstand von Sicherstellung oder Beschlagnahme.

I. Körperliche Beweisgegenstände. Beweismittel sind zumindest alle beweglichen und unbeweglichen Sachen, die unmittelbar oder mittelbar für die Tat, die Umstände ihrer Begehung oder für rechtsfolgenrelevante Tatsachen Beweis erbringen (LR/*Menges* § 94 Rn. 12; *Meyer-Goßner/Schmitt* § 94 Rn. 5). Neben denjenigen Beweismitteln, die relativ direkt als **Augenscheinsobjekte** Auskunft über die Tat geben, wie Gegenstände aus der Tatbeute oder Tatwerkzeuge, fallen auch Spurenträger, von denen die Spuren selbst nicht oder nur unter Schwierigkeiten getrennt werden können, um für einen **Sachverständigenbeweis** zur Verfügung zu stehen, wie etwa Kleidungsstücke mit Anhaftungen von Blut, unter die beschlagnahmefähigen Beweisgegenstände.

Gegenstände im Sinne des Beschlagnahmerechts sind zunächst bewegliche und unbewegliche **körperliche Gegenstände aller Art**. Auf die zivilrechtliche Einordnung als Sachen im Sinne von § 90 BGB kommt es nicht an (*Baumann* Die Systematik der Regelungen über die beweissichernde Sicherstellung im Strafverfahren [§§ 94 bis 98 StPO], 2010, S. 50; *Tschacksch* Die strafprozessuale Editionspflicht, 1988, S. 9). In Betracht kommen auch **Leichen** oder endgültig abgetrennte **Körperteile** (AK-StPO/*Amelung* § 94 Rn. 4; *Baumann* a.a.O. S. 50; LR/*Menges* § 94 Rn. 15; *Meyer-Goßner/Schmitt* § 94 Rn. 4; SK-StPO/*Wolters* § 94 Rn. 20), ferner **Sachgesamtheiten**, wie Buchhaltungsunterlagen oder Akten, auch **Behördenakten** (BGHSt 38, 237 [239 ff.]; LG Bremen NJW 1955, 1850 f.; LG Hannover NJW 1959, 351 [352]; AK-StPO/*Amelung* § 94 Rn. 4 und NStZ 1993, 48 ff.; *Baumann* a.a.O. S. 136 ff.; *Kramer* NJW 1984, 1502 [1503]; *Taschke* Die behördliche Zurückhaltung von Beweismitteln im Strafprozess, 1989, S. 273 ff.; SK-StPO/*Wolters* § 94 Rn. 23) mit einem Gewahrsamstransfer von einer Behörde eines anderen Ressorts in den Gewahrsam der Strafverfolgungsbehörde (Rdn. 31), oder **Schriften**, einschließlich derjenigen, die an einen Beschuldigten gerichtet sind oder von ihm stammen, ferner **Bild- und Tonträger** oder **Datenträger** (LG Konstanz MMR 2007, 193 m. Anm. *Störing*; AK-StPO/*Amelung* § 94 Rn. 4; *Park* Handbuch Durchsuchung und Beschlagnahme, Rn. 772; SK-StPO/*Wolters* § 94 Rn. 24 f.) und anderes mehr.

II. E-Mails und andere Daten. 1. Auslegung der Eingriffsnorm. Nach neuerer, aber streitbar wirkender Rechtsprechung sind auch **unkörperliche »Gegenstände«**, namentlich Computerdateien, schon für sich genommen tauglicher Gegenstand der Beschlagnahme (BVerfGE 124, 43 [60 ff.]; im Ergebnis ebenso KK/*Greven* § 94 Rn. 4; *Korge* Die Beschlagnahme elektronisch gespeicherter Daten bei privaten Trägern von Berufsgeheimnissen, 2009, S. 64; *Matzky* Zugriff auf EDV im Strafprozess, 1999, S. 102; LR/*Menges* § 94 Rn. 14; *Park* Handbuch Durchsuchung und Beschlagnahme, Rn. 881; Radtke/Hohmann/*Joecks* § 94 Rn. 7 f.; **a. A.** *Kleszewski* ZStW 123 [2011], 723 [747]; Malek/*Wohlers* Zwangsmaßnahmen und Grundrechtseingriffe im Ermittlungsverfahren, Rn. 135; Roxin/*Schünemann* Strafverfahrensrecht, § 34 Rn. 4; *Tschacksch* Die strafprozessuale Editionspflicht, 1988, S. 9). Die vorliegende Vorschrift erscheint als Eingriffsermächtigung jedoch insoweit unpassend, da nach §§ 94, 95 nicht die bloße Information, sondern das als Urkunde oder Augenscheinsobjekt verwendbare sächliche Beweismittel durch Herstellung behördlichen Gewahrsams zu sichern ist (*Baumann* Die Systematik der Regelungen über die beweissichernde Sicherstellung im Strafverfahren [§§ 94 bis 98 StPO], 2010, S. 50). Zudem fehlt, da die Generalklausel des § 160a Abs. 1 unsystematisch und unvollständig ist, im speziellen Eingriffsrecht ein Kernbereichsschutzkonzept, wie es §§ 100a Abs. 4, 100c vorsehen. Das BVerfG hat insoweit nicht das Gesetz an der Verfassung gemessen, sondern seine Vorstellung von einem verfassungskonformen Gesetz in die Auslegung und Anwendung der Normen hinein interpoliert (*T. Bode* Verdeckte strafprozessuale Ermittlungsmaßnahmen, 2012, S. 438), um zu dem gewünschten Ergebnis zu gelangen. Die vorliegende Eingriffsnorm ist zur – teils offenen, teils für den Betroffenen verdeckten – Informationsbeschaffung durch Erfassung von Dateien auch i.V.m. § 110 deshalb entgegen der Behauptung des BVerfG ungeeignet und auch nicht ausreichend bestimmt. Die technische Entwicklung hat das gesetzliche Eingriffsrecht überholt (*Malek* Strafsachen im Internet, Rn. 372; *Spatscheck* FS Hamm, 2008, S. 733 [749]). Beim **E-Mailverkehr** wird oftmals der Anwendungsbereich der Ermächtigungsnormen zum Eingriff in eine Telekommunikation oder nur in das informationelle Selbstbestimmungsrecht in **vier Phasen** der Durchführung, Unterbrechung oder Beendigung unterschieden: den Absendevorgang mithilfe des Netzbetreibers des Absenders (Phase 1), das Ruhen der Nachricht in der Mailbox des Providers (Phase 2), den Abruf durch den Netzbetreiber des Empfängers (Phase 3) und die Präsenz sowie Speicherung in der EDV-Anlage des Empfängers (Phase 4). Die aktiven

§ 94 StPO   Sicherstellung und Beschlagnahme von Gegenständen zu Beweiszwecken

Übermittlungsphasen 1 und 3 sind dem Eingriffsreglement der §§ 100a ff. unterworfen (*Klesczewski* ZStW 123 [2011], 723 [745]), bei der Phase 2 ist streitig, ob die §§ 100a ff. oder die §§ 94 ff. zur Anwendung kommen, bei Phase 4 spielen die §§ 100a ff. keine Rolle mehr. Dort stellt sich aber noch die Frage, ob die im Ansatz mögliche Beschlagnahme alleine den Datenträger als körperlichen Gegenstand oder auch schon den reinen Dateninhalt, also die Datei, als unkörperlichen Gegenstand durch Kopie auf einen behördlichen Datenträger erfassen kann. Mit der Annahme, auch eine Datei als unkörperlicher Gegenstand könne beschlagnahmt werden, geht die Rechtsprechung an der Tatsache vorbei, dass der Informationszugriff nicht nur nicht mehr dem klassischen Beweisrecht mit seinen Beweismitteltypen entspricht, sondern durch die Andersartigkeit der Rechtsverhältnisse an Daten und der Schwierigkeiten der Abgrenzung des Informationszugriffs zu Strukturänderungen im Regelungssystem führt, welchem eher der Gesetzgeber Rechnung zu tragen haben sollte als die auf Praktikabilität fixierte Rechtsprechung mit der erweiternden Auslegung und Anwendung überholter Eingriffsnormen.

8   Mit dem noch möglichen Wortsinn der Norm als äußerster Auslegungsgrenze ist die Anwendung auf unkörperliche Gegenstände, wie Computerdateien, immerhin noch soweit vereinbar, als **Gegenstände** begrifflich nicht notwendigerweise »körperliche Gegenstände« (s. § 90 BGB) sein müssen (BVerfGE 124, 43 [60 f.]; *Bär* Handbuch der EDV-Beweissicherung, 2007, Rn. 406; *Korge* Die Beschlagnahme elektronisch gespeicherter Daten bei privaten Trägern von Berufsgeheimnissen, 2009, S. 44 ff.; *Matzky* Zugriff auf EDV im Strafprozess, 1999, S. 87 ff.; abl. *Kemper* NStZ 2005, 538 [541]). Schwieriger erscheint bei der Wortlautauslegung die Einordnung unkörperlicher Gegenstände als **Beweismittel**, denn darunter wurden herkömmlich nur solche Gegenstände verstanden, die für sich genommen als Beweismittel einer der klassischen Kategorien (Zeugen, Sachverständige, Urkunden oder Augenscheinsobjekte) anzusehen sind und das sind nur körperliche Gegenstände als sächliche Beweismittel (AK-StPO/*Amelung* § 94 Rn. 4). Zumindest im Sinne des Strengbeweisverfahrens handelt es sich bei den Computerdateien nicht um Beweismittel, sondern um Informationen, also **Beweisthemen**, die von Auskunftspersonen in der Rolle von Zeugen oder Sachverständigen beschrieben oder mithilfe von Ausdrucken als Urkunden oder durch Bildschirmanzeigen als Augenscheinsobjekten prozessual verwendet werden können. § 94 knüpft andererseits nicht zwingend an die Beweismittelkategorien des Strengbeweisverfahrens an, weil sie auch für die strafprozessuale Untersuchung außerhalb der Hauptverhandlung relevant ist, wo **Freibeweis** herrscht (AK-StPO/*Amelung* § 94 Rn. 5; *Tschacksch* Die strafprozessuale Editionspflicht, 1988, S. 18). Das bessert jedoch den eingriffsrechtlichen Befund nur relativ, weshalb die Vorschrift beim reinen Datenzugriff nicht einschlägig wirkt (*Gaede* StV 2009, 96 [99]). Dies wird dadurch unterstrichen, dass es bei der Beschlagnahme u.a. um einen Eingriff in den **Gewahrsam** einer Person geht (§§ 94 Abs. 2, 95 Abs. 1, 97 Abs. 2 S. 1), der an Daten für sich genommen nicht besteht. Die Entnahme von Dateien aus einem Datenspeicher und den zur Nutzung verwendeten Programmen löst eine Beweiseinheit in ähnlicher Weise auf, wie es bei der Lösung einer Spur vom Spurenträger geschieht (*Bär* Handbuch der EDV-Beweissicherung, 2007, Rn. 412). Die Fachgerichte hatten dadurch, dass sie nicht die §§ 100a ff., sondern die §§ 94, 98 auf den »ruhenden E-Mailverkehr« anwenden wollten, zum Mittel der **Analogie** gegriffen und die vorliegende Vorschrift oder § 99 entsprechend angewendet (LG Ravensburg MMR 2003, 679 [680] m. Anm. *Bär*; AG Reutlingen StV 2012, 462 m. Anm. *Meinicke*). Eine Analogie ist im Bereich des Eingriffsrechts mit Blick das **Prinzip vom Vorrang und vom Vorbehalt des Gesetzes** (*Bode* Verdeckte strafprozessuale Ermittlungsmaßnahmen, 2012, S. 207 ff.; *Dallmeyer* Beweisführung im Strengbeweisverfahren, 2002, S. 44 ff.) durchgreifenden Bedenken ausgesetzt (*Gaede* StV 2009, 96 [99]; *Klesczewski* ZStW 123 [2011], 723 [751]; *Meinicke* StV 2012, 463) und sie führt zudem inhaltlich zu einer Änderung der Regelungsstruktur (*Baumann*, Die Systematik der Regelungen über die beweissichernde Sicherstellung im Strafverfahren [§§ 94 bis 98 StPO], 2010, S. 3), die dem Gesetzgeber vorbehalten bleiben müsste. Die unterschiedliche Handhabung des Eingriffsrechts nach verschiedenen Phasen des E-Mailverkehrs vor dessen endgültiger Beendigung bewirkt auch **Wertungswidersprüche** (*Malek* Strafsachen im Internet, Rn. 372).

9   **Historisch** gesehen ist der Begriff des Gegenstands im Sinne der vorliegenden Vorschrift ebenfalls auf körperliche Gegenstände beschränkt (*Korge* Die Beschlagnahme elektronisch gespeicherter Daten bei privaten Trägern von Berufsgeheimnissen, 2009, S. 46 f.). Ob das Bundesverfassungsgericht, das sich sonst mit einfachrechtlichen Fragen nicht zu beschäftigen pflegt, nun an dieser Stelle zum **Umbau des einfachrechtlichen Eingriffsrechts** in der Weise befugt war, dass es das klassische Eingriffsmittel der Beschlagnahme ungeachtet der Tatsache, dass es darauf nicht zugeschnitten ist, auf die »Beschlag-

nahme« von Dateien anwenden will (BVerfGE 124, 43 [60 ff.]; abl. *Krüger* MMR 2009, 673 [682]), erscheint fragwürdig. Die Einordnung von Dateien als Beweisgegenstände entspricht vielleicht gerade noch einer systematischen Auslegung der §§ 94, 97, 98a ff., 99, 110 (*Korge* a.a.O. 47 ff.), aber jedenfalls nicht mehr der **Systematik** des gesamten Eingriffsrechts, die in den §§ 100a ff. für gravierendere, meist **heimliche Eingriffe**, auch unter Beschränkung des Grundrechts aus Art. 10 Abs. 1 GG, weiter gehende Konkretisierungen und engere, bei verschiedenen Eingriffsarten **abgestufte Voraussetzungen** enthalten, während das Gesetz nur für den prinzipiell offenen Zugriff auf den Gewahrsam an körperlichen Gegenständen in den §§ 94 ff. und die weniger weit in einen Informationsbestand eindringende Suche danach gem. §§ 102 ff. geringere Eingriffsvoraussetzungen genügen lässt (*Brüning* ZIS 2006, 237 [241 f.]; *Gaede* StV 2009, 96 [99]; *Krüger* MMR 2009, 673 [682 f.]; **a. A.** BVerfGE 124, 43 [59], das aber hinsichtlich der einfachrechtlichen Einordnung der Eingriffsmaßnahme nicht die Wirkung seiner Entscheidung nach § 31 BVerfGG postulieren kann). Die gesetzliche Stufenfolge der Eingriffstatbestände mit ihren höheren Voraussetzungen bei steigender Eingriffsintensität wird nicht beachtet, wenn der Datenzugriff ohne weiteres der einfachsten Eingriffsstruktur unterworfen wird. Streng genommen liegt eine Regelungslücke in der Strafprozessordnung vor, die nur vom Gesetzgeber zu schließen wäre.

2. Verfassungsrechtliche Bedeutung des Eingriffs in die Fernkommunikation durch Datenzugriff. So unklar wie der einschlägige Eingriffstatbestand des einfachen Rechts ist in Fällen der E-Mail-»Beschlagnahme« auch die Abgrenzung der **Schutzbereiche** derjenigen Grundrechte, in die bei der strafprozessualen Sicherung von Daten eingegriffen wird (*Hirsch* NJOZ 2008, 1907 [1912 f.]) und damit das verfassungsrechtliche Anforderungsprofil. Das Problem wird nur dadurch relativiert, dass das Schutzniveau des Spezialgrundrechts aus Art. 10 Abs. 1 GG und der Facetten des Persönlichkeitsrechts in der Rechtsprechung des Bundesverfassungsgerichts, die sich zunehmend vom Verfassungstext löst, aneinander angeglichen wurden (Maunz/Dürig/*Durner* GG Art. 10 Rn. 58). Der Schutzbereich des Grundrechts auf Telekommunikationsfreiheit aus **Art. 10 Abs. 1 GG** ist berührt, wenn auf E-Mails im Rahmen einer noch nicht endgültig beendeten Telekommunikation, also auch bei Zwischenlagerung von Mitteilungen in einem zugangsgeschützten elektronischen Postfach, einer »**Mailbox**« (zur Schutzbereichserstreckung *Korge* Die Beschlagnahme elektronisch gespeicherter Daten bei privaten Trägern von Berufsgeheimnissen, 2009, S. 74 ff.), zugegriffen wird (BVerfGE 120, 274 [340]; 124, 43 [54 f.]; *Park* Handbuch Durchsuchung und Beschlagnahme, Rn. 777 f.; *Spatscheck* FS Hamm, 2008, S. 733 [745]). Außerhalb des Schutzbereichs von Art. 10 Abs. 1 GG greift »insbesondere«, aber offenbar nicht nur beim heimlichen Zugriff auf ganze Systeme oder große Datenbestände (Spindler/Schuster/*Fink* Recht der elektronischen Medien, C. Rn. 32), etwa auf **Personalcomputer** oder auf vollständige **Festplatteninhalte** (Kilian/Heusen/*Polenz* Computerrecht, Verfassungsrechtliche Grundlagen des Datenschutzes, Rn. 35), ja sogar auf **Mobiltelefone** oder **elektronische Terminkalender** (BVerfGE 120, 274 [314]; krit. *Sachs/Krings* JuS 2008, 481 [484]), nunmehr das aus **Art. 2 Abs. 1 i.V.m. Art. 1 Abs. 1 GG** abgeleitete »**Grundrecht auf Gewährleistung der Vertraulichkeit und Integrität informationstechnischer Systeme**« (BVerfGE 120, 274 [313 ff.]; Spindler/Schuster/*Fink* Recht der elektronischen Medien, C Rn. 63 ff.). Dieses innovativ, aber abseits des Verfassungstextes gefundene (krit. Maunz/Dürig/*Durner* GG Art. 10 Rn. 59; *Hirsch* NJOZ 2008, 1907 [1909 ff.]; *Sachs/Krings* JuS 2008, 481 [483 ff.]; *Sieber* MMR 2008, 365 f.) und bisher kaum konkretisierte Grundrecht soll die Bürger vor einer umfassenden **Erfassung eines** mehr oder weniger vollständigen **Persönlichkeitsbildes** durch gleichzeitigen Zugriff auf eine Vielzahl von personenbezogenen Daten schützen. Hilfsweise gilt beim eher punktuellen Zugriff auf Daten das allgemeine **Recht auf informationelle Selbstbestimmung** (BVerfGE 120, 274 [308]). Am Rande spielt auch noch **Art. 13 Abs. 1 GG** eine Rolle (BVerfGE 120, 274 [310 ff.]; *Kudlich* GA 2011, 193 [196]). Das alles macht den verfassungsrechtlichen Befund unübersichtlich und erschwert die Einordnung von Maßnahmen in das Eingriffsrecht der StPO. Gegenstand des Schutzes durch Art. 10 Abs. 1 GG sind Kommunikationsvorgänge durch **unkörperliche Übermittlung von Informationen** (BVerfGE 115, 166 [182]; 120, 274 [306 f.]; 124, 43 [54]; 125, 260 [309]; *Korge* Die Beschlagnahme elektronisch gespeicherter Daten bei privaten Trägern von Berufsgeheimnissen, 2009, S. 74 ff.) **über größere Distanzen**, die typischerweise auf die Einschaltung eines Übermittlers oder eines technischen Übermittlungsvorgangs angewiesen sind (BVerfGE 85, 386 [396]; 106, 28 [36]; 115, 166 [182]). Von Art. 10 Abs. 1 GG geschützt werden soll die **Vertraulichkeit der privaten Fernkommunikation** mittels einer dafür vorgesehenen Anlage (BVerfGE 106, 28 [37];

§ 94 StPO Sicherstellung und Beschlagnahme von Gegenständen zu Beweiszwecken

120, 274 [340]), auch im Rahmen neuer Übertragungstechniken (BVerfGE 115, 166 [182]) gegenüber einer staatlichen Überwachung (BVerfGE 85, 386 [396]; 106, 28 [36 f.]). Deshalb ist jede Kenntnisnahme, Aufzeichnung und Verwertung von kommunikationsbezogenen Daten durch staatliche Stellen ein Grundrechtseingriff (BVerfGE 85, 386 [398]; 124, 43 [58]; 125, 260 [310]). Auf die Art der Kommunikation mittels Bild, Ton oder Signalen kommt es dafür nicht an (BVerfGE 106, 28 [36]; 115, 166 [182 f.]; 120, 274 [307]). Ein Grundrechtseingriff ist in diesem Bereich aber ausgeschlossen, wenn ein Kommunikationsteilnehmer den Inhalt der Mitteilungen freiwillig offenbart (BVerfGE 85, 386 [398]; 120, 274 [341, 344]). In den Schutzbereich des Art. 10 Abs. 1 GG nicht einbezogen ist der eigenverantwortliche Umgang der Telekommunikationspartner mit den Informationen (BVerfGE 106, 28 [37]; 120, 274 [340 f.]). Schutzgegenstand des Grundrechts vor ungewollten staatlichen Eingriffen in die Telekommunikation mit einer Datenerfassung ist zunächst der **Inhalt der Mitteilungen** (BVerfGE 100, 313 [358]; 124, 43 [54]). Geschützt werden aber auch die **Umstände des Telekommunikationsverhältnisses** (BVerfGE 85, 386 [396]; 100, 313 [358]; 113, 348 [364]; 124, 43 [54]; 125, 260 [309]; BVerfG StV 2012, 257). Der Grundrechtsschutz endet zudem nicht in jedem Fall bei dem Eingang von Informationen am Endgerät der Telekommunikationsanlage (BVerfGE 106, 28 [37 f.]; 115, 166 [187]; 120, 274 [308]). Die Nutzung des Kommunikationsmediums soll in allen vertraulich sein (BVerfGE 100, 313 [358]; BVerfG StV 2012, 257), damit die Bedingungen der freien Telekommunikation erhalten bleiben. Deshalb erstreckt sich der Schutzbereich des Grundrechts auf den **Informations- und Datenverarbeitungsprozess**, der sich an die Kenntnisnahme von geschützten Kommunikationsvorgängen anschließt, sowie auf den **Gebrauch**, der danach von den erlangten Erkenntnissen gemacht wird (BVerfGE 100, 313 [359]; 113, 348 [365]; 125, 260 [309, 313]). Damit ist das **Ruhen von E-Mails beim Provider** – entgegen der neuen Rechtsprechung zur Möglichkeit der Beschlagnahme bei angeblicher Unanwendbarkeit von § 100a – keine Unterbrechung der Telekommunikation, sondern deren Bestandteil. Andererseits endet der Schutzbereich des Art. 10 Abs. 1 GG mit Beendigung des Telekommunikationsvorgangs, also vor der Phase 4 des E-Mailverkehrs (Rdn. 7) und damit auch der Anwendungsbereich des § 100a (*Spatscheck* FS Hamm, 2008, S. 733 [749]). Jedoch ist die nachträgliche Erlangung der **Kenntnis davon, ob, wann, wie oft und zwischen welchen Personen eine Telekommunikation stattgefunden hat** oder zumindest versucht wurde, noch vom Schutzbereich des Art. 10 Abs. 1 GG umfasst (BVerfGE 113, 348 [365]; 115, 166 [183]; 120, 274 [307]; 125, 260 [309]). Nach Abschluss der Telekommunikation beim Empfänger gespeicherte Verbindungsdaten unterliegen dagegen dem Schutzbereich des Rechts auf informationelle Selbstbestimmung (BVerfGE 115, 166 [184 f.]), beim Zugriffs auf ein ganzes EDV-System oder einen kompletten Datenbestand auch in dessen Ausprägung als »Grundrecht auf Gewährleistung der Vertraulichkeit und Integrität informationstechnischer Anlagen« (BVerfGE 120, 274 [308]). Die einschlägige Eingriffsermächtigung zur Beschlagnahme von Datenträgern kann insoweit in den §§ 94 ff. gefunden werden, auf die §§ 100a ff. kommt es dann nach dem System des einfachen Rechts nicht an. Eingriffsorientierte Gesichtspunkte haben bei der verfassungsrechtlichen Schutzbereichsbestimmung außer Betracht zu bleiben (BVerfGE 85, 386 [397]). Was danach von dem Eingriffsreglement §§ 94, 95, 99 oder § 100a oder aber § 100g erfasst wird, ist nach allem nicht leicht zu sagen.

12 Für **Schranken** hinsichtlich der genannten Grundrechte bestehen ein **Gesetzesvorbehalt** und die Bindung an den Grundsatz der **Verhältnismäßigkeit** (BVerfGE 124, 43 [61, 66]). Daraus ergeben sich besondere Anforderungen an den Gesetzgeber bei der Regelung von Grundrechtsbeschränkungen hinsichtlich der Erfassung solcher Daten, die im Rahmen einer geschützten Telekommunikation anfallen, empfangen und verarbeitet werden (BVerfGE 100, 313 [359]). Auch die aus Art. 2 Abs. 1 i.V.m. Art. 1 Abs. 1 GG abgeleiteten speziellen und allgemeinen Persönlichkeitsrechte setzen Eingriffsermächtigungen voraus, die dem Gebot der Normenklarheit und **Bestimmtheit** entsprechen müssen (BVerfGE 120, 274 [315 f.]; 124, 43 [60]), dessen Anforderungsprofil den Regelungsmöglichkeiten und dem Regelungsbedarf sowie dem Grad der Intensität der staatlichen Eingriffsmaßnahmen folgt. In Fällen, in denen ein **Eingriff in den absolut geschützten Kernbereich der Persönlichkeitsentfaltung** in Betracht kommt, ist nach Möglichkeit schon vom Gesetzgeber, jedenfalls aber vom Rechtsanwender darauf Bedacht zu nehmen, dass ein solcher Eingriff möglichst von vornherein unterbleibt oder zumindest so rasch wie möglich nachträglich beseitigt wird (BVerfGE 120, 274 [336 ff.]; krit. zur Realisierbarkeit Kilian/Heusen/*Polenz* Computerrecht, Verfassungsrechtliche Grundlagen des Datenschutzes, Rn. 38 f.). Inwieweit das beim Zugriff auf Daten eine Rolle spielt, ist nicht in allen Einzelheiten geklärt.

Voraussetzungen und Umfang der Grundrechtsbeschränkungen im verfügbaren Bereich müssen sich aber aus der gesetzlichen Eingriffsermächtigung klar und für den Einzelnen erkennbar ergeben, was mit Blick auf die beschriebenen Unklarheiten bisher nicht angenommen werden kann. Der Zweck der Eingriffsmaßnahmen muss bereichsspezifisch und genau bestimmt werden (BVerfGE 124, 43 [61]). Das erhobene Datenmaterial muss zur Zweckerreichung bestimmt und geeignet sein. Eine Sammlung von Daten auf Vorrat durch staatliche Strafverfolgungsorgane zu unbestimmten oder nicht bestimmbaren Zwecken wäre damit nicht vereinbar (BVerfGE 100, 313 [360]). Auch die Speicherung und Verwendung oder Weitergabe der Daten muss an den Zweck gebunden bleiben, den die Eingriffsermächtigung verfolgt (BVerfGE 100, 313 [360]). **Zweckänderungen** bedürfen ihrerseits einer gesetzlichen Grundlage. Die Zweckbindung lässt sich nur gewährleisten, wenn auch nach der Datenerfassung erkennbar bleibt, dass es sich um Daten handelt, die aus einem Eingriff in den Schutzbereich des Fernmeldegeheimnisses stammen. Insoweit ist bei einem großflächigen Datenzugriff eine Kennzeichnung erforderlich (BVerfGE 100, 313 [360]), nicht aber beim Beschlagnahmezugriff auf einzelne E-Mails (BVerfGE 124, 43 [74]). Außerdem ist wegen der möglichen **Unbemerkbarkeit des Eingriffs** für Absender und Empfänger (vgl. zur Datenkopie beim Provider *Kudlich* GA 2011, 193 [203]) die gesetzliche Regelung einer Verpflichtung der handelnden staatlichen Stelle zur nachträglichen **Mitteilung** des Eingriffs an die Betroffenen erforderlich, damit diese davon Kenntnis erlangen und Rechtsschutz in Anspruch nehmen können (BVerfGE 100, 313 [361]; 124, 43 [71]). Das sollte an sich auch für die Beschlagnahme von E-Mails oder sonstigen Dateien beim Provider gelten, den der Absender oder Adressat nicht selbst miterlebt. Ferner ist von Verfassungs wegen eine **Kontrolle** aller Schritte des Eingriffsprozesses durch ein unabhängiges Kontrollorgan erforderlich (BVerfGE 100, 313 [361 f.]; 120, 274 [331 ff.]). Schließlich ist sicherzustellen, dass die **Daten vernichtet** werden, **sobald sie** für die festgelegten Zwecke oder den Rechtsschutz gegen die Eingriffsmaßnahmen **nicht mehr benötigt werden** (BVerfGE 100, 313 [362]). Dies alles leisten die §§ 94, 98 beim Zugriff auf Daten als angeblicher Beschlagnahmegegenstand entgegen der Behauptung des Bundesverfassungsgerichts nicht in ausreichendem Maße.

3. Abstufungen des Eingriffsrechts und des Eingriffsakts. Das spezielle Eingriffsrecht mit seinem höheren Schutzniveau (§§ 100a ff.) darf jedenfalls bei intensiven Eingriffen in das Telekommunikationsgeheimnis, die auch bei der Erfassung von E-Mails in einer Mailbox beim Provider (Phase 2, Rdn. 7) vorliegen, **nicht** durch Anwendung der allgemeinen Eingriffsnorm über die Beschlagnahme mit ihrem auch unter Berücksichtigung von § 160a weitaus niedrigeren Schutzniveau **umgangen werden**. Insoweit bedarf der Zugriff auf E-Mail-Dateien – entgegen der Rechtsprechung (BVerfGE 124, 43 [60 ff.]; LG Mannheim StV 2011, 352 m. abl. Anm. *Kelnhofer/Nadeborn*; s.a. AG Reutlingen StV 2012, 462 m. Anm. *Meinicke*; dem BVerfG zustimmend *Klein* NJW 2009, 2996 [2998]; abl. *Brunst* CR 2009, 591 ff.) – einer speziellen **Eingriffsgestattung**, zumindest **aufgrund von §§ 100a** ff. (BGH StV 1997, 398 ff.; LG Hamburg MMR 2008, 186 [187] m. Anm. *Störing*; LG Hanau StV 2000, 354 m. Anm. *Dübbers*; LG Mannheim StV 2002, 242 f. m. Anm. *Jäger*; *Gercke* StV 2006, 453 [455]; *Lührs* wistra 1995, 19 f.; *Korge* Die Beschlagnahme elektronisch gespeicherter Daten bei privaten Trägern von Berufsgeheimnissen, 2009, S. 83; *Spatscheck* FS Hamm, 2008, S. 733 [748]; a.A. *Klesczewski* ZStW 123 [2011], 723 [750 ff.]; *Meinicke* StV 2012, 463 f.). **§ 110 Abs. 3** n.F. hat das Problem teilweise entschärft, daran aber im Kern nichts geändert (SK-StPO/*Wolters* § 94 Rn. 27). Die Entscheidung des Bundesverfassungsgerichts, dass § 94 auch bei einem Eingriff in den Schutzbereich des Art. 10 Abs. 1 GG durch »Beschlagnahme« von E-Mails einschlägig und dafür ausreichend bestimmt sei, wirkt »überraschend« (*Gercke* StV 2009, 624 [625]; *Krüger* MMR 2009, 673) und vermag nicht zu überzeugen (*Klesczewski* ZStW 123 [2011], 723 [747 ff.]; *Roxin/Schünemann* Strafverfahrensrecht, § 36 Rn. 6). Außerdem ist der **Vollzug** der Beschlagnahme durch Herstellung eines behördlichen Gewahrsams unter Eingriff in den bisherigen Gewahrsam einer Privatperson bei unkörperlichen Gegenständen nicht im Sinne der überkommenen Kategorien möglich (*Korge* a.a.O. S. 56 ff.; *Matzky* Zugriff auf EDV im Strafprozess, 1999, S. 59 ff.; *Schlegel* HRRS 2007, 44 [49 ff.]). Praktisch erfolgt die Schaffung einer neuen Sache in Form der **Datenkopie** auf einem anderen Datenträger. Das ist gegenüber der Beschlagnahme von körperlichen Gegenständen ein aliud. Bei Daten ist die Inhaberschaft oder Verfügungsbefugnis prinzipiell anders zu bewerten als Gewahrsam, Besitz und Eigentum an Sachen. § 94 und der Zugriff auf unkörperliche Daten passen auch deshalb nicht zusammen.

§ 94 StPO   Sicherstellung und Beschlagnahme von Gegenständen zu Beweiszwecken

14 Allerdings liegt in der Datenkopie ein **Minus zur** Sicherstellung oder **Beschlagnahme von Datenträgern** (*Bär* Handbuch der EDV-Beweissicherung, 2007, Rn. 413 f.; *Korge* Die Beschlagnahme elektronisch gespeicherter Daten bei privaten Trägern von Berufsgeheimnissen, 2009, S. 61 ff.; SK-StPO/*Wolters* § 94 Rn. 26). Letztere sollte nur das äußerste Mittel darstellen (*Kemper* NStZ 2005, 538 [540 f.]). Diese Verhältnismäßigkeitserwägung vermag freilich dann, wenn es a priori an einer gesetzlichen Ermächtigung zu solchen Eingriffsmaßnahmen fehlen sollte, diese nicht zu ersetzen (*Matzky* Zugriff auf EDV im Strafprozess, 1999, S. 71; s.a. BGHSt 51, 211 [215 ff.] zur »online-Durchsuchung«).

15 **C. Beweisbedeutung für die strafrechtliche Untersuchung als Zweck der Maßnahme. I. Beweisrelevanz des Gegenstands.** Die potenzielle Beweisrelevanz, also die konkrete **Möglichkeit, dass der Gegenstand für Beweiszwecke** im Strafverfahren **verwendet werden kann** (BVerfGE 113, 29 [51]; *Baumann* Die Systematik der Regelungen über die beweissichernde Sicherstellung im Strafverfahren [§§ 94 bis 98 StPO], 2010, S. 51 f.; KK/*Greven* § 94 Rn. 7; Malek/*Wohlers* Zwangsmaßnahmen und Grundrechtseingriffe im Ermittlungsverfahren, Rn. 145; *Matzky* Zugriff auf EDV im Strafprozess, 1999, S. 52; LR/*Menges* § 94 Rn. 30; SK-StPO/*Wolters* § 94 Rn. 28), ist zur Herstellung staatlichen Gewahrsams für Zwecke der Sachverhaltsaufklärung erforderlich und ausreichend (vgl. BGHSt 43, 363 [364]). Einer überwiegenden oder sogar hohen Wahrscheinlichkeit bedarf es nicht (*Matzky* a.a.O.; *Tschacksch* Die strafprozessuale Editionspflicht, 1988, S. 19 ff.). Vielmehr genügt die nachvollziehbare Erwartung, dass der Gegenstand oder dessen Untersuchung **Schlüsse auf entscheidungserhebliche Tatsachen** zulässt. Die Beweismittelbeschlagnahme ist andererseits (nur) zum Zweck der Vorbereitung einer Sachentscheidung über den strafrechtlichen Vorwurf zulässig (BVerfGE 113, 29 [53]). Für welches genaue Beweisziel der Gegenstand innerhalb dieses Rahmens in Betracht kommt, also zum Nachweis welcher Tatbestandsvoraussetzungen einer Strafnorm oder strafrechtlichen Rechtsfolgenbestimmung oder aber zur Entlastung des Beschuldigten, braucht z.Zt. der Sicherstellung oder Beschlagnahme noch nicht genau konkretisiert zu werden. Erst recht kommt es nicht darauf an, ob der Gegenstand bei der gerichtlichen Untersuchung des Falles später tatsächlich als Beweismittel verwendet wird (AK-StPO/*Amelung* § 94 Rn. 6). Die Beschlagnahme wird nicht nachträglich dadurch unzulässig, dass der beschlagnahmte Beweisgegenstand nicht vom Gericht genutzt wird (BGH JZ 1962, 609; OLG Düsseldorf StV 1983, 407). Das darf zur Zeit des Eingriffsakts nur nicht von vornherein ausgeschlossen erscheinen.

16 Beweisbedeutung für das Strafverfahren haben nicht nur Gegenstände, die für die **Tat- und Schuldfrage** von Relevanz sind (SK-StPO/*Wolters* § 94 Rn. 29), sondern auch Gegenstände, die den **Rechtsfolgenausspruch** im Hinblick auf **Strafen, Maßregeln** und sonstige Maßnahmen beeinflussen können. Auch Gegenstände, die für **prozessuale Maßnahmen**, nach der Rechtsprechung sogar zum Einbau einer »Wanze« (AG Kaufbeuren StV 1994, 534 m. abl. Anm. *Steinhögl*), Relevanz haben können, kommt Beweisbedeutung im Sinne der Eingriffsnorm zu. Bei Vorliegen der potenziellen Beweisbedeutung gebietet nach verbreiteter Ansicht das **Legalitätsprinzip** die Sicherstellung (*Baumann* Die Systematik der Regelungen über die beweissichernde Sicherstellung im Strafverfahren [§§ 94 bis 98 StPO], 2010, S. 155; SK-StPO/*Wolters* § 94 Rn. 12). Dies trifft aber nur bedingt zu, weil die Sicherstellung oder Beschlagnahme jedenfalls in der vorliegenden Vorschrift nicht zwingend vorgeschrieben, sondern in das **Ermessen** des Richters gestellt ist (BVerfGE 20, 162 [186]; 27, 104 [110]). Die Sicherstellung oder Beschlagnahme ist insbesondere nur dann geboten, wenn die Beweisfrage nicht bereits anderweitig zuverlässig geklärt ist. Zudem ist als Gegengewicht gegenüber einem behaupteten Sicherstellungs- oder Beschlagnahmezwang aufgrund des Legalitätsprinzips auch der Grundsatz der **Verhältnismäßigkeit** zu beachten (BVerfGE 44, 353 [373]; 113, 29 [54]; BGHSt 43, 300 [303]; SK-StPO/*Wolters* § 94 Rn. 12).

17 An der Beweisbedeutung der Sache und damit an der Zulässigkeit der Beschlagnahme fehlt es, wenn eine **hinreichend sichere Annahme** dafür getroffen werden kann, **dass es zu keinem Gerichtsverfahren kommen wird** (BGHSt 9, 351 [355 f.]; Malek/*Wohlers* Zwangsmaßnahmen und Grundrechtseingriffe im Ermittlungsverfahren, Rn. 148; LR/*Menges* § 94 Rn. 31; SK-StPO/*Wolters* § 94 Rn. 32), insbesondere wenn ein endgültiges Verfahrenshindernis besteht (HK-GS/*Hartmann* § 94 Rn. 5). Solange ein Verfahrenshindernis behebbar erscheint, indem etwa ein Strafantrag noch gestellt werden kann, gebietet das Legalitätsprinzip dagegen weitere Ermittlungen und in diesem Rahmen fakultativ auch die Beweismittelsicherstellung oder -beschlagnahme. Erst wenn hiernach der endgültige Eintritt eines Verfah-

renshindernisses zu konstatieren ist, muss die Sicherstellung oder Beschlagnahme unterbleiben oder aufgehoben werden.

II. Die beweistechnisch zu fördernde Untersuchung. 1. Der Verdacht als Eingriffsanlass. Mit der Untersuchung im Sinne von Abs. 1 ist das **Strafverfahren von seiner Einleitung** (Malek/*Wohlers* Zwangsmaßnahmen und Grundrechtseingriffe im Ermittlungsverfahren, Rn. 144) zumindest **bis zu seinem rechtskräftigen Abschluss** gemeint (LR/*Menges* § 94 Rn. 19; *Meyer-Goßner/Schmitt* § 94 Rn. 9; SK-StPO/*Wolters* § 94 Rn. 14), bei absehbarer Möglichkeit eines Anhörungsrügen- oder Wiederaufnahmeverfahrens sogar darüber hinaus. Die strafprozessuale Untersuchung kann auch mit der Sicherstellung eines Beweisgegenstands beginnen, namentlich bei Entdeckung eines Tatorts mit Spuren. Eine Sicherstellung in einem **Vorermittlungsverfahren**, also vor Beginn eines Ermittlungsverfahrens, ist dagegen nicht zulässig (LR/*Menges* § 94 Rn. 20), weil das Prinzip vom Vorbehalt des Gesetzes dies nicht zulässt. Vorermittlungsverfahren sind in Strafsachen nicht gesetzlich vorgesehen, sodass behördliche Maßnahmen vor dem Strafverfahren allenfalls insoweit zulässig sein können, soweit sie keinen Eingriffscharakter haben; gerichtliche Zuständigkeiten (Art. 101 Abs. 1 S. 2 GG, § 98 StPO) bestehen dann generell nicht. Auch eine vorbeugende Beschlagnahme von Gegenständen zur Ausforschung »ins Blaue hinein« ist unzulässig (*Eisenberg* Beweisrecht der StPO, Rn. 2324; Malek/*Wohlers* Zwangsmaßnahmen und Grundrechtseingriffe im Ermittlungsverfahren, Rn. 144; SK-StPO/*Wolters* § 94 Rn. 15). Eine Gefahr der Ausforschung entsteht zudem rasch bei der Überprüfung großer Akten- oder Datenbestände, die nach den Maßstäben zum »Grundrecht auf Gewährleistung der Integrität und Vertraulichkeit informationstechnischer Systeme« zunehmenden Bedenken unterliegen. Das gilt jedenfalls dann, wenn aus den Aktenmengen und Datenbeständen ein umfassendes **Persönlichkeitsprofil** des Betroffenen erstellt werden kann (Rdn. 10). 18

Das **Vorliegen eines** konkreten **Anfangsverdachts** (LG Berlin StV 2002, 67 [68]; *Eisenberg* Beweisrecht der StPO, Rn. 2324; KK/*Greven* § 94 Rn. 8; *Tschacksch* Die strafprozessuale Editionspflicht, 1988, S. 10; SK-StPO/*Wolters* § 94 Rn. 15) genügt als Eingriffsanlass zur Sicherstellung oder Beschlagnahme von Gegenständen mit potenzieller Beweisrelevanz. Dagegen reicht eine bloße Vermutung, dass die Klienten einer Suchtberatungsstelle sich des unerlaubten Erwerbs und Besitzes von Betäubungsmitteln schuldig gemacht haben dürften, für einen gravierenden Grundrechtseingriff durch Beschlagnahme ihrer Klientenakten bei der Suchtberatungsstelle, denen nur geringe Beweisbedeutung für die Aufklärung des Handeltreibens mit Betäubungsmitteln durch ihre Drogenlieferanten zukommt, auch aus Gründen der Verhältnismäßigkeit nicht aus (BVerfGE 44, 353 [380 f.]). Ähnliches gilt für den »Betriebsverdacht«, in einem Krankenhaus werde mit Drogen gehandelt (LG München I StV 1996, 141 [142 f.]). Erforderlich ist als Eingriffsvoraussetzung für die Beweismittelbeschlagnahme ein konkret zu beschreibender Tatvorwurf (vgl. BVerfGE 124, 43 [66 f.]), der sich auf konkrete Tatsachenhinweise stützen kann. Ein **höherer Verdachtsgrad** als der Anfangsverdacht wird von der vorliegenden Eingriffsnorm andererseits nicht vorausgesetzt (a. A. OLG Jena wistra 2001, 73 m. abl. Anm. *Hohmann*). 19

Die Beweisbedeutung des Beschlagnahmegegenstands bemisst sich nach den Umständen des Einzelfalls; sie muss nicht besonders hoch sein, darf aber auch nicht nur theoretisch erscheinen. Auch kann das Ermittlungsverfahren **aufgrund eines Verdachts** »in rem« noch gegen Unbekannt geführt werden und dennoch bereits einen Eingriff in Grundrechte aus Art. 14 Abs. 1, 2 Abs. 1 GG gestatten. Eine Unterscheidung zwischen dem Eingriff in die Grundrechte eines bestimmten Beschuldigten oder einer nicht beschuldigten Person, wird im Beschlagnahmerecht, anders als bei der Durchsuchung mit § 102 einerseits und § 103 andererseits, nämlich innerhalb des Tatbestands der vorliegenden Eingriffsnorm nicht gemacht. Die Frage, ob in Rechtspositionen Unverdächtiger eingegriffen werden darf, ist allerdings bei der Verhältnismäßigkeitsprüfung besonders zu beachten (BVerfGE 113, 29 [54]). Ein konkreter **Verdacht** »in personam« ist für eine Beweismittelbeschlagnahme von Rechts wegen **nicht** zwingend **erforderlich**. Es müssen nur konkrete Tatsachen für die Annahme vorliegen, es sei eine verfolgbare Straftat begangen worden. 20

2. Stadien der Untersuchung. Zur Untersuchung gehört das laufende Verfahren bis zum Verfahrensabschluss, sodass die Sicherstellung oder Beschlagnahme von Beweisgegenständen **im Vor- oder Zwischenverfahren** zulässig ist, aber auch **während der Hauptverhandlung** einer Tatsacheninstanz, wobei nur Kompetenzänderungen zu berücksichtigen sind (*Lindemann* Ermittlungsrechte und -pflichten der Staatsanwaltschaft nach Beginn der Hauptverhandlung, 2003, S. 47 ff.). Die Untersuchung **endet** 21 erst **mit Rechtskraft** (SK-StPO/*Wolters* § 94 Rn. 17) eines Sachurteils, eines Einstellungsurteils gem. § 260 Abs. 3 oder eines Strafbefehls, ferner eines Einstellungsbeschlusses nach **§ 206a** oder **§ 206b**. Beendet ist die Untersuchung prinzipiell auch mit einer Einstellung nach **§ 170 Abs. 2** oder **§ 153** (SK-StPO/*Wolters* § 94 Rn. 17).

22 **Bei vorläufiger Einstellung** des Verfahrens bleibt die Sicherstellung oder Beschlagnahme von Beweismitteln zulässig bis zur endgültigen Einstellung des Verfahrens. Bei einer Einstellung nach **§ 153a** dauert die Untersuchung bis zur fristgemäßen vollständigen Erfüllung von Weisungen und Auflagen, durch die erst ein Verfahrenshindernis entsteht, fort (SK-StPO/*Wolters* § 94 Rn. 17). Wenn die Strafverfolgung nach **§ 154a** auf bestimmte Teile einer Tat oder bestimmte Gesetzesverletzungen beschränkt wird, tritt mit Rechtskraft der die Tat im Übrigen betreffenden Entscheidung ein Strafklageverbrauch ein, der zur Unzulässigkeit von Eingriffsmaßnahmen führt (SK-StPO/*Wolters* § 94 Rn. 17). Stellt die Staatsanwaltschaft das Verfahren nach **§ 154 Abs. 1** ein, kann sie das Verfahren jederzeit bis zum Eintritt der Strafverfolgungsverjährung wiederaufnehmen; insoweit ist die Untersuchung nicht abgeschlossen und eine Sicherstellung oder Beschlagnahme von Beweismitteln zur Beweissicherung bleibt prinzipiell zulässig, sie bedarf dann allerdings der genauen Verhältnismäßigkeitsprüfung. Bei einer Einstellung des Verfahrens durch das Gericht nach **§ 154 Abs. 2** ist eine Sicherstellung oder Beschlagnahme ab Wegfall des Einstellungsgrundes wieder zulässig. Stellt sich nachträglich heraus, dass das eingestellte Verfahren wegen eines Vergehensvorwurfs tatsächlich ein Verbrechen zum Gegenstand hatte, so ist das Aufgreifen des Verfahrens bis zum Eintritt der Strafverfolgungsverjährung möglich. Insgesamt ist eine Sicherstellung oder Beschlagnahme von Beweismitteln zulässig, solange ein Aufgreifen des Verfahrens konkret möglich bleibt oder tatsächlich erfolgt.

23 Auch während der **Revisionsinstanz** ist eine Sicherstellung oder Beschlagnahme aufgrund nachträglicher Hinweise auf die Existenz eines weiteren Beweisgegenstands theoretisch unter Beachtung des Grundsatzes der Verhältnismäßigkeit noch möglich (OLG Hamm JMBl. 1976, 118; HK-GS/*Hartmann* § 94 Rn. 4; Meyer-Goßner/*Schmitt* § 94 Rn. 9), jedoch fehlt dem Revisionsgericht die Kompetenz zu einer solchen Entscheidung und das Tatgericht ist aktuell nicht mit der Sache befasst. Das Revisionsgericht kann die Aufklärungspflicht, die der Beweisbefugnis der staatlichen Strafverfolgungsbehörden bei der Sicherung von Beweisgegenständen zugrunde liegt (Rdn. 1) nicht seinerseits – originär und rügeunabhängig – bewerten.

24 Zulässig ist die Sicherstellung oder Beschlagnahme zur **Vorbereitung eines Wiederaufnahmeverfahrens** (AK-StPO/*Amelung* § 94 Rn. 10; LR/*Menges* § 94 Rn. 22; SK-StPO/*Wolters* § 94 Rn. 18), nach dem Grundsatz der Verhältnismäßigkeit aber nicht, wenn für eine Wiederaufnahmemöglichkeit keine konkreten Anhaltspunkte bestehen.

25 Die Beschlagnahmevorschriften gelten schließlich **auch im Sicherungs-** und **im selbstständigen Einziehungsverfahren**, ferner **im Privatklageverfahren**, dort aber erst nach vorschriftsmäßiger Erhebung der Privatklage (SK-StPO/*Wolters* § 94 Rn. 19).

26 Im **Vollstreckungsverfahren** kommt eine Sicherstellung nicht nach der vorliegenden Vorschrift, sondern nur zu anderen Zwecken, nämlich zur Fahndung nach dem flüchtigen Verurteilten, nach § 457 Abs. 2 in Betracht (LR/*Menges* § 94 Rn. 22). Zuständig ist dann das Gericht des ersten Rechtszugs (§ 457 Abs. 3 S. 3). Für eine Entscheidung über die Änderung von Bewährungsauflagen darf keine Beschlagnahme durchgeführt werden (KG StV 2000, 10 [11]; SK-StPO/*Wolters* § 94 Rn. 18).

27 **D. Sicherstellung (Abs. 1)** Die formlose Sicherstellung des Beweisgegenstands nach Abs. 1 ist möglich, wenn der Gegenstand gewahrsamslos ist oder vom Gewahrsamsinhaber freiwillig herausgegeben wird (*Baumann* Die Systematik der Regelungen über die beweissichernde Sicherstellung im Strafverfahren [§§ 94 bis 98 StPO], 2010, S. 106 ff.; Radtke/Hohmann/*Joecks* § 94 Rn. 15); andernfalls bedarf es der Beschlagnahme (§ 94 Abs. 2). Dazu ist der Beweisgegenstand primär in »Verwahrung« zu nehmen oder in sonstiger Weise sicherzustellen. Die Sicherstellung ist also eine faktische **Herstellung des staatlichen Gewahrsams** bei den Strafverfolgungsorganen (*Hoffmann/Knierim* NStZ 2000, 461; LR/*Menges* § 94 Rn. 44, 46), nicht bei anderen Behörden (BGHSt 38, 237 [243]), mit der Folge der **Begründung eines öffentlich-rechtlichen Verwahrungsverhältnisses** (Roxin/*Schünemann* Strafverfahrensrecht, § 34 Rn. 14; SK-StPO/*Wolters* § 94 Rn. 5, 47) oder sonstigen hoheitlichen Herrschaftsverhältnisses in der Form einer **Sachherrschaft** (*Baumann* a.a.O. S. 7; LR/*Menges* § 94 Rn. 49). Die Inbesitznahme beruht auch bei der formlosen Sicherstellung auf einem gegenüber dem herausgabebereiten

Gewahrsamsinhaber oder bei gewahrsamslosen Gegenständen gegen Jedermann gerichteten (*Baumann* a.a.O. S. 47) **Anspruch des Staates auf Inbesitznahme** für Zwecke der Sachaufklärung im Strafverfahren. Sie erfolgt dadurch, dass der Gegenstand formfrei – also ohne die Kompetenzbeschränkungen und Formerfordernisse nach § 98 – von irgendeinem zur Strafverfolgung berufenen Organ in den Gewahrsam der Behörde oder einer von ihr beauftragten Person übernommen wird (SK-StPO/*Wolters* § 94 Rn. 10). Beschlagnahmeverbote spielen bei der formlosen Sicherstellung prinzipiell keine Rolle (HK-GS/*Hartmann* § 94 Rn. 8), soweit jedenfalls nicht der absolut geschützte **Kernbereich der Persönlichkeitsentfaltung** von dem Informationstransfer betroffen ist. Das Verwahrungsverhältnis wird durch § 133 StGB geschützt.

Die Sicherstellung kommt auch **in anderer Weise** mit der Folge eines Schutzes nach § 136 StGB für beschlagnahmte Gegenstände infrage (HK-GS/*Hartmann* § 94 Rn. 9). Zur Herstellung dieser hoheitlichen Beziehung zur Sache durch Herstellung eines mittelbaren Besitzes und zum Ausschluss einer Beweisquellen»trübung« muss eine Sicherstellungsmaßnahme geeignet sein (vgl. *Baumann* Die Systematik der Regelungen über die beweissichernde Sicherstellung im Strafverfahren [§§ 94 bis 98 StPO], 2010, S. 117 ff.) und die Maßnahme muss die Beziehung der Strafverfolgungsbehörde zu dem Gegenstand **erkennbar** machen, etwa durch Siegelung. Die Sicherstellung in sonstiger Weise bei Gegenständen, die nicht behördlich verwahrt werden können, ist nur in Form einer Beschlagnahme möglich (LR/*Menges* § 94 Rn. 49; *Meyer-Goßner/Schmitt* § 94 Rn. 16). Die Sicherstellung in sonstiger Weise außer durch behördliche Verwahrung ist angezeigt, wenn Beweisgegenstände aufgrund ihrer Beschaffenheit nicht in behördliche Obhut genommen werden können, wie Immobilien oder in der Verarbeitung befindliche Sachen, etwa eine beim Hersteller im Ausbau befindliche Charge Wein, oder aber Sachen, bei denen der Beschlagnahmezweck auch ohne behördliche Verwahrung erreicht werden kann. So können Grundstücke oder Räume **abgesperrt**, Fahrzeuge, Maschinen u.a. **versiegelt** (*Baumann* S. 119) und **Ge- und Verbote** an den Gewahrsamsinhaber **ausgesprochen** werden (LR/*Menges* § 94 Rn. 49; *Meyer-Goßner/Schmitt* § 94 Rn. 16; SK-StPO/*Wolters* § 94 Rn. 10), wie ein Benutzungs- oder Betretensverbot, aber auch ein Verfügungsverbot. Gespeicherte **Daten** können nach der im Vordringen befindlichen Ansicht durch **Übermittlung** von dem Datenträger des Betroffenen in den Computer der Staatsanwaltschaft oder durch Datenkopie (*Matzky* Zugriff auf EDV im Strafprozess, 1999, S. 135; *Meyer-Goßner/Schmitt* § 94 Rn. 16a) ohne Beschlagnahme eines Datenträgers in sonstiger Weise gesichert werden. Nach überkommenen Maßstäben ist die Anfertigung einer (Urkunden- oder Daten-) **Kopie** (u.a.) allerdings keine Sicherstellung oder Beschlagnahme (AK-StPO/*Amelung* § 94 Rn. 23), sondern ein Ersatz dafür (LR/*Menges* § 94 Rn. 28).

Die Sicherstellung erfolgt durch den **Realakt** der Gewahrsamsbegründung durch ein Strafverfolgungsorgan, sofern kein Gewahrsam einer anderen Person besteht oder der bisherige Gewahrsamsinhaber die Sache freiwillig herausgibt (*Baumann* Die Systematik der Regelungen über die beweissichernde Sicherstellung im Strafverfahren [§§ 94 bis 98 StPO], 2010, S. 108 f.; *Eisenberg* Beweisrecht der StPO, Rn. 2330). Der Annahme der **Freiwilligkeit der Herausgabe** (LR/*Menges* § 94 Rn. 36), die nur einen Verzicht auf die Beschlagnahmeform, nicht auf das materielle Recht an der Sache darstellt, steht es nicht entgegen, wenn der Gewahrsamsinhaber zur Abwendung der andernfalls erfolgenden förmlichen Beschlagnahme oder in Befolgung der Herausgabepflicht nach § 95 Abs. 1 handelt (*Baumann* a.a.O. S. 107; SK-StPO/*Wolters* § 94 Rn. 7). Darin liegt **kein** wirksamer **Grundrechtsverzicht**, weil die Herausgabe »nolens, volens« erfolgt, sodass auch die »freiwillige« Herausgabe auf Verlangen immer noch ein Eingriff in materielle Grundrechte ist (*Dibbert* Ermittlungen in Großunternehmen, 1999, S. 134), allerdings nach der Konzeption der Abs. 1 und 2 nur kein solcher, der eine förmliche Beschlagnahme erfordert, welche auch eine präventive Rechtsschutzfunktion erfüllen soll. Unfreiwillig ist die Herausgabe zumindest auch im Sinne der vorliegenden Vorschrift, wenn sie nach § 95 Abs. 2 S. 1 erzwungen wird (*Baumann* a.a.O. S. 108; *Malek/Wohlers* Zwangsmaßnahmen und Grundrechtseingriffe im Ermittlungsverfahren, Rn. 133; SK-StPO/*Wolters* § 94 Rn. 7). Der **Widerruf der Einwilligung** in die Gewahrsamsübertragung bei der freiwilligen Herausgabe ist jederzeit möglich und stellt praktisch zugleich einen Antrag nach § 98 Abs. 2 S. 2 dar (*Meyer-Goßner/Schmitt* § 94 Rn. 12; SK-StPO/*Wolters* § 94 Rn. 9). Steht eine Sache im **Gewahrsam mehrerer Mitgewahrsamsinhaber**, müssen alle mit der Herausgabe der Sache an die Ermittlungsbehörde einverstanden sein, damit diese durch bloßen Realakt sichergestellt werden kann (AK-StPO/*Amelung* § 94 Rn. 18; KK/*Greven* § 94 Rn. 15; LR/*Menges* § 94 Rn. 40). Ist allerdings einer der Mitgewahrsamsinhaber allein oder vorrangig verfügungsberechtigt, genügt dessen Einwilligung (HK-GS/*Hartmann* § 94 Rn. 8; SK-StPO/*Wolters* § 94 Rn. 8). **Bei Minderjährigen** ist die **Einwilligung des gesetzlichen Vertreters** erforderlich und ausreichend, wenn nicht der Minderjährige selbst ausnahmsweise verfügungsbefugt ist (*Eisenberg* Beweisrecht der StPO, Rn. 2330; *Meyer-Goßner/Schmitt* § 94 Rn. 12; SK-StPO/*Wolters* § 94 Rn. 8).

30 **Trotz Vorliegens eines Beschlagnahmeverbots** nach § 97 Abs. 1 kann der Gewahrsamsinhaber den Gegenstand, soweit er über eine Dispositionsbefugnis verfügt (*Baumann* Die Systematik der Regelungen über die beweissichernde Sicherstellung im Strafverfahren [§§ 94 bis 98 StPO], 2010, S. 61 f.), freiwillig herausgeben, sodass dieser formlos **sichergestellt** werden kann (Radtke/Hohmann/*Joecks* § 94 Rn. 17). § 97 Abs. 1 verbietet im Wesentlichen nur die Beschlagnahme, nach richtiger Ansicht aber auch den Herausgabeanspruch der Strafverfolgungsorgane (*Jahn* FS Roxin II, Bd. 2, 2011, S. 1357 [1360 ff.]), nicht jedoch die Sicherstellung. Es gibt ein Beschlagnahmeverbot, aber prinzipiell kein Sicherstellungsverbot. Eine Ausnahme von Letzterem kommt nur infrage, wenn die Sicherstellung eines Gegenstands nach freiwilliger Herausgabe in den absolut geschützten Kernbereich der Persönlichkeitsentfaltung eingreifen würde, also etwa bei der Sicherstellung eines Tagebuchs eines Dritten mit inhaltlich ausschließlich dem **Kernbereichsschutz** unterfallenden Aufzeichnungen. Ein praktischer Anwendungsfall dieser Regel ist bisher allerdings noch nicht hervorgetreten. Die **Annahme einer freiwilligen Herausgabe** setzt bei Vorliegen eines Beschlagnahmeverbots, etwa beim Beweismittelgewahrsam eines Angehörigen des Beschuldigten nach §§ 52 Abs. 1, 97 Abs. 1 Nr. 1, regelmäßig die **Belehrung des Gewahrsamsinhabers** voraus, dass der Gegenstand einem behördlichen Zugriff ohne oder gegen seinen Willen entzogen ist. In der Herausgabe des Gegenstands liegt dann zugleich ein Verzicht auf ein Beweisverwertungsverbot, soweit dieses der Disposition des bisherigen Gewahrsamsinhabers unterliegt (BGHSt 18, 227 [230]).

31 **E. Beschlagnahme (Abs. 2)** Ein Gegenstand, der sich erstens **im Gewahrsam einer Person** befindet und zweitens **nicht freiwillig herausgegeben** wird, was auch der Fall ist, wenn die Herausgabe nach § 95 Abs. 2 S. 1 erzwungen wird, kann aufgrund einer ausdrücklichen Anordnung nach § 98 durch einen Richter oder bei Gefahr im Verzug durch die Staatsanwaltschaft oder ihre Ermittlungspersonen nur **förmlich beschlagnahmt** werden (*Meyer-Goßner/Schmitt* § 94 Rn. 13). Erforderlich ist dafür nach der Anordnung noch die zwangsweise Aufhebung des Gewahrsams der Person, in Fällen der Verwahrung regelmäßig unter Begründung neuen Gewahrsams bei der Behörde, oder in Fällen der Sicherstellung »in anderer Weise« im Sinne von Abs. 1 durch Begründung mittelbaren Besitzes. Zur Beschlagnahme bedarf es also der **Anordnung** sowie der **Vollziehung** der Maßnahme, wobei für die in der Strafprozessordnung nicht positivrechtlich geregelte (*Baumann* Die Systematik der Regelungen über die beweissichernde Sicherstellung im Strafverfahren [§§ 94 bis 98 StPO], 2010, S. 113) Art und Weise der **Vollziehung durch unmittelbaren Zwang** prinzipiell die Staatsanwaltschaft mit ihren polizeilichen Ermittlungspersonen zuständig ist (Malek/*Wohlers* Zwangsmaßnahmen und Grundrechtseingriffe im Ermittlungsverfahren, Rn. 227 ff.). Anordnung und Vollziehung können zusammenfallen. Nur die förmliche Beschlagnahme bewirkt eine **Verstrickung** des Gegenstands auch im Sinne von § 136 Abs. 1 StGB (BGHSt 15, 149 [150]; *Baumann* a.a.O. S. 109 f.). Form, Inhalt, Bekanntgabe und Durchführung der Beschlagnahmeanordnung richten sich nach § 98. Die förmliche Beschlagnahme ist nicht erforderlich, wenn der Gewahrsamsinhaber zur freiwilligen Herausgabe bereit ist. Gleichwohl ist auch dann eine Beschlagnahme nach herrschender Ansicht zulässig (BGH StV 1992, 308; SK-StPO/*Wolters* § 94 Rn. 11; **a. A.** AK-StPO/*Amelung* § 94 Rn. 24; *Baumann* a.a.O. S. 128 ff.), die aber – mangels Erforderlichkeit – unverhältnismäßig erscheint. Auch **Behördenakten** können beschlagnahmt werden (Rdn. 6). Ein **Gewahrsamstransfer** wird bei Behördenakten nicht schon dadurch obsolet, dass irgendein behördlicher Gewahrsam ohnehin besteht. Es geht bei der Beschlagnahme vielmehr um den Transfer aus dem Gewahrsam einer Fachbehörde in den spezifischen Gewahrsam einer Strafverfolgungsbehörde oder des Strafgerichts (*Kramer* NJW 1984, 1502 [1503]).

32 Eine Beschlagnahme ist unzulässig, wenn ein **Beschlagnahmeverbot** eingreift. Beschlagnahmeverbote können sich aus **§ 96** im Fall der Sperrerklärung (*Baumann* Die Systematik der Regelungen über die beweissichernde Sicherstellung im Strafverfahren [§§ 94 bis 98 StPO], 2010, S. 65 ff.; Malek/*Wohlers* Zwangsmaßnahmen und Grundrechtseingriffe im Ermittlungsverfahren, Rn. 137), aus **§ 97** im Fall des Bestehens einer besonders geschützten Vertrauensbeziehung oder einer besonders geschützten institutionellen Gewahrsamsposition (BGHSt 38, 144 [146 ff.]; 43, 300 [304 f.]; 53, 257 [262]; ein-

schränkend bei Mitgewahrsam des Beschuldigten neben einem Angehörigen BGHSt 19, 374 [375 f.]) oder aus § 148 im Fall der Einbeziehung des Beweisgegenstands in die Kommunikation des Beschuldigten mit seinem Verteidiger (einschränkend BGHSt 53, 257 [261 f.]) ergeben. Ferner können Beschlagnahmeverbote unmittelbar **von Verfassungs wegen** bestehen (Art. 47 S. 2, 14 Abs. 1, 2 Abs. 1, 1 Abs. 1 GG; vgl. für Unterlagen der Abgeordneten BVerfGE 108, 251 [269]; für ein ärztliches Krankenblatt BVerfGE 32, 373 [383]; für Klientenakten der Suchtberatungsstelle BVerfGE 44, 353 [372 f.]; für Verteidigungsunterlagen des Beschuldigten BGHSt 44, 46 [47 ff.]; OLG München StV 2005, 118 [119 f.]) sowie aus groben Fehlern im Durchsuchungs- und Beschlagnahmeverfahren resultieren (Rdn. 45 f.). Ein Beweisverbot besteht andererseits meist per se nicht an solchen Beweisgegenständen, die auch Tatmittel oder Tatobjekt waren (LG Frankfurt NJW 1959, 543).

§ **160a** spielt hier keine Rolle, weil die §§ 94, 97 speziellere Regeln darstellen (*Bartheau* StV 2012, 303 [306]). Ob das auch im Bereich der Datenbeschlagnahme nach den Maßstäben der Rechtsprechung des Bundesverfassungsgerichts gelten kann, bleibt unklar. Zu beachten ist jedenfalls über das geschriebene Strafprozessrecht hinaus, dass bei Eingriffen in den absolut geschützten **Kernbereich der Persönlichkeitsentfaltung** unmittelbar aus Art. 1 Abs. 1 GG ein kategorisches Beweiserhebungs- und Beweisverwertungsverbot resultiert (BVerfGE 80, 367 [374 f.]; LG Aschaffenburg StV 1989, 244 f.; LG Saarbrücken StV 1988, 480 [481]). Wann aber dieser Kernbereich berührt wird, erscheint unbestimmt, weil auch die Grundrechtsposition aus Art. 1 Abs. 1 GG herkömmlich stets nur negativ abgegrenzt wird und höchst ungenau definiert erscheint. Eine Kernbereichsverletzung liegt auch bei der Beschlagnahme von Tagebuchaufzeichnungen nach vorherrschender Meinung jedenfalls dann nicht vor, wenn diese Aufzeichnungen einen inhaltlichen Sozialbezug, der sie vom innersten Kern der Persönlichkeitsentfaltung abrückt, dadurch aufweisen, dass sie Hinweise auf begangene Straftaten enthalten (offen gelassen von BGH StV 1994, 281). In diesem Fall ist nach der Rechtsprechung nur, aber immerhin auf der zweiten Stufe der **Dreisphärentheorie** (vgl. Maunz/Dürig/*Di Fabio* GG Art. 2 Rn. 157 ff.; *Schroeder/Verrel* Strafprozessrecht, Rn. 125) ein Beweisverwertungsverbot **nach den Maßstäben der Abwägungsdoktrin** (§ 136 Rdn. 82 ff.) zu prüfen (BGHSt 34, 397 [401]; BGH NStZ 2000, 393 m. krit. Anm. *Jahn*; OLG Schleswig StV 2000, 11).

F. Verhältnismäßigkeitsprüfung bei Grundrechtseingriffen. Die Sicherstellung gewahrsamsloser Gegenstände hat keinen **Eingriffscharakter** und unterliegt daher geringeren Voraussetzungen als ein Grundrechtseingriff durch Beschlagnahme eines Gegenstands ohne oder gegen den Willen einer Privatperson als Eigentümer oder Verfügungsberechtigter. Auch bei freiwilliger Herausgabe liegt dann, wenn sie nicht (erst) aufgrund eines Herausgabeverlangens erfolgt, im Sinne eines Grundrechtsverzichts kein Eingriff vor, wohl aber, wenn nur aufgrund der dahinter stehenden Drohung staatlichen Zwangs keine einen Grundrechtsverzicht begründende Freiwilligkeit im Sinne der Verfassung steht (AK-StPO/*Amelung* § 94 Rn. 25; *Dibbert* Ermittlungen in Großunternehmen, 1999, S. 134). Insoweit gilt der Grundsatz der Verhältnismäßigkeit auch in Fällen der Sicherstellung ohne förmliche Beschlagnahme. Anordnung, Vollziehung und Aufrechterhaltung der Beschlagnahme unterliegen jedenfalls als fortdauernder und durchaus auch schwerwiegender (LG Bad Kreuznach StV 1993, 629 [632]; 1994, 177) **Grundrechtseingriff bei der Anordnung, Vollziehung und Aufrechterhaltung** (vgl. LG Aachen StV 2000, 548) jeweils dem Vorbehalt der Verhältnismäßigkeit.

Eine Beschlagnahme muss, auch wenn die vorliegende Vorschrift das nicht ausdrücklich erwähnt (HK-GS/*Hartmann* § 94 Rn. 6; *Wasmuth* NJW 1989, 2297 [2298 ff.]), von Verfassungs wegen generell dem Grundsatz der Verhältnismäßigkeit genügen (BVerfGE 44, 353 [373]; AK-StPO/*Amelung* § 94 Rn. 25 ff.; LR/*Menges* § 94 Rn. 51 ff.; Malek/*Wohlers*, Zwangsmaßnahmen und Grundrechtseingriffe im Ermittlungsverfahren, Rn. 149 ff.; Radtke/Hohmann/*Joecks* § 94 Rn. 21), also zur Erreichung des Beweissicherungszwecke geeignet und erforderlich sein, sowie in angemessenem Verhältnis zur Schwere der Tat und zur Stärke des Tatverdachts stehen (LG Berlin StV 2002, 67 [68]; HK-GS/*Hartmann* § 94 Rn. 6; Meyer-Goßner/*Schmitt* § 94 Rn. 18). Es ist dabei vor allem zu erwägen, ob **mildere Maßnahmen** ausreichen (BVerfGE 113, 29 [53]). Die Beschlagnahme als Beweismittel muss für die Ermittlungen notwendig sein, was nicht der Fall ist, wenn **andere Beweismittel** den Beweiszweck zuverlässig erfüllen (AK-StPO/*Amelung* § 94 Rn. 26; einschränkend SK-StPO/*Wolters* § 94 Rn. 46), insbesondere bei Vorliegen eines glaubhaften Geständnisses des Beschuldigten, das bereits durch andere Umstände abgesichert ist. Auch wenn eine **Auskunft** (LR/*Menges* § 94 Rn. 67) oder Datenübermittlung (LG Köln Beschl. v. 14.01.2014 – 111 Qs 255/13) ausreicht und erteilt wird, ist die Beschlagnahme im Einzelfall nicht erforderlich (AK-StPO/*Amelung* § 94 Rn. 28; Radtke/Hohmann/*Joecks* § 94 Rn. 23; SK-StPO/*Wolters* § 94 Rn. 36). Die Prüfung der Angemessenheit einer Beschlagnahme stellt bei **Sachen aus dem Gewahrsam von Berufsgeheimnisträgern** besonderen Anforderungen (*Spatscheck* FS Hamm, 2008, S. 733 [740 f.]. Auch ist eine Beschlagnahme nach unangemessen langer Dauer der vorläufigen Sicherstellung zur Durchsicht nach § 110 im Einzelfall unverhältnismäßig (LG Köln StV 2002, 413). Ferner ist bei der Art und Weise der Beweismittelbeschaffung für Zwecke des Strafverfahrens das Verhältnismäßigkeitsprinzip insoweit zu wahren, als der Betroffene in Fällen, in denen dies den Maßnahmezweck nicht gefährdet, zuerst zu fragen ist, ob er den Gegenstand freiwillig herausgibt, sodass es der Beschlagnahme nicht bedarf.

36 Bei **Urkunden oder Datenträgern** ist zu prüfen, ob die Anfertigung von **Kopien** genügt, sodass die Beschlagnahme des Originals nicht erforderlich ist (AK-StPO/*Amelung* § 94 Rn. 28; *Eisenberg*, Beweisrecht der StPO, Rn. 2327; Radtke/Hohmann/*Joecks* § 94 Rn. 8, 24; LR/*Menges* § 94 Rn. 63; SK-StPO/*Wolters* § 94 Rn. 39, 41). Wenn nicht im Einzelfall Verdachtsmomente auf verborgene oder verschlüsselte Dateien bestehen, die eine Sicherstellung des Originaldatenträgers erfordern kann (BVerfGE 113, 29 [56 f.]), sollte die Rückgabe von Kopien der Dateien oder von lesbaren Ausdrucken erfolgen (SK-StPO/*Wolters* § 94 Rn. 38), damit der von der Beschlagnahme betroffene Gewahrsamsinhaber mit den Urkunden oder Daten weiter arbeiten kann. Bei redaktionellen Schriftstücken ist insoweit zu berücksichtigen, dass nicht nur die Beschlagnahme der Originalunterlagen, sondern auch die Anfertigung von Ablichtungen geschützte Belange im Sinne von Art. 5 Abs. 1 S. 2 GG berühren (BVerfGE 117, 244 [258 ff.]); wenn die Schwere der vorgeworfenen Tat nicht ohne Weiteres zur Rechtfertigung des Eingriffs in die Pressefreiheit geeignet erscheint, sind deshalb auch bei der Anordnung der Beschlagnahme von Ablichtungen ergänzende Überlegungen zur Verhältnismäßigkeit erforderlich (vgl. zur Beschlagnahme eines Bekennerschreibens an die Presse BGHSt 43, 363 [366 f.]). Wenn ein Heraussuchen relevanter Informationen bei der Beschlagnahme großer Datenmengen nicht möglich ist, so muss schon bei der Durchsicht der Daten (§ 110), die mit einer vorläufigen Sicherstellung vor der Beschlagnahme verbunden ist, berücksichtigt werden, dass die Gewinnung überschießender und vertraulicher, für das Verfahren bedeutungsloser Informationen möglichst zu vermeiden ist. Bei der Beschlagnahme von Schriftstücken als Augenscheinsobjekten genügen regelmäßig **einzelne Exemplare** (AK-StPO/*Amelung* § 94 Rn. 26; SK-StPO/*Wolters* § 94 Rn. 42). Die Beschlagnahme des gesamten auf dem Mailserver des Providers gespeicherten E-Mail-Bestandes ist oftmals unverhältnismäßig (BGH StV 2011, 73 [74]). Insoweit kommt eine **Eingrenzung des beschlagnahmten Akten- oder Datenbestands** anhand bestimmter Merkmale oder Suchbegriffe in Betracht (BVerfGE 113, 29 [55]; BGH StV 2011, 73 [74]; *Kutzner* NJW 2005, 2652 [2653]; Meyer-Goßner/*Schmitt* § 94 Rn. 18a; *Spatscheck* FS Hamm, 2008, S. 733 [741]), notfalls auch mit Sachverständigenhilfe.

37 Bei der im Rahmen der **Angemessenheitsprüfung** erforderlichen **Abwägung** des öffentlichen Interesses an der Sicherstellung des Beweismittels, das sich namentlich aus der **Schwere des Tatvorwurfs**, der **Beweisbedeutung des Gegenstandes**, dem **Grad des Tatverdachts** und der Schwere des Eingriffs ergibt (BVerfGE 124, 43 [66]; AK-StPO/*Amelung* § 94 Rn. 29; LR/*Menges* § 94 Rn. 52 ff.), mit den einer Beschlagnahme entgegen stehenden Interessen, insbesondere den **Grundrechten** mit ihrer Ausstrahlungswirkung (BVerfGE 27, 104 [110]; 115, 166 [192, 198]; BVerfGE 124, 43 [63 ff.]), sind nicht nur die eigenen **Interessen des Berufsgeheimnisträgers** (§ 160a), sondern auch die Interessen von unbeteiligten **Mandanten** eines Beratungsverhältnisses (BVerfGE 113, 29 [49]), **Klienten** einer anerkannten Betreuungsstelle (BVerfGE 44, 353 [373]) oder **Patienten** eines Arztes oder sonst heilberuflich Tätigen (BVerfGE 32, 373 [379 ff.]; BGHSt 38, 144 [146 ff.]; 43, 300 [304]; LG Hamburg StV 1989, 243 [244]) nach Art. 1 Abs. 1, 2 Abs. 1 GG an einer Wahrung ihrer Privatsphäre zu berücksichtigen.

38 Wenn sich der **Tatverdacht gegen Unbekannt** richtet, ist die Beschlagnahme von Klientenakten einer Suchtberatungsstelle unzulässig. Wenn andere Beweismittel vorhanden sind, ist die Beschlagnahme einer ärztlichen Patientenkartei (*Wasmuth* NJW 1989, 2297 ff.) oder bei nicht schwerwiegendem Tatvorwurf die Beschlagnahme von Mandantenakten bei einem Rechtsanwalt unverhältnismäßig. Die Beschlagnahme des gesamten Akten- oder Datenbestands einer Praxis oder Kanzlei ist meist unverhältnismäßig, sofern jedenfalls eine Trennung der auf erste Sicht relevanten Akten oder Dateien von unerheblichem Material möglich ist und den drittbelastenden Zugriff auf unerhebliche Informationen vermeiden kann.

G. Beendigung der amtlichen Verwahrung. Ist das zugrunde liegende **Strafverfahren** 39 **rechtskräftig abgeschlossen** oder der amtliche Gewahrsam aus anderen Gründen wegen Zweckerreichung oder endgültiger Zweckverfehlung nicht mehr erforderlich oder etwa wegen überlangen Zeitablaufs unverhältnismäßig (restriktiv bzgl. Datenauswertungen LG Ravensburg NStZ-RR 2014, 348), dann ist der Gewahrsam der Strafverfolgungsorgane zu beenden (AK-StPO/*Amelung* § 94 Rn. 30) und der Sicherstellungs- oder **Beschlagnahmegegenstand zurückzugeben** (*Hoffmann/Knierim* NStZ 2000, 461 [462]), es sei denn, er wird als Einziehungs- oder Verfallsobjekt benötigt; dazu ist er dann gesondert nach § 111e zu beschlagnahmen.

Gesetzlich geregelt ist in § 111k nur die Rückgabe eines durch die Straftat **dem Verletzten** entzogenen, 40 für das Strafverfahren nicht mehr benötigten Beweisgegenstandes (Radtke/Hohmann/*Joecks* § 94 Rn. 29). Dieser ist an den Verletzten herauszugeben (AK-StPO/*Amelung* § 94 Rn. 34). Ist ein Gegenstand aufgrund freiwilliger Herausgabe sichergestellt worden, so ist er an die Person herauszugeben, die ihn zur Verfügung gestellt hatte. Wurde der Gegenstand dagegen beschlagnahmt, so wird er prinzipiell **an den letzten Inhaber** zurückgegeben (OLG Düsseldorf NJW 1990, 723 [724]; LG Berlin StV 1994, 179; AK-StPO/*Amelung* § 94 Rn. 34; *Hoffmann/Knierim* NStZ 2000, 461 [463]; Radtke/Hohmann/ *Joecks* § 94 Rn. 29). Gegenstände, die **der Beschuldigte** aus einer Straftat erlangt hat, werden aber im Verurteilungsfall nicht an diesen herausgegeben.

Streitig ist, ob es sich bei der Rückabwicklung der Sicherstellung oder Beschlagnahme um eine **Hol-** 41 **schuld oder Bringschuld** handelt. Wird die Eigenschaft der Beschlagnahmevollziehung als Verwahrung betont, dann liegt eine Holschuld nahe (BGH StV 2005, 486 [487]), wird die Rückgabe als Akt der Folgenbeseitigung gedacht, dann hat eher der Staat die Rückgabe dadurch zu bewirken, dass er die weggenommene Sache zurückbringt (AK-StPO/*Amelung* § 94 Rn. 34; *Hoffmann/Knierim* NStZ 2000, 461 [463]). Insoweit kann nach der Rückgabe an Beschuldigte oder Nichtbeschuldigte differenziert werden (*Kemper* NJW 2005, 3679 ff.). Wenn das Bemühen der verwahrenden Behörde um Rückgabe erfolglos geblieben ist, kann der Beweisgegenstand **vernichtet** werden. Werden die Gegenstände an einen Nichtberechtigten herausgegeben, ist der **Eigentümer** nach § 2 Abs. 2 Nr. 4 StrEG **zu entschädigen**. Werden **Gegenstände aufgrund einer schuldhaften Verletzung von Sorgfaltspflichten** bei der Aufbewahrung **beschädigt oder zerstört**, dann hat der Betroffene Schadensersatzansprüche aus dem öffentlich-rechtlichen Verwahrungsverhältnis (*Meyer-Goßner/Schmitt* § 94 Rn. 23; SK-StPO/*Wolters* § 94 Rn. 48). Bei einer schuldhaften Beschädigung des Gegenstands durch Dritte kann dagegen vom Staat keine Entschädigung verlangt werden (BGH StV 1988, 326 m. Anm. *Amelung*).

Eine **Beschlagnahme** ist im laufenden Verfahren **aufzuheben**, wenn der Grund dafür entfallen ist oder 42 die weitere behördliche Verwahrung unverhältnismäßig wäre. Über die Freigabe entscheidet dann im Ermittlungsverfahren **die Staatsanwaltschaft**, nur nach Anklageerhebung und vor Rechtskraft **das Gericht**. Mit **Rechtskraft** der Sache endet die Beschlagnahme ohne weiteres (AK-StPO/*Amelung* § 94 Rn. 32).

H. Führerscheinbeschlagnahme (Abs. 3) Ein Führerschein wird regelmäßig mangels Aus- 43 sagekraft nicht als Beweismittel benötigt; ist dies ausnahmsweise aber doch der Fall, dann können die Abs. 1 und 2 ohne Weiteres darauf angewendet werden, ohne dass es auf die Sonderregelung in Abs. 3 ankommt (Roxin/*Schünemann* Strafverfahrensrecht § 34 Rn. 28). Der – wegen des Zugriffs auf die Urkunde (BT-Drucks. 7/550 S. 290) systemwidrig (*Baumann* Die Systematik der Regelungen über die beweissichernde Sicherstellung im Strafverfahren [§§ 94 bis 98 StPO], 2010, S. 2) – angefügte Abs. 3 betrifft vielmehr die Beschlagnahme eines Führerscheins, **wenn dieser der Einziehung unterliegt** (BGHSt 22, 385 [388]; *Trupp* NZV 2004, 389 [390]; SK-StPO/*Wolters* § 94 Rn. 49). Die Führerscheinbeschlagnahme bewirkt aber für sich genommen keine Fahrerlaubnisentziehung (LG Braunschweig NJW 1953, 1238), sondern sie erfasst nur das Dokument als Beweismittel oder Einziehungsgegenstand. Freilich resultiert aus der Wegnahme des Führerscheins im Ergebnis ein Verbot des Führens von Kfz nach **§ 21 Abs. 2 S. 2 StVG** (HK-GS/*Hartmann* § 94 Rn. 11). Sie ist auch nicht zur Vollziehung eines Fahrverbots zulässig (AK-StPO/*Amelung* § 94 Rn. 44). Nach herrschender Meinung können die Staatsanwaltschaft und Polizeibeamte jedoch bei **Gefahr im Verzug** den Führerschein auch beschlagnahmen, um Gefahren für Teilnehmer am öffentlichen Straßenverkehr zu verhindern und damit einer Gefahr vorzubeugen (BGHSt 22, 385 [393]; OLG Stuttgart NJW 1969, 760 [761]; krit. *Luther* NJ 1992, 164 f.). Insoweit kommt der vorliegenden Vorschrift bei Vorliegen eines Strafverfahrens, in

§ 94 StPO   Sicherstellung und Beschlagnahme von Gegenständen zu Beweiszwecken

dem auch eine vorläufige (§ 111a) oder endgültige Maßregel (§§ 69, 69a StGB) mit der Folge der Führerscheineinziehung wahrscheinlich ist, Vorrang vor präventivpolizeilichen Maßnahmen gleicher Art zu (*Trupp* NZV 2004, 389 [391]).

44 **I. Konkurrenz der Beweismittelbeschlagnahme mit den Sonderregeln der Beschlagnahme von Verfalls- oder Einziehungsgegenständen.** Wenn ein Beweisgegenstand zugleich als Verfalls- oder Einziehungsgegenstand in Betracht kommt, genügt nach verbreiteter Ansicht bereits die Beschlagnahme nach § 94 (*Meyer-Goßner/Schmitt* § 94 Rn. 2; einschränkend BGHSt 21, 323 [324]), die jedoch nicht das nur nach § 111c Abs. 5 eintretende Veräußerungsverbot auszulösen vermag (LG Lübeck StV 2004, 123). Nach § 94 als Beweismittel beschlagnahmte Gegenstände stehen danach auch für die Sicherung des Verfalls und der Einziehung zur Verfügung. Jeder nach § 111b beschlagnahmte Gegenstand kann von diesem Standpunkt aus umgekehrt auch als Beweismittel verwertet werden (*Meyer-Goßner/Schmitt* § 94 Rn. 2), jedoch ist zumindest wegen des nur auf Beweisgegenstände erstreckten Akteneinsichtsrechts des Verteidigers nach § 147 zusätzlich die Beschlagnahme nach § 94 anzuordnen, damit nicht diese prozessuale Rechtsposition umgangen wird. Die genannten Maßnahmen kollidieren im Übrigen wenigstens partiell mit dem Gesetzesvorbehalt auch für **Zweckänderungen** (Rdn. 12) der staatlichen Nutzung personenbezogener Daten (vgl. BVerfGE 100, 313 [360]). Daher muss im Fall der Verfolgung mehrerer Zwecke oder im Fall der Zweckänderung die jeweilige Eingriffsermächtigungsnorm für den maßgeblichen Eingriffsakt angewendet werden.

45 **J. Beweisverwertungsverbote.** Ein **Beschlagnahmeverbot** hat meist (vgl. BVerfGE 44, 353 [383] für Klientenakten der Drogenberatungsstelle; BGHSt 44, 46 [51] für Verteidigungsunterlagen des Beschuldigten, dazu *Schmidt* StV 1989, 421), aber nicht immer und nicht ohne weiteres zur Folge, dass ein gleichwohl beschlagnahmter Gegenstand in einem Strafverfahren unverwertbar wird. Das könnte etwa für verschiedene Strafverfahren unterschiedlich zu bewerten sein, wenn der Beweisgegenstand dort jeweils verwendbar ist (BGHSt 18, 227 [228 f.]). Der nachträgliche **Wegfall eines Beschlagnahmeverbots**, etwa bei einer Prozesserklärung nach § 53 Abs. 2 S. 1, lässt die Verwertbarkeit wieder aufleben. Andererseits folgt aus der Feststellung, dass eine Beschlagnahmeanordnung verfassungswidrig ist, nach überkommener Wertung, die im Ergebnis der Beweisbefugnislehre gleichkommt (§ 136 Rdn. 92) grundsätzlich ein mit Folge- und Fernwirkungen ausgestattetes Verwertungsverbot (BVerfGE 44, 353 [383 f.]). Unzulässiger Zwang zur Herausgabe des Beweisgegenstands als Mittel zur Herbeiführung der Beschlagnahme wirkt sich im Ergebnis ebenso aus, wie es § 136a Abs. 3 es beim Aussagezwang beschreibt. In der neueren Rechtsprechung wird das aber alles nicht mehr ausreichend beachtet, sondern meist nur noch nach den Maßstäben der Dreisphärentheorie und in diesem Rahmen vorzugsweise auf der Grundlage der **Abwägungsdoktrin** (§ 136 Rdn. 82 ff.) auf der zweite Stufe der Sphärentheorie vorgegangen. Immerhin hat die Praxis aber jedenfalls zu berücksichtigen, dass sich nicht nur aus § 97, sondern auch unmittelbar aus der Verfassung nach den Maßstäben der nach absolut geschütztem Kernbereich der Persönlichkeitsentfaltung, allgemeiner Persönlichkeitssphäre und Sphäre sozialer Kommunikation unterscheidenden Sphären-Theorie Beweisverwertungsverbote ergeben können (KK/*Greven* § 94 Rn. 19; LR/*Menges* § 94 Rn. 73 ff.; für Steuerdaten *Lucke* HRRS 2011, 527 ff.; im Erg. abl. VerfGH RLP NJW 2014, 1434 ff. m. Anm. *Wicklein* StV 2014, 469 ff.).

46 Ist ein Gegenstand **aufgrund einer rechtsfehlerhaften Durchsuchung erlangt** worden, so ist seine Beweisverwertung jedenfalls dann unzulässig, wenn es sich um einen **besonders schwerwiegenden Verstoß** handelt oder der Verstoß, insbesondere gegen den Richtervorbehalt, bewusst oder willkürlich begangen wurde (BVerfGE 113, 29 [61]; KG StV 1985, 404 [405]; LG Dresden StV 2012, 13 [14]; LG Saarbrücken StV 2003, 434 [435 f.]; *Meyer-Goßner/Schmitt* § 94 Rn. 21). Wenn eine im Einzelfall erforderliche richterliche Durchsuchungsgestattung fehlt, soll es nach dem **Maßstab des hypothetischen Ersatzeingriffs** (*Wecker* Beweisverwertungsverbote als Folge rechtswidriger Hausdurchsuchungen, 2001, S. 173 ff.) im Rahmen der Gesamtbeurteilung nach der Abwägungsdoktrin auch darauf ankommen, ob ein Durchsuchungsbeschluss erlassen worden wäre, wenn er zuvor beantragt worden wäre (vgl. BVerfG StV 2002, 113 f.). Gegen solche Aushöhlungen der schützenden Formen des Strafprozessrechts durch Verlaufshypothesen (vgl. § 136 Rdn. 95) müssen aber Bedenken angemeldet werden (vgl. *Jäger*

StV 2002, 243 [245]; *Geipel* in: *Burhoff/Kotz*, Handbuch für die strafrechtlichen Rechtsmittel und Rechtsbehelfe, 2013, Teil C Rn. 1084 ff.).

§ 95 StPO Herausgabepflicht.

(1) Wer einen Gegenstand der vorbezeichneten Art in seinem Gewahrsam hat, ist verpflichtet, ihn auf Erfordern vorzulegen und auszuliefern.
(2) ¹Im Falle der Weigerung können gegen ihn die in § 70 bestimmten Ordnungs- und Zwangsmittel festgesetzt werden. ²Das gilt nicht bei Personen, die zur Verweigerung des Zeugnisses berechtigt sind.

Übersicht

		Rdn.			Rdn.
A.	Zweck und Anwendungsbereich	1	I.	Die Editionspflicht und ihre Grenzen	11
B.	Gegenstand der vorbezeichneten Art	5	II.	Zwang zur Durchsetzung des Herausgabeverlangens	16
C.	Gewahrsamsinhaber als Adressat des Herausgabeverlangens	7	F.	Rechtsmittel	19
D.	Erfordern	9	I.	Beschwerde	19
E.	Erzwingbare Editionspflicht	11	II.	Revision	20

A. Zweck und Anwendungsbereich. Das Herausgabeverlangen ist neben Sicherstellung 1 und Beschlagnahme ein zusätzliches Mittel zur Erlangung von Sachbeweisen in Form von beweglichen Sachen (KK/*Greven* § 95 Rn. 1). Während Sicherstellung und Beschlagnahme im Prinzip voraussetzen, dass der Belegenheitsort eines Beweisgegenstands bereits bekannt ist oder jedenfalls im Wege der Durchsuchung festgestellt werden kann, ist **insbesondere bei unbekanntem Lageort** ein Herausgabeverlangen das hilfreiche Mittel zur Erlangung des behördlichen Gewahrsams an diesem Beweisgegenstand. Das Herausgabeverlangen wird meist jedenfalls vor einem **Zwangsmitteleinsatz** das weniger eingriffsintensive Mittel sein als die in der Praxis oft zugleich mit der Durchsuchungsanordnung vorab angeordnete Beschlagnahme. Es wird aber meist nur angewendet, wenn eine Sicherstellung oder Beschlagnahme faktisch ausgeschlossen sind, namentlich weil die Sache nicht freiwillig herausgegeben wird und bei einer Durchsuchung nicht gefunden wurde (LG Halle NStZ 2001, 276 [277]; HK/*Gercke* § 95 Rn. 1; *Reichling* JR 2011, 12 [15]; SK-StPO/*Wohlers* § 95 Rn. 3).

Die Vorschrift ordnet in Abs. 1 an, dass derjenige **Gewahrsamsinhaber** eines Beweisgegenstandes, der 2 **nicht zur Zeugnisverweigerung berechtigt** ist, diesen Gegenstand auf Verlangen (»Erfordern«) der Strafverfolgungsbehörde herausgeben muss. Die Herausgabe kann auch gemäß § 95 Abs. 2 S. 1 i.V.m. § 70 erzwungen werden. Die Herausgabepflicht trifft im Gegensatz zur Pflicht der passiven Duldung einer Beschlagnahme nur Zeugen, **nicht Beschuldigte** (KK/*Greven* § 95 Rn. 2; LR/*Menges* § 95 Rn. 14), weil diese nicht zur aktiven Mitwirkung an der eigenen Überführung verpflichtet sind (*Eisenberg* Beweisrecht der StPO, Rn. 2326; *Tschacksch* Die strafprozessuale Editionspflicht, 1988, S. 85 ff.; SK-StPO/*Wohlers* § 95 Rn. 12; zum Grundsatz »nemo tenetur se ipsum accusare vel prodere« § 136 Rdn. 44) und deshalb auch nicht dazu gezwungen werden dürfen. Zumindest von den Zwangsmaßnahmen nach § 95 Abs. 2 S. 1 befreit sind ferner die gem. §§ 52 ff. **zur Zeugnisverweigerung berechtigten Personen** (§ 95 Abs. 2 S 2; KK/*Greven* § 95 Rn. 5). Die alte Streitfrage, ob dann auch schon die Herausgabepflicht entfällt oder diese nur nicht erzwingbar ist (für Ersteres *Jahn* FS Roxin II, 2011, S. 1357 [1362 f.]; *Tschacksch* a.a.O. S. 79 ff.; für Letzteres HK/*Gercke* § 95 Rn. 6; Meyer-Goßner/Schmitt § 95 Rn. 6; SK-StPO/*Wohlers* § 95 Rn. 23), bleibt weitgehend ohne praktische Bedeutung. Ein Herausgabeverlangen gegenüber einem zur Zeugnisverweigerung Berechtigten sollte aber mit der Belehrung darüber verbunden werden, dass Zwangsmittel gegen ihn nicht angewendet werden können (*Eisenberg* Beweisrecht der StPO, Rn. 2326a; SK-StPO/*Wohlers* § 95 Rn. 24). Der gleichrangige oder übergeordnete Gewahrsam zeugnisverweigerungsberechtigter Personen ist jeweils wie deren Alleingewahrsam zu behandeln, soweit es um das Herausgabeverweigerungsrecht geht. Bei nur untergeordnetem Mitgewahrsam einer zeugnisverweigerungsberechtigten Person gegenüber einem Herausgabepflichtigen, geht die Editionspflicht des übergeordneten Gewahrsamsinhabers vor (LR/*Menges* § 95 Rn. 11; *Tschacksch* a.a.O. S. 98 ff.); dieser hat den untergeordneten Gewahrsamsinhaber zur Herausgabe aufzufordern. Ist der untergeordnete, aber unmittelbare Gewahrsamsinhaber selbst Beschuldigter, dann gilt das nicht, weil sonst der nemo-tenetur-Grundsatz umgangen würde (SK-StPO/*Wohlers* § 95 Rn. 11).

§ 95 StPO Herausgabepflicht

3   Ein Herausgabeverlangen ist **in allen Verfahrensabschnitten** zulässig, in denen auch die Beschlagnahme des Beweisgegenstands angeordnet werden könnte (HK/*Gercke* § 95 Rn. 1; *Meyer-Goßner/Schmitt* § 95 Rn. 1). Es ist nicht erforderlich, dass vor dem Herausgabeverlangen zuerst eine Beschlagnahme des Beweisgegenstandes versucht worden ist (*Eisenberg* Beweisrecht der StPO, Rn. 2325a; HK/*Gercke* § 95 Rn. 1; *Meyer-Goßner* § 95 Rn. 1; SK-StPO/*Wohlers* § 95 Rn. 4). Das Herausgabeverlangen kann vielmehr als **der weniger eingriffsintensive Zugriff auf Beweisgegenstände** einer Beschlagnahmeanordnung vorangehen (LG Saarbrücken NStZ 2010, 534 [535]; HK/*Gercke* § 95 Rn. 1; SK-StPO/*Wohlers* § 95 Rn. 4). Andererseits ist selbst dann, wenn eine Durchsuchung mit dem Ziel der Beweismittelbeschlagnahme erfolglos durchgeführt wurde, aber aufgrund konkreter Anhaltspunkte davon ausgegangen werden kann, dass ein bestimmtes Beweismittel sich dennoch weiterhin im Gewahrsam des Betroffenen befindet, gegen diesen auch noch danach ein Herausgabeverlangen möglich (LG Bonn NStZ 1983, 327; *Meyer-Goßner/Schmitt* § 95 Rn. 1).

4   Wird der Gegenstand aufgrund des ermittlungsbehördlichen oder strafgerichtlichen Verlangens freiwillig herausgegeben, so kann er formlos **sichergestellt** werden (§ 94 Rdn. 29), auch wenn eine Editionspflicht nicht besteht; Freiwilligkeit setzt dann aber die Kenntnis des Fehlens der Herausgabeverpflichtung voraus (*Eisenberg* Beweisrecht der StPO, Rn. 2330). Wird er erst nach einem Einsatz von Zwangsmitteln herausgegeben, so ist zusätzlich die förmliche **Beschlagnahme** als Legitimation der Gewahrsamsentziehung erforderlich (§ 94 Rdn. 31).

5   **B. Gegenstand der vorbezeichneten Art.** Die Herausgabe- und Vorlegungspflicht nach § 95 bzgl. der »Gegenstände der vorbezeichneten Art«, die also in § 94 genannt sind, bezieht sich nur auf **bewegliche Gegenstände** als Beweismittel (§ 94 Abs. 1 und 2) sowie auf **Führerscheine** im Sinne von § 94 Abs. 3, nicht aber auf Gegenstände von Einziehung oder Verfall (§§ 111b ff.) ohne Beweismittelfunktion (*Meyer-Goßner/Schmitt* § 95 Rn. 3). Die Beweisgegenstände müssen z.Zt. des Herausgabeverlangens nach der Rechtsprechung noch nicht einmal existieren, sondern das Verlangen kann sich darauf richten, die Verkörperung erst herzustellen und den körperlichen Gegenstand dann herauszugeben. Das soll noch nicht die Wortlautgrenze der Normauslegung überschreiten (BVerfG NStZ-RR 2003, 176 [177]), entspricht aber jedenfalls nicht der ursprünglichen Konzeption des Gesetzes, das auf z.Zt. der Beschlagnahme oder des Herausgabeverlangens **existieren** sollte (*Tschacksch* Die strafprozessuale Editionspflicht, 1988, S. 9, 47 f.). Allerdings ist die Herausgabe einer Reproduktion ein Minus gegenüber der Herausgabe des gesamten Datenbestands auf dessen Datenträgern; insoweit ist die Erstreckung der Editionspflicht auf erst zu erstellende Objekte zur Vermeidung weiter gehender Grundrechtseingriffe (LR/*Menges* § 95 Rn. 5) wohl noch akzeptabel. Der Gegenstand muss eine zumindest **potenzielle Beweisbedeutung** für das konkrete Verfahren besitzen. Die Beweisbedeutung muss dabei nicht groß, sie darf aber auch nicht nur ganz unerheblich sein. Es muss neben einem Anfangsverdacht als Verfahrensanlass auch der Verdacht des Gewahrsams des Adressaten des Erforderns an einem Beweisgegenstand und zugleich der Verdacht einer nicht ganz unerheblichen Beweisbedeutung dieses Gegenstands vorliegen.

6   Da inzwischen auch **Dateien** nach der – angreifbaren – neueren Rechtsprechung als möglicher Beschlagnahmegegenstand gelten (§ 94 Rdn. 7 ff.), müsste sich das Herausgabeverlangen eigentlich auch darauf beziehen (zur Sicherstellung von E-Mails beim Provider BGH NJW 2009, 1828 m. Anm. *Bär* NStZ 2009, 398 f.; *Brandt* wistra 2020, 415 f.; *Gercke* StV 2009, 624 ff.; *Härting* CR 2009, 581 ff.; *Hoppe* MMR 2010, 80 ff.; *Kasiske* StraFo 2010, 228 ff.). Das entspricht allerdings hier – noch deutlicher als bei § 94 – nicht dem Wortlaut und auch nicht der überkommenen Bedeutung des Gesetzes. Mit dem Verlangen der Herausgabe von Computerdateien wird nämlich im Grunde nicht die Herausgabe einer Sache, sondern die Preisgabe einer Information gefordert, die für Herausgabezwecke erst zu verkörpern ist. Das ist kein Minus, sondern ein Aliud gegenüber der Beweismittelherausgabe (§ 94 Rdn. 7 ff.). Die ergebnisorientiert anders auslegende Rechtsprechung geht darüber hinweg.

7   **C. Gewahrsamsinhaber als Adressat des Herausgabeverlangens.** Der jeweilige **Gewahrsamsinhaber** eines Beweisgegenstands (LR/*Menges* § 95 Rn. 7 ff.; *Tschacksch* Die strafprozessuale Editionspflicht, 1988, S. 54 ff.) ist rechtlich zur Herausgabe verpflichtet. Dafür ist es ohne Bedeutung, ob er den Gegenstand rechtmäßig oder unrechtmäßig in seinem Gewahrsam hat, ferner ob er der Eigentümer der Sache ist oder nicht und schließlich, ob der Eigentümer oder sonst zur Nutzung Berech-

tigte der Herausgabe zustimmt (*Eisenberg* Beweisrecht der StPO, Rn. 2325; HK/*Gercke* § 95 Rn. 4; *Meyer-Goßner/Schmitt* § 95 Rn. 4; SK-StPO/*Wohlers* § 95 Rn. 9). Auch bei **Gewahrsam einer juristischen Person** ist die vorliegende Vorschrift anwendbar (*Tschacksch* Die strafprozessuale Editionspflicht, 1988, S. 306 ff.), wobei sich das Herausgabeverlangen und die Zwangsmittelandrohung und -anordnung aber praktisch an die Organvertreter richten muss (LR/*Menges* § 95 Rn. 13). Bei gleichrangigem Mitgewahrsam muss die Maßnahme gegenüber allen Gewahrsamsinhabern ergriffen werden (LR/*Menges* § 95 Rn. 10).

Für **die bei einer anderen Behörde** als einer Ermittlungsbehörde **verwahrten Gegenstände** gilt die Editionspflicht nach heute herrschender Ansicht ebenfalls (BGH JZ 1993, 365 ff.; relativierend LR/*Menges* § 95 Rn. 17), zumal auch eine **Beschlagnahme von Behördenakten** als zulässig angesehen wird. § 96 S. 1 gestattet schließlich nach seinem Wortlaut auch den Umkehrschluss, dass die Herausgabe von Behördenakten oder anderen im Behördengewahrsam befindlichen Schriftstücken gefordert werden darf, sofern keine Sperrerklärung der obersten Dienstbehörde vorliegt. 8

D. Erfordern. Das Herausgabeverlangen ist prinzipiell ein Eingriff in Grundrechtspositionen (Art. 14 Abs. 1, 2 Abs. 1 GG), die nach der vorliegenden Vorschrift gesetzlich beschränkt werden; der gesetzliche gestattete Eingriff unterliegt der Schranken-Schranke aus dem Verhältnismäßigkeitsgrundsatz (*Eisenberg* Beweisrecht der StPO, Rn. 2327; SK-StPO/*Wohlers* § 95 Rn. 8). Das Herausgabeverlangen kann nicht nur **vom Gericht**, sondern auch **von der Staatsanwaltschaft** erklärt werden (LG Bonn BKR 2003, 914 [915]; LG Lübeck NJW 2000, 3148 [3149]; LG Stuttgart Beschl. v. 23.09.2014 – 11 Qs 8/14; *Bittmann* wistra 1990, 325 ff.; HK/*Gercke* § 95 Rn. 2; *Meyer-Goßner/Schmitt* § 95 Rn. 2; SK-StPO/*Wohlers* § 95 Rn. 25). Die Staatsanwaltschaft muss also für das Verlangen selbst keinen Gerichtsbeschluss herbeiführen und zwar auch dann nicht, wenn keine Gefahr im Verzug vorliegt (LG Gera NStZ 2001, 276 und LG Halle NStZ 2001, 276 f. jew. m. Anm. *Bittmann*; LG Koblenz wistra 2002, 359 f.; *Meyer-Goßner/Schmitt* § 95 Rn. 2; **a. A.** LG Düsseldorf wistra 1993, 199 f.; LG Frankfurt WM 2000, 1543; *Reichling* JR 2011, 12 [14]). Eine Kompetenz für das Herausgabeverlangen haben weiterhin auch **die polizeilichen Ermittlungspersonen** der Staatsanwaltschaft (HK/*Gercke* § 95 Rn. 2; *Meyer-Goßner/Schmitt* § 95 Rn. 2; SK-StPO/*Wohlers* § 95 Rn. 25), weil das Verlangen zunächst auf die freiwillige Herausgabe zielt und daher vor einer Zwangsmittelandrohung und -anwendung noch keinen Eingriffscharakter besitzt, der eine Entscheidung der verfahrensleitenden Behörde voraussetzt. Außerdem sind die Ermittlungspersonen der Polizei auch für die Prognose der Beweisbedeutung des erstrebten Gegenstands zuständig (*Tschacksch* Die strafprozessuale Editionspflicht, 1988, S. 26 f.); dann besteht wenig Grund zu der Annahme, dass sie nicht jedenfalls eine **Herausgabeaufforderung** aussprechen dürften. Für die Anordnung von **Zwangsmaßnahmen** nach § 70 StPO ist dagegen ausschließlich der Richter zuständig (LG Bonn BKR 2003, 914 [915]; *Klinger* wistra 1991, 17 ff.), was bzgl. der Beugehaft auch auf Art. 104 Abs. 2 S. 1 GG beruht. **Adressat** der Herausgabeaufforderung ist der **Gewahrsamsinhaber**; das kann auch eine Behörde sein (OLG Karlsruhe NJW 1986, 145 f.). 9

Staatsanwaltschaft und Gericht können das Herausgabeverlangen im Sinne von Abs. 1 **mündlich** erklären. Ein **schriftliches Herausgabeverlangen** ist nicht erforderlich, aber ein wenigstens nachträglich anzubringender Aktenvermerk angezeigt (SK-StPO/*Wohlers* § 95 Rn. 28). Bei einem Kollegialgericht genügt die mündliche Aufforderung zur Beweismittelherausgabe durch den Vorsitzenden, ohne dass ein **Gerichtsbeschluss** erforderlich wäre (KG NStE Nr. 3 zu § 70 StPO). Das Verlangen, das die Herausgabepflicht begründet, muss auch nicht notwendigerweise mit Hinweisen auf die Editionspflicht und deren Erzwingbarkeit verbunden werden (*Tschacksch* Die strafprozessuale Editionspflicht, 1988, S. 118). Es ist alleine eine Frage der Rechtmäßigkeit der Zwangsmittelanwendung, ob deren Anordnung zunächst angedroht werden muss. Erst die Zwangsmittelanordnung nach § 95 Abs. 2 S. 1 setzt einen Gerichtsbeschluss voraus. Polizei und Staatsanwaltschaft können auf die Möglichkeit der Anwendung der **Zwangsmittel** für den Fall einer Herausgabeverweigerung **hinweisen** (HK/*Gercke* § 95 Rn. 2), wobei zumindest im Fall der Ermittlungsbeamten der Polizei ein ergänzender Hinweis auf die Notwendigkeit einer richterlichen Anordnung als Voraussetzung für den Zwangsmitteleinsatz angezeigt erscheint. Andernfalls wäre die Freiwilligkeit der Herausgabe als Kriterium der fehlenden Kompetenzbegrenzung der Polizei (Rdn. 9) im Hinblick auf den ausgeübten Druck bei der Zwangsmittelandrohung bereits zu verneinen. Erfordern der Herausgabe, Androhung von Zwangsmitteln und Anwendung von Zwangs- 10

§ 95 StPO   Herausgabepflicht

mitteln sind jeweils als Grundrechtseingriffe am **Grundsatz der Verhältnismäßigkeit** als Schranken-Schranke zu messen. Eine Bitte um **Auskunft** kann im Einzelfall **das mildere Mittel** sein (*Eisenberg* Beweisrecht der StPO, Rn. 2327; HK/*Gercke* § 95 Rn. 9).

11 **E. Erzwingbare Editionspflicht. I. Die Editionspflicht und ihre Grenzen.** Der jeweilige Gewahrsamsinhaber eines Beweisgegenstands, also der **Inhaber der tatsächlichen Sachherrschaft**, ist im Strafverfahren nach § 95 Abs. 1 **zur Herausgabe verpflichtet.** Dafür ist es ohne Bedeutung, ob er den Gegenstand rechtmäßig oder unrechtmäßig in seinem Gewahrsam hat, ferner ob er der Eigentümer der Sache ist oder nicht und schließlich, ob der Eigentümer oder sonst zur Nutzung Berechtigte der Herausgabe zustimmt (Rdn. 7). Eine Grenze für die Editionspflicht folgt aus § 96 und auch aus dem **Beschlagnahmeverbot** nach § 97, das zugleich eine erzwingbare Herausgabepflicht, die mit der Beschlagnahme prinzipiell gleichwertig ist und denselben Zweck erfüllen soll, verhindert (*Tschacksch* Die strafprozessuale Editionspflicht, 1988, S. 163 f.). Für Beschlagnahmeverbote, die unmittelbar von Verfassungs wegen bestehen, kann nichts anderes gelten. Soweit ein Beschlagnahmeverbot eingreift, entfällt auch schon die Befugnis der Strafverfolgungsorgane, den Gewahrsamsinhaber zur freiwilligen Herausgabe des Beweisgegenstands aufzufordern (*Eisenberg* Beweisrecht der StPO, Rn. 2326b).

12 **Der Beschuldigte** ist zwar zur passiven Duldung der Beschlagnahme, nicht aber zur aktiven Herausgabe von Beweisgegenständen verpflichtet (HK/*Gercke* § 95 Rn. 5; LR/*Menges* § 95 Rn. 14; *Reichling* JR 2011, 12 [14]; SK-StPO/*Wohlers* § 95 Rn. 18), denn er ist generell nicht gehalten, an der eigenen Überführung durch aktive Handlungen mitzuwirken (nemo tenetur se ipsum accusare vel prodere). Insoweit bedarf die vorliegende Vorschrift einer verfassungskonformen Auslegung. Auch **Mitbeschuldigte** unterliegen danach keiner Editionspflicht (*Eisenberg* Beweisrecht der StPO, Rn. 2328). Nach **Abs. 2 S. 2** gilt die Erzwingbarkeit der Editionspflicht, wohl aber auch schon diese selbst (Rdn. 2), ferner grundsätzlich nicht für **zeugnisverweigerungsberechtigte Personen** (§§ 52 ff.). Ungeklärt ist die Frage nach der Bedeutung eines Sinneswandels eines solchen Zeugen, der nach freiwilliger Herausgabe des Beweisgegenstands später auf sein Weigerungsrecht verweist; hier kommt eine Anwendung des Rechtsgedankens aus § 252 in Frage (*Böse* GA 2014, 266 f.). Das Zeugnisverweigerungsrecht und damit auch ein Herausgabeverweigerungsrecht sowie die Freiheit von der Anwendung von Zwangsmitteln entfallen bei Gewahrsam eines Berufsgeheimnisträges im Sinne von § 53 dann, wenn dieser von der Person, welcher der Geheimnisschutz zukommen soll, **von der Pflicht zur Verschwiegenheit entbunden** wird (LG Bonn NStZ 2012, 712 f.; *Tschacksch* Die strafprozessuale Editionspflicht, 1988, S. 212 ff.). Nicht besonders geregelt ist die Frage, ob dasselbe auch für die nur zur **Verweigerung der Auskunft** auf bestimmte Fragen **berechtigten Personen** (§ 55 Abs. 1) gilt (dafür *Eisenberg* Beweisrecht der StPO, Rn. 2326a; *Tschacksch* a.a.O. S. 205 ff.). Diese können nach verbreiteter Ansicht zwar gemäß Abs. 1 der vorliegenden Vorschrift zur Herausgabe aufgefordert werden (a.M. SK-StPO/*Wohlers* § 95 Rn. 21), sie unterliegen aber jedenfalls nicht dem Zwang nach Abs. 2 S. 2 i.V.m. § 70. Zu beachten ist nämlich, dass auch für verdächtige Zeugen die Selbstbelastungsfreiheit gilt (SK-StPO/*Wohlers* § 95 Rn. 20).

13 **Banken** sind verpflichtet einem Herausgabeverlangen nach Bankunterlagen nachzukommen (KG NStE Nr. 3 zu § 70 StPO; LG Hamburg NJW 1978, 958 f.; LG Lübeck NJW 2000, 3148 [3149]). Ein »Bankgeheimnis« steht dem nicht entgegen (KK/*Greven* § 95 Rn. 2; *Tschacksch* Die strafprozessuale Editionspflicht, 1988, S. 279 ff.); es existiert im Strafverfahren nicht. Haben die Banken ihre Papierunterlagen durch Mikrofiches ersetzt, so haben sie – wie auch sonst ein Kaufmann nach § 261 HGB – die Informationen in schriftliche Unterlagen umzuwandeln; für die Kostenfrage gilt nunmehr § 23 JVEG (SK-StPO/*Wohlers* § 95 Rn, 30; **a. A.** KK/*Greven* § 95 Rn. 3).

14 Der **Insolvenzverwalter** ist zur Herausgabe der Geschäftsbücher verpflichtet, wenn diese als Beweismittel im Strafverfahren behördlich oder gerichtlich angefordert werden (LG Stuttgart Die Justiz 1984, 62). Das Herausgabeverlangen ist ihm gegenüber das mildere Mittel im Vergleich mit einer Durchsuchung (LG Bielefeld ZInsO 2009, 2105 [2106]) und der Beschlagnahme von Unterlagen (LG Saarbrücken NStZ 2010, 534 f.). Der Insolvenzverwalter kann einen Berufsgeheimnisträger von der Pflicht zur Verschwiegenheit entbinden und damit die Möglichkeit des erzwingbaren Herausgabeverlangens eröffnen (LG Bonn DStR 2013, 63 [64] m. Anm. *Wacker*).

Ein Herausgabeverlangen ist auch gegen einen nicht selbst tatverdächtigen **Abgeordneten** zulässig. Die **15**
Vollstreckung von Ordnungs- und Beugehaft gegen einen Abgeordneten setzt aber die Genehmigung
des Parlaments voraus.

II. Zwang zur Durchsetzung des Herausgabeverlangens. § 95 Abs. 2 S. 1 gestattet die Anwen- **16**
dung der **Zwangsmittel nach § 70 StPO**, also Ordnungsgeld (Art. 6 ff. EGStGB), ersatzweise Ordnungshaft, und Beugehaft (*Tschacksch* Die strafprozessuale Editionspflicht, 1988, S. 165 ff.), wenn
eine Herausgabepflicht besteht, der Gewahrsam des Betroffenen an der Sache feststeht, diesem kein
Zeugnis- oder Auskunftsverweigerungsrecht zukommt und die Anordnung eines Zwangsmittels nicht
gegen den Grundsatz der Verhältnismäßigkeit verstößt. Die Zwangsmittel dürfen **nur vom Gericht**,
nicht aber von Beamten der Polizei oder der Staatsanwaltschaft (LG Bonn BKR 2003, 914 f.; LG
Köln WM 2003, 1766; *Meyer-Goßner/Schmitt* § 95 Rn. 9; SK-StPO/*Wohlers* § 95 Rn. 32) angeordnet
werden; nach überwiegender Ansicht ist ein vorheriges Herausgabeverlangen des Gerichts nicht unbedingt erforderlich; ein Verlangen der Staatsanwaltschaft reicht aus (Rdn. 9; **a. A.** als Zwangsmittel-
voraussetzung LG Stuttgart NJW 1992, 2646 f.). Die Staatsanwaltschaft hat gegebenenfalls bei Gericht
einen Ordnungsgeld- oder Ordnungshaftantrag zu stellen. Bei § 95 Abs. 2 S. 1 handelt sich um eine
Ermessensvorschrift. Die Zwangsmittelanwendung ist also fakultativ, wobei das Ermessen über das
Ob der Zwangsmaßnahme von der **Beweisbedeutung** der konkreten Gegenstände und der sonstigen
Beweislage abhängt, das Wie auch von der Art und Weise der Herausgabeverweigerung (KG NStE
Nr. 3 zu § 70 StPO).

Gegen Beschuldigte und gegen die zur Zeugnisverweigerung berechtigten Personen darf **kein Zwang** **17**
angewendet werden, weil die Editionspflicht ebenso wie eine Zeugnispflicht durch das Recht zu schweigen und dementsprechend auch im Übrigen nicht aktiv an der Strafverfolgung mitwirken zu müssen,
kassiert wird. Mit der Entbindung des zur Zeugnisverweigerung berechtigten Gewahrsamsinhabers
von der Verschwiegenheitspflicht entfällt aber auch sein Herausgabeverweigerungsrecht und der Zeuge
unterliegt sodann den Maßnahmen zur Erzwingung der Herausgabe nach § 95 Abs. 2 S. 1 (*Wacker*
DStR 2013, 63 [64]). Der Einsatz von Zwangsmitteln gegen Behörden oder deren Angehörige, soweit
sie in amtlicher Eigenschaft die Herausgabe eines Beweisgegenstands aus dem Behördengewahrsam verweigern, ist mit Blick auf das Gewaltenteilungsprinzip problematisch (*Tschacksch* Die strafprozessuale
Editionspflicht, 1988, S. 194), wird aber letztlich aus Gründen der Praktikabilität befürwortet, soweit
kein Fall des § 96 vorliegt.

Ein Zwangsgeld wird nicht dadurch hinfällig, dass der Gewahrsamsinhaber den Beweisgegenstand **18**
nach der Anordnung herausgibt. Beugehaft ist aber in diesem Fall sofort zu beenden (*Meyer-Goßner/
Schmitt* § 95 Rn. 9), weil die Freiheitsentziehung dann zur Erreichung des angestrebten Zwecks nicht
mehr erforderlich ist.

F. Rechtsmittel. I. Beschwerde. Gegen richterliche Herausgabeverlangen oder Zwangsmittel- **19**
anordnungen ist die **Beschwerde** nach § 304 gegeben (LR/*Menges* § 95 Rn. 32; *Tschacksch* Die strafprozessuale Editionspflicht, 1988, S. 376 f., 380), staatsanwaltschaftliche Herausgabeverlangen können
nach herrschender Ansicht **entsprechend §§ 98 Abs. 2 S. 2, 161a Abs. 3** gerichtlich überprüft werden
(LG Gera NStZ 2002, 276; KK/*Greven* § 95 Rn. 8; *Meyer-Goßner/Schmitt* § 95 Rn. 12; *Tschacksch*
a.a.O. S. 391 ff.; SK-StPO/*Wohlers* § 95 Rn. 27). Die entsprechende Anwendung von Rechtsbehelfsnormen kollidiert aber tendenziell mit dem Gebot der Rechtsmittelklarheit, ferner mit dem Gesetzlichkeitsprinzip aus Art. 101 Abs. 1 S. 2 GG für die Richterzuständigkeit im Vorverfahren, die hier jedenfalls nicht direkt durch das Gesetz selbst, sondern erst durch dessen analoge Anwendung begründet
werden soll. genau genommen liegt eine Regelungslücke im System der Kontrolle vor, die wegen des
Gesetzlichkeitsprinzips aus Art. 101 Abs. 1 S. 2 GG nur der Gesetzgeber zu schließen hätte, nicht
der Rechtsanwender im Wege der Analogiebildung.

II. Revision. Die **Revision** kann darauf gestützt werden, dass Beweisgegenstände trotz Bestehens **20**
eines Beschlagnahmeverbots mittels Androhung oder Anwendung von Zwangsmitteln herausverlangt
und danach verwertet wurden. Ein Verwertungsverbot besteht jedenfalls dann, wenn Gegenstände erlangt wurden, indem trotz berechtigter Herausgabeverweigerung des Beschuldigten oder einer zur
Zeugnisverweigerung berechtigten Person Zwang angewendet wurde (KK/*Greven* § 95 Rn. 7; LR/
Menges § 95 Rn. 37; *Meyer-Goßner/Schmitt* § 95 Rn. 11; SK-StPO/*Wohlers* § 95 Rn. 37) oder wenn

§ 96 StPO   Amtlich verwahrte Schriftstücke

die Belehrung des zur Zeugnisverweigerung Berechtigten darüber, dass er nicht zur Herausgabe gezwungen werden darf, versäumt wurde und der Betroffene aus Rechtsunkenntnis dem Herausgabeverlangen gefolgt ist (HK/*Gercke* § 95 Rn. 11). Die Anwendung von unzulässigem Zwang gegen eine zur Zeugnisverweigerung berechtigte Person begründet dagegen nach einer z.T. vertretenen Ansicht kein Beweisverwertungsverwertungsverbot, da der Rechtskreis des Beschuldigten davon nicht berührt wird (HK/*Gercke* § 95 Rn. 11; *Meyer-Goßner/Schmitt* § 95 Rn. 11). Das entspricht aber nicht dem Regelungsgedanken der §§ 136a Abs. 1 S. 1, 69 Abs. 3. Die Forderung, dass hier gegebenenfalls die Widerspruchslösung (§ 136 Rdn. 96 ff.) auf das Beweisverwertungsverbot anzuwenden sei (LR/*Menges* § 95 Rn. 39), geht darüber hinweg, dass bei der fehlerhaften Vorgehensweise gegen Zeugen keine Dispositionsmacht der Verteidigung über den fehlerhaft gewonnenen Beweisstoff besteht, ferner darüber, dass ein kategorisches Beweisverbot, welches § 136a Abs. 3 entspricht, widerspruchsunabhängig von Amts wegen zu prüfen ist.

21 Hat das Tatgericht ein ohne weiteres mögliches **Herausgabeverlangen versäumt** und deshalb einen potenziell beweisrelevanten Gegenstand nicht beschafft und verwertet, so kann dies eine **Aufklärungsrüge** begründen (SK-StPO/*Wohlers* § 95 Rn. 41). Nach der Rechtsprechung setzt dies allerdings gem. § 344 Abs. 2 S. 2 unter anderem auch voraus, dass der Beschwerdeführer den potenziellen Beweisertrag darlegt. Das ist in Fällen höchst problematisch, in denen etwa der Inhalt einer Urkunde unbekannt geblieben ist. Hat z.B. ein Mitbeschuldigter, der andere Beschuldigte bereits belastet hatte, angekündigt, er werde weitere Angaben machen und hat er in diesem Zusammenhang dem Verteidiger einen Brief geschrieben, dann ist der Brief nach dem plötzlichen **Tod der Auskunftsperson** ersichtlich von großer potenzieller Beweisbedeutung. Wird er vom Verteidiger des verstorbenen Beschuldigten, der nach dem Tod wegen eines endgültigen Verfahrenshindernisses kein Beschuldigter im Sinne von § 97 mehr sein kann, nicht herausgegeben, so wäre er vom Gericht zu beschlagnahmen. Eine Herausgabepflicht nach der vorliegenden Vorschrift kollidiert mit dem prinzipiell fortbestehenden **Zeugnisverweigerungsrecht des Verteidigers des Verstorbenen**. Die staatsanwaltschaftliche Aufklärungsrüge scheitert angeblich dann, wenn diese nicht darlegt, welcher Aussageinhalt aus dem Brief zu erfahren gewesen wäre. Das alles überzeugt auch unter dem Gesichtspunkt der Aufklärungspflicht nicht, zeigt aber jedenfalls eine Inkongruenz zwischen der an das Zeugnisverweigerungsrecht anknüpfenden Regelung der Grenzen der Editionspflicht und dem Beschlagnahmereglement.

§ 96 StPO Amtlich verwahrte Schriftstücke.

¹Die Vorlegung oder Auslieferung von Akten oder anderen in amtlicher Verwahrung befindlichen Schriftstücken durch Behörden und öffentliche Beamte darf nicht gefordert werden, wenn deren oberste Dienstbehörde erklärt, daß das Bekanntwerden des Inhalts dieser Akten oder Schriftstücke dem Wohl des Bundes oder eines deutschen Landes Nachteile bereiten würde. ²Satz 1 gilt entsprechend für Akten und sonstige Schriftstücke, die sich im Gewahrsam eines Mitglieds des Bundestages oder eines Landtages beziehungsweise eines Angestellten einer Fraktion des Bundestages oder eines Landtages befinden, wenn die für die Erteilung einer Aussagegenehmigung zuständige Stelle eine solche Erklärung abgegeben hat.

Übersicht

		Rdn.			Rdn.
A.	Zweck und Bedeutung der Regelung	1	III.	Rechtmäßigkeitskontrolle	16
B.	Gegenstand des Herausgabeverlangens	2	IV.	Rechtsfolgen	18
I.	Schriftstücke u.a. im Gewahrsam verfahrensexterner Behörden	2	1.	Der sachnächste Beweis	19
			2.	Sachfernere Beweismittel	22
II.	Schriftstücke u.a. im Gewahrsam von Strafverfolgungsbehörden	3	3.	Beweiswürdigungslösung zur Kompensation von Defiziten	24
C.	Adressat des Herausgabeverlangens	7	4.	Beweisverwertungsverbot für Sekundärbeweismittel bei unwirksamer Sperrung des sachnäheren Beweismittels	27
D.	Entsprechende Anwendung der Vorschrift auf Auskunftsersuchen	9			
E.	Sperrung der Akten oder Informationen	10			
I.	Sperrungsgrund	11	V.	Rechtsschutzmittel für Verfahrensbeteiligte während des laufenden Strafverfahrens	29
II.	Zuständigkeit für die behördliche Sperrerklärung	14	F.	Revision	33

448   *Eschelbach*

Amtlich verwahrte Schriftstücke § 96 StPO

A. Zweck und Bedeutung der Regelung. Allgemeine Regeln über die Amtshilfe unter Behörden gelten im Strafverfahren allenfalls subsidiär (*Reiß* StV 1988, 31 [33]); weiter gehend LR/*Menges* § 96 Rn. 5 ff.). Das Verwaltungsverfahrensrecht ist im Bereich der Strafverfolgung unanwendbar, soweit es um das Verhältnis der Strafverfolgungsorgane zueinander geht (BGHSt 30, 34 [35]). Die Strafprozessordnung enthält Sonderregeln, u.a. in §§ 161, 163 Abs. 2, 199 Abs. 2 (BGHSt 38, 237 [241]). § 96 **begrenzt** nach Wortlaut und Systematik des Gesetzes **die Berechtigung** der Strafverfolgungsorgane **zu einem Herausgabeverlangen** der Strafverfolgungsorgane (§ 95 Rdn. 9) gemäß § 95 in Bezug auf Akten oder andere Schriftstücke **gegenüber Behörden**, öffentlichen Beamten und gesetzgebenden Körperschaften, wenn die oberste Dienstbehörde erklärt, dass das Bekanntwerden des Inhalts Nachteile für das Wohl des Bundes oder eines Landes bereiten würde. Es handelt sich um ein **Inbesitznahmeverbot** (*K. Baumann* Die Systematik der Regelungen über die beweissichernde Sicherstellung im Strafverfahren [§§ 94–98 StPO], 2010, S. 66) und um eine **eng auszulegende Ausnahmebestimmung** zur Editionspflicht nach § 95 (BGHSt 38, 237 [242]), da die Rechtsprechung in Strafsachen den Gerichten obliegt und der Eingriff der Exekutive in die gerichtliche Sachaufklärung deren Unabhängigkeit (BGHSt 39, 141 [144]) beschränkt. Im Umkehrschluss aus § 96 S. 1 darf sonst durchaus die Herausgabe von Behördenakten von den Strafverfolgungsorganen gefordert werden und die Behörde unterliegt mangels wirksamer Sperrerklärung der Editionspflicht (BGHSt 38, 237 [245]). Unzulässig wird das Herausgabeverlangen mit der Folge des Wegfalls der Editionspflicht erst aufgrund einer Sperrerklärung der obersten Dienstbehörde; dann entfällt zugleich die Beschlagnahmebefugnis der Strafverfolgungsorgane (zu dieser BGHSt 38, 237, 247] mit Anm. *Amelung* NStZ 1993, 48 ff.; *Arloth* NStZ 1993, 467 ff.; KK/ *Greven* § 96 Rn. 1; *Hilgendorf* JZ 1993, 368 ff.; *Taschke* NStZ 1993, 94; zum vormaligen Streitstand *Reiß* StV 1988, 31 ff.). Dagegen können Behördenunterlagen herausverlangt und nach Durchsicht gemäß § 110 (OLG Jena StV 2002, 63 [64] mit Anm. *Hohmann* wistra 2001, 196 ff.) auch beschlagnahmt werden (*Paulus* Überprüfung der V-Mann-Sperrung durch einen neutralen Strafrichter? 1988 S. 87 f.; *Taschke* Die behördliche Zurückhaltung von Beweismitteln im Strafprozess, 1989, S. 273 ff.), solange keine wirksame Sperrung vorliegt; denn aus der vorliegenden Bestimmung, die sich ihrem Wortlaut nach nur auf die Herausgabe nach § 95 bezieht und die Frage der Beschlagnahmefähigkeit unberührt lässt, folgt nicht etwa im Umkehrschluss ein generelles Beschlagnahmeverbot für Behördenakten (BGHSt 38, 237 [241]; **a. A.** LR/*Menges* § 96 Rn. 22 ff.; zur Frage einer Beschlagnahme bei der Staatsanwaltschaft OLG Schleswig StV 2014, 325 [326] m. Anm. *Park*).

B. Gegenstand des Herausgabeverlangens. I. Schriftstücke u.a. im Gewahrsam verfahrensexterner Behörden. Gegenstand der Regelung sind Akten oder andere in amtlicher Verwahrung befindliche Schriftstücke. Der Begriff der »**Schriftstücke**« schließt Akten als Urkundensammlungen ein und bildet den Oberbegriff. Er ist weit auszulegen. Darunter fallen alle möglichen schriftlichen Dokumente, andere Strafverfahren betreffende Ermittlungsakten oder präventivpolizeiliche Vorgänge, aber auch **Ton- und Bildträger, Datenspeicher, Abbildungen und andere Darstellungen** (vgl. § 11 Abs. 3 StGB), behördliche wie private Unterlagen im Behördengewahrsam (KK/*Greven* § 96 Rn. 5; BeckOK-StPO/*Ritzert* § 96 Rn. 2). Die heute im Beschlagnahmerecht befürwortete Erstreckung auch auf (Computer-) »**Daten**« oder andere unkörperliche Informationen (§ 94 Rdn. 7 ff.) entspricht jedenfalls nicht dem Wortlaut der vorliegenden Vorschrift und der Gesetzessystematik. Auf andere körperliche Beweisgegenstände als Schriftstücke kann die Vorschrift jedoch entsprechend angewendet werden (*K. Baumann* Die Systematik der Regelungen über die beweissichernde Sicherstellung im Strafverfahren [§§ 94–98 StPO], 2010, S. 67; SK-StPO/*Wohlers* § 96 Rn. 4, 14). Für Aktenteile, die im Rahmen desselben Strafverfahrens angefallen sind, sollten die §§ 163 Abs. 2, 199 Abs. 2 gelten, wonach auch ein **Grundsatz der Aktenwahrheit und Aktenvollständigkeit** (*Taschke* Die behördliche Zurückhaltung von Beweismitteln im Strafprozess, 1989, S. 213 ff.) zu beachten ist, während die h.M. den überkommen Aktenbegriff, der besonders mit dem Akteneinsichtsrecht der Verteidigung verknüpft ist, ignoriert (Rdn. 3).

II. Schriftstücke u.a. im Gewahrsam von Strafverfolgungsbehörden. Akten über fremde Strafverfahren unterliegen dem Reglement der vorliegenden Vorschrift (*Taschke* Die behördliche Zurückhaltung von Beweismitteln im Strafprozess, 1989, S. 169 f.). **Aktenteile oder sonstige Schriftstücke, die im gleichen Strafverfahren angefallen sind**, werden dagegen grundsätzlich nicht von der vorliegenden

Vorschrift erfasst (BGHSt 18, 369 [370]; LR/*Menges* § 96 Rn. 8), sondern von §§ 163 Abs. 2, 199 Abs. 2 (SK-StPO/*Wohlers* § 96 Rn. 9, 11), zumal die Editionspflicht der Beweismittelbesitzer als passiv legitimierte Betroffene auf der Aktivseite alle Strafverfolgungsorgane zu einem Herausgabeverlangen berechtigt (§ 95 Rdn. 9). Nach dem innerprozessualen Reglement müssen die Polizeibehörden, wenn sie als Hilfsorgane der Staatsanwaltschaft tätig werden, ihre »Verhandlungen« der Staatsanwaltschaft offen legen, ohne dass eine Barriere zum Geheimnisschutz zwischen diesen Behörden nach der vorliegenden Vorschrift besteht (*Taschke* a.a.O. S. 99 ff.). Die Staatsanwaltschaft muss ihrerseits mit Anklageerhebung alles Aktenmaterial vollständig dem Gericht übergeben, ohne dass eine entsprechende Barriere zwischen ihr und dem Gericht existiert (*Taschke* a.a.O. S. 142 ff.). Das müsste besonders für Unterlagen über den strafprozessualen Einsatz von V-Leuten oder Informanten gelten (*Keller* StV 1984, 525 f.; *Lüderssen* FS Klug 1983, S. 527 [531]; *Taschke* a.a.O. S. 236 ff.), die jedoch von der Rechtsprechung quasi polizeirechtlich eingeordnet und dem Innenressort zugewiesen werden. Damit wird – ohne gesetzliche Grundlage (vgl. Anl. D. zu den RiStBV) – in systemwidriger Weise eine **Fremdsteuerung des Strafverfahrens durch die Exekutive** außerhalb des Einflussbereichs der verfahrensleitenden Organe (Staatsanwaltschaft und Strafgericht) durch die Polizei institutionalisiert, die ganze Rechtsbereiche, namentlich das Betäubungsmittelstrafverfahren, strukturell beeinflusst (*H.E. Müller* Behördliche Geheimhaltung und Entlastungsvorbringen des Angeklagten, 1992, S. 20). Danach soll nur nach der Beweiswürdigungslösung der Rechtsprechung (Rdn. 24) im Rahmen der dort postulierten vorsichtigen Prüfung gesondert zu beachten sein, dass es die Exekutive ist, die ein Beweishindernis für die lückenlose Sachaufklärung im Strafprozess aufstellt. Wie dies freilich bei der Gewichtung von Indizien zu handhaben sein soll, bleibt unklar. Auch wird der Zusammenhang nicht ausreichend verdeutlicht. Denn es geht bei gesperrten V-Leuten oder Informanten nicht nur um irgendwelche Zeugen, sondern meist um solche, die sich von ihrer Aufklärungsarbeit eigene Vorteile versprechen, nicht selten auch um solche, die in das eigentliche Tatgeschehen verstrickt waren. Das macht ihre Aussagen gegebenenfalls unverwertbar, zumindest aber hinsichtlich des Aussagemotivs prinzipiell unglaubhaft (vgl. *Soiné* NStZ 2013, 83 [84]). Diese Tatsachen bleiben jedoch im gerichtlichen Strafverfahren verborgen, wenn schon die Verbindung der gesperrten Zeugen zu den Polizeibehörden Gegenstand der Vertraulichkeitszusage ist (Ziff. I.5.5 Anl. D zu den RiStBV). Der Systembruch wirkt sich damit gravierender aus, als es die Rechtsprechung zu erkennen gibt (LR/*Menges* § 96 Rn. 49).

4 Sämtliche zu den Akten des Strafverfahrens gelangte Schriftstücke sind nach der Struktur des geschriebenen Strafverfahrensrechts von den Ermittlungspersonen der Polizeibehörden an die Staatsanwaltschaft zu übergeben (§ 163 Abs. 2 S. 1). Eine Separierung von »Spurenakten«, Unterlagen über einen V-Mann-Einsatz oder »Verhandlungen« (§ 163 Abs. 2 S. 1) mit Zeugen, denen Vertraulichkeit zugesagt wurde, entspricht deshalb zumindest nicht dem Gesetz mit seinem überkommenen Normenbestand. Eine abweichende Praxis, die von der Rechtsprechung hingenommen wurde und bei §§ 110a ff. wieder in die Gesetzgebung hineinwirkt, kollidiert mit dem **Grundsatz der Aktenwahrheit und Aktenvollständigkeit** (LG Berlin StV 1986, 96 f.). Sie ist nach dem Prinzip vom Vorrang und vom Vorbehalt des Gesetzes mangels gesetzlicher Regelung – über Anl. D zu den RiStBV hinaus – rechtswidrig (*Gössel* NStZ 1996, 287 [288]), was jedoch nicht beanstandet zu werden pflegt. Die **Leitungsmacht der Staatsanwaltschaft** im Vorverfahren (relativierend im Hinblick auf die inzwischen auch gesetzlich partiell geregelte Preisgabe der Leitungsmacht in § 100b Abs. 1 BGHSt 42, 36 [40]) und die **Verfahrensherrschaft des Gerichts** im Zwischen- und Hauptverfahren sind dadurch teilweise **aufgegeben** worden. Auch die Staatsanwaltschaft hat bei der Anklageerhebung dem Gericht eigentlich die vollständigen Akten und alle zugehörigen Vorgänge vollständig vorzulegen (§ 199 Abs. 2 S. 2). Von einer besonderen Zusammenstellung der Akten unter Aussonderung behördlich für unerheblich gehaltener Teile ist dort ebenfalls nicht die Rede. Das muss auch wegen des Vorrangs von Bundesrecht vor dem Landesrecht selbst in einer **Gemengelage** aus strafprozessualem und präventiv-polizeilichem Handeln (BGHSt 42, 36 [38]) gelten. Dagegen hat sich in der Praxis eine »**Prädominanz der Prävention**« durchgesetzt, die erheblichen Einfluss auf das Strafverfahren im Ganzen nimmt. Gegenstimmen in der Rechtsprechung, wonach der V-Mann-Einsatz jedenfalls bei einer Lockspitzeltätigkeit trotz »Gemengelage« ausschließlich an der StPO zu messen sei (BGHSt 45, 321 [337]), bleiben in anderen Fällen unbeachtet.

5 Erkenntnisse, die von der Polizeibehörde **alleine in Erfüllung polizeirechtlicher Aufgaben der Gefahrenabwehr** erlangt wurden, können nach der vorliegenden Vorschrift gesperrt werden (SK-StPO/*Woh-*

lers § 96 Rn. 10). Dabei handelt es sich um Aspekte, die von vornherein alleine dem Innenressort und damit den Behörden, die außerhalb der Strafjustizorgane stehen, zuzuordnen sind.

Die Rechtsprechung hat sich im Lauf der Zeit aber auch daran gewöhnt, dass die Polizeibehörden beim **Einsatz von V-Leuten** auch ihre diesbezüglichen »Verhandlungen« (§ 163 Abs. 2) **entsprechend** § 96 vor dem Zugriff der Staatsanwaltschaft und des Strafgerichts sperren und die **Identität** der V-Leute bei justiziellen Auskunftsersuchen **geheim halten**, sowie nicht einmal den Einsatz als solchen in den Strafakten erkennbar werden lassen (Ziff. I.5.6 Anl. D zu den RiStBV). Das ist dogmatisch falsch, weil der gesetzliche Ausnahmetatbestand nicht analogiefähig ist. Eine Reform wäre überfällig, sie wird aber vom Gesetzgeber gescheut, nachdem die Justiz- und Innenminister sich auf untergesetzliche Regeln in Anlage D zu den RiStBV geeinigt haben. Die Rechtsprechung hat sich an den falschen Kurs gewöhnt und hinterfragt ihn nicht.

C. Adressat des Herausgabeverlangens. Gewahrsam ist die **tatsächliche Sachherrschaft**, die von **der Behörde** durch ihre Beamten, Angestellten und besonders für ihre Zwecke beauftragte Personen ausgeübt wird. Eine **vorübergehende Herausgabe** der Schriftstücke hebt den Gewahrsam der Behörde nicht notwendigerweise auf. Sind ihr aber die Akten oder sonstigen Schriftstücke durch Gewahrsamsbruch entzogen worden, so ist die vorliegende Vorschrift nicht mehr einschlägig. Die weggenommenen Schriftstücke können dann auch als Beweismittel in dem den Gewahrsamsbruch betreffenden Strafverfahren beschlagnahmt werden.

»**Behörde**« im Sinne der vorliegenden Vorschrift ist jede Stelle, die Verwaltungstätigkeit ausübt (§ 1 Abs. 4 VwVfG), aber auch ein Gericht oder ein beliehenes Unternehmen (SK-StPO/*Wohlers* § 96 Rn. 8). Eine kirchliche Einrichtung ist dagegen keine Behörde in diesem Sinne. Wegen der strafprozessualen Sonderregelungen ausgenommen sind an sich alle Strafverfolgungsbehörden (Rdn. 3). »**Öffentliche Beamte**« sind solche, die für sich allein eine Behörde darstellen. Satz 2 erstreckt die Ausnahmebestimmung auch auf **den Deutschen Bundestag und die Landtage**, die nach dem Normzweck entsprechenden Schutz wie Behörden genießen müssen (so schon vor der Einführung von § 96 S. 2 BGHSt 20, 189 [190]). Danach gilt die Regelung jedoch im Umkehrschluss **nicht** für Organe der **Kommunalverwaltung** (SK-StPO/*Wohlers* § 96 Rn. 13).

D. Entsprechende Anwendung der Vorschrift auf Auskunftsersuchen. Die vorliegende Vorschrift ist, soweit nicht § 110b Abs. 3 als lex specialis eingreift, der insoweit eine Musterfunktion entfaltet (*Lesch* StV 1995, 542 [546 f.]), nach vorherrschender Ansicht entsprechend anwendbar, wenn das Strafgericht eine Auskunft über Namen und Anschriften polizeilich geheim gehaltener Zeugen verlangt (BGHSt 30, 34 [36]; BGHR StPO § 96 Informant 2; OLG Hamm NStZ 1990, 44 ff. mit Anm. *G. Schäfer*; LR/*Menges* § 96 Rn. 43 f.; *Taschke* Die behördliche Zurückhaltung von Beweismitteln im Strafprozess, 1989, S. 71 ff.; SK-StPO/*Wohlers* § 96 Rn. 5; krit. *Reiß* StV 1988, 31 [35 f.]).

E. Sperrung der Akten oder Informationen. Eine Sperrerklärung der Exekutive gegenüber dem anfragenden Gericht darf nur bei einer Gefahr von Nachteilen für das Wohl des Bundes oder eines Bundeslandes erfolgen (LR/*Menges* § 96 Rn. 55). Individualinteressen alleine reichen zur Beweismittelsperrung nicht aus (SK-StPO/*Wohlers* § 96 Rn. 22). § 96 bliebt damit auch hinter dem Umfang der Sperrungsgründe nach § 54 zurück (*H.E. Müller* Behördliche Geheimhaltung und Entlastungsvorbringen des Angeklagten, 1992, S. 25; *Paulus* Überprüfung der V-Mann-Sperrung durch einen neutralen Strafrichter? 1988 S. 13 f.), was die Rechtsprechung durch Anpassungsbemühungen, die allerdings dem unterschiedlichen Wortlaut der Normen widersprechen, übergeht. Durch die vorliegende Vorschrift werden Staatsgeheimnisse geschützt, aber nur bei erweiternder Auslegung auch Beeinträchtigungen staatlicher Aufgabenwahrnehmung verhindert. Zu den spezialgesetzlich, zusätzlich zur vorliegenden Vorschrift (SK-StPO/*Wohlers* § 96 Rn. 3) geschützten Belangen gehören etwa das Steuergeheimnis (§ 30 AO), das Sozialgeheimnis (§ 35 SGB I i.V.m. §§ 67 ff. SBG X) oder das Beratungsgeheimnis der Gerichte (§ 43 DRiG; LG Potsdam wistra 2007, 193 ff.), soweit es zum Beispiel in Handakten zum Ausdruck kommt.

I. Sperrungsgrund. Die Identität von V-Leuten wird von der Exekutive – zu weit gehend – »grundsätzlich geheim gehalten« (Ziff. I.2.2 Anl. D zu den RiStBV). Die verfassungsrechtlich zumindest erforderliche **Abwägung** des Sperrungsinteresses gegen das Interesse an der Freigabe des unmittelbaren Zeugen für Zwecke der Wahrheitserforschung im Strafverfahren wird von der nachträglichen Entscheidung über die Sperrerklärung auf die anfängliche Entscheidung über die »Inanspruchnahme« und den »Einsatz« der Informanten oder V-Leute verlagert (Ziff. I.3.1 Anl. D zu den RiStBV). Die Rechtsprechung sieht eine Sperrung der Unterlagen und personenbezogenen Informationen über V-Leute als zulässig an, wenn eine aufgrund bestimmter Anhaltspunkte anzunehmende **konkrete Gefahr für Leib, Leben und Freiheit** dieser Person besteht (BVerfGE 57, 250 [284 f.]; BGHSt 29, 109 [113]; 36, 159 [164]; BVerwGE 75, 1 [10]; a. A. *Eisenberg* Beweisrecht der StPO, Rn. 1036; *Taschke* Die behördliche Zurückhaltung von Beweismitteln im Strafprozess, 1989, S. 181 ff.) und die Gefahrenlage **dem Angeklagten zuzurechnen** ist. Ob dasselbe auch dann gelten soll, wenn ihre »Enttarnung« die **Funktionstüchtigkeit der Strafrechtspflege** beeinträchtigen würde, weil der V-Mann dann **für weitere Zwecke** »verbrannt« wird, bleibt umstritten (dafür LR/*Menges* § 96 Rn. 64; *Meyer-Goßner/Schmitt* § 96 Rn. 13; BeckOK-StPO/*Ritzert* § 96 Rn. 4a; a. A. *H.E. Müller* Behördliche Geheimhaltung und Entlastungsvorbringen des Angeklagten, 1992, S. 31 f.; *Taschke* a.a.O. S. 191 ff.; SK-StPO/*Wohlers* § 96 Rn. 25). Dieser generelle Zweck entspricht nicht der gegenüber § 54 engeren Fassung der Sperrungsgründe in der vorliegenden Vorschrift und dem verfassungsrechtlichen Gebot der auf den Einzelfall bezogenen Abwägung mit einem – in Ziff. I.2.2 und I.3.1.a der Anl. D zu den RiStBV auf den Kopf gestellten – **Regel- und Ausnahme-Verhältnis** zugunsten der Freigabe des Zeugen (vgl. BVerwGE 75, 1 [12]; BGHR StPO § 96 Sperrerklärung 1). Der Hinweis auf das Interesse an der Verhinderung eines »Verbrennens« des V-Manns führt zu formelhaften Sperrerklärungen anstelle von Einzelfallentscheidungen (*H.E. Müller* a.a.O. S. 27). Ähnliches gilt, wenn die Behörde einem Informanten eine Vertraulichkeitszusage erteilt hatte, die nicht gebrochen werden soll, weil andernfalls bei vielen Informanten die Bereitschaft zur Zusammenarbeit mit der Polizei entfiele (vgl. BGHSt 33, 83 [91]; einschr. LR/*Menges* § 96 Rn. 65; abl. *Eisenberg* a.a.O. Rn. 1037; *Taschke* a.a.O. S. 193 ff.). Auch das ist kein besonderer Umstand des Einzelfalls. Soweit § 99 Abs. 1 VwGO insoweit einen Geheimnisschutz vorsieht (BVerwGE 137, 318 [322]), enthält er einen weiteren Maßstab für das Verwaltungsprozessrecht. Die Möglichkeit einer weit gehenden Sperrung von »Quellen« ist aber nach Ansicht der Rechtsprechung geboten, um Wertungswidersprüche zu der gesetzlichen Regelung der Zulässigkeit der Verwendung einer »Legende« durch einen Verdeckten Ermittler zu vermeiden (BGHSt 42, 36 [39]). Der Unterschied besteht jedoch darin, dass letztere von einem parlamentarisch erlassenen Gesetz gestattet wird (§ 110a Abs. 2), erstere dagegen eigentlich überhaupt nicht. Die Praxis dürfte sich nach dem **Prinzip vom Vorrang und vom Vorbehalt des Gesetzes** darüber nicht hinwegsetzen, was aber aus Praktikabilitätsgründen geschieht. Die Sperrung muss jedenfalls auch vom Standpunkt der Rechtsprechung aus am **Grundsatz der Verhältnismäßigkeit** gemessen werden, der hier in der Rechtsanwendung der Strafjustiz mangels gesetzlicher Regelung von Sperrungsmöglichkeiten im Sinne von Anl. D zu den RiStBV von einer Schranken-Schranke letztlich zur Eingriffsermächtigung mutiert.

12 Ist der Inhalt der geheim gehaltenen Schriftstücke bereits anderweitig bekannt geworden, so ist die Verweigerung der Herausgabe nicht mehr erforderlich, also unverhältnismäßig. Wenn eine **weniger rechtsbeschränkende Maßnahme** als die vollständige Verweigerung der Herausgabe von Schriftstücken oder der Bekanntgabe der Identität einer V-Person in Betracht kommt, so ist diese bei der Sperrungsentscheidung zu berücksichtigen (BVerwGE 75, 1 [10]). Zum Beispiel kann durch Beschränkung der Sperrerklärung die V-Person immerhin für eine **audiovisuelle Vernehmung** (§§ 58a, 247a, 255a; BVerfG NStZ 2007, 534) **mit optischer und akustischer Abschirmung** (BGHSt 51, 232 [235] mit Anm. *Güntge* JR 2007, 429 ff.; BGH StV 2004, 241 f. mit Anm. *Wattenberg*; BGH StV 2004, 577 f.; *Detter* StV 2006, 544 ff.; KK/*Greven* § 96 Rn. 12; LR/*Menges* § 96 Rn. 71; krit. *T. Walter* StraFo 2004, 224 ff.; *Weider* StV 2000, 48 ff.; *Weider/Staechlin* StV 1999, 51 ff.; abl. *Kühne* Strafprozessrecht, Rn. 922) und unter Geheimhaltung der Personalien (§ 68 Abs. 2 und 3), für eine **kommissarische Vernehmung** (BGHSt 32, 115 [122 ff.]), für eine Vernehmung unter **Ausschluss des Angeklagten** (BGHSt 32, 32 [36]; 42, 175 [176]; a. A. *Eisenberg* Beweisrecht der StPO, Rn. 1040; *Taschke* Die behördliche Zurückhaltung von Beweismitteln im Strafprozess, 1989, S. 309) oder für eine Vernehmung unter **Ausschluss der Öffentlichkeit** (§ 172 GVG) zur Verfügung gestellt werden (BVerfGE 57, 250 [286]). Erst wenn diese Möglichkeiten nicht ausreichen oder nicht möglich sind, ist der Rückgriff auf Sekundärbeweismittel anstelle der sachnäheren Auskunftsperson gerechtfertigt.

Im Strafverfahren ist ein »**in-camera**«-**Verfahren**, wie es § 99 Abs. 2 VwGO für den Verwaltungsprozess 13
vorsieht, **nicht zulässig** (BVerfGE 57, 250 [288]; BGH StV 2000, 649 [651]; BeckOK-StPO/*Ritzert*
§ 96 Rn. 4b). Die Verfahrensgrundsätze des Strafprozesses dürfen nicht durch gerichtliche Verwendung der gesperrten Unterlagen unter Ausschluss der Verfahrensbeteiligten aufgehoben werden (krit.
SK-StPO/*Wohlers* § 96 Rn. 33). Tatsächlich ist jedoch die Sperrung von Beweismitteln auch für das
Gericht, das nicht einmal »in camera« Einblick nehmen darf, eher ein Hindernis für die Fairness des
Verfahrens als eine Schonung derselben. Die Rechtsprechung, die der Verwertung mittelbar erlangten
Wissens gesperrter Auskunftspersonen zustimmt, beruht auf einer Überbetonung des an die einzelnen
Richter, nicht an das Gericht im Ganzen gerichteten **Zweifelssatzes**, der in der Prozesspraxis der Strafgerichte auch längst keine seiner normativ-rechtsstaatlichen Bedeutung entsprechende praktische Wirkung mehr entfaltet. Ferner ist die **freie richterliche Beweiswürdigung** nur nach einer Fiktion ein taugliches Korrektiv, denn eine noch so sorgfältige Würdigung der bekannten Umstände kompensiert nicht
die Wissenslücke hinsichtlich der sperrungsbedingt unbekannt gebliebenen Umstände, die ein anderes
Gesamtbild der Beweislage ergeben könnten. Schließlich wird auch die Freiheit der Beweiswürdigung
(§ 261) durch eine **richterrechtliche Beweisregel**, dass ein Zeugnis vom Hörensagen alleine ohne Zusatzindizien eine Verurteilung »regelmäßig« nicht tragen könne, durchbrochen. Zulässig ist das »in-camera«-Verfahren dagegen **nach § 99 Abs. 2 VwGO** im Fall einer Anfechtung der Sperrerklärung **im
Verwaltungsprozess**. Damit wird aber nur die Umgehung des Strafverfahrensrechts und der Zuständigkeit der Strafgerichtsbarkeit durch Zuweisung der Sperrung originär strafprozessualer Beweise zum Innenressort mit der Folge der Rechtswegverweisung zu den Verwaltungsgerichten deutlich.

II. Zuständigkeit für die behördliche Sperrerklärung. Das Tatgericht, das sich um die Herausgabe 14
von Behördenakten, sonstigen Schriftstücken oder Informationen über die Identität eines behördlich
nicht bekannt gemachten Zeugen bemüht, hat eine Entscheidung in Form der Freigabe oder Abgabe
einer Sperrerklärung zu beantragen (BGHSt 29, 109 [113]; 36, 159 [161]). Die **Entscheidung der
obersten Dienstbehörde** wird dann gegebenenfalls von der aktenführenden Stelle angefordert. Zuständig ist für die Sperrerklärung ausschließlich die oberste Dienstbehörde. Das ist der **Fachminister** des
der aktenführenden Stelle entsprechenden Ressorts. Bei der Frage nach Auskunft über Namen und Anschrift polizeilich geheim gehaltener V-Personen soll dies der **Innenminister** sein (BGHSt 42, 36 [38];
KK/*Greven* § 96 Rn. 15; LR/*Menges* § 96 Rn. 76; BeckOK-StPO/*Ritzert* § 96 Rn. 5; a. A. *Eisenberg*
Beweisrecht der StPO, Rn. 1035a), obwohl der repressiv-polizeiliche Einsatz dieser »Amtsträger« (§ 11
Abs. 1 Nr. 2 lit. c und Nr. 4 StGB) dem Strafverfahren und den Strafverfolgungsorganen zuzurechnen
ist (vgl. *Soiné* NStZ 2013, 83 [86]), für das die §§ 163 Abs. 2, 199 Abs. 2 gelten. Richtiger wäre die
Annahme, dass die vorliegende Vorschrift wegen des innerprozessualen Zusammenhangs nicht anwendbar ist und deshalb eine Sperrerklärung – des an sich zuständigen Justizministers (*Gössel* NStZ 1996,
287 [288]) – nach dem Grundsatz der Aktenwahrheit und Aktenvollständigkeit mangels abweichender
gesetzlicher Regelung ausscheiden müsste. Der von der Rechtsprechung jedoch systemwidrig für zuständig erklärte Innenminister muss die Sperrerklärung nicht persönlich abgeben, sondern er kann diese
Aufgabe an einen Beamten **delegieren**, der dazu berechtigt ist, den Minister nach außen zu vertreten
(BGHSt 42, 175 [177]). Allerdings muss eine generelle Delegation an die nachgeordnete Behörde, welche die gesetzliche Zuständigkeitsregelung konterkarieren würde, ausscheiden (SK-StPO/*Wohlers* § 96
Rn. 19). Gerade weil die Zuständigkeit nach vorherrschender Auffassung nicht beim Justizressort liegt,
kann die Sperrerklärung mitsamt ihrer Begründung entgegen der Ansicht der verfassungsgerichtlichen
Rechtsprechung, die zum partiell die Herstellung der Rechtsstaatlichkeit anstrebenden Ausgleich für
den exekutivischen Eingriff in das Strafverfahren besondere Anforderungen auch an die Entscheidung
der obersten Dienstbehörde über die Beweismittelsperrung aufstellt (BVerfGE 57, 250 [282 ff.]), eigentlich keine ausreichende Legitimationswirkung für das Beweisdefizit im Strafverfahren ergeben. Das Innenressort hat nach der Struktur des Strafverfahrens weder systematisch Beweise für das Strafverfahren
zu beschaffen, noch bestimmte Beweismittel dann wiederum gegenüber einer Verwendung im Strafprozess durch das dort zuständige Gericht zu sperren.

Werden Schriftstücke von einer justizexternen Behörde mit der Bitte um vertrauliche Behandlung herausgegeben, so ist diese bloße **Vertraulichkeitsbitte** rechtlich unbeachtlich (BGHSt 42, 71 [72]), solange jedenfalls keine Sperrerklärung der obersten Dienstbehörde vorliegt (RGSt 72, 268 [276]). 15
Eine Vertraulichkeitszusage der Unterbehörde gegenüber einem Informanten, die in der StPO selbst

nicht vorgesehen ist, bindet nach Ziff. I.I.4 S. 1 Anl. D zu den RiStBV die Staatsanwaltschaft und die Polizei, das Gericht aber jedenfalls nicht (BGHSt 39, 141 [144]; BGH StV 2001, 214; 2012, 5). Auch diese Dissonanz beruht auf der Missachtung des Prinzips vom Vorrang und vom Vorbehalt des Gesetzes, das hier in unzureichender Weise durch Richtlinien ersetzt werden soll. Erforderlich wäre zumindest eine spezialgesetzliche Regelung, die auch einen vorbeugenden Schutz des Kernbereichs der Persönlichkeitsentfaltung einschließen, die Einsatzvoraussetzungen ebenso wie im nachrichtendienstlichen Bereich mit besonderen Einschränkungen versehen (vgl. *Soiné* NStZ 2013, 83 [84]) und der Polizei sowie ihren »freien Mitarbeitern« die Grenzen der Handlungsbefugnis genau verdeutlichen müsste; ferner müssten strafgerichtliche Kontrollmöglichkeiten vom Gesetzgeber selbst geregelt werden. Es fehlt derzeit aber an allem. Eine Sperrerklärung liegt jedenfalls nach der vorliegenden Vorschrift, soweit sie für anwendbar gehalten wird, alleine in der Zuständigkeit der obersten Dienstbehörde. Die untergeordnete Behörde kann keine Sperrung endgültig bewirken oder Vertraulichkeit garantieren.

16 **III. Rechtmäßigkeitskontrolle.** Das Tatgericht hat das Recht und die Pflicht dazu, die Rechtmäßigkeit der Sperrerklärung auf das **Vorliegen einer ausreichenden Begründung** zu überprüfen (BGHSt 32, 115 [126]; BGHR StPO § 96 Sperrerklärung 1; KK/*Greven* § 96 Rn. 17; BeckOK-StPO/*Ritzert* § 96 Rn. 6; *Taschke* Die behördliche Zurückhaltung von Beweismitteln im Strafprozess, 1989, S. 266 ff.), was aber angesichts der Geheimhaltung auch von Details der Sperrungsgründe rasch an Grenzen stößt (*H.E. Müller* Behördliche Geheimhaltung und Entlastungsvorbringen des Angeklagten, 1992, S. 43 ff.) und eine Abfolge von gerichtlicher Gegenvorstellung und ministerieller Reaktion erforderlich macht, um wenigstens daraus Schlüsse ziehen zu können. Gefordert wird aber die Darlegung von Gründen für die Herausgabeverweigerung, die zumindest so einleuchtend sind, dass das Gericht die Wertung unter Berücksichtigung rechtsstaatlicher Belange noch als triftig anerkennen kann (BVerwGE 75, 1 [9]). Fehlt es daran, so muss das Gericht remonstrieren (BGHSt 32, 115 [126]). Tatsächlich findet meist nur eine grobe Plausibilitätskontrolle statt (krit. SK-StPO/*Wohlers* § 96 Rn. 34), weil auch die Sperrungsgründe nur insoweit anzugeben sind, als dies die Interessen des Bundes oder eines Landes nicht gefährdet (BVerwGE 75, 1 [11]), weshalb meist nur abstrakte Formeln verwendet werden. Vor der Verfassung haben **behördliche Eingriffe** in die strafgerichtliche Wahrheitserforschung nur dann Bestand, wenn die Einwirkungsmöglichkeiten **in einer nach rechtsstaatlichen Grundsätzen ausgerichteten Weise gehandhabt** werden und der Beweisstoff sowie die Aufklärungsmöglichkeiten nicht weiter eingeschränkt werden, als es unbedingt erforderlich erscheint. Hält sich die Behörde »im rechtsstaatlichen Rahmen«, dann soll die Wirkung ihrer Entschließung die Rechtsstaatlichkeit des Strafverfahrens nicht verletzen (BVerfGE 57, 250 [283]). Das erscheint aber in den Fällen der Informanten- oder V-Mann-Sperrung nach repressiv-polizeilichem Einsatz angreifbar, weil der Staat zwar im Vorverfahren zur Geheimhaltung in der Lage sein muss, aber spätestens nach dessen Abschluss die Karten vollständig auf den Tisch zu legen hat (§§ 163 Abs. 2, 199 Abs. 2 S. 1; *Taschke* a.a.O. S. 242 ff.). Die **Verletzung des Grundsatzes der Aktenwahrheit und Aktenvollständigkeit** durch Aussonderung von Informationen über den V-Mann-Einsatz im Vorverfahren verdirbt das Gesamtbild der Beweislage mehr es als die punktuellen Korrekturüberlegungen erahnen lassen. BVerfGE 63, 45 [59 ff.] hat den Grundsatz der Aktenwahrheit und Aktenvollständigkeit nahezu begründungsfrei im Hinblick auf das Gesamtsystem (zur Frage der polizeilichen Befugnis der Aktenseparierung *Taschke* a.a.O. S. 238) und ohne Gespür für die Bedeutung von Alternativhypothesen zur Verdachtsannahme hinsichtlich polizeilich ausgesonderter »Spurenakten« mit einem verfehlten Hinweis auf die **Rolle des Staatsanwalts** (BVerfGE 63, 45 [63 ff.]), der die polizeilich ausgesonderten Aktenteile selbst nicht kennt, aufgegeben. Das wirkt fatal. Ein Beweisgebäude ist schließlich nur nach einer **Gesamtwürdigung** aller erfassbaren Umstände aussagekräftig und es liefert nur dann eine im Rechtsstaat hinreichende **Richtigkeitsgewähr** für ein Strafurteil. Die Beschwichtigungsversuche, wonach kein generelles Misstrauen gegen »Polizeiprotokolle« angezeigt sei (BVerfGE 57, 250 [281]), passen nicht zum rechtstatsächlichen Befund (§ 136 Rdn. 6) und zu den Regelungsüberlegungen des historischen Gesetzgebers der Strafprozessordnung, wonach die originäre Beweiserhebung des Strafgerichts im Strengbeweisverfahren eine Gegenkorrektur gegen strukturelle Defizite der Verteidigungsmöglichkeiten im Vorverfahren darstellen soll, ferner nicht zum Umfang der Geheimhaltung, der auch das für die Beweiswürdigung besonders wichtige Aussagemotiv (vgl. *Soiné* NStZ 2013, 83 [84]) und die Art der

Verbindung des gesperrten Zeugen mit der Polizei verheimlicht. Die Beweismittelersetzung durch Einführung partiell gesperrten Behördenwissens mit Sekundärbeweisen in die Hauptverhandlung ist deshalb ungenügend und kann strukturell nicht durch Methoden der Beweiswürdigung kompensiert werden, weil danach ein zentrales Element der Würdigung hinsichtlich des Aussagemotivs fehlt. Darüber geht die Rechtsprechung, die nicht mehr dem Grundsatz der Aktenwahrheit und Aktenvollständigkeit folgt, aber dennoch an die Wahrheit unvollständiger Aktenbefunde glauben will, hinweg.

Als beanstandungswürdig gelten Sperrerklärungen, die **willkürlich, offensichtlich rechtsfehlerhaft oder ohne Begründung** abgegeben werden (BVerfGE 57, 250 [290]; BVerfG Beschl. v. 29.03.2007 – 2 BvR 197/07). Auch eine nur formelhafte Begründung reicht nicht aus (BGHR StPO § 96 Sperrerklärung 1). Unwirksame Sperrerklärungen führen dazu, dass Zwangsmittel aus §§ 94, 95 Abs. 2 zulässig bleiben. Die oberste Dienstbehörde darf nicht schon die von der Unterbehörde wahrzunehmende Aufgabe als hinreichende Legitimation für die Sperrung von Informationen ansehen (BVerfGE 57, 250 [284]; BGHSt 32, 115 [124]; BVerwGE 75, 1 [10]; BVerwG Buchholz 310 § 99 VwGO Nr. 54), denn sie greift schließlich als Exekutive in den Gang des gerichtlichen Strafverfahrens ein, das nach Art. 92 GG der Rechtsprechung vorbehalten bleiben soll (BGHSt 38, 237 [246]). Ob diese Missachtung des Gewaltenteilungsprinzips zulässig sein kann, wäre weiter diskussionswürdig, nachdem die Grundsatzdiskussion bisher nur rudimentär geführt worden ist. Die Exekutive hat aber auch vom Standpunkt der Rechtsprechung aus jedenfalls die durch eine Sperrung **zu schützenden Interessen** der Allgemeinheit oder einer gesperrten Auskunftsperson gegen das Interesse an der möglichst vollständigen Wahrheitserforschung im Hinblick auf die Schwere des Tatvorwurfs und die drohenden Nachteile für die Verteidigung **abzuwägen** (BVerwG Buchholz 310 § 99 VwGO Nr. 54) und ihre Entscheidung nachprüfbar zu begründen (BGHSt 32, 32 [36]). Dabei sind die Beweisbedeutung der gesperrten Informationen, das Gewicht des Tatvorwurfs, die Auswirkungen der behördlichen Verweigerung der Beweismittelfreigabe auf die Verteidigung sowie Art und Umfang der durch die Freigabe drohenden Nachteile zu berücksichtigen (BVerfGE 57, 250 [285]). Die Begründung der Entscheidung der obersten Dienstbehörde muss die Prüfung erkennen lassen, warum weniger in Verteidigungsrechte eingreifende Maßnahmen, wie etwa eine audiovisuelle Vernehmung unter Verfremdung der Erscheinungsbildes oder der Stimme der gesperrten Person, nicht in Betracht kommen (BGH StV 2004, 577 f.). Stehen die durch die vorliegende Vorschrift geschützten Geheimhaltungsinteressen einer substantiierten Begründung entgegen, so sind jedenfalls die Gründe hierfür zu benennen. Die Begründung soll es dem Strafgericht danach immer noch ermöglichen, die Sperrerklärung auf ihre Rechtmäßigkeit zu überprüfen; eine Zweckmäßigkeitskontrolle findet dagegen nicht statt und die sachliche Richtigkeit der Ermessensausübung wird nicht nachgeprüft. Das Ganze bleibt aber immer stark an der Oberfläche.

IV. Rechtsfolgen. Die StPO regelt nicht die Rechtsfolgen der behördlichen Sperrung von Beweisen nach §§ 54, 96. Daher sind diese Rechtsfolgen aus allgemeinen Grundsätzen abzuleiten.

1. Der sachnächste Beweis. Eine rechtsfehlerfreie Sperrerklärung ist für das Gericht **bindend** (BGHSt 33, 178 [179 f.]; 38, 237 [245]; LR/*Menges* § 96 Rn. 82; BeckOK-StPO/*Ritzert* § 96 Rn. 7), wodurch nicht nur die Verfahrensbeteiligten in ihrem Anspruch auf rechtliches Gehör und Fairness des Gesamtverfahrens betroffen sind, sondern auch die Unabhängigkeit der Richter bei der Wahrheitsfindung ohne besondere Legitimation eine Einbuße erleidet (*H.E. Müller* Behördliche Geheimhaltung und Entlastungsvorbringen des Angeklagten, 1992, S. 15). Bindungswirkung gilt aber auch für eine **Begrenzung der Freigabe** von Informationen oder schutzbedürftigen Zeugen (BGHSt 32, 115 [126]), etwa nur für eine anonymisierte audiovisuelle Vernehmung. Die Herausgabepflicht in Bezug auf Schriftstücke im Behördengewahrsam, die als Beweismittel in Frage kommen, entfällt nach § 96 S. 1. Zwangsmaßnahmen gemäß § 95 Abs. 2 S. 1 oder eine Aktenbeschlagnahme werden durch die bindende Sperrerklärung unzulässig. Eine Auskunftspflicht entfällt. Der gesuchte Beweisgegenstand wird für das Gericht meist praktisch unerreichbar (BVerfGE 57, 250 [282]). Jedoch bleibt das Gericht trotz bindender Sperrerklärung dazu verpflichtet, weiterhin mögliche Beweiserhebungen durchzuführen.

Das Gericht hat alle noch verfügbaren Maßnahmen zu ergreifen, um die gesperrten Akten oder Informationen zu erlangen und gesperrte Zeugen gleichwohl als sachnächste personale Beweismittel zu erreichen (BVerfGE 57, 250 [285 ff.]; BGHSt 17, 382 [384]; 29, 109 [112]; 36, 159 [161]; BGHR StPO § 96 Informant 5). Erfährt das Gericht **aus anderen Quellen** von der Identität eines gesperrten

§ 96 StPO   Amtlich verwahrte Schriftstücke

Tatzeugen, so ist dessen Vernehmung regelmäßig nach den Maßstäben der Aufklärungspflicht geboten und der Zeuge nicht unerreichbar im Sinne der §§ 244 Abs. 3 S. 2, 251 (BGHR StPO § 96 Informant 5). Eine rechtsfehlerfreie Sperrerklärung begründet jenseits eines Beschlagnahmeverbots und eines Verbots für die Anwendung von Zwangsmitteln nach §§ 95 Abs. 2 S. 1, 70 nach der Rechtsprechung **kein Beweisverwertungsverbot** für den sachnäheren und den sachferneren Beweis (KK/*Greven* § 96 Rn. 22), damit auch nicht für ein Zeugnis vom Hörensagen anstelle der Vernehmung des behördlich gesperrten unmittelbaren Zeugen (BVerfGE 57, 250 [277]; BGHSt 17, 382 [383]; 29, 109 [111 f.]; 32, 115 [122]; 33, 83 [88 f.]; 36, 159 [163]; a. A. SK-StPO/*Wohlers* § 96 Rn. 53). Ein Beweisantrag der Verteidigung oder eines Nebenklägers ist auch nicht schon deshalb unzulässig im Sinne von § 244 Abs. 3 S. 1, weil damit die Vernehmung einer Person beantragt wird, die mit dem gesperrten Zeugen identisch sein mag. Jedoch hat das Strafgericht autonom zu prüfen, ob von der Vernehmung des Zeugen aus anderen Gründen abzusehen ist oder aufgrund einer **staatlichen Schutzpflicht** (BVerfGE 57, 250 [284 f.]) innerprozessuale Maßnahmen zum Schutz vor Identifizierung durch Dritte und Gefahren für Leib und Leben zu treffen sind.

21   Rechtliche terra incognita liefert der in Literatur und Rechtsprechung kaum beachtete § 96 S. 2 der Ziff. I.3.2 in Anl. D zu den RiStBV: »Informanten dürfen nur in Anspruch genommen, V-Personen nur eingesetzt werden, wenn die Aufklärung sonst aussichtslos oder wesentlich erschwert wäre. Werden sie in Anspruch genommen bzw. eingesetzt, so ist Ziel der weiteren Ermittlungen das Beschaffen von Beweismitteln, die den strafprozessualen Erfordernissen der Unmittelbarkeit der Beweisaufnahme entsprechen und einen Rückgriff auf diese Personen erübrigen.« Damit wird die **tatnächste Person** durch systematische Suche nach Sekundärbeweisen **gezielt als Beweismittel aus dem Verfahren eliminiert**. »Die Zusage der Vertraulichkeit/Geheimhaltung umfasst neben den Personalien auch die Verbindung zu den Strafverfolgungsbehörden sowie alle Umstände, aus denen Rückschlüsse auf die Eigenschaft als Informant/V-Person gezogen werden könnten« (Ziff. I.5.5 Anl. D zu den RiStBV). Dadurch entfällt für die Verteidigung und das Strafgericht meist die Möglichkeit zum Nachweis, dass gegebenenfalls eine dem Staat zuzurechnende Tatprovokation oder »Selbstbelastungsprovokation« (*Wolter* ZIS 2012, 238 ff.) vorgelegen hat. Der heimliche Eingriff in die Privatsphäre durch informelle Ausforschung einer Zielperson unter V-Mann-Einsatz bei faktischem Ausschluss des Rechtswegs führt dazu, dass über das Recht des Einzelnen kurzerhand von Obrigkeits wegen verfügt und der Betroffene zum bloßen Objekt staatlicher Gewalt gemacht wird (*Geller/von Schlabrendorff/Rupp* in BVerfGE 30, 33 [42]). Diese Verletzung von Art. 1 Abs. 1 und Art. 20 Abs. 3 GG darf eigentlich nicht folgenlos bleiben, da auch die Staatsraison kein vorrangiger Wert ist, der die Kernbereichsverletzung im Sinne einer Grundrechtskollision aufwiegen könnte.

22   **2. Sachfernere Beweismittel.** Die Aufklärungspflicht gebietet im Übrigen meist zumindest die **Vernehmung von Führungsbeamten** der gesperrten V-Leute (BGHSt 33, 178 [181]; 36, 159 [160 f.]; *Paulus* Überprüfung der V-Mann-Sperrung durch einen neutralen Strafrichter? 1988, S. 24 ff.). Das Gericht muss beim Rückgriff auf Zeugen vom Hörensagen wegen der Sperrung des primären Beweismittels die Beschränkung der Verteidigungsmöglichkeiten des Angeklagten durch die Exekutive und den **reduzierten Beweiswert** der mittelbaren Beweisführung bei der Beweiswürdigung berücksichtigen (BGHSt 33, 178 [181]; *Joachim* StV 1992, 245). Das heißt aber aus der Sicht der Rechtsprechung noch nicht, dass eine entlastende Beweisbehauptung der Verteidigung prinzipiell als wahr zu unterstellen wäre, sofern dafür jedenfalls sonst keine konkreten Anhaltspunkte bestehen (BGHSt 49, 112 [122 f.]; LR/*Menges* § 96 Rn. 97). Allerdings sind die belastenden mittelbaren Beweise nach der Judikatur besonders **vorsichtig zu würdigen** (BVerfG StV 2010, 337 [338]; BGHSt 36, 159 [166]; 46, 93 [104 ff.]; KK/*Greven* § 96 Rn. 14; BeckOK-StPO/*Ritzert* § 96 Rn. 7b, 7c). Was diese Floskel praktisch bewirkt, ist indes nicht verifizierbar. Besondere Vorsicht ist für Strafrichter stets geboten. Es bleibt nur eine im Grunde gegen die Freiheit der Beweiswürdigung nach § 261 verstoßende, aber durch die fremd anmutende Rechtsprechung des EGMR zur Fairness des Verfahrens im Ganzen entwickelte **Beweisregel** zu beachten, dass Schuldfeststellungen auf Erkenntnisse, die durch **Zeugnis vom Hörensagen** erlangt wurden, nur dann in tragfähiger Weise gestützt werden können, wenn sie **durch andere gewichtige Indizien bestätigt** werden (BVerfGE 57, 250 [292]; BVerfG NJW 2001, 2245 [2246]; 2010, 925 [926]; BGHSt 17, 382 [386]; 33, 83 [88]; 46, 93 [106]; BGH NJW 2000, 1661; *Safferling* StV 2010, 339 [341]).

456   *Eschelbach*

Kann das Gericht unbeschadet der Sperrerklärung aufgrund behördenexterner Hilfsmittel auf das sachnächste Beweismittel zugreifen, so gebietet in der Regel die Aufklärungspflicht, dass dieser Beweis beschafft und genutzt wird (BGHSt 39, 141 [144 f.]). Selbst eine rechtmäßige behördliche Sperrung führt schließlich nicht zu einem Beweisverwertungsverbot (BGHSt 39, 141 [144]; BGH StV 2003, 316), sondern meist nur zur faktischen Unerreichbarkeit des Beweismittels. Erst wenn die Herbeischaffung des sachnächsten Beweises nicht gelingt, ist auf Sekundärbeweismittel zurückzugreifen (BGHSt 32, 115 [123]; 49, 112 [119]). Dabei gilt der Vorrang des Personalbeweises vor dem Urkundsbeweis aus § 250. Wird das Wissen einer gesperrten V-Person oder eines Informanten deshalb durch **Zeugnis vom Hörensagen** in die Hauptverhandlung eingeführt, so hat das Gericht der Verteidigung auch zu ermöglichen, **schriftlich formulierte Fragen** an den unmittelbaren Zeugen weiterzuleiten (BGH StV 1993, 171 f.). Problematisch bleibt jedoch, ob das Tatgericht im Fall der behördlichen Sperrung eines V-Manns oder Informanten potentiell entlastende Umstände, welche der Angeklagte als Auskunftsperson substanziiert behauptet, als **wahr unterstellen** kann oder muss, wenn der Gegenbeweis wegen der Sperrung des Zeugen nicht geführt werden kann. Das wird zwar von der Rechtsprechung prinzipiell verneint (BGHSt 49, 112 [122]; LR/*Menges* § 96 Rn. 97). Es ist aber jedenfalls dann, wenn das Verteidigungsvorbringen als eigenes Tatsachenwissen des Angeklagten, der auch eine Auskunftsperson ist, dargestellt wird, dieses Vorbringen durch seinen Inhalt plausibel erscheint und durch das sonstige Beweisbild nicht per se widerlegt wird, erwägenswert (LG Berlin StV 1986, 96 f.; *H.E. Müller* Behördliche Geheimhaltung und Entlastungsvorbringen, 1992, S. 67 ff.). Schließlich ist das Aussagemotiv des gesperrten Belastungszeugen zumindest ebenso dubios (*Soiné* NStZ 2013, 83 [84]), wie das Motiv des Beschuldigten sich zu entlasten. 23

3. Beweiswürdigungslösung zur Kompensation von Defiziten. Die von der Rechtsprechung als Kompensationsmittel für das Beweisdefizit geforderte **besonders vorsichtige Beweiswürdigung** der Sekundärbeweise (BGHSt 49, 112 [119] mit Anm. *Gaede* StraFo 2004, 195 ff.; *Mosbacher* JR 2004, 523 ff.) unter **Beachtung des Zweifelssatzes** bei »in aller Schärfe gehandhabtem« Grundsatz der freien Beweiswürdigung (BVerfGE 57, 250 [293]) genügt angeblich den verfassungsrechtlichen Anforderungen an die **Fairness des Verfahrens** (BVerfGE 57, 250 [292 f.]; BGHSt 49, 112 [121]). Zu berücksichtigen sei zum einen, dass der Sekundärbeweis kein minderer Qualität besitzt, zum anderen, dass es die Exekutive ist, die einen Zugriff auf das sachnähere Beweismittel hindert (Rdn. 3). Bei dem Postulat der besonders sorgfältigen Beweiswürdigung handelt es sich aber um eine »Beschwichtigungsformel« (*Fezer* JZ 1985, 496 [497]; SK-StPO/*Wohlers* § 96 Rn. 45), weil sich hinter der Zeugensperrung eine Wissenslücke, nicht zuletzt zum (Falsch-) Aussagemotiv von V-Leuten (vgl. *Eschelbach* StV 2000, 390 [391]; *Weider* StV 2000, 48), verbirgt, die von Fall zu Fall auch bei besonderer Vorsicht bei der Betrachtung ihrer Ränder kaum zu schließen ist. Eine besonders vorsichtige Beweiswürdigung ist schließlich aufgrund der tatrichterlichen Verantwortung für ein richtiges Urteil in allen Fällen und bei jeder Beweislage zu postulieren. Den Grundsatz der Freiheit der Beweiswürdigung in aller Schärfe zu handhaben ist ein Widerspruch in sich. Der Zweifelssatz schließlich richtet sich an den einzelnen Richter, nicht an den Spruchkörper. Niemand aber kann dem individuellen Richter vorschreiben, wann er zu zweifeln hat. Alle Richter haben unterschiedliche Maßstäbe dafür, wann sie ein Beweisbild für hinreichend wahrscheinlich halten, um subjektive Zweifel zu überwinden (*H.E. Müller* Behördliche Geheimhaltung und Entlastungsvorbringen des Angeklagten, 1992, S. 19). Daher ist auch ein an das Gericht im Ganzen adressiertes Gebot strikter Beachtung des dubio-Grundsatzes eine Fehlkonstruktion (LR/*Menges* § 96 Rn. 71a). Die generalisierende Annahme, dass die Umsetzung von Geheimhaltungsinteressen der Exekutive im Strafverfahren in dubio pro reo »wirken« (BVerfGE 101, 106 [130]), wäre falsch. Sie können dies im Einzelfall tun, wenn zumindest eine Sperrminorität der Richter des zuständigen Quorums tatsächlich subjektiv zweifelt; rechtlich dazu verpflichtet sind die Richter aber nicht. Ob, wann und warum sie es tun, bleibt im Dunkel des Beratungsgeheimnisses verborgen. Sachgerechter wäre es vor diesem Hintergrund, zur Beweiswürdigungskompensation des Defizits, wenn man eine solche Lösung überhaupt bevorzugt, nach schweizerischem Modell in den Angaben des anonymen Zeugen ein Ergänzungsindiz zu sehen, das allenfalls zur **Abrundung eines mit anderen Beweisen geschaffenen Beweisbildes** dient, sonst aber eine Verurteilung nicht zu tragen vermag, wenn es allein oder jedenfalls im Zentrum des Beweisbildes steht (SK-StPO/*Wohlers* § 96 Rn. 51). 24

25 Ein Beweisverwertungsverbot in Bezug auf die Zeugen vom Hörensagen oder anderen Sekundärbeweise soll »in der Regel« nicht bestehen, weil zwar die Zeugen vom Hörensagen strukturell ein schlechterer Beweis sind als die primären Auskunftspersonen, wohl aber doch ein auch nach den §§ 250, 251 zulässiger Beweis. Bei dieser Betrachtung wird darüber hinweggegangen, dass die Sperrung von Beweismitteln durch die Ermittlungsbehörden selbst aufgrund einer Analogie zu der vorliegenden Vorschrift mit dem im Eingriffsrecht strikt zu handhabenden **Prinzip vom Vorrang und vom Vorbehalt** des Gesetzes unvereinbar ist. Die Rechtsprechung der deutschen Strafgerichte bewegt sich mit ihren Detailforderungen immerhin annähernd auf einer Ebene mit der kasuistischen Rechtsprechung des EGMR zu den gesamteuropäischen Mindestanforderungen nach Art. 6 Abs. 3 lit. d EMRK (vgl. EGMR StV 1997, 617 [619] mit Anm. *Wattenberg/Violet*; JR 2006, 289 [292] mit Anm. *Gaede*; EGMR StraFo 2007, 107; *Gaede* StV 2006, 599 ff.). Hat der Angeklagte nicht zumindest einmal im Laufe des Verfahrens die Möglichkeit, den »gesperrten« Zeugen selbst oder durch seinen Verteidiger unmittelbar zu befragen, so ist dies auch nach der am **Konfrontationsrecht** ausgerichteten Rechtsprechung (vgl. *Gaede* Fairness als Teilhabe, 2007, S. 278 ff. m.w.N.) nicht durch ein Verwertungsverbot für den Sekundärbeweis, sondern durch vorsichtige Beweiswürdigung zu kompensieren.

26 Ein Verfahrenshindernis entsteht **im Fall der behördlichen Beweismittelsperrung** nach der Rechtsprechung jedenfalls im Allgemeinen nicht, solange das Postulat der besonders vorsichtigen Beweiswürdigung und der Ansicherung notorisch unzuverlässiger Sekundärbeweise durch Zusatzindizien zur Sicherung der Fairness des Verfahrens im Ganzen ausreicht (BGHSt 49, 112 [127]).

27 **4. Beweisverwertungsverbot für Sekundärbeweismittel bei unwirksamer Sperrung des sachnäheren Beweismittels.** Willkürliche Sperrerklärungen gelten als unbeachtlich (BGHSt 36, 159 [163]; KK/*Greven* § 96 Rn. 28). Eine **offensichtlich rechtsfehlerhafte Sperrerklärung** ist **nichtig** (§ 44 VwVfG), weshalb der Beweisgegenstand ohne Rücksicht auf diese Erklärung herauszugeben ist (BGHSt 38, 237 [245]) oder beschlagnahmt werden kann. Wird eine Beweismittelsperrung willkürlich oder missbräuchlich vorgenommen, dann greift ein Beweisverwertungsverbot für Sekundärbeweismittel ein (BGHSt 29, 109 [112]; *Eisenberg* Beweisrecht der StPO, Rn. 1046). Ein zur Unwirksamkeit führender Mangel wird angenommen, wenn die Begründung ganz fehlt oder sich in formelhaften Wendungen erschöpft, die Begründung auf einer offensichtlich unrichtigen Tatsachengrundlage oder einer evident falschen Rechtsauffassung beruht oder die Begründung nicht vertretbar ist. Liegt ein solcher Mangel vor, dann ist das Strafgericht, das den fehlerhaft gesperrten Beweis immer noch nicht kennt, aufgrund seiner Aufklärungspflicht zumindest zur **Erhebung einer Gegenvorstellung** verpflichtet (BGHSt 33, 178 [180]; 36, 159 [161]; BGH StV 1989, 284 f.; LR/*Menges* § 96 Rn. 79), sofern diese nicht von vornherein als aussichtslos gelten muss (BGHSt 36, 159 [162]; 41, 36 [41]).

28 Eine erst **nach Herausgabe der Schriftstücke** abgegebene Sperrerklärung geht ins Leere (*Taschke* Die behördliche Zurückhaltung von Beweismitteln im Strafprozess, 1989, S. 251 ff.), soweit nicht die Strafverfolgungsorgane der obersten Dienstbehörde die Gelegenheit zur Entscheidung durch vorschnelles Ergreifen von Zwangsmaßnahmen abgeschnitten haben. Dann kann die vorliegende Vorschrift eine »Vorwirkung« entfalten, die auf ein vorläufiges Auswertungsverbot bis zur Entscheidung der obersten Dienstbehörde hinausläuft (*K. Baumann* Die Systematik der Regelungen über die beweissichernde Sicherstellung im Strafverfahren [§§ 94–98 StPO], 2010, S. 72 f.). Die Unbeachtlichkeit einer verspäteten Sperrerklärung ergibt sich sonst aus dem Wortlaut der Norm, wonach bei vorheriger Äußerung einer Sperrerklärung eine »Vorlegung oder Auslieferung« von Akten oder sonstigen Schriftstücken nicht mehr gefordert werden kann. Die bereits erfolgte Vorlegung oder Auslieferung bleibt von der nachträglichen Sperrerklärung unberührt. Nach Eingang der Schriftstücke bei dem Strafgericht erstreckt sich dessen Aufklärungspflicht für das Strengbeweisverfahren der Hauptverhandlung auch auf deren Inhalt. Ergeben sich aus den Schriftstücken **Anhaltspunkte für ergänzende Beweiserhebungen**, so sind diese durchzuführen. Eine nach Anl. D zu den RiStBV den Polizeibehörden empfohlene Nutzung der Informationen durch V-Leute oder Informanten, denen **Vertraulichkeit zugesagt** wurde (zur richterrechtlichen Annahme der Zulässigkeit BGHSt 33, 83 [91]), mit dem Ziel andere Beweismittel zu finden, die eine Vernehmung der V-Leute oder Informanten als Zeugen entbehrlich machen (Ziff. I.3.2 S. 2 Anl. D zu den RiStBV; Rn. 20), ist jedenfalls für das Gericht unzulässig. Die einmal aufgedeckten »Quellen« dürfen nicht mehr nachträglich verborgen oder getrübt werden.

V. Rechtsschutzmittel für Verfahrensbeteiligte während des laufenden Strafverfahrens. Die 29
Sperrerklärung der obersten Dienstbehörde unterliegt unbeschadet des Gewaltenteilungsprinzips prinzipiell einer gerichtlichen Nachprüfung (BGHSt 38, 237 [244]). Nur **der Angeklagte** (*Paulus* Überprüfung der V-Mann-Sperrung durch einen neutralen Strafrichter? 1988, S. 30 ff.; *Taschke* Die behördliche Zurückhaltung von Beweismitteln im Strafprozess, 1989, S. 293 ff.) **oder ein Nebenkläger**, nicht aber die Staatsanwaltschaft in einem »in-sich-Prozess« (*Taschke* a.a.O. S. 290 f.; a. A. *Ellbogen* NStZ 2997, 310 [312 f.]; SK-StPO/*Wohlers* § 96 Rn. 54) oder gar das mit der Sache befasste Strafgericht (BGHSt 32, 115 [126]; *Taschke* a.a.O. S. 270 ff.), **kann die Sperrerklärung förmlich anfechten**; denn ein (Straf-) Gericht kann nicht bei einem anderem um Rechtsschutz nachsuchen. Auch diese einseitige Möglichkeit nur der Verfahrensbeteiligten, verwaltungsgerichtliche Kontrolle zu erlangen, deutet allerdings auf eine rechtliche Fehlkonstruktion hin, weil dem Strafgericht partiell die Verfahrensherrschaft über behördlich gesperrte Beweise entzogen wird. Für das gegen die Sperrerklärung gerichtete Rechtsschutzbegehren des Angeklagten ist nach der – hinsichtlich der Ressortzuständigkeit des Innenministers auf eine falsche Bahn geratenen, dort aber folgerichtig weiter denkenden – Rechtsprechung der **Verwaltungsrechtsweg** eröffnet (BGHSt 44, 107 [117]; BVerwG DVBl. 2006, 851 ff.; KK/*Greven* § 96 Rn. 34; LR/*Menges* § 96 Rn. 107; zum Eilverfahren nach § 123 VwGO OVG Münster Beschl. v. 19.11.2014 – S 8 1276/14). Diesen muss der Angeklagte im Übrigen zur Rechtswegerschöpfung im Sinne von § 90 Abs. 2 S. 1 BVerfGG beschreiten, wenn er die Sperrerklärung für sich genommen mit der Verfassungsbeschwerde angreifen will (BVerfG Beschl. v. 29.03.2007 – 2 BvR 197/07). Das Strafgericht kann die Hauptverhandlung aussetzen, wenn der Angeklagte die Sperrerklärung im Verwaltungsprozess angreift (*Paulus* a.a.O. S. 48 ff.; *Taschke* a.a.O. S. 301 ff.; SK-StPO/*Wohlers* § 96 Rn. 58). Dies ist aber jedenfalls dann nicht angezeigt, wenn das Strafgericht der Klage keine ernsthaften Erfolgsaussichten beimisst (BGH StraFo 2007, 25 f.). Auch wenn es nicht um die Totalsperrung eines wesentlichen Beweismittels geht, bedarf es nicht der Aussetzung (BGHR StPO § 96 Sperrerklärung 6). Sperrerklärungen **gelten nicht als Justizverwaltungsakte** im Sinne der §§ 23 ff. EGGVG (BGHSt 45, 30
321 [113 ff.]). Ob im Fall einer Anfechtung der Sperrerklärung, gegebenenfalls unter Vorschaltung eines verwaltungsgerichtlichen Eilverfahrens, ein Anspruch auf **Aussetzung des Strafverfahrens** besteht, wird angeblich nach den Maßstäben der Aufklärungspflicht beurteilt. Bei einer aussichtslos erscheinenden Klage soll keine Aussetzung geboten sein. Nach diesem Maßstab wird aber das Strafgericht dazu gezwungen, auch die Erfolgsaussichten des verwaltungsgerichtlichen Rechtsbehelfs zu prüfen. Dieses neuerliche Paradoxon verdeutlicht wieder die Fehlkonstruktion des Komplexes durch Richterrecht.

Im Rahmen der verwaltungsgerichtlichen Klage gegen eine Sperrerklärung unterliegen die Auslegung 31
der Vorschrift, insbesondere auch der verwendeten unbestimmten Rechtsbegriffe, und der zugrunde liegenden Tatsachen der gerichtlichen Nachprüfung in tatsächlicher und rechtlicher Hinsicht. Soweit in Bezug auf die Abwägung der betroffenen Interessen ein Ermessen der Behörde besteht, das nicht gerade im Einzelfall auf Null reduziert ist, kann die Entscheidung der obersten Dienstbehörde vom Verwaltungsgericht nur im Sinne von § 114 VwGO überprüft werden (VG Berlin Urt. v. 30.01.2014 – 33 K 394/13).

Im verwaltungsgerichtlichen Verfahren ist auf Antrag eines Beteiligten ein »**in camera**-Verfahren« nach 32
§ 99 Abs 2 VwGO vorgesehen (BVerfGE 101, 106 [127 ff.]; BVerwG DVBl. 2006, 851 [852 f.]; OVG Lüneburg NJW 2012, 2372 [2374 f.]), obwohl damit dem Angeklagten des Strafverfahrens, der wegen Entmündigung der Staatsanwaltschaft und des Strafgerichts durch das Innenressort auf den Nebenkriegsschauplatz verwiesen wird, das rechtliche Gehör verwehrt wird. Das Verwaltungsgericht ist trotz der Bedeutung der Sperrerklärung und ihrer Anfechtung für das Strafverfahren auch nicht dem Zweifelssatz verpflichtet, der für das Strafgericht beachtlich wäre. Das sind Mangelfolgeschäden der rechtlichen Fehlkonstruktion.

F. Revision. Kommt das Gericht seiner Aufklärungspflicht nicht nach, weil es das sachnähere Beweismittel trotz Erreichbarkeit nicht nutzt, so kann dadurch § 244 Abs. 2 verletzt sein (BGHSt 32, 115 33
[123]; BGHR StPO § 96 Informant 2). Hat das Gericht es versäumt, auf die Vorlage von Beweisurkunden aus dem Gewahrsam der Behörde hinzuwirken oder die Identität eines ohne Sperrerklärung der obersten Dienstbehörde geheim gehaltenen Zeugen in Erfahrung zu bringen (BGHR StPO § 244 Abs. 2 Informant 1), so kann dies folglich im Einzelfall eine **Aufklärungsrüge** begründen. Ihr steht

aber meist die Rechtsprechung der Revisionsgerichte entgegen, nach welcher der Beschwerdeführer angeblich gemäß § 344 Abs. 2 S. 2 auch Angaben zum Aussagegehalt des gesperrten Beweismittels machen muss, die er aber aus Unkenntnis gar nicht machen kann. Dieses weitere Paradoxon schützt flankierend das Tabu. Effektiver gerichtlicher Rechtsschutz gegen eventuelle Falschbelastungen findet dann im Ergebnis nicht statt. Die verfassungsgerichtliche Rechtsprechung hat sich darum bisher mit der angreifbaren These, es gebe keinen Anspruch auf »Rechtsschutz gegen den Richter« aus Art. 19 Abs. 4 GG herumgewunden.

34 Wird **trotz bindender Sperrerklärung** unter Verletzung von Beschlagnahmeverboten ein **Beweismittel beschafft** und verwendet, so kann dies die Revision nicht begründen, weil das Strafgericht nur die Sphäre der betroffenen Behörde beeinträchtigt hat, aber seiner **Aufklärungspflicht gefolgt** ist (BGHSt 39, 141 [144]). Je nach Beweislage gebietet es die Aufklärungspflicht, Verhörspersonen über die Angaben des gesperrten Zeugen zu vernehmen; nur im Ausnahmefall kann darauf verzichtet werden, wenn daraus kein hinreichender Erkenntnisgewinn zu erwarten ist (BGHSt 36, 159 [165]).

35 Nur die wirksame Sperrerklärung macht das Beweismittel in der Regel unerreichbar im Sinne von § 244 Abs. 3 S. 2 (BGHSt 32, 115 [126]) und § 251 Abs. 2 (BGHSt 33, 70 [75]; a. A. *Taschke* Die behördliche Zurückhaltung von Beweismitteln im Strafprozess, 1989, S. 307 ff.). Wird ein Beweisantrag aber wegen **Unerreichbarkeit des Beweismittels** abgelehnt, obwohl die Sperrerklärung offensichtlich fehlerhaft war, so kann im Einzelfall eine Verletzung des Beweisantragsrechts gerügt werden. Auch wenn andere Möglichkeiten zur Ermittlung eines gesperrten Zeugen bestehen, ist dieser nicht unerreichbar (BGHR StPO § 96 Informant 5). Eine Vertraulichkeitszusage der Behörde ohne Sperrerklärung der obersten Dienstbehörde bindet ohnehin nur die Behörde, hindert aber die gerichtliche Sachaufklärung nicht (BGH StV 2001, 214; 2012, 5).

36 Ist das Tatgericht den besonderen **Anforderungen an die Beweiswürdigung** bei Verwendung von Sekundärbeweisen (BGHSt 17, 382 [385 f.]; 36, 159 [166]; 49, 112 [119 ff.]) nicht nachgekommen, so kann dies im Prinzip mit der Sachrüge geltend gemacht werden (LR/*Menges* § 96 Rn. 117). Diese dringt aber praktisch meist nur dann durch, wenn ausschließlich ein Zeugnis vom Hörensagen zur Verurteilungsgrundlage gemacht wurde, ohne dass Zusatzindizien vorliegen, die das Beweisdefizit kompensieren.

§ 97 StPO Beschlagnahmeverbot.

(1) Der Beschlagnahme unterliegen nicht
1. schriftliche Mitteilungen zwischen dem Beschuldigten und den Personen, die nach § 52 oder § 53 Abs. 1 Satz 1 Nr. 1 bis 3b das Zeugnis verweigern dürfen;
2. Aufzeichnungen, welche die in § 53 Abs. 1 Satz 1 Nr. 1 bis 3b Genannten über die ihnen vom Beschuldigten anvertrauten Mitteilungen oder über andere Umstände gemacht haben, auf die sich das Zeugnisverweigerungsrecht erstreckt;
3. andere Gegenstände einschließlich der ärztlichen Untersuchungsbefunde, auf die sich das Zeugnisverweigerungsrecht der in § 53 Abs. 1 Satz 1 Nr. 1 bis 3b Genannten erstreckt.

(2) ¹Diese Beschränkungen gelten nur, wenn die Gegenstände im Gewahrsam der zur Verweigerung des Zeugnisses Berechtigten sind, es sei denn, es handelt sich um eine elektronische Gesundheitskarte im Sinne des § 291a des Fünften Buches Sozialgesetzbuch. ²Der Beschlagnahme unterliegen auch nicht Gegenstände, auf die sich das Zeugnisverweigerungsrecht der Ärzte, Zahnärzte, psychologischen Psychotherapeuten, Kinder- und Jugendlichenpsychotherapeuten, Apotheker und Hebammen erstreckt, wenn sie im Gewahrsam einer Krankenanstalt oder eines Dienstleisters, der für die Genannten personenbezogene Daten erhebt, verarbeitet oder nutzt, sind, sowie Gegenstände, auf die sich das Zeugnisverweigerungsrecht der in § 53 Abs. 1 Satz 1 Nr. 3a und 3b genannten Personen erstreckt, wenn sie im Gewahrsam der in dieser Vorschrift bezeichneten Beratungsstelle sind. ³Die Beschränkungen der Beschlagnahme gelten nicht, wenn bestimmte Tatsachen den Verdacht begründen, dass die zeugnisverweigerungsberechtigte Person an der Tat oder an einer Begünstigung, Strafvereitelung oder Hehlerei beteiligt ist, oder wenn es sich um Gegenstände handelt, die durch eine Straftat hervorgebracht oder zur Begehung einer Straftat gebraucht oder bestimmt sind oder die aus einer Straftat herrühren.

(3) Die Absätze 1 und 2 sind entsprechend anzuwenden, soweit die Hilfspersonen (§ 53a) der in § 53 Abs. 1 Satz 1 Nr. 1 bis 3b Genannten das Zeugnis verweigern dürfen.

(4) ¹Soweit das Zeugnisverweigerungsrecht der in § 53 Abs. 1 Satz 1 Nr. 4 genannten Personen reicht, ist die Beschlagnahme von Gegenständen unzulässig. ²Dieser Beschlagnahmeschutz erstreckt sich auch auf Gegenstände, die von den in § 53 Abs. 1 Satz 1 Nr. 4 genannten Personen ihren Hilfspersonen (§ 53a) anvertraut sind. ³Satz 1 gilt entsprechend, soweit die Hilfspersonen (§ 53a) der in § 53 Abs. 1 Satz 1 Nr. 4 genannten Personen das Zeugnis verweigern dürften.

(5) ¹Soweit das Zeugnisverweigerungsrecht der in § 53 Abs. 1 Satz 1 Nr. 5 genannten Personen reicht, ist die Beschlagnahme von Schriftstücken, Ton-, Bild- und Datenträgern, Abbildungen und anderen Darstellungen, die sich im Gewahrsam dieser Personen oder der Redaktion, des Verlages, der Druckerei oder der Rundfunkanstalt befinden, unzulässig. ²Absatz 2 Satz 3 und § 160a Abs. 4 Satz 2 gelten entsprechend, die Beteiligungsregelung in Absatz 2 Satz 3 jedoch nur dann, wenn die bestimmten Tatsachen einen dringenden Verdacht der Beteiligung begründen; die Beschlagnahme ist jedoch auch in diesen Fällen nur zulässig, wenn sie unter Berücksichtigung der Grundrechte aus Artikel 5 Abs. 1 Satz 2 des Grundgesetzes nicht außer Verhältnis zur Bedeutung der Sache steht und die Erforschung des Sachverhaltes oder die Ermittlung des Aufenthaltsortes des Täters auf andere Weise aussichtslos oder wesentlich erschwert wäre.

Übersicht	Rdn.			Rdn.
A. Beweiserhebungsverbote nach Verfassungsrecht und einfachem Recht	1		4. Notare, Steuerberater und Wirtschaftsprüfer	36
B. Allgemeine Voraussetzungen des Beschlagnahmeverbots	7		5. Ärzte und anderes Personal der Heilberatungsberufe	37
I. Verfahren gegen Beschuldigte, Verdächtige oder »gegen Unbekannt«	8		6. Drogenberater	39
II. Keine Beschuldigtenrolle des Geheimnisinhabers	16		7. Abgeordnete	40
			8. Medien- und Pressemitarbeiter	41
III. Gewahrsam des Geheimnisträgers an dem Beschlagnahmegegenstand	19	III.	Hilfspersonen der Berufsgeheimnisträger	42
IV. Ausnahmetatbestände	26	E.	Ausschluss oder Beendigung der Beschlagnahmefreiheit	43
C. Betroffene Beschlagnahmegegenstände	29	I.	Verdacht der Tatbeteiligung oder Begehung einer Nachtat gegen den Zeugnisverweigerungsberechtigten	44
D. Betroffene Zeugnisverweigerungsberechtigte	31			
I. Angehörige	31	II.	Beschlagnahmefähigkeit der instrumenta vel producta sceleris	49
II. Berufsgeheimnisträger	32			
1. Geistliche	33	III.	Aufhebung oder Beendigung des Beschlagnahmeverbots	50
2. Strafverteidiger	34	F.	Sicherstellung bei freiwilliger Herausgabe des Beweisgegenstands	54
3. Rechtsanwälte außerhalb eines Verteidigermandats	35	G.	Beweisverwertungsverbot	56
		H.	Revision	60

A. Beweiserhebungsverbote nach Verfassungsrecht und einfachem Recht.

Die Vorschrift setzt der förmlichen Beschlagnahme von Beweisgegenständen Grenzen. Die formlose **Sicherstellung** gewahrsamsloser Gegenstände oder solcher Sachbeweise, die vom Gewahrsamsinhaber freiwillig herausgegeben werden, greift dagegen prinzipiell nicht in Grundrechte ein, sodass ihr **regelmäßig kein** rechtliches **Verbot** entgegensteht. Eine Ausnahme hiervon kann nur dann eingreifen, wenn der Gegenstand, wie bei intimen **Tagebuchaufzeichnungen** eines Ehegatten des Beschuldigten (LG Saarbrücken StV 1988, 480 [481]) oder **Verteidigerkorrespondenz** (zur Bedeutung der Verteidigerkommunikation BVerfGE 129, 208 [263]), den absolut geschützten **Kernbereich der Persönlichkeitsentfaltung** betrifft. Dann ist er absolut unverwertbar, was gegebenenfalls die Vorwirkung entfaltet, dass auch die staatliche Gewahrsamsbeschaffung nicht erforderlich und deshalb unverhältnismäßig ist. 1

Die förmliche Beschlagnahme von Sachen als staatlicher Eingriff in fremden Gewahrsam ohne das Einverständnis des Betroffenen oder unmittelbar gegen dessen Willen ist durch Grundrechtsschranken erlaubt, wenn eine hinreichend bestimmte gesetzliche Eingriffsgestattung vorliegt, die grundsätzlich in den §§ 94, 98 zu finden ist, sofern deren Voraussetzungen im Einzelfall erfüllt sind und der Eingriff auch verhältnismäßig ist. Auch hier können sich zusätzlich aufgrund der **Vorwirkungen selbstständiger Beweisverwertungsverbote** von Verfassungs wegen ausnahmsweise rechtliche Hindernisse ergeben 2

§ 97 StPO Beschlagnahmeverbot

(BVerfGE 38, 103 [105]; BVerfG NStZ-RR 2004, 83; *Eisenberg* Beweisrecht der StPO, Rn. 2371; krit. SK-StPO/*Wohlers* § 97 Rn. 50), etwa wenn in unverhältnismäßiger Weise in die Rechtspositionen Dritter eingegriffen wird (BGHSt 43, 300 [303]), z.B. bei der Beschlagnahme von Krankenunterlagen eines Tatopfers (LG Fulda NJW 1990, 2946 [2947]; LG Hamburg StV 1989, 243 f.). Das ist einmal, ebenso wie bei der Sicherstellung, im Fall der Antastung des absolut geschützten Kernbereichs der Persönlichkeitsentfaltung anzunehmen. Weiterhin kommt es aber auch bei solchen selbstständigen Beweisverwertungsverboten infrage, die sich im Rahmen der Drei-Sphären-Theorie auf der zweiten Stufe als Resultat einer Abwägung der geschützten Grundrechtsposition mit dem staatlichen Interesse an der Beweismittelbeschaffung für Strafverfolgungszwecke ergeben. Ist danach das Beweismittel im Prozess nicht verwertbar, dann ist die Beschlagnahme wiederum nicht erforderlich und deshalb unverhältnismäßig.

3 Die vorliegende Vorschrift stellt darüber hinaus und zusätzlich zu § 96 auf der Ebene des einfachen Bundesrechts, das aber mit einem verfassungsrechtlichen Hintergrund versehen und so zu verstehen ist, Regeln über Beschlagnahmeverbote auf, die dem flankierenden **Schutz der Zeugnisverweigerungsrechte** nach §§ 52 bis 53a vor Umgehung dienen (*Eisenberg* Beweisrecht der StPO, Rn. 2342; KK/*Greven* § 97 Rn. 1; LR/*Menges* § 97 Rn. 2 f.; *Meyer-Goßner/Schmitt* § 97 Rn. 1; SK-StPO/*Wohlers* § 97 Rn. 1). Geht es bei der Beweisbeschaffung um Informationen, die der betroffene Zeuge aufgrund seines Aussageverweigerungsrechts nicht im Rahmen einer Vernehmung preisgeben muss, so sind auch schriftliche Aufzeichnungen hierüber in bestimmten Konstellationen nicht beschlagnahmefähig, weil sonst das Aussageverweigerungsrecht beeinträchtigt werden würde. Die vorliegende Vorschrift bezweckt also auch einen Schutz vor Umgehung der Zeugnisverweigerungsrechte durch den Zugriff auf Sachbeweise mit einem Inhalt, der auch Gegenstand einer Zeugenaussage des Betroffenen sein würde, wenn dieser vernommen werden würde.

4 Eine **Gegenausnahme** vom Beschlagnahmeverbot greift **bei Teilnahmeverdacht** oder dem Verdacht der Begehung eines Anschlussdelikts durch den Zeugen selbst ein, ferner **in Bezug auf Tatmittel oder Tatprodukte** (§ 97 Abs. 2 S. 3). Insoweit ist das Beschlagnahmeverbot ausgeschlossen, die Beschlagnahme also unter Beachtung der Eingriffsvoraussetzungen der §§ 94, 98 und des Verhältnismäßigkeitsgrundsatzes rechtmäßig.

5 § 160a ist gegenüber 97 **subsidiär** (§ 160a Abs. 5; *Jahn* ZIS 2012, 453 [459 f.]). Er kann aber mit seinem Wertungsgehalt hier auch die Auslegung beeinflussen (LG Mannheim NStZ 2012, 713 [717]; *Thum* HRRS 2012, 535 [536]).

6 Eine **analoge Anwendung** der gesetzlich vorgesehenen Beschlagnahmeverbote auf Fälle des Gewahrsams an Beweismitteln bei anderen Vertrauenspersonen des Beschuldigten als den Aussageverweigerungsberechtigten i.S.d. §§ 52, 53, 53a scheidet aus (*Meyer-Goßner/Schmitt* § 97 Rn. 2; SK-StPO/*Wohlers* § 97 Rn. 5; zur früheren Rechtslage vor Einführung des Beschlagnahmeschutzes von Suchtberatungsstellen LG Freiburg NStZ-RR 1999, 366).

7 **B. Allgemeine Voraussetzungen des Beschlagnahmeverbots.** Das Beschlagnahmeverbot knüpft an die **Zeugnisverweigerungsrechte** und an die diesbezügliche prozessuale **Rollenverteilung** an. Danach ist im Grundsatz davon auszugehen, dass der Angehörige, der Berufsgeheimnisträger oder dessen Hilfsperson die Prozessrolle eines Zeugen innehat, während der Mandant, Klient oder Patient in dem konkreten Verfahren ein **Beschuldigter** ist. Grundsätzlich muss sich zudem der Beweisgegenstand im **Gewahrsam des zur Zeugnisverweigerung berechtigten Zeugen** befinden. Abweichungen von diesen Grundregeln sind z.T. in der vorliegenden Vorschrift besonders vorgesehen; weitere können sich aus dem übergeordneten Verfassungsrecht ergeben. Die **nachträgliche Entstehung der geschützten Beziehung** lässt ein Verbot der Aufrechterhaltung der bereits vollzogenen Beschlagnahme entstehen, hindert aber meist nicht an der Verwertung der bisher aus dem Beweisgegenstand gezogenen Erkenntnisse (SK-StPO/*Wohlers* § 97 Rn. 46), während der nachträgliche Wegfall eines Verdachts gegen den Angehörigen oder Berufsgeheimnisträger tendenziell eher zur Unverwertbarkeit führt (SK-StPO/*Wohlers* § 97 Rn. 47). **Der nachträgliche Wegfall** der Vertrauensbeziehung lässt prinzipiell die Beschlagnahmefähigkeit aufleben, die bisher suspendiert war.

8 **I. Verfahren gegen Beschuldigte, Verdächtige oder »gegen Unbekannt«.** Die Beweismittelbeschlagnahme nach §§ 94, 98 kommt grundsätzlich nur im Rahmen eines bereits betriebenen Strafverfahrens in Betracht. Sie kann als strafprozessuale Eingriffsmaßnahme **nicht** unabhängig davon, etwa

im Rahmen von »Vorermittlungen«, angewendet werden. Auf Beschlagnahmeverbote nach der vorliegenden Vorschrift kommt es dann nicht an, weil schon eine **Beweisbefugnis** des Staates zur Beschlagnahme von Gegenständen fehlt, soweit diese außerhalb eines Strafverfahrens erfolgen soll. Das Beschlagnahmeverbot nach der vorliegenden Vorschrift spielt deshalb nur innerhalb eines Strafverfahrens eine Rolle, nicht aber weil ein Vorgriff innerhalb einer Vertrauensbeziehung auf ein künftiges Ermittlungsverfahren logisch unmöglich wäre (LG Gießen Beschl. v. 25.06.2012 – 7 Qs 100/12; *Mehle/Mehle* NJW 2011, 1639 ff.; a. A. *Thum* HRRS 2012, 535 [537]). Ebenso wie Beweisvorratsbeschaffungen für künftige Strafverfahren bisweilen im Gesetz vorkommen (vgl. § 81g) oder die Praxis zu »Vorermittlungsverfahren« neigt, kann etwa auch eine Verteidigungskonzeption durchaus schon vor Beginn eines Ermittlungsverfahrens erstellt werden und sie ist – dann erst recht – gegenüber einer vorschnellen Beweismittelbeschlagnahme vor Verfahrensbeginn geschützt.

Möglich ist freilich, dass eine Beschlagnahme die **erste Prozesshandlung innerhalb eines neuen Ermittlungsverfahrens** darstellt und dieses damit eingeleitet wird. Dann ist natürlich auch die vorliegende Vorschrift relevant. 9

Wird das **Verfahren** noch nicht gegen einen bestimmten Beschuldigten, sondern »**gegen Unbekannt**« geführt, so ist die Vorschrift mit ihren Beschlagnahmeverboten nach § 97 Abs. 1 Nr. 1 und Nr. 2 sowie Abs. 3 prinzipiell nicht einschlägig (SK-StPO/*Wohlers* § 97 Rn. 12), weil es an einer Beschuldigtenposition fehlt, an die ein Zeugnisverweigerungsrecht und – flankierend dazu – ein Beschlagnahmeverbot anknüpfen könnte. Ob Abs. 1 Nr. 3 über seinen Wortlaut hinaus voraussetzt, dass das flankierend zu sichernde Zeugnisverweigerungsrecht zwischen einem Beschuldigten desselben Verfahrens und einem Berufsgeheimnisträger besteht, ist umstritten. Richtigerweise muss das verneint werden (*Jahn* ZIS 2012, 453 [454 ff.]). 10

Der Schutz der Vertrauensbeziehungen durch die vorliegende Vorschrift darf auch nicht dadurch umgangen werden, dass einer Zielperson gerade deshalb die Beschuldigtenrolle bewusst nicht durch behördlichen Zuschreibungsakt (§ 136 Rdn. 13 f.) zugewiesen wird. Die **Gesetzesumgehung** hebt ihre Rechtsfolgen auf: »fraus omnia corrumpit«. Ist ein **Verdacht gegen eine bestimmte Person** vorhanden, dann ist zu deren Schutz, soweit besondere Vertrauensbeziehungen i.S.d. §§ 52, 53, 53a bestehen, vorsorglich auch die vorliegende Vorschrift mit ihren Abs. 1 bis 3 zu beachten. Das gilt also auch, wenn das Verfahren von der Ermittlungsbehörde noch nicht förmlich gegen diese verdächtige Person betrieben wird (*Meyer-Goßner/Schmitt* § 97 Rn. 10). 11

Richtet sich ein begonnenes Strafverfahren hingegen ausschließlich gegen Personen, zu denen keine besondere Vertrauensbeziehung mit einem Berufsgeheimnisträger i.S.d. §§ 52, 53, 53a besteht, dann spielt das Beschlagnahmeverbot nach § 97 Abs. 1 Nr. 1 und 2, Abs. 3 keine Rolle. Dort sind gegebenenfalls nur die unmittelbar von Verfassungs wegen geltenden Beschlagnahmeverbote von Belang. Indes darf die Rollenverteilung nicht durch Verfahrensabtrennung zum Nachteil eines Mitbeschuldigten verändert werden; die prozessuale Gemeinsamkeit, die einmal bestanden hatte, wirkt daher zur Vermeidung von Gesetzesumgehungen fort (BGHSt 43, 300 [305]; *Radtke/Hohmann/Joecks* § 97 Rn. 4; SK-StPO/*Wohlers* § 97 Rn. 12). 12

Bei einem Mandat eines Berufsgeheimnisträgers zu einer **juristischen Person** werden deren **Organe nicht** ohne weiteres in den **Schutzbereich** des Vertrauensverhältnisses **einbezogen**. 13

In den Fällen des Gewahrsams von Presseangehörigen oder Abgeordneten (§ 97 Abs. 4 und 5) geht es um einen **Institutionenschutz**, der unabhängig von einer besonderen personalen Beziehung des Beschuldigten zum Inhaber von sächlichen Beweismitteln besteht. Dieser Schutz ist folglich auch im Verfahren »gegen Unbekannt« oder gegen einen Dritten, der nicht in Kontakt zu dem Inhaber des Beweismittelgewahrsams steht, zu beachten. 14

Soweit eine Beweismittelbeschlagnahme zur **Vorbereitung eines Wiederaufnahmeverfahrens** nach rechtskräftigem Abschluss des bisherigen Verfahrens möglich wäre, ist die vorliegende Regelung über Beschlagnahmeverbote wieder zu beachten. Das Beschlagnahmeverbot aus § 97 Abs. 1 Nr. 1 gilt auch, soweit der Verteidiger bei der Vorbereitung des Wiederaufnahmeantrags für den Verurteilten tätig ist (BGH StV 2001, 604 [605]). 15

II. Keine Beschuldigtenrolle des Geheimnisinhabers. Das Beschlagnahmeverbot gilt nicht, wenn die zur Zeugnisverweigerung berechtigte Person ihrerseits Beschuldigter ist (*Görtz-Leible* Die Beschlagnahmeverbote des § 97 Abs. 1 StPO im Lichte der Zeugnisverweigerungsrechte, 2000, S. 298 ff.; *Mey-* 16

§ 97 StPO   Beschlagnahmeverbot

er-*Goßner*/*Schmitt* § 97 Rn. 4; *Schmidt* Die Ausnahme vom Beschlagnahmeverbot gem. § 97 Abs. 2 S. 2 Hs. 1 StPO, 1989, S. 73 ff.; SK-StPO/*Wohlers* § 97 Rn. 36). Das folgt aus § 97 Abs. 2 S. 3 wonach ein konkreter (Anfangs-) **Verdacht** der Tatbeteiligung oder der Begehung einer Nachtat der Begünstigung, Strafvereitelung oder Hehlerei das Beschlagnahmeverbot aufhebt. Der Tat- oder Beteiligungsverdacht oder der Verdacht der Begehung einer Nachtat im genannten Sinne gestattet also schon auf der Ebene des einfachen Rechts auch die Beweismittelbeschlagnahme bei Strafverteidigern, Rechtsanwälten, Steuerberatern, Abgeordneten oder Mitarbeitern von Rundfunk und Presse sowie Ärzten. Eine andere Frage ist dann freilich noch, ob unmittelbar von Verfassungs wegen ein Hindernis für den behördlichen Zugriff auf Sachbeweise in deren Gewahrsam statthaft ist. Das ist **bei Unverfügbarem** zu verneinen; insbesondere können **Verteidigungsunterlagen** auch dann nicht ohne weiteres beschlagnahmt werden (LG München I NStZ 2001, 612). Die Beschlagnahme von Verteidigungsunterlagen mit der Folge der Offenlegung der Verteidigungsstrategie hat nämlich nahezu die Verteidigungsunfähigkeit des Beschuldigten zur Folge. Auf die Ermöglichung einer effektiven Verteidigung aber hat der Beschuldigte einen unbedingten verfassungsrechtlichen Anspruch.

17 Die Verwertbarkeit der beschlagnahmten Beweismittel ist in den Fällen des § 97 Abs. 2 S. 3 auf **das Verfahren gegen den** seinerseits verdächtigen **Zeugnisverweigerungsberechtigten** beschränkt. Wird gegen den Mandanten, Klienten oder Patienten gesondert ermittelt, dann bleibt die Verwertung dieser Sachbeweise in jenem Verfahren ausgeschlossen, weil dort die von dem Beschlagnahmeverbot vorausgesetzte Rollenverteilung erhalten bleibt. Im Verhältnis des Beschuldigten zu seinem Strafverteidiger muss zudem bis zum Ausschluss des Verteidigers gem. §§ 138a ff. vom Fortbestehen der Verteidigerrolle ausgegangen werden.

18 Eine Sonderregelung gilt für Zufallsfunde bei einem Arzt, die nicht in einem Strafverfahren nach § 218 StGB gegen eine Patientin verwertet werden dürfen (§ 108 Abs. 2 StPO). Im Übrigen sind Zufallsfunde, die einen anderen als den Berufsgeheimnisträger betreffen, nur in einem Verfahren gegen den Arzt selbst, nicht im Verfahren gegen den Patienten verwertbar (SK-StPO/*Wohlers* § 97 Rn. 14).

19 **III. Gewahrsam des Geheimnisträgers an dem Beschlagnahmegegenstand.** Prinzipiell muss sich der Gegenstand, auf den sich das Beschlagnahmeverbot beziehen soll, im **Alleingewahrsam** oder **Mitgewahrsam** (*Görtz-Leible* Die Beschlagnahmeverbote des § 97 Abs. 1 StPO im Lichte der Zeugnisverweigerungsrechte, 2000, S. 256; KK/*Greven* § 97 Rn. 8; *Radtke*/*Hohmann*/*Joecks* § 97 Rn. 7) des Zeugnisverweigerungsberechtigten befinden (§ 97 Abs. 2 S. 1). Der Mitgewahrsam des Beschuldigten oder eines im Sinne von § 97 Abs. 2 S. 1 Verdächtigen schließt das Beschlagnahmeverbot aber nach bisher vorherrschender Ansicht generell aus (BGHSt 19, 374; *Eisenberg* Beweisrecht der StPO, Rn. 2344; *Görtz-Leible* a.a.O. S. 257 ff.; *Meyer-Goßner*/*Schmitt* § 97 Rn. 12; *Schmidt* Die Ausnahme vom Beschlagnahmeverbot gem. § 97 Abs. 2 S. 2 Hs. 1 StPO, 1989, S. 41 ff.; SK-StPO/*Wohlers* § 97 Rn. 24), erst recht den Alleingewahrsam des Beschuldigten (BGHSt 38, 144 [146]; krit. zum Regelungskonzept *Kapp*/*Roth* ZRP 2003, 404 ff.), schließlich ebenso der nicht den Strafverfolgungsorganen zuzurechnende unfreiwillige Gewahrsamsverlust des Zeugnisverweigerungsberechtigten, bisweilen aber auch die freiwillige Gewahrsamsaufgabe (SK-StPO/*Wohlers* § 97 Rn. 23). Die Schutzwürdigkeit entfällt nämlich, wenn das Beweismittel **aus der Geheimsphäre des Berufsgeheimnisträgers entlassen** ist und Dritte, die als Zeugen darüber berichten können, ohne zur Zeugnisverweigerung berechtigt zu sein, dadurch die Möglichkeit der Kenntnisnahme vom Inhalt des Beweismittels erlangen können (SK-StPO/*Wohlers* § 97 Rn. 15). Gewahrsam ist das von entsprechenden Willen getragene tatsächliche Herrschaftsverhältnis, also die Verfügungsmacht (SK-StPO/*Wohlers* § 97 Rn. 16).

20 Eine Ausnahme vom Prinzip der Geltung des Beschlagnahmeverbots nur im Fall des Beweismittelgewahrsams bei dem individuellen Zeugnisverweigerungsberechtigten gelten für Beweismittel im Gewahrsam einer Krankenanstalt oder eines Dienstleisters, der für den zur Zeugnisverweigerung Berechtigten Daten erhebt, verarbeitet oder nutzt, insbesondere etwa die **elektronische Gesundheitskarte** (§ 97 Abs. 2 S. 2). Wegen eines Institutionenschutzes generell beschlagnahmefrei sind auch Beweisgegenstände **in den Räumen einer Redaktion, eines Verlags, einer Druckerei oder einer Rundfunkanstalt** (§ 97 Abs. 5).

21 Der Gewahrsam am Beweisgegenstand als Voraussetzung für das Beschlagnahmeverbot spielt aus verfassungsrechtlichen Gründen auch keine Rolle bei **Verteidigungsunterlagen**, die der Beschuldigte schließlich selbst für seine Verteidigung in einer rechtlich schutzwürdigen Weise besitzen darf (BGHSt

44, 46 [47 ff.]; BGHR StPO § 97 Verteidigungsunterlagen 1 m. Anm. *Schmidt* StV 1989, 421 f.; LG München I NStZ 2001, 612; KK/*Greven* § 97 Rn. 24; SK-StPO/*Wohlers* § 97 Rn. 88) oder die er mit dem Verteidiger austauschen kann. Schon nach dem Maßstab aus § 148, aber erst recht **von Verfassungs wegen**, werden schriftliche Mitteilungen des Beschuldigten an den Verteidiger, die erkennbar Verteidigungszwecken dienen (OLG München StV 2005, 118 [119]), bereits dann von der Beschlagnahme ausgeschlossen, wenn sie sich noch im Gewahrsam des Beschuldigten (anders nach Mandatsniederlegung LG Tübingen NStZ 2008, 653 [654]) oder auf dem Postweg befinden. Dasselbe gilt umgekehrt für Mitteilungen des Verteidigers an den Beschuldigten in Form von »Verteidigerpost«. Die **Kommunikation des Beschuldigten mit dem Verteidiger** gehört wegen der besonderen Bedeutung der Verteidigung, die dem nemo-tenetur-Grundsatz gleich steht (§ 136 Rdn. 52), **zum absolut geschützten Kernbereich der Persönlichkeitsentfaltung**. Im Verfahren gegen den Verteidiger selbst werden Beweismittel, die im Verfahren gegen den Mandanten nicht beschlagnahmt und verwertet werden dürften, nach der Rechtsprechung allerdings nicht geschützt. Hier stehen die §§ 97 Abs. 1, 148 StPO und Grundrechte der Beschlagnahme und Verwertung nicht generell entgegen (BGHSt 53, 257 [260]; *Ruhmannseder* NJW 2009, 2647 ff.). Das hieraus zu entnehmende Wissen gilt dagegen im Verfahren gegen den Mandanten als unverwertbar (BGHSt 53, 257 [262]). Ob dieses Verwertungsverbot aber ein praktisch wirksamer und deshalb ausreichender Schutz gegen die Offenlegung der Verteidigungsstrategie ist, kann bezweifelt werden.

Schließlich darf sich der Beschuldigte ohne Beistand eines Strafverteidigers selbst verteidigen und auch dazu Unterlagen besitzen, die geschützt sind, wenn es sich erkennbar um Material handelt, das für Verteidigungszwecke beschafft wurde. Das gilt aber natürlich nicht für Tatmittel oder Tatgegenstände, die nicht dadurch in eine zugriffsfreie Lage versetzt werden können, dass der Beschuldigte sie schlicht als »Verteidigungsunterlagen« bezeichnet. 22

Gewahrsam ist die **tatsächliche Sachherrschaft** (*Görtz-Leible* Die Beschlagnahmeverbote des § 97 Abs. 1 StPO im Lichte der Zeugnisverweigerungsrechte, 2000, S. 253 ff.; LR/*Menges* § 97 Rn. 28). Zum Eingreifen des Beschlagnahmeverbots genügt der **Mitgewahrsam des Zeugnisverweigerungsberechtigten**. Eine Ausnahme davon wiederum gilt – mit der Gegenausnahme des besonderen Schutzes von Verteidigungsunterlagen – in dem Fall, dass auch **der Beschuldigte** ein **Mitgewahrsamsinhaber** ist (LR/*Menges* § 97 Rn. 30). Mitgewahrsam des Beschuldigten wird allerdings nicht schon dadurch begründet, dass er den Gegenstand, den er dem Zeugnisverweigerungsberechtigten übergeben hatte, von diesem als mittelbarer Besitzer wieder herausverlangen könnte. Unterlagen über Anwalts- und Notar-Anderkonten (LG Aachen NJW 1999, 2381 [2382]; LG Darmstadt DNotZ 1991, 560 [561] m. Anm. *Knoche*) können zwar nicht beim Rechtsanwalt oder Notar, wohl aber bei der kontoführenden Bank beschlagnahmt werden. 23

Beim **Tod des zur Zeugnisverweigerung berechtigten Angehörigen** im Sinne von § 52 endet das Beschlagnahmeverbot, das sich auf dieses Vertrauensverhältnis bezieht. Stirbt ein Berufsgeheimnisträger im Sinne von § 53, so bleibt das Beschlagnahmeverbot aufgrund seiner Geheimsphäre bestehen, sofern der Gewahrsamsnachfolger zur Zeugnisverweigerung berechtigt ist. 24

Bei **Gewahrsamsverlust** des Zeugnisverweigerungsberechtigten endet das Beschlagnahmeverbot im Allgemeinen (*Eisenberg* Beweisrecht der StPO, Rn. 2344a; LR/*Menges* § 97 Rn. 33 ff.; *Radtke/Hohmann/Joecks* § 97 Rn. 11). Das gilt auch bei Beschlagnahme des Gegenstands in anderer Sache oder bei Besitzentziehung durch eine Privatperson (LR/*Menges* § 97 Rn. 35), es sei denn, es handelt sich um generell geschützte Verteidigungsunterlagen. 25

IV. Ausnahmetatbestände. Für den Beschlagnahmeschutz der elektronischen Gesundheitskarte genügt nach § 97 Abs. 2 S. 2 der Gewahrsam der Krankenanstalt (*Görtz-Leible* Die Beschlagnahmeverbote des § 97 Abs. 1 StPO im Lichte der Zeugnisverweigerungsrechte, 2000, S. 264) oder des Dienstleisters, der den Datentransfer bewirkt. Der Begriff der Krankenanstalt ist weit auszulegen und umfasst neben Krankenhäusern und privaten Kliniken auch Pflegeanstalten unter ärztlicher Leitung, Genesungsheime, Krankenabteilungen einer Justizvollzugsanstalt oder der Bundeswehr. Entsprechendes gilt gemäß § 97 Abs. 2 S. 2 für Beratungsstellen nach § 219 StGB, soweit deren Hilfspersonen das Zeugnis verweigern dürfen. 26

Bei **Presse- und Rundfunkmitarbeitern** genügt der Gewahrsam der Redaktion des Presseorgans (§ 97 Abs. 5 S. 1), jedoch muss der Beweisgegenstand auf Veranlassung des zur Zeugnisverweigerung berech- 27

§ 97 StPO Beschlagnahmeverbot

tigten Mitarbeiters dorthin gelangt sein. Dann ist die Beschlagnahme prinzipiell nicht mehr möglich. Auch das Einverständnis des Beschuldigten führt nicht zur Aufhebung des Beschlagnahmeverbots, weil ihm nicht die alleinige Dispositionsmacht zusteht.

28 Bei **Abgeordneten** (§ 97 Abs. 4) setzt die Beschlagnahmefreiheit auch nicht notwendigerweise deren Gewahrsam an dem sächlichen Beweismittel voraus. Vielmehr besteht ein Beschlagnahmeverbot für sämtliche Gegenstände, die in den Schutzbereich des Zeugnisverweigerungsrechts fallen, welches wiederum die Funktionstüchtigkeit der Institution des Parlaments schützt und damit über den Rechtskreis und auch die Dispositionsmöglichkeiten des Abgeordneten hinausreicht. Deshalb genügt es zur Begründung des Beschlagnahmeverbots, wenn der Abgeordnete in seiner Eigenschaft als Parlamentarier den Gegenstand einem Dritten anvertraut hat. Auf einen bloßen Verdacht der Tatbeteiligung des Abgeordneten im weiteren Sinne kommt es hier auch nicht an. Erst mit Einleitung eines Ermittlungsverfahrens gegen den Abgeordneten nach Aufhebung seiner Immunität (vgl. BVerfGE 104, 310 [326 ff.]) beendet den Beschlagnahmeschutz.

29 **C. Betroffene Beschlagnahmegegenstände.** Das Beschlagnahmeverbot bezieht sich nur auf Beweisgegenstände, nicht auf Verfalls- und Einziehungsgegenstände nach §§ 111b ff. (*Meyer-Goßner/Schmitt* § 97 Rn. 3; SK-StPO/*Wohlers* § 97 Rn. 4). Diese können auch dann beschlagnahmt werden, wenn ihnen zugleich Beweisbedeutung zukommt.

30 **Schriftliche Mitteilungen** sind alle **Gedankenäußerungen**, die auf Schriftstücken, Bild-, Tonträgern oder sonstigen Datenträgern (vgl. § 11 Abs. 3 StGB), fixiert sind und einem Adressaten zur Kenntnisnahme übermittelt werden sollen (*Beulke/Ruhmannseder* StV 2011, 180 [182]; *Görtz-Leible* Die Beschlagnahmeverbote des § 97 Abs. 1 StPO im Lichte der Zeugnisverweigerungsrechte, 2000, S. 227; LR/*Menges* § 97 Rn. 66; *Meyer-Goßner/Schmitt* § 97 Rn. 28). »**Aufzeichnungen**« sind schriftlich fixierte Angaben der zur Zeugnisverweigerung berechtigten Person über eigene Wahrnehmungen, die nicht notwendigerweise unmittelbar zur Kenntnisnahme durch Dritte bestimmt sind (KK/*Greven* § 97 Rn. 13). Dies betrifft auch Karteien, Krankenblätter (BGHSt 43, 300 [304]), Fachkorrespondenz, Handakten und anderes mehr. »**Andere Gegenstände**« sind als Auffangbegriff gegenüber den schriftlichen Mitteilungen oder Aufzeichnungen alle sonstigen Gegenstände mit einem Informationsgehalt, die **in einem Zusammenhang mit dem Vertrauensverhältnis** zwischen dem Beschuldigten und dem Zeugnisverweigerungsberechtigten stehen (LR/*Menges* § 97 Rn. 75; zum Zweck der Regelung *Görtz-Leible* a.a.O. S. 243 f.).

31 **D. Betroffene Zeugnisverweigerungsberechtigte. I. Angehörige.** Bei Angehörigen (§ 97 Abs. 1 Nr. 1 i.V.m. § 52 Abs. 1) sind nur **schriftliche Mitteilungen** einem Beschlagnahmeverbot unterworfen, diese aber ausnahmslos, einschließlich der auf Datenträger übermittelten elektronischen Informationen. Die Beschlagnahme von Vergleichsmaterial des Beschuldigten für ein Schriftgutachten ist deshalb bei diesen Personen ebenfalls unzulässig. Wenn durch die Beendigung des Angehörigenverhältnisses das Zeugnisverweigerungsrecht entfällt, endet auch das Beschlagnahmeverbot. Sonstige Aufzeichnungen, die keine Mitteilungen enthalten, können beschlagnahmt werden. Der Beschlagnahmeschutz erfordert den Gewahrsam des zur Aussageverweigerung berechtigten Zeugen; Mitgewahrsam des Beschuldigten hebt das Beschlagnahmeverbot bereits auf (SK-StPO/*Wohlers* § 97 Rn. 61).

32 **II. Berufsgeheimnisträger.** Zwischen der Beschlagnahmebefugnis aus § 94 und dem Schutz bestimmter Berufsgeheimnisträger nach § 97 Abs. 1 besteht kein Zusammenhang mit berufsregelnder Tendenz. Daher liegt bei der Beschlagnahme von Gegenständen aus dem Gewahrsam der Berufsgeheimnisträger noch kein Eingriff in das Grundrecht der Berufsausübungsfreiheit (BVerfGE 113, 29 [48]), sondern nur in die Rechtsposition aus Art. 2 Abs. 1 GG, im Einzelfall auch i.V.m. Art. 1 Abs. 1 GG. Jedoch ist der Bedeutungsgehalt der Berufsausübungsfreiheit der vom Beschlagnahmezugriff betroffenen Berufsgeheimnisträger im Rahmen der Verhältnismäßigkeitsprüfung mit zu berücksichtigen (BVerfGE 113, 29 [48 ff.]).

33 **1. Geistliche.** Zum geschützten Personenkreis zählen **Geistliche** (§ 53 Rdn. 12), bei denen schriftliche Mitteilungen und Aufzeichnungen sowie andere Gegenstände beschlagnahmefrei sind, wenn sie ihnen in ihrer Eigenschaft als Seelsorger anvertraut wurden.

2. Strafverteidiger. Geschützt werden außerdem Strafverteidiger, diese aber nicht um ihrer selbst willen, sondern wegen der überragenden Bedeutung des Verteidigermandats für die Ausübung des zum **Kernbereich der Persönlichkeitsentfaltung** gehörenden Rechts jedes Beschuldigten darauf, dass er sich selbst oder durch einen Strafverteidiger gegen einen strafrechtlichen Vorwurf effektiv, insbesondere ungestört, verteidigen darf. Dazu ist ein Vertrauensverhältnis zwischen Verteidiger und Mandant erforderlich, das prinzipiell nur bestehen kann, wenn die mandatsbezogenen Informationen und Unterlagen geheim bleiben und nicht den staatlichen Strafverfolgungsorganen bekannt sind. Eine Verteidigungsstrategie kann nur entwickelt und wirksam umgesetzt werden, wenn sie den Strafverfolgern zumindest im Ansatz nicht bekannt ist. Über die Offenlegung im Rahmen eines kooperativen Vorgehens müssen der Mandant und der Verteidiger einzeln und gemeinsam frei entscheiden können. All dies wäre nicht gewährleistet, wenn die Strafverfolgungsorgane durch Beschlagnahme von mandatsbezogenen Unterlagen Kenntnis von den Überlegungen des Mandanten und des Verteidigers erhalten würden. Die Verteidigungsstrategie wäre undurchführbar, wie ein Kartenspiel, bei dem einseitig einem Spieler das Blatt des anderen bereits vorab bekannt wäre. Eine wirksame Verteidigung ist nach **Beschlagnahme der Verteidigungsunterlagen**, sobald diese in nennenswertem Umfang angefallen sind, praktisch undurchführbar. Der Beschlagnahmeschutz gilt daher für Verteidigungsunterlagen aller Art und er reicht von der Anbahnung des Mandatsverhältnisses (*Beulke/Ruhmannseder* StV 2011, 180 [182]; LR/*Menges* § 97 Rn. 83; *Schmidt* Die Ausnahme vom Beschlagnahmeverbot gem. § 97 Abs. 2 S. 2 Hs. 1 StPO, 1989, S. 131 ff.) bis über dessen Beendigung hinaus, ohne Rücksicht darauf, ob die Verteidigungsunterlagen sich im Gewahrsam des Beschuldigten oder des Verteidigers oder – auch nach dem Rechtsgedanken des § 148 – auf dem Postweg zwischen beiden befinden (*Beulke/Ruhmannseder* StV 2011, 180 [183]; SK-StPO/*Wohlers* § 97 Rn. 87). Im Übrigen wird der Beschuldigte, der sich selbst verteidigen kann und darf, auch hinsichtlich seiner eigenen Verteidigungsunterlagen oder der Verteidigungsunterlagen in seinem Besitz geschützt (LR/*Menges* § 97 Rn. 85, 105). Die Ausnahme vom Beschlagnahmeverbot nach § 97 Abs. 2 S. 3 ist unter diesem Blickwinkel einschränkend zu bewerten (*Schmidt* a.a.O. S. 80 ff.). Verteidiger in diesem Sinne kann auch ein **Syndikusanwalt** sein (LG Frankfurt StV 1993, 351). Auch nach rechtskräftiger Erledigung des Strafverfahrens ist mit Blick auf ein mögliches Wiederaufnahmeverfahren weiter vom Beschlagnahmeschutz der Verteidigungsunterlagen auszugehen. Im Verteidigermandat sind **Aufzeichnungen** über Mitteilungen des Beschuldigten an den Verteidiger und **andere Gegenstände**, die der Beschuldigte oder auch ein Dritter (OLG Frankfurt StV 1982, 64 [65]; OLG Koblenz StV 1995, 570) dem Verteidiger oder dem Mandanten zu Verteidigungszwecken übergeben hat, beschlagnahmefrei (LR/*Menges* § 97 Rn. 91). Ein das Beschlagnahmeverbot ergänzendes Verwertungsverbot gilt sogar im Verfahren gegen Dritte, soweit jedenfalls der Sache nach eine »prozessuale Gemeinsamkeit« festzustellen ist (OLG München StV 2005, 118 [120]). Ausgenommen vom Beschlagnahme- und Verwertungsverbot sind nach Ansicht eines Teils der Rechtsprechung und Literatur (LG Mainz NStZ 1986, 473 [474]; *Eisenberg* Beweisrecht der StPO, Rn. 2361; *Meyer-Goßner/ Schmitt* § 97 Rn. 39; a. A. LG Fulda StV 2000, 549 [550]; SK-StPO/*Wohlers* § 97 Rn. 92) Beweisgegenstände, die als »**Überführungsstücke**« unabhängig vom Mandat entstanden sind, namentlich Tatmittel (LG Frankfurt NJW 1959, 543) und Beutestücke (§ 97 Abs. 2 S. 3 Hs. 2). Das Verteidigermandat kann danach nicht dazu dienen, solchen Beweisstücken »Asyl« zu gewähren (vgl. BVerfG NStZ-RR 2004, 83 f.; LR/*Menges* § 97 Rn. 93). Der Verteidiger hat daher Beweisgegenstände auf Verlangen herauszugeben (§ 95). Unaufgefordert muss er das andererseits nicht tun, sofern er nicht die Beweisgegenstände aktiv dem staatlichen Zugriff entzogen hat. Auch eine Trübung der Beweisquelle durch Veränderung eines Beweisgegenstands ist ihm nicht erlaubt.

3. Rechtsanwälte außerhalb eines Verteidigermandats. Schriftliche Mitteilungen, Aufzeichnungen und sonstige Gegenstände, die im Mandat vom Beschuldigten an seinen Rechtsanwalt übermittelt oder von diesem angefertigt wurden, unterliegen grundsätzlich einem Beschlagnahmeverbot. Rechtsanwälte sind als Organe der Rechtspflege unabhängige Berater und Beistand des Mandanten in Rechtsangelegenheiten. Es gilt eine grundsätzlich freie Advokatur, für deren wirksame Tätigkeit ein ungestörtes Vertrauensverhältnis erforderlich ist (BVerfGE 113, 29 [49]). Es kann nur bestehen, wenn prinzipiell alle Informationen, die im Mandat ausgetauscht werden, geheim bleiben. Daher muss insoweit auch ein Beschlagnahmeschutz für mandatsbezogene Unterlagen gelten. Werden Mandatsunterlagen den staatlichen Stellen bekannt, dann droht die Gefahr der Zerstörung des Vertrauensverhältnisses und der Man-

§ 97 StPO   Beschlagnahmeverbot

datskündigung. Dies ist beim Beschlagnahmezugriff insbesondere auch dann zu berücksichtigen, wenn in **Mandatsunterlagen unbeteiligter Personen** Einblick genommen wird, wenn es etwa zur flächendeckenden Beschlagnahme von Computerdateien in einer Sozietät kommt, weil nicht schon anhand der Datenstruktur (BVerfGE 113, 29 [55]), ähnlich wie an einer **Beschriftung von Akten** in Papierform, eine Abgrenzung der alleine den Beschuldigten betreffenden Daten zuverlässig möglich ist. Der Beschlagnahmeschutz nach Abs. 1 der vorliegenden Vorschrift betrifft zunächst alle Unterlagen, auch die in elektronischer Form gespeicherten Mandantenakten, vor allem aber diejenigen Unbeteiligter. Wenn ausnahmsweise unter den Bedingungen des § 97 Abs. 2 S. 3 überhaupt eine Beschlagnahme erfolgt, so muss sie grundsätzlich auf diejenigen Unterlagen beschränkt bleiben, die das Mandat des Beschuldigten zum Rechtsanwalt betreffen. Davon wiederum kann eine Ausnahme nur insoweit gemacht werden, als es zunächst im Einzelfall nicht möglich ist, solche Informationen von den mandatsbezogenen Unterlagen anderer Personen zu unterscheiden. Insoweit ist aber eine **vorläufige Sicherstellung** zur **Sichtung nach § 110** als Vorstufe zu einer Beschlagnahme verfahrensrelevanten oder zur Rückgabe des überschießenden Materials möglich (BVerfGE 113, 29 [57 f.]), aber keine Beschlagnahme nach § 94, soweit das Beschlagnahmeverbot gemäß Abs. 1 der vorliegenden Vorschrift auch im Hinblick auf die Ausnahme nach § 97 Abs. 2 S. 3 reicht. Heftig umkämpft ist mangels Verbandsstrafbarkeit im engeren Sinn und gesetzlicher Regelung einer »Unternehmensverteidigung« die Anwendbarkeit des § 97 auf **unternehmensinterne Ermittlungen**, auch durch einen Syndikusanwalt (zu dessen Rechtsposition allgemein *Roxin* NJW 1995, 17 ff.), mitsamt den zugrunde gelegten »Interviews« von Mitarbeitern nach Vertraulichkeitszusage an diese mangels eines vergleichbaren interpersonalen Vertrauensverhältnisses zwischen Auftraggeber und Syndikus (für Beschlagnahmefähigkeit durch enge Auslegung von § 97 Abs. 1 Nr. 3 LG Hamburg StV 2011, 148 ff. m. Anm. *Jahn/Kirsch* ebenda und Anm. *Bauer* StV 2012, 277 ff.; gegen die Beschlagnahmefähigkeit bei verfassungskonformer Auslegung von § 97 Abs. 1 Nr. 3 LG Mannheim NStZ 2012, 713 [717 f.] m. Anm. *Jahn/Kirsch* ebenda und Anm. *Milde* CCZ 2013, 78 ff.; ferner *Jahn* ZIS 2011, 453 ff.).

36   **4. Notare, Steuerberater und Wirtschaftsprüfer.** Für **Notare** (LG Gera NotBZ 2003, 433; LG Köln NJW 1981, 1746 [1747]; *Reiß* MittBayNot 1994, 518 ff.), **Steuerberater** (LG Koblenz StV 1985, 8 [9]) und **Wirtschaftsprüfer** gelten die Überlegungen zur Beschlagnahme beim Rechtsanwalt in ähnlicher Weise. Insbesondere gehören zu den Mitteilungen, Aufzeichnungen und anderen Gegenständen bei Steuerberatern und Wirtschaftsprüfern neben dem Schriftverkehr mit dem Mandanten (LG Bonn StV 2002, 68 f. m. Anm. *Wehnert*) die **Geschäftsunterlagen und Buchungsbelege**, die ihnen zur Erstellung des Jahresabschlusses und der Vorbereitung der Steuererklärungen aufgrund des besonderen Vertrauensverhältnisses übergeben wurden, nicht unbedingt aber Unterlagen und Belege, die sie zur Erledigung nur der **Buchhaltung** bekommen haben, weil diese nicht zum Berufsbild von Steuerberatern und Wirtschaftsprüfern gehört. **Buchhaltungsunterlagen nur zur Erstellung einer Steuererklärung** sind aber beim Steuerberater nach einer z.T. vertretenen Auffassung nicht zu beschlagnahmen (LG Koblenz StV 1985, 8 [9]; LG München NJW 1984, 1191 [1192]), nach der Mehrheitsmeinung aber beschlagnahmefähig (LG Aachen NJW 1985, 338; LG Darmstadt NStZ 1988, 286 f.; LG Essen NStZ-RR 2010, 150 [151]; LG Frankfurt DStRE 2003, 1191 m. Anm. *Späth* DStR 2004, 2980 ff.; LG München I NJW 1989, 536 [537]; LG Stade NStZ 1987, 38 [39 f.] m. Anm. *Birmanns*; KK/*Greven* § 97 Rn. 15; LR/*Menges* § 97 Rn. 116; *Radtke/Hohmann/Joecks* § 97 Rn. 34; zum Problem näher *Görtz-Leible* Die Beschlagnahmeverbote des § 97 Abs. 1 StPO im Lichte der Zeugnisverweigerungsrechte, 2000, S. 270 ff.). Nach wiederum verbreiteter Ansicht genügt es, wenn dem Steuerberater eine Kopie belassen bleibt, während die Ermittlungsbehörden das Original beschlagnahmen können oder – je nach Beweisbedeutung der Originalurkunde – umgekehrt (SK-StPO/*Wohlers* § 97 Rn. 82). Beschlagnahmefrei ist der **Prüfbericht eines Wirtschaftsprüfers** (OLG Nürnberg StV 2011, 142 [143]) nebst der von ihm erstellten **Bilanz** und zwar auch dann, wenn der Wirtschaftsprüfer den Bericht nebst Bilanz im Auftrag einer juristischen Person erstellt hat (OLG Köln StV 1991, 507 f.). Ausgenommen sind nur Prüfberichte, die der Mandant seinerseits an anderer Stelle vorzulegen hat (SK-StPO/*Wohlers* § 97 Rn. 81). Auch die Bewertung von Immobilienvermögen durch den Wirtschaftsprüfer unterliegt unabhängig von der Einordnung als Tätigkeit nach § 2 Abs. 1 oder § 2 Abs. 2 und 3 WPO dem Beschlagnahmeschutz (LG Bonn StV 2002, 68 f. m. Anm. *Wehnert*). Der Beschlagnahmeschutz entfällt, sobald der Berufsgeheimnisträger nicht mehr den Gewahrsam der Unterlagen hat.

5. Ärzte und anderes Personal der Heilberatungsberufe. Geschützt werden Angehörige der Heil- **37**
berufe – Ärzte, Zahnärzte, Psychologische Psychotherapeuten, Kinder- und Jugendlichenpsychotherapeuten, Apotheker und Hebammen (§ 53 Abs. 1 S. 1 Nr. 3), vor allem **Ärzte** aller Fachrichtungen, dadurch, dass schriftliche oder elektronisch gespeicherte **Mitteilungen**, **Aufzeichnungen**, namentlich in
einer Krankenakte (BVerfGE 32, 373, 380); BGHSt 43, 300 [304 f.]; LG Fulda NJW 1990, 2946
[2947 f.]), und **andere Gegenstände**, namentlich Untersuchungsbefunde oder aus dem Körper entfernte Fremdkörper (SK-StPO/*Wohlers* § 97 Rn. 56), soweit es nicht Tatmittel (z.B. Geschosse) sind,
aus ihrem Gewahrsam oder demjenigen einer Krankenanstalt oder eines für den Arzt oder die Krankenanstalt tätigen Dienstleisters nicht beschlagnahmt werden dürfen, wenn der Beschuldigte sich bei diesem Arzt in ärztlicher Behandlung befunden hat und die Mitteilungen, Aufzeichnungen oder Gegenstände aus diesem Arzt-Patienten-Verhältnis herrühren. Begibt sich der Patient in ärztliche Behandlung,
dann muss er darauf vertrauen können, dass alles, was der Arzt im Rahmen seiner Berufsausübung über
seine gesundheitliche Verfassung und die Gründe dafür im Rahmen der Anamnese erfährt, geheim
bleibt, Andernfalls kann kein Vertrauensverhältnis entstehen, das zu den Grundvoraussetzungen des
ärztlichen Handelns erforderlich ist. Aufs Ganze gesehen liegt die Geheimhaltung hier im Interesse
an der Aufrechterhaltung einer leistungsfähigen Gesundheitsfürsorge (BVerfGE 32, 373, 380]). Sie erstreckt sich im Fall der Praxisnachfolge auch auf den Arzt, der die **Krankenakte** übernimmt (BVerfGE
32, 373, 381]; SK-StPO/*Wohlers* § 97 Rn. 31). Der Beschlagnahmeschutz entfällt nicht dadurch,
dass der behandelnden Arzt einen andere Arzt hinzuzieht oder Patientenunterlagen zeitweise einem Fach-
mann überlässt, so etwa einem Labor oder einer Abrechnungsstelle (SK-StPO/*Wohlers* § 97 Rn. 20).
Krankenunterlagen eines Nichtbeschuldigten, etwa eines Tatopfers, werden zwar nicht von § 97 erfasst (OLG Celle NJW 1965, 362 [363]; LG Bielefeld StV 2000, 12 f.; LG Hildesheim NStZ 1982,
394 [395]; LR/*Menges* § 97 Rn. 22); sie sind aber durch ein nach den Maßstäben der Abwägungslehre
(BGHSt 38, 144 [148]) von Fall zu Fall zu prüfendes Beschlagnahmeverbot von Verfassungs wegen
geschützt (OLG Celle NJW 1963, 406 [407 f.]; LG Hamburg StV 1989, 243 f.; SK-StPO/*Wohlers*
§ 97 Rn. 59). Im Strafverfahren wegen Abrechnungsbetrugs (einschränkend *Wasmuth* NJW 1989,
2297 ff.) oder Steuerhinterziehung sind Patientenkarteien im Allgemeinen beschlagnahmefähig (LG
Koblenz NJW 1983, 2100); Ausnahmen sind nach den Maßstäben der Abwägungslehre aufgrund
von Verfassungsrecht möglich.

Die nach § 53 Abs. 1 Nr. 3a zur Aussageverweigerung berechtigten **Berater in anerkannten Schwan-** **38**
gerschaftsberatungsstellen genießen denselben Schutz wie Ärzte. Das Beschlagnahmeverbot greift
auch dann ein, wenn sich der gesuchte Gegenstand im Gewahrsam der Schwangerschaftsberatungsstelle befindet.

6. Drogenberater. Die Vertrauensbeziehung zwischen einem Beschuldigten, der drogenabhängig **39**
oder zumindest Drogenkonsument ist, und dem Berater einer anerkannten Drogenberatungsstelle
wird durch das Beschlagnahmeverbot geschützt. Schriftliche Mitteilungen, Aufzeichnungen und andere Gegenstände in dessen Gewahrsam sind beschlagnahmefrei, wenn sie vom Beschuldigten im Rahmen der Beratung übermittelt oder übergeben wurden.

7. Abgeordnete. Deutsche Mitglieder des Bundestages, der Bundesversammlung, eines Landtags **40**
oder des Europaparlaments haben ein Zeugnisverweigerungsrecht, soweit es um Informationen geht,
die ihnen in dieser Eigenschaft anvertraut wurden. Soweit ihnen Gegenstände anvertraut wurden, besteht grundsätzlich ein Beschlagnahmeverbot nach § 97 Abs. 4. Das Beschlagnahmeverbot erstreckt
sich auch auf ihre Hilfspersonen (§ 53a Rdn. 10). Auf den Gewahrsam im engeren Sinne des § 97
Abs. 2 S. 1 kommt es nicht an (LR/*Menges* § 97 Rn. 127). Es genügt, dass sich der Gegenstand im funktionellen Herrschaftsbereich des Abgeordneten oder einer Hilfsperson befindet oder auf dem Postweg
dorthin. Ein Tatbeteiligungsverdacht i.S.d. § 97 Abs. 2 S. 3 hebt das Beschlagnahmeverbot noch nicht
auf; erforderlich ist dafür vielmehr die Einleitung eines Ermittlungsverfahrens nach Aufhebung der Immunität (SK-StPO/*Wohlers* § 97 Rn. 53).

8. Medien- und Pressemitarbeiter. Schriftstücke, Ton-, Bild- und Datenträger, Abbildungen und **41**
andere Darstellungen, die vom Beschuldigten einem Pressemitarbeiter überlassen wurden sind im Interesse des Schutzes der Pressefreiheit beschlagnahmefrei, soweit sie Aufschluss über Verfasser, Absender oder sonstige Informanten, mitgeteilte Informationen geben oder selbst recherchiertes Material dar-

§ 97 StPO Beschlagnahmeverbot

stellen. Es genügt, wenn sich der Beweisgegenstand entweder im **Gewahrsam eines Pressemitarbeiters oder der Redaktion** (BVerfG NJW 2011, 1863 [1864]), des Verlags, der Druckerei oder Rundfunkanstalt befindet. Das Beschlagnahmeverbot entfällt bei freiwilliger **Herausgabe oder Gewahrsamsverlust** durch das Presseorgan (LR/*Menges* § 97 Rn. 136). Problematisch ist der Umgang mit anonymen **Bekennerschreiben** (BVerfG NJW 2001, 507 f.), die tunlichst den Strafverfolgungsorganen im Original zur Verfügung zu stellen sind, damit gefährliche Taten aufgeklärt oder ihre weitere Begehung verhindert werden kann. Insoweit wird das Beschlagnahmeverbot restriktiv gehandhabt (SK-StPO/*Wohlers* § 97 Rn. 70), was rechtlich im Ansatz dadurch möglich wird, dass ein bestimmter Beschuldigter noch nicht identifiziert ist und das Schreiben im Einzelfall, bei Geiselnahme mit Erpressungszielen, auch als Tatmittel eingestuft werden kann. Auch ein dringender Teilnahmeverdacht gegen den Pressemitarbeiter, der den Beweisgegenstand zuerst erlangt hat, hebt das Beschlagnahmeverbot auf (LR/*Menges* § 97 Rn. 137).

42   **III. Hilfspersonen der Berufsgeheimnisträger.** Beschlagnahmefrei sind Gegenstände im Gewahrsam der Hilfsperson eines Berufsgeheimnisträgers. Eine Entbindung des Berufsgeheimnisträgers von der Schweigepflicht führt auch zur Zulässigkeit der Beschlagnahme bei der Hilfsperson. Ist diese Hilfsperson selbst Beschuldigter, entfällt das Beschlagnahmeverbot wiederum mit der Folge der Verwertbarkeit nur in jenem Verfahren.

43   **E. Ausschluss oder Beendigung der Beschlagnahmefreiheit.** Die Beschränkungen der Beschlagnahme durch Beschlagnahmeverbote gelten nach § 97 Abs. 1 S. 3 (subsidiär ebenso § 160a Abs. 4 S. 1) dann nicht, wenn bestimmte Tatsachen den Verdacht begründen, dass die zur Zeugnisverweigerung berechtigte Person an der Tat oder an einer Begünstigung, Strafvereitelung oder Hehlerei beteiligt ist, oder aber dann, wenn es sich um Gegenstände handelt, die durch eine Straftat hervorgebracht oder zur Begehung einer Straftat gebraucht oder bestimmt sind oder die aus einer Straftat herrühren. Diese Gegenausnahme vom Beschlagnahmeverbot bezieht sich freilich nur auf das Verfahren, indem der Beteiligungsverdacht eine Rolle spielt; in einem Verfahren wegen anderer Taten des Beschuldigten, bezüglich derer der Zeugnisverweigerungsberechtigte nicht einer Beteiligung verdächtig ist, bewirkt das Beschlagnahmeverbot jedenfalls ein Verwertungsverbot (BGHSt 18, 227 [228 f.]).

44   **I. Verdacht der Tatbeteiligung oder Begehung einer Nachtat gegen den Zeugnisverweigerungsberechtigten.** Der Tatverdacht gegen eine zeugnisverweigerungsberechtigte Person wegen einer Beteiligung oder einer Begünstigung, Strafvereitelung oder Hehlerei hebt grundsätzlich das Beschlagnahmeverbot auf. Dieser Verdacht braucht weder dringend noch hinreichend im Sinne von § 203 zu sein (*Schmidt* Die Ausnahme vom Beschlagnahmeverbot gem. § 97 Abs. 2 S. 2 Hs. 1 StPO, 1989, S. 54). Es müssen aber **bestimmte Tatsachen** für die Verdachtsannahme sprechen; Vermutungen reichen nicht aus (*Görtz-Leible* Die Beschlagnahmeverbote des § 97 Abs. 1 StPO im Lichte der Zeugnisverweigerungsrechte, 2000, S. 283; KK/*Greven* § 97 Rn. 35; LR/*Menges* § 97 Rn. 40; SK-StPO/*Wohlers* § 97 Rn. 37). Entfällt der Tatverdacht nachträglich, weil sich Gegenindizien ergeben, dann lebt das Beschlagnahmeverbot wieder auf (SK-StPO/*Wohlers* § 97 Rn. 39, 47); bisherige Erkenntnisse bleiben danach aber nach der Rechtsprechung verwertbar (BGH NStZ 1983, 85; *Schmidt* a.a.O. S. 64 ff.). Ist nur eine Hilfsperson (§ 97 Abs. 3 i.V.m. § 53a) verdächtig, so ist der Beschlagnahmezugriff möglich, soweit die Hilfsperson den Gewahrsam an dem Beweisgegenstand hat. Ist der Berufsgeheimnisträger selbst verdächtig, kann der Gegenstand sowohl bei diesem als auch bei einer Hilfsperson beschlagnahmt werden (SK-StPO/*Wohlers* § 97 Rn. 40). Für **Medienmitarbeiter** wurde jüngst durch das PrStG (vgl. *Schork* NJW 2012, 2694 ff.) zusätzlich in § 97 Abs. 5 S. 2 das Erfordernis eines **dringenden Tatverdachts** eingeführt. Sonst genügt das Vorliegen eines Anfangsverdachts.

45   Insbesondere bei **Strafverteidigern** ist genau zwischen noch zulässigem Verteidigungsverhalten und strafbarer Begünstigung oder (versuchter) Strafvereitelung zu unterscheiden. Hier müssen jedenfalls »gewichtige Anhaltspunkte« für eine Tatbeteiligung vorliegen (BGH NJW 1973, 2035 [2036]); es muss ein »**qualifizierter**« **Verdacht** vorhanden sein (BGH StV 2001, 604 [605]; KK/*Greven* § 97 Rn. 39).

46   Nach bisher vorherrschender Meinung ist es nicht notwendig, dass der Verteidiger nach §§ 138a ff. ausgeschlossen worden ist oder seine Befugnisse nach § 138c Abs. 3 ruhen (*Beulke/Ruhmannseder* StV 2011, 180 [183]; *Meyer-Goßner/Schmitt* § 97 Rn. 38; a. A. LR/*Menges* § 97 Rn. 96). Das ist aber mit

Blick auf die besondere Bedeutung des Rechts des Beschuldigten auf ungestörte Verteidigung, das zum Kernbereich der Persönlichkeitsentfaltung zählt, derart bedenklich, dass allenfalls besonders gewichtige Anhaltspunkte für eine Tatbeteiligung des Verteidigers das Beschlagnahmeverbot für Verteidigungsunterlagen rechtfertigen können, deren Inhalt auch nur gegen den Verteidiger, nicht gegen den Mandanten verwendet werden darf (SK-StPO/*Wohlers* § 97 Rn. 94).

Für die Beteiligung an der Tat des Beschuldigten durch den Berufsgeheimnisträger oder die Nachtat zur Tat des Beschuldigten ist der Tatbegriff des § 264 maßgeblich (SK-StPO/*Wohlers* § 97 Rn. 38). Es ist nur eine rechtswidrige Tat erforderlich, diese muss nicht notwendigerweise schuldhaft begangen sein (BGHSt 26, 168 [169]; krit. *Görtz-Leible* Die Beschlagnahmeverbote des § 97 Abs. 1 StPO im Lichte der Zeugnisverweigerungsrechte, 2000, S. 284 f.). Allerdings muss der Tatverdacht zumindest auch die Erfüllung des subjektiven Tatbestands einschließen (*Schmidt* Die Ausnahme vom Beschlagnahmeverbot gem. § 97 Abs. 2 S. 2 Hs. 1 StPO, 1989, S. 58 f.). Persönliche Strafaufhebungsgründe sind hier auch unerheblich. Nebentäterschaft reicht nicht als Tatbeteiligung aus, welche das Beschlagnahmeverbot aufheben würde (SK-StPO/*Wohlers* § 97 Rn. 38). 47

Befindet sich der Beweisgegenstand im Gewahrsam von **Presseorganen**, dann bleibt er trotz bestehenden Tatverdachts vom Beschlagnahmezugriff ausgeschlossen, wenn seine Beschlagnahme unter Berücksichtigung von Art. 5 Abs. 1 S. 2 GG **außer Verhältnis** zur Bedeutung der Sache stünde oder die Ermittlung des Sachverhalts oder Aufenthaltsorts des Täters **auch auf andere Weise ohne wesentliche Erschwernis** erfolgen könnte (§ 97 Abs. 5 S. 2 Hs. 2). Das Gesetz hat den verfassungsrechtlich notwendigen Quellenschutz (BVerfGE 77, 65 [73 ff.]; 117, 244 [265]) in der Neufassung der vorliegenden Vorschrift erweitert. 48

II. Beschlagnahmefähigkeit der instrumenta vel producta sceleris. Unmittelbar der Tatausführung dienende **Tatwerkzeuge** (LG Stuttgart NJW 1976, 2020; *Görtz-Leible* Die Beschlagnahmeverbote des § 97 Abs. 1 StPO im Lichte der Zeugnisverweigerungsrechte, 2000, S. 291 f.) und **Gegenstände**, die durch die Tat **hervorgebracht**, zur Tat **gebraucht** oder **bestimmt** sind oder aus der Tat **herrühren**, unterliegen keinem Beschlagnahmeverbot (KK/*Greven* § 97 Rn. 42; LR/*Menges* § 97 Rn. 42 ff.). Sie unterliegen zudem meist den Regeln über Einziehung oder Verfall und können auch insoweit beschlagnahmt werden, ohne dass dem die Beschlagnahmeverbote für Beweisgegenstände entgegenstehen (SK-StPO/*Wohlers* § 97 Rn. 4). Durch die Tat hervorgebracht sind Gegenstände, die durch die Tat erst entstanden sind oder aber dadurch verändert wurden. Zur Begehung der Tat gebraucht oder bestimmt sind alle bei der Tatausführung tatsächlich eingesetzten oder nach dem Tatplan zur Vorbereitung oder Durchführung der Tat vorgesehenen Waffen, Werkzeuge oder sonstigen Mittel. Zur Begehung der Tat gebraucht oder bestimmt sind auch Gegenstände, die lediglich der **Vorbereitung** der Tat dienen (*Meyer-Goßner*/*Schmitt* § 97 Rn. 22). Dass Gegenstände durch die Tat hervorgebracht sind oder aus ihr herrühren, setzt nicht voraus, dass sie einen Vermögenswert haben. »Straftat« i.S.d. § 97 Abs. 2 S. 3 ist nur die verfahrensgegenständliche Straftat, zu deren Aufklärung die Beschlagnahme erfolgen soll. 49

III. Aufhebung oder Beendigung des Beschlagnahmeverbots. Das Beschlagnahmeverbot endet, wenn das Zeugnisverweigerungsrecht entfällt. Das Aussageverweigerungsrecht nach § 52 entfällt mit der Auflösung des Verhältnisses durch **Auflösung des Verlöbnisses** oder Nichtigkeitsfeststellung hinsichtlich einer Adoption (SK-StPO/*Wohlers* § 97 Rn. 25), ferner mit dem **Tod des Angehörigen** des Beschuldigten oder dem Versterben des Beschuldigten selbst, wonach Mitbeschuldigte nicht mehr (mit-) geschützt werden. Damit wird ein Gegenstand, der sich im Gewahrsam dieses Angehörigen befunden hatte, beschlagnahmefähig (SK-StPO/*Wohlers* § 97 Rn. 26). Der **Tod eines** zur Zeugnisverweigerung berechtigten und zur Verschwiegenheit verpflichteten **Berufsgeheimnisträgers** hat dagegen nicht zwingend dieselbe Folge. Vielmehr gehen meist das Zeugnisverweigerungsrecht und der Gewahrsam an dem Beweisgegenstand auf einen **Nachfolger** desselben Berufs über. Das Beschlagnahmeverbot, das vor dem Tod des Vorgängers bestand, bleibt danach erhalten. 50

Wird der nach § 53 zur Zeugnisverweigerung Berechtigte wirksam von der zugleich bestehenden Verschwiegenheitspflicht **entbunden** wird, dann **entfällt** den Fällen der §§ 53 Abs. 1 S. 1 Nr. 2 bis 3b, 53a auch das Zeugnisverweigerungsrecht und zugleich das flankierende **Beschlagnahmeverbot** (OLG Hamburg NJW 1962, 689 ff.; OLG Nürnberg NJW 1958, 272 [273 ff.]) und zwar sowohl für den Berufsgeheimnisträger selbst als auch für eine eventuell eingeschaltete Hilfsperson i.S.d. § 53a (SK-StPO/ 51

§ 97 StPO Beschlagnahmeverbot

Wohlers § 97 Rn. 27). Die Frage der Zuständigkeit zur Abgabe der Erklärung bei juristischen Personen ist umstritten; infrage kommt insbesondere die Anknüpfung entweder an den Mandatsvertrag (*Tully/ Kirch-Heim* NStZ 20912, 657 ff.) oder an das individuell-personenbezogene Vertrauensverhältnis (*Krause* NStZ 2012, 663 ff.). Die Entbindungserklärung kann **widerrufen** werden (*Görtz-Leible* Die Beschlagnahmeverbote des § 97 Abs. 1 StPO im Lichte der Zeugnisverweigerungsrechte, 2000, S. 297), wodurch das Beschlagnahmeverbot wieder auflebt und zur Rückgabe des Gegenstands zwingt, ohne allerdings rückwirkende Kraft hinsichtlich der Verwertbarkeit der Erkenntnisse aus ihr zu besitzen (SK-StPO/*Wohlers* § 97 Rn. 32). Handelt es sich bei dem Mandanten oder Klienten um eine **juristische Person**, so entscheiden deren **Organe** über die Abgabe der Entpflichtungserklärung. Im LG Bonn NStZ 2012, 712 [713]; verfahren entscheidet der Insolvenzverwalter nicht alleine (OLG Celle wistra 1986, 83 [84]; OLG Düsseldorf StV 1993, 346 m. Anm. *Münchhalffen*; a. A. OLG Nürnberg StV 2011, 142 [143] m. abl. Anm. *Dierlamm*; SK-StPO/*Wohlers* § 97 Rn. 30).

52 Das **Einverständnis des Beschuldigten** berührt in den Fällen von § 97 Abs. 4 und 5 die Beschlagnahmefreiheit nicht, da das Beschlagnahmeverbot dort nicht nur in seinem Interesse besteht, sondern auch einen Institutionenschutz bewirkt und daher nicht seiner alleinigen Disposition unterliegt.

53 **Das einseitige Einverständnis des zur Zeugnisverweigerung berechtigten Zeugen** mit der Sicherstellung des Beweisgegenstands macht den Beschlagnahmeschutz gegenstandslos (KK/*Greven* § 97 Rn. 7; LR/*Menges* § 97 Rn. 55 ff.), wie auch das Zeugnisverweigerungsrecht wirkungslos bleibt, wenn der Zeuge **in Kenntnis seines Weigerungsrechts** doch aussagt. Der Verzicht ist widerruflich (LR/*Menges* § 97 Rn. 61). Umstritten ist vor allem die Frage, welche Folgen sich daraus ergeben, dass der aussageverweigerungsberechtigte Zeuge im Einzelfall seine Verschwiegenheitspflicht verletzt und sich nach § 203 StGB sogar strafbar macht. Hier wird zunächst nach dem Maßstab der Verfügbarkeit des Informationsinhalts zu differenzieren sein. Das Beichtgeheimnis und das Verteidigergespräch gehören zum absolut geschützten Kernbereich der Persönlichkeitsentfaltung, über die weder der Berufsgeheimnisträger noch der Staat zum Nachteil des Beschuldigten verfügen dürfen. Die **Offenlegung der Verteidigungsstrategie** durch den informell ohne Beratung und Zustimmung des Mandanten dealenden Verteidiger unter **Übergabe von Verteidigungsunterlagen** ist nicht nur rechtswidrig (BVerfG NJW 2013, 1058 [1064]) und pflichtwidrig, sie führt auch wegen der Disposition über **Unverfügbares** zu einem Beschlagnahme- und Beweisverwertungsverbot. Die staatlichen Strafverfolgungsorgane dürfen daran nicht mitwirken. Auch aus einer Verletzung strafbewehrter Pflichten dürfen sie nach zutreffender Ansicht **im Fall des § 203 StGB** keinen Beweisgewinn ziehen (*Eisenberg* Beweisrecht der StPO, Rn. 2348; SK-StPO/*Wohlers* § 97 Rn. 35; a. A. *Meyer-Goßner/Schmitt* § 97 Rn. 5).

54 **F. Sicherstellung bei freiwilliger Herausgabe des Beweisgegenstands.** Die freiwillige Herausgabe enthält zugleich einen **Verzicht** auf das Beschlagnahme- und Verwertungsverbot. Der Verzicht kann entsprechend § 52 Abs. 3 S. 2 **widerrufen** werden (*Görtz-Leible* Die Beschlagnahmeverbote des § 97 Abs. 1 StPO im Lichte der Zeugnisverweigerungsrechte, 2000, S. 294 f.; *Meyer-Goßner/ Schmitt* § 97 Rn. 7). Die (bloße) Ausübung des Zeugnisverweigerungsrechts kann allerdings nicht als Widerruf des Verzichts auf das Beschlagnahme- und Verwertungsverbot ausgelegt werden. Der beschlagnahmte Gegenstand ist nach einem Widerruf des Verzichts zurückzugeben, jedoch sind die bis dahin erzielten Auswerteergebnisse verwertbar. Die Sicherstellung ist nicht **zulässig**, wenn der Gewahrsamsinhaber mit der Erklärung seiner Einwilligung **gegen § 203 StGB verstößt**.

55 Der Gewahrsamsinhaber ist darüber zu **belehren**, dass der Gegenstand nicht zwangsweise beschlagnahmt werden kann (KK/*Greven* § 97 Rn. 3; *Meyer-Goßner/Schmitt* § 97 Rn. 6). Die Belehrung ist auch dann notwendig, wenn der Gewahrsamsinhaber den Gegenstand spontan freiwillig herausgibt. Der Gewahrsamsinhaber kann die Verwertbarkeit der Sache auf das Verfahren **beschränken**, in dem sie herausgegeben worden ist, weitere Beschränkungen sind nicht zulässig.

56 **G. Beweisverwertungsverbot.** Die Rechtsfolgen eines Verstoßes gegen ein Beschlagnahmeverbot, das sich aus dem Zeugnisverweigerungsrecht der Berufsgeheimnisträger ergibt, sind nicht in § 160a geregelt. § 97 besitzt nämlich nach § 160a Abs. 5 den Vorrang. Die Tatsache, dass hier ein Verwertungsverbot als Folge des Beschlagnahmeverbots nicht positivrechtlich geregelt ist, besagt nichts anderes; denn das Verwertungsverbot versteht sich dann von selbst (vgl. BVerfGE 44, 353 [383]). Es gilt auch für Mitbeschuldigte (SK-StPO/*Wohlers* § 97 Rn. 95). Es darf nicht durch die – fiktive – Hypo-

these einer alternativ rechtmäßigen Beweiserlangung (zum Stand der Rechtsentwicklung *Jahn/Dallmeyer* NStZ 2005, 297 ff.) auf anderem Wege, etwa über § 81a bei der Blutprobenbeschlagnahme im Krankenhaus, umgangen werden (so aber OLG Celle NZV 1989, 485 f. m. abl. Anm. *Wohlers* NStZ 1990, 245 f.; OLG Frankfurt NStZ-RR 1999, 246; OLG Zweibrücken NJW 1994, 810 f.). Ein Verstoß gegen das in § 97 Abs. 1 ausgesprochene Verbot der Beschlagnahme von schriftlichen Mitteilungen zwischen dem Beschuldigten und zeugnisverweigerungsberechtigten Personen oder Aufzeichnungen und anderen Gegenständen begründet ohne weiteres ein **Beweisverwertungsverbot**, das von Amts wegen zu berücksichtigen ist, solange keine Heilung des Fehlers eintritt. Der Staat ist in diesem Fall schließlich auch zur Herausgabe des Beweisgegenstands von Amts wegen verpflichtet. Die ohnehin verfehlte Widerspruchslösung (§ 136 Rn. 95 ff.) ist daher hier nicht anwendbar (a. A. LR/*Menges* § 97 Rn. 142). Erst recht folgt aus einer Verfassungswidrigkeit der Beschlagnahme ein Verwertungsverbot (vgl. weiter gehend BVerfGE 44, 353 [383]). Wenn die Beschlagnahme zum Zeitpunkt ihrer Anordnung **zulässig** war, hindern später eintretende – einer Beschlagnahme entgegenstehende – Umstände eine Verwertung nicht. War die Beschlagnahme zum Zeitpunkt ihrer Anordnung **unzulässig**, fallen jedoch die das Beschlagnahmeverbot begründenden Umstände später weg, dann darf der Beweisgegenstand verwertet werden (BGHSt 26, 168 [170 f.]).

Ein zulässig beschlagnahmter Gegenstand ist nur in dem **Umfang** verwertbar, in dem die Voraussetzungen der Beschlagnahme vorgelegen haben. Er darf deshalb nicht zum Nachweis einer Tat verwertet werden, wenn er zu deren Verfolgung nicht hätte beschlagnahmt werden dürfen. Dabei ist unerheblich, ob verschiedene Taten in demselben Verfahren oder in verschiedenen Verfahren verfolgt werden, sofern jedenfalls eine prozessuale Gemeinsamkeit besteht. 57

Hat eine zeugnisverweigerungsberechtigte Person den Gegenstand **ohne Belehrung herausgegeben**, ist er unverwertbar, es sei denn, der Gewahrsamsinhaber kannte sein Recht auf Nichtherausgabe oder erklärt auf nachträgliche Belehrung sein Einverständnis. 58

Eine **rechtswidrige Durchsuchung** führt zumindest dann, wenn schon der Durchsuchung auch Verfassungsrecht entgegengestanden hätte, zu einem Beweisverwertungsverbot für die hiernach beschlagnahmten Gegenstände (BVerfGE 44, 353 [383]). Soweit dies auf besonders schwer wiegende Verfahrensfehler der Durchsuchung beschränkt wird (LG Dresden StV 2012, 13 [14]), sollte diese Eingrenzung ihrerseits auf den objektiven Befund bezogen sein und keinen subjektiven Rechtsmissbrauchstatbestand einschließen; denn bei den Beweisverwertungsverboten geht es nicht um die Disziplinierung der Ermittler, sondern um den Schutz der von Eingriffsakten Betroffenen, für die das individuelle Handlungsmotiv der Ermittlungsbeamten unerheblich erscheint. 59

H. Revision. Wenn ein Beweisgegenstand trotz Verwertungsverbots bei der Beweiswürdigung verwertet wurde, kann dies die Revision begründen und zwar auch zugunsten eines Mitangeklagten (*Meyer-Goßner/Schmitt* § 97 Rn. 51; *Radtke/Hohmann/Joecks* § 97 Rn. 42; SK-StPO/*Wohlers* § 97 Rn. 97). In der Revisionsbegründung muss dann aber gem. § 344 Abs. 2 S. 2 auch dargelegt werden, dass die Voraussetzungen des Abs. 2 S. 3 nicht vorgelegen haben, wenn Anhaltspunkte für einen solchen Fall vorliegen (BGH NStZ 1991, 196 [197]). Die Nichtbeachtung eines Verwertungsverbots kann auch von einem Mitangeklagten geltend gemacht werden, der nicht unmittelbar selbst von der Verletzung des Beschlagnahmeverbots betroffen war. 60

§ 98 StPO Verfahren bei der Beschlagnahme.

(1) ¹Beschlagnahmen dürfen nur durch das Gericht, bei Gefahr im Verzug auch durch die Staatsanwaltschaft und ihre Ermittlungspersonen (§ 152 des Gerichtsverfassungsgesetzes) angeordnet werden. ²Die Beschlagnahme nach § 97 Abs. 5 Satz 2 in den Räumen einer Redaktion, eines Verlages, einer Druckerei oder einer Rundfunkanstalt darf nur durch das Gericht angeordnet werden.

(2) ¹Der Beamte, der einen Gegenstand ohne gerichtliche Anordnung beschlagnahmt hat, soll binnen drei Tagen die gerichtliche Bestätigung beantragen, wenn bei der Beschlagnahme weder der davon Betroffene noch ein erwachsener Angehöriger anwesend war oder wenn der Betroffene und im Falle seiner Abwesenheit ein erwachsener Angehöriger des Betroffenen gegen die Beschlagnahme ausdrücklichen Widerspruch erhoben hat. ²Der Betroffene kann jederzeit die gerichtliche Entscheidung beantragen. ³Die Zuständigkeit des Gerichts bestimmt sich nach § 162. ⁴Der Betroffene kann den

Antrag auch bei dem Amtsgericht einreichen, in dessen Bezirk die Beschlagnahme stattgefunden hat; dieses leitet den Antrag dem zuständigen Gericht zu. ⁵Der Betroffene ist über seine Rechte zu belehren.

(3) Ist nach erhobener öffentlicher Klage die Beschlagnahme durch die Staatsanwaltschaft oder eine ihrer Ermittlungspersonen erfolgt, so ist binnen drei Tagen dem Gericht von der Beschlagnahme Anzeige zu machen; die beschlagnahmten Gegenstände sind ihm zur Verfügung zu stellen.

(4) ¹Wird eine Beschlagnahme in einem Dienstgebäude oder einer nicht allgemein zugänglichen Einrichtung oder Anlage der Bundeswehr erforderlich, so wird die vorgesetzte Dienststelle der Bundeswehr um ihre Durchführung ersucht. ²Die ersuchende Stelle ist zur Mitwirkung berechtigt. ³Des Ersuchens bedarf es nicht, wenn die Beschlagnahme in Räumen vorzunehmen ist, die ausschließlich von anderen Personen als Soldaten bewohnt werden.

Übersicht

		Rdn.			Rdn.
A.	Zweck und Anwendungsbereich der Norm	1		Beschlagnahmeanordnung und Art und Weise der Vollziehung	23
B.	Kompetenzordnung für die Beschlagnahme im Überblick	3	F.	Nachholung der gerichtlichen Entscheidung	28
C.	Ausnahmekompetenz bei Gefahr im Verzug	11	I.	Antrag auf Beschlagnahmebestätigung von Amts wegen	28
D.	Ausfüllung der Regelkompetenz zur Beschlagnahmeanordnung durch das Gericht	13	II.	Antrag des Betroffenen auf gerichtliche Entscheidung (Abs. 2 S. 2)	29
E.	Bekanntmachung und Vollziehung	21	III.	Gerichtszuständigkeit	32
I.	Durchführung oder Zurückstellung der Bekanntmachung	21	IV.	Prüfungsmaßstab	34
II.	Zuständigkeit zur Vollstreckung der		G.	Beendigung der Beschlagnahme	36
			H.	Rechtsmittel	39
			I.	Beschwerde	39
			II.	Revision	43

1 **A. Zweck und Anwendungsbereich der Norm.** Die Norm regelt vor allem die **Kompetenz** zur Anordnung der Beschlagnahme, die von der Durchsuchungsanordnung zu unterscheiden ist, welche in der Praxis meist formularmäßig auch mehr oder weniger unbestimmte Beschlagnahmehinweise enthält, die dann aber keine wirksame Beschlagnahme (LG Hildesheim StraFo 2007, 114 f.), sondern nur Richtlinie für Ziel und Grenzen der Durchsuchung sind (OLG Koblenz NStZ 2007, 285 f.; KK/*Greven* § 98 Rn. 2). Zu unterscheiden sind die Beschlagnahme und deren Anordnung auch von der Durchsicht vorläufig sichergestellten Materials nach § 110, die noch keine Beschlagnahme darstellt und der richterlichen Entscheidung vorgelagert ist (BVerfGE 124, 43 [75]). Eine Beschlagnahmeanordnung bezieht sich zudem stets auf ein **bestimmtes Strafverfahren**. Soll sie auch für ein anderes Verfahren wirksam werden, so bedarf es dort einer weiteren Anordnung (AG Bremen StV 2012, 14 f.). Werden bei der Durchsuchung konkrete Gegenstände sichergestellt, so bedarf es mangels vorheriger Beschlagnahmeanordnung in Bezug auf konkrete Gegenstände noch **nachträglich** einer richterlichen Beschlagnahmeanordnung, sofern der Gegenstand nicht gewahrsamslos ist oder freiwillig herausgegeben wird; dann ist eine Beschlagnahme entbehrlich, also auch deren Anordnung durch den Richter (LG Hannover Beschl. v. 17.11.2008 – 70 Qs 90/08; *Meyer-Goßner/Schmitt* § 98 Rn. 2). Die Norm enthält ferner **Rechtsbehelfsregeln** und eine **Ausnahme von der allgemeinen Vollziehungskompetenz** der Staatsanwaltschaft und ihrer Ermittlungspersonen im militärischen Bereich. Eine generelle Rechtsschutzgewährung ist § 98 Abs. 2 S. 2, der bei diversen Ermittlungsmaßnahmen auch unter Verdrängung der §§ 23 ff. EGGVG **analog angewendet** zu werden pflegt (BGHSt 44, 171 [174]; 44, 265 [268 ff.]; BGH StV 2000, 537; *Meyer-Goßner/Schmitt* § 98 Rn. 23; *Radtke/Hohmann/Joecks* § 98 Rn. 19), allerdings nicht immanent (*Schenke* NJW 2011, 2838 [2839 f.]). Diese ist weder vom Prozessgesetzgeber gewollt, noch ausreichend effektiv im Sinne der Verfassungsgarantie aus Art. 19 Abs. 4 S. 1 GG. Sie entspricht schließlich aber auch nicht dem Gebot der Rechtsmittelklarheit. Rechtsbehelfe müssen danach nämlich in der geschriebenen Rechtsordnung geregelt und in ihren Voraussetzungen für die Bürger erkennbar sein (BVerfGE 107, 395 [416]; 108, 341 [349]). Für heimliche Ermittlungseingriffe gilt nun § 101 Abs. 7 S. 2, der gegenüber § 98 eine lex specialis darstellt (BGHSt 53, 1 [3]; krit. *Löffelmann* ZIS 2009, 495 [496]).

§ 98 gilt schließlich nicht für die Beschlagnahme von Einziehungs- oder Verfallsgegenständen; dafür 2
sind die §§ 111b ff. geschaffen worden (SK-StPO/ *Wohlers* § 98 Rn. 2). Im Steuerstrafverfahren liefern
§§ 386, 399, 404 AO spezielle Bestimmungen.

B. Kompetenzordnung für die Beschlagnahme im Überblick. Grundsätzlich ist zur 3
Anordnung der Beschlagnahme aus Gründen der Rechtsschutzgewährleistung gegenüber dem von Ermittlungsbeamten vollzogenen hoheitlichen Zugriff auf Beweis- und Einziehungsgegenstände im Sinne
von § 94 **der Richter zuständig** (§ 98 Abs. 1 S. 1 Hs. 1), der eine »vorbeugende Kontrolle der Maßnahme durch eine unabhängige und neutrale Instanz« gewährleisten soll (BVerfGE 103, 142 [151];
115, 166 [196] für die Durchsuchungsanordnung; *Radtke/Hohmann/Joecks* § 98 Rn. 4), was aber als
Rechtsschutzmöglichkeit praktisch wirkungslos bleibt (*Brüning* ZIS 2006, 29 ff.). Nur **ausnahmsweise**
(*Brüning* ZIS 2006, 29 [32]) dürfen **die Staatsanwaltschaft oder ihre Ermittlungspersonen** eine Beschlagnahme anordnen, wenn die Gefahr eines Beweisverlusts oder der sonstigen Zweckverfehlung vorliegt (§ 98 Abs. 1 S. 1 Hs. 2). Das gilt auch noch nach Anklageerhebung (SK-StPO/ *Wohlers* § 98
Rn. 32). »Gefahr im Verzug« in diesem Sinne ist nämlich anzunehmen, wenn der **Zweck der Maßnahme**, nämlich die **Sicherung eines sächlichen Beweismittels** (§ 94 Abs. 1 und 2) **oder des Führerscheins als Einziehungsgegenstands** (§ 94 Abs. 3), **gefährdet** wird, sofern vor dem Zugriff auf den Beweisgegenstand erst die richterliche Anordnung eingeholt wird.

Eilkompetenzen für Ermittlungsbeamte gibt es aber generell dann nicht, wenn die Beschlagnahme in 4
einer Redaktion, einem Verlag, einer Druckerei oder einer Rundfunkanstalt stattfinden soll (LR/ *Menges* § 98 Rn. 7). Dieser Eingriff – neben demjenigen in die Verfügungsbefugnis des Eigentümers nach
Art. 14 Abs. 1 GG (§ 903 BGB) und die allgemeine Handlungsfreiheit des Inhabers (Art. 2 Abs. 1 GG)
auch – in die **Pressefreiheit** aus Art. 5 Abs. 1 GG (BVerfG NJW 2011, 1863 ff.) ist ausschließlich dem
Gericht vorbehalten (Abs. 1 S. 2). Dies betrifft nicht Beschlagnahmen außerhalb der Räume der Redaktion, des Verlags, der Druckerei oder Rundfunkanstalt, etwa im getrennten Büro eines freien Mitarbeiters (BGH StV 1999, 163). Durchsuchung und Beschlagnahme in Räumen von Presseorganen sind unzulässig, wenn sie ausschließlich dazu dienen, **Informanten** der Pressemitarbeiter ausfindig zu machen
(BVerfGE 117, 244 [265]).

Bei einer Beschlagnahme durch einen Ermittlungsbeamten ohne vorherige Anordnung des Gerichts wegen Gefahr im Verzug soll der Ermittler die **richterliche Entscheidung** binnen drei Tagen beantragen, 5
wenn bei der Beschlagnahme weder der Betroffene noch ein erwachsener Angehöriger anwesend war
oder ein anwesender Betroffener oder Angehöriger widersprochen hat (§ 98 Abs. 2 S. 1). Dann erfolgen
der behördliche Antrag und die gerichtliche Entscheidung **von Amts wegen**. **Der Betroffene kann** aber
auch jederzeit die gerichtliche Entscheidung **beantragen** (§ 98 Abs. 2 S. 2).

Auch im Sinne von Art. 101 Abs. 1 S. 2 GG zuständig ist im Vorverfahren **der Ermittlungsrichter** (§ 98 6
Abs. 2 S. 3 i.V.m. § 162 oder § 169) auf Antrag der Staatsanwaltschaft (LR/ *Menges* § 98 Rn. 14), im
Zwischen- oder Hauptverfahren **das erkennende Gericht** (§ 98 Abs. 2 S. 4 i.V.m. § 162 Abs. 3 S. 1)
in der Besetzung für Entscheidungen außerhalb der Hauptverhandlung (KK/ *Greven* § 98 Rn. 7), das
auf Antrag oder von Amts wegen entscheidet. Der Ermittlungsrichter kann die Beschlagnahme nur
auf Antrag der Staatsanwaltschaft und in diesem Umfang anordnen (*Meyer-Goßner/Schmitt* § 98 Rn. 4;
SK-StPO/ *Wohlers* § 98 Rn. 8), weil diese im Vorverfahren die Verfahrensherrschaft besitzt. Die polizeilichen Ermittlungspersonen haben keine Antragsbefugnis. Das erkennende Gericht entscheidet dagegen entweder von Amts wegen, da es im Zwischen- oder Hauptverfahren selbst die Verfahrensherrschaft erlangt (krit. zur überkommenen h.M. *Löffelmann* ZIS 2009, 495 [497 ff.]), oder aber auf Antrag
der Staatsanwaltschaft.

Der Betroffene kann den Antrag auf gerichtliche Entscheidung im Fall einer vorangegangenen behördlichen Beschlagnahme wegen Gefahr im Verzug bei dem Gericht am Ort der Beschlagnahme einreichen, auch wenn dieses nicht für die Beschlagnahmeanordnung örtlich zuständig ist. Es leitet den Antrag dann an das zuständige Gericht weiter (§ 98 Abs. 2 S. 5). 7

Der Betroffene ist bei der Vollziehung der Beschlagnahme **über seine Rechte**, der Sicherstellung zu widersprechen, bei einer Beschlagnahmeanordnung durch einen Ermittlungsbeamten wegen Gefahr im 8
Verzug die gerichtliche Entscheidung zu beantragen oder gegen eine vorliegende gerichtliche Beschlagnahmeanordnung Beschwerde einzulegen, **zu belehren** (§ 98 Abs. 2 S. 6).

9 **Im Zwischen- oder Hauptverfahren** ist dem erkennenden Gericht von einer erst nach Anklageerhebung erfolgten Beschlagnahme durch einen Beamten wegen Gefahr im Verzug binnen drei Tagen Anzeige zu machen und der **Beschlagnahmegegenstand zur Verfügung zu stellen** (§ 98 Abs. 3). Dies beruht auf der Verfahrensherrschaft des erkennenden Gerichts ab Anklageerhebung.

10 Zum **Schutz des Militärbetriebs** sind Beschlagnahmen, die in einem Dienstgebäude oder einer nicht allgemein zugänglichen Einrichtung oder Anlage der Bundeswehr erforderlich wird, die vorgesetzte Dienststelle der Bundeswehr als zuständige Behörde zu ersuchen (§ 98 Abs. 4 S. 1). Die Ermittlungsbehörde darf an der Beschlagnahme mitwirken (§ 98 Abs. 4 S. 2), die hier ausnahmsweise der Militärdienststelle obliegt, aber sie darf im militärischen Bereich nicht alleine handeln. Dieser Vorbehalt für die vorgesetzten militärischen Dienststellen gilt andererseits nicht bei Beschlagnahmen in Räumen, die nur von Zivilpersonen bewohnt werden (§ 98 Abs. 4 S. 3).

11 **C. Ausnahmekompetenz bei Gefahr im Verzug.** Im Eilfall sind die Staatsanwaltschaft und ihre Ermittlungspersonen zur Anordnung der Beschlagnahme zuständig, ferner die Steuer- und Zollfahndungsstellen. »Gefahr im Verzug« als Grund für eine Eilkompetenz der Staatsanwaltschaft und ihrer Ermittlungspersonen besteht, wenn aufgrund bestimmter Tatsachen anzunehmen ist, dass das Beweismittel verloren geht und dadurch der meist maßgeblich Beweissicherungszweck der Maßnahme oder – in viel selteneren Fällen des § 94 Abs. 3 (BGHSt 22, 385 [392]) – der Zweck der Sicherung der Führerscheineinziehung wahrscheinlich verfehlt werden mag, sofern vor dem Beschlagnahmezugriff auf den Beweisgegenstand zuerst eine richterliche Anordnung eingeholt wird (BGHSt 22, 385 [389]; *Eisenberg* Beweisrecht der StPO, Rn. 2377a; LR/*Menges* § 98 Rn. 34; *Meyer-Goßner/ Schmitt* § 98 Rn. 6; für die Durchsuchungsanordnung wegen Gefahr im Verzug BVerfGE 103, 142 [154]; BGHSt 51, 285 [288]). Es geht also um eine Prognose. Gefahr im Verzug in diesem Sinn ist ein **unbestimmter Rechtsbegriff**, der als Ausnahmetatbestand eng ausgelegt werden soll (BVerfGE 103, 142 [153]; BGHSt 51, 285 [292]) und den Ermittlungsbeamten keinen unüberprüfbaren **Beurteilungsspielraum** für seine Anwendung belässt (BVerfGE 103, 142 [157 ff.]; *Meyer-Goßner/Schmitt* § 98 Rn. 7; *Radtke/Hohmann/Joecks* § 98 Rn. 7). Vielmehr ist das Vorliegen oder Nichtvorliegen der Anordnungsvoraussetzung für das nach Abs. 2 nachträglich eingreifende Gericht inhaltlich in vollem Umfang nachprüfbar; nur muss dann natürlich auch durch das Gericht eine Betrachtung aus der Perspektive z.Zt. des behördlichen Entschlusses zugrunde gelegt werden (SK-StPO/*Wohlers* § 98 Rn. 35). Ein **Irrtum** über das Vorliegen von Gefahr im Verzug führt nach vorherrschender Auffassung aber nicht zur Rechtswidrigkeit der Beschlagnahmeanordnung mit der Folge eines Beweisverwertungsverbots (*Meyer-Goßner/Schmitt* § 98 Rn. 7; a. A. SK-StPO/*Wohlers* § 98 Rn. 36, 63). Vielmehr soll mit der Rechtsfolge nur eine **willkürliche Verfehlung des Richtervorbehalts** belegt sein. Das entspricht aber nicht der Bedeutung und Tragweite des Eingriffsakts und der Grenzen der Beweisbefugnis der staatlichen Strafverfolgungsorgane. Eine Kompetenzverletzung liegt auch vor, wenn ein Ermittlungsbeamter die allmähliche Zuspitzung der Situation hinnimmt und abwartet, bis der Richtervorbehalt nicht mehr realisiert werden kann, obwohl ein Beschlagnahmezugriff mit richterlicher Erlaubnis vorher möglich gewesen wäre (vgl. für die Durchsuchung BGHSt 51, 285 [288]).

12 Die Annahme von Gefahr im Verzug ist **mit einzelfallbezogenen Tatsachen zu belegen**, was zumindest nachträglich in den Akten zu dokumentieren ist (BVerfGE 103, 142 [160]). Anders als bei der ermittlungsrichterlichen Beschlagnahmeanordnung bedarf die Eilanordnung durch die Ermittlungsbehörde zunächst nicht der Schriftform (SK-StPO/*Wohlers* § 98 Rn. 37). Die Tatsachengrundlagen der Entscheidung für die Annahme einer Eilkompetenz und deren Nutzung sind danach aber in den Akten zu dokumentieren (LG Verden Beschl. v. 11.08.2010 – 7 KLs 3/10).

13 **D. Ausfüllung der Regelkompetenz zur Beschlagnahmeanordnung durch das Gericht.** Gesetzlicher Regelfall ist – unbeschadet der praktischen Umkehrung der Verhältnisse – die Beschlagnahmeanordnung durch den Richter auf Antrag der Staatsanwaltschaft. Hier zeigen sich strukturelle Defizite (*Brüning* ZIS 2006, 29 [32 f.]). Das Postulat eines nächtlichen Notdienstes der Richter geht am Gebot der Effektivität gerichtlichen Rechtsschutzes, das auch und erst recht für die »präventiven Rechtsschutzes« aufgrund eines Richtervorbehalts für Grundrechtseingriffe im Vorverfahren gelten müsste, vorbei (vgl. *Brüning* ZJS 2010, 129 [132 f.]).

Die richterliche Beschlagnahmeanordnung ergeht prinzipiell durch **schriftlichen Beschluss** (LR/*Menges* § 98 Rn. 15; SK-StPO/*Wohlers* § 98 Rn. 14). Eine »fernmündliche Genehmigung eines Ermittlungsrichters« reicht entgegen Andeutungen in der Rechtsprechung (vgl. für die Durchsuchung BGHSt 51, 285 [295]) nicht aus, weil sie praktisch gar keine eigenverantwortliche Entscheidung des Richters darstellt (Rdn. 15). Der Beschluss ist anfechtbar und daher nach § 34 auch **zu begründen** (LG Berlin StV 2002, 67 f.), womit die Ermittlungsrichter aber **durch** unsinnige **Pensenvorgaben**, wonach von einem **Ermittlungsrichter** fast 5.000 solcher Beschlüsse pro Jahr zu fertigen wären, wenn ausschließlich Gs-Sachen zu seinem Aufgabenbereich gehören würden, **strukturell überfordert** sind (*Brüning* ZIS 2006, 29 [32 f.]; *Paeffgen/Wasserburg* GA 2012, 535 [550]). Dass dieses Pensum bei ordnungsgemäßer Sachbehandlung mitsamt der genauen Sichtung umfangreichen Sicherstellungsmaterials im Fall des Antrags auf nachträgliche Bestätigung der Beschlagnahme unerfüllbar ist, weshalb sich Ermittlungsrichter auf kursorische Prüfungen mit Stichproben beschränken, darf aus verfassungsrechtlicher Sicht nicht zulasten der Betroffenen gehen; praktisch geschieht aber genau dies. Mahnungen an die Gesetz- und Haushaltgeber sind vom BVerfG genug eräußert (BVerfGE 103, 142 [152]), aber bisher ignoriert worden. Die Pensenvorgaben mit fiktiv zu meisternden Fallzahlen haben sich an einer formularmäßig pflichtwidrigen Erledigungspraxis ohne substanzielle Wirksamkeit orientiert, während die Erledigungspraxis sich mit ihrer ökonomisierten Entscheidungsweise darum bemüht, das eigentlich unerfüllbare Pensum zumindest nach einem äußeren Anschein doch zu erledigen. Das geschieht unter enormen Verlusten an Qualität ermittlungsrichterlicher Arbeit, die längst unter ein Niveau gesunken ist, das noch dem materiellen Gewährleistungsgehalt des Art. 101 Abs. 1 S. 2 GG entsprechen könnte.

14

Die Begründung der Entscheidung und ihre Absetzung gehören zum Entscheidungsprozess einer ordnungsgemäßen richterlichen Rechtshandlung und müssen neben der **Sichtung von Unterlagen**, aus denen sich der Tatverdacht (LG Hildesheim wistra 2007, 399 f.), die Existenz eines sächlichen Beweismittels und dessen Beweiseignung sowie die Geeignetheit, Erforderlichkeit und Angemessenheit der Eingriffsmaßnahme wenigstens in groben Zügen ablesen lassen, möglich sein (für die Durchsuchung *Höfling* JR 2003, 408 [410]). Kommt das im Einzelfall nicht ohne Gefährdung des Untersuchungszwecks infrage, so liegt Gefahr im Verzug vor. Die **Praxis einer** mehr oder weniger unreflektierten ermittlungsrichterlichen **Beschlagnahmeanordnung auf Telefonanruf** durch einen Ermittler (hingenommen bei einer Durchsuchungsanordnung von BGH StV 2006, 174 m. abl. Anm. *Harms* StV 2006, 215 ff.), deren **mündliche Mitteilung** an die Vollzugsorgane und erst nachträgliche schriftliche Absetzung lässt die Rechtsschutzfunktion des Richtervorbehalts leer laufen (SK-StPO/*Wohlers* § 98 Rn. 14; s.a. zur Durchsuchungserlaubnis *Höfling* JR 2003, 408 [409]). Sie erweist sich wegen weitgehender Annullierung der **Eigenverantwortlichkeit des Richters** bei der Entscheidung (vgl. für die Durchsuchungsanordnung BVerfGE 96, 44 [51]; 103, 142 [151]) bestenfalls als sinnlos, wenn nicht sogar wegen vorschneller Verfestigung der Verdachtshypothese durch eine nur scheinbar stattgefundene neutrale Verdachtsbestätigung als **kontraproduktiv**. Deshalb taugt auch die Überlegung der abweichenden Ansicht im Ergebnis nicht, ein mündlicher Beschluss des Richters sei immer noch besser als gar keine gerichtliche Eingriffserlaubnis (so etwa *Radtke/Hohmann/Joecks* § 98 Rn. 8). Auch die Unterzeichnung eines von der Ermittlungsbehörde in Einzelheiten vorformulierten Beschlagnahmebeschlusses konterkariert die Kontrollfunktion des Ermittlungsrichters und verletzt die Neutralitätsgarantie aus Verfassung und Konvention (Art. 101 Abs. 1 S. 2 GG, Art. 6 Abs. 1 S. 1 EMRK). Abweichende Rechtsbehauptungen haben den Sinn des Richtervorbehalts vergessen und sich an formale Handlungsroutinen überlasteter Ermittlungsrichter gewöhnt. Genau genommen erfüllt der Richter seine **Pflicht zur ordnungsgemäßen Überprüfung** nicht, wenn er sich nicht umfassend über den bisherigen Sachstand informiert, bevor er seine Entscheidung trifft (vgl. BVerfG NJW 2012, 2334 [2336]). Das gehört zum materiellen Gewährleistungsgehalt des grundrechtsgleichen Rechts Betroffener aus Art. 101 Abs. 1 S. 2 GG. Auch dient die schriftliche Begründung der Entscheidung der eigenen Kontrolle des Gedankengangs innerhalb des komplexen Entscheidungsprozesses, den eine überlastete Formularbeschlusspraxis mehrheitlich überspringt. Nach allem ist eine zunächst noch gar nicht schriftlich niedergelegte Entscheidung ebenso verfehlt wie das gedankenlose Ausfüllen eines Beschlussformulars ohne ausreichende Instruierung des Richters über den bisherigen Befund des Ermittlungsverfahrens und ohne eine auf den Einzelfall bezogene Entscheidungsbegründung.

15

Nur mündlich mitgeteilte Informationen der Ermittlungsbehörde sind prinzipiell keine brauchbare Entscheidungsgrundlage (zu Unrecht krit. für einen telefonischen Antrag auf Durchsuchungsgestat-

16

tung LG Dresden StraFo 2004, 13 f. m. Anm. *Lemke*). Im Zeitalter der elektronischen Datenverarbeitung und der Telekommunikation per E-Mail oder Telefax ist eine rasche Fixierung und Übermittlung bisher greifbarer Informationen, die dann auch zum Aktenbestandteil werden, technisch möglich und rechtlich erforderlich. Die Neutralitätsgarantie aus Art. 101 Abs. 1 S. 2 GG und Art. 6 Abs. 1 S. 1 EMRK wird dagegen nicht gewahrt, wenn der Ermittlungsrichter, der ein von der Ermittlungsbehörde unabhängiges Organ der Gegenkontrolle im Interesse einer präventiven Rechtsschutzgewährung an den regelmäßig nicht vor dem Beschlagnahmezugriff angehörten Betroffenen sein soll (SK-StPO/*Wohlers* § 98 Rn. 6), alleine aufgrund mündlich übermittelter Fragmente oder Zusammenfassungen des behördlichen Informationsstands ohne Rekonstruktionsmöglichkeit entscheidet. In einer solchen Situation ist die Zurückstellung der Entscheidung, gegebenenfalls mit der Folge des Eingreifens der Eilkompetenz der Staatsanwaltschaft und ihrer Ermittlungspersonen, der einzig sachgemäße Weg des richterlichen Vorgehens. Lehnt das Gericht nicht die Beschlagnahmeanordnung selbst, sondern nur eine Entscheidung in unzureichender Zeit und auf unzureichender Informationsgrundlage ab, so fällt die Anordnungszuständigkeit an die Staatsanwaltschaft und ihre Ermittlungspersonen bei Vorliegen von Gefahr im Verzug zurück (vgl. SK-StPO/*Wohlers* § 98 Rn. 14).

17 Die Beschlagnahmeanordnung ergeht meist **ohne vorherige Anhörung des Betroffenen** (§ 33 Abs. 4 S. 1), wenn andernfalls der Erfolg der Maßnahme gefährdet wäre (LR/*Menges* § 98 Rn. 17). Dem muss bei der gerichtlichen Entscheidung als Mittel der präventiven Rechtsschutzgewährung durch kritische Bewertung der Verdachtsgründe Rechnung getragen werden. Sind z.Zt. der richterlichen Entscheidung über die Beschlagnahme bereits Äußerungen des Beschuldigten oder Stellungnahmen der Verteidigung bekannt und aktenkundig, so müssen diese selbstverständlich berücksichtigt werden (SK-StPO/*Wohlers* § 98 Rn. 15).

18 Der ordnungsgemäße Beschlagnahmebeschluss muss die zu vollziehende Maßnahme unter möglichst genauer **Bezeichnung des Beschlagnahmegegenstands** (LR/*Menges* § 98 Rn. 18), die wenigstens knappe **Bezeichnung des Tatvorwurfs** in tatsächlicher und materiell-rechtlicher Hinsicht enthalten (LR/*Menges* § 98 Rn. 20; *Radtke/Hohmann/Joecks* § 98 Rn. 9; SK-StPO/*Wohlers* § 98 Rn. 17), die Tatsachen und bisherigen **Beweise für den Tatverdacht** (BayVerfGH BayVBl. 2012, 482 f.) sowie deren **vorläufige Würdigung** erkennen lassen und die potenzielle **Beweiseignung** des Gegenstands (OLG Düsseldorf StV 1983, 407; LG Bielefeld Beschl. v. 25.01.2013 – 1 Qs 629/12; *Roxin/Schünemann* Strafverfahrensrecht, § 34 Rn. 12), sowie die **Verhältnismäßigkeit** seiner Beschlagnahme erklären (LR/*Menges* § 98 Rn. 20). Das kann durchaus kurz und knapp geschehen, muss aber die Berücksichtigung der genannten Prüfungspunkte erkennen lassen. Kommt das **Eingreifen eines Beschlagnahmeverbots** oder eines Beweisverwertungsverbots für den Beschlagnahmegegenstand mit der Vorwirkung eines Beschlagnahmehindernisses aus Gründen der Unverhältnismäßigkeit infrage (zur Beschlagnahme von »Verteidigerpost« bei einem Gefangenen LG Tübingen NStZ 2008, 653 ff.), so muss sich das Gericht auch damit auseinandersetzen.

19 Ist eine Anordnung der »Beschlagnahme« **im Kontext eines Durchsuchungsbeschlusses** noch unbestimmt, weil dort der gesuchte Gegenstand allenfalls gattungsmäßig oder durch Beispiele umrissen ist, so liegt gar **keine (wirksame) Beschlagnahmeanordnung** im Sinne von Abs. 1 (LG Bad Kreuznach StV 1994, 177 f.; LG Essen ZWH 2012, 379 [381]; LG Koblenz wistra 2004, 438 ff.; *Meyer-Goßner/Schmitt* § 98 Rn. 9; SK-StPO/*Wohlers* § 98 Rn. 18), sondern nur ein Hinweis auf den Zweck der Durchsuchung vor. In diesem Fall werden bei der Durchsuchung sichergestellte Gegenstände gesichtet (§ 110) und gegebenenfalls nachträglich förmlich beschlagnahmt (vgl. *Kemper* wistra 2006, 171 ff.). Die genaue Bezeichnung des Beschlagnahmegegenstands und die Gründe der Beschlagnahmeanordnung werden dann also erst nachträglich geprüft und gegebenenfalls niedergelegt. Der eigentliche Beschlagnahmebeschluss folgt also entgegen einer Suggestion der Formularpraxis ermittlungsrichterlicher Beschlüsse der Durchsuchung nach, worauf die vorangegangene, allgemeine Beschlagnahmeweisung gegenstandslos wird (BGHR StPO § 98 Abs. 2 Bestätigung 1). Eine gegen die unbestimmte »Beschlagnahmeanordnung« gerichtete Beschwerde ist als Antrag auf gerichtliche Entscheidung nach Abs. 2 S. 2 auszulegen und vom Ermittlungsrichter zu bescheiden, bevor die Beschwerdeinstanz angerufen werden kann (OLG Koblenz NStZ 2007, 285 f.). Ein **Mangel des Durchsuchungsbeschlusses** greift auf die nachfolgende Beschlagnahmeanordnung nur dann durch, wenn er so gravierend ist, dass daraus ein Beweisverwertungsverbot folgt; behebbare Defizite in der Begründung gehören nach der Rechtsprechung nicht zu derartigen Mängeln (BVerfG Beschl. v. 18.02.2008 – 2 BvR 2697/07).

Die Beschlagnahme eines bestimmten Gegenstands als Beweismittel ist nur anzuordnen, wenn sie als **20** Maßnahme der Beweissicherung für das Verfahren im Sinne des allgemein geltenden Grundsatzes der Verhältnismäßigkeit **geeignet, erforderlich und angemessen** ist, insbesondere also in einem angemessenen Verhältnis zur Schwere der mutmaßlichen Tat und der Stärke des Verdachts steht (BayVerfGH BayVBl. 2012, 482 [483]) und nicht wegen ausreichender sonstiger Beweismittel, wie einem glaubhaften und verwertbaren Geständnis des Beschuldigten, entbehrlich ist.

E. Bekanntmachung und Vollziehung. I. Durchführung oder Zurückstellung der Be- 21 kanntmachung. Die Beschlagnahmeanordnung ist dem Betroffenen bekannt zu machen (LR/*Menges* § 98 Rn. 21). Dies kann **bis zum Beginn der Beschlagnahme** zurückgestellt werden, um den Zweck der Untersuchung nicht zu gefährden. Von der Praxis wird postuliert, dass auch über diesen Zeitpunkt hinaus eine Zurückstellung der Mitteilung der Beschlagnahmeanordnung und vor allem ihrer einzelnen Begründungselemente, vor allem der Verdachtsgründe, wegen Gefährdung des Untersuchungserfolgs zulässig sein könne. Das Gesetz sieht dies aber nicht vor (SK-StPO/*Wohlers* § 98 Rn. 23), zumal es sich bei der Beschlagnahme um eine offene Ermittlungsmaßnahme handelt und effektiver Rechtsschutz gegen einen Eingriffsakt spätestens dann ermöglicht werden muss, wenn der Betroffene bei der Vollziehung davon erfährt. Effektiv ist die Rechtsschutzgewährung nur dann, wenn der Entscheidung und ihrer Vollziehung nur solche Informationen zugrunde liegen, die auch dem Betroffenen und der Verteidigung z.Zt. der Bekanntmachung zur Verfügung stehen und von diesen zur Begründung eines Rechtsbehelfs genutzt werden können. Demgemäß können **Geheimhaltungsinteressen der Exekutive** nicht dazu führen, dass die Bekanntmachung der gerichtlichen Eingriffsanordnung und ihrer Gründe auch über den Zeitpunkt der offenen Konfrontation des Betroffenen mit der Maßnahmenvollziehung hinaus zurückgestellt werden.

In Ausnahmefällen ließ eine – überholte – Rechtsprechung unter Hinweis auf allgemeine Grundsätze **22** der Nichtöffentlichkeit des Vorverfahrens und der dortigen Geheimhaltungsbedürfnisse bis hin zur Versagung von Akteneinsicht an die Verteidigung (§ 147 Abs. 2) eine Zurückstellung der Bekanntmachung der Beschlagnahmeanordnung zu, wenn hierdurch der Untersuchungszweck gefährdet erschien. Das entspricht aber nicht dem Gesetz (*Meyer-Goßner/Schmitt* § 98 Rn. 10).

II. Zuständigkeit zur Vollstreckung der Beschlagnahmeanordnung und Art und Weise der Voll- 23 ziehung. Eine Vollziehungspflicht folgt im Vorverfahren, in dem die Staatsanwaltschaft die Verfahrensherrschaft besitzt, nicht schon aus der Existenz einer ermittlungsrichterlichen Anordnung, sondern alleine aus dem Legalitätsprinzip (SK-StPO/*Wohlers* § 98 Rn. 10). Richterliche Beschlagnahmeanordnungen vollstreckt **die Staatsanwaltschaft** (§ 36 Abs. 2) meist **mithilfe ihrer Ermittlungspersonen** (LR/*Menges* § 98 Rn. 22; SK-StPO/*Wohlers* § 98 Rn. 21). **Das erkennende Gericht** kann seine Anordnungen im Prinzip selbst vollstrecken (*Meyer-Goßner/Schmitt* § 98 Rn. 24), so insbesondere, wenn der Beweisgegenstand in der Hauptverhandlung gleichsam auf dem Richtertisch liegt und eine weiter gehende Vollziehungsmaßnahme als die Ergreifung nicht erforderlich ist. Wird eine gerichtliche Beschlagnahmeanordnung im Vorverfahren von der Staatsanwaltschaft über einen langen Zeitraum hinweg nicht vollzogen, so verliert sie ihre Wirkung, weil der tatsächliche Befund nicht mehr der Entscheidungssituation entspricht (LG Köln StraFo 2004, 239). Es ist dann vielmehr eine ergänzende richterliche Entscheidung einzuholen; eine Eilkompetenz lässt sich in diesem Fall kaum noch begründen.

Bei der Durchführung der Beschlagnahme durch Ermittlungsbeamte darf in Grenzen **unmittelbarer 24 Zwang** angewendet werden. Die Beschlagnahmeanordnung selbst gestattet aber nicht mehr und nichts anderes als die gegebenenfalls gewaltsame Sicherstellung des Gegenstands (SK-StPO/*Wohlers* § 98 Rn. 25). Die Befugnis zum **Betreten einer Wohnung** im Sinne von Art. 13 Abs. 1 GG ist der Beschlagnahmeanordnung entgegen einer Fehlvorstellung in der Praxis und der latenten Verwechslung von Durchsuchung und Beschlagnahme nicht immanent. Sie ist bei Bedarf gesondert nach den §§ 102 ff. zu prüfen und anzuordnen. Die Beschlagnahme selbst greift dann nicht in den Schutzbereich des Art. 13 Abs. 1 GG ein (BVerfG Beschl. v. 18.02.2008 – 2 BvR 2697/07).

Ein gewaltsames **Öffnen von verschlossenen Behältnissen unter deren Beschädigung** gilt als zulässig, **25** ist aber eher eine Durchsuchung, die gegebenenfalls gesondert angeordnet werden müsste. Widersetzt sich der Betroffene der Maßnahme oder verhindern sonstige im Durchsuchungsobjekt anwesende Per-

§ 98 StPO Verfahren bei der Beschlagnahme

sonen die Durchführung der Maßnahme, so ist unter Berücksichtigung des Grundsatzes der Verhältnismäßigkeit die Anwendung von Gewalt gegen die Person erlaubt (SK-StPO/*Wohlers* § 98 Rn. 25).

26 Eine richterliche Beschlagnahmeanordnung darf nicht mehr vollzogen werden, wenn **seit der Anordnung mehr als sechs Monate verstrichen** sind (vgl. für den Durchsuchungsbeschluss BVerfGE 96, 44 [52 ff.]; BGHSt 51, 285 [294]; a. A. LR/*Menges* § 98 Rn. 23). Der Streitfrage, ob die Staatsanwaltschaft verpflichtet ist, eine ermittlungsrichterliche Beschlagnahmeanordnung zu vollstrecken, dürfte kaum praktische Relevanz zukommen, da im Ermittlungsverfahren – mit Ausnahme der Notkompetenz nach § 165 StPO – Beschlagnahmeanordnungen nur auf Antrag der Staatsanwaltschaft ergehen

27 Wenn die Beschlagnahme in Räumen erfolgen muss, die nicht ausschließlich von anderen Personen als Soldaten bewohnt werden, so führt sie gem. § 98 Abs. 4 die vorgesetzte **militärische Dienststelle**, gegebenenfalls unter Mitwirkung der ersuchenden Ermittlungsbehörde, durch (LR/*Menges* § 98 Rn. 25). Vorgesetzte Dienststelle ist diejenige, der die dienstliche Gewalt über das Gebäude, die Einrichtung oder die Anlage zusteht, in der sich der Beschlagnahmegegenstand befindet. In der Regel ist dies der Kommandeur der jeweiligen Militäreinheit. Dienstgebäude sind vor allem Kasernen, Fahrzeug- oder Geräteparks, Militärwerkstätten und Ähnliches, nicht jedoch Wohnungen von Soldaten außerhalb des Kasernengeländes. Nicht allgemein zugänglich sind insbesondere Kasernen, Schießstände, Sanitätsbereiche; Schiffe der Bundesmarine, Flugzeuge der Bundesluftwaffe und Fahrzeuge der Bundeswehr (LR/*Menges* § 98 Rn. 27; SK-StPO/*Wohlers* § 98 Rn. 26).

28 **F. Nachholung der gerichtlichen Entscheidung. I. Antrag auf Beschlagnahmebestätigung von Amts wegen.** Ist bei der Beschlagnahme **weder der Betroffene noch ein erwachsener Angehöriger** des Betroffenen **anwesend** oder **widersprechen** diese Personen im Fall ihrer Anwesenheit der Beschlagnahme, so soll der Ermittlungsbeamte innerhalb von drei Tagen die richterliche Bestätigung der Anordnung beantragen. Diese »soll«-Vorgabe enthält im Ergebnis eine Pflicht (vgl. LR/*Menges* § 98 Rn. 46; *Meyer-Goßner/Schmitt* § 98 Rn. 13; SK-StPO/*Wohlers* § 98 Rn. 41). Betroffener ist jeder, in dessen Gewahrsam oder in dessen Eigentums- oder Besitzrechte eingegriffen wird. Angehöriger ist bei funktionaler Betrachtung des Normzwecks der vorliegenden Vorschrift über den Maßstab des § 52 Abs. 1 hinaus jede dem Betroffenen nahestehende Person, ohne dass es auf einen bestimmten Verwandtschaftsgrad ankommt (*Eisenberg* Beweisrecht der StPO, Rn. 2380a). Erwachsen ist bei gleicher Auslegungsperspektive nicht nur ein Volljähriger, sondern jeder, der nach seiner körperlichen Entwicklung und seinem Erscheinungsbild »erwachsen« wirkt (*Meyer-Goßner/Schmitt* § 98 Rn. 15; a. A. *Eisenberg* Beweisrecht der StPO, Rn. 2380a; SK-StPO/*Wohlers* § 98 Rn. 42). Denn der vollziehende Beamte muss nicht zwingend die Volljährigkeit überprüfen und ein Irrtum ist allzu leicht möglich. Im Zweifel ist aber jedenfalls vorsorglich die richterliche Entscheidung zu beantragen. Die dreitägige Frist für den Antrag auf richterliche Bestätigung der behördlichen Maßnahme beginnt mit der Vollziehung der Beschlagnahme, deren Vornahmetag aber nicht mitgezählt wird. Sie betrifft nur den Antrag, nicht den Zeitpunkt der richterlichen Entscheidung, der auch später liegen kann (*Meyer-Goßner/Schmitt* § 98 Rn. 14; SK-StPO/*Wohlers* § 98 Rn. 43).

29 **II. Antrag des Betroffenen auf gerichtliche Entscheidung (Abs. 2 S. 2)** Der von der Beschlagnahme betroffene Gewahrsamsinhaber, Eigentümer (LG Meiningen Beschl. v. 03.01.2012 – 2 Qs 179/11) oder sonst in seinen Rechten unmittelbar Verletzte (SK-StPO/*Wohlers* § 98 Rn. 48) kann gemäß § 98 Abs. 2 S. 2 **jederzeit** die gerichtliche Entscheidung beantragen, gegebenenfalls **auch nach Aufhebung der Beschlagnahme**, wenn Widerholungsgefahr besteht oder ein schwerwiegender Grundrechtseingriff zu verzeichnen war (AG Bremen StV 2012, 14 f.). Die **Bezeichnung** des Behelfs ist **unerheblich**, sofern nur der Wille, eine gerichtliche Überprüfung herbeizuführen, hinreichend deutlich wird (vgl. § 300). Legt der Betroffene eine »Beschwerde« gegen eine nichtrichterliche Beschlagnahme ein, so ist dieser Behelf als Antrag nach § 98 Abs. 2 S. 2 **auszulegen** (LG Frankfurt an der Oder StraFo 2008, 330). Wird aber ein Antrag auf gerichtliche Entscheidung erst gestellt, nachdem der Ermittlungsrichter bereits nach Abs. 1 die Beschlagnahme angeordnet hatte, so ist der Behelf als Beschwerde zu verstehen.

30 Der Betroffene ist bei der Beschlagnahme über seine Rechte **zu belehren** (§ 98 Abs. 2 S. 5). Zu den Rechten gehört die Möglichkeit des Widerspruchs gegen die Sicherstellung, das Antragsrecht nach § 98 Abs. 2 S. 2 (BVerfGE 124, 43 [72]) oder die Beschwerdemöglichkeit im Fall einer bereits voraus-

gegangenen Beschlagnahmeanordnung durch den Ermittlungsrichter; inhaltlich genügt aber regelmäßig der Hinweis, dass sich der Betroffene an das Amtsgericht wenden könne, in dessen Bezirk die Beschlagnahme vollzogen wird (*Meyer-Goßner/Schmitt* § 98 Rn. 11; SK-StPO/*Wohlers* § 98 Rn. 40). Die Belehrung obliegt dem Ermittlungsbeamten, der die Beschlagnahme wegen Gefahr im Verzug selbst anordnet oder der die richterliche Beschlagnahmeanordnung vollzieht.

§ 98 Abs. 2 S. 2 wird auf Beanstandungen der **Art und Weise der Vollziehung** der Beschlagnahme analog angewendet (LR/*Menges* § 98 Rn. 50), ebenso auf Fälle der Durchsicht nach § 110, die mit einer vorläufigen Sicherstellung verbunden ist (BayVerfGH BayVBl. 2012, 482 f.). Die Art. 23 ff. EGGVG sollen insoweit nicht zur Anwendung kommen. Indes ist die analoge Anwendung von Vorschriften über gerichtliche Zuständigkeiten im Hinblick auf das Gesetzlichkeitsprinzip nach Art. 101 Abs. 1 S. 2 GG fragwürdig. Der Gesetzgeber hat auch dieses lange bekannte Detailproblem bisher ignoriert und bleibt dabei, solange die Rechtsprechung scheinbar problemlos agiert. 31

III. Gerichtszuständigkeit. Bis zur Erhebung der Anklage ist der **Ermittlungsrichter** zur Anordnung oder nachträglichen Überprüfung der Beschlagnahme zuständig, **danach das erkennende Gericht**. Wenn die Beschlagnahme für **mehrere**, nicht miteinander verbundene **Strafverfahren** erfolgt, ist im Vorverfahren der Ermittlungsrichter bei dem Amtsgericht am Sitz der Staatsanwaltschaft zuständig, deren Verfahren wegen größerer Bedeutung führt. In Staatsschutzsachen ist der Ermittlungsrichter des OLG oder derjenige des BGH zuständig (§ 169). 32

Wird in normalen Strafverfahren, außer Staatsschutzsachen mit der Zuständigkeit des Ermittlungsrichters des BGH, ein Widerspruch gegen die Beschlagnahme noch nach Anklageerhebung erstinstanzlich durch den Ermittlungsrichter bei dem Amtsgericht abgelehnt und ein Rechtsbehelf beim Landgericht in der Form einer Beschwerdeentscheidung beschieden, so kann die **Beschwerdeentscheidung** nach einer Ansicht in der Rechtsprechung **in eine erstinstanzliche Entscheidung umgedeutet** werden, damit der Instanzenzug der Prozesslage angepasst wird (OLG Schleswig Beschl. v. 04.11.2002 – 2 Ws 343/02 [218/02]). Andererseits wird dann praktisch eine weitere Beschwerde eröffnet, die das Gesetz in Beschlagnahmesachen nicht vorsieht (§ 310 Abs. 2). Der Instanzwechsel ist in § 101 Abs. 7 S. 4 ist nun im Sinne eines Übergangs in den Hauptsacheentscheidungsprozess geregelt (BGHSt 53, 1 [4 f.]); ob sich das auf das Verfahren nach § 98 Abs. 2 S. 2 der vorliegenden Vorschrift auswirkt, ist noch nicht geklärt (vgl. *Löffelmann* ZIS 2009, 495 [496]). 33

IV. Prüfungsmaßstab. Dem Betroffenen ist im gerichtlichen Prüfungsverfahren das rechtliche Gehör zu gewähren (§ 33 Abs. 4) und die Staatsanwaltschaft anzuhören (§ 33 Abs. 2). Der Ermittlungsrichter hat danach, anders als gegebenenfalls das erkennende Gericht, die **Rechtmäßigkeit** in tatsächlicher und rechtlicher Hinsicht (LR/*Menges* § 98 Rn. 53), aber **nicht** die **Zweckmäßigkeit** der Maßnahme zu prüfen (SK-StPO/*Wohlers* § 98 Rn. 9). Er hat in den Fällen des § 98 Abs. 2 andererseits nicht nur entscheiden, ob die Beschlagnahme im Zeitpunkt seiner Entscheidung wegen Vorliegens eines Tatverdachts und der potenziellen Beweisbedeutung des Beschlagnahmegegenstands (LG Bielefeld Beschl. v. 25.01.2013 – 1 Qs 629/12) gerechtfertigt und verhältnismäßig ist, sondern auch, ob **Gefahr im Verzug** vorgelegen hat und die Anordnungskompetenz der Staatsanwaltschaft oder ihrer Ermittlungspersonen z.Zt. des Zugriffs gegeben war (SK-StPO/*Wohlers* § 98 Rn. 46). Bei schwerwiegenden Fehlern im vorangegangenen Sicherstellungsverfahren kommt eine Bestätigung der Beschlagnahme durch den Ermittlungsrichter nicht infrage (BVerfG Beschl. v. 12.02.2004 – 2 BvR 2009/03). Andernfalls ist die Feststellung der Rechtswidrigkeit nicht zwingend ein Grund dafür, dass der Richter selbst die Beschlagnahme nicht eigenverantwortlich anordnet (SK-StPO/*Wohlers* § 98 Rn. 46). 34

Die **Durchsicht** des sichergestellten Materials, gegebenenfalls auch von beschlagnahmen EDV-Dateien (BVerfGE 124, 43 [72]), die der Prüfung dient, ob und gegebenenfalls welche Sicherstellungsgegenstände zurückzugeben oder zu beschlagnahmen sind, noch nicht abgeschlossen, so richtet sich dies nach § 110 (LG Bielefeld Beschl. v. 25.01.2013 – 1 Qs 629/12). Es ist aber unschädlich, wenn dies bereits als »Beschlagnahme« bezeichnet wird (BVerfGE 124, 43 [75]). 35

G. Beendigung der Beschlagnahme. Die Beschlagnahme endet spätestens **mit dem rechtskräftigen Abschluss des Verfahrens**, ohne dass es dann einer förmlichen Aufhebung bedarf (LR/*Menges* § 98 Rn. 56; *Meyer-Goßner/Schmitt* § 98 Rn. 29; *Radtke/Hohmann/Joecks* § 98 Rn. 20; *Roxin/Schünemann* Strafverfahrensrecht, § 34 Rn. 15). Die Gegenstände werden dann von der Staatsanwaltschaft 36 zurückgegeben (LR/*Menges* § 98 Rn. 63; SK-StPO/*Wohlers* § 98 Rn. 54) und zwar grundsätzlich an den letzten Gewahrsamsinhaber (zur Rückgabe von Bargeld an Mitgewahrsamsinhaber BGH NJW 2015, 1238 f.), unter den Voraussetzungen des § 111k aber an den Verletzten. Die Rückgabe erfolgt am Aufbewahrungsort (BGH NJW 2005, 988 f.) und regelmäßig an den letzten Gewahrsamsinhaber (SK-StPO/*Wohlers* § 98 Rn. 56) oder an die Person, der die Sache durch Straftat entzogen worden war (SK-StPO/*Wohlers* § 98 Rn. 58).

37 Eine förmliche **Aufhebung** der Beschlagnahmeanordnung ist **erforderlich**, wenn der Beweisgegenstand vor Verfahrensbeendigung aus Beweisgründen nicht mehr im konkreten Verfahren benötigt wird und auch eine Beschlagnahme nach §§ 111b ff. nicht infrage kommt oder wenn die Beschlagnahme aus anderen Gründen unverhältnismäßig geworden ist (LR/*Menges* § 98 Rn. 57 ff.; SK-StPO/*Wohlers* § 98 Rn. 53). Hierfür zuständig ist nach Anklageerhebung das erkennende **Gericht**, vor Anklageerhebung die **Staatsanwaltschaft** (LR/*Menges* § 98 Rn. 61). **Ermittlungspersonen** dürfen die durch sie bewirkte Beschlagnahme nur aufheben, wenn die Sache noch nicht der Staatsanwaltschaft vorgelegt worden ist (*Meyer-Goßner/Schmitt* § 98 Rn. 30). Die Aufhebung schließt eine erneute Beschlagnahme nicht aus.

38 Wird der beschlagnahmte Gegenstand mehr als sechs Monate lang nicht als Beweismittel im Vorverfahren verwendet, insbesondere der Datenbestand eines beschlagnahmten Computer nicht ausgewertet, dann kann die Aufrechterhaltung der Beschlagnahme unverhältnismäßig werden (LG Aachen StV 2000, 548; *Konisch* AnwBl. 1988, 617 ff.; *Meyer-Goßner/Schmitt* § 98 Rn. 30a; SK-StPO/*Wohlers* § 98 Rn. 21). Der Beschlagnahmebeschluss wird auch dann gegenstandslos, wenn sich zwischen seinem Erlass und dem Zeitpunkt einer möglichen Vollziehung die Sachlage grundlegend geändert hat.

39 **H. Rechtsmittel. I. Beschwerde.** Die Beschwerde ist nach § 304 gegen die richterliche Anordnung der Beschlagnahme nach § 98 Abs. 1 oder deren Ablehnung **statthaft** (KK/*Greven* § 98 Rn. 27, 30), ferner gegen die Bestätigung nach § 98 Abs. 2 S. 1, gegen die Ablehnung des Antrags auf gerichtliche Entscheidung nach § 98 Abs. 2 S. 2 und gegen die Ablehnung des Antrags auf Erlass einer richterlichen Beschlagnahmeanordnung. Das gilt nach § 305 Abs. 2 sind auch für Entscheidungen des erkennenden Gerichts (a. A. OLG Hamburg JR 1985, 300 f. m. abl. Anm. *K. Meyer*). **Beschwerdebefugt** sind der als Eigentümer oder Gewahrsamsinhaber von der Beschlagnahme unmittelbar Betroffene und die Staatsanwaltschaft, nach Ansicht des BVerfG aber nicht der Beschuldigte bei der Rückverfolgung des Übermittlungswegs einer Datei, die nach seiner Rechtsprechung auch Gegenstand der Beschlagnahme sein kann, wenn der Beschuldigte keine der materiellen Positionen – Eigentum, Besitz oder Gewahrsam – innehatte (BVerfG NJW 2007, 3343). Das wirkt zweifelhaft, weil die Beschlagnahme nicht nur eine direkte Eingriffswirkung, sondern auch eine weiter gehende prozessuale Bedeutung als Mittel der Beweissicherung besitzt (*Brüning* ZIS 2006, 29 [30]), die zumindest ihrerseits auch am Fairnessgrundsatz zu messen ist, dessen Verletzung eine eigenständige prozessuale Beschwer für den Beschuldigten darstellen kann.

40 Wird nach Einlegung der Beschwerde und vor der Entscheidung hierüber die öffentliche Klage erhoben, so wird die Beschwerde von der Rechtsprechung in einen Antrag auf Entscheidung durch das erkennende Gericht umgedeutet (Rdn. 33). Eine weitere Beschwerde ist in Beschlagnahmesachen nach der vorliegenden Vorschrift nicht vorgesehen (OLG Köln NStZ-RR 2002, 244 f.).

41 Die Beschwerde führt grundsätzlich zur eigenen **Sachentscheidung des Beschwerdegerichts** (§ 309 Abs. 2), das also prüfen muss, ob sämtliche Beschlagnahmevoraussetzungen z.Zt. seines Beschlusses vorliegen und keine Beschlagnahmeverbote eingreifen. Vor dieser Entscheidung ist dem Beschwerdeführer durch das Beschwerdegericht in ausreichendem Maße rechtliches Gehör zu gewähren (BVerfGE 18, 399 [404]). Ein Belehrungsmangel im Sinne von § 98 Abs. 2 S. 5 ist im Beschwerdeverfahren nach der Rechtsprechung ohne besondere Bedeutung (OLG Frankfurt NStZ-RR 2003, 175 f.). Er führt zumindest regelmäßig nicht zu einem Beweisverwertungsverbot (SK-StPO/*Wohlers* § 98 Rn. 40, 63). Ausnahmsweise kann das Beschwerdegericht vom Standpunkt der Rechtsprechung aus bei Vorliegen gravierender Verfahrensfehler im Verfahren des Ermittlungsrichters den amtsgerichtlichen Beschluss aufheben und die Sache an dieses Gericht zurückverweisen, wenn andernfalls praktisch ein Instanzverlust anzunehmen wäre (LG Bochum Beschl. v. 26.10.2004 – 12 Qs 23/04). Da aber der Ermittlungsrichter ohnehin funktional exekutivisch handelt, ist der Instanzverlust oft nicht essenziell. Das positive Recht sieht eine Aufhebung und Zurückverweisung im Beschwerdeverfahren zudem nicht vor. Ob das Beschwerdegericht eine konkrete Beschlagnahmeanordnung erlassen darf, nachdem das Amtsgericht

dies versäumt hatte (BVerfG Beschl. v. 13.04.1999 – 2 BvR 274/99), erscheint gleichwohl zweifelhaft und sachwidrig, soweit praktisch gar keine wirksame Beschlagnahmeanordnung des Ermittlungsrichters vorgelegen hat.

Auch **nach Beendigung der Beschlagnahme** kann eine nachträgliche Überprüfung im Antragsverfahren nach § 98 Abs. 2 S. 2 und im Beschwerdeverfahren mit dem Ziel der nachträglichen Feststellung der Rechtswidrigkeit der Beschlagnahme in Betracht kommen, wenn der Beschwerdeführer ein Rechtsschutzinteresse daran hat (*Meyer/Rettenmaier* NJW 2009, 1238 ff.; SK-StPO/ *Wohlers* § 98 Rn. 30, 51). Die ist zumindest dann der Fall, wenn ein tief greifender Grundrechtseingriff vorliegt (BVerfGE 96, 27 [40]; 115, 166 [268 ff.]), was bei den einem Richtervorbehalt unterliegenden Beweismittelbeschlagnahmen regelmäßig der Fall ist (BayVerfGH BayVBl. 2012, 482 f.), und wenn eine frühere Reaktion des Betroffenen durch ein Rechtsmittel nicht möglich war (OLG Frankfurt NStZ-RR 2003, 175 f.). Nach besonders langem Zeitablauf kann das Antrags- und Beschwerderecht dagegen auch verwirkt sein (BVerfG Beschl. v. 16.04.2007 – 2 BvR 463/07). 42

II. Revision. Die Revision kann darauf gestützt werden, dass ein Beweisgegenstand **trotz Bestehens eines Beweisverwertungsverbots** beschlagnahmt und **verwertet** wurde, sofern das Urteil darauf beruht (*Eisenberg* Beweisrecht der StPO, Rn. 2389). Diese revisionsgerichtliche Nachprüfung bleibt im System der Kontrolle jedenfalls solange erforderlich, wie das Rechtsschutzsystems des Vorverfahrens mitsamt seinem Richtervorbehalt zur präventiven Rechtsschutzgewährleistung praktisch ineffektiv ist und auch nachträglich in der Beschwerdeinstanz weder hinsichtlich des Eingriffsakts selbst, noch hinsichtlich der Frage eines Beweisverwertungsverbots für die Hauptverhandlung als prozessuale Rechtsfolge abschließend gewährleistet ist. 43

Der Strafprozessordnung soll nach der Rechtsprechung ein Grundsatz fremd sein, dass ein Verstoß gegen Vorschriften über die Beweiserhebung zu einem Verwertungsverbot führt (BGHSt 51, 285 [289 f.]); das war früher für das Beschlagnahmerecht aber durchaus noch anders gesehen worden (BVerfGE 44, 353 [383]). Ein **unselbstständiges Beweisverwertungsverbot** besteht nach heutiger Rechtsprechung vor allem dann, wenn ein Beweisgegenstand entgegen einem **Beschlagnahmeverbot** aus Art. 97 Abs. 1 oder von Verfassungs wegen erlangt wurde (*Eisenberg* Beweisrecht der StPO, Rn. 2387), ferner wenn der Betroffene im Fall des § 97 Abs. 1 **nicht** darüber **belehrt** wurde, dass er nicht zur Herausgabe gezwungen werden darf, und er nur deshalb die Sache herausgegeben hat (*Eisenberg* a.a.O., Rn. 2388). Im Übrigen wird die Abwägungsdoktrin befürwortet (LR/*Menges* § 98 Rn. 75; s.a. § 136 Rdn. 82 ff.). Danach sind Beweisverwertungsverbote als Folge von Fehlern bei der Beweiserhebung die Ausnahme; die Verwertbarkeit soll die Regel sein. Das leuchtet aber nicht ein, weil damit Rechtsfehler bei der Beweiserhebung, die nicht nur Verstöße gegen belanglose »Ordnungsvorschriften« darstellen, in der Regel folgenlos bleiben; das wirkt eher paradox. **Verfahrensfehler bei der Durchsuchung** wirken sich danach jedoch meist nicht auf die **Wirksamkeit der Beschlagnahme** und die Verwertbarkeit des Beschlagnahmegegenstands als Beweismittel aus. Ob die **Widerspruchslösung** (§ 136 Rdn. 96 ff.) auch für unselbststständige Beweisverwertungsverbote wegen Fehlern bei der Durchsuchung oder Beschlagnahme gilt, ist ungeklärt (BGHSt 51, 285 [296 f.]). Bei selbstständigen Beweisverwertungsverboten von Verfassungs wegen (vgl. *Lucke* HRRS 2011, 527 ff.) spielt sie ohnehin keine entscheidende Rolle. 44

Der »Grundsatz der Verwertbarkeit« gilt nach einem Ansatz der Rechtsprechung jedenfalls, wenn **bei einer hypothetischen Verlaufsalternative** auch eine rechtmäßige Beweiserlangung in Betracht gekommen wäre (BGH NStZ 1989, 375 m. Anm. *Roxin*; OLG Frankfurt NStZ-RR 2003, 175 f.; abl. für den Fall der willkürlichen Kompetenzanmaßung BGHSt 51, 285 [295 f.]). Das entspricht jedoch nicht der Bedeutung und dem **Normzweck der eingriffsrechtlichen Bestimmungen** über die Beweiserhebung und dem verfassungsrechtlichen Gewicht der Eingriffshandlungen sowie dem tatsächlichen Befund des relativ häufigen Rechtsbruchs aus Nachlässigkeit oder aus der Absicht einer Verfahrenserleichterung um den Preis der Aufgabe schützender Formen des geschriebenen Strafverfahrensrechts heraus (*Harms* StV 2006, 215 [219]). Die Behauptung der regelhaften Folgenlosigkeit wegen einer angeblichen Regel der Verwertbarkeit des Beweises trotz substanzieller Rechtsfehler bei der Beweiserhebung und einer begründungsbedürftigen Ausnahme-Position von Verwertungsverboten (zu Recht krit. zu dem dafür angeführten Topos der »Funktionstüchtigkeit der Strafrechtspflege« *Lucke* HRRS 2011, 527 [531]) verleitet nur zu solchem Rechtsbruch (*Kühne* NJW 1979, 1953 [1054]; *Ransiek* StV 2002, 45

565 [566 ff.]). Die Abwägungsdoktrin führt zu einem intuitiv gewichtenden Vergleich von »Fallgestaltungen«, die weder tatsächlich noch rechtlich etwas miteinander zu tun haben, außer der Fragenkategorie, ob aus einem Rechtsfehler bei der Beweiserhebung ein Beweisverwertungsverbot als Rechtsfolge resultiert. Die Prüfung, ob der Einzelfall jenen Fallgruppen »ausreichend ähnlich« erscheint (BGHSt 51, 285 [291]), wird ohne dogmatisch nachvollziehbaren Maßstab durchgeführt. Derart intuitive Rechtsfindung sollte besser vermieden werden, weil sie nur zu Rechtsunsicherheit führt.

46 Gesondert gewichtet werden darüber hinaus nur **Willkürakte oder bewusste Rechtsverletzungen** (BGHSt 51, 285 [292]). Deren Prüfung und gegebenenfalls Bejahung **verdirbt** allerdings **das Prozessklima** besonders nachhaltig und sollte auch deshalb vermieden werden, sofern es jedenfalls andere Kriterien gibt, die eine dogmatisch plausible Unterscheidung von folgenlosen Verfahrensfehlern und solchen, die ein Beweisverwertungsverbot auslösen, gestatten. Solche Kriterien sind nach der **Normzwecklehre** (§ 136 Rdn. 89) und der **Beweisbefugnistheorie** (§ 136 Rdn. 90 ff.) durchaus zu finden. Diese sind dogmatisch stringenter und ihr Resultat ist eher vorhersehbar. Die Abwägungsdoktrin führt hingegen dazu, dass **selbst für Tatgerichte nicht vorhersehbar** erscheint, wie die höchstrichterliche Rechtsprechung letztlich über die Verwertungsverbotsfrage im konkreten Einzelfall entscheiden wird. Das ist ein Mitmotiv für informelle Urteilsabsprachen, also eine völlige Abkehr von der Prozessordnung. Dies hat das BVerfG auch festgestellt: »So ist etwa die Rechtsprechung zu den Beweisverwertungsverboten für die tatrichterliche Praxis mittlerweile kaum noch überschaubar« (BVerfGE 133, 168 [172]). Das Problem ist dann aber hausgemacht. Der Befund einer überbordenden Komplexität der Beweisverbotsjudikatur zwingt danach nicht etwa zu einer Gesetzes- oder Rechtsprechungsänderung an anderer Stelle, nämlich bei informellen Absprachen über das Prozessergebnis, sondern zu einer Überprüfung der undogmatischen Abwägungsdoktrin.

47 Bisher gilt aber, dass auf **Verstöße gegen die Regeln über die Anordnungskompetenzen** ein Rechtsbehelf nach § 98 Abs. 2 S. 2 oder § 304 Abs. 1 (LG Verden Beschl. v. 11.08.2010 – 7 KLs 3/10) oder auch die Revision nicht mit Erfolg gestützt werden kann, soweit sich daraus kein Beweisverwertungsverbot ergibt. Das soll nach der Rechtsprechung zumindest bei schwerwiegenden, bewussten oder willkürlichen Verfahrensverstößen gegen die Kompetenzordnung der Fall sein (BVerfGE 113, 29 [61]; BGHSt 51, 285 [292]), was bei restriktiver Interpretation der Beweisverwertungsverbote als besonders begründungsbedürftiger Ausnahmetatbestände dann zugleich den entscheidenden Rahmen ihrer Anwendung darstellt (vgl. *Meyer-Goßner/Schmitt* § 98 Rn. 7; *Radtke/Hohmann/Joecks* § 98 Rn. 22; a. A. SK-StPO/*Wohlers* § 98 Rn. 63), weil andere Abwägungskriterien regelmäßig zum Ergebnis der Verwertbarkeit des Beweisgegenstands trotz Verfahrensfehlern bei der Beweisgewinnung führen. Jedoch entspricht das Resultat nicht dem Prinzip vom Vorbehalt des Gesetzes und der daraus resultierenden Begrenzung der Beweisbefugnis der staatlichen Strafverfolgungsorgane.

48 Hat das erkennende Gericht die eigene Beschlagnahme eines Beweismittels oder die Verwendung eines vom Ermittlungsrichter beschlagnahmten Gegenstands trotz Fehlens eines Verwertungsverbots abgelehnt, so kann dies im Einzelfall eine **Aufklärungsrüge** nach §§ 244 Abs. 2, 337 begründen (*Eisenberg* Beweisrecht der StPO, Rn. 2389; SK-StPO/*Wohlers* § 98 Rn. 65).

Vorbemerkung zu §§ 98a ff. StPO

1 **A. Möglichkeiten automatisierter Datenverarbeitung nach dem OrgKG.** Der Gesetzgeber hat die Vorschriften der §§ 98a bis 98c durch das Gesetz zur Bekämpfung des illegalen Rauschgifthandels und anderer Erscheinungsformen der Organisierten Kriminalität (OrgKG) vom 15.07.1992 (BGBl I S. 1302) in die Strafprozessordnung eingefügt. Er ist dabei von einer Gefährdung der Bundesrepublik Deutschland durch organisierte Kriminalität ausgegangen, deren besondere Strukturen und Professionalität sowie deren konspiratives, auf Abschottung bedachtes Vorgehen die herkömmlichen Ermittlungs- und Aufklärungsmethoden nicht mehr als ausreichend erscheinen ließen (vgl. *Möhrenschlager* wistra 1992, 282). Um zukünftig die Möglichkeiten der automatisierten Datenverarbeitung für die Zwecke der Strafverfolgung nutzen zu können, wurden gesetzliche Ermächtigungen für die sog. **Rasterfahndung** (§§ 98a, 98b) und den **Datenabgleich** (§ 98c) geschaffen. Während die §§ 98a und 98b den Zugriff bei öffentlichen oder nicht öffentlichen Stellen auf für andere Zwecke als die Strafverfolgung erhobene und gespeicherte Daten ermöglichen, erlaubt § 98c nur den polizei-

bzw. justizinternen maschinellen Datenabgleich von Strafverfahrensdaten mit Daten, die zu Zwecken der Strafverfolgung, der Strafvollstreckung oder zur Gefahrenabwehr gespeichert wurden. Nicht in der Strafprozessordnung geregelt sind die rechtlichen Möglichkeiten der Nutzung automatisierter Datenverarbeitung im präventivpolizeilichen Bereich zur Abwehr von Gefahren einschließlich der Verhütung künftiger Straftaten. Derartige Ermittlungsmaßnahmen haben ihre Rechtsgrundlagen in den Polizei- und Sicherheitsgesetzen der Länder (§ 98a Rn. 8). Gegenstand der §§ 98a bis 98c StPO sind allein Rasterfahndung und Datenabgleich im Bereich der Strafverfolgung.

B. Grundrechtseingriff durch Massendatenverarbeitung. Die Ermittlungsmethoden Rasterfahndung (§§ 98a und 98b) und Datenabgleich (§ 98c) sind ebenso wie die in § 163d geregelte Schleppnetzfahndung Formen der **Massendatenverarbeitung**. Sie sind regelmäßig mit einem Eingriff in das Recht auf informationelle Selbstbestimmung verbunden, weil durch die Menge der verarbeiteten Daten viele Unbeteiligte, die sich nicht verdächtig gemacht haben, in den strafrechtlichen Kontrollprozess geraten (vgl. *Möhrenschlager* wistra 1992, 326; *Wittig* JuS 1997, 961; vgl. auch BVerfG NJW 2006, 1939, 1942 Rn. 110). Auch wenn die von der Rasterfahndung betroffenen Informationen für sich genommen im Regelfall eine geringe Persönlichkeitsrelevanz haben, kommt der mit der Rasterfahndung verbundenen inhaltlichen Weite sowie der mit ihr eröffneten Möglichkeit der Verknüpfung von Daten ein erhebliches Gewicht zu (BVerfG NJW 2006, 1939, 1942 Rn. 96). Die Normierung dieser – weitgehend schon zuvor praktizierten (vgl. die Nachweise bei *Wittig* a.a.O.) – »verdeckten« Fahndungsmethoden stellt damit auch eine Reaktion des Gesetzgebers auf das Urteil des BVerfG vom 13.12.1983 zum Volkszählungsgesetz (BVerfGE 65, 1, 41 ff.) dar. Danach bedürfen Eingriffe in das aus dem allgemeinen Persönlichkeitsrecht (Art. 2 i.V.m. Art. 1 GG) abgeleitete **Grundrecht auf informationelle Selbstbestimmung** besonderer Eingriffsermächtigungen, aus denen sich die Voraussetzungen und der Umfang der Beschränkungen klar und für den Bürger erkennbar ergeben (BVerfGE 65, 1, 44). **Grundrechtssichernde Verfahrensregelungen** über die **nach Durchführung** einer solchen Ermittlungsmaßnahme erforderliche Kennzeichnung der erlangten Daten, Benachrichtigung der betroffenen Personen, Löschung nicht mehr erforderlicher Daten, Verwendung der Daten in anderen Strafverfahren sowie über den gerichtlichen Rechtsschutz enthalten die **§§ 101 und 477 Abs. 2 StPO**, die einheitlich für alle eingriffsintensiven verdeckten Ermittlungsmaßnahmen gelten (vgl. BR-Drucks. 275/07 S. 4).

C. Bedeutung der Rasterfahndung in der Praxis. Die Rasterfahndung wurde in den sechziger Jahren des vorigen Jahrhunderts vom BKA entwickelt und in den siebziger Jahren vor allem im Rahmen der Bekämpfung der Terroristen der RAF angewendet. Anders als etwa bei der Rasterfahndung auf präventivpolizeilicher Rechtsgrundlage nach den Anschlägen vom 11.09.2001 (vgl. dazu BVerfG NJW 2006, 1939) wurde von den Möglichkeiten der strafprozessualen Rasterfahndung gem. § 98a nur sehr wenig Gebrauch gemacht; sie ist in der Ermittlungstätigkeit der Staatsanwaltschaften der seltene Ausnahmefall. Empirische Ergebnisse hierzu finden sich in einer Studie von *Pehl* (Die Implementation der Rasterfahndung, 2008), der im Zeitraum von 1992 bis 2005 nur 30 unter Einsatz der Rasterfandung geführte Ermittlungsverfahren identifizieren und davon 27 untersuchen konnte, bei denen zudem die Rasterdaten im weiteren Verfahrensverlauf nicht als Beweismittel, sondern lediglich als Ansatz für weitere Ermittlungsmaßnahmen verwendet wurden (*Pehl* a.a.O. S. 240 ff.; 289 ff.). Immerhin erbrachten mehr als zwei Drittel der untersuchten Rasterfahndungen neue Ermittlungsansätze, die jedoch nur vereinzelt zu Ermittlungserfolgen führten (*Pehl* a.a.O. S. 298). Soweit die Rasterfahndung in der Praxis überhaupt zur Anwendung kommt, scheint der Hauptanwendungsbereich in der Vorbereitung von DNA-Reihenuntersuchungen zu liegen (vgl. *Pehl* a.a.O. S. 249 f., 265 ff., 290 f.; SK-StPO/*Wohlers* § 98a Rn. 8). Die mit einer Rasterfahndung verbundenen Kosten scheinen bei der Entscheidung, eine Rasterfahndung durchzuführen, nur eine untergeordnete Rolle zu spielen (*Pehl* a.a.O. S. 294).

§ 98a StPO Rasterfahndung.

(1) Liegen zureichende tatsächliche Anhaltspunkte dafür vor, dass eine Straftat von erheblicher Bedeutung
1. auf dem Gebiet des unerlaubten Betäubungsmittel- oder Waffenverkehrs, der Geld- oder Wertzeichenfälschung,
2. auf dem Gebiet des Staatsschutzes (§§ 74a, 120 des Gerichtsverfassungsgesetzes),
3. auf dem Gebiet der gemeingefährlichen Straftaten,
4. gegen Leib oder Leben, die sexuelle Selbstbestimmung oder die persönliche Freiheit,
5. gewerbs- oder gewohnheitsmäßig oder
6. von einem Bandenmitglied oder in anderer Weise organisiert

begangen worden ist, so dürfen, unbeschadet §§ 94, 110, 161, personenbezogene Daten von Personen, die bestimmte, auf den Täter vermutlich zutreffende Prüfungsmerkmale erfüllen, mit anderen Daten maschinell abgeglichen werden, um Nichtverdächtige auszuschließen oder Personen festzustellen, die weitere für die Ermittlungen bedeutsame Prüfungsmerkmale erfüllen. Die Maßnahme darf nur angeordnet werden, wenn die Erforschung des Sachverhalts oder die Ermittlung des Aufenthaltsortes des Täters auf andere Weise erheblich weniger Erfolg versprechend oder wesentlich erschwert wäre.

(2) Zu dem in Absatz 1 bezeichneten Zweck hat die speichernde Stelle die für den Abgleich erforderlichen Daten aus den Datenbeständen auszusondern und den Strafverfolgungsbehörden zu übermitteln.

(3) Soweit die zu übermittelnden Daten von anderen Daten nur mit unverhältnismäßigem Aufwand getrennt werden können, sind auf Anforderung auch die anderen Daten zu übermitteln. Ihre Nutzung ist nicht zulässig.

(4) Auf Anforderung der Staatsanwaltschaft hat die speichernde Stelle die Stelle, die den Abgleich durchführt, zu unterstützen.

(5) § 95 Abs 2 gilt entsprechend.

Übersicht	Rdn.		Rdn.
A. Regelungsinhalt	1	III. Subsidiarität	17
B. Ablauf der Rasterfahndung	2	F. Datengewinnung und Datenabgleich	19
C. Anwendungsbereich	3	I. Aussonderung und Übermittlung der Daten	19
D. Gesetzliche Grundlage für Grundrechtseingriff	10	II. Datenabgleich	23
E. Einsatzvoraussetzungen der Rasterfahndung	11	G. Ordnungs- und Zwangsmittel	24
I. Anfangsverdacht	12	H. Entschädigung	25
II. Katalogtat von erheblicher Bedeutung	14	I. Revision	26

1 A. Regelungsinhalt. Die §§ 98a und 98b regeln die materiellen und formellen Voraussetzungen der sog. **Rasterfahndung** im Rahmen der Strafverfolgung. Diese Ermittlungsmethode nutzt die Möglichkeiten der elektronischen Datenverarbeitung, um durch eine maschinell ablaufende Überprüfung von Datenbeständen öffentlicher und nichtöffentlicher Stellen Hinweise und Spuren aufzuklären, die nach kriminalistischer Erfahrung zur Aufklärung einer Straftat beitragen können. Die Rasterfahndung besteht in einem automatisierten Abgleich personenbezogener Daten, die nicht zum Zwecke der Strafverfolgung erhoben wurden und in Dateien anderer Stellen als Strafverfolgungsbehörden gespeichert sind, mithilfe fallspezifischer tätertypischer Prüfungsmerkmale, den sog. Rastern (BT-Drucks. 12/989, S. 36; *Hilger* NStZ 1992, 460). Den **Abgleich** der Daten regelt § 98a Abs. 1, deren vorangehende **Erhebung** bei den speichernden Stellen § 98a Abs. 2 bis Abs. 5 ist. Kern der Rasterfahndung ist der Abgleich der herausgefilterten Datenbestände mehrerer Speicherstellen, der die Verknüpfung verschiedener Sachbereiche ermöglicht, um ein Persönlichkeitsprofil zu erstellen; die Suchabfrage in Dateien derselben Speicherstelle ist keine Rasterfahndung (BVerfG NJW 2009, 1405, 1506 Rn. 23).

2 B. Ablauf der Rasterfahndung. Die Rasterfahndung läuft, nachdem eine entsprechende Anordnung (§ 98b) ergangen ist, regelmäßig in folgenden Schritten ab (vgl. KK-StPO/*Greven* Rn. 2,

15 ff.; *Graf,* Rasterfahndung und organisierte Kriminalität, 1997, S. 98 ff.; *Rogall,* Gedächtnisschrift für Ellen Schlüchter, 2002, S. 611, 619 ff.; *Wittig* JuS 1997, 961, 969):
- Zunächst werden die auf den Täter vermutlich zutreffenden Prüfungsmerkmale (Raster) bestimmt und damit für den Einzelfall (§ 98b Abs. 1 Satz 5) ein Verdächtnisprofil erstellt.
- Sodann wird eine Suchanfrage formuliert, bei der die Prüfungsmerkmale logisch verknüpft werden.
- Anhand dieser Suchanfrage werden die Datenbestände von ausgewählten öffentlichen oder nicht-öffentlichen Stellen nach bestimmten Zeichenketten, numerischen Werten oder anderen digitalisierten Informationen wie Bildern durchsucht.
- Diejenigen Informationen, die mit der Suchanfrage übereinstimmen, werden herausgefiltert, in einer gesonderten Datei gespeichert und den Strafverfolgungsbehörden übermittelt.
- Die Suchergebnisse werden anschließend mit anderen Daten maschinell abgeglichen, um die Personen herauszufiltern, die alle Prüfungsmerkmale aufweisen (**positive Rasterfahndung**) oder die Personen auszuschließen, die den Rastern nicht genügen (**negative Rasterfahndung**; vgl. BT-Drucks. 12/989, S. 37). Auf diese Weise wird die Zahl der verdächtigen Personen auf diejenigen mit tätertypischen Merkmalen beschränkt (Schnittmenge bzw. Datenrestbestand), gegen die dann mit herkömmlichen Mitteln weiter ermittelt werden kann.

C. Anwendungsbereich.

§ 98a bezieht sich auf den **maschinellen Abgleich von personenbezogenen Daten aus Dateien** aller Art, der unter der Verantwortung der Strafverfolgungsbehörden vorgenommen wird, unabhängig von der verwendeten Technik (*Hilger* NStZ 1992, 460 Fn. 54). Nach der Legaldefinition des § 3 Abs. 1 BDSG sind personenbezogene Daten Einzelangaben über persönliche oder sachliche Verhältnisse einer bestimmten oder bestimmbaren Person. **Personenbezogen** bedeutet daher, dass sich die jeweiligen Daten in irgendeiner Weise auf eine Person beziehen lassen. Dies ist z.B. auch dann der Fall, wenn sich in Datensätzen die Beziehung zu einer Person nur über ein sog. Schlüsselfeld herstellen lässt (vgl. KK/*Greven* Rn. 18); als solches kommt etwa das Feld »Kontonummer« in Transaktions- und Kundendateien einer Bank in Betracht. Zwar regelt § 98a ausdrücklich nur die an einem Täterprofil ausgerichtete täterbezogene Rasterfahndung; für die rein tatbezogene Rasterfahndung, die etwa zur Aufklärung von Geldflüssen bei Wirtschaftsstraftaten eingesetzt werden kann, gelten die Regelungen jedoch entsprechend (KK/*Greven* Rn. 32).

Da § 98a Abs. 1 Satz 1 nicht die Herausgabepflicht, sondern die materiellen Voraussetzungen für den maschinell-automatisierten **Datenabgleich** regelt, ist diese Vorschrift auch dann anzuwenden, wenn die Daten von der speichernden Stelle freiwillig herausgegeben werden (BT-Drucks. 12/989, S. 37). Andererseits finden die Bestimmungen über die Rasterfahndung schon auf die **Aussonderung und Übermittlung von Daten** zum Zwecke des Abgleichs Anwendung (vgl. § 98b Abs. 1 Satz 1: »Der Abgleich und die Übermittlung der Daten«).

Nicht anzuwenden sind die §§ 98a und 98b, wenn die Strafverfolgungsbehörden die Daten, die abgeglichen werden sollen, ohne rastergeordneten Einsatz von Daten einer Vielzahl Tatunbeteiligter **über die §§ 94, 110, 161, 163 erhalten** haben, z.B. durch Beschlagnahme – etwa einer Festplatte – oder Auskünfte über spezielle Täter-Daten (*Hilger* NStZ 1992, 460). Dies gilt selbst dann, wenn private Stellen (z.B. Kreditkartenunternehmen) die herauszugebenden Daten (»Treffer«) erst durch eine maschinelle Recherche aufgrund von Prüfungsmerkmalen in ihrem eigenen Datenbestand herausfiltern mussten, denn in einem solchen Fall erhält die Strafverfolgungsbehörde allein Auskünfte zu speziellen Täter-Daten übermittelt, nicht aber die Gesamtdateien zum weiteren Abgleich mit anderen Dateien (BVerfG NJW 2009, 1405; vgl. auch AG Halle-Saalkreis DuD 2007, 464).

Bereits nach §§ 161, 163 zulässig ist die **Auswertung von** Karteien oder anderen **schriftlichen Informationen**, wenn lediglich ein **Handabgleich** von nicht elektronisch gespeicherten Daten stattfinden soll (BT-Drucks. 12/989, S. 36), bei dem der für die Rasterfahndung typische schnelle Massenabgleich von Daten gerade nicht vorgenommen werden kann. Die Regelungen über die Rasterfahndung greifen aber auch dann nicht ein, wenn nach den §§ 94 ff. gewonnene Daten **elektronisch erfasst** und mit einem Datenbankprogramm aufgearbeitet werden sollen. Werden aber schriftliche Informationen mithilfe von Scannern und Text- und Bilderkennungssoftware so in Textdateien oder in ein Datenbankformat umgewandelt, dass eine der Rasterfahndung vergleichbare Informationsverarbeitung möglich wird, werden die Grundsätze der Rasterfahndung entsprechend anzuwenden sein (vgl. KK/*Greven* Rn. 4).

6 Keine Anwendung finden die §§ 98a und 98b auch auf die **Beschlagnahme** und Auswertung **von EDV-Daten** des Beschuldigten oder Dritter als Beweismittel, soweit die Daten etwa durch die Sicherstellung von Massenspeichern wie Festplatten, Disketten, CDs oder DVDs nach §§ 94 ff. beschlagnahmt werden dürfen (BT-Drucks. 12/989, S. 36; vgl. hierzu *Matzky*, Zugriff auf EDV im Strafprozess, 1999, S. 161, 218 ff.; *Bär* CR 1996, 675 und 744; *Schäfer* wistra 1989, 12 f.; *Spatscheck/Spatscheck* PStR 2000, 188). Bei entsprechender Beweiseignung können auch gesamte Kundendateien beschlagnahmt werden (vgl. LG Oldenburg PStR 2001, 143: Beschlagnahme bei einem Kreditinstitut, um die hinter bestimmten Kontonummern stehenden Kunden zu ermitteln). Mit der Beschlagnahme ganzer Datenbestände ohne eigene Beweisbedeutung und allein zu dem Zweck, diese dann anhand von Verdächtigenprofilen zur Ermittlung potenziell verdächtiger Personen für einen EDV-Abgleich mit vorhandenen Daten zu nutzen, können die Vorschriften über die Rasterfahndung allerdings nicht umgangen werden; in solchen Fällen sind die Vorschriften der §§ 98a und 98b zu beachten. Dasselbe gilt, wenn die Daten auf bereits beschlagnahmten Datenträgern in einem anderen Strafverfahren Ausgangspunkt einer Rasterfahndung sein sollen (vgl. SK-StPO/*Wohlers* Rn. 3; *Hilger* NStZ 1992, 457, 461 Rn. 78). Kommt wegen deren potenzieller Beweisbedeutung eine Beschlagnahme sehr großer Datenbestände in Betracht, ist Voraussetzung einer Beschlagnahmeanordnung, dass eine Abwägung zwischen dem staatlichen Interesse an einer wirksamen Strafverfolgung und rechtlich geschützten Interessen Dritter vorgenommen wird (vgl. BVerfG NJW 2005, 1917).

7 Keine Rasterfahndung liegt vor
– beim **Datenabgleich durch die ersuchte Stelle selbst** nach den für sie geltenden Vorschriften (BT-Drucks. 12/989, S. 37), ohne dass ein Abgleich mit Datenbeständen anderer Speicherstellen erfolgen soll; dies gilt auch dann, wenn die StA zuvor (als nach § 161 Abs. 1 zulässige Ermittlungsmaßnahme) eine Speicherstelle (z.B. ein Kreditkartenunternehmen) aufgefordert hatte, ihren Gesamtbestand an Kundendaten nach bestimmten Merkmalen zu durchsuchen und die »Treffer« an die StA herauszugeben (BVerfG NJW 2009, 1405; vgl. auch AG Halle-Saalkreis DuD 2007, 464);
– bei einer bloßen maschinellen **Datenbankabfrage** nach vorgegebenen Kriterien (vgl. BGH NStZ 2002, 107), etwa bei der sog. Zielwahlsuche in Datensätzen von Telekommunikationsunternehmen zur nachträglichen Anruferfeststellung gem. § 100g Abs. 1 (OLG Stuttgart NStZ 2001, 158; OLG Köln NStZ-RR 2001, 31; zur Zulässigkeit der Zielwahlsuche, wenn der TK-Anbieter die anrufenden Nummern nicht speichert s. BVerfG NJW 2003, 1787, 1792 sowie KMR/*Bär* Rn. 20 ff. zu § 100g);
– bei **Auskünften** über Bestandsdaten im automatisierten Auskunftsverfahren nach § 112 TKG durch TK-Anbieter, es sei denn über Einzelanfragen hinaus soll ein maschineller Abgleich durchgeführt werden (KK-StPO/*Greven* Rn. 34);
– bei der ohne besondere Ermächtigung zulässigen Recherche in allgemein zugänglichen Online-Diensten, etwa über das **Internet**, auch wenn bei der Abfrage sog. Suchmaschinen verwendet werden, da es insoweit an einem Eingriff in das Recht auf informationelle Selbstbestimmung fehlt (so auch SK-StPO/*Wohlers* Rn. 4; *Radtke/Hohmann/Joecks* Rn. 6).

Für **DNA-Reihenuntersuchungen** enthält § 81h eine eigenständige Regelung. Zur automatisierten Erfassung von **Kfz-Kennzeichen** zwecks Abgleich mit dem Fahndungsbestand s. BVerfGE 120, 378 = NJW 2008, 1505. Die Einbeziehung von **Bundesfernstraßenmautdaten** in eine Rasterfahndung ist gesetzlich ausgeschlossen (§ 4 Abs. 3 Satz 4 und 5 BFStrMG).

8 Die §§ 98a und 98b regeln nur die Rasterfahndung zum Zwecke der Strafverfolgung. Im Bereich der **Gefahrenabwehr** enthalten die **Polizei- und Sicherheitsgesetze der Länder** eigenständige Ermächtigungsgrundlagen für die Rasterfahndung zur vorbeugenden Bekämpfung von Straftaten mit erheblicher Bedeutung (z.B. Art. 44 BayPAG; § 47 SächsPolG; vgl. dazu *Petri* in Lisken/Denninger, Handbuch des Polizeirechts 5. Aufl. Abschnitt G Rn. G 528 ff.; *Gerling/Langer/Roßmann* DuD 2001, 746). Diese Vorschriften enthalten auch Regelungen über die Zulässigkeit der Verwendung der hierbei erlangten Daten für die Strafverfolgung (vgl. Art. 44 Abs. 4 BayPAG; § 47 Abs. 7 SächsPolG).

9 Nicht der Strafverfolgung dienende **steuerverfahrensrechtliche Ermittlungen** der Finanzbehörden zur Aufdeckung und Ermittlung unbekannter Steuerfälle (§ 208 Abs. 1 Nr. 3 AO) richten sich auch dann nicht nach den §§ 98a, 98b, wenn sie an einem Fahndungsraster orientiert sind und gelegentlich eines steuerstrafrechtlichen Ermittlungsverfahrens gegen Dritte, aber ohne sachlichen Zusammenhang mit diesem vorgenommen werden. Ob in solchen Fällen eine **unzulässige steuerliche Rasterfahndung** gegeben ist, bestimmt sich nach den Vorschriften der AO und der hierzu ergangenen Rechtsprechung des BFH (vgl.

NJW 2000, 3157). Wegen der doppelfunktionalen Tätigkeit der Steuerfahndung im Besteuerungsverfahren und im Strafverfahren richten sich deren Befugnisse nach der jeweils wahrgenommenen Aufgabe (BFH NJW 2000, 3158). Zu den sog. Bankenfahndungen der Finanzbehörden vgl. auch BFH NJW 2001, 2573; 2002, 2340; *Löwe-Krahl* PStR 2000, 251.

D. Gesetzliche Grundlage für Grundrechtseingriff. Die §§ 98a und 98b stellen eine 10 hinreichend bestimmte gesetzliche Grundlage für einen Eingriff in das vom BVerfG aus Art. 2 Abs. 1 i.V.m. Art. 1 GG abgeleitete **Recht auf informationelle Selbstbestimmung** dar, nach dem der einzelne das Recht hat, »grundsätzlich selbst über die Preisgabe und Verwendung seiner persönlichen Daten zu bestimmen« (BVerfGE 65, 1, 43). Trotz der Verknüpfung unbestimmter Rechtsbegriffe mit einem Katalog von Anlasstaten (§ 98a Abs. 1 Satz 1), der teilweise dynamische Verweisungen beinhaltet (Nr. 2) und in gewissem Umfang offen ist (Nr. 5 und 6), sind die Voraussetzungen und der Umfang der Beschränkungen des Rechts auf informationelle Selbstbestimmung durch die §§ 98a und 98b noch hinreichend klar bestimmt und für den Bürger erkennbar (a. A. *Siebrecht* CR 1996, 545). Wegen der in § 98a Abs. 1 enthaltenen Begrenzung der Rasterfahndung auf Straftaten von erheblicher Bedeutung steht die strafprozessuale Rasterfahndung auch im Übrigen im Einklang mit dem Grundgesetz (glA AnwK-StPO/*Löffelmann* Rn. 1). Liegen die Eingriffsvoraussetzungen der §§ 98a und 98b nicht vor, kann dies wegen des erheblichen Grundrechtseingriffs ein Beweisverwertungsverbot zur Folge haben (s. § 98b Rdn. 8). Der Grundsatz der Selbstbelastungsfreiheit (»nemo tenetur se ipsum accusare«) kann dagegen bei einer Rasterfahndung in keinem Fall berührt sein, da der Beschuldigte weder unmittelbar noch mittelbar zur Preisgabe personenbezogener Daten gezwungen wird (vgl. auch SK-StPO/*Wohlers* Rn. 7).

E. Einsatzvoraussetzungen der Rasterfahndung. Die Rasterfahndung ist nur bei einem 11 Anfangsverdacht für eine Straftat von erheblicher Bedeutung aus einem abschließenden Straftatenkatalog zulässig (§ 98a Abs. 1 Satz 1). Weitere Voraussetzung ist, dass die Erforschung des Sachverhalts oder die Ermittlung des Aufenthaltsortes des Täters auf andere Weise erheblich weniger Erfolg versprechend oder wesentlich erschwert wäre (§ 98a Abs. 1 Satz 2 – Subsidiaritätsgrundsatz).

I. Anfangsverdacht. Die Rasterfahndung erfordert einen **Anfangsverdacht** für eine bereits began- 12 gene Straftat, wie ihn jede Einleitung eines Strafverfahrens voraussetzt (§ 152 Abs. 2). Sie dient dazu, Nichtverdächtige auszuschließen oder Personen festzustellen, die weitere für die Ermittlungen bedeutsame Prüfungsmerkmale erfüllen (§ 98a Abs. 1 Satz 1), um dadurch den Kreis möglicher Tatverdächtiger einzuschränken. Die Rasterfahndung ist damit keine verdachtslose Ermittlungsmaßnahme, auch wenn sich der Verdacht in erster Linie auf die Tat selbst und den modus operandi bezieht (KK-StPO/*Greven* Rn. 11; *Graf*, Rasterfahndung und organisierte Kriminalität, 1997, S. 86) und der Tatverdacht gegen eine bestimmte Person häufig nicht Ausgangspunkt, sondern – im besten Fall – das Ergebnis der Rasterfahndung ist (*Wittig* JuS 1997, 968). Wegen der vorgegebenen Verdachtsschwelle ist der Einsatz der Rasterfahndung im Bereich von Vorfeld- oder Initiativermittlungen ausgeschlossen (*Graf* a.a.O. S. 86).

Der in § 98a Abs. 1 Satz 1 gewählte **Begriff des Täters** umfasst – wie bei § 163d – alle Kategorien von 13 Täterschaft und Teilnahme (BT-Drucks. 12/989, S. 37). Es ist ausreichend, wenn sich der Tatverdacht auf eine **versuchte Straftat** bezieht (*Hilger* NStZ 1992, 460; *Graf* a.a.O. S. 88; a. A. SK-StPO/*Wohlers* Rn. 16).

II. Katalogtat von erheblicher Bedeutung. 1. Die Rasterfahndung darf nur zur Erforschung von 14 Straftaten aus dem in § 98a Abs. 1 Satz 1 enthaltenen generalisierenden Katalog von Deliktsgruppen und Begehungsarten (**Katalogstraftaten**) eingesetzt werden, die als bevorzugte Betätigungsfelder der Organisierten Kriminalität angesehen werden:
– **Nr. 1** erfasst im Wesentlichen die in § 100a Abs. 2 Nr. 1 Buchst. e), Nr. 6, 7, 9 und 11 aufgeführten Straftatbestände.
– **Nr. 2** enthält eine zulässige (vgl. BVerfG wistra 2010, 396, 400 Rn. 43; krit. *Petri* in Lisken/Denninger, Handbuch des Polizeirechts, 5. Aufl., Rn. G 556) dynamische Verweisung auf die in den §§ 74a und 120 GVG enthaltenen Straftatenkataloge auf dem Gebiet des Staatsschutzes; dazugehören ins-

besondere die Taten der Bildung einer kriminellen oder terroristischen Vereinigung (§§ 129 bis 129b StGB).
- **Nr. 3** erfasst die §§ 306 bis 323c StGB. Der verwendete Begriff der »gemeingefährlichen Straftaten« ist die Sammelbezeichnung für die im 28. Abschnitt des Besonderen Teils des StGB unter Strafe gestellten Handlungen.
- **Nr. 4** verweist auf die §§ 174 bis 184f sowie auf die §§ 211 bis 241a StGB; erfasst werden auch § 30 WStG und die Straftaten im Amt gem. § 340, 343, 345 StGB (vgl. *Pehl*, Die Implementation der Rasterfahndung, Diss. 2008, S. 20; SK-StPO/*Wohlers* Rn. 14).
- **Nr. 5** und **Nr. 6** beziehen alle gewerbs- und gewohnheitsmäßig, von einem Bandenmitglied oder in anderer Weise organisiert begangenen Straftaten in den Katalog ein; sie knüpfen an die Begehungsform an.

Zur Auslegung der Begriffe der **Gewerbs- und Gewohnheitsmäßigkeit**, die sich nach den insoweit zu den Bestimmungen des StGB entwickelten Kriterien richtet, vgl. BGHSt 15, 377; 29, 189; Schönke/Schröder/*Sternberg-Lieben/Bosch* Vorbem §§ 52 ff. Rn. 95; *Fischer* Vor § 52 Rn. 61 ff.; *Jäger* in Joecks/Jäger/Randt, Steuerstrafrecht, 8. Aufl. § 373 AO Rn. 31 ff.

Zum **Begriff der Bande**, der einen Zusammenschluss von mindestens drei Personen voraussetzt, die sich mit dem Willen verbunden haben, künftig für eine gewisse Dauer mehrere selbstständige, im Einzelnen noch ungewisse Straftaten des im Gesetz genannten Deliktstyps zu begehen, vgl. BGHSt 46, 321. Die erste Variante der Nr. 6 liegt bereits dann vor, wenn ein Anfangsverdacht der Begehung einer Straftat durch eine Person gegeben ist, die verdächtig ist, Mitglied einer Bande zu sein. Nicht erforderlich ist, dass Anhaltspunkte für eine Beteiligung der anderen Bandenmitglieder vorliegen, denn solche werden oft zu Beginn der Ermittlungen fehlen und sich erst mithilfe der Rasterfahndung ergeben (*Hilger* NStZ 1992, 460 Fn. 51).

Die zweite Variante der Nr. 6 (»**in anderer Weise organisiert**«) enthält einen Auffangtatbestand für ansonsten vom Straftatenkatalog nicht erfasste Fälle, bei denen aber zureichende Anhaltspunkte dafür bestehen, dass hinter der Tat eine »Organisationsstruktur« steht (*Hilger* a.a.O.); sie wird dem Gebot der Normenklarheit noch gerecht (a. A. SK-StPO/*Wohlers* Rn. 15; krit auch *Petri* in Lisken/Denninger a.a.O. Rn. G 556).

Die Rasterfahndung kann auch zur Erforschung von gewerbs- oder bandenmäßigen **Steuerstraftaten** (s. § 370 Abs. 3 Satz 2 Nr. 5, § 373, § 374 Abs. 2 AO, § 26c UStG) und damit insbesondere zur Aufklärung der zumeist komplexen »Umsatzsteuerkarusselle« eingesetzt werden, deren finanzieller Schaden in der EU vom Bundesrechnungshof bereits im Jahr 2003 aufgrund von Schätzungen mit annähernd 12 Mrd. € pro Jahr beziffert wurde (Bericht nach § 99 BHO, BT-Drucks. 15/1495, S. 3). Die Einnahmeverluste durch »Umsatzsteuerbetrug« in der EU werden auf jährlich etwa 100 Mrd. € geschätzt (Quelle: Gemeinsamer Bericht des Bundesrechnungshofes und der Rechnungshöfe von Belgien und den Niederlanden zum innergemeinschaftlichen Umsatzsteuerbetrug vom 12.03.2009, S. 3).

15 2. Um im Hinblick auf den Eingriff in die Grundrechte Dritter dem allgemeinen Prinzip der Verhältnismäßigkeit Rechnung zu tragen (vgl. *Rieß* GA 2004, 623, 631), gestattet § 98a Abs. 1 Satz 1 die Rasterfahndung auch bei den katalogartig aufgezählten Straftaten nur zur Erforschung einer **Straftat von erheblicher Bedeutung**. Durch diesen unbestimmten Rechtsbegriff werden alle diejenigen Straftaten ausgeschieden, die nicht mindestens der mittleren Kriminalität (vgl. dazu BGH, Urt. v. 26.06.2012 – 1 StR 163/12 m.w.N.) zuzurechnen sind, den Rechtsfrieden empfindlich stören und geeignet sind, das Gefühl der Rechtssicherheit der Bevölkerung erheblich zu beeinträchtigen (BVerfG NJW 2001, 879, 880; 2004, 999; 2009, 2431, 2435).

Erforderlich ist in jedem Fall eine **einzelfallbezogene Beurteilung** unter Berücksichtigung des allgemeinen Verhältnismäßigkeitsgrundsatzes. In Fällen der mittleren Kriminalität kommt es dabei nicht so sehr auf den abstrakten Charakter des Deliktstatbestandes, sondern mehr auf die Art und Schwere der jeweiligen Tat nach der Verdachtslage bei Anordnung der Maßnahme an (vgl. BVerfG 2009, 2431, 2435; *Rieß* GA 2004, 623, 631). Die Beeinträchtigung des Rechtsfriedens oder der Rechtssicherheit kann sich etwa daraus ergeben, dass durch die Straftat bedeutsame Rechtsgüter, wie z.B. Leib, Leben, Gesundheit oder fremde Sachen von bedeutendem Wert, erheblich verletzt worden sind. Auch Eigentums- oder Vermögensdelikte mittlerer Kriminalität können nach Lage des Einzelfalls die genannten Voraussetzungen erfüllen, insbesondere wenn es sich um Taten mit Seriencharakter und erheblichem Gesamtschaden für die Allgemeinheit handelt (*Möhrenschlager* wistra 1992, 327). Straftaten geringen Gewichts, etwa gem. § 316 StGB, können eine Rasterfahndung nicht rechtfertigen. Andererseits ist es nicht erforderlich, dass die Schwere des Unrechts und die Störung des Rechtsfriedens gerade durch die Elemente und Strukturen der Organisierten Kriminalität geprägt sind. Ist dies der Fall, ist freilich die erhebliche Bedeutung der Straftat regelmäßig gegeben. Fahrlässigkeitsdelikte werden zwar regelmäßig die Erheblichkeitsschwelle nicht erreichen, scheiden aber nicht bereits von vornherein als erhebliche Straftaten aus (glA *Rieß* GA 2004, 623, 638; a. A. HK-StPO/*Gercke* Rn. 15). Dasselbe gilt für Taten, die im Höchstmaß mit einer Freiheitsstrafe von nicht mehr als zwei Jahren geahndet werden können (vgl. BGH, Urt. v. 26.06.2012 – 1 StR 163/12 betr. den Besitz kinderpornografischer Schriften; a. A. *Rieß* GA 2004, 623, 637).

3. Auch eine **versuchte Straftat** kann eine Tat von erheblicher Bedeutung sein (*Hilger* NStZ 1992, 460; *Rieß* GA 2004, 623, 638; *Meyer-Goßner/Schmitt* Rn. 7; a. A. SK-StPO/*Wohlers* Rn. 16; HK-StPO/*Gercke* Rn. 15), sofern der Versuch strafbar ist (§ 23 Abs. 1 StGB). Für die erforderliche Beurteilung im Einzelfall kommt dann der Gefährlichkeit des Tatversuchs und der Nähe zur Vollendung gesteigerte Bedeutung zu. 16

III. Subsidiarität. Die Rasterfahndung ist nach der qualifizierten **Subsidiaritätsklausel** des § 98a Abs. 1 Satz 2 nur dann zulässig, wenn – ausgehend von einer am Aufklärungserfolg und an den Aufklärungsschwierigkeiten orientierten ex ante-Prognose – die Erforschung des Sachverhalts oder die Ermittlung des Aufenthaltsortes des Täters auf andere Weise erheblich weniger Erfolg versprechend oder wesentlich erschwert wäre. Innerhalb des gesetzlichen Systems der Subsidiaritätsklauseln der §§ 98a, 100a, 100c, 100g, 100h, 110a StPO (vgl. dazu BGHSt 41, 30, 34) ist die Klausel weiter gefasst als die des § 100a Abs. 1 Nr. 3 für die Überwachung der Telekommunikation, wo statt »erheblich weniger Erfolg versprechend oder wesentlich erschwert« die Formulierung »wesentlich erschwert« oder aussichtslos verwendet wird. Nicht erforderlich ist, dass das erstrebte Ermittlungsergebnis durch andere Ermittlungsmaßnahmen überhaupt nicht zu erzielen wäre. 17
Erheblich weniger Erfolg versprechend sind andere zur Verfügung stehende Ermittlungsmaßnahmen, wenn eine Prognose ergibt, dass mit ihnen die vollständige Aufklärung der Straftat nicht annähernd in demselben Maße erreicht werden kann, wie es bei einem Einsatz der Rasterfahndung möglich erscheint (BT-Drucks. 12/989, S. 37). Dem Anordnenden steht insoweit ein Beurteilungsspielraum zu (vgl. *Meyer-Goßner/Schmitt* § 100a Rn. 13).
Eine **wesentliche Erschwerung** liegt insbesondere vor, wenn die Benutzung anderer Aufklärungsmittel zu einem unvertretbaren Arbeitsaufwand führen würde, der mit der Vernachlässigung anderer Ermittlungsverfahren verbunden wäre (KK/*Bruns* § 100a Rn. 33). Dasselbe gilt, wenn andere Aufklärungsmittel einen erheblich größeren Zeitaufwand erfordern würden und daher mit einer wesentlichen Verfahrensverzögerung verbunden wären. Auch die Verursachung erheblich höherer Kosten bei Verwendung eines anderen Aufklärungsmittels kann eine Rolle spielen, wenn diese so hoch sind, dass das andere Aufklärungsmittel damit faktisch ausscheidet (vgl. auch SK-StPO/*Wohlers* Rn. 18 sowie *Franke/Wienroeder* BtMG, 3. Aufl., § 110a StPO Rn. 56; a. A. KK/*Bruns* § 100a Rn. 33; *Meyer-Goßner/Schmitt* § 100a Rn. 13).

Daneben ist das allgemeine Prinzip der **Verhältnismäßigkeit** zu beachten. Die Rasterfahndung kann daher auch dann zulässig sein, wenn die Aufklärung zwar mithilfe einer anderen Erfolg versprechenden Maßnahme erreicht werden könnte, diese jedoch tiefer in den persönlichen Bereich Betroffener eingreifen würde (BT-Drucks. 12/989, S. 37). 18

F. Datengewinnung und Datenabgleich. I. Aussonderung und Übermittlung der Daten. § 98a Abs. 2 bis 5 regeln die **Mitwirkungspflichten der speichernden Stelle.** Nach § 98a Abs. 2 ist sie verpflichtet, die für den Datenabgleich erforderlichen Daten anhand der Suchanfrage **auszusondern und** den Strafverfolgungsbehörden nur diesen beschränkten Datensatz **zu übermitteln**. Das Gesetz schreibt die Form und das Datenformat der Übermittlung nicht vor. Müssen die Daten erst in ein für den Datenabgleich verwendbares Format gebracht werden, hat die speichernde Stelle auf Anforderung der StA **die Abgleichstelle** hierbei zu **unterstützen** (§ 98a Abs. 4). 19

Soweit eine **Trennung** des benötigten Datenmaterials **von anderen Daten**, z.B. von nicht zum Verdächtigenprofil gehörenden Feldern, nur mit unverhältnismäßigem Aufwand möglich ist, können auf besondere Anordnung auch die anderen Daten übermittelt werden (§ 98a Abs. 3 Satz 1). Ihre Nutzung ist 20 allerdings nicht zulässig (§ 98a Abs. 3 Satz 2). Erweist es sich später als notwendig, auch die anderen Daten abzugleichen, ist dies nur aufgrund einer neuen Anordnung nach § 98b gestattet.

21 **Adressat** der gesamten Mitwirkungspflichten der selbst nicht handlungsfähigen »speichernden Stelle« ist der **Gewahrsamsinhaber** (SK-StPO/*Wohlers* Rn. 23; KK/*Greven* Rn. 27). Die Pflichten treffen allerdings **nicht** den **Beschuldigten**, der nach dem Verfassungsrang genießenden Grundsatz »nemo tenetur se ipsum accusare« keinem Zwang zur Selbstbelastung unterworfen werden darf (vgl. auch LR/*Menges* Rn. 34). **Zeugnisverweigerungsberechtigte** sind grundsätzlich zur Herausgabe der Daten verpflichtet, Ordnungs- und Zwangsmittel nach § 95 Abs. 2 dürfen aber gegen sie nicht verhängt werden (§ 98a Abs. 5, § 95 Abs. 2 Satz 2).

22 Die **Herausgabepflicht** entfällt wegen des Verweises in § 98b Abs. 1 Satz 7 auf § 97, **soweit Beschlagnahmeverbote bestehen**; eine freiwillige Datenübermittlung bleibt in solchen Fällen allerdings möglich (*Hilger* NStZ 1992, 461 Fn. 68; KK/*Greven* Rn. 29; a. A. *Siebrecht* CR 1996, 545). Da das Beschlagnahmeverbot des § 97 bei den in § 53 Abs. 1 Nr. 1 bis 3b genannten Berufsangehörigen enger als das Zeugnisverweigerungsrecht nur das Verhältnis zwischen ihnen und den Beschuldigten schützt (*Graf*, Rasterfahndung und organisierte Kriminalität, 1997, S. 100), dürfen bei Berufsgeheimnisträgern solche personenbezogenen Daten, die sich nicht auf einen Beschuldigten beziehen, zu Zwecken der Rasterfahndung abgeglichen werden (KK/*Greven* Rn. 29). Müssen von einem Unternehmen Mitarbeiterdaten übermittelt werden, unterliegt dies nicht der Mitbestimmung des Betriebsrats; § 98a StPO ist eine anderweitige gesetzliche Regelung i.S.d. § 87 Abs. 1 BetrVG (vgl. *Gerling/Langer/Roßmann* DuD 2001, 746, 747).

23 **II. Datenabgleich.** § 98a Abs. 1 Satz 1 ermöglicht den **maschinellen Abgleich** der von der speichernden Stelle ausgesonderten Daten; die Auswertung von Hand ist bereits nach §§ 161, 163 zulässig (Rdn. 5). Ziel des Datenabgleichs ist es, die Schnittmenge der personenbezogenen Daten herauszufiltern, die in den übermittelten Datenbeständen mindestens ein gemeinsames Merkmal aufweisen (KK/*Greven* Rn. 23). Der so entstandene Datenbestand kann mit anderen Datenbeständen der Strafverfolgungsbehörden weiter abgeglichen werden. Das Gesetz macht keine Vorgaben, wer den Datenabgleich vorzunehmen hat. Es kommt daher nicht nur ein Abgleich durch die StA oder die Polizei, sondern z.B. auch ein externer Datenabgleich durch Beauftragung eines Sachverständigen in Betracht. Jedenfalls ist der Datenabgleich unter der Verantwortung der StA durchzuführen (BT-Drucks. 12/989, S. 37). Die speichernde Stelle trifft auch für den Datenabgleich eine **Unterstützungspflicht**. Auf Anforderung der StA hat sie die Stelle, die den Abgleich durchführt, zu unterstützen (§ 98a Abs. 4); die Unterstützung kann in der Aufhebung von Verschlüsselungen, aber auch im Überlassen von Personal oder Hardware liegen.

24 **G. Ordnungs- und Zwangsmittel.** Nach § 98a Abs. 5 dürfen in entsprechender Anwendung von § 95 Abs. 2 **Ordnungs- und Zwangsmittel** nach § 70 eingesetzt werden, wenn die Aussonderung oder Übermittlung der Daten oder die Mitwirkung beim Datenabgleich unberechtigt verweigert wird. Gegen Zeugnisverweigerungsberechtigte dürfen keine Ordnungs- oder Zwangsmittel festgesetzt werden (§ 95 Abs. 2 Satz 2). Bei unzulässiger Anwendung von Zwang richtet sich die Verwertbarkeit nach den Grundsätzen zu § 95 Abs. 2; danach besteht ein Verwertungsverbot, wenn trotz befugter Weigerung Zwang nach § 95 Abs. 2 angewendet worden ist. Kein Verwertungsverbot zugunsten des Beschuldigten besteht demgegenüber, wenn die Weigerung auf § 55 gestützt wurde, da in einem solchen Fall der Rechtskreis des Beschuldigten nicht berührt ist (KMR/*Müller* Vorb. § 94 Rdn. 22; *Meyer-Goßner/Schmitt* § 95 Rn. 11; LR/*Menges* Rn. 16; a. A. SK-StPO/*Wohlers* § 95 Rn. 39). Zur Anordnungszuständigkeit s. § 98b Rdn. 12.

25 **H. Entschädigung.** Für die Erfüllung ihrer Mitwirkungspflichten kann die speichernde Stelle nach § 23 Abs. 2 Satz 1 Nr. 1, Abs. 3 JVEG Entschädigung verlangen (vgl. zur Vorgängernorm § 17a ZSEG OLG Stuttgart NStZ 2001, 158; OLG Köln NStZ-RR 2001, 31).

26 **I. Revision.** Mit der Revision kann beanstandet werden, dass die Beweiswürdigung auf unverwertbaren Ergebnissen beruht. Zu den Einzelheiten s. § 98b Rdn. 18.

§ 98b StPO Verfahren bei der Rasterfahndung.

(1) Der Abgleich und die Übermittlung der Daten dürfen nur durch das Gericht, bei Gefahr im Verzug auch durch die Staatsanwaltschaft angeordnet werden. Hat die Staatsanwaltschaft die Anordnung getroffen, so beantragt sie unverzüglich die gerichtliche Bestätigung. Die Anordnung tritt außer Kraft, wenn sie nicht binnen drei Werktagen vom Gericht bestätigt wird. Die Anordnung ergeht schriftlich. Sie muss den zur Übermittlung Verpflichteten bezeichnen und ist auf die Daten und Prüfungsmerkmale zu beschränken, die für den Einzelfall benötigt werden. Die Übermittlung von Daten, deren Verwendung besondere bundesgesetzliche oder entsprechende landesgesetzliche Verwendungsregelungen entgegenstehen, darf nicht angeordnet werden. Die §§ 96, 97, 98 Abs 1 Satz 2 gelten entsprechend.
(2) Ordnungs- und Zwangsmittel (§ 95 Abs 2) dürfen nur durch das Gericht, bei Gefahr im Verzug auch durch die Staatsanwaltschaft angeordnet werden; die Festsetzung von Haft bleibt dem Gericht vorbehalten.
(3) Sind die Daten auf Datenträgern übermittelt worden, so sind diese nach Beendigung des Abgleichs unverzüglich zurückzugeben. Personenbezogene Daten, die auf andere Datenträger übertragen wurden, sind unverzüglich zu löschen, sobald sie für das Strafverfahren nicht mehr benötigt werden.
(4) Nach Beendigung einer Maßnahme nach § 98a ist die Stelle zu unterrichten, die für die Kontrolle der Einhaltung der Vorschriften über den Datenschutz bei öffentlichen Stellen zuständig ist.

A. Zuständigkeit für die Anordnung der Rasterfahndung.

Der Abgleich und die Datenübermittlung für eine Rasterfahndung bedürfen einer besonderen **Anordnung**. Für die Übermittlung ungetrennter weiterer Daten ist eine zusätzliche Anordnung erforderlich (§ 98a Abs. 3, vgl. § 98a Rn. 20). Die Anordnung darf nur **durch das Gericht**, bei **Gefahr im Verzug** auch von der StA, nicht aber von ihren Ermittlungspersonen getroffen werden. Gefahr im Verzug liegt vor, wenn der Erfolg der Ermittlungsmaßnahme durch die mit der Anrufung des Gerichts verbundene Verzögerung vereitelt oder infrage gestellt würde (vgl. BVerfGE 51, 97, 111). Dies dürfte bei der Rasterfahndung allenfalls in seltenen Ausnahmefällen gegeben sein. Eine Anordnungskompetenz der StA besteht bei Organen der Presse und des Rundfunks nicht (§ 98b Abs. 1 Satz 7 i.V.m. § 98 Abs. 1 Satz 2). Die gerichtliche Zuständigkeit liegt im Ermittlungsverfahren beim Ermittlungsrichter (§§ 162, 169); er hat ausschließlich die Rechtmäßigkeit, nicht aber die Zweckmäßigkeit der von der StA beantragten Rasterfahndung zu prüfen. Die Durchführung der Rasterfahndung obliegt stets der StA (§ 36 Abs. 2 Satz 1), was aber nicht bedeutet, dass sie den Datenabgleich selbst vorzunehmen hat (vgl. KK/*Greven* § 98a Rn. 24).

Nach einer Eilanordnung durch die StA hat diese unverzüglich (ohne schuldhaftes Zögern) die **gerichtliche Bestätigung** der Anordnung zu beantragen (§ 98b Abs. 1 Satz 2), es sei denn, der Aufklärungserfolg wurde bereits (anderweitig) erreicht oder auf die Maßnahme wurde verzichtet. Die Prüfungskompetenz des Gerichts beschränkt sich auf die Frage, ob die Rasterfahndung im Zeitpunkt der Prüfung gerechtfertigt ist, nicht, ob die Anordnungsvoraussetzungen für die StA vorgelegen haben (*Schnarr* NStZ 1991, 214; *Graf*, Rasterfahndung und organisierte Kriminalität, 1997, S. 104). Wenn das Gericht die Eilanordnung nicht binnen drei Werktagen bestätigt, tritt sie ohne weiteres außer Kraft; der Tag der Anordnung zählt nicht mit (§ 42). Eingeleitete Maßnahmen sind unverzüglich zu beenden und bereits erhaltene Datenträger zurückzugeben. Bis dahin erlangte Erkenntnisse dürfen allerdings auch dann verwertet werden, wenn die Bestätigung unterbleibt oder versagt wird, sofern die Anordnungsvoraussetzungen für die StA vorgelegen haben (*Graf* a.a.O. S. 109). Das Außerkrafttreten der Eilanordnung entzieht lediglich der Fortdauer der Anordnung die rechtliche Grundlage, die Wirksamkeit der Anordnung für die vergangene Zeit steht nicht infrage (*Schnarr* NStZ 1991, 215). War die Anordnung hingegen rechtswidrig, kann dies zu einem Beweisverwertungsverbot der durch die Maßnahme erlangten Erkenntnisse führen (vgl. *Hilger* NStZ 1992, 460 Fn. 66 m.w.N.; zu Verwertungsverboten im Übrigen s. Rdn. 8 f.).

B. Anordnungsverbote.

Die Datenübermittlung darf nach § 98b Abs. 1 Satz 6 nicht angeordnet werden, soweit besondere bundesgesetzliche oder entsprechende landesgesetzliche **Verwendungsregelungen** entgegenstehen, die einen gesteigerten Schutz personenbezogener Daten bewirken sollen (*Hilger* NStZ 1992, 461 Fn. 67), wie etwa § 30 Abs. 1 AO; § 16 BStatG; § 51 BZRG; § 39 PostG;

§ 98b StPO   Verfahren bei der Rasterfahndung

§ 35 Abs. 1 SGB I; §§ 67 ff. SGB X; §§ 88, 91 ff. TKG – s. aber §§ 110 ff. TKG. Gem. § 98b Abs. 1 Satz 7 dürfen nach § 96 gesperrte Daten nicht in die Rasterfahndung einbezogen werden. Dasselbe gilt für nach § 97 **beschlagnahmefreie Daten**, es sei denn, die Daten werden freiwillig zur Verfügung gestellt (vgl. § 98a Rdn. 22).

4 **C. Form und Inhalt der Anordnung.** Die Anordnung der Rasterfahndung bedarf der **Schriftform** (§ 98b Abs. 1 Satz 4). Bei Anordnung durch Fax, Telegramm oder E-mail ist das Formerfordernis der Schriftlichkeit gewahrt (KK/*Bruns* § 100b Rn. 5; vgl. auch § 126 Abs. 3 BGB). Regelmäßig ist vor der Anordnung der Rasterfahndung nach § 33 Abs. 3, Abs. 4 der Gewahrsamsinhaber der Speicherstelle anzuhören (*Graf*, Rasterfahndung und organisierte Kriminalität, 1997, S. 105).

5 Der notwendige **Inhalt der Anordnung** bestimmt sich nach § 98b Abs. 1 Satz 5 (vgl. BGHSt 44, 265, 272); daneben müssen die allgemeinen Anforderungen an einen Beschlagnahmebeschluss erfüllt sein. In die Anordnung sind deshalb aufzunehmen:
– die Bezeichnung des **Verfahrens**, in dem sie ergeht,
– die Bezeichnung der **anordnenden Stelle** und des Anordnenden,
– die **Straftat**, wegen der die Rasterfahndung durchgeführt werden soll,
– der **Zweck** der Rasterfahndung,
– der zur Übermittlung der Daten **Verpflichtete** (vgl. § 98a Rn. 21), der im Hinblick auf eventuelle Ordnungs- und Zwangsmittel möglichst genau bezeichnet werden sollte,
– ggf der zur Unterstützung beim Datenabgleich Verpflichtete (§ 98a Abs. 4),
– die Umschreibung des **Datenbestandes**, in dem recherchiert wird,
– ggf die Bezeichnung weiterer Daten, die nicht vorher ausgesondert werden müssen (§ 98a Abs. 3 Satz 1) und
– die im Einzelfall maßgeblichen **Prüfungsmerkmale** (Raster) einschließlich der Suchanfrage.

6 **D. Verwendung der Ergebnisse der Rasterfahndung. I. Abklärung des Tatverdachts.** Der nach Durchführung der Rasterfahndung gegen bestimmte Personen bestehende Tatverdacht wird auf konventionelle Weise weiter abgeklärt, z.B. durch Vernehmungen und Durchsuchungen. Bereits das Zusammentreffen mehrerer Prüfungsmerkmale bei einer Person kann einen Tatverdacht begründen, der gebietet, dass gegen sie als **Beschuldigter** zu ermitteln ist (KK/*Greven* § 98a Rn. 11). Dem Verdächtigen sind dann bei seiner (ersten) Vernehmung der Tatvorwurf und die in Betracht kommenden Strafvorschriften mitzuteilen (§ 136 Abs. 1 Satz 1); er ist über seine Rechte der Aussagefreiheit und zur Konsultation eines Verteidigers zu belehren (§ 136 Abs. 1 Satz 2). Bei richterlichen Zeugen- und Sachverständigenvernehmungen steht ihm neben Staatsanwaltschaft und Verteidiger das Recht zur Anwesenheit zu (§ 168c Abs. 2), wenn er nicht vom Richter ausgeschlossen wird, weil seine Anwesenheit den Untersuchungszweck gefährden würde (§ 168c Abs. 3). Die Benachrichtigung von solchen Terminen darf nur unter den Voraussetzungen des § 168c Abs. 5 Satz 2 unterbleiben (BGH StV 2003, 540).

7 Hinsichtlich der Beschuldigteneigenschaft, d.h. der Frage, ab wann eine Person **Beschuldigter** ist, haben die Strafverfolgungsbehörden einen Beurteilungsspielraum (vgl. BGHSt 38, 214, 228; BGH StV 1997, 281). Eine Vernehmung als Zeuge kommt dann nicht mehr in Betracht, wenn sich der Verdacht so verdichtet hat, dass die Person ernstlich als Täter der untersuchten Straftat in Betracht kommt (vgl. BGH NStZ-RR 2002, 67). Ist eine Ermittlungshandlung darauf gerichtet, den Vernommenen als Täter einer Straftat zu überführen, kommt es nicht mehr darauf an, wie der Ermittlungsbeamte sein Verhalten rechtlich bewertet (BGH NStZ 2015, 291). Bei Wahrscheinlichkeitsaussagen aufgrund statistischer Häufigkeiten ist zu beachten, dass die Merkmalswahrscheinlichkeit, d.h. die Wahrscheinlichkeit für das Auftreten einer Merkmalskombination nicht mit der Belastungswahrscheinlichkeit, d.h. der statistischen Wahrscheinlichkeit, dass ein Verdächtiger Täter ist, gleichgesetzt werden darf. Wird die Kombination von Prüfungsmerkmalen in eine Belastungswahrscheinlichkeit übertragen, sind auch etwaige Abhängigkeiten der Prüfungsmerkmale untereinander und die sog. Anfangswahrscheinlichkeit zu berücksichtigen (vgl. BGHSt 38, 320, 323; BGH StV 1992, 312; KK/*Greven* § 98a Rn. 11).

8 **II. Verwertbarkeit der Ergebnisse.** Die Verwertbarkeit der aus einer Rasterfahndung gewonnenen Erkenntnisse zu Beweiszwecken bestimmt sich grundsätzlich nach denselben Regeln, wie sie für Überwachungsergebnisse bei der Telekommunikationsüberwachung nach § 100a gelten (vgl. SK-StPO/

Wohlers Rn. 13). War die **Anordnung** der Rasterfahndung **rechtswidrig**, weil der **Verdacht** einer Katalogtat von vornherein **nicht bestanden** hat, sind die erlangten Erkenntnisse grundsätzlich nicht verwertbar (KK/*Grevem* Rn. 5; *Meyer-Goßner/Schmitt* § 98a Rn. 11; vgl. zur Telekommunikationsüberwachung BGHSt 41, 30, 31). Hinsichtlich der Frage, ob ein Tatverdacht gegeben ist, steht dem Ermittlungsrichter allerdings ein Beurteilungsspielraum zu (BGH NJW 2003, 368). Entscheidend ist deshalb, ob die Anordnung – rückbezogen auf den Zeitpunkt ihres Erlasses – wenigstens noch als vertretbar erscheint. Dieser Maßstab gilt auch im Revisionsverfahren (BGHSt 41, 30). In Zweifelsfällen hat das erkennende Gericht die Verdachtslage, die im Zeitpunkt der Anordnung gegeben war, anhand der Akten zu rekonstruieren und auf dieser Grundlage die Verwertbarkeit zu untersuchen (BGH NJW 2003, 368). Die Unverwertbarkeit von Ergebnissen aus einer rechtswidrigen Rasterfahndung kann im Revisionsverfahren nur dann gerügt werden, wenn bereits in der tatgerichtlichen Hauptverhandlung gegen die Verwertung Widerspruch erhoben worden ist (vgl. LR/*Menges* § 98b Rn. 33).

Wertungsfehler des Ermittlungsrichters führen nicht in jedem Fall zur Unverwertbarkeit der erlangten Erkenntnisse. Ein solcher Fehler bleibt jedenfalls dann unbeachtlich, wenn die rechtliche Begründung nachträglich ausgewechselt werden kann, weil die Anordnung der Rasterfahndung innerhalb desselben Lebenssachverhaltes auf eine andere Katalogtat hätte gestützt werden können. Ob dies der Fall ist, hat das Tatgericht auf der Grundlage der Verdachtssituation zum Zeitpunkt des Erlasses der Anordnung über die Rasterfahndung zu beurteilen (vgl. zur Telekommunikationsüberwachung BGH NJW 2003, 1880, 1883). 9

Einem **Verwertungsverbot** unterliegen auch die Ermittlungsergebnisse bei Verstößen gegen die Zuständigkeitsregeln, etwa solche, die bei Eilanordnungen der StA nach Ablauf der Frist von drei Werktagen ohne gerichtliche Bestätigung gewonnen werden (KK/*Greven* Rn. 5). Die Missachtung des Subsidiaritätsgrundsatzes hat ebenfalls die Unverwertbarkeit der durch die Rasterfahndung erlangten Erkenntnisse zur Folge (BGHSt 41, 30). Aufgrund einer Eilanordnung der StA rechtmäßig erlangte Erkenntnisse bleiben dagegen auch dann verwertbar, wenn die gerichtliche Bestätigung gem. § 98b Abs. 1 Satz 2 ausbleibt (*Meyer-Goßner/Schmitt* § 98a Rn. 11; a. A. HK-StPO/*Gercke* Rn. 22). 10

III. Kennzeichnungspflicht und Verwendungsbeschränkungen. Grundsätzlich dürfen die durch eine Rasterfahndung erlangten Erkenntnisse nur in dem Strafverfahren, in dem sie zur Aufklärung einer bestimmten Katalogtat angeordnet worden waren, verwertet werden (**Zweckbindung**). Beim Datenabgleich sich ergebende **Zufallserkenntnisse** dürfen aber auch ohne Einwilligung der betroffenen Personen **in anderen Strafverfahren zu Beweiszwecken für** solche Taten verwendet werden, bei denen es sich ebenfalls um **in § 98a Abs. 1 bezeichnete Katalogtaten** handelt (§ 477 Abs. 2 Satz 2). 11

Im Übrigen dürfen solche Erkenntnisse ebenso wie die von der Speicherstelle übermittelten Daten unbeschränkt als **Ermittlungsansatz für andere Taten** Verwendung finden (KK/*Greven* Rn. 10 f.; a. A. *Pehl*, Die Implementation der Rasterfahndung, Diss. 2008, S. 49 zur Vermeidung der Gefahr einer allgemeinen Ausforschung); an diese können dann weitere herkömmliche Ermittlungshandlungen anknüpfen. Darüber hinaus dürfen persönliche Daten, die durch eine Maßnahme nach § 98a ermittelt worden sind, ohne Einwilligung der betroffenen Person nur für Zwecke eines Strafverfahrens, zur Abwehr einer erheblichen Gefahr für die öffentliche Sicherheit und für die Zwecke, für die eine Übermittlung nach § 18 BVerfSchG zulässig ist, sowie nach Maßgabe des § 476 zu Forschungszwecken verwendet werden. Zur Befugnis der Verwendung personenbezogener Daten aus Strafverfahren nach Maßgabe der Polizeigesetze s. § 481.

Zur Sicherstellung, dass die Verwendungsregelungen des § 477 Abs. 2 Satz 2 und 3 für die verdeckten strafprozessualen Ermittlungsmaßnahmen, zu denen auch die Rasterfahndung zählt, beachtet werden, hat der Gesetzgeber in § 101 Abs. 3 Satz 1 eine **Kennzeichnungspflicht** für die durch solche Maßnahmen erhobenen Daten eingeführt (BT-Drucks. 16, 5846, S. 38). Die Kennzeichnung ist auch nach einer Übermittlung der Daten an eine andere Stelle aufrechtzuerhalten (§ 101 Abs. 3 Satz 2).

E. Anordnung von Ordnungs- und Zwangsmitteln. Zuständig zur Anordnung von den in § 70 näher bezeichneten Ordnungs- und Zwangsmitteln bei unberechtigt verweigerter Mitwirkung der speichernden Stelle (§ 98a Abs. 5, 95 Abs. 2; vgl. § 98a Rn. 24) ist nach § 98b Abs. 2 das Gericht, bei Gefahr im Verzug, außer zur Festsetzung von Haft (§ 98b Abs. 2 Halbs. 2; Art. 104 Abs. 2 GG), auch die StA. 12

13 F. Rückgabe der Datenträger und Löschung der Daten. Nach Beendigung des Datenabgleichs sind die von der Speicherstelle übergebenen **Datenträger** unverzüglich **zurückzugeben** (§ 98b Abs. 3 Satz 1). Die gesetzliche Regelung schließt allerdings nicht aus, den Datenträger bis zum Abschluss des Strafverfahrens zurückzuhalten, wenn darauf befindliche Daten zur Beweisführung benötigt werden (KK/*Greven* Rn. 8; *Meyer-Goßner/Schmitt* Rn. 6). Auf andere Datenträger übertragene personenbezogene **Daten** sind erst – dann aber ebenso unverzüglich – zu **löschen**, wenn sie für das Strafverfahren nicht mehr benötigt werden (§ 98b Abs. 3 Satz 2), was i.d.R. mit dem rechtskräftigen Abschluss des Strafverfahrens der Fall ist. Die Daten dürfen auch darüber hinaus aufbewahrt werden (KK/*Greven* Rn. 8; a. A. *Siebrecht* CR 1996, 552 f.; *Schnarr* ZRP 1990, 297), solange nach den konkreten Umständen ein späterer Wiederaufnahmeantrag nicht unwahrscheinlich ist (ähnlich *Hilger* NStZ 1997, 373); die bloß abstrakte Möglichkeit eines Wiederaufnahmeverfahrens rechtfertigt die weitere Aufbewahrung hingegen nicht. Um eine Überprüfung der Löschung zu ermöglichen (vgl. § 98b Abs. 4), sollte ein Löschprotokoll errichtet werden (*Hilger* NStZ 1992, 461 Fn. 71). Daten, bei denen die Verwendung in einem anderen Strafverfahren zu Beweiszwecken zulässig ist (§ 477 Abs. 2), dürfen vorher in das andere Strafverfahren übermittelt werden (*Hilger* a.a.O. Fn. 70).

14 G. Benachrichtigungspflichten. Nach Beendigung einer Maßnahme gem. § 98a ist der zuständige **Datenschutzbeauftragte** zu informieren (§ 98b Abs. 4), der die Einhaltung der datenschutzrechtlichen Vorschriften, nicht aber die strafprozessuale Rechtmäßigkeit der Rasterfahndung im Einzelfall zu prüfen hat (*Siebrecht* CR 1996, 555).
Weitere Benachrichtigungspflichten ergeben sich nach Maßgabe des § 101 Abs. 1, Abs. 4 ff. gegenüber denjenigen **Personen, gegen die nach Auswertung der Daten weitere Ermittlungen geführt wurden** (§ 101 Abs. 4 Nr. 1). Solche Ermittlungen sind etwa Vernehmung dieser Personen, Durchsuchungen, Nachforschungen in ihrem Umfeld oder Einholung von Auskünften über sie. Die Benachrichtigung muss mindestens die Anordnung und Durchführung der Rasterfahndung beinhalten und sollte auch die Speicherstelle und die verwendeten Prüfungsmerkmale bezeichnen (KK/*Greven* Rn. 13). Die **Benachrichtigungen sind Sache der Staatsanwaltschaft**. Unverdächtige Personen, gegen die keine Ermittlungen geführt werden, sind nicht zu benachrichtigen.
Ist eine **Gefährdung des Untersuchungszwecks** oder der öffentlichen Sicherheit zu befürchten, darf die Benachrichtigung der Tatverdächtigen zunächst unterbleiben. Sie hat nach § 101 Abs. 5 Satz 1 erst dann zu erfolgen, wenn dies ohne Gefährdung des Untersuchungszwecks, des Lebens, der körperlichen Unversehrtheit und der persönlichen Freiheit und von bedeutenden Vermögenswerten möglich ist. Eine Zurückstellung der Benachrichtigung kommt daher z.B. dann in Betracht, wenn erwartet werden kann, dass mithilfe weiterer Ermittlungen (einschließlich der Fortsetzung der Rasterfahndung) noch Beweismittel aufgefunden werden (*Graf*, Rasterfahndung und organisierte Kriminalität, 1997, S. 111). Erfolgt eine zurückgestellte Benachrichtigung nicht binnen zwölf Monaten nach Beendigung der Maßnahme, hier also des Datenabgleichs, bedürfen weitere Zurückstellungen der gerichtlichen Zustimmung (§ 101 Abs. 6).

15 H. Rechtsschutz. Gegen die **gerichtliche Anordnung** der Rasterfahndung ist die **Beschwerde** zulässig, solange die Rasterfahndung noch nicht abgeschlossen ist; dies gilt auch dann, wenn die Rasterfahndung durch den Ermittlungsrichter des BGH angeordnet wurde (§ 304 Abs. 5).
Für von der Rasterfahndung **betroffene Personen**, gegen die nach Auswertung der Daten weitere Ermittlungen geführt wurden (§ 101 Abs. 4 Nr. 1), ist auch nach Erledigung der Maßnahme noch bis zu zwei Wochen nach ihrer Benachrichtigung ein **Antrag auf Feststellung der Rechtswidrigkeit** der Maßnahme bzw. der Art und Weise ihres Vollzugs (§ 101 Abs. 7 Satz 2) zulässig; eine Beschwerde ist dann in einen solchen Antrag umzudeuten (§ 300). Als abschließende Sonderregelung verdrängt § 101 Abs. 7 Satz 2 für die antragsberechtigten Betroffenen den von der Rspr entwickelten Rechtsschutz entsprechend § 98 Abs. 2 (BGHSt 53, 1, 3; BGH NStZ 2009, 104; *Meyer-Goßner/Schmitt* § 101 Rn. 26a m.w.N.; zum Meinungsstand in der Lit. s.a. die Nachweise bei KMR/*Bär* § 101 Rn. 34a). Zuständig für die Entscheidung über den Antrag nach § 101 Abs. 7 Satz 2 ist das für die Anordnung der Rasterfahndung zuständige Gericht (BT-Drucks. 16/5846 S. 63), danach das mit der Sache befasste Gericht in der das Verfahren abschließenden Entscheidung (§ 101 Abs. 7 Satz 4, s.a. BGHSt 53, 1, 4).

Unverdächtige Personen, die nicht benachrichtigt werden müssen, sind auch **nicht beschwerdeberechtigt** (Umkehrschluss aus § 101 Abs. 4 Nr. 1; KK/*Greven* Rn. 15).

Die Rechtswidrigkeit einer **Eilanordnung der StA** kann entsprechend § 98 Abs. 2 Satz 2 geltend gemacht werden, wenn die StA pflichtwidrig die richterliche Bestätigung ihrer Anordnung nicht beantragt hat (KK/*Greven* Rn. 14). Nach einer gerichtlichen Bestätigung ist ein Antrag entsprechend § 98 Abs. 2 Satz 2 prozessual überholt und daher unzulässig (vgl. BGH [ER] NStZ 2003, 272; *Meyer-Goßner/Schmitt* Rn. 9). 16

Die **Anordnung von Ordnungs- oder Zwangsmitteln** durch das Gericht kann nach § 304 Abs. 2 mit der **Beschwerde** angefochten werden; gegen die Eilanordnung der StA sollte der Betroffene auch ohne ausdrückliche gesetzliche Regelung entsprechend § 98 Abs. 2 Satz 2 die richterliche Entscheidung beantragen können (vgl. auch § 161 Abs. 3 Satz 1). 17

I. Revision. Auf Verstöße gegen die Vorschrift des § 98b kann die Revision nicht gestützt werden (*Meyer-Goßner/Schmitt* Rn. 12). Mit der Revision kann aber im Wege einer Verfahrensrüge – die den Anforderungen des § 344 Abs. 2 Satz 2 genügen muss – geltend gemacht werden, dass die Beweiswürdigung auf unverwertbaren Erkenntnissen aus einer rechtswidrigen Rasterfahndung beruhe, wenn gegen die Verwertung bereits in der tatgerichtlichen Hauptverhandlung Widerspruch erhoben worden ist (Rn. 8 ff.; vgl. auch BGHSt 51, 1, BGH wistra 2000, 432). Da das Ergebnis des Datenabgleichs zumeist nicht selbst als Beweismittel verwendet wird, sondern nur der Ermittlung von Tatverdächtigen dient, gegen die mit konventionellen Mitteln weiter ermittelt wird, werden derartige Verstöße gegen Beweisverwertungsverbote selten sein. Es sind jedoch Fälle denkbar, in denen den Auswertungsergebnissen des Datenabgleichs ein eigener Beweiswert zukommt (unzutr. insoweit AnwK-StPO/*Löffelmann* Rn. 9), etwa wenn die Merkmalswahrscheinlichkeit bei der Beweisführung in eine Belastungswahrscheinlichkeit übertragen wird (vgl. dazu KK/*Greven* § 98a Rn. 11 mit Verweis auf BGH NStZ 1992, 601 und BGHSt 38, 320; § 98b Rn. 7). 18

§ 98c StPO Maschineller Abgleich mit vorhandenen Daten.

Zur Aufklärung einer Straftat oder zur Ermittlung des Aufenthaltsortes einer Person, nach der für Zwecke eines Strafverfahrens gefahndet wird, dürfen personenbezogene Daten aus einem Strafverfahren mit anderen zur Strafverfolgung oder Strafvollstreckung oder zur Gefahrenabwehr gespeicherte Daten maschinell abgeglichen werden. Entgegenstehende besondere bundesgesetzliche oder entsprechende landesgesetzliche Verwendungsregelungen bleiben unberührt.

A. Allgemeines. § 98c regelt **keine Rasterfahndung**. Diese Vorschrift erlaubt lediglich den maschinellen Datenabgleich von personenbezogenen Strafverfahrensdaten mit anderen zu repressiven oder präventiven Zwecken gespeicherten Daten, die bei Polizei oder Justiz bereits vorhanden sind (sog. **justizinterner Datenabgleich**). Zweck des Datenabgleichs ist die **Aufklärung einer Straftat** oder die **Ermittlung des Aufenthaltsortes einer Person**, nach der für Zwecke eines Strafverfahrens gefahndet wird. Zulässig ist damit z.B. der Abgleich von Fahndungsdateien mit Melderegistern. Soweit der Datenabgleich der Gefahrenabwehr dienen soll, kann er nicht auf § 98c gestützt werden; einschlägig sind insoweit allein die entsprechenden Ermächtigungsgrundlagen in den Polizeigesetzen (vgl. SK-StPO/*Wohlers* Rn. 1; LR/*Menges* Rn. 4). 1

B. Anordnungsvoraussetzungen. Der Datenabgleich erfordert lediglich einen Anfangsverdacht für (irgend-)eine Straftat (§ 152 Abs. 2), besondere **Anordnungskompetenzen oder Eingriffsschwellen fehlen**. Der maschinelle Abgleich ist ohne Bindung an einen Straftatenkatalog, ohne Beachtung von Subsidiaritätsregeln und ohne richterliche Anordnung zulässig, da nur bereits vorhandene Daten genutzt werden, die durch die in der Strafprozessordnung geregelten Ermittlungsmaßnahmen gewonnen oder befugt in Präventivdateien aufgenommen wurden (*Hilger* NStZ 1992, 461). § 98c darf aber nicht zur Umgehung der speziellen, einschränkenden Voraussetzungen der §§ 98a, 98b herangezogen werden. Dies wäre etwa der Fall, wenn eine in einem Verfahren beschlagnahmte Datei Daten 2 enthält, die für ein anderes Verfahren Ausgangspunkt einer Rasterfahndung sein könnten. In einem solchen Fall sind die §§ 98a, 98b zu beachten (*Hilger* NStZ 1992, 461 Fn. 78).

Im Gegensatz zur Rasterfahndung (§ 98b Abs. 1 Satz 4 und 5) setzt der Datenabgleich nach § 98c keine ausdrückliche oder gar formgebundene Anordnung voraus; insbesondere bedarf er keiner gerichtlichen Zustimmung oder Bestätigung. Wie auch sonst bei Ermittlungshandlungen der Strafverfolgungsbehörden empfiehlt sich aber jedenfalls eine schriftliche Dokumentation von Anordnung und Durchführung der Maßnahme.

3 **C. Abgleich mit Strafverfolgungs- oder Strafvollstreckungsdaten.** Nach § 98c können personenbezogene Daten aus Strafverfahren, etwa aus beschlagnahmten Datenträgern, maschinell mit anderen **zur Strafverfolgung oder Strafvollstreckung gespeicherten Daten** (z.B. aus Fahndungsdateien) abgeglichen werden. Zu den Strafverfahrensdaten gehören auch die im Strafverfahren nach § 18 MRRG aus dem Melderegister eingeholten Daten (BT-Drucks. 12/989, S. 38; *Hilger* NStZ 1992, 461 Fn 76).

4 **D. Abgleich mit zur Gefahrenabwehr gespeicherten Daten.** § 98c erlaubt auch die unbeschränkte **Nutzung von Präventivdateien**, z.B. aus dem polizeilichen Informationssystem INPOL, zum Abgleich mit Strafverfahrensdateien. Diese Möglichkeit der Verwendung von zur Gefahrenabwehr gespeicherten Daten ist für eine effektive Strafverfolgung unverzichtbar (vgl. BT-Drucks. 12/989, S. 38; *Krey/Haubrich* JR 1992, 312). Da sowohl Strafverfolgung als auch Gefahrenabwehr dem Rechtsgüterschutz dienen, steht § 98c trotz der unterschiedlichen Speicherzwecke im Einklang mit der Verfassung (*Krey/Haubrich* a.a.O.; *Meyer-Goßner/Schmitt* Rn. 1; a. A. *Hassemer* KJ 1992, 64, 71; *Bruckermann*, Neue Rechtsentwicklung zur Bekämpfung der organisierten Kriminalität, 2003, S. 57 f.; *Siebrecht* StV 1996, 566 wegen fehlender verfahrensrechtlicher Schutzvorkehrungen; krit auch SK-StPO/*Wohlers* Rn. 4). Die Zweckänderung von zur Gefahrenabwehr erhobenen Daten für die Strafverfolgung wird teilweise auch von den der Datenerhebung zugrunde liegenden präventivpolizeilichen Vorschriften ausdrücklich für zulässig erklärt (z.B. Art. 44 Abs. 4 BayPolG; § 47 Abs. 7 SächsPolG).

5 **E. Verwendungsbeschränkungen.** Unberührt bleiben nach § 98c Satz 2 entgegenstehende bundes- oder landesgesetzliche Verwendungsregelungen. Vgl hierzu § 98b Rn. 3. Auch strafprozessuale Schutzvorschriften (z.B. §§ 52 ff., 96, 97, 136a, 148, 160a, 477 Abs. 2 Satz 2) können deshalb eine Einbeziehung bestimmter Daten in einen Datenabgleich ausschließen (vgl. *Hilger* NStZ 1992, 461 Fn. 79; SK-StPO/*Wohlers* Rn. 5).

6 **F. Revision.** Mit der Revision kann beanstandet werden, wenn Daten entgegen § 98c S. 2 unter Verletzung bundes- oder landesrechtlicher Verwendungsregelungen in den Datenabgleich einbezogen worden sind, sofern die Ergebnisse des Abgleichs in die Hauptverhandlung eingeführt und mit eigenständigem Beweiswert in die Beweiswürdigung eingestellt worden sind (vgl. LR/*Menges* Rn. 19). Verstöße gegen § 98c im Ermittlungsverfahren, die keine Auswirkungen auf die Hauptverhandlung haben, können dagegen mit der Revision nicht gerügt werden (vgl. §§ 336, 337; BGHSt 6, 326, 328).

§ 99 StPO Postbeschlagnahme.

¹Zulässig ist die Beschlagnahme der an den Beschuldigten gerichteten Postsendungen und Telegramme, die sich im Gewahrsam von Personen oder Unternehmen befinden, die geschäftsmäßig Post- oder Telekommunikationsdienste erbringen oder daran mitwirken. ²Ebenso ist eine Beschlagnahme von Postsendungen und Telegrammen zulässig, bei denen aus vorliegenden Tatsachen zu schließen ist, daß sie von dem Beschuldigten herrühren oder für ihn bestimmt sind und daß ihr Inhalt für die Untersuchung Bedeutung hat.

Übersicht	Rdn.		Rdn.
A. Zweck, Anwendungsbereich und Bedeutung der Eingriffsnorm 1		II. Beweisbeschaffung und Beweissicherung als strafprozessualer Zweck 2	
I. Gesetzliche Ermächtigung zum Eingriff in das Postgeheimnis 1		III. Eingriff in die Sphäre drittbetroffener Postdiensteleister 3	
		IV. Wirkung im materiellen Recht 4	

		Rdn.			Rdn.
B.	Materielle Voraussetzungen der Postbeschlagnahme	5	IV.	Umsetzung der Postbeschlagnahme durch den Postdiensteleister und Minimierung durch Auskünfte anstelle der Herausgabe von Postsendungen	19
I.	Einbeziehung des Beschuldigten in den Postversand	5	V.	Umfang und Begrenzung der Anordnung der Postbeschlagnahme	21
II.	Tatverdacht	7	C.	Beendigung der Postbeschlagnahme	26
III.	Postsendungen mit potenzieller Beweisbedeutung für das Strafverfahren als Beschlagnahmegegenstand	9	D.	Durchsetzung	27
	1. Sachen auf dem Postweg	9	E.	Nachträgliche Benachrichtigung der Betroffenen	28
	2. Daten in der elektronischen »Post«	11	F.	Rechtsmittel und Verwertungsverbote	29
	3. Gewahrsam eines Postdienstleister	18			

A. Zweck, Anwendungsbereich und Bedeutung der Eingriffsnorm. I. Gesetz- 1 liche Ermächtigung zum Eingriff in das Postgeheimnis. Die seit 1877 nahezu unverändert geltende Vorschrift behandelt im Hinblick auf den **Eingriff in den Schutzbereich des Spezialgrundrechts über das Brief- und Postgeheimnis** aus Art. 10 Abs. 1 GG, das einfachrechtlich nach der Privatisierung der Post in § 39 PostG (s.a. § 88 TKG) neu geregelt wurde, die Beschlagnahme von Postsendungen, die auf dem **Postweg** abgefangen werden (*T. Bode* Verdeckte strafprozessuale Ermittlungsmaßnahmen, 2012, S. 340) zum Beschuldigten (§ 99 S. 1) oder von diesem zu einem Dritten (§ 99 S. 2), sofern diese Gegenstände sich im Gewahrsam eines Dienstleisters befinden, der geschäftsmäßig unmittelbar selbst Post- oder Telekommunikationsdienste erbringt oder daran als Hilfsperson oder Unternehmen mitwirkt. Die vorliegende Vorschrift liefert in Verbindung mit der allgemeinen Regelung des § 94 Abs. 2 über »die Beschlagnahme« (S. 1) die gesetzliche Eingriffsermächtigung (Art. 10 Abs. 1 S. 2 GG), während § 100 die Zuständigkeit und das Verfahren der Postbeschlagnahme regelt. Insoweit besteht wegen des Eingriffs in ein Spezialgrundrecht auch **spezielles Eingriffsrecht**, während für die Beschlagnahme von Gegenständen außerhalb des Postwegs als Eingriff in allgemeine Grundrechtspositionen, zumindest aus Art. 2 Abs. 1 GG, das Beschlagnahmerecht der §§ 94, 98 als allgemeines Eingriffsrecht gilt. Die im Allgemeinen bestehende Möglichkeit der Herausgabe des Beschlagnahmegegenstands mit der **Möglichkeit der formlosen Sicherstellung** durch die Strafverfolgungsorgane **besteht** im Schutzbereich des Postgeheimnisses **nicht**, weil die Postdienstleister nicht zur Herausgabe der Post an andere Personen als den Empfänger oder – bei Retouren infolge von Unzustellbarkeit – an den Absender berechtigt sind (vgl. § 39 Abs. 3 S. 3 PostG); der staatliche Zugriff ist hier also eigentlich **nur durch förmliche Beschlagnahme** möglich. Unterschiedlich sind bei den sachlichen Eingriffsnormen (§§ 94, 99), abgesehen von den Regeln über Zuständigkeit und Verfahren (§§ 98, 100), der hier enger definierte Adressatenkreis, ferner der notwendige direkte Bezug des Beweisgegenstands zum Beschuldigten als Absender oder Empfänger der Postsendung und die Qualität der Anforderungen an den Schluss auf die Beweisrelevanz des Beschlagnahmegegenstands im Hinblick auf dafür »vorliegende Tatsachen«, die also nicht alleine durch Schlussfolgerungen ersetzt werden können.

II. Beweisbeschaffung und Beweissicherung als strafprozessualer Zweck. Schon durch den Zu- 2 sammenhang mit den allgemeinen Regeln über »die Beschlagnahme« sowie die Beschränkung der Eingriffshandlung auf die Beschlagnahme von Postsendungen oder Telegrammen, die für den Beschuldigten bestimmt sind, von diesem herrühren, wäre der Zweck der Eingriffsmaßnahme als Mittel zur **Beschaffung und Sicherung von Sachbeweisen**, also solchen im Sinne auch von § 94 Abs. 1, für das Strafverfahren klar. Die Sicherung von Eingriffs- oder Verfallsgegenständen ist dagegen, anders als in § 94 Abs. 3 nicht Zweck der Postbeschlagnahme, soweit sie nicht wenigstens auch Beweismittel sind (*Eisenberg* Beweisrecht der StPO, Rn. 2392; *Meyer-Goßner/Schmitt* § 99 Rn. 1; *Radtke/Hohmann/Joecks* § 99 Rn. 2; SK-StPO/*Wohlers* § 99 Rn. 2). Im objektiven Einziehungsverfahren kommt eine Postbeschlagnahme daher generell nicht infrage (BGHSt 23, 329 [330 f.]; LG Wuppertal NJW 1969, 2247 [2248]; *Meyer-Goßner/Schmitt* § 99 Rn. 7). § 99 S. 2 hebt zusätzlich hervor, dass der Eingriffsanlass darin besteht, dass der **Inhalt der Postsendung** für die Untersuchung im Strafverfahren nach einem auf konkrete Tatsachen gestützten Schluss von Bedeutung sein muss. Eine abstrakte Beweisbedeutung reicht unabhängig vom insoweit weit gefassten Wortlaut des S. 1 auch dann nicht aus, wenn es sich um eine Sendung auf dem Postweg zum Beschuldigten handelt (SK-StPO/*Wohlers* § 99 Rn. 13 f.).

Es kann nur nicht unterstellt werden, dass jede Postsendung Beweisbedeutung hat und den Eingriff in das Postgeheimnis rechtfertigt. Die Beweisbedeutung für das konkrete Ermittlungsverfahren muss vielmehr nach einem **Schluss aus vorliegenden Tatsachen** konkret wahrscheinlich sein (SK-StPO/*Wohlers* § 99 Rn. 13; a. A. *Meyer-Goßner/Schmitt* § 99 Rn. 10). Nur dies wird dem besonderen Bedeutungsgehalt der Beschränkung des Spezialgrundrechts aus Art. 10 Abs. 1 GG gerecht.

3 **III. Eingriff in die Sphäre drittbetroffener Postdiensteleister.** Postsendungen – oder die heute gar nicht mehr gebräuchlichen »Telegramme« – werden von der speziellen Eingriffsnorm nur erfasst, wenn sie sich **im Gewahrsam von Postdienstleister** befinden, also auf dem **Postweg**, den Art. 10 Abs. 1 GG schützt. Für andere Gegenstände, die noch nicht auf den Postweg gegeben wurden oder diesen bereits nach Ankunft beim Empfänger wieder verlassen haben, gilt das allgemeine Beschlagnahmerecht. Vom Grundrechtseingriff i.S.d. Art. 10 GG betroffen sind Absender und destinierter Empfänger der Postsendung; Adressaten des hoheitlichen Zugriffs auf die Sache selbst sind dagegen Personen oder Unternehmen, die geschäftsmäßig Post- oder Telekommunikationsdienste erbringen oder hieran mitwirken. **Postdienstleistungen** bestehen aus der Beförderung von Briefsendungen, adressierten Paketen sowie von Katalogen, Zeitungen und Zeitschriften (etwa bei Pornografie vgl. OLG Karlsruhe NJW 1973, 208; LG Freiburg NStZ-RR 1998, 11) im Versand (*Radtke/Hohmann/Joecks* § 99 Rn. 6). Die rein postverwaltungsrechtliche und technisch überholte Beschränkung des Begriffs der Postdienstleistungen beim Versand von Paketen auf solche mit einem Höchstgewicht von zwanzig Kilogramm durch § 4 Nr. 5 PostG ist im strafprozessualen Eingriffsrecht unmaßgeblich, weil die vorliegende Vorschrift spezieller ist (*Eisenberg* Beweisrecht der StPO, Rn. 2390). Weder der Schutzbereich des Grundrechts aus Art. 10 Abs. 1 GG noch der Anwendungsbereich der vorliegenden strafprozessualen Eingriffsermächtigung sind darauf begrenzt.

4 **IV. Wirkung im materiellen Recht.** Gibt der Postdiensteleister eine Postsendung heraus, ohne dass eine Anordnung der Postbeschlagnahme zugrunde liegt, macht er sich wegen Verletzung des Postgeheimnisses nach **§ 206 StGB** strafbar, soweit jedenfalls kein Fall des § 138 StGB vorliegt (*Meyer-Goßner/Schmitt* § 99 Rn. 2; *Radtke/Hohmann/Joecks* § 99 Rn. 4; SK-StPO/*Wohlers* § 99 Rn. 8). Wer ihn dazu auffordert kann Anstifter sein, wer ihn unterstützt kann Gehilfe sein. Entsprechendes gilt bei Einschaltung eines Transporthilfsunternehmens, wie einer Bahn, Spedition oder Fluggesellschaft. Erst eine prozessual rechtmäßige Postbeschlagnahme ist zugleich im materiellen Recht ein **Rechtfertigungsgrund** für die damit objektiv verbundene Verletzung des Postgeheimnisses im Sinne von § 39 PostG. Rechtfertigender Notstand (§ 34 StGB) kommt im Allgemeinen nicht als weitere Rechtfertigungsmöglichkeit infrage.

5 **B. Materielle Voraussetzungen der Postbeschlagnahme. I. Einbeziehung des Beschuldigten in den Postversand.** Voraussetzung der Postbeschlagnahme ist, dass sich das **Strafverfahren gegen einen bestimmten Beschuldigten** richtet (*Meyer-Goßner/Schmitt* § 99 Rn. 6; SK-StPO/*Wohlers* § 99 Rn. 10), der zwar individualisiert, aber noch nicht unbedingt namentlich identifiziert sein muss (*Eisenberg* Beweisrecht der StPO, Rn. 2393; *Radtke/Hohmann/Joecks* § 99 Rn. 7). Die fehlende namentliche Identifizierung erschwert nur faktisch die Zuordnung einer Postsendung zu einer Person als Beschuldigter. Beschlagnahmefähig sollen nach der Rechtsprechung aber auch **Bekennerschreiben** unbekannter Attentäter oder Entführer an die Presse oder andere Institutionen sein (KG Beschl. v. 30.07.2010 – [1] 2 StE 2/08–2 [21/08]); denn die vorliegende Tatsache des Bekennens zur Tat lasse regelmäßig den Schluss zu, dass die Postsendung von einem Täter herrührt. Die vorliegende Vorschrift spricht aber nur von »dem Beschuldigten«, was dagegen spricht, sie auch auf Fälle anzuwenden, in denen die Postbeschlagnahme gerade zur Bestimmung des Beschuldigten in einem bisher gegen Unbekannt geführten Verfahren dienen soll (SK-StPO/*Wohlers* § 99 Rn. 10). Herausgabemöglichkeiten und -pflichten bestehen nur in der auf Prävention gerichteten Konstellation des § 138 StGB. Das für die Ermittlungspraxis ärgerliche Hindernis für den hoheitlichen Zugriff auf Postsendungen in Verfahren gegen Unbekannt rührt aus dem Fehlen einer passenden Eingriffsermächtigung her und entbindet die Rechtsanwender nicht von der Beachtung des Gesetzes und seiner Grenzen (Art. 10 Abs. 2 S. 1, 20 Abs. 3 GG).

6 Nur Postsendungen oder Telegramme, die **an den Beschuldigten gerichtet** (S. 1) sind oder von diesem stammen oder bei denen jedenfalls konkrete Tatsachen darauf hinweisen, dass die Sendung **für ihn be-**

stimmt ist oder **von ihm herrührt**, können nach der vorliegenden Eingriffsregelung beschlagnahmt werden (BeckOK-StPO/*Graf* § 99 Rn. 4; KK/*Greven* § 99 Rn. 8). Dies ist der Postweg, auf dem Gewahrsam des Postdienstleisters besteht, sobald der Brief, das Paket oder die sonstige Postsendung dort eingegangen ist. Die bloße Vermutung, dass eine Sendung vom Beschuldigten stammt, reicht nicht aus (*Meyer-Goßner/Schmitt* § 99 Rn. 11). Der Gewahrsam des Postdienstleister dauert an, bis die Sendung einer anderen Person oder einem anderen Unternehmen zur Weiterbeförderung übergeben, an den Adressaten ausgeliefert oder an den Absender zurückgegeben worden ist.

II. Tatverdacht. Die **Art der Tat**, die dem Beschuldigten vorgeworfen wird, ist nach dem Wortlaut 7
des Eingriffsermächtigungsgesetzes grundsätzlich unerheblich (BeckOK-StPO/*Graf* § 99 Rn. 5). Jedoch gilt der **Grundsatz der Verhältnismäßigkeit** (*Meyer-Goßner/Schmitt* § 99 Rn. 12; SK-StPO/*Wohlers* § 99 Rn. 16), sodass jedenfalls bei absoluten Bagatelldelikten ein Eingriff in das Postgeheimnis unangemessen erscheint. Andererseits ist für die Zulassung der Postbeschlagnahme nicht erforderlich, dass die verfolgte Tat eine Straftat von erheblicher Bedeutung ist. Insbesondere bei **Straftaten**, die **durch Versendung von Briefen** mit beleidigenden, bedrohenden oder nachstellenden Äußerungen als Tathandlung im engeren Sinne begangen werden, ist eine Postbeschlagnahme als besonders wichtiges Mittel zur Beweisgewinnung regelmäßig auch angemessen.

Ein besonderer **Verdachtsgrad** wird vom Gesetz nicht als Eingriffsvoraussetzung gefordert. Ein ein- 8
facher Tatverdacht genügt daher im Grunde. Allerdings soll auch der Verdachtsgrad im konkreten Einzelfall bei der Verhältnismäßigkeitsprüfung zu berücksichtigen sein (*Meyer-Goßner/Schmitt* § 99 Rn. 12). Das überzeugt jedoch nur bedingt, weil die Beschlagnahme gerade als Sicherung von Beweisen auch zu einer näheren Überprüfung des allgemeinen Tatverdachts dienen soll. Wird also der einfache Verdacht durch den Inhalt der abgefangenen Postsendung zum dringenden Verdacht, so ist das vorherige Erkenntnisdefizit kein Grund, nachträglich die Anordnung der Postbeschlagnahme wegen eines damaligen Beweisdefizits infrage zu stellen. Für die Verhältnismäßigkeitsprüfung relevant sind daher nur oder jedenfalls mit überwiegender Bedeutung die Schwere des Vorwurfs – nicht der Grad der Wahrscheinlichkeit seiner Richtigkeit – und die Beweisbedeutung der Postbeschlagnahme mit Blick auf die sonstige gegenwärtige oder künftig zu erwartende Beweislage.

III. Postsendungen mit potenzieller Beweisbedeutung für das Strafverfahren als Beschlagnah- 9
megegenstand. 1. Sachen auf dem Postweg. Nach dem Wortlaut des Gesetzes geht es um die Beschlagnahme von **Postsendungen** oder Telegramme, die aufgrund konkreter Tatsachenhinweise eine **Beweisbedeutung** für das Strafverfahren haben können. Eine abstrakt vermutete Beweisbedeutung reicht nicht aus (Rdn. 2). Der Begriff der Postsendung wird nur für das Postrecht in § 4 Nr. 5 PostG definiert (BeckOK-StPO/*Graf* § 99 Rn. 7).

Telegramme als Schutzgut des Art. 10 Abs. 1 GG stehen Briefsendungen gleich. § 100a ist dagegen 10
beim Zugriff auf Telegramme nicht einschlägig. Die Versendung von Telegrammen ist inzwischen überholt (*Schlegel* HRRS 2007, 44 [51]) und das spezielle Eingriffsrecht der vorliegenden Vorschrift damit praktisch gegenstandslos. Ersetzt und übertroffen werden die Telegramme in der Praxis der Fernkommunikation heute durch E-Mails. Der staatliche Zugriff auf solche Dateien ist weder im Beschlagnahmerecht noch im speziellen Eingriff für die Telekommunikationsüberwachung nach § 100a ausdrücklich geregelt.

2. Daten in der elektronischen »Post«. Nicht besonders im Gesetz geregelt ist die Beschlagnahme 11
von **E-Mail-Dateien**. Dabei stellen sich die Fragen, ob **unkörperliche Gegenstände** überhaupt ein Beschlagnahmegegenstand sein können, oder nur Datenträger als Sachen, sowie wann der **Postweg** oder Telekommunikationsvorgang im Sinne eines Gewahrsams des Telekommunikationsdienstleisters noch betroffen oder schon verlassen ist, wenn E-Mails auf dem Weg vom Absender zum Empfänger in einem E-Mail-Account zwischengespeichert werden (§ 94 Rdn. 7 ff.; dazu BVerfG StV 2009, 617 [618] unter Vermengung von Post- und Telekommunikationsgeheimnis, die der Verfassungsgeber noch zumindest begrifflich unterschieden hatte).

Im Grunde sollte man annehmen, dass die vorliegende Regelung auf das Problem nicht zugeschnitten 12
ist und die Eingriffsermächtigung mit ihrem **Wortlaut** den Fall des Zugriffs auf E-Mails nicht erfasst (*Schlegel* HRRS 2007, 44 [51]); denn insbesondere ein »Gewahrsam« besteht bei Daten nicht in einem traditionellen Sinne. **Datenkopien und Datenspeicherungen** sind eher ein aliud und entsprechen in der

Eingriffsintensität eher der Telekommunikationsüberwachung als der (in § 100 erkennbar werdenden) zweistufigen Postbeschlagnahme. Daher ist der Zugriff auf E-Maildateien, die in einer Mailbox gespeichert sind, nach anfänglicher Judikatur und Teilen der Literatur nur nach den Maßstäben des § 100a zu erfassen (LG Hanau MMR 2000, 175 [176] m. Anm. *Bär*; LG Mannheim StV 2002, 242 f. m. Anm. *Jäger*; *Eisenberg* Beweisrecht der StPO, Rn. 2391). Die überwiegende Rechtsprechung meint aber, der noch mögliche Wortsinn sei entweder nicht überschritten, wenn die vorliegende Eingriffsregelung darauf angewendet wird, oder diese sei jedenfalls entsprechend anwendbar. Dadurch wird das Zitiergebot des Art. 19 Abs. 1 S. 2 GG nicht verletzt, weil Art. 10 Abs. 1 GG vom historischen Gesetzgeber der vorkonstitutionellen Norm über die Postbeschlagnahme zwar noch nicht als beschränktes Gesetz benannt werden konnte und daher nicht benannt wurde, was bei vorkonstitutionellen Vorschriften aber auch nicht erforderlich ist. Eine **analoge Anwendung** von gesetzlichen Eingriffsermächtigungen (vgl. LG Ravensburg MMR 2003, 679 m. Anm. *Bär*; AG Reutlingen StV 2012, 462) begegnet prinzipiellen Bedenken im Hinblick auf die Bedeutung des Vorbehalts des Gesetzes (Art. 10 Abs. 2 S. 1 GG) und des Gewaltenteilungsgrundsatzes (§ 94 Rdn. 8; LG Hamburg StV 2009, 404 [405]; *T. Bode* Verdeckte strafprozessuale Ermittlungsmaßnahmen, 2012, S. 340; *Schlegel* HRRS 2007, 44 [51]). Teilt man diese, dann kann es nur noch darum gehen, ob eine **direkte Anwendung** der vorliegenden Vorschrift möglich ist und erfolgen soll. Das wurde vom Bundesverfassungsgericht letztlich bejaht.

13 § 94 ist deshalb nach heute herrschender Auffassung auf den Zugriff auf E-Mails anwendbar, soweit das **außerhalb einer bestehenden Telekommunikation** geschieht (BVerfGE 124, 43 [58 ff.]), § 99 kommt zum Zuge, soweit der Vorgang der **Telekommunikation** im Sinne von Art. 10 Abs. 1 GG (§ 94 Rdn. 10) **noch nicht abschlossen** ist und sich die **E-Mail im »Gewahrsam« des Telekommunikationsdienstleisters** befindet (BeckOK-StPO/*Graf* § 99 Rn. 10); insoweit ist § 100a obsolet (*Schlegel* HRRS 2008, 23 [29]), was einen Wertungsfehler der aktuellen Rechtsprechung andeutet. Jedenfalls solange die E-Mail-Sendung sich im Internet dagegen im **Versendevorgang** bewegt ohne gespeichert zu sein, kommt ein Zugriff nur nach § **100a** infrage (*Radtke/Hohmann/Joecks* § 99 Rn. 10).

14 Nach dieser – streitbaren – Grundannahme sind die verschiedenen Entstehungs-, Versendungs- und Speicherungsphasen von Bedeutung. Eine **Postbeschlagnahme** ist nur der Zugriff auf statisch vorhandene E-Mails in den Zeiträumen, in denen E-Mail-Sendungen als »Postsendungen« **beim E-Mail-Provider** bis zur Weiterversendung oder zum Abruf durch den Empfänger zwischengespeichert (BGH StV 2009, 623) oder vor der Öffnung durch den Empfänger bei diesem im elektronischen »Briefkasten« gespeichert werden. Vor der Absendung durch den Absender und nach Ankunft im Computersystem des Empfängers und Öffnung durch diesen oder Speicherung auf einem Datenträger, der kein elektronischer Briefkasten mehr ist, kommt eine Beschlagnahme nach § 94 StPO, während des jeweiligen Übermittlungsvorgangs eine Überwachung nach § 100a StPO infrage. Beim Provider zwischengespeicherte E-Mails ruhen nach heute vorherrschender Ansicht auf dessen Speichermedium in ähnlicher Weise, wie eine sächliche Postsendung in der Räumen des Postdienstleisters in dessen Gewahrsam ist (BGH StV 2009, 623). Sie sind damit **einer Briefsendung oder einem Telegramm** in dessen Gewahrsam derart **ähnlich**, dass eine Telekommunikation im Sinne von § 100a in diesem – möglicherweise nur ganz kurzen – Zeitraum nicht stattfindet. Das ist der Zugriffsplatz der vorliegenden Vorschrift.

15 Das einfachrechtliche Eingriffsrecht als grundrechtsbeschränkende Regelung im Sinne von Art. 10 Abs. 2 S. 1 GG ist mit dieser Deutung dem für neue technische Entwicklungen zugänglichen Schutzbereich des Art. 10 Abs. 1 GG (*Gaede* StV 2009, 96 f.) angepasst worden. Das mag verfassungsdogmatisch akzeptabel sein, schließt aber eine **denkbar weite Auslegung des einfachrechtlichen Eingriffsnormenbestandes** ein (*Meinicke* StV 2012, 463) und führt dazu zu einem unterschiedlichen **Schutzniveau**, wenn die sehr verschiedenen Anforderungsprofile der §§ 94, 99 einerseits und § 100a andererseits miteinander verglichen werden (§ 94 Rdn. 9). Zwar sind die Eingriffshandlungen beim – aufs Ganze gesehen – offenen (§§ 94, 99) oder heimlichen (§ 100a) Zugriff verschieden, was die unterschiedlichen Eingriffsvoraussetzungen erklären könnte; jedoch macht es für den vom Informationszugriff inhaltlich betroffenen potenziellen Empfänger der E-Mail keinen Unterschied, ob diese durch Datenbeschlagnahme beim Provider oder durch Datenzugriff mittels Überwachung des Internets von außen erfolgt. Insoweit wirkt die Rechtsprechung, insbesondere des Bundesverfassungsgerichts, dogmatisch angreifbar. Unklar ist die Rechtsanwendung insbesondere bei einem nicht nur einmaligen, sondern geraume Zeit andauernden **Zugriff auf eine Zwischenspeicherung verschiedener E-Mails**. Jedenfalls dafür wirkt die Anwendung der vorliegenden Vorschrift endgültig unpassend.

Auch die neue Regelung im Recht der Durchsuchung über die gleichsam mit einer vorläufigen Sicher- 16
stellung (§ 94 Abs. 1) oder Daten-»Sicherung« verbundene **Durchsicht nach § 110 Abs. 3 während der
Durchsuchung** (*Schlegel* HRRS 2008, 23 [25 ff.]) ändert an der Lückenhaftigkeit des eingriffsrechtlichen Regelungssystems nicht viel. Er erlaubt die **Onlinesichtung** gespeicherter Daten als Vorstufe
zur Beschlagnahme (§ 94) im Rahmen einer Durchsuchung, aber nicht ebenso die Durchsicht nach
Aussonderung von »Post« durch den Postdiensteleister und Herausgabe durch diesen als Vorstufe zur
Postbeschlagnahme (§ 99), ohne Beachtung der engeren Voraussetzungen des noch speziellen Eingriffsrechts der Telekommunikationsüberwachung, die im Hinblick auf die gleichartige Eingriffsintensität
näher liegt.

Was für E-Mails gilt, soll – cum grano salis – auch für ähnliche elektronische **Nachrichten in »sozialen** 17
Netzwerken« oder Chat-Nachrichten gelten (BeckOK-StPO/*Graf* § 99 Rn. 11a), die beim jeweiligen
Provider, wie etwa »facebook« (AG Reutlingen StV 2012, 462 m. Anm. *Meinicke*), in einer mit Passwort
geschützten Weise gespeichert sind. Deren Sicherung durch die Ermittlungsbehörden ist nach der
Rechtsprechung entsprechend der Postbeschlagnahme möglich. Nach der hier vertretenen Ansicht ist
der Datenzugriff generell zulässig, wenn die Teilnehmer einer offenen Kommunikation im Internet
keinen Schutz verwenden, sodass Jedermann zugreifen kann. Soweit eine Zugriffshürde besteht, die an
sich nur von berechtigten Kommunikationsteilnehmern überwunden werden kann und soll, ist der
staatliche Zugriff nur möglich, soweit das spezielle Eingriffsrecht des § 100a dies zulässt. Daneben
spielt die Regelung der Beschlagnahme oder Postbeschlagnahme beim Zugriff auf solche Dateien als
unkörperliche Gegenstände keine Rolle. Mit der Beschlagnahme kann danach nur auf Datenträger
als Beweisgegenstände zugegriffen werden.

3. Gewahrsam eines Postdienstleister. Eine Postbeschlagnahme spielt nur dort eine Rolle, wo sich 18
die Postsendung im **Gewahrsam** von **Personen** oder **Unternehmen** befindet, welches **geschäftsmäßig
Post- oder Telekommunikationsdienstleistungen erbringt** (vgl. § 4 Nr. 4 PostG, § 3 Nr. 10 TKG; *Eisenberg* Beweisrecht der StPO, Rn. 2393; *Meyer-Goßner/Schmitt* § 99 Rn. 8; *Radtke/Hohmann/Joecks*
§ 99 Rn. 3). Dies betrifft nicht nur überregionale Postbeförderer, die an die Stelle der privatisierten früheren staatlichen »Post« getreten sind, sondern es erstreckt sich auch auf Unternehmen, die in räumlich
oder sachlich beschränkten Bereichen mit der Überbringung von Sendungen befasst sind. Geschäftsmäßig ist das nachhaltige Betreiben der Beförderung von Postsendungen für Andere mit oder theoretisch auch ohne Gewinnerzielungsabsicht (SK-StPO/*Wohlers* § 99 Rn. 3). Der Gewahrsam des Unternehmens, das Postdienstleistungen erbringt, wird nicht dadurch aufgehoben, dass von diesem ein
Subunternehmen in Transportleistungen einbezogen wird. Die Einschaltung eines Transporthilfsunternehmens, wie Bahn, Spedition oder Fluggesellschaft, aufgrund gesetzlicher Vorschriften führt dazu, dass auch diese Hilfsunternehmen in den Aufgaben- und Pflichtenkreis beim Schutz und der nur
gesetzeskonform zulässigen Beschränkung des Postgeheimnisses einbezogen werden.

IV. Umsetzung der Postbeschlagnahme durch den Postdiensteleister und Minimierung durch 19
Auskünfte anstelle der Herausgabe von Postsendungen. Die eigentliche **Postbeschlagnahme**
durch den Richter (§ 100 Abs. 1 und 2) erfolgt erst **nach Öffnung** (§ 100 Abs. 3) **und Durchsicht**
der Postsendung, wenn und soweit dann eine tatsächliche Beweisrelevanz erkennbar wird. Die **Anordnung** führt zuvor dazu, dass die entsprechenden **Postsendungen** – zum Schutz des Postgeheimnisses für
die übrigen Sendungen **exklusiv** (BGH StV 2008, 225) – **vom Dienstleister ausgesondert** und an die
Staatsanwaltschaft oder **das Gericht ausgeliefert** (§ 100 Abs. 2) werden müssen (BGH StV 2008, 225;
Eisenberg Beweisrecht der StPO, Rn. 2390; SK-StPO/*Wohlers* § 99 Rn. 3), welche die Postsendungen
dann zunächst vorübergehend förmlich in den staatlichen Gewahrsam übernehmen. Die Postsendungen sind erst danach durch die Strafverfolgungsorgane zu sichten (§ 100 Abs. 3 S. 1). Die Anordnung
der Aussonderung und Herausgabe bestimmter Postsendungen, die also noch keine Postbeschlagnahme ist, sondern eine potenzielle Vorstufe dazu, kann sich nach heute vorherrschender Ansicht
auf bereits im Gewahrsam des Dienstleisters befindliche konkrete Postsendungen beziehen oder aber
auf künftig zu erwartende Sendungen, die dann auf dem Postweg abgefangen werden. Jedenfalls für
einen direkten Zugriff der Ermittler auf E-Mails (Rdn. 11 ff.) ist das zweistufige Vorgehen bei der Postbeschlagnahme nicht passend.

Nach vorherrschender Ansicht kann sich die Maßnahme bei Vorliegen der Voraussetzungen einer Post- 20
beschlagnahme auch auf ein **Auskunftverlangen** gegenüber dem Dienstleister in Bezug auf Postsendun-

§ 99 StPO Postbeschlagnahme

gen beschränken (Nr. 84 RiStBV), das als Minus gegenüber der Beschlagnahme bewertet und deshalb der Eingriffsgestattung zugerechnet wird (Nr. 84 S. 1 RiStBV; LG Hamburg StV 2009, 404; *Eisenberg* Beweisrecht der StPO, Rn. 2391; *Meyer-Goßner/Schmitt* § 99 Rn. 14; *Radtke/Hohmann/Joecks* § 99 Rn. 15; SK-StPO/*Wohlers* § 99 Rn. 18). Die Auskunft kann sich aber nicht auf den Inhalt der Postsendung beziehen, sondern nur auf Herkunft, Adressat, Art und Aufmachung der Verpackung und Ähnliches (*Radtke/Hohmann/Joecks* § 99 Rn. 17; SK-StPO/*Wohlers* § 99 Rn. 20). Andernfalls wäre eine andere Beweismittelform und Beweiserlangungsart anzunehmen, die von der gesetzlichen Eingriffserlaubnis (Art. 10 Abs. 2 S. 1 GG) so eben nicht umfasst ist. In entsprechender Anwendung der Vorschrift soll sich das Auskunftsersuchen als Surrogat für die Postbeschlagnahme auch auf Informationen über ehemals im Gewahrsam des Postdienstleisters befindliche Sendungen erstrecken (Nr. 84 S. 2 RiStBV); das ist aber auch ein aliud und von der vorliegenden Vorschrift nicht mehr gedeckt (LG Hamburg StV 2009, 404; *Gaede* StV 2009, 96 [99]; *Meyer-Goßner/Schmitt* § 99 Rn. 14; *Radtke/Hohmann/Joecks* § 99 Rn. 15; SK-StPO/*Wohlers* § 99 Rn. 19). Soweit zulässig, kann die Auskunft schriftlich erteilt werden. Eine Zeugenvernehmung eines Mitarbeiters des Postdienstunternehmens ist dann unbeschadet der Änderung des Beweismittels vom Sachbeweis zum Personalbeweis auch möglich, weil das Postgeheimnis wirksam beschränkt wurde (*Kurth* NStZ 1983, 541 ff.). Für die Erhebung von Verkehrsdaten gilt § 100g als lex specialis.

21 **V. Umfang und Begrenzung der Anordnung der Postbeschlagnahme.** Einer ausdrücklichen Anordnung der Postbeschlagnahme bedarf es nicht, falls die durch Art. 10 Abs. 1 GG als Grundrecht geschützten **Teilnehmer am Postverkehr**, also Absender und Empfänger, jeweils mit der Sicherstellung der Sendung **einverstanden** sind; dann liegt praktisch ein **Verzicht auf das Spezialgrundrecht** aus Art. 10 Abs. 1 GG vor und die formlose **Sicherstellung** ist nach § 94 Abs. 1 möglich.

22 Ob die **Einwilligung eines Teilnehmers** am Postversendevorgang alleine ausreicht, ist umstritten. Überwiegend wird angenommen, dass dies ausreicht (*Eisenberg* Beweisrecht der StPO, Rn. 2390a; *Meyer-Goßner/Schmitt* § 99 Rn. 3; *Radtke/Hohmann/Joecks* § 99 Rn. 5), da der andere Teilnehmer keinen Anspruch auf vertrauliche Behandlung der Postsendung durch seinen Postversendungspartner habe. Das trägt möglicherweise dem Bedeutungsgehalt des Spezialgrundrechts aus Art. 10 Abs. 1 GG, das auch den Versendevorgang selbst in ähnlicher Weise wie bei einem Telekommunikationsvorgang schützt, nicht genügend Rechnung. Weil der Postversendevorgang im Gegensatz zur Telekommunikation nur eine einseitige Richtung hat, könnte auch das **Einverständnis des Absenders** ausreichen, der die Postsendung schließlich vor der Absendung auch problemlos hätte herausgeben können. Der Empfänger könnte nach Erhalt der Sendung die Sache freiwillig herausgeben und dadurch der formlosen Sicherstellung zuführen; insoweit wirkt die Annahme, er könne alleine nicht in ausreichender Weise in die Herausgabe aus dem Postversand heraus einwilligen, formalistisch (SK-StPO/*Wohlers* § 99 Rn. 7). Jedoch ist das wieder eine Überlegung im Sinne eines hypothetischen Ersatzeingriffs, der rechtlichen Bedenken unterliegt, wenn er zur Ausschaltung einer Eingriffsnorm mit der hypothetischen Anwendung einer anderen Vorschrift führt. Der Schutz des Versendevorgangs und das Vertrauen in die Wahrung des Postgeheimnisses bis zur Grenze einer insgesamt gesetzeskonformen Beschränkung haben eine weiter gehende Bedeutung, die einseitige Dispositionen unzureichend erscheinen lässt.

23 Rechtlich unerheblich ist zudem das **Einverständnis des Postdienstleisters**, weil er gem. § 39 PostG nicht über das Grundrecht von Absender und Empfänger verfügen kann (*Eisenberg* Beweisrecht der StPO, Rn. 2390a; SK-StPO/*Wohlers* § 99 Rn. 6).

24 Die **Beschlagnahmeverbote** gem. § 97 spielen regelmäßig keine Rolle, weil im Gewahrsam des Dienstleisters befindliche Poststücke nicht im Gewahrsam eines Berufsgeheimnisträgers im Sinne von § 97 Abs. 2 S. 1 sind (BVerfGE 107, 299 [333]; *Eisenberg* Beweisrecht der StPO, Rn. 2394; SK-StPO/*Wohlers* § 99 Rn. 15). **Beweisverbote von Verfassungs wegen** oder nach der damit teilweise kongruenten Regelung des § 160a (vgl. dazu BVerfG StV 2012, 257 [263]) sind dagegen auch im Rahmen einer Postbeschlagnahme beachtlich (BeckOK-StPO/*Graf* § 99 Rn. 19). Insbesondere darf erkennbare **Verteidigerpost** prinzipiell nicht beschlagnahmt werden (BeckOK-StPO/*Graf* § 99 Rn. 20; *Meyer-Goßner/Schmitt* § 99 Rn. 13), weil die freie Kommunikation zwischen dem Verteidiger und dem Beschuldigten (§ 148) wegen der essenziellen Bedeutung der Möglichkeit einer ungestörten Verteidigung für den Achtungsanspruch aus der Menschenwürdegarantie im Strafverfahren zum Unverfügbaren (Art. 1 Abs. 1 GG) zählt. Das gilt nur dann nicht, wenn der Verteidiger an der Tat des Mandanten selbst beteiligt ist

oder er eine Nachtat i.S.d. §§ 257 ff. StGB dazu begeht; der Beschlagnahmezugriff setzt dann zumindest erhebliche Verdachtsmomente hierfür voraus. Ob das Gesetz hier ein ausreichendes Konzept für den Schutz des Kernbereichs der Persönlichkeitsentfaltung enthält, erscheint zweifelhaft (abl. *T. Bode* Verdeckte strafprozessuale Ermittlungsmaßnahmen, 2012, S. 342 ff.).

Sind dieselben Beweisbeschaffungs- oder Beweissicherungsziele durch weniger eingriffsintensive Maßnahmen zu erreichen oder zu ersetzen, dann ist die Postbeschlagnahme unverhältnismäßig. 25

C. Beendigung der Postbeschlagnahme. Die Anordnung der Postbeschlagnahme ist, 26 wenn diese nicht ohnehin auf einen bestimmten Gegenstand beschränkt ist, aus Gründen der Verhältnismäßigkeit regelmäßig zeitlich zu begrenzen (*Radtke/Hohmann/Joecks* § 99 Rn. 14; SK-StPO/*Wohlers* § 99 Rn. 17). Die Aussonderungs- und Herausgabepflicht des Postdienstleisters endet dann gegebenenfalls mit dem Ablauf einer vom Gericht hierfür gesetzten Frist. Ab diesem Zeitpunkt darf der Dienstleister zur Wahrung des Postgeheimnisses keine Postsendungen mehr aussondern und an die Staatsanwaltschaft ausliefern. Darüber hinaus ist die Maßnahme seitens der Strafverfolgungsorgane zu beenden, wenn die Voraussetzungen entfallen sind oder das Beweisziel erreicht ist.

D. Durchsetzung. Zwangsmittel zur Durchsetzung der Aussonderung und Auslieferung der be- 27 schlagnahmten Postsendung sieht das Gesetz nicht ausdrücklich vor. Solange die Post verstaatlicht war, beruhte dies auf der prinzipiellen **Entbehrlichkeit von Zwangsmitteln** unter den Organen des Staates. Seit die »Post« privatisiert ist, trifft diese Prämisse der Nichtregelung nicht mehr zu. Die Praxis behilft sich mit einer entsprechenden Anwendung der §§ 95 Abs. 2, 70 (BGH StV 2009, 623 m. Anm. *Bär* NStZ 2009, 398 f.; LG Hildesheim MMR 2010, 800; *Meyer-Goßner/Schmitt* § 99 Rn. 8), außer bei Bestehen eines Zeugnisverweigerungsrechts. Die **entsprechende Anwendung einer** solchen **Zwangsbefugnis** ist aber mit dem Prinzip vom Vorbehalt des Gesetzes kaum vereinbar (*Gaede* StV 2009, 96 [99]). Eine Freiheitsentziehung durch Ordnungshaft nach § 70 kann darauf jedenfalls nicht gestützt werden (Art. 2 Abs. 2 S. 3, 104 Abs. 1 GG). Insoweit liegt eine Analogie zu § 77, der nur Ordnungsgeld vorsieht, näher (BeckOK-StPO/*Graf* § 99 Rn. 23; SK-StPO/*Wohlers* § 100 Rn. 13), ohne dass hierdurch aber das zentrale Problem der Gesetzeslücke und der fehlenden Analogiefähigkeit von Eingriffsrecht behoben wäre.

E. Nachträgliche Benachrichtigung der Betroffenen. Die als Absender und angegebe- 28 ner Empfänger der Postsendung von der Beschlagnahme der Sendung auf dem Postweg Betroffenen, also Absender und benannter Empfänger, sind nach § 101 von der ihnen regelmäßig nicht bekannten Postbeschlagnahme zu benachrichtigen (*Eisenberg* Beweisrecht der StPO, Rn. 2399). Sie können die sie jeweils in ihrem Grundrecht aus Art. 10 Abs. 1 GG beschränkende Postbeschlagnahme, welche zur Aussonderung bestimmter Postsendungen und deren Vorlage durch den Postdiensteleister an das Gericht zur Folge hat, durch Beschwerde nach § 304 anfechten. Dies gilt auch für sonst meist nicht mehr anfechtbare Beschlüsse der Oberlandesgerichte und für Beschlüsse des Ermittlungsrichters des Bundesgerichtshofs (§ 304 Abs. 4 S. 2 Nr. 1), ebenso für entsprechende Beschlüsse erkennender Gerichte (§ 305 S. 2; zum Übergang der Zuständigkeit vom Ermittlungsrichter auf das erkennende Gericht BGHSt 53, 1 [4]). Auch wenn nach kurzer Öffnung einer Sendung festgestellt wird, dass sie für Zwecke der Beweisführung im konkreten Strafverfahren nicht von Bedeutung ist und sie daraufhin sofort weiterbefördert wird, so ist doch eine nachträgliche Informierung der Betroffenen erforderlich (BVerfG StV 2009, 617 [622]); andernfalls läge eine heimliche Zensur vor, die bereits als solche in das Grundrecht nach Art. 10 Abs. 1 GG eingreift.

F. Rechtsmittel und Verwertungsverbote. Gegen die Beschlagnahme einzelner Postsen- 29 dungen **ohne vorherige richterliche Anordnung** durch die Staatsanwaltschaft wegen Gefahr im Verzug kann die **richterliche Entscheidung** nach § 98 Abs. 2 S. 2 StPO beantragt werden (*Meindl/Siebenbürger* HdBStA, 1. Teil 1. Kap. Rn. 53a). Gegen die richterliche Beschlagnahmeanordnung ist der spezielle Rechtsbehelf nach § 101 Abs. 7 vorgesehen, der allgemeine Behelfe verdrängt (BGHSt 53, 1 [3 f.]). Die Übertragung der Öffnungsbefugnis durch den Richter auf die **Staatsanwaltschaft** kann nicht alleine angefochten werden (§ 100 Abs. 3 S. 3). Soweit jedoch das Gericht einen diesbezüglichen Antrag der Staatsanwaltschaft zurückweist, steht dieser eine Beschwerdemöglichkeit zu.

30 Die Verletzung der Rechtsnormen über die Postbeschlagnahme kann ein Beweisverwertungsverbot hinsichtlich der betroffenen Postsendungen zur Folge haben (OLG Karlsruhe NJW 1973, 208 [209]; SK-StPO/*Wohlers* § 99 Rn. 22). Dafür gelten die allgemeinen Regeln über **unselbstständige Beweisverwertungsverbote**. Dabei ist besonders zu beachten, dass eine fehlerhafte und nicht nach Art. 10 Abs. 2 S. 1 GG legitimierte Postbeschlagnahme nicht nur die allgemeine Handlungsfreiheit beschränkt, sondern sogar in das Spezialgrundrecht aus Art. 10 Abs. 1 GG eingreift. Daraus folgt, dass eine im Einzelfall rechtswidrige Postbeschlagnahme entgegen der zumindest in ihrer Allgemeinheit unhaltbaren Grundannahme der Abwägungslehre (BVerfG StV 2012, 257 [263]), dass die Verwertbarkeit die Regel und unselbstständige Beweisverwertungsverbote eine begründungspflichtige Ausnahme seien, zumindest regelmäßig ein Verwertungsverbot zur Folge haben muss (KK/*Greven* § 99 Rn. 13), sofern nicht besondere Gegengründe festzustellen sind. Das Verwertungsverbot ist nicht nach den Maßstäben der Widerspruchslösung von einem Widerspruch der Verteidigung in der Hauptverhandlung bis zum Zeitpunkt des § 257 abhängig. Es kann im Übrigen mit der **Revision** geltend gemacht werden (*Meyer-Goßner/Schmitt* § 99 Rn. 17), wobei die Voraussetzungen des § 344 Abs. 2 S. 2 genau zu beachten sind.

31 Im Hinblick darauf, dass das Spezialgrundrecht aus Art. 10 Abs. 1 GG verletzt sein kann, ist nach Erschöpfung des Rechtswegs unter Beachtung des Grundsatzes der Subsidiarität auch eine **Verfassungsbeschwerde** in Betracht zu ziehen. Im **Menschenrechtsbeschwerdeverfahren** ergäbe sich der Prüfungsmaßstab aus Art. 8 EMRK (zum Maßstab EGMR NJW 1979, 1755 [1756 ff.] m. Anm. *Arndt*).

§ 100 StPO Verfahren bei der Postbeschlagnahme.

(1) Zu der Beschlagnahme (§ 99) ist nur das Gericht, bei Gefahr im Verzug auch die Staatsanwaltschaft befugt.
(2) Die von der Staatsanwaltschaft verfügte Beschlagnahme tritt, auch wenn sie eine Auslieferung noch nicht zur Folge gehabt hat, außer Kraft, wenn sie nicht binnen drei Werktagen gerichtlich bestätigt wird.
(3) ¹Die Öffnung der ausgelieferten Postsendungen steht dem Gericht zu. ²Es kann diese Befugnis der Staatsanwaltschaft übertragen, soweit dies erforderlich ist, um den Untersuchungserfolg nicht durch Verzögerung zu gefährden. ³Die Übertragung ist nicht anfechtbar; sie kann jederzeit widerrufen werden. ⁴Solange eine Anordnung nach Satz 2 nicht ergangen ist, legt die Staatsanwaltschaft die ihr ausgelieferten Postsendungen sofort, und zwar verschlossene Postsendungen ungeöffnet, dem Gericht vor.
(4) ¹Über eine von der Staatsanwaltschaft verfügte Beschlagnahme entscheidet das nach § 98 zuständige Gericht. ²Über die Öffnung einer ausgelieferten Postsendung entscheidet das Gericht, das die Beschlagnahme angeordnet oder bestätigt hat.
(5) ¹Postsendungen, deren Öffnung nicht angeordnet worden ist, sind unverzüglich an den vorgesehenen Empfänger weiterzuleiten. ²Dasselbe gilt, soweit nach der Öffnung die Zurückbehaltung nicht erforderlich ist.
(6) Der Teil einer zurückbehaltenen Postsendung, dessen Vorenthaltung nicht mit Rücksicht auf die Untersuchung geboten erscheint, ist dem vorgesehenen Empfänger abschriftlich mitzuteilen.

1 A. Zweck und Bedeutung. Die Vorschrift regelt die Zuständigkeit für die **Anordnung der Postbeschlagnahme**, welche grundsätzlich dem Gericht, nur in Eilfällen der Staatsanwaltschaft zugewiesen ist (§ 100 Abs. 1). Polizeiliche Kompetenzen bestehen hier grundsätzlich nicht. Eine staatsanwaltschaftliche Eilanordnung muss innerhalb von drei Werktagen vom Gericht bestätigt werden (Abs. 2). Grundsätzlich obliegt die **Öffnung** der vom Postdienstleister ausgesonderten und ausgelieferten Sendungen dem Gericht (Abs. 3 S. 1, Abs. 4 S. 2); nur ausnahmsweise kann diese Befugnis auch zur Beschleunigung der inhaltlichen **Überprüfung** auf die Staatsanwaltschaft übertragen werden (Abs. 3 S. 2), die nicht anfechtbar, aber jederzeit widerruflich ist (Abs. 3 S. 3). Sonst sind Postsendungen ungeöffnet dem Richter vorzulegen (Abs. 3 S. 4). Die Entscheidung über eine **förmliche Beschlagnahme einer bestimmten Postsendung** trifft hiernach nur das Gericht und zwar erst nach einer Öffnung und inhaltlichen Prüfung der jeweiligen Postsendung (SK-StPO/*Wohlers* § 100 Rn. 1). Wenn eine Postsendung nach einer äußeren Sichtprüfung nicht einmal geöffnet wurde (*Meyer-Goßner/Schmitt* § 100 Rn. 11) oder aber nach der Öffnung eine Beweisbedeutung für das Verfahren nicht angenommen wird, so ist die Sendung unverzüglich wieder in den Postgang zurückzugeben (Abs. 5). Als Minus zur vollständigen Beschlagnahme der Vorenthaltung der Sendung durch Postbeschlagnahme ist auch die **Weiterleitung einer Abschrift** vorgesehen, soweit dies den Untersuchungszweck nicht gefährdet (Abs. 6). Mit allem regelt die Vorschrift die Zuständigkeiten und das Verfahren bei der Anordnung und Durchführung der Postbeschlagnahme und sichert durch besondere Kompetenzbeschränkungen das Postgeheimnis im Sinne einer Art von **Legitimation durch Verfahren**. Der Richtervorbehalt dient der vorbeugenden **Rechtsschutzgewährung** (BVerfGE 103, 142 [151]); gleichzeitig werden allerdings auch eher gegenläufige Verfahrensinteressen an Beweissicherung und Beschleunigung berücksichtigt. Ergänzt wird die vorliegende Vorschrift durch die Regeln in § 101 Abs. 4 S. 1 Nr. 2 über die Benachrichtigung von Absender und Adressat, sobald dies ohne Gefährdung des Untersuchungszwecks, des Lebens, der körperlichen Unversehrtheit und der persönlichen Freiheit einer Person und von bedeutenden Vermögenswerten möglich ist (§ 101 Abs. 5).

B. Zuständigkeit. Zuständig für eine Anordnung und Vollziehung der Postbeschlagnahme ist nach § 100 Abs. 1 Hs. 1 zunächst nur das **Gericht**. Bei Gefahr im Verzug ist ausnahmsweise auch die **Staatsanwaltschaft** zur Anordnung zuständig (Abs. 1 Hs. 2), welche die Aussonderung und Auslieferung von Postsendungen durch den Postdienstleister bewirkt (SK-StPO/*Wohlers* § 100 Rn. 10). Die Aussonderung wiederum obliegt alleine dem Postdienstleister, der auch das Postgeheimnis für andere Teilnehmer am Postverkehr zu wahren hat. Polizeiliche **Ermittlungspersonen** (§ 152 GVG) haben nach dem Wortlaut des Gesetzes überhaupt keine Kompetenz bei der Anordnung und Durchführung der zweistufigen Postbeschlagnahme (*Meyer-Goßner/Schmitt* § 100 Rn. 2). Autonome Anweisungen durch Polizeibeamte an Postdienstleister sind daher rechtswidrig und wegen Verletzung des Postgeheimnisses unbeachtlich. Polizeiliche Ermittlungspersonen sind nur als **Boten oder Hilfskräfte** zur Unterstützung der autonomen Maßnahmen von Gericht oder Staatsanwaltschaft einzuschalten, insbesondere durch **Übermittlung** der richterlichen oder staatsanwaltschaftlichen Anweisung an einen Postdienstleister zur Aussondern und Auslieferung von Postsendungen, ferner durch **Überbringung** der verschlossenen Postsendungen an das Gericht, schließlich auch zur **Rückgabe** von nicht oder nicht mehr beschlagnahmten Postsendungen an den Postdienstleister oder den Empfänger. Besonders bei der inhaltlichen richterlichen Prüfung der Postsendung nach Öffnung können Ermittlungspersonen allenfalls untergeordnete Hilfsmaßnahmen leisten. Die **Eigenverantwortlichkeit** (BVerfGE 103, 142 [151]) **und Neutralität der richterlichen Prüfung** und Entscheidung ist strikt zu wahren.

C. Form der Anordnung der Postbeschlagnahme. Eine bestimmte Form der Anordnung der Postbeschlagnahme sieht das Gesetz nicht ausdrücklich vor. Das Gericht erlässt aber nach allgemeinen Regeln einen **Beschluss** (LR/*Menges* § 100 Rn. 6), während die staatsanwaltschaftliche Eilanordnung wegen Gefahr im Verzug durch **Vermerk** festgehalten wird. Eine bloß **mündliche Bekanntmachung** durch einen Anderen als den Entscheidungsträger selbst ist für den angewiesenen Postdienstleister nicht nachzuvollziehen. Daher scheidet eine **fernmündliche Anweisung** zur Aussonderung und Auslieferung von Postsendungen durch den Richter an den Postdienstleister regelmäßig aus (a. A. LR/*Menges* § 100 Rn. 6; SK-StPO/*Wohlers* § 100 Rn. 6); eine Ausnahme wäre allenfalls dann denkbar, wenn die Anordnung einen genau bezeichneten konkreten Einzelgegenstand betrifft. Im Übrigen ist stets ein **schriftlicher Beschluss** des Gerichts erforderlich. Die Eilanordnung des Staatsanwalts kann dieser ausnahmsweise selbst an Ort und Stelle dem Postdienstleister mündlich erteilen und erläutern; der Vorgang mitsamt seinem Gründen ist aber in jedem Fall nachträglich möglichst genau in den Akten zu dokumentieren.

D. Inhalt des Gerichtsbeschlusses. Aus einem Gerichtsbeschluss über die Anordnung der Postbeschlagnahme muss erkennbar sein, gegen welche Person als **Beschuldigten** sich die Maßnahme richtet, welcher strafrechtliche **Vorwurf** der Anordnung zugrunde liegt, welche **Beweisgründe** die Verdachtshypothese tragen und welche **Postsendungen** von der Beschlagnahme erfasst werden sollen. Es dürfen keine vermeidbaren Zweifel über den Umfang der Beschlagnahmeanordnung und der hieraus resultierenden Befugnis sowie der Pflicht des Postdienstleisters zur Aussonderung und Auslieferung verbleiben (*Meyer-Goßner/Schmitt* § 100 Rn. 4). Der Postdienstleister, der das Postgeheimnis in Bezug auf Sendungen, die nicht von der Beschlagnahmeanordnung erfasst sind, nicht verletzen darf, muss anhand der Anordnung genau feststellen können, welche Sendungen er auszusondern und abzuliefern hat (KK/*Greven* § 100 Rn. 2). Der Richter darf die Interpretation seiner Anordnung hinsichtlich dieser Frage, welche Postsendungen gemeint sind, nicht innerhalb eines zu weit gefassten Rahmens der Staatsanwaltschaft oder den polizeilichen Ermittlungspersonen überlassen. Zulässig ist es andererseits, alle Postsendungen, die an einen bestimmten Beschuldigten unter einer oder mehreren Adressen gerichtet sind oder von diesem stammen, abzufangen, wenn vorliegende Tatsachen schon vor der Öffnung und Sichtprüfung darauf hindeuten, dass alle derartigen Sendungen beweisrelevant sein können. Daher kommt Angaben im Beschluss über Namen und Adressen von Absendern und Empfängern besondere Bedeutung zu. Auch wenn dem Dienstleister ein verkürzter Beschlusstext ausgehändigt wird, sind derartige Angaben erforderlich, damit er die Anweisung zutreffend ausführen kann.

6 Die **Mitteilung des Tatverdachts** (BeckOK-StPO/*Graf* § 100 Rn. 5; LR/*Menges* § 100 Rn. 10; SK-StPO/*Wohlers* § 100 Rn. 9) und seiner **Beweisgrundlagen** (BeckOK-StPO/*Graf* § 100 Rn. 6; *Radtke/Hohmann/Joecks* § 100 Rn. 3) dient der vorbeugenden Rechtsschutzgewährleistung für die regelmäßig nicht vorher angehörten Betroffenen. Ohne dies wird der wegen Überforderung der Ermittlungsrichter ohnehin annähernd ineffektive Richtervorbehalt (zu dem tatsächlich verbleibenden bloßen »Mythos« vom Richtervorbehalt *Asbrock* KritV 1997, 255 ff.) zu sehr ausgehöhlt, sodass die »Legitimation durch Verfahren« infrage gestellt ist. Der Ermittlungsrichter, der die Anordnung der Postbeschlagnahme prüft, muss anhand der bisherigen Informationen nach Aktenlage eine vorläufige Beweiswürdigung vornehmen, um einen der Maßnahme angemessenen Verdacht einer Straftat und der Beteiligung des Beschuldigten daran festzustellen oder aber im Ablehnungsfall zu verneinen. Die **Dokumentation** der die Anordnung einer Postbeschlagnahme tragenden Verdachtsgründe soll auch einem **Rechtsmittelgericht** später die Prüfung ermöglichen, dass und wie der Ermittlungsrichter die gebotene eigenverantwortliche Prüfung durchgeführt hat. Der Ermittlungsrichter als unabhängige Kontrollinstanz darf nicht nur die Verdachtshypothese der Ermittlungsbeamten ungeprüft übernehmen; das würde seiner Rolle im Rahmen des Richtervorbehalts zur präventiven Rechtsschutzgewährung durch ein unabhängiges Gericht nicht gerecht.

7 Neben dem Vorliegen des konkreten Verdachts einer Straftat, der Tatbeteiligung des Beschuldigten und der Beweisgründe hierfür hat der Anordnungsbeschluss auch das **Vorliegen der** verfahrensrechtlichen **Eingriffsvoraussetzungen** und schließlich die **Verhältnismäßigkeit** der Eingriffsmaßnahme zu erörtern. Ist die Anordnung nicht auf bestimmte Postsendungen beschränkt, so ist sie im Allgemeinen aus Gründen der Verhältnismäßigkeit zeitlich zu begrenzen.

8 **E. Vorherige Anhörung oder nachträgliche Informierung der Betroffenen.** Regelmäßig werden in der Praxis weder Beschuldigte noch die weiteren von der Anordnung betroffenen Personen **vor der Anordnung und Vollziehung** der Postbeschlagnahme angehört (BeckOK-StPO/*Graf* § 100 Rn. 8; LR/*Menges* § 100 Rn. 13; SK-StPO/*Wohlers* § 100 Rn. 7), um den Zweck der Maßnahme nicht zu gefährden (§ 33 Abs. 4). Das ist allerdings wegen der begrenzten Möglichkeiten der am Postversendungsvorgang als Absender oder Empfänger beteiligten Personen auf den Ablauf nicht zwingend in jedem Fall erforderlich, insbesondere bei einem weiten und längere Zeit in Anspruch nehmenden Postweg, auf den der Absender und der Empfänger gegebenenfalls keinen Zugriff haben. Die Betroffenen sind aber jedenfalls **nachträglich** zu informieren, sobald dies ohne **Gefährdung des Untersuchungszwecks** möglich ist (§ 101 Abs. 4 und 5). Erfährt ein Betroffener vorher von der Anordnung der Postbeschlagnahme, so kann er bereits vor der Bekanntmachung eine gerichtliche Überprüfung beantragen.

9 **F. Eilanordnungen der Staatsanwaltschaft.** Bei **Gefahr des Beweisverlusts** im Fall der vorherigen Anrufung des Gerichts ist die **Staatsanwaltschaft**, in den Fällen es § 399 AO auch die Finanzbehörde, ausnahmsweise zu einer Eilanordnung befugt. Polizeiliche **Ermittlungspersonen** haben bei der Postbeschlagnahme generell keine Eilkompetenz, auch nicht bei »Gefahr im Verzug« (BeckOK-StPO/*Graf* § 100 Rn. 3; LR/*Menges* § 100 Rn. 4; SK-StPO/*Wohlers* § 100 Rn. 5).

10 Aber auch schon die staatsanwaltschaftliche Prüfung ist mit derjenigen des Richters nicht zu vergleichen, weil Staatsanwälte **weisungsgebunden** und daher nicht ebenso unabhängig und neutral sind, wie Richter (vgl. BVerfGE 103, 142 [154]). Dem trägt das Gesetz dadurch Rechnung, dass die richterliche Entscheidung nachgeholt oder die Eilanordnung annulliert wird.

Die Eilkompetenz wegen Gefahr im Verzug ist ein **Ausnahmefall**, der zu einer engen Auslegung und **11** restriktiven Anwendung dieses Tatbestands zwingt (vgl. BVerfGE 103, 142 [155]). Die Annahme, es drohe ein Beweisverlust im Fall der vorherigen Anrufung des Gerichts muss auf **konkrete Tatsachen** gestützt werden; bloße Vermutungen reichen nicht aus. Im Allgemeinen ist, bei fehlender Einrichtung eines Eil- und Bereitschaftsdienstes jedenfalls zu üblichen Geschäftszeiten, auch zumindest der **Versuch** zu unternehmen, rechtzeitig einen Richter zu erreichen. Dieser muss andererseits innerhalb der Zeitspanne, in der noch nicht die konkrete Gefahr des Beweisverlusts besteht, in der Lage sein, die Verdachtsgründe für den strafrechtlichen Vorwurf gegen den Beschuldigten, die Eingriffsvoraussetzungen für die Postbeschlagnahme und die Verhältnismäßigkeit dieses Grundrechtseingriffs zu prüfen und **in der üblichen Beschlussform** zu entscheiden. Der schlichte **telefonische Abruf** einer richterlichen Gestattung der Postbeschlagnahme ohne substanziellen Informationsaustausch und ohne autonomen Prüfungsvorgang bei Gericht ist nicht ausreichend, weil er den Zweck der Rechtsschutzgewährleistung verfehlt. Ist kein Raum für eine effektive Prüfung und Entscheidung durch den Richter, so muss dies seiner Unerreichbarkeit in der Zeitspanne, in der noch kein Beweisverlust droht, gleich stehen.

Eine Eilanordnung der Staatsanwaltschaft muss **binnen drei Werktagen durch das Gericht bestätigt** **12** werden, sonst tritt mit Wirkung ex nunc **außer Kraft** (LR/*Menges* § 100 Rn. 20 f.). Die Frist dafür ist nach § 42 zu bestimmen (*Meyer-Goßner/Schmitt* § 100 Rn. 7; SK-StPO/*Wohlers* § 100 Rn. 4). Sie beginnt mit der Anordnung, nicht mit der Durchführung der Maßnahme (BeckOK-StPO/*Graf* § 100 Rn. 10; KK/*Greven* § 100 Rn. 4). Die nachträgliche Prüfung der staatsanwaltschaftlichen Eilanordnung durch das Gericht entspricht inhaltlich der anfänglichen Anordnung der Postbeschlagnahme durch den Richter und unterliegt den gleichen Voraussetzungen und Inhaltsanforderungen an den Beschluss. Das Gericht kann auch die Eilanordnung der Staatsanwaltschaft nachträglich abändern (SK-StPO/*Wohlers* § 100 Rn. 4), sodass sie danach mit dem neuen Inhalt vom angewiesenen Postdiensteleister durch Aussonderung und Ablieferung bestimmter Postsendungen zu vollziehen ist. Ist beim Ergehen der richterlichen Bestätigung die dreitägige Frist bereits abgelaufen und die staatsanwaltschaftliche Anordnung damit beendet, dann ist eine nachträgliche richterliche Anordnung der Postbeschlagnahme eine neue Anordnung (SK-StPO/*Wohlers* § 100 Rn. 4). Beendet die Staatsanwaltschaft die Anordnung der Aussonderung und Ablieferung von Postsendungen vor Ablauf der Frist, so ist eine gerichtliche Entscheidung insoweit nicht mehr erforderlich. Die bis dahin vom Postdiensteleister ausgelieferten Postsendungen werden jedoch noch einer richterlichen Prüfung und Entscheidung darüber zugeführt, ob eine förmliche Beschlagnahme erfolgen soll (*Meyer-Goßner/Schmitt* § 100 Rn. 7).

G. Öffnung und Überprüfung der Postsendungen. Die Öffnung der ausgesonderten **13** Sendungen steht nach dem Gesetz zunächst nur dem Gericht zu, dem die ausgelieferten Sendungen ungeöffnet vorgelegt werden (LR/*Menges* § 100 Rn. 32). Jedoch kann der Richter im Einzelfall zur Beschleunigung der Sichtung auch die Öffnungsbefugnis auf die Staatsanwaltschaft übertragen. Diese Entscheidung ist für sich genommen unanfechtbar; sie kann aber jederzeit widerrufen werden. Erfolgt eine Öffnung, so ist dieser gerechtfertigte Eingriff in das Postgeheimnis zu kennzeichnen (SK-StPO/ *Wohlers* § 100 Rn. 16).

I. Sichtprüfung und Öffnung durch den Richter. Zur Öffnung der Post ist grundsätzlich der Rich- **14** ter zuständig (KK/*Greven* § 100 Rn. 8; LR/*Menges* § 100 Rn. 29). Werden diesem die verschlossenen Sendungen vorgelegt, nimmt der Richter zunächst eine **äußere Sichtung** vor, um offensichtlich nicht beweiserhebliche oder – etwa als Verteidigerpost – erkennbar nicht verwertbare Sendungen schon auf dieser Stufe **ungeöffnet** in den Postweg zurückzugeben (BeckOK-StPO/*Graf* § 100 Rn. 15). Andernfalls sind Sendungen zu **öffnen**, um ihren **Inhalt auf** ihre potenzielle **Beweiserheblichkeit** zu überprüfen (LR/*Menges* § 100 Rn. 33). Hierbei ist der Staatsanwaltschaft vom Inhalt Kenntnis zu geben, damit diese zur Frage der Beschlagnahme angehört wird (§ 33 Abs. 2), diese beantragen oder von einer Beschlagnahme absehen kann. Wird der Inhalt der Postsendung als beweiserheblich angesehen und liegen die Voraussetzungen der Postbeschlagnahme im Übrigen z.Zt. der richterlichen Sichtung noch vor, dann hat der Richter die förmliche Beschlagnahme anzuordnen (SK-StPO/*Wohlers* § 100 Rn. 14). Der Ermittlungsrichter hat nur die Rechtmäßigkeit, nicht die Zweckmäßigkeit zu prüfen. Als Minus zur Beschlagnahme des Originals kommt nach herrschender Meinung aber auch die Anfertigung einer be-

§ 100 StPO Verfahren bei der Postbeschlagnahme

glaubigten Kopie infrage, wenn damit den Beweiszwecken des Strafverfahrens genügend gedient ist. Die Fortsetzung des Postwegs entspricht dann dem Grundsatz der Verhältnismäßigkeit.

15 Werden Postsendungen gefunden, deren Inhalt zwar keine Beweisbedeutung in dem bisherigen Verfahren besitzt, der aber Hinweise auf eine andere Straftat gibt, sind handelt es sich um **Zufallsfunde** im Sinne von § 108 (LR/*Menges* § 100 Rn. 35; SK-StPO/*Wohlers* § 100 Rn. 14).

16 **II. Delegierung der Öffnungsbefugnis an die Staatsanwaltschaft.** Ist die Öffnungsbefugnis ausnahmsweise wegen Gefahr im Verzug vom Gericht **auf die Staatsanwaltschaft übertragen** worden (LR/*Menges* § 100 Rn. 30), so sind die Sichtprüfung und Entscheidung über eine Öffnung der Sendungen von der Behörde vorzunehmen. Dies darf sie **nicht auf polizeiliche Ermittlungspersonen delegieren**; diese dürfen vom Inhalt der Sendung keine Kenntnis erlangen (BeckOK-StPO/*Graf* § 100 Rn. 16; LR/*Menges* § 100 Rn. 31; SK-StPO/*Wohlers* § 100 Rn. 15). Ermittlungspersonen können die Postsendungen nur nach Aussortierung beim Postdiensteleister übernehmen und sie dort zurückgeben, wenn keine Beschlagnahme erfolgt oder die Maßnahme beendet ist. In der Praxis kommt eine **heimliche Öffnung und spurlose Schließung** der Postsendungen vor, zu der sich die Staatsanwaltschaft gegebenenfalls der Hilfe kriminaltechnisch versierter Polizeibeamter bedient (SK-StPO/*Wohlers* § 100 Rn. 5). Diese Form des heimlichen Informationszugriffs entspricht allerdings nicht der Eigenschaft der Beschlagnahme als prinzipiell offener Ermittlungsmaßnahme (vgl. zur Online-Durchsuchung BGHSt 51, 211 [215]).

17 Sofern die Staatsanwaltschaft einzelne Sendungen für beweiserheblich hält, legt sie diese dem Gericht zusammen mit einem **Beschlagnahmeantrag** vor. Die übrigen Sendungen, mit denen nicht derart verfahren wird, sind gemäß Abs. 5 S. 1 unverzüglich wieder dem Postdiensteleister zur Weiterbeförderung zurückzugeben, damit der Postweg weiter beschritten werden kann (SK-StPO/*Wohlers* § 100 Rn. 16).

18 **H. Beendigung der Postbeschlagnahme.** Die Anweisung an den Postdiensteleister zur Aussonderung und Ablieferung einer Mehrzahl von Postsendungen endet gegebenenfalls mit Ablauf des vom Richter dafür festgesetzten Zeitraums von selbst oder aber mit einer förmlichen Aufhebungsentscheidung (SK-StPO/*Wohlers* § 100 Rn. 18). Die Aufhebung kann das Gericht beschließen, ist aber auch durch die Staatsanwaltschaft möglich, solange sie – im Vorverfahren und bis zum Eröffnungsbeschluss – Verfahrensherrschaft besitzt. Sie ist aber auch schon davor zu beenden, wenn der Zweck der Postbeschlagnahme bereits erreicht ist, ferner wenn keine beweisrelevanten Sendungen mehr zu erwarten sind, die Eingriffsvoraussetzungen nicht mehr vorliegen oder sonst Gründe gegen die Angemessenheit einer Fortführung sprechen (BeckOK-StPO/*Graf* § 100 Rn. 17; KK/*Greven* § 100 Rn. 13; LR/*Menges* § 100 Rn. 43; *Meyer-Goßner/Schmitt* § 100 Rn. 14; SK-StPO/*Wohlers* § 100 Rn. 18). Die Ermittlungsmaßnahme ist spätestens dann zu beenden, wenn das Strafverfahren eingestellt wird oder rechtskräftig abgeschlossen ist. Im Vollstreckungsverfahren gelten andere Regeln. Zur Vorbereitung eines Wiederaufnahmeverfahrens kommt eine Postbeschlagnahme kaum infrage.

19 **I. Auskunftsersuchen statt Beschlagnahme von Postgegenständen.** Als weniger beeinträchtigende Maßnahme kann durch das Gericht, bei Gefahr im Verzug auch durch die Staatsanwaltschaft, eine Auskunft vom Postdiensteleister über Postsendungen gefordert werden, die vom Beschuldigten stammen oder für ihn bestimmt sind (§ 99 Rdn. 20). Form und Inhalt der Anordnung sowie deren Ausführung entsprechen im Wesentlichen einer Anordnung der Postbeschlagnahme (BeckOK-StPO/*Graf* § 100 Rn. 18; LR/*Menges* § 100 Rn. 47).

20 **J. Einsatz von Zwangsmitteln.** Die Postdiensteleister sind grundsätzlich zur Aussonderung und Ablieferung von Postsendungen aufgrund einer Beschlagnahmeanordnung des Gerichts oder einer Eilanordnung der Staatsanwaltschaft verpflichtet. Die Ermittlungsbehörden können diese Aufgabe **nicht** dadurch selbst übernehmen, dass sie im Wege einer **Durchsuchung** und das Verfahren nach § 110 einsetzen (*Meyer-Goßner/Schmitt* § 100 Rn. 8); denn die Postdiensteleister sind exklusiv zur Wahrung des Postgeheimnisses zuständig und Durchsuchung sowie Sichtung nach § 110 sind für den Fall der Postbeschlagnahme im Gesetz gerade nicht als Vorstufen zur Beschlagnahme vorgesehen (SK-StPO/*Wohlers* § 100 Rn. 13). In der Strafprozessordnung ist aber auch keine ausdrückliche Regelung darüber und über die Durchsetzung der Pflicht enthalten. Die h.M. behilft sich mit einer nach dem Prinzip vom Vorbehalt des Gesetzes bedenklichen Analogie zu §§ 95 Abs. 2, 70 (BGH NJW 2009, 1828; BeckOK-

StPO/*Graf* § 100 Rn. 20; *Meyer-Goßner/Schmitt* § 100 Rn. 8) oder zu §§ 161a, 77 (SK-StPO/*Wohlers* § 100 Rn. 13), die auf prinzipielle Bedenken stößt (§ 99 Rdn. 27).

K. Rechtsmittel. Der Beschuldigte kann, sobald er von der Maßnahme erfährt, sowohl die gerichtliche Anordnung der generellen Postbeschlagnahme als auch der Beschlagnahme einzelner Sendungen mit dem Rechtsbehelf aus § 101 Abs. 7 als lex specialis, welche die allgemeinen Rechtsbehelfe verdrängt (BGHSt 53, 1 [2 f.]), anfechten (LR/*Menges* § 100 Rn. 51); gegen eine Eilanordnung der Staatsanwaltschaft kann er das Gericht anrufen (§ 98 Abs. 2 S. 2). Dafür hat er auch nach prozessualer Überholung noch ein **Rechtsschutzinteresse** (einschränkend BGH StV 2008, 225 f.), weil er vorher nicht informiert und angehört wurde und der Eingriff in das Grundrecht aus Art. 10 Abs. 1 GG wegen der Erschütterung des Vertrauens in die ungestörte Nutzung von Postdienstleistungen, die im Allgemeinen durch das Postgeheimnis geschützt sind, schwer wiegt. Vor diesem Hintergrund haben auch Absender oder Adressaten einer konkreten Sendung, die nicht Beschuldigte sind, eine Anfechtungsbefugnis. 21

Dem betroffenen **Postdiensteleister** steht ebenfalls der befristete Rechtsbehelf nach § 101 Abs. 7 zu (*Meyer-Goßner/Schmitt* § 100 Rn. 17), daneben hinsichtlich staatsanwaltschaftlicher Eilanordnungen und der Beanstandung der Art und Weise der Durchführung der Maßnahme nach überkommener Ansicht auch der Rechtsbehelf nach § 98 Abs. 2 S. 2 analog (*Meyer-Goßner/Schmitt* § 100 Rn. 17). Ob es aber noch mit dem Gebot der Rechtsmittelklarheit (BVerfGE 107, 395 [416 f.]; 108, 341 [349]; 122, 190 [200]) und dem Grundsatz der Gesetzlichkeit des Richters (Art. 101 Abs. 1 S. 2 GG) vereinbar ist, Rechtsbehelfsnormen entsprechend anzuwenden, erscheint fragwürdig. 22

Die **Verletzung der Kompetenzen** zur Anordnung und Durchführung der Postbeschlagnahme kann zu einem **Beweisverwertungsverbot** führen (SK-StPO/*Wohlers* § 100 Rn. 23), das gegebenenfalls auch noch im **Revisionsverfahren** geltend gemacht werden kann, soweit die Postsendung als Beweismittel dem Urteil zugrunde gelegt wurde. Soweit dies dahin eingeschränkt wird, dass nur eine bewusste Kompetenzanmaßung oder willkürliche Verletzung von Zuständigkeitsgrenzen zu einem Beweisverwertungsverbot oder Revisionsgrund führen soll (LR/*Menges* § 100 Rn. 55; *Meyer-Goßner/Schmitt* § 100 Rn. 18), wird dies dem Bedeutungsgehalt des verletzten Grundrechts aus Art. 10 Abs. 1 GG nicht ausreichend gerecht. 23

§ 100a StPO Telekommunikationsüberwachung.

(1) Auch ohne Wissen der Betroffenen darf die Telekommunikation überwacht und aufgezeichnet werden, wenn
1. bestimmte Tatsachen den Verdacht begründen, dass jemand als Täter oder Teilnehmer eine in Absatz 2 bezeichnete schwere Straftat begangen, in Fällen, in denen der Versuch strafbar ist, zu begehen versucht, oder durch eine Straftat vorbereitet hat,
2. die Tat auch im Einzelfall schwer wiegt und
3. die Erforschung des Sachverhalts oder die Ermittlung des Aufenthaltsortes des Beschuldigten auf andere Weise wesentlich erschwert oder aussichtslos wäre.

(2) Schwere Straftaten im Sinne des Absatzes 1 Nr. 1 sind:
1. aus dem Strafgesetzbuch:
   a) Straftaten des Friedensverrats, des Hochverrats und der Gefährdung des demokratischen Rechtsstaates sowie des Landesverrats und der Gefährdung der äußeren Sicherheit nach den §§ 80 bis 82, 84 bis 86, 87 bis 89a, 94 bis 100a,
   b) Abgeordnetenbestechung nach § 108e,
   c) Straftaten gegen die Landesverteidigung nach den §§ 109d bis 109h,
   d) Straftaten gegen die öffentliche Ordnung nach den §§ 129 bis 130,
   e) Geld- und Wertzeichenfälschung nach den §§ 146 und 151, jeweils auch in Verbindung mit § 152, sowie nach § 152a Abs. 3 und § 152b Abs. 1 bis 4,
   f) Straftaten gegen die sexuelle Selbstbestimmung in den Fällen der §§ 176a, 176b, 177 Abs. 2 Nr. 2 und des § 179 Abs. 5 Nr. 2,
   g) Verbreitung, Erwerb und Besitz kinder- und jugendpornographischer Schriften nach § 184b Abs. 1 bis 3, § 184c Abs. 3,
   h) Mord und Totschlag nach den §§ 211 und 212,

i) Straftaten gegen die persönliche Freiheit nach den §§ 232 bis 233a, 234, 234a, 239a und 239b,
j) Bandendiebstahl nach § 244 Abs. 1 Nr. 2 und schwerer Bandendiebstahl nach § 244a,
k) Straftaten des Raubes und der Erpressung nach den §§ 249 bis 255,
l) gewerbsmäßige Hehlerei, Bandenhehlerei und gewerbsmäßige Bandenhehlerei nach den §§ 260 und 260a,
m) Geldwäsche und Verschleierung unrechtmäßig erlangter Vermögenswerte nach § 261 Abs. 1, 2 und 4,
n) Betrug und Computerbetrug unter den in § 263 Abs. 3 Satz 2 genannten Voraussetzungen und im Falle des § 263 Abs. 5, jeweils auch in Verbindung mit § 263a Abs. 2,
o) Subventionsbetrug unter den in § 264 Abs. 2 Satz 2 genannten Voraussetzungen und im Falle des § 264 Abs. 3 in Verbindung mit § 263 Abs. 5,
p) Straftaten der Urkundenfälschung unter den in § 267 Abs. 3 Satz 2 genannten Voraussetzungen und im Fall des § 267 Abs. 4, jeweils auch in Verbindung mit § 268 Abs. 5 oder § 269 Abs. 3, sowie nach § 275 Abs. 2 und § 276 Abs. 2,
q) Bankrott unter den in § 283a Satz 2 genannten Voraussetzungen,
r) Straftaten gegen den Wettbewerb nach § 298 und, unter den in § 300 Satz 2 genannten Voraussetzungen, nach § 299,
s) gemeingefährliche Straftaten in den Fällen der §§ 306 bis 306c, 307 Abs. 1 bis 3, des § 308 Abs. 1 bis 3, des § 309 Abs. 1 bis 4, des § 310 Abs. 1, der §§ 313, 314, 315 Abs. 3, des § 315b Abs. 3 sowie der §§ 316a und 316c,
t) Bestechlichkeit und Bestechung nach den §§ 332 und 334,
2. aus der Abgabenordnung:
   a) Steuerhinterziehung unter den in § 370 Abs. 3 Satz 2 Nr. 5 genannten Voraussetzungen,
   b) gewerbsmäßiger, gewaltsamer und bandenmäßiger Schmuggel nach § 373,
   c) Steuerhehlerei im Falle des § 374 Abs. 2,
3. aus dem Arzneimittelgesetz:
   Straftaten nach § 95 Abs. 1 Nr. 2a unter den in § 95 Abs. 3 Satz 2 Nr. 2 Buchstabe b genannten Voraussetzungen,
4. aus dem Asylverfahrensgesetz:
   a) Verleitung zur missbräuchlichen Asylantragstellung nach § 84 Abs. 3,
   b) gewerbs- und bandenmäßige Verleitung zur missbräuchlichen Asylantragstellung nach § 84a,
5. aus dem Aufenthaltsgesetz:
   a) Einschleusen von Ausländern nach § 96 Abs. 2,
   b) Einschleusen mit Todesfolge und gewerbs- und bandenmäßiges Einschleusen nach § 97,
6. aus dem Außenwirtschaftsgesetz:
   Straftaten nach § 34 Abs. 1 bis 6,
7. aus dem Betäubungsmittelgesetz:
   a) Straftaten nach einer in § 29 Abs. 3 Satz 2 Nr. 1 in Bezug genommenen Vorschrift unter den dort genannten Voraussetzungen,
   b) Straftaten nach den §§ 29a, 30 Abs. 1 Nr. 1, 2 und 4 sowie den §§ 30a und 30b,
8. aus dem Grundstoffüberwachungsgesetz:
   Straftaten nach § 19 Abs. 1 unter den in § 19 Abs. 3 Satz 2 genannten Voraussetzungen,
9. aus dem Gesetz über die Kontrolle von Kriegswaffen:
   a) Straftaten nach § 19 Abs. 1 bis 3 und § 20 Abs. 1 und 2 sowie § 20a Abs. 1 bis 3, jeweils auch in Verbindung mit § 21,
   b) Straftaten nach § 22a Abs. 1 bis 3,
10. aus dem Völkerstrafgesetzbuch:
    a) Völkermord nach § 6,
    b) Verbrechen gegen die Menschlichkeit nach § 7,
    c) Kriegsverbrechen nach den §§ 8 bis 12,
11. aus dem Waffengesetz:
    a) Straftaten nach § 51 Abs. 1 bis 3,
    b) Straftaten nach § 52 Abs. 1 Nr. 1 und 2 Buchstabe c und d sowie Abs. 5 und 6.

(3) Die Anordnung darf sich nur gegen den Beschuldigten oder gegen Personen richten, von denen auf Grund bestimmter Tatsachen anzunehmen ist, dass sie für den Beschuldigten bestimmte oder von ihm herrührende Mitteilungen entgegennehmen oder weitergeben oder dass der Beschuldigte ihren Anschluss benutzt.

(4) ¹Liegen tatsächliche Anhaltspunkte für die Annahme vor, dass durch eine Maßnahme nach Absatz 1 allein Erkenntnisse aus dem Kernbereich privater Lebensgestaltung erlangt würden, ist die Maßnahme unzulässig. ²Erkenntnisse aus dem Kernbereich privater Lebensgestaltung, die durch eine Maßnahme nach Absatz 1 erlangt wurden, dürfen nicht verwertet werden. ³Aufzeichnungen hierüber sind unverzüglich zu löschen. ⁴Die Tatsache ihrer Erlangung und Löschung ist aktenkundig zu machen.

Übersicht	Rdn.		Rdn.
A. Zweck und Anwendungsbereich	1	D. Art der Verwertung der Erkenntnisse	23
I. Regelungsgehalt	1	E. Absolute Beweisverwertungsverbote (Abs. 4 und § 160a)	25
II. Gesetzliche Ermächtigung zum Eingriff in den Schutzbereich des Fernmeldegeheimnisses	2	I. Partielle Lückenfüllung in Abs. 4 durch § 160a	25
III. Maßnahmen außerhalb des Schutzbereichs von Art. 10 Abs. 1 GG	5	II. Kernbereichsschutz nach Abs. 4	28
		F. Relative Beweisverwertungsverbote	32
IV. Heimliche Ermittlungen im Schutzbereich des Art. 10 Abs. 1 GG	7	I. Beweisverwertungsverbote nach der Abwägungsdoktrin	33
B. Materielle Voraussetzungen der Telekommunikationsüberwachung (Abs. 1 und 2)	9	II. Kritik an der Anwendung der Abwägungsdoktrin	39
I. Taugliche Anlasstaten (Abs. 2)	10	III. Unanwendbarkeit der Widerspruchslösung	40
II. Konkreter Tatverdacht	12	G. Umgang mit zusätzlichen Erkenntnissen	41
III. Schwere der Katalogtat	13	I. Raumgespräche	41
IV. Subsidiarität	14	II. Zufallsfunde und Nichtkatalogtaten	42
V. Verhältnismäßigkeit im Übrigen	15	III. Präventiv-polizeilich erlangte Überwachungsergebnisse	43
C. Betroffene (Abs. 3)	16	H. Sonderfälle der Informationsgewinnung über Telekommunikationswege	44
I. Beschuldigte	17	I. Hörfalle	44
II. Nichtbeschuldigte	18		
1. Mutmaßliche Nachrichtenmittler	19	II. Quellen-Telekommunikationsüberwachung	45
2. Inhaber von Anschlüssen, die mutmaßlich auch von Beschuldigten benutzt werden	21	III. Online-Durchsuchung	47

A. Zweck und Anwendungsbereich. I. Regelungsgehalt. Die erst durch das Gesetz zu 1 Art. 10 GG im Jahr 1968 erstmals eingeführte und zuletzt mit Wirkung vom 01.01.2008 neu gefasste Vorschrift regelt mit abschließenden (BVerfGE 113, 348 [372]; *Meyer-Goßner/Schmitt* § 100a Rn. 2) und prinzipiell eng auszulegenden Voraussetzungen (BGHSt 31, 296 [298]; 48, 240 [247]), die auch nicht analog auf neue Fallgestaltungen angewendet werden können (*Valerius* JR 2007, 275 [276]), den **Zugriff auf Inhaltsdaten von Telekommunikationsvorgängen** durch strafprozessuale Maßnahmen **zur Sachverhaltsaufklärung oder Fahndung** nach einem Beschuldigten. Es geht um eine **eingriffsintensive** (BVerfGE 129, 208 [240]; KK/*Bruns* § 100a Rn. 1; *Eisenberg* Beweisrecht der StPO, Rn. 2482), insbesondere (erste) heimliche, in der Praxis häufig genutzte staatliche **Eingriffsmaßnahme** im Strafprozess (*Puschke/Singelnstein* NJW 2008, 113 f.). Aus dem anfänglichen Ausnahmetatbestand wurde im Lauf der Zeit, insbesondere im Bereich der Betäubungsmittelkriminalität, praktisch eine Standardmaßnahme. Die Behauptung, dass heimliche Ermittlungsmethoden keine Ausnahme von der Regel der Offenheit staatlichen Handelns seien (BGHSt 42, 139, 150), ist nur faktisch, aber nicht rechtlich erklärbar. Von Rechts wegen muss es unbeschadet der Gewöhnung an routinemäßige und flächendeckende Überwachungsmaßnahmen im nachrichtendienstlichen Bereich jedenfalls für das Strafverfahren dabei bleiben, dass der Eingriff in das Grundrecht aus Art. 10 Abs. 1 GG eine eng zu interpretierende Ausnahme darstellt. Ein Umbau des Systems staatlicher Machtmittel zum Überwachungsstaat wäre mit Art. 1 Abs. 1, 20 Abs. 3, 79 Abs. 3 GG unvereinbar. Die Anordnung der Telekommunikationsüberwachung ist nach der vorliegenden Vorschrift nur bei **Vorliegen des** auf Tatsachen gestützten **Verdachts**

einer **Katalogtat** im Sinne von § 100a Abs. 2 erlaubt. Zudem muss die Tat auch im Einzelfall **schwer wiegen**. Schließlich darf eine Telekommunikationsüberwachung als **subsidiäre Maßnahme** nur angeordnet werden, wenn die Erforschung des Sachverhalts oder die Ermittlung des Aufenthaltsortes des Beschuldigten auf andere Weise wesentlich erschwert oder aussichtslos wäre. Die Überwachung ist in erster Linie **gegenüber Beschuldigten**, gemäß § 100a Abs. 3 aber auch gegenüber dessen mutmaßlichen **Nachrichtenmittlern** oder **Personen, deren Anschluss vom Beschuldigten benutzt wird**, möglich. Soweit die Überwachung den unantastbaren Kernbereich privater Lebensgestaltung berührt, besteht von Verfassungs wegen ein absolutes Beweiserhebungs- und Beweisverwertungsverbot. § 100a Abs. 4 verdeutlicht dies auf der Ebene des einfachen Rechts. Ergänzend gilt § 160a.

2 **II. Gesetzliche Ermächtigung zum Eingriff in den Schutzbereich des Fernmeldegeheimnisses.** Die Vorschrift bezeichnet abschließend **die materiellen Voraussetzungen einer Überwachung und Aufzeichnung von Telekommunikation** als verdeckte Ermittlungsmaßnahme im Strafverfahren. Formelle Voraussetzungen sind in § 100b geregelt. Mit der Einführung mobiler Telefone mit zahlreichen Zusatzfunktionen und von Computern mit Internetzugang hat die Telekommunikation quantitativ rasch zugenommen und sich qualitativ erheblich verändert. Informationstechnische Systeme sind allgegenwärtig (BVerfGE 120, 274 [303]). SMS, MMS und E-Mails, sowie ähnliche Formen der Fernkommunikation gehören zum Alltag. Telekommunikation beschränkt sich längst nicht mehr auf den Fernmeldeverkehr, sondern umfasst alle technischen Vorgänge des Außendens, Übermittelns und Empfangens von Informationen in der Form von Zeichen, Sprache, Bildern oder Tönen durch Telekommunikationsanlagen (§ 3 Nr. 22 TKG; LR/*Hauck* § 100a Rn. 29). Der Gesetzgeber hat den früheren Begriff des »Fernmeldeverkehrs« durch den weiteren Begriff der »Telekommunikation« ersetzt (*Roxin/Schünemann* Strafverfahrensrecht, § 36 Rn. 3), damit prinzipiell auch **neue technische Möglichkeiten** der Nachrichtenübermittlung in den Anwendungsbereich der Eingriffsnorm fallen. Allerdings ist nicht alles, was an Überwachungsmaßnahmen technisch möglich ist, auch schon deshalb rechtlich erlaubt, weil Ermittler »Waffengleichheit« fordern und der Gesetzgeber für neue Entwicklungen offen sein möchte (*Valerius* JR 2007, 275 [276]). Mit der zunehmenden Eingriffsintensität steigen vielmehr auch die Anforderungen an die Qualität und Detailliertheit der gesetzlichen Eingriffsermächtigungen (EGMR StV 1998, 683 [684]). Der grundrechtliche Schutz nach Art. 10 Abs. 1 GG umfasst jede Form der Telekommunikation, unabhängig von der konkreten Übermittlungsart (BVerfGE 120, 274 [307]). Das Fernmeldegeheimnis schützt dabei nicht nur den **Inhalt** der Telekommunikation, also den Gesprächstext, sondern auch deren **Umstände**, also die Informationen darüber, ob, wann und wie oft zwischen bestimmten Personen oder Telekommunikationseinrichtungen eine Telekommunikation stattgefunden hat oder versucht wurde (BVerfGE 113, 348 [364]; 120, 274 [308]; 129, 208 [241]; *Eisenberg* Beweisrecht der StPO, Rn. 2481). Das betrifft zugleich das Feld der Abfrage von **Verkehrsdaten**, die sich nach § 100g richtet, und der Ortung von Mobilfunkanschlüssen, welche in § 100i geregelt ist.

3 Die Überwachung und Aufzeichnung der Telekommunikation von Beschuldigten oder deren Nachrichtenmittlern ist zugleich mit dem Anstieg der praktischen Nutzung der Telekommunikation faktisch zu einem Massenphänomen geworden (SK-StPO/*Wolter* § 100a Rn. 6). Sie greift – hinsichtlich der Datenmenge und der Streubreite bei der Erfassung auch Unverdächtiger mit rapide zunehmender Tendenz – in erheblicher Weise in das Grundrecht der Kommunikationsteilnehmer aus **Art. 10 Abs. 1 GG** ein (BVerfG NJW 2007, 2749 [2750]), hilfsweise in **das allgemeine Persönlichkeitsrecht** (BVerfGE 106, 28 [39 f.]), z.T. in dessen Variante der **Gewährleistung der Vertraulichkeit und Integrität informationstechnischer Anlagen**. Ferner liegt ein Eingriff im Sinne von **Art. 8 Abs. 2 EMRK** vor (EGMR StV 1998, 683). Art. 10 Abs. 1 GG stellt ein Spezialgrundrecht gegenüber dem Recht auf informationelle Selbstbestimmung dar, dessen Schutzbereich bei Maßnahmen nach Beendigung der Telekommunikation und außerhalb der Telefonverbindungen zum Tragen kommt. Das subsidiäre Generalgrundrecht nimmt dabei mit der Zunahme der Eingriffsintensität derjenigen Maßnahmen, die außerhalb des Schutzbereichs von Art. 10 Abs. 1 GG auf elektronisch genutzte Daten zugreifen, ähnliche Konturen an, wie das Spezialgrundrecht, sodass auch die Anforderungen an das Eingriffsrecht steigen. Die vorliegende Vorschrift ist eine **gesetzliche Eingriffsermächtigung**, die gem. Art. 10 Abs. 2 S. 1 GG für eine Grundrechtsbeschränkung durch Überwachungsmaßnahmen während der Telekommunikation und Informationsbeschaffungsmaßnahmen bezüglich ihrer Inhalte und Umstände erforderlich ist und im Lichte der Grundrechtsbeschränkung ausgelegt werden muss (vgl. BGHSt 28, 122 [125]).

Wegen der erheblichen Eingriffsintensität hat das Eingriffsrecht hier auch in besonderer Weise dem rechtsstaatlichen Gebot der **Bestimmtheit** zu genügen (BVerfGE 113, 348 [375 ff.]; s.a. BGHSt 48, 240 [247]). Daneben bestehen Ermächtigungen in polizeirechtlichen Gesetzen zur **Überwachung der Telekommunikation zu präventiv-polizeilichen Zwecken**, deren Erkenntnisse durch Zweckänderung auch im Strafverfahren verwendet werden können (§ 161 Abs. 2 S. 1). In Gemengelangen und im Vorfeldbereich (BVerfGE 113, 348 [373 ff.]) geht die vorliegende bundesrechtliche Vorschrift vor. Im Übrigen sind bei der Prüfung, ob eine unzulässige »**Totalüberwachung**« vorliegt, die präventiven und repressiven Maßnahmen mit gleichsinniger Zielrichtung in einer Gesamtschau zu bewerten (SK-StPO/*Wolter* § 100a Rn. 11). Kommt inzwischen auch eine nachrichtendienstliche flächendeckende Überwachung der Telekommunikation hinzu, so steigt aus der Perspektive eines Rechts der Bürger auf staatlichen Schutz vor Einschüchterung (*Bode* Verdeckte strafprozessuale Ermittlungsmaßnahmen, 2012, S. 112 ff.) das Belastungsgewicht jeder Einzelmaßnahme und das Anforderungsniveau an eine noch verhältnismäßige Zusatzmaßnahme.

Die durch das Spezialgrundrecht besonders geschützte Telekommunikation ist nach der gesetzgeberischen Vorstellung für neue Entwicklungen offen (BVerfGE 106, 28 [36]). Sie reicht vom Absenden der Signale bis zu deren Empfang beim Adressaten. Sie betrifft den Vorgang der **Nachrichtenübermittlung**. Deshalb richtet sich die Überwachungsanordnung zuvörderst an die Personen oder Unternehmen, die **Telekommunikationsdienstleistungen** erbringen oder daran mitwirken. Jedoch müssen Eingriffe in den Schutzbereich des Art. 10 Abs. 1 GG nicht nur auf dem **Übertragungsweg** stattfinden, sondern ein Grundrechtseingriff kann auch **am Endgerät** eines Kommunikationspartners stattfinden (KK/*Bruns* § 100a Rn. 5). Nicht unter den Schutz des Fernmeldegeheimnisses fallen dagegen solche Daten, die noch nicht übermittelt werden. Das gilt etwa für Dateien, die für einen künftigen E-Mail- oder SMS-Verkehr vorbereitet sind, oder um noch nicht abgeschickte Telefaxschreiben. Insoweit gelten für staatliche Zugriffe auf diese Sachbeweise die §§ 94 ff. Andererseits sind Informationszugriffe auch während einer begonnenen, aber noch nicht abgeschlossenen Telekommunikation nicht von der vorliegenden Vorschrift erfasst, wenn die Informationen, etwa in Form gespeicherter E-Mail-Dateien, in einer Speicherstelle eines Telekommunikationsdienstleisters, etwa eines Providers beim E-Mail-Verkehr, vorübergehend zur Ruhe kommen. **E-Mails** können nach angreifbarer, aber derzeit vorherrschender Rechtsprechung beim Provider i.S.d. §§ 94, 99 **beschlagnahmt** werden (§ 94 Rdn. 7 ff.; KK/*Bruns* § 100a Rn. 18; zu Recht abl. *Bode* Verdeckte strafprozessuale Ermittlungsmaßnahmen, 2012, S. 372 ff.; *Klescewski* ZStW 123 [2011], 737 [747 ff.]; SK-StPO/*Wolter* § 100a Rn. 32 f.). Soweit es sich um eine heimliche Ermittlungsmethode handelt, liegt die Anwendung von § 100a näher (*Beulke/Meininghaus* FS Widmaier, 2008, S. 63 [77]; *Roxin/Schünemann* Strafverfahrensrecht, § 36 Rn. 6). Es handelt sich nicht mehr um einen Eingriff mithilfe der vorliegenden Vorschrift als Eingriffsermächtigung im Sinne von Art. 10 Abs. 2 S. 1 GG, wenn **Abstrahlungen** eines Computermonitors aufgefangen (*Valerius* JR 2007, 275 [278]) oder **Spuren** des Bedienens verschiedener Tasten einer Tastatur ausgewertet werden.

III. Maßnahmen außerhalb des Schutzbereichs von Art. 10 Abs. 1 GG. Bereits in die Herrschaftssphäre des Empfängers gelangte Informationen haben den Bereich der von Art. 10 Abs. 1 GG geschützten Telekommunikation verlassen, wenn sie **ausgedruckt, abgespeichert oder aufgezeichnet** und zur Ruhe gekommen sind. Sie sind dann eingriffsrechtlich nur noch Gegenstand der Beschlagnahme (*Singelnstein* NStZ 2012, 593 [597 f.]). Dafür kommt es nicht darauf an, ob der Empfänger sie schon zur Kenntnis genommen hat. Ausreichend ist, dass sie ihm zur Verfügung stehen. Keine Telekommunikation liegt **bei einseitiger Nutzung informationstechnischer Systeme** vor, also etwa beim **Surfen** im Internet, beim **sonstigen Datenabruf** bei einer automatisierten Gegenadresse, beim **Versenden einer E-Mail an eine eigene Adresse** des Absenders, um auf die Datei später wieder Zugriff nehmen zu können, beim Zugriff auf ausgelagerte Daten (**cloud computing**) und anderes mehr. Diese Vorgänge sind **keine »Kommunikation«** im Sinne von Art. 10 Abs. 1 GG und der vorliegenden Vorschrift. Der hoheitliche Zugriff auf diese Daten ist durch offene Ermittlungseingriffe nach den Maßstäben der §§ 94, 110 möglich. Heimliche Zugriffe sieht das Gesetz dafür im speziellen Eingriffsrecht nicht vor. Die Ermittlungsgeneralklausel des § 161 ist für solche Zugriffe zu unbestimmt, sodass mangels gesetzlicher Eingriffsermächtigung partiell keine legitime Zugriffsmöglichkeit existiert. das ist freilich

§ 100a StPO   Telekommunikationsüberwachung

nicht zu bedauern, denn es sollte im freiheitlichen Rechtsstaat auch noch Freiräume geben, in denen sich der Bürger vom Staat unbeobachtet bewegen kann.

6 Die Beteiligten einer Kommunikation können auf die Geltendmachung des Grundrechts aus Art. 10 Abs. 1 GG verzichten, sodass es der vorliegenden Vorschrift mangels eines Grundrechtseingriffs überhaupt oder jedenfalls eines über die von § 161 erlaubte Beschränkung des Rechts auf informationelle Selbstbestimmung hinaus gehenden Eingriffs nicht bedarf. Das ist etwa beim **Telefonieren mit Freisprecheinrichtungen** in der Öffentlichkeit der Fall oder bei der **Benutzung einer Lautsprecherfunktion** des Telefons in Anwesenheit Dritter (zum Mithören am Zweithörer BGHSt 39, 335 [338]; s.a. BVerfGE 106, 28 [38]; SK-StPO/*Wolter* § 100a Rn. 16). Prinzipiell ist ein beiderseits wirksamer Grundrechtsverzicht nur im **Einvernehmen** beider Gesprächsteilnehmer möglich (*Eisenberg* Beweisrecht der StPO, Rn. 2486; LR/*Hauck* § 100a Rn. 38; SK-StPO/*Wolter* § 100a Rn. 17), sodass bei einer »Hörfalle« (§ 136 Rdn. 23 ff.), bei der nur ein Kommunikationspartner mit der Informationserfassung durch Ermittler des Staates einverstanden ist, kein wirksamer Grundrechtsverzicht des anderen Kommunikationsteilnehmers vorliegt (*Eisenberg* Beweisrecht der StPO, Rn. 2487; a.A. *Meyer-Goßner/ Schmitt* § 100a Rn. 1), es sei denn, es ist nach den Umständen mit einem Mithören Dritter allgemein zu rechnen und der Kommunikationspartner ist damit konkludent einverstanden (zur Möglichkeit der konkludenten Einwilligung BVerfGE 106, 28 [45 f.]).

7 **IV. Heimliche Ermittlungen im Schutzbereich des Art. 10 Abs. 1 GG.** Die Überwachung und Aufzeichnung sowie Verwertung der Telekommunikationsinhalte kann »auch ohne Wissen« der Betroffenen erfolgen, also ebenso heimlich wie offen (*Bär* TK-Überwachung, 2010, § 100a Rn. 14; SK-StPO/*Wolter* § 100a Rn. 42). In der Praxis ist das heimliche Vorgehen der Regelfall, weil Offenheit eher zur Unterlassung oder Veränderung der Kommunikation führen würde, die aber in unbeeinflusster Form erfasst werden soll. Die Heimlichkeit bedingt danach aber erhöhte Anforderungen an die gesetzliche Eingriffsermächtigung (EGMR StV 1998, 683 [684]). Eine immer noch wichtige Fallgruppe der Telekommunikation, die Gegenstand einer Überwachung nach der vorliegenden Vorschrift sein kann, sind die herkömmlichen Telefonate, die nicht nur als **Festnetzgespräche**, sondern auch als **Mobiltelefongespräche** infrage kommen, wobei die Häufigkeit der Mobilfunknutzungen explosionsartig angestiegen ist. Zur Telekommunikation gehört auch die **Telefaxübermittlung**. Ferner sind Kommunikationsdienste, wie **SMS** oder MMS, von erheblicher Bedeutung für den Telekommunikationsverkehr und dessen Überwachung im Strafverfahren. Hinzu kommen zahlreiche Informationsvermittlungsvorgänge im Internet. Dabei hat der **E-Mail-Verkehr** überragende Bedeutung erlangt. Der staatliche Zugriff hierauf ist nach herrschender Ansicht in verschiedenen Stufen mit unterschiedlichen Eingriffsregelungen möglich (*Bär* TK-Überwachung, 2010, § 100a Rn. 27 ff.). Soweit die Telekommunikation andauert und nicht zur Ruhe gekommen ist, gilt die vorliegende Vorschrift. Vor, zwischen und nach der Nachrichtenübermittlung wird auf gespeicherte Daten mit dem Reglement der Beschlagnahme zugegriffen, was aber nur offene Ermittlungseingriffe gestattet und sodann auch eine Zurückstellung der Benachrichtigung des Betroffenen nach § 101 Abs. 5 wegen Gefährdung des Untersuchungserfolgs nicht zulässt (*Singelnstein* NStZ 2012, 593 [596]). Die überkommene strikte **Abgrenzung zwischen offenen und heimlichen Informationszugriffen** des Staates wird von der Rechtsprechung zunehmend verwischt. Das Normengefüge wird dabei aber erschüttert, wenn es praktisch vom Zufall abhängt, ob die alte und überschaubare Eingriffsregelung des § 94 oder § 99 zur Anwendung kommt, oder die nahezu unüberschaubar gewordene, komplexe und vom Gesetzgeber wiederholt überarbeitete Regelung der vorliegenden Vorschrift.

8 Auch bei der **Internet-Telefonie** handelt es sich um Telekommunikation (BeckOK-StPO/*Graf* § 100a Rn. 31a; *Meyer-Goßner/Schmitt* § 100a Rn. 7a). Überwachungsmaßnahmen als Grundrechtsbeschränkungen richten sich insoweit nach der vorliegenden Vorschrift. Verschlüsselungen führen dazu, dass die staatliche Überwachung solcher Gespräche technisch nur mithilfe einer Quellen-Telekommunikationsüberwachung möglich wäre, die aber im Gesetz nicht ausdrücklich als strafprozessuale Ermittlungsmaßnahme vorgesehen und daher nicht zulässig ist (Rdn. 46). Dasselbe gilt bei der **Überwachung von Chat-Plattformen** im Internet mit Zugangssicherungen (BeckOK-StPO/*Graf* § 100a Rn. 32a; *Klescewski* ZStW 123 [2011], 737 [752 ff.]; *Singelnstein* NStZ 2012, 593 [594]), ferner beim Zugriff auf **Kommunikation in »sozialen Netzwerken«** (KK/*Bruns* § 100a Rn. 21 ff.; BeckOK-StPO/*Graf* § 100a Rn. 32c ff.; *Seidl/Beyvers* AnwZert ITR 15/2011 Anm. 3; *Singelnstein* NStZ 2012, 593

[599 f.]). Soweit die Teilnehmer ihre Informationen ohne Zugangssicherung für jedermann zugänglich gestalten, können freilich auch die staatlichen Strafverfolgungsorgane schon aufgrund der **Ermittlungsgeneralklausel** Informationen erfassen. Es liegt dann allenfalls ein Eingriff in das Recht auf informationelle Selbstbestimmung vor, wenn nicht sogar von einem Grundrechtsverzicht der Teilnehmer durch Offenheit ihrer Kommunikation ausgegangen werden sollte. Anders liegt es, wenn Ermittler sich einen Zugang zu Informationen verschaffen, die über **Zugangssicherungen** verfügen. Deren Überwindung bedarf auch zum Schutze des Grundrechts auf Wahrung der Vertraulichkeit und Integrität informationstechnischer Anlagen einer spezialgesetzlichen Eingriffsermächtigung, die bisher fehlt (*Singelnstein* NStZ 2012, 593 [600]). Erst recht gilt dies dann, wenn ein Ermittler sich unter einer **Legende** selbst in die Kommunikation einschaltet. Hier könnten möglicherweise Kombinationen von §§ 100a, 110a infrage kommen (*Rosengarten/Römer* NJW 2012, 1764 ff.). Der absolut geschützte Kernbereich der Persönlichkeitsentfaltung ist dagegen erreicht, wenn ein Ermittler einen Beschuldigten unter Verwendung einer Legende in einem Internet-Chat zu einer Selbstbelastung provoziert.

B. Materielle Voraussetzungen der Telekommunikationsüberwachung (Abs. 1 und 2) Voraussetzung der Telekommunikationsüberwachung ist das Vorliegen eines auf konkrete Tatsachen gestützten Verdachts einer Katalogtat (§ 100a Abs. 1 S. 1 Nr. 1 und Abs. 2), die auch im Einzelfall »schwer« wiegt (Abs. 1 S. 1 Nr. 2). Ferner ist erforderlich, dass die Sachaufklärung oder Fahndung nach dem Beschuldigten auf andere Weise wesentlich erschwert oder aussichtslos wäre (Abs. 1 S. 1 Nr. 3).

I. Taugliche Anlasstaten (Abs. 2) **Der abschließende Katalog** der tauglichen Anlasstaten ist vom Gesetzgeber wiederholt im Hinblick auf polizeiliche Bedürfnisse ausgedehnt worden und wirkt wegen der Fülle seiner Anknüpfungspunkte **unüberschaubar**. Eine plausible **dogmatische Struktur** und Systematik ist in dem Tatenkatalog des § 100a Abs. 2 **nicht auszumachen** (*Bode* Verdeckte strafprozessuale Ermittlungsmaßnahmen, 2012, S. 356; s.a. LR/*Hauck* § 100a Rn. 45 f.). Zum Teil wird auf Delikte verwiesen, die typischerweise in organisierter Form begangen werden und deshalb schwer aufklärbar sind. Zum Teil geht es um Deliktsarten, die im Hinblick auf das verletzte Rechtsgut schwer wiegen und die deshalb ein hohes Aufklärungsbedürfnis aufweisen (BVerfGE 129, 208 [243]). Bei allem Deliktsarten im Sinne von § 100a Abs. 2 gibt es aber Variationen, die im Einzelfall außerhalb des Bereichs der organisierten oder schwerwiegenden Begehungsarten liegen. Bei der Geldwäsche ist im Einzelfall eine Inkongruenz zwischen der Katalogtat im Sinne der vorliegenden Vorschrift und der Katalogvortat im Sinne des Geldwäscheparagrafen zu verzeichnen, die dahin aufzulösen ist, dass eine Telekommunikationsüberwachung unverhältnismäßig ist, wenn die Geldwäschevortat nicht zum Konzept des eingriffsrechtlichen Anlasstatenkatalogs passt (BGHSt 48, 240 [243 ff.]). Auch im Übrigen finden sich von Fall zu Fall Deliktsarten, deren Aufnahme in den Katalog unverhältnismäßig wirkt (*Klescewski* ZStW 123 [2011], 737 [762]). Insoweit ist die Bewertung der Schwere der Anlasstat nach den Maßstäben des Ersten Senats des BVerfG unbestimmt (vgl. BVerfGE 113, 348 [387 f.]). Der Zweite Senat des BVerfG hat das Normkonzept mit einem sehr kursorischen Blick auf die Kombination von Tatenkatalog, Schwereklausel und Subsidiaritätsprinzip noch für ausreichend bestimmt erachtet (BVerfGE 129, 208 [242 ff.]).

Der Hinweis auf die Straftatbestände des Besonderen Teils des StGB oder des Nebenstrafrechts schließt **Zurechnungsvarianten** nach dem Allgemeinen Teil des StGB ein (*Meyer-Goßner/Schmitt* § 100a Rn. 12; SK-StPO/*Wolter* § 100a Rn. 43 f.). Auf die Abgrenzung von Täterschaft und Teilnahme (LR/ *Hauck* § 100a Rn. 43) kommt es im strafprozessualen Eingriffsrecht ebenso wenig an, wie auf die Unterscheidung von Vollendung und Versuch, Tun oder Unterlassen durch einen Garanten und anderes mehr. Umgekehrt entfällt der Katalogtatenverdacht auch dann, wenn zwar der objektive Tatbestand nach der Verdachtslage erfüllt ist, aber ein **Rechtfertigungs-, Entschuldigungs- oder Schuldausschließungsgrund** infrage kommt.

II. Konkreter Tatverdacht. Bestimmte Tatsachen müssen den Verdacht des Vorliegens einer Katalogtat begründen. Der Verdacht muss weder zur Verurteilung hinreichend noch dringend sein. Es genügt ein **Anfangsverdacht** im Sinne von § 152 Abs. 2 (BGH StV 2010, 553 f.; BeckOK-StPO/*Graf* § 100a Rn. 37; LR/*Hauck* § 100a Rn. 50; *Meyer-Goßner/Schmitt* § 100a Rn. 9), der aber erstens **auf bestimmte Tatsachen gestützt** sein muss (BVerfGE 113, 348 [385]; KK/*Bruns* § 100a Rn. 32; *Roxin*/

§ 100a StPO Telekommunikationsüberwachung

Schünemann Strafverfahrensrecht, § 36 Rn. 9; zu praktischen Anwendungsproblemen *Kinzig* StV 2004, 560 [562 f.]) und nicht nur eine Vermutung darstellen darf (BVerfG NJW 2007, 2749 [2751]; *Meyer-Goßner/Schmitt* § 100a Rn. 9; SK-StPO/*Wolter* § 100a Rn. 43), und der zweitens zumindest so weit konkretisiert sein muss, dass ein Beschuldigter erkennbar ist und dessen Beteiligung an einer **Katalogtat** wahrscheinlich ist (BGH StV 2010, 553 f.; zum Geldwäscheverdacht LG Ulm StV 2011, 722). Nach der Rechtsprechung besteht dafür ein **Beurteilungsspielraum des Ermittlungsrichters** (BGH StV 1998, 247 [248]; StraFo 2009, 19 f.; BeckOK-StPO/*Graf* § 100a Rn. 99a, 101), **oder bei Gefahr im Verzug des Ermittlungsbeamten**, der die Überwachung anordnet. Damit wird letztlich ein effektiver Rechtsschutz gegen Fehler bei der Eingriffsgestattung durch das erkennende Tatgericht oder die Revisionsinstanz verhindert (*Eisenberg* Beweisrecht der StPO, Rn. 2488). Revisionsrichterliche Überlegungen zu rechtmäßigen hypothetischen Ersatzeingriffen als Mittel der nachträglichen Fehlerkorrektur zur Vermeidung von Beweisverwertungsverboten nehmen schließlich später auch keine Rücksicht mehr auf den für die frühere ermittlungsrichterliche Prüfung postulierten Beurteilungsspielraum (*Bernsmann/Sotelsek* StV 2004, 113 [115]).

13 **III. Schwere der Katalogtat.** Die Anlasstat muss allgemein und auch im Einzelfall schwer wiegen (KK/*Bruns* § 100a Rn. 30; LR/*Hauck* § 100a Rn. 49; *Meyer-Goßner/Schmitt* § 100a Rn. 11). Was darunter im Vergleich mit dem unbestimmten Rechtsbegriff der »Straftat von erheblicher Bedeutung« (krit. dazu *Kretschmer* HRRS 2010, 551 [553]) gemeint sein soll, bleibt im Gesetz und in den Materialien unklar. Der Gesetzgeber hat eine verfassungsrechtliche Voraussetzung aufgegriffen und zitiert, aber praktisch nicht umgesetzt (*Bode* Verdeckte strafprozessuale Ermittlungsmaßnahmen, 2012, S. 357). Der Hinweis auf eine Mindesthöchststrafe von fünf Jahren (*Bär* MMR 2008, 215 [216]; *Puschke/Singelnstein* NJW 2008, 113 [114]) besagt wenig, weil dies zumindest im Kernstrafrecht dem gesetzlichen Standard entspricht. Tatsächlich ist kein verifizierbarer Unterschied der schweren Katalogtat zur »Straftat von erheblicher Bedeutung« vorhanden, obwohl die Schwereklausel rein begrifflich zwischen der »Straftat von erheblicher Bedeutung« (§§ 98a Abs. 1 Nr. 1, 100g Abs. 1 Nr. 1, 100i Abs. 1, 163f Abs. 1 S. 1) und den besonders schweren Straftaten im Sinne von § 100c Abs. 1 Nr. 1 liegt (*Eisenberg*, Beweisrecht der StPO, Rn. 2489). Ob ein **minder schwerer Fall** im Sinne einer für den Deliktstyp gegebenenfalls vorhandenen Strafmilderungsnorm vorliegt, lässt sich im Vorverfahren kaum absehen, wäre aber bei der Prüfung der Eingriffsvoraussetzungen zu berücksichtigen, wenn dies absehbar erscheint (SK-StPO/*Wolter* § 100a Rn. 46; einschr. *Meyer-Goßner/Schmitt* § 100a Rn. 11). Erst recht ist im Frühstadium der Ermittlungen vor deren Abschluss **nicht prognostizierbar**, welche **Strafe** innerhalb des möglicherweise verschiebbaren Strafrahmens für die Tat verhängt werden mag. Daher kann die Schwere des Eingriffsanlasses zumindest nicht alleine an einer Strafevartung gemessen werden. Relevant ist auch die Art und Bedeutung der konkreten Tat für das Opfer und für die Allgemeinheit im Hinblick auf das Gewicht des Rechtsgutsangriffs. Insgesamt ist die Schwereklausel **allenfalls in der Kombination mit dem Tatenkatalog** und in der Gesamtschau der Eingriffsvoraussetzungen noch hinreichend **bestimmt** (BVerfGE 129, 208 [244]; a. A. *Bode* a.a.O. S. 357).

14 **IV. Subsidiarität.** Eine Telekommunikationsüberwachung darf nur dann angeordnet werden, wenn die Erforschung des Sachverhalts oder die Ermittlung des Aufenthaltsortes des Beschuldigten ansonsten wesentlich erschwert oder aussichtslos wäre. **Aussichtslosigkeit** besteht, wenn andere Ermittlungsmöglichkeiten entweder gar nicht verfügbar sind oder jedenfalls im Einzelfall keine Erfolgsaussicht versprechen. Eine **wesentliche Erschwerung** liegt vor, wenn andere Ermittlungsmaßnahmen zeitlich erheblich aufwendiger wären oder schlechtere Ergebnisse erwarten ließen (KK/*Bruns* § 100a Rn. 33; *Meyer-Goßner/Schmitt* § 100a Rn. 13). Allein ein größerer Aufwand und damit verbundene Kosten reichen aber im Allgemeinen nicht aus, es sei denn, sie erweisen sich als gänzlich unvertretbar (*Meyer-Goßner/Schmitt* § 100a Rn. 13; mit der problematischen Annahme einer Legitimation bei Gefahr der Vernachlässigung anderer Strafverfahren KK/*Bruns* § 100a Rn. 33). Die Subsidiaritätsklausel ist wiederum so **unbestimmt**, dass sie kaum präzise Ergebnisse liefert (zu fließenden Übergängen BGHSt 41, 30 [34]) und keine nennenswerte Begrenzungsfunktion erfüllt. Sie erschwert nur, soweit sie nicht in der Praxis ignoriert wird, die Rechtsanwendung in unnötiger Weise, zumal eine Konkurrenz verschiedener Ermittlungsmaßnahmen mit oder ohne eigene Subsidiaritätsklausel kaum sinnvoll auflösbar erscheint (*Blozik* Subsidiaritätsklauseln im Strafverfahren, 2012, S. 233 f.). In der Praxis wird das Dilemma dadurch kaschiert, dass einerseits dem Ermittlungsrichter oder dem die Überwachung anordnenden Ermittlungs-

beamten ein Beurteilungsspielraum zugebilligt wird (BGHSt 47, 362 [365 f.]). Im Text von Anordnungsbeschlüssen findet sich andererseits zu dem Kriterium dann meist nicht einmal ein Hinweis darauf, dass und anhand welcher Kriterien insoweit überhaupt eine Prüfung vorgenommen wurde (*Kinzig* StV 2004, 560 [564]). Faktisch bleibt das Kriterium oft sogar in der Revisionsinstanz ungeprüft (*Bernsmann/Stoeltesek* StV 2004, 113).

V. Verhältnismäßigkeit im Übrigen. Neben der Tatschwereklausel und der auf die Ermittlungsmöglichkeiten bezogenen Subsidiaritätsklausel ist die Verhältnismäßigkeit einer Telekommunikationsüberwachung auch im Übrigen nach dem allgemein im Eingriffsrecht geltenden Grundsatz aus Art. 20 Abs. 3 GG zu prüfen (BeckOK-StPO/*Graf* § 100a Rn. 41; LR/*Hauck* § 100a Rn. 53; *Sankol* MMR 2008, 154 [157 f.]). Das Gebot der Verhältnismäßigkeit gilt für **Anordnung, Dauer** (BGH NStZ-RR 2011, 148 f.; LG Hamburg StV 2009, 236) **und Umfang** der Überwachung. Inwieweit es auch für eine **Summe verschiedener Ermittlungseingriffe** zu beachten ist, was bisher in der Praxis kaum geschieht, bleibt ungeklärt. Als Teil einer **Totalüberwachung** (*Roxin/Schünemann* Strafverfahrensrecht, § 36 Rn. 2; SK-StPO/*Wolter* § 100i Rn. 24) wäre sie unverhältnismäßig. Ob das Hinzutreten flächendeckender nachrichtendienstlicher Überwachungen insoweit auch die rechtliche Bewertung aus der Perspektive der betroffenen Bürger beeinflusst, ist rechtlich ungeklärt, wird aber jedenfalls faktisch bisher ignoriert. Wann eine Totalüberwachung vorliegt, ist auch noch nirgends nachgeprüft und erläutert worden. Besondere praktische Bedeutung für die Verhältnismäßigkeitsprüfung hat jedenfalls auch im rein strafprozessualen Eingriffsrecht die Frage, ob und in welchem Maße nur relativ justizpflichtige Nachrichtenmittler oder sonstige **Unverdächtige** betroffen sind. Eine Überwachungsmaßnahme ist aus Gründen der Verhältnismäßigkeit eher gegenüber Beschuldigten, weniger gegenüber Drittbetroffenen, aber innerhalb der letzteren Gruppe eher unter potenziellen Nachrichtenmittlern als zum Nachteil (auch) von (gänzlich) Unbeteiligten gerechtfertigt. Die Zahl und Intensität der Betroffenheit von Unverdächtigen durch eine konkrete Überwachungsmaßnahme ist ein wesentlicher Abwägungsfaktor bei der Prüfung der Angemessenheit der Maßnahme. § 160a Abs. 2 gebietet ferner die **Berücksichtigung von Zeugnisverweigerungsrechten**, die generell nicht ohne weiteres mithilfe einer Telekommunikationsüberwachung umgangen werden dürfen (vgl. § 160a Abs. 2) und bei Berührung mit dem Kernbereichs der Persönlichkeitsentfaltung absolut ausgeschlossen sind (vgl. § 100a Abs. 4 und § 160a Abs. 1). Im Ganzen sind Bewertungskriterien die mehr oder minder große Bedeutung der Sache, die Streubreite der Einbeziehung nichtverdächtiger Dritter in die Überwachung (BVerfGE 107, 299 [320]), die Dauer der Überwachung und die sonstige Beweislage, nach der die Überwachung der Telekommunikation im Einzelfall mehr oder weniger Beweisbedeutung hat und eventuell nicht einmal erforderlich ist (allgemein zur Erforderlichkeit BVerfGE 107, 299 [317]).

C. Betroffene (Abs. 3) Die Anordnung darf sich primär nur gegen den Beschuldigten oder gegen Personen richten, von denen aufgrund bestimmter Tatsachen anzunehmen ist, dass sie für den Beschuldigten bestimmte oder von ihm herrührende Mitteilungen entgegennehmen oder weitergeben oder dass der Beschuldigte ihren Anschluss benutzt. Bezugspunkt ist der Telekommunikationsanschluss dieser Personen. Die gegen den Beschuldigten oder Nachrichtenmittler gerichtete Anordnung der Überwachung schließt es daher nicht aus, dass im Einzelfall auch Dritte als deren Kommunikationspartner oder zufällige Nutzer des Anschlusses von der Ausführung der Überwachungsanordnung betroffen werden (*Meyer-Goßner/Schmitt* § 100a Rn. 16), weil sie von einem Anschluss, der dem Beschuldigten oder einem Nachrichtenmittler zuzurechnen ist, ihrerseits Telekommunikation ausführen oder als Kommunikationspartner des Beschuldigten oder eines Nachrichtenmittlers mit ihren Äußerungen erfasst werden. Dies ist kein generelles Hindernis für die Anordnung und Durchführung der Überwachung, es ist aber bei der Verhältnismäßigkeitsprüfung zu beachten (Rdn. 15).

I. Beschuldigte. Zuvörderst ist die Maßnahme gegen Beschuldigte zu richten, die einer besonderen Justizpflicht unterliegen und hinsichtlich der von ihnen herrührenden oder empfangenen Mitteilungen der Überwachung nach der vorliegenden Vorschrift unterliegen. Beschuldigter ist derjenige, dem nach dem Verfolgungswillen der Staatsanwaltschaft die Begehung einer Straftat vorgeworfen wird und gegen den deshalb förmlich ein Ermittlungsverfahren geführt wird (§ 136 Rdn. 13). Es genügt, ist aber auch erforderlich, dass die Begründung der Beschuldigtenrolle mit der Anordnung der Überwachung der Telekommunikation zusammentrifft. Die Identität des Beschuldigten muss dabei noch nicht im Sinne

§ 100a StPO   Telekommunikationsüberwachung

einer Kenntnis der Personaldaten bekannt sein; er muss nur identifizierbar erscheinen (*Eisenberg* Beweisrecht der StPO, Rn. 2490; SK-StPO/ *Wolter* § 100a Rn. 50).

18 **II. Nichtbeschuldigte.** Gegen andere Personen als Beschuldigte, die nur ausnahmsweise und in eingeschränktem Umfang justizpflichtig sind, darf sich eine Anordnung der Telekommunikationsüberwachung nur richten, wenn aufgrund bestimmter Tatsachen der auf konkrete Tatsachen gestützte **Verdacht** (*Radtke/Hohmann/Röwer* § 100a Rn. 10; *Sankol* MMR 2008, 154 [157]) besteht, dass sie – bewusst oder unbewusst – für den Beschuldigten bestimmte oder von diesem herrührende Information auf dem Weg der Telekommunikation entgegennehmen oder weitergeben, also Nachrichtenmittler sind, oder ihr Anschluss vom Beschuldigten für dessen Telekommunikation benutzt wird. Darauf, ob sie »im Lager« des Beschuldigten stehen, kommt es nicht an (*Radtke/Hohmann/Röwer* § 100a Rn. 9; *Sankol* MMR 2008, 154 [1569]; SK-StPO/ *Wolter* § 100a Rn. 51). **Behördenanschlüsse** können aber nur mit Einverständnis der zuständigen Stelle überwacht werden (*Eisenberg* Beweisrecht der StPO, Rn. 2491).

19 **1. Mutmaßliche Nachrichtenmittler.** Das Eingriffsrecht ermöglicht in Grenzen eine Überwachung der Telekommunikation durch **Nichtverdächtige** schon im Rahmen der Ausrichtung der Überwachungsanordnung. Dies ist zum einen der Fall, wenn der Betroffene zwar nicht der Teilnahme an der Tatbegehung verdächtig ist, aber wie ein Bote Mitteilungen von dem Beschuldigten entgegennimmt oder an ihn weitergibt (*Sankol* MMR 2008, 154 [155 f.]). Für eine solche Rolle als Nachrichtenmittler müssen **konkrete Anhaltspunkte** vorhanden sein (BVerfGE 107, 299 [323]; BeckOK-StPO/ *Graf* § 100a Rn. 48; LR/ *Hauck* § 100a Rn. 91; *Sankol* MMR 2008, 154 [157]). Die h.M. billigt dem Anordnungsorgan dabei wieder einen Beurteilungsspielraum zu (*Sankol* MMR 2008, 154 [157]). Der Nachrichtenmittler kann etwa ein Angehöriger, Nachbar, Arbeitskollege, Gastwirt oder Freund des Beschuldigten sein (*Sankol* MMR 2008, 154 [156]), im Einzelfall nach h.M. aber etwa auch das erpresste **Opfer der Katalogtat** (*Mahnkopf/Döhring* NStZ 1995, 112 ff.; *Meyer-Goßner/Schmitt* § 100a Rn. 19; diff. *Sankol* MMR 2008, 154 [156 f.]; zu Recht a. A. *Kleih* Die strafprozessuale Überwachung der Telekommunikation, 2009, S. 144; SK-StPO/ *Wolter* § 100a Rn. 51), das eigentlich nicht (Nachrichten-) Mittler, sondern von der Tat und der Nachricht endgültig Betroffener ist.

20 Die bloße Vermutung einer Rolle des Betroffenen als Nachrichtenmittler genügt nicht. Aus einer Nähebeziehung alleine lässt sich daher meist nicht in ausreichender Weise auf die Rolle als Nachrichtenmittler schließen. Näher liegt dies im Fall der tatsachengestützten Annahme, dass das Tatopfer weiter erpresst wird und Anrufe des Beschuldigten erwartet. Sonst müssen weitere Tatsachen vorliegen, die – ähnlich wie bei dem Verdacht der Katalogtat – aufgrund nachvollziehbarer Schlussfolgerungen die Annahme rechtfertigen, eine Informationsvermittlung durch den Betroffenen an den Beschuldigten sei zu erwarten. Wird eine Überwachungsmaßnahme gegen mutmaßliche Nachrichtenmittler gerichtet, so muss sie aus Gründen der Verhältnismäßigkeit darauf beschränkt sein, diejenigen Telekommunikationsinhalte aufzuzeichnen, die eine Kommunikation mit dem Beschuldigten oder einem weiteren Nachrichtenmittler für diesen betreffen (LG Ulm StV 2006, 8 [9 f.] m. Anm. *Roggan*).

21 **2. Inhaber von Anschlüssen, die mutmaßlich auch von Beschuldigten benutzt werden.** Die Überwachung von nicht auf den Beschuldigten angemeldeten Telekommunikationsanschlüssen ist ferner rechtlich möglich, wenn der Beschuldigte diese Anschlüsse benutzt. Auch dafür müssen zumindest **konkrete Hinweise** vorliegen, damit die Anordnung der schwerwiegenden Eingriffsmaßnahme gerechtfertigt ist. Darauf, ob der Anschlussinhaber um die Nutzung seines Anschlusses durch den Beschuldigten weiß oder nicht (*Eisenberg* Beweisrecht der StPO, Rn. 2491; *Meyer-Goßner/Schmitt* § 100a Rn. 20), und darauf, ob die Anschlussbenutzung im Verhältnis zwischen dem Anschlussinhaber und dem Beschuldigten zivilrechtlich legitim ist oder nicht, kommt es nicht an. Auch die unberechtigte Nutzung eines fremden Anschlusses durch den Beschuldigten kann ausreichender Anlass zu dessen Überwachung sein. Der Anschlussinhaber muss ferner keine natürliche Person, sondern kann durchaus auch eine Gesellschaft sein.

22 Die Überwachung **öffentlich** in einer Telefonzelle oder in einem Internetcafe zur Verfügung stehender Anschlüsse ist auch zulässig, wenn Grund zu der Annahme besteht, der Beschuldigte werde diese benutzen. Damit werden freilich in weiterem Umfang auch solche Personen von der Überwachung betroffen,

die weder Beschuldigte noch Nachrichtenmittler sind. Diese Konsequenz zwingt zur besonders genauen Prüfung der Verhältnismäßigkeit der Überwachungsmaßnahme.

D. Art der Verwertung der Erkenntnisse. Die rechtmäßige Überwachung führt dazu, dass die Erkenntnisse hieraus im Strafverfahren als Beweis für und gegen den Beschuldigten verwertet werden dürfen. **Zufallserkenntnisse** sind auch verwertbar, sofern sie eine Katalogtat betreffen (LG Münster StV 2008, 460 f.). Die Aufzeichnungen im Rahmen der Telekommunikationsüberwachung sind **Sachbeweise**, die als solche nicht schon im Rahmen der Akteneinsicht dem Verteidiger überlassen werden müssen (OLG Karlsruhe Beschl. v. 29.05.2012 – 2 Ws 146/12), sondern prinzipiell nur wie andere sächliche Beweismittel gesichtet werden können. Etwas anders gilt für Aufzeichnungen oder Übersetzungen, die **Aktenbestandteil** werden und insoweit der **Akteneinsicht** des Verteidigers unterliegen.

Aufzeichnungen in fremder Sprache sind in die Gerichtssprache zu übersetzen, soweit sie verwertet werden sollen. Die **Übersetzung** gilt als Sachverständigenaufgabe (BGHSt 1, 4 [6]; BGH NStZ 1985, 466; offen gelassen von BGHR StPO § 100a Einführung 1). Ihr Ergebnis oder die Niederschrift einer in der Gerichtssprache geführten Telekommunikation (BGHSt 27, 135 [136]) kann ohne Verletzung des Unmittelbarkeitsgrundsatzes auch als **Urkunde** in die Hauptverhandlung eingeführt werden (BGH NStZ 2002, 493). Im Übrigen können Aufzeichnungen aus der Überwachung der Telekommunikation durch **Inaugenscheinnahme** in die Hauptverhandlung eingeführt werden. Tonaufnahmen können abgespielt (BGHSt 27, 135) und optisch wahrnehmbare Telekommunikationsdaten für die Verfahrensbeteiligten auf Monitoren oder Leinwandprojektionen sichtbar gemacht werden. Ferner kommt Urkundenbeweis durch Verlesen einer Aufzeichnung in Betracht, gegebenenfalls im Selbstleseverfahren (§ 249 Abs. 2). Die **Zeugenvernehmung** des bei der Durchführung der Überwachung eingesetzten Ermittlungsbeamten ist ebenfalls möglich. Sie hat aber für sich genommen keinen besseren Beweiswert als die durch Sachbeweis eingeführte Aufzeichnung (BGH NStZ 2002, 493 [494]; *Meyer-Goßner/Schmitt* § 100a Rn. 30; *Sankol* MMR 2008, 154 [158]), insbesondere wenn sie nur eine Reproduktion einer automatisch erfolgten Aufzeichnung ist. Im Übrigen ist sie allenfalls ein Zeugnis vom Hörensagen. Bei der Zeugenvernehmung kann das Vorspielen der Aufzeichnung auch als Vernehmungsbehelf verwendet werden (BGH Beschl. v. 02.12.2003 – 1 StR 340/03).

E. Absolute Beweisverwertungsverbote (Abs. 4 und § 160a) I. **Partielle Lückenfüllung in Abs. 4 durch § 160a.** Die Menschenwürde ist unantastbar; der Kernbereich der Persönlichkeitsentfaltung ebenso (*Kretschmer* HRRS 2010, 551 [556]). Abs. 4 der vorliegenden Vorschrift ist insoweit aus strafprozess-systematischer Perspektive eine lex specialis gegenüber § 160a, verfassungsrechtlich betrachtet ist er ein aliud. Während § 160a besondere Vertrauensbeziehungen schützt, aber keine spezielle **Kernbereichsschutzklausel** enthält, dient die Kernbereichsschutzbestimmung des § 100a Abs. 4 dem Schutz der Intimsphäre ohne Rücksicht auf einfach-rechtliche Zeugnisverweigerungsrechte. Die Kombination von beiden Systemen durch den ahnungslosen Gesetzgeber führt zu erheblicher Rechtsunklarheit im Bereich der Telekommunikationsüberwachung. § 160a Abs. 1 geht **über den Kernbereichsschutz** nach der Verfassung und nach § 100a Abs. 4 **hinaus**, wenn er etwa auch allgemeine Anwaltsmandate, die keine Verteidigermandate sind, zumindest auf der Rechtsfolgenseite wie eine kernbereichsrelevante absolut geschützte Rechtsposition bewertet, obwohl sie verfassungsrechtlich zumindest teilweise zum abwägungsoffenen Bereich der Persönlichkeitsentfaltung gehören (zur doppelten Inkonsequenz der Gesetzgebung SK-StPO/*Wolter* § 100a Rn. 56). Dagegen besitzen die **Verteidigung** (BVerfG NJW 2007, 2749 [2750]; BeckOK-StPO/*Graf* § 100a Rn. 61; zum doppelten absoluten Schutz SK-StPO/*Wolter* § 100a Rn. 56) und die religiöse **Beichte** im Rahmen einer Telefonseelsorge prinzipiell eine hervorgehobene Position mit **Menschenwürdegehalt**, die auch in § 160a Abs. 1 richtig aufgehoben sind, nicht ebenso aber sonstige **Rechtsberatung, Presse- oder Parlamentstätigkeit** (BVerfGE 129, 208 [261 ff.]) oder erst recht notarielle Tätigkeiten oder Wirtschafts- und **Steuerberatung** (ohne steuerstrafrechtliches Verteidigermandat des Steuerberaters). **Bei Arztgesprächen** mit dem Beschuldigten ist unabhängig von der durch Zeugnisverweigerungsrechte markierten einfachrechtlichen Ausgestaltung des Beziehungsschutzes die Frage der Abgrenzung von Kernbereich und abwägungsoffenem Bereich der Persönlichkeitsentfaltung von Fall zu Fall nach dem Äußerungsinhalt zu unterscheiden (BVerfGE 129, 208 [265 f.]; zum Stellenwert *Reiß* StV 2008,

§ 100a StPO Telekommunikationsüberwachung

539 [544]). **Gespräche mit nahen Angehörigen,** die im Einzelfall zum absolut geschützten Kernbereich der Persönlichkeitsentfaltung gehören, im Übrigen zur zweiten Stufe des Sphärenschutzes nach der verfassungsrechtlichen Drei-Stufen-Theorie, werden von § 160a und der vorliegenden Vorschrift überhaupt nicht erfasst. Insoweit ist die StPO defizitär. Daraus kann aber nicht abgeleitet werden, dass es kein Hindernis für die Beweiserhebung und Beweisverwertung ergebe, wenn die Überwachung eine Kommunikation des Beschuldigten mit nahen Angehörigen betrifft. Diese ist zwar nicht nach einfachem Bundesrecht verboten (BGH Beschl. v. 09.07.2002 – 1 StR 177/02), ihr kann aber Verfassungsrecht unmittelbar entgegenstehen. Das zeigt in besonderer Weise die Konzeptionslosigkeit des derzeitigen Systems der StPO trotz eines jüngst geäußerten Harmonisierungswillens des Gesetzgebers. Ob und wie § 160a Abs. 1 wegen seines den reinen Kernbereichsschutz übertreffenden Schutzes auch im Anwendungsbereich der Telekommunikationsüberwachung Bedeutung hat (*Reiß* StV 2008, 539 [542]), bleibt im Gesetzestext unklar (SK-StPO/*Wolter* § 100a Rn. 55). Ein relativer Schutz im Sinne von § 160a Abs. 2 ist in der vorliegenden Vorschrift nicht enthalten, daher nur aus jener Norm zu entnehmen. Der Absolutheitsanspruch von Verwertungsverboten ohne Kernbereichsberührung nach § 160a Abs. 1 zwingt zur ergänzenden Anwendung auch dieser Bestimmung auf die Telekommunikationsüberwachung (vgl. *Eisenberg* Beweisrecht der StPO, Rn. 2493; *Graf* BeckOK-StPO § 100a Rn. 59 ff.). Die angestrebte Harmonisierung ist nach allem überhaupt nicht gelungen (*Kretschmer* HRRS 2010, 551 [557]).

26 Das Schutzniveau kann bei den heimlichen Informationszugriffen nach der vorliegenden Vorschrift nicht hinter dem für Ermittlungsmaßnahmen im Allgemeinen gem. § 160a geltenden Standard zurückbleiben. Daher gilt § 160a, soweit § 100a Abs. 4 keine Regelung trifft, hier ebenfalls (KK/*Bruns* § 100a Rn. 41). Dies betrifft auch den Schutz von **Vertrauensbeziehungen, die nicht zum absolut geschützten Kernbereich der Persönlichkeitsentfaltung gehören.** Eine Vertrauensbeziehung zwischen dem Berufsgeheimnisträger und dem Beschuldigten, die nicht bereits in einem absolut geschützten Verteidigermandat oder eines Beichtgeheimnis besteht, bewegt sich meist unterhalb der Schwelle zur Kernbereichsberührung (*Klescewski* ZStW 123 [2011], 737 [765]). Sie genießt dann immer noch verfassungsrechtlichen Schutz als Teil der allgemeinen Persönlichkeitsentfaltung. Sie kann daher nicht schon deshalb schutzlos bleiben, weil § 100a keine Regelung trifft; insoweit ist jedenfalls § 160a Abs. 2 ergänzend zu beachten und um verfassungsrechtliche Aussagen zu ergänzen. Nach allem sind auch Gespräche von Beschuldigten mit nahen **Angehörigen** (vgl. SK-StPO/*Wolter* § 100a Rn. 55; zum Ehegattengespräch s.a. die Wertungen durch BGHSt 31, 296 [300]), nach einfachem Recht (§ 160a Abs. 1) zudem Gespräche des Beschuldigten mit **Rechtsanwälten** außerhalb eines Verteidigermandats (BeckOK-StPO/*Graf* § 100a Rn. 61a, 70; *Meyer-Goßner/Schmitt* § 100a Rn. 21a; s.a. unter dem Blickwinkel des Art. 8 Abs. 2 EMRK EGMR StV 1998, 683 [684] mit Sondervotum *Pettiti* und m. Anm. *Kühne*) und **Parlamentsabgeordneten** überwachungsfrei, zugleich um die Zeugnisverweigerungsrechte für diese Personen nicht leer laufen zu lassen.

27 Bei diesen Beweisverwertungsverboten handelt es sich einerseits um **abwägungsfreie Positionen** (vgl. BGHSt 31, 296 [299 f.]), deren Schutz andererseits nicht ebenso kategorisch ist, wie derjenige des Kernbereichs der Persönlichkeitsentfaltung entsprechend § 136a Abs. 3. Das kann sich bei der Frage der Fern- und Folgewirkungen auswirken, die hier tendenziell eher zu verneinen sind als bei Kernbereichsberührungen und Antastungen der Menschenwürde. Bei anderen Vertrauensbeziehungen, etwa mit Steuerberatern, Ärzten oder Presseangehörigen, gilt gegenüber den §§ 53, 53a, 97 in unbefriedigender Weise (*Kühne* Strafprozessrecht, Rn. 525), aber den verfassungsrechtlichen Mindeststandard bei sachgemäßer Auslegung und Anwendung des Gesetzes vielleicht noch wahrend, **der relative Schutz nach § 160a Abs. 2.**

28 **II. Kernbereichsschutz nach Abs. 4.** § 100a Abs. 4 dient nur dem absoluten **Schutz des Kernbereichs privater Lebensgestaltung**, ist auch insoweit aber bei zutreffender Bewertung über die oberflächlichen Betrachtungen des BVerfG (BVerfGE 129, 208 [245]) hinaus, das seiner Normenkontrolle eine kaum umsetzbare Auslegung der Kernbereichsschutzklausel (*Singelnstein* NStZ 2012, 593 [594 f.]) zugrunde gelegt hat, eher unzureichend (LR/*Hauck* § 100a Rn. 132 ff., 154; *Kretschmer* HRRS 2010, 551 [557]; SK-StPO/*Wolter* § 100a Rn. 57). Entgegen der vorherrschenden Lehre vom fehlenden oder vorhandenen Sozialbezug (abl. LR/*Hauck* § 100a Rn. 145 ff.) geht es vor allem um Höchstpersönlichkeit der Kommunikation. Die **Absolutheit** des Kernbereichsschutzes bewirkt

sodann eigentlich sowohl ein **Beweiserhebungsverbot** als auch ein abwägungsunabhängiges **Beweisverwertungsverbot** (§ 100a Abs. 4 S. 2; vgl. auch § 136a Abs. 3). Schon die Durchführung der Überwachung ist verboten, soweit die Maßnahme in den Kernbereich der Persönlichkeitsentfaltung eingreifen würde. Ob das der Fall ist, kann allerdings kaum vorhergesehen werden, weil bei der Anordnung und technisierten Durchführung der Kommunikationsüberwachung kaum jemals im Einzelnen absehbar ist, welche Kommunikationsteilnehmer mit welchen Inhalten über die überwachten Anschlüsse kommunizieren. Davon hängt die Zuordnung entweder zum abwägungsfesten Kernbereich oder zum abwägungsoffenen Schutzbereich der allgemeinen Persönlichkeitsentfaltung ab. Tabu im Sinne einer Kernbereichsbetroffenheit ist insbesondere die mündliche **Kommunikation des Verteidigers mit dem Beschuldigten** über mandatsbezogene Angelegenheiten (BGHSt 33, 347 [350]; *Meyer-Goßner/Schmitt* § 100a Rn. 21; einschr. LR/*Hauck* § 100a Rn. 94), weil das Recht auf Verteidigung zu den unverzichtbaren Essentialia des rechtsstaatlichen Verfahrens gehört (BVerfGE 129, 208 [263]; *Kretschmer* HRRS 2010, 551 [552]). Ferner ist ein **Beichtgespräch** mit einem Geistlichen dem Kernbereich der Persönlichkeitsentfaltung zuzurechnen (BVerfGE 129, 208 [263]), das aber eher selten im Rahmen einer Telefonseelsorge stattfindet. **Telekommunikation mit einem Abgeordneten** ist entgegen der Implikation des § 160a Abs. 1 nicht Bestandteil des Kernbereichs der Persönlichkeitsentfaltung, weil der Schutz des Abgeordnetenmandats eine andere, nicht auf ein Subjekt, sondern auf staatliche Institutionen bezogene Kategorie betrifft. Ähnliches gilt für den Quellenschutz der **Presse**, die verfassungsrechtlich mangels Kernbereichsrelevanz zutreffend, aber einfachrechtlich nicht überzeugend aus dem Bereich abwägungsfreier Beweisverwertungsverbote in § 160a Abs. 1 herausgenommen und in die Abwägungszone des § 160a Abs. 2 verschoben wurde (*Kretschmer* HRRS 2010, 551 [554]). Allenfalls von Fall zu Fall der Intimsphäre zuzuordnen sind **Gespräche des Beschuldigten mit seinen zur Zeugnisverweigerung berechtigten Angehörigen**, die in § 160a nicht geregelt sind. Das betrifft kaum jemals die für Ermittler besonders interessanten **Gespräche über Straftaten** (zu Recht abl. ggü. der Sozialbezugsthese LR/*Hauck* § 100a Rn. 149). Soweit Äußerungen im Zwiegespräch die Tatbegehung betreffen, weisen sie – von dem aus sich heraus absolut geschützten Verteidigergespräch abgesehen – durch diesen Inhalt einen derartigen **Sozialbezug** auf, dass sie nicht dem Kernbereich der Persönlichkeitsentfaltung zuzuordnen sind (*Meyer-Goßner/Schmitt* § 100a Rn. 23). Was hingegen absolut schutzwürdig ist, weil es »intim« erscheint, ohne die Tatbegehung zu betreffen, ist für die Beweisverwertung im Strafverfahren ohne Bedeutung. Es geht also bei dem Kernbereichsschutz gegenüber einer Telekommunikationsüberwachung praktisch um seltene Ausnahmen. Eine **Gegenausnahme** vom Schutz der Verteidigerkommunikation im Fall eines Verdachts der **Verstrickung des Verteidigers** in die Tat oder der Begehung einer Nachtat i.S.d. §§ 257 ff. StGB, wie sie in durchaus problematischer Weise (*Kretschmer* HRRS 2010, 551 [554]) in § 97 Abs. 2 S. 3, 160a Abs. 4 vorgesehen ist, **enthält Abs. 4 nicht**. Eine analoge Anwendung der §§ 97 Abs. 2 S. 3, 160a Abs. 4 innerhalb von § 100a Abs. 4 kommt nicht infrage (vgl. BGHSt 33, 347 [351 f.]; *Roxin/Schünemann* Strafverfahrensrecht, § 36 Rn. 24; *Welp* NStZ 1986, 294 [296]). Insoweit ist auch nach der Neufassung des Gesetzes davon auszugehen, dass Verteidigergespräche jedenfalls bis zu einem Verteidigerausschluss nach §§ 138a ff. für Telekommunikationsüberwachungen tabu sind.

Ein **präventiver Kernbereichsschutz**, wie ihn § 100c Abs. 4 S. 1, Abs. 5 für den großen Lauschangriff in 29 einer Wohnung vorsieht, ist bei der Telekommunikationsüberwachung nicht allgemein vorgesehen. Weder ist eine Echtzeitüberwachung bei der Aufzeichnung zwingend geboten, noch ist ein auf den konkreten Telekommunikationsanschluss oder die konkrete Verbindung bezogener Kernbereichsschutz vorgeschrieben. Freilich ist eine Überwachung von Verfassungs wegen unverzüglich abzubrechen, sobald erkannt wird, dass es sich um ein Verteidigergespräch geht, das zum Kernbereich der Persönlichkeitsentfaltung gehört (BGH StV 2005, 373). Eine dazu führende Handlung wird aber nicht zwingend vorausgesetzt und der Abbruch der Überwachung in der einfachrechtlichen Norm nicht erwähnt, sodass nicht garantiert ist, der ausnahmsweise zeitgleich zur Telekommunikation mithörende Ermittler werde das für ihn besonders aufschlussreiche Gespräch ausblenden. Vor diesem Hintergrund ist es bedenklich, wenn die konkrete Gefahr der Erfassung kernbereichsrelevanter Informationen im Gesetz nicht allgemein zum Anlass für einen Ausschluss der Überwachung der Telekommunikation genommen worden ist (vgl. mit anderem Akzent den Ersten Senat BVerfGE 113, 348 [391 f.]). Von vornherein verboten sind nach § 100a Abs. 4 S. 1 nur solche Überwachungsmaßnahmen, die aufgrund von konkreten Tatsachenhinweisen erwarten lassen, dass **ausschließlich kernbereichsrelevante Informationen** aufgefasst werden. Mit dieser Alleinstellungsbeschränkung ist die Schutzklausel aber praktisch obsolet (*Eisenberg* Beweisrecht der StPO, Rn. 2492; *Puschke/Singelnstein* NJW 2008, 113 [114]; *Roxin/Schünemann* Strafverfahrensrecht, § 36 Rn. 17). Ihre verfassungsgerichtliche Billigung durch den Zweiten Senat des BVerfG ist partiell am Problem vorbeigegangen (*Singelnstein* NStZ 2012, 593 [596]). Dabei wurde der weitgehende Wegfall eines funktionstüchtigen präventiven Kernbereichskonzepts (*Reiß* StV 2008, 539 [541]) im Rahmen der Telekommunikationsüberwachung und die Vertagung des Kernbereichsschutzes auf die Auswertungsphase mit einem praktischen Bedürfnis der Ermittlungstätigkeit begründet (BVerfGE 129, 208 [247 f.]; *Meyer-Goßner/Schmitt* § 100a Rn. 24; zum Dilemma *Kleih* Die strafprozessuale Überwachung der Telekommunikation, 2009, S. 240 ff.), als sei eine praxisgerechte Regelung sogar im Bereich des Unverfügbaren schon dann legitim, wenn eine andere Option besonders aufwendig wäre. Dabei ist, soweit es immerhin um einen Kernbereichsschutz geht, der schließlich auch Schutzpflichten des Staates aus Art. 1 Abs. 1 S. 2 GG auslöst, allein der erforderliche Aufwand kein zwingendes Kriterium dafür, dass von weiter gehenden Schutzmaßnahmen abgesehen wird (*Roggan* StV 2011, 762 [764]). Das ist im Bereich des Unverfügbaren (Art. 1 Abs. 1, 20 Abs. 3, 79 Abs. 3 GG) aber weder durch den Gesetzgeber noch durch das BVerfG oder die Fachgerichte zu ändern.

30 Es fehlt hier also im einfachen Recht, anders als in § 100c Abs. 4 und § 136a Abs. 3, ein ausdrückliches Beweiserhebungsverbot. Sofern es zur Überwachung absolut geschützter Kommunikation und zur Aufzeichnung absolut geschützter Inhalte gekommen ist, also etwa zur Aufzeichnung eines Verteidigergesprächs, dürfen diese **Kommunikationsinhalte** im Strafverfahren aber jedenfalls **nicht verwertet** werden (§ 100a Abs. 4 S. 2). Sie sind **unverzüglich zu löschen** (§ 100a Abs. 4 S. 3). Mit dieser über den überkommenen Rechtsbestand bei absoluten Beweisverboten in § 136a Abs. 3 hinausgehenden Regelung sind **Dritt- und Fernwirkungen** des Beweisverbots verbunden (SK-StPO/*Wolter* § 100a Rn. 59; a. A. *Meyer-Goßner/Schmitt* § 100a Rn. 38), denn aus den unverzüglich zu löschenden Daten kann kein weiter gehender Beweisbefund gewonnen werden. Auch als **Spurenansatz** sind kernbereichsrelevante Informationen nicht zu verwenden (BVerfGE 129, 208 [249]; *Eisenberg* Beweisrecht der StPO, Rn. 2504a; *Kretschmer* HRRS 2010, 551 [552]; SK-StPO/*Wolter* § 100a Rn. 59). Wird der absolut geschützte Kommunikationsinhalt im Einzelfall doch erfasst, so bleibt er **absolut unverwertbar** (*Kretschmer* HRRS 2010, 551 [556 f.]). Nur der Umstand der Erfassung einer Kernbereichsäußerung und ihrer Löschung ist in den Akten zu dokumentieren (§ 100a Abs. 4 S. 4), was jedoch die Spuren der Erlangung anderer Beweise mithilfe des unverfügbaren Informationsgehalts verwischt.

31 Das Gesetz regelt nicht ausdrücklich, wer die **Löschung durchführen** soll. Aus allgemeinen Grundsätzen ist aber (entgegen BT-Drucks. 16/5846 S. 45) zu entnehmen, dass die Kompetenz zu der gegebenenfalls eine Lücke in den Akten belassende Entscheidung nur der **Staatsanwaltschaft** aufgrund ihrer Leitungsmacht im Vorverfahren zusteht, nicht den polizeilichen Ermittlungspersonen. Ab dem Zwischenverfahren entscheidet das zuständige Gericht.

32 **F. Relative Beweisverwertungsverbote.** Absolute Beweisverbote wegen Eingriffs in den Kernbereich der Persönlichkeitsentfaltung, die nach § 100a Abs. 4 anzunehmen sind, sind – wie im Fall des § 136a Abs. 3 – abwägungsfest, widerspruchsunabhängig und sie haben Dritt-, Folge- und Fernwirkungen. Relative Beweisverwertungsverbote hinsichtlich der Erkenntnisse aus einer Telekommunikationsüberwachung, die insoweit einen Mikrokosmos innerhalb des Universums der Beweisverbote darstellt (*Roxin/Schünemann* Strafverfahrensrecht, § 36 Rn. 15), kommen bei einer Verletzung von Beweiserhebungsnormen über die positivrechtlichen Regeln hinaus in Betracht (SK-StPO/*Wolter* § 100a Rn. 61). Sie sind aber nach der dogmatisch in allen Punkten angreifbaren und uneinheitlichen Rechtsprechung **abwägungs-** (§ 136 Rdn. 82 ff.) **und widerspruchsabhängig** (§ 136 Rdn. 96 ff.), sie entfallen im Einzelfall aufgrund von Überlegungen zu einem rechtmäßigen **hypothetischen Ersatzeingriff** (§ 136 Rdn. 95), die allerdings mit der Idee der präventiven Rechtsschutzgewährung durch den Richtervorbehalt kollidieren (*Bernsmann/Sotelsek* StV 2004, 113 [114]), und sie haben nach der Rechtsprechung **keine Fernwirkungen** (BGHSt 32, 68 [71]; 51, 1 [8]; KK/*Bruns* § 100a Rn. 68; BeckOK-StPO/*Graf* § 100a Rn. 103; a. A. BGHSt 29, 244 [249 ff.]), es sei denn, ausnahmsweise ergebe eine Abwägung des Strafverfolgungsinteresses der Allgemeinheit mit dem Interesse des Beschuldigten an der prozessordnungsgemäßen Verfahrensführung, dass auch diese Rechtsfolge erforderlich ist (§ 136 Rdn. 126). Sonst haben etwa singuläre Rechtsfehler bei einzelnen Überwachungsanordnungen aus

einer ganzen Serie von Anordnungsentscheidungen nach der Rechtsprechung keinen Einfluss auf die Wirksamkeit der übrigen (BGHSt 51, 1 [9]).

I. Beweisverwertungsverbote nach der Abwägungsdoktrin. Neben den selbstständigen, also von 33
Rechtsfehlern bei der Beweiserhebung unabhängigen Beweisverwertungsverboten nach § 100a Abs. 4 und § 160a kommen praeter legem auch **unselbstständige Beweisverwertungsverbote** aufgrund von Rechtsfehlern bei der Beweiserhebung infrage. Hierfür werden in der jüngeren Rechtsprechung die Grundsätze der Abwägungsdoktrin (§ 136 Rdn. 82 ff.), die auch in § 160a Abs. 2 anklingt (*Kretschmer* HRRS 2010, 551 [552]), dort aber nicht für alle Konstellationen unselbstständiger Beweisverwertungsverbote abschließend geregelt ist, herangezogen. Früher war dagegen im Ansatz noch davon ausgegangen worden, dass Rechtsfehler bei der Telekommunikationsüberwachung prinzipiell zu einem Beweisverwertungsverbot führen (BGHSt 31, 304 [308]; 32, 68 [70]; 41, 30 [31]). Heute ist das Eingreifen oder Nichtvorliegen eines Beweisverwertungsverbots aufgrund einer **Abwägung der Bedeutung des Strafverfolgungsinteresses** der Allgemeinheit im Einzelfall **gegenüber dem Interesse des Beschuldigten** an der Wahrung seiner prozessualen Rechte zu treffen. Diese Abwägungsdoktrin vermag allerdings aufgrund ihrer Systemlosigkeit, Widersprüchlichkeit und Unberechenbarkeit kaum zu überzeugen; sie hat zu einer erheblichen **Rechtsunsicherheit** geführt, die sogar informelle Umgehungen durch die Absprachenpraxis der Tatgerichte forciert hat (BVerfG § 133, 168 ff.). Auch ist die These, Beweisverwertungsverbote seien als Rechtsfolge von Verfahrensfehlern bei der Beweiserhebung eine **besonders begründungsbedürftige Ausnahme** (vgl. BVerfGE 130, 1 [28]; umgekehrt noch BGHSt 31, 304 [308]; 32, 68 [70]; 41, 30 [31]; 47, 362 [365]; 48, 240 [248]), nur als ergebnisorientierte Deutung nachzuvollziehen. Die Annahme eines Beweisverwertungsverbots soll nach der heute vorherrschenden Variante der Abwägungsdoktrin nur höchst ausnahmsweise geboten sein, wenn die Informationsverwertung zu einem unverhältnismäßigen Eingriff in das Persönlichkeitsrecht führen würde, oder die Bejahung eines Beweisverwertungsverbots nach bewussten oder willkürlichen Gesetzesverstößen geboten erscheint (BGHSt 41, 30 [34]). Letzteres läuft auf eine Disziplinierungsfunktion der Verwertungsverbote hinaus (*Kleih* Die strafprozessuale Überwachung der Telekommunikation, 2009, S. 262), die früher dementiert wurde. Ob ein Verstoß gegen Beweiserhebungsvorschriften ein Beweisverwertungsverbot nach sich zieht, soll heute stets nach den Umständen des Einzelfalles entschieden werden. Es ist nach den Abwägungskriterien der herrschenden Ansicht, um so eher zu verneinen, je schwerer der Tatvorwurf wiegt. Dabei wäre aber das Bedürfnis des Beschuldigten nach Einhaltung der schützenden Formen des strafprozessualen Beweisrechts umso größer, je schwerer der Vorwurf wiegt. Die Wertungskriterien der Abwägungsdoktrin wirken insoweit paradox.

Nur grundlegende Mängel bei Anordnung der Überwachung der Telekommunikation können vom 34
Standpunkt der vorherrschenden Abwägungslehre zur Unverwertbarkeit der so erlangten Erkenntnisse führen (BGHSt 51, 1 [2]). Daher liegt die Annahme eines Verwertungsverbots nur bei bewusster oder objektiv **willkürlicher Verletzung des Richtervorbehalts**, nicht bei einer nur versehentlichen Annahme von Gefahr im Verzug nahe (*Meyer-Goßner/Schmitt* § 100a Rn. 35). Die **Überschreitung der** vom Gericht festgelegten **Zeitspanne für die Überwachung** ist ähnlich zu beurteilen. Bei einem Versehen scheidet ein Beweisverwertungsverbot aus, bei Willkür greift es ein. Als bloße Formalien betrachtete Fehler, wie der Verstoß gegen das **Schriftformerfordernis** des § 100b Abs. 2 S. 1 für die Überwachungsanordnung, sollen für sich genommen prinzipiell kein Beweisverwertungsverbot begründen.

Ob ein hinreichend mit Tatsachen belegter **Anfangsverdacht** einer Katalogtat z.Zt. der Überwachungs- 35
anordnung vorgelegen hat, ist vom Ermittlungsrichter bei der Anordnung der Maßnahme innerhalb eines ihm zugebilligten **Beurteilungsspielraums** zu entscheiden (BGHSt 41, 30 [33]; 47, 362 [365 f.]). Nur wenn dieser Spielraum überschritten wurde und die Entscheidung nicht mehr vertretbar ist, wird von der Rechtsprechung ein Beweisverwertungsverbot angenommen. Die Reduzierung der Kontrolle im Hinblick auf einen Beurteilungsspielraum des Ermittlungsrichters oder Ermittlungsbeamten bei der Anordnung der Überwachung entspricht allerdings nicht dem Effektivitätsgebot für die Rechtsschutzgewährung (*Eisenberg* Beweisrecht der StPO, Rn. 2505).

Hat bei der Überwachungsanordnung ein durch bestimmte Tatsachen begründeter Verdacht einer **Ka-** 36
talogtat gefehlt, dann sind die aus der Überwachung gewonnenen Erkenntnisse nicht verwertbar (BGHSt 41, 30 [31]; *Eisenberg* Beweisrecht der StPO, Rn. 2501a; BeckOK-StPO/*Graf* § 100a Rn. 84; LR/*Hauck* § 100a Rn. 118). Ändern sich aber die Voraussetzungen für eine Anordnung im Verlauf

eines anhängigen Strafverfahrens durch einen Gesetzgebungsakt zur Ausdehnung des Anlasstatenkatalogs, so kann eine ursprünglich nicht zulässige Überwachungsmaßnahme nachträglich verwertbar werden (BGHSt 53, 64 [67 ff.] m. Anm. *Beck* JR 2010, 493 ff.). Wegen Fehlerheilung durch einen hypothetisch rechtmäßigen **Ersatzeingriff** liegt nach der Rechtsprechung auch dann kein Verwertungsverbot liegt vor, wenn der Sachverhalt bei ergänzender Bewertung den Verdacht einer anderen Katalogtat rechtfertigt, als sie in der Anordnungsentscheidung angenommen wurde (BGHSt 48, 240 [250]; a. A. *Roxin/Schünemann* Strafverfahrensrecht, § 36 Rn. 22). Insbesondere besteht kein Verwertungsverbot, wenn der anfänglich bestehende und der Überwachungsanordnung zugrunde liegende **Verdacht einer Katalogtat** sich **später nicht bestätigt**, aber durch die Überwachung Erkenntnisse über eine Nichtkatalogtat erlangt wurden (BGHSt 28, 122 [126 ff.]; BeckOK-StPO/*Graf* § 100a Rn. 84). Erst recht ist die Verwertung zur Aburteilung von mit Katalogdelikten **konkurrierenden Nichtkatalogtaten** möglich (*Meyer-Goßner/Schmitt* § 100a Rn. 33).

37 Bei der Nachprüfung der **Einhaltung des Subsidiaritätsgrundsatzes** hat der Ermittlungsrichter nach der Rechtsprechung wieder einen Beurteilungsspielraum (BGHSt 47, 362 [365 f.]). Nur wenn dieser erkennbar überschritten wurde, liegt ein Verfahrensfehler bei der Überwachungsanordnung vor, der zur Unverwertbarkeit der Abhörergebnisse führt. Da aber die Subsidiaritätsklausel unbestimmt ist und die Verfahrenslage z.Zt. der Überwachungsanordnung im Hinblick der aus der damaligen Perspektive des Ermittlungsrichters verfügbaren Alternativmaßnahmen kaum rekonstruierbar erscheint, wird ein Verfahrensfehler dieser Art kaum jemals festgestellt.

38 Fehler der **Begründung der Anordnung** einer Telekommunikationsüberwachung führen für sich genommen nicht zu einer Unverwertbarkeit der gewonnenen Erkenntnisse (BGHSt 47, 362 [367]). Bei Begründungsdefiziten soll das erkennende Gericht den Ermittlungsstand zurzeit der Überwachungsanordnung rekonstruieren und danach die Vertretbarkeit der Anordnungsentscheidung mit eigenen Gründen prüfen (BGHSt 41, 30 [32 ff.]; 51, 1 [6]). Etwas anderes kann jedenfalls dann gelten, wenn die Eingriffsgestattung anhand der mitgeteilten Begründung nicht nachvollziehbar ist (BeckOK-StPO/*Graf* § 100a Rn. 86).

39 **II. Kritik an der Anwendung der Abwägungsdoktrin.** Mit den genannten Restriktionen der unselbstständigen Beweisverwertungsverbote durch die Abwägungsdoktrin, die früher bei der Telekommunikationsüberwachung durchaus noch nicht ebenso gehandhabt wurden (zur Regel des Verwertungsverbots BGHSt 48, 240 [248]), wird der **Bedeutung des Grundrechtseingriffs** und der die Grundrechtsausübung beschränkenden Voraussetzungen des Eingriffsrechts nicht ausreichend Rechnung getragen (LR/*Hauck* § 100a Rn. 121 ff.). Der heimliche Eingriff in den Schutzbereich des Art. 10 Abs. 1 GG wiegt schwer, weil er eine Kommunikationsbeziehung und einen Bereich der Vertraulichkeit berührt. Es geht dabei auch um den Schutz vor einer die Persönlichkeitsentfaltung hemmenden Angst (vgl. BVerfGE 129, 208 [241]) davor, dass der Rechtsstaat im Gegensatz zu einem totalitären Gebilde nicht überall heimlich auch die Fernkommunikation überwacht. Diese Angst wird derzeit durch flächendeckende nachrichtendienstliche Überwachungsmaßnahmen potenziert; sie darf aber gerade deswegen nicht als mangels Beherrschbarkeit jenes Überwachungsapparats irrelevant betrachtet werden. Vielmehr ist die Beachtung der schützenden Formen des Strafverfahrensrechts als Eingriffslegitimation von besonderer Bedeutung. Soll der Richtervorbehalt eine präventive Rechtsschutzfunktion erfüllen, dann kann die Nichteinhaltung dieser Form von »Legitimation durch Verfahren« unabhängig vom Grund des Versäumnisses nicht folgenlos bleiben und nur ausnahmsweise zur Unverwertbarkeit der fehlerhaft erlangten Informationen führen. Es geht bei dem Beweisverwertungsverbot hier allerdings nicht um eine Kompensation einer Einflussnahme auf den Beweiswert, sondern nur um den Schutz der Bürger vor der Angst, die ein nicht effektiv kontrollierter Überwachungsvorgang auslösen kann (*Bode* Verdeckte strafprozessuale Ermittlungsmaßnahmen, 2012, S. 112 ff.). Nur die unter strikter Einhaltung der Verfahrensregeln als Eingriffsgestattung im Sinne von Art. 10 Abs. 2 S. 1 GG legitime Überwachungstätigkeit, gegen die auch effektiver Rechtsschutz gewährleistet werden muss (BGHSt 41, 30 [32 f.]), darf verwertbare Informationen aus heimlicher Überwachungstätigkeit an den Staat ausliefern. Insoweit ist die Abwägungsdoktrin im Kontext mit unselbstständigen Beweisverwertungsverboten aufgrund von Verfahrensfehlern jedenfalls bei der Anordnung oder Durchführung der Telekommunikationsüberwachung verfehlt (SK-StPO/*Wolter* § 100a Rn. 6).

III. Unanwendbarkeit der Widerspruchslösung. Soweit es nicht um positivrechtlich geregelte Be- 40
weisverwertungsverbote geht, soll nach einem Teil der Rechtsprechung und Literatur auch hier die
Widerspruchslösung zur Aktivierung eines Beweisverwertungsverbots gelten (BGHSt 51, 1 [3];
BGH StV 2001, 545 m. abl. Anm. *Ventzke*; KK/*Bruns* § 100a Rn. 71; BeckOK-StPO/*Graf* § 100a
Rn. 88, 99; zu Recht a. A. LR/*Hauck* § 100a Rn. 115). Ein Verwertungsverbot wegen Rechtsfehlern
bei der Telekommunikationsüberwachung entsteht danach nur, wenn die Verteidigung bis zu dem Zeitpunkt des § 257 der Verwertung der Überwachungsergebnisse in der Hauptverhandlung widerspricht
und insoweit zumindest die Angriffsrichtung ihrer Beanstandung benennt (§ 136 Rdn. 107). Wird die
Widerspruchsmöglichkeit nicht genutzt, so ist die spätere Geltendmachung eines unselbstständigen Beweisverwertungsverbots **präkludiert**. Damit hat sich das Richterrecht aber von seinem eigenen
Ursprungsgedanken gelöst und verselbstständigt, indem es nun auch den Sachbeweis über Telekommunikationsinhalte ergreift. Mit der Anerkennung einer Dispositionsbefugnis der Verteidigung und
der daraus weiter gehend abgeleiteten Obliegenheit zur befristeten Dispositionsentscheidung alleine
können die Präklusionsregeln des Richterrechts nicht legitimiert werden (§ 136 Rdn. 113 ff.). Zudem
wird das **Prinzip vom Vorrang und vom Vorbehalt des Gesetzes** jedenfalls hier eindeutig **nicht gewahrt**.
Der Gesetzgeber hat bei der Neufassung der Regeln durch das Gesetz zur Neuregelung der Telekommunikationsüberwachung und anderer verdeckter Ermittlungsmaßnahmen sowie zur Umsetzung
der Richtlinie 2006/24/EG vom 21.12.2007 der Widerspruchslösung nicht Raum gegeben. Er hat
sie weder im Gesetzestext noch in den Materialien erwähnt. Auf Kernbereichsberührungen im Sinne
von § 100a Abs. 4 ist die Widerspruchslösung zudem aufgrund der Schutzpflicht nach Art. 1 Abs. 1
S. 2 GG nicht anwendbar, weil der absolut geschützte Kernbereich der Persönlichkeitsentfaltung,
wie der Achtungsanspruch aus der Menschenwürdegarantie, nicht zur Disposition des Betroffenen
steht und zwingende Beweisverbote nach dem Maßstab des § 136a Abs. 3 zur Folge hat (vgl. BGHSt
57, 71 [78]; a. A. BGHSt 51, 1 [4]). Wenn aber die Frage der Kernbereichsberührung von Amts wegen
zu untersuchen ist, dann besteht kein Grund dazu, die Anschlussfrage nach der Unverwertbarkeit der
Überwachungsergebnisse wegen einer Verletzung von Rechtspositionen auf der nachfolgenden Stufe
entsprechend der Sphärentheorie nicht auch von Amts wegen zu überprüfen (vgl. *Tepperwien* FS Widmaier, 2008, S. 583 [592]).

G. Umgang mit zusätzlichen Erkenntnissen. I. Raumgespräche. Die nach der Anord- 41
nung gem. §§ 100b, 100a zu erfassende Telekommunikation umfasst nur die unmittelbar mit der Telekommunikationsanlage übermittelten Informationen. Keine Telekommunikation sind Gespräche im
Hintergrund, welche nur **zufällig mithilfe der Telekommunikationsüberwachung aufgefasst** werden,
sei es, dass die Überwachungseinrichtung weiter reicht als nur bis zur eigentlichen Fernkommunikation, sei es, dass technische Fehler bei der Telekommunikationsbeendigung zur Erfassung des Raumgesprächs führen. Von der Telekommunikationsüberwachung miterfasste Kommunikationsinhalte
aus dem Hintergrund werden nach der jüngeren Rechtsprechung und der ihr z.T. folgenden Literatur
für verwertbar erklärt, soweit dies vor dem Hintergrund einer laufenden und an sich rechtmäßigen Telekommunikationsüberwachung geschieht (BGH StV 2003, 370 f.; 2009, 398; BeckOK-StPO/*Graf*
§ 100a Rn. 92; *Meyer-Goßner/Schmitt* § 100a Rn. 2; zu Recht a. A. *Fezer* NStZ 2003, 625 [626 f.]; LR/
Hauck § 100a Rn. 69; SK-StPO/*Wolter* § 100a Rn. 25 f.). Der Ursprung des auf diesem Wege erfassten
Gesprächs sei für den Charakter als Telekommunikationsvorgang ohne Bedeutung. Selbst für zufällig
aufgezeichnete Hintergrundgespräche, an denen ein **Angehöriger** des Beschuldigten **beteiligt** ist, bestehe jedenfalls kein absolutes Verwertungsverbot. Dabei wird entweder wieder auf die Abwägungsdok-
trin aufgebaut (krit. *Fezer* NStZ 2003, 625 [629]), die jedenfalls in Fällen schwerer Kriminalität regel-
mäßig zur Verwertbarkeit der Informationen führt, oder auf eine Verlaufshypothese, die jedoch den
Richtervorbehalt für die Eingriffsgestattung ad absurdum führt (*Kühne* Strafprozessrecht, Rn. 521.1).
Mit dem Bedeutungsgehalt des beschränkten Grundrechts und der Bedeutung des Eingriffsrechts als
Grundrechtsschranke ist die Verwertbarkeitsthese unvereinbar. Unzulässig sind freilich auch nach der
Rechtsprechung solche Raumgesprächserfassungen, die **außerhalb einer** technisch fehlerhaft (un-) **be-
endeten Telekommunikation** stattfinden (BGHSt 31, 296 [297 ff.]). Diese würden als hypothetischer
Ersatzeingriff den Charakter einer Wohnraumüberwachung annehmen, für welchen die Maßstäbe der
§§ 100c, 100d gelten müssten (abl. *Fezer* NStZ 2003, 625 [629]). Im Fall der Überwachung eines
Raumgesprächs im Auto (BGH StV 2003, 370 f.) wäre § 100f für einen hypothetischen Ersatzeingriff

maßgeblich gewesen, den der Ermittlungsrichter bei der Telekommunikationsüberwachungsanordnung nicht zugrunde gelegt hatte. Deshalb lässt sich der Eingriff nicht mit eine Verlaufshypothese rechtfertigen, die das eigene Beurteilungsergebnis an die Stelle der Prüfung des Ermittlungsrichters bei dessen präventiver Rechtsschutzgewährung setzt. Der Unterschied der Raumgesprächsüberwachung durch Bedienungsfehler in der Telekommunikationsanlage oder der Überwachungseinrichtung zur Erfassung von Hintergrundgesprächen bei laufender Telekommunikationsüberwachung zu einer zu weit gehenden Reichweite der Überwachungstechnik ist marginal, die Argumentation der Rechtsprechung daher divergierend (*Prittwitz* StV 2009, 437 [439 ff.]; *Weßlau* StV 2003, 483 f.) und im Ganzen in ihrer neueren Ausformung nicht überzeugend (*Fezer* NStZ 2003, 625 [627 ff.]; SK-StPO/*Wolter* § 100a Rn. 23 ff.). Es muss vielmehr davon ausgegangen werden, dass es für die Erfassung von Hintergrund- oder Raumgesprächen, ähnlich wie bei der Online-Durchsuchung (Rdn. 47), an einer dafür ausreichenden gesetzlichen Ermächtigung zur Überwachung und Aufzeichnung fehlt (*Kleih* Die strafprozessuale Überwachung der Telekommunikation, 2009, S. 183 f.; *Sankol* MMR 2007, 692 [697]) und hypothetische Ersatzeingriffe nicht mithilfe anderer Eingriffsnormen begründet werden dürfen.

42 **II. Zufallsfunde und Nichtkatalogtaten.** Erkenntnisse über mit dem Ausgangsverfahren nicht unmittelbar zusammenhängende Straftaten können nach § 477 Abs. 2 nur zur **Aufklärung weiterer Katalogtaten** verwendet werden (BGH StV 1998, 247 [248]; NJW 2009, 791 [792]; *Bär* TK-Überwachung, 2010, § 100a Rn. 60; *Eisenberg* Beweisrecht der StPO, Rn. 2502). Insoweit gelten kraft Gesetzes auch Überlegungen, die der Theorie vom hypothetischen Ersatzeingriff ähneln (BeckOK-StPO/*Graf* § 100a Rn. 93; *Roxin/Schünemann* Strafverfahrensrecht, § 36 Rn. 18). Erkenntnisse über die Anlasstaten sind auch dann verwertbar, wenn sich die Tat nachträglich als Nichtkatalogdelikt darstellt. Zudem sind Nichtkatalogtaten, die in einem engen **Zusammenhang** mit Katalogdelikten stehen, auch mithilfe der Erkenntnisse aus der Telekommunikationsüberwachung aufzuklären (BGH StV 1998, 247 [248]). Nur Zufallserkenntnisse, die isolierte Nichtkatalogtaten und auch nicht dieselbe **Tat im prozessualen Sinn** wie die Anlasstat betreffen, sind unverwertbar. Zufallserkenntnisse über die Begehung einer **Katalogtat eines Dritten** können gegen diesen verwertet werden (*Eisenberg* Beweisrecht der StPO, Rn. 2503).

43 **III. Präventiv-polizeilich erlangte Überwachungsergebnisse.** Sind Erkenntnisse durch nicht präventivpolizeiliche Überwachungsmaßnahmen erlangt worden, so werden sie nach § 161 Abs. 2 S. 1 auch zu Beweiszwecken im Strafverfahren verwendet, soweit es sich um **Katalogtaten** im Sinne von § 100a Abs. 2 handelt. Als **Spurenansatz** können sie auch im Hinblick auf Nichtkatalogtaten herangezogen werden (BT-Drucks. 16/5846 S. 64). Der präventiv-polizeilichen Telekommunikationsüberwachung im Straftatenvorfeld sind aber wegen der an sich abschließenden Regelung der StPO enge Grenzen gesetzt (*Kleih* Die strafprozessuale Überwachung der Telekommunikation, 2009, S. 140).

44 **H. Sonderfälle der Informationsgewinnung über Telekommunikationswege.**
I. Hörfalle. Die Erkenntnisse aus einer »Hörfalle«, bei welcher ein Kommunikationspartner mit der Überwachung des Gesprächs einverstanden ist und den Beschuldigten informell, aber unter Beteiligung der Ermittlungsbehörde ausforscht, gelten nach bisher h.M. als verwertbar, weil §§ 136 Abs. 1 S. 2, 136a Abs. 1 nicht anwendbar seien (§ 136 Rdn. 23 ff.) und ein Eingriff in den Schutzbereich des Art. 10 Abs. 1 GG nicht vorliege (BGHSt 42, 139 [153 f.]). Nur aus einer Nähe zur Verletzung des nemo-tenetur-Grundsatzes (BGHSt 42, 139 [157]) sollen sich Einschränkungen nach den Maßstäben der materiellen Voraussetzungen für heimliche Überwachung ergeben. Diese Ansicht erscheint jedoch überholt (LR/*Hauck* § 100a Rn. 160 f.). Das Handeln des Privaten bei der Aufnahme einer überwachten Telekommunikation, der im Auftrag der Polizei oder mit deren Wissen in ihrem Interesse handelt, ist dem Staat zuzurechnen und hat daher auch Eingriffsqualität (vgl. EGMR StV 2004, 1 [2] m. Sondervotum *Palm*). Es bedarf daher zumindest einer spezialgesetzlichen Ermächtigung, wenn nicht sogar ein Eingriff in unverfügbare Rechtspositionen vorliegt. Im Fall einer dem Staat zuzurechnenden aktiven Selbstbelastungsprovokation im Rahme dieser Telekommunikation ist Art. 1 Abs. 1 GG verletzt und die Rechtsfolge entsprechend § 136a Abs. 3 zu beurteilen (*Wolter* ZIS 2012, 238 ff.). Ohne eine Selbstbelastungsprovokation liegt immerhin auch noch ein **heimliches Vorgehen im staatlichen Aufklärungsinteresse** unter Eingriff in das allgemeine Persönlichkeitsrecht vor, das zumindest **mangels gesetz-**

licher Gestattung nicht zulässig ist und daher nach den Maßstäben der Beweisbefugnislehre (§ 136 Rdn. 90 ff.) zu einem Verwertungsverbot führen muss.

II. Quellen-Telekommunikationsüberwachung. Die Verschlüsselung von Daten ist, insbesondere bei der Voice-over-IP-Kommunikation oder bei der Nutzung von Audiosystemen, wie Skype, weit fortgeschritten und mit einer bloßen Telekommunikationsüberwachung in Echtzeit kaum zu überwinden. Die Überwachung setzt daher früher an, indem Daten **vor der Verschlüsselung** aufgezeichnet und danach in unverschlüsselter Form ausgeleitet werden. Hierzu können etwa bei manueller Eingabe die Tastatureingaben gespiegelt oder bei der Internet-Telefonie die in Klangdaten umgewandelten Informationen aus den Internetprotokollen kopiert und im ausgehenden Datenstrom unverschlüsselt übertragen werden. Im Übrigen kommen staatliche »**Trojaner**« als Spionagesoftware zum Einsatz (vgl. die Antworten auf eine kleine Anfrage in BT-Drucks. 17/11598), die auf dem Rechner der Zielperson durch Infiltration von außen oder Installation vor Ort eingebracht werden (*Brodowski* JR 2011, 533 [535]; *Bode* Verdeckte strafprozessuale Ermittlungsmaßnahmen, 2012, S. 359 f.). Aber nicht alles, was von Ermittlern als erforderlich bezeichnet wird und ihnen technisch möglich ist, erweist sich aber auch als rechtlich erlaubt. 45

Auch wenn zum Zeitpunkt der **Verschlüsselung** der Kommunikationsvorgang möglicherweise noch nicht begonnen hat, ist diese als unmittelbare **Vorstufe der Telekommunikation** zuzurechnen. Der Anwendungsbereich des Grundrechts aus Art. 10 Abs. 1 GG und der vorliegenden Eingriffsermächtigungsnorm im Sinne von Art. 10 Abs. 2 S. 1 GG ist demnach eröffnet. Wie die Überwachung technisch durchzuführen ist, besagt die vorliegende Vorschrift nicht, sodass aufgrund der schlichten Subsumierbarkeit der Schluss möglich erscheint, die Quellen-Telekommunikationsüberwachung sei zulässig. Die Infiltration der EDV-Anlage soll dann nur nicht dazu dienen, Daten auszuspähen, die unabhängig von der Telekommunikation gespeichert sind. Anders als §§ 20l, 20k BKAG **fehlt** hier aber **eine ausreichend bestimmte Eingriffsregelung** (*Brodowski* JR 2011, 533 [535]; LR/*Hauck* § 100a Rn. 75 ff.; a. A. BeckOK-StPO/*Graf* § 100a Rn. 107c), die zum Schutz des zugleich beschränkten Grundrechts auf Gewährleistung der Vertraulichkeit und Integrität informationstechnischer Systeme erforderlich wäre. Dies gilt auch, weil mit der Infiltration die entscheidende technische Hürde zur Möglichkeit einer vollständigen Ausforschung des Datenbestandes auf dem Rechner überwunden wird (BVerfGE 120, 274 [308]; *Becker/Meinicke* StV 2011, 50 [51]). Subsumierbarkeit unter Beachtung der **Grenzen des noch möglichen Wortsinns** der Tatbestandsvoraussetzungen der vorliegenden Eingriffsnorm alleine genügt also nicht, weil dies dem Postulat der engen Auslegung eingriffsintensiver Ermächtigungsnormen (Rdn. 1) widerspricht. Es geht auch um die »Qualität« und Detailliertheit der gesetzlichen Eingriffsermächtigung (EGMR StV 1998, 683 [684]; NJW 2010, 2111 [2112]). Eine **Kombination von Merkmalen verschiedener Eingriffsnormen** muss am prinzipiellen Analogieverbot für das Eingriffsrecht (Rdn. 1), das sich aus dem Prinzip vom Vorbehalt des Gesetzes ergibt, scheitern (*Valerius* JR 2007, 275 [277]). Das Gebot, einen Grundrechtseingriff hier allenfalls aufgrund einer präzisen gesetzlichen Regelung für zulässig zu erachten, die in besonderer Weise dem **Gebot der Gesetzesbestimmtheit** genügt (Rdn. 3), gilt auch deshalb, weil die **Infiltration des Computers** der Zielperson regelmäßig mit einer **heimlichen Datenveränderung** verbunden ist (*Bode* Verdeckte strafprozessuale Ermittlungsmaßnahmen, 2012, S. 368; *Singelnstein* NStZ 2012, 593 [599]). Insoweit ist die Quellen-Telekommunikationsüberwachung ein aliud und keine bloße Ausprägung der Telekommunikationsüberwachung im Sinne der vorliegenden Vorschrift (*Kleih* Die strafprozessuale Überwachung der Telekommunikation, 2009, S. 201). Es werden auch die **Schutzbereiche anderer Grundrechte** als nur des von der vorliegenden Vorschrift beschränkten Art. 10 GG berührt, nämlich Art. 13 Abs. 1, 14 Abs. 1, 2 Abs. 1 i.V.m. Art. 1 Abs. 1 GG; dafür sind – auch nach der Schutzidee des Zitiergebots aus Art. 19 Abs. 1 S. 2 GG – andere Eingriffsermächtigungsregeln erforderlich. Mangels einer darauf ausgerichteten Regelung ist diese Infiltration also nicht nach der vorliegenden Vorschrift zulässig. Eine »**Annexkompetenz**« aus der allgemeinen Überwachungsbefugnis unter den Voraussetzungen des § 100a Abs. 1 kann aus den genannten Gründen ebenfalls nicht befürwortet werden (AG Hamburg StV 2009, 636 ff.; *Becker/Meinicke* StV 2011, 50 [51]; *Braun* K&R 2011, 681 [683 f.]; *Buermeyer/Bäcker* HRRS 2009, 433 [638 ff.]; *Hermonies* RuP 2011, 193 ff.; *Roxin/Schünemann* Strafverfahrensrecht, § 36 Rn. 3; *Singelnstein* NStZ 2012, 593 [598 f.]; *Stadler* MMR 2012, 18 ff.; SK-StPO/*Wolter* § 100a Rn. 29; a. A. LG Hamburg MMR 2011, 693 ff.; LG Landshut StV 2012, 12 f. m. Anm. *Bär* MMR 2011, 691 ff.; *Brodowski* JR 46

§ 100b StPO Verfahren bei der Telekommunikationsüberwachung

2011, 533 ff. und *Tinnefeld* ZD 2012, 451 ff.; AG Bayreuth MMR 2010, 266 f. m. Anm. *Bär*; *Bär* MMR 2008, 215 [218 f.]; BeckOK-StPO/*Graf* § 100a Rn. 107f; *Meyer-Goßner/Schmitt* § 100a Rn. 7a). Es handelt sich bei der Quellen-Telekommunikationsüberwachung nicht nur um eine Begleitmaßnahme im Rahmen einer normalen Telekommunikationsüberwachung, sondern um den Haupteingriff, den das Gesetz so weder ausdrücklich noch unter ausreichend klaren Voraussetzungen und Grenzbestimmungen gestattet. Die Praxis handelt aufgrund der Annahme einer informellen Legitimation für eine Übergangszeit bis zur gesetzlichen Regelung (KK/*Bruns* § 100a Rn. 28), die aber nicht absehbar ist und daher keine legitimierende Vorwirkung entfalten kann.

47 **III. Online-Durchsuchung.** Für die Online-Durchsuchung, also die heimliche Infiltration eines Computers zu einer über die Telekommunikations-Quellenerfassung (Rdn. 45 f.) hinausgehenden Suche nach gespeicherten Informationen (*Braun* K&R 2011, 681), fehlt erst recht eine gesetzliche Ermächtigung in der StPO (BGHSt 51, 211 [212 ff.]; KK/*Bruns* § 100a Rn. 26; BeckOK-StPO/*Graf* § 100a Rn. 109; *Meyer-Goßner/Schmitt* § 100a Rn. 7b; SK-StPO/*Wolter* § 100a Rn. 31), falls diese trotz ihrer Kernbereichsrelevanz und Nähe zur Totalüberwachung überhaupt möglich sein sollte. Die de lege lata mögliche **Durchsuchung und (Daten-) Beschlagnahme** ist eine prinzipiell offene Ermittlungsmaßnahme, die auch in die Sphäre der Art. 13 Abs. 1, 14 Abs. 1 GG eindringt, die aber bei der Online-Durchsuchung nicht – als offene Ermittlungsmaßnahme – vorliegt (*Beulke/Meininghaus* FS Widmaier, 2008, S. 63 [69 ff.]; *Jahn/Kudlich* JR 2007, 57 [59 ff.]; a. A. noch BGH Ermittlungsrichter StV 2007, 60 [61 ff.] m. Anm. *Beulke/Meininghaus*; *Hofmann* NStZ 2005, 121 [123]). Die **heimliche Telekommunikationsüberwachung** betrifft dagegen nur das Abfangen des Informationsflusses während der Telekommunikation. Eine Kombination der Eingriffsnormen in §§ 94, 99, 100a mit der Folge, dass daraus eine neue Ermächtigungsgrundlage im Grenzbereich zur Totalüberwachung aller personenbezogenen Daten entstünde, wäre ebenso wie eine Analogiebildung im Eingriffsrecht nach dem Prinzip vom Vorrang und vom Vorbehalt des Gesetzes nicht zulässig (*Braun* K&R 2011, 681 [682]; *Brodowski* JR 2011, 533 [538]; *Jahn/Kudlich* JR 2007, 57 [60]). Ob die Onlinedurchsuchung wegen der Kernbereichsrelevanz auch durch den Gesetzgeber de lege ferenda gestattet werden könnte, kann zudem mit guten Gründen bezweifelt werden (Art. 1 Abs. 1, 20 Abs. 3, 79 Abs. 3 GG).

§ 100b StPO Verfahren bei der Telekommunikationsüberwachung.

(1) ¹Maßnahmen nach § 100a dürfen nur auf Antrag der Staatsanwaltschaft durch das Gericht angeordnet werden. ²Bei Gefahr im Verzug kann die Anordnung auch durch die Staatsanwaltschaft getroffen werden. ³Soweit die Anordnung der Staatsanwaltschaft nicht binnen drei Werktagen von dem Gericht bestätigt wird, tritt sie außer Kraft. ⁴Die Anordnung ist auf höchstens drei Monate zu befristen. ⁵Eine Verlängerung um jeweils nicht mehr als drei Monate ist zulässig, soweit die Voraussetzungen der Anordnung unter Berücksichtigung der gewonnenen Ermittlungsergebnisse fortbestehen.

(2) ¹Die Anordnung ergeht schriftlich. ²In ihrer Entscheidungsformel sind anzugeben:
1. soweit möglich, der Name und die Anschrift des Betroffenen, gegen den sich die Maßnahme richtet,
2. die Rufnummer oder eine andere Kennung des zu überwachenden Anschlusses oder des Endgerätes, sofern sich nicht aus bestimmten Tatsachen ergibt, dass diese zugleich einem anderen Endgerät zugeordnet ist,
3. Art, Umfang und Dauer der Maßnahme unter Benennung des Endzeitpunktes.

(3) ¹Auf Grund der Anordnung hat jeder, der Telekommunikationsdienste erbringt oder daran mitwirkt, dem Gericht, der Staatsanwaltschaft und ihren im Polizeidienst tätigen Ermittlungspersonen (§ 152 des Gerichtsverfassungsgesetzes) die Maßnahmen nach § 100a zu ermöglichen und die erforderlichen Auskünfte unverzüglich zu erteilen. ²Ob und in welchem Umfang hierfür Vorkehrungen zu treffen sind, bestimmt sich nach dem Telekommunikationsgesetz und der Telekommunikations-Überwachungsverordnung. ³§ 95 Abs. 2 gilt entsprechend.

(4) ¹Liegen die Voraussetzungen der Anordnung nicht mehr vor, so sind die auf Grund der Anordnung ergriffenen Maßnahmen unverzüglich zu beenden. ²Nach Beendigung der Maßnahme ist das anordnende Gericht über deren Ergebnisse zu unterrichten.

(5) ¹Die Länder und der Generalbundesanwalt berichten dem Bundesamt für Justiz kalenderjährlich jeweils bis zum 30. Juni des dem Berichtsjahr folgenden Jahres über in ihrem Zuständigkeitsbereich angeordnete Maßnahmen nach § 100a. ²Das Bundesamt für Justiz erstellt eine Übersicht zu den im Berichtsjahr bundesweit angeordneten Maßnahmen und veröffentlicht diese im Internet.
(6) In den Berichten nach Absatz 5 sind anzugeben:
1. die Anzahl der Verfahren, in denen Maßnahmen nach § 100a Abs. 1 angeordnet worden sind;
2. die Anzahl der Überwachungsanordnungen nach § 100a Abs. 1, unterschieden nach
   a) Erst- und Verlängerungsanordnungen sowie
   b) Festnetz-, Mobilfunk- und Internettelekommunikation;
3. die jeweils zugrunde liegende Anlassstraftat nach Maßgabe der Unterteilung in § 100a Abs. 2.

A. Inhalt und Anwendungsbereich der Norm. Die Norm ist durch das Telekommunikationsüberwachungsgesetz von 2008, durch das bisherige Regelungsinhalte dieser Vorschrift in die §§ 101 Abs. 8, 477 Abs. 2 S. 2 verlagert und Berichtspflichten unter funktionaler Ersetzung von § 110 Abs. 8 TKG a.F. nunmehr hier aufgenommen wurden, erheblich modifiziert worden. Die Vorschrift regelt vor allem die **Kompetenz zur Anordnung einer Überwachung der Telekommunikation** nach § 100a und zur Art ihrer Wahrnehmung. Diese Kompetenz steht **grundsätzlich dem Gericht** zu (§ 100b Abs. 1 S. 1), bei **Gefahr im Verzug** – ausnahmsweise – auch der **Staatsanwaltschaft** (§ 100b Abs. 1 S. 2), nicht aber den polizeilichen Ermittlungspersonen (LR/*Hauck* § 100b Rn. 3; *Radtke/Hohmann/Röwer* § 100b Rn. 2). Eine Eilanordnung durch die Staatsanwaltschaft muss innerhalb von drei Werktagen vom Gericht **bestätigt** werden (§ 100b Abs. 1 S. 3), sonst verliert sie (ex nunc) ihre Wirkung. Die gerichtliche Anordnung ist auf eine Dauer von höchstens drei Monaten **zu befristen** (§ 100b Abs. 1 S. 4), sie kann aber bei weiterem Vorliegen der Überwachungsvoraussetzungen auch einmal oder mehrfach um bis zu drei Monate verlängert werden (§ 100b Abs. 1 S. 5). Die Anordnung ist **schriftlich** zu dokumentieren und jedenfalls mit den Mindestangaben in der Formel gem. § 100b Abs. 2 zu versehen, bei einem Gerichtsbeschluss aber nach § 34 auch zu begründen. 1

Nach § 100b Abs. 3 hat **der Telekommunikationsdiensteanbieter** bei der Ausführung der Anordnungen **mitzuwirken**, was notfalls erzwungen werden kann. Sobald die Voraussetzungen der Überwachungsanordnung entfallen, ist sie aufzuheben (§ 100b Abs. 4 S. 1). Das Gericht ist über die Ergebnisse der Überwachung nach deren Ende zur Erfolgskontrolle zu unterrichten (§ 100b Abs. 4 S. 2). Schließlich sind in § 100b Abs. 5 und 6 **Berichtspflichten** der Länder und des Generalbundesanwalts vorgesehen. 2

B. Richtervorbehalt. I. Zweck. Grundsätzlich ist zur Anordnung der Beschlagnahme aus Gründen einer präventiven **Rechtsschutzgewährleistung** gegenüber dem schwerwiegenden hoheitlichen Zugriff auf Telekommunikationsinhalte **das Gericht** zuständig (§ 100b Abs. 1 S. 1), das eine vorbeugende Kontrolle der Maßnahme durch eine unabhängige und neutrale Instanz gewährleisten soll (krit. *Kleih* Die strafprozessuale Überwachung der Telekommunikation, 2009, S. 247 ff.). Nur ausnahmsweise darf auch die Staatsanwaltschaft die Überwachung anordnen, wenn die Gefahr eines Beweisverlusts vorliegt (§ 100b Abs. 1 S. 2). In diesem Fall ist aber die gerichtliche Bestätigung innerhalb von drei Werktagen seit der Anordnung einzuholen. Die eingriffsintensive Überwachung der Telekommunikation soll danach im Ergebnis nur aufgrund einer neutralen gerichtlichen Entscheidung vollzogen werden. Die praktische Bedeutung des Richtervorbehalts sinkt allerdings durch die vollkommen **übermäßige Pensenbelastung**, durch die **Nichtgewährung rechtlichen Gehörs** an den Betroffenen vor der Anordnung, durch die **Heimlichkeit** der Maßnahme und durch die strukturelle **Einseitigkeit der Perspektive** bei der Begründung der Verdachtshypothese sowie Nachlässigkeiten in der ermittlungsrichterlichen Entscheidungspraxis und die **Folgenlosigkeit von Mängeln im Bereich der Beweisverwertungsverbote** aufgrund der Abwägungsdoktrin (*Kinzig* StV 2004, 560 [565]) erheblich gegenüber der verfassungsrechtlichen Bewertung dieses Mittels zur »Legitimation durch Verfahren« ab. In der Realität leistet sie angesichts einer minimalen Anzahl ablehnender Entscheidungen bei mehrheitlich mangelhaft begründeten Überwachungsanordnungen wohl kaum das, was in der verfassungsgerichtlichen Rechtsprechung davon erwartet wird (*Kleih* Die strafprozessuale Überwachung der Telekommunikation, 2009, S. 248 ff.). 3

4 **II. Zuständigkeit.** Zuständig ist im Ermittlungsverfahren nach der Konzentrationsregelung des § 162 Abs. 1 S. 1, soweit nicht in Staatsschutzsachen der **Ermittlungsrichter bei einem OLG oder beim BGH** zur Entscheidung berufen ist, der Ermittlungsrichter bei dem **Amtsgericht am Sitz der Staatsanwaltschaft**. Er kann erst auf Antrag der Staatsanwaltschaft tätig werden. Nach Anklageerhebung geht die Zuständigkeit auf **das erkennende Gericht** über. Jedoch ist eine Notwendigkeit zum Einsatz der heimlichen Ermittlungsmethode in diesem Verfahrensstadium meist kaum noch zu begründen. Hat das erkennende Gericht allerdings ausnahmsweise einmal parallel zum Hauptverfahren eine Telekommunikationsüberwachung angeordnet, so hat es die Verteidigung aus Fairnessgründen alsbald von deren Ergebnis zu unterrichten, selbst wenn es dies nicht für entscheidungserheblich hält (BGH NJW 1990, 584 [585 f.]).

5 **III. Entscheidungsform und -inhalt.** Gesetzlich vorgeschrieben ist, dass die Anordnung **schriftlich** zu ergehen hat (§ 100b Abs. 2 S. 1), wobei erkennbar sein muss, wer sie erlassen hat (*Meyer-Goßner/ Schmitt* § 100b Rn. 3; SK-StPO/*Wolter* § 100b Rn. 7). Gemeint ist damit in der Regel ein **ermittlungsrichterlicher Beschluss** oder ausnahmsweise eine staatsanwaltschaftliche Anordnungsverfügung. Bei Übersendung der richterlichen Überwachungsanordnung an den in Anspruch genommenen Telekommunikationsdiensteanbieter als E-Mail-Anhang ist die zur Vollziehung der Anordnung nach § 12 TKÜV erforderliche Form nur gewahrt, wenn der eingescannte Beschluss nebst Unterschrift des Richters oder bei einer Ausfertigung mit Beglaubigungsvermerk und Dienstsiegel übermittelt wird.

6 Aus der **Formel der Anordnung** sollen sich – soweit möglich – **Name und Anschrift des Beschuldigten**, gegen den sich die Maßnahme richtet, **oder** Name und Anschrift des von der Überwachung als Nachrichtenmittler oder Anschlussinhaber **Betroffenen**, ferner die Rufnummer (§ 3 Nr. 18 TKG) oder eine andere **Kennung** (BGH MMR 1999, 99 [100]) des zu überwachenden Anschlusses (z.B. IMSI) oder des möglicherweise mit verschiedenen Chipkarten eingesetzten Endgerätes (IMEI), schließlich aber auch **Art**, **Umfang und** nicht zuletzt die **Dauer der Maßnahme** ergeben (LR/*Hauck* § 100b Rn. 9; *Radtke/Hohmann/Röwer* § 100b Rn. 6 f.). Letztere hängt vor allem von den voraussichtlichen Erfolgsaussichten der Überwachung ab. Zur Klarstellung für den Telekommunikationsdiensteanbieter ist der **Endzeitpunkt konkret zu nennen**, um Unklarheiten über das Ende der Frist, die prinzipiell mit dem Erlass der richterlichen Anordnung beginnt (BGHSt 44, 243 [245 f.] m. Anm. *Starckgraff* NSZ 1999, 470 f.), zu vermeiden. Bei Roaming, also unter vertraglich vorgesehener **Netzerweiterung auf eine Mehrzahl von Anschlüssen**, genügt eine einzige Überwachungsanordnung (BGH StV 2003, 4; *Bär* TK-Überwachung, 2010, § 100b Rn. 10; *Radtke/Hohmann/Röwer* § 100b Rn. 4).

7 Die gerichtliche Anordnung oder Bestätigung ist gemäß der allgemeinen Regelung des § 34 auch **zu begründen**, obwohl der Reformgesetzgeber eine diesbezügliche Spezialregelung in der vorliegenden Vorschrift gestrichen hat (KK/*Bruns* § 100b Rn. 5; *Eisenberg* Beweisrecht der StPO, Rn. 2495b; LR/ *Hauck* § 100b Rn. 16; *Meyer-Goßner/Schmitt* § 100b Rn. 5; SK-StPO/*Wolter* § 100b Rn. 16). Aus dem ermittlungsrichterlichen Beschluss muss die auch im Einzelfall schwerwiegende **Katalogtat** (§ 100a Abs. 2) hervorgehen, welche die Anordnung rechtfertigt. Der zugrunde liegende **Sachverhalt** und die **Indiztatsachen**, auf die sich der Vorwurf stützt, sind zumindest kurz zu umschreiben (BGHSt 47, 362 [366 f.]), auch damit eine spätere Kontrollinstanz die Rechtmäßigkeit der ursprünglichen Anordnung oder Bestätigung der Überwachung durch den Ermittlungsrichter nachprüfen kann. Ferner sind die **Schwere der Katalogtat** im Einzelfall und die **Erforderlichkeit der Maßnahme** unter Berücksichtigung des Subsidiaritätsgrundsatzes zu prüfen (BGHSt 44, 243 [246 f.]) und im Beschluss zumindest kurz darzulegen. Soweit sich die Maßnahme nicht unmittelbar gegen den Beschuldigten richtet, sind ferner die Tatsachen zu nennen, nach denen davon auszugehen ist, dass der Betroffene als **Nachrichtenmittler** in Betracht kommt oder der Beschuldigte dessen Anschluss benutzt. Schließlich sind Ausführungen zur **Verhältnismäßigkeit** angezeigt. Kommen **Beweisverbote** in Betracht, so hat sich das Gericht auch damit jedenfalls unter dem Gesichtspunkt der Verhältnismäßigkeitsprüfung auseinanderzusetzen. Das alles ist ein komplexer Entscheidungsprozess, der ungeachtet jeweils sorgfältig vollzogen und dokumentiert werden soll. Die Pensenbelastung der Ermittlungsrichter trägt dem nicht annähernd Rechnung, weshalb sich auch hier grobe Nachlässigkeiten in die Entscheidungspraxis bei Telekommunikationsüberwachungen eingeschlichen haben (*Kinzig* StV 2004, 560 ff.), damit das kaum erfüllbare Pensum scheinbar doch bewältigt wird. Die weiteren Pensenvorgaben orientieren sich dann wieder an einer rasch arbeitenden Praxis, ohne zu berücksichtigen, dass deren Erledigungs-

tempo nur auf defizitären Prüfungs-, Entscheidungs- und Dokumentationsakten beruht – ein circulus vitiosus.

IV. Verfahren. Die Entscheidung ergeht im Freibeweisverfahren nach Aktenlage. **Rechtliches Gehör** ist dem Betroffenen vor der Entscheidung regelmäßig zunächst nicht zu gewähren (LR/*Hauck* § 100b Rn. 17; *Radtke/Hohmann/Röwer* § 100b Rn. 3), weil andernfalls der Untersuchungserfolg gefährdet wäre (§ 33 Abs. 4). Dies wird im Ansatz durch nachträgliche Benachrichtigung von der Maßnahme gem. § 101 und eine dann bestehende Beschwerdemöglichkeit kompensiert. Tatsächlich wirkt sich die Tatsache, dass zeitnah zur Überwachungsanordnung nur eine Beschwerde der Staatsanwaltschaft im Ablehnungsfall, aber keine Beschwerde gegen die Anordnung zu erwarten ist, auch dahin aus, dass tendenziell aufgrund einer nur kursorischer Prüfung meist positive Überwachungsanordnungen ergehen und Ablehnungen überaus selten sind. Der Richtervorbehalt läuft als Mittel der Kontrolle und des präventiven Rechtsschutzes, mithin auch als Legitimationsmittel für den schwerwiegenden Grundrechtseingriff, weitgehend leer. 8

V. Wiederholung oder Fristverlängerung. Die Überwachungsanordnung kann wiederholt oder ihre Frist auf Antrag der Staatsanwaltschaft vom Gericht verlängert werden, wenn die Voraussetzungen weiterhin vorliegen (KK/*Bruns* § 100b Rn. 2; LR/*Hauck* § 100b Rn. 18). Dauert sie noch an und ist im weiteren Verlauf zusätzlicher Erkenntnisgewinn zu erwarten, dann kann ihre Dauer auch nachträglich verlängert werden. Das kann sogar mehrfach geschehen. Mit fortschreitender Dauer erhöht sich aber die per se vorhandene Eingriffsschwere noch weiter, sodass die Entscheidungen um so sorgfältiger das Fortbestehen der Eingriffsvoraussetzungen und der Verhältnismäßigkeit zu prüfen haben. Rechtstatsächlich ist aber eher ein Absinken der Prüfgenauigkeit bei Fortsetzungsbeschlüssen zu verzeichnen (*Kinzig* StV 2004, 560 [564]), das die generellen Bedenken gegen die Funktionstüchtigkeit des Richtervorbehalts vertieft. 9

C. Ausnahmekompetenz bei Gefahr im Verzug. Nur bei **Gefahr im Verzug** (vgl. § 98 Rdn. 11) lässt das Gesetz eine Ausnahme vom Richtervorbehalt dahin gehend zu, dass auch **die Staatsanwaltschaft** zu einer Anordnung nach § 100a StPO befugt ist (§ 100b Abs. 1 S. 2). Eine Eilkompetenz der Polizei besteht dagegen nicht (KK/*Bruns* § 100b Rn. 1). Allerdings dürfte das Vorliegen einer solchen Gefahrenlage angesichts der Eigenschaft der Überwachung als Dauermaßnahme nur selten zu bejahen sein. Indes kommt dem anordnenden Beamten nach der Rechtsprechung ein Beurteilungsspielraum zu. Nur bei objektiv willkürlicher Annahme von Gefahr im Verzug wird ein Beweisverwertungsverbot angenommen (vgl. BGH Beschl. v. 23.06.1992 – 5 StR 257/92). Die hierdurch bewirkte weitgehende Folgenlosigkeit von schlichten Fehlgriffen hat wiederum Nachlässigkeiten im Umgang mit dem Eingriffsinstrumentarium zur Folge. Mit der Garantie effektiven Rechtsschutzes gem. Art. 19 Abs. 4 GG ist das nicht ohne weiteres zu vereinbaren. 10

Eine Überwachungsanordnung durch die Staatsanwaltschaft wegen Gefahr im Verzug muss binnen **drei Werktagen** durch das **Gericht bestätigt** werden (§ 100b Abs. 2), andernfalls tritt sie außer Kraft (*Bär* TK-Überwachung, 2010, § 100b Rn. 3; *Meyer-Goßner/Schmitt* § 100b Rn. 1), wonach aber die bisherigen Erkenntnisse prinzipiell weiter verwertbar bleiben (LR/*Hauck* § 100b Rn. 23). Die Frist berechnet sich nach § 42 (*Bär* TK-Überwachung, 2010, § 100b Rn. 6), beginnt also nach dem Tag der Anordnung (BT-Drucks. 16/5846 S. 46). Die richterliche Entscheidung macht die Überwachungsanordnung durch die Staatsanwaltschaft mit deren Regelungsgehalt gegenstandslos (BGH StV 2003, 4 [5]). 11

Inhaltlich muss eine Eilanordnung der Staatsanwaltschaft im Prinzip dieselben Voraussetzungen erfüllen wie eine originäre richterliche Anordnung (BGH StV 2008, 63 [64]). Die Wahrung der **Schriftform** ist auch hierbei erforderlich. Die **Gründe für die Annahme des Vorliegens der Überwachungsvoraussetzungen** nach § 100a und für das **Vorliegen von Gefahr im Verzug** sind zu Kontrollzwecken (zur Kontrollzuständigkeit *Kleih* Die strafprozessuale Überwachung der Telekommunikation, 2009, S. 264 f.) zu dokumentieren (BGH StV 2008, 63 [64 f.]). 12

D. Durchführung der Telekommunikationsüberwachung. Der richterliche Beschluss oder die staatsanwaltschaftliche Eilanordnung wird dem **Telekommunikationsdiensteanbieter** durch die Staatsanwaltschaft (§ 36 Abs. 2; KK/*Bruns* § 100b Rn. 10; LR/*Hauck* § 100b Rn. 26; *Mey-* 13

§ 100b StPO   Verfahren bei der Telekommunikationsüberwachung

er-Goßner/Schmitt § 100b Rn. 7) oder in deren Auftrag durch polizeiliche Ermittlungspersonen per Telefax übermittelt (§ 12 Abs. 2 TKÜV; vgl. zur Abschaltung der Überwachung bei Nichtvorlage einer aussagekräftigen Ausfertigung BGH StV 2003, 4) oder direkt übergeben, wobei der Text meist nur die Formel, nicht die auch gegenüber dem Telekommunikationsdiensteleister geheim zu haltende Begründung der Anordnung, enthält. Er ist zur **Mitwirkung** (KK/*Bruns* § 100b Rn. 13; LR/*Hauck* § 100b Rn. 29) und zur **Geheimhaltung** (§ 15 TKÜV) verpflichtet (SK-StPO/*Wolter* § 100b Rn. 20). Eine Möglichkeit, die Rechtmäßigkeit der Anordnung infrage zu stellen und zu verwerfen, hat der Diensteanbieter nicht (LG Hildesheim Beschl. v. 21.04.2010 – 26 Qs 58/10; KK/*Bruns* § 100b Rn. 10). Er muss vielmehr die Anordnung befolgen. Dazu muss auch außerhalb der üblichen Geschäftszeiten der Betreiber oder eine beauftragte Person empfangsbereit sein (§ 12 Abs. 3 TKÜV). Die weiteren Einzelheiten ergeben sich aus § 110 TKG i.V.m. der TKÜV.

14 **Technische Einrichtungen** zur Umsetzung von Überwachungsanordnungen muss nur ein geschäftsmäßig handelnder **Telekommunikationsdiensteanbieter** vorhalten (§ 110 Abs. 1 TKG), und zwar nur ein Anbieter, der mehr als 10.000 Nutzungsberechtigte hat (§ 3 Abs. 2 S. 1 Nr. 5 TKÜV). Die Mitwirkungsverpflichtung umfasst die **Ausleitung der aufgefangenen Informationen** durch entsprechende Schaltungen (§ 9 TKÜV) und deren Übergabe an die Ermittlungsbehörde. Die **Überwachung** selbst und die **Aufzeichnung** ist durch die Polizei (krit. SK-StPO/*Wolter* § 100b Rn. 21) oder von anderen durch die Staatsanwaltschaft beauftragten Personen vorzunehmen, welchen auch die Auswertung obliegt.

15 Kommt der Telekommunikationsdiensteanbieter seiner Mitwirkungspflicht nicht nach, so kann er durch **Ordnungs- und Zwangsmittel** dazu veranlasst werden (§ 100b Abs. 3 S. 3 i.V.m. § 95 Abs. 2).

16 **E. Beendigung der Überwachung.** Der Richter hat die Maßnahme auch während der Durchführung zu kontrollieren (*Meyer-Goßner/Schmitt* § 100b Rn. 9) und kann sich dazu von der Staatsanwaltschaft Informationen geben lassen. Die Maßnahme endet **mit dem Ablauf des in der Anordnung genannten Zeitraums** von selbst. Sie ist aber auch schon **zuvor unverzüglich zu beenden**, sobald die Voraussetzungen nicht mehr vorliegen (§ 100b Abs. 4 S. 1; KK/*Bruns* § 100b Rn. 3; *Eisenberg* Beweisrecht der StPO, Rn. 2497; LR/*Hauck* § 100b Rn. 32); insoweit besteht auch während der Dauer der Überwachung eine Kontrollpflicht für das Gericht. Erst recht ist die Beendigung geboten, wenn sich nachträglich ergibt, dass die Voraussetzungen von Anfangs an nicht vorlagen (SK-StPO/*Wolter* § 100b Rn. 26). Von einer Abschaltung sind die beteiligten Telekommunikationsdiensteanbieter zu unterrichten. Das Gericht, das die Maßnahme angeordnet hatte, ist nach Beendigung der Überwachung auch über die Ergebnisse zu unterrichten (§ 100b Abs. 4 S. 2). Der Gesetzgeber wollte dadurch eine **Erfolgskontrolle** eröffnen (*Bär* TK-Überwachung, 2010, § 100b Rn. 23; SK-StPO/*Wolter* § 100b Rn. 27).

17 Ergibt es sich, dass die durch die Maßnahme erlangten **Daten** zur Strafverfolgung und für eine etwaige gerichtliche Überprüfung der Maßnahme nicht mehr erforderlich sind, sind sie unverzüglich zu **löschen** (§ 101 Abs. 8 S. 1).

18 **F. Verwendungsregelungen.** Die bei der Telekommunikationsüberwachung erlangten Daten sind zu **kennzeichnen** (§ 101 Abs. 1, Abs. 3 S. 1).

19 Die früher in der vorliegenden Vorschrift enthaltene Verwendungsregelung ist durch § 477 Abs. 2 S. 3 und S. 4 ersetzt worden. Danach dürfen die rechtmäßig erlangten personenbezogenen Daten ohne Einwilligung der betroffenen Personen **zu Beweiszwecken in anderen Strafverfahren** nur zur Aufklärung solcher Straftaten verwendet werden, zu deren Aufklärung ebenfalls eine solche Maßnahme hätte angeordnet werden dürfen, also nur für **Katalogtaten** im Sinne von § 100a Abs. 2, **die** auch im Einzelfall im Sinne von § 100a Abs. 1 Nr. 2 **schwer wiegen**. Rechtmäßig erlangte Informationen aus der strafprozessualen Telekommunikationsüberwachung können auch im Besteuerungsverfahren verwendet werden (*Meyer-Mews* DStR 2015, 204 ff.).

20 Grundsätzlich führen **Rechtsfehler bei der Beweiserhebung** nach der Abwägungsdoktrin aber nicht ohne weiteres zur Unverwertbarkeit der dadurch erlangten Erkenntnisse (§ 100a Rdn. 33 ff.). Vielmehr bedarf es einer Abwägung der für und gegen die Verwertung sprechenden Umstände. Für die Verwertbarkeit spricht im Einzelfall das staatliche Aufklärungsinteresse im Hinblick auf das Fehlen der Verfügbarkeit anderer aussagekräftiger Beweise, den Grad des Tatverdachts und die Schwere des Vorwurfs. Auf der anderen Seite kommt es vor allem darauf an, welches Gewicht der Verfahrensfehler hat, was

für den Betroffenen davon abhängt, ob der Verfahrensfehler unbewusst oder bewusst begangen wurde, welchen Schutzzweck die verletzte Vorschrift hat und ob die Beweiserhebung auch rechtmäßig hätte durchgeführt werden können.

G. Rechtsmittel. Der Beschuldigte, der Nachrichtenmittler und weitere von der Überwachung betroffene Personen können bei dem für die Anordnung zuständigen Gericht nach Beendigung der Maßnahme die Überprüfung der Rechtmäßigkeit der Maßnahme sowie der Art und Weise ihres Vollzugs beim iudex a quo beantragen (§ 101 Abs. 7 S. 2, Abs. 4 S. 1 Nr. 3; KK/*Bruns* § 100b Rn. 16; *Meyer-Goßner/Schmitt* § 100b Rn. 14). Gegen die Entscheidung des angerufenen Gerichts ist sodann die **sofortige Beschwerde** statthaft (§ 101 Abs. 7 S. 3). Dies gilt nun auch für im ersten Rechtszug erlassene Anordnungen des OLG sowie des Ermittlungsrichters des BGH (§§ 101 Abs. 7 S. 3, 304 Abs. 4 S. 2 Nr. 1, Abs. 5; vgl. BGHR StPO § 101 Abs. 7 Zuständigkeit 1; *Meyer-Goßner/Schmitt* § 100b Rn. 14). Sofern bereits Anklage erhoben ist, hat über einen Antrag auf gerichtliche Entscheidung **das erkennende Gericht** zu entscheiden (§ 101 Abs. 7 S. 4). Die Frage der Überlassung von Aufzeichnungen aus der Telekommunikationsüberwachung an den Verteidiger richtet sich nach § 147 Abs. 4 und unterliegt der staatsanwaltschaftlichen Beschwerde (OLG Nürnberg StraFo 2015, 102 [103] m. Anm. *Wesemann/Mehmeti*). Für die Anfechtung von Maßnahmen vor deren Beendigung, die theoretisch möglich sind, aber in der Praxis kaum vorkommt (LR/*Hauck* § 100b Rn. 44), besteht eine Regelungslücke im Rechtsschutzsystem, die nach überkommener Ansicht durch entsprechende Anwendung von § 98 Abs. 2 S. 2 geschlossen werden soll (LR/*Hauck* § 100b Rn. 42). Die Analogie ist aber mit dem Grundsatz der Rechtsmittelklarheit aus Art. 19 Abs. 4, 20 Abs. 3 GG und dem Gesetzlichkeitsprinzip für die richterliche Entscheidungszuständigkeit gem. Art. 101 Abs. 1 S. 2 GG schwer zu vereinbaren. § 101 Abs. 7 S. 2, der diesen Fall »auch« betrifft, ist dagegen nicht unbedingt exklusiv auf beendete Maßnahmen zu begrenzen. 21

Um den Betroffenen die Möglichkeit für einen Antrag auf Überprüfung der Rechtmäßigkeit der Maßnahme zu geben, ist die nachträgliche **Benachrichtigung** von der heimlichen Überwachung der Telekommunikation gem. § 101 Abs. 4 S. 1 Nr. 1 vorgesehen. Der Betroffene ist dabei auch über die Rechtsschutzmöglichkeiten zu belehren (§ 101 Abs. 4 S. 2). Eine Benachrichtigung kann nur nach Maßgabe des § 101 Abs. 4 S. 3 bis 5 unterbleiben oder unter den Voraussetzungen von § 101 Abs. 6 zurückgestellt werden. 22

Die zur Mitwirkung verpflichteten **Telekommunikationsdiensteanbieter** haben ein Antrags- und Beschwerderecht, dies aber nur, soweit sie zur Mitwirkung verpflichtet wurden (*Bär* TK-Überwachung, 2010, § 100b Rn. 28). Eine Überprüfung der Rechtmäßigkeit der Anordnung der Überwachung können sie aber nicht herbeiführen (BGH MMR 1999, 99 [100] m. Anm. *Bär*; SK-StPO/*Wolter* § 100b Rn. 36). 23

Will der Angeklagte **im Revisionsverfahren** einen Verfahrensfehler der Überwachungsanordnung und ein daraus resultierendes Beweisverwertungsverbot geltend machen, so ist dies nur mit einer **Verfahrensrüge** im Sinne von § 344 Abs. 2 S. 2, 345 möglich (BGH StV 2008, 63 [64]). Nach verbreiteter Rechtsprechungsansicht gilt zuvor auch die Widerspruchslösung (§ 100a Rdn. 40), deren Nichtbeachtung zur Rügepräklusion führt. Nur erhebliche Verstöße gegen die Verfahrensregeln über die formellen und materiellen Voraussetzungen der Anordnung und Vollziehung der Telekommunikationsüberwachung haben nach der auf die Abwägungsdoktrin (zur Kritik daran s. § 100a Rdn. 39) rekurrierenden Rechtsprechung die Folge eines Beweisverwertungsverbots (BGHSt 44, 243 [248 f.]; BGH StV 2003, 2 [3]). 24

H. Berichtspflichten. Nach § 100b Abs. 5 haben die Länder und der Generalbundesanwalt jährlich bis zum 30.06. des Folgejahres über die in ihrem Zuständigkeitsbereich angeordneten Telekommunikationsüberwachungen an das dem Bundesamt für Justiz zu berichten (LR/*Hauck* § 100b Rn. 37). Diesem obliegt die Aufgabe, eine Übersicht zu erstellen und diese im Internet zu veröffentlichen (§ 100b Abs. 5 S. 2). 25

Die Einzelheiten des Inhalts der zu erstellenden Berichte sind in § 100b Abs. 6 aufgeführt. Diese werden regelmäßig aus den einzelnen Überwachungsanordnungen entnommen. Nach der Gesetz gewordenen Fassung des § 100b Abs. 6 ist es entgegen einem Entwurf nicht vorgesehen, dass die genaue Anzahl der überwachten Telekommunikationsvorgänge öffentlich bekannt gemacht wird (SK-StPO/ 26

Wolter § 100b Rn. 34). Damit wird diese Form der Öffentlichkeitskontrolle der heimlichen staatlichen Überwachungsmaßnahmen wieder relativiert.

§ 100c StPO Akustische Wohnraumüberwachung.

(1) Auch ohne Wissen der Betroffenen darf das in einer Wohnung nichtöffentlich gesprochene Wort mit technischen Mitteln abgehört und aufgezeichnet werden, wenn
1. bestimmte Tatsachen den Verdacht begründen, dass jemand als Täter oder Teilnehmer eine in Absatz 2 bezeichnete besonders schwere Straftat begangen oder in Fällen, in denen der Versuch strafbar ist, zu begehen versucht hat,
2. die Tat auch im Einzelfall besonders schwer wiegt,
3. auf Grund tatsächlicher Anhaltspunkte anzunehmen ist, dass durch die Überwachung Äußerungen des Beschuldigten erfasst werden, die für die Erforschung des Sachverhalts oder die Ermittlung des Aufenthaltsortes eines Mitbeschuldigten von Bedeutung sind, und
4. die Erforschung des Sachverhalts oder die Ermittlung des Aufenthaltsortes eines Mitbeschuldigten auf andere Weise unverhältnismäßig erschwert oder aussichtslos wäre.

(2) Besonders schwere Straftaten im Sinne des Absatzes 1 Nr. 1 sind:
1. aus dem Strafgesetzbuch:
   a) Straftaten des Friedensverrats, des Hochverrats und der Gefährdung des demokratischen Rechtsstaates sowie des Landesverrats und der Gefährdung der äußeren Sicherheit nach den §§ 80, 81, 82, 89a, nach den §§ 94, 95 Abs. 3 und § 96 Abs. 1, jeweils auch in Verbindung mit § 97b, sowie nach den §§ 97a, 98 Abs. 1 Satz 2, § 99 Abs. 2 und den §§ 100, 100a Abs. 4,
   b) Bildung krimineller Vereinigungen nach § 129 Abs. 1 in Verbindung mit Abs. 4 Halbsatz 2 und Bildung terroristischer Vereinigungen nach § 129a Abs. 1, 2, 4, 5 Satz 1 Alternative 1, jeweils auch in Verbindung mit § 129b Abs. 1,
   c) Geld- und Wertzeichenfälschung nach den §§ 146 und 151, jeweils auch in Verbindung mit § 152, sowie nach § 152a Abs. 3 und § 152b Abs. 1 bis 4,
   d) Straftaten gegen die sexuelle Selbstbestimmung in den Fällen des § 176a Abs. 2 Nr. 2 oder Abs. 3, § 177 Abs. 2 Nr. 2 oder § 179 Abs. 5 Nr. 2,
   e) Verbreitung, Erwerb und Besitz kinderpornografischer Schriften in den Fällen des § 184b Abs. 3,
   f) Mord und Totschlag nach den §§ 211, 212,
   g) Straftaten gegen die persönliche Freiheit in den Fällen der §§ 234, 234a Abs. 1, 2, §§ 239a, 239b und Menschenhandel zum Zweck der sexuellen Ausbeutung und zum Zweck der Ausbeutung der Arbeitskraft nach § 232 Abs. 3, Abs. 4 oder Abs. 5, § 233 Abs. 3, jeweils soweit es sich um Verbrechen handelt,
   h) Bandendiebstahl nach § 244 Abs. 1 Nr. 2 und schwerer Bandendiebstahl nach § 244a,
   i) schwerer Raub und Raub mit Todesfolge nach § 250 Abs. 1 oder Abs. 2, § 251,
   j) räuberische Erpressung nach § 255 und besonders schwerer Fall einer Erpressung nach § 253 unter den in § 253 Abs. 4 Satz 2 genannten Voraussetzungen,
   k) gewerbsmäßige Hehlerei, Bandenhehlerei und gewerbsmäßige Bandenhehlerei nach den §§ 260, 260a,
   l) besonders schwerer Fall der Geldwäsche, Verschleierung unrechtmäßig erlangter Vermögenswerte nach § 261 unter den in § 261 Abs. 4 Satz 2 genannten Voraussetzungen,
   m) besonders schwerer Fall der Bestechlichkeit und Bestechung nach § 335 Abs. 1 unter den in § 335 Abs. 2 Nr. 1 bis 3 genannten Voraussetzungen,
2. aus dem Asylverfahrensgesetz:
   a) Verleitung zur missbräuchlichen Asylantragstellung nach § 84 Abs. 3,
   b) gewerbs- und bandenmäßige Verleitung zur missbräuchlichen Asylantragstellung nach § 84a Abs. 1,
3. aus dem Aufenthaltsgesetz:
   a) Einschleusen von Ausländern nach § 96 Abs. 2,
   b) Einschleusen mit Todesfolge oder gewerbs- und bandenmäßiges Einschleusen nach § 97,
4. aus dem Betäubungsmittelgesetz:

a) besonders schwerer Fall einer Straftat nach § 29 Abs. 1 Satz 1 Nr. 1, 5, 6, 10, 11 oder 13, Abs. 3 unter der in § 29 Abs. 3 Satz 2 Nr. 1 genannten Voraussetzung,
  b) eine Straftat nach den §§ 29a, 30 Abs. 1 Nr. 1, 2, 4, § 30a,
5. aus dem Gesetz über die Kontrolle von Kriegswaffen:
  a) eine Straftat nach § 19 Abs. 2 oder § 20 Abs. 1, jeweils auch in Verbindung mit § 21,
  b) besonders schwerer Fall einer Straftat nach § 22a Abs. 1 in Verbindung mit Abs. 2,
6. aus dem Völkerstrafgesetzbuch:
  a) Völkermord nach § 6,
  b) Verbrechen gegen die Menschlichkeit nach § 7,
  c) Kriegsverbrechen nach den §§ 8 bis 12,
7. aus dem Waffengesetz:
  a) besonders schwerer Fall einer Straftat nach § 51 Abs. 1 in Verbindung mit Abs. 2,
  b) besonders schwerer Fall einer Straftat nach § 52 Abs. 1 Nr. 1 in Verbindung mit Abs. 5.

(3) ¹Die Maßnahme darf sich nur gegen den Beschuldigten richten und nur in Wohnungen des Beschuldigten durchgeführt werden. ²In Wohnungen anderer Personen ist die Maßnahme nur zulässig, wenn auf Grund bestimmter Tatsachen anzunehmen ist, dass
1. der in der Anordnung nach § 100d Abs. 2 bezeichnete Beschuldigte sich dort aufhält und
2. die Maßnahme in Wohnungen des Beschuldigten allein nicht zur Erforschung des Sachverhalts oder zur Ermittlung des Aufenthaltsortes eines Mitbeschuldigten führen wird.

³Die Maßnahme darf auch durchgeführt werden, wenn andere Personen unvermeidbar betroffen werden.

(4) ¹Die Maßnahme darf nur angeordnet werden, soweit auf Grund tatsächlicher Anhaltspunkte, insbesondere zu der Art der zu überwachenden Räumlichkeiten und dem Verhältnis der zu überwachenden Personen zueinander, anzunehmen ist, dass durch die Überwachung Äußerungen, die dem Kernbereich privater Lebensgestaltung zuzurechnen sind, nicht erfasst werden. ²Gespräche in Betriebs- oder Geschäftsräumen sind in der Regel nicht dem Kernbereich privater Lebensgestaltung zuzurechnen. ³Das Gleiche gilt für Gespräche über begangene Straftaten und Äußerungen, mittels derer Straftaten begangen werden.

(5) ¹Das Abhören und Aufzeichnen ist unverzüglich zu unterbrechen, soweit sich während der Überwachung Anhaltspunkte dafür ergeben, dass Äußerungen, die dem Kernbereich privater Lebensgestaltung zuzurechnen sind, erfasst werden. ²Aufzeichnungen über solche Äußerungen sind unverzüglich zu löschen. ³Erkenntnisse über solche Äußerungen dürfen nicht verwertet werden. ⁴Die Tatsache der Erfassung der Daten und ihrer Löschung ist zu dokumentieren. ⁵Ist eine Maßnahme nach Satz 1 unterbrochen worden, so darf sie unter den in Absatz 4 genannten Voraussetzungen fortgeführt werden. ⁶Im Zweifel ist über die Unterbrechung oder Fortführung der Maßnahme unverzüglich eine Entscheidung des Gerichts herbeizuführen; § 100d Abs. 4 gilt entsprechend.

(6) ¹In den Fällen des § 53 ist eine Maßnahme nach Absatz 1 unzulässig; ergibt sich während oder nach Durchführung der Maßnahme, dass ein Fall des § 53 vorliegt, gilt Absatz 5 Satz 2 bis 4 entsprechend. ²In den Fällen der §§ 52 und 53a dürfen aus einer Maßnahme nach Absatz 1 gewonnene Erkenntnisse nur verwertet werden, wenn dies unter Berücksichtigung der Bedeutung des zugrunde liegenden Vertrauensverhältnisses nicht außer Verhältnis zum Interesse an der Erforschung des Sachverhalts oder der Ermittlung des Aufenthaltsortes eines Beschuldigten steht. ³§ 160a Abs. 4 gilt entsprechend.

(7) ¹Soweit ein Verwertungsverbot nach Absatz 5 in Betracht kommt, hat die Staatsanwaltschaft unverzüglich eine Entscheidung des anordnenden Gerichts über die Verwertbarkeit der erlangten Erkenntnisse herbeizuführen. ²Soweit das Gericht eine Verwertbarkeit verneint, ist dies für das weitere Verfahren bindend.

A. Allgemeines. I. Problematik der Eingriffsmaßnahme.

War in der zweiten Hälfte des 20. Jahrhunderts die Vorstellung der Anbringung von »Geheimmikrophonen« in einer Wohnung noch ein fernliegender Alptraum (*Geller/von Schlabrendorff/Rupp* BVerfGE 30, 33 [46]), so hat man sich heute an diese Tendenz eines Umbaus des Rechtsstaats in einen Überwachungsstaat scheinbar gewöhnt (*Jäger/Hohmann-Dennhardt* BVerfGE 109, 382 [390 f.]). Die vorliegende Vorschrift ist nach einer **Verfas-**

1

§ 100c StPO   Akustische Wohnraumüberwachung

sungsänderung im Jahr 1998 eingeführt worden. Sie beruht auf dem neuen Art. 13 Abs. 3 GG, der einzigen Verfassungsnorm, die eine strafprozessuale Eingriffsmaßnahme im Verfassungstext direkt anspricht, ohne allerdings selbst den Charakter einer Eingriffsermächtigung zu besitzen, die ausschließlich in der vorliegenden Vorschrift (oder entsprechenden polizeirechtlichen Bestimmungen) zu finden ist. Art. 13 Abs. 3 GG stellt nach der Mehrheitsmeinung im Bundesverfassungsgericht, die nicht unumstritten war und angesichts zunehmender Tendenzen zur heimlichen Totalüberwachung von Zielpersonen argumentativ angreifbar bleibt (SK-StPO/*Wolter* § 100c Rn. 3), **kein** im Sinne von Art. 1 Abs. 1, 20 Abs. 3, 79 Abs. 3 GG **verfassungswidriges Verfassungsrecht** dar (BVerfGE 109, 279 [309 ff.] m. Sondervotum *Jäger/Hohmann-Dennhardt* S. 382 ff.; dazu näher LR/*Hauck* § 100c Rn. 30 ff.). Die akustische Wohnraumüberwachung zu Strafverfolgungszwecken soll danach nicht generell die Menschenwürdegarantie antasten (BVerfGE 109, 279 [311]). Dabei ist aber kein überzeugender **Vergleich mit der staatlichen Selbstbelastungsprovokation** des Beschuldigten als weiterer heimlicher Ermittlungsmaßnahme vorgenommen worden (BVerfGE 109, 279 [324]), die wegen des Menschenwürdegehalts des nemo-tenetur-Grundsatzes zur Unzulässigkeit jener Maßnahme führen kann (§ 136 Rdn. 27 ff.; § 136a Rdn. 9). Die akustische Wohnraumüberwachung erfasst zwar nur nicht durch den Staat veranlasste Gesprächsäußerungen, sie ist aber bei gleicher Zielrichtung – der heimlichen Erfassung selbstbelastender Äußerungen des Beschuldigten – mit einem heimlichen Eindringen in eine räumlich besonders geschützte Sphäre verbunden. Das Belastungsgewicht erscheint aus der Perspektive des nemo-tenetur-Prinzips kaum geringer als bei einer Selbstbelastungsprovokation. Auch wird der nemo-tenetur-Grundsatz zumindest mittelbar dadurch berührt, dass der heimlich belauschte Beschuldigte sich später gegebenenfalls gegen Fehldeutungen der Überwachungsergebnisse mit einer Einlassung wehren muss, die er ohne die heimliche Belauschung nicht abgeben wollte. Der Beschuldigte wird letztlich mit heimlich in seiner Wohnung abgelauschten eigenen Äußerungen nur »überführt«, da Entlastendes regelmäßig nicht mit dieser Eingriffsmaßnahme aufzuklären ist (vgl. SK-StPO/*Wolter* § 100c Rn. 13). Der große Lauschangriff im letzten Rückzugsraum des Bürgers ist deshalb auch aus der **Perspektive der Selbstbelastungsfreiheit** ein besonders schwer wiegender, kaum legitimierbarer Eingriff. **Freiwilligkeit** der belauschten Äußerung wird als angeblicher Legitimationstitel (BVerfGE 109, 279 [325]) durch die vorherige Infiltration der Wohnung durch die staatlichen Strafverfolgungsorgane relativiert.

2 II. **Anwendungsbereich.** Die Vorschrift regelt die inhaltlichen Eingriffsvoraussetzungen für das strafprozessuale **Abhören und Aufzeichnen des nichtöffentlich gesprochenen Wortes in einer Wohnung**, in der sich der Beschuldigte aufhält. Zum Einsatz kommen **technische Mittel**, die in Form von Richtmikrophonen von außen oder kleinen Mikrofonen (»Wanzen«) von innen den Wohnraum akustisch überwachen (*Eisenberg* Beweisrecht der StPO, Rn. 2522; LR/*Hauck* § 100c Rn. 94). § 100d enthält zusätzliche verfahrensrechtliche Bestimmungen, vor allem zum Richtervorbehalt und zu den Verwendungsmöglichkeiten der Erkenntnisse aus der Überwachungsmaßnahme. Die vom Bundesverfassungsgericht im Hinblick auf die Verletzung des unantastbaren Bereichs privater Lebensgestaltung teilweise für verfassungswidrig erklärten (BVerfGE 109, 279 [325 ff.]) früheren Regelungen zum »großen Lauschangriff« wurden mit Gesetz vom 24.06.2005 (BGBl. I S. 1841) neu gestaltet, um einen engeren Richtervorbehalt, ferner um die Ausgestaltung nachträglichen Rechtsschutzes sowie Regelungen zum Datenschutz ergänzt. Das mit unzureichender Konzeption (SK-StPO/*Wolter* § 100c Rn. 7) erlassene Gesetz zur Neuregelung der Telekommunikationsüberwachung und anderer verdeckter Ermittlungsmaßnahmen sowie zur Umsetzung der Richtlinie 2006/24/EG v. 21.12.2007 (BGBl. I 2007, S. 3198) hat Kennzeichnungs-, Benachrichtigungs- und Löschungspflichten in § 101 hinzugefügt.

3 Der »große Lauschangriff« nach der vorliegenden Vorschrift ist **die akustische Überwachung** des nichtöffentlich gesprochenen Wortes **in Wohnungen** mit Ausnahme der Telekommunikation, die – von »Raumgesprächen« als Hintergrund abgesehen (§ 100a Rdn. 41) – nach §§ 100b, 100b überwacht wird. Für eine online-Durchsuchung von Rechnern liefert die vorliegende Vorschrift keine Ermächtigung (LR/*Hauck* § 100c Rn. 13 ff.). Angesichts der hohen Hürden für den Eingriffsakt kommt die akustische Wohnraumüberwachung selten zum Einsatz (*Meyer-Goßner/Schmitt* § 100c Rn. 1), sodass sogar ihre Geeignetheit fragwürdig erscheint (SK-StPO/*Wolter* § 100c Rn. 9 ff.). **Der präventivpolizeiliche Einsatz** von technischen Mitteln zur Wohnraumüberwachung, einschließlich der »Eigensicherung«, richtet sich nach den Polizeigesetzen der Länder (SK-StPO/*Wolter* § 100c Rn. 15 ff.). Die Ver-

wertbarkeit der hieraus gewonnenen präventivpolizeilichen Informationen auch im Strafverfahren wird durch § 100d Abs. 5 Nr. 3 geregelt.

Nicht ausdrücklich vorgesehen sind das heimliche Betreten der Wohnung zur Installation der technischen Mittel oder andere mit der Überwachung notwendigerweise verbundene Eingriffsmaßnahmen. Für solche unselbstständigen **Begleitmaßnahmen** reklamiert die herrschende Meinung eine Annexkompetenz aus der vorliegenden Eingriffsnorm (KK/ *Bruns* § 100c Rn. 4; *Eisenberg* Beweisrecht der StPO, Rn. 2522; SK-StPO/ *Wolter* § 100c Rn. 40; krit. LR/ *Hauck* § 100c Rn. 9), die aber im Hinblick auf den Gesetzesvorbehalt und das rechtsstaatliche Bestimmtheitsgebot für Eingriffsmaßnahmen problematisch wirkt. Jedenfalls dann, wenn die Maßnahme in den Schutzbereich anderer Spezialgrundrechte als des Art. 13 Abs. 1 GG eingreift, scheidet schon mit Blick auf das Zitiergebot eine Annexkompetenz aus (LR/ *Hauck* § 100c Rn. 8).

Überwachungsgegenstand ist **das nichtöffentlich gesprochene Wort.** Darunter wird das im räumlichen Schutzbereich des Art. 13 Abs. 1 GG geführte Gespräch, das nicht für einen unbestimmten oder durch persönliche oder sachliche Beziehungen miteinander verbundenen Personenkreis wahrnehmbar ist, verstanden (LR/ *Hauck* § 100c Rn. 92; *Meyer-Goßner/Schmitt* § 100c Rn. 3). Es kann auch ein Selbstgespräch sein, dessen heimliche Überwachung jedoch in den absolut geschützten Kernbereich der Persönlichkeitsentfaltung eingreift und deshalb unzulässig ist (SK-StPO/ *Wolter* § 100c Rn. 37). Der Begriff des nichtöffentlich gesprochenen Wortes ist im Übrigen identisch mit dem gleichlautenden Tatbestandsmerkmal des § 201 Abs. 1 Nr. 1 StGB.

Die **Aufzeichnung des öffentlich gesprochenen Wortes** ist schon aufgrund der Ermittlungsgeneralklausel zulässig (SK-StPO/ *Wolter* § 100c Rn. 38), weil sie wegen der eigenverantwortlichen Entäußerung durch den Betroffenen prinzipiell keine Eingriffsrelevanz besitzt. Dies gilt auch für faktisch öffentliche Gespräche, wie etwa für laute Unterhaltungen und Telefonate auf öffentlichen Straßen und Plätzen, in Ladenlokalen oder in öffentlichen Verkehrsmitteln.

B. Allgemeine Eingriffsvoraussetzungen. Positive Anordnungsvoraussetzungen sind das Vorliegen eines konkreten Verdachts einer Anknüpfungstat aus dem Katalog des § 100c Abs. 2, die Ausrichtung der Maßnahme auf diesbezügliche Sachaufklärung und die Beachtung eines strengen Subsidiaritätsprinzips. Der allgemein geltende Grundsatz der Verhältnismäßigkeit kommt hinzu, wird aber durch die vorgenannten Einschränkungskriterien bereits derart vorgeprägt, dass kaum Platz für weitere Überlegungen im Einzelfall bleibt.

I. Materielle Anordnungskriterien. 1. Konkreter Verdacht einer Katalogtat (Abs. 1 Nr. 1 und Abs. 2) Nach den verfassungsgerichtlichen Vorgaben wurden in den Katalog der tauglichen Anlasstaten in § 100c Abs. 2 nur **Straftaten mit einer die Mindesthöchststrafe von fünf Jahren Freiheitsstrafe** überschreitenden Strafrahmenobergrenze aufgenommen (vgl. BVerfGE 109, 279 [349]). Das liefert aber noch kein wesentliches Einschränkungskriterium, zumal zahlreiche Straftaten einen solchen Strafrahmen aufweisen, ohne in den Katalog aufgenommen worden zu sein. In der Praxis dominieren Tötungsverbrechen oder schwere Betäubungsmitteldelikte als Anwendungsfälle des großen Lauschangriffs (SK-StPO/ *Wolter* § 100c Rn. 44).

Der **Straftatenkatalog** des § 100c Abs. 2 ist abschließend; er schließt **auch den Versuch** des Katalogdelikts ein, **nicht** aber **einen Beteiligungsversuch bei Verbrechen** im Sinne von § 30 StGB (KK/ *Bruns* § 100c Rn. 11; *Meyer-Goßner/Schmitt* § 100c Rn. 5; SK-StPO/ *Wolter* § 100c Rn. 42). Der gesetzliche Anlasstatenkatalog folgt keinem einheitlichen Konzept und bezeichnet z.T. **schwerwiegende**, z.T. **schwer aufklärbare** Deliktsarten. Dass etwa aus dem Bereich der Gewaltdelikte nur Mord und Totschlag, nicht aber qualifizierte Fälle der Körperverletzung, als taugliche Anlasstaten gewertet werden, wirkt im Vergleich mit anderen Deliktskategorien zumindest in Bezug auf die Schweregewichtung fragwürdig und erscheint nur durch Nichtzuordnung zur Kategorie **der Organisierten Kriminalität** nachvollziehbar. Die Aufnahme des Besitzes kinderpornografischer Schriften in Abs. 2 Nr. 1 Buchst. e) (zum Problem der Legitimation des Straftatbestands *Matt/Renzikowski/Eschelbach* StGB § 184b Rn. 2 m.w.N.) ist etwa dem Zeitgeist geschuldet; sie wirkt im Übrigen auch im Vergleich mit den qualifizierten Fällen direkter Sexualdelikte (Abs. 2 Nr. 1 Buchst. d) inadäquat. Die **Einbeziehung besonders schwerer Fälle** bestimmter Deliktsarten setzt die Regelbeispiele hierzu den Qualifikationsmerkmalen im ersten Anlauf praktisch gleich und verlangt bei der Schwerebeurteilung im Einzelfall schon im Vorverfahren eine Bewertung, die sonst erst nach Durchführung der Beweisaufnahme in der Hauptverhandlung möglich erscheint, was aber unabhängig von der rechtlichen Qualität auch für die banden- und gewerbsmäßige Tatbegehung in diversen anderen Fällen in ähnlicher Weise gilt.

10 Die Tatsachenbasis des Verdachts der Katalogtat muss **in konkreten Umständen** bestehen (KK/*Bruns* § 100c Rn. 9; LR/*Hauck* § 100c Rn. 89 ff.). Vermutungen reichen – wie freilich auch sonst beim Anfangsverdacht – nicht aus, Schlussfolgerungen aufgrund der kriminalistischen Erfahrungen können aber den Tatsachenkern anreichern. Mit dem konkreten Verdacht einer Katalogtat ist nicht der für eine Anklageerhebung erforderliche hinreichende Tatverdacht oder ein für die Anordnung von Untersuchungshaft erforderlicher dringender Tatverdacht gemeint (BVerfGE 109, 279 [350 f.]; OLG Celle Beschl. v. 04.10.2010 – 3 Ws 1 – 2/10; SK-StPO/*Wolter* § 100c Rn. 41). Es muss aber aufgrund der im Anordnungszeitpunkt bereits vorliegenden Erkenntnisse eine erhöhte Wahrscheinlichkeit für die Begehung der Katalogstraftat bestehen. Damit ist aber keine Erhöhung des Wahrscheinlichkeitsgrades gegenüber dem sonst für strafprozessuale Eingriffsmaßnahmen ausreichenden Anfangsverdacht gemeint, eher eine gewisse **Tatkonkretisierung** zur Beschränkung des großen Lauschangriffs auf den engen Katalog seiner tauglichen Anlasstaten (SK-StPO/*Wolter* § 100c Rn. 41). Im Ergebnis reicht ein Anfangsverdacht aus (tendenziell unzutreffend BVerfGE 109, 279 [350]), sofern er nur soweit konkretisiert ist, dass eine Katalogtat als Verdachtsgegenstand angenommen werden kann.

11 **2. Besondere Schwere der Tat im Einzelfall (Abs. 1 Nr. 2)** Über die Eigenschaft als schwerwiegende Katalogtat hinaus muss die zu verfolgende Tat zur Kompensation der groben Unterschiede im Gewicht der Anlasstaten nach dem Katalog des § 100c Abs. 2 auch **im Einzelfall** besonders **schwer wiegen** (BVerfGE 109, 279 [344]; KK/*Bruns* § 100c Rn. 12). Worin aber das über die abstrakte Strafdrohung mit einer Mindesthöchststrafe von fünf Jahren hinausgehende besondere Gewicht der Tat liegen soll, bleibt **unbestimmt** (für die Verfassungswidrigkeit der Norm aus diesem Grund *Bode* Verdeckte strafprozessuale Ermittlungsmaßnahmen, 2012, S. 378). Für die Beurteilung sollen der **Rang** und die **Schutzwürdigkeit** des **verletzten Rechtsguts** sowie **Begehungsmerkmale** der Tat und die konkreten **Tatfolgen** maßgeblich sein (BVerfGE 109, 279 [344]). Mit diesen groben Orientierungspunkten ist nach der gesetzlichen Regelung nur – in nahezu maßstabloser Weise – eine behauptete besondere Schwere abzumessen, die nach einer weiteren Leerformel den Grad der mittleren Kriminalität deutlich übersteigen muss (BVerfGE 109, 279 [346]). Bei bestimmten Straftaten, insbesondere Kapitaldelikten, könnte als Indiz für die hinreichende Schwere im Wesentlichen bereits das – vorsätzlich – angegriffene Rechtsgut des menschlichen Lebens ausreichen (BVerfGE 109, 279 [346]). Bei anderen Delikten, insbesondere solchen, die Universalrechtsgüter betreffen, muss die besondere Schwere der Tat dagegen mit weiteren Umständen des Einzelfalls bestimmt werden. Genau genommen handelt es sich um eine **Scheinlegitimierung** des Eingriffs in eine an sich besonders schutzwürdige Sphäre. Die angebliche Tatschwere als Legitimationsgrund für den Eingriff soll sich auch aus dem **Zusammentreffen mehrerer Katalogstraftaten** oder der **Tatbegehung durch mehrere Beschuldigte** ergeben können (BVerfGE 109, 279 [346]), namentlich, wenn sie als Organisierte Kriminalität erscheint, die sich aber ihrerseits wieder einer einheitlichen Definition entzieht (BVerfGE 109, 279 [338 ff.]). Die Schwere der Straftat kann jedenfalls nur auf die nach der Verdachtshypothese bereits begangene Tat bezogen werden, nicht auf prognostizierte künftige Wiederholungstaten etwa durch eine Bande.

12 **3. Erforschung des Sachverhalts oder Ermittlung des Aufenthalts eines Mitbeschuldigten als Ziel (Abs. 1 Nr. 3)** Weitere Voraussetzung für die Überwachung ist das Vorliegen tatsächlicher Anhaltspunkte dafür, dass mit der Maßnahme **Äußerungen des Beschuldigten** erfasst werden, die zur **Aufklärung des Sachverhalts** oder zur **Ermittlung des Aufenthalts eines Mitbeschuldigten** beitragen können (KK/*Bruns* § 100c Rn. 13). Da sich die Maßnahme nur gegen den Beschuldigten, nicht gegen andere Personen richten darf, ist in der Regel Voraussetzung, dass bekannt ist oder zumindest nahe liegt, dass sich der Beschuldigte in der Wohnung aufhält (BVerfGE 109, 279 [352]). Allerdings kann die Maßnahme auch dazu dienen, Informationen über den ständigen Aufenthaltsort eines Beschuldigten zu gewinnen, soweit dies wiederum zur Sachverhaltserforschung erforderlich ist. Daneben ist die Ermittlung des Aufenthalts von Mitbeschuldigten ein zulässiges Ziel der akustischen Wohnraumüberwachung.

4. Subsidiarität des großen Lauschangriffs (Abs. 1 Nr. 4) Die Subsidiaritätsklausel des § 100c 13
Abs. 1 Nr. 4 betrifft den unverhältnismäßig höheren oder nicht Erfolg versprechenden Ermittlungsaufwand, der zu betreiben wäre, wenn die Strafverfolgungsbehörden auf die akustische Wohnraumüberwachung verzichten würden. Gegenüber den sonst im strafprozessualen Eingriffsrecht verwendeten Subsidiaritätsklauseln (»erschwert« oder »wesentlich erschwert«) enthält das hier verwendete **Kriterium der unverhältnismäßigen Erschwernis** eine weitere Steigerung. Es bringt eine Rangfolge zum Ausdruck, in der die akustische Wohnraumüberwachung als allerletztes Mittel bezeichnet wird (BT-Drucks. 13/8650 S. 5). **Alle anderen Maßnahmen**, die nach Lage des Einzelfalls infrage kommen und nicht von vornherein aussichtslos erscheinen oder für sich genommen unverhältnismäßig große Anstrengungen erfordern, **gehen also vor** (LR/*Hauck* § 100c Rn. 105; *Meyer-Goßner/Schmitt* § 100c Rn. 8; SK-StPO/*Wolter* § 100c Rn. 47). Die akustische Wohnraumüberwachung soll nur dann zum Einsatz gelangen, wenn andere Ermittlungsmaßnahmen mit hoher Wahrscheinlichkeit voraussichtlich versagen oder unzureichend bleiben oder aber einen völlig inadäquaten Aufwand nach sich ziehen. Gefordert wird eine Abwägung mit der Vorgabe, dass »bis zum Grade der Unverhältnismäßigkeit« Erschwernisse bei den Ermittlungen hinzunehmen sind, bevor auf die akustische Wohnraumüberwachung zurückgegriffen werden darf (BVerfG NJW 2004, 999, 1010). Wann andere Maßnahmen aussichtslos oder unverhältnismäßig erschwert erscheinen, muss aufgrund einer Prognose beurteilt werden. Dem anordnenden Gericht steht dabei nach der Rechtsprechung ein Beurteilungsspielraum zu, der aber das Prinzip der Kontrolle annulliert und das ohnehin fragwürdige Subsidiaritätskriterium (*Blozik* Subsidiaritätsklauseln im Strafverfahren, 2012, S. 233 ff.) weiter entwertet.

II. Die Wohnung als betroffener räumlicher Schutzbereich. Die vorliegende Vorschrift erlaubt 14
das Abhören und Aufzeichnen des nichtöffentlich gesprochenen Wortes in einer Wohnung. Der Begriff »Wohnung« im Sinne von Art. 13 GG ist nach der verfassungsgerichtlichen Rechtsprechung **weit auszulegen** (BGHSt 50, 206 [211]; krit. LR/*Hauck* § 100c Rn. 100). Darunter wird nicht nur jeder nicht allgemein zugängliche Raum verstanden, der zur Gewährleistung einer räumlichen Privatsphäre der allgemeinen Zugänglichkeit durch Abschottung entzogen und zur **Stätte des Aufenthalts von Menschen** gemacht ist (BGHSt 50, 206 [211]; *Eisenberg* Beweisrecht der StPO, Rn. 2520a; SK-StPO/*Wolter* § 100c Rn. 34). Maßgeblich ist die nach außen erkennbare Zweckbestimmung durch den Nutzungsberechtigten. **Arbeits-, Betriebs- und Geschäftsräume** werden auch zu den Wohnungen gezählt, ebenso ein **Krankenzimmer** (BGHSt 50, 206 [211]), zumindest soweit keine Mehrfachbelegung vorliegt. Selbst in **Vereinshäusern** (BGH NStZ 1997, 195 [196] m. Anm. *Scholz*), **Clubräumen** oder **Spielsälen** kann eine räumliche Privatsphäre bestehen, sodass sie als »Wohnung« anzusehen sind. Auf den Innenbereich von Gebäuden ist der Begriff der Wohnung nicht beschränkt. Auch der **Vorgarten** eines Wohnhauses soll noch zur Wohnung gehören (BGH NJW 1997, 2189).

Ein **Kfz** ist dagegen **keine Wohnung**, wenn es nur der Fortbewegung oder dem Transport von Sachen 15
dient (BGH NStZ 1998, 157). Etwas anderes kann für ein Wohnmobil gelten. Die **Zelle** eines Gefangenen und der **Besucherraum** einer Haftanstalt werden nicht als Wohnung angesehen (BGHSt 53, 294 [300]); keinen Schutz aus Art. 13 GG sollen ferner die **Unterkunftsräume** von Soldaten oder Polizeibeamten genießen (BGH NStZ 1999, 46). Das beruht aber z. T. noch auf dem überholten Begriffsverständnis im Zusammenhang mit einem »besonderen Gewaltverhältnis«.

III. Betroffene Personen. In der Regel ist **der Beschuldigte** selbst betroffen. Grundsätzlich darf die 16
Überwachung nur **in seiner Wohnung** durchgeführt werden (*Eisenberg* Beweisrecht der StPO, Rn. 2530; LR/*Hauck* § 100c Rn. 108; *Meyer-Goßner/Schmitt* § 100c Rn. 7, 11; SK-StPO/*Wolter* § 100c Rn. 48), dies freilich auch dann, wenn er sich nicht darin aufhält. Dabei dürfen Erkenntnisse über andere Personen gewonnen und verwertet werden (BVerfGE 109, 279 [354 f.]).

Wohnungen anderer Personen dürfen nur ausnahmsweise unter den aus dem Verhältnismäßigkeits- 17
grundsatz abgeleiteten Voraussetzungen des § 100c Abs. 3 S. 2 überwacht werden (vgl. BVerfGE 109, 279 [356]; LR/*Hauck* § 100c Rn. 109; *Meyer-Goßner/Schmitt* § 100c Rn. 12; SK-StPO/*Wolter* § 100c Rn. 51). Es muss aufgrund bestimmter Tatsachen anzunehmen sein, dass der Beschuldigte sich in der fremden Wohnung aufhält (BVerfGE 109, 279 [355]) und die Überwachung der eigenen Wohnung des Beschuldigten nicht ausreicht, oder der Aufenthaltsort eines Mitbeschuldigten in der fremden Wohnung festgestellt werden kann.

18 Das **Einverständnis** des Wohnungsinhabers mit dem Einsatz genügt nicht als Ersatz für eine richterliche Eingriffsgestattung auf gesetzlicher Grundlage (SK-StPO/*Wolter* § 100c Rn. 36), da der Inhaber nicht über die Grundrechte anderer Personen, die von der Überwachung mitbetroffen werden können, disponieren darf (BT-Drucks. 15/4533 S. 26).

19 Die Maßnahme kann aber auch angeordnet werden, wenn **Dritte unvermeidbar betroffen** werden (LR/*Hauck* § 100c Rn. 110; SK-StPO/*Wolter* § 100c Rn. 53), soweit jedenfalls nicht der absolut geschützte Kernbereich der Persönlichkeitsentfaltung bei diesen Personen oder beim Beschuldigten als Kommunikationspartner berührt wird (BVerfGE 109, 279 [353]). Wann es unvermeidbar ist, dass ein nicht verdächtiger Dritter überwacht wird, muss im Einzelfall unter **Beachtung des Verhältnismäßigkeitsgrundsatzes** geprüft werden. Werden unverdächtige Dritte im Übermaß betroffen, hat die Überwachung zu unterbleiben (SK-StPO/*Wolter* § 100c Rn. 66).

20 **C. Präventiver Kernbereichsschutz bei der Anordnung der Maßnahme.** **I. Notwendigkeit einer Negativprognose.** Art. 13 Abs. 3 GG gestattet nur den Erlass von gesetzlichen Regelungen, die gewährleisten, dass die akustische Wohnraumüberwachung den Kernbereich privater Lebensgestaltung unberührt lassen. Die Regelungen zur Eingriffsermächtigung müssen deshalb das Abhören und Aufzeichnen des nichtöffentlich gesprochenen Wortes in Wohnungen untersagen, **wenn Anhaltspunkte dafür bestehen, dass absolut geschützte Gesprächsinhalte erfasst werden.** Dabei sind die Anforderungen an eine rechtmäßige Anordnung der akustischen Wohnraumüberwachung umso strenger, je größer die Wahrscheinlichkeit ist, dass mit ihnen Gespräche höchstpersönlichen Inhalts erfasst werden. Diesen Vorgaben entspricht § 100c Abs. 4 nach der Rechtsprechung (BVerfG NJW 2007, 2753 [2755]; krit. SK-StPO/*Wolter* § 100c Rn. 54). Er sieht ein kategorisches **Beweiserhebungsverbot** vor. Das Gericht muss daher bei der Anordnung eine **Negativprognose** des voraussichtlichen Eingriffs in den Kernbereich der Persönlichkeitsentfaltung treffen (BVerfG NJW 2007, 2753 [2754]; OLG Düsseldorf NStZ 2009, 54; KK/*Bruns* § 100c Rn. 25; LR/*Hauck* § 100c Rn. 115).

21 **II. Kernbereichsindizien.** Was zum Kernbereich der persönlichen Lebensgestaltung gehört, ist im Einzelnen ebenso unklar (vgl. BVerfG NJW 2007, 2753 [2755]; OLG Düsseldorf NStZ 2009, 54 [55]), wie die Frage nach der Antastung der Menschenwürde (dazu BVerfGE 30, 1 [25 f.]). Die Bestimmung des Kernbereichs der Persönlichkeitsentfaltung ist auch im einfachen Recht nicht näher bestimmt worden (SK-StPO/*Wolter* § 100c Rn. 31). Maßgeblich ist zunächst der **Gesprächsinhalt** (BVerfGE 109, 279 [314]), dann aber auch der Grad der Vertraulichkeit und Schutzwürdigkeit der **Kommunikationsbeziehung**. Die räumlich geschützte Sphäre der Wohnung eröffnet dem Bürger prinzipiell einen Freiraum, um innere Vorgänge wie Empfindungen und Gefühle, sowie Überlegungen, Ansichten und Erlebnisse höchstpersönlicher Art zum Ausdruck zu bringen, und zwar ohne Angst, dass staatliche Stellen dies überwachen (BVerfGE 109, 279 [313]). Deshalb darf das nichtöffentlich gesprochene Wort in Wohnungen nicht abgehört werden, wenn **der Betroffene** sich nur **alleine** oder **ausschließlich mit Personen** in seiner Wohnung aufhält, zu denen er in einem **besonderen Vertrauensverhältnis** steht, insbesondere mit nahen Familienangehörigen oder sonstigen engsten Vertrauten (OLG Düsseldorf NStZ 2009, 54 [55]). Zu dem Personenkreis, dem eine geschützte Kommunikation mit dem Beschuldigten ermöglicht werden muss, gehören auch **Geistliche** und **Strafverteidiger** (BVerfGE 109, 279 [317, 322]) und im Einzelfall **Ärzte** (krit. zur unklaren Differenzierung bei Arztgesprächen SK-StPO/*Wolter* § 100c Rn. 65). Denn Beichtgespräche, Mandatsgespräche des Beschuldigten mit seinem Verteidiger oder im Einzelfall auch Anamnesen und ärztliche Beratungsgespräche gehören schon für sich genommen zum Kernbereich der Persönlichkeitsentfaltung. Gleiches gilt für **Selbstgespräche** in Abwesenheit anderer Personen, selbst wenn sie sich auf den Tatvorwurf oder die Tat beziehen (BGHSt 50, 206 [212 ff.]; 57, 71 [74 ff.]; *Mitsch* NJW 2012, 1486 [1488]; SK-StPO/*Wolter* § 100c Rn. 63).

22 Zwiegespräche mit anderen Personen ohne entsprechende Bedeutung des Vertrauensverhältnisses sind dagegen regelmäßig nicht Teil des Kernbereichs der Persönlichkeitsentfaltung, wenn der Gesprächsinhalt einen **Tatbezug** aufweist (BVerfGE 109, 279 [319]; KK/*Bruns* § 100c Rn. 22; *Mitsch* NJW 2012, 1486 [1488]). Durch einen direkten Zusammenhang des Gesprächsinhalts mit der Tat wird ein Sozialbezug der Kommunikation hergestellt, der den Gesprächsinhalt aus der Intimsphäre heraushebt. Nur ohne einen solchen Tatbezug sind Gespräche mit sonstigen Personen des persönlichen Vertrauens kernbereichsrelevant, dann aber für die Sachaufklärung eher irrelevant.

Gibt es konkrete Anhaltspunkte dafür, dass Gespräche ihrem Inhalt nach einen unmittelbaren Bezug zu 23
den aufzuklärenden Straftaten haben, so gehören diese wegen ihres Sozialbezugs in der Regel nicht zum
Kernbereich der Persönlichkeitsentfaltung und dürfen nach gesetzlicher Vermutung fehlender Kernbereichsrelevanz im Allgemeinen überwacht und aufgezeichnet werden (§ 100c Abs. 4 S. 3). Der erwartete **Tatbezug** zu überwachender Gespräche ist aber **kein generelles Ausschlusskriterium** für die Kernbereichsbestimmung. Beichtgespräche oder Verteidigergespräche sind per se dem Kernbereich der Persönlichkeitsentfaltung zuzuordnen, weil dem Einzelnen auch eine Möglichkeit eingeräumt werden muss, in Bezug auf tatsächlich begangene Straftaten oder jedenfalls in Bezug auf Tatvorwürfe in ungestörter Weise religiösen Beistand oder wirkliche Verteidigung zu erlangen. Auch **Selbstgespräche** in der vermeintlichen Abgeschiedenheit als Teil der Gedankenfreiheit sind ohne Rücksicht darauf, dass ein – aussagepsychologisch auch nicht verifizierbarer – »Tatbezug« der verbalisierten Gedankenfragmente anklingt, müssen überwachungsfrei möglich sein (BGHSt 57, 71 [74]). Zudem sind zumindest diejenigen **Teile von Gesprächen** des Beschuldigten mit Personen seines besonderen Vertrauens, die keinen direkten »Tatbezug« aufweisen, tabu. Das führt zu erheblichen praktischen Problemen bei der Anwendung der akustischen Wohnraumüberwachung, die das Ermittlungsinstrument in der Praxis weitgehend gelähmt haben. Sobald sich auch nur die Gefahr einer Erfassung von Teilen eines Gesprächs ergibt, das zum Kernbereich der Persönlichkeitsentfaltung gehört, ist die Maßnahme zu **unterbrechen** und sie darf erst weitergeführt werden, wenn konkrete Anhaltspunkte dafür sprechen, dass die Gesprächsteilnehmer den Kernbereich wieder verlassen haben. Das ist kaum prognostizierbar. Wegen des weitreichenden Konzepts zum präventiven Kernbereichsschutz bei der akustischen Wohnraumüberwachung, für das sich bei der Überwachung der Telekommunikation kein Gegenstück findet, muss die akustische Wohnraumüberwachung im Zweifel aber generell unterbleiben (SK-StPO/*Wolter* § 100c Rn. 59).

Gespräche in Betriebs- oder Geschäftsräumen dürfen in der Regel überwacht werden (BVerfGE 109, 24
279 [320]; SK-StPO/*Wolter* § 100c Rn. 61), weil eine Kernbereichsrelevanz dort gemachter Äußerungen nach gesetzlicher Vermutung eher fernliegt (Abs. 4 S. 2). Anders sind zu Geschäfts- und Wohnzwecken gemischt genutzte Räume oder solche, die zu berufsbezogenen Tätigkeiten durch im Sinne von § 53 zeugnisverweigerungsberechtigte Personen genutzt werden, zu bewerten (BVerfGE 109, 279 [321]).

III. Nachträgliche Kernbereichsberührung. Wenn es bei einer akustischen Überwachung mit 25
Wahrscheinlichkeit zu einer Verletzung des Kernbereichs kommen würde, so darf die Eingriffsmaßnahme nicht weiter durchgeführt werden (BVerfGE 109, 279 [324]); sie bedarf der unverzüglichen **Unterbrechung** (§ 100c Abs. 5 S. 1). Deshalb müssen die Strafverfolgungsorgane vor der Anordnung der akustischen Überwachung der Wohnung eine **Prognose** anstellen, dass kernbereichsrelevante Daten nicht erfasst werden (*Meyer-Goßner/Schmitt* § 100c Rn. 14; krit. zur Gesetzesfassung SK-StPO/*Wolter* § 100c Rn. 55). Bei der Durchführung der Überwachung ist in der Regel auf eine automatische Aufzeichnung ohne **Echtzeitüberwachung** zu verzichten (SK-StPO/*Wolter* § 100c Rn. 68; zurückhaltend KK/*Bruns* § 100c Rn. 28; *Meyer-Goßner/Schmitt* § 100c Rn. 16a), wenngleich diese nicht zwingend unzulässig erscheint (BVerfG NJW 2007, 2753 [2757]). Dabei sind der Ort des Gesprächs und der Kreis der voraussichtlich betroffenen Personen in den Blick zu nehmen. Die Anwesenheit von Ehepartnern, engen Familienangehörigen oder Freunden, aber auch die Anwesenheit von Geistlichen, Verteidigern und Ärzten weist gegebenenfalls auf die Gefahr der Kernbereichsberührung durch akustische Gesprächsüberwachungen hin.

Kann **nach einer Unterbrechung** der akustischen Wohnraumüberwachung nochmals eine Prognose gewagt werden, dass die Überwachung nicht mehr zu einem Eingriff in den absolut geschützten Kernbereich der Persönlichkeitsentfaltung führt, dann darf sie nach § 100c Abs. 5 S. 5 **wiederaufgenommen** 26
werden (*Meyer-Goßner/Schmitt* § 100c Rn. 19), ohne dass es einer neuen Anordnung des Gerichts bedarf. **Bei Zweifeln** über die Notwendigkeit der weiteren Unterbrechung oder die Möglichkeit der Fortführung einer Maßnahme **entscheidet** jedoch **das Gericht** (§ 100c Abs. 5 S. 6; KK/*Bruns* § 100c Rn. 31; *Meyer-Goßner/Schmitt* § 100c Rn. 20; SK-StPO/*Wolter* § 100c Rn. 76).

D. Beweisverwertungsverbot bei Kernbereichsverletzung in der Durchfüh- 27
rung des Lauschangriffs. Aufzeichnungen im Rahmen der akustischen Wohnraumüber-

wachung, die Äußerungen erfassen, welche dem Kernbereich privater Persönlichkeitsentfaltung zuzurechnen sind, müssen unverzüglich **gelöscht** werden (§ 100c Abs. 5 S. 2). Die Löschung hat faktisch die **Unverwertbarkeit** zur Folge. Ein Verwertungsverbot besteht aber auch rechtlich als Ausfluss von Art. 1 Abs. 1 S. 2 GG (vgl. § 136a Abs. 3 StPO). Es gilt hier auch ein absolutes Beweisverwertungsverbot (BVerfGE 109, 279 [331]), das **nicht von einer Interessenabwägung abhängig** ist, nicht der Geltendmachung eines Widerspruchs der Verteidigung gegen die Verwertung nach Maßgabe der Widerspruchslösung bedarf (BGHSt 50, 206 [215]), das außerdem **Fern-, Folge- und Drittwirkungen** entfaltet (BGHSt 57, 71 [78]). Die gewonnenen Erkenntnisse dürfen nicht einmal als Ermittlungsansatz verwendet werden (BT-Drucks. 15/4533 S. 15; *Meyer-Goßner/Schmitt* § 100c Rn. 17; SK-StPO/*Wolter* § 100c Rn. 71).

28 Nach § 100c Abs. 5 S. 4 müssen die Tatsachen der Erfassung einer Äußerung aus dem Kernbereich der Persönlichkeitsentfaltung und ihrer **Löschung in den Akten dokumentiert** werden (SK-StPO/*Wolter* § 100c Rn. 74). Die Löschung macht freilich eine Nachprüfung, ob die Ermittler den unverwertbaren Stoff nicht doch zumindest als Ermittlungsansatz verwertet haben, nahezu unmöglich.

29 Wenn ein Beweisverwertungsverbot und ein Löschungsgebot in Betracht kommt, ist vor der Löschung der fraglichen Erkenntnisse bereits im Vorverfahren (krit. LR/*Hauck* § 100c Rn. 129) eine **gerichtliche Entscheidung** herbeizuführen, (§ 100c Abs. 7 S. 1). Verneint das Gericht die Verwertbarkeit der Aufzeichnungen, so bleibt diese Entscheidung nach § 100c Abs. 7 S. 2 für das weitere Verfahren **bindend**. Gegen die Entscheidung der Strafkammer ist die Beschwerde zulässig.

30 **E. Kernbereichsähnlicher Schutz besonderer Vertrauensverhältnisse. I. Absolute Beweisverbote.** Nach § 100c Abs. 6 dürfen **die in § 53 Abs. 1 genannten Berufsgeheimnisträger** prinzipiell nicht überwacht werden (BVerfGE 109, 279 [329]). Soweit es nicht um Geistliche, Strafverteidiger oder Ärzte geht, wird damit **der präventive Schutz**, der sonst nur kernbereichsrelevanten Kommunikationsverhältnissen zukommt, auf andere Berufsgruppen ausgedehnt (krit. SK-StPO/*Wolter* § 100c Rn. 79). Das ist vor allem der Unsicherheit über die Reichweite des absolut geschützten Kernbereichs der Persönlichkeitsentfaltung geschuldet und führt daher an anderer Stelle zu Rechtsunsicherheit und Rechtsunklarheit, die den Vorteil der Ausdehnung des Schutzumfangs wieder relativiert (LR/*Hauck* § 100c Rn. 136 ff.). Besonders fragwürdig erscheint die regelungstechnische Bevorzugung der Berufsgeheimnisträger (§ 53 Abs. 1) gegenüber den Angehörigen des Beschuldigten (§ 52 Abs. 1). Stellt sich erst im Lauf der Gesprächsüberwachung heraus, dass eine Person aus dem Kreis dieser Zeugnisverweigerungsberechtigten an abgehörten und aufgezeichneten Gesprächen beteiligt ist, so gelten die **Löschungsgebote** und die **Beweisverwertungsverbote** nach § 100c Abs. 5 S. 2 bis 4 ebenfalls.

31 **II. Relative Verwertungsverbote.** Weniger stark ist der Schutz der in § 52 und § 53a genannten Personen, der nur in einem Verwertungsverbot ohne vorgreifliches Beweiserhebungsverbot besteht (LR/*Hauck* § 100c Rn. 147). Die Gleichsetzung dieser disparaten Personengruppen wirkt willkürlich (SK-StPO/*Wolter* § 100c Rn. 79). In Bezug auf beide Gruppen gilt nach dem Gesetz einfachrechtlich **kein Beweiserhebungsverbot** für die akustische Gesprächsüberwachung in Wohnungen, sondern nur ein durch eine Abwägung (zur allgemeinen Problematik der Abwägungsdoktrin § 136 Rdn. 82 f.) **eingeschränktes Verwertungsverbot** (krit. SK-StPO/*Wolter* § 100c Rn. 82). Die Erkenntnisse aus der Überwachung von Gesprächen des Beschuldigten mit solchen Zeugnisverweigerungsberechtigten dürfen verwertet werden, wenn der damit verbundene Eingriff in die Vertrauensbeziehung bei Abwägung mit dem staatlichen Interesse an der Sachverhaltserforschung **nicht unverhältnismäßig** ist, was immer darunter zu verstehen sein soll. Das gilt aber jedenfalls dann nicht, wenn der Beschuldigte mit einer Person aus dem Kreis der zeugnisverweigerungsberechtigten Angehörigen (§ 52) eine kernbereichsrelevante Kommunikation führt, die schon nach § 100c Abs. 4 nicht der Überwachung unterliegen darf (BVerfG NJW 2007, 2753 [2756]). Insoweit wirkt zumindest die einfachrechtliche Regelung, die § 53 (im Gefolge der Vorgaben durch BVerfGE 109, 279 [329]) anders als § 52 behandelt, unausgewogen (zu Recht krit. *Jäger/Hohmann-Dennhardt* BVerfGE 109, 382 [385]).

32 **III. Ausnahme bei Tatverstrickung des Zeugen.** § 100c Abs. 6 S. 3 verweist für alle Personengruppen aus den §§ 52, 53, 53a (*Meyer-Goßner/Schmitt* § 100c Rn. 24) – in missglückter Weise – auf die Verstrickungsregelung des § 160a Abs. 4 (KK/*Bruns* § 100c Rn. 36; LR/*Hauck* § 100c Rn. 149; krit. SK-StPO/*Wolter* § 100c Rn. 85). Er gilt insgesamt nicht im **Fall des Verdachts einer Beteiligung** des

Zeugnisverweigerungsberechtigten an der Tat aufgrund bestimmter Tatsachen. Wenn der Berufsgeheimnisträger also selbst einer Katalogtat verdächtig ist, ferner aber auch dann, wenn er **von seiner Verschwiegenheitspflicht entbunden** wurde oder auf sein Zeugnisverweigerungsrecht **verzichtet**, dürfen die Erkenntnisse aus seiner akustischen Überwachung verwertet werden (*Eisenberg* Beweisrecht der StPO, Rn. 2532).

F. Unselbstständige Beweisverwertungsverbote. Ein Verwertungsverbot kommt im Übrigen nach der Rechtsprechung zu unselbstständigen Beweisverwertungsverboten über die in der vorliegenden Vorschrift positivgeregelten Fälle hinaus **bei gewichtigen Verfahrensfehlern** im Zusammenhang mit der Anordnung der akustischen Wohnraumüberwachung in Betracht (SK-StPO/*Wolter* § 100c Rn. 91). Ein solcher wird vor allem bei bewusster Überschreitung der durch die Eingriffsnorm geregelten Befugnisse angenommen, insbesondere bei Umgehung der materiellen Anordnungsvoraussetzungen (*Meyer-Goßner/Schmitt* § 100c Rn. 25) oder bei Verletzung der Regeln über den Richtervorbehalt. Darüber kann und muss die Verteidigung nach der **Widerspruchslösung** der Rechtsprechung (§ 136 Rdn. 96 ff.) disponieren (vgl. BGHSt 50, 206 [215]). Diese »Lösung« ist aber nicht nur generell angreifbar (§ 136 Rdn. 113 ff.), sie wirkt im Bereich der Informationsbeschaffung durch einen »großen Lauschangriff« besonders unpassend (SK-StPO/*Wolter* § 100c Rn. 93). 33

Nichtkatalogtaten dürfen prinzipiell nicht mit den Erkenntnissen aus der akustischen Wohnraumüberwachung verfolgt werden (*Eisenberg* Beweisrecht der StPO, Rn. 2536); das muss auch dann gelten, wenn ursprünglich ein Verdacht einer Katalogtat vorgelegen hatte, der sich später in den Verdacht einer Nichtkatalogtat verändert hat. **Verletzungen des** ohnehin unbestimmten **Subsidiaritätsgrundsatzes** bleiben vom Ausgangspunkt der Rechtsprechung aus folgenlos, worin die Nutzlosigkeit der schwierigen Übung, eine qualifizierte Subsidiaritätsklausel auszulegen und anzuwenden (*Blozig* Subsidiaritätsklauseln im Strafverfahren, 2012, S. 233 ff.) sinnfällig zum Ausdruck kommt. 34

G. Unzulässigkeit einer Totalüberwachung. Insbesondere beim gleichzeitigen und längerfristigen Einsatz mehrerer technischer Mittel zur Überwachung von Kommunikation, Telekommunikation und Aufenthalt des Beschuldigten ist namentlich im Hinblick auf die vorliegende, eingriffsintensivste Maßnahme zu beachten, dass eine »**Rundumüberwachung**« als **unzulässig** gilt (BVerfGE 109, 279 [323]; 112, 304 [319]; BVerfG NJW 2007, 2753 [2757]; BGHSt 54, 69 [102 ff.]; LR/*Hauck* § 100c Rn. 127). Eine die Menschenwürde antastende Totalüberwachung wird angenommen, wenn eine nahezu lückenlose Registrierung aller Bewegungen und Lebensäußerungen des Beschuldigten erfolgt, die ein **umfassendes Bewegungs- und Persönlichkeitsprofil** ergibt (BGHSt 54, 69 [105]). Allein die zeitgleiche Durchführung mehrerer Überwachungsmaßnahmen soll andererseits noch nicht zu einer verfassungsrechtlich unzulässigen Totalumüberwachung führen. Wann dies aber der Fall sein soll, bleibt vorerst unklar. Ob dabei auch kumulative Maßnahmen der Strafverfolgungsorgane und der präventivpolizeilich handelnden Behörden sowie der Nachrichtendienste zusammen zu bewerten sind, ist ebenfalls noch ein unerforschtes Gebiet. 35

§ 100d StPO Verfahren bei der akustischen Wohnraumüberwachung.

(1) ¹Maßnahmen nach § 100c dürfen nur auf Antrag der Staatsanwaltschaft durch die in § 74a Abs. 4 des Gerichtsverfassungsgesetzes genannte Kammer des Landgerichts angeordnet werden, in dessen Bezirk die Staatsanwaltschaft ihren Sitz hat. ²Bei Gefahr im Verzug kann diese Anordnung auch durch den Vorsitzenden getroffen werden. ³Dessen Anordnung tritt außer Kraft, wenn sie nicht binnen drei Werktagen von der Strafkammer bestätigt wird. ⁴Die Anordnung ist auf höchstens einen Monat zu befristen. ⁵Eine Verlängerung um jeweils nicht mehr als einen Monat ist zulässig, soweit die Voraussetzungen unter Berücksichtigung der gewonnenen Ermittlungsergebnisse fortbestehen. ⁶Ist die Dauer der Anordnung auf insgesamt sechs Monate verlängert worden, so entscheidet über weitere Verlängerungen das Oberlandesgericht.

(2) ¹Die Anordnung ergeht schriftlich. ²In der Anordnung sind anzugeben:
1. soweit möglich, der Name und die Anschrift des Beschuldigten, gegen den sich die Maßnahme richtet,
2. der Tatvorwurf, auf Grund dessen die Maßnahme angeordnet wird,

§ 100d StPO   Verfahren bei der akustischen Wohnraumüberwachung

3. die zu überwachende Wohnung oder die zu überwachenden Wohnräume,
4. Art, Umfang und Dauer der Maßnahme,
5. die Art der durch die Maßnahme zu erhebenden Informationen und ihre Bedeutung für das Verfahren.

(3) ¹In der Begründung der Anordnung oder Verlängerung sind deren Voraussetzungen und die wesentlichen Abwägungsgesichtspunkte darzulegen. ²Insbesondere sind einzelfallbezogen anzugeben:
1. die bestimmten Tatsachen, die den Verdacht begründen,
2. die wesentlichen Erwägungen zur Erforderlichkeit und Verhältnismäßigkeit der Maßnahme,
3. die tatsächlichen Anhaltspunkte im Sinne des § 100c Abs. 4 Satz 1.

(4) ¹Das anordnende Gericht ist über den Verlauf und die Ergebnisse der Maßnahme zu unterrichten. ²Liegen die Voraussetzungen der Anordnung nicht mehr vor, so hat das Gericht den Abbruch der Maßnahme anzuordnen, sofern der Abbruch nicht bereits durch die Staatsanwaltschaft veranlasst wurde. ³Die Anordnung des Abbruchs der Maßnahme kann auch durch den Vorsitzenden erfolgen.

(5) Personenbezogene Daten aus einer akustischen Wohnraumüberwachung dürfen für andere Zwecke nach folgenden Maßgaben verwendet werden:
1. Die durch eine Maßnahme nach § 100c erlangten verwertbaren personenbezogenen Daten dürfen in anderen Strafverfahren ohne Einwilligung der insoweit überwachten Personen nur zur Aufklärung einer Straftat, auf Grund derer die Maßnahme nach § 100c angeordnet werden könnte, oder zur Ermittlung des Aufenthalts der einer solchen Straftat beschuldigten Person verwendet werden.
2. ¹Die Verwendung der durch eine Maßnahme nach § 100c erlangten personenbezogenen Daten, auch solcher nach § 100c Abs. 6 Satz 1 Halbsatz 2, zu Zwecken der Gefahrenabwehr ist nur zur Abwehr einer im Einzelfall bestehenden Lebensgefahr oder einer dringenden Gefahr für Leib oder Freiheit einer Person oder Gegenstände von bedeutendem Wert, die der Versorgung der Bevölkerung dienen, von kulturell herausragendem Wert oder in § 305 des Strafgesetzbuches genannt sind, zulässig. ²Die durch eine Maßnahme nach § 100c erlangten und verwertbaren personenbezogenen Daten dürfen auch zur Abwehr einer im Einzelfall bestehenden dringenden Gefahr für sonstige bedeutende Vermögenswerte verwendet werden. ³Sind die Daten zur Abwehr der Gefahr oder für eine vorgerichtliche oder gerichtliche Überprüfung der zur Gefahrenabwehr getroffenen Maßnahmen nicht mehr erforderlich, so sind Aufzeichnungen über diese Daten von der für die Gefahrenabwehr zuständigen Stelle unverzüglich zu löschen. ⁴Die Löschung ist aktenkundig zu machen. ⁵Soweit die Löschung lediglich für eine etwaige vorgerichtliche oder gerichtliche Überprüfung zurückgestellt ist, dürfen die Daten nur für diesen Zweck verwendet werden; für eine Verwendung zu anderen Zwecken sind sie zu sperren.
3. Sind verwertbare personenbezogene Daten durch eine entsprechende polizeirechtliche Maßnahme erlangt worden, dürfen sie in einem Strafverfahren ohne Einwilligung der insoweit überwachten Personen nur zur Aufklärung einer Straftat, auf Grund derer die Maßnahme nach § 100c angeordnet werden könnte, oder zur Ermittlung des Aufenthalts der einer solchen Straftat beschuldigten Person verwendet werden.

1 **A. Bedeutung und Anwendungsbereich.** Die akustische Wohnraumüberwachung als besonders schwer wiegender Grundrechtseingriff unterliegt nach Art. 13 Abs. 3 GG einem **qualifizierten Richtervorbehalt** (vgl. BVerfGE 109, 279 [358 ff.]: LR/*Hauck* § 100d Rn. 3), der **mangels vorheriger Anhörung** des Betroffenen in besonderer Weise **präventiven Rechtsschutz** gegen den schwerwiegenden Grundrechtseingriff gewährleisten soll. Die Vorschrift regelt die besonderen Zuständigkeiten zur Anordnung der akustischen Wohnraumüberwachung, die Form und den notwendigen Inhalt der gerichtlichen Entscheidung, die laufende Unterrichtung des Gerichts über die Durchführung der Maßnahme, sowie die Verwendung der erlangten Daten in anderen Bereichen als dem Anlassverfahren.

2 **B. Zuständigkeiten.** Die Anordnung der akustischen Wohnraumüberwachung **bedarf eines Antrags der Staatsanwaltschaft**; Polizeibehörden sind nicht antragsberechtigt. Für Maßnahmen der Wohnraumüberwachung ist eine **besondere Kammer** beim Landgericht am Sitz eines Oberlandesgerichts zuständig (KK/*Bruns* § 100d Rn. 2; LR/*Hauck* § 100d Rn. 4). Die Kammer darf nicht mit strafprozessualen Hauptverfahren befasst sein (§ 74a Abs. 4 GVG); eine entsprechende Regelung

gilt für den zweitinstanzlich zuständigen Beschwerdesenat des Oberlandesgerichts (§ 120 Abs. 4 GVG). Diese besondere Kammer tritt an die Stelle des sonst für Ermittlungseingriffe nach § 162 zuständigen Ermittlungsrichters. Sie ist in zentralisierter Weise für den gesamten Bezirk des Oberlandesgerichts zuständig.

Eine **Eilentscheidung** kann bei Gefahr im Verzug wegen Nichterreichbarkeit der Kammermitglieder oder ihrer geschäftsplanmäßigen Vertreter höchst ausnahmsweise auch alleine **durch den Vorsitzenden** erfolgen, die jedoch der **Bestätigung der Kammer** innerhalb von drei Werktagen bedarf, damit die Anordnung nicht mit Wirkung ex tunc außer Kraft tritt (LR/*Hauck* § 100d Rn. 8). Bereits gewonnene Erkenntnisse sollen aber wegen der – anders als bei § 100b Abs. 1 S. 2 – immerhin bereits vorhandenen richterlichen Prüfung durch den Vorsitzenden auch im Fall des Außerkrafttretens wegen Erledigung des Zwecks verwertbar bleiben (*Meyer-Goßner/Schmitt* § 100d Rn. 1; SK-StPO/*Wolter* § 100d Rn. 6a). Nur wenn die Anordnung des Vorsitzenden sich nachträglich als verfahrensfehlerhaft erweist, kommt ein Verwertungsverbot infrage. Das Gericht prüft auch bei der vorliegenden Eingriffsmaßnahme auf Antrag der Staatsanwaltschaft prinzipiell nur, ob **die gesetzlichen Eingriffsvoraussetzungen** – freilich mitsamt der Subsidiarität und Verhältnismäßigkeit – vorliegen, **nicht** jedoch allgemein, **ob die** beantragte **Maßnahme zweckmäßig ist** (SK-StPO/*Wolter* § 100d Rn. 8). Die strenge Subsidiaritätsklausel lässt dafür jedoch wenig Spielraum. 3

Die Kammer ist ferner für Entscheidungen über die die Frage des Vorliegens eines **Löschungsgebots** oder Beweisverwertungsverbots wegen Kernbereichsverletzung gem. § 100c Abs. 5 S. 6, Abs. 7 sowie den **Abbruch** der Überwachung wegen Wegfalls der Anordnungsvoraussetzungen gem. § 100d Abs. 4 S. 2 zuständig (*Meyer-Goßner/Schmitt* § 100d Rn. 1). 4

C. Inhalt des Anordnungsbeschlusses.
Die Anordnung ergeht **schriftlich** (*Meyer-Goßner/Schmitt* § 100d Rn. 3) **durch Beschluss** des Gerichts. Dieser muss – soweit möglich – strengen Anforderungen an **Angaben in Rubrum und Tenor** (§ 100d Abs. 2) **sowie in der Begründung** (§ 100d Abs. 3) der Entscheidung genügen. So sind Name und Anschrift des Beschuldigten, der Tatvorwurf, das Überwachungsobjekt, Art, Umfang und Dauer der Maßnahme, Art und Bedeutung der relevanten Informationen, die Verdachtsgründe, die Verhältnismäßigkeitserwägungen und die Umstände, auf denen die negative Kernbereichsprognose beruht, zu bezeichnen (vgl. LR/*Hauck* § 100d Rn. 10 ff.). Zur Art und zum Umfang der Maßnahme gehören etwa die technischen Mittel, die bei der Überwachung zum Einsatz kommen sollen und gegebenenfalls durch Begleitmaßnahmen anzubringen sind. Zusätzlich kann das Gericht bestimmen, dass die Überwachung im Einzelfall ohne automatische Aufzeichnung nur unter Echtzeitüberwachung durchgeführt werden soll, oder dass die Überwachung nur bei Anwesenheit bestimmter Personen in der Wohnung durchgeführt werden darf. Im Fall einer Fristverlängerung ist eine neue Entscheidung erforderlich, die inhaltlich auf den Anordnungsbeschluss **Bezug nehmen** kann, soweit sich keine Änderungen ergeben haben. 5

Die Anordnung muss zunächst auf höchstens einen Monat **befristet** werden (§ 100d Abs. 1 S. 4). Die Frist kann nachträglich jeweils um einen Monat **verlängert** werden (§ 100d Abs. 1 S. 5). Sie beginnt mit dem Erlass der Anordnung, nicht erst mit dem Beginn der Überwachung (LR/*Hauck* § 100d Rn. 21; *Meyer-Goßner/Schmitt* § 100d Rn. 2; SK-StPO/*Wolter* § 100d Rn. 11). 6

D. Durchführung und Abbruch der Überwachung.
Mit der Durchführung der Überwachung **beauftragt die Staatsanwaltschaft die polizeilichen Ermittlungspersonen** (KK/*Bruns* § 100d Rn. 5), die alleine über entsprechende Überwachungstechnik verfügen. Nach § 101 Abs. 3 sind die erhobenen Daten von der Polizeibehörde, die sie auffängt, zu kennzeichnen. 7

Von einem **Abbruch** der Maßnahme mit der Notwendigkeit einer neuen gerichtlichen Anordnung als Voraussetzung für einen weiteren Lauschangriff auf dasselbe Objekt im gleichen Verfahren ist eine **Unterbrechung** bei vorübergehend auftretender Gefahr der Kernbereichsberührung zu unterscheiden, die für sich genommen keiner gerichtlichen Entscheidung bedarf (LR/*Hauck* § 100d Rn. 25; *Meyer-Goßner/Schmitt* § 100d Rn. 5). Ein Abbruch der Maßnahme kann dagegen notwendig werden, wenn die Überwachung bereits mehrfach unterbrochen werden musste, weil die Gefahr eines Eingriffs in den Kernbereich privater Lebensgestaltung bestand und danach nicht mehr davon ausgegangen werden kann, dass es zu keinem weiteren Eingriff in den Kernbereich kommen wird. Auch bei wegen neuer Beweismittel aufkommenden Zweifeln am Bestehen eines für die Anordnung der Maßnahme ausrei- 8 chenden Verdachts oder der Verhältnismäßigkeit der Überwachung kann ein Abbruch geboten sein. Die **Anordnung des Abbruchs** der Maßnahme kann auch durch den Vorsitzenden erfolgen und bedarf dann keiner Bestätigung durch die Kammer (§ 100d Abs. 4 S. 3).

9 **E. Unterrichtung des Gerichts über die Durchführung.** Nach § 100d Abs. 4 besteht die Verpflichtung der Behörden zur Unterrichtung des Gerichts über die Durchführung der Überwachung, damit das Gericht eine laufende Kontrolle vornehmen kann (SK-StPO/*Wolter* § 100d Rn. 21). Die Unterrichtung soll je nach den Umständen des Einzelfalls in einer dem Informationsbedarf entsprechenden Art und Häufigkeit erfolgen (*Meyer-Goßner/Schmitt* § 100d Rn. 4). Es soll gegebenenfalls auch über einen Erfolg der Überwachung berichtet werden. Andererseits sollen Bedenken gegen Art der erhobenen Daten, den Umfang und die Dauer der Maßnahme mitgeteilt werden.

10 **F. Verwendung der erlangten Informationen.** Erkenntnisse aus einer akustischen Wohnraumüberwachung sind im **Verfahren gegen Mitbeschuldigte** oder **anderen Verfahren gegen den Beschuldigten** nach Maßstäben eines hypothetischen Ersatzeingriffs verwertbar, auch wenn diese nicht selbst Zielpersonen der Wohnraumüberwachung waren. Voraussetzung sind also auch insoweit die Verfolgung einer Katalogtat, deren besondere Schwere im Einzelfall, das Vorliegen eines konkreten Anfangsverdachts und die Beachtung des Subsidiaritätsgrundsatzes. Die Verwendung von Informationen in anderen Verfahren unterliegt dann aber auch noch denselben Verwertungsgrenzen durch selbstständige **Beweisverwertungsverbote** wie das Ursprungsverfahren. Dies gilt auch, soweit im Ausgangsverfahren ein Verwertungsverbot aufgrund einer Abwägung nach § 100c Abs. 6 besteht, während die Abwägung in dem anderen Strafverfahren für sich genommen zur Zulässigkeit der Verwendung führen würde. Soweit im Ausgangsverfahren Beweisverwertungsverbote nach § 100c Abs. 5 in Betracht kommen, muss vor einer Verwendung der Überwachungsergebnisse in einem anderen Verfahren eine **gerichtliche Entscheidung über die Verwertbarkeit** eingeholt werden (§ 100d Abs. 7).

11 Mit der Formulierung, dass die Maßnahme »zur Aufklärung« einer anderen Katalogtat angeordnet werden könnte (§ 100d Abs. 5 Nr. 1), stellt das Gesetz klar, dass allein das **Vorliegen einer Katalogstraftat noch nicht ausreicht**, um die Verwendung der gewonnenen Erkenntnisse für andere Zwecke zu rechtfertigen. Vielmehr müssen die gewonnenen Erkenntnisse auch insoweit einen konkrete Verdacht einer Katalogtat begründen und es muss die Subsidiaritätsklausel des § 100c Abs. 1 Nr. 3 entsprechend beachtet werden. § 100d Abs. 5 Nr. 1 ist lex specialis gegenüber § 477 Abs. 2 (LR/*Hauck* § 100d Rn. 26) und gestattet die Verwertung von Zufallsfunden nur unter den Voraussetzungen des hypothetischen Ersatzeingriffs (SK-StPO/*Wolter* § 100d Rn. 35). Werden Zufallsfunde in einem anderen Verfahren verwendet, ist dies deshalb nur zulässig, soweit es zum Beweis einer Katalogtat dient (LR/*Hauck* § 100d Rn. 38).

12 Erklärt sich die **überwachte Person** später mit der Weiterverwendung der erlangten Informationen **einverstanden**, so können die gewonnenen Daten auch in ein anderes Strafverfahren, das keine Katalogtat im Sinne von § 100c Abs. 2 zum Gegenstand hat, verwertet werden (*Meyer-Goßner/Schmitt* § 100d Rn. 7; SK-StPO/*Wolter* § 100d Rn. 39).

13 Die Verwendung von Daten aus einer strafprozessualen Wohnraumüberwachung **zu Zwecken der Gefahrenabwehr** ist mit dem Ziel der Abwehr einer Lebensgefahr oder einer in § 100d Abs. 5 Nr. 2 näher bezeichneten Gefahr für andere Rechtsgüter zulässig (LR/*Hauck* § 100d Rn. 44 ff.; *Meyer-Goßner/Schmitt* § 100d Rn. 8). Verwertbarkeit im Ausgangsstrafverfahren wird bei der gefahrenabwehrrechtlichen Informationsverwendung nicht vorauszusetzen (KK/*Bruns* § 100d Rn. 17). Die Löschungspflicht (§ 101 Abs. 8) obliegt dann der für die Gefahrenabwehr zuständigen Stelle.

14 **Erkenntnisse aus einer präventivpolizeilichen Wohnraumüberwachung** dürfen umgekehrt **im Strafverfahren** unter den Voraussetzungen des § 100d Abs. 5 Nr. 3 **verwertet** werden (LR/*Hauck* § 100d Rn. 50 ff.). Der Begriff »verwertbare Daten« bezieht sich nach der vorherrschenden Meinung auf die Beweisverwertungsverbote aus § 100c Abs. 4 bis 6 (*Meyer-Goßner/Schmitt* § 100d Rn. 6; a. A. SK-StPO/*Wolter* § 100d Rn. 69a). Voraussetzung der Verwendung ist die Verfolgung einer **Katalogtat** im Sinne des § 100c Abs. 2, ferner, dass auch das zur Erhebung der Daten ermächtigende Polizeigesetz deren **Umwidmung** für Zwecke der Strafverfolgung **gestattet** und schließlich, dass die zu verwendenden **Daten** polizeirechtlich **in rechtmäßiger Weise erhoben** wurden (*Meyer-Goßner/Schmitt* § 100d Rn. 9). Enthält das der präventiven Überwachung zugrunde liegende Gesetz keine Regelung zum prä-

ventiven Schutz des Kernbereichs privater Persönlichkeitsentfaltung, wie sie § 100c Abs. 4 für das Strafverfahren vorsieht (BGHSt 54, 69 [92]), so sind nach vorherrschender Meinung im Rahmen einer Abwägung alle maßgeblichen Gesichtspunkte des Einzelfalls und die widerstreitenden Interessen zu berücksichtigen und die Verwertbarkeitsfrage ist nach den Maßstäben der Abwägungsdoktrin zu beantworten.

Sind die Erkenntnisse auf rechtmäßige Weise erlangt worden, dürfen die Daten auch zur Beweisführung von solchen **Nichtkatalogtaten** verwendet werden, die mit der Anlasstat eine einheitliche Tat im prozessualen Sinn bilden (LR/*Hauck* § 100d Rn. 37). 15

G. Unselbstständige Beweisverwertungsverbote. Hat ein **unzuständiges Gericht** die Anordnung der akustischen Wohnraumüberwachung getroffen, sind deren Erkenntnisse unverwertbar (KK/*Bruns* § 100d Rn. 32; LR/*Hauck* § 100d Rn. 68; SK-StPO/*Wolter* § 100d Rn. 4). Ein unselbstständiges Beweisverwertungsverbot greift auch dann ein, wenn der nach § 100c Abs. 1 Nr. 1 erforderliche konkrete Verdacht einer Katalogtat zum Zeitpunkt der Anordnung fehlte. Beweisverwertungsverbote kommen auch in Betracht **bei nicht nur unerheblichen Verstößen gegen Befristungsgebote** (SK-StPO/*Wolter* § 100d Rn. 14). Die Annahme der Geltung der Widerspruchslösung (§ 136 Rdn. 96 ff.) könnte sich auf die Disponibilität des Informationsgehalts der überwachten Gespräche für den Angeklagten stützen (KK/*Bruns* § 100d Rn. 44 ff.; LR/*Hauck* § 100d Rn. 64 f.), erscheint aber mit Blick auf die von Amts wegen zu beachtenden Schutzvorkehrungen hier noch mehr als bei den anderen unselbstständigen Beweisverwertungsverboten unangemessen. 16

Nur **unwesentliche Mängel in der Begründung** der Anordnung oder geringfügige **Versäumnisse** der Ermittlungsbehörden **bei der Unterrichtung des Gerichts**, die noch keinen Abbruch der Maßnahme rechtfertigen, führen nicht zu einem Beweisverwertungsverbot. 17

Wird entgegen § 100c Abs. 4 in den absolut geschützten Kernbereich der Persönlichkeitsgestaltung eingegriffen, ist der Erkenntnisgewinn als Beweismittel oder Spurenansatz generell unverwertbar (KK/*Bruns* § 100d Rn. 28) und zwar ohne Rücksicht auf die Beweisrichtung für oder gegen einen Beschuldigten oder Mitbeschuldigten. Entsprechendes gilt bei der Überwachung von Gesprächen des Beschuldigten mit Berufsgeheimnisträgern gem. § 100c Abs. 6 S. 1, soweit keine Tatverstrickung vorliegt (§ 100c Abs. 6 S. 3 i.V.m. § 160a Abs. 4). 18

§ 100e StPO Berichtspflicht bei der akustischen Wohnraumüberwachung.

(1) ¹Für die nach § 100c angeordneten Maßnahmen gilt § 100b Abs. 5 entsprechend. ²Vor der Veröffentlichung im Internet berichtet die Bundesregierung dem Deutschen Bundestag über die im jeweils vorangegangenen Kalenderjahr nach § 100c angeordneten Maßnahmen.
(2) In den Berichten nach Absatz 1 sind anzugeben:
1. die Anzahl der Verfahren, in denen Maßnahmen nach § 100c Abs. 1 angeordnet worden sind;
2. die jeweils zugrunde liegende Anlassstraftat nach Maßgabe der Unterteilung in § 100c Abs. 2;
3. ob das Verfahren einen Bezug zur Verfolgung organisierter Kriminalität aufweist;
4. die Anzahl der überwachten Objekte je Verfahren nach Privatwohnungen und sonstigen Wohnungen sowie nach Wohnungen des Beschuldigten und Wohnungen dritter Personen;
5. die Anzahl der überwachten Personen je Verfahren nach Beschuldigten und nichtbeschuldigten Personen;
6. die Dauer der einzelnen Überwachung nach Dauer der Anordnung, Dauer der Verlängerung und Abhördauer;
7. wie häufig eine Maßnahme nach § 100c Abs. 5, § 100d Abs. 4 unterbrochen oder abgebrochen worden ist;
8. ob eine Benachrichtigung der Betroffenen (§ 101 Abs. 4 bis 6) erfolgt ist oder aus welchen Gründen von einer Benachrichtigung abgesehen worden ist;
9. ob die Überwachung Ergebnisse erbracht hat, die für das Verfahren relevant sind oder voraussichtlich relevant sein werden;
10. ob die Überwachung Ergebnisse erbracht hat, die für andere Strafverfahren relevant sind oder voraussichtlich relevant sein werden;

11. wenn die Überwachung keine relevanten Ergebnisse erbracht hat: die Gründe hierfür, differenziert nach technischen Gründen und sonstigen Gründen;
12. die Kosten der Maßnahme, differenziert nach Kosten für Übersetzungsdienste und sonstigen Kosten.

1 Die Vorschrift regelt die Berichtspflichten der Exekutive gegenüber dem Deutschen Bundestag hinsichtlich der akustischen Überwachung von Wohnungen, damit eine generelle – nicht auf den Einzelfall bezogene – **parlamentarische Kontrolle** des Grundrechtseingriffs gewährleistet ist (LR/*Hauck* § 100e Rn. 2; *Meyer-Goßner/Schmitt* § 100e Rn. 3), die durch ein **vom Bundestag gewähltes Gremium** aufgrund der jährlichen Berichte ausübt (BT-Drucks. 14/1522 S. 22). Nach Art. 13 Abs. 6 GG ist der Bundestag jährlich bis zum 30.06. des dem Berichtsjahr folgenden Kalenderjahres über akustische Wohnraumüberwachungen zu unterrichten; ergänzende Zwischenberichte sind nicht vorgeschrieben, aber möglich. Hierzu berichten entsprechend § 100b Abs. 5 **die Landesjustizverwaltungen und der Generalbundesanwalt** dem Bundesamt für Justiz, das eine bundesweite Übersicht der durchgeführten Maßnahmen erstellt.

2 Der im Jahr 2005 erweiterte Katalog des § 100e Abs. 2 schreibt den **notwendigen Inhalt der Berichte** hinsichtlich einer Reihe von Informationen vor, die dem Bundestag zu übergeben sind. Damit soll es dem Gesetzgeber ermöglicht werden, seiner Beobachtungspflicht angemessen Rechnung zu tragen (SK-StPO/*Wolter* § 100e Rn. 1). Der Bericht an den Bundestag wird sodann in einer Bundestagsdrucksache und durch Verlinkung auch im Internet **veröffentlicht** (BT-Drucks. 16/5846 S. 49), damit auch die Öffentlichkeit Kenntnis von den Informationen erhält (BVerfGE 109, 279 [373]).

§ 100f StPO Akustische Überwachung außerhalb von Wohnraum.

(1) Auch ohne Wissen der Betroffenen darf außerhalb von Wohnungen das nichtöffentlich gesprochene Wort mit technischen Mitteln abgehört und aufgezeichnet werden, wenn bestimmte Tatsachen den Verdacht begründen, dass jemand als Täter oder Teilnehmer eine in § 100a Abs. 2 bezeichnete, auch im Einzelfall schwerwiegende Straftat begangen oder in Fällen, in denen der Versuch strafbar ist, zu begehen versucht hat, und die Erforschung des Sachverhalts oder die Ermittlung des Aufenthaltsortes eines Beschuldigten auf andere Weise aussichtslos oder wesentlich erschwert wäre.
(2) ¹Die Maßnahme darf sich nur gegen einen Beschuldigten richten. ²Gegen andere Personen darf die Maßnahme nur angeordnet werden, wenn auf Grund bestimmter Tatsachen anzunehmen ist, dass sie mit einem Beschuldigten in Verbindung stehen oder eine solche Verbindung hergestellt wird, die Maßnahme zur Erforschung des Sachverhalts oder zur Ermittlung des Aufenthaltsortes eines Beschuldigten führen wird und dies auf andere Weise aussichtslos oder wesentlich erschwert wäre.
(3) Die Maßnahme darf auch durchgeführt werden, wenn Dritte unvermeidbar betroffen werden.
(4) § 100b Abs. 1, 4 Satz 1 und § 100d Abs. 2 gelten entsprechend.

1 **A. Allgemeines. I. Inhalt.** Die Vorschrift existiert (zunächst unter anderer Bezifferung) seit dem Gesetz zur Bekämpfung des illegalen Rauschgifthandels und anderer Erscheinungsformen der Organisierten Kriminalität (BGBl. 1992 I S. 1302). Sie regelt die akustische Überwachung von Beschuldigten außerhalb von Wohnungen und wurde zuletzt durch das Gesetz zur Neuregelung der Telekommunikationsüberwachung und anderer verdeckter Ermittlungsmaßnahmen sowie zur Umsetzung der Richtlinie 2006/24/EG (BGBl 2007 I S. 3201) neu gefasst. Für die gesonderte Aktenführung, die nachträgliche Benachrichtigung Betroffener und den Rechtsschutz gilt § 101 (LR/*Hauck* § 100f Rn. 22).

2 § 100f erlaubt nur das **Abhören und Aufzeichnen des nichtöffentlich gesprochenen Wortes außerhalb der** von Art. 13 Abs. 1 GG besonders geschützten räumlichen Sphäre einer **Wohnung**. Für den großen Lauschangriff in der Wohnung gilt die speziellere Eingriffsregelung der §§ 100c, 100d. Der Begriff der Wohnung wird weit verstanden und umfasst neben allen Räumen in Wohngebäuden, auch nicht allgemein zugängliche Bürogebäude, Vereinsheime und anderes mehr. Allgemein zugängliche Ladenlokale sind dagegen keine Wohnung. Auch Hafträume fallen nicht unter den Begriff der Wohnung (BGHSt 53, 294 [300]; KK/*Bruns* § 100f Rn. 5; LR/*Hauck* § 100f Rn. 5), ebenso Besuchsräume der Justizvollzugsanstalt (BGHSt 44, 138 [140 f.]), weshalb dort eine strafprozessuale akustische Gesprächsüberwachung in Betracht kommt. Wird allerdings bei einem Untersuchungsgefangenen der

Eindruck erweckt, er könne sich mit seinem zu Besuch erschienenen Ehepartner offen und ohne Gefahr einer Überwachung über die ihm zur Last gelegten Straftaten unterhalten, dann muss in der heimlichen Gesprächsüberwachung und -aufzeichnung zumindest dann ein Verstoß gegen den Fairnessgrundsatz gesehen werden, wenn die überwachte Gesprächssituation und der Anschein des Fehlens einer Überwachung von Ermittlern gezielt herbeigeführt wurden (BGHSt 53, 294 [304 ff.]; KK/*Bruns* § 100f Rn. 5). Die akustische Überwachung außerhalb von Wohnungen findet im Übrigen etwa auf öffentlichen Plätzen, in allgemein zugänglichen Räumen oder mit besonderer Praxisrelevanz in Verkehrsmitteln statt. Nichtöffentlich gesprochen ist ein überwachtes Gespräch nur dann, wenn es in einem begrenzten Teilnehmerkreis geführt und nicht für Jedermann »öffentlich« hörbar geführt wird (LR/*Hauck* § 100f Rn. 4). Der Gesprächsort ist unerheblich, solange er in einer relativen Abgeschiedenheit und außerhalb einer Wohnung liegt. Öffentlich geführte Gespräche, die Jedermann hören kann, darf auch der Staat für Zwecke der Strafverfolgung schon aufgrund der Ermittlungsgeneralklausel auffangen und verwenden.

II. Bedeutung. Nach § 100f kann das nichtöffentlich gesprochene Wort des Beschuldigten für Zwecke der Sachverhaltsaufklärung im Verdachtsfall oder Ermittlung des Aufenthaltsorts eines Beschuldigten überwacht und aufgezeichnet werden (LR/*Hauck* § 100f Rn. 8 f.). Die prozessuale **Ermächtigung** zu diesem Eingriff in das allgemeine Persönlichkeitsrecht (SK-StPO/*Wolter* § 100f Rn. 5) liefert zugleich einen **Rechtfertigungsgrund** für die tatbestandlich vorliegende Verletzung der Vertraulichkeit des Wortes i.S.d. § 201 StGB (KK/*Bruns* § 100f Rn. 2). Die Eingriffsermächtigung umfasst nach vorherrschender Meinung neben den eigentlichen Maßnahmen der Überwachung und Aufzeichnung von Äußerungen auch die mit dem Vollzug der Maßnahme typischerweise verbundenen **Begleitmaßnahmen** (*Meyer-Goßner/Schmitt* § 100f Rn. 4). Sie ermächtigt danach auch zu solchen Eingriffen, die nur unwesentlich in den Rechtskreis des Beschuldigten eindringen, wie das Öffnen seines Autos zum Einbau einer »Wanze«. Als nicht mehr geringfügig ist allerdings etwa das auch nur kurzzeitige vollständige Entziehen der Fahrzeugnutzung durch Verbringen in eine Werkstatt anzusehen. Richtigerweise sind unselbstständige Begleiteingriffe dann nicht mehr von der Ermächtigungsnorm legitimiert, wenn sie in andere verfassungsrechtlich geschützte Rechtspositionen eingreifen als die Hauptmaßnahme. Das folgt schon aus dem Zitiergebot. Die Entziehung der Fahrzeugnutzung greift erheblich in die Eigentümerbefugnis mit der Sache nach Belieben zu verfahren (§ 903 BGB) ein und damit in den Schutzbereich des Art. 14 Abs. 1 GG; das hat mit dem Eingriff der Gesprächsüberwachung in das Persönlichkeitsrecht aus Art. 2 Abs. 1 i.V.m. Art. 1 Abs. 1 GG nichts mehr zu tun.

III. Technische Mittel. Als Mittel zum Abhören des nichtöffentlich gesprochenen Wortes kommen insbesondere **Richtmikrofone oder Kleinmikrofone** (»Wanzen«) zum Einsatz, aber auch andere Aufzeichnungsgeräte kommen infrage (*Bode* Verdeckte strafprozessuale Ermittlungsmaßnahmen, 2012, S. 381; LR/*Hauck* § 100f Rn. 6; *Meyer-Goßner/Schmitt* § 100f Rn. 4; SK-StPO/*Wolter* § 100f Rn. 7).

B. Anordnungsvoraussetzungen. I. Verdacht einer Katalogtat. Die akustische Überwachung des im Zwiegespräch des Beschuldigten mit einer anderen Person nichtöffentlich gesprochenen Wortes außerhalb von Wohnungen ist nach herrschender Auffassung einer Überwachung der Telekommunikation vergleichbar (*Meyer-Goßner/Schmitt* § 100f Rn. 2). Daher wird hier ebenfalls der konkrete Verdacht einer **Katalogtat im Sinne von § 100a Abs. 2** vorausgesetzt. Es genügt, wenn die Tat versucht wurde (SK-StPO/*Wolter* § 100f Rn. 10) oder ein strafbarer Beteiligungsversuch am Verbrechen im Sinne von § 30 StGB vorliegt (LR/*Hauck* § 100f Rn. 13). Es müssen **bestimmte Tatsachen** für die Verdachtsannahme vorliegen, die jedenfalls eine solche Tatkonkretisierung ermöglichen, dass geprüft werden kann, ob sich der Verdacht auf eine Katalogtat bezieht (LR/*Hauck* § 100f Rn. 14). Ein erhöhter Wahrscheinlichkeitsgrad im Sinne eines hinreichenden oder dringenden Tatverdachts wird auch hier aber nicht gefordert (§ 100a Rdn. 12). Es genügt ein **konkreter Anfangsverdacht**.

II. Schwere der Tat im Einzelfall. Die Tat muss nicht nur zu den generell als gravierend angesehenen Taten des Katalogs nach § 100a Abs. 2 zählen, sondern auch **im Einzelfall schwer wiegen** (§ 100a Rdn. 13), nach gängiger Leerformel **mindestens der mittleren Kriminalität** zuzurechnen sein. Das ist ein sehr unbestimmter Rechtsbegriff. Bei der Einzelfallprüfung sind die Kriterien minder schwerer Fälle im Sinne gesetzlicher Strafrahmenmilderungen kaum verifizierbar, aber auch nicht generell unbeachtlich. Näher liegt die Verneinung der eingriffsrechtlich erforderlichen Schwere der Tat bei wahrscheinlichem Eingreifen vertypter Milderungsgründe, ihre Bejahung dagegen bei Hinweisen auf das Vorliegen einer Qualifikation oder eines besonders schweren Falls im Sinne einer Strafrahmenschärfungsregelung.

7 **III. Subsidiarität der Gesprächsüberwachung.** Außerdem muss die Erforschung des Sachverhalts oder die Ermittlung des Aufenthaltsortes des Täters auf andere Weise als durch die akustische Überwachung aussichtslos oder wesentlich erschwert wäre. Die Subsidiaritätsklausel liefert eine Scheinlegitimation, weil sie in der Praxis tatsächlich kaum beachtet wird und sich auch einer plausiblen Anwendung entzieht. Aussichtslos ist die Erforschung des Sachverhalts, wenn weniger eingriffsintensive Ermittlungsmethoden nicht zur Verfügung stehen oder aussichtslos erscheinen. Wesentlich erschwert ist der Ermittlungserfolg, wenn er mit anderen Ermittlungsmaßnahmen mit hoher Wahrscheinlichkeit nicht, nicht ebenso schnell oder umfassend erzielt werden könnte (§ 100a Rdn. 14).

8 **IV. Ausrichtung gegen den Beschuldigten oder Verbindungspersonen.** Grundsätzlich gestattet die vorliegende Vorschrift nur den **Lauschangriff auf den Beschuldigten** (§ 100f Abs. 2 S. 1). Richtet sich die Maßnahme ausnahmsweise aber nicht gegen einen Beschuldigten, sondern **gegen andere Personen**, so ist dies nur zulässig, wenn aufgrund bestimmter Tatsachen anzunehmen ist, dass diese Personen mit einem Beschuldigten in **Verbindung** stehen oder eine solche Verbindung hergestellt wird (§ 100f Abs. 2 S. 2). Dazu genügt es freilich, wenn zu erwarten ist, dass es zu einem Kontakt der überwachten Person mit dem Beschuldigten kommen wird oder wenn sich aus dem Verhalten der Kontaktperson Rückschlüsse auf Tat und Täter im Sinne der Verdachtshypothese ziehen lassen (KK/*Bruns* § 100f Rn. 8; LR/*Hauck* § 100f Rn. 19; *Meyer-Goßner/Schmitt* § 100f Rn. 11). Zielpersonen der akustischen Gesprächsüberwachung müssen nicht unbedingt namentlich bekannt sein. Bei der Maßnahme gegen Nichtbeschuldigte nach § 100f Abs. 2 S. 2 muss die akustische Überwachung jedenfalls dazu geeignet sein, den auf andere Weise nicht oder kaum zu erzielenden Ermittlungserfolg zu sichern. Soweit Dritte unvermeidbar mit betroffen werden, ist die gegen den Beschuldigten gerichtete Überwachungsmaßnahme aber auch zulässig (KK/*Bruns* § 100f Rn. 10; LR/*Hauck* § 100f Rn. 20).

9 **C. Beweisverbote von Verfassungs wegen. I. Unzulässigkeit des Eingriffs in den Kernbereich der Persönlichkeitsentfaltung.** Gegen Geistliche in der Rolle als **Beichtvater** oder gegen **Strafverteidiger** des Beschuldigten darf die Maßnahme mit Ausnahme des Falls der Tatverstrickung (§ 160a Abs. 4) generell nicht gerichtet werden, weil das Beichtgespräch des Priesters und das Mandatsgespräch des Verteidigers zum absolut geschützten **Kernbereich der Persönlichkeitsentfaltung** gehören. Für **Arztgespräche** kann das im Einzelfall ebenso gelten. Bei Gesprächen des Beschuldigten mit Angehörigen oder engen Vertrauten ist Kernbereichsrelevanz nur anzunehmen, soweit keim Tatbezug des Gesprächsinhalts besteht; solche Inhalte sind dann aber für das Strafverfahren meist auch nicht von Interesse.

10 **II. Fehlen eines Kernbereichsschutzes.** Eine Regelung zum präventiven Kernbereichsschutz im Sinne von § 100a Abs. 4 Satz 1, 100c Abs. 4 enthält § 100f unverständlicherweise nicht (krit. SK-StPO/*Wolter* § 100f Rn. 30; für die Verfassungswidrigkeit der Norm aus diesem Grund *Bode* Verdeckte strafprozessuale Ermittlungsmaßnahmen, 2012, S. 382). Auch Verwertungsverbote sind hier einfachrechtlich nicht vorgesehen. Die Regelungslücke ist vorerst zumindest durch Annahme von Beweisverboten von Verfassungs wegen zu schließen (BGHSt 57, 71 [74]; *Meyer-Goßner/Schmitt* § 100f Rn. 19 f.), wenn nicht zugleich vorgreiflich ein Beweiserhebungsverbot analog § 100a Abs. 4 angenommen wird (SK-StPO/*Wolter* § 100f Rn. 33; offen gelassen von BGHSt 53, 294 [301]). Für die Überwachung von Berufsgeheimnisträgern, die zur Zeugnisverweigerung berechtigt sind, gilt auch § 160a Abs. 1 (KK/*Bruns* § 100f Rn. 11). Für Angehörige im Sinne von § 52 sieht das Gesetz keinen Schutz vor (KK/*Bruns* § 100f Rn. 12). Das wirkt ebenfalls verfassungsrechtlich bedenklich, wird aber von der Rechtsprechung bisher hingenommen worden (BVerfG StV 2011, 261 [262] m. Anm. *Jäger*).

11 **D. Zulässigkeit der Überwachung bei Betroffenheit von Nichtverdächtigen.** Es lässt sich kaum vermieden, dass von der heimlichen Gesprächsüberwachung unbeteiligte Personen betroffen werden. § 100f Abs. 3 stellt klar, dass dies die Maßnahme nicht unzulässig macht (*Meyer-Goß-*

ner/Schmitt § 100f Rn. 13). Der Umfang, in dem nichtverdächtige Dritte von der staatlichen Überwachung betroffen sind, ist allerdings bei der generell gebotenen Prüfung der Angemessenheit der Eingriffsmaßnahme zu berücksichtigen. Im Übermaß dürfen Nichtverdächtige nicht belastet werden.

E. Anordnungszuständigkeit und Verfahren. I. Richtervorbehalt und Eilkompetenz der Staatsanwaltschaft. Die Anordnung der akustischen Überwachung des nichtöffentlich gesprochenen Wortes außerhalb einer Wohnung trifft auf **Antrag der Staatsanwaltschaft** der zuständige Richter, also im Vorverfahren der **Ermittlungsrichter**, im Zwischen- und Hauptverfahren **das erkennende Gericht**. Bei **Gefahr im Verzug** kann aber auch die **Staatsanwaltschaft** eine Eilanordnung erlassen. Diese muss dann aber innerhalb von drei Werktagen richterlich bestätigt werden. Bis zu diesem Zeitpunkt gewonnene Erkenntnisse bleiben nach der Rechtsprechung auch dann verwertbar, wenn der Ermittlungsrichter anschließend die Bestätigung ablehnt. Dagegen bestehen freilich Bedenken, weil der Richtervorbehalt, welcher der Eingriffsmaßnahme auch eine partielle Legitimation durch Verfahren verleihen soll, nicht einmal nachträglich gewahrt wird. Die polizeilichen Ermittlungspersonen haben seit der Neufassung im Jahr 2007 (Rdn. 1) auch bei Gefahr in Verzug keine Anordnungskompetenz mehr (SK-StPO/*Wolter* § 100f Rn. 14). 12

II. Form und Inhalt der Anordnung. Verfahrensregelungen nach § 100b Abs. 1, Abs. 4 S. 1 und § 100d Abs. 2 gelten bei der Anordnung der akustischen Überwachung entsprechend. Für Form und Inhalt der Anordnung verweist § 100f Abs. 4 die Anforderungen des § 100d Abs. 2. Auf die Begründungsanforderungen nach § 100d Abs. 3 wird dagegen nicht Bezug genommen, was mit Blick auf das Prinzip der Kontrolle unverständlich wirkt (krit. auch SK-StPO/*Wolter* § 100f Rn. 22). Aus Gründen der Rechtsschutzgewährleistung bedarf der Anordnungsbeschluss aber auch hier einer nachvollziehbaren Begründung, in der zumindest die wesentlichen Gesichtspunkte der Verdachtshypothese, ihrer zentralen Beweisgründe, der vorläufigen rechtlichen Bewertung und der Verhältnismäßigkeit der Maßnahme niederzulegen sind (SK-StPO/*Wolter* § 100f Rn. 22). 13

III. Befristung und Beendigung. Die Überwachung darf zunächst **längstens für drei Monate** angeordnet werden, die Frist kann aber nachträglich **verlängert** werden (§ 100f Abs. 4 i.V.m. § 100b Abs. 1 S. 4 und S. 5). Fristbeginn ist der Erlass der richterlichen Anordnung, nicht der Beginn der Durchführung der Überwachung (SK-StPO/*Wolter* § 100f Rn. 18). Wird keine Frist bestimmt, dann erweist sich dies im Einzelfall als unschädlich für die Verwertbarkeit solcher Überwachungsergebnisse, die jedenfalls in der gesetzlich zulässigen frist erlangt wurden (BGHSt 53, 294 [300]). Die Maßnahme ist **unverzüglich zu beenden, sobald ihre Voraussetzungen nicht mehr vorliegen** (Abs. 4 i.V.m. § 100b Abs. 4 S. 1; SK-StPO/*Wolter* § 100f Rn. 24). 14

F. Verwertung der Erkenntnisse aus der Überwachung. I. Verwendung in verschiedenen Strafverfahren wegen einer Katalogtat. Verwertet werden dürfen die aufgezeichneten Informationen aus der Gesprächsüberwachung nicht nur **zu Beweiszwecken in dem Strafverfahren, in dem die Maßnahme angeordnet wurde**, sondern auch **in anderen Strafverfahren**, soweit sie eine Katalogtat zum Gegenstand haben. Dem liegt der Gedanke des hypothetischen Ersatzeingriffs zugrunde. Für die **Verwertung von Zufallsfunden** gilt § 477 Abs. 2 S. 2. 15

II. Berührung des nemo-tenetur-Grundsatzes. Die Verwertung von Aufzeichnungen über heimlich überwachte selbstbelastende Äußerungen des Beschuldigten im Gespräch mit einer Privatperson begegnet nach der Rechtsprechung auch mit Blick auf den nemo-tenetur-Grundsatz keinen Bedenken. Der Grundsatz gilt als unberührt, solange die von den Strafverfolgungsbehörden erfassten Äußerungen jedenfalls nicht aufgrund einer die Äußerung fördernden Drucksituation gemacht werden. Das beruht aber auf einem generell zu kurz greifenden Verständnis jenes Grundsatzes (vgl. § 136 Rdn. 43 ff.). Jedenfalls bei gezielter Umgehung von Schweigerechten durch gezielt arrangierte heimliche Gesprächsüberwachungen muss ein Beweisverwertungsverbot eingreifen (SK-StPO/*Wolter* § 100f Rn. 37). 16

Allerdings ist ein im Auto aufgezeichnetes **Selbstgespräch eines sich unbeobachtet fühlenden Beschuldigten** dem absolut geschützten Kernbereich zuzurechnen und deshalb unverwertbar (BGHSt 57, 71 [74 ff.] m. Anm. *Ernst/Sturm* HRRS 2012, 374 ff.; *Jahn/Geck* JZ 2012, 561 ff.; *Mitsch* NJW 2012, 1486 ff.; *Wohlers* JR 2012, 389 ff.; *Zabel* ZJS 2012, 563 ff.; *Zimmermann* GA 2013, 162 ff.). Soweit 17

§ 100g StPO Erhebung von Verkehrsdaten

die Gegenansicht annimmt, der inhaltliche **Tatbezug** hebe das Selbstgespräch aus dem Kernbereich der Persönlichkeitsentfaltung heraus und dies sei nach dem Tagebuchurteil des Bundesverfassungsgerichts zu befürworten, verkennt sie den Bedeutungsgehalt der Äußerungen in einem unbewussten Selbstgespräch. Dabei handelt es sich (bisweilen) um verbalisierte **Fragmente von Gedanken**, deren Bedeutungsgehalt aussagepsychologisch nicht anhand des (fragmentarischen) Wortlauts erschlossen werden kann. Anders als bei einem Zwiegespräch geht es dem Sprechenden nicht um Informationsvermittlung. Die hörbaren Teile seiner Gedanken müssen auch, anders als bei einer Unterredung zur Informierung eines Gesprächspartners keinen wahrheitsgemäßen Erlebnisbericht darstellen. Zur Verifizierung müsste der gesamte Inhalt des Gedankens, dessen Exzerpte meist unbewusst verbalisiert werden, bekannt sein. **Gedankenerforschung** soll aber im Strafverfahren nicht stattfinden, soweit der Betroffene sie nicht freiwillig äußert (BGHSt 57, 71 [75]). Wäre der Beschuldigte gezwungen, einer Fehldeutung der heimlich belauschten Gedankenfragmente entgegenzutreten, so wäre er **zu einer Sacheinlassung** gezwungen. Die Überwachung, Aufzeichnung und Verwertung von Bemerkungen beim unbewussten Selbstgespräch an abgeschiedener Stelle berührt demnach auch den Grundsatz nemo tenetur se ipsum accusare. Auf die Frage, ob das Selbstgespräch in einer nach Art. 13 Abs. 1 GG besonders geschützten räumlichen Sphäre oder an einem anderen Ort, an dem sich der Betroffene alleine wähnt, stattfindet, kommt es dagegen genau genommen gar nicht an. Die Selbstgesprächsüberwachung im Kfz unterscheidet sich, was die Kernbereichsrelevanz betrifft, in nichts von derjenigen im Krankenzimmer (SK-StPO/ *Wolter* § 100f Rn. 34). Das Beweisverwertungsverbot wegen Verletzung des Kernbereichs der Persönlichkeitsentfaltung hat Folge-, Fern- und Drittwirkungen (vgl. BGHSt 57, 71 [78]).

18   **III. Umwidmung der Erkenntnisse aus präventiv-polizeilicher Überwachung.** Bei präventiv-polizeilich angeordneter Gesprächsüberwachung können die so erlangten Informationen in einem Strafverfahren nach Maßgabe der §§ 161 Abs. 2, 477 Abs. 2 S. 3 verwendet werden.

19   **G. Unselbstständige Beweisverwertungsverbote.** Ob bei Rechtsfehlerhaftigkeit der Überwachungsanordnung ein Verwertungsverbot besteht, richtet sich nach allgemeinen Grundsätzen, nach der ebenso vorherrschenden wie prinzipienlosen **Abwägungsdoktrin** (§ 136 Rdn. 82 ff.) also durch Abwägung des staatlichen Interesses an der Aufklärung von Straftaten gegen das individuelle Interesse des Beschuldigten an der Einhaltung der Prozessordnung und dem Schutz seiner grundrechtlichen Rechtspositionen. Plausibler erscheint es freilich, nach der **Beweisbefugnislehre** danach zu fragen, ob der Staat aus der rechtswidrig angeordneten heimlichen Überwachungsmaßnahme prozessuale Vorteile ziehen darf, oder ob wenigstens nach der **Normzwecklehre** ein Verwertungsverbot die angemessene prozessuale Rechtsfolge einer Gesetzesverletzung im Hinblick auf den Zweck der nicht beachtete prozessualen Eingriffsermächtigungsnorm darstellt. Die **Widerspruchslösung** (§ 136 Rdn. 96 ff.) erheischt auch hier angeblich Beachtung (KK/*Bruns* § 100f Rn. 27), verdient sie aber auch an dieser Stelle eigentlich nicht.

§ 100g StPO Erhebung von Verkehrsdaten.

(1) ¹Begründen bestimmte Tatsachen den Verdacht, dass jemand als Täter oder Teilnehmer
1. eine Straftat von auch im Einzelfall erheblicher Bedeutung, insbesondere eine in § 100a Abs. 2 bezeichnete Straftat, begangen hat, in Fällen, in denen der Versuch strafbar ist, zu begehen versucht hat oder durch eine Straftat vorbereitet hat oder
2. eine Straftat mittels Telekommunikation begangen hat,

so dürfen auch ohne Wissen des Betroffenen Verkehrsdaten (§ 96 Abs. 1, § 113a des Telekommunikationsgesetzes) erhoben werden, soweit dies für die Erforschung des Sachverhalts oder die Ermittlung des Aufenthaltsortes des Beschuldigten erforderlich ist. ²Im Falle des Satzes 1 Nr. 2 ist die Maßnahme nur zulässig, wenn die Erforschung des Sachverhalts oder die Ermittlung des Aufenthaltsortes des Beschuldigten auf andere Weise aussichtslos wäre und die Erhebung der Daten in einem angemessenen Verhältnis zur Bedeutung der Sache steht. ³Die Erhebung von Standortdaten in Echtzeit ist nur im Falle des Satzes 1 Nr. 1 zulässig.

(2) ¹§ 100a Abs. 3 und § 100b Abs. 1 bis 4 Satz 1 gelten entsprechend. ²Abweichend von § 100b Abs. 2 Satz 2 Nr. 2 genügt im Falle einer Straftat von erheblicher Bedeutung eine räumlich und zeit-

lich hinreichend bestimmte Bezeichnung der Telekommunikation, wenn die Erforschung des Sachverhalts oder die Ermittlung des Aufenthaltsortes des Beschuldigten auf andere Weise aussichtslos oder wesentlich erschwert wäre.
(3) Erfolgt die Erhebung von Verkehrsdaten nicht beim Telekommunikationsdiensteanbieter, bestimmt sie sich nach Abschluss des Kommunikationsvorgangs nach den allgemeinen Vorschriften.
(4) Über Maßnahmen nach Absatz 1 ist entsprechend § 100b Abs. 5 jährlich eine Übersicht zu erstellen, in der anzugeben sind:
1. die Anzahl der Verfahren, in denen Maßnahmen nach Absatz 1 durchgeführt worden sind;
2. die Anzahl der Anordnungen von Maßnahmen nach Absatz 1, unterschieden nach Erst- und Verlängerungsanordnungen;
3. die jeweils zugrunde liegende Anlassstraftat, unterschieden nach Absatz 1 Satz 1 Nr. 1 und 2;
4. die Anzahl der zurückliegenden Monate, für die Verkehrsdaten nach Absatz 1 abgefragt wurden, bemessen ab dem Zeitpunkt der Anordnung;
5. die Anzahl der Maßnahmen, die ergebnislos geblieben sind, weil die abgefragten Daten ganz oder teilweise nicht verfügbar waren.

A. Zweck und Bedeutung. Die Vorschrift regelt die Befugnis der Ermittlungsbehörden zur **Einholung der Auskunft über Telekommunikationsverbindungsdaten** (Verkehrsdaten) aus Vergangenheit, Gegenwart oder Zukunft (*Singelnstein* NStZ 2012, 593 [601]) bei den Telekommunikationsdienstleistern, die eine weiterhin mögliche **Zielwahlsuche** aufgrund der Vorratsdatenspeicherung der Dienstleister weitgehend entbehrlich macht (*Eisenberg* Beweisrecht der StPO, Rn. 2474; LR/*Hauck* § 100g Rn. 42; *Meyer-Goßner/Schmitt* § 100g Rn. 22). In Betracht kommt die rückwirkende Abfrage von gespeicherten Verbindungsdaten, die Erhebung der Verbindungsdaten aktueller Telekommunikationsverbindungen in Echtzeit oder die gebündelte Anfrage künftig anfallender Verbindungsdaten. Nach § 100g Abs. 2 S. 2 ist dazu indirekt auch eine **Funkzellenabfrage** sämtlicher Kommunikationsverbindungen an einer bestimmten Funkzelle innerhalb eines näher definierten Zeitraums möglich (*Eisenberg* Beweisrecht der StPO, Rn. 2474a; LR/*Hauck* § 100g Rn. 43; *Meyer-Goßner/Schmitt* § 100g Rn. 27; *Singelnstein* NStZ 2012, 593 [602]). 1

Die Datenerfassung berührt zunächst den **Schutzbereich des Rechts auf informationelle Selbstbestimmung** (BVerfGE 130, 151 [178 f.]). Unter anderem von der Zuordnung dynamischer IP-Adressen wird aber auch der **Schutzbereich des speziellen Art. 10 Abs. 1 GG** betroffen (BVerfGE 130, 150 [182 f.]; *Bode* Verdeckte strafprozessuale Ermittlungsmaßnahmen, 2012, S. 386; *Eisenberg* Beweisrecht der StPO, Rn. 2470; LR/*Hauck* § 100g Rn. 17), der nicht nur den Kommunikationsinhalt, sondern auch die näheren Umstände des Kommunikationsvorgangs umfasst (§ 100a Rdn. 2) und damit auch den Verkehrsdatenabruf durch die Strafverfolgungsbehörden (BVerfGE 125, 260 [313]). Das Spezialgrundrecht aus Art. 10 Abs. 1 GG verdrängt das subsidiäre Recht auf informationelle Selbstbestimmung. Insoweit ist auf der Ebene des einfachen Rechts zur Grundrechtsbeschränkung nach Art. 10 Abs. 2 GG eine spezialgesetzliche Eingriffsermächtigung erforderlich, die das **Zitiergebot** aus Art. 19 Abs. 1 S. 2 GG **beachtet**. Die Verbindungsdaten kennzeichnen allerdings nur **die äußeren Merkmale der Telekommunikation, nicht deren Inhalt**, der nur nach §§ 100a, 100b überwacht werden darf. Insoweit liegt zwar ein erheblicher (BVerfGE 125, 260 [318]; *Singelnstein* NStZ 2012, 593 [601]), aber keine ganz so schwer wiegender Grundrechtseingriff wie bei der Inhaltserfassung der Telekommunikation vor (*Schluckebier* BVerfGE 125, 364 [365]; *Eichberger* ebenda S. 380). Für den Abruf von Bestandsdaten gilt § 100**j**, für das **Verwenden von »stillen SMS« zur Standortbestimmung** aber die vorliegende Vorschrift in Verbindung mit der Ermittlungsgeneralklausel (*Krüger* ZJS 2012, 606 [609 ff. 9; krit. *Singelnstein* NStZ 2012, 593 [601]). Daten aus einem Mauterfassungssystem dürfen nicht nach der vorliegenden Vorschrift an die Strafverfolgungsbehörden übermittelt werden (LG Magdeburg NJW 2006, 1073 [1074]; zw. *Meyer-Goßner/Schmitt* § 100g Rn. 5), weil sie keine Telekommunikation enthalten. Nur mit Einverständnis des Eigentümers eines Lastkraftwagens mit der Ermittlung des Standorts, etwa im Fall des Fahrzeugdiebstahls, ist die Verwendung der Daten für Zwecke der Strafverfolgung zulässig. 2

§ 100g StPO   Erhebung von Verkehrsdaten

3 **B. Verkehrsdaten, die bei Telekommunikationsdienstleistern erhoben werden.**
Verkehrsdaten sind gem. § 3 Nr. 30 TKG solche **Daten, die bei der Erbringung eines Telekommunikationsdienstes erhoben, verarbeitet oder genutzt werden.** Es geht vor allem um die die **Chipkartennummer (IMSI)** und **Endgerätekennung (IMEI)** der Teilnehmer an einer Telekommunikation, ferner **dynamische IP-Adressen** von Computern (SK-StPO/*Wolter* § 100h Rn. 31), bei mobilen Anschlüssen auch um **Standortdaten** (Meyer-Goßner/Schmitt § 100g Rn. 6; SK-StPO/*Wolter* § 100h Rn. 31), ferner um **Beginn und Ende der Verbindung** nach Datum und Uhrzeit, den vom Nutzer in Anspruch genommenen Telekommunikationsdienst, Beginn und Ende einer Internet-Nutzung, sowie **sonstige** zum Aufbau und zur Aufrechterhaltung der Telekommunikation sowie zur Entgeltabrechnung notwendige Verkehrsdaten (§ 96 Abs. 1 S. 1 TKG), wie Zugangscodes (Meyer-Goßner/Schmitt § 100g Rn. 3). Mit § 96 Abs. 1 S. 1 Nr. 5 TKG ist die Erhebungsbefugnis **entwicklungsoffen** gestaltet (abl. mangels Normenklarheit SK-StPO/*Wolter* § 100h Rn. 32).

4 Nach § 100g **Abs. 3** fallen solche Daten, die **nicht bei dem Diensteanbieter erhoben** werden, nicht unter die vorliegende Eingriffsnorm, sondern unter die allgemeinen Vorschriften des strafprozessualen Eingriffsrechts (Meyer-Goßner/Schmitt § 100g Rn. 11; krit. zur Systematik SK-StPO/*Wolter* § 100h Rn. 6 ff.). Insbesondere werden die Verbindungsdaten, die nach Abschluss des Übertragungsvorgangs nur **im Herrschaftsbereich des Teilnehmers** an der Telekommunikation aufgezeichnet werden, nicht nach der vorliegenden Vorschrift erfasst werden. Für die Sicherstellung dieser Daten auf den Speichermedien gelten vielmehr die §§ 94 ff. (*Singelnstein* NStZ 2012, 593 [602]). Der Verdacht einer Straftat von erheblicher Bedeutung ist dafür nicht erforderlich, es genügt dort vielmehr der Anfangsverdacht eines beliebigen Delikts.

5 **Aktuelle Verkehrsdaten** können im Fall des § 100g Abs. 1 S. 1 Nr. 1 gem. Abs. 1 S. 3 grundsätzlich auch **in Echtzeit** vom Diensteanbieter an die Ermittlungsbehörden weitergegeben werden (*Bode* Verdeckte strafprozessuale Ermittlungsmaßnahmen, 2012, S. 385; LR/*Hauck* § 100g Rn. 44; Meyer-Goßner/Schmitt § 100g Rn. 2; SK-StPO/*Wolter* § 100h Rn. 24). Das Bestehen einer Telekommunikationsverbindung ist andererseits für eine Verkehrsdatenabfrage nicht unbedingt erforderlich. Vielmehr können nach § 100g Abs. 1 insbesondere auch frühere Standortdaten erhoben werden, die für den Tatnachweis eine Beweisbedeutung haben können. Standortdaten eines Mobiltelefons werden nämlich auch aufgezeichnet, wenn nicht telefoniert wird und sich das Endgerät im Standby-Modus befindet. Mobiltelefone nehmen periodisch oder bei einem Ortswechsel in den Bereich einer anderen Funkzelle Verbindung mit der nächsten Funkzelle auf, was aufgezeichnet wird. Mit diesen Informationen lassen sich im Einzelfall auch Bewegungsbilder anfertigen (*Singelnstein* NStZ 2012, 593 [600 f.]). Zur Regelung der Verpflichtung der Dienstleister zur Vorratsdatenspeicherung ist die Bundesrepublik Deutschland aufgrund von Art. 20 Abs. 1 des Übereinkommens des Europarats über Computerkriminalität (cybercrime convention) vom 23.11.2001 (BGBl II S. 1242; Vertragsgesetz mit Abkommenstext BR-Drucks. 666/07) verpflichtet. Die diesbezüglichen innerstaatlichen Regeln sind nach Maßgabe der Rechtsprechung des Bundesverfassungsgerichts z.T. erst noch verfassungskonform auszugestalten; das Gericht hat sie verfassungsrechtlich beanstandet, aber eine Übergangsregelung getroffen und die Maßnahme im Wesentlichen übergangsweise aufrecht erhalten.

6 **C. Verdacht einer Straftat von erheblicher Bedeutung als Voraussetzung nach Abs. 1 S. 1 Nr. 1.** § 100g Abs. 1 S. 1 Nr. 1 setzt grundsätzlich **den auf konkrete Tatsachen gestützten Anfangsverdacht** einer Straftat von erheblicher Bedeutung voraus (Meyer-Goßner/Schmitt § 100g Rn. 13), **insbesondere einer Katalogtat** im Sinne des § 100a Abs. 2. Dies ist nach der bisherigen Gesetzesfassung aber nicht zwingend (beanstandet durch BVerfGE 125, 260 [352 f.]; krit. auch SK-StPO/*Wolter* § 100h Rn. 22). Die Straftat muss danach nur auch **im Einzelfall schwer wiegen** (BVerfGE 125, 260 [329]). Eine bestimmte Verdachtsstufe ist nicht erforderlich. Auf einen hinreichenden oder dringenden Verdacht kommt es nicht an. Das Vorliegen eines Anfangsverdachts aufgrund von konkreten Tatsachen ist ausreichend, sofern er jedenfalls soweit **konkretisiert** ist, dass sich daraus eine Straftat von erheblicher Bedeutung ergibt. Wann dies der Fall ist, wirkt höchst **unbestimmt** (*Eisenberg* Beweisrecht der StPO, Rn. 2473; LR/*Hauck* § 100g Rn. 28) und wird von der Rechtsprechung nur mit der Leerformel aufgefüllt, die Tat müsse mindestens dem Bereich der mittleren Kriminalität angehören, den Rechtsfrieden empfindlich stören und das Gefühl der Rechtssicherheit der Bevölkerung erheblich beeinträchtigen, womit aber kaum eine plausible Abgrenzung ermöglicht wird (§ 100i Rdn. 9). Prak-

tisch ist die Klausel kaum bedeutungsvoll (SK-StPO/*Wolter* § 100h Rn. 21). Die Straftat kann **im Versuchsstadium** oder, soweit dies z.B. nach § 30 selbstständig strafbar ist, auch **im Vorbereitungsstadium** vorliegen (SK-StPO/*Wolter* § 100h Rn. 18; a. A. LR/*Hauck* § 100g Rn. 31). Täterschaft oder Teilnahme des Beschuldigten an der Anlasstat für den Ermittlungseingriff stehen gleich (*Meyer-Goßner/Schmitt* § 100g Rn. 15).

D. Beliebiger Verdacht einer Straftat mittels der Telekommunikation als Voraussetzung nach Abs. 1 S. 1 Nr. 2. Nach § 100g Abs. 1 Nr. 2 ist die Erhebung von Verkehrsdaten auch bei Straftaten möglich, die gerade mit der Telekommunikation begangen wurden (KK/*Bruns* § 100g Rn. 7; LR/*Hauck* § 100g Rn. 29). In diesem Fall muss die verfolgte Tat nicht von erheblicher Bedeutung sein, sodass eine Verkehrsdatenerhebung etwa auch bei Verdacht einer Beleidigung oder von Nachstellungen oder beim Verdacht des Ausspähens von Daten erfolgen kann. Es muss aber um ein vollendetes Delikt gehen (*Meyer-Goßner/Schmitt* § 100g Rn. 18). Die Absenkung der Anforderungen an die Anlasstat sind verfassungsrechtlich nicht zu beanstanden (BVerfG MMR 2007, 231 f. m. Anm. *Bär*). Für den Fall des § 100g Abs. 1 S. 1 Nr. 2 gilt andererseits eine qualifizierte Subsidiaritätsklausel (Rdn. 13). 7

E. Mitwirkungspflicht der Telekommunikationsdienstanbieter. Die **Pflicht** der Telekommunikationsdienstanbieter zur Mitwirkung an der Ausleitung der Verkehrsdaten folgt aus § 100g Abs. 2 S. 1 i.V.m. § 100b Abs. 3 und § 113b TKG. Die Diensteanbieter werden dadurch **von ihrer Geheimhaltungspflicht befreit** (BVerfGE 125, 260 [312]). Sie müssen nach § 113a TKG und der TKÜV auch die notwendigen **Vorkehrungen zur Speicherung** der Verkehrsdaten treffen und eine **Vorratsdatenspeicherung** für den eventuellen Abruf durch die Ermittlungsbehörden betreiben (zur geplanten Gesetzesänderung BT-Drucks. 18/5088). 8

Da die vorsorgliche Speicherung der Daten wegen der erheblichen Streubreite einen **schwerwiegenden Eingriff in das Grundrecht aus Art. 10 Abs. 1 GG** darstellt, werden von der Verfassung an deren Zulässigkeit hohe Anforderungen im Hinblick auf Missbrauchsschutz, Verwendungsbeschränkungen und Transparenz der Datenerhebung sowie gerichtliche Kontrolle gestellt (BVerfGE 125, 260 [325]). 9

Die **auf der Basis der unzureichenden früheren Regelung** gewonnenen Daten sind **unverwertbar**. Auch mittelbar erlangte Erkenntnisse misst das Bundesverfassungsgericht am Maßstab des Art. 10 Abs. 1 GG, was für eine Fernwirkung des Beweisverwertungsverbots spricht (*Volkmer* NStZ 2010, 318 [319]). Verwertbar bleiben aber diejenigen Verkehrsdaten, die vor der Nichtigerklärung, aber **nach Inkrafttreten einer einstweiligen Anordnung des Bundesverfassungsgerichts** (BVerfGE 121, 1 [21 ff.]; 122, 122 [134 ff.]; 124, 299 [300]) unter Beachtung der dort genannten Bedingungen erhoben und übermittelt worden sind (BGHSt 56, 127 [138]; *Meyer-Goßner/Schmitt* § 100g Rn. 30). Weiterhin verwertbar bleiben auch die Daten, die nach § 96 TKG erhoben wurden. Dies gilt jedenfalls dann, wenn die Daten in der Zwischenzeit noch nicht gem. § 97 Abs. 3 TKG hätten gelöscht werden müssen. Mangels starrer Mindestspeicherfristen variieren die individuellen Speicherfristen. 10

F. Betroffene Personen. Nach § 100g Abs. 2 S. 1 i.V.m. § 100a Abs. 3 darf sich die Anordnung nur **gegen den Beschuldigten** oder den in § 100a Abs. 3 genannten Personenkreis der **Kontaktmittler** richten, auch wenn diese noch nicht identifiziert sind. Die Verbindungsdaten einfacher Zeugen, die keine Kontaktpersonen des Beschuldigten sind, dürfen aber nicht erhoben werden (*Meyer-Goßner/Schmitt* § 100g Rn. 20). Eine spezielle Regelung bezüglich unvermeidbar betroffener Dritter fehlt (SK-StPO/*Wolter* § 100h Rn. 49). 11

Ein Beweiserhebungsverbot besteht zugunsten von **Berufsgeheimnisträgern** aus dem Kreis der Seelsorger, Abgeordneten und Strafverteidiger (*Meyer-Goßner/Schmitt* § 100g Rn. 21) nach § 160a Abs. 1 (*Eisenberg* Beweisrecht der StPO, Rn. 2472), soweit sie nicht selbst tatverdächtig sind (BVerfG MMR 2007, 231 f. m. Anm. *Bär*). Für andere Berufsgeheimnisträger gilt das relative Beweisverbot nach § 160a Abs. 2. Für Angehörige im Sinne von § 52 fehlt eine entsprechende Regelung. 12

G. Subsidiarität und Verhältnismäßigkeit. Nach § 100g Abs. 1 S. 2 unterliegt die Erhebung von Verkehrsdaten im Fall der mittels Telekommunikation begangenen Straftat (§ 100g Abs. 1 13

§ 100g StPO   Erhebung von Verkehrsdaten

S. 1 Nr. 2) einer qualifizierten Subsidiaritätsklausel. Gleich geeignete, aber weniger belastende Maßnahmen liegen aber oftmals fern, sodass die Einschränkungsklausel in der Praxis leer läuft.

14 Weitere Voraussetzung für die Anordnung der Erhebung von Verkehrsdaten bei mittels Telekommunikation begangenen Straftaten ist nach dem allgemein geltenden Grundsatz der Verhältnismäßigkeit eine angemessene Relation der Eingriffsmaßnahme zur Bedeutung der Sache. In der Verkehrsdatenabfrage liegt aber prinzipiell **keine unzulässige Totalüberwachung** (BVerfGE 125, 260 [322, 324]), soweit jedenfalls nicht flächendeckende andere Überwachungsmaßnahmen hinzutreten.

15 **H. Verfahren der Anordnung und Durchführung der Maßnahme.** Zuständig ist nach § 100g Abs. 2 S. 1 i.V.m. § 100b Abs. 1 S. 1 das **Gericht**, also im Vorverfahren der Ermittlungsrichter, ab Anklageerhebung das erkennende Gericht. Mit diesem Richtervorbehalt soll nach der idealisierenden Vorstellung des Bundesverfassungsgerichts eine neutrale und effektive Kontrolle gewährleistet werden (BVerfGE 125, 260 [337 f.]), was die Praxis aber schon wegen unrealistischer Pensenvorgaben nicht zu leisten vermag. Die **Staatsanwaltschaft** besitzt eine **Eilkompetenz bei Gefahr im Verzug** (§ 100g Abs. 2 i.V.m. § 100b Abs. 1 S. 2).

16 Für die Anordnung gilt entsprechend § 100b Abs. 2 S. 1 das Gebot der **Schriftform**. Die Entscheidung bedarf nach § 34 einer Begründung, an die aus verfassungsrechtlichen Gründen aber besondere Anforderungen gestellt werden sollen (BVerfGE 125, 260 [338]), welche im Gesetzestext bisher nicht hervorgehoben werden (BVerfGE 125, 260 [355]; krit. auch LR/*Hauck* § 100g Rn. 7). Der richterliche Anordnungsbeschluss muss den bei vorläufiger Beweiswürdigung angenommenen Tatvorwurf so beschreiben, dass erkennbar ist, welche konkrete Straftat der Anlass der Maßnahme ist. Die Beweisgründe und die vorläufige rechtliche Bewertung bedürfen der Erwähnung. Es muss außerdem erkennbar werden, dass Geeignetheit, Erforderlichkeit und Angemessenheit der Maßnahme sorgfältig und eigenverantwortlich geprüft wurden. Dem tragen Gesetz und Rechtsanwendungspraxis nur mangelhaft Rechnung.

17 Wenn die Rufnummer oder eine andere Kennung des in Rede stehenden Anschlusses nicht benannt werden kann und nur eine Funkzellenabfrage erfolgen soll, genügt im Fall des § 100g Abs. 1 S. 1 Nr. 1 eine räumlich und zeitlich hinreichend bestimmte **Bezeichnung der betroffenen Telekommunikation** (§ 100g Abs. 2 S. 2). Allerdings müssen auch dazu konkrete Anhaltspunkte für die Verwendung eines Mobiltelefons bei einer Straftat vorhanden sein.

18 Für die Maßnahme gelten die **Fristen** des § 100b Abs. 1 S. 4, wenn künftige Daten abgefragt werden sollen (SK-StPO/*Wolter* § 100h Rn. 46). Dies darf höchsten für drei Monate im Voraus angeordnet werden, jedoch kann die Frist um jeweils drei Monate verlängert werden (*Eisenberg* Beweisrecht der StPO, Rn. 2476; *Meyer-Goßner/Schmitt* § 100g Rn. 28). Bei **Wegfall der Anordnungsvoraussetzungen** ist die **Maßnahme zu beenden** (*Meyer-Goßner/Schmitt* § 100g Rn. 31). Darüber ist das anordnende Gericht zu unterrichten (§ 100g Abs. 2 i.V.m. § 100b Abs. 4 S. 1).

19 **I. Regeln zur Rechtsschutzgewährung und Verwertung der Informationen.** Die **Benachrichtigung** der Betroffenen ist verfassungsrechtlich geboten (BVerfGE 125, 260 [336]); sie erfolgt nachträglich nach § 101 Abs. 4 bis 7 StPO. Die **Löschung** der aus der Maßnahme gewonnenen Daten richtet sich nach § 101 Abs. 8.

20 Rechtmäßig erhobene Daten sind im Ausgangsverfahren als Beweis oder Spurenansatz verwertbar (*Meyer-Goßner/Schmitt* § 100g Rn. 34). Bei Verstößen gegen die materiellen Anordnungsvoraussetzungen gelten die allgemeinen Grundsätze über **Beweisverwertungsverbote**. Das Bundesverfassungsgericht hat insoweit aber »wirksame Sanktionen« gegen Rechtsverletzungen durch Beweisverwertungsverbote oder Amtshaftung gefordert (BVerfGE 125, 260 [339 f.]), die sich in Gesetz und Rechtsanwendungspraxis kaum verifizieren lassen. Unselbstständige Beweisverwertungsverbote bleiben im Gesetz ungeregelt und die Abwägungsdoktrin (§ 136 Rdn. 82 ff.) bewirkt keinen effektiven Schutz.

21 Die **Verwertbarkeit in anderen Strafverfahren** folgt aus § 477 Abs. 2 S. 2. Die Verwertbarkeit von präventiv gewonnenen Erkenntnissen im Strafverfahren regelt § 161 Abs. 2 (*Meyer-Goßner/Schmitt* § 100g Rn. 35).

22 § 100g Abs. 4 fordert statistische **Berichte zur parlamentarischen Kontrolle** entsprechend § 100b Abs. 5, die auch entsprechend § 100e zu veröffentlichen sind (SK-StPO/*Wolter* § 100h Rn. 12 f.).

§ 100h StPO Weitere Maßnahmen außerhalb von Wohnraum

(1) ¹Auch ohne Wissen der Betroffenen dürfen außerhalb von Wohnungen
1. Bildaufnahmen hergestellt werden,
2. sonstige besondere für Observationszwecke bestimmte technische Mittel verwendet werden,

wenn die Erforschung des Sachverhalts oder die Ermittlung des Aufenthaltsortes eines Beschuldigten auf andere Weise weniger erfolgversprechend oder erschwert wäre. ²Eine Maßnahme nach Satz 1 Nr. 2 ist nur zulässig, wenn Gegenstand der Untersuchung eine Straftat von erheblicher Bedeutung ist.

(2) ¹Die Maßnahmen dürfen sich nur gegen einen Beschuldigten richten. ²Gegen andere Personen sind
1. Maßnahmen nach Absatz 1 Nr. 1 nur zulässig, wenn die Erforschung des Sachverhalts oder die Ermittlung des Aufenthaltsortes eines Beschuldigten auf andere Weise erheblich weniger erfolgversprechend oder wesentlich erschwert wäre,
2. Maßnahmen nach Absatz 1 Nr. 2 nur zulässig, wenn auf Grund bestimmter Tatsachen anzunehmen ist, dass sie mit einem Beschuldigten in Verbindung stehen oder eine solche Verbindung hergestellt wird, die Maßnahme zur Erforschung des Sachverhalts oder zur Ermittlung des Aufenthaltsortes eines Beschuldigten führen wird und dies auf andere Weise aussichtslos oder wesentlich erschwert wäre.

(3) Die Maßnahmen dürfen auch durchgeführt werden, wenn Dritte unvermeidbar mitbetroffen werden.

A. Anwendungsbereich. Eine längerfristige Observation unterliegt der Regelung des § 163f, die über § 100h hinausgeht und einen Richtervorbehalt vorsieht (§ 163f Abs. 3). § 100h regelt Begleitmaßnahmen zu **kurz- oder längerfristigen Observationen**, ist also vor allem bei den nicht längerfristigen Observationen von § 163f von Bedeutung.

I. Anfertigung von Bildaufnahmen für Observationszwecke (Abs. 1 S. 1 Nr. 1) Die Vorschrift betrifft in allen Alternativen, auch derjenigen nach § 100h Abs. 1 S. 1 Nr. 1, den Einsatz technischer Mittel **für Zwecke einer Observation** (*Eisenberg* Beweisrecht der StPO, Rn. 2513a; *Meyer-Goßner/ Schmitt* § 100h Rn. 1; *Singelnstein* NStZ 2014, 305 [306]). Voraussetzung ist zunächst das Vorliegen des Anfangsverdachts einer Straftat (KK/*Bruns* § 100h Rn. 6; LR/*Hauck* § 100h Rn. 2; *Singelnstein* NStZ 2014, 305 [306]). Dann dürfen nach § 100h Abs. 1 S. 1 Nr. 1 **Bildaufnahmen** als Einzelbilder oder Filmaufnahmen hergestellt werden (LR/*Hauck* § 100h Rn. 5; *Singelnstein* NStZ 2014, 305 [306]), die individuelle Personen betreffen und in das **Recht am eigenen Bild** als Teil des allgemeinen Persönlichkeitsrechts eingreifen. Die so hergestellten Lichtbilder können etwa auch später einem Zeugen zur **Identifizierung** vorgelegt oder für **Fahndungen** eingesetzt werden. Besondere Eingriffsvoraussetzungen stellt das Gesetz nicht auf; der Grundsatz der Verhältnismäßigkeit ist aber, wie immer, auch hier zu beachten. Auch der Einsatz von Drohnen zur Herstellung von Bildaufnahmen ist rechtlich möglich (*Singelnstein* NStZ 2014, 305 [308]), solange dies nicht für sich genommen oder im Verbund mit anderen Aufklärungsmaßnahmen zur Totalüberwachung führt (LR/*Hauck* § 100h Rn. 6).

Foto- und Videodokumentationen im Rahmen der **Spurensicherung** am Tatort sind keine Observation. Für Zwecke der Spurensicherung angefertigte Fotos können aufgrund der Ermittlungsgeneralklausel angefertigt und verwendet werden, ohne dass es auf § 100h ankommt (LR/*Hauck* § 100h Rn. 3; *Meyer-Goßner/Schmitt* § 100h Rn. 1).

II. Einsatz technischer Mittel zu Observationszwecken (Abs. 1 S. 1 Nr. 2) § 100h Abs. 1 S. 1 Nr. 2 gestattet den Einsatz sonstiger technischer Mittel für Observationszwecke, die nicht in der Aufnahme von Bildern (§ 100h Abs. 1 S. 1 Nr. 1) oder der nichtöffentlich gesprochenen Wortes (§ 100f) bestehen, sondern in sonstiger Weise die Observation erleichtern oder ermöglichen. Es handelt sich um eine Art von **Generalklausel für den Technikeinsatz bei der Observation** (*Bode* Verdeckte strafprozessuale Ermittlungsmaßnahmen, 2012, S. 395; *Singelnstein* NStZ 2014, 305 [308]) zur Sachverhaltserforschung oder zur Ermittlung des Aufenthaltsorts des Beschuldigten. .

Welche **technischen Mittel** die Ermittler einsetzen können, **hat das Gesetz nicht bestimmt**. Es kollidiert partiell mit Grundsatz der Normenklarheit, der aber in der Gesamtschau wohl noch knapp gewahrt

§ 100h StPO Weitere Maßnahmen außerhalb von Wohnraum

bleibt (*Bode* Verdeckte strafprozessuale Ermittlungsmaßnahmen, 2012, S. 405 f.), obwohl er nicht mit dem Verhältnismäßigkeitsprinzip vermengt werden darf (so aber tendenziell BVerfGE 112, 304 [316 f.]).

6 Sonstige technische Mittel sind etwa Peilsender, Nachtsichtgeräte, Bewegungsmelder, Diebesfallen und anderes mehr (*Bode* Verdeckte strafprozessuale Ermittlungsmaßnahmen, 2012, S. 400; SK-StPO/*Wolter* § 100h Rn. 12). Nach der vorliegenden Vorschrift ist auch zulässig, das **GPS** (global positioning system) einzusetzen (BGHSt 46, 266 [271 ff.]; KK/*Bruns* § 100h Rn. 7; LR/*Hauck* § 100h Rn. 8; *Singelnstein* NStZ 2014, 305 [308]; krit. SK-StPO/*Wolter* § 100h Rn. 13). Ein weiteres wirkungsvolles Mittel zur Standortbestimmung einer Person mithilfe eines Mobilfunkendgeräts ist die »**stille SMS**« (*Krüger* ZJS 2012, 606 ff.; *Smith* VR 2012, 334 ff.). Ähnlich wie beim Einsatz von Peilsendern wird dabei ein Signal an eine bekannte Mobilfunknummer gesandt und bei der Rückmeldung an den Provider ein Datensatz mit Angabe der Funkzelle erzeugt, in der sich das Mobilfunkendgerät der Zielperson befindet. Die Abfrage der so geschaffenen Daten ist nicht nach Maßgabe der vorliegenden Vorschrift rechtlich möglich, sondern nach § 100g (*Krüger* ZJS 2012, [609 ff.]; krit. *Singelnstein* NStZ 2012, 593 [601]).

7 **III. Unterschwellige Maßnahmen.** Umstritten ist, ob als technische Mittel im Sinne der vorliegenden Eingriffsregelung auch **bloße Sehhilfen**, wie Ferngläser, oder **Markierungssysteme** und technisch **präparierte Gegenstände** (Diebesfallen), zählen. Bisweilen wird angenommen, diese könnten wegen fehlenden Eingriffscharakters schon aufgrund der Ermittlungsgeneralklausel eingesetzt werden (KK/*Bruns* § 100h Rn. 1; SK-StPO/*Wolter* § 100h Rn. 3, 12). Die Gegenansicht weist zutreffend darauf hin, dass eine solche Differenzierung im **Wortlaut des Gesetzes** keinen Niederschlag gefunden hat, sodass § 100h Abs. 1 S. 1 Nr. 2 darauf anzuwenden ist (*Meyer-Goßner*/*Schmitt* § 100h Rn. 2). Zudem ist der Übergang zu Maßnahmen mit **Eingriffscharakter** bei der **Erfassung personenbezogener Informationen** mithilfe einer Observation fließend. Nach den Maßstäben zum Recht auf informationelle Selbstbestimmung gibt es kein belangloses Datum (BVerfGE 65, 1 [45]; 118, 68 [85]; 120, 378 [399]; 128, 1 [45]; 130, 151 [184]), weshalb auch die Beobachtung der Person und ihres Verhaltens an einem bestimmten Ort zu einer bestimmten Zeit in einem konkreten Kontext und die Verwendung dieser Information in den **Schutzbereich des Rechts auf informationelle Selbstbestimmung** eingreifen kann, soweit nicht von einem Grundrechtsverzicht durch Präsentierung in der Öffentlichkeit auszugehen ist.

8 **IV. Masseneinsatz bei Verkehrsordnungswidrigkeiten.** Die Anwendung von § 100h Abs. 1 S. 1 Nr. 1 i.V.m. § 46 Abs. 1 OWiG für die Fertigung von Bildaufnahmen oder Videoaufzeichnungen zur Verfolgung von Ordnungswidrigkeiten, insbesondere im Straßenverkehr (*Rebler* SVR 2013, 208 [210]), ist nach vorherrschender Meinung ebenfalls zulässig (vgl. BVerfG NJW 2010, 2717 f.; Beschl. v. 12.08.2010 – 2 BvR 1447/10; *Harnisch/Pohlmann* NZV 2010, 380 [384]). Dies eröffnet ein breites Anwendungsfeld der **optischen Verkehrsüberwachung** und bei **Geschwindigkeits- oder Abstandsmessungen** (OLG Hamm Urt. v. 22.05.2011 – 3 RBs 61/11; AG Groß-Gerau NStZ-RR 2013, 250 [251]; AG Lüdinghausen NZV 2013, 203 [204]), wobei Letztere eher in den Anwendungsbereich von § 100h Abs. 1 S. 1 Nr. 2 fallen dürften. Umstritten ist hier der Anfangsverdacht (vgl. zur Verdachtsentstehung ab Erfassung eines Regelverstoßes BVerfG Beschl NJW 2010, 2717 [2718]; OLG Bremen Beschl. v. 28.10.2010 – 2 SsBs 70/10; a. A. *Wilcken* NZV 2011, 67 ff.). Bemerkenswert wirkt es jedenfalls, dass alltägliche Ordnungswidrigkeiten im Straßenverkehr nicht selten mit einem größeren technischen Aufwand verfolgt werden, als manche Straftaten von erheblicher Bedeutung.

9 **V. Überbordende Maßnahmen.** Maßnahmen zur Überwachung der Telekommunikation unterliegen den §§ 100a, 100b, nicht der vorliegenden Vorschrift. Unzureichend ist die Regelung in Abs. 1 Satz 1 Nr. 2 der vorliegenden Vorschrift wie auch in den §§ 100a, 100b aber für den Einsatz von Trojanern zur »**Online-Durchsuchung**« (BGHSt 51, 211 [218]; *Eisenberg* Beweisrecht der StPO, Rn. 2514a, 2540 ff.; a. A. *Bode* Verdeckte strafprozessuale Ermittlungsmaßnahmen, 2012, S. 401, 407). Dies gilt bereits unabhängig von der Frage, ob ein solcher Eingriff den Schutzbereich des Art. 13 Abs. 1 GG berühren würde oder (von) »außerhalb einer Wohnung« erfolgt.

10 **B. Ausgrenzung des Schutzbereichs von Art. 13 Abs. 1 GG.** Gestattet sind Bildaufnahmen und der **Einsatz technischer Mittel** nur »**außerhalb von Wohnungen**«, womit auch Bildaufnah-

men von außen in eine Wohnung hinein unzulässig sind (KK/*Bruns* § 100h Rn. 3). Damit bleibt der Schutzbereich des Art. 13 Abs. 1 GG unberührt. In diesen darf nur nach Maßgabe der §§ 102 ff. offen oder nach §§ 100c ff. heimlich eingedrungen werden. Außerhalb von Wohnungen greift die rein optische Überwachung meist jedenfalls **nicht** in den **Kernbereich der Persönlichkeitsentfaltung** ein (BVerfGE 112, 304 [318]; *Singelnstein* NStZ 2014, 305 [311]); restlos ausgeschlossen ist aber auch das nicht (*Bode* Verdeckte strafprozessuale Ermittlungsmaßnahmen, 2012, S. 395 f.). Das **Fehlen eines präventiven Kernbereichsschutzes** im Gesetz erscheint vor diesem Hintergrund unschädlich, jedoch ist bei der Durchführung der Maßnahme darauf zu achten, dass auch im Einzelfall nicht die Menschenwürde verletzt wird, etwa wenn Intimitäten zwischen dem Beschuldigten und einer unverdächtigen Person an einem verschwiegenen Ort bildlich erfasst werden. Bei Kernbereichsberührung entstehen auch ohne positivrechtliche Regelung in der vorliegenden Vorschrift **unmittelbar von Verfassungs wegen** eine Löschungspflicht und ein Beweisverwertungsverbot (*Bode* a.a.O. S. 397).

Nach der Rechtsprechung ist eine **längerfristige Videoüberwachung des Wohnungseingangs** zum Erkennen von Kontaktpersonen, der Feststellung von Anwesenheitszeiten des Beschuldigten sowie zur Identifizierung von Mittätern zulässig, da der Schutzbereich des Art. 13 Abs. 1 GG nicht berührt werde (BGHSt 44, 13 [16]). 11

C. Unerheblichkeit der Wahrnehmung des Betroffenen. Die Maßnahme richtet sich entgegen dem ersten Anschein nach § 100h Abs. 2 S. 1 **nicht exklusiv gegen Beschuldigte**; sie kann unter den Bedingungen des Abs. 2 Satz 2 auch **unverdächtige Personen**, etwa Kontaktpersonen, erfassen, wenn daraus ein Hinweis zur Sachaufklärung oder zur Bestimmung des Aufenthalts eines Beschuldigten entnommen werden soll. 12

Bildaufnahmen und der Einsatz sonstiger technischer Mittel für Observationszwecke sind »**auch ohne Wissen**« des Betroffenen möglich, können also **heimlich** erfolgen (*Meyer-Goßner/Schmitt* § 100h Rn. 6). Es kommt also für die Rechtmäßigkeit der Maßnahme nicht darauf an, ob die Bildaufnahme unbemerkt oder mit der Wahrnehmung des Betroffenen erfolgt. Sofern alle im Einzelfall Betroffenen **einwilligen**, kann eine Bildaufnahme auch ohne die vorliegende spezialgesetzliche Eingriffserlaubnis durchgeführt werden, weil dann infolge Verzichts kein Grundrechtseingriff vorliegt. Die Ermittlungsgeneralklausel deckt sodann jedenfalls die Maßnahme, ohne dass es der vorliegenden Spezialermächtigung bedarf. Die Einwilligung eines Betroffenen reicht mangels Dispositionsmacht nicht aus, wenn auch weitere Personen erfasst werden (SK-StPO/*Wolter* § 100h Rn. 5a). 13

D. Zulässigkeit zur Verfolgung von beliebigen Straftaten (Abs. 1 S. 1) oder von Straftaten von erheblicher Bedeutung (Abs. 1 S. 2) Die Herstellung von Bildaufnahmen nach § 100h **Abs. 1 S. 1 Nr. 1** ist schon beim **Anfangsverdacht einer beliebigen Straftat** zulässig (SK-StPO/*Wolter* § 100h Rn. 6); eine Beschränkung auf bestimmte Deliktsarten ist insoweit wegen der geringeren Eingriffsintensität nicht vorgesehen (*Meyer-Goßner/Schmitt* § 100h Rn. 1; krit. dazu *Bode* Verdeckte strafprozessuale Ermittlungsmaßnahmen, 2012, S. 399 f.). Die Anlasstat muss im Fall von § 100h **Abs. 1 S. 1 Nr. 2** dagegen eine **Straftat von erheblicher Bedeutung** sein, weil der Einsatz sonstiger technischer Mittel als gravierender gilt (*Meyer-Goßner/Schmitt* § 100h Rn. 3), was indes nicht immer zutreffend sein dürfte. Um als Straftat von erheblicher Bedeutung zu gelten, muss die Tat nach der geläufigen Leerformel mindestens dem **Bereich der mittleren Kriminalität** zuzurechnen sein, den **Rechtsfrieden empfindlich stören** und dazu geeignet sein, das **Gefühl der Rechtssicherheit** der Bevölkerung erheblich zu beeinträchtigen (§ 98a Rdn. 5 ff.). Der Begriff ist zumindest relativ unbestimmt (*Bode* Verdeckte strafprozessuale Ermittlungsmaßnahmen, 2012, S. 404; LR/*Hauck* § 100h Rn. 14; a. A. ohne Berücksichtigung von Detailproblemen, etwa durch Begriffsvariationen in verschiedenen Eingriffsnormen, BVerfGE 112, 304 [316]) und wird in den verschiedenen Eingriffsnormen in unterschiedlichen Variationen gebraucht, was erhebliche Bedenken gegen die hinreichende Normbestimmtheit hervorruft (§ 100i Rdn. 9). Ausreichend ist auch in Bezug auf die Straftat von erheblicher Bedeutung ein Anfangsverdacht (BVerfGE 112, 304 [318]). 14

E. Beweiserhebungsverbote (§ 160a) Soweit die Observation nicht verdächtige Personen betrifft, sieht die vorliegende Vorschrift keine Unterscheidung des Mitteleinsatzes bei der Observation von zeugnisverweigerungsberechtigten oder anderen Betroffenen vor. Das Gebot einer Differenzierung 15

§ 100h StPO Weitere Maßnahmen außerhalb von Wohnraum

folgt aber aus § 160a und dem Grundsatz der Verhältnismäßigkeit. Zunächst ist der **Kernbereichsschutz** nach Art. 1 Abs. 1 GG zu beachten (SK-StPO/*Wolter* § 100h Rn. 20), der es gebietet, Verteidigergespräche, Beichtgespräche, manche Arztgespräche und vertrauliche Unterredungen des Beschuldigten mit nächsten Angehörigen, die **nicht akustisch überwacht** werden dürften (§ 100f Rdn. 9 f.), **auch nicht optisch** zu überwachen; § 160a Abs. 1 geht darüber hinaus und stellt auch Gespräche mit anderen Berufsgeheimnisträgern unter absoluten Schutz; das gilt auch für die technikgestützte Observation (*Eisenberg* Beweisrecht der StPO, Rn. 2516a; *Meyer-Goßner/Schmitt* § 160a Rn. 8). Die optische Überwachung könnte, wenn sie bemerkt würde oder als latentes Risiko zu befürchten wäre, das Recht auf **Schutz vor Einschüchterung** (*Bode* Verdeckte strafprozessuale Ermittlungsmaßnahmen, 2012, S. 112 ff.) verletzen und auf diesem Wege zumindest mittelbar den Kernbereich der Persönlichkeitsentfaltung berühren oder die Menschenwürde antasten. Bei Maßnahmen außerhalb des Kernbereichs, aber in dessen Peripherie sollte **zumindest** nach Maßgabe der **Abwägungslösung** im Sinne von § 160a Abs. 2 zwischen noch zulässigen und nicht mehr statthaften Observationsmaßnahmen mit Technikunterstützung differenziert werden. Das gebietet auch der Grundsatz der Verhältnismäßigkeit.

16 **F. Subsidiarität und Verhältnismäßigkeit.** Der Einsatz von sonstigen technischen Mitteln **gegen Beschuldigte** ist nach § 100h Abs. 1 S. 1 nur zulässig, wenn die Sachaufklärung oder Aufenthaltsermittlung auf andere Weise **weniger Erfolg versprechend oder erschwert** wäre. Der Einsatz **gegen Nichtbeschuldigte** kommt nach § 100h Abs. 2 S. 2 Nr. 2 nur infrage, wenn die Zielerreichung auf andere Weise **aussichtslos oder wesentlich erschwert** wäre. Die Erschwernis ist aber fast immer zu bejahen und ein gradueller Unterschied zwischen einfacher oder wesentlicher Erschwernis kaum verifizierbar (*Eisenberg* Beweisrecht der StPO, Rn. 2515), weshalb die Merkmale ohne Rücksicht auf ihre graduellen Unterschiede in der Praxis prinzipiell leer laufen (*Meyer-Goßner/Schmitt* § 100h Rn. 4). Die Subsidiaritätsklauseln bewirken daher insgesamt **keine ernsthafte Einschränkung** des Eingriffshandelns (*Blozik* Subsidiaritätsklauseln im Strafverfahren, 2012, S. 233 ff.) und liefern umgekehrt nur eine **Scheinlegitimation** für die Eingriffsakte (weiter gehend für Verfassungswidrigkeit der Norm *Bode* Verdeckte strafprozessuale Ermittlungsmaßnahmen, 2012, S. 399).

17 Bei gleichzeitigem **Einsatz mehrerer Überwachungsmittel** oder anderer heimlicher Ermittlungsmethoden ist zu beachten, dass eine »**Rundumüberwachung**«, mit der ein umfassendes Persönlichkeitsprofil erstellt werden kann, gegebenenfalls unzulässig ist (BVerfGE 112, 304 [319]; BGHSt 46, 266 [277]). Problematisch erscheint insoweit, dass die vorliegende Vorschrift kein Kernbereichsschutzkonzept enthält (*Bode* Verdeckte strafprozessuale Ermittlungsmaßnahmen, 2012, S. 402) und nicht einmal eine zeitliche Begrenzung der Maßnahme vorsieht.

18 **G. Unselbstständige Begleitmaßnahmen.** Vorbereitungs- oder Begleitmaßnahmen werden von der vorliegenden Vorschrift mit umfasst, wenn sie keinen Eingriff in andere Rechtspositionen als die Hauptmaßnahme ermöglichen und den Haupteingriff allenfalls unwesentlich erweitern. Die **Annexkompetenz** gestattet etwa das Öffnen eines fremden Fahrzeugs zur Anbringung eines GPS-Senders (BGHSt 46, 266 [273 f.]; s.a. *Singelnstein* NStZ 2014, 305 [310 f.]), nicht aber wegen des zusätzlichen Eingriffs in den Schutzbereich des Art. 14 Abs. 1 GG, der schon nach dem Zitiergebot nicht vom Eingriffsrecht vorgesehen ist (LR/*Hauck* § 100h Rn. 9), die heimliche Verbringung des Autos in eine Werkstatt zur Anbringung des Senders (*Bernsmann* StV 2001, 382 [385]; a. A. BGHSt 46, 266 [274]; KK/*Bruns* § 100h Rn. 9). Auch die Benutzung von fremden Stromquellen in geringem Umfang zum Betrieb der Überwachungsgeräte soll als Begleitmaßnahme zulässig sein; auch das kann aber nur bei wirtschaftlich unerheblichen Stromentnahmen (von der Autobatterie) gelten.

19 **H. Anordnungsverfahren.** Zuständig für den Einsatz technischer Mittel sind **die Staatsanwaltschaft und ihre Ermittlungspersonen** (§ 152 GVG) oder anderen repressiv-polizeilich handelnden Polizeibeamten (SK-StPO/*Wolter* § 100h Rn. 9; a. A. *Eisenberg* Beweisrecht der StPO, Rn. 2517). Ein Richtervorbehalt besteht nicht und ist auch verfassungsrechtlich nicht unbedingt erforderlich (BVerfGE 112, 304 [318]).

20 Die Anordnung des Einsatzes technischer Mittel sollte trotz des fehlenden Verweises auf § 100b Abs. 2 jedenfalls **in den Akten dokumentiert** werden (BVerfGE 112, 304 [320 f.]).

Eine **Befristung** enthält die Vorschrift im Gegensatz zu den anderen Bestimmungen über heimliche Er- 21
mittlungsmethoden nicht. Bei längerfristigen Observationen ist aber § 163f zu beachten, im Übrigen gilt,
wie immer im Eingriffsrecht, der Grundsatz der Verhältnismäßigkeit. Die Maßnahme ist danach zu
beenden, wenn die Voraussetzungen nicht mehr vorliegen oder der Grad der Angemessenheit überschritten wird (vgl. SK-StPO/ *Wolter* § 100h Rn. 10: sinngemäße Anwendung von § 100b Abs. 4 Satz 1).

I. Verwendung der Informationen. Rechtmäßig erlangte Observationserkenntnisse und 22
Zufallsfunde sind prinzipiell verwertbar (*Allgayer* NStZ 2006, 603 [606]; einschränkend SK-StPO/
Wolter § 100h Rn. 10b, 17); bei Rechtsfehlern, etwa dem Fehlen einer Anordnung oder dem Überschreiten der nach dem Verhältnismäßigkeitsgrundsatz noch angemessenen Dauer des Einsatzes,
richtet sich die Frage der Verwertbarkeit der erlangten Informationen vom Standpunkt der vorherrschenden Meinung (vgl. *Eisenberg* Beweisrecht der StPO, Rn. 2519) nach der Abwägungsdoktrin
(§ 136 Rdn. 82 ff.).

Die Weiterverwendung von Bildaufnahmen zu anderen Zwecken unterliegt im Gegensatz zu Daten, die 23
aus dem Einsatz sonstiger für Observationszwecke bestimmter Mittel erlangt wurden, **nicht der Verwendungsbeschränkung des** § **477 Abs. 2**, da die Herstellung von Bildaufnahmen nicht den Verdacht
bestimmter Straftaten von erheblicher Bedeutung voraussetzt. Anders ist es bei den Erkenntnissen aus
Maßnahmen nach § 100h Abs. 1 S. 1 Nr. 2 (*Eisenberg* Beweisrecht der StPO, Rn. 2519); insoweit gilt
das Prinzip des hypothetischen Ersatzeingriffs, wonach auch die engeren Eingriffsvoraussetzungen der
vorliegenden Vorschrift für die sonstigen technischen Mittel bei der Observation hypothetisch erfüllt
sein müssen (SK-StPO/ *Wolter* § 100h Rn. 17). Die Verwendung der technikgestützten Observationserkenntnisse als **Spurenansatz** gilt aber generell als zulässig.

Nach präventiv-polizeilichem Einsatz technischer Mittel aufgrund präventivpolizeirechtlicher Bestim- 24
mungen ist die Verwertung im Strafverfahren nach Maßgabe des § 161 Abs. 1 zulässig, wenn kein
hypothetisches Beweisverwertungsverbot aus § 160a eingreift, das bei strafprozessualer Informationserlangung anzunehmen wäre (SK-StPO/ *Wolter* § 100h Rn. 11c). Umgekehrt können die Ermittlungsergebnisse nach § 481 an die präventiv-polizeilich handelnden Stellen weitergegeben werden (SK-
StPO/ *Wolter* § 100h Rn. 11a).

J. Benachrichtigung des Betroffenen und Rechtsschutzgewährung. Die Benach- 25
richtigung der betroffenen Beschuldigten und erheblich mitbetroffenen Dritten richtet sich nach § 101
Abs. 4 bis 7 (*Eisenberg* Beweisrecht der StPO, Rn. 2517). Diese Personen können dann nachträglich
Rechtsschutz durch Antrag auf gerichtliche Entscheidung nach § 101 Abs. 7 S. 2 erlangen (KK/ *Bruns*
§ 100h Rn. 21). Die Löschung der Daten erfolgt nach § 101 Abs. 8.

§ 100i StPO Technische Ermittlungsmaßnahmen bei Mobilfunk-
endgeräten.

(1) Begründen bestimmte Tatsachen den Verdacht, dass jemand als Täter oder
Teilnehmer eine Straftat von auch im Einzelfall erheblicher Bedeutung, insbesondere eine in § 100a
Abs. 2 bezeichnete Straftat, begangen hat, in Fällen, in denen der Versuch strafbar ist, zu begehen versucht hat oder durch eine Straftat vorbereitet hat, so dürfen durch technische Mittel
1. die Gerätenummer eines Mobilfunkendgerätes und die Kartennummer der darin verwendeten
   Karte sowie
2. der Standort eines Mobilfunkendgerätes

ermittelt werden, soweit dies für die Erforschung des Sachverhalts oder die Ermittlung des Aufenthaltsortes des Beschuldigten erforderlich ist.

(2) ¹Personenbezogene Daten Dritter dürfen anlässlich solcher Maßnahmen nur erhoben werden,
wenn dies aus technischen Gründen zur Erreichung des Zwecks nach Absatz 1 unvermeidbar ist.
²Über den Datenabgleich zur Ermittlung der gesuchten Geräte- und Kartennummer hinaus dürfen
sie nicht verwendet werden und sind nach Beendigung der Maßnahme unverzüglich zu löschen.

(3) ¹§ 100a Abs. 3 und § 100b Abs. 1 Satz 1 bis 3, Abs. 2 Satz 1 und Abs. 4 Satz 1 gelten entsprechend. ²Die Anordnung ist auf höchstens sechs Monate zu befristen. ³Eine Verlängerung um jeweils
nicht mehr als sechs weitere Monate ist zulässig, soweit die in Absatz 1 bezeichneten Voraussetzungen
fortbestehen.

§ 100i StPO Technische Ermittlungsmaßnahmen bei Mobilfunkendgeräten

1 **A. Allgemeines. I. Zweck und Bedeutung.** Das Ermittlungspotenzial des IMSI-Catcher-Einsatzes zur Feststellung unbekannter IMEI- oder IMSI-Kennungen (zur Entstehungsgeschichte *Harnisch/Pohlmann* HRRS 2009, 202 [205 ff.]) ist nach der explosionsartigen Erweiterung der Massentelekommunikation erheblich (*Gercke* MMR 2003, 453 [454]), wenngleich die Maßnahme technisch überholt wirkt. Die Standortbestimmung durch »stille SMS«, die nicht in den Schutzbereich des Art. 10 Abs. 1 GG eingreift (LR/*Hauck* § 100i Rn. 19), ist schneller, einfacher und ohne Beeinträchtigung Dritter zu bewirken (*Harnisch/Pohlmann* HRRS 2009, 202 [216]). Dafür gilt aber § 100g (dort Rdn. 2), nicht § 100i. Der Einsatz des IMSI-Catchers ist aber auch zur Vorbereitung von Überwachungsmaßnahmen nach §§ 100a, 100g möglich.

2 **IMSI** (International Mobile Subscriber Identity) ist die Chipkartenkennung eines Mobilfunkendgeräts, die auf austauschbaren Chipkarten (Subscriber Identity Module – **SIM**) gespeichert ist. Pro Mobilfunkendgerät gibt es weltweit auch nur eine Gerätenummer (International Mobile Equipment Identity – **IMEI**).

3 IMSI-Catcher bestehend aus Steuerungsrechner, Antenne und Messgeräten (*Harnisch/Pohlmann* HRRS 2009, 202 [203]) werden in mobilen Einheiten zur **Feststellung unbekannter Chipkartennummern oder der Gerätekennung**, insbesondere falls mit einem Endgerät mehrere Chipkarten verwendet werden, und daneben oder danach auch zur **Standortbestimmung** von eingeschalteten Mobilfunkgeräten eingesetzt (BVerfG NJW 2007, 351). Zu deren Lokalisierung wird eine virtuelle Funkzelle genutzt (KK/*Bruns* § 100i Rn. 5). Dieser IMSI-Catcher zieht Signale der Endgeräte in seinem Wirkbereich bei der automatischen Kontaktsuche der Mobiltelefone nach der standortnächsten Funkzelle auf sich und macht so deren Standort innerhalb ihres Wirkungsbereichs erkennbar. Jedes Mobiltelefon, das im standby-Modus automatisch in bestimmten Zeitintervallen oder bei einem Ortswechsel in einen anderen Funkzellebereich sich bei der nächstgelegenen Funkzelle anmeldet, wirkt im Ergebnis wie ein Bewegungsmelder (*Wohlers/Demko* StV 2009, 341 [347]), der vom Inhaber unbemerkt **in automatisierter Form laufend Positionsmeldungen** abgibt (BVerfG NJW 2007, 351 [353]). Nachteilig am IMSI-Catcher ist, dass er alle von ihm angezogenen Mobiltelefone kurzzeitig vom Netz nimmt, sodass auch Drittbetroffene für kurze Zeit nicht telekommunizieren können (*Harnisch/Pohlmann* HRRS 2009, 202 [204]). Das Endgerät der Zielperson muss erst noch aussortiert werden.

4 Erfahrene Straftäter, insbesondere in Betäubungsmittel-, Einbrecher- oder Skimmingbanden, wissen heute meist um das Ortungsrisiko bei Mitführen eines aktiven Endgeräts und schalten bei der Tatbegehung ihr Mobiltelefon aus oder lassen es weg, wenn sie nicht etwa bei großem Mobilfunkbedarf dazu übergehen, laufend die Geräte oder die Chipkarten zu wechseln. Der Normalbürger ist sich dagegen oft noch nicht bewusst, dass auch sein Aufenthaltsort über die Mobilfunksignale im Prinzip laufend festgestellt werden kann. Wüsste er, in welchem Maße heute elektronische Spuren verfolgt, zu Bewegungsprofilen oder Persönlichkeitsbildern zusammengefügt und schlimmstenfalls damit auch irgendwann gegen ihn verwendet werden können, so würde ein neues Bewusstsein der Überwachungswelt entstehen. Die aktuelle Diskussion um eine flächendeckende Überwachung der Telekommunikation durch Nachrichtendienste ist der Beginn der Entstehung eines solchen Bewusstseins, das mit Blick auf ein **Grundrecht auf Freiheit von Einschüchterung** (*Bode* Verdeckte strafprozessuale Ermittlungsmaßnahmen, 2012, S. 112 ff.; s.a. SK-StPO/*Wolter* § 100i Rn. 12) auch rechtlich zunehmende Relevanz erlangt und einen anderen Akzent in die Verhältnismäßigkeitsprüfung einbringen kann.

5 **II. Verfassungsmäßigkeit.** Der strafprozessuale Einsatz von IMSI-Catchern gilt als **verfassungsgemäß** (BVerfG NJW 2007, 351 [352 ff.]; *Harnisch/Pohlmann* HRRS 2009, 202 [214 ff.]; a.A. *Bode* Verdeckte strafprozessuale Ermittlungsmaßnahmen, 2012, S. 410 f.; SK-StPO/*Wolter* § 100i Rn. 12). Die Erhebung nur der Daten über die Geräte- oder Chipkartenkennung oder den Standort des eingeschalteten, aber nicht aktuell zur Telekommunikation benutzten Mobilfunkgeräts greift danach für sich genommen nicht in den Schutzbereich des Art. 10 Abs. 1 GG ein, da ausschließlich technische Geräte zum Einsatz kommen und keine Kommunikation stattfindet. Den verfassungsrechtlichen Maßstab der Kontrolle der Eingriffsmaßnahme und des zugrunde liegenden Gesetzes bildet dann das Recht auf informationelle Selbstbestimmung. Ein Unterschied zwischen der Anwendbarkeit von Art. 10 Abs. 1 GG oder nur des Auffanggrundrechts aus Art. 2 Abs. 1 GG liegt auch in der Geltung des Zitiergebots aus Art. 19 Abs. 1 Satz 2 GG nur für ersteres. Allerdings besteht die technische Möglichkeit der rechtsmissbräuchlichen Nutzung der virtuellen Funkzelle nicht nur zur Erfassung der Geräte- oder Chipkar-

tenkennungen oder des Gerätestandorts, sondern auch zur Überwachung der Telekommunikation außerhalb des Anwendungsbereichs der §§ 100a, 100b (*Bode* Verdeckte strafprozessuale Ermittlungsmaßnahmen, 2012, S. 411 f.). Missbrauchsgefahr alleine führt aber noch nicht zur Verfassungswidrigkeit einer Eingriffsermächtigungsregelung.

B. Einsatzvoraussetzungen. I. Einsatz zur Ermittlung der Geräte- oder Chipkartenkennung (Abs. 1 Nr. 1) Die Ermittlung der Gerätekennung oder der SIM-Kartennummer ist zunächst unter anderem eine **Zwischenstufe auf dem Weg zur Telekommunikationsüberwachung** des Mobilfunkendgeräts nach §§ 100a, 100b (BVerfG NJW 2007, 351 [355]; *Gercke* MMR 2003, 453 [454]), aber seit der Novelle des Jahres 2008 nicht mehr darauf beschränkt (*Meyer-Goßner/Schmitt* § 100i Rn. 11). Schon bei der Ermittlung der Geräte- und Kartennummer nach § 100i Abs. 1 Nr. 1, die mangels direkt tatbezogener Aussagekraft typischerweise nur eine Vorbereitungsmaßnahme für weiter gehende Ermittlungen darstellt, wird der Umstand ausgenutzt, dass jedes eingeschaltete Mobiltelefon sich auch dann, wenn keine Telekommunikation stattfindet, in bestimmten Zeitabständen oder bei Ortswechseln bei der nächsten Funkzelle des Mobilfunknetzes anmeldet, um verbindungsbereit zu sein. Um die IMEI oder IMSI eines bestimmten Teilnehmers mit dem Catcher zu erfassen, **muss wiederum sein ungefährer Standort bekannt sein** (BVerfG NJW 2007, 351; *Harnisch/Pohlmann* HRRS 2009, 202 [204]; SK-StPO/*Wolter* § 100i Rn. 8), weil der IMSI-Catcher eingeschaltete Mobiltelefone nur in seinem Einzugsbereich dazu veranlassen kann, ihre Signale und Daten an den Catcher zu senden. Befinden sich im Bereich der simulierten Funkzelle neben der Zielperson andere Mobilfunkteilnehmer, so müssen **Messungen an verschiedenen Orten** durchgeführt werden, um den genauen Standort des Zielgeräts einzugabeln (*Harnisch/Pohlmann* HRRS 2009, 202 [204]). Das ist gegebenenfalls ein komplizierter Vorgang, der die Maßnahme für Ermittler unattraktiv macht und eher durch »stille SMS« ersetzt wird (*Harnisch/Pohlmann* HRRS 2009, 202 [209]). Zur eindeutigen Bestimmung des gesuchten Endgeräts kann auch ein **Abgleich** der gemessenen Daten **mit den Kundendaten der Mobilfunkbetreiber**, ein Stimmenvergleich durch **Testanruf** oder eine **Observation** der Zielperson nötig sein. Der Gesamtvorgang ist also im Einzelfall komplex, mehrstufig und aufwendiger als eine rein technische Signalerfassung. Schon deshalb kann der IMSI-Catcher-Einsatz nicht mehr massenhaft betrieben werden. Zulässig ist es andererseits aber auch, den IMSI-Catcher zur **Unterstützung einer Observation** und zur **Vorbereitung einer Verkehrsdatenerhebung** nach § 100g StPO einzusetzen (BT-Drucks. 16/5846 S. 56; *Harnisch/Pohlmann* HRRS 2009, 202 [207]; *Meyer-Goßner/Schmitt* § 100i Rn. 1; SK-StPO/*Wolter* § 100i Rn. 2), also in eine Vorgehensweise aus mehreren Eingriffsakten zu integrieren. Nicht ausdrücklich in der vorliegenden Vorschrift erwähnt ist der Einsatz eines IMSI-Catchers **zur Eigensicherung** der bei einem Zugriff nach Observation eingesetzten Beamten. Auch dieser IMSI-Catcher-Einsatz gilt aber als zulässig (BT-Drucks. 16/5846 S. 56; *Meyer-Goßner/Schmitt* § 100i Rn. 10). Dabei ist nicht abschließend geklärt, ob es sich um eine polizeirechtliche Maßnahme zur Gefahrenabwehr oder um eine Begleitmaßnahme zum repressivpolizeilichen Einsatz handelt.

II. Einsatz zur Standortbestimmung (Abs. 1 Nr. 2) Die Messtechnik des IMSI-Catchers kann nach § 100i Abs. 1 Nr. 2 – alternativ oder kumulativ zu Abs. 1 Nr. 1 – auch dazu genutzt werden, den **Standort eines Mobiltelefons** mittels der simulierten Funkzelle, nicht allerdings durch »stille SMS« (*Meyer-Goßner/Schmitt* § 100i Rn. 4; *Krüger* ZJS 2012, 606 [610]), **zu bestimmen**, um auf diesem Wege mittelbar auch einen Beschuldigten als Gewahrsamsinhaber des Mobilfunkendgeräts zu lokalisieren. Ist der aktuell bestimmte Standort kein Indiz für die bereits früher begangene Tat, so kann der lokalisierte Standort im Strafverfahren nur zur Ergreifung aufgrund eines Haftbefehls oder Festnahme des Beschuldigten nach § 127 verwendet werden. Das Gesetz sah zunächst auch nur dieses Einsatzziel vor (*Gercke* MMR 2003, 453 [455]); die Novelle von 2008 hat das Einsatzspektrum auf die Sachaufklärung zum Tatverdacht erweitert. Das ist durchaus praxisrelevant. Im Rahmen einer Überwachung von laufendem Tatgeschehen, etwa bei einem polizeilich überwachten Betäubungsmittelgeschäft oder der Begehung von Einbrüchen oder Skimmingdelikten durch eine observierte Bande, kann nämlich der genaue Standort einer Person zur Tatzeit auch Indizbedeutung für den Nachweis der Tatbeteiligung des Inhabers des Mobilfunkendgeräts liefern. Voraussetzung für den Informationseingriff durch Standortbestimmung ist neben der ungefähren Kenntnis der Position, dass die IMSI, IMEI oder Telefonnummer des Mobiltelefons bekannt ist. Diese Daten können auch bei Telekommunikationsdienstleistern abgefragt werden (§ 100j). Die Standortbestimmung mithilfe des IMSI-Catchers ist wegen der mobilen Simulation einer Funkzelle, insbesondere aus einem Überwachungsfahrzeug heraus, und der Möglichkeit der Eingabelung durch verschiedene Peilungen wesentlich **präziser als die Rekonstruktion eines Standorts mithilfe der normalen Funkzellen**, die nach einem Raster stationär aufgestellt sind (*Gercke* MMR 2003, 453 [454]; SK-StPO/*Wolter* § 100i Rn. 8). Das macht den aufwendigeren IMSI-Catcher-Einsatz für Ermittlungszwecke im Einzelfall interessant, soweit keine noch einfachere Technik, wie die »stille SMS«, ausreicht.

8   III. **Ziel der Aufklärung des Verdachts einer Straftat von erheblicher Bedeutung oder der Ermittlung des Aufenthalts des Beschuldigten.** Zulässig ist der Einsatz des IMSI-Catchers **zur Erforschung des Sachverhalts oder Ermittlung des Aufenthaltsortes** des Beschuldigten (LR/*Hauck* § 100i Rn. 26). Voraussetzung ist der auf konkrete Tatsachen gestützte **Anfangsverdacht einer Straftat von einer** im Einzelfall **erheblichen Bedeutung** (KK/*Bruns* § 100i Rn. 7; *Harnisch/Pohlmann* HRRS 2009, 202 [207]). Ausreichend ist nach ausdrücklicher Bestimmung in Abs. 1 auch der **Versuch** eines Erfolgsdelikts oder eine selbstständige strafbare **Vorbereitungshandlung** (abl. gegenüber Letzterem SK-StPO/ *Wolter* § 100i Rn. 5). Auch die Abgrenzung von Täterschaft oder Teilnahme ist unerheblich (*Meyer-Goßner/Schmitt* § 100i Rn. 8), obwohl das Gesetz dies im Gegensatz zu den Verwirklichungsstufen der Tat nicht ausdrücklich hervorhebt. Der »Beschuldigte« kann jedenfalls sowohl Täter als auch Teilnehmer sein.

9   **Nicht unbedingt erforderlich** ist das Vorliegen des Verdachts einer **Katalogtat** im Sinne von § 100a Abs. 2. Andererseits sieht das Gesetz in einer Katalogtat im Sinne von § 100a Abs. 2 **typischerweise** eine auch im Einzelfall erhebliche Bedeutung. Daraus ergibt sich in der Gesamtschau wohl eine tendenziell niedrigere Erheblichkeitsschwelle als in den Fällen des § 100a. Dort wird erstens eine vom Gesetzgeber abstrakt-generell als erheblich bewertete Tat aus dem Deliktskatalog nach § 100a Abs. 2 vorausgesetzt, die zweitens auch im Einzelfall von erheblicher Bedeutung sein muss. Hier soll eine im Einzelfall erhebliche Tat Gegenstand der Verdachtshypothese sein, die nicht unbedingt eine Katalogtat nach § 100a Abs. 2 sein muss, wobei aber eine solche Katalogtat typischerweise auch als im Einzelfall von erheblicher Bedeutung angesehen wird. Der Gesetzgeber treibt an dieser Stelle auch noch ein Verwirrspiel mit dem ohnehin allzu unbestimmten Rechtsbegriff der Straftat von erheblicher Bedeutung (*Lindemann* KritJ 2000, 86 ff.; *Rieß* GA 2004, 623 ff.) als Eingriffslegitimation und Tatbestandsvoraussetzung. Wer behauptet, der Begriff der Straftat von erheblicher Bedeutung sei mit dem Grundsatz der Normenklarheit nicht unvereinbar (vgl. *Harnisch/Pohlmann* HRRS 2009, 202 [215 ff.]), übersieht die Variationen der Begriffsverwendung in verschiedenen Eingriffsnormen. Die gebräuchliche Leerformel, die Tat müsse mindestens dem Bereich der mittleren Kriminalität angehören, den Rechtsfrieden empfindlich stören und das Gefühl der Rechtssicherheit der Bevölkerung erheblich beeinträchtigen (*Harnisch/Pohlmann* HRRS 2009, 202 [215]; *Meyer-Goßner/Schmitt* § 100i Rn. 6), verdeutlicht nur die **Unbestimmtheit** des Begriffs. Wenn von ausreichender Normenklarheit der Eingriffsregelung ausgegangen wird (BVerfG NJW 2007, 351 [355]), so beruht dies jedenfalls auf einer großzügigen Interpretation dieses Begriffs, die Details nicht mehr in den Blick nimmt. Streng genommen ist die Norm in diesem Punkt aber – besonders wegen des divergierenden Gebrauchs desselben unbestimmten Rechtsbegriffs in verschiedenen Eingriffsnormen – zu unbestimmt (*Bode* Verdeckte strafprozessuale Ermittlungsmaßnahmen, 2012, S. 410 f.).

10 **C. Einsatz gegen den Beschuldigten oder Nachrichtenmittler und Drittbetroffenheit.** Die Maßnahme darf sich nach § 100i Abs. 3 i.V.m. § 100a Abs. 3 **nur gegen den Beschuldigten** oder gegen Personen richten, von denen anzunehmen ist, dass sie für den Beschuldigten bestimmte oder von ihm herrührende Mitteilungen entgegennehmen oder weitergeben, oder dass der Beschuldigte ihren Anschluss benutzt, also **Nachrichtenmittler** (§ 100a Rdn. 18 ff.). Wird ein **zeugnisverweigerungsberechtigter Zeuge** im Sinne von § 53 als Nachrichtenmittler betroffen, so gelten die Beweisverbotsregeln nach **§ 160a** (*Harnisch/Pohlmann* HRRS 2009, 202 [208]). Ein Schutz von Angehörigen im Sinne des § 52 ist dagegen weder in § 100i noch in § 160a vorgesehen; das erscheint bedenklich.

11 Abs. 2 enthält die Einschränkung, dass **personenbezogene Daten Dritter** nur erhoben werden dürfen, soweit dies technisch unvermeidbar ist (LR/*Hauck* § 100i Rn. 30; *Meyer-Goßner/Schmitt* § 100i

Rn. 14; krit. SK-StPO/*Wolter* § 100i Rn. 16 ff.), ferner, dass sie **nur zum Zwecke des Datenabgleichs** verwendet werden dürfen und danach **unverzüglich zu löschen** sind. Abs. 2 Satz 2 enthält dazu ein den § 477 Abs. 2 S. 2 verdrängendes **Verbot der nachträglichen Zweckänderung** zur Verwendung von Zufallsfunden als Spurenansatz (*Meyer-Goßner/Schmitt* § 100i Rn. 14). Mit dieser aus der Perspektive der Ermittler unbefriedigend wirkenden Regelung hat der Gesetzgeber jedoch die verfassungsgerichtliche Forderung vorweggenommen, die Grundrechtspositionen unbeteiligter Dritter nicht über das unbedingt notwendige Maß hinaus zu berühren; im Allgemeinen ist der Eingriff für Dritte auch nur geringfügig (BVerfG NJW 2007, 351 [356]).

D. Verhältnismäßigkeitskontrolle. Wie stets im Eingriffsrecht ist auch beim Einsatz des IMSI-Catchers der **Grundsatz der Verhältnismäßigkeit** zu wahren. Er ist vom Ermittlungsrichter und den Ermittlungsbeamten bei Anordnung und Durchführung der Maßnahme einerseits hinsichtlich der Geeignetheit, Erforderlichkeit und Angemessenheit des Einsatzes zur Erreichung des verfolgten Ziels und andererseits hinsichtlich des Grades der Betroffenheit unverdächtiger Dritter zu prüfen (BVerfG NJW 2007, 351 [356]). Eine besondere **Subsidiaritätsklausel** enthält die vorliegende Vorschrift dagegen seit der Novellierung der Regeln über die heimlichen Ermittlungseingriffe im Jahr 2008 nicht mehr (*Harnisch/Pohlmann* HRRS 2009, 202 [208]; *Puschke/Singlnstein* NJW 2008, 113 [115]), was angesichts der geringen praktischen Bedeutung einer solchen Klausel (*Blozik* Subsidiaritätsklauseln im Strafverfahren, 2012, S. 233 ff.) tatsächlich kein großer Verlust ist, aber rechtlich die gesetzgeberische Einordnung des IMSI-Catcher-Einsatzes (bei § 100i Abs. 1 Nr. 1) als Standardmaßnahme oder bloße Zwischenstufe für weiter gehende Ermittlungsmaßnahmen signalisiert. Dabei ist aber jedenfalls die **Erstellung von Bewegungsbildern** in besonderen Fällen des § 100i Abs. 1 Nr. 2 kein Minus gegenüber der Telekommunikationsüberwachung, sondern ein Aliud (*Wohlers/Demko* StV 2009, 241 [247]). 12

Beim längerfristigen Einsatz eines IMSI-Catchers ist zu beachten, dass die Erstellung eines Bewegungsprofils die Maßnahme als Teil eines Geflechts von Überwachungsmaßnahmen in den Grenzbereich zur **Rundumüberwachung** bringt, die bei Hinzutreten weiterer Überwachungsmaßnahmen von erheblichem Gesamtumfang bis hin zu einer vollständigen Erfassung aller personenbezogenen Daten ab Überschreitung eines noch undefinierten Grenzbereichs unzulässig ist (SK-StPO/*Wolter* § 100i Rn. 24). 13

E. Anordnungsverfahren. Zuständig für die Anordnung des Einsatzes eines IMSI-Catchers auf Antrag der Staatsanwaltschaft ist nach Abs. 3 über dessen Verweisung auf § 100b Abs. 1 **das Gericht**, im Vorverfahren also der Ermittlungsrichter, später das erkennende Gericht (allgemein zum Zuständigkeitswechsel *Löffelmann* ZIS 2009, 495 ff.), **bei Gefahr im Verzug**, namentlich in Fällen der Notwendigkeit einer raschen Standortbestimmung (*Meyer-Goßner/Schmitt* § 100i Rn. 16), **die Staatsanwaltschaft** (LR/*Hauck* § 100i Rn. 32, 43 ff.). Wird die Eilanordnung der Staatsanwaltschaft nicht binnen drei Werktagen bestätigt, so wird die weitere Eingriffsmaßnahme unzulässig, jedoch bleiben die bis dahin gewonnenen Erkenntnisse verwertbar (LR/*Hauck* § 100i Rn. 49). 14

Die Anordnung ergeht **schriftlich** (§ 100i Abs. 3 S. 1 i.V.m. § 100b Abs. 2 S. 1). Die Maßnahme ist nach § 100i Abs. 4 S. 2 **auf höchstens sechs Monate zu befristen** (Abs. 3 Satz 2); eine **Verlängerung** der Frist ist aber – unter modifizierter Beachtung des Grundsatzes der Verhältnismäßigkeit – möglich (§ 100i Abs. 3 S. 3). Das geht allerdings mit Blick auf die Gefahr einer Totalüberwachung zu weit (SK-StPO/*Wolter* § 100i Rn. 28). 15

Der Inhalt der **Entscheidungsformel** ist anders als bei § 100b Abs. 2 S. 2 nicht vorgegeben. Es ist jedoch im Hinblick auf § 101 zweckmäßig, das Ziel der Maßnahme, Name und Anschrift des Betroffenen und – soweit bereits bekannt – die Gerätekennung anzugeben. Der Beschluss ist nach § 34 auch **zu begründen** (LR/*Hauck* § 100i Rn. 40; *Meyer-Goßner/Schmitt* § 100i Rn. 17). Jedoch schreibt das Gesetz hier, anders als in § 100c Abs. 3, keine bestimmten Kriterien des Begründungsinhalts vor. Das bedeutet aber nicht, dass es keiner Begründung bedürfte oder keine ähnlichen Kriterien zu beachten wären. 16

F. Durchführung, Beendigung und Löschung. Die Durchführung der Maßnahme obliegt der Staatsanwaltschaft, die ihre Ermittlungspersonen bei der Polizei damit beauftragt, weil allein diese über die technische Ausstattung verfügen. Die Inanspruchnahme von Telekommunikationsdienst- 17

§ 100j StPO Bestandsdatenauskunft

leistern ist in der Regel nicht erforderlich (*Meyer-Goßner/Schmitt* § 100i Rn. 16), es sei denn, der IMSI-Catcher-Einsatz diene der Vorbereitung einer Telekommunikationsüberwachung; dann gilt für die Inanspruchnahme von Dienstleistern die Regelung des § 100b Abs. 3. Für eine flankierende Erfassung der Verkehrsdaten ist § 100g, für die Heranziehung der Bestandsdaten § 100j zusätzlich zu beachten.

18 Nach § 100i Abs. 3 S. 1 i.V.m. § 100b Abs. 4 S. 1 ist der Einsatz des IMSI-Catchers unverzüglich zu **beenden, wenn die Einsatzvoraussetzungen** mitsamt dem Kriterium der Verhältnismäßigkeit nicht mehr vorliegen (*Meyer-Goßner/Schmitt* § 100i Rn. 20).

19 Für die Maßnahme nach § 100i gelten auch die **Kennzeichnungs-, Benachrichtigungs- und Löschungsregeln** des § 101. Die **Benachrichtigung der Zielpersonen** erfolgt nach § 101 Abs. 4 S. 1 Nr. 8; dabei muss der Betroffene über das Recht belehrt werden, die gerichtliche Entscheidung nach § 101 Abs. 7 S. 2 herbeizuführen. Nur **in unerheblichem Maße betroffene Dritte** müssen nicht unbedingt benachrichtigt werden (BVerfG NJW 2007, 351 [356]). Die Löschung der aus der Maßnahme gewonnenen Daten richtet sich nach § 101 Abs. 8.

20 **G. Datenverwendung und Beweisverwertungsverbote.** Für eine Weiterverwendung der gewonnenen Erkenntnisse gilt § 477 Abs. 2. Die Verwendungsbeschränkung gilt aber nicht, wenn der Betroffene mit der weiteren Verwendung der Informationen einverstanden ist.

21 Ein unselbstständiges **Beweisverwertungsverbot** kommt **bei Rechtsfehlern** der Erfassung von Geräte- oder Chipkartenkennungen meist nicht in Betracht (LR/*Hauck* § 100i Rn. 57), weil die gewonnenen Daten in der Regel nur als Ansatz für weitere Ermittlungen dienen. Rechtsfehler bei der Ermittlung von Standortdaten, die im Einzelfall auch Indizbedeutung für den Tatnachweis durch Lokalisierung des Beschuldigten zu einer bestimmten Zeit haben können, werfen dagegen ernsthaft die Frage der Verwertbarkeit der fehlerhaft erhobenen Daten auf. Dafür gelten allgemeine Regeln (*Harnisch/Pohlmann* HRRS 2009, 202 [208]). Wann rechtlich ein Beweisverwertungsverbot infrage kommt, bestimmt die Rechtsprechung nach der undogmatischen und konturenlosen **Abwägungsdoktrin** (§ 136 Rdn. 82 ff.). **Normzwecktheorie** (§ 136 Rdn. 89) und – erst recht – die **Beweisbefugnislehre** (§ 136 Rdn. 90) kommen nicht selten zu anderen Resultaten.

§ 100j StPO Bestandsdatenauskunft.

(1) ¹Soweit dies für die Erforschung des Sachverhalts oder die Ermittlung des Aufenthaltsortes eines Beschuldigten erforderlich ist, darf von demjenigen, der geschäftsmäßig Telekommunikationsdienste erbringt oder daran mitwirkt, Auskunft über die nach den §§ 95 und 111 des Telekommunikationsgesetzes erhobenen Daten verlangt werden (§ 113 Absatz 1 Satz 1 des Telekommunikationsgesetzes). ²Bezieht sich das Auskunftsverlangen nach Satz 1 auf Daten, mittels derer der Zugriff auf Endgeräte oder auf Speichereinrichtungen, die in diesen Endgeräten oder hiervon räumlich getrennt eingesetzt werden, geschützt wird (§ 113 Absatz 1 Satz 2 des Telekommunikationsgesetzes), darf die Auskunft nur verlangt werden, wenn die gesetzlichen Voraussetzungen für die Nutzung der Daten vorliegen.
(2) Die Auskunft nach Absatz 1 darf auch anhand einer zu einem bestimmten Zeitpunkt zugewiesenen Internetprotokoll-Adresse verlangt werden (§ 113 Absatz 1 Satz 3 des Telekommunikationsgesetzes).
(3) ¹Auskunftsverlangen nach Absatz 1 Satz 2 dürfen nur auf Antrag der Staatsanwaltschaft durch das Gericht angeordnet werden. ²Bei Gefahr im Verzug kann die Anordnung auch durch die Staatsanwaltschaft oder ihre Ermittlungspersonen (§ 152 des Gerichtsverfassungsgesetzes) getroffen werden. ³In diesem Fall ist die gerichtliche Entscheidung unverzüglich nachzuholen. ⁴Die Sätze 1 bis 3 finden keine Anwendung, wenn der Betroffene vom Auskunftsverlangen bereits Kenntnis hat oder haben muss oder wenn die Nutzung der Daten bereits durch eine gerichtliche Entscheidung gestattet wird. ⁵Das Vorliegen der Voraussetzungen nach Satz 4 ist aktenkundig zu machen.
(4) ¹Die betroffene Person ist in den Fällen des Absatzes 1 Satz 2 und des Absatzes 2 über die Beauskunftung zu benachrichtigen. ²Die Benachrichtigung erfolgt, soweit und sobald hierdurch der Zweck der Auskunft nicht vereitelt wird. ³Sie unterbleibt, wenn ihr überwiegende schutzwürdige Belange Dritter oder der betroffenen Person selbst entgegenstehen. ⁴Wird die Benachrichtigung nach Satz 2 zurückgestellt oder nach Satz 3 von ihr abgesehen, sind die Gründe aktenkundig zu machen.

(5) Auf Grund eines Auskunftsverlangens nach Absatz 1 oder 2 hat derjenige, der geschäftsmäßig Telekommunikationsdienste erbringt oder daran mitwirkt, die zur Auskunftserteilung erforderlichen Daten unverzüglich zu übermitteln. § 95 Absatz 2 gilt entsprechend.

A. Allgemeines. Die Vorschrift betrifft die strafprozessuale Abfrage von **Bestandsdaten** der Telekommunikationsdiensteanbieter, **nicht** von **Verkehrsdaten** (BeckOK-StPO/*Graf* § 100j Rn. 10; LR/ *Hauck* § 100j Rn. 6; *Meyer-Goßner/Schmitt* § 100j Rn. 1). Die Regelung ist am 01.07.2013 in Kraft getreten. Sie wurde eingefügt, nachdem das Bundesverfassungsgericht (BVerfGE 130, 151 [178 ff.] m. Anm. *Meinicke* MMR 2012, 416 ff.; *Orantek* NJ 2012, 337 f.; *Roth* ZD 2012, 228 f. und K&R 2012, 278 ff.; *Schnabel* CR 2012, 253 ff.) die bisherige Regelung als unzureichend bezeichnet und dem Gesetzgeber eine Frist zur Neuregelung sowie der Praxis eine **Übergangsgestattung** zugebilligt hatte (BT-Drucks. 17/12034 S. 10). Rechtsgrundlage für Maßnahmen bis zum Inkrafttreten der Vorschrift war die Übergangsbestimmung des Bundesverfassungsgerichts. Ob die Vorschrift alle Vorgaben des BVerfG zuverlässig umgesetzt hat, ist umstritten (dafür *Bär* MMR 2013, 700 ff.; krit. *Hauck* StV 2014, 360 [362 ff.]). 1

§ 100j Abs. 1 sieht eine **Befugnis der Ermittlungsbehörden** zur Bestandsdatenabfrage (*Meyer-Goßner/ Schmitt* § 100j Rn. 2) und eine **Auskunftspflicht der Telekommunikationsunternehmen** hinsichtlich ihrer Bestandsdaten nach §§ 95, 111 TKG sowie der Adressen in Internetprotokollen vor. Dies berührt zunächst nur den **Schutzbereich des Rechts** der von der Datenerhebung Betroffenen **auf informationelle Selbstbestimmung**. Auskunftsverlangen hinsichtlich der Zugangscodes greifen dagegen mittelbar auch in den **Schutzbereich des Art. 10 Abs. 1 GG** ein (BVerfGE 130, 150 [182 f.]; LR/*Hauck* § 100j Rn. 9). § 100j sieht zur »Legitimation durch Verfahren« in den Konstellationen des Abs. 1 S. 2 einen **Richtervorbehalt** vor, der für die allgemeine Bestandsdatenabfrage nach § 100j Abs. 1 S. 1 nicht existiert. Geregelt ist ferner eine Pflicht der Behörden zur nachträglichen **Informierung der Betroffenen** in den Auskunftssituationen nach § 100j Abs. 1 S. 2 sowie bei der Auskunft hinsichtlich der Internetprotokoll-Adressen gem. § 100j Abs. 2. Dies gilt wiederum nicht für die allgemeinen Bestandsdaten-Abfragen, die automatisiert erfolgen (§ 112 TKG). § 100j Abs. 5 stellt schließlich die der Auskunftsberechtigung der Behörden korrespondierende Verpflichtung der Diensteanbieter zur **Mitwirkung** auf, die **mit Zwangsmitteln** im Sinne der §§ 95 Abs. 2, 70 **durchgesetzt** werden kann. 2

Was technisch möglich ist, soll aus der Sicht der Ermittler auch genutzt werden. Dazu war vor Inkrafttreten der Vorschrift auf die **Ermittlungsgeneralklausel des § 161 Abs. 1 S. 1** zurückgegriffen worden (BT-Drucks. 17/12034 S. 10). Umstritten war aber hinsichtlich der **Bestandsdatenabfrage** gegenüber Telekommunikationsdiensteanbietern, ob es sich jedenfalls bei Verknüpfung von Informationen über stattgefundene Telekommunikation und Zuordnung zu einem individuellen Teilnehmer letztlich doch um **Verkehrsdaten** handelt, die dem Schutzbereich des Art. 10 Abs. 1 GG unterliegen. Die **Zuordnung von dynamischen IP-Adressen** zu konkreten Telekommunikationsvorgängen berührt jedenfalls diesen Schutzbereich mit der Folge, dass eine spezialgesetzliche Ermächtigungsgrundlage erforderlich ist, die auch das Zitiergebot wahrt (BVerfGE 130, 150 [204]). Die Telekommunikationsdienstleister prüfen schließlich für die Identifizierung einer dynamischen IP-Adresse in einem Zwischenschritt auch die Verbindungsdaten ihrer Kunden und geben danach das Resultat an die Behörden weiter. Deshalb hatte der Gesetzgeber eine spezialgesetzliche Ermächtigungsgrundlage zu schaffen, die nun mit § 100j vorliegt. 3

In den Polizeigesetzen der Länder sind für präventivpolizeiliche Maßnahmen entsprechende Eingriffsnormen entstanden (zum brandenburgischen Gesetz *Bode* NJ 2015, 5 ff.), ebenso auf Bundesebene polizeirechtliche Bestimmungen in §§ 7, 20b, 22 BKAG, § 22a BPolG, §§ 7, 15 ZFdG sowie für den nachrichtendienstlichen Bereich § 2b BNDG und § 4b MADG. 4

Die praktische Bedeutung der vorliegenden Vorschrift ist durchaus groß, weil eine **Vielzahl von Informationen** davon betroffen ist, nachdem der mobile Telekommunikationsverkehr durch Handytelefonate, E-Mails, SMS und anderes rasant zugenommen haben. Nach dieser Änderung der technischen Bedingungen kommt der Zuordnung festgestellter Internetprotokoll-Adressen zum Anschlussinhaber im Strafverfahren eine **wichtige Informationsbeschaffungsfunktion** zu. Zugleich ist die Bedeutung der Auskunft über Zugangscodes gestiegen, da Endgeräten heute prinzipiell kodiert sind. 5

§ 100j StPO Bestandsdatenauskunft

6 **B. Bestandsdatenabfrage (Abs. 1) I. Allgemeine Informationsbeschaffungsbefugnis (Abs. 1 S. 1)** Nach § 100j Abs. 1 S. 1 hat derjenige, der geschäftsmäßig Telekommunikationsdienste erbringt oder daran mitwirkt, auf Verlangen der Ermittlungsbehörde eine Auskunft über die nach den §§ 95 und 111 TKG erhobenen Daten (§ 113 Abs. 1 S. 1 TKG) zu erteilen (BT-Drucks. 17/12034 S. 11 f.). Die Anfrage ist zulässig, soweit dies **für die Erforschung des Sachverhaltes** oder für die **Ermittlung des Aufenthaltsortes eines Beschuldigten** erforderlich ist. Voraussetzung ist also das Vorliegen des Anfangsverdachts einer Straftat und die Verhältnismäßigkeit der Maßnahme (LR/*Hauck* § 100j Rn. 3). § 100j Abs. 1 S. 1 liefert dann eine Befugnisnorm für die Behörden und zugleich eine Gestattung der Auskunftserteilung durch die Diensteanbieter über Bestandsdaten ihrer Kunden an die Behörden. Betroffen sind in erster Linie Beschuldigte (LR/*Hauck* § 100j Rn. 5), aber auch unvermeidbar mitbetroffene Personen. Die in § 111 Abs. 1 TKG bezeichneten **Daten** sind dafür von den Dienstanbietern schon bei Vertragsschluss mit den Kunden **auf Vorrat zu erheben** (zur Vorratsdatenspeicherung EuGH Urt. v. 08.04.2014 – C-293/12 und C-594/12 m. Anm. *Kunnert* DuD 2014, 774 ff.) **und zu speichern** (BT-Drucks. 17/12034 S. 10; 18/5088). Bei diesen Informationen handelt es sich um Name und Anschrift des Benutzers, dessen Geburtsdatum, die ihm zugewiesenen Rufnummern, die Gerätenummern der Endgeräte, das Datum des Vertragsbeginns sowie bei Festnetzanschlüssen die Anschrift, an welcher der Anschluss betrieben wird.

7 Eine Subsidiaritätsklausel enthält die Vorschrift im Gegensatz zu anderen Normen über heimliche Ermittlungsmethoden nicht. Es gilt von Verfassungs wegen der allgemeine **Grundsatz der Verhältnismäßigkeit** (LR/*Hauck* § 100j Rn. 4). Die Maßnahme muss also in jedem Einzelfall zur Erreichung des Ermittlungszwecks geeignet und erforderlich sein und der Eingriff in die Grundrechtsposition des Betroffenen muss in einem angemessenen Verhältnis zur Bedeutung der Informationsbeschaffungsmaßnahme und dem Gewicht des strafrechtlichen Vorwurfs stehen, der unter anderem damit aufzuklären sein soll. Einzelne Bestandsdatenauskünfte erscheinen für sich genommen als **wenig eingriffsintensive Maßnahme**. Im Rahmen einer aus einer Vielzahl von Informationsbeschaffungsmaßnahmen bestehenden weitreichenden Überwachung der Person steigt aber auch ihr Eingriffsgewicht erheblich an und kann im Fall der Totalüberwachung den Kernbereich der Persönlichkeitsentfaltung berühren.

8 **II. Erfassung von Zugangssicherungscodes (Abs. 1 S. 2)** § 100j Abs. 1. S. 2 sieht unter eingeschränkten Voraussetzungen eine Eingriffserlaubnis für den Auskunftsanspruch bezüglich derjenigen Daten vor, die den Zugriff auf Endgeräte oder Speichereinrichtungen hierzu ermöglichen. Es handelt sich bei dem Eingriffsziel nicht unmittelbar um Telekommunikationsdaten, sondern um Zugangsdaten zu Geräten (BVerfGE 130, 150 [208]). Dazu gehören **Sicherungs- und Zugriffcodes**, namentlich PIN und PUK bei Mobiltelefonen, Smartphones und Tablets mit Internetzugängen über das Mobilfunknetz. Die Auskunft über solche Daten darf nur verlangt und erteilt werden, wenn die **Voraussetzungen für die Nutzung** auch dieser Sicherungsdaten vorliegen (KK/*Bruns* § 100j Rn. 3; LR/*Hauck* § 100j Rn. 11; *Meyer-Goßner/Schmitt* § 100j Rn. 5), also auch die **Eingriffsvoraussetzungen für einen Zugriff auf die Verbindungsdaten** (BT-Drucks. 17/12034 S. 13), namentlich nach §§ 100a, 100b. Damit wird in verklausulierter Form im Ergebnis wieder dem Erfordernis der Eingrenzung der Nutzung (*Bode* Verdeckte strafprozessuale Ermittlungsmaßnahmen, 2012, S. 393) Rechnung getragen.

9 Angesichts des Verfahrensaufwands für eine Anordnung nach § 100j Abs. 1 S. 2 kann das Bestreben auftreten, mithilfe der durch eine **frühere Auskunft** erlangten Informationen später erneut zu versuchen, den Zugang zu einem Endgerät herzustellen. Auch wenn Ermittlungspersonen dazu technisch in der Lage sind, so dürfen sie doch mit diesen Mitteln nicht die Regelung des § 100j Abs. 1 S. 2 bei weiteren Eingriffsakten umgehen. Auch eine **Rechtfertigung der Datenausspähung** (§ 202a StGB) durch Anwendung der vorliegenden Vorschrift wird dann nicht mehr erreicht.

10 **III. Regelungslücke bei externer Datenspeicherung.** Der behördliche Zugriff auf extern gespeicherte Daten, etwa in einer **Datenwolke** (data cloud) oder **drop-box**, ist bisher im Gesetz nicht vorgesehen (zum cloud computing *Wicker* MMR 2014, 298 ff. Ein heimlicher Zugriff auf Datenwolken oder drop-boxes ohne besondere Ermächtigung wäre deshalb derzeit unzulässig (*Dalby* CR 2013, 361 [368]), zumal das **Territorialitätsprinzip** für den Zugriff auf die grenzüberschreitend angelegten Speicher ein Hindernis eigener Art bilden könnte. Ein heimlicher Zugriff auf Datenwolken oder ähnliche externe Speichermöglichkeiten käme zudem einer Online-Durchsuchung nahe, die ihrerseits jedenfalls bisher

nicht vorgesehen ist (§ 100a Rdn. 47). Ob dies wegen der **Gefahr der Totalausforschung** überhaupt zulässig wäre, erscheint zweifelhaft.

C. Erfassung dynamischer IP-Adressen (Abs. 2) Nach der Regelung des § 100j Abs. 2 kann Auskunftserteilung auch hinsichtlich dynamischer IP-Adressen verlangt werden, wenn dies zur weiteren Erforschung des Sachverhalts oder der Ermittlung des Aufenthaltsortes eines Beschuldigten geboten ist. Erforderlich ist auch insoweit der **Anfangsverdacht** einer Straftat. Ermittlungen »ins Blaue hinein« sind unzulässig (BVerfGE 130, 150 [205]; BeckOK-StPO/*Graf* § 100j Rn. 20). Repressiv-polizeiliche Abfragen sind insoweit nur unter **Angabe eines Zeitpunktes** zulässig, zu welchem die betreffende IP-Adresse verwendet wurde (KK/*Bruns* § 100j Rn. 4; BeckOK-StPO/Graf § 100j Rn. 21; LR/*Hauck* § 100j Rn. 14). Damit wird das Ermittlungsziel in Bezug zur Verdachtshypothese einer zu jener Zeit begangenen Tat gesetzt und nach dem Maßstab der Verhältnismäßigkeit eingegrenzt. Jedoch liegt hier ein Eingriff inden Schutzbereich des Art. 10 Abs. 1 GG vor, der eine engere Eingriffsregelung erfordern sollte (LR/*Hauck* § 100j Rn. 15).

D. Richtervorbehalt und Eilkompetenz der Ermittlungsbehörden (Abs. 3)
I. Richterliche Anordnung bei Auskunftsverlangen nach Abs. 1 S. 2 (Abs. 3 S. 1) Die allgemeine Bestandsdatenabfrage unterliegt keinem Richtervorbehalt. Nach § 100j Abs. 3 S. 1 bedarf aber das Auskunftsverlangen über Sicherheits- und Zugangscodes gem. § 100j Abs. 1 S. 2 einer richterlichen Gestattung **auf Antrag der Staatsanwaltschaft**. Durch diesen **Richtervorbehalt** soll sichergestellt werden, dass **kein absolut heimlich bleibender Zugriff** auf Daten in zugangsgeschützten Bereichen erfolgt (*Meyer-Goßner/Schmitt* § 100j Rn. 5). Ein richterlicher Beschluss ist in den Fällen des § 100j Abs. 1 S. 2 nur ausnahmsweise entbehrlich, wenn die Nutzung eines Zugangssicherungscodes bereits **durch anderweitige gerichtliche Entscheidung gestattet** wurde, etwa durch Beschlagnahme der gesicherten Daten aufgrund einer richterlichen Beschlagnahmeanordnung, oder wenn **der Betroffene** Kenntnis vom Herausgabeverlangen hat oder haben muss und in die Nutzung der Zugangssicherungscodes **ausdrücklich eingewilligt hat** (§ 100j Abs. 3 S. 4; krit. zur Verfassungsmäßigkeit LR/*Hauck* § 100j Rn. 21 f.). Dies muss gegebenenfalls **aktenkundig** gemacht werden (§ 100j Abs. 3 S. 5).

Der Richtervorbehalt soll **präventiven Rechtsschutz** gegen die heimliche Ermittlungsmaßnahme zugunsten des Betroffenen bewirken, dem regelmäßig nicht vorher das rechtliche Gehör gewährt wird. Die Rechtsschutzwirkung des Richtervorbehalts trifft aber in der Praxis rasch auf Leistungsgrenzen (*Stadler* ZRP 2013, 179 f.), insbesondere wegen Überlastung der Ermittlungsrichter aufgrund völlig unrealistischer Pensenvorgaben. Das entspricht nicht der Eingriffsbedeutung der explosionsartig zunehmenden und weitreichenden Datenerfassungsmaßnahmen.

II. Eilkompetenz von Staatsanwaltschaft und Polizei (Abs. 3 S. 2) Bei **Gefahr im Verzug**, also in dem Fall, dass das zuständige Gericht nicht rechtzeitig zur Vermeidung eines Beweisverlusts erreichbar ist, sieht § 100j Abs. 3 S. 2 eine eng auszulegende Eilkompetenz der Staatsanwaltschaft oder ihrer Ermittlungspersonen vor (BeckOK-StPO/*Graf* § 100j Rn. 25; LR/*Hauck* § 100j Rn. 19). Die Regelung reicht weiter als diejenige des § 100b Abs. 1 S. 2 bei der Überwachung der Telekommunikation, was der geringeren Eingriffsintensität der Bestandsdatenerfassung geschuldet ist, die jedoch angesichts des Vordringens in den Grenzbereich der Totalüberwachung auch vor den Datenwolken annähert.

Nach einer behördlichen Anordnung des Eingriffs wegen Gefahr im Verzug ist die **richterliche Entscheidung unverzüglich nachzuholen** (§ 100j Abs. 3 S. 3). Die **Folge eines Verfahrensfehlers** hierbei regelt das Gesetz nicht. Im Vergleich mit § 100b Abs. 1 S. 3 wäre vom Standpunkt der Abwägungsdoktrin (§ 136 Rdn. 82 ff.) aus sicher anzunehmen, dass die Eilanordnung jedenfalls nicht rückwirkend unwirksam wird, auch wenn keine Nachholung der richterlichen Entscheidung erfolgt oder der Ermittlungsrichter die Anordnung ablehnt. Nach der Beweisbefugnislehre (§ 136 Rdn. 90) entfällt jedoch die Legitimation des Informationszugriffs mit der Rechtsverletzung mit der Folge eines Beweisverwertungsverbots.

E. Benachrichtigung der Betroffenen (Abs. 4) Mit der Benachrichtigungspflicht, die nur für Maßnahmen nach § 100j Abs. 1 S. 2 und Abs. 2 gilt, soll angesichts der Tatsache, dass die Zuordnung von dynamischen IP-Adressen einen Eingriff in den Schutzbereich des Art. 10 Abs. 1 GG dar-

§ 101 StPO   Verfahrensregelungen bei verdeckten Maßnahmen

stellt, dem Grundsatz der **Transparenz** Rechnung getragen und eine Möglichkeit für nachträglichen Rechtsschutz eröffnet werden (BT-Drucks. 17/12879 S. 11). Gleiches gilt bei Erteilung von Auskünften über Zugangssicherungscodes.

17 Die Benachrichtigung unterbleibt, solange infolge der Auskunft der konkrete **Ermittlungszweck vereitelt** würde (§ 100j Abs. 4 S. 2). Ebenso unterbleibt eine Benachrichtigung, wenn ihr überwiegende **schutzwürdige Belange Dritter** oder der betroffenen Person selbst entgegenstehen (§ 100j Abs. 4 S. 3), wobei insoweit jeweils eine Abwägung im Einzelfall erforderlich ist. Die Zurückstellung einer Benachrichtigung ist zusammen mit den hierfür maßgeblichen Gründen aktenkundig zu machen (§ 100j Abs. 4 S. 4).

18 Die Benachrichtigung ist **durch die Staatsanwaltschaft** vorzunehmen, der im Ermittlungsverfahren die Sachleitung obliegt (BT-Drucks. 17/12879 S. 11; LR/*Hauck* § 100j Rn. 23; *Meyer-Goßner/Schmitt* § 100j Rn. 6).

19 **F. Mitwirkungspflicht der Diensteanbieter (Abs. 5)** § 100j Abs. 5 S. 1 bestimmt, dass aufgrund eines Auskunftsverlangens nach § 100j Abs. 1 oder 2 derjenige, der Telekommunikationsdienste erbringt oder daran mitwirkt, die erforderlichen **Daten unverzüglich zu übermitteln** hat. Wie bei anderen Eingriffsermächtigungen gilt auch hier, dass dem Dienstleister keine Beschwerdebefugnis zusteht, soweit es um die Anordnung selbst geht. Keinesfalls können sie anstelle des Ermittlungsrichters oder der Staatsanwaltschaft eine eigene rechtliche Wertung der Zulässigkeit einer Anordnung durchsetzen.

20 § 100j Abs. 5 S. 2 bestimmt, dass entsprechend § 95 Abs. 2 S. 1 zur Durchsetzung der Auskunftspflicht die in § 70 bestimmten **Ordnungs- und Zwangsmittel** festgesetzt werden können. Nur dagegen steht dem betroffenen Diensteanbieter ein Beschwerderecht zu.

21 **G. Rechtsschutz.** Der Betroffene kann erst nachträglich Rechtsschutz erlangen und daher mit der Beschwerde die **nachträgliche Feststellung der Rechtswidrigkeit** der Maßnahme erstreben.

22 Gerichtlicher Rechtsschutz ist nach § 101 Abs. 7 S. 2 auch möglich, wenn ein Auskunftsverlangen nach § 100j Abs. 1 S. 1 ohne richterliche Anordnung im Wege der behördlichen Eilkompetenz gestellt und befolgt wurde, ohne dass eine nachträgliche richterliche Zustimmung herbeigeführt wurde.

§ 101 StPO Verfahrensregelungen bei verdeckten Maßnahmen.

(1) Für Maßnahmen nach den §§ 98a, 99, 100a, 100c bis 100i, 110a, 163d bis 163f gelten, soweit nichts anderes bestimmt ist, die nachstehenden Regelungen.

(2) ¹Entscheidungen und sonstige Unterlagen über Maßnahmen nach den §§ 100c, 100f, 100h Abs. 1 Nr. 2 und § 110a werden bei der Staatsanwaltschaft verwahrt. ²Zu den Akten sind sie erst zu nehmen, wenn die Voraussetzungen für eine Benachrichtigung nach Absatz 5 erfüllt sind.

(3) ¹Personenbezogene Daten, die durch Maßnahmen nach Absatz 1 erhoben wurden, sind entsprechend zu kennzeichnen. ²Nach einer Übermittlung an eine andere Stelle ist die Kennzeichnung durch diese aufrechtzuerhalten.

(4) ¹Von den in Absatz 1 genannten Maßnahmen sind im Falle
1. des § 98a die betroffenen Personen, gegen die nach Auswertung der Daten weitere Ermittlungen geführt wurden,
2. des § 99 der Absender und der Adressat der Postsendung,
3. des § 100a die Beteiligten der überwachten Telekommunikation,
4. des § 100c
   a) der Beschuldigte, gegen den sich die Maßnahme richtete,
   b) sonstige überwachte Personen,
   c) Personen, die die überwachte Wohnung zur Zeit der Durchführung der Maßnahme innehatten oder bewohnten,
5. des § 100f die Zielperson sowie die erheblich mitbetroffenen Personen,
6. des § 100g die Beteiligten der betroffenen Telekommunikation,
7. des § 100h Abs. 1 die Zielperson sowie die erheblich mitbetroffenen Personen,
8. des § 100i die Zielperson,

9. des § 110a
   a) die Zielperson,
   b) die erheblich mitbetroffenen Personen,
   c) die Personen, deren nicht allgemein zugängliche Wohnung der Verdeckte Ermittler betreten hat,
10. des § 163d die betroffenen Personen, gegen die nach Auswertung der Daten weitere Ermittlungen geführt wurden,
11. des § 163e die Zielperson und die Person, deren personenbezogene Daten gemeldet worden sind,
12. des § 163f die Zielperson sowie die erheblich mitbetroffenen Personen

zu benachrichtigen. ²Dabei ist auf die Möglichkeit nachträglichen Rechtsschutzes nach Absatz 7 und die dafür vorgesehene Frist hinzuweisen. ³Die Benachrichtigung unterbleibt, wenn ihr überwiegende schutzwürdige Belange einer betroffenen Person entgegenstehen. ⁴Zudem kann die Benachrichtigung einer in Satz 1 Nr. 2, 3 und 6 bezeichneten Person, gegen die sich die Maßnahme nicht gerichtet hat, unterbleiben, wenn diese von der Maßnahme nur unerheblich betroffen wurde und anzunehmen ist, dass sie kein Interesse an einer Benachrichtigung hat. ⁵Nachforschungen zur Feststellung der Identität einer in Satz 1 bezeichneten Person sind nur vorzunehmen, wenn dies unter Berücksichtigung der Eingriffsintensität der Maßnahme gegenüber dieser Person, des Aufwands für die Feststellung ihrer Identität sowie der daraus für diese oder andere Personen folgenden Beeinträchtigungen geboten ist.

(5) ¹Die Benachrichtigung erfolgt, sobald dies ohne Gefährdung des Untersuchungszwecks, des Lebens, der körperlichen Unversehrtheit und der persönlichen Freiheit einer Person und von bedeutenden Vermögenswerten, im Fall des § 110a auch der Möglichkeit der weiteren Verwendung des Verdeckten Ermittlers möglich ist. ²Wird die Benachrichtigung nach Satz 1 zurückgestellt, sind die Gründe aktenkundig zu machen.

(6) ¹Erfolgt die nach Absatz 5 zurückgestellte Benachrichtigung nicht binnen zwölf Monaten nach Beendigung der Maßnahme, bedürfen weitere Zurückstellungen der gerichtlichen Zustimmung. ²Das Gericht bestimmt die Dauer weiterer Zurückstellungen. ³Es kann dem endgültigen Absehen von der Benachrichtigung zustimmen, wenn die Voraussetzungen für eine Benachrichtigung mit an Sicherheit grenzender Wahrscheinlichkeit auch in Zukunft nicht eintreten werden. ⁴Sind mehrere Maßnahmen in einem engen zeitlichen Zusammenhang durchgeführt worden, so beginnt die in Satz 1 genannte Frist mit der Beendigung der letzten Maßnahme. ⁵Im Fall des § 100c beträgt die in Satz 1 genannte Frist sechs Monate.

(7) ¹Gerichtliche Entscheidungen nach Absatz 6 trifft das für die Anordnung der Maßnahme zuständige Gericht, im Übrigen das Gericht am Sitz der zuständigen Staatsanwaltschaft. ²Die in Absatz 4 Satz 1 genannten Personen können bei dem nach Satz 1 zuständigen Gericht auch nach Beendigung der Maßnahme bis zu zwei Wochen nach ihrer Benachrichtigung die Überprüfung der Rechtmäßigkeit der Maßnahme sowie der Art und Weise ihres Vollzugs beantragen. ³Gegen die Entscheidung ist die sofortige Beschwerde statthaft. ⁴Ist die öffentliche Klage erhoben und der Angeklagte benachrichtigt worden, entscheidet über den Antrag das mit der Sache befasste Gericht in der das Verfahren abschließenden Entscheidung.

(8) ¹Sind die durch die Maßnahme erlangten personenbezogenen Daten zur Strafverfolgung und für eine etwaige gerichtliche Überprüfung der Maßnahme nicht mehr erforderlich, so sind sie unverzüglich zu löschen. ²Die Löschung ist aktenkundig zu machen. ³Soweit die Löschung lediglich für eine etwaige gerichtliche Überprüfung der Maßnahme zurückgestellt ist, dürfen die Daten ohne Einwilligung der Betroffenen nur zu diesem Zweck verwendet werden; sie sind entsprechend zu sperren.

Übersicht

	Rdn.
A. Zweck und Anwendungsbereich der Norm	1
B. Gesonderte Aktenführung bei hoch sensiblen Informationen	2
C. Kennzeichnung	3
D. Benachrichtigung	5
I. Inhalt	6
II. Zu benachrichtigende Personen	7

	Rdn.
1. Rasterfahndung und Schleppnetzfahndung (Abs. 4 S. 1 Nr. 1)	7
2. Postbeschlagnahme (Abs. 4 S. 1 Nr. 2)	8
3. Telekommunikationsüberwachung (Abs. 4 S. 1 Nr. 3)	10
4. Akustische Wohnraumüberwachung (Abs. 4 S. 1 Nr. 4)	11

Eschelbach

§ 101 StPO Verfahrensregelungen bei verdeckten Maßnahmen

		Rdn.			Rdn.
5.	Akustische Überwachung außerhalb von Wohnungen (Abs. 4 S. 1 Nr. 5)	12		fristige Observation (Abs. 4 S. 1 Nr. 11 und 12)	18
6.	Verkehrsdatenabfrage (Abs. 4 S. 1 Nr. 6)	13	III.	Ausnahmen	19
			1.	Schutzwürdige Belange Dritter	19
7.	Observation mit technischen Mitteln (Abs. 4 S. 1 Nr. 7)	14	2.	Unerhebliche Betroffenheit	21
8.	IMSI-Catcher (Abs. 4 S. 1 Nr. 8)	15	3.	Nichtermittlung der Betroffenen bei unverhältnismäßigem Aufwand	23
9.	Verdeckter Ermittler (Abs. 4 S. 1 Nr. 9)	16	IV.	Zurückstellung	24
10.	Ausschreibung zur polizeilichen Beobachtung (Abs. 4 S. 1 Nr. 10)	17	V.	Durchführung	28
			E.	Antrag auf gerichtliche Entscheidung	30
11.	Polizeiliche Beobachtung und länger-		F.	Sperrung und Löschung von Daten	36

1 **A. Zweck und Anwendungsbereich der Norm.** Die grundrechtssichernde Regelung gilt nach der **abschließenden Bestimmung** des § 101 Abs. 1 unter dem Vorbehalt einer anderweitigen abweichenden Vorschrift, wie § 160a, bei nahezu (zur unsystematischen Fassung SK-StPO/*Wolter* § 101 Rn. 1; Änderungsentwurf BT/Drucks. 18/5088) allen verdeckten Ermittlungsmaßnahmen im Sinne der §§ 98a, 99, 100a, 100c bis 100i, 110a, 163d bis 163 f. Ihr gehen **bereichsspezifische Sonderregeln** in §§ 98b Abs. 3, 100a Abs. 3, 100i Abs. 2 S. 2 vor (*Meyer-Goßner/Schmitt* § 101 Rn. 2). Die Regelung dient der Benachrichtigung des uninformierten Betroffenen **zur nachträglichen Gewährung rechtlichen Gehörs** (Art. 103 Abs. 1 GG) und **Rechtsschutzgewährleistung** (BVerfGE 129, 208 [251]). Der Kreis der zu benachrichtigenden Personen wurde durch die Gesetzesänderung im Jahr 2008 erweitert. Dies gilt vor allem bei Auskünften über Verbindungsdaten nach § 100g, bei längeren Telekommunikationsüberwachungen und bei der akustischen (§ 100f) oder technikgestützten optischen Überwachung (§ 100h Abs. 1 S. 1 Nr. 2), wodurch oft eine Mehrzahl von Personen betroffen wird. Die Feststellung der zu benachrichtigenden Personen kann großen Aufwand nach sich ziehen.

2 **B. Gesonderte Aktenführung bei hoch sensiblen Informationen.** In § 101 Abs. 2 ist die gesonderte Aktenführung für die Unterlagen über die besonders sensiblen **Lauschangriffe**, technikgestützte **optische Überwachungen** und **Einsätze Verdeckter Ermittler** vorgesehen (KK/*Bruns* § 101 Rn. 3; LR/*Hauck* § 101 Rn. 3; krit. SK-StPO/*Wolter* § 101 Rn. 4). Diese Unterlagen werden bei der Staatsanwaltschaft **in Sonderheften** verwahrt (KK/*Bruns* § 101 Rn. 5; SK-StPO/*Wolter* § 101 Rn. 6) und erst dann zu den Verfahrensakten genommen, wenn eine Gefährdung des Untersuchungszwecks oder eine Gefahr für wichtige Rechtsgüter im Sinne von § 101 Abs. 5 nicht mehr besteht (LR/*Hauck* § 101 Rn. 3; *Meyer-Goßner/Schmitt* § 101 Rn. 2). Für andere heimliche Ermittlungsmaßnahmen gilt die Sonderregelung nicht, also auch **nicht für den Einsatz von V-Leuten oder nicht offen ermittelnden Polizeibeamten**, die keine Verdeckten Ermittler sind (vgl. Anl. D zu den RiStBV), obwohl der Regelungsbedarf derselbe sein müsste. Erst nach Offenlegung der verdeckten Maßnahmen im Sinne von § 101 Abs. 2 unterliegen die Erkenntnisse und die zur Speicherung verwendeten Datenträger nach allgemeinen Grundsätzen der **Akteneinsicht**. Sind die Voraussetzungen nach § 101 Abs. 5 noch nicht erfüllt, etwa weil ein Verdeckter Ermittler noch im Einsatz ist, besteht die Möglichkeit der Verweigerung von Akteneinsicht nach § 147 Abs. 2. Im Hauptverfahren entfällt diese Sperrungsmöglichkeit jedenfalls dann, wenn die Erkenntnisse des Verdeckten Ermittlers zu Beweiszwecken verwendet werden. Ein **in camera-Verfahren**, das die Kenntnisnahme auf das Gericht beschränkt (BVerfGE 101, 106 [128 ff.]), kommt im Strafprozess nicht in Betracht (BVerfGE 57, 250 [288]; KK/*Bruns* § 101 Rn. 7; LR/*Hauck* § 101 Rn. 10). Der Ermittlungsrichter, der die heimliche Maßnahme gestatten soll, kann von der Aktensperrung nicht ohne weiteres betroffen bleiben, weil er mit Hilfe der später zu sperrenden Unterlagen erst die verdeckte Ermittlungsmaßnahme gestatten soll (LR/*Hauck* § 101 Rn. 7). Daraus ergibt sich aber ein Wertungswiderspruch, wenn der Ermittlungsrichter bei der präventiven Rechtsschutzgewährung über mehr Informationen verfügen kann als der erkennende Richter, dem im Hauptverfahren eine weiter gehende Rechtsschutzaufgabe zukommen soll. Die Verwertbarkeit der Erkenntnisse aus den heimlichen Ermittlungen hängt nämlich von der Kenntnis der Einhaltung der Anordnungsvoraussetzungen ab und setzt damit auch die Einführung der Inhalte der Sonderhefte in die Hauptverhandlung voraus (LR/*Hauck* § 101 Rn. 11). Das Tatgericht hat deshalb wie bei Sperrmaßnahmen nach § 96 Maßnahmen zu ergreifen, um nach Möglichkeit die Freigabe der Sonderhefte zu erreichen.

C. Kennzeichnung. Personenbezogene Daten (§ 3 Abs. 1 BDSG), die durch verdeckte Ermittlungsmaßnahmen im Sinne von § 101 Abs. 1 erhoben wurden, sind als Produkte solcher Maßnahmen **zu kennzeichnen** (§ 101 Abs. 3 S. 1 StPO). Diese Kennzeichnungspflicht soll eine dem Zweck entsprechenden Datenverwendung sicherstellen, weil die Erkenntnisse aus fast allen heimlichen Ermittlungen einer mehr oder weniger strengen **Verwendungsbeschränkung** unterliegen. Deshalb muss die Kennzeichnung auch nach Übermittlung an eine andere Stelle aufrechterhalten werden (§ 101 Abs. 3 S. 2). Informationen aus Folgemaßnahmen sind nur zu kennzeichnen, wenn sie ihrerseits aus einer verdeckten Maßnahme im Sinne des § 101 Abs. 1 herrühren. 3

Das Gesetz besagt nicht, wie die Kennzeichnung erfolgen soll. Jedenfalls muss die **Herkunft** der Daten aus einer bestimmten heimlichen Ermittlungsmaßnahme anhand irgendeines Kennzeichens konkret nachzuvollziehen sein. Das kann im Einzelfall durch **Stempelaufdruck** geschehen oder für eine Mehrzahl von Informationen auch durch Aufnahme in ein **Sonderheft** mit entsprechender Sammelbezeichnung, wie »TKÜ-Sonderheft« (*Meyer-Goßner/Schmitt* § 101 Rn. 3; SK-StPO/*Wolter* § 101 Rn. 9). 4

D. Benachrichtigung. Von einer verdeckten Ermittlungsmaßnahme sind die Betroffenen grundsätzlich zu benachrichtigen. Dafür kommt es prinzipiell nicht auf das Ermittlungsergebnis, sondern nur auf die Tatsache des Eingriffsakts an (*Meyer-Goßner/Schmitt* § 101 Rn. 6). 5

I. Inhalt. Wie und in welchem Umfang die Betroffenen zu benachrichtigen sind, schreibt das Gesetz nicht vor. Die Benachrichtigung hat nur zu erfolgen, soweit Personen von der heimlichen Ermittlungsmaßnahme betroffen sind. Im Grunde reicht die **Mitteilung der Tatsche**, dass eine Ermittlungsmaßnahme der konkreten Art angeordnet und durchgeführt wurde (LR/*Hauck* § 101 Rn. 28; Meyer-Goßner/*Schmitt* § 101 Rn. 15; SK-StPO/*Wolter* § 101 Rn. 12). Erfasste **Kommunikationsinhalte** müssen **nicht inhaltlich mitgeteilt** werden, weil auch insoweit das Interesse an der Benachrichtigung mit dem Interesse anderer an der Geheimhaltung kollidiert. Eingriffe in das Persönlichkeitsrecht sollen nicht durch Benachrichtigung anderer Personen perpetuiert oder repetiert werden. Bei der Benachrichtigung über die Tatsache des Eingriffsakts und dessen Eckdaten ist auf die Möglichkeit nachträglichen Rechtsschutzes und die dafür vorgesehene Frist hinzuweisen. 6

II. Zu benachrichtigende Personen. 1. Rasterfahndung und Schleppnetzfahndung (Abs. 4 S. 1 Nr. 1) Nach Raster- und Netzfahndungsmaßnahmen (§§ 98a, 163d) sind die Personen zu benachrichtigen, gegen die nach Auswertung der Daten **weitere Ermittlungen** geführt wurden, unabhängig davon, ob sich der Tatverdacht bestätigt hat oder ausgeräumt wurde. Unverdächtige Personen, die durch das Raster gefallen sind, müssen nicht benachrichtigt werden. 7

2. Postbeschlagnahme (Abs. 4 S. 1 Nr. 2) Von einer Postbeschlagnahme (§ 99) sind **Absender und Adressat** der beschlagnahmten Sendung zu benachrichtigen (KK/*Bruns* § 101 Rn. 12; LR/*Hauck* § 101 Rn. 19). Wer eine der Postbeschlagnahme unterliegende Postsendung nur entgegengenommen hat, ohne Adressat zu sein, zählt nicht zu den zu benachrichtigenden Personen. 8

Die Benachrichtigungsregelung sollte auch bei Beschlagnahme einer E-Mail beim Provider zur Anwendung kommt (BGH StV 2011, 73 [74]). Wird ein Brief geöffnet, aber nicht zurückbehalten und beschlagnahmt, so muss der Adressat nicht benachrichtigt werden, da keine Beschlagnahme erfolgt ist. Spezielle Regelungen über die Weiterleitung trifft § 100 Abs. 5 und 6. 9

3. Telekommunikationsüberwachung (Abs. 4 S. 1 Nr. 3) Nach einer Telekommunikationsüberwachung (§ 100a) sind **die Beteiligten der Kommunikation** zu benachrichtigen, deren Rechte aus Art. 10 Abs. 1 GG betroffen sind (KK/*Bruns* § 101 Rn. 13; LR/*Hauck* § 101 Rn. 20). Der Inhaber des überwachten Anschlusses ist auch Beteiligter, wenn er selbst den Anschluss nutzt. Er muss hingegen nicht benachrichtigt werden, wenn das Gespräch einer anderen Person als Nachrichtenmittlers mit einem Dritten geführt und überwacht wurde. Bei geschäftlichen Kontakten ist **die juristische Person** zu benachrichtigen, wenn der Gesprächsteilnehmer für diese gesprochen und gehandelt hat (Beck-OK-StPO/*Hegmann* § 101 Rn. 15; krit. KK/*Bruns* § 101 Rn. 13). Der Netzbetreiber ist an der Kommunikation nicht beteiligt und muss nicht benachrichtigt werden. 10

Eschelbach

11 **4. Akustische Wohnraumüberwachung (Abs. 4 S. 1 Nr. 4)** Nach einer akustischen Wohnraumüberwachung (§ 100c) sind **der Beschuldigte**, andere mehr oder weniger **zufällig mit überwachte Personen** und auch **der Wohnungsinhaber** zu benachrichtigen. Dies sind die Personen, in deren Rechtspositionen aus Art. 13 Abs. 1, 2 Abs. 1 i.V.m. Art. 1 Abs. 1 GG eingegriffen wurde und denen die Möglichkeit des nachträglichen Rechtsschutzes zu eröffnen ist.

12 **5. Akustische Überwachung außerhalb von Wohnungen (Abs. 4 S. 1 Nr. 5)** Bei der akustischen Gesprächsüberwachung außerhalb einer Wohnung (§ 100f) sind **die Zielperson** und **alle erheblich mit betroffenen Personen** zu benachrichtigen. Das sind zumindest die unmittelbaren **Gesprächspartner** des Beschuldigten. Findet die Maßnahme an einem öffentlichen Ort statt, so können neben dem Gespräch der Zielperson auch Äußerungen anderer **Randfiguren** erfasst werden, ohne dass es auf die Feststellung ihrer Äußerungen ankommt. Diese Personen sind gegebenenfalls nur unerheblich betroffen und müssen dann nicht benachrichtigt werden.

13 **6. Verkehrsdatenabfrage (Abs. 4 S. 1 Nr. 6)** Der Kreis der von einer Verkehrsdatenerfassung (§ 100g) betroffenen Personen ist oftmals groß, er umfasst aber ähnlich wie eine Rasterfahndung vielfach **nur unerhebliche betroffene Personen**, die **nicht benachrichtigt** werden müssen (krit. LR/*Hauck* § 101 Rn. 25).

14 **7. Observation mit technischen Mitteln (Abs. 4 S. 1 Nr. 7)** Wie bei der akustischen Überwachung sind die Zielpersonen und erheblich mit betroffenen Personen nach einer Observation unter Einsatz technischer Mittel (§ 100h) zu benachrichtigen. Bei Bildaufnahmen sind wegen des Eingriffs in das Recht am eigenen Bild prinzipiell auch am Rande **abgebildete Personen** zu benachrichtigen. Nicht erheblich mit betroffen sind aber nur zufällig ins Bild geratene **Randfiguren** des Überwachungsgeschehens, gegen die sich die Maßnahme nicht gerichtet hat und die nur aufgrund ihrer Streubreite beiläufig und zufällig erfasst wurden.

15 **8. IMSI-Catcher (Abs. 4 S. 1 Nr. 8)** Der Einsatz eines IMSI-Catchers (§ 100i) greift in das Recht auf informationelle Selbstbestimmung der **Zielperson** eingreift, die deshalb zu benachrichtigen ist. Die Daten aller anderen vom Einsatz eines IMSI-Catchers betroffenen Personen werden nur erhoben, weil es technisch unvermeidbar ist; ihre Daten dürfen über einen Datenabgleich hinaus nicht verwendet werden. Insoweit sind sie nur unerheblich betroffen und müssen nicht benachrichtigt werden.

16 **9. Verdeckter Ermittler (Abs. 4 S. 1 Nr. 9)** Nach dem Einsatz eines Verdeckten Ermittlers (§ 110a) sind die **Zielperson** seines Einsatzes, ferner eine andere **Person, deren Wohnung** der Verdeckte Ermittler gegebenenfalls **betreten** hat (*Meyer-Goßner/Schmitt* § 101 Rn. 13), und weitere **nicht lediglich unerheblich Betroffene** zu benachrichtigen, was allerdings Gefahren für den Verdeckten Ermittler erhöht (LR/*Hauck* § 101 Rn. 24). Ob von der Benachrichtigung abzusehen ist, weil die Möglichkeit weiteren Einsatzes gefährdet wird, hängt von einer Abwägung im Einzelfall ab (LR/*Hauck* § 101 Rn. 42). Randfiguren, die nur zufällig und beiläufig mit dem Verdeckten Ermittler in Kontakt gekommen sind, müssen nicht benachrichtigt werden.

17 **10. Ausschreibung zur polizeilichen Beobachtung (Abs. 4 S. 1 Nr. 10)** Zu benachrichtigen sind nach einer Ausschreibung zur polizeilichen Beobachtung (§ 163d) **der Beschuldigte und ein Nachrichtenmittler** oder eine **Begleitperson**, deren personenbezogene Daten gemeldet worden sind. Wurde ein Kfz-Kennzeichen ausgeschrieben, so ist der Halter oder Nutzer des Fahrzeugs zu benachrichtigen.

18 **11. Polizeiliche Beobachtung und längerfristige Observation (Abs. 4 S. 1 Nr. 11 und 12)** Nach einer polizeilichen Beobachtung (§ 163e) oder längerfristigen Observation (§ 163f) sind die **Zielperson** und **die erheblich mitbetroffenen Personen** zu benachrichtigen. Wiederum sind Fälle unerheblicher Betroffenheit denkbar, in denen die Benachrichtigung unterbleiben kann.

19 **III. Ausnahmen. 1. Schutzwürdige Belange Dritter.** Die Benachrichtigung unterbleibt, wenn ihr überwiegende schutzwürdige Belange einer betroffenen Person entgegenstehen (§ 101 Abs. 4 S. 3). Die Notwendigkeit der Einschränkung von Benachrichtigungen besteht, wenn hierdurch der **Grundrechtseingriff** bei der Zielperson durch Verbreitung der Nachricht **nur vertieft** wird, oder wenn eine drittbetroffene Person **keinen Anlass zu der Eingriffsmaßnahme gegeben** hatte und ihrerseits durch die Benachrichtigung anderer **mehr Nachteile als Vorteile** erfährt. **Abzuwägen** sind das Interesse des

Einen an der Benachrichtigung mit dem Interesse des Anderen an einem geringen Bekanntheitsgrad des Ereignisses. Letzteres überwiegt oftmals **im unternehmerischen Bereich**, wo der Geschäftspartner des Beschuldigten nicht unbedingt über die staatliche Überwachung unterrichtet werden muss (*Meyer-Goßner/Schmitt* § 101 Rn. 16). Der Benachrichtigung entgegenstehende Interessen sind eher **im persönlichen Lebensbereich** zu finden. Gefährdungen von Leib, Leben oder Gesundheit und von bedeutenden Sachwerten (LR/*Hauck* § 101 Rn. 40)gebieten zuerst vor allem die Zurückstellung der Benachrichtigung, nicht sogleich das endgültige Absehen hiervon.

Der Beschuldigte hat im Einzelfall aus persönlichen, wirtschaftlichen oder sozialen Gründen ein Interesse 20 daran, dass seine **Kommunikationspartner** nichts von dem gegen ihn geführten Ermittlungsverfahren erfahren, insbesondre dann, **wenn der Anfangsverdacht sich später nicht erhärtet** hat. Dann wäre eine **erneute Stigmatisierung** für ihn kontraproduktiv. Indes ist das Interesse an der Erlangung einer Möglichkeit für nachträglichen Rechtsschutz nicht vorschnell als zu gering einzuschätzen. Wie sich eine Benachrichtigung auf private **Vertrauensverhältnisse** auswirken kann, ist kaum zu prognostizieren. **Bei Berufsgeheimnisträgern** wiegen Eingriffe in die Vertraulichkeit der Kommunikation schwer und das Interesse an der nachträglichen Rechtsschutzgewährung überwiegt im Allgemeinen ein Interesse an der Nichtbenachrichtigung anderer Personen über den Eingriffsakt. Eingriffe in den absolut geschützten **Kernbereich privater Lebensgestaltung** müssen dann, wenn sie im Einzelfall unbeschadet der präventiven Rechtsschutzmöglichkeiten doch vorkommen, mitgeteilt werden, weil insoweit ein besonderes Interesse an nachträglichen gerichtlichen Rechtswidrigkeitsfeststellungen besteht.

2. Unerhebliche Betroffenheit. Nach § 101 Abs. 4 S. 4 kann die Benachrichtigung unterbleiben, 21 wenn die Person von der Maßnahme nur unerheblich betroffen wurde (BVerfGE 129, 208 [251]) und anzunehmen ist, dass sie **kein Interesse** an einer Benachrichtigung hat. Die Abgrenzung zwischen einer erheblichen und unerheblichen Betroffenheit verlangt aber eine ausgesprochen schwierige Entscheidung in einem strafprozessualen Randbereich und verlangt entweder die Bewältigung einer kaum lösbaren Aufgabe oder provoziert kursorische Entscheidungen nach einem Bauchgefühl, das sich Ermessen nennt. Bei der Erheblichkeitsfrage geht es aber jedenfalls um **rechtliche Kriterien**, nicht um **Affektionsinteressen**. Je schwerer **der Eingriffsakt** als solcher wiegt, desto eher ist von einer erheblichen Betroffenheit auszugehen, auch wenn **der Ermittlungsertrag** im Einzelfall gering erscheint. Bei einer akustischen Überwachung in einer Wohnung (§ 100c) ist etwa prinzipiell von einer erheblichen Betroffenheit auszugehen (vgl. BVerfGE 129, 208 [238]).

Geringfügige Betroffenheit mag bei der heimlichen Erfassung nicht verfahrensrelevanter **Alltagsszenen** 22 **ohne Beweisrelevanz** und besondere **Intimität** vorliegen, jedoch kommt es auch auf die Art des Ermittlungseingriffs an. Das **Recht auf Freiheit vor Einschüchterung** (*Bode* Verdeckte strafprozessuale Ermittlungsmaßnahmen, 2012, S. 112 ff.) hat Gewicht und gebietet es, im Regelfall das Rechtsschutzinteresse höher als das Interesse am Absehen von der Benachrichtigung zu bewerten. § 101 Abs. 4 S. 4 eröffnet ein Ermessen (*Meyer-Goßner/Schmitt* § 101 Rn. 17).

3. Nichtermittlung der Betroffenen bei unverhältnismäßigem Aufwand. Nachforschungen zur 23 Feststellung der Identität einer betroffenen Person sind zum Zwecke der Benachrichtigung nur vorzunehmen, wenn dies unter Berücksichtigung der Eingriffsintensität der Maßnahme gegenüber dieser Person, des Aufwands für die Feststellung ihrer Identität sowie der daraus für diese oder andere Personen folgenden Beeinträchtigungen geboten erscheint. Insoweit ist eine **Abwägung** der Interessen an Benachrichtigung und Rechtsschutzgewährleistung einerseits sowie verfahrensökonomischen Aspekten andererseits erforderlich (*Meyer-Goßner/Schmitt* § 101 Rn. 18). Ist die Identität beiläufig betroffener Randpersonen schon bei dem Ermittlungseingriff mangels **Beweisbedeutung** nicht festgestellt worden, so müssen sie in der Regel auch nicht nachträglich zwecks Benachrichtigung identifiziert werden.

IV. Zurückstellung. Nach § 101 Abs. 5 S. 1 kann die Benachrichtigung zurückgestellt werden, solange 24 durch sie **der Untersuchungszweck, Leib, Leben** oder die persönliche **Freiheit** von Menschen oder **bedeutende Vermögenswerte** (zur Normbestimmtheit BVerfGE 129, 208 [255]) gefährdet würden. Die Zurückstellung ist aber auch möglich zum Zweck der weiteren **Verwendung eines Verdeckten Ermittlers** (KK/*Bruns* § 101 Rn. 24; abl. SK-StPO/*Wolter* § 101 Rn. 32). Für andere nicht offen ermittelnde Polizeibeamte und V-Personen fehlt eine entsprechende gesetzliche Regelung, weil entweder schon deren

Einsatz nicht im Gesetz vorgesehen und daher streng genommen unzulässig ist oder aufgrund der Ermittlungsgeneralklausel erfolgt (BVerfGE 129, 208 [257]) und damit unterhalb der Eingriffsschwelle der Spezialermächtigungen liegt und daher nicht benachrichtigungsrelevant wirkt (vgl. § 110a Rdn. 10 f.). Die Gründe für die Zurückstellung der Benachrichtigung vom Einsatz eines Verdeckten Ermittlers müssen **in den Akten vermerkt** werden (§ 101 Abs. 5 S. 2).

25 Wenn die Benachrichtigung **länger als zwölf Monate** oder bei der akustischen Wohnraumüberwachung **sechs Monate**, nach Beendigung der Maßnahme zurückgestellt werden soll, bedarf es nach § 101 Abs. 6 S. 1 der **Entscheidung des Gerichts** (*Meyer-Goßner/Schmitt* § 101 Rn. 21). Bei mehreren zusammenhängenden Maßnahmen im Sinne von § 101 Abs. 4 S. 1 beginnt die Frist nach § 101 Abs. 6 S. 4 mit der Beendigung der letzten Maßnahme.

26 Zuständig ist **das für die Anordnung** der Maßnahme **zuständige Gericht** (KK/*Bruns* § 101 Rn. 28; LR/*Hauck* § 101 Rn. 58). Diese Zuständigkeit des *iudex a quo* lässt aber den Rechtsschutz praktisch leer laufen, weil dieser kaum jemals geneigt ist, nachträglich die Rechtswidrigkeit seiner Anordnung festzustellen. Wenn das Gericht dem **Antrag der Staatsanwaltschaft** auf Zurückstellung der Benachrichtigung zustimmt, so legt es auch die Dauer der Zurückstellung fest. Auch vor Ablauf der Frist kann bereits festgestellt werden, dass von einer Benachrichtigung endgültig abzusehen ist, weil mit an Sicherheit grenzender Wahrscheinlichkeit die Voraussetzungen einer Benachrichtigung auch in Zukunft nicht eintreten werden (§ 101 Abs. 6 S. 3).

27 Im Vorverfahren ist der **Ermittlungsrichter** zuständig, nach Anklageerhebung **das erkennende Gericht** (LR/*Hauck* § 101 Rn. 58). Eine »parallele Zuständigkeit« des Ermittlungsrichters auch nach Anklageerhebung kennt das Gesetz nicht. Gegen die Verweigerung der gerichtlichen Zustimmung ist die Beschwerde der Staatsanwaltschaft statthaft; andernfalls hat die Staatsanwaltschaft die Benachrichtigung durchzuführen (*Meyer-Goßner/Schmitt* § 101 Rn. 23).

28 **V. Durchführung.** Für die Benachrichtigung ist die **Staatsanwaltschaft zuständig** (LR/*Hauck* § 101 Rn. 43; *Meyer-Goßner/Schmitt* § 101 Rn. 5; SK-StPO/ *Wolter* § 101 Rn. 13). Sie kann die **Polizei** damit beauftragen, die Benachrichtigungen **vorzubereiten**. Dabei dürfte es hilfreich sein, wenn diese bereits während der Eingriffsmaßnahme vermerkt, ob eine Benachrichtigung voraussichtlich unterbleiben kann oder erfolgen muss, ob eine Zurückstellung erforderlich ist oder ob ein Zweifelsfall vorliegt.

29 Die Benachrichtigung erfolgt **schriftlich**. Ihr Inhalt muss so viele Angaben enthalten, dass die **Gewährung rechtlichen Gehörs** sichergestellt ist und es dem zu Benachrichtigenden ermöglicht wird, die verdeckte Maßnahme einer gerichtlichen Prüfung zu unterwerfen. Die Art der Maßnahme, ihr Zeitraum und der Kommunikationspartner sind zu benennen; auf die Mitteilung von Kommunikationsinhalten kann verzichtet werden. Erforderlich ist schließlich der Hinweis auf die Möglichkeit nachträglichen Rechtsschutzes und die Frist des § 101 Abs. 7 S. 2.

30 **E. Antrag auf gerichtliche Entscheidung.** § 101 Abs. 7 S. 2 gibt den dort genannten Personen die Möglichkeit, **nach Erledigung** der Maßnahme die Rechtmäßigkeit der **Anordnung** und die **Art und Weise ihres Vollzugs**, einschließlich der Frage der Rechtzeitigkeit der Benachrichtigung (OLG Celle NStZ 2013, 60 [61]), gerichtlich überprüfen (*Singelnstein* NStZ 2009, 481 [482]) und die **Rechtswidrigkeit feststellen** zu lassen. Eine positive Rechtmäßigkeitsbestätigung auf Antrag der Staatsanwaltschaft sieht das Gesetz dagegen nicht vor. Es geht auch nur um die Prüfung der Rechtmäßigkeit auf Antrag des Betroffenen mit dem Ziel der nachträglichen Rechtswidrigkeitsfeststellung, **nicht um eventuelle Rechtsfolgen**. § 101 Abs. 7 S. 2 ist eine abschließende Sonderregelung für alle in § 101 Abs. 1 genannten heimlichen Ermittlungsmaßnahmen. Nach dem **Grundsatz der Rechtsmittelklarheit** (vgl. BVerfGE 107, 395 [416 f.]) ist daneben eine **analoge Anwendung von § 98 Abs. 2 S. 2** zweifelhaft (dafür als Ergänzung aber LR/*Hauck* § 101 Rn. 45). Indes betrifft die Vorschrift nur den nachträglichen Rechtsschutz, nicht den Rechtsschutz gegen noch nicht erledigte Maßnahmen (*Singelnstein* NStZ 2009, 481 [483]).

31 Der Betroffene hat auch dann einen Anspruch auf gerichtliche Überprüfung, wenn er **auf andere Weise als durch Benachrichtigung** von der Maßnahme **erfahren** hat. Wurde ein Betroffener also etwa nicht benachrichtigt, weil schutzwürdige Belange anderer Personen entgegenstehen oder wurde die Benachrichtigung zurückgestellt, so steht das dem Antragsrecht nach § 101 Abs. 7 S. 2 nicht entgegen.

Zur Begründung des Rechtsbehelfs hat der Betroffene **Anspruch auf Auskunft** aus den Akten oder auf **Akteneinsicht** (*Singelnstein* NStZ 2009, 481 [485 f.]) nach den Maßstäben des § 475 (*Meyer-Goßner/Schmitt* § 101 Rn. 25d), soweit dies für die Rechtsverfolgung unerlässlich ist. Zum Gegenstand des Auskunfts- oder Akteneinsichtsrechts gehören die Anordnung der verdeckten Ermittlungsmaßnahme, hierauf gerichtete Anträge und prinzipiell auch die Aktenbestandteile, auf die sich die Anordnung gestützt hatte. Richtet sich der Antrag auch gegen die Rechtmäßigkeit des Vollzugs, so müssen im Grundsatz auch die Aktenbestandteile offen gelegt werden, aus denen sich Art und Weise der Durchführung ergibt. Soweit das Interesse der Strafjustiz an der Geheimhaltung überwiegt, um Ermittlungen nicht zu gefährden, ist die Offenlegung zurückzustellen. 32

Der Antrag auf gerichtliche Entscheidung ist **innerhalb von zwei Wochen nach der Benachrichtigung** zu stellen (KK/*Bruns* § 101 Rn. 30; krit. zur Kürze LR/*Hauck* § 101 Rn. 60; *Singelnstein* NStZ 2009, 481 [483]; SK-StPO/*Wolter* § 101 Rn. 40). Ist eine Benachrichtigung nicht erfolgt, läuft keine Frist. 33

Zur Entscheidung zuständig ist im Vorverfahren **der Ermittlungsrichter**, nach Anklageerhebung in derselben Sache (*Meyer-Goßner/Schmitt* § 101 Rn. 25a) **das erkennende Gericht** (§ 101 Abs. 7 S. 4; OLG Celle NStZ 2013, 60 [61]; KK/*Bruns* § 101 Rn. 33; *Singelnstein* NStZ 2009, 481 [484]). Letzteres entscheidet über den Antrag zusammen mit der das Hauptsacheverfahren beendenden Entscheidung. Damit werden divergierende Entscheidungen vermieden (BGHR StPO § 101 Abs. 7 S. 4 Zuständigkeit 2). Andererseits ist das Gericht **bei der Hauptsachefrage nicht** an die Entscheidung über den Antrag eines Betroffenen auf nachträgliche Feststellung der Rechtswidrigkeit der verdeckten Ermittlungsmaßnahme **gebunden** (BT-Drucks. 16/5846 S. 62; KK/*Bruns* § 101 Rn. 35; *Meyer-Goßner/Schmitt* § 101 Rn. 26; SK-StPO/*Wolter* § 101 Rn. 44), zumal dieser Antrag auch im Beschwerderechtszug ein eigenständiges Rechtsschicksal erleidet. Die Entscheidung über den Antrag des Betroffenen ist nämlich nach § 101 Abs. 7 S. 3 unabhängig vom Urteil über die öffentliche Klage **mit der sofortigen Beschwerde anfechtbar** (*Meyer-Goßner/Schmitt* § 101 Rn. 25c; *Singelnstein* NStZ 2009, 481 [485]; a. A. SK-StPO/*Wolter* § 101 Rn. 42, 44). 34

Nach rechtskräftiger Beendigung des Strafverfahrens ist für die Gewährung nachträglichen Rechtsschutzes gegen eine verdeckte Ermittlungsmaßnahme wieder das Gericht zuständig, das sie angeordnet hatte (OLG Koblenz Beschl. v. 19.05.2010 – 1 AR 19/10). Der iudex a quo ist allerdings eigentlich kein neutraler Richter zur Beurteilung der Rechtmäßigkeit seiner eigenen Ermittlungsanordnung. 35

F. Sperrung und Löschung von Daten. Nach § 101 Abs. 8 S. 1 sind die erlangten Daten zu löschen, wenn sie **weder für die weitere Strafverfolgung noch für eine gerichtliche Überprüfung benötigt** werden und zwar auch **nicht in einem Wiederaufnahmeverfahren** (*Meyer-Goßner/Schmitt* § 101 Rn. 27). Von der Löschung kann abgesehen werden, wenn bei Einstellung eines Ermittlungsverfahrens ein Verfahren gegen einen anderen Beschuldigten eingeleitet ist, in dem die Erkenntnisse aus der verdeckten Maßnahme als Beweismittel verwertet werden können. Über die Löschung ist ein **Aktenvermerk** anzufertigen (§ 101 Abs. 8 S. 2). Für die in Dateien gespeicherten personenbezogenen Daten gilt § 489. Ist die Löschung nur für den Fall einer gerichtlichen Überprüfung zurückgestellt worden, so bedarf es für eine anderweitige Verwendung der Einwilligung des Betroffenen. In diesem Fall müssen die Daten gesperrt werden (§ 101 Abs. 8 S. 3). § 160a Abs. 1 hat bei der Erfassung von Verteidigergesprächen Vorrang vor § 101 Abs. 8 (BGH StV 2014, 388 [390] m. Anm. *Scharenberg*). 36

§ 102 StPO Durchsuchung bei Beschuldigten.

Bei dem, welcher als Täter oder Teilnehmer einer Straftat oder der Begünstigung, Strafvereitelung oder Hehlerei verdächtig ist, kann eine Durchsuchung der Wohnung und anderer Räume sowie seiner Person und der ihm gehörenden Sachen sowohl zum Zweck seiner Ergreifung als auch dann vorgenommen werden, wenn zu vermuten ist, dass die Durchsuchung zur Auffindung von Beweismitteln führen werde.

Übersicht

	Rdn.			Rdn.
A. Durchsuchung beim Verdächtigen	1	D.	Grundsatz der Verhältnismäßigkeit	19
B. Objekte der Durchsuchung	9	E.	Verwertungsverbot	26
C. Durchsuchungszweck	15			

§ 102 StPO   Durchsuchung bei Beschuldigten

1   **A. Durchsuchung beim Verdächtigen.** Durchsucht werden darf beim Täter oder Teilnehmer einer Straftat oder bei Personen, die einer auf die Straftat bezogenen Begünstigung, Strafvereitelung oder Hehlerei verdächtig sind. Täter oder Teilnehmer sind zunächst Tatverdächtige gegen die ein Verfahren als **Beschuldigte** betrieben wird, bei denen also durch einen Willensakt der zuständigen Strafverfolgungsbehörde die Beschuldigteneigenschaft begründet wurde (BGHSt 34, 138 [140]). Liegt gegen diesen Beschuldigten ein über bloße Vermutungen hinausreichender, auf bestimmte tatsächliche Anhaltspunkte gestützter konkreter Verdacht vor, dass eine Straftat begangen wurde, ist eine Durchsuchung zulässig (BVerfG NJW 1991, 690 [691]; NJW 1995, 2839 [2840]; BGH NStZ-RR 2009, 142 [143]). § 102 gestattet die Durchsuchung aber auch bei einem **Tatverdächtigen**, der nicht Beschuldigter ist (*Park*, Durchsuchung und Beschlagnahme, Rn. 36). Voraussetzung ist dabei, dass es mindestens möglich sein muss, dass dieser sich durch das vorgeworfene Verhalten nach materiellem Recht strafbar gemacht hat (BVerfGE 20, 162 [185]), also Tatsachen vorliegen, die auf eine naheliegende Möglichkeit der Täterschaft oder Teilnahme schließen lassen (BGHSt 53, 112 [114]). Bloße Vermutungen und vage Anhaltspunkte genügen dagegen nicht (BVerfG StV 2006, 624 [625]; BVerfG NStZ-RR 2005, 207; BVerfG StV 2011, 68; BVerfG wistra 2012, 63). Insbesondere darf die Durchsuchung nicht der Ermittlung von Tatsachen dienen, die zur Begründung eines Verdachts erforderlich sind (BVerfG NJW 2006, 2974 [2975]; BVerfG wistra 2012, 63). Die Durchsuchung setzt vielmehr einen solchen Verdacht bereits voraus (BVerfG StV 2010, 665). Auf eine **anonyme Anzeige** lässt sich eine Durchsuchung nur stützen, wenn diese »von beträchtlicher Qualität« ist oder mit ihr zusammen schlüssiges Tatsachenmaterial vorgelegt worden ist (LG Stuttgart StRR 2007, 322). Möglich ist es auch bei **mehreren Tatverdächtigen** zu durchsuchen, auch wenn nur einer von ihnen tatsächlich Täter sein kann (BVerfG NStZ 1996, 606 zu § 81a).

2   Ein Verstoß gegen diese Anforderungen liegt vor, wenn sich sachlich plausible Gründe für eine Durchsuchung nicht mehr finden lassen (BVerfGE 4, 1 [7]; BVerfGE 44, 353 [371 f.]; 59, 95 [97]; BVerfG Beschl. v. 26.10.2011 – 2 BvR 1774/10).
Soll beim Tatverdächtigen durchsucht werden, wird dieser spätestens mit der Anordnung Beschuldigter (LR/*Tsambikakis* § 102 Rn. 5). Nach anderer Auffassung wird die Beschuldigteneigenschaft erst mit der Durchführung/dem Vollzug der Durchsuchung begründet (KK-StPO/*Bruns* § 102 Rn. 1; BGH StV 1997, 281). Die Begründung einer Beschuldigteneigenschaft verneinen unter Hinweis auf die unterschiedlichen Begrifflichkeiten des Verdächtigen und des Beschuldigten dagegen das OLG Köln (VRS 27, 103 [104]), das OLG Düsseldorf (VRS 41, 429 [430]) und zuletzt das OLG Stuttgart (NStZ 1994, 291), jedenfalls für die Fälle, in denen die Durchsuchung ergebnislos bleibt und ein Ermittlungsverfahren erst gar nicht eingeleitet wurde. Nach *Wohlers* (SK-StPO § 102 Rn. 5) ist danach zu differenzieren, gegen wen sich die Maßnahme richtet: Stütze sich die Durchsuchung auf § 103, müsse es einen – wenn auch unbekannten – anderen Verdächtigen geben.

3   Abzugrenzen ist die Person des Tatverdächtigen gegenüber dem **Nichtverdächtigen** i.S.d. § 103, bei dem eine Durchsuchung gem. § 103 nur unter engeren Voraussetzungen zulässig ist (vgl. § 103 Rdn. 5): Die Verknüpfung des personenbezogenen Tatverdachts mit einem eher abstrakten Auffindeverdacht schafft bereits hier einen ausreichenden Eingriffsanlass. Fehlt dagegen ein gegen den von der Durchsuchung Betroffenen selbst gerichteter Verdacht der Beteiligung an der Tat, dann muss der Eingriffsanlass hinsichtlich des Durchsuchungsziels näher konkretisiert sein, um die staatliche Inanspruchnahme des Betroffenen zu rechtfertigen. Insoweit müssen konkrete Gründe dafür sprechen, dass ein Beweisgegenstand bei dem Unverdächtigen gefunden werden kann (BVerfG NJW 2003, 2669 [2670]).

4   Es muss feststellbar sein, dass der Tatverdacht vom Richter **eigenverantwortlich geprüft** und nachvollziehbar bejaht wurde (BVerfGE 96, 44 [51 f.]; BVerfG NJW 2003, 2669 [2670]). Der Richter ist verpflichtet, sich ein Urteil zu bilden und nicht nur die Anträge der Staatsanwaltschaft nach pauschaler Prüfung gegenzuzeichnen. Dazu gehört eine sorgfältige Prüfung der Eingriffsvoraussetzungen und eine umfassende Abwägung zur Feststellung der Angemessenheit des Eingriffs im konkreten Fall. Allerdings rechtfertigt allein die wörtliche Übernahme einer Antragsbegründung der Staatsanwaltschaft für eine Durchsuchungsanordnung durch den Ermittlungsrichter nicht die Annahme, eine eigenverantwortliche Prüfung durch den Richter habe nicht stattgefunden. Die gegenteilige Annahme kann nur bei Vorliegen hinreichender und konkreter Anhaltspunkte dafür begründet sein, dass eine eigenständige richterliche Prüfung nicht stattgefunden hat (BVerfG NJW 2015, 851). Etwaigen Darlegungsmängeln kann jedoch der auf eine Beschwerde hin ergehende Beschluss des Landgerichts der Sache nach

abhelfen (BVerfG NJW 2003, 2669). Das Landgericht darf seine Entscheidung dabei aber nicht auf Gründe stützen, die dem Ermittlungsrichter nicht bekannt waren (BVerfG NStZ-RR 2005, 207).
In jeden Fall notwendig ist allerdings, dass überhaupt ein Ermittlungsverfahren eingeleitet wurde, sei es 5 gegen Dritte oder gegen Unbekannt (a. A. LG Trier StraFo 2007, 371 [372], wonach ein Durchsuchungsbeschluss in einem Ermittlungsverfahren gegen Unbekannt nur nach den Voraussetzungen des § 103 ergehen darf). Durchsuchungen bei Personen, gegen die sich sogenannte Vorermittlungen zur Prüfung eines Anfangsverdachts richten, verbieten sich danach.
Zur Begründung eines Anfangsverdachts einer Durchsuchung auf der Grundlage von Tatsachen, die 6 einem Beweisverwertungsverbot unterliegen, vgl. BVerfG wistra 2011, 61 (*Steuer-CD*).
Verdächtige sind nur **natürliche Personen**. Für juristische Personen handeln deren Organe. Eine Durch- 7 suchungsanordnung kann sich danach zwar gegen »Verantwortliche« eines Unternehmens richten, allerdings ist nur eine gegen eine bestimmte Person gerichtete, nicht aber eine die Ermittlung des noch unbekannten Täters bezweckende Untersuchungshandlung geeignet, die Verjährung zu unterbrechen (BGHSt 24, 321 [323]).
Verfassungsrechtlich unzulässig sind Durchsuchungen in Ermittlungsverfahren gegen **Presseangehöri-** 8 **ge**, wenn sie ausschließlich oder vorwiegend dem Zweck dienen, die Person des Informanten zu ermitteln (Verdacht der Beihilfe zum Dienstgeheimnisverrat, BVerfGE 117, 244 [259 f.]; 20, 162, 191, 217). Dies gilt auch, wenn die Presseangehörigen Beschuldigte sind.

B. Objekte der Durchsuchung. I. Wohnung: Der Begriff ist nach der Rechtsprechung des 9 BVerfG zu Art. 13 GG weit auszulegen und nicht umgangssprachlich zu verstehen. Danach sind alle Räume umfasst, die der allgemeinen Zugänglichkeit durch eine Abschottung entzogen und zur Stätte privaten Wirkens gemacht werden (BT-Drucks. 15/4533, S. 11; BVerfGE 89, 1 [6]; BGHSt 50, 206 [211]). Maßgeblich ist dabei die nach außen erkennbare Willensbetätigung desjenigen, der einem Raum kraft Widmung den Schutz der Privatheit verschafft hat (*Hermes* in: Dreier, Grundgesetz-Kommentar, Rn. 51 ff.). Art. 13 GG schützt somit Haupt- und Nebenwohnräume (Wohn- und Schlafräume, Bad, Flur, Balkon, Terrasse, Abstellkammer, Kellerräume, Dachboden, Garage), Gartenhäuser, Wochenendhäuser (VerfG Potsdam, Beschl. v. 21.11.2003, Az. 94/02; BGHSt 44, 138 [140]), Jagdhütten, Hotelzimmer, Wohnwagen und Wohnmobile, bewohnbare Schiffe, Zelte, Schlafwagenabteile, Krankenzimmer, nicht allgemein zugängliche **Geschäfts- und Büroräume** (BVerfGE 32, 54 [68 ff.]; BVerfGE 44, 353 [371]), Amts- und Dienstäume, Personalaufenthaltsräume, Arbeitshallen, Werkstätten (BGHSt 44, 138, 140), Anwaltskanzleien, Arztpraxen (BVerfG NStZ-RR 2008, 176 [177]) oder ein nicht allgemein zugängliches Vereinsbüro (BGH NJW 1997, 1018, 1019; BVerwG NJW 2005, 454 [455] – Teestube). Maßgeblich für die Inhaberschaft sind die tatsächlichen Verhältnisse, auf einen gültigen Benutzungsvertrag kommt es nicht an (KK-StPO/*Bruns* § 102 Rn. 9; *Werwigk* NJW 1983, 2366, zur Geltung des Richtervorbehalts bei besetzen Häusern). Gleichgültig ist, ob der Verdächtige **Allein- oder Mitinhaber** der Räumlichkeiten ist (BGH NStZ 1986, 84 [85] unter Hinweis auf *Kleinknecht-Meyer* § 102 Rn. 7). Durchsucht werden können danach auch Räume, die der Verdächtige nur mitbenutzt. Das gilt etwa für Zimmer in einer gemeinsam benutzten Wohnung, den Zugangsbereich einer Wohnung im Treppenhaus als auch die umfriedete Grundstücksfläche zwischen Haus und Gehweg (BGHSt 44, 13 [16]) oder sonstige Gemeinschaftsräumlichkeiten einer Hauseigentümergemeinschaft oder eines Miethauses. Auch kann eine Bürogemeinschaft insgesamt durchsucht werden, wenn eine genaue Zuordnung der einzelnen Räume nicht möglich ist und sich nicht abklären lässt, ob der Verdächtige für die eine oder andere Organisation tätig ist, wenn jedenfalls beide Organisationen in den Räumlichkeiten ihren Sitz haben (BGHR StPO § 102 Geschäftsräume 1). Allerdings gebietet der Grundsatz der Verhältnismäßigkeit in solchen Fällen *eine gewisse Respektierung der Sphäre des Mitgewahrsamsinhabers* (BGH StPO § 102 Geschäftsräume 1 unter Hinweis auf SK-StPO/*Rudolphi* § 102 Rn. 4). Grundlage für die Durchsuchung ist in diesen Fällen nach herrschender Meinung § 102, nicht § 103 (BGH NStZ 1986, 84). Sind die Räumlichkeiten eindeutig nicht dem gemeinschaftlich genutzten Herrschaftsbereich zuzuordnen, scheidet § 102 als Eingriffsgrundlage aus (vgl. auch LG Heilbronn StV 2005, 380). Der Schutz der Wohnung nach Art. 13 GG erstreckt sich auch auf die **Arbeits-, Betriebs- und Geschäftsräume** einer **juristischen Person** (BGHSt 40, 191, 193). Richtet sich der Verdacht gegen ein Organ einer solchen ist jedoch umstritten, auf welcher Grundlage beim Verdächtigen durchsucht werden kann. *Bruns* (KK-StPO Rn. 8) erachtet die wahlweise Durchsuchung nach beiden Vorschriften

§ 102 StPO Durchsuchung bei Beschuldigten

für zulässig (vgl. auch NStZ-RR 2005, 203). Bei einer sowohl auf § 102 und § 103 gestützten Durchsuchungen sind jedoch die unterschiedlichen Voraussetzungen beider Eingriffsgrundlagen hinsichtlich der Auffindevermutung zu beachten (BVerfG NJW 2003, 2669). Richtig ist die Differenzierung: Die Räumlichkeiten, an denen der Verdächtige Allein- oder Mitgewahrsam hat, sind nach § 102 zu durchsuchen. Dies betrifft nicht nur sein Büro, seinen Arbeitsplatz bzw. Schreibtisch (BGH NStZ 1997, 147: § 102 als Grundlage einer Durchsuchung gegen die Geschäftsführer einer GmbH) sondern die Firmenräume insgesamt. Im Übrigen ist § 103 einschlägig (so auch SK-StPO/Wohlers § 102 Rn. 12).

10 II. Mit **anderen Räumen** sind die Unterkunftsräume eines Polizeibeamten oder Soldaten (BGHSt 44, 138), Kfz (BGH NStZ 1998, 157–158) oder Haftträume in einer Justizvollzugsanstalt (BVerfG NJW 1996, 2643; BGHSt 44, 138; zum Besuchsraum der Justizvollzugsanstalt: BVerfG NJW 2006, 2974–2975) gemeint. Diese Räume sind entweder nicht zum Aufenthalt von Menschen bestimmt oder ihnen fehlt aus anderen Gründen eine räumliche Sphäre, deren Schutz des Art. 13 GG gewährleistet.

11 III. Bei der Durchsuchung der **Person** dürfen Sachen oder Spuren in oder unter der Kleidung gesucht werden. Die Durchsuchung der vom Verdächtigen getragenen Kleidungsstücke selbst ist von einer solchen Anordnung ebenfalls umfasst (KK-StPO/*Bruns* § 102 Rn. 10 f.). Erlaubt ist auch das Suchen auf der Körperoberfläche und in natürlichen Körperöffnungen, soweit diese ohne medizinische Hilfsmittel einsehbar sind. Dies gilt etwa für die Untersuchung des Mundraums nach dort verborgenen Betäubungsmitteln (OLG Celle NStZ 1998, 87–88). Zu beachten ist hierbei allerdings § 81d, wonach Durchsuchungen nicht von Angehörigen des anderen Geschlechts durchgeführt werden sollen. Ausgeschlossen ist die Suche nach Gegenständen, die sich im Körperinneren befinden. Eine solche körperliche Untersuchung richtet sich ausschließlich nach §§ 81a ff.

12 IV. Schließlich dürfen auch die **dem Verdächtigen gehörenden Sachen** durchsucht werden. Das sind etwa alle Kleidungsstücke, die Wohnungs- und Geschäftseinrichtung, Computer, Mobiltelefone und das Kfz. Voraussetzung ist allein, dass der Verdächtige an den Sachen Gewahrsam hat, nicht, ob sie in seinem Eigentum stehen. Bloßer Mitgewahrsam rechtfertigt ebenfalls eine Anordnung nach § 102 (a. A. HK *Lemke* § 102 Rn. 12). Sachen, die der Verdächtige bei einem Dritten verwahrt hat, sind nach § 102 zu durchsuchen, es sei denn, der Verdächtige hat seinen Gewahrsam aufgegeben (KK-StPO/*Bruns* § 102 Rn. 11).

13 §§ 102, 103 stützen auch die Durchsuchung von **Datenverarbeitungsanlagen und Telekommunikationssystemen** als *Sachen* des Verdächtigen (oder eines Dritten). Der Begriff der Durchsuchung umfasst jedenfalls das Suchen nach elektronisch gespeicherten Daten, § 94 ermöglicht die Sicherstellung und Beschlagnahme von Datenträgern oder die Kopie der entsprechenden Daten (BVerfGE 113, 29 [50]; 115, 166 [191 ff.]). Dazu dürfen die Anlagen in Betrieb genommen werden.

14 Die heimliche Infiltration eines informationstechnischen Systems, wie etwa Personalcomputer, mittels derer die Nutzung des Systems überwacht und seine Speichermedien ausgelesen werden können (sog. **Online-Durchsuchung**) kann nicht auf § 102 gestützt werden (Beschluss des Ermittlungsrichters des BGH vom 21.02.2006, StV 2007, 60; Beschluss des Ermittlungsrichters des BGH vom 25.11.2006, JR 2007, 77; BGHSt 51, 211; BVerfGE 120, 274 [302 ff.]). Wie das Recht auf Anwesenheit des Inhabers der zu durchsuchenden Räume und Sachen gem. § 106 Abs. 1 Satz 2, die Pflicht auf Zuziehung eines Gemeindebeamten bei der Durchsuchung ohne Richter oder Staatsanwalt gem. § 105 Abs. 2 Satz 1 und schließlich die Pflicht dem Betroffenen auf Verlangen nach Beendigung der Durchsuchung eine Durchsuchungsbescheinigung nach § 107 zeigen, ist danach eine rechtmäßige Durchsuchung dadurch geprägt, dass Ermittlungsbeamte am Ort der Durchsuchung körperlich anwesend sind und die Ermittlungen offenlegen (BGHSt 51, 211 [212]; BVerfG NJW 2006, 976 [981]). Die bewusst heimliche Durchführung einer richterlichen Durchsuchungsanordnung genügt diesen Anforderungen nach der Rechtsprechung des BGH nicht (auch andere Eingriffsnormen, wie § 100a – Überwachung der Telekommunikation –, § 100c – Wohnraumüberwachung –, § 100f Abs. 1 Nr. 2 – Einsatz technischer Mittel – und die Generalklausel des § 161 scheiden danach als Befugnisnormen aus; BGHSt 51, 211 [212]).

15 **C. Durchsuchungszweck.** I. Die Durchsuchung darf zum Zweck der **Ergreifung des Verdächtigen** vorgenommen werden. Besteht daher gegen den Verdächtigen ein Haftbefehl (§§ 112, 230 Abs. 2,

236, 329 Abs. 4, 457 Abs. 2), ein Unterbringungsbefehl (§§ 126a, 81), soll er vorläufig festgenommen oder vorgeführt (§§ 127, 134, 230 Abs. 2, 236, 329 Abs. 4, 457 Abs. 2), körperlich untersucht oder erkennungsdienstlich behandelt werden (§§ 81a, 81b; LG Hamburg NStZ 2005, 406, dagegen LG Frankfurt StV 2003, 610; LG Bremen StV 2005, 494) oder wird der Betroffene zur Durchführung von Identifizierungsmaßnahmen gesucht (§§ 163a, 163b), ist eine Durchsuchung zulässig. Dies gilt im Übrigen auch für die Festnahme des Verurteilten zur Einlieferung in Strafhaft, den Maßregelvollzug (§ 463 Ab. 1) oder die Widerrufshaft (§ 453c). Zur »Nachschau« von Polizeibeamten im Zuge der Vollstreckung einer Ersatzfreiheitsstrafe, s. KG Beschl. v. 19.02.1999 – 1 Ss 363/98.

II. Die Durchsuchung darf auch dann vorgenommen werden, wenn zu vermuten ist, dass sie zur **Auffindung von Beweismitteln** führt. Dazu zählen die *Spuren* einer Straftat nach § 103 (KK-StPO/*Bruns* § 102 Rn. 4; SK-StPO/*Wohlers* § 102 Rn. 21; *Meyer-Goßner/Schmitt* § 102 Rn. 13) und Personen, die zu Beweiszwecken in Augenschein genommen werden sollen; nicht aber die Suche nach Zeugen (*Meyer-Goßner/Schmitt* § 102 Rn. 13). 16

§ 111b Abs. 4 verweist bei der Sicherstellung und Beschlagnahme von **Einziehungs- und Verfallsgegenständen** auf §§ 102 bis 110. § 102 ist demnach auch Befugnisnorm für die Suche nach diesen Gegenständen. Allerdings muss differenziert werden, ob der Gegenstand nur als solcher oder auch als Beweismittel gesucht wird (s. § 94). 17

Im Unterschied zu § 103 bedarf es bei § 102 keiner konkreten Auffindevermutung. Ist eine Person einer Straftat verdächtig, ist es nach der Lebenserfahrung in gewissem Grade wahrscheinlich, dass bei dieser Person Beweisgegenstände zu finden sind, die zur Prüfung der Verdachtsannahme beitragen können (BVerfG WM 2003, 1296; BVerfG NJW 2007, 1804 [1805 f.]). Es genügt also die auf die kriminalistische Erfahrung gestützte begründete Aussicht, dass der Zweck der Durchsuchung erreicht werden kann (*Meyer-Goßner/Schmitt* § 102 Rn. 2; BVerfG NJW 2015, 851; BVerfG NJW 2003, 2669 [2670]). Eine Durchsuchung, die darauf gerichtet ist, beschlagnahmefreie Beweismittel zu suchen, ist unzulässig (KG Berlin NJW 1984, 1133; OLG Frankfurt am Main NStZ-RR 2005, 270). 18

D. Grundsatz der Verhältnismäßigkeit.

Im Hinblick auf den schwerwiegenden Eingriff in die grundrechtlich geschützte Lebenssphäre des Betroffenen steht die Anordnung der Durchsuchung unter dem allgemeinen Rechtsgrundsatz der Verhältnismäßigkeit (BVerfGE 20, 162; BVerfG 59, 95 [97]). Die Anordnung muss in angemessenen Verhältnis zur Schwere der Straftat und zur Stärke des Tatverdachts stehen, zur Ermittlung und Verfolgung der Straftat erforderlich sein und auch den Erfolg versprechen, geeignete Beweismittel zu erbringen (BVerfGE 20, 162; 42, 212 [220]; BVerfG, Beschl. v. 26.10.2011 – 2 BvR 1774/10; BVerfG NJW 2011, 2275). Dabei muss von vornherein für eine angemessene Begrenzung der Zwangsmaßnahme Sorge getragen werden. Der Durchsuchungsbeschluss muss daher sicherstellen, dass der Eingriff in die Grundrechte messbar und kontrollierbar bleibt (BVerfGE 42, 212 [220]). Die **Umgrenzung des Tatvorwurfs** soll den Betroffenen in den Stand versetzen, die Durchsuchung zu kontrollieren und Rechtsschutz zu suchen (BVerfGK 5, 347). Diesen Anforderungen wird der Durchsuchungsbeschluss dann nicht gerecht, wenn er keinerlei tatsächliche Angaben über den Tatvorwurf enthält und den denkbaren Inhalt der Beweismittel, denen die Durchsuchung gilt, nicht erkennen lässt (BVerfGE 42, 212–223; BVerfG NStZ-RR 2005, 203 [204 f.]). Die schlagwortartige Bezeichnung nachrangiger Straftatbestände mit der Anfügung *usw.* oder *ua* genügt regelmäßig nicht, es sei denn, die Beschreibung der aufzuklärenden Straftaten wird durch die Angaben über die Beweismittel ergänzt. Die aufzuklärende Straftat muss, wenn auch kurz, so genau umschrieben werden, wie es nach den Umständen des Einzelfalls möglich ist (BVerfGE 42, 212 [221]; 103, 142, 151 f.; BVerfG NStZ-RR 2005, 203 [204]; BVerfG wistra 2012, 63; BVerfG NJW 2012, 1065). Formelhafte Wendungen in den Gründen genügen vor allem dann nicht, wenn eine konkrete Kennzeichnung nach dem Ergebnis der Ermittlungen möglich und den Zwecken der Strafverfolgung nicht abträglich ist (BVerfG NJW 2012, 2097; BVerfG StV 2006, 624; BVerfG NStZ 2000, 601). Dabei ist die Darlegung der wesentlichen Verdachtsmomente in der Begründung der Durchsuchungsanordnung einfachgesetzlich geboten. Indiztatsachen, die den Anfangsverdacht begründen, sind daher im Beschluss zu benennen, wenn die Bekanntgabe nicht den Untersuchungszweck gefährdet (zur Notwendigkeit der Angabe von Indiztatsachen, vgl. BVerfG NJW 2012, 2097; BVerfGK 1, 51 [52]; BVerfG, Beschl. v. 07.09.2007 – 2 BvR 620/02); der pauschale Hinweis auf das bisherige Ermittlungsergebnis genügt 19 dem nicht (BGH NStZ-RR 2009, 142 [143]). Auch dass der zugrunde liegende Verdacht den Akten zu entnehmen ist, entbindet den Ermittlungsrichter nicht, den aus seiner Sicht maßgeblichen Verdacht mitzuteilen und zu bewerten (BVerfG NJW 2002, 1941; BVerfG NStZ-RR 2005, 203 [204]). Im Ergebnis sind daher die Erforderlichkeit und Verhältnismäßigkeit der Maßnahme unter Abwägung von Tatschwere und Schutzgut einzelfallbezogen zu begründen (BVerfG NJW 2015, 1585).

20 Sind die Befundtatsachen, auf die sich die Durchsuchung stützt, bereits seit mehreren Monaten bekannt, so ist zu prüfen, welche Anforderungen an die Begründung bzw. Fortdauer des Tatverdachts sowie an die Geeignetheit der Zwangsmaßnahme zu stellen sind (Durchsuchung 9 Monate nach Kenntniserlangung vom Verdacht des unerlaubten Betäubungsmittelhandels; BVerfGK 4, 303). Davon zu unterscheiden ist der Verlust der rechtfertigenden Kraft der Durchsuchungsermächtigung 6 Monate nach Erlass der Durchsuchungsanordnung (BVerfGE 96, 44).

21 I. Die Durchsuchung muss in **angemessenem Verhältnis** zur Stärke des Tatverdachts und zur Schwere der Tat stehen. Die Vermutung einer Ordnungswidrigkeit, die mit einer Geldbuße von höchstens 5.000 DM bewehrt ist, wahrt dieses Verhältnis nicht (BVerfG NStZ 1999, 414; BVerfGE 42, 212 [220]; 59, 95 [97]; BVerfG NJW 2006, 3411 [3412]: Durchsuchung von Kanzleiräumen wegen einiger Verkehrsordnungswidrigkeiten von je 15 €). Allerdings sind Durchsuchungen im Bereich der Ordnungswidrigkeiten nicht grundsätzlich ausgeschlossen (§ 46 OWiG).

22 Besondere Anforderungen gelten hier bei **geschützten Berufen**, wie Ärzten (BVerfG NStZ-RR 2008, 176, 177), Rechtsanwälten (BVerfGE 105, 365 [371]; 113, 29 [47]; BVerfG Beschl. v. 31.08.2010 – 2 BvR 223/10) oder Steuerberatern (BVerfG NJW 2003, 2669 [2670]).
Besonderheiten gelten bei Durchsuchungen in **Presseräumen**. Wegen der damit verbundenen Störung der redaktionellen Arbeit und der Möglichkeit einer einschüchternden Wirkung stellt die Durchsuchung dort eine Beeinträchtigung der Pressefreiheit dar (*Cicero* BVerfG 117, 244–272; BVerfG NJW 2005, 965). Zu befürchten ist danach, dass potenzielle Informanten durch die begründete Befürchtung, bei einer Durchsuchung könnte ihre Identität festgestellt werden, davon abgehalten werden können, Informationen zu liefern, die sie nur im Vertrauen auf die Wahrung ihrer Anonymität herauszugeben bereit sind. Auch das Redaktionsgeheimnis kann in der Verschaffung staatlichen Wissens über die im Bereich journalistischer Recherche hergestellten Kontakte verletzt sein (vgl. BVerfGE 66, 116 [133 ff.]; 107, 299 [331]).

23 II. Zu prüfen ist, ob die Durchsuchung **erforderlich** ist oder ob nicht **weniger einschneidende Mittel** zur Verfügung stehen, auch wenn diese möglicherweise nicht sofort zur sofortigen Sachverhaltsaufklärung führen (BVerfG StV 2009, 452). Dazu zählen nicht nur die Einholung von Auskünften bei Dritten (Überprüfung bei Banken, Grundbuchämtern, Internet-Providern) sondern auch die Beiziehung von Akten (Veranlagungsakten der Finanzbehörden, BVerfG StV 2006, 565 [566]). Ist der Verdächtige bereit, die Beweismittel **freiwillig herauszugeben**, kann eine Durchsuchung unverhältnismäßig sein (LG Berlin NStZ 2004, 103: Die Verdächtigen verhielten sich ausweislich der Durchsuchungsberichte kooperativ, eine weitere Durchsuchung und Beschlagnahme wäre daher nicht erforderlich gewesen). Eine solche Abwendungsbefugnis kann ausdrücklich auch im Durchsuchungsbeschluss nach § 102 enthalten sein.

24 Zu prüfen ist in diesen Fällen aber, ob der Verdächtige ohne Gefährdung des Untersuchungszwecks und der Vollständigkeit zur freiwilligen Herausgabe aufgefordert werden könnte (BerlVerfGH StV 1999, 296).

25 Benötigt der Betroffene das sichergestellte Material dringend zur Fortführung seines Betriebs und entstehen bei der erforderlichen weiteren Durchsicht der Papiere erhebliche Nachteile, ist die Durchsuchung unverhältnismäßig, soweit nur der vage Verdacht vorliegt, das gesuchte Beweismittel befindet sich unter den mitgenommenen Gegenständen (BVerfG StV 1988, 90 [91]). Im Übrigen ist zu prüfen, ob durch die Anfertigung von Kopien und deren Herausgabe an den Betroffenen dessen Interessen nicht hinreichend berücksichtigt werden.

26 **E. Verwertungsverbot.** Die Verwertung der gewonnenen Beweise ist im Fall einer rechtsfehlerhaften Beweiserhebung nicht generell unzulässig (BVerfGK 9, 174; BVerfG NJW 2000, 3556 [3557]; NStZ 2000, 489; NStZ 2006, 46). Dies gilt auch für fehlerhafte Durchsuchungen, die zur Sicherstellung von Beweisgegenständen führen (BVerfG NStZ 2004, 216). Es muss vielmehr in jedem Einzelfall

geprüft werden, ob der Verstoß ein strafprozessuales Verwertungsverbot nach sich zieht. Zu entscheiden ist dies nach der Art des Verbots und dem Gewicht des Verstoßes unter Abwägung der widerstreitenden Interessen (BVerfG NJW 2008, 3053 [3054]; BGHSt 38, 214 [219]; 44, 243 [249]; 51, 285 [289 f.]; KK-StPO/*Greven* vor § 94 Rn. 10). Jedenfalls dann, wenn die Verfahrensverstöße schwerwiegend oder bewusst oder willkürlich begangen sind, hat dies ein Beweisverwertungsverbot zur Folge (BVerfGE 113, 29 [61]; BVerfG NJW 1999, 273 [274]; NJW 2006, 2684 [2686]). So kann die willkürliche Annahme von Gefahr im Verzug ein Verwertungsverbot nach sich ziehen (BGH NStZ 2004, 449 [450]). Auch bei fehlendem Tatverdacht sind das öffentliche Interesse an einer effektiven Strafverfolgung und der Wahrheitsermittlung in Strafverfahren in die **Abwägung** einzubeziehen (kein Beweisverwertungsverbot bei mangelndem Tatverdacht eines Markenrechtsverstoßes hinsichtlich der bei der Durchsuchung aufgefundenen nicht geringen Menge von Betäubungsmitteln; BVerfG NJW 2009, 3225 [3226]). Dabei kann eine Verwertbarkeit auch unter dem Gesichtspunkt eines **hypothetischen rechtmäßigen Ersatzeingriffes** bejaht werden (BGHSt 51, 285 [295 f.]; 31, 304; BGH NStZ 1989, 375)

§ 103 StPO Durchsuchung bei anderen Personen.

(1) Bei anderen Personen sind Durchsuchungen nur zur Ergreifung des Beschuldigten oder zur Verfolgung von Spuren einer Straftat oder zur Beschlagnahme bestimmter Gegenstände und nur dann zulässig, wenn Tatsachen vorliegen, aus denen zu schließen ist, dass die gesuchte Person, Spur oder Sache sich in den zu durchsuchenden Räumen befindet. Zum Zwecke der Ergreifung eines Beschuldigten, der dringend verdächtig ist, eine Straftat nach § 89a des Strafgesetzbuchs oder nach § 129a, auch in Verbindung mit § 129b Abs. 1, des Strafgesetzbuches oder eine der in dieser Vorschrift bezeichneten Straftaten begangen zu haben, ist eine Durchsuchung von Wohnungen und anderen Räumen auch zulässig, wenn diese sich in einem Gebäude befinden, von dem auf Grund von Tatsachen anzunehmen ist, dass sich der Beschuldigte in ihm aufhält.
(2) Die Beschränkungen des Absatzes 1 Satz 1 gelten nicht für Räume, in denen der Beschuldigte ergriffen worden ist oder die er während der Verfolgung betreten hat.

A. »Andere Personen«. Andere Personen sind Unverdächtige i.S.d. § 102 (zu den Einzelheiten s. dort Rdn. 3). Voraussetzung der Durchsuchung ist auch hier ein Tatverdacht gegen eine bestimmte Person oder gegen Unbekannt. Nach dem OLG Bamberg soll bei Ermittlungen, die gegen ein (strafunmündiges) Kind gerichtet sind und gegen das ein Ermittlungsverfahren nach § 170 Abs. 2 eingestellt wurde, die Durchsuchung des Zimmers des Kindes auf § 103 gestützt werden können (OLG Bamberg NStE § 103 StPO Nr. 1). Aus dem Durchsuchungsbeschluss muss hervorgehen, welche Verbindung zwischen dem Tatverdächtigen und dem Dritten bestehen soll. Nicht ausreichend ist, dass sich Anlass und Zusammenhang für den Betroffenen erst aus den Gesamtumständen der Durchsuchung ergeben (BVerfG NJW 2007, 1804). Zu den »anderen Personen« zählen auch **Banken**. Bei diesen reicht es regelmäßig aus, die zu durchsuchenden Räumlichkeiten (Niederlassung bzw. Zweigstelle) allgemein zu beschreiben (vgl. hierzu BVerfG NStZ 1994, 349; zur Durchsuchung bei öffentlich-rechtlichen Sparkassen, BVerfG NJW 1995, 582 [583]; zur Beschränkung des Durchsuchungsbeschlusses bei Verdacht der Steuerhinterziehung gegen einen Bankkunden, LG Bielefeld NStZ 1999, 581; zu den Anforderungen an die Konkretisierung eines gegen eine Bank gerichteten Durchsuchungsbeschlusses, LG Freiburg NStZ 2000, 554; LG Bonn StV 2002, 358). Allerdings sind Banken bereits nach §§ 161a, 95 verpflichtet, Auskunftsersuchen der Staatsanwaltschaft nachzukommen (vgl. LG Gera NStZ 2001, 276; LG Halle NStZ 2001, 276; LG Koblenz wistra 2002, 359 und *Bittmann* NStZ 2001, 231). Nach dem *Thüringer OLG* ist die Durchsuchung **behördlicher Diensträume** grundsätzlich zulässig, soweit eine Beschlagnahme von Akten oder anderen in amtlicher Verwahrung befindlichen Schriftstücken in Betracht kommen kann (zur Beschlagnahme von Behördenakten u.a. BGHSt 38, 237; OLG Hamm Beschl. v. 16.04.1984 – 3 Ws 187/84; LG Wuppertal NJW 1992, 770; LG Oldenburg wistra 1990, 76; vgl. hierzu auch § 96). Allerdings muss zuvor die Herausgabe des Schriftgutes erfolglos versucht und keine Sperrerklärung abgegeben worden sein (Thüringer OLG NJW 2001, 1290, wonach auch davon abgesehen werden kann, wenn sich Verwaltungsbehörde zuvor widersprüchlich verhalten hat). Nach *Meyer-*

§ 103 StPO   Durchsuchung bei anderen Personen

Goßner/Schmitt dürfen Behörden nur zur Ergreifung des Beschuldigten und zur Auffindung von Beweismittel durchsucht werden, die die Behörde nicht verwahrt (§ 103 Rn. 2; zum Streitstand s.a. LR/*Tsambikakis* § 103 Rn. 4; zur Durchsuchung eines Arbeitsamtes bei Verdacht der Beihilfe zur Steuerhinterziehung, vgl. LG Koblenz wistra 2004, 438; zur Zulässigkeit der Beschlagnahme von Jugendamtsakten, vgl. LG Saarbrücken JAmt 2007, 321; zur Beschlagnahme der im Gewahrsam des Niedersächsischen Landesamtes befindlichen Beherbergungsstatistik und der Durchsuchung der Diensträume, vgl. LG Hannover, NdsRpfl 2006, 330; zur Durchsuchung eines Kreisjugendamtes, LG Fulda JAmt 2004, 438). Dem **Insolvenzverwalter** steht kein ausdrückliches Zeugnisverweigerungsrecht nach § 53 Abs. 1 mit der Folge eines Beschlagnahmeverbots nach § 97 zu (vgl. LG Ulm NJW 2007, 2056). Da den Insolvenzverwalter aber Amtspflichten treffen, ist er verpflichtet, mit den Ermittlungsbehörden zu kooperieren. Bei einem unverdächtigen Insolvenzverwalter ist nach der zutreffenden Ansicht des LG Saarbrücken daher besondere Zurückhaltung geboten; die Möglichkeit des Herausgabeverlangens vordringlich in Betracht zu ziehen (LG Saarbrücken NStZ 2010, 534 [535]; LG Neubrandenburg NJW 2010, 691). Nach der Auffassung des LG Berlin ist eine Durchsuchung beim Insolvenzverwalter erst dann möglich, wenn gewichtige Anhaltspunkte dafür vorliegen, dass Beweismittel ohne Durchsuchung verloren gehen könnten und dadurch die Ermittlungen beeinträchtigt werden (ZInsO 2008, 865; vgl. auch LG Potsdam ZIP 2008, 287). Zur Unverhältnismäßigkeit der Beschlagnahme notarieller Urkunden beim **Notar**, vgl. NotBZ 2003, 433; zur Durchsuchung eines Notariats, vgl. BVerfG wistra 2012, 179 und Nichtannahmebeschluss vom 29.02.2012 – 2 BvR 2100/11. Zur Durchsuchung der Geschäftsräume eines **Providers** bei Verdacht nach § 106 Abs. 1 UrhG und § 108 Nr. 7 UrhG, vgl. LG Saarbrücken, MMR 2010, 205 [206]. Zur Durchsuchung von Geschäftsräumen eines **Radiosenders** oder **Redaktionsräumen** einer Zeitschrift, vgl. BVerfG DVBl, 2011, 161 (Hamburger Lokalsender »Freies Sender Kombinat«) und BVerfGE 117, 244 (Cicero). Buchhaltungs- und Geschäftsunterlagen, die sich bei einem **Steuerberater** befinden, können dem Beschlagnahmeverbot des § 97 unterliegen mit der Folge, dass eine Durchsuchung mit dem Ziel ihrer Auffindung unzulässig wäre (BVerfG, Nichtannahmebeschluss vom 01.07.2003 – 2 BvR 306/03; vgl. § 97). Unterlagen eines **Wirtschaftsprüfers**, die er in seiner Eigenschaft als Wirtschaftsprüfer erstellt oder erhält, sind regelmäßig beschlagnahmefrei (§ 53).

2   Die Durchsuchung nach § 103 ist nicht rechtswidrig, wenn die Durchsuchung nach den z.Zt. der Durchsuchungsanordnung vorliegenden Erkenntnissen auch auf § 102 hätte gestützt werden können (BGHSt 28, 57 [60]; LR/*Tsambikakis* § 103 Rn. 1; zur Auffindungsvermutung bei § 102).

3   **B. Objekte der Durchsuchung.** Wie bei § 102 dürfen Wohnung, Büro- und Geschäftsräume, andere Räume, EDV-Anlagen, die Person des Unverdächtigen und dessen Sachen durchsucht werden (zu den Begrifflichkeiten s. dort). Zur körperlichen Durchsuchung anderer Personen vgl. § 81c.

4   **C. Durchsuchungszweck. I. Ergreifung des Beschuldigten.** Hinsichtlich des gegen den Beschuldigten bestehenden Tatverdachts gelten die gleichen Maßstäbe wie bei § 102 (Rdn. 18). Die Durchsuchung nach § 103 ist aber nur dann zulässig, wenn Tatsachen vorliegen, aus denen zu schließen ist, dass die gesuchte Person sich in den zu durchsuchenden Räumen befindet (etwa Erkenntnisse des mobilen Einsatzkommandos, LG Saarbrücken NStZ-RR 2002, 267). Eine bloße Vermutung reicht nicht, vielmehr muss der Durchsuchungserfolg aus der Sicht der Ermittlungspersonen wahrscheinlich sein (OLG Düsseldorf wistra 2008, 318).

5   **II. Auffinden von Spuren und Beweismitteln.** Voraussetzung ist, dass **hinreichend individualisierte** bestimmte Beweismittel für die den Gegenstand des Verfahrens bildende Straftat gesucht werden (BVerfG NJW 1981, 971; BVerfGE 42, 212 [218 ff.]; BGH NStZ 2002, 215 [216]). Die Durchsuchung zur Sicherstellung von Gegenständen, denen keine Beweisbedeutung für das Verfahren zukommt, ist durch § 103 nicht gedeckt (BGHR StPO § 103 Gegenstände 3 [Gründe]). Die Beweismittel müssen jedenfalls der Gattung nach näher bestimmt sein (BGH NStZ 2000, 154 [155]). Weder beim Betroffenen noch beim vollziehenden Beamten dürfen hier Zweifel über die zu suchenden und zu beschlagnahmenden Gegenstände entstehen (BGH NStZ 2002, 215 [216] unter Hinweis auf SK-StPO/*Rudolphi* § 98 Rn. 17). Die Aussicht, *irgendwelche* Beweismittel zu finden, reicht daher nicht aus (BGH NStZ 2000, 154 [155]). Unzureichend ist etwa die Formulierung, »*Beweismittel, nämlich Unterlagen, auch in elektronischer Form, die Rückschlüsse auf den tatsächlichen Aufenthaltsort des Beschuldigten und*

die Höhe seiner Einkünfte zulassen« (LG Limburg, Beschl. v. 15.02.2011 – 1 Qs 6/11). Die Formulierung *»die zur Sache gehörenden, sichergestellten Gegenstände«* genügt den Anforderungen an die inhaltliche Bestimmtheit des Durchsuchungszwecks nur, wenn der Tatvorwurf denkbar einfach strukturiert ist. Dies ist der Fall, wenn er sich auf den Besitz bestimmter Gegenstände richtet, sodass allein daraus deutlich wird, dass gerade nach diesen Gegenständen – etwa Betäubungsmittel – zu suchen ist (BVerfG NJW 2005, 275 [276]). Im Zusammenwirken mit der Bezeichnung des Tatvorwurfes kann auch die Beschreibung *»sämtliche Geschäfts- und Buchhaltungsunterlagen der Firma A.«* ausreichend sein (BVerfG Nichtannahmebeschluss vom 01.07.2003 – 2 BvR 306/03).

Es müssen **hinreichende tatsächliche Anhaltspunkte** dafür vorliegen, dass sich in den vom Nichtverdächtigen genutzten Räumen Gegenstände befinden, die als Beweismittel in Betracht kommen (BVerfG NJW 2009, 2518, 2521; BVerfG NJW 2003, 2669, wonach konkrete Umstände dafür sprechen müssen; BGHSt 28, 57 [59], soweit vorliegende Erkenntnisse den vertretbaren Schluss zulassen; BGH NStZ 2000, 154 [155]: Der Unverdächtige wohnt mit mehreren Beschuldigten des Verfahrens in einer Wohngemeinschaft zusammen. Aufgrund einer solchen Wohnsituation entspricht es der Lebenserfahrung, dass die Beschuldigten Zugang zu allen von den Mitgliedern bewohnten Räumen haben und sie alle die der Wohngemeinschaft zur Verfügung stehenden Fahrzeuge nutzen. Sprechen Anhaltspunkte dafür, dass sich die Gegenstände oder die Person an verschiedenen Orten befinden – der Beschuldigte verfügt über mehrere Wohnanschriften –, ist die Durchsuchung an allen Orten gleichzeitig zulässig, wenn nur so der Gefahr der Verdunkelung begegnet werden kann (KK-StPO/*Bruns* § 103 Rn. 5). Anhaltspunkte für die Erfolgsaussicht der Durchsuchung dürfen allerdings nicht aus der Feststellung der Polizeibeamten beim Vollzug der Durchsuchungsanordnung gestützt werden, wenn die Maßnahme auf einen richterlichen Durchsuchungsbeschluss gestützt wird (BVerfG NJW 2007, 1804 [1806]). 6

Die Durchsuchung darf nicht darauf gerichtet sein, Gegenstände aufzuspüren, die nach § 97 **beschlagnahmefrei** sind (zum Schutz zeugnisverweigerungsberechtigter Berufsgeheimnisträger, vgl. § 160a). Besteht allerdings bei der Durchsuchung Unklarheit darüber, ob die Gegenstände von § 97 erfasst werden, können sie nach § 110 einstweilig beschlagnahmt werden (LG Stuttgart Beschl. v. 16.08.2004 – 10 Qs 58/04; LR/ *Tsambikakis* § 103 Rn. 12). 7

III. Zu den **Verfalls- und Einziehungsgegenständen**, s. § 102

D. Grundsatz der Verhältnismäßigkeit.
Insbesondere dann, wenn der Nichtbeschuldigte aus Sicht der Ermittlungsbehörden durch sein Verhalten in keiner Weise Anlass zu den Ermittlungsmaßnahmen gegeben hat, sind erhöhte Anforderungen an die Verhältnismäßigkeit zu stellen (BVerfG NJW 2007, 1804–1806 unter Hinweis auf *Nack* Rn. 12 u.a.). Zur Durchsuchung der Wohnung eines Angestellten beim Verdacht der Begehung von Steuerstraftaten durch seinen Arbeitgeber, vgl. LG Oldenburg PStR 2012, 53 Der Durchsuchungsbeschluss muss die Beurteilung der Verhältnismäßigkeit erkennen lassen, ohne dass aber umfangreiche Ausführungen grundsätzlich und stets von Verfassung wegen geboten sind (BVerfG Beschl. v. 10.12.2010 – 1 BvR 1739/04, zur Durchsuchung einer Radioredaktion; BVerfG Beschl. v. 26.03.2007 – 2 BvR 1006/01). 8

Der Betroffenen ist regelmäßig zur freiwilligen Herausgabe der Gegenstände vor der Durchsuchung aufzufordern. Einer ausdrücklichen **Abwendungsbefugnis** im Durchsuchungsbeschluss selbst bedarf es aber nicht (vgl. auch LR/ *Tsambikakis* § 103 Rn. 8, wonach die Durchsuchung ohne eine solche Aufforderung rechtswidrig ist; LG Mühlhausen wistra 2007, 195; LG Kaiserslautern NStZ 1981, 438). 9

E. Gebäudedurchsuchung.
Ist der Beschuldigte dringend verdächtig, eine Straftat nach § 89a, § 129a, § 129b Abs. 1 StGB oder eine dort bezeichnete (Katalog-) Straftat begangen zu haben, ist eine Durchsuchung von Wohnungen und anderen Räumen zulässig, wenn diese sich in einem Gebäude befinden, von dem aufgrund von Tatsachen anzunehmen ist, dass sich der Beschuldigte in ihm aufhält. **Dringender Tatverdacht** setzt einen hohen Grad der Wahrscheinlichkeit einer Verurteilung voraus (§ 112 Rdn. 7). Auch hier müssen hinreichende tatsächliche Anhaltspunkte vorliegen, dass sich der Beschuldigte im Gebäude aufhält. Solche **Tatsachen** sind etwa Beobachtungen polizeilicher Einsatzkommandos, Beobachtungen unbeteiligter Dritter oder das Auffinden eines vom Beschuldigten genutzten Fahrzeugs in der Nähe des Gebäudes (LR/ *Tsambikakis* § 103 Rn. 21; KG Berlin JR 10

§ 104 StPO Durchsuchung von Räumen zur Nachtzeit

1972, 297, 299). Spricht eine größere Wahrscheinlichkeit dafür, dass sich der Beschuldigte in einer bestimmten Wohnung aufhält, hindert das die Annahme des Aufenthalts in dem Gebäude nicht (*Meyer-Goßner/Schmitt* § 103 Rn. 11). Allerdings ist für diesen Fall die Wohnung vorrangig zu durchsuchen (*Meyer-Goßner/Schmitt* § 103 Rn. 11).

11 Ein **Gebäude** ist eine räumlich abgegrenzte selbstständige bauliche Einheit, unabhängig von der Zahl der Wohnungen, Treppenhäuser oder Ausgangstüren (KK-StPO/*Bruns* § 103 Rn. 9). Dazu zählen regelmäßig Vorder- und Hinterhaus, sofern beide eine bauliche Verbindung haben. Allerdings verbinden ein gemeinsamer Kellerraum oder die Tiefgarage Gebäudeteile noch nicht zu einer baulichen Einheit (*Kurth* NJW 1979, 1383). Der Durchsuchungsbeschluss kann in einem solchen Fall auch nicht auf zwei Gebäude erstreckt werden, vielmehr ist der Beschluss auf das Gebäude zu beschränken, für das die größere Wahrscheinlichkeit des Aufenthalts spricht (KK-StPO/*Bruns* § 103 Rn. 10 mit dem Hinweis der möglichen Anordnung der Durchsuchung des zweiten Gebäudes nach erfolgloser Durchführung der ersten Anordnung).

Durchsuchungszweck ist allein die Ergreifung des Beschuldigten. Daher dürfen nicht zum Verbergen geeignete Behältnisse nur durchsucht werden, wenn aufgrund bestimmter Tatsachen der Verdacht besteht, dass sich darin Unterlagen befinden, die die Ergreifung des Beschuldigten ermöglichen (*Meyer-Goßner/Schmitt* § 103 Rn. 14 unter Hinweis auf *Vogel* NJW 1978, 1226). Nach anderen Beweismitteln darf daher nicht gesucht werden. Zu den Zufallsfunden, vgl. § 108.

12 **F. Raumdurchsuchung.** Ist der Beschuldigte bereits in Räumen ergriffen worden oder betritt er Räume während seiner Verfolgung, bedarf es zur Durchsuchung nach § 103 Abs. 2 keiner (weiteren) Tatsachen, die seine Ergreifung wahrscheinlich machen. Die Durchsuchung ist nach *Meyer-Goßner/Schmitt* auch mit dem Ziel zulässig, Personen aufzufinden, die als Zeugen in Betracht kommen (§ 103 Rn. 15).

§ 104 StPO Durchsuchung von Räumen zur Nachtzeit.

(1) Zur Nachtzeit dürfen die Wohnung, die Geschäftsräume und das befriedete Besitztum nur bei Verfolgung auf frischer Tat oder bei Gefahr im Verzug oder dann durchsucht werden, wenn es sich um die Wiederergreifung eines entwichenen Gefangenen handelt.

(2) Diese Beschränkung gilt nicht für Räume, die zur Nachtzeit jedermann zugänglich oder die der Polizei als Herbergen oder Versammlungsorte bestrafter Personen, als Niederlagen von Sachen, die mittels Straftaten erlangt sind, oder als Schlupfwinkel des Glücksspiels, des unerlaubten Betäubungsmittel- und Waffenhandels oder der Prostitution bekannt sind.

(3) Die Nachtzeit umfasst in dem Zeitraum vom ersten April bis dreißigsten September die Stunden von neun Uhr abends bis vier Uhr morgens und in dem Zeitraum vom ersten Oktober bis einunddreißigsten März die Stunden von neun Uhr abends bis sechs Uhr morgens.

1 **A. Einschränkung der nach §§ 102, 103 angeordneten Durchsuchungen.** Durchsuchungen von Wohnungen, Geschäftsräumen und des befriedeten Besitztums sind – gegen den Willen des Betroffenen – nur unter den Voraussetzungen des § 104 möglich. Ausgenommen sind lediglich die in Abs. 2 ausdrücklich genannten Räume (vgl. unten Rdn. 4). Für die Durchsuchung von Personen und Sachen ist § 104 demnach nicht anwendbar, es sei denn, sie sind mit einer Hausdurchsuchung verbunden (SK-StPO/*Wohlers* § 104 Rn. 1; *Meyer-Goßner/Schmitt* § 104 Rn. 1). Allerdings kann der Durchsuchungsbeschluss klarstellen, ob er zur Nachtzeit vollstreckt werden darf oder nicht (BGH MDR 1964, 71, wonach der Ermittlungsrichter des BGH die Durchsuchung ersichtlich wegen Gefahr im Verzug »auch für die Nachtzeit« für zulässig erklärt hat). Darüber, ob zur Nachtzeit durchsucht werden darf, entscheidet im Übrigen der die Anordnung der Durchsuchung vollziehende Beamte (*Meyer-Goßner/Schmitt* § 104 Rn. 1; KK-StPO/*Bruns* § 104 Rn. 1).

2 **B. Nachtzeit.** Die Nachtzeit ist in Abs. 3 abschließend definiert (zur Kritik hierzu vgl.; *Park*, Durchsuchung und Beschlagnahme Rn. 183). Eine **bis in die Nachtzeit andauernde** Durchsuchung darf im Hinblick auf die Gefahr eines Beweismittelverlustes aber **fortgesetzt** werden, auch wenn die

Voraussetzungen von § 104 Abs. 1 und 2 nicht vorliegen. Allerdings entspricht es dem Sinn des § 104, die Durchsuchung so rechtzeitig zu beginnen, dass mit ihrer Beendigung noch vor Anbruch der Nacht zu rechnen ist (BVerfGE 44, 353, 369). Konnte dies im Einzelfall erwartet werden, ist der Umstand, dass sich die Erwartung nicht erfüllt hat, ohne Belang (BVerfGE 44, 353, 369).

C. Durchsuchungsvoraussetzungen nach Abs. 1. Verfolgung auf frischer Tat liegt vor, 3 wenn sie unmittelbar nach Entdeckung der Tat aufgenommen wird. Der Täter braucht weder bei der Tat betroffen worden zu sein, noch muss die Verfolgung der Tat unmittelbar nachfolgen (*Meyer-Goßner/ Schmitt* § 104 Rn. 3 unter Hinweis auf LR/*Tsambikakis* § 104 Rn. 5). Die Verfolgung braucht dabei nicht auf die Ergreifung des Täters gerichtet zu sein (*Meyer-Goßner/Schmitt* § 104 Rn. 3; LR/*Tsambikakis* § 104 Rn. 5; vgl. auch KK-StPO/*Bruns* § 104 Rn. 5, wonach eine Verfolgung auf frischer Tat [nur dann] vorliegt, wenn der bei der Tat Betroffene sich aufgrund vorhandener Anhaltspunkte in die zu durchsuchenden Räume geflüchtet hat). **Gefahr im Verzug** ist gegeben, wenn das Warten bis zum Tagesanbruch den Erfolg der Durchsuchung, d.h. die Ergreifung des Beschuldigten (oder Verdächtigen) bzw. das Auffinden von Beweismitteln gefährden würde (vgl. auch § 105 Rdn. 17). Die **Wiederergreifung von entwichenen Gefangenen** betrifft die Personen, die sich in einem formell ordnungsgemäß angeordneten Gewahrsam befinden, demnach Strafgefangene, Untersuchungsgefangene (nach §§ 112, 112a, 230 Abs. 2), aufgrund von § 127 Abs. 2 vorläufig Festgenommene, in einer Entziehungsanstalt oder Sicherungsverwahrung Untergebrachte und die ohne Unterbrechung des Strafvollzugs in ein Krankenhaus verbrachten (*Fischer* § 120 StGB Rn. 2; LR/*Tsambikakis* § 104 Rn. 9).

D. Von der Beschränkung befreite Räume nach Abs. 2. Zur Nachtzeit für jedermann 4 (auch gegen Entgelt) **zugängliche Räume** sind etwa Gaststätten, Bahnhofshallen, Barbetriebe (vgl. auch Nr. 62 AStBV [St] 2012), Herbergen und Kinos (vgl. SK-StPO/*Wohlers* § 104 Rn. 12; *Meyer-Goßner/ Schmitt* § 104 Rn. 7; KK-StPO/*Bruns* § 104 Rn. 4). **Andere Räumlichkeiten** wie etwa Schlupfwinkel, dienen bestimmten Personen nicht zum ständigen Aufenthalt, sondern werden von einem wechselnden Personenkreis aufgesucht (KK-StPO/*Bruns* § 104 Rn. 4).

E. Rechtsbehelfe. Bei Verstößen gegen § 104 kann der Betroffene die richterliche Entscheidung 5 entsprechend § 98 Abs. 2 Satz 2 beantragen.

§ 105 StPO Verfahren bei der Durchsuchung.

(1) Durchsuchungen dürfen nur durch den Richter, bei Gefahr im Verzug auch durch die Staatsanwaltschaft und ihre Ermittlungspersonen (§ 152 des Gerichtsverfassungsgesetzes) angeordnet werden. Durchsuchungen nach § 103 Abs. 1 Satz 2 ordnet der Richter an; die Staatsanwaltschaft ist hierzu befugt, wenn Gefahr im Verzug ist.

(2) Wenn eine Durchsuchung der Wohnung, der Geschäftsräume oder des befriedeten Besitztums ohne Beisein des Richters oder des Staatsanwalts stattfindet, so sind, wenn möglich, ein Gemeindebeamter oder zwei Mitglieder der Gemeinde, in deren Bezirk die Durchsuchung erfolgt, zuzuziehen. Die als Gemeindemitglieder zugezogenen Personen dürfen nicht Polizeibeamte oder Ermittlungspersonen der Staatsanwaltschaft sein.

(3) Wird eine Durchsuchung in einem Dienstgebäude oder einer nicht allgemein zugänglichen Einrichtung oder Anlage der Bundeswehr erforderlich, so wird die vorgesetzte Dienststelle der Bundeswehr um ihre Durchführung ersucht. Die ersuchende Stelle ist zur Mitwirkung berechtigt. Des Ersuchens bedarf es nicht, wenn die Durchsuchung von Räumen vorzunehmen ist, die ausschließlich von anderen Personen als Soldaten bewohnt werden.

Übersicht

		Rdn.			Rdn.
A.	**Anordnung der Durchsuchung**	1	IV.	Anordnungskompetenz der Staatsanwaltschaft und ihrer Ermittlungspersonen	17
I.	Notwendigkeit einer Anordnung	1	V.	Dokumentationspflichten bei Gefahr im Verzug	21
II.	Anordnungskompetenz des Richters	3	**B.**	**Ausführung der Durchsuchung**	22
III.	Durchsuchungsbeschluss des Richters – Form und Inhalt	5	I.	Zuständige Organe	22

§ 105 StPO Verfahren bei der Durchsuchung

		Rdn.			Rdn.
II.	Zeitliche Geltung	24	D.	Rechtsbehelfe	40
III.	Absehen von der Durchsuchung	27	I.	Richterliche Durchsuchungsanordnung und ihre Ablehnung	40
IV.	Zuziehung von Zeugen	28			
V.	Vernehmung von Zeugen	32	II.	Durchsuchungsanordnung der Staatsanwaltschaft und ihrer Ermittlungsbeamten	42
VI.	Anwesenheitsrechte Dritter	33			
VII.	Dokumentation der Durchsuchung	35	III.	Art und Weise der Vollziehung	43
VIII.	Anwendung unmittelbaren Zwangs	36	E.	Verwertbarkeit von Beweismitteln	44
IX.	Beendigung der Durchsuchung	38	F.	Revision	47
C.	Durchsuchungen bei der Bundeswehr	39			

1 **A. Anordnung der Durchsuchung. I. Notwendigkeit einer Anordnung.** Eine Durchsuchungsanordnung ist notwendig, wenn der Betroffene nicht freiwillig in die Maßnahme einwilligt. Diese **Einwilligung** ist eine freiwillige, ernstlich und in Kenntnis der Sachlage und des Weigerungsrechts erteilte ausdrückliche Zustimmung, nicht lediglich kooperatives Verhalten oder die bloße Hinnahme des Eingriffs (OLG Bamberg Urt. v. 22.03.2011 – 3 Ss 14/11 zu § 81a StPO unter Hinweis auf OLG Bamberg NJW 2009, 2146). Sie kann sich nur auf einen konkreten Einzelfall beziehen (LR/*Tsambikakis* § 105 Rn. 3, 4). Dem Beschuldigten muss mitgeteilt werden, dass gegen ihn der Anfangsverdacht einer Straftat besteht und dass die Maßnahme der Auffindung weiterer ihn möglicherweise belastender Beweismittel dienen soll (LG Saarbrücken StV 2003, 434, 435). Die Durchsuchung darf nur in Aussicht gestellt werden, wenn deren Voraussetzungen auch tatsächlich vorliegen (Hanseatisches OLG Hamburg StV 2008, 12). Eine (richterliche) Durchsuchungsanordnung ist auch dann nicht entbehrlich, wenn der Beschuldigte etwa die Tür zu seiner Wohnung öffnet, nachdem er die Tätigkeit des Schlüsseldienstes wahrgenommen hatte und in der Folge den Polizeibeamten Zutritt in die Wohnung gewährt und das Rauschgift aushändigt (OLG Köln StV 2010, 14, 15). Gleiches gilt – was die polizeiliche Nachschau in allen Räumlichkeiten der Wohnung betrifft –, soweit der Wohnungsinhaber noch den Zutritt in den Flur der Wohnung gestattet, um den Anlass des Polizeieinsatzes nicht im Hausflur vor den Nachbarn zu besprechen (LG Berlin StV 2011, 89). Üben die Strafverfolgungsorgane unzulässigen Zwang auf den Betroffenen aus oder täuschen sie diesen, fehlt es an der Freiwilligkeit. Das ist insbesondere beim Einsatz verdeckt operierender Polizeibeamter zu prüfen (vgl. LR/*Tsambikakis* § 105 Rn. 3, 7; SK-StPO/*Wohlers* § 105 Rn. 5). Erfolgt die Einwilligung durch einen Vertreter, ist sie nur dann wirksam, wenn dieser alle Umstände kennt, die erforderlich sind, um die Einwilligung wirksam erteilen zu können (so noch LR/*Schäfer* § 105 Rn. 5). Eine **unwirksame Einwilligung** führt zur Rechtswidrigkeit der Durchsuchung, allerdings nicht ohne Weiteres zur Nichtverwertbarkeit anlässlich der Durchsuchung beschlagnahmter Beweismittel (LR/*Tsambikakis* § 105 Rn. 15). Ein **Widerruf** der Einwilligung ist jederzeit, insbesondere auch während der Durchsuchung, möglich. In diesem Fall ist für die Fortsetzung der Durchsuchung eine Anordnung nach Abs. 1 erforderlich. Dabei kann Gefahr im Verzug gegeben sein, sodass die Anordnung durch den Staatsanwalt oder die Ermittlungspersonen der Staatsanwaltschaft getroffen werden kann (BGH NStZ 1986, 85, 86). Der nachträgliche Widerruf der zur Vermeidung einer Durchsuchung freiwillig herausgegebenen Gegenstände – zuweilen als »Beschwerde« bezeichnet –, ist als Antrag nach § 98 Abs. 2 Satz 2 zu verstehen (OLG Düsseldorf StV 1997, 174; vgl. auch SK-StPO/*Wohlers* § 105 Rn. 7).

2 Ein auf die Ergreifung des Verdächtigen abzielender Haftbefehl nach §§ 112, 453c, ein Unterbringungsbefehl nach § 126a oder ein Vorführungsbefehl nach §§ 134, 230 Abs. 2, 236, 239 Abs. 4 Satz 1 beinhaltet die **stillschweigende Anordnung** einer Durchsuchung der Räumlichkeiten des Festzunehmenden (KK-StPO/*Bruns* § 105 Rn. 6; *Meyer-Goßner/Schmitt* § 105 Rn. 6; ablehnend SK-StPO/*Wohlers* § 105 Rn. 9; zum Streitstand auch LR/*Tsambikakis*§ 105 Rn. 16 ff.). Gleiches gilt für nach § 457 erlassene Haftbefehle nach rechtskräftiger Verurteilung zu einer Freiheitsstrafe ohne Bewährung (OLG Düsseldorf NJW 1981, 2133, 2134; KK-StPO/*Bruns* § 105 Rn. 6; *Meyer-Goßner/Schmitt* § 105 Rn. 6).

3 **II. Anordnungskompetenz des Richters.** In die durch Art. 13 GG geschützte persönliche Lebenssphäre greift eine Durchsuchung schwerwiegend ein (BVerfGE 51, 97, 107). Dem Gewicht dieses Eingriffs und der verfassungsrechtlichen Bedeutung des Schutzes der räumlichen Privatsphäre entspricht es daher, dass Art. 13 Abs. 2 Halbs. 1 GG die Anordnung einer Durchsuchung grundsätzlich dem Rich-

ter vorbehält (BVerfGE 103, 142, 151). Davon ausgehend, dass Richter aufgrund ihrer persönlichen und sachlichen Unabhängigkeit und ihrer strikten Unterwerfung unter das Gesetz die Rechte der Betroffenen im Einzelfall am besten und am sichersten wahren können, zielt der **Richtervorbehalt** auf eine vorbeugende Kontrolle der Maßnahme durch eine unabhängige und neutrale Instanz ab (BVerfGE 103, 142, 151 unter Hinweis auf BVerfGE 77, 1, 51; 57, 346, 355 f.; 76, 83, 91). Die Einschaltung des Richters soll aber auch dafür sorgen, dass die Interessen des Betroffenen angemessen berücksichtigt werden (BVerfG, Beschl. v. 31.08.2010 – 2 BvR 223/10; BVerfGE 103, 142, 151; 9, 89, 97). Verlangt wird eine **eigenverantwortliche richterliche Prüfung** der Eingriffsvoraussetzungen (BVerfG NJW 2005, 1707; BVerfGE 57, 346, 355). Der Richter hat also zumindest zu prüfen, ob die gesetzlichen Voraussetzungen für die Durchführung der Maßnahme vorliegen und der Verhältnismäßigkeitsgrundsatz gewahrt ist. Die richterliche Durchsuchungsanordnung ist demnach keine bloße Formsache (BVerfGE 57, 346, 355). Der Richter hat zudem durch geeignete Formulierungen des Durchsuchungsbeschlusses im Rahmen des Möglichen sicherzustellen, dass der Grundrechtseingriff angemessen begrenzt wird, messbar und kontrollierbar bleibt (BVerfG NJW 1997, 2165, 2166). Sein Durchsuchungsbeschluss hat die rechtliche Grundlage der konkreten Maßnahme zu schaffen und muss Rahmen, Grenzen und Ziel der Durchsuchung definieren (BVerfG NJW 1997, 2165, 2166). Er ist dabei nicht daran gehindert, auf vorformulierte Anträge der Staatsanwaltschaft zurückzugreifen (kritisch hierzu SK-StPO/*Wohlers* § 105 Rn. 17). Die eigenverantwortliche Prüfung setzt aber voraus, dass dem Richter die Ermittlungsakten regelmäßig vollständig vorgelegt werden (BVerfGE 57, 346, 357, wonach die vollständige Vorlage der Ermittlungsakten nicht zwingende Voraussetzung ist; vgl. dazu LR/*Tsambikakis* § 105 Rn. 41 ff.). Im Rahmen des **Ermittlungsverfahrens** ist hierfür der Ermittlungsrichter (§ 162), nach Anklageerhebung das mit der **Sache befasste Gericht** zuständig, soweit die angeklagte Tat Grundlage der Durchsuchungsanordnung ist.

III. Durchsuchungsbeschluss des Richters – Form und Inhalt. Eine bestimmte Form ist zwar nicht vorgeschrieben, allerdings sollten richterliche Anordnungen regelmäßig **schriftlich** erfolgen (BVerfGE 103, 142, 154 unter Hinweis auf BVerfGE 20, 162, 227). Der Durchsuchungsbeschluss kann daher auch **mündlich** (BVerfGE 20, 162, 227; 103, 142, 154) ergehen. Die Verwendung von Formularen ist zwar grundsätzlich nicht zu beanstanden, sie drängen allerdings zu einer oberflächlichen Darlegung der Durchsuchungsvoraussetzungen und lassen Zweifel an der eigenverantwortlichen Überprüfung durch den Richter (BVerfG Nichtannahmebeschluss vom 24.05.2006 – 2 BvR 1872/05). Dies gilt insbesondere für Angaben wie »§§ 102 ff. StPO« oder der Anordnung, die »zur Sache gehörenden, sichergestellten Gegenstände« zu beschlagnahmen (BVerfG NJW 2005, 275, 276). Den Anforderungen an eine richterliche Entscheidung genügt nicht, dass der Richter in einem Formular oder in ein von ihm gefertigtes unvollständiges Schriftstück Blattzahlen einsetzt, mit denen er auf in den Akten befindlichen Textpassagen Bezug nimmt (LG Siegen Beschl. v. 25.10.2010 – 10 Qs 104/09).

Erfolgt die **Anordnung mündlich**, muss diese in den Ermittlungsakten **dokumentiert** werden (BGH NStZ 2005, 392, 393). Dies schließt die ihren mündlichen Erlass rechtfertigende Eilbedürftigkeit mit ein (BVerfG StRR 2007, 242). Die richterlich angeordnete oder gestattete Durchsuchung wird aber nicht dadurch rechtswidrig, dass sie unzureichend dokumentiert worden ist. Eine unzureichende Dokumentation führt nicht zu einem Beweisverwertungsverbot (BGH NStZ 2005, 392, 393).

Zu den Anforderungen an den **Inhalt der Anordnung** im Einzelnen:

Im Rahmen des **Tatvorwurfs** muss ein dem Beschuldigten angelastetes Verhalten geschildert werden, das – wenn es wirklich begangen sein sollte – den Tatbestand eines Strafgesetzes erfüllt (BVerfG NJW 2007, 1443). Die wesentlichen Merkmale des gesetzlichen Tatbestandes, die die Strafbarkeit des zu subsumierenden Verhaltens kennzeichnen, müssen danach berücksichtigt werden (BVerfG NJW 2007, 1443). Grundsätzlich unerlässlich zur Individualisierung der Tat ist zudem die Angabe der **Tatzeit** (BVerfG Nichtannahmebeschluss vom 24.05.2006 – 2 BvR 1672/05). Das BVerfG verlangt dabei aber ausdrücklich keine so vollständige Schilderung, wie die Formulierung eines Anklagesatzes oder gar die Feststellungen eines Urteils (BVerfG Nichtannahmebeschluss vom 24.05.2006 – 2 BvR 1672/05). Die aufzuklärende Straftat muss – wenn auch kurz – allerdings so genau umschrieben werden, wie es nach den Umständen des Einzelfalls möglich ist (BVerfGE 20, 162, 227). Die bloße Wiedergabe des gesetzlichen Tatbestandes genügt nicht (BVerfG StraFo 2004, 413; Beschl. v. 27.07.2007 –2 BvR 1994/02). Beim Verdacht der *Insolvenzverschleppung* muss etwa ein Tatvorwurf beschrieben werden, der den äußeren Rahmen der durchzuführenden Zwangsmaßnahme absteckt. Dazu gehören die den Tatverdacht begründenden Handlungen, der Tatzeitraum sowie der Bezugspunkt der strafbaren Handlungen (BVerfG StV 2005, 643, 644; zum Anfangsverdacht der Insolvenzverschleppung, des Vorenthaltens von Arbeitnehmeranteilen, der Verletzung der Buchführungspflicht und des Bankrotts, vgl. LG Potsdam wistra 2005, 193, 194 f.; zur [folgenlosen] fehlenden Angabe des Eintritts der Zahlungsunfähigkeit bzw. der Überschuldung, BVerfG ZInsO 2002, 424). Ein Durchsuchungsbeschluss wegen des Verdachts der *Steuerhinterziehung* mit der Begründung, der Beschuldigte stehe im Verdacht in strafbarer Weise die USt verkürzt zu haben, indem er sich in den Jahren 2001, 2002 und 2003 wissentlich an sogenannten Karussellgeschäften beteiligt habe, in deren Rahmen er USt nicht ablieferte, indem er belegmäßig innergemeinschaftliche Lieferungen von Waren darstellte, obwohl den Abnehmern im EU-Ausland die erforderliche Verfügungsmacht über die Ware tatsächlich nicht verschafft worden ist und er Vorsteuern aus Einkaufsrechnungen geltend machte, denen wirtschaftlich relevante Lieferungen nicht zugrunde gelegen haben, weil die beteiligten Unternehmen als Bestandteile eines wirtschaftlich unsinnigen Warenkreislaufs anzusehen sind, genügt den verfassungsrechtlichen Anforderungen nicht. Die Schilderung beschränkt sich auf eine knappe und lediglich abstrakte Beschreibung des angenommenen Modells der Steuerhinterziehung, ohne den konkreten Lebenssachverhalt näher zu bezeichnen (BVerfG WM 2007, 1046). Insbesondere fehlt eine Zuordnung der einzelnen im Ermittlungsbericht genannten Geschäftsvorfälle zu Straftatbeständen (vgl. auch BVerfG WM 2009, 914). Ein Durchsuchungsbeschluss, der die dem Beschuldigten zur Last gelegte Tat lediglich pauschal damit umschreibt, er habe *Betäubungsmittel* erworben bzw. mit diesen Handel getrieben, ohne diesen Vorwurf zu konkretisieren und der die Art sowie den denkbaren Inhalt der Beweismittel, denen die Durchsuchung gilt, nur allgemein bezeichnet, verletzt Art. 13 GG (BVerfG StV 2003, 203, 204).

9 Es ist nicht zwingend erforderlich, in der Durchsuchungsanordnung die **Indiztatsachen** anzugeben, auf die der Tatverdacht gestützt wird (BVerfG NStZ-RR 2002, 172, 173). Ist zur Begrenzung der richterlichen Durchsuchungsanordnung eine Angabe der Verdachtsgründe nicht erforderlich, kann deren Mitteilung auch später erfolgen (BVerfG NStZ 2004, 160). Der BGH hat allerdings darauf hingewiesen, dass die Darlegung jedenfalls der wesentlichen Verdachtsmomente einfachgesetzlich geboten ist (BGH wistra 2009, 197, 198). Nur hierdurch wird dem Betroffenen eine sachgerechte, umfassende Prüfung ermöglicht, ob der Beschluss rechtmäßig ergangen ist. Die Angabe der wesentlichen Verdachtsmomente darf nur unterbleiben, wenn die Bekanntgabe den Untersuchungszweck gefährdet und daher den Zwecken der Strafverfolgung abträglich ist. Danach genügt der pauschale Hinweis auf das »bisherige Ermittlungsergebnis« zu Begründung grundsätzlich nicht (BGH wistra 2009, 197, 198).

10 Der Durchsuchungsbeschluss muss die Art und den (denkbaren) Inhalt der konkret **gesuchten Beweismittel** erkennen lassen (BGH NJW 2004, 1517, 1518). Dies gilt jedenfalls dann, wenn solche Kennzeichnungen nach dem Ergebnis der Ermittlungen ohne Weiteres möglich und den Zwecken der Strafverfolgung nicht abträglich sind (BVerfGE 42, 212, 220 f.). Die Formulierung, »die Durchsuchung werde zur Auffindung von Beweismitteln führen« genügt daher nicht (zur Beschlagnahme von Klientenakten in einer Drogenberatungsstelle, BVerfGE 44, 353, 371 ff.). Ist eine genaue Bezeichnung der Beweismittel nicht möglich, müssen jedenfalls Kriterien zur Eingrenzung genannt und Beweismittel mit Bezügen zum Ermittlungsanlass beispielhaft aufgezählt werden (BVerfG NStZ 1994, 349). Nicht notwendig ist es zwar, dass die zu beschlagnahmenden Unterlagen in allen Einzelheiten beschrieben werden. Erforderlich ist es aber, dass sie zumindest ihrer Gattung nach bestimmt sind (BGH NStZ 2002, 215, 216: »die Sicherstellung von Schriftstücken, Tonträgern und anderen Beweismitteln, welche geeignet sind, die Struktur der Band, deren Organisation und Arbeitsweise zu belegen«, macht nicht erkennbar auf welche zumindest gattungsmäßig konkretisierten Gegenstände die Suche beschränkt sein sollte). Wenn zwar vordergründig ein Bemühen um detaillierte Aufzählung der gesuchten Beweismittel erkennbar, durch die Verwendung von Leerformeln aber ein Zugriff auf eine unüberschaubare Zahl von Unterlagen ermöglicht wird, die zum Ermittlungsverfahren keinen unmittelbaren Bezug aufweisen, ist das Tatbestandsmerkmal »zur Beschlagnahme bestimmter Beweismittel« in § 103 nicht erfüllt (BVerfG StV 2009, 505, 506; »Unterlagen, die Auskunft über Art und Umfang der steuerlichen und rechtlichen Beratung von Medienfonds durch Mitarbeiter der Beschwerdeführerin im Allgemeinen geben«).

11 Dem Durchsuchungsbeschluss müssen schließlich Erwägungen zur **Verhältnismäßigkeit** zu entnehmen sein. Aus der Durchsuchungsanordnung (nach § 103) muss zudem hervorgehen, welche Verbin-

dungen zwischen dem Beschuldigten und den ihm vorgeworfenen Taten einerseits und dem Dritten andererseits bestehen. Es muss für den Dritten ersichtlich sein, weshalb sich die Durchsuchung gerade gegen seine Wohnräume richtet (vgl. Auffindungsvermutung in § 103). Erforderlich ist demnach die Angabe von Tatsachen, aus denen zu schließen ist, dass sich die gesuchte Tatsache gerade in den zu durchsuchenden Räumen befindet (BVerfG NJW 2007, 1804, 1805).

Die **Modalitäten des Vollzugs der Durchsuchung** können in der Anordnung festgelegt werden. Das betrifft etwa die Unzulässigkeit der Durchsuchung bei Nacht (SK-StPO/*Wohlers* § 105 Rn. 27; LR/*Tsambikakis* § 105 Rn. 74). 12

Ein **Mangel der Begründung** wird nicht dadurch geheilt, dass ein ungenügender Durchsuchungsbeschluss nachgebessert werden könnte (BVerfG NStZ 2000, 601). Zur Heilung der Mängel im Beschwerdeverfahren, vgl. Rdn. 41. 13

Der Betroffene ist vor Erlass der Durchsuchungsanordnung **nicht anzuhören** (§ 33 Abs. 4; BVerfGE 49, 329, 342) und es ist ihm die Durchsuchung vorher nicht anzukündigen. Allerdings kann sich eine Anhörung, jedenfalls aber eine Ankündigung für die Fälle, in denen bei nicht teilnahmeverdächtigen Angehörigen geschützter Berufe durchsucht werden soll, empfehlen (LR/*Tsambikakis* § 105 Rn. 38). Dem Betroffenen ist der **Anordnungsbeschluss bekannt zu machen**. Dies schließt regelmäßig die Bekanntgabe der vollständigen Begründung mit ein. Im Einzelfall ist jedoch nach den das Ermittlungsverfahren beherrschenden Grundsätzen nicht ausgeschlossen, die Bekanntmachung der Gründe zurückzustellen, wenn durch sie der Untersuchungszweck gefährdet wäre (BGH NStZ 2003, 273, 274). Kann die Gefährdung des Untersuchungszwecks aber dadurch ausgeräumt werden, dass in der auszuhändigenden Ausfertigung vom Abdruck einzelner Passagen der Begründung abgesehen wird, darf danach auch eine unvollständige Ausfertigung übergeben werden. In jedem Fall ist aber auf die Weglassung der Gründe hinzuweisen (BGH NStZ 2003, 273). 14

Ist der Betroffene bei der Durchsuchung **nicht anwesend** und konnte ihm vor der Durchsuchung die Anordnung nicht bekannt gemacht werden, ist er nachträglich so schnell wie möglich zu unterrichten (vgl. auch § 106). 15

Ein unbedingter Anspruch auf **Akteneinsicht** im Beschwerdeverfahren gegen eine Durchsuchungs- und Beschlagnahmeentscheidung lässt sich – anders als bei Untersuchungshaft – aus dem Recht des Beschuldigten auf ein faires rechtsstaatliches Verfahren und seinem Anspruch auf rechtliches Gehör nicht entnehmen (LG Saarbrücken NStZ-RR 2006, 80, 81). 16

IV. Anordnungskompetenz der Staatsanwaltschaft und ihrer Ermittlungspersonen. Art. 13 Abs. 2 Halbs. 2 GG sieht vor, dass Durchsuchungen bei Gefahr im Verzug auch »durch die in den Gesetzen vorgesehenen anderen Organe« – bei strafprozessualen Durchsuchungen demnach durch die Staatsanwaltschaft und ihre Ermittlungspersonen (§ 152 GVG) angeordnet werden dürfen. Wegen des Ausnahmecharakters dieser Regelung, aber vor allem auch wegen der grundrechtssichernden Schutzfunktion des Richtervorbehalts ist der Begriff Gefahr im Verzug aber eng auszulegen (BVerfGE 103, 142, 152 f.). **Gefahr im Verzug** liegt vor, wenn die richterliche Anordnung nicht eingeholt werden kann, ohne dass der Zweck der Maßnahme gefährdet wird (BVerfGE 51, 97, 111 unter Hinweis auf RGSt 23, 334). Sie muss mit Tatsachen begründet werden, die auf den Einzelfall bezogen sind (vgl. dazu LR/*Tsambikakis* § 105 Rn. 85). Die bloße Möglichkeit eines Beweismittelverlustes genügt jedenfalls nicht (BVerfGE 103, 142, 155, wonach reine Spekulationen, hypothetische Erwägungen oder lediglich auf kriminalistische Alltagserfahrungen gestützte fallunabhängige Vermutungen als Grundlage einer Annahme von Gefahr im Verzug nicht hinreichend sind). Die Strafverfolgungsbehörden dürfen die tatsächlichen Voraussetzungen einer Gefahr im Verzug auch nicht selbst herbeiführen. Sie dürfen also nicht so lange zuwarten, bis die Gefahr eines Beweismittelverlustes tatsächlich eingetreten ist und damit die Regelzuständigkeit des Richters unterlaufen (BVerfGE 103, 142, 155; BGH StraFo 2011, 506, 507). Sie müssen regelmäßig versuchen, eine Anordnung des instanziell und funktionell zuständigen Richters zu erlangen, bevor sie eine Durchsuchung beginnen (BVerfGE 103, 142, 155). Insbesondere kann die Annahme von Gefahr im Verzug nicht allein mit dem abstrakten Hinweis begründet werden, eine richterliche Entscheidung sei gewöhnlicherweise zu einem bestimmten Zeitpunkt oder innerhalb einer bestimmten Zeitspanne nicht zu erreichen (BVerfGE 103, 142, 156). Dabei kommt es für die Frage, ob die Ermittlungsbehörden eine richterliche Entscheidung rechtzeitig erreichen können, auf den Zeitpunkt an, zu dem die Staatsanwaltschaft oder ihre Hilfsbeamten die Durchsuchung 17

§ 105 StPO Verfahren bei der Durchsuchung

für erforderlich halten (BGH NStZ 2012, 104 unter Hinweis auf BGHSt 51, 285, 288 f.). Zur Gefahr im Verzug bei der Durchsuchung der Wohnung eines Dritten zum Zwecke der Festnahme des flüchtigen Verurteilten, vgl. LG Marburg Beschl. v. 02.08.2012 – 3 KLs – 1 Js 2877/11.

18 Aus der Regelzuständigkeit des Richters folgt die verfassungsrechtliche Verpflichtung, die Erreichbarkeit des Ermittlungsrichters gegebenenfalls auch durch die **Einrichtung eines Eil- oder Notdienstes** zu sichern (BVerfG NJW 2004, 1442; BVerfGE 103, 142, 156; § 22c GVG). Das bedeutet aber nicht, dass auch zur Nachtzeit i.S.d. § 104 Abs. 3 unabhängig vom konkreten Bedarf stets ein richterlicher Eildienst zur Verfügung stehen müsste (BVerfG NJW 2004, 1442; BVerfGE 103, 142, 146). Ein solcher ist erst dann gefordert, wenn hierfür ein praktischer Bedarf besteht, der über den Ausnahmefall hinausgeht (BVerfG NJW 2004, 1442 für das Land Brandenburg, in dem es nur ganz vereinzelt zu nächtlichen Durchsuchungsanordnungen kommt; vgl. auch BGH NStZ 2012, 104). Allerdings muss nach dieser Rechtsprechung die Regelzuständigkeit des Ermittlungsrichters bei Tage uneingeschränkt gewährleistet sein, was auch einschließt, dass dem Richter die notwendigen Hilfsmittel für eine sachangemessene Wahrnehmung seiner richterlichen Aufgaben zur Verfügung gestellt werden (vgl. auch BVerfG NJW 2004, 1442; für den richterlichen Haftdienst, BVerfG NJW 2002, 3161, 3162). Wird dem Bereitschaftsrichter der Sachverhalt plausibel geschildert, darf er sein Tätigwerden nicht unter Hinweis auf fehlende Aktenkenntnis verweigern (BbgVerfG NJW 2003, 2305; zum Streitstand *Meyer-Goßner/Schmitt* § 105 Rn. 2). Sieht sich der Richter ohne Aktenkenntnis außerstande, einen Durchsuchungsbeschluss zu erlassen, fehlt es an einer eigenständigen Prüfung und Entscheidung des Richters, sodass die Staatsanwaltschaft aufgrund ihrer Eilkompetenz selbst die Durchsuchung wegen Gefahr im Verzug anordnen kann (BGH NStZ 2006, 114, 115).

19 Für die Anordnung der Durchsuchung von **Pressebetrieben und Rundfunkanstalten** nach Gegenständen, die nur nach § 97 Abs. 5 Satz 2 beschlagnahmt werden dürfen, ist ausschließlich der Richter zuständig (entsprechend § 98 Abs. 1 Satz 2). Eine richterliche Bestätigung der Anordnung des Staatsanwalts und der Ermittlungspersonen der Staatsanwaltschaft ist in § 105 nicht vorgesehen (*Meyer-Goßner/Schmitt* § 105 Rn. 2).

20 Im Übrigen gilt, dass der Begriff »Gefahr im Verzug« ein **unbestimmter Rechtsbegriff** ist. Ein Ermessen der Behörden scheidet damit aus (BVerfG StV 2004, 633). Die Auslegung und Anwendung unterliegt einer unbeschränkten gerichtlichen Kontrolle (BVerfGE 103, 142, 157 f.).

21 **V. Dokumentationspflichten bei Gefahr im Verzug.** In Eilfällen reicht die (fern)mündliche Anordnung der Durchsuchung aus. Die wirksame gerichtliche Nachprüfung der Anordnung bei Gefahr im Verzug setzt nach der Rechtsprechung des BVerfG jedoch voraus, dass der Beamte (Staatsanwalt oder Polizeibeamter) vor oder jedenfalls unmittelbar nach der Durchsuchung seine für den Eingriff bedeutsamen Erkenntnisse und Annahmen in den Ermittlungsakten dokumentiert (BVerfGE 103, 142, 160). Er muss daher insbesondere unter Bezeichnung des Tatverdachts und der gesuchten Beweismittel, die Umstände darlegen, auf die er die Gefahr des Beweismittelverlustes stützt (BVerfGE 103, 142, 160). Zudem muss erkennbar sein, ob der Beamte den Versuch unternommen hat, den Ermittlungsrichter zu erreichen. Die Dokumentationspflicht richtet sich in erster Linie an den verantwortlichen Staatsanwalt. Nur im Einzelfall (wegen der »Evidenz« des Falles) reicht der zeitnahe polizeiliche Vermerk aus (BVerfG NJW 2004, 1442).

22 **B. Ausführung der Durchsuchung. I. Zuständige Organe.** Die Zuständigkeit für den Vollzug der (ermittlungs)richterlichen Anordnung liegt bei der Staatsanwaltschaft (BVerfG NJW 1997, 2165, 2166; § 36 Abs. 2 Satz 1). Der Ermittlungsrichter kann, muss dabei aber nicht anwesend sein.

23 Die Staatsanwaltschaft kann andere Behörden, wie etwa die Polizei, mit dem Vollzug beauftragen. Das erkennende Gericht, das die Anordnung getroffen hat, hat die Vollstreckung selbst zu leiten (so SK-StPO/*Wohlers* § 105 Rn. 44 m.w.N.; vgl. auch LR/*Tsambikakis* § 105 Rn. 112).

24 **II. Zeitliche Geltung.** Von dem Vollzug einer Durchsuchungsanordnung kann **vorläufig abgesehen** werden (Art. 13 Abs. 2 GG; BVerfG NJW 1997, 2165, 2166). Nicht erlaubt ist es aber, sich eine Durchsuchungsanordnung »auf Vorrat« zu besorgen. Vielmehr ist die Befugnis der Staatsanwaltschaft von der erteilten Durchsuchungsanordnung Gebrauch zu machen, durch objektive Merkmale begrenzt (BVerfG NJW 1997, 2165, 2166). Maßgebliche Kriterien hierfür sind die Art des Tatverdachts, die Schwierigkeit der Ermittlungen, die sonstigen Besonderheiten des Falles sowie die Dauerhaftigkeit

der tatsächlichen Grundlagen für die Erforderlichkeit und Zumutbarkeit der Durchsuchungsmaßnahme (BVerfG NJW 1997, 2165, 2166). Zu berücksichtigen sind aber auch die Vorbereitung der Ermittlungsmaßnahmen, ermittlungstaktische Überlegungen, die Rücksichtnahme unter dem Gesichtspunkt der Publizität, die Möglichkeit des Beweismittelverlustes und der Beweismittelveränderung (KK-StPO/*Bruns* § 105 Rn. 10 unter Hinweis auf die Stellungnahme des 5. Strafsenates zur Verfassungsbeschwerde). **Spätestens mit dem Ablauf eines halben Jahres** ist davon auszugehen, dass die richterliche Prüfung nicht mehr die rechtlichen Grundlagen einer beabsichtigten Durchsuchung gewährleistet und die richterliche Anordnung nicht mehr den Rahmen, die Grenzen und den Zweck der Durchsuchung im Sinne eines effektiven Grundrechtsschutzes zu sichern vermag (BVerfG NJW 1997, 2165, 2166). Zum Verdacht der *Insolvenzverschleppung*, vgl. BVerfG ZInsO 2002, 424 (die Durchsuchungsanordnung bedarf nach Ablauf von 3 Monaten keiner neuen richterlichen Verhältnismäßigkeitsprüfung).

Nach Ablauf dieser Frist ist ein **neuer Durchsuchungsbeschluss** zu beantragen. 25

Ändern sich die für den Erlass der Anordnung **maßgeblichen Umstände** darf die Staatsanwaltschaft von 26
der Anordnung keinen Gebrauch mehr machen (LR/*Tsambikakis* § 105 Rn. 113).

III. Absehen von der Durchsuchung. Die Staatsanwaltschaft kann von der Durchführung der 27
Durchsuchung absehen, wenn der Durchsuchungszweck nicht mehr erreicht werden kann oder die Durchsuchung den Verhältnismäßigkeitsgrundsatz verletzt (KK-StPO/*Bruns* § 105 Rn. 8). Richterliche Anordnungen im Zwischenverfahren und im Hauptverfahren sind allerdings verbindlich (KK-StPO/*Bruns* § 105 Rn. 8).

IV. Zuziehung von Zeugen. Bei der Durchsuchung der Wohnung, der Geschäftsräume oder des be- 28
friedeten Besitztums ohne Beisein des Richters oder Staatsanwalts sollen Zeugen (ein Gemeindebeamter oder zwei Gemeindemitglieder) zuzuziehen sein (Abs. 2). Damit soll notfalls auch die Vornahme einer ordnungsgemäßen Durchführung bewiesen werden (BGH NJW 1963, 1461). Abs. 2 Satz 1 postuliert Pflichten der Ermittlungsorgane. Diese Zuziehung ist daher eine wesentliche Förmlichkeit der Durchsuchung, nicht eine bloße Ordnungsvorschrift (BGHSt 51, 211). Nichts anders ergibt sich aus der Einschränkung »**wenn möglich**«, da im Sinne dieser Vorschriften eine Unmöglichkeit nur dann vorliegt, wenn die durch Tatsachen begründete naheliegende Möglichkeit besteht, dass durch die Suche nach bereiten Zeugen der Erfolg der Durchsuchung vereitelt wird (BGHSt 51, 211, 213 unter Hinweis auf LR/*Schäfer* Rn. 55; SK-StPO/*Rudolphi* Rn. 18; RGSt 55, 161, 165). Der Beamte entscheidet hierüber nach pflichtgemäßem Ermessen (BGH NStZ 1986, 84, 85; KK-StPO/Bruns Rn. 14; aM SK-StPO/*Wohlers* § 105 Rn. 57, wonach die Nichtzuziehung zur Annahme der Rechtswidrigkeit führt). Er handelt auch dann rechtmäßig, wenn er sich über die Beurteilung der Verhältnisse irrt (*Meyer-Goßner/Schmitt* § 105 Rn. 11 m.w.N.; KK-StPO/Bruns § 105 Rn. 14).

Insbesondere dann, wenn die Durchsuchung zunächst im Einvernehmen ohne Zeugen begonnen hat 29
und später gegen den Willen des Betroffenen fortgesetzt wird, kann jedoch auf eine Hinzuziehung regelmäßig verzichtet werden, um den Erfolg der Durchsuchung zu sichern (BGH NStZ 1986, 84).

Die Zeugen müssen erst zu Beginn der eigentlichen Durchsuchungshandlung, d.h. der Nachforschung 30
nach Beweismitteln herangezogen werden (BGH NJW 1963, 1461).

Der Betroffene kann auf die Zuziehung von Zeugen **verzichten** (BGH NJW 1963, 1461; LR/*Tsambi-* 31
kakis § 105 Rn. 118; *Meyer-Goßner/Schmitt* § 105 Rn. 12; vgl. aber KK-StPO/*Bruns* § 105 Rn. 14 wonach es auch bei einem Verzicht dem Ermessen des Polizeibeamten überlassen bleibt, ob er von der Zuziehung absieht oder nicht). Der Verzicht auf die Zuziehung von Zeugen ist mit einer überprüfbaren Begründung zu versehen. Der Hinweis »Stadt München stellt keine DuSu-Zeugen« genügt dem nicht (LG München StraFo 2009, 146, 147).

V. Vernehmung von Zeugen. Vernehmungen von Zeugen während der Durchsuchung, etwa zu den 32
durchsuchenden Räumlichkeiten, den Aufbewahrungsorten sicherzustellender Beweismittel oder Passwörtern von EDV-Anlagen, sind grundsätzlich zulässig. Unter Hinweis auf § 161a können sie (in Anwesenheit eines Staatsanwalts) auch zur Aussage veranlasst werden. Es gilt dabei aber § 68a zu beachten, wonach sich ein Zeuge eines anwaltlichen Beistands bedienen kann.

VI. Anwesenheitsrechte Dritter. **Sachverständige** können an einer Durchsuchung teilnehmen. 33
Hierzu bedarf es allerdings regelmäßig eines behördlichen Auftrags. Die Teilnahme orientiert sich

ebenso wie die Heranziehung **sachkundiger Zeugen** als Helfer der Ermittlungsbehörden aber an der Stellung der Staatsanwaltschaft zur Unparteilichkeit. Danach kann die Zuziehung des Anzeigeerstatters oder von ihm beauftragter Personen, bspw. zur Identifizierung von Diebesgut, geboten sein. Anderes gilt aber, soweit die Zeugen etwa Mitarbeiter einer Anzeigeerstatterin sind, die zugleich Mitbewerberin im selben Markt ist und die daher bei Durchsicht der Geschäftsunterlagen möglicherweise Geschäftsgeheimnisse wahrnehmen können (OLG Hamm NStZ 1986, 326, 327; vgl. auch AG Schönebeck Urt. v. 08.06.2004 – 6 Cs 556 Js 23580/03; zur Teilnahme eines Mitarbeiters der Gesellschaft für Urheberrechtsverletzungen als Sachverständiger, LG Kiel NStZ 2007, 169; vgl. § 110 Rn. 11). Zur Zuziehung eines Sachverständigen aus der Sphäre des Anzeigeerstatters durch die Polizei, vgl. LG Berlin Beschl. v. 03.05.2012 – 526 Qs 10 – 11/12. **Beamte der Steuerfahndung** können als Sachverständige für Buchhaltungsfragen herangezogen werden, soweit die Durchsuchung wegen eines Nichtsteuerdelikts durchgeführt wird (LG Stuttgart wistra 1997, 279). Zur Auswertung von Abrechnungsunterlagen durch Sachverständige, vgl. BVerfG Nichtannahmebeschluss vom 31.08.2007 – 2 BvR 1681/07. Für **ausländische Ermittlungsbeamte** kann sich eine ausdrückliche gesetzliche Ermächtigung für deren Anwesenheit entweder aus den als innerstaatliches Recht geltenden völkerrechtlichen Bestimmungen ergeben, die dem um Rechtshilfe ersuchenden Staat unter bestimmten Voraussetzungen einen Anspruch auf Gestattung der Anwesenheit seiner Beamten an in seinem Strafverfolgungsinteresse im Inland durchzuführenden Ermittlungsmaßnahmen zugestehen. Bestehen solche Bestimmungen nicht, kann sich im Einzelfall eine Notwendigkeit einer Beteiligung weiterer Personen aus dem Gebot einer sachgerechten, auf den Ermittlungserfolg zielenden, gleichzeitig aber auch den Umfang der Beweismittelerhebungen auf das für die Beweisführung und die weiteren Ermittlungen unerlässliche Maß beschränkenden Erledigung einer Durchsuchungsanordnung ergeben (OLG Karlsruhe NStZ 1991, 50, 51). Die Vornahme eigener Durchsuchungen geht dabei allerdings über die bloße Förderung durch innerstaatliche Behörden vorzunehmender Ermittlungsmaßnahmen hinaus.

34 Zur Teilnahme Dritter an der Durchsicht der Papiere, vgl. § 110 Rdn. 11.

35 **VII. Dokumentation der Durchsuchung.** Die fotografische Dokumentation einer Durchsuchung kann zulässig (und geboten) sein, soweit dies etwa zur Dokumentation des Auffindeortes von Beweismitteln erforderlich ist, wenn sich das Erfordernis weiterer Durchsuchungsmaßnahmen oder Spurensicherungsmaßnahmen ergibt, die nicht sofort ausgeführt werden können oder wenn diese wegen der Bedeutung der Straftat und der voraussichtlichen Bedeutung der Bilder als Beweismittel für den gerichtlichen Augenschein das Interesse des Wohnungsinhabers an der Bewahrung seiner privaten Lebenssphäre überwiegen könnte (OLG Celle StV 1985, 137, 139; LG Hamburg StV 2004, 368, 369; vgl. auch BVerfG NJW 2011, 1863, 1866; *Park*, Durchsuchung und Beschlagnahme Rn. 205).

36 **VIII. Anwendung unmittelbaren Zwangs.** Die Durchsuchungsanordnung berechtigt zu allen Maßnahmen, die zur Erreichung des Durchsuchungszwecks erforderlich sind (OLG Karlsruhe StraFo 1997, 13, 15). Hingenommen werden müssen danach auch Einschränkungen der ungehinderten **fernmündlichen Kontaktaufnahme**, wenn die Gefahr besteht, dass es sonst zu Verdunklungshandlungen kommen könnte. Das gilt allerdings nicht für den Kontakt zum Verteidiger. Es empfiehlt sich dabei aber regelmäßig den Kontakt durch den Polizeibeamten herstellen zu lassen. Die mit der Vollziehung der Maßnahme beauftragten Beamten dürfen sich den Zugang auch mit Gewalt gegen Personen und Sachen erzwingen (LR/ *Tsambikakis* § 105 Rn. 124). Wohn- und Geschäftsräume dürfen daher – regelmäßig unter Zuhilfenahme eines Schlüsseldienstes – **gewaltsam geöffnet** werden, bei der Personendurchsuchung der Betroffene **kurzfristig festgenommen** und auf der Polizeiwache durchsucht werden (*Meyer-Goßner/Schmitt* § 105 Rn. 13; LR/ *Tsambikakis* § 105 Rn. 127; LG Frankfurt NJW 2008, 2201). Ein »Stubenarrest« im Sinne einer präventiven Festnahme vor oder während einer Durchsuchung scheidet danach aber aus. **Dritte** dürfen bei dem Verdacht, sicherzustellende Gegenstände zu entfernen, vom Durchsuchungsort ferngehalten werden (vgl. auch die Anmerkungen zu § 106 und § 164).

37 Bei der Anwendung unmittelbaren Zwangs ist aber stets der **Verhältnismäßigkeitsgrundsatz** zu berücksichtigen.

38 **IX. Beendigung der Durchsuchung.** Die Durchsuchungsanordnung berechtigt zu einer einmaligen, einheitlichen Durchsuchung (*Meyer-Goßner/Schmitt* § 105 Rn. 14 m.w.N.). Die Durchsuchung

muss daher in einem Zug durchgeführt, kann aber durch Pausen unterbrochen werden. Mit einer ausdrücklichen Erklärung oder durch schlüssiges Verhalten ist die Durchsuchung aber beendet, die Durchsuchungsanordnung somit verbraucht (BVerfG StV 2004, 633, 634 unter Hinweis auf *Meyer-Goßner*). Die Durchsicht von Papieren nach § 110 gehört noch zum Vollzug der Durchsuchungsanordnung (BVerfG NJW 2011, 1863, 1865; BGH NJW 1995, 3397; vgl. im Übrigen die Anmerkungen zu § 110).

C. Durchsuchungen bei der Bundeswehr. Die Regelung ist mit Ausnahme der Formulierung: »Durchsuchung« inhaltsgleich mit § 98 Abs. 4. Auf die dortige Kommentierung wird verwiesen. 39

D. Rechtsbehelfe. I. Richterliche Durchsuchungsanordnung und ihre Ablehnung. Zulässig ist die **Beschwerde** nach § 304, auch wenn die Durchsuchungsanordnung vollzogen ist und sich die Maßnahme deshalb erledigt hat (BVerfGE 96, 27; 96, 44, 48 f.; KK-StPO/*Bruns* § 105 Rn. 19; SK-StPO/*Wohlers* § 105 Rn. 72). § 305 Satz 2 gilt entsprechend (*Meyer-Goßner/Schmitt* 105 Rn. 15). Bei bereits erledigten Durchsuchungen setzt die Beschwerde ein berechtigtes Interesse an der Feststellung der Rechtswidrigkeit der angefochtenen Maßnahme voraus. Ein solches Interesse ist allerdings bei der Durchsuchung von Wohnungen schon wegen des Gewichts des Eingriffs in das Grundrecht nach Art. 13 GG zu bejahen (BVerfGE 96, 27, 41). Mit dem Gebot effektiven Rechtsschutz zu gewährleisten ist es jedoch vereinbar, die Rechtsschutzgewährung von einem (noch) vorhandenen und fortbestehenden Rechtsschutzinteresse abhängig zu machen (BVerfG NJW 2003, 1514, 1515; BVerfGE 49, 329, 337 f.; 96, 27, 39; 104, 220, 232). Ein solches ist anzunehmen, solange der Rechtsschutzsuchende gegenwärtig betroffen ist und mit seinem Rechtsmittel ein konkretes praktisches Ziel erreichen kann (BVerfGE 104, 220, 232). Ein Antrag kann deshalb nicht nach Belieben hinausgezogen oder verspätet gestellt werden (BVerfG NJW 2003, 1514: Verwerfung der Beschwerde wegen »prozessualer Überholung« nach Vollzug der Ermittlungsmaßnahme, Einstellung des Ermittlungsverfahrens und Ablauf von 2 Jahren bis zur Einlegung der Beschwerde nach Vollzug und Abschluss des Verfahrens). Die Abwendung der Durchsuchung durch Herausgabe der Beweismittel lässt ein Rechtsschutzbedürfnis nicht entfallen (BVerfG wistra 2008, 463, 464 f.). 40

Das Beschwerdegericht darf seine Entscheidung nicht auf Gründe stützen, die dem Ermittlungsrichter nicht bekannt waren. Prüfungsmaßstab bleibt die Sach- und Rechtslage zur Zeit des Erlasses des Durchsuchungsbeschlusses (BVerfG NJW 2011, 291). Mangelhafte Umschreibungen des Tatvorwurfs oder der zu suchenden Beweismittel können daher nicht nachträglich geheilt werden, denn diese Angaben dienen dem durchsuchenden Beamten zur Begrenzung des Eingriffs auf das zur Zweckerreichung erforderliche Maß (BVerfG NJW 2011, 291, 292 m.w.N.). 41

II. Durchsuchungsanordnung der Staatsanwaltschaft und ihrer Ermittlungsbeamten. Ist die Durchsuchung **noch nicht abgeschlossen**, kann der Richter entsprechend § 98 Abs. 2 Satz 2 angerufen werden (BGHSt 28, 206, 209; 36, 30, 31; *Meyer-Goßner/Schmitt* § 105 Rn. 15 m.w.N.; KK-StPO/*Bruns* § 105 Rn. 16; SK-StPO/*Wohlers* § 105 Rn. 73). Gegen dessen Entscheidung ist die Beschwerde nach § 304 statthaft. Auch soweit der Vollzug der Anordnung **erledigt** ist, wird die Rechtmäßigkeit der Entscheidung entsprechend § 98 Abs. 2 mit dem Antrag auf gerichtliche Entscheidung nachträglich geprüft (KK-StPO/*Bruns* § 105 Rn. 17; SK-StPO/*Wohlers* § 105 Rn. 73). 42

III. Art und Weise der Vollziehung. Wird die Art und Weise der Durchsuchung beanstandet, kann ebenfalls in entsprechender Anwendung des § 98 Abs. 2 Satz 2 die gerichtliche Entscheidung beantragt werden (*Meyer-Goßner/Schmitt* § 105 Rn. 17; vgl. KK-StPO/*Bruns* § 105 Rn. 18). Dies gilt sowohl für richterlich angeordnete abgeschlossene Durchsuchungen (BGHSt 45, 183, jedenfalls dann, wenn die beanstandete Art und Weise des Vollzugs nicht ausdrücklicher und evidenter Bestandteil der richterlichen Anordnung war) als auch für nichtrichterlich angeordnete abgeschlossene Durchsuchungen (BGHSt 45, 265 – dem Betroffenen wurde verwehrt, seinen Verteidiger herbeizurufen). 43

E. Verwertbarkeit von Beweismitteln. Ein allgemeiner Grundsatz, dass jeder Verstoß gegen Beweiserhebungsvorschriften ein strafprozessuales Verwertungsverbot nach sich zieht, ist dem Strafverfahrensrecht nach gefestigter Rechtsprechung fremd (BGHSt 51, 285, 289 f.; BVerfG NJW 2009, 3225 m.w.N.). Ein Beweisverwertungsverbot ist daher die Ausnahme und greift nur bei ausdrücklicher gesetzlicher Regelung oder aus übergeordneten wichtigen Gründen nach Abwägung der wider- 44 streitenden Interessen im Einzelfall (BVerfG NJW 2009, 3225). Nur eine bewusste Missachtung oder gleichgewichtig grobe Verkennung der Voraussetzungen des für die Wohnungsdurchsuchung bestehenden Richtervorbehalts kann die Annahme eines Verbots der Verwertung bei der Durchsuchung gewonnener Beweismittel rechtfertigen (BGHSt 51, 285; BGH NStZ 2012, 104). Ein Beweisverwertungsverbot ist auch bei schwerwiegenden, bewussten oder willkürlichen Verfahrensverstößen, in denen die Beschränkung auf den Ermittlungszweck der Datenträgerbeschlagnahme planmäßig oder systematischer außer Acht gelassen wird, geboten (BVerfGE 113, 29, 61). Ein absolutes Beweisverwertungsverbot unmittelbar aus den Grundrechten ist darüber hinaus für solche Fälle anerkannt, in denen der Kernbereich privater Lebensgestaltung berührt ist (BVerfG NStZ 2011, 103, 105 zur »Steuer-CD«; BVerfGE 109, 279, 320). Ein Verwertungsverbot bei fehlerhafter Durchsuchung scheidet jedenfalls dann aus, wenn dem Erlass der Durchsuchungsanordnung keine rechtlichen Hindernisse entgegengestanden hätten und die tatsächlich sichergestellten Beweismittel als solche der Verwertung als Beweismittel rechtlich zugänglich gewesen wären (sog. Hypothetischer Ersatzeingriff; vgl. BVerfG StV 2002, 113; BGHSt 31, 304, 306; BGH NStZ 1998, 375, 376). Dem Aspekt eines möglichen hypothetisch rechtmäßigen Ermittlungsverlaufs kommt bei schwerwiegender, bewusster oder willkürlicher Verkennung des Richtervorbehalts allerdings keine Bedeutung zu (BGH NStZ 2012, 104).

45 Kein Verwertungsverbot ist daher anzunehmen: bei **irrtümlicher Annahme von Gefahr im Verzug** (mit der oben geschilderten Ausnahme); bei **fehlender Dokumentation** allein (BVerfG StraFo 2011, 287) und bei **Fehlen eines nächtlichen richterlichen Bereitschaftsdienstes** (NStZ-RR 2007, 242, 243).

46 Zum Beweisverwertungsverbot bei Missachtung des Richtervorbehalts, vgl. BGH StraFo 2011, 506, 507; bei einer Durchsuchung ohne Rechtsgrundlage, LG Dresden StraFo 2011, 233; LG Köln StraFo 2011, 223. Zur objektiv willkürlichen Annahme staatsanwaltschaftlicher Eilkompetenz, die ein Verbot der Verwertung der bei den Durchsuchungen erhobenen Beweise nach sich ziehen kann, vgl. BGH StV 2012, 3.

47 **F. Revision.** Fehler bei der Durchsuchung können eine Revision nicht begründen. Allerdings kann die Verwertung der bei einer Durchsuchung gewonnenen Erkenntnisse entgegen einem bestehenden Beweisverwertungsverbot gerügt werden (BGHSt 51, 285; BGH StraFo 2011, 314, 315; LR/ *Tsambikakis* § 105 Rn. 149).

§ 106 StPO Hinzuziehung des Inhabers eines Durchsuchungsobjekts.

(1) Der Inhaber der zu durchsuchenden Räume oder Gegenstände darf der Durchsuchung beiwohnen. Ist er abwesend, so ist, wenn möglich, sein Vertreter oder ein erwachsener Angehöriger, Hausgenosse oder Nachbar zuzuziehen.
(2) Dem Inhaber oder der in dessen Abwesenheit zugezogenen Person ist in den Fällen des § 103 Abs. 1 der Zweck der Durchsuchung vor deren Beginn bekanntzumachen. Diese Vorschrift gilt nicht für die Inhaber der in § 104 Abs. 2 bezeichneten Räume.

1 **A. Förmlichkeit der Durchsuchung.** § 106 postuliert Pflichten der Ermittlungsorgane und ist – wie auch § 105 Abs. 2 und § 107 Satz 1 – nach seinem Wortlaut sowie nach seinem Sinn und Zweck, den von einer Durchsuchung Betroffenen zu schützen, als wesentliche Förmlichkeit zwingendes Recht und nicht lediglich eine Vorschrift, die zur beliebigen Disposition der Ermittlungsorgane steht (BGHSt 51, 211, 213 zur »verdeckten Online-Durchsuchung«). Zu § 106 als Ordnungsvorschrift, vgl. unten Rdn. 17.

2 § 106 findet sowohl bei einer Durchsuchung nach § 102 als auch nach § 103 Anwendung.

3 **B. Anwesenheitsrecht des Inhabers.** Inhaber ist jeder, der die zu durchsuchenden Räume tatsächlich innehat und der an den Durchsuchungsgegenständen Gewahrsam hat (LR/ *Tsambikakis* § 106 Rn. 2; KK-StPO/ *Bruns* § 106 Rn. 1). Bei einer Mietwohnung ist dies der Mieter, bei einem Hotelzimmer der tatsächliche Nutzer und der Hotelbesitzer (LR/ *Tsambikakis* § 106 Rn. 2). Ein Gefangener ist nicht Inhaber seiner Haftzelle (BVerfG NStZ 1996, 511; OLG Dresden ZfStrVo 1995, 251; KK-StPO/ *Bruns* § 106 Rn. 1; anders LR/ *Tsambikakis* § 106 Rn. 2, wonach der Gefangene Inhaber sein

kann). Gleiches gilt für das Inventar der Zelle. Er ist lediglich Inhaber der in seinem Eigentum stehenden oder ihm von Dritten überlassenen Gegenstände. Der Inhaber kann auf sein Anwesenheitsrecht **verzichten** oder **einen anderen mit der Wahrnehmung seiner Interessen betrauen** (*Meyer-Goßner/ Schmitt* § 106 Rn. 2). Dies trifft etwa für einen Unternehmensanwalt oder für einen Mitarbeiter der Rechtsabteilung zu (vgl. auch *Taschke*, Verteidigung in Unternehmen – Die wirtschaftliche Unternehmensberatung, StV 2007, 495, 498). Das Anwesenheitsrecht besteht allerdings nur, wenn der Inhaber sich am Durchsuchungsort aufhält. Es besteht daher **keine Wartepflicht** der die Durchsuchungsanordnung vollziehenden Beamten. Regelmäßig wird aber ohne erhebliche Verzögerung der Inhaber zu benachrichtigen und herbeizuholen sein. Trifft der Inhaber nach Beginn der Durchsuchung ein, ist diese nicht zu »wiederholen« sondern fortzusetzen (*Meyer-Goßner/Schmitt* § 106 Rn. 2).

Der Inhaber darf sich während der Durchsuchung frei in den zu durchsuchenden Räumen bewegen. 4
Stört er allerdings die Durchsuchung, kann er nach § 164 entfernt und festgehalten werden (RGSt 33, 251). Zur Anwendung unmittelbaren Zwangs, vgl. § 105 Rdn. 36.

Der **Beschuldigte**, der nicht Inhaber ist, hat kein Anwesenheitsrecht. Der Inhaber kann aber dessen Anwesenheit gestatten (*Meyer-Goßner/Schmitt* § 106 Rn. 3). Ein inhaftierter Beschuldigter hat keinen Anspruch auf Vorführung zur Teilnahme an der Durchsuchung (LR/*Tsambikakis* § 106 Rn. 12). 5

Der **Verteidiger** hat kein eigenes (strafprozessuales) Anwesenheitsrecht. Ist der Beschuldigte aber Inhaber der zu durchsuchenden Räume kann er dem Verteidiger die Anwesenheit gestatten. Will der Beschuldigte während der Durchsuchung mit seinem Verteidiger Kontakt aufnehmen, kann dies allenfalls unter den Voraussetzungen des § 164 versagt werden (SK-StPO/*Wohlers* § 106 Rn. 10). Die Kontaktaufnahme ist aber gegebenenfalls unter Vermittlung des die Durchsuchung leitenden Beamten herzustellen, um auch zu gewährleisten, dass tatsächlich der Verteidiger angerufen wird (vgl. auch LR/*Tsambikakis* § 105 Rn. 127; § 105 Rn. 36). Das Eintreffen des Verteidigers zur Durchsuchung muss nicht abgewartet werden. Die Fürsorgepflicht gebietet es aber regelmäßig dann zu warten, wenn der Verteidiger sein zeitnahes Erscheinen angekündigt hat (*Meyer-Goßner/Schmitt* § 106 Rn. 2; SK-StPO/*Wohlers* § 106 Rn. 10; vgl. im Übrigen auch OLG Hamm, Beschl. v. 28.03.1980 –1 VAs 8/80) 6

Der **Staatsanwalt** hat, da er mit der Durchführung der Durchsuchung betraut ist (§ 36 Abs. 2 Satz 1), auch dann ein Anwesenheitsrecht, wenn ein Richter an der Durchsuchung teilnimmt. 7

Der die Durchsuchung **anordnende Richter** ist ebenfalls stets anwesenheitsberechtigt (KK-StPO/ *Bruns* § 106 Rn. 3). 8

Die **Finanzbehörde** hat ein Anwesenheitsrecht sowohl für den Fall, dass sie für die Staatsanwaltschaft das Verfahren führt (§ 386 Abs. 2 AO) als auch dann, wenn die Staatsanwaltschaft selbst das (Steuer) Ermittlungsverfahren führt (§ 403 AO). Die Steuerfahndung muss allerdings von der Staatsanwaltschaft nach § 404 Satz 1 AO mit der Mitwirkung an der Durchsuchung beauftragt werden. 9

Ein **Sachverständiger** hat – auch als Angehöriger der Polizei oder Staatsanwaltschaft – ein Anwesenheitsrecht nur dann, wenn er aufgrund eines entsprechenden Auftrags der Staatsanwaltschaft an der Durchsuchung teilnimmt (vgl. auch § 105 Rdn. 33). 10

Dem **Neben**kläger oder Privatkläger steht ein Anwesenheitsrecht nicht zu (LR/*Tsambikakis* § 106 Rn. 9; SK-StPO/*Wohlers* § 106 Rn. 12). 11

C. Zuziehung Dritter.
Ist der Inhaber nicht anwesend, müssen in der in Abs. 1 angegebenen Reihenfolge sein Vertreter oder ein erwachsener Angehöriger, Hausgenosse oder Nachbar zugezogen werden. Ist der (störende) Inhaber entfernt worden, bedarf es keiner Zuziehung Dritter. Der Inhaber hat in diesem Fall sein Anwesenheitsrecht verwirkt (LR/*Tsambikakis* § 106 Rn. 5). Ein Vertreter des Inhabers, ist derjenige, der ihn üblicherweise vertritt. Dies wird regelmäßig der Ehegatte sein. Möglich ist aber auch die Vertretung in sonstigen Angelegenheiten kraft Auftrags (LR/*Tsambikakis* § 106 Rn. 6 mit dem Beispiel des Hausverwalters) oder der eigens mit der Wahrnehmung der Rechte des Inhabers bei der Durchsuchung beauftragte Vertreter. Auch der Vertreter kann auf die Teilnahme an der Durchsuchung verzichten. 12

Aus ermittlungstaktischen Gründen darf die Hinzuziehung Dritter nicht unterbleiben (BGHSt 51, 211, 213 f.). Von der Zuziehung kann aber abgesehen werden, wenn sie unmöglich ist (vgl. hierzu § 105 Rdn. 28). 13

§ 107 StPO   Durchsuchungsbescheinigung; Beschlagnahmeverzeichnis

14   **D. Bekanntgabe.** Dem Inhaber (oder dem hinzugezogenen Dritten) ist in jedem Fall vor der Durchsuchung nach § 103 deren Zweck bekannt zu geben, es sei denn die Durchsuchung findet unter den Voraussetzungen des § 104 Abs. 2 statt. *Tsambikakis* hält unter Hinweis auf die Rechtsprechung des BGH (BGHR StPO § 105 Bekanntmachung 1) unter verfassungskonformer Auslegung der Vorschriften auch die Aushändigung der Durchsuchungsanordnung an den Betroffen vor der Durchsuchung für geboten, es sei denn der Durchsuchungszweck werde dadurch nicht (ausnahmsweise) gefährdet (LR/*Tsambikakis* § 106 Rn. 14). *Tsambikakis* fordert zudem bei Anordnungen wegen Gefahr im Verzug eine entsprechende, möglichst schriftliche Bekanntgabe.

15   Bei einer Durchsuchung nach § 102 sollte der Durchsuchungszweck auch dem Verdächtigen bekannt gegeben werden, soweit nicht der Untersuchungserfolg hierdurch gefährdet wird (*Meyer-Goßner/ Schmitt* § 106 Rn. 5).

16   Zu weiteren Mitteilungspflichten, vgl. § 107.

17   **E. Rechtsbehelfe und Verwertbarkeit von Beweismitteln.** Ob es sich bei § 106 um eine **bloße Ordnungsvorschrift** handelt, aus deren Verletzung keine Rechtsfolgen hergeleitet werden können (so BGH NStZ 1983, 375) ist strittig. Nach *Tsambikakis* enthält § 106 als gesetzlich geregte Form der Durchsuchung im Sinne von Art. 13 Abs. 2 GG **zwingendes Recht** (LR/*Tsambikakis* § 106 Rn. 15; Meyer-Goßner/*Schmitt* § 106 Rn. 1; SK-StPO/*Wohlers* § 106 Rn. 27). Dem folgt auch der BGH in seinem Beschl. v. 31.07.2007 (BGHSt 51, 211, 213 f.; vgl. oben Rdn. 1) mit dem Hinweis darauf, dass in der Diskussion um die Frage, ob aus der Verletzung der Vorschrift ein Beweisverwertungsverbot folgt, diese zuweilen jedenfalls als bloße Ordnungsvorschrift bezeichnet wird (vgl. danach auch BVerfG NJW 2005, 1917 zu Beweisverwertungsverboten bei schwerwiegenden, bewussten oder willkürlichen Verfahrensverstößen). Zu einem Verwertungsverbot bei einem Verstoß gegen § 106, vgl. auch AG Bremen StraFo 2008, 468.

18   Zulässiger Rechtsbehelf ist der Antrag auf richterliche Entscheidung entsprechend § 98 Abs. 2 Satz 2 (auch nach Beendigung der Durchsuchung).

§ 107 StPO Durchsuchungsbescheinigung; Beschlagnahmeverzeichnis.

Dem von der Durchsuchung Betroffenen ist nach deren Beendigung auf Verlangen eine schriftliche Mitteilung zu machen, die den Grund der Durchsuchung (§§ 102, 103) sowie im Falle des § 102 die Straftat bezeichnen muss. Auch ist ihm auf Verlangen ein Verzeichnis der in Verwahrung oder in Beschlag genommenen Gegenstände, falls aber nichts Verdächtiges gefunden wird, eine Bescheinigung hierüber zu geben.

1   **A. Mitteilung.** Die Vorschrift gewährleistet, dass der Betroffene unmittelbar **nach Beendigung der Maßnahme** über den Grund der Durchsuchung informiert wird und damit Gelegenheit erhält, deren Rechtmäßigkeit zu überprüfen und gegebenenfalls nachträglich Rechtsschutz in Anspruch zu nehmen (BGH NJW 2007, 930). Zwar erfolgt die Bekanntmachung des Durchsuchungsgrundes regelmäßig vor der Durchsuchung (vgl. § 105 Rdn. 14), dem Betroffenen – also dem **Gewahrsamsinhaber** – ist aber jedenfalls **auf dessen Verlangen** nach Beendigung der Durchsuchung schriftlich Mitteilung zu machen über den Grund der Durchsuchung und – bei einer Durchsuchung nach § 102 – über die Straftat. Auch die nach § 106 Satz 2 hinzugezogene Person kann eine solche Mitteilung verlangen (LR/ *Tsambikakis* § 107 Rn. 4). **Von Amts wegen** hat die Mitteilung dann zu erfolgen, wenn der Betroffene von der Durchsuchung keine Kenntnis erlangt hat (SK-StPO/*Wohlers* § 107 Rn. 3 unter Hinweis auf AK-*Amelung* § 107 Rn. 4 f.).

2   Ausreichend ist die lediglich abstrakte Angabe des Durchsuchungszwecks (etwa Auffinden von Beweismitteln; vgl. KK-StPO/*Bruns* § 107 Rn. 3; *Meyer-Goßner/Schmitt* § 107 Rn. 2; vgl. auch die Anmerkungen zu § 102, § 103). *Wohlers* verlangt aus Gründen effektiven Rechtsschutzes (und zur Vermeidung unnötiger Rechtsmittel) die Mitteilung aller Umstände, auf die die Zulässigkeit der Durchsuchung gegründet worden ist (SK-StPO/*Wohlers* § 107 Rn. 6).

3   § 107 gilt nach der Verweisung in **§ 111b Abs. 4** auch für die Durchsuchung zur Sicherstellung von Gegenständen, die der Einziehung und dem Verfall unterliegen.

B. Verzeichnis der in Verwahrung oder in Beschlag genommenen Gegenstände. 4

In der Regel hat die Staatsanwaltschaft, als die die Durchsuchung ausführende Behörde, dem Betroffenen ein **Verzeichnis** der in Verwahrung oder in Beschlag genommenen Gegenstände auszustellen. Wird nichts Verdächtiges aufgefunden, kann der Betroffene eine **Negativbescheinigung** verlangen. Das Verzeichnis wird regelmäßig **vor Ort erstellt** (OLG Stuttgart StV 1993, 235, 236) und umfasst die formlos sichergestellten oder beschlagnahmten Gegenstände nach Art und Anzahl. In der Praxis wird das Verzeichnis auch ergänzt um die genaue Angabe des Fundortes (Durchsuchungsort; Durchsuchungsraum; Inventar). Zwar ist eine ins Einzelne gehende Beschreibung von Gegenständen und Schriftstücken nicht erforderlich, die Kennzeichnung muss aber eine Identifizierung ermöglichen. Stehordner sind daher – soweit möglich – mit ihrer äußeren Beschriftung oder ihrem wesentlichen Inhalt aufzuführen (»Lohnbuchhaltung 2010«). Das Gleiche gilt für einzelne Schriftstücke. Kommt es (etwa beim Verdacht der unordentlichen Buchführung) auf die Aufbewahrungssituation an, kann in Einzelfällen auch deren Bezeichnung genügen (»ein Karton Ausgangsrechnungen«; vgl. auch Nr. 69 Abs. 2 AStBV [St] 2011). Ein Verzeichnis ist auch dann zu erstellen, soweit zur Wahrung des Verhältnismäßigkeitsgrundsatzes von der Originalurkunde gefertigte Kopien sichergestellt werden (LG Stade wistra 2002, 319). Eine Paginierung lose aufgefundener Schriftstücke ist nicht erforderlich. (KK-StPO/*Bruns* § 107 Rn. 4).

Das Verzeichnis ist, wenn es verlangt wird, möglichst sofort (nach Beendigung) auszuhändigen (OLG 5 Stuttgart StV 1993, 235, 236).

Eine schriftliche Mitteilung über den Grund der Durchsuchung »nach deren Beendigung« kann dem 6 Beschuldigten »auf Verlangen« ebenso wie die Übergabe eines Verzeichnisses der beschlagnahmten Gegenstände auch noch nach dem Übergang der Ermittlungen in die offene Phase gemacht werden, ohne seine Rechtsschutzmöglichkeiten im Ergebnis zu verkürzen (BGH wistra 2007, 28, 30).

C. Rechtsbehelfe.
Diskutiert wird, ob es sich um zwingendes Recht handelt (KK-StPO/*Bruns* 7 § 107 Rn. 5 unter Hinweis auf BGH NJW 2007, 930 = BGHSt 51, 211, 213; LR/*Tsambikakis* § 107 Rn. 1; *Meyer-Goßner/Schmitt* § 107 Rn. 1; vgl. § 106 Rdn. 17) oder um eine bloße Ordnungsvorschrift (OLG Stuttgart StV 1993, 235, 236).

Die Nichteinhaltung führt zu keinem Beweisverwertungsverbot (OLG Stuttgart StV 1993, 235; KK- 8 StPO/*Bruns* § 107 Rn. 5; SK-StPO/*Wohlers* § 107 Rn. 10).

Weigert sich die Behörde ein Verzeichnis zu erstellen, ist nach *Schmitt* Antrag auf gerichtliche Entschei- 9 dung nach § 23 EGGVG statthaft (*Meyer-Goßner/Schmitt* § 107 Rn. 5; LG Gießen wistra 2000, 76; OLG Karlsruhe NStZ 1995, 48). *Bruns* weist allerdings darauf hin, dass bis zur Erfüllung von einem Andauern der Durchsuchung auszugehen ist, sodass der nach § 105 zuständige Richter entscheidet, wenn mangelhafte Ausführung behauptet wird (KK-StPO/*Bruns* § 107 Rn. 5). Danach ist § 98 Abs. 2 Satz 2 entsprechend anwendbar (so auch SK-StPO/*Wohlers* § 107 Rn. 9 und LR/*Tsambikakis* § 107 Rn. 6 unter Hinweis darauf, dass die Erteilung der Durchsuchungsbescheinigung und des Beschlagnahmeverzeichnisses die Art und Weise der Durchsuchung betreffen).

Dem Antrag fehlt es am Rechtsschutzbedürfnis, wenn alle, bis auf eine einzige in einem Gerichts- 10 beschluss bezeichnete Unterlage zurückgegeben wurde (OLG Stuttgart NJW 1977, 2276, 2277).

§ 108 StPO Beschlagnahme anderer Gegenstände.
(1) Werden bei Gelegenheit einer Durchsuchung Gegenstände gefunden, die zwar in keiner Beziehung zu der Untersuchung stehen, aber auf die Verübung einer anderen Straftat hindeuten, so sind sie einstweilen in Beschlag zu nehmen. Der Staatsanwaltschaft ist hiervon Kenntnis zu geben. Satz 1 findet keine Anwendung, soweit eine Durchsuchung nach § 103 Abs. 1 Satz 2 stattfindet.
(2) Werden bei einem Arzt Gegenstände im Sinne von Absatz 1 Satz 1 gefunden, die den Schwangerschaftsabbruch einer Patientin betreffen, ist ihre Verwertung zu Beweiszwecken in einem Strafverfahren gegen die Patientin wegen einer Straftat nach § 218 des Strafgesetzbuches unzulässig.
(3) Werden bei einer in § 53 Abs. 1 Satz 1 Nr. 5 genannten Person Gegenstände im Sinne von Absatz 1 Satz 1 gefunden, auf die sich das Zeugnisverweigerungsrecht der genannten Person erstreckt, ist die Verwertung des Gegenstandes zu Beweiszwecken in einem Strafverfahren nur insoweit zulässig, als Gegenstand dieses Strafverfahrens eine Straftat ist, die im Höchstmaß mit mindestens fünf Jahren

§ 108 StPO Beschlagnahme anderer Gegenstände

Freiheitsstrafe bedroht ist und bei der es sich nicht um eine Straftat nach § 353b des Strafgesetzbuches handelt.

1 **A. Einstweilige Beschlagnahme von Zufallsfunden.** Deuten Gegenstände auf die Verübung einer anderen als der in der Durchsuchungsanordnung genannten Straftat hin, kann dieser Gegenstand nach § 108 als Beweismittel beschlagnahmt werden. Ausreichend ist der **ungewisse Verdacht der Tat** und die **naheliegende Möglichkeit der Geeignetheit als Beweismittel** (*Meyer-Goßner/Schmitt* § 108 Rn. 2), ein Anfangsverdacht i.S.d. § 152 muss nicht bestehen (LR/*Tsambikakis* § 108 Rn. 8). Steht der Beschlagnahme in dem noch einzuleitenden anderen Verfahren ein Beschlagnahmeverbot entgegen, ist die einstweilige Beschlagnahme nach § 108 unzulässig (LR/*Tsambikakis* § 108 Rn. 10; SK-StPO/*Wohlers* § 108 Rn. 12; KK-StPO/*Bruns* § 108 Rn. 2).

2 § 108 bietet **keine** Grundlage für eine **gezielte Suche nach Zufallsfunden** (LG Berlin StV 1987, 97; LR/*Tsambikakis* § 108 Rn. 9). In Fällen einer ausdrücklichen Beschränkung im Durchsuchungsbeschluss darf die Vorschrift des § 108 daher nicht als Hebel für die Sicherstellung explizit nicht erfasster Unterlagen genutzt werden (LG Freiburg StV 2000, 15).

3 Hat der Durchsuchungsbeamte Kenntnis von einem anderen Verfahren gegen den Beschuldigten oder einen Dritten, für das der Zufallsfund als Beweismittel in Betracht kommt, kommt die Beschlagnahme nach den §§ 94, 98 in Betracht (vgl. LR/*Tsambikakis* § 108 Rn. 4; SK-StPO/*Wohlers* § 108 Rn. 8; vgl. auch Rdn. 8 zur Durchsuchung nach § 103 Abs. 1 Satz 2).

4 Für Zufallsfunde, die ersichtlich mit dem der Durchsuchung zugrunde liegenden Tatverdacht in Verbindung stehen, von der Zielrichtung der Durchsuchungsanordnung aber nicht erfasst werden, kann § 98 Anwendung finden, soweit dadurch nicht nachträglich die Eingrenzungsfunktion der bestehenden Durchsuchungsanordnung faktisch ausgehöhlt wird (LG Berlin StV 2004, 198: für die Ermächtigung der gezielten Suche nach Kleidungsstücken und tatsächlich sichergestellter Computer-Hardware und Datenträger; LR/*Tsambikakis* § 108 Rn. 7; KK-StPO/*Bruns* § 108 Rn. 7 für Zufallsfunde bei einer Ergreifungsdurchsuchung).

5 Zur Verwertbarkeit von Zufallsfunden bei Auswertung eines E-Mail Accounts, vgl. LG Mannheim StV 2011, 352.

6 § 108 gilt auch für die **Briefkontrolle bei Untersuchungsgefangenen** (BGHSt 28, 349, 350; OLG Düsseldorf NJW 1993, 3278; vgl. auch SK-StPO/*Wohlers* § 108 Rn. 10).

7 Die vorläufige Beschlagnahme wird **vom Durchsuchungsbeamten angeordnet**. Hiervon ist der Staatsanwaltschaft unverzüglich Kenntnis zu geben. Über die Beschlagnahme des Gegenstands nach §§ 94, 98 wird in dem neu einzuleitenden Ermittlungsverfahren entschieden (BGHSt 28, 349, 350; LR/*Tsambikakis* § 108 Rn. 14; SK-StPO/*Wohlers* § 108 Rn. 14; KK-StPO/*Bruns* § 108 Rn. 5). Eine Bestätigung des für das ursprüngliche Ermittlungsverfahren zuständigen Richters genügt nicht (BGHSt 19, 374, 376). Das neue Ermittlungsverfahren ist innerhalb **angemessener Frist** einzuleiten (Beispiele: BGHSt 29, 13, 15; 28, 349, 350; 19, 374, 376 [vorläufige prozessuale Zwangsmaßnahmen dürfen nicht weit über 1 Jahr andauern]; LG Freiburg StV 2000, 15). Wird kein neues Ermittlungsverfahren eingeleitet, ist die vorläufige Beschlagnahme aufzuheben und der Gegenstand zurückzugeben (KK-StPO/*Bruns* § 108 Rn. 5 unter Hinweis auf BGHSt 19, 374, 376; 28, 349, 350; 29, 13, 15).

8 Bei **Gebäudedurchsuchungen** (§ 103 Abs. 1 Satz 2) ist § 108 nicht anwendbar. Beweismittel können in diesem Fall nur nach § 94 beschlagnahmt werden, wenn sie das Verfahren gegen den Beschuldigten betreffen, der gesucht wird (KK-StPO/*Bruns* § 108 Rn. 8). *Bruns* schließt daher die vorläufige Sicherstellung von Zufallsfunden, die in Verfahren gegen andere Beschuldigte als Beweismittel in Betracht kommen, aus. In diesem Fall soll aber die Tatsache, dass sich ein Zufallsfund im durchsuchten Raum befindet, der Staatsanwaltschaft gemeldet werden, die dann ein neues Ermittlungsverfahren einleiten und in diesem einen Durchsuchungs- und Beschlagnahmebeschluss erwirken oder Gefahr im Verzug annehmen kann (KK-StPO/*Bruns* § 108 Rn. 8; zur Beschlagnahme bei Gefahr im Verzug durch Staatsanwaltschaft oder Polizei, vgl. auch *Meyer-Goßner/Schmitt* § 108 Rn. 5).

9 § 108 ist unmittelbar anwendbar auf Gegenstände, die in einem anderen Verfahren für **verfallen** erklärt werden können (§ 111b Abs. 4).

B. Verwertungsverbote. Im **Verfahren gegen die Patientin** sieht Abs. 2 ein ausdrückliches Verwertungsverbot für solche Gegenstände vor, die bei einem Arzt gefunden werden und die den Schwangerschaftsabbruch dieser Patientin betreffen (vgl. dazu auch BGHSt 38, 144). 10

Bei **Medienmitarbeitern** dürfen Zufallsfunde nach Abs. 3 zu Beweiszwecken nur verwertet werden, wenn Gegenstand des Strafverfahrens eine Straftat ist, die im Höchstmaß mit mindestens 5 Jahren Freiheitsstrafe bedroht ist und bei der es sich nicht um eine Straftat nach § 353b StGB (Verletzung des Dienstgeheimnisses und einer besonderen Geheimhaltungspflicht) handelt. 11

Ein Verwertungsverbot auch hinsichtlich Zufallsfunden wird bejaht, soweit die Durchsuchung selbst als rechtswidrig und objektiv willkürlich zu bewerten ist (OLG Koblenz StV 2002, 533, 535). Wird systematisch nach Zufallsfunden gesucht und dabei Gegenstände beschlagnahmt, sind diese nach allgemeiner Auffassung als Beweismittel nur dann unverwertbar, wenn der prozessuale Verstoß so schwerwiegt, dass bei einer Abwägung aller Umstände das Interesse des Betroffenen das staatliche Strafverfolgungsinteresse überwiegt (vgl. SK-StPO/*Wohlers* § 108 Rn. 17; LR/*Tsambikakis* § 108 Rn. 18; LG Berlin StV 2004, 198; LG Wiesbaden StV 1988, 292; KG Berlin StV 1985, 404; LG Bremen wistra 1984, 241). 12

Zur Unverwertbarkeit von Informationen aus einem bei einer Durchsuchung aufgefundenen Testament, vgl. LG Koblenz NJW 2010, 2229. Zum Verstoß gegen den Richtervorbehalt bei Durchsuchungen, vgl. KG Berlin, Urt. v. 01.09.2008 – (4) 1 Ss 220/08 (136/08). Zum Verwertungsverbot bei Beweismitteln, die im Zuge einer ohne berechtigten Anfangsverdacht und ohne wirksame Einwilligung des Betroffenen durchgeführten Durchsuchungen sichergestellt wurden, vgl. LG Bremen StV 2006, 571. Zur unzulässigen Fertigung von Abschriften im Ermittlungsverfahren wegen Steuerhinterziehung, vgl. LG Baden-Baden StV 1989, 428. 13

C. Rechtsbehelfe. Zulässiger Rechtsbehelf gegen **die einstweilige Beschlagnahme** ist die Anrufung des Richters in entsprechender Anwendung des § 98 Abs. 2 Satz 2 (KK-StPO/*Bruns* § 108 Rn. 9; LR/*Tsambikakis* § 108 Rn. 21; SK-StPO/*Wohlers* § 108 Rn. 15). **Zuständig** ist der Richter, der für das neu einzuleitende Verfahren zuständig ist (so KK-StPO/*Bruns* § 108 Rn. 9 und SK-StPO/*Wohlers* § 108 Rn. 16 – es sei denn, es ist nicht binnen angemessener Zeit ein Ermittlungsverfahren eingeleitet worden). Anders jedoch *Tsambikakis*, wonach die Beschlagnahme in dem Verfahren erfolgt, wegen dem die Durchsuchung stattfindet (LR/*Tsambikakis* § 108 Rn. 21, wonach sich der Betroffene gegen die Art und Weise der erfolgten Durchsuchung wendet). Gegen **richterliche Maßnahmen** nach § 108 ist die Beschwerde zulässig. Dies gilt jedoch nicht für Entscheidungen des OLG und des BGH, weil § 304 Abs. 4 Satz 2, Abs. 5 eine Beschwerde gegen die vorläufige Maßnahme nach § 108 nicht vorsieht (KK-StPO/*Bruns* § 108 Rn. 10; BGHSt 28, 349). 14

§ 109 StPO Kenntlichmachung beschlagnahmter Gegenstände.
Die in Verwahrung oder in Beschlag genommenen Gegenstände sind genau zu verzeichnen und zur Verhütung von Verwechslungen durch amtliche Siegel oder in sonst geeigneter Weise kenntlich zu machen.

A. Verzeichnis und Kenntlichmachung. Eine ins Einzelne gehende Beschreibung von Gegenständen und Schriftstücken ist nicht erforderlich (vgl. § 107 Rdn. 4), die Kennzeichnung muss aber eine Identifizierung ermöglichen (LR/*Tsambikakis* § 107 Rn. 3; *Meyer-Goßner/Schmitt* § 107 Rn. 3). Ein Verzeichnis ist auch dann zu erstellen, soweit zur Wahrung des Verhältnismäßigkeitsgrundsatzes von der Originalurkunde gefertigte Kopien sichergestellt werden (LG Stade wistra 2002, 319). Eine Paginierung lose aufgefundener Schriftstücke ist nicht erforderlich. 1

Ein auf behördlichen Datenträger kopierter **Datenbestand** ist nicht im Ganzen Beweismittel, vielmehr sind die potenziell beweisbedeutsamen Datensätze »herauszufiltern« und so konkret zu bezeichnen, dass eine Unsicherheit über den Umfang der beantragten Beschlagnahme nicht auftreten kann (LG Bonn wistra 2005, 76). Die pauschale Bezeichnung »E-Mail-Accounts« und »E-Mails« genügt danach nicht (anders LG Köln NStZ 1995, 54, 55; vgl. hierzu aber BGH CR 1999, 292 f. und *Kemper*, Das 2

§ 110 StPO Durchsicht von Papieren und elektronischen Speichermedien

Beschlagnahmeverzeichnis nach § 109 StPO in Wirtschafts- und Steuerstrafverfahren, wistra 2008, 96).

3 Vorgaben für die Erfassung von **Überführungsstücken** – den in Straf- oder Bußgeldsachen in Verwahrung genommenen Gegenständen, die als Beweismittel von Bedeutung sind oder der Einziehung unterliegen (§§ 94, 111b ff. StPO, §§ 22 ff., 46 OWiG) – finden sich im Übrigen sowohl in den **Aktenordnungen** der Landesjustizverwaltungen (§ 9) als auch in **Gewahrsamssachenanweisungen** einzelner Bundesländer.

4 Eine Beweiskraft für und gegen jedermann hat das Beweismittelverzeichnis nicht (KK-StPO/*Bruns* § 109 Rn. 2).

5 **B. Rechtsbehelfe.** § 109 stellt eine reine Ordnungsvorschrift dar. Ein Verstoß hiergegen hat auf die Rechtswirksamkeit der Beschlagnahme keinen Einfluss.

6 Zum Rechtsweg bei Weigerung der Steuerfahndung ein detailliertes Verzeichnis zu erstellen, vgl. LG Bonn wistra 2000, 76 (wonach nur eine gerichtliche Entscheidung nach § 23 Abs. 1 Satz 1 EGGVG beantragt werden kann).

§ 110 StPO Durchsicht von Papieren und elektronischen Speichermedien. (1) Die Durchsicht der Papiere des von der Durchsuchung Betroffenen steht der Staatsanwaltschaft und auf deren Anordnung ihren Ermittlungspersonen (§ 152 des Gerichtsverfassungsgesetzes) zu.

(2) Im Übrigen sind Beamte zur Durchsicht der aufgefundenen Papiere nur dann befugt, wenn der Inhaber die Durchsicht genehmigt. Andernfalls haben sie die Papiere, deren Durchsicht sie für geboten erachten, in einem Umschlag, der in Gegenwart des Inhabers mit dem Amtssiegel zu verschließen ist, an die Staatsanwaltschaft abzuliefern.

(3) Die Durchsicht eines elektronischen Speichermediums bei dem von der Durchsuchung Betroffenen darf auch auf hiervon räumlich getrennte Speichermedien, soweit auf sie von dem Speichermedium aus zugegriffen werden kann, erstreckt werden, wenn andernfalls der Verlust der gesuchten Daten zu besorgen ist. Daten, die für die Untersuchung von Bedeutung sein können, dürfen gesichert werden; § 98 Abs. 2 gilt entsprechend.

1 **A. Durchsicht.** Die der Staatsanwaltschaft vorbehaltene Durchsicht der Papiere des von einer Durchsuchung Betroffenen ist das Mittel, die als Beweislast in Betracht kommenden Papiere inhaltlich darauf zu prüfen, ob eine richterliche Beschlagnahme zu bewirken oder gegebenenfalls die Rückgabe bereits zur Durchsicht mitgenommener Papiere zu veranlassen ist (BVerfG NStZ 2002, 377, 378; OLG Frankfurt am Main NStZ-RR 1997, 74; *Meyer-Goßner/Schmitt* § 110 Rn. 2; vgl. auch *Park*, Durchsuchung und Beschlagnahme Rn. 229 f.), sie dient also der **Prüfung der Beweisgeeignetheit** (OLG Jena NJW 2001, 1290). Können daher aufgrund des Durchsuchungs- und Beschlagnahmebeschlusses Papiere bereits gezielt als beweisgeeignet ausgesondert werden, sind sie zu **beschlagnahmen** (SK-StPO/*Wohlers* § 110 Rn. 1; LG Stuttgart wistra 1993, 314 für in einer Berufsgenossenschaft »hinsichtlich eines Arbeitsunfalls des Geschädigten T.B. vom 20.02.1992 in der Firma K in E bestehenden Akten«).

2 Kommt das Papier als Beweismittel nicht in Betracht, ist es ohne weitere Kenntnisnahme vom Inhalt wieder **freizugeben** (SK-StPO/*Wohlers* § 110 Rn. 20 unter Hinweis u.a. auf LG Oldenburg wistra 1987, 38 und AK-StPO/*Amelung* § 110 Rn. 11). Wie auch bei der Rückgabe beschlagnahmter Unterlagen, sind in diesem Fall auch von den Papieren gefertigte Kopien zu vernichten (AG Hanau StV 1989, 429, 431).

3 Von der Durchsicht ausgenommen sind erkennbar **beschlagnahmefreie** Papiere (BVerfG NStZ 2002, 377). Diese sind sofort und ungelesen herauszugeben (*Meyer-Goßner/Schmitt* § 110 Rn. 2 unter Hinweis auf RGSt 47, 195, 197). Allerdings ist es dem Beschuldigten verwehrt, die Beschlagnahme von Unterlagen schon dadurch zu verhindern, dass er diese etwa einfach als Verteidigungsunterlagen bezeichnet oder mit solchen Unterlagen vermischt. Entscheidend ist danach, ob ein Beschuldigter die Aufzeichnungen erkennbar, also für einen Außenstehenden nachvollziehbar, zum Zwecke der Verteidigung

angefertigt hat. Ist etwa bei Verteidigerunterlagen nicht sofort feststellbar, ob die einzelnen Aufzeichnungen, die bei einer Durchsuchung gefunden werden, der Verteidigung dienen, können sie vorläufig sichergestellt werden (BVerfG NStZ 2002, 377 unter Hinweis auf KK-StPO/*Nack* § 97 Rn. 25; *Meyer-Goßner/Schmitt* § 110 Rn. 2).

»Größtmögliche Zurückhaltung« ist bei den Papieren zu wahren, bei denen ein **verfassungsrechtliches Verwertungsverbot** in Betracht kommt (BVerfGE 80, 367, 375; *Meyer-Goßner/Schmitt* § 110 Rn. 2; SK-StPO/*Wohlers* § 110 Rn. 22). 4

Das Verfahren im Stadium der Durchsicht bildet noch einen **Teil der Durchsuchung** (BVerfG NJW 2009, 2518; NJW 2003, 2669, 2670; BGHSt 44, 265, 273), sie dehnt daher die Durchsuchung um den Zeitraum der Durchsicht aus (SK-StPO/*Wohlers* § 110 Rn. 6 unter Hinweis auf BVerfG NStZ 2002, 377, 378; BGHSt 44, 265, 273; BGH NStZ 2003, 670 u.a.). Allerdings kann die Durchsuchung als solche nicht ohne Weiteres fortgesetzt werden, solange die Durchsicht andauert (vgl. auch BGH StV 1988, 90, wonach die Fortsetzung der Durchsuchung – hier der weiteren Durchsicht der sichergestellten Unterlagen – unzulässig ist, wenn keine Anhaltspunkte vorhanden sind, die die Vermutung begründen, die weitere Durchsuchung werde zum Auffinden von Beweismitteln führen; vgl. auch LG Frankfurt wistra 1997, 117 zur Zulässigkeit der Fortsetzung einer Durchsuchung wegen internationaler Bezüge der vermuteten Straftat und der Menge des zu überprüfenden Materials). 5

Für die Rechtmäßigkeit der richterlichen Bestätigung der vorläufigen Sicherstellung zur Durchsicht kommt es deshalb darauf an, ob die rechtlichen Voraussetzungen für eine Durchsuchung im Zeitpunkt der Entscheidung noch vorliegen. Sind diese Voraussetzungen zum Zeitpunkt der Durchsicht ersichtlich nicht mehr gegeben, dann ist auch die Durchsicht als Teil der Durchsuchung nicht mehr zulässig (BVerfG, Beschl. v. 18.03.2009 – 2 BvR 1036/08, auszugsweise abgedruckt in NJW 2009, 2518 unter Hinweis auf BVerfG, Beschl. v. 18.06.2008 – 2 BvR 1111/08; BGH, Beschl. v. 23.11.1987 – 1 BJs 55/81 – 4- 1 BGs 517/87; BGH NJW 1973, 2035). 6

In welchem **Umfang** die inhaltliche Durchsicht des umfangreichen Schriftguts notwendig ist, wie sie im Einzelnen gestaltet wird und wann sie zu beenden ist, unterliegt zunächst der Entscheidung der Staatsanwaltschaft. Ihr steht insoweit ein **Ermessensspielraum** zu (BGH NStZ 2003, 670, 671 unter Hinweis auf BGH NJW 1995, 3397). 7

Der Grundsatz der Verhältnismäßigkeit verlangt, dass die **Durchsicht zügig** durchgeführt wird, um abhängig von der Menge des vorläufig sichergestellten Materials und der Schwierigkeit seiner Auswertung in angemessener Zeit zu dem Ergebnis zu gelangen, was als potenziell beweiserheblich dem Gericht zur Beschlagnahme angetragen und was an den Beschuldigten herausgegeben werden soll (BGH NStZ 2003, 670, 671 unter Hinweis auf LG Frankfurt wistra 1997, 117, 118; LG Mühlhausen StraFo 2003, 237, 238). Die vom BVerfG in seinem Beschl. v. 27.05.1997 zur zeitlichen Geltung von Durchsuchungsbeschlüssen aufgestellten Grundsätze (BVerfGE 96, 44, 51 ff.; 6 Monate) sind auf die Phase der Durchsicht von Unterlagen nach § 110 StPO nicht anzuwenden (BVerfG NStZ 2002, 377, 378). Bei der Frage, ob die Durchsicht nach § 110 unzumutbar lange andauert oder ob der damit verbundene Eingriff noch als verhältnismäßig anzusehen ist, sind der Grund für die lange Dauer der Maßnahme, der Grad des Eingriffs in Grundrechte des Betroffenen und das Gewicht der zugrunde liegenden Tatvorwürfe gegeneinander abzuwägen (BVerfG NStZ 2002, 377; LG Frankfurt NJW 1997, 1170, wonach auf die Umstände des Einzelfalls abzustellen ist). Die Papiere sind freizugeben, wenn dessen Durchsicht aufgrund des hohen Geschäftsandrangs und einer damit einhergehenden Überlastung der auswertenden Behörden für längere Zeit nach der Sicherstellung noch nicht abgeschlossen ist (8 Monate bei einem nach § 110 sichergestellten Computer, LG Limburg StraFo 2006, 198). Ist der Zugriff auf einen (Computer) Plattenspeicher durch ein **Kennwort** geschützt, das, weil es vom Betroffenen nicht genannt wird, erst entschlüsselt werden muss, kann die Sichtung auch mehrere Monate in Anspruch nehmen. Gleiches gilt soweit Asservate in die deutsche Sprache übertragen werden müssen (vgl. BGH BGHR StPO § 105 Zustellung 1 [Gründe]). Zur Durchsicht von wichtigen Geschäftsunterlagen über eine Dauer von 3 Monaten, vgl. LG Dresden NStZ 2003, 567; LG Hildesheim StraFo 2007, 114 bzw. 2 3/4 Jahren, LG Mühlhausen StraFo 2003, 237; LG Limburg PStR 2011, 112). 8

B. Papiere. Erfasst werden alle Gegenstände, die wegen ihres Gedankeninhalts Bedeutung haben, namentlich alles private und berufliche Schriftgut, aber auch Mitteilungen und Aufzeichnungen aller Art, gleichgültig auf welchem Informationsträger sie festgehalten sind. Eigentum des Betroffenen an 9 den Papieren wird nicht vorausgesetzt, vielmehr genügt der Gewahrsam (*Meyer-Goßner/Schmitt* § 110 Rn. 1). Sind Papiere auf andere Weise als durch eine Durchsuchung in die Hände der Strafverfolgungsorgane gelangt – etwa anlässlich einer Beschlagnahme ohne Durchsuchung oder bei einer Herausgabe nach § 95 –, ist § 110 ebenfalls anwendbar (LR/*Tsambikakis* § 110 Rn. 3; *Meyer-Goßner/Schmitt* § 110 Rn. 1; *Park*, Der Anwendungsbereich des § 110 StPO bei Durchsuchungen in Wirtschafts- und Steuerstrafsachen, wistra 2000, 453, 455).

10 Der Begriff umfasst auch lesbare Aufzeichnungen auf **elektronischen Datenträgern und Datenspeichern** (BGH CR 1999, 292; BGH StV 1988, 90; BGH NStZ 2003, 670; zur Durchsicht der Daten auf einem Note»book«, BVerfG NStZ 2002, 377; Disketten sowie die zum Lesen und Verarbeiten von Disketten notwendigen Zentral-Computereinheiten, BGH StV 1988, 90), Bild- und Tonträger und Mobiltelefone mit fest installiertem Speicher (SK-StPO/*Wohlers* § 110 Rn. 8). Den Zugriff auf **Daten eines Computernetzwerks** regelt nunmehr Abs. 3 (Rdn. 22).

11 **C. Befugnis zur Durchsicht.** Die Durchsicht der Papiere steht der **Staatsanwaltschaft** zu. Auf deren Anordnung sind auch ihre **Ermittlungspersonen** nach § 152 GVG hierzu befugt. Diese Anordnung kann dabei fernmündlich und vorab erfolgen (BT-Drucks. 378/03) und ist entsprechend in den Ermittlungsakten festzuhalten. Nicht notwendig ist es daher (wie es in der Praxis mitunter geschieht), eine entsprechende Anordnung in den Durchsuchungsbeschluss aufzunehmen. Sind die Papiere fremdsprachig, darf die Staatsanwaltschaft **Dolmetscher** oder **Sachverständige** hinzuziehen, um die Übertragung in die deutsche Sprache und ihr damit die Prüfung auf die Beweiserheblichkeit zu ermöglichen. Gleiches gilt bei der Durchsicht von elektronischen Daten für **EDV-Sachverständige** oder **sachverständige Zeugen**. Die Hinzuziehung von sachkundigen Personen bei einer Durchsuchung kann aber dann rechtswidrig sein, wenn die Ermittlungsbehörden dadurch gegen das **Gebot der Unparteilichkeit** verstoßen bzw. ihr Handeln beim Bürger einen nachvollziehbaren Verdacht dahin gehend entstehen lassen kann (OLG Bremen wistra 1999, 74, 75; OLG Hamm StV 1988, 47, 48). Zur unzulässigen Hinzuziehung eines Mitarbeiters der Gesellschaft zur Verfolgung von Urheberrechtsverletzungen e.V. (GVU) – einer Organisation von Unternehmen der Film- und Software-Entertainmentbranche und ihrer nationalen und internationalen Verbände, die sich satzungsgemäß die Ermittlung und Verfolgung von Fällen der sog. Produktpiraterie zur Aufgabe gemacht hat, vgl. LG Kiel NStZ 2007, 169. Die Ermittlungsbehörden dürfen daher bei einer Durchsuchung der Räume des Unternehmens, in dem die Verdächtigen tätig sind, in der Regel nicht **Mitarbeiter des geschädigten Unternehmens** beiziehen, um sich sachkundig unterstützen zu lassen (OLG Hamm NStZ 1986, 326).

12 Die **Entscheidung über die Durchsicht und** vor allem über die **Auswahl der zu beschlagnahmenden Papiere** bleibt aber bei der Staatsanwaltschaft. Sie darf den Dritten nicht überlassen werden.

13 Der anordnende **Richter** ist ebenfalls zuständig (trotz des entgegenstehenden Wortlauts; KK-StPO/*Bruns* § 110 Rn. 1, LR/*Tsambikakis* § 110 Rn. 11; *Meyer-Goßner/Schmitt* § 110 Rn. 3, wenn der Richter die Durchsuchung vornimmt oder leitet) und kann sich die Durchsicht sogar vorbehalten (OLG Jena NJW 2001, 1290, 1293). Das **Gericht** ist zur Durchsicht berufen, wenn die Durchsicht im Rahmen einer Durchsuchung erfolgt, die nach Eingang der Anklageschrift bei Gericht von diesem angeordnet und durchgeführt wird (OLG Jena NJW 2001, 1290, 1293). Die Durchsuchung der Papiere kann dabei einem **beauftragten Richter** (Kammermitglied) durch Kammerbeschluss übertragen werden, der dann der Kammer berichtet (OLG Jena NJW 2001, 1290, 1293). Die **Finanzbehörde** tritt an die Stelle der Staatsanwaltschaft, wenn sie das Ermittlungsverfahren selbstständig durchführt (§ 399 Abs. 1 AO). Die **Zollfahndungsämter** und die mit der **Steuerfahndung** betrauten Dienststellen haben ebenfalls (als Ermittlungspersonen der Staatsanwaltschaft) die Befugnis zur Durchsicht (§ 404 Satz 2 AO).

14 **Andere Beamte** sind zur Durchsicht **nur** dann befugt, wenn der **Inhaber** die Durchsicht genehmigt (Abs. 2 Satz 1), d.h. **zuvor einwilligt** (LR/*Tsambikakis* § 110 Rn. 14). Diese (zu protokollierende) Einwilligung kann nur vom Gewahrsamsinhaber erteilt werden. Eine Beschränkung auf bestimmte Papiere, Personen oder Räume ist dabei zulässig (LR/*Tsambikakis* § 110 Rn. 14) und kann jederzeit widerrufen werden (SK-StPO/*Wohlers* § 110 Rn. 15). Notwendig ist dabei eine **Belehrung** über die Möglichkeit der Verweigerung (AK/*Amelung* § 110 Rn. 15 unter Hinweis auf BGHSt 34, 397, 400 zur Verwertbarkeit von tagebuchartigen Aufzeichnungen; SK-StPO/*Wohlers* § 110 Rn. 15).

15 Bei fehlender Genehmigung sind die Papiere zu versiegeln und an die Staatsanwaltschaft abzuliefern (Abs. 2 Satz 2). Da eine Durchsicht in diesem Fall ausscheidet, bleibt die Tätigkeit der anderen Beam-

ten auf die bloße Aussonderung nach äußeren Kriterien (Aufbewahrungsplatz, Beschriftung von Ordnern) beschränkt. Verboten ist daher ein oberflächliches Lesen mit dem Ziel der Grobsichtung, ob Papiere mit der Straftat in Beziehung stehen könnten, erlaubt lediglich das Lesen des Betreffs eines Schreibens (OLG Celle StV 1985, 137, 139).

D. Teilnahme an der Durchsicht. Nach alter Rechtslage war der Inhaber der Papiere oder dessen Vertreter zudem – »falls demnächst die **Entsiegelung und Durchsicht** angeordnet wird« – wenn möglich, zur **Teilnahme** hieran aufzufordern (§ 110 Abs. 3a.E). Nach der zutreffenden Auffassung von *Schmitt* ist dies nach der Gesetzesänderung allerdings nicht mehr notwendig (*Meyer-Goßner/Schmitt* § 110 Rn. 5). Nach *Wohlers* sprechen aber vor allem systematische Gründe für das Fortbestehen der Möglichkeit der Teilnahme, nachdem § 106 im Regelfall die Anwesenheit bei der Durchsuchung vorsieht (SK-StPO/*Wohlers* § 110 Rn. 25; vgl. auch *Knauer/Wolf* NJW 2004, 2932, 2937, wonach insoweit ein Redaktionsversehen vorliegt). 16

Von Verfassungs wegen ist es nicht geboten, in jedem Fall eine Teilnahme an der Sichtung sichergestellter E-Mails vorzusehen (BVerfGE 124, 43, 72). Ob eine Teilnahme bei der Durchsicht geboten ist, ist danach im jeweiligen Einzelfall unter Berücksichtigung einer wirksamen Strafverfolgung einerseits und der Intensität des Datenzugriffs andererseits zu beurteilen. Bei der Beschlagnahme des gesamten Datenbestandes einer Rechtsanwalts- und Steuerberaterkanzlei kann es zur Sicherung der Verhältnismäßigkeit des Eingriffs im Einzelfall geboten sein, den Inhaber des jeweiligen Datenbestands in die Prüfung der Verfahrenserheblichkeit sichergestellter Daten einzubeziehen (BVerfGE 113, 29, 58). Danach können konkrete, nachvollziehbare und überprüfbare Angaben vor allem nichtverdächtiger Sozien zur Datenstruktur und zur Relevanz der jeweiligen Daten können deren materielle Zuordnung vereinfachen und den Umfang der sicherzustellenden Daten reduzieren. 17

Dem Betroffenen bleibt es aber unbenommen, das Vorliegen einer Beschlagnahmefreiheit darzutun (SK-StPO/*Wohlers* § 110 Rn. 25). 18

E. Vorläufige Sicherstellung und Mitnahme zur Durchsicht. Grundsätzlich erfolgt die Durchsicht der Papiere **an Ort und Stelle**. Lässt die Beschaffenheit der Unterlagen eine sofortige Durchsicht an Ort und Stelle nicht zu, können diese vorläufig sichergestellt und zur Durchsicht mitgenommen werden (BGH NStZ 2003, 670). 19

Bei **EDV-Anlagen** wird es aus Gründen der Verhältnismäßigkeit regelmäßig genügen, den Arbeitsspeicher vor Ort zu kopieren. Ist dies nicht möglich, liegt ebenfalls nur eine Mitnahme zur Durchsicht vor, wenn die Kopie beim Sachverständigen erfolgen soll (SK-StPO/*Wohlers* § 110 Rn. 16). 20

F. Versiegelung und Ablieferung an die Staatsanwaltschaft (Abs. 2) Nur wenn der Inhaber die Durchsicht der Papiere durch andere Beamte nicht genehmigt, sind die **Papiere**, deren Durchsicht die Beamten für notwendig erachten, in einem **Umschlag**, der in Gegenwart des Inhabers mit dem Amtssiegel zu verschließen ist, an die Staatsanwaltschaft abzuliefern (Abs. 2). Dabei können aber auch andere verschließbare Behältnisse genutzt werden, sofern die abzuliefernden Gegenstände dies erforderlich machen (SK-StPO/*Wohlers* § 110 Rn. 18 etwa für Planungsunterlagen). **Elektronische Daten** sind (auf den Datenträgern) in entsprechenden Behältnissen aufzubewahren, elektronische Geräte durch Versiegelung der Bedienelemente oder der Stromversorgung zu sichern (SK-StPO/*Wohlers* § 110 Rn. 18). Ob dem Gewahrsamsinhaber auch gestattet ist, ein **eigenes Siegel** beizudrücken, ist strittig. Die alte Fassung des § 110 Abs. 3 sah ein entsprechendes Recht des Inhabers oder dessen Vertreters noch vor. Nach *Schmitt* gilt dies auch weiterhin (*Meyer-Goßner/Schmitt* § 110 Rn. 5). Zutreffend weist aber *Wohlers* darauf hin, dass aufgrund der Aufhebung des Anwesenheitsrechts mit dem 1. JuMoG hierfür kein anerkennenswertes Bedürfnis mehr besteht (SK-StPO/*Wohlers* § 110 Rn. 19). 21

G. Räumlich getrennte Speichermedien (Abs. 3) Die Durchsicht eines elektronischen Speichermediums bei dem von der Durchsuchung Betroffenen darf auch auf **hiervon räumlich getrennte Speichermedien im Inland** erstreckt werden, soweit auf sie **von dem Speichermedium aus zugegriffen werden kann** und wenn andernfalls der **Verlust der gesuchten Daten zu besorgen** ist. Dies betrifft den Zugriff auf einen Speicherplatz im Intranet oder Internet wie etwa den Zugriff auf beim Provider zum Abruf gespeicherte Emails (*Meyer-Goßner/Schmitt* § 110 Rn. 6 mit weiteren Hinweisen). 22

§ 110 StPO Durchsicht von Papieren und elektronischen Speichermedien

Der heimliche Online-Zugriff oder eine heimliche Online-Durchsuchung ist nicht zulässig (Vgl. § 100a Rdn. 47).

23 Befinden sich die Daten **im Ausland**, kann auf diese – im **Anwendungsbereich der Cybercrime-Convention** – nach deren Art. 32 zugegriffen werden. Das Übereinkommen des Europarats vom 23.11.2001 über Computerkriminalität (sog. Cybercrime-Convention – CCC; SEV Nr. 185), BGBl 2008 II S. 1242, in Kraft seit 01.07.2009, BGBl 2010 II S. 218) enthält u.a. Regelungen zur Durchsuchung und Beschlagnahme sowie zur Rechtshilfe. Dem Übereinkommen sind bislang 32 Staaten beigetreten (zum Stand vgl. http://conventions.coe.int).

24 Art. 32 hat folgenden Wortlaut:
»*Artikel 32 – Grenzüberschreitender Zugriff auf gespeicherte Computerdaten mit Zustimmung oder wenn diese öffentlich zugänglich sind*
Eine Vertragspartei darf ohne Genehmigung einer anderen Vertragspartei
   a *auf öffentliche zugängliche gespeicherte Computerdaten (offene Quellen) zugreifen, gleichviel, wo sich die Daten geografisch befinden, oder*
   b *auf gespeicherte Computerdaten, die sich im Hoheitsgebiet einer anderen Vertragspartei befinden, mittels eines Computersystems in ihrem Hoheitsgebiet zugreifen oder diese Daten empfangen, wenn sie die rechtmäßige und freiwillige Zustimmung der Person einholt, die rechtmäßig befugt ist, die Daten mittels dieses Computersystems an sie weiterzugeben.«*

25 Geregelt wird dort aber allein der Zugriff auf **offen zugängliche Daten** (Art. 32a) und der Zugriff auf gespeicherte Daten mit **freiwilliger Zustimmung** des unmittelbar Betroffenen (Art. 32b).

26 Außerhalb des Anwendungsbereichs der Cybercrime-Convention richtet sich der Zugriff auf offen zugängliche Daten nach internationalem Gewohnheitsrecht (vgl. *Gercke*, Zur Zulässigkeit sog. Transborder Searches – Der strafprozessuale Zugriff auf im Ausland gespeicherte Daten, StraFo 2009, 271, 273).

27 Im Übrigen verbleibt es – wie auch bei den zugangsgeschützten Daten – bei der Notwendigkeit eines förmlichen Rechtshilfeersuchens (vgl. hierzu *Meyer-Goßner/Schmitt* § 110 Rn. 7a). Zu den zugangsgeschützten Daten enthält die Cybercrime-Convention aber in Art. 29 besondere Rechtshilferegelungen. Diese rechtfertigen zwar keinen Zugriff auf die Daten, erleichtern jedoch die Datensicherung für ein Rechtshilfeverfahren.

28 Art. 29 hat folgenden Wortlaut:
»*Artikel 29 – Umgehende Sicherung gespeicherter Computerdaten*
1 Eine Vertragspartei kann eine andere Vertragspartei um Anordnung oder anderweitige Bewirkung der umgehenden Sicherung von Daten ersuchen, die mittels eines Computersystems gespeichert sind, das sich im Hoheitsgebiet der anderen Vertragspartei befindet, und derentwegen die ersuchende Vertragspartei beabsichtigt, ein Rechtshilfeersuchen um Durchsuchung oder ähnlichen Zugriff, Beschlagnahme oder ähnliche Sicherstellung oder Weitergabe der Daten zu stellen.
2 Ein Ersuchen um Sicherung nach Absatz 1 hat Folgendes genau zu bezeichnen:
   a *die Behörde, die um die Sicherung ersucht;*
   b *die Straftat, die Gegenstand der strafrechtlichen Ermittlungen oder Verfahren ist, und eine kurze Sachverhaltsdarstellung;*
   c *die gespeicherten Computerdaten, die zu sichern sind, und der Zusammenhang zwischen ihnen und der Straftat;*
   d *alle verfügbaren Informationen zur Ermittlung des Verwahrers der gespeicherten Computerdaten oder des Standorts des Computersystems;*
   e *die Notwendigkeit der Sicherung und*
   f *die Absicht der Vertragspartei, ein Rechtshilfeersuchen um Durchsuchung oder ähnlichen Zugriff, Beschlagnahme oder ähnliche Sicherstellung oder Weitergabe der gespeicherten Computerdaten zu stellen.*
3 Nach Eingang des von einer anderen Vertragspartei gestellten Ersuchens trifft die ersuchte Vertragspartei alle geeigneten Maßnahmen zur umgehenden Sicherung der bezeichneten Daten in Übereinstimmung mit ihrem innerstaatlichen Recht. Für die Zwecke der Erledigung eines Ersuchens wird die beiderseitige Strafbarkeit als Voraussetzung für die Vornahme dieser Sicherung nicht verlangt.
4 Eine Vertragspartei, welche die beiderseitige Strafbarkeit als Voraussetzung für die Erledigung eines Rechtshilfeersuchens um Durchsuchung oder ähnlichen Zugriff, Beschlagnahme oder ähnliche Sicherstellung oder Weitergabe gespeicherter Daten verlangt, kann sich in Bezug auf andere als die

nach Artikeln 2 bis 11 umschriebene Straftaten das Recht vorbehalten, Ersuchen um Sicherung nach diesem Artikel abzulehnen, wenn sie Grund zu der Annahme hat, dass im Zeitpunkt der Weitergabe die Voraussetzung der beiderseitigen Strafbarkeit nicht erfüllt werden kann.

5 Darüber hinaus kann ein Ersuchen um Sicherung nur abgelehnt werden, wenn
   a das Ersuchen eine Straftat betrifft, die von der ersuchten Vertragspartei als politische oder als mit einer solchen zusammenhängenden Straftat angesehen wird, oder
   b die ersuchte Vertragspartei der Ansicht ist, dass die Erledigung des Ersuchens geeignet ist, ihre Souveränität, Sicherheit, öffentliche Ordnung (ordre public) oder andere wesentliche Interessen zu beeinträchtigen.

6 Ist durch die Sicherung nach Ansicht der ersuchten Vertragspartei die künftige Verfügbarkeit der Daten nicht gewährleistet oder die Vertraulichkeit der Ermittlungen der ersuchenden Vertragspartei gefährdet oder in andere Weise beeinträchtigt, so setzt sie die ersuchende Vertragspartei umgehend davon in Kenntnis; diese entscheidet dann, ob das Ersuchen dennoch erledigt werden soll.

7 Jede Sicherung, die in Erledigung des in Absatz 1 bezeichneten Ersuchens vorgenommen wird, erfolgt für mindestens 60 Tage, damit die ersuchende Vertragspartei ein Ersuchen um Durchsuchung oder ähnlichen Zugriff, Beschlagnahme oder ähnliche Sicherstellung oder Weitergabe der Daten stellen kann. Nach Eingang eines solchen Ersuchens werden die Daten weiterhin gesichert, bis über das Ersuchen entschieden worden ist.«

In **dringenden Fällen** kann nach Art. 25 Abs. 3 CCC »jede Vertragspartei Rechtshilfeersuchen oder damit in Zusammenhang stehende Mitteilungen durch schnelle Kommunikationsmittel einschließlich Telefax oder elektronischer Post übersenden, soweit diese Mittel einen angemessenen Sicherheits- und Authentisierungsstandard bieten (erforderlichenfalls auch unter Einsatz einer Verschlüsselung) und eine förmliche Bestätigung folgt, wenn die ersuchte Vertragspartei dies verlangt.« 29

Nicht zulässig ist es nach überwiegender Ansicht, selbst die zugangsgeschützten Daten im Ausland vorläufig zu sichern, um erst anschließend deren weitere Verwendung mit dem betroffenen Staat zu klären (*Meyer-Goßner/Schmitt* § 110 Rn. 7a mit zahlreichen Nachweisen aus der Literatur). 30

H. Rechtsbehelfe. Gegen die Mitnahme zur Durchsicht ist – da sie noch Teil der Durchsuchung ist und keine Beschlagnahme – **entsprechend § 98 Abs. 2 Satz 2** Antrag auf richterliche Entscheidung zulässig (BVerfG NStZ 2002, 377, 378; BGH-Ermittlungsrichter CR 1999, 292, 293; BayVerfGH BRAK-Mitt 2011, 214; BGH NJW 2000, 84; *Meyer-Goßner/Schmitt* § 110 Rn. 10; KK-StPO/*Bruns* § 110 Rn. 9; SK-StPO/*Wohlers* § 110 Rn. 28). Auch für die Prüfung der Einhaltung der Entscheidungsgrenzen im Hinblick auf die geforderte zügige Durchsicht steht dem Betroffenen der Antrag entsprechend § 98 Abs. 2 Satz 2 offen (BGH NStZ 2003, 670 unter Hinweis auf BVerfG NStZ 2002, 377, 378). Gleiches gilt für die Durchsicht durch Nichtberechtigte (SK-StPO/*Wohlers* § 110 Rn. 28 u.a. unter Hinweis auf OLG Jena NJW 2001, 1290, 1294; LG Magdeburg StraFo 1998, 271, 273) oder wenn geltend gemacht wird, unter den mitgenommenen Papieren befänden sich auch beschlagnahmefreie Papiere (BGH NJW 1973, 2035; SK-StPO/*Wohlers* § 110 Rn. 28). Anders sieht dies aber das LG Oldenburg, wonach dem Betroffenen während der Durchsuchung kein Anspruch auf Prüfung der Beschlagnahmefreiheit durch einen Richter zusteht. Vielmehr haben die Ermittlungsbeamten danach die Unterlagen selbst durchzusehen und zu entscheiden, ob die Unterlagen beweiserheblich sind und ob ein Beschlagnahmeverbot eingreift (LG Oldenburg PStR 2002, 95). 31

Geht die Sicherstellung über die thematisch begrenzte Zielvorgabe in dem nur bestimmte Datensätze betreffenden Durchsuchungsbeschluss hinaus, kann die auf den Rechtsbehelf nach § 98 Abs. 2 Satz 2 ergangene Entscheidung des Amtsgerichts selbstständig mit der Beschwerde (§ 304 Abs. 1 und 2) angefochten werden (BVerfGK 1, 126, 134; BVerfG StV 2009, 505). 32

I. Verwertbarkeit. Schwerwiegende, bewusste oder willkürliche Verstöße können ein Verwertungsverbot nach sich ziehen (*Meyer-Goßner/Schmitt* § 110 Rn. 10; SK-StPO/*Wohlers* § 110 Rn. 30). Das soll etwa dann gelten, wenn umfassend offensichtlich nicht als Beweismittel relevante Papiere durchgesehen werden (LR/*Tsambikakis* § 110 Rn. 32; SK-StPO/*Wohlers* § 110 Rn. 30 mit weiteren Hinweisen). 33

§ 110a StPO Verdeckter Ermittler.

(1) ¹Verdeckte Ermittler dürfen zur Aufklärung von Straftaten eingesetzt werden, wenn zureichende tatsächliche Anhaltspunkte dafür vorliegen, daß eine Straftat von erheblicher Bedeutung
1. auf dem Gebiet des unerlaubten Betäubungsmittel- oder Waffenverkehrs, der Geld- oder Wertzeichenfälschung,
2. auf dem Gebiet des Staatsschutzes (§§ 74a, 120 des Gerichtsverfassungsgesetzes),
3. gewerbs- oder gewohnheitsmäßig oder
4. von einem Bandenmitglied oder in anderer Weise organisiert

begangen worden ist. ²Zur Aufklärung von Verbrechen dürfen Verdeckte Ermittler auch eingesetzt werden, soweit auf Grund bestimmter Tatsachen die Gefahr der Wiederholung besteht. ³Der Einsatz ist nur zulässig, soweit die Aufklärung auf andere Weise aussichtslos oder wesentlich erschwert wäre. ⁴Zur Aufklärung von Verbrechen dürfen Verdeckte Ermittler außerdem eingesetzt werden, wenn die besondere Bedeutung der Tat den Einsatz gebietet und andere Maßnahmen aussichtslos wären.

(2) ¹Verdeckte Ermittler sind Beamte des Polizeidienstes, die unter einer ihnen verliehenen, auf Dauer angelegten, veränderten Identität (Legende) ermitteln. ²Sie dürfen unter der Legende am Rechtsverkehr teilnehmen.

(3) Soweit es für den Aufbau oder die Aufrechterhaltung der Legende unerläßlich ist, dürfen entsprechende Urkunden hergestellt, verändert und gebraucht werden.

1 **A. Bedeutung, Zweck und Anwendungsbereich der Norm.** Die Vorschrift, die durch das OrgKG eingeführt wurde (RegE BT-Drucks. 12/989 S. 41; krit. *Zaczyk* StV 1993, 490 ff.) und bei der Vereinheitlichung der Vorschriften über verdeckte Ermittlungsmaßnahmen im Jahr 2008 unverändert geblieben ist (SK-StPO/*Wolter* § 110a Rn. 1a), regelt die materiellen Voraussetzungen des strafprozessualen Einsatzes Verdeckter Ermittler, während § 110b die Anordnung der Eingriffsmaßnahme normiert und § 110c einzelne Bestimmungen über die Eingriffsbefugnisse enthält. §§ 110d, 110e sind durch das Gesetz zur Vereinheitlichung der Normen über verdeckte Ermittlungsmaßnahmen aufgehoben worden; ihr Regelungsgehalt findet sich nun in § 101.

2 Verdeckte Ermittler sind nach § 110a Abs. 2 – im Sinne von §§ 2, 35 ff. BeamtStG (§§ 4, 60 ff. BBG) statusmäßige (BGH StV 2007, 561; KK/*Bruns* § 110a Rn. 5; LR/*Hauck* § 110a Rn. 17) – **Beamte des Polizeidienstes**, einschließlich der Steuer- und Zollfahndungsstellen, die unter einer auf Dauer angelegten veränderten Identität, der beschönigend sogenannten **Legende**, in Strafverfahren ermitteln. Eine Bindung an den Gegenstand eines einzelnen Strafverfahrens besteht nicht; der Einsatz kann verfahrensübergreifend sein. Die Gesetze der Bundesländer enthalten meist zusätzlich Normen über den Einsatz Verdeckter Ermittler im präventivpolizeilichen Bereich (SK-StPO/*Wolter* § 110a Rn. 2). In Gemengelagen geht das Strafprozessrecht als Bundesrecht vor (BGHSt 41, 64 [68]; s.a. für den V-Mann-Einsatz BGHSt 45, 321 [337]; 47, 44 [48]). Der Einsatz ist aber **polizeilich dominiert** und **unterläuft** strukturell **die Verfahrensherrschaft der** meist nur als Genehmigungsbehörde fungierenden **Staatsanwaltschaft** im Vorverfahren, sowie diejenige der Gerichts ab dem Zwischenverfahren, weil nur die Polizei geeignete Beamte zur Verfügung hat, ferner weil sie die »Legende« als polizeitaktische Maßnahme alleine aufbaut (*Meyer-Goßner/Schmitt* § 110a Rn. 8), außerdem weil Geheimhaltungsmaßnahmen und Beweismittelsperrungen (§§ 110b Abs. 3, 96) auch über Hintergründe einerseits und Vorgänge mit Verfahrensöffentlichkeit andererseits nicht miteinander vereinbar sind. Die Kontrolle durch die Justiz ist deshalb strukturell auf Ausschnitte beschränkt und aus der Sicht der Verteidigung, die auf **Rechtsbehelfe nach § 101 Abs. 7 S. 2 und 3** verwiesen wird, nicht effektiv.

3 Verdeckte Ermittler werden nach der gesetzgeberischen Überlegung insbesondere im Bereich der **Bekämpfung der Organisierten Kriminalität** eingesetzt, um abgeschottete Strukturen aufzuklären (BT-Drucks. 12/989 S. 42; *Ellbogen* Die verdeckte Ermittlungstätigkeit der Strafverfolgungsbehörden durch die Zusammenarbeit mit V-Personen und Informanten, 2004, S. 26 f.; *Meyer-Goßner/Schmitt* § 110a Rn. 5; SK-StPO/*Wolter* § 110a Rn. 5). Weil das notwendig erscheint, galt es schon vor Inkrafttreten des Gesetzes auch als zulässig (vor dem OrgKG undifferenziert für V-Leute u.a. sowie Verdeckte Ermittler BGHSt 32, 315 [321 f.]; 32, 345 [346]; 40, 211 [215]; 41, 42 [43]; 45, 321 [324, 336]; 47, 44 [50]). Die Notwendigkeit allein ist aber im Rechtsstaat keine ausreichende Legitimation, soweit jedenfalls das Prinzip vom Vorbehalt des Gesetzes gilt. Der Einsatz von verdeckten Ermittlern ist nach der

Rechtsprechung des EGMR zulässig, solange er klaren Regeln und Schutzmaßnahmen unterworfen ist. Während die Zunahme des organisierten Verbrechens es notwendig macht, dass angemessene Maßnahmen ergriffen werden, hat das Recht auf eine faire Anwendung des Rechts einen so hohen Stellenwert, dass es der Zweckmäßigkeit nicht geopfert werden darf (EGMR JR 2015, 81 [84]). Das Phänomen der Organisierten Kriminalität kann allerdings begrifflich kaum so konturenscharf umschrieben werden, dass dies noch dem Bestimmtheitsgebot für innerstaatliche Eingriffsnormen entspricht. Zahlreiche Definitionsversuche sind fehlgeschlagen; geblieben ist nur eine Arbeitsdefinition praeter legem (LR/*Hauck* § 110a Rn. 1). Vor diesem Hintergrund hat der Gesetzgeber eine Eingabelung des tauglichen Ermittlungsgegenstands durch verschiedenartige Umschreibungen in dem Katalog der Anlasstaten gewählt, der typische Delikte oder Erscheinungsformen der Organisierten Kriminalität einschließen soll, sich aber weder darauf beschränkt, noch ein wesentliches Mehr an Bestimmtheit des Eingriffstatbestands bewirkt. Die Vorschrift ist vielmehr als Ermächtigungsnorm zum Grundrechtseingriff streng genommen **zu unbestimmt** (*T. Bode* Verdeckte strafprozessuale Ermittlungsmaßnahmen, 2012, S. 425).

Die Vorschriften der §§ 110a ff. haben nach der gesetzgeberischen Motivation ihren Grund nicht in dem zu Unrecht als generell zulässig geltenden Verwenden eines Decknamens oder in dem ebenso der Praxis vertrauten und schon wegen angeblicher Erforderlichkeit in einer zur Beantwortung der Legitimationsfrage zirkelschlüssigen Weise auch als zulässig geltenden Verschweigen der Eigenschaft als Ermittler, sondern nur in der durch die veränderte Identität bewirkten **Gefährdung des allgemeinen Rechtsverkehrs** durch das rechtlich relevante Handeln Verdeckter Ermittler unter ihrer Legende. Vor diesem Hintergrund ist die Regelung überhaupt **nicht als gesetzliche Ermächtigung** zum Grundrechtseingriff **konzipiert worden**, sondern nur aus Gründen der Dienstaufsicht und Fürsorge für Verdeckte Ermittler (BT-Drucks. 12/989 S. 42; *Ellbogen* Die verdeckte Ermittlungstätigkeit der Strafverfolgungsbehörden durch die Zusammenarbeit mit V-Personen und Informanten, 2004, S. 31). Sie hat aber nach unnötig verzögerter Entdeckung des grundrechtsrelevanten Eingriffscharakters des Einsatzes Verdeckter Ermittler gegenüber Zielpersonen schon der Beschaffung personenbezogener Daten praktisch die Aufgabe der gesetzlichen Eingriffsermächtigung erhalten, die sie allenfalls unzureichend erfüllen kann. Der Gesetzgeber hat im Gefolge einer zu kurz greifenden Rechtsprechung, die den Bedeutungsgehalt des Prinzips vom Vorbehalt des Gesetzes, ferner den Eingriffscharakter von Ermittlungsmaßnahmen und schließlich das Belastungsgewicht des verdeckten staatlichen Handelns unterschätzt hatte, nur eine ungenügende Regelung getroffen (*Hund* StV 1993, 379 ff.). Diese ist zudem wenig gebräuchlich (LR/*Hauck* § 110a Rn. 3), weil der Einsatz Verdeckter Ermittler im Vergleich mit dem Einsatz von V-Leuten zu teuer, zu gefährlich oder nicht zielführend wirkt (*Ellbogen* Die verdeckte Ermittlungstätigkeit der Strafverfolgungsbehörden durch die Zusammenarbeit mit V-Personen und Informanten, 2004, S. 36; *Krey/Jaeger* NStZ 1995, 517) und meist durch den Einsatz anderer nicht offen ermittelnder Polizeibeamter oder privater V-Leute umgangen wird. Wegen der grundlegenden Verkennung des Bedeutungsgehalts der Verdeckten Ermittlungen als Grundrechtseingriff überhaupt und als ein solcher, der sich latent sogar im Bereich des Unverfügbaren bewegt, ist nicht abschließend geklärt, wann die verdeckten Ermittlungen mit Täuschungscharakter in den absolut geschützten Kernbereich der Persönlichkeitsentfaltung betroffener Bürger eindringen (*Wolter* ZIS 2012, 238 [240 ff.]). Das gedankenlose Nachvollziehen der europäischen Rechtsprechung nur anhand des Fairnessmaßstabs aus Art. 6 Abs. 1 EMRK oder aus Art. 20 Abs. 1 GG i.V.m. den Grundrechten (BVerfG StraFo 2015, 100 [101 f.] m. Anm. *Eisenberg*) verhindert vorerst weiter das Verständnis für die Bedeutung und Tragweite des Eingriffshandelns im Bereich der materiellen Grundrechte (Art. 1 Abs. 1, 2 Abs. 1, 20 Abs. 3 GG; *Tyszkiewicz* Tatprovokation als Ermittlungsmaßnahme, 2014, S. 56 ff.) und der Menschenrechte (Art. 8 EMRK; LR/*Hauck* § 110a Rn. 16). Auch **mangels eines Kernbereichsschutzkonzepts** ist die vorliegende Regelung **verfassungswidrig** (*T. Bode* Verdeckte strafprozessuale Ermittlungsmaßnahmen, 2012, S. 423 ff.), was aus fehlendem Rechtsbewusstsein für die Bedeutung der Selbstbelastungsprovokation (*Wolter* ZIS 2012, 238 [240 ff.]) und der staatlichen Tatprovokation (BGH Urt. v. 10.06.2015 – 2 StR 97/14) von der Praxis und der bisher herrschenden Meinung nicht als unüberwindliches Problem erkannt wurde. Der nachrangige § 160a (dazu BVerfGE 129, 208 [258 ff.]) kann den Mangel in der vorliegenden Vorschrift nicht ausreichend beheben.

B. Verdeckte Ermittlungen unter einer auf Dauer angelegten Legende. Für die Eigenschaft als Verdeckter Ermittler und nicht nur als sonstiger nicht offen ermittelnder Polizeibeamter

§ 110a StPO Verdeckter Ermittler

soll es im Anschluss an das fehlerhafte Ursprungskonzept des Gesetzgebers des OrgKG, nur **den allgemeinen Rechtsverkehr schützen** zu wollen, und keine – im Bereich des Verfügbaren notwendige, im Kernbereich der Persönlichkeitsentfaltung auch dem Gesetzgeber nicht gestattete (Art. 1 Abs. 1 i.V.m. Art. 79 Abs. 3 GG) – Eingriffsermächtigung zu schaffen, von Bedeutung sein, ob der Auftrag des Verdeckten Ermittlers über wenige, konkret vorausbestimmte Maßnahmen hinausgeht, ob es erforderlich werden dürfte, eine **unbestimmte Vielzahl von Personen** über seine wahre Identität **zu täuschen**, und ob abzusehen ist, dass die **Identität** des Beamten **in künftigen Strafverfahren** auf Dauer **geheim zu halten** sein wird (BGHSt 41, 64 [65]). Das alles soll im Rahmen einer **Gesamtwürdigung** der verschiedenen Faktoren bewertet werden (*Radtke/Hohmann/Pegel* § 110a Rn. 5), die dem Eingriffsrecht, das an möglichst bestimmte und zu subsumierende Tatbestandsvoraussetzungen gebunden sein sollte, an sich fremd ist. Bei der Rechtsprechungsdefinition wird darauf abgestellt, ob der allgemeine Rechtsverkehr oder die Beschuldigtenrechte in künftigen Strafverfahren eine mehr als nur unerhebliche Beeinträchtigung durch den Einsatz des verdeckt operierenden Polizeibeamten erfahren können (BGHSt 41, 64 [65]), was aber weder zuverlässig prognostizierbar, noch abgrenzbar oder verfassungsrechtlich relevant sein dürfte.

6 Die Legende, unter der ein Verdeckter Ermittler operiert, ist nach der Rechtsprechung über den Wortlaut der Norm hinaus prinzipiell **auf Dauer angelegt** (BGHSt 41, 42 [43]; 41, 64 [65]; krit. *Hund* StV 1993, 379 [380 f.]; s.a. *Schneider* NStZ 2004, 359 [361 f.]), auch wenn ein bestimmter Mindestzeitraum ihrer Umsetzung nicht erforderlich sein soll (krit. *Radtke/Hohmann/Pegel* § 110a Rn. 8 f.). Eine Tarnung, die nur im Einzelfall zum Einsatz kommt, soll – obwohl die Anlage der Legende auf Dauer und das Konzept, nicht die Umsetzung anspricht – andererseits im Einzelfall nicht dazu ausreichen, diesen dem »strengen« Reglement für den Einsatz Verdeckter Ermittler zu unterwerfen, sodass derart handelnde Beamte im Einzelfall angeblich wie sonstige nicht offen ermittelnde Polizeibeamte nicht der vorliegenden Vorschrift unterliegen (BGHR StPO § 110a Ermittler 4 m. Anm. *Rogall* NStZ 1996, 451). **Verändert** werden neben **Namen, Anschrift und Berufsbezeichnung** auch die persönlichen Lebensverhältnisse des Verdeckten Ermittlers (*Ellbogen* Die verdeckte Ermittlungstätigkeit der Strafverfolgungsbehörden durch die Zusammenarbeit mit V-Personen und Informanten, 2004, S. 32); **die ganze Vita** ist demnach erlogen (*Zaczyk* StV 1993, 490 [492 f.]). Zu diesem Legendenaufbau dürfen nach § 110a Abs. 3 auch **Tarnpapiere** hergestellt werden (*Meyer-Goßner/Schmitt* § 110a Rn. 8; *Radtke/Hohmann/Pegel* § 110a Rn. 21), wobei die prozessuale Norm als **Rechtfertigungsgrund bei Urkundenfälschungen** wirkt (KK/*Bruns* § 110a Rn. 10; LR/*Hauck* § 110a Rn. 28). Sonstige »einsatzbedingte« Straftaten sind den Verdeckten Ermittlern aber nicht erlaubt. Allenfalls über die allgemeinen Rechtfertigungsregeln oder Entschuldigungsgründe lässt sich im Einzelfall eine Straffreiheit begründen (zum Problem *Schwarzburg* NStZ 1995, 469 ff.). Personenstandsbücher und Register, die mit öffentlichem Glauben ausgestattet sind, dürfen nach der gesetzgeberischen Vorstellung nicht verfälscht werden, was jedoch bei der Gesellschaftsgründung unter Verwendung der Legende geschieht (*Zaczyk* StV 1993, 490 [493]).

7 Der Verdeckte Ermittler darf nach § 110a unter seiner Legende am Rechtsverkehr teilnehmen, also **Rechtsgeschäfte abschließen**, etwa Firmen gründen, sonstige Rechtshandlungen vornehmen, sich unter dem falschen Namen in das Grundbuch oder in andere Register eintragen lassen, also Identitätstäuschungen bei Neueintragungen vornehmen, aber nicht bestehende Eintragungen verfälschen (KK/*Bruns* § 110a Rn. 10; *Radtke/Hohmann/Pegel* § 110a Rn. 20 f.; krit. *Zaczyk* StV 1993, 490 [492 f.]). Verdeckte Ermittler dürfen unter ihrer Legende auch als Kläger oder Beklagte **in Prozessen auftreten** (LR/*Hauck* § 110a Rn. 29; SK-StPO/*Wolter* § 110a Rn. 15).

Kein Polizeibeamter kann zu dem besonders belastenden und risikoreichen Einsatz als Verdeckter Ermittler gezwungen werden. Verdeckte Ermittlungen bergen die Gefahr, dass der Beamte, der sich über längere Zeit hinweg im kriminellen Milieu bewegen und sich ihm anpassen muss, dorthin abgleitet (*Zaczyk* StV 1993, 490 [493]). Das Leben des Beamten unter der Legende im kriminellen Milieu ist Familienangehörigen kaum zumutbar. Dem Rechtsverkehr ist eine solche **quasi-nachrichtendienstliche Vorgehensweise** aus dem Spionagebereich (*Roxin/Schünemann* Strafverfahrensrecht, § 37 Rn. 1) im nicht kriegerischen Kontext eines Strafverfahrens unter der Geltung des Rechtsstaatsprinzips aus Art. 20 Abs. 3 GG allenfalls dann zuzumuten, wenn einerseits die Erforderlichkeit solcher Maßnahmen unerlässlich erscheint und andererseits hinreichende Bestimmtheit der Voraussetzungen und Befugnisse besteht sowie das Prinzip der Kontrolle wirklich effektiv gewahrt ist. Das ist nach Erfahrungen mit der Praxis der Selbstbelastungs- oder Tatprovokation nicht der Fall. Bei einer Enttarnung drohen dem Beamten auch Racheakte des kriminellen Milieus. Der Einsatz als Verdeckter Ermittler ist schließlich nicht besonders attraktiv, weil er einer Karriere eher hinderlich wirkt. Im Ganzen erscheint das Konstrukt auch aus der dienstrechtlichen Perspektive heraus bedenklich. Der Dienstherr hat die Pflicht dafür Sorge zu tragen, dass durch den Einsatz des Verdeckten Ermittlers Dritten kein Schaden entsteht. Ob und wie ein dennoch eingetretener Schaden durch Amtshaftungs- oder als Aufopferungsanspruch gemacht werden kann, ist ungeklärt (vgl. KK/*Bruns* § 110a Rn. 12; *Meyer-Goßner/Schmitt* § 110a Rn. 7; krit. *Zaczyk* StV 1993, 490 [493]). Ob nachträgliche Informationen nach den Maßstäben des § 101 dies ausreichend ermöglichen, erscheint angesichts der Geheimhaltungspraxis zweifelhaft.

C. Unanwendbarkeit der speziellen Eingriffsnorm auf sonstige nicht offen ermittelnde Polizeibeamte oder V-Leute. Die Rechtsprechung definiert den Begriff der Verdeckten Ermittler eng in der fehlerhaften Annahme, dass andere Maßnahmen bereits nach der Ermittlungsgeneralklausel zu beurteilen und prinzipiell legitim seien. Das beruht auf einem latenten Missverständnis der Bedeutung des Prinzips vom Vorrang und vom Vorbehalt des Gesetzes, ferner einer falschen Auffassung vom Eingriffscharakter aller verdeckten Ermittlungen, schließlich vom Gewicht dieser Eingriffe in materielle und prozessuale Grundrechtspositionen. Die Ermittlungsgeneralklausel gestattet nur einen schlichten Eingriff in das Recht auf informationelle Selbstbestimmung durch Erfassung, Speicherung und Verwendung personenbezogener Daten, nicht einen weiter gehenden Eingriff in das allgemeine Persönlichkeitsrecht durch Erschleichen einer Vertrauensbeziehung auf der Grundlage einer Täuschung oder den heimlichen Eingriff in Spezialgrundrechte. Daher ist die Flucht in die Generalklausel verfehlt (LR/*Hauck* § 110a Rn. 14). 8

I. Ohne Legendenverwendung auf Dauer ermittelnde Polizeibeamte. Ein Polizeibeamter, der bei **Internet-Ermittlungen** in sozialen Netzwerken seine wahre Identität und die Eigenschaft der Recherchen oder Kommunikation als Ermittlungstätigkeit verschweigt, unterliegt nach h.M. nicht den §§ 110a ff. (KK/*Bruns* § 110a Rn. 7; LR/*Hauck* § 110a Rn. 26; *Soiné* NStZ 2003, 225 ff.; 2014, 248 ff.), solange er jedenfalls anonym bleibt und die Legende nicht benötigt; andernfalls gelten die §§ 110a ff. (*T. Bode* Verdeckte strafprozessuale Ermittlungsmaßnahmen, 2012, S. 423 f.; *Radtke/Hohmann/Pegel* § 110a Rn. 10; *Rosengarten/Römer* NJW 2012, 1764 ff.). 9

Sonst **nicht offen ermittelnde Polizeibeamte** (noeP), die in der Praxis vor allem als Scheinaufkäufer auftretende Ermittler (BGHSt 41, 64 [65]; BGHR StPO § 110a Ermittler 4; StPO § 110b Abs. 2 Verwertungsverbot 2), sind keine Verdeckten Ermittler (BT-Drucks. 12/989 S. 42; BVerfG StV 2012, 257 [262]; BGH StV 1997, 233; KK/*Bruns* § 110a Rn. 6; *Ellbogen* Die verdeckte Ermittlungstätigkeit der Strafverfolgungsbehörden durch die Zusammenarbeit mit V-Personen und Informanten, 2004, S. 39 ff.; *Lilie* NStZ 1995, 517; *Meyer-Goßner/Schmitt* § 110a Rn. 4; *Radtke/Hohmann/Pegel* § 110a Rn. 6). Auch die längerfristige Verwendung von Tarnpapieren macht den nicht offen ermittelnden Polizeibeamten nach der vorherrschenden Definition nicht zu einem Verdeckten Ermittler, solange er nicht auf Dauer unter der Legende am Rechtsverkehr teilnimmt. Umgekehrt ist ein Polizeibeamter, der sich im Außendienst auf **einzelne Ermittlungshandlung** im Umfeld des Beschuldigten beschränkt, nach der Rechtsprechung auch bei Verwendung der Legende nicht nach den Maßstäben der §§ 110a ff. zu beurteilen und zwar auch dann nicht, wenn er innerdienstlich länger mit dem Fall befasst ist (BGHR StPO § 110a Ermittler 4; krit. LR/*Hauck* § 110a Rn. 24; *Schneider* NStZ 2004, 359 [360 f.]). Diese Beschränkung des Anwendungsbereichs der Spezialnormen beruht auf der ursprünglich fehlerhaften Konzeption des Gesetzes und sie führt zu der Frage, ob der Einsatz nicht offen ermittelnder Polizeibeamter, die nach der zu engen Definition des Verdeckten Ermittlers durch die Rechtsprechung, ausreichend durch die Ermittlungsgeneralklausel legitimiert werden kann oder nicht. Da der Eingriffscharakter und das Eingriffsgewicht der Einzelmaßnahme aus der Sicht von Beschuldigten meist nicht hinter demjenigen zurückbleiben, das entsprechende Handlungen durch Verdeckte Ermittler aufweisen, ist die Frage letztlich zu verneinen (SK-StPO/*Wolter* § 110a Rn. 13). Für den Einsatz privater V-Personen kann im Ergebnis nichts anderes gelten, soweit dieser den staatlichen Strafverfolgungsorganen zuzurechnen ist. § 110a ist auf sie nicht anzuwenden und die Ermittlungsgeneralklausel bleibt hinter dem Regelungsniveau des speziellen Eingriffsrechts derart zurück, dass sie mehr als die schlichte Informationsbeschaffung durch V-Leute oder Informanten nicht zu legitimieren vermag. 10

§ 110a StPO   Verdeckter Ermittler

Die Praxis folgt der Anl. D zu den RiStBV, die aber ein parlamentarisch erlassenes Gesetz als notwendige und hinreichend bestimmte Ermächtigungsgrundlage nicht ersetzen können.

11 **II. V-Leute.** § 110a ist auf den Einsatz polizeilicher V-Leute **weder unmittelbar noch analog anwendbar** (BGHSt 41, 42 [44]; 45, 321 [330]; KK/*Bruns* § 110a Rn. 9; zur Analogiefrage näher *Ellbogen* Die verdeckte Ermittlungstätigkeit der Strafverfolgungsbehörden durch die Zusammenarbeit mit V-Personen und Informanten, 2004, S. 105 ff.), obwohl die eingriffsrechtliche Bedeutung dieselbe ist wie beim Einsatz Verdeckter Ermittler (LR/*Hauck* § 110a Rn. 12). Der Einsatz von V-Personen, der oft insgesamt geheim bleibt (*Conen* StraFo 2013, 140 [143]), gilt in der Rechtsprechung seit jeher ohne weiteres als **zulässig, weil** er zur Bekämpfung schwer aufklärbarer Kriminalität **notwendig** sei (Rdn. 3; s.a. *Ellbogen* Die verdeckte Ermittlungstätigkeit der Strafverfolgungsbehörden durch die Zusammenarbeit mit V-Personen und Informanten, 2004, S. 31; zur Kritik daran *Eschelbach* StV 2000, 390 ff.). Die **Ermittlungsgeneralklausel** sei dafür eine ausreichende Rechtsgrundlage. Die behauptete Notwendigkeit ersetzt aber keine Legitimation nach dem Prinzip vom Vorrang und vom Vorbehalt des Gesetzes, soweit V-Leute über den reinen Informationsbeschaffungsakt hinaus in Grundrechte Dritter eingreifen und ihre Handlungen aufgrund des Ermittlungsauftrags und einer **Verpflichtung für den öffentlichen Dienst** dem Staat **zuzurechnen** ist. Die Ermittlungsgeneralklausel ist gemessen an der Bedeutung und Tragweite des V-Mann-Einsatzes, an ihren besonderen Risiken und an den sonstigen Sonderregelungen für eingriffsintensive heimliche Ermittlungen als Ermächtigungsgrundlage unzureichend (*Barczak* StV 2012, 182 [186]; SK-StPO/*Wolter* § 110a Rn. 3). Der V-Mann-Einsatz, der aus der Sicht der Betroffenen denselben Zweck verfolgt und dieselbe Eingriffsintensität aufweist, wie der Einsatz eines Verdeckten Ermittlers, stellt sich als **Umgehung der vorliegenden Vorschrift** dar (*T. Bode* Verdeckte strafprozessuale Ermittlungsmaßnahmen, 2012, S. 423), die wiederum eine Umgehung von § 136a Abs. 1 und 3 enthält. Zwar mag es sich um einen andersartigen Eingriff handeln (BGHSt 41, 42 [45]), der aber für die **Risiken der Selbstbelastungsprovokation** (SK-StPO/*Wolter* § 110a Rn. 3a und ZIS 2012, 238 ff.) oder **der Tatprovokation** des Beschuldigten (EGMR StV 2015, 405 [407 ff.]; BGH Urt. v. 10.06.2015 – 2 StR 97/14) oder aber **der Sachverhaltsverfälschung** durch Falschbelastung oder zu starke Belastung des Beschuldigten seitens der »bezahlten Zeugen« nicht weniger gewichtig ist. All dies war früher ohne nennenswerte dogmatische Begründung nur dementiert worden, weil nicht sein kann, was nicht sein darf. Heute sind die Zurechnung des auftragsgemäßen V-Mann-Handelns zum staatlichen Strafverfahren und der Eingriffscharakter bestimmter Maßnahmen durch V-Leute anerkannt (*Conen* StraFo 2013, 140 [144]). Das **Defizit im Gesetz** ist erhalten geblieben. Selbstbelastungsprovokationen und Tatprovokationen verletzen den Achtungsanspruch aus der **Menschenwürdegarantie** und könnten daher nicht einmal durch den Gesetzgeber gestattet werden (Art. 1 Abs. 1, 20 Abs. 3, 79 Abs. 3 GG), der sich ohnehin zurückhält, während sich die Ermittlungspraxis zu weit vorwagt, ohne dass eine effektive Kontrolle durch die Gerichte stattfindet. Wenn der Gesetzgeber des OrgKG mit der Beschränkung seiner Normierungen auf Verdeckte Ermittler den Einsatz von V-Leuten nicht untersagen wollte (BGHSt 41, 42 [43 f.]), so besagt dies nicht, dass sein Schweigen eine ausreichende Legitimation liefern könnte, obwohl das Prinzip vom Vorbehalt des Gesetzes ein aktives gesetzgeberisches Handeln fordert. Gewohnheitsrecht (*Meyer-Goßner/Schmitt* § 110a Rn. 5) kann hier weder begründet werden noch als Legitimation im Eingriffsrecht ausreichen.
Auch die gesetzgeberische Überlegung, dass der Staat nur seinen als Verdeckte Ermittler eingesetzten Polizeibeamten weitere Fürsorge durch Reglementierung des Einsatzes schulde (BGHSt 41, 42 [44]), greift in Fällen der behördlichen Beauftragung von Privatpersonen mit konkreten Ermittlungen und ihrer förmlichen Verpflichtung für den öffentlichen Dienst zu kurz. Andererseits haben V-Leute infolge der Unanwendbarkeit des Gesetzes nicht einmal die begrenzten Eingriffsbefugnisse nach § 110c. Ein im Aufklärungsinteresse geführtes Gespräch eines V-Manns mit einem Beschuldigten oder einer zeugnisverweigerungsberechtigten Person (BGHSt 40, 214 [216 ff.]; differenzierend BVerfG NStZ 2000, 489 m. Anm. *Rogall* ebenda und *Weßlau* StV 2000, 468) gilt bisher nach der bisherigen Rechtsprechung prinzipiell als verwertbar; insoweit gilt immer noch der Maßstab des Hörfallenbeschlusses (BGHSt 42, 139 [145 ff.]). Jedoch ist diese Judikatur längst überholt (§ 136 Rdn. 23 ff.).

12 **III. Verdeckt ermittelnde Polizeibeamte aus anderen Nationen.** Verdeckt eingesetzte ausländische Polizeibeamte (§ 93 IRG, Art. 14 EU-RhÜbk; Art. 20 Abs. 1 UNTOC) werden, solange sie nicht der deutschen Rechtsordnung unterstellt sind, wie V-Leute behandelt (BGH StV 2007, 561; KK/

Bruns § 110a Rn. 5; *Conen* StraFo 2013, 140). Die Annahme der Zulässigkeit des V-Mann-Einsatzes aufgrund der Ermittlungsgeneralklausel ist aber schon für sich genommen unhaltbar. Dasselbe muss für die Gleichsetzung ausländischer Polizeibeamter bei deren verdecktem Einsatz im Inland mit V-Leuten oder nicht offen ermittelnden deutschen Polizeibeamten gelten (*Barczak* StV 2012, 182 [187 ff.]; *Eisenberg* Beweisrecht der StPO, Rn. 1034a).

D. Anlasstaten für den Einsatz Verdeckter Ermittler. Es müssen **zureichende tatsächliche Anhaltspunkte** dafür vorliegen, dass eine Katalogtat, die im Ansatz dem Muster des § 98a Abs. 1 entspricht, bereits begangen worden ist, damit der Einsatz eines Verdeckten Ermittlers nach § 110a gerechtfertigt ist. Der Zukunftsverdacht, eine Zielperson sei dazu geneigt, künftig entsprechende Taten zu begehen, rechtfertigt den repressiv-polizeilichen Einsatz Verdeckter Ermittler nicht (zur Frage der Legitimation der Tatprovokation *Tyszkiewicz* Tatprovokation als Ermittlungsmaßnahme, 2014, S. 102 ff.). Erforderlich ist vielmehr der auf Tatsachen gestützte konkrete Verdacht, dass eine Katalogtat begangen worden ist. Der Verdacht muss über bloße Vermutungen hinausgehen. Andererseits muss er keine bestimmte Wahrscheinlichkeitsstufe, etwa im Sinne eines dringenden oder hinreichenden Tatverdachts, erreichen. Der **Anfangsverdacht** genügt (*Radtke/Hohmann/Pegel* § 110a Rn. 11; SK-StPO/*Wolter* § 110a Rn. 8), sofern sich dabei Anhaltspunkte für das Vorliegen einer Katalogtat ergeben. Vorfeldermittlungen durch under cover-agents oder Initiativermittlungen durch Verdeckte Ermittler vor Entstehung eines Anfangsverdachts sind nicht zulässig (KK/*Bruns* § 110a Rn. 13; LR/*Hauck* § 110a Rn. 44; *Radtke/Hohmann/Pegel* § 110a Rn. 11). In der Praxis findet in Gemengelagen von Strafprozessrecht und Polizeirecht eine Vermischung von Tat- und Gefahrenverdacht statt, die den jeweiligen Verdachtsbegriff aufweicht und ausdehnt. Die Kombination von Strafprozessrecht und Polizeirecht darf nicht dazu benutzt werden, die jeweiligen Eingriffsvoraussetzungen abzusenken oder zu umgehen (LR/*Hauck* § 110a Rn. 44). Dazu verleitet die Definition der Rechtsprechung, eine Tatprovokation sei zulässig, wenn die V-Person oder der Verdeckte Ermittler gegen eine Person eingesetzt wird, die in einem den §§ 152 Abs. 2, 160 vergleichbaren Grad verdächtig sei, an einer bereits begangenen Straftat beteiligt gewesen zu sein oder zu einer zukünftigen Straftat bereit zu sein (BGHSt 45, 321 [337]). Nur bei gleichzeitigem Bestehen eines konkreten Anfangsverdachts und eines im Sinne des Landespolizeirechts ausreichenden Gefahrenverdachts darf der Einsatz mit doppelter Zielrichtung im Rahmen dessen erfolgen, was das Strafprozessrecht und das Polizeirecht jeweils gestatten. Die Problematik eines Lockspitzels ist allein unter Rückgriff auf strafrechtliche und strafverfahrensrechtliche Grundlagen zu behandeln. Bei der gezielten Provokation einer polizeilich kontrollierten Straftat handelt es sich um eine Maßnahme, die nicht der Gefahrenabwehr dient (BGHSt 45, 321 [337]).

I. Bestimmte Vergehen von erheblicher Bedeutung. Der Katalog der für den Einsatz Verdeckter Ermittler tauglichen Anknüpfungstaten ist unsystematisch und inhomogen (LR/*Hauck* § 110a Rn. 32). Erforderlich ist in den Fällen von § 110a Abs. 1 S. 1 das Vorliegen einer **Straftat von erheblicher Bedeutung** aus dem Kreis der Katalogdelikte; die »besondere Bedeutung« von Verbrechen im Sinne von § 110a Abs. 1 S. 4 lässt keinen substanziellen Unterschied dazu erkennen. Das Merkmal der Straftat von erheblicher Bedeutung wird in der Strafprozessordnung in verschiedenartigem Kontext verwendet (*Rieß* GA 2004, 623 ff.) und wirkt unbestimmt (*T. Bode* Verdeckte strafprozessuale Ermittlungsmaßnahmen, 2012, S. 425; *Lindemann* KJ 2000, 86 ff.), gilt aber nach dem allgemeinen Maßstab des prozessualen Eingriffsrechts in der Rechtsprechung als noch ausreichend konkret. Gemeint sind Straftaten, die mindestens zur mittleren Kriminalität gerechnet werden (*Radtke/Hohmann/Pegel* § 110a Rn. 12), womit aber praktisch nur ein unbestimmtes Kriterium durch ein anderes umschrieben zu werden pflegt. Der Rest verschwimmt im Nebel eines Beurteilungsspielraums.

Zuerst werden innerhalb des Katalogs der Kriterien für taugliche Anlasstaten beliebige Delikte aus dem **Bereich des Betäubungsmittel- oder Waffenhandels** oder der **Geld- oder Wertzeichenfälschungsdelikte** genannt, die für den Typus der Organisierten Kriminalität charakteristisch erscheinen, aber eben auch Delikte durch Einzeltäter oder Randfiguren einschließen. Diese Delikte dürften vom Standpunkt der h.M. aus fast immer zugleich von »erheblicher Bedeutung« sein. Von einer ausreichenden Bestimmtheit der Norm als Ermächtigungsgrundlage für Grundrechtseingriffe zumindest im Grenzbereich zum Unverfügbaren im Strafverfahren erscheint diese Regelung allerdings streng genommen nicht mehr als ausreichend bestimmt. Ob die Anwendbarkeit auf **Staatsschutzdelikte** im Sinne der dynamischen Verweisung auf die Zuständigkeitsregeln aus §§ 74a, 120 GVG besser erscheint, liegt im Auge des Betrachters.

16 Die Anwendung der Eingriffsnorm auf Fälle des Verdachts **gewerbs- oder gewohnheitsmäßig** begangener Taten aller Art ist ein vager Versuch der Annäherung an den Bereich der Organisierten Kriminalität. Gewerbsmäßig handelt nach der gebräuchlichen Definition derjenige, der sich aus wiederholter Tatbegehung eine nicht nur vorübergehende Einnahmequelle von einiger Dauer und einigem Umfang verschaffen will. Ob dieser Wille vorliegt, ist im Frühstadium der Ermittlungen kaum verifizierbar. Gewohnheitsmäßig handelt, wer mindestens zwei Taten vergleichbarer Art begangen hat und einen durch Übung erworbenen Hang zu wiederholter Tatbegehung besitzt (KK/*Bruns* § 110a Rn. 18). Diese Eigenschaft als Hangtäter ist aber auch nur eine Leerformel ohne praxistauglichen Gehalt bei der Verdachtsprüfung. Nicht viel besser ist die Anknüpfung an **Bandentaten**, deren Abgrenzung der Rechtsprechung schon bei ex-post-Betrachtung nach Abschluss der Ermittlungen größte Probleme bereitet. Im Frühstadium der Ermittlungen ist dieses Qualifikationsmerkmal weitgehend unpraktikabel und nur aufgrund vager Zuschreibungen anwendbar. **In anderer Weise organisiert** wird nach der Definition in Anl. E Nr. 2.1 zu den RiStBV eine Straftat begangen, wenn mehr als zwei Beteiligte auf längere oder unbestimmte Dauer arbeitsteilig unter Verwendung gewerblicher oder geschäftsähnlicher Strukturen zusammenwirken (vgl. KK/*Bruns* § 110a Rn. 20). Das korreliert ungefähr einer Bande aus drei Personen und ersetzt ein personenbezogenes Stück davon im Bereich der »Bandenabrede« durch technisch-organisatorische Elemente. Damit ist der Begriff in der Verdachtslage relativ besser zu handhaben, aber immer noch nicht wesentlich genauer bestimmt.

17 **II. Verbrechen mit Wiederholungsgefahr oder von besonderer Bedeutung.** Beim Verdacht eines beliebigen Verbrechens ist der Einsatz eines Verdeckten Ermittlers nach § 110a Abs. 1 S. 2 zulässig, wenn die Gefahr der **Wiederholung** besteht. Sind andere Maßnahmen aussichtslos, muss keine Gefahr der Wiederholung des – nicht notwendigerweise zu dem Katalog des § 110a Abs. 1 S. 1 gehörenden – Verbrechens vorliegen, wenn es sich um eine Tat **von besonderer Bedeutung** handelt, § 110a Abs. 1 S. 4. Die Merkmale »besondere Bedeutung der Tat« und »Straftat von erheblicher Bedeutung« sind inhaltlich im Wesentlichen gleich auszulegen (KK/*Bruns* § 110a Rn. 21). Die Straftat muss mindestens zum **Bereich der mittleren Kriminalität** gehören, den Rechtsfrieden empfindlich stören und dazu geeignet sein, das Gefühl der Rechtssicherheit der Bevölkerung erheblich zu beeinträchtigen.

18 **E. Subsidiaritätsklausel.** Nach der Subsidiaritätsklausel des § 110a Abs. 1 S. 3, welche nur die generelle Subsidiarität von heimlichen Ermittlungen gegenüber offenen Eingriffsmaßnahmen betreffen kann, damit sich die Subsidiaritätsklauseln der verschiedenen heimlichen Methoden nicht gegenseitig blockieren (LR/*Hauck* § 110a Rn. 37), ist Voraussetzung des Einsatzes eines Verdeckten Ermittlers, dass die Aufklärung des Verdachtsfalls auf andere Weise aussichtslos oder wesentlich erschwert wäre (*Blozik* Subsidiaritätsklauseln im Strafverfahren, 2012, S. 47 f.). Welche Ermittlungsmethode den Vorrang hat und ob überhaupt eine andere Maßnahme vorausgegangen und erfolglos geblieben sein muss, bleibt nach dem Gesetzestext unklar (*Zaczyk* StV 1993, 490 [493]). Den Anordnungsorganen wird insoweit ein Beurteilungsspielraum zugebilligt (KK/*Bruns* § 110b Rn. 12). Nähere Betrachtung zeigt, dass die Subsidiaritätsklausel funktionslos bleibt und nicht mehr als einen Hinweis auf den ohnehin generell zu beachtenden **Grundsatz der Verhältnismäßigkeit** bewirkt.

19 **F. Beweisverwertungsfragen.** Geheimhaltungsmaßnahmen richten sich nach § 110b Abs. 3 und nachrangig nach § 96. Ist der Verdeckte Ermittler für das gerichtliche Verfahren aufgedeckt, muss er im Rahmen des § 244 Abs. 2 vernommen werden (*Rosbaud* HRRS 2005, 131 ff.). Der Verdeckte Ermittler kann bei nur teilweiser behördlicher Sperrung gegebenenfalls aber auch unter **Verfremdung seiner optischen und akustischen Erscheinung** audiovisuell vernommen werden (BGHSt 51, 232 [235 ff.]; BGH StV 2006, 682 f. m. Anm. *Schuster* StV 2007, 507 ff.). Seine Informationen sind nach h.M. prinzipiell verwertbar und können auf verschiedenen Wegen in die Hauptverhandlung eingeführt werden (*Safferling* NStZ 2006, 75 [80 ff.]). Bei Verfahrensfehlern greift ein Beweisverwertungsverbot ein, über das zwar keine gesetzliche Bestimmung getroffen wurde, das aber hierdurch auch nicht ausgeschlossen ist (LR/*Hauck* § 110a Rn. 45). Mit dem Gedanken eines hypothetischen Ersatzeingriffs (§§ 100d Abs. 5 Nr. 1, 477 Abs. 2 S. 2) können Zufallsfunde aufgrund gesetzlich geregelter

heimlicher Ermittlungen, die Hinweise auf eine andere Katalogtat als diejenige geben, deretwegen der Einatz angeordnet wurde, gegen den Beschuldigten oder gegen einen Dritten verwendet werden (LR/*Hauck* § 110a Rn. 49 m.w.N.). Verwertbar sind nach der herrschenden Auffassung auch Beweise hinsichtlich einer Nichtkatalogtat, die im Sinne desselben Verfahrensgegenstands in einem engen Zusammenhang mit der Anlasstat steht. Das wird freilich dann kritisiert, wenn sich zugleich der Verdacht der Katalogtat nicht erhärtet hat, weil dann der unbegründete Verdacht keine ausreichende Legitimation für die Beweisverwertung ergebe (LR/*Hauck* § 110a Rn. 51 m.w.N.). Jedenfalls dann, wenn dem Einsatz eines Verdeckten Ermittlers bestimmte Eingriffsvoraussetzungen fehlten, kommt ein Verwertungsverbot hinsichtlich solcher Beweise, die durch diesen Einsatz erlangt wurden, in Betracht. Das ist mit Blick auf die weiten Beurteilungsspielräume bei der Verdachtsannahme bezüglich einer Katalogtat und bei der Anwendung der Subsidiaritätsklausel praktisch nur der Fall, wenn objektive Willkür anzunehmen ist (LR/*Hauck* § 110a Rn. 55). Eher feststellbar sind Verstöße gegen die formellen Eingriffsvoraussetzungen nach § 110b (dazu § 110b Rdn. 13).

Der Einsatz der **Legende gilt nicht als Täuschung** nach § 136a Abs. 1 (BGHSt 52, 11 [16]; KK/*Bruns* § 110c Rn. 22). Das trifft indes nicht zu, wenn das Täuschungsverbot aus Art. 1 Abs. 1 GG abgeleitet wird und daher gem. Art. 79 Abs. 3 GG auch durch den Gesetzgeber nicht zu umgehen ist (*Conen* StraFo 2013, 140 [141]; *Lagodny* StV 1996, 167 [170 ff.]). Was der Verdeckte Ermittler, der sich in das Vertrauen eines Beschuldigten eingeschlichen hat, von diesem erfährt, kann nach herrschender Meinung im Grundsatz gegen den Beschuldigten verwertet werden (BGHSt 52, 11 [14]). Das fehlerhaft vertrauensvolle Gespräch wird zunächst nicht als Vernehmung gewertet, auch wenn es denselben Informationszweck erfüllt. Zudem wird das, was hier gesetzlich erlaubt sein soll, auch dort nicht als verbotene Methode bewertet. Damit geht die Judikatur allerdings am Thema des Grundrechtsschutzes des Beschuldigten vor ungewollter Selbstbelastung gegenüber einem mit Hilfe einer Täuschung vorgehenden Ermittlungsorgan des Staates vorbei (vgl. *Wolter* ZIS 2012, 238 [240 ff.]). Eine **Selbstbelastungsprovokation** greift in eine unverfügbare Rechtsposition ein. Die Rechtsprechung macht aber bisher nur Ausnahmen zugunsten eines Beweisverwertungsverbots im Fall der Umgehung eines bereits ausgeübten Schweigerechts oder im Fall der Ausforschung in der Untersuchungshaft (BGHSt 55, 138 [144 ff.] m. Anm. *Jahn* StraFo 2011, 117 ff.; *Kretschmer* HRRS 2010, 343 ff.), in der ein Beschuldigter dem Vorgehen nicht ausweichen kann, oder bei sonst bedrängender Befragung (BGHSt 52, 11 [15] m. Anm. *Duttge* JZ 2008, 261 ff.; *Engländer* ZIS 2008, 163 ff.; *Meyer-Mews* NJW 2007, 3142 ff.; *Renzikowski* JR 2008, 164 ff.; BGH StV 2009, 225 f. m. Anm. *Bauer* StV 2010, 120 f.). Damit werden jedoch über die einfache Umgehungsmöglichkeit und die Aushöhlung der Selbstbelastungsfreiheit in dem Fall, in dem der noch nicht vernommene Beschuldigte informell ausgeforscht wird, übergangen. Wäre die Beschuldigtenvernehmung nach der Subsidiaritätsklausel stets vorgreiflich vor der heimlichen Ausforschung, dürfte ein solcher Fall nicht eintreten. Dies zeigt, dass die Behauptung der Zulässigkeit einer Täuschung mit Hilfe der Legende zirkelschlüssig ist. Die informell beschaffte Information ist aber nach dem Richterrecht (§ 136 Rdn. 96 ff.) auch nur unter den Voraussetzungen der **Widerspruchslösung** (§ 136 Rdn. 96 ff.) unverwertbar. Das wäre bei Anwendung des § 136a Abs. 1 und 3 verfehlt.

Soweit ein unselbstständiges Beweisverwertungsverbot anerkannt wird, hat dieses nach der bisherigen Rechtsprechung keine **Fernwirkung** (§ 136 Rdn. 126; LR/*Hauck* § 110a Rn. 70) auf andere, erst hierdurch erlangte Beweise (BGHR StPO § 110a Fernwirkung 1). Die Literatur plädiert hingegen zu Recht jedenfalls für Fernwirkungen von absoluten Beweisverwertungsverboten (vgl. § 136a Rdn. 61), die aus einer Selbstbelastungsprovokation des Beschuldigten durch einen Verdeckten Ermittler entstehen können (SK-StPO/*Wolter* § 110a Rn. 4 und ZIS 2012, 238 [240 ff.]). Für eine Tatprovokation folgt aber aus der generellen Unzulässigkeit des Vorgehens, das ab intio und endgültig unfair ist, ein umfassendes Beweisverwertungsverbot (EGMR NStZ 1999, 47 f. mit Anm. *Sommer* = StV 1999, 288 mit Anm. *Kinzig*; Urt. v. 21.02.2008 Nr. 15100/06; NJW 2009, 3565, 3566 ff. m. Anm. *Gaede/Buermeyer* HRRS 2008, 279 ff. und *Grecko* StraFo 2010, 52 ff.; EGMR StraFo 2014, 504 ff. m. Anm. *Sommer* = JR 2015, 81 ff. m. Anm. *Petzsche*), das einem Verfahrenshindernis gleichkommt (BGH Urt. v. 10.06.2015 – 2 StR 97/14).

§ 110b StPO Verfahren beim Einsatz eines Verdeckten Ermittlers.

(1) ¹Der Einsatz eines Verdeckten Ermittlers ist erst nach Zustimmung der Staatsanwaltschaft zulässig. ²Besteht Gefahr im Verzug und kann die Entscheidung der Staatsanwaltschaft nicht rechtzeitig eingeholt werden, so ist sie unverzüglich herbeizuführen; die Maßnahme ist zu beenden, wenn nicht die Staatsanwaltschaft binnen drei Werktagen zustimmt. ³Die Zustimmung ist schriftlich zu erteilen und zu befristen. ⁴Eine Verlängerung ist zulässig, solange die Voraussetzungen für den Einsatz fortbestehen.
(2) ¹Einsätze,
1. die sich gegen einen bestimmten Beschuldigten richten oder
2. bei denen der Verdeckte Ermittler eine Wohnung betritt, die nicht allgemein zugänglich ist,

bedürfen der Zustimmung des Gerichts. ²Bei Gefahr im Verzug genügt die Zustimmung der Staatsanwaltschaft. ³Kann die Entscheidung der Staatsanwaltschaft nicht rechtzeitig eingeholt werden, so ist sie unverzüglich herbeizuführen. ⁴Die Maßnahme ist zu beenden, wenn nicht das Gericht binnen drei Werktagen zustimmt. ⁵Absatz 1 Satz 3 und 4 gilt entsprechend.
(3) ¹Die Identität des Verdeckten Ermittlers kann auch nach Beendigung des Einsatzes geheimgehalten werden. ²Die Staatsanwaltschaft und das Gericht, die für die Entscheidung über die Zustimmung zu dem Einsatz zuständig sind, können verlangen, daß die Identität ihnen gegenüber offenbart wird. ³Im übrigen ist in einem Strafverfahren die Geheimhaltung der Identität nach Maßgabe des § 96 zulässig, insbesondere dann, wenn Anlaß zu der Besorgnis besteht, daß die Offenbarung Leben, Leib oder Freiheit des Verdeckten Ermittlers oder einer anderen Person oder die Möglichkeit der weiteren Verwendung des Verdeckten Ermittlers gefährden würde.

1 **A. Anwendungsbereich.** Die Vorschrift regelt das justizielle Verfahren beim qualifizierten Einsatz eines Verdeckten Ermittlers im Sinne von § 110a, ferner die Frage der späteren Geheimhaltung seiner Identität. Auf andere nicht offen ermittelnde Polizeibeamte oder polizeiliche V-Leute ist die Vorschrift weder direkt noch analog anzuwenden (*Radtke/Hohmann/Pegel* § 110b Rn. 27). Auch bei einer Einzelhandlung eines Ermittlers unter einer auf Dauer angelegten Legende soll es nach der Rechtsprechung (§ 110a Rdn. 10) der Zustimmungserfordernisse nicht bedürfen (BGH NStZ 1996, 450 m. Anm. *Rogall*).

2 **B. Handlungsmöglichkeiten.** Die Initiative zum Einsatz eines Verdeckten Ermittlers geht stets von der **Polizei** aus, die gegebenenfalls alleine eine solche Einsatzmöglichkeit hat. Die Staatsanwaltschaft kann einen Einsatz nicht mit Erfolg anordnen, wenn die Polizei – aus welchen Gründen auch immer – keinen Verdeckten Ermittler zur Verfügung stellt (KK/*Bruns* § 110b Rn. 1; *Meyer-Goßner/Schmitt* § 100b Rn. 1; *Radtke/Hohmann/Pegel* § 110b Rn. 1; SK-StPO/*Wolter* § 110b Rn. 2). Der Polizei obliegt die Auswahl der Person des Verdeckten Ermittlers, der zu einem solchen gefährlichen und belastenden sowie nicht einmal (karriere-) förderlichen Einsatz schließlich nicht gegen seinen Willen verpflichtet werden kann. Ferner obliegt der Polizei alleine der **Aufbau der Legende** als geheime polizeitaktische Maßnahme. Die **Staatsanwaltschaft** soll im Ermittlungsverfahren nach dem Grundprinzip des Strafverfahrensrechts sachleitungsbefugt bleiben, weil sie angeblich auch in Fällen, in denen ein Verdeckter Ermittler zum Einsatz kommt, immer noch als »Herrin des Ermittlungsverfahrens« gilt (KK/*Bruns* § 110b Rn. 1; *Radtke/Hohmann/Pegel* § 110b Rn. 1). Praktisch stößt das aber rasch an Grenzen und rechtlich ist die Rolle bei der Erteilung einer bloßen »Zustimmung« zum polizeilichen Einsatz auf diejenige einer **Genehmigungsbehörde** reduziert. Die polizeiliche Spionagetätigkeit hat den klassischen Bereich des Strafverfahrensrechts hier also verlassen.

3 Die Staatsanwaltschaft hat über Entscheidungen zum Einsatz eines Verdeckten Ermittlers **Vermerke** anzufertigen, die **nicht zu den Verfahrensakten** zu nehmen sind (§ 101 Abs. 2; Anl. D Nr. II 2.7 zu den RiStBV). Das ist mit dem Grundsatz der Aktenwahrheit und Aktenvollständigkeit zu §§ 163 Abs. 2 S. 1, 199 Abs. 2 S. 2 nicht mehr zu vereinbaren, der hier aufgegeben wurde (§ 101 Abs. 2 S. 2).

4 **I. Zustimmung der Staatsanwaltschaft (Abs. 1)** Die Zustimmung der Staatsanwaltschaft ist **stets**, auch in den Fällen des § 110b Abs. 2 mit ihrem Richtervorbehalt, erforderlich. **Bei Gefahr im Verzug** kann die Polizei aber zunächst alleine handeln (KK/*Bruns* § 110b Rn. 2; LR/*Hauck* § 110b Rn. 7; SK-StPO/*Wolter* § 110b Rn. 3). Sie muss dann die Zustimmung der Staatsanwaltschaft, in den Fällen des

§ 110b Abs. 2 über diese anschließend auch diejenige des Gerichts (SK-StPO/*Wolter* § 110b Rn. 5), **nachträglich** einholen, die staatsanwaltschaftliche **unverzüglich**, die richterliche spätestens in drei Werktagen ab dem auf die Anordnung folgenden Tag (*Meyer-Goßner/Schmitt* § 110b Rn. 5). Würde die Staatsanwaltschaft dem Einsatz des Verdeckten Ermittlers nachträglich nicht zustimmen, weil sie den Einsatz für unzulässig oder unzweckmäßig hält (*Rogall* JZ 1996, 263; SK-StPO/*Wolter* § 110b Rn. 4), was aber bisher nie bekannt wurde, wäre die Maßnahme sofort zu beenden. Ein solcher Fall erscheint aus Gründen des prinzipiell anzutreffenden Schulterschlusses von Staatsanwaltschaft und Polizei irreal.

II. Zustimmung des Gerichts. In den Fällen des § 110b Abs. 2 S. 1 ist – **zusätzlich zur staatsanwaltschaftlichen Zustimmung** (*Meyer-Goßner/Schmitt* § 110b Rn. 3) – auch eine **Zustimmung des Gerichts** erforderlich, um für jeden nicht angehörten Betroffenen **präventiven Rechtsschutz** durch eine neutrale Instanz zu gewährleisten (BGHSt 42, 103 [104]). Diese Rechtsschutzfunktion wirkt aber wegen Überforderung der Ermittlungsrichter mit maßlosen Pensenzahlen und mangelhafter Informationslage im Bereich der polizeilichen Spionagetätigkeit wiederum fiktiv; Ermittlungsrichter handeln auch nur quasi-exekutivisch; effektiver Rechtsschutz kann an dieser Stelle kaum erwartet werden. Zuständig ist im Vorverfahren der **Ermittlungsrichter** (§ 162). Dieser hat nur die **Rechtmäßigkeit, nicht** die **Zweckmäßigkeit** der Maßnahme **zu prüfen**. Bei **Gefahr im Verzug** genügt die Zustimmung der Staatsanwaltschaft (§ 110b Abs. 2 S. 2); die richterliche Zustimmung ist dann innerhalb von drei Tagen nachzuholen (LR/*Hauck* § 110b Rn. 14).

1. Einsatz gegen einen bestimmten Beschuldigten (Abs. 2 S. 1 Nr. 1) Richtet sich der Einsatz des Verdeckten Ermittlers gegen einen bestimmten Beschuldigten, ist die Zustimmung des Gerichts erforderlich. Ein solcher Fall liegt schon vor, wenn zwar der Beschuldigten noch nicht namentlich bekannt, aber **identifizierbar** ist (KK/*Bruns* § 110b Rn. 5; LR/*Hauck* § 110b Rn. 4; *Meyer-Goßner/Schmitt* § 110b Rn. 3; *Radtke/Hohmann/Pegel* § 110b Rn. 8). Das Zustimmungserfordernis gilt natürlich auch und erst recht beim Einsatz gegen **mehrere Beschuldigte**, wobei die richterliche Zustimmung für jeden Beschuldigten gesondert erforderlich ist (LR/*Hauck* § 110b Rn. 11). Insoweit ist genau genommen im Hinblick auf jeden einzelnen Beschuldigten eine richterliche Zustimmung zum Einsatz gegen die jeweilige Person und ihr Umfeld erforderlich (SK-StPO/*Wolter* § 110b Rn. 6). Bei personellen Überschneidungen des Umfelds verschiedener Beschuldigter wird die Regelung aber unpraktikabel und verliert ihren Sinn. Die Zustimmung des Richters umfasst von vornherein auch den Einsatz des Verdeckten Ermittlers gegen **Kontaktpersonen** des Beschuldigten, ohne dass diesbezüglich eine gesonderte Entscheidung des Richters erforderlich würde (BGH StV 1999, 523).

In den Fällen, in denen die Zustimmung des Richters erforderlich ist, muss zuvor die Staatsanwaltschaft als Zwischengenehmigungsbehörde eingeschaltet werden (SK-StPO/*Wolter* § 110b Rn. 5). Eine direkte Anrufung des Gerichts durch die Polizei ist nicht vorgesehen.

2. Betreten einer Wohnung (Abs. 2 S. 1 Nr. 1) Die richterliche Zustimmung ist daneben auch erforderlich, wenn es dem Verdeckten Ermittler erlaubt sein soll, **unter Verwendung der Legende** eine nicht dem Publikumsverkehr allgemein zugängliche **Wohnung zu betreten** (BGHR StPO § 110b Abs. 2 Wohnung 1 m. Anm. *Felsch* StV 1998, 285; *Frister* JZ 1997, 1130; *Hilger* NStZ 1997, 449; *Nitz* JR 1998, 211; *Roxin* StV 1998, 43; *Wollweber* StV 1997, 507). Das Betreten von fremden Wohnungen durch den Verdeckten Ermittler **im Rahmen seiner Ermittlungstätigkeit** ist bei einem andauernden Einsatz praktisch nie zu vermeiden (*Meyer-Goßner/Schmitt* § 110b Rn. 4), sodass nach dem Gesetz eine pauschale Zustimmung zum Betreten irgendeiner Wohnung erteilt werden kann (LR/*Hauck* § 110b Rn. 12). Von der Zustimmung formal gedeckt wird nur **das offene Betreten** mit der unter Verwendung der Legende erschlichenen Erlaubnis des Wohnungsinhabers, nicht ein heimliches Eindringen (*Hilger* NStZ 1997, 449 [450]; *Meyer-Goßner/Schmitt* § 110b Rn. 4; SK-StPO/*Wolter* § 110b Rn. 8). Mit Art. 13 Abs. 1 GG vereinbar ist der Befund ohnehin nicht; § 110c S. 1 ist insoweit verfassungswidrig, s. dort.

C. Form und Inhalt. Die Anordnung des Einsatzes eines Verdeckten Ermittlers erfolgt zunächst durch die Polizei. Bei Notwendigkeit der Einschaltung von Staatsanwalt (Abs. 1 S. 3) und Gericht (§ 110b Abs. 2 S. 5 i.V.m. Abs. 1 S. 3) ist deren **schriftliche Zustimmung** einzuholen (KK/*Bruns*

§ 110b StPO Verfahren beim Einsatz eines Verdeckten Ermittlers

§ 110b Rn. 7; LR/*Hauck* § 110b Rn. 15). Diese Zustimmungsentscheidung soll **sämtliche Voraussetzungen** nach § 110a und der vorliegenden Vorschrift überprüfen. Die Erklärung soll daher auch **Angaben zum Gegenstand, zum Umfang und zur Dauer des Einsatzes** enthalten, die der Staatsanwaltschaft und dem Gericht aber im Vorhinein allenfalls begrenzt möglich sind. Das Gesetz selbst äußert sich zu den Formerfordernissen, abgesehen vom Schriftlichkeitsgebot, nicht. Für die richterliche Entscheidung gelten auch allgemeine Regeln aus § 34. Die staatsanwaltschaftliche Zustimmung kann mit der Bezeichnung der angewendeten Normen und kurzen Hinweisen zur Sachlage begründet werden (LR/*Hauck* § 110b Rn. 17).

10 Die **Zustimmungsentscheidung** des Ermittlungsrichters ist nach § 34 **zu begründen** (BGHSt 42, 103 [104] m. Anm. *Bernsmann* NStZ 1997, 250 f. und *Weßlau* StV 1996, 579 f.; KK/*Bruns* § 110b Rn. 8), damit das Prinzip der Kontrolle wenigstens im Ansatz einen Sinn hat. Aus der Begründung des Zustimmungsbeschlusses soll deutlich werden, dass eine **Einzelfallprüfung** auf der Grundlage sämtlicher für den Eingriff relevanter Erkenntnisse stattgefunden hat (KK/*Bruns* § 110b Rn. 8 f.; *Meyer-Goßner/Schmitt* § 110b Rn. 6). Ein ausschließlich **formularmäßig abgefasster Beschluss** wird von der Rechtsprechung meist hingenommen, wirkt aber als Mittel der Kontrolle sinnlos (*Bernsmann* NStZ 1997, 250; LR/*Hauck* § 110b Rn. 17; a. A. BGHSt 42, 103 [105]). Eine nur **mündlich erklärte Zustimmung** ist nach § 110b Abs. 2 S. 5 i.V.m. Abs. 1 S. 3 unwirksam. Auch dies jedoch nur als folgenlosen Ordnungsverstoß zu behandeln (BGH NStZ 1996, 48), entwertet das Zustimmungserfordernis.

11 Der Einsatz des Verdeckten Ermittlers ist nach § 110b Abs. 1 S. 3, Abs. 2 S. 5 **zu befristen**, was bei einem auf Dauer unter aufwendig erstellter Legende und verfahrensübergreifend geplanten Einsatz wenig sachgerecht wirkt. Die Verlängerung der gesetzten Frist ist aber möglich (§ 110b Abs. 1 S. 4), sodass die Befristungsregelung weitgehend sinnlos erscheint (*Meyer-Goßner/Schmitt* § 110b Rn. 7). Eine Höchstfrist für den Polizeieinsatz unter einer auf Dauer angelegten Legende ist im Gesetz allerdings nicht vorgesehen (LR/*Hauck* § 110b Rn. 16). Die Frist soll dem Grundsatz der Verhältnismäßigkeit Rechnung tragen (BT-Drucks. 12/989 S. 42), was in der Praxis jedoch eher wirkungslos bleibt.
Wird die **richterliche Zustimmung** nicht in der **drei-Tages-Frist** für die Nachholung erteilt, dürfen auch die innerhalb dieser Zeit erlangten Erkenntnisse grundsätzlich verwertet werden, weil die Polizei bis dahin für die Anordnung zuständig und die Maßnahme im Sinne der einfachgesetzlichen Regeln bisher rechtmäßig war. Rechtsfolge ist nur die **Beendigung des weiteren Einsatzes** (§ 110b Abs. 2 S. 4). Die Frist zur Nachholung der Zustimmung beginnt mit dem Tag nach der polizeilichen Einsatzanordnung. Durch Gesetz zur Neuregelung der Telekommunikationsüberwachung und anderer verdeckter Ermittlungsmaßnahmen vom 21.12.2007 (BGBl I 2007, 3198) ist betont worden, dass bei der Fristberechnung **nur die Werktage** zu zählen sind.

12 **D. Geheimhaltungsmaßnahmen.** Die Identität des Verdeckten Ermittlers kann **über die Dauer seines Einsatzes hinaus** geheim gehalten werden; § 96 gilt hier kraft ausdrücklicher Verweisung entsprechend; auf dessen Kommentierung wird Bezug genommen. Der zur Erteilung der Zustimmung zuständige **Richter oder Staatsanwalt** können aber die **Offenbarung der Identität** verlangen; das ist prinzipiell wiederum wenig sinnvoll, zumal Richter und Staatsanwalt die Identität vertraulich zu behandeln haben und nicht in den Verfahrensakten dokumentieren dürfen. § 110b Abs. 3 S. 3 bestimmt darüber hinaus, dass eine **Sperrerklärung** der obersten Dienstbehörde vorliegen muss, wenn der Verdeckte Ermittler in einem konkreten Strafverfahren nicht als Zeuge mit seiner wahren Identität, sondern allenfalls unter seiner Legende aussagen oder sein Wissen durch ein Sekundärbeweismittel in die Hauptverhandlung eingeführt werden soll. Das ist auch **im Rahmen einer audio-visuellen Vernehmung** möglich (BGH NStZ 2007, 534). Auch beim Einsatz von V-Personen oder nicht offen ermittelnden Polizeibeamten, die keine Verdeckten Ermittler sind, soll Abs. 3 S. 3 angewendet werden (BT-Drucks. 12/989 S. 42; *Meyer-Goßner/Schmitt* § 110b Rn. 8). Bei dieser kaum praktikablen Vorstellung zeigt sich erneut die Zirkelschlüssigkeit der gesetzgeberischen Annahme, dass es für den Einsatz von V-Leuten und nicht offen ermittelnden Polizeibeamten keiner spezialgesetzlichen Ermächtigungsgrundlage bedürfe.
Die Geheimhaltung der Identität ist eine spezielle Regelung zum Schutz des Verdeckten Ermittlers vor **Gefahren für Leib, Leben oder Freiheit** des Beamten oder Dritter und zur Sicherung der **Möglichkeit einer weiteren Verwendung** des Verdeckten Ermittlers (§ 110b Abs. 3 S. 3; KK/*Bruns* § 110b Rn. 17; LR/*Hauck* § 110b Rn. 19). Diese spezielle Geheimhaltungsregelung geht in ihrem Anwendungs-

bereich den §§ 54, 96 vor. Maßnahmen zum Schutz des Verdeckten Ermittlers bei einer Vernehmung können aber auch nach § 68 StPO getroffen werden (*Meyer-Goßner/Schmitt* § 110b Rn. 9).

E. Beweisverbotsfragen. **Fehlt die** staatsanwaltschaftliche oder gerichtliche **Zustimmung** zum Einsatz eines Verdeckten Ermittlers durch die Polizei, so kann daraus für die durch den Verdeckten Ermittler gewonnenen Erkenntnisse ein unselbstständiges Beweisverwertungsverbot resultieren (*Meyer-Goßner/Schmitt* § 110b Rn. 11; für andere Gründe unselbstständiger Beweisverwertungsverbote s.a. § 110a Rdn. 19 ff.). Ob es eingreift oder nicht, wird in der Rechtsprechung nach den Maßstäben der **Abwägungsdoktrin** entschieden (§ 136 Rdn. 82 ff.). Meist wird behauptet, **nur bei willkürlichen oder unvertretbaren Entscheidungen** über den Einsatz eines Verdeckten Ermittlers (BGHSt 42, 103 [105 f.]; KK/*Bruns* § 110b Rn. 12 f.; *Meyer-Goßner/Schmitt* § 110b Rn. 11; *Radtke/Hohmann/Pegel* § 110b Rn. 23; zu Recht krit. *Bernsmann* NStZ 1997, 250) oder über die Nichtherbeiführung einer solchen Zustimmung wegen fehlerhafter Annahme von Gefahr im Verzug entstehe ein Beweisverwertungsverbot. Nimmt die Polizei irrtümlich Gefahr im Verzug an, so folgt aus dieser Perspektive daraus noch kein Verwertungsverbot. Das entspricht aber weder dem Normzweck des § 110b noch den Maßstäben der Beweisbefugnislehre. **Fernwirkungen** von Verwertungsverboten werden von der Rechtsprechung nicht anerkannt (BGHR StPO § 110a Fernwirkung 1 und § 110b Abs. 2 Verwertungsverbot 1; KK/*Bruns* § 110b Rn. 23). Ein **Begründungsmangel** der Zustimmungsentscheidung führt nach der herrschenden Auffassung prinzipiell nicht zu einem Beweisverwertungsverbot (BGH NStZ 1996, 48). Auch soll die Verwendung von Formularen bei der Abfassung ermittlungsrichterlicher Beschlüsse kein dafür relevanter Mangel sein. Damit wird aber der Richtervorbehalt zum Mythos; denn wenn ein Ermittlungsrichter rund 5.000 Beschlüsse in Gs-Sachen pro Jahr zu fällen hat, beschränkt sich seine Tätigkeit auf eine Art von Stichproben und hat mit neutraler richterlicher Rechtsschutzgewährleistung nicht zu tun. 13

Andere Beweise, die bei einem unzulässigen Einsatz eines Verdeckten Ermittlers erlangt wurden, sind nach h.M. auch verwertbar. Bei rechtmäßigem Einsatz gegen einen Beschuldigten können **die über einen anderen Beschuldigten gewonnenen Erkenntnisse** nach der Rechtsprechung auch dann verwertet werden, wenn insoweit zwar eine richterliche Zustimmung fehlt, aber die Voraussetzungen für eine richterliche Zustimmung vorlagen (BGHR StPO § 110b Abs. 2 Verwertungsverbot 2). Mit dieser **Hypothese der alternativ rechtmäßigen Beweiserlangung** (§ 136 Rdn. 95) kann der ohnehin ineffektive Richtervorbehalt weiter ausgehöhlt werden. Für die **Verwertung von Zufallsfunden** gilt § 477 Abs. 2 S. 2 (*Meyer-Goßner/Schmitt* § 110b Rn. 11a; *Radtke/Hohmann/Pegel* § 110b Rn. 25). Bei behördlicher Sperrung von Verdeckten Ermittlern als Zeugen in der Hauptverhandlung ist zum Ausgleich der Beschränkung des Konfrontationsrechts des Angeklagten aus Art. 6 Abs. 3 lit. d EMRK unter Abwägung mit dem Geheimhaltungsinteresse des Staates abgestuft zu prüfen, ob andere Maßnahmen, wie Zeugenschutzmaßnahmen nach § 68 StPO und § 10 Abs. 1 S. 1 ZSHG (KK/*Bruns* § 110b Rn. 18; zum Zeugenschutzprogramm BGHSt 50, 318 [323 ff.]), eine anonymisierte audiovisuelle Vernehmung des Verdeckten Ermittlers oder die Zulassung von Fragen, die über den Führungsbeamten außerhalb der Hauptverhandlung an den Verdeckten Ermittler gestellt werden, oder aber die alleinige Vernehmung des Führungsbeamten als Zeuge vom Hörensagen ergriffen werden (LR/*Hauck* § 110b Rn. 22 m.w.N.). Ist das Konfrontationsrecht beschränkt, gilt nach der Rechtsprechung im Übrigen das Gebot einer besonders vorsichtigen Beweiswürdigung. Diese mit § 261 schwer zu vereinbarende Beweiswürdigungslösung läuft auf eine Beweisregel des Inhalts hinaus, dass eine Verurteilung des Angeklagten regelmäßig nicht alleine aufgrund der Angaben eines Zeugen, den der Angeklagte selbst oder durch seinen Verteidiger in keinem Verfahrensstadium konfrontativ befragen konnte, nicht erfolgen darf, wenn nicht aussagekräftige Zusatzindizien vorliegen (LR/*Hauck* § 110b Rn. 22 m.w.N.). 14

F. Rechtsmittel. Bis zu ihrer Erledigung können die richterliche Anordnung im Hinblick auf ihre Rechtmäßigkeit und die Art und Weise ihres Vollzugs angefochten werden; für **nachträglichen Rechtsschutz** gilt **§ 101 Abs. 7 S. 2 und 3** (*Meyer-Goßner/Schmitt* § 110b Rn. 12; *Radtke/Hohmann/Pegel* § 110b Rn. 26). 15

Die Überprüfung der Rechtmäßigkeit der Anordnung im **Revisionsverfahren** ist nach bisheriger Judikatur eng begrenzt, was im Hinblick auf das Gebot der Effektivität des Rechtsschutzes aus Art. 19 Abs. 4 S. 1 GG bedenklich erscheint. Bei der Geltendmachung von Beweisverwertungsverboten 16

§ 110c StPO   Befugnisse des Verdeckten Ermittlers

wird die **Widerspruchslösung** (§ 136 Rdn. 96 ff.) angewendet (BVerfG Beschl. v. 20.06.1999 – 2 BvR 997/99; KK/*Bruns* § 110b Rn. 20; *Meyer-Goßner/Schmitt* § 110b Rn. 11). Zudem gelten strenge Anforderungen an die Substanziierung einer **Verfahrensrüge** nach § 344 Abs. 2 S. 2 (BGHR StPO § 344 Abs. 2 S. 2 Verwertungsverbot 6). Dringt dann doch einmal eine Rüge in die Begründetheitsstation vor, so gilt nach bisheriger Rechtsprechung der Prüfungsmaßstab, ob der Betroffene durch den Fehler willkürlich oder unvertretbar in seinen Rechten verletzt wurde (Rdn. 11). Dadurch kommt ein Beweisverwertungsverbot fast nie zum Tragen.

§ 110c StPO Befugnisse des Verdeckten Ermittlers.

[1]Verdeckte Ermittler dürfen unter Verwendung ihrer Legende eine Wohnung mit dem Einverständnis des Berechtigten betreten. [2]Das Einverständnis darf nicht durch ein über die Nutzung der Legende hinausgehendes Vortäuschen eines Zutrittsrechts herbeigeführt werden. [3]Im übrigen richten sich die Befugnisse des Verdeckten Ermittlers nach diesem Gesetz und anderen Rechtsvorschriften.

1   **A. Zweck.** Die Befugnis des Verdeckten Ermittlers (§ 110a Abs. 2) nur zum offenen Betreten fremder Wohnungen im Rahmen seines Einsatzes unter Verwendung der Legende, nicht zu der nach § 102 ff. zu beurteilenden Durchsuchung (KK/*Bruns* § 110c Rn. 2), ist in der vorliegenden Vorschrift im Hinblick auf das Grundrecht aus Art. 13 Abs. 1 GG besonders geregelt worden. Für sonstige nicht offen ermittelnde Polizeibeamte und V-Leute der Polizei gilt die Regelung nicht (LR/*Hauck* § 110c Rn. 24; zw. *Meyer-Goßner/Schmitt* § 110c Rn. 2). Der Gesetzgeber geht aber hier wie beim Einsatz sonstiger nicht offen ermittelnder Polizeibeamter oder polizeilicher V-Leute davon aus, dass das bloße **Betreten der Wohnung mit Einverständnis des Inhabers kein Grundrechtseingriff** sei (krit. dazu LR/*Hauck* § 110c Rn. 23). Danach wäre eine gesetzliche Ermächtigung entbehrlich. Bei Schaffung des OrgKG sollte mit den §§ 110a ff. zudem keine gesetzliche Eingriffsermächtigung geschaffen werden, weshalb der Einsatz von nicht offen ermittelnden Polizeibeamten und V-Leuten ungeregelt geblieben ist (LR/*Hauck* § 110c Rn. 24 f.); vielmehr sollte nur aus Gründen der Fürsorge für und Dienstaufsicht über Verdeckte Ermittler ein Regelwerk geschaffen werden. Dieser **Konzeptionsfehler**, der auch die Bedeutung und Tragweite des Betretens fremder Wohnungen durch Ermittler unter einer »Legende« eher unklar werden lässt, als sie einer verfassungskonformen Eingriffserlaubnis zuzuführen, liegt auch nach der Vereinheitlichung der Normen über heimliche Ermittlungsmethoden immer noch vor. Die Annahme, es liege kein Grundrechtseingriff vor, weil der Gesetzgeber diesen mit großer Mehrheit verneint habe (KK/*Bruns* § 110c Rn. 3), geht wohl am Problem vorbei, dass der Rechtsirrtum des Gesetzgebers nicht durch die Mehrheitsverhältnisse im Parlament geheilt wird. Die Erlaubnis des über den Zweck des Vorgehens getäuschten Wohnungsinhabers ist weder ein Grundrechtsverzicht noch eine sonst rechtswirksame Gestattung. Die Norm **verstößt** daher **gegen Art. 13 Abs. 1 GG**.

2   Im Übrigen **begrenzt** sie nur **das Spektrum zulässiger Ermittlungshandlungen** der Verdeckten Ermittler auf das Maß des anderweitig an offenen Ermittlungs- oder Präventionsmaßnahmen Erlaubten. Der Verdeckte Ermittler darf danach nicht die fremde Wohnung **heimlich durchsuchen** (*Radtke/Hohmann/Pegel* § 110c Rn. 5; zur Unzulässigkeit einer verdeckten »online«-Durchsuchung BGHSt 51, 211 [212 ff.]), weil die Durchsuchung prinzipiell eine offene Ermittlungsmaßnahme ist, und er darf auch nicht den Beschuldigten nicht **heimlich ausfragen**, um den Ertrag einer Vernehmung einzufahren, ohne diese offen durchzuführen (a. A. *Meyer-Goßner/Schmitt* § 110c Rn. 3). Die Vorschrift erteilt im Ganzen keine relevante Erlaubnis für Ermittlungsmaßnahmen, sondern begrenzt diese allenfalls.

3   **B. Betreten einer Wohnung.** Wohnung im Sinne der vorliegenden Vorschrift sind **die von Art. 13 Abs. 1 GG geschützten Räume**. Dazu gehören Privaträume, aber auch beruflich oder geschäftlich genutzte Räumlichkeiten. Erlaubt wird durch § 110c S. 1 nur **das offene Betreten** der Wohnung (*Meyer-Goßner/Schmitt* § 110c Rn. 1; *Radtke/Hohmann/Pegel* § 110c Rn. 4; SK-StPO/*Wohlers* § 110c Rn. 3) mit der erklärten Erlaubnis des Berechtigten, nicht ein heimliches Eindringen. Das durch Täuschung erschlichene Einverständnis des Hausrechtsinhabers mit dem Betreten der Wohnung schützt den Verdeckten Ermittler eigentlich auch nicht vor dem **Vorwurf des Hausfriedensbruchs**. S. 1 statuiert insoweit aber einen außerordentlichen Rechtsfertigungsgrund (*Radtke/Hohmann/Pegel* § 110c Rn. 6;

SK-StPO/*Wohlers* § 110c Rn. 1), der bei Annahme seiner Verfassungswidrigkeit zumindest – wegen des gesetzgeberischen Fehlgriffs – einen unvermeidbaren Verbotsirrtum auslöst.

Der mit Erlaubnis des Wohnungsinhabers erfolgte Zutritt zur Wohnung soll nach der gesetzgeberischen 4 Vorstellung zunächst kein hoheitlicher **Eingriff in das Grundrecht aus Art. 13 Abs. 1 GG** sein. Auch hat der Gesetzgeber des OrgKG vor den Klarstellungen, die vor allem erst mit dem Urteil des BVerfG über den großen Lauschangriff erfolgt sind, noch keine verfassungsrechtlichen Bedenken gegen die Maßnahme nach S. 1 gehegt (BT-Drucks. 12/989 S. 43). Das ist aber auf dem damals verbreiteten Mangel an Bewusstsein für Bedeutung und Tragweite des Grundrechts einerseits und der polizeilichen Eingriffshandlungen andererseits zurückzuführen und besagt aus verfassungsrechtlicher Perspektive mangels Verfassungsänderung durch denselben Gesetzgeber mit der dafür erforderlichen Mehrheit nichts. Eine Durchsuchung im Sinne von Art. 13 Abs. 2 GG liegt beim Betreten der Wohnung durch den Verdeckten Ermittler allerdings nicht vor, ebenso keine Maßnahme nach Art. 13 Abs. 7 GG. Infolge der Täuschung über den Zweck des Betretens der Wohnung mittels der Legende liegt im Einverständnis des Wohnungsinhabers kein wirksamer Grundrechtsverzicht vor (LR/*Hauck* § 110c Rn. 17). Es bleibt bei dem Ergebnis, dass **§ 110c S. 1 gegen Art. 13 Abs. 1 GG verstößt** (LR/*Hauck* § 110c Rn. 11 ff.; *Radtke/Hohmann/Pegel* § 110c Rn. 3; SK-StPO/*Wolter* § 110c Rn. 6). Daneben ist das Fehlen eines Kernbereichsschutzkonzepts zu bemängeln (*T. Bode* Verdeckte strafprozessuale Ermittlungsmaßnahmen, 2012, S. 422; SK-StPO/*Wolter* § 110c Rn. 13).

§ 110c setzt voraus, der Verdeckte Ermittler sei befugt, mit **Einverständnis** des Wohnrechtsinhabers 5 unter Verwendung seiner Legende die Wohnung zu betreten. Das durch Täuschung herbeigeführte Einverständnis wird jedenfalls im Ergebnis dahin bewertet, dass kein Grundrechtseingriff vorliegt. Das trifft aber nicht zu (SK-StPO/*Wolter* § 110c Rn. 4). Deshalb genügte das Gesetz zunächst nicht dem **Zitiergebot** aus Art. 19 Abs. 1 S. 2 GG (LR/*Hauck* § 110c Rn. 18). Das Gesetz zur Neuregelung der Telekommunikationsüberwachung und anderer verdeckter Ermittlungsmaßnahmen sowie zur Umsetzung der Richtlinie 2006/24/EG hat daran nichts geändert (zum Zitiergebot nur mit Blick auf § 101 BVerfGE 129, 208 [236 f.]).

Über seine **Legende** hinaus darf der Verdeckte Ermittler auch nach der vorliegenden Vorschrift **kein** 6 **anderes Mittel** nutzen, um den Zutritt zur Wohnung zu erlangen. Er darf sich daher, soweit das nicht schon Teil der Legende ist, nicht als Stromableser o.ä. Zutritt zur Wohnung verschaffen (SK-StPO/*Wohlers* § 110c Rn. 2).

C. Andere Befugnisse. Vom Recht der Betretung einer Wohnung abgesehen, hat der Verdeckte 7 Ermittler nur die sich aus dem **Strafprozessrecht** und dem – allenfalls nachrangig geltenden – **Polizeirecht** allgemein ergebenden Befugnisse (*Radtke/Hohmann/Pegel* § 110c Rn. 9; SK-StPO/*Wolter* § 110c Rn. 8). Er darf nach der gesetzgeberischen Vorstellung zugleich auch präventivpolizeilich tätig zu werden (BT-Drucks. 12/2720 S. 47), was aber wiederum nicht überzeugt. In Gemengelangen hat sonst das Strafverfahrensrecht Vorrang vor dem Polizeirecht.

Für den Verdeckten Ermittler gilt andererseits auch das **Legalitätsprinzip** (*Radtke/Hohmann/Pegel* 8 § 110c Rn. 11; SK-StPO/*Wolter* § 110c Rn. 12). Anl. D Ziff. II 2.6 zu den RiStBV weicht davon ab. »Aus kriminaltaktischen Erwägungen können Ermittlungsmaßnahmen, die in den Auftrag des Verdeckten Ermittlers fallen, zurückgestellt werden. Neu hinzukommenden zureichenden Anhaltspunkten für strafbare Handlungen braucht der VE solange nicht nachzugehen, als dies ohne Gefährdung seiner Ermittlungen nicht möglich ist; dies gilt nicht, wenn sofortige Ermittlungsmaßnahmen wegen der Schwere der neu entdeckten Tat geboten sind.« Das entspricht nicht dem Prinzip vom Vorbehalt und Vorrang des Gesetzes.

Aus der Sicht der Praxis kann der Verdeckte Ermittler auch so nannte Initiativermittlungen durchfüh- 9 ren und er ist bei Befragungen aller Art nicht zu einer Belehrung nach §§ 136 Abs. 1, 55 Abs. 2, 163a Abs. 4 und 5 verpflichtet (KK/*Bruns* § 110c Rn. 16; *Meyer-Goßner/Schmitt* § 110c Rn. 3; *Radtke/Hohmann/Pegel* § 110c Rn. 12). Das wird aber einerseits der Regelung in S. 3 der vorliegenden Vorschrift, andererseits dem verfassungsrechtlichen Grundsatz »nemo tenetur se ipsum accusare« nicht gerecht (§ 136 Rdn. 23 ff.). Eine **Selbstbelastungsprovokation** des Beschuldigten durch informelle Ausforschung **verletzt Art. 1 Abs. 1 GG** (*Wolter* ZIS 2012, 238 [240 ff.]), was einem Eingreifen von § 136a Abs. 1 und 3 entspricht (§ 136 Rdn. 23 ff.). Selbstbelastende Äußerungen eines Beschuldigten beim vernehmungsähnlichen Gespräch sind daher überhaupt nur verwertbar, wenn sie ohne Veranlassung durch den Verdeckten Ermittler gemacht werden; im Übrigen gilt ein gestuftes Konzept von absoluten und relativen Beweisverwertungsverboten (*Wolter* ZIS 2012, 238 [240 ff.]). Die bisherige Rechtsprechung greift zu kurz, wenn sie annimmt, dass ein Beweiserhebungs- und Beweisverwertungsverbot nur in Betracht zu ziehen sei, wenn der Beschuldigte heimlich ausgeforscht wird, nachdem er sich bereits auf sein Schweigerecht berufen hat oder wenn er zu einer Äußerung gedrängt wird.

10 **Straftaten** darf der Verdeckte Ermittler grundsätzlich nicht begehen (KK/*Bruns* § 110c Rn. 6; *Meyer-Goßner/Schmitt* § 110c Rn. 4; *Schwarzburg* NStZ 1995, 469 ff.; SK-StPO/*Wolter* § 110c Rn. 9); dies gestattet ihm auch seine Legende nicht. Nur nach den Maßstäben der §§ 32, 34, 35 StGB kommen Rechtfertigungs- oder Entschuldigungsgründe zum Tragen.

11 **Tatprovozierendes Verhalten** galt nach überkommener Rechtsprechung innerhalb bestimmter Grenzen als zulässig; diese Rechtsprechung ist durch die Interpretation von Art. 6 Abs. 1 EMRK durch den EGMR überholt. Eine **Tatprovokation** liegt vor, wenn auf eine Zielperson über deren allgemeine Bereitschaft zum Mitwirken hinaus so stimulierend eingewirkt wird, dass die Bereitschaft zur konkreten Tat geweckt wird; der EGMR knüpft an die Begehung einer Tat an, die ohne die staatliche Einwirkung nicht begangen worden wäre, er orientiert sich also an einem Maßstab, welcher der Anstiftung entspricht (EGMR StV 2015, 405 [407]). Die deutsche Rechtsprechung hat das Eingriffsniveau bisher höher angesetzt (KK/*Bruns* § 110c Rn. 10; offen gelassen von BGH Urt. v. 10.06.2015 – 2 StR 97/14). Sie sieht es allemal als zulässig an, wenn ein Verdeckter Ermittler einen Dritten ohne sonstige Einwirkung lediglich darauf anspricht, ob dieser Betäubungsmittel beschaffen könne, ferner dass er eine erkennbare Bereitschaft zur Begehung oder Fortsetzung von Straftaten ausnutzt. Ein dem Staat zuzurechnendes und unter einer Legende vorgebrachtes Ansinnen an einen Anderen, dieser möge eine Straftat begehen, greift aber jedenfalls in das allgemeine Persönlichkeitsrecht ein (Art. 2 Abs. 1 i.V.m. Art. 1 Abs. 1 GG). In qualifizierten Fällen, wie Romeofällen oder Nötigungsfällen, ist sogar der Kernbereich des Persönlichkeitsrechts und zugleich der Achtungsanspruch aus der Menschenwürdegarantie (Art. 1 Abs. 1 GG) verletzt. Die Provokation eines Unverdächtigen zur Begehung einer Straftat ist »ab initio« unzulässig und rechtswidrig. Die bisher alleine vorherrschende Strafzumessungslösung (BGHSt 45, 321 [326 ff.]; 47, 44 [48]; BGH Urt. v. 19.05.2015 – 1 StR 128/15; KK/*Bruns* § 110c Rn. 11 ff.) trägt dem nicht ausreichend Rechnung (SK-StPO/*Wolter* § 110c Rn. 10; partiell a. A. BVerfG NJW 2015, 1083 [1085 f.] m. Anm. *Eisenberg* StraFo 2015, 102). Für eine Tatprovokation folgt vielmehr aus der generellen Unzulässigkeit solchen Vorgehens des Staates, dass nach den Maßstäben des Art. 6 Abs. 1 EMRK daraus ein umfassendes Beweisverwertungsverbot entsteht (EGMR NStZ 1999, 47 f. mit Anm. *Sommer* = StV 1999, 288 mit Anm. *Kinzig*; Urt. v. 21.02.2008 Nr. 15100/06; NJW 2009, 3565, 3566 ff. m. Anm. *Gaede/Buermeyer* HRRS 2008, 279 ff. und *Grecko* StraFo 2010, 52 ff.; EGMR StraFo 2014, 504 ff. m. Anm. *Sommer* = JR 2015, 81 ff. m. Anm. *Petzsche*), welches nach innerstaatlichem Recht einem Verfahrenshindernis gleichkommt (BGH Urt. v. 10.06.2015 – 2 StR 97/14).

§§ 110d, 110e StPO *(weggefallen)*

§ 111 StPO Errichtung von Kontrollstellen an öffentlich zugänglichen Orten.

(1) ¹Begründen bestimmte Tatsachen den Verdacht, daß eine Straftat nach § 89a des Strafgesetzbuchs oder nach § 129a, auch in Verbindung mit § 129b Abs. 1, des Strafgesetzbuches, eine der in dieser Vorschrift bezeichneten Straftaten oder eine Straftat nach § 250 Abs. 1 Nr. 1 des Strafgesetzbuches begangen worden ist, so können auf öffentlichen Straßen und Plätzen und an anderen öffentlich zugänglichen Orten Kontrollstellen eingerichtet werden, wenn Tatsachen die Annahme rechtfertigen, daß diese Maßnahme zur Ergreifung des Täters oder zur Sicherstellung von Beweismitteln führen kann, die der Aufklärung der Straftat dienen können. ²An einer Kontrollstelle ist jedermann verpflichtet, seine Identität feststellen und sich sowie mitgeführte Sachen durchsuchen zu lassen.

(2) Die Anordnung, eine Kontrollstelle einzurichten, trifft der Richter; die Staatsanwaltschaft und ihre Ermittlungspersonen (§ 152 des Gerichtsverfassungsgesetzes) sind hierzu befugt, wenn Gefahr im Verzug ist.

(3) Für die Durchsuchung und die Feststellung der Identität nach Absatz 1 gelten § 106 Abs. 2 Satz 1, § 107 Satz 2 erster Halbsatz, die §§ 108, 109, 110 Abs. 1 und 2 sowie die §§ 163b und 163c entsprechend.

A. Zweck und Anwendungsbereich der Norm. Die aus der Zeit der Anti-Terrorgesetzgebung der 1970er Jahre stammende Vorschrift (zur Entstehungsgeschichte *Kurth* NJW 1979, 1377 ff.) regelt über § 163b hinaus nur **die repressiv-polizeiliche Einrichtung** (KK/*Bruns* § 111 Rn. 2; *Riegel* NJW 1979, 147 f.; SK-StPO/*Wolter* § 111 Rn. 1) **von Kontrollstellen zur Fahndung** nach Tätern aktueller schwerer Gewalttaten und **zur Erlangung von Beweismaterial.** Präventiv-polizeiliche Maßnahmen ähnlicher Art richten sich nach den Polizeigesetzen der Länder (LR/*Hauck* § 111 Rn. 6). Möglich ist allerdings auch eine doppelte Zielrichtung (*Meyer-Goßner/Schmitt* § 111 Rn. 1). Wegen der Anknüpfung an schwer wiegende Straftaten ist die aufwendige Maßnahme in der Regel verhältnismäßig (*Meyer-Goßner/Schmitt* § 111 Rn. 3), was aber eine auf den Einzelfall bezogene Prüfung nicht entbehrlich macht.

B. Voraussetzungen. I. Katalogtaten. Die Einrichtung einer Kontrollstelle ist nur zur Verfolgung der in § 111 Abs. 1 S. 1 mit wenig überzeugender Auswahl (LR/*Hauck* § 111 Rn. 9; SK-StPO/*Wolter* § 111 Rn. 4) abschließend aufgeführten **Katalogtaten** zulässig, nämlich der **Vorbreitung staatsgefährdender Gewalttaten** (§ 89a StGB; krit. zur Erhebung dieses Vorfelddelikts zur Katalogtat SK-StPO/*Wolter* § 111 Rn. 1a), der **Gründung oder Unterstützung** (krit. dazu SK-StPO/*Wolter* § 111 Rn. 5) **einer in- oder ausländischen terroristischen Vereinigung** (§§ 129a, 129b StGB) oder eines **bewaffneten Raubdelikts**, sei es (besonders) schwerer Raub oder schwere räuberische Erpressung (*Meyer-Goßner/Schmitt* § 11 Rn. 3; a. A. LR/*Hauck* § 111 Rn. 8; *Radtke/Hohmann/Pegel* § 111 Rn. 2) unter Mitführen von Schusswaffen. Auf die Unterscheidung von Täterschaft und Teilnahme kommt es nach vorherrschender Ansicht hier nicht an (*Meyer-Goßner/Schmitt* § 11 Rn. 5; a.A. SK-StPO/*Wolter* § 111 Rn. 6). Auch der **Versuch** einer Katalogtat genügt, nicht aber eine als Beteiligungsversuch strafbare Handlung im **Vorbereitungsstadium** zum schweren Raub oder zur schweren räuberischen Erpressung nach § 30 StGB (*Meyer-Goßner/Schmitt* § 111 Rn. 3; SK-StPO/*Wolter* § 111 Rn. 4; a. A. LR/*Hauck* § 111 Rn. 8).

II. Anfangsverdacht aufgrund bestimmter Tatsachen. Ein **Anfangsverdacht** der Katalogtat genügt, sofern er durch **konkrete Tatsachen** belegt und so weit konkretisiert ist, dass die Tat als Katalogtat eingeordnet werden kann (KK/*Bruns* § 111 Rn. 4; LR/*Hauck* § 111 Rn. 10). **Dringender Tatverdacht** oder eine sonstige Steigerungsstufe ist nicht erforderlich (*Meyer-Goßner/Schmitt* § 111 Rn. 4). Bloße **Vermutungen** reichen, wie stets, jedoch nicht aus.

III. Ziel. Die Tatsachen müssen die Annahme rechtfertigen, dass die Einrichtung der Kontrollstelle zur **Ergreifung** eines Täters oder Teilnehmers führen wird oder der **Sicherstellung von Beweismitteln** für den Tatnachweis dienen kann. Das ist meist bei Kontrollstellen in einem engen zeitlichen Zusammenhang mit der Tatbegehung und räumlicher Nähe zum Tatort der Fall (LR/*Hauck* § 111 Rn. 12 f.).

IV. Erwartung des Erfolgs. Eine Kontrollstelle darf nur eingerichtet werden, wenn aufgrund von **Tatsachen**, etwa der Kenntnis einer Flucht der Täter eines Überfalls mit einem Fahrzeug, Anlass für die Annahme besteht, dass der bezweckte Erfolg in Form der Ergreifung oder Beweismittelsicherstellung in der Kontrollzeit am vorgesehenen Ort eintreten wird (SK-StPO/*Wolter* § 111 Rn. 7). Das folgt aus dem **Grundsatz der Verhältnismäßigkeit.** Es darf nicht dem puren Zufall überlassen bleiben, ob die Kontrollstelle einen Erfolg im Sinne der Zielvorgaben der Ergreifung oder Beweismittelsicherstellung erbringen wird. Die Erfolgserwartung muss sich andererseits nicht alleine auf bestimmte Tatsachen gründen; es genügt die kriminalistische Erfahrung in Verbindung mit den Verdacht begründenden Umständen (*Meyer-Goßner/Schmitt* § 111 Rn. 5). Nicht zwingend erforderlich ist ein enger zeitlicher und örtlicher Zusammenhang zwischen der Straftat und der Einrichtung der Kontrollstelle (*Meyer-Goßner/Schmitt* § 111 Rn. 6 f.), jedoch folgt dies meist aus Verhältnismäßigkeitserwägungen und einer Beschränkung der Erfolgserwartung (SK-StPO/*Wolter* § 111 Rn. 7). Unmittelbar nach einem bewaffneten Überfall und in Tatortnähe ist mit der Ergreifung der motorisierenden Täter in der Nähe des Tatorts zu rechnen, geraume Zeit danach und weit davon entfernt eher nicht mehr.

§ 111 StPO   Errichtung von Kontrollstellen an öffentlich zugänglichen Orten

6 **V. Ort der Kontrollstelle.** Kontrollstellen können auf allen öffentlichen Straßen und Plätzen eingerichtet werden und auch an tatsächlich öffentlichen Wegen oder sonst allgemein zugänglichen Stellen (SK-StPO/*Wolter* § 111 Rn. 9), etwa auf Bahnhöfen oder Flugplätzen, vor Sportplätzen oder in öffentlichen Gebäuden (LR/*Hauck* § 111 Rn. 14). Auf das Rechtsverhältnis der Nutzungsmöglichkeit kommt es nicht an. Innerhalb des privaten Besitztums, das nicht für jedermann zugänglich ist, kann eine Kontrollstelle aber nicht eingerichtet werden, also z.B. nicht in einem Ladenlokal (KK/*Bruns* § 111 Rn. 7; LR/*Hauck* § 111 Rn. 14; *Meyer-Goßner/Schmitt* § 111 Rn. 8; SK-StPO/*Wolter* § 111 Rn. 9). Unmittelbare Tatortnähe ist nicht zwingend erforderlich (KK/*Bruns* § 111 Rn. 8; *Radtke/Hohmann/Pegel* § 111 Rn. 6). Die Einrichtung von mehreren Kontrollstellen aus demselben Anlass ist auch zulässig, wenn dies zur Ergreifung des Täters oder zur Sicherung der Beweismittel erforderlich ist. Insbesondere wird nach einem bewaffneten Überfall ein »Ring« von Kontrollstellen um den Tatort zur Ergreifung der flüchtigen Täter sachdienlich erscheinen und dieser kann von Rechts wegen nach der vorliegenden Vorschrift gebildet werden.

7 **C. Rechte und Pflichten. I. Identifizierungspflicht für Jedermann.** An Kontrollstellen können, auch wenn dies im Gesetzestext nicht ausdrücklich angesprochen wird, Personen und Fahrzeuge angehalten werden (*Radtke/Hohmann/Pegel* § 111 Rn. 8; SK-StPO/*Wolter* § 111 Rn. 21). Alle sind unabhängig von einem Verdacht »in personam« dazu verpflichtet, ihre Identität feststellen und mitgeführte Sachen durchsuchen zu lassen (KK/*Bruns* § 111 Rn. 14; LR/*Hauck* § 111 Rn. 25; *Meyer-Goßner/Schmitt* § 111 Rn. 10; SK-StPO/*Wolter* § 111 Rn. 22). Eine besondere Anordnung im Einzelfall ist dazu nicht erforderlich. Die Polizei hat jedoch den Zweck der Kontrollstelle bekannt zu geben.

8 Die an einer Kontrollstelle angehaltenen Personen sind verpflichtet, ihre Personalien anzugeben (§ 111 OWiG; LR/*Hauck* § 111 Rn. 27); eine weiter gehende Mitwirkungspflicht besteht nicht (*Meyer-Goßner/Schmitt* § 111 Rn. 11). Personen, die sich nicht ausweisen können oder Angaben verweigern, dürfen durchsucht und unter den Voraussetzungen des § 163b festgehalten oder erkennungsdienstlich behandelt werden (§ 81b; SK-StPO/*Wolter* § 111 Rn. 23). Eine derartige Maßnahme ist jedoch zumindest dann unverhältnismäßig, wenn ein Zusammenhang mit den gesuchten Tätern oder Beweismitteln offensichtlich nicht besteht.

9 **II. Durchsuchung.** An der Kontrollstelle angehaltene Personen dürfen **nach Beweismitteln durchsucht** werden, sofern ein Zusammenhang mit den gesuchten Tätern jedenfalls nicht von vorneherein ausgeschlossen ist. **Nicht erforderlich** ist hier aber im Gegensatz zum Fall des § 103, dass ein **konkreter Auffindeverdacht** besteht (LR/*Hauck* § 111 Rn. 30; einschränkend *Radtke/Hohmann/Pegel* StPO § 111 Rn. 8; SK-StPO/*Wolter* § 111 Rn. 25). Von der Möglichkeit der Durchsuchung werden neben der Person auch Fahrzeuge und mitgeführte Sachen umfasst. Der Umfang der Durchsuchung wird nach dem Verhältnismäßigkeitsgrundsatz beschränkt.

10 Es ist nicht zulässig, eine Kontrollstelle gezielt zur Suche nach Beweismitteln für beliebige Straftaten zu benutzen, jedoch können **Zufallsfunde** nach § 108 sichergestellt werden (§ 111 Abs. 3 als lex specialis ggü. § 477 Abs. 2 S. 4, SK-StPO/*Wolter* § 111 Rn. 27). Werden Beweismittel zu Katalogtaten gefunden, so sind diese nach §§ 94, 95 für Verfahrenszwecke zu sichern. Nach § 111 Abs. 3 kommen auf die Durchsuchung an einer Kontrollstelle auch die Regeln des § 107 S. 2 Hs. 1 über die **Bestätigung der Sicherstellung**, des § 109 über die **Registrierung und Kennzeichnung** der Beschlagnahmegegenstände und des § 110 über die **Durchsicht von Papieren** zur Anwendung (KK/*Bruns* § 111 Rn. 16). Zur Durchsicht sind hier, abweichend von § 110a Abs. 1, aber auch die eingesetzten Polizeibeamten berechtigt.

11 **D. Anordnung und Durchführung.** Die Anordnung der Einrichtung einer Kontrollstelle trifft der **Ermittlungsrichter**, mit der Einschränkung entsprechend § 165 (KK/*Bruns* § 111 Rn. 11) auf Antrag der Staatsanwaltschaft. Die **Staatsanwaltschaft** und deren **Ermittlungspersonen** sind jedoch bei **Gefahr im Verzug** ebenfalls zur Anordnung befugt (LR/*Hauck* § 111 Rn. 17; SK-StPO/*Wolter* § 111 Rn. 12). Die Einholung einer nachträglichen Zustimmung des Richters ist nicht vorgesehen (LR/*Hauck* § 111 Rn. 19; a. A. SK-StPO/*Wolter* § 111 Rn. 18: analog §§ 98b Abs. 1, 100 Abs. 2, 100b Abs. 1, 100d Abs. 1, 100f Abs. 4, 100g Abs. 2, 100i Abs. 3, 100j Abs. 3 S. 3, 163d Abs. 2, 163f Abs. 3).

12 Die Anordnung muss **den räumlichen Bereich**, in dem die Kontrollstelle eingerichtet werden soll, näher eingrenzen (LR/*Hauck* § 111 Rn. 20). Den genauen Ort und die Anzahl der Kontrollstellen muss der richterliche Beschluss aber nicht nennen und kann dies der Polizei überlassen, die nach ihren taktischen Erwägungen handeln muss. Der Richter darf den Ermittlern allerdings nicht einen Freibrief erteilen, nach eigenem Ermessen beliebige Kontrollstellen an selbst gewählten Orten und zur selbst bestimmten Zeit einzurichten (BGHSt 35, 363 [366] m. Anm. *Achenbach* NStZ 1989, 82 [83]).

13 Auch **Beginn und Dauer der Kontrolle** muss der Beschluss nach dem Gesetz nicht befristet und vom Gericht nicht genau festlegen (KK/*Bruns* § 111 Rn. 11b; LR/*Hauck* § 111 Rn. 21; krit. SK-StPO/*Wolter* § 111 Rn. 3). Die aufwendige Maßnahme wird mit Blick auf die zeitlich und räumlich begrenzte Erfolgserwartung ohnehin nicht über längere Zeit und in weit ausgedehnten räumlichen Bereichen durchgeführt werden. Schließlich gilt auch für die Vollziehung der Maßnahme der **Grundsatz der Verhältnismäßigkeit**, der auch hier strikt zu beachten ist (*Ehardt/Kunze* StV 1981, 64 [65]), um das Defizit bei der zeitlichen und räumlichen Eingrenzung auszutarieren (SK-StPO/*Wolter* § 111 Rn. 3, 10 f.).

14 Die richterliche Anordnung ergeht **schriftlich** durch einen zu begründenden Beschluss (LR/*Hauck* § 111 Rn. 22; SK-StPO/*Wolter* § 111 Rn. 13). Sie kann mündlich oder fernmündlich bekannt gemacht werden. Eilanordnungen der Staatsanwaltschaft oder ihrer Ermittlungspersonen können auch mündlich ergehen, sind jedoch wenigstens nachträglich **aktenkundig** zu machen. Eine Begründung der Entscheidung fordert das Gesetz weder in der vorliegenden Vorschrift noch – mangels Anfechtbarkeit – in § 34, was jedoch zur Nachlässigkeit bei der Prüfung der Voraussetzungen verführt (zu Recht krit. SK-StPO/*Wolter* § 111 Rn. 14).

15 Kontrollstellenanordnungen werden nach § 36 Abs. 2 **von der Polizei vollzogen**, die von der Staatsanwaltschaft beauftragt wird (KK/*Bruns* § 111 Rn. 12; LR/*Hauck* § 111 Rn. 23; SK-StPO/*Wolter* § 111 Rn. 19). Enthält die Anordnung nur Rahmenanweisungen, hat die Polizei über den konkreten Ort der Kontrollstellen zu entscheiden und die Maßnahme nach pflichtgemäßem Ermessen in dem erforderlichen und angemessenen Umfang durchzuführen. Sie hat auch das erforderliche Personal und sächliche Hilfsmittel zur Absperrung und Sicherung bereitzustellen.

16 Die Kontrollstelle ist unverzüglich **aufzuheben, sobald die Voraussetzungen entfallen sind** (LR/*Hauck* § 111 Rn. 24; SK-StPO/*Wolter* § 111 Rn. 20). Der Richter oder der Staatsanwalt, der die Anordnung getroffen hat, muss das weitere Vorliegen der Anordnungsvoraussetzungen überwachen (*Radtke/Hohmann/Pegel* § 111 Rn. 14) und hat gegebenenfalls die Polizei zu Berichten anzuhalten. Entfallen die Voraussetzungen, hat die Polizei die Kontrollen unverzüglich zu beenden.

E. Rechtsmittel. Die **Anordnung** der Einrichtung einer Kontrollstelle und deren organisatorische Installierung sind mangels Beschwer für sich genommen **nicht anfechtbar** (BGHSt 35, 363 [364]; KK/*Bruns* § 111 Rn. 18; LR/*Hauck* § 111 Rn. 33; *Radtke/Hohmann/Pegel* § 111 Rn. 16; SK-StPO/*Wolter* § 111 Rn. 17). Der Staatsanwaltschaft steht ein Beschwerderecht nach § 304 Abs. 1 nur zu, wenn das Gericht ihren Antrag auf Einrichtung einer Kontrollstelle ablehnt oder die Anordnung vorzeitig aufhebt (*Meyer-Goßner/Schmitt* § 111 Rn. 20). Das Anhalten (SK-StPO/*Wolter* § 111 Rn. 21) und die **Art und Weise des Vollzugs** der Identifizierungs- und Durchsuchungsmaßnahmen ist nach herrschender Ansicht für Betroffene entsprechend § 98 Abs. 2 S. 2 durch Antrag auf gerichtliche Entscheidung angreifbar (BGHSt 35, 363 [364 f.]; LR/*Hauck* § 111 Rn. 34; *Radtke/Hohmann/Pegel* § 111 Rn. 16; SK-StPO/*Wolter* § 111 Rn. 30). **Prozessuale Überholung** lässt das Rechtsschutzinteresse jedenfalls dann nicht entfallen, wenn ein gravierender Grundrechtseingriff vorlag, dessen Rechtswidrigkeit nur nachträglich vom Gericht festzustellen ist (abl. für kurzzeitiges Festhalten zur Identifizierung BGHSt 36, 30 [31 f.]; 36, 242 [243 f.], zumindest im Ansatz überholt durch BVerfGE 96, 27 [40]; 104, 220 [232 f.]). Streng genommen genügt die Analogie zu § 98 Abs. 2 S. 2 aber bereits nicht dem Grundsatz der Rechtsmittelklarheit und dem Prinzip, das eine richterliche Entscheidungszuständigkeit durch den Gesetzgeber vorausbestimmt werden muss (Art. 101 Abs. 1 S. 2 GG). Demnach besteht eine **Rechtsschutzlücke**, die mit Art. 19 Abs. 4 GG nicht ohne weiteres zu vereinbaren ist.

18 Die **Revision** kann nicht mit Erfolg darauf gestützt werden, dass die Anordnung einer Kontrollstelle rechtsfehlerhaft erfolgt sei (KK/*Bruns* § 111 Rn. 21; LR/*Hauck* § 111 Rn. 37; *Radtke/Hohmann/Pegel* § 111 Rn. 17); denn die **Erlangung von Beweismitteln**, die später einem Urteil zugrunde gelegt werden können, richtet sich nach §§ 94, 95, nicht nach der vorliegenden Vorschrift. Lagen die Voraussetzungen für die Einrichtung einer Kontrollstelle nicht vor, wird hiervon die Zulässigkeit der Sicherstellung von Beweismitteln für sich genommen nicht berührt. Ein **Beweisverwertungsverbot** wird prinzipiell nicht anerkannt (KK/*Bruns* § 111 Rn. 21; LR/*Hauck* § 111 Rn. 36).

§ 111a StPO Vorläufige Entziehung der Fahrerlaubnis.

(1) ¹Sind dringende Gründe für die Annahme vorhanden, daß die Fahrerlaubnis entzogen werden wird (§ 69 des Strafgesetzbuches), so kann der Richter dem Beschuldigten durch Beschluß die Fahrerlaubnis vorläufig entziehen. ²Von der vorläufigen Entziehung können bestimmte Arten von Kraftfahrzeugen ausgenommen werden, wenn besondere Umstände die Annahme rechtfertigen, daß der Zweck der Maßnahme dadurch nicht gefährdet wird.
(2) Die vorläufige Entziehung der Fahrerlaubnis ist aufzuheben, wenn ihr Grund weggefallen ist oder wenn das Gericht im Urteil die Fahrerlaubnis nicht entzieht.
(3) ¹Die vorläufige Entziehung der Fahrerlaubnis wirkt zugleich als Anordnung oder Bestätigung der Beschlagnahme des von einer deutschen Behörde ausgestellten Führerscheins. ²Dies gilt auch, wenn der Führerschein von einer Behörde eines Mitgliedstaates der Europäischen Union oder eines anderen Vertragsstaates des Abkommens über den Europäischen Wirtschaftsraum ausgestellt worden ist, sofern der Inhaber seinen ordentlichen Wohnsitz im Inland hat.
(4) Ist ein Führerschein beschlagnahmt, weil er nach § 69 Abs. 3 Satz 2 des Strafgesetzbuches eingezogen werden kann, und bedarf es einer richterlichen Entscheidung über die Beschlagnahme, so tritt an deren Stelle die Entscheidung über die vorläufige Entziehung der Fahrerlaubnis.
(5) ¹Ein Führerschein, der in Verwahrung genommen, sichergestellt oder beschlagnahmt ist, weil er nach § 69 Abs. 3 Satz 2 des Strafgesetzbuches eingezogen werden kann, ist dem Beschuldigten zurückzugeben, wenn der Richter die vorläufige Entziehung der Fahrerlaubnis wegen Fehlens der in Absatz 1 bezeichneten Voraussetzungen ablehnt, wenn er sie aufhebt oder wenn das Gericht im Urteil die Fahrerlaubnis nicht entzieht. ²Wird jedoch im Urteil ein Fahrverbot nach § 44 des Strafgesetzbuches verhängt, so kann die Rückgabe des Führerscheins aufgeschoben werden, wenn der Beschuldigte nicht widerspricht.
(6) In anderen als in Absatz 3 Satz 2 genannten ausländischen Führerscheinen ist die vorläufige Entziehung der Fahrerlaubnis zu vermerken. Bis zur Eintragung dieses Vermerkes kann der Führerschein beschlagnahmt werden (§ 94 Abs. 3, § 98).

Übersicht	Rdn.		Rdn.
A. Grundsätzliches 1		D. Aufhebung der vorläufigen Entziehung der Fahrerlaubnis (Abs. 2) 15	
B. Normzweck 2		I. Aufhebungsgründe 15	
C. Anordnung der vorläufigen Entziehung der Fahrerlaubnis (Abs. 1) 3		II. Zuständigkeit und Rechtsfolgen 19	
I. Dringende Gründe für die Annahme einer Entziehung der Fahrerlaubnis 3		E. Sicherstellung und Rückgabe des Führerscheins 20	
II. Ermessensentscheidung 8		F. Besonderheiten bei ausländischen Führerscheinen 24	
III. Ausnahmen für bestimmte Arten von Kfz (Abs. 1 Satz 2) 10		G. Beschwerde 25	
IV. Zuständigkeit und Verfahren 13		H. Sonstiges 26	
V. Rechtsfolgen 14			

A. Grundsätzliches. Zusammen mit der Regelung zur Entziehung der Fahrerlaubnis (FEE) im Urteil wurde durch das 1. StVSichG v. 19.12.1952 (BGBl. I, S. 832) auch die vorläufige FEE als dem späteren Urteil **vorgreifende, vorläufige Maßregel** eingeführt. Inhaltliche Änderungen erfuhr die Norm danach durch das 2. StVSichG v. 26.11.1964 (BGBl. I, S. 921), durch das eine bessere Abstimmung des Instrumentes des § 111a mit den Vorschriften der §§ 94, 98 umgesetzt wurde und zudem die Streichung einer Erforderlichkeitsklausel in der damaligen Fassung, bezogen auf den Schutz der Allgemeinheit vor weiterer Gefährdung, erfolgte. Die Möglichkeit, Ausnahmen von der vorläufigen FEE vorzusehen (§ 111a Abs. 1 Satz 2) wurde sodann durch das EGOWiG v. 24.05.1968 (BGBl. I, S. 503) eingeführt, um eine Parallelisierung mit der (heutzutage in § 69a Abs. 2 StGB verankerten) möglichen Ausnahme bei der Sperrfrist im Urteil zu erreichen. Seine bisher letzte Änderung erfuhr die Norm in Abs. 3 und 6 durch das StVGÄndG v. 24.04.1998 (BGBl. I, S. 747). Diese diente der Umsetzung der Richtlinie 91/439/EWG des Rates v. 29.07.1991 zur gegenseitigen Anerkennung von Fahrerlaubnissen (FE). Ausf. zur Normgeschichte SK-StPO/*Rogall* § 111a Rn. 7 ff.

B. Normzweck. Obwohl in der StPO geregelt, handelt es sich bei § 111a nicht um ein Instrument, das auch der Verfahrenssicherung oder anderen Verfahrenszwecken dienen würde (a. A. KK-StPO/*Bruns* § 111a Rn. 1; HK-StPO/*Gercke* § 111a Rn. 1). § 111a beinhaltet vielmehr – wie §§ 126a, 132a, 275a Abs. 6 – allein eine **vorläufige Maßregel** (SK-StPO/*Rogall* § 111a Rn. 1; KMR/*Pauckstadt-Maihold* Rn. 1). Sie dient der **Sicherung des Straßenverkehrs** durch den sofortigen Ausschluss ungeeigneter Kraftfahrer, d.h. **verkehrsspezifisch gefährlicher Personen**, vom fahrerlaubnispflichtigen Kfz-Verkehr (BVerfG NJW 2001, 357; LK/*Geppert* § 69 Rn. 124; *Meyer-Goßner/Schmitt* § 111a Rn. 1). Insofern ist die Norm in der StPO zwar gewissermaßen ein Fremdkörper (SK-StPO/*Rogall* § 111a Rn. 1), verfassungsgemäß ist sie indes (BVerfG NJW 2001, 357; NStZ 1982, 78; a. A. *Seebode* ZRP 1969, 25 mit Hinweis auf die angeblich fehlende Bundeskompetenz, dagegen zutr. LG Heidelberg NJW 1969, 1636). Die **praktische Bedeutung** der Norm ist groß, bezieht sie sich doch auf die zahlenmäßig bedeutendste Maßregel im deutschen Strafrecht (dazu SSW-StGB/*Jehle/Harrendorf* § 69 Rn. 2). Durch die enge Verschränkung mit der Führerscheinbeschlagnahme (Abs. 3 und Abs. 4) ist sie die mit Abstand wichtigste Maßnahme im Vorfeld des § 69 StGB. Ihre Anordnung in den Fällen, in denen § 69 StGB im Urteil droht, ist die Regel (vgl. SK-StPO/*Rogall* § 111a Rn. 18 sowie unten Rdn. 8 f.). Das Verfahren in Fällen, in denen eine Anordnung gem. § 111a getroffen wurde, ist mit **besonderer Beschleunigung** zu betreiben, wenngleich die für die U-Haft geltenden Grundsätze nur eingeschränkt übertragbar sind (BVerfG NJW 2005, 1767, 1768; OLG Hamm NZV 2002, 380; OLG Köln NZV 1991, 243; a. A. LG Frankfurt am Main StV 2003, 69; zu Konsequenzen bei Verstößen s. Rdn. 16).

C. Anordnung der vorläufigen Entziehung der Fahrerlaubnis (Abs. 1) I. Dringende Gründe für die Annahme einer Entziehung der Fahrerlaubnis. Abs. 1 Satz 1 erlaubt die vorläufige Entziehung der Fahrerlaubnis, wenn dringende Gründe für die Annahme vorhanden sind, dass die **Fahrerlaubnis gem. § 69 StGB entzogen werden wird**. Die Maßnahme ist danach nicht zulässig, wenn nur die Verhängung eines **Fahrverbotes** gem. § 44 StGB oder einer **isolierten Sperrfrist** gem. § 69a Abs. 1 Satz 3 StGB im späteren Urteil möglich wäre (OLG Hamm, VRS 51, 43; *Meyer-Goßner/Schmitt* § 111a Rn. 1; SK-StPO/*Rogall* § 111a Rn. 1; LK/*Geppert* § 69 Rn. 126; a. A. für die isolierte Sperre: LG München I DAR 1956, 249).

Erforderlich sind **dringende Gründe** für die Annahme, dass die FE im späteren Urteil gem. § 69 Abs. 1 Satz 1 StGB entzogen werden wird. Insofern ist – sich orientierend am dringenden Tatverdacht i.S.v. § 112 StPO (dazu LR/*Hilger* § 112 Rn. 16 ff. m.w.N.) – eine hohe Wahrscheinlichkeit einer späteren Anordnung der FEE im Urteil zu verlangen (LR/*Hauck* § 111a Rn. 13; LK/*Geppert* § 69 Rn. 128). Notwendig ist danach zum einen eine **hohe Wahrscheinlichkeit** dafür, dass der Beschuldigte eine **Anlasstat**, nämlich eine rechtswidrige Tat (§ 11 Abs. 1 Nr. 5 StGB) bei oder im Zusammenhang mit dem Führen eines Kfz oder unter Verletzung der Pflichten eines Kfz-Führers, begangen hat, wegen derer er verurteilt werden oder nur wegen erwiesener oder nicht auszuschließender Schuldunfähigkeit nicht verurteilt werden wird. Dazu ausf. SSW-StGB/*Jehle/Harrendorf* § 69 Rn. 10 ff. Zum anderen muss sich die hohe Wahrscheinlichkeit darauf beziehen, dass das Gericht aufgrund der Tat wegen der **Ungeeignetheit** des Täters zum Führen von Kfz die FE entziehen wird. Die Ungeeignetheit ist bei der vorläufigen FEE (ähnlich § 69 StGB) im Rahmen einer umfassenden Würdigung von mutmaßlicher Tat und mutmaßlicher Täterpersönlichkeit, wie sie sich derzeit mit hoher Wahrscheinlichkeit darstellen, zu beurteilen (SK-StPO/*Rogall* § 111a Rn. 17; ausf. SSW-StGB/*Jehle/Harrendorf* § 69 Rn. 24 ff.). Zur Bedeutung von Nachtatverhalten vgl. auch Rdn. 9.

Bei der Auslegung des **§ 69 Abs. 1 Satz 1 StGB** und damit auch für die dringenden Gründe i.S.d. § 111a ist zu berücksichtigen, dass die Norm nur der Beseitigung verkehrsspezifischer Gefahren, die von ungeeigneten Kraftfahrern ausgehen, dient, nicht darüber hinaus auch allgemein der Verbrechensverhütung (BGHSt -GS- 50, 93, 100; *Geppert* NStZ 2003, 288). Erforderlich ist ein **verkehrsspezifischer Gefahrzusammenhang** zwischen der Anlasstat und dem Führen eines Kfz (LK/*Geppert* § 69 Rn. 34; *Kulemeier* NZV 1993, 212; *Dreher/Fad* NZV 2004, 231, 233; *Duttge* JZ 2006, 102; im Ergeb-

§ 111a StPO   Vorläufige Entziehung der Fahrerlaubnis

nis trotz Verortung des Problems im Bereich der Ungeeignetheit ebenso BGHSt -GS- 50, 93; MüKo-StGB/*Athing* § 69 Rn. 36; *Fischer* § 69 Rn. 14; vgl. auch MüKo-StPO/*Hauschild* § 111a Rn. 10; näher und m.w.N. SSW-StGB/*Jehle*/*Harrendorf* § 69 Rn. 17 ff.).

6 Entsprechend dem dringenden Tatverdacht (dazu BGH AnwBl. 1981, 116; OLG Karlsruhe StV 2004, 325) sind auch die dringenden Gründe i.S.d. § 111a auf der Basis des **gegenwärtigen Standes der Ermittlungen** zu beurteilen (LR/*Hauck* § 111a Rn. 14), sodass sich die Beurteilung jederzeit ändern kann. Bei Fortfall der dringenden Gründe ist nach Abs. 2 vorzugehen (s.u. Rdn. 15).

7 **Mangels dringender Gründe** für die Annahme, dass eine Anlasstat im o.g. Sinne vorliege, kommt z.B. im Bereich sog. **relativer Fahruntüchtigkeit** § 111a nicht in Betracht, wenn nicht mit hoher Wahrscheinlichkeit anzunehmen ist, dass ein Fahrfehler oder Unfall auf der Alkoholisierung oder dem Drogenkonsum des Beschuldigten beruht (LG Kiel StV 2014, 627; LG Mühlhausen NZV 2014, 97; LG Frankfurt an der Oder BA 2010, 36; LG Berlin BA 2008, 264;). Auch wenn der Täter **kein Kfz** i.S.d. § 69 Abs. 1 StGB (zum Begriff SSW-StGB/*Jehle*/*Harrendorf* § 69 Rn. 14 m.w.N.) geführt hat, verbietet sich die vorläufige FEE (so z.B. bei Wasserfahrzeugen oder Schienenbahnen: OLG Rostock NZV 2008, 472; BayObLG DAR 1993, 304; LG Oldenburg NZV 2008, 50; a. A. LG Oldenburg BA 2008, 319; LG Kiel NStZ-RR 2007, 59). Ist die **Beweissituation** aufgrund zu erwartender widerstreitender Zeugenaussagen in der Hauptverhandlung unklar, hat die vorläufige FEE ebenfalls zu unterbleiben, da die Würdigung der Zeugen und ihrer Aussagen dem unmittelbaren Eindruck in der Hauptverhandlung vorbehalten bleiben muss (LG Ansbach StraFo 2009, 331 f.); dasselbe gilt, wenn eine Fallkonstellation wahrscheinlich ist, bei der eine Ausnahme von der Regelwirkung des § 69 Abs. 2 in Betracht zu ziehen ist (AG Bielefeld NZV 2014, 378; AG Verden NZV 2014, 378; MüKo-StPO/*Hauschild* § 111a Rn. 13). Zudem sind **Beweisverwertungsverbote** zu beachten, die sich ergeben z.B. aus einer fehlenden Belehrung eines Zeugen oder des Beschuldigten (AG Homburg StV 1994, 123), aufgrund § 252 (richtigerweise auch bei Spontanäußerungen, näher HK-GS/*König*/*Harrendorf* § 252 StPO Rn. 11 m.w.N.; insofern anders die h.M., z.B. OLG Saarbrücken NJW 2008, 1396; OLG Frankfurt am Main StV 1994, 117; LG Stuttgart BA 2014, 357) oder als Folge einer unter willkürlicher Missachtung des Richtervorbehalts vorgenommen Blutentnahme gem. § 81a (LG Zweibrücken VRS 116, 448, 450; LG Frankfurt StV 2010, 628; LG Cottbus BA 2009, 105; LG Berlin BA 2008, 266; im Einzelnen ist vieles str., näher *Fickenscher*/*Dingelstadt* NStZ 2009, 124; *Krumm* SVR 2008, 297; *Müller*/*Trurnit* StraFo 2008, 144 sowie in diesem Kommentar § 81a Rdn. 18; vgl. dazu auch BVerfG NJW 2010, 2864; NJW 2008, 3053; NJW 2007, 1345, 1346; BGH NStZ 2007, 601).

8 **II. Ermessensentscheidung.** Nach dem Wortlaut des Abs. 1 Satz 1 steht die vorläufige FEE im Ermessen des Gerichts. I.d.R. wird aber dieses Ermessen dann, wenn die tatbestandlichen Voraussetzungen der Norm erfüllt sind, **auf null reduziert** sein (OLG Jena VRS 115, 353; SK-StPO/*Rogall* § 111a Rn. 18; *Meyer-Goßner*/*Schmitt* § 111a Rn. 3). Insb. im Fall der Regelvermutungen des § 69 Abs. 2 StGB darf der Richter nur aufgrund besonderer Umstände ausnahmsweise von der Entziehung absehen (LK/*Geppert* § 69 Rn. 129; SK-StPO/*Rogall* § 111a Rn. 18). I.R.d. Ermessensausübung ist dem Grundsatz der Verhältnismäßigkeit Rechnung zu tragen, insb. die **Erforderlichkeit** der vorläufigen FEE zu prüfen. Dies ergibt sich schon aus rechtsstaatlichen Erwägungen, sodass die Streichung der Erforderlichkeitsklausel in der Norm (Rdn. 1) i.E. bedeutungslos ist (SK-StPO/*Rogall* § 111a Rn. 19). Allerdings wird sich die vorläufige FEE nur im Ausnahmefall als ein nicht erforderliches Mittel herausstellen, da gleich geeignete, mildere Mittel bei Ungeeignetheit meist nicht existieren. Auch im Fall von Krankheit oder U- oder Strafhaft des Beschuldigten kann in aller Regel nicht von einer vorläufigen FEE abgesehen werden (LR/*Hauck* § 111a Rn. 15; HK-StPO/*Gercke* § 111a Rn. 6; KK-StPO/*Bruns* § 111a Rn. 4; a. A.: SK-StPO/*Rogall* Rn. 19; Hentschel/*Krumm* 2. Teil, A Rn. 354), da auch für den Fall der Gesundung bzw. von Entlassung, Ausgang, Freigang etc. des Beschuldigten Vorsorge zu tragen ist. Etwas anderes gilt indessen, wenn der Beschuldigte seinen Führerschein freiwillig sicherstellen lässt oder einer Beschlagnahme nicht widerspricht (LK/*Geppert* § 69 Rn. 130; LR/*Hauck* § 111a Rn. 15; a. A. KK-StPO/*Bruns* § 111a Rn. 4): Da § 111a anders als § 69 StGB nicht das Erlöschen der FE bewirkt (vgl. § 69 Abs. 3 Satz 1 StGB), sind alle Maßnahmen, die ebenfalls zu einem nach § 21 StVG strafbewehrten Fahrverbot führen, gleich geeignet.

9 Auch nach **längerem Zeitablauf** zwischen Anlasstat und Anordnung der Maßnahme wird die vorläufige FEE – entgegen einer teilweise in der Rechtsprechung vertretenen Auffassung (so u.a. LG Bonn NZV

2010, 214; LG Kiel VRR 2008, 203; LG Frankfurt DAR 2005, 109; *Kropp* NStZ 1997, 471) – nicht automatisch unverhältnismäßig und auch Gründe des Vertrauensschutzes gebieten ein Absehen von der Anordnung nicht, sondern sie bleibt bis zur Rechtskraft des Urteils möglich (OLG Hamm NZV 2002, 380; OLG Düsseldorf NStZ-RR 2002, 314; LG Erfurt BA 2015, 42; LG Kleve BA 2011 249; LR/ *Hauck* § 111a Rn. 23; SK-StPO/*Rogall* § 111a Rn. 20; verfassungsrechtlich ist das unbedenklich: BVerfG NJW 2005, 1767; gravierende Verzögerungen sind freilich in die Abwägung einzustellen, vgl. entsprechend Rdn. 16; zudem Hentschel/*Krumm* 2. Teil, A Rn. 376 und [zu weitgehend] KG StraFo 2011, 353). Verhängt das erstinstanzliche Gericht im Urteil die FEE gem. § 69 StGB, ohne parallel § 111a anzuordnen, kann auch das Berufungsgericht noch jederzeit die Anordnung nachholen (OLG Oldenburg NdsRpfl 2010, 36; OLG Hamm BA 2007, 379; *Meyer-Goßner/Schmitt* § 111a Rn. 3 m.w.N.; zur Sperrwirkung von Abs. 2 vgl. Rdn. 18). Nach längerem Zeitablauf kann allerdings Anlass bestehen, aufgrund des **Nachtatverhaltens** des Täters dessen Ungeeignetheit anders zu beurteilen (LR/ *Hauck* § 111a Rn. 23; LK/*Geppert* § 69 Rn. 129). Eine längere Zeit unbeanstandet gebliebene Fahrpraxis zwischen Anlasstat und Entscheidungszeitpunkt allein genügt nicht (a. A. LG Zweibrücken BA 2011, 182; LG Saarbrücken ZfS 2007, 470; LG Cottbus StraFo 2004, 353; HK-StPO/*Gercke* § 111a Rn. 7), insofern gilt dasselbe wie bei § 69 StGB (dazu SSW-StGB/*Jehle/Harrendorf* § 69 Rn. 30; LK/ *Geppert* § 69 Rn. 94 ff., beide m.w.N.), und zwar namentlich für Trunkenheitstäter angesichts des geringen Entdeckungsrisikos derartiger Verstöße (dazu *Schöch* NStZ 1991, 11; *Schwind* NZV 1999, 145), da die fehlende Auffälligkeit dann keine prognostische Relevanz haben kann (ausf. *Maukisch* NZV 1992, 264). Zu diesem frühen Zeitpunkt spielt auch das erfolgreiche Absolvieren von **Nachschulungskursen** in aller Regel keine Rolle (näher LK/*Geppert* § 69 Rn. 97 ff. m.w.N.).

III. Ausnahmen für bestimmte Arten von Kfz (Abs. 1 Satz 2) Auch mit Abs. 1 Satz 2 wird dem **10** Grundsatz der Verhältnismäßigkeit Rechnung getragen (LR/*Hauck* § 111a Rn. 25), sodass eine Ausnahme von der vorläufigen FEE für bestimmte Kfz-Arten zugelassen werden kann, wenn eine vollständige Entziehung nicht erforderlich ist. Dennoch wird **nur selten eine Ausnahme i.S.d. Abs. 1 Satz 2** möglich sein, da ein mit hoher Wahrscheinlichkeit gefährlicher Beschuldigter, namentlich, wenn die Ungeeignetheit auf sog. **Charaktermängeln** basiert, in aller Regel unabhängig vom eingesetzten Kfz-Typ und auch unabhängig vom Zweck der Fahrt eine Gefahr für den Straßenverkehr darstellt (LG Osnabrück ZfS 1998, 273 m. Anm. *Bode*; *Meyer-Goßner/Schmitt* § 111a Rn. 4; a. A. *Krumm* NZV 2006, 234). Dies gilt ganz besonders für mutmaßliche Alkoholtäter (LG Saarbrücken ZfS 1998, 152 m. Anm. *Bode*; näher und m.w.N. LK/*Geppert* § 69a Rn. 11).

Das Gericht ist **durch § 9 FeV gehindert**, eine Ausnahme für eine oder mehrere der FE-Klassen C, C1, **11** D, D1 (i.d.R. **Lkw** und/oder **Omnibusse**) vorzusehen und gleichzeitig die Klasse B (i.d.R. **Pkw**) vorläufig zu entziehen. Für § 69a Abs. 2 StGB hat der Verordnungsgeber dies in § 9 Abs. 3 FeV klargestellt (*Backmann* SVR 2010, 281, 283; SSW-StGB/*Jehle/Harrendorf* § 69a Rn. 18 m.w.N.), dasselbe gilt aber auch für § 111a (so auch MüKo-StPO/*Hauschild* § 111a Rn. 20a; anders *Burmann*, in: Burmann/ Heß/Jahnke/Janker § 111a StPO Rn. 3; ohne Problembewusstsein AG Landstuhl BA 2014, 361), obwohl dieser die FE insofern fortbestehen lässt und daher nicht erst die Neuerteilung der beschränkten FE durch die Verwaltungsbehörde zu beantragen wäre. Grund ist, dass die Ausnahme nach § 111a Abs. 1 Satz 2 jedenfalls nicht weitergehen kann als die spätere Ausnahme von der Sperrfrist, auf die sie sich bezieht. Damit ist die Ausnahmemöglichkeit primär für **land- und forstwirtschaftliche Fahrzeuge, selbstfahrende Arbeitsmaschinen, Stapler und andere Flurförderfahrzeuge** der Klassen T und L relevant. Dies ist auch inhaltlich gerechtfertigt, da eine Ausnahme bei an sich ungeeigneten Personen am ehesten für bauartbedingt weniger gefährliche, namentlich langsamere Fahrzeuge in Betracht kommt (OLG Hamm NJW 1971, 1618; LG Frankenthal DAR 1999, 374; LR/*Hauck* § 111a Rn. 31). Zum Begriff der Kfz-Art näher SSW-StGB/*Jehle/Harrendorf* § 69a Rn. 17 f. m.w.N. und Beispielen.

Der bisherige Führerschein wird auch im Fall einer Ausnahme gem. Abs. 3 Satz 1 beschlagnahmt, die **12** FE-Behörde ist aber verpflichtet, für die Dauer der vorläufigen FEE einen entsprechend beschränkten **Ersatzführerschein** auszustellen (SK-StPO/*Rogall* § 111a Rn. 29; LR/*Hauck* § 111a Rn. 32). Wird die FEE im Urteil endgültig entzogen und tritt Rechtskraft ein, erlischt die FE dann in vollem Umfang (*Meyer-Goßner/Schmitt* § 111a Rn. 4), da §§ 69 ff. StGB nur Ausnahmen von der **Sperrfrist** vorsehen. Der Ersatzführerschein ist einzuziehen (LK/*Geppert* § 69 Rn. 133), selbst wenn das Gericht im Urteil dieselben Ausnahmen von der Sperrfrist vorsieht (a. A. insofern LR/*Hauck* § 111a Rn. 32), da kein An-

§ 111a StPO Vorläufige Entziehung der Fahrerlaubnis

spruch auf die Erteilung der entsprechend beschränkten FE durch die Verwaltungsbehörde besteht (VGH Bayern, 19.11.2007 – 11 CE 07.2235, bei juris).

13 **IV. Zuständigkeit und Verfahren.** Die Anordnung gem. § 111a kann nur durch das **Gericht** erfolgen; nur die Beschlagnahme des Führerscheins ist gem. §§ 94 Abs. 3, 98 Abs. 1 Satz 1 bei Gefahr im Verzug auch durch die StA und deren Ermittlungspersonen möglich (dazu unten Rdn. 20 ff.). Das Gericht kann die Anordnung von Amts wegen oder auf Antrag treffen; im Ermittlungsverfahren ist ein Antrag der StA in aller Regel erforderlich (§ 162 Abs. 1 Satz 1; einzige Ausnahme: § 165; LG Gera NStZ-RR 1996, 235). **Zuständig** ist im Ermittlungsverfahren gem. § 162 Abs. 1 Satz 1 das AG, in dessen Bezirk die StA oder ihre den Antrag stellende Zweigstelle ihren Sitz hat (Ausnahme: § 169); durch die Neufassung der Norm ist der diesbezügliche frühere Meinungsstreit gegenstandslos (SK-StPO/*Rogall* § 111a Rn. 22 m.w.N.). Nach Erhebung der öffentlichen Klage ist das Gericht zuständig, das mit der Sache befasst ist (§ 162 Abs. 3 Satz 1); dies ist das Berufungsgericht ab Aktenvorlegung gem. § 321 Satz 2 (OLG Düsseldorf NZV 1992, 202; Hentschel/*Krumm* 2. Teil, A Rn. 358). Während des Revisionsverfahrens ist das Gericht zuständig, dessen Urteil angefochten ist (§ 162 Abs. 3 Satz 2). Die vorläufige FEE erfolgt durch **Beschluss**, der knapp zu begründen ist (§ 34); der bloße Hinweis auf die Norm (LG Zweibrücken BA 2011, 182) oder die Wiedergabe des Gesetzeswortlauts (OLG Hamm DAR 1954, 63) genügen nicht, das Fehlen der Begründung ist aber unschädlich, wenn die Anordnung zugleich mit dem § 69 StGB verhängenden Urteil ergeht (OLG Koblenz VRS 71, 39). Der Beschuldigte ist **anzuhören** (§ 33 Abs. 3), ebenso die StA (§ 33 Abs. 2). § 33 Abs. 4 Satz 1 ist unanwendbar, weil in Eilfällen die Beschlagnahme des Führerscheins gem. § 94 Abs. 3, 98 Abs. 1 Satz 1 möglich und ausreichend (Arg.: Rdn. 8) ist (*Hentschel* DAR 1988, 90 f.; Hentschel/*Krumm* 2. Teil, A Rn. 365; HK-StPO/*Gercke* § 111a Rn. 10; LK/*Geppert* § 69 Rn. 136; a. A. LR/*Hauck* § 111a Rn. 54 f.). Die Anhörung des Beschuldigten muss nicht unmittelbar durch das Gericht erfolgen, erforderlich ist aber, dass dem Beschuldigten Gelegenheit gegeben wird, sich zu allen für die vorläufige FEE maßgeblichen Tatsachen zu äußern (LR/*Hauck* § 111a Rn. 58; LK/*Geppert* § 69 Rn. 137; *Dahs* NJW 1968, 415; a. A. LG Mainz NJW 1968, 414). Der Beschluss wird gem. § 36 Abs. 2 Satz 1 zur Vollstreckung an die StA weitergeleitet und dem Beschuldigten gem. § 35 Abs. 2 bekanntgegeben. **Mitteilungspflichten** bestehen gem. §§ 12 ff. EGGVG i.V.m. MiStra Nr. 45 Abs. 1 Nr. 1, Abs. 3, Abs. 4.

14 **V. Rechtsfolgen.** Mit der Bekanntgabe des Beschlusses gem. § 35 Abs. 2 wird dieser wirksam (BGHZ 38, 86, 87). Er bewirkt ein Fahrverbot, das gem. § 21 Abs. 1 Nr. 1 StVG strafbewehrt ist. Im Hinblick darauf ist eine förmliche **Zustellung** unter Belehrung über die rechtlichen Folgen der Entscheidung empfehlenswert (Meyer-Goßner/*Schmitt* § 111a Rn. 6). Die eigentliche Fahrerlaubnis bleibt noch bis zur Rechtskraft der endgültigen FEE bestehen (§ 69 Abs. 3 Satz 1 StGB). Gleichzeitig wirkt der Beschluss gem. Abs. 3 Satz 1 als Anordnung oder Bestätigung der Beschlagnahme eines von einer deutschen oder bei Beschuldigten mit Wohnsitz im Inland alternativ von einer Behörde eines anderen EU/EWR-Staates ausgestellten Führerscheins (Abs. 3). Zur Beschlagnahme näher Rdn. 20 ff., zu ausländischen Führerscheinen Rdn. 24.

15 **D. Aufhebung der vorläufigen Entziehung der Fahrerlaubnis (Abs. 2)** I. **Aufhebungsgründe.** Die vorläufige Entziehung der Fahrerlaubnis ist aufzuheben, wenn ihr Grund weggefallen ist oder wenn das Gericht im Urteil die Fahrerlaubnis nicht entzieht. Ein **Wegfall des Grundes** liegt vor, wenn zwischenzeitlich keine dringenden Gründe mehr für die Annahme vorliegen, dass dem Beschuldigten im Urteil die FE entzogen werden wird. Zu dringenden Gründen und deren Fehlen vgl. zunächst Rdn. 3 ff., speziell zum Wandel der Anforderungen an dringende Verdachtsgründe im Verfahrensverlauf Rdn. 6. Gericht und StA sind verpflichtet, die weitere Entwicklung aufmerksam zu verfolgen und ggf. eine Aufhebung der Maßnahme herbeizuführen (LK/*Geppert* § 69 Rn. 140). Dabei ist das Gericht auch im Ermittlungsverfahren an einen Aufhebungsantrag der StA – anders als nach § 120 Abs. 3 Satz 1 – nicht gebunden, es sei denn, das Verfahren wäre bereits eingestellt worden (AG Münster MDR 1972, 166; Meyer-Goßner/*Schmitt* § 111a Rn. 14; SK-StPO/*Rogall* § 111a Rn. 36; LK/*Geppert* § 69 Rn. 140; a. A. LG Bückeburg NdsRpfl. 1987, 200; LR/*Hauck* § 111a Rn. 49; *Wittschier* NJW 1985, 1324 f.): Es handelt sich um eine vom Richter zu beurteilende vorläufige Maßregel, nicht um eine verfahrenssichernde Maßnahme.

Wie schon in Rdn. 9 für die Zeit bis zum Erlass der Anordnung erläutert, nötigt **längerer Zeitablauf** 16
auch nicht automatisch zur Aufhebung der vorläufigen FEE, aber im Einzelfall können aufgrund der
bisherigen Dauer der vorläufigen FEE im Zusammenhang mit dem Verhalten des Beschuldigten seit
der Tat keine dringenden Gründe für die Ungeeignetheit mehr vorliegen mit der Folge, dass die Maßnahme aufzuheben ist (OLG Koblenz NZV 2008, 47; OLG Düsseldorf NZV 2001, 354). Auch wenn
das Gericht aus verfassungsrechtlichen Gründen gehalten ist, Verfahren, bei denen die FE gem. § 111a
vorläufig entzogen ist, beschleunigt zu betreiben (BVerfG NJW 2005, 1767, 1768), führt dies dennoch
in aller Regel nicht zu einer Aufhebung der vorläufigen FEE nur aufgrund zu langer Verfahrensdauer,
d. h. ungeachtet der Ungeeignetheit des Kraftfahrers (OLG Koblenz NZV 2008, 47; OLG Düsseldorf
NZV 1988, 194; *Tepperwien* NStZ 2009, 1, 3 f.; *Krenberger* jurisPR-VerkR 5/2015 Anm. 5; SK-StPO/
Rogall § 111a Rn. 40; LR/*Hauck* § 111a Rn. 33; LK/*Geppert* § 69 Rn. 142). Allein bei gravierenden
Verstößen gegen das Beschleunigungsgebot, verbunden mit erheblichen Verzögerungen des Verfahrens,
kann im Einzelfall ausnahmsweise auch die Aufhebung der vorläufigen Maßregel aus Gründen der Verhältnismäßigkeit trotz Ungeeignetheit in Betracht kommen (OLG Hamm NStZ-RR 2007, 351; OLG
Nürnberg StV 2006, 685; *Krumm* NJW 2004, 1627, 1629; *Tepperwien* NStZ 2009, 1, 3 f.; *Krenberger*
jurisPR-VerkR 20/2013 Anm. 5; MüKo-StPO/*Hauschild* § 111a Rn. 35; *Meyer-Goßner/Schmitt*
§ 111a Rn. 10; weiter gehend HK-StPO/*Gercke* § 111a Rn. 13; a. A. LR/*Hauck* § 111a Rn. 33); es
ist jedoch immer eine Abwägung der Beschuldigtenbelange mit den Straßenverkehrssicherheitsinteres-
sen vorzunehmen (BVerfG NJW 2005, 1767; SK-StPO/*Rogall* § 111a Rn. 40).

Im **Berufungsverfahren** gilt dasselbe wie in Rdn. 16 ausgeführt, und zwar auch dann, wenn die bishe- 17
rige Dauer der vorläufigen FEE die im erstinstanzlichen Urteil festgesetzte Sperrfrist überschreitet
(OLG Hamm NZV 2007, 639; OLG Düsseldorf NZV 1999, 389; *Meyer-Goßner/Schmitt* § 111a
Rn. 11; LK/*Geppert* § 69 Rn. 143): Eine Anrechnung der vorläufigen FEE findet insofern nicht statt,
§ 69a Abs. 4 und 5 StGB, und das Berufungsgericht bestimmt die Sperrfrist selbstständig nach der voraussichtlichen Dauer der Ungeeignetheit des Beschuldigten, wobei zwar das Verschlechterungsverbot
zu beachten ist, aber dieses das Berufungsgericht auch bei angeordneten vorläufigen Maßnahmen nicht
hindert, dieselbe Sperrfrist wie das Ausgangsgericht zu verhängen (BGH VRS 21, 338; BayObLG NJW
1966, 896; SSW-StGB/*Jehle/Harrendorf* § 69 Rn. 53; Sch/Sch/*Stree/Kinzig* § 69a Rn. 13; a. A. *Goll-
ner* JZ 1978, 637). Etwas anderes gilt im **Revisionsverfahren**, da gem. § 69a Abs. 5 Satz 2 StGB in die
Sperrfrist die Zeit einer wegen der Tat angeordneten vorläufigen FEE eingerechnet wird, soweit sie nach
Verkündung des Urteils verstrichen ist, in dem die der Maßregel zugrunde liegenden tatsächlichen Fest-
stellungen letztmals geprüft werden konnten. Soweit der Zeitpunkt, zu dem dies der Fall wäre, wenn das
Urteil bereits rechtskräftig wäre, verstrichen ist, bevor über die Revision entschieden ist, ist die vorläu-
fige FEE aufzuheben, da diese nicht länger dauern darf als die drohende Gesamtdauer der Sperrfrist bei
Rechtskraft (zutr. OLG Köln VRS 105, 343; LG Neuruppin StV 2004, 125; LK/*Geppert* § 69 Rn. 145;
SK-StPO/*Rogall* § 111a Rn. 42; Hentschel/*Krumm* 2. Teil, A Rn. 402; *Hentschel* NJW 1981, 1081;
Janiszewski NStZ 1983, 111; a. A. die h.M.: OLG Schleswig VRS 53, 121; KG VRS 53, 278; OLG
Düsseldorf VRS 98, 190, 193; OLG Karlsruhe DAR 2003, 235; Sch/Sch/*Stree/Kinzig* § 69a Rn. 26;
LR/*Hauck* § 111a Rn. 41; *Meyer-Goßner/Schmitt* § 111a Rn. 12; KK-StPO/*Bruns* § 111a Rn. 12).
Ein unzulässiger Eingriff in die Kompetenzen der Verwaltungsbehörde liegt darin nicht (näher LK/
Geppert § 111a Rn. 145; Hentschel/*Krumm* 2. Teil, A Rn. 403).

Die vorläufige FEE ist zudem aufzuheben, wenn das Gericht im Urteil die FE **nicht entzieht**. Die gilt 18
nicht nur (was keiner besonderen Regelung bedürfte: BVerfG NJW 1995, 124) bei Rechtskraft eines
solchen Urteils, sondern auch für nicht rechtskräftige Entscheidungen (*Meyer-Goßner/Schmitt* § 111a
Rn. 13). In beiden Fällen ist die Anordnung **durch Beschluss** aufzuheben, der freilich bei rechtskräftigem Urteil nur deklaratorische Bedeutung hat (OLG Karlsruhe NJW 1960, 2113). Die herrschende
Meinung (OLG Stuttgart VRS 101, 40; OLG Hamm BA 2001, 124; OLG Nürnberg StraFo 2011,
91; LK/*Geppert* § 69 Rn. 152; KK-StPO/*Nack* § 111a Rn. 8; LR/*Hauck* § 111a Rn. 19) erkennt
dem Abs. 2 zudem zu Recht eine **Sperrwirkung** zu: Nicht nur ist das erstinstanzliche Gericht verpflichtet, wenn es die FEE im Urteil nicht verhängt, auch die zuvor angeordnete vorläufige FEE aufzuheben,
sondern ist das **Berufungsgericht** an diese Entscheidung auch insofern gebunden, als es (auch dann,
wenn das Verbot der *reformatio in peius* nicht entgegensteht) nicht ohne Weiteres eine neue Anordnung
gem. § 111a StPO treffen darf (anders: SK-StPO/*Rogall* § 111a Rn. 39). Es ist insofern den Urteilsfeststellungen größerer Bedeutung beizumessen als den Verdachtsannahmen eines nachfolgenden Beschlus-

§ 111a StPO Vorläufige Entziehung der Fahrerlaubnis

ses. Anderes gilt, wenn neue Tatsachen oder Beweismittel vorliegen (LK/*Geppert* § 69 Rn. 152 m.w.N. sowie die obigen Fundstellen; nach OLG Jena BA 2007, 182; OLG Koblenz VRS 73, 290 und KK-StPO/*Bruns* § 111a Rn. 9 zudem auch bei grober und offensichtlicher Fehlerhaftigkeit der erstinstanzlichen Entscheidung; dagegen zu Recht Hentschel/*Krumm* 2. Teil, A Rn. 406) oder sobald das Berufungsgericht die FE selbst im Urteil entzieht (OLG Karlsruhe NJW 1960, 2113; OLG Koblenz VRS 71, 39; KK-StPO/*Bruns* § 111a Rn. 9; LR/*Hauck* § 111a Rn. 20). Keine Sperrwirkung besteht nach Aufhebung und Zurückverweisung des freisprechenden bzw. die Anordnung der Maßregel ablehnenden Urteils durch das **Revisionsgericht** (KK-StPO/*Bruns* § 111a Rn. 9; *Meyer-Goßner/Schmitt* § 111a Rn. 13). Nach **Einspruch gegen einen Strafbefehl** gilt die Sperrwirkung hingegen entsprechend (LG Berlin ZfS 2007, 228; LG Stuttgart StV 1986, 427); dies schon deswegen, weil sich der Richter, der zuvor den Strafbefehl unterzeichnet hat, sonst in einen Selbstwiderspruch setzen würde. Erst recht ist es unzulässig, wenn die StA den Antrag auf vorläufige FEE unter der Bedingung stellt, dass der Beschuldigte Einspruch gegen den Strafbefehl erhebt (AG Montabaur NZV 2011, 914; a. A. und rechtsstaatlich bedenklich LG Stuttgart DAR 2011, 419; zu beiden Entscheidungen Anm. *Bergmann* DAR 2011, 420).

19 **II. Zuständigkeit und Rechtsfolgen.** Zur **Zuständigkeit** gilt zunächst Rdn. 13 entsprechend. Hinzuzufügen ist nur, dass das **Revisionsgericht** zur Aufhebung zuständig ist, wenn es die im Urteil ausgesprochene FEE endgültig beseitigt oder das gesamte Urteil aufhebt (entsprechend § 126 Abs. 3; OLG Koblenz NZV 2008, 367; BayObLG NZV 1993, 239, 240; *Meyer-Goßner/Schmitt* § 111a Rn. 14; KK-StPO/*Bruns* § 111a Rn. 13). Sonst bleibt das letzte Tatgericht zuständig (vgl. § 162 Abs. 3 Satz 2; die Neuregelung macht auch insofern den bisherigen Meinungsstreit [Nachw. b. SK-StPO/*Rogall* § 111a Rn. 43] hinfällig). Die Aufhebung beseitigt das Fahrverbot gem. § 21 Abs. 1 Nr. 1 StVG und der Führerschein ist gem. Abs. 5 (dazu Rdn. 23) dem Beschuldigten zurückzugeben.

20 **E. Sicherstellung und Rückgabe des Führerscheins.** Gem. §§ 94 Abs. 3, 98 Abs. 1 Satz 1 können Führerscheine, sofern sie der **Einziehung** unterliegen, beschlagnahmt oder anderweitig sichergestellt werden. Eingezogen werden können Führerscheine, wenn die FE im Urteil rechtskräftig entzogen wird und es sich um einen deutschen Führerschein oder bei Inländern um einen sonstigen EU/EWR-Führerschein handelt (vgl. §§ 69 Abs. 3 Satz 2, 69b Abs. 2 Satz 1 StGB). Auch die Beschlagnahme oder sonstige Sicherstellung ist dabei nur unter den Voraussetzungen des § 111a Abs. 1 Satz 1 möglich, d.h. bei **dringenden Gründen** für die Annahme, dass dem Beschuldigten im Urteil die FE entzogen werden wird (OLG Stuttgart NJW 1969, 760, 761; SK-StPO/*Rogall* § 111a Rn. 32). Dies folgt aus der engen Verschränkung der Führerscheinsicherstellung mit der vorläufigen FEE, namentlich aus Abs. 3 (KMR/*Pauckstadt-Maihold* § 111a Rn. 13) und Abs. 5 (KK-StPO/*Bruns* § 111a Rn. 15).

21 Die isolierte Führerscheinbeschlagnahme kann nur bei **Gefahr im Verzug** durch **Polizei** oder **StA** erfolgen, das Gericht muss immer zugleich über § 111a entscheiden, vgl. Abs. 3. Gefahr im Verzug besteht immer dann, wenn ohne Beschlagnahme des Führerscheins zu besorgen ist, dass der Beschuldigte in der Zeit bis zu einer Entscheidung gem. § 111a als Kfz-Führer weiter die Allgemeinheit gefährdet (str.; h.M.: BGHSt 22, 392 f.; OLG Stuttgart NJW 1969, 760, 761; LR/*Hauck* § 111a Rn. 67; KK-StPO/*Bruns* § 111a Rn. 16; *Gramse* NZV 2002, 345, 346; a. A. OLG Köln NJW 1968, 666, 667; *Dahs* NJW 1968, 632 f.). Die Beschlagnahme, die bei einem nicht mitgeführten Führerschein auch in der Wohnung des Beschuldigten erfolgen kann (*Meyer-Goßner/Schmitt* § 111a Rn. 15), hat gem. § 21 Abs. 2 Nr. 2 StVG ebenfalls ein Fahrverbot zur Folge.

22 Gem. § 98 Abs. 2 Satz 1 soll der Beamte, der den Führerschein beschlagnahmt hat, binnen drei Tagen die **gerichtliche Bestätigung** beantragen, wenn bei der Beschlagnahme weder der davon Betroffene noch ein erwachsener Angehöriger anwesend war oder wenn der Betroffene und im Fall seiner Abwesenheit ein erwachsener Angehöriger des Betroffenen gegen die Beschlagnahme ausdrücklichen Widerspruch erhoben hat. Die Einhaltung dieser Sollvorschrift ist nicht Wirksamkeitsvoraussetzung der fortdauernden Beschlagnahme (LK/*Geppert* § 69 Rn. 164). Zudem kann gem. § 98 Abs. 2 Satz 2 der Betroffene jederzeit die gerichtliche Entscheidung beantragen. Gem. § 111a Abs. 4 tritt dann anstelle der Entscheidung über die Beschlagnahme die Entscheidung über die vorläufige FEE, die zugleich als Bestätigung der Beschlagnahme gilt (Abs. 3).

Wenn der Richter die vorläufige FEE wegen Fehlens der in § 111a Abs. 1 bezeichneten Voraussetzungen ablehnt, wenn er sie gem. Abs. 2 aufhebt oder wenn das Gericht im Urteil die Fahrerlaubnis nicht entzieht, ist der Führerschein gem. Abs. 5 Satz 1 dem Beschuldigten **zurückzugeben**. Zuständig ist im Ermittlungsverfahren die StA, danach bis zur Rechtskraft der Entscheidung das sachzuständige Gericht; § 36 Abs. 2 Satz 1 ist nicht anwendbar (*Meyer-Goßner/Schmitt* § 111a Rn. 17). Im Vollstreckungsverfahren ist i.d.R. die StA (§ 451 Abs. 1; Ausnahme: § 82 Abs. 1 Satz 1 JGG) zuständig. Wird im Urteil ein Fahrverbot (§ 44 StGB) verhängt, so kann die Rückgabe des Führerscheins aufgeschoben werden, wenn der Beschuldigte nicht widerspricht (Abs. 5 Satz 2; Folge: § 450 Abs. 2). 23

F. Besonderheiten bei ausländischen Führerscheinen. Auch ausländische FE können vorläufig entzogen werden (vgl. Abs. 3 Satz 2 und Abs. 6); dies bewirkt ein Fahrverbot im Inland. Zu den Rechtsfolgen der endgültigen FEE im Urteil bei ausländischen FE vgl. § 69b StGB und dazu SSW-StGB/*Jehle/Harrendorf* m.w.N. Soweit auch ausländische Führerscheine der Einziehung unterliegen (§ 69b Abs. 2 Satz 1 StGB), d.h. bei EU/EWR-Führerscheinen, wenn der Inhaber seinen ordentlichen Wohnsitz im Inland hat, gilt für diese i.Ü. nichts anderes als für deutsche Führerscheine (vgl. Rdn. 20 ff.). Für alle anderen ausländischen Führerscheine gilt Abs. 6, d.h. die vorläufige FEE ist in dem Führerschein zu vermerken. Eine Beschlagnahme (Rdn. 20 ff.) ist nur bis zur Eintragung dieses Vermerkes zulässig, danach ist der Führerschein zurückzugeben. 24

G. Beschwerde. Gegen den Beschluss, die FE vorläufig zu entziehen, ist Beschwerde **zulässig** (§ 304), und zwar auch dann, wenn das erkennende Gericht die Anordnung getroffen hat (§ 305 Satz 2). Dasselbe gilt für den Beschluss, mit dem die Anordnung abgelehnt wird (*Meyer-Goßner/Schmitt* § 111a Rn. 19). Weitere Beschwerde ist nicht möglich (§ 310 Abs. 2). Anfechtbar ist die Entscheidung auch dann, wenn sie durch das OLG in erster Instanz oder den Ermittlungsrichter beim BGH oder OLG ergeht, da es sich zugleich um die Entscheidung über eine Beschlagnahme handelt (§ 304 Abs. 4 Satz 2 Nr. 1, Abs. 5; KK-StPO/*Bruns* § 111a Rn. 22; vgl. § 111a Abs. 3, Abs. 4). Eine noch nicht erledigte Beschwerde gegen die Anordnung des § 111a durch den Ermittlungsrichter ist nach Anklageerhebung vom dann zuständigen erkennenden Gericht als Aufhebungsantrag zu behandeln (OLG Celle StraFo 2001, 134; OLG Düsseldorf VRS 99, 203; LG Arnsberg BA 2010, 35; MüKo-StPO/*Hauschild* § 111a Rn. 46). Entsprechendes gilt für eine Beschwerde gegen eine Anordnung des erstinstanzlichen Gerichts nach Eingang der Akten beim Berufungsgericht (OLG Stuttgart Justiz 2002, 248; OLG Düsseldorf NZV 1992, 202; OLG Hamm NJW 1969, 149; *Meyer-Goßner/Schmitt* § 111a Rn. 19; LR/*Hauck* § 111a Rn. 94; a. A. OLG Stuttgart NStZ 1990, 141; KK-StPO/*Bruns* § 111a Rn. 22). Auch im **Revisionsverfahren** ist eine Beschwerde gegen die Anordnung der vorläufigen FEE zulässig, § 304 Abs. 1 (a. A. OLG Düsseldorf NZV 1991, 165; OLG Brandenburg NStZ-RR 1996, 170; KK-StPO/*Bruns* § 111a Rn. 22); indes dürfen im Beschwerdeverfahren nicht indirekt die tatsächlichen Voraussetzungen des § 69 zur Überprüfung gestellt werden: Die Prüfkompetenz beschränkt sich darauf, unter Zugrundelegung der Feststellungen des Berufungsgerichts die rechtlichen Voraussetzungen der Maßregelanordnung zu überprüfen (zutr. KG ZfS 2006, 528; OLG Jena VRS 115, 353; OLG Köln VRS 105, 344; OLG Hamm NStZ-RR 2012, 376; LR/*Hauck* § 111a Rn. 92; SK-StPO/*Rogall* § 111a Rn. 61; LK/*Geppert* § 69 Rn. 156; vgl. auch BVerfG NStZ-RR 2002, 377; weiter gehend für umfassende Überprüfungsmöglichkeit OLG Hamm NStZ-RR 2014, 384; OLG Düsseldorf NZV 2000, 383; OLG Schleswig NZV 1995, 345; *Schmid* BA 1996, 357 ff.). Eine **Aussetzung der Vollziehung** gem. § 307 Abs. 2 kommt wegen des Maßregelcharakters der Anordnung nicht in Betracht (OLG Köln ZfS 1984, 29; *Meyer-Goßner/Schmitt* § 111a Rn. 19; LR/*Hauck* § 111a Rn. 90; a. A. *Dencker* ZfS 1984, 29; diff. KMR/*Paukstadt-Maihold* § 111a Rn. 11; LK/*Geppert* § 69 Rn. 175). Das Beschwerdegericht muss eine **eigene Entscheidung** in der Sache treffen, kann also nicht aufheben und zurückverweisen (§ 309 Abs. 2; LK/*Geppert* § 69 Rn. 175; eine mögliche Ausnahme diskutiert LR/*Hauck* § 111a Rn. 91). 25

H. Sonstiges. Zum Vorgehen bei **Immunität** vgl. SK-StPO/*Rogall* § 111a Rn. 63 f. m.w.N.; bei Abgeordneten ist § 111a i.d.R. von der allgemeinen Genehmigung zur Durchführung von Ermittlungsverfahren gedeckt: RiStBV Nr. 192a Abs. 2 Satz 2. Zur Entschädigung nach dem **StrEG** LK/*Geppert* § 69 Rn. 186 ff. m.w.N. 26

§ 111b StPO Sicherstellung dem Verfall oder der Einziehung unterliegender Gegenstände. (1) ¹Gegenstände können durch Beschlagnahme nach § 111c sichergestellt werden, wenn Gründe für die Annahme vorhanden sind, dass die Voraussetzungen für ihren Verfall oder ihre Einziehung vorliegen. ²§ 94 Abs. 3 bleibt unberührt.
(2) Sind Gründe für die Annahme vorhanden, dass die Voraussetzungen des Verfalls von Wertersatz oder der Einziehung von Wertersatz vorliegen, kann zu deren Sicherung nach § 111d der dingliche Arrest angeordnet werden.
(3) ¹Liegen dringende Gründe nicht vor, so hebt das Gericht die Anordnung der in Absatz 1 Satz 1 und Absatz 2 genannten Maßnahmen spätestens nach sechs Monaten auf. ²Begründen bestimmte Tatsachen den Tatverdacht und reicht die in Satz 1 bezeichnete Frist wegen der besonderen Schwierigkeit oder des besonderen Umfangs der Ermittlungen oder wegen eines anderen wichtigen Grundes nicht aus, so kann das Gericht auf Antrag der Staatsanwaltschaft die Maßnahme verlängern, wenn die genannten Gründe ihre Fortdauer rechtfertigen. ³Ohne Vorliegen dringender Gründe darf die Maßnahme über zwölf Monate hinaus nicht aufrechterhalten werden.
(4) Die §§ 102 bis 110 gelten entsprechend.
(5) Die Absätze 1 bis 4 gelten entsprechend, soweit der Verfall nur deshalb nicht angeordnet werden kann, weil die Voraussetzungen des § 73 Abs. 1 Satz 2 des Strafgesetzbuches vorliegen.

1 **A. Grundsätzliches.** Die Sicherungsmaßnahmen der §§ 111b ff. sind mit der Reform des materiellen Strafrechts 1974 eingeführt worden. Die letzten Änderungen des § 111b betreffen die Neuregelung des erforderlichen Verdachtsgrades (Abs. 1 bis 3) durch die Gesetze v. 04.05.1998 (BGBl. I S. 845) und 24.10.2006 (BGBl. I S. 2350).

2 Die Norm dient im Zusammenwirken mit den nachfolgenden Vorschriften der Sicherung des Verfalls, der Einziehung und der Rückgewinnungshilfe. Es wird ein System der Vollstreckungssicherung durch Sicherungsvollstreckung errichtet. An den verwendeten Begriffen und umfangreichen Verweisungen (§ 111d Abs. 2) ist zu erkennen, dass die Zivilprozessordnung (§§ 916 ff.) als Vorbild dient. Bei der Übertragung dieses Vorbilds auf die Verhältnisse des Strafprozesses ist eine weitere Verschiebung der verfahrensrechtlichen Lasten auf diese Seite des Schuldners, hier in aller Regel: des Beschuldigten, hingenommen worden. Die Vollstreckungssicherung nach der Zivilprozessordnung verfolgt den Zweck, Vollstreckungsvereitelungen durch überraschende Maßnahmen entgegenzuwirken, gegen die dem Schuldner rechtliches Gehör erst nachträglich gewährt wird, während die gerichtliche Anordnung allein anhand des Gläubigervortrages geprüft wird. Dieses System ist dem strafrechtlichen Ermittlungsverfahren vertraut (§ 33 Abs. 4). Die Position des Schuldners wird weiter dadurch erschwert, dass die StA, die den Staat als Gläubiger vertritt, zugleich vorläufige Anordnungen treffen kann (§ 111e Abs. 1, 2), für einige Vollstreckungshandlungen selbst zuständig ist (§ 111f Abs. 1, 3) und für andere antragsberechtigt (§ 111f Abs. 2), sodass sie angehalten ist, auch aus diesem Grunde die Vermögensverhältnisse des Schuldners zu ermitteln. Mit der teilweisen Aufhebung der aus dem Zivilprozess gewohnten Trennung zwischen dem Gläubiger und den zur Prüfung der Vollstreckungsvoraussetzungen und zur Durchführung der Vollstreckung berufenen staatlichen Gerichten und Behörden wird auch deren Kontrollfunktion geschwächt. Ein Hinweis auf die Objektivitätsverpflichtung der StA kann die Bedenken nicht zerstreuen, solange das Auffinden und Sichern von Vermögensgegenständen zu den Leistungsnachweisen der damit befassten Staatsanwälte zählt.

3 **B. Einzelne Regelungen. I. Beschlagnahme oder Arrest.** Die Beschlagnahme richtet sich auf Gegenstände. Der Begriff ist weiter als der im § 94 verwendete. Das zeigt zum einen der Blick auf die Regelung der Rechtsfolgen, in denen die Beschlagnahme nicht nur beweglicher Sachen vorgesehen ist, sondern auch von Grundstücken und Rechten (§ 111c Abs. 2, 3). Zum anderen folgt aus dem Sicherungszweck der Beschlagnahme, dass sie alle Vermögensvorteile erfassen muss, auf die sich der Verfall oder die Einziehung richten kann (vgl. SSW-StGB/*Burghart* § 73 Rn. 12 f., §§ 74, 74a Rn. 5; KMR/*Mayer* § 111b Rn. 5; KK-StPO/*Spillecke* § 111b Rn. 3; LR/*Johann* § 111b Rn. 20).

4 Mit der Beschlagnahme darf nur der Verfall oder die Einziehung des Gegenstandes selbst gesichert werden. Der deutliche Bezug im Wortlaut des Abs. 1 Satz 1 (»*ihren* Verfall oder *ihre* Einziehung«) und der Verweis des Abs. 2 auf den Arrest zeigen, dass die Beschlagnahme unzulässig ist, wenn sie nur die spätere

Verwertung des beschlagnahmten Gegenstandes und die mit dem Ertrag zu erreichende Deckung einer Forderung ermöglichen soll. Mit der Beschlagnahme darf daher zwar auch der Verfall einer Nutzung oder eines Surrogats (§ 73 Abs. 2 StGB) oder der erweiterte Verfall (§ 73d StGB) gesichert werden, nicht aber eine bloße Geldforderung (§§ 73a, 74c StGB), die der Schuldner durch jede Art der Zahlung erfüllen könnte. Richtiges Sicherungsmittel ist dann der dingliche Arrest (§ 111d) (BVerfGK 10, 180, 185 f.; BGH wistra 2015, 110, Rn. 7; LR/*Johann* § 111b Rn. 19; KK-StPO/*Spillecke* § 111b Rn. 7). Nur wenn sich der Verfall auf bestimmte Banknoten und Münzen richten kann (als Kaufpreis erhaltenes Bargeld aus einem strafbaren Geschäft) oder ohne Rücksicht auf den Verfallsausschluss nach § 73 Abs. 1 Satz 2 StGB richten könnte (gestohlenes Geld), darf dieses Geld beschlagnahmt werden. In diesen Fällen bestehen zwei Möglichkeiten der Sicherung: die Beschlagnahme, wenn sie sich auf die nämlichen Banknoten und Münzen richten kann, und die Vollziehung eines Arrestes, weil jeder Zufluss eines Geldbetrages, bei dem es für die Vermögensmehrung auf Art und Form des Geldzuganges nicht ankommt, zum Wertersatzverfall führen kann (vgl. SSW-StGB/*Burghart* § 73a Rn. 3).

II. Anordnungsprognose. Alle Tatbestandsmerkmale des Verfalls oder der Einziehung müssen in 5 Bezug auf den Gegenstand z.Zt. der Entscheidung über die zu sichernde Maßnahme erfüllt sein können. Die hypothetische, auf den Zeitpunkt des Urteils oder der Entscheidung im selbstständigen Verfahren (§§ 440, 442 Abs. 1 StPO) bezogene Beurteilung muss also neben der Tatbestandsmäßigkeit, der Rechtswidrigkeit und der Schuld, soweit sie erforderlich ist (§§ 73 Abs. 1 Satz 1, 74 Abs. 2 StGB), auch die Beziehung des Gegenstandes zur Tat und zum Anordnungsadressaten und die Durchführbarkeit des Verfahrens umfassen. Die Sicherungsmaßnahmen sind nicht auf den Beschuldigten beschränkt, sondern können sich gegen jeden richten, der Adressat der Einziehungs- oder Verfallanordnung werden kann (KG wistra 2010, 317, 319; KK-StPO/*Spillecke* § 111b Rn. 8; KMR/*Mayer* § 111b Rn. 16; LR/*Johann* vor § 111b Rn. 12). Wenn nach vollstreckter Beschlagnahme (Abs. 1, § 111c) absehbar wird, dass statt des Surrogatverfalls Wertersatzverfall angeordnet werden wird (§§ 73 Abs. 2 Satz 2, 73a Satz 1 StGB), ist dinglicher Arrest anzuordnen und durch Pfändung zu vollziehen (§ 111d Abs. 1 S. 1, Abs. 2, § 930 ZPO), um sodann die Beschlagnahme aufzuheben (vgl. o. Rdn. 4).
Die Prognose muss sich auch darauf richten, dass den Verfall oder die Einziehung hindernde Gegen- 6 gründe z.Zt. der Entscheidung nicht gegeben sein werden. Dies ist eine Frage nach den Voraussetzungen der Sicherungsmaßnahme, nicht erst ein Element der Ermessensausübung (so aber KK-StPO/*Spillecke* § 111b Rn. 10 ff.; *Pfeiffer* § 111c Rn. 3). Eine sichernde Maßnahme ist – oder wird – unzulässig, wenn absehbar ist, dass eine Anordnung der zu sichernden Maßnahme wegen Unverhältnismäßigkeit unterbleiben muss (§§ 73c, 74b StGB) (LR/*Johann* vor § 111b Rn. 22; *Meyer-Goßner/Schmitt* § 111b Rn. 14).
Von der Sicherungsvoraussetzung einer positiven Anordnungsprognose gilt nach Abs. 5 und § 111i Abs. 2, 5 eine sehr weitreichende, praktisch äußerst bedeutende Ausnahme: Beschlagnahme und Arrest sind auch dann zulässig, wenn Ersatzansprüche von Verletzten, die sich auf den Gegenstand oder den gesicherten Geldbetrag richten, den Verfall ausschließen (§ 73 Abs. 1 Satz 2 StGB). Die Anordnung der Sicherungsmittel ist so zu prüfen, als gebe es diesen Verfallsausschluss nicht (*Meyer-Goßner/Schmitt* § 111b Rn. 5). Nach alter, vor 2007 geltender Rechtslage hätte die Sicherung ihren Zweck verfehlen können, wenn der Verfall zwar nicht hätte angeordnet werden können, weil Ersatzansprüche bestehen, diese Ansprüche aber nicht geltendgemacht werden, etwa weil der Verletzte sie nicht kennt oder die Mühe der Durchsetzung scheut. Deshalb ist ausführlich erörtert worden, ob und wie sich die Aussicht auf die Durchsetzung von Ersatzansprüchen oder die anderweitige Sicherung solcher Ansprüche auf die Anordnung von Sicherungsmitteln auszuwirken habe (vgl. KK-StPO/*Spillecke* § 111b Rn. 18). Die Einführung des Auffangrechtserwerbs des Staates nach § 111i Abs. 2, 5 hat diese Überlegungen gegenstandslos werden lassen: Bestehen Verletztenansprüche, so ist statt der Anordnung des Verfalls oder Wertersatzverfalls die Feststellung in das Urteil aufzunehmen, die Anordnung unterbleibe aus diesem Grunde (§ 111i Abs. 2). Der sich daran anschließende Rechtserwerb des Staates (§ 111i Abs. 5) hat das Regelungsprogramm um das Ziel erweitert, dem Täter das Erlangte (oder das Surrogat oder den Geldwert) in jedem Falle wegzunehmen, damit sich die Tat nicht gelohnt hat, auch wenn Verletzte keinen Ersatz fordern (§ 111i Rn. 12). Beschlagnahme und Arrest dienen damit jetzt auch der Sicherung sowohl der Ansprüche des Verletzten (Rückgewinnungshilfe) als auch des Rechtserwerbs durch den Staat nach § 111i Abs. 5 (LR/*Johann* § 111b Rn. 1, 18). Es kommt deshalb nicht darauf an, ob zu erwarten

§ 111b StPO Sicherstellung d. Verfall oder d. Einziehung unterliegender Gegenstände

ist, dass die Geschädigten ihre Ansprüche geltendmachen werden (anders als nach der alten Rechtslage: vgl. OLG München NStZ 2004, 443, 444). Die Begründung des Beschlusses braucht deshalb nicht wahlweise auf Abs. 1 oder Abs. 5 gestützt zu werden (so KK-StPO/*Spillecke* § 111b Rn. 20). Vielmehr muss das Gericht darlegen, dass alle Verfallsvoraussetzungen voraussichtlich erfüllt sein werden; es braucht sich nicht damit zu befassen, ob Ansprüche Verletzter auf den fraglichen Gegenstand bestehen, weil Abs. 5 den Ausschluss nach § 73 Abs. 1 Satz 2 StGB für unerheblich erklärt (LR/*Johann* § 111b Rn. 18; *Meyer-Goßner/Schmitt* § 111b Rn. 5; OLG Frankfurt am Main NStZ-RR 2005, 111, 112) und weil der Verfallsausschluss dessen Feststellung (§ 111i Abs. 2) und den staatlichen Rechtserwerb (§ 111i Abs. 5) auslösen wird. Es ist nur noch eine Fallkonstellation denkbar, die eine Sicherung zwecklos erscheinen lässt: Wenn der Täter in der Zeit bis zur Verurteilung die Ersatzansprüche erfüllt – freiwillig oder im Wege der Zwangsvollstreckung –, so kommen weder Verfall noch Rückgewinnungshilfe und auch kein staatlicher Rechtserwerb (vgl. § 111i Abs. 2 S. 4) mehr in Frage.

7 Über den Grad an Wahrscheinlichkeit, die für die Anordnung des Verfalls oder der Einziehung sprechen muss, um die sichernde Beschlagnahme oder den dinglichen Arrest rechtfertigen zu können, enthalten Abs. 1 und 3 eine Stufenregelung. Die Formulierungen, nach denen »Gründe für die Annahme« einer zukünftigen Verfalls- oder Einziehungsanordnung sowohl schlicht »vorhanden« sein (Abs. 1 Satz 1, Abs. 2) als auch durch »bestimmte Tatsachen« gestützt (Abs. 3 Satz 2) oder als »dringend« (Abs. 3 Satz 1, 3) zu beurteilen sein können, bedürfen keiner genauen Einordnung in die ohnehin schon schwer zu überschauenden Abstufungen der Wahrscheinlichkeit, dass eine Straftat begangen sein könnte, die variantenreich beschrieben sind durch »Anhaltspunkte« (§ 159 Abs. 1), »tatsächliche Anhaltspunkte« (§ 100c Abs. 4 Satz 1), »zureichende tatsächliche Anhaltspunkte« (§§ 98a Abs. 1 Satz 1, 110a Abs. 1 Satz 1, 152 Abs. 2), »bestimmte Tatsachen« (§§ 81h Abs. 1, 100a Satz 1, 100c Abs. 1 Nr. 1, Abs. 3 Satz 2, 100f Abs. 2 Satz 1, Abs. 3 Satz 3, 100g Abs. 1 Satz 1, 111 Abs. 1 Satz 1) oder »dringende Gründe« (§ 111a Abs. 1 Satz 1), die einen Verdacht (§ 160 Abs. 1), hinreichenden Verdacht (§ 203) oder dringenden Verdacht (§§ 81 Abs. 2 Satz 1, 112 Abs. 1 Satz 1) begründen können. Die Formulierung, die Beschlagnahme sei gerechtfertigt, wenn ein Anfangsverdacht (LR/*Johann* § 111b Rn. 23; HK/*Lemke* § 111b Rn. 7; KK-StPO/*Spillecke* § 111b Rn. 9: einfacher Verdacht; LR/*Johann* § 111b Rn. 19: einfache Gründe) strafbaren Handelns gegeben sei und auf dieser Grundlage eine gewisse Wahrscheinlichkeit für die Anordnung von Einziehung oder Verfall spreche (BGH NStZ 2008, 419; LR/*Johann* § 111b Rn. 22; KMR/*Mayer* § 111b Rn. 18), fügt dem nur eine weitere Variante hinzu. Zur Beurteilung der Sicherungsmaßnahmen reichen folgende Abgrenzungen: Die begründete Annahme grenzt die Wahrscheinlichkeit der künftigen Verfalls- oder Einziehungsanordnung von der bloß vagen Vermutung ab, für die evtl. eine Erwartung des üblichen Verlaufs der Dinge oder ein Erfahrungswissen sprechen mag, die aber nicht durch die Kenntnis von Tatsachen gestützt sind, die gerade auf die hier beteiligten Personen hinweisen und auf das Geschehen, in das sie verstrickt sind. Bloße Vermutungen eignen sich nicht, um Sicherungsmaßnahmen zu rechtfertigen, die in aller Regel mit Beschränkungen des Grundrechts aus Art. 14 GG verbunden sind; das gilt gerade für den dinglichen Arrest (vgl. dort § 111d Rdn. 4 ff.). Die Annahme, eine Straftat sei begangen und die übrigen Verfalls- bzw. Einziehungsvoraussetzungen lägen vor, muss noch nicht beweisbar sein, um eine sichernde Maßnahme zu rechtfertigen, aber es darf auch nichts überwiegend dagegen sprechen, dass geeignete Beweismittel zusammengetragen werden können. Ebenso müssen die einzelnen Umstände der Tatbegehung noch nicht so detailliert geschildert werden können, wie es für eine Anklage nötig wäre, aber der bekannten Elemente des Geschehenen müssen bereits geeignet sein, die wesentliche Struktur des fraglichen gesetzlichen Tatbestandes mit seinen jeweiligen Besonderheiten auszufüllen, die das Unrecht kennzeichnen.

8 Beschlagnahme und dinglicher Arrest bedürfen wie jede in Grundrechte eingreifende Ermittlungsmaßnahme mit Dauerwirkung der andauernden Rechtfertigung durch eine Verdachtsannahme, die im Verhältnis zu den durch den Zeitablauf in aller Regel anwachsenden Belastungen ausreichend gewichtig erscheint (BVerfGK 5, 292, 301; OLG Hamburg StV 2009, 122, 123 f.; LR/*Johann* § 111b Rn. 36 f.). Hier gilt ebenso wie bei ähnlichen Beurteilungen, dass das Gewicht der Verdachtsannahme durch ein Zusammenwirken der Schwere der wahrscheinlich begangenen Tat und des Grades der Wahrscheinlichkeit ihrer Begehung bestimmt wird. Die Sicherungsmaßnahme ist von Amts wegen aufzuheben, sobald die mit ihr verbundene Belastung in der Verdachtsannahme kein ausreichendes Gegengewicht mehr findet (LR/*Johann* § 111b Rn. 37, 38). Der darauf gerichtete Antrag des Betroffenen ist kein

Sicherstellung d. Verfall oder d. Einziehung unterliegender Gegenstände § 111b StPO

Rechtsmittel gegen die Anordnung, sondern ein Antrag, der einen neuen Rechtszug beim für die Anordnung – jetzt – zuständigen Gericht beginnen lässt.

Abs. 3 enthält zwei Vermutungen des Überwiegens der mit der sichernden Maßnahme verbundenen Belastungen über das Sicherungsinteresse des Staates und der Verletzten. Zwölf Monate nach dem Beginn des Eingriffs können nur noch dringende Gründe die Beschlagnahme oder den dinglichen Arrest rechtfertigen (Abs. 3 Satz 2). Die lange Wirkung hat dann zu einer so gewichtigen Beschränkung der Rechte des Betroffenen geführt, dass ihre Fortdauer nur dann als verhältnismäßig beurteilt werden kann, wenn ein hoher Grad an Wahrscheinlichkeit für die Anordnung des Verfalls oder der Einziehung spricht. Diese gesteigerte Erwartung muss sich darauf richten, dass alle Voraussetzungen der zu sichernden Maßnahme gegeben und alle Ausschlussgründe – mit der im Abs. 5 geregelten Ausnahme – nicht gegeben sein werden. 9

Bereits sechs Monate nach dem Beginn des Eingriffs gilt eine sichernde Maßnahme i.d.R. als unverhältnismäßig, wenn nicht dringende Verdachtsgründe *und* (LR/*Johann* § 111b Rn. 39) eine hohe Wahrscheinlichkeit der Verfalls- oder Einziehungsanordnung gegeben sind (Abs. 3 Satz 1). Diese Regel erfährt allerdings eine Ausnahme, die von zwei Voraussetzungen abhängt (Abs. 3 Satz 2): Zum einen muss der Tatverdacht einen gesteigerten Grad erreicht haben, der dadurch beschrieben wird, dass »bestimmte Tatsachen« für ihn sprechen. Da Tatsachen allerdings immer bestimmt, also zu benennen sein müssen, weil es sich sonst um bloße Vermutungen handelt, wird eine höhere Wahrscheinlichkeit der Tatbegehung und eine Anzahl und Überzeugungskraft der Beweismittel gefordert sein, die deutlich über das Maß hinausreichen, das zum Ermittlungsbeginn veranlasst, die andererseits aber noch nicht ausreichen müssen, um bereits die Anklage zu erheben. Zum anderen muss der Fortgang der Ermittlungen, der zum Vorliegen dringender Gründe hätte führen können, durch die beispielhaft beschriebenen Schwierigkeiten aufgehalten worden sein, die die StA nicht hat überwinden können: der aufzuklärende Tatsachenstoff hat sich als besonders umfangreich oder als besonders kompliziert erwiesen, oder ein anderer wichtiger Grund steht dem Ermittlungserfolg entgegen. Dafür kommen beharrliche Verdunkelungsbemühungen der Beschuldigten oder anderer von Verfall und Einziehung Bedrohter in Betracht oder tatsächliche Hindernisse wie die Tatbegehung oder die Vermögensbelegenheit in einem Staat, der die Ermittlungen nicht oder nur sehr zögerlich fördert. Die Knappheit staatlicher Ressourcen, insb. die mangelhafte personelle oder sachliche Ausstattung von StA und Polizei, darf als wichtiger Grund nicht herangezogen werden, denn das Unvermögen des Staates, Rechtsbeschränkungen durch zügiges Handeln zu vermeiden oder zu mildern, soll nicht durch den dadurch Betroffenen ausgeglichen werden, indem er zusätzliche Belastungen hinnimmt (vgl. OLG Köln NStZ 2005, 400, 401). Ob die Ermittlungsbehörden wegen der Schwierigkeit der Aufgaben überlastet sind, ist anhand einer – ggf. hypothetisch zu berücksichtigenden – angemessenen Ausstattung zu beurteilen. 10

Die Fristen werden durch den Beginn des Eingriffs in die Rechte des Betroffenen in Lauf gesetzt. Das folgt aus dem Zweck der Fristbestimmungen, Vermutungswirkungen über die Verhältnismäßigkeit des Eingriffs zu entfalten. Es kommt deshalb nicht auf den Tag des anordnenden Beschlusses an, sondern darauf, wann die Sache oder das Recht der Verfügungsmöglichkeit des Betroffenen entzogen wurde, also auf den Tag der Ingewahrsamnahme, den Tag der Eintragung in das Grundbuch oder den Tag der Zustellung des Pfändungsbeschlusses an den Drittschuldner. Beim dinglichen Arrest ist nicht dessen Anordnung entscheidend, da sie lediglich die Vollstreckungsgrundlage schafft, sondern der Beginn der Wirkung der ersten Vollstreckungsmaßnahme auf dieser Grundlage. 11

Ist eine Sache zunächst als Beweismittel sichergestellt worden und ergibt sich sodann, dass sie wahrscheinlich dem Verfall oder der Einziehung unterliegen oder dem Anspruch eines Verletzten ausgesetzt sein wird, so hat der Lauf der Fristen des Abs. 3 nicht erst durch diese spätere Erkenntnis, sondern bereits durch die zuvor geschehene Entziehung des Besitzes begonnen. Der zu rechtfertigende Eingriff in das Grundrecht aus Art. 14 GG wird durch den Entzug der Nutzungsmöglichkeit und durch das Veräußerungsverbot (§ 111c Abs. 5) unabhängig von dem Grund der Beschlagnahme bewirkt. Deshalb wächst auch das Gewicht der Belastung mit fortschreitender Zeit, ohne dass es auf den Grund der Anordnung oder der Fortdauer des staatlichen Gewahrsams ankommt. Da die Vermutungsregelungen des Abs. 3 anordnen, dass ein über sechs bzw. zwölf Monate hinaus andauernder Eingriff nur noch unter den beschriebenen besonderen Voraussetzungen zu rechtfertigen ist, wenn er mit einem Sicherungszweck begründet wird, kann es nicht darauf ankommen, ob dieser Grund bereits seit dem Beginn des Eingriffs bestanden hat. Überwiegend wird hingegen der Fristbeginn mit der Anordnung einer 12

§ 111b StPO   Sicherstellung d. Verfall oder d. Einziehung unterliegender Gegenstände

auf § 111b gestützten Beschlagnahme angenommen (BGH NStZ 2008, 419; KMR/*Mayer* § 111b Rn. 20; *Meyer-Goßner/Schmitt* § 111b Rn. 8; KK-StPO/*Spillecke* § 111b Rn. 9; LR/*Johann* § 111b Rn. 38). Vertreter dieser Ansicht erläutern nicht, welchen Einfluss es auf den Fristenlauf haben soll, wenn die Sache auf anderer Rechtsgrundlage (§ 94) beschlagnahmt ist und ein auf § 111b gestützter Beschluss zunächst unterbleibt, obwohl alle Voraussetzungen dieser Norm erfüllt sind. Der Fristbeginn darf nicht zur Verfügung der StA oder des Gerichts stehen.

Gerichtlich angeordnete oder genehmigte Rechtsbeschränkungen werden grundsätzlich nicht allein dadurch wirkungslos, dass ihre Grundlage entfällt und sie dadurch rechtswidrig werden (anders: § 111n Abs. 1 S. 3). Das Fristenregime des Abs. 3 begründet keine Ausnahme von diesem Grundsatz (OLG Rostock ZWH 2014, 440 m. Anm. *Burghart*). Auch die vorgesehene »Verlängerung« (Abs. 3 S. 2) spricht nicht dagegen. Vielmehr setzt diese Bestimmung voraus, dass in der Regel spätestens zum Ablauf von sechs Monaten (Abs. 3 S. 1) eine Entscheidung getroffen werden muss, nämlich die Aufhebung der Beschlagnahme oder des Arrestes. Will die Staatsanwaltschaft aus den im Abs. 3 S. 2 genannten Gründen die Aufhebung abwenden, dann muss sie einen Antrag stellen. Die Entscheidung lautet nun entweder auf die Aufhebung und die Ablehnung des Antrages. Ist der Antrag begründet, bedarf es einer Entscheidung nicht, um den Arrest aufrechtzuerhalten; dazu könnte eine Entscheidung schlicht unterlassen werden, um die anfängliche Anordnung fortdauern zu lassen. Aber die Bescheidung des Antrages bedarf eines positiven Beschlusses; dies ist die »Verlängerung«. Stellt die Staatsanwaltschaft den Antrag nach Abs. 3 S. 2 nicht, so prüft das Gericht von Amts wegen, ob dringende Gründe noch oder erstmals vorliegen. Diese Prüfung darf nicht nur nach sechs und nach zwölf Monaten erfolgen. Vielmehr hat das Gericht die andauernde Rechtertigung durch eine Verdachtsannahme zu prüfen, die im Verhältnis zu den durch den Zeitablauf in aller Regel anwachsenden Belastungen ausreichend gewichtig erscheint (Rdn. 8). Solange das Gericht die Maßnahme für gerechtfertigt hält und sich die dafür maßgeblichen Gründe aus bereits ergangenen Entscheidungen ergeben, bedarf es bestätigender Beschlüsse nicht.

13 Ist bei Ablauf der im Abs. 3 geregelten Fristen die Beschlagnahme nicht mehr wegen des Sicherungszweckes, wohl aber wegen der Bedeutung als Beweismittel (§ 94) weiterhin gerechtfertigt, so bleibt die Beschlagnahme aufrechterhalten, denn die Vorschriften über die Beweismittelbeschlagnahme enthalten Vermutungsregelungen über die Unverhältnismäßigkeit nicht. Die besonderen Rechtsfolgen, die nur mit der Beschlagnahme zur Vollstreckungssicherung, nicht aber mit der Beschlagnahme zur Beweissicherung verbunden sind, enden aber, denn für diese Eingriffswirkungen gilt die Vermutung der Unverhältnismäßigkeit. Deshalb endet bei weiter bestehendem staatlichen Gewahrsam das relative Veräußerungsverbot (§ 111c Abs. 5). Diese Wirkungen sind im Interesse des Betroffenen in einem Beschluss auszusprechen.

14 Es bedarf in zeitlicher Nähe zum jeweiligen Fristablauf keines besonderen Beschlusses über die Fortdauer der sichernden Maßnahme, wenn schon ihre Anordnung oder ein bereits ergangener Beschluss über die Fortdauer ausdrücklich auf dringende Gründe für die Annahme einer späteren Verfalls- oder Einziehungsanordnung gestützt wurde (KMR/*Mayer* § 111b Rn. 21; LR/*Johann* § 111b Rn. 46). Nach Vollendung der Fristen gestellte Aufhebungsanträge dürfen nicht mit dem schlichten Hinweis abgelehnt werden, dringende Gründe seien bereits festgestellt worden. Zum einen kann der Verdachtsgrad unter diese Schwelle fallen. Zum anderen kann auch ggü. einem dringenden Verdacht die Fortdauer der sichernden Maßnahme als unverhältnismäßig zu beurteilen sein.

15 **III. Sicherungsbedürfnis.** Ist es nach allem bislang Erörterten ausreichend wahrscheinlich, dass Verfall oder Einziehung angeordnet werden, so eröffnen Abs. 1 und 2 ein Ermessen zur Anordnung der Sicherungsmaßnahmen. Die Ermessensausübung wird durch das Sicherungsbedürfnis bestimmt, also durch die Möglichkeiten und etwa bekannte Absichten des Betroffenen, die wahrscheinliche Zwangsmaßnahme zu vereiteln (vgl. § 111d Rdn. 8). Ein die Sicherungsmaßnahme rechtfertigendes Risiko wird schon ohne bestimmte Anhaltspunkte durch die Erwartung begründet, der Betroffene werde die zu erwartende Zwangsmaßnahme eher vereiteln statt hinnehmen (anders: OLG Oldenburg NStZ-RR 2009, 282, 283; KMR/*Mayer* § 111b Rn. 23: Besorgnis aufgrund konkreter Tatsachen; OLG Hamburg StV 2009, 122, 124; OLG Köln NStZ 2011, 174 f.: nur nach betrügerischer oder listiger Begehung von Vermögensdelikten). Gerade, um diesem Risiko zu begegnen, sind die Sicherungsmaßnahmen vorgesehen. Wenn allerdings überwiegende Gründe dafür sprechen, der Betroffene werde

das Ergebnis des Erkenntnisverfahrens abwarten, ohne die Sache beseitezuschaffen oder zu vernichten oder Vollstreckungsmöglichkeiten zu vereiteln, so dürfen weder Beschlagnahme noch Arrest angeordnet werden.

Die Prognose über die Möglichkeiten und Absichten der Schadensersatzgläubiger, ihre Ansprüche durchzusetzen, haben keinen Einfluss auf das Sicherungsbedürfnis, wenn die Anordnung auf Abs. 5 beruht. Weil der Rechtserwerb des Staates (§ 111i) ebenso zu sichern ist wie Schadensersatzforderungen, ist auch für den Fall vorzusorgen, dass ein mit Kenntnissen und Möglichkeiten ausgestatteter Gläubiger seine Ansprüche nicht verfolgt oder die begonnene Durchsetzung seiner Forderungen aufgibt (LR/*Johann* § 111b Rn. 53; anders, aber ohne § 111i zu erörtern: OLG Nürnberg NStZ 2011, 173 f.; OLG Zweibrücken StV 2011, 146 f.; SK-StPO/*Rogall* § 111b Rn. 38). Ein Sicherungsbedürfnis besteht nicht (mehr), wenn die nämliche Forderung bereits durch eine Maßnahme nach §§ 111b ff. gesichert ist. Wird voraussichtlich eine Gesamtschuld entstehen, so darf der dingliche Arrest zwar gegen jeden der voraussichtlichen Gesamtschuldner angeordnet, aber insgesamt nur bis zur Höhe der voraussichtlichen Forderung vollstreckt werden (vgl. BGHSt 56, 39, 46; BGH NStZ-RR 2013, 254, 255).

Das Sicherungsbedürfnis entfällt nicht, wenn die Sache, die voraussichtlich dem Verfall oder der Einziehung unterliegen wird, bereits auf anderer Rechtsgrundlage in staatlichen Gewahrsam genommen wurde. Insbesondere muss die Beschlagnahme als Beweismittel (§ 94) durch eine Beschlagnahme nach Abs. 1 oder zur Vollziehung eines Arrestes ergänzt werden. Nur die sichernde Beschlagnahme, nicht die Beweismittelbeschlagnahme lässt das relative Verfügungsverbot entstehen (§ 111c Abs. 5, dort Rdn. 12; *Eschelbach* § 94 Rdn. 44). Nur die Pfändung auf Grund eines Arrestes lässt ein Sicherungspfandrecht entstehen, das sich mit der Vollstreckbarkeit der Einziehungs- oder Verfallanordnung in ein Vollstreckungspfandrecht wandelt (§ 111e Rdn. 18), während die Beweismittelbeschlagnahme mit dem Verfahrensabschluss endet (BGH wistra 2015, 110, Rn. 7; diese Rechtsfolgen vernachlässigt *Meyer-Goßner/Schmitt* § 94 Rn. 2).

IV. Durchsuchung. Abs. 4 verweist auf die Vorschriften über die Durchsuchung, die in ihrer direkten Anwendung nur die Suche nach Sachen erlauben, die als Beweismittel in Betracht kommen. Durch die Verweisung wird der Durchsuchungszweck auf das Auffinden von Sachen erweitert, die zur Sicherung des Verfalls oder der Einziehung oder zur Rückgewinnungshilfe beschlagnahmt werden sollen. Zugleich ist auf diese Weise klargestellt, dass der Beschlagnahmebeschluss allein nicht zum Durchsuchen einer Wohnung ermächtigt; dazu ist stets ein Beschluss nach § 105 Abs. 1 erforderlich (SK-StPO/*Rogall* § 111c Rn. 35). Der Verweis nach Abs. 4 gilt nur für die Beschlagnahme nach Abs. 1 und § 111c, nicht für die Pfändung zur Arrestvollziehung. Insoweit richtet sich die Zulässigkeit einer Durchsuchung und auch die Behandlung sog. Zufallsfunde gem. § 111d Abs. 2 nach der Zivilprozessordnung (§ 758 a) (KMR/*Mayer* § 111b Rn. 30 f.). Die Gegenmeinung lässt sich nicht mit dem Argument begründen, Abs. 4 beziehe sich auf sämtliche Arten der Sicherstellung, die Abs. 1 bis 3 nenne (so LR/*Johann* § 111b Rn. 48). Abs. 2 benennt allein den Arrest, also den Grund zur Errichtung eines Vollstreckungstitels, während die Vollziehung dieses Titels durch § 111d Abs. 2 und § 111f Abs. 3 geregelt wird. Nur durch diese Trennung zwischen der Vollziehung der Beschlagnahme und der Pfändung entsteht ein stimmiges Verhältnis zwischen Befugnissen und zuständigen Vollziehungsorganen. Die Prüfung bislang unbekannter Verdachtsannahmen, die zur Beschlagnahme von Zufallsfunden führen (§ 108 Abs. 1), bleibt so der Staatsanwaltschaft und ihren Ermittlungspersonen vorbehalten (§ 111f Abs. 1), während die zur Arrestvollziehung zuständigen weiteren Vollziehungsorgane (§ 111f Abs. 3 S. 1) nicht mit diesen Aufgaben und Befugnissen belastet werden, die ihnen aus ihrer sonstigen Amtstätigkeit nicht vertraut sind.

Zuständigkeit, Verfahren und Rechtsmittel werden bei den §§ 111e und 111f erörtert.

§ 111c StPO Sicherstellung durch Beschlagnahme.

(1) Die Beschlagnahme einer beweglichen Sache wird in den Fällen des § 111b dadurch bewirkt, dass die Sache in Gewahrsam genommen oder die Beschlagnahme durch Siegel oder in anderer Weise kenntlich gemacht wird.

(2) ¹Die Beschlagnahme eines Grundstückes oder eines Rechtes, das den Vorschriften über die Zwangsvollstreckung in das unbewegliche Vermögen unterliegt, wird dadurch bewirkt, dass ein Ver-

§ 111c StPO   Sicherstellung durch Beschlagnahme

merk über die Beschlagnahme in das Grundbuch eingetragen wird. ²Die Vorschriften des Gesetzes über die Zwangsversteigerung und die Zwangsverwaltung über den Umfang der Beschlagnahme bei der Zwangsversteigerung gelten entsprechend.
(3) ¹Die Beschlagnahme einer Forderung oder eines anderen Vermögensrechtes, das nicht den Vorschriften über die Zwangsvollstreckung in das unbewegliche Vermögen unterliegt, wird durch Pfändung bewirkt. ²Die Vorschriften der Zivilprozessordnung über die Zwangsvollstreckung in Forderungen und andere Vermögensrechte sind insoweit sinngemäß anzuwenden. ³Mit der Beschlagnahme ist die Aufforderung zur Abgabe der in § 840 Abs. 1 der Zivilprozessordnung bezeichneten Erklärungen zu verbinden.
(4) ¹Die Beschlagnahme von Schiffen, Schiffsbauwerken und Luftfahrzeugen wird nach Absatz 1 bewirkt. ²Bei solchen Schiffen, Schiffsbauwerken und Luftfahrzeugen, die im Schiffsregister, Schiffsbauregister oder Register für Pfandrechte an Luftfahrzeugen eingetragen sind, ist die Beschlagnahme im Register einzutragen. ³Nicht eingetragene, aber eintragungsfähige Schiffsbauwerke oder Luftfahrzeuge können zu diesem Zweck zur Eintragung angemeldet werden; die Vorschriften, die bei der Anmeldung durch eine Person, die auf Grund eines vollstreckbaren Titels eine Eintragung in das Register verlangen kann, anzuwenden sind, gelten hierbei entsprechend.
(5) Die Beschlagnahme eines Gegenstandes nach den Absätzen 1 bis 4 hat die Wirkung eines Veräußerungsverbotes im Sinne des § 136 des Bürgerlichen Gesetzbuches; das Verbot umfaßt auch andere Verfügungen als Veräußerungen.
(6) ¹Eine beschlagnahmte bewegliche Sache kann dem Betroffenen
1. gegen sofortige Erlegung des Wertes zurückgegeben oder
2. unter dem Vorbehalt jederzeitigen Widerrufs zur vorläufigen weiteren Benutzung bis zum Abschluß des Verfahrens überlassen
werden. ²Der nach Satz 1 Nr. 1 erlegte Betrag tritt an die Stelle der Sache. ³Die Maßnahme nach Satz 1 Nr. 2 kann davon abhängig gemacht werden, dass der Betroffene Sicherheit leistet oder bestimmte Auflagen erfüllt.

1 **A. Grundsätzliches.** Die Norm regelt, wie der unter den Voraussetzungen des § 111b und im Verfahren nach § 111e ergangene Beschluss zu vollstrecken ist, nämlich auf welche Art und Weise verschiedene Vermögensgegenstände beschlagnahmt werden und welche Rechtsfolgen damit verbunden sind. Die Regelungen zeigen durch Verweisungen, durch die Wortwahl und durch die Zuordnung der verschiedenartigen Gegenstände zu den Vollstreckungsvarianten eine enge Entsprechung zum Recht der Zwangsvollstreckung nach der Zivilprozessordnung. Abweichungen dienen zumeist der Vereinfachung ggü. dem sehr differenzierten Regelungsprogramm der Zwangsvollstreckung. Für alle Probleme der Auslegung und Rechtsanwendung kann auf die Kommentarliteratur zur Zivilprozessordnung und auf das Spezialschrifttum zur Zwangsvollstreckung verwiesen werden. Die Aufgabe der Kommentierung der Strafprozessordnung kann nicht darin liegen, alle zivilprozessualen Erörterungen zu wiederholen, sondern sie wird dadurch erfüllt, dass auf die entsprechenden Normen der Zivilprozessordnung, auf Abweichungen und auf etwaige aus dem Recht der Zwangsvollstreckung bekannte Auslegungs- und Anwendungsschwierigkeiten hingewiesen wird.

2 Für die Pfändung zur Arrestvollziehung gilt nicht § 111c, sondern nach § 111d Abs. 2 sind die §§ 930 bis 932 ZPO anzuwenden (KK-StPO/*Spillecke* § 111c Rn. 1; SK-StPO/*Rogall* § 111c Rn. 1).

3 **B. Einzelne Regelungen.** Die Norm unterscheidet nach zivilrechtlichem Vorbild zwischen beweglichen Sachen, unbeweglichen Sachen, Forderungen und sonstigen Vermögensrechten.

4 **I. Bewegliche Sachen.** Bewegliche Sachen werden beschlagnahmt, indem staatlicher Gewahrsam an ihnen begründet wird (Abs. 1, Abs. 4 Satz 1). Staatlicher Gewahrsam besteht auch, wenn ein vertraglich verpflichteter Dritter die Sache verwahrt (LK/*Johann* § 111c Rn. 4; KMR/*Mayer* § 111c Rn. 10; KK-StPO/*Spillecke* § 111c Rn. 2). Ist es dem vollstreckenden Beamten nicht möglich, die Sache an sich zu nehmen, oder kann die Sache nicht vor Entwendung und Verschlechterung sicher verwahrt werden, so bleibt sie im Gewahrsam des Schuldners, und die Beschlagnahme wird durch Siegel oder Pfandanzeige der vollstreckenden Behörde kenntlich gemacht. Die Siegelung sollte so vorgenommen werden, dass die Sache nicht fortgeschafft und nicht gebraucht werden kann. All dies entspricht der Pfändung

nach § 808 ZPO, aber es sind auch einige Abweichungen zu beachten: Das Regel-Ausnahme-Verhältnis zwischen Wegnahme und Siegelung, das § 808 Abs. 2 ZPO vorsieht, ist nicht in den § 111c übernommen worden. Regelungen über den Pfändungsschutz für bestimmte Sachen gibt es nicht (vgl. hingegen §§ 811, 811c, 812 ZPO). Die Interessen des Betroffenen sind stattdessen durch die Beachtung des Übermaßverbotes zu berücksichtigen. Es fehlen auch Sonderregeln über das Verhältnis zur Immobiliarvollstreckung. Ungetrennte Früchte können deshalb – anders als nach § 810 ZPO – nicht beschlagnahmt werden, weil sie keine beweglichen Sachen, sondern wesentliche Bestandteile des Grundstücks sind (§ 94 Abs. 1 BGB). Hingegen kann Zubehör (§ 97 BGB) auch dann – anders als nach § 865 Abs. 2 Satz 1 ZPO – beschlagnahmt werden, wenn es einem Hypotheken- oder Grundschuldgläubiger haftet (§ 1120 BGB).

Bewegliche Sachen, für die grundbuchähnliche Register geführt werden (Schiffe, Schiffsbauwerke, Luftfahrzeuge), werden gem. Abs. 4 Satz 1 nach der allgemeinen Regel des Abs. 1 beschlagnahmt. Sie unterliegen nicht den Regeln über die Immobiliarvollstreckung (vgl. hingegen §§ 864 Abs. 1, 870a ZPO). Um die Beschlagnahme offenkundig werden zu lassen und die Sachen dadurch dem Rechtsverkehr zu entziehen (Abs. 5), wird die erfolgte Beschlagnahme in das jeweilige Register eingetragen, ggf. nach erstmaliger Eintragung der bislang nicht registrierten Sache. Die Beschlagnahme erfolgt also – anders als bei Grundstücken (Abs. 2 Satz 1) – nicht *durch* die Eintragung, sondern durch Wegnahme oder Siegelung (SK-StPO/*Rogall* § 111c Rn. 11 f.; LR/*Johann* § 111c Rn. 13, 15), und danach wird die so bewirkte Beschlagnahme eingetragen. 5

II. Grundstücke. Grundstücke werden durch eine Eintragung in das Grundbuch beschlagnahmt (Abs. 2 Satz 1). Dadurch wird nicht nur das Grundstück selbst beschlagnahmt, sondern gem. Abs. 2 Satz 2 auch Zubehör im Eigentum des Schuldners (§§ 20 Abs. 2 ZVG, 1120 BGB) sowie ungetrennte Erzeugnisse und auf diese bezogene Versicherungsforderungen (§ 21 Abs. 1 ZVG). Auf mittelbare Sachfrüchte (§ 99 Abs. 3 BGB) erstreckt sich die Beschlagnahme nicht (§ 21 Abs. 2 ZVG): Forderungen aus Miet- und Pachtverträgen und aus subjektivdinglichen Reallasten (§ 1105 Abs. 2 BGB) werden nicht erfasst. Soweit Forderungen von der Beschlagnahme erfasst werden, wird auch § 22 Abs. 2 ZVG anwendbar sein müssen, weil in den §§ 111c, 111f Regelungen fehlen: StA oder Gericht richten das Zahlungsverbot an den Drittschuldner, dem ggü. die Beschlagnahme der Forderung erst mit dieser Mitteilung oder mit sonstiger Kenntnisnahme von der Beschlagnahme des Grundstückes wirksam wird. Vorpfändung ist möglich (§§ 22 Abs. 2 Satz 2 ZVG, 845 ZPO) und auch geboten, denn auf § 22 Abs. 1 ZVG wird nicht verwiesen. Die Pfändung des Grundstücks und der mithaftenden Sachen und Forderungen wird nicht mit der Zustellung des die Beschlagnahme anordnenden Beschlusses an den Schuldner wirksam, sondern erst mit der Eintragung in das Grundbuch. Im Grundbuchverfahren genießt die Eintragung keinerlei Vorrang. Es genügt allein das Ersuchen der StA oder des anordnenden Gerichts (§§ 111 Abs. 2 Satz 1 StPO, 38 GBO); einer Bewilligung (§ 19 GBO) bedarf es nicht. Es gibt allerdings keinen Vorrang des Ersuchens vor anderen Anträgen (§§ 17, 45 GBO) (KMR/*Mayer* § 111c Rn. 13; SK-StPO/*Rogall* § 111c Rn. 7). 6

III. Forderungen. Für die Beschlagnahme von Forderungen gilt die Unterscheidung des Rechts der Zwangsvollstreckung: Forderungen, die der Immobiliarvollstreckung unterliegen, werden wie Grundstücke durch Eintragung in das Grundbuch beschlagnahmt (Abs. 2 Satz 1). Dies sind die Forderungen, für die die sich auf Grundstücke beziehenden Vorschriften gelten (§ 864 Abs. 1 ZPO), also die beschränkt dinglichen Rechte an einem Grundstück (z.B. Grundpfandrechte) und die grundstücksgleichen Rechte (z.B. das Erbbaurecht), die dem Grundbuchsystem unterliegen. 7

Alle anderen Forderungen werden nach den Vorschriften der Zivilprozessordnung gepfändet (Abs. 3 Satz 1, 2). Dafür gelten für Geldforderungen und Herausgabeforderungen die gleichen Regeln (§§ 829, 846 ZPO): Zur Pfändung ergeht ein Beschluss, der die Forderung so genau wie möglich bezeichnet, dem Drittschuldner (dem Schuldner der zu pfändenden Forderung) verbietet, an den voraussichtlichen Schuldner der Einziehungs-, Verfalls- oder Schadensersatzforderung (den Gläubiger der zu pfändenden Forderung) zu leisten, und dem Schuldner gebietet, sich jeder Verfügung über die Forderung zu enthalten, sie insb. nicht einzuziehen. Die zu pfändende Forderung braucht nicht tituliert oder vom Drittschuldner irgendwie anerkannt zu sein. Es reicht die über eine bloße Vermutung hinausreichende, nachvollziehbare Darlegung ihres Bestandes. Sie wird deshalb in dem Pfändungsbeschluss als »angebliche Forderung« bezeichnet. Die Pfändung wird mit der Zustellung (§ 111f Abs. 4) an den Drittschuldner 8

§ 111c StPO   Sicherstellung durch Beschlagnahme

wirksam (KMR/*Mayer* § 111c Rn. 15; SK-StPO/*Rogall* § 111c Rn. 8). Die Zustellung an den Schuldner ist zwar nicht verzichtbar, aber nicht Wirksamkeitsvoraussetzung. Für die Pfändung von Hypothekenforderungen und von Forderungen aus indossablen Papieren gelten die §§ 830 bis 831 ZPO.

9 Abs. 3 Satz 3 schreibt die bei direkter Anwendung des § 840 Abs. 1 ZPO nicht obligatorische Drittschuldnererklärung vor. Die Aufforderung an den Drittschuldner ist also immer bereits in den Pfändungsbeschluss aufzunehmen. Der Drittschuldner kann die Erklärungen ggü. dem zustellenden Beamten oder innerhalb der Zweiwochenfrist ggü. der StA abgeben. Die Abgabe der Drittschuldnererklärung kann nicht erzwungen werden. Erklärt sich der Drittschuldner nicht, unvollständig oder falsch, so hat er dem Gläubiger, also dem Staat bei Verfall oder Einziehung oder dem Schadensersatzgläubiger, den Schaden zu ersetzen, der entsteht, weil dieser sich aufgrund des Verhaltens des Drittschuldners entschließt, die Forderung geltend zu machen oder dies zu unterlassen (§ 840 Abs. 2 Satz 2 ZPO; a. A. KMR/*Mayer* § 111c Rn. 18; SK-StPO/*Rogall* § 111c Rn. 9).

10 Eine Vorpfändung (§ 845 ZPO) ist nicht möglich (LR/*Johann* § 111c Rn. 10; KMR/*Mayer* § 111c Rn. 14; SK-StPO/*Rogall* § 111c Rn. 8), aber auch nicht nötig. Sie dient dazu, die dem Vollstreckungsgericht zuzuschreibenden Verzögerungen auszugleichen, die zwischen Titulierung der Forderung und Zustellung des Pfändungsbeschlusses entstehen. Diese zwei Stufen gibt es hier bei der Sicherung der Verfalls-, Einziehungs- oder Schadensersatzforderung nicht. Eines Titels bedarf es nicht. Die Voraussetzungen der Sicherungsmaßnahme werden vollständig von dem Gericht geprüft, das für den Pfändungsbeschluss zuständig ist (§ 111e Abs. 1).

11 Die Forderungen wird ausschließlich gepfändet, nicht überwiesen (§ 835 ZPO) (LR/*Johann* § 111c Rn. 9; HK-StPO/*Lemke* § 111c Rn. 8; KK-StPO/*Spillecke* § 111c Rn. 5; KMR/*Mayer* § 111c Rn. 14; SK-StPO/*Rogall* § 111c Rn. 8; Meyer-Goßner/*Schmitt* § 111c Rn. 8). Es ist nur der Sicherungszweck zu erfüllen, dem Verstrickung und Verfügungsverbot dienen. Darauf beschränkt sich die Wirkung der Pfändung (anders nach §§ 111d Abs. 2 StPO, 930 Abs. 1 Satz 2, 804 ZPO). Einer weiter gehenden entsprechenden Anwendung der ZPO-Regelungen bedarf es nicht (vgl. zum Pfändungspfandrecht und § 80 Abs. 2 Satz 2 InsO: BGH NJW 2007, 3350, 3352). Der Gläubigerwechsel ist das Ergebnis des Erkenntnisverfahrens oder des Vorgehens des Schadensersatzgläubigers. Er wird durch das Urteil bewirkt, das Verfall oder Einziehung ausspricht, oder durch die Vollstreckung des den Schadensersatz zusprechenden Urteils oder nach § 111i Abs. 5, 6.

12 **IV. Relatives Verfügungsverbot.** Die Pfändung wirkt nach Abs. 5 wie ein sog. behördliches Veräußerungsverbot nach § 136 BGB. Dabei handelt es sich, genauer gesagt, um ein relatives Verfügungsverbot: eine verbotswidrige Verfügung des Anordnungsadressaten ist nur ggü. dem Staat unwirksam, i.Ü. aber wirksam; gutgläubiger Erwerb vom Anordnungsadressaten bleibt möglich, wobei sich der gute Glaube auch auf das Nichtbestehen des Verbots richtet (BGH NStZ 1985, 262 f.). Zu Gunsten des Verletzten kann das Verfügungsverbot nach § 111g Abs. 5 wirken. Das Verfügungsverbot ist Pfändungswirkung; es entsteht deshalb nicht mit dem anordnenden Beschluss, sondern mit der Pfändung (Wegnahme, Siegelung, Zustellung an Drittschuldner, Eintragung) (KK-StPO/*Spillecke* § 111c Rn. 6; LR/*Johann* § 111c Rn. 16; Meyer-Goßner/*Schmitt* § 111c Rn. 11). An das Verfügungsverbot aufgrund der Beschlagnahme schließt sich dasjenige aufgrund eines den Verfall oder die Einziehung aussprechenden, nicht rechtskräftigen Urteils nahtlos an (§§ 73e Abs. 2, 74e Abs. 3 StGB). Im Insolvenzverfahren ist das Verfügungsverbot gem. § 80 Abs. 2 InsO wirkungslos (BGH NJW 2007, 3350, 3351 f.; KK-StPO/*Spillecke* § 111c Rn. 6, § 111g Rn. 10; Meyer-Goßner/*Schmitt* § 111c Rn. 12a; differenzierend nach Einziehung und Verfall: KMR/*Mayer* § 111c Rn. 21, nach Verfall und Wertersatzverfall: SK-StPO/*Rogall* vor § 111b Rn. 46 f.; § 111b Rn. 23 f.).

13 **V. Auslösung.** Die Auslösung einer gepfändeten beweglichen Sache gegen Zahlung des Wertes steht im Ermessen des z.Zt. dieser Entscheidung für die Anordnung zuständigen Gerichts (Abs. 6). Die Ausübung des Ermessens wird im Wesentlichen durch den Zweck der durch die Beschlagnahme gesicherten Rechtsfolgeanordnung bestimmt. Ob statt der Sache selbst ein Geldbetrag für verfallen erklärt oder eingezogen werden soll, ist eine Frage des materiellen Rechts. Dort ist der Zugriff auf den »Wertersatz« als Auffangmaßnahme vorgesehen, die dem Betroffenen die Vorteile einer Vereitelung oder anders begründeten Unmöglichkeit der Sachentziehung nehmen soll (§§ 73a, 74c StGB). Das materiellrechtliche Regelungskonzept steht einer Auslösung daher grds. entgegen. Der Verfall sieht einen hoheitlich betriebenen Bereicherungsausgleich vor. Dem Täter soll gerade das genommen werden,

was er mit der Tatbegehung erlangt hat. Die Einziehung verfolgt neben der Entziehung gefährlicher Gegenstände den Zweck, Verletzungen eines Gerechtigkeits- und Anstandsgefühls zu vermeiden (SSW-StGB/*Burghart* §§ 74, 74a Rn. 4). Dazu ist ebenfalls die Entziehung gerade des Tatmittels erforderlich (für die Sicherungseinziehung ebenso: LR/*Johann* § 111c Rn. 20). Da das Verfahrensrecht der Sicherung und Durchsetzung dieser Grundentscheidungen dienen soll, nicht deren Umgehung, werden Rückgabe und Ersatz des fraglichen Gegenstands (Abs. 6 Satz 1 Nr. 1, Satz 2) eine Ausnahme zur Reaktion auf Fälle bleiben müssen, in denen im staatlichen Gewahrsam ein beträchtlicher Wertverlust der Sache nicht verhindert werden kann. Die Weiterbenutzung zu gestatten (Abs. 6 Satz 1 Nr. 2), kommt in aller Regel nur in Betracht, wenn angenommen werden kann, dass der Betroffene den die spätere Entziehung vereitelnden Zugriff auf die Sache wegen der Sicherheitsleistung oder der Auflage (Abs. 6 Satz 3) unterlassen wird. Wenn Überwiegendes dafür spricht, dass der Betroffene auch ohne Sicherheitsleistung oder Auflage die Sache nicht beiseiteschaffen oder zerstören wird, kann nicht nach Abs. 6 Satz 1 Nr. 2 verfahren werden, weil dann der Grund für die Beschlagnahme nicht besteht, sodass sie aufzuheben ist. Kommt eine Entscheidung nach Abs. 6 in Betracht, so darf die Sache dennoch nicht zurückgegeben werden, wenn die Beschlagnahme als Beweismittel gerechtfertigt ist (*Meyer-Goßner/Schmitt* § 111c Rn. 16; KK-StPO/*Spillecke* § 111c Rn. 7; SK-StPO/*Rogall* § 111c Rn. 20), und zwar auch dann nicht, wenn eine solche Entscheidung bislang nicht ergangen ist; sie ist dann mit dem Beschluss zu verbinden, der die Rückgabe ablehnt.

§ 111d StPO Sicherstellung durch dinglichen Arrest.

(1) ¹Wegen des Verfalls oder der Einziehung von Wertersatz, wegen einer Geldstrafe oder der voraussichtlich entstehenden Kosten des Strafverfahrens kann der dingliche Arrest angeordnet werden. ²Wegen einer Geldstrafe und der voraussichtlich entstehenden Kosten darf der Arrest erst angeordnet werden, wenn gegen den Beschuldigten ein auf Strafe lautendes Urteil ergangen ist. ³Zur Sicherung der Vollstreckungskosten sowie geringfügiger Beträge ergeht kein Arrest.

(2) Die §§ 917 und 920 Abs. 1 sowie die §§ 923, 928, 930 bis 932, 934 Abs. 1 der Zivilprozessordnung gelten sinngemäß.

(3) Ist der Arrest wegen einer Geldstrafe oder der voraussichtlich entstehenden Kosten angeordnet worden, so ist eine Vollziehungsmaßnahme auf Antrag des Beschuldigten aufzuheben, soweit der Beschuldigte den Pfandgegenstand zur Aufbringung der Kosten seiner Verteidigung, seines Unterhalts oder des Unterhalts seiner Familie benötigt.

A. Grundsätzliches. Der dingliche Arrest als strafprozessuales Sicherungsmittel ist durch das EGStGB (BGBl. I 1974 S. 469) mit Wirkung v. 01.01.1975 eingeführt worden. Der dingliche Arrest ist ein Instrument zur Sicherung der Vollstreckung von voraussichtlich entstehenden Geldforderungen. Persönlicher Arrest (§§ 918, 933 ZPO) ist ausgeschlossen. Der Wortlaut und die umfangreichen Verweisungen (Abs. 2) zeigen die Absicht, ein dem Zivilprozessrecht entsprechendes Sicherungssystem einzurichten. Für Zuständigkeiten und Rechtsmittel sind aber eigene, strafprozessuale Regeln vorgesehen (§§ 111e, 111f).

B. Einzelne Regelungen. I. Arrestanspruch. Die mit dem dinglichen Arrest zu sichernden Forderungen werden im Abs. 1 abschließend genannt (HK/*Lemke* § 111d Rn. 3; KMR/*Mayer* § 111d Rn. 5; LR/*Johann* § 111d Rn. 4). Die zu sichernde Forderung muss noch nicht entstanden sein. Es müssen jedoch differenziert geregelte Anzeichen dafür sprechen, dass die Forderung entstehen wird:

1. Geldstrafe, Verfahrenskosten. Die Forderung aus einer Geldstrafe und auf Ersatz der Kosten des Verfahrens – nicht der Vollstreckung (Abs. 1 Satz 3) – kann erst gesichert werden, wenn ein Urteil verkündet worden ist, das diese Rechtsfolgen ausspricht. Ein noch anfechtbarer Strafbefehl reicht nicht aus (KMR/*Mayer* § 111d Rn. 14; KK-StPO/*Spillecke* § 111d Rn. 5; SK-StPO/*Rogall* § 111d Rn. 8; LR/*Johann* § 111d Rn. 12, 28). Da das Urteil nicht rechtskräftig sein muss, um als Arrestgrundlage zu dienen, wird auch hier eine noch nicht bestehende, sondern eine wahrscheinlich entstehende Forderung gesichert. Das Urteil reicht zur Begründung der Wahrscheinlichkeit aus, die zu sichernde Forderung werde entstehen, wenn nicht überwiegende Gründe für seine Aufhebung sprechen. Das kann in Betracht kommen, wenn das erkennende Gericht selbst in den Urteilsgründen auf die Fehlerhaftigkeit des Urteils hinweist oder wenn im Rechtsmittelverfahren deutliche Anzeichen für die Aufhebung des angefochtenen Urteils sprechen. Wird das Urteil in den Rechtsfolgeaussprüchen aufgehoben, die die zu sichernde Forderung hätten entstehen lassen, so verliert der Arrest seine Grundlage und ist ebenfalls aufzuheben. Ob es wahrscheinlich ist, dass abermals ein in den Rechtsfolgen entsprechendes Urteil ergehen wird, ist nicht von Bedeutung. Erst wenn ein solches Urteil verkündet ist, kommt die erneute Arrestanordnung in Betracht. Wird der Ausspruch einer Geldstrafe nur in Bezug auf Zahl oder Höhe der Tagessätze aufgehoben, so kann der Arrest bestehen bleiben; anhand der Darlegungen des Rechtsmittelgerichts ist allerdings zu prüfen, ob der Arrestbetrag vermindert oder erhöht werden muss. Bleibt der Schuldspruch bestehen und wird nur der Ausspruch des Strafmaßes aufgehoben, so kann der Arrest zur Sicherung der Kosten bestehen bleiben.

4 **2. Verfall, Einziehung.** Soll die Vollstreckung einer künftigen Forderung aus Verfall oder Einziehung von Wertersatz gesichert werden, so ergibt sich der für die Anordnung und Aufrechterhaltung des Arrestes erforderliche Grad an Wahrscheinlichkeit aus den Regelungen des § 111b Abs. 2 und 3. Danach sind für die Dauer von bis zu sechs Monaten über bloße Vermutungen hinausreichende, wahrscheinlich beweisbare Gründe ausreichend, die die Tatbegehung und die Anordnung von Wertersatzverfall oder -einziehung als wahrscheinlich erscheinen lassen. Ein so oder ähnlich umschriebener einfacher Verdacht oder Anfangsverdacht wird aber nicht jedenfalls den Anforderungen gerecht, die als Voraussetzungen für einen schwerwiegenden Grundrechtseingriff zu fordern sind. Der staatliche Zugriff auf das Vermögen eines Verurteilten und erst recht eines nur Verdächtigen bedarf einer Rechtfertigung, die der zugreifende Staat darzulegen hat. Auch die Verschärfung zahlreicher Vorschriften mit dem Ziel wirksamer Bekämpfung organisierter Kriminalität hat im Schutzbereich des Art. 14 Abs. 1 GG nicht zu einer Umkehr der Beweislast geführt, die dem Beschuldigten auferlegen würde, schon bei geringen Verdachtsmomenten die Makellosigkeit seiner Vermögenswerte belegen zu müssen, um sie vor Entziehung zu bewahren (BVerfGK 10, 180, 182 f.). Kraft des verfassungsunmittelbaren, nämlich aus der Geltung der Grundrechte folgenden Grundsatzes der Verhältnismäßigkeit muss der Wortlaut der §§ 111d Abs. 1 und 111b Abs. 1, 2 geltungserhaltend dahin reduziert werden, dass für Arrestanordnungen, die erhebliche Grundrechtseingriffe ermöglichen, ein gesteigerter Grad an Wahrscheinlichkeit erforderlich ist, der für die spätere Verfalls- oder Einziehungsanordnung spricht.

5 Da der Verlust von Eigentum als Nebenfolge einer strafrechtlichen Verurteilung zu den traditionellen Schranken des Eigentums gehört (BVerfGE 22, 387, 422; 110, 1, 24), steht die Grundrechtsgeltung auch den Sicherungsmaßnahmen nicht grds. entgegen (BVerfGK 5, 292, 301; BVerfG StV 2004, 409, 410). Sie berühren den Schutzbereich des Grundrechts aus Art. 14 Abs. 1 Satz 1 GG, indem sie die Rechtsinhaberschaft des Eigentümers nicht endgültig aufheben, aber die Nutzungs- und Verfügungsmöglichkeiten in einschneidender Weise beschränken (BVerfGK 5, 217, 219; BVerfG StV 2004, 409, 410). Die Schwere des Eingriffs steigt mit der Dauer der Sicherungsmaßnahme und mit der Höhe des arrestierten Betrages. Mittelbare Beeinträchtigungen, etwa im Beruf oder bei der Kreditwürdigkeit, sind auch nach einer eventuellen Aufhebung der Maßnahme und einer strafrechtlichen Entschädigung (vgl. §§ 2 Abs. 2 Nr. 4, 5 Abs. 1 Nr. 4 StrEG) irreparabel (BVerfGK 3, 197, 205; 7, 205, 211). Für die Zeit der Aufrechterhaltung der Maßnahme ist die wirtschaftliche Handlungsfreiheit des Betroffenen gravierend beeinträchtigt. Gerade wenn der Arrestbetrag das gesamte oder nahezu das gesamte Vermögen erfasst (vgl. BVerfGK 3, 197, 203 f.), schließen die Beschlagnahmen und Pfändungen von der Teilnahme am Rechtsverkehr faktisch aus. Da auch der Wertersatzverfall nicht nur auf den Gewinn, sondern auf das Erlangte zugreift, sodass etwaige Aufwendungen für die Tatbegehung unberücksichtigt bleiben, sind Arrestbeträge, die das gesamte Vermögen abdecken, keine atypischen Sonderfälle. Dem Betroffenen ist dann selbst die Möglichkeit genommen, laufende Verpflichtungen des täglichen Lebens zu erfüllen. In diesen Fällen sind Parallelwertungen berechtigt, die sich an den Wirkungen der Untersuchungshaft orientieren (vgl. BVerfGK 3, 197, 206; SK-StPO/*Rogall* vor § 111b Rn. 25).

6 Aus dem Grundsatz der Verhältnismäßigkeit folgt eine Wechselbeziehung zwischen dem Gewicht des Eingriffs und den Anforderungen an seine Anordnung. Je intensiver der Staat mit Sicherungsmaßnahmen in den vermögensrechtlichen Freiheitsbereich eingreift, desto höher sind die Anforderungen an die Rechtfertigung dieses Eingriffs. Wird durch die Sicherungsmaßnahme nahezu das gesamte Vermögen

der Verfügungsbefugnis des Betroffenen entzogen, so fordert der Verhältnismäßigkeitsgrundsatz eine besonders sorgfältige Prüfung und eine eingehende Darlegung der maßgeblichen tatsächlichen und rechtlichen Grundlagen der Anordnung (BVerfGK 5, 217, 220; 5, 292, 301; 8, 143, 146; 10, 180, 182; BVerfG StV 2004, 409, 410). In diesen Fällen scheitern Arrestanordnungen sowohl an unzureichendem Tatverdacht als auch an rechtlich fragwürdigen Aussichten auf die künftige Verfallsanordnung, etwa an mangelhafter Abgrenzung zwischen den Vermögenssphären des Beschuldigten und von ihm gelenkter oder beeinflusster juristischer Personen (vgl. BVerfGK 5, 217, 221; 8, 143, 147 f.; BVerfG StV 2004, 409, 410 f.). Andererseits kann ein weniger umfassender Zugriff auf das Vermögen am Grundsatz der Verhältnismäßigkeit scheitern, wenn die Eingriffsvoraussetzungen in besonders drastischer Weise missachtet wurden (BVerfGK 5, 217, 220; 10, 180, 182).

II. Arrestgrund, Sicherungsbedürfnis. Abs. 2 verweist auf Vorschriften der Zivilprozessordnung, die zum einen den Erlass und zum anderen den Vollzug des Arrests regeln. 7

Die §§ 917 und 920 Abs. 1 ZPO betreffen den Arrestgrund. Erforderlich ist die Erwartung, die Vollstreckung werde wesentlich erschwert, wenn der Hauptsachetitel abgewartet wird. Die Gründe muss der Schuldner nicht zu vertreten haben, aber sie müssen gerade in der mit dem Zeitablauf verbundenen Erwartung liegen. Schlechte Einkommens- und Vermögensverhältnisse des Schuldner bieten allein – ebenso wie im Zivilprozess – keinen Arrestgrund (LR/*Johann* § 111d Rn. 21; HK-StPO/*Lemke* § 111d Rn. 7; SK-StPO/*Rogall* § 111d Rn. 15). Auch ohne den Verweis auf diese Vorschriften wäre die Arrestanordnung ohne ein Sicherungsbedürfnis rechtswidrig (KMR/*Mayer* § 111b Rn. 23 f.; vgl. § 111b Rn. 15). Dass ein Sicherungsbedürfnis bei der Rückgewinnungshilfe nicht besteht, wenn der Schadensersatzgläubiger über lange Zeit bewusst auf eigene Vollstreckungssicherung verzichtet hat (BVerfGK 5, 292, 302 ff.; OLG Oldenburg wistra 2008, 119; LG Berlin wistra 2006, 358, 359; LG Saarbrücken NStZ-RR 2008, 284, 285), kann nach Einführung des staatlichen Auffangrechtserwerbs (§ 111i Abs. 5) nicht mehr gelten. Die strafprozessuale Sicherung dient nun nicht mehr nur der Rückgewinnungshilfe, sondern sichert auch den etwaigen Rechtserwerb des Staates (§ 111b Rdn. 15, § 111i Rdn. 8, 12). Aus dem gleichen Grunde ist zur Beurteilung des Sicherungsbedürfnisses nur das – zu erwartende – Verhalten des Schuldners von Bedeutung, nicht die Maßnahmen anderer Gläubiger. Nicht schon die Möglichkeit oder der Beginn eines von den Verletzten betriebenen Arrestverfahrens nach §§ 916 ff. ZPO oder nach öffentlichem Recht (§ 324 AO) lässt den Arrestgrund entfallen, sondern erst die tatsächlich vollzogene Sicherung oder gar Befriedigung des Verletzten (KK-StPO/*Spillecke* § 111d Rn. 6; SK-StPO/*Rogall* § 111d Rn. 12; a. A. – allerdings vor Geltung des Auffangrechtserwerbs – LG Hamburg wistra 2004, 116; vgl. § 111b Rdn. 15). 8

III. Arrestbeschluss. § 920 Abs. 1 ZPO benennt mit dem notwendigen Inhalt des Arrestgesuchs zugleich denjenigen des Arrestbeschlusses. Der Arrestbeschluss muss in seinem Tenor deutlich als solcher erkennbar sein und die – einzig zulässige – Arrestart ausdrücklich benennen (»Zur Sicherung der Vollstreckung wegen [des Arrestanspruches] wird der dingliche Arrest in das bewegliche und unbewegliche Vermögen des Schuldners angeordnet«). Der Arrestanspruch ist genau zu bezeichnen, indem Gläubiger und Schuldner, Anspruchsgrund und geschuldeter Geldbetrag genannt werden. Fehlt eine dieser Angaben, so ist die Anordnung unwirksam. Anders als nach § 922 Abs. 1 Satz 2 ZPO ist der Beschluss stets mit Gründen zu versehen (§ 34) (KMR/*Mayer* § 111d Rn. 3; *Meyer-Goßner/Schmitt* § 111d Rn. 9). 9

Gem. den §§ 923, 934 Abs. 1 ZPO steht dem Schuldner eine Abwendungsbefugnis zur Vermeidung der Arrestvollziehung zu. Dazu ist mit der Anordnung zugleich eine Lösungssumme festzusetzen. Fehlt sie, ist der Beschluss nicht unwirksam aber rechtswidrig und nicht erst auf ein Rechtsmittel, sondern von Amts wegen zu ergänzen (KMR/*Mayer* § 111d Rn. 5). Die Lösungssumme ist hier gleich dem zu sichernden Betrag (KMR/*Mayer* § 111d Rn. 5; LR/*Johann* § 111d Rn. 31). Anders als im Zivilprozessrecht kommt es nicht in Betracht, die Kosten des Verfahrens einzubeziehen, in dem über den Bestand der zu sichernden Einziehungs- oder Verfallforderung entschieden wird. Dies sind die Verfahrenskosten, die hier selbst Gegenstand einer Sicherung durch Arrest werden können, aber erst nach Urteilsverkündung (Abs. 1 Satz 2). Es steht dem Sicherungsbedürfnis nicht entgegen, entsprechend der allgemeinen Ansicht zur direkten Anwendung des § 923 ZPO eine andere, gleichermaßen geeignete Art der Sicherung festzulegen (vgl. §§ 108 ZPO, 232 BGB) (HK-StPO/*Lemke* § 111d Rn. 8; SK-StPO/*Rogall* § 111d Rn. 24; LR/*Johann* § 111d Rn. 31). Hinterlegt der Schuldner zur Abwendung der Vollstre- 10 ckung Geld oder, soweit das besonders zugelassen ist, Wertpapiere, so erwirbt der Staat ein Pfandrecht gem. § 233 BGB. Bei Nachweis der Sicherheitsleistung hat die Vollstreckung zu unterbleiben (§§ 928, 775 Nr. 3 ZPO). Die gleiche Wirkung hat die Übergabe des Lösungsbetrages an den vollstreckenden Beamten. Vor der Sicherheitsleistung ergangene Vollziehungsmaßnahmen sind auf Antrag des Schuldners aufzuheben (§ 934 Abs. 1 ZPO); die Entscheidung ist dem Rechtspfleger übertragen (§§ 31 Abs. 1 Nr. 2, 20 Nr. 15 RPflG). Die Arrestanordnung selbst bleibt bestehen.

11 Da der Schuldner im Verfahren über den Erlass des Arrests in aller Regel nicht beteiligt wird, um die auf Überraschung angewiesene Wirksamkeit der Vollziehung zu sichern (§ 33 Abs. 4), wird ihm mit dem Arrestbeschluss erstmals – nachträglich – rechtliches Gehör zur Frage der – bereits geschehenen – Arrestanordnung gewährt. Der Beschluss ist dem Schuldner deshalb (BGHSt 27, 85) nicht nur formlos bekanntzumachen, sondern zuzustellen (a. A. KMR/*Mayer* § 111d Rn. 7). Die Ablehnung des Arrests wird nur der StA mitgeteilt, nicht dem Schuldner, damit die überraschende Wirkung bei einer Abänderung der Entscheidung im Beschwerdeverfahren erreicht werden kann.

12 Die Vollziehung des Arrests kann vor der Zustellung der Arrestanordnung beginnen. Auch wenn auf § 929 Abs. 3 ZPO nicht verwiesen wird und eigene Regelungen fehlen, wird zur Gewährleistung effektiven, also auch schnellstmöglichen Rechtsschutzes zu verlangen sein, dass die Arrestanordnung spätestens unverzüglich nach der ersten Vollziehungsmaßnahme, besser zugleich mit ihr dem Schuldner zugestellt wird.

13 **IV. Vollziehung.** Aus der Arrestanordnung selbst folgen Verfügungsbeschränkungen zulasten des Schuldners oder Sicherungswirkungen zugunsten des Gläubigers nicht. Der Arrestbeschluss ist ein Vollstreckungstitel, der der Vollziehung bedarf, die nach den Regeln der ZPO über die Zwangsvollstreckung geschieht (§ 928 ZPO). Auf § 929 verweist Abs. 2 nicht: die Vollziehungsfrist ist also ohne Bedeutung (für ein »Verfalldatum«: SK-StPO/*Rogall* § 111d Rn. 28). Die Arrestvollziehung in bewegliche Sachen einschließlich der Schiffe und Luftfahrzeuge und in Forderungen wird durch Pfändung bewirkt (§§ 930, 931 ZPO), in Grundstücke und grundstücksgleiche Rechte ausschließlich durch Sicherungshypothek (§ 932 ZPO). Die sinngemäße Geltung der §§ 930 bis 932 ZPO erstreckt sich nicht auf die dort geregelten Zuständigkeiten. Insoweit geht § 111f Abs. 3 vor. § 111c Abs. 5 gilt hier nicht, aber die Wirkung der Pfändung ist die gleiche (§§ 804, 829 Abs. 1 ZPO).

14 Abs. 3 gibt einen Hinweis auf die Geltung des Übermaßverbotes auch bei der Vollziehung des Arrests. Allerdings ist kein überzeugender Grund ersichtlich, der gerade die angeführten Gesichtspunkte ggü. der dort nicht genannten Sicherung einer Einziehungs- oder Verfallforderung als unmaßgeblich erscheinen lassen könnte. Die Anliegen einer freien Wahlverteidigung und des Unterhalts der Angehörigen des Betroffenen und seiner selbst genießen einen verfassungsrechtlichen Rang. Wenn die Arrestvollziehung sogar aufzuheben ist, wenn sie der Sicherung einer Geldstrafe oder der Kosten dient, also nachdem ein diese Rechtsfolgen aussprechendes Urteil (Abs. 1 Satz 2) ergangen ist, dann wird auch das Interesse an einer Sicherung einer Einziehungs- und Verfallforderung zurückweichen müssen, für deren Entstehen bislang nur ein Verdacht, nicht ein durchgeführtes Erkenntnisverfahren spricht.

§ 111e StPO Verfahren bei der Beschlagnahme und dem dinglichen Arrest.

(1) ¹Zu der Anordnung der Beschlagnahme (§ 111c) und des Arrestes (§ 111d) ist nur das Gericht, bei Gefahr im Verzug auch die Staatsanwaltschaft befugt. ²Zur Anordnung der Beschlagnahme einer beweglichen Sache (§ 111c Abs. 1) sind bei Gefahr im Verzuge auch die Ermittlungspersonen der Staatsanwaltschaft (§ 152 des Gerichtsverfassungsgesetzes) befugt.
(2) ¹Hat die Staatsanwaltschaft die Beschlagnahme oder den Arrest angeordnet, so beantragt sie innerhalb einer Woche die gerichtliche Bestätigung der Anordnung. ²Dies gilt nicht, wenn die Beschlagnahme einer beweglichen Sache angeordnet ist. ³Der Betroffene kann in allen Fällen jederzeit die Entscheidung des Gerichts beantragen.
(3) Der Vollzug der Beschlagnahme und des Arrestes ist dem durch die Tat Verletzten, soweit er bekannt ist oder im Verlauf des Verfahrens bekannt wird, unverzüglich durch die Staatsanwaltschaft mitzuteilen.
(4) ¹Die Mitteilung kann durch einmalige Bekanntmachung im Bundesanzeiger erfolgen, wenn eine Mitteilung gegenüber jedem einzelnen Verletzten mit unverhältnismäßigem Aufwand verbunden

wäre oder wenn zu vermuten ist, dass noch unbekannten Verletzten aus der Tat Ansprüche erwachsen sind. ²Zusätzlich kann die Mitteilung auch in anderer geeigneter Weise veröffentlicht werden. ³Personendaten dürfen nur veröffentlicht werden, soweit ihre Angabe unerlässlich ist, um den Verletzten zur Durchsetzung ihrer Ansprüche den Zugriff auf die gesicherten Vermögenswerte zu ermöglichen. ⁴Nach Beendigung der Sicherungsmaßnahmen veranlasst die Staatsanwaltschaft die Löschung der im Bundesanzeiger vorgenommenen Veröffentlichung.

A. Grundsätzliches. Die Norm regelt die Zuständigkeit und einzelne Gesichtspunkte des Verfahrens zur Anordnung des Arrestes und der Beschlagnahme nach § 111c. Nicht Gegenstand dieser Regelung ist die Vollziehung des Arrestes (§ 111f Abs. 3). 1

B. Einzelne Regelungen. I. Richtervorbehalt. 1. Regelzuständigkeit. Es gilt grds. ein Richtervorbehalt. Zuständig ist, wie bei allen anderen Sicherungs- und Ermittlungsmaßnahmen unter Richtervorbehalt, der Ermittlungsrichter, nach Anklageerhebung das befasste Gericht, mit Aktenvorlage (§ 321 Satz 2) das Berufungsgericht und während des Revisionsverfahrens das Gericht, dessen Urteil angefochten ist. 2

Der Richtervorbehalt wird hier – anders als bei der Untersuchungshaft und der Wohnungsdurchsuchung – nicht durch das Grundgesetz angeordnet. Er beruht auf einfachem Gesetzesrecht und dient der Gewährleistung des Eigentumsrechts (Art. 14 Abs. 1 GG) durch Verfahrensgestaltung. Diesem Zweck kann der Richtervorbehalt nur gerecht werden, wenn seine Bedeutung weiter reicht als die Zuweisung einer Beurkundungsfunktion oder einer auf bestimmte Aspekte des vorgelegten Antrages beschränkte Prüfungskompetenz. Die Aufgabe des Grundrechtsschutzes verträgt sich allein mit der umfassenden Zuweisung der Entscheidungszuständigkeit an den Richter. Nicht nur die entsprechenden Normen des Prozessrechts, sondern auch der Schutz des Grundrechts aus Art. 14 Abs. 1 GG verlangen vom Ermittlungsrichter und dem Rechtsmittelgericht, dass sie die tatsächlichen Grundlagen einer Arrestanordnung selbst ermitteln und ihre rechtliche Auffassung unabhängig von der Exekutive gewinnen und begründen. Eine Bindung der Gerichte an die im Verfahren der Exekutive getroffenen Feststellungen und Wertungen wird dadurch ausgeschlossen. Vielmehr müssen die eigene richterliche Prüfung der Voraussetzungen des Eingriffs und die umfassende Abwägung zur Feststellung seiner Angemessenheit mit auf den Einzelfall bezogenen Ausführungen dargelegt werden. Schematisch vorgenommene Anordnungen oder formelhafte Bemerkungen in den Beschlussgründen vertragen sich mit dieser Aufgabe nicht (BVerfGE 15, 275, 282; 84, 34, 49; 101, 106, 123; 107, 299, 325 und speziell zur Arrestanordnung: BVerfGK 5, 217, 220; 8, 143, 147; BVerfG StV 2004, 409, 410; OLG Oldenburg NStZ-RR 2009, 282, 283). 3

2. Ausnahmen. a) Adressaten. Die zulässigen Abweichungen von der Entscheidungszuständigkeit des Richters sehen eine Zuweisung an die StA für die Arrestanordnung und für alle von § 111c geregelten Fälle der Beschlagnahme mit Ausnahme der periodischen Druckwerke und gleichstehender Gegenstände (§ 111n Abs. 1 Satz 1) vor, an die Ermittlungspersonen nur für die Beschlagnahme beweglicher Sachen mit Verweis auf § 111c Abs. 1. Daraus muss geschlossen werden, dass die Ermittlungspersonen für keinen der Fälle zuständig sein können, für die in den folgenden Absätzen des § 111c Sonderregeln vorgesehen sind: die Beschlagnahme von Schiffen, Schiffsbauwerken und Luftfahrzeugen ist demnach bei Abweichen vom Richtervorbehalt der StA vorbehalten, obwohl es sich um bewegliche körperliche Sachen handelt. 4

b) Gefahr im Verzug. Voraussetzung für das Abweichen von der Entscheidungszuständigkeit des Richters ist Gefahr im Verzug: Die Ersatzzuständigkeit der StA tritt nur ein, wenn der Erfolg der Sicherungsmaßnahme wahrscheinlich ausbliebe, wenn der zuständige Richter so frühzeitig, wie es möglich war, befasst worden wäre und zugestimmt hätte. Gleiches gilt für das Verhältnis der StA zu den Ermittlungspersonen bei der Beschlagnahme beweglicher Sachen. Alle Gesichtspunkte der für die Wohnungsdurchsuchung und die körperliche Untersuchung entwickelten Anforderungen an die Abweichung vom Richtervorbehalt aus Anlass der Gefahr im Verzug gelten auch hier (BVerfGE 103, 142, 152 ff.; BVerfGK 2, 176, 178; 5, 74, 79; 9, 287, 290; BVerfG NJW 2002, 3161, 3162; 2007, 1345 f.). Der ver- 5 fassungsrechtliche (Art. 13 Abs. 2 GG) und der einfachrechtliche Begriff (Abs. 1) haben einen identischen Inhalt.

6 Die Anordnung der StA, nicht erst der Vollzug der Beschlagnahme, bedarf der Bestätigung durch den Richter, der zuständig gewesen wäre, wenn Gefahr im Verzuge nicht gegeben gewesen wäre. Eine Ausnahme – keine Bestätigung erforderlich – gilt nur für die Beschlagnahme beweglicher Sachen, und der Zusammenhang mit der Zuständigkeitsdifferenzierung des Abs. 1 zeigt, dass diese Ausnahme wiederum nicht für die beweglichen Sachen gilt, für die § 111c Abs. 3 Sonderregeln enthält. Es besteht mit der Verwendung des imperativen Präsens (»so beantragt sie«) ein auffälliger Unterschied zur Soll-Vorschrift des § 98 Abs. 2 Satz 1 (LR/*Johann* § 111e Rn. 9; SK-StPO/*Rogall* § 111e Rn. 16; a. A. HK-StPO/*Lemke* § 111e Rn. 6; KMR/*Mayer* § 111e Rn. 3; *Meyer-Goßner/Schmitt* § 111e Rn. 6). Daraus muss folgen, dass der Bestand der Anordnung der StA hier vom rechtzeitigen Antrag abhängt (vgl. sogleich Rdn. 8).

7 Die Frist beginnt mit der Anordnung, nicht erst mit der Zustellung oder der Vollziehung. Innerhalb einer Woche muss der Bestätigungsantrag bei Gericht eingegangen sein. Geregelt ist allein eine Antrags-, nicht eine Entscheidungsfrist.

8 Bestand Gefahr im Verzug nicht, so ist die Anordnung der StA allein aus diesem Grunde rechtswidrig. Rechtswidrig ist auch die Anordnung, in deren Folge die Antragsfrist zur Bestätigung versäumt wird; auf diese Weise sichert die Antragsfrist den Richtervorbehalt. Liegen z.Zt. der Entscheidung des Gerichts alle Voraussetzungen für eine Arrestanordnung oder eine Beschlagnahme nach § 111c vor, so entsteht ein aus dem zivilprozessualen Arrestverfahren bekanntes Problem: ein vom unzuständigen oder aufgrund fehlerhafter Annahme eines Arrestanspruches erlassener Arrest ist auf Widerspruch des Schuldners nach Verweisung an das zuständige Gericht oder nach Austausch des Arrestanspruches nach einer Ansicht zu bestätigen, nach der Gegenansicht aufzuheben und erneut zu erlassen (vgl. Mü-Ko-ZPO/*Drescher* § 925 Rn. 6; Stein/Jonas/*Grunsky* § 925 Rn. 4, 12 f.; Musielak/Voit/*Huber* § 925 Rn. 2, 5, 6, § 929 Rn. 5; Thomas/Putzo/*Reichold* § 925 Rn. 1; Wieczorek/Schütze/*Thümmel* § 924 Rn. 4, § 925 Rn. 4, 7; Zöller/*Vollkommer* § 925 Rn. 10 jeweils m.w.N.). Eine Aufhebung hat auch bei sofortigem Neuerlass bei der Beschlagnahme Auswirkungen auf den Rang und beim Arrest auf den Bestand der Vollziehungsmaßnahmen: sie sind mit der Folge des Rangverlustes auf Antrag aufzuheben (§§ 111d Abs. 2 StPO, 928, 775 Nr. 1, 776 Satz 1 ZPO), und es bedarf der erneuten Vollziehung. Jedenfalls für das Strafverfahren ist der Meinung zuzustimmen, die die erlassene Arrestanordnung der Prüfung unterwirft, sodass sie aufgehoben wird, wenn sie rechtswidrig war, um ggf. sogleich erneut den Arrest anzuordnen, wenn z.Zt. der Prüfung dafür die Voraussetzungen gegeben sind (a. A. LR/*Johann* § 111e Rn. 13: aufrechterhalten, wenn nicht nichtig; unklar: SK-StPO/*Rogall* § 111e Rn. 17). Da der Richtervorbehalt eine grundrechtsschützende Verfahrensnorm ist, wird das Grundrecht durch ein unberechtigtes Abweichen von dieser Regelzuständigkeit verletzt. Die verfassungswidrige Entscheidung ist aufzuheben. Die Wirkungen der fachgerichtlichen Kontrolle können hinter den Wirkungen einer Kontrolle durch das BVerfG (§ 95 Abs. 2 BVerfGG) nicht zurückbleiben, da die fachgerichtliche Überprüfung vollständige Abhilfe verschaffen soll, sodass es der Verfassungsbeschwerde nicht mehr bedarf.

9 **II. Verfahrenseinleitung.** Im Ermittlungsverfahren setzt die Anordnung der Beschlagnahme oder des Arrests einen Antrag der StA voraus. Nach Anklageerhebung kann das für die Ermittlungs- und Sicherungsmaßnahmen zuständige Gericht der Hauptsache (oben Rdn. 2) auch von Amts wegen nach Anhörung der StA (§ 33 Abs. 2) beschließen.

10 **III. Rechtliches Gehör.** Das grundrechtsgleiche Recht auf rechtliches Gehör (Art. 103 Abs. 1 GG) steht auch den von Sicherungsmaßnahmen Betroffenen zu. Schon zu dem sichernden Eingriff in die Freiheitsrechte, nicht erst zur endgültigen Verfalls- oder Einziehungsentscheidung ist rechtliches Gehör zu gewähren (BVerfGK 3, 197, 205). Das berechtigte Sicherungsinteresse des Staates rechtfertigt Einschränkungen, die das rechtliche Gehör aber nicht wirkungslos werden lassen dürfen.

11 Wenn das Sicherungsbedürfnis es erfordert, braucht der Betroffene vor der Anordnung der Sicherungsmaßnahme nicht angehört zu werden. Um Zwischenverfügungen zuvorzukommen, kann dies auch gelten, wenn der betroffene Gegenstand schon auf anderer Rechtsgrundlage sichergestellt ist. Die Sicherungsmaßnahmen können ihre Wirksamkeit gerade in der Überraschung des Betroffenen entfalten. Aus Art. 103 Abs. 1 GG, aus dem durch die Sicherungsmaßnahme berührten Art. 14 Abs. 1 GG und aus dem Gebot der Rechtsstaatlichkeit, dem die Garantie effektiven Rechtsschutzes zu entnehmen

ist, folgt dann, dass die Möglichkeit der Äußerung mit dem Ziel umfassender und wirksamer Verteidigung gegen den Beschluss nachträglich, also während der Wirkung der Maßnahme, gewährt werden muss. Rechtliches Gehör zur Gewährung effektiven Rechtsschutzes erfordert dreierlei: Darlegung der Anordnungsgründe, Offenlegen der maßgeblichen Erkenntnisse und unverzügliche Entscheidung über ein Rechtsmittel.

Während die Anordnung des Arrestes durch ihre Eigenart eindeutig ist, bedarf es bei der Anordnung der Beschlagnahme einer Angabe des Sicherungszweckes, wenn dieser nicht offensichtlich ist. Die Anordnung muss von der Beschlagnahme, die allein der Sicherung von Beweismitteln dient (§ 94), erkennbar abzugrenzen sein, damit Klarheit über die Rechtsfolge des Verfügungsverbotes nach § 111c Abs. 5 besteht (BGH NStZ 1985, 262; NJW 2004, 1802, 1803). Je einschneidender schon die Sicherungsmaßnahme auf die wirtschaftliche Freiheit des Betroffenen einwirkt, desto eingehender müssen die maßgeblichen tatsächlichen und rechtlichen Erwägungen in der Anordnung dargelegt werden, damit der Betroffene dagegen Rechtsschutz suchen kann (BVerfGK 5, 292, 301; 8, 143, 147; BVerfG StV 2004, 409, 410). 12

Zum Anspruch auf Gehör gehört sodann die Information über die entscheidungserheblichen Beweismittel. Ist die Anordnung ohne vorherige Anhörung ergangen, so ist dem Betroffenen im Beschwerdeverfahren Akteneinsicht zu gewähren. Da die Sicherungsmaßnahme nun dem Betroffenen zum einen bekannt ist, zum anderen in ihrer Wirksamkeit nicht mehr unlauter beeinträchtigt werden kann, besteht kein rechtfertigender Grund mehr, die Verteidigungsmöglichkeiten gegen schwerwiegende Grundrechtseingriffe einzuschränken. Jedenfalls in der Beschwerdeinstanz darf eine dem Betroffenen nachteilige Gerichtsentscheidung nur auf der Grundlage solcher Tatsachen und Beweismittel getroffen werden, über die er zuvor sachgemäß unterrichtet wurde und zu denen er sich äußern konnte (BVerfGK 3, 197, 206; 7, 205, 212; 10, 7, 9 f.; BVerfG NStZ-RR 2008, 16, 17). Die Ermittlungsbehörden müssen die Unabdingbarkeit dieser rechtsstaatlichen Verfahrensgarantien mit ihrem etwaigen Interesse, die Ermittlungen zunächst im Verborgenen zu führen, abwägen. Solange sie es für erforderlich halten, die Ermittlungen dem Beschuldigten nicht zur Kenntnis gelangen zu lassen, müssen sie auf solche Eingriffsmaßnahmen verzichten, die, wie die Untersuchungshaft, die Wohnungsdurchsuchung oder der Arrest, nicht vor dem Betroffenen verborgen werden können, schwerwiegend in Grundrechte eingreifen und daher in gerichtlichen Verfahren angeordnet und überprüft werden müssen (BVerfGK 7, 205, 212; 10, 7, 11). 13

IV. Anfechtung. Der Beschluss, mit dem Arrest oder Beschlagnahme angeordnet, bestätigt (Abs. 2 Satz 1), aufgehoben oder ein Antrag abgelehnt wird, kann mit der Beschwerde angefochten werden (§§ 304, 305 Satz 2). Weitere Beschwerde ist nach § 310 Abs. 1 Nr. 3 nur gegen die Anordnung dinglichen Arrests über mehr als 20.000,00 € statthaft, nicht auch gegen die Vollziehung (OLG München NJW 2008, 389, 390 f.; OLG Hamburg NJW 2008, 1830, 1831). Die Ablehnung des Arrestes (auch) durch das Beschwerdegericht ist nicht anfechtbar. § 310 Abs. 1 Nr. 1 und 2 lässt die weitere Beschwerde gegen alle, auch die ablehnenden, Entscheidungen zu, die den Eingriff »betreffen«, Nr. 3 hingegen nur gegen die Anordnung des Eingriffs (OLG München NJW 2008, 389, 390 f.; OLG Hamburg NJW 2008, 1830, 1831; SK-StPO/*Rogall* § 111e Rn. 35; a. A. KG NStZ 2011, 175, 176; OLG Celle StV 2009, 120; OLG Hamburg StV 2009, 122 f.; LR/*Johann* § 111e Rn. 35). Dass der voneinander abweichende Wortlaut auf unterschiedliche Rechtsfolgen hinweist, findet eine Bestätigung in der gesetzgeberischen Absicht, die beim Anfügen der Nr. 3 verfolgt worden ist (BT-Drs. 16/2021, S. 5 f.): Dem eventuell in seiner wirtschaftlichen Existenz betroffenen Beschuldigten sollte ein weiteres Rechtsmittel eröffnet werden (a. A. OLG Braunschweig ZWH 2014, 321, 322 m. abl. Anm. *Burghart*; *Hoch* § 310 Rdn. 22). Während in den §§ 304 und 305 Satz 2 mit der dort genannten Beschlagnahme auch die Arrestanordnung gemeint sein soll (BGHSt 29, 13, 14 f.), wird man den umgekehrten Schluss für § 310 Abs. 1 Nr. 3 nicht ziehen können. Gegen die Anordnung der Beschlagnahme ist die weitere Beschwerde nicht statthaft. 14

Die Anfechtung nicht der Anordnung, sondern der Vollziehung der Sicherungsmaßnahmen wird durch § 111f Abs. 5 geregelt (dort Rdn. 10).

V. Beendigung. Die Beendigung von Beschlagnahme und Arrest bei Abschluss des Hauptsacheverfahrens richtet sich nach dem Sicherungszweck. Die angesichts lückenhafter Regelung hierzu vertretenen Ansichten sind anhand des erkennbaren Ziels des gesetzlichen Sicherungssystems zu bewerten: 15

§ 111e StPO   Verfahren bei der Beschlagnahme und dem dinglichen Arrest

Beschlagnahme und Arrest dienen dazu, die Vollstreckung des zu erwartenden Urteils zu sichern. Ihre Wirkung als Titel zur Sicherungsvollstreckung muss deshalb andauern, bis ein Titel vorliegt, der die Vollstreckung mit dem Ziel der Befriedigung des nun feststehenden Anspruches ermöglicht. Die jeweilige Vollstreckungsmaßnahme muss sich lückenlos zunächst auf den Sicherungs-, dann auf den Hauptsachetitel stützen können, um Zwischenverfügungen auszuschließen. Andernfalls wären die Sicherungsmaßnahmen und die mit ihr verbundenen Belastungen sinnlos. Das führt zu folgenden Ergebnissen:

16   1. **Beschlagnahme.** Die Beschlagnahme (§ 111c) wird ohne Weiteres gegenstandslos, sobald die Hauptsacheentscheidung den Rechtsübergang auf den Staat bewirkt. Das geschieht mit der Rechtskraft der Entscheidung. Neben dem verkündeten, nicht rechtskräftigen Urteil ist die Beschlagnahme nicht entbehrlich: das Urteil bewirkt zwar ein relatives Verfügungsverbot (§ 73e Abs. 2 StGB), nicht aber eine Befugnis, staatlichen Gewahrsam zu begründen oder aufrechtzuerhalten.

17   Endet das Hauptsacheverfahren, ohne dass die Rechtsfolge ausgesprochen wird, deren Sicherung die Beschlagnahme dient, und wird nicht nach § 111i verfahren, so ist eine beschlagnahmte bewegliche Sache sogleich zurückzugeben. Die Beschlagnahme ist durch Beschluss aufzuheben (SK-StPO/*Rogall* § 111e Rn. 20; a. A. HK-StPO/*Lemke* § 111e Rn. 9; LR/*Johann* § 111e Rn. 25; *Meyer-Goßner/Schmitt* § 111e Rn. 19; nicht geboten aber »tunlich«: KK-StPO/*Spillecke* § 111e Rn. 12). Der Betroffene benötigt diesen Beschluss, um das Ende des Verfügungsverbots und die an ihn zurückgefallene Einziehungsbefugnis in Bezug auf Forderungen nachweisen zu können.

18   2. **Arrest.** Der Arrest bedarf stets der Aufhebung (KK-StPO/*Spillecke* § 111e Rn. 14 f.; LR/*Schäfer* § 111e Rn. 23a). Er endet nicht von Rechts wegen – weder durch Fristablauf (§ 111b Abs. 3; dort Rdn. 12) noch durch tatsächlichen Wegfall der die Anordnung rechtfertigenden Gründe noch durch die Haupsacheentscheidung. Der Schuldner benötigt den aufhebenden Beschluss, um ihn etwaigen weiteren Vollstreckungsversuchen entgegenhalten zu können und um die bereits geschehene Vollziehung aufheben zu lassen (§§ 775 Nr. 1, 776 Satz 1 ZPO).
Begründet die Hauptsacheentscheidung die Forderung, deren Vollstreckung der Arrest sichert, darf der Arrest nicht aufgehoben werden. Vielmehr muss er den auf seiner Grundlage bewirkten Vollziehungsmaßnahmen weiter als rechtfertigender Titel dienen, bis ein vollstreckbarer Hauptsachetitel diese Funktion übernimmt (OLG München NStZ-RR 2004, 303). Erst dann wandelt sich das Sicherungspfandrecht aus dem Arrest in ein ranggleiches Vollstreckungspfandrecht aus dem Hauptsachetitel, das den Gläubiger nun auch zur Befriedigung aus den sichergestellten Vermögensgegenständen befugt. Für die Verfahrenskosten ist dies erst der Fall, wenn ein Kostenansatz vorliegt (§ 19 GKG) (OLG Stuttgart NStZ 2005, 401, 402). Für den Verfall oder die Einziehung von Wertersatz ist Hauptsachetitel die mit der Vollstreckbarkeitsbescheinigung versehene beglaubigte Abschrift der Urteilsformel (§ 451 Abs. 1) (a. A. LR/*Johann* § 111e Rn. 30: Eintritt der Rechtskraft reiche aus). Eine dem § 926 ZPO entsprechende Regelung fehlt (§ 111d Abs. 2) und könnte in das System des strafrechtlichen Ermittlungs- und Erkenntnisverfahrens auch nicht eingefügt werden. An ihre Stelle tritt die Fristenregelung des § 111b Abs. 3. Nach Rechtskraft des Urteils sprechen dringende Gründe i.S.d. § 111b Abs. 3 Satz 3 für eine weitere Vollstreckungssicherung, und eine Aufhebung des Arrestes ist nur geboten, wenn die Schaffung des Hauptsachetitels ohne sachlichen Grund verzögert wird (OLG München NStZ-RR 2004, 303; KMR/*Mayer* § 111d Rn. 8). Wird nach § 111i Abs. 1, 3 Satz 1 verfahren, so ist der Arrest nach Fristablauf aufzuheben, vorher nur nach § 111i Abs. 3 Satz 5.

19   Endet das Verfahren, ohne dass der Arrestanspruch entsteht (kein Verfallsausspruch, keine Feststellung nach § 111i Abs. 2, Freispruch), braucht zur Begründung der Aufhebung des Arrests nicht auf entsprechend anwendbare Normen (§ 120 Abs. 1 Satz 2) zurückgegriffen zu werden (KK-StPO/*Spillecke* § 111e Rn. 16; SK-StPO/*Rogall* § 111e Rn. 22), sondern sie ist geboten, weil es schon aufgrund des verkündeten, noch nicht rechtskräftigen Urteils nicht mehr ausreichend wahrscheinlich ist (§§ 111b Abs. 2, 3, 111d Abs. 1 Satz 2), dass eine Forderung entstehen werde, deren Vollstreckung zu sichern ist (a. A.: LR/*Johann* § 111e Rn. 30: nur bei Rechtskraft).

20   **VI. Mitteilung.** Die Mitteilung an die durch die Tat Verletzten oder die öffentliche Mitteilung (Abs. 3, 4) dienen als Hinweis auf die Vollstreckungsmöglichkeiten nach §§ 111g, 111h. Weil die Verletzten auch Vorrang genießen, wenn der Staat Sicherungsmaßnahmen nicht zur Rückgewinnungshilfe,

sondern nur für eigene Ansprüche (Verfall, Geldstrafe, Kosten) betreibt, ist jede Beschlagnahme nach § 111c und jede Arrestvollziehung mitzuteilen (a. A. *Meyer-Goßner/Schmitt* § 111e Rn. 11). Nur an bekannte Verletzte ist die Mitteilung zu richten. Eine Pflicht, aus Anlass der Sicherungsmaßnahmen nach Verletzten zu suchen, besteht nicht. Die öffentliche Mitteilung steht im Ermessen der StA. Sie richtet sich an eine Vielzahl bekannter Verletzter oder an unbekannte Verletzte, auch wenn deren Zahl gering ist. Gegen eine Veröffentlichung kann der geringe Wert des beschlagnahmten Gegenstandes oder der geringe Wert der einzelnen Ersatzforderungen sprechen. Dabei ist die Tat möglichst ohne Benennung des Verdächtigen zu bezeichnen. Zur Mitteilung verpflichtet ist stets die StA, auch wenn die Sicherungsmaßnahme ohne ihren Antrag erlassen wurde. Unterbleibt die Mitteilung pflichtwidrig, können Amtshaftungsansprüche entstehen.

§ 111f StPO Durchführung der Beschlagnahme und Vollziehung des dinglichen Arrestes.

(1) ¹Die Durchführung der Beschlagnahme (§ 111c) obliegt der Staatsanwaltschaft, bei beweglichen Sachen (§ 111c Abs. 1) auch deren Ermittlungspersonen. ²§ 98 Abs. 4 gilt entsprechend.
(2) ¹Die erforderlichen Eintragungen in das Grundbuch sowie die in § 111c Abs. 4 genannten Register werden auf Ersuchen der Staatsanwaltschaft oder des Gerichts bewirkt, welches die Beschlagnahme angeordnet hat. ²Entsprechendes gilt für die in § 111c Abs. 4 erwähnten Anmeldungen.
(3) ¹Soweit ein Arrest nach den Vorschriften über die Pfändung in bewegliche Sachen zu vollziehen ist, kann dies durch die in § 2 der Justizbeitreibungsordnung bezeichnete Behörde, den Gerichtsvollzieher, die Staatsanwaltschaft oder durch deren Ermittlungspersonen (§ 152 des Gerichtsverfassungsgesetzes) bewirkt werden. ²Absatz 2 gilt entsprechend. ³Für die Anordnung der Pfändung eines eingetragenen Schiffes oder Schiffsbauwerkes sowie für die Pfändung einer Forderung aufgrund des Arrestes gemäß § 111d ist die Staatsanwaltschaft oder auf deren Antrag das Gericht, das den Arrest angeordnet hat, zuständig.
(4) Für die Zustellung gilt § 37 Abs. 1 mit der Maßgabe, dass auch die Ermittlungspersonen der Staatsanwaltschaft (§ 152 des Gerichtsverfassungsgesetzes) mit der Ausführung beauftragt werden können.
(5) Gegen Maßnahmen, die in Vollziehung der Beschlagnahme oder des Arrestes getroffen werden, kann der Betroffene jederzeit die Entscheidung des Gerichts beantragen.

A. Grundsätzliches. Die Vorschrift regelt die Zuständigkeiten zur Durchführung der Beschlagnahme und zur Vollziehung des Arrestes, während § 111e die Anordnung dieser Maßnahmen betrifft. Die verfahrensrechtliche Sicherung des Grundrechtsschutzes ist mit der Regelzuständigkeit des Richters für die Anordnung (§ 111e Rdn. 2 ff.) zur Geltung gebracht worden. Für die Vollziehung bedarf es dieses Sicherungsinstruments deshalb nicht mehr. Weitergehender als nach der Zivilprozessordnung ist deshalb eine Behördenzuständigkeit geregelt, deren Vollziehungsverhalten nur auf Antrag gerichtlich überprüft wird (LR/*Johann* § 111f Rn. 1). 1

B. Einzelne Regelungen. I. Beschlagnahme. 1. Bewegliche Sachen. Abs. 1 betrifft die Durchführung der Beschlagnahme nach § 111c, die unter Richtervorbehalt angeordnet wurde (§ 111e Abs. 1, 2). Die Ermittlungspersonen sind nur zuständig, soweit die Wegnahme oder Siegelung beweglicher Sachen zu bewirken ist. Der ausdrückliche Verweis nur auf den Abs. 1 des § 111c zeigt, dass die in den folgenden Absätzen erwähnten beweglichen Sachen (Schiffe, Schiffsbauwerke, Luftfahrzeuge) nicht von Ermittlungspersonen, sondern nur von den zuständigen Beamten der StA weggenommen oder gesiegelt werden dürfen (KK-StPO/*Spillecke* § 111f Rn. 2 a.E.; a. A. LR/*Johann* § 111f Rn. 5; SK-StPO/*Rogall* § 111f Rn. 9). Für die Durchführung der Beschlagnahme sämtlicher beweglicher Sachen ist der Staatsanwalt zuständig, nicht der Rechtspfleger, weil diese Geschäfte im Zwangsvollstreckungsverfahren nicht dem Rechtspfleger, sondern dem Gerichtsvollzieher übertragen sind (§§ 31 Abs. 1 Nr. 2, 20 Nr. 17 RPflG, 808 Abs. 1 ZPO) (a. A. LR/*Johann* § 111f Rn. 2; KMR/*Mayer* § 111f Rn. 3; *Meyer-Goßner/Schmitt* § 111f Rn. 2; KK-StPO/*Spillecke* § 111f Rn. 2; SK-StPO/*Rogall* § 111f Rn. 6). 2

§ 111f StPO   Durchführung d. Beschlagnahme u. Vollziehung d. dinglichen Arrestes

3 **2. Forderungen.** Die Beschlagnahme einer Forderung bedarf in aller Regel nicht mehr der Durchführung, weil die Anordnung schon mit der Pfändung verbunden wird (§ 111c Abs. 3, s. dortRdn. 8). Nur wenn dies nicht geschehen ist, erlässt der Rechtspfleger der StA den Pfändungsbeschluss (§§ 31 Abs. 1 Nr. 2, 20 Nr. 16 RPflG).

4 **3. Registereintragungen.** Das Grundbuchamt und die Registergerichte werden von der StA um Eintragung ersucht, die den Beschlagnahmebeschluss beantragt hat, oder von dem Gericht, das ihn erlassen hat (Abs. 2). Funktional zuständig für das Ersuchen ist jeweils der Rechtspfleger (§§ 22 Nr. 1, 31 Abs. 1 Nr. 1 RPflG).

5 **II. Arrestvollziehung.** Abs. 3 betrifft die Vollziehung des Arrests und regelt die Zuständigkeit dafür abweichend von den Regelungen, auf die § 111d Abs. 2 verweist. Geregelt wird, wer die Vollstreckungshandlungen durchzuführen hat. Nicht geregelt wird hingegen, wer das zuständige Vollstreckungsorgan durch einen Antrag dazu veranlasst, wer also die Entscheidung trifft, auf welche Weise der Arrestbeschluss vollzogen werden soll. Dies ist hier nicht nur die dem Gläubiger obliegende Auswahl, in welche Vermögensgegenstände des Schuldners er vollstrecken will, sondern die Vollstreckung einer im Strafprozess entstandenen Entscheidung. Sie obliegt nach § 36 Abs. 2 Satz 1 der Staatanwaltschaft, die sich an das zuständige Vollstreckungsorgan wendet, soweit sie nicht selbst zur Arrestvollziehung berufen ist.

6 **1. Bewegliche Sachen.** Für die Arrestvollziehung durch Pfändung beweglicher Sachen, außer von Schiffen und Schiffsbauwerken, ist die StA selbst zuständig und dort der Staatsanwalt, nicht der Rechtspfleger, weil diese Geschäfte im Zwangsvollstreckungsverfahren nicht dem Rechtspfleger, sondern dem Gerichtsvollzieher übertragen sind (§§ 31 Abs. 1 Nr. 2, 20 Nr. 16, 17 RPflG, 808 Abs. 1 ZPO) (a. A. KMR/*Mayer* § 111f Rn. 7; KK-StPO/*Spillecke* § 111f Rn. 3; SK-StPO/*Rogall* § 111f Rn. 12; LR/*Johann* § 111f Rn. 6; Meyer-Goßner/*Schmitt* § 111f Rn. 8). Es besteht eine gleichrangige Zuständigkeit dreier weiterer Vollstreckungsorgane, die die StA mit der Pfändung beauftragen kann. Sie kann ihre Ermittlungspersonen oder den Gerichtsvollzieher in Anspruch nehmen. Der Verweis auf § 2 JBeitrO zielt nicht auf die StA selbst, deren Zuständigkeit durch Abs. 2 Satz 1 selbst begründet wird (a. A. Meyer-Goßner/*Schmitt* § 111f Rn. 8). § 1 Abs. 1 Nr. 1, 2a, 4 JBeitrO setzt bestehende Forderungen aus vollstreckbaren Titeln voraus; die Vollziehung zur Sicherung künftiger Forderungen aus einem Arrestbeschluss wird dort nicht genannt. Nach den §§ 2 Abs. 1, 6 Abs. 3 Satz 1 JBeitrO ist deshalb der Vollziehungsbeamte der Gerichtskasse oder der durch Landesrecht an ihre Stelle gesetzten Behörde zuständig.

7 **2. Arresthypothek.** Die Eintragung der Arresthypothek beantragt die StA beim Grundbuchamt. Die durch Abs. 3 Satz 2 angeordnete entsprechende Anwendung des Abs. 2 erstreckt sich nicht auf eine Antragsbefugnis des Gerichts, das den Arrest beschlossen hat. Ob eine Arresthypothek eingetragen werden soll, ist eine Frage nach der Art und Weise der Arrestvollziehung, die die StA nach § 36 Abs. 2 Satz 1 zu entscheiden hat.

8 **3. Forderungen.** Die Pfändung von Forderungen, Schiffen und Schiffsbauwerken bewirkt die StA durch Beschluss, für den der Rechtspfleger funktional zuständig ist (§§ 31 Abs. 1 Nr. 2, 20 Nr. 16 RPflG). Die StA kann den Erlass dieser Pfändungsmaßnahmen auch beim Gericht beantragen (zugleich mit dem Arrestantrag, um die Vollziehung zu beschleunigen), und auch dort ist der Rechtspfleger zuständig (§§ 22 Nr. 2, 20 Nr. 16 RPflG). Zum Inhalt des Pfändungsbeschlusses vgl. § 111c Rdn. 8.

9 **4. Zustellung.** Für die Zustellung der zur Arrestvollziehung getroffenen Entscheidungen gilt § 37. Die Ermittlungspersonen, auf die Abs. 4 die Zuständigkeit erstreckt, werden Angehörige einer Behörde sein, sodass die schon nach § 168 Abs. 2 ZPO bestehenden Möglichkeiten nur insoweit erweitert werden, dass der Vorrang der Zustellung durch die Post nicht gilt (LR/*Johann* § 111f Rn. 11; KMR/*Mayer* § 111d Rn. 24; SK-StPO/*Rogall* § 111f Rn. 19; KK-StPO/*Spillecke* § 111f Rn. 6).

10 **III. Anfechtung.** Abs. 5 ist durch Gesetz v. 24.10.2006 (BGBl. I S. 2350) angefügt worden. Damit sind Zweifel beseitigt worden, ob für einzelne Einwendungen der Zivilrechtsweg eröffnet sein könnte (vgl. BT-Drucks. 16/700, S. 13). Alle Maßnahmen, die zur Vollziehung der Beschlagnahme und des Arrests getroffen werden, sind anfechtbar, und über die Anfechtung wird durch die Strafgerichte ent-

schieden (OLG Hamburg NStZ-RR 2008, 347; LR/*Johann* § 111f Rn. 12; KMR/*Mayer* § 111d Rn. 31; KK-StPO/*Spillecke* § 111f Rn. 7; SK-StPO/*Rogall* § 111f Rn. 20). In diesem Rechtszug wird auch über die Rechtsbehelfe entschieden, die die Normen vorsehen, die entsprechend anwendbar sind (§ 111d Abs. 2, § 928 ZPO), also über die Vollstreckungserinnerung (§ 766 Abs. 1 ZPO) und die Drittwiderspruchsklage (§ 771 ZPO). Anfechtbar sind die Maßnahmen aller nach den Abs. 1 bis 3 zuständigen Vollstreckungsorgane; soweit die Aufgaben den Rechtspflegern zugewiesen sind, ergibt sich dies aus den §§ 11 Abs. 1, 31 Abs. 6 Satz 1 RPflG. Zuständig ist das Gericht, das z.Zt. der Entscheidung über den Rechtsbehelf für die Anordnung des Arrests oder der Beschlagnahme zuständig wäre. Da auf diese Weise eine Entscheidung über die Vollstreckungsmaßnahme in richterlicher Unabhängigkeit gewährleistet werden soll, brauchen Maßnahmen, die das Gericht selbst angeordnet hat (Abs. 3 Satz 3) nicht mit dem Antrag nach Abs. 5 angefochten zu werden. Gegen diese Anordnungen und gegen die Entscheidung über den Rechtsbehelf ist die Beschwerde statthaft (§§ 304, 305 Satz 2) (OLG Düsseldorf wistra 2009, 207; LR/*Johann* § 111f Rn. 12; KK-StPO/*Spillecke* § 111f Rn. 7). Weitere Beschwerde ist ausgeschlossen (OLG Hamm NStZ 2008, 586 f.); die ausnahmsweise Zulassung durch § 310 Abs. 1 Nr. 3 betrifft nur die Anordnung, nicht die Vollziehung des Arrests (OLG Hamburg NJW 2008, 1830, 1831; LR/*Johann* § 111f Rn. 15; SK-StPO/*Rogall* § 111f Rn. 24).

11

Ist das Urteil, das die vom Arrest gesicherte Forderung begründet, rechtskräftig und ist ein vollstreckbarer Hauptsachetitel erteilt, so wird mit dem dadurch gewandelten Pfandrecht nicht mehr der Arrest vollzogen, sondern das Urteil (§ 111e Rdn. 18). Die Anfechtung der Vollziehungsmaßnahmen richtet sich deshalb nicht mehr nach Abs. 5, sondern nach den §§ 459g, 459h, 462a (a. A.: OLG Düsseldorf wistra 2009, 207; OLG Nürnberg StV 2011, 148: § 6 JBeitrO verweist auf den Zivilrechtsweg; OLG Celle NStZ 2011, 175 vernachlässigt die Wirkung der Titelerteilung und nimmt die BT-Drucks. 16/700, S. 13, deshalb zu Unrecht in Anspruch; auch OLG Hamburg wistra 2011, 195, 196 f., KK-StPO/*Spillecke* § 111f Rn. 7 und *Meyer-Goßner/Schmitt* § 111f Rn. 15 beachten bei dem Verweis auf § 162 Abs. 3 nicht, dass hier nach Rechtskraft nicht mehr eine Untersuchungshandlung angefochten wird, sondern die Vollziehung des Urteils).

12

§ 111g StPO Vorrangige Befriedigung von Ansprüchen des Verletzten bei der Beschlagnahme.

(1) Die Beschlagnahme eines Gegenstandes nach § 111c und die Vollziehung des Arrestes nach § 111d wirken nicht gegen eine Verfügung des Verletzten, die auf Grund eines aus der Straftat erwachsenen Anspruches im Wege der Zwangsvollstreckung oder der Arrestvollziehung erfolgt.

(2) ¹Die Zwangsvollstreckung oder Arrestvollziehung nach Absatz 1 bedarf der Zulassung durch das Gericht, das für die Anordnung der Beschlagnahme (§ 111c) oder des Arrestes (§ 111d) zuständig ist. ²Die Entscheidung ergeht durch Beschluss, der von der Staatsanwaltschaft, dem Beschuldigten und dem Verletzten mit sofortiger Beschwerde angefochten werden kann. ³Die Zulassung ist zu versagen, wenn der Verletzte nicht glaubhaft macht, dass der Anspruch aus der Straftat erwachsen ist. ⁴§ 294 der Zivilprozessordnung ist anzuwenden.

(3) ¹Das Veräußerungsverbot nach § 111c Abs. 5 gilt vom Zeitpunkt der Beschlagnahme an auch zugunsten von Verletzten, die während der Dauer der Beschlagnahme in den beschlagnahmten Gegenstand die Zwangsvollstreckung betreiben oder den Arrest vollziehen. ²Die Eintragung des Veräußerungsverbotes im Grundbuch zugunsten des Staates gilt für die Anwendung des § 892 Abs. 1 Satz 2 des Bürgerlichen Gesetzbuches auch als Eintragung zugunsten solcher Verletzter, die während der Dauer der Beschlagnahme als Begünstigte aus dem Veräußerungsverbot in das Grundbuch eingetragen werden. ³Der Nachweis, dass der Anspruch aus der Straftat erwachsen ist, kann gegenüber dem Grundbuchamt durch Vorlage des Zulassungsbeschlusses geführt werden. ⁴Die Sätze 2 und 3 gelten sinngemäß für das Veräußerungsverbot bei den in § 111c Abs. 4 genannten Schiffen, Schiffsbauwerken und Luftfahrzeugen. ⁵Die Wirksamkeit des Veräußerungsverbotes zugunsten des Verletzten wird durch die Aufhebung der Beschlagnahme nicht berührt. ⁶Die Sätze 1 und 5 gelten entsprechend für die Wirkung des Pfandrechts, das durch die Vollziehung eines Arrestes (§ 111d) in das bewegliche Vermögen entstanden ist.

(4) Unterliegt der Gegenstand, der beschlagnahmt oder aufgrund des Arrestes gepfändet worden ist, aus anderen als den in § 73 Abs. 1 Satz 2 des Strafgesetzbuches bezeichneten Gründen nicht dem Ver-

§ 111h StPO   Vorrangige Befriedigung von Ansprüchen bei dinglichem Arrest

fall oder ist die Zulassung zu Unrecht erfolgt, so ist der Verletzte Dritten zum Ersatz des Schadens verpflichtet, der ihnen dadurch entsteht, dass das Veräußerungsverbot nach Absatz 3 zu seinen Gunsten gilt.
(5) ¹Die Absätze 1 bis 4 gelten entsprechend, wenn der Verfall eines Gegenstandes angeordnet, die Anordnung aber noch nicht rechtskräftig ist. ²Sie gelten nicht, wenn der Gegenstand der Einziehung unterliegt.

§ 111h StPO Vorrangige Befriedigung von Ansprüchen des Verletzten bei dem dinglichen Arrest.
(1) ¹Betreibt der Verletzte wegen eines aus der Straftat erwachsenen Anspruches die Zwangsvollstreckung oder vollzieht er einen Arrest in ein Grundstück, in welches ein Arrest nach § 111d vollzogen ist, so kann er verlangen, dass die durch den Vollzug dieses Arrestes begründete Sicherungshypothek hinter seinem Recht im Rang zurücktritt. ²Der dem vortretenden Recht eingeräumte Rang geht nicht dadurch verloren, dass der Arrest aufgehoben wird. ³Die Zustimmung des Eigentümers zur Rangänderung ist nicht erforderlich. ⁴Im übrigen ist § 880 des Bürgerlichen Gesetzbuches sinngemäß anzuwenden.
(2) ¹Die Rangänderung bedarf der Zulassung durch den Richter, der für den Arrest (§ 111d) zuständig ist. ²§ 111g Abs. 2 Satz 2 bis 4 und Abs. 3 Satz 3 ist entsprechend anzuwenden.
(3) Ist die Zulassung zu Unrecht erfolgt, so ist der Verletzte Dritten zum Ersatz des Schadens verpflichtet, der ihnen durch die Rangänderung entsteht.
(4) Die Absätze 1 bis 3 gelten entsprechend, wenn der Arrest nach § 111d in ein Schiff, Schiffsbauwerk oder Luftfahrzeug im Sinne des § 111c Abs. 4 Satz 2 vollzogen ist.

1 **A. Grundsätzliches.** Die Vorschriften bilden den prozessrechtlichen Teil des Regelungsprogramms, das den Vorrang der Ansprüche des Geschädigten vor dem Verfallsanspruch des Staates sichern soll. Nach materiellem Recht (§ 73 Abs. 1 Satz 2 StGB) schließt ein Anspruch des Verletzten den Verfall des *aus* der Tat Erlangten (SSW-StGB/*Burghart* § 73 Rn. 16 f., 32, 37) aus, um dem Verletzten die Haftungsmasse zu erhalten (SSW-StGB/*Burghart* § 73 Rn. 34). Im Erkenntnisverfahren hat das Gericht eine eigene Entscheidung darüber zu finden, ob Ansprüche Verletzter bestehen; ob sie tituliert sind, ist unmaßgeblich (SSW-StGB/*Burghart* § 73 Rn. 33). Auf der prozessrechtlichen Seite findet sich nicht ein solcher *Anspruch*vorrang, sondern ein bloßer *Titel*vorrang des Geschädigten: Das für die Sicherungsmaßnahmen zuständige Gericht prüft nur, ob ein ihm präsentierter Titel einen Anspruch aus der Tat betrifft (BVerfG, 3. Kammer des Zweiten Senats, Nichtannahmebeschl. v. 17.11.2007 – 2 BvR 2231/07 – juris; BGHZ 144, 185, 188; KK-StPO/*Spillecke* § 111g Rn. 3), und gewährt, ohne die Richtigkeit des Titels zu beurteilen, Vorrang vor den erwirkten Sicherungsrechten des den Verfall vorbereitenden Staates.

2 **B. Einzelne Regelungen. I. Bevorrechtigte Titel.** Vorrang genießen Titel, aus denen die Zwangsvollstreckung betrieben wird, und Arrestbefehle (§§ 111g Abs. 1, 111h Abs. 1 Satz 1). Die Zwangsvollstreckung wird aus den vollstreckbaren Endurteilen (§ 704 Abs. 1 ZPO) und aus den im § 794 Abs. 1 ZPO genannten weiteren Vollstreckungstiteln betrieben. Der Arrest ergeht durch Urteil oder Beschluss nach § 922 Abs. 1 ZPO. Aus welcher Gerichtsbarkeit der Titel stammt, ist nicht von Bedeutung: auch arbeits- und verwaltungsgerichtliche Titel genießen Vorrang.

3 **1. Titulierter Anspruch.** Der Titel muss die Vollstreckung zur Befriedigung eines aus der Straftat erwachsenen Anspruches des Verletzten erlauben oder sichern. Die Tat ist das Tatgeschehen (§ 264), das zu der Sicherungsmaßnahme Anlass gegeben hat, deren Titel weichen soll (OLG Hamburg wistra 2011, 279, 280; OLG Stuttgart NStZ 2010, 349, 350; LR/*Johann* § 111g Rn. 9). Mehr als diese Tatidentität ist nicht erforderlich. Das Gesetz verlangt nicht eine Identität der Haftungsgegenstände (OLG Hamm NStZ 1999, 583, 584; LR/*Johann* § 111g Rn. 9; KMR/*Mayer* § 111g Rn. 5): sind durch eine Tat mehrere Gegenstände in das Vermögen des Beschuldigten gelangt, so kann ein Gläubiger für die Zwangsvollstreckung wegen einer durch dasselbe Tatgeschehen entstandenen Geldforderung Vorrang auch dann verlangen, wenn er sich aus einem Gegenstand befriedigen will, der einem anderen zurückzuübereignen ist.

»Aus der Straftat« ist der Anspruch »erwachsen«, wenn sein Entstehen von der begangenen rechtswid- 4
rigen Tat abhängt. Das Tatgeschehen muss zugleich Tatbestandsmerkmale des Straftatbestandes und
der Anspruchsnorm erfüllt haben (BGHSt 47, 22, 32; BGH NStZ 2010, 326; OLG Zweibrücken
StV 2003, 160, 161). Das ist v.a. bei den Schadensersatzansprüchen aus unerlaubter Handlung der Fall,
wenn die Tat zur Rechtsgutverletzung (§ 823 Abs. 1 BGB) oder zum Verstoß gegen ein Schutzgesetz
(§ 823 Abs. 2 BGB) geführt hat und ebenso bei sittenwidriger vorsätzlicher Schädigung (§ 826 BGB)
und bei der Vindikation (§ 985 BGB) und der Kondiktion (§§ 812 ff. BGB), wenn die Tat den Übergang in das Tätervermögen bewirkt hat und die Rückforderung nicht ausgeschlossen ist (§ 817 Satz 2
BGB, dessen Anwendung auf die Vindikation umstr. ist [Palandt/*Bassenge* Einl. vor § 854 Rn. 11; Mü-
Ko-BGB/*Schwab* § 817 Rn. 17 ff.]), und bei Ansprüchen aus Gefährdungshaftung (z.B. §§ 84 AMG,
33, 44 LuftVG, 1 HaftPflG), wenn das zum Schaden führende Ereignis eine Straftat ist. Ob Ansprüche
auf Ersatz immateriellen Schadens Vorrang genießen, ist umstr. (und zu bejahen: SSW-StGB/*Burghart*
§ 73 Rn. 36). Vorrang genießen nicht nur Titel, die sich auf den Ersatz des bei der Tatbegehung entstandenen Schadens richten, sondern auch der durch das schädigende Ereignis später entstandene Schaden,
sodass insb. auch Kostenfestsetzungsbeschlüsse (§ 794 Abs. 1 Nr. 2 ZPO) und Zwangsvollstreckungs-
kosten (§ 788 ZPO) in Betracht kommen (OLG Hamburg wistra 2011, 279; KK-StPO/*Spillecke*
§ 111g Rn. 2).

Für das Vorrecht ist allein maßgeblich, ob der Titel einen der beschriebenen Ansprüche betrifft. Das ist 5
der Entscheidungsformel in aller Regel nicht zu entnehmen. Der Gläubiger hat dies glaubhaft zu machen (§§ 111g Abs. 2 Satz 3 u. 4, 111h Abs. 2 Satz 2). Das kann zumeist durch das Vorlegen einer vollständigen Abschrift des Urteils geschehen, wenn durch den Zusammenhang von Entscheidungsformel,
Tatbestand und Entscheidungsgründen zu erkennen ist, welches Geschehen und welche Anspruchs-
grundlagen den titulierten Anspruch stützen. Enthält auch die vollständige Entscheidung keine Gründe
– etwa ein Versäumnis- oder Anerkenntnisurteil oder ein Vollstreckungsbescheid –, so kann der Gläubiger die Klageschrift vorlegen, aber ebenso mit allen anderen Mitteln der Glaubhaftmachung, auch mit
der eigenen eidesstattlichen Versicherung zugelassen werden (§ 294 Abs. 1 ZPO). Da es sich allein um
eine Entscheidung über den Titelvorrang handelt, also um einen Vorteil bei der Vollstreckung einer andernorts erstrittenen Berechtigung, wird nicht geprüft, ob der Titel zu Recht ergangen ist. Das Gericht,
das über den Titelvorrang entscheidet, darf die Berechtigung des Titels nicht infrage stellen. Es hat den
titulierten Anspruch so hinzunehmen, wie er steht. Weder von Amts wegen noch auf einen Einwand des
Schuldners ist zu prüfen, ob der titulierte Anspruch in Grund und Höhe materiellem Recht entspricht.
Auch ob auf die titulierte Forderung Teilleistungen erbracht sind, darf das Gericht nicht prüfen. Sie sind
entweder aus dem Titel zu ersehen, dessen vollstreckbare Ausfertigung darüber einen Vermerk nach
§ 757 Abs. 1 ZPO enthält, oder der Schuldner muss sich mit der Vollstreckungsabwehrklage (§ 767
Abs. 1 ZPO) wehren (das vernachlässigt OLG Hamburg wistra 2011, 197, 198).

2. Vollstreckungsgläubiger. Als Vollstreckungsgläubiger muss in dem bevorrechtigten Titel ein »Ver- 6
letzter« bezeichnet sein (§§ 111g Abs. 1, 111h Abs. 1 Satz 1). Da der prozessuale Titelvorrang der Verwirklichung des materiellrechtlichen Anspruchsvorrangs dienen soll, müssen die verwendeten Verletz-
ten-Begriffe einander entsprechen. Auch der prozessuale Verletzten-Begriff ist anhand beider Zwecke
des materiellrechtlichen Verfallsausschlusses nach § 73 Abs. 1 Satz 2 StGB zu bestimmen: nach dem
Schutz der Haftungsgrundlage und nach dem Vermeiden doppelter Belastung. Da die Sicherungsmaßnahme in allen Fällen des Verfallsausschlusses dennoch möglich ist (§ 111b Abs. 5), muss auch in allen
Fällen Titelvorrang gewährt werden. Andernfalls würde die frühzeitige Beschlagnahme oder Rangsiche-
rung durch den Staat weder ihm selbst nützen, weil er ihm ein Anspruch nicht entsteht, noch dem Gläubiger, weil er den Rangvorteil nicht nutzen kann. Zu den bevorrechtigten Vollstreckungsgläubigern
gehören deshalb neben dem Verletzten im engeren Sinne auch (vgl. zu Einzelheiten und umstr. Konstellationen: SSW-StGB/*Burghart* § 73 Rn. 34 f.) der Erbe, der Zessionar und der Dritte in Fällen der
Tötung (§ 844 BGB). Dem Insolvenzverwalter des Verletzten ist Titelvorrang zu gewähren, denn er
setzt einen Anspruch des Verletzten durch, der Anspruchsinhaber geblieben ist und durch den Verwal-
ter vertreten wird (LG Hildesheim NStZ-RR 2008, 43 f.; KK-StPO/*Spillecke* § 111g Rn. 2; a. A. OLG
Frankfurt am Main NStZ-RR 2006, 342, 343; KMR/*Mayer* § 111g Rn. 4; SK-StPO/*Rogall* § 111g
Rn. 11).

§ 111h StPO Vorrangige Befriedigung von Ansprüchen bei dinglichem Arrest

7 **II. Zulassungsbeschluss.** Der Titelvorrang wird durch den Zulassungsbeschluss ausgelöst. Er entsteht nicht kraft Gesetzes, sondern die vor oder nach der Zulassung (s.u. Rdn. 19) bewirkten Vollstreckungshandlungen des Verletzten erhalten durch den Beschluss den im Gesetz vorgesehenen Vorrang (§ 111g Abs. 3). Nur soweit es der Eintragung in das Grundbuch bedarf (§§ 111g Abs. 3 Satz 2, 111h Abs. 1), hängt der Vorrang von einer weiteren vom Verletzten zu beantragenden Entscheidung des Grundbuchamtes ab. In den anderen Fällen haben die Vollstreckungsorgane den Vorrang zu beachten, ohne an seiner Entstehung mitwirken zu müssen.

8 Zuständig ist das Gericht, das z.Zt. der Entscheidung über die Zulassung für den Erlass der Sicherungsmaßnahmen zuständig wäre, die von dem Vorrang betroffen werden (§§ 111g Abs. 2 Satz 1, 111h Abs. 2 Satz 1) (OLG Köln NJW 2003, 2546, 2547).

9 Die Entscheidung ergeht im schriftlichen Verfahren (§§ 111g Abs. 2 Satz 1, 111h Abs. 2 Satz 2). Eine mündliche Verhandlung ist nicht ausgeschlossen, wird aber zum Erkenntnisgewinn oder zur Rechtsverteidigung nichts beitragen können. Vor der Entscheidung sind die StA und der von der Sicherungsmaßnahme Betroffene anzuhören. Einer Anhörung der Vollstreckungsgläubiger, die durch den Vorrang des Verletzten Nachteile hinnehmen müssen, bedarf es nicht.

10 Das Gericht hat zu prüfen, ob ein bevorrechtigter Titel einen im Gesetz vorgesehenen (nachfolgend beschriebenen: Rdn. 13 ff.) Vorrang einnehmen kann. Es reicht aus, dass eine strafprozessuale Sicherungsmaßnahme besteht (vgl. KG NStZ-RR 2010, 180), auf die sich der Vorrang beziehen kann. Eine Zulassung ist also möglich, solange die Beschlagnahme noch besteht und solange die Pfändung, Sicherungshypothek oder andere Sicherungsmaßnahme noch auf dem Arrest beruht. Ist die Beschlagnahme durch Rechtsübergang auf den Staat erledigt oder hat sich das Sicherungs- in ein Vollstreckungspfandrecht gewandelt, ist eine Zulassung nicht mehr möglich (LR/*Johann* § 111g Rn. 4). An die Vollstreckung des auf Grund eines rechtskräftigen Urteils entstandenen Anspruchs kann der Verletzte sich nicht in gleicher Weise anschließen wie an die Sicherung dieser Vollstreckung. Nach einer Feststellung nach § 111i Abs. 2 vollzieht sich der Rechtsübergang auf den Staat und entsteht der Zahlungsanspruch des Staates erst nach Ablauf der Dreijahresfrist (§ 111i Abs. 5). Während dieser Frist bleiben die Sicherungsmaßnahmen aufrechterhalten (§ 111i Abs. 3), so dass die Zulassung Verletzter möglich bleibt (LR/*Johann* § 111g Rn. 3; *Meyer-Goßner/Schmitt* § 111g Rn. 3).

Ob auch andere Vollstreckungsgläubiger vorhanden sind, braucht nicht geprüft zu werden. Die Zulassung ist auch nicht davon abhängig, dass der Verletzte Vollstreckungshandlungen schon bewirkt oder wenigstens beantragt hätte. Ein Zulassungsermessen besteht nicht. Schließlich bleibt auch außer Betracht, wer Titelschuldner ist. Ob die Berechtigung an dem Gegenstand der Vollstreckung dem Titelschuldner oder einem Dritten zusteht, der die Vollstreckung nicht zu dulden braucht, wird im Vollstreckungsverfahren geprüft. Die Zulassungsentscheidung hat nicht die Aufgabe, den Verletzten von dem Risiko einer unberechtigten Vollstreckung zu bewahren.

11 Der Zulassungsbeschluss benennt den Vollstreckungsgläubiger, den bevorrechtigten Titel und den Gegenstand, in den bevorrechtigt vollstreckt werden darf. Der Beschluss ist mit einer Rechtsmittelbelehrung zuzustellen (§§ 35 Abs. 2 Satz 1, 35a Satz 1).

12 Zulassungsbeschluss und ablehnender Beschluss sind mit sofortiger Beschwerde anfechtbar (§§ 111g Abs. 2 Satz 2, 111h Abs. 2 Satz 2, 311; zur Umdeutung nach Zuständigkeitswechsel: OLG Hamburg NStZ 2012, 51, 52). § 111g Abs. 2 Satz 2 benennt die StA, den Verletzten und den Beschuldigten als beschwerdeberechtigt. Dem ist einerseits zu entnehmen, dass nur die am strafrechtlichen Verfahren Beteiligten den Zulassungsbeschluss anfechten können, nicht die von seinen Wirkungen benachteiligten weiteren Vollstreckungsgläubiger. Andererseits ist dann die Beschränkung auf die Beschuldigten sowohl zu eng als auch zu weit: richtet sich die Sicherungsmaßnahme nicht gegen den Beschuldigten, sondern gegen einen Dritten, so ist dieser beschwerdebefugt (OLG Celle NJW 2007, 3795; KK-StPO/*Spillecke* § 111g Rn. 6), nicht der Beschuldigte, dessen Rechte durch die Zulassung nicht betroffen werden.

13 **III. Inhalt des Titelvorrangs.** Der bevorrechtigte Titel gewährt Vorrang ggü. Sicherungsrechten des Staates und ggü. Titeln Dritter, denen ggü. der durch den Staat gesicherte Rang in Anspruch genommen werden kann.

14 Vorrang besteht nur ggü. der erzwungenen Verfallsicherung, also nicht mehr für Vollstreckungshandlungen nach rechtskräftigem Abschluss des Verfahrens (KG NStZ-RR 2010, 180; vgl. o. Rdn. 10). Auch eine bevorzugte Vollstreckung in Sachen, die ausschließlich als Beweismittel beschlagnahmt

oder freiwillig in staatliches Gewahrsam gegeben wurden, gewähren die Normen nicht (OLG Oldenburg NStZ-RR 2008, 116 f.; LR/*Johann* § 111g Rn. 4; KK-StPO/*Spillecke* § 111g Rn. 1). Auch Sicherungsmaßnahmen, die eine Einziehung vorbereiten, behalten ggü. dem Verletzten ihren Rang, und er kann sie auch nicht für sich in Anspruch nehmen (§ 111g Abs. 5 Satz 2). Der klare Wortlaut dieses Vorrangsausschlusses lässt sich nicht auf einen achtenswerten Zweck reduzieren. Es ist nicht einzusehen, weshalb ein Verletzter seine Ersatzansprüche nicht aus einem einzuziehenden Tatmittel befriedigen dürfen sollte, wenn es sich nicht um einen gemeingefährlichen, sondern um einen wertvollen, handelbaren, nur in der Hand des Täters als Tatwerkzeug missbrauchten Gegenstand handelt.

Der Vorrang besteht andererseits ggü. jeder Verfallssicherung (LR/*Johann* § 111g Rn. 9) – nicht nur ggü. den Sicherungsmitteln, die allein nach § 111b Abs. 5 möglich sind, sondern auch ggü. denjenigen, die den Verfall des *für* die Tat Erlangten sichern (a. A. KMR/*Mayer* § 111g Rn. 5). 15

Ist eine bewegliche Sache, eine Forderung, ein Grundstück oder ein grundstücksgleiches Recht beschlagnahmt (§ 111c Abs. 1, 2), so bewirkt das dadurch entstehende relative, nicht insolvenzfeste (§§ 88, 89 InsO) Verfügungsverbot (§ 111c Abs. 5, s. dort Rn. 12) die Unwirksamkeit von Verfügungen nicht nur ggü. dem Staat, sondern auch ggü. dem bevorrechtigten Vollstreckungsgläubiger (§ 111g Abs. 3) (BGH NJW 2007, 3350, 3351). Er hat die aus dem Verbot folgenden Rechte, als habe er es selbst bewirkt. Der Verletzte tritt nicht an die Stelle des Staates, sondern der Staat behält seine aus der Beschlagnahme folgenden Rechte (§ 111g Abs. 3 Satz 1: »auch«), und der Verletzte tritt im Rang vor ihn (§ 111g Abs. 1) (BGHZ 144, 185, 188 f.; KK-StPO/*Spillecke* § 111g Rn. 8; SK-StPO/*Rogall* § 111g Rn. 27 f.; LR/*Johann* § 111g Rn. 25; Schmidt Rn. 1178). Die Rückwirkung auf den Zeitpunkt der Beschlagnahme (§ 111g Abs. 3 Satz 1, also bei Forderungen den Zeitpunkt der Pfändung: s.o. § 111c Rdn. 12) durchbricht das Prioritätsprinzip, nach dem grds. das Verhältnis mehrerer Verfügungen oder Vollstreckungshandlungen zueinander bestimmt wird. Das gilt auch für die Grundbucheintragung der Verfügungsbeschränkung (§ 111g Abs. 3 Satz 2, § 892 Abs. 1 Satz 2 BGB): die Eintragung des Verletzten gilt als z.Zt. der Eintragung des Staates vorgenommen, und der Verletzte hat Vorrang vor dem Staat (§ 111g Abs. 1). Wird die Beschlagnahme aufgehoben, so verliert der Staat seine Rechte aus der Verfügungsbeschränkung, die Verletzten aber behalten sie auf dem Stande, die sie bis zur Aufhebung hatten (§ 111g Abs. 3 Satz 5). 16

Ist eine bewegliche Sache oder eine Forderung zur Arrestvollziehung gepfändet worden (§ 111d Abs. 2, § 930 ZPO), so gilt das Vorstehende für den Zeitrang dieser Pfändung (§ 804 Abs. 3 ZPO): der Verletzte, der später pfändet, erhält den Rang der staatlichen Pfändung, geht dieser selbst vor, und behält diesen Rang auch nach Aufhebung der staatlichen Pfändung. 17

Der bevorrechtigte Gläubiger kann daher die ihm ggü. wirkende relative Unwirksamkeit von Verfügungen geltend machen, die zwar früher bewirkt wurden als die eigene Vollstreckungsmaßnahme aber später als die staatliche Beschlagnahme. Ebenso hat er bei der Befriedigung aus einem gepfändeten Gegenstand Vorrang vor dem Staat und vor den Gläubigern, die früher als er aber später als der Staat gepfändet haben (KMR/*Mayer* § 111g Rn. 7; LR/*Johann* § 111g Rn. 20; Schmidt Rn. 1180). 18

Die Rückwirkung der Vollstreckungshandlungen des Verletzten auf die Zeit der strafprozessualen Sicherungsmaßnahme wird durch den Zulassungsbeschluss ausgelöst, und zwar unabhängig davon, ob die Zulassung vor oder nach der Vollstreckungshandlung des Verletzten beschlossen wird. § 111g Abs. 3 Satz 1 lässt die Rückwirkung nur davon abhängen, dass die Vollstreckungshandlung während der Zeit der Beschlagnahme (o. Rn. 10) vorgenommen wird, nicht auch davon, dass sie dem Zulassungsbeschluss nachfolgt. Der Verletzte kann also vor der Zulassung vollstrecken (BGHZ 144, 185, 189; KMR/*Mayer* § 111g Rn. 6; KK-StPO/*Spillecke* § 111g Rn. 3; SK-StPO/*Rogall* § 111g Rn. 27), erwirbt dadurch den nach allgemeinen Regeln bestimmten Rang und wird sodann durch die Zulassung in den Rang des Staates versetzt. Zulassungsantrag und Zulassungsbeschluss sind selbst keine Vollstreckungshandlungen, sondern sie bewirken die Rangänderung einer zuvor oder danach vorgenommenen Vollstreckungshandlung. Das ist für die Arrestvollziehung von Bedeutung: die Vollziehungsfrist (§ 929 Abs. 2 ZPO) wird nicht durch den Zulassungsantrag oder den Zulassungsbeschluss gewahrt, sondern nur durch die Vollstreckungshandlung des Verletzten (BGHZ 144, 185, 187 ff.). 19

Mehrere Verletzte werden durch die jeweiligen Zulassungen sämtlich in den Rang vor dem Staat versetzt, haben also untereinander den gleichen Rang (a. A. BGHZ 144, 185, 191; BGH NJW 2007, 3350, 3351; KG wistra 2010, 116, 117; KMR/*Mayer* § 111g Rn. 10; *Meyer-Goßner/Schmitt* § 111g Rn. 5; KK-StPO/*Spillecke* § 111g Rn. 8; SK-StPO/*Rogall* § 111g Rn. 24, 29; LR/*Johann* § 111g Rn. 21; Ma- 20 *litz* NStZ 2002, 337, 340). Die nach allgemeinen Regeln zu bestimmenden Ränge werden durch den Rang vor dem Staat ersetzt. Dem § 111g ist an keiner Stelle zu entnehmen, dass es darauf ankommen soll, wann der Verletzte während der Zeit der Beschlagnahme die Vollstreckungshandlung vornimmt. Für das Rangverhältnis untereinander ist deshalb weder die Zeit der Vollstreckung noch die Zeit der Zulassung von Bedeutung. So kann die Vorschrift auch ihre die Verletzten entlastende Funktion am besten erfüllen: an einem Wettrennen auf das Tätervermögen braucht sich der Verletzte nach staatlicher Beschlagnahme nicht mehr zu beteiligen, weil weder andere Verletzte noch gar Dritte ihm ggü. einen Rangvorteil durch schnellere Vollstreckung erreichen können. Nur die Gläubiger, die vor der staatlichen Beschlagnahme gepfändet haben, behalten ihre Rangvorteile; sind sie Verletzte, so brauchen sie sich am Zulassungsverfahren nicht zu beteiligen.

21 Ist eine Arresthypothek eingetragen (§ 111d Abs. 2, § 932 ZPO), so kann der Verletzte, der ebenfalls in das Grundstück oder das grundstücksgleiche Recht vollstreckt, den Rangrücktritt des Staates verlangen (§ 111h Abs. 1, 2). Die Vorschrift über die Rangänderung (§ 880 BGB) ist mit zwei Abweichungen anzuwenden: Das Rechtsgeschäft zwischen zurücktretendem Staat und vortretendem Verletzten wird durch den Zulassungsbeschluss ersetzt, und es bedarf der Zustimmung des Eigentümers nicht. Die Rangänderung wird aber nach allgemeinen Regeln durch die Eintragung in das Grundbuch bewirkt, nicht schon durch den Zulassungsbeschluss.

22 Der Verletzte nimmt den Rang des staatlichen Sicherungsmittels auf eigenes Risiko ein. Erweist sich die Zulassung als unberechtigt, so ist der Verletzte, der eine darauf beruhende Bevorrechtigung in Anspruch genommen hat, anderen Vollstreckungsgläubigern, die durch den Vortritt benachteiligt worden sind, zum Schadensersatz verpflichtet (§§ 111g Abs. 4, 111h Abs. 3).

§ 111i StPO Aufrechterhaltung der Beschlagnahme für einen befristeten Zeitraum.

(1) Das Gericht kann anordnen, dass die Beschlagnahme nach § 111c oder der Arrest nach § 111d für die Dauer von höchstens drei Monaten aufrechterhalten wird, soweit das Verfahren nach den §§ 430 und 442 Abs. 1 auf die anderen Rechtsfolgen beschränkt worden ist und die sofortige Aufhebung gegenüber dem Verletzten unbillig wäre.

(2) [1]Hat das Gericht lediglich deshalb nicht auf Verfall erkannt, weil Ansprüche eines Verletzten im Sinne des § 73 Abs. 1 Satz 2 des Strafgesetzbuchs entgegenstehen, kann es dies im Urteil feststellen. [2]In diesem Fall hat es das Erlangte zu bezeichnen. [3]Liegen insoweit die Voraussetzungen des § 73a des Strafgesetzbuchs vor, stellt es im Urteil den Geldbetrag fest, der dem Wert des Erlangten entspricht. [4]Soweit
1. der Verletzte bereits im Wege der Zwangsvollstreckung oder der Arrestvollziehung verfügt hat,
2. der Verletzte nachweislich aus Vermögen befriedigt wurde, das nicht beschlagnahmt oder im Wege der Arrestvollziehung gepfändet worden ist, oder
3. dem Verletzten die erlangte Sache nach § 111k herausgegeben worden ist,
ist dies im Rahmen der nach den Sätzen 2 und 3 zu treffenden Feststellungen in Abzug zu bringen.

(3) [1]Soweit das Gericht nach Absatz 2 verfährt, hält es die Beschlagnahme (§ 111c) des im Sinne des Absatzes 2 Satz 2 und 4 Erlangten sowie den dinglichen Arrest (§ 111d) bis zur Höhe des nach Absatz 2 Satz 3 und 4 festgestellten Betrages durch Beschluss für drei Jahre aufrecht. [2]Die Frist beginnt mit Rechtskraft des Urteils. [3]Sichergestellte Vermögenswerte soll es bezeichnen. [4]§ 917 der Zivilprozessordnung ist nicht anzuwenden. [5]Soweit der Verletzte innerhalb der Frist nachweislich aus Vermögen befriedigt wird, das nicht beschlagnahmt oder im Wege der Arrestvollziehung gepfändet worden ist, hebt das Gericht die Beschlagnahme (§ 111c) oder den dinglichen Arrest (§ 111d) auf Antrag des Betroffenen auf.

(4) [1]Die Anordnung nach Absatz 3 sowie der Eintritt der Rechtskraft sind dem durch die Tat Verletzten unverzüglich durch das Gericht mitzuteilen. [2]Die Mitteilung ist zu verbinden mit dem Hinweis auf die in Absatz 5 genannten Folgen und auf die Möglichkeit, Ansprüche im Wege der Zwangsvollstreckung oder Arrestvollziehung durchzusetzen. [3]§ 111e Abs. 4 Satz 1 bis 3 gilt entsprechend.

(5) [1]Mit Ablauf der in Absatz 3 genannten Frist erwirbt der Staat die nach Absatz 2 bezeichneten Vermögenswerte entsprechend § 73e Abs. 1 des Strafgesetzbuchs sowie einen Zahlungsanspruch in Höhe des nach Absatz 2 festgestellten Betrages, soweit nicht

Aufrechterhaltung der Beschlagnahme für einen befristeten Zeitraum § 111i StPO

1. der Verletzte zwischenzeitlich wegen seiner Ansprüche im Wege der Zwangsvollstreckung oder der Arrestvollziehung verfügt hat,
2. der Verletzte nachweislich aus Vermögen befriedigt worden ist, das nicht beschlagnahmt oder im Wege der Arrestvollziehung gepfändet worden war,
3. zwischenzeitlich Sachen nach § 111k an den Verletzten herausgegeben oder hinterlegt worden sind oder
4. Sachen nach § 111k an den Verletzten herauszugeben gewesen wären und dieser die Herausgabe vor Ablauf der in Absatz 3 genannten Frist beantragt hat.

²Zugleich kann der Staat das durch die Vollziehung des dinglichen Arrestes begründete Pfandrecht nach den Vorschriften des Achten Buches der Zivilprozessordnung verwerten. ³Der Erlös sowie hinterlegtes Geld fallen dem Staat zu. ⁴Mit der Verwertung erlischt der nach Satz 1 entstandene Zahlungsanspruch auch insoweit, als der Verwertungserlös hinter der Höhe des Anspruchs zurückbleibt.
(6) ¹Das Gericht des ersten Rechtszugs stellt den Eintritt und den Umfang des staatlichen Rechtserwerbs nach Absatz 5 Satz 1 durch Beschluss fest. ²§ 111l Abs. 4 gilt entsprechend. ³Der Beschluss kann mit der sofortigen Beschwerde angefochten werden. ⁴Nach Rechtskraft des Beschlusses veranlasst das Gericht die Löschung der im elektronischen Bundesanzeiger nach Absatz 4 vorgenommenen Veröffentlichungen.
(7) ¹Soweit der Verurteilte oder der von der Beschlagnahme oder dem dinglichen Arrest Betroffene die hierdurch gesicherten Ansprüche des Verletzten nach Ablauf der in Absatz 3 genannten Frist befriedigt, kann er bis zur Höhe des dem Staat zugeflossenen Verwertungserlöses Ausgleich verlangen. ²Der Ausgleich ist ausgeschlossen,
1. soweit der Zahlungsanspruch des Staates nach Absatz 5 Satz 1 unter Anrechnung des vom Staat vereinnahmten Erlöses entgegensteht oder
2. wenn seit dem Ablauf der in Absatz 3 genannten Frist drei Jahre verstrichen sind.

(8) In den Fällen des § 76a Abs. 1 oder 3 des Strafgesetzbuchs sind die Absätze 2 bis 7 auf das Verfahren nach den §§ 440 und 441 in Verbindung mit § 442 Abs. 1 entsprechend anzuwenden.

A. Grundsätzliches. Die Norm regelt prozessuale Mittel zur Rückgewinnungshilfe und – seit 1 dem 01.01.2007 (Gesetz v. 24.10.2006, BGBl. I S. 2350) – den Auffangrechtserwerb des Staates für den Fall, dass die Verletzten ihre Ersatzansprüche nicht geltendmachen.

B. Einzelne Regelungen. I. Rückgewinnungshilfe vor staatlichem Rechtserwerb. Dem 2 Verletzten wird bei der Durchsetzung seiner Ersatzansprüche geholfen, wenn das Erkenntnisverfahren ohne die Anordnung von Verfall oder Einziehung endet, obwohl die Voraussetzungen dieser Rechtsfolgen gegeben sind. In diesen Fällen der Rechtsfolgenbeschränkung und des Verfallsausschlusses nach § 73 Abs. 1 Satz 2 StGB sollen die Sicherungsmittel für beschränkte Zeit aufrechterhalten werden, um dem Verletzten eine Befriedigung aus den sichergestellten Vermögensgegenständen zu ermöglichen. Wird *für* die Tat Erlangtes für verfallen erklärt, ohne dass Verletzte zuvor ihren Titelvorrang geltend gemacht haben, versagt das System eine Rückgewinnungshilfe nach der Rechtskraft des Urteils: auf die Vermögensgegenstände, die mit der Rechtskraft auf den Staat übergegangen sind, können Verletzte auch dann nicht mehr zugreifen, wenn sie mit der Realisierung ihrer Ersatzansprüche ggü. dem Verurteilten scheitern.

1. Beschränkungen (Abs. 1) Verfall und Einziehung können zur Vereinfachung und Beschleuni- 3 gung des Verfahrens aus dem Kreis der in Betracht kommenden Rechtsfolgen ausgeschieden werden (§§ 430, 442 Abs. 1). Diese Entscheidung trifft im Ermittlungsverfahren die StA, nach Anklageerhebung das befasste Gericht. Sicherungsmaßnahmen müssten unverzüglich nach der Beschränkungsentscheidung aufgehoben werden, weil nun die künftige Anordnung der gesicherten Maßnahme höchst unwahrscheinlich geworden ist; die mögliche Aufhebung der Beschränkung (§ 430 Abs. 3) rechtfertigt die Aufrechterhaltung der Sicherung nicht. Verletzte, die bereits zum Titelvorrang zugelassen sind, berührt diese Aufhebung nicht (§§ 111g Abs. 3 Satz 5, 111h Abs. 1 Satz 2). Verletzte, die noch nicht in einen sichergestellten Gegenstand vollstreckt haben, verlieren hingegen durch die Aufhebung der Beschlagnahme wenigstens die Möglichkeit des Titelvorrangs, der nur »während der Dauer der Beschlagnahme« (§ 111g Abs. 3 Satz 1) erreicht werden kann; evtl. wird der Gegenstand durch die Frei-

§ 111i StPO Aufrechterhaltung der Beschlagnahme für einen befristeten Zeitraum

gabe sogar unerreichbar. Um dies zu vermeiden, können alle oder einzelne Sicherungsmaßnahmen für längstens drei Monate über die Rechtsfolgenbeschränkung hinaus aufrechterhalten werden. Voraussetzung ist die Unbilligkeit der sofortigen Aufhebung, die angenommen werden kann, wenn der Verletzte sich bislang ohne nachlässiges Zögern darum bemüht hat, einen Titel zur Durchsetzung seiner Ersatzansprüche zu erlangen, sodass ihm der Titelvorrang, den er bis zum Abschluss des Erkenntnisverfahrens hätte erreichen können, durch die Beschränkungsentscheidung und nicht durch eigene Nachlässigkeit entgeht (OLG Frankfurt am Main NStZ-RR 2003, 49; LR/*Johann* § 111i Rn. 5; KMR/*Mayer* § 111i Rn. 5; KK-StPO/*Spillecke* § 111i Rn. 8; SK-StPO/*Rogall* § 111i Rn. 11).

4 Das Aufrechterhalten der Sicherungsmaßnahmen geschieht nicht durch bloßes Unterlassen ihrer Aufhebung, sondern es bedarf der Anordnung durch das Gericht, das z.Zt. der Entscheidung für den Erlass der Sicherungsmaßnahmen zuständig wäre. Das Gericht ist auch dann zuständig, wenn über die Rechtsfolgenbeschränkung die StA allein entschieden hat. Der Beschluss setzt einen Antrag des Verletzten nicht voraus. Er ergeht nach Anhörung der StA, des Betroffenen und des Verletzten, soweit er nicht Antragsteller ist. Die Entscheidung steht im Ermessen des Gerichts, das aber nur dann gegen die Aufrechterhaltung ausgeübt werden kann, wenn schon jetzt deutlich zu erkennen ist, dass der Verletzte auch innerhalb von drei Monaten eine Vollstreckungshandlung nicht vornehmen wird.

5 Der Beschluss bezeichnet die aufrechterhaltene Sicherungsmaßnahme und setzt die Frist fest, die nach zunächst kürzerer Fristsetzung durch erneuten Beschluss bis zur Höchstgrenze von drei Monaten verlängert werden kann. Der Beschluss kann sich auf die Anordnung der Aufrechterhaltung beschränken oder bereits die Aufhebung nach Fristablauf aussprechen. Dann muss, damit der Beschlusstenor aus sich heraus verständlich ist, das Datum der Aufhebung genannt werden. Die Frist beginnt mit der Beschränkungsentscheidung, also mit dem dahin gehenden Beschluss des Gerichts oder der schriftlich abzufassenden (§ 430 Abs. 2 Satz 2) Entscheidung der StA. Nach Fristablauf ist, wenn dies nicht schon mit der Aufrechterhaltung geschehen ist, die Sicherungsmaßnahme durch Beschluss aufzuheben.

6 Sowohl der die Aufrechterhaltung anordnende als auch der ablehnende Beschluss können von den jeweils Beschwerten mit der unbefristeten Beschwerde (§ 304) angefochten werden. Wird die Aufrechterhaltung abgelehnt, sollte mit der Aufhebung der Sicherungsmaßnahmen eine kurze Zeit zugewartet und dies dem Verletzten mitgeteilt werden, damit er im Beschwerdeverfahren eine Änderung der Entscheidung erreichen kann.

7 **2. Verfallsausschluss (Abs. 2 bis 4)** Liegen alle Voraussetzungen für einen Verfall des *aus* der Tat Erlangten vor (BGH NStZ 2011, 229), so hat die Anordnung dennoch zu unterbleiben, wenn Ersatzansprüche von Verletzten bestehen (§ 73 Abs. 1 Satz 2 StGB). Sicherungsmaßnahmen sind ohne Rücksicht auf den Verfallsausschluss zulässig (§ 111b Abs. 5), müssten aber aufgehoben werden, sobald das Erkenntnisverfahren ohne die Verfallsanordnung endet. Das Aufrechterhalten der Sicherungsmaßnahmen dient hier nicht nur Verletzten, die sich bereits um die Titulierung ihrer Ansprüche bemühen, sondern auch denjenigen, die von ihren Ansprüchen noch keine Kenntnis haben oder bislang nicht gegen den Ersatzpflichtigen vorgegangen sind. Das kommt bei Taten mit einer großen Zahl von Verletzten in Betracht und bei unsicheren Ansprüchen, deren Durchsetzung durch die Verurteilung des Täters erleichtert wird (vgl. BGH NStZ 2006, 621, 622). Für diese Konstellationen sehen die Abs. 2 bis 4 die Möglichkeit eines Zugriffs auf gesicherte Vermögensgegenstände während drei Jahren nach Verfahrensabschluss vor. Der Auffangrechtserwerb (Abs. 5 bis 7) schließt daran an, ist aber für die Rechte des Verletzten während der Dreijahresfrist zunächst ohne Bedeutung.

8 Die Sicherungsmaßnahmen können nur dann aufrechterhalten werden, wenn das Gericht im Urteil feststellt, dass der Verfall allein wegen des Ausschlussgrundes nach § 73 Abs. 1 Satz 2 StGB nicht angeordnet wurde. Es bedarf also der vollständigen Darlegung aller Verfallsvoraussetzungen einschließlich der Anwendung des § 73c StGB (BGHSt 56, 39, 44; BGH NStZ 2014, 32; NStZ-RR 2011, 245 [LS]) und des Ausschlussgrundes in den Urteilsgründen und einer Begründung der dadurch eröffneten Ermessensentscheidung (BGH NJW 2015, 713, Rn. 17). Das Ermessen kann gegen eine Feststellung ausgeübt werden, wenn die Verletzten eine ausreichende Absicherung ihrer Ersatzansprüche bereits selbst bewirkt haben (BGH NJW 2013, 950, Rn. 17) oder wenn das Gericht dem Angeklagten die Möglichkeit eröffnen will, die Ersatzforderungen selbst zu erfüllen, etwa um sich zu bewähren (LR/*Johann* § 111i Rn. 17; KMR/*Mayer* § 111i Rn. 10). Kennen die Verletzten ihre Ansprüche, nehmen aber die Möglichkeiten der Durchsetzung ohne sachlichen Grund nicht wahr (vgl. für die Rechtslage

vor Einführung des Abs. 5: BGH NStZ 2006, 621, 622), so kann auf die Feststellung nicht verzichtet werden, weil sie nicht nur der Rückgewinnungshilfe dient, sondern auch dem Auffangrechtserwerb des Staates. Die Feststellung dient dem Durchsetzen des Gebots, dem Täter dürfe das aus der Tat Erlangte nicht belassen werden. Über dieses im Abs. 5 erkennbare Regelungsziel darf sich das Gericht nicht nach seinem Ermessen hinwegsetzen. Hält das Gericht den Aufwand der Feststellung für unangemessen im Verhältnis zu Gegenstand und Umfang des voraussichtlichen Rechtserwerbs nach Abs. 5, so ist mit dem Urteil nicht die Feststellung zu unterlassen (vgl. LR/*Johann* § 111i Rn. 17), sondern die Rechtsfolgenbeschränkung nach den §§ 430, 442 Abs. 2 zu beschließen. Diese Entscheidung ist, anders als das Unterlassen der Feststellung nach Abs. 2, nicht anfechtbar (§ 430 Rn. 6).

Die Feststellung ist in die Entscheidungsformel aufzunehmen (BGHSt 56, 39, 43; BGH NJW 2010, 1685, 1686; KMR/*Mayer* § 111i Rn. 11), das Absehen von der Feststellung nicht. Mit der Feststellung werden die Vermögensgegenstände so genau bezeichnet, als solle das Urteil als Vollstreckungstitel für den Verfall dienen. Da die Feststellung die gegenüber dem Adressaten auszusprechende Rechtsfolge betrifft, ist entgegen dem Wortlaut nicht »das Erlangte zu bezeichnen«, sondern das, was ohne Anwendung des § 73 Abs. 1 Satz 2 StGB für verfallen zu erklären wäre, also eventuell, insbesondere bei Anwendung des § 73c StGB (BGHSt 56, 39, 43 f.; NStZ-RR 2011, 245 [LS]), weniger als das Erlangte oder nach § 73 Abs. 2 StGB etwas anderes als das Erlangte. Wenn Wertersatzverfall (§ 73a StGB) wegen entgegenstehender Ansprüche Verletzter unterbleibt, ist der Geldbetrag zu beziffern (BGH NStZ-RR 2013, 254, 255). Auf eine Gesamtschuld ist mindestens in den Urteilsgründen hinzuweisen (BGH NStZ-RR 2011, 343; 2013, 254, 255). Die dem Verfall entgegenstehenden Ansprüche brauchen in der Entscheidungsformel nicht bezeichnet zu werden (BGHSt 56, 39, 43; wistra 2011, 430). Da die Sicherungsmaßnahmen aufrechterhalten werden, um dem Verletzten die Vollstreckungsmöglichkeiten zu erhalten, der Auffangrechtserwerb des Staates nicht weiter reicht als die nicht geltend gemachten Ansprüche und schon bewirkte Vollstreckungshandlungen durch eine Aufhebung der Sicherungsmaßnahmen ihren Vorrang nicht verlieren (§ 111g Abs. 4), besteht kein Grund, Sicherungsmaßnahmen aufrechtzuerhalten, die zur Befriedigung der Verletzten nicht mehr erforderlich sind. Solche Vermögensgegenstände oder Geldbeträge sind von der Feststellung auszunehmen (Abs. 2 Satz 4). Sind nicht alle schon erfüllten Ansprüche ausgenommen worden, wird das Urteil dadurch nicht fehlerhaft, weil eine Korrektur nach Abs. 3 Satz 5 (s.u. Rdn. 11) und bei der Feststellung des Rechtserwerbs nach Abs. 6 möglich ist (BGH wistra 2011, 430, 431).

Die Feststellung nach Abs. 2 setzt nicht voraus, dass Sicherungsmittel angeordnet und vollzogen worden sind (BGH NJW 2015, 713, Rn. 19 ff.). Sie ist der Höhe nach nicht auf den angestrebten oder erreichten Sicherungserfolg beschränkt (LR/*Johann* § 111i Rn. 27). Das folgt aus dem Zweck der Feststellung. Sie ist Teil des Regelungskonzepts, das bei Bestehen von Verletztenansprüchen als Rechtsfolge entweder deren Erfüllung oder den Verfall zu Gunsten des Staates im Wege des Rechtserwerbs nach Abs. 5 vorsieht (Rdn. 12). Der Gegenstand des Verfalls oder der Betrag des Wertersatzverfalls, die nach Abs. 2 S. 2 und 3 zu bezeichnen bzw. festzustellen sind, werden nach materiellem Recht bestimmt (§§ 73 ff. StGB). Was bislang bei dem Täter aufgefunden und gesichert werden konnte, hat für die Bemessung des Verfallsgegenstandes oder -betrages eventuell Bedeutung, um unverhältnismäßige Härten zu vermeiden (§ 73c StGB). Aber eine selbstverständliche Beschränkung des Verfalls auf den Bestand des Vermögens des Täters gilt nicht (SSW-StGB/*Burghart* § 73c Rn. 4). Es liegt deshalb nicht fern, dass die durch die Nichterfüllung der Ersatzansprüche »aufschiebend bedingte Verfallsanordnung« (BGH NJW 2008, 1093, 1094; 2015, 713, Rn. 22; NStZ-RR 2013, 254, 255) das bislang Sichergestellte übersteigt. Erst recht kann die Bemessung und Durchsetzung der materiellrechtlich vorgesehenen Rechtsfolge nicht davon abhängen, ob die Staatsanwaltschaft ausreichendes Geschick beim Beantragen und Vollziehen von Sicherungsmaßnahmen bewiesen hat.

Besteht weder ein Beschlagnahme- noch ein Arrestbeschluss, so kann die Feststellung Anlass bieten, die Sicherung des künftigen Rechtserwerbs des Staates zu beginnen. Während des Laufs der Dreijahresfrist kann – wie vor dem Urteil – nur die Sicherungsvollstreckung betrieben werden. Das Urteil ist nun zwar rechtskräftig, aber in bezug auf den Verfall oder Wertersatzverfall nicht vollstreckbar, weil diese Rechtsfolgen nur unter den aufschiebenden Bedingungen zum einen des Ausfalls der Verletztenbefriedigung und zum anderen des Fristablaufs festgesetzt sind und des Beschlusses nach Abs. 6 bedürfen.

Besteht ein Beschlagnahme- oder Arrestbeschluss, so schließt sich an die Feststellung im Urteil der Beschluss nach Abs. 3 an, mit dem die sichernden Beschlüsse aufrechterhalten und eventuell abgeändert 9

§ 111i StPO Aufrechterhaltung der Beschlagnahme für einen befristeten Zeitraum

werden. Der Beschluss dient allein der Umsetzung des Urteilsausspruches in den Titelerhalt, ohne dass dabei Entscheidungsspielräume bestehen (BGH NJW 2010, 1685, 1686; KMR/*Mayer* § 111i Rn. 12; KK-StPO/*Spillecke* § 111i Rn. 16): Die betroffenen Vermögensgegenstände bzw. der Arrestbetrag ergeben sich aus der Entscheidungsformel des Urteils und müssen an diese eventuell angepasst werden. Einer Darlegung des Arrestgrundes bedarf es nicht mehr. § 917 ZPO gilt nicht mehr (Abs. 3 Satz 4 im Gegensatz zu § 111d Abs. 2). Es wird unwiderleglich vermutet, dass ein Sicherungsbedürfnis besteht. Die festzusetzende Dreijahresfrist und ihr Beginn mit Urteilsrechtskraft stehen nach Abs. 3 Satz 1 und 2 fest und werden in den Beschluss nur übernommen.

Der aufrechterhaltene oder nach der Feststellung nach Abs. 2 erstmals erlassene Arrest dient während des gesamten Laufs der Dreijahresfrist als Vollstreckungstitel. Dass nur bis zur Rechtskraft des Urteils weitere Sicherungsmaßnahmen auf Grund des Arrestes möglich sein sollten (so LR/*Johann* § 111i Rn. 27; SK-StPO/*Rogall* § 111i Rn. 29; KK-StPO/*Spillecke* § 111i Rn. 16), ist mit dem Zweck der Sicherung, nämlich dem Durchsetzen des aufschiebend bedingten staatlichen Rechtserwerbs, nicht vereinbar.

10   Das Aufrechterhalten der Sicherungsmittel und die Rechtskraft, mit der die Dreijahresfrist beginnt, sind bekannten Verletzten mitzuteilen (Abs. 4). Bei einer Vielzahl von Verletzten oder unbekannten Verletzten kann die Mitteilung nach § 111e Abs. 4 veröffentlicht werden. Die Mitteilung hat zum einen den Zweck, den Erhalt der Vollstreckungsmöglichkeiten bekanntzumachen. Zum anderen dient sie der Gewährung rechtlichen Gehörs zum – nach überwiegender Ansicht – in Aussicht stehenden Rechtsverlust nach Abs. 5. Es ist deshalb ein ausdrücklicher, nicht nur die betreffende Norm nennender Hinweis darauf zu erteilen, dass die Verletzten ihr Eigentum an sichergestellten Sachen an den Staat verlieren werden.

11   Während des Laufs der Dreijahresfrist haben die Verletzten die Möglichkeit, die Bevorrechtigung ihrer Titel nach den §§ 111g und 111h geltend zu machen. Wenn Ersatzansprüche Verletzter ohne Zugriff auf das sichergestellte Vermögen erfüllt werden, sodass der Wert des Sichergestellten den Wert noch bestehender Ersatzansprüche übersteigt, so hebt das Gericht die Sicherungsmittel insoweit auf Antrag des Betroffenen auf (Abs. 3 Satz 5). Einer Befriedigung »innerhalb der Frist« muss dabei eine Befriedigung vor Fristbeginn gleichstehen, damit Sicherungen auch dann aufgehoben werden können, wenn die Feststellung im Urteilstenor zu weit reicht, weil dem erkennenden Gericht Schadensersatzleistungen unbekannt geblieben sind (vgl. BGH wistra 2011, 430, 431). Sachen, die dem Verletzten gehören, werden nach § 111k an ihn herausgegeben (vgl. Abs. 5 Satz 1 Nr. 3, 4). Betreibt ein Verletzter nachrangig die Zwangsvollstreckung, ohne die Zulassung nach den §§ 111g, 111h zu beantragen, so darf der Staat seinen Vorrang nicht geltend machen (LR/*Johann* § 111i Rn. 22). Diese Einwendung des Verletzten folgt aus der Regelung der genannten Normen und des § 111i, nach der die Befriedigung der Ersatzansprüche dem Verfall vorgehen soll.

12   **II. Auffangrechtserwerb des Staates (Abs. 5)**   Durch das Gesetz v. 24.10.2006 (BGBl. I S. 2350) ist mit Wirkung v. 01.01.2007 (§ 2 Abs. 5 StGB gilt: BGH NStZ 2006, 621; 2010, 326; NJW 2008, 1093, 1094; 2013, 950, Rn. 13; NStZ-RR 2009, 56; 2009, 113 [LS]; 2013, 254, 255) – neben einer Verlängerung des Sicherstellungszeitraumes (Abs. 3 S. 1) – ein Auffangrechtserwerb des Staates eingeführt worden (Abs. 5).

1. Aufschiebend bedingter Verfall. Abs. 5 hat, eingefügt als ein fernerer Absatz in einen verfahrensrechtlichen Paragraphen, das materiellrechtliche Regelungsprogramm des Verfalls und der Rückgewinnungshilfe substantiell erweitert. Da eine materiellrechtliche Folge der Tat geregelt wird, nämlich ein Rechtsübergang auf den Staat (BGH NJW 2008, 1093, 1094; 2015, 713, Rn. 22; NStZ-RR 2009, 56, 57), ist nicht die Strafprozessordnung der richtige Ort, sondern das Strafgesetzbuch.

Der Auffangrechtserwerb soll das Grundanliegen des Verfalls erfüllen, Verbrechen solle sich nicht lohnen. Der Täter soll auf keinen Fall behalten dürfen, was er als Beute oder Belohnung aus oder für die Tat erlangt hat. Das dafür vorgesehene Regelungssystem wies eine Lücke auf: Um dem Täter – neben dem Strafübel – nur diejenige weitere Belastung aufzubürden, die erforderlich ist, um ihm den tatbedingten Vermögenszuwachs wieder zu entziehen, scheidet der Verfall aus, soweit der Täter Ersatzansprüche Verletzter zu befriedigen hat (§ 73 Abs. 1 S. 2 StGB). Das Vermeiden doppelter Belastung konnte aber zur Freistellung von jeglicher Belastung führen: machte der Verletzte seine Ansprüche nicht geltend – etwa weil er sie gar nicht kannte –, so blieb es dennoch beim Verfallsausschluss, sodass der Täter das Erlangte

behalten konnte. Soweit er zwar Besitz, nicht aber Eigentum erlangt hatte, behalf man sich mit einem Verweis auf § 983 BGB (BGH NStZ 1984, 409, 410), um die Rückgabe von gestohlenen Sachen an den Täter zu verhindern.
Die Absätze 2 und 5 zeigen einen verfahrensrechtlich unnötig komplizierten Versuch, die erkannte Lücke zu schließen. Statt den nach § 73 Abs. 1 S. 2 StGB ausgeschlossenen Verfall anzuordnen, wird im Urteil festgestellt, dass diese Anordnung unterbleiben musste, und dabei genau angegeben, welchen Inhalt die unterlassene Anordnung gehabt hätte (Abs. 2). Diese Feststellung wirkt wie eine aufschiebend bedingte Verfallanordnung (BGH NJW 2008, 1093, 1094; 2015, 713, Rn. 22; NStZ-RR 2013, 254, 255). Sie gibt an, in welcher Höhe der Verfall nach drei Jahren entgegen dem Ausschluss nach § 73 Abs. 1 S. 2 StGB unter der Bezeichnung als Rechtserwerb doch eintreten wird, wenn die Ersatzansprüche der Verletzten innerhalb dieses Zeitraums nicht erfüllt worden sind.
Während der drei Jahre nach der Rechtskraft des Urteils (Abs. 3 S. 1 u. 2) bis zum staatlichen Rechtserwerb (Abs. 5) wirkt die Feststellung, also die Aussicht auf den bevorstehenden Rechtserwerb, als Sicherstellungsgrund. Bereits vor Urteilserlass vollzogene Sicherungsmaßnahmen (Beschlagnahme zur Verfallsicherung oder Pfändungen und Hypotheken auf Grund eines Arrestes zur Wertersatzverfallsicherung) müssen nicht aufgehoben werden, obwohl das Urteil den (Wertersatz-)Verfall nicht anordnet, weil sie den Rechtserwerb sichern und bis zu dessen Eintritt die Zulassung der Verletzten zum Titelvorrang ermöglichen (§§ 111g, 111h, o. Rdn. 11). Neue, bei Urteilserlass noch nicht bestehende Sicherungsmaßnahmen können angeordnet (Beschlagnahme, Arrest) und vollzogen (Arrestvollziehung) werden (o. Rdn. 8).
Am Ende der dreijährigen Frist wird festgestellt, in welcher Höhe die Verletztenansprüche, die den Verfall ausgeschlossen haben (§ 73 Abs. 1 S. 2 StGB), inzwischen erfüllt oder wenigstens im Wege der zivilprozessual bewirkten Sicherungsvollstreckung gesichert sind. Im übrigen, also in der Höhe, in der der mit der Feststellung nach Abs. 2 aufschiebend bedingt angeordnete (Wertersatz-)Verfall die erfüllten Ansprüche übersteigt, tritt der Rechtserwerb ein. Dem materiellen Inhalt nach handelt es sich um die Wirkung des Verfalls oder Wertersatzverfalls.

2. Kritik. Dieses Regelungsprogramm hätte klarer gefasst werden können. Der Änderungsgesetzgeber hat 2006 den vermeintlich materiellrechtlich ausgeschlossenen Verfall (§ 73 Abs. 1 S. 2 StGB) durch eine im Prozessrecht verborgene Regelung (Abs. 5) doch vorgesehen. Der Inhalt der Regelungen und das klare Regelungsziel – Verfall gegenüber dem Täter, der Verletztenansprüche nicht zu erfüllen hat – wäre deutlicher erkennbar geworden, wenn der Verfallsausschluss (§ 73 Abs. 1 S. 2 StGB) aufgehoben worden wäre. Zur Rückgewinnungshilfe kann den Verletzten nicht nur Titelvorrang während des Ermittlungsverfahrens eingeräumt werden (§§ 111g, 111h). Ihnen kann auch Teilhabe an dem bei der Vollstreckung des rechtskräftigen Verfalls erzielten Erlös gewährt werden, etwa durch Verteilung des Erlösten zu bestimmten Stichtagen an die Gläubiger titulierter Ersatzansprüche. Die doppelte Belastung des Verurteilten, die der geltende Verfallsausschluss bezweckt (SSW-StGB/*Burghart* § 73 Rn. 34), kann vermieden werden, indem der Verurteilte die Erfüllung von Verletztenansprüchen der Vollstreckung des Verfalls als Einwendung entgegenhalten kann, sobald die Anspruchserfüllung den Wert des Verfalls erreicht.
Der Neuregelung im Abs. 5 ist schließlich entgegenzuhalten, dass sie das angestrebte Regelungsziel nur teilweise erreicht. Dieser Einwand betrifft nicht den praktisch wohl bedeutsamsten Fall des Rechtserwerbs nach ausgeschlossenem Wertersatzverfall, der eine bloße Geldforderung gegen den Verurteilten entstehen lässt. Hingegen soll es aber beim Rechtserwerb nach ausgeschlossenem Verfall zu einem Rechtsübergang vom Verletzten auf den Staat kommen. Dafür besteht ohnehin keine Rechtfertigung, und bei richtigem Verständnis der Vorschriften können sie diese Rechtsfolge auch nicht bewirken.
Die Bundesregierung meint, mit der von ihr vorgeschlagenen Neufassung des § 111i fielen beschlagnahmte Gegenstände nun »in entsprechender Anwendung des § 73e Abs. 1 Satz 1 StGB mit Ablauf der in Absatz 3 genannten Frist kraft Gesetzes an den Staat«. Der Staat werde Sacheigentümer oder Forderungsinhaber, und die Formulierung diene der Klarstellung, dass der Rechtsübergang regelmäßig vom Verletzten, nicht vom Verurteilten auf den Staat stattfinde. Ein Rechtsverlust des Verurteilten beschränke sich auf die seltenen Fälle, in denen er Eigentum an den durch die Straftat erlangten Sachen erworben habe (BT-Drucks. 16/700, S. 17). Diese Ausführungen der Entwurfsbegründung werden von den Kommentierungen der Vorschrift – teilweise nahezu wörtlich (*Meyer-Goßner/Schmitt* § 111i

13

Rn. 14; SK-StPO/*Rogall* § 111i Rn. 40) – zur Erläuterung des Reglungsinhalts übernommen (LR/*Johann* § 111i Rn. 39; KMR/*Mayer* § 111i Rn. 16 f.; KK-StPO/*Spillecke* § 111i Rn. 20).

14 Es bedürfte schon eingehender Erörterung, warum die Rechte der durch die Straftat Verletzten auf den Staat übergehen sollten. Der Wiederherstellung einer gerechten Vermögenszuordnung, also dem Zweck der Verfallsvorschriften (SSW-StGB/*Burghart* § 73 Rn. 3), oder einer »Stärkung des Opferschutzes« (BGH NJW 2008, 1093, 1094) dient eine Enteignung des Verletzten jedenfalls nicht. Hier soll hingegen nur dargelegt werden, dass ein Rechtsübergang vom Verletzten auf den Staat mit der Regelung des Abs. 5 nicht erreicht worden ist. Der Wortlaut weist recht eindeutig »die nach Absatz 2 bezeichneten Vermögenswerte« dem Staat zu. Nach Abs. 2 Satz 2 wird im Urteil »das Erlangte« bezeichnet, also das erlangte »Etwas« (§ 73 Abs. 1 Satz 1 StGB), nämlich das Objekt des Verfalls, über das diese Rechtsfolge auszusprechen wäre, wenn nicht der Ausschluss nach § 73 Abs. 1 Satz 2 StGB gälte (vgl. o. Rdn. 8). Dieses nach der Grundregel für den Verfall Vorgesehene soll nun, nachdem die Ausnahme des Verfallsausschlusses ihren Zweck nicht erfüllen konnte, doch an den Staat fallen. Er soll nach § 111i Abs. 5 das bekommen, was er schon nach § 73 Abs. 1 Satz 1 StGB bekommen hätte, dann aber nach Abs. 2 Satz 2 bezeichnet hat, um zwar einerseits die Zwecke der Rückgewinnungshilfe und der Vermeidung einer Doppelbelastung weiterzuverfolgen, andererseits aber eine »aufschiebend bedingte Verfallsanordnung« (BGH NJW 2008, 1093, 1094; 2015, 713, Rn. 22; NStZ-RR 2013, 254, 255) auszusprechen. Ein genauer Blick auf das bezeichnete Objekt des Verfalls zeigt deshalb, worauf sich die Rechtsfolge des Rechtsübergangs auf den Staat nun doch erstreckt – aber auch beschränkt. Der Verfall hätte nicht »die Sache« an den Staat fallen lassen, sondern einen Übergang der Rechte des Verurteilten an der Sache auf den Staat bewirkt (SSW-StGB/*Burghart* §§ 73 Rn. 13, 73e Rn. 3). Eine sorgfältige Bezeichnung nach Abs. 2 Satz 2 enthält deshalb – ebenso wie ein Verfallsausspruch (SSW-StGB/*Burghart* § 73 Rn. 40) – eine Bezeichnung dieser Rechte, deren zwangsweiser Übergang auf den Staat bewirkt werden soll, und nicht nur der Sachen, auf die sich die Rechte beziehen. In Bezug auf Rechte, die der Verurteilte gar nicht innehat, greift die Bezeichnung nach Abs. 2 Satz 2 und damit die Rechtsfolgeanordnung nach Abs. 5 Satz 1 ebenso ins leere wie die Verfallsanordnung (SSW-StGB/*Burghart* § 73e Rn. 4). Rechte des Verletzten an der Sache kommen daher als Gegenstand des aufgeschobenen Verfalls nicht in Betracht. So kann zudem die von der Bundesregierung vertretene, geradezu absurd anmutende Folge vermieden werden, dass »Rechte sonstiger Dritter an dem Gegenstand (wie z.B. Eigentumsrechte oder bereits vor der Beschlagnahme begründete Pfandrechte) ... aufgrund der Verweisung auf § 73e Abs. 1 Satz 2 StGB grundsätzlich bestehen[bleiben]« (BT-Drucks. 16/700, S. 17): alle anderen stünden besser als gerade der durch die Straftat Verletzte, der in einem Verfahren enteignet wird, an dem er evtl. nur durch eine öffentliche Bekanntmachung nach Abs. 4 Satz 3 beteiligt war. Um das Ziel zu erreichen, dem Verurteilten den durch die Straftat erlangten Vermögensgegenstand auch dann endgültig zu entziehen, wenn der Verletzte seine Ersatzansprüche nicht geltend macht, bedarf es eines Rechtsverlustes bei anderen als dem Verurteilten nicht. Um die Rückgabe an ihn zu vermeiden, reicht eine Regelung aus, die die Wiedereinsetzung in den widerrechtlich erlangten und nun dem Staat verfallenen Besitz ausschließt. § 983 BGB ist direkt anwendbar, denn der dort angeordnete Verweis auf die Fundverwertung ist nicht davon abhängig, wie die Behörde in den Besitz der unanbringbaren Sache gelangt ist.

15 **3. Abwicklung des Rechtserwerbs.** Mit dem Ablauf der Dreijahresfrist, während der die Sicherungsmittel aufrechterhalten bleiben, tritt der Rechtsübergang von dem Verurteilten – nach nur hier bestrittener Ansicht auch von dem Verletzten, nicht aber von anderen Dritten – auf den Staat kraft Gesetzes ein. Bei zuächst ausgeschlossenem Wertersatzverfall entsteht nun ein Zahlungsanspruch in der in der Urteilsformel nach Abs. 2 Satz 3 bezeichneten Höhe. Während der Dreijahresfrist erfüllte Verletztenansprüche werden berücksichtigt: Der Rechtsübergang bezieht sich nicht auf dem Verletzten zurückgegebene oder zurückzugebende Sachen (Abs. 5 Satz 1 Nr. 3, 4), und die Geldforderung entsteht nur in der Höhe, in der noch Verletztenansprüche bestehen (Abs. 5 Satz 1 Nr. 1, 2). Das auf einem Arrest beruhende Sicherungspfandrecht wandelt sich zu einem Vollstreckungspfandrecht. Durch die Verwertung erlischt der gesamte Anspruch aus dem aufgeschobenen Wertersatzverfall (Abs. 5 Satz 4). Ein Grund dafür ist nicht zu erkennen. Gelingt es dem Staat, nur einen geringen Teil des Verfallsanspruches aufgrund des dazu ausgebrachten Arrestes zu sichern, so wird der Verurteilte von dem überwiegenden Teil der Forderung befreit (SK-StPO/*Rogall* § 111i Rn. 46: »Restschuldbefreiung«).

Die kraft Gesetzes eingetretenen Rechtsfolgen werden durch Beschluss festgestellt (Abs. 6). Damit wird 16
zur Klarheit der Beteiligten über den Bestand der verbliebenen Ansprüche beigetragen (vgl. zur Gesamtschuld: BGHSt 56, 39, 46 ff.; BGH NStZ 2014, 32, 33; NStZ-RR 2013, 254, 255). Der Beschluss ist der Vollstreckungstitel, der den Sicherungstitel (Beschlagnahme- oder Arrestbeschluss) ablöst. Auf diesen Vollstreckungstitel stützen sich die bestehenden Sicherungspfandrechte, die sich mit seinem Erlass zum Vollstreckungspfandrecht wandeln. Soweit das Gesicherte den entstandenen, nun unbedingten, mit dem Beschluss nach Abs. 6 titulierten Anspruch nicht deckt, dient er als Vollstreckungsgrundlage wie ein Urteil (§§ 451 Abs. 1, 459g, 459).

Das Rechtsverhältnis zwischen dem Verurteilten und dem Verletzten wird nicht berührt. Die noch 17
nicht erloschenen Ersatzansprüche des Verletzten bleiben auch nach Ablauf der Dreijahresfrist und dem Eintritt der von Abs. 5 angeordneten Rechtsübergänge bestehen. Um eine Doppelbelastung des Verurteilten durch den Rechtsverlust an den Staat und die Anspruchserfüllung ggü. dem Verletzten weiterhin zu vermeiden, wird, solange nicht weitere drei Jahre verstrichen sind, eine Ausgleichszahlung an den Verurteilten geleistet, soweit der Wert des Verfallenen den Wert verbliebener Verletztenansprüche übersteigt (Abs. 7). Der Ausgleich wird auch in der Höhe des Betrages ausgeschlossen, um den der Verurteilte von der Forderung befreit wurde, weil die Verwertung gesicherter Vermögensgegenstände keinen ausreichenden Ertrag brachte (Abs. 7 Satz 2 Nr. 1, Abs. 5 Satz 4).

§ 111k StPO Herausgabe beweglicher Sachen an den Verletzten.
¹Wird eine bewegliche Sache, die nach § 94 beschlagnahmt oder sonst sichergestellt oder nach § 111c Abs. 1 beschlagnahmt worden ist, für Zwecke des Strafverfahrens nicht mehr benötigt, so soll sie dem Verletzten, dem sie durch die Straftat entzogen worden ist, herausgegeben werden, wenn er bekannt ist und Ansprüche Dritter nicht entgegenstehen. ²§ 111f Abs. 5 ist anzuwenden. ³Die Staatsanwaltschaft kann die Entscheidung des Gerichts herbeiführen, wenn das Recht des Verletzten nicht offenkundig ist.

S.a. RiStBV Nr. 75

Die Norm soll die – ungeschriebene – Grundregel ergänzen, nach der eine bewegliche Sache demjeni- 1
gen zurückgegeben wird, dem sie zum Zwecke der Beschlagnahme weggenommen wurde oder der sie herausgegeben hat, um die Wegnahme zu verhindern. Diese Rückgabe an den letzten Gewahrsamsinhaber kann dazu führen, dass Gewahrsam wiederhergestellt wird, der gerade durch die verfolgte Straftat begründet wurde: der Staat verhilft zum unrechtmäßigen Besitz. § 111k betrifft nur einen Ausschnitt dieses Problemkreises, nämlich ein einfaches Verfahren zur Herausgabe an einen Verletzten, der dazu nicht auf zivilrechtlichen Rechtsschutz angewiesen sein soll.

Anwendbar ist Norm ausschließlich auf bewegliche körperliche Sachen (BGHZ 172, 278, 281), die 2
nach den §§ 94 oder 111c Abs. 1 mit oder gegen den Willen des bisherigen Gewahrsamsinhabers (BGHZ 172, 278, 282) in staatlichen Gewahrsam genommen wurden und die zuvor dem berechtigten Besitzer – dem Verletzten – durch die Straftat, wegen der nun ermittelt wird, entzogen wurden. Auf Ersatzsachen und Erlöse ist § 111k nicht anwendbar (LR/*Johann* § 111k Rn. 11; KMR/*Mayer* § 111k Rn. 3, 8; *Meyer-Goßner/Schmitt* § 111k Rn. 7; KK-StPO/*Spillecke* § 111k Rn. 4); er stellt eine vereinfachte Rechtsfolge nur für einfache Fallkonstellationen zur Verfügung. Da die Wiedereinsetzung in den berechtigten Besitz geregelt werden soll (LR/*Johann* § 111k Rn. 2), ist unmaßgeblich, ob der Verletzte auch Eigentümer ist oder war und ihm nur der Besitz (Diebstahl, Unterschlagung) oder auch das Eigentum (Betrug, Erpressung) entzogen wurde (a. A. KMR/*Mayer* § 111k Rn. 3).

Ob die Sache »für Zwecke des Strafverfahrens nicht mehr benötigt« wird (Satz 1) ist in dem Verfahren 3
zu entscheiden, das zur Gewahrsamsbegründung geführt hat (LR/*Johann* § 111k Rn. 14; SK-StPO/*Rogall* § 111k Rn. 10; a. A. *Meyer-Goßner/Schmitt* § 111k Rn. 9). § 111k regelt eine der Rechtsfolgen nach Aufhebung der Sicherstellung oder Beschlagnahme, nicht aber die Voraussetzungen der Aufhebung.

Die Sache ist an den Verletzten zurückzugeben, dem sie entzogen wurde. Sie wird dort zurückgegeben, 4
wo sie verwahrt wird (vgl. zur Rückgabe an den Gewahrsamsinhaber: BGH NJW 2005, 988). Ist der Verletzte unbekannt, also unbekannten Namens oder Aufenthalts, so braucht nicht ermittelt zu werden. Eine Rückgabe nach § 111k scheidet dann aus, sodass die Sache auch nicht in der Erwartung zurückbehalten werden darf, der Verletzte werde noch bekannt werden.

§ 111l StPO   Notveräußerung beschlagnahmter oder gepfändeter Vermögenswerte

5   Ansprüche Dritter schließen die Rückgabe im vereinfachten Verfahren aus. Dritte sind alle, die ein Recht zum Besitz des sichergestellten Gegenstandes oder einen Anspruch auf Besitzverschaffung haben. Auch der Beschuldigte kommt in Betracht, wenn ihm ein von dem Tatgeschehen unabhängiger Anspruchsgrund das Besitzrecht zuweist (KK/*Spillecke* § 111k Rn. 6). Deshalb kann nicht an den Verletzten herausgegeben werden, der sein Recht zum Besitz inzwischen verloren hat oder dem durch die Straftat unberechtigter Besitz entzogen wurde. Ist die Berechtigung des Dritten nicht offenkundig, so kann an ihn nur herausgegeben werden, wenn er seine Berechtigung durch die Einverständniserklärungen aller anderen infrage kommenden Beteiligten oder durch einen zivilrechtlichen Titel nachweist.

6   Zuständig für die Entscheidung, ob die nicht mehr beschlagnahmte Sache an einen Verletzten herausgegeben wird, ist die Stelle, die im jeweiligen Stadium des Verfahrens für den Staat den Gewahrsam ausübt, also während des Ermittlungsverfahrens und während des Vollstreckungsverfahrens nach Rechtskraft des Urteils die StA, nach Anklageerhebung und vor Rechtskraft das befasste Gericht, mit Aktenvorlage (§ 321 Satz 2) das Berufungsgericht und während des Revisionsverfahrens das Gericht, dessen Urteil angefochten ist (alle Zuständigkeiten sehr umstr.: vgl. LR/*Johann* § 111k Rn. 19; KMR/*Mayer* § 111k Rn. 13; *Meyer-Goßner/Schmitt* § 111k Rn. 10; KK/*Spillecke* § 111k Rn. 7 f.; SK-StPO/*Rogall* § 111k Rn. 20 ff.).

7   Soweit die StA zuständig ist, kann sie, statt selbst zu entscheiden, eine Entscheidung des Gerichts beantragen (Satz 3). Hat die StA entschieden, so kann jeder dadurch Beschwerte eine gerichtliche Entscheidung beantragen (Satz 2, § 111f Abs. 5). Zuständig ist das Gericht, das im jeweiligen Verfahrensstadium zur Kontrolle der StA berufen ist, also im Ermittlungsverfahren der Ermittlungsrichter, danach das Hauptsachegericht, im Vollstreckungsverfahren das Gericht des ersten Rechtszuges (§ 462a Abs. 2 Satz 1).

8   Ergeht auf Veranlassung der StA oder auf einen Antrag nach Satz 2 und § 111f Abs. 5 eine gerichtliche Entscheidung oder ist das Gericht zur Entscheidung zuständig, so können all diese Entscheidung mit der Beschwerde angefochten werden. Die Entscheidung betrifft eine Beschlagnahme, nämlich die Abwicklung ihrer Beendigung, so dass auch Entscheidungen des Oberlandesgerichts und des Ermittlungsrichters des Bundesgerichtshofes anfechtbar sind (§ 304 Abs. 4 S. 2 Nr. 1, Abs. 5). Damit sind alle Entscheidungen, die die Rückgabe einer nicht mehr beschlagnahmten Sache an einen Verletzten anordnen oder diese Rückgabe ablehnen, dem strafprozessualen Rechtsmittelsystem zugeordnet, nicht dem Zivilrechtsweg. Wer die Herausgabe einer Sache an sich verlangt, weil sie ihm durch die Straftat entzogen worden sei, ist ebenso wie derjenige, der diese Herausgabe abwenden will, auf die Anträge und Rechtsmittel nach § 111k verwiesen. Im Zivilrechtsweg fehlt das Rechtsschutzbedürfnis. Damit das Rechtsmittel den endgültigen Verlust der Sache abwenden kann, sind anfechtbare Entscheidungen allen von ihnen Beschwerten mit der Mitteilung zuzustellen, dass die Sache erst nach Ablauf einer bestimmten Frist herausgegeben werde, damit ein Rechtsmittel eingelegt und eine Entscheidung nach § 307 Abs. 2 beantragt werden kann.

§ 111l StPO Notveräußerung beschlagnahmter oder gepfändeter Vermögenswerte.

(1) ¹Vermögenswerte, die nach § 111c beschlagnahmt oder aufgrund eines Arrestes (§ 111d) gepfändet worden sind, dürfen vor der Rechtskraft des Urteils veräußert werden, wenn ihr Verderb oder eine wesentliche Minderung ihres Wertes droht oder ihre Aufbewahrung, Pflege oder Erhaltung mit unverhältnismäßigen Kosten oder Schwierigkeiten verbunden ist. ²In den Fällen des § 111i Abs. 2 können Vermögenswerte, die aufgrund eines Arrestes (§ 111d) gepfändet worden sind, nach Rechtskraft des Urteils veräußert werden, wenn dies zweckmäßig erscheint. ³Der Erlös tritt an deren Stelle.

(2) ¹Im vorbereitenden Verfahren und nach Rechtskraft des Urteils wird die Notveräußerung durch die Staatsanwaltschaft angeordnet. ²Ihren Ermittlungspersonen (§ 152 des Gerichtsverfassungsgesetzes) steht diese Befugnis zu, wenn der Gegenstand zu verderben droht, bevor die Entscheidung der Staatsanwaltschaft herbeigeführt werden kann.

(3) ¹Nach Erhebung der öffentlichen Klage trifft die Anordnung das mit der Hauptsache befasste Gericht. ²Der Staatsanwaltschaft steht diese Befugnis zu, wenn der Gegenstand zu verderben droht, bevor die Entscheidung des Gerichts herbeigeführt werden kann; Absatz 2 Satz 2 gilt entsprechend.

(4) ¹Der Beschuldigte, der Eigentümer und andere, denen Rechte an der Sache zustehen, sollen vor der Anordnung gehört werden. ²Die Anordnung sowie Zeit und Ort der Veräußerung sind ihnen, soweit dies ausführbar erscheint, mitzuteilen.
(5) ¹Die Notveräußerung wird nach den Vorschriften der Zivilprozessordnung über die Verwertung einer gepfändeten Sache durchgeführt. ²An die Stelle des Vollstreckungsgerichts (§ 764 der Zivilprozessordnung) tritt in den Fällen der Absätze 2 und 3 Satz 2 die Staatsanwaltschaft, in den Fällen des Absatzes 3 Satz 1 das mit der Hauptsache befasste Gericht. ³Die nach § 825 der Zivilprozessordnung zulässige Verwertung kann von Amts wegen oder auf Antrag der in Absatz 4 genannten Personen, im Falle des Absatzes 3 Satz 1 auch auf Antrag der Staatsanwaltschaft, gleichzeitig mit der Notveräußerung oder nachträglich angeordnet werden. ⁴Wenn dies zweckmäßig erscheint, kann die Notveräußerung auf andere Weise und durch eine andere Person als den Gerichtsvollzieher erfolgen.
(6) ¹Gegen Anordnungen der Staatsanwaltschaft oder ihrer Ermittlungspersonen kann der Betroffene gerichtliche Entscheidung durch das nach § 162 zuständige Gericht beantragen. ²Die §§ 297 bis 300, 302, 306 bis 309, 311a und 473a gelten entsprechend. ³Das Gericht, in dringenden Fällen der Vorsitzende, kann die Aussetzung der Veräußerung anordnen.

S.a. RiStBV Nr. 76

Geregelt wird die Notveräußerung von Vermögensgegenständen, die nach § 111c beschlagnahmt oder aufgrund eines Arrestes gepfändet worden sind. Der Anwendungsbereich ist nicht auf Sachen beschränkt und auch nicht auf zur Verfallsicherung sichergestellte Gegenstände. Auch Gegenstände, deren Einziehung zu erwarten ist, dürfen notveräußert werden. Auf die allein als Beweismittel nach § 94 beschlagnahmten Sachen ist die Norm hingegen nicht anwendbar (*Meyer-Goßner/Schmitt* § 111l Rn. 1; KK-StPO/*Spillecke* § 111l Rn. 1). 1

Vor Rechtskraft des Urteils dürfen sowohl beschlagnahmte als auch gepfändete Sachen notveräußert werden, allerdings nur, wenn sie zu verderben drohen, wenn aus anderen Gründen eine wesentliche Wertminderung zu erwarten ist oder wenn ihre pflegliche Verwahrung sehr kostenaufwendig oder sonstwie schwierig ist (Abs. 1 Satz 1). 2

Nach der Rechtskraft ist die Notveräußerung nur für Gegenstände geregelt, die aufgrund eines bestehen bleibenden Arrests (§ 111i Abs. 3 Satz 1) gepfändet sind. Sie dürfen unter weniger eng gefassten Voraussetzungen notveräußert werden, nämlich allein aus Zweckmäßigkeitserwägungen (Abs. 1 Satz 2). Eine unverständliche Regelungslücke besteht also für Gegenstände deren Beschlagnahme (§ 111c) zur Rückgewinnungshilfe nach Rechtskraft aufrechterhalten bleibt (§ 111i Abs. 3 Satz 1). Es ist kein Grund dafür erkennbar, die Notveräußerung für diese Gegenstände auszuschließen, aber der deutliche Wortlaut, der die Konstellationen des Zulässigen ausdrücklich nennt, lässt ein anderes Verständnis nicht zu. Die Entwurfsbegründung zur Änderung des Abs. 1 Satz 1 und zum Anfügen des Abs. 1 Satz 2 legt dar, nach Rechtkraft gelte für beschlagnahmte Gegenstände der Satz 1 (BT-Drucks. 16/700, S. 18). 3

Wer Eigentümer des zur Notveräußerung anstehenden Gegenstandes ist, ist nicht von Bedeutung. Auch Gegenstände, die nicht dem von Verfall und Einziehung Betroffenen gehören, dürfen notveräußert werden. 4

Der an die Stelle des notveräußerten Gegenstandes tretende Veräußerungserlös (Abs. 1 Satz 3) steht für das Eigentum an dem Gegenstand, der sich vormals im staatlichen Gewahrsam befand. Wer an dem Gegenstand nur ein Recht zum Besitz hatte, hat keine Rechte am Erlös. Wenn nur der Besitz an einer Sache dem Verfall unterlegen hätte, kann der Staat nun nicht den Geldbetrag vereinnahmen, denn er steht dem Eigentümer zu. 5

Die Entscheidung, ob eine Notveräußerung durchgeführt werden soll, trifft im Ermittlungs- und im Vollstreckungsverfahren die StA, in Eilfällen deren Hilfsbeamte (Abs. 2). Zwischen Anklageerhebung und Rechtskraft entscheidet das Gericht der Hauptsache, in Eilfällen die StA (Abs. 3). Bei den Gerichten und der StA ist der Rechtspfleger zuständig (§§ 22 Nr. 2, 31 Abs. 1 Nr. 2 RPflG). 6

Vor der Entscheidung sind, wenn nicht größte Eile geboten ist, der Beschuldigte und alle zu hören, die an dem zu veräußernden Vermögensgegenstand Rechte haben könnten. Ihnen ist ebenfalls der Zeitpunkt der angeordneten Notveräußerung mitzuteilen (Abs. 4). 7

Die Notveräußerung geschieht durch Versteigerung oder andere Vewertung nach den §§ 814 ff. ZPO (Abs. 5 Satz 1), deren Anwendung aber unter einem weitgehenden Zweckmäßigkeitsvorbehalt steht (Abs. 5 Satz 4). Die Verwertung obliegt grds. dem Gerichtsvollzieher, kann aber nach Abs. 5 Satz 4 8

§ 111n StPO   Verfahren bei der Beschlagnahme eines Druckwerks

von dem für die Anordnung Zuständigen einer anderen Person übertragen werden. Wenn nach der Zivilprozessordnung das Vollstreckungsgericht zuständig wäre, tritt an dessen Stelle die StA oder das Gericht der Hauptsache, je nach Anordnungszuständigkeit; die Geschäfte sind dem Rechtspfleger übertragen (§§ 22 Nr. 2, 31 Abs. 1 Nr. 2 RPflG). Diese Verlagerung der Zuständigkeit betrifft auch die Entscheidung über die Vollstreckungserinnerung gegen das Vorgehen des Gerichtsvollziehers (§ 766 ZPO).

9   Gegen die Anordnungen der Ermittlungspersonen und der StA, auch soweit sie nach Abs. 5 Satz 2 an die Stelle des Vollstreckungsgerichts getreten ist, kann gerichtliche Entscheidung beantragt werden (Abs. 6 Satz 1, § 31 Abs. 6 RPflG). Zuständig ist der Ermittlungsrichter, gegen dessen Entscheidung die Beschwerde statthaft ist.

10 Die Entscheidungen des Gerichts, soweit es nicht über den Antrag nach Abs. 6 entschieden hat, sind nicht von einer Anfechtung ausgenommen und daher nach den §§ 304, 305 mit der Beschwerde anfechtbar (§ 11 Abs. 1 RPflG). Dem Gesetz ist nicht zu entnehmen, dass gerichtliche Entscheidungen nicht anfechtbar sein sollen (so begründet OLG Köln NJW 2004, 2994 den Ausschluss der Beschwerde), sondern dass die im Zusammenhang mit der Notveräußerung getroffenen Anordnungen einer auf einen Rechtszug beschränkten Kontrolle zugänglich sein sollen.

§ 111m StPO Beschlagnahme eines Druckwerks oder einer sonstigen Schrift.

(1) Die Beschlagnahme eines Druckwerks, einer sonstigen Schrift oder eines Gegenstandes im Sinne des § 74d des Strafgesetzbuches darf nach § 111b Abs. 1 nicht angeordnet werden, wenn ihre nachteiligen Folgen, insbesondere die Gefährdung des öffentlichen Interesses an unverzögerter Verbreitung offenbar außer Verhältnis zu der Bedeutung der Sache stehen.
(2) ¹Ausscheidbare Teile der Schrift, die nichts Strafbares enthalten, sind von der Beschlagnahme auszuschließen. ²Die Beschlagnahme kann in der Anordnung weiter beschränkt werden.
(3) In der Anordnung der Beschlagnahme sind die Stellen der Schrift, die zur Beschlagnahme Anlaß geben, zu bezeichnen.
(4) Die Beschlagnahme kann dadurch abgewendet werden, dass der Betroffene den Teil der Schrift, der zur Beschlagnahme Anlaß gibt, von der Vervielfältigung oder der Verbreitung ausschließt.

§ 111n StPO Verfahren bei der Beschlagnahme eines Druckwerks.

(1) ¹Die Beschlagnahme eines periodischen Druckwerks oder eines ihm gleichstehenden Gegenstandes im Sinne des § 74d des Strafgesetzbuches darf nur durch den Richter angeordnet werden. ²Die Beschlagnahme eines anderen Druckwerks oder eines sonstigen Gegenstandes im Sinne des § 74d des Strafgesetzbuches kann bei Gefahr im Verzug auch durch die Staatsanwaltschaft angeordnet werden. ³Die Anordnung der Staatsanwaltschaft tritt außer Kraft, wenn sie nicht binnen drei Tagen von dem Richter bestätigt wird.
(2) ¹Die Beschlagnahme ist aufzuheben, wenn nicht binnen zwei Monaten die öffentliche Klage erhoben oder die selbständige Einziehung beantragt ist. ²Reicht die in Satz 1 bezeichnete Frist wegen des besonderen Umfanges der Ermittlungen nicht aus, so kann das Gericht auf Antrag der Staatsanwaltschaft die Frist um weitere zwei Monate verlängern. ³Der Antrag kann einmal wiederholt werden.
(3) Solange weder die öffentliche Klage erhoben noch die selbständige Einziehung beantragt worden ist, ist die Beschlagnahme aufzuheben, wenn die Staatsanwaltschaft es beantragt.

S.a. RiStBV Nr. 251, 252

1   Die Sondervorschriften für alle und allein für periodische Druckwerke enthalten neben einem Richtervorbehalt, der anders als § 111e Abs. 1 eine Abweichung bei Gefahr im Verzug nicht zulässt (§ 111n Abs. 1 Satz 1), und einer im Vergleich zu § 111b Abs. 3 strengeren Fristenregelung (§ 111n Abs. 2) ausdrückliche Hinweise auf den Grundsatz der Verhältnismäßigkeit. Dabei werden Möglichkeiten zur Vermeidung übermäßiger Beschlagnahmewirkungen genannt (§ 111m Abs. 2 bis 4), die als typische Beispiele anzusehen sind. Jedes andere Vorgehen zur Beschränkung der Beschlagnahme auf einen verhältnismäßigen Eingriff ist nicht nur ebenso zulässig, sondern geboten. Die Vorschriften dienen da-

zu, die Meinungsäußerungs- und Pressefreiheit zu wahren und das Verbot der Vorzensur einzuhalten (Art. 5 Abs. 1 GG). Gegen eine Beschlagnahme, deren sämtliche Anordnungsvoraussetzungen gegeben sind, können daher alle Allgemeininteressen das Übergewicht gewinnen, die mit der Ausübung der Grundrechte aus Art. 5 Abs. 1 GG und den Zwecken dieser Grundrechte im Zusammenhang stehen, also etwa die Verfügbarkeit der veröffentlichten Meinung, auch die schnelle Verfügbarkeit der zu aktuellen Themen verbreiteten Meinung und der Erhalt der wirtschaftlichen Leistungsfähigkeit der an Herstellung und Vertrieb des Druckwerks Beteiligten. Die Formulierung als Ausnahme (»darf nicht, wenn offenbar außer Verhältnis«) zeigt, dass eine umfangreiche Beweiserhebung zur Ermittlung der Ausnahmevoraussetzungen nicht erforderlich ist; im Zweifel bleibt es bei der Beschlagnahme. Die das Gegengewicht der Abwägung bildende Bedeutung der Sache hängt insb. von der Schwere der Tat und dem Gewicht des Verdachts ab.

§§ 111o, 111p StPO   (aufgehoben)

Neunter Abschnitt. Verhaftung und vorläufige Festnahme

Vorbemerkung zu den §§ 112 ff. StPO

Übersicht

		Rdn.
A.	Einleitung	1
B.	Allgemeines	3
I.	Rechtfertigung der Untersuchungshaft	3
II.	Zweck der Untersuchungshaft	6
	1. Allgemeines	6
	2. Normative Grundlagen der Untersuchungshaft	8
III.	Strafprozessuale Freiheitsentziehung – Überblick	13
C.	**Reform des Rechts der Untersuchungshaft zum 1.1.2010**	21
I.	Allgemeines	21
II.	Gesetzliche Neuerungen zum 1.1.2010	24
III.	Reform des Rechts des Vollzuges der Untersuchungshaft vom 1.1.2010 im Einzelnen	26
	1. Allgemeines	26
	2. Zu den landesrechtlichen Untersuchungshaftvollzugsgesetzen – allgemein	30
	3. Kritik an der Reform	40
	a) Belehrungspflichten gem. § 114b	41
	b) Kontaktaufnahme bzw. Information Angehöriger gem. § 114c	43
	c) Informationspflichten gem. §§ 114d und 114e	44
	d) Ausgestaltung der Untersuchungshaft gem. § 119	46
	e) Recht auf Pflichtverteidigung bei Anordnung der Untersuchungshaft gem. § 141 Abs. 3 Satz 4 i.V.m. § 140 Abs. 1 Nr. 4	49
	f) Recht auf Akteneinsicht gem. § 147 Abs. 2 Satz 2	58
	aa) Akteneinsicht bei vollzogenem Haftbefehl	58
	bb) Akteneinsicht bei nicht vollzogenem Haftbefehl	69
D.	**Europarechtliche Vorgaben im Recht der Untersuchungshaft**	71
I.	Recht auf Dolmetscherleistungen und Übersetzungen in Strafverfahren	73
II.	Recht auf Belehrung in Strafverfahren	78
III.	Recht auf Rechtsbeistand in Strafverfahren und das Recht auf Kontaktaufnahme bei der Festnahme	85
IV.	Sonstiges	88

A. Einleitung. Die Untersuchungshaft ist die schärfste strafprozessuale Zwangsmaßnahme, die 1 der Staat gegen den Bürger ergreifen kann. Ihre Anordnung ist ebenso wie ihr Vollzug der massivste gesetzlich zugelassene Eingriff in die Lebensführung des Beschuldigten. Dabei geht es nicht einmal unmittelbar um die Durchsetzung des staatlichen Strafanspruchs sondern nur um die vorläufige Festsetzung des Beschuldigten, damit ein Strafverfahren gegen ihn durchgeführt werden kann. Der auf freiem Fuß befindliche Beschuldigte kann sich frei und ungezwungen auf seine Verteidigung vorbereiten und wird nach einer Verurteilung zum Strafantritt geladen, er kann sich deshalb auf den Freiheitsverlust einrichten. Die Verhaftung erfolgt hingegen in den meisten Fällen unvermittelt und plötzlich, ohne Ankündigung, vorhergehende Ladung oder Anhörung und ohne (rechtskräftige) Verurteilung (vgl. *Herrmann* Rn. 1 ff.; *Schlothauer/Weider*, Untersuchungshaft, Rn. 1; *Seebode*, Der Vollzug der Untersuchungshaft, 1985, S. 3). Die Inhaftierung des noch nicht oder noch nicht rechtskräftig verurteilten Beschuldigten ist nicht zu Unrecht als Freiheitsberaubung ggü. einem Unschuldigen bezeichnet worden (*Hassemer* StV 1984, 38, 40). Dennoch kommt man nicht umhin, die Untersuchungshaft als zulässig anzusehen (*Meyer-Goßner/Schmitt* vor § 112 Rn. 1), in bestimmten Fällen ist sie für eine wirksame Strafrechtspflege unentbehrlich (*Roxin/Schünemann*, Strafverfahrensrecht, 26. Aufl. 2009, § 30 Rn. 1, S. 218).

2 Die Anzahl der Untersuchungsgefangenen hat entgegen anders lautender Annahmen in den letzten Jahren deutlich abgenommen (*Morgenstern* ZIS 2011, 240; *Püschel* StraFo 2009, 134; *Radtke/Hohmann/Tsambikakis*, StPO, § 112 Rn. 1; *Schlothauer/Weider*, Untersuchungshaft, Rn. 6). Eine ebensolche Entwicklung ist in Österreich festzustellen. Dort ist nach der großen Reform des Vorverfahrens der StPO zum 01.01.2008 die Anzahl der Verhaftungen signifikant gesunken und die Untersuchungshaft dauert nunmehr kürzer an (*Kier/Soyer* ÖAnwBl. 2009, 213, 215). Verblüffend hieran ist, dass dort das Haftrecht weitgehend unangetastet blieb. Dass in Österreich nicht mehr so (vor-)schnell und dann auch nicht mehr so lang, insgesamt seltener verhaftet wird, soll auch auf eine gesteigerte Kritikfähigkeit der Richterschaft ggü. den Ermittlungsbehörden zurückzuführen sein (*Kier/Soyer* ÖAnwBl. 2009, 213, 215). Leider ist eine solche geänderte Sicht nach der Reform des Rechts der Untersuchungshaft in Deutschland (ausführlich hierzu s. Rdn. 21 ff.) nicht festzustellen. Vielmehr hat sich das Gegenteil bewahrheitet. Auch wenn das Bewusstsein aller Beteiligten durch die Reform geschärft wurde, so bleibt fest zu halten, dass sich im Ergebnis nichts geändert oder gar zum Positiven entwickelt hat (die in der 1. Auflage gehegte Hoffnung, dass die Reform positive Wirkung zeigen werde, hat sich damit nicht bestätigt). Wie schwierig die Umsetzung von Reformbemühungen ist, zeigt auch das Beispiel Griechenland (ausführlich hierzu *Anagnostopoulos* StraFo 2013, 453 ff.).

3 **B. Allgemeines. I. Rechtfertigung der Untersuchungshaft.** Die Erduldung von Untersuchungshaft wird allgemein als Sonderopfer angesehen, das dem Beschuldigten ggü. der Allgemeinheit abverlangt wird (BGHZ 60, 302 = NJW 1973, 1322; differenzierend *Hassemer* StV 1984, 38, 40; s.a. KK/*Graf* Vor § 112 Rn. 13; *Meyer-Goßner/Schmitt* vor § 112 Rn. 3). Als Sonderopfer darf sie aber nur in engen Grenzen angewandt werden. Zudem gebieten die verfassungsrechtlich garantierten Grundsätze der Unschuldsvermutung und der Verhältnismäßigkeit, die Untersuchungshaft auf das Allernotwendigste zu beschränken (*Roxin/Schünemann* Strafverfahrensrecht, § 30 Rn. 1, S. 218).

4 Endet das Strafverfahren ohne Verurteilung durch Einstellung oder Freispruch, dann steht dem zu Unrecht Inhaftierten grds. ein Entschädigungsanspruch gem. § 2 Abs. 1 StrEG zu (*Broß* StraFo 2009, 10 ff.; *Burhoff*, Handbuch für das strafrechtliche Ermittlungsverfahren, Rn. 2885; *Killinger*, Staatshaftung für rechtswidrige Untersuchungshaft in Deutschland und Österreich im Lichte von Art. 5 Abs. 5 EMRK, 2015, S, 29 ff.; *Widmaier/Kotz* MAH Strafverteidigung; § 25 Rn. 13; zum Ersatz eines Einkommensausfalles auch für die Zukunft s. LG München StRR 2008, 114 [m. Anm. *Herrmann*]; zu Amtshaftungsansprüchen wegen unberechtigt beantragter Uhaft s. LG Köln StRR 2015, 154 [m. Anm. *G. Herrrmann*]). War der Antrag auf Erlass eines Haftbefehls unvertretbar, dann kommt auch ein Schadensersatzanspruch nach den §§ 839, 253 Abs. 2 BGB in Betracht (LG Dortmund StV 2005, 451). Selbst für den Fall einer Verurteilung kann dem Betroffenen ein Anspruch auf Entschädigung für dennoch zu Unrecht erlittene Untersuchungshaft zustehen (vgl. *Park/Schlothauer* in: FS für Widmaier, 2008, S. 387, 404 ff.).

5 Neben Ansprüchen aus dem StrEG regelt Art. 5 Abs. 5 EMRK für Fälle der rechtswidrigen Festnahme oder Freiheitsentziehung einen verschuldensunabhängigen Schadensersatzanspruch gegen den Staat (s. EGMR Nr. 11364/03, Urteil der 5. Kammer v. 13.12.2007 [Mooren v. Deutschland I] StRR 2008, 98 ff. [m. Anm. *D. Herrmann/J. Herrmann*] = StV 2008, 475; s.a. EGMR Nr. 11364/03, Urteil der Großen Kammer v. 09.07.2009 [Mooren v. Deutschland II] StraFo 2010, 63 = StRR 2009, 473 ff. [m. Anm. *D. Herrmann*] = StV 2010, 490 ff. [m. Anm. *Pauly*]; zum Ganzen auch *Broß* StraFo 2009, 10 ff.; *Killinger*, Staatshaftung für rechtswidrige Untersuchungshaft in Deutschland und Österreich im Lichte von Art. 5 Abs. 5 EMRK, 2015; LR/*Esser* Erl. zu Art. 5 EMRK; Art. 5 EMRK Rdn. 67 ff.).

Vor §§ 112 ff. StPO

II. Zweck der Untersuchungshaft. 1. Allgemeines. Zweck der Untersuchungshaft ist die Sicherung des Strafverfahrens. Die Entziehung der Freiheit des Beschuldigten erfolgt, um die Durchführung des Erkenntnisverfahrens sowie der Strafvollstreckung zu gewährleisten. Sie dient je nach Lage des Falles der Sicherung der Anwesenheit des Beschuldigten, einer ordnungsgemäßen Feststellung der für die Urteilsfindung erforderlichen Tatsachen und der Sicherstellung der Strafvollstreckung (BVerfGE 19, 342, 348 = NJW 1966, 243, 244; BVerfGE 20, 45, 49 = NJW 1966, 1259; BVerfGE 32, 87, 93; s.a. *Hassemer* StV 1984, 38, 40; AnwK/StPO-*Lammer*, § 112 Rn. 5; *Meyer-Goßner/Schmitt* vor § 112 Rn. 4). Es geht einzig um die vollständige Aufklärung der Tat und die rasche Bestrafung des Täters. Andere Zwecke dürfen mit der Untersuchungshaft nicht verfolgt werden (vgl. statt aller *Roxin/Schünemann*, Strafverfahrensrecht, § 30 Rn. 1 a.E. Ist die Untersuchungshaft zur Erreichung der erlaubten Zwecke nicht mehr erforderlich, dann ist sie unverhältnismäßig und darf nicht mehr angeordnet werden (vgl. statt aller *Broß* StraFo 2009, 10, 12). 6

Der Haftgrund der Verdunkelungsgefahr darf insb. nicht herangezogen werden, um die Rückgewinnung der Beute zu sichern, denn die Beweismittel, die zum Nachweis der Strafbarkeit sowie zur Strafzumessung erforderlich sind, dienen nicht dem Institut der Rückgewinnungshilfe (*Gärtner* NStZ 2005, 544 ff.). 7

2. Normative Grundlagen der Untersuchungshaft. Der Erlass eines Haftbefehls ist in jedem Stadium des Strafverfahrens zulässig. Das Gericht hat i.R.d. gesetzlichen Vorgaben anhand des konkreten Einzelfalles nach pflichtgemäßem Ermessen zu entscheiden (BVerfGE 19, 342, 349 = NJW 1966, 243, 244; *Meyer-Goßner/Schmitt* § 112 Rn. 1). 8

Die **normativen Maßstäbe** für die Voraussetzungen der Untersuchungshaft ergeben sich aus der Verfassung (vgl. Art. 1, 2 und 103 GG) und aus der Strafprozessordnung (vgl. insb. die §§ 112 ff.), darüber hinaus aber auch der Menschenrechtskonvention (vgl. insb. Art. 5 und 6 EMRK). Bei der Prüfung der Voraussetzungen der Untersuchungshaft ist nicht danach zu fragen, ob diese angeordnet werden kann, sondern vielmehr ob ihre Verhängung – als ultima ratio – wegen überwiegender Belange des Gemeinwohls zwingend geboten ist (KG, Beschl. v. 07.03.2013 – 4 Ws 35/13; StRR 2013, 243 (Kurzmitteilung) = StRR 2013, 356 f. m. Anm. *Burhoff* = StraFo 2013, 375 ff. = StV 2014, 26 f.).). 9

Die **formellen Voraussetzungen** der Untersuchungshaft finden sich vornehmlich in den §§ 114, 114a sowie § 115. 10

Die **materiellen Voraussetzungen** der Untersuchungshaft sind in erster Linie in den §§ 112, 112a, 113 und 127b geregelt. Zur Begründung eines Haftbefehls bedarf es eines dringenden Tatverdachts (§ 112 Abs. 1) sowie des Vorliegens mindestens eines der gesetzlich normierten Haftgründe (vgl. § 112 Abs. 2, Abs. 3 sowie § 112a). Darüber hinaus darf die Untersuchungshaft nicht unverhältnismäßig sein (§ 112 Abs. 1 Satz 2). 11

Die §§ 112, 112a enthalten eine abschließende Regelung der Haftgründe. Auf andere als die dort genannten **fünf Gründe** darf ein Haftbefehl nicht gestützt werden (OLG Karlsruhe StV 2010, 30). Neben den gesetzlichen Haftgründen finden in der Praxis aber ungenannte, sog. »**apokryphe Haftgründe**«, eine weitverbreitete Rolle (ausführlich s. § 112 Rdn. 19 ff.; s.a. *Burhoff*, Handbuch für das strafrechtliche Ermittlungsverfahren, Rn. 2856; *Eidam* HRRS 2013, 292 ff.; *Herrmann*, Untersuchungshaft, Rn. 638 ff.; *Münchhalffen* StraFo 1999, 332 ff.; *Schlothauer/Weider*, Untersuchungshaft, Rn. 661 ff.; *Weider* StraFo 1995, 11 ff.; *Widmaier/König*, MAH Strafverteidigung, § 4 Rn. 48 sowie Rn. 174 f.). 12

III. Strafprozessuale Freiheitsentziehung – Überblick. Im 9. Abschnitt der StPO sind verschiedene freiheitsentziehende Zwangsmaßnahmen gegen den Beschuldigten geregelt. Neben den Vorschriften zur Untersuchungshaft (§§ 112 ff.) finden sich Vorgaben zur einstweiligen Unterbringung (§ 126a), der vorläufigen Festnahme (§ 127) und der Hauptverhandlungshaft (§ 127b). 13

Daneben regelt die StPO in anderem Sachzusammenhang die sog. **Ungehorsamshaft**, mit der die Anwesenheit des Angeklagten in der Hauptverhandlung erzwungen werden kann (vgl. §§ 230 Abs. 2, 236, 329 Abs. 4 Satz. 1 und § 412 Satz 1), den **Sicherungshaftbefehl** vor Widerruf einer Strafaussetzung zur Bewährung (§ 453c Abs. 1) und den **Vollstreckungshaftbefehl** (§ 457 Abs. 2). Weitere Möglichkeiten einer teilweise aber nur kurzfristigen Freiheitsentziehung ergeben sich aus § 81 Abs. 1 (Unterbringung zur Beobachtung des Beschuldigten), § 81a Abs. 1 (körperliche Untersuchung), § 81b (Anfertigen von Lichtbildern und Fingerabdrücken, sog. »erkennungsdienstliche Behandlung«), § 102 (Durchsuchung 14 beim Verdächtigen), § 163b Abs. 1 (Feststellung der Identität), § 163c (Freiheitsentziehung zur Feststellung der Identität). Eine vorübergehende Freiheitsentziehung ist auch zur Vorführung (vgl. §§ 133 Abs. 2, 134, 135, 163a Abs. 3 Satz 2) und zur Verwahrung während der Unterbrechung und auch bei der Hauptverhandlung (§ 231 Abs. 1 Satz 2) erlaubt.

15 Die sog. **Organisationshaft** (teils auch »Zwischenhaft« genannt) erfasst den Übergang von Untersuchungshaft in Strafhaft bzw. den Freiheitsentzug zwischen Beendigung der Untersuchungshaft und Beginn des Maßregelvollzuges. Sie ist gesetzlich nicht geregelt. Sie ist zwar »regelwidrig«, gilt jedoch als verfassungsgemäß, sofern sie dem Verurteilten nicht zum Nachteil gereicht (BVerfG NJW 2006, 427 ff. [nicht über 3 Monate]; NStZ 1998, 77 ff. [m. Anm. *Lemke*]; s.a. OLG Brandenburg NStZ 2000, 500 [m. Anm. *Rautenberg*]; OLG Celle StV 2003, 32; OLG Hamm NStZ 2009, 655 [Übergang in Strafhaft auch bei nur Teilrechtskraft des Urteils]; StraFo 2004, 105; zu Recht krit. *Bartmeier* NStZ 2006, 544 ff.; *Morgenstern* StV 2007, 441 ff.; *Paeffgen* in: FS für Fezer, 2008, S. 43 ff.; *Trennhaus* StV 1999, 511 ff.; s.a. *Schweckendieck* NStZ 2011, 10 ff. [auch zur Außervollzugsetzung des Haftbefehls nach § 116 nach Rechtskraft]; s. zur Organisationshaft auch die Kommentierung bei § 120 dort Rdn. 35).

16 In **Jugendstrafverfahren** sind wegen der in § 72 JGG normierten Subsidiarität der Untersuchungshaft vorrangig andere sich bietende Alternativen, bspw. die einstweilige Unterbringung in einem geeigneten Heim der Jugendhilfe, auszuschöpfen. Wird doch Untersuchungshaft angeordnet, dann sind im Haftbefehl konkrete Gründe zu nennen, aus denen sich ergibt, dass andere (mildere) Maßnahmen nicht ausreichend sind und die Untersuchungshaft auch sonst nicht unverhältnismäßig ist (OLG Karlsruhe StV 2011, 596; OLG Köln StRR 2008, 35 ff. [m. Anm. *Mertens*]). Hier besteht eine zusätzliche Begründungspflicht. Wegen des eindeutigen Gesetzeswortlautes gilt dies aber nicht für Heranwachsende. Ist ein Heranwachsender nicht in einer geschlossenen Einrichtung untergebracht und steht er damit nicht unter richterlicher Überwachung, dann stellt dies keine mit dem Vollzug von Untersuchungshaft vergleichbare Freiheitsentziehung dar (OLG Köln NStZ-RR 2011, 121 f. [zu § 121]).

17 Weitere Möglichkeiten des Freiheitsentzuges ergeben sich aus dem **GVG**. Dort sind die Ordnungshaft (vgl. §§ 177 Abs. 1, 178 Abs. 1 Satz 1 GVG) sowie die vorläufige Festnahme bei Straftaten in der Sitzung (§ 183 Satz 2 GVG) geregelt.

18 Auch in den jeweiligen **Polizeigesetzen der Länder** sind präventive Möglichkeiten der Festnahme geregelt. Der Zweck ist dort aber ein anderer.

19 Spezialgesetzliche Regelungen finden sich im **IRG**, u.a. die Haft zur Sicherung der Auslieferung (§§ 15, 17 ff. IRG), Haft zur Sicherung der Durchlieferung (§ 45 IRG) und Haft zur Sicherung der Rücklieferung (§ 68 Abs. 2 und 3 IRG).

20 Der **Europäische Haftbefehl** regelt die vereinfachte Form der Auslieferungshaft (vgl. §§ 78 ff. IRG). Er ist kein Haftbefehl i.S.d. §§ 112 ff. sondern ein Fahndungsersuchen. Voraussetzung ist hier ein nationaler Haftbefehl. Grds. verbleibt es beim zweistufigen Auslieferungsverfahren. Ersuchen der Mitgliedstaaten dürfen aber nur unter den engen Vorgaben des § 83b IRG abgelehnt werden (vgl. BVerfGE 113, 273 ff. = NJW 2005, 2289 ff.; OLG Stuttgart NJW 2004, 3437 f.; s. zum Ganzen *Böhm* NJW 2006, 2592 ff.; *Hackner/Schomburg/Lagodny/Gleß* NStZ 2006, 633 ff.; *Meyer-Goßner/Schmitt* vor § 112 Rn. 9; *Satzger* Internationales und Europäisches Strafrecht, § 30 Rn. 10). Ersuchen um Auslieferung und Festnahme bewirken dabei weder unmittelbar noch mittelbar einen im ersuchten Staat einen zurechenbaren Eingriff in die Freiheit des Gesuchten (BVerfG NJW 1981, 1154 f.; *Ahlbrecht/Börgers* ZIS 2008, 221 ff.; *Meyer-Goßner/Schmitt* § 23 EGGVG Rn. 4; KK/*Schoreit* § 23 EGGVG Rn. 6). Mangels unmittelbarer Rechtswirkungen für den Betroffenen ist ein Antrag im nationalen Verfahren nach den §§ 23 ff. EGGVG deshalb unzulässig (OLG Celle NStZ 2010, 534 = StV 2010, 63). Allerdings gestattet ein nicht subsumtionsfähiger Inhalt im Europäischen Haftbefehl keinen Freiheitsentzug (OLG Hamm StraFo 2014, 348). Ausschreibungen zur Festnahme nach SIS Fahndungsmaßnahmen sind nach § 131 zu beurteilen. Sie sind nach allgemeiner Meinung analog § 98 Abs. 2 Satz 2 vor dem AG anfechtbar (vgl. *Meyer-Goßner/Schmitt* § 131 Rn. 1; OLG Brandenburg NStZ 2007, 54; OLG Celle Nds.Rpfl. 2009, 431).

C. Reform des Rechts der Untersuchungshaft zum 1.1.2010. I. Allgemeines.
Etwa Anfang der 1980er Jahre ist die Diskussion um die Reform der Untersuchungshaft neu aufgeflammt (vgl. KK/*Graf* vor § 112 Rn. 22; LR/*Hilger* vor § 112 Rn. 70 f.; AnwK/StPO-*Lammer*, § 112 Rn. 1). Vornehmlich vonseiten der Anwaltschaft und der Wissenschaft wurde gefordert, die Rechtsstellung des Beschuldigten zu stärken. Haftanordnungen sollten reduziert und die Dauer der Untersuchungshaft verkürzt werden. In erster Linie gefordert wurden striktere Zulässigkeitsvoraussetzungen für die Anordnung der Untersuchungshaft, eine stärkere Konkretisierung der Haftgründe, eine konsequentere Beachtung des Verhältnismäßigkeitsgrundsatzes, eine Erhöhung des Begründungszwangs im Haftbefehl, eine frühere und schnellere Überprüfung der Anordnung der Haft, eine Verbesserung der Verteidigungsmöglichkeiten, zeitliche Obergrenzen für die Untersuchungshaft sowie der Ausbau von Alternativen zur Haft, z.B. durch die »elektronische Fußfessel« (s. zum Ganzen KK/*Graf* vor § 112 Rn. 22 f.; LR/*Hilger* vor § 112 Rn. 70 f.; zum elektronisch überwachten Hausarrest: *Hochmayr* NStZ 2013, 13 ff.). Daneben wurde gefordert, den Vollzug der Untersuchungshaft, der sich bislang nur auf die in § 119 Abs. 3 u. 4 a.F. enthaltenen Generalklauseln sowie auf die UVollzO (eine von den Ländern einheitlich erlassene Verwaltungsanordnung; s. hierzu *Herrmann* Untersuchungshaft, Rn. 288) stützte, gesetzlich umfassend zu regeln.

Von der Bundesregierung wurden verschiedene Entwürfe für eine Neuregelung des Rechts der Untersuchungshaft vorgelegt, die aber am Widerstand der Länder scheiterten (vgl. LR/*Hilger* StPO, vor § 112 Rn. 71). Nicht zuletzt die ständige Kritik von Anwaltschaft und wissenschaftlicher Literatur, darüber hinaus aber auch wegweisende Urteile des BVerfG und insb. des EGMR führten schließlich aber doch zu einer inhaltlich neuen Regelung von Anordnung und Vollzug der Untersuchungshaft.

Zusammenfassend lässt sich zu den verschiedenen Reformbestrebungen sagen, dass die Rechte des Beschuldigten auf ein faires Verfahren inzwischen sehr viel stärker Beachtung finden, als noch vor wenigen Jahren. Der Gesetzgeber kam nicht umhin, die Rechtsprechung zu den Rechten des Beschuldigten umzusetzen und zugleich das Recht des Vollzugs der Untersuchungshaft endlich konkret auszugestalten.

II. Gesetzliche Neuerungen zum 1.1.2010.
Das Gesetz zur Änderung des GG v. 28.08.2006 (BGBl. I 2006, S. 2863 ff.) normierte eine Föderalismusreform. In Art. 74 Abs. 1 Nr. 1 GG ist seit 01.09.2006 geregelt, dass sich die konkurrierende Gesetzgebung auf das »*... gerichtliche Verfahren (ohne das Recht des Untersuchungshaftvollzugs)...*« erstreckt (s. hierzu *Herrmann* StRR 2010, 4 ff.; *Seebode* HRRS 2008, 236 ff.; *Tsambikakis* ZIS 2009, 503 ff.). Eine solche Differenzierung zwischen **Anordnung** einerseits und **Vollzug** andererseits führt zu zusätzlichen Schwierigkeiten. Mit Sinn und Zweck der Untersuchungshaft lässt sie sich nicht erklären. Schon nach kurzer Zeit haben sich in der Praxis eine Vielzahl neuer Probleme offenbart (ausführlich hierzu sogleich). Die Zweiteilung wirkt »verstörend« (*Tsambikakis* ZIS 2009, 503). Es scheint, dass politische Motive bei den Verhandlungen der Reform zwischen Bund und Ländern eine wesentliche Rolle gespielt haben (*Herrmann* StRR 2010, 4; *Tsambikakis* ZIS 2009, 503). Die gespaltene Regelung von Anordnung und Vollzug der Untersuchungshaft soll wirtschaftliche bzw. finanzielle »Manövriermasse« in der politischen Diskussion zwischen Bund und Ländern gewesen sein. Eine wesentliche Rolle bei der Reform hat sicher gespielt, dass die Länder den Vollzug der Untersuchungshaft finanzieren müssen und deshalb in diesem Bereich mitbestimmen wollten. Aus dem Entwurf des ThürUVollzG ist bspw. zu entnehmen, dass durch die Änderung des Vollzuges der Untersuchungshaft »*finanzielle Mehraufwendungen unumgänglich*« sind, um den Anforderungen an einen zeitgemäßen und humanen Untersuchungshaftvollzug gerecht zu werden und eine Schlechterstellung von Untersuchungs- ggü. Strafgefangenen zu verhindern. Frühere Reformversuche waren bekanntlich am Widerstand der Länder, wohl auch aus diesen Gründen, gescheitert.

Bislang wurden das »**Ob**«, also Fragen zur Anordnung der Untersuchungshaft, und das »**Wie**«, also Fragen der Ausgestaltung der Untersuchungshaft, in der StPO und der sie konkretisierenden UVollzO (ausführlich hierzu *Herrmann* Untersuchungshaft, Rn. 288) bundeseinheitlich geregelt. Die verfassungsrechtlich veränderte Kompetenzlage macht eine Trennung beider Bereiche erforderlich (*Herrmann* StRR 2010, 4 ff.; *Tsambikakis* ZIS 2009, 503). Der **Bund** hat weiterhin die Gesetzgebungszuständigkeit für die Anordnung der Untersuchungshaft sowie deren Voraussetzungen und Dauer. Außerdem kann er auch solche Regelungen treffen, die zur Abwehr von Flucht-, Verdunkelungs- und Wiederholungsgefahr erforderlich sind, z.B. Kontaktverbote. Den **Bundesländern** steht die Regelungskompetenz

Vor §§ 112 ff. StPO

für den Vollzug der Untersuchungshaft zu. Dazu gehören u.a. Vorschriften über die Ausstattung des Haftraums, Verpflegung und Arbeit der Gefangenen während der Haft, aber auch Bestimmungen, um die Sicherheit und Ordnung in der Anstalt zu gewährleisten, z.B. die Anordnung von Einzelhaft.

26 **III. Reform des Rechts des Vollzuges der Untersuchungshaft vom 1.1.2010 im Einzelnen. 1. Allgemeines.** Sowohl die Änderung des GG als auch die gebotene Umsetzung der aktuelleren sowie der älteren höchstrichterlichen Rechtsprechung machten eine Neuregelung des Rechts der Untersuchungshaft unumgänglich (s.o. Rdn. 24). Am 29.07.2009 wurde dem Gebot der konkurrierenden Gesetzgebung folgend das Gesetz zur Änderung des Untersuchungshaftrechts (BGBl. I, S. 2274) verabschiedet (s. BT-Drucks. 16/11444 = BR-Drucks. 829/08). Es trat zum 01.01.2010 in Kraft.

27 Die Umsetzung der durch die Föderalismusreform erforderlichen Änderungen führt zu erheblichen Schwierigkeiten, wenn es darum geht, ob eine Rechtsfrage mithilfe des Bundesrechts oder des Landesrechts zu beantworten ist (ausführlich zum interlokalen Untersuchungshaftvollzugsgesetz sogleich, Rdn. 30). Unabhängig davon hat der Bundesgesetzgeber die Rechtsprechung des BVerfG und des EGMR nur unzureichend in das Gesetz eingearbeitet (auch hierzu ausführlich hierzu sogleich).

28 Die Änderungen der StPO in den §§ 114a, 114b, 114c, 114d, 114e, 115, 115a, 116b, 119, 119a, 126, 140 Abs. 1 Nr. 4 i.V.m. §§ 141 Abs. 3 Satz 4 und 147 Abs. 2 sollen den Rechtsschutz des verhafteten Beschuldigten verbessern (BT-Drucks. 16/11644 = BR-Drucks. 829/08). In diesem Zusammenhang wurde auch teilweise die europarechtliche Rechtsprechung des EGMR zum Recht der Untersuchungshaft in nationales Recht umgesetzt (zur Bindungswirkung europarechtlicher Entscheidungen des EGMR für die nationale Rechtsprechung allgemein s.u.a. *Ambos* ZStW 115 [2003], S. 583 ff.; *Eisele* JA 2005, 390 ff.; *Gaede* StV 2004, 46, 50 f.; *J. Herrmann/D. Herrmann* in der Anm. zu EGMR Urt. v. 13.12.2007, StRR 2008, 98 ff. [Mooren v. Deutschland I]; *Morgenstern* ZIS 2011, 240 ff.; *Weigend* StV 2000, 384 ff.).

29 Fragen zum Vollzug der Untersuchungshaft werden ab sofort in den jeweiligen landesgesetzlichen Regelungen beantwortet (zur teils unzureichenden Umsetzung im interlokalen Untersuchungshaftvollzugsgesetz ausführlich unten Rdn. 30).

30 **2. Zu den landesrechtlichen Untersuchungshaftvollzugsgesetzen – allgemein.** In sämtlichen Bundesländern wurden landesrechtliche Gesetze zur Regelung der Untersuchungshaft in Kraft gesetzt (ausführlich: *König* [Hrsg.], AnwK/Uhaft; s.a. *Brune/Müller* ZRP 2009, 143 ff.; *Herrmann* StRR 2010, 4 ff.; AnwK/Uhaft-*König*, § 119 StPO Rn. 3 ff.; *Marhöfer* in: FS für Mehle, S. 373 ff.; *Piel/Püschel/Tsambikakis/Wallau* ZRP 2009, 33; *Schlothauer/Weider*, Untersuchungshaft, 4. Aufl. 2010, Rn. 996 ff. [allerdings jeweils zur vorläufigen Situation, in der noch nicht alle Bundesländer ihre Gesetzesvorhaben umgesetzt hatten]).

31 Sämtliche Bundesländer haben landesrechtliche Regelungen ratifiziert: Baden-Württemberg (JVollzGBW), Berlin (UVolzGBln), Brandenburg (BbgUVollzG), Bremen (BremUVollzG), Hamburg (HmbgUVollzG), Hessen (HUVollzG), Mecklenburg-Vorpommern (UVollzG M-V), Niedersachen (NJVollzG), Nordrhein-Westfalen (GVUVS NRW), Rheinland-Pfalz (LUVollzG), Saarland (SUVollzG), Sachsen (VwVUVollzO in Ergänzung zur bestehenden UVollzO), Sachsen-Anhalt (UVollzG LSA), Schleswig-Holstein (SH UVollzG) und Thüringen (ThürUVollzG). In Bayern fiel ein weitgehend fertiggestellter Entwurf eines Untersuchungshaftvollzugsgesetzes zunächst der Diskontinuität und dann den wider alle Erwartungen geänderten Mehrheitsverhältnissen im Landtag zum Opfer. Eine Ratifizierung erfolgte (als letzte landesrechtliche Regelung) am 14.12.2011 (s. hierzu auch SK-StPO/*Paeffgen* § 119 Rn. 3d). Eine Synopse der voneinander abweichenden Ländergesetze findet sich bei AnwK/Uhaft-*Harrendorf*, Anhang, S. 565 ff. [zum damals aktuellen Rechtsstand Herbst 2010; nicht vollständig]).

32 Eine Vereinfachung in der landesrechtlichen Gesetzgebung brachte die Entscheidung der Bundesländer Berlin, Bremen, Hamburg, Mecklenburg-Vorpommern, Rheinland-Pfalz, Saarland, Sachsen, Sachsen-Anhalt, Schleswig-Holstein und Thüringen, inhaltlich übereinstimmende Untersuchungshaftvollzugsgesetze zu erlassen. Damit wurde immerhin dort eine einheitliche Gesetzesgrundlage geschaffen (s. hierzu auch *Brune/Müller* ZRP 2009, 143 ff.; *Herrmann* StRR 2010, 4 ff.).

33 Eine Übersicht über die vorhandenen gesetzlichen Regelungen findet sich bei www.strafrecht-online.de/Online-Bibliothek/Rechtsnormen.de, bei www.beck-online.de/Untersuchungshaftvollzugsgesetze sowie bei www.cfmueller.de/u-haft/Produktservice = hjr-verlag.de/u-haft/Produktservice.

Eine Kommentierung des Musterentwurfes zum Untersuchungshaftvollzugsgesetz (ME UVollzG) nebst Hinweisen zu den bis dahin ratifizierten abweichenden landesrechtlichen Regelungen ist zusammengestellt in: *König* (Hrsg.) AnwK/Uhaft.

In denjenigen Bundesländern, die zunächst kein Gesetz erlassen hatten, galt bis zum 31.12.2011 die **Übergangsregelung** des § 13 EGStPO. Nachdem sämtliche Bundesländer Gesetze zur Ausgestaltung der Uhaft ratifiziert haben, hat diese Übergangsregelung keine Bedeutung mehr. 34

Solange es keine landesrechtliche Regelung gab, galt hinsichtlich der Ausgestaltung der Untersuchungshaft weiterhin § 119 in seiner alten Fassung. Dort bedurfte es zu einer Konkretisierung der Ausgestaltung der Untersuchungshaft eines Rückgriffes auf die UVollzO. Dies wurde in der Praxis oftmals übersehen. Regelmäßig fand bereits die Neuregelung Anwendung. Teils entwickelten sich auch ebenso unüberschaubare wie undurchsichtige Sonderregeln in jeder JVA, die je nach Selbstbewusstsein der Anstaltsleitung und des Wachpersonals den Gefangenen zusätzlich einschränkten (vgl. hierzu auch die Kommentierung bei § 119 Rdn. 3 ff.). Die Übergangsregelung trat gem. Art. 8 des Gesetzes zur Änderung des Untersuchungshaftrechts am 01.01.2012 außer Kraft. 35

Während die Aufrechterhaltung der Ordnung in den Justizvollzugsanstalten differenziert geregelt ist, galt für Anordnungen, die dem **Zweck der Untersuchungshaft** dienen, nach dem Wortlaut von § 13 EGStPO hingegen § 119 n.F. (vgl. hierzu den Beschlussempfehlung und Bericht des Rechtsausschusses v. 20.05.2009 [BT-Drucks. 16/13097, S. 19 ff.]; ebenso OLG Frankfurt am Main NStZ-RR 2010, 294). Inzwischen ist diese Divergenz hinfällig. Alle Bundesländer haben Landesgesetze zur Ausgestaltung der Untersuchungshaft erlassen (s.o. Rdn. 31). 36

Für Anordnungen zum **Vollzug der Untersuchungshaft**, also zur Aufrechterhaltung der Ordnung kommt es also nunmehr auf die gesetzlichen Bestimmungen des jeweiligen Bundeslandes an, in dem der Beschuldigte sich in Untersuchungshaft befindet. Viele landesrechtliche Regelungen sind aber unzureichend; teilweise bleiben sie sogar hinter den zum Zeitpunkt der Neuregelung aktuellen Vorgaben der höchstrichterlichen Rechtsprechung zurück: 37

– Obwohl bspw. das BVerfG im Jahr 2009 entschieden hat (BVerfG AnwBl. 2009, 303 ff. = NJ 2009, 215 f. = StRR 2009, 198 [m. Anm. *Herrmann*] = StV 2009, 253 ff.; s. hierzu auch *Paeffgen* NStZ 2010, 200, 206), dass eine allgemein durch die Justizvollzugsanstalt angeordnete und standardisiert durchgeführte körperliche Durchsuchung des Untersuchungsgefangenen bei Aufnahme in die Untersuchungshaftanstalt mit Entkleiden und Inspizieren des Anus ohne einen konkreten Verdacht, dass dort etwas zu finden sein könnte unverhältnismäßig ist und eine Verletzung des Persönlichkeitsrechts aus Art. 2 Abs. 1 i.V.m. Art. 1 Abs. 1 GG bedeutet, wurden – soweit ersichtlich – keine die Rechte des Beschuldigten schützenden Regelungen in die in zeitlichem Zusammenhang mit dem Erlass und der Veröffentlichung dieser verfassungsgerichtlichen Entscheidung entwickelten Landesgesetze aufgenommen.

– Auch finden sich von Land zu Land unterschiedliche Regelungen, die eine wesentliche Ungleichbehandlung von wesentlich Gleichem bedeuten: Während bspw. in § 33 Abs. 1 Satz 2 ME UVollzG für die meisten Bundesländer eine regelmäßige Besuchsdauer von mindestens 2 Std. im Monat vorgesehen ist, geben die Gesetze in Baden-Württemberg (vgl. § 12 Abs. 2 UVollzGBW), Hessen (vgl. § 26 Abs. 1 Satz 2 HUVollzG) und Niedersachsen (vgl. §§ 143 Abs. 1 i.V.m. 25 Abs. 1 Satz 2 NJVollzG) lediglich eine Gesamtbesuchsdauer von mindestens einer Stunde pro Monat vor. Derartige Unterschiede sind schon wegen Art. 3 GG nicht hinnehmbar und schlicht skandalös (ebenso AnwK/Uhaft-*Pollähne*, § 33 ME UVollzG Rn. 39 f.). Beschämend restriktiv erfolgt dann auch die Umsetzung in der Rechtsprechung (vgl. nur OLG Brandenburg Beschl. v. 03.11.2008 – 1 Ws 205/08 [Versagung einer Besuchsverlängerung wegen angeblich fehlender Kapazitäten und aus Gründen der Gleichbehandlung beim Kleinkind], zit. bei *Paeffgen* NStZ 2010, 200, 206; ausführlich hierzu s. auch § 119 Rdn. 25).

Warum solche Unterschiede normiert wurden, erscheint unerfindlich; denn bei der Abfassung der neuen Gesetze hätten die Landesgesetzgeber zumindest auf die UVollzO zurückgreifen und diese zur Grundlage der landesrechtlichen Ausgestaltungen machen können. Die Hauptkritikpunkte waren längst bekannt. I.Ü. fand auch eine rege Diskussion und gemeinsame Ausarbeitung eines Musterentwurfes statt (s.o. Rdn. 21 ff.). Ob entstandene Defizite auf landesrechtliches Partikulardenken oder schlicht handwerklich schlechte Gesetzgebungsarbeit zurückzuführen sind, bleibt offen. Die noch in 38 der 1. Auflage gehegte Hoffnung auf zukünftige Lösungen war verfrüht und geht ins Leere (s. hierzu auch § 119 Rdn. 24 f.).

39 Es darf nicht übersehen werden, dass die jetzt bestehende Konkurrenz von Bundes- und Landesrecht bei der Umsetzung in der Praxis zu Schwierigkeiten, v.a. zu Kompetenzstreitigkeiten führt, die weitere gesetzliche Regelungen erforderlich machen (s. *Herrmann* StRR 2010, 4 ff.; *Tsambikakis* ZIS 2009, 503 f.). Bisher blieb der Gesetzgeber insofern aber untätig.

40 **3. Kritik an der Reform.** Die Neuregelungen setzen zwar in vielen Punkten die seit Jahren gefestigte Rechtsprechung von BVerfG und EGMR um. Dies geschieht aber teilweise nur am untersten Rand der Mindeststandards, die durch die Rechtsprechung entwickelt wurden. Man könnte fast meinen, dass die engagiert geführten Diskussionen der letzten Jahre bewusst ignoriert wurden. Exemplarisch sind hier einige besonders gravierende Mängel der neuen Regelungen in der StPO zu nennen (grds. krit. auch *Bittmann* NStZ 2010, 13 ff. [er allerdings vornehmlich justizfreundlich denkend, nicht auch die Rechte des Beschuldigten beachtend]; *BRAK*, Stellungnahme zum RefE des BMJ »Gesetz zur Überarbeitung des Untersuchungshaftrechts« [www.brak.de]; *Brocke/Heller* StraFo 2011, 1 ff. [ebenfalls eher justizfreundlich]; *Brune/Müller* ZRP 2009, 143 ff.; *Deckers* StraFo 2009, 441 ff.; *Herrmann* StRR 2010, 4 ff.; *Kazele* NJ 2010, 1 ff.; *König* AnwBl. 2010, 50 f. [entgegen allgemeiner Kritik aus der Anwaltschaft scheint er allerdings erstaunlich reformbegeistert]; *ders.* NStZ 2010, 185 ff. [zu den Zuständigkeiten in § 119 StPO]; *Michalke* NJW 2010, 17 ff.; *Paeffgen* StV 2009, 46 ff.; *ders.* GA 2009, 450 ff. [zur Reform des § 119]; *Piel/Püschel/Tsambikakis/Wallau* ZRP 2009, 33 ff.; *Seebode* HRRS 2008, 236 ff.; *Tsambikakis* ZIS 2009, 503 ff.; ausführlich und krit. auch *Weider* StV 2010, 102 ff.).

41 **a) Belehrungspflichten gem. § 114b.** Die geradezu überbordend formalisiert durchzuführenden Belehrungspflichten in § 114b sind inzwischen soweit ersichtlich vollständig (*Roxin/Schünemann* sehen hierin eine »betuliche Regelung von Quisquilien«; Strafverfahrensrecht, § 30 Rn. 22, S. 223). Kritik kann man aber wohl allenfalls noch daran festmachen, dass die Belehrung über das Verteidigerkonsultationsrecht entsprechend § 136 Abs. 1 Satz 2 erst nach der Belehrung über das Recht, einzelne Beweiserhebungen beantragen zu können, erfolgt. Ob dies so sinnvoll ist, kann zumindest diskutiert werden (ebenso *Michalke* NJW 2010, 17 ff.).

42 Neu hinzugekommen sind in § 114b Abs. 2 Nr. 4a die Pflicht zur Belehrung über das Recht auf Beiordnung eines Pflichtverteidigers in Fällen der notwendigen Verteidigung (ausführlich hierzu s. § 114b Rdn. 5; anders noch in der 1. Auflage, in der dieser Mangel kritisiert wurde), in § 114b Abs. 2 Nr. 7 die Belehrung über das dem Beschuldigten originär zustehende Recht auf Auskünfte und Abschriften aus den Akten nach § 147 Abs. 7 (ausführlich hierzu s. § 114b Rdn. 5; anders noch in der 1. Auflage, in der dieser Mangel kritisiert wurde) sowie in § 114b Abs. 2 Nr. 8 die Belehrung über Rechtsbehelfe (ausführlich hierzu s. § 114b Rdn. 5; anders noch in der 1. Auflage, in der dieser Mangel kritisiert wurde). Zur Konsequenz von Verstößen gegen die Belehrungspflichten s. § 114b Rdn. 8).

43 **b) Kontaktaufnahme bzw. Information Angehöriger gem. § 114c.** Unklar bleibt, auf welche Weise die Benachrichtigung Angehöriger oder einer Vertrauensperson gem. § 114c Abs. 2 Satz 1 vom Gericht »*angeordnet*« wird. Es stellt sich die Frage, ob der anwesende Wahlverteidiger oder ein nach der Anordnung des Vollzuges der Untersuchungshaft dann endlich bestellter Pflichtverteidiger (ausführlich hierzu sogleich unter Rdn. 53 ff. [Buchst. e)]) zum Handlanger des Gerichts und damit dann Teil der Justiz werden soll, oder ob damit die Geschäftsstelle des Ermittlungsrichters gemeint ist.

44 **c) Informationspflichten gem. §§ 114d und 114e.** Fraglich ist hier, ob die Informationspflichten der §§ 114d und 114e überhaupt in Einklang mit der nunmehr beschränkten Gesetzgebungskompetenz des Bundes stehen. Denn die Benachrichtigungspflichten betreffen nicht nur formal, sondern auch inhaltlich Fragen der Ausgestaltung der Untersuchungshaft. Hierfür ist der Bund aber gar nicht mehr zuständig (s.o. Rdn. 25).

45 Weiter ist offen, ob sie mit dem auch dem Gefangenen zustehenden **Datenschutz** vereinbar sind. Denn die wechselseitigen Informationspflichten führen zu einer Totalbeobachtung des Untersuchungsgefangenen. Sein Verhalten ist dann nicht mehr Ausdruck seiner Individualität, sondern wird als wissenschaftliche Erkenntnisquelle – ggf. zulasten des Beschuldigten – verwertet (vgl. zu diesem Aspekt BVerfG NJW 2002, 283 ff.; s.a. die Stellungnahme der *BRAK* zum RefE des BMJ »Gesetz zur Überarbeitung des Untersuchungshaftrechts«, dort S. 7; *Tsambikakis* ZIS 2009, 503, 509).

d) **Ausgestaltung der Untersuchungshaft gem. § 119.** Hinsichtlich der neu geregelten Ausgestal- 46
tung der Untersuchungshaft in § 119 bestehen Unklarheiten bei der Regelungskompetenz. Sämtliche in
§ 119 Abs. 1 Nr. 1 bis 5 genannten Beschränkungen der Untersuchungshaft (u.a. der Empfang von Besuchen, die Überwachung von Außenkontakten oder auch eine Trennung) können sowohl aus der Anordnung als auch aus der Ausgestaltung der Untersuchungshaft resultieren. Wären sie aber Letzterer
zuzuordnen, dann müsste die gesetzliche Grundlage dem Landesrecht entspringen, nicht der StPO.
Dieser Aspekt ist gerade dann problematisch, wenn der Untersuchungshaftgefangene Rechtsschutz
sucht und zunächst geklärt werden muss, wer der »richtige Ansprechpartner« hierfür ist (s. hierzu *Brocke/Heller* StraFo 2011, 1 ff.; *König* NStZ 2010, 185 ff.).

Der Reformgesetzgeber hat bei der Ausgestaltung der Haftbedingungen **Einzelfallgerechtigkeit** anstelle 47
der früher normierten Gleichbehandlung angestrebt. Denn Ausfluss der Unschuldsvermutung ist auch
eine Entscheidung nebst Begründung für jeden konkreten Einzelfall. Aber die Praxis zeigt schon jetzt,
dass die individuellen Besonderheiten des einzelnen Beschuldigten keineswegs immer berücksichtigt
werden. Von den Gerichten werden (regelmäßig vorbereitet von der StA) entsprechende Beschränkungsbeschlüsse hinsichtlich der Ausgestaltung der Untersuchungshaft standardisiert »angekreuzt«
und »abgehakt«, ohne auf die konkreten Umstände des Einzelfalles tatsächlich einzugehen. Ärgerlich
für den Beschuldigten aber auch die ausführenden Organe der Justizvollzugsanstalten ist dies auch deshalb, weil standardisiert pauschale Beschränkungen angeordnet werden, die früher allenfalls selten (im
begründeten Einzelfall) vorgegeben wurden. So hat die individuell angeordnete Einzelüberwachung der
Besuche – früher die Ausnahme – seit der Reform deutlich zugenommen; sie wird teils schon als die
Regel angesehen. All dies, nur weil es jetzt genügt, die Beschränkung in einem formularmäßig vorgehaltenen Beschluss anzukreuzen, sofern nicht auch dies schon von der StA vorgegeben ist. Dass der Begründungszwang hier auf der Strecke bleibt, steht außer Frage (s. hierzu auch die Kommentierung bei § 119
dort Rdn. 4). Der eigentlich verfassungs- und europarechtlich geforderte Begründungszwang jeder einzelnen Anordnung verkehrt sich hier ins Gegenteil.

Es darf auch nicht übersehen werden, dass die von Bundesland zu Bundesland unterschiedlichen Gesetze nunmehr von vornherein, schon vor jeder Prüfung des Einzelfalls, verschiedenartige Regelungen 48
vorsehen. Völlig unverständlich ist bspw. die Regelung der allgemeinen Besuchszeiten, die deutlich voneinander abweichen und dann noch von Anstalt zu Anstalt individuell geändert (»angepasst«) werden (s.
hierzu bereits oben unter Rdn. 37 sowie § 119 Rdn. 25).

e) **Recht auf Pflichtverteidigung bei Anordnung der Untersuchungshaft gem. § 141 Abs. 3** 49
Satz 4 i.V.m. § 140 Abs. 1 Nr. 4. Gem. § 141 Abs. 3 Satz 4 i.V.m. § 140 Abs. 1 Nr. 4 ist dem Beschuldigten *»unverzüglich nach Beginn der Vollstreckung«* der Untersuchungshaft ein Pflichtverteidiger
beizuordnen. Ist ein Fall der notwendigen Verteidigung anzunehmen, dann ist der Beschuldigte hierüber
nach § 114b Abs. 2 Satz 1 Nr. 4a zu belehren. In der Praxis erfolgt die Beiordnung regelmäßig erst
nach der ersten und damit erfahrungsgemäß entscheidenden (ermittlungs-)richterlichen Vernehmung
des Beschuldigten. (ausführlich hierzu s. die Kommentierung zu § 117 Rdn. 67 ff.). Die Beiordnung
eines Pflichtverteidigers soll aber regelmäßig nicht bereits vor der verantwortlichen Vernehmung des
Beschuldigten nach dessen Ergreifung aufgrund eines HB erforderlich sein (BGH JR 2015, 279 =
NStZ 2014, 722 ff. [m. Anm. *Knauer*] = StV 2015, 144 ff. [m. Anm. *Eisenberg* StV 2015, 180 ff.]; s.
hierzu auch *Beukelmann* NJW-Spezial 2014, 760 f.). Das erscheint mit Blick auf Fürsorgepflichten
und den Grundsatz des fairen Verfahrens problematisch.

Im Fall eines **Dezernatshaftbefehls,** d.h. bei Beantragung und Erlass des Haftbefehls vor der Verhaf- 50
tung des Beschuldigten mit dann nachfolgender Ausschreibung bzw. Fahndung, ist dies schon dogmatisch falsch. Denn dort beginnt die Vollstreckung der Untersuchungshaft bereits mit der Festnahme des
Beschuldigten (so erstmals zu Recht *Deckers* StraFo 2009, 444, 446; *Herrmann* StraFo 2011, 133 ff.;
ausführlich auch *Schlothauer* in: Schlothauer/Weider, Untersuchungshaft, 4. Aufl. 2010, Rn. 298;
ders., in: FS für Samson, 2010, S. 709, 714 ff.; *Weider* StV 2010, 102, 104; s. hierzu auch LR/*Hilgers*
26. Aufl., § 121 Rn. 13; *Jahn* in: FS für Rissing-van Saan, 2011, S. 273, 275 ff. und S. 288 f.; LR/*Lüderssen/Jahn* 26. Aufl., § 141 Rn. 24 f.; *Meyer-Goßner/Schmitt* 57. Aufl. 2014, § 121 Rn. 4; a. A. *Bittmann* NStZ 2010, 13, 15 [justizfreundlich]; *Brocke/Heller* StraFo 2011, 1 ff. [streng formal]; *Heydenreich* StraFo 2011, 263 ff.; *ders.* StRR 2009, 444, 445; *Meyer-Goßner/Schmitt* § 141 Rn. 3a [a.E.];
Wohlers StV 2010, 151, 152; s.a. OLG Düsseldorf StV 2010, 350 [alle aber jeweils mit weniger diffe-

renziertem Ansatz als *Deckers*, *Herrmann* und *Schlothauer*]; klar differenzierend aber wiederum: *Weider* in: Schlothauer/Weider, Untersuchungshaft, 4. Aufl. 2010 [für den Fall der vorläufigen Festnahme einerseits s. Rn. 300 ff. und für den Fall der Verhaftung aufgrund eines Dezernatshaftbefehls andererseits s. Rn. 332, 333). Sofern der Beschuldigte nicht schon verteidigt ist bedarf es zur Sicherung seiner Rechte der Beiordnung eines »**Notverteidigers**« zumindest für die Eröffnung des Haftbefehls und die erste Vernehmung. Der Beschuldigte kann und darf in dieser Situation nicht unverteidigt sein (s. hierzu auch die Kommentierung bei § 115 Rdn. 30; § 115a Rdn. 9; ausführlich *Herrmann* StraFo 2011, 133 ff.; *Schlothauer* in: Schlothauer/Weider, Untersuchungshaft, 4. Aufl. 2010, Rn. 298; *ders.* in: FS für Samson, 2010, S. 709, 714 ff.; *Weider* StV 2010, 102, 104).

51 Für den **Fall der vorläufigen Festnahme mit nachfolgender Vorführanzeige** und einem erst dann gestellten Antrag auf Erlass eines Haftbefehls muss dies ebenso gelten. Zwar beginnt hier die Vollstreckung der Untersuchungshaft nicht wie beim Dezernatshaftbefehl mit der Festnahme. Aber es ist kein Grund dafür ersichtlich, dass insofern eine Schlechterstellung des Beschuldigten gerechtfertigt sein könnte. Ebenso wie bei der Eröffnung eines Dezernatshaftbefehls geht es auch hier um die für den Beschuldigten existenzielle Frage seiner Inhaftierung. Die prozesspsychologische Situation ist für ihn in beiden Fällen die Gleiche (ausführlich *Herrmann* StraFo 2011, 133 ff.).

52 Im Ergebnis hat also schon bei sachgerechter Auslegung des Gesetzeswortlautes, erst recht aber unter Beachtung des Verteidigungsrechts des Beschuldigten, zumindest in Haftsachen immer eine sofortige Beiordnung, noch vor der ersten Vernehmung zur Sache, zu erfolgen. Die Frage der Anordnung der Untersuchungshaft darf nicht ohne anwaltlichen Beistand entschieden werden. *Weider* hat es im Rechtsausschuss des Deutschen Bundestages treffend formuliert, als er darauf hinwies, dass bei einer erst nachträglichen Beiordnung »*das Kind bereits in den Brunnen gefallen ist*« (vgl. *ders.* in: Schlothauer/Weider, Untersuchungshaft, 4. Aufl. 2010, Rn. 282; s.a. *Herrmann* StraFo 2011, 133 ff.; *Morgenstern* ZIS 2011, 240, 243; *Weider* StV 2010, 102, 104; *Wohlers* StV 2010, 151, 153; s. hierzu auch BGH JR 2015, 279 = NStZ 2014, 722 ff. [m. Anm. *Knauer*] = StV 2015, 144 ff. [m. Anm. *Eisenberg* StV 2015, 180 ff.]; s. hierzu auch *Beukelmann* NJW-Spezial 2014, 760 f.).

53 Auch die **Auswahl des Pflichtverteidigers**, seit jeher ein zentraler Kritikpunkt, wurde durch die Reformgesetzgebung unzureichend geregelt. Um dem Anspruch an eine sachgerechte Auswahl in der Praxis Geltung zu verschaffen, haben die maßgeblichen Zusammenschlüsse von Strafverteidigerinnen und Strafverteidigern schon früher Empfehlungen ausgesprochen. Zu nennen sind: der Deutsche Anwaltverein durch seinen Strafrechtsausschuss und die Arbeitsgemeinschaft Strafrecht im DAV (DAV-Stellungnahme Nr. 55/2009, »Empfehlung des Deutschen Anwaltvereins durch seinen Strafrechtsausschuss und die Arbeitsgemeinschaft Strafrecht des DAV zur Praxis der Beiordnung von Pflichtverteidigerinnen und Pflichtverteidigern nach Inkrafttreten der Neuregelungen in §§ 140 Abs. 1 Nr. 4, 141«, abrufbar z.B. über die Homepage des DAV oder der Arbeitsgemeinschaft Strafrecht im DAV), darüber hinaus die Strafverteidigervereinigungen aus elf Bundesländern gemeinsam mit dem Strafrechtsausschuss des Kölner Anwaltvereins (»Gemeinsame Empfehlungen der Strafverteidigervereinigungen zur Praxis der Beiordnung von notwendigen Verteidigern ab dem 01.01.2010«, abgedruckt z.B. in StV 2010, 109) und auch der Strafrechtsausschuss der Bundesrechtsanwaltskammer (BRAK-Stellungnahme 16/2010, »Thesen zur Praxis der Verteidigerbestellung nach §§ 140 Abs. 1 Nr. 4, 141 Abs. 3 Satz 4 i.d.F. des Gesetzes zur Änderung des Untersuchungshaftrechts v. 29.07.2009«, abgedruckt z.B. in BRAK-Mitt. 2010, 201 ff.). Zusammenfassend lässt sich Folgendes festhalten (ausführlich *Herrmann* StraFo 2011, 133 ff.; s. auch *Heydenreich* StV 2011, 700 ff.):

54 Benennt der Beschuldigte auf Anfrage von sich aus vor oder während der Vorführung bei Gericht einen Verteidiger seines Vertrauens, dann ist dieser zu informieren und, sofern keine Hinderungsgründe bestehen, beizuordnen. Dem Gericht steht hierbei allenfalls ein sehr enger Ermessensspielraum zu. *Burhoff* spricht unter Bezugnahme auf die Wortwahl in BT-Drucks. 16/12098, S. 31 von »eingeschränktem Ermessen« (*ders.* Handbuch für das strafrechtliche Ermittlungsverfahren, Rn. 2092 ff.). *Wohlers* formuliert, dass der Richter bei Benennung eines Verteidigers »kein Ermessen« habe (*ders.* StV 2010, 151, 154), prüft dann aber ebenso wie *Burhoff* denkbare »wichtige Gründe«, die möglicherweise eine Beiordnung hindern. Tatsächlich geht es hier um die Prüfung, ob wichtige Gründe entgegenstehen. Trotz unterschiedlicher Wortwahl meinen beide letztlich wohl doch das Selbe (s. zum Ganzen *Barton* StV 1992, 407; *Herrmann* StraFo 2011, 133 ff.; *Heydenreich* StV 2011, 700 ff.; *Jahn* in: FS für Rissing-van Saan, 2011, S. 273, 282 ff.; Meyer-Goßner/Schmitt § 142 Rn. 3; Schlothauer/Weider, Unter-

suchungshaft, 4. Aufl. 2010, Rn. 292; *Thielmann* StraFo 2006, 358 ff.; *ders.* HRRS 2009, 452 ff.). Der Beschuldigte hat grds. einen Anspruch auf Beiordnung des gewünschten RA (BVerfG StV 2006, 451 [m. Anm. *Hilger*]; *Meyer-Goßner/Schmitt* § 142 Rn. 9), das Gericht hat gem. § 142 Abs. 1 Satz 2 nur zu prüfen, ob der Beiordnung ein wichtiger Grund entgegensteht. Hierzu kann im Wesentlichen auf die bisherige Rechtsprechung verwiesen werden (ausführlich *Burhoff*, Handbuch für das strafrechtliche Ermittlungsverfahren, Rn. 2092 ff.; *Lewitzki/Thielmann/Meier-Göring* DRiZ 2011, 306 f. [pro/contra]; *Meyer-Goßner/Schmitt* § 142 Rn. 3). Die früher gesetzlich geregelte Privilegierung ortsansässiger Verteidiger ist nicht mehr zulässig (OLG Naumburg StRR 2009, 106; OLG Oldenburg NStZ-RR 2010, 211 = StRR 2010, 267 = StV 2010, 351; *Burhoff*, Handbuch für das strafrechtliche Ermittlungsverfahren, Rn. 2093 und dann nochmals Rn. 2094).

Ist es dem Beschuldigten nicht möglich, auf Anfrage einen Verteidiger zu benennen, dann gilt Folgendes: Hat er die Auswahl dem Gericht überlassen, dann muss dieses unverzüglich einen Pflichtverteidiger beiordnen. Äußert sich der Beschuldigte nicht sofort, dann muss ihm eine angemessene Frist zur Wahrung des rechtlichen Gehörs bei Auswahl des Verteidigers seines Vertrauens eingeräumt werden. Die berufsständischen Organisationen halten Fristen von einer bzw. zwei Wochen für angemessen. Entscheidend wird es auf den Einzelfall ankommen. Sowohl längere als auch kürzere Fristen können angemessen sein. Dem Beschuldigten müssen zur Wahrung seiner Rechte Informationsquellen zugänglich gemacht werden. Die Vorlage nur eines Telefonbuches genügt hierfür zweifellos nicht (s. hierzu bereits BGHSt 38, 372; BGHSt 42, 15; BGHSt 47, 233; BGH NStZ 2006, 114). Sog. **Verteidigerlisten** sind sinnvoll, problematisch erscheinen aber deren Erstellung und Pflege, die Evaluierung der Verteidiger, sowie die praktische Umsetzung der Beiordnung anhand dieser Listen. Ihre Bedeutung wird in der Praxis allgemein aber als eher gering angesehen (ausführlich zum Ganzen *Herrmann* StraFo 2011, 133 ff.; *Jahn* in: FS für Rissing-van Saan, 2011, S. 273, 292 f.; *Wenske* NStZ 2010, 479, 480; s. auch nachfolgend unter Rdn. 57). 55

Wenn das Gericht das dem Beschuldigten zustehende Auswahl- und Benennungsrecht aus § 142 Abs. 1 verletzt, weil es bspw. die Wünsche des Beschuldigten oder eine diesem einzuräumende Frist zur Stellungnahme nicht oder nicht ausreichend beachtet bzw. gewährt, dann ist ein vereinfachter Wechsel zu ermöglichen (vgl. hierzu die jeweiligen Stellungnahmen der benannten berufsständischen Organisationen, s.o. Rdn. 53). Regelmäßig ist der ursprüngliche Pflichtverteidiger zu entbinden und der später benannte Anwalt des Vertrauens beizuordnen (vgl. OLG Düsseldorf StRR 2010, 222 = StV 2010, 350; LG Bonn StV 2010, 181 = StraFo 2010, 148; LG Frankfurt an der Oder StV 2010, 235, LG Krefeld NStZ 2010, 591; zum Verteidigerwechsel s.a. BGH StraFo 2010, 199; zum Ganzen auch *Burhoff*, Handbuch für das strafrechtliche Ermittlungsverfahren, Rn. 2174 ff.; *Heydenreich* StraFo 2011, 263 ff.; *ders.* StRR 2009, 444, 448; *ders.* StV 2011, 700, 703; *Jahn* in: FS für Rissing-van Saan, 2011, S. 273, 285 ff.). 56

Die Praxis zeigt ein anderes, trauriges Bild: Nach wie vor werden die allseits bekannten »Amtspflichtverteidiger« (gerne auch bezeichnet als »ja-sagende Gerichtsnutten«, s. *Föhrig*, Kleines Strafrichterbrevier, 2008, S. 12; weitere Synonyme sind: »Gerichtshuren«, oder [milder formuliert] »Geständnisbegleiter« oder »Amtspflichtverteidiger, denen der Samt auf dem Besatz der Robe wächst«) beigeordnet, mit denen man bei der Justiz »gute Erfahrungen« gemacht hat. An dem »bewährten« alten System der Vorauswahl hat sich – jedenfalls bisher – trotz zunehmender und nachhaltigerer Kritik kaum etwas geändert (*Brocke/Heller* StraFo 2011, 1, 9 [mit Hinweis auch auf die Zunahme der »Verteilungskämpfe« unter den Verteidigern]; *Herrmann* StraFo 2011, 133; *Heydenreich* StraFo 2011, 263 ff.; *ders.* StRR 2009, 444, 446; *Jahn* in: FS für Rissing-van Saan, 2011, S. 273, 2287; *König* AnwBl. 2010, 50, 51; *Wohlers* StV 2010, 151, 153). 57

f) Recht auf Akteneinsicht gem. § 147 Abs. 2 Satz 2. aa) Akteneinsicht bei vollzogenem Haftbefehl. Befindet sich der Beschuldigte in Untersuchungshaft oder ist diese im Fall der vorläufigen Festnahme beantragt, so sind dem Verteidiger nunmehr gem. § 147 Abs. 2 Satz 2 – selbstverständlich schon vor Abschluss der Ermittlungen! – die für die Frage der Beurteilung der Rechtmäßigkeit der Freiheitsentziehung wesentlichen Informationen in geeigneter Weise zugänglich zu machen. »In der Regel« ist ihm »*in geeigneter Weise*« Akteneinsicht zu gewähren (zur Frage der Akteneinsicht beim nächsten Gericht s. § 115a Rdn. 10; zur Akteneinsicht bei rechtlichem Gehör im Rahmen der Haftprüfung s. § 117 Rdn. 18). Dies bedeutet bei genauer Betrachtung Folgendes: 58

59 In § 147 Abs. 2 Satz 2 wurde endlich die seit vielen Jahren bestehende und vielfach begrüßte **Rechtsprechung des EGMR** auf weitestgehende Akteneinsicht in Haftsachen umgesetzt. Das Recht auf Akteneinsicht resultiere aus dem **Grundsatz der Waffengleichheit** zwischen einerseits Strafverfolgungsorganen und andererseits Beschuldigtem. Aus Art. 6 EMRK ergebe sich der Anspruch auf ein kontradiktorisches Verfahren. Das sei aber nur gewährleistet, wenn sowohl die StA als auch die Verteidigung die Ermittlungen zur Kenntnis nehmen und sich zu den jeweiligen Beweismitteln äußern könnten. Nur dann sei das Verfahren fair (vgl. EGMR Nr. 11364/03, Urteil der 5. Kammer v. 13.12.2007 [Mooren v. Deutschland I] StRR 2008, 98 ff. [m. Anm. *D. Herrmann/J. Herrmann*] = StV 2008, 475 [m. Anm. *Hagmann* und *Pauly*]; s.a. EGMR Nr. 11364/03, Urteil der Großen Kammer v. 09.07.2009 [Mooren v. Deutschland II] StraFo 2010, 63 = StRR 2009, 473 ff. [m. Anm. *D. Herrmann*] = StV 2010, 490 ff. [m. Anm. *Pauly*]; s.a. EGMR EuGRZ 2009, 472 f.; EGMR StV 1993, 283; EGMR StV 2001, 201, 203, 205 [m. zust. Anm. *Kempf* StV 2001, 207] = EGMR NJW 2002, 2013 [Lietzow]; EGMR NJW 2002, 2015 [Schöps]; EGMR NJW 2002, 2018 [Garcia Alva]; BVerfG NJW 1994, 3219 = StV 1994, 465 = NStZ 1994, 551; OLG Hamm StV 2002, 318; LG Leipzig StRR 2008, 387 f. [m. Anm. *Stephan*]; AG Halberstadt StV 2004, 549; AG Magdeburg StraFo 2014, 74; s.a. *Beulke/Witzigmann* NStZ 2011, 254 ff.; *Burhoff*, Handbuch für das strafrechtliche Ermittlungsverfahren, Rn. 167 ff.; *Deckers* StraFo 2009, 444; *Herrmann*, Untersuchungshaft, Rn. 360 ff.; *ders.* StRR 2010, 4 ff.; *Jahn* in FS I. Roxin, 2012, S. 585 ff.; *Kempf* in: FS für Rieß, S. 217 ff.; *Meyer-Goßner/Schmitt* § 147 Rn. 25a; *Michalke* NJW 2010, 18; *Morgenstern* ZIS 2011, 240, 243; *Münchhalffen/Gatzweiler*, Untersuchungshaft, 3. Aufl. 2009, Rn. 75 ff.; *Park* StV 2009, 276 ff.; *Püschel* StraFo 2009, 134, 135; *Rau* StraFo 2008, 9 ff.; *Schlothauer* StV 2001, 193 ff.; *Walischewski* StV 2001, 243 ff.; *Weider* StV 2010, 102, 105 f.; *Wohlers/Schlegel* NStZ 2010, 486 ff.; s. hierzu auch die Kommentierung bei § 117 Rdn. 79 f.).

60 Das **BVerfG** hat sich zum Recht auf Akteneinsicht bei Untersuchungshaft zu lange zurückhaltend geäußert. Es meinte noch 1993, dass der Beschuldigte durch die allgemeinen Hinweispflichten des Gerichts nach den §§ 115 Abs. 1 bis 3 und 115a ausreichend informiert sei und so dem Anspruch auf ein rechtsstaatliches und faires Verfahren genügt sei (BVerfG NJW 1994, 573 = StV 1994, 1 ff.). Ein umfassendes Akteneinsichtsrecht wurde, so deutlich wie vom EGMR bereits längst zugesprochen (s.o.), vom BVerfG dann zunächst für Fälle der Anordnung eines dinglichen Arrestes anerkannt (BVerfG NJW 2004, 2443 = StraFo 2004, 309 f. = StV 2004, 411 ff.; NJW 2006, 1048 [m. Anm. *Borggräfe*] = NStZ 2006, 459 ff. = StraFo 2006, 165 ff. = StV 2006, 281 ff.). Wenn dies aber für den Fall eines dinglichen Arrestes zugestanden wird, dann gilt es erst recht für die regelmäßig noch einschneidendere Zwangsmaßnahme der Untersuchungshaft (ebenso *Herrmann*, Untersuchungshaft, Rn. 383; *Püschel* StraFo 2009, 134, 135; s.a. *Weider* StV 2010, 102 ff.). Eine gerichtliche Entscheidung darf nur auf Tatsachen und Beweismittel gestützt werden, die dem Beschuldigten durch Akteneinsicht, zumindest ggü. der Verteidigung bekannt sind (BVerfG NJW 1994, 3219, 3220 f. = NStZ 1994, 551 ff. = StV 1994, 465 = wistra 1994, 342; AG Magdeburg StraFo 2014, 74; *Burhoff*, Handbuch für das strafrechtliche Ermittlungsverfahren, Rn. 167 a.E.).

61 Trotz der nunmehr allgemeinen Anerkennung eines Rechts auf Akteneinsicht durch § 147 Abs. 2 Satz 2 besteht mehrfacher Anlass zu **Kritik**. Denn die neue Regelung ist sprachlich undifferenziert und missverständlich. Die konkreten Vorgaben des EGMR wurden nicht wirklich umgesetzt. Nach der europarechtlichen Rechtsprechung steht dem Verteidiger ein umfassendes Recht auf Akteneinsicht zu. StA und Gericht haben kein Ermessen, es zu versagen. Vielmehr müssen sie sogar von sich aus die Akten vorlegen, und zwar auch dann, wenn neue für die Frage der Anordnung oder Fortdauer der Untersuchungshaft wesentliche Aspekte hinzukommen (*Burhoff*, Handbuch für das strafrechtliche Ermittlungsverfahren, Rn. 167 a.E.; *Herrmann*, Untersuchungshaft, Rn. 383). All dies ist Ausfluss eines fairen Verfahrens, das kontradiktorisch zu führen ist um »Waffengleichheit« zu gewährleisten. Wenn der Gesetzestext dennoch lediglich vorsieht, dass dem Verteidiger in Haftsachen nur »*in geeigneter Weise*« die für die Beurteilung der Rechtmäßigkeit der Freiheitsentziehung wesentlichen Informationen »zugänglich« gemacht werden, und weiter dass auch nur »*in der Regel*« (vgl. den Wortlaut von § 147 Abs. 2 Satz 2 Halbs. 2) Akteneinsicht zu gewähren ist, dann wird das Akteneinsichtsrecht ganz erheblich (unzulässig) eingeschränkt. Zur effektiven Durchsetzung des von EGMR und BVerfG anerkannten Akteneinsichtsrechts muss deshalb auch weiterhin auf deren Rechtsprechung zurückgegriffen werden. Durch die gesetzliche Neuregelung kann ein solcher Rückgriff insb. auf die Rechtsprechung des EGMR auch nicht ausgeschlossen werden. Denn dessen Vorgaben beanspruchen weiter Geltung bei der Aus-

gestaltung der Beschuldigtenrechte (ausführlich hierzu *Burhoff*, Handbuch für das strafrechtliche Ermittlungsverfahren, Rn. 167 ff.; *Herrmann*, Untersuchungshaft, Rn. 360 ff.). Eine auch weiterhin vertretene Beschränkung des Rechts auf Akteneinsicht würde hingegen eine Fortsetzung des überkommenen, einseitig inquisitorischen Strafverfahrens bedeuten.

Dies bestätigt ein anderer Blickwinkel: Auf Akteile, die dem Beschuldigten sowie dessen Verteidiger 62 unbekannt sind, darf eine Entscheidung über Anordnung oder Fortdauer der Untersuchungshaft nicht gestützt werden. Insoweit hat die Rechtsprechung ein **verfassungsrechtliches Verwertungsverbot** anerkannt (BVerfG NJW 1994, 3219, 3220 f.; OLG Hamm StV 2002, 318; ähnlich OLG Brandenburg OLGSt § 114 StPO Nr. 1; LG Magdeburg StV 2004, 327; AG Halberstadt StV 2004, 549; AG Halle/Saale StV 2013, 166 = StRR 2012, 356 [m. Anm. *Burhoff*]); s.a. *Burhoff*, Handbuch für das strafrechtliche Ermittlungsverfahren, Rn. 167, 168; Rn. 2847; *Herrmann*, Untersuchungshaft, Rn. 360 ff.; *Weider* StV 2010, 102, 105 f.). Wird der Verteidigung nicht ausreichend, d.h. umfassend Akteneinsicht gewährt, dann ist der Haftbefehl aufzuheben (s. dazu § 147 Abs. 2 S. 2; BT-Drucks. 161/11644, S. 34; so auch schon früher EGMR StV 2008, 475 ff.; OLG Hamm StV 2002, 318 ff.; Ähnlich OLG Brandenburg OLGSt § 114 StPO Nr. 1; LG Magdeburg StV 2004, 327 f.; AG Halle/Saale StRR 2012, 356 [m. Anm. *Hunsmann*]; s. hierzu auch *Beulke/Witzigmann* NStZ 2011, 254 ff.; *Deckers* StraFo 2009, 441 ff.; *Herrmann* StRR 2010, 4 ff.; *Tsambikakis* ZIS 2009, 503 ff.; *Weider* StV 2010, 102, 105). Angeblich soll sich der Beschuldigte im Beschwerdeverfahren den durch die Akteneinsicht seines Pflichtverteidigers gewonnenen Erkenntnisstand zurechnen lassen müssen. Unter dem Gesichtspunkt der Waffengleichheit sei es ausreichend, den Wahlverteidiger lediglich darüber informieren zu müssen, dass der Pflichtverteidiger des Beschuldigten bereits Akteneinsicht erhalten hat. Die Aufhebung des Haftbefehls wegen der dem Wahlverteidiger nicht rechtzeitig gewährten Akteneinsicht und eines damit einhergehenden Verstoßes gegen das Recht des Beschuldigten auf ein faires rechtsstaatliches Verfahren sowie seinen Anspruch auf rechtliches Gehör sei dann nicht veranlasst (OLG Stuttgart NStZ 2011, 599 = StRR 2011, 276 [m. deutlich abl. Anm. *Herrmann*]).

Konsequenterweise dürfen die Ermittlungsbehörden aber auch nicht einseitig bestimmen, was sie zu 63 den Akten nehmen und was sie weglassen oder zunächst sonst vorhalten (vgl. hierzu statt Aller bei Rdn. 59 Genannter: *Kempf* StV 2001, 207; s. auch Rdn. 66). Denn dies würde einer subjektiv geprägten einseitigen Aktenführung Tür und Tor öffnen, der inquisitorische Züge nicht abzusprechen wären.

Der Akteninhalt muss der Wahrheit entsprechen. Die tatsächlichen Zusammenhänge dürfen nicht 64 durch die Darstellung unwahrer Sachverhalte verschleiert werden. Der Beschuldigte darf insb. nicht über die wahren Hintergründe seiner Festnahme getäuscht werden. Andernfalls kann ein Verstoß gegen den Grundsatz des fairen Verfahrens (»fair trial«) angenommen werden (BGH NJW 2010, 2452 = NStZ 2010, 294 = StraFo 2010, 147 f. = StV 2010, 285 ff.).

Schließlich ist auch zu beachten: I.R.d. Aussprache zum Gesetz zur Reform des Untersuchungshaft- 65 rechts im Bundestag am 12.02.2009 wurde MdB *Montag* mehrfach unterbrochen und u.a. von Parl. Staatssekretär *Hartenbach* (SPD) und v.a. MdB *Kauder* (CDU) dahin gehend belehrt, dass mit der Einschränkung »...in der Regel...« natürlich nicht die Fälle des verteidigten Beschuldigten gemeint seien, sondern nur die, bei denen der Beschuldigte nicht verteidigt sei. In solchen Fällen könne Akteneinsicht aus tatsächlichen Gründen nicht gewährt werden, da zu befürchten stehe, dass der Beschuldigte Akteile entnehme (ganz anders hierzu allerdings sowohl der alte als auch der neue Wortlaut des Gesetzes, der ausdrücklich auch dem Beschuldigten ein Akteneinsichtsrecht zugesteht, vgl. § 147 Abs. 7 a.F. und n.F.!). Dies bedeutet, dass jedenfalls im Parlament kein Zweifel daran bestand, dass dem Verteidiger in Haftsachen nicht nur »*in der Regel*«, sondern vielmehr ausdrücklich in jedem Fall (!) Akteneinsicht zu gewähren ist, weil dies zur angemessenen Verteidigung erforderlich aber auch geboten ist (vgl. hierzu das wörtliche Protokoll der Rede von MdB *Montag* nebst Zwischenrufen von u.a. *Hartenbach* und insb. S. *Kauder*, abrufbar über www.jerzy-montag.de; zum Ganzen auch *Herrmann* StRR 2010, 4 ff.).

Ferner ist zu kritisieren, dass dem Verteidiger gem. § 147 Abs. 2 S. 2 lediglich die Informationen zu- 66 gänglich gemacht werden sollen, die für die Beurteilung der Rechtmäßigkeit der Freiheitsentziehung »wesentlich« sind. Diese Einschränkung widerspricht dem Grundsatz der Waffengleichheit. Staatsanwalt und Richter können gar nicht beurteilen, welche Informationen aus Sicht der Verteidigung von Bedeutung sind. Eine zusammenfassende Darstellung ist immer subjektiv geprägt. Die Überprüfung der Rechtmäßigkeit der Untersuchungshaft muss deshalb – wie vom EGMR mehrfach klar und deutlich festgestellt (s.o. Rdn. 59) – umfassend möglich sein. Dies ist nur bei vollständiger Akten-

Vor §§ 112 ff. StPO

einsicht denkbar (ebenso *Burhoff*, Handbuch für das strafrechtliche Ermittlungsverfahren, Rn. 167 ff.; *Borggräfe/Schütt* StraFo 2006, 133 ff. [vornehmlich zum dinglichen Arrest]; *Esser/Gaede/Tsambikakis* NStZ 2011, 78, 82; *Herrmann*, Untersuchungshaft, Rn. 383; *ders.* StRR 2010, 4 ff.; *Jahn* in FS I. Roxin, 2012, S. 585 ff.; *Kempf* StV 2001, 207; *Park* StV 2009, 276, 279; *Weider* StV 2010, 102, 105 f.; enger *Beulke/Witzigmann* NStZ 2011, 254 ff.; *Börner* NStZ 2010, 417, 421; *Strafner* NStZ 2009, 164, 165 f. [Anm. zu EGMR NStZ 2009, 164 f.]).

67 Problematisch bei allem ist, dass die Konkretisierung der Gewährung von Akteneinsicht überhaupt erst im Laufe des Gesetzgebungsverfahrens zur Klarstellung der ursprünglichen Gesetzesbegründung aufgenommen wurde (vgl. BT-Drucks. 16/11644, S. 34 und im Nachgang dazu BT-Drucks. 16/13097, S. 27). Sie ist aber dennoch fatal missverständlich und völlig missglückt formuliert.

68 Im Ergebnis darf die Verteidigung nicht gezwungen werden, sich mit der Vorlage von Aktenauszügen oder gar einer mündlichen Zusammenfassung des Akteninhalts zufriedenzugeben. Solche Zusammenfassungen sind immer subjektiv geprägt und meist unvollständig (s.o. Rdn. 66; s. auch § 115 Rdn. 20). Wenn § 147 Abs. 2 Satz 2 dies gleichwohl zuzulassen scheint, dann kann man nur mit den Worten von MdB *Montag* am 12.02.2009 bei der Beratung des Gesetzes im Bundestag von einer »*Karikatur des Rechts auf Akteneinsicht*« und einer »*Karikatur der unabhängigen Verteidigung*« sprechen (abrufbar über www.jerzy-montag.de; zum Ganzen auch *Burhoff*, Handbuch für das strafrechtliche Ermittlungsverfahren, Rn. 167 ff.; *Herrmann* StRR 2010, 4 ff.).

69 **bb) Akteneinsicht bei nicht vollzogenem Haftbefehl.** Die Frage der Gewährung von Akteneinsicht bei nicht vollzogenem Haftbefehl ist nicht abschließend beantwortet (zum dinglichen Arrest s. BVerfG NJW 2006, 1048 ff. = NStZ 2006, 459 f. = StraFo 2006, 165 ff. = StV 2006, 281 ff.; zum noch nicht vollzogenen Durchsuchungsbeschluss s. LG Neubrandenburg NStZ 2008, 655 f.; LG Berlin StV 2010, 352 ff.; ausführlich zum Ganzen *Börner* NStZ 2010, 417 ff. und *Park* StV 2009, 276 ff.; zur Rspr. Des EGMR im Jahr 2012: *Oerder/Hagmann* StRR 2014, 84, 88).

Teilweise wird vertreten, dass bei einem nicht vollzogenen Haftbefehl Akteneinsicht versagt werden könne. Dem Beschuldigten sei zuzumuten, abzuwarten, bis die Ermittlungen soweit gediehen sind, dass ihm bzw. seinem Verteidiger Akteneinsicht gewährt werden kann. Das Ermessen hierfür stehe der Staatsanwaltschaft als Herrin des Ermittlungsverfahrens zu (vgl. BVerfG NStZ-RR 1998, 108; KG StraFo 2012, 15 ff. [m. krit. Anm. *Herrmann*]; OLG München NStZ 2009, 109 f. = StRR 2009, 475 [m. krit. Anm. *Herrmann*] = StV 2009 538 f. [mit kritischer Anm. *Wohlers*]; OLG Hamm NStZ-RR 1998, 19; OLG Hamm NStZ-RR 2001, 254; so wohl auch *Meyer-Goßner/Schmitt* § 147 Rn. 25; a. A. OLG Köln StV 1998, 269; LG Aschaffenburg StV 1997, 644; kritisch auch *Paeffgen* NStZ 1999, 74; zur Rspr. des EGMR im Jahr 2012: *Oerder/Hagmann* StRR 2014, 84, 88 [differenzierend]). Bis zum Vollzug der Untersuchungshaft überwiege das Geheimhaltungsinteresse der Strafverfolgungsbehörden. Dem Informationsinteresse des Beschuldigten werde danach immer noch ausreichend Rechnung getragen, denn nach seiner Verhaftung werde er gem. § 115 Abs. 3 ja ermittlungsrichterlich vernommen. Das Gericht müsse im Rahmen der Haftbefehlseröffnung nicht nur den Inhalt des Haftbefehls bekannt geben, sondern darüber hinaus auch Gelegenheit geben, zu seinen Gunsten sprechende Tatsachen geltend zu machen.

70 Nach anderer Ansicht ist bei einem nicht vollzogenen Haftbefehl, von dem der Beschuldigte Kenntnis erlangt hat, in entsprechender Anwendung von § 147 Abs. 2 Satz 2 entweder generell (*Herrmann*, Untersuchungshaft, 2008, Rn. 400 ff.; LR/*Lüderssen/Jahn* § 147 Rn. 77; *Püschel/Bartmeier/Mertens*, Untersuchungshaft in der anwaltlichen Praxis, 2011, S. 75) oder nach Abwägung des Einzelfalls (ausführlich hierzu *Beulke/Witzigmann* NStZ 2011, 254 ff.; s. auch *Börner* NStZ 2010, 417 ff.; *Park* StV 2009, 276 ff.; SK-StPO/*Wohlers* § 147 StPO Rn. 66) Akteneinsicht zu gewähren. Dies gelte zumindest für die Fälle, in denen der Haftbefehl allein auf Fluchtgefahr gestützt wird.

Differenziert hat sich hierzu insbesondere das LG Aschaffenburg (StV 1997, 644 f.) geäußert: Die Frage des Fortbestehens des Haftbefehls dürfe in diesem Fall nicht auf Tatsachen und Beweismittel gestützt werden, die der Beschuldigte infolge verweigerter Akteneinsicht nicht kennt. Es reiche nicht aus, dass der Beschuldigte durch eine negative Beschwerdeentscheidung die konkreten Tatsachen und Beweismittel erfahre, die einen dringenden Tatverdacht begründen. Denn dadurch werde sein Anspruch auf rechtliches Gehör verletzt (vgl. hierzu insb. auch BVerfG NJW 1994, 3219 ff. = NStZ 1994, 551 ff. = StV 1994, 465 ff. = wistra 1994, 342 ff.). Art. 103 Abs. 1 GG gewähre dem Beschuldigten grds. schon vor jeder gerichtlichen Entscheidung rechtliches Gehör. Ihr dürften deshalb nur solche Tatsachen und Beweisergebnisse zugrunde gelegt werden, zu denen der Beschuldigte Stellung nehmen konnte. Nur dort, wo die Sicherung gefährdeter Interessen eine vorherige Anhörung verbietet, beispielsweise um den Beschuldigten nicht zu warnen, könne ausnahmsweise von der Mitteilungspflicht abgesehen werden. Habe der Beschuldigte aber bereits Kenntnis von der Existenz eines Haftbefehls, dann gebiete das Interesse einer effektiven Strafverfolgung nicht mehr, ihm die Tatsachen und Beweismittel, auf die sich der dringende Tatverdacht stützt, vorzuenthalten (LG Aschaffenburg StV 1997, 644, 645; ebenso: OLG Köln StV 1998, 269, 270).

Nach § 33 Abs. 4 StPO kann das rechtliche Gehör bei der Anordnung der Untersuchungshaft, der Beschlagnahme oder anderer (Zwangs-)Maßnahmen zwar versagt werden, wenn die vorherige Anhörung den Zweck der Anordnung gefährden würde. Die Vorschrift ist nach Wortlaut und Intention in ihrer praktischen Umsetzung aber eindeutig erfolgsbezogen zu verstehen. Wenn der Beschuldigte die gegen ihn beabsichtigte Zwangsmaßnahme bereits kennt oder weiß, dass sie droht, dann gibt es ihm gegenüber nichts mehr zu verheimlichen. Der Überraschungseffekt verfängt dann nicht mehr. Auch bei der Verweigerung des Rechts auf Akteneinsicht darf nur die Sicherung des Erfolgs der Untersuchungsmaßnahme im Vordergrund stehen.

Zusammenfassend bleibt festzuhalten: Die Grundlagen einer Haftentscheidung müssen dem Beschuldigten immer offen gelegt werden. Er muss sich dagegen verteidigen können, auch bereits in Freiheit. Der Beschuldigte muss sich nicht zunächst verhaften lassen um sich erst dann qualifiziert verteidigen zu können. Der entscheidende Aspekt ist hier die Zwangsmaßnahme als solche. Hat der Betroffene also Kenntnis vom Bestehen eines noch nicht vollzogenen Haftbefehls, dann haben sein Anspruch auf rechtliches Gehör sowie sein Freiheitsrecht Vorrang vor dem hiermit konkurrierenden staatlichen Anspruch auf Vermeidung der Gefährdung der Ermittlungen (so wohl auch *Paeffgen* NStZ 1999, 74 ff.; zum Ganzen auch *Burhoff*, Handbuch für das strafrechtliche Ermittlungsverfahren, Rn. 180 f.; *Herrmann*, Untersuchungshaft, Rn. 400 ff.). Sollen Zwangsmaßnahmen durchgeführt werden, dann sind die Karten aufzudecken. Nur ein solches Verständnis berücksichtigt die Rechte des Beschuldigten und damit den Grundsatz des fair trial angemessen.

D. Europarechtliche Vorgaben im Recht der Untersuchungshaft.

Die Rechte des Beschuldigten im Zusammenhang mit der Anordnung und dem Vollzug der Untersuchungshaft werden über das nationale Recht hinaus auch auf europarechtlicher Ebene geschützt. Die zentralen Vorschriften hierzu finden sich in den **Art. 5 und 6 EMRK**. Eine ausführliche Darstellung kann an dieser Stelle nicht erfolgen. Auf die Kommentierung im unmittelbaren Sachzusammenhang mit dem nationalen Recht wird verwiesen (vgl. Rdn. 59; zur Bindungswirkung von Entscheidungen des EGMR für das nationale Recht s.u.a. *Ambos* ZStW 115 [2003], S. 583 ff.; *Eisele* JA 2005, 390 ff.; *Gaede* StV 2004, 46, 50 f.; *J. Herrmann/D. Herrmann* in der Anm. zu EGMR Urt. v. 13.12.2007, StRR 2008, 98 ff. [Mooren v. Deutschland I]; *Morgenstern* ZIS 2011, 240 ff.; *dies.* StV 2013, 529 ff.; *Weigend* StV 2000, 384 ff.). 71

Ergänzend zu diesen gesetzlichen Vorgaben und deren Umsetzung durch die Rechtsprechung des EGMR sind das Europäische Parlament und der Rat bestrebt, Einfluss auf die nationale Gesetzgebung der Mitgliedstaaten zu nehmen. Am 30.11.2009 hat der Rat der Europäischen Kommission einen »**Fahrplan zur Stärkung der Verfahrensrechte von Verdächtigen oder Beschuldigten in Strafverfahren**« beschlossen (ABl. C 295 v. 04.12.2009, S. 1). Ziel ist es, die Rechte des Beschuldigten im Strafverfahren europaweit zu vereinheitlichen und zu stärken. Zur Umsetzung dieser Vorgaben wurden inzwischen verschiedene Richtlinien ausgearbeitet und teils bereits erlassen. Weitere Richtlinien sind geplant. 72

I. Recht auf Dolmetscherleistungen und Übersetzungen in Strafverfahren.

Am 20.10.2010 wurde die Richtlinie 2010/64/EU des Europäischen Parlaments und des Rates über das »**Recht auf Dolmetscherleistungen und Übersetzungen in Strafverfahren**« erlassen. Sie regelt u.a. den unverzüglichen Zugang zu Dolmetscherleistungen (Art. 2) sowie der Übersetzung von Schriftstücken (Art. 3). Dies hat unentgeltlich (Art. 4) und qualifiziert (Art. 5) zu erfolgen. Die Rechte stehen sowohl Beschuldigten zu als auch Personen, die einer Straftat zunächst nur verdächtig sind. Die Richtlinie sichert insb. das Recht auf ein faires Verfahren (ausführlich hierzu *Kotz* StRR 2012, 124 ff.). 73

Vor §§ 112 ff. StPO

74 Das **nationale Recht der Untersuchungshaft** gewährt dem Beschuldigten, der der deutschen Sprache nicht hinreichend mächtig ist, insofern u.a. folgende Rechte:

75 In **§ 114 Satz 1 Halbs. 2** ist geregelt, dass der Haftbefehl in eine für den Beschuldigten verständliche Sprache zu übersetzen und ihm eine Abschrift auszuhändigen ist (s.a. Art. 5 Abs. 2 EMRK sowie Nr. 181 Abs. 2 RiStBV; ausführlich hierzu s. die Kommentierung bei § 114a dort Rdn. 9).

76 In **§ 114b Abs. 2 Satz 2** ist die Pflicht zur Belehrung über den Anspruch auf unentgeltliche Hinzuziehung eines Dolmetschers geregelt (vgl. hierzu Art. 6 Abs. 3 Buchst. e) EMRK; s.a. BVerfGE 40, 95, 99 f. = NJW 1975, 1597; BVerfG NJW 2004, 50 f. = NStZ 2004, 261 f. = NStZ-RR 2004, 63 f. = StV 2004, 28 ff.; BGHSt 46, 178 ff. = NJW 2001, 309 ff. = NStZ 2001, 107 ff. = StraFo 2001, 54 ff. = StV 2001, 1 ff. = wistra 2001, 107 ff.; ausführlich hierzu s. die Kommentierung bei § 114b dort Rdn. 5 und § 115 Rdn. 31).

77 Die **Kosten eines Dolmetschers** dürfen dem der deutschen Sprache nicht mächtigen Beschuldigten nicht auferlegt werden. Dies würde einen Verstoß gegen Art. 3 Abs. 3 Satz 1 GG bedeuten. Die Kosten sind von der Staatskasse zu tragen (BVerfG JZ 2003, 543 ff. = NJW 2004, 1095 ff. = NStZ 2004, 274 ff. = NVwZ 2004, 1228 ff. = Rpfleger 2004, 242 ff.; s. hierzu auch *Burhoff*, Handbuch für das strafrechtliche Ermittlungsverfahren, Rn. 2096a f. [dort auch zur divergierenden Rspr. vor dem oben genannten Urteil des BVerfG]; *Herrmann*, Untersuchungshaft, Rn. 319 ff.; KK/*Schultheis* § 119 Rn. 24; *Volpert* in: *Burhoff* [Hrsg.], RVG in Straf- und Bußgeldsachen, Teil A, Dolmetscherkosten, Erstattung, Rn. 426 ff.).

78 **II. Recht auf Belehrung in Strafverfahren.** Über eine **Richtlinie über das Recht auf Belehrung in Strafverfahren** wird derzeit auf der Grundlage eines Kommissionsvorschlags verhandelt. Im Entwurf v. 20.07.2010 (2010/0215 [COD]) sollen Mindeststandards für das Recht auf Belehrung über die Rechte des Betroffenen und über den Tatvorwurf sowie auf Einsicht in die Prozessakte festgelegt werden. Die Richtlinie stützt sich auf die Artt. 5 und 6 EMRK in der Auslegung durch den EGMR.

79 Hintergrund für die Richtlinie ist, dass das Recht auf Belehrung in der EMRK nicht ausdrücklich erwähnt wird. Dennoch ist allgemein anerkannt, dass ein Verdächtiger oder Beschuldigter seine Rechte kennen und auch verstehen muss. Er muss seine Rechte schon vor einer polizeilichen Vernehmung, und damit erst recht i.R.d. richterlichen Vernehmung im Zusammenhang mit der Überprüfung der Anordnung der Untersuchungshaft, in Anspruch nehmen können. Dies ist aber nur möglich, wenn er unverzüglich in einer ihm verständlichen Sprache über Art und Grund der gegen ihn erhobenen Tatvorwürfe sowie über die unmittelbar relevanten Rechte informiert wird. In der Praxis werden Verdächtige hingegen sehr unterschiedlich und oft unzureichend über ihre Rechte informiert. Eine Belehrung erfolgt in den meisten Fällen lediglich mündlich und damit wenig wirkungsvoll. Eine solche Form der Belehrung ist i.Ü. nur schwer zu überwachen. Die Mitgliedstaaten müssen deshalb sicherstellen, dass Verdächtige und Beschuldigte schriftlich über ihre relevanten Rechte informiert werden und diese auch verstehen. Es muss gewährleistet sein, dass sie über ihre Rechte Bescheid wissen. In Deutschland geschieht dies inzwischen sehr formalisiert mittels Merkblättern, die in verschiedener Sprache vorgehalten werden (s. hierzu die Kommentierung bei § 114b).

80 Die Mitgliedstaaten haben Sorge dafür zu tragen, dass die zuständigen Beamten in Polizei- und Justizbehörden eine ihren Pflichten entsprechende **Schulung** erhalten (vgl. Art. 9 des Entwurfes). Es wird erwartet, dass schriftliche Belehrungen in sämtlichen in dem betreffenden Ort geläufigen Sprachen vorgehalten werden, die bei Bedarf vorgelegt werden können (»**Formblätter**«).

81 Ergänzend hierzu sind zur angemessenen Vorbereitung der Verteidigung detaillierte Informationen über den Tatvorwurf zur Verfügung zu stellen. Dies geschieht am wirksamsten durch die Gewährung von **Akteneinsicht** (ausführlich hierzu, dort insb. auch zur Rechtsprechung des EGMR s. bereits vor § 112 dort Rdn. 58 ff.).

82 Der Europäische Ausschuss zur Verhütung von Folter und unmenschlicher oder erniedrigender Behandlung oder Strafe (kurz: **CPT** – European Comittee for the Prevention of Torture and Inhuman or Degrading Treatment or Punishment) hat hierzu in seinem Bericht an die Deutsche Regierung v. 28.07.2006 u.a. betont, dass das Risiko der Einschüchterung und Misshandlung in dem Zeitraum unmittelbar nach der Freiheitsentziehung am größten sei. Das CPT moniert, dass die Belehrung oft nicht ausreichend und auch nur verzögert erfolge. Es sei unerlässlich, dass Verdächtige oder Beschuldigte unmittelbar, d.h. ohne Verzögerung nach ihrer Festnahme, und möglichst wirksam über ihre Rechte be-

lehrt werden und dies auch verstehen. Die hierfür erforderliche unverzügliche und umfassende Belehrung solle zu Beginn der Freiheitsentziehung mündlich erfolgen und schriftlich bestätigt werden (s. zum Ganzen BT-Drucks. 16/11644, S. 13; *Deckers* StraFo 2009, 441 ff.; *Herrmann* StRR 2010, 4, 5; *Morgenstern* StV 2013, 529 ff.; *Münchhalffen/Gatzweiler* Rn. 10 f.; ausführlich: *Tsambikakis* ZIS 2009, 503, 506 ff.).

In **Anhang I zum Vorschlag der Richtlinie** ist ein Muster der Erklärung der Rechte enthalten, das auszuhändigen ist. Dort werden die unmittelbar relevanten Mindeststandards der Richtlinie in einfacher und klar verständlicher Sprache erläutert. Es handelt sich um einen Formulierungsvorschlag. 83

Anhang II zum Vorschlag der Richtlinie enthält ein vorläufiges Muster einer Erklärung der Rechte, die ggü. Personen, die auf der Grundlage eines Europäischen Haftbefehls festgenommen werden, auszuhändigen ist. Es gelten die gleichen Vorgaben wie bei Anhang I. 84

III. Recht auf Rechtsbeistand in Strafverfahren und das Recht auf Kontaktaufnahme bei der Festnahme. Am 08.06.2011 hat die Europäische Kommission einen Entwurf einer weiteren Richtlinie veröffentlicht und zur Diskussion gestellt. Nunmehr sollen auch das **Recht auf Rechtsbeistand in Strafverfahren** und das **Recht auf Kontaktaufnahme bei der Festnahme** europaweit einheitlich geregelt werden. Sie sollen gewährleisten, dass sowohl der Verdächtige als auch der Beschuldigte ab dem Zeitpunkt ihrer Festnahme – also noch vor einer Vernehmung – bis zum Abschluss des Verfahrens Anspruch auf einen Rechtsbeistand haben. Dieses Recht muss so rechtzeitig gewährt werden, dass der vorläufig Festgenommene oder Inhaftierte seine Verteidigungsrechte wirksam wahrnehmen kann. Der Rechtsbeistand darf bei Vernehmungen anwesend sein, Fragen stellen und Erläuterungen verlangen aber auch abgeben. All dies muss in geeigneter Weise aufgezeichnet werden. Der Rechtsbeistand hat darüber hinaus das Recht, die Haftbedingungen seines Mandanten zu prüfen (s. hierzu auch EGMR Beschl. v. 08.12.2009, Nr. 6190/09 [Dzankovic v. Deutschland]; *Esser/Gaede/Tsambikakis* NStZ 2011, 140, 146 f.). Am 10.9.2013 hat das Europäische Parlament den seit 2011 zwischen Rat, Parlament und Europäischer Kommission teils strittig verhandelten Text des Richtlinienvorschlages zum Recht auf einen Rechtsbeistand und zur Kontaktaufnahme bei Festnahme angenommen. Der Rat der Europäischen Union hat die Richtlinie am 7.10.2013 angenommen (zum Text der Richtlinie s. COM[2011]0326 – C7–0157/2011 – 2011/0154[COD]). 85

Verdächtige und Beschuldigte sollen zusätzlich das Recht haben, ihre Angehörigen, ihren Arbeitgeber und im Ausland ihr Konsulat zu kontaktieren und von der Festnahme zu benachrichtigen. Dieses Recht auf Kommunikation soll zusätzlich gesondert ratifiziert werden. 86

Diese Rechte sollen nicht nur dem Verdächtigten oder Beschuldigten zustehen. Auch jede andere Person soll Anspruch auf einen Rechtsbeistand haben, wenn sie im Verlauf der Vernehmung oder Verhandlung zu einem einer Straftat Verdächtigen oder Beschuldigten wird. Die Richtlinie beabsichtigt also auch ein Recht auf Beistand und somit **Schutz für Zeugen, die in Wirklichkeit schon verdächtigt werden.** 87

IV. Sonstiges. Die bereits erlassenen sowie die vorgeschlagenen Richtlinien setzten teilweise bekannte Rechtsprechung des EGMR um. Auf die jeweiligen Hinweise im Sachzusammenhang mit der Kommentierung der nationalen Vorschriften wird verwiesen. 88

In seiner Entschließung über einen »Fahrplan zur Stärkung der Verfahrensrechte von Verdächtigten oder Beschuldigten in Strafverfahren« stellt der Rat fest, dass die Häufigkeit sowie die Dauer der Untersuchungshaft innerhalb der Mitgliedstaaten der EU sehr unterschiedlich gehandhabt werden. Wörtlich heißt es dort: 89

Übermäßig lange Zeiten der Untersuchungshaft sind nachteilig für die betreffende Person, können die justizielle Zusammenarbeit zwischen den Mitgliedstaaten beeinträchtigen und entsprechen nicht den Werten, für die die Europäische Union steht.

Die Kommission wurde vom Rat aufgefordert, ein **Grünbuch zur Untersuchungshaft** vorzulegen. Dieser Verpflichtung ist sie am 14.06.2011 nachgekommen (vgl. »Stärkung des gegenseitigen Vertrauens im europäischen Rechtsraum – Grünbuch zur Anwendung der EU-Strafrechtsvorschriften im Bereich des Freiheitsentzugs«, KOM[2011] 327, v. 14.06.2001 [endgültig]). Das Grünbuch befasst sich u.a. mit Fragen zu Anordnung und Durchführung sowie der Dauer und der periodischen Überprüfung der Rechtmäßigkeit der Untersuchungshaft in den einzelnen Mitgliedstaaten. Es bietet die Möglichkeit zur Diskussion anhand verschiedener Fragen, zu denen bis zum 30.11.2011 ggü. der Europäischen 90

Kommission Stellung genommen werden kann. Ergebnisse, daraus gezogene Schlüsse sowie Konsequenzen hieraus bleiben abzuwarten.

§ 112 StPO Voraussetzungen der Untersuchungshaft; Haftgründe.

(1) ¹Die Untersuchungshaft darf gegen den Beschuldigten angeordnet werden, wenn er der Tat dringend verdächtig ist und ein Haftgrund besteht. ²Sie darf nicht angeordnet werden, wenn sie zu der Bedeutung der Sache und der zu erwartenden Strafe oder Maßregel der Besserung und Sicherung außer Verhältnis steht.

(2) Ein Haftgrund besteht, wenn auf Grund bestimmter Tatsachen
1. festgestellt wird, daß der Beschuldigte flüchtig ist oder sich verborgen hält,
2. bei Würdigung der Umstände des Einzelfalles die Gefahr besteht, daß der Beschuldigte sich dem Strafverfahren entziehen werde (Fluchtgefahr), oder
3. das Verhalten des Beschuldigten den dringenden Verdacht begründet, er werde
    a) Beweismittel vernichten, verändern, beiseite schaffen, unterdrücken oder fälschen oder
    b) auf Mitbeschuldigte, Zeugen oder Sachverständige in unlauterer Weise einwirken oder
    c) andere zu solchem Verhalten veranlassen,

und wenn deshalb die Gefahr droht, daß die Ermittlung der Wahrheit erschwert werde (Verdunkelungsgefahr).

(3) Gegen den Beschuldigten, der einer Straftat nach § 6 Abs. 1 Nr. 1 des Völkerstrafgesetzbuches oder § 129a Abs. 1 oder Abs. 2, auch in Verbindung mit § 129b Abs. 1, oder nach den §§ 211, 212, 226, 306b oder 306c des Strafgesetzbuches oder, soweit durch die Tat Leib oder Leben eines anderen gefährdet worden ist, nach § 308 Abs. 1 bis 3 des Strafgesetzbuches dringend verdächtig ist, darf die Untersuchungshaft auch angeordnet werden, wenn ein Haftgrund nach Absatz 2 nicht besteht.

Übersicht	Rdn.		Rdn.
A. Allgemeines/Die materiellen Voraussetzungen der Untersuchungshaft	1	f) Fluchtgefahr aufgrund hoher Straferwartung	63
B. Dringender Tatverdacht, § 112 Abs. 1 Satz 1 StPO	6	3. Sonstiges	71
I. Allgemeines	7	V. Haftgrund der Verdunkelungsgefahr, § 112 Abs. 2 Nr. 3	73
II. Besonderheiten bei der Begründung des dringenden Tatverdachts	15	1. Allgemeines	74
C. Haftgründe des § 112 Abs. 2 und Abs. 3	17	2. Verdunkelungshandlungen im Einzelnen	75
I. Allgemeines	17	3. Bestimmte Tatsachen als Basis der Prognoseentscheidung	82
II. »Apokryphe Haftgründe«	19	4. Kritik am Haftgrund der Verdunkelungsgefahr und der Umsetzung in der Praxis	89
III. Haftgrund der Flucht, § 112 Abs. 2 Nr. 1	25		
1. Allgemeines	25		
2. Sonderfälle	31	5. Sonstiges	91
3. Sonstiges	35	VI. Haftgrund der Tatschwere, § 112 Abs. 3	92
IV. Haftgrund der Fluchtgefahr, § 112 Abs. 2 Nr. 2	37	1. Allgemeines	92
1. Allgemeines	37	2. Die Anforderungen an den Haftgrund der Tatschwere im Einzelnen	97
2. Einzelfälle	45		
a) Fehlende finanzielle und sprachliche Möglichkeiten zur Flucht	46	3. Sonstiges	102
		D. Die Verhältnismäßigkeit, § 112 Abs. 1 Satz 2	106
b) Fluchtgefahr durch selbst verschuldet herbeigeführte Verhandlungsunfähigkeit	47	I. Allgemeines	108
		II. Einzelne Abwägungskriterien	112
c) Fluchtgefahr bei Auslandskontakten	49	1. Zur Person des Beschuldigten	112
		a) Allgemeine Lebensumstände des Beschuldigten	112
d) Fluchtgefahr bei Ausländern	54	b) Haftfähigkeit des Beschuldigten	114
e) »Gestellungspflicht« des im Ausland befindlichen Beschuldigten und daraus resultierende Fluchtgefahr	59	2. Die Dauer der Inhaftierung	125
		3. Das Beschleunigungsgebot in Haftsachen	132

A. Allgemeines/Die materiellen Voraussetzungen der Untersuchungshaft.
Die materiellen Voraussetzungen der Untersuchungshaft sind in den §§ 112, 112a, 113 und 127b Abs. 2 geregelt. In Jugendstrafsachen sind zusätzlich die §§ 72 und 72a JGG zu beachten. Untersuchungshaft nach dem JGG ist gerechtfertigt, wenn die anderen vorgesehenen Maßnahmen nicht ausreichen (OLG Köln Beschl. v. 10.05.2007 – 2 Ws 226/07, zitiert nach *Paeffgen* NStZ 2008, 135 f.).

Der Haftbefehl gründet sich auf drei Säulen: Es bedarf eines **dringenden Tatverdachts** (§ 112 Abs. 1) sowie des Vorliegens mindestens eines der gesetzlich normierten **Haftgründe** (§§ 112 Abs. 2, Abs. 3 und § 112a), darüber hinaus darf die Untersuchungshaft **nicht unverhältnismäßig** sein (§ 112 Abs. 1 Satz 2). Ein Sonderfall gilt für die in § 112 Abs. 3 geregelten Fälle der Schwerkriminalität. Dort bedarf es keines Haftgrundes nach § 112 Abs. 2; Untersuchungshaft kann insofern schon aufgrund der Umstände des Falles selbst angeordnet werden. Bei der Prüfung der Voraussetzungen der Untersuchungshaft ist nicht danach zu fragen, ob diese angeordnet werden kann, sondern vielmehr ob ihre Verhängung – als ultima ratio – wegen überwiegender Belange des Gemeinwohls zwingend geboten ist (KG, Beschl. v. 07.03.2013 – 4 Ws 35/13; StRR 2013, 243 (Kurzmitteilung) = StRR 2013, 356 f. [m. Anm. *Burhoff*] = StraFo 2013, 375 ff. = StV 2014, 26 f.).

Die §§ 112, 112a enthalten eine abschließende Regelung. Insb. auf andere als die gesetzlich genannten Haftgründe darf ein Haftbefehl nicht gestützt werden (OLG Karlsruhe StV 2010, 30). In der Praxis werden dennoch immer wieder sog. »**apokryphe Haftgründe**« herangezogen, um die Untersuchungshaft zu rechtfertigen. Dies ist absolut unzulässig (ausführlich s.u. Rdn. 19 ff.).

Der Erlass eines Haftbefehls ist in jedem Abschnitt des Strafverfahrens zulässig. Er kann sowohl vor als auch noch nach Rechtskraft des Urteils beantragt und verkündet werden. Das Gericht hat i.R.d. gesetzlichen Vorgaben nach pflichtgemäßem Ermessen zu entscheiden (BVerfGE 19, 342, 349 = NJW 1966, 243, 244; *Meyer-Goßner/Schmitt* § 112 Rn. 1). Maßgeblich sind jeweils die tatsächlichen Umstände des Einzelfalles.

Freies Geleit und der Erlass eines Haftbefehls widersprechen sich nicht. Der Haftbefehl ist dann nur nicht zu vollstrecken (OLG Köln NStZ-RR 2007, 243 = StraFo 2007, 294 f.; s. hierzu auch *Paeffgen* NStZ 2008, 135).

B. Dringender Tatverdacht, § 112 Abs. 1 Satz 1 StPO.
Voraussetzung für den Erlass eines Haftbefehls ist die Annahme eines dringenden Tatverdachts gem. § 112 Abs. 1 Satz 1.

I. Allgemeines.
Eine Legaldefinition für den dringenden Tatverdacht existiert nicht. Von einem dringenden Tatverdacht ist nach allgemeiner Ansicht dann auszugehen, wenn nach dem bisher vorliegenden Ermittlungsergebnis in seiner Gesamtheit eine erhebliche, hohe oder große Wahrscheinlichkeit besteht, dass der Beschuldigte Täter oder Teilnehmer einer Straftat ist (s.z.B. BVerfG NJW 1996, 1049 f.; BGH JZ 1992, 976 [m. Anm. *Schroeder*] = NJW 1992, 1975 ff. = NStZ 1992, 449 [m. Anm. *Baumann*]; OLG Bremen StV 2010, 581 ff.; KK/*Graf* § 112, Rn. 3 ff.; *Herrmann*, Untersuchungshaft, Rn. 581 ff.; LR/*Hilger* § 112, Rn. 16 f.; AnwK/Uhaft-*König*, § 112 StPO Rn. 5; *Meyer-Goßner/Schmitt* § 112 Rn. 5; *Schlothauer/Weider*, Untersuchungshaft, Rn. 413 ff.; *Widmaier/König*, MAH Strafverteidigung, § 4 Rn. 2). Die Entscheidung, ob dies der Fall ist, hängt vom jeweiligen Stand der Ermittlungen und auch des Verfahrens ab. Der Tatverdacht oszilliert sozusagen um das Ermittlungsergebnis (*Meinen* HbStrVf Rn. IV 33). Während etwa zu Beginn eines Ermittlungsverfahrens Indizien vorhanden sein können, die einen dringenden Tatverdacht begründen, kann er später wegfallen, wenn Lücken in der Indizienkette auftreten, sodass keine hohe Wahrscheinlichkeit mehr dafür besteht, dass der Beschuldigte in einer Hauptverhandlung überführt werden kann (OLG Brandenburg StV 1996, 157; LR/*Hilger* § 112 Rn. 19). Dies gilt auch dann, wenn das Ermittlungsergebnis trotz einer nicht unerheblichen Verdachtslage lückenhaft ist, weil die Strafverfolgungsbehörden gebotene Untersuchungen unterlassen haben (OLG Celle StV 1986, 392 f.; OLG Karlsruhe StV 2004, 325 ff. = wistra 2004, 276 ff.).

Die Anordnung der Untersuchungshaft basiert in der Praxis nicht selten auf einer bedenklich weiten Ausdehnung des Begriffs des dringenden Tatverdachts. Es kommt vor, dass der zunächst nicht vorliegende dringende Tatverdacht sich erst aus einem aufgrund der Verhaftung abgelegten Geständnis des Beschuldigten ergibt. Eine solche Praxis ist rechtlich nicht zulässig. Das Strafverfahren kennt keinen Geständniszwang (BGHSt 49, 56 ff. = NStZ 2004, 392 ff. = NStZ-RR 2004, 357 = StV 2004, 358 ff.; BGH StraFo 2011, 60 f.). Weder Anordnung noch Fortdauer der Untersuchungshaft dürfen davon ab-

§ 112 StPO   Voraussetzungen der Untersuchungshaft; Haftgründe

hängig gemacht werden, dass der Beschuldigte ein Geständnis ablegt. Die objektiv rechtswidrige Anordnung des Vollzuges der Untersuchungshaft begründet deshalb ein **Verwertungsverbot** der Angaben des Beschuldigten, die dieser dann in der Untersuchungshaft gemacht hat (LG Bad Kreuznach StV 1993, 629 ff. [»Glykol-Skandal«]).

9 Dieses Urteil wurde allerdings vom BGH in der Revision aufgehoben und an das LG Koblenz zurückverwiesen; Voraussetzung für ein Verwertungsverbot sei nach Ansicht des Senates, dass die Untersuchungshaft absichtlich (»gezielt«) als Mittel zur Erlangung einer Aussage angewandt worden sei (BGH NJW 1995, 2933 ff. = NStZ 1995, 605 ff. = StV 1996, 73 [m. krit. Anm. *Fezer* StV 1996, 77 ff. und Anm. *Samson* StV 1996, 93 ff.] = wistra 1996, 21).

10 Für den dringenden Tatverdacht genügt, dass eine **Verurteilung möglich** ist, eine Wahrscheinlichkeit hierfür ist nicht erforderlich (BGH NStZ 81, 94; *Meyer-Goßner/Schmitt* § 112 Rn. 5; *Schlothauer/Weider*, Untersuchungshaft, Rn. 397 ff.; a. A. OLG Bremen StV 2010, 581 ff. [Verurteilung mit großer Wahrscheinlichkeit zu erwarten]). Der dringende Tatverdacht muss aber auf **bestimmten Tatsachen** beruhen. Auf bloße Vermutungen darf er nicht gestützt werden (KG StRR 2010, 354; LG Dresden StV 2013, 163). Auch mögliche erst künftig erwartete Ermittlungsergebnisse können ihn nicht begründen (LG Frankfurt am Main StV 2009, 477). Der dringende Tatverdacht kann nicht auf eine voraussichtlich unverwertbare Aussage gestützt werden (OLG Dresden StraFo 2012, 185).

11 I.R.d. Fortgangs der Verfahrens ist hinsichtlich des dringenden Tatverdachts Folgendes zu berücksichtigen (s.a. *Herrmann*, Untersuchungshaft, Rn. 586; *Widmaier/König*, MAH Strafverteidigung, § 4 Rn. 4): Während des Ermittlungsverfahrens kommt es auf das Ermittlungsergebnis und den Inhalt der Ermittlungsakten an. In der Hauptverhandlung ist ergänzend das jeweilige (Zwischen-)Ergebnis der Beweisaufnahme zu berücksichtigen (OLG Frankfurt am Main StV 2000, 374, 375; OLG Koblenz StV 1994, 316). Während laufender Hauptverhandlung ist der vom Tatgericht angenommene dringende Tatverdacht aufgrund der hier besseren Erkenntnisquellen vom Beschwerdegericht nur eingeschränkt überprüfbar (BGH StV 2014, 227 f.) Nach Erlass eines Urteils, das noch nicht in Rechtskraft erwachsen ist, richtet sich der dringende Tatverdacht grds. nach dem im Urteil festgestellten Sachverhalt. Dann bedarf es für die Frage der Haftfortdauer keines gesonderten Eingehens auf den dringenden Tatverdacht. Anders verhält sich dies, wenn die Verurteilung abweichend vom Tatvorwurf im Haftbefehl erfolgt, dann bedarf es einer entsprechenden Begründung (OLG Jena NStZ-RR 2009, 123). Das Urteil kann aber auch hinsichtlich der Frage der Untersuchungshaft auf Fehler, insb. Darstellungsfehler und Aufklärungsmängel hin überprüft werden (OLG Brandenburg StraFo 2000, 318). Auch i.R.d. Rechtsmittelverfahrens sind neue Beweise darauf hin zu überprüfen, ob sie zu einer anderen Beurteilung des dringenden Tatverdachts führen. Im Revisionsverfahren soll allerdings einem neuen Beweis aus Rechtsgründen nur eine eingeschränkte Bedeutung für die Beurteilung des dringenden Tatverdachts zukommen (BGH StraFo 2004, 142 f.).

12 Der dringende Tatverdacht muss deutlich stärker sein als der Anfangsverdacht i.S.d. § 152. Auch muss er stärker sein als der hinreichende Tatverdacht, von dessen Vorliegen nach § 203 die Eröffnung des Hauptverfahrens abhängt. Nur so lässt sich der gravierende Eingriff in die Freiheitsrechte des Betroffenen – unter Umständen schon in einem frühen Verfahrensabschnitt – rechtfertigen. Dringender und hinreichender Tatverdacht sind nicht in einem schematischen Über- und Unterordnungsverhältnis zu sehen. Zu Beginn eines Ermittlungsverfahrens kann dringender Tatverdacht bejaht werden, obwohl noch offen ist, ob das Hauptverfahren eröffnet werden kann (BGH NStZ 1981, 94). Man muss unterscheiden zwischen der **retrospektiven Prognose** der Täterschaft oder Teilnahme am Delikt und der **prospektiven Prognose** einer Verurteilung (BGHSt 38, 276 ff.; *Deckers* StV 2001, 115 ff.; *Herrmann*, Untersuchungshaft, Rn. 584; *Meinen* HbStrVf Rn. IV 35 ff.).

13 Bei der Überprüfung des dringenden Tatverdachts ist zwischen **Tatfragen** und **Rechtsfragen** zu unterscheiden. Tatsächliche Feststellungen unterliegen einer Plausibilitätskontrolle. Rechtsfragen müssen dagegen vom Richter immer eindeutig entschieden werden. Hier kann eine hohe Wahrscheinlichkeit, dass eine bestimmte Auslegung geboten ist, nicht ausreichen. (KK/*Graf* § 112, Rn. 5; *Herrmann*, Untersuchungshaft, Rn. 589; LR/*Hilger* § 112 Rn. 18; AnwK/*Uhaft-König*, § 112 StPO Rn. 6; *Meyer-Goßner/Schmitt* § 112 Rn. 5; SK-StPO/*Paeffgen* § 121 Rn. 6; *Schlothauer* StV 1996, 391 ff.; *Widmaier/König*, MAH Strafverteidigung, § 4, Rn. 2 a.E.).

14 Offene Fragen zum dringenden Tatverdacht lassen sich sinnvollerweise nur bei genauer Kenntnis der Ermittlungsakte und der dort enthaltenen Ergebnisse klären. Über eine allgemeine Diskussion mit den

Ermittlungsbehörden oder dem Gericht hinaus besteht ein Anspruch auf Beweiserhebungen gem. § 166 Abs. 1, wenn entweder der Verlust des Entlastungsbeweises zu besorgen ist oder die Beweiserhebung die Freilassung des Beschuldigten begründen kann.

II. Besonderheiten bei der Begründung des dringenden Tatverdachts. In der Praxis wird der dringende Tatverdacht i.S.d. § 112 Abs. 1 Satz 1 regelmäßig anhand vordergründig überzeugender Indizien angenommen. Eine genauere Betrachtung zeigt aber, dass dies so ohne Weiteres nicht möglich ist. Zu nennen sind bspw.: 15

– Aus dem umfassenden **Schweigen** des Beschuldigten dürfen keine negativen Schlüsse gezogen werden.
– Bei »**Aussage gegen Aussage**« kommt es entscheidend auf die Richtigkeit der einen oder anderen Aussage an (OLG Koblenz StV 2002, 313 ff.; OLG Köln StV 1991, 304 ff.; LG Hamburg StV 1994, 317 ff.). Belastende Aussagen sind hinsichtlich ihres Zustandekommens und Inhaltes zu hinterfragen (BGH StV 1997, 196, 197 ff.; OLG Bremen StV 1992, 383 ff.; LG Düsseldorf StV 2014, 228 f.; LG Frankfurt am Main StV 1985, 331 f.; LG Frankfurt am Main StV 1998, 271 ff. = NJW 1998, 3727 ff.; LG Hamburg StV 1994, 317 ff.).
– **Lichtbildvorlagen** müssen regelrecht zustande gekommen sein (OLG Bremen StV 1992, 383 ff.; LG Essen StV 2000, 32 ff.; LG Frankfurt am Main StV 1986, 13 ff.).
– Bei einem Verstoß gegen das **Recht auf konfrontative Befragung von Belastungszeugen** gem. Art. 6 Abs. 3 Buchst. d) EMRK kommt der zu berücksichtigenden Aussage auf der Grundlage der vom BGH angenommenen Beweiswürdigungslösung ein nur reduzierter Beweiswert zu (vgl. hierzu BGHSt 46, 93 ff. = NJW 2000, 3503 ff. = NStZ 2001, 212 ff. = StV 2000, 593 ff. = StraFo 2000, 12 ff. = wistra 2000, 466 ff. [Fall »Kaiisi«]; BGH NStZ-RR 2006, 43 ff. = StV 2005, 533 f. = StraFo 2005, 425 f. [Fall »Ingolstädter Verteidiger verzichten auf Anwesenheit«], mit zu Recht kritischer Anm. *Wohlers* StV 2005, 534 f. [zu interpretieren »entweder als fahrlässigen Ausreißer oder aber als vorsätzliche Abwendung von der in der Literatur teilweise euphorisch begrüßten verstärkten Berücksichtigung der Rechtsprechung des EGMR«]; BGHSt 51, 150 ff. = HRRS 2007, Nr. 39 = NJW 2007, 237 ff. = StV 2006, 66 ff. = StraFo 2007, 111 ff. [Fall »Münchner Straßenbahn«]; s. hierzu auch BGHSt 55, 70 ff. = JR 2011, 170 ff. = JZ 2010, 382 = NJW 2010, 2224 ff. = NJW-Spezial 2010, 344 = NStZ 2010, 410 ff. = StraFo 2010, 281 ff. [m. krit. Anm. *Sommer*] = StV 2010, 342 ff. = wistra 2010, 272 ff.; ausführlich zum Ganzen: *Herrmann*, Untersuchungshaft, Rn. 75 ff.; s.a. *Wohlers* StV 2010, 151; s. hierzu auch § 118a Rdn. 5). Es bedarf dann besonderer Anforderungen an die Beweiswürdigung und auch der Begründung des erzielten Beweisergebnisses (»**Beweiswürdigungsregel**«). Dies bedeutet aber, dass der Tatverdacht in derart gelagerten Fällen ggf. nicht mit der für den Erlass eines Haftbefehls gebotenen Dringlichkeit i.S.d. § 112 Abs. 1 Satz 1 angenommen werden kann. Mangels dringendem Tatverdacht darf der Haftbefehl dann nicht erlassen werden oder in Vollzug bleiben (vgl. zum Ganzen: *Burhoff*, Handbuch für das strafrechtliche Ermittlungsverfahren, Rn. 1694a; *Herrmann*, Untersuchungshaft, Rn. 602 ff.).

Hassemer (StV 1984, 38, 40) spricht im Zusammenhang mit Fragen der Begründung des dringenden Tatverdachts davon, dass die Untersuchungshaft Freiheitsberaubung ggü. einem Unschuldigen sei. Hieran muss sich gerade auch der dringende Tatverdacht messen lassen (zum Ganzen: *Herrmann*, Untersuchungshaft, Rn. 581 ff.). 16

C. Haftgründe des § 112 Abs. 2 und Abs. 3. I. Allgemeines. Von den fünf gesetzlich vorgegebenen Haftgründen (Flucht, Fluchtgefahr, Verdunkelungsgefahr, »Tatschwere« und Wiederholungsgefahr) macht die Praxis sehr unterschiedlich Gebrauch. Statistische Angaben zur Häufigkeit der Untersuchungshaft und zu den Haftgründen finden sich in den Tabellen des Statistischen Bundesamtes, Fachserie 10, Reihe 3, S. 370 (www.destatis.de). Hieraus ergibt sich, dass etwa 92,5 % der Haftbefehle den Haftgrund der Fluchtgefahr nennen (Zahlen für 2013; s.a. *Schlothauer/Weider*, Untersuchungshaft, 4. Aufl. 2010, Rn. 7 [dort Zahlen für 2007]; *Ostendorf* NK 2009, 125, 127; *Radtke/Hohmann/Tsambikakis*, StPO, § 112 Rn. 34). Die weiteren Haftgründe spielen in der Praxis eine untergeordnete Rolle. Der Haftgrund der Wiederholungsgefahr wurde in den letzten Jahren in Haftbefehlen zwar deutlich häufiger genannt als früher, erreichte aber – soweit ersichtlich – auch heute nur Zahlen in der Größenordnung von nicht ganz bis zu 8 %. Die Haftgründe der Verdunkelungsgefahr und der 17

§ 112 StPO   Voraussetzungen der Untersuchungshaft; Haftgründe

Schwere der Tat werden hingegen in unter 5 % der Haftbefehle genannt (vgl. die Tabellen des Statistischen Bundesamtes, Fachserie 10, Reihe 3, S. 370 ff. (www.destatis.de); ebenso *Dessecker* HRRS 2007, 112, 114 ff.; *Püschel* StraFo 2009, 134 ff.).

18 Die signifikant hohe Annahme des Haftgrundes der Flucht und vornehmlich der Fluchtgefahr befremdet. Denn tatsächlich versucht nur eine verschwindend geringe Anzahl von Beschuldigten zu fliehen. Und nur in etwa der Hälfte der Verfahren, in denen sich der Beschuldigte in Untersuchungshaft befand, folgt dann eine Verurteilung zu einer Freiheitsstrafe ohne Bewährung (*Püschel* StraFo 2009, 134 ff.; s.a. *Seebode*, in: Breyer/Endler/Thurn [Hrsg.] Strafrecht, 2006, § 3 Rn. 2; *Weider* StraFo 1995, 5, 12).

19 **II. »Apokryphe Haftgründe«.** Neben den fünf im Gesetz genannten Haftgründen gibt es sog. »**apokryphe Haftgründe**«. Hierbei handelt es sich um Haftgründe, die gesetzlich nicht vorgesehen, aber in der Praxis regelmäßig tatsächlich ausschlaggebend für die Anordnung und den Fortbestand der Untersuchungshaft sind. Untersuchungshaft auf dieser Grundlage ist rechtswidrig.

20 Die »**apokryphen Haftgründe**« spielen in der Praxis eine verbreitete, geradezu Besorgnis erregende Rolle (vgl. *Burhoff*, Handbuch für das strafrechtliche Ermittlungsverfahren, Rn. 2856; *Dahs* in: FS für Dünnebier, 1982, S. 227 f.; *Eidam* HRRS 2013, 292 ff.; *Herrmann*, Untersuchungshaft, Rn. 638 ff.; LR/*Hilger* § 112, Rn. 54; *Münchhalffen* StraFo 1999, 332 ff.; SK-StPO/*Paeffgen* § 112 Rn. 21; *Parigger* NStZ 1986, 211 ff.; *Schlothauer/Weider*, Untersuchungshaft, Rn. 661 ff.; *Theile* wistra 2005, 327 ff.; *Weider* StraFo 1995, 11 ff.; *Widmaier/König*, MAH Strafverteidigung, § 4 Rn. 48 sowie Rn. 174 f.). Inzwischen wird im Schrifttum nicht mehr ernstlich bestritten, dass es diese »apokryphen Haftgründe« gibt (abweichend, soweit ersichtlich, nur noch *Lemme* wistra 2004, 288 ff. [aus staatsanwaltschaftlicher Sicht vehement bestreitend; mit der allseits anerkannten Praxis steht dies nicht ansatzweise im Einklang]). Eine zahlenmäßig genaue Erfassung der apokryphen Haftgründe ist, gerade weil sie nicht offengelegt werden, allerdings nicht möglich.

21 In Fällen, in denen apokryphe Haftgründe der eigentliche Grund für die Anordnung von Untersuchungshaft sind, werden sie regelmäßig nicht genannt, sondern hinter den gesetzlich vorgesehenen Haftgründen versteckt, um so den Haftbefehl im Einklang mit dem Gesetz erscheinen zu lassen. In diesen Fällen werden die gesetzlichen Haftgründe dann aber oft nur floskelhaft oder »pseudoempirisch« begründet. Die Anordnung der Untersuchungshaft unter Zugrundelegung entsprechender Haftgründe bedeutet im Ergebnis nichts anderes als einen Etikettenschwindel (*Herrmann*, Untersuchungshaft, Rn. 658; *Schlothauer/Weider*, Untersuchungshaft, 4. Aufl. 2010, Rn. 662).

22 Als typische »apokryphe Haftgründe« können die folgenden genannt werden (vgl. hierzu *Cornell* StV 1994 202, 207 f.; *Dahs* in: FS für Dünnebier, 1982, 227 ff.; *Deckers* AnwBl. 1983 422; *Dünkel* StV 1994, 610, 617 f.; *Eidam* HRRS 2008, 242 ff.; *Herrmann*, Untersuchungshaft, Rn. 638 ff.; LR/*Hilger* § 112, Rn. 54; SK-StPO/*Paeffgen* § 112, Rn. 21, 27; *Paeffgen* NJW 1990, 537 ff.; *ders.* NStZ 1995, 21 ff.; *Parigger* NStZ 1986, 211 ff.; *Schlothauer/Weider*, Untersuchungshaft, Rn. 661 ff.; *Seebode* StV 1989, 118, 119):

– **Druck der öffentlichen Meinung.** Immer wieder erfolgt die Inhaftierung unter dem Deckmantel einer angeblichen Fluchtgefahr, obwohl es einzig darum geht, dass der Beschuldigte aus Sicht der Öffentlichkeit »hinter Schloss und Riegel gehört«. Dieses Phänomen ist v.a. zu beobachten bei Sexualstraftaten, wenn der Opferschutz in den Vordergrund rückt, bei spektakulären Sachverhalten, z.B. Wirtschaftsstraftaten mit hohem Vermögensschaden, wenn Ermittlungsbehörden unter erheblichem Erfolgsdruck stehen, oder auch wenn der Beschuldigte einen gewissen Bekanntheitsgrad hat. Regelmäßig spielt hierbei auch die Berichterstattung in den Medien eine wesentliche Rolle.

– **Erleichterung der Ermittlungen.** Nicht selten erfolgt eine Inhaftierung zu einem Zeitpunkt, in dem die Ermittlungen allenfalls einen »einfachen« aber noch keinen »dringenden« Tatverdacht i.S.d. § 112 Abs. 1 Satz 1 begründen. Zweck der Untersuchungshaft ist hier, den Sachverhalt zunächst in Ruhe auszuermitteln. In manchen Fällen erhoffen sich die Ermittlungsbehörden ergänzende Informationen vom Beschuldigten selbst (zur Förderung der Geständnisbereitschaft durch Haft sogleich ausführlich); in anderen Fällen wollen sie davon unabhängige Ermittlungen »ungestört« anstellen können.

– **Förderung der Geständnisbereitschaft.** In vielen Fällen erfolgt eine Inhaftierung aufgrund der angeblich hohen Straferwartung, verbunden mit dem Hinweis, dass diese durch ein Geständnis – erheblich – reduziert werden könne. Hat der Beschuldigte ein Geständnis abgelegt, kann es zu einer

Haftverschonung kommen. Zu beobachten ist eine solche Vorgehensweise bei nahezu sämtlichen Deliktsgruppen, die eine Untersuchungshaft im weitesten Sinn rechtfertigen könnten. Umgangssprachlich wird vom »Abkochen« des Beschuldigten gesprochen. Denn mit zunehmender Dauer der Inhaftierung steigt die Bereitschaft des Beschuldigten, von den Ermittlungsbehörden erhoffte oder gar erwünschte Erklärungen abzugeben, nur um die Freiheit zurückzuerlangen. Neben falschen Geständnissen besteht hier insb. auch die Gefahr falscher Belastungen Dritter (s. hierzu schon *Peters*, Fehlerquellen im Strafprozess, Bd. II, 1972, S. 21; ebenso *Dauner* in: FS für Stutte, 1979, S. 3; *Herrmann*, Untersuchungshaft, Rn. 641; *Lange*, Fehlerquellen im Ermittlungsverfahren, 1980, S. 90; *Schlothauer/Weider*, Untersuchungshaft, 4. Aufl. 2010, Rn. 5; *Seebode*, Untersuchungshaft, S. 70 und S. 189; aus der Rspr. s.z.B. VerfGH Berlin, Beschl. v. 25.04.2008 – 164/07 [zitiert bei *Paeffgen* NStZ 2010, 200, 201], wo u.a. darauf Bezug genommen wurde, dass der Beschuldigte es sich mangels Kooperation und verfahrensbeendender Absprache selbst zuzuschreiben habe, wenn das Verfahren länger andauere).

Nach zutreffender Ansicht des LG Bad Kreuznach begründet die objektiv rechtswidrige Anordnung des Vollzuges der Untersuchungshaft, gerade wenn sie der Förderung der Geständnisbereitschaft dient, aber ein **Verwertungsverbot** hinsichtlich der Angaben des Beschuldigten, die dieser während der Untersuchungshaft gemacht hat. Dies gilt insb. dann, wenn die Anordnung der Haft offensichtlich der Erlangung eines Geständnisses oder anderer belastender Angaben des Beschuldigten diente, die dann zur Basis einer Verurteilung gemacht werden sollten (LG Bad Kreuznach StV 1993, 629 ff. [»Glykol-Skandal«]). Das Urteil und die Kritik an der Staatsanwaltschaft wurden in der Revision allerdings aufgehoben und die Sache an das LG Koblenz (!) zurückverwiesen; Voraussetzung für ein Verwertungsverbot sei, dass die Untersuchungshaft absichtlich (»gezielt«) als Mittel zur Erlangung einer Aussage angewandt worden sei, was vorliegend angeblich nicht der Fall sei (BGH NJW 1995, 2933 ff. = NStZ 1995, 605 ff. = StV 1996, 73 [m. krit. Anm. *Fezer* StV 1996, 77 ff. und Anm. *Samson* StV 1996, 93 ff.] = wistra 1996, 21). 23

Weitere apokryphe Haftgründe sind:
– **Förderung der Kooperationsbereitschaft** mit den Ermittlungsbehörden. Anders als bei der Förderung der Geständnisbereitschaft (s.o.) geht es hier um die Erlangung von Aussagen des Beschuldigten zu Mittätern oder zu weiteren vermuteten aber noch nicht aufgeklärten Straftaten, die das eigentliche Ermittlungsverfahren nicht unmittelbar betreffen. Von den Ermittlungsbehörden wird in solchen Fällen vom Beschuldigten eine »überschießende Aufklärungshilfe« regelrecht erwartet.
– **Förderung der Therapie- und Behandlungsbereitschaft**. Im Bereich der Drogenkriminalität und auch im Zusammenhang mit Alkoholmissbrauch steht bisweilen als verdeckter, aber eigentlicher Anlass für Untersuchungshaft die therapeutische Einflussnahme auf den Beschuldigten im Vordergrund. Neben der Aufrechterhaltung der Verhandlungsfähigkeit bei Drogenabhängigen geht es in diesen Fällen auch um eine Entgiftung bzw. einen »kalten Entzug« sowie die Lösung des Beschuldigten aus dem Umfeld der Drogenabhängigen.
– **Krisenintervention bei Jugendlichen und Heranwachsenden**. Nicht selten soll bei Jugendlichen und Heranwachsenden der Untersuchungshaft eine erzieherische Bedeutung zukommen, sie wird als »Warnschuss« verstanden (vgl. AnwK/StPO-*Lammer*, § 112 Rn. 3). Mit der Haft wird dann in Wahrheit versucht, die jugendlichen Beschuldigten aus ihrem Umfeld zu lösen und auf deren künftige Entwicklung einzuwirken. Dieser Aspekt soll sogar gesetzlich verankert werden, jedenfalls wird dies diskutiert.
– **Erleichterung ausländerrechtlicher Maßnahmen**. Bei ausländischen Beschuldigten wird die Untersuchungshaft unzulässigerweise angeordnet, um eine Abschiebung oder andere verwaltungsrechtliche Maßnahmen vorzubereiten.
– **Vorwegnahme der (abzusehenden) Strafhaft**. Beschuldigte werden in Untersuchungshaft genommen und verbleiben dort, weil sie »sowieso« mit einer nicht mehr zur Bewährung auszusetzenden Freiheitsstrafe rechnen müssen. Diese könnten sie dann auch schon vorab absitzen. Die Untersuchungshaft bedeutet hier nichts anderes als eine vorweggenommene Vollstreckung der Strafhaft. Dass dies Sinn und Zweck der Untersuchungshaft widerspricht, liegt auf der Hand. Es kommt noch hinzu, dass eine vollzogene Untersuchungshaft, wie die Praxis zeigt, eine präjudizielle Wirkung auf das weitere Verfahren hat. Es ist ein bekanntes Übel, dass Urteile nachträglich immer wieder die erlittene Untersuchungshaft rechtfertigen und entsprechend an die Dauer der verbüßten Haftzeit

§ 112 StPO   Voraussetzungen der Untersuchungshaft; Haftgründe

»angepasste« Haftstrafen ausgesprochen werden (ebenso AnwK/StPO-*Lammer*, § 112 Rn. 6; *Schlothauer/Weider*, Untersuchungshaft, 4. Aufl. 2010, Rn. 681 ff.). Hierbei ist auch zu beachten, dass nur in etwa der Hälfte der Fälle von Untersuchungshaft eine Verurteilung zu einer Freiheitsstrafe ohne Bewährung erfolgt (s.o.; s.a. *Püschel* StraFo 2009, 134 ff.; s.a. *Seebode*, in: Breyer/Endler/Thurn [Hrsg.] Strafrecht, 2006, § 3 Rn. 2; *Weider* StraFo 1995, 5, 12)

24 Es gibt weitere »apokrypher Haftgründe«, mit denen Haftbefehle begründet und aufrechterhalten werden, ohne dass hierfür eine gesetzliche Grundlage ersichtlich ist. In der Praxis legen nicht selten verschiedene Indizien die eine Annahme »apokrypher Haftgründe« nahe. Vermeintliche Begründungen im Text von Haftbefehlen, die einer Überprüfung nicht ansatzweise standhalten und die mit den gesetzlichen Vorgaben nicht in Einklang zu bringen sind, belegen gesetzesfremde Ziele und Zwecke. So werden regelmäßig Haftbefehle wegen angeblicher Fluchtgefahr lapidar einzig mit der »Höhe der zu erwartenden Strafe« begründet. Dies stimmt schon deshalb bedenklich, weil statistisch erwiesen ist, dass zwar 92,5 % der Haftbefehle den Haftgrund der Fluchtgefahr nennen, aber überhaupt nur in 52 % der Fälle, in denen Untersuchungshaft angeordnet wurde, eine Freiheitsstrafe ohne Bewährung verhängt wurde (s.o.; s. *Schlothauer/Weider*, Untersuchungshaft, 4. Aufl. 2010, Rn. 7; s.a. *Ostendorf* NK 2009, 125, 127). Auch werden in Haftbefehlen angeführt die angeblich »völlige Gleichgültigkeit gegenüber der Rechtsordnung«, die »besonders rücksichtslose Vorgehensweise und die sich daraus ergebende negative Einstellung zur Rechtsordnung« oder ähnliche Leerfloskeln. Bisweilen wird eine Flucht- oder Verdunkelungsgefahr schon allein aufgrund der »Natur der Straftat« vermutet, etwa bei Wirtschafts- oder Betäubungsmittelstraftaten. In der Praxis zu beobachten ist auch die Anordnung von Untersuchungshaft bei nur relativ geringer Straferwartung, wenn der Beschuldigte einer sozialen Randgruppe angehört, die keine oder nur wenig Akzeptanz in der Öffentlichkeit findet, wie es etwa bei Hausbesetzern, Obdachlosen, Rockern, Sinti und Roma oder auch Zuhältern der Fall ist (vgl. hierzu LR/*Hilger* § 112 Rn. 54). Mit den gesetzlichen Vorgaben steht all dies nicht in Einklang.

25 **III. Haftgrund der Flucht, § 112 Abs. 2 Nr. 1. 1. Allgemeines.** Der Haftgrund der Flucht ist gegeben, wenn der Beschuldigte flüchtig ist oder sich verborgen hält.

26 **Flüchtig** ist, wer sich dem Zugriff der Ermittlungsbehörden oder des Gerichts dauernd oder für längere Zeit entzieht, indem er z.B. im unmittelbaren Zusammenhang mit der Tatbegehung seine Wohnung aufgibt und keine neue bezieht oder sich ins Ausland absetzt, um dort unerreichbar zu sein (*Burhoff*, Handbuch für das strafrechtliche Ermittlungsverfahren, Rn. 2867 f.; KK/*Graf* § 112 Rn. 10 f.; *Herrmann*, Untersuchungshaft, Rn. 662; *Meyer-Goßner/Schmitt* § 112 Rn. 13).

27 **Verborgen** hält sich, wer seinen Aufenthalt verschleiert, insb. unangemeldet oder unter falschem Namen oder an einem unbekannten Ort lebt und dadurch dauernd oder für längere Zeit unauffindbar ist (*Burhoff*, Handbuch für das strafrechtliche Ermittlungsverfahren, Rn. 2867; KK/*Graf* § 112, Rn. 10, 12; *Herrmann*, Untersuchungshaft, Rn. 662; *Meyer-Goßner/Schmitt* § 112 Rn. 14).

28 Beide Alternativen können zusammentreffen. Der Beschuldigte kann sowohl flüchtig sein als auch sich verborgen halten (KK/*Graf* § 112 Rn. 10; *Herrmann*, Untersuchungshaft, Rn. 662; *Meyer-Goßner/Schmitt* § 112 Rn. 12).

29 Beide Alternativen der Flucht (»flüchtig sein« und »verborgen halten«) haben sowohl eine **objektive** als auch eine **subjektive Komponente**. Flucht verlangt ein aktives und zweckgerichtetes »sich Entziehen«. Ein rein passives Verhalten und selbst die mangelnde Beachtung von Ladungen genügen nicht (KG StraFo 2015, 201 ff.; OLG Brandenburg StV 1996, 381; OLG Bremen StV 1997, 533; OLG Celle NStZ-RR 2008, 78 = StRR 2008, 43 [LS]; OLG Frankfurt am Main StraFo 2015, 112 f.; OLG Frankfurt am Main StV 1994, 581 ff.; OLG Karlsruhe StV 2005, 34 f.; OLG Hamm StV 2005, 35 f.; OLG Stuttgart NStZ 1998, 437 ff.; *Böhm* NStZ 2001, 633, 636; *Dahs/Riedel* StV 2003, 416, 417 f.; *Hilger* StV 2005, 36 ff.).

30 Die Flucht muss sich aus **bestimmten Tatsachen** ergeben. Es reicht aus, dass angesichts der Umstände des konkreten Falles Flucht oder Verbergen als Grund für die Unerreichbarkeit des Beschuldigten wahrscheinlicher sind als ein anderer Grund der Unerreichbarkeit. Zur Begründung kann auch ein vor Tatbeginn liegendes Verhalten des Beschuldigten herangezogen werden (OLG Koblenz NStZ 1985, 88; KK/*Graf* § 112 Rn. 13; LR/*Hilger* § 112 Rn. 20; *Meyer-Goßner/Schmitt* § 112 Rn. 15).

31 **2. Sonderfälle.** Von einem **Wohnsitz im Ausland** kann bei einem Deutschen nicht zwingend auf den Willen geschlossen werden, sich dem Verfahren zu entziehen, wenn er dort zumindest postalisch oder

sonst erreichbar ist (OLG Oldenburg StV 2010, 29 [LS]; OLG Celle StraFo 2009, 204). Etwas anderes kann nur angenommen werden, wenn der Beschuldigte sich gerade wegen des Verfahrens gezielt ins Ausland abgesetzt hat (LG Verden StV 1986, 256).

Bei einem **ausländischen Beschuldigten** kann nicht sicher auf ein »sich Entziehen« geschlossen werden, wenn er sich in sein Heimatland oder zu seinem im Ausland gelegenen Wohnsitz begibt, ohne dass sicher angenommen werden kann, er entziehe sich dem Verfahren (OLG Brandenburg StV 1996, 381; OLG Bremen NStZ-RR 1997, 334; OLG Celle StraFo 2009, 204; OLG Frankfurt am Main StV 1994, 581, 582; OLG Naumburg wistra 1997, 80; OLG Oldenburg StV 2010, 29 [LS]; OLG Saarbrücken StV 2000, 208; OLG Stuttgart StV 1999, 33, 34 [m. Anm. *Lagodny*]; LG Neuruppin StV 2009, 652; LG Oldenburg StV 2011, 34; s.a. KK/*Graf* § 112 Rn. 11; *Paeffgen* NStZ 1990, 437 ff.; *ders.* NStZ 1992, 481 ff.). Ernsthafte Rückkehrbemühungen stehen der Annahme entgegen, der ausländische Beschuldigte verbleibe im Ausland, um sich dem Zugriff der deutschen Justiz zu entziehen. Sie sprechen gegen das Vorliegen des für die Annahme einer Flucht erforderlichen subjektiven Elements, des **Fluchtwillens** (KG StRR 2013, 163 = StV 2013. 516 ff.; vgl. auch KG StRR 2010, 354). 32

Ist gegen einen **ausländischen Staatsangehörigen** ein Ermittlungsverfahren anhängig und wird dieser in sein Heimatland abgeschoben, dann begründet dies nicht den Haftgrund der Flucht. Denn Flucht kommt bei einer zwangsweisen Aufgabe der bisherigen Wohnung bzw. des bisherigen Lebensmittelpunktes nicht in Betracht. Sind sonst keine konkreten Umstände ersichtlich, aus denen auf eine Flucht geschlossen werden kann, dann ist der Haftgrund der Flucht auch dann nicht gegeben, wenn der Verdacht besteht, der Beschuldigte könne – ggf. mit einem gefälschten Pass – in die Bundesrepublik zurückkehren (AG Bremerhaven StV 1993, 426). 33

Nichtsesshafte und **Obdachlose** sind trotz ihrer Lebensumstände oft über eine soziale Einrichtung erreichbar, zu der sie Kontakt haben. Allein weil sie schwieriger aufzufinden sind, kann man nicht davon ausgehen, dass sie flüchtig sind oder sich verborgen halten (LG Zweibrücken NJW 2004, 1679 f.; *Blankenheim* MDR 1992, 926 ff.; AnwK/Uhaft-*König*, § 112 StPO Rn. 9; *Meyer-Goßner/Schmitt* § 112 Rn. 13). Umgekehrt kann aber der teilweise wahrnehmbaren Steigerung der Verhaftung und Inhaftierung dieser Beschuldigten in der kalten Jahreszeit und über die Wintermonate hinweg eine gewisse Fürsorge des Gerichts nicht abgesprochen werden (ausführlich zu den gesetzwidrigen »apokryphen Haftgründen« s.o.). 34

3. Sonstiges. Hat der Beschuldigte erklärt, sich in einer Hauptverhandlung den gegen ihn erhobenen Vorwürfen zu stellen, und einen Verteidiger zur Entgegennahme von Zustellungen, insb. Ladungen bevollmächtigt (§ 145a Abs. 2), dann kann trotz unbekannten Aufenthaltes nicht der Haftgrund der Flucht (und auch nicht der Fluchtgefahr) angenommen werden (KG StraFo 2015, 201 ff.; OLG Dresden StV 2007, 587; s.a. *Paeffgen* NStZ 2008, 134, 135). 35

Wird der Beschuldigte ergriffen, dann entfällt der Haftgrund der Flucht schon aus tatsächlichen Gründen. Allerdings legt eine vorangegangene Flucht nahe, dass dann Fluchtgefahr besteht (s. dort, Rdn. 37 ff.). 36

IV. Haftgrund der Fluchtgefahr, § 112 Abs. 2 Nr. 2. 1. Allgemeines. Der Haftgrund der Fluchtgefahr ist anzunehmen, wenn bei Abwägung aller Umstände des Einzelfalles die überwiegende Wahrscheinlichkeit besteht, dass der Beschuldigte sich dem Verfahren entziehen werde (KG StRR 2012, 155 f. [mit Anm. *Burhoff*] = StV 2012, 350 ff.; OLG Karlsruhe StV 2001, 118, 119; OLG Koblenz ZJJ 2005, 466; StV 2002, 313, 314 f.; OLG Köln StV 1997, 642; *Burhoff*, Handbuch für das strafrechtliche Ermittlungsverfahren, Rn. 1700; KK/*Graf*, § 112 Rn. 15; *Herrmann*, Untersuchungshaft, Rn. 683; *Meyer-Goßner/Schmitt* § 112 Rn. 17). Aufgabe der Untersuchungshaft ist es einzig, die Durchführung des Verfahrens zu sichern. 37

Fluchtgefahr darf nur auf der Grundlage bestimmter Tatsachen angenommen werden. Diese können im Wege des Freibeweisverfahrens festgestellt werden. Bloße Mutmaßungen und Befürchtungen genügen hier nicht. Die Praxis zeichnet aber immer wieder ein (erschreckend) anderes Bild. 38

Bei der Beurteilung, ob Fluchtgefahr vorliegt, ist neben objektiven Anhaltspunkten auch auf die subjektive Einstellung des Beschuldigten und dessen Erwartung an den möglichen Verfahrensausgang abzustellen (OLG Köln StV 1996, 389, ausführlich hierzu s.u.). 39

Für eine Fluchtgefahr sprechen i.d.R. Verhaltensweisen, die nach allgemeinen Vorstellungen mit einer geregelten und geordneten Lebensgestaltung nicht in Einklang stehen. Indizien hierfür sind das Fehlen 40

§ 112 StPO Voraussetzungen der Untersuchungshaft; Haftgründe

sozialer, insb. familiärer, sowie beruflicher und wirtschaftlicher Bindungen, das Fehlen einer festen Wohnung, ein auffälliger – nicht nachvollziehbar zu erklärender – Wohnungs- und/oder Arbeitsplatzwechsel, die Verwendung falscher Namen oder gefälschter Papiere, bestimmte Fälle psychischer Labilität, z.B. aufgrund von Drogenkonsum, oder auch eine schon einmal erfolgte Flucht (*Burhoff*, Handbuch für das strafrechtliche Ermittlungsverfahren, Rn. 2859; *Meyer-Goßner/Schmitt* § 112 Rn. 20). Auch andere Verhaltensweisen können als Fluchtvorbereitung verstanden werden, z.B. die Lösung von örtlichen und beruflichen Bindungen, die Veräußerung von Vermögenswerten oder die Buchung eines Flugtickets ohne Rückflug (zum Ganzen: *Herrmann*, Untersuchungshaft, Rn. 686; *Schlothauer/Weider*, Untersuchungshaft, Rn. 523 ff.).

41 Es gibt aber auch zahlreiche Indizien, die **gegen eine Fluchtgefahr** sprechen können: Hierzu zählen bspw. starke oder gefestigte familiäre Bindungen, ein fester Wohnsitz (Abwesenheit bei einer Durchsuchung genügt nicht für die Annahme der Fluchtgefahr, KG StraFo 2015, 201 ff.; LG Darmstadt StRR 2009, 363), Immobilienvermögen das nicht ohne Weiteres veräußert werden kann, berufliche Bindungen (OLG Hamm StV 2003, 509; OLG Frankfurt am Main StV 2000, 151), ein schlechter Gesundheitszustand, der ständiger qualifizierter ärztlicher Betreuung bedarf (OLG Karlsruhe StV 2006, 312), hohes Alter (OLG Hamm StV 2003, 509; s. hierzu auch *Nobis* NStZ 2006, 489 ff.), soziale Bindungen in Form von deutschem Führerschein, Kontokarten deutscher Banken, Kreditkarten, Gesundheitskarte einer deutschen Krankenversicherung (KG StraFo 2015, 201 ff.) oder auch ein Verhalten des Beschuldigten, das zeigt, dass er sich bislang für das Verfahren zur Verfügung gehalten hat (OLG Hamm StV 2000, 320; OLG Koblenz StRR 2011, 127 = StV 2011, 290 f.). Wenn der Beschuldigte erklärt, er werde sich den gegen ihn erhobenen Vorwürfen in einer Hauptverhandlung stellen und er darüber hinaus einen Verteidiger zur Entgegennahme von Zustellungen, insb. Ladungen bevollmächtigt hat (§ 145a Abs. 2), dann kann trotz unbekannten Aufenthaltes nicht der Haftgrund der Fluchtgefahr angenommen werden (OLG Dresden StV 2007, 587; *Paeffgen* NStZ 2008, 134, 135 ebenso für die Annahme des Haftgrundes der Flucht s. bereits oben unter Rdn. 35 ff.).

42 Darüber hinaus spielen auch die derzeitigen Lebensverhältnisse, insb. die familiären und persönlichen Beziehungen, eine Ortsverbundenheit, berufliche Tätigkeiten, die Dauer eines bestehenden Arbeitsverhältnisses (OLG Hamm StV 2003, 509; OLG Frankfurt am Main StV 2000, 151), die finanziellen und wirtschaftlichen Verhältnisse, auch eventuelles Auslandsvermögen, das Alter, die Gesundheit, das Vorleben und auch das Vor- und Nachtatverhalten ein Rolle (eindrücklich hierzu bei einem jugendlichem Beschuldigten für den trotz sozialer Bindungen und problematischer Beweislage Untersuchungshaft dennoch aufrechterhalten wurde: LG Berlin StraFo 2010, 420 [m. abl. Anm. *Eisenberg*]; a. A. hierzu OLG Karlsruhe StraFo 2010, 206 = StRR 2010, 235 [m. Anm. *Helling*]).

43 Neben diesen äußeren Kriterien muss auch die **Persönlichkeit des Beschuldigten** berücksichtigt werden (OLG Hamm StV 1999, 215; StraFo 1999, 248; NStZ-RR 2000, 188 = StraFo 2000, 203; StV 2001, 685 = StraFo 2002, 23).

44 Die einzelnen Aspekte überschneiden sich teilweise. Einer klaren Differenzierung bedarf es nicht. Entscheidend kommt es auf eine **Gesamtschau** an.

45 **2. Einzelfälle.** Die Kasuistik zum Haftgrund der Fluchtgefahr ist nahezu unerschöpflich. Exemplarisch seien nur einige in der Praxis besonders bedeutsame Fallgruppen erwähnt:

46 **a) Fehlende finanzielle und sprachliche Möglichkeiten zur Flucht.** Wenngleich in der Praxis noch nicht durchweg beachtet, gewinnt zunehmend die Frage an Bedeutung, ob der Beschuldigte finanziell überhaupt in der Lage ist zu fliehen. Fehlen ihm die für eine Flucht erforderlichen wirtschaftlichen Mittel und darüber hinaus auch die sprachlichen Fähigkeiten, sich im Ausland zu Recht zu finden, dann liegt eine Fluchtgefahr eher fern (OLG Hamm StV 1999, 215; OLG Köln StV 1995, 475; *Herrmann*, Untersuchungshaft, Rn. 697 ff.; a. A. AG Leipzig NStZ-RR 1997, 305).

47 **b) Fluchtgefahr durch selbst verschuldet herbeigeführte Verhandlungsunfähigkeit.** Bisweilen versucht der Beschuldigte, sich dem Verfahren dadurch zu entziehen, dass er seine Verhandlungsfähigkeit beeinträchtigt. Dies kann **aktiv**, etwa durch die Einnahme von Drogen (Fluchtgefahr angenommen: KG JR 1974, 165 [m. Anm. *Kohlhaar*]) oder **passiv**, bspw. durch eigenmächtiges Absetzen von dringend erforderlichen Medikamenten, geschehen (Fluchtgefahr angenommen: OLG Oldenburg StV 1990, 165 f. [m. zust. Anm. *Wendisch* StV 1990, 166, und kritischer Anm. *Oswald* StV 1990,

500 f.]). Auch andere Gerichte haben in solchen Fällen ein »sich Entziehen« i.S.e. Fluchtgefahr angenommen (OLG Hamm, Beschl. v. 22.05.2001, 5 Ws 204/01, BeckRS 2001 30182227 = JurionRS 2001, 17488 [zur Einnahme einer Überdosis Tramal]; zum Ganzen auch: KK/*Graf* § 112, Rn. 18; *Meyer-Goßner/Schmitt* § 112, Rn. 18; *Münchhalffen/Gatzweiler*, Das Recht der Untersuchungshaft, Rn. 64; krit.: *Herrmann*, Untersuchungshaft, Rn. 701 f.; *Paeffgen* NStZ 1990, 431; differenzierend: LR/*Hilger* § 112 Rn. 38; LG Lüneburg NStZ-RR 2010, 211 [mit weiterführenden Überlegungen zur Interessenabwägung bei § 231a StPO]).

Täuscht der Beschuldigte durch Manipulationen tatsächlicher Art (z.B. durch Vorlage erschlichener bzw. falscher ärztlicher Atteste) einen Zustand der Verhandlungs- bzw. Vollstreckungsunfähigkeit vor, dann entzieht er sich damit dem Verfahren i.S.v. § 112 Abs. 2 Nr. 2 StPO (OLG Hamm, Beschl. v. 22.02.2011 – III-4 Ws 54/11, JurionRS 2011, 34267).

Ob die **Gefahr eines Selbstmordes** des Beschuldigten die Anordnung der Untersuchungshaft rechtfertigt, ist strittig. Nach Ansicht des OLG Hamburg (JR 1995, 72 f. = NStZ 1995, 21 [m. krit. Anm. *Paeffgen*] = StV 1994, 142 ff. [m. krit. Anm. *Schlothauer*]) kann ein Freitodversuch ein Indiz dafür sein, dass der Beschuldigte ungefestigt ist und sich dem Strafverfahren entziehen werde. Die gegenteilige, bei Weitem überwiegende Ansicht sieht im Selbstmordversuch jedoch kein Indiz für eine Fluchtgefahr (KK/*Graf* § 112, Rn. 18; *Herrmann*, Untersuchungshaft, Rn. 701 f.; LR/*Hilger* § 112, Rn. 37; *Meyer-Goßner/Schmitt* § 112 Rn. 18; *Paeffgen* NStZ 1995, 21 ff.; *Schlothauer/Weider*, Untersuchungshaft, Rn. 583; s.a. OLG Köln StraFo 1998, 102 [m. Anm. *Münchhalffen* [ebenda] und Anm. *Paeffgen* NStZ 1999, 71 f.]). Zum Verfahrensabschluss nach Tod des Beschuldigten s. auch BGHSt 45, 108 ff. = DAR 1999, 461 ff. = MDR 1999, 1282 f. = NJW 1999, 3644 ff. = NZV 1999, 519 f. = Rpfleger 1999, 564 f. = wistra 1999, 387 ff.

48

c) **Fluchtgefahr bei Auslandskontakten.** Sowohl bei ausländischen als auch bei deutschen Beschuldigten kann es für die Fluchtgefahr von Bedeutung sein, wenn sie Auslandskontakte haben. In der Vergangenheit ließ es die Rechtsprechung oft genügen, dass der Beschuldigte private Beziehungen (Kontakte) ins Ausland oder Vermögen, bspw. eine Ferienwohnung, im Ausland hatte. Als Indiz für Fluchtgefahr wurde schon angesehen, dass der Beschuldigte über (gute) Fremdsprachenkenntnisse verfügt.

49

Solch pauschale Annahmen werden heute nicht mehr als ausreichend angesehen. Sie lassen gesellschaftspolitische Entwicklungen, insb. die zunehmende allgemeine Mobilität und die wachsende Internationalität des Geschäftsverkehrs, ebenso unbeachtet wie die Möglichkeit von billigen Ferienaufenthalten im Ausland. Deshalb können Auslandskontakte im Einzelfall nicht mehr ohne Weiteres als Indiz für Fluchtgefahr angesehen werden.

50

Insb. kann Fluchtgefahr heute nicht mehr allein darauf gestützt werden, dass der (deutsche oder ausländische) Beschuldigte seinen **Wohnsitz im Ausland** hat (OLG Brandenburg StRR 2007, 276; OLG Celle NStZ-RR 2008, 78; OLG Dresden StV 2005, 224; OLG Karlsruhe StV 1999, 36; StV 2005, 33; OLG Köln StV 2006, 25; OLG Naumburg StV 1997, 138; LG Frankfurt an der Oder StV 2005, 225; LG Offenburg StV 2004, 326). Für die Annahme, dass ein Beschuldigter sich tatsächlich im Ausland dem Strafverfahren entziehen will, bedarf es vielmehr konkreter Anhaltspunkte, die auf ein gezieltes Untertauchen hindeuten (zum Ganzen: *Bleckmann* StV 1995, 552 ff.; *Böhm* NStZ 2001, 633 ff.; *Burhoff* StraFo 2000, 112 ff.).

51

Im Hinblick auf einen **Wohnsitz im europäischen Ausland** ist zusätzlich Folgendes zu beachten: Angesichts der Niederlassungsfreiheit innerhalb Europas und der (seit Inkrafttreten des Schengener Durchführungsübereinkommens – SDÜ) erleichterten Verfolgung von Strafsachen innerhalb Europas kann ein Wohnsitz in einem der Länder der EU ohne Hinzutreten weiterer Aspekte nicht mehr die Annahme rechtfertigen, dass der Beschuldigte sich einem Strafverfahren entziehen will. Seit Inkrafttreten des Rahmenbeschlusses über den Europäischen Haftbefehl und des deutschen Gesetzes zu dessen Umsetzung ist die Vollstreckung eines Europäischen Haftbefehls sowie die Auslieferung an Deutschland ohne größere Probleme möglich (LG Offenburg StV 2004, 326, [Frankreich]; ähnlich OLG Köln StV 2003, 510 [Mallorca]; zum Europäischen Haftbefehl s. bereits vor § 112 dort Rdn. 20; ausführlich: *Burhoff*, Handbuch für das strafrechtliche Ermittlungsverfahren, Rn. 839 ff.).

52

Auch **Auslandsvermögen** kann für sich genommen keine Fluchtgefahr rechtfertigen (OLG Saarbrücken StV 2002, 489; s. aber OLG Stuttgart, Beschl. v. 03.11.2006 – 1 Ws 314/06 [zu Auswanderungs-

53

§ 112 StPO Voraussetzungen der Untersuchungshaft; Haftgründe

plänen in die USA, wenn dort auch Vermögen vorhanden ist]; OLG Stuttgart NStZ 1997, 288 [undurchsichtige Vermögensverhältnisse]).

54 **d) Fluchtgefahr bei Ausländern.** Die bei Ausländern regelmäßig bestehenden Auslandsverbindungen spielen bei der Beurteilung der Fluchtgefahr eine wichtige Rolle (vgl. *Bleckmann* StV 1995, 552 ff.; *Böhm* NStZ 2001, 633 ff.; *Burhoff*, Handbuch für das strafrechtliche Ermittlungsverfahren, Rn. 1700; *ders.* StraFo 2000, 109, 112 ff.; *Gercke* StV 2004, 675 ff.; KK/*Graf* § 112 Rn. 20). Gerichte neigen dazu, Untersuchungshaft gegen Ausländer (vor-)schnell anzuordnen. Dies geschieht selbst dann, wenn der Beschuldigte Angehöriger eines anderen Mitgliedsstaates der EU ist (hierzu s. bereits oben). Die Gerichte gehen regelmäßig davon aus, dass die Fluchtgefahr von Ausländern allgemein relativ groß und im Einzelfall nur schwer auszuschließen sei. Selbst ein langjähriger Aufenthalt in Deutschland, die enge Bindung an die hier lebende Familie, die Tatsache, dass der Ausländer nur in Deutschland, nicht aber in seinem Heimatland, über eine Existenzgrundlage verfügt, oder dass er in Deutschland geboren und hier aufgewachsen ist und möglicherweise bis auf entfernte Verwandte über keine Verbindungen ins Ausland verfügt, werden regelmäßig als nicht ausreichend angesehen, um die Annahme einer Fluchtgefahr zu widerlegen. Ein Rückschluss von vermeintlich allgemeinen Erfahrungssätzen auf den konkreten Einzelfall ist aber nicht zulässig. Es bedarf konkreter Anhaltspunkte für die Annahme der Fluchtgefahr (s.o.).

55 Es gibt aber auch Entscheidungen, die die Frage, ob Fluchtgefahr vorliegt, zutreffend weniger pauschal, sondern unter stärkerer Berücksichtigung der Umstände des Einzelfalles beurteilt haben. Verschiedene Gerichte haben festgestellt, dass allein ein **Wohnsitz des Beschuldigten im Ausland** für die Annahme von Fluchtgefahr nicht ausreicht (s.o.; KG StRR 2013, 243; OLG Brandenburg StV 1996, 381; OLG Karlsruhe StV 2005, 33; OLG Naumburg StV 1997, 138; OLG Oldenburg StV 2010, 29 [LS]; StV 2011, 34 f.; LG Aurich NStZ-RR 2011, 124 = NStZ-RR 2011, 219 = StV 2011, 290 f. [die Entscheidung 12 Qs 51/10 ist in NStZ-RR zweimal abgedruckt]). Anders wurde dies aber im Fall eines in Deutschland inhaftierten, holländischen Drogendelinquenten beurteilt. Die holländischen Strafverfolgungsbehörden hatten dessen Auslieferung davon abhängig gemacht, dass die Vollstreckung einer von einem deutschen Gericht ausgesprochenen Strafe im Heimatstaat erfolgt. Dort wäre die Strafe im Wege der Umwandlung so drastisch reduziert worden, dass von der Vollstreckung einer Strafe nicht mehr ernsthaft hätte gesprochen werden können. (OLG Oldenburg StV 2010, 254 = StRR 2009, 443 [LS]; ebenso OLG Oldenburg NStZ-RR 2010, 177 f. = StV 2010, 255; s. zu diesen beiden Entscheidungen aber auch die zu Recht sehr kritische Anm. von *Kirsch* StV 2010, 258 ff.). Hier geht es offensichtlich gar nicht um die Fluchtgefahr sondern vielmehr die Sicherung der Strafvollstreckung anhand der Vorstellungen von deutscher Rechtspolitik.

56 Bei einem ausländischen Beschuldigten wurde Fluchtgefahr durch Untertauchen im Ausland verneint, weil er in Deutschland **sozial und beruflich fest verwurzelt** war (OLG Köln StV 1997, 642 f.; StV 2000, 508 [LS]). Fluchtgefahr wurde ferner in einem Fall verneint, in dem **familiäre Bindungen in Deutschland** bestanden und von der noch nicht rechtskräftigen mehrjährigen Haftstrafe bereits ein erheblicher Teil durch die anzurechnende Untersuchungshaft verbüßt ist (OLG Hamm StraFo 2002, 177 = StV 2002, 492; StV 2005, 672; s.a. LG Aurich NStZ-RR 2011, 219 = StV 2011, 290; LG Neuruppin StV 2009, 652; ähnlich LG Oldenburg StV 2011, 34). In einem anderen Fall hat ein Gericht die **soziale Integration** in einem Mitgliedstaat der EU mit der sozialen Integration im Inland gleichgestellt. Das Gericht hat Fluchtgefahr abgelehnt, nachdem der Beschuldigte, gegen den in seinem Heimatland ein Auslieferungsverfahren anhängig war, während einer mehrmonatigen Haftverschonung keine Anstalten zur Flucht getroffen hatte (OLG Düsseldorf StraFo 2006, 24).

57 Ferner wurde entschieden, dass eine offensichtlich bereits vor der Einleitung eines Ermittlungsverfahrens erfolgte **Übersiedlung des Beschuldigten ins Ausland** für die Annahme von Fluchtgefahr nicht genügt, wenn damit nicht der Zweck verfolgt wird, sich vorsorglich dem Verfahren zu entziehen. Die Einleitung eines Ermittlungsverfahrens begründet keine allgemeine Verpflichtung, einen Wohnsitz im Inland beizubehalten (OLG Köln StV 2005, 393 f. = JMBl NW 2005, 94; s.a. OLG Stuttgart, Beschl. v. 03.11.2006 – 1 Ws 314/06).

58 Ergänzend ist innerhalb der EU zu beachten, dass die Annahme einer Fluchtgefahr alleine wegen des **Wohnsitzes eines EU-Ausländers im Ausland** gegen das europarechtliche Diskriminierungsverbot verstoßen würde. Art. 12 Abs. 1 EGV verbietet jegliche Diskriminierung aus Gründen der Staatsangehö-

rigkeit. Jeder Unionsbürger ist in jedem Mitgliedsstaat grds. so zu behandeln, wie ein Inlandsbürger (s. hierzu auch: OLG Oldenburg StV 2007, 590; OLG Saarbrücken StV 2002, 489 f.; differenzierend: LG Kleve NStZ-RR 2011, 342 f. [kein Verstoß wenn weitere Aspekte die Annahme einer Fluchtgefahr begründen]; *Bleckmann* StV 1995, 552 ff.; *Gercke* StV 2004, 675, 676; *Dahs/Riedel* StV 2003, 416 ff.; *Grau* NStZ 2007, 10 ff.; *Herrmann*, Untersuchungshaft, Rn. 719 f.; LR/*Hilger* § 112. Rn. 36; *ders.* StV 2005, 36; *Meyer-Goßner/Schmitt* § 112 Rn. 20a; *Püschel* StraFo 2009, 136, 140; *Strate* in: FS für AG Strafrecht des DAV, 2009, S. 1048; SK-StPO/*Paeffgen* § 112, Rn. 26, 27; *Schmidt* MDR 1992, 547 ff.; a. A. KK/*Graf* § 112 Rn. 22).

e) »**Gestellungspflicht« des im Ausland befindlichen Beschuldigten und daraus resultierende Fluchtgefahr.** Befindet sich der Beschuldigte im Ausland, dann ist strittig, ob er sich der deutschen Justiz zur Durchführung des Verfahrens stellen muss (vgl. hierzu *Burhoff*, Handbuch für das strafrechtliche Ermittlungsverfahren, Rn. 1700; *Dahs/Riedel* StV 2003, 416 ff.; *Herrmann*, Untersuchungshaft, Rn. 725 ff.). 59

Einige Gerichte **bejahen eine Gestellungspflicht** und nehmen bei deren Nichterfüllung Fluchtgefahr an (OLG Köln NStZ-RR 2006, 22 f. [2. Strafsenat]; NStZ 2003, 219 [2. Strafsenat]; OLG Stuttgart StV 1995, 258 f. [1. Strafsenat]; StV 1999, 33 ff. [1. Strafsenat; m. abl. Anm. *Lagodny* StV 1999, 35 f.], OLG Hamm StV 2005, 35 = PStR 2004, 154 = NStZ-RR 2004, 278, [m. abl. Anm. *Hilger* StV 2005, 36]; LG Hamburg StV 2002, 205). 60

Die wohl überwiegende Ansicht der (ober-)gerichtlichen Rechtsprechung hingegen **verneint eine Gestellungspflicht** des Beschuldigten (OLG Brandenburg StV 1996, 381 f.; OLG Dresden StV 2005, 224 f.; OLG Karlsruhe StV 1999, 36; StraFo 2004, 240 = StV 2005, 33 [m. zust. Anm. *Hilger* StV 2005, 36], OLG Köln StV 2006, 25 [allerdings nicht bei lediglich passivem Verhalten des Beschuldigten]; OLG Naumburg StV 1997, 138; LG Frankfurt an der Oder StV 2015, 302 f.; LG Frankfurt an der Oder StV 2005, 225; LG Offenburg StV 2004, 326). 61

Allein die allgemeine Besorgnis, der Beschuldigte werde sich im Fall seiner künftigen Verurteilung der Vollstreckung einer Freiheitsstrafe entziehen, trägt die Annahme von Fluchtgefahr nicht, denn im Strafverfahren gibt es grds. **keine Pflicht zur aktiven Mitwirkung** (BGHSt 49, 56 ff. = NStZ 2004, 392 ff. = NStZ-RR 2004, 357 = StV 2004, 358 ff.; s.a. *Burhoff*, Handbuch für das strafrechtliche Ermittlungsverfahren, Rn. 1700; *Hilger* StV 2005, 36; *Lagodny* StV 1999, 35 f.). Erscheint der Beschuldigte trotz ordnungsgemäßer Ladung nicht zur Hauptverhandlung und ist sein Ausbleiben nicht genügend entschuldigt, dann besteht allenfalls die Möglichkeit eines Vorführhaftbefehls gem. § 230 Abs. 2 (vgl. hierzu OLG Saarbrücken NJW 2010, 547 = NStZ-RR 2010, 49 f.; s.a. OLG Brandenburg StRR 2007, 276 ff. [m. Anm. *Herrmann*] = StV 2009, 348; OLG Rostock StRR 2008, 310 [m. Anm. *Stephan*]). Hat sich der Beschuldigte dem Verfahren immer gestellt, lässt sich mit einem Verteidigerwechsel Fluchtgefahr nicht begründen (OLG München StraFo 2013, 114). 62

f) **Fluchtgefahr aufgrund hoher Straferwartung.** Allein eine »hohe Straferwartung« kann für die Annahme von Fluchtgefahr nicht als ausreichend angesehen werden. Gleichwohl ist sie in der Praxis einer der beliebtesten und am häufigsten angewandten apokryphen Haftgründe (*Schlothauer/Weider*, Untersuchungshaft, Rn. 565). Ein Zusammenhang von hoher Straferwartung und Fluchtgefahr wird meist pauschal angenommen, ohne dass Ermittlungsbehörden und Gerichte sich näher mit den Umständen des Einzelfalles auseinandersetzen. Die **Leerfloskel vom Fluchtanreiz wegen angeblich hoher Straferwartung** scheint nicht ausrottbar (ebenso: LG München I StV 2005, 38 f.). Eine solch simple Verknüpfung ist schlicht gesetzwidrig, soweit die Fluchtgefahr nicht zusätzlich auf weitere konkrete Umstände gestützt wird (aus der Fülle der Lit. s. nur: *Adick* HRRS 2010, 247 ff.; *Burhoff*, Handbuch für das strafrechtliche Ermittlungsverfahren, Rn. 2863 a.E.; *ders.* StraFo 2006, 51, 53; *Fröhlich* NStZ 1999, 331; *Herrmann*, Untersuchungshaft, Rn. 729 ff.; *Meyer-Goßner/Schmitt* § 112 Rn. 24; *Naujok* StraFo 2000, 79 ff.; *Schlothauer/Weider*, Untersuchungshaft, Rn. 565 ff.; aus der Rspr.: KG StRR 2010, 354; KG StV 1998, 207; OLG Bremen StV 1995, 85; OLG Düsseldorf StV 1991, 305; OLG Hamm StV 1999, 36; StV 1999, 215 [m. Anm. *Hohmann*]; StV 2003, 170; NStZ-RR 2010, 158 [differenzierend]; OLG Karlsruhe StV 2010, 25; StV 2010, 31; OLG Koblenz, Beschl. v. 13.06.2005 – 1 Ws 401/05, JurionRS 2005, 17100; OLG Köln StV 1997, 642; OLG Köln StV 2006, 313; LG Koblenz StV 1993, 372; LG München I StV 2005, 38; LG Zweibrücken StV 1997, 534; AG Backnang StRR 2013, 360 [m. Anm. *Burhoff*]). 63

§ 112 StPO Voraussetzungen der Untersuchungshaft; Haftgründe

64 Die schematische Annahme einer Fluchtgefahr ab einer bestimmten Strafhöhe ist unzulässig (*Meyer-Goßner/Schmitt* § 112 Rn. 23 ff.). Allgemeine Regeln dafür, ab wann eine Strafwartung so hoch ist, dass sie die konkrete Annahme einer Fluchtgefahr rechtfertigt, gibt es nicht. Grds. kommt es auf die sog. »**Netto-Straferwartung**« an. Diese erklärt sich folgendermaßen: Hat der Beschuldigte sich noch nicht zur Sache eingelassen, dann stellen die im Haftbefehl genannten Tatsachen die Basis der (fiktiven) Strafzumessung dar. Die Erwartung des Beschuldigten selbst kann hierbei nur teilweise berücksichtigt werden. Denn würde man allein auf die Erwartung des Beschuldigten abstellen, dann müsste man akzeptieren, dass ein bestreitender Beschuldigter einen Freispruch erwartet und deshalb ein Haftbefehl nie erlassen werden dürfte. Wer nicht mit einer Strafe rechnet, hat keinen Grund zu fliehen (OLG Köln StV 1996, 385; OLG Koblenz StV 1993, 372; a. A. *Münchhalffen* StraFo 1999, 332, 334 [die vornehmlich auf das subjektive Element abstellt]). Neben der subjektiven Einschätzung des Beschuldigten muss es auch auf die Straferwartung aus der mehr objektiven Sicht des (Haft-)Richters ankommen. I.Ü. wird die subjektive Einschätzung des Beschuldigten immer auch davon geprägt, was ihm zur Straferwartung mitgeteilt wurde. Wenn er nach einem frühzeitigen, möglichst schriftlich dokumentierten und damit belastbar nachgewiesenen **Hinweis seines Verteidigers** auf eine verhältnismäßig hohe zu erwartende Strafe nicht geflohen ist, dann kann der Straferwartung bei der Entscheidung über die Fluchtgefahr nur eine geringe Rolle beigemessen werden (OLG Frankfurt a.M. StraFo 2014, 73; OLG Hamm StRR 2013, 396 f. [m. Anm. *Hillenbrand*]; s. zum Ganzen auch *Herrmann*, Untersuchungshaft, Rn. 745 ff.).

65 Bei der Beurteilung, ob angesichts der Straferwartung Fluchtgefahr anzunehmen ist, kann **zugunsten des Beschuldigten** gewertet werden: die Annahme eines minderschweren Falles; eine Strafrahmenverschiebung gem. § 49 StGB bei Versuch statt Vollendung oder Teilnahme statt Täterschaft; eine zu erwartende positive Strafrestentscheidung nach § 57 StGB (OLG Celle StraFo 2009, 515; OLG Hamm StV 2003, 170), sofern nicht ohnehin eine Bewährung in Betracht kommt; die Anrechnung der bereits verbüßten Untersuchungshaft (OLG Hamm StV 2006, 191); auch die Anrechnung einer im Ausland erlittenen Untersuchungshaft. Die denkbare Anwendung von Jugendstrafrecht spricht gegen eine hohe Straferwartung (KG StraFo 2015, 108 ff.).

66 Andererseits können bei der Frage, ob Fluchtgefahr vorliegt, folgende Umstände **zulasten des Beschuldigten** berücksichtigt werden: Die strafverschärfende Wirkung verjährter oder eingestellter Tatvorwürfe, die zwar nicht mehr Gegenstand einer Verurteilung sein, aber i.R.d. Strafzumessung berücksichtigt werden können (BGH StraFo 2002, 98 [m. abl. Anm. *Gaede*]; allgemein hierzu: *Meyer-Goßner/Schmitt* § 154a, Rn. 2); der zu erwartende Widerruf einer Strafaussetzung zur Bewährung in einem anderen Verfahren (KG StV 1996, 383 ff. [m. abl. Anm. *Wattenberg*]; a. A. OLG Oldenburg StV 1987, 110; s.a. *Burhoff*, Handbuch für das strafrechtliche Ermittlungsverfahren, Rn. 2863; KK/*Graf* § 112 Rn. 18; *Herrmann*, Untersuchungshaft, Rn. 745 ff.; *Meyer-Goßner/Schmitt* § 112 Rn. 23). Hierbei kann es aber nicht allein auf die Möglichkeit eines Widerrufs ankommen. Es müssen vielmehr konkrete Anhaltspunkte dafür gegeben sein, dass dieser droht. Eine (weitere) zu verbüßende Haftstrafe oder zumindest deren (Straf-) Rest muss in die Bewertung der Netto-Straferwartung ebenfalls einfließen.

67 Selbst wenn von einer hohen Straferwartung und insofern von einem erheblichen Fluchtanreiz auszugehen sein sollte, muss stets gefragt werden, ob es im konkreten Fall Umstände gibt, die einer Fluchtgefahr entgegenstehen. Hierzu gehören auch, wie bereits erwähnt, Bindungen an Familie und Freunde, ein fester Wohnort, ein sicheres Beschäftigungsverhältnis sowie fehlende finanzielle Mittel oder die Dauer der bereits erlittenen Untersuchungshaft. Darüber hinaus ist auch das vorangegangene Verhalten des Beschuldigten zu beachten (ausführlich hierzu s.o.; vgl. auch die Übersicht bei *Widmaier/König*, MAH Strafverteidigung, § 4, Rn. 157 ff.).

68 Die Verurteilung zu einer Freiheitsstrafe auf Bewährung bei gleichzeitiger Anordnung der Fortdauer der Untersuchungshaft wegen Fluchtgefahr um so Raum für Gespräche über einen eventuellen Rechtsmittelverzicht zu schaffen (vgl. die Sachverhaltsdarstellung bei OLG München StV 2007, 459 [m. abl. Anm. *König*]) erscheint ebenso widersprüchlich wie bedenklich und im Ergebnis unzulässig (s. hierzu auch KK/*Schultheis* § 120 Rn. 7).

69 Die dargestellte »Netto-Straferwartung« spielt darüber hinaus auch bei der Frage der **Verhältnismäßigkeit der Untersuchungshaft** eine entscheidende Rolle. Es ist grds. nicht gerechtfertigt, den Beschuldigten bis zum Zeitpunkt der vollständigen Verbüßung der ausgesprochenen Strafe in Untersuchungshaft zu belassen. Dem steht schon der Resozialisierungsgedanke der Strafhaft entgegen, der ansonsten nicht

realisiert werden könnte (BVerfG NJW 2006, 677, 680 [m. Anm. *Jahn* NJW 2006, 652] = NStZ 2006, 295 ff. = StV 2006, 81, 86; OLG Nürnberg StRR 2009, 396 [m. Anm. *Herrmann*]). Darüber hinaus ist auch eine eventuelle vorzeitige Haftentlassung gem. § 57 StGB zu beachten (BVerfG StV 2008, 421 ff.; ähnlich BVerfG StV 2007, 644; OLG Celle StraFo 2009, 515; s.a. *Herrmann*, Untersuchungshaft, Rn. 745, 748; *Paeffgen* NStZ 2009, 134).

In der **Rechtsprechung** wurden folgende **Strafhöhen** zwar als hoch, aber ohne Hinzukommen weiterer 70
Umstände als für die Annahme von Fluchtgefahr nicht ausreichend angesehen. Die Haftbefehle wurden deshalb in den folgenden (Beispiels-) Fällen außer Vollzug gesetzt: der zu verbüßende Strafrest belief sich auf 5 Jahre und 2 Monate (KG NJW 1994, 601; wohl ein Ausnahmefall aus den »Politbürofällen«); Verurteilung zu 5 Jahren wegen sexuellen Missbrauchs eines Kindes, wenn der Angeklagte sich in Kenntnis der gegen ihn erhobenen Vorwürfe dem Strafverfahren gestellt hat (OLG Köln StV 1993, 371); Verurteilung zu 5 Jahren Freiheitsstrafe, wenn der ehemals ausländische Angeklagte die deutsche Staatsbürgerschaft angenommen hat, soziale Bindungen vorweisen kann und für den Fall seiner Flucht in seine frühere Heimat mit der Auslieferung rechnen muss (OLG Köln StV 1997, 139); Verurteilung zu 4 Jahren Freiheitsstrafe (OLG Köln StV 1995, 419; LG Zweibrücken StV 1997, 534); Bei Verbindung von zwei Verfahren mit jeweils einer Verurteilung zu 2 Jahren Freiheitsstrafe in der Berufungsinstanz (OLG Karlsruhe StraFo 2010, 25); Verurteilung zu einer noch nicht rechtskräftigen Freiheitsstrafe von 3 Jahren und 8 Monaten trotz Zweitwohnsitzes auf Mallorca, da von Spanien eine Auslieferung drohen würde (OLG Köln StV 2003, 510); noch nicht rechtskräftiger Freiheitsstrafe von 3 Jahren und 6 Monaten bei der nach Anrechnung der Untersuchungshaft und Berücksichtigung einer positiven Strafrestentscheidung allenfalls noch 22 Monate zu verbüßen wären (OLG Hamm StV 2003, 170); bei der Erwartung einer Gesamtfreiheitsstrafe, die 3 Jahre übersteigen wird, sei zwar die Grenze überschritten ab der eine hohe Straferwartung anzunehmen ist; aber dennoch wurde trotz Vorstrafen und beruflich bedingter Auslandskontakte der Haftbefehl gegen Auflagen außer Vollzug gesetzt (OLG Hamm StV 2001, 115 [m. Anm. *Deckers*]); bei noch nicht rechtskräftig verhängter Freiheitsstrafe von 3 Jahren trotz eines weiteren offenen Verfahrens kein Fluchtanreiz, wenn familiäre Bindungen bestehen und keine weiteren Anhaltspunkte für eine Fluchtgefahr vorliegen (OLG Hamm StV 1999, 37); Freiheitsstrafe von 3 Jahren, die schon grds. die Frage aufwerfe, ob sie überhaupt als »hoch« angesehen werden könne (OLG Hamm StV 1999, 215).

3. Sonstiges. Der Annahme einer Fluchtgefahr (Prognose!) kann entgegen gewirkt werden durch 71
bspw. die Stellung einer **Sicherheit gem. § 116 Abs. 1** (OLG Hamm StV 1997, 643; OLG Köln StraFo 1997, 93; OLG Köln StraFo 1998, 103; *Burhoff*, Handbuch für das strafrechtliche Ermittlungsverfahren, Rn. 269; *Herrmann*, Untersuchungshaft, Rn. 689). Denkbar ist auch die **Selbststellung bei Kenntnis des Vorliegens eines Haftbefehls**. Wer sich in Kenntnis seiner Verhaftung stellt und ggf. sogar noch Angaben zur Sache macht (was aber nicht Bedingung einer Haftverschonung sein darf, s.o.), der schafft Vertrauen (ausführlich hierzu s. die Kommentierung zu § 116 Rdn. 15).

§ 113 Abs. 2 ist eine besondere Ausgestaltung des Verhältnismäßigkeitsgrundsatzes. Bei »leichteren Ta- 72
ten«, die mit Freiheitsstrafe von bis zu 6 Monaten oder mit Geldstrafe bis zu 180 Tagessätzen bedroht sind, darf Untersuchungshaft wegen des Haftgrundes der Fluchtgefahr nur unter den dort genannten engeren Voraussetzungen angeordnet werden (*Herrmann*, Untersuchungshaft, Rn. 759; *Meyer-Goßner/ Schmitt* § 113, Rn. 4). Erforderlich ist eine qualifizierte »**besondere Fluchtgefahr**« (§ 113 Abs. 2 Nr. 1), **Wohnungslosigkeit** (§ 113 Abs. 2 Nr. 2) oder **Ausweislosigkeit** (§ 113 Abs. 2 Nr. 3). In diesen Fällen ist i.Ü. ergänzend von einer besonderen Beschleunigungsbedürftigkeit auszugehen (KK/*Graf* § 113, Rn. 6 f.; *Herrmann*, Untersuchungshaft, Rn. 759 ff.; *Meyer-Goßner/Schmitt* § 113, Rn. 5 ff.).

V. Haftgrund der Verdunkelungsgefahr, § 112 Abs. 2 Nr. 3. Verdunklungsgefahr ist anzuneh- 73
men, wenn der **dringende Verdacht** begründet ist, dass der Beschuldigte durch **bestimmte Handlungen** auf noch nicht ausreichend gesicherte Beweismittel einwirkt und dadurch die Wahrheitsermittlung erschwert wird (OLG Frankfurt am Main StV 2000, 151; OLG Hamm StV 2002, 205; OLG Hamm StraFo 2004, 134; OLG Hamm wistra 2006, 278; OLG Köln StV 1997, 27; *Burhoff*, Handbuch für das strafrechtliche Ermittlungsverfahren, Rn. 2869 ff.; KK/*Graf* § 112, Rn. 23; *Herrmann*, Untersuchungshaft, Rn. 761 ff.; *Krekeler* wistra 1982, 8 f.; *Meyer-Goßner/Schmitt* § 112 Rn. 26; *Nix* StV 1992, 445 ff.; *Schlothauer/Weider*, Untersuchungshaft, Rn. 618 ff.; *Widmaier/König*, MAH Strafverteidigung, § 4 Rn. 166 ff.).

§ 112 StPO   Voraussetzungen der Untersuchungshaft; Haftgründe

74   **1. Allgemeines.** In § 112 Abs. 2 Nr. 3a) bis c) sind die möglichen **Verdunkelungshandlungen abschließend aufgeführt**. Sie können darin liegen, dass entweder auf sachliche oder persönliche Beweismittel eingewirkt wird, oder dass Dritte zu solchem Verhalten veranlasst werden (sehr krit. hierzu *Weigend* in: FS-Müller, 2008, 744, 749, der hervorhebt, dass der Haftgrund ein unverhältnismäßiges Instrument sei, das tendenziell die Freiheitsrechte des Art. 2 Abs. 2 Satz 2 GG und die Unschuldsvermutung verletzt).

75   **2. Verdunkelungshandlungen im Einzelnen.** Das **Einwirken auf sachliche Beweismittel** (vgl. § 112 Abs. 2 Nr. 3 Buchst. a) kann dadurch erfolgen, dass sie vernichtet, verändert, beiseitegeschafft, unterdrückt, verfälscht oder gefälscht werden.

76   Das **Einwirken auf persönliche Beweismittel** (vgl. § 112 Abs. 2 Nr. 3 Buchst. b) ist die mit unlauteren Mitteln oder zu unlauteren Zwecken vorgenommene Einwirkung auf Mitbeschuldigte, Zeugen oder Sachverständige. Die unmittelbare oder mittelbare psychische Beeinflussung muss dazu geeignet sein, die Beweislage zulasten der Wahrheit zu beeinträchtigen. Es genügt, dass der Beschuldigte mit einer Beteiligung der Beweisperson am Verfahren rechnet, auf deren tatsächliche Beteiligung kommt es nicht an (KK/*Graf* § 112, Rn. 34; *Herrmann*, Untersuchungshaft, Rn. 764; LR/*Hilger* § 112 Rn. 48; *Meyer-Goßner/Schmitt* § 112 Rn. 33; *Schlothauer/Weider*, Untersuchungshaft, Rn. 622; a. A. hinsichtlich einer nicht subjektiv, sondern objektiv zu fordernden Beteiligung des Dritten am Verfahren *Nix* StV 1992, 445, 446 f.).

77   Bei der **Veranlassung Dritter zu einem verdunkelnden Verhalten** (vgl. § 112 Abs. 2 Nr. 3 Buchst. c) muss der Beschuldigte vorsätzlich handeln. Dass der Dritte durchschaut, worauf der Beschuldigte hinaus will, ist nicht erforderlich (KK/*Boujong* § 112, Rn. 36; *Herrmann*, Untersuchungshaft, Rn. 765; LR/*Hilger* § 112 Rn. 49; *Meyer-Goßner/Schmitt* § 112 Rn. 34; *Schlothauer/Weider*, Untersuchungshaft, Rn. 625; krit. *Nix* StV 1992, 445, 447).

78   Der Beschuldigte muss **unlauter oder prozessordnungswidrig** handeln (*Burhoff*, Handbuch für das strafrechtliche Ermittlungsverfahren, Rn. 2869; KK/*Graf* § 112, Rn. 35; *Herrmann*, Untersuchungshaft, Rn. 766; LR/*Hilger* § 112, Rn. 45; *Meyer-Goßner/Schmitt* § 112 Rn. 29; OLG Karlsruhe StV 2001, 686). Das kann selbst dann der Fall sein, wenn er zivilrechtlich berechtigt ist, über das Beweismittel zu verfügen (KK/*Graf* § 112, Rn. 25; *Herrmann*, Untersuchungshaft, Rn. 763; LR/*Hilger* § 112 Rn. 46; *Meyer-Goßner/Schmitt* § 112 Rn. 32; *Schlothauer/Weider*, Untersuchungshaft, Rn. 621; a. A. hinsichtlich der Unlauterkeit des Einwirkens *Nix* StV 1992, 445, 446 f.).

79   **Erlaubtes Verhalten** kann eine Verdunkelungsgefahr nicht begründen.
– **Besprechungen des Beschuldigten mit Zeugen** sind regelmäßig nicht geeignet, eine Verdunkelungsgefahr zu begründen, sofern die Zeugen nicht unter Druck gesetzt werden und ihnen keine falsche Erinnerung suggeriert wird (OLG Karlsruhe StraFo 2001, 305 = StV 2001, 686; OLG Hamm wistra 2006, 279).
– Solange der Beschuldigte keinen Druck ausübt, darf er Zeugen darauf hinweisen, dass ihnen ein **Zeugnisverweigerungsrecht** zusteht und sie bitten, davon Gebrauch zu machen (OLG Frankfurt am Main StV 2010, 583 ff.; OLG Karlsruhe StraFo 2001, 305 = StV 2001, 686; s.a. OLG Hamm wistra 2006, 279; s. hierzu auch *Burhoff*, Handbuch für das strafrechtliche Ermittlungsverfahren, Rn. 2870).
– Auch kann nicht von vornherein als verwerflich angesehen werden, **Mitbeschuldigte darum zu bitten, zu schweigen** (OLG Frankfurt am Main StV 2010, 583 ff.).
– Die **Benennung von Entlastungszeugen** kann eine Verdunkelungsgefahr nicht begründen, selbst wenn es sich bei den benannten Zeugen um persönlich oder wirtschaftlich vom Beschuldigten abhängige Personen handelt (OLG Saarbrücken StV 2002, 489 f.).
– Der Versuch, die **Entdeckung einer Straftat zu erschweren** oder zu vereiteln – bspw. durch Wegwerfen von Drogen bei einer Polizeikontrolle – hat als spontanes Verhalten keinen für eine Verdunklungsabsicht sprechenden Indizwert, weil daraus nicht auf ein geplantes, unlauteres Beeinflussen von Zeugen und Mitbeschuldigten geschlossen werden kann (LG Aachen StV 1997, 535; s. hierzu auch *Burhoff*, Handbuch für das strafrechtliche Ermittlungsverfahren, Rn. 2871).
– Ferner kann ein **situationsbedingt einmaliges Fehlverhalten** des zunächst unverteidigten Beschuldigten im ersten Moment der Konfrontation mit den Tatvorwürfen, das dann unverzüglich aufgege-

ben wird, eine Verdunkelungsgefahr nicht mit der hierfür gebotenen Wahrscheinlichkeit begründen (OLG Karlsruhe NStZ 2001, 118; s.a. *Widmaier/König*, MAH Strafverteidigung, § 4 Rn. 167).
– Als verdunkelndes Verhalten kann auch nicht angesehen werden, wenn der Beschuldigte von seinem **Recht zu schweigen** Gebrauch macht. Er ist auch nicht verpflichtet, das Versteck der Beute preiszugeben (OLG Frankfurt am Main StV 2009, 652).

Auch aus **erlaubtem Verteidigungsverhalten** kann keine Verdunkelungsgefahr konstruiert werden (OLG Frankfurt am Main NStZ 1981, 144 f. [Erörterung der Einlassung mit Mitbeschuldigten]; LG Frankfurt am Main NStZ-RR 2008, 205 [dort LS 2; zur zulässigen Abstimmung des Verteidigungsverhaltens]). Innerhalb dieser Grenzen sind insb. auch eigene Ermittlungen zulässig (*Leipold* NJW-spezial 2008, 728 f.). 80

Untersuchungshaft darf weder Prozessstrafe sein noch Beugehaft (LG Verden StV 1982, 374). 81

3. Bestimmte Tatsachen als Basis der Prognoseentscheidung. Die angenommenen drohenden Verdunklungshandlungen müssen sich aus **bestimmten Tatsachen** ergeben. In Betracht kommen hier namentlich das Verhalten, die Lebensumstände oder die persönlichen Verhältnisse des Beschuldigten. Das Gericht muss nicht voll überzeugt sein, dass die Tatsachen gegeben sind (*Burhoff*, Handbuch für das strafrechtliche Ermittlungsverfahren, Rn. 2871; KK/*Graf* § 112, Rn. 25 f.; *Meyer-Goßner/ Schmitt* § 112 Rn. 28). Allerdings genügt eine bloße Vermutung oder die Möglichkeit verdunkelnder Handlungen nicht. Es muss vielmehr im Rahmen einer **Prognoseentscheidung** mit großer Wahrscheinlichkeit zu erwarten sein, dass der nicht in Haft genommene Beschuldigte aktiv Verdunkelungshandlungen vornehmen wird oder vornehmen lässt (OLG Köln StV 1997, 27; OLG Hamm StraFo 2004, 134; OLG Hamm StV 2002, 205; s.a. *Burhoff* StraFo 2000, 109, 114; *Münchhalffen* StraFo 1999, 332, 335). Lediglich die **Absicht** hierzu genügt nicht (*Hermann*, Untersuchungshaft, Rn. 773; *Meyer-Goßner/Schmitt* § 112 Rn. 35; *Widmaier/König*, MAH Strafverteidigung, § 4 Rn. 167). 82

Die nahezu immer gegebene **abstrakte Gefahr möglicher Verdunklungshandlungen** reicht nicht zur Anordnung der Untersuchungshaft wegen Verdunkelungsgefahr aus (OLG Köln StV 2006, 25 f.; OLG Köln StV 1992, 383; OLG Hamm StV 1985, 114). Eine Verdunkelungsgefahr kann auch nicht damit begründet werden, dass die Ermittlungen noch nicht abgeschlossen sind (KK/*Graf* § 112 Rn. 26; *Meyer-Goßner/Schmitt* § 112 Rn. 28 [beide unter Verweis auf *Dahs en.* NJW 1959, 505, 508]; s.a. *ders.* 1965, 890 ff.), dass Mittäter flüchtig oder noch nicht bekannt sind (KK/*Graf* § 112 Rn. 26; *Meyer-Goßner/Schmitt* § 112 Rn. 28; *Widmaier/König*, MAH Strafverteidigung, § 4 Rn. 166.), dass der Beschuldigte zu den Vorwürfen schweigt (OLG Köln StV 1992, 383), dass der Beschuldigte die Tat bestreitet oder sich weigert, Mittäter zu benennen (OLG Hamm StV 1985, 114), oder dass der Beschuldigte sich früher von einem Mitbeschuldigten in seinem Aussageverhalten hat beeinflussen lassen (OLG Köln StV 1997, 27). Selbst nachgewiesen unkontrollierte Kontakte aus der Haftanstalt heraus begründen nicht zwingend eine Verdunkelungsgefahr, wenn sie nicht auf eine Beweisvereitelung i.S.d. § 112 Abs. 2 Nr. 3a) bis c) abzielen (KG StraFo 2009, 21 [Anrufe mittels Mobiltelefon und heimliche Briefe an die Lebensgefährtin]). 83

Die **bestimmten Tatsachen**, aus denen sich die Verdunklungsgefahr ergeben soll, können auch nicht allein mit den dem Beschuldigten vorgeworfenen Delikten selbst begründet werden. Weder aus dem Tatvorwurf der Steuerhinterziehung (OLG Hamm StV 2002, 205 ff. = wistra 2002, 236), noch aus Straftaten im Amt i.S.d. §§ 331 ff. StGB (OLG Frankfurt am Main StV 2000, 151; OLG Köln StraFo 2000, 135), noch aus einem professionellen Betrugssystem (OLG Karlsruhe StraFo 2002, 147) kann auf eine Verdunkelungsgefahr geschlossen werden. Verdunkelungsgefahr kann sich nicht aus der »Natur der Straftat« oder »deliktspezifisch« erklären, sondern nur aus den konkreten Umständen der Tat, aus dem Verhalten des Beschuldigten nach der Tat sowie dessen Lebensumständen und persönlichen Verhältnissen ergeben (s.o.). 84

Die Tatsachen, die für eine Verdunkelungsgefahr sprechen, sind im Wege des **Freibeweises** zur Überzeugung des Gerichts festzustellen (KK/*Graf* § 112, Rn. 27; *Herrmann*, Untersuchungshaft, Rn. 776; *Krekeler* wistra 1982, 8 f.; *Widmaier/König*, MAH Strafverteidigung, § 4 Rn. 166 ff.; a. A. wohl *Meyer-Goßner/Schmitt* § 112 Rn. 28 [mit Verweis auf dort Rn. 22, der – allerdings ohne Begründung – davon ausgeht, dass eine hohe Wahrscheinlichkeit ausreiche – »nicht zur vollen Überzeugung des Gerichts«]). 85

Verdunkelungsgefahr kann i.Ü. nur dann angenommen werden, wenn noch eine **Möglichkeit zur prozessordnungswidrigen Einflussnahme** auf Beweismittel besteht. Sind die Beweise in einer strafverfah- 86 rensrechtlich verwertbaren Art und Weise gesichert und ist der Sachverhalt insb. vollständig aufgeklärt, dann entfällt eine Verdunkelungsgefahr. Dies ist v.a. auch bei einem verwertbaren Geständnis des Beschuldigten der Fall (OLG Stuttgart StV 2005, 225; zum Ganzen: *Burhoff*, Handbuch für das strafrechtliche Ermittlungsverfahren, Rn. 2873; *ders.* StraFo 2000, 109, 114; *Herrmann*, Untersuchungshaft, Rn. 777; *Meyer-Goßner/Schmitt* § 112 Rn. 35; *Schlothauer/Weider*, Untersuchungshaft, Rn. 638 ff.).

87 Verdunkelungsgefahr scheidet aus, wenn der Beschuldigte sein Ziel der **Beweisvereitelung objektiv nicht mehr erreichen** kann. Je weiter das Strafverfahren fortgeschritten ist und je umfangreichere Ergebnisse die Ermittlungen gebracht haben, desto unwahrscheinlicher ist die Gefahr einer Verdunklung. Eine Verdunkelungsgefahr entfällt somit, wenn die Sache in vollem Umfang aufgeklärt ist oder die Beweise so weit gesichert sind, dass der Beschuldigte die Wahrheitsermittlung nicht mehr erfolgreich stören kann (LG Oldenburg StV 1983, 248, 249). Von einer ausreichenden Sicherung der Beweise wird stets auszugehen sein,

– wenn ein **glaubhaftes Geständnis richterlich protokolliert** ist (OLG Dresden StRR 2015, 193 f. [m. Anm. *Hübner*]; OLG Düsseldorf StV 1984, 339; OLG Stuttgart StV 2005, 225). Die Beschränkung der Berufung auf den Rechtsfolgenausspruch bestätigt ein solches Geständnis und hat die gleiche Bedeutung (OLG Stuttgart StV 2005, 225). Zum »Geständniszwang in der Untersuchungshaft« s. aber LG Bad Kreuznach (StV 1993, 629 ff. und im Nachgang dazu BGH NJW 1995, 2933 ff. = NStZ 1995, 605 ff. = StV 1996, 73 [m. krit. Anm. *Fezer* StV 1996, 77 ff. und Anm. *Samson* StV 1996, 93 ff.] = wistra 1996, 21; ausführlich zu LG Bad Kreuznach s.o. – Rdn. 23);

– wenn **richterlich protokollierte Aussagen von unbeeinflussten Zeugen oder Mitbeschuldigten** vorliegen, aus denen sich die Schuld des Beschuldigten ergibt (OLG Karlsruhe NJW 1993, 1148; OLG Frankfurt am Main StV 1994, 583, 584; LG Hamburg StV 2000, 373 [m. Anm. *Jes Meyer*]; LG Zweibrücken StV 2002, 147).

– Ebenso verhält es sich, wenn die **Ermittlungen abgeschlossen** sind (vgl. § 169a StPO) und die Anklageerhebung möglich ist (OLG Frankfurt am Main StV 1994, 583; OLG Köln StV 1994, 582, 583; OLG Köln StV 1991, 472; s.a. *Krekeler* wistra 1982, 8, 10; einschränkend *Meyer-Goßner/Schmitt* § 112 Rn. 35).

– Nach Abschluss der letzten Tatsacheninstanz kann der Haftgrund der Verdunkelungsgefahr nicht fortbestehen, wenn der Beweiswert der vernommenen Zeugenaussagen nicht infrage gestellt ist, weil der Inhalt von deren Aussagen jederzeit durch Erklärungen der am Verfahren beteiligten Richter und Staatsanwälte bestätigt werden kann (OLG Naumburg StV 1995, 259 [LS]; *Meyer-Goßner/Schmitt* § 112 Rn. 35).

88 Die bloße **Fortwirkung einer früheren Verdunkelungshandlung** des Beschuldigten, die nicht hinreichend aufgeklärt werden konnte, reicht für die Annahme einer aktuell oder auch für die Zukunft bestehenden Verdunkelungsgefahr nicht aus (OLG Naumburg StraFo 2010, 112 f. = StRR 2010, 3 [LS]; s.a. *Meyer-Goßner/Schmitt* § 112 Rn. 35).

89 **4. Kritik am Haftgrund der Verdunkelungsgefahr und der Umsetzung in der Praxis.** Die Kritik am Haftgrund der Verdunkelungsgefahr und dessen praktischen Umsetzung ist vielfältig (vgl. nur *Schlothauer/Weider*, Untersuchungshaft, Rn. 631 ff.; *Weigend* in: FS-Müller, 2008, 744 ff.). Obwohl oder vielleicht gerade weil der Haftgrund der Verdunkelungsgefahr im Gesetz sehr differenziert ausformuliert ist und konkrete Vorgaben enthält, unterliegt er am ehesten der Gefahr, missbraucht zu werden (*Herrmann*, Untersuchungshaft, Rn. 781 ff.; LR/*Hilger* § 112, Rn. 42; *Nix* StV 1992, 445; *Schlothauer/Weider*, Untersuchungshaft, Rn. 631; *Weigend* in: FS-Müller, 2008, 744 ff.; *Widmaier/König*, MAH Strafverteidigung, § 4, Rn. 166.). Ganz allgemein kann gesagt werden, dass Begründungen von Haftbefehlen, die sich in einer Wiederholung des Gesetzeswortlautes erschöpfen und keine tatsächlichen Anhaltspunkte für eine Verdunkelungsgefahr aufzeigen, gegen den Begründungszwang des § 114 Abs. 2 Nr. 4 verstoßen. Sie sind deshalb nicht geeignet, einen Haftbefehl oder die Untersuchungshaft zu rechtfertigen (OLG Oldenburg StraFo 2005, 111 = StV 2005, 394). Es bedarf einer schlüssigen und nachvollziehbaren Auseinandersetzung mit sämtlichen Abwägungskriterien (BVerfG NStZ 2009, 134 f. = StRR 2008, 355 f. [m. Anm. *Herrmann*] = StV 2008, 421 ff.; s. hierzu auch *Mayer/Hunsmann* NStZ 2015, 325 ff.).

Der Haftgrund der Verdunkelungsgefahr darf nicht dazu missbraucht werden, an sich prozessord- 90
nungsgemäßes Verhalten zu sanktionieren. Untersuchungshaft wegen Verdunkelungsgefahr darf weder
Prozessstrafe noch Beugehaft sein (LG Verden StV 1982, 374; s.a. OLG Frankfurt am Main StV 2009,
652; bereits oben zitiert: LG Bad Kreuznach StV 1993, 629 ff. [aufgehoben], im Nachgang dazu dann
allerdings BGH NJW 1995, 2933 ff. = NStZ 1995, 605 ff. = StV 1996, 73 [m. krit. Anm. *Fezer* StV
1996, 77 ff. und Anm. *Samson* StV 1996, 93 ff.] = wistra 1996, 21; s. hierzu bei Rdn. 23).

5. Sonstiges. Im Hinblick auf die Verdunkelungsgefahr darf die **Sonderregel des § 113 Abs. 1** nicht 91
übersehen werden (»besondere Verhältnismäßigkeitsregel«). In Fällen von »leichteren Taten« aus dem
Bereich der kleineren Kriminalität, die nur mit Freiheitsstrafe bis zu 6 Monaten oder mit Geldstrafe bis
zu 180 Tagessätzen bedroht sind, darf die Untersuchungshaft wegen Verdunkelungsgefahr nicht angeordnet werden (KK/*Graf* § 113, Rn. 5 und Rn. 7; *Herrmann*, Untersuchungshaft, Rn. 789; *Meyer-Goß-
ner/Schmitt* § 113, Rn. 3 und Rn. 8).

VI. Haftgrund der Tatschwere, § 112 Abs. 3. 1. Allgemeines. Bei bestimmten Straftaten der 92
Schwerkriminalität ist nach § 112 Abs. 3 die Untersuchungshaft auch zulässig, wenn keiner der in
§ 112 Abs. 2 genannten Haftgründe gegeben ist.

Der Haftgrund der Tatschwere setzt voraus, dass eine der im **Katalog von § 112 Abs. 3** genannten Ta- 93
ten verwirklicht ist. Die Aufzählung im Gesetz ist abschließend. Allerdings wurde Abs. 3 durch zahlreiche Gesetzesänderungen zunehmend erweitert, sodass den im Katalog genannten Straftaten keineswegs mehr gleiches Gewicht zukommt (ausführlich: *Schlothauer/Weider*, Untersuchungshaft, Rn. 644).

Der Haftgrund der Tatschwere wird sowohl in der Rechtsprechung als auch in der Literatur teilweise als 94
offensichtlicher **Verstoß gegen den Verhältnismäßigkeitsgrundsatz** angesehen (s. hierzu KK/*Graf*
§ 112 Rn. 40; *Meyer-Goßner/Schmitt* § 112 Rn. 37; *Roxin/Schünemann*, Strafverfahrensrecht, 26. Aufl.
2009, § 30 Rn. 10; *Weigend* in: FS für Müller, 2008, S. 744, 751). Das BVerfG fordert als Korrektiv eine
Einschränkung des Haftgrundes mithilfe einer verfassungskonformen Auslegung (BVerfG 19, 342, 350
= NJW 1966, 243, 244; BVerfG NJW 1991, 2821 ff.). Dies erscheint zwar geboten, ist aber dennoch
problematisch. Denn vom Gesetzgeber kann eine solche auslegungsbedürftige Interpretation eines
Haftgrundes und die damit verbundene Unschärfe kaum gewollt gewesen sein. Sie fügt sich nicht in
das System des Untersuchungshaftrechts, insb. der Haftgründe ein (LR/*Hilger* § 112 Rn. 53).

Um den Haftgrund der Tatschwere verfassungskonform zu gestalten, werden verschiedene Wege einge- 95
schlagen. Teils nimmt man eine **widerlegbare Vermutung einer Flucht- oder Verdunkelungsgefahr** an
(vgl. OLG Düsseldorf StraFo 2000, 67; OLG Hamburg StV 2002, 490 f. [m. Anm. *Jes Meyer*]; AnwK/
StPO-*Deckers*, § 112 Rn. 29; *Schlothauer/Weider*, Untersuchungshaft, Rn. 641). Nach a. A. ist von **vereinfachten Begründungsanforderungen** auszugehen (vgl. KK/*Graf* § 112 Rn. 40; *Meyer-Goßner/
Schmitt* § 112 Rn. 38).

Vor dem Hintergrund dieser um eine Einschränkung des Haftgrundes bemühten Überlegungen ist die 96
in der Praxis immer wieder festzustellende »**automatische Annahme der Tatschwere**« bei entsprechenden Delikten der Schwerkriminalität unter Außerachtlassung der Besonderheiten des Einzelfalles verfehlt (*Schlothauer/Weider*, Untersuchungshaft, Rn. 642).

2. Die Anforderungen an den Haftgrund der Tatschwere im Einzelnen. Auf der Grundlage der 97
verfassungskonformen Korrektur verlangt § 112 Abs. 3 für die Anordnung der Untersuchungshaft, dass
die alsbaldige Aufklärung und Ahndung der Tat ohne Festnahme des Beschuldigten gefährdet wäre.
Das Gericht muss deshalb auf einen der in § 112 Abs. 2 genannten Haftgründe zurückgreifen. An
den Nachweis der Flucht- oder Verdunkelungsgefahr sind aber weniger strenge Anforderungen zu stellen als in Abs. 2. Anstelle des Nachweises, dass bestimmte Tatsachen für eine Flucht- oder Verdunkelungsgefahr sprechen, genügt es, dass eine solche Gefahr aufgrund der Umstände des Einzelfalles nicht
auszuschließen ist (OLG Karlsruhe StV 2010, 30; OLG Düsseldorf, StraFo 2000, 67; allgemein hierzu
BVerfG, NJW 1966, 723; s.a. *Burhoff*, Handbuch für das strafrechtliche Ermittlungsverfahren,
Rn. 1709; *Herrmann*, Untersuchungshaft, Rn. 794; *Meyer-Goßner/Schmitt* § 112 Rn. 37).

Angesichts dieser Umgestaltung des § 112 Abs. 3 ist es nicht zulässig, den Haftgrund der Tatschwere zu 98
bejahen, wenn eine **Flucht oder eine Verdunkelungshandlung völlig fernliegt** und – im Hinblick auf
§ 112a – eine **Wiederholung der Tat ausgeschlossen** erscheint.

§ 112 StPO   Voraussetzungen der Untersuchungshaft; Haftgründe

99 Auch beim Haftgrund der Tatschwere ist der **Grundsatz der Verhältnismäßigkeit** zu beachten. Kann einer Flucht-, Verdunkelungs- oder Wiederholungsgefahr durch mildere Maßnahmen begegnet werden, dann muss ein Haftbefehl außer Vollzug gesetzt werden (OLG Düsseldorf StraFo 2000, 67 [mit allerdings missverständlicher Wortwahl, denn die Feststellung bestimmter Tatsachen ist natürlich nicht »erlassen«, sie orientiert sich an einem milderen Maßstab, s.o.]).

100 Von Gerichten wurde bspw. in folgenden Fällen, in denen sie eine Tatschwere nach § 112 Abs. 3 bejaht haben, Haftverschonung angeordnet:
- bei einer bereits erlittenen Freiheitsentziehung von mehr als 5 Jahren bei Verurteilung zu lebenslanger Freiheitsstrafe (OLG Celle StV 2005, 620 f.);
- beim Tatvorwurf des versuchten Totschlags ggü. einem schwerbehinderten 60-jährigen verheirateten Rentner, auch wenn dieser in das Tatumfeld zurückkehrte, weil dem verbleibenden Restrisiko durch Auflagen i.R.d. Haftverschonung begegnet werden konnte (OLG Köln NJW 1996, 1686 = NStZ 1996, 403 = StV 1996, 386);
- beim Vorwurf des versuchten Mordes ggü. einem türkischen Angeklagten, der sich gestellt und zur Sache eingelassen hatte, einen Auslandsaufenthalt nicht dazu genutzt hatte, sich abzusetzen und zudem erhebliche Mühe darauf verwandt hatte, seine verlorenen Ausweispapiere zu ersetzen, um nach Deutschland zurückzukehren und sich dem Verfahren zu stellen (LG Kiel StraFo 2001, 360 f.);
- beim Totschlag der Ehefrau und der eigenen Tochter, wenn weder eine Verdunkelungsgefahr noch eine Fluchtgefahr auch nur entfernt angenommen werden konnte, selbst wenn beim psychisch gebrochenen Beschuldigten die Gefahr eines Selbstmordes bestand (OLG Köln StraFo 1998, 102 f. [m. Anm. *Münchhalffen*]; zur Frage des Entziehens vom Verfahren durch Selbstmord s.o. bei Rdn. 48);
- beim Tatvorwurf des Totschlags ggü. einem 80-jährigen Beschuldigten, der nach einem Geständnis im Wohnheim eines Hafthilfeprojekts lebte (*Schlothauer/Weider*, Untersuchungshaft, Rn. 643, dort Fn. 718).

101 Auffallend bei diesen Fällen ist, dass es sich jeweils um **außergewöhnliche Sachverhalte** handelte. Nicht selten war das unmittelbare familiäre Umfeld betroffen und die Taten wurden durch geradezu dramatische Umstände ausgelöst. Die genannten Entscheidungen können deshalb sicher nicht Allgemeingültigkeit beanspruchen.

102 **3. Sonstiges.** Der Haftgrund der Tatschwere stellt **keine Sondervorschrift** ggü. den anderen im Gesetz genannten Haftgründen der Flucht, Fluchtgefahr, Wiederholungs- und der Verdunkelungsgefahr dar. Er kann im Haftbefehl neben diesen zur Rechtfertigung der Untersuchungshaft herangezogen werden (KK/*Graf* § 112 Rn. 41; *Herrmann*, Untersuchungshaft, Rn. 799; *Meyer-Goßner/Schmitt* § 112 Rn. 39; SK-StPO/*Paeffgen* § 112, Rn. 44).

103 Untersuchungshaft wegen Tatschwere kann auch dann angeordnet werden, wenn lediglich von **Versuch** (ablehnend OLG Karlsruhe StV 2010, 30; einschränkend auch LG Kiel StV 2001, 687; s. aber auch: BGHSt 28, 355), **Anstiftung**, **Beihilfe** (s. OLG Hamm NJW 1965, 2118 f.); oder dem **Versuch der Beteiligung** auszugehen ist (zum Ganzen: KK/*Graf* § 112 Rn. 41; *Herrmann*, Untersuchungshaft, Rn. 792 ff.; LR/*Hilger* § 112 Rn. 52; *Meyer-Goßner/Schmitt* § 112 Rn. 36; SK-StPO/*Paeffgen* § 112 Rn. 42a). Es erscheint indes fraglich, ob dies in jedem Fall der Intention des Gesetzgebers entspricht (hierzu schon *Kanka* NJW 1966, 428). Denn in Fällen der Beihilfe und der versuchten Beteiligung ist eine Milderung des Strafrahmens obligatorisch vorgesehen (vgl. § 27 Abs. 2 Satz 2 bzw. § 30 Abs. 1 Satz 2 jeweils i.V.m. § 49 Abs. 1 StGB). Dies rechtfertigt nicht ohne Weiteres die Inhaftierung wegen des Vorwurfes der Tatschwere (vgl. hierzu: *Münchhalffen/Gatzweiler*, Untersuchungshaft Rn. 227; *Schlothauer* StV 1996, 391, 394; *Schlothauer/Weider*, Untersuchungshaft, Rn. 645).

104 Weil die Aufzählung der in § 112 Abs. 3 genannten **Katalogtaten** abschließend ist, kann sie nicht auf Fälle der § 213 StGB (OLG Frankfurt am Main StV 2001, 687), § 216 StGB, § 323a StGB (Rauschtat) und der Strafvereitelung oder Begünstigung (§§ 257, 258 StGB) in Zusammenhang mit entsprechend schweren Taten ausgedehnt werden (KK/*Graf* § 112 Rn. 39; *Herrmann*, Untersuchungshaft, Rn. 802; *Meyer-Goßner/Schmitt* § 112 Rn. 36; *Schlothauer/Weider*, Untersuchungshaft, Rn. 644).

105 Auch bei Annahme des Haftgrundes der Tatschwere kommt eine **Außervollzugsetzung des Haftbefehls gegen Auflagen** in Betracht. Zwar ist der Haftgrund des § 112 Abs. 3 in § 116 nicht genannt. Aber dennoch ist eine entsprechende Anwendung angezeigt. Dies folgt schon aus dem Grundsatz der Verhältnis-

mäßigkeit (BVerfGE 19, 342, 351 ff. = NJW 1966, 243, 244 f.; OLG Frankfurt am Main StV 2000, 374, 375 [Fall Weimar]; s.a. KK/*Graf* § 116 Rn. 3; *Neuhaus* StV 1999, 340 f.; *Schlothauer/Weider*, Untersuchungshaft, Rn. 643).

D. Die Verhältnismäßigkeit, § 112 Abs. 1 Satz 2. Die Untersuchungshaft darf nur angeordnet werden, wenn sie zur Bedeutung der Sache und der zu erwartenden Strafe oder Maßregel der Besserung und Sicherung **nicht außer Verhältnis** steht. Der Grundsatz der Verhältnismäßigkeit ergibt sich aus dem Rechtstaatsprinzip sowie den Freiheitsgrundrechten der Art. 2 Abs. 2 und 104 GG. Er folgt nicht zuletzt auch aus der Unschuldsvermutung (vgl. OLG Karlsruhe StV 2010, 30; s.a. BVerfG NStZ 2009, 134 f. = StRR 2008, 355 f. [m. Anm. *Herrmann*] = StV 2008, 421 ff.). Bei der Prüfung der Voraussetzungen der Untersuchungshaft ist nicht danach zu fragen, ob diese angeordnet werden kann, sondern vielmehr ob ihre Verhängung – als ultima ratio – wegen überwiegender Belange des Gemeinwohls zwingend geboten ist (KG, Beschl. v. 07.03.2013 – 4 Ws 35/13; StRR 2013, 243). 106

Dem Wortlaut des Gesetzes wird allgemein entnommen, dass die Verhältnismäßigkeit nicht eine positive Voraussetzung der Untersuchungshaft ist. Vielmehr wird umgekehrt die **Unverhältnismäßigkeit als Haftausschließungsgrund** angesehen, die im Einzelfall festgestellt werden muss. Der Grundsatz in dubio pro reo soll hier nicht gelten (KK/*Graf* § 112 Rn. 44; *Meyer-Goßner/Schmitt* § 112 Rn. 8; s.a. OLG Düsseldorf NStZ 1993, 554). Ein solches, allein am Wortlaut des Gesetzes orientiertes Verständnis wird jedoch der Bedeutung des Verhältnismäßigkeitsgrundsatzes nicht gerecht. Dem Grundsatz kommt Verfassungsrang zu, er kann deshalb durch einfaches Gesetz nicht eingeschränkt werden. Die Verhältnismäßigkeit muss deshalb in jedem Fall zweifelsfrei positiv festgestellt werden (LR/*Hilger* § 112 Rn. 61; *Herrmann*, Untersuchungshaft, Rn. 837 ff.; SK-StPO/*Paeffgen* § 112 Rn. 10; *Widmaier/König*, MAH Strafverteidigung, § 4 Rn. 50). In diesem Sinn ist der Verhältnismäßigkeitsgrundsatz zu befolgen beim Erlass ebenso wie beim Vollzug des Haftbefehls. Dies gilt darüber hinaus auch, wenn der Haftbefehl nicht vollzogen wird (BVerfG StV 1996, 156; s.a. KK/*Graf* § 112 Rn. 42; *Burhoff*, Handbuch für das strafrechtliche Ermittlungsverfahren, Rn. 2881). § 120 Abs. 1 Satz 1 weist ausdrücklich darauf hin, dass der Grundsatz auch zu beachten ist, wenn über die Aufhebung eines Haftbefehls entschieden wird (OLG Brandenburg StraFo 2002, 243). 107

I. Allgemeines. I.R.d. Abwägung der Verhältnismäßigkeit müssen sämtliche Umstände des Einzelfalles berücksichtigt werden. Es dürfen nur solche Tatvorwürfe zugrunde gelegt werden, die im Haftbefehl genannt werden und die die Anordnung der Untersuchungshaft begründen (BVerfG NStZ 2009, 134 f. = StRR 2008, 355 f. [m. Anm. *Herrmann*] = StV 2008, 421 ff.; OLG Hamm StV 1998, 553; OLG Hamm NStZ 2003, 386; OLG Naumburg NStZ-RR 2011, 123 f.; s. auch *Mayer/Hunsmann* NStZ 2015, 325 ff.). Wird ein Haftbefehl vollzogen, so bedarf es einer ständigen Überprüfung, ob die Voraussetzungen der Untersuchungshaft auch weiterhin vorliegen (vgl. *Burhoff*, Handbuch für das strafrechtliche Ermittlungsverfahren, Rn. 2882; *Welp* in: FS für Richter II, 2006, S. 572, 573). 108

Die Untersuchungshaft wird nur dann als zulässig angesehen, wenn die umfassende Aufklärung der Tat sowie die zügige Durchführung des Verfahrens einschließlich der Verurteilung und der Vollstreckung des Urteils **nicht anders gesichert werden können** (BVerfGE 20, 144, 147 = NJW 1966, 1703; KK/*Graf* vor § 112 Rn. 7; *Meyer-Goßner/Schmitt* § 112 Rn. 9 sowie vor § 112 Rn. 2; *Widmaier/König*, MAH Strafverteidigung, § 4 Rn. 51). Sie ist auf streng begrenzte Ausnahmefälle zu beschränken. Bei der Abwägung sind stets der individuelle Freiheitsanspruch des als unschuldig geltenden Beschuldigten mit dem Interesse des Staates an einer wirksamen, eine vorläufige Inhaftierung gebietenden Strafverfolgung, gegeneinanderzustellen (BVerfGE 19, 342, 347 = NJW 1966, 243, 244; BVerfGE 20, 45, 49 = NJW 1966, 1259; BVerfGE 53, 152, 158 = NJW 1980, 1448; KG, Beschl. v. 07.03.2013 – 4 Ws 35/13; StRR 2013, 243; *Meyer-Goßner/Schmitt* vor § 112 Rn. 2; *Widmaier/König*, MAH Strafverteidigung, § 4 Rn. 53). Bei der Prüfung der Voraussetzungen der Untersuchungshaft ist nicht danach zu fragen, ob diese angeordnet werden kann, sondern vielmehr ob ihre Verhängung – als ultima ratio – wegen überwiegender Belange des Gemeinwohls zwingend geboten ist (KG, Beschl. v. 07.03.2013 – 4 Ws 35/13; StRR 2013, 243 (Kurzmitteilung) = StRR 2013, 356 f. m. Anm. *Burhoff* = StraFo 2013, 375 ff. = StV 2014, 26 f.).). Kann das mit der Inhaftierung verfolgte Ziel auch mit milderen Mitteln, bspw. einem Suchvermerk im Bundeszentralregister (vgl. hierzu OLG Rostock StV 2006, 311 f.; *Meyer-Goßner/Schmitt* § 112 Rn. 9 a.E.), erreicht werden, dann ist die Untersuchungshaft unverhältnismäßig und 109 der Antrag auf Erlass eines Haftbefehls zurückzuweisen. Ein bereits erlassener Haftbefehl ist aufzuheben, es genügt in diesem Fall nicht, ihn lediglich nicht zu vollziehen.

110 Die Entscheidung über die Verhältnismäßigkeit der Untersuchungshaft ist, auch wenn dies allgemein nur selten eingestanden wird, immer auch eine »**Entscheidung aus dem Bauch heraus**«. Es macht aber keinen Sinn Realität und Rechtswirklichkeit zu leugnen. Entscheidend ist hierbei, dass der Richter seine subjektive Beurteilung des Sachverhaltes anhand der Fakten des konkreten Einzelfalles für die Beteiligten nachvollziehbar begründet und darüber hinaus auch eine Diskussion der soeben dargestellten Wirklichkeit (»Bauchentscheidung«) zulässt. Nur dann kann Erfolg sinnvoll argumentiert werden. Andernfalls bieten weder wissenschaftliche Erkenntnisse noch pragmatische Lösungsvorschläge Erfolg.

111 Bei der Entscheidung über die Verhältnismäßigkeit dürfen nur die Tatumstände zugrunde gelegt werden, die Gegenstand des Haftbefehls sind (OLG Hamm NStZ 2003, 386; OLG Naumburg NStZ-RR 2011, 123 f.; *Burhoff*, Handbuch für das strafrechtliche Ermittlungsverfahren, Rn. 2881). Von Bedeutung können v.a. die folgenden Umstände sein: der Deliktstypus der begangenen Straftat, der individuelle Tatvorwurf, Besonderheiten bei der Tatausführung, der gesetzlich vorgesehene Strafrahmen, die im konkreten Fall zu erwartende Strafe, die Persönlichkeit des Beschuldigten, seine soziale Situation, insb. seine Lebensumstände, Auswirkungen auf dessen Familie, Angehörige und ihm sonst nahestehende Personen, Auswirkungen auf das Arbeitsverhältnis des Beschuldigten, Folgen für dessen Unternehmen und die dort tätigen Arbeitnehmer, der entstandene Schaden, eine eventuelle Wiedergutmachung des Schadens, die Interessen des Opfers, schließlich auch den Verlauf des Verfahrens und auch eventuelle Verfahrensverzögerungen (s. *Burhoff*, Handbuch für das strafrechtliche Ermittlungsverfahren, Rn. 2881; *Herrmann*, Untersuchungshaft, Rn. 845 ff.; *Schlothauer/Weider*, Untersuchungshaft, Rn. 485 ff.; *Widmaier/König*, MAH Strafverteidigung, § 4 Rn. 54). Ein eventueller Bewährungswiderruf in anderer Sache ist nicht zu berücksichtigen (OLG Hamm NStZ 2000, 80 = StV 1998, 553; OLG Naumburg NStZ-RR 2011, 123 f.).

112 **II. Einzelne Abwägungskriterien. 1. Zur Person des Beschuldigten. a) Allgemeine Lebensumstände des Beschuldigten.** Bei der Abwägung innerhalb der Verhältnismäßigkeit kommt es entscheidend auf die **Lebensumstände des Beschuldigten** an. V.a. auch außergewöhnliche Umstände müssen in den Abwägungsprozess einfließen. So kann die Inhaftierung einer stillenden Mutter grds. zwar problematisch sein. Eine Ausnahme wird man aber machen müssen, wenn Mutter und Kind gemeinsam in einer Anstalt untergebracht werden und die Mutter das Kind adäquat versorgen kann (VerfGH Berlin NJW 2001, 3181 f.).

113 Der Beschuldigte kann auch aktiv **Einfluss auf seine Lebensumstände** nehmen und damit die Haftfrage zu seinen Gunsten beeinflussen. Unterwirft sich der Beschuldigte freiwilligen Beschränkungen, etwa durch den Aufenthalt in einer Drogenentzugsanstalt, dann kann dies die Verhältnismäßigkeit der Untersuchungshaft entfallen lassen (*Meyer-Goßner/Schmitt* § 112 Rn. 10; *Widmaier/König*, MAH Strafverteidigung, § 4 Rn. 52). Hier kommen sämtliche Möglichkeiten in Betracht, die bei der Außervollzugsetzung des Haftbefehls als Auflage denkbar sind (vgl. hierzu auch die Kommentierung zu § 116 Rdn. 12 ff.).

114 **b) Haftfähigkeit des Beschuldigten.** Bei der Beurteilung der Verhältnismäßigkeit kommt der Frage der **Haftfähigkeit des Beschuldigten** besondere Bedeutung zu.

115 Der Begriff der Haftfähigkeit wird im Gesetz nicht verwendet. In § 455 sind aber – negativ formuliert – Fragen der **Vollzugsuntauglichkeit** geregelt, auf die im Zusammenhang mit der Untersuchungshaft zurückgegriffen werden kann (KK/*Graf* § 112 Rn. 52; *Gatzweiler* StV 1996, 283, 284; *Münchhalffen/Gatzweiler*, Das Recht der Untersuchungshaft, Rn. 273; *Widmaier/König*, MAH Strafverteidigung, § 4 Rn. 176). Danach ist der Vollzug von Strafhaft – und somit dann auch von Untersuchungshaft – nur erlaubt, wenn der **psychische** und der **physische Zustand des Inhaftierten** dies zulassen und wenn darüber hinaus dem gesundheitlichen Zustand während der Dauer des Freiheitsentzuges ausreichend Rechnung getragen werden kann. Eine notwendige medizinische Betreuung des Beschuldigten kann ggf. auch in der Haft erfolgen, notfalls in einem Vollzugskrankenhaus oder in einem öffentlichen Krankenhaus mit entsprechend überwachter Unterbringung (OLG Nürnberg StV 2006, 324 [m. Anm. *Gatzweiler*]; krit.: *Gatzweiler* StV 1996, 283, 284; s.a. *Münchhalffen/Gatzweiler*, Das Recht der Untersuchungshaft, Rn. 273).

Entscheidungen über Haftfähigkeit und Vollzugstauglichkeit verlangen regelmäßig qualifizierten medizinischen Sachverstand. Der bisweilen bei Richtern und Staatsanwälten aber auch Verteidigern zu beobachtenden **medizinischen Unkenntnis und Konzeptionslosigkeit** (ebenso schon *Gatzweiler* StV 1996, 283, 284) kann sachgerecht nur durch fachliche Stellungnahmen oder Gutachten bereits behandelnder oder neu hinzugezogener Ärzte begegnet werden. 116

Besteht die naheliegende Gefahr, dass der Beschuldigte durch den Vollzug der Untersuchungshaft **schwerwiegenden Schaden an seiner Gesundheit** nimmt, dann ist regelmäßig von einer Haftunfähigkeit auszugehen. Das die Haftunfähigkeit begründende Krankheitsbild muss hinsichtlich Anamnese, Diagnostik und Verlauf aber auch Therapie abgewogen und in einen Kontext gestellt werden mit den regelmäßig nur sehr allgemein gehaltenen **Behandlungsmöglichkeiten in der Justizvollzugsanstalt**. Die medizinische Versorgung entspricht dort oft nicht dem Facharztstandard. Eine Haftunfähigkeit des Beschuldigten muss insb. auch dann angenommen werden, wenn die erforderliche fachärztliche oder auch intensivmedizinische Behandlung in der Haft nicht gewährleistet sind, sei dies auch nur über hinzugezogene Ärzte (s. hierzu auch *Herrmann*, Untersuchungshaft, Rn. 868 ff.). 117

Eine **schwere unheilbare Krankheit**, die mit Sicherheit noch vor Abschluss des Verfahrens zum Tod des Beschuldigten führen wird, steht der Anordnung und damit auch dem Vollzug der Untersuchungshaft entgegen. Die Garantie der Menschenwürde gebietet, dass der Mensch nicht zum bloßen Objekt staatlicher Maßnahmen wird. Das Strafverfahren hat in einem solchen Fall dann seinen Sinn verloren (VerfGH Berlin NJW 1993, 515 ff. = NStZ 1993, 298 ff. [Fall »Honecker«]; ähnlich VerfGH Berlin JR 1994, 382 ff. = NJW 1994, 436 ff. [Fall »Mielke«]; a. A. LG Kleve StRR 2015, 35 f. [m. Anm. *Burhoff*] bei Lebenserwartung von noch 6 Monaten [wohl menschenverachtend, da in diesem Stadium Haftgründe nicht mehr verfangen und die Verhandlungsunfähigkeit absehbar bevorsteht]; KK/*Graf* § 112 Rn. 52 sowie *Meyer-Goßner/Schmitt* § 112 Rn. 11a [jeweils mit kritischen Anm. und Nachweisen]). Dass der weitere Verlauf des Verfahrens im Fall Honecker ein völlig anderes Bild von dessen Gesundheitszustand ergab, darf nicht darüber hinwegtäuschen, dass ursprünglich nur eine medizinisch mehr oder weniger fundierte Prognoseentscheidung getroffen werden konnte. 118

Auch bei sicher anzunehmender **andauernder Verhandlungsunfähigkeit** ist der Haftbefehl aufzuheben, denn der Zweck der Untersuchungshaft, hier die Durchführung der Hauptverhandlung zu sichern, kann in diesem Fall nicht erreicht werden (KG StV 1997, 644 [Schizophrenie]; *Meyer-Goßner/Schmitt* § 112 Rn. 11a a.E.). 119

Ein Sonderfall der Haftunfähigkeit ist die **absolute Verhandlungsunfähigkeit** des Beschuldigten. Diese stellt letztlich ein Verfahrenshindernis dar (KG StV 1997, 644; *Herrmann*, Untersuchungshaft, Rn. 871; *Meyer-Goßner/Schmitt* § 112 Rn. 11a a.E.; *Widmaier/König*, MAH Strafverteidigung, § 4 Rn. 176). Denn in einem solchen Fall kann der Zweck der Untersuchungshaft nicht mehr erreicht werden. Hier sind Anordnung und Aufrechterhaltung der Untersuchungshaft ausgeschlossen (a. A. LG Kleve StRR 2015, 35 f. [m. Anm. *Burhoff*] bei Lebenserwartung von noch 6 Monaten, s. hierzu bereits Rdn. 118). 120

Eine Haftunfähigkeit des Beschuldigten hindert den Erlass des Haftbefehls aber nicht in jedem Fall. Häufig genügt es, einen Haftbefehl zu erlassen und diesen dann unverzüglich, ggf. gegen geeignete Auflagen, außer Vollzug zu setzen (KK/*Graf* § 112 Rn. 52; *Gatzweiler* StV 1996, 283, 284; *Münchhalffen/ Gatzweiler*, Das Recht der Untersuchungshaft, Rn. 49 und Rn. 273; *Meyer-Goßner/Schmitt* § 112 Rn. 3 und Rn. 11a a.E.; *Schlothauer/Weider*, Untersuchungshaft, Rn. 480, 489; *Widmaier/König*, MAH Strafverteidigung, § 4 Rn. 176; krit.: *Neuhaus* StraFo 2000, 14 ff.). 121

In Fällen der **Schuldunfähigkeit gem. § 20 StGB** kann der Haftunfähigkeit bzw. mangelnden Vollzugstauglichkeit durch eine einstweilige Unterbringung gem. § 126a in einem psychiatrischen Krankenhaus oder einer Entziehungsanstalt Rechnung getragen werden. Die Inhaftierung erfolgt dann nicht auf der Basis eines Haftbefehls nach den §§ 112 ff. sondern eines Unterbringungsbefehls. 122

In Fällen der **verminderten Schuldfähigkeit nach § 21 StGB** kann Untersuchungshaft angeordnet werden. Hier hat eine Abwägung stattzufinden, ob entweder Untersuchungshaft oder einstweilige Unterbringung die angemessenere Maßnahme ist. Dabei ist zu beachten, dass die Unterbringung eine ärztliche Intervention zu einem früheren Zeitpunkt ermöglicht. Unterbringungsbefehl und Haftbefehl können nicht nebeneinander angeordnet werden, ein Vollzug beider freiheitsentziehender Maßnahmen nebeneinander ist nicht erlaubt (KK/*Graf* § 126a Rn. 2; *Meyer-Goßner/Schmitt* § 126a Rn. 2; *Münchhalffen/Gatzweiler*, Das Recht der Untersuchungshaft, Rn. 354). 123

§ 112 StPO Voraussetzungen der Untersuchungshaft; Haftgründe

124 Nach § 126a Abs. 2 Satz 2 ist nunmehr auch für den Fall der einstweiligen Unterbringung eine besondere Prüfung durch das OLG vorgesehen. Die §§ 121, 122 gelten hier entsprechend, allerdings mit der Maßgabe, dass das OLG prüft, ob die Voraussetzungen der einstweiligen Unterbringung weiterhin vorliegen (ausführlich hierzu s. die Kommentierung bei § 126a).

125 **2. Die Dauer der Inhaftierung.** Die Frage der Verhältnismäßigkeit spielt auch bei der **Dauer der Inhaftierung** eine Rolle. Je mehr von der zu erwartenden Strafe durch die erlittene Untersuchungshaft »verbüßt« ist, desto stärker reduziert sich der staatliche Anspruch auf eine weitere Vollstreckung (BVerfG NStZ 2009, 134 f. = StRR 2008, 355 f. [m. Anm. *Herrmann*] = StV 2008, 421 ff.).

126 Zugleich wird auch die **Fluchtgefahr** geringer. Denn je kürzer die noch zu verbüßende Strafe sein wird, desto weniger wahrscheinlich dürfte es sein, dass der Beschuldigte sich dem Verfahren durch Flucht entzieht (KK/*Graf* § 112 Rn. 4; *Herrmann*, Untersuchungshaft, Rn. 848; LR/*Hilger* § 112 Rn. 62; *Meyer-Goßner/Schmitt* § 112 Rn. 9 a.E.).

127 Natürlich darf sich die Dauer der Untersuchungshaft nicht unmittelbar an der zu erwartenden Freiheitsstrafe orientieren. Denn sie dient gerade **nicht der Vorwegnahme der Strafvollstreckung** (zu dem – unzulässigen – »apokryphen Haftgrund« der »Vorwegnahme der Strafvollstreckung« ausführlich bereits oben unter s. Rdn. 23, dort 5. Unterpunkt). Der Grundsatz der Verhältnismäßigkeit verlangt vielmehr die Berücksichtigung sämtlicher Umstände des konkreten Einzelfalles (s.o. Rdn. 108 ff.; s.a. BVerfG NStZ 2009, 134 f. = StRR 2008, 355 f. [m. Anm. *Herrmann*] = StV 2008, 421 ff.).

128 In der Praxis spielt das Verhältnis von vollzogener Untersuchungshaft und zu erwartender Freiheitsstrafe dennoch eine entscheidende Rolle. Grds. kann man davon ausgehen, dass die Fortsetzung der Untersuchungshaft spätestens dann unverhältnismäßig ist, wenn die Dauer der Inhaftierung nahezu den Zeitpunkt erreicht hat, zu dem bei Verbüßung einer zu erwartenden Freiheitsstrafe fiktiv eine Haftentlassung anzunehmen wäre. Hier kommt es auf die »**Netto-Straferwartung**« des konkreten Einzelfalles an (ausführlich hierzu bereits oben unter Rdn. 64; s.a. BVerfG NStZ 2009, 134 f. = StRR 2008, 355 f. [m. Anm. *Herrmann*] = StV 2008, 421 ff. [allerdings im Zusammenhang mit dem Haftgrund der Verdunkelungsgefahr]; OLG Frankfurt a.M. StraFo 2014, 73; OLG Hamm StRR 2013, 396 f. [m. Anm. *Hillenbrand*]OLG Hamm NStZ-RR 2004, 152 f.; OLG Nürnberg StRR 2009, 396 [m. Anm. *Herrmann*]; s.a. *Burhoff*, Handbuch für das strafrechtliche Ermittlungsverfahren, Rn. 2881; *Herrmann*, Untersuchungshaft, Rn. 745, 748 f.; *Meyer-Goßner/Schmitt* § 120 Rn. 4; a. A. offensichtlich KG NStZ-RR 2008, 157). Allerdings handelt es sich hier nur um die absolute Obergrenze einer noch als verhältnismäßig hinzunehmenden Untersuchungshaft.

129 Ganz allgemein ist zunächst der gesetzlich vorgegebene Strafrahmen zu konkretisieren. Je niedriger die sich hieraus ergebende **abstrakte Strafprognose** ist, um so eher ist von einer Unverhältnismäßigkeit der Untersuchungshaft auszugehen. Zusätzlich ist auch die **konkrete Strafprognose** zu beachten. Gerichte haben z.B. festgestellt, dass die Dauer der Untersuchungshaft nicht mehr verhältnismäßig ist, wenn von einer inzwischen verhängten Freiheitsstrafe von 2 Jahren bereits 5 Monate (OLG Oldenburg StV 1996, 388) oder wenn von einer noch nicht rechtskräftigen Freiheitsstrafe i.H.v. einem Jahr inzwischen mehr als 9 Monate »verbüßt« sind und eine alsbaldige Entscheidung über die eingelegte Revision nicht zu erwarten ist (OLG Hamm StV 1998, 553; ähnlich OLG Hamm StraFo 2001, 179 = NStZ-RR 2001, 123; LG Köln StraFo 1998, 351). Eine noch nicht rechtskräftige Freiheitsstrafe kann für die Frage, ob die Dauer der Untersuchungshaft noch verhältnismäßig ist, regelmäßig nur als ein Indiz für die Schwere der verfolgten Straftat angesehen werden. Eine zu erwartende oder noch nicht rechtskräftig festgestellte Strafhöhe kann nicht ohne Weiteres als Maßstab für die zulässige Dauer der Untersuchungshaft dienen. Untersuchungshaft ist etwas anderes als Freiheitsstrafe, denn die dort angestrebten resozialisierenden Maßnahmen können während der Untersuchungshaft nicht oder nur in geringem Ausmaß zur Anwendung kommen (BVerfG NJW 2006, 677, 680 [m. Anm. *Jahn* NJW 2006, 652] = NStZ 2006, 295 ff. = StV 2006, 81, 86; OLG Nürnberg StRR 2009, 396 [m. Anm. *Herrmann*]).

130 Untersuchungshaft ist nicht ausgeschlossen, wenn nur eine **Geldstrafe** oder die **Strafaussetzung einer Freiheitsstrafe zur Bewährung** zu erwarten ist. In diesen Fällen müssen jedoch zusätzliche gewichtige Gründe gegeben sein, die den Zweck der Untersuchungshaft rechtfertigen und diese als verhältnismäßig erscheinen lassen (*Burhoff*, Handbuch für das strafrechtliche Ermittlungsverfahren, Rn. 2881 KK/*Graf* § 112 Rn. 48; *Herrmann*, Untersuchungshaft, Rn. 848, 852; LR/*Hilger* § 112 Rn. 63; *Meyer-Goßner/Schmitt* § 112 Rn. 11; *Schlothauer/Weider*, Untersuchungshaft, Rn. 487; *Widmaier/König*,

MAH Strafverteidigung, § 4 Rn. 56 f.). Dieser Gedanke findet eine gesetzliche Grundlage in § 113. Aufgrund dieser Bestimmung darf bei **leichteren Taten**, die nur mit einer Freiheitsstrafe von bis zu 6 Monaten oder Geldstrafe bis zu 180 Tagessätzen bedroht sind, Untersuchungshaft wegen Verdunkelungsgefahr überhaupt nicht (§ 113 Abs. 1) und wegen Fluchtgefahr nur unter den dort genannten engen Voraussetzungen (§ 113 Abs. 2) angeordnet werden.

Umgekehrt kann die Erwartung einer hohen Strafe wegen **schwerer Schuld** eine **Fortsetzung der Untersuchungshaft** über einen ansonsten zeitlich kritischen Punkt hinaus rechtfertigen. Muss der Beschuldigte bspw. nach erstinstanzlicher Verurteilung auf die erfolgreiche Revision der StA hin damit rechnen, dass die ursprüngliche Verurteilung wegen Beihilfe zum versuchten Mord aufgehoben und er wegen täterschaftlich begangenen versuchten Mordes zu einer deutlich höheren Strafe verurteilt wird, dann rechtfertigt dies eine Fortsetzung der Untersuchungshaft über den Zeitpunkt der zunächst vorläufig errechneten Haftentlassung hinaus (LG Gera NJW 1996, 2586 f. [dort allerdings wohl unter Außerachtlassung des Gebotes der Beschleunigung in Haftsachen]; KK/*Schultheis* § 120 Rn. 7). Gleiches soll gelten, wenn das Berufungsgericht die Berufung der StA gegen eine Strafaussetzung zur Bewährung für aussichtsreich hält (*Meyer-Goßner/Schmitt* § 112 Rn. 23; einschränkend: KK/*Schultheis* § 120 Rn. 7). Dies erscheint nicht unproblematisch, denn die Prognose über eine zu erwartende Strafe ist immer mit gewissen Unsicherheiten verbunden und somit vage (KK/*Schultheis* § 120 Rn. 7; ihm folgend: *Herrmann*, Untersuchungshaft, Rn. 856). 131

3. Das Beschleunigungsgebot in Haftsachen. Eine besondere Ausprägung erfährt der Grundsatz der Verhältnismäßigkeit durch das **Beschleunigungsgebot in Haftsachen**. Es ergibt sich aus dem Freiheitsanspruch des Beschuldigten (Art. 2 Abs. 2, 104 GG) sowie der Unschuldsvermutung. Im Europarecht ist das Beschleunigungsgebot in Art. 5 Abs. 3 Satz 1 Halbs. 2 und Art. 6 Abs. 1 Satz 1 EMRK geregelt. Aufgrund dieses Gebots hat der verhaftete Beschuldigte Anspruch auf Aburteilung innerhalb einer angemessen Frist oder andernfalls auf Haftentlassung (vgl. EGMR StV 2005, 136; BVerfG NJW 2005, 2612 [LS]; NJW 2005, 3845; NJW 2006, 668; NJW 2006, 672 ff. [mit Anm. *Jahn* NJW 2006, 652 ff.] = NStZ 2006, 313 ff. [mit Anm. *Schmidt*] = NStZ 2007, 142 f. = StraFo 2006, 68 = StV 2006, 73 ff.; BVerfG NJW 2006, 1336; StV 2006, 645 [LS]; 2008, 421; OLG Frankfurt am Main StV 2006, 195; OLG Hamm StV 2006, 191; zum Ganzen auch: *Broß* StraFo 2009, 10 ff.; *Demko* HRRS 2007, 285 ff.; *Gaede* HRRS 2006, 409 ff.; *Jahn* NJW 2006, 625 ff.; *Knauer* StraFo 2007, 309 ff.; *Pieroth/Hartmann* StV 2008, 276 ff.; krit. *Schmidt* NStZ 2006, 313 ff.). Untersuchungshaftsachen sind mit größtmöglicher Beschleunigung zu erledigen. Sie haben grds. Vorrang vor der Erledigung anderer Strafverfahren (OLG Frankfurt am Main StV 2006, 197; OLG Hamm StV 2006, 319; StV 2007, 363; s.a. *Burhoff*, Handbuch für das strafrechtliche Ermittlungsverfahren, Rn. 1658 ff., 1697, 2883). Die Schwere des Tatvorwurfs und die Höhe der zu erwartenden Strafe spielen hierbei keine Rolle. Die zulässige Dauer der Untersuchungshaft bestimmt sich insofern allein anhand der Schwierigkeit des Verfahrens und der sich daraus ergebenden unvermeidbaren Verzögerungen (BVerfG NJW 2005, 2612 [L-S]; NJW 2006, 672 ff. [mit Anm. *Jahn* NJW 2006, 652 ff.] = NStZ 2006, 313 ff. [mit Anm. *Schmidt*] = NStZ 2007, 142 f. = StraFo 2006, 68 = StV 2006, 73 ff.). Das Beschleunigungsgebot dient im Speziellen ebenso wie der Grundsatz der Verhältnismäßigkeit im Allgemeinen der Vermeidung überlanger Untersuchungshaft (zur verfassungsrechtlich gebotenen Begründungstiefe s. *Mayer/Hunsmann* NStZ 2015, 325 ff.). 132

Das Beschleunigungsgebot gilt in Haftsachen **für das gesamte Verfahren** (BVerfG StraFo 2010, 461 f. = StV 2011, 31 ff.). Im Einzelnen ist (hier lediglich zusammengefasst und kurz dargestellt, ausführlich hierzu s. die Kommentierung bei § 121 dort Rdn. 7 ff.) Folgendes zu beachten: 133

– Schon der **Erlass eines Haftbefehls** darf nicht außergewöhnlich lange dauern (BVerfG StRR 2008, 438 [m. Anm. *Herrmann*]).
– Ein erlassener Haftbefehl ist **zügig zu vollstrecken**, andernfalls ist er unverhältnismäßig (OLG Köln NStZ-RR 2009, 87 = StraFo 2008, 468).
– Das **Ermittlungsverfahren** muss vorausschauend und zügig betrieben werden. So müssen bspw. Zweit- oder Doppelakten angelegt werden (BVerfG StV 1999, 162; s. hierzu auch OLG Düsseldorf StV 2001, 695; *Meyer-Goßner/Schmitt* § 121 Rn. 23). Auch ist an eine sinnvoll organisierte und damit zügige Übersendung der Akten an verschiedene Verteidiger im »Umlaufverfahren« und nicht jeweils einzeln mit Rücklauf zur Justiz und erneuter Versendung zu denken. Sachverständigengutach-

§ 112 StPO Voraussetzungen der Untersuchungshaft; Haftgründe

ten sind unverzüglich in Auftrag zu geben, ihre Bearbeitung und Erledigung sind zu überwachen (BVerfG StRR 2007, 196 f.; OLG Jena StV 2011, 39; OLG Karlsruhe StraFo 2010, 113 [zu § 126a]). Auch die Übersendung der Anklageschrift nebst Akten an das Gericht darf sich nicht verzögern.
- Das **Zwischenverfahren** ist stringent zu strukturieren. Die Eröffnung und Terminierung der Sache soll zügig erfolgen, regelmäßig sollen 3 Monate vom Eingang der Anklage bei Gericht bis zur Hauptverhandlung angemessen sein (BVerfG NJW 2005, 672; NStZ-RR 2007, 311 = StV 2007, 366 = StraFo 2007, 152; StV 2008, 421; KG StraFo 2010, 26 f.; OLG Naumburg StV 2008, 589 [fünf Monate zu lang]; OLG Nürnberg StV 2009, 367 [i.d.R. 3 Monate]; s. *Burhoff*, Handbuch für das strafrechtliche Ermittlungsverfahren, Rn. 1659). Ein Verstoß gegen den Beschleunigungsgrundsatz hat sich hier an der Eröffnungsreife zu orientieren und nicht an der Zeit bis zum Erlass des Eröffnungsbeschlusses (OLG Nürnberg StV 2011, 39 ff.; OLG Nürnberg StV 2009, 367).
- Die Planung und **Terminierung der Hauptverhandlung** hat vorausschauend zu erfolgen (vgl. *Burhoff*, Handbuch für das strafrechtliche Ermittlungsverfahren, Rn. 1658 und insb. auch Rn. 2774 ff.; *Keller/Meyer-Mews* StraFo 2005, 353 ff.; *Pieroth/Hartmann* StV 2008, 276, 279 f.; *Schmidt* NStZ 2006, 313 ff.). Eine nur sukzessive Fortführung der Hauptverhandlung genügt grds. nicht (OLG Koblenz StV 2011, 167 ff.). Die obergerichtliche Rechtsprechung geht allgemein davon aus, dass in umfangreicheren Verfahren an mindestens 4 Tagen im Monat Hauptverhandlungstermine stattzufinden haben (vgl. EGMR NJW 2005, 3125; BVerfG NJW 2006, 672 ff. [mit Anm. *Jahn* NJW 2006, 652 ff.] = NStZ 2006, 313 ff. [mit Anm. *Schmidt*] = NStZ 2007, 142 f. = StraFo 2006, 68 = StV 2006, 73 ff.; OLG Frankfurt am Main StV 2006, 195; OLG Hamm StV 2006, 191; OLG Oldenburg StraFo 2008, 26 f.; LG München II StV 2009, 253). Teilweise wird auch eine engere Hauptverhandlungsdichte gefordert (BVerfG StraFo 2010, 461 f. = StV 2011, 31 ff.; StV 2006, 318 ff. [mindestens 2 Verhandlungstage pro Woche]; EuGRZ 2007, 591 ff. [mehr als ein Tag pro Woche]). Die Hauptverhandlung ist effizient und straff zu führen (BVerfG NJW 2006, 668 ff. = StV 2006, 87 [»44 mehr oder weniger nutzlos verstrichenen Hauptverhandlungstage im Laufe eines Jahres« – »Buckelwalbeschluss«]; s. hierzu auch *Paeffgen* StraFo 2007, 442, 448 [dort Fn. 3] sowie *ders.* NStZ 2007, 79, 83 [dort Fn. 11] und dann erneut *ders.* NStZ 2008, 135, 143 [dort insb. Fn. 47]). An Hauptverhandlungstagen muss auch ausreichend lang verhandelt werden (BVerfG NJW 2006, 672 ff. [mit Anm. *Jahn* NJW 2006, 652 ff.] = NStZ 2006, 313 ff. [mit Anm. *Schmidt*] = NStZ 2007, 142 f. = StraFo 2006, 68 = StV 2006, 73 ff. [Verhandlungsdauer pro Tag mehr als regelmäßig lediglich ein oder 2 Std.]). Anders mag dies sein bei relativ gesehen wenigen Hauptverhandlungstagen (OLG Stuttgart StV 2014, 752 ff. [m. ausführl. Anm. *Herrmann* – dort ging es um insgesamt nur 10 Verhandlungstage, allerdings in einer beschleunigt zu bearbeitenden Jugendstrafsache]).
Bei Planung und Durchführung der Termine ist auf die **Verfügbarkeit der Verteidiger** und deren Terminkalender Rücksicht zu nehmen (BVerfG StRR 2008, 156 [mit Anm. *Herrmann*] = StV 2008 198). Dies kann aber andererseits nicht eine unangemessene Verlängerung der Untersuchungshaft rechtfertigen. Deshalb ist ggf. ein verfahrenssichernder Pflichtverteidiger zu bestellen (OLG Köln StV 2006, 143; 2006, 145; OLG Naumburg StV 2008, 365; s. hierzu auch OLG Oldenburg StraFo 2008, 26 f. sowie die Anm. von *Paeffgen* NStZ 2010, 200, 201 f.). Kann nicht davon ausgegangen werden, dass es zu einer verfahrensabkürzenden Verständigung kommen könnte, dann muss die Terminierung ausreichend große Zeiträume erfassen, um zügig und umfassend verhandeln zu können (OLG Koblenz StV 2011, 167 ff.).
- Auch nach **Beendigung der Hauptverhandlung** wirkt das Beschleunigungsgebot fort (KG StV 2007, 644; OLG Frankfurt am Main StV 2006, 648; OLG Saarbrücken NStZ 2007, 420 [LS]).

134 Das Beschleunigungsgebot gilt auch, wenn der **Haftbefehl außer Vollzug gesetzt** ist oder aus anderen Gründen nicht vollzogen wird, bspw. weil Überhaft notiert ist (BVerfG NJW 2006, 668 ff. = NJW-Spezial 2006, 136 f. = NStZ 2006, 313 ff. [m. Anm. *Schmidt*] = NStZ-RR 2006, 188 f. = StraFo 2006, 67 [LS] = StV 2006, 87 f.; StV 2006, 251; *Burhoff*, Handbuch für das strafrechtliche Ermittlungsverfahren, Rn. 926b).

135 Eine besondere Ausprägung hat das Beschleunigungsgebot in den §§ 121, 122 gefunden. Die **Fortdauer der Untersuchungshaft über 6 Monate hinaus** ist vom OLG i.R.d. besonderen Haftprüfung von Amts wegen zu überprüfen (s. hierzu Rdn. 12 ff.; § 122 Rdn. 27 ff.).

136 Eine **Kompensation von konventionswidrigen Verzögerungen** (der Begriff »rechtsstaatswidrig« wird von der Justiz ungern verwendet) in einzelnen Verfahrensabschnitten durch eine besonders zügige

oder effiziente Bearbeitung in anderen Teilen des Verfahrens ist nicht möglich (BVerfG NJW 2006, 672 ff. [mit Anm. *Jahn* NJW 2006, 652 ff.] = NStZ 2006, 313 ff. [mit Anm. *Schmidt*] = NStZ 2007, 142 f. = StraFo 2006, 68 = StV 2006, 73 ff.; OLG Hamm StV 2006, 191 ff.; OLG Naumburg StV 2008, 589 ff.; StraFo 2007, 506 ff.; zweifelnd OLG München StraFo 2007, 465; zum Ganzen auch *Meyer-Goßner/Schmitt* § 121 Rn. 26). Sowohl die Ermittlungsbehörden als auch die Gerichte müssen sich eventuelle Verzögerungen bei der Sachbearbeitung i.R.d. Überprüfung der Rechtmäßigkeit der Fortdauer der Untersuchungshaft entgegen halten lassen, sofern sie diese zu verantworten haben (OLG Frankfurt am Main StV 2007, 449 ff.; OLG Hamm StraFo 1998, 283 = NStZ-RR 1998, 307; allgemein hierzu schon BVerfG StV 1997, 535 f. [m. Anm. *Herrmann*]).

Neben der Kompensation für konventionswidrige Verfahrensverzögerungen kann dem Beschuldigten bei einem Verstoß gegen das Beschleunigungsgebot in Haftsachen grds. auch ein **Entschädigungsanspruch** gem. § 2 Abs. 1 StrEG zustehen (vgl. *Broß* StraFo 2009, 10 ff.; *Burhoff*, Handbuch für das strafrechtliche Ermittlungsverfahren, Rn. 2885; *Killinger*, Staatshaftung für rechtswidrige Untersuchungshaft in Deutschland und Österreich im Lichte von Art. 5 Abs. 5 EMRK, 2015, S, 29 ff.; *Widmaier/Kotz* MAH Strafverteidigung, § 25 Rn. 13; zum Ersatz eines Einkommensausfalles auch für die Zukunft s. LG München StRR 2008, 114 [m. Anm. *Herrmann*]). Auch bei einer Verurteilung kann dem Betroffenen ein Anspruch auf Entschädigung für dennoch zu Unrecht erlittene Untersuchungshaft zustehen (vgl. *Park/Schlothauer* in: FS für Widmaier, 2008, S. 387, 404 ff.). Neben Ansprüchen aus dem StrEG regelt Art. 5 Abs. 5 EMRK für Fälle der rechtswidrigen Festnahme oder Freiheitsentziehung einen verschuldensunabhängigen Schadensersatzanspruch gegen den Staat (s. EGMR Nr. 11364/03, Urteil der 5. Kammer v. 13.12.2007 [Mooren v. Deutschland I] StRR 2008, 98 ff. [m. Anm. *D. Herrmann/J. Herrmann*] = StV 2008, 475; s.a. EGMR Nr. 11364/03, Urteil der Großen Kammer v. 09.07.2009 [Mooren v. Deutschland II] StraFo 2010, 63 = StRR 2009, 473 ff. [m. Anm. *D. Herrmann*] = StV 2010, 490 ff. [m. Anm. *Pauly*]; zum Ganzen auch: *Broß* StraFo 2009, 10 ff.; *Killinger*, Staatshaftung für rechtswidrige Untersuchungshaft in Deutschland und Österreich im Lichte von Art. 5 Abs. 5 EMRK, 2015; LR/*Esser*, Erl. zu Art. 5 EMRK; vgl. auch Art. 5 EMRK Rdn. 67 ff.). **137**

Das Beschleunigungsgebot unterliegt aber zumindest in gewissem Umfang der **Dispositionsfreiheit** des Beschuldigten und seines Verteidigers. In der Praxis kommt es gelegentlich auch durch die Verhinderung des (Wahl-)Verteidigers zu Verzögerungen (s. hierzu: BVerfG NStZ 2006, 460 f. = StV 2006, 451 ff. [m. Anm. *Hilger* StV 2006, 451 f.]; StRR 2007, 36 f. [m. Anm. *Burhoff*]; OLG Hamm StraFo 2006, 323 f. = StV 2006, 482 ff.; OLG Hamburg JZ 2006, 485 [LS] = NJW 2006, 2792 ff. = NStZ 2007, 79 ff. = StraFo 2006, 372 f. = StV 2006, 533 f.; OLG Köln StV 2006, 145 f. = StraFo 2006, 111; ausführlich zur Beachtung des Beschleunigungsgebotes auch durch die Verteidigung *Herrmann*, Untersuchungshaft, Rn. 961 ff.). Zur Vermeidung von Verzögerungen insb. bei der straffen Terminierung der Sache (hierzu BVerfG NJW 2006, 672 ff. [mit Anm. *Jahn* NJW 2006, 652 ff.] = NStZ 2006, 313 ff. [mit Anm. *Schmidt*] = NStZ 2007, 142 f. = StraFo 2006, 68 = StV 2006, 73 ff.) soll es zulässig sein, einen (weiteren) Pflichtverteidiger beizuordnen (BVerfG NStZ 2006, 460; BGH NStZ 2007, 163; NStZ 2007, 169; BGH NStZ 2006, 463; NStZ 2006, 145; OLG Hamm StV 2006, 481; NJW 2006, 2788; OLG Jena NStZ-RR 2009, 114 [LS]; OLG Köln StV 2006, 143; StV 2006, 145; StV 2006, 463). Das Gericht muss aber auf Wünsche des Beschuldigten Rücksicht nehmen, wenn dieser verlangt, vom Anwalt seines Vertrauens verteidigt zu werden (OLG Hamm StV 2006, 481 [m. Anm. *Hilger* StV 2006, 451 ff.]; NJW 2006, 2788 ff.; OLG Naumburg StraFo 2008, 205 f.; einschränkend aber: OLG Naumburg StRR 2009, 106; zum Ganzen: *Burhoff*, Handbuch für das strafrechtliche Ermittlungsverfahren, Rn. 2103; *Meyer-Goßner/Schmitt* § 142 Rn. 9a). Es kann also nicht ausgeschlossen werden, dass es zu Verzögerungen kommt, die dem Beschleunigungsgebot zuwiderlaufen, weil dem Beschuldigten das Vertrauen zu seinem Verteidiger wichtiger ist, als eine zügige Verhandlung, an der dieser nicht teilnehmen kann. Der Anspruch des Beschuldigten auf eine rasche Erledigung seines Verfahrens tritt zurück, wenn er sonst durch einen von ihm nicht gewollten, vom Gericht aufoktroyierten Pflichtverteidiger vertreten würde (s. hierzu: BGH NStZ 2008, 351; zum Ganzen: *Herrmann*, Untersuchungshaft, Rn. 968 ff.). Ihm steht hier ein Mitspracherecht zu, auf das angemessen Rücksicht genommen werden muss. Zwar handelt es sich beim Beschleunigungsgebot in Haftsachen um einen objektiven Verfahrensgrundsatz. Dieser ist aber Ausfluss des persönlichen Rechts des Beschuldigten auf eine zügige Verhandlung und Aburteilung. Es geht um dessen individuellen Freiheitsanspruch. Trotz der strengen Vorgaben zum Beschleunigungsgebot in Haftsachen ist nicht einzusehen, warum dem Beschuldigten nicht trotz- **138**

§ 112a StPO   Haftgrund der Wiederholungsgefahr

dem das Recht auf den Verteidiger seiner Wahl zustehen soll. Das Beschleunigungsgebot ist nur einer von mehreren zu beachtenden Verfahrensgrundsätze. Es stößt an seine Grenzen, wenn es in Widerstreit mit den weiteren Grundsätzen auf ein faires Verfahren gerät. Das Recht auf Auswahl eines Verteidigers des Vertrauens ist ein solcher Grundsatz. Er ist ebenso zu berücksichtigen. Zumindest in gewissem Umfang ist deshalb Rücksicht auf die Wünsche des Beschuldigten zu nehmen. Bei **mehreren Beschuldigten** sind aber wiederum deren Rechte auf beschleunigte Verhandlung und Aburteilung vorrangig zum individuellen Recht des Einzelnen zu beachten (BGH NStZ 2007, 163; OLG Jena NStZ-RR 2009, 114 [LS]). In solchen Fällen muss das Gericht einen Ausgleich finden zwischen einerseits dem Grundsatz der Beschleunigung in Haftsachen und andererseits dem Verteidigungsrecht des Beschuldigten, indem es z.B. die Hauptverhandlung langfristig, schon mit Zustellung der Anklageschrift, terminiert und bei Terminschwierigkeiten der Verteidiger Verhandlungstermine frühzeitig mit diesen abstimmt. Terminsnöte von kompromissbereiten Verteidigern dürfen nicht ohne Weiteres übergangen werden (BGH NStZ-RR 2007, 149 [LS]; OLG Celle NJW 2008, 3370 [LS]; OLG Jena NStZ-RR 2009, 114 [LS]; BGH NStZ 2009, 650 f. = NStZ-RR 2010, 137 = StraFo 2009, 383 f. = StRR 2009, 383 f. [m. Anm. *Stephan*] = StV 2009, 565 f.; s.a. *Burhoff*, Handbuch für das strafrechtliche Ermittlungsverfahren, Rn. 2103 und auch Rn. 2778).

Angekündigte Einlassungen des Beschuldigten sind abzuwarten, sofern dies im strafprozessual vorgesehenen Rahmen geschieht. Mögliche Verzögerungen des Verfahrens aufgrund der Wahrnehmung prozessualer Verteidigungsrechte, die ihre Ursache allein im Verantwortungsbereich des Beschuldigten haben, begründen einen Verstoß gegen das Beschleunigungsgebot und rechtfertigen eine Beendigung der Untersuchungshaft nur dann, wenn Staatsanwaltschaft und Gericht ihrerseits hierauf nicht sachgerecht reagiert haben. Nur dann verlagert sich die Ursächlichkeit für die Verfahrensverzögerung wieder in den Verantwortungsbereich der Justiz zurück (OLG Nürnberg wistra 2011, 478 ff.)

139 Zum Beschleunigungsgebot s.a. die Kommentierung bei § 120 Rdn. 17 ff. und § 121 Rdn. 7 ff. sowie Rdn. 35.

§ 112a StPO Haftgrund der Wiederholungsgefahr.

(1) ¹Ein Haftgrund besteht auch, wenn der Beschuldigte dringend verdächtig ist,
1. eine Straftat nach den §§ 174, 174a, 176 bis 179 oder nach § 238 Abs. 2 und 3 des Strafgesetzbuches oder
2. wiederholt oder fortgesetzt eine die Rechtsordnung schwerwiegend beeinträchtigende Straftat nach § 89a, nach § 125a, nach den §§ 224 bis 227, nach den §§ 243, 244, 249 bis 255, 260, nach § 263, nach den §§ 306 bis 306c oder § 316a des Strafgesetzbuches oder nach § 29 Abs. 1 Nr. 1, 4, 10 oder Abs. 3, § 29a Abs. 1, § 30 Abs. 1, § 30a Abs. 1 des Betäubungsmittelgesetzes begangen zu haben, und bestimmte Tatsachen die Gefahr begründen, daß er vor rechtskräftiger Aburteilung weitere erhebliche Straftaten gleicher Art begehen oder die Straftat fortsetzen werde, die Haft zur Abwendung der drohenden Gefahr erforderlich und in den Fällen der Nummer 2 eine Freiheitsstrafe von mehr als einem Jahr zu erwarten ist. ²In die Beurteilung des dringenden Verdachts einer Tatbegehung im Sinne des Satzes 1 Nummer 2 sind auch solche Taten einzubeziehen, die Gegenstand anderer, auch rechtskräftig abgeschlossener, Verfahren sind oder waren.

(2) Absatz 1 findet keine Anwendung, wenn die Voraussetzungen für den Erlaß eines Haftbefehls nach § 112 vorliegen und die Voraussetzungen für die Aussetzung des Vollzugs des Haftbefehls nach § 116 Abs. 1, 2 nicht gegeben sind.

1 **A. Allgemeines.** Der Haftgrund der Wiederholungsgefahr erlaubt die Inhaftierung des Beschuldigten als vorbeugende Maßnahme zur Verhinderung weiterer erheblicher Straftaten besonders gefährlicher Täter (**Sicherungshaft**). Die Vorschrift hat präventiv-polizeilichen Charakter. Sie ist dennoch mit dem GG vereinbar (BVerfGE 19, 342, 349 ff. = NJW 1966, 243, 244; BVerfGE 35, 185 = NJW 1973, 1363 f.; krit.: OLG Jena StraFo 2009, 21 f.; krit. auch: *Humberg* Jura 2005, 376, 377 f.; *Rentzel-Rothe* StV 2013, 786 ff.; *Roxin/Schünemann*, Strafverfahrensrecht, 27. Aufl. 2012, S. 241; SK-StPO/*Paeffgen* § 112a Rn. 3). Der Haftgrund der Wiederholungsgefahr ist auch in Art. 5 Abs. 1 Satz 2 Buchst. c) EMRK ausdrücklich vorgesehen, er verstößt nicht gegen die Unschuldsvermutung des Art. 6 Abs. 2

EMRK (zur Rspr. des EGMR: *Kühne* StV 2002, 386; s.a. *Meyer-Goßner/Schmitt* § 112a Rn. 1; *Nerée* StV 1993, 212 ff.; a. A. SK-StPO/*Paeffgen* § 112a Rn. 5; *Wolter* ZStW 93, 485).

Obwohl die Sicherungshaft nicht als verfahrenssichernde Haft i.S.d. § 112 verstanden werden kann, sondern vorbeugende Verwahrung ist (*Meyer-Goßner/Schmitt* § 112a Rn. 1; aus der Rspr: KG Beschl. v. 28.2.2012, 4 Ws 18/12), erfolgt deren Regelung wegen des Sachzusammenhangs sinnvollerweise als strafprozessualer Eingriff in der StPO und nicht als präventive Maßnahme i.R.d. Polizeigesetze der Länder (KK/*Graf* § 112a Rn. 5; *Meyer-Goßner/Schmitt* § 112a Rn. 1; a. A. *Paeffgen*, Vorüberlegungen zu einer Dogmatik des Untersuchungshaftrechts, 1986, S. 156; *Weigend* in: FS-Müller, 2008, S. 744).

Der Regelungsumfang des § 112a ist immer wieder ausgedehnt worden, zuletzt durch das am 31.03.2007 in Kraft getretene Gesetz zur Strafbarkeit beharrlicher Nachstellungen (»**Stalking-Bekämpfungsgesetz**«). Nach diesem Gesetz ist die Anordnung von Untersuchungshaft wegen Wiederholungsgefahr auch in qualifizierten Fällen der Nachstellung gem. § 238 Abs. 2 u. 3 StGB vorgesehen. Untersuchungshaft wegen Wiederholungsgefahr wird in diesen Fällen als »**Deeskalationshaft**« angesehen. Opfern von Stalking-Angriffen soll durch eine Unterbrechung des gegen sie gerichteten Psychoterrors geholfen werden. In gravierenden Fällen scheint dies nur durch eine Inhaftierung des Täters möglich. Regelmäßig liegen hier die Voraussetzungen des § 112 (Flucht, Fluchtgefahr oder Verdunkelungsgefahr) aber nicht vor, da die Täter bisher strafrechtlich nicht in Erscheinung getreten sind und in geordneten sozialen Verhältnissen leben (aus der Rechtsprechung: OLG Karlsruhe StRR 2008, 243 [LS]; LG Lübeck JuS 2008, 553 ff. [m. Anm. *Jahn*]; zum Ganzen: *Junker/Veh* StRR 2007, 164 ff.; *Kinzig* ZRP 2006, 255 ff.; *Knauer/Reinbacher* StV 2008, 377; *Krüger* NJ 2008, 150 ff.; *ders.* NStZ 2010, 546 ff. [mit Rechtsprechungsnachweisen]; *Mitsch* NJW 2007, 1237 ff.; *Pollähne* StraFo 2006, 398 ff.; *Sering* NJW-Spezial 2007, 375 f.; *Valerius* JuS 2007, 319 ff.; *Weber-Hassemer* ZRP 2006, 69 ff.).

Dieser Ansatz erscheint problematisch, denn hier wird noch konsequenter als bisher mit der Wiederholungsgefahr ein polizeiliches Element in die Strafprozessordnung eingefügt. Anstelle von Verfahrenssicherung (zum Zweck der Untersuchungshaft s. vor § 112 Rdn. 6) steht hier die Deeskalation von Streitigkeiten im privaten Lebensbereich im Vordergrund. Es liegt auf der Hand, dass in diesen Fällen die Frage der Verhältnismäßigkeit der Haft besonders sorgfältig geprüft werden muss. Im Ergebnis ist der gesetzlich geregelte Systembruch nur mit dem in der letzten Zeit zu beobachtenden, politisch gewünschten Interesse an verstärktem Opferschutz zu erklären (ebenfalls krit.: *Gazeas* KJ 2006, 247, 265; *Krüger* NJ 2008, 150 ff.; *ders.* NStZ 2010, 546 ff.; *Mitsch* NJW 2007, 1237, 1341 f.; *Steinberg* JZ 2006, 30 ff.; *Vander* KritVjschr 2006, 81, 92).

Eine weitere Verschärfung des Haftgrundes des § 112a war im **Entwurf eines Gesetzes zur Effektivierung des Haftgrundes der Wiederholungsgefahr** der freien Hansestadt Hamburg vorgesehen (BR-Drucks. 24/11 v. 18.01.2011). Danach sollte neben den bereits bisher genannten qualifizierten Körperverletzungsdelikten (§§ 224–227 StGB) auch die einfache Körperverletzung (§ 223 StGB) in den Katalog der schwerwiegenden Anlasstaten aufgenommen werden. Einer Vortat sollte es dann nicht mehr bedürfen. Bereits von der Anlasstat sollte auf die wiederholte Begehung gleichartiger Straftaten geschlossen werden können. Das Bestreben nach Sicherheit und Schutz der Bevölkerung gebiete eine solche Ausweitung des Haftgrundes. Sollte dieser Vorschlag Gesetz werden, dann genügt bereits eine einfache Körperverletzung gem. § 223 StGB zur Rechtfertigung der Untersuchungshaft, einer qualifizierten Begehung oder entsprechender Tatfolgen wäre nicht mehr erforderlich. Eine solche als »Effektivierung« bezeichnete Ausweitung des Haftgrundes der Wiederholungsgefahr verschöbe Sinn und Zweck der Untersuchungshaft noch weiter in Richtung einer »Schutzhaft« zur Deeskalation. Sie gestaltet das Haftrecht aber nicht effektiver sondern verschärft es nur zusätzlich. Präventive Aspekte treten dann noch weiter in den Vordergrund um kriminalpolitische Ziele zu verwirklichen. Ein solcher Rechtsopportunismus mag dem Schutzbedürfnis der Öffentlichkeit und der reißerischen Berichterstattung entsprechender Fälle in der Öffentlichkeit geschuldet sein, mit Sinn und Zweck der Untersuchungshaft steht er nicht ansatzweise in Einklang. Der Gesetzesentwurf konnte sich (soweit ersichtlich) nicht durchsetzen.

Der Haftgrund der Wiederholungsgefahr findet auch im **Jugendstrafverfahren** Anwendung. Das aufgrund der gesetzlichen Regelungen des JGG bestehende Konkurrenzverhältnis zwischen Untersuchungshaft und vorläufigen Anordnungen zur Erziehung gem. § 71 Abs. 2 JGG ist dadurch aufzulösen, dass anstelle der Untersuchungshaft die weniger einschneidende Maßnahme der einstweiligen

§ 112a StPO Haftgrund der Wiederholungsgefahr

Unterbringung zu wählen ist, wenn dadurch der Wiederholungsgefahr ausreichend begegnet werden kann (KG StV 2009, 83; OLG Braunschweig StV 2009, 84; OLG Bremen StV 2013, 773 ff [m. Anm. *Rentzel-Rothe* StV 2013, 786 ff.]; OLG Hamm StV 2002, 432 f. = NStZ-RR 2002, 120 [LS]; LG Kiel StV 2002, 433; KK/*Graf* § 112a Rn. 4; *Eisenberg* NStZ 1999, 281, 283; *Meyer-Goßner/Schmitt* § 112a Rn. 1 a.E.; *Nerée* StV 1993, 212 ff.; ausführlich zum Ganzen: *Rentzel-Rothe* StV 2013, 786 ff.). Wegen der in § 72 JGG vorgesehenen Subsidiarität der Untersuchungshaft in Jugendstrafsachen zu anderen sich bietenden Alternativen, bspw. der einstweiligen Unterbringung in einem geeigneten Heim der Jugendhilfe, sind im Haftbefehl konkrete Gründe zu nennen, aus denen sich ergibt, dass andere (mildere) Maßnahmen nicht ausreichend sind und die Untersuchungshaft auch sonst nicht unverhältnismäßig ist (OLG Bremen StV 2013, 773 ff [m. Anm. *Rentzel-Rothe* StV 2013, 786 ff.]; OLG Karlsruhe StV 2011, 596; OLG Köln StRR 2008, 35 ff. [m. Anm. *Mertens*]).

7 **B. Voraussetzungen der Sicherungshaft gem. § 112a Abs. 1.** Sicherungshaft bei **Wiederholungsgefahr** kann angeordnet werden, wenn der Beschuldigte entweder einer Straftat gegen die sexuelle Selbstbestimmung oder einer »Nachstellung« i.S.d. § 112a Abs. 1 Nr. 1 dringend verdächtig ist oder wenn der dringende Tatverdacht besteht, der Beschuldigte habe **wiederholt oder fortgesetzt** eine der in § 112a Abs. 1 Nr. 2 aufgezählten strafbaren Handlung begangen. Darüber hinaus müssen bestimmte Tatsachen die Prognose rechtfertigen, der Beschuldigte werde **erneut erhebliche Taten gleicher Art** begehen (vgl. OLG Frankfurt am Main StraFo 2008, 240 f. = StV 2008, 364 f.; OLG Frankfurt am Main StRR 2008, 395; OLG Hamm StV 1997, 310; *Meyer-Goßner/Schmitt* § 112a Rn. 2 ff.).

8 **I. Dringender Verdacht einer Anlasstat.** Voraussetzung für die Annahme des Haftgrundes der Wiederholungsgefahr ist ein **dringender Verdacht** dafür, dass die ernsthafte oder auch dringende Gefahr besteht, der Beschuldigte werde vor rechtskräftiger Aburteilung weitere erhebliche Straftaten gleicher Art begehen (OLG Frankfurt am Main StV 2000, 209 f.; *Burhoff*, Handbuch für das strafrechtliche Ermittlungsverfahren, Rn. 1711; *Meyer-Goßner/Schmitt* § 112a Rn. 3; *Schlothauer/Weider*, Untersuchungshaft, Rn. 646 ff.). Diese durch bestimmte Tatsachen begründete Gefahr, der Beschuldigte werde weitere erhebliche Taten gleicher Art begehen, darf aber nicht mit dem dringenden Tatverdacht selbst verwechselt werden (ausführlich zum dringenden Tatverdacht s.o. § 112 Rdn. 6 ff.).

9 **II. Anlasstat gem. § 112a Abs. 1 Nr. 1 und 2. 1. Anlasstat gem. § 112a Abs. 1 Nr. 1.** Anlasstaten nach § 112a Abs. 1 Nr. 1 sind Straftaten gegen die **sexuelle Selbstbestimmung**, konkret die §§ 174, 174a, 176 bis 179 StGB, sowie qualifizierte Formen der **Nachstellung** des § 238 Abs. 2 und 3 StGB.

10 Bei den von Nr. 1 erfassten Straftaten genügt für die Annahme einer Wiederholungsgefahr der dringende Verdacht einer einmaligen Begehung. Hier soll der besondere Personenkreis der Bevölkerung, der von derartigen Straftaten betroffen ist, geschützt werden. Bereits eine einmalige Verfehlung soll auf entsprechende Mängel in der Persönlichkeit des Beschuldigten schließen lassen, sodass eine Inhaftierung gerechtfertigt sein kann (s.o.). § 238 Abs. 1 StGB verlangt allerdings schon auf Tatbestandsebene für die Nachstellung ein »beharrliches« Vorgehen, also im Ergebnis eine mindestens wiederholte Begehung (BGHSt 54, 189, 195 = NJW 2010, 1680, 1682 [m. zust. Anm. *Gazeas*] = NStZ 2010, 277 ff. = StraFo 2010, 166 f. = StRR 2010, 229 f. [m. Anm. *Klaws*] = StV 2010, 307; OLG Koblenz StV 2014, 550 [Wiederholungsgefahr abgelehnt bei 6 Jahre zurückliegender Anlasstat]; OLG Zweibrücken NStZ-RR 2010, 145 f. = StRR 2010, 234 f. [m. Anm. *Klaws*]; s.a. Fischer, StGB, § 238 Rn. 18 a.E.; *Krüger* NStZ 2010, 546, 550 f.; *Seher* JZ 2010, 582; SSW-StGB/*Schluckebier* § 238 Rn. 13). Hier findet der Grundsatz der Verhältnismäßigkeit faktisch also bereits auf der Ebene des materiellen Rechts, unmittelbar beim Tatvorwurf des § 238 StGB, Beachtung. Die gesetzliche Intention des neuen § 112a Abs. 1 Nr. 1 läuft dem zuwider.

11 **2. Anlasstat gem. § 112a Abs. 1 Nr. 2.** Anlasstaten nach § 112a Abs. 1 Nr. 2 sind Straftaten, die erfahrungsgemäß oft als Serienstraftaten begangen werden. Diese Taten müssen – anders als die in Nr. 1 genannten Taten – wiederholt oder fortgesetzt begangen worden sein und zusätzlich die Rechtsordnung schwerwiegend beeinträchtigt haben (KK/*Graf* § 112a Rn. 12 ff.; *Herrmann*, Untersuchungshaft, Rn. 811; LR/*Hilger* § 112a Rn. 8; *Meyer-Goßner/Schmitt* § 112a Rn. 7 ff.).

12 Da die in Nr. 2 genannten Anlasstaten schon allgemein als schwerwiegend angesehen werden können, müssen sie, um als Haftgrund zu genügen, einen **über dem Durchschnitt liegenden Schweregrad** oder

Unrechtsgehalt aufweisen (OLG Bremen StV 2013, 773 ff [m. Anm. *Rentzel-Rothe* StV 2013, 786 ff. – zum JGG]; OLG Frankfurt am Main StV 2000, 209; KG StV 2010, 585; OLG Oldenburg NStZ-RR 2010, 159 = StRR 2010, 196 [m. Anm. *Burhoff*] = StV 2010, 140; LG Bonn StV 1988, 439). Jede einzelne Tat muss mindestens »in der oberen Hälfte der mittelschweren Straftaten« liegen (OLG Hamm StRR 2015, 194 f. [m. Anm. *Burhoff*]; OLG Hamm, Beschl. v. 15.08.2006 – 3 Ws 390/06, JurionRS 2006, 27077; OLG Jena StV 2009, 251, 252; LG Regensburg StV 2015, 303 f.). Dabei sind auch Art und Umfang des angerichteten Schadens zu berücksichtigen (OLG Hamm StRR 2015, 194 f. [m. Anm. *Burhoff – dort mit Übersicht zu den Schadensbeträgen*]; OLG Hamm NStZ-RR 2011, 124 = StV 2011, 291 ff. [verneint für Betrugsschäden zwischen 1.000,00 € und 1.905,00 €]; OLG Jena StV 2009, 251 f. [verneint für Diebstahl von älteren Kfz im Wert von jeweils allenfalls 1.000,00 €]); LG Berlin NStZ 2010, 203 = StV 2009, 652 f.; LG Regensburg StV 2015, 303 f.). Allerdings genügt es nicht, die Tatschwere allein nach dem Gesamtschaden zu bemessen (OLG Frankfurt am Main StV 2000, 209 f.; OLG Oldenburg StV 2005, 618 [für Betrugstaten]). Nur mit jugendgerichtlichen Zuchtmitteln geahndete Vortaten sind regelmäßig keine Straftaten, die die Rechtsordnung schwerwiegend beeinträchtigen (OLG Bremen StV 2013, 773 ff [m. Anm. *Rentzel-Rothe* StV 2013, 786 ff.]; OLG Oldenburg NStZ-RR 2010, 159 = StRR 2010, 196 [m. Anm. *Burhoff*] = StV 2010, 140). Hinsichtlich der bei der Beurteilung des dringenden Tatverdachts einzubeziehenden Vortaten sind neben dem Schweregrad auch die Tatzeiten zu beachten (KG StV 2010, 585; differenzierter hierzu sogleich, s.u.).

Bei den Anlasstaten nach Nr. 2 muss zusätzlich eine **Freiheitsstrafe von mehr als einem Jahr** zu erwarten sein (s. § 112a Abs. 1 Satz 1 a.E.). Hierbei genügt auch eine gem. § 56 StGB zur Bewährung ausgesetzte Strafe (*Meyer-Goßner/Schmitt* § 112a Rn. 10). 13

III. Wiederholungsgefahr. Die Wiederholungsgefahr erfordert schon begrifflich die Gefahr der Begehung weiterer erheblicher Straftaten. Diese Gefahr muss aufgrund **bestimmter Tatsachen** anzunehmen sein (OLG Bremen StraFo 2007, 26; OLG Dresden StV 2006, 534). Anhaltspunkte hierfür sind v.a. die äußeren Umstände der Tatbegehung, die Persönlichkeit des Beschuldigten sowie das soziale Umfeld z.Zt. der Tatbegehung (OLG Bremen NStZ-RR 2001, 220; *Herrmann*, Untersuchungshaft, Rn. 813 f.; LR/*Hilger* § 112a Rn. 33 f.; *Meyer-Goßner/Schmitt* § 112a Rn. 14). Besondere Bedeutung kommt auch einschlägigen Vorstrafen des Beschuldigten und deren zeitlicher Abfolge zu (OLG Karlsruhe NJW 2006, 2424 [zwei Anlasstaten genügen]; LG Zweibrücken StV 2006, 313). Bei einer einmaligen früheren Tatbegehung muss Wiederholungsgefahr jedoch ebenso verneint werden (vgl. hierzu: OLG Köln, StraFo 2002, 366 = StV 2003, 169 ff. = StV 2003, 517 ff. [die Entscheidung wurde im StV zweimal veröffentlicht]), wie bei lange zurückliegenden Taten (vgl. hierzu: OLG Jena StraFo 2009, 21; OLG Koblenz StV 2014, 550 [6 Jahre zurückliegende Anlasstat]; OLG Oldenburg StV 2005, 618 [ein Jahr]; LG Bremen StV 2005, 618 [sieben Jahre]). Diese Tatsachen müssen beim Beschuldigten eine so starke Bereitschaft zur Begehung weiterer einschlägiger Straftaten erkennen lassen, dass zu besorgen ist, er werde die Taten noch vor einer Verurteilung wegen der Anlasstat fortsetzen (OLG Frankfurt am Main, Beschl. v. 08.08.2007 – 1 Ws 89/07, JurionRS 2007, 41188). Ist infolge der Inhaftierung weiterer Beschuldigter eine bandenmäßige Einfuhr von BtmG nicht mehr möglich, dann entfällt eine entsprechende Wiederholungsgefahr (OLG Düsseldorf StV 2010, 585). 14

Die Haft muss zur Abwendung der drohenden Wiederholungsgefahr **erforderlich** sein (KK/*Graf* § 112a Rn. 7 ff.; *Herrmann*, Untersuchungshaft, Rn. 810; LR/*Hilger* § 112a Rn. 8 und Rn. 17; *Meyer-Goßner/Schmitt* § 112a Rn. 6). Kann die Gefahr durch weniger einschneidende Maßnahmen abgewendet werden, dann darf Untersuchungshaft nicht angeordnet werden (OLG Frankfurt am Main StV 92, 425 [Drogentherapie]). 15

Bis zur Reform des Untersuchungshaftrechts durch das **2. OpferRRG v. 29.07.2009** (BGBl. I S. 2280) war umstritten, welche Taten zur Begründung des Haftgrundes der Wiederholungsgefahr bei § 112a Abs. 1 Nr. 2 herangezogen werden dürfen. Nach Auffassung des OLG Frankfurt am Main (zuletzt StV 2008, 364; StRR 2008, 395) mussten die Taten, deren wiederholter Begehung der Beschuldigte zur Erfüllung der Voraussetzungen des Haftgrundes der Wiederholungsgefahr dringend verdächtig sein muss, Gegenstand desselben Ermittlungsverfahrens sein. Frühere Verurteilungen des Beschuldigten durften zur Begründung der Wiederholungsgefahr nicht herangezogen werden. Die wohl herrschende Meinung der Obergerichte war a. A. (vgl. OLG Karlsruhe NJW 2006, 2424; OLG Hamm StV 1997, 210; OLG Stuttgart NStZ 1988, 326; OLG Hamburg NJW 1980, 2367; zum Ganzen auch: 16

§ 112a StPO   Haftgrund der Wiederholungsgefahr

Herrmann, Untersuchungshaft, Rn. 817). Diese Streitfrage ist nunmehr durch die Einfügung des neuen § 112a Abs. 1 Satz 2 entschieden: In die Beurteilung des dringenden Verdachts i.S.d. § 112a Abs. 1 Nr. 2 sind auch solche Taten einzubeziehen, die Gegenstand anderer, auch schon bereits rechtskräftig abgeschlossener Verfahren sind oder waren (vgl. auch BT-Drucks. 16/12098, S. 29 f.).

17 Die gesetzliche Neuregelung bedeutet eine zusätzliche Verschärfung. Ein konkreter zeitlicher oder sachlicher Bezug zwischen früheren Taten und Anlasstat ist nicht mehr erforderlich (einschränkend s. unter Rdn. 14). Dies widerspricht der ursprünglichen Intention des Gesetzgebers. Denn die Sicherungshaft sollte nur einer aktuellen Gefahrenlage Rechnung tragen und nur für diese Fälle eine Untersuchungshaft rechtfertigen (*Herrmann*, Untersuchungshaft, Rn. 817; *Schlothauer/Weider*, Untersuchungshaft, Rn. 654). Die mit der Änderung des Gesetzes einhergehende Ausweitung des Haftgrundes der Wiederholungsgefahr ist offensichtlich dem Sicherheitsbedürfnis der Allgemeinheit geschuldet.

18 Wenn aber der Haftgrund der Wiederholungsgefahr präventiv-polizeilich zu verstehen ist und einer aktuellen Gefahrenlage Rechnung trägt, dann verlieren Vortaten auch weiterhin umso mehr an Bedeutung, je weiter sie zurückliegen (s. hierzu bereits unter Rdn. 14). Denn § 112a Abs. 1 Satz 2 sieht nur vor, dass diese Vortaten in die Beurteilung einzubeziehen sind, mehr aber auch nicht (OLG Jena StraFo 2009, 21 f.; OLG Oldenburg NStZ-RR 2010, 159 = StRR 2010, 196 [m. Anm. *Burhoff*] = StV 2010, 140; OLG Oldenburg NStZ 2006, 140 = StV 2005, 618 f.; s.a. *Schlothauer/Weider*, Untersuchungshaft, Rn. 654).

19 Bei allem ist auch § 51 BZRG zu beachten. Ist eine Eintragung im BZR getilgt worden oder ist sie zu tilgen, dann dürfen die Tat und die Verurteilung dem Beschuldigten nicht vorgehalten und nicht zu seinem Nachteil verwertet werden. Die in § 52 BZRG geregelten Ausnahmen hierzu betreffen Sachverhalte die nichts mit der Untersuchungshaft zu tun haben.

20 **C. Subsidiarität der Sicherungshaft.** Nach § 112a Abs. 2 ist die Sicherungshaft subsidiär zu den anderen gesetzlichen Haftgründen (OLG Köln StV 2003, 169; s.a. OLG Dresden StV 2006, 534). Die Haftgründe des § 112 StPO haben Vorrang. Der Haftbefehl darf auch nicht neben einem der in § 112 genannten Haftgründe hilfsweise auf den der Wiederholungsgefahr gestützt werden (*Meyer-Goßner/Schmitt* § 112a Rn. 17). Dies wird in der Praxis häufig verkannt.

21 Der Haftgrund der Wiederholungsgefahr darf bei einem auf den Haftgründen des § 112 basierenden Haftbefehl erst dann angenommen werden, wenn hinsichtlich der dort vorgesehenen Haftgründe der Haftbefehl gem. § 116 Abs. 1 oder 2 außer Vollzug gesetzt werden müsste.

22 Der Haftgrund der Wiederholungsgefahr unterliegt damit einer »**doppelten Subsidiarität**«. Zunächst kann die Untersuchungshaft aufgrund von § 112a nur angeordnet werden, wenn nicht schon ein Haftgrund der Flucht, der Fluchtgefahr oder der Verdunkelungsgefahr i.S.d. § 112 vorliegt und ein entsprechender Haftbefehl ergehen könnte (vgl. § 112a Abs. 2). Danach ist vorrangig zu prüfen, ob nicht eine Außervollzugsetzung des aufgrund von § 112 ergangenen Haftbefehls auf der Basis von § 116 Abs. 1 und 2 erfolgen kann. Erst wenn dies anzunehmen ist, stellt sich die Frage, ob Untersuchungshaft wegen Wiederholungsgefahr angeordnet werden kann. Insofern ist dann aber noch eine mögliche Haftverschonung nach § 116 Abs. 3 zu beachten (KK/*Graf* § 112a Rn. 24; *Herrmann*, Untersuchungshaft, Rn. 825; LR/*Hilger* § 112a Rn. 47 ff.; *Meyer-Goßner/Schmitt* § 112a Rn. 17; s.a. *Burhoff*, Handbuch für das strafrechtliche Ermittlungsverfahren, Rn. 2875).

23 **D. Sonstiges.** Die Sicherungshaft wegen Wiederholungsgefahr darf wegen derselben Tat, nicht länger als ein Jahr dauern. In § 122a ist ausnahmsweise eine **absolute Höchstgrenze für die Dauer der Untersuchungshaft** normiert. Es handelt sich um eine Sonderregel zu den §§ 121 Abs. 1 und 122 Abs. 4 Satz 2. Bei der Berechnung der Haftdauer sind nur die Zeiten zu berücksichtigen, in denen sich der Beschuldigte wegen des konkreten Haftgrundes der Wiederholungsgefahr in Haft befunden hat. Schon vor Ablauf der Jahresfrist ist der Grundsatz der Verhältnismäßigkeit zu beachten. Nach Fristablauf ist der Haftbefehl zwingend aufzuheben. Eine Außervollzugsetzung genügt nicht den gesetzlichen Vorgaben. Dies kann dazu führen, dass das OLG oder bei entsprechender Zuständigkeit der BGH bei der zweiten Haftprüfung nach §§ 121, 122 den Zeitpunkt für eine Entlassung festsetzen müssen, was zulässig ist. Während der Dauer der Hauptverhandlung ruht der Fristlauf (vgl. § 121 Abs. 3 Satz 2 und 3).

§ 113 StPO Untersuchungshaft bei leichteren Taten.

(1) Ist die Tat nur mit Freiheitsstrafe bis zu sechs Monaten oder mit Geldstrafe bis zu einhundertachtzig Tagessätzen bedroht, so darf die Untersuchungshaft wegen Verdunkelungsgefahr nicht angeordnet werden.
(2) In diesen Fällen darf die Untersuchungshaft wegen Fluchtgefahr nur angeordnet werden, wenn der Beschuldigte
1. sich dem Verfahren bereits einmal entzogen hatte oder Anstalten zur Flucht getroffen hat,
2. im Geltungsbereich dieses Gesetzes keinen festen Wohnsitz oder Aufenthalt hat oder
3. sich über seine Person nicht ausweisen kann.

A. Allgemeines.
Grds. kann auch in Fällen der Kleinkriminalität Untersuchungshaft angeordnet 1
werden (OLG Düsseldorf NJW 1997, 2965; *Meyer-Goßner/Schmitt* § 113 Rn. 1; AnwK/*Uhaft-König*, § 113 StPO Rn. 1). Hierbei ist schon ganz allgemein der **Grundsatz der Verhältnismäßigkeit** i.S.d. § 112 Abs. 1 Satz 2 zu beachten. § 113 bedeutet darüber hinaus eine weitere (zusätzliche) Konkretisierung der Verhältnismäßigkeit. Die Anordnung der Untersuchungshaft wird hier ergänzend eingeschränkt.

§ 113 regelt, dass bei Straftaten mit geringer Strafandrohung trotz Vorliegens der allgemeinen Voraussetzungen entsprechend § 112 (dringender Tatverdacht, Haftgrund, Verhältnismäßigkeit) entweder die Untersuchungshaft gar nicht angeordnet werden darf oder zusätzlich weitere Voraussetzungen für deren Rechtfertigung erfüllt sein müssen.

Für die Annahme einer Freiheitsstrafe bis zu 6 Monaten oder einer Geldstrafe bis zu 180 Tagessätzen 2
entsprechend § 113 Abs. 1 genügt die **abstrakte Strafandrohung**. Auf die konkret zu erwartende Strafe kommt es regelmäßig nicht an. Als Freiheitsstrafe gilt hier neben den im besonderen Teil des StGB genannten Fällen auch der Strafarrest nach § 9 WStG, allerdings nicht der Jugendarrest nach § 16 JGG. Sonstige Rechtsfolgen (Nebenstrafen etc.) bleiben außer Betracht (vgl. zum Ganzen: KK/*Graf* § 113 Rn. 3; LR/*Hilger* § 113 Rn. 3; *Meyer-Goßner/Schmitt* § 113 Rn. 2; KMR/*Wankel*, StPO, § 113 Rn. 3).

Auf Haftbefehle wegen **Ungehorsams ggü. dem Gericht** gem. § 230 Abs. 2, § 236 oder § 329 Abs. 4 3
Satz 1 findet § 113 keine Anwendung. Die Intention der Inhaftierung ist dort eine andere.

In den Fällen der §§ 112 Abs. 3 (Schwere der Tat) und § 112a (Wiederholungsgefahr) kommt wegen 4
der dort schon grds. anzunehmenden hohen Strafandrohung der genannten Katalogtaten eine Anwendung von § 113 nicht in Betracht (KK/*Graf* § 113 Rn. 4). Überschneidungen erscheinen hier aus tatsächlichen Gründen unwahrscheinlich.

B. Besonderheiten beim Haftgrund der Verdunkelungsgefahr und der Fluchtgefahr. I. Verdunkelungsgefahr gem. § 112 Abs. 2 Nr. 3.
Bei der Annahme von »leichteren 5
Taten« aus dem Bereich der Kleinkriminalität, die nur mit Freiheitsstrafe bis zu 6 Monaten oder mit Geldstrafe bis zu 180 Tagessätzen bedroht sind, darf die Untersuchungshaft wegen des Haftgrundes der **Verdunkelungsgefahr gem. § 112 Abs. 2 Nr. 3** niemals angeordnet werden. Der Wortlaut von § 113 Abs. 1 ist eindeutig (s.a. *Burhoff*, Handbuch für das strafrechtliche Ermittlungsverfahren, Rn. 1705 a.E.).

II. Fluchtgefahr gem. § 112 Abs. 2 Nr. 2.
Fluchtgefahr gem. § 112 Abs. 2 Nr. 2 darf bei »leichte- 6
ren Taten« i.S.d. § 113 nur angenommen werden, wenn über die allgemeinen Voraussetzungen des § 112 Abs. 2 Nr. 2 hinaus auch die besonderen qualifizierten Voraussetzungen des § 113 Abs. 2 Nr. 1 bis 3 gegeben sind (LR/*Hilger* § 113 Rn. 7; *Meyer-Goßner/Schmitt* § 113 Rn. 4). Es muss also entweder eine qualifizierte »**besondere Fluchtgefahr**« (§ 113 Abs. 2 Nr. 1), eine »**Wohnungslosigkeit**« (§ 113 Abs. 2 Nr. 2) oder eine sog. »**Ausweislosigkeit**« (§ 113 Abs. 2 Nr. 3) vorliegen (KK/*Graf* § 113 Rn. 5 f.; LR/*Hilger* § 113 Rn. 4; *Meyer-Goßner/Schmitt* § 113 Rn. 5 ff.).

1. Zur qualifizierten »Fluchtgefahr« i.S.d. § 113 Abs. 2 Nr. 1.
Eine »besondere (qualifizierte) 7
Fluchtgefahr« i.S.d. § 113 Abs. 2 Nr. 1 ist anzunehmen, wenn der Beschuldigte sich im betreffenden Verfahren entweder schon zumindest einmal durch Flucht (flüchtig oder verborgen halten) entzogen hat oder konkrete Anstalten zur Flucht getroffen hat, diese vorbereitet. Dies ist grds. anzunehmen bei Verhaltensweisen, die regelmäßig nicht anders zu erklären sind, als mit einer Fluchtvorbereitung. Zu denken ist grds. an die Veräußerung von Vermögenswerten, die Auflösung des Arbeitsverhältnisses,

die Beendigung eines Mietverhältnisses, die sonstige Lösung sozialer Bindungen, die Beantragung eines (neuen) Passes, die Buchung nur eines Fluges ins Ausland ohne Rückflug. Derartige Verhaltensweisen können aber auch andere Gründe haben, insb. wenn sie nicht im Verborgenen geschehen. Es bedarf einer differenzierten Abwägung (zum Ganzen KK/*Graf* § 113 Rn. 6; LR/*Hilger* § 113 Rn. 4 ff.; *Meyer-Goßner/Schmitt* § 113 Rn. 5 ff.; s.a. die Kommentierung bei § 112 Rdn. 25 ff. und Rdn. 37 ff.).

8 2. Zur »Wohnungslosigkeit« bzw. einem fehlenden »festen Aufenthalt« i.S.d. § 113 Abs. 2 Nr. 2. Eine »Wohnungslosigkeit« bzw. ein fehlender »**fester Aufenthalt**« i.S.d. § 113 Abs. 2 Nr. 2 ist anzunehmen, wenn eine zumindest auf eine gewisse Dauer angelegte tatsächliche Niederlassung nicht vorhanden ist oder ein Ort, an dem der Beschuldigte zumindest für eine gewisse Zeitdauer erreichbar ist, fehlt (zum Wohnsitz vgl. §§ 7 ff. BGB). Auf die polizeiliche Meldung kommt es insofern nicht an. **Nichtsesshafte** und **Obdachlose** sind trotz ihrer Lebensumstände oft über eine soziale Einrichtung erreichbar, zu der sie Kontakt haben (s. hierzu bereits die Kommentierung bei § 112 a.E., dort Rdn. 34; zum Ganzen KK/*Graf* § 113 Rn. 6; LR/*Hilger* § 113 Rn. 4 ff.; *Meyer-Goßner/Schmitt* § 113 Rn. 6).

9 3. Zur »Ausweislosigkeit« i.S.d. § 113 Abs. 2 Nr. 3. Eine »**Ausweislosigkeit**« i.S.d. § 113 Abs. 2 Nr. 3 liegt vor, wenn der Beschuldigte sich nicht ausweisen kann und seine Personalien auch sonst nicht sicher festgestellt werden können. Auf den Grund kommt es nicht an. Eine Ausweislosigkeit kann **objektiv** (Verlust oder schlicht fehlende Ausweispapiere) oder **subjektiv** (mangelnde Bereitschaft sich auszuweisen oder Angabe falscher Personalien) begründet sein. Hier gilt aber kein formaler Ansatz: Ist der Beschuldigte von Person (»von Amts wegen«) bekannt, dann verfängt Nr. 3 nicht (KK/*Graf* § 113 Rn. 6; *Meyer-Goßner/Schmitt* § 113 Rn. 7; ihm folgend: AnwK/Uhaft-*König*, § 113 StPO Rn. 5).

10 **C. Besonderheiten bei der Verhältnismäßigkeit.** Ist der Haftbefehl nach § 113 ergangen, dann kommt dem Grundsatz der Verhältnismäßigkeit über § 112 Abs. 1 Satz 2 hinaus eine weitere ganz besondere Bedeutung zu: In diesen Fällen ist im Hinblick auf die zu erwartende (niedrige) Strafe regelmäßig zusätzlich von einer besonderen Beschleunigungsbedürftigkeit auszugehen. Sinnvollerweise bietet sich eine Behandlung im Strafbefehlsverfahren (§§ 407 ff.) oder im beschleunigten Verfahren (§§ 417 ff.) an. Ist eine Geldstrafe zu erwarten, dann muss sich die Dauer der Untersuchungshaft an der Dauer einer fiktiven Ersatzfreiheitsstrafe (§ 43 StGB) orientieren, sie darf diese allenfalls ausnahmsweise überschreiten (OLG Frankfurt am Main StV 1993, 594; KK/*Graf* § 113 Rn. 7; *Meyer-Goßner/Schmitt* § 113 Rn. 8; *Seetzen* NJW 1973, 2001, 2003; *Wagner* NJW 1978, 2002, 2005).

11 **D. Sonstiges.** Der Gesetzgeber nimmt in **Fällen der Kleinkriminalität** die Gefahr einer Verdunkelung offenbar hin, wohingegen er in Fällen der (qualifizierten) Fluchtgefahr des Beschuldigten die Untersuchungshaft dennoch für gerechtfertigt hält (vgl. AnwK/StPO-*Lammer*, § 113 Rn. 5; ihm folgend AnwK/Uhaft-*König*, § 113 StPO Rn. 1). Allerdings kann nicht ernstlich angenommen werden, dass in Fällen der Kleinkriminalität der Beschuldigte eher flieht, als Beweise zu verdunkeln. Ob die Untersuchungshaft gerechtfertigt ist, entscheidet sich vorliegend nicht danach, welche konkreten Anhaltspunkte für die Annahme des Haftgrundes (Verdunkelungsgefahr oder Fluchtgefahr) sprechen, sondern dies ist eine Frage der Verhältnismäßigkeit, gleichgültig ob konkrete Verdunkelungshandlungen angenommen werden können (dann dennoch keine Untersuchungshaft, vgl. § 113 Abs. 1) oder eine konkrete Fluchtgefahr besteht (dann Untersuchungshaft unter Beachtung von § 113 Abs. 2).

12 Welche Beweggründe eine solche inkonsequente Beurteilung rechtfertigen, ist nicht ersichtlich. Denn es liegt nahe, dass gerade auch bei Fällen der Kleinkriminalität der Anreiz zur Flucht wegen der geringen zu erwartenden Strafe eher niedrig ist. Es sei denn, die gesetzliche Regelung soll einer anderen Intention dienen: Nichtsesshafte und Obdachlose sowie Drogenabhängige, die erfahrungsgemäß häufiger Delikte aus dem Bereich der Kleinkriminalität begehen, aber eben selten etwas zu verdunkeln haben, sollen in Untersuchungshaft genommen werden können. Bei diesen ist aber aufgrund der meist einfach gelagerten Deliktsstruktur der verwirklichten Straftaten naheliegenderweise eine eventuelle Gefahr von Verdunkelungshandlungen nicht anzunehmen wohingegen mangels sozialer Bindungen von Fluchtgefahr auszugehen sein soll. Die gesetzlichen Vorgaben sind hier unstimmig.

§ 114 StPO Haftbefehl.
(1) Die Untersuchungshaft wird durch schriftlichen Haftbefehl des Richters angeordnet.
(2) In dem Haftbefehl sind anzuführen
1. der Beschuldigte,
2. die Tat, deren er dringend verdächtig ist, Zeit und Ort ihrer Begehung, die gesetzlichen Merkmale der Straftat und die anzuwendenden Strafvorschriften,
3. der Haftgrund sowie
4. die Tatsachen, aus denen sich der dringende Tatverdacht und der Haftgrund ergibt, soweit nicht dadurch die Staatssicherheit gefährdet wird.
(3) Wenn die Anwendung des § 112 Abs. 1 Satz 2 naheliegt oder der Beschuldigte sich auf diese Vorschrift beruft, sind die Gründe dafür anzugeben, daß sie nicht angewandt wurde.

Übersicht	Rdn.		Rdn.
A. Allgemeines	1	3. Angaben zum Haftgrund, § 114 Abs. 2 Nr. 3 StPO	21
B. Zum Inhalt des Haftbefehls	3	4. Angaben zu den Tatsachen aus denen sich der dringende Tatverdacht sowie der Haftgrund ergeben, § 114 Abs. 2 Nr. 4	25
I. Schriftformerfordernis des Haftbefehls, § 114 Abs. 1	3		
II. Notwendiger Inhalt des Haftbefehls, § 114 Abs. 2 StPO	6		
1. Angaben zum Beschuldigten, § 114 Abs. 2 Nr. 1 StPO	12	5. Verhältnismäßigkeit, § 114 Abs. 3	30
		III. Konsequenzen eines Verstoßes gegen die Begründungspflicht	31
2. Angaben zum strafrechtlichen Tatvorwurf, § 114 Abs. 2 Nr. 2	14	C. Rechtsmittel	34

A. Allgemeines. Der Erlass des Haftbefehls ist gem. Art. 104 Abs. 2 Satz 1, Abs. 3 Satz 2 GG **1** dem Richter vorbehalten. Der Haftbefehl ist notwendige Rechtsgrundlage für seine Vollstreckung und auch Fahndungsmaßnahmen (OLG Celle StV 1998, 385; KK/*Graf* § 114 Rn. 1). Die formellen Anforderungen an den Haftbefehl ergeben sich insb. aus § 114, dieser konkretisiert die verfassungsrechtlichen Vorgaben.
In der Praxis kommt es nicht selten vor, dass die Staatsanwaltschaften, teils unter **Verwendung der** **2** **Briefköpfe des zuständigen Gerichts** (vgl. hierzu §§ 125, 126), Haftbefehlsanträge aus Effizienzgesichtspunkten vorformulieren. Die inhaltliche Kontrollfunktion des Gerichts tritt dann schon aufgrund dieser Vereinfachung zurück. Ein solches Vorgehen erscheint bedenklich (krit. hierzu auch: AnwK/ StPO-*Lammer*, § 114 Rn. 5). Erfolgt keine eigenständige Prüfung der Haftanordnung durch das Gericht, dann ist dies zumindest pflichtwidrig (BVerfG NStZ-RR 2006, 110 [zur Anordnung einer Durchsuchung]; OLG Brandenburg NStZ-RR 1997; s.a. *Jahn* NStZ 2007, 255 ff.).

B. Zum Inhalt des Haftbefehls. I. Schriftformerfordernis des Haftbefehls, § 114 **3** **Abs. 1.** Die Untersuchungshaft wird gem. § 114 Abs. 1 durch einen schriftlichen Haftbefehl des Richters angeordnet (OLG Oldenburg NStZ 2007, 82 = StraFo 2006, 282 f. = StV 2006, 535 f.; LG Zweibrücken VRS 2000, 445 [Bd. 99]; s.a. *Burhoff*, Handbuch für das strafrechtliche Ermittlungsverfahren, Rn. 2854; *Meyer-Goßner/Schmitt* § 114 Rn. 2). Der Haftbefehl muss nicht zwingend eine eigene Urkunde darstellen. Die Schriftform ist auch gewahrt, wenn der Haftbefehl in ein schriftliches Protokoll eines Verhandlungstermins aufgenommen wird, bspw. das Protokoll einer Hauptverhandlung oder auch das einer Vorführung (OLG Celle StraFo 1998, 171 ff.).
Der Haftbefehl muss bei der Verkündung zwar nicht bereits vollständig abgefasst sein. Er muss aber, **4** sofern nicht schon eine schriftliche Ausfertigung vorliegt, vollständig zu Protokoll genommen werden (OLG Oldenburg NStZ 2007, 82 = StraFo 2006, 282 f. = StV 2006, 535 f.). Eine Bezugnahme auf andere Aktenteile ist allenfalls dann zulässig, wenn diese als Anlage zu Protokoll und somit zum Haftbefehl selbst genommen werden (OLG Celle StraFo 2015, 113 = StRR 2015, 43 = StV 2015, 304 f.; OLG Celle StraFo 1998, 171 ff.; OLG Stuttgart NJW 1982, 1296 ff.; *Burhoff*, Handbuch für das strafrechtliche Ermittlungsverfahren, Rn. 2854; KK/*Graf* § 114 Rn. 2; *Meyer-Goßner/Schmitt* § 114 Rn. 2).
Der Haftbefehl muss **vom Richter unterzeichnet** sein. Wird er in der Hauptverhandlung eines Kolle- **5** gialgerichts zu Protokoll genommen, dann bedarf es der Unterschrift sämtlicher beteiligter Richter

§ 114 StPO Haftbefehl

(OLG Celle StraFo 1998, 171 ff.; KK/*Graf* § 114 StPO, Rn. 2; AnwK/Uhaft-*König*, § 114 StPO Rn. 3).

6 **II. Notwendiger Inhalt des Haftbefehls, § 114 Abs. 2 StPO.** Entsprechend § 114 Abs. 2 Nr. 1 bis 4 sind im Haftbefehl zu nennen: die persönlichen Daten des Beschuldigten, Angaben zur Tat, derer er dringend verdächtig ist, Zeit und Ort ihrer Begehung, die gesetzlichen Merkmale des Straftatbestandes und die anzuwendenden Strafvorschriften, der Haftgrund sowie die Tatsachen, aus denen sich der dringende Tatverdacht ergibt (BVerfG NStZ 2002, 157 f. = StV 2001, 691 ff. [dargestellt auch bei *Paeffgen* NStZ 2003, 76, 83]; OLG Oldenburg NStZ 2007, 82 = StraFo 2006, 282 f. = StV 2006, 535 f.; OLG Oldenburg NStZ 2005, 342 f.).

7 Eine Ausnahme für die beiden zuletzt genannten Anforderungen gilt entsprechend § 114 Abs. 2 Nr. 4 a.E. für Fälle, in denen durch die erforderliche Darstellung die Staatssicherheit gefährdet wäre.

8 Die Untersuchungshaft bedarf der **ausdrücklichen Anordnung**. Die Bezeichnung als Haftbefehl ersetzt sie nicht. Fehlt ein anordnender Satz, dann liegt kein Haftbefehl vor (OLG Oldenburg NStZ 2007, 82 = StraFo 2006, 282, 283 = StV 2006, 535, 536; s.a. KK/*Graf* § 114 Rn. 3; LR/*Hilger* § 114 Rn. 4.).

9 Die massenhafte Verwendung einheitlicher Haftbefehle wurde für den Vorwurf gleichartiger Begehungsweisen durch viele Beschuldigte für zulässig erachtet (BVerfG NJW 1982, 29; BayVerfGH NJW 1984, 1874 [»KOMM-Verfahren« in Nürnberg], s. hierzu auch KK/*Graf* § 114, Rn. 2 a.E.). Dies erscheint äußerst bedenklich, weil verfassungswidrig. Denn bei realistischer Betrachtung findet die gebotene Einzelfallprüfung hier nicht statt. Der Haftrichter wird zum bloßen Urkundsbeamten der StA herabgewürdigt (ebenso *Roxin/Schünemann*, Strafverfahrensrecht, 26. Aufl. 2009, § 30 Rn. 18, S. 222). Dafür darf er sich nicht hergeben.

10 Nur **geringfügige Verstöße gegen die Formvorschriften** sollen behebbar sein. Fehlen aber wesentliche Angaben, bspw. die Bezeichnung der Tat, die gesetzlichen Merkmale des Straftatbestandes oder die anzuwendende Strafvorschrift sowie Angaben zu denjenigen Tatsachen, aus denen sich der dringende Tatverdacht und der Haftgrund ergeben, dann darf der Haftbefehl nicht erlassen werden bzw. er ist aufzuheben. Eine Behebung derart gravierender Mängel durch das Beschwerdegericht kommt nicht in Betracht (BVerfG NStZ 2002, 157 f. = StV 2001, 691 ff. [dargestellt auch bei *Paeffgen* NStZ 2003, 76, 83]; OLG Celle StV 1998, 385 f.; OLG Oldenburg NStZ 2007, 82 = StraFo 2006, 282 f. = StV 2006, 535 f.; s.a. KK/*Graf* § 114 Rn. 3).

11 Die **Begründungspflicht** dient der Selbstkontrolle des Gerichts und der Information des Beschuldigten sowie seines Verteidigers. Sie ist Ausfluss des Anspruches auf rechtliches Gehör (vgl. OLG Brandenburg StV 1997, 140; OLG Karlsruhe StV 2002, 147, 148; OLG Hamm StV 2000, 153, 154; OLG Hamm NStZ-RR 2002, 335). Nur so wird darüber hinaus eine sachgerechte Überprüfung durch das Beschwerdegericht ermöglicht (OLG Celle StV 1998, 385; OLG Hamm NStZ-RR 2010, 55 [für den Fall eines Haftfortdauerbeschlusses]; OLG Karlsruhe NStZ 1986, 134; KK/*Graf* § 114 Rn. 4; zur verfassungsgerichtlich gebotenen Begründungstiefe s. *Mayer/Hunsmann* NStZ 2015, 325 ff.).

12 **1. Angaben zum Beschuldigten, § 114 Abs. 2 Nr. 1 StPO.** Nach § 114 Abs. 2 Nr. 1 hat der Haftbefehl den Beschuldigten zu benennen. Die Angaben hierzu müssen eine Verwechslung ausschließen. An der Identität dürfen keine Zweifel bestehen. Grds. genügen die Personalien des Beschuldigten, insb. dessen vollständiger Name nebst eventueller Alias-Namen, Geburtsdatum, Geburtsort, Nationalität sowie der letzte bekannte Wohn- oder Aufenthaltsort. Oft werden auch Familienstand und Beruf genannt. Zur Identifikation ist entsprechend § 131 Abs. 4 eine Beschreibung der Person nebst besonderer Merkmale oder die Einfügung eines Lichtbildes oder dessen Beinahme als Anlage zum Haftbefehl erlaubt (KK/*Graf* § 114 Rn. 5; *Meyer-Goßner/Schmitt* § 114 Rn. 5; *Senge* NStZ 1997, 346, 348 [zur Einfügung von Lichtbildern in den Haftbefehl bei nur mit Decknamen benannten Personen]).

13 Die von *Graf* (KK/*Graf* § 114 Rn. 5) und *Meyer-Goßner/Schmitt* (StPO, § 114 Rn. 5) jeweils wechselseitig bestätigte, unter Verweis auf *Senge* (NStZ 1997, 346, 348) für zulässig erachtete Möglichkeit der Bezugnahme auf ein lediglich in den Akten befindliches Lichtbild kann nicht genügen. Andere Aktenteile müssen zumindest als Anlage zum Haftbefehl genommen werden (s.o. Rdn. 4; vgl. OLG Celle StraFo 1998, 171 ff.; OLG Stuttgart NJW 1982, 1296 ff.; *Burhoff*, Handbuch für das strafrechtliche Ermittlungsverfahren, Rn. 2854). Dies sehen *Graf* (KK/*Graf* § 114 Rn. 2) und *Meyer-Goßner/Schmitt* (§ 114 Rn. 2) insofern dort ebenso. *Senge* schildert i.Ü. ebenfalls nur den Fall der Aufnahme eines Licht-

bildes in den Haftbefehl, er bestätigt aber gerade nicht eine Bezugnahme auf Aktenteile, wie von *Meyer-Goßner/Schmitt und Graf behauptet* (*ders.* NStZ 1997, 346, 348).

2. Angaben zum strafrechtlichen Tatvorwurf, § 114 Abs. 2 Nr. 2. Der Haftbefehl hat nach § 114 Abs. 2 Nr. 2 den gegen den Beschuldigten erhobenen strafrechtlichen Tatvorwurf anzugeben. Dies soll in einer einem Anklagesatz angenäherten Art und Weise geschehen (vgl. hierzu § 200). Dieser **Begründungszwang** dient der Selbstkontrolle des den Haftbefehl erlassenden Gerichts. Unabhängig davon kann der Beschuldigte nur so ordnungsgemäß unterrichtet werden (s. hierzu auch *Mayer/Hunsmann* NStZ 2015, 325 ff.). 14

Der Haftbefehl muss aus sich selbst heraus verständlich sein. Hierdurch soll insb. auch eine Überprüfung des Haftbefehls durch das Beschwerdegericht ermöglicht werden (KK/*Graf* § 114 Rn. 6; *Burhoff*, Handbuch für das strafrechtliche Ermittlungsverfahren, Rn. 1697; *Meyer-Goßner/Schmitt* § 114 Rn. 4 und Rn. 7; SK-StPO/*Paeffgen* § 114 Rn. 6; *Schlothauer/Weider*, Untersuchungshaft, Rn. 268 ff.; *Widmaier/König*, MAH Strafverteidigung, § 4 Rn. 70). 15

Die Tat muss im verfahrensrechtlichen Sinn (§ 264) als historischer Vorgang so genau beschrieben sein, dass der Beschuldigte den gegen ihn erhobenen Vorwurf nach Umfang und Tragweite eindeutig erkennen kann. Grds. genügt eine knappe, den Sachverhalt zusammenfassende Darstellung. Die dem Betroffenen vorgeworfene Tat muss nach Zeit und Ort konkretisiert sein (BVerfG NStZ 2002, 157; OLG Celle StV 2005, 513; OLG Karlsruhe StV 2002, 149; OLG Hamm StV 2000, 153; OLG Koblenz NStZ-RR 2006, 143 [LS]; OLG Oldenburg StraFo 2006, 282 f.; OLG Oldenburg NStZ 2005, 342; LR/*Hilger* § 114 Rn. 9; *Meyer-Goßner/Schmitt* § 114 Rn. 7; *Schlothauer/Weider*, Untersuchungshaft, Rn. 269). 16

Diesen Anforderungen wird die Praxis nicht immer gerecht: 17
– Der lediglich pauschal erhobene Vorwurf des Betruges in »*mindestens 37 Fällen*« und der jeweils tateinheitlich begangenen Beihilfe zur Untreue sowie der Konkursverschleppung ohne konkrete Darstellung einer Täuschungshandlung und ohne Differenzierung, ob eine oder mehrere Tat(en) i.S.d. § 264 anzunehmen sind, genügt den Anforderungen an eine Konkretisierung nicht (OLG Brandenburg StV 1997, 140).
– Fehlende Angaben zur Zahl der Geschädigten sowie dem Schaden genügen zur Begründung des Tatvorwurfes des Betruges nicht (OLG Karlsruhe StV 2002, 147 = StraFo 2002, 25 f. [»*Vielzahl von Konzertbesuchern*«]).
– Nicht ausreichend ist eine allgemein gehaltene, pauschale und generalisierende Darstellung des Tatvorwurfes des Zigarettenschmuggels (OLG Celle StV 2005, 513 f.).
– Die lediglich pauschale Darstellung des Tatvorwurfes der gemeinschaftlichen gewerbsmäßigen Hehlerei in 248 Fällen reicht nicht aus (OLG Düsseldorf, StV 1996, 440 [m. Anm. *Weider*]).
– Unzureichend ist die Darstellung des Tatvorwurfes des Verstoßes gegen das Markengesetz, wenn lediglich »*Warenfalsifikate vorgefunden wurden*« (OLG Hamm StV 2000, 153 f. = StraFo 2000, 30).
– Nicht ausreichend ist die Annahme, dass »*in einer Vielzahl weiterer Fälle entsprechend verfahren wurde*« und deshalb ein dringender Tatverdacht bejaht werde (LG Bochum StV 1996, 551 f.).
– Im Bereich der Drogenkriminalität bedürfen insb. die Tatbestandsmerkmale des Handeltreibens und der Einfuhr bzw. Ausfuhr von Drogen einer Konkretisierung (OLG Köln StV 1999, 156 f.).

Mit Fortdauer der Ermittlungen steigen die Anforderungen an die Konkretisierung der Darstellung des Tatvorwurfs. Sie nähern sich zunehmend den Anforderungen an eine Anklageschrift nach § 200 Abs. 1 (OLG Brandenburg StV 1997, 140; OLG Celle StV 2005, 513; OLG Karlsruhe StV 2002, 147, 148 = StraFo 2002, 25 f.; OLG Koblenz StV 2006, 143; OLG Oldenburg NStZ 2005, 342 = StraFo 2005, 112 = StV 2005, 226; a. A. offensichtlich OLG Stuttgart StRR 2007, 38 [m. krit. Anm. *Herrmann*]). Oft wird im Zusammenhang mit der Anklageerhebung der Haftbefehl angepasst (vgl. § 207 Abs. 4) und entspricht dann dem Inhalt der Anklageschrift selbst. Das macht Sinn und dient der Selbstkontrolle. 18

Die Vollziehung des Beschlusses kann befristet ausgesetzt werden, um der StA Gelegenheit zu geben, einen neuen, dem aktuellen Ermittlungsstand angepassten Haftbefehl zu beantragen. 19

Nach Erlass eines Urteils kann ein dann verkündeter Haftbefehl nicht lediglich mit einer Bezugnahme auf das soeben verkündete Urteil begründet werden. Denn hier fehlt es an der Benennung der gesetz- 20

§ 114 StPO   Haftbefehl

lichen Merkmale der Straftat (BVerfG NStZ 2002, 157 ff.; OLG Celle StraFo 1998, 171; OLG Oldenburg NStZ 2007, 82 = StraFo 2006, 282 f. = StV 2006, 535 f.; s.a. *Meyer-Goßner/Schmitt* § 114 Rn. 8).

21   **3. Angaben zum Haftgrund, § 114 Abs. 2 Nr. 3 StPO.** Nach § 114 Abs. 2 Nr. 3 ist im Haftbefehl der Haftgrund anzuführen. Eine stichwortartige Bezeichnung i.S.d. §§ 112, 112a genügt. In Fällen der Bagatellkriminalität i.S.d. § 113 Abs. 2 muss aber die konkret angenommene einschränkende Alternative des Straftatbestandes zur Begründung der Haft genau bezeichnet werden (*Meyer-Goßner/Schmitt* § 114 Rn. 13).

22   Teilweise wird vertreten, dass es genügt, wenn nur einer von mehreren anzunehmenden Haftgründen genannt wird. Ein gesetzlicher Zwang zu umfassender Darstellung sei nicht anzunehmen. Eine sachliche Begründung hierfür wird nicht genannt (vgl. KK/*Graf* § 114 Rn. 9; LR/*Hilger* § 114 Rn. 13; einschränkend *Meyer-Goßner/Schmitt* § 114 Rn. 14). Eine Rechtfertigung für eine solche **Vorratshaltung von Haftgründen** ist nicht ersichtlich. Sie überzeugt nicht. Der Beschuldigte muss die Möglichkeit haben, sich von vornherein gegen sämtliche gegen ihn erhobenen Tatvorwürfe und die von den Ermittlungsbehörden angenommenen Haftgründe zu verteidigen. Er muss nicht damit rechnen müssen, dass er sich gegen einen benannten Haftgrund erfolgreich verteidigt, um dann mit einem anderen Haftgrund konfrontiert zu werden, dieser gleichsam als Reserve (gar heimlich?) vorgehalten und nachgeschoben wird. Dies gebietet schon der Grundsatz des fairen Verfahrens. Der Beschuldigte hat einen umfassenden Anspruch auf rechtliches Gehör (OLG Dresden NJW 2010, 952 f. = NStZ 2010, 258 f. = StV 2009, 366 = StV 2009, 537 [die Entscheidung 2 AK 6/09 ist in StV zweimal abgedruckt] = OLG Dresden ZIS 2009, 452 ff. [m. Anm. *Fahl*]; OLG Jena NStZ-RR 1999, 347 f. = StV 1999, 329 f. [m. Anm. *Schlothauer*]; OLG Karlsruhe StV 2000, 513 = StraFo 2000, 276 f.; OLG Jena OLG Koblenz StV 2001, 297 f. = NStZ-RR 2001, 124 f.; s.a. *Herrmann*, Untersuchungshaft, Rn. 513; AnwK/UHaft-*König*, § 114 StPO Rn. 7; *Lange* NStZ 1998, 606 ff.; AnwK/StPO-*Lammer*, § 114 Rn. 9; SK-StPO/*Paeffgen* § 114, Rn. 8; *Schlothauer/Weider*, Untersuchungshaft, Rn. 272 ff.; *Widmaier/König*, MAH Strafverteidigung, § 4 Rn. 70; ausführlich zum Ganzen auch *Paeffgen* StV 1998, 38 ff. [in seiner ablehnenden Anm. zu OLG Hamm StV 1998, 35; dort allerdings zur Frage der Ausgestaltung der Untersuchungshaft auf der Grundlage der benannten Haftgründe, vom Ansatz her diskutiert er also mittelbar über § 119 StPO]).

23   *Meyer-Goßner/Schmitt* will diese Überlegungen nur für den Fall gelten lassen, dass neben dem Haftgrund der Fluchtgefahr auch derjenige der Verdunkelungsgefahr angenommen werde. *Meyer-Goßner* verweist insofern auf BGHSt 34, 34, 36 = StV 1987, 338 (*ders.* § 114 Rn. 14). Dort wurde diese Frage aber ausdrücklich offen gelassen. I.Ü. ging es um den Sonderfall der Beschwerde gegen einen Beschluss des BGH nach § 304 Abs. 4 Satz 2 Nr. 1. Dieser Sachverhalt ist nicht wirklich vergleichbar mit dem hier diskutierten Problem.

24   I.Ü. muss auch hier berücksichtigt werden, dass sich eventuelle Beschränkungen bei der Ausgestaltung der Untersuchungshaft nach § 119 nur an den angenommenen Haftgründen orientieren dürfen (ausführlich hierzu s. die Kommentierung bei § 119). Werden diese nicht offengelegt, dann ist eine sachgerechte Entscheidung auch dort nicht möglich.

25   **4. Angaben zu den Tatsachen aus denen sich der dringende Tatverdacht sowie der Haftgrund ergeben, § 114 Abs. 2 Nr. 4.** Der Haftbefehl muss gem. § 114 Abs. 2 Nr. 4 die Tatsachen nennen, aus denen sich der dringende Tatverdacht sowie der/die Haftgrund/Haftgründe ergeben, sofern dadurch nicht die Staatssicherheit gefährdet wird.

26   Die Vorschrift stellt eine Sonderregel zu § 34 dar. Die Benennung der Tatsachen hat so ausführlich zu erfolgen, dass der Betroffene sich dagegen sinnvoll verteidigen kann. Sämtliche erhobenen Tatvorwürfe und Haftgründe sind nachvollziehbar zu nennen. Lediglich teilweise Angaben genügen nicht (*Kempf* in: FS für Rieß, 2002, S. 219 ff.; s. zum Ganzen auch: KK/*Graf* § 114 Rn. 13; KK/*Maul* § 33 Rn. 9; SK-StPO/*Paeffgen* § 114 Rn. 8; *Schlothauer* in Anm. zu OLG Düsseldorf, StV 1991, 522 ff.; *Schlothauer/Weider*, Untersuchungshaft, Rn. 325 ff.; LR/*Hilger* § 114, Rn. 15; *Widmaier/König*, MAH Strafverteidigung, § 4 Rn. 70).

27   In der Praxis werden Haftbefehle oft nur floskelhaft begründet: Die regelmäßig zu lesende Behauptung, der Beschuldigte sei »der Tat dringend verdächtig aufgrund der bisherigen Feststellungen und/oder der bisherigen (polizeilichen) Ermittlungsergebnisse«, genügt nicht (ausführlich hierzu mit weiteren Beispielen unzureichender Angaben: *Schlothauer* StV 1996, 391 ff.; s.a. *Volk*, Haftbefehle und ihre Begrün-

dungen: gesetzliche Anforderungen und ihre praktische Umsetzung, S. 114 f.). Inhaltslose Leerformeln, die eine Selbstverständlichkeit wiedergeben ermöglichen es dem Beschuldigten nicht, sich sinnvoll zu verteidigen (OLG Hamm NStZ-RR 2002, 335; KG StV 1994, 318 f.; *Herrmann*, Untersuchungshaft, Rn. 516 ff.; *Mayer/Hunsmann* NStZ 2015, 325 ff.; *Widmaier/König*, MAH Strafverteidigung, § 4 Rn. 70).

Der Inhalt von Zeugenaussagen und Urkunden, Ergebnisse von Sachverständigengutachten oder eines Augenscheins oder auch Angaben des Beschuldigten selbst sind zu benennen. Sämtliche Tatsachen sind nach Inhalt und Beweismittel konkret zu bezeichnen. Im Einzelnen sind im Haftbefehl insb. anzugeben: 28

– Bei einer **Zeugenaussage** sind sowohl der Zeuge selbst als auch der wesentlicher Inhalt der Aussage mitzuteilen. Denn sowohl aus der Person des Zeugen als auch den Angaben zur Sache können sich Anhaltspunkte für die Beurteilung der (belastenden) Aussage ergeben. Nur so lassen sich auch eventuelle Auskunfts- oder Zeugnisverweigerungsrechte i.S.d. §§ 52 ff. prüfen.
– **Urkunden** sind exakt zu bezeichnen. Dies gilt sowohl für das Dokument selbst als auch für dessen Inhalt. Denn nur so ist der Betroffene in der Lage zu prüfen, ob es sich bei dem Schriftstück möglicherweise um eine Fälschung handelt oder die Urkunde einen völlig anderen Sachverhalt betrifft, der mit der vorgeworfenen Straftat nichts zu tun hat. Auch die Frage, ob die Urkunde einem Beschlagnahme- und somit Beweisverwertungsverbot gem. § 97 unterliegt, lässt sich nur so beantworten.
– Ein **Augenschein**, bspw. des Tatortes oder der Tatwaffe, muss im Haftbefehl so nachvollziehbar dargelegt werden, dass der Beschuldigte sich hierzu ggf. qualifiziert äußern kann.
– Wird auf **Sachverständigengutachten** Bezug genommen, dann müssen der Sachverständige und das Datum des Gutachtens mitgeteilt werden. Eine Darstellung des Inhaltes ist nicht erforderlich. Denn die Verteidigung hat einen (gesonderten) Anspruch auf Einsicht in ein Sachverständigengutachten, der keinesfalls verwehrt werden darf (vgl. § 147 Abs. 3, 2. Alt.). Ein in Bezug genommenes Gutachten ist aber zumindest als Anlage zum Haftbefehl bekannt zu machen.
– Gründet der Tatverdacht allein oder zumindest überwiegend auf **Indizien**, dann sind diese anzugeben (OLG Hamm NStZ-RR 2002, 335 f.; s.a. KK/*Graf* § 114 Rn. 13).
– Mögliche **Angaben des Beschuldigten** aus früheren Vernehmungen sind mittels Einsicht in entsprechende Protokolle mitzuteilen (vgl. § 147 Abs. 3, 1. Alt.).

Es ist umstritten, ob der Haftbefehl **Ausführungen zur Beweiswürdigung** enthalten muss (dagegen: OLG Düsseldorf StV 1991 521 [m. krit. Anm. *Schlothauer*]; OLG Düsseldorf StV 1988 534 [m. krit. Anm. *Rudolphi*]; LR/*Hilger* § 114 Rn. 15; *Meyer-Goßner/Schmitt* § 114 Rn. 11; vermittelnd: KK/*Graf* § 114 Rn. 13; dafür: OLG Jena NStZ 2009, 123; OLG Hamm NStZ 2008, 649; *Kempf* in: FS für Rieß, S. 219, 221; SK-StPO/*Paeffgen* § 114 Rn. 9; *Paeffgen* NStZ 1992, 482; s.a. *Pfeiffer/Fischer*, StPO, § 114 Rn. 6.). Zumindest in einfach gelagerten Fällen soll dies zulässig sein. Das ist nicht akzeptabel. Denn nur wenn der Beschuldigte über den Tatvorwurf hinaus weiß, was ihn der Tat dringend verdächtig macht, kann er sich adäquat verteidigen. Dies muss allgemein und nicht lediglich für Fälle mit unklarer Beweislage gelten (so aber LR/*Hilger* § 114 Rn. 15). Die Pflicht zur Darlegung der Beweiswürdigung ggü. dem Beschuldigten ergibt sich auch aus Art. 103 Abs. 1 GG. Danach besteht die Pflicht zur sachgerechten und damit auch für den Beschuldigten verständlichen (nachvollziehbaren) Information. Hierzu gehören aber sämtliche für die Verteidigung erforderlichen Informationen. Einzig ein solches Verständnis steht auch in Einklang mit den nunmehr erweiterten Fürsorgepflichten der Justiz ggü. dem Beschuldigten, insb. auch im Zusammenhang mit der Bekanntgabe des Haftbefehls. 29

5. Verhältnismäßigkeit, § 114 Abs. 3. Ist die Verhältnismäßigkeit der Untersuchungshaft zweifelhaft, dann muss der Haftbefehl sich hierzu äußern. Eine standardisierte Verwendung von Leerfloskeln genügt auch hier nicht (zu den verfassungsgerichtlichen Vorgaben s. *Mayer/Hunsmann* NStZ 2015, 325 ff.). 30

III. Konsequenzen eines Verstoßes gegen die Begründungspflicht. Die Inhaftierung des Beschuldigten aufgrund eines fehlerhaften Haftbefehls ist grds. rechtswidrig. Ein entsprechender Antrag auf Erlass eines solchen Haftbefehls ist abzulehnen. Die Zurückweisung bedarf der Begründung (*Münchhalffen/Gatzweiler*, Das Recht der Untersuchungshaft, Rn. 167; KK/*Graf* § 114 Rn. 17). Dann kommt 31

§ 114a StPO Aushändigung des Haftbefehls; Übersetzung

aber, bei Vorliegen der Voraussetzungen des § 127 StPO, eine vorläufige Festnahme aufgrund von Gefahr in Verzug in Betracht (KK/*Graf* § 114 Rn. 3; LR/*Hilger* § 114 Rn. 4).

32 Ein nur geringfügiger Verstoß gegen die Begründungspflicht des § 114 Abs. 2 Nr. 1 bis 4 soll behebbar sein. Dies soll auch noch in der Beschwerdeinstanz möglich sein (OLG Koblenz NStZ-RR 2006, 143; KG StV 1994, 318 [m. abl. Anm. *Schlothauer* StV 1994, 320 f.]). Bei einem gravierenden oder mehreren (einfachen) Verstößen gegen die Begründungspflicht kommt eine Heilung nicht in Betracht: Fehlen die Bezeichnung der Tat sowie deren gesetzliche Merkmale und Angaben zu den angewandten Strafvorschriften oder auch die Angabe der Tatsachen, aus denen sich Tatverdacht und Haftgrund ergeben, dann ist der Haftbefehl aufzuheben. Eine Behebung derart grundlegender Mängel durch das Beschwerdegericht kommt aufgrund der Schwere der Fehler nicht in Betracht (OLG Oldenburg NStZ 2007, 82 = StraFo 2006, 282, 283 = StV 2006, 535, 536; OLG Stuttgart, StRR 2007, 38 [m. krit. Anm. *Herrmann*]; s. zum Ganzen auch: KK/*Graf* § 114 Rn. 3).

33 In der Praxis erhält die StA regelmäßig die Möglichkeit zur Nachbesserung der Begründung eines unzureichenden Haftbefehlsantrages (LR/*Hilger* § 114 Rn. 21; SK-StPO/*Paeffgen* § 114 Rn. 11; *Schlothauer* StV 1994, 320 f. [Anm. zu KG StV 1994, 318]; *Widmaier/König*, MAH Strafverteidigung, § 4, Rn. 70 a.E.). Ist dies nicht unverzüglich möglich, dann darf der Haftbefehl nicht erlassen werden.

34 **C. Rechtsmittel.** Gegen den Haftbefehl kann der Beschuldigte verschiedene Rechtsbehelfe ergreifen. In Betracht kommen ein Antrag auf schriftliche oder auch mündliche Haftprüfung gem. § 117 Abs. 1 bzw. § 118 Abs. 1 i.V.m. § 117 Abs. 1 oder die (Haft-)Beschwerde gem. § 304 Abs. 1 sowie dann die weitere Beschwerde gem. § 310. Hierüber ist der Beschuldigte zu belehren (§ 115 Abs. 4). Die StA kann ebenfalls Beschwerde einlegen (vgl. § 304 Abs. 1 und § 310 Abs. 1 Nr. 1). Dem Nebenkläger steht kein Rechtsbehelf zu (OLG München StV 2014, 28).

35 Eine ausführliche Kommentierung zu den ordentlichen und auch außerordentlichen Rechtsbehelfen findet sich bei § 117 und § 118; s.a. § 115 Rdn. 39 f. und dort Rdn. 42 ff. (knapp).

§ 114a StPO Aushändigung des Haftbefehls; Übersetzung.

[1]Dem Beschuldigten ist bei der Verhaftung eine Abschrift des Haftbefehls auszuhändigen; beherrscht er die deutsche Sprache nicht hinreichend, erhält er zudem eine Übersetzung in einer für ihn verständlichen Sprache. [2]Ist die Aushändigung einer Abschrift und einer etwaigen Übersetzung nicht möglich, ist ihm unverzüglich in einer für ihn verständlichen Sprache mitzuteilen, welches die Gründe für die Verhaftung sind und welche Beschuldigungen gegen ihn erhoben werden. [3]In diesem Fall ist die Aushändigung der Abschrift des Haftbefehls sowie einer etwaigen Übersetzung unverzüglich nachzuholen.

1 **A. Allgemeines/Geltungsbereich.** Nach Art. 5 Abs. 2 EMRK müssen jeder festgenommenen Person innerhalb möglichst kurzer Frist in einer ihr verständlichen Sprache die Gründe der Festnahme und die gegen sie erhobene Beschuldigung mitgeteilt werden. Diese Pflicht gilt für alle Arten der Freiheitsentziehung (LR/*Gollwitzer* Art. 5 EMRK Rn. 90; KK/*Schädler* Art. 5 EMRK Rn. 20). § 114a gilt deshalb nicht nur für Verhaftungen nach den §§ 112 ff., sondern auch für Haftbefehle nach §§ 230 Abs. 2, 236, 329 Abs. 4 Satz 1 und § 412. Darüber hinaus ist § 114a auch auf Fälle der vorläufigen Festnahme nach §§ 127 und 127b sowie das Festhalten von Personen zur Feststellung der Identität nach § 163b und 163c anzuwenden (vgl. §§ 127 Abs. 4, 127b Abs. 1 Satz 2, 163c Abs. 1 Satz 3). Die Anforderungen an eine ordnungsgemäße Bekanntmachung gelten auch für Beschlüsse, die einen Haftbefehl ändern oder ergänzen (vgl. zum Ganzen Graf/*Krauß*, StPO, § 114a Rn. 1; AnwK/Uhaft-*König*, § 114a Rn. 4; AnwK/StPO-*Lammer*, § 114a Rn. 2; *Meyer-Goßner/Schmitt* § 114a Rn. 6).

2 Die seit 01.01.2010 gültige Neuregelung des § 114a hat klarstellenden Charakter (zur Reform des Rechts der Untersuchungshaft s. vor § 112 dort Rdn. 21 ff.). Sie setzt über die obigen Ausführungen hinaus die höchstrichterliche Rechtsprechung zu den Informationspflichten um (vgl. hierzu u.a. BGHSt 46, 178 ff. = NJW 2001, 309 ff. = NStZ 2001, 107 ff. = StraFo 2001, 47 ff. = StV 2001, 1 ff. [m. Anm. *Staudinger* StV 2002, 327 ff.] = wistra 2001, 98 ff.; s.o. *Tag* JR 2002, 124 ff.; *Sommer* StraFo 1995, 47 ff.; *Weider* StV 2010, 102 ff.).

B. Form der Bekanntmachung.
§ 114a regelte in Satz 1 i.d.F. bis 31.12.2009 die Bekannt- 3
gabe des Haftbefehls. Die Neufassung des Gesetzestextes äußert sich hierzu nicht mehr explizit. Deshalb ist auf die allgemeinen Regeln zurückzugreifen: Entscheidungen sind im Wortlaut bekannt zu machen (vgl. § 35).

Die Verkündung erfolgt bei **Anwesenheit der betroffenen Person** mündlich in einem Gerichtstermin 4
(§ 35 Abs. 1 Satz 1). Ein solches Vorgehen ist regelmäßig der Fall bei vorläufiger Festnahme des Beschuldigten mit nachfolgender Vorführanzeige (vgl. § 128), bei der Anpassung des Haftbefehls i.R.d. Eröffnung des Hauptverfahrens nach § 207 Abs. 4 (OLG Hamburg NStZ-RR 2003, 346 f.; s. hierzu auch *Paeffgen* NStZ 2005, 75, 78), oder auch der Verkündung des Haftbefehls in der Hauptverhandlung. Zusätzlich zur mündlichen Bekanntgabe ist eine Abschrift des Haftbefehls auszuhändigen (§ 114a Satz 1 Halbs. 1). Die Entscheidung kann bei **Abwesenheit der betroffenen Person** nach ihrem Erlass auch nachträglich durch Zustellung oder formlose Übergabe mitgeteilt werden (§ 35 Abs. 2).

Ist der Haftbefehl im Dezernatsweg erlassen worden, dann genügt die formlose Mitteilung ggü. dem 5
Betroffenen. Einer Zustellung bedarf es nicht, da keine Fristen in Lauf gesetzt werden (§ 35 Abs. 2 Satz 2). Dem Beschuldigten wird hier bei der Verhaftung, d.h. bei seiner Ergreifung, eine Abschrift des gegen ihn bestehenden Haftbefehls übergeben, damit ist § 114a Satz 1 Halbs. 1 StPO genügt (zum Ganzen auch KK/*Graf* § 114a Rn. 2 ff. [zum alten Recht]; *Meyer-Goßner/Schmitt* § 114a Rn. 1 ff.).

C. Zeitpunkt der Bekanntmachung.
Grds. ist der betroffenen Person eine Entscheidung 6
noch vor deren Vollstreckung bekannt zu machen (§ 33 Abs. 1). Einer solchen Wahrung des rechtlichen Gehörs durch eine vorangehende Anhörung bedarf es in Fällen der Verhaftung nahe liegender Weise nicht, da ansonsten der Zweck der Maßnahme, die überraschende Festnahme, gefährdet wäre (vgl. § 33 Abs. 4). § 114a Satz 1 Halbs. 1 (»*bei der Verhaftung*«) ist eine Ausnahmeregel vom Grundsatz der vorherigen Bekanntgabe von Entscheidungen (ebenso *Meyer-Goßner/Schmitt* § 114a Rn. 1). Der Anspruch auf rechtliches Gehör ist dann nachträglich zu wahren. Dies geschieht i.R.d. richterlichen Vernehmung und der Anhörung des Beschuldigten (vgl. §§ 115, 115a).

D. Aushändigung des Haftbefehls.
Unabhängig von Form und Zeitpunkt der Bekanntgabe 7
ist dem Beschuldigten unverzüglich nach der Verhaftung ein beglaubigte Abschrift oder Ausfertigung (vgl. hierzu LR/*Hilger* § 114a Rn. 5) des Haftbefehls auszuhändigen. Unverzüglich bedeutet ohne schuldhaftes Zögern (§ 121 BGB; s. hierzu Palandt/*Ellenberger*, BGB, 70. Aufl. 2011, § 121 Rn. 3). Nur so kann der Beschuldigte sich sinnvoll verteidigen. Dieses Recht ist ihm so frühzeitig wie möglich einzuräumen.

Ausnahmsweise kann der Haftbefehl zunächst nur mündlich mitgeteilt werden. Er muss dann aber, so- 8
fern nicht inzwischen eine schriftliche Ausfertigung vorgelegt werden kann, vollständig zu Protokoll genommen werden (OLG Oldenburg NStZ 2007, 82 = StraFo 2006, 282 f. = StV 2006, 535 f.). Eine Bezugnahme auf andere Aktenteile ist allenfalls dann zulässig, wenn diese als Anlage zu Protokoll und somit zum Haftbefehl selbst genommen werden (vgl. hierzu die Kommentierung bei § 114 Rdn. 13; s.a. OLG Celle StraFo 1998, 171 ff.; OLG Stuttgart NJW 1982, 1296 ff.; *Burhoff*, Handbuch für das strafrechtliche Ermittlungsverfahren, Rn. 1696; KK/*Graf* § 114 Rn. 2; *Meyer-Goßner/Schmitt* § 114 Rn. 2). Eine schriftliche Ausfertigung ist dann unverzüglich nachzureichen.

Ist der Beschuldigte der deutschen Sprache nicht hinreichend mächtig, dann muss ihm der Haftbefehl 9
in einer für ihn verständlichen Sprache übersetzt ausgehändigt werden (§ 114 Satz 1 Halbs. 2; s.a. Art. 5 Abs. 2 EMRK sowie Nr. 181 Abs. 2 RiStBV). Die Übersetzung muss aber nicht zwingend in der Muttersprache des Beschuldigten erfolgen. Gericht und StA haben die Pflicht, so frühzeitig wie möglich Übersetzungen eines Haftbefehls zu veranlassen oder zumindest einen Dolmetscher bei der Eröffnung des Haftbefehls vorzuhalten (s. hierzu auch *Brocke/Heller* StraFo 2011, 1 ff.; zu den entsprechenden europarechtlichen Vorgaben s. vor § 112 dort Rdn. 71 ff.).

Der Beschuldigte soll nach allgemeiner Ansicht auf die Aushändigung einer Ausfertigung oder Ab- 10
schrift des Haftbefehls verzichten können (vgl. KK/*Graf* § 114 Rn. 6; LR/*Hilger* § 114 Rn. 5; AnwK/ Uhaft-*König*, § 114a StPO Rn. 2; AnwK/StPO-*Lammer*, § 114a Rn. 2; *Meyer-Goßner/Schmitt* § 114 Rn. 4; s.a. OLG Hamburg NStZ-RR 2003, 346, 347: »*kann der Beschuldigte sogar verzichten*«). Die Annahme einer solchen Dispositionsfreiheit ist nicht mehr zeitgemäß und verstößt gegen die inzwi-

schen formalisierte Fürsorgepflicht des Staates gegenüber dem Beschuldigten. § 114b sieht in der seit 01.01.2010 gültigen Fassung eine umfassende Pflicht zur Belehrung vor. Diese hat schriftlich in einer für den Beschuldigten verständlichen Sprache zu erfolgen (§ 114b Abs. 1 Satz 1), soll ggf. mündlich ergänzt werden (§ 114b Abs. 1 Satz 2) und all dies soll dokumentiert werden (§ 114b Abs. 1 Satz 4). Wenn aber die Fürsorge des Gerichts derart weit geht, dann ist nicht nachvollziehbar, warum bei der Bekanntgabe des Haftbefehls auf eine Aushändigung in Schriftform verzichtet werden können soll. Dies widerspricht dem durch die Reform des Rechts der Untersuchungshaft im Gesetz implementierten Schutz individueller Interessen des Beschuldigten. Er befindet sich i.Ü. regelmäßig in einer Ausnahmesituation und ist möglicherweise zunächst gar nicht in der Lage, die Reichweite eines entsprechenden Verzichts zu erfassen. Konsequenterweise muss dem Beschuldigten der Haftbefehl in jedem Fall ausgehändigt werden.

§ 114b StPO Belehrung des verhafteten Beschuldigten.

(1) ¹Der verhaftete Beschuldigte ist unverzüglich und schriftlich in einer für ihn verständlichen Sprache über seine Rechte zu belehren. ²Ist eine schriftliche Belehrung erkennbar nicht ausreichend, hat zudem eine mündliche Belehrung zu erfolgen. ³Entsprechend ist zu verfahren, wenn eine schriftliche Belehrung nicht möglich ist; sie soll jedoch nachgeholt werden, sofern dies in zumutbarer Weise möglich ist. ⁴Der Beschuldigte soll schriftlich bestätigen, dass er belehrt wurde; falls er sich weigert, ist dies zu dokumentieren.

(2) ¹In der Belehrung nach Absatz 1 ist der Beschuldigte darauf hinzuweisen, dass er
1. unverzüglich, spätestens am Tag nach der Ergreifung, dem Gericht vorzuführen ist, das ihn zu vernehmen und über seine weitere Inhaftierung zu entscheiden hat,
2. das Recht hat, sich zur Beschuldigung zu äußern oder nicht zur Sache auszusagen,
3. zu seiner Entlastung einzelne Beweiserhebungen beantragen kann,
4. jederzeit, auch schon vor seiner Vernehmung, einen von ihm zu wählenden Verteidiger befragen kann,
4a. in den Fällen des § 140 Absatz 1 und 2 die Bestellung eines Verteidigers nach Maßgabe des § 141 Absatz 1 und 3 beanspruchen kann,
5. das Recht hat, die Untersuchung durch einen Arzt oder eine Ärztin seiner Wahl zu verlangen
6. einen Angehörigen oder eine Person seines Vertrauens benachrichtigen kann, soweit der Zweck der Untersuchung dadurch nicht gefährdet wird.
7. nach Maßgabe des § 147 Absatz 7 beantragen kann, Auskünfte und Abschriften aus den Akten zu erhalten, soweit er keinen Verteidiger hat, und
8. bei Aufrechterhaltung der Untersuchungshaft nach Vorführung vor den zuständigen Richter
    a) eine Beschwerde gegen den Haftbefehl einlegen oder eine Haftprüfung (§ 117 Absatz 1 und 2) und eine mündliche Verhandlung (§ 118 Absatz 1 und 2) beantragen kann,
    b) bei Unstatthaftigkeit der Beschwerde eine gerichtliche Entscheidung nach § 119 Absatz 5 beantragen kann und
    c) gegen behördliche Entscheidungen und Maßnahmen im Untersuchungshaftvollzug eine gerichtliche Entscheidung nach § 119a Absatz 1 beantragen kann.

²Der Beschuldigte ist auf das Akteneinsichtsrecht des Verteidigers nach § 147 hinzuweisen. ³Ein Beschuldigter, der der deutschen Sprache nicht hinreichend mächtig ist oder der hör- oder sprachbehindert ist, ist in einer ihm verständlichen Sprache darauf hinzuweisen, dass er nach Maßgabe des § 187 Absatz 1 bis 3 des Gerichtsverfassungsgesetzes für das gesamte Strafverfahren die unentgeltliche Hinzuziehung eines Dolmetschers oder Übersetzers beanspruchen kann. ⁴Ein ausländischer Staatsangehöriger ist darüber zu belehren, dass er die Unterrichtung der konsularischen Vertretung seines Heimatstaates verlangen und dieser Mitteilungen zukommen lassen kann.

Übersicht	Rdn.		Rdn.
A. Allgemeines	1	II. Inhalt der Belehrung, § 114b Abs. 2	5
B. Regelungsgehalt	3	III. Kritik an den Belehrungsvorschriften	6
I. Belehrungspflicht, § 114b Abs. 1	3		

A. Allgemeines. Nach altem Recht musste ein Beschuldigter erst zu Beginn der (ersten) Vernehmung über seine Rechte belehrt werden. Inhalt und Umfang der Belehrungspflichten waren nur beschränkt ausgestaltet. Dies war nicht mehr zeitgemäß. Der Europäische Ausschuss zur Verhütung von Folter und unmenschlicher oder erniedrigender Behandlung oder Strafe (kurz: **CPT** – European Comittee for the Prevention of Torture and Inhuman or Degrading Treatment or Punishment) hat in seinem Bericht an die Deutsche Regierung v. 28.07.2006 u.a. ausgeführt, dass das Risiko der Einschüchterung und Misshandlung in dem Zeitraum unmittelbar nach der Freiheitsentziehung am größten sei. Das CPT moniert, dass die Belehrung oft nicht ausreichend und auch nur verzögert erfolge. Entscheidend komme es auf eine unverzügliche und umfassende Belehrung an. Diese solle zu Beginn der Freiheitsentziehung mündlich erfolgen und schriftlich bestätigt werden (s. zum Ganzen BT-Drucks. 16/11644, S. 13; *Deckers* StraFo 2009, 441 ff.; *Herrmann* StRR 2010, 4, 5; Morgenstern StV 2013, 529 ff.; *Münchhalffen/Gatzweiler* Rn. 10 f.; *Tsambikakis* ZIS 2009, 503, 506 ff.).

Die Neuregelung des Gesetzes führt zu einer Vereinheitlichung sowie einer Klarstellung, darüber hinaus aber auch einer Vorverlagerung der Belehrungspflichten. Geregelt sind diese nunmehr in den §§ 114a, 114b und 114c.

B. Regelungsgehalt. I. **Belehrungspflicht, § 114b Abs. 1.** Festgenommene Personen sind unverzüglich, d.h. ohne schuldhaftes Zögern (§ 121 BGB; s. hierzu Palandt/*Ellenberger*, BGB, 70. Aufl. 2011, § 121 Rn. 3) so frühzeitig wie möglich, regelmäßig schon im Moment der Festnahme, über die in § 114b Abs. 2 näher genannten Rechte zu belehren. Die Belehrung hat schriftlich in einer für den Beschuldigten verständlichen Sprache zu erfolgen. Dies geschieht sinnvollerweise durch von der Justiz vorgehaltene Merkblätter in den gängigsten Sprachen (z.B. Belehrungsformular des BMJ, abrufbar über BMJ/Strafrechtspflege/Belehrungsformulare). Reicht die schriftliche Belehrung ersichtlich nicht aus, dann soll sie mündlich ergänzt werden. Ersichtlich bedeutet, für den Intellekt deutlich erkennbar. Es kommt also in gewissem Umfang auf die subjektive Wahrnehmung im Einzelfall an. Eine ergänzende mündliche Belehrung erscheint angezeigt, wenn der Beschuldigte Analphabet ist oder sonst erkennbar ist, dass er die schriftliche Belehrung nicht verstanden hat. Eine zunächst nur mündlich mögliche Belehrung soll schriftlich nachgeholt werden (zu den entsprechenden europarechtlichen Vorgaben bei der Belehrung s. vor § 112 dort Rdn. 76 ff.).

Die schriftliche oder auch (ergänzende) mündliche Belehrung soll vom Beschuldigten schriftlich bestätigt werden. Eine eventuelle Weigerung soll dokumentiert werden. Dies dient Beweiszwecken. Der Einwand einer nicht ordnungsgemäßen Belehrung mit der Folge eines Beweisverwertungsverbotes wird damit drastisch erschwert, wenn nicht faktisch unmöglich gemacht. Deswegen müssen aber Zeitpunkt und Inhalt (Art und Umfang) der Belehrung exakt dokumentiert sein (grundlegend bereits BGHSt 38, 214, 225 f. = JR 1992, 381 ff. [m. Anm. *Fezer*] = JZ 1992, 918 ff. [m. Anm. *Roxin*] = NJW 1992, 1463 ff. = NStZ 1992, 294 ff. [m. Anm. *Bohlander* NStZ 1992, 504 f.] = StV 1992, 212 ff.; zum Recht auf Verteidigerkonsultation s. insb. BGHSt 38, 372 ff. = JR 1993, 334 ff. [m. Anm. *Rieß*] = JZ 1993, 426 ff. [m. Anm. *Roxin*] = NJW 1993, 338 ff. = StV 1993, 1 ff.; BGH JR 2007, 125 m. Anm. *Wohlers*; BGHSt 42, 15 ff.; BGHSt 47, 172 ff. = NJW 2002, 975 ff. = StraFo 2002, 127 ff. = StV 2002, 117 ff.; BGH NStZ 1997, 502 ff.; ebenso OLG Hamm NStZ-RR 2006, 42 f.; s. hierzu auch *J. Herrmann* NStZ 1997, 212 ff.; *Meyer-Goßner/Schmitt* § 136 Rn. 20).

II. **Inhalt der Belehrung, § 114b Abs. 2.**
- Nach § 114b Abs. 2 Satz 1 Nr. 1 ist der Beschuldigte darauf hinzuweisen, dass er entsprechend den §§ 115 und 115a unverzüglich, spätestens am Tag nach seiner Ergreifung, dem Gericht vorzuführen ist. Dieses hat ihn zu vernehmen und über die weitere Inhaftierung zu entscheiden. Der Beschuldigte soll wissen, dass in engem zeitlichem Rahmen eine Haftentscheidung durch den Richter zu treffen ist.
- In § 114b Abs. 2 Satz 1 Nr. 2 bis 4 ist die Belehrung des Beschuldigten entsprechend § 136 Abs. 1 Satz 2 und 3, § 163a Abs. 3 Satz 2, Abs. 4 geregelt. Er ist auf sein Aussageverweigerungsrecht, das ihm zustehende Beweisantragsrecht sowie das Recht zur Verteidigerkonsultation hinzuweisen (s.a. EGMR StRR 2009, 97 [Saduz]; ausführlich s. § 136 Rdn. 42 ff.). Der Hinweis auf das Recht, einen Verteidiger hinzuzuziehen verpflichtet aber nicht zur Kostenübernahme (BR-Drucks. 829/089, S. 20; ebenso *Meyer-Goßner/Schmitt* § 114b Rn. 5).

§ 114b StPO Belehrung des verhafteten Beschuldigten

Will der unverteidigte Beschuldigte einen Verteidiger konsultieren, dann ist ihm hierzu Gelegenheit zu geben und eine Kontaktaufnahme zu ermöglichen. Die Vorführung vor das Gericht muss unterbrochen werden, die zeitlichen Grenzen der §§ 128 Abs. 1, 155 Abs. 2 sind zu beachten (VerfGH Rheinland-Pfalz StraFo 2006, 199 f. = StV 2006, 315 f.; VerfGH Rheinland-Pfalz NJW 2006, 3341 ff.; s.a. *Burhoff*, Handbuch für das strafrechtliche Ermittlungsverfahren, Rn. 2007; *Jahn* in: FS für Rissing-van Saan, 2011, S. 273, 291; *Meyer-Goßner/Schmitt* § 115 Rn. 8). Der Beschuldigte ist insb. auf den **Strafverteidigernotdienst** hinzuweisen (BGHSt 42, 20 [Hamburg]; BGH NStZ 2004, 389 [Hamburg]; BGHSt 47, 234 [Berlin]; BGH NStZ 2006, 115 [Dresden]; BGH NStZ-RR 2006, 182 [München]; BGH NStZ 2006, 237 [Regensburg]; s. zum Ganzen auch *Beulke* NStZ 1996, 260 ff.; *Corell* StraFo 2011, 34 ff.; *J. Herrmann* NStZ 1997, 212 ff.; *Müller* StV 1996, 360 ff.; *Mehle* NJW 2007, 973 ff.).

Die gesetzlichen Vorgaben gelten nunmehr ausdrücklich auch im Sachzusammenhang mit der Festnahme, d.h. der Ergreifung selbst. Der Beschuldigte soll sich frühzeitig und angemessen auf die erste Vernehmung vorbereiten können (BT-Drucks. 16/11644, S. 17).

– Neu hinzugekommen durch das Gesetz zur Stärkung der Verfahrensrechte Beschuldigter im Strafverfahren vom 2.7.2013 ist § 114b Abs. 2 Satz 1 Nr. 4a (s. hierzu auch Art. 4 II der Richtlinie 2012/13/EU). Die Belehrungspflicht erstreckt sich nun auch darauf, dass dem Beschuldigten in Fällen der notwendigen Verteidigung i.S.v. § 140 Abs. 1 und 2 ein Anspruch auf unentgeltlichen rechtlichen Beistand zusteht. Dies ist in Fällen der Anordnung der Untersuchungshaft aber ausnahmslos anzunehmen. Dem Beschuldigten ist entsprechend den §§ 140 Abs. 1 Nr. 4, 141 Abs. 3 Satz 4 unverzüglich ein Verteidiger zu bestellen Dies muss ebenso für den Fall der vorläufigen Festnahme mit nachfolgender Vorführanzeige gelten (*Herrmann* StraFo 2011, 133 ff.). Über die Anordnung der Untersuchungshaft darf nicht ohne anwaltlichen Beistand entschieden werden. Der zusätzlich in das Gesetz aufgenommene Hinweis ist deshalb nur konsequent; indes: er kommt zu spät und wird in der Praxis oft unzureichend umgesetzt (ausführlich zur Kritik an der Beiordnungspraxis s. vor § 112 Rn. 49 ff.). Der Hinweis auf § 141 Abs. 3 soll klarstellen, dass im Ermittlungsverfahren eine Beiordnung nur auf Antrag der Staatsanwaltschaft erfolgt (*Meyer-Goßner/Schmitt* § 114b Rn. 5a). Das erscheint wenig zielführend, denn die Beiordnung erfolgt regelmäßig zu spät (zur Kritik an der Beiordnungspraxis auch insofern vor § 112 Rn. 49 ff.). Der Beschuldigte soll nicht darüber zu unterrichten sein, dass er unter Umständen die Kosten der notwendigen Verteidigung zu tragen hat (vgl. hierzu § 465; krit.: *Eisenberg* JR 2013, 442, 449).

– Nach § **114b Abs. 2 Satz 1 Nr. 5** ist der Beschuldigte darüber zu belehren, dass er die Untersuchung durch einen Arzt oder eine Ärztin seiner Wahl verlangen kann. Diese soll aber nicht kostenfrei sein (BT-Drucks. 16/11644, S. 17; BT-Drucks. 16/13097, S. 26; ebenso *Meyer-Goßner/Schmitt* § 114b Rn. 6).

– § **114b Abs. 2 Satz 1 Nr. 6** regelt die Belehrung, dass ein Angehöriger oder eine Person des Vertrauens benachrichtigt werden kann, soweit dies den Zweck der Untersuchung nicht gefährdet (krit. zu dieser Einschränkung SK-StPO/*Paeffgen* § 114b Rn. 4a; *Paeffgen* GA 2009, 454 ff.; *Tsambikakis* ZIS 2009, 503, 508). Die praktische Umsetzung des Rechts zur Benachrichtigung erfolgt nach § 114c (ausführlich s. dort Rdn. 6).

– Neu hinzugekommen ist § 114b Abs. 2 Satz 1 Nr. 7. Der Beschuldigte ist nun auch darüber zu belehren, dass er nach § 147 Abs. 7 das Recht hat Auskünfte und Abschriften aus den Akten zu erhalten, soweit er keinen Verteidiger hat. Davon erfasst ist der Zeitraum zwischen der Verhaftung und der beim Vollzug der Untersuchungshaft zwingend erforderlichen Beiordnung eines Pflichtverteidigers (ausführlich dazu s. vor § 112 Rdn. 49 ff.). Die umfassende Belehrungspflicht mag löblich erscheinen und die »*betuliche Regelung von Quisquilien*« (so schon *Roxin/Schünemann*, Strafverfahrensrecht, § 30 Rn. 22, S. 223; vgl. dazu auch Rdn. 8) abrunden. Sie beruht auf Art. 4 IIa der Richtlinie 2012/13/EU. Die bisherige Kritik an der vom Gesetzgeber nur partiellen und unvollständigen Regelung ist damit hinfällig. Ob damit aber eine wirklich sinnvolle und praktisch umsetzbare Stärkung der Beschuldigtenrechte einhergeht, erscheint eher fraglich. Kaum ein Richter wird sich der Mühe unterziehen und dem Beschuldigten Teile der Akten entsprechend § 147 Abs. 7 zur Verfügung stellen. Zur Konsequenz von Verstößen s. Rdn. 8. Neu hinzugekommen ist auch § 114b Abs. 2 Satz 1 Nr. 8. Der Beschuldigte ist bei Vorführung vor den zuständigen Richter umfassend über die ihm zustehenden Rechtsbehelfe zu informieren. Sie beruht auf Art. 4 III der Richtlinie 2012/13/EU. Die

Pflicht zur Belehrung wird (vgl. auch § 115 Abs. 4) auf den Zeitpunkt der vorläufigen Festnahme vorverlagert. Sie besteht unabhängig davon, ob ein Antrag nach § 115a Abs. 3 gestellt ist (BT-Drucks. 17/12578, S. 17). Das ist sinnvoll und war erforderlich. Zur Konsequenz von Verstößen s. Rdn. 8.

- Nach § **114b Abs. 2 Satz 2** ist der (noch) nicht verteidigte Beschuldigte auf das seinem (künftigen) Verteidiger zustehende Recht auf Akteneinsicht hinzuweisen. Er muss darüber informiert werden, dass eine Prüfung der Sache anhand des Akteninhaltes demnächst möglich sein wird. Das erscheint bedeutsam, muss aber natürlich im Kontext mit der ggfls. gebotenen Beiordnung eines Pflichtverteidigers stehen (ausführlich dazu s. vor § 112 Rdn. 49 ff.). Die Ergänzung beruht auf Art. 4 III der Richtlinie 2012/13/EU.

- Nach § 114b Abs. 2 Satz 3 ist ein Beschuldigter, der der deutschen Sprache nicht hinreichend mächtig ist oder der hör- oder sprachbehindert ist, darüber zu belehren, dass er im Verfahren die unentgeltliche Hinzuziehung eines Dolmetschers verlangen kann. Die Regelung ist Ausfluss von Art. 6 Abs. 3 Buchst. e) EMRK (vgl. BVerfGE 40, 95, 99 f. = NJW 1975, 1597; BVerfG NJW 2004, 50 f. = NStZ 2004, 261 f. = NStZ-RR 2004, 63 f. = StV 2004, 28 ff.; BGHSt 46, 178 ff. = NJW 2001, 309 ff. = NStZ 2001, 107 ff. = StraFo 2001, 54 ff. = StV 2001, 1 ff. = wistra 2001, 107 ff.); s. hierzu auch § 187 Abs. 1 und 3 GVG. Das Recht gilt für das gesamte Strafverfahren, allerdings nur für verfahrensbezogene Gespräche, bspw. Vernehmungen oder Informationsgespräche mit dem Verteidiger (BT-Drucks. 16/11644, S. 17; s.a. *Burhoff*, Handbuch für das strafrechtliche Ermittlungsverfahren, Rn. 3449 ff.; *Meyer-Goßner/Schmitt* § 114b Rn. 8; zu den entsprechenden europarechtlichen Vorgaben s. vor § 112 dort Rdn. 76 ff.).

- Ausländer sind gem. § **114b Abs. 2 Satz** 4 i.V.m. **Art. 36 Abs. 1 Buchst. b)** WÜK darüber zu belehren, dass sie die Unterrichtung der konsularischen Vertretung ihres Heimatstaates verlangen und dieser Mitteilungen zukommen lassen können (vgl. BVerfG JR 2007, 117 ff. = NJW 2007, 499 ff. = NStZ 2007, 159 ff. = StV 2008, 1 ff.; BGHSt 52, 38 ff. = JR 2008, 293 ff. = NJW 2007, 3587 ff. = NStZ 2008, 55 f. = NStZ-RR 2008, 38 = StraFo 2008, 77 f. = StRR 2008, 22 [m. Anm. *Junker*] = StV 2008, 8 f.; BGHSt 52, 110 ff. = JR 2008, 297 ff. = NJW 2008, 1090 ff. = NStZ 2008, 356 f. = StRR 2008, 179 ff. [m. Anm. *Burhoff*] = StV 2008, 172 ff. = wistra 2008, 274 ff.; s.a. *Esser* JR 2008, 271 ff.). Es gilt ein formalisierter Ansatz: Ausländer ist, wer nicht die deutsche Staatsbürgerschaft besitzt. Das Recht steht auch Ausländern zu, die ihren Lebensmittelpunkt in Deutschland haben. Auf eine eventuelle Hilfsbedürftigkeit kommt es nicht an (BVerfG JR 2007, 117 ff. = NJW 2007, 499 ff. = NStZ 2007, 159 ff. = StV 2008, 1 ff.; BGH NJW 2008, 307 ff. = NStZ 2008, 168 ff. = StV 2008, 5; s.a.s. hierzu auch *Gless/Peters* StV 2011, 369 ff. [differenzierend]; *Weigend* StV 2008, 39, 40, dort Fn. 15). Besitzt der Beschuldigte auch die deutsche Staatsangehörigkeit, dann muss er nicht belehrt werden (*Hillgruber* JZ 2002, 95; *Kreß* GA 1007, 296, 301, dort Fn. 28; *Meyer-Goßner/Schmitt* § 114b Rn. 9). Sprachschwierigkeiten mit Ausländern regeln sich nach § 114b Abs. 2 Satz 2. Eine weiter gehende inhaltliche Ausgestaltung des Rechts auf Unterrichtung der konsularischen Vertretung ist nicht vorgesehen, insb. die Herstellung eines Kontaktes kann nicht verlangt werden (IGH HRRS 2004, Nr. 342; BVerfG JR 2007, 117 ff. = NJW 2007, 499 ff. = NStZ 2007, 159 ff. = StV 2008, 1 ff.; s.a. *Burhoff*, Handbuch für das strafrechtliche Ermittlungsverfahren, Rn. 2400; Graf/*Krauß*, StPO, § 114b Rn. 9; *Weigend* StV 2008, 29, 40; a. A. *Walter* JR 2007, 99, 101; differenzierend *Gless/Peters* StV 2011, 369 ff.).

Ob bei einer unterlassenen Belehrung nach Art. 36 Abs. 1 Buchst. b) WÜK ein **Beweisverwertungsverbot** angenommen werden kann, ist fraglich. Der BGH hat dies früher abgelehnt (BGH NStZ 2002, 168 = StV 2003, 57 = wistra 2002, 68 f.; a. A. *Paulus* StV 2003, 57; *Walther* HRRS 2004, 126; differenzierend *Gless/Peters* StV 2011, 369 ff.). Das BVerfG hat diese Rechtsprechung aufgehoben und nimmt einen revisiblen Verfahrensverstoß an (BVerfG JR 2007, 117 ff. = NJW 2007, 499 ff. = NStZ 2007, 159 ff. = StV 2008, 1 ff. [unter Aufhebung von BGH NStZ-RR 2003, 375 ff. und StV 2003, 57 f.]; s.a. *Paulus/Müller* StV 2009, 495 f.). Danach hat der BGH sich uneinheitlich geäußert: Teils wird ein Beweisverwertungsverbot abgelehnt (BGHSt 52, 48 [5. Strafsenat]; BGHSt 52, 110 [3. Strafsenat]), teils wird ein Widerspruch gegen die Verwertung bei fehlender Belehrung gefordert und damit zumindest inzident ein Beweisverwertungsverbot anerkannt (BGHSt 52, 38 [1. Strafsenat]; ablehnend *Meyer-Goßner/Schmitt* § 114b Rn. 9; zum Ganzen s.a. *Burhoff*, Handbuch für das strafrechtliche Ermittlungsverfahren, Rn. 2400; *Gaede* HRRS 2007, 402, 405; *Müller/Paulus* StV 2009, 495, 498 f.;

§ 114c StPO   Benachrichtigung von Angehörigen

Schomburg/Schuster NStZ 2008, 593; *Strate* HRRS 2008, 76 ff.; *Weider* StV 2010, 102; *Weigend* StV 2008, 39, 43). Der 5. Strafsenat des BGH geht davon aus, dass ein Verstoß gegen die völkerrechtliche verankerte Unterrichtungspflicht ebenso wie bei einer Verfahrensverzögerung kompensiert werden muss (»**Strafabschlagslösung**«, vgl. BGHSt 52, 48; s.a. *Schomburg/Schuster* NStZ 2008, 593, 596). Der 3. Strafsenat des BGH lehnt dies ab (BGHSt 52, 110, ebenso *Müller/Paulus* StV 2009, 495, 500). Aufgrund der uneinheitlichen Rechtsprechung sollte in der Hauptverhandlung vorsorglich Widerspruch gegen die Verwertung von Angaben erhoben werden, die ohne entsprechende Belehrung nach § 114b Abs. 2 StPO gemacht wurden und eine Kompensation gefordert werden (BVerfG JR 2007, 117 ff. = NJW 2007, 499 ff. = NStZ 2007, 159 ff. = StV 2008, 1 ff.; BGHSt 52, 48; zum Ganzen auch *Burhoff*, Handbuch für das strafrechtliche Ermittlungsverfahren, Rn. 2400).

6   **III. Kritik an den Belehrungsvorschriften.** Die Belehrung hat unverzüglich zu erfolgen (s.o.). Inzwischen scheint ihr Inhalt auch umfassend fixiert. Dies bedeutet eine Stärkung der Rechte des Beschuldigten. Denn bisher war keine derart strenge und auch zeitliche Vorgabe normiert (ebenso *Schlothauer/Weider*, Untersuchungshaft, Rn. 334; damals allerdings noch nicht zu § 114b Abs. 2 Nr. 4a, 7 und 8).

7   Die geradezu überbordend formalisiert durchzuführenden Belehrungspflichten in § 114b sind inzwischen soweit ersichtlich vollständig aber chronologisch teils wenig sinnvoll, geregelt. So erfolgt bspw. die Belehrung über das **Verteidigerkonsultationsrecht** entsprechend § 136 Abs. 1 Satz 2 hier erst nach der Belehrung über das Recht einzelne Beweiserhebungen beantragen zu können. Ob dies so sinnvoll ist, kann zumindest diskutiert werden (ebenso *Michalke* NJW 2010, 17 ff.).

8   Die Belehrungspflichten des § 114b wurden umfassend neu ausgestaltet. Teils sind sie sehr detailliert, in verschiedenen Punkten kaprizieren sie sich aber auf die »*betuliche Regelung von Quisquilien*« (*Roxin/Schünemann*, Strafverfahrensrecht, § 30 Rn. 22, S. 223). Im Umfang der gesetzlichen Regelung verpflichten sie die Justiz bis hin zur schriftlichen Dokumentation einer ordnungsgemäßen Belehrung, um so die Beweisführung – naheliegender Weise gegen den Beschuldigten – zu erleichtern. Dies spricht dafür, dass umgekehrt Verstöße gegen die Belehrungspflichten verfahrensrechtliche Konsequenzen haben müssen (ebenso *Tsambikakis* ZIS 2009, 503, 507). Eine Differenzierung nach absichtlichen und versehentlichen Verstößen, wobei Letztere unschädlich sein sollen (*Bittmann* NStZ 2010, 13; ihm folgend *Brocke/Heller* StraFo 2011, 1, 2) orientiert sich am falschen Maßstab und ist unzeitgemäß. Unter Zugrundelegung der bisherigen Rechtsprechung sind umfassende Beweisverwertungsverbote anzunehmen (jedenfalls für das Schweigerecht und das Recht auf Verteidigerkonsultation ebenso *Weider* StV 2010, 102, 103). Denn wenn der Gesetzgeber hier schon ebenso differenzierte wie strenge Vorgaben macht, dann müssen Verstöße entsprechend nachhaltige Konsequenzen haben.

§ 114c StPO Benachrichtigung von Angehörigen.

(1) Einem verhafteten Beschuldigten ist unverzüglich Gelegenheit zu geben, einen Angehörigen oder eine Person seines Vertrauens zu benachrichtigen, sofern der Zweck der Untersuchung dadurch nicht gefährdet wird. (2) ¹Wird gegen einen verhafteten Beschuldigten nach der Vorführung vor das Gericht Haft vollzogen, hat das Gericht die unverzügliche Benachrichtigung eines seiner Angehörigen oder einer Person seines Vertrauens anzuordnen. ²Die gleiche Pflicht besteht bei jeder weiteren Entscheidung über die Fortdauer der Haft.

1   **A. Allgemeines.** In § 114c sind die **Benachrichtigungsrechte und -pflichten des Verhafteten und des Gerichts** geregelt. Diese Verpflichtung ist verfassungsrechtlich vorgegeben (Art. 104 Abs. 4 GG). Es soll insb. verhindert werden, dass Bürger ohne Kenntnis Dritter durch heimliche Verhaftungen spurlos aus der Öffentlichkeit verschwinden (allgem. Meinung: KK/*Graf* § 114b Rn. 1; LR/*Hilger* § 114b Rn. 1; Graf/*Krauß*, StPO, § 114c Rn. vor 1; *Meyer-Goßner/Schmitt* § 114c Rn. 3; *Michalke* NJW 2007, 17, 19; SK-StPO/*Paeffgen* § 114b Rn. 4; *Tsambikakis* ZIS 2009, 503, 508). Die Vorschrift dient auch dem Vertrauensschutz sowohl des Einzelnen als auch der Allgemeinheit ggü. dem Staat und der Strafrechtspflege.

2   **B. Regelungsgehalt. I. Allgemeines.** Verhaftung i.S.d. § 114c Abs. 1 meint die Festnahme aufgrund eines Haftbefehls nach den §§ 112 ff., aber auch nach §§ 230 Abs. 2, 236, 329 Abs. 4 Satz 1,

412 Satz 1 sowie nach § 127b Abs. 2. Die Benachrichtigungspflichten gelten auch ggü. nur vorläufig Festgenommenen oder festgehaltenen Personen (vgl. §§ 127 Abs. 4, 127b Abs. 1 Satz 2, 163c Abs. 1 Satz 2 sowie § 453c Abs. 2 Satz 2). Für Ordnungshaft (§§ 177, 178 GVG) und Beuge- bzw. Erzwingungshaft (§ 70) soll § 114c nicht gelten (statt Aller: *Meyer-Goßner/Schmitt* § 114a Rn. 6). Hier besteht ein Wertungswiderspruch. Denn die Freiheitsentziehung zur Identitätsfeststellung ist auf die Dauer von insgesamt 12 Std. beschränkt (§ 163c Abs. 2 StPO), die vorläufige Festnahme auf höchstens unter 48 Std. (§ 128 Abs. 1 Satz 1). Ordnungs- und Beuge- bzw. Erzwingungshaft können aber länger dauern. Warum der Verhaftete dort keine Benachrichtigungsrechte und das Gericht keine entsprechenden Pflichten haben soll, erschließt sich nicht (zu Recht krit. schon *Michalke* NJW 2007, 17, 19).

Der Kreis der **Adressaten der Benachrichtigung** ist weit zu verstehen. Der Begriff **Angehörige** orientiert sich nicht an der Legaldefinition des § 11 Abs. 1 Nr. 1 StGB (s.a. § 52 Abs. 1). Er erfasst vielmehr auch entfernte Verwandte. Die Nennung der Angehörigen im Zusammenhang mit dem Begriff der **Personen des Vertrauens** intendiert ebenfalls ein weites Verständnis (ebenso KK/*Graf* § 114b Rn. 4; *Meyer-Goßner/Schmitt* § 114c Rn. 2). Werden bei der Benachrichtigungspflicht nach § 114c Abs. 2 weder ein Angehöriger noch ein Vertrauter benannt, dann hat das Gericht keine Pflicht zu Nachforschungen. In diesen Fällen unterbleibt eine Benachrichtigung (*Meyer-Goßner/Schmitt* § 114c Rn. 4; a. A. SK-StPO/ *Paeffgen* § 114b Rn. 4). Dies erscheint angemessen, da dann zumindest über die inzwischen gebotene Beiordnung eines (Pflicht-)Verteidigers (vgl. §§ 141 Abs. 3 Satz 4, 140 Abs. 1 Nr. 4) dem Schutz des Einzelnen vor heimlichem Verschwinden Rechnung getragen wird. Fraglich ist aber, ob der beigeordnete Verteidiger selbst eine solche Vertrauensperson sein kann, da der Verhaftete ihn oft noch gar nicht kennt (krit. hierzu, insb. wenn sich Zweifel an der Vertrauensbeziehung aufdrängen: VerfGH Brandenburg NJ 2000, 312 [LS] = NStZ-RR 2000, 185 ff.). Zum Schutz des Beschuldigten sollte hier keine Verquickung unterschiedlicher Interessen erfolgen, sondern letztlich auch einer Kontrolle der Verteidigung über Dritte der Vorzug gegeben werden. 3

Der verhaftete Beschuldigte ist über sein Recht **zu belehren** (vgl. § 114b Abs. 2 Nr. 6, ausführlich hierzu s. dort Rdn. 5). Die Belehrung und die Benachrichtigung haben **unverzüglich**, d.h. unmittelbar nach der Festnahme (Abs. 1) und dann – erneut – bei der Vorführung vor das Gericht (Abs. 2) zu erfolgen. Zum Begriff »unverzüglich« s. bereits die Kommentierung bei § 114b Rdn. 3; s.a. BVerfG 38, 32 ff.). 4

Inhaltlich ist der Empfänger über die Verhaftung als solche und ggf. auch die gerichtliche Entscheidung über die Haft zu informieren. Darüber hinaus ist bei Anordnung der Haft die Justizvollzugsanstalt zu nennen, in die der Beschuldigte überführt wird. Zweckmäßig ist auch die Nennung der Aktenzeichen von StA und Gericht um so eine Kontaktaufnahme zu ermöglichen und zu vereinfachen. Tatvorwurf und Haftgründe müssen nicht offengelegt werden (vgl. KK/*Graf* § 114b Rn. 6). Letzteres widerspräche dem Persönlichkeitsschutz des Verhafteten und wird vom Gesetz auch nicht gefordert. Die Benennung der Kontaktdaten eines bereits beigeordneten notwendigen Verteidigers erscheint nicht nur sinnvoll, sondern als Ausfluss des Rechtsstaatsprinzips und des fair trial geboten. 5

II. Recht zur Benachrichtigung, § 114c Abs. 1. § 114c Abs. 1 gewährt dem Verhafteten ein eigenes, von der amtlichen Benachrichtigungspflicht des § 114c Abs. 2 unabhängiges subjektives **Recht des verhafteten Beschuldigten**, einen Angehörigen oder eine Person seines Vertrauens von der Verhaftung zu benachrichtigen. Die Belehrung und die Möglichkeit zur Benachrichtigung haben unverzüglich, d.h. ohne schuldhaftes Zögern (vgl. hierzu bereits § 114b dort Rdn. 3), also unmittelbar nach der Festnahme, nicht erst bei der Vorführung vor das Gericht, zu erfolgen. 6

Dem Verhafteten ist Gelegenheit zu geben, von seinem Recht Gebrauch zu machen (BT-Drucks. 16/11644, S. 18). Gesetzliche Vorgaben zur **Form der Benachrichtigung** existieren nicht. Regelmäßig soll dies schriftlich durch einen sog. »Zugangsbrief« an den zu Benachrichtigenden geschehen (KK/ *Graf* § 114b Rn. 9; *Meyer-Goßner/Schmitt* § 114c Rn. 1). Darüber hinaus müssen aber auch die modernen Möglichkeiten der Kommunikation zur Verfügung gestellt werden. Neben Brief, Telefax und E-Mail muss auch eine telefonische Benachrichtigung ermöglicht werden. Die in der Praxis regelmäßig zu beobachtende Beschränkung auf die Post ist weder zeitgemäß noch der Bedeutung der Sache, insb. unter Beachtung der Eilbedürftigkeit, angemessen (ähnlich: *Michalke* NJW 2007, 17, 19). Eine verzögerte Benachrichtigung aufgrund des Postlaufes widerspricht i.Ü. dem Zweck der Regelung (s.o. Rdn. 4). 7

§ 114c StPO   Benachrichtigung von Angehörigen

8 Die **Übernahme der Benachrichtigung** durch den unverzüglich nach dem Vollzug der Untersuchungshaft beizuordnenden Verteidiger (vgl. §§ 141 Abs. 3 Satz 4, 140 Abs. 1 Nr. 4) erscheint sinnvoll und sollte für den RA auch eine Selbstverständlichkeit sein. Hierdurch wird das Problem aber allenfalls verlagert. Denn oft erfolgt auch die Beiordnung des Pflichtverteidigers im Schriftweg und erst verzögert (allgemein hierzu die Kommentierung vor § 112 Rdn. 49 ff.). Darüber hinaus ist nicht gewährleistet, dass der beigeordnete Verteidiger unverzüglich tätig wird. Zwar soll in derartigen Fällen der zögerlichen Sachbearbeitung ein flexibler **Wechsel des Pflichtverteidigers** möglich sein (vgl. BGH NStZ 2008, 418 f. = StraFo 2008, 243 = StV 2009, 5 ff.; BGH NStZ 2004, 632 f. = StV 2004, 302 f.; OLG Köln StraFo 2007, 157 [keine ausreichenden Besuche, dort allerdings vom Mandanten verweigert]; LG Aachen StV 2005, 439 [keine ausreichenden »menschlich gebotenen« Haftbesuche]; LG Osnabrück StRR 2010, 270 = StV 2010, 563 f. [Pflichtverteidigerwechsel, wenn 14 Tage nach Inhaftierung noch keine Kontaktaufnahme erfolgte]; zum Ganzen auch *Burhoff*, Handbuch für das strafrechtliche Ermittlungsverfahren, Rn. 1253 ff.). Aber weitere zeitliche Verzögerungen liegen auch aus anderen Gründen (Ausfertigung der Beiordnung, Aktenübersendung, verzögerter Postlauf etc.) nicht völlig fern. Dies ist nicht akzeptabel.

9 Den **Empfänger der Benachrichtigung** bestimmt nach überwiegender Ansicht der Richter. Er soll Vorschläge des Festgenommenen möglichst berücksichtigen, an diese aber nicht gebunden sein (KK/*Graf* § 114b Rn. 8 a.E.; LR/*Hilger* § 114b Rn. 22; AnwK/Uhaft-*König*, § 114c StPO Rn. 3; *Meyer-Goßner/Schmitt* § 114c Rn. 2 a.E.). Dies scheint allenfalls bei einer ansonsten drohenden Gefährdung des Zwecks der Untersuchungshaft angemessen (ausführlich hierzu sogleich). Grds. muss es dem Beschuldigten selbst überlassen bleiben, wen er benachrichtigen möchte. Denn Inhalt der Information ist lediglich die Tatsache der Verhaftung nebst verschiedener Kontaktdaten. Dann muss aber dem Festgenommenen zugestanden werden, dass er selbst eine Auswahl trifft. Der verfassungsrechtliche Schutz vor heimlichem Verschwinden überwiegt hier bei Weitem (ebenso *Tsambikakis* ZIS 2009, 503, 508). Der individuelle Vertrauensschutz geht vor, das Ermessen des Gerichts ist eingeschränkt. Bestätigt wird dies durch die im Gesetz nachfolgend geregelte **Pflicht zur Benachrichtigung** (§ 114c Abs. 2). Folgt auf die Verhaftung die Anordnung des Vollzuges der Untersuchungshaft, dann muss in jedem Fall eine Benachrichtigung von Amts wegen vorgenommen werden. In dem überschaubaren Zeitraum zwischen Festnahme und Vollzug der Untersuchungshaft ist eine weitere Einschränkung der Rechte des Beschuldigten nicht hinnehmbar (ebenso: SK-StPO/*Paeffgen* § 114b Rn. 4a; *Paeffgen* GA 2009, 454 ff.; *Tsambikakis* ZIS 2009, 503, 508).

10 Das Recht steht unter dem Vorbehalt, dass der **Untersuchungszweck durch die Benachrichtigung nicht gefährdet** wird. Grds. sollen bei einer eventuellen Gefährdungslage Art und Weise der Benachrichtigung eingeschränkt werden dürfen. Auch soll der Empfängerkreis beschränkt werden können (krit. hierzu s.o. Rdn. 9). Das Recht zur Information über die Verhaftung kann dem Verhafteten aber nicht genommen werden. Ansonsten würden Sinn und Zweck der Vorschrift verfehlt. I.Ü. sind kaum Fälle denkbar, in denen die Benachrichtigung über die Verhaftung, die ja schon durch das »Verschwinden« des Verhafteten als solches nahe liegt, den Zweck der Untersuchung gefährdet (zum Ganzen: SK-StPO/*Paeffgen* § 114b Rn. 4a; *Paeffgen* GA 2009, 454 ff.; *Tsambikakis* ZIS 2009, 503, 508; a. A. [enger]: KK/*Graf* § 114b Rn. 9; LR/*Hilger* § 114b Rn. 22; *Meyer-Goßner/Schmitt* § 114c Rn. 1, 2).

11 **III. Pflicht zur Benachrichtigung, § 114c Abs. 2.** § 114c Abs. 2 regelt eine **Pflicht des Gerichts** zur Benachrichtigung von Angehörigen oder Vertrauten, wenn nach der Vorführung des verhafteten Beschuldigten die Haft vollzogen wird. Das Gericht ist zur Benachrichtigung verpflichtet (Art. 104 Abs. 4 GG, ausführlich s.o. Rdn. 2 ff.).

12 Die Fortdauer der Haft anordnende Entscheidungen ergehen im Zusammenhang mit der Vorführung vor das Gericht (§ 115 Abs. 4), i.R.d. Haftprüfung (§§ 117, 118 Abs. 1, 118a Abs. 4, 122), der Beschwerde (§ 304 Abs. 1), der weiteren Beschwerde (§ 310 Abs. 1), aber auch der Eröffnung des Hauptverfahrens (§ 207 Abs. 4) und der Urteilsfällung (§ 268b). Bei Aufhebung oder Außervollzugsetzung des Haftbefehls muss nach Sinn und Zweck des Gesetzes keine Benachrichtigung erfolgen, der Beschuldigte kommt hier ja frei (KK/*Graf* § 114b Rn. 3; LR/*Hilger* § 114b Rn. 9; *Meyer-Goßner/Schmitt* § 114c Rn. 7).

Zuständig ist in Fällen der Verhaftung der Richter, dem der Beschuldigte vorgeführt wird (vgl. §§ 115, 13
115a, 128), i.Ü. der Richter, der die Haftentscheidung getroffen hat (vgl. §§ 125, 126; s. zum Ganzen:
KK/*Graf* § 114b Rn. 7; *Meyer-Goßner/Schmitt* § 114c Rn. 8).

Auch hier ist keine bestimmte **Form der Benachrichtigung** vorgeschrieben (ausführlich hierzu s.o. 14
Rdn. 7; s. ergänzend hierzu die nachfolgenden Ausführungen). Die Benachrichtigung hat unverzüglich
zu erfolgen. Die gesetzlichen Vorgaben sind zwingend. Ausnahmen sind nicht zulässig (s.o.).

Ein **Verzicht** oder **Widerspruch des Festgenommenen** verfangen nicht (AnwK/StPO-*Deckers*, § 114b 15
Rn. 1, 2; KK/*Graf* § 114b Rn. 5; LR/*Hilger* § 114b Rn. 12; *Meyer-Goßner/Schmitt* § 114c Rn. 6; SK-
StPO/*Paeffgen* § 114b Rn. 4). Teilweise wird vertreten, dass bei einer schwerwiegenden Gefahr für Angehörige oder Dritte oder der Gefährdung der Sicherheit des Staates (LR/*Hilger* § 114b Rn. 14 ff.; *Meyer-Goßner/Schmitt* § 114c Rn. 6 a.E.) oder bei notstandsähnlichen Situationen (SK-StPO/*Paeffgen*
§ 114b Rn. 4) auf eine Benachrichtigung verzichtet werden könne. Dagegen spricht der verfassungsrechtliche Schutz gem. Art. 104 Abs. 4 GG. Die Benachrichtigung darf auch nicht zurückgestellt werden oder unterbleiben, weil der Zweck der Untersuchung ansonsten gefährdet würde. Eine entsprechende Einschränkung wie in § 114c Abs. 1 gibt es in § 114c Abs. 2 nicht.

Die unverzügliche Benachrichtigung ist vom Gericht gesondert vorzunehmen. Auf den üblichen Ge- 16
schäftsgang darf sich der Richter nicht verlassen (BVerfGE 38, 32, 34; s.a. BVerfGE 16, 119, 123;
VerfGH Brandenburg NJ 2000, 312 [LS] = NStZ-RR 2000, 185, 187; zum Ganzen auch *Tsambikakis*
ZIS 2009, 503, 508).

Eine durch die Ermittlungsbehörden bereits vorgenommene Benachrichtigung soll durch das Gericht 17
nicht zu wiederholen sein (*Meyer-Goßner/Schmitt* § 114c Rn. 8; Graf/*Krauß*, StPO, § 114c Rn. 7; jeweils mit Verweis auf *Maunz/Dürig*, GG, Art. 104 Rn. 43). Dies erscheint allenfalls dann akzeptabel,
wenn eine korrekte Benachrichtigung sicher nachgewiesen ist. Da aber das Gericht zum einen eine eigene Fürsorgepflicht wahrzunehmen hat und zum anderen eine (neue) Haftentscheidung mit entsprechenden Konsequenzen trifft, erscheint eine aktualisierte Benachrichtigung unumgänglich.

C. Sonstiges. Die chronologische Reihenfolge der gesetzlichen Regelung, zunächst dem Verhafte- 18
ten das Recht zur Benachrichtigung einzuräumen (Abs. 1) und dann den Strafverfolgungsbehörden
eine Pflicht zur Benachrichtigung aufzuerlegen (Abs. 2), unterstreicht die Wichtigkeit der Rechte
des Beschuldigten (ebenso *Michalke* NJW 2007, 17, 19).

Die gesetzliche Regelung sieht vor, dass eine unbedingte Pflicht zur Benachrichtigung erst nach der Vor- 19
führung vor das Gericht und dort erst nach dem Vollzug der Haft besteht. Bis dahin soll dem Verhafteten zwar das Recht zur Benachrichtigung zustehen, dessen Ausübung soll aber dispositiv sein (s.o.).
Zwischen Festnahme und Vorführung besteht also eine Phase, in der ggf. keine Benachrichtigung Dritter erfolgt. Einerseits erscheint es schwer hinnehmbar, dass in dem fraglichen Zeitraum (bis zu 48 Std.,
vgl. § 128 Abs. 1 Satz 1), eine Verhaftung erfolgen kann, von der niemand etwas erfährt (krit.: *Tsambikakis* ZIS 2009, 503, 508). Andererseits sind Fälle denkbar, in denen der Festgenommene bewusst
niemanden über die vorläufige Festnahme informieren und seine Dispositionsfreiheit ausschöpfen
will (Art. 2 Abs. 1 GG). Spätestens mit der Anordnung der Haft muss aber eine Benachrichtigung zwingend erfolgen (differenzierend insofern auch KK/*Graf* § 114 Rn. 5 a.E.).

Das Gericht hat die Benachrichtigung **anzuordnen** (§ 114c Abs. 2 Satz 1 a.E.). Der Begriff ist missver- 20
ständlich. Eine Anordnung erfolgt weder ggü. der Geschäftsstelle noch ggü. den Ermittlungsbehörden
oder wohlmöglich dem (beigeordneten) Verteidiger. Der Richter hat selbst eine originäre Pflicht zur
Benachrichtigung. Zur Form der Benachrichtigung s. bereits oben. Lediglich die praktische Ausführung kann der Geschäftsstelle oder (einvernehmlich) Dritten übertragen werden.

Gegen die Unterlassung der Benachrichtigung haben der Beschuldigte und die StA das Recht der **Be-** 21
schwerde (§ 304). Hat der Beschuldigte Dritte nach Abs. 1 informiert, dann steht ihm dennoch ein Beschwerderecht zu (KK/*Graf* § 114b Rn. 11; LR/*Hilger* § 114b Rn. 34; *Meyer-Goßner/Schmitt* § 114c
Rn. 9 [anders noch 52. Aufl. 2009, dort § 114b Rn. 10]; SK-StPO/*Paeffgen* § 114b Rn. 10). Angehörige oder Vertraute sind nicht beschwerdeberechtigt. Die **weitere Beschwerde** soll ausgeschlossen sein,
weil die Entscheidung nicht die Verhaftung selbst betrifft. Dies erscheint verfehlt, denn die Entscheidung steht in engem Zusammenhang mit der Haft selbst (str.! ebenso AnwK/Uhaft-*König*, § 114c StPO
Rn. 9; LR/*Hilger* § 114b Rn. 34; SK-StPO/*Paeffgen* § 114b Rn. 10; a. A. KK/*Graf* § 114b Rn. 11;
Meyer-Goßner/Schmitt § 114c Rn. 9). Art. 104 Abs. 4 GG gewährt darüber hinaus ein individuelles

§ 114d StPO Mitteilungen an die Vollzugsanstalt

subjektives Verfassungsrecht, ein Verstoß kann mit der Verfassungsbeschwerde verfolgt werden (BVerfGE 16, 119, 122; BVerfGE 16, 119, 123; BVerfGE 38, 32, 34; VerfGH Brandenburg NJ 2000, 312 [LS] = NStZ-RR 2000, 185, 187; KK/*Graf* § 114b Rn. 1 und 12).

§ 114d StPO Mitteilungen an die Vollzugsanstalt. (1) ¹Das Gericht übermittelt der für den Beschuldigten zuständigen Vollzugsanstalt mit dem Aufnahmeersuchen eine Abschrift des Haftbefehls. ²Darüber hinaus teilt es ihr mit

1. die das Verfahren führende Staatsanwaltschaft und das nach § 126 zuständige Gericht,
2. die Personen, die nach § 114c benachrichtigt worden sind,
3. Entscheidungen und sonstige Maßnahmen nach § 119 Abs. 1 und 2,
4. weitere im Verfahren ergehende Entscheidungen, soweit dies für die Erfüllung der Aufgaben der Vollzugsanstalt erforderlich ist,
5. Hauptverhandlungstermine und sich aus ihnen ergebende Erkenntnisse, die für die Erfüllung der Aufgaben der Vollzugsanstalt erforderlich sind,
6. den Zeitpunkt der Rechtskraft des Urteils sowie
7. andere Daten zur Person des Beschuldigten, die für die Erfüllung der Aufgaben der Vollzugsanstalt erforderlich sind, insbesondere solche über seine Persönlichkeit und weitere relevante Strafverfahren.

³Die Sätze 1 und 2 gelten bei Änderungen der mitgeteilten Tatsachen entsprechend. ⁴Mitteilungen unterbleiben, soweit die Tatsachen der Vollzugsanstalt bereits anderweitig bekannt geworden sind.
(2) ¹Die Staatsanwaltschaft unterstützt das Gericht bei der Erfüllung seiner Aufgaben nach Absatz 1 und teilt der Vollzugsanstalt von Amts wegen insbesondere Daten nach Absatz 1 Satz 2 Nr. 7 sowie von ihr getroffene Entscheidungen und sonstige Maßnahmen nach § 119 Abs. 1 und 2 mit. ²Zudem übermittelt die Staatsanwaltschaft der Vollzugsanstalt eine Ausfertigung der Anklageschrift und teilt dem nach § 126 Abs. 1 zuständigen Gericht die Anklageerhebung mit.

1 **A. Allgemeines.** Die §§ 114d und 114e koordinieren das Zusammenspiel zwischen einerseits Gericht und StA und andererseits Justizvollzugsanstalt i.R.d. Organisation der Untersuchungshaft. § 114d regelt die Informationspflichten von Gericht (Abs. 1) und StA (Abs. 2) ggü. der für den Beschuldigten zuständigen Haftanstalt. § 114e erfasst im Gegenzug Informationspflichten der Vollzugsanstalt ggü. den Ermittlungsbehörden und dem Gericht. Die Vorschriften greifen ineinander.

2 § 114d beinhaltet sowohl **formelle** als auch **materielle Informationspflichten**. § 114d Abs. 1 Nr. 1 bis 7 normiert im Wesentlichen die bisher in den Nr. 7 und 15 UVollzO genannten wechselseitigen Vorgaben zur Information (vgl. dort). § 114d Abs. 2 ergänzt die Informationspflichten durch die StA.

3 Mitzuteilen sind nur tatsächlich vorhandene Daten, eine weiter gehende Ermittlungspflicht besteht nicht und ist auch nicht vorgesehen (BT-Drucks. 16/11644, S. 20).

4 **B. Die Regelungen im Einzelnen. I. Mitteilungen des Gerichts an die zuständige Vollzugsanstalt, § 114 Abs. 1.** Nach § 114d Abs. 1 Satz 1 übermittelt das Gericht der zuständigen Vollzugsanstalt das **Aufnahmeersuchen** sowie eine **Abschrift des Haftbefehls**.

5 Das Aufnahmeersuchen ist nicht Voraussetzung für den Vollzug der Untersuchungshaft. Diese erfolgt ausschließlich aufgrund des Haftbefehls und der dortigen Anordnung der Verhaftung (zum Inhalt des Haftbefehls vgl. § 114, dort Rdn. 6 ff.).

6 Der **Inhalt des Aufnahmeersuchens** ist gesetzlich nicht geregelt (Graf/*Krauß*, StPO § 114d Rn. 1; Meyer-Goßner/*Schmitt* § 114d Rn. 2). Der Wortlaut von § 114d Abs. 1 Satz 2 (»*Darüber hinaus ...*«) intendiert, dass das Aufnahmeersuchen über die Personalien des Gefangenen hinaus über Umstände unterrichtet, die auf einen besonderen Fluchtverdacht, auf die Gefahr gewalttätigen Verhaltens, des Selbstmordes oder der Selbstschädigung, auf gleichgeschlechtliche Neigungen oder auf seelische oder geistige Abartigkeiten oder sonstige Besonderheiten hindeuten. Auch auf ansteckende Krankheiten soll, sofern bekannt, hingewiesen werden (vgl. hierzu schon Nr. 7 UVollzO). Gesondert mitzuteilen und deshalb nicht vom Aufnahmeersuchen erfasst (vgl. § 114d Abs. 1 Satz 2 Nr. 1, 3, 4, 5 und 7) sind Hinweise auf die dem Beschuldigten zur Last gelegte Tat, den Grund der Verhaftung sowie besondere

§ 114d StPO
Mitteilungen an die Vollzugsanstalt

Anordnungen des Richters. Dennoch erscheint es sinnvoll, auch diese weiter gehenden Informationen bereits mit dem Aufnahmeersuchen bekannt zu machen und der Vollzugsanstalt einen zusammenfassenden Überblick über die wesentlichen Informationen zum Gefangenen zu geben (s.a. BT-Drucks. 16/11644, S. 8).

Nach § **114d Abs. 1 Satz 2 Nr. 1** sind die das Verfahren führende StA und das nach den §§ 125, 126 zuständige Gericht mitzuteilen. Dadurch wird eine wechselseitige Kontaktaufnahme erleichtert und der Vollzugsanstalt ermöglicht, den ihr obliegenden Informationspflichten aus § 114e nachkommen. 7

Nach § **114d Abs. 1 Satz 2 Nr. 2** sind die Personen zu benennen, die gem. § 114c vom Beschuldigten (dort Abs. 1) oder dem Gericht (dort Abs. 2) von der Verhaftung benachrichtigt wurden (s. hierzu schon Nr. 15 Abs. 2 UVollzO). So weiß die Vollzugsanstalt, wen sie ggf. (in Notfällen) informieren kann. Im Gegenzug ermöglicht dies zu prüfen, welche Vertrauenspersonen vom Beschuldigten benannt wurden um auch so den Briefverkehr und Besuche zügig zu koordinieren. 8

Nach § **114d Abs. 1 Satz 2 Nr. 3** sind Beschränkungen durch das Gericht oder die StA beim Vollzug der Untersuchungshaft gem. § 119 Abs. 1 und 2 mitzuteilen. Dies dient sowohl der Umsetzung entsprechender Anordnungen (vgl. § 119 Abs. 2 Satz 2) als auch der Koordinierung entsprechender Beschränkungen, die von der Vollzugsanstalt unmittelbar zu beachten sind oder darüber hinaus zu ergänzenden Beschränkungen führen können. 9

Nach § **114d Abs. 1 Satz 2 Nr. 4** sind weitere im Verfahrensfortgang ergehende Entscheidungen mitzuteilen, soweit dies für die Erfüllung der Aufgaben der Vollzugsanstalt erforderlich ist. Hiervon sind alle Entscheidungen erfasst, die das »Ob« und das »Wie« der Anordnung der Untersuchungshaft im weitesten Sinn erfassen. Eine klare Trennung zur weiter gefassten Nr. 7 (ausführlich dazu s.u. Rdn. 13) erscheint nicht möglich aber auch nicht erforderlich. Die Regelungen überschneiden und ergänzen sich. 10

Nach § **114d Abs. 1 Satz 2 Nr. 5** sind Hauptverhandlungstermine und sich aus ihnen ergebende Erkenntnisse mitzuteilen. Die Informationen dienen der Organisation der Vorführung des Beschuldigten. Kann ein Haftprüfungstermin nicht durchgeführt werden, weil die Vorführung des Beschuldigten aus justizorganisatorischen Gründen nicht möglich ist, dann ist der Haftbefehl außer Vollzug zu setzen (zum »fehlenden Vorführdienst« s. AG Hamburg-Harburg StraFo 2005, 198 = StV 2005, 395 [m. Anm. *Meyer-Lohkamp*]). Die Informationspflichten sollen aber auch eine besondere Rücksichtnahme oder Vorsicht nach einer Verurteilung ermöglichen. Denkbar sind aggressives Verhalten des Beschuldigten oder depressive Verstimmung bis hin zur Selbstmordgefahr (ebenso: Graf/*Krauß*, StPO § 114d Rn. 6; Meyer-Goßner/Schmitt § 114d Rn. 7; s.a. BR-Drucks. 829/08, S. 24). 11

Nach § **114d Abs. 1 Satz 2 Nr. 6** ist unverzüglich der Zeitpunkt der Rechtskraft des Urteils mitzuteilen. Nach herrschender Meinung wird ein in Vollzug befindlicher Haftbefehl nach Verurteilung zu einer unbedingten Freiheitsstrafe gegenstandslos, die Untersuchungshaft geht dann ohne Weiteres in Strafhaft über (ausführlich unter § 120 dort Rdn. 31 ff. [für den in Vollzug befindlichen Haftbefehl] und Rdn. 37 ff. [für den außer Vollzug befindlichen Haftbefehl]; s. auch BGHSt 38, 63 ff.; BGH NStZ 1993, 31; OLG Düsseldorf StV 1999, 609, 610; OLG Düsseldorf, StraFo 2002, 100; a. A. [differenzierend für einen außer Vollzug befindlichen Haftbefehl]: LG Stuttgart StRR 2009, 118 f. [m. Anm. *Herrmann*]; s. hierzu auch: *Herrmann*, Untersuchungshaft, Rn. 1273 ff.; Schlothauer/Weider, Untersuchungshaft, 4. Aufl. 2010, Rn. 978 ff.; zur Organisationshaft s. vor § 112 dort Rdn. 15; s. dazu auch BVerfG NJW 2006, 427 ff.; NStZ 1998, 77 ff. [m. Anm. *Lemke*]; s.a. OLG Brandenburg NStZ 2000, 500 [m. Anm. *Rautenberg*]; OLG Celle StV 2003, 32; OLG Hamm NStZ 2009, 655 [Übergang in Strafhaft auch bei nur Teilrechtskraft des Urteils]; OLG Hamm StraFo 2004, 105; zu Recht krit. *Bartmeier* NStZ 2006, 544 ff.; *Morgenstern* StV 2007, 441 ff.; *Paeffgen* in: FS für Fezer, 2008, S. 43 ff.; *Trennhaus* StV 1999, 511 ff.; s.a. *Schweckendieck* NStZ 2011, 10 ff. [auch zur Außervollzugsetzung des Haftbefehls nach § 116 nach Rechtskraft). Dies ist hier gerade auch für eine Verlegung aufgrund des Vollzugsplanes bedeutsam. 12

Nach § **114d Abs. 1 Satz 2 Nr. 7** sind sonstige Daten zur Person des Beschuldigten mitzuteilen, die für die Erfüllung der Aufgaben der Vollzugsanstalt erforderlich sind. Die Klausel ist bewusst weit als Auffangtatbestand formuliert. Sie erfasst sämtliche Informationen die auch künftig bedeutsam werden können. Gemeint sind hier u.a. Überhaft, Vorstrafen und weitere schwebende Strafverfahren, ein besonderer Fluchtverdacht, die Gefahr gewalttätigen Verhaltens, des Selbstmordes oder der Selbstbeschädigung, gleichgeschlechtliche Neigungen oder seelische oder geistige Abartigkeiten (vgl. schon Nr. 7 Abs. 1 UVollzO). Auch auf ansteckende Krankheiten soll hingewiesen werden, soweit diese bekannt 13 sind (s. hierzu auch die Ausführungen zum Aufnahmeersuchen, oben Rdn. 6). Darüber hinaus ist auch wesentlich, ob eine Gefahr von Mitgefangenen oder sonstigen Dritten ausgeht und eine Bedrohung, Erpressung oder Rache zu befürchten sind (vgl. BT-Drucks. 16/11644, S. 19; ebenso Graf/*Krauß*, StPO § 114d Rn. 8; *Meyer-Goßner/Schmitt* § 114d Rn. 9). Was erforderlich ist, ergibt sich aus dem konkreten Einzelfall. Es genügt, wenn die Erfüllung der Aufgaben nicht nur unwesentlich erleichtert wird (BT-Drucks. 16/11644, S. 19; s.a. AnwK/Uhaft-*König*, § 114d StPO Rn. 4 und 6; Graf/*Krauß*, StPO § 114d Rn. 8).

14 Nach § 114d Abs. 1 Satz 3 und 4 sind auch Änderungen der vorgenannten Informationen mitzuteilen, sofern die Vollzugsanstalt nicht bereits anderweitig Kenntnis erlangt hat.

15 **II. Mitteilungen der StA an die zuständige Vollzugsanstalt, § 114 Abs. 2.** Die StA ist zur **Unterstützung des Gerichts** verpflichtet, die in Abs. 1 näher bezeichneten Informationen weiterzuleiten, sofern sie über diese verfügt. *Meyer-Goßner/Schmitt* spricht von der Befugnis zur Unterstützung (*ders.* § 114d Rn. 11). Sowohl Wortlaut als auch Sinn und Zweck der Regelung fordern die StA aber ausdrücklich zur Mitteilung auf (s.a. AnwK/Uhaft-*König*, § 114d StPO Rn. 8; Graf/*Krauß*, StPO § 114d Rn. 12). Sie ist hierzu verpflichtet.

16 Eine Mitteilung durch die StA kann einfacher und effizienter sein, als durch das Gericht. Dies ist insb. dann der Fall, wenn die Ausführung von Anordnungen gem. § 119 Abs. 2 Satz 2 auf die StA delegiert oder von dieser auf Ermittlungspersonen übertragen wurde, z.B. eine Besuchsüberwachung.

17 Nach § 114d Abs. 2 Satz 2 übermittelt die StA der Vollzugsanstalt eine Ausfertigung der Anklageschrift. Auch hieraus ergeben sich bedeutsame Informationen für den Vollzug der Untersuchungshaft, u.a. einen Wechsel der Zuständigkeit oder auch der tatsächlichen und rechtlichen Bewertung des Tatvorwurfes.

18 Nach § 114d Abs. 2 Satz 2 hat die StA darüber hinaus die Pflicht, ggü. dem Ermittlungsrichter als zuständigem Gericht nach § 126 Abs. 1 die Anklageerhebung mitzuteilen. Dies mag wegen des damit einhergehenden Zuständigkeitswechsels (vgl. § 126 Abs. 2 Satz 1, s. hierzu auch *Meyer-Goßner/Schmitt* § 114d Rn. 12) grds. sinnvoll sein, ist an dieser Stelle aber dogmatisch verfehlt geregelt. Denn hier geht es um die Informationspflichten ggü. der Vollzugsanstalt und nicht das Zusammenspiel von StA und Gericht i.R.d. Fortgangs des Verfahrens. Die Anklageerhebung zum zuständigen Gericht ist in § 170 Abs. 1 geregelt, eine Mitteilungspflicht an den Ermittlungsrichter wäre richtigerweise dort zu regeln.

19 **C. Kritik an den Informationspflichten der §§ 114d und 114e.** Gegen die Regelung in § 114d bestehen verschiedene Bedenken (vgl. *Herrmann* StRR 2010, 4, 6; SK-StPO/*Paeffgen* § 114e Rn. 5; *Schlothauer/Weider*, Rn. 1140, 1141 ff.; *Tsambikakis* ZIS 2009, 503, 509).

20 Problematisch erscheint schon die Frage der **Gesetzgebungskompetenz des Bundes**. Die Benachrichtigungspflichten, bisher geregelt in der UVollzO (dort insb. Nr. 7 und 15), betreffen nicht nur formal, sondern auch inhaltlich Fragen der Ausgestaltung der Untersuchungshaft, also das »Wie« der Untersuchungshaft. Hierfür ist der Bund aber gar nicht mehr zuständig (zur Reform des Rechts der Untersuchungshaft ausführlich vor § 112).

21 Die Regelungen der §§ 114d und 114e genügen nicht den Mindeststandards des auch für den Gefangenen geltenden Datenschutzes. Gericht und StA informieren die Vollzugsanstalten teils über Dinge, die gar nicht den Vollzug der Untersuchungshaft betreffen. Vollzugsbedienstete werden aufgrund der ihnen obliegenden Mitteilungspflichten in die Rolle von Spitzeln gedrängt (vgl. AnwK/StPO-*Lammer*, § 114e Rn. 3; s.a. AnwK/Uhaft-*König*, § 114e StPO Rn. 1). Es steht zu befürchten, dass die wechselseitigen Informationspflichten zu einer »Totalbeobachtung« des Beschuldigten führen (vgl. auch die Stellungnahme des Strafrechtsausschusses der BRAK Nr. 37/2008 zum RefE des BMJ »Gesetz zur Überarbeitung des Untersuchungshaftrechts«, S. 7 [Stand 09.07.2008]). Der Beschuldigte wird durch die umfassende Überwachung auf dem Weg zur (vermeintlichen) »Wahrheitsfindung« zum bloßen Objekt im Verfahren. Sein Verhalten im Alltag wäre nicht mehr Ausdruck seiner Individualität, sondern würde als wissenschaftliche Erkenntnisquelle verwertet (vgl. BVerfG NJW 2002, 283 ff. [zur Verlegung in eine andere Vollzugsanstalt zum Zweck der psychiatrischen Überwachung]; krit. auch: *Herrmann* StRR 2010, 4, 6; SK-StPO/*Paeffgen* § 114e Rn. 5; *Schlothauer/Weider*, Rn. 1142; *Tsambikakis* ZIS 2009, 503, 509; *Radtke/Hohmann/Tsambikakis*, StPO, §§ 114d, 114e Rn. 4; s.a. AnwK/Uhaft-*König*,

§ 114e StPO Rn. 1). Hier ist der unantastbare Kernbereich des Persönlichkeitsrechts betroffen. Verstöße gegen das Recht auf informationelle Selbstbestimmung liegen auf der Hand. Eine solche Gefahr ist auch deshalb gegeben, weil § 114e den Vollzugsbeamten hinsichtlich der mitzuteilenden Informationen ein Ermessen einräumt, was bedeutsam sein soll oder nicht (ausführlich s. dort, § 114e Rdn. 2).

§ 114e StPO Übermittlung von Erkenntnissen durch die Vollzugsanstalt.
¹Die Vollzugsanstalt übermittelt dem Gericht und der Staatsanwaltschaft von Amts wegen beim Vollzug der Untersuchungshaft erlangte Erkenntnisse, soweit diese aus Sicht der Vollzugsanstalt für die Erfüllung der Aufgaben der Empfänger von Bedeutung sind und diesen nicht bereits anderweitig bekannt geworden sind. ²Sonstige Befugnisse der Vollzugsanstalt, dem Gericht und der Staatsanwaltschaft Erkenntnisse mitzuteilen, bleiben unberührt.

§ 114e regelt im Gegenzug zu § 114d die Mitteilungspflichten der Justizvollzugsanstalt ggü. den Gerichten und der StA (s. hierzu auch die Kommentierung zu § 114d). 1

Nach § 114e Satz 1 teilt die Justizvollzugsanstalt Erkenntnisse mit, die sich aus dem Vollzug der Untersuchungshaft ergeben die für die Erfüllung der Aufgaben von Gericht und StA bei der Durchführung des Verfahrens bedeutsam sind. Erfasst werden sämtliche Wahrnehmungen und anderen wichtigen Umstände, die den Gefangenen betreffen (vgl. hierzu schon Nr. 8 UVollzO). Anders als bei § 114d Abs. 1 Nr. 4, 5 und 7 müssen die Informationen für den Vollzug der Untersuchungshaft nicht erforderlich sein. Entscheidend kommt es auf die subjektive Sicht der Vollzugsbediensteten an. Ihnen steht ein Ermessensspielraum zu, ob die Informationen für den Empfänger bedeutsam sind oder nicht. Dies birgt die Gefahr einer Totalüberwachung des Gefangenen (krit. hierzu bereits § 114d dort Rdn. 19 ff.; s.a. *Herrmann* StRR 2010, 4, 6; SK-StPO/*Paeffgen* § 114e Rn. 5; *Schlothauer/Weider*, Untersuchungshaft, Rn. 1142; *Tsambikakis* ZIS 2009, 503, 509; ebenso AnwK/Uhaft-*König*, § 114e StPO Rn. 1). 2

Vorsorglich sind sowohl StA als auch Gericht (»und«) zu informieren (ebenso *Meyer-Goßner/Schmitt* § 114e Rn. 1). Dies dient der Sicherheit. 3

Nach § 114e Satz 2 bleiben anderweitige Mitteilungspflichten nach den landesrechtlichen Regelungen zum Vollzug der Untersuchungshaft unberührt (ausführlich zu den landesrechtlich geregelten Mitteilungspflichten: AnwK/Uhaft-*Meinen*, § 3 ME UVollzG Rn. 1 ff.). 4

Die **Regelungskompetenz des Bundes** soll sich daraus ergeben, dass es hier um Fragen geht, die für das Verfahren bedeutsam sind. Dies sei dem Bundesrecht zuzuschreiben (so AnwK/Uhaft-*König*, § 114e StPO Rn. 1 a.E.). Dennoch sind verfassungsrechtliche Bedenken angezeigt. Denn der Bundesgesetzgeber kann nicht Bediensteten eines Landes Dienstpflichten auferlegen (vgl. SK-StPO/*Paeffgen* § 114e Rn. 2 ff.; s.a. *Tsambikakis* ZIS 2009, 503, 509; *Schlothauer/Weider*, Rn. 1140 ff.). Kritisch zu den Informationspflichten schon § 114d Rdn. 19 ff. Zur Reform des Rechts der Untersuchungshaft ausführlich vor § 112 dort Rdn. 21 ff. 5

Gegen unberechtigte Mitteilungen an Gericht und StA besteht die Möglichkeit des Rechtsschutzes über einen **Antrag auf gerichtliche Entscheidung** nach § 119a Abs. 1 Satz 1 auf Feststellung der Rechtswidrigkeit. Erfolgt die Datenübermittlung unberechtigt, dann können hieraus Verwertungsverbote resultieren (*Schlothauer/Weider*, Untersuchungshaft, Rn. 1144). 6

Zur Kritik an den Informationspflichten nach § 114e s. die Kommentierung bei § 114d Rdn. 19 ff. 7

§ 115 StPO Vorführung vor den zuständigen Richter.
(1) Wird der Beschuldigte auf Grund des Haftbefehls ergriffen, so ist er unverzüglich dem zuständigen Gericht vorzuführen.
(2) Das Gericht hat den Beschuldigten unverzüglich nach der Vorführung, spätestens am nächsten Tage, über den Gegenstand der Beschuldigung zu vernehmen.
(3) ¹Bei der Vernehmung ist der Beschuldigte auf die ihn belastenden Umstände und sein Recht hinzuweisen, sich zur Beschuldigung zu äußern oder nicht zur Sache auszusagen. ²Ihm ist Gelegenheit zu geben, die Verdachts- und Haftgründe zu entkräften und die Tatsachen geltend zu machen, die zu seinen Gunsten sprechen.

§ 115 StPO Vorführung vor den zuständigen Richter

(4) ¹Wird die Haft aufrechterhalten, so ist der Beschuldigte über das Recht der Beschwerde und die anderen Rechtsbehelfe (§ 117 Abs. 1, 2, § 118 Abs. 1, 2, § 119 Abs. 5, § 119a Abs. 1) zu belehren. ²§ 304 Abs. 4 und 5 bleibt unberührt.

1 **A. Allgemeines.** Jeder Beschuldigte ist unverzüglich nach seiner Festnahme aufgrund eines bestehenden Haftbefehls dem zuständigen Gericht vorzuführen. Diese verfassungsrechtliche Verfahrensgarantie (vgl. Art. 104 Abs. 2 Satz 1 und 2 GG bzw. Art. 104 Abs. 2 Satz 1, Abs. 3 GG sowie Art. 5 Abs. 3 Satz 1 EMRK, Art. 6 Abs. 3 Buchst. a) EMRK) findet ihre einfachrechtliche Ausgestaltung für den im Dezernatsweg vor der Festnahme **bereits erlassenen Haftbefehl** in § 115 Abs. 1. Für den Fall der **vorläufigen Festnahme** gem. § 127 mit ggf. nachfolgendem Antrag auf Erlass eines Haftbefehls ergibt sich dies aus § 128, der auf § 115 Abs. 3 und 4 verweist.

2 Die Pflicht zur Vorführung gilt für alle Haftbefehle nach §§ 114, 230 Abs. 2, 236, 329 Abs. 4 Satz 1 und § 412. Für den Sicherungshaftbefehl ergibt sich dies aus der Verweisung in § 453c Abs. 2 Satz 2. § 115 gilt aber nicht für den Vollstreckungshaftbefehl (§ 457), denn dort geht es nicht um die Sicherung des Verfahrens (vgl. LR/*Hilger* § 115 Rn. 3; *Meyer-Goßner/Schmitt* § 115 Rn. 1; SK-StPO/*Paeffgen* § 115 Rn. 3; zum Zweck der Untersuchungshaft ausführlich vor § 112 dort Rdn. 6 ff.).

3 Eine Vorführung hat auch zu erfolgen, wenn der Haftbefehl inhaltlich **geändert, erweitert** oder nach Aufhebung oder Außervollzugsetzung **erneut erlassen** bzw. **in Vollzug gesetzt** wird, da er dann insofern neu ist oder jedenfalls neue Tatsachen vom Gericht zu prüfen sind (BVerfG NStZ 2002, 157 f. = StV 2001, 691 ff.; OLG Oldenburg NStZ-RR 2007, 263 f. = StraFo 2006, 410; OLG Stuttgart NStZ 2006, 588 f. = StraFo 2005, 377 f.; *Meyer-Goßner/Schmitt* § 115 Rn. 12). § 115 StPO findet entsprechende Anwendung wenn der Beschuldigte bereits inhaftiert ist.

4 Der Beschuldigte soll über die reine Bekanntgabe des Haftbefehls gem. § 114a hinaus möglichst bald von dem mit der Sache vertrauten Richter über die Grundlagen des Haftbefehls informiert werden. Er muss sich verteidigen können, ihm ist (nachträglich) rechtliches Gehör zu gewähren (BVerfG NJW 1994, 3219 ff. = NStZ 1994, 551 ff. = StV 1994, 465 = wistra 1994, 342). Die Pflicht zur Verkündung eines (geänderten) Haftbefehls gilt unabhängig davon, ob der ursprüngliche Haftbefehl lediglich durch einen ergänzenden Beschluss geändert (erweitert) wurde oder ob der alte Haftbefehl aufgehoben wurde und durch einen neuen Haftbefehl ersetzt wird (OLG Koblenz NStZ-RR 2012, 93).

5 Fehlt es an einer ordnungsgemäßen Verkündung des Haftbefehls gem. § 115, dann darf der Haftbefehl in einem Haftfortdauerbeschluss gem. §§ 121, 122 nicht berücksichtigt werden (BVerfG NStZ 2002, 157 f. = StV 2001, 691 ff.; s.a. SK-StPO/*Paeffgen* § 115 Rn. 2 a.E.; *Paeffgen* NStZ 2003, 76, 83). Gleiches gilt für eine unzureichende Begründung des Haftfortdauerbeschlusses. Aus der Begründung muss sich ergeben, welcher Taten der Beschuldigte dringend verdächtig ist und worauf die richterliche Überzeugungsbildung beruht. Der bloße Verweis auf einen früheren Haftbefehl reicht hier regelmäßig nicht (OLG Hamm NStZ-RR 2010, 55).

6 Die Vorführung vor das zuständige Gericht ist eine wesentliche Verfahrensgarantie (s.o.). Sie ist nicht disponibel, der Beschuldigte kann auf das Recht der Vorführung nicht verzichten (KK/*Graf* § 115 Rn. 5; *Meyer-Goßner/Schmitt* § 115 Rn. 1, 4; SK-StPO/*Paeffgen* § 115 Rn. 6 a.E.).

7 **B. Regelungszweck.** I. **Ergreifen, Vorführen und Vernehmen i.S.d. § 115 Abs. 1 und 2.** § 115 regelt, dass der Beschuldigte nach seiner Ergreifung unverzüglich dem zuständigen Gericht (vgl. hierzu die §§ 125, 126) vorzuführen ist (Abs. 1), dieses hat ihn unverzüglich, spätestens am nächsten Tag zu vernehmen (Abs. 2).

8 **1. Begriffsbestimmung. Ergreifen** ist die Festnahme des Beschuldigten zur Vollstreckung des Haftbefehls (KK/*Graf* § 115 Rn. 2; *Meyer-Goßner/Schmitt* § 115 Rn. 2; SK-StPO/*Paeffgen* § 115 Rn. 4).

9 **Vorführen** bedeutet nach herrschender Meinung, dass der Beschuldigte in den unmittelbaren räumlichen Machtbereich entweder des zuständigen Richters oder, sofern die Voraussetzungen für eine entsprechende Vorführung gegeben sind, des Richters des nächsten AG (vgl. § 115a) gelangt, sodass alsbald eine Gegenüberstellung und eine richterliche Vernehmung möglich ist (»**institutionelle Vorführung**«; vgl. KK/*Graf* § 115 Rn. 2; LR/*Hilger* § 115 Rn. 5 f.; *Meyer-Goßner/Schmitt* § 115 Rn. 2; krit. hierzu: SK-StPO/*Paeffgen* § 115 Rn. 4). Einhergehend mit der Vorführung muss die Vorlage der zur Verfügung stehenden Unterlagen erfolgen. Nur so kann das Gericht den Sachverhalt prüfen und die

Anhörung und Vernehmung des Beschuldigten vorbereiten. Die StA ist zur Herbeischaffung der Ermittlungsakten verpflichtet. Ist dies nicht möglich, dann darf der Haftbefehl nicht erlassen werden, ein bereits erlassener Haftbefehl ist aufzuheben (*Schramm/Bernsmann* StV 2006, 442, 443).

Vernehmen nach Abs. 2 bedeutet die qualifizierte Anhörung des Beschuldigten i.R.d. persönlichen Gegenüberstellung. Auch die Vernehmung hat unverzüglich zu erfolgen, spätestens am Tag nach der Vorführung. Die Frist ist in jeder Lage des Verfahrens zu beachten (Graf/*Krauß*, StPO, § 115 Rn. 4).   10

Der Richter ist von Verfassungs wegen verpflichtet, dem Beschuldigten das gesamte gegen ihn zusammengetragene Belastungsmaterial sowie die aus den Akten ersichtlichen entlastenden Umstände mitzuteilen. Ein Haftbefehl und die ihn bestätigenden gerichtlichen Entscheidungen dürfen nur auf solche Beweismittel gestützt werden, die dem Beschuldigten vorher bekannt waren und zu denen er sich äußern konnte (ebenso BVerfG NJW 1994, 3219, 3220 f.; OLG Hamm StV 2002, 318; ähnlich OLG Brandenburg OLGSt § 114 StPO Nr. 1; LG Magdeburg StV 2004, 327; AG Halberstadt StV 2004, 549; AG Magdeburg StraFo 2014, 74; s.a. *Burhoff*, Handbuch für das strafrechtliche Ermittlungsverfahren, Rn. 1693; KK/*Graf* § 115 Rn. 9; *Herrmann*, Untersuchungshaft, Rn. 360 ff.; LR/*Hilger* § 115 Rn. 15; *Meyer-Goßner/Schmitt* § 115 Rn. 8; *Schramm/Bernsmann* StV 2006, 442, 443; *Weider* StV 2010, 102, 105 f.; ausführlich s.u. Rdn. 23 f.).   11

2. Die unverzügliche Vorführung und Vernehmung. Die Pflicht zur **unverzüglichen Vorführung**   12
und **Vernehmung** bedeutet, dass der Betroffene ohne schuldhaftes Zögern dem Richter zugeführt und von diesem vernommen werden muss. Eine angemessene Vorbereitungs- und Bearbeitungszeit ist aber zuzugestehen (KK/*Graf* § 115 Rn. 4). Die richterliche Entscheidung über die Anordnung oder Fortdauer der Untersuchungshaft darf aber nicht verzögert werden. Bei der Berechnung der Frist zählt jeder Kalendertag, zu beachten sind auch Samstage, Sonntage und Feiertage. Eine zügige Sachbearbeitung ist somit auch an den Wochenenden und an Feiertagen zu gewährleisten.

Allgemein sind **richterliche Bereitschaftsdienste** eingerichtet (vgl. § 22c GVG; s. hierzu LG Hamburg   13
StV 2009, 485 f. = StraFo 2009, 283; zur Organisation s. *Falk* DRiZ 2007, 151 ff.). Tagsüber muss der Ermittlungsrichter uneingeschränkt erreichbar sein. Nachts und an den Wochenenden sowie Feiertagen soll ein solcher Bereitschaftsdienst erst erforderlich sein, wenn hierfür ein praktischer Bedarf besteht (vgl. BVerfG NJW 2001, 1121; NJW 2004, 1442; NJW 2005, 1637; BVerfG NJW 2006, 3267; s.a. *Krehl* wistra 2002, 294, 296; *Herrmann* DRiZ 2004, 316; a. A. *Bittmann* wistra 2002, 451). In Großstädten ist hiervon regelmäßig auszugehen (BVerfG NJW 2007, 1444 [für München]; BGH NJW 2007, 2567 [für Augsburg am ersten Weihnachtsfeiertag]). Sinnvoll erscheinen Sonderreferate (ggf. unter Anrechnung des Mehraufwandes für die Bereitschaft), in denen Richter spezialisiert tätig sind. Das System des »Jour-Richters«, bei dem fachfremde oder gar in Haftsachen völlig unerfahrene Richter im Turnus Dienst tun müssen, ist nicht mehr zeitgemäß und widerspricht dem eigenen Anspruch der Justiz an Qualität und Niveau.

Eine Verzögerung der Vorführung und Vernehmung ist insb. nicht zulässig, um weitere **polizeiliche Ermittlungen**   14
durchzuführen (BGH JR 2015, 279 = NStZ 2014, 722 ff. [m. Anm. *Knauer*] = StV 2015, 144 ff. [m. Anm. *Eisenberg* StV 2015, 180 ff.]; s. hierzu auch *Beukelmann* NJW-Spezial 2014, 760 f.; dort allerdings von der Revision nicht gerügt!; BGH StV 1995, 283 ff.; BGH NStZ 1990, 195 ff. = JR 1991, 84 [m. Anm. *Fezer*]; *Deckers* NJW 1991, 1151 ff.; *Nelles* StV 1992, 385, 387 f.; *Meyer-Goßner/Schmitt* § 115 Rn. 4; *Schlothauer/Weider*, Untersuchungshaft, Rn. 222 [für vorläufige Festnahme] und 338 [nach Erlass des Haftbefehls]; a. A. aber: *Meyer-Goßner/Schmitt* § 128 StPO, Rn. 6 a.E. [für den Fall der vorläufigen Festnahme]) oder dem Richter **umfangreiches Aktenstudium** zu ermöglichen (so aber OLG Frankfurt am Main NJW 2000, 2037 ff. = NStZ 2001, 253 [LS]; zu Recht ablehnend: *Gubitz* NStZ 2001, 253 ff.; s.a. *Meyer-Goßner/Schmitt* § 128 Rn. 13; *Paeffgen* NStZ 2001, 81 ff.; *Schaefer* NJW 2000, 1996 ff.; *Schramm/Bernsmann* StV 2006, 442 ff.). Auch sonstige organisatorische Defizite innerhalb der Justiz bei der Vorführung des Beschuldigten sind nicht hinnehmbar (s. AG Hamburg-Harburg StraFo 2005, 198 = StV 2005, 395 [m. Anm. *Meyer-Lohkamp*], zur Haftentlassung wegen des Fehlens eines funktionierenden Vorführdienstes).

Die **Höchstfrist bis zur Vernehmung** durch das Gericht von max. unter 48 Std. darf ohne sachlichen   15
Grund nicht ausgeschöpft werden (BVerfG NJW 2002, 3161 ff.; LG Hamburg StV 2009, 485 f. = StraFo 2009, 283 [zum richterlichen Bereitschaftsdienst]; *Burhoff*, Handbuch für das strafrechtliche

§ 115 StPO Vorführung vor den zuständigen Richter

Ermittlungsverfahren, Rn. 3291; *Schlothauer/Weider*, Untersuchungshaft, Rn. 224). Die Frist kann nicht verlängert werden.

16 Der praktische Ablauf ist nicht selten ein Anderer: Der Beschuldigte wird im Polizeiarrest verwahrt und teils auch verhört, bis andere Angelegenheiten bearbeitet sind oder der Sachverhalt weiter aufgeklärt werden konnte, insb. (weiteres) belastendes Material ausgewertet oder auch erst gefunden wurde und die Ermittlungsbeamten Zeit für die Vorführung oder das Gericht Zeit für die Vernehmung haben. Eine Nacht in der Vorführzelle erhöht hierbei die Einlassungs- und auch Geständnisbereitschaft signifikant (ebenso *Schlothauer/Weider*, Untersuchungshaft, Rn. 224).

17 Wird die Frist zur unverzüglichen Vorführung und Vernehmung spätestens am Tag nach dem Ergreifen bzw. der Festnahme überschritten, dann ist der Beschuldigte unverzüglich freizulassen (*Burhoff*, Handbuch für das strafrechtliche Ermittlungsverfahren, Rn. 3291; *Meyer-Goßner/Schmitt* § 128 Rn. 2 [für den Fall der vorläufigen Festnahme]; *Schlothauer/Weider*, Untersuchungshaft, Rn. 223 ff.; BVerfG NJW 2002, 2161; BVerfG StV 2001, 691 [m. Anm. *Hagmann*]; a. A. soweit ersichtlich einzig OLG Frankfurt am Main NJW 2000, 2037 [bei einer Vorführung wegen umfangreichen Aktenstudiums erst am übernächsten Tag scheide ein hinreichender Tatverdacht wegen Rechtsbeugung aus] – schon wegen des Wortlautes des Gesetzes darüber hinaus aber auch verfassungsrechtlicher Bedenken ist eine solche Sicht strikt abzulehnen!). Ordnet der Bereitschaftsrichter anstatt der unverzüglichen Vorführung eine Verbringung in den Polizeiarrest an, um die Vernehmung erst am nächsten Tag durchzuführen, dann begeht er ein **Dienstvergehen** (LG Saarbrücken StRR 2008, 322 [LS]; dort erschien der Jour-Richterin eine unverzügliche Vorführung am Pfingstsonntag nicht geboten, da sie als alleinerziehende Mutter bereits zu Hause war und die Rückkehr ins Gericht zu aufwendig erschien; die beamtenrechtliche Ahndung bestand [lediglich] in einem Verweis). Bereits die Ausschöpfung der Frist bedeutet aber dann eine **rechtswidrige Freiheitsberaubung**, wenn die Vorführung innerhalb dieses zeitlichen Rahmens eben nicht unverzüglich erfolgt (OLG Frankfurt am Main SJZ 1950, 53; SK-StPO/*Paeffgen* § 115 Rn. 7 a.E.). Der Vorführende darf die Frist also nicht ohne Weiteres voll ausschöpfen oder gar (bewußt) ausnutzen (ebenso: LR/*Hilger* § 115 Rn. 9).

18 **3. Sonstiges.** Die in § 115 Abs. 1 und 2 enthaltene sprachliche Differenzierung zwischen einerseits unverzüglicher **Vorführung** (Abs. 1) und andererseits unverzüglicher **Vernehmung**, die spätestens am nächsten Tag nach der Ergreifung zu erfolgen hat (Abs. 2), ist missverständlich. Ihr kann kein gesteigerter Aussagewert beigemessen werden. Der Beschuldigte hat Anspruch auf **unverzügliche Vorführung** vor – und **Vernehmung** durch das zuständige Gericht. Eine nur am Wortlaut orientierte Auslegung und eine damit einhergehende verzögerte Vorführung und/oder Vernehmung ist abzulehnen. Entscheidend ist die zügige **persönliche Gegenüberstellung** des Beschuldigten mit dem Richter (ebenso: SK-StPO/*Paeffgen* § 115 Rn. 4 a.E.; *Rüping* in: FS für Hirsch, 1999, S. 959, 970). Nur so wird auch dem Anspruch auf rechtliches Gehör vor Gericht gem. Art. 103 Abs. 1 GG genügt.

19 **II. Die Vernehmung vor dem zuständigen Gericht, § 115 Abs. 3.** Die Vernehmung über den Gegenstand der Beschuldigung erfolgt durch das nach den §§ 125, 126 zuständige Gericht. Grds. ist das der Richter, der den Haftbefehl erlassen hat, hilfsweise der zuständige Richter am nächsten Gericht gem. § 115a (ausführlich hierzu s. die Kommentierung bei § 115a).

20 Eine Verkündung des Haftbefehls durch den **beauftragten Richter** soll genügen (OLG Köln NStZ 2008, 175; *Meyer-Goßner/Schmitt* § 115 Rn. 1; krit. SK-StPO/*Paeffgen* § 115 Rn. 8). Das erscheint bedenklich. Es muss immer das Gericht entscheiden, das mit der Sache unmittelbar befasst ist. Der beauftragte Richter kennt den Sachverhalt möglicherweise gar nicht ausreichend. Wird der Haftbefehl von einem Kollegialgericht erlassen, dann muss sich dieses auch in seiner Gesamtheit mit der Frage der Haft bzw. deren Fortdauer auseinandersetzen und nicht lediglich einer der Richter (»Berichterstatter«) entscheiden (ebenso KMR-*Wankel*, StPO, § 115 Rn. 12; a. A. *Meyer-Goßner/Schmitt* § 115 Rn. 9). Eine Berichterstattung des beauftragten Richters ggü. dem dann berufenen (Kollegial-)Gericht kann nicht zulässig sein. Denn ansonsten steht zu befürchten, dass der beauftragte Richter lediglich seine eigene subjektiv geprägte Meinung gar noch verkürzt wiedergibt (zu diesem Problem s. bereits die Ausführungen im Zusammenhang mit dem Recht auf umfassende Akteneinsicht, vor § 112 Rdn. 58 ff.). Pragmatische Lösungen bei Gericht sind trotz hoher Geschäftsbelastung oder auch aus sonstigen Effizienzgründen nicht akzeptabel. Es geht um die drohende Freiheitsberaubung ggü. einem Unschuldigen (*Hassemer* StV 1984, 38, 40).

Ist der Beschuldigte **nicht vernehmungsfähig**, dann ist die Vernehmung nachzuholen sobald dies möglich ist. Ggf. hat sie am Ort der Verwahrung (z.B. im Krankenhaus) zu erfolgen (KK/*Graf* § 115 Rn. 8; Meyer-Goßner/*Schmitt* § 115 Rn. 7; SK-StPO/*Paeffgen* § 115 Rn. 8; zur sog. »**symbolischen Vorführung**« s.a. Nr. 51 RiStBV). Bleibt der Beschuldigte längere Zeit vernehmungsunfähig, dann ist ihm ein Pflichtverteidiger beizuordnen, sofern er nicht schon einen (Wahl-)Verteidiger hat. Nur so können seine Grundrechte aus Art. 2 Abs. 2 GG und Art. 104 GG gewahrt werden (KK/*Graf*, StPO § 115 Rn. 8; LR/*Hilger* § 115 Rn. 13; SK-StPO/*Paeffgen* § 115 Rn. 8). Dies entspricht inzwischen auch der geänderten Rechtslage entsprechend den §§ 140 Abs. 1 Nr. 4, 141 Abs. 3 Satz 4 i.d.F. des Gesetzes zur Änderung des Untersuchungshaftrechts v. 29.07.2009 (zum Anspruch auf unverzügliche Beiordnung eines Pflichtverteidigers nach neuem Recht s.a. vor § 112 StPO dort Rdn. 49 ff.). 21

Der **Ablauf der Vernehmung** richtet sich nach § 115 Abs. 3: Über die richterliche Vernehmung ist ein Protokoll zu fertigen. Grds. ist ein Urkundsbeamter hinzuzuziehen (§ 168). 22

Der **Inhalt der Vernehmung** orientiert sich an der im Haftbefehl erhobenen Beschuldigung und hat sämtliche formellen sowie materiellen Voraussetzungen, die für den Erlass des Haftbefehls von Bedeutung sind, zu erfassen (vgl. § 168a). Der Beschuldigte ist auf sämtliche ihn be- aber auch entlastenden Umstände geschlossen und in hinreichend substantiierter Form hinzuweisen (BVerfG NJW 1994, 573 = StV 1994, 1 ff. [m. krit. Anm. *Lammer*]; BVerfG NJW 1994, 3219; BVerfG NStZ 1994, 551 = StV 1994, 465; KG StV 1994, 318 [m. zust. Anm. *Schlothauer*]; OLG Hamm StV 1995, 200; krit.: *Bohnert* GA 1995, 468 ff.; s.a. *Burhoff*, Handbuch für das strafrechtliche Ermittlungsverfahren, Rn. 3287; *Köllner* StraFo 1996, 26 ff.; SK-StPO/*Paeffgen* § 115 Rn. 8 a.E.). Er muss verstehen »worum es geht«. Er ist auf sein Recht hinzuweisen, dass es ihm freisteht, sich zur Beschuldigung zu äußern oder nicht zur Sache auszusagen (§ 115 Abs. 3 Satz 1 StPO). Ergänzend hierzu ist er entsprechend § 114b zu belehren (ausführlich hierzu s. § 114b Rdn. 5 ff.). Ein Verweis auf § 136 ist wegen der Sonderregel des § 114b (lex specialis) nicht mehr angezeigt. Da es sich regelmäßig um die erste richterliche Vernehmung handelt, sind die Belehrungspflichten besonders ausführlich und sorgfältig wahrzunehmen (*Burhoff*, Handbuch für das strafrechtliche Ermittlungsverfahren, Rn. 3284 ff.). Dem Beschuldigten ist Gelegenheit zu geben, sämtliche Verdachts- und Haftgründe zu entkräften und Tatsachen vorzubringen, die zu seinen Gunsten sprechen (§ 115 Abs. 3 Satz 2). 23

Dies ist aber nur dann sinnvoll möglich, wenn dem Beschuldigten bzw. seinem Verteidiger **umfassend Akteneinsicht** gewährt wird (zum Recht auf Akteneinsicht ausführlich bereits vor § 112 dort Rdn. 58 ff.). Denn nur durch vollständige Einsicht in die Ermittlungsakte werden der Beschuldigte und sein Verteidiger in die Lage versetzt, die erhobenen Vorwürfe zu prüfen und ggf. zu widerlegen. In der Praxis wird gelegentlich problematisiert, dass die Hinweispflicht nach Abs. 3 zwar das Gericht treffe, die Akteneinsicht während des Ermittlungsverfahrens aber nur die StA gewähren könne (vgl. § 147 Abs. 2). Eine solche schematische Sicht entspricht zwar den gesetzlichen Vorgaben, sie ist in ihrer praktischen Umsetzung aber Förmelei. Denn wenn die StA den Erlass eines Haftbefehls beantragt (sog. »Vorführhaftbefehl«) oder bereits erreicht hat (sog. »Dezernatshaftbefehl«), dann muss sie Akteneinsicht gewähren (ausführlich bereits vor § 112 dort Rdn. 58, 68). Andernfalls darf der Richter den Haftbefehl nicht erlassen oder in Vollzug setzen oder belassen. Auf Akteteile, die dem Beschuldigten und dessen Verteidiger unbekannt sind, darf eine Haftentscheidung nicht gestützt werden (s.o.; BVerfG NJW 1994, 3219, 3220 f.; OLG Hamm StV 2002, 318; ähnlich OLG Brandenburg OLGSt § 114 StPO Nr. 1; LG Magdeburg StV 2004, 327; AG Halberstadt StV 2004, 549; s.a. *Burhoff*, Handbuch für das strafrechtliche Ermittlungsverfahren, Rn. 1693; *Herrmann*, Untersuchungshaft, Rn. 360 ff.; *Schramm/Bernsmann* StV 2006, 442, 444; *Weider* StV 2010, 102, 105 f.). 24

Wird der Haftbefehl in Vollzug gesetzt, ist der Beschuldigte über das Recht der Haftprüfung (§ 117), der Haftbeschwerde (§ 117 Abs. 2 i.V.m. §§ 304 ff.) und die weiteren möglichen Rechtsbehelfe (vgl. hierzu § 118 Abs. 1 und 2) zu belehren (vgl. § 115 Abs. 3). 25

Der **Vertreter der StA** hat ein Anwesenheitsrecht bei der Vernehmung (§ 168c Abs. 1). Erscheint er nicht, dann bedarf es aber nicht seiner vorherigen Anhörung gem. § 33 Abs. 2. Zum einen hat er den Erlass des Haftbefehls und dessen Vollzug beantragt. Zum anderen ist die Sache eilbedürftig. 26

Auch der bereits **mandatierte Verteidiger** des Beschuldigten hat ein Anwesenheitsrecht bei der Vernehmung (§ 168c Abs. 1; s.a. BGHSt 26, 332, 335; BGH NStZ 1989, 282 f. [m. zust., aber differenzierender Anm. *Hilger*]; zu den Konsequenzen eines Verstoßes sogleich. 27

§ 115 StPO Vorführung vor den zuständigen Richter

28 Beide, **Staatsanwalt und Verteidiger**, sind vom Vorführtermin vorab zu benachrichtigen (§ 168c Abs. 5). Der Verteidiger ist so rechtzeitig zu informieren, dass er zu dem Termin auch tatsächlich erscheinen kann. Ein Verstoß gegen das Anwesenheitsrecht birgt das Risiko eines **Verwertungsverbotes** hinsichtlich eventueller Angaben des Beschuldigten, die dieser ohne seinen Verteidiger macht (BVerfG StV 2006, 72, 77; BGH NJW 2007, 237, 239; BGH NJW 2003, 3142 ff.; BGH NStZ 1989, 282 f. [m. zust., aber differenzierender Anm. *Hilger*]; *Burhoff*, Handbuch für das strafrechtliche Ermittlungsverfahren, Rn. 2517; *Meyer-Goßner/Schmitt* § 168c Rn. 6). Ggf. ist die Vorführung unter Beachtung der zeitlichen Grenzen der §§ 128 Abs. 1, 155 Abs. 2 zu unterbrechen, um dem Verteidiger das (bereits angekündigte) Erscheinen zu ermöglichen (VerfGH Brandenburg NJW 2003, 2009 ff. = NStZ 2003, 285 f. = StV 2003, 511 f.; VerfGH Rheinland-Pfalz StraFo 2006, 199 f. = StV 2006, 315 f. [m. Anm. *Kühne/Haufs-Brusberg*]; VerfGH Rheinland-Pfalz JuS 2007, 75 ff. = NJW 2006, 3341 ff. = PA 2006, 199 f.; s.a. *Burhoff*, Handbuch für das strafrechtliche Ermittlungsverfahren, Rn. 2007; *Meyer-Goßner/Schmitt* § 115 Rn. 8; SK-StPO/*Paeffgen* § 115 Rn. 9). Ein **Anspruch auf Verlegung des Termins** besteht nicht (vgl. § 168c Abs. 5 Satz 3). Eine Absprache zwischen den Verfahrensbeteiligten erscheint i.R.d. Grundsatzes des fairen Verfahrens aber zwingend geboten. Denkbar und teilweise bereits in der Praxis auch üblich ist eine Teilnahme des Verteidigers mittels **Telefonkonferenz**. Dadurch werden die Rechte des Beschuldigten jedenfalls eher gewahrt, als wenn aufgrund großer Entfernung zum Gerichtsort oder anderweitiger Verhinderung ganz auf die Anwesenheit seines Verteidigers verzichtet wird.

29 Will der unverteidigte Beschuldigte einen **Verteidiger konsultieren**, dann muss die Vorführung unterbrochen werden. Ihm ist Gelegenheit zur Kontaktaufnahme zu geben und eine solche aktiv zu ermöglichen (VerfGH Rheinland-Pfalz StraFo 2006, 199 f. = StV 2006, 315 f.; VerfGH Rheinland-Pfalz JuS 2007, 75 ff. = NJW 2006, 3341 ff. = PA 2006, 199 f.; s.a. *Burhoff*, Handbuch für das strafrechtliche Ermittlungsverfahren, Rn. 2007; *Meyer-Goßner/Schmitt* § 115 Rn. 8; SK-StPO/*Paeffgen* § 115 Rn. 9; *Paeffgen* in: FS für Seebode, 2008, S. 247, 256 f.). Dies ergibt sich nicht aus § 168c Abs. 5, denn hier erfolgt die Benachrichtigung nicht »vorher«, aber eben aus § 114b Abs. 2 Satz 1 Nr. 4.

30 Sofern der Beschuldigte noch keinen Wahlverteidiger hat und nach entsprechender Belehrung von seinem Recht auf Konsultation eines Verteidigers keinen Gebrauch macht, ist ihm **unverzüglich nach Beginn der Vollstreckung der Untersuchungshaft** ein Pflichtverteidiger beizuordnen (vgl. §§ 140 Abs. 1 Nr. 4 i.V.m. 141 Abs. 3 Satz 4). Eine Beiordnung ist nach Sinn und Zweck der Regelung schon für die (erste) richterliche Vernehmung nach § 115 geboten, es bedarf zumindest eines »**Notverteidigers**« (ausführlich hierzu vor § 112 dort Rdn. 50; s.a. *Deckers* StraFo 2009, 444, 446; *Herrmann* StraFo 2011, 133 ff.; ausführlich: *Schlothauer* in: Schlothauer/Weider, Untersuchungshaft, Rn. 298; *ders.*, in: FS für Samson, 2010, S. 709, 714 ff.; *Weider* StV 2010, 102, 104). Letztlich sind danach keine Fälle denkbar, in denen der Beschuldigte unverteidigt vom Gericht gem. § 115 Abs. 2 vernommen wird und dieses über die Frage der Inhaftierung (oder deren Fortdauer) entscheidet. Die gerichtliche Praxis zeichnet hingegen – oft aus Unkenntnis – ein völlig anderes (trauriges) Bild. Die Beiordnung eines Pflichtverteidigers soll aber regelmäßig nicht bereits vor der verantwortlichen Vernehmung des Beschuldigten nach dessen Ergreifung aufgrund eines HB erforderlich sein (BGH JR 2015, 279 = NStZ 2014, 722 ff. [m. Anm. *Knauer*] = StV 2015, 144 ff. [m. Anm. *Eisenberg* StV 2015, 180 ff.]; s. hierzu auch *Beukelmann* NJW-Spezial 2014, 760 f.). Das erscheint mit Blick auf Fürsorgepflichten und den Grundsatz des fairen Verfahrens problematisch.

31 Ist der Beschuldigte der Deutschen Sprache nicht ausreichend mächtig, d.h. kann er der Verhandlung nicht folgen und selbst nicht das vorbringen, was er vortragen will, dann ist ein **Dolmetscher** hinzuzuziehen (vgl. Art. 6 Abs. 3 Buchst. e) EMRK; s.a. § 114b Abs. 1, § 185 GVG [»Verhandlung«]; zum Ganzen: BVerfGE 64, 135, 146 = NJW 1983, 2762 f.; BVerfG NJW 2004, 50 f.; BGHSt 46, 178 ff.; zu den europarechtlichen Vorgaben s.a. vor § 112 Rdn. 71). Bei Ausländern kann auch aus diesen Gründen ein Recht auf Beiordnung eines Pflichtverteidigers bestehen (vgl. *Burhoff*, Handbuch für das strafrechtliche Ermittlungsverfahren, Rn. 2116 ff.; KK/*Graf* § 115 Rn. 8; LR/*Hilger* § 115 Rn. 13; SK-StPO/*Paeffgen* § 115 Rn. 8).

32 Die Mitwirkung einer **Protokollführerin** ist nicht zwingend geboten (vgl. § 168 Satz 2 Halbs. 2). Wird sie hinzugezogen, dann stellt es keine Versagung rechtlichen Gehörs dar, wenn sie der Verhandlungssprache des Gerichts mit dem Beschuldigten nicht mächtig ist (OLG Düsseldorf VRS 1993, 430 [Englisch]).

Die Vernehmung des Beschuldigten erfolgt in **nicht öffentlicher Verhandlung**. Nebenkläger, Mit- 33
beschuldigte und deren anwaltliche Vertreter haben kein Teilnahmerecht (OLG Karlsruhe NStZ 1996,
151 [zu § 118a StPO]; *Burhoff*, Handbuch für das strafrechtliche Ermittlungsverfahren, Rn. 3291; *Meyer-Goßner/Schmitt* § 118a Rn. 1).

Das Gericht trifft seine **Entscheidung** nach der Vernehmung des Beschuldigten und möglicherweise 34
erhobener Beweise (vgl. § 166 Abs. 1) auf der Basis der gewonnenen Erkenntnisse zur Sach- und
Rechtslage. Ein bereits erlassener Haftbefehl kann aufrechterhalten bleiben und entweder in Vollzug
oder außer Vollzug gesetzt werden (vgl. § 116) oder aufgehoben werden (vgl. § 120 Abs. 1). Der Haftbefehl kann auch angepasst, insb. ergänzt oder erweitert werden. Die Entscheidung ergeht mittels Beschluss, der bekannt zu machen ist (§ 35).

Wird der Haftbefehl inhaltlich abgeändert, bspw. hinsichtlich der rechtlichen Würdigung oder der 35
Haftgründe ergänzt, dann ist der Beschuldigte hierzu gesondert zu hören. Fehlt es an einer ordnungsgemäßen Verkündung eines (erweiterten) Haftbefehls gem. § 115 und konnte der Beschuldigte sich
hierzu nicht äußern, dann darf dieser Haftbefehl in einem Haftfortdauerbeschluss nach den §§ 121,
122 nicht berücksichtigt werden (BVerfG StV 2001, 691 ff. [m. Anm. *Hagmann*]; s. zum Ganzen
auch EGMR Nr. 11364/03, Urteil der Großen Kammer v. 09.07.2009 [Mooren v. Deutschland II]
StraFo 2010, 63 = StRR 2009, 473 ff. [m. Anm. D. *Herrmann*] = StV 2010, 490 ff. [m. Anm. *Pauly*]).

Die Ausführungen gelten entsprechend, wenn der Beschuldigte nicht aufgrund eines Haftbefehls ergrif- 36
fen und vorgeführt wird, sondern wenn er zunächst vorläufig festgenommen wird und erst dann eine
Vorführanzeige mit Antrag auf Erlass eines Haftbefehls folgen (vgl. § 128).

Ein **Verstoß gegen Formvorschriften** bei der Vernehmung des Beschuldigten soll die Haftentscheidung 37
als solche grds. nicht beeinflussen, sofern davon nicht das Recht auf Gehör betroffen ist (vgl. KK/*Graf*
§ 115 Rn. 13; LR/*Hilger* § 115 Rn. 16; *Meyer-Goßner/Schmitt* § 115 Rn. 11; SK-StPO/*Paeffgen* § 115
Rn. 10). Dies erscheint im Kontext der gesetzlichen Neuregelungen nicht mehr angemessen. Denn
insb. die Belehrung nach § 114b verpflichtet die Justiz sogar zur schriftlichen Dokumentation der
(ordnungsgemäßen) Belehrung, um so die Beweisführung gegen den Beschuldigten zu erleichtern.
Eine solche Formalisierung spricht dafür, dass Verstöße gegen Formvorschriften verfahrensrechtliche
Konsequenzen haben müssen. Unter Zugrundelegung der bisherigen Rechtsprechung sind deshalb Beweisverwertungsverbote anzunehmen. Dies gilt erst recht, und wird einhellig anerkannt, wenn mit dem
Verstoß eine Verletzung wesentlicher Verfahrensgarantien einhergeht, bspw. rechtliches Gehör nicht
gewährt wurde (vgl. Art. 103 Abs. 1 GG). Dann ist der Haftbefehl auszuheben (BVerfG StV 1994,
465; OLG Köln StV 1998, 269 f.; SK-StPO/*Paeffgen* § 115 Rn. 11; s. zum Ganzen auch EGMR
Nr. 11364/03, Urteil der Großen Kammer v. 09.07.2009 [Mooren v. Deutschland II] StraFo 2010,
63 = StRR 2009, 473 ff. [m. Anm. D. *Herrmann*] = StV 2010, 490 ff. [m. Anm. *Pauly*]).

Wird der Beschuldigte **verspätet vorgeführt**, dann ist er umgehend freizulassen. Er befindet sich ansons- 38
ten zu Unrecht in Haft. Lässt er sich danach zur Sache ein, dann sind diese Angaben nicht verwertbar
(s.o.). Wird der Beschuldigte **verspätet vernommen**, dann sind diese Angaben ebenfalls nicht verwertbar. Eine Haftentscheidung zulasten des Beschuldigten darf auf dieser Basis nicht getroffen werden
(BGH JR 2015, 279 = NStZ 2014, 722 ff. [m. Anm. *Knauer*] = StV 2015, 144 ff. [m. Anm. *Eisenberg*
StV 2015, 180 ff.]; s. hierzu auch *Beukelmann* NJW-Spezial 2014, 760 f.; dort war dieser Einwand von
der Revision allerdings nicht erhoben worden!). Vor diesem Hintergrund ist insb. auch die Verwertbarkeit des Protokolls über die Eröffnung des Haftbefehls nebst Haftentscheidung in einer Hauptverhandlung gesondert zu prüfen.

III. Die Rechtsbehelfsbelehrung, § 115 Abs. 4. Bleibt die Untersuchungshaft aufrechterhalten, 39
dann ist der Beschuldigte nach § 115 Abs. 4 zu belehren. Er ist auf das Recht der Beschwerde nach
§ 304 Abs. 1, Abs. 4 Satz 2 Nr. 1, Abs. 5 und die Rechtsbehelfe der schriftlichen sowie mündlichen
Haftprüfung nach den §§ 117 und 118 hinzuweisen. Die Pflicht zur Belehrung betrifft die gerichtliche
Anordnung als solche, also das »Ob« der Untersuchungshaft, sowie darüber hinaus deren Ausgestaltung
gem. § 119 Abs. 1 und 2, also deren »Wie«. Sie erfasst damit auch den Hinweis, mittels gerichtlicher
Entscheidung gegen Beschränkungsbeschlüsse vorgehen zu können (vgl. § 119 Abs. 5) und Beschränkungen des Vollzuges der Untersuchungshaft durch die Anstalt überprüfen zu lassen (vgl. § 119a).

Für den Fall der vorläufigen Festnahme gilt die Belehrungspflicht gem. § 115 Abs. 4 über § 128 Abs. 2 40
Satz 3 entsprechend.

41 Der nächste Richter hat den Beschuldigten gem. § 115a Abs. 3 Satz 2 selbstständig über Rechtsbehelfsmöglichkeiten zu belehren (s. hierzu auch § 115a, Rdn. 4 und 26).

42 **C. Rechtsbehelfe.** Gegen den Haftbefehl oder die zuletzt ergangene Haftentscheidung kann der Beschuldigte **ordentliche Rechtsbehelfe** ergreifen. Ihm stehen der Antrag auf schriftliche oder auch mündliche Haftprüfung gem. § 117 Abs. 1 bzw. § 118 Abs. 1 i.V.m. § 117 Abs. 1 sowie die Beschwerde gem. § 304 Abs. 1 und nachfolgend dann die weitere Beschwerde gem. § 310 zu. Darüber hinaus stehen dem Beschuldigten auch **außerordentliche Rechtsbehelfe** zur Verfügung. Er hat die Möglichkeit zur Verfassungsbeschwerde gem. Art. 93 Abs. 1 Nr. 4a GG, §§ 90 ff. BVerfGG und zur Individualbeschwerde zum EGMR gem. Art. 34 EMRK.

43 Auch **nach Aufhebung des Haftbefehls** besteht für den Beschuldigten im Hinblick auf den mit der Inhaftierung verbundenen erheblichen Grundrechtseingriff ein Rechtsschutzinteresse, die Rechtswidrigkeit des Erlasses des Haftbefehls feststellen zu lassen (OLG München StV 2006, 317 f. [m. Anm. *Kirchner*]; SK-StPO/*Paeffgen* § 117 Rn. 15).

44 Selbst im Fall einer Verurteilung kann dem Betroffenen ein Anspruch auf Entschädigung für dennoch zu Unrecht erlittene Untersuchungshaft zustehen (vgl. *Park/Schlothauer* in: FS für Widmaier, 2008, S. 387, 404 ff.). Neben einfachrechtlichen Ansprüchen aus dem StrEG regelt Art. 5 Abs. 5 EMRK für Fälle der rechtswidrigen Festnahme oder Freiheitsentziehung einen verschuldensunabhängigen Schadensersatzanspruch gegen den Staat (s. EGMR Nr. 11364/03, Urteil der 5. Kammer v. 13.12.2007 [Mooren v. Deutschland I] StRR 2008, 98 ff. [m. Anm. *D. Herrmann/J. Herrmann*] = StV 2008, 475; s.a. EGMR Nr. 11364/03, Urteil der Großen Kammer v. 09.07.2009 [Mooren v. Deutschland II] StraFo 2010, 63 = StRR 2009, 473 ff. [m. Anm. *D. Herrmann*] = StV 2010, 490 ff. [m. Anm. *Pauly*]; zum Ganzen auch: LR/*Esser*, Erl. zu Art. 5 EMRK).

45 **I. Haftprüfung.** Der Beschuldigte hat das Recht auf schriftliche oder auch mündliche Haftprüfung gem. § 117 Abs. 1 bzw. § 117 Abs. 1 i.V.m. § 118 Abs. 1. Eine ausführliche Kommentierung findet sich bei § 117 dort Rdn. 9 ff. und Rdn. 26 ff. sowie § 118, dort Rdn. 1 ff.

46 **II. Haftbeschwerde, §§ 304 ff.** Der Beschuldigte hat neben der schriftlichen und mündlichen Haftprüfung auch das Recht zur Haftbeschwerde. Neben dem Antrag auf Haftprüfung ist die Haftbeschwerde unzulässig (§ 117 Abs. 2 Satz 1). Die Haftbeschwerde wird im Sachzusammenhang mit den ordentlichen Rechtsbehelfen ausführlich kommentiert bei § 117 dort Rdn. 33 ff.

47 **III. Weitere Beschwerde.** In Haftsachen ist nach der Beschwerde die weitere Beschwerde zulässig (§ 310 Abs. 1 Nr. 1). Eine ausführliche Kommentierung findet sich nach den Ausführungen zur Beschwerde bei § 117 dort Rdn. 53 ff.

48 **IV. Verfassungsbeschwerde, Art. 93 Abs. 1 Nr. 4a GG.** Als weiterer (außerordentlicher) Rechtsbehelf ist gegen Haftentscheidungen auch die Möglichkeit der **Verfassungsbeschwerde** gegeben. Konsequenterweise erfolgt eine Darstellung im Sachzusammenhang mit den ordentlichen Rechtsbehelfen bei § 117 dort Rdn. 74 ff.

49 **V. Individualrechtsbeschwerde, Art. 34 EMRK.** Schließlich können Konventionsverstöße gegen die EMRK mittels **Individualrechtsbeschwerde** verfolgt werden. Konsequenterweise erfolgt eine Darstellung im Sachzusammenhang mit den ordentlichen Rechtsbehelfen bei § 117 dort Rdn. 78 ff.

§ 115a StPO Vorführung vor den Richter des nächsten Amtsgerichts.

(1) Kann der Beschuldigte nicht spätestens am Tag nach der Ergreifung dem zuständigen Gericht vorgeführt werden, so ist er unverzüglich, spätestens am Tage nach der Ergreifung, dem nächsten Amtsgericht vorzuführen.

(2) ¹Das Gericht hat den Beschuldigten unverzüglich nach der Vorführung, spätestens am nächsten Tage, zu vernehmen. ²Bei der Vernehmung wird, soweit möglich, § 115 Abs. 3 angewandt. ³Ergibt sich bei der Vernehmung, dass der Haftbefehl aufgehoben, seine Aufhebung durch die Staatsanwaltschaft beantragt (§ 120 Abs. 3) oder der Ergriffene nicht die in dem Haftbefehl bezeichnete Person ist, so ist der Ergriffene freizulassen. ⁴Erhebt dieser sonst gegen den Haftbefehl oder dessen Vollzug

Einwendungen, die nicht offensichtlich unbegründet sind, oder hat das Gericht Bedenken gegen die Aufrechterhaltung der Haft, so teilt es diese dem zuständigen Gericht und der zuständigen Staatsanwaltschaft unverzüglich und auf dem nach den Umständen angezeigten schnellsten Wege mit; das zuständige Gericht prüft unverzüglich, ob der Haftbefehl aufzuheben oder außer Vollzug zu setzen ist.

(3) ¹Wird der Beschuldigte nicht freigelassen, so ist er auf sein Verlangen dem zuständigen Gericht zur Vernehmung nach § 115 vorzuführen. ²Der Beschuldigte ist auf dieses Recht hinzuweisen und gemäß § 115 Abs. 4 zu belehren.

A. Normzweck, Subsidiarität.
§ 115a enthält eine **subsidiäre Zuständigkeitsregelung** zu 1 § 115 (s. OLG Celle NdsRpfl 2005, 287; OLG Frankfurt am Main NStZ 1988, 471; KK/*Graf* § 115a Rn. 1; Graf/*Krauß*, StPO § 115a vor Rn. 1; zum Ganzen auch Rdn. 30).

Kann der Beschuldigte nach seiner Ergreifung nicht innerhalb der Frist des § 115 Abs. 2 dem Richter 2 vorgeführt werden, der den Haftbefehl erlassen hat, dann ist er unverzüglich, spätestens am Tage nach seiner Ergreifung, dem **Richter des nächsten AG** vorzuführen (§ 115a Abs. 1). Das nächste AG ist regelmäßig dasjenige, in dessen Bezirk der Beschuldigte ergriffen wurde, gelegentlich auch das verkehrstechnisch am günstigsten erreichbare Gericht (KK/*Graf* § 115a Rn. 1; Meyer-Goßner/*Schmitt* § 115a Rn. 2; Schlothauer/*Weider*, Untersuchungshaft, Rn. 349). Sind Haftsachen aus mehreren Gerichtsbezirken einem gemeinsamen Gericht zugewiesen (vgl. § 58 GVG), dann ist dieses AG berufen.

In der Praxis erfolgt eine Vorführung vor das nächste AG häufig. Sie kommt in Betracht, wenn eine 3 Verbringung zum zuständigen Gericht wegen zu großer Entfernung nicht rechtzeitig erfolgen oder der Beschuldigte aus sonstigen Gründen nicht transportiert werden kann, bspw. weil er erkrankt ist. Kann der Beschuldigte dem zuständigen Gericht gem. § 115 aber unter Ausnutzung technischer und personeller Möglichkeiten rechtzeitig vorgeführt werden, dann hat dies vorrangig zu erfolgen. Dies sollte heutzutage trotz hohen Verkehrsaufkommens eigentlich die Regel sein, ist in der Praxis aber die Ausnahme. Eine Wahlmöglichkeit hinsichtlich der Zuständigkeit des berufenen Gerichts besteht nicht. Insb. Vereinfachungs- oder Effizienzgründe dürfen nicht dazu führen, dass der Beschuldigte nicht dem in der Sache unmittelbar befassten Richter nach § 115 vorgeführt wird. Der nächste Richter kennt regelmäßig den Fall nicht und hat den Haftbefehl auch nicht erlassen. Er kann sich meist nur mittelbar telefonisch, per Telefax oder E-Mail informieren und zu versuchen, sich mit dem Sachverhalt vertraut zu machen. Da dem zuständigen Gericht i.Ü. umfangreichere Kompetenzen zustehen (Aufhebung oder Außervollzugsetzung des Haftbefehls, Vermittlung von Akteneinsicht durch die StA, Beiordnung eines Pflichtverteidigers, ausführlich hierzu sogleich), muss die Vorführung vor das nächste Gericht auf die aus tatsächlichen Gründen zwingend gebotenen **Ausnahmefälle** beschränkt bleiben. Es gilt ein strenger Maßstab (AK-StPO/*Deckers*, § 115a Rn. 1; KK/*Graf* § 115a Rn. 1; *Herrmann*, Untersuchungshaft, Rn. 567 ff.; LR/*Hilger* § 115a Rn. 3 und § 115 Rn. 10; *Koch* NStZ 1995, 71 ff.; Meyer-Goßner/*Schmitt* § 115a Rn. 1; SK-StPO/*Paeffgen* § 115a Rn. 2; Schlothauer/*Weider*, Untersuchungshaft Rn. 349; a. A. *F. Fischer* NStZ 1994, 321 [mit allerdings sprachlich unklarer Differenzierung, der nächste Richter sei eigentlich der »auch zuständige -«, was aber eben nur subsidiär gilt, s.o.]).

B. Vernehmung durch den nächsten Richter, § 115a Abs. 2 Satz 1 und 2. 4
I. Allgemeines. Die Vorführung des Beschuldigten vor das nächste Gericht hat, ebenso wie bei § 115, unverzüglich zu erfolgen (ausführlich s. dort, § 115 Rdn. 12 ff.). Der Beschuldigte ist vom nächsten Richter zu belehren, der Ablauf der Vernehmung orientiert sich an § 115 Abs. 3, dieser ist soweit wie möglich anzuwenden (ausführlich s. § 115 Rdn. 19 ff.).

Ein bereits gewählter **Verteidiger** hat auch beim nächsten Richter ein Anwesenheitsrecht (§ 168c 5 Abs. 1). Er ist vom Termin zur Vernehmung zu benachrichtigen. Ihm muss innerhalb der zeitlichen Vorgaben des Gesetzes die Möglichkeit zur Anwesenheit eingeräumt werden. Er kann zumindest mittels Telefonkonferenz an der Vernehmung teilnehmen (ausführlich hierzu s. § 115 dort Rdn. 28). Ein Verstoß gegen das Anwesenheitsrecht birgt ein Verwertungsverbot hinsichtlich der Angaben des Beschuldigten (Meyer-Goßner/*Schmitt* § 168c Rn. 6; Schlothauer/*Weider*, Untersuchungshaft Rn. 357; ausführlich s. § 115 dort Rdn. 28).

§ 115a StPO   Vorführung vor den Richter des nächsten Amtsgerichts

6   **II. Die Beiordnung eines Pflichtverteidigers vor dem nächsten AG.** Ein Sonderproblem stellt die Beiordnung eines Pflichtverteidigers i.R.d. Vorführung vor den nächsten Richter dar: Der Beschuldigte wird aufgrund eines bestehenden Dezernatshaftbefehls festgenommen, Untersuchungshaft wird dann bereits vollzogen (ausführlich hierzu s. vor § 112 dort Rdn. 50). Damit liegt ein **Fall notwendiger Verteidigung** vor (§ 140 Abs. 1 Nr. 4), die Beiordnung eines Verteidigers hat also unverzüglich zu erfolgen (§ 141 Abs. 3 Satz 4). Sie muss spätestens zu Beginn der Vernehmung nach § 115a Abs. 2 Satz 1 geklärt werden. Der Beschuldigte ist hierüber zu belehren, ihm ist sein Vorschlagsrecht nach § 142 Abs. 1 darzulegen und auch bei der Auswahl eines Verteidigers zu helfen. Der Beschuldigte kann auf die Beiordnung eines Verteidigers nicht verzichten (s. zum Ganzen auch die Begründung der Beschlussempfehlung des Rechtsausschusses des Deutschen Bundestages, BT-Drucks. 16/13097 zu Nr. 9b [§ 141 StPO]; *Herrmann* StraFo 2011, 133 ff.; *Schlothauer/Weider*, Untersuchungshaft Rn. 352 ff.; ausführlich zur Pflichtverteidigerbestellung s. vor § 112 dort Rdn. 49 ff.). Die Beiordnung eines Pflichtverteidigers soll aber regelmäßig nicht bereits vor der verantwortlichen Vernehmung des Beschuldigten nach dessen Ergreifung aufgrund eines HB sein (BGH JR 2015, 279 = NStZ 2014, 722 ff. [m. Anm. *Knauer*] = StV 2015, 144 ff. [m. Anm. *Eisenberg* StV 2015, 180 ff.]; s. hierzu auch *Beukelmann* NJW-Spezial 2014, 760 f.). Das erscheint mit Blick auf Fürsorgepflichten und den Grundsatz des fairen Verfahrens problematisch.

7   Die Beiordnung eines Verteidigers ist auch deshalb von zentraler Bedeutung, weil das nächste Gericht verpflichtet ist, Einwände gegen den Haftbefehl, die nicht offensichtlich unbegründet sind sowie sonstige Bedenken gegen die Inhaftierung dem zuständigen Gericht mitzuteilen (§ 115a Abs. 2 Satz 4). Dies lässt sich regelmäßig aber eher von einem Verteidiger qualifiziert vorbringen als vom (rechts-)unkundigen Beschuldigten.

8   Problematisch hierbei ist aber, dass jedenfalls im Ermittlungsverfahren die Beiordnung eines Pflichtverteidigers durch den Richter zu erfolgen hat, der den Haftbefehl erlassen hat (vgl. §§ 125, 126 Abs. 1 Satz 1). Der nächste Richter muss also eine Beiordnung durch den zuständigen Richter vermitteln. Dem (Pflicht-)Verteidiger muss dann die Möglichkeit zur Anwesenheit bei der Vernehmung eingeräumt werden. Andernfalls drohen Verwertungsverbote (*Meyer-Goßner/Schmitt* § 168c Rn. 6; *Schlothauer/Weider*, Untersuchungshaft Rn. 357; ausführlich s. vor § 112 dort Rdn. 49 ff.; s.a. § 115 Rdn. 30 ff.).

9   Aufgrund der meist räumlichen Distanz zwischen nächstem AG i.S.d. § 115a und zuständigem Gericht gem. § 115 muss auch hier die Beiordnung eines sog. »Notverteidigers« nur für den (ersten) Vernehmungstermin erfolgen, sofern die Rechte des Beschuldigten nicht anders gewahrt werden können (allgemein hierzu: *Herrmann* StraFo 2011, 133 ff.; *Schlothauer/Weider*, Untersuchungshaft, 4. Aufl. 2010, Rn. 298 [*Schlothauer*], 343 f. und 359; *Schlothauer*, in: FS für Samson, 2010, S. 709, 714 ff.; zum »Notverteidiger« s.a. vor § 112 dort Rdn. 50).

10   **III. Das Recht auf Akteneinsicht beim Richter des nächsten AG.** Problematisch ist auch die **Gewährung von Akteneinsicht** beim nächsten AG. Dem Verteidiger sind gem. § 147 Abs. 2 Satz 2 die für die Frage der Beurteilung der Rechtmäßigkeit der Freiheitsentziehung wesentlichen Informationen in geeigneter Weise zugänglich zu machen. I.d.R. ist Akteneinsicht zu gewähren. In Haftsachen ist immer umfassend Akteneinsicht zu gewähren (ausführlich zum Recht auf Akteneinsicht s. vor § 112 dort Rdn. 58 ff.). Hierüber entscheidet im Ermittlungsverfahren die StA (§ 147 Abs. 5 Satz 1). Eine eventuelle räumliche Distanz zum nächsten AG i.S.d. § 115a oder der StA darf nicht zur Verhinderung der Akteneinsicht führen. Dieses Gericht und auch die StA sind verpflichtet, die Akteneinsicht so rechtzeitig zu vermitteln, dass eine sachgerechte Überprüfung durch die Verteidigung stattfinden kann. Nur so können nicht offensichtlich unbegründete Einwendungen gegen den Haftbefehl oder dessen Vollzug (vgl. § 115a Abs. 2 Satz 4) geprüft und vorgetragen werden. (ebenso *Schlothauer/Weider*, Untersuchungshaft, Rn. 361 f.).

11   **C. Die Befugnisse des nächsten Richters, § 115a Abs. 2 Satz 3 und 4. I. Prüfkompetenz des Richters am nächsten AG.** Früher war strittig, in welchem Umfang dem nächsten Richter i.S.d. § 115a eine (eigene) **Prüfkompetenz** zusteht (ausführlich: *Herrmann*, Untersuchungshaft Rn. 567 ff.):

Teilweise wurde und wird noch vertreten, dass der nächste Richter den zuständigen Richter nur von der   12
Verhaftung, Vorführung und Vernehmung unterrichten muss. Eine Haftentlassung sei nur unter den
(engen) Voraussetzungen des § 115a Abs. 2 möglich (vgl. KK/*Graf* § 115a Rn. 4; *Meyer-Goßner/
Schmitt* § 115a Rn. 5 f.).

Nach a. A., die sich im Vordringen befindet und inzwischen wohl als überwiegend vertretene Meinung   13
angesehen werden kann und muss, steht dem nächsten Richter eine erweiterte Prüfkompetenz zu, die er
aber auch wahrnehmen muss (*Heinrich* StV 1995, 660 ff.; *Herrmann*, Untersuchungshaft Rn. 568 f.;
LR/*Hilger* § 115a Rn. 12; SK-StPO/*Paeffgen* § 115a Rn. 5a; *Christian Schröder* StV 2005, 241 ff.;
Schlothauer/Weider, Untersuchungshaft, Rn. 363 ff.; *Schmitz* NStZ 1998, 165 ff.; *Wankel*, Zuständigkeitsfragen im Haftrecht, 2002, S. 45 ff.; *Ziegert* StV 1997, 439 ff.; s. zum Ganzen auch *Diehm* StraFo
2007, 231 ff. [der aber die »überwiegende Ansicht« und »einige Stimmen« in der Literatur schon quantitativ verwechselt; so deshalb nicht recht nachvollziehbar]). Der nächste Richter ist gehalten, gem.
§ 115a Abs. 2 Satz 4 mit dem zuständigen Richter aber auch der StA, bei der sich im Ermittlungsverfahren regelmäßig die Akten befinden, Rücksprache zu halten. Er hat eine unverzügliche Entscheidung
herbeizuführen.

Eine streng am Wortlaut orientierte Auslegung von § 115a Abs. 2 Satz 3 und 4, dass allenfalls eine Mit-   14
teilungspflicht aber keine Entscheidungsbefugnis bestünde, verstößt gegen verfassungs- und konven-
tionsrechtliche Vorgaben (vgl. [teils zum alten Recht]:
BGHSt 42, 343, 350 und 353 = JR 1997, 471, 473 [m. Anm. *Seebode*] = JuS 1997, 856 f. = NJ 1997, 223   15
= NJW 1997, 1452 ff. [m. Anm. *Schmittmann* NJW 1997, 1426 f. – auch zum Vorwurf der Rechtsbeu-
gung] = NStZ 1997, 439 [m. Anm. *Volk* NStZ 1997, 412 ff. und Anm. *Krehl* NStZ 1998, 409 f. – jeweils
zum Vorwurf der Rechtsbeugung] = StV 1997, 418 ff. = wistra 1997, 182 ff.; *Diehm* StraFo 2007, 231,
235 f.; AnwK/Uhaft-*König*, § 115a StPO Rn. 8; KMR-*Wankel*, StPO, § 115a Rn. 4a f.; *Ziegert* StV
1997, 439 ff.). In § 115a Abs. 2 Satz 4 ist deshalb nunmehr nicht mehr nur die **Prüfkompetenz** sondern
darüber hinaus auch die **Prüfpflicht** des nächsten Richters konkretisiert. Der nächste Richter ist damit
nicht mehr nur »ausführender Geschäftsstellenbeamter« des zuständigen Richters ohne jegliche Prüfkompetenz (s. hierzu *Ziegert* StV 1997, 439 ff.).

II. Entscheidungskompetenz des Richters am nächsten AG. Die **Entscheidungsbefugnis** des   16
nächsten Richters ist allerdings nach wie vor eingeschränkt. Er kennt den Fall nicht, ihm stehen regelmäßig die Akten nicht zur Verfügung und er hat den Haftbefehl auch nicht erlassen. Dennoch kann und
muss er, zumindest in gewissem Rahmen, eine Entscheidung in der Sache treffen.

Ergibt sich bei der Vernehmung des Beschuldigten durch den nächsten Richter, dass er nicht die im   17
Haftbefehl genannte Person ist oder der Haftbefehl aufzuheben ist oder auch, wenn die StA dies bean-
tragt hat (vgl. § 120 Abs. 3), dann ist der Ergriffene freizulassen (§ 115a Abs. 2 Satz 3). Auch über die
Einhaltung von Grundrechten (z.B. Art. 104 GG) hat der nächste Richter eigenständig zu entscheiden.
Bei krankheitsbedingter Haftunfähigkeit des Untersuchungsgefangenen (zur Vollzugsuntauglichkeit
ausführlich § 112 dort Rdn. 114 ff.) hat er dessen Freilassung anzuordnen (LG Frankfurt am Main
StV 1985, 464).

Erhebt der Beschuldigte sonst Einwendungen die nicht offensichtlich unbegründet sind, oder hat der   18
nächste Richter sonst Bedenken gegen den Fortbestand des Haftbefehls, dann unterrichtet er unverzüglich das zuständige Gericht und die StA. Dies hat auf dem nach den Umständen schnellsten Weg zu
geschehen. Die Nutzung jeglicher moderner Kommunikationsmittel (Telefon, Telefax, E-Mail) verstehen sich von selbst. Das **zuständige Gericht** prüft dann unverzüglich selbst in eigener Zuständigkeit, ob
der Haftbefehl aufzuheben oder außer Vollzug zu setzen ist. Der nächste Richter hat unter Einbeziehung der StA zügig eine Entscheidung durch das zuständige Gericht herbei- und dann auszuführen.

Die Praxis zeichnet nicht selten ein völlig anderes Bild: Dem nächsten Richter liegt regelmäßig nur eine   19
Kopie des Haftbefehls vor und dem zuständigen Richter, der den Haftbefehl im Dezernatsweg erlassen
hat, liegen – wenn überhaupt eine Kontaktaufnahme erfolgt – die Akten nicht mehr vor, sie befinden
sich bei der Staatsanwaltschaft. Der zuständige Staatsanwalt ist nicht erreichbar und der ggf. bereits
mandatierte Verteidiger nimmt all dies hin. Der nächste Richter begnügt sich dann mit der Eröffnung
und Verkündung des Haftbefehls und ordnet die oft langwierige und immer belastende Verschubung
des Beschuldigten an (ausführlich hierzu s.u. Rdn. 29). Eine unverzügliche Entscheidung in der Sache,

§ 115a StPO Vorführung vor den Richter des nächsten Amtsgerichts

die ihrem Namen gerecht wird und die verfassungsrechtlich geschützten Rechte des Beschuldigten wahrt, wird nicht getroffen.

20 Ein solches Vorgehen widerspricht klar und eindeutig dem Grundsatz, dass jede Person, der die Freiheit durch Festnahme oder Haft entzogen wird, unverzüglich einem Gericht gegenüberzustellen ist, das über die Rechtmäßigkeit der Freiheitsentziehung entscheidet und eine Entlassung anordnen kann, falls die Freiheitsentziehung nicht rechtmäßig ist. Denn diese Verpflichtung ist nur dann erfüllt, wenn über die Rechtmäßigkeit des Haftbefehls ohne jede schuldhafte Verzögerung tatsächlich eine **Sachentscheidung** getroffen wird. Andernfalls liegt ein Verstoß gegen Art. 5 Abs. 3 Satz 1 und Art. 6 Abs. 1 Satz 1 EMRK vor (EGMR NJW 2001, 51 ff. = JuS 2001, 594 [Aquilina v. Malta]; s.a. BGHSt 42, 343, 350 und 353 = JR 1997, 471, 473 [m. Anm. *Seebode*] = JuS 1997, 856 f. = NJ 1997, 223 = NJW 1997, 1452 ff. [m. Anm. *Schmittmann* NJW 1997, 1426 f. – zum Vorwurf der Rechtbeugung] = NStZ 1997, 439 [m. Anm. *Volk* NStZ 1997, 412 ff. und Anm. *Krehl* NStZ 1998, 409 f. – jeweils zum Vorwurf der Rechtbeugung] = StV 1997, 418 ff. = wistra 1997, 182 ff.; *Nibbeling* ZRP 1998, 342 ff.; *Schmitz* NStZ 1998, 170 ff.).

21 Zwischen dem nächsten und dem zuständigen Richter muss deshalb eine **Absprache** stattfinden. Zumindest der unzumutbare frühere Zustand, dass es dem Verteidiger überlassen blieb, überhaupt erst einen Kontakt der Beteiligten herzustellen, ist inzwischen gesetzlich überwunden (vgl. zur Situation vor der Reform des Rechts der Untersuchungshaft: *Ziegert* StV 1997, 439 ff. [der nächste Richter als »Urkundsbeamter«] und *Nibbeling* ZRP 1998, 342 ff. [»unwürdige Farce«]). Die bereits früher geäußerte weiter gehende Kritik (s.o.) blieb bei der Reform des Rechts der Untersuchungshaft aber weiter unbeachtet. Bei allem darf auch nicht übersehen werden, dass es sich hier nicht lediglich um den Mindeststandard einer Rechtspflicht handelt, sondern eine gemeinsame Entscheidung auch der Sache selbst geschuldet ist. Es geht um die Freiheit eines als unschuldig geltenden Inhaftierten (vgl. hierzu auch BGHSt 42, 343, 350 und 353 = JR 1997, 471, 473 [m. Anm. *Seebode*] = JuS 1997, 856 f. = NJ 1997, 223 = NJW 1997, 1452 ff. [m. Anm. *Schmittmann* NJW 1997, 1426 f. – zum Vorwurf der Rechtbeugung] = NStZ 1997, 439 [m. Anm. Volk NStZ 1997, 412 ff. und Anm. *Krehl* NStZ 1998, 409 f. – jeweils zum Vorwurf der Rechtbeugung] = StV 1997, 418 ff. = wistra 1997, 182 ff.; AnwK/Uhaft-*König*, § 115a StPO Rn. 7 f.).

22 Ist eine Benachrichtigung des zuständigen Richters am Tag der Vorführung nicht möglich und erscheint der Vollzug der Untersuchungshaft nicht vertretbar, dann ist der nächste Richter ausnahmsweise berechtigt aber auch verpflichtet, den Haftbefehl außer Vollzug zu setzen (analog § 116 StPO; vgl. AnwK/Uhaft-*König*, § 115a StPO Rn. 8 a.E.; *Meyer-Goßner/Schmitt* § 115a Rn. 6; *Christian Schröder* StV 2005, 241 ff.).

23 **III. Zuständigkeiten bei Beschwerde.** Trifft der Richter des nächsten AG selbstständig eine Entscheidung und richtet sich die Beschwerde unmittelbar hiergegen, dann ist das dortige (Beschwerde-)Gericht zuständig. Andernfalls regelt sich der Instanzenzug nach der Situation am zuständigen Gericht (KG JR 1976, 253 f.; LG Frankfurt am Main StV 1985, 464 ff.; *Meyer-Goßner/Schmitt* § 115a Rn. 7). Richtet sich die Beschwerde gegen die Aufrechterhaltung der Untersuchungshaft durch den nächsten Richter, dann können zwei Beschwerderechtszüge eröffnet sein, sowohl zu dem übergeordneten Beschwerdegericht beim »nächsten Richter« als auch zu dem beim »zuständigen Richter« (OLG München StRR 2010, 203 [LS] = StV 2010, 585 [LS]). Wendet sich die Beschwerde gegen den dringenden Tatverdacht, dann ist wegen der beim nächsten Gericht nur eingeschränkten Prüfkompetenz das dem zuständigen Richter übergeordnete Beschwerdegericht örtlich zuständig. Dies dient der Verfahrensbeschleunigung und dem effektiven Grundrechtsschutz (vgl. OLG München StRR 2010, 203 [LS 2] = StV 2010, 585 [LS 2]).

24 Die Zuständigkeit des Staatsanwaltes geht aber nicht auf diejenige beim nächsten Gericht über (KK/*Graf* § 115a Rn. 4 a.E.; SK-StPO/*Paeffgen* § 115a Rn. 6a).

25 **IV. Kritik an der Neuregelung.** Die Neuregelung durch das Gesetz zur Reform des Untersuchungshaftrechts (BGBl. I, S. 2274, ausführlich hierzu vor § 112 dort Rdn. 24 f. und Rdn. 26 ff.) hat wenig Klarheit geschaffen und keine wesentliche Änderung zum unbefriedigenden früheren Rechtszustand gebracht. Es wurde lediglich versucht, das Zusammenspiel von nächstem und zuständigem Gericht zu »optimieren« (BT-Drucks. 16/13097 S. 27). Tatsächlich ist dies nicht gelungen (ebenso: AnwK/Uhaft-*König*, § 115a StPO Rn. 7). Der Anspruch des Beschuldigten auf rechtliches Gehör ist nicht ge-

wahrt, **wenn der nächste Richter ihm lediglich zu-, ihn aber nicht anhört.** Auch verstößt es gegen Art. 5 EMRK, wenn der Beschuldigte zwar einem Richter vorgeführt wird, dieser aber gar keine eigene Sachentscheidungskompetenz hat. Zur weiter gehenden Kritik s. bereits oben (Rdn. 11 ff. bzw. 16 ff.).

D. Recht auf weitere Vorführung, § 115a Abs. 3.
Der Untersuchungsgefangene kann verlangen, dem zuständigen Richter zur Vernehmung vorgeführt werden. Hierüber ist er zu belehren (§ 115a Abs. 3). Die Vorführung hat wegen des Beschleunigungsgebots in Haftsachen unverzüglich zu erfolgen. Auch ohne Antrag ist er deshalb zügig in den Zuständigkeitsbereich des nach § 115 zuständigen Gerichts zu verbringen (SK-StPO/*Paeffgen* § 115a Rn. 8). 26

Ein **Antrag auf Vorführung** steht einem solchen auf Haftprüfung gleich. Nach § 117 Abs. 2 Satz 1 ist daneben die Haftbeschwerde unzulässig (OLG Hamburg NStZ-RR 2002, 381 f. = wistra 2002, 199). 27

Der zuständige Richter kann seine Vernehmungsaufgabe nicht auf einen anderen Richter übertragen (vgl. LR/*Hilger* § 115 Rn. 14, *Kissel/Mayer*, GVG, 6. Aufl. 2010, § 158 Rn. 10, OLG Frankfurt am Main NStZ 1988, 441 f.; a. A. für den erweiterten Haftbefehl OLG Karlsruhe Justiz 1997, 140 f.). 28

E. Transport zum zuständigen Gericht, § 115a Abs. 3.
Der Transport des Beschuldigten in den Einzugsbereich des zuständigen Gerichts erfolgt regelmäßig mittels sog. **Verschubung**. Der Beschuldigte wird in einem Sammelbus nach Schubplan transportiert. Dies geschieht auf vorgegebenen Routen und kann mehrere Tage bis zu Wochen dauern. Der Reihe nach werden verschiedene Justizvollzugsanstalten angefahren. Eine Unterbringung erfolgt dort meist in Sammelzellen, nicht selten im Keller der Haftanstalt. Einkauf und Wäsche waschen sind selten möglich. Körperliche Pflege, insb. waschen oder duschen selbst ist erschwert wenn nicht gar unmöglich. Aufschluss und Hofgang werden üblicherweise verpasst oder nicht gewährt. Besuch kann während dieser Zeit nur in ganz seltenen Ausnahmefällen und dann auch nur unter erschwerten Bedingungen empfangen werden. Der Transport mittels Schub ist eine ungeheure psychische und physische Belastung für den Betroffenen. Dem kann allenfalls durch einen **Einzeltransport** begegnet werden, der den direkten Weg ohne Unterbrechung wählt. Ein solches Vorgehen ist regelmäßig allerdings nur mit vorheriger Zustimmung durch das Gericht auf eigene Kosten des Untersuchungsgefangenen möglich. Nur in seltenen Fällen engagieren sich dabei die Gerichte. Meist bleibt es dem Bemühen der Verteidigung überlassen, hier etwas zu bewirken. Dass wirtschaftliche Zwänge menschenunwürdige Zustände rechtfertigen sollen, bleibt auch weiterhin inakzeptabel (vgl. zum Ganzen die eindrückliche Schilderung von *Mroß* StV 2008, 611 ff.; s.a. *Herrmann*, Untersuchungshaft, Rn. 572 ff.; LR/*Hilger* § 115a Rn. 18; *Koch* NStZ 1995, 71 ff.; *Kropp* NJ 2000, 238 ff.; *ders.* ZRP 2005, 96 ff.; *Schmitz* NStZ 1998, 165 ff.; *Christian Schröder* StV 2005, 241, 244; s.a. LG Frankfurt am Main StV 1999, 321 [m. Anm. *Seebode*]). 29

Kann die Vorführung des Beschuldigten, bspw. mittels Einzeltransport, rechtzeitig i.S.d. §§ 115, 115a Abs. 1 Satz 1 zum **zuständigen Gericht** erfolgen, dann ist eine solche Vorgehensweise vorrangig zur Vorführung vor das nächste Gericht durchzuführen (AnwK/StPO-*Deckers*, § 115a Rn. 1; KK/*Graf* § 115 Rn. 5; LR/*Hilger* § 115a Rn. 3 mit Verweis auf § 115 Rn. 10; *Koch* NStZ 1995, 71 ff.; *Kropp* NJ 2000, 238 ff.; *ders.* ZRP 2005, 96 ff.; *Schmitz* NStZ 1998, 165 ff.; *Christian Schröder* StV 2005, 241, 244; a. A. soweit ersichtlich nur: *F. Fischer* NStZ 1994, 321 ff. [grds. Vorführung beim nächsten – und dann Sammeltransport zum zuständigen Richter]; ausführlich zur Subsidiarität von § 115a s.o., Rdn. 1). In der Praxis müsste dies dazu führen, dass Einzeltransporte die Regel und Sammeltransporte die Ausnahme sind. Dem ist aber nicht so. 30

§ 116 StPO Aussetzung des Vollzugs des Haftbefehls.
(1) ¹Der Richter setzt den Vollzug eines Haftbefehls, der lediglich wegen Fluchtgefahr gerechtfertigt ist, aus, wenn weniger einschneidende Maßnahmen die Erwartung hinreichend begründen, daß der Zweck der Untersuchungshaft auch durch sie erreicht werden kann. ²In Betracht kommen namentlich
1. die Anweisung, sich zu bestimmten Zeiten bei dem Richter, der Strafverfolgungsbehörde oder einer von ihnen bestimmten Dienststelle zu melden,
2. die Anweisung, den Wohn- oder Aufenthaltsort oder einen bestimmten Bereich nicht ohne Erlaubnis des Richters oder der Strafverfolgungsbehörde zu verlassen,
3. die Anweisung, die Wohnung nur unter Aufsicht einer bestimmten Person zu verlassen,

4. die Leistung einer angemessenen Sicherheit durch den Beschuldigten oder einen anderen.
(2) ¹Der Richter kann auch den Vollzug eines Haftbefehls, der wegen Verdunkelungsgefahr gerechtfertigt ist, aussetzen, wenn weniger einschneidende Maßnahmen die Erwartung hinreichend begründen, daß sie die Verdunkelungsgefahr erheblich vermindern werden. ²In Betracht kommt namentlich die Anweisung, mit Mitbeschuldigten, Zeugen oder Sachverständigen keine Verbindung aufzunehmen.
(3) Der Richter kann den Vollzug eines Haftbefehls, der nach § 112a erlassen worden ist, aussetzen, wenn die Erwartung hinreichend begründet ist, daß der Beschuldigte bestimmte Anweisungen befolgen und daß dadurch der Zweck der Haft erreicht wird.
(4) Der Richter ordnet in den Fällen der Absätze 1 bis 3 den Vollzug des Haftbefehls an, wenn
1. der Beschuldigte den ihm auferlegten Pflichten oder Beschränkungen gröblich zuwiderhandelt,
2. der Beschuldigte Anstalten zur Flucht trifft, auf ordnungsgemäße Ladung ohne genügende Entschuldigung ausbleibt oder sich auf andere Weise zeigt, daß das in ihn gesetzte Vertrauen nicht gerechtfertigt war, oder
3. neu hervorgetretene Umstände die Verhaftung erforderlich machen.

Übersicht

		Rdn.
A.	Allgemeines	1
B.	Außervollzugsetzung des Haftbefehls, § 116 Abs. 1 bis 3	4
I.	Allgemeines	4
II.	Voraussetzungen für die Außervollzugsetzung des Haftbefehls	8
III.	Die Außervollzugsetzung des Haftbefehls im Einzelnen	12
	1. Außervollzugsetzung bei Flucht, § 116 analog	14
	2. Außervollzugsetzung bei Fluchtgefahr, § 116 Abs. 1	16
	a) Meldeauflage, § 116 Abs. 1 Satz 2 Nr. 1	17
	b) Aufenthaltsbeschränkungen, § 116 Abs. 1 Satz 2 Nr. 2	18
	c) Weisung, die Wohnung nur unter Aufsicht zu verlassen, § 116 Abs. 1 Satz 2 Nr. 3	21
	d) Hinterlegung einer Sicherheitsleistung, § 116 Abs. 1 Satz 2 Nr. 4	24
	e) Weitere Auflagen	30
	f) Sonstiges	32
	3. Außervollzugsetzung bei Verdunkelungsgefahr, § 116 Abs. 2	36
	4. Außervollzugsetzung bei Wiederholungsgefahr, § 116 Abs. 3	44
	5. Außervollzugsetzung beim Haftgrund der »Tatschwere« nach § 112 Abs. 3 StPO, § 116 analog	50
C.	Die erneute Invollzugsetzung des Haftbefehls, § 116 Abs. 4	51
I.	Allgemeines	51
II.	Die Voraussetzungen der erneuten Invollzugsetzung im Einzelnen, § 116 Abs. 4 Nr. 1 bis 3	58
	1. Gröblicher Pflichtenverstoß, § 116 Abs. 4 Nr. 1	60
	2. Konkretes oder allgemeines Entfallen der Vertrauensgrundlage, § 116 Abs. 4 Nr. 2	61
	3. Veränderte Umstände, § 116 Abs. 4 Nr. 3	64
D.	Verfahren bei Außervollzugsetzung und erneuter Invollzugsetzung des Haftbefehls	70

1 **A. Allgemeines.** Ein Haftbefehl kann grds. immer unter Auflagen außer Vollzug gesetzt werden. Ein System, das bei bestimmten Tatvorwürfen die Möglichkeit einer Haftverschonung bzw. die Aussetzung der Untersuchungshaft gegen eine Sicherheit generell ausschließt, verstößt gegen Art. 5 Abs. 3 EMRK. § 116 regelt somit eine **besondere Ausprägung des Verhältnismäßigkeitsgrundsatzes** auf einfachrechtlicher Ebene. Auch eine Umkehr der Beweislast mit der Folge, dass der Beschuldigte die Untersuchungshaft nur bei Vorliegen außergewöhnlicher Umstände abwenden kann, wäre unzulässig. Genügen deshalb weniger einschneidende Maßnahmen, um den Zweck der Untersuchungshaft zu erreichen, dann muss der Vollzug des Haftbefehls ausgesetzt werden (BVerfGE 19, 342, 347 ff. = NJW 1966, 243, 244; s.a. *Burhoff*, Handbuch für das strafrechtliche Ermittlungsverfahren, Rn. 484 ff.; *Herrmann*, Untersuchungshaft, Rn. 1193 ff.; *Meyer-Goßner/Schmitt* § 116 Rn. 1; *Neuhaus* StV 1999, 340, 341). Ergänzend hierzu regelt § 116 Abs. 4 abschließend, unter welchen Voraussetzungen ein Haftbefehl wieder in Vollzug gesetzt werden kann.

2 Die Möglichkeit der Aussetzung des Vollzuges eines Haftbefehls entsprechend § 116 gilt für Haftbefehle nach den §§ 112 und 112a, § 127b, § 230 Abs. 2 (vgl. hierzu OLG Frankfurt am Main StV 2005, 432 f.), § 329 Abs. 4 Satz 1 sowie § 412 Satz 1.

Künftig soll innerhalb der EU eine **grenzüberschreitende Überwachung von Auflagen** i.R.d. Haftverschonung erfolgen. Dadurch kann Untersuchungshaft bei EU-Ausländern häufiger als bisher vermieden werden. Die praktische Umsetzung soll durch Formblätter erfolgen, mit denen der ersuchende Staat bei demjenigen Staat, in dem sich der Beschuldigte aufhält, um Überwachung nachsucht. Die Überwachung selbst orientiert sich dann an den dortigen Vorgaben (vgl. hierzu: Rahmenbeschluss des Rates der EU v. 27.11.2008 – 2008/909/JI, Amtsblatt der EU L 327/27; s. zum Ganzen auch *Radtke/Hohmann/Tsambikakis*, StPO, § 116 Rn. 33; zur Untersuchungshaft bei EU-Ausländern s. bereits OLG Dresden StV 2005, 224 [keine Fluchtgefahr bei polnischem Beschuldigten]; LG Frankfurt an der Oder StV 2005, 225 [LS]; sowie ausführlich § 112 dort Rdn. 54 ff.).

B. Außervollzugsetzung des Haftbefehls, § 116 Abs. 1 bis 3. I. Allgemeines. Die Außervollzugsetzung eines Haftbefehls kommt **während des gesamten Verfahrens** in Betracht. Schon bei seinem Erlass kann eine Haftverschonung erfolgen (*Meyer-Goßner/Schmitt* § 116 Rn. 1). Auch das OLG kann i.R.d. besonderen Haftprüfung nach den §§ 121, 122 StPO eine Außervollzugsetzung beschließen (OLG Hamm StV 2000, 631 f.). Zur Problematik der Außervollzugsetzung des Haftbefehls nach § 116 StPO nach Rechtskraft s. *Schweckendieck* NStZ 2011, 10 ff.

Das Vorliegen der Voraussetzungen des § 116 ist bei jeder Haftentscheidung jeweils gesondert zu prüfen. Hierbei gilt: Da der Vollzug der Untersuchungshaft die ultima ratio ist, müssen immer auch sämtliche denkbaren milderen Möglichkeiten zur Erreichung des Zwecks in Erwägung gezogen werden. Der **Grundsatz der Verhältnismäßigkeit** ist unmittelbar umzusetzen. Selbst wenn die Haftverschonung das mildere Mittel zum Vollzug der Untersuchungshaft ist, können die Auflagen dennoch eine so erhebliche Beeinträchtigung der persönlichen Freiheit des Beschuldigten bedeuten, dass der Fortbestand des Haftbefehls unverhältnismäßig wäre und deshalb eine Anpassung auch der Auflagen bis hin zu seiner Aufhebung angezeigt ist (BVerfGE 53, 152 ff. = NJW 1980, 1448 ff.; OLG Düsseldorf StraFo 2003, 378 f. = StV 2004, 82 f.; LG München StraFo 2009, 468 f. [zur Außervollzugsetzung eines europäischen Haftbefehls, wenn die Auslieferungshaft die Dauer der zu erwartenden Strafhaft nahezu erreicht]; s.a. *Burhoff*, Handbuch für das strafrechtliche Ermittlungsverfahren, Rn. 485; *Meyer-Goßner/Schmitt* § 116 Rn. 1). Eine Haftverschonung kommt auch dann in Betracht, wenn ansonsten die aufgrund eines beanstandungsfreien Verhaltens im Vollzug erwachsenden Vergünstigungen in Form von Lockerungen verloren gehen würden und trotz der Bewährung in den Lockerungen über Jahre hinweg die bereits konkreten Planungen für den Übergang in den offenen Vollzug Makulatur würden (OLG Celle StV 2005, 620 f. [beim Vorwurf des gemeinschaftlich begangenen Mordes]).

Nach überwiegender Meinung soll eine **befristete Außervollzugsetzung** des Haftbefehls statthaft sein (AG Krefeld NStZ 2002, 559 [m. Anm. *Neuhaus*]); *Burhoff*, Handbuch für das strafrechtliche Ermittlungsverfahren, Rn. 486; AnwK/StPO-*Deckers*, § 116 Rn. 6; LR/*Hilger* § 116 Rn. 9; *Neuhaus* StraFo 2000, 13, 15 f.; ders. NStZ 2002, 559 [in der Anm. zu AG Krefeld, ebenda]; *Schlothauer/Weider*, Untersuchungshaft, Rn. 587; differenzierend: SK-StPO/*Paeffgen* § 116 Rn. 7; a. A. KK/*Graf* § 116 Rn. 6; *Meyer-Goßner/Schmitt* § 116 Rn. 2). Es stellt sich aber die Frage, ob hier nicht eher ein Fall von **Vollzugslockerungen** angenommen werden muss, die an der Haftentscheidung als solcher nicht ändern, sondern vielmehr i.R.d. Ausgestaltung der Untersuchungshaft zu gewähren sind (vgl. hierzu z.B. OLG Köln StV 1984, 342 f. und OLG Köln StV 1982, 374 f. [Unterbrechung zur Vorstellung bei einer Suchtberatungsstelle]; OLG Stuttgart MDR 1980, 423 [Unterbrechung für Teilnahme an Beerdigung naher Angehöriger]; OLG Zweibrücken MDR 1979, 517 [Unterbrechung für stationären Krankenhausaufenthalt]; LG Verden StV 1996, 387 [Unterbrechung für 10 Tage während akuter Erkrankung des Sohnes]; s.a. LR/*Hilger* § 116 Rn. 9 [Unterbrechung für geschäftliche Besprechung]). Zur Ausführung aus der Untersuchungshaft s.a. Nr. 41 Abs. 2 UVollzO (zum alten Recht) sowie § 9 UVollzG-ME bzw. die jeweiligen landesrechtlichen Regelungen (zum neuen Recht). Eine nur vorübergehende Außervollzugsetzung oder eine vorübergehende Vollzugslockerung können auch der Erprobung dienen und Vertrauen schaffen, um den Beschuldigten dann dauerhaft von der Untersuchungshaft zu verschonen.

Auch bei einem **außer Vollzug gesetzten Haftbefehl** ist das **Beschleunigungsgebot in Haftsachen** zu beachten. Ist die Verzögerung unverhältnismäßig, dann ist der Haftbefehl über die Außervollzugsetzung hinaus aufzuheben. Die erforderliche Aufhebung des Haftbefehls darf nicht durch die bloße Außervollzugsetzung umgangen werden (OLG Düsseldorf StV 2004, 82; OLG Köln StraFo 2004, 137;

§ 116 StPO   Aussetzung des Vollzugs des Haftbefehls

OLG Stuttgart NStZ-RR 2003, 29; *Burhoff*, Handbuch für das strafrechtliche Ermittlungsverfahren, Rn. 485; *Herrmann*, Untersuchungshaft, Rn. 1198).

8 **II. Voraussetzungen für die Außervollzugsetzung des Haftbefehls.** Bei der Außervollzugsetzung des Haftbefehls geht es ganz allgemein um die Anordnung **weniger einschneidender Maßnahmen** als des Vollzuges der Untersuchungshaft. Dem Beschuldigten dürfen keine unzumutbaren Auflagen gemacht werden. Die Grenze verläuft dort, wo die Menschenwürde des Beschuldigten betroffen ist und die Durchsetzung von Auflagen einen sonstigen Grundrechtsverstoß bedeuten würde oder gegen das Übermaßverbot verstößt.

9 Der **Katalog** der im Gesetz genannten Möglichkeiten von Auflagen (§ 116 Abs. 1 S. 2 Nr. 1 bis 4) ist **nicht abschließend**. Es kommen je nach Einzelfall weitere geeignete Anordnungen in Betracht. Diese haben sich aber an dem bereits oben dargestellten verfassungsrechtlichen Maßstab zu orientieren (ausführlich: *Neuhaus* StV 1999, 340, 342 ff. [mit einer Darstellung vieler weiterer Auflagen, die in der Praxis bereits erfolgreich umgesetzt wurden]).

10 Als **unzulässig** angesehen wurden u.a. die Verpflichtung des Beschuldigten zur Arbeitsaufnahme, zur Rückkehr zur getrennt lebenden Ehefrau (wenn beide dies nicht wollen), zum Kontaktverbot mit Personen die in häuslicher Gemeinschaft leben, die Verpflichtung, in künftigen Vernehmungen Angaben machen zu müssen, polizeilichen Ladungen Folge leisten zu müssen (LG Dortmund StV 1999, 607; s. hierzu auch Rdn. 62), Ladungen der Ausländerbehörde zu befolgen (OLG Frankfurt am Main StV 1995, 476), der Ladung eines Sachverständigen Folge zu leisten oder gar aktiv an einer psychiatrischen Exploration teilnehmen zu müssen (OLG Celle StV 1988, 207), den behandelnden Arzt von der diesem obliegenden Verschwiegenheitsverpflichtung zu entbinden, private Tagebücher vorzulegen, sich öffentlich zu entschuldigen, oder den Kontakt zum Verteidiger zu unterlassen (umfassend: *Neuhaus* StV 1999, 340 ff.). Eine mit der Auflage verbundene Einschränkung der Berufsausübungsfreiheit macht die Maßnahme nicht unwirksam. Ein Berufsverbot ist aber nur unter den Voraussetzungen des § 132a zulässig. Die Verhängung eines vorläufigen Berufsverbotes kommt nur dann in Betracht, wenn neben den in § 132a StPO genannten Voraussetzungen zusätzlich festgestellt ist, dass das Verbot schon vor dem rechtskräftigen Abschluss des Hauptverfahrens als Präventivmaßnahme zur Abwehr konkreter Gefahren für wichtige Gemeinschaftsgüter erforderlich ist (OLG Hamm StraFo 2002, 178 f. = StV 2002, 315 ff.; *Meyer-Goßner/Schmitt* § 116 Rn. 5 a.E.; *Neuhaus* StV 1999, 340, 342 f.). Unzulässig ist auch die Forderung nach Eigenhinterlegung einer Sicherheitsleistung wenn der Beschuldigte insolvent ist (Verstoß gegen §§ 80, 81 InsO; vgl. BVerfG StV 2013, 96 ff. = wistra 2013, 59 ff. = StRR 2013, 33 ff. [mit Anm. *Buhlmann*]; ausführlich hierzu *Herrmann* StRR 2013, 12 ff.).

11 Zur Beschränkung der **Verwendung einer Kaution** gem. § 116 Abs. 1 Satz 2 Nr. 4 s. unter Rdn. 26 f.

12 **III. Die Außervollzugsetzung des Haftbefehls im Einzelnen.** § 116 differenziert bei der Nennung der Voraussetzungen für eine Außervollzugsetzung des Haftbefehls nach den im Gesetz genannten Haftgründen. Korrespondierend hierzu werden einige geeignete Maßnahmen genannt, die eine Haftverschonung ermöglichen sollen. Dieser Katalog ist nicht abschließend (s.o. Rdn. 9).

13 Sind im Haftbefehl **mehrere Haftgründe** genannt, dann müssen die jeweiligen Voraussetzungen erfüllt sein, um eine Außervollzugsetzung zu rechtfertigen.

14 **1. Außervollzugsetzung bei Flucht, § 116 analog.** Auch beim Haftgrund der Flucht gem. § 112 Abs. 2 Nr. 1 ist nach überwiegender Meinung eine Außervollzugsetzung des Haftbefehls möglich, obwohl dies im Gesetz nicht ausdrücklich vorgesehen ist (OLG Stuttgart NStZ 1999, 247; AnwK/StPO-*Deckers*, § 116, Rn. 3; LR/*Hilger* § 116 Rn. 2; AnwK-Uhaft/*König*, § 116 StPO Rn. 3; *Meyer-Goßner/Schmitt* § 116 Rn. 4; *Neuhaus* StV 1999, 340, 341; *Schlothauer/Weider*, Untersuchungshaft, Rn. 512 [unter Anpassung des Haftgrundes in Fluchtgefahr]; a. A. KK/*Graf* § 116 Rn. 3; SK-StPO/*Paeffgen* § 116 Rn. 3 und 5; *Pfeiffer*, StPO, § 116 Rn. 2). Dem ist grds. zuzustimmen. Dogmatische Bedenken, dass hier keine bewusste Regelungslücke angenommen werden könne (s. dazu SK-StPO/*Paeffgen* § 116 Rn. 3), überzeugen nicht. Denn die Reform des Untersuchungshaftrechts erfolgte auch in anderen Bereichen unzureichend und lückenhaft (ausführlich hierzu vor § 112 dort Rdn. 71).

15 Gleichgültig welche Meinung man vertritt, in der Praxis liegt die Lösung wohl darin, dass der Haftgrund der Flucht bei der Ergreifung des Beschuldigten oder dessen Selbststellung entfällt, dann aber der Haftgrund der Fluchtgefahr nach § 112 Abs. 2 Nr. 2 zu prüfen ist. Ist der Beschuldigte aber flüchtig

und stellt sich freiwillig, dann schafft dies Vertrauen. Für eine Haftverschonung gilt dann § 116 Abs. 1. In der Praxis werden in solchen Fällen meist Gesamtlösungen angestrebt und ergänzend verfahrensbeendende Absprachen getroffen. Die Außervollzugsetzung des Haftbefehls wegen Flucht noch vor Ergreifung des Beschuldigten orientiert sich vornehmlich an der Verhältnismäßigkeit.

2. Außervollzugsetzung bei Fluchtgefahr, § 116 Abs. 1. Die Außervollzugsetzung des Haftbefehls 16 bei Fluchtgefahr gem. § 112 Abs. 2 Nr. 2 ist in § 116 Abs. 1 geregelt. In dem unter Nr. 1 bis 4 genannten Katalog werden verschiedene Maßnahmen genannt, die eine Außervollzugsetzung rechtfertigen können, weil auch durch deren Erfüllung der Zweck der Untersuchungshaft erreicht werden kann. Im Einzelnen kommen in Betracht:

a) **Meldeauflage, § 116 Abs. 1 Satz 2 Nr. 1.** Gem. § 116 Abs. 1 Satz 2 Nr. 1 kann eine Meldeauf- 17 lage bestimmt werden. Der Beschuldigte wird verpflichtet, sich an bestimmten Tagen, ggf. zu bestimmten Zeiten oder jedenfalls innerhalb bestimmter Zeiträume bei Gericht, StA oder (der Regelfall) bei der für ihn zuständigen Polizeidienststelle oder einer anderen öffentlichen Stelle zu melden. Eine Meldeauflage bei privaten Einrichtungen (z.B. Arbeitgeber) wird hier nicht erfasst, sie fällt unter sonstige Auflagen (s.u.). Die Frequenz der Meldeauflage hängt vom konkreten Einzelfall ab, sie muss verhältnismäßig sein. Die zuständige Stelle ist zu informieren, sie muss mit der Übernahme der Kontrollpflicht einverstanden sein und Verstöße selbstständig unverzüglich mitteilen. Eine Meldeauflage kann vorübergehend ausgesetzt oder räumlich und zeitlich verlegt werden (OLG Hamm StraFo 1998, 423 = StV 1999, 38 f.), ggf. ist sie dauerhaft anzupassen (s.o.). Im Fortgang länger andauernder Verfahren liegt nahe, die Meldefrequenz zu reduzieren bzw. abzumildern.

b) **Aufenthaltsbeschränkungen, § 116 Abs. 1 Satz 2 Nr. 2.** Gem. § 116 Abs. 1 Satz 2 Nr. 2 kann 18 der Beschuldigte verpflichtet werden, seinen Wohn- oder Aufenthaltsort oder einen bestimmten (räumlich näher zu bezeichnenden) Bereich nicht ohne Erlaubnis des Gerichts oder der StA zu verlassen. Für eine solche Entlassung auf Ehrenwort bedarf es eines besonderen Vertrauens (OLG Celle StV 1991, 473; OLG Karlsruhe StV 2010, 30, 31 a.E.; *Burhoff*, Handbuch für das strafrechtliche Ermittlungsverfahren, Rn. 490; LR/*Hilger* § 116 Rn. 20; *Meyer-Goßner/Schmitt* § 116 Rn. 8).
In der Praxis wird regelmäßig die Auflage erteilt, nicht ohne vorherige Zustimmung ins Ausland reisen 19 zu dürfen. Ergänzend hierzu sind die Ausweisdokumente zu hinterlegen (s.u. Rdn. 30).
Die Überwachung einer solchen Anordnung jedenfalls für den häuslichen Bereich erscheint problema- 20 tisch, wenn sie mittels elektronischer Fußfessel oder elektronisch überwachtem Hausarrest (hierzu *Hochmayr* NStZ 2013, 13 ff.) erfolgt. Technisch durchführbar wäre sie längst (ausführlich hierzu s.u. Rdn. 22).

c) **Weisung, die Wohnung nur unter Aufsicht zu verlassen, § 116 Abs. 1 Satz 2 Nr. 3.** Gem. 21 § 116 Abs. 1 Satz 2 Nr. 3 kann der Beschuldigte angewiesen werden, seine Wohnung nur unter Aufsicht zu verlassen. Ein solcher **Hausarrest** hat sich in anderen Ländern als probates Mittel bewährt, findet in Deutschland aber – soweit ersichtlich – kaum oder gar keine Anwendung (ausführlich hierzu *Seebode*, Der Vollzug der Untersuchungshaft, 1985, S. 56 ff.; s.a. SK-StPO/*Paeffgen* § 116 Rn. 13). Mit Einverständnis des Beschuldigten könnte auch hier die elektronische Fußfessel oder elektronisch überwachter Hausarrest genutzt werden (ausführlich s.u. Rdn. 22). Bisher kommt eine solche Auflage allenfalls bei Jugendlichen in Betracht, bei denen die Eltern oder sonstige Erziehungsberechtigte vertrauenswürdig sind oder die sich in einer Therapieeinrichtung oder ambulanten Hafthilfeprojekten befinden. Die Verantwortung der Einhaltung obliegt dort Bewährungshelfern oder Sozialarbeitern. Die betreffende Person muss mit der Übernahme der Kontrollpflicht einverstanden sein und Verstöße unverzüglich mitteilen. Die Auflage erscheint sinnvoll, um die persönliche Situation des Beschuldigten, insb. dessen Lebensverhältnisse, zu stabilisieren (ausführlich zum Ganzen: *Schlothauer/Weider*, Untersuchungshaft, Rn. 597; s.a. *Münchhalffen/Gatzweiler*, Das Recht der Untersuchungshaft, Rn. 306).
Zunehmend dringlicher sind an dieser Stelle als Auflage die **elektronische Fußfessel** oder der **elektro-** 22 **nisch überwachte Hausarrest** zu diskutieren. Die Zeit ist längst reif für fortschrittliche Alternativen der Haftverschonung. Soweit ersichtlich wird bisher jedoch nur in Hessen (dort seit 2007) die elektronische Fußfessel i.R.d. Haftverschonung nach § 116 genutzt. Eine solche Zurückhaltung ist unverständlich. Denn in der Praxis umsetzbar wären sie zweifellos, wie insb. auch entsprechende Maßnahmen im Strafvollzug belegen (s. auch § 68b Abs. 1 Satz 1 Nr. 12 StGB; dazu OLG Hamburg StraFo 2011, 525).

Hohe Kosten können ebenfalls nicht als Argument gegen eine Einführung herhalten, denn schließlich würden Haftplätze frei (zum Ganzen: *Burhoff*, Handbuch für das strafrechtliche Ermittlungsverfahren, Rn. 492; *Albrecht/Schädler* ZRP 2000, 466 ff.; *Banzer/Scherzberg* ZRP 2009, 31; *Dahs* NJW 1999, 3469 ff.; *Fünfsinn* in: FS für Eisenberg, 2009, S. 691 ff.; LR/*Hilger* § 119 Rn. 23; *Hochmayr* NStZ 2013, 13 ff.; *Hudy*, Elektronisch überwachter Hausarrest, 1999; *Krahl* NStZ 1997, 457 ff.; *Kuntze* Forum Strafvollzug 2008, 33; *Meyer-Goßner/Schmitt* vor § 112 Rn. 2 und § 116 Rn. 9; *Münchhalffen/Gatzweiler*, Das Recht der Untersuchungshaft, Rn. 308; *Neuhaus* StV 1999, 340, 342 f.; SK-StPO/*Paeffgen* § 116 Rn. 15b; *Püschel* StraFo 2009, 134, 140; *Schlothauer/Weider*, Untersuchungshaft, Rn. 598 und 1286; *Schünemann* GA 2008, 332 ff.; *Seebode* StV 1999, 325, 327 f. [Anm. zu LG Frankfurt am Main StV 1999, 324 f.]; *Weichert* StV 2000, 335 ff.). Die Umsetzung des Grundrechts auf Freiheit hat sich nicht nur daran zu orientieren, was an Verwaltungseinrichtungen üblicherweise vorhanden oder an Verwaltungsbrauch vorgegeben ist. Es muss vielmehr Aufgabe des Staates sein, i.R.d. Zumutbaren sämtliche geeigneten Maßnahmen umzusetzen, um eine Verkürzung der Rechte der Untersuchungsgefangenen zu vermeiden (BVerfG NStZ 2008, 521 = StV 2008, 592 ff.).

23 Die Nutzung einer elektronischen Fußfessel stellt keine haftgleiche Freiheitsentziehung dar, sondern bedeutet nur eine Freiheitsbeschränkung. Sie ist als allgemeiner Strafzumessungsgrund zugunsten des Angeklagten zu berücksichtigen (BGH NStZ 2009, 639 = NJW 2009, 2546 = StraFo 2009, 424 = StV 2009, 647, 648 = wistra 2009, 398; s.a. LG Frankfurt am Main NJW 2001, 697).

24 **d) Hinterlegung einer Sicherheitsleistung, § 116 Abs. 1 Satz 2 Nr. 4.** Gem. § 116 Abs. 1 Satz 2 Nr. 4 kann eine Sicherheitsleistung durch den Beschuldigten oder einen Dritten hinterlegt werden. Dieses Recht ergibt sich ausdrücklich auch aus Art. 5 Abs. 3 Satz 2 EMRK (EGMR NJW 2007, 3699 [McKay v. Großbritannien]). Die Möglichkeit der Hinterlegung einer Kaution verstößt auch nicht gegen den Gleichheitsgrundsatz des Art. 3 Abs. 1 GG. Zwar wird eingewandt, dass wohlhabende Beschuldigte hier privilegiert würden. Das ist so aber nicht richtig. Denn ein Ausgleich findet über die Höhe der zu hinterlegenden Summe statt (s.a. *Amendt*, Die Verfassungsmäßigkeit der strafprozessualen Sicherheitsleistungsvorschriften, 1986, S. 24 und S. 41 ff. [mit umfangreichem statistischem Zahlenmaterial]; KK/*Graf* § 116 Rn. 18; *Meyer-Goßner/Schmitt* § 116 Rn. 10; SK-StPO/*Paeffgen* § 116 Rn. 14; *Püschel* StraFo 2009, 134, 138 f.; *Schlothauer/Weider*, Untersuchungshaft, Rn. 600 f.; a. A. [soweit ersichtlich einzig] KMR-*Wankel*, StPO, § 116 Rn. 3).

25 Die Anordnung einer entsprechenden Auflage ist formal nicht vom **Einverständnis des Beschuldigten** abhängig, ohne dieses aber sinnlos (SK-StPO/*Paeffgen* § 116 Rn. 14; s.a. BGH NStZ 1992, 286 [zur Weigerung des entlassungsunwilligen Beschuldigten, eine Kaution zu stellen]).

26 Durch die Hinterlegung eines Geldbetrages wird die Durchführung des Verfahrens bis hin zur Vollstreckung der Strafe gesichert und damit der Zweck der Untersuchungshaft mit milderen Mitteln erreicht. Denn bei einem Verstoß gegen Auflagen droht der **Verfall der Sicherheit (§ 124)**. Der auf dem Beschuldigten lastende wirtschaftliche Druck hält ihn von der Flucht ab. Die Hinterlegung durch nahe stehende Dritte (Familienangehörige, Arbeitgeber etc.) wirkt grds. zusätzlich stabilisierend (OLG Hamm StraFo 2002, 338; OLG Zweibrücken StV 2011, 164 f. [LS]). Dies wird von Gerichten und Staatsanwälten nicht selten anders gesehen, teils verkannt.

27 Die Sicherheitsleistung dient ausschließlich der **Erfüllung des Zwecks der Untersuchungshaft**, dass der Beschuldigte sich dem weiteren Verfahren stellt. Eine Verrechnung der Kaution mit einer evtl. später ausgesprochenen oder gar anderweitigen Geldstrafe oder den Verfahrenskosten ist nicht zulässig (OLG Frankfurt am Main StV 2000, 509; LG München II StV 1998, 554 [m. zust. Anm. *Eckstein*]). Eine gegenteilige Erklärung darf vom Beschuldigten nicht verlangt werden (LG München I StraFo 2003, 92 [m. zust. Anm. *Eckstein*]; LG München II StV 1998, 554 [m. zust. Anm. *Eckstein*]; s.a. *Paeffgen* NStZ 2000, 135 ff.). Auch das Verbot, den Freigabeanspruch auf Rückzahlung der Kaution an Dritte abzutreten, ist unzulässig, eine entsprechende Auflage unwirksam (LG München I StraFo 2003, 92 [m. zust. Anm. *Eckstein*]; ausführlich: *Püschel* StraFo 2009, 134, 139 f.; *Schlothauer* in: FS für AG Strafrecht des DAV, 2009, S. 1039, 1043; s.a. *Schlothauer/Weider*, Untersuchungshaft, Rn. 604; a. A. AG Hamburg StV 2000, 512 [m. abl. Anm. *Schlothauer*]; LG Gießen StraFo 2006, 324 = StV 2006, 643, 645). Vereinzelt wird dennoch ein gesetzliches Abtretungsverbot angenommen (OLG München StV 2000, 509 [m. abl. Anm. *Sättle*] sowie OLG Hamm StRR 2009, 271 [m. abl. Anm. *Bleicher*]). Das ist nicht haltbar (ausführlich *Schlothauer* in: FS für AG Strafrecht des DAV, 2009, S. 1039, 1043; s.a.

BGH BRAK-Mitt. 2004, 261 = MDR 2005, 58 ff. = NJW 2004, 3630 ff. = StV 2004, 661 ff. = WM 2004, 1825 ff.). Eine Sicherung von Ansprüchen Dritter durch die Ermittlungsbehörden hat ggf. über die §§ 111b ff. zu erfolgen. Die Regelungen zur Untersuchungshaft dürfen hierfür nicht herhalten, ihr Zweck ist ein Anderer.

Weitere Einzelheiten zur Frage der Hinterlegung einer Sicherheitsleistung, insb. ihrer Art und Höhe, sind in § 116a geregelt (ausführlich hierzu s. die Kommentierung bei § 116a). 28

Wohnt der Beschuldigte nicht im Geltungsbereich der BRD oder hält er sich länger im Ausland auf, dann kann die Aussetzung des Vollzuges des Haftbefehls gegen Sicherheitsleistung nach § 116 Abs. 1 Satz 2 Nr. 4 nur nach Benennung eines Zustellungsbevollmächtigten erfolgen (§ 116a Abs. 3; ausführlich hierzu s. § 116a Rdn. 21 ff.). 29

e) **Weitere Auflagen.** Über die in § 116 Abs. 1 Nr. 1 bis 4 genannten Auflagen hinaus kommt **jede sonst denkbare Maßnahme als Auflage** in Betracht, die als Ersatz für den Vollzug der Untersuchungshaft geeignet erscheint (statt Aller: *Meyer-Goßner/Schmitt* § 116 Rn. 11). Als weitere praktisch bedeutsame Beispiele können (ohne Anspruch auf Vollständigkeit) genannt werden: 30

– Die in der Praxis am häufigsten erteilte weitere Auflage an den Beschuldigten besteht darin, jeden **Wohnungswechsel mitzuteilen.** Sofern noch kein Wohnsitz vorhanden ist, kann zur Auflage gemacht werden, einen solchen zu nehmen und dies nachzuweisen. Nicht selten wird der Ort der Wohnung konkret bezeichnet, bspw. zu Hause oder bei den Eltern (als zusätzliche vertrauensbildende Maßnahme). Dies ist aber nur mit Einverständnis der Beteiligten möglich. Durch diese Auflage lässt sich der gewöhnliche Aufenthalt überwachen. Darüber hinaus können Schriftstücke (Anklageschrift, Strafbefehl, Ladungen etc.) zugestellt werden. Hierdurch wird die Durchführung des Verfahrens auch formal gesichert.

– Häufig erfolgt auch die Anordnung der **Hinterlegung sämtlicher Ausweisdokumente** (OLG Celle StV 1991, 473 [Personalausweis]; OLG Saarbrücken NJW 1978, 2460 [Reisepass]). Gelegentlich ist auch der Führerschein zu hinterlegen, sofern dies sinnvoll oder auch geboten erscheint. Die Dokumente werden zur Akte genommen. Hierfür ist eine gesonderte Auflage erforderlich, weil der Haftbefehl nicht automatisch zur Sicherstellung und Beschlagnahme der Ausweispapiere berechtigt (*Meyer-Goßner/Schmitt* § 116 Rn. 12; *Paeffgen* NStZ 2001, 74; a. A. LG Offenburg NStZ 1999, 530 = StV 2000, 32 [m. abl. Anm. *Wohlers*]). Der Beschuldigte erhält die Bescheinigung um sich ausweisen zu können (vgl. §§ 1 Abs. 1, 32 Abs. 1 Nr. 2 PAuswG; für Ausländer s. § 3 AufenthaltsG; zum Ganzen: KK/*Graf* § 116 Rn. 13; LR/*Hilger* § 116 Rn. 26; *Meyer-Goßner/Schmitt* § 116 Rn. 12; *Schlothauer/Weider*, Untersuchungshaft, Rn. 593 f.).
Mit dieser Auflage geht regelmäßig eine **Aufenthaltsbestimmung** nach § 116 Abs. 1 Satz 2 Nr. 2 einher, das Bundesgebiet oder auch gelegentlich eine bestimmte Region (s. hierzu OLG Karlsruhe StV 2010, 30, 31 a.E.) ohne vorherige Zustimmung des Gerichts nicht verlassen zu dürfen.

– Regelmäßig wird auch angeordnet, dass der Beschuldigte eine **bestimmte Wohnung** zu nehmen hat. Bei Jugendlichen und Heranwachsenden wird oft die Wohnung der Eltern genannt, um so den erzieherischen Einfluss zu vergrößern. Dies ist aber nur mit Zustimmung der Beteiligten möglich (s.o.).

– Im Zusammenhang mit Auflagen nach § 116 Abs. 1 Nr. 2 kann der Beschuldigte angewiesen werden, eine stationäre **Drogentherapie** anzutreten und jeden Wechsel der Einrichtung oder den Abbruch der Therapie anzuzeigen (OLG Frankfurt am Main StV 1991, 27; OLG Hamm NStZ 2001, 77). Hiermit werden regelmäßig aber auch apokryphe Gründe verfolgt (ausführlich hierzu § 112 Rdn. 23).

– Denkbar ist auch die Sperrung eines **Bankkontos oder Sparbuches** um so den Fluchtanreiz zu mindern (KK/*Graf* § 116 Rn. 12; *Meyer-Goßner/Schmitt* § 116 Rn. 12; *Schlothauer/Weider*, Untersuchungshaft, Rn. 595).

Bei allen sich bietenden Auflagen müssen aber immer Sinn und Zweck der Untersuchungshaft und der Haftverschonung beachtet werden. Sachfremde Ziele dürfen nicht angestrebt werden. 31

f) **Sonstiges.** I.R.d. Haftverschonung muss die **Freilassung des Beschuldigten** ausdrücklich angeordnet werden. Dies kann bereits vorab geschehen und ist nicht erst im Anschluss an die Hinterlegung der Sicherheit möglich (so aber wohl SK-StPO/*Paeffgen* § 116 Rn. 14 a.E.). Denkbar und praktisch sinnvoll ist, die Haftverschonung schon unter die Bedingung der Erfüllung der Auflage zu stellen. Wird dann der Nachweis der Einzahlung bzw. Hinterlegung der Kaution erbracht, erfolgt unverzüglich 32

§ 116 StPO   Aussetzung des Vollzugs des Haftbefehls

die Entlassung aus der Untersuchungshaft. Sie kann sowohl von der StA als auch von dem Haftgericht angeordnet werden.

33 Eine **Kombination verschiedener Auflagen** ist möglich und in der Praxis auch üblich. Oft bietet erst eine Kumulation von Auflagen eine ausreichende Gewähr für die Annahme, der Beschuldigte werde sich dem Verfahren nicht durch Flucht entziehen.

34 Einmal beschlossene Auflagen können jederzeit, auch nur vorübergehend, auf Absprache oder Antrag eines der Verfahrensbeteiligten **ausgesetzt oder geändert** werden. Sie können auch sonst angepasst werden, bspw. kann eine Meldeauflage an einen anderen Aufenthaltsort verlegt oder reduziert werden (s. bereits unter Rdn. 17).

35 Im weiteren Verlauf des Verfahrens ist eine **Anpassung der Auflagen** zu prüfen. In Betracht kommen eine Reduzierung der Höhe der Geldauflage, der Frequenz bei Meldeauflagen, eine vorab erlaubte vereinfachte Herausgabe der Personaldokumente über die Geschäftsstelle der StA oder bei Gericht, ohne dass es einer ausdrücklichen richterlichen Genehmigung im Einzelfall bedarf. Oft erscheint dies schon wegen des sich mit zunehmender Dauer des Verfahrens bestätigenden Vertrauens gerechtfertigt. Ergänzend hierzu wird dadurch auch dem Verhältnismäßigkeitsgrundsatz Rechnung getragen.

36 **3. Außervollzugsetzung bei Verdunkelungsgefahr, § 116 Abs. 2.** Die Außervollzugsetzung des Haftbefehls bei Verdunkelungsgefahr gem. § 112 Abs. 2 Nr. 3 richtet sich nach § 116 Abs. 2. Sie ist geboten, wenn weniger einschneidende Maßnahmen die Erwartung hinreichend begründen, dass sich die Verdunkelungsgefahr erheblich vermindern werde. Die Gefahr möglicher weiterer Verdunkelungshandlungen muss nicht vollständig beseitigt sein (*Meyer-Goßner/Schmitt* § 116 Rn. 14 [»braucht nicht restlos beseitigt zu sein«]). Es genügt mithin eine Annäherung an die Erreichung des Haftzweckes. Konkrete Beispiele wie bei § 116 Abs. 1 nennt das Gesetz hier aber nicht.

37 § 116 Abs. 2 ist als **»Kann-Vorschrift«** formuliert. Auch hier hat das Gericht aber Haftverschonung anzuordnen, wenn die entsprechenden Voraussetzungen vorliegen.

38 In § 116 Abs. 2 Satz 2 ist namentlich genannt ein **Kontaktaufnahmeverbot** (s. hierzu KK/*Graf* § 116 Rn. 21; *Burhoff*, Handbuch für das strafrechtliche Ermittlungsverfahren, Rn. 276; *Dahs*, Handbuch des Strafverteidigers, Rn. 316; *Meyer-Goßner/Schmitt* § 116 Rn. 15; *Widmaier/König*, MAH Strafverteidigung, § 4 Rn. 170; s. hierzu auch Rdn. 47). Es kann ausgesprochen werden ggü. Mitbeschuldigten, Zeugen, Sachverständigen aber auch sonstigen Dritten. Eine Verbindungsaufnahme darf dann weder unmittelbar noch mittelbar erfolgen. Die betreffenden Personen, zu denen kein Kontakt aufgenommen werden darf, sind konkret zu benennen, sie müssen identifizierbar sein. Der Kontakt zu einer in häuslicher Gemeinschaft lebenden Person darf nicht unterbunden werden (*Amelung* StraFo 1997, 15 ff.; LR/*Hilger* § 116 Rn. 26).

39 Hat der Beschuldigte keinen Verteidiger, dann kann ihm auf Antrag gestattet werden, zur Vorbereitung seiner Verteidigung Erkundigungen auch bei solchen Personen anzustellen, die unter das Kontaktverbot fallen würden (vgl. KK/*Graf* § 116 Rn. 21; LR/*Hilger* § 116 Rn. 27; *Meyer-Goßner/Schmitt* § 116 Rn. 15 a.E.). Ein solcher Fall erscheint nach der Änderung des Untersuchungshaftrechts praktisch kaum mehr denkbar, da mit dem Vollzug der Untersuchungshaft die unverzügliche Beiordnung eines Pflichtverteidigers geboten ist (vgl. §§ 140 Abs. 1 Nr. 4 i.V.m. 141 Abs. 3 Satz 4; ausführlich hierzu s. vor § 112 Rdn. 49).

40 Das Kontaktverbot darf keinesfalls den **Verteidiger** erfassen (vgl. § 148). Bei einem entsprechenden Verdacht kann dieser allenfalls aus dem Verfahren ausgeschlossen werden (§ 138a StPO; vgl. LR/*Hilger* § 116 Rn. 27; *Widmaier/König*, MAH Strafverteidigung, § 4 Rn. 170). Das Gebot einer vorherigen Zustimmung durch die StA für bestimmte Handlungen bedeutet, sofern es den Verteidiger erfasst, eine unzulässige Beeinträchtigung der Verteidigung und ist unzulässig (a. A. LG München I StraFo 1998, 209 [m. krit. Anm. *Wüllrich*]).

41 Auch bei Verdunkelungsgefahr ist eine **Haftverschonung gegen Sicherheitsleistung** möglich. Zwar wird vereinzelt unter Bezugnahme auf den Wortlaut des § 116 Abs. 2 die Möglichkeit der Außervollzugsetzung des Haftbefehls gegen Stellung einer Kaution verneint (OLG Frankfurt am Main NJW 1978, 838; OLG Hamm StV 2001, 688; KG JR 1990, 34; OLG Nürnberg StraFo 2003, 89; LG Köln StV 1999, 609; ebenso wohl auch *Meyer-Goßner/Schmitt* § 116 Rn. 16 [»idR auch keine geeignete Maßnahme«]; SK-StPO/*Paeffgen* § 116 Rn. 18; *ders.* NStZ 1992, 482 [geeignet, aber wegen des Wortlautes nicht zulässig]). Schon ein Teil der früheren, jedenfalls aber die gesamte neuere Rechtsprechung

und die deutlich überwiegende Meinung in der Literatur bejahen aber die Möglichkeit einer Außervollzugsetzung gegen Sicherheitsleistung auch hier (älter: OLG Hamburg NJW 1966, 1329; OLG Hamburg MDR 1974, 595; OLG Köln StraFo 1997, 16; LG Bochum StV 1998, 207; neuer: OLG Hamm StraFo 2001, 397 = StV 2001, 688; OLG Nürnberg StraFo 2003, 89; LG Bochum StV 1998, 207; LG München I StraFo 1998, 209; aus der Literatur: *Amelung* StraFo 1997, 300 ff.; *Burhoff*, Handbuch für das strafrechtliche Ermittlungsverfahren, Rn. 499; *ders.* StraFo 2000, 109, 119; AnwK/StPO-*Deckers*, § 112 Rn. 25 und § 116 Rn. 7; KK/*Graf* § 116 Rn. 19; *Herrmann*, Untersuchungshaft, Rn. 1219; LR/*Hilger* § 116 Rn. 18; *Hohlweck* NStZ 1998, 600 ff.; *Münchhalffen/Gatzweiler*, Das Recht der Untersuchungshaft, Rn. 314; *Park* wistra 2001, 247, 251; *Püschel* StraFo 2009, 134, 138; *Schlothauer/Weider*, Untersuchungshaft, Rn. 640; *Widmaier/König*, MAH Strafverteidigung, § 4 Rn. 170). Eine Sicherheitsleistung kann insb. nicht damit abgelehnt werden, dass die Voraussetzungen für einen Verfall nicht klar bestimmbar seien. Es gilt derselbe Maßstab wie bei § 116 Abs. 4 Nr. 1 (vgl. *Schlothauer/Weider*, Untersuchungshaft, Rn. 640). Der wirtschaftliche Druck des drohenden Verfalls der hinterlegten Sicherheitsleistung bei einem eventuellen Verstoß gegen Auflagen (vgl. § 124) und die drohende Gefahr einer erneuten Inhaftierung (vgl. § 116 Abs. 4) werden zusätzlich verstärkt, weil der Beschuldigte immer damit rechnen muss, dass mögliche Verdunkelungshandlungen selbst noch nachträglich bekannt werden. Er kann nie ausschließen, dass Dritte sich eben doch offenbaren.

Ist eine Beweisvereitelung objektiv nicht mehr möglich, dann muss eine Anpassung der Auflagen wenn nicht gar die Aufhebung des Haftbefehls geprüft werden (ausführlich hierzu s. § 112 dort Rdn. 87). 42

Auch bei der Verdunkelungsgefahr ist eine **Kombination mehrerer Auflagen** denkbar. 43

4. Außervollzugsetzung bei Wiederholungsgefahr, § 116 Abs. 3. Die Außervollzugsetzung des 44
Haftbefehls wegen Wiederholungsgefahr gem. § 112a ist in § 116 Abs. 3 geregelt. Es kommt darauf an, dass die Erwartung hinreichend begründet ist, der Beschuldigte werde bestimmte Anweisungen befolgen und dadurch der Zweck der Untersuchungshaft auch ohne deren Vollzug erreicht wird. Konkrete Beispiele wie bei § 116 Abs. 1 nennt das Gesetz hier nicht.

Neben den bereits dargestellten Auflagen kommt insb. in Betracht eine **ärztliche oder psychiatrische** 45
bzw. psychotherapeutische Behandlung. Denkbar ist die Behandlung in der offenen oder geschlossenen Abteilung eines Krankenhauses oder der Beginn einer Drogentherapie (OLG Frankfurt am Main StV 1992, 425; OLG Hamm StV 1984, 123; s.a. LR/*Hilger* § 112a Rn. 45, *Meyer-Goßner/Schmitt* § 116 Rn. 17). Auch hier darf aber nicht übersehen werden, dass damit regelmäßig zumindest auch apokryphe Interessen verfolgt werden. Gerade im Bereich der Drogendelinquenz erscheint dies aber meist sinnvoll (*Püschel* StraFo 2009, 134, 136). Eine kritische Sicht ist hier angezeigt.

Auch eine **Ausgangssperre** oder das **Verbot des Führens von Kfz** können nach den Umständen des Ein- 46
zelfalles als Auflage angeordnet werden, um so einer Wiederholungsgefahr entgegen zu wirken (OLG Köln StV 2010, 29 [Ausgangssperre nachts von 20.00 Uhr bis 6.00 Uhr, um so bei hohem Aggressionspotenzial der Möglichkeit einer Konfrontation zu neuralgischen Zeiten zu begegnen]; s. hierzu auch *Schlothauer/Weider*, Untersuchungshaft, Rn. 596 [dort diskutiert bei § 116 Abs. 1, weil Fluchtgefahr ebenfalls anzunehmen war]).

Weiter können **Kontaktverbote** zu Betroffenen oder Opfern angeordnet werden. Sie müssen aber so 47
exakt wie möglich formuliert werden, um Missverständnissen zu begegnen (OLG Celle StV 1995, 644, 645; LR/*Hilger* § 112a Rn. 45; *Meyer-Goßner/Schmitt* § 116 Rn. 17; ausführlich hierzu s. bereits oben Rdn. 38).

Denkbar ist auch eine **räumliche Trennung** zwischen Täter und Opfer. Gerade bei Sexualstraftaten im 48
engsten Familienkreis bietet sich an, dass der beschuldigte Vater auszieht und getrennt von den (mutmaßlich) missbrauchten Töchtern lebt, um insb. auch weiter arbeiten zu können und die Familie zu ernähren.

Schließlich ist die **Stellung einer Sicherheitsleistung** möglich. Bereits die Gefahr des Verlustes der Kau- 49
tion kann den Beschuldigten motivieren, von der Wiederholung einer Straftat abzusehen (OLG Köln StraFo 1997, 150; *Burhoff*, Handbuch für das strafrechtliche Ermittlungsverfahren, Rn. 500; KK/*Graf* § 116 Rn. 19; a. A. *Meyer-Goßner/Schmitt* § 116 Rn. 17 a.E. [»ebenso unzulässig wie bei Verdunkelungsgefahr«]; unklar weil hier indifferent: LR/*Hilger* § 116 Rn. 28 [»Sicherheitsleistung aber wohl nur ganz selten«]; krit. auch SK-StPO/*Paeffgen* § 116 Rn. 18).

§ 116 StPO   Aussetzung des Vollzugs des Haftbefehls

50   **5. Außervollzugsetzung beim Haftgrund der »Tatschwere« nach § 112 Abs. 3 StPO, § 116 analog.** Auch beim Haftgrund der Tatschwere gem. § 112 Abs. 3 muss eine Außervollzugsetzung des Haftbefehls in Betracht kommen. Gesetzliche Vorgaben hierzu finden sich nicht. Dennoch ergibt sich dies aus dem allgemeinen Grundsatz der Verhältnismäßigkeit und einer entsprechend gebotenen verfassungskonformen Auslegung. Die Untersuchungshaft darf als ultima ratio nur dann vollstreckt werden, wenn nicht bereits mildere Mittel den Zweck, die Sicherung des Verfahrens, erfüllen. Der Vollzug kann hier entsprechend § 116 Abs. 1 und 2 ausgesetzt werden (BVerfGE 19, 342, 351 ff. = NJW 1966, 243, 244 f.; OLG Celle StV 2005, 620 f.; OLG Frankfurt am Main StV 2000, 374, 375 [Fall Weimar; s. dazu *Maeffert* StV 2000, 398 ff.]; OLG Oldenburg StraFo 2008, 27 = StV 2008, 84 f.; *Burhoff*, Handbuch für das strafrechtliche Ermittlungsverfahren, Rn. 501; KK/*Graf* § 116 Rn. 3 und 23; *Meyer-Goßner/Schmitt* § 116 Rn. 18; *Neuhaus* StV 1999, 340 f.; *Schlothauer/Weider*, Untersuchungshaft, Rn. 643). Hier spielt insb. auch eine (lange) Verfahrensdauer eine Rolle.

51   **C. Die erneute Invollzugsetzung des Haftbefehls, § 116 Abs. 4. I. Allgemeines.** Wurde ein Haftbefehl unangefochten außer Vollzug gesetzt, dann ist jede neue haftrechtliche Entscheidung, mit der die Haftverschonung aufgehoben oder geändert wird, nur unter den einschränkenden Voraussetzungen des § 116 Abs. 4 zulässig (BVerfG Kriminalistik 2008, 257 ff. [m. Anm. *Fehn*] = NStZ 2008, 138 = NStZ-RR 2007, 379 ff. = StRR 2007, 275 f. [m. Anm. *Burhoff*] = StV 2008, 25 f. = wistra 2007, 417 ff.; BVerfG StraFo 2007, 19 ff. = StV 2007, 84 ff. = wistra 2007, 96 ff.; BVerfG NStZ 2007, 83 f. = StraFo 2005, 502 f. = StV 2006, 26 ff. = wistra 2006, 57 ff.; KG StraFo 1997, 27 f.; OLG Dresden StV 2010, 29 f.; OLG Düsseldorf NStZ-RR 2002, 125 = StraFo 2002, 142 = StV 2002, 207; KK/*Graf* § 116 Rn. 24; *Herrmann*, Untersuchungshaft, Rn. 1225 ff.; *ders.* StRR 2013, 12 ff.; *Meyer-Goßner/Schmitt* § 116 Rn. 22; *Schlothauer/Weider*, Untersuchungshaft, Rn. 1255 ff.).

52   Gleiches gilt bei der **Anordnung zusätzlicher Auflagen** bei einem außer Vollzug gesetzten Haftbefehl, wenn diese mit einer erneuten Invollzugsetzung faktisch gleichzusetzen sind. Denn hierin liegt sachlich eine Entscheidung nach § 116 Abs. 4 (OLG Frankfurt am Main StV 2010, 586 [zusätzliche Sicherheitsleistung i.H.v. 250.000,00 €]; ausführlich hierzu *Herrmann* StRR 2013, 12 ff.).

53   Das gilt auch für den Fall, dass ein außer Vollzug gesetzter Haftbefehl aufgehoben und **durch einen neuen Haftbefehl ersetzt** wird. Denn dann liegt sachlich eine Anordnung nach § 116 Abs. 4 vor, die nur unter den dort genannten engen Voraussetzungen zulässig ist. Die Widerrufsvoraussetzungen einer Haftverschonungsentscheidung können nicht dadurch umgangen werden, dass kurzerhand ein neuer Haftbefehl erlassen wird. Ein solches Vorgehen verletzt das Freiheitsrecht des Beschuldigten aus Art. 2 Abs. 2 Satz 2 GG (BVerfG StraFo 2007, 19 ff. = StV 2007, 84, 85 = wistra 2007, 96 ff.; OLG Dresden StV 2009, 521, 522; OLG Düsseldorf StV 1993, 480 f.; OLG Karlsruhe wistra 2005, 316 f.; OLG Köln StV 2008, 258 ff.). Eine Umgehung von § 116 Abs. 4 ist unzulässig (zum Ganzen *Herrmann* StRR 2013, 12 ff.).

54   Der erneute Vollzug des Haftbefehls oder der Erlass eines neuen Haftbefehls können nur angeordnet werden, wenn der Beschuldigte
 – gegen die ihm auferlegten Pflichten oder Beschränkungen verstößt, diesen gröblich zuwiderhandelt (§ 116 Abs. 4 Nr. 1),
 – Anstalten zur Flucht trifft oder auf ordnungsgemäße Ladungen ohne Entschuldigung ausbleibt oder sich auf andere Weise zeigt, dass das in ihn gesetzte Vertrauen nicht gerechtfertigt war (§ 116 Abs. 4 Nr. 2),
 – oder neu hervorgetretene Umstände die Verhaftung erforderlich machen (§ 116 Abs. 4 Nr. 3).

55   Zunächst ist wegen des **Grundsatzes der Verhältnismäßigkeit** stets zu prüfen, ob mildere Mittel der Verfahrenssicherung in Betracht kommen. Zu denken ist insb. an eine Verschärfung der bereits angeordneten Auflagen (BVerfG Kriminalistik 2008, 257 ff. [m. Anm. *Fehn*] = NStZ 2008, 138 = NStZ-RR 2007, 379 ff. = StRR 2007, 275 f. [m. Anm. *Burhoff*] = StV 2008, 25 f. = wistra 2007, 417 ff.; BVerfG StraFo 2007, 19 ff. = StV 2007, 84 f. = wistra 2007, 96 ff.; BVerfG NJW 2006, 1787 [LS] = NStZ 2007, 84 f. [bei *Paeffgen*] = StraFo 2006, 108 ff. = StV 2006, 139 ff.).

56   Der Widerruf der Aussetzung kann sich nur aus den Haftgründen selbst rechtfertigen. Neu hervorgetretene Umstände können sich insb. nicht auf den dringenden Tatverdacht beziehen. Denn dieser ist bereits Grundvoraussetzung für Erlass und Aufrechterhaltung des Haftbefehls selbst. Für die Frage der erneuten Invollzugsetzung ist es somit ohne Bedeutung, dass der dem Haftbefehl oder der Anklage zu-

grunde gelegte dringende Tatverdacht sich aufgrund der Beweisaufnahme in der Hauptverhandlung bestätigt hat oder sogar »noch dringender« geworden ist (BVerfG NJW 2006, 1787 [LS] = NStZ 2007, 84 f. [bei *Paeffgen*] = StraFo 2006, 108 ff. = StV 2006, 139 ff.; s. hierzu auch BGH NStZ 2006, 297 = StraFo 2004, 417 f. = StV 2005, 201). Der Widerruf einer Haftverschonung ist auch dann nicht gerechtfertigt, wenn sich der bei Erlass des Haftverschonungsbeschlusses bereits bestehende (allgemeine) Verdacht einer weiteren Tat zum dringenden Tatverdacht verdichtet. Dies erlaubt lediglich die Erweiterung der bereits bestehenden Haftgrundlage (OLG Karlsruhe StV 2005, 445).

Eine lediglich andere Beurteilung bei i.Ü. gleichbleibenden Umständen kann einen Widerruf ebenfalls 57 nicht rechtfertigen (BVerfG NStZ 2007, 83 f. [bei *Paeffgen*] = StraFo 2005, 502 ff. = StV 2006, 26 ff. = wistra 2006, 57; OLG Frankfurt am Main StV 2004, 493; LR/*Hilger* § 116 Rn. 44).

II. Die Voraussetzungen der erneuten Invollzugsetzung im Einzelnen, § 116 Abs. 4 Nr. 1 bis 58 **3.** Die Voraussetzungen von § 116 Abs. 4 Nr. 1 und 2 sind vom Wortlaut her klar umrissen (zur Generalklausel des »nicht erfüllten Vertrauens« s. BVerfG StraFo 2005, 502 ff.), § 116 Abs. 4 Nr. 3 hingegen ist als Generalklausel auslegungsbedürftig (KK/*Graf* § 116 Rn. 28 ff.; *Meyer-Goßner/Schmitt* § 116 Rn. 23 ff.).

Entscheidender Grund für den Widerruf der Haftverschonung ist der **Verlust der Vertrauensgrundlage,** 59 die vormals eine Haftverschonung gerechtfertigt hat. Teils wird auch von einem »Wegfall der Geschäftsgrundlage« gesprochen (vgl. *Paeffgen* NStZ 2007, 79, 84 [dort Fn. 12 a.E.]).

1. Gröblicher Pflichtenverstoß, § 116 Abs. 4 Nr. 1. Ein gröblicher Pflichtenverstoß gem. § 116 60 Abs. 4 Nr. 1 ist anzunehmen, wenn der Beschuldigte den ihm auferlegten Pflichten und Beschränkungen gröblich zuwiderhandelt. Dies ist eine Frage des Einzelfalles. **Absichtliches Handeln** ist nicht erforderlich, umgekehrt genügen aber bloße **Nachlässigkeiten des Beschuldigten** nicht (KG NStZ 2004, 80). Selbst wenn der Angeklagte zu zwei aufeinanderfolgenden Hauptverhandlungsterminen mit einer Verspätung von 55 bzw. 45 Minuten erscheint, ist auch weiterhin eine Haftverschonung angezeigt (KG StV 2002, 607; s. hierzu auch § 116 Abs. 4 Nr. 2, 2. Alt., s.u. Rdn. 62). Entscheidend kommt es darauf an, ob die **Sicherungswirkung der Auflagen** sich abgeschwächt hat oder aufgehoben wurde und die den Haftgrund rechtfertigende Gefahrenlage sich wieder verstärkt (OLG Frankfurt am Main StV 1995, 476; OLG Karlsruhe StRR 2008, 243 [zum Verstoß gegen Kontaktverbot im Rahmen von § 238 Abs. 2 StGB]; s. zum Ganzen auch KK/*Graf* § 116 Rn. 29; *Meyer-Goßner/Schmitt* § 116 Rn. 23).

2. Konkretes oder allgemeines Entfallen der Vertrauensgrundlage, § 116 Abs. 4 Nr. 2. Die 61 Haftverschonung kann widerrufen werden, wenn der Beschuldigte das in ihn gesetzte Vertrauen durch **Fluchtvorbereitungen** (§ 116 Abs. 4 Nr. 2, 1. Alt.) erheblich beeinträchtigt oder gar zerstört. Dies gilt über den Wortlaut hinaus auch dann, wenn er bereits geflohen ist. Vorbereitungen zur Flucht sind sämtliche Handlungen die darauf ausgerichtet sind, sich dem Verfahren zu entziehen. Der Beschuldigte muss sich das ihm bekannte und von ihm gebilligte Verhalten Dritter zurechnen lassen (KMR-*Wankel*, StPO, § 116 Rn. 9; ihm folgend: KK/*Graf* § 116 Rn. 30; *Meyer-Goßner/Schmitt* § 116 Rn. 25). Beruhte der Haftbefehl bisher nicht auf dem Haftgrund der Fluchtgefahr (§ 112 Abs. 2 Nr. 2), dann ist er bei der Annahme von Fluchtvorbereitungen entsprechend zu ergänzen (ausführlich hierzu s. § 114 Rdn. 22 und Rdn. 31 ff.).

Das **Ausbleiben des Beschuldigten auf Ladungen** (§ 116 Abs. 4 Nr. 2, 2. Alt.) betrifft nur Fälle ord- 62 nungsgemäßer Ladungen, bei denen er zum Erscheinen verpflichtet war. Dies gilt grds. für Ladungen des Gerichts und der StA (§§ 133, 163a Abs. 3, 230 Abs. 2, 236), nicht aber der Polizei, es sei denn, dies war im Auflagenbeschluss ausdrücklich so angeordnet (s. hierzu aber LG Dortmund StV 1999, 607 [Anordnung unzulässig]; ausführlich hierzu s.o. Rdn. 10). Die Ladung über einen Zustellungsbevollmächtigten genügt (vgl. hierzu auch § 116a Abs. 3). Eine Entschuldigung ist denkbar, allerdings kommt es auf eine objektive Beurteilung an. Mehrfach verspätetes Erscheinen zur Hauptverhandlung bedingt nicht zwingend eine Invollzugsetzung des Haftbefehls, denn der Beschuldigte stellt sich ja dem Verfahren (KG StV 2002, 607; s.o. bei »Nachlässigkeiten des Beschuldigten« als gröblicher Pflichtenverstoß, Rdn. 60).

Der dem Beschuldigten vorwerfbare **Vertrauensverlust** (§ 116 Abs. 4 Nr. 2, 3. Alt.) ist als Generalklau- 63 sel ausformuliert (vgl. hierzu BVerfG StraFo 2005, 502 ff.). Es handelt sich um einen Auffangtatbestand. Ergibt sich durch nachträglich neu bekannt gewordene (alte oder neue) Tatsachen, dass das

§ 116 StPO Aussetzung des Vollzugs des Haftbefehls

in den Beschuldigten gesetzte Vertrauen sich nicht bestätigt, dann kann die Außervollzugsetzung widerrufen werden. Es kommt entscheidend auf das Verhalten des Beschuldigten im Einzelfall an (KK/*Graf* § 116 Rn. 32; *Meyer-Goßner/Schmitt* § 116 Rn. 27).

64 3. **Veränderte Umstände, § 116 Abs. 4 Nr. 3.** Nach § 116 Abs. 4 Nr. 3 dürfe die Aussetzung des Vollzugs eines Haftbefehls nur dann widerrufen werden, wenn sich die Umstände im Vergleich zu der Beurteilungsgrundlage seit der Gewährung der Haftverschonung geändert haben. Dies ist anzunehmen, wenn die Begründung der Haftverschonung **in einem wesentlichen Punkt erschüttert** wurde und der Richter, sofern ihm dieser Umstand bei seiner ursprünglichen Entscheidung schon bekannt gewesen wäre, eine Haftverschonung nicht gewährt hätte (OLG Düsseldorf StV 2000, 211 f. [m. Anm. *Hagmann*]; OLG Karlsruhe StV 2005, 445 f.; OLG Stuttgart StraFo 2009, 104 [m. Anm. *Schlothauer*]; OLG Stuttgart StV 1999, 607 f.). Ein Widerruf kann aber nicht damit gerechtfertigt werden, dass der Richter bei gleich bleibenden Umständen lediglich eine andere Beurteilung vornimmt (BVerfG NJOZ 2008, 706 = StraFo 2007, 19 ff. = StV 2007, 84 ff. = wistra 2007, 96 ff.; BVerfG NJW 2006, 1787 [LS] = NStZ 2007, 84 f. [bei *Paeffgen*] = StraFo 2006, 108 ff. = StV 2006, 139 ff.; BVerfG NStZ 2007, 83 f. = StraFo 2005, 502 f. = StV 2006, 26 f. = wistra 2006, 57; OLG Düsseldorf NStZ-RR 2002, 125 = StraFo 2002, 142 = StV 2002, 207 f.). Es bedarf einer restriktiven Auslegung (BVerfG NStZ-RR 2007, 379; OLG Frankfurt am Main StV 2004, 493). Die Schwelle zum Widerruf der Haftverschonung ist insgesamt hoch anzusetzen (*Meyer-Goßner/Schmitt* § 116 Rn. 28).

65 Zu berücksichtigen sind **sämtliche Umstände** des konkreten Einzelfalles (BVerfG NJOZ 2008, 706 = StraFo 2007, 19 ff. = StV 2007, 84 ff. = wistra 2007, 96 ff.; BVerfG NJW 2006, 1787 [LS]; BVerfG NStZ 2007, 84 f. = StraFo 2006, 108 ff. = StV 2006, 139 ff.; BVerfG NStZ 2007, 83 f. = StraFo 2005, 502 = StV 2006, 26 ff. = wistra 2006, 57; BGH NJW-Spezial 2005, 234 = NStZ 2005, 279 f. = StraFo 2004, 417 ff. = StV 2004, 636 ff. = wistra 2004, 472 ff.; OLG Düsseldorf StraFo 2002, 142; OLG Hamm StV 2003, 512; OLG Frankfurt am Main StV 2004, 493).

66 **Neu hervorgetretene Umstände** sind z.B. weitere Straftaten (OLG Stuttgart StV 1998, 553 f.) oder auch die massive Bedrohung eines Zeugen (OLG Hamm wistra 1998, 364). Das Einwirken auf einen Zeugen soll aber nicht genügen, wenn es für das Verfahren bedeutungslos ist (OLG Düsseldorf StV 1984, 339; a. A. OLG Hamm StV 2003, 512 f.). Die Anklageerhebung als solche reicht nicht aus (OLG Stuttgart StraFo 2009, 104 [m. Anm. *Schlothauer*]). Zu beachten ist auch, dass der Beschuldigte die Außervollzugsetzung nicht zur Flucht genutzt hat (OLG Hamm StV 2003, 512 f.).

67 Der gegen den Angeklagten **im Urteil verhängten Strafe** kommt für die Frage einer erneuten Invollzugsetzung des Haftbefehls erhebliche Bedeutung zu. Die Verurteilung als solche genügt noch nicht für einen Widerruf der Haftverschonung (BGH NJW-Spezial 2005, 234 = NStZ 2005, 279 f. = StraFo 2004, 417 ff. = StV 2004, 636 ff. = wistra 2004, 472 ff.). Ein nach der Haftverschonung ergangenes (nicht zwingend rechtskräftiges) Urteil oder ein hoher Strafantrag der StA können zwar grds. geeignet sein, den Widerruf einer Haftverschonung und die Invollzugsetzung eines Haftbefehls zu rechtfertigen. Dies setzt aber voraus, dass die Prognose des Haftrichters zur Straferwartung einerseits und der Rechtsfolgenausspruch des Tatrichters oder die von der StA beantragte Strafe andererseits so erheblich zum Nachteil des Angeklagten abweichen, dass sich dadurch die Fluchtgefahr ganz wesentlich erhöht und das Vertrauen in den Beschuldigten nicht mehr gerechtfertigt ist (BVerfG Kriminalistik 2008, 257 ff. [m. Anm. *Fehn*] = NStZ 2008, 138 = NStZ-RR 2007, 379 ff. = StRR 2007, 275 f. [m. Anm. *Burhoff*] = StV 2008, 25 f. = wistra 2007, 417 ff.; BVerfG NJW 2006, 1787 [LS] = NStZ 2007, 84 f. = StraFo 2006, 108 ff. = StV 2006, 139 ff.; KG StV 2012, 609 [Angeklagter stellt sich dem weiteren Verfahren trotz ungünstiger Beweisaufnahme]; OLG Oldenburg StV 2009, 141; OLG Dresden StV 2009, 477). Entscheidend kommt es darauf an, dass der Beschuldigte zu einer **deutlich höheren Strafe** verurteilt wurde als erwartet (BVerfG NJOZ 2008, 706 = StraFo 2007, 19 ff. = StV 2007, 84 ff. = wistra 2007, 96 ff.; OLG Bamberg StraFo 2005, 421; OLG Brandenburg StraFo 2001, 31; OLG Düsseldorf StV 2000, 211 f. [m. Anm. *Hagmann*]; OLG Koblenz StraFo 1999, 322). War dagegen zum Zeitpunkt der Außervollzugsetzung des Haftbefehls mit der später ausgesprochenen – auch höheren – Strafe zu rechnen und hat der Beschuldigte die ihm erteilten Auflagen gleichwohl korrekt befolgt, dann darf die Haftverschonung insofern nicht widerrufen werden (BGH NJW-Spezial 2005, 234 = NStZ 2005, 279 f. = StraFo 2004, 417 ff. = StV 2004, 636 ff. = wistra 2004, 472 ff.; OLG Bamberg StraFo 2005, 421 f. = wistra 2005, 437; OLG Düsseldorf StV 2000, 211; OLG Düsseldorf StV 1988, 207 f. [bei Ver-

urteilung zu lebenslanger Freiheitsstrafe]; OLG Frankfurt am Main StV 2004, 493; OLG Frankfurt am Main StraFo 2001, 144; OLG Hamm StV 2008, 29 [m. Anm. *Marquardt/Petri*]; OLG Hamm StV 2003, 512; OLG Köln StraFo 2008, 241; OLG Oldenburg StraFo 2008, 468; LG Hamburg NStZ-RR 2007, 207). Die Erwartungshaltung des Beschuldigten wird naturgemäß auch geprägt von einer (realistischen) Einschätzung der Sachlage durch die Verteidigung. Wurde der Beschuldigte objektiv beraten und wusste er, welche Strafe ihn erwartet, dann können weder ein entsprechend hoher Strafantrag der StA noch das Urteil selbst als neu hervorgetretene Umstände angesehen werden. Die erneute Invollzugsetzung des Haftbefehls und insb. eine **Saalverhaftung**, d.h. die Festnahme im Sitzungssaal unmittelbar nach Urteilsverkündung, sind auf der Basis dieser Ausführungen unzulässig.

Neu i.S.d. § 116 Abs. 4 Nr. 3 sind nachträglich eingetretene oder nach dem Haftverschonungsbeschluss bekannt gewordene Umstände nur, wenn sie die Gründe der Haftverschonung in einem so wesentlichen Punkt erschüttern, dass eine Aussetzung nicht bewilligt worden wäre, wenn dies bei der Entscheidung bereits bekannt gewesen wäre und der Beschuldigte damit dann auch neu konfrontiert wird (BVerfG Kriminalistik 2008, 257 ff. [m. Anm. *Fehn*] = NStZ 2008, 138 = NStZ-RR 2007, 379 ff. = StRR 2007, 275 f. [m. Anm. *Burhoff*] = StV 2008, 25 ff. = wistra 2007, 417 ff.; BVerfG StV 2005, 25, 26; s.a. BGH NJW-Spezial 2005, 234 = NStZ 2005, 279 f. = StraFo 2004, 417 ff. = StV 2004, 636 ff. = wistra 2004, 472 ff.; OLG Düsseldorf StV 2000, 211; OLG Düsseldorf NStZ-RR 2002, 125 = StraFo 2002, 142 = StV 2002, 207; OLG Frankfurt am Main StraFo 2001, 144; OLG Frankfurt am Main StV 2004, 493; OLG Hamm StV 2003, 512; vgl. auch *Burhoff*, Handbuch für das strafrechtliche Ermittlungsverfahren, Rn. 503). 68

Insgesamt setzt sich i.R.d. vorzunehmenden Abwägung der vom Angeklagten auf der Grundlage des Haftverschonungsbeschlusses bestätigte Vertrauenstatbestand als Ausprägung der wertsetzenden Bedeutung des Grundrechts der persönlichen Freiheit vorrangig durch (BVerfG Kriminalistik 2008, 257 ff. [m. Anm. *Fehn*] = NStZ 2008, 138 = NStZ-RR 2007, 379 ff. = StRR 2007, 275 f. [m. Anm. *Burhoff*] = StV 2008, 25 f. = wistra 2007, 417 ff.; s. auch KG StV 2012, 609). 69

D. Verfahren bei Außervollzugsetzung und erneuter Invollzugsetzung des Haftbefehls.

Die Außervollzugsetzung des Haftbefehls sowie der Widerruf der Aussetzung und damit einhergehend dessen erneute Invollzugsetzung erfolgen jeweils durch **Beschluss des zuständigen Richters** (vgl. § 126 Abs. 1 und 2). Sie finden von Amts wegen oder auf Antrag der StA oder des Beschuldigten statt. Wird über den Haftbefehl entschieden, dann ist inzident auch über einen eventuellen Haftverschonungsbeschluss zu befinden (BVerfG StV 2006, 251, 252; BGHSt 39, 233, 236; KK/*Graf* § 116 Rn. 7; LR/*Hilger* § 116 Rn. 6). 70

Es gelten die allgemeinen Regeln: Die StA ist zu hören (vgl. § 33 Abs. 2), sofern sie nicht selbst den Antrag gestellt hat. Der Beschuldigte ist nicht zwingend zu hören (vgl. § 33 Abs. 4), ihm ist aber nachträglich rechtliches Gehör zu gewähren. Der Beschluss ist zu begründen (§ 34) und formlos bekannt zu machen (§ 35 StPO). Die Haftverschonung kann jederzeit, bereits im Haftbefehl oder unmittelbar mit seinem Erlass oder auch später gewährt werden (KK/*Graf* § 116 Rn. 24; *Meyer-Goßner/Schmitt* § 116 Rn. 20). 71

Die **Anordnung von Auflagen** ist dem Richter vorbehalten. Die Pflichten sind so genau wie möglich zu formulieren. Der Beschuldigte muss wissen, was er darf und was nicht. Ihm ist vor Augen zu führen, dass ein Verstoß gegen Auflagen den Widerruf der Haftverschonung und die erneute Invollzugsetzung des Haftbefehls entsprechend den Vorgaben des § 116 Abs. 4 nach sich ziehen kann (KK/*Graf* § 116 Rn. 24; *Meyer-Goßner/Schmitt* § 116 Rn. 20). Die **Überwachung der Auflagen** kann auf Dritte übertragen werden (s.o.; vgl. auch KK/*Graf* § 116 Rn. 24; *Meyer-Goßner/Schmitt* § 116 Rn. 7 a.E.; *Neuhaus* StV 1999, 340, 342). 72

Wird der Beschuldigte nach einem Widerruf der Haftverschonung erneut festgenommen, dann gelten die §§ 115, 115a. Es hat eine Vorführung vor den zuständigen oder nächsten Richter zu erfolgen. Dort gelten die allgemeinen Regeln. Auf die Kommentierung bei § 115 und § 115a wird verwiesen. 73

Ein erneut in Vollzug gesetzter Haftbefehl kann jederzeit wieder außer Vollzug gesetzt werden. Hierbei ist insb. der Grundsatz der Verhältnismäßigkeit zu beachten. Die erneute Invollzugsetzung kann insofern als Warnhinweis angesehen werden (OLG Hamm StV 1999, 161). 74

Den Verfahrensbeteiligten stehen die Rechtsbehelfe der **Beschwerde** (§ 304) zu. Da Entscheidungen über den Vollzug der Untersuchungshaft Fragen der Verhaftung betreffen ist auch die **weitere Be-** 75 schwerde (§ 310) eröffnet (vgl. § 305 Satz 2). Ist der Vollzug der Untersuchungshaft ausgesetzt, dann ist die StA beschwert. Wurde der Antrag auf Haftverschonung abgelehnt oder der Haftbefehl auf der Grundlage von § 116 Abs. 4 erneut in Vollzug gesetzt, dann ist der Beschuldigte beschwert. Dem Nebenkläger steht kein Beschwerderecht zu.

76 Mit der **weiteren Beschwerde** (§ 310) kann auch der Bestand eines außer Vollzug befindlichen Haftbefehls angegriffen werden. Das Rechtsmittelgericht darf aber die gewährte Haftverschonung nur widerrufen, wenn sich die konkreten Umstände des Einzelfalles grundlegend geändert haben. Ist ein Haftbefehl einmal (unangefochten) außer Vollzug gesetzt worden, dann ist der Wegfall der Haftverschonung auch im Beschwerdeverfahren nur unter den einschränkenden Voraussetzungen des § 116 Abs. 4 zulässig. Das Rechtsmittelgericht ist an die Beurteilung zur Außervollzugsetzung durch das Ausgangsgericht gebunden, es kann seine Bewertung nicht an die Stelle des sachnäheren Ausgangsgerichts setzen. Andernfalls liegt ein Verstoß gegen den Grundsatz des fairen Verfahrens vor (BVerfG NStZ 2007, 83 f. = StraFo 2005, 502 = StV 2006, 26 ff. = wistra 2006, 57; s. zum Ganzen auch *Burhoff*, Handbuch für das strafrechtliche Ermittlungsverfahren, Rn. 505; KK/*Graf* § 116 Rn. 24 ff. und 34 ff.; *Herrmann*, Untersuchungshaft, Rn. 1236 ff.; *Meyer-Goßner/Schmitt* § 116 Rn. 29 ff.).

§ 116a StPO Aussetzung gegen Sicherheitsleistung.

(1) ¹Die Sicherheit ist durch Hinterlegung in barem Geld, in Wertpapieren, durch Pfandbestellung oder durch Bürgschaft geeigneter Personen zu leisten. ²Davon abweichende Regelungen in einer auf Grund des Gesetzes über den Zahlungsverkehr mit Gerichten und Justizbehörden erlassenen Rechtsverordnung bleiben unberührt.

(2) Der Richter setzt Höhe und Art der Sicherheit nach freiem Ermessen fest.

(3) Der Beschuldigte, der die Aussetzung des Vollzugs des Haftbefehls gegen Sicherheitsleistung beantragt und nicht im Geltungsbereich dieses Gesetzes wohnt, ist verpflichtet, eine im Bezirk des zuständigen Gerichts wohnende Person zum Empfang von Zustellungen zu bevollmächtigen.

1 **A. Art der Sicherheitsleistung, § 116a Abs. 1.** § 116a regelt die Einzelheiten der Haftverschonung gegen Sicherheitsleistung nach § 116 Abs. 1 Nr. 4. In Abs. 1 sind die zulässigen **Arten der Sicherheitsleitung** genannt. Es ist strittig, ob die Aufzählung im Gesetz abschließend ist (dafür: KK/*Graf* § 116a Rn. 1; *Meyer-Goßner/Schmitt* § 116a Rn. 1; dagegen: AnwK/*Uhaft-König*, § 116a StPO Rn. 2; KMR-*Wankel* § 116a Rn. 2). Der BGH hält die Hinterlegung einer Sicherheit in Verrechnungsscheck aufgrund des »abschließenden Katalogs geeigneter Sicherheiten« in § 116a Abs. 1 für nicht möglich, geht aber dennoch nur von einer »Ordnungsvorschrift« aus (BGHSt 42, 343, 350 und 353 = JR 1997, 471, 473 [m. Anm. *Seebode*] = JuS 1997, 856 f. = NJ 1997, 223 = NJW 1997, 1452 ff. [m. Anm. *Schmittmann* NJW 1997, 1426 f. – zum Vorwurf der Rechtsbeugung, nicht auch zu § 116a] = NStZ 1997, 439 [m. Anm. *Volk* NStZ 1997, 412 ff. und Anm. *Krehl* NStZ 1998, 409 f. – jeweils zum Vorwurf der Rechtsbeugung, nicht auch zu § 116a] = StV 1997, 418 ff. = wistra 1997, 182 ff.). Aufgrund von Sinn und Zweck der Vorschrift, darüber hinaus aber auch wegen des Grundsatzes der Verhältnismäßigkeit, sollten sämtliche sich praktisch bietenden Möglichkeiten zur Leistung der Sicherheit, die ihren Zweck erfüllen, akzeptiert werden.

2 Die Sicherheit kann nach § 116a Abs. 1 Satz 1 durch Hinterlegung in barem Geld, in Wertpapieren, durch Pfandbestellung oder durch Bürgschaft geeigneter Personen oder Institutionen erbracht werden (zum Ganzen: *Amelung* StraFo 1997, 300 ff.; *Burhoff*, Handbuch für das strafrechtliche Ermittlungsverfahren, Rn. 493 ff.; *Dahs*, Handbuch des Strafverteidigers, Rn. 354; *Herrmann*, Untersuchungshaft, Rn. 1245 ff.; *Meyer-Goßner/Schmitt* § 116a Rn. 1 ff.; *Schlothauer/Weider*, Untersuchungshaft, Rn. 600 ff.).

3 Nach § 116a Abs. 1 Satz 2 kann die Möglichkeit zur **unbaren Leistung einer Sicherheit** durch Rechtsverordnung nach dem ZahlVGJG v. 22.12.2006 (BGBl. I, S. 3416) eröffnet werden. Die Leistung einer Sicherheit mittels EC-Karte oder Kreditkarte findet in der Praxis bisher aber – soweit ersichtlich – nicht statt. Eine Anpassung an die ansonsten längst üblichen Zahlungsgepflogenheiten und die angestrebte Rationalisierung lassen weiter auf sich warten. Entscheidend wird es bei unbaren Zahlungen darauf an-

kommen, wann die Leistung des Geldbetrages als »sicher« zugegangen anzusehen ist (vgl. KK/*Graf* § 116a Rn. 2; *Meyer-Goßner/Schmitt* § 116a Rn. 4a).

I. Hinterlegung durch Bargeld oder Wertpapiere, § 116a Abs. 1 Satz 1, 1. Alt. und 2. Die Hinterlegung von Bargeld und Wertpapieren richtet sich vornehmlich nach der HinterlO. Zunächst bedarf es eines **Hinterlegungsscheins der Hinterlegungsstelle**. Die Hinterlegung muss nicht zwingend beim anordnenden Gericht erfolgen, sie kann bspw. auch beim räumlich nächsten Gericht vorgenommen werden (vgl. § 6 Nr. 1 HinterlO). Die Einzahlung von Geld erfolgt regelmäßig bei der **Gerichtskasse** oder auch der Kasse der Justizvollzugsanstalt. Sie kann aber auch bei einem **Treuhänder** vorgenommen werden (*Meyer-Goßner/Schmitt* § 116a Rn. 2). Der Geldbetrag kann also auch dem Haftrichter oder einem sonst bestimmten Treuhänder (Verteidiger, StA) bar übergeben werden (*Herrmann*, Untersuchungshaft, Rn. 1250; *Schlothauer/Weider*, Untersuchungshaft, Rn. 615). Ist das Gericht zu einer Annahme nicht bereit, dann kann der Verteidiger bei entsprechender Anpassung der Auflage im Außervollzugsetzungsbeschluss eine Eigenbürgschaft zu den Akten reichen und die Kautionssumme verwahren, bis eine Hinterlegung (zu den üblichen Geschäftszeiten) möglich ist; sinnvollerweise geschieht dies aber nur Zug um Zug gegen Freigabe der Bürgschaft. Bedenken dagegen, dass der Verteidiger »geeignete Person« i.S.d. § 116a Abs. 1 ist, sind grds. unangebracht (s. dazu auch unten, Rdn. 10). 4

Die Kaution wird in den alten Bundesländern entsprechend § 8 HinterlO verzinst. In den neuen Bundesländern fehlt eine gesetzliche Regelung hierzu. Nach OLG Dresden, Urt. v. 10.05.2006 – 6 U 2325/05 (n.v.) soll dies sachlich gerechtfertigt und verfassungsgemäß sein (zitiert nach AnwK/Uhaft-*König*, § 116a StPO Rn. 3, dort insb. Fn. 4). Das erscheint inzwischen unter verfassungsrechtlichen Gesichtspunkten (Art. 3 GG) aber mehr als bedenklich. 5

Erfolgt nach Abschluss des Verfahrens eine **Freigabe der Sicherheit** entsprechend § 123 und ist dem Beschuldigten ein (Zins-) Schaden entstanden, dann kann er, sofern er freigesprochen oder das gegen ihn geführte Verfahren eingestellt wurde, gem. § 2 Abs. 2 Nr. 3 StrEG eine entsprechende Entschädigung geltend machen (*Burhoff*, Handbuch für das strafrechtliche Ermittlungsverfahren, Rn. 496 und Rn. 2885; *Herrmann*, Untersuchungshaft, Rn. 1255; *Meyer-Goßner/Schmitt* Anh 5, StrEG, § 2 Rn. 1 ff.; allgemein zum Entschädigungsanspruch s.a. LG München StRR 2008, 114 [m. Anm. *Herrmann*]; *Widmaier/Kotz* MAH Strafverteidigung; § 25 Rn. 13). 6

II. Sicherheitsleistung durch Pfandbestellung, § 116a Abs. 1 Satz 1, 3. Alt. StPO. Eine Sicherheitsleistung kann auch durch Pfandbestellung erfolgen. Der Begriff der Pfandbestellung ist hier weit zu verstehen. Er geht über die Vorgaben des BGB hinaus und erfasst sämtliche Arten der Sicherheit an beweglichen und unbeweglichen Sachen sowie Forderungen (vgl. hierzu OLG Karlsruhe NStZ 1992, 204 f.). 7

III. Sicherheitsleistung durch Bürgschaft, § 116a Abs. 1 Satz 1, 4. Alt. StPO. Eine Sicherheitsleistung kann schließlich durch Bürgschaft einer geeigneten Person erfolgen. Der Begriff der Bürgschaft entspricht nicht den zivilrechtlichen Vorgaben der §§ 765 ff. BGB. Entscheidend kommt es auf das Schuldversprechen eines Dritten an, der beim Widerruf der Haftverschonung gem. § 116 Abs. 4 auf erstes Anfordern und ohne die Einrede der Vorausklage zur Zahlung verpflichtet ist (OLG Karlsruhe NStZ-RR 2000, 375, 376 = StraFo 2000, 394 = StV 2001, 120 ff.; KK/*Graf* § 116a Rn. 1; *Meyer-Goßner/Schmitt* § 116a Rn. 4). Dies kann durch aufschiebend bedingtes Zahlungsversprechen oder Hinterlegung der Sicherheit ggü. Dritten erfolgen (LR/*Hilger* § 116a Rn. 5 ff.). Die Bürgschaft kann insb. von einer Bank geleistet werden (*Amelung* StraFo 1997, 300, 301; *Rixen* NStZ 1999, 329). 8

Die Bürgschaftserklärung ist hier als aufschiebend bedingtes Zahlungsversprechen eines Dritten zu verstehen. Vom Bestehen einer Hauptschuld i.S.d. § 765 BGB ist sie unabhängig. Sie bedarf, anders als bei § 766 BGB, nicht der Schriftform. Zu Beweiszwecken wird sie aber sinnvollerweise schriftlich abgefasst (OLG Karlsruhe StraFo 2000, 394; KK/*Graf* § 116a Rn. 1 a.E.; *Meyer-Goßner/Schmitt* § 116a Rn. 4). 9

Wer »geeignete Person« i.S.d. § 116a Abs. 1 ist, hängt vom Einzelfall ab. Auch Verteidiger sind regelmäßig als »geeignet« anzusehen (s.o. Rdn. 4). 10

IV. Sonstiges. Die Stellung der Sicherheit erfolgt regelmäßig durch den Beschuldigten als **Eigen- oder Selbsthinterleger**. Sie enthält ein Moment der »personalen Verpflichtetheit« (OLG Karlsruhe NStZ-RR 2000, 375 f. = StraFo 2000, 394 ff. = StV 2001, 120 ff.; OLG Hamm StraFo 2002, 338 f.; 11

§ 116a StPO Aussetzung gegen Sicherheitsleistung

OLG Köln StraFo 1997, 93 f.; OLG München StV 2000, 509 [m. abl. Anm. *Sättle*]; KK/*Graf* § 116a Rn. 3; LR/*Hilger* § 116a Rn. 10 f.; SK-StPO/*Paeffgen*, § 116a Rn. 2a). Ist dies im Haftverschonungsbeschluss nicht ausdrücklich geregelt, dann ist auch eine **Fremd-** bzw. **Dritthinterlegung** erlaubt (OLG Hamm StraFo 2002, 338; OLG Hamm JMBlNW 1991, 58; OLG Köln StraFo 1997, 93; *Meyer-Goßner/Schmitt* § 116a Rn. 2; a. A. OLG Düsseldorf NStZ 1990, 97 [Eigenhinterlegung als Regel]). Weist das Gericht die abweichend vom Wortlaut des Haftverschonungsbeschlusses von einem Dritten erbrachte Sicherheit nicht zurück, sondern veranlasst es vielmehr dennoch die Freilassung des Beschuldigten, dann ist darin zumindest eine den ursprünglichen Beschluss abändernde Erklärung zu sehen, auf die die Beteiligten vertrauen dürfen (OLG Karlsruhe NStZ-RR 2000, 375). Die Möglichkeit der Zahlung einer Kaution durch Dritte sollte vorsorglich ausdrücklich zugelassen werden (vgl. § 116 Abs. 1 Nr. 4 i.V.m. § 116a Abs. 1 und 2). Nach wie vor wird von Gerichten und Staatsanwälten regelmäßig verkannt, dass die Hinterlegung durch nahe stehende Dritte (Familienangehörige, Arbeitgeber etc.) zusätzlich vertrauensbildend wirkt (vgl. hierzu OLG Hamm StraFo 2002, 338; OLG Zweibrücken StV 2012, 164; zum Sicherungsbürgen s. auch § 123 Rdn. 14).

12 Eine **Verrechnung der hinterlegten Kaution** mit einer späteren Geldstrafe oder den Kosten des Verfahrens ist unzulässig (s. hierzu bereits die Kommentierung bei § 116 Rdn. 24; s.a. OLG Frankfurt am Main StV 2000, 509; LG München II StV 1998, 554 [m. zust. Anm. *Eckstein*]; LG München I StraFo 2003, 92 [m. zust. Anm. *Eckstein*]; *Amelung* StraFo 1997, 300, 301; *Burhoff*, Handbuch für das strafrechtliche Ermittlungsverfahren, Rn. 495 a.E.; *Schlothauer/Weider*, Untersuchungshaft, Rn. 604). Auch die **Aufrechnung** einer Steuerforderung mit einem Anspruch auf Rückzahlung einer zur Abwendung des Haftbefehlsvollzugs bar hinterlegten Sicherheit durch den Fiskus ist unzulässig. Gleiches gilt für den Fall der **Abtretung** des Rückzahlungsanspruchs an eine Bank (BGHZ 95, 109 ff. = DB 1985, 250 = NJW 1085, 2820 f. = NStZ 1985, 560 f. = StV 1986, 23 f.).

13 Grds. ist die **Pfändung des Rückzahlungsanspruches** ggü. der Hinterlegungsstelle durch Gläubiger möglich. Hierüber muss der Verteidiger seinen Mandanten und den Dritten, der die Kaution stellt, aufklären. Andernfalls macht er sich schadensersatzpflichtig (s. zum Ganzen AnwBl. 2009, 382 ff. = BGHReport 2009, 429 f. = BRAK-Mitt 2009, 88 ff. = DB 2009, 676 f. = MDR 2009, 473 = NJW 2009, 840 ff. = NJW-Spezial 2009, 191 [Kurzinformation] = VersR 2009, 1228 f. = WM 2009, 327 ff.; s.a. BGH StV 2008, 423 ff.; BGH NJW 2004, 3630 f. = StV 2004, 661 ff.; s.a. *Burhoff*, Handbuch für das strafrechtliche Ermittlungsverfahren, Rn. 1713 ff.; *Herrmann*, Untersuchungshaft, Rn. 1252; *Püschel* StraFo 2009, 134, 138; *Schlothauer/Weider*, Untersuchungshaft, Rn. 605; *Widmaier/König*, MAH Strafverteidigung, § 4 Rn. 162 a.E.). Einem solchen Risiko kann dadurch begegnet werden, dass der Beschuldigte den entsprechenden Rückzahlungsanspruch an den die Sicherheit Leistenden oder an den Verteidiger zur Sicherung von Vergütungsansprüchen abtritt (AG Hamburg StV 2000, 512 [m. Anm. *Schlothauer*]; *Burhoff*, Handbuch für das strafrechtliche Ermittlungsverfahren, Rn. 496; krit.: OLG München StV 2000, 509 [m. abl. Anm. *Bleicher*]; LG Gießen StraFo 2006, 324 ff. = StV 2006, 643; s.a. OLG Hamm StRR 2009, 271 f. [m. Anm. *Bleicher*]). Möglicherweise muss dann aber mit einem Widerruf der Haftverschonung wegen eines angeblichen Verstoßes gegen Auflagen gerechnet werden, weil die Sicherheit in diesen Fällen nicht mehr ihren Zweck erfülle (offen gelassen bei LG Hagen StraFo 2001, 433 = StV 2001, 688; ausführlich zum Ganzen: *Püschel* StraFo 2009, 134, 138; *Schlothauer* in: FS für AG Strafrecht des DAV, 2009, S. 1039, 1042 f.; *Schlothauer/Weider*, Untersuchungshaft, Rn. 605 und Rn. 1260). Ein solches Vorgehen der Gerichte ist aber unzulässig. Denn damit werden sachfremde Zwecke verfolgt. Festzuhalten bleibt, ein gesetzliches Abtretungsverbot ist nicht anzunehmen, eine entsprechende Auflage würde die gesetzlichen Vorgaben sowie Sinn und Zweck der Untersuchungshaft unterlaufen.

14 Ab einer Summe von 15.000,00 € sind gem. den §§ 2, 3 und 9 GWG Identifikations-, Aufzeichnungs- und Aufbewahrungspflichten vom Verteidiger einzuhalten. Ggf. müssen Anzeigepflichten gem. § 11 GWG wahrgenommen werden. Auf die »**Verhaltensempfehlungen der Bundesrechtsanwaltskammer für Rechtsanwälte im Hinblick auf die Vorschriften des GWG**« wird verwiesen (abgedruckt z.B. bei *Widmaier/Leitner*, MAH Strafverteidigung, § 41 Rn. 61; s.a. *Burhoff*, Handbuch für das strafrechtliche Ermittlungsverfahren, Rn. 496; *Herrmann*, Untersuchungshaft, Rn. 275 ff.). Ein Strafverteidiger, der eine aus einer Katalogtat i.S.v. § 261 Abs. 1 StGB stammende Kautionszahlung in eigenem Namen hinterlegt, kann sich wegen Geldwäsche, Begünstigung, Beihilfe zum Vereiteln der Zwangsvollstreckung und Betrugs strafbar machen (OLG Frankfurt am Main StV 2007, 533 ff.).

Entzieht sich der Beschuldigte dem Verfahren, dann verfällt die hinterlegte Sicherheitsleistung (vgl. § 124). Dies gilt auch, wenn der Beschuldigte sich zu einem späteren Zeitpunkt dem Verfahren freiwillig wieder stellt (*Burhoff*, Handbuch für das strafrechtliche Ermittlungsverfahren, Rn. 496; *Meyer-Goßner/Schmitt* § 124 Rn. 1). 15

B. Festsetzung von Art und Höhe der Sicherheit, § 116a Abs. 2.

Gem. § 116a Abs. 2 setzt der Richter (konsequenterweise müsste es »das Gericht« heißen; ausführlich zu diesen Ungenauigkeiten und den Pflichten des Genderbeauftragten SK-StPO/*Paeffgen* § 116a Rn. 1) Art und Höhe der Sicherheit **nach freiem Ermessen** fest. Sie ist so zu bemessen, dass der Beschuldigte den psychischen Zwang unterliegt, eher am Verfahren teilzunehmen und sich der Strafvollstreckung zu stellen, als den Verlust der Vermögenswerte zu riskieren (KK/*Graf* § 116a Rn. 4; LR/*Hilger* § 116a Rn. 9; *Meyer-Goßner/Schmitt* § 116a Rn. 1; *Schlothauer/Weider*, Untersuchungshaft, Rn. 603). Hierbei spielen namentlich die Bedeutung der Sache und die Stärke des Fluchtanreizes aber auch die wirtschaftlichen Verhältnisse des Beschuldigten eine Rolle. Bei völlig vermögenslosen Beschuldigten entfällt die Möglichkeit, ansonsten sind Beträge von unter 1.000,00 € bis hin zu 100.000.000,00 € denkbar (*Radtke/Hohmann/Tsambi-kakis*, StPO, § 116a Rn. 16). 16

Die Sicherheitsleistung darf keinen Strafcharakter haben, der Zweck der Untersuchungshaft ist ein Anderer (BVerfG NJW 1991, 1043 = NStZ 1991, 142 f.; *Schlothauer* in: FS für AG Strafrecht des DAV, 2009, S. 1039, 1043). Sie darf auch sonst keine sachfremden Zwecke verfolgen. Die Höhe einer für die vorläufige Freilassung des Tatverdächtigen als Sicherheit geforderten Geldleistung darf bei einem auf Vermögensdelikte gestützten Tatverdacht auch nicht vom Umfang der Vermögensschäden abhängig gemacht werden (*Schlothauer/Weider*, Untersuchungshaft, Rn. 603). Eine Sicherung von Ansprüchen Dritter hat ggf. über die §§ 111b ff. zu erfolgen (s. hierzu bereits § 116 dort Rdn. 27 [dort a.E.]). 17

Die Festsetzung von Art und Höhe der Sicherheit kann sowohl auf **Antrag des Beschuldigten** als auch **von Amts wegen** erfolgen (vgl. Art. 5 Abs. 3 Satz 3 EMRK). 18

Zuständig für die Entscheidung ist während des Ermittlungsverfahrens der Haftrichter (§ 126 Abs. 1). Nach Anklageerhebung ist der Vorsitzende des angerufenen Gerichts berufen (§ 126 Abs. 2 Satz 3). 19

Verschiedene Sicherheiten können nebeneinander angeordnet werden. Das Gericht kann insb. auch Sicherheiten vom Beschuldigten und Dritten nebeneinander fordern (LR/*Hilger* § 116a Rn. 8). 20

C. Bestellung eines Zustellungsbevollmächtigten, § 116a Abs. 3.

Wohnt der Beschuldigte nicht im Geltungsbereich der BRD, dann kann die Aussetzung des Vollzuges des Haftbefehls gegen Sicherheitsleistung nach § 116 Abs. 1 Nr. 4 nur nach Benennung eines Zustellungsbevollmächtigten erfolgen (§ 116a Abs. 3). Es kommt nicht entscheidend auf den Wohnsitz des Beschuldigten an, sondern ob er für eine gewisse Dauer seinen Aufenthalt außerhalb des Geltungsbereiches der Strafprozessordnung hat (vgl. LR/*Hilger* § 116a Rn. 13; *Meyer-Goßner/Schmitt* § 116a Rn. 5). 21

Die Erteilung einer wirksamen Zustellungsvollmacht setzt voraus, dass die betreffende Person mit der Bevollmächtigung einverstanden ist und zur Entgegennahme von Zustellungen bereit ist. Sie ist aktenkundig zu machen. Fehlt es daran, dann kann basierend hierauf eine ordnungsgemäße Zustellung einer Ladung nicht angenommen werden. Ein Sicherungshaftbefehl nach § 230 Abs. 2 StPO darf dann nicht ergehen (OLG Karlsruhe StV 2007, 571). 22

Entgegen dem Wortlaut des Gesetzes muss der **Zustellungsbevollmächtigte** nicht zwingend im Bezirk des zuständigen Gerichts wohnen (h.M.; vgl. KK/*Graf* § 116a Rn. 7; LR/*Hilger* § 116a Rn. 15; SK-StPO/*Paeffgen* § 116a Rn. 6; a. A. *Büttner* DRiZ 2007, 188 ff.; *Meyer-Goßner/Schmitt* § 116a Rn. 5). Das Gericht kann auch andere Bevollmächtigte akzeptieren. Ein Anspruch hierauf besteht aber nicht. Der Bevollmächtigte ist konkret (namentlich) zu benennen. I.d.R. erfolgt die Benennung eines RA, es können aber auch andere zuverlässige Personen gewählt werden. Sie müssen mit der Wahrnehmung der übertragenen Aufgabe einverstanden sein. Dies hat der Beschuldigte nachzuweisen (OLG Köln NJW 2000, 3511 f. = StraFo 2001, 200 = VRS 2000, 431 [Bd. 99]; *Meyer-Goßner/Schmitt* § 116a Rn. 5). Eine Übertragung auf den »**zuständigen Geschäftsstellenbeamten**« ist nicht erlaubt, es bedarf einer mit einfachen Mitteln möglichen Individualisierung. Dies ist anzunehmen, wenn sich bspw. aus dem Geschäftsverteilungsplan des Gerichts oder der StA ergibt, welcher namentlich aufgeführte Bedienstete der zur Entgegennahme von Zustellungen bereite Beamte i.S.v. Nr. 60 I 2 RiStBV ist (LG Baden-Baden NStZ-RR 2000, 372, 373; *Greßmann* NStZ 1991, 216, 217). 23

§ 116b StPO   Verhältnis v. Untersuchungshaft zu and. freiheitsentz. Maßnahmen

24   Das **Einverständnis des Zustellungsbevollmächtigten** muss in geeigneter Weise festgestellt und aktenkundig gemacht werden. Nur so ist gewährleistet, dass Schriftstücke dem Empfänger tatsächlich zugehen und der Zugang nachgewiesen werden kann.

25   Benennt der Beschuldigte keinen Zustellungsbevollmächtigten, dann kann die Haftverschonung unter der Bedingung erfolgen, dass dies nachgeholt wird. Der Antrag kann aber auch abgelehnt werden. Eine Zurückweisung der Außervollzugsetzung als unzulässig erscheint aber zu formalistisch und unverhältnismäßig (zum Ganzen: KK/*Graf* § 116a Rn. 6; LR/*Hilger* § 116a Rn. 12; SK-StPO/*Paeffgen* § 116a Rn. 5).

26   Die Zustellungsvollmacht erfolgt umfassend für sämtliche Zustellungen (OLG Koblenz NStZ-RR 2004, 373 ff.). Sie wirkt für die Dauer der Außervollzugsetzung des Haftbefehls, bis die Sicherheit frei wird (vgl. § 123 Abs. 2), verfällt (vgl. § 124) oder das Strafverfahren sonst endet.

27   Die Zustellungsvollmacht ist **unwiderruflich**. Sie kann vor Abschluss des Verfahrens nicht durch einseitige Verzichtserklärung des Bevollmächtigten erlöschen. Ein Austausch des benannten Zustellungsbevollmächtigten ist mit Zustimmung des Gerichts möglich (LG Baden-Baden NStZ-RR 2000, 372, 373; KK/*Graf* § 116a Rn. 8; *Meyer-Goßner/Schmitt* § 116a Rn. 6; SK-StPO/*Paeffgen* § 116a Rn. 7). Die Beschränkung des § 145a Abs. 2 Satz 1 gilt nicht (vgl. § 145a Abs. 2 Satz 2; s. hierzu auch *Greßmann* NStZ 1991, 216, 218).

§ 116b StPO   Verhältnis von Untersuchungshaft zu anderen freiheitsentziehenden Maßnahmen.

¹Die Vollstreckung der Untersuchungshaft geht der Vollstreckung der Auslieferungshaft, der vorläufigen Auslieferungshaft, der Abschiebungshaft und der Zurückweisungshaft vor. ²Die Vollstreckung anderer freiheitsentziehender Maßnahmen geht der Vollstreckung von Untersuchungshaft vor, es sei denn, das Gericht trifft eine abweichende Entscheidung, weil der Zweck der Untersuchungshaft dies erfordert.

1   **A. Allgemeines.** Das Verhältnis von Untersuchungshaft zu anderen freiheitsentziehenden Maßnahmen war früher nur unzureichend geregelt. Bei bereits vollzogener Strafhaft normierte § 122 StVollzG als Regel deren Fortsetzung mit der Möglichkeit weiter gehender Beschränkungen, um so dem Zweck der Untersuchungshaft gerecht zu werden. Im Rahmen bereits vollzogener Untersuchungshaft konnte diese nach Nr. 92 Abs. 1 und 5 UVollzO unterbrochen werden, um die Strafhaft oder eine mit Freiheitsentziehung verbundenen Maßregel der Besserung und Sicherung zu vollstrecken. Sinnvollerweise bedurfte es einer umfassenden Regelung zur Klärung der Hierarchie der verschiedenen Arten des Freiheitsentzuges. Diese hatte auf bundesrechtlicher Ebene zu geschehen, da es um die Anordnung, das »Ob« der Untersuchungshaft geht (BT-Drucks. 16/11644, S. 21 f.; s.a. SK-StPO/*Paeffgen* § 116b Rn. 2 f.; ausführlich zur Föderalismusreform s. vor § 112 dort Rdn. 24 f.). Die Klarstellung erfolgte durch das Gesetz zur Änderung des Untersuchungshaftrechts (BGBl. I, S. 2274, 2275). Zusammenfassend gilt: Untersuchungshaft soll nur dann vollstreckt werden, wenn dies unabdingbar ist. Dies ist nun einheitlich in § 116b geregelt.

2   Als Untersuchungshaft i.S.d. § 116b gelten sämtliche Fälle der Freiheitsentziehung nach den §§ 112, 112a, nach § 127b (Hauptverhandlungshaft), sowie nach § 230 Abs. 2, § 236, § 329 Abs. 4 S. 1 und § 412 S. 1 (BT-Drucks. 16/11644, S. 22; s. hierzu auch *Meyer-Goßner/Schmitt* § 116b Rn. 2; SK-StPO/*Paeffgen* § 116b Rn. 5).

3   **B. Regelungsgehalt. I. Vorrang der Untersuchungshaft, § 116b S. 1.** Nach § 116b S. 1 geht die Untersuchungshaft der (vorläufigen) Auslieferungshaft (§§ 15, 16 IRG), der Abschiebungshaft (§ 62 AufenthG), der Zurückschiebungshaft (§ 57 Abs. 3 i.V.m. § 62 AufenthG) und der Zurückweisungshaft (§ 15 Abs. 5 AufenthG) vor. Die Sicherstellung innerstaatlicher Strafverfolgung ist hier grds. vorrangig (vgl. *Meyer-Goßner/Schmitt* § 116b Rn. 3).

4   **II. Vorrang anderer Formen der Freiheitsentziehung, § 116b S. 2.** I.Ü. gehen nach § 116b S. 2 sonstige Formen der Freiheitsentziehung der Untersuchungshaft vor. Der Vollzug der Untersuchungshaft tritt zurück ggü. Freiheitsstrafe (§ 38 StGB), Ersatzfreiheitsstrafe (§ 43 StGB), Jugendstrafe (§ 17 JGG), Jugendarrest (§ 16 JGG), Unterbringung in einem psychiatrischen Krankenhaus (§ 63 StGB)

oder in einer Entziehungsanstalt (§ 64 StGB), Sicherungsverwahrung (§ 66 StGB), Ordnungshaft (z.B. § 51 Abs. 1 S. 2, § 70 Abs. 1 S. 2, s.a. §§ 177, 178 GVG), strafrechtlicher Erzwingungshaft (§ 70 Abs. 2, § 96 OWiG), strafrechtlicher Sicherungshaft (§ 453c StGB), zivilrechtlicher Erzwingungshaft (§ 901 ZPO), zivilrechtlicher Sicherungshaft (§ 918 ZPO), Unterbringung zur Beobachtung (§ 81), einstweilige Unterbringung (§ 126a), Unterbringung bei zu erwartender Sicherungsverwahrung (§ 275a Abs. 5) sowie Haft aufgrund einer Anordnung nach § 4 ÜAG (ebenso: *Meyer-Goßner/Schmitt* § 116b Rn. 4; SK-StPO/*Paeffgen* § 116b Rn. 7).
Der Vorrang der Strafhaft tritt bei einem bereits in Untersuchungshaft befindlichen Verurteilten nicht erst mit dem Eingang des Aufnahmeersuchens in der JVA ein, sondern bereits dann, wenn die Staatsanwaltschaft unmissverständlich zum Ausdruck bringt, dass die Vollstreckung einer Freiheitsstrafe nunmehr ansteht (KG StRR 2011, 237 [mit Anm. *Herrmann*] = StraFo 2011, 108 ff.).

Grund hierfür ist die für den Untersuchungshaftgefangenen geltende Unschuldsvermutung (BT- 5 Drucks. 16/11644, S. 22). Diese gilt aber für den in Abschiebehaft oder in vorläufiger Unterbringung Einsitzenden gleichfalls (ebenso krit.: SK-StPO/*Paeffgen* § 116b Rn. 7). I.Ü. ist nicht sicher, ob es überhaupt zur Anordnung einer freiheitsentziehenden Maßnahme kommt (BT-Drucks. 16/11644, S. 22). Diese Bedenken sind in der Tat berechtigt. Denn nur in etwa der Hälfte der Verfahren, in denen sich der Beschuldigte in Untersuchungshaft befindet, folgt einer Verurteilung zu einer Freiheitsstrafe ohne Bewährung (vgl. *Püschel* StraFo 2009, 134 ff.; s.a. *Seebode*, in: *Breyer/Endler/Thurn* [Hrsg.], Strafrecht, 2006, § 3 Rn. 2; *Weider* StraFo 1995, 5, 12). Schließlich ist die Dauer der vorrangig zu vollstreckenden Freiheitsentziehung ggü. der Untersuchungshaft regelmäßig konkret berechenbar (BT-Drucks. 16/11644, S. 22).

Die **Reihenfolge der Vollstreckung** ist vom Gesetz vorgegeben. Eine abweichende Regelung ist aus- 6 nahmsweise zulässig, wenn der Zweck der Untersuchungshaft dies erfordert. Eine solche Änderung ist angezeigt, wenn die Abwehr der die Anordnung der Untersuchungshaft begründenden Gefahren anders nicht möglich ist (vgl. BR-Drucks. 829/08, S. 30). In der Praxis mag das vornehmlich bei Verdunkelungsgefahr anzunehmen sein. Dann ist aber zunächst vorrangig zu prüfen, ob die Justizvollzugsanstalt, in der der Beschuldigte einsitzt, dem nicht mit organisatorischen Mitteln, bspw. der Verlegung in eine andere Abteilung oder eine andere Anstalt, begegnen kann (KG NStZ-RR 2011, 189 f.; AnwK/ *Uhaft-König*, § 116b StPO Rn. 6; *Meyer-Goßner/Schmitt* § 116b Rn. 5; SK-StPO/*Paeffgen* § 116b Rn. 8). Dies kann bspw. durch die in der Untersuchungshaft mögliche Trennung zu Mitbeschuldigten begründet sein. Eine Unterbrechung der Strafhaft kann im Interesse des Beschuldigten liegen, wenn die Verlegung von einer entfernten Strafvollzugsanstalt in eine zum Gerichtsort oder Verteidiger nähere Untersuchungshaftvollzugsanstalt sinnvoll erscheint; dies kann aber nur gelten, wenn eine Vollzugsstrafe sicher zu erwarten ist und die Untersuchungshaft hierauf angerechnet werden muss (ebenso: *Schlothauer/Weider*, Untersuchungshaft, Rn. 718; *Seebode*, Der Vollzug der Untersuchungshaft, 1985, S. 93).

Die **Änderung oder Umkehr der Reihenfolge der Vollstreckung** bedarf der Entscheidung durch das 7 Gericht. Die Zuständigkeit ergibt sich aus § 126 Abs. 1 S. 1 bzw. Abs. 2 S. 1. Entscheidungen des Haftgerichts sind mit der Beschwerde und der weiteren Beschwerde anfechtbar (§§ 119 Abs. 5, 119a; s. hierzu auch KK/*Graf* Vor § 112 Rn. 18; *Meyer-Goßner/Schmitt* § 116a Rn. 6; *Schlothauer/Weider*, Untersuchungshaft, Rn. 718). Die gilt insb. für die Ablehnung der Genehmigung (OLG Hamburg StV 1992, 237 f. = NStZ 1992, 206 ff.). In diesem Fall sind die Verfahrensbeteiligten anzuhören (KG NStZ-RR 2011, 189 f.).

Grds. hat der Verurteilte aber **keinen Anspruch auf Anhörung vor Einleitung der Vollstreckung** einer 8 rechtskräftigen Freiheitsstrafe. § 116b S. 2 gibt die Reihenfolge der Vollstreckung von Gesetzes wegen vor, die Folge tritt automatisch mit Eingang des Aufnahmeersuchens in der Justizvollzugsanstalt oder Erlass eines Vollstreckungshaftbefehls ein. Entscheidend kommt es darauf an, dass die Vollstreckungsbehörde unmissverständlich zum Ausdruck bringt, dass die Vollstreckung einer Freiheitsstrafe nunmehr ansteht (KG NStZ-RR 2011, 189 f. = StraFo 2011, 108 ff. = StRR 2011, 237 f. [m. Anm. *Herrmann*]).

Auch gegen eine Genehmigung der Unterbrechung des Vollzuges der anderen freiheitsentziehenden 9 Maßnahme und den vorrangigen Vollzug der Untersuchungshaft kann vom Beschuldigten **Beschwerde** erhoben werden (ebenso schon zum alten Recht: OLG Hamm StV 1999, 332 = StraFo 1999, 174 [für die Unterbrechung der Untersuchungshaft zur Vollstreckung von Erzwingungshaft nach den §§ 96, 97 OWiG]; a. A. OLG Düsseldorf NStZ 1984, 236; OLG Jena NStZ 1997, 510; s. zum Ganzen auch KK/ *Graf* Vor § 112 Rn. 18). Die Beschwer des Beschuldigten liegt hier darin, dass die Zeit der Unterbre-

§ 117 StPO Haftprüfung

chung der Untersuchungshaft bei der Anrechnung auf die spätere Freiheitsstrafe (§ 51 StGB) unberücksichtigt bleibt, ihm ggf. also ein Nachteil entsteht (OLG Hamm StV 1999, 332 = StraFo 1999, 174). Unabhängig davon sieht § 116b S. 2 StPO nunmehr als Regel die vorrangige Vollstreckung anderer freiheitsentziehender Maßnahmen vor. Wenn von dieser Regel nach § 116b S. 2 Hs. 2 eine Ausnahme gemacht wird und der Vollzug der Untersuchungshaft doch vorgehen soll, weil deren Zweck dies gebietet, dann muss ein solches Vorgehen aber rechtsmittelfähig sein (ebenso: *Burhoff*, Handbuch für das strafrechtliche Ermittlungsverfahren, Rn. 1642). Die zitierten Entscheidungen betreffen i.Ü. altes Recht vor der Reform des Rechts der Untersuchungshaft. Künftige Entscheidungen werden sich an der neuen Rechtslage orientieren müssen.

10 Zwischen der **Unterbrechung der Untersuchungshaft** einerseits und der **Anordnung der anderen freiheitsentziehenden Maßnahme** andererseits ist zu differenzieren, beide sind gesondert angreifbar.

11 **C. Sonstiges.** § 116b ist lex specialis zur Möglichkeit des Aufschubs oder der Unterbrechung der Vollstreckung einer Freiheitsstrafe nach § 455a StPO (*Meyer-Goßner/Schmitt* § 116b Rn. 1 a.E.; SK-StPO/*Paeffgen* § 116b Rn. 9 a.E.).

12 Wird die Untersuchungshaft selbst nicht vollstreckt, weil der Vollzug der anderen Freiheitsentziehung vorgeht, dann wird hinsichtlich des fortbestehenden Haftbefehls **Überhaft** notiert. Dies führt insb. bei der Ausgestaltung des Strafvollzuges regelmäßig zu Nachteilen, weil z.B. Vollzugslockerungen verhindert werden (KG NStZ 2006, 695; s. zum Ganzen auch: LR/*Hilger* vor § 112 Rn. 54; ausführlich: *Schlothauer/Weider*, Untersuchungshaft, Rn. 718).

---

§ 117 StPO Haftprüfung. (1) Solange der Beschuldigte in Untersuchungshaft ist, kann er jederzeit die gerichtliche Prüfung beantragen, ob der Haftbefehl aufzuheben oder dessen Vollzug nach § 116 auszusetzen ist (Haftprüfung).
(2) ¹Neben dem Antrag auf Haftprüfung ist die Beschwerde unzulässig. ²Das Recht der Beschwerde gegen die Entscheidung, die auf den Antrag ergeht, wird dadurch nicht berührt.
(3) Der Richter kann einzelne Ermittlungen anordnen, die für die künftige Entscheidung über die Aufrechterhaltung der Untersuchungshaft von Bedeutung sind, und nach Durchführung dieser Ermittlungen eine neue Prüfung vornehmen.

Übersicht	Rdn.			Rdn.
A. Allgemeines	1	IV.	Antrag und Begründung der Haftbeschwerde	44
I. Rechtsschutz im Rahmen von Anordnung und Vollzug der Untersuchungshaft	1	V.	Beschwerdeverfahren	45
II. »Informelle« Überprüfung der Untersuchungshaft durch StA und Gericht	6	E.	Weitere Beschwerde	54
B. Antrag auf schriftliche Haftprüfung, § 117 Abs. 1	9	F.	Weitere (neue) Ermittlungen, § 117 Abs. 3	61
C. Antrag auf mündliche Haftprüfung, §§ 117 Abs. 1, 118 Abs. 1	26	G.	Beiordnung eines Pflichtverteidigers	67
D. Haftbeschwerde, § 304	33	H.	Sonstiges	69
I. Allgemeines	33	I.	Außerordentliche Rechtsbehelfe in Haftsachen	73
II. Zulässigkeitsvoraussetzungen	36	I.	Verfassungsbeschwerde, Art. 93 Abs. 1 Nr. 4a GG	74
III. Zuständigkeitswechsel nach Einlegung der Beschwerde	40	II.	Individualrechtsbeschwerde, Art. 34 EMRK	78

1 **A. Allgemeines. I. Rechtsschutz im Rahmen von Anordnung und Vollzug der Untersuchungshaft.** Die gesetzlichen Möglichkeiten zur Überprüfung der Rechtmäßigkeit der Anordnung und des Vollzuges der Untersuchungshaft sind vielfältig (ausführlich hierzu: *Herrmann*, Untersuchungshaft, Rn. 985 ff.; *Widmaier/König*, MAH Strafverteidigung, § 4 Rn. 194; *Schlothauer/Weider*, Untersuchungshaft, Rn. 724 ff.; *Welp* in: FS für Christian Richter II, 2006, S. 572, 573 ff., 581 ff.).

2 Neben der grundsätzlichen Pflicht der Justiz zur Überprüfung der Anordnung und Fortführung der Haft besteht für die Verteidigung die Möglichkeit entweder **informell** das Gespräch mit den Ermitt-

lungsbehörden und dem Gericht zu suchen um eine »einvernehmliche Haftverschonung« oder auch die Aufhebung des Haftbefehls zu erreichen oder **förmliche Rechtsbehelfe** zu ergreifen. Sie kann in diesem Zusammenhang einen Antrag auf Haftprüfung stellen (§ 117 Abs. 1), Haftbeschwerde erheben (§ 304) oder gegen eine Entscheidung über die Haftbeschwerde die weitere Beschwerde einlegen (§ 310). Neben diesen ordentlichen Rechtsbehelfen gibt es darüber hinaus die **außerordentlichen Rechtsbehelfe** der Verfassungsbeschwerde (§ 93 Abs. 1 Nr. 4a GG, §§ 90 ff. BVerfGG) und der Individualbeschwerde zum EGMR (Art. 34 Buchst. f) EMRK).

Auch Anordnungen i.R.d. **Vollzuges der Untersuchungshaft** können einer gerichtlichen Überprüfung zugeführt oder mit der Beschwerde angegriffen werden (§§ 119 Abs. 5, 119a). 3

Sämtliche Rechtsbehelfe haben **keinen Suspensiveffekt** (vgl. § 119 Abs. 5 Satz 2; § 119a Abs. 2 Satz 1; § 307 Abs. 1; s. *Schlicht/Leipold* StraFo 2005, 90 ff.). 4

In der Vielzahl unterschiedlicher Rechtsbehelfe gegen die Anordnung und den Vollzug der Untersuchungshaft zeigt sich der hohe Stellenwert, der dem Grundrecht auf Freiheit der Person und damit einhergehend der Unschuldsvermutung beigemessen wird. Trotz der Fülle an Rechtsschutzmöglichkeiten handelt es sich aber um »**stumpfe Waffen**« (*Dahs*, Handbuch des Strafverteidigers, Rn. 346; ihm folgend [chronologisch] u.a.: *Schlothauer/Weider*, Untersuchungshaft, Rn. 726; *Burhoff*, Handbuch für das strafrechtliche Ermittlungsverfahren, Rn. 2887 [»stumpfes Schwert«]; *Herrmann*, Untersuchungshaft, Rn. 988; *Radtke/Hohmann/Tsambikakis*, StPO, § 117 Rn. 1). Den Rechtsbehelfen kommt regelmäßig nur beschränkte prozessuale Wirkung zu, sie haben relativ gesehen erstaunlich selten Erfolg. Statistisch sind über 50 % der ersten Anträge auf Haftprüfung und nahezu 90 % der Haftbeschwerden erfolglos (*Gebauer*, Die Rechtswirklichkeit der Untersuchungshaft in der BRD, 1987, S. 286; ebenfalls krit.: SK-StPO/*Paeffgen* § 117 Rn. 2; *Schlothauer/Weider*, Untersuchungshaft, Rn. 726). 5

II. »Informelle« Überprüfung der Untersuchungshaft durch StA und Gericht. Die StA und das Gericht haben in jeder Lage des Verfahrens von Amts wegen zu prüfen, ob die Voraussetzungen zur Anordnung und Durchführung der Untersuchungshaft auch weiterhin bestehen, insb. ob der Haftbefehl aufzuheben ist (vgl. § 120) oder außer Vollzug gesetzt werden kann oder muss (vgl. § 116; für Jugendliche und Heranwachsende s.a. § 72 Abs. 1 JGG). Zu der »informellen« Pflicht zur Überprüfung der Untersuchungshaft s.a. Nr. 54 Abs. 1 RiStBV (zum Ganzen vgl. KK/*Graf* § 117 Rn. 1; LR/*Hilger* § 117 Rn. 1; AnwK/Uhaft-*König* § 117 StPO Rn. 1; SK-StPO/*Paeffgen* § 117 Rn. 2). 6

Allerdings ist unklar, wie der Haftrichter eine solche Prüfung selbstständig vornehmen soll. Denn **Herrin des Ermittlungsverfahrens** ist die StA. Vor Anklageerhebung befinden sich die Ermittlungsakten regelmäßig dort; von da aus werden die weiteren Ermittlungen geführt. Meist wird darüber hinaus die Kontrolle des Vollzugs der Untersuchungshaft vom Gericht auf die StA übertragen (vgl. § 119 Abs. 2 Satz 2). Eine Haftkontrolle findet vor diesem Hintergrund im Ermittlungsverfahren außerhalb der gesetzlich vorgegebenen Fristen (vgl. §§ 120, 121) durch das Gericht nicht statt (ebenso: AnwK/Uhaft-*König* § 117 StPO Rn. 1). Eine Überprüfung durch das Gericht kann somit allenfalls auf konkreten Hinweis hin oder im Rahmen turnusgemäßer Wiedervorlagen erfolgen. Erst **nach Erhebung der Anklage** ist das mit der Hauptsache befasste Gericht zuständig. Es hat einhergehend mit der Entscheidung über die Eröffnung des Verfahrens und die Zulassung der Anklage auch über die Fortdauer der Untersuchungshaft zu entscheiden (§ 207 Abs. 4). Dies geschieht allerdings meist nur formelhaft durch die Kopie des Textes der Anklage in den neuen Haftbefehl. Dieser darf aber erst nach Anhörung des Beschuldigten erlassen werden. In der Praxis wird der Haftbefehl oft gar nicht angepasst, sondern die Sache wird terminiert und verhandelt. Die gesetzlichen Vorgaben werden dadurch bewusst missachtet. Der Inhaftierte und sein Verteidiger müssen insofern aber nicht auf eine ordnungsgemäße Verkündung eines geänderten (neuen) Haftbefehls hinwirken. Dies ist und bleibt Aufgabe der jeweils zuständigen Stellen der Justiz (BVerfG NStZ 2002, 157 f. = StV 2001, 691 [m. Anm. *Hagmann*]; s.a. bei *Paeffgen* NStZ 2003, 76, 83). In der Praxis findet die gesetzlich vorgesehene Selbstkontrolle durch StA und Gericht vielfach also nicht statt. 7

Das Ergebnis einer eventuellen Prüfung muss nicht aktenkundig gemacht werden, es handelt sich hierbei um kein förmliches Verfahren (*Meyer-Goßner/Schmitt* § 117 Rn. 2). Aus Gründen der Transparenz und insb. auch im Hinblick auf den Grundsatz der Beschleunigung in Haftsachen böte sich allerdings 8

§ 117 StPO Haftprüfung

eine **Dokumentation** an. Dadurch könnten StA und Gericht belegen, dass sie tatsächlich »in jeder Lage des Verfahrens« (s.o.) die Haftfrage prüfen.

9 **B. Antrag auf schriftliche Haftprüfung, § 117 Abs. 1.** Der Beschuldigte (vgl. hierzu § 118b) kann ggü. dem Gericht einen Antrag auf **schriftliche Haftprüfung** stellen (§ 117 Abs. 1). Das Recht steht auch seinem Verteidiger, diesem allerdings nicht gegen den Willen seines Mandanten (vgl. § 118b i.V.m. § 297) zu. Gleiches gilt für einen Jugendlichen, dessen gesetzlichen Vertreter und den Erziehungsberechtigten, diesen jeweils aber auch gegen den Willen des Beschuldigten (vgl. § 118b i.V.m. § 298 bzw. § 67 Abs. 1 JGG). Der Beschuldigte ist über sein Antragsrecht zu belehren (§ 115 Abs. 4).

10 Die schriftliche Haftprüfung ist auch für Haftbefehle nach §§ 230 Abs. 2, 236 und § 329 Abs. 4 Satz 1 statthaft (OLG Stuttgart MDR 1990, 75; s.a. KK/*Graf* § 117 Rn. 2; *Meyer-Goßner/Schmitt* § 117 Rn. 2; *Scharf/Kropp* NStZ 2000, 297 ff.), nicht aber für den Sicherungshaftbefehl (§ 453c Abs. 2 Satz 2; vgl. LG Freiburg NStZ 1989, 387 [m. Anm. *Fuchs* NStZ 1989, 388 f. und Anm. *Fischer* NStZ 1990, 52]).

11 StA und Nebenkläger sind nicht antragsberechtigt (KK/*Graf* § 117 Rn. 2; LR/*Hilger* § 117 Rn. 12).

12 Der Antrag ist darauf gerichtet, den Haftbefehl nach § 120 aufzuheben oder entsprechend § 116 außer Vollzug zu setzen.

13 Der Antrag kann jederzeit zurückgenommen werden. Der Verteidiger bedarf zur Rücknahme aber der ausdrücklichen Ermächtigung (vgl. §§ 118b i.V.m. 302 Abs. 2). Ein Antrag auf Haftprüfung kann beliebig oft gestellt werden (ebenso: SK-StPO/*Paeffgen* § 117 Rn. 5; zur Einschränkung des Anspruches auf mündliche Verhandlung gem. § 118 Abs. 3 s. dort Rdn. 7 ff.).

14 Eine Überprüfung i.R.d. Haftprüfung ist während der gesamten Dauer des Verfahrens möglich. Der Haftbefehl muss sich aber in Vollzug befinden (OLG Frankfurt am Main NStZ-RR 1996, 302 f.; *Burhoff*, Handbuch für das strafrechtliche Ermittlungsverfahren, Rn. 2896 ff.; KK/*Graf* § 117 Rn. 2; LR/*Hilger* § 117 Rn. 6; *Hohmann* NJW 1990, 1649 ff.; *Meyer-Goßner/Schmitt* § 117 Rn. 4; SK-StPO/ *Paeffgen* § 117 Rn. 5 a.E.; *Schlothauer/Weider*, Untersuchungshaft, Rn. 736). Andernfalls ist die Haftprüfung regelmäßig unzulässig. Allerdings kann auch die Aufhebung eines außer Vollzug befindlichen Haftbefehls begehrt werden (OLG Karlsruhe Justiz 1986, 144 f.; KK/*Graf* § 117 Rn. 2). Eine weitere Ausnahme ist anzunehmen, wenn der Vollzug des Haftbefehls unmittelbar bevorsteht, weil bspw. Überhaft notiert ist und die zu vollstreckende Strafhaft endet. Dann muss dem Beschuldigten bereits präventiv die Möglichkeit zu effektivem Rechtsschutz zur Verfügung stehen (OLG Hamburg MDR 1974, 861; LG Saarbrücken NJW 1990, 1679; LG Stuttgart Justiz 1989, 437 = NJW 1990, 1679; s.a. KK/ *Graf* § 117 Rn. 2; LR/*Hilger* § 117 Rn. 8; *Meyer-Goßner/Schmitt* § 117 Rn. 4).

15 **Adressat des Antrages** ist vor Erhebung der Anklage das Gericht, das den Haftbefehl erlassen hat, danach das mit der Strafsache befasste Tatgericht (§ 126 Abs. 1 und 2). Der Antrag kann auch bei dem Gericht gestellt werden, in dessen Bezirk die Haftanstalt liegt, in der der Beschuldigte einsitzt (vgl. § 118b i.V.m. § 299 Abs. 1). Die **Zuständigkeit des Gerichts** für weitere Entscheidungen nach Erlass des Haftbefehls ergibt sich aus § 126. Auf die dortige Kommentierung wird verwiesen (s. § 126 Rdn. 4 ff.).

16 Der Antrag ist an **keine Form oder Frist** gebunden. Er kann schriftlich oder auch mündlich zu Protokoll des Urkundsbeamten der Geschäftsstelle des Gerichts gestellt werden (KK/*Graf* § 117 Rn. 4; *Meyer-Goßner/Schmitt* § 117 Rn. 5). Dies ist auch im Zusammenhang mit der Vorführung vor das zuständige Gericht (§ 115 Abs. 4; s. hierzu auch AG Halberstadt StV 2004, 549) oder den nächsten Richter (§ 115a Abs. 2) möglich. Ausschlussfristen sind hier, anders als für die mündliche Haftprüfung (vgl. hierzu § 118 Abs. 3 und 4), nicht zu beachten.

17 Ein unzulässiger Antrag auf Haftprüfung kann umgedeutet werden in eine Haftbeschwerde (*Hohmann* NJW 1990, 1649 ff.; *Meyer-Goßner/Schmitt* § 117 Rn. 4).

18 Das Gericht entscheidet nach **Gewährung rechtlichen Gehörs.** Der Haftrichter muss den Beschuldigten über die Grundlagen der Entscheidung informieren. Der Beschuldigte ist insb. zu hören, bevor zu seinem Nachteil Tatsachen oder Beweisergebnisse verwertet werden (vgl. § 33 Abs. 3). Dies soll mündlich oder auch schriftlich, bspw. durch Übersendung von Vernehmungsprotokollen, möglich sein. Eine solche Information muss sinnvollerweise auch ggü. dem zwingend vorhandenen (Pflicht-) Verteidiger (vgl. § 140 Abs. 1 Nr. 4) geschehen. Der Verteidigung ist zur Wahrung des rechtlichen Gehörs umfas-

send Akteneinsicht zu gewähren (ausführlich hierzu s. vor § 112 dort Rdn. 58 ff.). Vom Anspruch auf rechtliches Gehör kann nicht abgesehen werden. Die Einschränkung des § 33 Abs. 4 verfängt hier nicht. Sie gilt nicht für die Aufrechterhaltung der Untersuchungshaft, der Beschuldigte befindet sich ja bereits in Haft. Eine Gefährdung des Zwecks der Anordnung steht somit nicht zu befürchten (zum Ganzen KK/*Graf* § 117 Rn. 10; *Herrmann*, Untersuchungshaft, Rn. 1033; *Schlothauer/Weider*, Untersuchungshaft, Rn. 783; SK-StPO/*Paeffgen* § 117 Rn. 9).

Das Gesetz sieht i.R.d. schriftlichen Haftprüfung **keine gesonderte Information des Verteidigers** durch das Gericht vor (LR/*Hilger* § 117 Rn. 24; *Schlothauer/Weider*, Untersuchungshaft, Rn. 784). Insb. § 168c Abs. 1 greift nicht, denn hier findet keine mündliche Anhörung statt. Die Verteidigung muss aber dennoch darauf hinwirken, die Rechte des Beschuldigten wahrzunehmen und bspw. (nochmals) Akteneinsicht beantragen, die Übersendung von Stellungnahmen der StA erbitten und auch Beweiserhebungen anregen (*Herrmann*, Untersuchungshaft, Rn. 1033 ff.; *Schlothauer/Weider*, Untersuchungshaft, Rn. 783 ff.).

19

Ist eine Information und einhergehend damit eine Entscheidung im schriftlichen Haftprüfungsverfahren anders nicht möglich, dann ist ein **Übergang zur mündlichen Haftprüfung** geboten (vgl. § 118 Abs. 1 Satz 1, 2. Alt.). Ein solches Vorgehen steht im Ermessen des Gerichts.

20

Prüfungsmaßstab für die schriftliche Haftprüfung sind das Vorliegen der im Haftbefehl genannten Haftgründe, der dringende Tatverdacht sowie die Verhältnismäßigkeit der Haftfortdauer der Untersuchungshaft. Darüber hinaus ist der gesamte Inhalt der Ermittlungsakte zum Gegenstand der Überprüfung zu machen. Das Gericht hat stets eine neue, selbstständige Prüfung vorzunehmen (OLG Jena StV 2007, 588).

21

Dem Richter steht eine umfassende **Entscheidungskompetenz** zu. Er kann den Haftbefehl aufrechterhalten, gem. § 120 aufheben oder entsprechend § 116 StPO außer Vollzug setzen. Er kann ihn auch inhaltlich ändern oder anpassen (KK/*Graf* § 117 Rn. 11; LR/*Hilger* § 117 Rn. 28; *Meyer-Goßner/ Schmitt* § 117 Rn. 6; sinngemäß ebenso: *Schlothauer/Weider*, Untersuchungshaft, Rn. 785).

22

Eine **Frist zur Entscheidung** über die schriftliche Haftprüfung existiert, anders als für die mündliche Haftprüfung (vgl. hierzu § 118 Abs. 5 bzw. § 118a Abs. 4), nicht. Dennoch muss natürlich unter Beachtung des Beschleunigungsgebotes in Haftsachen zügig entschieden werden (zum Ganzen: KK/*Graf* § 117 Rn. 10; *Herrmann*, Untersuchungshaft, Rn. 1032; LR/*Hilger* § 117 Rn. 23; *Schlothauer/Weider*, Untersuchungshaft, Rn. 781). Hat der Richter Ermittlungen veranlasst, dann kann deren Ergebnis ggf. abgewartet werden. Dies darf aber nur zu einer unwesentlichen Verzögerung führen. Andernfalls ist unverzüglich zu entscheiden. Später zu erwartende Ermittlungsergebnisse können nach ihrem Eingang im Rahmen einer dann möglicherweise neu anstehenden (auch eigenverantwortlich durch das Gericht vorzunehmenden – s.o.) Haftentscheidung berücksichtigt werden (KK/*Graf* § 117 Rn. 12 f.; LR/*Hilger* § 117 Rn. 26; *Meyer-Goßner/Schmitt* § 117 Rn. 15 f.; sinngemäß ebenso *Schlothauer/Weider*, Untersuchungshaft, Rn. 785).

23

Die **Entscheidung** des Gerichts ergeht mittels Beschluss, der zu begründen (§ 34) und formlos bekannt zu machen (§ 35 Abs. 2 Satz 2) ist. Die Gründe müssen u.a. eine weiter gehende Überprüfung i.R.d. Haftbeschwerde ermöglichen. Eine Bezugnahme auf den Haftbefehl und frühere Entscheidungen soll zulässig sein (*Meyer-Goßner/Schmitt* § 117 Rn. 7) und ist in der Praxis häufig der Fall. Ein solches Vorgehen trägt aber meist wenig dazu bei, die Entscheidung für den Beschuldigten nachvollziehbar und verständlich zu machen. Der Grundsatz des fair trial erlaubt es dem Beschuldigten, eine nachvollziehbare Auseinandersetzung des Gerichts mit vorgebrachten Argumenten erwarten zu dürfen.

24

Richtet sich der Antrag an eine Strafkammer bzw. das Schöffengericht, dann ist strittig, wie das Gericht für die Entscheidung besetzt sein muss. Die Rspr. geht nahezu einhellig davon aus, dass insbes. aus Gründen der Beschleunigung des Verfahrens immer in der Besetzung außerhalb der HV, also ohne Schöffen, zu entscheiden sei (BGH JR 2011, 262 ff. [mit Anm. *Börner*] = NStZ 2011, 356 ff. [mit Anm. *Krüger* NStZ 2012, 341 ff.]; KG StraFo 2015, 110 ff.; OLG Hamburg StraFo 2010, 383 ff.; OLG Hamburg NJW 1998, 2988 ff.; OLG Hamm StV 1998, 388; OLG Jena StraFo 1999, 212 f.; OLG Jena StV 2010, 34 [Ls.]; OLG Köln NJW 2009, 3113 ff.; OLG München StRR 2007, 83 [Ls.]; OLG Naumburg NStZ-RR 2001, 347 f.; LG München StraFo 2010, 383 f.; s. auch KK-*Graf*, § 118a Rn. 4 und § 126 Rn. 10). Eine Ausnahme soll in den Fällen der §§ 268b, 120 Abs. 1 gelten (vgl. z.B. OLG Jena, StV 2010, 34 [Ls.]; KK-*Graf*, § 118a Rn. 4 und § 126 Rn. 10). In der Lit. wird dagegen überwiegend vertreten, dass die Entscheidung grds. unter Mitwirkung der Schöffen zu treffen ist (vgl.

25

§ 117 StPO Haftprüfung

u.a. *Bertram* NJW 1998, 2934 ff.; *Dehn* NStZ 1997, 608 ff. und *Foth* NStZ 1998, 262 ff., jew. in den Anm. zu OLG Köln NJW 1998, 2989 ff.; *Katholnigg* JR 1998, 170 ff. und *Schlothauer* StV 1998, 144 ff., jew. in der Anm. zu OLG Hamburg NJW 1998, 2988 ff.; s. auch *Paeffgen* NStZ 1999, 78; ausführlich zum Ganzen *Sowada* NStZ 2001, 169 ff.; *ders.* in Anm. zu OLG Koblenz StV 2010, 37 ff.; *Krüger* NStZ 2009, 590 ff. in der Anm. zu OLG Köln, NJW 2009, 3113 ff.; differenzierend *Meyer-Goßner/Schmitt*, § 126 Rn. 8; Aus der Rspr. s. insofern auch OLG Koblenz StV 2010, 36 f. [1. Strafsenat]; OLG Koblenz 2010, 37 ff. [2. Strafsenat]). Teilweise werden zusätzlich differenzierende Auffassungen vertreten (vgl. u.a. *Gittermann* DRiZ 2012, 12; *Börner* JA 2011, 481; zur Besetzung des erstinstanzlichen OLG-Senats s. BGHSt 43, 91 [»Fünfer-Besetzung«]). Nach Burhoff (Handbuch für die strafrechtliche Hauptverhandlung, Rn. 1629) ist über einen in oder während der Hauptverhandlung gestellten Antrag gemeinsam mit den Schöffen zu entscheiden. Aus dem Gesetz ergeben sich keine Anhaltspunkte für eine andere Besetzung (s. auch OLG Koblenz StV 2010, 36 f. [1. Strafsenat]; OLG Koblenz 2010, 37 ff. [2. Strafsenat]; *Meyer-Goßner/Schmitt*, § 126 Rn. 8; *Sowada* StV 2010, 37). Rechtsstaatlichkeit muss hier vor Effizienz gehen. Über einen außerhalb der Hauptverhandlung gestellten Antrag ist ohne Schöffen zu entscheiden (vgl. *Meyer-Goßner/Schmitt*, § 126 Rn. 8; § 30 GVG Rn. 3; s. zum Ganzen auch BVerfG NJW 1998, 2962 ff.). Dies gilt im Übrigen ja auch für andere Anträge, über die ohne mündliche Verhandlung entschieden werden kann. Ein Antrag, der während einer **Unterbrechung** *der Hauptverhandlung* gestellt wurde, ist formal nicht in der HV gestellt, während der eine Präsenz von bestimmten Verfahrensbeteiligten geboten ist (vgl. § 226; s. hierzu *Bertram* NJW 1998, 2936 ff.; a. A. *Schlothauer* StV 1998, 144, 145 in der Anm. zu OLG Hamburg NJW 1998, 2988 ff.; *Meyer-Goßner/Schmitt*, § 126 Rn. 8). Über einen solchen Antrag ist deshalb ohne Schöffen zu entscheiden (*Meyer-Goßner/Schmitt*, § 126 Rn. 8). Etwas anderes muss aber wohl bei einer nur kurzfristigen Unterbrechung der Hauptverhandlung, bspw. Pausen, gelten (*Meyer-Goßner/Schmitt*, § 126 Rn. 8; OLG Hamm StV 1998, 388 f.). Dann kommt es auf den Sachzusammenhang an. Ein entsprechender Antrag ist je nach Prozesssituation außerhalb oder eben während der HV gestellt/wiederholt. Klarheit wird nur der Gesetzgeber schaffen können (ebenso schon *Sowada* StV 2010, 37).
Dies gilt gleichermaßen auch für die Haftbeschwerde.

26 **C. Antrag auf mündliche Haftprüfung, §§ 117 Abs. 1, 118 Abs. 1.** Die Haftprüfung kann auch mündlich erfolgen. Ergänzend zu den obigen Ausführungen zur schriftlichen Haftprüfung (s. Rdn. 9 ff.) ist für die mündliche Haftprüfung Folgendes zu beachten:

27 Der in der Praxis am häufigsten genutzte Rechtsbehelf ist der Antrag auf mündliche Haftprüfung gem. § 117 Abs. 1 i.V.m. § 118 Abs. 1 (ausführlich zum Ganzen *Burhoff*, Handbuch für das strafrechtliche Ermittlungsverfahren, Rn. 2886 ff.; *Herrmann*, Untersuchungshaft, Rn. 1043 ff.; *Schlothauer/Weider*, Untersuchungshaft, Rn. 735 ff.).

28 Der **Antrag** auf mündliche Haftprüfung muss erkennen lassen, dass eine mündliche Verhandlung angestrebt wird (vgl. § 118 Abs. 1; s. zum Ganzen *Burhoff*, Handbuch für das strafrechtliche Ermittlungsverfahren, Rn. 1980 ff.; *Herrmann*, Untersuchungshaft, Rn. 1060; LR/*Hilger* § 117 Rn. 15; *Schlothauer/Weider*, Untersuchungshaft, Rn. 748). Der zunächst gestellte Antrag ist nicht bindend. Ergibt sich während der mündlichen Verhandlung eine andere Einschätzung der Sachlage, dann kann er bis zum Schluss der mündlichen Verhandlung geändert und angepasst werden.

29 Schon i.R.d. Antragsstellung, also noch vor der eigentlichen Haftprüfung, können **Beweisanträge** gestellt werden. Das Gericht braucht diesen aber nicht nachzugehen. Denn es handelt sich lediglich um Anregungen zur Beweiserhebung, die keiner förmlichen Bescheidung nach § 244 StPO bedürfen (*Burhoff*, Handbuch für das strafrechtliche Ermittlungsverfahren, Rn. 1980 ff.; *Meyer-Goßner/Schmitt* § 118a Rn. 4). Werden entsprechende Anträge im Haftprüfungstermin selbst gestellt, dann ist das Gericht aber zur Beweiserhebung verpflichtet, sofern entweder der **Verlust des Beweises** zu besorgen ist oder die Beweiserhebung die **Freilassung des Beschuldigten** begründen kann. Nachdem dies in den meisten Fällen zumindest theoretisch anzunehmen sein wird, ist dem Beweisantrag nachzugehen (vgl. § 166 Abs. 1; s.a. *Burhoff*, Handbuch für das strafrechtliche Ermittlungsverfahren, Rn. 1980 ff.sowie Rn. 708 ff.; *Herrmann*, Untersuchungshaft, Rn. 1064; *Schlothauer/Weider*, Untersuchungshaft, Rn. 773 sowie Rn. 464 ff.; *Schlothauer* StV 1995, 158 ff.). Vereinzelt wird vertreten, dass § 166 nur im Ermittlungsverfahren gelte, nicht auch nach Erlass eines Urteils. Dann gebietet aber zumindest der **Anspruch auf rechtliches Gehör** nach Art. 103 Abs. 1 GG, die angebotenen Beweise zu prüfen.

Ein Anspruch des Beschuldigten auf Beweiserhebungen im Haftverfahren ergibt sich insb. auch aus der grds. denkbaren Möglichkeit einer dann gebotenen Freilassung (vgl. OLG Hamm StraFo 2002, 100 [mit differenzierter Anm. *Nobis* StraFo 2002, 101 ff.] = StV 2002, 209; s.a. *Schlothauer/Weider*, Untersuchungshaft, Rn. 464 ff., 773)

Die **mündliche Verhandlung** ist gem. § 118 Abs. 5 Halbs. 2 unverzüglich, d.h. ohne vermeidbare Verzögerungen, durchzuführen. Dies kann schon in unmittelbarem Anschluss an die Haftbefehlseröffnung selbst sein (vgl. zu diesem Gedanken der »logischen Sekunde« zwischen Haftbefehlseröffnung und der sich daran anschließenden Rechtsmittelsituation: AG Halberstadt StV 2004, 549 ff.). Der Termin hat spätestens innerhalb von 2 Wochen nach Antragstellung stattzufinden. Mit Zustimmung des Beschuldigten kann eine spätere Terminierung erfolgen, eine Fristüberschreitung ist nicht hinnehmbar (ausführlich zum Ganzen s. die Kommentierung bei § 118 Rdn. 18 ff.). Der Ablauf der mündlichen Verhandlung ist geregelt in § 118a. Der Beschuldigte und der Verteidiger sowie die StA sind über Ort und Zeit der mündlichen Verhandlung zu benachrichtigen (ausführlich hierzu s. die Kommentierung bei § 118a Rdn. 3).   30

Hat der Verteidiger mitgeteilt, an dem Termin teilnehmen zu wollen und verzögert sich sein Erscheinen, dann hat das Gericht angemessen zu warten (VerfGH Rheinland-Pfalz StV 2006, 315 ff. [m. Anm. *Kühne/Haufs-Brusberg*] = StraFo 2006, 199 f.; VerfGH Brandenburg NJW 2003, 2009 ff.; *Burhoff*, Handbuch für das strafrechtliche Ermittlungsverfahren, Rn. 1993; s. hierzu bereits die Kommentierung bei § 115 Rdn. 28).   31

Der Verteidiger eines Mitbeschuldigten hat kein Anwesenheitsrecht bei Vernehmungen eines anderen Beschuldigten im Haftprüfungsverfahren (OLG Köln NStZ 2012, 174 = StRR 2011, 446 [Ls.] = NJW 2012, 1240 [Ls.]).

Gegen eine ablehnende Entscheidung kann Haftbeschwerde eingelegt werden.   32

D. Haftbeschwerde, § 304. I. Allgemeines.
Gegen die zuletzt ergangene (negative) Haftentscheidung kann jederzeit Haftbeschwerde gem. § 304 Abs. 1 erhoben werden. Sie ist zulässig gegen jede im Zusammenhang mit der Untersuchungshaft ergangene (Haft-) Entscheidung, insb. gegen den Haftbefehl aber auch die Zurückweisung des Antrages auf dessen Erlass, seine Aufhebung (§ 120) oder Außervollzugsetzung (§ 116), die Entscheidung über eine schriftliche oder mündliche Haftprüfung, die Anordnung von Auflagen und Weisungen im Zusammenhang mit dem Vollzug der Untersuchungshaft oder der Außervollzugsetzung des Haftbefehls, die vorrangige Vollstreckung von Erzwingungshaft oder Untersuchungshaft vor anderen freiheitsentziehenden Maßnahmen gem. § 116b Satz 2 aber auch eine Ablehnung der Benachrichtigung über die Untersuchungshaft oder des Rechts auf Versendung eines Zugangsbriefes gem. § 114b (vgl. KK/*Graf* § 115 Rn. 18 ff.; *Burhoff*, Handbuch für das strafrechtliche Ermittlungsverfahren, Rn. 1641 ff.; *Herrmann*, Untersuchungshaft, Rn. 1086 ff.; *Kruse* JA 2000, 210 ff.; *Meyer-Goßner/Schmitt* § 117 Rn. 8; SK-StPO/*Paeffgen* § 115 Rn. 13 ff.; *Schlothauer/Weider*, Untersuchungshaft, Rn. 789). Bereits der Erlass des Haftbefehls kann angegriffen werden, er muss nicht erst vollstreckt werden (OLG Hamm NStZ-RR 2001, 254).   33

Der Beschuldigte oder die StA müssen beschwert sein (vgl. §§ 296 ff.). Dies kann auch nach Erledigung der hoheitlichen Maßnahme der Fall sein. Eine gerichtliche Überprüfung ist wegen des besonderen Feststellungsinteresses auch möglich, wenn der Eingriff inzwischen beendet ist (BVerfG JZ 2005, 629 ff. = NStZ 2007, 147 = StraFo 2006, 20 ff. = wistra 2006, 59 ff.; s.a. BVerfG NStZ 2007, 413 f. = NVwZ 2007, 807 f. = StV 2007, 589 [LS]; BVerfG NStZ 2000, 153 f. = StV 2000, 322 f.; BVerfG NStZ 2002, 157 ff. = StV 2001, 691 f.; OLG München StV 2006, 317 f. [m. Anm. *Kirchner*]; a. A. OLG Koblenz StV 2007, 589 [LS]; s. zum Ganzen auch SK-StPO/*Paeffgen* § 117 Rn. 15; *Park/Schlothauer* in: FS für Widmaier, 2008, S. 387 ff.). Auch der flüchtige Beschuldigte ist beschwerdeberechtigt (OLG Stuttgart NStZ 1990, 247). Ein Beschwerderecht steht auch dem von den angeordneten Auflagen betroffenen Dritten zu (BGHSt 27, 175 ff. = JR 1978, 83 f. [mit ablehnender Anm. *Peters*] = MDR 1977, 681 f. [zum Besuchsrecht]).   34

Eine **Untätigkeitsbeschwerde** als solche ist nicht vorgesehen (*Burhoff*, Handbuch für das strafrechtliche Ermittlungsverfahren, Rn. 1650 mit Verweis auf Rn. 677 ff.; *Schlothauer/Weider*, Untersuchungshaft, Rn. 771 ff.). Die Beschwerde kann aber bei Untätigkeit gegen die Unterlassung einer rechtlich gebotenen Entscheidung erhoben werden, wenn diese selbst mit der Beschwerde angreifbar wäre. Für das Haftverfahren ist dies für zulässig erachtet worden, wenn die Frist von 2 Wochen zur Durchführung der   35

§ 117 StPO Haftprüfung

mündlichen Haftprüfung gem. § 118 Abs. 5 Halbs. 2 überschritten wurde (OLG Braunschweig StraFo 2005, 26 f. = StV 2005, 39; OLG Hamm NStZ-RR 2006, 17).

36 **II. Zulässigkeitsvoraussetzungen.** Die Haftbeschwerde ist beim **judex a quo**, d.h. dem Gericht zu erheben, dessen Entscheidung angegriffen wird (§ 306 Abs. 1). Sie ist an keine **Frist** und auch keine **Form** gebunden. Sie kann in demselben Verfahren mehrfach erhoben werden.

37 Richtet sich die Beschwerde gegen eine bereits einmal angegriffene Entscheidung, dann ist der Rechtsweg erschöpft, und die Haftbeschwerde wird in einen Antrag auf Haftprüfung umgedeutet (OLG Düsseldorf StV 1992, 237 [LS]; OLG Hamm StV 1997, 197 = wistra 1996, 321; KK/*Graf* § 115 Rn. 24; *Burhoff*, Handbuch für das strafrechtliche Ermittlungsverfahren, Rn. 1647; *Meyer-Goßner/Schmitt* § 117 Rn. 8; *Schlothauer/Weider*, Untersuchungshaft, Rn. 765).

38 Die Beschwerde ist neben einem Antrag auf schriftliche oder mündliche Haftprüfung unzulässig (§ 117 Abs. 2 Satz 1). Dies gilt auch für einen Antrag auf Vorführung vor das zuständige Gericht (§ 115). Ein solcher Antrag kann aber jederzeit zurückgenommen werden, um dann Haftbeschwerde gem. § 304 einlegen zu können. Wird der Antrag erst nach Erhebung der Haftbeschwerde zurückgenommen, dann bleibt diese unzulässig (OLG Stuttgart Justiz 2005, 334; ausführlich *Meyer-Goßner/Schmitt* § 117 Rn. 14).

39 Die Haftbeschwerde wird **gegenstandlos**, wenn über sie bei Erlass der Entscheidung des OLG nach § 122 oder nach Eintritt der Urteilsrechtskraft noch nicht entschieden ist (OLG Hamm NStZ 2008, 582 ff. = NStZ 2010, 202 [bei *Paeffgen*]; *Meyer-Goßner/Schmitt* § 117 Rn. 13).

40 **III. Zuständigkeitswechsel nach Einlegung der Beschwerde.** Wechselt nach Einlegung der Beschwerde die gerichtliche Zuständigkeit, dann gilt nach allgemeiner Meinung Folgendes: Nach Erhebung der Anklage ist eine noch nicht erledigte Beschwerde gegen die Haftentscheidung in einen Antrag auf Haftprüfung nach § 117 Abs. 1 umzudeuten (OLG Naumburg NStZ-RR 1997, 307 = StraFo 1997, 250; LG Mannheim NStZ 2006, 592; *Burhoff*, Handbuch für das strafrechtliche Ermittlungsverfahren, Rn. 1647; *Meyer-Goßner/Schmitt* § 117 Rn. 8; *Herrmann*, Untersuchungshaft, Rn. 1099; *Schlothauer/Weider*, Untersuchungshaft, Rn. 794; krit.: *Paeffgen* NStZ 1999, 75 [dort insb. Fn. 9]; *Rostek* StV 2002, 225 ff.). Dann ist das mit der Sache befasste Gericht zuständig (OLG Karlsruhe StV 2002, 225; OLG Stuttgart Justiz 2004, 166; OLG Frankfurt am Main NJW 1985, 1233; OLG Düsseldorf StV 1992, OLG Düsseldorf StV 428; OLG Düsseldorf StV 1993, 482). Erst gegen die von diesem Gericht erlassene Haftentscheidung ist dann Haftbeschwerde möglich.

41 Dies gilt auch für den Fall, dass vor einer Entscheidung über die weitere Beschwerde gem. § 310 Anklage erhoben wurde (OLG Düsseldorf StV 1992, 428), auch wenn über die Beschwerde selbst zuvor bereits entschieden worden ist (OLG Düsseldorf wistra 1999, 318; OLG Hamm wistra 1996, 321; s.a. *Meyer-Goßner/Schmitt* § 117 Rn. 12; KK/*Schultheis* § 126 Rn. 8).

42 Nach Eingang der Akten beim Berufungsgericht nach § 321 Satz 2 wird die Beschwerde gegen eine Haftentscheidung des erstinstanzlichen Gerichts als Antrag auf Haftprüfung nach § 117 Abs. 1 durch das Berufungsgericht behandelt. Hierbei spielt es keine Rolle, ob das LG schon vorher eine Beschwerdeentscheidung getroffen hat (OLG Düsseldorf StV 1993, 482).

43 Die Umdeutung der Haftbeschwerde in einen Antrag auf Haftprüfung erscheint bedenklich. Sie ist gesetzlich nicht vorgesehen. Sie wurde entwickelt, um im Fall einer Anklage zum LG keine Divergenz der Entscheidung des Beschwerdegerichts zu provozieren. Der Beschuldigte hat aber ein Wahlrecht, ob er Haftprüfung beantragen oder Haftbeschwerde einlegen will. Ihm steht die **Rechtsmittelautonomie** zu (*Rostek* StV 2002, 225, 226; s.a. OLG München StV 2006, 317 f. [m. Anm. *Kirchner*]). Und in der Praxis kommt es immer wieder zu Fallgestaltungen, auf die der grundsätzliche Wechsel der Zuständigkeit nicht passt (s. OLG Hamm NStZ-RR 2010, 358 [LS]; OLG Düsseldorf StV 1993, 592). Hier sind individuelle Lösungen anhand des Einzelfalles angezeigt.

44 **IV. Antrag und Begründung der Haftbeschwerde.** Die Beschwerde ist bei dem Gericht anzubringen, dessen Entscheidung angefochten wird (§ 306 Abs. 1). Sie ist zu Protokoll der Geschäftsstelle oder schriftlich zu erheben. Die Beschwerde muss nicht, sie sollte aber begründet werden. Es empfiehlt sich, einen **konkreten Antrag** zu stellen um das Ziel der Beschwerde darzulegen. Ergänzend können Beweiserhebungen angeregt bzw. beantragt werden (vgl. § 308 Abs. 2). Hieran ist das Beschwerdegericht aber nicht gebunden.

V. Beschwerdeverfahren. Das Beschwerdeverfahren richtet sich nach den allgemeinen Vorgaben 45
entsprechend den §§ 306 ff. (*Burhoff*, Handbuch für das strafrechtliche Ermittlungsverfahren,
Rn. 677 ff.; *Gimbel* ZRP 2004, 35 ff.; *Herrmann*, Untersuchungshaft, Rn. 1117 ff.; *Hoffmann* NStZ
2006, 256 ff.; *Schlothauer/Weider*, Untersuchungshaft, Rn. 801 ff.).

Das Ausgangsgericht hat die **Möglichkeit zur Abhilfe.** Dies wird dort gelegentlich verkannt. Erst wenn 46
das Haftgericht nach (eigenständiger) Prüfung der Beschwerde nicht abhilft, soll die Beschwerde sofort,
entsprechend der **Vorlagefrist** des § 306 Abs. 2 Halbs. 2 spätestens vor Ablauf von 3 Tagen dem Beschwerdegericht vorgelegt werden. Diese Frist wird regelmäßig nicht eingehalten. Teils wird sie bei Gericht nicht einmal vorgemerkt oder überwacht. Warum Staatsanwälte und Richter sie immer wieder
gerne übersehen oder (schlimmer noch) bewusst missachten, ist unerfindlich. Zwar wird vertreten,
dass es sich nur um eine reine **Sollvorschrift** handele, die lediglich »nach Möglichkeit« einzuhalten
sei (KK/*Engelhardt* § 306 Rn. 18; LR/*Matt* § 306 Rn. 23; *Meyer-Goßner/Schmitt* § 306 Rn. 11).
Eine solche Ansicht verkennt aber schon das auch hier zu beachtende Beschleunigungsgebot in Haftsachen (ausdrücklich hierzu OLG Naumburg NStZ-RR 2011, 123 f. = StraFo 2010, 464 f. = StRR
2011, 35 = StV 2011, 39; ebenso bereits früher vgl. OLG Hamm StV 2006, 91; OLG Hamm StV 2002,
492; OLG Hamm StV 2000, 153). Eine Verzögerung kann auch hier nicht hingenommen werden.
Ebenso wie bei der Frist des § 118 Abs. 5 Halbs. 2 darf die gesetzlich vorgesehene Frist nicht nur zur
Formalie mutieren. Konsequenz eines Verstoßes muss deshalb die Aufhebung des Haftbefehls sein (vgl.
jeweils zu § 118 Abs. 5: OLG Oldenburg StV 1995, 87; AG Frankfurt am Main StV 1993, 33; AG Kamen StV 1995, 476; AG Kamen StV 2002, 315; *Burhoff*, Handbuch für das strafrechtliche Ermittlungsverfahren, Rn. 1989 a.E. und Rn. 1650 [zu § 306 Abs. 2Halbs. 2 StPO]; *Hagmann* StV 2001, 693 ff.
[Anm. zu BVerfG StV 2001, 691 ff.]; *Herrmann*, Untersuchungshaft, Rn. 1109 [zu § 306 Abs. 2Halbs.
2 StPO]; *Schlothauer/Weider*, Untersuchungshaft, Rn. 802; a.A. OLG Hamm NStZ-RR 2006, 17;
OLG Köln StraFo 2009, 205; KK/*Graf* § 118 Rn. 6; *Meyer-Goßner/Schmitt* § 118 Rn. 4). Eine Zeitspanne von 2 Monaten zwischen Eingang der weiteren Beschwerde und Vorlage der Akten beim Senat
ist aber in jedem Fall nicht mehr hinnehmbar (OLG Hamm StraFo 2002, 177 f. = StV 2002, 492 f.
[dort war die Verzögerung allerdings vom Verteidiger zu verantworten!]; OLG Hamm StraFo 2000,
30 = StV 2000, 154, 155; s.a. *Meyer-Goßner/Schmitt* § 306 Rn. 11 a.E.; differenzierend: LR/*Matt* § 306
Rn. 7).

Der Strafrechtsausschuss der Bundesrechtsanwaltskammer schlägt in seiner Denkschrift »**Reform der** 47
Verteidigung im Ermittlungsverfahren« vor, eine gesetzlich bindende Frist von 2 Wochen bis zur Entscheidung des Beschwerdegerichts einzuführen. Diese dürfe nur mit Zustimmung der Verteidigung verlängert werden, wenn bspw. weitere Ermittlungen anstehen, die die Sache verzögern (BRAK Schriftenreihe, Bd. 13, 2004; s. hierzu auch LR/*Matt* § 306 Rn. 23 [dort insb. Fn. 66]).

Üblicherweise entscheidet das Beschwerdegericht nach **Anhörung der Verfahrensbeteiligten** (für die 48
StA s. § 33 Abs. 2). Eine mündliche Anhörung findet aber regelmäßig nicht statt (§ 309 Abs. 1).
Auf Antrag des Beschuldigten oder von Amts wegen kann aber auch hier zunächst eine mündliche Verhandlung durchgeführt werden (vgl. § 118 Abs. 2).

Das Beschwerdegericht kann trotz der ihm zustehenden eigenen **Sachentscheidungskompetenz** die In- 49
vollzugsetzung eines außer Vollzug gesetzten Haftbefehls nur unter den engen Voraussetzungen des
§ 116 Abs. 4 beschließen (OLG Stuttgart StRR 2007, 38 [m. krit. Anm. *Herrmann*]). Legt nur der
vom Vollzug der Untersuchungshaft verschonte Beschuldigte Haftbeschwerde ein, um den Haftbefehl
über die gewährte Außervollzugsetzung hinaus aufheben zu lassen, dann kommt der Widerruf einer
gewährten Haftverschonung allenfalls dann in Betracht, wenn sich die konkreten Umstände ganz wesentlich verändert haben (ausführlich hierzu s. § 116 dort Rdn. 64 ff.). Das Rechtsmittelgericht darf
den Vollzug der Untersuchungshaft nicht deshalb anordnen, weil es die Haftfrage als solche anders beurteilt (BVerfG NStZ 2007, 83 f. = StraFo 2005, 502 = StV 2006, 26 ff. = wistra 2006, 57; OLG Düsseldorf StV 1993, 480; ebenso: *Meyer-Goßner/Schmitt* vor § 304 Rn. 5 a.E. [ab der 49. Aufl.]). Bei einer
wesentlichen Änderung des Sachverhalts soll dem Beschwerdegericht aber die Befugnis zustehen, den
Haftbefehl aufzuheben und einen neuen zu erlassen, wenn der alte Haftbefehl den Anforderungen des
§ 114 Abs. 1 Satz 1 nicht entspricht und der Beschuldigte sonst auf freien Fuß gesetzt werden müsste
(OLG Dresden StV 2006, 700 f. [m. abl. Anm. *Bosbach*]; s.a. OLG Brandenburg StV 1997, 140 f.;
OLG Düsseldorf StV 1996, 440 f. [m. Anm. *Weider*]; OLG Hamm StV 2000, 155; OLG Köln StV
1999, 156; zum Ganzen: *Herrmann*, Untersuchungshaft, Rn. 1119 f.; *Schlothauer/Weider*, Unter-

suchungshaft, Rn. 803 f.). Dies ist nicht hinnehmbar. Denn damit wird die dem Beschuldigten zugestandene Möglichkeit des Rechtsschutzes ungerechtfertigt eingeschränkt. Schließlich stehen dem Beschuldigten gegen einen im Beschwerdeverfahren neu erlassenen Haftbefehl die vom Gesetz vorgesehenen Rechtsschutzmöglichkeiten nicht mehr zu. Er kann allenfalls noch weitere Beschwerde einlegen, eine Haftprüfung scheint aber im Instanzenzug ebenso wenig möglich wie eine Haftbeschwerde, die ja schon anhängig ist. Dem Beschuldigten ist hier der gesetzliche Richter entzogen, es liegt ein Verstoß gegen Art. 101 Abs. 1 Satz 2 GG vor (ebenso *Bosbach* StV 2006, 701; s.a. *Weider* StV 1996, 441 f. [Anm. zu OLG Düsseldorf StV 1996, 440 f.]).

50 Die **Prüfkompetenz des Beschwerdegerichts** ist je nach Verfahrensstand eingeschränkt: Während des Laufs der Hauptverhandlung ist neben dem Akteninhalt auch das Ergebnis der bisherigen Beweisaufnahme zu berücksichtigen. Da das Beschwerdegericht an dieser nicht selbst teilnimmt, steht ihm nur ein eingeschränkter Prüfungsmaßstab zu (BGH StraFo 2004, 135 = StV 2004, 143; OLG Celle StraFo 2015, 113 f. = StV 2015, 305; OLG Hamm wistra 2006, 279 f.). Entscheidend kommt es darauf an, ob der Inhalt der angefochtenen Haftentscheidung grob fehlerhaft ist oder der dringende Tatverdacht aus tatsächlichen und rechtlichen Gründen nicht angenommen werden kann (BGH NStZ-RR 2003, 368 ff.; OLG Brandenburg StraFo 2000, 318 f.; OLG Braunschweig StV 2005, 39 f.; OLG Hamm StV 2006, 191 ff.; OLG Jena StV 2005, 559 ff. [mit Anm. *Deckers/Lederer* StV 2009, 139 ff.]).

51 Im Beschwerdeverfahren gegen Haftverschonungsbeschlüsse gilt das **Verbot der »reformatio in peius«** (Verschlechterungsverbot). Wenn nur der Beschuldigte gegen den Haftbefehl Beschwerde einlegt, dann kommt der Widerruf einer gewährten Haftverschonung allenfalls in Betracht, wenn sich die Umstände erheblich zu seinen Lasten verändert haben (zu den engen Voraussetzungen des Widerrufes einer Haftverschonung s. die Kommentierung zu § 116 dort Rdn. 64 ff.). Eine lediglich andere Bewertung der Ausgangssituation genügt nicht (BVerfG StraFo 2005, 502 = StV 2006, 26 ff. = wistra 2006, 57; OLG Düsseldorf StV 1993, 480; *Herrmann*, Untersuchungshaft, Rn. 1122; *Meyer-Goßner/Schmitt* vor § 304 Rn. 5 a.E. [seit der 49. Aufl.]; *Schlothauer/Weider*, Untersuchungshaft, Rn. 803; KMR-*Wankel*, StPO, § 117 Rn. 20).

52 Die Beschwerdeentscheidung ist zu **begründen** (EGMR NJW 2003, 1439 ff.; BVerfG NJW 2006, 1336 ff. = NStZ 2007, 81 f. = StraFo 2006, 196 f. = StV 2006, 248 ff.; BVerfG StV 2006, 251 [teils zu § 121 StPO]; s.a. *Burhoff*, Handbuch für das strafrechtliche Ermittlungsverfahren, Rn. 922). Aus ihr muss hervorgehen, welcher Taten der Angeklagte dringend verdächtigt ist und worauf die richterliche Überzeugungsbildung beruht. Der bloße Verweis auf einen früheren Haftbefehl oder die Wiedergabe des Gesetzestextes zur Begründung genügen regelmäßig nicht (vgl. *Mayer/Hunsmann* NStZ 2015, 325 ff.). Ist das Beschwerdegericht an einer eigenen Sachentscheidung mangels hinreichender Tatsachengrundlagen gehindert, dann kann dies i.R.d. Beschwerdeverfahrens nur zur Aufhebung des Haftfortdauerbeschlusses führen. Der für die Untersuchungshaft konstitutive Haftbefehl selbst ist aber nicht auch zwingend aufzuheben (OLG Hamm NStZ-RR 2010, 55).
Die Frage der Besetzung der Strafkammer bzw. des Schöffengerichts bei der Entscheidung ist höchst strittig (ausführlich hierzu s. oben, Rdn. 25 [dort zur Haftprüfung]).

53 Gegen die Entscheidung im Beschwerdeverfahren ist die **weitere Beschwerde** eröffnet.

E. Weitere Beschwerde.
Als weiterer ordentlicher Rechtsbehelf kann in Haftsachen nach der Haftbeschwerde (ausführlich s.o.) auch die weitere Beschwerde erhoben werden (§ 310 Abs. 1 Nr. 1). Es handelt sich um eine eng auszulegende Ausnahmevorschrift (*Burhoff*, Handbuch für das strafrechtliche Ermittlungsverfahren, Rn. 3359, 3361; *Herrmann*, Untersuchungshaft, Rn. 1125 ff.; *Meyer-Goßner/Schmitt* § 310 Rn. 4; *Schlothauer/Weider*, Untersuchungshaft, Rn. 806 ff.; *Widmaier/König*, MAH Strafverteidigung, § 4 Rn. 222).

54 Fraglich ist, ob das **Recht zur weiteren Beschwerde** nur dem Beschuldigten und nicht auch zu dessen Lasten der StA zustehen soll. Die (erneute) Ablehnung des Erlasses eines Haftbefehls in der weiteren Beschwerde betrifft nicht die Verhaftung oder einstweilige Unterbringung (vgl. den Wortlaut von § 310 Abs. 1 Nr. 1 und 2) sondern deren Gegenteil. Der Rechtsbehelf ist aber so ausgestaltet, dass nur gravierende Eingriffe in die Freiheitsrechte des Beschuldigten erfasst werden (OLG Braunschweig NJW 1965, 1288; vgl. auch LR/*Matt* § 310 Rn. 18; *Widmaier/König*, MAH Strafverteidigung, § 4 Rn. 222 unter Verweis auf).

Mit **Verhaftung** i.S.d. § 310 Abs. 1 Nr. 1 sind Haftbefehle nach den §§ 112 ff. aber auch § 230 Abs. 2 55
gemeint. Die Erzwingungshaft (§ 70 Abs. 2) oder die Ordnungshaft (§ 51) sollen nicht erfasst sein. Die
einstweilige Unterbringung i.S.d. § 310 Abs. 1 Nr. 2 erfasst die Fälle des § 126a und § 71 Abs. 1 JGG,
nicht aber die Unterbringung des Beschuldigten nach § 81 (s. zum Ganzen *Burhoff*, Handbuch für das
strafrechtliche Ermittlungsverfahren, Rn. 3362; *Meyer-Goßner/Schmitt* § 310 Rn. 5 f.; a. A. für Erzwingungshaft OLG Frankfurt am Main NStZ-RR 2000, 382O; LG Frankfurt am Main NStZ-RR 1999,
640).

Mit der weiteren Beschwerde kann nur die **zuletzt ergangene Entscheidung zum Bestand und Vollzug** 56
des Haft- oder Unterbringungsbefehls überprüft werden. Ist der Vollzug des Haftbefehls ausgesetzt,
dann gehen die meisten OLG davon aus, dass die weitere Beschwerde dennoch zulässig ist. Auch ein
nicht vollzogener Haftbefehl bedeutet einen massiven Eingriff in die Persönlichkeits- und Freiheitsrechte des Beschuldigten und muss deshalb überprüfbar sein (so: KG NJW 1979, 2626 [m. Anm. *Kopp*]; OLG Hamburg StV 1994, 323; OLG Hamm StraFo 2002, 140; OLG Koblenz NStZ 1990, 102 [m.
zust. Anm. *Hohmann* NStZ 1990, 507]; OLG Köln StV 1994, 321; a.A. OLG Bremen StV 1981, 131
[m. Anm. *Klawitter*]; OLG Düsseldorf NStZ 1990, 248; OLG Düsseldorf StV 1990, 309; OLG Zweibrücken StV 1991, 219 [m. abl. Anm. *Wendisch*]; ausführlich zum Ganzen *Herrmann*, Untersuchungshaft, Rn. 1129; *Matt* NJW 1991, 1801 ff.; *Schlothauer/Weider*, Untersuchungshaft, Rn. 808).

Eine darüber hinausgehende **Prüfungskompetenz des Gerichts** i.R.d. weiteren Beschwerde ist umstritten. 57
Für die Anordnung, Änderung oder Aufhebung von Auflagen soll die weitere Beschwerde ausgeschlossen sein (OLG Bremen StV 2001, 689; OLG Celle NStZ-RR 2006, 222; OLG Hamburg
StV 1994, 323, 324; zum Ganzen: *Burhoff*, Handbuch für das strafrechtliche Ermittlungsverfahren,
Rn. 3362; *Herrmann*, Untersuchungshaft, Rn. 1128; *Meyer-Goßner/Schmitt* § 310 Rn. 7; *Schlothauer/
Weider*, Untersuchungshaft, Rn. 808).

Auch für die weitere Beschwerde gilt der **Vorrang des Antrages auf Haftprüfung** gem. § 117 Abs. 2 58
Satz 1. Insofern gelten deshalb die gleichen Vorgaben wie bei der Haftbeschwerde (s.o. Rdn. 33 ff.).

Die weitere Beschwerde ist ebenso wie die Haftbeschwerde nach § 304 an **keine Frist gebunden**. Die 59
weitere Beschwerde ist bei dem Gericht einzulegen, das die Entscheidung erlassen hat. Dieses prüft zunächst selbstständig eine Abhilfe. Eine Begründung des Nichtabhilfebeschlusses ist nicht erforderlich,
das Ergebnis der Prüfung ist aber in den Akten zu vermerken. Etwas anderes gilt, wenn der angefochtene
Beschluss begründet worden ist und das Beschwerdevorbringen (neue) Tatsachenbehauptungen enthält. Dann muss das Gericht sich hierzu verhalten (zu den verfassungsgerichtlichen Vorgaben an die Begründungstiefe s. *Mayer/Hunsmann* NStZ 2015, 325 ff.).

Zuständig für die Entscheidung über die weitere Beschwerde ist, sofern das Beschwerdegericht nicht 60
selbst abhilft, das übergeordnete OLG gem. § 121 Abs. 1 Nr. 2 GVG oder, sofern Entscheidungen
des OLG nach § 120 Abs. 2 GVG betroffen sind, der BGH gem. § 135 Abs. 2 GVG (vgl. BGHSt
34, 392 f. = MDR 1987, 954 = NJW 1988, 1224 f. = NStZ 1987, 519; OLG Hamm StV 1996, 421;
LG Potsdam NStZ-RR 2001, 20; *Meyer-Goßner/Schmitt* § 310 Rn. 10).

F. Weitere (neue) Ermittlungen, § 117 Abs. 3.

Erscheinen i.R.d. Haftprüfung oder der 61
Haftbeschwerde zunächst weitere Ermittlungen angezeigt, um dann eine sachgerechte Haftentscheidung treffen zu können, dann hat das Gericht diese anzuordnen (vgl. § 117 Abs. 3). Dies kann durch
den Haftrichter oder das Beschwerdegericht, darüber hinaus aber auch noch das OLG i.R.d. besonderen Haftprüfung nach § 122 erfolgen. § 117 Abs. 3 ist dort jeweils entsprechend anzuwenden (OLG
Hamburg StV 2002, 317 = wistra 2002, 275 ff.).

Erforderliche Beweiserhebungen können vom beauftragten oder ersuchten Richter durchgeführt werden. 62
Darüber hinaus kann das Gericht die StA i.R.d. dieser obliegenden Ermittlungspflicht anweisen,
weitere Untersuchungen durchzuführen. Die StA wiederum kann aufgrund des ihr zustehenden Anordnungs- (§ 152 Abs. 1 GVG) und Auftragsrechts (§ 161 Satz 2) die Ermittlungsbehörden verpflichten,
entsprechend tätig zu werden (AK-StPO/*Krause* § 117 Rn. 11; KK/*Graf* § 117 Rn. 12; *Meyer-Goßner/
Schmitt* § 117 Rn. 15). Nach a. A. sei ein solches Vorgehen zwar »verständlich«, es bestünden aber systematische Bedenken hinsichtlich der Anordnungskompetenzen des Gerichts ggü. den Ermittlungsbehörden; ggü. der StA bleibe deshalb einzig die Möglichkeit der »Anregung«, allenfalls beauftragter
und ersuchter Richter seien hier verpflichtet (s. SK-StPO/*Paeffgen* § 117 Rn. 11).

63 Das **Gericht** kann die Entscheidung vorläufig zurückstellen, insb. eine Haftprüfung unterbrechen, und das Ergebnis der ergänzenden Ermittlungen abwarten. Sinnvollerweise wird schon wegen des Beschleunigungsgebotes in Haftsachen (ausführlich hierzu s. § 112 dort Rdn. 132 ff.) eine Frist zur Erledigung der weiteren Ermittlungen gesetzt. Das Gericht kann die Anordnung mit der Ankündigung verbinden, dass der Haftbefehl aufzuheben oder außer Vollzug zu setzen sein wird, wenn die weiteren Ermittlungen unterbleiben (AnwK/Uhaft-*König* § 117 Rn. 11; KMR-*Wankel*, StPO, § 117 Rn. 26).

64 Das Beschwerdegericht kann weitere aus seiner Sicht gebotene Ermittlungen dem nach § 126 Abs. 1 zuständige Haftgericht zuweisen (OLG Hamburg StV 2002, 317 = wistra 2002, 275 ff.).

65 Auch die **Verteidigung** kann die Durchführung entlastender Beweiserhebungen beantragen. Dem muss das Gericht aber nur aufgrund der eigenen Aufklärungspflicht nachgehen. Anders als i.R.d. richterlichen Vernehmung bei mündlicher Haftprüfung (s. hierzu bereits unter Rdn. 29) gilt hier § 166 StPO aber nicht. Es besteht also kein Anspruch auf entsprechende Beweiserhebungen (KK/*Graf* § 117 Rn. 12; LR/*Hilger* § 117 Rn. 27; Meyer-Goßner/*Schmitt* § 117 Rn. 15; *Schlothauer/Weider*, Untersuchungshaft, Rn. 759). Der Richter ist aber auch hier in seinem Ermessen gebunden, entlastende Ermittlungsergebnisse sind zugunsten des Beschuldigten zu recherchieren und zu beachten.

66 Ist denkbar, dass weitere anzuordnende Ermittlungen i.S.d. § 117 Abs. 3 oder künftige Ergebnisse möglicherweise belastend gegen den Beschuldigten wirken könnten, dann hat dies bei der Entscheidung zunächst keine Rolle zu spielen. Gem. § 120 Abs. 1 Satz 1 ist der Haftbefehl aufzuheben, sobald die Voraussetzungen der Untersuchungshaft nicht mehr vorliegen. Eine Verzögerung dieser Entscheidung, um abzuwarten, ob nicht doch noch belastende Momente zum Tragen kommen könnten, ist unstatthaft (*Herrmann*, Untersuchungshaft, Rn. 1037; LR/*Hilger* § 117 Rn. 27 a.E.).

67 **G. Beiordnung eines Pflichtverteidigers.** Früher war gem. § 117 Abs. 5 a.F. vorgesehen, dass nach Ablauf von 3 Monaten vollzogener Untersuchungshaft eine Haftprüfung von Amts wegen und einhergehend damit die Beiordnung eines Pflichtverteidigers zu erfolgen haben (sog. »**Drei-Monats-Prüfung**«). Diese Regelung ist im Zuge der Reform des Untersuchungshaftrechts entfallen. I.R.d. Änderung des Untersuchungshaftrechts zum 01.01.2010 (ausführlich hierzu s. vor § 112 dort insb. Rdn. 49 ff.) wurde § 140 Abs. 1 Nr. 4 neu in das Gesetz aufgenommen. Dem inhaftierten Beschuldigten ist nunmehr nicht erst nach 3 Monaten in Untersuchungshaft, sondern bereits mit Beginn des Vollzuges der Untersuchungshaft ein Pflichtverteidiger beizuordnen (ausführlich hierzu s. vor § 112 dort insb. Rdn. 49; s.a. die Kommentierung zu den §§ 140 und 141). Eine Haftprüfung nach 3 Monaten soll deshalb von Amts wegen nicht mehr geboten sein.

68 Der Fürsorgepflicht und dem Schutz des Beschuldigten wird grds. durch den von Anfang an beizuordnenden (Pflicht-) Verteidiger genügt. Dieser kennt üblicherweise die Rechte und Pflichten in Haftsachen und setzt sich der weit überwiegenden Zahl der Fälle auch für seinen Mandanten ein. Allerdings hört man bereits vermehrt davon, dass Verteidiger ihre Mandanten in der Untersuchungshaft nicht adäquat betreuen und ihrer Verpflichtung nicht gerecht werden. Ob dies an Unerfahrenheit oder Überlastung liegt, kann dahin stehen. Hingenommen werden kann es jedenfalls nicht. In derartigen Fällen sollte ein flexiblerer **Wechsel des Pflichtverteidigers** möglich sein (vgl. BGH NStZ 2008, 418 f. = StraFo 2008, 243 = StV 2009, 5 ff.; BGH NStZ 2004, 632 f. = StV 2004, 302 f.; OLG Köln StraFo 2007, 157 [keine ausreichenden Besuche, dort allerdings vom Mandanten verweigert]; LG Aachen StV 2005, 439 [keine ausreichenden menschlich gebotenen Haftbesuche]; LG Osnabrück StRR 2010, 270 = StV 2010, 563 f. [Pflichtverteidigerwechsel, wenn 14 Tage nach Inhaftierung noch keine Kontaktaufnahme erfolgte]; zum Ganzen auch *Burhoff*, Handbuch für das strafrechtliche Ermittlungsverfahren, Rn. 1253 aber auch 1256). Indes: In der Praxis scheuen sich die Gerichte meist aus Kostengründen, einen Pflichtverteidigerwechsel zu vollziehen (zur Frage der Mehrkosten s.a. die kritische Anm. von *Burhoff* zu LG Osnabrück StRR 2010, 270). Mit der den Gerichten nach wie vor obliegenden Fürsorgepflicht ist dies nicht vereinbar.

69 **H. Sonstiges.** Welcher ordentliche oder außerordentliche Rechtsbehelf sinnvoll und Erfolg versprechend erscheint, hängt vom Einzelfall ab. *König* geht davon aus, dass der Haftprüfung immer der Vorzug zu geben sei (»in dubio pro Haftprüfung«; ders., in: Widmaier/*König*, MAH Strafverteidigung, § 4 Rn. 196; s.a. AnwK/Uhaft-*König* § 117 Rn. 14). Eine solche schematische Vorgehensweise erscheint nicht immer angezeigt. Es bedarf einer individuellen Überprüfung, welcher Rechtsbehelf

im konkreten Einzelfall eher Erfolg verspricht (weiter gehend sogar noch: *Deckers* NJW 1994, 2261, 2266 [»Kunstfehler, nicht sämtliche Rechtsbehelfe zu ergreifen«]). Die Vorgehensweise hängt neben dem erhobenen Tatvorwurf und den angenommenen Haftgründen auch vom Beschuldigten selbst ab. Ein persönlicher Eindruck kann nur im Rahmen einer mündlichen Verhandlung entstehen. Rechtsfragen lassen sich regelmäßig schriftlich besser ausformulieren und diskutieren. Die Überlegungen greifen ineinander und entfalten grds. auch eine Wechselwirkung (ausführlich hierzu *Herrmann*, Untersuchungshaft, Rn. 1016 ff.; *Schlothauer/Weider*, Untersuchungshaft, Rn. 796 ff.; *Radtke/Hohmann/ Tsambikakis*, StPO, § 117 Rn. 1 ff.).

Sind sich die Verfahrensbeteiligten nach Einlegung eines Rechtsbehelfs über den Fortgang der Sache einig und geht es nur noch um die **praktische Umsetzung** der Aufhebung oder Außervollzugsetzung des Haftbefehls, dann kann auf eine zunächst beantragte mündliche Verhandlung nachträglich verzichtet werden und zum schriftlichen Verfahren übergegangen werden. Die Durchführung einer mündlichen Verhandlung ist dann entbehrlich, eine Entscheidung kann einfacher im schriftlichen Verfahren ergehen. Anders verhält sich dies aber, wenn der Beschuldigte noch Erklärungen abgeben soll, bspw. ein Geständnis zu protokollieren ist. Aber auch in einem solchen Fall kann bei entsprechendem Vertrauen eine Einlassung nachträglich schriftlich vorgelegt werden, um eine Haftverschonung nicht weiter zu verzögern. 70

Die **Einreichung von Antrag oder Beschwerde** kann sowohl beim zuständigen Gericht als auch bei der StA – sinnvollerweise verbunden mit der Bitte um unverzügliche Weiterleitung gemeinsam mit den Akten an das zuständige Gericht – erfolgen. Der Fristenlauf bei Gericht (§ 118 Abs. 5 sowie § 306 Satz 2) beginnt erst mit Eingang bei Gericht. Das Haftgericht fordert dann zunächst die StA zur Stellungnahme und Vorlage der Akten auf. Gehen Antrag oder Beschwerde in Abschrift zeitgleich bei der StA ein, dann kann eine Verzögerung verhindert werden. Vorsorglich sollte jeweils auf das Anschreiben an die anderen Beteiligten hingewiesen werden, um so einer mehrfachen Anhängigkeit und einer Verzögerung der Sache zu begegnen (*Herrmann*, Untersuchungshaft, Rn. 1016 ff.). 71

Gelegentlich kommt es vor, dass der Eingang von Anträgen bei Gericht nicht vorgemerkt wird und die StA lediglich formlos zur Vorlage der Akten aufgefordert wird, ohne dass dies überwacht wird. Es bleibt dann den Ermittlungsbehörden überlassen, das Verfahren zu fördern oder nicht. Ein solches Vorgehen ist unprofessionell und widerspricht dem Grundsatz der Beschleunigung in Haftsachen. 72

I. Außerordentliche Rechtsbehelfe in Haftsachen.
Neben den ordentlichen Rechtsbehelfen besteht auch die Möglichkeit außerordentlichen Rechtsschutz zu ergreifen. 73

I. Verfassungsbeschwerde, Art. 93 Abs. 1 Nr. 4a GG.
Als außerordentlicher Rechtsbehelf ist gegen Haftentscheidungen auch die Möglichkeit der **Verfassungsbeschwerde** gegeben. 74

Nicht zuletzt wegen der besonderen Bedeutung des Freiheitsgrundrechts erscheint die Erfolgsquote von Verfassungsbeschwerden in Haftsachen im Verhältnis zum allgemeinen Durchschnitt deutlich erhöht. Die Verfassungsbeschwerde muss aber qualifiziert begründet werden (instruktiv für die Verteidigung: BVerfG StRR 2007, 203 ff.; VerfGH Berlin, Beschl. v. 25.04.2008, 164/07 [juris], zit. nach *Paeffgen* NStZ 2010, 200, 201 [der diese »Beweislast« aber auch die dortigen Überlegungen zum Grundsatz der Beschleunigung im Hinblick auf u.a. den Grundsatz des nemo tenetur und auch § 136a sehr krit. würdigt]; ausführlich zur Verfassungsbeschwerde bei Haftfortdauerbeschlüssen *Bleckmann* NJW 1995, 2192 ff.; vgl. auch *Radtke/Hohmann/Tsambikakis*, StPO, § 117 Rn. 17, dort insb. auch Fn. 25). 75

Das BVerfG kann nur eingreifen, wenn die Gerichte Verfassungsrecht verletzt haben. Dies ist nicht schon dann anzunehmen, wenn die angegriffene Entscheidung objektiv fehlerhaft ist. Der Fehler muss vielmehr in der Nichtbeachtung von Grundrechten liegen. Das kann i.d.R. erst angenommen werden, wenn eine grds. unrichtige Anschauung von der Bedeutung eines Grundrechts oder eine fehlerhafte Rechtsanwendung bei verständiger Würdigung der das Grundgesetz beherrschenden Gedanken nicht mehr verständlich ist (BVerfGE 95, 96 ff. = JZ 1997, 142 ff. [m. Anm. *Strack* JZ 1997, 142] = MDR 1997, 179 f. = NJ 1997, 19 = NJW 1997, 929 ff. = StV 1997, 14 ff. [m. Anm. *Ambos* StV 1997, 39 ff.]; s.a. *Bleckmann* NJW 1995, 2192 ff.; *Herrmann*, Untersuchungshaft, Rn. 1181 ff.; *Widmaier/ Eschelbach*, MAH Strafverteidigung, § 28, Rn. 2 (dort insb. Fn. 1). 76

Vorab ist der ordentliche Rechtsweg auszuschöpfen. Dies gilt selbst dann, wenn die Möglichkeit der Einlegung eines Rechtsmittels in Rechtsprechung und Literatur strittig ist: Nach Ansicht des BVerfG 77 bedarf es selbst dann der Einlegung einer weiteren Beschwerde gegen einen aufgehobenen Haftbefehl, wenn dieser durch einen neuen Haftbefehl prozessual überholt ist (BVerfG JZ 2005, 629 ff. = NStZ 2007, 147 = StraFo 2006, 20 ff. = wistra 2006, 59 f.).

78 **II. Individualrechtsbeschwerde, Art. 34 EMRK.** Konventionsverstöße gegen die EMRK können mittels **Individualrechtsbeschwerde** verfolgt werden. Auch wenn die unmittelbare Wirkung der Rechtsprechung des EGMR als gering angesehen wird (*Widmaier/Eschelbach*, MAH Strafverteidigung, § 29, Rn. 7), dann dürfen dennoch die Orientierungswirkung sowie die normative Leitfunktion entsprechender Judikate bei der Auslegung innerstaatlichen Rechts nicht verkannt werden (LR/*Gollwitzer*, EMRK, Verfahren, Rn. 77d; *Esser* StV 2005, 348, 352; *Vogel/Matt* StV 2007, 206 ff.; *Widmaier/Eschelbach*, MAH Strafverteidigung, § 29 Rn. 7).

79 Die im Zusammenhang mit dem **Recht auf Akteneinsicht** gem. § 147 Abs. 2 Satz 2 StPO ergangenen Entscheidungen des EGMR sind wegweisend für die Entwicklung der nationalen Rechtsprechung und haben die Gesetzgebung i.R.d. Reform des Rechts der Untersuchungshaft wesentlich beeinflusst (vgl. nur EGMR Nr. 11364/03, Urteil der 5. Kammer v. 13.12.2007 [Mooren v. Deutschland I] StRR 2008, 98 ff. [m. Anm. *Herrmann/Herrmann*] = StV 2008, 475 [m. Anm. *Hagmann* und *Pauly*]; s.a. EGMR Nr. 11364/03, Urteil der Großen Kammer v. 09.07.2009 [Mooren v. Deutschland II] StraFo 2010, 63 = StRR 2009, 473 ff. [m. Anm. *D. Herrmann*] = StV 2010, 490 ff. [m. Anm. *Pauly*]; s.a. EGMR StV 1993, 283; EGMR StV 2001, 201, 203, 205 m. zust. Anm. *Kempf*, StV 2001, 207 = EGMR NJW 2002, 2013 [Lietzow]; EGMR NJW 2002, 2015 [Schöps]; EGMR NJW 2002, 2018 [Garcia Alva]; zum Ganzen auch: *Burhoff*, Handbuch für das strafrechtliche Ermittlungsverfahren, Rn. 167 ff.; *Deckers* StraFo 2009, 444; *Herrmann*, Untersuchungshaft, Rn. 360 ff.; *Kempf* in: FS für Rieß, S. 217 ff.; *Meyer-Goßner/Schmitt* § 147 Rn. 25a; *Michalke* NJW 2010, 18; *Park* StV 2009, 276 ff.; *Püschel* StraFo 2009, 134, 135; *Schlothauer* StV 2001, 193 ff.; *Weider* StV 2010, 102 ff.; ausführlich hierzu s. vor § 112 dort Rdn. 58 ff.).

80 Auch die Urteile des EGMR zu Fragen der **Beschleunigung in Haftsachen** gem. Art. 5 Abs. 3 Satz 1 Halbs. 2 EMRK und Art. 6 Abs. 1 Satz 1 EMRK bestätigen deren Bedeutung für das nationale Recht. Der verhaftete Beschuldigte hat Anspruch auf Aburteilung innerhalb einer angemessen Frist oder auf Haftentlassung (vgl. EGMR StV 2005, 136 f.; s.a. *Kühne* StV 2002, 383 ff.; ausführlich hierzu s. § 112 Rdn. 132 ff.).

81 Schließlich sind europarechtlich für Fälle der rechtswidrigen Festnahme oder Freiheitsentziehung **Entschädigungsansprüche** nach Art. 5 Abs. 5 EMRK denkbar, der einen verschuldensunabhängigen Schadensersatzanspruch gegen den Staat ermöglicht (s. EGMR Nr. 11364/03, Urteil der 5. Kammer v. 13.12.2007 [Mooren v. Deutschland I] StRR 2008, 98 ff. [m. Anm. *J. Herrmann/D. Herrmann*] = StV 2008, 475; und insb. EGMR Nr. 11364/03, Urteil der Großen Kammer v. 09.07.2009 [Mooren v. Deutschland II] StraFo 2010, 63 = StRR 2009, 473 ff. [m. Anm. *D. Herrmann*] = StV 2010, 490 ff. [m. Anm. *Pauly*]; zum Ganzen auch: *Broß* StraFo 2009, 10 ff.; LR/*Esser*, Erl. zu Art. 5 EMRK).

82 Entscheidungen des EGMR dienen in erster Linie der **Durchsetzung von Konventionsgarantien**. Sie wollen einen Ausgleich und auch eine gütliche Einigung zwischen den Verfahrensbeteiligten herbeiführen. Es handelt sich um einen völkerrechtlichen Rechtsbehelf eigener Art (EGMR NJW 2004, 3407, 3409 f.; LR/*Gollwitzer*, EMRK, Verfahren, Rn. 76; ausführlich zum Ganzen: *Widmaier/Eschelbach*, MAH Strafverteidigung, § 29 Rn. 5 und Rn. 43; *Vogel/Matt* StV 2007, 206, 211). Die Individualbeschwerde ist erst zulässig, wenn sämtliche innerstaatlichen Rechtsbehelfe erschöpft sind, sie ist subsidiär (vgl. Art. 35 Abs. 1 EMRK).

83 Die konkreten Vorgaben einer Individualbeschwerde, insb. formelle Anforderungen und entsprechende Formularvorgaben sowie Fristen, Form und Inhalt, insb. Begründungsanforderungen und schließlich auch der Verfahrensablauf sind ausführlich dargestellt bei *Widmaier/Eschelbach*, MAH Strafverteidigung, § 29 Rn. 16 ff.

§ 118 StPO Verfahren bei der Haftprüfung.

(1) Bei der Haftprüfung wird auf Antrag des Beschuldigten oder nach dem Ermessen des Gerichts von Amts wegen nach mündlicher Verhandlung entschieden.

(2) Ist gegen den Haftbefehl Beschwerde eingelegt, so kann auch im Beschwerdeverfahren auf Antrag des Beschuldigten oder von Amts wegen nach mündlicher Verhandlung entschieden werden.
(3) Ist die Untersuchungshaft nach mündlicher Verhandlung aufrechterhalten worden, so hat der Beschuldigte einen Anspruch auf eine weitere mündliche Verhandlung nur, wenn die Untersuchungshaft mindestens drei Monate und seit der letzten mündlichen Verhandlung mindestens zwei Monate gedauert hat.
(4) Ein Anspruch auf mündliche Verhandlung besteht nicht, solange die Hauptverhandlung andauert oder wenn ein Urteil ergangen ist, das auf eine Freiheitsstrafe oder eine freiheitsentziehende Maßregel der Besserung und Sicherung erkennt.
(5) Die mündliche Verhandlung ist unverzüglich durchzuführen; sie darf ohne Zustimmung des Beschuldigten nicht über zwei Wochen nach dem Eingang des Antrags anberaumt werden.

A. Allgemeines. Das Ermittlungsverfahren wird weitgehend schriftlich geführt. Sowohl im Haftprüfungsverfahren (§ 117 Abs. 1) als auch in der Haftbeschwerde (§ 117 Abs. 2 i.V.m. §§ 304 ff.) kann aber auch mündlich verhandelt werden, bevor eine Entscheidung ergeht. Ein solches Vorgehen bietet die Möglichkeit, den Sachverhalt weiter aufzuklären um Haftfragen sachgerecht entscheiden zu können. Paragraf 118 Abs. 1 regelt eine **besondere Form der Haftprüfung** und eine **Ausnahme im Beschwerdeverfahren** (vgl. § 309 Abs. 1). 1

Im **Haftprüfungsverfahren** muss auf Antrag des Beschuldigten eine mündliche Verhandlung stattfinden, ohne einen solchen Antrag kann sie nach dem Ermessen des Gerichts durchgeführt werden (vgl. § 118 Abs. 1). 2

Im **Haftbeschwerdeverfahren** steht eine mündliche Verhandlung grds. immer im Ermessen des Gerichts, auch nach einem Antrag des Beschuldigten (vgl. § 118 Abs. 2 – »kann«). Ausnahmen bzw. Einschränkungen sind in § 118 Abs. 3 und 4 geregelt (ausführlich zu den drei gesetzlich vorgesehenen Sperrgründen s.u. Rdn. 6 ff.). 3

Den Antrag auf mündliche Verhandlung können der Beschuldigte (vgl. § 118b) und sein Verteidiger, dieser allerdings nicht gegen den Willen seines Mandanten (vgl. § 118b i.V.m. § 297), sowie der gesetzliche Vertreter (vgl. § 118b i.V.m. § 298) und der Erziehungsberechtigte (vgl. § 67 Abs. 1 JGG) stellen. Der Antrag kann jederzeit zurückgenommen werden. Die StA hat kein eigenes Antragsrecht, sie kann eine mündliche Verhandlung allenfalls anregen. Auf ihren entsprechenden Antrag hin ist der Haftbefehl aber ggf. aufzuheben (vgl. § 120 Abs. 3 Satz 1). 4

In der Praxis ist die mündliche Haftprüfung die Regel, die mündliche Verhandlung i.R.d. Haftbeschwerde die Ausnahme. 5

B. Zur Sperrwirkung in § 118 Abs. 3 und Abs. 4, 1. Alt. und 2. Das Gesetz regelt drei unterschiedliche Sachverhalte, in denen die grds. mögliche mündliche Verhandlung nicht stattfindet. 6

I. Zur Sperrfrist in § 118 Abs. 3. Nach § 118 Abs. 3 hat der Beschuldigte nach einer negativen Haftentscheidung nur dann einen Anspruch auf eine erneute mündliche Verhandlung, wenn die Untersuchungshaft seit mindestens 3 Monaten andauert und darüber hinaus seit der letzten mündlichen Verhandlung mindestens 2 Monate vergangen sind. 7

Für die Fristberechnung ist es unerheblich, ob die frühere mündliche Verhandlung auf Antrag oder von Amts wegen stattgefunden hat (OLG Köln NStZ 2007, 608; *Meyer-Goßner/Schmitt* § 118 Rn. 2). 8

Das Gericht soll unabhängig davon jederzeit, auch schon vor Ablauf der Frist, eine mündliche Verhandlung terminieren dürfen, wenn dies geboten erscheint. Denn das Gericht hat in jeder Lage des Verfahrens von Amts wegen über die Anordnung und Fortdauer der Untersuchungshaft zu entscheiden. Die Rechte des Beschuldigten würden hier dadurch gewahrt, dass eine mündliche Verhandlung ohne entsprechenden Antrag allein aufgrund des Ermessens des Gerichts keine Sperrwirkung i.S.d. § 118 Abs. 3 entfalte (so *Schröder* NStZ 1998, 69 f.; a. A. die h.M., vgl. u.a.: *Burhoff*, Handbuch für das strafrechtliche Ermittlungsverfahren, Rn. 1983; LR/*Hilger* § 117 Rn. 10; *Meyer-Goßner/Schmitt* § 118 Rn. 2). 9

Der Beschuldigte muss sich nicht ununterbrochen in Untersuchungshaft befunden haben (allgemeine Meinung, vgl. nur *Burhoff*, Handbuch für das strafrechtliche Ermittlungsverfahren, Rn. 1983; KK/ 10

Graf § 117 Rn. 18; *Meyer-Goßner/Schmitt* § 118 Rn. 2). Für die Berechnung der Frist sind sämtliche in derselben Sache erlittenen Haftzeiten zusammenzurechnen.

11 Die Sperrwirkung des § 118 Abs. 3 greift nur bei angeordneter Haftfortdauer. Ist der Haftbefehl aufgehoben (vgl. § 120) oder außer Vollzug gesetzt (vgl. § 116) worden und wird später ein neuer Haftbefehl erlassen oder ein früherer wieder in Vollzug gesetzt, dann verfängt § 118 Abs. 3 nicht. Denn in der vorhergehenden mündlichen Verhandlung zur Anwendbarkeit dieser Vorschrift muss nach dem Wortlaut der Norm die Untersuchungshaft »*aufrecht erhalten*« worden sein. Ist dies nicht der Fall, dann sind die § 114a ff. anzuwenden, es bedarf dann einer Haftbefehlseröffnung (OLG Köln JMBl. NRW 2008, 64 f. = NStZ 2007, 608 [wiedergegeben auch bei *Paeffgen* NStZ 2008, 135, 138 f.]; KK/*Graf* § 118 Rn. 3; *Meyer-Goßner/Schmitt* § 118 Rn. 2; SK-StPO/*Paeffgen* § 118 Rn. 4).

12 Ist der Haftbefehl außerhalb einer mündlichen Verhandlung aufgehoben oder außer Vollzug gesetzt worden und ist er in der Folgezeit nach § 116 Abs. 4 wieder in Vollzug gesetzt worden, dann erfolgt keine Beschränkung nach § 118 Abs. 3, wenn die Untersuchungshaft in einer mündlichen Verhandlung aufrechterhalten worden war (*Meyer-Goßner/Schmitt* § 118 Rn. 2; SK-StPO/*Paeffgen* § 118 Rn. 4).

13 Die Sperrfrist des § 118 Abs. 3 kann durch **Rücknahme des Antrages**, der noch in der mündlichen Verhandlung möglich ist, umgegangen werden. Zeichnet sich nach Anhörung des Beschuldigten sowie eventueller Zeugen (vgl. § 118a Abs. 3) keine positive Haftentscheidung ab, dann führt die Rücknahme des Antrags auf Haftprüfung noch vor einer zu erwartenden negativen Haftentscheidung zur Haftfortdauer ohne die Folge der Sperrwirkung des § 118 Abs. 3 (a. A. OLG Köln JMBl. NRW 2008, 64 f. = NStZ 2007, 608 [im Termin sei alles geschehen, was der Angekl. durch seinen Antrag erreichen konnte]; s. hierzu auch die Darstellung bei *Paeffgen* NStZ 2008, 135, 138 f.; *Meyer-Goßner/Schmitt* § 118 Rn. 2 a.E.). Der Beschuldigte mag es insofern in der Hand haben, die Fristen des § 118 Abs. 3 erneut zu nutzen. Die Praxis kann mit einer solchen weitestgehend anerkannten Verfahrensweise gut leben. Das Recht auf Freiheit und die gebotenen Möglichkeiten einer Überprüfung überwiegen Bedenken zu eventuellem Missbrauch bei Weitem (s.a. AnwK/Uhaft-*König*, § 118 Rn. 2; *Widmaier/König*, MAH Strafverteidigung, § 4 Rn. 212; *Radtke/Hohmann/Tsambikakis*, StPO, § 118 Rn. 3 a.E.).

14 **II. Zur Sperrfrist in § 118 Abs. 4, 1. Alt. und 2.** Nach § 118 Abs. 4 besteht während laufender Hauptverhandlung (1. Alt.) oder nach Abschluss der Instanz durch die nicht zwingend rechtskräftige Verurteilung zu einer Freiheitsstrafe oder einer freiheitsentziehenden Maßregel der Besserung und Sicherung (2. Alt.) kein Anspruch auf mündliche Verhandlung über die Haftprüfung.

15 Grds. geht man davon aus, dass das Gericht aufgrund des Verfahrensganges über bessere Erkenntnisse verfüge, als dies im Rahmen einer (weiteren) mündlichen Verhandlung denkbar wäre bzw. sich im Fall einer Verurteilung auf dieser Basis bereits entschieden habe (vgl. § 268b). Dennoch kann das Gericht nach seinem Ermessen jederzeit eine mündliche Verhandlung durchführen (KK/*Graf* § 118 Rn. 4; AK-StPO/*Krause*, § 118 Rn. 5; SK-StPO/*Paeffgen* § 118 Rn. 5).

16 In der Hauptverhandlung können Haftfragen jederzeit mündlich erörtert werden. Sie muss aber andauern. Davon ist nicht auszugehen, wenn sie längere Zeit unterbrochen wird. In den Fällen des § 229 Abs. 2 wird allgemein von einer solchen länger andauernden Unterbrechung ausgegangen (vgl. KK/*Graf* § 118 Rn. 4; LR/*Hilger* § 118 Rn. 11; AnwK/Uhaft-*König*, StPO, § 118 Rn. 5; *Meyer-Goßner/Schmitt* § 118 Rn. 3; SK-StPO/*Paeffgen* § 118 Rn. 5). Dies soll aber auch in den Fällen des § 229 Abs. 1 und Abs. 3 gelten. Entscheidend kommt es auf den Zeitablauf der in § 118 Abs. 5 StPO genannten Frist von max. 2 Wochen an. Droht diese seit Antragstellung zu verfristen, dann verzögert sich die Überprüfung unzumutbar. Dann hat der Beschuldigte Anspruch auf eine »unverzügliche« mündliche Verhandlung über die Haftfragen. Dem Beschuldigten muss die Möglichkeit zu einer gerichtlichen Überprüfung allgemein zeitnah zustehen. (ebenso AnwK/StPO-*Lammer*, § 118 Rn. 4; AnwK/Uhaft-*König*, StPO, § 118 Rn. 5; differenzierend nach der zeitlichen Nähe zum letzten Hauptverhandlungstermin und dem Inhalt des gestellten Antrages: OLG Celle NStZ-RR 1996, 171 = StV 1996, 387 f.).

17 Die Frage der Besetzung der Strafkammer bzw. des Schöffengerichts bei der Entscheidung ist strittig! Eine ausführliche Darstellung des Meinungsstandes findet sich bei § 117 Rdn. 25.

18 **C. Zur unverzüglichen Terminanberaumung, § 118 Abs. 5.** Die mündliche Verhandlung ist gem. § 118 Abs. 5 Halbs. 2 unverzüglich, d.h. ohne vermeidbare Verzögerungen, durchzuführen. Dies kann auch unmittelbar in Anschluss an die Haftbefehlseröffnung sein (vgl. zu diesem

Gedanken der »logischen Sekunde« zwischen Haftbefehlseröffnung und der sich unverzüglich daran anschließenden Rechtsmittelsituation: AG Halberstadt StV 2004, 549 ff.). Der Termin hat spätestens innerhalb von 2 Wochen nach Antragstellung stattzufinden. Mit Zustimmung des Beschuldigten kann eine verzögerte Terminierung oder auch eine Verschiebung des Termins erfolgen, bspw. wenn weitere Ermittlungen durchzuführen sind oder auch die Verteidigung verhindert ist. Hierin kann auch die Rücknahme des ursprünglichen Antrages nebst Stellung eines neuen gesehen werden. Ansonsten ist ein solches Vorgehen unzulässig (zu den Konsequenzen s.u., Rdn. 20 f.).

Die **Berechnung der Frist** richtet sich nach § 43. Sie beginnt mit Eingang des Antrages beim zuständigen Gericht oder entsprechender Antragstellung zu Protokoll der Geschäftsstelle des Gerichts des Verwahrungsortes (vgl. § 299 StPO; ebenso KK/*Graf* § 118 Rn. 6; *Meyer-Goßner/Schmitt* § 118 Rn. 4; a. A. LR/*Hilger* § 118 Rn. 19). Der Eingang des Antrages bei der StA genügt hierfür nicht. Ein Wechsel in der Zuständigkeit des Gerichts, bspw. durch Anklageerhebung (vgl. § 126) führt nicht dazu, dass die Frist erneut zu laufen beginnt. Der Wortlaut des § 118 Abs. 5 ist eindeutig, im Übrigen widerspricht dies dem Schutz des Untersuchungshäftlings (BerlVerfG, B.v. 18.2.2015, 176/14, abgedruckt in StRR 2015, 276 ff. [m. Anm. *Herrmann*]). Hierbei ist auch zu beachten, dass ja das zunächst zuständige Gericht bereits die Möglichkeit zur (unverzüglichen!) Haftprüfung hatte, bevor es dann zum Wechsel der Zuständigkeit kam (ebenda). 19

Teilweise wird vertreten, dass ein **Verstoß gegen die 2-Wochen-Frist** nicht automatisch zu einer Haftentlassung führt (OLG Köln StraFo 2009, 205 = StV 2009, 653 [m. abl. Anm. *Kühne*]; OLG Hamm NStZ-RR 2006, 17 [m. abl. Anm. *Paeffgen* NStZ 2007, 85]; KK/*Graf* § 118 Rn. 6; LR/*Hilger*, 26. Aufl., § 118 Rn. 20; LR/*Wendisch* 24. Aufl., § 118 Rn. 20; *Meyer-Goßner/Schmitt* § 118 Rn. 4; *Münchhalffen/Gatzweiler*, Untersuchungshaft, Rn. 399). Dies mag zwar in der gerichtlichen Praxis die Regel sein, unter Berücksichtigung der verfassungsrechtlichen Rechtsprechung ist ein solches Vorgehen aber nicht akzeptabel. Gem. Art. 104 Abs. 1 Satz 1 GG darf in die Freiheit der Person nur aufgrund eines förmlichen Gesetzes eingegriffen werden. Verstöße gegen die durch Art. 104 GG gewährleisteten Voraussetzungen und Formen freiheitsbeschränkender Gesetze stellen stets auch eine Verletzung der Freiheit der Person dar (BVerfGE 58, 208, 220; BVerfG StV 2001, 691, 692 [m. Anm. *Hagmann*]; ähnlich BVerfG NJW 2001, 1121 [zur Frage der »Gefahr in Verzug«] und BVerfG, NJW 2002, 3161 [zum »Richtervorbehalt bei Freiheitsentziehung«]; BerlVerfG, B.v. 18.2.2015, 176/14, abgedruckt in StRR 2015, 276 ff. [m. Anm. *Herrmann*]; ausführlich hierzu: *Broß* StraFo 2009, 10 ff.; *Burhoff*, Handbuch für das strafrechtliche Ermittlungsverfahren, Rn. 1131 a.E.; *Herrmann*, Untersuchungshaft, Rn. 1068 ff.; *Paeffgen* NStZ 2010, 206, dort insb. Fn. 31; *Schlothauer/Weider*, Untersuchungshaft, Rn. 761 f.). Die gesetzlich vorgegebene Frist darf deshalb nicht zur Formalie mutieren. Konsequenz eines Verstoßes muss deshalb die **Aufhebung des Haftbefehls** sein (vgl. [jeweils zu § 118 Abs. 5 StPO]: OLG Oldenburg StV 1995, 87; AG Frankfurt am Main StV 1993, 33; AG Frankfurt am Main StV 1993, 33; AG Hamburg-Harburg StraFo 2005, 198 = StV 2005, 395 [m. zust. Anm. *Meyer-Lohkamp*]; AG Kamen StV 1995, 476; AG Kamen StV 2002, 315; *Burhoff*, Handbuch für das strafrechtliche Ermittlungsverfahren, Rn. 1989 a.E. und Rn. 1650 [zu § 306 Abs. 2 Halbs. 2 StPO]; *Hagmann* StV 2001, 693 ff. [Anm. zu BVerfG StV 2001, 691 ff.]); *Herrmann*, Untersuchungshaft, Rn. 1068 [zu § 118 Abs. 5 StPO] und Rn. 1109 [zu § 306 Abs. 2 Halbs. 2 StPO]; *Schlothauer/Weider*, Untersuchungshaft, Rn. 761; a. A. BerlVerfG, B.v. 18.2.2015, 176/14 [Frist verbindlich und Verstoß zu sanktionieren; Aufhebung des Haftbefehls aber nur wenn nicht nachfolgend durch eine Haftfortdauerentscheidung legitimiert], abgedruckt in StRR 2015, 276 ff. [m. Anm. *Herrmann*]). 20

Unabhängig davon besteht für den Fall eines Fristverstoßes die Möglichkeit zur **Dienstaufsichtsbeschwerde** (*Herrmann*, Untersuchungshaft, Rn. 1068 ff.; *Münchhalffen/Gatzweiler*, Das Recht der Untersuchungshaft, Rn. 399; *Schlothauer/Weider*, Untersuchungshaft, Rn. 761). Eine verzögerte Vorlage der Akten kann darüber hinaus die **Besorgnis der Befangenheit** begründen (ebenso OLG Hamm NStZ 2007, 85 = NStZ-RR 2006, 17 f.; *Burhoff*, Handbuch für das strafrechtliche Ermittlungsverfahren, Rn. 1989; KK/*Graf* § 118 Rn. 6; *Herrmann*, Untersuchungshaft, Rn. 1068 ff.; SK-StPO/*Paeffgen* § 118 Rn. 6; *Schlothauer/Weider*, Untersuchungshaft, Rn. 761). Teils wird auch ein Recht zur **Untätigkeitsbeschwerde** anerkannt (OLG Braunschweig StraFo 2005, 26 f. = StV 2005, 39; OLG Hamm NStZ 2007, 85 = NStZ-RR 2006, 17 f.; OLG Köln NStZ 2009, 656 = StraFo 2009, 205 = StV 2009, 653; KK/*Graf* § 118 Rn. 6; SK-StPO/*Paeffgen* § 118 Rn. 6; s. zum Ganzen auch: *Burhoff*, Handbuch für das strafrechtliche Ermittlungsverfahren, Rn. 1989). 21

§ 118a StPO Mündliche Verhandlung bei der Haftprüfung.

(1) Von Ort und Zeit der mündlichen Verhandlung sind die Staatsanwaltschaft sowie der Beschuldigte und der Verteidiger zu benachrichtigen.
(2) ¹Der Beschuldigte ist zu der Verhandlung vorzuführen, es sei denn, daß er auf die Anwesenheit in der Verhandlung verzichtet hat oder daß der Vorführung weite Entfernung oder Krankheit des Beschuldigten oder andere nicht zu beseitigende Hindernisse entgegenstehen. ²Wird der Beschuldigte zur mündlichen Verhandlung nicht vorgeführt, so muß ein Verteidiger seine Rechte in der Verhandlung wahrnehmen. ³In diesem Falle ist ihm für die mündliche Verhandlung ein Verteidiger zu bestellen, wenn er noch keinen Verteidiger hat. ⁴Die §§ 142, 143 und 145 gelten entsprechend.
(3) ¹In der mündlichen Verhandlung sind die anwesenden Beteiligten zu hören. ²Art und Umfang der Beweisaufnahme bestimmt das Gericht. ³Über die Verhandlung ist eine Niederschrift aufzunehmen; die §§ 271 bis 273 gelten entsprechend.
(4) ¹Die Entscheidung ist am Schluß der mündlichen Verhandlung zu verkünden. ²Ist dies nicht möglich, so ist die Entscheidung spätestens binnen einer Woche zu erlassen.

1 **A. Allgemeines.** In § 118a ist die Durchführung der mündlichen Verhandlung bei der Haftprüfung nach § 118 geregelt. Teils wird vom »*persönlichen Auftritt*« des Beschuldigten und seinem Verteidiger gesprochen (*Radtke/Hohmann*/Tsambikakis, StPO, § 118a Rn. 1). Die Wirkung wird unterschiedlich bewertet, es kommt auf den Einzelfall an.

2 **B. Verfahren.** Der Verfahrensablauf folgt strengen formellen Vorgaben. Diese betreffen aber nur den äußeren Rahmen der Verhandlung. Inhaltlich ist der Haftrichter weitgehend frei. In der Praxis findet eine umfangreiche Beweisaufnahme selten statt. In den allermeisten Fällen wird lediglich der Beschuldigte angehört.

3 Nach § **118a Abs. 1** sind der Beschuldigte, sein Verteidiger, die StA und, sofern nicht personengleich (s. hierzu bereits die Kommentierung bei § 118, dort Rdn. 4) der Antragsteller über Ort und Zeit der mündlichen Verhandlung zu benachrichtigen. Dies kann formlos geschehen. In der Praxis findet inzwischen regelmäßig eine telefonische Absprache des Termins statt (ebenso fortschrittlich schon OLG Hamm Rpfleger 1949, 518; s. hierzu auch die Kommentierung zu § 115 dort Rdn. 28). **Mitbeschuldigte** haben kein Benachrichtigungs- und Anwesenheitsrecht, § 168c Abs. 2 findet keine entsprechende Anwendung (BGHSt 42, 391 ff. = JZ 1997, 1016 [m. Anm. *Fezer*] = NStZ 1997, 351 ff. [m. Anm. *Rieß*] = StV 1997, 234; OLG Karlsruhe StV 1996, 302 [m. Anm. *Rieß*] = JR 1996 434 [m. Anm. *Theisen*]; OLG Köln NStZ 2012, 174 = StRR 2011, 446 [LS] = NJW 2012, 1240 [LS]; KK/*Graf* § 118a Rn. 4; *Meyer-Goßner/Schmitt* § 118a Rn. 1; SK-StPO/*Paeffgen* § 118a Rn. 6a; a. A. *Schulz* StraFo 2007, 294, 296). Gleiches gilt für den **Nebenkläger**, der ebenfalls nicht Beteiligter im Haftprüfungs- oder Haftbeschwerdeverfahren ist (OLG Hamm NStZ-RR 2008, 219; KK/*Graf* § 118a Rn. 1 und 4; AnwK/StPO-*Krause*, § 118a Rn. 2; *Meinen* HbStrVfIV Rn. 185; *Meyer-Goßner/Schmitt* § 118a Rn. 1; *Schlothauer/Weider*, Untersuchungshaft, Rn. 768; a. A. LR/*Hilger* § 118a Rn. 10; SK-StPO/ *Paeffgen* § 118a Rn. 2).

4 Nach § **118a Abs. 2** ist der Beschuldigte zur mündlichen Verhandlung vorzuführen. Dies gilt nicht, wenn er auf die Anwesenheit verzichtet hat oder die Vorführung aufgrund der weiten Entfernung zum Gerichtsort oder wegen Krankheit des Beschuldigten oder anderer nicht zu beseitigender Hindernisse nicht möglich ist. Der Verzicht auf die Teilnahme an der Verhandlung kann bis zum Beginn des angesetzten Termins jederzeit widerrufen werden (*Meyer-Goßner/Schmitt* § 118a Rn. 2).

5 Wird der **Beschuldigte zur mündlichen Verhandlung nicht vorgeführt**, dann muss ein Verteidiger seine Rechte in der Verhandlung wahrnehmen. In diesem Fall ist dem Beschuldigten, sofern er noch keinen hat, für die mündliche Verhandlung ein Verteidiger zu bestellen (vgl. § 118a Abs. 2 Satz 2 und 3). Dieser Fall ist wegen des seit 1.1.2010 geltenden § 140 Abs. 1 Nr. 4 heutzutage in Haftsachen kaum mehr denkbar. Der inhaftierte Beschuldigte ist von Beginn der Vollstreckung der Untersuchungshaft an verteidigt (ausführlich hierzu die Kommentierung vor § 112, dort Rdn. 49). Wichtig ist dieser Aspekt aber darüber hinaus auch bei der Wahrnehmung des Rechts auf konfrontative Vernehmung von Belastungszeugen (ausführlich hierzu die Kommentierung zu § 112, dort Rdn. 15).

Kann der Haftprüfungstermin nicht durchgeführt werden, weil eine Vorführung des Beschuldigten aus 6
justizorganisatorischen Gründen nicht rechtzeitig erfolgt, dann ist der Haftbefehl aufgrund rechtsstaatlicher Erwägungen zumindest außer Vollzug zu setzen (AG Hamburg-Harburg StraFo 2005, 198 = StV 2005, 395 [m. Anm. *Meyer-Lohkamp*]; bei »Versagen des Vorführdienstes«).

Die mündliche Verhandlung findet **nicht öffentlich** statt (*Burhoff*, Handbuch für das strafrechtliche 7
Ermittlungsverfahren, Rn. 1994 a.E.; *Meyer-Goßner/Schmitt* § 118a Rn. 3; *Schlothauer/Weider*, Untersuchungshaft, Rn. 768). Mitbeschuldigte und deren Verteidiger sowie Nebenkläger und deren Vertreter haben kein Anwesenheitsrecht (s.o. Rdn. 3 m.w.N.). Der Haftrichter erörtert mit den Beteiligten die wesentlichen Ergebnisse der Ermittlungen, wie sie sich nach dem letzten Stand des Verfahrens darstellen. Um keine Überraschungen zu erleben, sollte vorab zeitnah Akteneinsicht in die Ermittlungsakten genommen werden. Dies kann auch unmittelbar vor dem Termin geschehen, sofern der Richter nicht selbst – was leider oft zu beobachten ist – die Akten eben erst erhalten hat und sich zunächst selbst einlesen muss. Für diesen Fall bietet sich eine Terminverschiebung an um die Akten zu prüfen. **Art und Umfang der Beweisaufnahme** werden vom Gericht bestimmt (vgl. § 118a Abs. 3 Satz 2). Die §§ 244 und 245 gelten nicht, § 166 ist aber zu beachten (s. hierzu bereits die Kommentierung bei § 117 dort Rdn. 29). Es gelten die Regeln des Freibeweises, nicht des Strengbeweises (BGHSt 28, 116, 118 = JZ 1978, 728 f. = MDR 1978, 1037 = NJW 1979, 115, 116; OLG Köln NStZ-RR 2009, 123; KK/*Graf* § 118a Rn. 5; *Burhoff*, Handbuch für das strafrechtliche Ermittlungsverfahren, Rn. 1995 f.; *Meyer-Goßner/Schmitt* § 118a Rn. 4; SK-StPO/*Paeffgen* § 118a Rn. 5). Der Haftrichter kann vor der Entscheidung einzelne Beweiserhebungen vornehmen, wenn dies ohne wesentlichen Zeitverlust möglich ist (KK/*Graf* § 117 Rn. 10; *Meyer-Goßner/Schmitt* § 117 Rn. 6). Denkbar sind hier insb. die Vorlage von Urkunden oder die Anhörung von Zeugen. Ein Anspruch auf die Vernehmung von vom Beschuldigten geladenen Zeugen soll nach herrschender Meinung nicht bestehen (OLG Köln NStZ-RR 2009, 123; KK/*Graf* § 118a Rn. 5; LR/*Hilger* § 118a Rn. 9; LR/*Rieß* § 166 Rn. 3a; AnwK/StPO-*Krause*, § 117 Rn. 11 a.E.; *Meyer-Goßner/Schmitt* § 117 Rn. 4 a.E.; *Nelles* StV 1986, 74, 78; SK-StPO/*Paeffgen* § 118a Rn. 5). Meist gebieten ein solches Vorgehen aber bereits die Aufklärungs- sowie die Fürsorgepflicht ggü. dem Beschuldigten. Denn die Möglichkeit der Freilassung kann wohl nur selten ganz ausgeschlossen werden, dann gilt aber § 166 StPO. Das Ermessen des Gerichts reduziert sich dann auf Null (ebenso: SK-StPO/*Paeffgen* § 118a Rn. 5). Das Gericht hat stets eine eigenständige Prüfung des dringenden Tatverdachts, der Haftgründe und der Verhältnismäßigkeit der Haftfortdauer vorzunehmen (OLG Jena StV 2007, 588 [für sowohl § 117 als auch § 268b]). Aussagen des Beschuldigten zu Protokoll können gem. § 254 in einer späteren Hauptverhandlung verlesen und verwertet werden (BGH StV 1996, 131 = BGHR StPO § 254 Abs. 1 – Vernehmung richterlich 5).

Über den Termin ist ein **Protokoll zu fertigen** (§ 118a Abs. 3 Satz 3). Auf die Hinzuziehung eines Pro- 8
tokollführers kann nicht verzichtet werden (vgl. §§ 274 ff.; *Schlothauer/Weider*, Untersuchungshaft, Rn. 774; a. A. BGH StV 1996, 131 = BGHR StPO § 254 Abs. 1 – Vernehmung richterlich 5 [Verwertung eines ohne Hinzuziehung eines Protokollführers notierten Geständnisses, da vom Beschuldigten selbst unterzeichnet]).

Die **Entscheidung** ist am Schluss der mündlichen Verhandlung zu verkünden (§ 118a Abs. 4 Satz 1). Ist 9
dies nicht möglich, dann ist die Entscheidung spätestens binnen einer Woche schriftlich zu erlassen (§ 118a Abs. 4 Satz 2). Der Beschluss ist zu begründen und formlos bekannt zu machen (vgl. § 35 Abs. 3 Satz 2). Werden nach Ablauf der mündlichen Verhandlung aber noch vor Erlass der Entscheidung neue Tatsachen bekannt, dann ist den Beteiligten erneut rechtliches Gehör zu gewähren.

Wird der Haftbefehl aufgehoben oder nach Erfüllung evtl. beschlossener Auflagen außer Vollzug gesetzt 10
und verfügt der Richter die Haftentlassung, dann ist der Beschuldigte unverzüglich freizulassen, wenn nicht Überhaft notiert ist. Der Beschuldigte darf gegen seinen Willen nicht nochmals in die Justizvollzugsanstalt verbracht werden (LG Berlin NStZ 2002, 497 = StraFo 2002, 273 = StV 2001, 690; *Burhoff*, Handbuch für das strafrechtliche Ermittlungsverfahren, Rn. 1135; *Herrmann*, Untersuchungshaft, Rn. 1084; *Meyer-Goßner/Schmitt* § 120 Rn. 9; *Schlothauer/Weider*, Untersuchungshaft, Rn. 780 und 977; *Stahl* StraFo 2001, 261). Aus organisatorischen Gründen mag dies aber manchmal dennoch sinnvoll sein.

Die Entscheidung kann von den zur Teilnahme an der Verhandlung Berechtigten mit der Beschwerde 11
und der weiteren Beschwerde angefochten werden. Beruht die angefochtene Entscheidung auf einem Verfahrensfehler, dann kann vom Beschwerdegericht entweder die Anhörung nachgeholt werden, um

dann selbst zu entscheiden oder die Sache muss aufgehoben und zurückverwiesen werden (so die h.M. in der Lit., s. KK/*Graf* § 118a Rn. 7; LR/*Hilger* § 118a Rn. 33; *Meyer-Goßner/Schmitt* § 117 Rn. 7; differenzierend: SK-StPO/*Paeffgen* § 118a Rn. 8 f.). Nach a.A. hat zwingend eine Zurückverweisung zu erfolgen (vgl. OLG Hamm Rpfleger 1949, 518, 519; BayOBLGSt 1953, 202 ff. = NJW 1954, 204 ff.; differenzierend: SK-StPO/*Paeffgen* § 118a Rn. 8 f.).

§ 118b StPO Anwendung von Rechtsmittelvorschriften.
Für den Antrag auf Haftprüfung (§ 117 Abs. 1) und den Antrag auf mündliche Verhandlung gelten die §§ 297 bis 300 und 302 Abs. 2 entsprechend.

1 Für den Antrag auf Haftprüfung (§ 117 Abs. 1) sowie den Antrag auf mündliche Verhandlung über die Haftprüfung (§ 118 Abs. 1) gelten ergänzend die allgemeinen Vorschriften zu den Rechtsmitteln. Die Antragsbefugnis wird erweitert (vgl. §§ 297, 298; ausführlich hierzu s. bereits die Kommentierung bei § 117, s. dort Rdn. 9). Unabhängig davon gelten besondere Möglichkeiten für die Antragstellung für den verwahrten Beschuldigten (§ 299). Eine falsche Bezeichnung des Rechtsmittels ist unschädlich (§ 300). Der Verteidiger bedarf zur Rücknahme des Antrages einer besonderen Ermächtigung (§ 302 Abs. 2). Damit werden die besonderen Verfahrensvorschriften zur Untersuchungshaft abgerundet.

§ 119 StPO Haftgrundbezogene Beschränkungen während der Untersuchungshaft.
(1) ¹Soweit dies zur Abwehr einer Flucht-, Verdunkelungs- oder Wiederholungsgefahr (§§ 112, 112a) erforderlich ist, können einem inhaftierten Beschuldigten Beschränkungen auferlegt werden. ²Insbesondere kann angeordnet werden, dass
1. der Empfang von Besuchen und die Telekommunikation der Erlaubnis bedürfen,
2. Besuche, Telekommunikation sowie der Schrift- und Paketverkehr zu überwachen sind,
3. die Übergabe von Gegenständen bei Besuchen der Erlaubnis bedarf,
4. der Beschuldigte von einzelnen oder allen anderen Inhaftierten getrennt wird,
5. die gemeinsame Unterbringung und der gemeinsame Aufenthalt mit anderen Inhaftierten eingeschränkt oder ausgeschlossen werden.

³Die Anordnungen trifft das Gericht. ⁴Kann dessen Anordnung nicht rechtzeitig herbeigeführt werden, kann die Staatsanwaltschaft oder die Vollzugsanstalt eine vorläufige Anordnung treffen. ⁵Die Anordnung ist dem Gericht binnen drei Werktagen zur Genehmigung vorzulegen, es sei denn, sie hat sich zwischenzeitlich erledigt. ⁶Der Beschuldigte ist über Anordnungen in Kenntnis zu setzen. ⁷Die Anordnung nach Satz 2 Nr. 2 schließt die Ermächtigung ein, Besuche und Telekommunikation abzubrechen sowie Schreiben und Pakete anzuhalten.
(2) ¹Die Ausführung der Anordnungen obliegt der anordnenden Stelle. ²Das Gericht kann die Ausführung von Anordnungen widerruflich auf die Staatsanwaltschaft übertragen, die sich bei der Ausführung der Hilfe durch ihre Ermittlungspersonen und die Vollzugsanstalt bedienen kann. ³Die Übertragung ist unanfechtbar.
(3) ¹Ist die Überwachung der Telekommunikation nach Absatz 1 Satz 2 Nr. 2 angeordnet, ist die beabsichtigte Überwachung den Gesprächspartnern des Beschuldigten unmittelbar nach Herstellung der Verbindung mitzuteilen. ²Die Mitteilung kann durch den Beschuldigten selbst erfolgen. ³Der Beschuldigte ist rechtzeitig vor Beginn der Telekommunikation über die Mitteilungspflicht zu unterrichten.
(4) ¹Die §§ 148, 148a bleiben unberührt. ²Sie gelten entsprechend für den Verkehr des Beschuldigten mit
1. der für ihn zuständigen Bewährungshilfe,
2. der für ihn zuständigen Führungsaufsichtsstelle,
3. der für ihn zuständigen Gerichtshilfe,
4. den Volksvertretungen des Bundes und der Länder,
5. dem Bundesverfassungsgericht und dem für ihn zuständigen Landesverfassungsgericht,
6. dem für ihn zuständigen Bürgerbeauftragten eines Landes,

7. dem Bundesbeauftragten für den Datenschutz und die Informationsfreiheit, den für die Kontrolle der Einhaltung der Vorschriften über den Datenschutz in den Ländern zuständigen Stellen der Länder und den Aufsichtsbehörden nach § 38 des Bundesdatenschutzgesetzes,
8. dem Europäischen Parlament,
9. dem Europäischen Gerichtshof für Menschenrechte,
10. dem Europäischen Gerichtshof,
11. dem Europäischen Datenschutzbeauftragten,
12. dem Europäischen Bürgerbeauftragten,
13. dem Europäischen Ausschuss zur Verhütung von Folter und unmenschlicher oder erniedrigender Behandlung oder Strafe,
14. der Europäischen Kommission gegen Rassismus und Intoleranz,
15. dem Menschenrechtsausschuss der Vereinten Nationen,
16. den Ausschüssen der Vereinten Nationen für die Beseitigung der Rassendiskriminierung und für die Beseitigung der Diskriminierung der Frau,
17. dem Ausschuss der Vereinten Nationen gegen Folter, dem zugehörigen Unterausschuss zur Verhütung von Folter und den entsprechenden Nationalen Präventionsmechanismen,
18. den in § 53 Abs. 1 Satz 1 Nr. 1 und 4 genannten Personen in Bezug auf die dort bezeichneten Inhalte,
19. soweit das Gericht nichts anderes anordnet,
    a) den Beiräten bei den Justizvollzugsanstalten und
    b) der konsularischen Vertretung seines Heimatstaates.

³Die Maßnahmen, die erforderlich sind, um das Vorliegen der Voraussetzungen nach den Sätzen 1 und 2 festzustellen, trifft die nach Absatz 2 zuständige Stelle.

(5) ¹Gegen nach dieser Vorschrift ergangene Entscheidungen oder sonstige Maßnahmen kann gerichtliche Entscheidung beantragt werden, soweit nicht das Rechtsmittel der Beschwerde statthaft ist. ²Der Antrag hat keine aufschiebende Wirkung. ³Das Gericht kann jedoch vorläufige Anordnungen treffen.

(6) ¹Die Absätze 1 bis 5 gelten auch, wenn gegen einen Beschuldigten, gegen den Untersuchungshaft angeordnet ist, eine andere freiheitsentziehende Maßnahme vollstreckt wird (§ 116b). ²Die Zuständigkeit des Gerichts bestimmt sich auch in diesem Fall nach § 126.

Übersicht	Rdn.		Rdn.
A. Allgemeines	1	2. Überwachung von Besuchen, Telekommunikation sowie Schrift- und Paketverkehr, § 119 Abs. 1 Satz 2 Nr. 2	47
I. Regelungsgehalt von § 119 a.F.	5		
II. Regelungsgehalt von § 119 n.F.	7		
B. Anwendungsbereich von § 119	14	a) Besuche	48
C. Beschränkung der Haftbedingungen nach § 119 Abs. 1	17	b) Telefongespräche	50
		c) Schriftverkehr	51
I. Allgemeines	17	d) Pakete	61
II. § 119 Abs. 1 Satz 1	18	e) Mitteilungspflichten ggü. dem inhaftierten Beschuldigten	62
1. Grundsatz der Beschränkung anhand der Haftgründe der Flucht-, Verdunkelungs- oder Wiederholungsgefahr	20	f) Sonstiges	64
2. Exkurs: Beschränkungen aufgrund der Sicherheit und Ordnung der Anstalt	24	3. Erlaubnis zur Übergabe von Gegenständen bei Besuchen, § 119 Abs. 1 Satz 2 Nr. 3	65
3. Erforderlichkeit der Maßnahme zur Abwehr einer realen Gefahr	26	4. Trennung und Einschränkung oder Verbot der gemeinsamen Unterbringung, § 119 Abs. 1 Satz 2 Nr. 4 und 5	70
III. Individuelle Beschränkungen im Einzelnen, § 119 Abs. 1 Satz 2 Nr. 1 bis 5	28	5. Sonstige Beschränkungen in der Untersuchungshaft	72
1. Erlaubnis zum Empfang von Besuchen und der Telekommunikation, § 119 Abs. 1 Satz 2 Nr. 1	29	IV. Richtervorbehalt, § 119 Abs. 1 Satz 3	78
a) Besuch von Dritten	30	V. Rechtsbehelfe in der Vollstreckung der Untersuchungshaft	82
b) Besuche vom RA	34	VI. Vollstreckung anderer freiheitsentziehender Maßnahmen, § 119 Abs. 6	90
c) Erlaubnis zur Telekommunikation	39		

A. Allgemeines.

1 **A. Allgemeines.** I.R.d. allgemeinen Reformbestrebungen zum Recht der Untersuchungshaft war insb. auch gefordert worden, den Vollzug und die Ausgestaltung der Untersuchungshaft umfassend neu zu regeln. Die Föderalismusreform (Gesetz zur Änderung des GG v. 28.08.2006, BGBl. I 2006 S. 2863 ff.) machte eine Änderung der gesetzlichen Vorgaben dann unumgänglich. Die konkurrierende Gesetzgebung erstreckt sich seither auf das »*gerichtliche Verfahren (ohne das Recht des Untersuchungshaftvollzugs)*« (vgl. Art. 74 Abs. 1 Nr. 1 GG). Die Regelung des Vollzuges der Untersuchungshaft wurde somit Ländersache. Am 29.07.2009 wurde dem Gebot der konkurrierenden Gesetzgebung folgend das Gesetz zur Änderung des Untersuchungshaftrechts (BGBl. I S. 2274) verabschiedet (s. BT-Drucks. 16/11444 = BR-Drucks. 829/08). Es trat zum 01.01.2010 in Kraft. Anordnung und Vollzug der Untersuchungshaft sind nunmehr teilweise getrennt geregelt (ausführlich hierzu und zum interlokalen Untersuchungshaftvollzugsrecht s. bereits die Kommentierung vor § 112 dort Rdn. 24 f.; s.a. *Cornell* ZfStrVo 2005, 48 ff.; *Herrmann* StRR 2010, 4 ff.; *Köhne* ZRP 2006, 195 f.; *Morgenstern* StV 2013, 529 ff.; *Müller-Dietz* ZfStrV 2005, 38 ff.; *ders.* ZRP 2005, 156 ff.; *Seebode* HRRS 2008, 236 ff.; *Tsambikakis* ZIS 2009, 503 ff.).

2 Der **Bund** hat weiterhin die Gesetzgebungszuständigkeit für das »Ob« der Untersuchungshaft, d.h. die Anordnung der Untersuchungshaft sowie deren Voraussetzungen und Dauer. Außerdem kann er auch solche Regelungen treffen, die zur Abwehr von Flucht-, Verdunkelungs- und Wiederholungsgefahr erforderlich sind. Den **Bundesländern** steht die Regelungskompetenz für das »Wie« der Untersuchungshaft, d.h. deren Vollzug zu. Dazu gehören u.a. Vorschriften mit dem Ziel, die Sicherheit und Ordnung in der Anstalt zu gewährleisten aber auch Bestimmungen über die Ausstattung des Haftraums, die Verpflegung der Gefangenen sowie die Möglichkeit der Arbeit in der Haft (ausführlich hierzu s. vor § 112 Rdn. 24 und Rdn. 40 ff.). Aufgrund der verfassungsrechtlich vorgegebenen Partikulargesetzgebung (*Seebode* HRRS 2008, 236) wuchert nunmehr ein nahezu undurchdringliches normatives Dickicht (kritisch hierzu allgemein BVerfG StV 2013, 521 ff. [m. Anm. *Morgenstern* StV 2013, 529 ff.]).

3 Die Bundesländer hatten bis zum 31.12.2011 Zeit, um eigene landesrechtliche Untersuchungshaftvollzugsgesetze zu ratifizieren. Während dieser Übergangsphase galt folgendes: In den Bundesländern, die noch keine landesrechtliche Regelung erlassen hatten, galt gem. § 13 EGStPO auf den ersten Blick § 119 in seiner alten Fassung fort. Hier bedurfte es aber einer differenzierten Betrachtung: Nach dem Wortlaut von § 13 EGStPO galt dies nur hinsichtlich des Vollzuges der Untersuchungshaft, nicht aber auch für deren Anordnung. Geht es mithin um die **Aufrechterhaltung der Ordnung der Anstalt**, dann richteten sich Beschränkungen nach § 119 a.F. Zur Konkretisierung der Ausgestaltung der Untersuchungshaft bedurfte es eines Rückgriffes auf die UVollzO. Für Anordnungen, die den **Zweck der Untersuchungshaft** regeln, galt auch ohne besondere landesrechtliche Ausgestaltung § 119 n.F. (vgl. hierzu auch Beschlussempfehlung und Bericht des Rechtsausschusses v. 20.05.2009 [BT-Drucks. 16/13097, S. 19 ff.]; ebenso BVerfG StV 2011, 35 [inzident]; OLG Frankfurt am Main NStZ-RR 2010, 294). Die Übergangsregelung trat gem. Art. 8 des Gesetzes zur Änderung des Untersuchungshaftrechts am 01.01.2012 außer Kraft. Inzwischen haben sämtliche Bundesländer eigene Landesgesetze zur Regelung des Vollzuges der Untersuchungshaft ratifiziert (ausführlich hierzu vor § 112 Rdn. 30 ff.).

4 In der Praxis fand schon während der Übergangszeit regelmäßig standardisiert und pauschal die Neuregelung des § 119 Anwendung, gleichgültig ob § 13 EGStPO dies vorsah oder nicht (s.o.). Von den Staatsanwaltschaften wurden schon früh standardisiert vorbereitete **Beschränkungsbeschlüsse**, in denen nahezu immer die gleichen umfassenden Beschränkungen hinsichtlich der Untersuchungshaft pauschaliert angeordnet werden, vorgelegt und vom Haftgericht ungeprüft erlassen, ohne dass auf den individuellen Einzelfall eingegangen wurde. Denn es fiel und fällt natürlich leichter, in formularmäßig vorgelegten Entwürfen Kreuze zu setzen oder diese gar nur mittels Unterschrift zu bestätigen, als eine individuelle Überprüfung jeder beschränkenden Anordnung anhand des Einzelfalles vorzunehmen und dies auch noch begründen zu müssen. Für den Beschuldigten aber auch die ausführenden Organe der Justizvollzugsanstalten war und ist dies gleichermaßen ärgerlich. Für Ersteren verkehrt sich die Intention des Gesetzgebers ins Gegenteil, für Letztere wird es als zunehmend belastend empfunden, nunmehr standardisiert pauschale Beschränkungen umsetzen zu müssen, die früher allenfalls selten (im begründeten Einzelfall) angeordnet wurden. So hat bspw. die individuelle Einzelüberwachung der Besuche in der Haftanstalt – früher die Ausnahme – seit der Reform des Untersuchungshaftrechts deutlich zugenommen; sie wird teils schon als die Regel angesehen. Sämtliche Beteiligte werden dadurch über Gebühr belastet. Dass in diesem Zusammenhang auch der Begründungszwang auf der Stre-

cke bleibt, liegt auf der Hand. Ein solches Vorgehen ist sowohl für die Vergangenheit als auch für die Zukunft nicht hinnehmbar. Ausfluss der Unschuldsvermutung bleibt auch weiterhin eine individuelle Entscheidung über jede einzelne Anordnung nebst Begründung (BVerfG NStZ-RR 2015, 79 f. = StraFo 2015, 59 ff.;s. hierzu auch *Mayer/Hunsmann* NStZ 2015, 325 ff.; a. A. soweit ersichtlich nur *Bittmann* NStZ 2010, 13, 16, der in diesem Gebot der Rechtsstaatlichkeit offenbar eine überflüssige Behinderung der Effizienz der Justiz sieht).

I. Regelungsgehalt von § 119 a.F. Die früheren gesetzlichen Vorgaben in der StPO waren unzureichend. § 119 Abs. 3 und 4 a.F. enthielten lediglich Generalklauseln. Konkret geregelt waren nur die räumliche Unterbringung (§ 119 Abs. 1 und 2 a.F.) sowie die Zulässigkeit der Fesselung (§ 119 Abs. 5 a.F.). Einzelheiten zur Ausgestaltung der Untersuchungshaft ergaben sich vornehmlich aus der von den Bundesländern einheitlich in Kraft gesetzten Untersuchungshaftvollzugsordnung (UVollzO v. 12.02.1953 i.d.F.v. 15.12.1976), die von den Landesjustizverwaltungen in Kraft gesetzt worden war (ausführlich hierzu *Herrmann*, Untersuchungshaft, Rn. 288; SK-StPO/*Paeffgen* § 119 Rn. 3e f.). Bei der UVollzO handelt es sich aber nur um eine allgemeine Verwaltungsanordnung, die mangels Rechtsnormqualität für den Haftrichter nicht bindend war bzw. ist, sondern allenfalls unverbindliche Vorschläge enthielt (BVerfGE 34, 369, 379 = JZ 1974, 93 ff. = MDR 1973, 827 f. = NJW 1973, 1451 ff.; BVerfGE 15, 288, 293 = DVBl. 1963, 363 ff. = JZ 1964, 286 = NJW 1963, 755 f.; s. hierzu auch *Herrmann*, Untersuchungshaft, Rn. 288 ff.; LR/*Hilger* § 119 Rn. 5; SK-StPO/*Paeffgen* § 119 Rn. 3e f.). 5

Beschränkungen der Untersuchungshaft durften nach altem Recht nur auferlegt werden, wenn der **Zweck der Untersuchungshaft** oder die **Ordnung der Anstalt** dies erforderten (vgl. § 119 Abs. 3 a.F.). I.R.d. Vollzuges der Untersuchungshaft wurden deren Vorgaben vom Haftrichter regelmäßig als allgemein verbindlich angeordnet, teils wurde auch angenommen, dass die UVollzO konkludent gelte (zum Ganzen KK/*Graf* § 119 Rn. 2; LR/*Hilger* § 119 Rn. 5 ff.; AnwK/Uhaft-*König*, § 119 StPO Rn. 2; SK-StPO/*Paeffgen* § 119 Rn. 3e f). Eine **Gleichbehandlung der Inhaftierten war die Regel**, individuelle Ausnahmen selten. 6

II. Regelungsgehalt von § 119 n.F. I.R.d. Novellierung des Rechts der Untersuchungshaft zum 01.01.2010 wurde § 119 völlig neu gefasst. Die Bestimmung sieht nun in § 119 Abs. 1 Satz 1 vor, dass bei der **Anordnung der Untersuchungshaft** nur solche Beschränkungen erlaubt sind, die zur Abwehr von Flucht-, Verdunkelungs- und Wiederholungsgefahr erforderlich sind. Innerhalb dieser Vorgaben kann eine Überwachung der Außenkontakte, d.h. der Besuche, der Telekommunikation der Übergabe von Gegenständen und des Briefverkehrs sowie die Trennung von anderen Gefangenen, die an der Tat beteiligt waren, erfolgen (vgl. im Einzelnen § 119 Abs. 1 Satz 2 Nr. 1 bis 5; ausführlich hierzu sogleich Rdn. 28 ff.). Der **Vollzug der Untersuchungshaft** ist dagegen ausschließlich Sache der Länder. Diese haben inzwischen allesamt Untersuchungshaftvollzugsgesetze erlassen (ausführlich hierzu vor § 112 dort Rdn. 30; s.a. *Brune/Müller* ZRP 2009, 143 ff.; *Herrmann* StRR 2010, 4 ff.; AnwK/Uhaft-*König*, § 119 StPO Rn. 3 ff.; *Marhöfer* in: FS Mehle, S. 373 ff.; *Piel/Püschel/Tsambikakis/Wallau* ZRP 2009, 33; *Schlothauer/Weider*, Untersuchungshaft, Rn. 996 ff.). Eine Synopse der jeweiligen Landesgesetze findet sich bei AnwK/Uhaft-*Harrendorf*, Anhang, S. 565 ff. sowie bei *Schlothauer/Weider*, Untersuchungshaft, Rn. 1345. 7

Teils wird eine weite Auslegung des Begriffs »**Vollzug der Untersuchungshaft**« vertreten; dann wären die Länder für sämtliche Entscheidungen und sonstige Maßnahmen zuständig, die nicht nur die Anordnung und Fortdauer der Untersuchungshaft, sondern zumindest auch deren »Wie« betreffen (s. hierzu *Oppenborn/Schäferskupper* ZfStrVO 2009, 21 ff.; *Seebode* HRRS 2008, 236, 241; *ders.* ZfStrVo 2009, 7 ff.; *Winzer/Hupka* DRiZ 2008, 146 ff.). Folgt man dagegen einer engen Auslegung des Begriffs, dann ist der Bundesgesetzgeber auch weiterhin befugt, Regelungen zum Zweck der Untersuchungshaft zu treffen, soweit diese der Abwehr von Flucht, Verdunkelungs- und Wiederholungsgefahren dienen (BVerfG NStZ-RR 2015, 79 f. = StraFo 2015, 59 ff.; BGH NJW 2012, 1158 ff. m.w.N.; *Bittmann* NStZ 2010, 13 ff.; *Harms* ZfStrVO 2009, 13 ff.; 15; *Kirschke/Brune* ZfStrVo 2009, 18 ff.; *Michalke* NJW 2010, 17 ff.; *Paeffgen* StV 2009, 46, 47 f.). 8

Die Konkurrenz von Bundes- und Landesrecht führt in der Praxis zu Schwierigkeiten, v.a. Kompetenzstreitigkeiten (s. allgemein hierzu *Herrmann* StRR 2010, 4 ff.; *König* NStZ 2010, 185 ff.; *Michalke* NJW 2010, 17 ff.; *Paeffgen* StV 2009, 46 ff.; *Seebode* HRRS 2008, 236 ff.; *Tsambikakis* ZIS 2009, 9

§ 119 StPO Haftgrundbezogene Beschränkungen während der Untersuchungshaft

503 ff.; *Radtke/Hohmann/Tsambikakis*, StPO, § 119 Rn. 4; *Schlothauer/Weider*, Untersuchungshaft, Rn. 996). Dies findet bereits seinen Niederschlag in divergierenden obergerichtlichen Entscheidungen:

10 – Das **OLG Oldenburg** geht davon aus, dass die in § 146 Abs. 3 und § 134 Abs. 2 NJVollzG enthaltene Zuständigkeitsverteilung für die Überprüfung des Schriftwechsels von Untersuchungsgefangenen als (reine) Ländersache verfassungswidrig sei, mit der Folge einer dort dann anzunehmenden nahezu vollständigen Aushebelung von § 119 StPO. Es hat die Sache gem. Art. 100 Abs. 2 GG dem BVerfG zur Prüfung vorgelegt (DRiZ 2008, 152 ff. = StV 2008, 195 ff.). Die Vorlage wurde als unzulässig zurückgewiesen (BVerfG StV 2008, 426). Die erhoffte Rechtsklarheit kam dadurch nicht zustande (s. hierzu auch *Barkemeyer* ZfStrVO 2009, 27; *Oppenborn/Schäfersküpper* ZfStrVo 2009, 21 ff.; *Paeffgen* StV 2009, 46, 48 f.).

– Das **OLG Celle** vertritt die Ansicht, dass § 119 in Niedersachsen keine Anwendung finde. Die Anordnung von Beschränkungen der Untersuchungshaft richte sich dort alleine nach den §§ 135 ff. NJVollzG (OLG Celle StV 2010, 194 ff. [m. krit. Anm. *Kazele* StV 2010, 258 ff.] = ZfStrVo 2010, 300 ff.; OLG Celle NStZ-RR 2010, 159 ff. = StRR 2010, 83 [LS]). Niedersachsen habe von der ihm nach Art. 74 Abs. 1 Nr. 1 GG zustehenden Gesetzgebungskompetenz in zulässigerweise Gebrauch gemacht. Landesrechtliche Regelungen könnten durch die dann folgende Neufassung des § 119 nicht verdrängt werden, dieser sei (konsequenterweise) unanwendbar. Vom »Untersuchungshaftvollzug« seien alle Eingriffsmaßnahmen erfasst, die einen Verdächtigen wegen seiner Inhaftierung treffen können. Dies betreffe auch Beschränkungen, die dem Zweck der Untersuchungshaft dienen, wie z.B. Besuchseinschränkungen und -überwachungen, Briefkontrolle oder Beschränkungen im Zusammenhang mit Telekommunikation.
Eine solche Ansicht provoziert geradezu eine Rechtszersplitterung. Sie ist streng dogmatisch gesehen zwar vertretbar, aber nach Sinn und Zweck nicht mit Art. 74 Abs. 1 Nr. 1 GG vereinbar (ausführlich hierzu und ebenso krit. *Brocke/Heller* StraFo 2011, 1, 3; *Kazele* StV 2010, 258 ff.; AnwK-Uhaft/*König*, § 119 StPO Rn. 8; AnwK-Uhaft/*Meinen* § 3 ME Rn. 24 f. [in ihren Folgen zwar konsequente aber groteske Auffassung]; *Nestler* HRRS 2010, 546 ff.; *Schlothauer/Weider*, Untersuchungshaft, Rn. 996 und 999; *Radtke/Hohmann/Tsambikakis*, StPO, § 119 Rn. 2 und 4). Aufgrund der allseitigen Kritik scheint unwahrscheinlich, dass sich die Ansicht des OLG Celle durchsetzt. Die Diskussion befruchtet sie aber alle Mal und die teils gravierenden Mängel in der Gesetzgebung werden hier besonders deutlich aufgezeigt.

– **Andere OLG** erkennen die vom Gesetzgeber gewollte Überschneidung von Bundes- und Landesrecht an. Sie sehen § 119 als Rechtsgrundlage für die Anordnung von Beschränkungen zur Sicherung des Zwecks der Untersuchungshaft, wohingegen Regelungen in den landesrechtlichen Untersuchungshaftvollzugsgesetzen zur Aufrechterhaltung der Sicherheit und Ordnung der Anstalt zulässig seien. Anordnungen, die anstaltsinterne Zuständigkeiten, Organisationsabläufe und Informationspflichten beträfen, stellen keine Beschränkungen nach § 119 Abs. 1 dar und fallen nicht unter die Regelungskompetenz des Haftgerichts (vgl. KG StV 2010, 370 ff.; OLG Frankfurt am Main NStZ-RR 2010, 294 f.; OLG Hamm [3. Strafsenat] NStZ-RR 2010, 221 f. = StRR 2010, 194 f. [m. Anm. *Herrmann*] = StV 2010, 368 ff.; OLG Hamm NStZ-RR 2010, 292 [2. Strafsenat]; OLG Karlsruhe StV 2010, 198 ff.; OLG Köln NStZ 2011, 55; OLG Rostock NStZ 2010, 350 f. = StRR 2010, 123 [LS] = StV 2010, 197 f.; s. hierzu auch Besch. des Ermittlungsrichters beim BGH v. 09.02.2012 – 3 BGs 82/12; zum Ganzen auch *König* NStZ 2010, 185 ff.; *Schlothauer/Weider*, Untersuchungshaft, Rn. 996, dort insb. auch Fn. 1).

11 Zwei Beispielsfälle aus der täglichen Praxis verdeutlichen das Problem zusätzlich:
– Die **Nutzung eines Computers** kann für die Verteidigung unumgänglich sein, auch weil die Ermittlungsakten auf einem Datenträger (CD-ROM oder DVD) vorliegen, und der Haftrichter eine entsprechende Erlaubnis im Einzelfall erteilen muss. Dennoch versagt die Anstalt eine solche Nutzung, weil dies gegen deren allgemeine Ordnung oder auch die Sicherheit der Anstalt verstößt (zum Recht auf Nutzung eines Computers in der Untersuchungshaft s. allgemein BGH StV 2010, 228 ff. [mit Anm. *Stuckenberg*; dort waren 82500 Gesprächsdateien anzuhören]; OLG Hamm StV 1997, 197 ff. und 199 ff. [jeweils 3. Senat; mit ablehnender Anm. *Nibbeling*]; a.A: OLG Hamm NStZ 1997, 566 [1.Senat; mit zustimmender Anm. *Böttger*]; OLG Koblenz StV 1995, 86 ff. [mit ablehnender Anm. *Nibbeling*, ebenda und ablehnender Anm. *Paeffgen* NStZ 1998, 72, 73]; OLG Stuttgart Justiz 2004, 125 f. = NStZ-RR 2003, 347 f.; *Berndt* NStZ 1996, 115 ff.; SK-StPO/*Paeffgen* § 119 Rn. 10 [dort

insbes. Fn. 74]; Schlothauer/Weider, Untersuchungshaft, Rn. 1096; KK/Schultheis § 119 Rn. 62; Winkelmann/Engsterhold NStZ 1993, 112 ff.). Das Recht auf effektive Verteidigung wird hier durch die von der Anstalt allgemein für erforderlich gehaltenen oder sogar standardisiert gezogenen Grenzen des Alltags im Vollzug der Untersuchungshaft oder auch eine völlig unzulängliche technische Ausstattung [ein Rechner für sämtliche Gefangenen; Zugang stundenweise; veraltete Software, die sinnvolles Arbeiten erschwert oder unmöglich macht] unzulässig eingeschränkt (das Beispiel findet sich schon bei SK-StPO/Paeffgen § 119 Rn. 10 und bei Radtke/Hohmann/Tsambikakis, StPO, § 119 Rn. 4, es ist aber wegen seiner besonderen Deutlichkeit in aller Munde).

– Der **Inhalt von Druckerzeugnissen** kann die Haftzwecke oder die Sicherheit und Ordnung der Anstalt gefährden. Je nachdem, welcher Aspekt betroffen ist, richtet sich die Zuständigkeit für die Erlaubnis oder Versagung des Bezuges nach Bundes- oder Landesrecht (ebenso schon SK-StPO/Paeffgen § 119 Rn. 53).

Die Diskussion zeigt, welche Schwierigkeiten die vom Bundesgesetzgeber provozierte Überschneidung der Zuständigkeit schon dogmatisch mit sich bringt. In der Praxis birgt die **Doppelzuständigkeit** zusätzliche Probleme (s.o.). Die verschiedenen Bereiche lassen sich nicht sicher voneinander abgrenzen (so schon *Seebode* HRRS 2008, 236 ff.). In der Praxis zeigt sich ein teils überschießendes Selbstbewusstsein der Haftanstalten, die oft meinen, alles regeln zu dürfen, worüber nicht ausdrücklich von den Gerichten entschieden wurde. Richterliche Anordnungen werden gelegentlich nicht ernst genommen und nicht selten entweder ignoriert oder konterkariert. Meist geschieht dies zu Lasten des Inhaftierten. Eine klare Trennung zwischen Verfahrens- und Vollzugsrecht ist oft aber auch nicht möglich. Wertungswidersprüche sind unumgänglich. Die Lösung kann nur in einer differenzierten Betrachtung liegen. Dabei bedarf es immer einer verfassungskonformen Auslegung. Der Haftrichter ist zuständig für verfahrenssichernde Anordnungen, also die Anordnung, den Vollzug und die Aufhebung der Untersuchungshaft. Fragen des Vollzuges regelt die Anstalt nach Landesrecht; worüber eine gerichtliche Entscheidung herbeigeführt werden kann (vgl. § 119a). Beide sind in Einklang zu bringen und dürfen den Inhaftierten nicht unzulässig in seinen Rechten beeinträchtigen. Festzuhalten bleibt aber, dass eine saubere Trennung nicht möglich ist. Eine Lösung des Dilemmas kann wohl nur durch die höchstrichterliche Rechtsprechung erfolgen (vgl. hierzu aber BVerfG StV 2008, 426 [Zurückweisung der Vorlage nach Art. 100 Abs. 1 GG des OLG Oldenburg zur Zuständigkeitsregelung im NJVollzG]; s. auch BVerfG NStZ-RR 2015, 79 f. = StraFo 2015, 59 ff.) oder den (Bundes-)Gesetzgeber erwartet werden (vgl. zum Ganzen auch *Herrmann* StRR 2010, 4 ff.; AnwK-Uhaft/*König*, § 119 StPO Rn. 9; *König* NStZ 2010, 185 ff.; *Nestler* HRRS 2010, 546 ff.; *Paeffgen* StV 2009, 46 ff.; *Seebode* HRRS 2008, 236 ff.; *Tsambikakis* ZIS 2009, 503 ff.; Radtke/Hohmann/Tsambikakis, StPO, § 119 Rn. 4; *Schlothauer/Weider*, Untersuchungshaft, Rn. 996 und 999).

Innerhalb des Vollzuges der Untersuchungshaft, sozusagen im Nachgang zur Anordnung, steht dem Bundesgesetzgeber dann aber doch wieder die Gesetzgebungskompetenz zum **Rechtsweg gegen Entscheidungen der Justizvollzugsanstalt** zu, da dies das gerichtliche Verfahren betrifft (BT-Drucks. 16/11644, S. 31). Die entsprechende Regelung hierzu findet sich in § 119a.

B. Anwendungsbereich von § 119.

Beschränkungen nach § 119 gelten für die Untersuchungshaft nach den §§ 112, 112a, die Hauptverhandlungshaft nach § 127b, sowie für die Inhaftierung aufgrund von Haftbefehlen nach § 230 Abs. 2, § 236, § 329 Abs. 4 Satz 1 und § 412. Bei der vorläufigen Unterbringung ist § 119 über § 126a Abs. 2 Satz 1 anwendbar. Gleiches gilt für Sicherungshaft (vgl. § 453c Abs. 2 Satz 2) sowie Haft bei im Urteil vorbehaltener oder nachträglicher (zu erwartender) Sicherungsverwahrung gem. § 275a Abs. 5 Satz 4.

Für die **Vollstreckung der Untersuchungshaft an Jugendlichen** finden sich Sonderregeln in § 89c JGG. Die Untersuchungshaft wird dort nach den Vorschriften für den Vollzug der Untersuchungshaft an jungen Gefangenen und nach Möglichkeit in den für junge Gefangene vorgesehenen Einrichtungen vollzogen. Ist die betroffene Person bei Vollstreckung des Haftbefehls 21 aber noch nicht 24 Jahre alt, dann kann die Untersuchungshaft nach diesen Vorschriften und in diesen Einrichtungen vollzogen werden. Die Entscheidung hierüber trifft das Gericht. Die für die Aufnahme vorgesehene Einrichtung ist vor der Entscheidung zu hören. Da es hier nicht lediglich um das »Wie«, sondern vielmehr auch um die Art des Vollzuges als solche und damit das »Ob« der Untersuchungshaft geht, soll die Regelungskompetenz dem

§ 119 StPO Haftgrundbezogene Beschränkungen während der Untersuchungshaft

Bund zustehen (BT-Drucks. 16/11644, S. 36). Für die **Vollstreckung von Untersuchungshaft an Heranwachsenden** gilt § 89c JGG entsprechend (vgl. § 110 Abs. 2 JGG).

16 Der Erlass eines Beschränkungsbeschlusses nach § 119 Abs. 1 setzt die **Inhaftierung des Beschuldigten** voraus, der Wortlaut spricht von »einem inhaftierten Beschuldigten« (LG Berlin, Beschl. v. 16.03.2010 – 519 Qs 4/10 [zitiert nach *Brocke/Heller* StraFo 2011, 1 ff., dort Fn. 13]; a. A. OLG Köln NStZ 2011, 359 f.). Es fehlt am Rechtsschutzbedürfnis (a. A. OLG Köln NStZ 2011, 359 f.). Die Gefahr, dass Beschränkungen nach der Ergreifung zu spät angeordnet würden und der Beschuldigte zwischen Festnahme und Erlass des Beschlusses bspw. eine Absprache mit Mittätern trifft, ist weder rechtlich noch tatsächlich gegeben. Denn der Verhaftete ist unverzüglich dem Gericht vorzuführen (vgl. §§ 115, 115a). Während dieser Zeit befindet er sich nicht im allgemeinen Untersuchungshaftvollzug, sondern im Polizeiarrest oder sonst getrennt von anderen Häftlingen. Die Aufnahme in eine Untersuchungshaftanstalt wird vom Gericht erst gesondert angeordnet. Sowohl der zuständige als auch der nächste Richter können somit rechtzeitig Anordnungen treffen, die auf den konkreten Einzelfall und nach Anhörung des Beschuldigten ergehen. Ein Beschränkungsbeschluss noch vor der Verhaftung ergeht, selbst unter Berücksichtigung der Aktenlage, immer auch ins Blaue hinein. Dies ist so nicht vorgesehen. Vor der Entscheidung über die Invollzugsetzung des Haftbefehls ist für eine verfahrenssichernde Anordnung kein Raum. Eine dennoch ergangene Anordnung ist gegenstandslos (ebenso *Brocke/Heller* StraFo 2011, 1, 5).

17 **C. Beschränkung der Haftbedingungen nach § 119 Abs. 1. I. Allgemeines.** Der Vollzug der Untersuchungshaft ist auch weiterhin teilweise menschenunwürdig. Einschlusszeiten von über 21,5 Stunden pro Tag und auch sonst unvorstellbar restriktive Einschränkungen des Tagesablaufes machen betroffen sind auch im europarechtlichen Vergleich nicht akzeptabel (vgl. hierzu BVerfG StV 2013, 521 ff. [m. Anm. *Morgenstern* StV 2013, 529 ff.]). Auch ist nicht hinnehmbar, dass Untersuchungsgefangene bspw. oft nur einmal wöchentlich duschen können, Metalltoiletten ohne Klodeckel und teils ohne Sichtschutz zu Mitgefangenen in der Zelle benutzen müssen (s. hierzu VerfGH Berlin StraFo 2010, 65 = StV 2010, 374 f. [Haftraum mit 5,25 m² Bodenfläche und räumlich nicht abgetrennter Toilette]), Bücher und Zeitschriften nicht frei beziehen können, nicht selten längere Zeiträume ohne ergänzenden Einkauf überstehen müssen und bei der Verschubung in Sammeltransporten viele Tage ohne adäquate Waschmöglichkeit und Wochen ohne Kontakt zur Außenwelt unterwegs sind. Solche Missstände lassen sich weder durch fiskalische Argumente noch den Hinweis auf einen hohen Vollzugsaufwand rechtfertigen. Die neuen gesetzlichen Regelungen tragen kaum dazu bei, diese Mängel zu beseitigen.

18 **II. § 119 Abs. 1 Satz 1.** Nach § 119 Abs. 1 Satz 1 können dem inhaftierten Beschuldigten Beschränkungen auferlegt werden, soweit dies zur **Abwehr einer Flucht-, Verdunkelungs- oder Wiederholungsgefahr** i.S.d. §§ 112, 112a erforderlich ist.

19 Die Grundrechte eines Untersuchungsgefangenen auf Schutz der Privatsphäre und auf Wahrung des Brief-, Post- und Fernmeldegeheimnisses sind verletzt, wenn das Gericht die Erforderlichkeit von Überwachungsanordnungen nach § 119 Abs. 1 allein aus den für die Anordnung der Untersuchungshaft maßgeblichen Erwägungen ableitet, ohne darüber hinaus zu prüfen, ob der Flucht-, Verdunklungs- oder Wiederholungsgefahr bereits durch die Inhaftierung des Beschuldigten selbst ausreichend begegnet wird (BVerfG NStZ-RR 2015, 79 f. = StraFo 2015, 59 ff.; VerfGH Berlin NStZ-RR 2011, 94 f. = StraFo 2011, 41 ff.).

20 **1. Grundsatz der Beschränkung anhand der Haftgründe der Flucht-, Verdunkelungs- oder Wiederholungsgefahr.** Das Gesetz nennt als **Haftzwecke** die Abwehr einer Flucht-, Verdunkelungs- oder Wiederholungsgefahr. Die Legitimation von Beschränkungen auf Bundesebene muss sich also hieraus ergeben.

21 Jede Beschränkung ist anhand des **konkreten Einzelfalls** zu prüfen und zu begründen. Eine früher übliche standardisierte Vorgehensweise ist nicht mehr erlaubt. *Brocke/Heller* sprechen hier von einem »*Paradigmenwechsel*« (*dies.* StraFo 2011, 1, 5). In § 119 Abs. 1 Satz 1 ist nunmehr klargestellt, dass für die inhaftierten Beschuldigten keine standardmäßigen Beschränkungen gelten, sondern dass jede Beschränkung ausdrücklich festgelegt werden muss. Sie muss vom Haftrichter darauf hin überprüft werden, ob sie tatsächlich erforderlich ist. Dies ist zu begründen (§ 34 StPO), eine Bezugnahme auf die

Natur des Tatvorwurfes genügt nicht (BVerfG StraFo 2015, 59; s. zum verfassungsgerichtlichen Gebot der Begründungstiefe auch *Mayer/Hunsmann* NStZ 2015, 325 ff.). Dadurch wird der Unschuldsvermutung Rechnung getragen. Darüber hinaus wird berücksichtigt, dass die in Betracht kommende Beschränkung mit teils erheblichen Einschränkungen der Grundrechte des Beschuldigten verbunden sein kann (vgl. BT-Drucks. 16/11644, S. 23; s.a. BVerfG NStZ-RR 2015, 79 f. = StraFo 2015, 59 ff.; KG StV 2010, 270 ff.; OLG Hamm NStZ-RR 2010, 221 f. = StRR 2010, 194 f. [m. Anm. *Herrmann*] = StV 2010, 368 ff.). Die Begründung muss den Anfechtungsberechtigten in die Lage versetzen, eine sachgerechte Entscheidung über die Einlegung eines Rechtsmittels zu treffen.

Beschränkungen sind am **Maßstab des jeweils eingeschränkten Grundrechts** aber auch der **Verhältnismäßigkeit** zu messen. Eingriffen sind enge Grenzen gesetzt. Die Menschenwürde, die allgemeine Handlungsfreiheit sowie der Kernbereich privater Lebensgestaltung sind zu respektieren. Die Grundrechte bestehen nicht nur nach Maßgabe dessen, was an Verwaltungseinrichtungen üblicherweise vorhanden oder an geübtem Verwaltungsbrauch vorgegeben oder vorgesehen ist. Vielmehr ist es Sache des Staates, i.R.d. Zumutbaren alle Maßnahmen zu treffen, die geeignet und erforderlich sind, um Verkürzungen der Rechte von Untersuchungsgefangenen zu vermeiden. Die dafür erforderlichen sächlichen und personellen Mittel sind aufzubringen, bereitzustellen und einzusetzen (BVerfG StV 2013, 521 ff. [m. Anm. *Morgenstern* StV 2013, 529 ff.]; BVerfGE 35, 307, 310 = MDR 1974, 204 f.; BVerfGE 34, 369, 380 f. = JZ 1974, 93 ff. = MDR 1973, 827 f. = NJW 1973, 1451 ff.; BVerfGE 15, 288, 296 = JZ 1964, 286 = NJW 1963, 755 f.). Beschränkungen sind nur insoweit erlaubt, als es um eine strikt auf die **Abwehr von Gefahren** für die Haftzwecke oder die Sicherheit und Ordnung der Anstalt geht. Solche Anordnungen sind aufgrund der Unschuldsvermutung in ganz besonderem Maße dem Grundsatz der Verhältnismäßigkeit verpflichtet (s.o.). Für darüber hinausgehende Eingriffe, bspw. aufgrund lediglich vollzugspolitischer Zweckmäßigkeitserwägungen, die nicht der Gefahrenabwehr dienen, ist kein Raum. Eine standardisierte körperliche Untersuchung auch sämtlicher Köperöffnungen ist nur bei einem konkreten Verdacht der Gefährdung der Haftzwecke oder der Ordnung der Anstalt erlaubt (vgl. BVerfG NStZ-RR 2015, 79 f. = StraFo 2015, 59 ff.; BVerfG AnwBl. 2009, 303 ff. = NJ 2009, 253 ff. [m. Anm. *Meyer-Mews*] = NStZ 2010, 206 f. = StRR 2009, 198 [m. Anm. *Herrmann*] = StV 2009, 253 ff. [Inspektion des Anus eines Steuerberaters bei Aufnahme in die Haftanstalt ohne jeglichen Hinweis auf Drogentransport o.ä.]). Eine Urinprobe kann nur bei konkretem Anlass gefordert werden, sonst nicht (BVerfG NStZ 2008, 292 f. = StRR 2008, 75 f. [m. Anm. *Herrmann*]; KG StV 2015, 306 f.; OLG Saarbrücken NStZ 1992, 350 [fehlende Rechtsgrundlage]; OLG Oldenburg StV 2007, 88 ff. [m. krit. Anm. *Pollähne*]; LG Koblenz StraFo 2008, 119; LG Traunstein StV 2004, 144 [fehlende Rechtsgrundlage]; s.a. *Paeffgen* NStZ 2008, 135, 139 f.). Es ist Aufgabe des Staates eine Verkürzung der Rechte der Untersuchungsgefangenen zu vermeiden (BVerfG StV 2009, 255 ff.; NStZ 2008, 521 = StV 2008, 259 ff. [nächtliche Stromabschaltung in der Untersuchungshaft]). Der Untersuchungsgefangene darf nur den absolut unvermeidlichen Haftbeschränkungen unterworfen werden.

Teilweise wird vertreten, dass Beschränkungen sich nicht nur an den im Haftbefehl genannten Haftgründen orientieren müssen. Es soll genügen, dass die Beschränkung mit den allgemein im Gesetz genannten Haftzwecken begründet werden könne (KG StV 2015, 306 f.; KG StV 2010, 370 ff.; OLG Hamm NStZ-RR 2010, 291 ff. = StV 2010, 585 f.; OLG Karlsruhe StV 2010, 198 f.; OLG Koblenz JBlRP 2010, 105, 106; zum Ganzen auch *Brocke/Heller* StraFo 2011, 1, 5; *Meyer-Goßner/Schmitt* § 119 Rn. 5; s. zum alten Recht: OLG Hamm StV 1998, 35 [m. abl. Anm. *Paeffgen*]; KK/*Schultheis* § 119 Rn. 12). Dies soll sich insb. auch aus der Formulierung des Gesetzes ergeben (BT-Drucks. 16/11644, S. 24). Eine Rechtfertigung für eine solche Ausweitung der Möglichkeiten zur Beschränkung der Untersuchungshaft ist nicht ersichtlich. Sie mag zwar hinsichtlich der an anderer Stelle (vgl. § 114) vertretenen Zulässigkeit einer **Vorratshaltung von Haftgründen** zum Haftbefehl konsequent sein. Dies überzeugt aber schon dort nicht (vgl. hierzu die Kommentierung bei § 114 Rdn. 22 ff.). Zum einen muss der Beschuldigte – und dies gilt auch hier – die Möglichkeit haben, sich von vornherein gegen sämtliche Vorwürfe und denkbaren Beschränkungen zu wehren. Ebenso wie bei der Nennung der Haftgründe im Haftbefehl muss er auch hier nicht damit rechnen müssen, erweiterten Beschränkungen unterworfen zu werden, deren Gründe zunächst nicht offengelegt wurden. Dies gebietet schon der Grundsatz des fairen Verfahrens. Zum anderen obliegt es dem Haftrichter, die Zwecke der Untersuchungshaft entsprechend § 119 Abs. 1 zu konkretisieren. Für den Fall der Übertragung der Ausführungen auf Dritte gem. § 119 Abs. 3 Satz 2 bestünde sonst die Gefahr der Rechtsunsicherheit, wenn nicht von vornherein klare Vorgaben richterlich definiert wären. Schließlich darf nicht übersehen werden, dass es für die Anordnung und Aufrechterhaltung der Untersuchungshaft nicht ausreicht wenn ein Haftgrund nur möglich erscheint. Bestehen Zweifel, dann darf er nicht angenommen werden, die Untersuchungshaft kann und darf auf dieser Basis nicht angeordnet werden. Dies muss konsequenterweise auch für eventuelle Beschränkungen innerhalb der Untersuchungshaft gelten. Alles andere würde einen Zweckopportunismus bedeuten, der sich auch dogmatisch nicht rechtfertigen lässt. Dies übersieht der Gesetzgeber (vgl. hierzu BT-Drucks. 16/11644, S. 24). I.Ü. besteht die Gefahr, dass eine Ausweitung der Möglichkeit von Beschränkungen anhand von nur Mutmaßungen das Gegenteil dessen bewirkt, was eigentlich erreicht werden soll: Nach neuem Recht soll der konkrete Einzelfall individuell beurteilt werden und nicht – wie bisher – der Vollzug der Untersuchungshaft pauschal und undifferenziert beschränkt werden. Auf Allgemeinplätze oder mutmaßliche Erfahrungswerte darf nicht ausgewichen werden. Zusammenfassend dürfen für die Auferlegung von Beschränkungen i.R.d. Untersuchungshaft nur diejenigen Haftgründe herangezogen werden, die offengelegt wurden und zu denen sich der Inhaftierte auch äußern konnte (zum Ganzen: OLG Rostock NStZ 2010, 350 f. = StRR 2010, 123 [LS] = StV 2010, 197 f.; *Brocke/Heller* StraFo 2011, 1, 5; *König* NStZ 2010, 185, 187; *Paeffgen* StV 1998, 38 ff. [in seiner ablehnenden Anm. zu OLG Hamm StV 1998, 35]; SK-StPO/*Paeffgen* § 119 Rn. 6; *Radtke/ Hohmann/Tsambikakis*, StPO, § 119 Rn. 6 f.; *Schlothauer/Weider*, Untersuchungshaft, Rn. 1028 [unter Verweis auch auf Rn. 272]).

24 **2. Exkurs: Beschränkungen aufgrund der Sicherheit und Ordnung der Anstalt.** Beschränkungen aufgrund der **Sicherheit und Ordnung der Anstalt** waren früher über § 119 Abs. 3 a.F. möglich. Nunmehr richten diese sich ausschließlich nach den UVollzG der Länder und nicht mehr nach § 119 n.F. (zur Föderalismusreform und der Trennung von Untersuchungshaftrecht und Untersuchungshaftvollzugsrecht ausführlich unter A. dort Rdn. 1 ff. sowie vor § 112 Rdn. 21 ff.).

25 Die Sicherheit und Ordnung ist ein **Blankettbegriff**, er ist ausfüllungsbedürftig. Dies ist nur schwer möglich (ausführlich: LR/*Hilger* § 119 Rn. 32 f.; s.a. *Paeffgen* GA 2009, 450, 465 ff.; *Schlothauer/Weider*, Untersuchungshaft, Rn. 1029). Innerhalb der Justizvollzugsanstalt, in der die Untersuchungshaft vollzogen wird, konkretisiert sich die **Sicherheit und Ordnung** an den Vorgaben eines sachgerechten Ablaufes des Betriebes der Haftanstalt. Insgesamt sind weder ein Mindest- noch ein Übermaß an Ordnung gemeint, sondern ein Normalmaß (BVerfG NStZ 1999, 536; BVerfGE 35, 311 ff. = NJW 1974, 26). Voraussetzung ist aber auch hier eine konkrete Anordnung der Anstalt im Einzelfall (OLG Rostock NStZ 2010, 350 f. = StRR 2010, 123 [LS] = StV 2010, 197 f.; *Radtke/Hohmann/Tsambikakis*, StPO, § 119 Rn. 9). Das Problem von Wertungswidersprüchen und divergierenden Entscheidungen wurde bereits oben dargestellt (s. Rdn. 9).
Exemplarisch ist hier die unterschiedliche Ausgestaltung der Besuchsregelungen zu kritisieren: Dadurch findet in vielen Justizvollzugsanstalten eine weitere Verschärfung der dort geübten Verselbständigung der gesetzlichen Vorgaben statt. Unter Bezugnahme auf teils normierte Öffnungsklauseln im Gesetz (»*Sicherheit und Ordnung der Anstalt*«) werden die landesrechtlich normierten (unterschiedlichen) Besuchszeiten reduziert, weil angeblich keine ausreichenden Kapazitäten zur Organisation der Besuche vorhanden wären. Andere Anstalten verlängern die Besuchsdauer großzügig. Es herrscht ein teils wildes Durcheinander. Der Begriff der Sicherheit und Ordnung der Anstalt wird sehr unterschiedlich ausgelegt. Über diese landesrechtlichen Unterschiede hinaus sind dann auch noch viele Haftanstalten zügig dazu übergegangen, die individuelle Einzelfallgerechtigkeit ins Gegenteil zu verkehren. Von Gerichten zugesprochene Ausnahmeregelungen (Besuch; Nutzung eines Computers etc.) werden nicht selten eigenmächtig eingeschränkt, behindert oder teils sogar ignoriert, weil angeblich die Ordnung der Anstalt unterschiedliche Regelungen oder Besonderheiten nicht zulasse. Die Intention des Gesetzgebers, immerhin fußend auf der europa- und verfassungsrechtlichen Rechtsprechung (vgl. Rdn. 4), wird damit konterkariert und ad absurdum geführt.

26 **3. Erforderlichkeit der Maßnahme zur Abwehr einer realen Gefahr.** Voraussetzung für die Anordnung von Beschränkungen in der Untersuchungshaft, die über die reine Freiheitsentziehung hinausgehen, ist, dass die Maßnahme **erforderlich** sein muss. Es reicht nicht aus, die die Anordnung rechtfertigende Flucht-, Verdunkelungs- oder Wiederholungsgefahr ausschließlich auf die Würdigung zu stützen, die schon der Anordnung der Untersuchungshaft selbst zugrunde liegt. Es bedarf zusätzlich

einer gesonderten Prüfung der jeweiligen Beschränkung unter Beachtung auch der Verhältnismäßigkeit.

Es muss eine **reale Gefahr** für den Zweck der Untersuchungshaft oder die Sicherheit oder Ordnung der Anstalt bestehen. Dies muss durch konkrete Tatsachen belegbar sein. Nur die Möglichkeit eines Missbrauches genügt nicht. Allerdings muss sie auch nicht mit an Sicherheit grenzender Wahrscheinlichkeit angenommen werden (st. Rspr., s. nur: BVerfG AnwBl. 2009, 303 ff. = NJ 2009, 253 ff. [m. Anm. *Meyer-Mews*] = NStZ 2010, 206 f. = StRR 2009, 198 [m. Anm. *Herrmann*] = StV 2009, 253 ff.; VerfGH Berlin StV 2011, 165 f.; KG StV 2015, 306 f.; KG StV 2010, 370; OLG Hamm NStZ-RR 2010, 292 ff.; OLG Köln Beschl. v. 10.02.2010 – 2 Ws 77/10, JurionRS 2010, 16266 [»konkrete Befürchtung«]; OLG Rostock NStZ 2010, 350 f. = StRR 2010, 123 [LS] = StV 2010, 197 f. [»tatsächliche Anhaltspunkte«]; AnwK/*Uhaft-König*, § 119 StPO Rn. 15; *König* NStZ 2010, 185, 187; *Meyer-Goßner/Schmitt* § 119 Rn. 6; *Michalke* NJW 2010, 17, 19; SK-StPO/*Paeffgen* § 119 Rn. 7; *Schlothauer/Weider*, Untersuchungshaft, Rn. 1028; KK/*Schultheis* § 119 Rn. 10). Dem wird insb. auch dadurch Rechnung getragen, dass jeweils eine individuelle Einzelfallprüfung erforderlich ist (vgl. BT-Drucks. 16/11644, S. 24). 27

III. Individuelle Beschränkungen im Einzelnen, § 119 Abs. 1 Satz 2 Nr. 1 bis 5. In § 119 Abs. 1 Satz 2 Nr. 1 bis 5 ist ein Katalog von möglichen Beschränkungen genannt. Die Aufzählung ist nicht abschließend (»insbesondere«). Sie nennt die in der Praxis häufigsten Sachverhalte, die üblicherweise einer Beschränkung unterworfen werden. Durch die offene Formulierung im Gesetz soll ermöglicht werden, individuell auf den konkreten Einzelfall einzugehen. Das Gesetz enthält bewusst keine standardisiert vorgegebenen Beschränkungen. Der Gesetzgeber hat hierauf ausdrücklich verzichtet um so der individuellen Einzelfallregelung breiteren Raum zu geben (BT-Drucks. 16/11644, S. 24 f.). 28

1. Erlaubnis zum Empfang von Besuchen und der Telekommunikation, § 119 Abs. 1 Satz 2 Nr. 1. Nach § 119 Abs. 1 Satz 2 Nr. 1 kann angeordnet werden, dass der Empfang von Besuchen und die Telekommunikation der Erlaubnis bedürfen. In der Praxis kommt eine solche Anordnung häufig vor. Hierbei ist zu differenzieren. 29

a) Besuch von Dritten. Der Untersuchungsgefangene darf grds. Besuch von Dritten empfangen. Die hierfür erforderlichen Voraussetzungen sind zu schaffen (BVerfG StV 2008, 424 f. = StV 2009, 196 ff. [die Entscheidung ist in StV zweimal abgedruckt]). Beschränkungen sind davon abhängig zu machen, ob konkrete Anhaltspunkte vorliegen, dass durch den Besuch eine Gefährdung des Zwecks der Untersuchungshaft zu befürchten ist. Dies ist bei Anhaltspunkten für Fluchtvorbereitungen oder Verdunkelungshandlungen anzunehmen. Selbst dann kann aber eine akustische Überwachung als milderes Mittel angezeigt sein (s. hierzu § 119 Abs. 1 Satz 2 Nr. 2 StPO). Kann eine Gefährdung ausgeschlossen werden, dann ist der Besuch zu erlauben. Eine **generelle Besuchssperre** ist unzulässig (BVerfG NStZ-RR 2015, 79 f. = StraFo 2015, 59 ff.; BVerfG FamRZ 1994, 1381 f. = NJW 1995, 1478 ff. = NStZ 1994, 604 ff. = StV 1994, 585; OLG Hamm StRR 2015, 153 [m. Anm. *G. Herrmann*]; OLG Hamm StV 1997, 260; OLG Düsseldorf StV 1994, 324; s.a. um Ganzen auch *Meyer-Goßner/Schmitt* § 119 Rn. 9; SK-StPO/*Paeffgen* § 119 Rn. 15). 30

Die Ablehnung einer Besuchserlaubnis für **Familienangehörige** ist nur unter besonders strengen Voraussetzungen zulässig. Allein die beabsichtigte Vernehmung eines Familienangehörigen als Zeuge in der Hauptverhandlung reicht nicht als Ablehnungsgrund aus (OLG Hamm StV 1996, 325 f.). Der verfassungsrechtlich gesicherte besondere Schutz von Ehe und Familie gem. Art. 6 GG geht hier vor (BVerfG NStZ-RR 2015, 79 f. = StraFo 2015, 59 ff.; BVerfG FamRZ 1993, 1296 ff. = NJW 1993, 3059 ff.; NStZ 1994, 604 ff. [m. Anm. *Rotthaus*]; OLG Düsseldorf StV 2001, 122 ff.; StV 1996, 323 ff. [m. Anm. *Nibbeling*]; KK/*Graf* § 119 Rn. 21, 23; *Meyer-Goßner/Schmitt* § 119 Rn. 10). Dies gilt auch für **Kleinkinder**, die aufgrund ihrer frühkindlichen Entwicklung eine besondere Bindung zu Bezugspersonen überhaupt erst aufbauen müssen (BVerfG FamRZ 2006, 1822 ff. = NStZ 2009, 138 = StraFo 2006, 490 ff. = StV 2008, 30 ff.). 31

Auch ein **Besuch Inhaftierter untereinander** ist grds. zuzulassen und zu ermöglichen (OLG Düsseldorf NStZ 1989, 549 [jeweils inhaftierte Ehegatten]; OLG Stuttgart StV 2003, 628 [jeweils inhaftierte Ehegatten]). **Intimkontakte** sind in der Untersuchungshaft untersagt, allerdings vornehmlich aus Gründen der Ordnung der Anstalt und nicht wegen der getrennt hiervon zu beachtenden Haftzwecke (OLG Düs- 32 seldorf NStZ 1991, 405; OLG Jena NStZ 1995, 256 [m. abl. Anm. *Paeffgen* NStZ 1996, 72, 73]). Gleiches gilt für eine homologe Insemination. Auch diese ist in der Untersuchungshaft regelmäßig nicht erlaubt, nicht zuletzt wegen der Gefahr gleicher Anträge anderer Gefangener (OLG Frankfurt am Main NStZ 1991, 405). Ob all dies im Vergleich zu anderen Ländern noch zeitgemäß ist, erscheint fraglich (*Paeffgen* NStZ 1996, 72, 73).

33 Die **Ausgestaltung der Besuche** richtet sich nach den UVollzG der Länder. Die gesetzlichen Vorgaben weichen teils stark voneinander ab. Derartige Unterschiede sind schon wegen Art. 3 GG nicht hinnehmbar und schlicht skandalös (s. hierzu schon vor § 112 dort Rdn. 37; ebenso hinsichtlich der Besuchsregeln: AnwK/Uhaft-*Pollähne*, § 33 ME UVollzG Rn. 39 f.; *Paeffgen* NStZ 2010, 200, 206).

34 **b) Besuche vom RA.** Für Besuche durch den **mandatierten Verteidiger** gilt § 148. Nach § 119 Abs. 4 Satz 1 bleiben die §§ 148 und 148a unberührt. Beschränkungen sind deshalb über den Sonderfall des § 148 Abs. 2 i.V.m. § 148a hinaus nicht zulässig. Es besteht ein absoluter Schutz des Mandatsverhältnisses. Der Verteidiger kann allenfalls, bei Vorliegen entsprechender Gründe, aus dem Verfahren ausgeschlossen werden (§§ 138a ff.). Der Verteidiger soll seine Bevollmächtigung hier nachweisen müssen (h.M., vgl. AnwK-StPO/*Krekeler/Werner* § 148 Rn 9; LR/*Lüderssen/Jahn* § 148 Rn 11; *Meyer-Goßner/Schmitt* § 119 Rn. 12 und § 148 Rn. 11). Dies ist vom Gesetzeswortlaut zwar nicht gedeckt, mag aber zur Verhinderung von Missbrauch sinnvoll sein (differenzierend und krit. hierzu *Herrmann*, Untersuchungshaft, Rn. 134 ff. sowie *Meyer-Lohkamp/Venn* StraFo 2009, 265, 269 [jeweils zur früheren Rechtslage und dort insb. auch Nr. 36 Abs. 2 und 3 UVollzO]; s. zum Ganzen auch *Radtke/Hohmann/Reinhart*, StPO, § 148 Rn. 1 und 3).

35 Für Besuche zur Anbahnung eines Mandatsverhältnisses durch den **potenziellen Verteidiger** stellt sich dies anders dar. Dort verfängt § 148 zunächst nicht. Hier ist zu unterscheiden, ob es sich um ein »Anbahnungsgespräch« handelt, das auf Initiative des inhaftierten Beschuldigten zustande kommen soll, oder ein »Angebots-« oder gar »Anbiederungsgespräch«, das auf Initiative Dritter (Freunde oder Familie oder auch Mitbeschuldigter) stattfinden soll, oder – auch das soll es geben! – vom Anwalt selbst initiiert wird. Laut OLG Hamm (NStZ 2010, 471) liegt bei einer Beauftragung durch Dritte kein Anbahnungsfall vor. Unabhängig von diesen Definitionsfragen gilt: Im ersteren Fall, wenn also der Kontakt direkt durch den Beschuldigten zustande kommt, ist der Verteidiger schutzwürdig, ansonsten zunächst nicht. Dies darf aber nicht zur Folge haben, dass sämtliche Kontaktaufnahmeversuche durch Verteidiger der richterlichen Erlaubnis bedürfen. Die Praxis bei den Staatsanwaltschaften und Gerichten behilft sich inzwischen mit einer differenzierten Vorgehensweise: Wünscht der Beschuldigte den Besuch eines RA, dann ist dieser zu gestatten. Ein solches Verfahren wird in vielen Vollzugsanstalten inzwischen durch die Verwendung standardisierter Formularschreiben (»**Verteidigerbesuchskarte**«) vereinfacht. Wird der Besuchswunsch hingegen von dritter Seite geäußert, dann soll zunächst mit dem Beschuldigten zu klären sein, ob er tatsächlich besucht werden will. Danach richte sich dann die weitere Vorgehensweise (vgl. zum Ganzen KG StV 1991, 307; OLG Hamm NJW-Spezial 2010, 122 = NStZ 2010, 471 = StRR 2010, 193 f. [m. krit. Anm. *Barton*] = StV 2010, 586 f. [m. abl. Anm. *Bung*]; OLG Stuttgart StV 1993, 255 [m. krit. Anm. *Fezer*, allerdings zum Sonderfall der Kontaktaufnahme zu einem mutmaßlichen Mitglied der RAF]; LG Darmstadt StV 2003, 628; s.a. *Burhoff*, Handbuch für das strafrechtliche Ermittlungsverfahren, Rn. 1040; *Fezer* StV 1993, 255 f.; *Grube* JR 2009, 363 ff.; *Hassemer* StV 1985, 406; AnwK-Uhaft/*König* § 119 StPO Rn. 21 a.E.; LR/*Lüderssen/Jahn* § 148 Rn. 7; *Meyer-Goßner/Schmitt*, § 148 Rn. 4; *Radtke/Hohmann/Reinhart*, StPO, § 148 Rn. 2 a.E.; *Schmitz* NJW 2009, 40; *Schlothauer/Weider*, Untersuchungshaft, Rn. 70 ff.; *Wohlers* StV 2010, 154 f.; vgl. zum Ganzen auch die Kommentierung bei § 148, dort Rdn. 10). Eine solche zunehmend restriktive Haltung hat sich die Anwaltschaft, auch wegen der »Gitterschleicher« in ihren Reihen, teils selbst zuzuschreiben. Sowohl den Gerichten als auch der StA ist deshalb ein gewisses Maß an Fürsorgepflicht zuzugestehen. Bei Allem darf aber nicht übersehen werden, dass der in Untersuchungshaft befindliche Beschuldigte unverzüglich nach der Vollstreckung der Untersuchungshaft einen Pflichtverteidiger zumindest beigeordnet bekommen hat (vgl. § 140 Abs. 1 Nr. 4 i.V.m. 141 Abs. 3 Satz 4). I.d.R. (auch das ist nicht immer der Fall!) steht dieser kurzfristig zur Verfügung, nimmt die Rechte seines Mandanten auch wahr und kennt darüber hinaus seine Pflichten (zur Beiordnung des Pflichtverteidigers nach neuem Recht s.a. vor § 112 dort Rdn. 49 ff.). Kommt der Pflichtverteidiger diesem Auftrag nicht nach, dann kann er wegen eines »gestörten Vertrauensverhältnisses nach § 143 StPO entpflichtet werden« (BGH NStZ 2009, 465

[mehrere Monate keinen Kontakt; für Sicherungsverfahren]; NStZ 2008, 418 ff. [nicht genügend informiert]; NStZ 2004, 632 ff. [nicht genügend besucht]; OLG Köln StraFo 2007, 157; LG Aachen StV 2005, 439 [Unterlassen menschlich gebotener Haftbesuche]; LG Köln StraFo 2006, 329 [mehrere Monate keinen Kontakt]; LG Magdeburg StraFo 2008, 428 f. = StV 2008, 630 [längere Zeit keinen Kontakt]; LG Osnabrück StRR 2010, 270 f. [m. Anm. *Burhoff*]; AG Ottweiler ZJJ 2007, 312 [**Haftprüfungstermin unentschuldigt ferngeblieben** und nach Bestellung 17 Tage keinen Kontakt zum Mandanten aufgenommen]; zum Ganzen auch *Burhoff*, Handbuch für das strafrechtliche Ermittlungsverfahren, Rn. 2217 ff.; *Widmaier/Richter II/Tsambikakis*, MAH Strafrecht, § 2 Rn. 7; s. hierzu auch die Kommentierung bei § 143).

Wird der Beschuldigte vom Verteidiger oder einem **RA, der nicht Verteidiger ist**, in anderen Angelegenheiten als dem Strafmandat selbst vertreten, dann gilt jedenfalls derzeit kein aus diesem anderen Mandatsverhältnis resultierender umfassender Schutz in Haftsachen. Ggü. Ermittlungsmaßnahmen genoss der sonst tätige RA im Gegensatz zum Strafverteidiger vorübergehend nur relativen Schutz. Das BKA-Gesetz und insb. § 160a i.d.F.v. 01.01.2008 haben die Rechte der Anwaltschaft eingeschränkt. Ein absolutes Erhebungs- und Verwertungsverbot hinsichtlich sämtlicher Ermittlungsmaßnahmen galt insofern nur für Verteidiger (§ 160a Abs. 1 a.F.). Für andere zeugnisverweigerungsberechtigte Berufsgeheimnisträger und somit auch sonst tätige RA galt ein Erhebungs- und Verwertungsverbot nur nach Maßgabe einer Verhältnismäßigkeitsprüfung im Einzelfall (§ 160a Abs. 2 a.F.). Dieser Klassenunterschied beim Vertraulichkeitsschutz wurde wieder abgeschafft. Mit Gesetz zur Stärkung des Schutzes von Vertrauensverhältnissen zu RA im Strafprozessrecht v. 27.12.2010 (BGBl. I S. 2261; in Kraft getreten am 01.02.2011) wurden Strafverteidiger und sonstige RA hinsichtlich ihrer jeweiligen Privilegierung im Hinblick auf Ermittlungsmaßnahmen wieder gleichgestellt und der absolute Schutz vor strafprozessualen Beweiserhebungs- und Verwertungsmaßnahmen auf alle RA ausgeweitet (vgl. hierzu nun § 160a Abs. 2 Satz 4 n.F.). Nach der neuen Gesetzeslage dürfen sich also keine strafrechtlichen Ermittlungen mehr gegen Anwälte richten, die in einem strafrechtlich relevanten Fall tätig sind, gleichgültig in welchem Zusammenhang. Diese Privilegierung der RA bezieht sich aber – soweit ersichtlich – nicht auf sonstige Tätigkeiten in Haftsachen. Denn § 160a gilt zwar für Ermittlungsmaßnahmen. Und § 119 Abs. 4 Satz 1 regelt zwar, dass die §§ 148 und 148a unberührt bleiben, was nach § 119 Abs. 4 Satz 2 auch für die in den Nr. 1 bis 19 genannten Personen, Organisationen, Institutionen und Gerichte gilt. Aber sonst tätige RA sind dort, wo es um den freien Verkehr und die umfassend geschützte Kommunikation mit dem inhaftierten Beschuldigten in Untersuchungshaft geht, auch weiterhin nicht genannt; auf § 53 Abs. 1 Satz 1 Nr. 3 wird in § 119 Abs. 4 Satz 2. Nr. 18 nicht Bezug genommen. 36

In der Praxis werden dem **sonst tätigen RA** regelmäßig zwar geschützte Besuche in der Haftanstalt erlaubt. Das Postprivileg gilt aber nicht. Schriftsätze, die nicht unmittelbar die Verteidigung selbst betreffen, haben die Postkontrolle zu durchlaufen (BVerfG NJW 2010, 1740 ff. = StRR 2010, 34 ff. [m. krit. Anm. *Herrmann*] = StV 2010, 144 ff. [m. krit. Anm. *Weider*]). Tätigkeiten in anderen Angelegenheiten sind danach ggü. dem Gericht, der StA und der Justizvollzugsanstalt offenzulegen. Die Post ist ggfs. als »vertrauliche Anwaltspost« zu kennzeichnen, nicht aber als »Verteidigerpost« (ausführlich hierzu nachfolgend Rdn. 38). Eine differenzierte Kontrolle darf aber auch dann nur bei einem konkreten Verdacht des Missbrauchs erfolgen. 37

Eine solche streng formale Differenzierung erscheint in mehrfacher Hinsicht verfehlt und auch unangemessen. In der Literatur wird vielfach ein materieller Ansatz vertreten (*Burhoff*, Handbuch für das strafrechtliche Ermittlungsverfahren, Rn. 2997; *Herrmann*, Untersuchungshaft, Rn. 235 ff.; *Widmaier/König*, MAH Strafrecht, § 4 Rn. 128; LR/*Lüderssen/Jahn* § 148 Rn. 17; *Schlothauer/Weider*, Untersuchungshaft, Rn. 96 ff.). Ob der RA auch als Verteidiger tätig ist oder nicht darf keine Rolle spielen. Denn dem Anwalt steht ganz allgemein ein Recht auf Vertraulichkeit zu. Das Vertrauensverhältnis zwischen RA und Mandant ist von Verfassungs wegen geschützt. Beschränkungen bedürfen einer gesetzlichen Grundlage. Strafprozessuale Vorgaben sind – soweit ersichtlich – nicht vorhanden. § 148 gilt zwar nur für den Verteidiger und nicht den »sonst tätigen Anwalt«. Letzterer ist allerdings kraft seiner Funktion sowie als selbstständiges Organ der Rechtspflege privilegiert. Das Mandatsverhältnis verdient auch dort Schutz. Darüber hinaus begegnet die zu erwartende totale Beobachtung und Überwachung des Untersuchungshaftgefangenen schon ganz allgemein erheblichen Bedenken (vgl. hierzu *Herrmann* StRR 2010, 4; s. hier auch die Kommentierung zu den § 114d Rdn. 21 und § 114e, dort Rdn. 2). Neben formalen Unklarheiten steht zu befürchten, dass der Beschuldigte zum bloßen Objekt im Verfahren 38 wird. Und im Bereich der Ausgestaltung der Untersuchungshaft sind Beschränkungen nur dann erlaubt, wenn dies die Haftzwecke oder die Ordnung der Anstalt erfordern. Wie aber Haftzwecke oder die Ordnung der Anstalt durch den Schriftwechsel zwischen Anwalt und Mandant beeinträchtigt sein soll, der legitime Inhalte hat, ist unerfindlich. Eine Beschränkung des Verkehrs mit dem sonst tätigen RA ist letztlich auch deshalb unangemessen, weil häufig nicht klar zwischen einerseits Verteidigung und andererseits den damit in unmittelbarem oder zumindest mittelbarem Zusammenhang stehenden Angelegenheiten (allgemeines Zivilrecht, Mietrecht, Familienrecht, Arbeitsrecht, Sozialrecht etc.) differenziert werden kann. Überschneidungen dürfen nicht zulasten des Vertrauensverhältnisses zwischen Mandant und Anwalt gehen. All dies rechtfertigt keinesfalls eine pauschale Schlechterstellung des sonst tätigen RA ggü. dem Verteidiger. Einzig zulässige Ausnahme hiervon sind Fälle des Missbrauches (vgl. hierzu LG Tübingen NStZ 2008, 653 [vermeintliche Verteidigerpost beim Mitgefangenen deponiert]; OLG Bremen StV 2006, 650 [Verteidigerschreiben einer Sozietät; dort abgelehnt; kein Missbrauch]).

39 **c) Erlaubnis zur Telekommunikation.** Der Inhaftierte kann grds. fernmündliche Gespräche mit Personen außerhalb der Anstalt führen (s.o.; a. A. *Meyer-Goßner/Schmitt* § 119 Rn. 13 [wird i.d.R. dem Zweck der U-Haft widerstreiten]). Bei der vom **Gericht** zu erteilenden Erlaubnis sind nur die Haftzwecke zu beachten. Probleme bei der praktischen Umsetzung in der Vollzugsanstalt sind unbeachtlich. Es soll Gerichte geben, die mittels Allgemeinverfügung standardisiert eine gewisse Anzahl von Telefonaten für alle Untersuchungshaftgefangenen erlauben. Auch wenn dies der gebotenen individuellen Überprüfung des Einzelfalles zuwiderläuft, so sind damit die Rechte des Inhaftierten fraglos eher gewahrt, als mit einer jeweils individuellen Versagung von Telefonaten, deren Begründung auf lediglich organisatorischen Schwierigkeiten oder nur Unzulänglichkeiten der Anstalt beruht und damit regelmäßig die vom Gesetzgeber gewollte Kompetenzverteilung zwischen einerseits Gerichten und andererseits Anstalten durchbricht (s. hierzu OLG Rostock NStZ 2010, 350 f. = StRR 2010, 123 [LS] = StV 2010, 197 f.). Die **Untersuchungshaftanstalt** prüft dann selbstständig, ob bei der Durchführung der Telefonate die Sicherheit und Ordnung entgegenstehen und inwiefern vollzügliche Belange Telefonate ermöglichen. Der Untersuchungshaftgefangene hat insofern keinen originären Anspruch auf Telefonkontakte nach außen, allerdings darf er eine ermessensfehlerfreie Entscheidung der Anstalt erwarten (AnwK/Uhaft-*Pollähne* § 40 ME UVollzG Rn. 1; krit. zu diesem Regel-Ausnahme-Verhältnis: SK-StPO/*Paeffgen* § 119 Rn. 50).

40 Die **Doppelzuständigkeit** von einerseits Gericht und andererseits Anstalt wird nicht immer klar voneinander getrennt (s. hierzu OLG Rostock NStZ 2010, 350 f. = StRR 2010, 123 [LS] = StV 2010, 197 f.; kritisch hierzu s. bereits oben, Rdn. 12 und 25 [a.E.]).

41 Ganz allgemein sind Telefonate zuzulassen (s.o.). Über die **Anzahl** der zu erlaubenden Telefonate besteht keine Einigkeit. Aus der Rechtsprechung sind bekannt: Telefonate einmal wöchentlich für die Dauer von 10 Minuten (OLG Rostock StraFo 2001, 286 f.), ein Telefonat alle 2 Wochen (AG Cottbus StV 2004, 494 f.), Telefonate einmal monatlich (OLG Düsseldorf StraFo 2001, 287; AG Cottbus StV 2005, 395 f.), Erlaubnis allenfalls im Einzelfall bei Darlegung eines besonderen berechtigten Interesses (OLG Düsseldorf StraFo 1998, 285; OLG Düsseldorf NStZ 1995, 152; OLG Karlsruhe StraFo 2002, 28). Die Genehmigung eines Telefongesprächs mit Angehörigen im Ausland darf bei Vorliegen eines besonderen berechtigten Interesses nicht auf seltene oder dringende Ausnahmefälle beschränkt werden. Verfügt der Gefangene in Deutschland über keinerlei soziale Bindungen und verschärfen Sprachschwierigkeiten die Haftbedingungen, dauert darüber hinaus die Untersuchungshaft bereits länger an, dann sind regelmäßige Telefonate zuzulassen. Bloße Briefkontakte können ein persönliches Gespräch mit nahestehenden Angehörigen nicht ersetzen (OLG Frankfurt am Main StV 1992, 281 f.; OLG Hamm NStZ-RR 1996, 303 f.; OLG Stuttgart StV 1995, 260 f.).

42 Die Erlaubnis von Telefonaten kann mit **Weisungen** verbunden werden, beispielsweise in einer bestimmten (verständlichen und damit überwachbaren) Sprache oder nicht über den Gegenstand des Verfahrens zu sprechen.

43 Gespräche in ausländischer Sprache werden durch einen **Dolmetscher** überwacht. Die Kosten dürfen dem der deutschen Sprache nicht mächtigen Beschuldigten aber nicht auferlegt werden (ausführlich hierzu *Volpert* in: Burhoff (Hrsg.), RVG in Straf- und Bußgeldsachen, Teil A: Auslagen aus der Staatskasse (§ 46 Abs. 1 und 2), Rn. 203 ff.). Andernfalls bedeutet dies einen Verstoß gegen Art. 3 Abs. 3

Satz 1 GG. Die Kosten sind von der Staatskasse zu tragen (BVerfG JZ 2003, 543 ff. = NJW 2004, 1095 ff. = NStZ 2004, 274 ff. = NVwZ 2004, 1228 ff. = Rpfleger 2004, 242 ff.; s. hierzu auch *Burhoff*, Handbuch für das strafrechtliche Ermittlungsverfahren, Rn. 3454; *Herrmann*, Untersuchungshaft Rn. 319 ff.; a. A. jedoch für die die Kosten der Übersetzung von Telefonprotokollen: BVerfG NJW 2004, 1095, 1096 f. [krit. hierzu *Herrmann*, Untersuchungshaft, Rn. 323]). Es empfiehlt sich die Beiordnung des Dolmetschers (KG NStZ 1990, 402 [m. Anm. *Hilger*]).

Mandant und Verteidiger dürfen ebenfalls grds. telefonisch Kontakt halten (BGHSt 33, 347, 350; *Herrmann*, Untersuchungshaft, Rn. 242 ff.; *Widmaier/König*, MAH Strafverteidigung, § 4, Rn. 133; KK/*Laufhütte* § 148, Rn. 7; *Schlothauer/Weider*, Untersuchungshaft, Rn. 111 ff.; zum früheren Recht s. Nr. 38 Abs. 1 UVollzO). Ein allgemeiner Anspruch auf eine solche Kontaktaufnahme soll aber nicht bestehen (*Meyer-Goßner/Schmitt* § 148 Rn. 16). Die Überwachung des Gesprächs soll grds. erlaubt sein (BGH NStZ 1999, 471 f. = StV 1999, 39 f. [m. abl. Anm. *Lüderssen* StV 1999, 490 f.]). Dies kann nicht hingenommen werden. Gespräche zwischen Verteidiger und Mandant sind ganz allgemein geschützt. Sie unterliegen insb. keiner akustischen Überwachung. Organisatorische Schwierigkeiten in der JVA dürfen dieses Recht nicht »gleichsam durch die Hintertüre« aushebeln oder einschränken (*Herrmann*, Untersuchungshaft Rn. 242 ff.; *Schlothauer/Weider*, Untersuchungshaft, Rn. 111 ff.). Ein nicht überwachtes Telefonat mit einem **ausländischen Verteidiger** kann aber versagt werden, wenn eine Gefährdung des Haftzwecke nicht sicher ausgeschlossen werden kann, jedenfalls aber die Sicherheit und Ordnung der Anstalt beeinträchtigt wären und eine schriftliche Kontaktaufnahme ebenso möglich ist (OLG Köln NStZ 2011, 55 = StV 2011, 35 f.; s. hierzu auch OLG Celle StV 2003, 62 f.; LR/*Lüderssen/Jahn*, § 148 Rn. 11). 44

Im Ergebnis ist vom Gericht eine entsprechende **Erlaubnis zu Telekommunikationskontakten zu erteilen**. Dies gilt über die Möglichkeit von Telefonaten hinaus auch für sonstige Möglichkeiten der Telekommunikation (Telefax, E-Mail etc.). In der Praxis scheitert dies aber meist an den technischen Voraussetzungen, die nicht vorhanden sind und wohl künftig auch nicht vorgehalten werden. 45

Zu der dogmatisch zwar nachvollziehbaren, im Ergebnis aber abzulehnenden Ansicht des OLG Celle, dass über den Antrag des Untersuchungshaftgefangenen auf Erteilung einer Telefonerlaubnis jedenfalls in Niedersachsen gem. § 148 Abs. 1 Satz 1 NJVollzG nicht das Gericht entscheidet, sondern die Vollzugsbehörde, die allerdings vorab die Zustimmung des Gerichts einholen muss (vgl. OLG Celle NStZ 2010, 399 f.; s. ausführlich bereits oben, unter Rdn. 10). 46

2. Überwachung von Besuchen, Telekommunikation sowie Schrift- und Paketverkehr, § 119 Abs. 1 Satz 2 Nr. 2. Die nach dieser Vorschrift erlaubten Besuche und Telekommunikationskontakte können überwacht werden. Entsprechende Maßnahmen haben sich nach § 119 Abs. 1 Satz 2 am jeweiligen Haftzweck zu orientieren. Voraussetzung ist aber auch hier eine individuelle Überprüfung anhand des Einzelfalles. Sind Haftzwecke (vornehmlich ist an Flucht- und Verdunkelungsgefahr zu denken) nicht betroffen, dann ist eine Überwachung nicht angezeigt (BVerfG NStZ 1996, 613 f. = NStZ-RR 1997, 7 f. = StV 1997, 257 f.; OLG Hamm StV 1998, 35 ff. [m. krit. Anm. *Paeffgen*]; MDR 1997, 283 = StV 1997, 258 f.; OLG Köln StV 1995, 259 f.; OLG Düsseldorf NStZ-RR 2003, 123 f.). Weitergehende Beschränkungen können sich aber aus den landesrechtlichen Untersuchungshaftvollzugsgesetzen ergeben, sofern die Ordnung der Anstalt betroffen ist. 47

a) Besuche. Besuche (s. hierzu bereits oben unter Rdn. 29 ff.) können optisch und akustisch überwacht werden. Eine Beschränkung bedarf wegen des erheblichen Eingriffes in die Persönlichkeitsrechte des Betroffenen einer besonders gründlichen Überprüfung durch den Richter (BVerfG NStZ 1994, 52 = StV 1993, 592; OLG Düsseldorf NStZ-RR 1998, 126 f.; OLG Hamburg StV 1998, 34 f.; OLG Hamm NStZ-RR 2010, 221 f. = StRR 2010, 194 f. [m. Anm. *Herrmann*] = StV 2010, 368 ff.). Ist eine Gefährdung nicht anzunehmen, dann muss der Besuch ohne Überwachung erlaubt werden (OLG Hamm NStZ-RR 2009, 124; MDR 1997, 283 = StV 1997, 258 f.). Auch für eine Überwachung von Gesprächen mit **Familienangehörigen** müssen konkrete Anhaltspunkte vorliegen, dass der Haftzweck gefährdet ist (BVerfG NStZ-RR 2015, 79 f. = StraFo 2015, 59 ff.; BVerfG NStZ 1996, 613 f. = NStZ-RR 1997, 7 f. = StV 1997, 257 f.; OLG Hamm NStZ-RR 2010, 221 f. = StRR 2010, 194 f. [m. Anm. *Herrmann*] = StV 2010, 368 ff.; LG Göttingen NStZ-RR 2004, 28 f.). Eine heimliche Kontrolle verstößt gegen das Gebot des fairen Verfahrens (»fair trial«, Art. 20 Abs. 3 i.V.m. Art. 2 Abs. 1 GG) und birgt ein Verwertungsverbot (BGHSt 53, 294 ff. = JR 2010, 38 ff. = JuS 2009, 861 f. = JZ 48

2009, 1175 ff. = Kriminalistik 2009, 474 = NJW 2009, 2463 ff. = NJW-Spezial 2009, 521 f. = NStZ 2009, 519 ff. [m. Anm. *Hauck* NStZ 2010, 17 ff.] = StraFo 2009, 371 ff. = StRR 2009, 303 ff. [m. Anm. *Artkämper*] = StV 2010, 458 ff.). Anstatt eines Verbotes des Besuches kommen als mildere Maßnahme die **Überwachung mittels Dolmetscher** oder die Nutzung einer **Trennscheibe** in Betracht (vgl. BGHSt 49, 61 ff. = NJW 2004, 1398 ff. = NStZ 2004, 515 ff. [mit Anm. *Beulke/Swoboda* NStZ 2005, 67 ff.]; OLG Karlsruhe Justiz 2004, 129; OLG Zweibrücken StraFo 2004, 380 f.; s. hierzu aber auch [einschränkend!] OLG Stuttgart NStZ 2006, 142 = StV 2004, 493 f. [keine Beeinträchtigung der Anstaltsordnung bei nur geringfügigen Verstößen, hier der Übergabe eines kleinen Stückchens Haschisch an den Gefangenen]). Eine **Tischbarriere** in Form einer ca. 25 cm hohen Plexiglasscheibe soll bei ansonsten »offenen« Besuchen grds. zulässig sein (KG NStZ-RR 2011, 388 f. [zu § 35 UVollzG Bln; einschränkend aber für Familienangehörige, dazu s. bereits oben]; hierzu auch OLG Frankfurt am Main, NStZ-RR 2007, 62).

49 Verteidigerbesuche sind privilegiert. Sie werden nicht überwacht (vgl. § 148 StPO; s.a. § 35 Abs. 4 und 5 ME UVollzG und – sofern vorhanden – die jeweiligen landesrechtlichen Regelungen). Erfolgt im Rahmen der Anbahnung (»erste Kontaktaufnahme«) eine Überwachung, dann ist diese sofort zu beenden, wenn der Inhaftierte zu verstehen gibt, ein Anbahnungsgespräch führen zu wollen, bspw. durch mündliche oder schriftliche Mandatierung des RA, die jederzeit widerrufen werden kann.

50 b) **Telefongespräche.** Telefongespräche (s. hierzu bereits oben unter Rdn. 39 ff.) werden durch die Vollzugsanstalt organisiert, die anfallenden Kosten sind vorab zu entrichten (vgl. § 40 ME UVollzG). Sie werden grds. überwacht (s. zum Ganzen auch *Herrmann*, Untersuchungshaft Rn. 319 ff.; LR/*Hilger* § 119 Rn. 106 f.; Anwk/Uhaft-*König*, § 119 Rn. 29 und wortgleich hierzu *ders.* NStZ 2010, 185, 189 [krit.]; *Meyer-Goßner/Schmitt* § 119 Rn. 17; *Schlothauer/Weider*, Untersuchungshaft, Rn. 1180 ff.; KK/*Schultheis* § 119 Rn. 56 [sehr restriktiv]). Die Überwachung ist den Gesprächspartnern unmittelbar nach Herstellung der Verbindung mitzuteilen (§ 119 Abs. 3 Satz 1 ff. [s. dort auch zu den alternativen Möglichkeiten der Information]). Damit wird dem Recht auf informationelle Selbstbestimmung (Art. 2 Abs. 1 i.V.m. Art. 1 Abs. 1 GG) genügt. Eine Mitteilung hat zu erfolgen, da Rechte Dritter betroffen sind (BT-Drucks. 16/11644, 28). Die Aufzeichnung von Gesprächen ist nach dieser Vorschrift nicht zulässig, sie muss sich nach den §§ 110a und 100b richten. Zu den landesrechtlichen Regelungen s. AnwK/Uhaft-*Pollähne*, § 40 ME UVollzG, Rn. 1 ff.

51 c) **Schriftverkehr.** Der Gefangene hat grds. das Recht auf **freien Briefverkehr** (Art. 2 Abs. 1 und 2 sowie Art. 10 Abs. 1 und 2 GG; BVerfG JZ 2003, 543 = NJW 2004, 1095 ff. = NStZ 2004, 274 f. = NVwZ 2004, 1228 f. = Rpfleger 2004, 242 ff.; BVerfGE 35, 35, 39 = MDR 1974, 554 f. = NJW 1973, 1643 f.). Früher fand standardisiert eine Postkontrolle statt (vgl. dazu Nr. 28 ff. UVollzO; OLG Stuttgart Justiz 1999, 114 = NStZ 1999, 216). Aufgrund der gesetzlichen Änderungen ist eine solche heute nur noch dann erlaubt, wenn entsprechend § 119 Abs. 1 Satz 1 eine Gefährdung der Haftzwecke anzunehmen ist (AnwK/Uhaft-*König* § 119 StPO Rn. 38; *Meyer-Goßner/Schmitt* § 119 Rn. 18 *Schlothauer/Weider*, Untersuchungshaft, Rn. 1185 ff.). Die frühere Praxis hat sich durch diese gesetzlichen Vorgaben nicht geändert; die Postkontrolle findet allenfalls an anderer Stelle statt. Aus den jeweiligen Landesgesetzen können sich weitere Möglichkeiten der Beschränkung aus Gründen der der Sicherheit und Ordnung der Anstalt ergeben (vgl. § 36 ME UVollzG und die jeweiligen Landesgesetze, s. hierzu *Schlothauer/Weider*, Untersuchungshaft, Rn. 1185 ff. und insb. 1192). Die Doppelzuständigkeit führt auch hier zu Problemen, insb. hinsichtlich der Zuständigkeit zur Prüfung selbst (ausführlich s.o., Rdn. 7 ff. und insb. Rdn. 12).

52 Briefe können **festgehalten** werden, wenn sie eine konkrete Gefährdung der Haftzwecke befürchten lassen (OLG Jena NStZ-RR 2012, 28 [Einflussnahme auf Zeugen]), unlesbar oder unverständlich (und damit risikobehaftet) oder auch ohne zwingenden Grund in einer ausländischen Sprache abgefasst sind und der Inhalt der Briefe für das Verfahren von Bedeutung ist, der Brief also als Beweismittel in Betracht kommt. Nicht zu expedieren sind Briefe auch dann, wenn hygienische Gründe entgegenstehen (OLG Düsseldorf NStZ 2001, 224 [blutverschmiertes Schreiben]). Ein Verstoß gegen die Sicherheit und Ordnung der Anstalt wird in der Praxis oft schon angenommen, wenn eine verzerrte Darstellung der Anstaltsverhältnisse erfolgt oder die Briefe beleidigenden Inhalt haben. Hier bedarf es aber einer differenzierten Betrachtung: Der Grundsatz, dass jedenfalls bei schweren und haltlosen Kränkungen im privaten Bereich der Ehrenschutz regelmäßig den Vorrang vor der Meinungsfreiheit hat, gilt

nicht. Dem Untersuchungshaftgefangenen ist ein Raum zu bieten, in dem er ohne Rücksicht auf gesellschaftliche Verhaltenserwartungen und ohne Furcht vor staatlichen Sanktionen verkehren kann (vgl. BVerfGE 90, 255 [260]). Wegen des Grundrechtsschutzes ist äußerste Zurückhaltung geboten. Dies gilt insbesondere bei Briefen an nahe Angehörige (BVerfG NJW 1995, 1477 f. = JR 1995, 379 ff. [m. abl. Anm. *Kiesel*] = StV 1995, 144 [für Strafgefangenen]; KG NStZ 2005, 79 = StraFo 2004, 168; OLG Düsseldorf StV 1991, 221; OLG München StV 1995, 140 f.). Ein besonderes Näheverhältnis, in dem das zu gewähren ist, muss aber nicht auf den engsten Familienkreis beschränkt sein, es kann auch zwischen Menschen bestehen, die als Mitglieder einer Gruppe Gleichgesinnter mit gemeinsamen Freizeitgewohnheiten (»Clique«) befreundet sind (BVerfG NStZ 2010, 258 f. = StV 2010, 142 f.).

Es können **Weisungen** erteilt werden. Wenn zwingende Gründe (Sprachunkenntnis) nicht entgegenstehen, dann kann den Beteiligten aufgegeben werden, in deutscher Sprache zu kommunizieren (OLG Düsseldorf NStZ 1994, 559; OLG Hamm NStZ-RR 2009, 293, 294 = StV 2009, 478 f.; krit. hierzu: *Schlothauer/Weider*, Untersuchungshaft, Rn. 1200). Die pauschale Beschränkung der Anzahl der Briefe in ausländischer Sprache ist aber nicht zulässig (BVerfG JZ 2003, 543 = NJW 2004, 1095 ff. = NStZ 2004, 274 f. = NVwZ 2004, 1228 f. = Rpfleger 2004, 242 ff.; OLG Celle NJW-Spezial 2009, 746 = StraFo 2009, 515 f. = StRR 2009, 363 = StV 2010, 143 [217 Seiten]; LG Berlin StV 1994, 325; s.a. *Kropp* JR 2003, 53 ff.). Denn nach Art. 3 Abs. 3 Satz 1 GG darf niemand wegen seiner Sprache benachteiligt oder bevorzugt werden. Es kann aber dem Zweck der Untersuchungshaft zuwiderlaufen, wenn der Aufwand für Kontrollen unverhältnismäßig ist (vgl. hierzu OLG Brandenburg NStZ-RR 1997, 74; OLG Düsseldorf, NStZ 1994, 559 = StV 1994, 665 [jeweils zu Übersetzungskosten]). Dies orientiert sich am konkreten Einzelfall (Haftgrund der Verdunkelungsgefahr; Adressat Mitbeschuldigter), Stichproben können genügen. Eine Beschränkung wegen Überlastung ist ausgeschlossen, Lästigkeiten durch die Wahrnehmung der Kontrolle sind hinzunehmen. An all dem hat sich durch die gesetzliche Neuregelung nichts geändert (vgl. BR-Drucks. 829/08, S. 13). Generelle Beschränkungen sind aber auch weiterhin unzulässig (*Schlothauer/Weider*, Untersuchungshaft, Rn. 1199 ff.; KK/*Schultheis* § 119 Rn. 32; s. zum Ganzen auch *Berndt* NStZ 1996, 115 ff. und 155 ff.; *Meyer-Goßner/Schmitt* § 119 Rn. 18). 53

Die **Überwachung des Postverkehrs** nach § 119 erfolgt durch das Gericht (§ 119 Abs. 1 Satz 3). Es hat die Möglichkeit zur Delegation auf die StA die sich der Mithilfe durch die die Ermittlungsbeamten oder die Mitarbeiter der Vollzugsanstalt bedienen darf. (§ 119 Abs. 2 Satz 2; krit. SK-StPO/*Paeffgen* § 119 Rn. 61 ff.). Dies birgt vielfältige Probleme, insb. das Risiko einer (unzulässigen) Verwertung von Inhalten (ausführlich *Schlothauer/Weider*, Untersuchungshaft, Rn. 1186 ff.). Die Postkontrolle dient nicht der Ausweitung von Ermittlungen und der Erlangung weiterer Erkenntnisse zum Verfahren. Sie soll nur einen geregelten Ablauf der Untersuchungshaft gewährleisten. Auf landesrechtlicher Ebene findet eine **Kontrolle durch die Anstalt** statt. Dort geht es aber nur um die Sicherheit und Ordnung der Anstalt (s.o.). Dies führt teilweise zu einer **doppelten Kontrolle**, die nicht nur überflüssig und sinnlos erscheint, sondern auch Aufwand bedeutet und Zeit kostet. In der Praxis zeichnet sich ab, dass die Justizvollzugsanstalten nur eine Sichtkontrolle von außen vornehmen und jede weiter gehende, insbes. inhaltliche Kontrolle dem Gericht oder der StA überlassen. Dies erscheint sinnvoll und wegen der Bedeutung des Grundrechts angemessen. Wegen des verfassungsrechtlich geschützten Postgeheimnisses (Art. 10 Satz 1 GG) dürfen nur die im Gesetz benannten Personen Kenntnis vom Inhalt der Briefe nehmen. Die in der Praxis teils zu beobachtenden Inhaltskontrollen durch die Anstalt sind absolut unzulässig. 54

Zuständig für das Anhalten oder Beschlagnahmen von Briefen ist das Gericht. Selbst wenn die Postkontrolle der StA übertragen wurde oder den Aufgabenbereich der Anstalt betrifft, dann bedürfen dennoch derart belastende Maßnahmen der richterlichen Entscheidung (*Herrmann*, Untersuchungshaft, Rn. 330; KK/*Schultheis* § 119 Rn. 41 [mit Verweis auch auf Rn. 95]; LR/*Hilger* § 119, Rn. 87 ff.; *Meyer-Goßner/Schmitt* § 119, Rn. 22; *Schlothauer/Weider*, Untersuchungshaft, Rn. 1205;). 55

Angehaltene Briefe werden an den Absender zurückgeleitet, wenn dadurch eine Gefährdung des Haftzweckes nicht zu befürchten steht, andernfalls zur Habe des Inhaftierten genommen. Kommt der Brief als Beweismittel in Betracht, dann unterliegt er ggf. der richterlichen Beschlagnahme (§§ 94, 98). Beschlagnahmte Briefe werden meist im Original, teils in Kopie zur Akte genommen. Hierüber ist der Beschuldigte zu unterrichten. Die Weiterleitung zumindest einer Kopie unterbleibt nur, wenn Haftzwecke gefährdet wären (AnwK/Uhaft-*König*, § 119 StPO Rn. 40; *Meyer-Goßner/Schmitt* § 119, Rn. 19 f.). Nicht gefährdende Teile der Briefe sind weiterzuleiten, ggfs. in ansonsten geschwärzter Form. 56

57 Der Schriftverkehr zwischen Verteidiger und inhaftiertem Mandant (»**Verteidigerpost**«) unterliegt, mit Ausnahme der in § 148 Abs. 2 genannten Fälle keinerlei Kontrolle. Eine solche ist absolut unzulässig (*Burhoff*, Handbuch für das strafrechtliche Ermittlungsverfahren, Rn. 2995; *Herrmann*, Untersuchungshaft, Rn. 223 ff.; *Widmaier/König*, MAH Strafverteidigung, § 4 Rn. 125; LR/*Lüderssen/Jahn* § 148 Rn. 18; *Meyer-Goßner/Schmitt* § 148 Rn. 6; *Schlothauer/Weider*, Untersuchungshaft, Rn. 95 ff.). Allerdings müssen ein Mandatsverhältnis bestehen oder die aus diesem Verhältnis resultierenden Nebenpflichten nach Beendigung des Mandates zumindest nachwirken (hierzu sogleich, s. Rdn. 60). Eine Kontrolle der Post ist allenfalls beschränkt auf die äußeren Merkmale (Vollmacht, Absenderidentität, Kennzeichnung als Verteidigerpost [nach OLG Karlsruhe NJW 2005, 918 ist eine Kennzeichnung als Verteidigerpost nicht geboten, wenn eine Zuordnung sonst möglich ist]) erlaubt. Auch zum Zweck einer solchen Überprüfung darf die Post aber keinesfalls geöffnet werden (OLG Bremen StV 2006, 650 [auch zur Anwaltssozietät als Absender]; OLG Frankfurt am Main StV 2005, 228; OLG Karlsruhe NStZ 1987, 188; OLG Koblenz NStZ 1986, 332, 333; OLG München NStZ 2013, 170 f. [Missbrauch unterliegt der Kontrolle durch die Anwaltskammer]; OLG Stuttgart NJW 1992, 61 ff.; LG München I StV 2006, 28; ausführlich hierzu s.a. die Kommentierung bei § 148, dort Rdn. 16 ff.).

58 Eine Ausnahme von dem Privileg der geschützten Verteidigerpost soll im **Insolvenzverfahren** gelten. Dort unterliegen sämtliche Briefe, also auch diejenigen zwischen Mandant und Verteidiger, der Postsperre des § 99 InsO. Evtl. aus der Verteidigerpost gewonnene Erkenntnisse sind im Insolvenzverfahren verwertbar, unterliegen dann allerdings nach § 97 Abs. 1 Satz 3 InsO einem Verwertungsverbot im Strafverfahren (BVerfG NJW 2001, 745 f. = NZI 2001, 132 f. = StV 2001, 212 f. [m. krit. Anm. *Marberth-Kubicki* StV 2001, 433 ff.] = WM 2001, 748 f. = ZIP 2000, 2311 ff.; ausführlich hierzu s.a. die Kommentierung bei § 148, dort Rdn. 21).

59 Der Verteidiger hat selbst einen originären Anspruch auf geschützte »Verteidigerpost«. Hierüber besitzt der Inhaftierte keine Dispositionsbefugnis (OLG Bremen StV 2006, 650; OLG Dresden StV 2006, 654 f.).

60 Das Privileg der Verteidigerpost wirkt über die **Kündigung des Mandates** hinaus fort (AG Koblenz StV 2006, 650 f. m. Anm. *Wilhelm*; s. hierzu auch MüKo-BGB/*Ernst* § 280 Rn. 116 und MüKo-BGB/*Kramer* Einl Rn. 82). Dies ergibt sich i.Ü. auch aus dem Grundsatz des fairen Verfahrens. Denn sonst würden die berechtigten Interessen des Beschuldigten an einer geschützten Abwicklung des Mandates beschnitten (ebenso LR/*Lüderssen/Jahn* § 148 Rn. 9; von einem weiter »bestehenden Verteidigungsverhältnis« gehen wohl aus: KK/*Laufhütte* § 148 Rn. 5; *Meyer-Goßner/Schmitt* § 148 Rn. 4; SK-StPO/*Wohlers*, § 148 Rn. 6; differenzierend: *Wilhelm* StV 2006, 651 f. [in seiner Anm. zu AG Koblenz]).

61 **d) Pakete.** Der Untersuchungsgefangene darf Pakete empfangen. Einer ausdrücklichen Erlaubnis durch das Gericht bedarf es nicht, möglichen Risiken kann durch eine Kontrolle ausreichend begegnet werden (KG StV 2010, 370 ff.). Hier sind vornehmlich vollzugliche Aspekte betroffen. Der Paketempfang darf nicht versagt werden, weil dem Inhaftierten Straftaten nach dem BtMG vorgeworfen werden (OLG Zweibrücken StV 1998, 32 [m. Anm. *Seebode* StV 1998, 385]). Beschränkungen ergeben sich aus den jeweiligen UhaftVollzG der Länder (ausführlich: AnwK/Uhaft-*Linkhorst*, § 41 ME UVollzG Rn. 1 ff.; *Schlothauer/Weider*, Untersuchungshaft, Rn. 1221 ff.). Kritisch zur Beschränkung von Anzahl und Frequenz von Paketen *Schlothauer/Weider*, Untersuchungshaft, Rn. 1221; *Seebode* StV 2006, 552 ff. (zugleich Anm. zu OLG Köln StV 2006, 537).

62 **e) Mitteilungspflichten ggü. dem inhaftierten Beschuldigten.** Über die getroffenen Anordnungen ist der Beschuldigte **in Kenntnis zu setzen** (§ 119 Abs. 1 Satz 6). Dies ergibt sich schon allgemein aus § 35 Abs. 2 (s. hierzu auch BVerfG NStZ 2008, 292 f. = StRR 2008, 75 f. [m. Anm. *Herrmann*]). Gerichtliche Entscheidungen, durch die keine Frist in Lauf gesetzt wird, müssen dem Betroffenen oder seinem durch Vollmacht ausgewiesenen Verteidiger (vgl. hierzu § 145a Abs. 1) formlos mitgeteilt werden. Der Betroffene soll die Möglichkeit haben, sein weiteres prozessuales Vorgehen abzuwägen und zu prüfen, ob er Rechtsmittel einlegt (BVerfG NStZ 2008, 292 f. = StRR 2008, 75 f. [m. Anm. *Herrmann*]; vgl. auch LR/*Graalmann-Scheerer* § 35 Rn. 1; SK-StPO/*Weßlau*, § 35 Rn. 1). Grds. wird eine Ausfertigung oder Abschrift ausgehändigt (h.M.; vgl. nur *Meyer-Goßner/Schmitt* § 35 Rn. 12). Eine nur mündliche Bekanntgabe der Entscheidung durch das Vollzugspersonal reicht nicht aus (BVerfG NStZ 2008, 292 f. = StRR 2008, 75 f. [m. Anm. *Herrmann*]; LG München I StV 2000, 517, 518).

Die beabsichtigte **Überwachung der Telekommunikation** nach § 119 Abs. 1 Satz 2 Nr. 2 ist den beteiligten Gesprächspartnern vorab, spätestens zu Beginn des Gespräches mitzuteilen. Dies kann durch den Beschuldigten geschehen. Er muss über die Mitteilungspflicht vorher unterrichtet werden (§ 119 Abs. 3). Dies dient dem Schutz des Rechts auf informationelle Selbstbestimmung. Das Interesse des Beschuldigten an Geheimhaltung seiner Inhaftierung tritt dabei hinter dem Informationsinteresse des Gesprächspartners zurück (BT-Drucks. 11/11644, S. 27 f.; ebenso: AnwK/Uhaft-*König*, § 119 Rn. 37). Die **Aufzeichnung der Gespräche** ist nach § 119 nicht zulässig; sie ist allenfalls nach den §§ 100a und 100b möglich (BT-Drucks. 11/11644, S. 25; ebenso: AnwK/Uhaft-*König*, § 119 StPO Rn. 37). 63

f) Sonstiges. Die Anordnung der Überwachung nach § 119 Abs. 1 Satz 2 Nr. 2 schließt die **Ermächtigung** ein, Besuche und Telekommunikation **abzubrechen** sowie Schreiben und Pakete **anzuhalten** (§ 119 Abs. 1 Satz 7). 64

3. Erlaubnis zur Übergabe von Gegenständen bei Besuchen, § 119 Abs. 1 Satz 2 Nr. 3. Das Gericht kann anordnen, dass die Übergabe von Gegenständen bei Besuchen der Erlaubnis bedarf. Darin soll kein Erlaubnisvorbehalt zu sehen sein (AnwK/Uhaft-*König*, § 119 StPO Rn. 43; a. A. wohl soweit ersichtlich *Meyer-Goßner/Schmitt* § 119 Rn. 21; SK-StPO/*Paeffgen* § 119 Rn. 47). Eine solche Anordnung ist in der Praxis die Regel. Ein generelles Verbot der Übergabe von Gegenständen wäre aber unverhältnismäßig und würde der vom Gesetz vorgesehenen Einzelfallprüfung zuwiderlaufen (ebenso *Schlothauer/Weider*, Untersuchungshaft, Rn. 1175, 1176). Die Regelung entspricht Nr. 27 Abs. 2 UVollzO. 65

Gemeint ist hier die Übergabe von Gegenständen in unmittelbarem Zusammenhang mit dem Besuch (a. A. SK-StPO/*Paeffgen* § 119 Rn. 47 ff. [weiter, bezogen auch auf die Nutzung von Gegenständen in der JVA allgemein]). Erfasst werden Gegenstände, die eine Beeinträchtigung der Haftzwecke oder der Ordnung der Anstalt (hierzu sogleich) bewirken können. In Betracht kommen bspw. Gegenstände, die eine Flucht ermöglichen könnten oder für Verdunkelungshandlungen sowie zur Begehung sonstiger Straftaten geeignet erscheinen, weil sie unzulässige Außenkontakte (Mobiltelefone etc.) oder Drogenschmuggel in die Haftanstalt zulassen. 66

In den meisten Justizvollzugsanstalten können i.R.d. Besuche allenfalls Getränke und Süßigkeiten, Zigaretten oder auch Obst kontrolliert erworben werden, um sie dann an den Gefangenen zu übergeben. Die Übergabe sonstiger Dinge (Wäsche) regelt sich oft nach dem bisherigen Vorgehen und der jeweiligen Übung der Vollzugsanstalt. 67

Die landesrechtlichen Vorgaben sind hier unterschiedlich, teils enthalten sie ein generelles Verbot (vgl. § 35 Abs. 5 ME UVollzG und die jeweiligen landesrechtlichen Regelungen; s. hierzu auch *Schlothauer/Weider*, Untersuchungshaft, Rn. 1176). 68

Verteidigerbesuche sind privilegiert. Hier dürfen Gegenstände übergeben werden, die die Verteidigung als solche betreffen (s. hierzu bereits oben Rdn. 57). Dies ist in den Landesgesetzen teils ausdrücklich hervorgehoben (vgl. § 35 Abs. 4 und 5 ME UVollzG; s. hierzu AnwK/Uhaft-*Pollähne*, § 35 ME UVollzG Rn. 24). Dadurch wird die Bedeutung des Rechts auf geschützte Verteidigung bestätigt. Hinsichtlich sonstiger Gegenstände gelten die allgemeinen Regeln. 69

4. Trennung und Einschränkung oder Verbot der gemeinsamen Unterbringung, § 119 Abs. 1 Satz 2 Nr. 4 und 5. Zur Sicherung der Haftzwecke kann die Trennung von einzelnen oder sämtlichen anderen Gefangenen erfolgen (§ 119 Abs. 1 SatzS. 2 Nr. 4) oder die gemeinsame Unterbringung oder der Aufenthalt können eingeschränkt oder ausgeschlossen werden (§ 119 Abs. 1 Satz 2 Nr. 5). In der Praxis geht es meist darum, einer Verdunkelungsgefahr, manchmal auch der Fluchtgefahr zu begegnen; Letzterer durch die Verhinderung von Ausbruchsversuchen (BT-Drucks. 16/11644, S. 25; BR-Drucks. 629/08, S. 34). Dies betrifft aber nicht den Haftgrund der Fluchtgefahr. Insb. Mittäter werden grds. getrennt, dies erscheint jedenfalls dann gerechtfertigt, wenn sie nicht geständig sind (KG NStZ 2014, 377). 70

Die Unterbringung als solche betrifft nicht die Haftzwecke, sondern die Ordnung der Vollzugsanstalt. Entsprechende Regelungen finden sich in den UHaftVollzG der Länder (vgl. AnwK/Uhaft-*Harrendorf*, § 11 ME UhaftVollzG, Rn. 1 ff.; s. hierzu VerfGH Berlin StraFo 2010, 65 = StV 2010, 374 f. [menschenunwürdige Haftraumgröße]; OLG Jena StV 2011, 36 [Angemessenheit der Haftraumausstattung nach REFA-System sowie individueller Besonderheiten – Umfang der Vorbereitung der Verteidigung]). 71

§ 119 StPO — Haftgrundbezogene Beschränkungen während der Untersuchungshaft

72 **5. Sonstige Beschränkungen in der Untersuchungshaft.** Der in § 119 Abs. 1 Satz 2 genannte Katalog an Beschränkungen ist nicht abschließend (s.o.Rdn. 28). Deshalb können unter Beachtung der allgemeinen Vorgaben im Einzelfall weitere Beschränkungen angeordnet werden. Zur Mitteilungspflicht entsprechender Vorgehensweisen s. Rdn. 62. In der Praxis spielen u.a. folgende Anordnungen eine Rolle. Hier geht es auch um einen Überblick:

73 Die **Fesselung** des Untersuchungshaftgefangenen insb. beim Transport ist erlaubt, wenn einer besonderen, über das allgemeine Maß der Fluchtneigung hinausgehenden, Fluchtgefahr oder Angriffen auf Vollzugsbeamte oder sonstige Dritte begegnet werden soll. Die Fixierung muss notwendig, der Grund konkretisiert sein (OLG Hamm StRR 2011, 287 [für Strafgefangenen]; OLG Koblenz StV 1989, 209; OLG Oldenburg NJW 1975, 2219; ausführlich zum Ganzen *Hoffmann/Wißmann* StV 2001, 706 ff.; s.a. *Meyer-Goßner/Schmitt* § 119 Rn. 23; *Pohlreich* NStZ 2011, 568).

74 Der Untersuchungshaftgefangene darf grds. **Druckerzeugnisse** (Bücher, Zeitungen, Zeitschriften) beziehen. Das Gericht darf aber anordnen, dass dies nur durch Vermittlung der Anstalt zulässig ist. So kann der Gefahr der Übermittlung verschlüsselter Nachrichten begegnet werden. Eine solche Anordnung verstößt nicht gegen das Grundrecht der Informationsfreiheit nach Art. 5 Abs. 1 GG (BVerfGE 34, 384, 402 = JZ 1974, 95, 98 [m. Anm. *Müller-Dietz*]). Für das Anhalten von Druckwerken müssen konkrete Anhaltspunkte vorliegen, dass die Überlassung die Haftzwecke oder die Ordnung der Anstalt gefährdet (BVerfG NStZ 1994, 145). Die Beschränkung auf eine bestimmte Anzahl von Zeitungen und Zeitschriften ist zulässig (BVerfG NStZ 1982, 132). Das generelle Verbot zum Bezug einer bestimmten Zeitschrift ist nur ausnahmsweise erlaubt (KG NJW 1979, 176). Wird eine Druckschrift angehalten, dann muss die beanstandete Stelle nicht im Einzelnen wiedergegeben werden, da der Gefangene sonst auf diese Weise ihren Inhalt erführe. Die partielle Schwärzung nur betroffener Teile ist möglich, kann aber nicht verlangt werden (ausführlich mit einer Vielzahl weiterer Beispiele aus der Praxis: KK/*Schultheis* § 119 Rn. 49; SK-StPO/*Paeffgen*, § 119 Rn. 53 ff.). Eine klare Unterscheidung zwischen bundesrechtlicher und landesrechtlicher Regelungskompetenz ist nicht immer möglich (ausführlich hierzu s. bereits oben, Rdn. 7 ff. und insb. 11).

75 Der Untersuchungshaftgefangene hat ein Recht auf ungehinderten **Rundfunk- und Fernsehempfang** (Art. 5 Abs. 1 GG; BVerfG NStZ 1983, 331; BVerfGE 15, 288, 293 = JZ 1964, 286 = NJW 1963, 755 f.). Eine Untersagung kommt nur in Betracht, wenn dies angesichts konkreter Tatsachen geboten erscheint, um einer Gefährdung der Haftzwecke oder der Ordnung der Anstalt zu begegnen (OLG Frankfurt am Main NStZ-RR 2008, 29 [zu § 70 StVollzG]; s.a. KK/*Schultheis* § 119 Rn. 53; *Lübbe-Wolff/Geisler* NStZ 2004, 478, 483). Auch hier ist eine klare Trennung zwischen bundesrechtlicher und landesrechtlicher Regelungskompetenz nicht immer möglich (ausführlich hierzu s. bereits oben, Rdn. 7 ff.). Die Nutzung eines Videorekorders ist grds. nicht erlaubt (OLG Hamm NStZ 1995, 102 [LS]). Über den Kabelempfang der Anstalt hinaus ist ein digitales Empfangsgerät nicht zuzulassen (OLG Düsseldorf NStZ-RR 2006, 284). Für die Betriebskosten hat der Inhaftierte selbst aufzukommen, dies kann mittels Pauschale abgerechnet werden (OLG Frankfurt am Main NStZ 2004, 513). Diese Fragen sind aber der Anstaltsordnung zuzurechnen, allenfalls in seltenen Ausnahmefällen mit den Haftzwecken abzugleichen.

76 Das Recht auf Nutzung eines **Computers** in der Untersuchungshaft wird allgemein restriktiv gesehen. Regelmäßig soll die Nutzung eines Computers oder Notebooks in der Untersuchungshaftanstalt die Haftzwecke oder die Anstaltsordnung beeinträchtigen. Das Recht auf wirksame Verteidigung kann die Benutzung aber rechtfertigen. Nachdem Ermittlungsakten zunehmend auf CD-Rom oder DVD gespeichert und nur so den Verteidiger zugänglich gemacht werden, müssen auch inhaftierte Mandanten die Möglichkeit haben, Einsicht in diese Akten nehmen zu können. Die Praxis zeigt indes völlig unterschiedliche Ausgestaltungen: Teils werden Notebooks in der Zelle erlaubt, teils gibt es nur einen (veralteten) Computer für sämtliche Gefangenen, der allenfalls wenige Stunden am Tag zugänglich ist. Dies ist in der heutigen Zeit so nicht haltbar. Die Möglichkeit zum Datenaustausch, insb. über Internet, ist bei der Nutzung von Computern allerdings zu unterbinden (zum Ganzen BGH StV 2010, 228 ff. [m. Anm. *Stuckenberg*; 82.500 Gesprächsdateien]; OLG Düsseldorf NJW 1989, 2637; OLG Düsseldorf NStZ 1999, 271; OLG Hamm StV 1997, 197 ff. und 199 ff. [jeweils 3. Strafsenat; m. abl. Anm. *Nibbeling*]; a. A. OLG Hamm NStZ 1997, 566 [1. Strafsenat; m. zust. Anm. *Böttger*]; OLG Koblenz StV 1995, 86 ff. [m. abl. Anm. *Nibbeling*, ebenda und ablehnender Anm. *Paeffgen* NStZ 1998, 72, 73]; OLG Stuttgart Justiz 2004, 125 f. = NStZ-RR 2003, 347 f.; LG Frankfurt a. Main StV 2015, 307 f.

[elektronisches Lesegerät bei Umfangsverfahren verhältnismäßig und erforderlich]; ausführlich auch *Berndt* NStZ 1996, 115 ff.; SK-StPO/*Paeffgen* § 119 Rn. 10 [dort insb. Fn. 74]; *Schlothauer/Weider*, Untersuchungshaft, Rn. 1096; KK/*Schultheis* § 119 Rn. 62; *Winkelmann/Engsterhold* NStZ 1993, 112 ff.).

Der Besitz und die Nutzung von **sonstigen Gegenständen**, von denen funktionsbedingt keine Gefahren 77
für die Haftzwecke oder die Ordnung der Anstalt ausgehen, können grds. nur bei Vorliegen konkreter Umstände eingeschränkt oder verboten werden. Dies ist anzunehmen, wenn sie gefährdungserhöhend wirken und in der Person des Gefangenen oder der Haftsituation liegen. Es kommt auf den Einzelfall an.

IV. Richtervorbehalt, § 119 Abs. 1 Satz 3. Die im Einzelfall gebotene Beschränkung muss durch 78
das Gericht angeordnet werden (**Richtervorbehalt**, § 119 Abs. 1 Satz 3). Dies ist bis zur Erhebung der Anklage gem. § 126 Abs. 1 der Haftrichter, danach gem. § 126 Abs. 2 das mit der Sache befasste Gericht. Nach § 126 Abs. 2 Satz 3 ist der Vorsitzende zuständig. Eine Übertragung auf den Berichterstatter ist wegen des eindeutigen Wortlautes des Gesetzes nicht möglich (OLG Hamm NStZ-RR 2010, 292 ff. a.E.; a. A. *Meyer-Goßner/Schmitt* § 119 Rn. 28). Dies gilt ebenso für Entscheidungen durch das Kollegialgericht (a. A. OLG Köln Beschl. v. 10.02.2010 – 2 Ws 77/10, JurionRS 2010, 16266; zum Ganzen auch *Brocke/Heller* StraFo 2011, 1, 7).

In dringenden Fällen können die StA oder die Vollzugsanstalt eine Anordnung treffen (**Eilkompetenz**, 79
§ 119 Abs. 1 Satz 4). Entsprechende Beschränkungen müssen aber nachträglich vom Gericht genehmigt werden (§ 119 Abs. 1 Satz 5). Eine Eilanordnung muss binnen 3 Werktagen dem Gericht zur Genehmigung vorgelegt werden. Der frühere § 119 Abs. 6 Satz 2 a.F. wurde hier zur Wahrung der Rechte des Beschuldigten verschärft. Dies ist nicht geboten, wenn die Anordnung sich inzwischen erledigt hat (§ 119 Abs. 1 Satz 5 a.E.). Ein Rechtschutzbedürfnis und die Möglichkeit der Überprüfung bestehen wegen des **Fortsetzungsfeststellungsinteresses** aber auch dann (BVerfG JZ 2005, 629 ff. = StraFo 2006, 20 ff. = wistra 2006, 59 ff.; OLG Frankfurt am Main NStZ-RR 2004, 184 [unzulässige Einweisung in mehrfach belegte Zelle; Überprüfung nach Haftentlassung]; OLG München StV 2006, 317 f. [m. Anm. *Kirchner*; zum Erlass des Haftbefehls]; OLG München StV 1995, 140 f. [Beanstandung von Briefen]; a. A. OLG Koblenz StV 2007, 589; OLG Frankfurt am Main NStZ-RR 2007. 349 [für Haftbefehl § 230 StPO]; s. zum Ganzen auch *Burhoff*, Handbuch für das strafrechtliche Ermittlungsverfahren, Rn. 1715 a.E.; LR/*Hilger* § 119 Rn. 147; *Meyer-Goßner/Schmitt* § 119 Rn. 26; SK-StPO/*Paeffgen* § 119 Rn. 59c; *Park/Schlothauer* in: FS Widmaier, 2008, S. 387 ff.; KK/*Schoreit* § 23 EGGVG Rn. 31 a f.).

Das Gericht kann die Ausführung nach § 119 Abs. 2 Satz 2 widerruflich auf die StA delegieren. Die 80
Übertragung ist unanfechtbar (§ 119 Abs. 2 Satz 3). Die StA kann sich – je nach den Erfordernissen des Einzelfalls – der Hilfe der Ermittlungspersonen (vgl. § 152 GVG) oder der Vollzugsanstalt bedienen. Dadurch werden die Gerichte entlastet. Ein solches Vorgehen ist aufgrund der Sachnähe von einerseits StA (Herrin des Ermittlungsverfahrens; Aktenführung etc.) und andererseits Justizvollzugsanstalt (Überwachung des Vollzuges; Besuchsregelung etc.) sinnvoll. Hierfür bedarf es aber jeweils einer konkreten Delegation (ebenso *Meyer-Goßner/Schmitt* § 119 Rn. 28 a.E.). In der Praxis wird von diesem Delegationsrecht häufig Gebrauch gemacht. Die Ausgestaltung der Untersuchungshaft erfolgt faktisch doch wieder über allgemein verbindliche Verfügungen und Anordnungen.

Eine Übertragung der Ausführung von Anordnungen vom Gericht unmittelbar auf die Untersuchungs- 81
haftvollzugsanstalt sieht das Gesetz nicht vor. Dies wäre in einzelnen Bereichen sachlich sinnvoll gewesen (s.o. Rdn. 80) und hätte eine engere Kontrolle ermöglicht (BR-Drucks. 829/08, S. 4; s. hierzu auch AnwK/Uhaft-*König*, § 119 Rn. 56).

V. Rechtsbehelfe in der Vollstreckung der Untersuchungshaft. Die Rechtsbehelfe des Inhaftier- 82
ten sind nunmehr differenziert geregelt. Soweit nicht das Rechtsmittel der Beschwerde statthaft ist, kann Antrag auf gerichtliche Entscheidung gestellt werden (§ 119 Abs. 5).

Zum Rechtsbehelf der **Beschwerde** s. allgemein die Ausführungen bei § 117 dort Rdn. 33 ff. Ein Be- 83
schwerderecht steht auch dem von den angeordneten Auflagen betroffenen **Dritten** zu (BGHSt 27, 175 ff. = JR 1978, 83 f. [m. abl. Anm. *Peters*] = MDR 1977, 681 f. [zum Besuchsrecht]; *Meyer-Goßner/ Schmitt* § 119 Rn. 36), nicht aber dem **Anstaltsleiter**, da für diesen § 119a Abs. 3 gilt (AnwK/Uhaft-*König*, § 119 Rn. 63; *Meyer-Goßner/Schmitt* § 119 Rn. 36). Der Justizvollzugsanstalt kommt keine Regelungskompetenz zur Sicherung der Haftzwecke zu (*Schlothauer/Weider*, Untersuchungshaft,

Rn. 1012). Handelt es sich um eine Entscheidung des erkennenden Gerichts i.S.v. § 305, dann ist der Begriff der »Verhaftung« weit auszulegen, hierunter fallen sämtliche Entscheidungen im Zusammenhang mit der Untersuchungshaft (OLG Karlsruhe StV 1997, 312 [zur Höhe der Sicherheitsleistung]; AnwK/Uhaft-*König*, § 119 Rn. 62; *Meyer-Goßner/Schmitt* § 119 Rn. 37 [mit Verweis auf § 305 Rn. 7]; *Radtke/Hohmann/Tsambikakis*, StPO, § 119 Rn. 19).

84 Der **Antrag auf gerichtliche Entscheidung** erfasst in erster Linie diejenigen Fälle, in denen die Anordnung nicht vom Gericht getroffen wurde. Da es sich bei Anordnungen zur Beschränkung der Untersuchungshaft letztlich um einen Eingriff in die Grundrechte des Inhaftierten handelt, muss der Rechtsweg gegen diese Maßnahmen der ausführenden Organe eröffnet sein (Art. 19 Abs. 4 Satz 1 GG). Insb. Entscheidungen der StA oder der Anstaltsleitung unterliegen somit einer gerichtlichen Kontrolle. Darüber hinaus sind hiervon aber auch die Fälle erfasst, in denen ein Gericht entschieden hat, ohne dass eine Beschwerdemöglichkeit eröffnet ist. Dies trifft auf Entscheidungen in Haftsachen durch den Ermittlungsrichter beim BGH oder das OLG zu, die nunmehr gerichtlich überprüft werden können (vgl. § 304 Abs. 5; s. hierzu auch BT-Drucks. 16/11644, S. 30).

85 Das Recht zum Antrag auf gerichtliche Überprüfung erfasst auch **Entscheidungen im Vollzug der Untersuchungshaft**, auch dort kann ein entsprechender Antrag gestellt werden (§ 119a).

86 Hier besteht ein ganz wesentliches praktisches Problem: Der Bundesgesetzgeber meinte offenbar, sämtliche in § 119 Abs. 3 a.F. geregelten Punkte auch weiterhin in eigener Kompetenz regeln zu dürfen. Denn der Zweck der Untersuchungshaft liege für die Haftgründe der Flucht- oder Verdunkelungsgefahr (§ 112 Abs. 2 Nr. 2 und 3) in der geordneten Durchführung des Strafverfahrens und für den Haftgrund der Wiederholungsgefahr (§ 112a) in der Gefahrenabwehr. Deshalb seien nicht nur die Anordnung sondern auch die damit verbundenen Beschränkungen zur Erreichung der genannten Zwecke Teil des gerichtlichen Verfahrens und damit der dem **Bund zustehenden Gesetzgebung i.S.d. Art. 74 Abs. 1 GG** (BT-Drucks. 16/11644, S. 30). Eine klare Trennung dieser Bereiche ist in der Praxis aber nicht möglich. Hier wird mit Überschneidungen zu rechnen sein. (vgl. *Herrmann* StRR 2010, 4 ff.; *Seebode* HRRS 2008, 236, 239; *Paeffgen* StV 2009, 46; *Tsambikakis* ZIS 2009, 503; *Weider* StV 2010, 102 ff.).

87 Entscheidungen, durch die wie hier keine Frist in Lauf gesetzt wird, müssen dem Betroffenen gem. § 35 Abs. 2 Satz 2 formlos mitgeteilt werden. Anordnungen sind schriftlich zu treffen und zu begründen. I.d.R. wird eine Ausfertigung oder Abschrift ausgehändigt (h.M.; vgl. nur *Meyer-Goßner/Schmitt* 35 Rn. 12). Eine nur mündliche Bekanntgabe der Entscheidung durch das Vollzugspersonal kann grds. nicht ausreichen (vgl. LG München I StV 2000, 517, 518). Dies ergibt sich regelmäßig zwar nicht aus den jeweiligen Landesgesetzen zum Vollzug der Untersuchungshaft. Aber andernfalls wär eine Überprüfung durch einen Antrag auf gerichtliche Entscheidung nicht möglich (*Schlothauer/Weider*, Untersuchungshaft, Rn. 1024). Dem Betroffenen muss die Möglichkeit eröffnet werden, sein weiteres prozessuales Vorgehen abzuwägen und insb. zu prüfen, ob er Rechtsmittel einlegen will (BVerfG NStZ 2008, 292 f. = StRR 2008, 75 f. [m. Anm. *Herrmann*], zur Disziplinarmaßnahme bei Verweigerung einer Urinprobe [dort allerdings nach richterlicher Anordnung ohne Bekanntmachung; zum alten Recht]; OLG Saarbrücken NStZ 1992, 350 [fehlende Rechtsgrundlage]; OLG Oldenburg StV 2007, 88 ff. [m. krit. Anm. *Pollähne*]; LG Koblenz StraFo 2008, 119; LG Traunstein StV 2004, 144 [fehlende Rechtsgrundlage]; s.a. LR/*Graalmann-Scheerer* § 35 Rn. 1; *Paeffgen* NStZ 2008, 135, 139 f.; SK-StPO/*Weßlau* § 35 Rn. 1).

88 Der **Prüfungsumfang** von Beschwerde und Antrag auf gerichtliche Entscheidung ist derselbe. Der Antrag auf gerichtliche Entscheidung hat **keine aufschiebende Wirkung**, das Gericht kann aber vorläufige Anordnungen treffen (vgl. § 119 Abs. 5 Satz 3 und 4).

89 Der Beschuldigte ist i.R.d. Haftbefehlseröffnung und dessen Verkündung über seine Rechte zu belehren. Die gilt sowohl hinsichtlich der Möglichkeit der Haftbeschwerde als auch des Antrages auf gerichtliche Entscheidung (vgl. § 115 Abs. 4).

Zu den sonstigen Rechtsbehelfen s. die Kommentierung bei § 117, dort ab Rdn. 9 ff.

90 **VI. Vollstreckung anderer freiheitsentziehender Maßnahmen, § 119 Abs. 6.** Die Abs. 1 bis 5 von § 119 gelten auch für andere freiheitsentziehende Maßnahmen (§ 119 Abs. 6). Das Gesetz verweist auf § 116b, wo die grundsätzliche Subsidiarität der Untersuchungshaft ggü. anderen freiheitsbeschränkenden Maßnahmen geregelt ist (ausführlich s. unter § 116b, Rdn. 4). Damit ist die Möglichkeit eröff-

net, auch in den Fällen, in denen Untersuchungshaft nicht vollstreckt wird, dennoch beschränkende Maßnahmen anzuordnen, sofern dies im konkreten Einzelfall erforderlich ist. Ein solches Vorgehen bietet ein erhöhtes Maß an Flexibilität, insb. wenn i.R.d. Strafvollzuges nichts Entsprechendes vorgesehen ist.

Dies gilt auch, wenn **mehrere Haftbefehle** erlassen wurden und die gebotenen (zusätzlichen) Beschränkungen aufgrund des vollstreckten Haftbefehls entweder nicht erforderlich wären oder sich nicht rechtfertigen lassen würden (BT-Drucks. 16/11644, S. 30 unter Bezugnahme auf *Meyer-Goßner/Schmitt* § 119 Rn. 41; ebenso AnwK/Uhaft-*König* § 119 StPO Rn. 70). 91

Zum Problem der Gesetzgebungskompetenz s. bereits oben zu § 119 Abs. 5, Rdn. 86 (s.a. BT-Drucks. 16/11644, S. 30).

Der Rechtsweg gegen ein solches Vorgehen ergibt sich aus § 119 Abs. 5 (vgl. zum Ganzen *Meyer-Goßner/Schmitt* § 119 Rn. 40).

§ 119a StPO Gerichtliche Entscheidung über eine Maßnahme der Vollzugsbehörde.
(1) ¹Gegen eine behördliche Entscheidung oder Maßnahme im Untersuchungshaftvollzug kann gerichtliche Entscheidung beantragt werden. ²Eine gerichtliche Entscheidung kann zudem beantragt werden, wenn eine im Untersuchungshaftvollzug beantragte behördliche Entscheidung nicht innerhalb von drei Wochen ergangen ist.
(2) ¹Der Antrag auf gerichtliche Entscheidung hat keine aufschiebende Wirkung. ²Das Gericht kann jedoch vorläufige Anordnungen treffen.
(3) Gegen die Entscheidung des Gerichts kann auch die für die vollzugliche Entscheidung oder Maßnahme zuständige Stelle Beschwerde erheben.

A. Geltungsbereich von § 119a. § 119a wurde im Zuge des Gesetzes zur Änderung des Untersuchungshaftrechts am 29.07.2009 (BGBl. I, S. 2274) neu in die StPO aufgenommen. 1

Seit der Föderalismusreform durch Gesetz zur Änderung des GG v. 28.08.2006 (BGBl. I 2006, S. 2863 ff.) erstreckt sich die konkurrierende Gesetzgebung auf das »*gerichtliche Verfahren (ohne das Recht des Untersuchungshaftvollzugs)*« (vgl. Art. 74 Abs. 1 Nr. 1 GG). Die Regelung des Vollzuges der Untersuchungshaft wurde Ländersache (ausführlich zum interlokalen Untersuchungshaftvollzugsrecht unter vor § 112, dort Rdn. 21 ff.). 2

Entscheidungen und Maßnahmen, die die **Haftzwecke** erfassen, fallen unter § 119, die Möglichkeiten ihrer Überprüfung sind in § 119 Abs. 5 geregelt.

Anordnungen zur Beschränkung der Untersuchungshaft, die ihre Rechtfertigung in der **Sicherheit und Ordnung der Anstalt** finden, müssen ebenfalls überprüfbar sein, denn letztlich handelt es sich auch hier um Eingriffe in die Grundrechte des Inhaftierten (s. Art. 19 Abs. 4 Satz 1 GG). Diese Anordnungen unterliegen somit ebenfalls einer gerichtlichen Kontrolle (vgl. OLG Jena StV 2011, 36, 37; s.a. AnwK-Uhaft/*König*, § 119a StPO Rn. 1; *Meyer-Goßner/Schmitt* § 119a Rn. 1; *Radtke/Hohmann/Tsambikakis*, StPO, § 119a Rn. 1). 3

Hierfür war bisher der **Rechtsweg nach Nr. 75 Abs. 1 UVollzO** oder den **§§ 23 ff. EGGVG** gegeben. Dort war gem. § 25 EGGVG das OLG zuständig. Dies erschien dem Gesetzgeber, neben Aspekten der Sachnähe wohl auch in Sorge um eine übermäßige Belastung der Gerichte, unangemessen zur Bedeutung der Sache (BR-Drucks. 829/08, S. 44; s.a. OLG Jena StV 2011, 36, 37). 4

Beschränkungen nach § 119a gelten für die Untersuchungshaft nach den §§ 112, 112a, die Hauptverhandlungshaft nach § 127b, sowie für die Inhaftierung aufgrund von Haftbefehlen nach §§ 230 Abs. 2, 236, 329 Abs. 4 Satz 1 und § 412. Bei der vorläufigen Unterbringung ist § 119 über § 126a Abs. 2 Satz 1 anwendbar. Gleiches gilt für Sicherungshaft (vgl. § 453c Abs. 2 Satz 2) sowie Haft bei im Urteil vorbehaltener oder nachträglicher (zu erwartender) Sicherungsverwahrung gem. § 275a Abs. 5 Satz 4. 5

B. Zuständigkeit. Zuständig für die Entscheidung über Anträge nach § 119a ist vor Erhebung der öffentlichen Klage gem. § 126 Abs. 1 Satz 1 das Gericht, das den Haftbefehl erlassen hat. Nach Erhebung der öffentlichen Klage entscheidet gem. § 126 Abs. 2 das Gericht, das mit der Sache befasst ist 6

§ 119a StPO   Gerichtliche Entscheidung über eine Maßnahme der Vollzugsbehörde

(s.a. OLG Stuttgart Justiz 2011, 184 f.; AnwK-Uhaft/*König*, § 119a StPO Rn. 1; *Meyer-Goßner/Schmitt* § 119a Rn. 2; *Radtke/Hohmann/Tsambikakis*, StPO, § 119a Rn. 4).

7 Liegen Sitz des Gerichts und Ort der Justizvollzugsanstalt in verschiedenen Bundesländern, dann regelt sich die Ausgestaltung der Untersuchungshaft nach dem Recht des Bundeslandes, in dem die Anstalt ansässig ist (ausführlich zum interlokalen Untersuchungshaftvollzugsrecht s. vor § 112, dort Rdn. 21 ff.). Dass der Haftrichter hier über Entscheidungen einer Behörde eines anderen Bundeslandes und auch nach dortigem Vollzugsrecht zu entscheiden hat, wurde vom Gesetzgeber bewusst in Kauf genommen. Dies sei eher vertretbar und sachgerechter als eine Übertragung der Zuständigkeit auf das Haftgericht am Sitz der Anstalt (BT-Drucks. 16/11644, S. 32; BR-Drucks. 829/08, S. 45; AnwK-Uhaft/*König*, § 119a StPO Rn. 2; *Meyer-Goßner/Schmitt* § 119a Rn. 2 a.E.; *Radtke/Hohmann/Tsambikakis*, StPO, § 119a Rn. 4).

8 **C. Regelungsgehalt von § 119a.** Ein Antrag auf gerichtliche Entscheidung nach § 119a kommt in Betracht gegen behördliche Anordnungen oder Entscheidungen die den Vollzug der Untersuchungshaft betreffen. In der Praxis werden diese meist von der Untersuchungshaftanstalt, gelegentlich auch von der StA angeordnet.

9 **I. Regelungsumfang.** Die Überprüfung kann sich gegen sämtliche **allgemeinen und individuellen Anordnungen** der Justizvollzugsanstalt richten.

10 In der Praxis ist zu beobachten, dass viele Haftanstalten das ihnen zustehende Recht zur Ausgestaltung der Untersuchungshaft weidlich ausnutzen. Unter Berufung auf die vermeintliche Ordnung der Anstalt werden entweder entgegen richterlicher Anordnung oder aus freien Stücken Beschränkungen auferlegt. Die vom Gesetzgeber vorgegebene individuelle Gerechtigkeit im Einzelfall wird dadurch ins Gegenteil verkehrt. Derart eigenmächtiges Handeln führt letztlich zu einer Gleichmacherei, die so nicht hingenommen werden kann und darf (s. hierzu auch Rdn. 13).
Aus der Vielzahl der **Einzelfälle** in der Praxis können genannt werden: die generelle Beschränkung der Gesprächsdauer für Verteidiger (*Schlothauer/Weider*, Untersuchungshaft, Rn. 83), die Versagung eines außerordentlichen Verteidigerbesuches (*Schlothauer/Weider*, Untersuchungshaft, Rn. 85), Eingangskontrollen der Verteidiger (*Schlothauer/Weider*, Untersuchungshaft, Rn. 88 a.E. und Rn. 93), eine unverhältnismäßige Durchsuchung von sowohl Verteidiger als auch Gefangenem, Letzterem insb. bei Aufnahme in die Haftanstalt (zur unverhältnismäßigen Inspektion des Anus eines Steuerberaters bei Aufnahme in der Haftanstalt ohne jeglichen Hinweis auf Drogentransport s. BVerfG AnwBl. 2009, 303 ff. = NJ 2009, 253 ff. [m. Anm. *Meyer-Mews*] = NStZ 2010, 206 f. = StRR 2009, 198 [m. Anm. *Herrmann*] = StV 2009, 253 ff. – [zum alten Recht]), erkennungsdienstliche Behandlung in der JVA (*Schlothauer/Weider*, Untersuchungshaft, Rn. 1044), gemeinsame Unterbringung (OLG Frankfurt am Main NStZ-RR 2004, 184; *Schlothauer/Weider*, Untersuchungshaft, Rn. 1058), Anordnungen zu Haftraum und Ausstattung (*Schlothauer/Weider*, Untersuchungshaft, Rn. 1061), Herausgabe von Gegenständen aus der Habe (*Schlothauer/Weider*, Untersuchungshaft, Rn. 1065), Behandlung durch einen Arzt des Vertrauens (*Schlothauer/Weider*, Untersuchungshaft, Rn. 1114), Disziplinarmaßnahmen (*Schlothauer/Weider*, Untersuchungshaft, Rn. 1131; s.a. *Meyer-Goßner/Schmitt* § 119a Rn. 4), Urinprobe (BVerfG NStZ 2008, 292 f. = StRR 2008, 75 f. [m. Anm. *Herrmann*]; OLG Saarbrücken NStZ 1992, 350 [fehlende Rechtsgrundlage]; OLG Oldenburg StV 2007, 88 ff. [m. krit. Anm. *Pollähne*]; LG Koblenz StraFo 2008, 119; LG Traunstein StV 2004, 144 [fehlende Rechtsgrundlage]; s.a. *Paeffgen* NStZ 2008, 135, 139 f.), Beschränkung von Besuchen (*Schlothauer/Weider*, Untersuchungshaft, Rn. 1170), Besuchsüberwachung (*Schlothauer/Weider*, Untersuchungshaft, Rn. 1174), Postkontrolle und Beanstandung von Schreiben durch die JVA (*Schlothauer/Weider*, Untersuchungshaft, Rn. 1219), die Fesselung des Gefangenen wegen besonderer Fluchtgefahr (OLG Hamm StRR 2011, 287 [für Strafgefangenen]; OLG Koblenz StV 1989, 209; OLG Oldenburg NJW 1975, 2219; ausführlich *Hoffmann/Wißmann* StV 2001, 706 ff.; s.a. *Meyer-Goßner/Schmitt* § 119 Rn. 23), die Übermittlung von Erkenntnissen der JVA an StA und Gericht nach § 114e StPO (*Schlothauer/Weider*, Untersuchungshaft, Rn. 1141, 1144; s. hierzu auch § 114e, dort Rdn. 2 ff.). Eine ausführliche Darstellung mit weiteren Beispielen findet sich bei SK-StPO/*Paeffgen* § 119a Rn. 23 ff.

Der Rechtsbehelf kann auch gegen die **Zurückweisung von Anträgen**, bspw. die Ablehnung von Einzelseelsorge oder einem professionellen Haarschnitt anstatt durch ungelernte Mitgefangene, eingelegt werden (OLG Stuttgart Justiz 2011, 184 f.). **11**

II. Begründetheit und Prüfungsmaßstab. Die **Begründetheit** eines Antrages auf gerichtliche Entscheidung bemisst sich am Landesrecht. Die Vorgaben ergeben sich aus den jeweiligen Untersuchungshaftvollzugsgesetzen der Länder (zum interlokalen Untersuchungshaftvollzugsrecht unter vor § 112, dort Rdn. 30 ff.). **12**

Der **Prüfungsmaßstab** ist der gleiche wie bei § 119 (s. hierzu unter § 119 dort Rdn. 22). Es ist Aufgabe des Staates eine Verkürzung der Rechte der Untersuchungsgefangenen zu vermeiden (BVerfG StV 2009, 255 ff.; NStZ 2008, 521 = StV 2008, 259 ff. [nächtliche Stromabschaltung in der Untersuchungshaft]). Der Untersuchungsgefangene darf nur den absolut unvermeidlichen Haftbeschränkungen unterworfen werden. Der Unschuldsvermutung und der Verhältnismäßigkeit kommen dabei besondere Bedeutung zu (s. hierzu auch Rdn. 10). **13**

III. Sonstiges. 1. Begründung der Anordnung. Auch hier gilt der schon bei § 119 dargestellte **Begründungszwang** (ausführlich hierzu s. die Kommentierung unter § 119, dort Rdn. 4 und dort Rdn. 21). Beschlüsse, mit denen Anträge auf gerichtliche Entscheidung in Untersuchungshaftvollzugssachen beschieden werden, bedürfen eines im Vergleich zu den Anforderungen des § 34 weiter gehenden Begründungsaufwandes. Eine fehlerfreie Ermessensausübung muss nachvollziehbar dargelegt sein (OLG Celle StRR 2011, 207 [mit Hinweis auf § 167 Abs. 4 NJVollzG, der auf § 115 StVollzG verweist; zum Bezug von Bio- oder Reformkostprodukten in der Untersuchungshaft]). **14**

2. Bekanntgabe der Anordnung. Entscheidungen, durch die wie hier keine Frist in Lauf gesetzt wird, müssen dem Betroffenen oder seinem durch Vollmacht ausgewiesenen Verteidiger (vgl. § 145a Abs. 1) dennoch gem. § 35 Abs. 2 Satz 2 formlos mitgeteilt werden. Anordnungen sind schriftlich zu treffen und zu begründen. I.d.R. wird eine Ausfertigung oder Abschrift ausgehändigt (h.M.; vgl. nur *Meyer-Goßner/Schmitt* § 35 Rn. 12). Eine nur mündliche Bekanntgabe der Entscheidung durch das Vollzugspersonal genügt grds. nicht (vgl. LG München I StV 2000, 517, 518). Dies ergibt sich regelmäßig zwar nicht aus den jeweiligen Landesgesetzen zum Vollzug der Untersuchungshaft. Aber andernfalls wär eine Überprüfung durch einen Antrag auf gerichtliche Entscheidung nicht möglich (*Schlothauer/Weider*, Untersuchungshaft, Rn. 1024). Dem Betroffenen muss die Möglichkeit eröffnet werden, sein weiteres prozessuales Vorgehen abzuwägen und insb. zu prüfen, ob er Rechtsmittel einlegen will (BVerfG NStZ 2008, 292 f. = StRR 2008, 75 f. [m. Anm. *Herrmann*]; zur Disziplinarmaßnahme bei Verweigerung einer Urinprobe [dort allerdings nach richterlicher Anordnung ohne Bekanntmachung; zum alten Recht]; OLG Saarbrücken NStZ 1992, 350 [fehlende Rechtsgrundlage]; OLG Oldenburg StV 2007, 88 ff. [m. krit. Anm. *Pollähne*]; LG Koblenz StraFo 2008, 119; LG Traunstein StV 2004, 144 [fehlende Rechtsgrundlage]; s.a. LR/*Graalmann-Scheerer*, StPO, § 35 Rn. 1; *Paeffgen* NStZ 2008, 135, 139 f.; SK-StPO/*Weßlau*, § 35 Rn. 1). **15**

3. Rechtsschutzbedürfnis. Weiter bedarf es eines Rechtsschutzbedürfnisses. Der Antragsteller muss **beschwert** sein. Hat sich die Anordnung inzwischen erledigt, dann besteht wegen des Fortsetzungsfeststellungsinteresses dennoch die Möglichkeit zur Überprüfung (allgemein hierzu: BVerfG JZ 2005, 629 ff. = StraFo 2006, 20 ff. = wistra 2006, 59 ff.; OLG Frankfurt am Main NStZ-RR 2004, 184 [unzulässige Einweisung in mehrfach belegte Zelle; Überprüfung nach Haftentlassung]; OLG München StV 2006, 317 f. [m. Anm. *Kirchner*; zum Erlass des Haftbefehls]; OLG München StV 1995, 140 f. [Beanstandung von Briefen]; a. A. OLG Koblenz StV 2007, 589; OLG Frankfurt am Main NStZ-RR 2007, 349 [für Haftbefehl nach § 230 StPO]; s. zum Ganzen auch *Burhoff*, Handbuch für das strafrechtliche Ermittlungsverfahren, Rn. 1715 a.E.; LR/*Hilger*, StPO, § 119 Rn. 147; *Meyer-Goßner/Schmitt* § 119a Rn. 8; SK-StPO/*Paeffgen* § 119a Rn. 10; *Park/Schlothauer* in: FS Widmaier, 2008, S. 387 ff.; KK-StPO/*Schoreit* § 23 EGGVG Rn. 31 a f.; s.a. die Kommentierung bei § 119 C. IV., dort Rdn. 79). **16**

4. Verbescheidungsfrist, § 119a Abs. 1 Satz 2. Auch bei **Untätigkeit der Behörde** kann ein Antrag auf gerichtlich Entscheidung gestellt werden (§ 119a Abs. 1 Satz 2). Die Behörde muss innerhalb einer **Frist von 3 Wochen** über Anträge im Vollzug der Untersuchungshaft entscheiden. Die Unschuldsvermutung und das Gebot der Verhältnismäßigkeit, dort insb. auch der Beschleunigungsgrundsatz, gebie- **17**

ten die Möglichkeit zu angemessenem (zeitnahem) Rechtsschutz. Die Frist ist deshalb u.a. deutlich kürzer als im Strafvollzug bemessen (vgl. § 113 Abs. 1 StVollzG [Vornahmeantrag grds. nicht vor 3 Monaten seit Antragstellung]). Laut Gesetzesbegründung soll die Untersuchungshaft i.Ü. oftmals bereits beendet sein (BT-Drucks. 16/11644, S. 32; BR-Drucks. 829/08, S. 46). Zur Frage der Verfassungswidrigkeit der Vorschrift s. SK-StPO/*Paeffgen* § 119a Rn. 11 f.

18 In Fällen der **Hauptverhandlungshaft** (§ 127b Abs. 2) geht diese Regelung aufgrund der Kürze der dort vorgesehenen Zeit von lediglich einer Woche ins Leere. Dies soll der Betroffene hinnehmen müssen (BT-Drucks. 16/11644, s. 32). Dass insofern kein Rechtsschutz besteht, erscheint zumindest bedenklich (s. hierzu auch AnwK-Uhaft/*König*, § 119a StPO Rn. 3; SK-StPO/*Paeffgen* § 119a Rn. 12 a.E.).

19 **5. Keine aufschiebende Wirkung des Antrages, § 119a Abs. 2.** Der Antrag auf gerichtliche Entscheidung hat gem. § 119a Abs. 2 Satz 1 **keine aufschiebende Wirkung**, das Gericht kann aber nach § 119a Abs. 2 Satz 2 vorläufige Anordnungen treffen (ebenso schon § 119 Abs. 5 Satz 3 und 4, s. hierzu § 119 [a.E.], dort Rdn. 88).

20 **6. Beschwerdemöglichkeit durch die Anstalt, § 119a Abs. 3.** Gegen die Entscheidung über den Antrag auf gerichtliche Entscheidung steht den Betroffenen das Recht der Beschwerde gem. §§ 304 ff. zu. Nach § 119a Abs. 3 kann ausdrücklich auch die für die vollzügliche Maßnahme oder Entscheidung zuständige Stelle, regelmäßig die Untersuchungshaftvollzugsanstalt, Beschwerde einlegen.

21 Das Recht zur **weiteren Beschwerde** soll nach herrschender Meinung nicht bestehen, da es vorliegend nicht um die Verhaftung als solche, sondern nur um den Vollzug der Untersuchungshaft geht (*Meyer-Goßner/Schmitt* § 304 Rn. 13 und § 310 Rn. 7; SK-StPO/*Paeffgen* § 119a Rn. 17 [krit., mit ausführlicher Darstellung auch der Gegenmeinung]).

22 **7. Belehrung, § 115 Abs. 4.** Gem. § 115 Abs. 4 ist der Beschuldigte bei Aufrechterhaltung der Untersuchungshaft über die ihm zur Verfügung stehenden Rechtsbehelfe, hier nach § 119a, zu belehren. Aufgrund der schwierigen, nicht unproblematischen Rechtslage wird dies ebenso differenziert wie ausführlich zu geschehen haben.

§ 120 StPO Aufhebung des Haftbefehls.

(1) ¹Der Haftbefehl ist aufzuheben, sobald die Voraussetzungen der Untersuchungshaft nicht mehr vorliegen oder sich ergibt, daß die weitere Untersuchungshaft zu der Bedeutung der Sache und der zu erwartenden Strafe oder Maßregel der Besserung und Sicherung außer Verhältnis stehen würde. ²Er ist namentlich aufzuheben, wenn der Beschuldigte freigesprochen oder die Eröffnung des Hauptverfahrens abgelehnt oder das Verfahren nicht bloß vorläufig eingestellt wird.
(2) Durch die Einlegung eines Rechtsmittels darf die Freilassung des Beschuldigten nicht aufgehalten werden.
(3) ¹Der Haftbefehl ist auch aufzuheben, wenn die Staatsanwaltschaft es vor Erhebung der öffentlichen Klage beantragt. ²Gleichzeitig mit dem Antrag kann die Staatsanwaltschaft die Freilassung des Beschuldigten anordnen.

Übersicht	Rdn.		Rdn.
A. Allgemeines	1	C. Zum Regelungsgehalt von § 120 Abs. 2	21
B. Regelungsgehalt von § 120 Abs. 1	7	D. Antrag der StA auf Aufhebung des Haftbefehls, § 120 Abs. 3	23
I. Wegfall von dringendem Tatverdacht und/oder Haftgründen	8	E. Beendigung der Untersuchungshaft bei rechtskräftiger Verurteilung	
II. Unverhältnismäßigkeit der Untersuchungshaft	12	I. Konsequenzen beim in Vollzug befindlichen Haftbefehl	31
1. Grundsätzliches	13		
2. Das besondere Beschleunigungsgebot in Haftsachen	17	II. Konsequenzen beim außer Vollzug befindlichen Haftbefehl	37
III. Aufhebung des Haftbefehls während laufender Hauptverhandlung und im Rechtsmittelverfahren	18	III. Sonstiges	39

Aufhebung des Haftbefehls § 120 StPO

A. Allgemeines. In § 120 ist die Aufhebung des Haftbefehls geregelt. Es werden die praktisch 1
wichtigsten Fälle genannt. Die Vorschrift ist Ausfluss des **Verhältnismäßigkeitsprinzips**. Sie wird ergänzt durch die §§ 121 Abs. 2 und 122a.

Paragraph 120 gilt für **alle Arten der Untersuchungshaft**, insb. nach den §§ 112 ff. sowie nach §§ 230 2
Abs. 2, 236, 329 Abs. 4 Satz 1 und § 412, auch wenn der Haftbefehl außer Vollzug gesetzt ist (BGH StV 1991, 157 ff. [dort unter II.]; nicht abgedruckt in den Parallelfundstellen BGHSt 37, 305 = MDR 1991, 458 f. = NStZ 1991, 231 ff.; s.a. SK/StPO-*Paeffgen* § 120 Rn. 3 a.E.). Für die einstweilige Unterbringung findet sich eine nach Sinn und Zweck gleichgeartete Sonderregel in § 126a Abs. 3.

StA und Gericht haben die Haftvoraussetzungen **von Amts wegen** zu jeder Zeit des Verfahrens zu prü- 3
fen. Eines Antrages oder einer Anregung zur Prüfung bedarf es nicht (BGH StV 1991, 525 [m. Anm. *Weider*]; s. zum Ganzen AnwK/Uhaft-*König*, § 120 Rn. 1; Graf/*Krauß*, StPO, § 120 Rn. 1; *Meyer-Goßner/Schmitt* § 120 Rn. 2; SK/StPO-*Paeffgen* § 120 Rn. 1 a f.; KK/*Schultheis* § 120 Rn. 1; vgl. auch Nr. 54 Abs. 1 RiStBV). Sind der dringende Tatverdacht und/oder der Haftgrund weggefallen oder ist die Fortdauer der Untersuchungshaft unverhältnismäßig, dann ist der Haftbefehl unverzüglich aufzuheben.

Wird der Haftbefehl aufgehoben, dann ist die **Haftentlassung** gesondert anzuordnen. Der Beschuldigte 4
ist unverzüglich freizulassen, sofern nicht Überhaft notiert ist. Er darf gegen seinen Willen nicht nochmals in die Justizvollzugsanstalt verbracht werden (LG Berlin NStZ 2002, 497 = StraFo 2002, 273; LG Berlin StV 2001, 690; *Burhoff*, Handbuch für das strafrechtliche Ermittlungsverfahren, Rn. 1997; LR/*Hilger*, StPO § 120 Rn. 27; *Meyer-Goßner/Schmitt* § 120 Rn. 9; *Schlothauer/Weider*, Untersuchungshaft, Rn. 971; *Stahl* StraFo 2001, 261). Eine freiwillige Rückkehr in die Justizvollzugsanstalt gemeinsam mit den Vollzugsbeamten kann aber sinnvoll sein, um u.a. die Habe aus der Kammer zu erhalten (zum Ganzen *Herrmann*, Untersuchungshaft, Rn. 1084).

Auf den **Tatvorwurf** als solchen kommt es nicht an (vgl. BVerfG NJW 2006, 672 ff. [m. zust. Anm. *Jahn* 5
NJW 2006, 652 ff.] = NStZ 2006, 313 ff. [m. zust. Anm. *Schmidt*] = StraFo 2006, 68 = StV 2006, 73 ff. [zur Fortdauer der Untersuchungshaft nach 8 Jahren beim Vorwurf des 6-fachen Mordes]; s. hierzu auch *Paeffgen* NStZ 2007, 142 f.).

Das **Ergebnis der Prüfung** ist in den Fällen der Haftprüfung (§ 117), der besonderen Haftprüfung 6
durch das OLG (§ 122), i.R.d. Entscheidung über die Eröffnung des Hauptverfahrens (§ 207 Abs. 4) sowie nach Urteilserlass (§ 268b) zu begründen. Den Beteiligten *muss die Möglichkeit eröffnet werden, das weitere prozessuale Vorgehen abzuwägen und insb. die Einlegung eines Rechtsmittels zu prüfen* (s.a. § 34 StPO). Ansonsten soll dies nicht geboten sein (*Meyer-Goßner/Schmitt* § 120 Rn. 2; ihm folgend: AnwK/Uhaft-*König*, § 120 Rn. 1 a.E.). Naturgemäß kann nicht jeder Gedanke zur Fortdauer der Untersuchungshaft dokumentiert werden. Aus Gründen der Rechtssicherheit wäre es aber wünschenswert, dass bei allen wesentlichen Änderungen der Sach- und Rechtslage, die eine Prüfung der Haftfrage gebieten, das Ergebnis der Überlegungen zumindest kurz dokumentiert wird. So wäre nicht nur gewährleistet sondern auch bewiesen, dass StA und Gericht mit der gebotenen Sorgfalt die Voraussetzungen der Untersuchungshaft entsprechend § 120 Abs. 1 von Amts wegen prüfen.

B. Regelungsgehalt von § 120 Abs. 1. Nach § 120 Abs. 1 ist der Haftbefehl aufzuheben, 7
sobald die materiellen Voraussetzungen der Untersuchungshaft nicht mehr vorliegen. Dies ist anzunehmen, wenn der dringende Tatverdacht, die Haftgründe oder auch die Verhältnismäßigkeit nicht bzw. nicht mehr vorliegen. StA und Gericht haben dies umfassend zu prüfen, beide sind gleichermaßen verpflichtet aber auch berechtigt (anders bei § 120 Abs. 3 [Antrag der StA]; ausführlich s. die Kommentierung bei Rdn. 24).

I. Wegfall von dringendem Tatverdacht und/oder Haftgründen. Entfallen die im Haftbefehl ur- 8
sprünglich genannten Haftvoraussetzungen, liegen aber andere vor, dann kann der Haftbefehl ggf. »umgestellt« werden und mit neuer Begründung aufrechterhalten bleiben. Ist er aufzuheben, dann kann auf Basis der geändert Sach- und Rechtslage ein neuer Haftbefehl erlassen werden (h.M., vgl. AnwK/Uhaft-*König*, § 120 StPO Rn. 2; *Meyer-Goßner/Schmitt* § 120 Rn. 2; SK/StPO-*Paeffgen*, § 120 Rn. 4 ff.; KK-StPO/*Schultheis* § 120 Rn. 3). Den Anforderungen an den Begründungszwang muss dabei aber genügt werden (ausführlich s. die Kommentierung bei § 114, dort Rdn. 11 und Rdn. 31 ff.).

§ 120 StPO   Aufhebung des Haftbefehls

9   Zum **dringenden Tatverdacht**, den **Haftgründen** und der **Verhältnismäßigkeit im Allgemeinen** wird verwiesen auf die jeweilige Kommentierung bei § 112 (s. dort Rdn. 6 ff.) und § 112a (s. dort Rdn. 7 ff.). Ihr Wegfall ergibt sich aus einer Gesamtschau aller tatsächlichen und rechtlichen Aspekte des konkreten Einzelfalles.

10 Der Erlass eines anderen (weiteren) Haftbefehls führt nicht zur Aufhebung des bestehenden. Auch eine anderweitig zu verbüßende Strafhaft soll keinen Anlass zur Aufhebung des Haftbefehls geben. Vielmehr wird in diesen Fällen **Überhaft** notiert. Wenn aber zu erwarten ist, dass die Strafvollstreckung noch einige Zeit andauert bedarf es einer Abwägung, ob die Beschränkungen durch den Haftbefehl den Strafvollzug entweder über Gebühr einschränken oder umgekehrt zur Sicherung der Haftzwecke oder der Sicherheit und Ordnung der Anstalt geboten sind (ausführlich hierzu s. die Kommentierung bei § 119, dort Rdn. 17, Rdn. 18 ff. und Rdn. 28 ff.; s.a. OLG Karlsruhe StV 2002, 317; LR/*Hilger* § 120 Rn. 9; AnwK/Uhaft-*König*, § 120 StPO Rn. 2; *Meyer-Goßner/Schmitt* § 120 Rn. 2).

11 Der Beschuldigte darf nicht in Untersuchungshaft belassen werden, um die **Aufklärung weiterer Straftaten** zu sichern, wenn für diese weder ein dringender Tatverdacht noch ein Haftbefehl gegen ihn bestehen (BVerfG MDR 1992, 594 = NJW 1992, 1749 f. = StV 1992, 123 f.; OLG Karlsruhe StV 2002, 317 ff.; OLG Oldenburg NJW 2006, 2646 = NStZ-RR 2006, 252; StV 2009, 258; AnwK/Uhaft-*König* § 120 StPO, Rn. 2 a.E.; *Meyer-Goßner/Schmitt* § 120 Rn. 2 a.E.; zu den apokryphen Haftgründen ausführlich in der Kommentierung zu § 112, dort Rdn. 19 ff.).

12 **II. Unverhältnismäßigkeit der Untersuchungshaft.** Die Fortdauer der Untersuchungshaft ist unverhältnismäßig, wenn sie zur Bedeutung der Sache und der zu erwartenden Strafe oder Maßregel der Besserung und Sicherung außer Verhältnis stehen würde (§ 120 Abs. 1 Satz 1, 2. Alt.). Dies ist schon in § 112 Abs. 1 Satz 2 als allgemeine Voraussetzung für die Untersuchungshaft so geregelt.

13 **1. Grundsätzliches.** Bei der **Prüfung** der Verhältnismäßigkeit sind das Gewicht der Straftat, die Höhe der zu erwartenden Strafe sowie eine eventuelle Verfahrensverzögerung und der Grad des die Justiz hieran treffenden Verschuldens gegeneinander abzuwägen (OLG Dresden StraFo 2004, 241 = StV 2004, 495; OLG Düsseldorf NStZ-RR 2000, 250 f.).

14 In **§ 120 Abs. 1 Satz 2** werden **konkrete Fälle der Unverhältnismäßigkeit** der Fortdauer der Untersuchungshaft benannt: Bei Freispruch, Ablehnung der Eröffnung des Hauptverfahrens (vgl. § 204 Abs. 1) oder bei endgültiger Einstellung des Verfahrens (durch Beschluss nach §§ 153 Abs. 2, 153a Abs. 1 oder 2 [wegen der Verhältnismäßigkeit hier aber schon bei vorläufiger, nicht erst endgültiger Einstellung geboten; s. OLG Karlsruhe JZ 1967, 418], §§ 153b Abs. 2, 153e Abs. 2, 154 Abs. 2 [hierzu OLG Koblenz StraFo 2001, 242, 243], § 154b Abs. 4 Satz 1 [OLG Saarbrücken StV 1988, 110], § 206a Abs. 1; oder durch Urteil nach § 260 Abs. 3; zum Ganzen *Schlothauer/Weider*, Untersuchungshaft, Rn. 974) ist der Haftbefehl aufzuheben. In diesen Fällen ist von einer **unwiderleglichen gesetzlichen Vermutung** auszugehen, dass die Untersuchungshaft unverhältnismäßig ist. Beim Freispruch fehlt es am dringenden Tatverdacht, bei einer Einstellung des Verfahrens regelmäßig zumindest an der Verhältnismäßigkeit. Auf Richtigkeit und Rechtskraft der Entscheidung kommt es nicht an (*Meyer-Goßner/Schmitt* § 120 Rn. 8). Dies gilt auch bei einem offensichtlich fehlerhaften Freispruch (OLG Düsseldorf MDR 1974, 686; *Roxin/Schünemann*, Strafverfahrensrecht, 26. Aufl. 2009, § 30 Rn. 51, S. 229). Ist der Haftbefehl außer Vollzug gesetzt, dann folgt die Entscheidung nach § 116 der Aufhebung des Haftbefehls (vgl. § 123 Abs. 1 Nr. 1; s. OLG Düsseldorf NStZ 1999, 585). Der Haftbefehl soll aber erneut erlassen werden dürfen, wenn die aufhebende Entscheidung kassiert wurde. Dies widerspricht jedoch dem Gesetz (ausführlich SK-StPO/*Paeffgen* § 120 Rn. 11 ff.). Ein solches Vorgehen ist allenfalls dann angezeigt, wenn neue Tatsachen oder Beweise vorliegen, die den Erlass eines neuen Haftbefehls rechtfertigen; eine lediglich andere tatsächliche oder rechtliche Bewertung genügt nicht (KG StV 1986, 539; OLG Karlsruhe NStZ 1981, 192; AnwK/Uhaft-*König* § 120 StPO Rn. 8; *Schlothauer/Weider*, Untersuchungshaft, Rn. 1245; KK/*Schultheis* § 120 Rn. 20).

15 All dies soll nicht für die **Einstellung des Verfahrens durch die StA** nach §§ 153 Abs. 1, § 153c, 153d, 154 Abs. 1, 170 Abs. 2 oder auch § 37 Abs. 1 BtMG (hierzu LG Hamburg StV 1996, 389) gelten (vgl. *Schlothauer/Weider*, Untersuchungshaft, Rn. 975; KK/*Schultheis* § 120 Rn. 15). In diesen Fällen hat die StA aber nach pflichtgemäßem Ermessen einen Antrag auf Aufhebung des Haftbefehls nach § 120 Abs. 3 zu stellen (ausführlich hierzu s.u.). Tut sie dies nicht, dann hat das Gericht von Amts wegen (s.o.), ggf. auf Antrag oder auch nur Anregung des Beschuldigten den Haftbefehl nach § 120 Abs. 1 Satz 1

aufzuheben (LR/*Hilger* § 120 Rn. 22; *Schlothauer/Weider,* Untersuchungshaft, Rn. 975; KK-StPO/ *Schultheis* § 120 Rn. 15; ebenso, aber krit.: SK/StPO-*Paeffgen* § 120 Rn. 11b [systematisch zwar richtig, aber den Beschuldigten begünstigend auszulegen]).

Bei der **Abwägung**, ob die weitere Untersuchungshaft zur Bedeutung der Sache außer Verhältnis steht, **16** kommt es nur auf die Taten an, die Gegenstand des Haftbefehls sind. Der Widerruf der Strafaussetzung zur Bewährung in einer anderen Sache ist unbeachtlich (OLG Dresden StraFo 2004, 241 = StV 2004, 495; OLG Hamm NStZ 2003, 386; StV 1998, 553; OLG Naumburg NStZ-RR 2011, 123 f. = StraFo 2010, 464 f. = StRR 2011, 35 = StV 2011, 39; s.a. *Burhoff,* Handbuch für das strafrechtliche Ermittlungsverfahren, Rn. 2881). Ergehen im Lauf des Verfahrens mehrere Haftentscheidungen, dann ist sorgfältig zu prüfen, welche Taten Gegenstand des Haftbefehls sind. Das gilt insb., wenn der Haftbefehl nachträglich erweitert wurde und der geänderte Haftbefehl dem Beschuldigten nicht bzw. noch nicht bekannt gemacht worden ist. Auch dann sind nur die Taten maßgeblich, die Gegenstand des dem Beschuldigten bekannten Haftbefehls sind. Das kann auch im Verfahren der besonderen Haftprüfung durch das OLG nach den §§ 121, 122 Bedeutung erlangen (vgl. *Burhoff,* Handbuch für das strafrechtliche Ermittlungsverfahren, Rn. 1675 ff.).

2. Das besondere Beschleunigungsgebot in Haftsachen. Von besonderer praktischer Bedeutung **17** ist in diesem Zusammenhang das Beschleunigungsgebot in Haftsachen. Es ist Ausfluss des Verhältnismäßigkeitsgrundsatzes. Die Rechtsprechung hierzu ist in den letzten Jahren schier unerschöpflich angewachsen und kaum mehr zu überblicken. Ausgehend von der garantierten Freiheit der Person hat eine Abwägung stattzufinden mit den aus Sicht einer Strafverfolgung erforderlichen und zweckmäßigen Freiheitsbeschränkungen (instruktiv statt aller: BVerfG NJW 2006, 672 ff. [m. zust. Anm. *Jahn* NJW 2006, 652 ff.] = NStZ 2006, 313 ff. [m. zust. Anm. *Schmidt*] = NStZ 2007, 142 f. = StraFo 2006, 68 = StV 2006, 73 ff.; s. zum Ganzen auch *Broß* StraFo 2009, 10 ff.; *Burhoff,* Handbuch für das strafrechtliche Ermittlungsverfahren, Rn. 926 ff.; *Demko* HRRS 2007, 285 ff.; *Fezer* in: FS Widmaier, 2008, S. 177 ff.; *Gaede* HRRS 2006, 409 ff.; *Herrmann,* Untersuchungshaft, Rn. 859 ff.; *Jahn* NJW 2006, 652 ff.; *Keller/Meyer-Mews* StraFo 2005, 353 ff.; *Knauer* StraFo 2007, 309 ff.; *Meyer-Goßner/Schmitt* § 120 Rn. 3; SK-StPO/*Paeffgen,* § 120 Rn. 10 ff.; *Pfordte* in: FS Widmaier, 2008, S. 411 ff.; *Piéroth/Hartmann* StV 2008, 276 ff.; *Rahlf* in: FS Widmaier, 2008, S. 447 ff.; *Schlothauer/Weider,* Untersuchungshaft, Rn. 861 ff.; krit.: *Schmidt* NStZ 2006, 313; eine zusammenfassende Darstellung findet sich in der Kommentierung zu § 112, dort Rdn. 132 ff. sowie Rdn. 7 ff.).

Ausführlich zur Unverhältnismäßigkeit der Untersuchungshaft s. die Kommentierung bei § 112 Rdn. 106 ff.

III. Aufhebung des Haftbefehls während laufender Hauptverhandlung und im Rechtsmittel- 18 verfahren. Auch während des Laufs der Hauptverhandlung kommt die Aufhebung des Haftbefehls in Betracht. Hier ist neben dem Akteninhalt auch das Ergebnis der bisherigen Beweisaufnahme zu berücksichtigen. Für den Fall eines **Rechtsmittels** gegen die Untersuchungshaft während laufender Hauptverhandlung ist zu beachten: Da das Beschwerdegericht an der Hauptverhandlung nicht selbst teilnimmt, steht ihm nur ein eingeschränkter Prüfungsmaßstab zu (BGH StraFo 2004, 135 = StV 2004, 143; OLG Hamm wistra 2006, 279 f.). Entscheidend kommt es hier darauf an, ob der Inhalt der angefochtenen Haftentscheidung grob fehlerhaft ist oder der dringende Tatverdacht aus tatsächlichen und rechtlichen Gründen nicht angenommen werden kann (BGH NStZ-RR 2003, 368 ff.; OLG Brandenburg StraFo 2000, 318 f.; OLG Braunschweig StV 2005, 39 f.; OLG Hamm StV 2006, 191 ff.; OLG Jena StV 2005, 559 ff. [m. Anm. *Deckers/Lederer* StV 2009, 139 ff.).

Wurde gegen das Urteil oder den Einstellungsbeschluss **Berufung oder Beschwerde** eingelegt, dann **19** kann schon vor einer Entscheidung durch das Rechtsmittelgericht ein neuer Haftbefehl erlassen werden. Dies kann und darf aber nur aufgrund neuer Tatsachen geschehen die geeignet sind, die gesetzliche Vermutung des § 120 Abs. 1 Satz 2 zu widerlegen (KG JR 1989, 344; StV 1986, 539; OLG Hamm NStZ 1981, 34; OLG Karlsruhe NStZ 1981, 192; *Graf/Krauß,* StPO, § 120 Rn. 17; *Meyer-Goßner/ Schmitt* § 120 Rn. 10).

Während des **Revisionsverfahrens** dürfen neue Tatsache und Beweise nicht beachtet werden. Denn **20** während dieses Verfahrensstadiums dürfen neue Tatsachen oder Beweismittel ganz allgemein nicht mehr berücksichtigt werden (OLG Düsseldorf MDR 1974, 686; LR/*Hilger* § 120 Rn. 36 f.; AK/StPO-*Krause,* § 120 Rn. 13; *Graf/Krauß,* StPO, § 120 Rn. 17; *Meyer-Goßner/Schmitt* § 120 Rn. 10; *Schlot-*

hauer/Weider, Untersuchungshaft, Rn. 1245; a. A. KK/*Schultheis* § 120 Rn. 20; KMR/*Wankel* § 120 Rn. 5a [für den Fall einer offensichtlich begründeten Revision]; offen gelassen von BVerfG NJW 2005, 2612 [LS] = NStZ 2005, 456 f. [m. Anm. *Foth*] = StraFo 2005, 152 f. = StV 2005, 220, 224 [m. Anm. *Krehl*]). Nach Aufhebung von Freispruch oder Aufhebung der verfahrenseinstellenden Entscheidung in der Revision soll die gesetzliche Vermutung, dass kein dringender Tatverdacht und keine Haftgründe mehr vorliegen, entkräftet werden. Die Sperrwirkung des § 120 Abs. 1 Satz 2 soll entfallen, selbst bei unveränderter Beweislage könne ein neuer Haftbefehl erlassen werden (OLG Frankfurt am Main StV 1985, 375 [m. krit. Anm. *Wendisch*]; OLG Hamm StV 1981, 34; OLG Köln StV 1996, 389 [differenzierend]; *Meyer-Goßner/Schmitt* § 120 Rn. 11). Diese lässt außer Acht, dass immerhin eine Hauptverhandlung mit Beweisaufnahme oder zumindest eine differenzierte Überprüfung stattgefunden hat. Wie vor diesem Hintergrund dann ohne neue Tatsachen oder Beweismittel eine diametral andere Sicht angezeigt sein kann, erschließt sich nicht, insb. wenn sie nur auf der Aktenlage beruht. Auch bleibt der dringende Tatverdacht normativ widerlegt (LR/*Hilger* § 120 Rn. 37; SK/StPO-*Paeffgen* § 120 Rn. 11; *Schlothauer/Weider*, Untersuchungshaft, Rn. 1246; *Wendisch* StV 1985, 375).

21 **C. Zum Regelungsgehalt von § 120 Abs. 2.** Gegen die Entscheidung des Haftgerichts ist Beschwerde nach § 304 Abs. 1 und weitere Beschwerde nach § 310 Abs. 1 möglich. Rechtsmittel gegen den Beschluss haben **keinen Suspensiveffekt**, die Freilassung wird dadurch nicht aufgeschoben. Eine Aussetzung der Vollziehung der Aufhebung des Haftbefehls nach § 307 Abs. 2 scheidet aus. § 120 Abs. 2 geht vor. Der Verweis bei AnwK/Uhaft-*König*, § 120 Rn. 9 auf § 120 Abs. 2 Satz 2 findet im Gesetz keine Grundlage. An die gesetzliche Vermutung bei Freispruch oder Einstellung des Verfahrens, dass es am dringenden Tatverdacht fehlt oder zumindest die Fortdauer der Untersuchungshaft unverhältnismäßig ist, ist das Beschwerdegericht gebunden (KG StV 1986, 539 f.; LG Mannheim StV 1985, 287; LR/*Hilger* § 120 Rn. 33; *Schlothauer/Weider*, Untersuchungshaft, Rn. 1240).

22 Bei einer **Außervollzugsetzung des Haftbefehls** soll dies nicht gelten. Dort sind vorläufige Anordnungen nach § 307 Abs. 2 zulässig (OLG Hamm NStZ 1981, 34; OLG Karlsruhe NStZ 1981, 192; LR/*Hilger* § 120 Rn. 30; AnwK/Uhaft-*König* § 120 StPO Rn. 9 a.E.; *Meyer-Goßner/Schmitt* § 120 Rn. 12 a.E.; KK/*Schultheis* § 120 Rn. 19).

23 **D. Antrag der StA auf Aufhebung des Haftbefehls, § 120 Abs. 3.** Nach § 120 Abs. 3 ist bis zur Anklageerhebung (vgl. § 170 Abs. 1 und § 200) auf Antrag der StA der Haftbefehl aufzuheben. Hierbei handelt es sich um **keinen förmlichen Rechtsbehelf**. Vielmehr hat die StA i.R.d. sie verpflichtenden Selbstkontrolle die Möglichkeit der Einflussnahme auf die vom Gericht zu treffende Haftentscheidung (*Burhoff*, Handbuch für das strafrechtliche Ermittlungsverfahren, Rn. 1725; *Schlothauer/Weider*, Untersuchungshaft, Rn. 816, 817). Der Antrag bedarf keiner Begründung (*Meyer-Goßner/Schmitt* § 120 Rn. 13).

24 An einen Antrag nach § 120 Abs. 3 ist **der Richter gebunden**. Er hat den Haftbefehl auch dann aufzuheben, wenn er die Voraussetzungen der Untersuchungshaft (dringender Tatverdacht, Haftgrund, Verhältnismäßigkeit) als gegeben ansieht. Denn die StA ist Herrin des Ermittlungsverfahrens, sie erhält so die Möglichkeiten, auf den von ihr ursprünglich initiierten Haftbefehl Einfluss zu nehmen (LG Amberg StV 2011, 421; s. zum Ganzen auch: *Burhoff*, Handbuch für das strafrechtliche Ermittlungsverfahren, Rn. 1725; LR/*Hilger* § 120 Rn. 40 f.; *Meyer-Goßner/Schmitt* § 120 Rn. 13; *Schlothauer/Weider*, Untersuchungshaft, Rn. 817 f.).

25 Strittig ist, ob dies auch für einen von der StA gestellten **Antrag auf Außervollzugsetzung des Haftbefehls** gilt. Nach der wohl (noch) herrschenden Meinung soll ein entsprechender Antrag keine Bindungswirkung ggü. dem Gericht entfalten (OLG Düsseldorf NStZ-RR 2001, 122 f. = StV 2001, 462 f. [mit ausführlicher ablehnender Anm. *Schlothauer* StV 2001, 463 ff.]; AG Stuttgart NStZ 2002, 391; LR/*Hilger* § 120 Rn. 41; *Widmaier/König*, MAH Strafverteidigung, § 4 Rn. 204 a.E. [anders nunmehr aber: AnwK/Uhaft-*König*, § 120 StPO Rn. 11; s.u.]; *Meyer-Goßner/Schmitt* § 120 Rn. 13; *Münchhalffen/Gatzweiler*, Untersuchungshaft, Rn. 358; KK/*Schultheis* § 120 Rn. 23). Teilweise wird dort aber gar nicht erst versucht, die Argumente der Gegenmeinung zu diskutieren. Eine förmliche Betrachtungsweise und eine nur wortgetreue Auslegung des § 120 Abs. 3 erscheinen hier inkonsequent. Denn wenn schon der Antrag auf Aufhebung des Haftbefehls bindend ist, dann muss es der Antrag auf Außervollzugsetzung desselben als »Minus« zu Ersterem erst recht sein. Eine Beschränkung widerspräche auch

der Verfahrensstellung der StA als Herrin des Ermittlungsverfahrens (s.o.). Sie könnte einen Haftbefehl dann nur entweder beantragen oder ganz auf ihn verzichten, ohne die weiteren (differenzierten) gesetzlich vorgesehenen Alternativen, konkret eine Außervollzugsetzung, zu nutzen. Es muss in der Verantwortung der Ermittlungsbehörden liegen, bei Zwangsmaßnahmen einen Mittelweg zu beschreiten und diesen ggü. dem für die Haftentscheidung berufenen Gericht durchzusetzen. Nach der Konzeption der Strafprozessordnung obliegt dem Ermittlungsrichter nur die Pflicht zu prüfen, ob unter Richtervorbehalt gestellte Eingriffe der Strafverfolgungsbehörde in die Beschuldigtenrechte nach der aktuellen Sach- und Rechtslage gerechtfertigt sind. Dies gibt dem Richter aber nicht das Recht, von sich aus über gestellte Anträge hinaus oder sogar ohne Antrag elementare Eingriffe in Grundrechte des Beschuldigten zu begründen oder aufrechtzuerhalten (ebenso schon der Ermittlungsrichter beim BGH NJW 2000, 967 = NStZ 2000, 547 f. [m. Anm. *Rino*] = StV 2000, 31 [mit Hinweis auf eine Berichtigung im Text des Beschlusses, abgedruckt in StV 2000, 155] = wistra 2000, 145; ebenso auch *Burhoff*, Handbuch für das strafrechtliche Ermittlungsverfahren, Rn. 1725; *Herrmann*, Untersuchungshaft, Rn. 1012; jetzt auch AnwK/Uhaft-*König*, § 120 StPO Rn. 11; *Nehm* in: FS Meyer-Goßner/Schmitt, 2001, S. 277, 290 f.; SK-StPO/*Paeffgen* § 120 Rn. 13; sehr ausführlich und differenziert: *Schlothauer* StV 2001, 462 ff.; *Schlothauer/Weider*, Untersuchungshaft, Rn. 822).

Dieser Gedanke findet seinen Niederschlag i. Ü. auch dann, wenn ein außer Vollzug gesetzter Haftbefehl aufgehoben und anstatt nach § 116 Abs. 4 wieder in Vollzug gesetzt, sondern **durch einen neuen Haftbefehl ersetzt** werden soll (unzulässig; vgl. BVerfG StraFo 2007, 19 ff. = StV 2007, 84, 85 = wistra 2007, 96 ff.; OLG Dresden StV 2009, 521, 522; OLG Düsseldorf StV 1993, 480 f.; OLG Karlsruhe wistra 2005, 316 f.; OLG Köln StV 2008, 258 ff.; ausführlich s. die Kommentierung bei § 116 Rdn. 51 ff.). 26

Bei Allem ist auch zu beachten, dass § 120 Abs. 3 den Richter nicht von der ihm obliegenden Pflicht entbindet, jederzeit von Amts wegen selbst zu prüfen, ob die Haftvoraussetzungen noch vorliegen (vgl. § 120 Abs. 1). 27

Beantragt die StA im Ermittlungsverfahren die Aufhebung des Haftbefehls, dann muss sie konsequenterweise auch die **Freilassung des Beschuldigten** anordnen. Entgegen dem Wortlaut des Gesetzes hat sie hier kein Ermessen. Sie darf insb. nicht abwarten, bis das Gericht den Haftbefehl aufgehoben hat. Denn der Antrag der StA hat bindende Wirkung für das Gericht, sie hat als Herrin des Ermittlungsverfahrens die Verfahrensherrschaft (LG Amberg StV 2011, 421; LR/*Hilger* § 120 Rn. 47; *Meyer-Goßner/Schmitt* § 120 Rn. 14; *Radtke/Hohmann/Tsambikakis*, StPO, § 120 Rn. 19). 28

Die **Bindungswirkung des § 120 Abs. 3** gilt nur für das Ermittlungsverfahren. Mit Anklageerhebung verliert die StA ihre Befugnis zur Antragstellung (*Herrmann*, Untersuchungshaft, Rn. 1015; *Meyer-Goßner/Schmitt* § 120 Rn. 13; *Schlothauer/Weider*, Untersuchungshaft, Rn. 823; KK/*Schultheis* § 120 Rn. 24; differenzierend LR/*Hilger* § 120 Rn. 42). 29

E. Beendigung der Untersuchungshaft bei rechtskräftiger Verurteilung.
Mit dem Eintritt der Rechtskraft endet die Untersuchungshaft. 30

I. Konsequenzen beim in Vollzug befindlichen Haftbefehl. Nach wohl herrschender Meinung soll ein in Vollzug befindlicher Haftbefehl nach der Verurteilung zu einer unbedingten Freiheitsstrafe **gegenstandslos** werden, ohne dass es einer ausdrücklichen Aufhebung bedarf (BVerfG NJW 2005, 3131 f. [m. Anm. *Mosbacher* NJW 2005, 3110 ff.] = NJW-Spezial 2005, 472 = NStZ 2005, 699 = StraFo 2005, 416 f. = StV 2005, 613 ff. = wistra 2005, 455 ff.; zit. auch bei *Paeffgen* NStZ 2006, 136, 143; KG StraFo 2011, 108; OLG Düsseldorf StV 1988, 110; OLG Hamm StraFo 2008, 582; StraFo 2002, 100 [mit insoweit ablehnender Anm. *Nobis*]; OLG Stuttgart Justiz 1984, 213; LR/*Hilger* Vor § 112 Rn. 60 und § 126 Rn. 29; *Graf/Krauß*, StPO § 114d Rn. 7; krit.: *Schlothauer/Weider*, Untersuchungshaft, Rn. 979, 981). Der Zweck der Untersuchungshaft sei erreicht. Die Vollstreckung der nunmehr rechtskräftigen Freiheitsstrafe sei gesichert, da sich der Verurteilte bereits in staatlichem Gewahrsam befindet. Mit Eintritt der Rechtskraft gehe Untersuchungshaft unmittelbar und ohne, dass es der förmlichen Einleitung der Strafvollstreckung durch die StA bedürfe in Strafhaft über (umfassend zum Ganzen KG NJW-Spezial 2011, 570 = StraFo 2011, 369 ff. = StV 2011, 740 ff.; vgl. auch BGHSt 38, 63 ff. = MDR 1991, 1184 = NJ 1991, 522 = NJW 1992, 518 f. = NStZ 1991, 605 = Rpfleger 1992, 81 f.; OLG Hamm StV 2002, 209; KG StraFo 2011, 108 [zu § 116b Satz 2 StPO]; **differenzierend:** 31

§ 120 StPO Aufhebung des Haftbefehls

OLG Düsseldorf StV 1988, 110 und NStZ 1981, 366 [bis zur Einleitung der Strafvollstreckung zunächst Vollstreckungshaft]; **ähnlich:** OLG Celle NJW 1985, 188 und NJW 1963, 2240 [dort aber Annahme einer Ausstrahlungswirkung des Haftbefehls]; **a. A.** OLG Braunschweig NJW 1966, 116 und MDR 1950, 755 [Fortgeltung des Haftbefehls und Fortdauer der Untersuchungshaft bis zur förmlichen Einleitung der Strafvollstreckung]; s. zum Ganzen auch: *Linke* JR 2001, 358, 362; *Schweckendieck* NStZ 2011, 10, 13; *Wankel*, Zuständigkeitsfragen im Haftrecht, S. 95 f.; **wiederum a. A.** *Seebode* StV 1988, 119; SK/StPO-*Paeffgen*, § 120 Rdn. 14 ff. [Zwischenhaft generell rechtswidrig]). Damit beginne die Zuständigkeit der Strafvollstreckungskammer nach § 462a Abs. 1 Satz 1 (vgl. BGHSt 38, 63 ff. = MDR 1991, 1184 = NJ 1991, 522 = NJW 1992, 518 f. = NStZ 1991, 605 = Rpfleger 1992, 81 f.; *Kusch* NStZ 1993, 31; KMR/*Wankel* § 120 Rn. 11; **a. A.** OLG Braunschweig MDR 1950, 755; *Linke* JR 2001, 358, 362; *Schweckendieck* NStZ 2011, 10, 13 [Fortbestehen der Zuständigkeit des Prozessgerichts bis zur förmlichen Einleitung der Strafvollstreckung]). Anträge und Rechtsmittel, die auf Aufhebung oder Außervollzugsetzung des (vollzogenen) Haftbefehls gerichtet sind, seien daher ab Eintritt der Rechtskraft unzulässig oder würden, wenn sie bereits früher gestellt bzw. eingelegt wurden, gegenstandslos (vgl. BVerfGE 9, 160 ff. = NJW 1959, 431; OLG Hamm StV 2002, 209; OLG Düsseldorf StV 1988, 110; OLG Celle NJW 1963, 2240; *Meyer-Goßner/Schmitt* § 120 Rn. 16). Ein auf diese Weise gegenstandslos gewordener Haftbefehl könne allerdings bei Durchbrechung der Rechtskraft durch Wiedereinsetzung in den vorigen Stand erneut aufleben (vgl. § 47 Abs. 3 StPO; KK/*Graf* Vor § 112 Rn. 20; *Meyer-Goßner/Schmitt* § 47 Rn. 3; die vor Inkrafttreten des Abs. 3 ergangene Entscheidung des BVerfG NJW 2005, 3131 f. [m. Anm. *Mosbacher* NJW 2005, 3110 ff.] = NJW-Spezial 2005, 472 = NStZ 2005, 699 = StraFo 2005, 416 f. = StV 2005, 613 ff. = wistra 2005, 455 ff. ist damit jedenfalls insoweit überholt, vgl. KK/*Schultheis* § 120 Rn. 22; **ausführlich** zum Meinungsstand: *Schweckendieck* NStZ 2011, 10 ff.).

32 Ein einmal gegenstandslos gewordener Haftbefehl bleibt gegenstandslos. Er kann nicht erneut »aufleben«. Liegen die Voraussetzungen für die Anordnung von Untersuchungshaft vor, dann ist ein neuer Haftbefehl zu erlassen (BVerfG NJW 2011, 3131 f. [zur Rechtskraftdurchbrechung bei Wiedereinsetzung in den vorigen Stand]; s. hierzu auch die Anm. von *Mosbacher* NJW 2011, 3110 ff.).

33 Vollends undurchschaubar und dogmatisch verworren wird die Diskussion, wenn man berücksichtigt, dass nunmehr in den verschiedenen **Untersuchungshaftvollzugsgesetzen** der Bundesländer in Anlehnung an die bisherige Nr. 91 Abs. 1 Nr. 1 UVollzO vorgesehen ist, dass der Gefangene zwischen Rechtskraft der Entscheidung und Einleitung der Strafvollstreckung wie ein Strafgefangener zu behandeln sei (vgl. § 9 Abs. 3 Satz 1 GVUVS NRW; Buch 2 § 7 Abs. 3 Satz 1 JVollzGB BaWü; s. hierzu AnwK/Uhaft-*Rubbert*, § 10 ME UVollzG Rn. 10 und Rn. 15). Derartige landesrechtliche Regelungen zum »Wie« der Behandlung Untersuchungshaftgefangener nach Rechtskraft des Urteils können aber eine bundesrechtlich gebotene Rechtsgrundlage zum »Ob« der Freiheitsentziehung keinesfalls ersetzen (ausführlich *Schlothauer/Weider*, Untersuchungshaft, Rn. 981).

34 *Schlothauer/Weider* vertreten zum Ganzen eine differenzierende Ansicht: Sie argumentieren auf der Basis einer **teleologischen Reduktion**: Beim Haftgrund der Flucht und der Fluchtgefahr bleibe der Haftbefehl zur Sicherung der Vollstreckung und der Haftzwecke aufrechterhalten. Bei den anderen Haftgründen erledige sich der Haftbefehl mit Rechtskraft des Urteils von selbst (*dies.*, Untersuchungshaft, Rn. 978 ff. und insb. Rn. 983 ff.).

35 Festzuhalten bleibt: Die sog. **Organisations- oder Zwischenhaft** ist gesetzlich nicht geregelt. Sie gilt als »regelwidrig«, wird aber als verfassungsgemäß angesehen, wenn sie dem Verurteilten nicht zum Nachteil gereicht (BVerfG NJW 2006, 427 ff. [nicht über 3 Monate]; BVerfG NStZ 1998, 77 ff. [m. Anm. *Lemke*]; s.a. OLG Brandenburg NStZ 2000, 500 [m. Anm. *Rautenberg*]; OLG Celle StV 2003, 32; OLG Hamm NStZ 2009, 655 [Übergang in Strafhaft auch bei nur Teilrechtskraft des Urteils]; OLG Hamm StraFo 2004, 105; zu Recht krit.: *Bartmeier* NStZ 2006, 544 ff.; AnwK/Uhaft-*König*, § 120 StPO Rn. 14; *Linke* JR 2001, 358 ff.; *Morgenstern* StV 2007, 441 ff.; *Paeffgen* in: FS Fezer, 2008, S. 43 ff.; *Trennhaus* StV 1999, 511 ff.; s.a. *Schweckendieck* NStZ 2011, 10 ff. [auch zur Außervollzugssetzung des Haftbefehls nach § 116 nach Rechtskraft]; s. zur Organisationshaft auch die Kommentierung bei § 112, dort Rdn. 15).

36 Es wäre **wünschenswert**, dass eine eindeutige gesetzliche Regelung getroffen wird, um die seit vielen Jahren umstrittene Frage in Literatur und Rechtsprechung endgültig zu klären.

II. Konsequenzen beim außer Vollzug befindlichen Haftbefehl. Der nicht vollzogene Haftbefehl 37
wird mit dem Eintritt der Rechtskraft des Urteils **nicht gegenstandslos**. Er bildet nach wie vor die
Grundlage für die die Strafvollstreckung sichernden Haftverschonungsauflagen (KG NStZ 2012,
230 ff. = StraFo 2011, 369 ff. = StRR 2012, 72 f. [m. Anm. *Hunsmann*] = StV 2011, 740 ff.; KG StraFo
2011, 108 ff. = StRR 2011, 237 f. [m. Anm. *Herrmann*]). Die teilweise vertretene Auffassung, im Fall
einer Haftverschonung werde der Haftbefehl mit Eintritt der Rechtskraft gegenstandslos, während die
Auflagen isoliert bestehen blieben (vgl. OLG Frankfurt am Main NStZ-RR 2003, 143 f. [zur Sicher-
heitsleistung]; OLG Karlsruhe MDR 1980, 598; OLG Hamburg MDR 1977, 949; KK/*Schultheis*
§ 123 Rdn. 3; LR/*Hilger* § 123 Rn. 6 f.; ebenso OLG Düsseldorf Rpfleger 1984, 73 [für den Fall einer
Sicherheitsleistung]), vermag nicht zu überzeugen. Die Aufhebung von Maßnahmen nach § 116 Abs. 1
regelt sich nach § 123.

Zum Problem der sog. Organisationshaft in einer Vollzugsanstalt vor Überstellung in eine Maßregel- 38
einrichtung s. BVerfG, NJW 2006, 427 ff. = NStZ 2006, 136 ff. = Polizei 2006, 32 f. = Rpfleger 2006,
284 ff. = StraFo 2005, 499 ff. = StV 2006, 420 ff.; OLG Brandenburg NStZ 2000, 500 ff., NStZ 2000,
504 f.

III. Sonstiges. Der Zeitpunkt der Rechtskraft der Entscheidung ist der Justizvollzugsanstalt nach 39
§ 114d Abs. 1 Nr. 6 mitzuteilen (ausführlich hierzu s. die Kommentierung bei § 114d Rdn. 12).

§ 121 StPO Fortdauer der Untersuchungshaft über sechs Monate.

(1) Solange kein Urteil ergangen ist, das auf Freiheitsstrafe oder eine freiheitsentziehende Maßregel
der Besserung und Sicherung erkennt, darf der Vollzug der Untersuchungshaft wegen derselben Tat
über sechs Monate hinaus nur aufrechterhalten werden, wenn die besondere Schwierigkeit oder der
besondere Umfang der Ermittlungen oder ein anderer wichtiger Grund das Urteil noch nicht zulassen
und die Fortdauer der Haft rechtfertigen.
(2) In den Fällen des Absatzes 1 ist der Haftbefehl nach Ablauf der sechs Monate aufzuheben, wenn
nicht der Vollzug des Haftbefehls nach § 116 ausgesetzt wird oder das Oberlandesgericht die Fortdauer der Untersuchungshaft anordnet.
(3) ¹Werden die Akten dem Oberlandesgericht vor Ablauf der in Absatz 2 bezeichneten Frist vorgelegt, so ruht der Fristenlauf bis zu dessen Entscheidung. ²Hat die Hauptverhandlung begonnen,
bevor die Frist abgelaufen ist, so ruht der Fristenlauf auch bis zur Verkündung des Urteils. ³Wird
die Hauptverhandlung ausgesetzt und werden die Akten unverzüglich nach der Aussetzung dem
Oberlandesgericht vorgelegt, so ruht der Fristenlauf ebenfalls bis zu dessen Entscheidung.
(4) ¹In den Sachen, in denen eine Strafkammer nach § 74a des Gerichtsverfassungsgesetzes zuständig
ist, entscheidet das nach § 120 des Gerichtsverfassungsgesetzes zuständige Oberlandesgericht. ²In
den Sachen, in denen ein Oberlandesgericht nach § 120 des Gerichtsverfassungsgesetzes zuständig
ist, tritt an dessen Stelle der Bundesgerichtshof.

Übersicht	Rdn.		Rdn.
A. Allgemeines	1	6. Verfahrensverzögerung und Verteidigung	35
B. Das besondere Beschleunigungsgebot in Haftsachen	7	7. Kompensation von Verzögerungen	36
I. Grundlagen	7	IV. Sonstiges	40
II. Ausgestaltung des Beschleunigungsgebotes in Haftsachen	12	C. Berechnung der 6-Monats-Frist	42
		D. »Wichtige Gründe« für die Fortdauer der Untersuchungshaft	56
III. Verfahrensabschnittsbezogene Prüfung	17	I. Besondere Schwierigkeit	61
1. Ermittlungsverfahren	19	II. Besonderer Umfang der Ermittlungen	63
2. Zwischenverfahren	21	III. Anderer wichtiger Grund	65
3. Hauptverfahren	25	E. Weitergehende Überlegungen	67
4. Rechtsmittelverfahren	31		
5. Weitere verfahrensbezogene Aspekte	34		

§ 121 StPO   Fortdauer der Untersuchungshaft über sechs Monate

1 **A. Allgemeines.** Die StPO kennt **keine zeitliche Obergrenze** für die Dauer der Untersuchungshaft. Einzige Ausnahme hiervon ist die Regelung in § 122a für den Fall der Untersuchungshaft wegen Wiederholungsgefahr (s. hierzu *Widmaier/König*, MAH Strafverteidigung, § 4, Rn. 256; *Meyer-Goßner/Schmitt* § 122a Rn. 1 f.). Ansonsten darf die vorläufige Inhaftierung des Beschuldigten bis zum rechtskräftigen Abschluss des Strafverfahrens andauern, es sei denn die allgemeinen Voraussetzungen der Untersuchungshaft entfallen und der Haftbefehl ist aus diesen Gründen aufzuheben (vgl. § 120 Abs. 1) oder zumindest außer Vollzug zu setzen (vgl. § 116). Auch wenn dies nicht der Fall ist, darf das Verfahren aber nicht beliebig lang dauern oder gar zögerlich durchgeführt werden. Haftsachen sind **vorrangig vor anderen Verfahren** durchzuführen. Es gilt das besondere Beschleunigungsgebot (ausführlich hierzu s. die Kommentierung unter Rdn. 7 ff. und Rdn. 12 ff. sowie bei § 112, dort Rdn. 132 ff.; s.a. OLG Hamm StV 2007, 363; StV 2006, 319; OLG Frankfurt am Main StV 2006, 197; *Burhoff*, Handbuch für das strafrechtliche Ermittlungsverfahren, Rn. 924 ff., 944; *ders.* StraFo 2000, 109 ff.; *Herrmann*, Untersuchungshaft, Rn. 881 ff.; *Knauer* StraFo 2007, 309 ff.; *Meyer-Goßner/Schmitt* § 121 Rn. 1 f.; *Schlothauer/Weider*, Untersuchungshaft, Rn. 861 ff.; KK/*Schultheis* § 121 Rn. 20 ff.). Seine besondere Ausprägung findet der Beschleunigungsgrundsatz in den §§ 121, 122.

2 Nach § 121 Abs. 1 Satz 1 darf die Untersuchungshaft, solange kein Urteil ergangen ist, das auf Freiheitsstrafe oder eine freiheitsentziehende Maßregel der Besserung und Sicherung lautet, wegen derselben Tat über 6 Monate hinaus nur aufrechterhalten werden, wenn die **besondere Schwierigkeit** oder der **besondere Umfang** der Ermittlungen oder ein **anderer wichtiger Grund** das Urteil noch nicht zugelassen haben und die Fortdauer der Untersuchungshaft rechtfertigen.

3 Nach sechsmonatiger Dauer der Untersuchungshaft erfolgt **von Amts wegen** eine besondere Haftprüfung. Zuständig hierfür ist regelmäßig das übergeordnete OLG. War dieses erstinstanzlich zuständig, dann ist der BGH für die besondere Haftprüfung berufen (*Meyer-Goßner/Schmitt* § 121 Rn. 1 ff.; KK/*Schultheis*, §§ 121 ff.).

4 Eine besondere Haftprüfung nach § 121 Abs. 1 erfolgt aber nicht, wenn zu diesem Zeitpunkt der **Haftbefehl außer Vollzug** gesetzt ist oder wenn bis dahin ein **erstinstanzliches Urteil ergangen** ist.

5 Die zeitliche Begrenzung der Untersuchungshaft bis zur Überprüfung durch das OLG gilt i. Ü. nicht, wenn ein Vorführhaftbefehl gem. § 230 Abs. 2 vorliegt oder bei §§ 236, 329 Abs. 4 Satz 1 (KG NStZ-RR 1997, 75), bei Sicherungshaft nach § 453c Abs. 2 Satz 2, Auslieferungshaft (vgl. § 26 IRG), sowie bei Überhaft. Gleiches gilt, wenn eine einstweilige Unterbringung nach § 126a angeordnet wurde (*Meyer-Goßner/Schmitt* § 121 Rn. 2; a. A. *Graf/Krauß*, StPO, § 121 Rn. 2 [§§ 120, 121 gelten entsprechend]). Nach dem Wortlaut § 126a Abs. 2 Satz 2 kommt es für die Prüfung der Fortdauer der Unterbringung durch das OLG allein darauf an, ob die Voraussetzungen der einstweiligen Unterbringung weiterhin vorliegen. Diese Entscheidung ist nicht an die zusätzlichen Voraussetzungen des § 121 Abs. 1 gebunden, dass die besondere Schwierigkeit oder der besondere Umfang der Ermittlungen oder ein anderer wichtiger Grund das Urteil noch nicht zulassen und die Fortdauer der Haft rechtfertigen.

6 Das besondere Haftprüfungsverfahren darf nicht dadurch umgangen werden, dass kurz vor Ablauf der 6-Monats-Frist des § 121 Abs. 1 Termin zur Hauptverhandlung anberaumt wird, diese dann aber nicht zügig, sondern unter Ausnutzung der durch das 1. JuMoG verlängerten Unterbrechungsfristen des § 229 durchgeführt wird. Dies kann eine unzulässige **Umgehung des § 121** bedeuten (OLG Hamm StV 2006, 191; StraFo 2006, 25).

Die materiellrechtlichen Vorgaben in § 121 zur Fortdauer der Untersuchungshaft über den Zeitraum von 6 Monaten hinaus werden verfahrensrechtlich ergänzt durch § 122.

7 **B. Das besondere Beschleunigungsgebot in Haftsachen. I. Grundlagen.** Die Untersuchungshaft darf nicht angeordnet werden, wenn sie zur Bedeutung der Sache und der zu erwartenden Maßregel der Besserung und Sicherung außer Verhältnis steht. Dieser **Grundsatz der Verhältnismäßigkeit** (ausführlich hierzu s. die Kommentierung bei § 112, dort Rdn. 106 ff.) findet seine Ausprägung in den §§ 121, 122. Eine weitere Konkretisierung erfolgt durch das besondere Beschleunigungsgebot in Haftsachen. Es erklärt sich aus dem **Freiheitsanspruch des Beschuldigten** gem. der Art. 2 Abs. 2, Art. 104 GG und der **Unschuldsvermutung**. Der verhaftete Beschuldigte hat Anspruch auf Aburteilung innerhalb einer angemessen Frist, andernfalls ist er aus der Untersuchungshaft zu entlassen (aus der Rspr. sind u.a. zu nennen: BVerfG NStZ 2010, 258 f. = StraFo 2009, 375 ff. = StRR

2009, 358 f. [m. Anm. *Herrmann*] = StV 2009, 479 ff. [m. Anm. *Hagmann* StV 2009, 592 f.]; StRR 2008, 355 f. [m. Anm. *Herrmann*] = StV 2008, 421 ff.; NStZ-RR 2007, 311 ff. = StraFo 2007, 152 ff. = StRR 2007, 36 f. [m. Anm. *Burhoff*] = StV 2007, 366 ff.; StraFo 2007, 18 ff. = StV 2007, 254 ff.; NJW 2006, 1336 ff. = NStZ 2007, 81 f. = StraFo 2006, 196 f. = StV 2006, 248 ff.; BVerfG NJW 2006, 672 ff. = NStZ 2006, 313 [m. Anm. *Schmidt*] = StraFo 2006, 68 [LS] = StV 2006, 73 ff.; NJW 2006, 668 ff. = StV 2006, 87 [»44 mehr oder weniger nutzlos verstrichenen Hauptverhandlungstage im Laufe eines Jahres« – »Buckelwalbeschluss«]; s. hierzu auch *Paeffgen* StraFo 2007, 442, 448 [dort Fn. 3] sowie *ders.* NStZ 2007, 79, 83 [dort Fn. 11] und dann erneut *ders.* NStZ 2008, 135, 143 [dort insb. Fn. 47] sowie krit. hierzu *Schmidt* NStZ 2006, 313, 314 f. [einzelfallspezifische Besonderheiten]; StV 2006, 703 ff.; StV 2006, 251 f.; NJW 2005, 3485 ff. = NStZ 2006, 47 ff. = NStZ 2006, 143 f. = StraFo 2005, 456 ff. = StV 2005, 615 ff.; NJW 2005, 2612 [LS] = NStZ 2005, 456 ff. [m. Anm. *Foth*] = PA 2005, 142 f. = Polizei 2005, 176 f. = StraFo 2005, 152 ff. = StV 2005, 220 ff. [m. Anm. *Krehl* StV 2005, 561 f.]).

Der Beschleunigungsgrundsatz gilt auch, wenn der **Haftbefehl nicht vollzogen** wird (vgl. BVerfG NJW 8 2009, 1734 ff. [zur Änderung Geschäftsverteilung]; NJW 2006, 668 ff. = StV 2006, 87 f. [Buckelwalbeschluss]; StV 2006, 251 f.; NStZ 2004, 82 f. = StV 2003, 30 f.; KG StV 2009, 483; StraFo 2005, 422; KG StV 2007, 27; OLG Bremen StraFo 2000, 107; OLG Köln StraFo 2004, 137; StV 2005, 396; OLG Hamm StV 2013, 165 = StRR 2012, 236; OLG Naumburg StV 2009, 143; *Schlothauer/Weider*, Untersuchungshaft, Rn. 863, 871 a.E.). Es gilt auch wenn beim Vollzug von Strafhaft in anderer Sache **Überhaft** nicht notiert ist (KG StV 2015, 37 f.; OLG Hamm NStZ-RR 2012 = StRR 2012, 198).

Dies gilt auch während der **einstweiligen Unterbringung** (OLG Celle Nds.Rpfl. 2002, 369 f.; *Burhoff*, 9 Handbuch für das strafrechtliche Ermittlungsverfahren, Rn. 1425) oder wenn der Beschuldigte sich in **Auslieferungshaft** befindet (OLG Karlsruhe StV 2004, 325).

Auch in **Jugendsachen** gilt das Beschleunigungsgebot in Haftsachen. Der dort schon allgemein gültige 10 Grundsatz, dass auf eine möglichst schnelle Aburteilung hinzuwirken ist, hat insofern keinen Vorrang (OLG Köln NJW 1997, 2252; s.a. *Mertens/Murges-Kemper* ZJJ 2008, 356 ff.).

Im **Europarecht** ist das Beschleunigungsgebot in Art. 5 Abs. 3 Satz 1 Halbs. 2 EMRK und Art. 6 Abs. 1 11 Satz 1 EMRK geregelt (s.z.B. EGMR StV 2009, 561 ff. [m. Anm. *Krehl*]; EGMR StV 2006, 474 ff. [m. Anm. *Pauly*]; EGMR StV 2005, 136 ff. [m. Anm. *Pauly*]; EGMR NJW 2003, 1439 ff.; EGMR NJW 1990, 3066 ff.; EGMR JR 1968, 463 ff. [m. Anm. *Schultz* JR 1968, 441 ff.]; s.a. *Broß* StraFo 2009, 10 ff.; SK-StPO/*Paeffgen*, Art. 5 EMRK Rn. 60 ff.; *Schlothauer/Weider*, Untersuchungshaft, Rn. 861 ff.).

II. Ausgestaltung des Beschleunigungsgebotes in Haftsachen. Die höchstrichterliche Rechtsprechung 12 zum Beschleunigungsgebot in Haftsachen lässt sich zusammenfassend wie folgt darstellen (vgl. dazu auch *Broß* StraFo 2009, 10 ff.; *Burhoff*, Handbuch für das strafrechtliche Ermittlungsverfahren, Rn. 1656 ff.; *ders.*, StraFo 2000, 109 ff.; *Demko* HRRS 2007, 285 ff.; *Gaede* HRRS 2006, 409 ff.; *Herrmann*, Untersuchungshaft, Rn. 881 ff.; *Jahn* NJW 2006, 625 ff.; *Knauer* StraFo 2007, 309 ff.; *Pieroth/ Hartmann* StV 2008, 276 ff.; *Schlothauer/Weider*, Untersuchungshaft, Rn. 861 ff.; *Schmidt* NStZ 2006, 313 ff. [krit.]):

Das Beschleunigungsgebot erfasst das **gesamte Strafverfahren** (BVerfG StraFo 2010, 461 ff. = StV 13 2011, 31 f.; NStZ 2010, 258 f. = StraFo 2009, 375 ff. = StRR 2009, 358 [m. Anm. *Herrmann*] = StV 2009, 479 ff. [m. Anm. *Hagmann* StV 2009, 592 f.]; OLG Hamm StRR 2012, 236 [m. Anm. *Artkämper*]). Sowohl Gerichte als auch Strafverfolgungsbehörden (StA und Polizei; vgl. BVerfG JA 2007, 821 [m. Anm. *von Heintschel-Heinegg*] = R&P 2007, 146 ff. = StRR 2007, 196 f. [m. Anm. *Herrmann*] = StV 2007, 644 ff.) haben bei der Durchsetzung des staatlichen Strafanspruchs rechtsstaatswidrige Verfahrensverzögerungen zu vermeiden. Der Haftbefehl ist aufzuheben, wenn die Fortdauer der Untersuchungshaft unverhältnismäßig ist (vgl. hierzu bereits § 120 StPO). Dies ist bereits dann anzunehmen, wenn erkennbar ist, dass es zu nicht behebbaren Verzögerungen kommen wird (BVerfG NStZ 2008, 18 ff. = NStZ-RR 2008, 18 ff. = StRR 2007, 117 f. [m. Anm. *Burhoff*] = StV 2007, 369). Dem Beschuldigten kann nicht zugemutet werden, wegen vorhersehbarer Versäumnisse des Staates bei der Ausstattung der Gerichte unverhältnismäßig lange in Uhaft zu verbleiben (BVerfG StV 2015, 39 ff. [bekannte Überlastung der Jugendkammer – vorhersehbar und weder Zufall noch schicksalhaft]). Das Strafverfahren muss also immer auch vorausschauend gestaltet werden.

14 Mit **zunehmender Dauer des Verfahrens** verstärkt sich das Gewicht des Freiheitsanspruchs des Untersuchungsgefangenen ggü. dem Strafverfolgungsinteresse des Staates, die Begründungstiefe der Haftentscheidung nimmt zu (BVerfG StRR 2013, 228 [m. Anm. *Herrmann*]; DRiZ 2008, 60 ff. = StRR 2007, 203 [LS]; NJW 2005, 2612 [LS] = NStZ 2005, 456 ff. [m. Anm. *Foth*] = PA 2005, 142 f. = Polizei 2005, 176 f. = StraFo 2005, 152 ff. = StV 2005, 220 ff. [m. Anm. *Krehl* StV 2005, 561 f.]; aus der obergerichtlichen Rspr. s.: OLG Dresden StRR 2015, 114 ff. [m. krit. Anm. *Burhoff*; dort Uhaft über 1 Jahr]; OLG Frankfurt am Main NStZ 2007, 569 = NStZ-RR 2006, 353 = StraFo 2006, 78 = StV 2006, 191; OLG Hamm StV 2006, 191 ff.; OLG Hamm StV 2006, 319 ff.; OLG Naumburg StV 2009, 482; OLG Naumburg StV 2009, 143; zum verfassungsgerichtlichen Gebot der Begründungstiefe s. auch *Mayer/Hunsmann* NStZ 2015, 325 ff.).

15 I.R.d. **Abwägung** zwischen einerseits Freiheitsanspruch und andererseits Strafverfolgungsinteresse kommt es vornehmlich auf die durch objektive Kriterien bestimmte Angemessenheit der Verfahrensdauer an. Diese wird u.a. bestimmt von der Komplexität der Sache, dem Aufwand der Ermittlungen, eventuellem Auslandsbezug, der Anzahl der Beteiligten oder auch dem Verhalten der Verteidigung (*Burhoff*, Handbuch für das strafrechtliche Ermittlungsverfahren, Rn. 926a; *Schmidt* NStZ 2006, 313 ff. [krit.]). Die **Schwere der Tat** und die im Raum stehende **Strafwartung** sind hierbei ohne Bedeutung (BVerfG StRR 2011, 320 f. [mit Anm. *Hunsmann*]; BVerfG StraFo 2010, 461 = StV 2011, 31; BVerfG NStZ 2007, 311 ff. = NStZ-RR 2007, 311 ff. = StraFo 2007, 152 ff. = StRR 2007, 36 f. [m. Anm. *Burhoff*] = StV 2007, 366 ff. [a.E.]; BVerfG NJW 2005, 2612 [LS] = NStZ 2005, 456 ff. [m. Anm. *Foth*] = PA 2005, 142 f. = Polizei 2005, 176 f. = StraFo 2005, 152 ff. = StV 2005, 220 ff. [m. Anm. *Krehl* StV 2005, 561 f.]; KG StV 2007, 644; OLG Hamm StV 2006, 191 ff.; a. A. OLG Nürnberg NStZ-RR 2011, 251 f. = StraFo 2011, 150 = StRR 2011, 238 ff. [m. abl. Anm. *Hunsmann*] = StV 2011, 467).

16 Der Verfahrensgang ist anhand des **konkreten Einzelfalles** zu analysieren (BVerfG StRR 2008, 355 f. [m. Anm. *Herrmann*] = StV 2008, 421 ff.; OLG Hamm StRR 2012, 236 [m. Anm. *Artkämper*]). Je länger die Untersuchungshaft andauert desto höher sind die Anforderungen an ihre Rechtfertigung. Das hypothetische Strafende ist hierbei zu berücksichtigen (BVerfG StRR 2013, 228 [m. Anm. *Herrmann*]).

17 **III. Verfahrensabschnittsbezogene Prüfung.** Die Beachtung des Beschleunigungsgrundsatzes ist **verfahrensabschnittsbezogen** zu prüfen (s. hierzu schon auszugsweise die Kommentierung bei § 112, dort Rdn. 133). Das Verfahren ist jederzeit zu fördern (BVerfG StV 2015, 39 ff. [Überlastung der Jugendkammer vorhersehbar]; OLG Brandenburg StV 2007, 363 [keinerlei Ermittlungstätigkeit für die Dauer von 3 Monaten]; OLG Dresden StV 2004, 495 [Haftbefehl 2 Jahre außer Vollzug gesetzt, Verfahren über mehr als ein Jahr nicht bearbeitet]; OLG Düsseldorf StV 2004, 82 [mehrfache Aufhebung von Hauptverhandlungsterminen aus vom Angeklagten nicht zu vertretenden Gründen]; OLG Hamm StV 2004, 663 [zweimonatiger Verfahrensstillstand]; OLG Köln StV 2007, 321 ff. [Haftbefehl zunächst fast 6 Monate vollzogen, Anklageerhebung erst 4 Monate nach Außervollzugsetzung]; OLG Köln StV 2005, 396 [zweieinhalb Jahre nach Erlass des Haftbefehls Entscheidung über die Zulassung der Anklage und die Eröffnung des Hauptverfahrens nicht in überschaubarer Zeit zu erwarten]; OLG Naumburg StV 2009, 143 [Verzögerung von 2 Monaten]; OLG Schleswig StV 2005, 140 [keinerlei Verfahrensförderung]; OLG Stuttgart NStZ-RR 2003, 29 f. [Haftbefehl zunächst 9 Monate vollzogen und dann Anklageerhebung erst nach 4 Jahren]; LG Cottbus StV 2005, 141 [keine Verfahrensförderung für zweieinhalb Monate]; LG Frankfurt am Main StV 2007, 253 [Verfahren längere Zeit nicht gefördert und Terminierung wegen bekannter Überlastung der Kammer ungewiss]; LG Frankfurt an der Oder StV 2003, 31 [Außervollzugsetzung für mehr als 2 Jahre, Durchführung der Hauptverhandlung nicht absehbar]; s. zum Ganzen auch *Mayer/Hunsmann* NStZ 2015, 325 ff.; *Schlothauer/Weider*, Untersuchungshaft, Rn. 877 ff.).

18 Zusätzlich ist aber auch eine **Gesamtschau** angezeigt: Eine vermeidbare Verzögerung des Verfahrens von insgesamt knapp 14 Wochen in verschiedenen Verfahrensstadien ist erheblich, wenn das Verfahren bei sonst gleichem Verfahrensgang deutlich vor Ablauf der Frist des § 121 Abs. 1 mit einem Urteil hätte abgeschlossen werden können (OLG Nürnberg StV 2011, 39).

1. Ermittlungsverfahren. Schon der **Erlass eines Haftbefehls** darf nicht außergewöhnlich lange dauern (BVerfG StRR 2008, 438 [m. Anm. *Herrmann*]). 19
Ein erlassener Haftbefehl ist **zügig zu vollstrecken**, andernfalls ist er unverhältnismäßig (OLG Köln NStZ-RR 2009, 87 = StraFo 2008, 468).
Das **Ermittlungsverfahren** muss vorausschauend und zügig betrieben werden. So müssen bspw. Zweit- 20 oder Doppelakten angelegt werden (BVerfG StV 1999, 162; OLG Düsseldorf StV 2001, 695; *Meyer-Goßner/Schmitt* § 121 Rn. 23). Auch ist an eine sinnvoll organisierte und damit zügige Übersendung der Akten an verschiedene Verteidiger im »Umlaufverfahren« zu denken. Sachverständigengutachten sind unverzüglich in Auftrag zu geben, deren Erledigung ist zu überwachen (BVerfG StRR 2007, 196 f.; KG StV 2015, 45 f.; OLG Jena StV 2011, 39; OLG Karlsruhe StraFo 2010, 113 [zu § 126a StPO]). Auch die Übersendung der Anklageschrift nebst Akten an das Gericht darf sich nicht verzögern. Bei längerer Flucht ist der Sachverhalt spätestens mit Bekanntwerden der Festnahme zügig vollständig auszuermitteln, nicht erst mit der Überstellung des Beschuldigten (KG StV 2015, 36 f.).

2. Zwischenverfahren. Das **Zwischenverfahren** ist stringent zu strukturieren. Die Eröffnung und 21 Terminierung der Sache soll zügig erfolgen. Regelmäßig wird eine Zeit von 3 Monaten vom Eingang der Anklage bei Gericht bis zur Hauptverhandlung für angemessen aber auch ausreichend angesehen (BVerfG StV 2008, 421; NStZ 2007, 311 ff. = NStZ-RR 2007, 311 ff. = StraFo 2007, 152 ff. = StRR 2007, 36 f. [m. Anm. *Burhoff*] = StV 2007, 366 ff.; NJW 2006, 672 ff. = NStZ 2006, 313 [m. Anm. *Schmidt*] = StraFo 2006, 68 [LS] = StV 2006, 73 ff.). In der obergerichtlichen Rechtsprechung wurden u.a. als zu lang angesehen: OLG Nürnberg StV 2009, 367 (i.d.R. nicht mehr als 3 Monate); KG StraFo 2010, 26 f. (nicht mehr als 4 Monate); OLG Naumburg StV 2008, 589 (fünf Monate zu lang); OLG Jena, StV 2002, 555 (fünf Monate zu lang), OLG Hamm, StV 2000, 515 (mehr als 6 Monate ist zu lang); OLG Frankfurt am Main StV 2006, 195 (mehr als 6 Monate bis zum Eingang der Akten beim Berufungsgericht zu lang); OLG Bremen, NStZ 2001, 77 (mehr als 7 Monate auch in bloßer Überhaftsache unzulässig); OLG Brandenburg, StV 2002, 243 (zehn Monate zu lang); s. zum Ganzen auch *Burhoff*, Handbuch für das strafrechtliche Ermittlungsverfahren, Rn. 1659; *Schlothauer/Weider*, Untersuchungshaft, Rn. 879 f.
Ein Verstoß gegen den Beschleunigungsgrundsatz hat sich hier an der **Eröffnungsreife** als solcher zu 22 orientieren und nicht an der Zeit bis zum Erlass des Eröffnungsbeschlusses (BVerfG StRR 2011, 320 f. [mit Anm. *Hunsmann*]; OLG Nürnberg StV 2011, 39 ff.; OLG Nürnberg StV 2009, 367).
In der Erörterung der Sache mit den Beteiligten vor der Eröffnung des Haupterfahrens gem. § 202a 23 Abs. 1 Halbs. 1 kann grds. kein Verstoß gegen das Gebot der Beschleunigung gesehen werden. Sie muss aber effizient und umfassend ausgestaltet sein, danach muss zügig über eine eventuelle Eröffnung des Hauptverfahrens entschieden werden (OLG Nürnberg NJOZ 2012, 273 = StRR 2011, 278 f. [m. Anm. *Hunsmann*] = StV 2011, 750 ff.).
Kann nicht davon ausgegangen werden, dass es zu einer **verfahrensabkürzenden Verständigung** kom- 24 men könnte (vgl. hierzu § 257c), dann muss die Terminierung ausreichend große Zeiträume erfassen, um zügig und umfassend den gesamten Streitstoff verhandeln zu können (OLG Koblenz StV 2011, 167 ff.).

3. Hauptverfahren. Die Planung und **Terminierung der Hauptverhandlung** hat vorausschauend zu 25 erfolgen (vgl. *Burhoff*, Handbuch für das strafrechtliche Ermittlungsverfahren, Rn. 1658 und insb. auch Rn. 2774 ff.; *Keller/Meyer-Mews* StraFo 2005, 353 ff.; *Pieroth/Hartmann* StV 2008, 276, 279 f.; *Schmidt* NStZ 2006, 313 ff.). Eine nur sukzessive Fortführung der Hauptverhandlung genügt grds. nicht (OLG Koblenz StV 2011, 167 ff.). In umfangreicheren Verfahren ist mindestens an 4 Tagen im Monat zu verhandeln (vgl. EGMR NJW 2005, 3125; BVerfG NJW 2006, 672 ff. = NStZ 2006, 313 [m. Anm. *Schmidt*] = StraFo 2006, 68 [LS] = StV 2006, 73 ff.); OLG Frankfurt am Main StV 2006, 195; OLG Hamm StraFo 2006, 191; OLG Oldenburg StraFo 2008, 26 f.; LG München II StV 2009, 253). Teilweise wird auch eine engere Hauptverhandlungsdichte gefordert (BVerfG StraFo 2010, 461 f. = StV 2011, 31 ff.; BVerfG StV 2006, 318 ff. [mindestens 2 Verhandlungstage pro Woche]; BVerfG EuGRZ 2007, 591 ff. [mehr als ein Tag pro Woche]). Die Hauptverhandlung ist effizient und straff zu führen (BVerfG StRR 2013, 228 [m. Anm. *Herrmann*]; NJW 2006, 668 ff. = StV 2006, 87 [»44 mehr oder weniger nutzlos verstrichenen Hauptverhandlungstage im Laufe eines Jahres«]; zum sog. Buckelwalbeschluss s.a. *Paeffgen* StraFo 2007, 442, 448 [dort Fn. 3] sowie *ders.* NStZ 2007, 79, 83 [dort

§ 121 StPO Fortdauer der Untersuchungshaft über sechs Monate

Fn. 11] und dann erneut *ders.* NStZ 2008, 135, 143 [dort insb. Fn. 47]; krit. hierzu *Schmidt* NStZ 2006, 313, 314 f. [einzelfallspezifische Besonderheiten]). An Hauptverhandlungstagen muss auch ausreichend lang verhandelt werden (BVerfG StRR 2013, 228 [m. Anm. *Herrmann*]; NJW 2006, 672 ff. = NStZ 2006, 313 [m. Anm. *Schmidt*] = StraFo 2006, 68 [LS] = StV 2006, 73 ff. [Verhandlungsdauer pro Tag mehr als regelmäßig lediglich ein oder 2 Std.]). In umfangreicheren Verfahren muss Vorsorge getroffen werden, dass Zeugen erscheinen und Überlegungen zu Alternativen bei eventuellen Verfahrenswendungen getroffen werden. Es muss ein Bemühen erkennbar sein, Zeugen und Sachverständige effizient zu laden und einen straffen Verhandlungsplan festzulegen (BVerfG NJW 2006, 672 ff. = NStZ 2006, 313 [m. Anm. *Schmidt*] = StraFo 2006, 68 [LS] = StV 2006, 73 ff.; OLG Hamm StV 2006, 191 ff.). Die Obergrenzen einer möglichen Unterbrechung der Hauptverhandlung nach § 229 soll nicht ausgeschöpft werden (s. OLG Hamm StraFo 2006, 25 f.; ausführlich zum Ganzen *Burhoff*, Handbuch für das strafrechtliche Ermittlungsverfahren, Rn. 926a ff.; *Keller/Meyer-Mews* StraFo 2005, 353, 355 f.; *Schlothauer/Weider*, Untersuchungshaft, Rn. 885 ff.; *Sommer* StraFo 2004, 294, 297; ebenso wohl auch *Meyer-Goßner/Schmitt* § 229 Rn. 1).

26 Bei Planung und Durchführung der Hauptverhandlungstermine ist auf die **Verfügbarkeit der Verteidiger** und deren Terminkalender Rücksicht zu nehmen (BVerfG StRR 2008, 156 [m. Anm. *Herrmann*] = StV 2008, 198). Dies kann aber andererseits nicht eine unangemessene Verlängerung der Untersuchungshaft rechtfertigen. Deshalb ist ggf. ein **verfahrenssichernder Pflichtverteidiger** zu bestellen (OLG Köln StV 2006, 143; OLG Köln 2006, 145; OLG Naumburg StV 2008, 365; s. hierzu auch OLG Oldenburg StraFo 2008, 26 f. sowie die Anm. von *Paeffgen* NStZ 2010, 200, 201 f.).

27 Verfahrensleitende Schritte sind rechtzeitig in die Wege zu leiten. Verzögern umfangreiche Ermittlungen gegen weitere Beschuldigte den Verfahrensabschluss, dann muss das Verfahren gegen den in Untersuchungshaft befindlichen Beschuldigten abgetrennt und zügig verhandelt werden (OLG Oldenburg StraFo 2010, 198; *Meyer-Goßner/Schmitt* § 121 Rn. 25 a.E.). Beratungszeiten im Zusammenhang mit Anträgen anderer Verfahrensbeteiligter bleiben bei der Gesamtbetrachtung außer Acht (BGH NStZ-RR 2013, 86 f.).

28 Auch **nach Beendigung der Hauptverhandlung** wirkt das Beschleunigungsgebot fort (KG StV 2007, 644; OLG Frankfurt am Main StV 2006, 648; OLG Saarbrücken NStZ 2007, 420 [LS]).

29 Der Beschleunigungsgrundsatz gilt insb. auch **nach Erlass des tatrichterlichen Urteils** (vgl. dazu BVerfG NStZ 2010, 258 f. = StraFo 2009, 375 ff. = StRR 2009, 358 f. [m. Anm. *Herrmann*] = StV 2009, 479 ff. [m. Anm. *Hagmann* StV 2009, 592 f.]; BVerfG NJW 2006, 1336 ff. = NStZ 2007, 81 f. = StraFo 2006, 196 f. = StV 2006, 248 ff.; BVerfG NJW 2006, 677 ff. = NStZ 2006, 295 ff. = StV 2006, 81 ff.; BVerfG NJW 2005, 2612 [LS] = NStZ 2005, 456 ff. [m. Anm. *Foth*] = PA 2005, 142 f. = Polizei 2005, 176 f. = StraFo 2005, 152 ff. = StV 2005, 220 ff. [m. Anm. *Krehl* StV 2005, 561 f.; s.a. OLG Frankfurt am Main NStZ 2007, 569 = NStZ-RR 2006, 353 = StraFo 2006, 78 = StV 2006, 191; OLG Frankfurt am Main StV 2007, 249; OLG Naumburg StV 2009, 482 [verzögerte Zustellung des Urteils]; OLG Oldenburg StV 2008, 200 [verzögerte Übersendung des Protokolls]; OLG Saarbrücken NStZ 2007, 420 [LS]). Das Vorliegen der schriftlichen Urteilsgründe ersetzt das Erfordernis der Neufassung des Haftbefehls grundsätzlich nicht (OLG Hamm StRR 2012, 317 [mit Anm. *Herrmann*]).

30 Die **Frist zur Absetzung des Urteils** gem. § 275 muss nicht ausgeschöpft werden. Wird sie überschritten, dann ist dem absoluten Revisionsgrund des § 338 Nr. 7, 2. Alt. mit an Sicherheit grenzender Wahrscheinlichkeit Erfolg beschieden. Hierin liegt dann eine unverhältnismäßige Verzögerung im Hinblick auf den Haftbefehl vor, er ist aufzuheben (OLG Naumburg StRR 208, 476 f. [m. Anm. *Burhoff*] = StV 2008, 589; OLG Naumburg StV 2008, 201; LG Koblenz StraFo 2006, 453 f.; s. hierzu auch *Herrmann*, Untersuchungshaft, Rn. 948; *Keller/Meyer-Mews* StraFo 2005, 353, 355 f.).

31 **4. Rechtsmittelverfahren.** Die **Vorlage der Akten beim Rechtsmittelgericht** darf nicht verzögert werden (KG StV 2007, 644; OLG Oldenburg StraFo 2008, 118 f. = StRR 2008, 82 = StV 2008, 200 f.). Die Vorlagefrist von 3 Tagen im Rahmen der Haftbeschwerde nach § 306 ist zu beachten (OLG Naumburg NStZ-RR 2011, 123 = StraFo 201, 464 = = StRR 2011, 35 = StV 2011, 39).

32 Eine rechtsstaatswidrige Verfahrensverzögerung kann sich auch aus dem **Rechtsmittelverfahren selbst** ergeben. Eine zögerliche Bearbeitung kann auch dort nicht hingenommen werden (BVerfG NStZ 2010, 258 f. = StraFo 2009, 375 ff. = StRR 2009, 358 [m. Anm. *Herrmann*] = StV 2009, 479 ff. [m. Anm. *Hagmann* StV 2009, 592 f.]); BVerfG NJW 2006, 1336 ff. = NStZ 2007, 81 f. = PA 2006, 108 f. =

StraFo 2006, 196 f. = StV 2006, 248 ff.; s.a. BVerfG, JZ 2003, 999 ff. = NJW 2003, 2897 ff. = NStZ 2004, 335 ff. = wistra 2004, 15 ff.; BGH, NStZ 2001, 106 ff. = wistra 2000, 462 ff.; zur Erheblichkeit der Verzögerung s. *Pieroth/Hartmann* StV 2008, 276 ff.). Der **2. und der 3 Strafsenat beim BGH** lehnen dies ab (BGH JZ 2006, 221 ff. = NJW 2006, 1529 ff. = NJW 2006, 1480 ff. = NStZ 2006, 346 ff. = StV 2006, 237 ff. [m. Anm. *Krehl* StV 2006, 407 ff.]; BGH NStZ-RR 2006, 177 f. = StV 2006, 241 f. = wistra 2006, 339 ff.). Die beiden Strafsenate widersprechen der Rechtsprechung des BVerfG in der Sache selbst und meinen darüber hinaus, dass diese Rechtsprechung die Strafsenate beim BGH nicht binde. Es liege keine hierfür erforderliche Senatsrechtsprechung vor (vgl. hierzu § 31 Abs. 1 BVerfGG; s. zum Ganzen *Gaede* HRRS 2005, 409 ff.; *Herrmann*, Untersuchungshaft, Rn. 957 ff.; *Strate* NJW 2006, 1480 ff.). Der **2. Strafsenat beim BGH** nimmt zwar eine rechtsstaatswidrige Verfahrensverzögerung an, differenziert aber danach, ob der Verfahrensverstoß hinzunehmen sei oder im Licht der rechtsstaatlichen Gesamtverfahrensordnung schlechterdings nicht nachvollziehbar und als unvertretbarer Akt objektiver Willkür erscheine (BGH NStZ-RR 2006, 177 f. = StV 2006, 241 f. [m. Anm. *Krehl* StV 2006, 407 ff.] = wistra 2006, 339 ff.). Die Grenze zwischen einerseits noch vertretbaren und andererseits rechtsfehlerhaften Verfahrensentscheidungen sei selbst bei absoluten Revisionsgründen oft nicht leicht zu bestimmen und von einer Vielzahl tatsächlicher Umstände und wertenden Beurteilungen abhängig. Bei dieser Diskussion darf nicht verkannt werden, dass die Rechtsprechung des BVerfG in Einklang mit derjenigen des EGMR steht (zum Ganzen ausführlich *Strate* NJW 2006, 1480 ff.).

33 Eine Verzögerung kann auch angenommen werden, wenn sie darauf beruht, dass ein **Urteil wegen eines Verfahrensfehlers aufgehoben** werden musste (BVerfG NJW 2006, 672 ff. = NStZ 2006, 313 [m. Anm. *Schmidt*] = StraFo 2006, 68 [LS] = StV 2006, 73 ff.; a. A. BGH NJW 2006, 1529 ff. = NStZ 2006, 346 ff. = PA 2006, 87 f. = StV 2006, 237 ff. = ZIS 2006, 185 ff.; zum Ganzen auch *Krehl* StV 2006, 408 [ablehnend]); *Niemöller* DRiZ 2006, 229 ff. [krit.]; *Peglau* JuS 2006, 704 ff.; *Strate* NJW 2006, 1480 ff. [differenzierend]; s.a. OLG Koblenz StV 2006, 645). Maßgebend soll allein sein, ob der Rechts- oder Verfahrensfehler der Justiz oder dem Beschuldigten zuzurechnen ist, also in wessen Sphäre er liegt.

34 **5. Weitere verfahrensbezogene Aspekte.** Die Bearbeitung von **Kostenfestsetzungsanträgen** in Haftsachen ist entweder bis zur Entscheidung des Revisionsgerichts zurückzustellen oder sie hat in einem separaten Kostenheft zu erfolgen (OLG Saarbrücken NStZ 2007, 420 [LS] = StRR 2007, 45 [LS] = StV 2007, 365 f.). **Zustellungen** haben zügig und formal korrekt zu erfolgen.

35 **6. Verfahrensverzögerung und Verteidigung.** Das Beschleunigungsgebot unterliegt in gewissem Umfang der **Dispositionsfreiheit** des Beschuldigten und seines Verteidigers (ausführlich hierzu mit vielen Nachweisen s. die Kommentierung unter § 112, dort Rdn. 139 [dort auch zur terminlichen Verhinderung des Wahlverteidigers]). Angekündigte Einlassungen des Beschuldigten sind abzuwarten, sofern dies im strafprozessual vorgesehenen Rahmen geschieht. Mögliche Verzögerungen des Verfahrens aufgrund der Wahrnehmung prozessualer Verteidigungsrechte, die ihre Ursache allein im Verantwortungsbereich des Beschuldigten haben, begründen einen Verstoß gegen das Beschleunigungsgebot und rechtfertigen eine Beendigung der Untersuchungshaft nur dann, wenn StA und Gericht ihrerseits hierauf nicht sachgerecht reagiert haben. Dann verlagert sich die Verantwortlichkeit für die Verfahrensverzögerung wieder in den Verantwortungsbereich der Justiz zurück (OLG Nürnberg StRR 2012, 113 f. [mit krit. Anm. Lind] = StV 2012, 422 = wistra 2011, 478 ff. [zu weitgehend und die extensive Verzögerung durch die Verteidigug nicht fürsorglich beschränkend!]).

36 **7. Kompensation von Verzögerungen.** Eine **Kompensation** zwischen einerseits verzögerten und andererseits beschleunigt geführten Verfahrensabschnitten findet nicht statt. Eine einmal eingetretene Verfahrensverzögerung kann nicht durch besonders schnelle Bearbeitung in anderen Bereichen beseitigt werden (ebenso: *Burhoff* Handbuch für das strafrechtliche Ermittlungsverfahren, Rn. 945; *ders.* StraFo 2000, 109, 118 f.; *Herrmann*, Untersuchungshaft, Rn. 943 ff.; *Paeffgen* NJW 1990, 537 ff.; SK-StPO/*Paeffgen* § 121 Rn. 18; *Seebode* StV 1989, 118, 121; aus der Rspr.: BVerfG NJW 2006, 672 ff. = NStZ 2006, 313 [m. Anm. *Schmidt*] = StraFo 2006, 68 [LS] = StV 2006, 73 ff.; BVerfG NStZ 1995, 459; OLG Frankfurt am Main NStZ-RR 1996, 268; OLG Hamm StV 2006, 191; StV 2000, 90; OLG München StraFo 2007, 465; OLG Naumburg StV 2008, 589; StraFo 2007, 506; a. A. und für eine Kompensation: KK/*Schultheis*, § 121 Rn. 22a; *Meyer-Goßner/Schmitt* § 121 Rn. 26 [der allerdings

selbst schon zweifelt und davon ausgeht, dass diese Ansicht aufgrund der neueren Rspr. des BVerfG »nicht mehr aufrecht zu erhalten sein« wird]; aus der Rspr.: BGH NStZ 2003, 384; OLG Brandenburg StraFo 2007, 199 f.; OLG Jena NStZ 1997, 452; OLG Stuttgart Justiz 2001, 196). Der aus Art. 2 Abs. 2 Satz 2 GG resultierende und in Art. 5 Abs. 3 Satz 1 Halbs. 2 EMRK ausdrücklich normierte Freiheitsanspruch des noch nicht verurteilten Beschuldigten ist nicht teilbar. Dies gilt auch für das darauf beruhende Beschleunigungsgebot. Eine a. A. wäre mit dem Wortlaut von § 121 und dem Sinn und Zweck der besonderen Haftprüfung durch das OLG nicht vereinbar (*Burhoff*, Handbuch für das strafrechtliche Ermittlungsverfahren, Rn. 945; *ders.* StraFo 2000, 109, 118 f.; *Herrmann*, Untersuchungshaft, Rn. 943 ff.). Dies bestätigt § 121 Abs. 1 StPO. Weder mit dessen Wortlaut noch mit Sinn und Zweck der besonderen Haftprüfung durch das OLG wäre eine Kompensation vereinbar (ebenso *Burhoff*, Handbuch für das strafrechtliche Ermittlungsverfahren, Rn. 926a sowie Rn. 945 [dort ausführlicher]; *ders.* StraFo 2000, 109, 118 f., *Herrmann*, Untersuchungshaft, Rn. 943 ff.).

37 Die Rechtsprechung des EGMR (vgl. hierzu nur EGMR Nr. 11364/03, Urteil der 5. Kammer v. 13.12.2007 [Mooren v. Deutschland I] StRR 2008, 98 ff. [m. Anm. *D. Herrmann/J. Herrmann*] = StV 2008, 475; s.a. EGMR Nr. 11364/03, Urteil der Großen Kammer v. 09.07.2009 [Mooren v. Deutschland II] StraFo 2010, 63 = StRR 2009, 473 ff. [m. Anm. *D. Herrmann*] = StV 2010, 490 ff. [m. Anm. *Pauly*]) gebietet es, neben einem **Verstoß gegen das allgemeine Beschleunigungsgebot** nach Art. 6 Abs. 1 EMRK zusätzlich immer auch eine **Rechtsverletzung wegen überlanger Untersuchungshaft** nach Art. 5 Abs. 3 Satz 1 Halbs. 2 EMRK zu erwägen. Bei konventionswidrigen Verfahrensverzögerungen ist eine einheitliche Kompensation auszusprechen. Sie muss eindeutig und messbar sein. Die praktische Umsetzung erfolgt über die **Vollstreckungslösung** (s. hierzu BGHSt 52, 124, 146 f. = EuGRZ 2008, 85 ff. = JA 2008, 474 f. = JR 2008, 212 ff. [m. Anm. *Kraatz* JR 2008, 189 ff.] = JZ 2008, 416 ff. = NJW 2008, 860 ff. [m. Anm. *Ignor/Bertheau* NJW 2008, 2209 ff.] = NStZ 2008, 234 ff. [m. Anm. *Bußmann*] = PStR 2008, 75 ff. = RÜ 2008, 232 ff. = StraFo 2008, 106 ff. = StRR 2008, 107 [m. Anm. *Artkämper*] = StV 2008, 133 ff. = wistra 2008, 137 ff.; s.a. *Reichenbach* NStZ 2009, 120 ff.). Die Strafminderung ist nach § 51 Abs. 1 Satz 1 StGB grds. anzurechnen Ausnahmen sind in engen Grenzen denkbar. Bei einer wegen schädlichen Neigungen verhängten Jugendstrafe darf eine Anrechnung bspw. nur erfolgen, wenn die Unterschreitung der zur Erziehung des Jugendlichen erforderlichen Strafdauer den Strafzweck als solchen nicht gefährdet (OLG Düsseldorf NStZ 2011, 525 ff.).

38 Eine Wiedergutmachung hat aber über die Minderung der Strafe hinaus zu erfolgen. Zivilrechtlich durchsetzbare Schadensersatzansprüche werden nicht berührt (BGH NStZ 2010, 229 f. = StV 2009, 692 f.; s. hierzu auch *Paeffgen* NStZ 2010, 257, 260).

39 Zur Kompensation konventionswidriger Verfahrensverzögerungen sowie der Vollstreckungslösung des Großen Senates in Strafsachen s.a. Einl. Rdn. 69 f. und Art. 6 EMRK Rdn. 94 ff.

40 **IV. Sonstiges.** Wird das Verfahren nicht beschleunigt betrieben, dann **muss der Haftbefehl aufgehoben werden** (BVerfG NJW 2006, 668 ff. = StV 2006, 87 [»44 mehr oder weniger nutzlos verstrichenen Hauptverhandlungstage im Laufe eines Jahres, Verfahrensabschluss völlig ungewiss«]; zum sog. Buckelwalbeschluss s.a. *Paeffgen* StraFo 2007, 442, 448 [dort Fn. 3] sowie *ders.* NStZ 2007, 79, 83 [dort Fn. 11] und dann erneut *ders.* NStZ 2008, 135, 143 [dort insb. Fn. 47] sowie krit. hierzu *Schmidt* NStZ 2006, 313, 314 f. [einzelfallspezifische Besonderheiten]).

41 Der **Verfahrensablauf der besonderen Haftprüfung** ist in § 122 geregelt. Das OLG prüft die allgemeinen Voraussetzungen der Untersuchungshaft (dringender Tatverdacht, Haftgründe, Verhältnismäßigkeit) von Amts wegen. Der Prüfkompetenz des OLG unterfällt z.B. auch die in § 72 Abs. 1 JGG geregelte Subsidiarität der Untersuchungshaft für Jugendliche (vgl. OLG Hamm NStZ 2010, 281 f. = StRR 2009, 235 [m. Anm. *Artkämper*]; OLG Zweibrücken StV 2002, 433; OLG Zweibrücken NStZ-RR 2001, 55 = StV 2001, 182 f.; s.a. *Meyer-Goßner/Schmitt* § 122 Rn. 13). Der Haftbefehl kann aufgehoben werden (vgl. hierzu § 120) oder ggf. außer Vollzug gesetzt werden (vgl. hierzu § 116). Das OLG kann eigene Ermittlungen anstellen, es gelten die Regeln des Freibeweisverfahrens (ebenso *Radtke/Hohmann/Tsambikakis*, StPO, § 121 Rn. 26).

42 **C. Berechnung der 6-Monats-Frist.** Der Lauf der **Frist beginnt** mit Erlass des Haftbefehls nach § 128 Abs. 2 Satz 2. Hierbei ist zu unterscheiden, ob der Beschuldigte aufgrund eines bestehenden Haftbefehls ergriffen oder nach vorläufiger Festnahme dem Gericht vorgeführt wurde und dieses

§ 121 StPO Fortdauer der Untersuchungshaft über sechs Monate

dann einen Haftbefehl erlassen hat. Erfolgt die Festnahme auf der Basis eines bereits im Dezernatsweg erlassenen Haftbefehls, dann beginnt der Lauf der Frist mit dem Zeitpunkt der Festnahme. Die Zeit der vorläufigen Festnahme gem. § 127 soll hingegen unberücksichtigt bleiben. Dort wird erst der Tag des Beginns der Untersuchungshaft, also der richterlichen Anordnung, eingerechnet (*Burhoff*, Handbuch für das strafrechtliche Ermittlungsverfahren, Rn. 933; *Meyer-Goßner/Schmitt* § 121 Rn. 4; *Schlothauer/ Weider*, Untersuchungshaft, Rn. 900 ff.; *Widmaier/König*, MAH Strafverteidigung, § 4 Rn. 239). Diese Unterscheidung ist inkonsequent (krit. hierzu schon *Deckers* StraFo 2009, 444, 446; *Herrmann* StraFo 2011, 133 ff.; ausführlich auch: *Schlothauer/Weider*, Untersuchungshaft, Rn. 298; *Schlothauer*, in: FS für Samson, 2010, S. 709, 714 ff.; *Weider* StV 2010, 102, 104; s. hierzu auch LR/*Hilgers*, StPO, § 121 Rn. 13; *Jahn* in: FS Rissing-van Saan, 2011, S. 273, 275 ff. und S. 288 f.; LR/*Lüderssen/Jahn*, StPO, 26. Aufl., § 141 Rn. 24 f.; *Meyer-Goßner/Schmitt*, § 121 Rn. 4; s. hierzu bereits die Kommentierung zur unverzüglichen Beiordnung eines Pflichtverteidigers nach § 141 Abs. 3 Satz 4 i.V.m. § 140 Abs. 1 Nr. 4 StPO s. auch die Kommentierung vor § 112 Rdn. 49).

Bei der Berechnung der 6-Monats-Frist werden nur diejenigen Zeiten berücksichtigt, in denen sich der Beschuldigte aufgrund des Haftbefehls ständig **in Deutschland in Untersuchungshaft** befunden hat. Im Ausland vollzogene Auslieferungshaft ist unbeachtlich (*Burhoff*, Handbuch für das strafrechtliche Ermittlungsverfahren, Rn. 1680; *Herrmann*, Untersuchungshaft, Rn. 1145 ff.; *Meyer-Goßner/Schmitt* § 121 Rn. 5; *Schlothauer/Weider*, Untersuchungshaft, Rn. 903 ff.; *Widmaier/König*, MAH Strafverteidigung, § 4, Rn. 239). Sie kann aber später auf eine Vollzugsstrafe angerechnet werden (vgl. § 51 Abs. 1 Satz 1 StGB bzw. § 450a; zum Verhältnis der beiden Normen zueinander s. *Fischer*, StGB, § 51 Rn. 8). 43

Wird während der Unterbrechung der Untersuchungshaft **Strafhaft** gem. § 122 StVollzG verbüßt und bleibt der Haftbefehl in Form von **Überhaft** bestehen, dann wird diese Zeit der Strafverbüßung nicht bei der Ermittlung der 6-Monats-Frist berücksichtigt. Auch Überhaft, die wegen eines vollzogenen Haftbefehls nach § 230 Abs. 2 in einem anderen Verfahren notiert ist, wird nicht berücksichtigt (KG NStZ-RR 1997, 75; zum Ganzen *Burhoff*, Handbuch für das strafrechtliche Ermittlungsverfahren, Rn. 929, 934; *Herrmann*, Untersuchungshaft, Rn. 1145 ff.; *Meyer-Goßner/Schmitt* § 121 Rn. 5 f.; *Widmaier/König*, MAH Strafverteidigung, § 4 Rn. 239). Dennoch gilt auch hier das **Beschleunigungsgebot in Haftsachen** (BVerfG StV 2006, 251; KG StV 2015, 37 f.; KG StraFo 2005, 422; OLG Frankfurt am Main NStZ 1988, 90; OLG Hamm NStZ-RR 2012 = StRR 2012, 198 [auch wenn Überhaft nicht notiert wurde]; s. hierzu auch *Burhoff*, Handbuch für das strafrechtliche Ermittlungsverfahren, Rn. 1680). 44

Die Zeit, in der sich ein vom Vollzug der Untersuchungshaft verschonter **Heranwachsender in einer nicht geschlossenen Einrichtung** zur Haftvermeidung aufgehalten hat, ist nicht in die 6-Monats-Frist einzurechnen (OLG Köln NStZ-RR 2011, 121 f.). 45

Strittig ist die Frage der Berücksichtigung der Zeit einer **einstweiligen Unterbringung** entsprechend § 126a. Teilweise wird vertreten, dass deren Dauer auf die 6-Monats-Frist nach § 121 Abs. 1 nicht anzurechnen sei (OLG München NStZ-RR 2003, 366 f.; OLG Schleswig NStZ 2002, 220; ausführlich *Schlothauer/Weider*, Untersuchungshaft, Rn. 907 f.), teilweise soll eine Anrechnung stattfinden (OLG Düsseldorf MDR 1994, 192 f.; OLG Nürnberg StV 1997, 537; *Meyer-Goßner/Schmitt* § 121 Rn. 6; s.a. *Schlothauer/Weider*, Untersuchungshaft, Rn. 906 ff.). War der Beschuldigte nach § 10 Abs. 1 PsychKG NW in einem psychiatrischen Krankenhaus untergebracht und konnte der Haftbefehl deswegen nicht vollzogen werden, dann bleibt dieser Zeitraum bei der Berechnung der 6-Monats-Frist ebenfalls unberücksichtigt (OLG Düsseldorf NStZ 1996, 553; OLG Koblenz NStZ-RR 1998, 21). Dies gilt auch für eine Unterbringung nach § 81, wenn es sich nicht um eine Haftverschonung, sondern nur um eine Änderung des Verwahrungsortes handelt. Andernfalls erfolgt eine Anrechnung der dort verbrachten Zeiten (OLG Dresden StV 2002, 149 f.; ähnlich KG NStZ 1997, 148 f.; a. A. *Meyer-Goßner/Schmitt* § 121 Rn. 4; zum Ganzen auch *Burhoff*, Handbuch für das strafrechtliche Ermittlungsverfahren, Rn. 1680; *Schlothauer/Weider*, Untersuchungshaft, Rn. 906 ff.; *Widmaier/König*, MAH Strafverteidigung, § 4 Rn. 239). 46

Die **6-Monats-Frist endet** nach § 121 Abs. 3 mit der Vorlage der Akten beim zuständigen OLG. Zur Berechnung der Monatsfrist allgemein s. § 43 StPO.

Eine **verspätete Vorlage der Akten** soll kein Grund sein, den Haftbefehl aufzuheben (h.M.: OLG Hamm NJW 2007, 3220 f. = StRR 2007, 317 f. [m. Anm. *Burhoff*] – zur einstweiligen Unterbringung nach § 126a; NStZ-RR 2003, 143 f.; OLG Karlsruhe StraFo 2000, 276 = StV 2000, 513 ff.; LR/*Hilger*, 47

§ 121 StPO Fortdauer der Untersuchungshaft über sechs Monate

StPO, § 121 Rn. 45; *Meyer-Goßner/Schmitt* § 121 Rn. 28; *Widmaier/König*, MAH Strafverteidigung, § 4 Rn. 240). Dies erscheint im Hinblick auf die verfassungsrechtliche Rechtsprechung unangemessen. Denn der Beschuldigte hat die Verzögerung nicht zu vertreten (*Herrmann*, Untersuchungshaft, Rn. 1151; *Schlothauer/Weider*, Untersuchungshaft, Rn. 901; krit. auch *Burhoff*, Handbuch für das strafrechtliche Ermittlungsverfahren, Rn. 1681). Gem. Art. 104 Abs. 1 Satz 1 GG darf die Freiheit der Person nur aufgrund eines förmlichen Gesetzes und nur unter Beachtung der darin vorgeschriebenen Form beschränkt werden. Verstöße gegen die Formen freiheitsbeschränkender Gesetze stellen stets auch eine Verletzung der Freiheit der Person selbst dar (BVerfG NStZ 2002, 157 ff. = StV 2001, 691 ff.; BVerfG NJW 2002, 3161 f.). Die verspätete Vorlage der Akten beim OLG betrifft nicht lediglich eine Formalie, sie muss konsequenterweise zur Aufhebung des Haftbefehls führen (*Hagmann* StV 2001, 693 [Anm. zu BVerfG StV 2001, 691 f.]). Folgt man dennoch der herrschenden Meinung, dann sind aber zumindest **erhöhte Anforderungen an die Prüfung der materiellen Voraussetzungen** der Haftfortdauer zu stellen (OLG Hamm StRR 2012, 317 ff. [m. Anm. *Herrmann*]; OLG Hamm NStZ-RR 2003, 143 f.; OLG Karlsruhe StV 2000, 513; ebenso *Meyer-Goßner/Schmitt* § 121 Rn. 28 a.E.).

48 Die 6-Monats-Frist bezieht sich auf »**dieselbe Tat**« i.S.d. § 264 (*Burhoff*, Handbuch für das strafrechtliche Ermittlungsverfahren, Rn. 1684; *Herrmann*, Untersuchungshaft, Rn. 1153 ff.; *Meyer-Goßner/Schmitt* § 121 Rn. 11; *Summa* NStZ 2002, 69 ff.; *Widmaier/König*, MAH Strafverteidigung, § 4 Rn. 241). Der Begriff der **Tatidentität** ist weit auszulegen. Berücksichtigungsfähig sind aber nur die im Haftbefehl genannten Taten (OLG Celle StraFo 2012, 138 f. = StRR 2012, 276 f. [m. Anm. *Herrmann*] = StV 2012, 421 f.; OLG Karlsruhe, StV 2004, 325; OLG München StraFo 2011, 394; *Burhoff*, Handbuch für das strafrechtliche Ermittlungsverfahren, Rn. 936; *Meyer-Goßner/Schmitt* § 121 Rn. 11; *Schlothauer/Weider*, Untersuchungshaft, Rn. 911 ff.). Hier ist von einem **erweiterten Tatbegriff** auszugehen. Umfasst sind alle Taten von dem Zeitpunkt an, in dem sie als tatsächlich bekannt in den Haftbefehl hätten aufgenommen werden können (OLG Celle StraFo 2012, 138 f. = StRR 2012, 276 f. [m. Anm. *Herrmann*] = StV 2012, 421 f.; OLG Dresden StV 2009, 366; OLG Düsseldorf StV 2004, 496 ff.; OLG Hamburg StraFo 1998, 390 f.; OLG Hamm NStZ-RR 2002, 382; OLG Karlsruhe StV 2003, 517; OLG München StraFo 2011, 394; OLG Naumburg StraFo 2009, 148; OLG Stuttgart StV 2008, 85; OLG Zweibrücken StV 1998, 556; LG Berlin StV 2008, 588; kontrovers zum Ganzen: OLG Koblenz NStZ-RR 2001, 152 = StV 2001, 298 ff. [weit] und OLG Koblenz NStZ 2002, 82 = NStZ-RR 2001, 124 = StV 2001, 297 f. [eng]; einschränkend *Schlothauer* StV 1999, 330 [Anm. zu OLG Jena StV 1999, 329 f.]; s. zum Ganzen auch *Burhoff*, Handbuch für das strafrechtliche Ermittlungsverfahren, Rn. 1684; *Meyer-Goßner/Schmitt* § 121 Rn. 11 ff.).

49 **Nach Erlass des Haftbefehls** bekannt gewordene Taten, die Gegenstand eines neuen oder eines erweiterten Haftbefehls werden, setzen keine neue 6-Monats-Frist in Lauf (OLG Düsseldorf StV 2004, 496 ff.; OLG Karlsruhe StV 2011, 293 f.; OLG Karlsruhe StV 2004, 325; s. hierzu auch *Meyer-Goßner/Schmitt* § 121 Rn. 11; *Schlothauer/Weider*, Untersuchungshaft, Rn. 911 ff.).

50 Untersuchungshaft wegen »**derselben Tat**« i.S.d. § 121 Abs. 1 liegt nicht vor, wenn der Beschuldigte nach Außervollzugsetzung oder Aufhebung eines Haftbefehls wegen des Verdacht einer nach Entlassung aus der Untersuchungshaft begangenen (neuen) Straftat aufgrund eines (anderen) Haftbefehls in Untersuchungshaft genommen wird (OLG Celle StraFo 2012, 138 f. = StRR 2012, 276 f. [m. Anm. *Herrmann*] = StV 2012, 421 f.; OLG Naumburg NStZ 2005, 585). Haftzeiten aus verschiedenen Haftbefehlen werden, auch wenn eine Verbindung der Verfahren möglich ist, nicht zusammengerechnet (OLG Köln NStZ-RR 2001, 123; a.A. OLG Celle NStZ 1989, 243; OLG Schleswig StV 1983, 466; zum Ganzen auch *Burhoff*, Handbuch für das strafrechtliche Ermittlungsverfahren, Rn. 1684; *Meyer-Goßner/Schmitt* § 121 Rn. 11 ff.; *Schlothauer/Weider*, Untersuchungshaft, Rn. 917).

51 Umstritten ist, wie zu verfahren ist, wenn **Untersuchungshaft wegen mehrerer Taten vollzogen** wird und wegen einer davon ein Urteil ergeht (OLG Hamm NStZ 1985, 425; NStZ-RR 2002, 382; OLG Koblenz NStZ 1982, 343; OLG München NStZ 1986, 423; differenzierend OLG Saarbrücken NStZ 2004, 644; ausführlich hierzu *Burhoff* StraFo 2006, 56; s. zu. *Schlothauer/Weider*, Untersuchungshaft, Rn. 912 ff.).

52 Eine **Reserve- oder Vorratshaltung von Tatvorwürfen**, die den Erlass eines weiteren Haftbefehls ermöglichen könnten, ist unzulässig (OLG Dresden NJW 2010, 952 f. = NStZ 2010, 258 f. = StV 2009, 366 f. = StV 2009, 537 f. [die Entscheidung ist in StV zweimal abgedruckt]; OLG Düsseldorf StV 1996, 553; OLG Naumburg StraFo 2009, 148; s. zum Ganzen *Burhoff*, Handbuch für das strafrechtliche Ermitt-

lungsverfahren, Rn. 1684; *ders.* StraFo 2000, 109, 116; *Fahl* ZIS 2009, 452 ff. [Anm. zu OLG Dresden, s.o.]; *Meyer-Goßner/Schmitt* § 121 Rn. 12; *Schlothauer/Weider*, Untersuchungshaft, Rn. 912 ff.).

Beginnt die Hauptverhandlung vor Ablauf der Vorlagefrist beim OLG, dann ruht der Fristenlauf (OLG Dresden NStZ 2004, 644 [m. abl. Anm. *Wilhelm*]; OLG Hamburg StV 1994, 142 [m. abl. Anm. *Schlothauer*]; OLG Rostock NStZ-RR 2009, 20 [LS] = StRR 2008, 443 [LS]; *Meyer-Goßner/Schmitt* § 121 Rn. 31 f.; *Schlothauer/Weider*, Untersuchungshaft, Rn. 919). 53

Werden die Akten dem OLG **vor Ablauf der Frist vorgelegt**, dann ruht der Fristenlauf (§ 121 Abs. 3 Satz 1). Dies gilt auch, wenn der Hauptverhandlung begonnen hat, bevor die Frist abgelaufen ist (§ 121 Abs. 3 Satz 2). Allerdings soll dies nicht gelten in Fällen unsachgemäßer oder zögerlicher Durchführung einer Hauptverhandlung, bei erkennbarer Verfahrensverschleppung oder bei willkürlicher Aussetzung der Hauptverhandlung (OLG Rostock NStZ-RR 2009, 20 [LS] = StRR 2008, 443 [LS]). Wird die Hauptverhandlung nachträglich ausgesetzt, dann entfällt die Ruhenswirkung. Die Akten sind dann unverzüglich dem OLG vorzulegen (§ 121 Abs. 3 Satz 3, s. hierzu OLG Rostock NStZ-RR 2009, 20 [LS] = StRR 2008, 443 [LS]). 54

Ist gegen den Angeklagten ein auf Freiheitsstrafe erkennendes **Urteil erster Instanz ergangen**, dann findet die besondere Haftprüfung durch das OLG nach § 121 auch dann nicht statt, wenn die erstinstanzliche Entscheidung durch das Berufungsgericht wegen fehlender örtlicher Zuständigkeit aufgehoben und die Sache an das zuständige Gericht zurückverwiesen worden ist (OLG Zweibrücken NStZ-RR 2010, 325 [LS]). 55

D. »Wichtige Gründe« für die Fortdauer der Untersuchungshaft.

Die Fortdauer der Untersuchungshaft über 6 Monate hinaus ist nur zulässig, wenn die **besondere Schwierigkeit** oder der **besondere Umfang der Ermittlungen** oder ein **anderer wichtiger Grund** den Erlass eines Urteils noch nicht zulassen **und dies die Haftfortdauer rechtfertigt**. § 121 Abs. 1 ist ein Ausnahmetatbestand der eng auszulegen ist (BVerfG StRR 2008, 355 f. [m. Anm. *Herrmann*] = StV 2008, 421 ff.; NJW 2006, 672 ff. = NStZ 2006, 313 [m. Anm. *Schmidt*] = StraFo 2006, 68 [LS] = StV 2006, 73 ff.; *Meyer-Goßner/Schmitt* § 121 Rn. 17 ff.). 56

Angesichts der in Art. 5 Abs. 3 Satz 2 MRK garantierten Beschleunigung des Verfahrens muss die Untersuchungshaft so kurz wie möglich gehalten werden (s.o.). Die Beschränkung der Freiheit des Beschuldigten durch die Haft darf nur restriktiv geschehen (BVerfGE 36, 264, 271 = DÖV 1974, 311 ff. = JZ 1974, 582 ff. = MDR 1974, 465 ff. = NJW 1974, 307 ff.; BVerfG NJW 2006, 672 ff. = NStZ 2006, 313 [m. Anm. *Schmidt*] = StraFo 2006, 68 [LS] = StV 2006, 73 ff.; *Burhoff*, Handbuch für das strafrechtliche Ermittlungsverfahren, Rn. 1688; *Meyer-Goßner/Schmitt* § 121 Rn. 17 ff.). Mit zunehmender Dauer des Verfahrens gewinnt der Beschleunigungsgrundsatz als Ausprägung des allgemeinen Verhältnismäßigkeitsgrundsatzes immer mehr an Gewicht (BVerfG NJW 2006, 672 ff. = NStZ 2006, 313 [m. Anm. *Schmidt*] = StraFo 2006, 68 [LS] = StV 2006, 73 ff.; NJW 2005, 2612 [LS] = NStZ 2005, 456 ff.; OLG Düsseldorf StraFo 2003, 93; OLG Frankfurt am Main StV 2006, 195; OLG Hamm StV 2006, 191; OLG Karlsruhe, NStZ 2001, 79). Damit einhergehend nimmt auch der Begründungszwang zu (zum verfassungsgerichtlichen Gebot der Begründungstiefe s. *Mayer/Hunsmann* NStZ 2015, 325 ff.). 57

Der **Maßstab für die Beurteilung** ist ein durchschnittliches Ermittlungsverfahren das üblicherweise unter Beachtung des Beschleunigungsgebotes im zeitlichen Rahmen von 6 Monaten durch ein Urteil erster Instanz abgeschlossen werden kann (AnwK/Uhaft-*König*, § 121 Rn. 10; *Meyer-Goßner/Schmitt* § 121 Rn. 17; KK/*Schultheis*, § 121 Rn. 14). Ergänzend gelten auch hier die Überlegungen zum Beschleunigungsgebot in Haftsachen (s.o. die Kommentierung bei Rdn. 12 ff.). 58

Kumulativ zu den Aspekten der besonderen Schwierigkeit oder dem besonderen Umfang der Ermittlungen oder einem anderen wichtigen Grund die den Erlass eines Urteiles noch nicht zulassen muss dies zusätzlich die Haftfortdauer auch rechtfertigt. Es bedarf einer **doppelten Prüfung** in zwei Schritten: Zunächst sind auf der ersten Ebene Feststellungen zur besonderen Schwierigkeit und dem besonderen Umfang der Ermittlungen oder einem sonstigen wichtigen Grund für die Fortdauer der Untersuchungshaft zu prüfen. Dann ist in einem zweiten Schritt festzustellen, ob diese Gründe die Fortdauer der Untersuchungshaft im eigentlichen Sinn rechtfertigen (BVerfG NStZ 2008, 18 ff. = NStZ-RR 2008, 18 ff. = StRR 2007, 117 f. [m. Anm. *Burhoff*] = StV 2007, 369, 370; NStZ-RR 2007, 311 f. = StraFo 2007, 152, 154 = StRR 2007, 36 f. [m. Anm. *Burhoff*] = StV 2007, 366, 368; StraFo 2006, 59

§ 121 StPO   Fortdauer der Untersuchungshaft über sechs Monate

494, 495 = StV 2006, 703, 705; AnwK/Uhaft-*König*, § 121 StPO Rn. 9; *Schlothauer/Weider*, Untersuchungshaft, Rn 921).

60 Eine ausführliche Darstellung und umfangreiche Kommentierung zur Frage der »besonderen Schwierigkeit«, dem »besonderen Umfang« sowie einem »wichtigen Grundes« sowie der Rechtfertigung Untersuchungshaft i.S.d. § 121 findet sich bei *Burhoff*, Handbuch für das strafrechtliche Ermittlungsverfahren, Rn. 1691 ff.; *Schlothauer/Weider*, Untersuchungshaft, Rn. 920 ff. (mit einer Vielzahl praktischer Beispiele); *Widmaier/König*, MAH Strafverteidigung, § 4, Rn. 242 ff. An dieser Stelle ist zusammenfassend auf Folgendes hinzuweisen:

61 **I. Besondere Schwierigkeit.** Besondere Schwierigkeiten der Ermittlungen können sowohl in **tatsächlicher** als auch in **rechtlicher Hinsicht** vorliegen. Oft stehen beide Aspekte in Beziehung zueinander. Ermittlungen sind bspw. besonders schwierig, wenn eine Vielzahl von Zeugen zu vernehmen ist, zeitaufwendige Ermittlungen im Ausland erforderlich sind oder zeitaufwendige Gutachten geholt werden müssen. Prozessual zulässiges Verhalten des Beschuldigten kann für die Beurteilung aber nicht herangezogen werden. Weder das Recht zu Schweigen (§ 136 Abs. 1 Satz 2) noch das Ergreifen von gesetzlich vorgesehenen Rechtsbehelfen machen die Ermittlungen umfangreich und schwierig. Andernfalls würde ein Beschuldigter, der auf den Nemo-tenetur-Grundsatz rekurriert oder seine Rechte sonst wahrnimmt, sich der Gefahr begeben, dafür länger inhaftiert zu sein. Ein gesetzlich zulässiges Verhalten kann und darf keine besondere Schwierigkeit der Sache begründen. Auch das sonstige Prozessverhalten des Beschuldigten, selbst wenn es rechtsmissbräuchlich sein sollte, stellt keine besondere Schwierigkeit i.S.d. § 121 dar (ebenso *Knauer* StraFo 2007, 309, 313; s.a. *Schlothauer/Weider*, Untersuchungshaft, Rn 939 ff.; a. A. *Meyer-Goßner/Schmitt* § 121 Rn. 17 und Rn. 21; *Widmaier/König*, MAH Strafverteidigung, § 4 Rn. 243; s.a. BVerfG NJW 2006, 677 ff. = NStZ 2006, 295 ff. = StV 2006, 81 ff.). Entscheidend kommt es darauf an, ob StA und Gericht alles Zumutbare getan haben, um unter Ausschöpfung der zur Verfügung stehenden Ressourcen das Verfahren zügig abzuschließen.

62 Besondere Schwierigkeiten der Ermittlungen wurden **verneint**: wenn andere Straftaten aufgeklärt werden sollen, für die weder dringender Tatverdacht noch ein Haftbefehl besteht (OLG Frankfurt am Main NStZ-RR 1996, 268), wenn ein Sachverständigengutachten nicht unverzüglich in Auftrag gegeben worden ist (OLG Hamm StV 1993, 205; OLG Jena StV 1998, 560), wenn die Einholung oder das Abwarten des Ergebnisses eines Gutachtens nicht zwingend notwendig war (OLG Oldenburg StV 1993, 429), wenn dem Gutachter keine Frist zur Erstattung seines Gutachtens gesetzt wurde (OLG Bremen StV 1997, 143), wenn ein überlasteter Sachverständige beauftragt wurde (SächsVerfGH StraFo 2004, 54; OLG Düsseldorf StV 1992, 484; OLG Stuttgart StV 2004, 498), wenn eine zügige Gutachtenerstellung nicht überwacht wurde (OLG Düsseldorf NJW 1996, 2588; OLG Zweibrücken NStZ 1994, 202).

63 **II. Besonderer Umfang der Ermittlungen.** Der **besondere Umfang der Ermittlungen** erklärt sich aus den tatsächlichen Gegebenheiten des jeweiligen Einzelfalles. Kann einer Verzögerung unter Ausschöpfung sämtlicher Ressourcen nicht begegnet werden, dann muss ggf. eine **Beschränkung** oder **Trennung des Verfahrens** erfolgen (KG StraFo 2009, 514; LR/*Hilger*, StPO, § 121 Rn. 30 f.; *Schlothauer/Weider*, Untersuchungshaft, Rn 931).

64 Der besondere Umfang der Ermittlungen wurde **verneint**: wenn dem durch den besonderen Umfang entstandenen Ermittlungsaufwand nicht rechtzeitig durch geeignete Maßnahmen begegnet wurde (vgl. *Burhoff*, Handbuch für das strafrechtliche Ermittlungsverfahren, Rn. 1693), bspw. durch vermehrten Personaleinsatz (BGHSt 38, 43 ff. = StV 1991, 475 [m. Anm. *Weider*]; KG StV 1992, 523; OLG Celle StV 2002, 150; OLG Düsseldorf StV 1990, 503; OLG Nürnberg StraFo 2008, 469), durch eine Beschränkung oder Trennung des Verfahrens (OLG Frankfurt am Main StV 1995, 423; OLG Hamm StV 2000, 90).

65 **III. Anderer wichtiger Grund.** Ein **anderer wichtiger Grund** für die Haftfortdauer liegt vor, wenn er seiner Struktur nach mit der besonderen Schwierigkeit oder dem besonderen Umfang der Ermittlungen vergleichbar ist. Letztere sind Beispielsfälle eines wichtigen Grundes. Es handelt sich um eine Generalklausel die auslegungsbedürftig ist (*Schlothauer/Weider*, Untersuchungshaft, Rn. 932 ff.). Entscheidend kommt es darauf an, dass sämtliche zumutbaren und möglichen Anstrengungen unternommen

wurden, um das Verfahren innerhalb von 6 Monaten mit einem erstinstanzlichen Urteil abzuschließen. Dabei ist eine vorausschauende Planung geboten.

Ein anderer wichtiger Grund wurde **verneint**: wenn Nachermittlungen in Form von Vernehmungen zahlreicher tatferner Zeugen nicht erforderlich waren, da der Beschuldigte bereits zu Beginn des Ermittlungsverfahrens ein glaubhaftes Geständnis abgelegt hatte (OLG Jena StV 1998, 141), wenn Nachermittlungen im Hinblick auf den hinreichenden Tatverdacht nicht durchgeführt wurden, sondern vornehmlich der zügigen Durchführung der Hauptverhandlung dienen sollten (OLG Hamburg StV 1996, 495), wenn zwischen dem Antrag der StA auf Vornahme einer Ermittlungshandlung (hier: richterliche Vernehmung) und deren Durchführung fast 6 Wochen liegen (OLG Hamm NJW 2004, 2540), wenn der Angeklagte weitere Taten zugegeben hat und insoweit Ermittlungen getätigt wurden, die vom Haftbefehl nicht umfasst waren (OLG Bamberg StraFo 2002, 396), wenn verzögert Anklage erhoben wurde (OLG Bremen StV 1992, 182; OLG Frankfurt am Main StV 1995, 141; OLG Hamm StV 2000, 631), bei unterlassener Übersetzung der Anklageschrift (OLG Düsseldorf StV 1991, 222), bei Nichtzustellung der Anklageschrift und Nichteinhaltung der Ladungsfrist (OLG Oldenburg StV 2004, 498), wenn das Hauptverfahren verspätet eröffnet wurde (KG StV 1994, 90 [innerhalb eines Monats nach Anklageerhebung]; OLG Hamburg StV 1996, 495, 90 [innerhalb eines Monats nach Anklageerhebung]; OLG Hamm StV 2000, 90; OLG Koblenz StV 2003, 519, 90 [innerhalb von 4 Monaten nach Anklageerhebung]), wenn aufgrund eines Ladungsfehlers die Aussetzung der Hauptverhandlung erfolgt (OLG Bremen, StV 2005, 445), bei einem Wechsel des Berichterstatters bzw. der gesamten Kammer, wenn der Verzögerung nicht durch zumutbare Maßnahmen entgegengewirkt worden ist (BVerfG NJW 1999, 2280 ff.). 66

E. Weitergehende Überlegungen. Die Anordnung der Fortdauer der Untersuchungshaft über die Dauer von 6 Monaten hinaus darf nur das OLG treffen (§ 121 Abs. 2 StPO). Das Verfahren richtet sich nach § 122. 67

Grundlage der besonderen Haftprüfung durch das OLG ist die zuletzt ergangene und prozessordnungsgemäß bekannt gemachte Haftentscheidung (vgl. OLG Koblenz NStZ 2009, 140 = NStZ-RR 2008, 92; OLG Koblenz NStZ-RR 2006, 143). Der Haftbefehl muss gem. § 115 StPO verkündet worden sein. Der Beschuldigte muss die Möglichkeit gehabt haben, sich zu den gegen ihn erhobenen Vorwürfen zu äußern (BVerfG NStZ 2002, 157 ff. = StV 2001, 691 ff.; s.a. *Schramm/Bernsmann* StV 2006, 442 ff. [keine ordnungsgemäße Verkündung durch den »Haftrichter ohne Akten« möglich]). Dies gilt ebenso, wenn der ursprüngliche Haftbefehl **erweitert** wurde (OLG Hamm StV 1998, 555; StV 1998, 273; OLG Oldenburg StraFo 2006, 410; OLG Stuttgart NStZ 2006, 588). Es bedarf einer **richterlichen Vernehmung** bzw. Anhörung des Beschuldigten. Die Übersendung der Haftentscheidung genügt nicht (*Meyer-Goßner/Schmitt* § 115 Rn. 11). Dies gilt auch bei Anklageerhebung, wenn der ursprüngliche Haftbefehl gem. § 207 Abs. 4 anzupassen ist, selbst wenn diese Anpassung nicht erfolgt (zum Ganzen *Burhoff* Handbuch für das strafrechtliche Ermittlungsverfahren, Rn. 1675). 68

Auf **Tatsachen**, die dem Beschuldigten oder dessen Verteidiger **unbekannt** sind, darf eine Entscheidung über Anordnung oder Fortdauer der Untersuchungshaft nicht gestützt werden (BT-Drucks. 16/11644, S. 34). Insoweit ist ein verfassungsrechtliches Verwertungsverbot anerkannt (BVerfG NJW 1994, 3219, 3220 f.; ähnlich OLG Brandenburg OLGSt § 114 StPO Nr. 1; OLG Hamm StV 2002, 318 [2. Strafsenat; m. zust. Anm. *Deckers*]; a. A. OLG Hamm wistra 2008, 195 [3. Strafsenat; nach der Änderung von § 147 Abs. 2 Satz 2 aber so nicht mehr haltbar]; LG Magdeburg StV 2004, 327; AG Halberstadt StV 2004, 549; s. zum Ganzen auch *Burhoff*, Handbuch für das strafrechtliche Ermittlungsverfahren, Rn. 2847; *ders.* StRR 2013, 328, 332; *Herrmann*, Untersuchungshaft, Rn. 360 ff.; *Meyer-Goßner/Schmitt* § 147 Rn. 25a; *Schlothauer* StV 2001, 195 f.; *Weider* StV 2010, 102, 105 f.). 69

Das OLG prüft auch die formellen Voraussetzungen der Untersuchungshaft, der Haftbefehl muss den Anforderungen des § 114 entsprechen. Ist dies nicht der Fall, dann ist der Haftbefehl aufzuheben. Eine **Kompetenz zur Nachbesserung** steht dem OLG nicht zu (OLG Celle StV 2005, 513 f.; OLG Koblenz NStZ-RR 2008, 92 [LS]; OLG Oldenburg StraFo 2006, 410; OLG Oldenburg NStZ 2005, 342; s.a. *Burhoff* StraFo 2000, 110; *Meyer-Goßner/Schmitt* § 122 Rn. 13 und § 125 Rn. 2; a. A. Kaiser NJW 1966, 436 ff.; *Schnarr* MDR 1990, 93 ff.). **Strittig** ist, ob bei Mängeln nach § 114 der Haftbefehl aufzuheben ist (so OLG Celle StV 2005, 513 f.; OLG Oldenburg NStZ 2005, 342 ff. = StV 2005, 226 70

71 Hat das OLG den Haftbefehl wegen des Fehlens eines wichtigen Grundes aufgehoben, dann darf vor Erlass eines Urteils **kein neuer Haftbefehl wegen derselben Tat** gegen den Beschuldigten erlassen werden (OLG Düsseldorf StV 1996, 493; StV 1993, 376; OLG Hamm, StV 1996, 159; OLG München, StV 1996, 676). Dies gilt auch dann, wenn neue Tatsachen die Annahme bestätigen, der Beschuldigte wirke nach seiner Haftentlassung unlauter auf Zeugen ein, um die Tataufklärung zu erschweren (OLG Zweibrücken, NJW 1996, 3222).

72 Das OLG ist **schon vor Ablauf der weiteren Prüfungsfrist** nach § 122 Abs. 4 Satz 2 befugt, einen Haftbefehl wegen Verstoßes gegen das Beschleunigungsgebot aufzuheben, wenn die Voraussetzungen des § 121 Abs. 1 bereits mit Vorlage der Akten nicht mehr vorliegen (OLG Nürnberg StRR 2010, 443 [LS] = StV 2011, 294 f.).

73 Für **Staatsschutzsachen** gem. § 74a GVG enthält § 121 Abs. 4 besondere Zuständigkeitsregeln. Es kommt auf den Gegenstand des Verfahrens an, nicht auf den im Haftbefehl angenommenen Tatverdacht (BGHSt 28, 355 ff. = NJW 1979, 1419 ff.; *Meyer-Goßner/Schmitt* § 122 Rn. 33).

§ 122 StPO Besondere Haftprüfung durch das Oberlandesgericht.

(1) In den Fällen des § 121 legt das zuständige Gericht die Akten durch Vermittlung der Staatsanwaltschaft dem Oberlandesgericht zur Entscheidung vor, wenn es die Fortdauer der Untersuchungshaft für erforderlich hält oder die Staatsanwaltschaft es beantragt.

(2) ¹Vor der Entscheidung sind der Beschuldigte und der Verteidiger zu hören. ²Das Oberlandesgericht kann über die Fortdauer der Untersuchungshaft nach mündlicher Verhandlung entscheiden; geschieht dies, so gilt § 118a entsprechend.

(3) ¹Ordnet das Oberlandesgericht die Fortdauer der Untersuchungshaft an, so gilt § 114 Abs. 2 Nr. 4 entsprechend. ²Für die weitere Haftprüfung (§ 117 Abs. 1) ist das Oberlandesgericht zuständig, bis ein Urteil ergeht, das auf Freiheitsstrafe oder eine freiheitsentziehende Maßregel der Besserung und Sicherung erkennt. ³Es kann die Haftprüfung dem Gericht, das nach den allgemeinen Vorschriften dafür zuständig ist, für die Zeit von jeweils höchstens drei Monaten übertragen. ⁴In den Fällen des § 118 Abs. 1 entscheidet das Oberlandesgericht über einen Antrag auf mündliche Verhandlung nach seinem Ermessen.

(4) ¹Die Prüfung der Voraussetzungen nach § 121 Abs. 1 ist auch im weiteren Verfahren dem Oberlandesgericht vorbehalten. ²Die Prüfung muß jeweils spätestens nach drei Monaten wiederholt werden.

(5) Das Oberlandesgericht kann den Vollzug des Haftbefehls nach § 116 aussetzen.

(6) Sind in derselben Sache mehrere Beschuldigte in Untersuchungshaft, so kann das Oberlandesgericht über die Fortdauer der Untersuchungshaft auch solcher Beschuldigter entscheiden, für die es nach § 121 und den vorstehenden Vorschriften noch nicht zuständig wäre.

(7) Ist der Bundesgerichtshof zur Entscheidung zuständig, so tritt dieser an die Stelle des Oberlandesgerichts.

Übersicht

	Rdn.		Rdn.
A. Allgemeines	1	2. Prüfkompetenz des OLG	20
B. Regelungsgehalt und Verfahrensgang	4	3. Entscheidung durch Beschluss	21
I. Vorgeschaltete Prüfung durch das Haftgericht	4	4. Zeitpunkt der Entscheidung	22
II. Aktenvorlage nach § 122 Abs. 1 StPO	8	5. Rechtschutz gegen den Beschluss des OLG	23
III. Anhörung des Beschuldigten und seines Verteidigers, § 122 Abs. 2 Satz 1	13	6. Sonstiges	24
IV. Entscheidung nach mündlicher Verhandlung, § 122 Abs. 2 Satz 2 StPO	17	VI. Fortdauer der Untersuchungshaft nach Ablauf von 6 Monaten, § 122 Abs. 3 und 4	27
V. Prüfung und Entscheidung durch das OLG, § 122 Abs. 3 Satz 1, Abs. 5	18	VII. Besondere Haftprüfung bei mehreren Beschuldigten, § 122 Abs. 6	29
1. Eigene Ermittlungen durch das OLG	19	VIII. Zuständigkeit des BGH, § 122 Abs. 7	30

A. Allgemeines.
In § 122 sind die verfahrensrechtlichen Vorgaben der besonderen Haftprüfung nach § 121 geregelt. Die Norm ist das Pendant zu § 121 (AnwK/Uhaft-*König*, § 122 Rn. 1).

Das besondere *Haftprüfungsverfahren* nach den §§ 121, 122 setzt voraus, dass sich der **Haftbefehl in Vollzug** befindet. Wird die Untersuchungshaft zum Zwecke der Strafvollstreckung unterbrochen oder kann sie sonst nicht vollstreckt werden, dann finden die §§ 121, 122 keine Anwendung (AnwK/StPO-*Krause*, § 122 Rn 2; *Meyer-Goßner/Schmitt* § 122 Rn. 2; KK/*Schultheis*, § 122 Rn. 1). Eine Prüfung durch das OLG kommt ausnahmsweise auch dann in Betracht, wenn auf Haftbeschwerde der StA hin die erneute Invollzugsetzung des Haftbefehls in Erwägung gezogen wird (OLG Schleswig MDR 1983, 71) oder unmittelbar bevorsteht (OLG Karlsruhe Justiz 1978, 475; zum Ganzen s.a. *Meyer-Goßner/Schmitt* § 122 Rn. 2; SK-StPO/*Paeffgen* § 122 Rn. 1; KK/*Schultheis*, § 122 Rn. 1 a.E.).

Zuständig für die Vorlage der Akten ist das Haftgericht gem. § 126. Teilweise wird vertreten, dass auch das Beschwerdegericht zur Vorlage verpflichtet ist, sofern zum Zeitpunkt der Sechs-Monats-Prüfung eine Haftbeschwerde anhängig ist (AnwK/Uhaft-*König*, § 122 StPO Rn. 1; LR/*Hilger* § 122 Rn. 6). Nach a. A. soll das Haftgericht im zeitlich engen Zusammenhang mit der besonderen Haftprüfung nach § 121 die Akten nicht dem Beschwerdegericht zur Prüfung der Haftbeschwerde, sondern unmittelbar dem OLG zur Durchführung der besonderen Haftprüfung vorzulegen haben (*Meyer-Goßner/Schmitt* § 122 Rn. 3).

B. Regelungsgehalt und Verfahrensgang.
I. Vorgeschaltete Prüfung durch das Haftgericht. Die Rechte und Pflichten des zur Vorlage verpflichteten Gerichts sind umstritten. Es soll dazu berechtigt sein zu prüfen, ob der Haftbefehl gem. § 120 aufgehoben oder gem. § 116 außer Vollzug zu setzen ist (LR/*Hilger* § 122 Rn. 15; AnwK/Uhaft-*König*, § 122 StPO Rn. 2; *Meyer-Goßner/Schmitt* § 122 Rn. 27; KK/*Schultheis*, § 122 Rn. 2). Hilft das Ausgangsgericht nicht ab, dann sind die Akten dem zuständigen Strafsenat beim OLG vorzulegen. Das Haftgericht hat hier eine **negative Entscheidungskompetenz**. Kommt es bereits selbst zu dem Ergebnis, dass weder die besondere Schwierigkeit oder der besondere Umfang der Ermittlungen noch ein anderer wichtiger Grund die Fortdauer der Untersuchungshaft rechtfertigen und wird der Beschuldigte deshalb haftverschont, dann bedarf es keiner Vorlage der Akten mehr. Nach a. A. steht dem OLG das alleinige Entscheidungsrecht zu. Die Akten sind dann in jedem Fall vorlegen. Dies soll sich aus dem Wortlaut des § 122 Abs. 4 ergeben; »*auch*« dort soll die Prüfung ausschließlich dem OLG vorbehalten sein (zum Ganzen: LR/*Hilger* § 122 Rn. 56; *Klein* HRRS 2006, 71 ff.; SK-StPO/*Paeffgen*, § 122 Rn. 2 sowie § 121 Rn. 21; *Schnarr* MDR 1990, 92 f. [Anm. zu OLG Köln JMBl NW 1986, 22]; KK/*Schultheis*, § 122 Rn. 2).

Aus **Sinn und Zweck der besonderen Haftprüfung** ergibt sich, dass bereits dem Haftgericht das Recht zur Entscheidung zusteht. Der Verhältnismäßigkeitsgrundsatz und einhergehend damit auch das Beschleunigungsgebot in Haftsachen sind während des gesamten Verfahrens von Amts wegen zu beachten. Diese Verpflichtung trifft die StA und das jeweilige Haft- oder auch Beschwerdegericht. Das OLG soll dann, nach Ablauf von 6 Monaten, eine zusätzliche kritische Prüfung vornehmen. Die weitere Anordnung der Untersuchungshaft hat dann das übergeordnete Gericht zu entscheiden. Die Einschaltung des OLG soll nur einen ungerechtfertigt langen Vollzug unterbinden, sodass der zuständige Haftrichter weiter befugt bleibt, Maßnahmen zu treffen, die den Vollzug der Untersuchungshaft beenden. Für eine negative Entscheidungskompetenz der Haft- oder Beschwerdegerichts spricht auch eine teleologische Auslegung. Nach § 121 Abs. 2 ist der Haftbefehl aufzuheben, wenn er nicht außer Vollzug gesetzt wird oder das OLG die Fortdauer der Untersuchungshaft anordnet. § 122 Abs. 1 ordnet eine Vorlage der Akten aber nur an, wenn das Haftgericht in den Fällen des § 121 Abs. 1 die Untersuchungshaft für erforderlich hält. Es hat also zunächst diese besonderen Voraussetzungen selbst zu prüfen (ausführlich zum Ganzen *Klein* HRRS 2006, 71 ff.). Eine zwingende Vorlage der Akten an das OLG würde i.Ü. auch das Risiko einer unnötigen Verlängerung der Untersuchungshaft bergen. Denn die Vorlegung dauert in der Praxis regelmäßig etwa zwischen 2 und 4 Wochen (zur Vermittlung der Vorlage ausführlich s.u., Rdn. 8 ff.).

Beantragt die StA die Vorlage der Akten beim OLG, dann muss das Haftgericht die Akte vorlegen (vgl. § 122 Abs. 1 a.E.). Zum umgekehrten Fall eines Antrages auf Aufhebung des Haftbefehls nach § 120 Abs. 3 s. die Kommentierung bei § 120, dort Rdn. 23 ff.

Das OLG kann über die Fortdauer der Untersuchungshaft auch entscheiden, wenn die Akten aus einem anderen Grund vorgelegt werden. Die Wirkungen der Untersuchungshaft sind derart einschneidend,

§ 122 StPO Besondere Haftprüfung durch das Oberlandesgericht

dass jederzeit eine Überprüfung und Änderung der Entscheidung möglich sein muss (OLG Düsseldorf StV 1991, 222; OLG Naumburg StraFo 2009, 148, *Meyer-Goßner/Schmitt* § 122 Rn. 1; *Radtke/Hohmann/Tsambikakis*, StPO, § 122 Rn. 2).

8   **II. Aktenvorlage nach § 122 Abs. 1 StPO.** I.R.d. besonderen Haftprüfung nach § 121 werden die Akten vom zuständigen Gericht durch Vermittlung der StA über die Generalstaatsanwaltschaft dem zuständigen Strafsenat beim OLG vorgelegt (§ 122 Abs. 1). Lässt sich die Frist zur Vorlage nicht anders einhalten, dann kann die Vorlage der Akten auch direkt an das OLG erfolgen (AnwK/Uhaft-*König*, § 122 StPO Rn. 3 a.E.; *Meyer-Goßner/Schmitt* § 122 Rn. 6).

9   Die Akten sind **unverzüglich vorzulegen**. Die Vorlage muss rechtzeitig vor Ablauf der Frist des § 121 Abs. 1 erfolgen. Sie soll aber auch nicht zu früh veranlasst werden, das Ermittlungsverfahren ist weiter zu betreiben (vgl. hierzu die Richtlinien und Hinweise für die Bearbeitung von Haftsachen bei der StA Brandenburg, Rundverfügung des Generalstaatsanwaltes des Landes Brandenburg v. 05.03.1997 [422–2], StV 1997, 553 f.; s.a. Nr. 53 Abs. 1 RiStBV). Andernfalls ruht der Fristenlauf nicht.

10 Die Vorlage lediglich eines **Haftbandes** soll genügen, wenn dadurch die Prüfung durch das OLG ermöglicht wird (*Meyer-Goßner/Schmitt* § 122 Rn. 4). Dies erscheint bedenklich. Ebenso wie beim umfassenden Recht auf Akteneinsicht (ausführlich hierzu vor § 112, dort Rdn. 58 ff.) muss auch hier eine uneingeschränkte Prüfung ermöglicht werden. Weder die Ermittlungsbehörden noch das Haftgericht dürfen einseitig bestimmen, was sie zu den (Haft-) Akten nehmen und was sie weglassen. Andernfalls würde immer nur eine zusammenfassende Darstellung nebst Schlussfolgerungen zur Verfügung gestellt. Dies würde einer subjektiv geprägten einseitigen Aktenführung Tür und Tor öffnen und die Pflicht zur Aktenvorlage unzulässig verkürzen. Einem solchen Vorgehen könnten inquisitorische Züge nicht völlig abgesprochen werden. Nur eine umfassende Aktenvorlage eröffnet dem OLG die Möglichkeit, die Haftfrage umfassend zu prüfen und richtig zu entscheiden. Zweit- oder Doppelakten sind sowieso vorzuhalten (vgl. hierzu BVerfG StV 1999, 162; OLG Düsseldorf StV 2001, 695; *Meyer-Goßner/Schmitt* § 121 Rn. 23; s.a. die Kommentierung bei § 121, dort Rdn. 20).

11 Da das OLG im Verfahren nach den §§ 121, 122 nicht berechtigt ist, den Haftbefehl von sich aus zu ergänzen oder umzustellen, hat die StA im Vorgriff auf die Vorlage der Akten rechtzeitig darauf hinzuwirken, dass der Haftbefehl den ggf. veränderten Ermittlungsergebnissen angepasst wird. Nach Eröffnung des Hauptverfahrens erfolgt dies ebenfalls, durch das Hauptgericht (vgl. auch § 207 Abs. 4).

12 Der **Vorlagebericht der StA** soll den Sachverhalt zusammenfassend darstellen. Er muss die Förderung der Ermittlungen erkennen lassen. Der Verteidiger hat Anspruch auf Kenntnis von eingeholten dienstlichen Stellungnahmen, bspw. zu Besetzungsfragen, zu Entlastungsmaßnahmen oder auch zur Auslastung der zuständigen Strafkammer (AnwK/Uhaft-*König*, § 122 StPO Rn. 5). Er sollte hierzu auch selbst recherchieren. Die Generalstaatsanwaltschaft hat ein Anhörungsrecht (vgl. § 33 Abs. 2), meist gibt sie mit der Vorlage der Akten eine eigene Stellungnahme ab, oft unter Bezugnahme auf den Bericht der StA.

13 **III. Anhörung des Beschuldigten und seines Verteidigers, § 122 Abs. 2 Satz 1.** Vor einer Entscheidung durch das OLG sind dem **Beschuldigten und seinem Verteidiger rechtliches Gehör** zu gewähren (§ 122 Abs. 2). Das Anhörungsrecht ist hier umfassender ausgestaltet als bei § 33 Abs. 3 (LR/*Hilger* § 122 Rn. 21 [Sonderregel]; *Schlothauer/Weider*, Untersuchungshaft, Rn. 944). Verteidiger und Beschuldigter müssen sich nicht lediglich zu den Tatsachen und Beweisergebnissen äußern können, sondern auch zu den im Gesetz genannten wertenden Erwägungen, von denen die Haftentscheidung abhängt. Kritisch zu würdigen sind die »besondere Schwierigkeit«, der »besondere Umfang der Ermittlungen«, ein »anderer wichtiger Grund« sowie die Frage der »Rechtfertigung der Fortdauer der Untersuchungshaft« (vgl. LR/*Hilger* § 122 Rn. 21; *Schlothauer/Weider*, Untersuchungshaft, Rn. 944).

14 Dem Verteidiger sind die **Stellungnahmen der StA** und der **Generalstaatsanwaltschaft** zuzuleiten. Ihm wird eine Frist zur Erwiderung eingeräumt. Dies geschieht wegen der Eilbedürftigkeit regelmäßig durch die Generalstaatsanwaltschaft, einhergehend mit der Vorlage der Akten; dies kann aber auch durch den Strafsenat veranlasst werden. Die Frist ist meist kurz bemessen, kann aber auf Antrag verlängert werden. Das Beschleunigungsgebot in Haftsachen gilt auch hier.

15 Teilweise wird vertreten, dass eine Stellungnahme der Generalstaatsanwaltschaft dem Beschuldigten und seinem Verteidiger nur dann mitgeteilt werden müsse, wenn neue Tatsachen oder Beweismittel geltend gemacht werden und das Gericht sie zum Nachteil des Beschuldigten verwerten will (AnwK/

Uhaft-*König*, § 122 StPO Rn. 5; *Meyer-Goßner/Schmitt* § 122 Rn. 9; *Münchhalffen/Gatzweiler*, Untersuchungshaft, Rn. 507; KK/*Schultheis*, § 122 Rn. 7; a. A. *Burhoff*, Handbuch für das strafrechtliche Ermittlungsverfahren, Rn. 946; *Herrmann*, Untersuchungshaft, Rn. 1168; LR/*Hilger* § 121 Rn. 22; *Schlothauer/Weider*, Untersuchungshaft, Rn. 943). Eine solche Ansicht überzeugt nicht (ebenso AnwK/Uhaft-*König*, § 122 StPO Rn. 5 a.E.). Denn dies bedeutet eine Beschränkung der Verteidigungsrechte des Beschuldigten und kann so nicht hingenommen werden. Ob die Stellungnahme bedeutsam ist und hierauf repliziert werden soll, müssen der Beschuldigte und sein Verteidiger entscheiden. Dies ist aber nur möglich, wenn sie davon Kenntnis erlangen (ebenso *Burhoff*, Handbuch für das strafrechtliche Ermittlungsverfahren, Rn. 1702; LR/*Hilger* § 121 Rn. 22; *Schlothauer/Weider*, Untersuchungshaft, Rn. 943). Der Grundsatz des fair trial gebietet eine umfassende Bekanntgabe sämtlicher Stellungnahmen.

Bei **Fristversäumung** besteht keine Möglichkeit der Wiedereinsetzung in den vorherigen Stand. Eine Nachholung rechtlichen Gehörs kann aber über § 33a erfolgen (*Herrmann*, Untersuchungshaft, Rn. 1170 a.E.; *Schlothauer/Weider*, Untersuchungshaft, Rn. 943). Hierbei kann aber nicht übersehen werden, dass der Fristablauf des § 121 für sämtliche Verfahrensbeteiligten nicht überraschend kommt, sondern lang vorher absehbar war (*Herrmann*, Untersuchungshaft, Rn. 1170). 16

IV. Entscheidung nach mündlicher Verhandlung, § 122 Abs. 2 Satz 2 StPO. Auf Antrag eines Verfahrensbeteiligten kann über die Haftfortdauer nach **mündlicher Verhandlung** entschieden werden. Ein Anspruch hierauf besteht nicht. Das OLG hat die Möglichkeit einer mündlichen Erörterung nach pflichtgemäßem Ermessen zu beurteilen. Findet eine mündliche Verhandlung statt, dann richtet sich diese nach § 118a (vgl. § 122 Abs. 2 Satz 2; s. hierzu auch die Kommentierung bei § 118a, dort Rdn. 2 ff.). 17

V. Prüfung und Entscheidung durch das OLG, § 122 Abs. 3 Satz 1, Abs. 5. Das OLG hat das Vorliegen sämtlicher **formeller** (OLG Stuttgart Justiz 2002, 248) und **materieller Voraussetzungen** des Haftbefehls zu prüfen. 18

1. Eigene Ermittlungen durch das OLG. Der Strafsenat kann **eigene Ermittlungen** durchführen. Von Interesse sind insb. Fragen des Verfahrensfortganges, bspw. warum das Urteil bisher noch nicht verkündet werden konnte, welche Verfahrensverzögerungen festzustellen und welche künftig noch zu erwarten sind. Eigene Feststellungen sind aber nicht auf Fragen zur Beschleunigung des Verfahrens beschränkt, es kann umfassend recherchiert werden. Es gilt das **Freibeweisverfahren**. In der Praxis sind Anfragen bei den mit der Sache befassten Verfahrensbeteiligten aber auch dem jeweiligen Gerichtspräsidenten oder Abteilungs- oder Behördenleiter möglich (s.a. *Schlothauer/Weider*, Untersuchungshaft, Rn. 943). Zur Gewährung rechtlichen Gehörs s.o., Rdn. 13. 19

2. Prüfkompetenz des OLG. Die Fortdauer der Untersuchungshaft darf nur angeordnet werden, wenn sämtliche allgemeinen Voraussetzungen (dringender Tatverdacht, Haftgrund, Verhältnismäßigkeit) bestehen und sich auch sonst nicht ergibt, dass die weitere Untersuchungshaft zu der Bedeutung der Sache und zu der zu erwartenden Strafe oder Maßregel der Besserung und Sicherung außer Verhältnis steht. I.R.d. **formellen Prüfung** sind bspw. Begründungsmängel i.S.v. § 114 zu prüfen (BVerfG NStZ 2002, 157; OLG Celle StV 2005, 513 f.; OLG Karlsruhe StV 2002, 149; OLG Hamm StV 2000, 153; OLG Koblenz NStZ-RR 2006, 143 [LS]; OLG Oldenburg StraFo 2006, 282 f.; NStZ 2005, 342 = StraFo 2005, 112 [LS] = StV 2005, 226; s.a. OLG Koblenz bei *Paeffgen* NStZ 2007, 144; zum Ganzen auch LR/*Hilger* § 122 Rn. 25; *Mayer/Hunsmann* NStZ 2015, 325 ff.). Ein **Nachbesserungsrecht** steht dem OLG hier nicht zu. Die Akten können auch nicht an das zuständige Haftgericht zur Nachbesserung des Haftbefehls zurückgeben werden (a. A. OLG Stuttgart Justiz 2002, 248). Das OLG muss selbst nach den §§ 121, 122 entscheiden (s. zum Ganzen OLG Celle StV 2005, 513 f.; OLG Koblenz NStZ-RR 2008, 92 [LS]; OLG Oldenburg StraFo 2006, 410; NStZ 2005, 342; s.a. *Burhoff* StraFo 2000, 110; *Meyer-Goßner/Schmitt* § 122 Rn. 13 und § 125 Rn. 2; a. A. *Kaiser* NJW 1966, 436 ff.; *Schnarr* MDR 1990, 93 ff.; s. hierzu auch § 121, dort Rdn. 70). Kommt das OLG i.R.d. **materiellen Prüfung** zu dem Ergebnis, dass nach § 120 Abs. 1 Satz 1 zu verfahren ist, dann hebt es den Haftbefehl unmittelbar auf (ausführlich hierzu § 120, dort Rdn. 7 ff.). Dann bedarf es keines förmlichen Verfahrens mehr nach § 122 Abs. 2. Liegen die Voraussetzungen des § 121 Abs. 1 vor, dann kann das OLG den Haftbefehl auch selbst außer Vollzug setzen (OLG Hamm StV 2000, 631; OLG Karlsruhe NStZ 20

2001, 79). Es bedarf einer **doppelten Prüfung**, zum einen hinsichtlich der Feststellung zu besonderer Schwierigkeit und besonderem Umfang des Verfahrens und zum anderen dann hinsichtlich der Rechtfertigung der Fortdauer der Untersuchungshaft im eigentlichen Sinn (s. hierzu bereits § 121, dort Rdn. 59; s.a. BVerfG NStZ 2008, 18 ff. = NStZ-RR 2008, 18 ff. = StRR 2007, 117 f. [m. Anm. *Burhoff*] = StV 2007, 369, 370; NStZ-RR 2007, 311 f. = StraFo 2007, 152, 154 = StRR 2007, 36 f. [m. Anm. *Burhoff*] = StV 2007, 366, 368; BVerfG StraFo 2006, 494, 495 = StV 2006, 703, 705; AnwK/Uhaft-*König*, § 121 StPO Rn. 9; *Schlothauer/Weider*, Untersuchungshaft, Rn. 921).

21 **3. Entscheidung durch Beschluss.** Das OLG entscheidet durch Beschluss. Dieser ist zu begründen (zum verfassungsgerichtlichen Gebot der Begründungstiefe s. *Mayer/Hunsmann* NStZ 2015, 325 ff.). Eine bloße Bezugnahme auf frühere Entscheidungen oder floskelhafte Leerformeln genügt aber nicht (BVerfG NStZ 2009, 134 f. = StRR 2008, 355 f. [m. Anm. *Herrmann*] = StV 2008, 421 ff.; NStZ 2008, 18 ff. = NStZ-RR 2008, 18 ff. = StRR 2007, 117 f. [m. Anm. *Burhoff*] = StV 2007, 369 f.; StV 2006, 251, 252; NStZ 2004, 82 f. = StV 2003, 30 f.; BVerfG NStZ 2002, 100 = StV 2001, 694 f. [»beim gegenwärtigen Ermittlungsstand« unzureichend]; NJW 2000, 1401 f. = StV 2000, 321 f.; NStZ-RR 1999, 12 ff.; SächsVerfGH StraFo 2004, 54; SächsVerfGH StraFo 2003, 238 f.; s. auch *Mayer/Hunsmann* NStZ 2015, 325 ff.; a. A. *Meyer-Goßner/Schmitt* § 122 Rn. 16 [Bezugnahme auf Anklageschrift oder Haftbefehl zulässig]). Die Voraussetzungen des § 121 sind darzustellen. An die Begründung sind höhere Anforderungen als an eine den Rechtsweg abschließende Entscheidung zu stellen. Denn das OLG nimmt i.R.d. besonderen Haftprüfung nach den §§ 121, 122 eine nur ihm vorbehaltene eigene Sachprüfung vor und entscheidet zugleich erst- und letztinstanzlich. Die Begründung muss sich deshalb insb. auch mit dem dringenden Tatverdacht sowie den Haftgründen auseinandersetzen (BVerfG NStZ 2002, 100 = StV 2002, 694 f.; *Mayer/Hunsmann* NStZ 2015, 325 ff.; *Widmaier/König*, MAH Strafverteidigung, § 4 Rn. 251; *Paeffgen* NStZ 2003, 76, 82). Darüber hinaus sind Ausführungen zu den Voraussetzungen des § 121 Abs. 1, eine Abwägung zwischen einerseits dem Freiheitsgrundrecht des Beschuldigten und andererseits dem Strafverfolgungsinteresse sowie zur Frage der Verhältnismäßigkeit geboten. Die Begründung hat sich jeweils an der aktuellen Sach- und Rechtslage zu orientieren. Denn die maßgeblichen Umstände können sich seit der letzten Haftentscheidung geändert oder jedenfalls ihre Wertigkeit verschoben haben (EGMR NJW 2003, 1439 ff. [Erdem v. BRD]; BVerfG StRR 2008, 355 f. [m. Anm. *Herrmann*] = StV 2008, 421 ff.; BVerfG NStZ 2008, 18 ff. = NStZ-RR 2008, 18 ff. = StRR 2007, 117 f. [m. Anm. *Burhoff*] = StV 2007, 369 f.; StraFo 2007, 18 f. = StV 2007, 254 ff.; NJW 2006, 1336 ff. = NStZ 2007, 81 f. = StraFo 2006, 196 f. = StV 2006, 248 ff.; StV 2006, 251 ff.; NJW 2000, 1401 f. = StV 2000, 321 f.; SächsVerfGH StraFo 2003, 238 f.; s.a. *Burhoff*, Handbuch für das strafrechtliche Ermittlungsverfahren, Rn. 1703 a.E.). Der Beschluss ist formlos bekannt zu machen (§ 35 Abs. 2 Satz 2 StPO).

22 **4. Zeitpunkt der Entscheidung.** Der Zeitpunkt der Entscheidung muss nicht exakt mit dem Ablauf der Sechs-Monats-Frist zusammenfallen. Das OLG kann die Haftfortdauer oder die Aufhebung oder Außervollzugsetzung des Haftbefehls bereits vor Ablauf der Frist anordnen (KG StraFo 2006, 283 = StV 2006, 253, 256 a.E. [zwei Tage vor Fristablauf]; OLG Hamburg NJW 1968, 1535 [drei Wochen vor Fristablauf]; AnwK/StPO-*Krause*, § 122 Rn. 9; LR/*Hilger* § 122 Rn. 29 f. [einige Tage vor Fristende]; KK/*Schultheis*, § 121 Rn. 27 [kurz vor Ablauf der Sechsmonatsfrist]; *Meyer-Goßner/Schmitt* § 122 Rn. 14 [einige Tage vor Ablauf der Frist]). Problematisch ist aber, wie lang vorher eine solche Entscheidung ergehen darf. Der Ausnahmecharakter von § 121 und der besondere Prüfumfang legen nahe, dass die Entscheidung i.R.d. besonderen Haftprüfung nur zeitnah zum Fristende ergehen kann. Allerdings kann das OLG grds. auch schon vorher berufen sein, dann aber als Gericht der weiteren Beschwerde, sofern der Weg der Haftbeschwerde gewählt wurde. Für eine strikte Beachtung der jeweiligen Verfahrenssituation und damit eine enge Auslegung sprechen dogmatische Überlegungen. Ohne weitere Haftbeschwerde wäre dann nur das Haftgericht ermächtigt, schon vorher eine Entscheidung zu treffen. Für eine weite Auslegung hingegen sprechen Effizienzgesichtspunkte. Kann das OLG i.R.d. zu treffenden Prognose absolut sicher entscheiden, dass die Untersuchungshaft nach Ablauf der Sechs-Monats-Frist entweder weiter gerechtfertigt und auch erforderlich ist oder dies eben nicht ist, dann wird man ihm i.R.d. §§ 121, 122 die Entscheidung schon früher hinzunehmen haben. Der Instanzenzug der Haftbeschwerde darf hierbei aber nicht verloren gehen. Entscheidend kommt es auf den Einzelfall an (s. hierzu auch LR/*Hilger* § 122 Rn. 29 f. [insgesamt jedoch enger]).

5. Rechtschutz gegen den Beschluss des OLG. Gegen den Beschluss des OLG ist ein **ordentlicher** 23 **Rechtsbehelf ausgeschlossen** (§ 304 Abs. 4 Satz 2 Halbs. 1). Gegen einen Haftfortdauerbeschluss besteht aber die Möglichkeit der Verfassungsbeschwerde (BVerfG NJW 2000, 1401 f. = StV 2000, 321 f. [dort ausführlich zum Fortsetzungsfeststellungsinteresse sowie zur Verpflichtung einer qualifizierten Begründung]; ausführlich zur Verfassungsbeschwerde gegen Haftfortdauerbeschlüsse *Bleckmann* NJW 1995, 2192 ff.). Die Erfolgsaussichten scheinen je nach Einzelfall aussichtsreich (*Herrmann*, Untersuchungshaft, Rn. 1172; *Schlothauer/Weider*, Untersuchungshaft, Rn. 950 [dort mit Verweis auf Rn. 814 ff.]). Insb. das Beschleunigungsgebot in Haftsachen hat eine Vielzahl von höchstrichterlichen Entscheidungen gebracht (ausführlich hierzu die Kommentierung bei § 120, dort Rdn. 17 ff.).

6. Sonstiges. Durch die Entscheidung des OLG werden eine Haftbeschwerde oder ein Haftprüfungs- 24 antrag gegenstandslos. Sie sind zur Klarstellung für erledigt zu erklären (*Burhoff*, Handbuch für das strafrechtliche Ermittlungsverfahren, Rn. 947 a.E.; *Meyer-Goßner/Schmitt* § 122 Rn. 18).
Der **Umfang der Bindungswirkung einer Entscheidung** des OLG ist differenziert zu sehen:
– Die Änderung der einmal getroffenen **Entscheidung nach den §§ 121, 122 selbst** ist nicht möglich. Wurde die Untersuchungshaft für unzulässig erklärt, und der Haftbefehl aufgehoben, dann ist diese Entscheidung bindend. Dies gilt selbst dann, wenn ein neuer Haftgrund eintritt. Denn Sinn und Zweck des Haftprüfungsverfahrens durch das OLG wären konterkariert, wenn der wegen eines Verstoßes gegen das Beschleunigungsgebot aufgehobene Haftbefehl aufgrund nachträglich zusätzlich eingetretener oder verstärkter Haftgründe ersetzt werden könnte (OLG Celle StV 2002, 556; OLG Düsseldorf StV 1996, 493; OLG Düsseldorf StV 1993, 376; OLG Hamm StV 1996, 159; OLG München StV 1996, 676; OLG Zweibrücken StV 1996, 494). Teilweise wird aber vertreten, dass die Sperrwirkung nicht greife und ein neuer Haftbefehl wegen derselben Tat ausnahmsweise doch zulässig sein soll, wenn sich die Verfahrenslage geändert hat und zusätzliche Tatsachen eine besonders schwerwiegende Gefährdung des öffentlichen Interesses an der vollständigen Aufklärung der Tat und der raschen Bestrafung der Täter begründen. Dies sei vom Einzelfall abhängig (vgl. BVerfG MDR 1967, 463; OLG Celle NJW 1973, 1988; OLG Frankfurt am Main StV 1985, 196 [m. abl. Anm. *Wendisch*]; OLG Hamburg MDR 1994, 84 = JR 1995, 72 ff. [m. abl. Anm. *Paeffgen*] = StV 1994, 142 ff. [m. abl. Anm. *Schlothauer*]; KK/*Schultheis*, § 121 Rn. 131). Eine solche Ansicht ist formal und dogmatisch abzulehnen (ausführlich *Schlothauer* StV 1994, 142 ff. [Anm. zu OLG Hamburg]). Die besondere Entscheidungskompetenz des OLG ist bindend (vgl. LR/*Hilger* § 121 Rn. 47 und § 122 Rn. 38 f.; *Meyer-Goßner/Schmitt* § 122 Rn. 19; KK/*Schultheis*, § 122 Rn. 31).
– Wurde der Haftbefehl hingegen nach den **allgemeinen Regeln aufgehoben oder außer Vollzug gesetzt** (vgl. § 120 Abs. 1 Satz 1), dann ist das jeweils zuständige Haftgericht nach den §§ 125, 126 an die Entscheidung des OLG nicht gebunden (vgl. LR/*Hilger* § 121 Rn. 47 und § 122 Rn. 38 f.; *Meyer-Goßner/Schmitt* § 122 Rn. 19; *Schlothauer/Weider*, Untersuchungshaft, Rn. 1247; KK/*Schultheis*, § 122 Rn. 31).
– Die **erneute Invollzugsetzung eines einmal außer Vollzug gesetzten Haftbefehls** ist nur unter den (engen) Voraussetzungen des § 116 Abs. 4 möglich (ausführlich hierzu § 116, dort Rdn. 51 ff.; BVerfG Kriminalistik 2008, 257 ff. [m. Anm. *Fehn*] = NStZ 2008, 138 = NStZ-RR 2007, 379 ff. = StRR 2007, 275 f. [m. Anm. *Burhoff*] = StV 2008, 25 f. = wistra 2007, 417 ff.; NStZ 2007, 83 f. = StraFo 2005, 502 f. = StV 2006, 26 ff. = wistra 2006, 57 ff.; KG StraFo 1997, 27 f.; OLG Dresden StV 2010, 29 f.; OLG Düsseldorf NStZ-RR 2002, 125 = StraFo 2002, 142 = StV 2002, 207; s.a. KK/*Schultheis*, § 122 Rn. 31; *Meyer-Goßner/Schmitt* § 122 Rn. 19; LR/*Hilger* § 121 Rn. 47 und § 122 Rn. 38 f.).

Für einen **Haftbefehl nach § 230 Abs. 2** gelten diese Überlegungen nicht. Die Entscheidung basiert 25 dort nicht auf den Voraussetzungen der §§ 112 ff., sondern sie ergeht wegen des Ungehorsams des Angeklagten (KG StV 1983, 111, 112 [a.E.]; KK/*Schultheis*, § 122 Rn. 31; *Meyer-Goßner/Schmitt* § 122 Rn. 20).

Nach **Erlass eines Urteils** entfällt die formelle Sperrwirkung der Haftentscheidung des OLG nach den 26 §§ 121, 122 (OLG Düsseldorf StV 1994, 147). Die besondere Haftprüfung durch das OLG nach den §§ 121, 122 bezieht sich nur auf den Verfahrensabschnitt bis zum Zeitpunkt des Erlasses eines auf Freiheitsstrafe oder eine andere freiheitsentziehende Maßregel der Besserung und Sicherung erkennendes Urteils. Der Wortlaut des § 121 Abs. 1 Halbs. 1 ist eindeutig, er steht i.Ü. in Einklang mit Art. 5 Abs. 3

§ 122a StPO   Höchstdauer der Untersuchungshaft bei Wiederholungsgefahr

Satz 2 EMRK (OLG Düsseldorf StV 1993, 376; LR/*Hilger* § 122 Rn. 40; *Schlothauer/Weider*, Untersuchungshaft, Rn. 1250).
Zur Frage der Ablehnung eines Richters wegen der **Besorgnis der Befangenheit** bei Vorbefassung im Hauptverfahren s. OLG Bremen NStZ 1990, 96 f.

27 **VI. Fortdauer der Untersuchungshaft nach Ablauf von 6 Monaten, § 122 Abs. 3 und 4.** Ordnet das OLG die Haftfortdauer an, dann obliegt ihm entsprechend § 122 Abs. 3 Satz 2 die **weitere Haftprüfung nach § 117 Abs. 1** bis ein auf Freiheitsstrafe oder eine andere freiheitsentziehende Maßregel der Besserung und Sicherung erkennendes Urteil ergeht. Sie hat alle 3 Monate stattzufinden. Die Frist beginnt mit dem Erlass des Beschlusses in der jeweils vorangehenden Haftprüfung, vorher ruht der dortige Fristenlauf (vgl. § 121 Abs. 3 Satz 1). Der Fristenlauf ruht auch während der Hauptverhandlung (§ 121 Abs. 3 Satz 2; s. hierzu OLG Düsseldorf NStZ 1992, 402 f.). Über einen Antrag auf mündliche Haftprüfung entscheidet das OLG nach seinem Ermessen (§ 122 Abs. 3 Satz 4). Die Prüfung findet hier nicht von Amts wegen statt sondern erst nach Vorlage durch das Haftgericht. Die Haftprüfung kann für die Dauer von 3 Monaten dem nach den allgemeinen Regeln (§§ 125, 126) zuständigen Haftgericht übertragen (§ 122 Abs. 3 Satz 3). Eine solche Delegation ist in der Praxis die Regel. Das Haftgericht hat die Voraussetzungen des § 121 Abs. 1 aber nicht zu prüfen (§ 122 Abs. 4 Satz 1), i.Ü. kann es aber nach den allgemeinen Regeln frei entscheiden und den Haftbefehl nach § 120 Abs. 1 aufheben oder nach § 116 außer Vollzug setzen (s. zum Ganzen AnwK/Uhaft-*König*, § 122 StPO Rn. 15; *Meyer-Goßner/Schmitt* § 122 Rn. 21 ff.).

28 Die Prüfung durch das OLG muss spätestens nach **Ablauf von 3 weiteren Monaten** wiederholt werden (§ 122 Abs. 4 Satz 2). Für diese Haftprüfungen gelten die vorangehenden Ausführungen entsprechend. Hierbei ist aber zu berücksichtigen, dass an die wichtigen Gründe für die Fortdauer der Untersuchungshaft umso strengere Anforderungen zu stellen sind je länger die Untersuchungshaft bereits andauert (BVerfG NJW 2006, 672 ff. = NStZ 2006, 313 [m. Anm. *Schmidt*] = StraFo 2006, 68 [LS] = StV 2006, 73 ff.; BVerfG NJW 2005, 3485 ff. = NStZ 2006, 47 ff. = NStZ 2006, 143 f. = StraFo 2005, 456 ff. = StV 2005, 615 ff.; NJW 2005, 2612 [LS] = NStZ 2005, 456 ff. [m. Anm. *Foth*] = PA 2005, 142 f. = Polizei 2005, 176 f. = StraFo 2005, 152 ff. = StV 2005, 220 ff. [m. Anm. *Krehl* StV 2005, 561 f.]; NJW 2000, 1401 f. = StV 2000, 321 f.; KG bei *Paeffgen* NStZ 2001, 71, 77 f.; OLG Brandenburg StV 2000, 37 f.; OLG Hamm, StV 2006, 191; s.a. LR/*Hilger* § 121 Rn. 29; *Schlothauer/Weider*, Untersuchungshaft, Rn. 948). I.Ü. sind auch hier die Vorgaben des Beschleunigungsgebotes in Haftsachen zu beachten (ausführlich hierzu s. die Kommentierung bei § 120, dort Rdn. 17).

29 **VII. Besondere Haftprüfung bei mehreren Beschuldigten, § 122 Abs. 6.** Sind in einem Verfahren **mehrere Beschuldigte in Untersuchungshaft**, dann kann das OLG über die Fortdauer der Untersuchungshaft einheitlich entscheiden, auch wenn die Sechs-Monats-Frist noch nicht für alle eine besondere Haftprüfung vorschreibt. Der Fristenlauf soll vereinheitlicht und das Verfahren effizienter gestaltet werden (AnwK/Uhaft-*König*, § 122 StPO Rn. 16; *Meyer-Goßner/Schmitt* § 122 Rn. 24). Zur Entscheidungskompetenz vor Fristablauf s.o. Rdn. 20 (s. hierzu auch LR/*Hilger* § 122 Rn. 42, 43 f.). Zum Zeitpunkt der einheitlichen Entscheidung muss aber bereits beurteilt werden können, ob für den jeweiligen Mitbeschuldigten die Voraussetzungen einer Verlängerung der Untersuchungshaft im Zeitpunkt des dortigen Fristablaufes vorliegen werden.

30 **VIII. Zuständigkeit des BGH, § 122 Abs. 7.** Ist die Sache gem. § 120 GVG in erster Instanz beim OLG anhängig (Staatsschutzsachen), dann entscheidet über die besondere Haftprüfung der BGH (§ 122 Abs. 7 i.V.m. § 121 Abs. 4 Satz 2). Die Wortwahl »zuständig« ist missverständlich und i.S.v. »berufen« zu verstehen (LR/*Hilger* § 122 Rn. 46).

§ 122a StPO Höchstdauer der Untersuchungshaft bei Wiederholungsgefahr.
In den Fällen des § 121 Abs. 1 darf der Vollzug der Haft nicht länger als ein Jahr aufrechterhalten werden, wenn sie auf den Haftgrund des § 112a gestützt ist.

1 § 122a stellt eine **Sonderregel** zu den §§ 121 Abs. 1 und 122 Abs. 4 Satz 2 dar (vgl. hierzu die Kommentierung bei § 112a, dort Rdn. 23; LR/*Hilger* § 122a Rn. 2 [Modifikation]). Abweichend von den dortigen Vorgaben darf Untersuchungshaft bei der ausschließlichen Annahme des Haftgrundes der Wie-

derholungsgefahr nach § 112a bei derselben Tat (vgl. hierzu die Kommentierung bei § 121, dort Rdn. 48) **nicht länger als ein Jahr** dauern.

Es handelt sich um die einzige Vorschrift in der StPO, die eine konkrete Höchstdauer der Untersuchungshaft nennt. **Sinn und Zweck** der Regelung sind die Begrenzung der Untersuchungshaft auf eine absolute Obergrenze. Aus der Gesetzesbegründung ist zu entnehmen, dass hier schnellstmöglich eine Klärung des die Untersuchungshaft auslösenden dringenden Tatverdachts angezeigt sei (BT-Drucks. VI. 3248, S. 4; ausführlich hierzu LR/*Hilger* § 122a Rn. 4). Dies gilt aber wohl für sämtliche Untersuchungshaftsachen. Diskutiert wird auch, ob im Gesetzgebungsverfahren den Kritikern der Vorschrift des § 112a entgegen gekommen werden sollte und deshalb eine zeitliche Obergrenze normiert wurde, wobei aber auch die Jahresfrist als »*zu großzügig bemessen*« abgelehnt wurde (BT-Drucks. VI. 3248, S. 7; s.a. LR/*Hilger* § 122a Rn. 5; SK-StPO/*Paeffgen*, § 122a Rn. 1). 2

Schon vor Ablauf der Jahresfrist ist der Grundsatz der Verhältnismäßigkeit zu beachten. Der Haftbefehl kann jederzeit entsprechend § 120 Abs. 1 aufgehoben oder nach § 116 Abs. 1 bis 3 außer Vollzug gesetzt werden. Nach Fristablauf verliert er automatisch seine Wirkung. Der **Haftbefehl ist zwingend aufzuheben**. Die gesetzlichen Vorgaben sind eindeutig und einer Auslegung nicht zugänglich; anders als bei § 121 bedarf es keiner wertenden Betrachtung. Eine Außervollzugsetzung des Haftbefehls genügt nicht den gesetzlichen Vorgaben und ist nach Ablauf der Jahresfrist unzulässig (Meyer-Goßner/Schmitt § 122a Rn. 1; *Schlothauer/Weider*, Untersuchungshaft, Rn. 968 a.E.). Der entsprechende Beschluss hat nur deklaratorische Bedeutung. Er ist nicht Voraussetzung für eine Haftentlassung. Liegt keine Anordnung durch das OLG vor, dann hat das zuständige Haftgericht zu entscheiden. 3

Während der Dauer der Hauptverhandlung ruht der Fristlauf (vgl. § 121 Abs. 3 Satz 2 und 3; s. hierzu LR/*Hilger* § 122a Rn. 10; Meyer-Goßner/Schmitt § 122a Rn. 2; SK-StPO/*Paeffgen*, § 122a Rn. 3; KK-*Schultheis*, StPO, § 122a Rn. 3). 4

Das Gericht der besonderen Haftprüfung soll spätestens bei der zweiten besonderen Haftprüfung, also nach 9 Monaten, gem. den §§ 121, 122 den **Zeitpunkt für eine Entlassung aus der Untersuchungshaft festsetzen**. Ein solches Vorgehen ist zulässig. 5

Von der Aufhebung des Haftbefehls soll nur abgesehen werden können, wenn der Haftbefehl auf **einen anderen Haftgrund umgestellt** wird (Meyer-Goßner/Schmitt § 122a Rn. 1). Ein solches Vorgehen ist wegen des Ausnahmecharakters der Sonderregel des § 122a zwar konsequent, erscheint ansonsten aber bedenklich. Denn grds. müssen schon von vornherein sämtliche Haftgründe im Haftbefehl genannt werden (s. hierzu bereits § 114, dort Rdn. 22 ff.). Deshalb ist zu prüfen, ob der neue bzw. angepasste Haftbefehl überhaupt Bestand haben kann oder wegen eines Verstoßes gegen § 114 Abs. 2 Nr. 3 aufzuheben ist. Praktisch relevant werden kann dieser Fall unter Beachtung der gesetzlichen Vorgaben wohl nur bei einer Flucht aus der Untersuchungshaft und der dann denkbaren Umstellung des Haftbefehls wegen Wiederholungsgefahr auf den Haftgrund der Flucht nach § 112 Abs. 2 Nr. 1. Denn andernfalls, d.h. aus einem anderen Grund, hätte der Haftbefehl gar nicht erlassen werden dürfen. Wurde der Haftbefehl unter Verstoß gegen die Subsidiarität nach § 112a Abs. 2 dennoch auch auf einen anderen Haftgrund gestützt, dann findet § 122a keine Anwendung (Meyer-Goßner/Schmitt § 122a Rn. 1; KK-*Schultheis*, § 122a Rn. 2). 6

Die **Frist berechnet** sich anhand der tatsächlich wegen des Haftgrundes der Wiederholungsgefahr vollzogenen Untersuchungshaft in derselben Sache. Sämtliche Haftzeiten vor und nach einer eventuellen Unterbrechung der Untersuchungshaft werden zusammengerechnet. Auf den Grund der Haftunterbrechung kommt es nicht an (LR/*Hilger* § 122a Rn. 9). 7

Bestehen mehrere Haftbefehle aufgrund von Wiederholungsgefahr nach § 112a wegen **verschiedener Taten**, dann gilt die Jahresfrist für jeden Fall jeweils gesondert und ist individuell zu berechnen. 8

Das **Verfahren** der besonderen Haftprüfung richtet sich auch hier nach § 122. Die Sonderregel des § 122a ist ergänzend zu beachten.

Ausführlich zur Sicherungshaft selbst s. die Kommentierung bei § 112a.

§ 123 StPO Aufhebung der Vollzugsaussetzung dienender Maßnahmen. (1) Eine Maßnahme, die der Aussetzung des Haftvollzugs dient (§ 116), ist aufzuheben, wenn
1. der Haftbefehl aufgehoben wird oder
2. die Untersuchungshaft oder die erkannte Freiheitsstrafe oder freiheitsentziehende Maßregel der Besserung und Sicherung vollzogen wird.

(2) Unter denselben Voraussetzungen wird eine noch nicht verfallene Sicherheit frei.

(3) Wer für den Beschuldigten Sicherheit geleistet hat, kann deren Freigabe dadurch erlangen, daß er entweder binnen einer vom Gericht zu bestimmenden Frist die Gestellung des Beschuldigten bewirkt oder die Tatsachen, die den Verdacht einer vom Beschuldigten beabsichtigten Flucht begründen, so rechtzeitig mitteilt, daß der Beschuldigte verhaftet werden kann.

1 **A. Allgemeines.** Nach Abschluss der Untersuchungshaft sind Sicherungsmaßnahmen, die nach *§ 116 Abs. 1 bis 3 angeordnet wurden, aufzuheben und evtl. hinterlegte Sicherheiten freizugeben. Dies geschieht nicht von selbst*, wenn der Rechtsgrund hierfür entfällt. Vielmehr bedarf es eines Beschlusses durch das zuständige Haftgericht (vgl. § 126). Er kann von Amts wegen oder auf Antrag eines Verfahrensbeteiligten ergehen.

2 § 123 Abs. 1 und 2 regeln die formalen Vorgaben im Allgemeinen, Abs. 3 enthält seine Sonderregel für den Sicherungsgeber, sofern dieser nicht Beschuldigter, sondern Dritter ist (Sicherungsbürge).

3 **B. Aufhebung von Haftverschonungsmaßnahmen, § 123 Abs. 1.** Bei der Aufhebung von Haftverschonungsmaßnahmen sind zwei verschiedene vom Gesetz geregelte Anlässe zu unterscheiden, die zur Aufhebung von Haftverschonungsmaßnahmen nach § 123 Abs. 1 führen.

4 **I. Aufhebung des Haftbefehls, § 123 Abs. 1 Nr. 1.** Sobald die Voraussetzungen für ihn nicht mehr bestehen, ist der **Haftbefehl** aufzuheben. Diese gesetzliche Anordnung ist unbedingt (vgl. § 120 Abs. 1 Satz 1). Sie gilt auch dann, wenn der Vollzug des Haftbefehls nach § 116 ausgesetzt ist. In der Aufhebung des Haftbefehls liegt die gesetzliche Vermutung, dass die Haftvoraussetzungen entfallen sind. Dies gilt dann konsequenterweise auch für den **Haftverschonungsbeschluss**. Belastende Maßnahmen, Anweisungen, Bedingungen, Pflichten oder Beschränkungen ggü. dem Beschuldigten, die i.R.d. Haftverschonung nach § 116 Abs. 1 bis 3 angeordnet wurden, sind dann gegenstandslos. Wird über den Haftbefehl entschieden, dann ist inzident auch über einen eventuellen Haftverschonungsbeschluss zu befinden (BVerfG StV 2006, 251, 252; BGHSt 39, 233, 236 = MDR 1993, 782 f. = NJW 1993, 2692 = NStZ 1993, 493 = StV 1993, 522 [LS] = wistra 1993, 223; KK/*Graf* § 116 Rn. 7; LR/*Hilger* § 116 Rn. 6). Zwischen Haftbefehl und Haftverschonungsbeschluss besteht insofern eine **Akzessorietät**, isoliert ohne Haftbefehl kann ein Haftverschonungsbeschluss nicht bestehen (s. hierzu auch OLG Düsseldorf NStZ 1999, 585 = StraFo 1999, 357 = StV 1999, 607 [mit weiterführenden Hinweisen auch zum Fall des Freispruches und § 120 Abs. 1 Satz 2 StPO]; *Schweckendieck* NStZ 2011, 10, 13).

5 Es bedarf eines **förmlichen Beschlusses** sowohl hinsichtlich des Haftbefehls selbst als auch nach § 123 Abs. 1 Nr. 1. Der Beschluss ist für die praktische Umsetzung der Aufhebung und Freigabe sichernden Maßnahmen, insb. Sicherheitsleistungen, erforderlich (LR/*Hilger* § 123 Rn. 2; Meyer-Goßner/Schmitt § 123 Rn. 1; *Schlothauer/Weider*, Untersuchungshaft, Rn. 1273; *Radtke/Hohmann/Tsambikakis*, StPO, § 123 Rn. 3). Selbst wenn der Haftbefehl aufgehoben werden muss, bewirkt erst die Aufhebung als solche das Freiwerden der Sicherheit. Auch eine verfehlte Sachbehandlung ändert hieran nichts. Eine Sicherheitsleistung dient ausschließlich der Sicherung des Verfahrens. Die Möglichkeit des Verfalls bietet die Gewähr dafür, dass ihr verfahrensrechtlich Bedeutung zukommt. Sie stellt das Gegengewicht zum Fluchtanreizen dar (vgl. *OLG München* NStZ 1990, 249). Könnte eine Kaution nicht mehr verfallen, dann hätte sie keinen Sicherungszweck und wäre kein geeignetes milderes Mittel zum Vollzug der Untersuchungshaft. Verschonungsmaßnahmen verlieren nach dem Gesetzeswortlaut des § 123 Abs. 1 und 2 erst mit der formellen Aufhebung des Haftbefehls ihre Bedeutung (OLG Frankfurt am Main NStZ-RR 2001, 381 ff.; a. A. LG Lüneburg StV 1987, 111; s.a. LR/*Hilger* § 123 Rn. 5).

6 Für den Fall der **rechtskräftigen Verurteilung zu einer unbedingten Freiheitsstrafe** gilt eine Besonderheit. Nach wohl herrschender Meinung wird hier ein in Vollzug befindlicher Haftbefehl gegenstandslos.

Einer ausdrücklichen Aufhebung bedarf es dann nicht (ausführlich hierzu s. die Kommentierung bei § 120, dort Rdn. 31 ff.; s.a. *Schweckendieck* NStZ 2011, 10 ff.). Hier gilt eine Ausnahme von der Akzessorietät zwischen Haftbefehl und Haftverschonungsbeschluss: Die verfahrenssichernden Maßnahmen nach § 116 Abs. 1 bis 3 gelten fort. Sie sichern die Vollstreckung, bis sie förmlich durch Beschluss aufgehoben werden. Dem Beschluss kommt insofern konstitutive Wirkung zu. Die Aufhebung des Haftverschonungsbeschlusses soll sich dann aber nach § 123 Abs. 1 Nr. 2 richten (AnwK/Uhaft-*König*, § 123 StPO Rn. 3; *Meyer-Goßner/Schmitt* § 123 Rn. 2; *Schweckendieck* NStZ 2011, 10, 13). Ein einmal gegenstandslos gewordener Haftbefehl kann nicht erneut »aufleben« (BVerfG NJW 2011, 3131 f. [zur Rechtskraftdurchbrechung bei Wiedereinsetzung in den vorigen Stand]; s. hierzu auch die Anm. von *Mosbacher* NJW 2011, 3110 ff.). Darauf basierende Beschränkungen zur Haftverschonung bestehen deshalb nicht fort (s. hierzu auch *Schweckendieck* NStZ 2011, 10, 13).

II. Vollzug von Untersuchungshaft, Strafhaft oder eine Maßregel der Besserung und Sicherung, § 123 Abs. 1 Nr. 2. Werden Untersuchungshaft, Strafhaft oder eine Maßregel der Besserung und Sicherung vollzogen, dann entfällt der Anlass zu verfahrenssichernden Maßnahmen. Diese müssen auch hier **aufgehoben** werden (s.o., Rdn. 1, 4 f.). 7

Der entscheidende **Zeitpunkt** richtet sich nach dem jeweiligen Vollzug der Freiheitsbeschränkung. Der Vollzug von Untersuchungshaft, Freiheitsstrafe oder Maßregel beginnt nach Sinn und Zweck der Norm mit der Einlieferung oder dem Strafantritt in der Haftanstalt bzw. der Einrichtung. Entscheidend kommt es darauf an, dass der Beschuldigte sich dem Verfahren, hier der Vollstreckung, nicht mehr entziehen kann. Erst dann ist die Sicherung der Haftverschonung aufzuheben (ausführlich LR/*Hilger* § 123 Rn. 9; KK/*Schultheis* § 123 Rn. 4; s.a. *Schweckendieck* NStZ 2011, 10 ff.). Auf den Widerruf der Haftverschonung nach § 116 Abs. 4 kommt es nicht an (so aber OLG Jena wistra 2009, 324 ff.). Auch die Verhaftung des Verurteilten als solche genügt noch nicht (OLG Frankfurt am Main NStZ-RR 2003, 143, 144). 8

C. Freigabe der Sicherheit, § 123 Abs. 2. Unter denselben Voraussetzungen, unter denen haftverschonende Maßnahmen nach § 123 Abs. 1 aufzuheben sind, wird auch eine **Sicherheit frei** (§ 123 Abs. 2), wenn sie nicht schon vorher verfallen war (vgl. hierzu § 124). Der Beschluss hat hier deklaratorische Bedeutung, ist für die praktische Umsetzung der Auszahlung aber erforderlich (hierzu sogleich; s.a. OLG Celle NStZ-RR 1999, 178; LR/*Hilger* § 123 Rn. 25; *Schlothauer/Weider*, Untersuchungshaft, Rn. 1275). 9

Wer die Sicherheit hinterlegt hat, ob es der Beschuldigte oder ein Dritter war, spielt hier keine Rolle (anders bei § 123 Abs. 3, s.u. Rdn. 13 ff.; ausführlich zur Hinterlegung einer Eigen- oder Fremdsicherheit s. die Kommentierung bei § 116, dort Rdn. 24 ff.). 10

Auch die Freigabe der Sicherheit bedarf einer **förmlichen Aufhebung der Beschränkung nebst Freigabeerklärung** (ausführlich s.o., Rdn. 13 ff.). An wen die Auszahlung zu erfolgen hat, ob an den Hinterleger oder einen Dritten, ist nicht anzuordnen. Denn das Herausgabeverfahren richtet sich, da Geld als Sicherheit hinterlegt worden ist, nach den Vorschriften der **Hinterlegungsordnung.** Nach § 12 HinterlO bedarf die Herausgabe der Sicherheitsleistung einer Verfügung der Hinterlegungsstelle. Sie ergeht auf Antrag (§ 13 HinterlO) oder auf Ersuchen der zuständigen Behörde (§ 15 HinterlO). Das Vorliegen der Voraussetzungen der Herausgabeverfügung ist von der Hinterlegungsstelle selbstständig zu prüfen. Diese Prüfung fällt nicht in den Zuständigkeitsbereich des Gerichts (LG Berlin NStZ 2002, 278 f.; AnwK/Uhaft-*König*, § 123 Rn. 7; *Meyer-Goßner/Schmitt* § 123 Rn. 5; *Schlothauer/Weider*, Untersuchungshaft, Rn. 1275 a.E.; KK/*Schultheis* § 123 Rn. 7). 11

Mit der Festnahme eines Beschuldigten nach erneuter Invollzugsetzung des Haftbefehls wird i.S.d. § 123 Abs. 1 Nr. 2 »Untersuchungshaft vollzogen«. Die von einem Dritten nach § 116 Abs. 1 Nr. 4 geleistete Sicherheit wird daher gem. § 123 Abs. 1 Nr. 2, Abs. 2 mit der Festnahme auch dann frei, wenn dem Beschuldigten unmittelbar danach (erneut) die Flucht gelingt (OLG Jena wistra 2009, 324 ff.). 12

D. Freigabe an den Sicherungsbürgen, § 123 Abs. 3. Nach § 123 Abs. 3 kann der Sicherungsbürge die Freigabe seiner Sicherheit erreichen, wenn er binnen einer vom Gericht bestimmten Frist die **Gestellung des Beschuldigten** bewirkt oder eine **Fluchtabsicht des Beschuldigten** so rechtzeitig mitteilt, dass dieser verhaftet werden kann. 13

§ 123 StPO   Aufhebung der Vollzugsaussetzung dienender Maßnahmen

14 **Sicherungsbürge** ist derjenige, der nach § 116a Abs. 1 als Dritthinterleger Sicherheit für den Beschuldigten geleistet hat (s. hierzu bereits die Kommentierung bei § 116a, dort Rdn. 11). Er kann die von ihm geleistete Sicherheit nicht eigenmächtig zurück verlangen.

15 Einer Fristsetzung durch das Gericht bedarf es nicht zwingend (*Meyer-Goßner/Schmitt* § 123 Rn. 7). Erfolgte die **Fluchtanzeige rechtzeitig**, dann wird die Sicherheit auch dann frei, wenn der Beschuldigte flieht (OLG Düsseldorf NStZ 1985, 38). Hierfür bedarf es hinreichend konkreter Angaben. Eine zwangsweise Vorführung durch den Dritten oder auf dessen Veranlassung durch die Ermittlungsbehörden ist aber nicht gemeint, dafür fehlt es an einer Eingriffsgrundlage (*Meyer-Goßner/Schmitt* § 123 Rn. 7; KK/*Schultheis* § 123 Rn. 9).

16 Eine Freigabe der Sicherheit ist auch noch möglich, wenn sie bereits nach § 124 Abs. 1 verfallen war, wenn der Sicherungsbürge die Gestellung des Beschuldigten doch noch bewirkt (LR/*Hilger* § 123 Rn. 19; *Meyer-Goßner/Schmitt* § 123 Rn. 9). Dies gilt aber nicht, wenn der Beschuldigte sich selbst oder auf Veranlassung sonstiger (anderer Dritter) stellt oder von der Polizei festgenommen wird.

17 **E. Sonstiges.** Für den Fall der **Verurteilung zu einer Geldstrafe** ist der Haftbefehl aufzuheben und einhergehend damit nach § 123 Abs. 2 eine evtl. hinterlegte Sicherheit freizugeben. Die Sicherheit haftet nicht für die Geldstrafe oder Verfahrenskosten, der Zweck der Haftverschonung nach § 116 ist ein anderer (s. hierzu bereits die Kommentierung bei § 116, dort Rdn. 27; zum Ganzen auch BGHZ 95, 109 ff. = DB 1985, 250 ff. = NJW 1085, 2820 ff. = NStZ 1985, 560 f. = StV 1986, 23 f.; OLG Frankfurt am Main StV 2000, 509; LG München II StV 1998, 554 [m. zust. Anm. *Eckstein*]; LG München I StraFo 2003, 92 [m. zust. Anm. *Eckstein*]; *Amelung* StraFo 1997, 300, 301; *Burhoff*, Handbuch für das strafrechtliche Ermittlungsverfahren, Rn. 495 a.E.; AnwK/Uhaft-*König*, § 123 StPO Rn. 6; *Schlothauer/Weider*, Untersuchungshaft, Rn. 604 und Rn. 1274 f.; KK/*Schultheis* § 123 Rn. 6). Auch die **Aufrechnung** einer Steuerforderung mit einem Anspruch auf Rückzahlung einer hinterlegten Sicherheit durch den Fiskus ist unzulässig. Gleiches gilt für den Fall der **Abtretung** des Rückzahlungsanspruchs an eine Bank (BGHZ 95, 109 ff. = DB 1985, 250 = NJW 1085, 2820 f. = NStZ 1985, 560 f. = StV 1986, 23 f.). Grds. ist die **Pfändung des Rückzahlungsanspruches** ggü. der Hinterlegungsstelle durch Gläubiger möglich (ausführlich hierzu s. die Kommentierung bei § 116a, dort Rdn. 13).

18 Der Vollzug von **Strafhaft in anderer Sache** führt nicht zur Aufhebung von Sicherungsmaßnahmen. Denn das hier zuständige Haftgericht hat keinen Einfluss auf das Ende des dortigen Vollzuges. Dauert die Strafhaft aber länger an, dann ist zu prüfen ob der Haftbefehl und damit inzident auch der Haftverschonungsbeschluss nicht doch aufzuheben sind (vgl. § 120 Abs. 1) und die Sicherheit frei wird (LR/*Hilger* § 123 Rn. 13).

19 Der Beschuldigte kann eine Freigabe der evtl. anderweitig benötigten Sicherheitsleistung bewirken, indem er sich **freiwillig in Untersuchungshaft** begibt oder den Vollzug der Freiheitsstrafe oder Maßregel forciert. Das Privileg der Haftverschonung ist dispositiv (AnwK/Uhaft-*König*, § 123 StPO Rn. 7; AnwK/StPO-*Lammer*, § 123 StPO 5; KK/*Schultheis* § 123 Rn. 7).

20 **F. Rechtsmittel.** Gegen die gerichtliche Entscheidung steht dem jeweils Betroffenen die **Beschwerde** nach § 304 Abs. 1 zu (OLG Celle NStZ-RR 1999, 178 f. = StraFo 1999, 163 f.). Gegen die Aufhebung einer Maßnahme oder die Freigabe einer Sicherheit kann die StA vorgehen, gegen eine ablehnende Entscheidung der Beschuldigte und ggf. der Sicherungsbürge. Dem Nebenkläger steht ein Recht zur Beschwerde nicht zu.

21 Hat die StA beantragt, eine Sicherheit für verfallen zu erklären, oder hat das Gericht den Ausspruch des Verfalls erwogen, so richten sich das Verfahren und die (sofortige) Beschwerde nach § 124 Abs. 2.

22 Die **weitere Beschwerde** nach § 310 Abs. 1 soll nach herrschender Meinung unstatthaft sein, weil es hier um die Verhaftung bzw. die Freiheitsentziehung selbst geht (*Meyer-Goßner/Schmitt* § 123 Rn. 11; KK/*Schultheis* § 123 Rn. 12; krit.: LR/*Hilger* § 123 Rn. 30; a. A. SK-StPO/*Paeffgen*, § 123 Rn. 13; *Radtke/Hohmann/Tsambikakis*, StPO, § 123 Rn. 7).

§ 124 StPO Verfall der geleisteten Sicherheit.

(1) Eine noch nicht frei gewordene Sicherheit verfällt der Staatskasse, wenn der Beschuldigte sich der Untersuchung oder dem Antritt der erkannten Freiheitsstrafe oder freiheitsentziehenden Maßregel der Besserung und Sicherung entzieht.

(2) ¹Vor der Entscheidung sind der Beschuldigte sowie derjenige, welcher für den Beschuldigten Sicherheit geleistet hat, zu einer Erklärung aufzufordern. ²Gegen die Entscheidung steht ihnen nur die sofortige Beschwerde zu. ³Vor der Entscheidung über die Beschwerde ist ihnen und der Staatsanwaltschaft Gelegenheit zur mündlichen Begründung ihrer Anträge sowie zur Erörterung über durchgeführte Ermittlungen zu geben.

(3) Die den Verfall aussprechende Entscheidung hat gegen denjenigen, welcher für den Beschuldigten Sicherheit geleistet hat, die Wirkungen eines von dem Zivilrichter erlassenen, für vorläufig vollstreckbar erklärten Endurteils und nach Ablauf der Beschwerdefrist die Wirkungen eines rechtskräftigen Zivilendurteils.

A. Allgemeines.

In § 124 sind die **Voraussetzungen**, das **Verfahren** sowie die **Wirkungen** des Verfalls einer Sicherheit geregelt. 1

Die Leistung einer Kaution sowie deren Verfall sind **keine Strafe** und auch **keine strafähnliche Maßnahme**. Weder § 116 noch § 124 enthalten ein sozialethisches Werturteil. Grund für einen Verfall der Sicherheit ist nicht der Ungehorsam des Beschuldigten ggü. einem staatlichen Ge- oder Verbot. Er ist vielmehr Folge eines Verstoßes gegen den Sicherungszweck als solchen. Die Verfolgung anderer Zwecke ist ausgeschlossen. Der Rechtsgüterschutz selbst erfolgt ausschließlich über das materielle Strafrecht, er darf nicht vorweggenommen oder verlagert werden. Gesichtspunkte der materiell-rechtlichen Gerechtigkeit bleiben somit außer Betracht (OLG Frankfurt am Main NStZ-RR 2001, 381 f.; *OLG München* MDR 1990, 567 f. = NStZ 1990, 249). 2

Auch auf eine **strafrechtliche Vorwerfbarkeit**, also Schuld i.S.d. §§ 20, 21 StGB, als Voraussetzung für den Verfall soll es nicht ankommen (BVerfG NJW 1991, 1043 = NStZ 1991, 142 f.; OLG München NStZ 1990, 249 [m. Anm. *Paeffgen* NStZ 1991, 422, 424 f. [krit.]). Die Sicherheitsleistung ist aber nur Surrogat für den Freiheitsentzug durch Untersuchungshaft. Wäre ihr Verfall unabhängig von einer Verantwortlichkeit möglich, dann würde er als Reaktion auf prozessordnungswidriges Verhalten eine Sanktion bedeuten, ohne dass der Beschuldigte die dafür erforderliche Einsichtsfähigkeit hat (ähnlich *Paeffgen* NStZ 1991, 422, 425). Dies decken Sinn und Zweck der Sicherheit nach § 116 aber gerade nicht. Der Beschuldigte muss also die Konsequenzen seines Handelns zumindest überblicken (ähnlich: AnwK/StPO-*Lammer*, § 124 Rn. 3). Ansonsten kann eine Lösung zumindest nachträglich über Entschädigungsansprüche nach StrEG oder im Gnadenweg erfolgen (vgl. OLG München NStZ 1990, 249 a.E. [dort hatte der Beschuldigte den Verfall sehenden Auges in Kauf genommen]). 3

Die Regelung des § 124 ist verfassungsrechtlich unbedenklich. In ihr kann weder eine Verletzung der Menschenwürde (Art. 1 Abs. 1 GG) noch eine unzulässige Beschränkung der allgemeinen Betätigungsfreiheit (Art. 2 Abs. 1 GG) oder eine Verletzung der Eigentumsgarantie (Art. 14 GG) gesehen werden (vgl. BVerfG NJW 1991, 1043 = NStZ 1991, 142 f.; BVerfGE 58, 159, 162 f. = JZ 1981, 701 = MDR 1981, 905 = NJW 1981, 2457; BVerfGE 20, 323, 331 ff. = NJW 1967, 195; krit. *Gropp* JR 1991, 804, 810 [mit Verweis auf die Unschuldsvermutung]). 4

B. Voraussetzung des Verfalls einer Sicherheit, § 124 Abs. 1.

Voraussetzung für den Verfall der Sicherheit ist, dass diese **ordnungsgemäß (rechtswirksam) bestellt** wurde (OLG Karlsruhe NStZ-RR 2000, 375 f. = StraFo 2000, 394 = StV 2001, 120 ff.; LR/*Hilger* § 124 Rn. 28) und **nicht bereits nach § 123 Abs. 2 frei** geworden ist (vgl. *Meyer-Goßner/Schmitt* § 124 Rn. 1; *Radtke/Hohmann/ Tsambikakis*, StPO, § 123 Rn. 1; ausführlich hierzu s. die Kommentierung unter § 123, dort Rdn. 9 ff.). 5

Eine **abweichend vom Haftverschonungsbeschluss geleistete Sicherheit** durch einen Dritten stellt, auch wenn dieser Umstand dem zuständigen Gericht unbekannt geblieben ist, keine ordnungsgemäß bestellte Sicherheit dar. Hier kann nicht davon ausgegangen werden, das Gericht habe mit Erteilung der Freilassungsweisung eine nachträgliche Abänderung seines Haftverschonungsbeschlusses vorgenommen. Eine solche Zahlung kann nicht verfallen (OLG Karlsruhe NStZ-RR 2000, 375 f. = StraFo 2000, 6

§ 124 StPO   Verfall der geleisteten Sicherheit

394 = StV 2001, 120 ff. [Bürgschaft für Drittinterleger, vom Haftgericht nicht erkannt]; anders: OLG Karlsruhe Justiz 1993, 91 f. [Drittinterlegung konkludent akzeptiert]).

7 Die Reichweite des § 124 hat sich an dem Zweck der Verfahrenssicherung und deren möglicher Beeinträchtigung zu orientieren. Der Beschuldigte muss sich der Untersuchung oder dem Antritt der gegen ihn erkannten Freiheitsstrafe oder freiheitsentziehenden Maßregel der Besserung und Sicherung entzogen haben.

8 **I. Der Untersuchung entziehen, § 124 Abs. 1, 1. Alt.** Der Begriff der Untersuchung umfasst das gesamte Strafverfahren einschließlich sämtlicher notwendiger verfahrensrechtlicher Maßnahmen. Die Untersuchung **beginnt** mit der Einleitung des Ermittlungsverfahrens durch Anzeige oder Strafantrag nach § 158 Abs. 1 oder die Einleitung polizeilicher Ermittlungen auf anderem Weg nach § 160 Abs. 1. Sie **endet** mit Abschluss des Verfahrens. Dies kann durch staatsanwaltschaftliche Einstellung nach den §§ 153 ff., 170 Abs. 2 oder die Nichteröffnung des Hauptverfahrens nach § 204 oder die gerichtliche Einstellung nach den §§ 206a, 206b (mittels Beschluss) oder § 260 Abs. 3 (mittels Urteil), oder ggf. auch erst nach Durchführung eines Rechtsmittelverfahrens, ein rechtskräftiges Urteil sein (ausführlich LR/*Hilger* § 124 Rn. 4 ff.). Der Widerruf der Haftverschonung und der (erneute) Vollzug des Haftbefehls zur Sicherung des weiteren Verfahrens sind davon miterfasst.

9 Ein **Entziehen** ist anzunehmen, wenn der Beschuldigte **subjektiv** darauf abzielt oder zumindest bewusst in Kauf nimmt (krit. hierzu *Paeffgen* NStZ 1990, 535; *ders.* NStZ 1989, 529), den Fortgang des Verfahrens zu verhindern und sein Verhalten **objektiv** zumindest zeitweise zur Folge hat, dass er für erforderliche staatsanwaltliche oder gerichtliche Verfahrensakte nicht zur Verfügung steht (vgl. OLG Düsseldorf NStZ 1990, 97; OLG Frankfurt am Main NStZ-RR 2003, 143, 144; NStZ-RR 2001, 381; OLG Hamm NJW 1996, 736; OLG Karlsruhe NStZ 1992, 204; LR/*Hilger* § 124 Rn. 16, 18; *Meyer-Goßner/Schmitt* § 124 Rn. 4; KK/*Schultheis* § 124 Rn. 3 [enger]; s.a. *Tiedemann* NJW 1977, 1977). Es genügt, dass diese Wirkung nur vorübergehend eintritt. Dabei spielt keine Rolle, ob der Beschuldigte tatsächlich im Verfahren benötigt wird. Entscheidend kommt es darauf an, dass Maßnahmen ergriffen werden müssen, um seiner habhaft zu werden. Ein sich Entziehen ist bspw. anzunehmen, wenn der Beschuldigte in Kenntnis des laufenden Strafverfahrens unter Nichtbeachtung bestehender Meldeauflagen für eine gewisse Dauer von seinem Wohnsitz abwesend ist, ohne eine Anschrift zu hinterlassen, oder sich ins Ausland absetzt oder sich verborgen hält und es dadurch unmöglich wird, seine Gestellung zu erzwingen, weil er nicht erreichbar ist. Wenn sein Aufenthalt aber bekannt ist oder er seine neue Wohnadresse mitgeteilt hat, entzieht er sich nicht dem Verfahren (OLG München NJW 1947/1948, 704; vgl. zum Ganzen auch die Ausführungen zum Haftgrund der Flucht in der Kommentierung unter § 112, dort Rdn. 25 ff.).

10 **Verstöße gegen Haftverschonungsauflagen**, die deren Widerruf rechtfertigen (vgl. § 116 Abs. 4), führen nur dann zum Verfall der Sicherheit, wenn sie die Unmöglichkeit einer zwangsweisen Gestellung des Beschuldigten zur Folge haben. Allein der Widerruf der Haftverschonung genügt für den Verfall noch nicht. § 116 Abs. 4 ist weiter gefasst als § 124 Abs. 1, bei Letzterem sind weiter gehende Verfolgungsmaßnahmen erforderlich.

11 Die bloße **Vorbereitung** und der **Versuch** des sich Entziehens reichen für den Verfall der Sicherheit nicht aus (OLG Frankfurt am Main NStZ-RR 2003, 143, 144; NJW 1977, 1975 ff.; LR/*Hilger* § 124 Rn. 16; *Meyer-Goßner/Schmitt* § 124 Rn. 4; KK/*Schultheis* § 124 Rn. 3).

12 **Bloßer Ungehorsam** oder **Verstöße gegen Haftverschonungsauflagen nach § 116 Abs. 1** genügen nicht (OLG Düsseldorf NStZ 1990, 97; LR/*Hilger* § 124 Rn. 17; KK/*Schultheis* § 124 Rn. 3). Die nur unterlassene Mitwirkung des Verurteilten bei der Strafvollstreckung, insb. die Nichtbefolgung der Ladung zum Strafantritt, reicht nicht für einen Verfall nach § 124 (OLG Düsseldorf NStZ 1996, 404; OLG Frankfurt am Main NStZ-RR 2003, 143; NStZ-RR 2001, 381).

13 Ob das **Verfahren auch ohne den Beschuldigten** fortgeführt werden kann (z.B. § 231 Abs. 2) spielt keine Rolle (OLG Celle NJW 1957, 1203; LR/*Hilger* § 124 Rn. 19; *Meyer-Goßner/Schmitt* § 124 Rn. 5; KK/*Schultheis* § 124 Rn. 4).

14 Bei **Selbstmord** kommt ein Verfall der Sicherheit nicht in Betracht. Denn eine Suizidgefahr ist schon kein Grund für Untersuchungshaft (s. hierzu die Kommentierung unter § 112, dort Rdn. 47; s.a. LR/*Hilger* § 124 Rn. 20 [ausführlich]; *Meyer-Goßner/Schmitt* § 124 Rn. 5 a.E.; KK/*Schultheis* § 124 Rn. 4). Hier fallen Entziehungshandlung und Beendigung des Verfahrens zusammen, ein Verfall tritt

nicht mehr ein (zum **Verfahrensabschluss nach Tod des Beschuldigten** ausführlich: BGHSt 45, 108, 116 = DAR 1999, 461 ff. = MDR 1999, 1282 f. = NJW 1999, 3644 ff. = NZV 1999, 519 f. = Rpfleger 1999, 564 f. = wistra 1999, 387 ff.).

II. Dem Antritt der erkannten Freiheitsstrafe oder freiheitsentziehenden Maßregel der Besserung und Sicherung entziehen, § 124 Abs. 1, 2. Alt. Die Sicherheit verfällt auch, wenn der Beschuldigte sich dem Antritt der gegen ihn erkannten Freiheitsstrafe oder Maßregel der Besserung und Sicherung entzieht. 15

Der Begriff der Freiheitsstrafe erfasst neben der allgemeinen Freiheitsstrafe (§§ 38, 39 StGB), Jugendstrafe (§ 17 JGG) und Strafarrest (§ 9 WStG). **Jugendarrest**, auch in der Form des Dauerarrests (§ 16 JGG), ist zwar Zuchtmittel i.S.d. JGG und keine Strafe (vgl. § 13 Abs. 2 JGG). Dies hindert vorliegend aber nicht den Verfall einer Sicherheit. Denn wenn im Vorgriff auf die Verurteilung eine Haftverschonung gegen Sicherheit ermöglicht wurde, dann müssen hieraus auch die Konsequenzen gezogen werden. Eine Privilegierung des Jugendlichen oder Heranwachsenden wegen der nachträglich verhängten Art der Ahndung erscheint nicht gerechtfertigt (ebenso LR/*Hilger* § 124 Rn. 10; **a. A.** *Meyer-Goßner/ Schmitt* § 124 Rn. 3; ihm folgend: AnwK/Uhaft-*König*, § 124 StPO Rn. 3 a.E.). Die Ersatzfreiheitsstrafe ist hiervon aber nicht erfasst (LR/*Hilger* § 124 Rn. 11: *Meyer-Goßner/Schmitt* § 124 Rn. 3; *Münchhalffen/Gatzweiler*, Untersuchungshaft, Rn. 259; KK/*Schultheis* § 124 Rn. 2). 16

Die Sicherheit haftet nicht für eine **Geldstrafe** oder die **Gerichtskosten** (s. hierzu die Kommentierung unter § 123, dort Rdn. 17). Sie kann schon aus diesem Grund nicht verfallen, wenn die Strafe nicht bezahlt wird. Der Wortlaut des Gesetzes spricht i.Ü. ausdrücklich von Freiheitsstrafe (ausführlich LR/ *Hilger* § 124 Rn. 13). 17

Freiheitsentziehende Maßregeln der Besserung und Sicherung sind entsprechend § 61 Nr. 1 bis 3 StGB die Unterbringung in einem psychiatrischen Krankenhaus (§ 63 StGB), in einer Entziehungsanstalt (§ 64 StGB) oder in der Sicherungsverwahrung (§ 66 StGB). 18

III. Weitergehende Auslegung bei anderen Haftgründen. Eine Haftverschonung gegen Sicherheitsleistung ist nicht nur bei Fluchtgefahr (§ 116 Abs. 1 Satz 2 Nr. 4), sondern auch in den anderen im Gesetz genannten Haftgründen angezeigt (zum Haftgrund der Flucht s. die Kommentierung bei § 116; zur Verdunkelungsgefahr s. bei § 116, dort Rdn. 14; zur Wiederholungsgefahr s. bei § 116, dort Rdn. 36 ff.; zur »Tatschwere« s. bei § 116, dort Rdn. 50). Konsequenterweise muss § 124 in **erweiternder Auslegung** auch in diesen Fällen anzuwenden sein. Auch dort ist ein Verfall der Sicherheit möglich. 19

C. Verfahren, § 124 Abs. 2. I. Materiell-rechtliche Wirkungen des Verfalls. Der Verfall tritt bei Vorliegen eines der genannten Verfallgründe **kraft Gesetzes** automatisch ein. Er ist endgültig. Die Sicherheit verfällt von Rechts wegen. Die Entscheidung nach § 124 Abs. 2 StPO stellt den Verfall nur fest, sie hat lediglich deklaratorische Bedeutung (s. hierzu auch BGHSt 45, 108, 116 = DAR 1999, 461 ff. = MDR 1999, 1282 f. = NJW 1999, 3644 ff. = NZV 1999, 519 f. = Rpfleger 1999, 564 f. = wistra 1999, 387 ff. [jeweils a.E.]; OLG Köln, Beschl. v. 06.01.2010 – 2 Ws 613/09, JurionRS 2010, 16261). Dennoch bedarf es aber einer gerichtlichen Entscheidung (OLG Karlsruhe NStZ 1992, 204; *Meyer-Goßner/Schmitt* § 124 Rn. 1; KK/*Schultheis* § 124 Rn. 6). 20

Mit dem Verfall geht das **Eigentum an der geleisteten Sicherheit** auf den jeweiligen Fiskus des Landes über, das zuletzt die Herrschaft über das Verfahren hatte (LR/*Hilger* § 124 Rn. 23 f.; *Meyer-Goßner/ Schmitt* § 124 Rn. 14; KK/*Schultheis* § 124 Rn. 7). **Dieser** wird Eigentümer hinterlegter Gegenstände bzw. Gläubiger einer verpfändeten Forderung. Eine Bürgschaft nach § 116a Abs. 1 wird fällig (OLG Karlsruhe NStZ-RR 2000, 375, 376 = StraFo 2000, 394 = StV 2001, 120 ff.). Die Wirkung eines aufschiebend bedingten selbstschuldnerischen Zahlungsversprechens tritt ein. Alles Weitere regelt sich nach den schuld- und sachenrechtlichen Vorgaben des BGB. Die Voraussetzungen für eine zwangsweise Durchsetzung ergeben sich aus § 124 Abs. 3 StPO (ausführlich s. die Kommentierung unter Rdn. 33 ff.). 21

Der **Verfall** der Sicherheit ist **endgültig**. Er bleibt auch dann bestehen, wenn der Beschuldigte sich später stellt oder verhaftet, freigesprochen oder auch nur zu einer Geldstrafe verurteilt oder das Verfahren eingestellt wird. Eine Ausnahme hiervon gilt nur, wenn nach dem bereits festgestellten Verfall wegen der vom Sicherungsbürgen nachträglich bewirkten Gestellung des Beschuldigten eine Freigabe zu erfolgen 22

§ 124 StPO Verfall der geleisteten Sicherheit

hat (vgl. § 123 Abs. 3 StPO; s. hierzu die Kommentierung unter § 123, dort Rdn. 16). In **besonders gelagerten Ausnahmefällen** ist aber denkbar, dass die verfallene Geldsumme zumindest anteilig erstattet wird. Stellt sich der Beschuldigte freiwillig und kann das Verfahren ohne Beweisverlust oder sonst wesentliche Beeinträchtigungen abgeschlossen werden, dann mag es angezeigt erscheinen, die Motivlage des Beschuldigten (Notlage der Familie im Ausland; Beerdigung eines nahen Familienangehörigen; nur kurzfristige Abwesenheit zur Klärung familiärer oder ausländerrechtlicher Angelegenheiten), stärker in die Abwägung einfließen zu lassen und im Rahmen einer Billigkeitsentscheidung zu honorieren. Zuständig hierfür ist die oberste Behörde der Landesjustizverwaltung. Die praktische Umsetzung erfolgt sinnvollerweise über den (Teil-)Erlass des Verfalls im Wege einer Gnadenentscheidung (ausführlich LR/*Hilger* § 124 Rn. 26 f.).

23 **II. Formelle Entscheidung über den Verfall.** Das **zuständige Gericht** (vgl. § 126) entscheidet über die Frage des Verfalls durch **Beschluss.** Dieser ist zu begründen (vgl. § 34) und dem Beschuldigten mittels Zustellung bekannt zu machen (§ 35 Abs. 2 Satz 1). Nach Rechtskraft des Urteils ist der zuletzt berufene Tatrichter zuständig, da keine Fragen der Strafvollstreckung entschieden werden (OLG Düsseldorf Rpfleger 1984, 73; OLG Stuttgart Justiz 1984, 213 [für § 329 Abs. 1 StPO]; LR/*Hilger* § 124 Rn. 31). Die Entscheidung ergeht im schriftlichen Verfahren, eine mündliche Anhörung ist zulässig. Der Tag des Verfalls soll sinnvollerweise angegeben werden. Eine nachträgliche Änderung des Beschlusses ist nicht möglich, er erwächst in materieller Rechtskraft (vgl. zum Ganzen: LR/*Hilger* § 124 Rn. 38).

24 Vor der Entscheidung ist dem Beschuldigten und einem eventuellen Sicherungsbürgen **rechtliches Gehör** einzuräumen. Nach § 124 Abs. 2 Satz 1 sind sie aufzufordern, sich zu erklären. Sinnvollerweise wird eine Frist zur Stellungnahme gesetzt. Die Aufforderung ist zuzustellen (§ 35 Abs. 2 Satz 1), bei ausländischen Beschuldigten ggfls. an den Zustellungsbevollmächtigten (vgl. § 116a Abs. 3, s. hierzu die Kommentierung unter § 116a, dort Rdn. 21 ff.). Ist der Aufenthalt des Beschuldigten nicht bekannt, dann kann die Zustellung öffentlich bewirkt werden (vgl. § 40). Der Sicherungsbürge ist am Verfahren nur zu beteiligen, wenn er in eigenem Namen als Drittinterleger auftritt (OLG Düsseldorf NStZ 1990, 97; OLG Karlsruhe NStZ-RR 2000, 375 f. = StraFo 2000, 394 = StV 2001, 120 ff.; zum Ganzen auch *Meyer-Goßner/Schmitt* § 124 Rn. 7). Die StA ist, sofern sie nicht schon den Verfall beantragt hat, nach § 33 Abs. 2 zu hören.

25 Wurde die Anhörung versäumt, dann entscheidet das Gericht der sofortigen Beschwerde nicht selbst nach § 309, sondern verweist die Sache an das Ausgangsgericht zurück. Ein Instanzverlust ist nicht hinnehmbar (vgl. OLG Celle NStZ-RR 1999, 178; OLG Düsseldorf NStZ 1996, 404; OLG Hamm MDR 1995, 1161 = StV 1995, 594 f.; *Meyer-Goßner/Schmitt* § 124 Rn. 9; *Paeffgen* NStZ 1997, 115, 118; a. A. OLG Frankfurt am Main NStZ-RR 1997, 272 [LS]; KMR/*Wankel* § 124 Rn. 10).

26 **III. Rechtsbehelf gegen den Verfall, sofortige Beschwerde.** Gegen den Beschluss steht den Beteiligten die sofortige Beschwerde zu. Beteiligte sind nach § 124 Abs. 2 Satz 1 der Beschuldigte und der Sicherungsgeber (OLG Jena wistra 2009, 324 ff.). Die StA ist entsprechend rechtsmittelberechtigt nach § 296 Abs. 1 StPO (OLG Celle NStZ-RR 1999, 178; OLG Stuttgart Justiz 1984, 213; LR/*Hilger* § 124 Rn. 40; *Meyer-Goßner/Schmitt* § 124 Rn. 9; SK-StPO/*Paeffgen*, § 124 Rn. 11; KK/*Schultheis* § 124 Rn. 11). Dritte sind nicht beschwerdeberechtigt.

27 Die **Fristversäumnis durch den Verteidiger** soll sich der Beschuldigte hier ausnahmsweise zurechnen lassen müssen (OLG Stuttgart Justiz 1980, 285; AnwK/Uhaft-*König*, § 124 StPO Rn. 7; *Meyer-Goßner/Schmitt* § 124 Rn. 9 und § 44 Rn. 18). Dies erscheint bedenklich. Dadurch haftet der Beschuldigte für die Qualität und Sorgfalt seines (Pflicht-)Verteidigers. Dieser Gedanke verfängt im Strafverfahren grds. aber nicht (BVerfG NJW 1994, 1856; BVerfG NJW 1991, 351; BGHSt 14, 306, 308; *Meyer-Goßner/Schmitt* § 44 Rn. 18; s.a. die Kommentierung unter § 44).

28 Nach § 124 Abs. 2 Satz 3 sind die Beteiligten vor einer Entscheidung **mündlich anzuhören.** Entscheidend kommt es auf die gemeinsame Erörterung der Sach- und Rechtslage an. Konkrete Vorschriften zum Verfahrensablauf fehlen, er soll sich an den Vorgaben des § 118a orientieren. Das Gericht kann selbst ermitteln, es gilt das Freibeweisverfahren. Auf die mündliche Anhörung kann **verzichtet** werden (*Meyer-Goßner/Schmitt* § 124 Rn. 10; KK/*Schultheis* § 124 Rn. 12). Die Verhandlung ist nicht öffentlich. Das persönliche Erscheinen kann nicht erzwungen werden. Befindet der Beschuldigte sich nicht auf freiem Fuß, dann ist er vorzuführen (LR/*Hilger* § 124 Rn. 45; a. A. *Meyer-Goßner/Schmitt* § 124

Rn. 10 [»kann«]; KK/*Schultheis* § 124 Rn. 12 [Anhörung auch durch den ersuchten oder beauftragten Richter möglich]).

Teilweise wird vertreten, dass die **mündliche Verhandlung entbehrlich** ist, wenn eine Beeinflussung der Entscheidung von vornherein ausgeschlossen »erscheine« (OLG Hamm NStZ-RR 1996, 270, 271 [a.E.]; OLG Hamm NJW 1996, 736 ff.; OLG Stuttgart MDR 1987, 687; *Meyer-Goßner/Schmitt* § 124 Rn. 10; KK/*Schultheis* § 124 Rn. 12). Dem ist zu widersprechen. Der Wortlaut ist eindeutig, den Beteiligten »ist« Gelegenheit zur mündlichen Begründung der Anträge zu geben. Und ob die Anhörung tatsächlich »zur Formalie mutiert« (so das OLG Hamm), ergibt sich erst im Laufe der Anhörung selbst. Der mündliche Austausch von schriftlich vorgebrachten Argumenten kann immer Neues bringen, alles andere ist Spekulation (ebenso krit. *Paeffgen* NStZ 1997, 115, 118 f.; s.a. AnwK/StPO-*Lammer*, § 124 Rn. 7; AnwK/Uhaft-*König*, § 124 StPO Rn. 7). Etwas anderes kann allenfalls dann gelten, wenn die StA auf eine Anhörung verzichtet und der Beschuldigte sowie die Sicherungsbürgen mit ihren sofortigen Beschwerden durchdringen, also nicht beschwert sind (vgl. hierzu OLG Jena wistra 2009, 324 ff.). Ansonsten dürfen Effizienzgedanken bei der Justiz einen rechtsförmigen Verfahrensgang nicht beeinträchtigen oder gar verhindern. 29

Die Regeln über die Gewährung von **PKH** nach §§ 114 ff. ZPO gelten entsprechend (OLG Düsseldorf NStZ 1996, 404; *Meyer-Goßner/Schmitt* § 124 Rn. 10; AnwK/Uhaft-*König*, § 124 StPO Rn. 7 und 14 [für § 124 Abs. 3 StPO]). 30

Die **weitere Beschwerde** nach § 310 Abs. 1 soll nach herrschender Meinung unstatthaft sein, da die Entscheidung vorliegend nicht die Verhaftung und damit die Entziehung der persönlichen Freiheit i.S.d. § 310 Abs. 1 Nr. 1 StPO selbst betreffe (OLG Hamm NJW 1963, 1264; AnwK/Uhaft-*König*, § 124 StPO Rn. 7 [a.E.]; *Meyer-Goßner/Schmitt* § 124 Rn. 11; KK/*Schultheis* § 124 Rn. 13; **a. A.** SK/StPO-*Paeffgen*, § 124 Rn. 13). 31

Wurde der Anspruch eines Beteiligten auf rechtliches Gehör verletzt, dann ist eine Wiedereinsetzung in den vorigen Stand nach § 33a denkbar (OLG Brandenburg StraFo 1998, 212). 32

D. Wirkung des Verfalls gegenüber Dritten, § 124 Abs. 3.

Der Beschluss, mit dem die Sicherheit für verfallen erklärt wird, hat nach Unanfechtbarkeit oder erfolgloser Anfechtung gem. § 124 Abs. 3 bindende Wirkung eines rechtskräftigen Zivilurteils ggü. dem Sicherungsbürgen. Solange die Entscheidung noch anfechtbar ist, entspricht sie einem für vorläufig vollstreckbar erklärten Zivilurteil. Damit ist das **Rechtsverhältnis zwischen Staat (Fiskus) und Bürgen** geklärt und einem Zivilrechtsstreit nicht zugänglich. Amtshaftungsklagen nach § 839 BGB sind davon aber nicht erfasst (vgl. zum Ganzen: LR/*Hilger* § 124 Rn. 48 ff.; *Meyer-Goßner/Schmitt* § 124 Rn. 13; KK/*Schultheis* § 124 Rn. 14). 33

Entgegen dem Wortlaut gilt § 124 Abs. 3 auch zwischen **Staat und Beschuldigtem**, der Sicherheit geleistet hat, sofern dieser von den Wirkungen der Entscheidung betroffen ist. Eine Beschränkung dieser Wirkungen nur auf den Bürgen ist sachlich nicht gerechtfertigt (LR/*Hilger* § 124 Rn. 50; KK/*Schultheis* § 124 Rn. 14). 34

Das Verhältnis zwischen **Beschuldigtem und Dritten** ist von § 124 Abs. 3 nicht erfasst. Es regelt sich privatrechtlich (vgl. zum Ganzen: LR/*Hilger* § 124 Rn. 48 ff.; *Meyer-Goßner/Schmitt* § 124 Rn. 13; KK/*Schultheis* § 124 Rn. 14). 35

Zu den materiell-rechtlichen Wirkungen des Verfalls s. die Kommentierung unter Rdn. 20 ff.).

§ 125 StPO Zuständigkeit für den Erlass des Haftbefehls.

(1) Vor Erhebung der öffentlichen Klage erläßt der Richter bei dem Amtsgericht, in dessen Bezirk ein Gerichtsstand begründet ist oder der Beschuldigte sich aufhält, auf Antrag der Staatsanwaltschaft oder, wenn ein Staatsanwalt nicht erreichbar und Gefahr im Verzug ist, von Amts wegen den Haftbefehl. (2) ¹Nach Erhebung der öffentlichen Klage erläßt den Haftbefehl das Gericht, das mit der Sache befaßt ist, und, wenn Revision eingelegt ist, das Gericht, dessen Urteil angefochten ist. ²In dringenden Fällen kann auch der Vorsitzende den Haftbefehl erlassen.

§ 125 StPO Zuständigkeit für den Erlass des Haftbefehls

1 A. Allgemeines. In § 125 sind die Zuständigkeiten für den **Erlass des Haftbefehls** sowie die **Ablehnung des Antrages auf Erlass** eines Haftbefehls normiert. § 126 regelt die Zuständigkeit für **weitere gerichtliche Entscheidungen** in Haftsachen. Dort geht es um den Vollzug und die sonstigen Aspekte der Ausgestaltung der Untersuchungshaft bis hin zur Haftverschonung und Aufhebung des Haftbefehls. Die Zuständigkeit des **Haftgerichts, dem der Beschuldigte vorzuführen ist**, ergibt sich für den Fall eines Dezernatsvhaftbefehls aus den §§ 115, 115a und für den Fall der vorläufigen Festnahme aus den §§ 128, 129. Weitere **besondere Zuständigkeitsregen** enthalten § 391 AO, § 13 Abs. 1 WiStG 1954, § 38 Abs. 1 AWG und § 38 Abs. 1 MOG (ebenso schon KK/*Schultheis* § 125 Rn. 1 a.E.).

2 Die besondere **örtliche Zuständigkeit** in § 125 weicht von den allgemeinen Vorgaben in § 162 Abs. 1 Satz 1 ab. Sie verdrängt diese aber nicht, sondern besteht neben ihnen. Das stellt der Wortlaut von § 162 Abs. 1 Satz 2 in seiner nunmehr geltenden Fassung ausdrücklich klar (s. hierzu OLG Düsseldorf JMBl NW 2008, 65; OLG Stuttgart StraFo 2004, 97; OLG Stuttgart NStZ 1991, 291; *Steinmetz* SchlHA 2005, 147 ff.; a. A. LG Zweibrücken StraFo 2009, 243 [LS] und LG Zweibrücken NStZ-RR 2004, 304 ff. = StraFo 2004, 277 ff. = StV 2004, 499 ff. [noch zum alten Recht: lex specialis; zum Fall der Ersetzung der StA durch eine andere nach § 145 Abs. 1 GVG]).

3 Durch eine funktionale Änderung der Zuständigkeit in Wirtschaftsstrafsachen nach § 74c Abs. 3 GVG ändert sich die Zuständigkeit des Haftgerichts nach § 125 Abs. 1 StPO nicht (OLG Nürnberg StV 2000, 38 = wistra 1999, 280).

4 B. Regelungsgehalt. I. Vor Erhebung der öffentlichen Klage, § 125 Abs. 1. 1. Sachliche Zuständigkeit des Gerichts. Sachlich zuständig für den Erlass des Haftbefehls ist vor Erhebung der öffentlichen Klage das AG. Liegen verschiedene Gerichtsstände vor, dann können mehrere Richter unterschiedlicher örtlich zuständiger AG berufen sein. Eine gleichrangige Zuständigkeit aller Richter wäre aber mit Art. 101 Abs. 1 Satz 2 GG unvereinbar. Der im Einzelfall nach § 125 konkret zuständige Richter ergibt sich aus den ergänzenden Bestimmungen der jeweiligen Geschäftsverteilung (vgl. BVerfGE 25, 336, 346 = DRiZ 1969, 194 f. = JZ 1969, 599 ff. = MDR 1969, 545 = NJW 1969, 1104 ff.; ausführlich zur Geschäftsverteilung: *Meyer-Goßner/Schmitt* § 21e GVG Rn. 1; s.a. *Schramm/Bernsmann* StV 2006, 442 ff.; die Kommentierung unter § 21e GVG). Durch dieses Vorgehen ist gewährleistet, dass der konkret zuständige Richter generell vorbestimmt ist. Eine Benennung ad hoc oder ad personam ist unzulässig (BGH NJW 2010, 3045 ff. = NStZ 2011, 52 f. = StraFo 2010, 466 ff. = StV 2011, 463 ff. = wistra 2011, 32 ff. [Rechtsbeugung bei Verhandlung nach der HPO {»Hüttenstädter Prozessordnung«} und selbst generierter Zuständigkeit des Gerichts]). Dabei ist das Willkürverbot zu beachten.

5 In **Staatsschutzsachen** nach § 120 GVG ergibt sich neben § 125 eine besondere sachliche Zuständigkeit des Ermittlungsrichters beim OLG oder beim BGH gem. § 169 LR/*Hilger* § 125 Rn. 3 und 6).

6 In **Jugendstrafsachen** ist der Jugendrichter zuständig (vgl. § 34 Abs. 1 JGG; BVerfG NStZ 2005, 643 [m. Anm. *Reichenbach* NStZ 2005, 617 ff.] = NStZ-RR 2005, 279 ff. = ZJJ 2005, 320 f.; LG Berlin NStZ 2006, 525 f.; *Meyer-Goßner/Schmitt* § 125 Rn. 2; KK/*Schultheis* § 125 Rn. 3).

7 2. Örtliche Zuständigkeit des Gerichts. Örtlich zuständig für den Erlass eines Haftbefehls ist dasjenige AG, in dessen Bezirk ein **Gerichtsstand** begründet ist oder der Beschuldigte sich aufhält. Ein Gerichtsstand ist nach den §§ 7 bis 13a, 15 im Bezirk eines AG begründet, wenn dieses für die Sache zuständig ist oder bei sachlicher Zuständigkeit eines Gerichts höherer Ordnung, das in dem AG-Bezirk liegt (*Meyer-Goßner/Schmitt* § 125 Rn. 3 und 4). Zur Begründung der Zuständigkeit genügt der nur kurzfristige Aufenthalt am Gerichtsort oder auch die Durchreise (LR/*Hilger* § 125 Rn. 7; KK/*Schultheis* § 125 Rn. 2). Der Aufenthalt muss nicht freiwillig sein; auch der Haftort kann zuständigkeitsbegründend sein (AnwK/Uhaft-*König*, § 125 StPO Rn. 2 a.E.; SK/StPO-*Paeffgen*, § 125 Rn. 3; KK/*Schultheis* § 125 Rn. 2).

8 Bei **Straftaten in der Sitzung** ermöglicht § 183 Satz 2 GVG die vorläufige Festnahme des Beschuldigten. Zuständig für den Erlass des Haftbefehls ist hier aber nicht das Tatgericht, sondern das AG (s.o.). Verhandelt der Strafrichter, dann kann er ggf. berufen sein, einen Haftbefehl zu erlassen (s. aber BGH NJW 2010, 3045 ff. = NStZ 2011, 52 f. = StraFo 2010, 466 ff. = StV 2011, 463 ff. = wistra 2011, 32 ff.).

9 Wird der Beschuldigte einem **örtlich unzuständigen Gericht** vorgeführt, dann hält er sich dort nicht auf. Unrichtiges staatliches Handeln kann eine Zuständigkeit nicht erzwingen (ebenso: LR/*Hilger*

§ 125 Rn. 7 [unter Aufgabe der früher anderen Ansicht]; SK/StPO-*Paeffgen*, § 125 Rn. 3; KMR-*Wankel* § 125 Rn. 3; a. A. *Meyer-Goßner/Schmitt* § 125 Rn. 5; KK/*Schultheis* § 125 Rn. 2).

3. Funktionale Zuständigkeit des Gerichts. Der Strafprozessordnung ist ebenso wie dem Gerichtsverfassungsgesetz der Begriff und damit eine eigenständige regelungsbedürftige **funktionale Zuständigkeit** des »Haftrichters« fremd. Der Begriff wird dennoch häufig verwendet. Zuständig ist der Ermittlungsrichter. Er entscheidet über sämtliche amtsgerichtlichen Angelegenheiten im Verfahren zur Vorbereitung der öffentlichen Klage (Ermittlungsverfahren). Somit ist er auch zuständig für die Anordnung der Untersuchungshaft nach § 125 Abs. 1, sofern keine abweichende Regelung im Geschäftsverteilungsplan getroffen worden ist (BGH NJW 2010, 3045 ff. = NStZ 2011, 52 f. = StraFo 2010, 466 ff. = StV 2011, 463 ff. = wistra 2011, 32 ff.; s.a. *Hilger* in: FS Meyer, 1990, S. 209, 213; *Meyer-Goßner/Schmitt* § 125 Rn. 2 und § 162 Rn. 13; LR/*Erb* § 162 Rn. 16). Eine konkrete Ausgestaltung des Zuständigkeitsbereiches des Haftrichters ist regelmäßig entbehrlich, als Sonder- oder Spezialzuweisung aber möglich. 10

Die **Zuständigkeitskonzentration nach § 162** hat ihre wesentliche Bedeutung in Fällen der überörtlichen Kriminalität. Damit soll eine Beschleunigung des Ermittlungsverfahrens bei einem Haftgericht bewirkt werden. Der mit der Sache besonders vertraute Richter soll die meist komplexe Angelegenheit mit mehreren Beschuldigten umfassend bearbeiten und sämtliche im Ermittlungsverfahren notwendigen gerichtlichen Entscheidungen »einheitlich« treffen. 11

Nach **§ 58 Abs. 1 Satz 1 GVG** kann mittels Rechtsverordnung die Zuständigkeit für Haftsachen mehrerer Gerichtssprengel einem AG zugewiesen werden (s. hierzu BGH NStZ 1989, 81; BayObLG NStZ 1989, 34 f.; OLG Nürnberg NStZ 1987, 37 f.). Dies mag in kleineren Gerichtsbezirken sinnvoll sein oder ist zur Regelung des Jourdienstes am Wochenende denkbar. Der jeweilige Richter wird dann als Vertreter des nach § 125 örtlich zuständigen Ermittlungsrichters tätig (LG Arnsberg StraFo 2015, 66 f.). 12

4. Antrag der StA und Eilkompetenz des Gerichts. Vor Anklageerhebung darf ein Haftbefehl grds. nur auf Antrag der StA ergehen. Diese ist **Herrin des Ermittlungsverfahrens**, sie hat die alleinige Entscheidungskompetenz, wie sie die Ermittlungen führt. I.Ü. könnte sie auch jederzeit nach § 120 Abs. 3 einen Haftbefehl aufheben lassen. 13

Über den Antrag der StA hinaus darf der Haftbefehl nicht auf **weitere Taten i.S.d. § 264 StPO** erstreckt werden (OLG Frankfurt am Main StV 1995, 424; LR/*Hilger* § 125 Rn. 10; *Meyer-Goßner/Schmitt* § 125 Rn. 8; *Nehm* in: FS Meyer-Goßner/Schmitt, 2001, S. 277, 289; *Schnarr* MDR 1990, 89 ff.; KK/*Schultheis* § 125 Rn. 6). 14

Die **Zuständigkeit der StA** ergibt sich aus den §§ 142 ff. GVG. Auch ein unzuständiger Staatsanwalt kann den Erlass eines Haftbefehls beantragen (allgemeine Meinung: LR/*Hilger* § 125 Rn. 10; *Loh* MDR 1970, 812 ff.; *Meyer-Goßner/Schmitt* § 125 Rn. 8 a.E.; KK/*Schultheis* § 125 Rn. 6 a.E.). 15

Hat der Amtsrichter den **Erlass des Haftbefehls abgelehnt**, dann geht die Zuständigkeit für dessen Erlass **mit** der Beschwerde und dann der weiteren **Beschwerde** auf die jeweils **angerufenen Gerichte über**. **Diese können** den Haftbefehl dann in eigener Entscheidungskompetenz erlassen (vgl. §§ 309 Abs. 2, 310). 16

Ausnahmsweise kann das zuständige Gericht auch **ohne Antrag der StA** einen Haftbefehl erlassen. Voraussetzung hierfür ist, dass der Staatsanwalt nicht erreichbar und Gefahr in Verzug ist. Hiermit korrespondierende Regelungen für richterliche Nothandlungen finden sich in § 128 Abs. 2 und in § 165. Gefahr in Verzug ist anzunehmen, wenn ohne sofortigen Erlass des Haftbefehls die Gefahr besteht, dass die Verhaftung des Beschuldigten nicht mehr möglich sein wird oder eine unverzügliche Vorführung des vorläufig Festgenommenen spätestens am Tag nach der Festnahme entsprechend § 128 Abs. 1 StPO unmöglich ist (vgl. statt Aller: *Meyer-Goßner/Schmitt* § 125 Rn. 9; LR/*Hilger* § 125 Rn. 11). Ein solcher Fall scheint heutzutage unter Beachtung moderner Kommunikationsmöglichkeiten, allgemein üblichen Vertretungsregelungen und auch des Einsatzes von Jour-Staatsanwälten am Wochenende aber praktisch nahezu undenkbar. 17

Die Unerreichbarkeit des Staatsanwaltes oder Gefahr in Verzug können aber **nicht** angenommen werden, wenn der Staatsanwalt bewusst keinen Antrag auf Erlass eines Haftbefehls stellt, weil er die Sach- und Rechtslage anders einschätzt als das Gericht (LR/*Hilger* § 125 Rn. 11; zur Entscheidungskompetenz s.o., Rdn. 10 und insb. Rdn. 13). 18

§ 125 StPO Zuständigkeit für den Erlass des Haftbefehls

19 II. **Nach Erhebung der öffentlichen Klage, § 125 Abs. 2.** Nach Erhebung der öffentlichen Klage (vgl. hierzu § 170 Abs. 1) erlässt den Haftbefehl das Gericht, das mit der Sache befasst ist. Die Zuständigkeit wechselt vom **Haftgericht** zum **Tatgericht**, zu dem Anklage erhoben wurde. Dies kann, muss aber nicht das AG sein. Die Geschäftsverteilung ist zu beachten. Im Fall der Einlegung der Berufung ist nach Vorlage der Akten entsprechend § 321 Satz 1 das Berufungsgericht zuständig. Ist Revision gegen das Urteil eingelegt, dann verbleibt die Zuständigkeit bei dem Gericht, dessen Urteil angefochten wird. Mit der Einreichung der Anklage endet die Zuständigkeit des Ermittlungsrichters sowie des jeweiligen Beschwerdegerichts (OLG Düsseldorf wistra 1999, 318, 319; OLG Karlsruhe wistra 1998, 96; OLG Naumburg NStZ-RR 1997, 307; KK/*Schultheis* § 125 Rn. 8).

20 Ein **Antrag der StA** auf Erlass eines Haftbefehls ist hier nicht mehr erforderlich. Sie hat nicht mehr die alleinige Entscheidungskompetenz. Sie ist aber zu hören. Während des Laufes der Hauptverhandlung ergibt sich dies aus § 33 Abs. 1, außerhalb der Hauptverhandlung aus § 33 Abs. 2.

21 Das Gericht entscheidet grds. in seiner **berufsrichterlichen Besetzung** (vgl. für die Zuständigkeit der Strafkammern beim LG § 76 Abs. 1 Satz 2 GVG). Bei Haftentscheidungen, die während laufender Hauptverhandlung zu treffen sind, entscheidet – sofern es als Tatgericht angerufen ist – das Kollegialgericht. Die Schöffen sind dann an der Entscheidung zu beteiligen (str.! dafür: OLG Düsseldorf StV 1984, 159; OLG Köln NStZ 1998, 419; KK/*Graf* § 126 Rn. 10; dagegen: OLG Hamburg MDR 1973, 69; OLG Köln NStZ 1998, 419 [m. abl. Anm. *Foth* und zustimmender Anm. *Siegert*]; zum gesetzlichen Richter s.a. BGHSt 43, 91 ff. = NJW 1997, 2531 f. = NStZ 1997, 606 f. [m. Anm. *Dehn*, ebenda und Anm. *Foth* NStZ 1998, 262; der LS ist dann nochmals abgedruckt in NStZ 1998, 419]; s. zum Ganzen: *Herrmann*, Untersuchungshaft, Rn. 1049 f.; *Meyer-Goßner/Schmitt* § 126 Rn. 8).

22 In **dringenden Fällen** kann der Vorsitzende des Gerichts den Haftbefehl alleine erlassen (vgl. § 125 Abs. 2 Satz 2). Er muss nicht abwarten, bis das Kollegialgericht zusammentritt. Ein solcher Fall ist anzunehmen, wenn der Haftbefehl bei weiterem Zuwarten zu spät käme (LR/*Hilger* § 125 Rn. 17; KK/*Schultheis* § 125 Rn. 9). Während des Laufs der Hauptverhandlung kann hiervon nicht ausgegangen werden, dort wird immer das Kollegialgericht entscheiden müssen (s.a. BGHSt 43, 91 ff. = JR 1998, 33 ff. = JuS 1998, 86 f. = NJW 1997, 2531 f. = NStZ 1997, 606 ff. [m. Anm. *Dehn*, ebenda und Anm. *Foth* NStZ 1998, 262] = StV 1997, 538 ff. = wistra 1997, 353; OLG Hamburg JR 1998, 169 [m. Anm. *Katholnigg*] = NStZ 1998, 419 = NJW 1998, 2988 = StV 1998, 143 ff. [m. Anm. *Schlothauer*]; ausführlich zum Ganzen: *Swoboda* NStZ 2001, 169 ff.). Der Vorsitzende entscheidet nach pflichtgemäßem Ermessen, er hat dabei Sinn und Zweck der Untersuchungshaft zu beachten (gebundenes Ermessen). Über die Zurückweisung eines Antrages der StA auf Erlass eines Haftbefehls entscheidet der Vorsitzende nicht alleine, eine Dringlichkeit kann hier nicht angenommen werden (s.a. LR/*Hilger* § 125 Rn. 19; KK/*Schultheis* § 125 Rn. 9). Zum Fall der Aufhebung eines Haftbefehls in dringenden Fällen s. die Kommentierung bei § 126 Rdn. 15.

23 **C. Verstoß gegen die Zuständigkeitsregeln.** Grds. ist ein Verstoß gegen das Recht auf den gesetzlichen Richter nach Art. 101 Abs. 1 Satz 2 GG anzunehmen, der nicht hingenommen werden kann. Ist ein Haftbefehl durch ein unzuständiges Gericht erlassen worden, dann ist er auf die Beschwerde des Beschuldigten hin aufzuheben und durch Beschluss eine Sachentscheidung abzulehnen, sofern das zuständige Gericht nicht zu dem Bezirk des angerufenen Beschwerdegerichts gehört, was aber ebenfalls kritisch zu diskutieren ist. Eine Verweisung der Sache an das zuständige Gericht kommt jedenfalls nicht in Betracht (BGHSt 23, 79, 82; KG NStZ 1999, 585 f. [m. krit. Anm. *Fröhlich*] = StV 1998, 384; OLG Hamburg NStZ 1991, 356 f.; s. hierzu auch *Paeffgen* NStZ 1999, 71, 73; zum Ganzen auch KK/*Engelhardt* § 309 Rn. 10; *Meyer-Goßner/Schmitt* § 16 Rn. 5 und § 309 Rn. 6; KK/*Schultheis* § 125 Rn. 1 a.E.; LR/*Erb* § 16, Rn. 9; a. A. LR/*Hilger* § 125 Rn. 20, der eine Heilung durch Abgabe an das zuständige Gericht möglich hält und dies nur bei einem Verstoß gegen das **Willkürverbot** anders sieht; hierzu s. BGH NJW 2010, 3045 ff. = NStZ 2011, 52 f. = StraFo 2010, 466 ff. = StV 2011, 463 ff. = wistra 2011, 32 ff. [»eigenmächtige Zuständigkeit über die Osterfeiertage«] und BGHSt 42, 343, 350 und 353 = JR 1997, 471, 473 [m. Anm. *Seebode*] = JuS 1997, 856 f. = NJ 1997, 223 = NJW 1997, 1452 ff. [m. Anm. *Schmittmann* NJW 1997, 1426 f.] = NStZ 1997, 439 [m. Anm. *Volk* NStZ 1997, 412 ff. und Anm. *Krehl* NStZ 1998, 409 f.] = StV 1997, 418 ff. = wistra 1997, 182 f. [»Verhandlung nach der HPO« – s.o.).

Fällt die ursprünglich gegebene Zuständigkeit später weg oder ändert sie sich, dann kann der den Haft- 24
befehl erlassende Richter auf Antrag der StA die Zuständigkeit auf denjenigen Richter übertragen, in
dessen Zuständigkeitsbereich das Ermittlungsverfahren (nunmehr) geführt wird (vgl. *Widmaier/König*,
MAH Strafverteidigung, § 4 Rn. 65 a.E.).

§ 126 StPO Zuständigkeit für weitere gerichtliche Entscheidungen.

(1) ¹Vor Erhebung der öffentlichen Klage ist für die weiteren gerichtlichen Entscheidungen und Maßnahmen, die sich auf die Untersuchungshaft, die Aussetzung ihres Vollzugs (§ 116), ihre Vollstreckung (§ 116b) sowie auf Anträge nach § 119a beziehen, das Gericht zuständig, das den Haftbefehl erlassen hat. ²Hat das Beschwerdegericht den Haftbefehl erlassen, so ist das Gericht zuständig, das die vorangegangene Entscheidung getroffen hat. ³Wird das vorbereitende Verfahren an einem anderen Ort geführt oder die Untersuchungshaft an einem anderen Ort vollzogen, so kann das Gericht seine Zuständigkeit auf Antrag der Staatsanwaltschaft auf das für diesen Ort zuständige Amtsgericht übertragen. ⁴Ist der Ort in mehrere Gerichtsbezirke geteilt, so bestimmt die Landesregierung durch Rechtsverordnung das zuständige Amtsgericht. ⁵Die Landesregierung kann diese Ermächtigung auf die Landesjustizverwaltung übertragen.
(2) ¹Nach Erhebung der öffentlichen Klage ist das Gericht zuständig, das mit der Sache befaßt ist. ²Während des Revisionsverfahrens ist das Gericht zuständig, dessen Urteil angefochten ist. ³Einzelne Maßnahmen, insbesondere nach § 119, ordnet der Vorsitzende an. ⁴In dringenden Fällen kann er auch den Haftbefehl aufheben oder den Vollzug aussetzen (§ 116), wenn die Staatsanwaltschaft zustimmt; andernfalls ist unverzüglich die Entscheidung des Gerichts herbeizuführen.
(3) Das Revisionsgericht kann den Haftbefehl aufheben, wenn es das angefochtene Urteil aufhebt und sich bei dieser Entscheidung ohne weiteres ergibt, daß die Voraussetzungen des § 120 Abs. 1 vorliegen.
(4) Die §§ 121 und 122 bleiben unberührt.

A. Allgemeines. Während § 125 die Zuständigkeiten für den Erlass des Haftbefehls sowie die Ab- 1
lehnung des Antrages auf Erlass eines Haftbefehls regelt, ist in § 126 die Zuständigkeit für **weitere gerichtliche Entscheidungen** in Haftsachen normiert. Hier geht es um den Vollzug und die Ausgestaltung der Untersuchungshaft bis hin zur Haftverschonung und Aufhebung des Haftbefehls.
§ 126 findet auch bei **Ungehorsamshaft** nach § 230 Abs. 2 bzw. § 236 Anwendung. Für das Verfahren 2
bei **vorläufiger Festnahme** nach § 127 enthält § 128 ergänzende Vorschriften. An der Zuständigkeit nach § 126 ändert sich dadurch aber nichts (LR/*Hilger* § 126 Rn. 5).

B. Folgeentscheidungen i.S.d. § 126. Weitere gerichtliche Entscheidungen und Maßnah- 3
men, sog. Folgeentscheidungen, für die sich die Zuständigkeit nach § 126 richtet, sind insb. (in der Reihenfolge des Gesetzestextes): die unverzügliche (richterliche) Belehrung des Verhafteten (§ 114b), die Ermöglichung der Benachrichtigung von Angehörigen über die Verhaftung (§ 114c), die Wahrnehmung der Informationspflichten ggü. der Vollzugsanstalt (§ 114d), die unverzügliche richterliche Vernehmung nach Ergreifung und Vorführung (§ 115 Abs. 2), ggf. durch den Richter des nächsten AG (§ 115a), die Aussetzung des Vollzugs des Haftbefehls und die Anordnung von Maßnahmen, die erwarten lassen, dass auch durch sie der Zweck der Untersuchungshaft erreicht werden kann (§ 116 Abs. 1 bis 3), Entscheidungen über die Anpassung oder Abänderung von Haftverschonungsmaßnahmen nach § 116, insb. über die Angemessenheit der Sicherheitsleistung (§ 116 Abs. 1 Nr. 4), über die Höhe der Sicherheitsleistung (§ 116a Abs. 2), die Anordnung des erneuten Vollzugs des Haftbefehls (§ 116 Abs. 4), abweichende Entscheidungen zum Vorrang der Vollstreckung von Untersuchungshaft (§ 116b Satz 2), Entscheidungen über den Antrag auf Haftprüfung (§ 117 Abs. 1), die Anordnung von Ermittlungen im Haftprüfungsverfahren (§ 117 Abs. 3), die Entscheidung im Haftprüfungsverfahren von Amts wegen (§ 117 Abs. 5), die Entscheidung nach mündlicher Verhandlung im Haftprüfungsverfahren (§ 118a Abs. 4), die mündliche Verhandlung bei der Haftprüfung (§ 118a Abs. 3), Anordnungen über die Ausgestaltung der Untersuchungshaft (§ 119), gerichtliche Entscheidungen über die Anordnungen zur Ausgestaltung der Untersuchungshaft (§ 119 Abs. 5 Satz 1, § 119a), vorläufige Anordnun-

§ 126 StPO Zuständigkeit für weitere gerichtliche Entscheidungen

gen zur Ausgestaltung der Untersuchungshaft (§ 119a Abs. 2 Satz 2), die Aufhebung des Haftbefehls (§ 120 Abs. 1 und 3), die Vorlage der Akten i.R.d. besonderen Haftprüfung durch Vermittlung der StA (§ 122 Abs. 1), die Aufhebung oder Änderung von Haftverschonungsmaßnahmen nach § 116 (§ 123 Abs. 1), Entscheidungen über den Verfall einer Sicherheit (§ 124 Abs. 2 und 3), die Ausschreibung zu Festnahme (§ 131), die Bestellung eines Pflichtverteidigers (§ 141 Abs. 3 Satz 4 i.V.m. § 140 Abs. 1 Nr. 4; vgl. hierzu die Kommentierung unter vor § 112, dort Rdn. 49 ff.), die Vermittlung der Gewährung von zwingend zu gewährender Akteneinsicht (§ 147 Abs. 2; vgl. hierzu die Kommentierung unter vor § 112, dort Rdn. 58 ff.). Auf die jeweiligen Kommentierungen wird ergänzend verwiesen.

4 **C. Regelungsgehalt. I. Vor Erhebung der öffentlichen Klage, § 126 Abs. 1.** Nach § 126 Abs. 1 Satz 1 ist über den Erlass des Haftbefehls hinaus für **weitere Fragen der Untersuchungshaft** bis zur Erhebung der öffentlichen Klage (vgl. hierzu § 170 Abs. 1) grds. das Gericht zuständig, das den Haftbefehl erlassen hat. Die Zuständigkeit des § 125 Abs. 1 wirkt fort. Auch hier erfolgt aber die konkrete Zuordnung des individuellen Richters über die Geschäftsverteilung (vgl. hierzu schon die Kommentierung unter § 125, dort Rdn. 4 ff.; s.a. *Meyer-Goßner/Schmitt* § 126 Rn. 2; *Schramm/ Bernsmann* StV 2006, 442 ff.). Für Folgeentscheidungen kann also ein anderer Richter zuständig sein, als für den Erlass des Haftbefehls.

5 Eine Ausnahme von der Regel des § 126 Abs. 1 Satz 1 ist vorgesehen, wenn das Beschwerdegericht den Haftbefehl erlassen hat. Dann ist nach **§ 126 Abs. 1 Satz 2** das Ausgangsgericht zuständig. Diesem wird eine größere Sachnähe zugestanden.

6 Nach § 126 Abs. 1 Satz 3 ist auf Antrag der StA eine **Übertragung der Zuständigkeit auf ein anderes Gericht** möglich, wenn die weitere Sachbearbeitung der StA an einem anderen Ort übertragen oder die Untersuchungshaft an einem anderen Ort vollzogen wird. Eine solche Übertragung erscheint nicht unproblematisch. Der den Haftbefehl erlassende Ermittlungsrichter hat den Beschuldigten vernommen und einen persönlichen Eindruck gewonnen. Er verfügt über weiter gehende Sachkenntnis als nur aus dem Akteninhalt ersichtlich. Auch kann es durch die Aktenversendung zeitlichen Verzögerungen kommen. Dies widerspräche dem Beschleunigungsgrundsatz (vgl. nur § 306 Abs. 2 Halbs. 2 und Abs. 3 [»Vorlage binnen 3 Tagen«]; § 118 Abs. 5 [»unverzüglich«]). Bei unterschiedlichem Sitz von StA und Haftgericht sind ebenfalls Verzögerungen zu besorgen (ausführlich hierzu *Weider* StV 2010, 102, 107). Für den Fall einer Übertragung der Zuständigkeit sollte die Anhörung des (Pflicht-)Verteidigers erfolgen; es geht um einen Wechsel des gesetzlichen Richters, der wegweisende Entscheidungen zu treffen hat. Mit Erlass des Übertragungsbeschlusses werden das dortige AG und das diesem übergeordnete Land- bzw. OLG zuständig (BGHSt 14, 180, 185 = JZ 1960, 578 ff. = MDR 1960, 600 = NJW 1960, 1069 f.; OLG Koblenz JBl RP 2005, 140; a. A. KG JR 1985, 256). Der Übertragungsbeschluss ist für das angerufene Gericht grds. bindend. Eine weitere Übertragung an ein anderes Gericht unter Beachtung der Vorgaben des § 126 Abs. 1 Satz 3 ist auf Antrag möglich (LR/*Hilger* § 126 Rn. 14; *Meyer-Goßner/Schmitt* § 126 Rn. 3; KK/*Schultheis* § 126 Rn. 4). Der entsprechende Beschluss ist mit der Beschwerde anfechtbar (ebenso schon *Weider* StV 2010, 102, 107).

7 Im **Jugendstrafverfahren** ist eine solche Übertragung der Zuständigkeit, wie sie § 126 Abs. 1 Satz 3 eröffnet, vereinfacht möglich: Der zuständige Jugendrichter kann aus wichtigen Gründen Entscheidungen zur Untersuchungshaft ganz oder z.T. einem anderen Jugendrichter übertragen (§ 72 Abs. 6 JGG). Dies macht Sinn, wenn der Jugendliche in einer entfernt liegenden Jugendjustizvollzugsanstalt einsitzt. Dann ist der Richter näher beim Beschuldigten. Insgesamt verfangen aber dieselben Bedenken wie bei § 126 Abs. 1 Satz 3 (s.o.).

8 **II. Nach Erhebung der öffentlichen Klage, § 126 Abs. 2. 1. Das mit der Sache befasste Gericht.** Nach Anklageerhebung entscheidet gem. § 126 Abs. 2 Satz 1 grds. das in der Hauptsache zuständige und **mit der Sache befasste** Gericht. Werden bei mehreren Tatkomplexen nur einige von einer (Teil-)Anklage erfasst, dann verbleibt es hinsichtlich der Entscheidungen zur Untersuchungshaft bei der Zuständigkeit des ursprünglichen Haftrichters (LG Mannheim NStZ 2006, 592 = StraFo 2005, 379; s. hierzu auch KK/*Schultheis* § 126 Rn. 8; *Schlothauer/Weider*, Untersuchungshaft, Rn. 824 [dort Fn. 216]). Im Rechtsmittelverfahren wird das Berufungsgericht mit Zugang der Akten zuständig (vgl. § 126 Abs. 2 Satz 1 i.V.m. § 321 Satz 2). Bei Einlegung der Revision bleibt das Gericht zuständig, des-

sen Urteil angefochten ist (vgl. § 126 Abs. 2 Satz 2). Die Regelungen dienen einer zweckmäßigen Behandlung durch das sachnächste Gericht.

2. Besetzung des Gerichts. Das Gericht entscheidet außerhalb der Hauptverhandlung in seiner berufsrichterlichen Besetzung (vgl. für die Zuständigkeit der Strafkammern beim LG § 76 Abs. 1 Satz 2 GVG). Während laufender Hauptverhandlung ist – sofern es als Tatgericht angerufen ist – das Kollegialgericht zuständig. Ob die Schöffen an der Entscheidung zu beteiligen sind, ist **strittig:**

– **Gegen eine Beteiligung der Schöffen** sprechen sich aus: BGH StV 2011, 295 f. = NStZ 2011, 356 [schematisch]; KG StraFo 2015, 110 ff.; OLG Hamburg StraFo 2010, 383; OLG Hamburg StV 1998, 143 [m. abl. Anm. *Schlothauer*]; OLG Hamburg MDR 1973, 69; OLG Jena StV 1999, 101 [allerdings mit verfehlter Auslegung von BVerfG NJW 1998, 2962; »verfassungswidrig«]; OLG Köln NJW 2009, 3113 f. = NStZ 2009, 589 f. [m. zust. Anm. *Krüger*] = NStZ 2010, 259 = StraFo 2009, 205 = StV 2010, 34 f. [m. Anm. *Swoboda*]; NStZ 1998, 419 [m. abl. Anm. *Foth* und zustimmender Anm. *Siegert*]; OLG Naumburg NStZ-RR 2001, 347. Dies hat das BVerfG für unbedenklich erachtet, der Anspruch auf den gesetzlichen Richter ist nicht verletzt (BVerfG NJW 1998, 2962). Dagegen spricht aber § 30 GVG (zum gesetzlichen Richter s.a. BGHSt 43, 91 ff. = JR 1998, 33 ff. [m. abl. Anm. *Katholnigg*] = NJW 1997, 2531 f. = NStZ 1997, 606 f. [m. Anm. *Dehn*, ebenda und abl. Anm. *Foth* NStZ 1998, 262; der LS ist dann nochmals abgedruckt in NStZ 1998, 419]).

– **Für eine Beteiligung der Schöffen** haben sich ausgesprochen: OLG Düsseldorf StV 1984, 159; OLG Koblenz StV 2010, 36, 37 [m. Anm. *Sowada*]; OLG Köln NStZ 1998, 419 [aufgegeben, s. nunmehr OLG Köln NStZ 2009, 589]).

– Eine **differenzierte Betrachtung** danach, ob die Entscheidung eilbedürftig oder nicht ist (*Katholnigg* JR 1998, 172) überzeugt nicht. Denn in dringenden Fällen hat der Vorsitzende ohnehin selbst zu entscheiden (vgl. § 126 Abs. 2 Satz 4).

– Auch andere vermittelnde Vorschläge sind wenig praktikabel (*Börner* JR 2010, 481 [Zwischenberatung mit Schöffen und dann Entscheidung durch die Berufsrichter unter Bindung an die Vorberatung]).

Die Lösung liegt wohl in § 126 Abs. 2 Satz 4. Sind die Schöffen nicht erreichbar, dann kann der Vorsitzende eine Eilentscheidung selbst treffen (vgl. zum Ganzen *Gittermann* DRiZ 2012, 12 ff.; *Herrmann*, Untersuchungshaft, Rn. 1049 f.; AnwK/*Uhaft-König*, § 126 Rn. 9; sehr ausführlich: *Meyer-Goßner/Schmitt* § 126 Rn. 8; *Schlothauer/Weider*, Untersuchungshaft, Rn. 744. 746 f.; KK/*Schultheis* § 126 Rn. 10; *Sowada* NStZ 2001, 174 f.; *ders.* StV 2010, 37 ff. [Anm. zu OLG Koblenz StV 2010, 36 f.; umfassend zum Meinungsstand]). Das OLG entscheidet als Tatgericht immer in der vorgesehenen Besetzung (vgl. § 122 Abs. 2 Satz 2 GVG; s. hierzu BGHSt 43, 91 ff. = JR 1998, 33 ff. [m. abl. Anm. *Katholnigg*] = NJW 1997, 2531 f. = NStZ 1997, 606 f. [m. Anm. *Dehn*, ebenda und abl. Anm. *Foth* NStZ 1998, 262]; zustimmend insofern aber *Sowada* NStZ 2001, 173).

3. Zuständigkeit des Vorsitzenden, § 126 Abs. 2 Satz 3. Über einzelne Maßnahmen entscheidet der Vorsitzende (§ 126 Abs. 2 Satz 3). Er trifft »insbesondere« belastende oder begünstigende Anordnungen zur Ausgestaltung und dem Vollzug der Untersuchungshaft nach § 119 oder entscheidet über deren Ablehnung. Die Außervollzugsetzung des Haftbefehls nach § 116 Abs. 1 Nr. 1 bis 3 ist keine solche Maßnahme. Die Änderung einer im Zusammenhang mit der Aussetzung des Vollzuges der Untersuchungshaft ergangenen Anordnung ist dann aber wiederum Aufgabe des Vorsitzenden.

Gegen Entscheidungen des Vorsitzenden kann grds. das Kollegialgericht nicht angerufen werden; es sei denn die Maßnahme betrifft die Sachleitung nach § 238 Abs. 2 (BGHSt 44, 82 ff. = NJW 1998, 2296 ff. = NStZ 1998, 584 f. = StV 1999, 134 ff.; *Meyer-Goßner/Schmitt* § 126 Rn. 11 und § 176 GVG Rn. 16; KK/*Diemer* § 176 GVG Rn. 7).

Der Vorsitzende ist der **alleinige gesetzliche Richter.** Seine Zuständigkeit dient nicht lediglich der Beschleunigung. Der Spruchkörper bietet keine höhere Gewähr für die Richtigkeit einer Entscheidung. Der Vorsitzende kann seine Entscheidungsbefugnis **nicht auf das Gericht übertragen**, dieses darf nicht entscheiden (OLG München StV **1995**, 140; OLG Rostock abgedr. bei *Paeffgen* NStZ **2006**, 136, 142; *Meyer-Goßner/Schmitt* § 126 Rn. 10; SK-StPO/*Paeffgen* § 126 Rn. 8; **a. A.** OLG Dresden NStZ 2007, 479 f.; OLG Düsseldorf StV 1998, 41 f. [dort nur aus den Gründen rückzuschließen]). Auch eine Zuständigkeit des Kollegialgerichts i.S.e. Auffangkompetenz besteht nicht (s.a. BVerfG JurionRS 2008, 22287; ausführlich zum Ganzen LR/*Hilger* § 126 Rn. 19).

§ 126 StPO   Zuständigkeit für weitere gerichtliche Entscheidungen

15   In **dringenden Fällen** kann der Vorsitzende mit Zustimmung der StA den Haftbefehl nach § 126 Abs. 2 Satz 4 aufheben oder dessen Vollzug aussetzen. Andernfalls ist unverzüglich die Entscheidung des Kollegialgerichts herbeizuführen (vgl. hierzu *Meyer-Goßner/Schmitt* § 125 Rn. 7; s.a. die Kommentierung unter § 125, dort Rdn. 22).

16   4. **Sonstiges.** Nach Erhebung der Anklage ist eine **noch anhängige Haftbeschwerde** in einen Antrag auf Haftprüfung nach § 117 Abs. 1 umzudeuten (KG NStZ 2000, 444; OLG Düsseldorf wistra 1999, 318; OLG Frankfurt am Main NStZ-RR 1996, 302; OLG Naumburg NStZ-RR 1997, 307 = StraFo 1997, 250; LG Mannheim NStZ 2006, 592; *Burhoff*, Handbuch für das strafrechtliche Ermittlungsverfahren, Rn. 1647; *Meyer-Goßner/Schmitt* § 117 Rn. 8; *Herrmann*, Untersuchungshaft, Rn. 1099; *Schlothauer/Weider*, Untersuchungshaft, Rn. 794; krit.: *Paeffgen* NStZ 1999, 75 [dort insb. Fn. 9]; *Rostek* StV 2002, 225 ff.). Dann ist das mit der Sache befasste Gericht zuständig (OLG Karlsruhe StV 2002, 225; OLG Stuttgart Justiz 2004, 166; OLG Frankfurt am Main NJW 1985, 1233; OLG Düsseldorf StV 1992, 428; StV 1993, 482). Erst gegen die von diesem Gericht erlassene Haftentscheidung ist dann Haftbeschwerde möglich (s. hierzu die Kommentierung unter § 117, dort Rdn. 40). Dies gilt auch für den Fall, dass vor einer Entscheidung über die **weitere Beschwerde** gem. § 310 Anklage erhoben wurde (OLG Düsseldorf, StV 1992, 428), auch wenn über die Beschwerde selbst zuvor bereits entschieden worden ist (OLG Düsseldorf wistra 1999, 318; OLG Hamm wistra 1996, 321; s.a. *Meyer-Goßner/Schmitt* § 117 Rn. 12; KK/*Schultheis* § 126 Rn 8). Nach **Eingang der Akten beim Berufungsgericht** gem. § 321 Satz 2 wird die Beschwerde gegen eine Haftentscheidung des erstinstanzlichen Gerichts als Antrag auf Haftprüfung nach § 117 Abs. 1 durch das Berufungsgericht behandelt. Hierbei spielt es keine Rolle, ob das LG schon vorher eine Beschwerdeentscheidung getroffen hat (OLG Düsseldorf StV 1993, 482). Eine solche **Umdeutung** der Haftbeschwerde in einen Antrag auf Haftprüfung erscheint insb. wegen der dem Angeschuldigten zustehenden Rechtsmittelautonomie **bedenklich** (vgl. hierzu *Rostek* StV 2002, 225, 226; OLG Düsseldorf StV 1993, 592; OLG Hamm NStZ-RR 2010, 358 [LS]; OLG München StV 2006, 317 f. [m. Anm. *Kirchner*]; ausführlich zur Kritik s. die Kommentierung unter § 117, dort Rdn. 43).

17   Während der **besonderen Haftprüfung** durch das OLG nach §§ 121, 122 soll ein Antrag auf Haftprüfung, über den noch nicht abschließend entschieden wurde, mit Vorlage der Akten beim OLG gegenstandslos werden (OLG Düsseldorf MDR 1991, 79; OLG Hamm NStZ 2008, 582 ff. = NStZ 2010, 202 [bei *Paeffgen*]; *Meyer-Goßner/Schmitt* § 117 Rn. 13; *Schnarr* MDR 1990, 89, 94). Das erscheint, insb. beim Antrag auf schriftliche Haftprüfung mit nachfolgender mündlicher Verhandlung (§ 118 Abs. 1 Satz 1, 2. Alt.) sowie beim Antrag auf mündliche Haftprüfung (§ 118 Abs. 1 Satz 1, 1. Alt.) wenig sinnvoll. Denn das OLG entscheidet nach Aktenlage. Eine mündliche Verhandlung bietet hingegen andere Erkenntnismöglichkeiten (ebenso: *Schlothauer/Weider*, Untersuchungshaft, Rn. 745).

18   **III. Nach Einlegung der Revision, § 126 Abs. 3.** Nach Einlegung der Revision entscheidet über Haftfragen grds. das zuletzt befasste Tatgericht (vgl. § 126 Abs. 2 Satz 2). Hebt das Revisionsgericht das angefochtene Urteil zumindest teilweise auf, dann kann es unter den Voraussetzungen des § 120 Abs. 1 auch den Haftbefehl aufheben (§ 126 Abs. 3; krit. hierzu LR/*Hilger* § 126 Rn. 25). Bei Vorliegen der Voraussetzungen des § 120 Abs. 1 Satz 2 hat es den Haftbefehl aufzuheben. Die Außervollzugsetzung des Haftbefehls nach § 116 kann es aber nicht anordnen (vgl. *Meyer-Goßner/Schmitt* § 126 Rn. 9; ihm ebenfalls folgend: AnwK/*Uhaft-König*, § 126 StPO, Rn. 10; *Schlothauer/Weider*, Untersuchungshaft, Rn. 849; KMR/*Wankel* § 126 Rn. 9).

19   **IV. Zuständigkeit des OLG i.R.d. besonderen Haftprüfung, § 126 Abs. 4.** I.R.d. besonderen Haftprüfung nach den §§ 121, 122 ist das OLG für die Entscheidung über die Haftfortdauer alleine zuständig. Das nach § 126 zuständige Gericht bleibt aber in gewissem Rahmen »mitzuständig« (LR/*Hilger* § 126 Rn. 28).

§ 126a StPO Einstweilige Unterbringung. (1) Sind dringende Gründe für die Annahme vorhanden, daß jemand eine rechtswidrige Tat im Zustand der Schuldunfähigkeit oder verminderten Schuldfähigkeit (§§ 20, 21 des Strafgesetzbuches) begangen hat und daß seine Unterbringung in einem psychiatrischen Krankenhaus oder einer Entziehungsanstalt angeordnet werden wird, so kann das Gericht durch Unterbringungsbefehl die einstweilige Unterbringung in einer dieser Anstalten anordnen, wenn die öffentliche Sicherheit es erfordert.
(2) ¹Für die einstweilige Unterbringung gelten die §§ 114 bis 115a, 116 Abs. 3 und 4, §§ 117 bis 119a, 123, 125 und 126 entsprechend. ²Die §§ 121, 122 gelten entsprechend mit der Maßgabe, dass das Oberlandesgericht prüft, ob die Voraussetzungen der einstweiligen Unterbringung weiterhin vorliegen.
(3) ¹Der Unterbringungsbefehl ist aufzuheben, wenn die Voraussetzungen der einstweiligen Unterbringung nicht mehr vorliegen oder wenn das Gericht im Urteil die Unterbringung in einem psychiatrischen Krankenhaus oder einer Entziehungsanstalt nicht anordnet. ²Durch die Einlegung eines Rechtsmittels darf die Freilassung nicht aufgehalten werden. ³§ 120 Abs. 3 gilt entsprechend.
(4) Hat der Untergebrachte einen gesetzlichen Vertreter oder einen Bevollmächtigten im Sinne des § 1906 Abs. 5 des Bürgerlichen Gesetzbuches, so sind Entscheidungen nach Absatz 1 bis 3 auch diesem bekannt zu geben.

A. Allgemeines. Nach § 126a kommt eine einstweilige Unterbringung in Betracht, wenn dringende Gründe für die Annahme vorhanden sind, dass der Beschuldigte eine rechtswidrige Tat im Zustand der Schuldunfähigkeit nach § 20 StGB oder der verminderten Schuldfähigkeit nach § 21 StGB begangen hat und voraussichtlich die Unterbringung in einem psychiatrischen Krankenhaus oder einer Erziehungsanstalt nach den §§ 63, 64 StGB angeordnet werden wird, weil die öffentliche Sicherheit dies erfordert. 1

Die Vorschrift dient dem Schutz der Allgemeinheit vor gemeingefährlichen Rechtsbrechern (*Meyer-Goßner/Schmitt* § 126a Rn. 1; ausführlich *Pollähne* R&P 2002, 229 ff.). Die einstweilige Unterbringung soll aber, anders als die Untersuchungshaft, nicht ausschließlich die Durchführung des Strafverfahrens sichern. Vielmehr handelt es sich um eine Freiheitsentziehung eigener Prägung zur **Gefahrenabwehr als vorbeugende Maßnahme.** Sie greift einer eventuellen späteren Unterbringung nach den §§ 63, 64 StGB vor (OLG Frankfurt am Main NStZ 1985, 284, 285; s.a. AnwK/Uhaft-*König*, § 126a StPO Rn. 1; SK-StPO/*Paeffgen*, § 126a Rn. 1; KK-*Schultheis* § 126a Rn. 1; a. A. LR/*Hilger* § 126a Rn. 1 [ausschließlich Gefahrenabwehr; Verfahrenssicherung allenfalls als mittelbare Folge]). Sie ist aufgrund dieses **präventiv-polizeilichen Charakters** nicht unumstritten (vgl. hierzu LR/*Hilger* § 126a Rn. 1 [systematisch falsch; gehört in bereichsspezifische Präventivgesetze]; SK-StPO/*Paeffgen*, § 126a Rn. 1 [krit. auch hinsichtlich der Gesetzgebungskompetenz]; *Pollähne* R&P 2002, 229, 230). 2

Die Frage der Zulässigkeit einer **Unterbringung von Jugendlichen** als Maßregel der Besserung und Sicherung bei fehlender strafrechtlicher Verantwortlichkeit i.S.d. § 3 Satz 1 JGG und gleichzeitig vorliegender Schuldunfähigkeit i.S.d. § 20 StGB oder verminderter Schuldfähigkeit i.S.d. § 21 StGB ist strittig; sie wird unterschiedlich beantwortet (**dafür:** BGHSt 26, 67, 68 = JR 1976, 136 ff. [m. Anm. *Brunner*] = NJW 1975, 1469 [für § 21 StGB]; OLG Jena NStZ-RR 2007, 217 ff. [zustimmend auch für § 21 StGB]; *Brunner/Dölling*, JGG, § 3 Rn. 10; *Diemer/Schoreit/Sonnen*, JGG, § 3 Rn. 28; **dagegen:** OLG Karlsruhe NStZ 2000, 485, 486 [für § 20 StGB]; *Eisenberg*, JGG, § 3 Rn. 39; *Ostendorf*, JGG, § 3 Rn. 4 [für § 20 StGB]). Auch hier bedarf es einer genauen Prüfung aller Gesichtspunkte. Die Auswirkungen einer längeren Unterbringung im Maßregelvollzug sind besonders nachteilig. Das vom Erziehungsgedanken geprägte Jugendstrafrecht verfolgt hingegen den Schutz sowie die Integration von Jugendlichen (ausführlich zum Ganzen OLG Jena NStZ-RR 2007, 217 ff. [mit umfangreicher Darstellung des Meinungsstandes]). 3

Die **Unterbringung psychisch Kranker nach landesrechtlichen Vorschriften** ist subsidiär zu der nach § 126a (KK-*Schultheis* § 126a Rn. 1a; differenzierend *Pollähne* R&P 2002, 229 ff.). 4

Neben § 126a gibt es weitere Rechtsgrundlagen nach denen eine einstweilige Unterbringung angeordnet werden kann. Zu nennen sind insb.: die **Sicherungsunterbringung nach den §§ 463, 453c** (vgl. hierzu AnwK/Uhaft-*König*, Vorbem. zu § 126a StPO Rn. 3 ff.; NK-*Pollähne/Böllinger*, StGB, Vor § 67 Rn. 45; OLG Frankfurt am Main R&P 2007, 152; AG Bremen StraFo 2008, 41), die **einstweilige** 5

§ 126a StPO   Einstweilige Unterbringung

(nachträgliche) Sicherungsverwahrung nach § 275a Abs. 5 Satz 1 (ausführlich hierzu BGH JR 2010, 307 ff. [m. Anm. *Eisenberg*] = JZ 2010, 683 ff. [m. Anm. *Kinzig*] = NJW 2010, 1539 ff. = NStZ 2010, 381 ff. [m. Anm. *Renzikowski*] = NStZ 2010, 506 ff. = StV 2010, 515 ff. [m. Anm. *Bartsch* StV 2010, 521 ff.]; vgl. hierzu *Ahmed* StV 2010, 574 ff.; *Burhoff*, Handbuch für das strafrechtliche Ermittlungsverfahren, Rn. 775 [knapp]; AnwK/Uhaft-*König*, Vorbem. zu § 126a StPO Rn. 9; *Müller* StV 2010, 207 ff.), die **einstweilige Unterbringung Jugendlicher nach § 71 Abs. 2 JGG** (AnwK/Uhaft-*König*, Vorbem. zu § 126a StPO Rn. 10; Ostendorf, JGG, § 71 Rn. 7 ff.). Als verwandte Formen der Freiheitsentziehung sind zu nennen die **Unterbringung zur psychiatrischen Beobachtung nach § 81** (BVerfG R&P 2002, 120 ff. [m. Anm. *Rzepka*]; OLG Oldenburg R&P 2006, 212 ff. [m. Anm. *Pollähne*]; LG Hagen StraFo 2008, 157; s.a. AnwK/Uhaft-*König*, Vorbem. zu § 126a StPO Rn. 11; *Meyer-Goßner/Schmitt* § 81 Rn. 20; *Pollähne* R&P 2002, 235 ff.), die **Unterbringung zur jugendpsychiatrischen Beobachtung nach § 73 JGG** (AnwK/Uhaft-*König*, Vorbem. zu § 126a StPO Rn. 13; *Ostendorf*, JGG § 73 Rn. 1 ff.).

6 **B. Verhältnis zwischen Untersuchungshaft und einstweiliger Unterbringung.** Anders als bei der Untersuchungshaft nach den §§ 112 und 112a ist bei der einstweiligen Unterbringung nach § 126a ein **Haftgrund nicht erforderlich**.

7 Untersuchungshaft und einstweilige Unterbringung können **nicht gleichzeitig bzw. nebeneinander** vollzogen werden (KG JR 1989, 476; LR/*Hilger* § 126a Rn. 4; *Meyer-Goßner/Schmitt* § 126a Rn. 2; SK-StPO/*Paeffgen*, § 126a Rn. 3; KK-*Schultheis* § 126a Rn. 2; a. A. *Bohnert* JR 2001, 402 ff. [der die Regeln der Überhaft anwenden will]).

8 Bei sicher oder mit hoher Wahrscheinlichkeit anzunehmender **Schuldunfähigkeit i.S.d. § 20 StGB** fehlt es am dringenden Tatverdacht hinsichtlich einer schuldhaft begangenen Straftat i.S.d. §§ 112, 112a. Ein Haftbefehl kann deshalb nicht ergehen.

9 Anders ist dies im Fall **verminderter Schuldfähigkeit nach § 21 StGB**. Dort ist ein dringender Tatverdacht möglich, es kann unter den jeweiligen Voraussetzungen entweder ein Haftbefehl oder ein Unterbringungsbefehl erlassen werden (s.o.; a. A. *Bohnert* JR 2001, 402 ff.; LR/*Hilger* § 126a Rn. 5 [nur für den Fall der Verdunkelung zur Erreichung des Zweckes der Untersuchungshaft]). Die einstweilige Unterbringung wird bei Annahme einer zumindest eingeschränkten Einsichtsfähigkeit regelmäßig der angemessenere Weg sein, denn dort ist eine bessere ärztliche Betreuung des Probanden gewährleistet. Einer Flucht- oder Verdunkelungsgefahr kann dann durch entsprechende Beschränkungen in der Ausgestaltung der Unterbringung begegnet werden (KG JR 1989, 476; *Meyer-Goßner/Schmitt* § 126a Rn. 2; KK-*Schultheis* § 126a Rn. 2).

10 **C. Voraussetzungen und Verfahren der einstweiligen Unterbringung.** In § 126a Abs. 1 sind die Anordnungsvoraussetzungen normiert, in § 126a Abs. 2 finden sich Verfahrensregeln zur Anordnung der einstweiligen Unterbringung.

11 **I. Materielle Voraussetzungen der einstweiligen Unterbringung, § 126a Abs. 1.** Bei der einstweiligen Unterbringung handelt es sich, ebenso wie bei der Untersuchungshaft, immer um die **ultima ratio**. Es bedarf auch hier einer eingehenden Überprüfung.

12 Der Erlass eines Unterbringungsbefehls nach § 126a ist an verschiedene Voraussetzungen gebunden die zum einen eine **retrospektive** und zum anderen verschiedene **prospektive Einschätzungen** fordern:

13 Zunächst müssen rückblickend **dringende Gründe** für die Annahme vorliegen, dass der Beschuldigte eine rechtswidrige Tat i.S.d. § 11 Abs. 1 Nr. 5 StGB im Zustand der Schuldunfähigkeit nach § 20 StGB oder der verminderten Schuldfähigkeit nach § 21 StGB begangen hat. Damit ist nichts anderes als der dringende Tatverdacht i.S.d. § 112 Abs. 1 Satz 1 StPO gemeint (OLG Bremen NStZ 2008, 650 f.; OLG Hamm JurionRS 2008, 16753; LR/*Hilger* § 126a Rn. 6; *Meyer-Goßner/Schmitt* § 126a; KK-*Schultheis* § 126a Rn. 3; ausführlich hierzu s. die Kommentierung unter § 112, dort Rdn. 6 ff.). Im Hinblick auf die §§ 20 und 21 StGB muss eine Schuldfähigkeit oder eingeschränkte Einsichtsfähigkeit nicht sicher vorliegen. Hierbei handelt es sich um eine medizinische Frage die sachverständig zu beantworten ist. Spätestens mit der vorläufigen Anordnung oder zumindest dann unverzüglich danach ist eine Begutachtung zu veranlassen (KG StV 2010, 372 ff. = StRR 2010, 109 f. [m. Anm. *Fürst*]; OLG

Karlsruhe StraFo 2010, 113 f.; SK-StPO/*Paeffgen*, § 126a Rn. 5b [unabweisbar]; ausführlich hierzu s.u., Rdn. 14).

Dann bedarf es einer Prognose, dass voraussichtlich eine **Unterbringung des Beschuldigten** in einem psychiatrischen Krankenhaus entsprechend § 63 StGB oder einer Erziehungsanstalt entsprechend § 64 StGB angeordnet werden wird. Es müssen prospektiv betrachtet dringende Gründe für diese Annahme bestehen. Die jeweiligen Anordnungsvoraussetzungen der §§ 63 und 64 StGB sind zu prüfen. Auch dies bedarf einer sachverständigen Beurteilung (s. hierzu bereits Rdn. 13 a.E.). 14

Schließlich muss die **öffentliche Sicherheit** die Anordnung der vorläufigen Maßregel erfordern. Der Begriff deckt sich im Wesentlichen mit dem des Schutzes der Allgemeinheit i.S.d. §§ 62 ff. StGB. Prospektiv beurteilt muss eine gewisse Wahrscheinlichkeit dafür sprechen, dass der Beschuldigte weitere rechtswidrige Taten von erheblichem Gewicht begehen wird, sodass der Schutz der Allgemeinheit die einstweilige Unterbringung gebietet. Das ist anzunehmen, wenn für die Zukunft weitere gegen die Rechtsordnung gerichtete Handlungen zu erwarten sind und dadurch der Bestand der Rechtsordnung unmittelbar und erheblich bedroht ist und wegen der Bedeutsamkeit dieser Bedrohung sofortige Abhilfe geboten ist. Anlasstat und die zu erwartenden weiteren Straftaten müssen nicht zum selben Deliktstyp gehören. Die Taten müssen von einigem Gewicht sein, lediglich Bagatelldelikte oder Vergehen am unteren Rand der Kriminalität genügen nicht, selbst wenn sie wiederholt begangen werden. Es bedarf einer Gesamtschau von zugrunde liegender Straftat als solcher, Persönlichkeit des Beschuldigten, insb. dessen Erkrankungen und Vorleben, sowie der Verhältnisse, in denen er lebt. Das Ziel, der Schutz der Allgemeinheit, darf auf keine andere Art und Weise als durch die (vorläufige) Unterbringung zu erreichen sein. Der Begriff der öffentlichen Sicherheit ist vergleichbar mit dem des Schutzes der Allgemeinheit in den §§ 62 ff. StGB (LR/*Hilger* § 126a Rn. 8 f.; AnwK/Uhaft-*König*, § 126a StPO Rn. 9; SK-StPO/*Paeffgen*, § 126a Rn. 5d; *Pollähne* R&P 2002, 240). 15

Neben der zunächst anstehenden Zukunftsprognose, ob die Anordnung der Unterbringung zu erwarten ist, muss dann die Frage beantwortet werden, ob die Gefährlichkeit des Beschuldigten und damit die öffentliche Sicherheit eine Unterbringung tatsächlich erfordern (zu dieser differenzierten Sicht s. LR/*Hilger* § 126a Rn. 10; SK-StPO/*Paeffgen*, § 126a Rn. 5d). 16

Die Gefährlichkeitsprognose ist zum Zeitpunkt der Entscheidung über die Anordnung oder Zurückweisung der (vorläufigen) Unterbringung zu erstellen. 17

Die Voraussetzungen der einstweiligen Unterbringung sind von StA und Gericht **fortlaufend zu prüfen**. Von Bedeutung ist dies auch deshalb, weil Krankheitsbilder, die eine einstweilige Unterbringung erforderlich machen, schubweise verlaufen können. Für eine sachgerechte Beurteilung bedarf es einer qualifizierten medizinischen Einschätzung. Sowohl der Gutachter als auch die behandelnden Ärzte sind zu befragen, auch bereits hinsichtlich einer vorläufigen Einschätzung und des jeweils aktuellen Zustandes des Probanden (vgl. auch LR/*Hilger* § 126a Rn. 17). 18

Auch hier gilt der **Grundsatz der Verhältnismäßigkeit** (*Bohnert* JR 2001, 402; *Meyer-Goßner/Schmitt* § 126a Rn. 5; KK-*Schultheis* § 126a Rn. 3 und 8; *Radtke/Hohmann/Tsambikakis*, StPO, § 126a Rn. 2 a.E.). Es müssen **erhebliche** rechtswidrige Taten zu befürchten sein. Leichtere Taten scheiden hier ebenso aus wie eine Selbstgefährdung. Darüber hinaus muss die **öffentliche Sicherheit** beeinträchtigt sein. Neben der Unschuldsvermutung gilt für den Beschuldigten auch zunächst einmal die **Vermutung der Ungefährlichkeit** (AnwK/Uhaft-*König*, § 126a StPO Rn. 5 a.E.; SK-StPO/*Paeffgen*, Vor § 126a Rn. 1 a.E.; a. A. *Wolter* ZStW 93 [1981], 452, 488; AK/StPO-*Krause*, § 126a Rn. 1). Schließlich ist immer auch zu prüfen, ob mildere Maßnahmen ausreichen. Auch hier ist eine **Verschonung gegen Auflagen** i.S.d. § 116 Abs. 3 möglich (vgl. § 126a Abs. 2 Satz 1). 19

Über die Verhältnismäßigkeit hinaus bedarf es weiter einer Prüfung der **Erforderlichkeit der einstweiligen Unterbringung**. Die öffentliche Sicherheit muss die Anordnung gebieten. Als mildere Maßnahmen kommen eine ambulante oder teilstationäre Intervention in Betracht (ebenso AnwK/Uhaft-*König*, § 126a StPO Rn. 10). 20

Eine **endgültige Unterbringung** ist, nach entsprechend qualifizierter Prüfung der sonstigen Voraussetzungen, hingegen bereits dann zulässig, wenn vom Täter erhebliche rechtswidrige Taten zu erwarten sind. Bei der Unterbringung in einem psychiatrischen Krankenhaus nach § 63 StGB ist darüber hinaus von Bedeutung, ob der Täter für die Allgemeinheit gefährlich ist. Auf die öffentliche Sicherheit kommt es hier nicht mehr an (LR/*Hilger* § 126a Rn. 9). 21

§ 126a StPO Einstweilige Unterbringung

22   II. **Das Verfahren der einstweiligen Unterbringung, § 126a Abs. 2. 1. Zuständigkeit für die Anordnung, § 126a Abs. 2 Satz 1.** Die Anordnung der einstweiligen Unterbringung erfolgt mittels Unterbringungsbefehl. Diesen erlässt das nach den §§ 125 und 126 zuständige Gericht (vgl. § 126a Abs. 2 Satz 1).

23   **2. Erlass und Inhalt des Unterbringungsbefehls, § 126a Abs. 2 Satz 1.** Für Erlass und Inhalt des Unterbringungsbefehls gelten nach § 126a Abs. 2 die allgemeinen Regeln zur Untersuchungshaft, auf die §§ 114 bis 115a, 116 Abs. 3 und 4, 117 bis 119, 123, 125 und 126 wird ausdrücklich verwiesen (*Meyer-Goßner/Schmitt* § 126a Rn. 6 f.).

24   Im Unterbringungsbefehl ist neben der **Art der Anstalt** anzugeben. Die **Einrichtung** selbst ergibt sich aus dem Einweisungsplan der Landesjustizverwaltung. Sie soll vom Gericht konkret benannt werden (AnwK/Uhaft-*König*, § 126a StPO Rn. 13; *Meyer-Goßner/Schmitt* § 126a Rn. 7; KK-Schultheis § 126a Rn. 6; SK-StPO/*Paeffgen*, § 126a Rn. 9). Die einstweilige Unterbringung ist grds. in einem psychiatrischen Krankenhaus zu vollziehen. Es ist streitig, ob sie auch in einer Untersuchungshaftvollzugsanstalt mit angegliederter psychiatrischer Abteilung vollzogen werden darf oder nicht (bejahend: OLG Hamm NStZ-RR 2006, 29; OLG Hamm StV 2005, 446; LR/*Hilger* § 126a Rn. 15; KMR/*Wankel* § 126a Rn. 7; verneinend: KK-*Schultheis* § 126a Rn. 6; *Meyer-Goßner/Schmitt* § 126a Rn. 9 [Vollzug in Haftanstalt unzulässig]; SK-StPO/*Paeffgen*, § 126a Rn. 9 f.; *Pollähne* R&P 2003, 58). Die Unterbringung in einer Justizvollzugsanstalt soll nur ausnahmsweise und dann auch nur kurzfristig zulässig sein, wenn eine sofortige Überführung in ein psychiatrisches Krankenhaus nicht möglich ist (vgl. hierzu die frühere Regelung in Nr. 89 UVollzO [»für die Dauer von 24 Stunden«]). Sofern die ordnungsgemäße Durchführung der Hauptverhandlung dies erfordert, kann eine kurzzeitige Überstellung eines vorläufig Untergebrachten in eine Justizvollzugsanstalt erfolgen. Um Beeinträchtigungen so gering wie möglich zu halten und Verzögerungen zu vermeiden ist dann aber zumindest ein Einzeltransport angezeigt. Grds. geht der Vollzug in einem Krankenhaus schon wegen der dort besseren medizinischen Versorgung vor (vgl. OLG Hamm NStZ-RR 2006, 29; OLG Hamm StV 2005, 446).

25   Für das Unterbringungsverfahren gelten nach § 126a Abs. 2 Satz 1 die §§ 114 bis 115a entsprechend. Auf die dortigen Ausführungen wird verwiesen. Im Unterbringungsbefehl sind neben der rechtswidrigen Tat die dringenden Gründe für die Annahme der Begehung der rechtswidrigen Tat anzugeben. Anstatt der Haftgründe sind die dringenden Gründe darzulegen, die eine einstweilige Unterbringung im Hinblick auf die öffentliche Sicherheit erforderlich erscheinen lassen. Auch Ausführungen zur Verhältnismäßigkeit (vgl. hierzu § 114 Abs. 3) sind angezeigt. Zwar ist § 112 Abs. 1 Satz 2 in § 126a Abs. 2 Satz 1 nicht ausdrücklich genannt, aber das Verhältnismäßigkeitsprinzip ist dennoch »sowieso« anzuwenden. Nach § 116 Abs. 3 ist i.Ü. die Möglichkeit einer Verschonung der Unterbringung eröffnet (ebenso: LR/*Hilger* § 126a Rn. 12; AnwK/Uhaft-*König*, § 126a StPO Rn. 15 [§ 114 Abs. 3 analog]; *Meyer-Goßner/Schmitt* § 126a Rn. 7; KK-*Schultheis* § 126a Rn. 3 f.; a. A. wohl KMR/*Wankel*, StPO § 126a Rn. 7).

26   Dem Gericht steht bei der Entscheidung über die Anordnung der einstweiligen Unterbringung ein **Ermessen** zu. Im Hinblick auf den Grundsatz der Verhältnismäßigkeit (s.o.) betrifft dieses in erster Linie die Prognose der Gefährlichkeit.

27   Die Ausgestaltung der Unterbringung richtet sich nach den §§ 119 und 119a. Sie sind entsprechend anzuwenden. Problematisch hieran erscheint, dass die einstweilige Unterbringung andere Voraussetzungen hat und andere Zwecke verfolgt als der Vollzug der Untersuchungshaft. Anordnungen zur Erreichung des Unterbringungszweckes nach § 119 Abs. 1 Satz 1 (ausführlich zu den Haftzwecken s. die Kommentierung unter § 119, dort Rdn. 18 ff.) sind nach Sinn und Zweck der einstweiligen Unterbringung entsprechend § 126a dahin gehend auszulegen, dass sie für die Abwehr einer Gefährdung der öffentlichen Sicherheit erforderlich sein müssen. Anordnungen nach § 119 Abs. 1 Satz 2 bedürfen deshalb einer besonders kritischen Prüfung. Beschränkungen, die der Beobachtung oder Begutachtung des Probanden dienen, sind nicht nach § 119 Abs. 1 Satz 1, sondern nach § 81 anzuordnen (ausführlich zum Ganzen LR/*Hilger* § 126a Rn. 16; AnwK/Uhaft-*König*, § 126a StPO Rn. 26). Auf die Ausführungen bei § 119 wird verwiesen (s. ergänzend hierzu auch hier unter Rdn. 39 f.).

28   Nach § 126a Abs. 3 Satz 1 ist der **Unterbringungsbefehl aufzuheben**, wenn die Voraussetzungen für die einstweilige Unterbringung nicht mehr vorliegen oder das Gericht im Urteil die Unterbringung nicht anordnet. Es gelten die allgemeinen Hinweise zu § 120.

Stellt sich heraus, dass die Voraussetzungen des § 126a nicht (mehr) vorliegen, dann kann der **Unterbringungsbefehl** in einen **Haftbefehl** umgewandelt werden. Eine solche Umstellung kann bei geänderter Beurteilung der Zurechnung auch umgekehrt erfolgen (LR/*Hilger* § 126a Rn. 19; *Meyer-Goßner/ Schmitt* § 126a Rn. 12; KK-*Schultheis* § 126a Rn. 9). Hierzu muss der Beschuldigte jedoch vorab gehört werden, es handelt sich um unterschiedliche Formen der Freiheitsentziehung (KG JR 1989, 476). 29

Ergänzend zu den allgemeinen Mitteilungspflichten nach § 114c ist – sofern vorhanden – nach § 126a Abs. 4 ein **gesetzlicher Vertreter** oder **Bevollmächtigter i.S.d. § 1906 Abs. 5 BGB** zu benachrichtigen. Ihm sind die nach § 126a Abs. 1 bis 3 ergangenen Entscheidungen bekannt zu geben. 30

Weitergehende Hinweise finden sich unter 37 ff.). 31

3. Außervollzugsetzung des Unterbringungsbefehls, § 126a Abs. 2 Satz 1. Sowohl eine **Außervollzugsetzung** als auch eine **erneute Invollzugsetzung** des Unterbringungsbefehls sind durch den Verweis in § 126a Abs. 2 Satz 1 auf die entsprechend anwendbaren § 116 Abs. 3 und 4 möglich (s. hierzu auch das UnterbringungssicherungsG v. 16.07.2007, BGBl. I, S. 1327; s. hierzu allgemein *Schneider* NStZ 2008, 68 ff.; *Spiess* StV 2008, 160, 163). 32

Dies wurde teils schon nach altem Recht angenommen (OLG Celle NStZ 1987, 524 = StV 1987, 445; LG Hildesheim StV 2001, 521; LG Kiel StV 2003, 513 [m. Anm. *Gubitz* HRRS 2003, 91 ff.]; *Pollähne* R&P 2003, 57, 59). Allerdings war dies strittig (**a. A.** LG Zweibrücken NStZ-RR 2004, 348 = VRS 106 [2004], 298; *Meyer-Goßner/Schmitt*, § 126a Rn. 10). 33

Da § 116 Abs. 3 und 4 nur »entsprechend« anwendbar ist, müssen die Voraussetzungen des dort in Bezug genommenen § 112a nicht vorliegen (BT-Drucks. 16/5137, S. 28; *Meyer-Goßner/Schmitt* § 126a Rn. 10; KK-*Schultheis* § 126a Rn. 5). 34

Eine Aussetzung des Vollzuges nach § 116 Abs. 1 und 2 ist ausdrücklich nicht zugelassen. Dennoch soll sie gegen Sicherheitsleistung nicht ausgeschlossen sein (LR/*Hilger* § 126a Rn. 13a; AnwK/Uhaft-*König*, § 126a StPO Rn. 15 [dort auch Fn. 43]). Das ist schon aus Gründen der Verhältnismäßigkeit sinnvoll. In Betracht kommen die Aufnahme in einer therapeutischen Wohngruppe oder auch eine zuverlässig gesicherte ambulante Behandlung (ebenso KK-*Schultheis* § 126a Rn. 5). 35

Eine erneute Invollzugsetzung des Unterbringungsbefehls richtet sich nach § 116 Abs. 4. Sie kommt insb. dann in Betracht, wenn neu hervorgetretene Umstände eine sofortige Unterbringung in einem geschlossenen bzw. geschützten Umfeld notwendig machen und die öffentliche Sicherheit dies erfordert. 36

4. Sonstiges. a) **Notwendige Verteidigung bei der einstweiligen Unterbringung.** Wird der Unterbringungsbefehl vollstreckt, dann ist dem Beschuldigten nach § 140 Abs. 1 Nr. 4 unverzüglich ein **Pflichtverteidiger** beizuordnen (*Burhoff*, Handbuch für das strafrechtliche Ermittlungsverfahren, Rn. 1425 ff. mit Verweis auf Rn. 2163 ff.; ausführlich zur Beiordnung eines Pflichtverteidigers s. die Kommentierung unter Vor § 112, dort Rdn. 49). Entsprechende Regelungen finden sich in den meisten Landesgesetzen zur Unterbringung (ausführlich hierzu SK-StPO/*Paeffgen*, § 126a Rn. 6). 37

b) **Beschleunigungsgebot und einstweilige Unterbringung.** Auch i.R.d. einstweiligen Unterbringung nach § 126a ist das **Beschleunigungsgebot** zu beachten. StA und Gericht sind insb. gehalten, frühzeitig einen Sachverständigen zu beauftragen, Fristen für die Erstellung des Gutachtens zu setzen und deren Einhaltung, nötigenfalls durch Androhung und Festsetzung von Ordnungsgeldern, zu kontrollieren (KG StV 2010, 372 ff. = StRR 2010, 109 f. [m. Anm. *Fürst*]; OLG Karlsruhe StraFo 2010, 113 f.). Ergänzend hierzu kann auf die allgemeinen Ausführungen zum Beschleunigungsgebot in Haftsachen verwiesen werden (ausführlich s. die Kommentierung unter § 112, dort Rdn. 132 ff. sowie unter § 121, dort Rdn. 7 ff.; aus der Rspr. zum Beschleunigungsgebot bei einstweiliger Unterbringung: OLG Bremen NStZ 2008, 650 ff.; OLG Celle NStZ 2008, 144 = R&P 2008, 167 ff. = StraFo 2007, 372 ff. = StV 2009, 701 f.; OLG Celle Nds.Rpfl 2002, 369 f.; OLG Düsseldorf NJW 2008, 867 f. = NStZ 2008, 529 f. = StraFo 2008, 74 = StV 2009, 702 f.; OLG Hamm R&P 2008, 175 = StRR 2007, 317 [m. Anm. *Burhoff*] = StV 2009, 703 ff.; OLG Hamm NJW 2007, 3220 ff. = StRR 2007, 317 [m. Anm. *Burhoff*]; OLG Karlsruhe StraFo 2010, 113 f.; OLG Koblenz NStZ-RR 2007, 207 = StV 2007, 418 ff.; OLG Koblenz StraFo 2006, 326 = StV 2006, 653 f.). 38

c) **Ärztliche Schweigepflicht und medizinische Behandlung bei der einstweiligen Unterbringung.** Besonders zu beachten ist die **ärztliche Schweigepflicht**. Weder die Pflicht zur Übermittlung 39

§ 126a StPO   Einstweilige Unterbringung

von Erkenntnissen nach § 114e noch sonstige Anordnungen nach § 126a i.R.d. Vollzuges der Unterbringung (vgl. §§ 119, 119a) oder gar die Pflicht zur Sachaufklärung sind geeignet, dieses fundamentale Recht des Untergebrachten auf Schutz der Persönlichkeit zu durchbrechen. Die Anhörung des behandelnden Arztes als sachverständiger Zeuge oder Sachverständiger ist strikt abzulehnen. Behandler sind keine Gutachter (ausführlich *Tondorf* StV 2000, 171 ff.). Der 1. Strafsenat beim BGH sieht dies anders. Dem behandelnden Arzt waren i.R.d. Behandlung Geheimnisse anvertraut worden, später wurde er zum Sachverständigen bestimmt und vor Gericht zu Fragen der Schuldunfähigkeit nach § 20 StGB und der zu treffenden Prognose nach § 67b StGB befragt. Ein (Zeugnis-) Verweigerungsrecht habe er insofern nicht. Bei der einstweiligen Unterbringung nach § 126a liege ein von der StPO vorgesehener Ausnahmefall vor (vgl. §§ 81 ff.), in dem die sonst erforderliche Zustimmung zur Preisgabe der Geheimnisse aufgrund einer gesetzlichen Duldungspflicht ersetzt werde, weil hier das staatliche Interesse an der Aufklärung des Sachverhalts vorgehe (BGH ArztR 2002, 331 f. = MedR 2002, 309 f. = NStZ 2007, 214 f. = R&P 2002, 182 ff. [m. krit. Anm. *Lesting*] = StV 2002, 633 ff. [m. krit. Anm. *Bosch*]). Ein solcher formaler Ansatz verfängt nicht. Die Anordnung der Beobachtung darf nicht erfolgen, wenn ein Erkenntnisgewinn aufgrund der Mitwirkungsverweigerung des Beschuldigten nur aufgrund verbotener Vernehmungsmethoden oder einer sonstigen Einflussnahme auf die Aussagefreiheit des Beschuldigten zu erwarten ist (BVerfG NJW 2002, 283 ff. = NStZ 2002, 98 f. = R&P 2002, 120 f. = StV 2001, 657 ff., = wistra 2001, 459 ff. [zu § 81 StPO]; ausführlich zum Problem der »Totalbeobachtung« s. die Kommentierung Vor § 112, dort Rdn. 44 f. sowie unter § 114d, dort Rdn. 21 ff.).

40 Eine **zwangsweise medizinische Behandlung** während des Vollzuges der einstweiligen Unterbringung widerspricht der Unschuldsvermutung und der Ungefährlichkeitsvermutung. Eine Rechtfertigung kann nicht durch Anordnungen nach § 119 oder den Regeln des Maßregelvollzuges erfolgen. Alles andere wäre rechtsstaatlich bedenklich (vgl. OLG Hamm R&P 2002, 188 [m. Anm. *Wagner*]; *Baumann* NJW 1980, 1873 ff.; AnwK/Uhaft-*König*, § 126a StPO Rn. 37; *Pollähne* R&P 2003, 71 ff.; KK-*Schultheis* § 126a Rn. 7; a. A. LR/*Hilger* § 126a Rn. 16 [indifferent]; *Münchhalffen/Gatzweiler*, Untersuchungshaft, Rn. 436 a.E. [nach §§ 178, 101 StVollzG zulässig]).

41 d) **Vollzug der Maßregel nach anderen Rechtsvorschriften.** Beim auch vorläufigen **Vollzug der Maßregel** ist zu unterscheiden, nach welchem Vollzugsrecht sich der Eingriff zu richten hat und welche gesetzlichen Vorgaben heranzuziehen sind. Das Recht des Untersuchungshaftvollzugs nach den §§ 119, 119a und den jeweiligen Landesgesetzen zum Untersuchungshaftvollzug (ausführlich hierzu s. die Kommentierung unter Vor § 112, dort Rdn. 30 ff.) verfängt nur in den Fällen der Untersuchungshaft nach den §§ 112, 112a.I.R.d. einstweiligen Unterbringung sind die §§ 119 und 119a allenfalls entsprechend anwendbar (§ 126a Abs. 2 Satz 1). Das Recht des Maßregelvollzuges findet grds. Berücksichtigung, wenn eine Maßregel nach den §§ 63 und 64 StGB vollstreckt bzw. wieder vollzogen wird. Gem. § 463 Abs. 1 sind für den Maßregelvollzug ergänzend die Vorschriften der Strafvollstreckung sinngemäß heranzuziehen. Dort wiederum sind nach § 453c Abs. 2 Satz 2 für vorläufige Maßnahmen in der Strafvollstreckung die §§ 119 und 119a sinngemäß anwendbar. Über diesen **doppelten Verweis** (»doppelt entsprechend«, vgl. AnwK/Uhaft-*König*, Vorbem. zu § 126a StPO Rn. 4) können also die Reglungen zur Ausgestaltung der Untersuchungshaft auch für den vorläufigen Maßregelvollzug genutzt werden. Dies mag sinnvoll sein. Allerdings spricht auch nichts gegen eine Anwendung des Maßregelvollzugsrechts des Länder selbst (zum Ganzen AnwK/Uhaft-*König*, Vorbem. zu § 126a StPO Rn. 4 f., 8 und 18). Die jeweiligen landesrechtlichen Vorgaben sind zu beachten.

42 5. **Rechtsbehelfe.** Gegen den Unterbringungsbefehl bzw. dessen Ablehnung stehen die allgemeinen Rechtsbehelfe zur Verfügung.

43 Die **Haftprüfung** richtet sich bei der einstweiligen Unterbringung nach § 126 Abs. 2 Satz 1 entsprechend den §§ 117 bis 118b. Eine ausführliche Kommentierung findet sich bei § 117, dort Rdn. 9 ff. sowie 26 ff. und § 118, dort Rdn. 1 ff.

44 Weiter sind die **Haftbeschwerde** nach § 304 und die **weitere Beschwerde** nach § 310 möglich. Es gelten die allgemeinen Vorgaben. Eine ausführliche Kommentierung findet sich bei § 117, dort Rdn. 33 ff.

45 Rechtsbehelfe gegen **Maßnahmen des Vollzuges** der einstweiligen Unterbringung richten sich nach den §§ 119 und 119a. Eine ausführliche Kommentierung findet sich bei § 119, dort Rdn. 82 ff. und bei § 119a, dort Rdn. 20 f.

Auch die **Umstellung** zwischen Unterbringungsbefehl und Haftbefehl ist rechtsmittelfähig. Es handelt 46
sich um unterschiedliche Formen der Freiheitsentziehung (*Meyer-Goßner/Schmitt*, § 126a Rn. 12; KK-
Schultheis § 126a Rn. 10). Der Beschuldigte und die StA sind vorab zu hören.

6. Besondere Haftprüfung durch das OLG nach den §§ 121, 122, 126a Abs. 2 Satz 2. Durch 47
den später hinzugefügten § 126a Abs. 2 Satz 2 ist auch für den Fall der einstweiligen Unterbringung
eine **besondere Prüfung durch das OLG** vorgesehen. Die §§ 121, 122 gelten hier entsprechend (vgl.
UnterbringungssicherungsG v. 16.07.2007, BGBl. I, S. 1327; zur Reform allgemein *Schneider* NStZ
2008, 68 ff.). Allerdings soll das OLG nur prüfen, ob die Voraussetzungen der einstweiligen Unterbringung weiter vorliegen. Vermeidbare Verfahrensverzögerungen, die besondere Schwierigkeit, der besondere Umfang der Ermittlungen oder ob ein anderer wichtiger Grund das Urteil noch nicht zugelassen
haben, ist nicht schon vorab gesondert, sondern erst i.R.d. **Verhältnismäßigkeit** zu prüfen (OLG Bremen NStZ 2008, 650 ff.; OLG Celle NStZ 2008, 144 = R&P 2008, 167 ff. = StraFo 2007, 372 ff. = StV
2009, 701 f.; OLG Düsseldorf NJW 2008, 867 f. = NStZ 2008, 529 f. = StraFo 2008, 74 = StV 2009,
702 f.; OLG Hamm R&P 2008, 175 = StRR 2007, 317 [m. Anm. *Burhoff*] = StV 2009, 703 ff.; OLG
Hamm NJW 2007, 3220 ff. = StRR 2007, 317 [m. Anm. *Burhoff*]) oder auch beim **allgemeinen Beschleunigungsgebot** in Haftsachen zu beachten (s. hierzu ergänzend zu den bereits genannten Fundstellen KG StV 2010, 372 ff. = StRR 2010, 109 f. [m. Anm. *Fürst*]; OLG Karlsruhe StraFo 2010, 113 f.;
und aus der früheren Rspr.: OLG Celle Nds.Rpfl 2002, 369 f.; OLG Koblenz NStZ-RR 2007, 207
= StV 2007, 418 ff.; OLG Koblenz StraFo 2006, 326 = StV 2006, 653 f.). Bei der Prüfung der Verhältnismäßigkeit der Fortdauer der einstweiligen Unterbringung ist von besonderer Bedeutung, dass sie
dem Schutz der Allgemeinheit vor gefährlichen Straftätern dient (vgl. BT-Drucks. 16/1110, S. 18).
Das kann dazu führen, dass die Fortdauer der Unterbringung trotz vermeidbarer Verfahrensverzögerungen dennoch nicht als unverhältnismäßig angesehen wird (krit. hierzu SK-StPO/*Paeffgen*, § 126a
Rn. 8; ausführlich *Pollähne/Ernst* StV 2009. 705 ff.; s.a. *Pollähne* KritV 2007, 400 f.).

In die Berechnung der maßgeblichen 6-Monats-Frist ist zuvor vollzogene Untersuchungshaft einzube- 48
ziehen (OLG Düsseldorf NJW 2008, 867; OLG Hamm StRR 2007, 282 [amtl. LS] = StRR 2007, 322
[red. LS]).

In den Fällen der **Unterbringung nach § 275a Abs. 5** findet eine besondere Haftprüfung auch weiter- 49
hin nicht statt. Die §§ 121, 122 sind in § 275a Abs. 5 Satz 4 nicht genannt (OLG München NStZ-RR
2009, 20).

§ 127 StPO Vorläufige Festnahme.

(1) ¹Wird jemand auf frischer Tat betroffen oder verfolgt, so ist, wenn er der Flucht verdächtig ist oder seine Identität nicht sofort festgestellt werden kann, jedermann befugt, ihn auch ohne richterliche Anordnung vorläufig festzunehmen. ²Die Feststellung der Identität einer Person durch die Staatsanwaltschaft oder die Beamten des Polizeidienstes bestimmt sich nach § 163b Abs. 1.
(2) Die Staatsanwaltschaft und die Beamten des Polizeidienstes sind bei Gefahr im Verzug auch dann zur vorläufigen Festnahme befugt, wenn die Voraussetzungen eines Haftbefehls oder eines Unterbringungsbefehls vorliegen.
(3) ¹Ist eine Straftat nur auf Antrag verfolgbar, so ist die vorläufige Festnahme auch dann zulässig, wenn ein Antrag noch nicht gestellt ist. ²Dies gilt entsprechend, wenn eine Straftat nur mit Ermächtigung oder auf Strafverlangen verfolgbar ist.
(4) Für die vorläufige Festnahme durch die Staatsanwaltschaft und die Beamten des Polizeidienstes gelten die §§ 114a bis 114c entsprechend.

Übersicht	Rdn.			Rdn.
A. Allgemeines	1	IV.	Zweck der Festnahme	22
B. Vorläufige Festnahme auf frischer Tat durch Jedermann, § 127 Abs. 1	10	V.	Grund der Festnahme	23
		VI.	Festnahme	27
I. Voraussetzungen für das Recht zur vorläufigen Festnahme	10	VII.	Grundsatz der Verhältnismäßigkeit	34
		C.	Vorläufige Festnahme bei Gefahr in Verzug, § 127 Abs. 2 StPO	37
II. Festnahmeberechtigte – »Jedermann«	11			
III. Zur Festnahme berechtigende »frische Tat«	14	I.	Festnahmeberechtigte	38

§ 127 StPO   Vorläufige Festnahme

		Rdn.			Rdn.
II.	Voraussetzungen der Festnahme nach § 127 Abs. 2 StPO	39	D.	Vorläufige Festnahme bei Antragsdelikten, § 127 Abs. 3	46
	1. Gefahr in Verzug	41	E.	Bekanntgabe, Belehrung und Benachrichtigung nach §§ 114a bis 114c, § 127	
	2. Durchführung der vorläufigen Festnahme	44		Abs. 4	48
			F.	Sonstiges	51

1 **A. Allgemeines.** In den meisten Fällen geht dem Erlass eines Haftbefehls die vorläufige Festnahme des Beschuldigten voraus (*Burhoff*, Handbuch für das strafrechtliche Ermittlungsverfahren, Rn. 3337; *Kargl* NStZ 2000, 8 ff.; AnwK/Uhaft-*König*, § 127 StPO Rn. 1; *Meyer-Goßner/Schmitt* § 127 Rn. 1; KK-*Schultheis* § 127 Rn. 1). Das Gesetz eröffnet in § 127 **drei Möglichkeiten** für ein solches Vorgehen:

2 – Die vorläufige Festnahme kann nach § 127 Abs. 1 S. 1 unter engen Voraussetzungen durch **Jedermann** erfolgen, um entweder die Identitätsfeststellung oder die Anwesenheit des Verdächtigen zu sichern.

3 – Die vorläufige Festnahme kann nach § 127 Abs. 2 durch die **Ermittlungsbehörden** (StA und Polizei) bei Gefahr in Verzug vorgenommen werden, wenn die Voraussetzungen eines Haft- oder Unterbringungsbefehls vorliegen.

4 – Die vorläufige Festnahme kann nach § 127 Abs. 1 S. 2 zur **Sicherung der Identität** durch die Ermittlungsbehörden (StA und Polizei) erfolgen; das Nähere regeln die §§ 163b und 163c. Hierbei handelt es sich um einen Sonderfall zu § 127 Abs. 2.

5 Das Recht zur vorläufigen Festnahme besteht unabhängig von einer richterlichen Anordnung. Wegen des **Richtervorbehaltes in Art. 104 Abs. 2 und 3 GG** kann und darf es sich hier aber nur um eine vorläufige und zeitlich begrenzte Maßnahme handeln. Die Vorführung vor den Richter hat so früh wie möglich, spätestens aber bis zum Ende des Tages nach der Festnahme zu erfolgen, sofern der Verdächtige nicht freigelassen wird (vgl. § 128 Abs. 1 S. 1; ausführlich s. dort).

6 Für **Bagatelldelikte** ist in § 127a die Möglichkeit einer Verschonung von der Fortdauer der vorläufigen Festnahme geregelt.

7 Das **weitere Verfahren** nach vorläufiger Festnahme geben die §§ 128 und 129 vor.

8 Zusätzliche Fälle der vorläufigen Festnahme sind geregelt in § 127b (vorläufige Festnahme zur Anordnung der Hauptverhandlungshaft) und in § 183 S. 2 GVG (vorläufige Festnahme bei Straftaten in der Sitzung) sowie in § 164 (Festhalten von Störern), dort aber zu anderen Zwecken.

9 Innerhalb der Grenzen des Rechts zur vorläufigen Festnahme handelt der Festnehmende rechtmäßig.

10 **B. Vorläufige Festnahme auf frischer Tat durch Jedermann, § 127 Abs. 1.**
I. Voraussetzungen für das Recht zur vorläufigen Festnahme. Nach § 127 Abs. 1 S. 1 hat Jedermann das Recht zur vorläufigen Festnahme eines auf frischer Tat angetroffenen oder verfolgten Verdächtigen. Dem Bürger wird hier eine öffentliche Aufgabe übertragen (*Meyer-Goßner/Schmitt* § 127 Rn. 1; KK-*Schultheis* § 127 Rn. 6; *Roxin/Schünemann*, Strafverfahrensrecht, § 31 Rn. 4). Dadurch soll in erster Linie eine Strafverfolgung gesichert werden (ausführlich LR/*Hilger* § 127 Rn. 3). Eine Rechtspflicht zum Handeln wird aber nicht begründet (*Meyer-Goßner/Schmitt* § 127 Rn. 1; KK-*Schultheis* § 127 Rn. 6). Das Festnahmerecht endet mit dem Eintreffen der Polizei als Repräsentanten staatlicher Gewalt.

11 **II. Festnahmeberechtigte – »Jedermann«.** Das Recht steht **Jedermann** zu. Auf Betroffenheit in der Sache, Alter, Wohnsitz, Nationalität etc. kommt es nicht an (RGSt 12, 194, 195 [Jagdaufseher nimmt Wilderer in fremdem Revier fest]; LR/*Hilger* § 127 Rn. 26; AnwK/Uhaft-*König*, § 127 StPO Rn. 3; *Meyer-Goßner/Schmitt* § 127 Rn. 7; KK-*Schultheis* § 127 Rn. 20). Mehrere Personen dürfen, egal ob koordiniert oder nicht, zusammenwirken. Entscheidend geht es um den Schutz der Rechtsordnung.

12 Auch Beamte von StA und Polizei können sich auf § 127 Abs. 1 S. 1 berufen, nicht nur wenn sie außerhalb ihres Wirkungskreises oder privat tätig sind (s. *Kramer* MDR 1993, 11 ff.; LR/*Hilger* § 127 Rn. 26; *Meyer-Goßner/Schmitt* § 127 Rn. 7). Das gilt wegen der Sonderregel in § 127 Abs. 1 S. 2 aber nicht zur Identitätsfeststellung, für die sich die Ermittlungsbehörden alleine auf die §§ 163b

Abs. 1, 163c berufen können (vgl. *Benfer* MDR 1993, 828 ff.; ebenso AnwK/Uhaft-*König*, § 127 StPO Rn. 3).

Bei Anwesenheit der Ermittlungsbehörden (s.o.) bedarf es deren Zustimmung zur Wahrnehmung der Festnahmerechte. Ohne diese darf das Festnahmerecht nicht fortgesetzt ausgeübt werden (*Bülte* ZStW 121 [2009], 377, 413; AnwK/Uhaft-*König*, § 127 StPO Rn. 3; *Meyer-Goßner/Schmitt* § 127 Rn. 7). 13

III. Zur Festnahme berechtigende »frische Tat«. Unter der zur Festnahme berechtigenden »Tat« i.S.d. § 127 Abs. 1 ist, abstrakt formuliert, jedes Verhalten zu verstehen, das strafrechtliche Folgen nach sich ziehen kann. 14

Der Begriff der Tat erfasst einerseits jede rechtswidrige, vom Täter schuldhaft begangene Tat, die den Tatbestand eines Strafgesetzes verwirklicht, so wie dies bei der Untersuchungshaft nach den §§ 112 ff. gemeint ist, und andererseits jede rechtswidrige Tat, die der Verdächtige im Zustand der Schuldunfähigkeit nach § 20 StGB oder der verminderten Schuldfähigkeit nach § 21 StGB begangen hat, so wie dies bei der einstweiligen Unterbringung nach § 126a der Fall ist (vgl. hierzu § 11 Abs. 1 Nr. 5 StGB; ebenso: LR/*Hilger* § 127 Rn. 8; AnwK/Uhaft-*König*, § 127 StPO Rn. 4; weiter: KK-*Schultheis* § 127 Rn. 7). 15

Auf den Wert der Beute kommt es nicht an. Auch ob Täterschaft oder Teilnahme anzunehmen sind, spielt keine Rolle. Die Tat muss nicht vollendet sein. Es genügt, dass sie versucht wurde (vgl. § 22 StGB; BGH NJW 1981, 745 f. = VersR 1981, 376), sofern der Versuch strafbar ist. Eine straflose Vorbereitungshandlung reicht nicht aus, es bedarf zumindest eines unmittelbaren Ansetzens zur Tat. Die Schwere der Tat ist regelmäßig nicht entscheidend. § 127 Abs. 1 S. 1 gilt für alle Verbrechen oder Vergehen (vgl. RGSt 17, 127; BayObLGSt 1986, 52, 55; *Borchert*, JA 1982, 338, 344; AK/StPO-*Krause*, § 127 Rn. 11; a. A. LR/*Hilger* § 127 Rn. 19 [einschränkend unter Beachtung der Verhältnismäßigkeit]). Das Gesetz orientiert sich einzig daran, dass die Tat »frisch begangen« worden sein muss (vgl. *Kargl* NStZ 2000, 8, 14; *Schröder* Jura 1999, 10, 11; vgl. auch § 127 Abs. 3 StPO [Antragserfordernis]). Problematisch ist aber die Einordnung von offenkundigen Bagatellfällen (vgl. *Schröder* Jura 1999, 10, 12; zur Verhältnismäßigkeit s.a. unten, Rdn. 34 ff.). 16

Bei **Ordnungswidrigkeiten** ist eine vorläufige Festnahme unzulässig (vgl. § 46 Abs. 3 S. 1 OWiG). 17

Eine vorläufige Festnahme von **Kindern unter 14 Jahren** ist nach herrschender Meinung nicht erlaubt. Sie sind strafunmündig (vgl. § 19 StGB, § 3 Abs. 1 JGG). Gegen sie kann weder eine Strafe noch eine Maßregel der Besserung und Sicherung verhängt werden. Somit lasse sich der Zweck der vorläufigen Festnahme, die Sicherung der Strafverfolgung, von vornherein nicht erreichen (vgl. nur *Ellbogen/Wichmann* JuS 2007, 114, 117; LR/*Hilger* § 127 Rn. 8; *Kintzi* DRiZ 1997, 34; AnwK/Uhaft-*König*, § 127 StPO Rn. 4; AnwK/StPO-*Lammer*, § 127 Rn. 3; *Meyer-Goßner/Schmitt* § 127 Rn. 3a; a. A. KG JR 1971, 30 [Festnahme zur Feststellung der Personalien des Aufsichtspflichtigen erlaubt]; *Krause* in: FS Geerds, 1995, S. 489 ff. [Festnahme zur Feststellung der Identität des Kindes]; ausführlich zum Ganzen *Verell* NStZ 2001, 284, 286 f.). Dies ist für eine Festnahme von Strafunmündigen wegen Fluchtgefahr oder der Sicherung der Untersuchungshaft nach § 127 Abs. 2 selbstverständlich. Für § 127 Abs. 1 scheint aber eine differenzierte Betrachtung angezeigt (vgl. hierzu ausführlich *Verell* NStZ 2001, 284, 286 f.): Die herrschende Meinung geht von einer vornehmlich retrospektiv geprägten Betrachtung aus. Diese ist aber in der Praxis ex ante oft nicht möglich. Das Gesetz differenziert i.Ü. auch nicht danach, ob die Person bereits als Verdächtiger oder Beschuldigter angesehen werden kann. Vielmehr wird lediglich verlangt, dass »Jemand« auf frischer Tat betroffen wird. Im Anfangsstadium der Aufklärung einer Straftat geht es vornehmlich darum, Klarheit über die Tat und die daran Beteiligten zu erhalten. Würde man das Verbot, den primär Tatverdächtigen zur Feststellung seiner Identität vorläufig festzunehmen, bei Kindern streng schematisch anwenden, dann könnte sich dies besonders nachteilig auswirken. Ermittlungen zur Bestrafung eines strafunmündigen Kindes sind, daran besteht kein Zweifel, sinnlos. Sie sind abzulehnen (s.o.). Aber im frühen Stadium des »ersten Zugriffes« ist stets auch die Möglichkeit zu erwägen, dass andere (strafmündige) Personen beteiligt sein könnten. Dies aufzuklären wäre erheblich erschwert, wenn nicht gar unmöglich gemacht, wenn Kinder von vornherein dem vorübergehenden Zugriff entzogen wären. Selbst wenn das Kind alleiniger Tatverdächtiger sein sollte, erlischt damit nicht automatisch jedes strafprozessuale Erkenntnisinteresse. Eine kurzfristige vorläufige Festnahme, gerade bei Kindern an der Grenze zur Strafmündigkeit, kann vor diesem Hintergrund in engen Grenzen angezeigt erscheinen. Andernfalls verbleibt für Privatleute die Möglichkeit der Feststellung der 18

§ 127 StPO Vorläufige Festnahme

Identität des Kindes nach § 229 BGB, um so möglicherweise zivilrechtliche Schadensersatzansprüche durchzusetzen (vgl. *Ellbogen/Wichmann* JuS 2007, 114, 117; KK-*Schultheis* § 127 Rn. 8 a.E.).

19 Welchen Verdachtsgrad die angenommene Tat im Fall der vorläufigen Festnahme durch Private nach § 127 Abs. 1 erfüllen muss, ist höchst streitig. Eine Meinung geht davon aus, dass die angenommene **Straftat in objektiver Hinsicht tatsächlich begangen** worden sein muss (vgl. u.a. KG JR 1971, 30 = VRS 45, 35 ff.; OLG Hamm NJW 1972, 1826; *Meyer-Goßner/Schmitt* § 127 Rn. 4; sowie die Vielzahl weiterer Nachweise bei SK-StPO/*Paeffgen*, § 127 Rn. 7 [dort Fn. 20]). Nach a. A. genügt ein **(qualifizierter) dringender Tatverdacht** (vgl. u.a. BGH NJW 1981, 745 f. [Zivilteil!]; BayObLG JR 1987, 344 [m. zust. Anm. *Schlüchter* JR 1987, 309]; OLG Hamm NStZ 1998, 370; OLG Koblenz DVBl. 2008, 1070; KK-*Schultheis* § 127 Rn. 9; LR/*Hilger* § 127 Rn. 9; sowie die Vielzahl weiterer Nachweise bei SK-StPO/*Paeffgen*, § 127 Rn. 8 [dort Fn. 22]; ausführlich zum Ganzen auch *Kargl* NStZ 2000, 8, 10 ff.). Im Wesentlichen geht es hier darum, ob das Schwergewicht auf der Ermittlung eventueller Straftaten liegt, oder ob die Rechtsposition des vermeintlich Verdächtigen schwerer wiegt. Besonders bedeutsam wird das Problem bei der vorläufigen Festnahme, wenn sich der Festgenommene – entweder tatsächlich oder vermeintlich zu Recht oder zu Unrecht – wehrt. Es gehe nicht an, einem Unschuldigen dessen **Notwehrrecht** gegen freiheitsbeschränkende Eingriffe Privater zu nehmen (vgl. *Meyer-Goßner/ Schmitt* § 127 Rn. 4; s. hierzu auch unter F., dort Rdn. 53) und umgekehrt den in gutem Glauben handelnden Festnehmenden zur Duldung eventueller Verteidigungshandlungen zu verpflichten (vgl. nur AnwK/Uhaft-*König*, § 127 StPO Rn. 6). Eine praktikable Lösung wird mit Sinn und Zweck des § 127 Abs. 1 argumentieren müssen: Wenn Privatpersonen das Recht zur Wahrnehmung öffentlicher Aufgaben eröffnet wird, dann dürfen sie nicht gleichzeitig mit dem Risiko einer Fehleinschätzung belastet werden, wenn sich nachträglich herausstellen sollte, dass keine rechtswidrige Straftat anzunehmen ist. Diese Ansicht bedarf aber einer Einschränkung: Sie gilt nur dann, wenn der Festnehmende im Zeitpunkt der vorläufigen Festnahme (ex ante) eine umfassende und sorgfältige Abwägung vorgenommen hat. Leichtfertige Fehleinschätzungen gehen zu seinen Lasten (zum Ganzen *Bülte* ZStW 121 [2009], 377, 399 ff.; LR/*Hilger* § 127 Rn. 9; AnwK/Uhaft-*König*, § 127 StPO Rn. 6; SK-StPO/*Paeffgen*, § 127 Rn. 10). Nach Allem reicht es deshalb aus, wenn die Zusammenschau aller erkennbaren äußeren Umstände im Tatzeitpunkt nach der Lebenserfahrung im Urteil des Festnehmenden ohne vernünftige Zweifel den Schluss auf eine rechtswidrige Tat zulässt.

20 Auf **frischer Tat betroffen** ist, wer unmittelbar bei Begehung einer rechtswidrigen Tat oder unmittelbar danach am Tatort oder in dessen unmittelbarer Nähe angetroffen und gestellt wird (statt Aller: *Meyer-Goßner/Schmitt* § 127 Rn. 5; s.a. *Bülte* ZStW 121 [2009], 377, 401).

21 Auf **frischer Tat verfolgt** ist, wer zwar nicht mehr am Tatort betroffen wird, weil er sich bereits entfernt hat, der aber anhand von Tatspuren oder sonstiger sicherer Anhaltspunkte als Täter ausgemacht werden kann und seine Verfolgung zur Ergreifung aufgenommen wird (OLG Hamburg GA 1964, 341, 342; LR/*Hilger* § 127 Rn. 15; AnwK/Uhaft-*König*, § 127 StPO Rn. 7; *Meyer-Goßner/Schmitt* § 127 Rn. 6). Die Verfolgung erfasst sämtliche Maßnahmen, um den Täter zu ergreifen, dies zumindest zu ermöglichen, zu erleichtern oder zu sichern (RGSt 30, 388 ff.). Die Verfolgung muss sich nicht unmittelbar an die Entdeckung anzuschließen. Der Verfolgende kann sich zunächst vorbereiten, bspw. Hilfskräfte hinzuziehen oder Hilfsmittel (Fahrzeug etc.) beschaffen. Eine Verfolgung auf Sicht und Gehör ist nicht erforderlich (*Meyer-Goßner/Schmitt* § 127 Rn. 6). Der Verfolgende kann dem Verfolgten vorauseilen und Wege besetzen (RGSt 30, 388 ff.). Eine Rast ändert nichts am Charakter der Verfolgung (RGSt 58, 226 ff.). Eine zeitliche Grenze ist nicht anzunehmen (zum Ganzen: LR/*Hilger* § 127 Rn. 15; *Meyer-Goßner/Schmitt* § 127 Rn. 6).

22 **IV. Zweck der Festnahme.** Der Zweck der vorläufigen Festnahme darf einzig darin bestehen, den auf frischer Tat betroffenen oder flüchtigen Täter der **Strafverfolgung** zuzuführen. § 127 Abs. 1 ist keine Eingriffsbefugnis für präventiv-polizeiliche Zwecke (LR/*Hilger* § 127 Rn. 3). Eine Festnahme zu anderen Zwecken rechtfertigt sich allenfalls aus anderen Normen, z.B. § 229 BGB (BayObLGSt 90, 113 = JR 1991, 518 [m. Anm. *Laubenthal*]; OLG Düsseldorf NJW 1991, 2716 = NStZ 1991, 599 [m. krit. Anm. *Paeffgen* NStZ 1992, 530, 532]; a. A. wohl AG Grevenbroich NJW 2000, 1060 [mit umfangreicher auch zivilrechtlicher Würdigung des Sachverhaltes]). Eine Verhinderung weiterer Straftaten oder auch eine sonst erziehende oder belehrende Einflussnahme auf Dritte sind nicht von § 127 gedeckt

(BGH VRS 40, 104, 106 [Versuch der Verhinderung einer Trunkenheitsfahrt]; OLG Hamm VRS 9, 215, 218; OLG Hamm VRS 4, 446; ebenso *Meyer-Goßner/Schmitt* § 127 Rn. 6).

V. Grund der Festnahme. § 127 Abs. 1 S. 1 nennt als zulässige Festnahmegründe den Fluchtverdacht sowie die sofortige Identitätsfeststellung. Andere Gründe, wie z.B. Verdunkelungsgefahr oder Wiederholungsgefahr oder auch Ungehorsam gegen Ladungen, begründen kein Festnahmerecht (KK-*Schultheis* § 127 Rn. 15). 23

Ein **Fluchtverdacht** ist nach herrschender Meinung nicht gleichzusetzen mit Fluchtgefahr (differenzierend LR/*Hilger* § 127 Rn. 21). Es ist nicht auf eine objektiv vorliegende Fluchtgefahr i.S.d. § 112 Abs. 2 Nr. 2 abzustellen (ausführlich dazu s. die Kommentierung unter § 112, dort Rdn. 37 ff.). Sondern ein Fluchtverdacht ist anzunehmen, wenn der Festnehmende nach den erkennbaren Umständen des Falles, insb. dem Verhalten des Täters, vernünftigerweise davon ausgehen darf, dieser habe eine Tat begangen und werde sich dem Strafverfahren durch Flucht entziehen, sollte er nicht alsbald festgehalten werden (**objektive Komponente**). Zusätzlich muss der Festnehmende davon überzeugt sein, dass die Gefahr besteht, der Verdächtige werde flüchten (**subjektive Komponente**). Problematisch hierbei ist, dass der Festnehmende regelmäßig schnell eine Entscheidung treffen muss (zum Ganzen BGH MDR 1970, 196, 197; BGH bei *Kusch* NStZ 1992, 27; BayObLG NStZ-RR 2002, 336; LR/*Hilger* § 127 Rn. 21; AnwK/Uhaft-*König*, § 127 StPO Rn. 9; *Meyer-Goßner/Schmitt* § 127 Rn. 10; SK-StPO/*Paeffgen* § 127 Rn. 15; KK-*Schultheis* § 127 Rn. 16). 24

Zur **Feststellung der Identität** ist die vorläufige Festnahme erlaubt, wenn der Betroffene Angaben zur Person verweigert (RGSt 21, 10) oder keine gültigen Ausweispapiere vorweisen kann, eine Identifikation also nicht ohne Vernehmung oder sonstige weiter gehende Nachforschungen möglich ist. Die Feststellung der Personalien muss sofort, d.h. augenblicklich und an Ort und Stelle, möglich sein. Die Angabe der Personalien kann ungenügend sein, wenn Zweifel vorhanden sind und keine Möglichkeit besteht, dies nachzuprüfen (RGSt 27, 198, 199). Aus vorgelegten Ausweispapieren müssen sich sämtliche relevanten Daten, insb. der aktuelle Wohnsitz oder Aufenthaltsort, ergeben (BayObLG NStZ-RR 2002, 336 [älterer Führerschein unzureichend]; fraglich **a. A.** AG Hannover StV 2006, 321 [Führerschein nicht unzureichend, allerdings bei polizeilicher Identitätsfeststellung, also weiter gehenden Recherchemöglichkeiten]). Ist der Name des Verdächtigen sicher bekannt, dann ist eine Festnahme nach § 127 Abs. 1 i.d.R. unzulässig. Die Identifizierung über einen Dritten genügt aber nicht, selbst wenn dieser sich ausweist, da weiterhin Zweifel am eigentlichen Betroffenen bestehen können. Kennzeichen von Kfz lassen zwar eine Feststellung des Halters zu; damit ist aber der Fahrer nicht sicher identifiziert (KG VRS 16, 112, 113; OLG Oldenburg VRS 32, 274; OLG Schleswig NJW 1984, 1470 f.; *Krüger* NZV 2003, 218, 220). Etwas anderes soll gelten, wenn eine Identifikation dennoch sicher möglich ist und die Verhältnismäßigkeit eine persönliche Überprüfung nicht angezeigt erscheinen lässt (öffentliche Verkehrsmittel; dazu LR/*Hilger* § 127 Rn. 24; **a. A.** OLG Hamm VRS 9, 215; zum Ganzen s.a. LR/*Hilger* § 127 Rn. 22 ff.; AnwK/Uhaft-*König*, § 127 StPO Rn. 9; *Meyer-Goßner/Schmitt* § 127 Rn. 11; SK-StPO/*Paeffgen*, § 127 Rn. 17 c f.; KK-*Schultheis* § 127 Rn. 17). 25

Im weiteren Verlauf **nach Feststellung der Identität** sind ebenfalls strenge Vorgaben einzuhalten: Ein stundenlanges Festhalten nach sicherer Identifikation der Person nach § 127 zur erkennungsdienstlichen Behandlung (vgl. **§ 81b** und **§ 163b StPO**; s.i.Ü. dort) ist unverhältnismäßig. Der Beschuldigte darf nur zur Polizeidienststelle verbracht werden, wenn die Fertigung von Lichtbildern vor Ort nicht möglich ist. Er ist umgehend zu behandeln. Über organisatorisch nicht vermeidbare mäßige Wartezeit hinaus darf er nicht stundenlang festgehalten und eingesperrt werden. Auch Praktikabilitätserwägungen (größere Gruppe von Personen) rechtfertigen ein solches Festhalten und Einsperren nicht (BVerfG DVBl. 2011, 623 ff. = Kriminalistik 2011, 331 = NJW 2011, 2499 = NStZ 2011, 529 ff. = NVwZ 2011, 743 ff. = StraFo 2011, 177 ff. = StRR 2011, 261 f. [m. Anm. *Lorenz*] = StV 2011, 389 ff.). 26

VI. Festnahme. Die Festnahme selbst ist **Realakt**. Sie bedarf weder einer Anordnung noch einer Begründung. Eine bestimmte Form ist nicht vorgegeben. Die vorläufige Festnahme muss nicht als solche bezeichnet werden. Entscheidend kommt es auf ihren Grund an. Sie ist jederzeit, auch nachts erlaubt. Einer Ankündigung der Festnahmehandlung bedarf es nicht, wenn dies nicht zweckmäßig erscheint. Auch von Privatpersonen darf Gewalt angewendet werden (OLG Karlsruhe NJW 1974, 806; OLG Stuttgart NJW 1984, 1694). 27

28 Der Festnehmende ist berechtigt, Handlungen vorzunehmen, die ohne die Rechtfertigung nach § 127 als **Nötigung, Körperverletzung** oder **Freiheitsberaubung** angesehen werden könnten (KK-*Schultheis* § 127 Rn. 27; zur Verhältnismäßigkeit ausführlich sogleich, Rdn. 34 ff.).

29 Die Handlung muss aber für den Verdächtigen **als Festnahme erkennbar** sein (KG StV 2001, 260, 261; BayObLGSt 1964, 34 = VRS 27, 189; BayObLGSt 1960, 66 = NJW 1960, 1583; OLG Oldenburg NJW 1966, 1764; LR/*Hilger* § 127 Rn. 33; AnwK/*Uhaft-König*, § 127 StPO Rn. 10; *Meyer-Goßner/ Schmitt* § 127 Rn. 12; SK-StPO/*Paeffgen*, § 127 Rn. 19; KK-*Schultheis* § 127 Rn. 24 ff.).

30 Die Festnahme erfolgt entweder mit der **Aufforderung**, zur nächsten Polizeidienststelle mitzukommen oder der Beschuldigte wird festgehalten bis die Polizei kommt. Ein kurzfristiges Einsperren ist erlaubt (KG JR 1971, 30). Denkbar, wenn auch praktisch eher selten, ist die Vorführung vor das zuständige Gericht (vgl. § 128 StPO).

31 Eine **Durchsuchung der Person** ist von § 127 nicht gedeckt. Dafür gelten die §§ 102 ff. StPO. Sie gewähren entsprechende Rechte aber nicht Privatpersonen (vgl. § 105 StPO; s.a. LR/*Hilger* § 127 Rn. 34).

32 Das **Betreten der Wohnung** zum Zwecke der Festnahme bedeutet ebenfalls eine Durchsuchung. Es gelten die vorangehenden Ausführungen (RGSt 31, 308; **a. A.** RGSt 40, 67; s. hierzu auch LR/*Hilger* § 127 Rn. 34; SK-StPO/*Paeffgen*, § 127 Rn. 22).

33 Eine **Beeinträchtigung Dritter** ist differenziert zu sehen: Eine Gefährdung durch Verfolgungsjagden ist nicht erlaubt (OLG Celle MDR 1958, 443; OLG Hamm VRS 32, 452; OLG Oldenburg VRS 32, 274; LR/*Hilger* § 127 Rn. 29; AnwK/StPO-*Lammer*, § 127 Rn. 11; *Meyer-Goßner/Schmitt* § 127 Rn. 16). Belästigungen und auch Behinderungen sind aber hinzunehmen (AnwK/Uhaft-*König*, § 127 StPO Rn. 11).

34 **VII. Grundsatz der Verhältnismäßigkeit.** Eine Festnahmehandlung nach § 127 unterliegt immer dem Grundsatz der Verhältnismäßigkeit. Dies gilt insb. auch für § 127 Abs. 1 S. 1 ggü. Privaten, da sie eine öffentliche Aufgabe wahrnehmen (s.o.).

35 **Mittel und Zweck** müssen in einem angemessenen Verhältnis zueinander stehen. Sie müssen geeignet und erforderlich sein, um das Ziel zu erreichen (BGHSt 45, 378 ff. = JA 2000, 630 f. = JurBüro 2000, 332 = JuS 2000, 717 f. [m. Anm. *Mitsch* JuS 2000, 848 ff.] = NJW 2000, 1348 ff. = NStZ 2000, 603 f. [m. Anm. *Kargl/Kirsch*] = StraFo 2000, 166 ff. = StV 2001, 258 ff. [von hinten Anspringen; am Boden fixieren; Würgegriff]). Es ist regelmäßig unzulässig, die Flucht eines Täters durch Handlungen zu verhindern, die eine ernsthafte Gesundheitsschädigung oder gar eine unmittelbare Gefährdung des Lebens bedeuten (BGH NStZ-RR 2007, 303 f. = R&P 2007, 211). Der Gebrauch einer Schusswaffe ist selbst bei schwerwiegenden Taten über die Androhung und einen Warnschuss hinaus nicht gerechtfertigt. Gezielte Schüsse auf den Fliehenden sind keinesfalls erlaubt (vgl. BGH NStZ-RR 1998, 50; BGHR StGB § 32 Abs. 1, Putativnotwehr 1; *Schroeder* JuS 1980, 336, 337; *Kargl* NStZ 2000, 8, 14 f.; ausführlich zum **Schusswaffengebrauch** LR/*Hilger* § 127 Rn. 29; *Meyer-Goßner/Schmitt* § 127 Rn. 15; KK-*Schultheis* § 127 Rn. 28). Für **Beamte des Polizeidienstes** können sich weiter gehende Rechte nach Polizeirecht oder den Gesetzen über die Anwendung unmittelbaren Zwangs ergeben (RGSt 72, 305, 306 ff.; LR/*Hilger* § 127 Rn. 32; KK-*Schultheis* § 127 Rn. 33; zum polizeilichen Schusswaffengebrauch: BGHSt 26, 99 ff. = NJW 1975, 1231 ff. OLG Karlsruhe NJW 1974, 806, 807; s. hierzu auch unten zu § 127 Abs. 2, Rdn. 44).

36 Es bedarf einer **Abwägung**: Der durch § 127 geschützte staatliche Strafanspruch hat grds. hinter der Gesundheit des Täters zurückzutreten. Weiter gehende Befugnisse lassen sich aus § 127 nicht entnehmen. Dies ist auch nicht geboten. Denn wenn sich der Festzunehmende dem Einsatz zulässiger Mittel mit Gewalt widersetzt, dann steht dem Festnehmenden ein Notwehrrecht mit weitreichenden Befugnissen zur Verfügung (vgl. § 32 StGB; s. hierzu *Arzt* in FS Kleinknecht, 1985, S. 1, 10, 12; *Borchert* JA 1982, 338; *Meyer-Goßner/Schmitt* § 127 Rn. 17; *Schröder* Jura 1999, 10, 12; KK-*Schultheis* § 127 Rn. 28). Das Umschlagen der Festnahmebefugnis nach § 127 Abs. 1 in ein Notwehrrecht des Festnehmenden nach § 32 StGB führt aber nicht zu einer Kompetenzausweitung in Bezug auf die Sicherung der Festnahme. Dass das private Festnahmerecht dann möglicherweise nicht durchzusetzen ist, muss ggf. in Kauf genommen werden. Der staatliche Strafanspruch muss hier ggü. der Inkaufnahme potenziell lebensgefährlicher Eskalationen unter Privaten zurückstehen. Andernfalls stünde zu befürchten,

dass das Festnahmerecht sich durch seine möglichen Folgen selbst zerstört (so schon *Kargl/Kirsch* in Anm. zu BGH NStZ 2000, 604 ff.).

C. Vorläufige Festnahme bei Gefahr in Verzug, § 127 Abs. 2 StPO. Die StA und die **Beamten des Polizeidienstes** sind über das allgemeine Recht zur vorläufigen Festnahme nach § 127 Abs. 1 hinaus berechtigt, bei Gefahr in Verzug auch dann eine vorläufige Festnahme vorzunehmen, wenn die Voraussetzungen eines Haftbefehls oder eines Unterbringungsbefehls vorliegen (§ 127 Abs. 2 StPO). 37

I. Festnahmeberechtigte. Zur Festnahme berechtigt sind neben **Staatsanwälten** auch Amtsanwälte (§ 142 Abs. 1 Nr. 3 GVG), sofern die Sache der Zuständigkeit des AG zuzuordnen ist (§ 24 GVG) oder ihnen sonst zugewiesen wurde. Auch die der StA zugewiesenen Rechtsreferendare sind entsprechend § 142 Abs. 3 GVG berechtigt (vgl. LR/*Hilger* § 127 Rn. 40; KK-*Schultheis* § 127 Rn. 38). **Beamte des Polizeidienstes** sind alle mit der Strafverfolgung betrauten Polizisten, nicht nur Ermittlungspersonen i.S.d. § 152 GVG (vgl. LR/*Hilger* § 127 Rn. 41; KK-*Schultheis* § 127 Rn. 39). Den Finanzbehörden (**Steuer- und Zollfahndung**) werden in Steuerstrafverfahren die Rechte der Ermittlungsbehörden zur vorläufigen Festnahme über die §§ 399 Abs. 1, 402 Abs. 1 und 404 S. 1 AO eingeräumt. 38

II. Voraussetzungen der Festnahme nach § 127 Abs. 2 StPO. Die vorläufige Festnahme nach § 127 Abs. 2 ist eine vorläufige Eilmaßnahme. Sie dient der Sicherung der Anordnung der Untersuchungshaft nach den §§ 112 ff. oder der einstweiligen Unterbringung nach § 126a StPO. 39

Bei der vorläufigen Festnahme nach § 127 Abs. 2 handelt es sich nicht um eine Verhaftung i.S.d. § 310 Abs. 1 StPO. Eine weitere Beschwerde steht dem Betroffenen nicht zu (OLG Frankfurt am Main NStZ-RR 2010, 22; SK-StPO/*Frisch*, § 310 Rn. 24; s.a. die Kommentierung unter § 310). 40

1. Gefahr in Verzug. Von Gefahr in Verzug ist auszugehen, wenn eine Verzögerung die Festnahme gefährden würde und nicht abgewartet werden kann, bis eine richterliche Anordnung in Form eines Haft- oder Unterbringungsbefehls vorliegt. Die Einschätzung hat als **Gesamtschau** aller bekannter Aspekte des konkreten Einzelfalles zu erfolgen, soweit sie zum Zeitpunkt des Einschreitens vorliegen (BGHSt 3, 241, 243). Sie muss nach pflichtgemäßem Ermessen vorgenommen werden. Es genügt eine subjektive Einschätzung der Gefährdungslage (RGSt 38, 373, 375; AG Tiergarten wistra 2007, 199; LR/*Hilger* § 127 Rn. 35; KK-*Schultheis* § 127 Rn. 35). Die Entscheidung unterliegt der unbeschränkten gerichtlichen Kontrolle. 41

Der Begriff der Gefahr in Verzug ist **eng auszulegen** (vgl. grundlegend [zur Durchsuchung] BVerfGE 103, 142 ff. = JZ 2001, 1029 ff. [m. Anm. *Gusy*] = NJW 2001, 1121 ff. [m. Anm. *Möllers* NJW 2001, 1397 ff.] = NStZ 2001, 382 ff. [m. Anm. *Beichel/Kieninger* NStZ 2003, 10 ff.] = StraFo 2001, 154 ff. [m. Anm. *Park*] = StraFo 2001, 193 ff. [m. Anm. *Rabe v. Kühlewein*] = StV 2001, 207 ff. [m. Anm. *Asbrock* StV 2001, 322 ff.] = wistra 2001, 137 ff.). Die **richterliche Anordnung** ist die **Regel** (vgl. hierzu *Amelung* NStZ 2001, 337 ff.; ders. StV 2002, 161 ff.; *Asbrock* StV 2001, 322 ff.; *Burhoff* StraFo 2005, 140 ff.; *Gusy* StV 2002, 156 ff.). Grds. müssen die Ermittlungsbehörden zunächst immer versuchen, eine richterliche Anordnung zu erlangen. Eine **Ausnahme** kann nur dann angenommen werden, wenn schon durch einen solchen Versuch ein Beweismittelverlust eintreten könnte (BVerfGE 103, 142 ff.; BayObLG VRS 104, 294 ff.; OLG Koblenz NStZ 2002, 660; *Burhoff* StraFo 2005, 140, 141; *Krehl* JR 2003, 300 ff.). Die bloße Möglichkeit eines Beweismittelverlustes oder lediglich Vermutungen genügen nicht (BVerfG NJW 2003, 2303 ff. = NStZ 2003, 319 = StV 2003, 205 ff.; AG Essen StraFo 2008, 199). Ist ausreichend Zeit zur Erlangung eines richterlichen Durchsuchungsbeschlusses vorhanden, dann kann Gefahr im Verzug nicht angenommen werden. Wurde gar nicht erst versucht, eine richterliche Anordnung zu bekommen und ist nicht ersichtlich, warum die Durchsuchung nicht auch nach richterlicher Anordnung hätte durchgeführt werden können, dann ist sie rechtswidrig (vgl. z.B. BVerfG NJW 2005, 1637 ff. = NStZ 2005, 337 ff. = StraFo 2005, 156 ff. = StV 2005, 483 ff. [m. Anm. *Weygand* StV 2005, 520 ff.] = wistra 2005, 219 ff. [2 Std.]; LG Cottbus StV 2002, 535 [drei Stunden]; OLG Koblenz NStZ 2002, 660 [1 1/2 Std. reichen gerade noch]). Auch der **Zeitpunkt der vorläufigen Festnahme** ist für die Beurteilung bedeutsam. Richter stehen inzwischen regelmäßig auch nachts und am Wochenende zur Verfügung. Auch darf nicht abgewartet werden, bis Gefahr im Verzug eingetreten ist (BGHSt 51, 285, 288 = JR 2007, 432 ff. = NJW 2007, 2269 ff. [m. Anm. *Mosbacher* 42

§ 127 StPO Vorläufige Festnahme

NJW 2007, 3686 ff.] = NStZ 2007, 601 ff. [m. Anm. *Roxin* NStZ 2007, 616 ff.] = StRR 2007, 145 ff. [m. Anm. *Höfler*] = StV 2007, 337 ff. = wistra 2007, 312 ff.; AG Tiergarten wistra 2007, 199; s.a. *Brüning* HRRS 2007, 254). StA oder Polizei müssen wenigstens den Versuch unternommen haben, das Gericht zu erreichen (BdgVerfG NJW 2003, 2305 f. = NStZ 2003, 3003 f. = StV 2003, 207 f.; OLG Düsseldorf StraFo 2009, 280 [trotz dreistündiger Abwesenheit des Beschuldigten keine richterliche Anordnung eingeholt]; LG Berlin StV 2008, 244 [wenige Minuten Aufwand für telefonische Kontaktaufnahme zum Gericht zumutbar]). Andernfalls kann Gefahr in Verzug nicht mehr angenommen werden.

43 Ausführlich zum Begriff »Gefahr in Verzug« s.a. die Kommentierung unter § 98 Rdn. 11 ff.

44 **2. Durchführung der vorläufigen Festnahme.** Hinsichtlich der Durchführung der vorläufigen Festnahme kann hier auf die obigen Ausführungen verwiesen werden. Umfang und Grenzen des polizeilichen Vorgehens orientieren sich nach herrschender Meinung am jeweiligen Polizeirecht, für Bundesbeamte nach dem UZwG und für Landesbeamte nach den Landesgesetzen zur Anwendung unmittelbaren Zwangs (RGSt 72, 305, 306 ff.; BayObLGSt 88, 72 ff. = NStZ 1988, 519 [m. Anm. *Moltekin* NStZ 1989, 488]; LR/*Hilger* § 127 Rn. 32; KK-*Schultheis* § 127 Rn. 33; zum polizeilichen Schusswaffengebrauch s.a. BGHSt 26, 99 ff. = NJW 1975, 1231 ff. OLG Karlsruhe NJW 1974, 806, 807; **a. A.**, ausführlich und krit. unter Ablehnung der h.M. SK-StPO/*Paeffgen*, § 127 Rn. 28 ff.).

45 Nach Zurückweisung eines in der Sache beantragten Haftbefehls ist eine vorläufige Festnahme nach § 127 Abs. 2 wegen derselben Straftat ausgeschlossen, es sei denn die früheren Ablehnungsgründe sind durch neue Umstände ausgeräumt (LG Frankfurt am Main NJW 2008, 2201 = NStZ 2008, 591 f. = StV 2008, 294 f.).

46 **D. Vorläufige Festnahme bei Antragsdelikten, § 127 Abs. 3.** Bei Antragsdelikten (ausführlich hierzu LR/*Hilger* § 127 Rn. 50) sowie Straftaten, die nur mit **Ermächtigung** (§ 90 Abs. 4 StGB; § 90b Abs. 2 StGB; § 97 Abs. 3 StGB; § 104a StGB; § 194 Abs. 4 StGB; § 353a Abs. 2 StGB; § 353b Abs. 4 StGB) oder auf **Strafverlangen** (§ 104a StGB) verfolgt werden können (vgl. hierzu § 77e StGB), ist eine vorläufige Festnahme unter Beachtung der obigen Ausführungen zulässig, selbst wenn noch kein Antrag gestellt oder ein Verlangen oder eine Ermächtigung nicht vorliegen. Ist aber die Antragsfrist abgelaufen oder wurde auf einen Antrag verzichtet oder wurde dieser zurückgenommen, dann ist von einem Prozesshindernis auszugehen. Dann darf eine vorläufige Festnahme nicht erfolgen. Dies gilt auch, wenn unwahrscheinlich ist (LR/*Hilger* § 127 Rn. 49 [sehr unwahrscheinlich]), dass ein solches Verfahrenshindernis beseitigt wird (*Meyer-Goßner/Schmitt* § 127 Rn. 21).

47 Bei **Privatklagedelikten** ist eine vorläufige Festnahme sowohl zur Feststellung der Identität als auch wegen des Verdachts der Flucht erlaubt (AnwK/Uhaft-*König*, § 127 StPO Rn. 5; *Meyer-Goßner/Schmitt* § 127 Rn. 22; KK-*Schultheis* § 127 Rn. 47; a. A. LR/*Hilger* § 127 Rn. 8; SK-StPO/*Paeffgen* § 127 Rn. 35).

48 **E. Bekanntgabe, Belehrung und Benachrichtigung nach §§ 114a bis 114c, § 127 Abs. 4.** Erfolgt die vorläufige Festnahme durch die StA oder die Polizei, dann sind schon hier die Pflicht zur Information über den Grund der vorläufigen Festnahme (§ 114a), zur Belehrung (§ 114b) sowie zur Benachrichtigung Angehöriger (§ 114c) entsprechend zu beachten (vgl. § 127 Abs. 4). Auf die Kommentierungen unter den jeweiligen Paragrafen wird verwiesen.

49 Bei der vorläufigen Festnahme nach § 127 liegen regelmäßig noch keine Schriftstücke vor, aus denen sich der erhobene Vorwurf ergibt. Die Unterrichtung hat deshalb zunächst mündlich zu erfolgen. Damit darf aber nicht bis zur Verbringung auf die Polizeidienststelle gewartet werden. Der Verdächtige ist in unmittelbarem Zusammenhang mit der Festnahme zu belehren, sofern er aufnahmefähig und -willig ist (ebenso *Weider* StV 2010, 102).

50 Eine solche unverzügliche Belehrung nach der Festnahme war bisher nicht vorgesehen; damit wird eine Lücke in der bisherigen StPO geschlossen (BT-Drucks. 16/11644, S. 15 [zu § 114a StPO] und S. 16 [zu § 114b StPO]; s.a. *Herrmann* StRR 2010, 4, 5 f.; ausführlich *Weider* StV 2010, 102 ff.).

51 **F. Sonstiges.** Die Anfechtung einer vorläufigen Festnahme ist, wenn diese noch andauert, über § 128 möglich. Wird der Beschuldigte bereits vor der Vorführung vor das Gericht freigelassen, dann

entscheidet bei entsprechendem Rechtsschutzbedürfnis analog § 98 Abs. 2 S. 2 der mit der Sache befasste Richter (BGHSt 44, 171 ff. = NJW 1998, 3653 = StV 1998, 579 f. = wistra 1998, 325). Dies wird auch gelten müssen, wenn es um die Art und Weise der vorläufigen Festnahme geht (LR/*Hilger* § 127 Rn. 47; *Meyer-Goßner/Schmitt* § 127 Rn. 23).

Die Festnahmemöglichkeiten nach § 127 stellen **strafrechtliche Rechtfertigungsgründe** dar. Das Recht der Notwehr (§ 32 StGB), der Nothilfe (§ 34 StGB) sowie des rechtfertigenden und entschuldigenden Notstand (§§ 34, 35 Abs. 1 StGB bzw. §§ 228, 904 BGB) bleiben unberührt. 52

Der Festgenommene selbst hat kein **Recht zur Notwehr** gegen eine gerechtfertigte vorläufige Festnahme. Der Festnehmende hingegen ist zur Notwehr berechtigt, wenn der Festgenommene sich wehrt (BGHSt 45, 378 ff. = JA 2000, 630 f. = JurBüro 2000, 332 = JuS 2000, 717 f. [m. Anm. *Mitsch* JuS 2000, 848 ff.] = NJW 2000, 1348 ff. = NStZ 2000, 603 f. [m. Anm. *Kargl/Kirsch*] = StraFo 2000, 166 ff. = StV 2001, 258 ff. [von hinten Anspringen; am Boden fixieren; Würgegriff]). 53

Für **Abgeordnete** gilt die Sonderregel des Art. 46 Abs. 2 GG. Sie genießen grds. Immunität. Die vorläufige Festnahme steht der Verhaftung i.S.d. Art. 46 Abs. 2 GG gleich. Zur Feststellung der Identität ist sie aber uneingeschränkt möglich (a. A. RGSt 59, 113; LR/*Hilger* § 127 Rn. 4). Ansonsten ist sie ohne Genehmigung des Parlaments nur zulässig, wenn der Abgeordnete auf frischer Tat betroffen wird oder wenn die Festnahme noch im Laufe des folgenden Tages nach der Tat erfolgt (vgl. *Meyer-Goßner/ Schmitt* § 127 Rn. 24). 54

§ 127a StPO Absehen von der Anordnung oder Aufrechterhaltung der vorläufigen Festnahme.

(1) Hat der Beschuldigte im Geltungsbereich dieses Gesetzes keinen festen Wohnsitz oder Aufenthalt und liegen die Voraussetzungen eines Haftbefehls nur wegen Fluchtgefahr vor, so kann davon abgesehen werden, seine Festnahme anzuordnen oder aufrechtzuerhalten, wenn
1. nicht damit zu rechnen ist, daß wegen der Tat eine Freiheitsstrafe verhängt oder eine freiheitsentziehende Maßregel der Besserung und Sicherung angeordnet wird und
2. der Beschuldigte eine angemessene Sicherheit für die zu erwartende Geldstrafe und die Kosten des Verfahrens leistet.

(2) § 116a Abs. 1 und 3 gilt entsprechend.

A. Allgemeines. Die Vorschrift ist eine **besondere Ausprägung des Verhältnismäßigkeitsgrundsatzes** in § 112 Abs. 1 Satz 1 (BT-Drucks. V 2600, 2601; BayObLG Rpfleger 1996, 41; LR/*Hilger* § 127a Rn. 1; *Meyer-Goßner/Schmitt* § 127a Rn. 1; KK-*Schultheis* § 127a Rn. 1; krit. *Gropp* JR 1991, 804, 810 [mit Verweis auf die Unschuldsvermutung]; s.a. *Wolter* ZStW 93 (1981), 471). Es handelt sich um eine Ergänzung zu § 127 Abs. 2. Sie wird ihrerseits wiederum durch § 132 (Anordnung sonstiger Maßnahmen zur Sicherung des Verfahrens durch insb. Sicherheitsleistung und Zustellungsbevollmächtigten) ergänzt. Die Norm stellt ein Surrogat zur Untersuchungshaft dar, nicht zur vorläufigen Festnahme (LR/*Hilger* § 127a Rn. 1). 1

Dem Beschuldigten soll die Möglichkeit eröffnet werden, beim Vorwurf einer geringfügigen Straftat die Festnahme und nachfolgende Untersuchungshaft frühzeitig abzuwenden. 2

B. Anwendungsbereich. I. Persönlicher Anwendungsbereich. Teilweise wird vertreten, dass § 127a nur für **Ausländer**, nicht auch für nicht sesshafte Deutsche gelte (LR/*Hilger* § 127a Rn. 3; *Meyer-Goßner/Schmitt* § 127a Rn. 2; SK-StPO/*Paeffgen* § 127a Rn. 2 [auch Deutsche mit Auslandswohnsitz]; s.a. LG Magdeburg NStZ 2007, 544 [zu § 132 StPO]). Nach ihrem Wortlaut verfängt die Norm aber grds. immer dann, wenn ein Beschuldigter in Deutschland ohne Wohnsitz oder festen Aufenthalt ist. Deshalb ist nicht ersichtlich, warum sie nicht auch für Deutsche mit Lebensmittelpunkt im Ausland und darüber hinaus **vagabundierende Inländer** gelten soll (ebenso: AnwK/StPO-*Lammer*, § 127a Rn. 1; *Plonka* Polizei 1973, 145, 148; *Schlothauer/Weider*, Untersuchungshaft, Rn. 506; KK-*Schultheis* § 127a Rn. 2; *Seetzen* NJW 1973, 2001, 2004; *Radtke/Hohmann/Tsambikakis*, StPO, § 127a Rn. 1). Neben dem Wortlaut sprechen auch Sinn und Zweck der Regelung gegen eine Ein- 3

§ 127a StPO Absehen von der Anordnung oder Aufrechterhaltung der vorl. Festnahme

engung des Anwendungsbereiches. I.Ü. ist der Gleichheitsgrundsatz des Art. 3 Abs. 1 GG zu beachten (ausführlich hierzu KK-*Schultheis* § 127a Rn. 2).

4 Die Begriffe »**Wohnsitz**« und »**Aufenthalt**« richten sich nach den zivilrechtlichen Regeln (vgl. §§ 7 ff. BGB). Sie setzen die Niederlassung oder das Verweilen für eine gewisse Dauer oder auch Regelmäßigkeit voraus. Nur vorübergehende Besuche, gleichgültig aus welchem Grund (Urlaubs-, Geschäftsreise), genügen nicht, selbst wenn sie mehrere Tage andauern. Wohnungslosigkeit ist auch anzunehmen, wenn der Beschuldigte nicht erreichbar ist (vgl. *Meyer-Goßner/Schmitt* § 132 Rn. 4 i.V.m. § 127a Rn. 2 i.V.m. § 8 Rn. 1; KK-*Schultheis* § 127a Rn. 2; s.a. die Kommentierung unter § 113, dort Rdn. 8).

5 **II. Voraussetzungen für den Erlass eines Haftbefehls nur wegen Fluchtgefahr.** Gegen den Beschuldigten müssen die Voraussetzungen für den Erlass eines Haftbefehls vorliegen (zu dringendem Tatverdacht, Haftgrund und Verhältnismäßigkeit ausführlich unter § 112, dort Rdn. 7 ff. Rdn. 17 ff. und Rdn. 106 ff.). Tauglicher Haftgrund ist hier aber einzig die Fluchtgefahr gem. § 112 Abs. 2 Nr. 2. Ist nur oder auch Verdunkelungsgefahr anzunehmen, dann verfängt § 127a nicht (*Meyer-Goßner/Schmitt* § 132 Rn. 4; KK-*Schultheis* § 127a Rn. 3). Das gilt ebenso für die einstweilige Unterbringung nach § 126a. Dann kann aber § 132 eingreifen (KK-*Schultheis* § 127a Rn. 3 a.E.).

6 **III. Relativ geringe zu erwartende Strafe, § 127a Abs. 1 Nr. 1.** Von der Festnahme kann abgesehen werden, wenn die **zu erwartende Strafe relativ gering** sein wird (§ 127a Abs. 1 Nr. 1). Es darf nicht damit zu rechnen sein, dass eine Freiheitsstrafe verhängt oder eine Maßregel der Besserung und Sicherung angeordnet wird. Dies ist anzunehmen, wenn Geldstrafe (§ 40 StGB), Nebenstrafen (z.B. Fahrverbot, § 44 StGB), Entziehung der Fahrerlaubnis (§ 69 StGB) oder Verfall und Einziehung (§§ 73 f. bzw. §§ 74 ff. StGB) zu erwarten sind (vgl. LR/*Hilger* § 127a Rn. 6; *Meyer-Goßner/Schmitt* § 127a Rn. 5; KK-*Schultheis* § 127a Rn. 4 a.E.). Für den **Jugendarrest** ist dies strittig, weil es sich um ein Zuchtmittel und nicht um Strafe handelt (vgl. §§ 13 Abs. 2 Nr. 3, 16 JGG; s. hierzu einerseits: LR/*Hilger* § 127a Rn. 6 [§ 127a StPO könnte Anwendung finden]; *Meyer-Goßner/Schmitt* § 127a Rn. 5 [bejahend]; andererseits: AnwK/Uhaft-*König*, § 127a StPO Rn. 3, 8 [verneinend]; insgesamt von eher geringer praktischer Relevanz [nach einschränkender Ansicht Einwirkung nur auf ausländische Jugendliche]). Die zu erwartende Strafe ist regelmäßig gering, wenn es sich um eine **überschaubare Geldstrafe** handelt.

7 **IV. Angemessene Sicherheit, § 127a Abs. 1 Nr. 2, § 127a Abs. 2.** Der Beschuldigte muss zur Verschonung von Festnahme und Verhaftung eine **angemessene Sicherheit** leisten (§ 127a Abs. 1 Nr. 2). Für die Art der Sicherheit gelten § 116a Abs. 1 und 3 entsprechend (§ 127a Abs. 2). Auf die dortigen Vorgaben kann verwiesen werden. Die Sicherheit kann bar oder unbar, selbst oder auch mittels Fremd- oder Dritthinterlegung geleistet werden (ausführlich zum Ganzen s. die Kommentierung unter § 116a, dort Rn. 1 ff. und Rdn. 16 ff.). **Angemessen ist die Sicherheit**, wenn sie die zu erwartende Geldstrafe und die Kosten des Verfahrens deckt. Die Geldstrafe orientiert sich an der Strafzumessungspraxis der Gerichte, sie wird geschätzt (*Meyer-Goßner/Schmitt* § 127a Rn. 6; KK-*Schultheis* § 127a Rn. 5 a.E.). Die Kosten des Verfahrens ergeben sich aus § 464a Abs. 1 (Gebühren und Auslagen der Staatskasse; sonstige Kosten des Verfahrens; s. hierzu LR/*Hilger* § 127a Rn. 8).

8 **V. Bestellung eines Zustellungsbevollmächtigten, § 127a Abs. 2 i.V.m. § 116a Abs. 3.** Der Beschuldigte muss gem. § 127a Abs. 2 i.V.m. § 116a Abs. 3 einen Zustellungsbevollmächtigten bestellen. Die Erteilung einer wirksamen Zustellungsvollmacht setzt voraus, dass der zu Bevollmächtigende hiermit einverstanden und zur Entgegennahme von Zustellungen bereit ist. Die Zustellungsvollmacht ist aktenkundig zu machen (OLG Karlsruhe StV 2007, 571). Eine schriftliche Zustellungsvollmacht muss sich nicht bei den Akten befinden (BayObLGSt 1988, 134 = JR 1990, 36 [m. Anm. *Wendisch*]; KK-*Schultheis* § 127a Rn. 6; a. A. *Meyer-Goßner/Schmitt* § 127a Rn. 8). Zu Beweiszwecken erscheint die Dokumentation der Vollmacht sinnvoll (ausführlich zum Ganzen s.a. die Kommentierung unter § 116a, dort Rdn. 21 ff.; vgl. auch LR/*Hilger* § 127a Rn. 9; AnwK/Uhaft-*König*, § 127a Rn. 4; *Meyer-Goßner/Schmitt* § 127a Rn. 7; KK-*Schultheis* § 127a Rn. 6).

9 **VI. Absehen von Anordnung und Aufrechterhaltung der Festnahme.** Sind die vorgenannten Voraussetzungen erfüllt, dann kann von der Anordnung oder Aufrechterhaltung der Festnahme abgesehen werden. Eine Verschonung findet aber erst statt, wenn die **Sicherheit geleistet** und ein **Zustellungs-**

bevollmächtigter bestellt sind. Der Beschuldigte wird dann frei gelassen. Er kann sich frei bewegen, insb. das Gebiet der BRD verlassen.

Eine Sicherheitsleistung kann nicht zwangsweise eingefordert werden. Es steht dem Beschuldigten frei, sie zu leisten. Tut er dies nicht, dann ist er unverzüglich dem Gericht vorzuführen (vgl. hierzu § 128). Das konkrete Vorgehen muss spätestens bis zum Ablauf der Vorführungsfrist des § 128 Abs. 1 Satz 1 geklärt werden. Nach Ablauf der Frist darf der Beschuldigte nicht weiter im Polizeiarrest festgehalten werden (zum Ganzen LR/*Hilger* § 127a Rn. 13; SK-StPO/*Paeffgen* § 127a Rn. 7; KK-*Schultheis* § 127a Rn. 7). 10

Ob von der Festnahme abgesehen werden kann entscheidet zunächst der **Polizeibeamte**, der entsprechend § 127 Abs. 1 oder 2 den Beschuldigten vorläufig festgenommen hat oder hätte festnehmen können. Er muss nicht Ermittlungsperson der StA sein. Darüber hinaus können auch der **Staatsanwalt** oder dann noch der **Richter** entscheiden. Zur Vorführung vor den Richter s. § 128 (LR/*Hilger* § 127a Rn. 11). 11

Die Entscheidung, den Fluchtverdächtigen entweder (vorläufig) festzunehmen oder gegen Sicherheitsleistung davon abzusehen, ist Prozesshandlung. Ein förmlicher Rechtsbehelf hiergegen ist aber nicht gegeben. Wird die Untersuchungshaft angeordnet, dann besteht hiergegen die Möglichkeit der Haftprüfung und der Haftbeschwerde (ebenso LR/*Hilger* § 127a Rn. 12). 12

C. Verfahren. Sind die Voraussetzungen zur Abwendung der Festnahme erfüllt, d.h. hat der Beschuldigte insb. die geforderte Sicherheit hinterlegt (oben Rdn. 7) und einen Zustellungsbevollmächtigten bestellt (oben Rdn. 8), dann wird die vorläufige Festnahme nicht angeordnet oder nicht weiter aufrechterhalten. 13

Die **Zustellung einer Ladung** oder eines **Strafbefehls** erfolgt an den Zustellungsbevollmächtigten (§ 145a Abs. 2 Satz 2). 14

Die **hinterlegte Sicherheitsleistung** wird als Vorschuss auf die zu erwartende Geldstrafe und die Verfahrenskosten behandelt. Nach Rechtskraft der Entscheidung erfolgt eine Verrechnung. War Sicherheit mittels Bürgschaft geleistet worden, dann wird der Bürge zur Zahlung aufgefordert. 15

Eine Aufhebung der Sicherung entsprechend der §§ 123 Abs. 2 und 3 oder ein Verfall nach § 124 kommen nicht in Betracht (vgl. LR/*Hilger* § 127a Rn. 14; AnwK/Uhaft-*König*, § 127a Rn. 6 a.E.; *Meyer-Goßner/Schmitt* § 127a Rn. 9). 16

Ein eventueller **Überschuss** ist zurückzuerstatten; ggf. geschieht dies an den Zustellungsbevollmächtigten, sofern dieser über eine Geldempfangsvollmacht verfügt (vgl. LR/*Hilger* § 127a Rn. 14; AnwK/Uhaft-*König*, § 127a Rn. 6 a.E.; *Meyer-Goßner/Schmitt* § 127a Rn. 9). 17

Liegen die Voraussetzungen des § 127a vor, dann greift § 127b nicht ein (*Schlothauer/Weider*, Untersuchungshaft, Rn. 180). 18

§ 127b StPO Vorläufige Festnahme und Haftbefehl bei beschleunigtem Verfahren.

(1) ¹Die Staatsanwaltschaft und die Beamten des Polizeidienstes sind zur vorläufigen Festnahme eines auf frischer Tat Betroffenen oder Verfolgten auch dann befugt, wenn
1. eine unverzügliche Entscheidung im beschleunigten Verfahren wahrscheinlich ist und
2. auf Grund bestimmter Tatsachen zu befürchten ist, daß der Festgenommene der Hauptverhandlung fernbleiben wird.

²Die §§ 114a bis 114c gelten entsprechend.

(2) ¹Ein Haftbefehl (§ 128 Abs. 2 Satz 2) darf aus den Gründen des Absatzes 1 gegen den der Tat dringend Verdächtigen nur ergehen, wenn die Durchführung der Hauptverhandlung binnen einer Woche nach der Festnahme zu erwarten ist. ²Der Haftbefehl ist auf höchstens eine Woche ab dem Tage der Festnahme zu befristen.

(3) Über den Erlaß des Haftbefehls soll der für die Durchführung des beschleunigten Verfahrens zuständige Richter entscheiden.

A. Allgemeines. Die Vorschrift erlaubt die Festnahme (Abs. 1) und darüber hinaus die kurzfristige Verhaftung (Abs. 2) des Beschuldigten zur Durchführung der Hauptverhandlung im **beschleunig-** 1

§ 127b StPO Vorläufige Festnahme und Haftbefehl bei beschleunigtem Verfahren

ten Verfahren. Dies ist beides auch dann möglich, wenn die Voraussetzungen des § 127 Abs. 1 und 2 nicht vorliegen und Untersuchungshaft nach den allgemeinen Vorgaben der §§ 112 ff. nicht gerechtfertigt wäre. Hier soll – gleichsam präventiv – ein zeitlich befristeter Haftbefehl erlassen werden können. Nach der Intention des Gesetzgebers sollen sich insb. »**reisende Straftäter**«, **Wohnungslose** und **Ausländer** in Fällen der Kleinkriminalität nicht dem Verfahren entziehen können (BT-Drucks. 13/2576, S. 3; s. hierzu auch Nr. 3.2 der Richtlinien zur Anwendung des beschleunigten Verfahrens nach den §§ 417 ff. StPO des Landes NRW, MinBl. NW 2002, S. 861). Die Strafe soll »auf dem Fuße folgen«.

2 Die Regelung wurde 1997 in das Gesetz aufgenommen, um die Nutzung des beschleunigten Verfahrens nach den §§ 417 ff. zu fördern (BGBl. I, S. 1822). In der vorangehenden Legislaturperiode war ein früherer Entwurf wegen der heftigen Kritik während des Gesetzgebungsverfahrens im Vermittlungsausschuss nicht konsensfähig (BT-Drucks. 12/6853 Art. 4 Nr. 5; BR-Drucks. 872/94 Nr. 8; *Dahs* NJW 1995, 553, 555 [dort Fn. 29]; s.a. die sehr kritische Stellungnahme des *DAV* StV 1994 153, 156 ff.; zur Entstehungsgeschichte u.a. *Hellmann* NJW 1997, 2145 ff.). Der Gesetzgeber wollte Handlungsfähigkeit auch für Fälle der Kleinkriminalität demonstrieren (vgl. nur *Schlothauer/Weider*, Untersuchungshaft, Rn. 142).

3 Die Norm ist **rechtspolitisch umstritten** und unterliegt **heftiger Kritik** (s. dazu u.a. *Asbrock* StV 1997, 43 ff.; *Burhoff*, Handbuch für das strafrechtliche Ermittlungsverfahren, Rn. 1726 ff.; *Grasberger* GA 1998, 530 ff.; *Hartenbach* ZRP 1997, 227 ff.; *Hellmann* NJW 1997, 2145 ff.; *Herzog* StV 1997, 569 ff.; LR/*Hilger* § 127b Rn. 7; AnwK/Uhaft-*König*, § 127b StPO Rn. 2; *Meyer-Goßner/Schmitt* § 127b Rn. 2 und insb. auch vor § 417 Rn. 3 ff.; *ders.*, ZRP 2000, 348 ff.; *Schlothauer/Weider*, Untersuchungshaft, Rn. 141 ff. und insb. Rn. 212 ff.; *Stintzing/Hecker* NStZ 1997, 569 ff.; SK-StPO/*Paeffgen* § 127b Rn. 8 ff.; *Waechtler* StV 1994, 160 ff.; zur praktischen Anwendung s. *Wenske* NStZ 2009, 63 ff.; mehr oder weniger zustimmend hingegen: *Fülber*, Die Hauptverhandlungshaft, 2000, S. 143 f.; HK/StPO-*Lemke*, § 127b Rn. 3, 7; *Pofalla* AnwBl. 1996, 466 ff.; KK-*Schultheis* § 127b Rn. 2). Zunächst bestehen dieselben rechtlichen Bedenken wie gegen das beschleunigte Verfahren im Allgemeinen. Auch lässt sich verfassungsrechtlich nicht rechtfertigen, dass über die Verhaftung von Kleinkriminellen mittelbar Einfluss auf eine vermehrte Anwendung des beschleunigten Verfahrens durch Staatsanwaltschaften und Gerichte genommen werden soll. Der Beschuldigte verliert seinen Status als Subjekt im Verfahren und wird zum bloßen Objekt staatlicher Interessen. Zweck der Untersuchungshaft ist i.Ü. nur die Sicherung des Verfahrens (ausführlich hierzu s. die Kommentierung vor §§ 112 ff., dort Rdn. 6). Generalpräventive Ziele und damit einhergehend eine repressive Kriminalpolitik lassen sich damit nicht ansatzweise in Einklang bringen. Schließlich soll für die Hauptverhandlungshaft schon die Befürchtung genügen, dass der Festgenommene der Hauptverhandlung fernbleiben werde. Eine Verhaftung ist nach dem Gesetzeswortlaut ohne das Vorliegen von Haftgründen i.S.d. §§ 112 ff. möglich. Maßstab für die Inhaftierung sind hier also vornehmlich Zweckmäßigkeitsüberlegungen. Die Auslegungskriterien sind indifferent. Sowohl der Grundsatz der Verhältnismäßigkeit als auch der Gleichheitsgrundsatz werden schlicht missachtet (*Stintzing/Hecker* NStZ 1997, 569, 573). Schließlich erscheint eine tatsachenbasierte Prognose, dass der Beschuldigte sich zwar dem Verfahren nicht entziehen werde (das wäre ein Fall des § 112 Abs. 2 Nr. 2) aber der Hauptverhandlung dennoch fernbleiben werde, kaum realistisch möglich (ebenso: LR/*Hilger* § 127b Rn. 7; AnwK-Uhaft/*König*, § 127b Rn. 2 a.E.; AnwK-StPO/*Lammer*, § 127b Rn. 2). Die Regelung ist insgesamt nicht praktikabel (ausführlich zur Kritik statt Aller: *Meyer-Goßner/Schmitt*, StPO § 127b Rn. 3; *Schlothauer/Weider*, Untersuchungshaft, Rn. 141 ff.; *Wenske* NStZ 2009, 63 ff.). *Giering* fordert »eine umgehende und ersatzlose Streichung« der Vorschrift (*ders.* Haft und Festnahme gem. § 127b StPO im Spannungsfeld von Effektivität und Rechtsstaatlichkeit, 2005, S. 434). Dem ist zuzustimmen (ebenso AnwK-Uhaft/*König*, § 127b Rn. 2 a.E.; *Meyer-Goßner/Schmitt* § 127b Rn. 2 a.E. [»zu Recht«]; *Schlothauer/Weider*, Untersuchungshaft, Rn. 142 und noch deutlicher Rn. 212 ff.; zum Ganzen auch *Wenske* NStZ 2009, 63, 67 f.; s. zum Ganzen auch die Kommentierung zu § 417 Rdn. 1 ff.).

4 Nicht nur wegen dieser Kritik bleibt die Vorschrift **in der Praxis im Wesentlichen bedeutungslos** (vgl. *Bürgle* StV 1998, 514, 515; AnwK-Uhaft/*König*, § 127b Rn. 3 [a.E.]; *Wenske* NStZ 2009, 63, 64 [mit einer Auswertung statistischen Materials]). Rechtsprechung ist fast nicht vorhanden.

5 Eine statistische Auswertung von *König* ergibt, dass die Hauptverhandlungshaft im Jahr 2009 (insgesamt 1.307 Fälle der Vorführung aus der Haft bei Vorgehen nach § 417 StPO) nahezu ausnahmslos im Bezirk des KG (45 %, d.h. 589 Fälle), OLG Köln (23 %, d.h. 298 Fälle) und OLG München

Vorläufige Festnahme und Haftbefehl bei beschleunigtem Verfahren § 127b StPO

(18 %, d.h. 231 Fälle) angewandt wurde. Die restlichen 14 %, d.h. 189 Fälle, verteilen sich auf das verbleibende Bundesgebiet (AnwK-Uhaft/*König*, § 127b Rn. 3 [a.E.] mit Verweis auf: Statistisches Bundesamt [Hrsg.], Strafgerichte 2009, 20010, Tab. 2.1.; Zahlen für die Jahre 2002 bis 2005 finden sich auch bei *Wenske* NStZ 2009, 63, 64 f.).

B. Regelungsgehalt. I. Recht zur vorläufigen Festnahme gem. § 127b Abs. 1. Die Vorschrift des § 127b Abs. 1 räumt der **StA** und den **Beamten des Polizeidienstes**, die nicht Ermittlungspersonen der StA sein müssen, ein vorläufiges Festnahmerecht ein. 6

Eine Festnahme darf aber nur bei **Erwachsenen** oder **Heranwachsenden** erfolgen. Auf Jugendliche findet § 127b keine Anwendung (vgl. § 72 JGG; beschleunigtes Verfahren dort unzulässig). 7

Die zu erwartende Strafe für die Straftat darf nicht höher als **Geldstrafe** oder **Freiheitsstrafe bis zu einem Jahr** sein. Die Verhängung einer Maßregel der Besserung und Sicherung darf nicht in Betracht kommen, sie ist im beschleunigten Verfahren nicht zu verhängen (vgl. § 419 Abs. 1 Satz 2). 8

Der Täter muss **auf frischer Tat** betroffen oder verfolgt sein. Er muss also unmittelbar bei Begehung einer rechtswidrigen Tat oder unmittelbar danach am Tatort oder in dessen unmittelbarer Nähe angetroffen und gestellt werden (s. hierzu bereits die Kommentierung bei § 127, dort Rdn. 21; s.a. *Meyer-Goßner/Schmitt* § 127 Rn. 5; s.a. *Bülte* ZStW 121 [2009], 377, 401). 9

Auch bei der vorläufigen Festnahme nach § 127b Abs. 1 gelten die **§§ 114a bis 114c** entsprechend (§ 127b Abs. 1 Satz 2). Der Beschuldigte ist qualifiziert zu belehren (ausführlich hierzu s. die Kommentierung unter § 114a, § 114b und § 114c). 10

Die in § 127b Abs. 1 Nr. 1 und 2 genannten Festnahmegründe müssen **kumulativ** vorliegen (*Meyer-Goßner/Schmitt* § 127b Rn. 6): 11

Nach § 127b Abs. 1 Nr. 1 muss eine unverzügliche Entscheidung in der Hauptsache im beschleunigten Verfahren wahrscheinlich sein. Die Hauptverhandlung soll binnen einer Woche stattfinden (*Meyer-Goßner/Schmitt* § 127b Rn. 9; KK/*Schultheis* § 127b Rn. 8). 12

Nach § 127b Abs. 1 Nr. 2 muss darüber hinaus die Befürchtung bestehen, dass der Festgenommene der Hauptverhandlung fernbleiben wird. Für eine solche Beurteilung werden **bestimmte Tatsachen** verlangt. Teilweise wird vertreten, dass ein geringerer Grad an Wahrscheinlichkeit genügen soll, als bei Fluchtgefahr i.S.v. § 112 Abs. 2 Nr. 2. Die Möglichkeit, dass der Betroffene der Hauptverhandlung fernbleibt, müsse aber ernsthaft in Betracht kommen (so: *Hellmann* NJW 1997, 2145, 2147; KK-*Schultheis* § 127b Rn. 11; *Schlothauer/Weider*, Rn. 150 [»zu befürchten«]). Nach engerer Auslegung bedarf es einer hohen Wahrscheinlichkeit (so: LR/*Hilger* § 127b Rn. 13 [»Gefahr«, ähnlich wie bei § 112 StPO]; AnwK-StPO/*Lammer*, § 127b Rn. 5; AnwK-Uhaft/*König*, § 127b Rn. 7; SK-StPO/*Paeffgen*, § 127b Rn. 21). Aus früherem Fernbleiben kann auf die aktuelle Befürchtung geschlossen werden. I.Ü. soll den bereits oben genannten Aspekten (reisende Straftäter, Wohnungslose und Ausländer) zentrale Bedeutung zukommen (*Meyer-Goßner/Schmitt* § 127b Rn. 10; *Schlothauer/Weider*, Rn. 215). Der Beschuldigte muss den Fortgang des Verfahrens nicht aktiv erschweren oder gar vereiteln. Es genügt die Erwartung, dass er der Hauptverhandlung fernbleiben werde. Damit ist in § 127b Abs. 1 Nr. 2 genau genommen ein **weiterer (neuer) Haftgrund** kreiert worden. Denn Fluchtgefahr kann nicht damit begründet werden, dass der Betroffene ggf. der Hauptverhandlung fernbleiben wolle (*Hellmann* NJW 1997, 2145 ff.; ausführlich hierzu s.a. die Kommentierung bei § 112, dort Rdn. 37 ff. und Rdn. 41). Hier ist ein **gefährliches Einfallstor für weitere apokryphe Haftgründe** gegeben (*Schlothauer/Weider*, Rn. 218; LR/*Hilger* § 127b Rn. 7; ausführlich zu den sog. apokryphen Haftgründen s. bereits die Kommentierung unter § 112, dort Rdn. 19 ff.). 13

Der Festgenommene ist **unverzüglich dem Richter vorzuführen** (vgl. § 128). Nach § 127b Abs. 3 soll wegen der Eilbedürftigkeit sowie der Sachnähe der Richter berufen sein, der für die Hauptverhandlung zuständig sein wird. Hiervon soll allenfalls in »begründeten Ausnahmefällen« abgesehen werden dürfen (BT-Drucks. 13/2576, S. 3; LR/*Hilger* § 127b Rn. 28; *Meyer-Goßner/Schmitt* § 127b Rn. 14; KK-*Schultheis* § 127b Rn. 22; krit. hierzu HK-StPO/*Lemke*, § 127b Rn. 16 ff.). 14

Die **Beiordnung eines Pflichtverteidigers** richtet sich hier nicht nach § 140 Abs. 1 Nr. 4, die Vorschrift ist auf die Hauptverhandlungshaft nicht anwendbar, da es sich nicht um »Untersuchungshaft« im eigentlichen Sinn handelt (s.o.; zur Pflichtverteidigung bei Hauptverhandlungshaft s.a. die Kommentierung unter Rdn. 25 ff.). 15

§ 127b StPO Vorläufige Festnahme und Haftbefehl bei beschleunigtem Verfahren

16 **II. Erlass eines Haftbefehls gem. § 127 Abs. 2.** Gegen den Festgenommenen darf nach § 127b Abs. 2 ein Haftbefehl erlassen werden, wenn er der Tat **dringend verdächtig** ist und die **Hauptverhandlung binnen einer Woche nach der Festnahme** zu erwarten ist. Wurde der Beschuldigte nach vorläufiger Festnahme zunächst freigelassen, dann ist eine nachträgliche Anordnung der Hauptverhandlungshaft zur Sicherung des Verfahrens nicht erlaubt (AG Erfurt NStZ-RR 2000, 46, 47).

17 Systematisch ist Hauptverhandlungshaft trotz der grundsätzlichen und berechtigten Kritik an der Vorschrift (ausführlich hierzu s.o.) als Untersuchungshaft anzusehen (LR/*Hilger* § 127b Rn. 1; KK-*Schultheis* § 127b Rn. 4; *Schlothauer/Weider*, Untersuchungshaft, Rn. 201; s.a. *Stinzing/Hecker* NStZ 1997, 571, 572; a. A. *Asbrock* BT Rechtsausschuss Prot. Nr. 50, S. 3, 11).

18 **1. Dringender Tatverdacht und Wochenfrist.** Zum dringenden Tatverdacht s. die Kommentierung bei § 112, dort Rdn. 7 ff.

19 Der Haftbefehl ist auf 1 Woche Dauer zu befristen. Die **Wochenfrist** des § 127 Abs. 2 Satz 1 berechnet sich ab dem Tag der Festnahme und nicht erst dem des Erlasses des Haftbefehls. Die weitere Berechnung ist unklar. Teilweise wird vertreten, dass die Fristberechnung sich nach § 43 Abs. 1 richtet (so: AnwK-Uhaft/*König*, § 127b Rn. 11; *Meyer-Goßner/Schmitt* § 127b Rn. 18; KK-*Schultheis* § 127b Rn. 17; die dann aber [inkonsequent] § 43 Abs. 2 StPO nicht anwenden wollen – hierzu sogleich). Nach a. A. soll aus der Wortwahl des Gesetzes (»binnen einer Woche«) sowie der Intention des Gesetzgebers ersichtlich sein, dass hier eine Berechnung ebenso wie in § 121 Abs. 1 angezeigt ist (vgl. *Giering*, Haft und Festnahme gem. § 127b StPO im Spannungsfeld von Effektivität und Rechtsstaatlichkeit, 2005, S. 133; LR/*Hilger* § 127b Rn. 11; HK-StPO/*Lemke*, § 127b Rn. 16; *Münchhalffen/Gatzweiler*, Das Recht der Untersuchungshaft; Rn. 460; SK-StPO/*Paeffgen* § 127b Rn. 18; *Schlothauer/Weider*, Untersuchungshaft, Rn. 166 ff.). Dem ist zuzustimmen. Alles andere wäre willkürlich und stünde nicht in Einklang mit dem Verhältnismäßigkeitsgrundsatz. Es bedarf einer restriktiven Auslegung des § 127b (ausführlich *Schlothauer/Weider*, Untersuchungshaft, Rn. 166 ff.).

20 Aus dem Grundsatz der Verhältnismäßigkeit folgt aber, dass die Frist kürzer zu bemessen ist, wenn schon vorher eine Hauptverhandlung möglich ist. Der **nächstmögliche Hauptverhandlungstermin** ist anzustreben (ausführlich *Schlothauer/Weider*, Untersuchungshaft, Rn. 185). Kann die Hauptverhandlung erst später stattfinden oder verzögert sich ihr Abschluss, dann wird der Haftbefehl gegenstandslos. Der Inhaftierte ist freizulassen. Erscheint der Beschuldigte nicht zur Hauptverhandlung, dann kommt eine erneute Innvollzugsetzung des Haftbefehls nur in Betracht, wenn die Wochenfrist noch nicht abgelaufen ist und innerhalb des verbleibenden Restes der bereits laufenden Frist eine erneute Ansetzung und Durchführung der Hauptverhandlung möglich ist.

21 Die Anordnung der Hauptverhandlungshaft nach vorläufiger Festnahme und dann nachfolgend vorübergehender Freilassung widerspricht dem Gedanken des § 127b Abs. 2 (AG Erfurt NStZ-RR 2000, 46, 47 [Antragstellung 2 Wochen nach Freilassung, um dann im beschleunigten Verfahren zu verhandeln]).

22 **2. Keine weiteren Voraussetzungen für den Erlass eines Haftbefehls nach § 127b Abs. 2.** Für den Erlass des Haftbefehls nach § 127b Abs. 2 müssen **keine weiteren Voraussetzungen** erfüllt sein. Insb. das Vorliegen eines Haftgrundes nach den §§ 112 ff. ist nicht erforderlich. Allerdings ist das Verhältnismäßigkeitsgebot nach § 112 Abs. 1 Satz 2 zu beachten. Schon nach der Vorstellung des Gesetzgebers gilt ein strenger Maßstab. Ein Haftbefehl nach § 127b Abs. 2 ist deshalb unzulässig, wenn selbst eine nur wenige Tage dauernde Haft unangemessen wäre, weil bspw. nur eine geringfügige Geldstrafe zu erwarten ist (*Meyer-Goßner/Schmitt* § 127b Rn. 16). Darüber hinaus ist ein Haftbefehl dann unverhältnismäßig, wenn die Anwesenheit in der Hauptverhandlung mit anderen (milderen) Mitteln als der Inhaftierung, also z.B. der zwangsweisen Vorführung, sichergestellt werden kann (*Hellmann* NJW 1997, 2145, 2148). Das ist richtig, denn die Vorführung hat schon im allgemeinen (»normalen«) Verfahren Vorrang vor einem Vorführhaftbefehl nach § 230 (*Grasberger* GA 1998, 532 ff.; *Meyer-Goßner/Schmitt* § 230 Rn. 19; KK-*Schultheis* § 127b Rn. 16; *Schlothauer/Weider*, Untersuchungshaft, Rn. 177 ff.). Insb. die Möglichkeiten, nach § 127a StPO eine Sicherheit zu stellen oder das Verfahren durch Strafbefehl zu erledigen, schließen den Erlass eines Hauptverhandlungshaftbefehls nach § 127b aus (*Burhoff*, Handbuch für das strafrechtliche Ermittlungsverfahren, Rn. 1733; *Meyer-Goßner/Schmitt* § 127b Rn. 10; *Schlothauer/Weider*, Untersuchungshaft, Rn. 177 ff. [insb. Rn. 179 f. und Rn. 181 ff.]).

3. Außervollzugsetzung eines Haftbefehls nach § 127b Abs. 2. Auch beim Haftbefehl nach 23
§ 127b Abs. 2 kommt eine **Außervollzugsetzung gegen Auflagen** in Betracht (entsprechend § 116),
wenn durch geeignete Maßnahmen das Erscheinen des Festgenommen in der Hauptverhandlung sichergestellt werden kann (BT-Drucks. 13/2576, S. 3; LR/*Hilger* § 127b Rn. 24; *Meyer-Goßner/
Schmitt* § 127b Rn. 19; *Schlothauer/Weider*, Untersuchungshaft, Rn. 186; KK-*Schultheis* § 127b
Rn. 19; ausführlich zur Außervollzugsetzung gegen Auflagen s. die Kommentierung bei § 116, dort
Rdn. 1 ff., 9 ff.).

Wird der Haftbefehl außer Vollzug gesetzt, dann muss die **Hauptverhandlung dennoch binnen einer** 24
Woche durchgeführt werden. Ist dies nicht möglich, dann wird der Haftbefehl gegenstandslos (s.o.),
eine gestellte Sicherheit (»Kaution«) wird frei.

4. Pflichtverteidigung bei Hauptverhandlungshaft. Hauptverhandlungshaft ist der Sache nach 25
Untersuchungshaft (s.o.). Dennoch hat der Gesetzgeber – ob bewusst oder nicht, bleibt offen – den
Fall der Hauptverhandlungshaft in § 140 Abs. 1 Nr. 4 nicht geregelt. Aufgrund der allgemeinen Überlegungen zur Beiordnung eines Pflichtverteidigers in Haftsachen (ausführlich dazu s. die Kommentierung vor § 112, dort Rdn. 49 ff.), darüber hinaus aber insb. auch der Besonderheiten im beschleunigten
Verfahren mit den dort zu beachtenden nur erschwerten und eingeschränkten Möglichkeiten der Verteidigung, ist die obligatorische Beiordnung eines Pflichtverteidigers auch hier geboten (ebenso *Schlothauer/Weider*, Untersuchungshaft, Rn. 201 ff.; s. auch oben Rdn. 15). Sie orientiert sich anhand der allgemeinen Vorgaben.

Dem unverteidigten Beschuldigten ist gem. § 418 Abs. 4 ein Pflichtverteidiger beizuordnen, wenn eine 26
(Gesamt-) Freiheitsstrafe von mindestens 6 Monaten zu erwarten ist. Die StA muss bei einem Antrag
auf Durchführung des beschleunigten Verfahrens frühzeitig auf eine Beiordnung drängen, das Gericht
hat den Anspruch des Beschuldigten von Amts wegen zu beachten (BayObLG NStZ 1998, 372 = StV
1998, 366 ff.).

Unabhängig davon ist nach den allgemeinen Vorgaben schon wegen der **schwierigen Sach- und Rechts-** 27
lage im beschleunigten Verfahren unter Berücksichtigung der Besonderheiten der Hauptverhandlungshaft immer ein Fall der notwendigen Beiordnung anzunehmen. Denn die oben dargestellten Aspekte
der Hauptverhandlungshaft entziehen sich regelmäßig der Kenntnis und auch dem Einflussbereich
des Beschuldigten. Der **Grundsatz des fair trial** gebietet deshalb die sofortige Beiordnung eines Pflichtverteidigers (ebenso aber ausführlicher *Schlothauer/Weider*, Untersuchungshaft, Rn. 207 ff.).

III. Rechtsbehelfe gegen die vorläufige Festnahme und die Hauptverhandlungshaft nach 28
§ 127b Abs. 1 und 2. Gegen die vorläufige Festnahme und die Hauptverhandlungshaft bestehen verschiedene Möglichkeiten des Rechtsschutzes (vgl. *Meyer-Goßner/Schmitt* § 127b Rn. 20 ff.; KK-*Schultheis* § 127b Rn. 8; *Schlothauer/Weider*, Untersuchungshaft, Rn. 187 ff.):

Die **vorläufige** Festnahme selbst kann über § 128 beanstandet werden. Ist die vorläufige Festnahme er- 29
ledigt, dann kann die Art und Weise ihres Vollzugs im Hinblick auf die Entscheidung des BVerfG v.
30.04.1997 (BVerfGE 96, 27 ff. = EuGRZ 1997, 364 ff. = JR 1997, 382 ff. = JZ 1997, 1059 ff. =
NJW 1997, 2163 ff. = NStZ 1997, 447 [LS, m. Anm. *Rabe v. Kühlewein* NStZ 1998, 580 ff.] = StV
1997, 393 ff. = wistra 1997, 219 ff.) gem. § 98 Abs. 1 Satz 2 überprüft werden. Dies hat durch den Richter zu erfolgen (BGHSt 44, 171 ff. = NJW 1998, 3653 f. = StV 1998, 579 ff. = wistra 1998, 355 f.; s.a.
Meyer-Goßner/Schmitt § 127b Rn. 22; *Schlothauer/Weider*, Untersuchungshaft, Rn. 234).

Gegen den **Haftbefehl** sind die allgemeinen Rechtsbehelfe möglich. Hierzu zählen – ebenso wie bei der 30
Anordnung der Untersuchungshaft – der **Antrag auf schriftliche bzw. mündliche Haftprüfung** gem.
§ 117 Abs. 1 bzw. § 117 Abs. 1 i.V.m. § 118 Abs. 1 (ausführlich hierzu s. die Kommentierung bei
§ 117, dort Rdn. 9 ff. und § 118, dort Rdn. 1 ff.) sowie die **Haftbeschwerde** (ausführlich hierzu s.
die Kommentierung bei § 117, dort Rdn. 33 ff.). Wegen der Befristung der Hauptverhandlungshaft
ist hier besonders schnelles Handeln geboten. Andernfalls drohen Haftprüfung und -beschwerde durch
Fristablauf gegenstandslos zu werden (*Meyer-Goßner/Schmitt* § 127b Rn. 22). Die mündliche Haftprüfung erledigt sich durch die Hauptverhandlung, deren Abschluss den Haftbefehl gegenstandslos macht.
Auch hier ist eine nachträgliche Überprüfung der Rechtmäßigkeit der Maßnahme entsprechend
den Grundsätzen der Entscheidung des BVerfG v. 30.04.1997 (s.o.) möglich (*Meyer-Goßner/Schmitt*
§ 127b Rn. 22; *Schlothauer/Weider*, Untersuchungshaft, Rn. 188). Die **weitere Beschwerde** (ausführ-

§ 128 StPO Vorführung bei vorläufiger Festnahme

lich hierzu s. die Kommentierung bei § 117, dort Rdn. 53) ist aufgrund der kurzen Zeit bis zur Hauptverhandlung faktisch ausgeschlossen.

31 Nach § 128 Abs. 2 Satz 3 hat entsprechend § 115 Abs. 4 eine Belehrung des Beschuldigten zu erfolgen (ausführlich hierzu s. dort).

32 **C. Zuständigkeit nach § 127b Abs. 3.** Nach § 127b Abs. 3 soll wegen der Eilbedürftigkeit sowie der Sachnähe derjenige Richter berufen sein, der nachfolgend für die Hauptverhandlung zuständig sein wird. Dies ergibt sich aus der Geschäftsverteilung. Nicht selten hat der Ermittlungsrichter auch die Aufgaben des Schnellrichters wahrzunehmen, dies allerdings gesondert durch entsprechenden Präsidiumsbeschluss. Allenfalls in »begründeten Ausnahmefällen« soll von dieser besonderen Zuständigkeit abgesehen werden dürfen (BT-Drucks. 13/2576, S. 3; s. zum Ganzen: LR/*Hilger* § 127b Rn. 28; *Meyer-Goßner/Schmitt* § 127b Rn. 14; KK-*Schultheis* § 127b Rn. 22; krit. hierzu HK-StPO/*Lemke*, § 127b Rn. 16 ff.).

§ 128 StPO Vorführung bei vorläufiger Festnahme.

(1) ¹Der Festgenommene ist, sofern er nicht wieder in Freiheit gesetzt wird, unverzüglich, spätestens am Tage nach der Festnahme, dem Richter bei dem Amtsgericht, in dessen Bezirk er festgenommen worden ist, vorzuführen. ²Der Richter vernimmt den Vorgeführten gemäß § 115 Abs. 3.
(2) ¹Hält der Richter die Festnahme nicht für gerechtfertigt oder ihre Gründe für beseitigt, so ordnet er die Freilassung an. ²Andernfalls erlässt er auf Antrag der Staatsanwaltschaft oder, wenn ein Staatsanwalt nicht erreichbar ist, von Amts wegen einen Haftbefehl oder einen Unterbringungsbefehl. ³§ 115 Abs. 4 gilt entsprechend.

1 **A. Allgemeines.** Die vorläufige Festnahme darf nicht unbegrenzt andauern. Für die Untersuchungshaft ist dies gesetzlich geregelt; sie ist zu beenden, sobald ihre Voraussetzungen nicht mehr vorliegen oder sich ergibt, dass ihre Fortsetzung unverhältnismäßig wäre (vgl. § 120 Abs. 1 S. 1). Gleiches muss auch für die vorläufige Festnahme gelten. Dies gebietet schon der **Grundsatz der Verhältnismäßigkeit**. Weitergehende Regelungen finden sich in den §§ 128 und 129 (ausführlich hierzu LR/*Hilger* § 128 Rn. 1).

2 Die §§ 128 und 129 normieren das **weitere Verfahren nach vorläufiger Festnahme** entsprechend § 127 Abs. 1 S. 1 und Abs. 2. Während § 128 den Fall betrifft, dass Anklage noch nicht erhoben wurde, geht es bei § 129 um die Vorführung des vorläufig Festgenommenen bei bereits vorhandener Anklage. Es handelt sich um die einfachrechtliche Umsetzung von **Art. 5 Abs. 3 EMRK** bzw. **Art. 104 Abs. 2 und 3 GG**.

3 § 128 gilt nicht für die vorläufige Festnahme zur Feststellung der Identität nach § 127 Abs. 1 S. 2. Auch bei einer Freilassung des Festgenommenen gegen Sicherheitsleistung nach § 127a StPO durch Polizei oder StA bedarf es keiner Vorführung vor den Richter.

4 Voraussetzung für ein Vorgehen nach § 128 ist, dass ein (Dezernats-) Haftbefehl entweder noch nicht existiert oder ein solcher zwar vorhanden ist, dem Festnehmenden bei der Festnahme nach § 127 Abs. 2 aber nicht bekannt war (LR/*Hilger* § 128 Rn. 3 f.; AnwK-Uhaft/*König*, § 128 Rn. 1; *Meyer-Goßner/Schmitt* § 128 Rn. 1). Andernfalls gelten die §§ 115 und 115a (ausführlich hierzu s. die Kommentierung dort).

5 **Zuständig für die Freilassung** sind bis zur Vorführung vor den Richter die Polizei und ihr übergeordnet die StA (AnwK-StPO/*Lammer*, § 128 Rn. 2; *Meyer-Goßner/Schmitt* § 128 Rn. 2). Der Richter wird erst mit der Vorführung sachlich zuständig (AnwK-Uhaft/*König*, § 128 Rn. 2; KK/*Schultheis* § 128 Rn. 1). Ab dann bis zum Erlass eines Haftbefehls kann aber die StA immer noch die Freilassung anordnen, danach greift § 120 Abs. 3.

6 **B. Regelungsgehalt. I. Vorführung vor den Richter und Vernehmung, § 128 Abs. 1 S. 1.** Die Pflicht zur **unverzüglichen Vorführung** und **Vernehmung** bedeutet, dass der Betroffene ohne schuldhaftes Zögern dem Richter zugeführt und von diesem vernommen werden muss. Bei der Berechnung der Frist zählt jeder Kalendertag, auch Samstage, Sonntage und Feiertage. Eine zügige Sachbear-

beitung ist auch an den Wochenenden und an Feiertagen zu gewährleisten (vgl. über die nachfolgenden Ausführungen hinaus auch die Kommentierung unter § 115, dort Rdn. 12 ff.).

1. Vorführung vor den Richter. Die **Vorführung** vor den Richter bedeutet, dass der Beschuldigte in den unmittelbaren räumlichen Machtbereich des Richters gelangt. Es müssen alsbald eine Gegenüberstellung und eine richterliche Vernehmung möglich sein (zur sog. »institutionellen Vorführung« s. die Kommentierung bei § 115, dort Rdn. 9; s.a. KK/*Graf* § 115 Rn. 2; LR/*Hilger* § 115 Rn. 5 f.; *Meyer-Goßner/Schmitt* § 115 Rn. 2; krit. hierzu: SK-StPO/*Paeffgen* § 115 Rn. 4). Kann die vorläufig festgenommene Person, z.B. wegen Krankheit, nicht innerhalb der vorgeschriebenen Frist dem Richter vorgeführt werden, dann sollen diesem zumindest die Akten innerhalb der Frist vorgelegt werden, damit er den Festgenommenen nach Möglichkeit am Verwahrungsort, z.B. dem Krankenhaus, vernehmen und unverzüglich über die Haftfrage entscheiden kann (sog. »**symbolische Vorführung**«, vgl. Nr. 51 RiStBV; s. hierzu auch KK/*Graf* § 115 Rn. 8; AnwK-Uhaft/*König*, § 128 Rn. 3; *Meyer-Goßner/Schmitt* § 115 Rn. 5 [a.E.] und Rn. 7; SK-StPO/*Paeffgen*, § 115 Rn. 8). Um die gesetzlichen Vorgaben zu erfüllen ist der Richter gehalten, auch persönliche Opfer in Gestalt besonderer Anstrengungen zu erbringen (ebenso *Schaefer* NJW 2000, 1996 [a.E.]). Der Festgenommene kann durchaus auch abends vorgeführt und vernommen oder bspw. auch im Krankenhaus aufgesucht werden. 7

Die Vorführung erfolgt vor den zuständigen Richter am **AG des Festnahmeortes** (§ 128 Abs. 1 S. 1 [a.E.]). Diese Klarstellung im Gesetz ist sachlich entbehrlich, die Zuständigkeit ergibt sich bereits aus § 125 Abs. 1, der auch für den Fall der vorläufigen Festnahme gilt (ebenso LR/*Hilger* § 128 Rn. 5). Eine Sonderzuständigkeit kann sich aus § 169 StPO ergeben. In den Fällen des § 127b Abs. 3 StPO ist nicht der für vorläufige Festnahmen berufene (Haft-) Richter zuständig, sondern der (Schnell-) Richter, der für die Hauptverhandlung zuständig sein wird (s. hierzu bereits die Kommentierung zu § 127b, dort Rdn. 32). 8

2. Frist zur Vorführung. Die **Höchstdauer bis zur Vernehmung** durch das Gericht von max. unter 48 Std. darf ohne sachlichen Grund nicht ausgeschöpft werden (BVerfGE 105, 239 ff. = JuS 2003, 193 = Kriminalistik 2003, 290 ff. = NJW 2002, 3161 f. = NVwZ 2002, 1370; BVerfG NStZ 2002, 157 f. = StV 2001, 691 ff. [m. Anm. *Hagmann*]; LG Hamburg StV 2009, 485 f. = StraFo 2009, 283 [zum richterlichen Bereitschaftsdienst]; *Burhoff*, Handbuch für das strafrechtliche Ermittlungsverfahren, Rn. 3291; *Schlothauer/Weider*, Untersuchungshaft, Rn. 224). Der gesetzlich vorgegebene Rahmen gibt die »**äußerste Frist**« vor. 9

Kann der Festgenommene nicht innerhalb der Frist, d.h. bis spätestens zum Ablauf des auf die Festnahme folgenden Tages, dem Richter vorgeführt werden, dann ist er freizulassen. 10

Ergibt sich bereits früher, dass die **Festnahmegründe nicht mehr bestehen**, dann ist er unverzüglich freizulassen, hiermit darf nicht länger zugewartet werden. 11

Eine Verzögerung von Vorführung und Vernehmung, um **weitere polizeiliche Ermittlungen durchzuführen**, soll hier – anders als bei § 115 (vgl. dort Rdn. 14) – zulässig sein. Nach a. A. sei dies auch hier abzulehnen. Es bedarf einer differenzierten Betrachtung: Die Vorschriften regeln verschiedene Sachverhalte und haben in der hier erörterten Frage, wie sich aus dem jeweiligen Wortlaut ergibt, verschiedene Inhalte. Der BGH differenziert nach dem unterschiedlichen Regelungsgehalt der Vorschriften (vgl. BGH StV 1995, 283 f.; BGH JR 1991, 84 f. [m. Anm. *Fezer*] = Kriminalistik 1990, 388 = MDR 1990, 350 f. = NJW 1990, 1188 f. = NStZ 1990, 195 = StV 1992, 357 f. = wistra 1990, 153 ff.). Im Einzelnen führt er aus: 12

– Die Vorschrift des § 115 betrifft den Fall der Festnahme aufgrund eines bestehenden Haftbefehls durch Beamte, die häufig keine weiter gehende Sachverhaltskenntnis haben, sondern letztlich »nur ausführendes Organ« sind. Der Festgenommene ist dort unverzüglich dem Gericht vorzuführen. Allein das Gericht ist (vom Fall des § 120 Abs. 3 abgesehen) zur Entscheidung über die Haftfrage berufen. Die zur Verfügung stehenden Unterlagen müssen vorgelegt werden. Andernfalls kann das Gericht den Sachverhalt nicht prüfen, der Haftbefehl darf dann nicht erlassen werden; ein bereits erlassener Haftbefehl ist aufzuheben (*Schramm/Bernsmann* StV 2006, 442, 443; s. hierzu auch die Kommentierung unter § 115, dort Rdn. 9 ff.). 13

– Die Vorschriften der **§ 127 Abs. 2 und § 128 Abs. 1** regeln dagegen in erster Linie das Vorgehen der mit der Aufklärung des Sachverhalts betrauten Behörde. Dem Beschuldigten muss zunächst einmal Gelegenheit gegeben werden, gegen ihn bestehende Verdachtsgründe zu beseitigen. Polizei und ggf. 14

§ 128 StPO Vorführung bei vorläufiger Festnahme

StA haben hier eigenständig zu prüfen, ob der vorläufig Festgenommene freizulassen oder dem Ermittlungsrichter vorzuführen ist. Für diesen Fall muss dem Gericht dann eine möglichst umfassende Grundlage für die Haftentscheidung vorgelegt werden. Die Ermittlungsbehörde hat je nach Sachlage auch im Stadium zwischen vorläufiger Festnahme und Vorführung vor das Gericht Befugnisse, weitere Ermittlungen anzustellen. Sie ist hierzu sogar verpflichtet. Deshalb soll § 128 Abs. 1, anders als § 115, der StA und den Beamten des Polizeidienstes erlauben, die Frist zur Vorführung vor das Gericht auszunutzen. Eine reine Bezugnahme auf die zu § 115 vertretene Auffassung sei missverständlich und lasse die dargestellten Unterschiede außer Acht.

15 Der BGH berücksichtigt hier also verstärkt die Bedürfnisse der Strafverfolger (**zustimmend**: *Fezer* JR 1991, 85 [Anm. zu BGH]; AnwK-StPO/*Krause*, § 128 Rn. 5; *Meyer-Goßner*/*Schmitt* § 128 Rn. 6 [a.E.]; **ablehnend**: *Deckers* NJW 1991, 1151 ff.; *Geppert* Jura 1990, 127 f.; *Nelles* StV 1992, 385, 387 f.; SK-StPO/*Paeffgen*, § 128 Rn. 3; *Paeffgen* NStZ 1992, 533; *Rüping* in: FS Hirsch, 1999, S. 959, 971; *Schlothauer*/*Weider*, Untersuchungshaft, Rn. 222 ff. [für vorläufige Festnahme] und 338 [nach Erlass des Haftbefehls – jeweils auch zum Verwertungsverbot für Angaben des Beschuldigten nach Fristüberschreitung]; **vermittelnd**: LR/*Hilger* § 128 Rn. 10 f.).

16 Gleiches soll gelten, um dem Richter **umfangreiches Aktenstudium** zu ermöglichen (zu weit allerdings: OLG Frankfurt am Main NJW 2000, 2037 ff. = NStZ 2001, 253 [LS]; zu einem Fall der Vernehmung erst nach Ablauf der äußersten Frist). Ordnet der Bereitschaftsrichter anstatt der unverzüglichen Vorführung eine Verbringung in den Polizeiarrest an, um die Vernehmung erst am nächsten Tag durchzuführen, dann begeht er ein Dienstvergehen (LG Saarbrücken StRR 2008, 322 [LS]; ausführlich hierzu s. die Kommentierung unter § 115 B.I. 2. [a.E.], dort Rdn. 12 ff.).

17 Insgesamt wird man nicht umhin kommen, den Ermittlungsbehörden sowie dem Gericht so, wie eben dargestellt, die Möglichkeit zu weiter gehenden Ermittlungen bzw. einer Einarbeitung innerhalb der Frist zu gewähren. Nur ein solches Verständnis wird Sinn und Zweck der Vorschrift gerecht. Sowohl im Hinblick auf den Beschleunigungsgrundsatz als auch wegen des verfassungsrechtlichen Schutzes des Festgenommenen entsprechend Art. 5 Abs. 3 EMRK und ebenso nach Art. 104 Abs. 2 und 3 GG, immerhin geht es um die Freiheit der Person, sind einem solchen Vorgehen aber **ganz enge Grenzen** gesetzt. Verzögerungen bei den Ermittlungen sind strikt zu vermeiden. Die modernen Möglichkeiten der Kommunikation und darüber hinaus allgemein übliche Bereitschaftsdienste auch bei der StA und den Gerichten ermöglichen in dieser Phase des Verfahrens jederzeit ein zügiges Handeln. Eine »lasche Handhabung« bei den Ermittlungen oder gar ein »Abkochen« des Betroffenen über Nacht in der Arrestzelle sind verboten (ebenso *Schlothauer*/*Weider*, Untersuchungshaft, Rn. 224; s. hierzu auch *Herrmann*, Untersuchungshaft, Rn. 641 [dort allerdings zu den sog. »apokryphen Haftgründen«]). Verstöße hiergegen rechtfertigen **Verwertungsverbote**. Nur eine solchermaßen enge Auslegung wird sowohl den Anforderungen an effiziente Ermittlungen und auch den Rechten des Festgenommenen gerecht (s. zum Ganzen auch BVerfGE 105, 239 ff. = JuS 2003, 193 = Kriminalistik 2003, 290 ff. = NJW 2002, 3161 f. = NVwZ 2002, 1370; BVerfG NStZ 2002, 157 f. = StV 2001, 691 ff. [m. Anm. *Hagmann*]; *Burhoff*, Handbuch für das strafrechtliche Ermittlungsverfahren, Rn. 3291; *Gubitz* NStZ 2001, 253 ff.; *Meyer-Goßner*/*Schmitt* § 128 Rn. 13; *Paeffgen* NStZ 2001, 81 ff.; *Schaefer* NJW 2000, 1996; *Schramm*/*Bernsmann* StV 2006, 442 ff.). Die ungerechtfertigte Ausschöpfung der Frist bedeutet i.Ü. eine **rechtswidrige Freiheitsberaubung** (OLG Frankfurt am Main SJZ 1950, 53; SK-StPO/*Paeffgen*, § 115 Rn. 7 a.E.).

18 Aussagen, die **nach Ablauf der Frist** zur Vorführung nach § 128 Abs. 1 S. 1 gemacht werden, unterliegen gem. § 136a StPO in jedem Fall einem Verwertungsverbot (BGH StV 1995, 283; BGH JR 1991, 84 f. [m. Anm. *Fezer*] = Kriminalistik 1990, 388 = MDR 1990, 350 f. = NJW 1990, 1188 f. = NStZ 1990, 195 = StV 1992, 357 f. = wistra 1990, 153 ff.; BGHSt 34, 365 ff. = MDR 1987, 779 = NJW 1987, 2524 = NStZ 1988, 233 [m. Anm. *Hamm*] = StV 1987, 329 f.; s.a. *Nelles* StV 1992, 385 ff.; *Schlothauer*/*Weider*, Untersuchungshaft, Rn. 227).

19 Die **Frist kann nicht verlängert werden** (a. A. [verfehlt!] OLG Frankfurt am Main NJW 2000, 2037 ff. = NStZ 2001, 253 [LS – s. hierzu bereits oben]; zu Recht ablehnend: *Gubitz* NStZ 2001, 253 ff.; s.a. *Meyer-Goßner*/*Schmitt* § 128 Rn. 13; *Paeffgen* NStZ 2001, 81 ff.; *Schaefer* NJW 2000, 1996 [starre Frist; unverzichtbar]; *Schramm*/*Bernsmann* StV 2006, 442 ff.).

Die Frist steht nicht zur Disposition der Beteiligten, auf ihre Einhaltung kann nicht verzichtet werden (*Meyer-Goßner/Schmitt* § 115 Rn. 5; *Schlothauer/Weider*, Untersuchungshaft, Rn. 225). Es geht um die Einhaltung rechtsstaatlicher Verfahrensgrundsätze. 20

II. Vernehmung durch den nächsten Richter, § 128 Abs. 1 S. 2. Die richterliche Vernehmung orientiert sich an § 115 Abs. 3 (ausführlich s. die Kommentierung unter § 115, dort Rdn. 19 ff.). Ist das Fehlen von Haftgründen schon aus dem Festnahmebericht offensichtlich oder hat die StA die Freilassung nach § 120 Abs. 3 S. 1 StPO beantragt, dann ist eine Vernehmung entbehrlich (LR/*Hilger* § 128 Rn. 11; *Meyer-Goßner/Schmitt* § 128 Rn. 7). 21

Benachrichtigungspflichten ggü. der StA und Verteidigung nach **§ 168c Abs. 5** sind zu beachten. Zu beteiligen ist die das Ermittlungsverfahren betreibende, andernfalls die für den Bezirk der Festnahme zuständige StA (ausführlich zum Ganzen s. die Kommentierung unter § 115, dort Rdn. 28). 22

III. Entscheidung des Gerichts, § 128 Abs. 2. Nach § 128 Abs. 2 hat das Gericht zwei Möglichkeiten zu entscheiden: Entweder es kann den **Festgenommenen freilassen** (§ 128 Abs. 2 S. 1) oder es kann einen **Haft- oder Unterbringungsbefehl erlassen** (§ 128 Abs. 2 S. 2). 23

Soll der Festgenommene freigelassen werden, dann ist die StA vorab zu hören (§ 33 Abs. 2). 24

Für den Erlass eines Haft- oder Unterbringungsbefehls ist grds. ein **Antrag der StA** erforderlich. Ausnahmsweise kann der Haftbefehl auch von Amts wegen erlassen werden. Ist die StA (ggf. telefonisch; vgl. KK/*Schultheis* § 128 Rn. 11) erreichbar, dann ist ein gestellter Antrag aktenkundig zu machen. Liegen der StA die Akten nicht vor, dann bedarf es zumindest einer Niederlegung des Antrags in Form eines Vermerks über die Antragstellung des Staatsanwalts durch die Polizei. Ein durch die Polizeibehörde »im Auftrag der Staatsanwaltschaft« gestellter Antrag genügt nicht. Ihr steht kein Antragsrecht zu (OLG Naumburg NStZ-RR 2008, 156 f. = StraFo 2007, 240 f. = StV 2007, 364 f. [jeweils a.E.]). 25

Der Richter kann auch nach **§ 127a** von der Festnahme gegen Sicherheit oder bei Erlass des Haftbefehls nach § 116 von der Haft verschonen. 26

Die **Rechtmäßigkeit der vorläufigen Festnahme** hat das Gericht nicht zu prüfen. Der Wortlaut des § 128 Abs. 1 S. 1 ist insofern missverständlich (AnwK-Uhaft/*König*, § 128 Rn. 6; *Meyer-Goßner/Schmitt* § 128 Rn. 12; KK/*Schultheis* § 128 Rn. 9). 27

Die **§§ 114a ff.** sind zu beachten (ausführlich hierzu s. die Kommentierung dort). Benachrichtigungspflichten nach § 114c sind nicht aufschiebbar (vgl. dort; ebenso LR/*Hilger* § 128 Rn. 17 [dort allerdings noch bezogen auf das alte Recht mit Verweis auf § 114b StPO]; *Meyer-Goßner/Schmitt* § 128 Rn. 13). 28

Die richterliche Entscheidung muss, ebenso wie die Vorführung, innerhalb der Frist des § 128 Abs. 1 S. 1 ergehen. Dies ist hier nicht ausdrücklich geregelt, ein Rückschluss aus § 129 Halbs. 2, der dies für den parallelen Fall bei Vorliegens eines (Dezernats-) Haftbefehls explizit regelt, lässt aber keine andere Auslegung zu (h.M., vgl. nur: LR/*Hilger* § 128 Rn. 11; AnwK-Uhaft/*König*, § 128 Rn. 8; *Meyer-Goßner/Schmitt* § 128 Rn. 13; *Rüping* in: FS Hirsch, 1999, S. 959, 970; KK/*Schultheis* § 128 Rn. 7; a. A. KMR/*Wankel*, StPO § 128 Rn. 4 [Beginn der Vernehmung reicht aus]; zu weit auch: OLG Frankfurt am Main NJW 2000, 2037 ff. = NStZ 2001, 253 [LS]; dagegen zu Recht: *Gubitz* NStZ 2001, 253 ff.; *Paeffgen* NStZ 2001, 81 ff.; *Schaefer* NJW 2000, 1996; *Schramm/Bernsmann* StV 2006, 442 ff.). 29

Bei Erlass des Haft- oder Unterbringungsbefehls richtet sich die **Belehrung des Beschuldigten** nach § 115 Abs. 4 (vgl. § 128 Abs. 2 S. 3). 30

§ 129 StPO Vorführung bei vorläufiger Festnahme nach Anklageerhebung.

Ist gegen den Festgenommenen bereits die öffentliche Klage erhoben, so ist er entweder sofort oder auf Verfügung des Richters, dem er zunächst vorgeführt worden ist, dem zuständigen Gericht vorzuführen; dieses hat spätestens am Tage nach der Festnahme über Freilassung, Verhaftung oder einstweilige Unterbringung des Festgenommenen zu entscheiden.

A. Allgemeines. Die Vorschrift regelt das Verfahren nach vorläufiger Festnahme für den Fall, dass öffentliche Klage (vgl. hierzu § 170 Abs. 1) bereits erhoben ist. Die Regelung steht in engem sachlichen Zusammenhang mit § 128 und gilt als Ergänzung dazu (AnwK-Uhaft/*König*, § 129 Rn. 1). 1

§ 129 StPO Vorführung bei vorläufiger Festnahme nach Anklageerhebung

2 **B. Verfahren.** Der vorläufig Festgenommene ist, wenn bereits Anklage erhoben ist, entweder von der Polizei bzw. der StA frei zu lassen oder sofort dem zuständigen Gericht vorzuführen. Ist dies nicht möglich, dann ist er »zunächst« dem nächsten Gericht, d.h. dem nach **§ 128 Abs. 1 Satz 1** zuständigen AG des Festnahmebezirks oder dem nach **§ 125 Abs. 1** zuständigen AG vorzuführen.

3 **Sofort** bedeutet hier unmittelbar durch den Festnehmenden (LR/*Hilger* § 129 Rn. 3; *Meyer-Goßner/ Schmitt* § 129 Rn. 1) und hat, wie bei § 128 Abs. 1 Satz 1 StPO spätestens am Tag nach der Ergreifung zu geschehen. Zum Begriff »**Vorführen**« s. ausführlich die Kommentierung unter § 128, dort Rdn. 7.

4 **Zuständig** ist vorrangig das mit der Strafsache befasste Gericht (LR/*Hilger* § 129 Rn. 3). Die Vorführung kann nach pflichtgemäßem Ermessen des Vorführenden aber zunächst auch zu dem nach **§ 128 Abs. 1 Satz 1** zuständigen Richter am AG des Festnahmeortes oder zu dem nach **§ 125 Abs. 1** zuständigen AG erfolgen, wenn der Festgenommene dem mit der Strafsache eigentlich befassten Gericht nicht rechtzeitig vorgeführt werden kann (KK/*Schultheis* § 129 Rn. 2).

5 Das Gericht hat den Angeschuldigten entsprechend § 128 Abs. 1 Satz 2 zu vernehmen (ausführlich hierzu bereits die Kommentierung unter § 115, dort Rdn. 19 ff.). Die Vernehmung richtet sich nach **§ 115 Abs. 3 StPO**.

6 **C. Entscheidung.** Bei der Frage der **Entscheidungskompetenz** ist zu differenzieren:

7 Das mit der Strafsache selbst befasste **Gericht der Hauptsache** hat umfassende Entscheidungskompetenz. Es kann grds. die Freilassung, auch unter Auflagen, anordnen oder Haft- oder Unterbringungsbefehl erlassen (vgl. hierzu bereits die Kommentierung unter § 128, dort Rdn. 23). In dringenden Fällen entscheidet der Vorsitzende allein (vgl. hierzu bereits die Kommentierung zu § 125 Abs. 2 Satz 2 und § 126a Abs. 2 Satz 1). Die StA kann in diesem Zusammenhang den Festgenommenen der Vorführung nicht mehr eigenständig freilassen bzw. die Aufhebung des Haft- oder Unterbringungsbefehls verlangen, § 120 Abs. 3 gilt nicht. Denn hier ist bereits Anklage erhoben, die Zuständigkeit liegt beim Gericht (ebenso: LR/*Hilger* § 129 Rn. 6; AnwK-Uhaft/*König*, § 129 Rn. 2; *Meyer-Goßner/ Schmitt* § 129 Rn. 3).

8 Der ggf. **zunächst befasste Richter** des AG, dem der Angeschuldigte nach § 128 Abs. 1 Satz 1 oder nach § 125 Abs. 1 vorgeführt wurde, hat die Befugnis, ihn freizulassen. Dazu ist er nicht nur, wie der nächste Richter entsprechend § 115a (vgl. dort insb. § 115a Abs. 3) befugt, sondern er hat hier in eigener Zuständigkeit zu entscheiden. Denn Untersuchungshaft ist, anders als dort, noch nicht angeordnet (LR/*Hilger* § 129 Rn. 3). Für den Erlass des Haft- oder Unterbringungsbefehls selbst ist das zunächst angerufene Gericht aber nicht zuständig. Wird der Angeschuldigte nicht freigelassen, dann ist er dem zuständigen Gericht vorzuführen (vgl. § 129 Satz 1 Halbs. 1 [a.E.]; ebenso: LR/*Hilger* § 129 Rn. 6; AnwK-Uhaft/*König*, § 129 Rn. 3; AnwK-StPO/*Lammer*, § 129 Rn. 6; *Meyer-Goßner/Schmitt* § 129 Rn. 4; KMR-*Wankel* § 129 Rn. 6; **a. A.** KK/*Schultheis* § 130 Rn. 4 [eigene Entscheidungszuständigkeit in der Sache; warum insofern die hier vertretene Ansicht »widersinnig« sein soll, erschließt sich nicht und wird modernen Gegebenheiten nicht gerecht]). Innerhalb der Frist der § 129 (»spätestens am Tage nach der Festnahme«) kann die Fortdauer der vorläufigen Festnahme angeordnet werden. Ist eine Vorführung vor das mit der Hauptsache befasste Gericht nicht möglich, dann ist der Angeschuldigte freizulassen (ebenso: AnwK-Uhaft/*König*, § 129 Rn. 3; LR/*Hilger* § 129 Rn. 7; KMR-*Wankel* § 129 Rn. 6). Bei Nutzung moderner Kommunikationsmöglichkeiten und effizienter (Einzel-)Transporte ist kaum vorstellbar, dass ein Gericht innerhalb der BRD nicht binnen Tagesfrist erreicht werden kann. Nach **a. A.** soll dem zunächst angerufenen Gericht die Anordnung der Fortdauer vorläufigen Festnahme über die Frist des § 129 hinaus erlaubt sein, bis das zuständige Gericht entschieden hat (AnwK-StPO/*Lammer*, § 129 Rn. 6; *Meyer-Goßner/Schmitt* § 129 Rn. 4). Dies verstößt aber wohl gegen Art. 104 Abs. 3 Satz 2 GG (vgl. hierzu auch BGHSt 34, 365 ff. = MDR 1987, 779 = NJW 1987, 2524 = NStZ 1988, 233 [m. Anm. *Hamm*] = StV 1987, 329 f.).

9 Ergeht ein Haft- oder Unterbringungsbefehl, dann richtet sich das **weitere Verfahren** nach den §§ 114a ff., die Rechtsmittelbelehrung erfolgt entsprechend § 115 Abs. 4 (ausführlich hierzu s. bereits dort).

§ 130 StPO Haftbefehl vor Stellung eines Strafantrags.

¹Wird wegen Verdachts einer Straftat, die nur auf Antrag verfolgbar ist, ein Haftbefehl erlassen, bevor der Antrag gestellt ist, so ist der Antragsberechtigte, von mehreren wenigstens einer, sofort von dem Erlaß des Haftbefehls in Kenntnis zu setzen und davon zu unterrichten, daß der Haftbefehl aufgehoben werden wird, wenn der Antrag nicht innerhalb einer vom Richter zu bestimmenden Frist, die eine Woche nicht überschreiten soll, gestellt wird. ²Wird innerhalb der Frist Strafantrag nicht gestellt, so ist der Haftbefehl aufzuheben. ³Dies gilt entsprechend, wenn eine Straftat nur mit Ermächtigung oder auf Strafverlangen verfolgbar ist. ⁴§ 120 Abs. 3 ist anzuwenden.

A. Allgemeines. Bei Antragsdelikten (ausführlich hierzu LR/*Hilger* § 127 Rn. 50) ist nach § 127 Abs. 3 schon vor Stellung des Strafantrages die vorläufige Festnahme zulässig (s. hierzu die Kommentierung unter § 127, dort Rdn. 47). Konsequenterweise darf bei Vorliegen der übrigen Voraussetzungen dann auch ein Haftbefehl erlassen werden. Das stellt § 130 klar. Die Vorschrift bestimmt, wie vorzugehen ist, wenn ein Strafantrag bei einem Antragsdelikt noch nicht gestellt ist. 1

Gleiches gilt für die Fälle der **fehlenden Ermächtigung** und des **fehlenden Strafverlangens** (s. § 130 Satz 3). 2

B. Inhalt der Regelung. Die Regelung geht von der Erwartung aus, dass die dort genannten **behebbaren Prozesshindernisse** (Fehlen eines für die Strafverfolgung erforderlichen Strafantrages, Ermächtigung oder Strafverlangen gem. § 77e StGB) alsbald nachgeholt werden. In diesen Fällen ist der Erlass eines Haftbefehls grds. schon vorab zulässig. Das gilt aber nicht, wenn von vornherein feststeht, dass ein Strafantrag nicht mehr gestellt werden kann oder auch nur unwahrscheinlich ist, dass er noch gestellt werden wird (vgl. zum Ganzen *Geerds* GA 1982, 237, 249 ff.; AnwK-Uhaft/*König*, § 130 StPO, Rn. 1; *Meyer-Goßner/Schmitt* § 130 Rn. 1; SK-StPO/*Paeffgen*, § 130 Rn. 3; KK/*Schultheis* § 130 Rn. 2). 3

§ 130 gilt nach Erlass des Haftbefehls gleichermaßen für den Vollzug als auch die Außervollzugsetzung unter Auflagen entsprechend § 116. 4

Zwischen Erlass des Haftbefehls und Behebung des Prozesshindernisses entsteht ein **Schwebezustand**. Dieser ist baldmöglichst zu beheben (AnwK-Uhaft/*König*, § 130 StPO, Rn. 1; *Meyer-Goßner/Schmitt* § 130 Rn. 1; SK-StPO/*Paeffgen*, § 130 Rn. 3; KK/*Schultheis* § 130 Rn. 2). 5

I. Unterrichtung des Antragsberechtigten nach § 130 Satz 1. Dem Antragsberechtigten (zu mehreren – s.u. Rdn. 10) ist Gelegenheit zu geben, die zur Disposition stehenden Prozessvoraussetzungen zu schaffen. Sie sind zu benachrichtigen. Dies hat **sofort**, d.h. unmittelbar und ohne schuldhaftes Zögern, zu erfolgen. Sie sind nach § 130 Satz 1 vom Erlass des Haftbefehls in Kenntnis zu setzen. 6

Die **Benachrichtigung** muss alle für die zu treffende Entscheidung relevanten Angaben enthalten, um eine sachgerechte Entscheidung treffen zu können (*Meyer-Goßner/Schmitt* § 130 Rn. 2). Zu nennen sind insb. der Beschuldigte, die Tat, derer er dringend verdächtig ist, Zeit und Ort ihrer Begehung sowie ihre gesetzlichen Merkmale und die anzuwendenden Strafvorschriften (vgl. hierzu § 114 Abs. 2 Nr. 1 und 2). Auf die Angabe des Haftgrundes (vgl. § 114 Abs. 2 Nr. 3) kommt es regelmäßig nicht an. Der Antragsberechtigte ist weiter darüber zu unterrichten, dass der **Haftbefehl aufgehoben** wird, wenn der Strafantrag nicht binnen einer vom Gericht zu bestimmenden Frist gestellt wird. 7

Die **Frist** muss angemessen sein und dem Antragsberechtigten die Möglichkeit zur Prüfung, Entscheidung und Mitteilung geben. Sie muss umgekehrt aber auch für den Beschuldigten den Grundrechtsschutz des Art. 2 Abs. 2 Satz 2 GG beachten, die Freiheit der Person ist unverletzlich. Laut Gesetz soll die Frist **eine Woche** nicht überschreiten. In sachlich begründeten Ausnahmefällen soll sie überschritten oder verlängert werden können. Denkbar sei dies bei Abwesenheit oder Erkrankung des Berechtigten oder weil eine Behörde zu entscheiden hat, was angeblich regelmäßig nicht zeitnah möglich sein soll (bedenklich!; so aber *Meyer-Goßner/Schmitt* § 130 Rn. 4; KK/*Schultheis* § 130 Rn. 10). Teils wird ein Zeitraum von **i.d.R. unter oder jedenfalls 48 Std.** für sachgerecht gehalten (*Geerds* GA 1982, 237, 250 [dort insb. Fn. 57]; AnwK-Uhaft/*König*, § 130 StPO Rn. 3; AnwK-StPO/*Lammer*, § 130 Rn. 5; SK-StPO/*Paeffgen*, § 130 Rn. 4). Eine solche verkürzte Fristsetzung ist nicht zuletzt deshalb angemessen, weil moderne Kommunikationsmöglichkeiten eine zeitnahe Entscheidung heutzutage vereinfachen. Es geht nach wie vor um die Frage der Freiheitsberaubung ggü. einem Unschuldigen 8

§ 131 StPO Ausschreibung zur Festnahme

(*Hassemer* StV 1984, 38, 40). Die im Gesetz genannte Wochenfrist erscheint unter Beachtung dieser Überlegungen und auch, weil Antragsdelikte regelmäßig eine relativ gesehen geringere Straferwartung vorsehen als »übliche Haftsachen«, unverhältnismäßig lang.

9 Der Antragsberechtigte ist ausdrücklich auf die **Konsequenz der Aufhebung** des Haftbefehls nach fruchtlosem Fristablauf hinzuweisen. Sinnvollerweise sollte der Berechtigte auch über auch über die richtige Form des Strafantrags (vgl. § 158 Abs. 2) belehrt werden. Zur Vermeidung von Verzögerungen sollte eine Antragstellung möglichst unmittelbar beim Haftgericht erfolgen.

10 **Adressat** der Benachrichtigung ist der Antragsberechtigte. Sind mehrere Antragsberechtigte vorhanden, dann sollen möglichst alle oder zumindest die sofort erreichbaren benachrichtigt werden. Nach dem Wortlaut des Gesetzes genügt aber bereits die Information eines Einzelnen. Die Auswahl erfolgt durch das Gericht nach pflichtgemäßem Ermessen, es soll möglichst der von der Tat am stärksten Betroffene informiert werden (vgl. zum Ganzen Geerds GA 1982, 237, 240; AnwK-Uhaft/*König*, § 130 StPO, Rn. 3; *Meyer-Goßner/Schmitt* § 130 Rn. 3; SK-StPO/*Paeffgen*, § 130 Rn. 3; KK/*Schultheis* § 130 Rn. 3).

11 **Zuständig** für die Benachrichtigung ist der Richter, der den Haftbefehl erlassen hat, die Geschäftsstelle führt die Anordnung aus.

12 **II. Entscheidung des Gerichts nach § 130 Satz 2.** Wird innerhalb der vom Gericht gesetzten Frist kein Strafantrag gestellt, dann ist der Haftbefehl aufzuheben (§ 130 Satz 2). Die Frist zur Antragstellung selbst (vgl. § 77b StGB) wird hiervon nicht betroffen, sie wird durch die vom Gericht nach § 130 StPO zu setzende Frist nicht verkürzt. Deshalb ist auch ein verspätet gestellter Strafantrag noch zu berücksichtigen. Geht er vor Aufhebung des Haftbefehls bei Gericht ein, dann bleibt dieser bestehen, andernfalls wird der Haftbefehl ggf. erneut erlassen (AnwK-Uhaft/*König*, § 130 StPO, Rn. 4; *Meyer-Goßner/Schmitt* § 130 Rn. 5; SK-StPO/*Paeffgen*, § 130 Rn. 5 [a.E.]; KK/*Schultheis* § 130 Rn. 7). Voraussetzung hierfür ist aber immer, dass die übrigen Voraussetzungen für den Erlass des Haftbefehls vorliegen.

13 Die Aufhebung des Haftbefehls nach § 120 bleibt hiervon unberührt. Der ausdrückliche Hinweis in § 130 Satz 4 auf § 120 Abs. 3 ist überflüssig (LR/*Hilger* § 130 Rn. 15; *Meyer-Goßner/Schmitt* § 130 Rn. 5; KK/*Schultheis* § 130 Rn. 8) bzw. sinnleer (SK-StPO/*Paeffgen*, § 130 Rn. 7).

14 **C. Sonstiges.** Kann der Haftbefehl zusätzlich **auch auf ein Offizialdelikt** gestützt werden, dann soll dem Vorrang eingeräumt werden um Missverständnissen und Verzögerungen vorzubeugen (*Meyer-Goßner/Schmitt* § 130 Rn. 6; KK/*Schultheis* § 130 Rn. 9). In diesen Fällen ist die Straftat, deren weitere Verfolgung von einem Strafantrag abhängt, ggf. aus dem Haftbefehl auszuscheiden, wenn der entsprechende Antrag nicht gestellt wird. Hierauf soll der Berechtigte hingewiesen werden. Hinsichtlich der Fristsetzung gelten die obigen Ausführungen, wobei die Frage der Angemessenheit der Frist sich relativiert wenn die Untersuchungshaft auch aus anderen Gründen gerechtfertigt ist.

15 Bei **relativen Antragsdelikten** ist § 130 ebenfalls anwendbar, wenn die StA das besondere öffentliche Interesse noch nicht bejaht hat oder verneint (vgl. hierzu LR/*Hilger* § 130 Rn. 1 a.E.).

9a. Abschnitt. Weitere Maßnahmen zur Sicherstellung der Strafverfolgung und Strafvollstreckung

§ 131 StPO Ausschreibung zur Festnahme.
(1) Auf Grund eines Haftbefehls oder eines Unterbringungsbefehls können der Richter oder die Staatsanwaltschaft und, wenn Gefahr im Verzug ist, ihre Ermittlungspersonen (§ 152 des Gerichtsverfassungsgesetzes) die Ausschreibung zur Festnahme veranlassen.
(2) Liegen die Voraussetzungen eines Haftbefehls oder Unterbringungsbefehls vor, dessen Erlass *nicht ohne Gefährdung des Fahndungserfolges* abgewartet werden kann, so können die Staatsanwaltschaft und ihre Ermittlungspersonen (§ 152 des Gerichtsverfassungsgesetzes) Maßnahmen nach Ab-

satz 1 veranlassen, wenn dies zur vorläufigen Festnahme erforderlich ist. Die Entscheidung über den Erlass des Haft- oder Unterbringungsbefehls ist unverzüglich, spätestens binnen einer Woche herbeizuführen.
(3) Bei einer Straftat von erheblicher Bedeutung können in den Fällen der Absätze 1 und 2 der Richter und die Staatsanwaltschaft auch Öffentlichkeitsfahndungen veranlassen, wenn andere Formen der Aufenthaltsermittlung erheblich weniger Erfolg versprechend oder wesentlich erschwert wären. Unter den gleichen Voraussetzungen steht diese Befugnis bei Gefahr im Verzug und wenn der Richter oder die Staatsanwaltschaft nicht rechtzeitig erreichbar ist auch den Ermittlungspersonen der Staatsanwaltschaft (§ 152 des Gerichtsverfassungsgesetzes) zu. In den Fällen des Satzes 2 ist die Entscheidung der Staatsanwaltschaft unverzüglich herbeizuführen. Die Anordnung tritt außer Kraft, wenn diese Bestätigung nicht binnen 24 Stunden erfolgt.
(4) Der Beschuldigte ist möglichst genau zu bezeichnen und soweit erforderlich zu beschreiben; eine Abbildung darf beigefügt werden. Die Tat, derer er verdächtig ist, Ort und Zeit ihrer Begehung sowie Umstände, die für die Ergreifung von Bedeutung sein können, können angegeben werden.
(5) Die §§ 115 und 115a gelten entsprechend.

A. Überblick über die Regelungen des Abschnitts 9a (§§ 131 bis 132)

Der Abschnitt 9a, der mit dem Strafverfahrensänderungsgesetz 1999 (StVÄG 1999) v. 2.8.2000 (BGBl. I, S. 1253) in die StPO eingefügt wurde, enthält – nicht abschließende (vgl. daneben etwa §§ 94 ff., 163d, 163e, 163f, 453c Abs. 1, 456a Abs. 2 Satz 3, 457 Abs. 3; s. *Meyer-Goßner/Schmitt* Vor § 131 Rn. 1) – Regelungen zur »Ausschreibung zur Festnahme« (BT-Drucks. 14/1484, S. 19). Diese gelten sowohl für die Zwecke der Strafverfolgung als auch für die der Strafvollstreckung (BT-Drucks. 14/1484, S. 19; vgl. auch die Überschrift zu Abschnitt 9a). Zuvor war die Öffentlichkeitsfahndung »nur« auf § 131 a.F. i.V.m. §§ 161, 163 gestützt worden, was angesichts der Rspr. des BVerfG (BVerfG 65, 1 – »Volksabstimmung«) hinsichtlich des Rechts der Betroffenen auf informationelle Selbstbestimmung berechtigterweise kritisiert wurde (vgl. nur SK-StPO/*Paeffgen* § 131 Rn. 1 m.w.N.). Mit der Neuregelung sollten so die vom BVerfG geforderten Rechtsgrundlagen geschaffen werden (s. BT-Drucks. 14/1484, S. 19). Allerdings verbleibt unterhalb der Eingriffsschwelle des § 131 ff. und außerhalb dessen Anwendungsbereichs Raum für Fahndungsmaßnahmen auf Grundlage der Generalklauseln der §§ 161, 163 Abs. 1 Satz 2 (vgl. LR/*Hilger* Vor § 131 Rn. 12; SK-StPO/*Paeffgen* § 131 Rn. 2; krit. Radtke/Hohmann/*Kretschmer* § 131 Rn. 2). Dies können z.B. Erkundigungen im nahen Umfeld oder Nachforschungen im Internet dahin gehend sein, ob der Einzelne an entsprechenden Kommunikationsplattformen teilnimmt und relevante Informationen preisgibt. Die Nutzung von Daten zu Fahndungszwecken richtet sich nach den §§ 483 ff. Zu datenschutzrechtlichen Fragen, insb. im Zusammenhang mit Onlinefahndungen und Fahndungen in sozialen Netzwerken s. *Gerhold* ZIS 2015, 156 (157 ff.).

Die §§ 131, 131a und 131b unterscheiden sich im Hinblick auf die **jeweiligen Fahndungsziele**: § 131b ermächtigt zunächst zur Veröffentlichung von Abbildungen des Beschuldigten/Zeugen, um den tatrelevanten Sachverhalt sowie die Identität und Qualifizierung der beteiligten Personen als Täter, Teilnehmer oder Zeugen ermitteln zu können. § 131a dient dann der Ausschreibung von Beschuldigten und Zeugen, um deren Aufenthalt zu ermitteln; schließlich ermächtigt § 131 zur Ausschreibung mit dem Ziel der Festnahme von dringend Tatverdächtigen. 2

§ 131c regelt die Anordnungskompetenz. Ergänzend zu den §§ 131 bis 131c finden sich nähere Ausgestaltungen der Fahndungsmöglichkeiten in Nr. 39 bis 43 RiStBV. Darin sind v.a. die Fahndungshilfsmittel der StA beschrieben (Nr. 40 RiStBV). 3

Die §§ 131 bis 131c regeln v.a. die Befugnisse von Richtern, StA und unter engeren Voraussetzungen auch deren Ermittlungsbeamten (§ 152 GVG) hinsichtlich **Fahndungsmaßnahmen nach Personen** (Beschuldigten oder Zeugen). Eine Überschneidung mit der Sachfahndung ist denkbar, wenn sie im Wesentlichen einem der Fahndungszwecke der §§ 131 ff. dient, in einer der dort bezeichneten Modalitäten erfolgt und Rückschlüsse auf eine Person ermöglicht (*Hilger* FS Rieß S. 171 [172]; LR/*Hilger* Vor § 131 Rn. 15; SK-StPO/*Paeffgen* § 131 Rn. 2; BeckOK/*Niesler* § 131 Rn. 4). 4

Die **Internationale Fahndung** ist geregelt in Nr. 43 RiStBV und sollte zudem in dessen Anlage F (Richtlinien über die internationale Fahndung nach Personen, einschließlich der Fahndung nach Personen im Schengener Informationssystem) näher bestimmt werden. Letztere wurde durch den Bund jedoch 5 nicht in Kraft gesetzt. Die internationale Fahndung erfolgt i.d.R. durch Interpol, das Schengener Informationssystem (SIS) und gezielte Mitfahndungsersuchen an andere Staaten.

6 § 132 tritt – ohne unmittelbaren systematischen Zusammenhang zu den §§ 131 bis 131c – ergänzend neben die §§ 116a Abs. 3 und 127a. Die Vorschrift betrifft die Durchführung von Strafverfolgung und Strafvollstreckung hinsichtlich derjenigen Beschuldigten, die im Geltungsbereich der StPO keinen festen Wohnsitz oder Aufenthalt haben.

7 **B. Inhalt des § 131.** Abs. 1 regelt die Befugnis zur Anordnung einer Ausschreibung zur Festnahme bei Vorliegen eines Haft- oder Unterbringungsbefehls, Abs. 2 betrifft besondere Eilfälle. Hinsichtlich Straftaten von erheblicher Bedeutung enthält Abs. 3 die Befugnis zur Anordnung einer Öffentlichkeitsfahndung. Abs. 4 beschreibt die inhaltlichen Anforderungen an die jeweilige Maßnahme und Abs. 5 regelt das Vorgehen nach der Ergreifung des Beschuldigten.

8 **I. Ausschreibung zur Festnahme auf Grundlage eines vorliegenden Haft- oder Unterbringungsbefehls (Abs. 1)** Mit der Ausschreibung zur Festnahme wird bezweckt, dass bei einer **Personalienabfrage im aktuellen Datenbestand der polizeiinternen Informationssysteme festgestellt wird**, ob eine bestimmte Person festgenommen werden soll. Als Anhaltspunkt für die zulässigen Fahndungshilfsmittel dient Nr. 40 RiStBV (BeckOK/*Niesler* § 131 Rn. 3); i.Ü. ist bei der Auswahl des Fahndungsmittels wegen der Grundrechtssensibilität der Ausschreibung das Verhältnismäßigkeitsprinzip zu achten (KK-StPO/*Schultheis* § 131 Rn. 9). Eine an einen unbestimmten Personenkreis, notfalls an die Öffentlichkeit gerichtete Fahndung kann nicht als von Abs. 1 gedeckt angesehen werden (anders LR/*Hilger* § 131 Rn. 6), da sonst die spezifischen Voraussetzungen des Abs. 3 umgangen würden.

9 Als **Voraussetzungen** verlangt Abs. 1 entweder einen Unterbringungsbefehl (§ 126a) oder aber einen Haftbefehl (§ 114). Grundlage kann grds. jeder Haftbefehl sein (näher LR/*Hilger* § 131 Rn. 2), unverhältnismäßig wäre eine Ausschreibung zur Festnahme jedoch im Hinblick auf eine bloße Ordnungs- und Beugehaft (§§ 51 Abs. 1 Satz 2 und 70 Abs. 1 Satz 2; s. LR/*Hilger* § 131 Rn. 4). Umstritten ist, ob § 131 Abs. 1 bzgl. der Hauptverhandlungshaft (§ 127b Abs. 2 i.V.m. § 128 Abs. 2 Satz 2) Anwendung findet. Da auch insoweit denkbar ist, dass der gem. § 127b Festgenommene flieht, besteht ein legitimes Bedürfnis für die Heranziehung des § 131 (so auch LR/*Hilger* § 131 Rn. 3; a. A. aber KK-StPO/*Schultheis* § 131 Rn. 8).

10 Die **Anordnungsbefugnis** obliegt gleichrangig dem **Richter** und der **StA**. Wer zuständiger Richter ist, ergibt sich aus den §§ 125, 126. Bis zur Anklageerhebung ist dies gem. § 162 respektive § 169 der Ermittlungsrichter bzw. gem. § 34 Abs. 1 JGG bei der Jugendgerichts, anschließend der Strafrichter bzw. der Vorsitzende der Kollegialgerichts (§ 126 Abs. 2 Satz 3). Bei Gefahr im Verzug besteht ausnahmsweise eine Eilkompetenz der **Ermittlungspersonen der StA** i.S.v. § 152 GVG (krit. *Ranft* StV 2002, 41; s. hierzu auch BVerfG NVwZ 2009, 1034 [1035] zu § 50 Abs. 7 Satz 1 AufenthG). **Gefahr im Verzug** ist – entsprechend den engen verfassungsgerichtlichen Vorgaben (vgl. BVerfGE 103, 142 ff.) – nur dann gegeben, wenn das Abwarten einer Anordnung durch den Richter oder die StA den Erfolg der Anordnung gefährden würde und daher Sofortmaßnahmen durch die Polizei ergriffen werden müssen. Sie dürfte insb. dann vorliegen, wenn die Polizei von plötzlichen Fluchtvorbereitungen einer mit Haftbefehl gesuchten Person erfährt, sie deswegen sofort handeln muss und ein StA oder Richter kurzfristig nicht zu erreichen ist (BT-Drucks. 14/84, S. 20). Die Anordnung durch die Ermittlungsbeamten bedarf dann keiner nachträglichen Bestätigung. Der StA kann die Anordnung aber beenden, wenn er der Ansicht ist, ihre Voraussetzungen seien nicht (mehr) gegeben.

11 **II. Ausschreibung zur vorläufigen Festnahme im Vorfeld des Erlasses eines Haft- oder Unterbringungsbefehls (Abs. 2)** Abs. 2 gilt – im Gegensatz zu Abs. 1 – **im Vorfeld** des Erlasses eines Haft- oder Unterbringungsbefehls. Wie in Abs. 1 geht es aber auch hier allein um eine Ausschreibung innerhalb der polizeiinternen Informationssysteme.

12 Für die Anordnung einer Ausschreibung zur Festnahme nach Abs. 2 ist daher neben den **Voraussetzungen** eines Haft- oder Unterbringungsbefehls erforderlich, dass der Erlass eines entsprechenden Festhaltebefehls nicht ohne die Gefährdung des Fahndungserfolges abgewartet werden kann (**besonderes Eilbedürfnis**). Dies ist etwa der Fall, wenn der beinahe festgenommene Tatverdächtige plötzlich Fluchtmaßnahmen ergreift, sodass überörtliche Fahndungsmaßnahmen zu erfolgen haben und der Haftrich-

ter oder ein StA nicht rechtzeitig erreicht werden können (BT-Drucks. 14/1484, S. 20; BeckOK/*Niesler* § 131 Rn. 2; *Soiné* Kriminalistik 2001, 174).

Die Maßnahme muss zudem zur vorläufigen Festnahme **erforderlich** sein. Dies ist ein besonderer Hinweis auf den allgemein bedeutsamen Grundsatz der Verhältnismäßigkeit. Demnach darf die Festnahme insb. nicht durch mildere, gleich wirksame Mittel zu verwirklichen sein, etwa nach § 131a oder im Wege der Erkundigung bei Behörden oder im nahen Umfeld des Betroffenen (vgl. BT-Drucks. 14/1484, S. 20). 13

Die **Anordnungsbefugnis** liegt bei der StA und ihren Hilfsbeamten nach § 152 GVG. Für die Anordnung der Ermittlungspersonen bedarf es bis zur – unverzüglich, spätestens aber innerhalb einer Woche einzuholenden – richterlichen Entscheidung (Abs. 2 Satz 2) nicht mehr der nachträglichen Bestätigung durch die StA (HK-StPO/*Lemke* § 131 Rn. 7). Dies ist rechtsstaatlich bedenklich (krit. auch *Ranft* StV 2002, 38 [41]), da so trotz häufig nur schwer überprüfbarer Voraussetzungen des Abs. 2 seitens der Ermittlungsbeamten grundrechtsrelevante Fakten geschaffen werden können. Daran ändert auch die Tatsache nichts, dass der StA die Maßnahme jederzeit wieder beenden kann. Daher sollte eine Anordnung durch die Hilfsbeamten der StA nur dann zulässig sein, wenn die Voraussetzungen eines Haft- oder Unterbringungsbefehls **eindeutig** vorliegen (*Hilger* NStZ 2000, 561 [562]; HK-StPO/*Lemke* § 131 Rn. 7; KK-StPO/*Schultheis* § 131 Rn. 12). 14

Die Frist für die Einholung der richterlichen Entscheidung – »unverzüglich, spätestens aber binnen einer Woche« – beginnt mit der Anordnung zu laufen (HK-StPO/*Lemke* § 131 Rn. 8). Erfolgt eine richterliche Entscheidung nicht oder wird der Festhaltebefehl nicht erlassen, tritt die Anordnung ohne Weiteres außer Kraft; die Ausschreibung nach Abs. 2 und alle mit ihr veranlassten Maßnahmen sind dann aufzuheben (BT-Drucks. 14/1484, S. 20; KK-StPO/*Schultheis* § 131 Rn. 13; BeckOK/*Niesler* § 131 Rn. 9; *Soiné* Kriminalistik 2001, 174). Der Gesetzgeber hat dabei bewusst keine Regelung zu den Folgen des Fehlens der richterlichen Entscheidung in die Vorschrift aufgenommen (BT-Drucks. 14/1484, S. 20). Denn er ging davon aus, dass hinsichtlich der Rechtmäßigkeit der Maßnahme nach Abs. 2 nicht deren richterliche Überprüfung erfolgen soll, sondern der Richter zeitnah über den Erlass eines Haft- oder Unterbringungsbefehls zu entscheiden hat. Ergeht dieser, richtet sich das weitere Vorgehen nach Abs. 1. Unterbleibt er, ist die Maßnahme nach Abs. 2 zu beenden. Die Anordnung nach Abs. 2 ist daher grds. nur für den Zeitraum von max. einer Woche zulässig. 15

III. Öffentlichkeitsfahndung (Abs. 3) Unter Öffentlichkeitsfahndung versteht man Maßnahmen, die über eine rein behördeninterne Wirkung hinausgehen und an die Bevölkerung gerichtet sind (s. LR/ *Hilger* § 131 Rn. 17). Keine zusätzliche Voraussetzung besteht darin, dass die Maßnahme notwendig an einen nach Individualität (bspw. alle Angehörigen einer Berufsgruppe) oder Zahl unbestimmten Personenkreis gerichtet sein muss (so aber KK-StPO/*Schultheis* § 131 Rn. 15). Denn eine stigmatisierende Wirkung, die nach Abs. 3 vermieden werden soll, kann schon dann eintreten, wenn die Zahl der dem Personenkreis Angehörenden sehr groß ist. 16

Unter die Öffentlichkeitsfahndung fällt demnach v.a. die Fahndung durch Einschaltung von Organen, die sich an die breite Allgemeinheit richten, wie z.B. Fernsehen, Rundfunk, Presse, Plakate und Flugblätter, Lautsprecherdurchsagen, Steckbriefe, aber auch elektronische Medien wie das Internet (KK-StPO/*Schultheis* § 131 Rn. 15; BeckOK/*Niesler* § 131 Rn. 5; eingehend LR/*Hilger* § 131 Rn. 17 und HK-StPO/*Lemke* § 131 Rn. 10; *Schiffbauer* NJW 2014, 1052; zur Fahndung in sozialen Netzwerken, insb. in Facebook, s. *Gerhold*, ZIS 2015, 156). Die Öffentlichkeitsfahndung kann zwar auch an einen begrenzten Personenkreis gerichtet sein, sie geht aber über bloß polizeiinterne Maßnahmen hinaus. Fahndungssendungen im Fernsehen fallen nicht unter § 131 Abs. 3, da sie im Regelfall nicht durch die Ermittlungsbehörden veranlasst werden (HK-StPO/*Lemke* § 131 Rn. 13). Wenn die Behörden jedoch Informationen an die Fernsehanstalten herausgeben, sind diesbezüglich die Voraussetzungen der §§ 131 ff. zu beachten (BeckOK/*Niesler* § 131 Rn. 5). 17

Die Öffentlichkeitsfahndung ist an besonders restriktive **Voraussetzungen** geknüpft, da sie sich aufgrund ihrer Breitenwirkung für den Betroffenen besonders negativ auf dessen Ehre und Ansehen auswirken kann. Daher verlangt sie ggü. Abs. 1 und Abs. 2 als zusätzliche Voraussetzung, dass dem Beschuldigten eine **Straftat von erheblicher Bedeutung** vorgeworfen wird sowie dass andere Formen der Aufenthaltsermittlung weniger Erfolg versprechend oder wesentlich erschwert wären (**Subsidiaritätsklausel**). 18

19 Anders als bspw. die §§ 98a Abs. 1, 100a Abs. 2, 100c Abs. 2, 110a Abs. 1 enthält § 131 Abs. 3 **keinen eigenen Straftatenkatalog**. Die Beurteilung, ob eine erhebliche Straftat vorliegt (allgemein dazu *Rieß* GA 2004, 623 ff.), erfordert eine Abwägung im Einzelfall und bestimmt sich danach, ob die Tat so schwer wiegt, dass der Eingriff in das Selbstbestimmungsrecht des Bürgers mittels der Öffentlichkeitsfahndung gerechtfertigt werden kann (vgl. HK-StPO/*Lemke* § 131 Rn. 11). Maßgebliche Kriterien sind dabei v.a. der Deliktstypus, die Art der Begehung, die Schwere der Schuld und die zu erwartende Rechtsfolge (KK-StPO/*Schultheis* § 131 Rn. 16; BeckOK/*Niesler* § 131 Rn. 6; KMR/*Wankel* § 131 Rn. 2; LG Saarbrücken wistra 2004, 279: nicht ein einfacher Computerbetrug; anders AG Bonn BeckRS 2008, 18552 bei Diebstahl und Betrug mit einem Schaden von 970 €). Ist nur eine Geldstrafe zu erwarten, ist eine Öffentlichkeitsfahndung grds. unzulässig (*Rieß* GA 2004, 623 [642]).

20 Als eine besondere Ausprägung des allgemeinen Grundsatzes der Verhältnismäßigkeit verlangt die **Subsidiaritätsklausel**, dass die Festnahme ohne Öffentlichkeitsfahndung erheblich weniger Erfolg versprechend oder wesentlich erschwert sein muss. Mildere Maßnahmen sind insb. eine Ausschreibung zur Aufenthaltsermittlung oder Befragungen im bloßen Umfeld des Beschuldigten (vgl. *Meyer-Goßner/ Schmitt* § 131 Rn. 3; HK-StPO/*Lemke* § 131 Rn. 9). Zu beachten ist, dass weniger einschneidende Maßnahmen dann vorzugswürdig sind, wenn sie zwar weniger Erfolg versprechen, sich aber nicht als **wesentlich** weniger Erfolg versprechend darstellen, ebenso, wenn sie den Festnahmeerfolg zwar erschweren, diesen aber nicht **erheblich** erschweren (vgl. LR/*Hilger* § 131 Rn. 19). I.Ü., insb. für die Auswahl des zulässigen Mittels innerhalb der Öffentlichkeitsfahndung, gilt der allgemeine Grundsatz der Verhältnismäßigkeit. Gerade bei inzwischen gängigen Onlinefahndungen, insb. bei Fahndungen in sozialen Netzwerken, müssen im Rahmen der Verhältnismäßigkeitsprüfung die Folgen einer Verbreitung im Internet und damit die erhöhten Gefahren für das allgemeine Persönlichkeitsrecht der Betroffenen besonders berücksichtigt werden (vgl. *Gerhold* ZIS 2015, 156 [171 ff.]; *Schiffbauer* NJW 2014, 1052 [1056 f.]).

21 Die **Anordnungsbefugnis** steht dem Richter wie auch dem StA zu (Satz 1). Der Richter kann mit seiner Anordnung sogleich den Haftbefehl erlassen, sofern dieser noch nicht vorliegt (LR/*Hilger* § 131 Rn. 23). Nach Satz 2 steht die Befugnis auch den Ermittlungspersonen der StA zu, wenn Gefahr im Verzug besteht (s. Rdn. 10) und der Richter oder die StA nicht rechtzeitig erreicht werden können. Damit sind nur scheinbar zwei kumulative Voraussetzungen angesprochen; da die Nichterreichbarkeit des Richters und der StA unabdingbare Voraussetzung für das Bejahen der »Gefahr im Verzug« ist (BVerfGE 103, 142 ff.), hat letzteres Kriterium keine eigenständige Bedeutung.

22 Die Anordnungsbefugnis der Hilfsbeamten dürfte jedoch eher einen Ausnahmefall darstellen, etwa wenn ein bereits Festgenommener plötzlich flieht oder sich der Bewachung entzieht (BT-Drucks. 14/2595, S. 27). Bei einer Anordnung durch die Ermittlungspersonen ist eine Entscheidung der StA unverzüglich herbeizuführen (Satz 3). Geschieht dies nicht binnen 24 Stunden, tritt die Anordnung außer Kraft (Satz 4; krit. wegen der eingeschränkten Ermittlungskompetenz der Ermittlungsbeamten *Brodersen* NJW 2000, 2538; *Ranft* StV 2002, 41). Liegt ein Festhaltebefehl noch nicht vor, weil die Öffentlichkeitsfahndung unter den zusätzlichen Voraussetzungen des Abs. 2 ergangen ist, gilt hierfür Abs. 2 Satz 2, s. dazu oben Rdn. 15).

23 **IV. Inhalt (Abs. 4)** Die inhaltlichen Anforderungen der Maßnahmen nach Abs. 1 bis 3 sind in Abs. 4 geregelt. Der Beschuldigte ist stets möglichst genau zu bezeichnen; genügt die Bezeichnung nicht, um eine Verwechslung auszuschließen, ist er zu beschreiben, und zwar so genau, dass eine Verwechslung und eine Beschwerung Nichtbeschuldigter vermieden wird. Abbildungen sind gem. Abs. 4 Satz 1 Halbs. 2 zulässig. Darunter versteht man alle geeigneten Bildmaterialien. Auch Phantombilder können herangezogen werden (BT-Drucks. 14/1484, S. 20).

24 Ein Haftgrund muss für die Ausschreibung nicht angegeben werden (*Meyer-Goßner/Schmitt* § 131 Rn. 5; BeckOK/*Niesler* § 131 Rn. 8). Die Anforderungen sind diesbezüglich geringer als für den Haft- bzw. Unterbringungsbefehl nach den §§ 114 Abs. 2, 126a Abs. 2 Satz 1 (*Meyer-Goßner/Schmitt* § 131 Rn. 5; so auch LR/*Hilger* § 131 Rn. 27, der lediglich die Angaben nach § 113 Abs. 2 Nr. 1 [ggf. i.V.m. § 126a Abs. 2 Satz 1] für erforderlich erachtet). Die Umstände der Tatbegehung, deren rechtliche Einordnung sowie Umstände, die für die Ergreifung von Bedeutung sein können, können herangezogen werden, wenn dies für den Fahndungserfolg hilfreich ist. Nötig ist dies jedoch nicht (Abs. 4 Satz 2). Dem Verhältnismäßigkeitsgrundsatz ist auch hier stets Rechnung zu tragen. Dies erhält v.a. bei der

die Grundrechte des Beschuldigten besonders beschneidenden Veröffentlichung von Abbildungen Relevanz.

C. Prozessuales. I. Vorführung (Abs. 5) Wird der Beschuldigte aufgrund einer Ausschreibung nach Abs. 1 festgenommen, ist er gem. §§ 115, 115a unmittelbar dem zuständigen Richter vorzuführen, denn dann erfolgt die Festnahme aufgrund des Haftbefehls bzw. Unterbringungsbefehls. Bei einer Festnahme nach Abs. 2 (ggf. i.V.m. Abs. 3) liegt der Festnahmebefehl noch nicht vor. Abs. 5 regelt dann die entsprechende Anwendbarkeit der §§ 115 ff., was bewirkt, dass so zu verfahren ist, als wäre der Festnahmebefehl bereits erlassen worden (*Meyer-Goßner/Schmitt* § 131 Rn. 6; HK-StPO/*Lemke* § 131 Rn. 14). Der Richter darf den Haftbefehl jedoch nur erlassen, wenn er zugleich zuständiger Richter nach § 125 ist. Das Verfahren nach den §§ 128 ff. ist ausgeschlossen (KK-StPO/*Schultheis* § 131 Rn. 19; HK-StPO/*Lemke* § 131 Rn. 14; LR/*Hilger* § 131 Rn. 29). 25

II. Rechtsmittel. Gegen die **richterliche** Anordnung ist die **Beschwerde** nach § 304 Abs. 1 statthaft, gegen solche der **StA** und deren Ermittlungspersonen der **Antrag** nach § 98 Abs. 2 Satz 2 entsprechend (KK-StPO/*Schultheis* § 131 Rn. 20; *Meyer-Goßner/Schmitt* § 131 Rn. 7; BeckOK/*Niesler* § 131 Rn. 11; HK-StPO/*Lemke* § 131 Rn. 15; LR/*Hilger* § 131 Rn. 30; a. A. SK-StPO/*Paeffgen* § 131 Rn. 14: Art. 23 EGGVG), und zwar vor dem Hintergrund der Rechtsprechung des BVerfG unter den dort genannten Voraussetzungen (vgl. nur BVerfG NJW 1998, 2131; 2005, 1855; 2000, 427) auch dann, wenn sie **bereits erledigt** ist (BGHSt 44, 171 zu § 127 Abs. 2; LR/*Hilger* § 131 Rn. 30; HK-StPO/*Lemke* § 131 Rn. 15). 26

III. Konsequenz von Anordnungsfehlern. Vielfach wird generell verneint, dass Verstöße gegen die §§ 131 ff. ein **Verwertungsverbot** der gewonnenen Ergebnisse begründen können (HK-StPO/*Lemke* § 131 Rn. 15; BeckOK/*Niesler* § 131 Rn. 12; KMR/*Wankel* § 131 Rn. 8; KK-StPO/*Schultheis* § 131 Rn. 20; *Meyer-Goßner/Schmitt* § 131 Rn. 7). Jedenfalls bei einer erheblichen Intensität des ungerechtfertigten Eingriffs in die grundrechtliche Position des Beschuldigten darf ein Verwertungsverbot indes nicht von vornherein ausgeschlossen sein. Auf Basis der Abwägungslehre der Rechtsprechung (s. nur BGHSt 52, 110) erscheint es konsequent, im Einzelfall darauf abzustellen, ob das Interesse des Betroffenen an der Wahrung seiner informationellen Selbstbestimmung das Interesse der Allgemeinheit an der Strafverfolgung überwiegt (so zu Recht LR/*Hilger* § 131 Rn. 17; *ders.* Rieß-FS, S. 173 ff.). 27

§ 131a StPO Ausschreibung zur Aufenthaltsermittlung.

(1) Die Ausschreibung zur Aufenthaltsermittlung eines Beschuldigten oder eines Zeugen darf angeordnet werden, wenn sein Aufenthalt nicht bekannt ist.
(2) Abs. 1 gilt auch für Ausschreibungen des Beschuldigten, soweit sie zur Sicherstellung eines Führerscheins, zur erkennungsdienstlichen Behandlung, zur Anfertigung einer DNA-Analyse oder zur Feststellung seiner Identität erforderlich sind.
(3) Auf Grund einer Ausschreibung zur Aufenthaltsermittlung eines Beschuldigten oder Zeugen darf bei einer Straftat von erheblicher Bedeutung auch eine Öffentlichkeitsfahndung angeordnet werden, wenn der Beschuldigte der Begehung der Straftat dringend verdächtig ist und die Aufenthaltsermittlung auf andere Weise erheblich weniger Erfolg versprechend oder wesentlich erschwert wäre.
(4) § 131 Abs. 4 gilt entsprechend. Bei der Aufenthaltsermittlung eines Zeugen ist erkennbar zu machen, dass die gesuchte Person nicht Beschuldigter ist. Die Öffentlichkeitsfahndung nach einem Zeugen unterbleibt, wenn überwiegende schutzwürdige Interessen des Zeugen entgegenstehen. Abbildungen des Zeugen dürfen nur erfolgen, soweit die Aufenthaltsermittlung auf andere Weise aussichtslos oder wesentlich erschwert wäre.
(5) Ausschreibungen nach den Absätzen 1 und 2 dürfen in allen Fahndungshilfsmitteln der Strafverfolgungsbehörden vorgenommen werden.

A. Überblick. § 131a regelt die Ausschreibung eines Beschuldigten oder Zeugen zur bloßen Aufenthaltsermittlung (Abs. 1). In Abs. 2 darf die Aufenthaltsermittlung auch den Zweck der Vornahme der dort beschriebenen strafprozessualen Maßnahmen verfolgen. Die Ausschreibung nach Abs. 2 ver- 1

§ 131a StPO Ausschreibung zur Aufenthaltsermittlung

folgt mithin einen weitergehenden Zweck als Abs. 1. Sie richtet sich jedoch – anders als Abs. 1 (der auch Zeugen erfasst) – nur an den Beschuldigten. Abs. 3 ermächtigt die Strafbehörden unter den dort genannten weiteren Voraussetzungen auch zur Vornahme einer Öffentlichkeitsfahndung nach einem Beschuldigten oder Zeugen. Abs. 4 verweist hinsichtlich der inhaltlichen Anforderungen auf § 131 Abs. 4. Darüber hinaus enthält er Einschränkungen zum Schutz von Zeugen. Abs. 5 verweist auf mögliche Fahndungshilfsmittel für die Abs. 1 und 2.

2 **B. Ausschreibung zum Zweck der Aufenthaltsermittlung (Abs. 1) bzw. zur Vornahme strafprozessualer Maßnahmen (Abs. 2)** Wie bei § 131 Abs. 1, 2 ermächtigt § 131a Abs. 1, 2 zur Ausschreibung, d.h. zur Aufnahme des Betroffenen in die polizeiinternen Fahndungsregister und -systeme. Hier verfolgt die Ausschreibung jedoch nicht den **Zweck** seiner Festnahme, sondern im Fall des Abs. 1 nur seiner **Aufenthaltsermittlung**. Ihr ist deshalb einzig die Befugnis zu entnehmen, die Wohnanschrift und den Aufenthaltsort der gesuchten Person festzustellen und an die ausschreibende Stelle weiterzuleiten; für sämtliche hierüber hinausgehenden Maßnahmen ist eine gesonderte Eingriffsgrundlage erforderlich (OLG München, Beschl. v. 29.11.2012, 4 VAs 55/12, BeckRS 2012, 24681, Rn. 26 f.). Weiter gehend dient die Ausschreibung im Fall des Abs. 2 der Ermöglichung einer der dort genannten **strafprozessualen Maßnahmen**.

3 Sofern es um die bloße Aufenthaltsermittlung geht, kann die Ausschreibung sich daher auch gegen einen Zeugen richten (Abs. 1). **Abs. 5** verweist diesbezüglich klarstellend (LR/*Hilger* § 131a Rn. 9; *Meyer-Goßner/Schmitt* § 131a Rn. 5) – nicht beschränkend – auf die Fahndungshilfsmittel der Strafverfolgungsbehörden. Diese sind z.T. in Nr. 40 RiStBV erwähnt. Darunter fallen z.B. einfache Behördenauskünfte, aber auch das Bundeszentralregister, das Verkehrszentralregister, EDV-Fahndungssysteme der Polizei, das Bundeskriminalblatt und die Landeskriminalblätter.

4 **Alleinige Voraussetzung** der Abs. 1 und 2 ist die Unkenntnis der Strafbehörden vom Aufenthaltsort des Beschuldigten oder Zeugen. Einfacher Tatverdacht gegen den Beschuldigten genügt (KK-StPO/*Schultheis* § 131a Rn. 2). Unbekannt ist der Aufenthaltsort, wenn er durch die Behörden bis zum Zeitpunkt der Anordnung nicht ermittelt werden konnte (HK-StPO/*Lemke* § 131a Rn. 2). Der Zweck der Maßnahme muss auf die schlichte Aufenthaltsermittlung des Beschuldigten oder Zeugen gerichtet sein (Abs. 1).

5 Nach Abs. 2 ist die Ausschreibung eines Beschuldigten bei unbekanntem Aufenthaltsort außerdem zulässig, um seinen Führerschein sicherzustellen (§§ 94 Abs. 3, 111b Abs. 1 Satz 2, 463b), um erkennungsdienstliche Maßnahmen durchzuführen (§ 81b), um eine DNA-Analyse anzufertigen (§§ 81c, 81g) sowie um seine Identität festzustellen (§ 163b). Dem Beschuldigten gleichgestellt sind nach § 81g Abs. 4 die Verurteilten und weiteren dort genannten Personen, soweit die Anordnung und Durchführung der DNA-Analyse und der weiteren hierfür notwendigen Maßnahmen zur DNA-Erfassung erfolgt (BT-Drucks. 15/5674, S. 12; LR/*Krause* § 81g Rn. 67; KK-StPO/*Schultheis* § 131a Rn. 3). Durch das Einfügen der DNA-Analyse in den Abs. 2, wofür die Ausschreibung in Eilfällen auch durch die Hilfsbeamten der StA nach § 152 GVG angeordnet werden kann (§ 131c Abs. 1 Satz 2), sollte weder die Anordnungskompetenz für eine körperliche Untersuchung nach § 81a Abs. 2 noch der Richtervorbehalt gem. § 81f Abs. 1 Satz 1 berührt werden (BT-Drucks. 14/2595, S. 28).

6 Dem Verhältnismäßigkeitsgrundsatz ist auch hier stets Rechnung zu tragen, obwohl die Abs. 1 und 2 keinen ausdrücklichen Hinweis darauf enthalten. Das bedeutet, dass ggü. den Betroffenen weniger belastende Maßnahmen ergriffen werden müssen, wie z.B. Erkundungen bei Meldebehörden oder im nahen Umfeld. Unter Umständen wirkt die Ausschreibung etwa in Form der Aufnahme in die polizeiinternen Fahndungshilfsmittel für den Betroffenen weniger belastend als Erkundigungen in seinem sozialen Nähebereich (BT-Drucks. 14/1484, S. 21; HK-StPO/*Lemke* § 131a Rn. 2).

7 Die **Anordnungsbefugnis** liegt gem. § 131c Abs. 1 Satz 2 grds. bei der StA, bei Gefahr im Verzug auch bei deren Ermittlungspersonen (§ 152 GVG; zum restriktiv zu definierenden Begriff der Gefahr im Verzug s.o. § 131 Rdn. 10). Die Anordnungskompetenz des Richters wird zwar durch den Wortlaut nicht unbedingt vorgegeben. Sie dürfte jedoch als selbstverständlich anzusehen sein. Die Anordnungen der Ermittlungspersonen der StA müssen binnen einer Woche von der StA bestätigt werden, andernfalls treten sie von sich aus außer Kraft (§ 131c Abs. 2 Satz 2).

C. Öffentlichkeitsfahndung zum Zweck der Aufenthaltsermittlung (Abs. 3)

I. Voraussetzungen. Liegen die Voraussetzungen einer Ausschreibung zur Aufenthaltsermittlung 8
nach Abs. 1 vor, ist unter den drei weiteren **Voraussetzungen des Abs. 3** eine Öffentlichkeitsfahndung
(zum Begriff s. § 131 Rdn. 16) zulässig: (1) Der Aufenthaltsort des Betroffenen muss der Behörde unbekannt sein, (2) der Beschuldigte muss einer Straftat von erheblicher Bedeutung (s. hierzu § 131
Rdn. 18 f.) dringend verdächtig sein (zum Begriff des dringenden Tatverdachts s. § 112 Rdn. 6 ff.)
und schließlich muss (3) die Aufenthaltsermittlung auf andere Weise erheblich weniger Erfolg versprechend oder wesentlich erschwert sein (Subsidiaritätsklausel, s. hierzu § 131 Rdn. 20).

Auch hier tragen die gesteigerten Anforderungen, nämlich das Erfordernis einer Straftat von *erheblicher* 9
Bedeutung, ein diesbezüglicher *dringender*, nicht nur einfacher Tatverdacht und die *Subsidiaritätsklausel* der erheblichen Stigmatisierungswirkung der Öffentlichkeitsfahndung Rechnung. Dem Verhältnismäßigkeitsgrundsatz kommt deshalb eine besondere Bedeutung zu.

Bezieht sich die Öffentlichkeitsfahndung auf einen Zeugen, dürfen zudem keine schutzwürdigen Interessen des Zeugen entgegenstehen (Abs. 4 Satz 3). Dies erfordert eine Abwägung zwischen den Belangen des Zeugen einerseits und dem öffentlichen Interesse an der Wahrheitsfindung sowie dem Interesse des Beschuldigten, entlastende Beweismittel aufzutun, andererseits (LR/*Hilger* § 131a Rn. 9). Eine Zeugenausschreibung im Internet ist zulässig (KK-StPO/*Schultheis* § 131a Rn. 4; *Brodersen* NJW 2000, 2536 [2538]; *Meyer-Goßner/Schmitt* § 131a Rn. 2; KMR/*Wankel* § 131a Rn. 5). Wegen der einschneidenden Wirkung kann eine solche jedoch nur unter strenger Berücksichtigung der Verhältnismäßigkeit möglich sein. Stehen schutzwürdige Interessen des Zeugen entgegen, muss die Öffentlichkeitsfahndung unterbleiben und als mildere Maßnahme etwa auf eine Ausschreibung zur Aufenthaltsermittlung oder Befragungen im nahen Umfeld zurückgegriffen werden.

II. Anordnungsbefugnis. Zuständig für die Anordnung der Öffentlichkeitsfahndung ist gem. 11
§ 131c Abs. 1 Satz 1 primär der Richter (s. hierzu § 131 Rdn. 10), bei Gefahr im Verzug (zum Begriff:
§ 131 Rdn. 10) können auch die StA und ihre Ermittlungspersonen nach § 152 GVG die Anordnung
erlassen. Hinsichtlich der Notwendigkeit einer nachträglichen richterlichen Bestätigung unterscheidet
§ 131c Abs. 2: **Anordnungen der StA** bedürfen keiner richterlichen Bestätigung, es sei denn die Öffentlichkeitsfahndung erfolgt durch andauernde Veröffentlichung in elektronischen Medien (Internet)
oder wiederholt im Fernsehen oder in periodischen Druckwerken (Zeitung, Zeitschriften). In diesem
Fall muss die Anordnung der StA binnen einer Woche durch den Richter bestätigt werden (§ 131c
Abs. 2 Satz 1). Liegt die erforderliche Bestätigung nicht vor, tritt die Maßnahme nach Ablauf der Wochenfrist außer Kraft (§ 131c Abs. 2 Satz 1, 2). Die Anordnung sowie die mit ihr verbundenen Maßnahmen sind dann aufzuheben.

Wie die staatsanwaltschaftlichen Anordnungen bedürfen auch **Fahndungsanordnungen der Ermittlungspersonen** einer richterlichen Bestätigung binnen Wochenfrist, wenn es sich um eine andauernde 12
Veröffentlichung in elektronischen Medien oder um eine wiederholte Veröffentlichung im Fernsehen
oder in periodischen Druckwerken handelt. Sonstige Anordnungen der Ermittlungspersonen müssen
ebenfalls binnen einer Woche, allerdings von der StA, bestätigt werden, sonst treten auch sie nach Ablauf der Wochenfrist außer Kraft (§ 131c Abs. 2 Satz 2).

»Andauernd« erfolgt die Veröffentlichung, wenn sie nicht nur über einen kurzfristigen Zeitraum stattfindet, »wiederholt« geschieht sie bereits ab dem zweiten Mal (so auch LR/*Hilger* § 131c Rn. 5). Öffentlichkeitsfahndungen im Kino (anders, mangels Bildpublikation, der Rundfunk) sind – über den Wortlaut hinaus – dem Fernsehen und elektronischen Medien gleichzusetzen (a. A. LR/*Hilger* § 131c Rn. 6). 13

D. Inhaltliche Anforderungen.

Hinsichtlich der **inhaltlichen Anforderungen** ist gem. 14
Abs. 4 die entsprechende Anwendung des § 131 Abs. 4 vorgesehen (s. dort Rdn. 23 f.). Der Hinweis
auf den Tatverdacht bzgl. des Täters ist hinsichtlich der Ausschreibung des Zeugen unsachgemäß,
wenn dadurch unnötige Details über den Täter preisgegeben werden, insb. dann, wenn es sich um
eine Öffentlichkeitsfahndung handelt. Hinweise auf Ort, Zeit und die Umstände der Tat können helfen, damit sich ein potenzieller Zeuge als solcher erkennt (so auch LR/*Hilger* § 131a Rn. 8). Abbildungen des Zeugen dürfen nur erfolgen, wenn seine Aufenthaltsermittlung auf andere Weise aussichtslos
oder wesentlich erschwert wird (Abs. 4 Satz 4). Zudem ist bei der Fahndung nach einem Zeugen deutlich zu machen, dass er als Zeuge und gerade nicht als Beschuldigter gesucht wird (Abs. 4 Satz 2). Diese

§ 131b StPO Veröffentlichung von Abbildungen des Beschuldigten oder Zeugen

beiden zusätzlichen Anforderungen – insb. die qualifizierte Subsidiaritätsklausel des Abs. 4 Satz 4 – sollen dem Umstand Rechnung tragen, dass der Zeuge weitaus schutzwürdiger ist als der Beschuldigte und daher sein Selbstbestimmungsrecht in herausragender Weise berücksichtigt werden muss.

15 **E. Rechtsmittel und Konsequenz von Anordnungsfehlern.** Gegen eine von der StA nach Abs. 1 angeordnete Aufenthaltsermittlung ist der Antrag nach § 98 Abs. 2 Satz 2 entsprechend statthaft (OLG Brandenburg NStZ 2007, 54). I.Ü. gelten die Ausführungen zu § 131 entsprechend.

§ 131b StPO Veröffentlichung von Abbildungen des Beschuldigten oder Zeugen.

(1) Die Veröffentlichung von Abbildungen eines Beschuldigten, der einer Straftat von erheblicher Bedeutung verdächtig ist, ist auch zulässig, wenn die Aufklärung einer Straftat, insbesondere die Feststellung der Identität eines unbekannten Täters auf andere Weise erheblich weniger Erfolg versprechend oder wesentlich erschwert wäre.
(2) Die Veröffentlichung von Abbildungen eines Zeugen und Hinweise auf das der Veröffentlichung zugrunde liegende Strafverfahren sind auch zulässig, wenn die Aufklärung einer Straftat von erheblicher Bedeutung, insbesondere die Feststellung der Identität des Zeugen, auf andere Weise aussichtslos oder wesentlich erschwert wäre. Die Veröffentlichung muss erkennbar machen, dass die abgebildete Person nicht Beschuldigter ist.
(3) § 131 Abs. 4 Satz 1 erster Halbsatz und Satz 2 gilt entsprechend.

1 **A. Überblick.** § 131b enthält über § 131 Abs. 4 und § 131a Abs. 4 Satz 1, 4 hinaus in Abs. 1 die Befugnis zur Veröffentlichung von Abbildungen des Beschuldigten und in Abs. 2 unter engeren Voraussetzungen auch solcher eines Zeugen. Es geht in § 131b nicht – wie in § 131 Abs. 4 – um die Veröffentlichung von Abbildungen **zur Festnahme des Tatverdächtigen**, auch geht es nicht – wie in § 131a Abs. 4 – um die Preisgabe von Abbildungen **zum Zwecke der bloßen Aufenthaltsbestimmung** des Beschuldigten und von Zeugen. Vielmehr bezweckt § 131b allgemeiner die **Aufklärungs- und Identitätsfahndung** (BT-Drucks. 14/1484, S. 21). Die Vorschrift ist darauf gerichtet, den wahren, zur Tat gehörenden Lebenssachverhalt zu ergründen und Art und Umfang der Beteiligung der an der Tat partizipierenden Personen aufzudecken (KK-StPO/*Schultheis* § 131b Rn. 1; *Hilger* NStZ 2000, 561 [563]; LR/*Hilger* § 131b Rn. 2).

2 **B. Voraussetzungen für die Veröffentlichung von Abbildungen eines Beschuldigten (Abs. 1)** Voraussetzung der Veröffentlichung von Abbildungen eines Beschuldigten ist zunächst, dass der Betroffene Beschuldigter im Hinblick auf eine **Straftat von erheblicher Bedeutung** ist (s. hierzu § 131 Rdn. 18 f.). Für das Ordnungswidrigkeitenverfahren findet die Vorschrift keine entsprechende Anwendung gem. § 46 OWiG (LG Bonn NStZ 2005, 528).

3 Ggü. dem Beschuldigten genügt **einfacher Tatverdacht** i.S. eines Anfangsverdachts (vgl. KK-StPO/*Schultheis* § 131b Rn. 2), denn anders als bei § 131 Abs. 1 bis 3 müssen die Voraussetzungen eines Haft- oder Unterbringungsbefehls gerade nicht vorliegen. Die Vorschrift greift auch zur Ermittlung der Identität eines noch unbekannten Tatbeteiligten, weshalb davon auch die Veröffentlichung von Bildmaterial des Betroffenen (z.B. Phantombilder, Bildaufzeichnungen von Überwachungskameras) gedeckt sind (*Meyer-Goßner/Schmitt* § 131b Rn. 1; KK-StPO/*Schultheis* § 131b Rn. 3; vgl. auch LG Bonn NStZ 2005, 528; a. A. aber AG Torgau NStZ-RR 2003, 112: §§ 161, 163 I). Die Veröffentlichung ist u.a. darauf gerichtet, das Ob und Wie der Tatbeteiligung zu klären.

4 Ferner verlangt die **Subsidiaritätsklausel** (s. hierzu § 131 Rdn. 20), dass eine Aufklärung der Straftat, insb. die Feststellung der Identität des Opfers, ohne die Veröffentlichung erheblich weniger Erfolg versprechend oder wesentlich erschwert wäre. Auch hier kommen als mildere Maßnahmen etwa solche nach §§ 161, 163 in Betracht, worunter einfache Erkundungen im Umkreis fallen können oder auch eine vorerst behördeninterne Weitergabe von Abbildungen (LR/*Hilger* § 131b Rn. 3).

5 **C. Voraussetzungen der Veröffentlichung von Abbildungen eines Zeugen (Abs. 2)** I.R.d. Abs. 2 erlaubt die Vorschrift, Abbildungen eines Zeugen zum Zwecke der weiteren

Aufklärung der Straftat zu veröffentlichen, insb. um die Identität von Zeugen zu ermitteln. Auch hier muss es sich um eine **Straftat von erheblicher Bedeutung** (s. § 131 Abs. 3) handeln, derer der Täter verdächtigt (zum Verdachtsgrad s. zu Abs. 1) wird.

Abs. 2 enthält zur Berücksichtigung der größeren Schutzwürdigkeit des Zeugen eine **qualifizierte Subsidiaritätsklausel**. Demnach ist die Maßnahme nur dann zulässig, wenn ohne sie die Aufklärung der Straftat oder der Identität des Zeugen **aussichtslos** oder **wesentlich erschwert** wäre. Die Veröffentlichung von Abbildungen eines Zeugen erhält somit einen ultima-ratio-Charakter. 6

Nach Abs. 2 dürfen zur Aufklärung der Tat und insb. der Identität des Zeugen auch Einzelheiten bzgl. des der Veröffentlichung zugrunde liegenden Strafverfahrens preisgegeben werden. Dies ist sachgerecht, damit etwaige Zeugen die erforderlichen Bezüge zur Tat herstellen können und ihnen ihre Bedeutung für das Verfahren deutlich wird. Ggf. können auch Dritte, die von der Tat erfahren haben, daraufhin wertvolle Hinweise auf die Identität eines Zeugen oder sogar des Täters geben. 7

Dass sich die engere Subsidiaritätsklausel des Abs. 2 auch auf die Zulässigkeit der Veröffentlichung von Hinweisen auf das der Veröffentlichung zugrunde liegende Verfahren bezieht, erscheint verfehlt, da diese nur dem Schutz des Zeugen dienen soll (vgl. auch BT-Drucks. 14/1484, S. 21). Die Zulässigkeit derartiger Hinweise unterliegt keiner Subsidiaritätsklausel (für Anwendung der einfachen Subsidiaritätsklausel des Abs. 1 jedoch HK-StPO/*Lemke* § 131b Rn. 4), sondern bestimmt sich nach allgemeinen Verhältnismäßigkeitsgesichtspunkten. Denn Hinweise auf das Strafverfahren entfalten nicht ohne Weiteres eine kompromittierende Wirkung auf die Persönlichkeitsrechte der Beteiligten. 8

D. Inhalt. Nach Abs. 1 und Abs. 2 dürfen Abbildungen des Beschuldigten und von Zeugen veröffentlicht werden. Erfasst wird auch hier die Verwendung **jeglichen geeigneten Bildmaterials**. Insb. Videoaufnahmen und Phantombilder dürften im Fall eines unbekannten Täters relevant werden. Abs. 3 verweist i.Ü. auf § 131 Abs. 4 Satz 1 Halbs. 1 und Satz 2 (vgl. zu den Einzelheiten auch dort Rdn. 23 f.). Sofern eine Abbildung eines Zeugen veröffentlicht wird, muss nach Abs. 2 Satz 2 daraus erkennbar sein, dass er nicht Beschuldigter ist, damit etwaige Ehr- und Rufschädigungen vermieden werden. I.R.d. Verhältnismäßigkeit bedarf es einer besonderen Berücksichtigung der schutzwürdigen Rechte des Zeugen. Insb. wenn es bei dem zugrunde liegenden Strafverfahren um Gewaltdelikte oder bandenmäßig begangene Taten geht, ist zu berücksichtigen, ob die Veröffentlichung der Abbildung des Zeugen unverhältnismäßige Gefahren für seine persönliche Integrität birgt (HK-StPO/*Lemke* § 131b Rn. 5; SK-StPO/ *Paeffgen* § 131b Rn. 5). Auch Veröffentlichungen von Abbildungen über das Internet fallen unter § 131b StPO (*Schiffbauer* NJW 2014, 1052 [1053]). 9

E. Anordnungsbefugnis. Die Anordnungsbefugnis liegt gem. § 131c Abs. 1 Satz 1 beim **Richter** und bei Gefahr im Verzug bei der **StA** und ihren **Ermittlungspersonen**. Im Fall der Eilanordnung durch den StA oder seine Ermittlungsbeamten hat im Fall des § 131c Abs. 2 Satz 1 binnen einer Woche eine Bestätigung durch den Richter zu erfolgen, andernfalls tritt die Maßnahme außer Kraft. I.Ü. gilt § 131c Abs. 2 Satz 2. Zu Einzelheiten s. § 131a Rdn. 12 f. 10

F. Rechtsmittel und Konsequenz von Anordnungsfehlern. Hier gilt das zu § 131 Ausgeführte entsprechend (s. § 131 Rdn. 26 f.). 11

§ 131c StPO Anordnung und Bestätigung von Fahndungsmaßnahmen.

(1) Fahndungen nach § 131a Abs. 3 und § 131b dürfen nur durch den Richter, bei Gefahr im Verzug auch durch die Staatsanwaltschaft und ihre Ermittlungspersonen (§ 152 GVG) angeordnet werden. Fahndungen nach § 131a Abs. 1 und 2 bedürfen der Anordnung durch die Staatsanwaltschaft; bei Gefahr im Verzug dürfen sie auch durch ihre Ermittlungspersonen (§ 152 GVG) angeordnet werden.

(2) In Fällen andauernder Veröffentlichung in elektronischen Medien sowie bei wiederholter Veröffentlichung im Fernsehen oder in periodischen Druckwerken tritt die Anordnung der Staatsanwaltschaft und ihrer Ermittlungspersonen (§ 152 GVG) nach Abs. 1 S. 1 außer Kraft, wenn sie nicht binnen einer Woche von dem Richter bestätigt wird. Im Übrigen treten Fahndungsanordnungen

§ 132 StPO Sicherheitsleistung, Zustellungsbevollmächtigter

der Ermittlungspersonen der Staatsanwaltschaft (§ 152 GVG) außer Kraft, wenn sie nicht binnen einer Woche von der Staatsanwaltschaft bestätigt werden.

1 § 131c regelt in Abs. 1 die **Anordnungskompetenzen** für die Maßnahmen nach §§ 131a und b sowie in Abs. 2 die Voraussetzungen für das Außerkrafttreten der jeweiligen Maßnahmen, wenn sie in Eilfällen angeordnet und nicht fristgerecht bestätigt wurden.

2 § 131c entfaltet keine Wirkung im Hinblick auf § 131. Diese Vorschrift enthält eigene Regelungen hinsichtlich der Kompetenzen und des Außerkrafttretens. Die Ausführungen zu § 131c erfolgen im Zusammenhang mit den jeweiligen Vorschriften (vgl. dort).

§ 132 StPO Sicherheitsleistung, Zustellungsbevollmächtigter.

(1) Hat der Beschuldigte, der einer Straftat dringend verdächtig ist, im Geltungsbereich dieses Gesetzes keinen festen Wohnsitz oder Aufenthalt, liegen aber die Voraussetzungen eines Haftbefehls nicht vor, so kann, um die Durchführung des Strafverfahrens sicherzustellen, angeordnet werden, daß der Beschuldigte
1. eine angemessene Sicherheit für die zu erwartende Geldstrafe und die Kosten des Verfahrens leistet und
2. eine im Bezirk des zuständigen Gerichts wohnende Person zum Empfang von Zustellungen bevollmächtigt.

§ 116a Abs. 1 gilt entsprechend.
(2) Die Anordnung dürfen nur der Richter, bei Gefahr im Verzuge auch die Staatsanwaltschaft und ihre Ermittlungspersonen (§ 152 des Gerichtsverfassungsgesetzes) treffen.
(3) Befolgt der Beschuldigte die Anordnung nicht, so können Beförderungsmittel und andere Sachen, die der Beschuldigte mit sich führt und die ihm gehören, beschlagnahmt werden. Die §§ 94 und 98 gelten entsprechend.

1 **A. Allgemeines.** Die Norm dient – wie auch § 127a – der Sicherstellung der Strafverfolgung (und -vollstreckung) gegen Personen, die in der Bundesrepublik keinen festen Wohnsitz oder Aufenthalt haben, wenn nur eine Geldstrafe zu erwarten ist (bzw. verhängt wurde). Im Gegensatz zu § 127a setzt § 132 aber voraus, dass abgesehen von einem dringenden Tatverdacht die Voraussetzungen eines Haftbefehls nicht vorliegen. § 132 ermächtigt zunächst zur Festsetzung einer Sicherheitsleistung und zur Bestellung eines Zustellungsbevollmächtigten. Widersetzt sich der Beschuldigte, so kann sodann durch Beschlagnahme seiner mitgeführten Sachen mittelbar seine Mitwirkung erzwungen bzw. im Ergebnis die Vollstreckung gesichert werden. Praktische Anwendung erfährt die Vorschrift insb. bei **Verkehrsverstößen durchreisender Kfz-Führer** (*Pfeiffer* § 132 Rn. 1; *Meyer-Goßner/Schmitt* § 132 Rn. 1) sowie zunehmend bei Einreisen oder Aufenthalt ohne Aufenthaltserlaubnis (*Greßmann* NStZ 1991, 216).

2 Nach LG Erfurt NStZ-RR 1996, 180 verstößt § 132 nicht **gegen EU-Recht** (s.a. *Meyer-Goßner/Schmitt* § 132 Rn. 1), insb. nicht gegen das Diskriminierungsverbot (jetzt **Art. 18 AEUV**). Dies dürfte nach heutigem Stand des EU-Rechts jedoch in dieser Allgemeinheit nicht mehr haltbar sein: § 132 führt jedenfalls zu einer versteckten Diskriminierung, weil durch Anknüpfen an den fehlenden inländischen Wohnsitz/Aufenthalt typischerweise Staatsangehörige anderer Mitgliedstaaten betroffen sind (z.B. EuGH Slg. 1997, I-300 Rn. 16 – Pastoors). Die objektive Rechtfertigung der Ungleichbehandlung, die das LG Erfurt noch darauf stützen konnte, dass damals »[i]m Ordnungswidrigkeitenrecht ... eine Vollstreckung der Geldbuße in den Mitgliedstaaten, ... nicht möglich« sei, stimmt heute – zumindest in dieser Allgemeinheit – nicht mehr. Denn solche finanziellen Sanktionen fallen grds. unter den Rahmenbeschluss 2005/214/JI des Rates vom 24.2.2005 über die Anwendung des Grundsatzes der gegenseitigen Anerkennung von Geldstrafen und Geldbußen (ABl. 2005 L 76/16, zur Umsetzung in Deutschland s. insb. §§ 87 ff. IRG). Soweit auf dieser Grundlage nun eine Vollstreckung von Geldstrafen und -bußen im EU-Ausland möglich ist – insb. von solchen, die gem. § 232 nach einem in Abwesenheit fortgeführten Verfahren verhängt wurden –, entfällt eine Rechtfertigung für die diskriminierende Wirkung (zu den – potenziellen – Versagungsgründen, z.B. Mindestgeldstrafe i.H.v. 70 €, s. Art. 7 des Rahmenbeschlusses). In diesem Umfang ist § 132 **europarechtswidrig und unanwendbar**. Abgesehen hiervon dürfen Maßnahmen gem. Abs. 1 nicht europarechtlich fundierte Verteidigungs-

rechte des Betroffenen beschneiden. Dies droht in erster Linie, wenn Fristen schon mit der Zustellung an den gem. Abs. 1 Nr. 2 Bevollmächtigten in Lauf gesetzt werden (vgl. die Schlussanträge von Generalanwalt *Bot* v. 7.5.2015 in der Rs. C-216/14 – Covaci, Rn. 104 ff.).

Mit **Art. 36 Abs. 1 der Rheinschifffahrtsakte** (BGBl. II 1969, S. 597; BGBl. II 1974, S. 1285), welcher eine Prozesskaution für Ausländer aufgrund ihrer Ausländereigenschaft verbietet, ist die Norm vereinbar. Die Maßnahmen nach § 132 knüpfen nämlich nicht an die Nationalität, sondern an das Fehlen eines Wohnsitzes in der Bundesrepublik an (LR/*Hilger* § 132 Rn. 1). 3

Im Bußgeldverfahren findet § 132 entsprechende Anwendung (§ 46 Abs. 1 OWiG). 4

B. Anordnung der Sicherheitsleistung und Bestellung eines Zustellungsbevollmächtigten. I. Voraussetzungen des § 132. 5
Die Anordnungsbefugnis des § 132 setzt erstens voraus, dass gegen den Beschuldigten ein **dringender Tatverdacht** (zu den Verdachtsgraden s. § 81 Rdn. 12 f. und § 112 Rdn. 6 ff.) besteht.

Zweitens dürfen die **Voraussetzungen für einen Haftbefehl nicht** vorliegen. Gemeint ist, dass wegen eines fehlenden Haftgrunds oder im Hinblick auf die mangelnde Verhältnismäßigkeit ein Haftbefehl ausscheidet. 6

Drittens darf der Beschuldigte **im Inland weder einen festen Wohnsitz noch einen festen Aufenthalt** haben. Diese Voraussetzungen müssen positiv festgestellt sein; es genügt deshalb nicht, wenn unbekannt ist, ob ein fester Aufenthalt im Inland besteht (LG Dresden, Beschl. v. 23.1.2015, 3 Qs 7/15, Rn. 11). Nach überwiegender Ansicht ist § 132 darüber hinaus nur einschlägig, solange sich der Beschuldigte **im Inland befindet** (*Meyer-Goßner/Schmitt* § 132 Rn. 1; *Jacoby* StV 1993, 448; SK-StPO/ *Paeffgen* § 132 Rn. 2). Diese Ansicht findet jedoch im Wortlaut keine Stütze und ist in dieser Absolutheit auch zu weitgehend. Nach dem Zweck der Norm ist wie folgt zu differenzieren: Eine Anordnung nach Abs. 1 kommt auch dann in Betracht, wenn sich der Beschuldigte im Ausland befindet bzw. wenn sein Aufenthaltsort unbekannt ist, aber in absehbarer Zeit mit seiner Wiedereinreise in das Bundesgebiet und einer Umsetzung des Beschlusses zu rechnen ist (so LG Dresden, Beschl. v. 23.1.2015, 3 Qs 7/15, Rn. 10; LG Hamburg NStZ 2006, 719; KK-StPO/*Schultheis* § 132 Rn. 1; *Müllenbach* NStZ 2001, 637). Eine Beschlagnahme nach Abs. 3 erfordert hingegen die Anwesenheit des Beschuldigten. Dies ergibt sich vor dem Hintergrund der Beschränkung der Hoheitsgewalt auf das Staatsgebiet aus dem Wortlaut (»mit sich führt«) und der Form der Beschlagnahme (vgl. § 111c). 7

Schließlich darf nur die Verhängung einer Geldstrafe zu erwarten sein. Maßgeblich ist die zu erwartende Hauptstrafe nach dem bisherigen Ermittlungsstand (SK-StPO/*Paeffgen* § 132 Rn. 3); ist dies zumindest auch eine Freiheitsstrafe oder eine freiheitsentziehende Maßregel, ist eine Anordnung nach § 132 ausgeschlossen (*Dünnebier* NJW 1968, 1752). Ein neben der Geldstrafe zu erwartendes Fahrverbot oder die Entziehung der Fahrerlaubnis stehen einer Anordnung hingegen nicht entgegen (LR/*Hilger* § 132 Rn. 6; *Meyer-Goßner/Schmitt* § 132 Rn. 6; a. A. *Eb. Schmidt* Nachtrag II Rn. 4). 8

Im Hinblick auf die beiden letzten Voraussetzungen stimmt die hier geregelte Konstellation mit der von § 127a erfassten überein (s.a. § 127a Rdn. 6). 9

II. Reichweite der Anordnungsbefugnis. Die Befugnis erstreckt sich auf die **Anordnung einer Sicherheitsleistung und Ernennung eines Zustellungsbevollmächtigten**. Ein Festhalterecht besteht nur unter den Voraussetzungen des § 163b Abs. 1 Satz 1 bzw. des § 127 Abs. 1 (KK-StPO/*Schultheis* § 132 Rn. 6; unklar OLG München, Beschl. v. 29.11.2012, 4 VAs 55/12 Rn. 28). § 127 Abs. 2 kommt nicht in Betracht, weil § 132 ja gerade an die fehlenden Voraussetzungen eines Haftbefehls anknüpft. Die Sicherheitsleistung muss so hoch bemessen werden, dass die zu erwartende Geldstrafe und die Kosten des Verfahrens abgedeckt werden (Abs. 1 Nr. 1). Für die Festsetzung der Art der Sicherheit gilt § 116a Abs. 1 entsprechend (§ 132 Abs. 1 Satz 2). I.Ü. gelten für die Anordnung der Sicherheit sowie die Ernennung eines Zustellungsbevollmächtigten die gleichen Anforderungen wie bei § 127a (s. § 127a Rdn. 7 f.; gegen eine Zustellungsbevollmächtigung von Bediensteten der Ermittlungsbehörden LG Berlin NStZ 2012, 334 f. m. abl. Anm. *Weiß* NStZ 2012, 305 ff.). 10

Die Ausübung der Befugnisse steht in **pflichtgemäßem Ermessen**. Liegen die Voraussetzungen der Befugnisnorm vor, ist regelmäßig hiervon Gebrauch zu machen (Regelermessen). Als Konsequenz bedarf es keiner Begründung für die Anordnung (*Geppert* GA 1979, 299). 11

12 Nach dem **Verhältnismäßigkeitsgrundsatz** kann eine Anordnung insb. dann ausscheiden, wenn eine Einstellung gem. § 153 möglich ist. Falls nur eine Einstellung nach § 153a gegen Erfüllung einer Auflage in Betracht kommt, sollte der Beschuldigte wegen geringerer Eingriffsintensität vorab befragt werden, ob er hiermit und mit der Verrechnung der Sicherheit gegen eine Geldauflage einverstanden ist (*Meyer-Goßner/Schmitt* § 132 Rn. 11; KK-StPO/*Schultheis* § 132 Rn. 5; krit. SK-StPO/*Paeffgen* § 132 Rn. 3; *Geppert* GA 1979, 281). Bei ausdrücklicher Verweigerung des Einverständnisses darf eine Verrechnung der Sicherheitsleistung mit einer Geldauflage nicht erfolgen. Eine spätere Zustimmung zu einer Geldauflage beinhaltet nicht zugleich dieses Einverständnis; dementsprechend bleibt die Verrechnung unzulässig und § 153a Abs. 1 S. 6 greift in diesem Fall nicht ein (OLG Celle, Beschl. v. 30.3.2015, 1 Ws 90/15, Rn. 23). Ein relativ milderes Mittel kann im Einzelfall auch eine Aburteilung im beschleunigten Verfahren (§§ 417 ff.) darstellen (LR/*Hilger* § 132 Rn. 1). Liegt ein anderer Haftgrund als die Fluchtgefahr vor, ist die Anordnung einer Sicherheitsleistung in jedem Fall ungeeignet (BeckOK/*Niesler* § 132 Rn. 5).

13 **III. Zuständigkeit und Prozessuales.** Zuständig ist grds. der **Richter** (§ 132 Abs. 2). Gemeint ist das AG, in dessen Bezirk die Handlung vorzunehmen ist (§ 162 Abs. 1 Satz 1) bzw. (analog § 125 Abs. 1) in dessen Bezirk sich der Beschuldigte aufhält (*Pfeiffer* § 132 Rn. 3; *Dünnebier* NJW 1968, 1752 [1754]). Der Richter entscheidet durch **Beschluss** nach **Anhörung** der StA (§ 33 Abs. 2) und des Beschuldigten (§ 33 Abs. 3), soweit nicht § 33 Abs. 4 eingreift. Gegen die Entscheidung des Richters ist die **Beschwerde** (§ 304 Abs. 1) statthaft, soweit nicht § 305 Satz 1 eingreift, weil ausnahmsweise das erkennende Gericht entschieden hat. Eine Analogie zu § 305 Satz 2 lehnt die h.M. ab, da es mangels unmittelbarer Vollstreckungsmöglichkeit an der Vergleichbarkeit fehlt (*Geppert* GA 1979, 281; SK-StPO/*Paeffgen* § 132 Rn. 11).

14 Bei Gefahr im Verzug (Verweis auf § 98) sind gem. § 132 Abs. 2 auch die **StA und ihre Ermittlungspersonen** (§ 152 GVG) zuständig. Gefahr im Verzug wird sich bei durchreisenden Ausländern allerdings meist begründen lassen, da in diesen Fällen häufig gerade keine Möglichkeit besteht, den Beschuldigten an der Fortbewegung zu hindern (vgl. OLG Düsseldorf VRS 71, 369 [370]; HK-GS/*Laue* § 132 Rn. 3; KK-StPO/*Schultheis* § 132 Rn. 7; s. aber LG Dresden NStZ-RR 2013, 286). Die Anordnung **kann mündlich** ergehen, sollte jedoch aus Beweisgründen schriftlich festgehalten werden (*Dünnebier* NJW 1968, 1752 [1755]).

15 Nach dem OLG München soll dem Beschuldigten der Rechtsbehelf des § 23 EGGVG offenstehen (Beschl. v. 29.11.2012, 4 VAs 55/12, Rn. 13 ff.; ebenso SK-StPO/*Paeffgen* § 132 Rn. 7). Demgegenüber hält die h.L. für einen Antrag auf gerichtliche Entscheidung zu Recht § 98 Abs. 2 Satz 2 analog für einschlägig (LR/*Hilger* § 132 Rn. 13; KK-StPO/*Schultheis* § 132 Rn. 8). Über dieses Recht ist der Beschuldigte dann nach § 98 Abs. 2 Satz 5 zu **belehren**. Die gerichtliche Entscheidung kann ihrerseits mit der Beschwerde angegriffen werden (§ 304 Abs. 1). Abgesehen von diesen Rechtsbehelfen kann sich die Rechtswidrigkeit einer Anordnung gem. Abs. 1 Nr. 2 auch unmittelbar auf die Wirksamkeit einer Zustellung an den Bevollmächtigten auswirken (LG Dresden NStZ-RR 2013, 286 f.).

16 Die Sicherheitsleistung wird wie bei § 127a als Vorschuss auf die zu erwartende Geldstrafe sowie die Verfahrenskosten behandelt (vgl. § 127a Rdn. 15). Ein Überschuss ist zurückzuzahlen; nach dem OLG Celle (Beschl. v. 30.3.2015, 1 Ws 90/15, BeckRS 2015, 07592, Rn. 21) soll es hierfür analog § 123 Abs. 2 eines Gerichtsbeschlusses bedürfen, damit der die Sicherheit Leistende seinen Herausgabeanspruch geltend machen kann (a. A. LR/*Hilger* § 132 Rn. 14 i.V.m. § 127a Rn. 14).

17 **C. Beschlagnahme (Abs. 3)** Leistet der Beschuldigte der Anordnung Folge, kann er ungehindert weiterfahren, insb. auch den Geltungsbereich der StPO wieder verlassen (*Pfeiffer* § 132 Rn. 9). Das Strafverfahren wird aber fortgesetzt, meist im Strafbefehls- (§§ 407 ff.) oder im Abwesenheitsverfahren gem. § 232 (SK-StPO/*Paeffgen* § 132 Rn. 8).

18 Befolgt er die Anordnung nicht, ist zwar ihre **unmittelbare zwangsweise Vollstreckung nicht möglich**. Abs. 3 sieht dann aber eine Form der mittelbaren Durchsetzbarkeit vor, indem darin die Befugnis enthalten ist, Beförderungsmittel und andere mitgeführte Sachen zu beschlagnahmen, die im **Alleineigentum** des Beschuldigten stehen; die bloße wirtschaftliche Zuordnung zum Vermögen des Beschuldigten genügt allerdings nicht (LR/*Hilger* § 132 Rn. 15; *Pfeiffer* § 132 Rn. 12; a. A. KMR/*Wankel* § 132 Rn. 5). Beschlagnahmefähig ist auch Geld bei Belassung eines angemessenen Unterhaltsbetrages (LR/

Hilger § 132 Rn. 17). Wegen der Existenz besonderer Vorschriften sind Beweismittel, Sachen, die dem Verfall oder der Einziehung unterliegen (vgl. § 111b), und Führerscheine (vgl. § 111a) nicht umfasst (s. BeckOK/*Niesler* § 132 Rn. 13).

In jedem Fall ist jedoch das **Verhältnismäßigkeitsprinzip** zu beachten. Die Beschlagnahme verstößt gegen das Übermaßverbot, wenn dem Beschuldigten dadurch faktisch die Ausreise unmöglich gemacht oder der Wert der angeordneten Sicherheit wesentlich überschritten wird (BeckOK/*Niesler* § 132 Rn. 14; *Pfeiffer* § 132 Rn. 10). 19

Die Beschlagnahme ist bereits dann möglich, wenn zwar die geforderte Sicherheit geleistet, jedoch die Zustellungsperson nicht bestellt wird (LR/*Hilger* § 132 Rn. 15). Wegen des unterschiedlichen Zwecks ist aber **kenntlich zu machen**, ob die Beschlagnahme zur Durchsetzung der Anordnung der Sicherheitsleistung oder der Benennung eines Zustellungsbevollmächtigten dient (LR/*Hilger* § 132 Rn. 15). Für die Beschlagnahme ist – anders als bzgl. der Anordnungen nach § 132 Abs. 1 – die **Anwesenheit des Beschuldigten** erforderlich (s.o. Rdn. 7). Die Befugnis zur Beschlagnahme umfasst auch das Recht, die Person, das Kfz, das Gepäck, die Ladung usw. nach tauglichen Beschlagnahmegegenständen zu **durchsuchen** (*Geppert* GA 1979, 297). 20

Die Beschlagnahme richtet sich **nach den §§ 94, 98** (s. Abs. 3 Satz 2). Dabei scheidet nach dem Wortlaut des § 132 Abs. 3 (»Beschlagnahme«) eine schriftliche Sicherstellung nach § 94 Abs. 1 aus; notwendig ist stets eine Beschlagnahme nach § 94 Abs. 2, deren Form § 111c Abs. 1 entnommen werden kann (SK-StPO/*Paeffgen* § 132 Rn. 9; LR/*Hilger* § 132 Rn. 18). Hierbei empfiehlt sich zur Erreichung des Normzwecks nicht die Beschlagnahme durch Siegel, sondern allein die Verwahrung (LR/*Hilger* § 132 Rn. 18). I.Ü. wird für **Verfahren, Zuständigkeit und Rechtsmittel** auf § 98 verwiesen (s. § 98 Rdn. 21 ff.). 21

Die Beschlagnahme wird **aufgehoben**, wenn der Beschuldigte nachträglich der Anordnung nachkommt oder nach rechtskräftigem Urteil Strafe und Kosten bezahlt (Meyer-Goßner/*Schmitt* § 132 Rn. 17), ebenso wenn auf Freispruch erkannt bzw. das Verfahren eingestellt wird. Nach rechtskräftiger Verurteilung kann wegen der Geldstrafe und der Kosten **in die beschlagnahmten Gegenstände vollstreckt** werden, d.h. die Verwertung erfolgt wie bei einer gepfändeten Sache bzw. durch Verrechnung bei beschlagnahmtem Geld (*Dünnebier* NJW 1968, 1752). 22

9b. Abschnitt. Vorläufiges Berufsverbot

§ 132a StPO Anordnung und Aufhebung eines vorläufigen Berufsverbots.

(1) ¹Sind dringende Gründe für die Annahme vorhanden, daß ein Berufsverbot angeordnet werden wird (§ 70 des Strafgesetzbuches), so kann der Richter dem Beschuldigten durch Beschluß die Ausübung des Berufs, Berufszweiges, Gewerbes oder Gewerbezweiges vorläufig verbieten. ²§ 70 Abs. 3 des Strafgesetzbuches gilt entsprechend.
(2) Das vorläufige Berufsverbot ist aufzuheben, wenn sein Grund weggefallen ist oder wenn das Gericht im Urteil das Berufsverbot nicht anordnet.

A. Grundsätzliches. Ebenso wie bei der vorläufigen Entziehung der Fahrerlaubnis (§ 111a) und der vorläufigen Unterbringung (§§ 126a, 275a Abs. 5) handelt es sich bei § 132a um eine vorläufige Maßregel (HK-StPO/*Ahlbrecht* § 132a Rn. 1), die im **Vorgriff** auf die zu erwartende Verhängung einer endgültigen Maßregel angeordnet werden kann. Die Norm wurde gleichzeitig mit dem eigentlichen Berufsverbot (§§ 70 ff. StGB) durch das EGStGB v. 02.03.1974 (BGBl. I, S. 469) in der heutigen Fassung in einem eigenen 9b. Abschnitt der StPO eingefügt (krit. zur [un-]systematischen Verortung der vorläufigen Maßregeln LR/*Gleß* Vor § 132a). 1

B. Normzweck. Die Norm enthält – obwohl in der StPO angesiedelt – allein eine **vorläufige Maßregel**, dient mithin nicht der Sicherung des Strafverfahrens (SK-StPO/*Paeffgen* § 132a Rn. 3; LR/*Gleß* § 132a Rn. 2; für einen nur vornehmlich präventiven Charakter aber KK-StPO/*Schultheis* § 132a 2

§ 132a StPO   Anordnung und Aufhebung eines vorläufigen Berufsverbots

Rn. 1). Sie hat den Zweck, höchstwahrscheinlich **berufsspezifisch gefährlichen** Beschuldigten schon vor dem Urteil die weitere Berufs- bzw. Gewerbeausübung zur Verhütung von Gefahren für die Allgemeinheit zu verbieten (SK-StPO/*Paeffgen* § 132a Rn. 2). Trotz der erheblichen Konsequenzen, die ein Berufsverbot für den Betroffenen haben kann und die im Einzelfall selbst über die Folgen einer Strafe hinausgehen können, ist das Berufsverbot bei restriktiver Auslegung **verfassungskonform** (zu § 132a: BVerfGK 7, 110; zum Berufsverbot nach StGB: BVerfGE 25, 88, 101; a. A. aufgrund angeblich fehlender Bundeskompetenz SK-StPO/*Paeffgen* § 132a Rn. 3; dagegen zu Recht LR/*Gleß* § 132a Rn. 2 m.w.N.). Da die endgültige und rechtskräftige Anordnung des Berufsverbotes im Urteil ggf. erst nach Jahren möglich ist, ergibt sich das Erfordernis einer vorläufigen Regelung unmittelbar aus dem Zweck der Sicherungsmaßregel (SK-StPO/*Paeffgen* § 132a Rn. 2). Es ist strikt der **Verhältnismäßigkeitsgrundsatz** zu beachten (BVerfGK 7, 110), zumal ein vorläufiges Berufsverbot aufgrund seiner sofortigen Wirkung den Einzelnen noch schwerer treffen kann als das endgültige Berufsverbot, auf dessen Verhängung eine Vorbereitung möglich ist. Das weitere Verfahren ist mit besonderer **Beschleunigung**, ähnlich den Erfordernissen in Haftsachen, zu betreiben (OLG Bremen StV 1997, 9). Die **praktische Bedeutung** der Vorschrift ist gering; so wurde das Berufsverbot im Urteil (§ 70 StGB) 2013 nur in 62 Fällen verhängt (Strafverfolgungsstatistik, Tabelle 5.5).

3   **C. Anordnung des vorläufigen Berufsverbotes (Abs. 1)** I. **Dringende Gründe für die Annahme der Anordnung eines Berufsverbotes.** Möglich sind Berufsverbote in **jedem Gewerbe und Beruf**, sogar in solchen, die eine eigene Berufs- oder Ehrengerichtsbarkeit aufweisen (*Fischer* § 70 Rn. 2; MüKo-StGB/*Bockemühl* § 70 Rn. 12). Auch Berufsverbote gegen Journalisten sind unter engen Voraussetzungen möglich (BVerfGE 25, 88; NK/*Lemke* § 70 Rn. 8); allein Beamte und Notare unterfallen der Regelung nicht (§ 45 StGB; § 49 BNotO; BGH wistra 1987, 60).

4   Voraussetzung für die Verhängung eines vorläufigen Berufsverbotes sind gem. Abs. 1 Satz 1 **dringende Gründe** für die Annahme, dass ein Berufsverbot gem. § 70 StGB im Urteil angeordnet werden wird. Ähnlich dem dringenden Tatverdacht (dazu LR/*Hilger* § 112 Rn. 16 ff. m.w.N.) ist damit eine hohe Wahrscheinlichkeit einer späteren Anordnung eines Berufsverbotes im Urteil Voraussetzung. Notwendig ist danach zum einen eine **hohe Wahrscheinlichkeit** dafür, dass der Beschuldigte eine **Anlasstat**, nämlich eine rechtswidrige Tat (§ 11 Abs. 1 Nr. 5 StGB) unter Missbrauch seines Berufs oder Gewerbes oder unter grober Verletzung der mit ihnen verbundenen Pflichten, begangen hat, wegen derer er verurteilt werden oder nur wegen erwiesener oder nicht auszuschließender Schuldunfähigkeit nicht verurteilt werden wird. Die Anlasstat muss in einem inneren, berufstypischen Zusammenhang zu der beruflichen oder gewerblichen Tätigkeit stehen (BGH StV 2008, 80; LK/*Hanack* § 70 Rn. 18), d.h. in einem **berufsspezifischen Gefahrzusammenhang**. Zu möglichen Anlasstaten ausf. SSW-StGB/*Jehle/Harrendorf* § 70 Rn. 6 ff. Zum anderen muss sich die hohe Wahrscheinlichkeit darauf beziehen, dass das Gericht aufgrund dieser Tat ein Verbot der Ausübung des Berufs, Berufszweiges, Gewerbes oder Gewerbezweiges für erforderlich halten wird, weil die Gesamtwürdigung des Täters und der Tat die **Gefahr** erkennen lässt, dass er bei weiterer Ausübung des Berufs etc. weitere erhebliche Anlasstaten begehen wird. Namentlich muss es sich bei der Anlasstat um eine **Symptomtat** von solcher Qualität handeln, dass sie die Prognose der weiteren Gefährlichkeit des Beschuldigten zu tragen vermag (*Fischer* § 70 Rn. 8; BT-Drucks. V/4095, S. 38; a. A. Sch/Sch/*Stree/Kinzig* § 70 Rn. 16); die **erheblichen** weiteren Anlasstaten müssen mit **hoher Wahrscheinlichkeit** drohen (OLG Frankfurt am Main NStZ-RR 2003, 113, 114; LK/*Hanack* § 70 Rn. 35). Zur Gefahrprognose näher SSW-StGB/*Jehle/Harrendorf* § 70 Rn. 11 ff. und zum Ermessen bei § 70 StGB SSW-StGB/*Jehle/Harrendorf* § 70 Rn. 15 ff. Bzgl. des möglichen Wandels der Intensität des Verdachts im **Verfahrensverlauf** vgl. § 111a Rdn. 6.

5   II. **Ermessensentscheidung.** § 132a ist eine Ermessensvorschrift. Auch die Anordnung des Berufsverbots im Urteil gem. § 70 StGB steht im Ermessen des Gerichts. Insofern ist bei § 132a das Ermessen gewissermaßen **in doppelter Weise** zu berücksichtigen: Zum einen bereits bei der Prognose, ob das Gericht im Urteil ein Berufsverbot aussprechen werde (vgl. Rdn. 4), sodass das vorläufige Berufsverbot zu unterbleiben hat, wenn davon auszugehen ist, dass das erkennende Gericht von der Verhängung des Berufsverbotes gem. § 70 aus Ermessensgründen absehen wird (LR/*Gleß* § 132a Rn. 10; zurückhaltender *Meyer-Goßner/Schmitt* § 132a Rn. 3). Schon deswegen kann die eigenständige Ermessenseinräu-

mung in § 132a nur so gedeutet werden, dass von § 132a noch zurückhaltender Gebrauch zu machen ist als von § 70 StGB. Dies ist auch inhaltlich, nämlich unter Gesichtspunkten der Verhältnismäßigkeit, gerechtfertigt: Wie das BVerfG in BVerfGK 7, 110 zutreffend klargestellt hat, rechtfertigt allein das Vorliegen der Voraussetzungen des § 70 StGB aufgrund der überragenden Bedeutung des **Art. 12 Abs. 1 GG** nicht die Verhängung eines vorläufigen Berufsverbots; die Anordnung muss vielmehr auch erforderlich sein, um bereits vor rechtskräftigem Abschluss des Hauptverfahrens **Gefahren für wichtige Gemeinschaftsgüter** abzuwehren, die aus einer Berufsausübung durch den Beschuldigten resultieren können (so auch BVerfGE 44, 105; 48, 292 zu § 150 Abs. 1 BRAO und für § 132a u.a. OLG Nürnberg NStZ-RR 2011, 346; OLG Karlsruhe StV 2002, 147; OLG Düsseldorf NStZ 1984, 379; KMR/*Wankel* § 132a Rn. 2; SK-StPO/*Paeffgen* § 132a Rn. 7; LR/*Gleß* § 132a Rn. 8; *Meyer-Goßner/Schmitt* § 111a Rn. 3; MüKO-StPO/*Gerhold* § 132a Rn. 10; a. A. BGHSt 28, 84, 86).

I.R.d. Ermessensausübung hat danach eine strenge Verhältnismäßigkeitsprüfung zu erfolgen; insb. ist die **Erforderlichkeit** des **sofortigen** Berufsverbots zur Abwehr von Gefahren für wichtige Gemeinschaftsgüter (BVerfGE 48, 292) kritisch zu überprüfen. Wenn weniger einschneidende Maßnahmen genügen, ist diesen der Vorzug zu geben (SK-StPO/*Paeffgen* § 132a Rn. 7a). Allerdings wird ein vorläufiges Berufsverbot noch nicht dadurch unnötig, dass der Beschuldigte erklärt, er wolle künftig den Beruf ohnehin nicht mehr ausüben (LR/*Gleß* § 132a Rn. 10). Auch U-Haft oder sonstige stationäre Maßnahmen sind kein Grund, von § 132a abzusehen, da nicht absehbar ist, ob der Beschuldigte ggf. aus Gründen, die nicht zugleich die Aufhebung des vorläufigen Berufsverbots gebieten, entlassen wird o.ä (BGHSt 28, 84, 86; KMR/*Wankel* § 132a Rn. 4). Die **Außervollzugsetzung** eines **Haftbefehls** unter Auflagen, die einem (vorläufigen) Berufsverbot gleichkommen, umgeht § 132a und ist daher unzulässig (OLG Hamm StV 2002, 315; SK-StPO/*Paeffgen* § 132a Rn. 7b; a. A. für den Fall von Wiederholungsgefahr OLG Köln, Beschl. v. 10.10.2003 – HEs 117/03, bei juris; KK-StPO/*Schultheis* § 132a Rn. 3); es kann sich nicht um eine ggü. § 132a mildere Maßnahme handeln. Obwohl zutrifft, dass ein Berufsverbot auch verhängt werden kann, soweit konkurrierend der Ausschluss des Beschuldigten aus dem Berufsstand durch **ehrengerichtliche** Maßnahmen oder der **verwaltungsgerichtliche** Entzug der Approbation etc. in Betracht kommt oder bereits vorgenommen wurde (BGH NJW 1975, 2249; OLG Frankfurt am Main NStZ-RR 2001, 16), ist dies doch i.R.d. Erforderlichkeitsprüfung zu berücksichtigen. Danach kann jedenfalls im Fall bereits erfolgter Maßnahmen außerstrafrechtlicher Art im Einzelfall die Notwendigkeit eines (kumulativen) strafrechtlichen Vorgehens entfallen (LR/*Gleß* § 132a Rn. 10; SK-StPO/*Paeffgen* § 132a Rn. 8; SSW-StGB/*Jehle/Harrendorf* § 70 Rn. 16; MüKo-StPO/*Gerhold* § 132a Rn. 9; a. A. *Meyer-Goßner/Schmitt* § 132a Rn. 4; KK-StPO/*Schultheis* § 132a Rn. 6); zur umgekehrten Frage der Bindung der Verwaltungsbehörden, Verwaltungs- und Ehrengerichte vgl. SSW-StGB/*Jehle/Harrendorf* § 70 Rn. 4; speziell zur Bindung bei bloß vorläufigen Maßnahmen § 35 Abs. 3 S. 3 GewO, aber auch (für den Fall eines Approbationsentzugs jegliche Bindungswirkung der Aufhebungsentscheidung nach § 132a Abs. 2 StPO verneinend) OVG Lüneburg, Beschl. v. 28.07.2014 – 8 LA 145/13, bei juris. Bei Meinungsäußerungstaten (näher SSW-StGB/*Jehle/Harrendorf* § 70 Rn. 5 m.w.N.) ist auch bei der Ermessensausübung **Art. 5 GG** zu beachten (NK/*Lemke* § 70 Rn. 9). Unter den Voraussetzungen des **§ 456c Abs. 1**, d.h., wenn das sofortige vorläufige Berufsverbot eine erhebliche Härte für den Beschuldigten bedeuten würde, kann von der Anordnung ebenfalls abgesehen werden (HK-StPO/*Ahlbrecht* § 132a Rn. 4); eine Anordnung mit aufschiebender Wirkung sieht § 132a nicht vor (*Meyer-Goßner/Schmitt* § 132a Rn. 3; MüKo-StPO/*Gerhold* § 132a Rn. 10).

Der Grundsatz der Verhältnismäßigkeit gebietet auch, den **Umfang** der Anordnung auf das erforderliche Maß zu beschränken. Danach darf das (vorläufige) Berufsverbot nur den Beruf erfassen, in dem die Anlasstat begangen wurde (vgl. BGHSt 22, 144). Soweit es genügt, bestimmte Tätigkeiten innerhalb des Berufs zu verbieten, ist ein derartig beschränktes Berufsverbot anstelle eines vollständigen anzuordnen (OLG Koblenz wistra 1997, 280; zu § 70 StGB auch BGH, Beschl. v. 08.05.2008 – 3 StR 122/08, bei juris).

Da es sich bei § 132a um eine vorläufige Maßregel handelt, die der Abwehr schwerwiegender Gefahren für die Allgemeinheit dient, kann bloßer **Zeitablauf zwischen Anlasstat und Anordnungsentscheidung** die Anordnung nicht unverhältnismäßig machen; diese bleibt bis zur Rechtskraft des Urteils möglich (LR/*Gleß* § 132a Rn. 9). Allerdings kann, insb. bei beanstandungsfreier weiterer beruflicher Betätigung, die Gefahrprognose negativ ausfallen, sodass die tatbestandliche Voraussetzung hoher Wahr-

§ 132a StPO Anordnung und Aufhebung eines vorläufigen Berufsverbots

scheinlichkeit der Verhängung von § 70 StGB entfällt (vgl. auch § 111a Rdn. 9) oder jedenfalls eine Sofortmaßnahme nicht mehr angezeigt erscheint (OLG Brandenburg StV 2001, 106; Arg. Rdn. 5 a.E.).

9 **III. Zuständigkeit und Verfahren.** Die Anordnung ist nur durch den **Richter** möglich; erforderlich ist im Ermittlungsverfahren ein Antrag der StA gem. § 162 Abs. 1 Satz 1 (Ausnahme: § 165). Seit der Neuregelung des § 162 gilt die dortige Zuständigkeitsregelung auch für § 132a (zur früheren Rechtslage vgl. LR/*Gleß* § 132a Rn. 11). **Zuständig** ist danach im Ermittlungsverfahren (außer im Sonderfall des § 169) gem. § 162 Abs. 1 Satz 1 der Ermittlungsrichter bei dem AG, in dessen Bezirk die StA oder ihre den Antrag stellende Zweigstelle ihren Sitz hat. Nach Erhebung der öffentlichen Klage ist das Gericht zuständig, das mit der Sache befasst ist (§ 162 Abs. 3 Satz 1); dies ist das Berufungsgericht ab Aktenvorlegung gem. § 321 Satz 2 (*Meyer-Goßner/Schmitt* § 132a Rn. 6). Während des Revisionsverfahrens ist das Gericht zuständig, dessen Urteil angefochten ist (§ 162 Abs. 3 Satz 2). Es liegt ein Fall **notwendiger Verteidigung** gem. § 140 Abs. 1 Nr. 3 vor und der Antrag der StA gem. § 132a ist gem. § 141 Abs. 3 Satz 2 mit dem Antrag auf Beiordnung eines Pflichtverteidigers zu verbinden (str.: LR/*Gleß* § 132a Rn. 15 m.w.N.). Die vorläufige FEE erfolgt durch **Beschluss**, der zu begründen ist (§ 34). Der Beschuldigte ist **anzuhören** (§ 33 Abs. 3), ebenso die StA (§ 33 Abs. 2). § 33 Abs. 4 Satz 1 ist angesichts der Eingriffsintensität der Maßnahme unanwendbar, zumal eine derartige Überraschungsentscheidung auch niemals erforderlich sein wird (ähnlich SK-StPO/*Paeffgen* § 132a Rn. 10; LR/*Gleß* § 132a Rn. 14; zurückhaltender OLG Frankfurt am Main StV 2001, 496, 497; *Meyer-Goßner/Schmitt* § 132a Rn. 7). Die Anhörung des Beschuldigten wird in aller Regel unmittelbar durch das Gericht erfolgen müssen (LR/*Gleß* § 132a Rn. 14). Der Beschluss ist dem Beschuldigten und der StA gem. § 35 Abs. 2 bekannt zu geben. Ergänzend s. § 111a Rdn. 13. **Mitteilungspflichten** bestehen u.a. gem. §§ 12 ff. EGGVG i.V.m. MiStra Nr. 23 Abs. 1 Nr. 2, 24 Abs. 1 Nr. 2, 26 Abs. 1 Nr. 2.

10 **IV. Rechtsfolgen.** Mit der Bekanntgabe des Beschlusses gem. § 35 Abs. 2 wird dieser wirksam (BGHZ 38, 86, 87 zu § 111a). Er bewirkt ein Berufsverbot, das gem. § 145c StGB strafbewehrt ist. Im Hinblick darauf ist eine förmliche **Zustellung** unter Belehrung über die rechtlichen Folgen der Entscheidung empfehlenswert (LR/*Gleß* § 132a Rn. 16). Die Reichweite des Berufsverbots wird durch § 132a Abs. 1 Satz 2 i.V.m. § 70 Abs. 3 StGB dahin gehend ausgeweitet, dass der Täter den Beruf etc. auch nicht für einen anderen ausüben oder durch eine von seinen Weisungen abhängige Person für sich ausüben lassen darf; so weit geht auch die Strafbewehrung gem. § 145c StGB.

11 **D. Aufhebung des vorläufigen Berufsverbotes (Abs. 2) I. Aufhebungsgründe.** Das vorläufige Berufsverbot ist gem. Abs. 2 aufzuheben, wenn sein Grund weggefallen ist oder wenn das Gericht im Urteil das Berufsverbot nicht anordnet. Ein **Wegfall des Grundes** liegt vor, wenn keine dringenden Gründe mehr für die Annahme vorhanden sind, dass im Urteil ein Berufsverbot angeordnet werden wird (dazu Rdn. 4). Gericht und StA haben die weitere Erforderlichkeit des vorläufigen Berufsverbots daher während des gesamten Verfahrens im Blick zu behalten (KK-StPO/*Schultheis* § 132a Rn. 12). § 111a Rdn. 6 und 15 gelten entsprechend. Bloßer **Zeitablauf** rechtfertigt die Aufhebung alleine nicht, es sei denn, dadurch sei nunmehr die hohe Wahrscheinlichkeit der Anordnung des Berufsverbots im Urteil zu verneinen (HK-StPO/*Ahlbrecht* § 132a Rn. 10). Eine Aufhebung allein aufgrund der Verletzung des Beschleunigungsgebotes kann hingegen im Einzelfall ausnahmsweise bei gravierenden Verstößen, verbunden mit erheblichen Verfahrensverzögerungen, in Betracht kommen (MüKo-StPO/*Gerhold* § 132a Rn. 20); es ist jedoch immer eine Abwägung der Beschuldigtenbelange mit den Sicherheitsinteressen der Allgemeinheit vorzunehmen; näher § 111a Rdn. 16. Im **Berufungsverfahren** gilt nichts anderes, auch nicht, wenn die im erstinstanzlichen Urteil verhängte Verbotsfrist bereits abgelaufen ist (*Meyer-Goßner/Schmitt* § 132a Rn. 12; HK-StPO/*Ahlbrecht* § 132a Rn. 10; LR/ *Gleß* § 132a Rn. 20; a. A. MüKo-StPO/*Gerhold* § 132a Rn. 21), während im **Revisionsverfahren** die Anordnung aufzuheben ist, sobald die Dauer des vorläufigen Berufsverbotes die im letzten tatrichterlichen Urteil angeordnete Verbotsfrist erreicht (LR/*Gleß* § 132a Rn. 21; MüKo-StPO/*Gerhold* § 132a Rn. 21; a. A. *Meyer-Goßner/Schmitt* § 132a Rn. 12; HK-StPO/*Ahlbrecht* § 132a Rn. 10; siehe zudem § 111a Rdn. 17; beachte aber § 70 Abs. 4 Satz 3 StGB).

12 Daneben ist das vorläufige Berufsverbot aufzuheben, wenn das Gericht **im Urteil kein Berufsverbot verhängt**. Dies hat für rechtskräftige Urteile nur deklaratorische Bedeutung und ist daher namentlich für nicht rechtskräftige Urteile bedeutsam. Bei diesen folgt aus Abs. 2 auch eine **Sperrwirkung**: Das

Berufungsgericht bleibt an die Würdigung des Tatgerichts im Urteil zunächst gebunden und kann auch bei Einlegung der Berufung zuungunsten des Angeklagten nur dann ein vorläufiges Berufsverbot anordnen, wenn **neue**, dem Angeklagten ungünstige **Tatsachen oder Beweismittel** vorliegen (insofern a. A. noch LR/*Hanack* [25. A.], § 132a Rn. 15) oder sobald es **im Berufungsurteil** tatsächlich ein **Berufsverbot verhängt** (*Meyer-Goßner/Schmitt* § 132a Rn. 11; SK-StPO/*Paeffgen* § 132a Rn. 17; LR/*Gleß* § 132a Rn. 22). Nach Aufhebung und Zurückverweisung durch das **Revisionsgericht** tritt eine Sperrwirkung hingegen nicht ein (SK-StPO/*Paeffgen* § 132a Rn. 20). Ergänzend § 111a Rdn. 18.

II. Zuständigkeit und Rechtsfolgen. Zur Zuständigkeit gelten Rdn. 9 und § 111a Rdn. 19 entsprechend. Die Aufhebung des vorläufigen Berufsverbots beseitigt mit sofortiger Wirkung die Strafbewehrung gem. § 145c StGB. 13

E. Beschwerde. Gegen das vorläufige Berufsverbot oder seine Nichtanordnung ist gem. §§ 304 Abs. 1, 305 Satz 2 Beschwerde **zulässig**. Der **Ausschluss** jeder Beschwerdemöglichkeit gegen das vorläufige Berufsverbot, wenn es durch das OLG in 1. Instanz (§ 304 Abs. 4 Satz 2) oder durch den Ermittlungsrichter beim BGH oder OLG (§ 304 Abs. 5) erlassen wurde, verstößt gegen Art. 19 Abs. 4 GG (SK-StPO/*Paeffgen* § 132a Rn. 19); es ist in analoger Anwendung der aufgezählten Ausnahmemöglichkeiten angesichts der vergleichbaren Intensität und der Unmöglichkeit späteren Rechtschutzes gegen diese vorläufige Maßnahme die Beschwerde zuzulassen. **Weitere Beschwerde** ist generell nicht möglich (§ 310 Abs. 2); vgl. allerdings § 111a Rdn. 25 zur Behandlung einer zuvor erhobenen Beschwerde bei Zuständigkeitswechsel. Im **Revisionsverfahren** kann weiterhin Beschwerde eingelegt werden, jedoch dürfen im Beschwerdeverfahren nicht indirekt die tatsächlichen Voraussetzungen des § 70 zur Überprüfung gestellt werden (näher § 111a Rdn. 25). Eine **Aussetzung der Vollziehung** gem. § 307 Abs. 2 kommt nicht in Betracht; zudem muss das Beschwerdegericht eine **eigene Entscheidung** in der Sache treffen; § 309 Abs. 2 (erg. § 111a Rdn. 25). 14

F. Sonstiges. Ein vorläufiges Berufsverbot gegen **Abgeordnete** ist nicht von der von der allgemeinen Genehmigung zur Durchführung von Ermittlungsverfahren in RiStBV Nr. 192a gedeckt (vgl. dort Abs. 2 Satz 1 lit. e), sondern muss im Einzelfall gem. RiStBV Nr. 192 beantragt werden. 15

Zehnter Abschnitt. Vernehmung von Beschuldigten

§ 133 StPO Ladung. (1) Der Beschuldigte ist zur Vernehmung schriftlich zu laden. (2) Die Ladung kann unter der Androhung geschehen, dass im Falle des Ausbleibens seine Vorführung erfolgen werde.

S.a. RiStBV Nr. 44

A. Anwendungsbereich. Die Vorschrift gilt für die **richterliche Vernehmung** des Beschuldigten im **Vor- und Zwischenverfahren**. Die Ladung zur Hauptverhandlung und zu Vernehmungen gem. § 233 Abs. 2 Satz 1 regelt § 216. Für **staatsanwaltschaftliche** Vernehmungen gilt § 133 über § 163a Abs. 3 Satz 2. Die Polizei hingegen verfügt grds. über kein Vorführungsrecht (vgl. aber den »Entwurf eines Gesetzes zur Verbesserung der Effektivität des Strafverfahrens« [BR-Drucks. 120/10] zur Einführung eines § 163a Abs. 5 StPO: Erscheinens- und Aussageverpflichtung von Zeugen bei der Polizei). Etwas anderes gilt nur unter den Voraussetzungen der §§ 127, 163b, 163c (BGH NJW 1962, 1021; *Geppert* Jura 1991, 275; *Meyer-Goßner/Schmitt* § 133 Rn. 1; SK-StPO/*Rogall* § 133 Rn. 2; LR/ *Gleß* § 133 Rn. 1). Ein grundsätzliches Vorführungsrecht kann ihr auch nicht durch die Polizeigesetze der Länder eingeräumt werden (SK-StPO/*Rogall* § 133 Rn. 2), da die StPO die Materie umfassend regelt (§§ 136 Abs. 1 Satz 2 bis 4, 136a; HK-StPO/*Ahlbrecht* § 133 Rn. 1). Im Bußgeldverfahren gilt die Vorschrift sinngemäß (§ 46 Abs. 1 OWiG). 1

§ 133 StPO Ladung

2 B. Ladung (Abs. 1) Für die Ladung ist in Abs. 1 die **Schriftform** vorgesehen. Sie erfolgt durch verschlossenen Brief (vgl. Nr. 44 Abs. 1 Satz 3 RiStBV). Der Schriftform wird durch Telefax oder E-Mail genügt (Radtke/Hohmann/*Kretschmer* § 133 Rn. 3). Von der Ladung per Telefax oder E-Mail sollte aber im Regelfall abgesehen werden (MüKo-StPO/*Schuhr* § 133 Rn. 7), da die Ladung Dritten nicht ohne Willen des Beschuldigten bekannt werden soll. Die förmliche Zustellung ist nicht vorgeschrieben, aber hinsichtlich des erforderlichen Nachweises für Anordnungen von Zwangsmaßnahmen zweckmäßig (*Meyer-Goßner/Schmitt* § 133 Rn. 3; SK-StPO/*Rogall* § 133 Rn. 6); eine mündliche Ladung ist nicht ausgeschlossen (Graf/*Monka* § 133 Rn. 2). Eine Vernehmung ohne Ladung i.S.d. § 133 Abs. 1 ist nach verbreiteter Auffassung möglich, da sie aufgrund mündlicher oder fernmündlicher Aufforderung oder bei unaufgefordertem Erscheinen des Betroffenen stattfinden könnte (HK-StPO/*Ahlbrecht* § 133 Rn. 3). In diesen Fällen ist eine Vorführung ausgeschlossen (AK-StPO/*Gundlach* § 133 Rn. 5; *Meyer-Goßner/Schmitt* § 133 Rn. 3).

3 Als Nachweis des Zugangs bei Ladung auf elektronischem Weg ist ein Ausdruck mit Angabe der Absendezeit ausreichend (HK-StPO/*Ahlbrecht* § 133 Rn. 2). Auch der in Haft befindliche Beschuldigte wird nach Abs. 1 geladen; die Ladung darf dann nur durch den Richter verfügt werden (SK-StPO/*Rogall* § 133 Rn. 8; vgl. § 163a Abs. 3 Satz 2).

4 Inhaltlich muss aus der Ladung ersichtlich sein, dass es sich um eine Vernehmung als **Beschuldigter** handelt (LR/*Gleß* § 133 Rn. 3; *Meyer-Goßner/Schmitt* § 133 Rn. 4; vgl. auch Nr. 44 Abs. 1 RiStBV). Der Tatvorwurf sollte kurz bezeichnet werden. Soweit vertreten wird, dies gelte nur, soweit es den Untersuchungszweck nicht gefährde (*Meyer-Goßner/Schmitt* § 133 Rn. 4; LR/*Gleß* § 133 Rn. 3; KMR/*Pauckstadt-Maihold* § 133 Rn. 3; zurückhaltend MüKo-StPO/*Schuhr* § 133 Rn. 9; vgl. Nr. 44 Abs. 1 Satz 2 RiStBV), überzeugt dies nicht – zumal nach einhelliger Ansicht die Beschuldigteneigenschaft herauszustellen ist. Dann muss der Beschuldigte aber auch wissen, weshalb gegen ihn ermittelt wird. Es ist dem Rechtsstaat fremd und mutet *kafkaesk* an, die Tatsache von Ermittlungen gegen einen Bürger zu offenbaren, ohne den Grund hierfür zu benennen.

5 Ferner sind der **Ort** der Vernehmung, der nicht die Gerichtsstelle zu sein braucht, und die **Zeit** der Vernehmung genau anzugeben. Auf die Aussagefreiheit nach § 136 Abs. 1 Satz 2 darf der Beschuldigte selbstverständlich bereits hingewiesen werden (OLG Düsseldorf JZ 1974, 138; LG Mönchengladbach JZ 1970, 192; *Eb. Schmidt* JZ 1968, 354; KK-StPO/*Diemer* § 133 Rn. 5).

6 Auch wenn das Gesetz **keine Ladungsfrist** vorsieht, muss dem Beschuldigten eine angemessene Frist bleiben, um sich auf den Vernehmungstermin vorzubereiten. Andernfalls gilt ein Ausbleiben des Beschuldigten als entschuldigt (SK-StPO/*Rogall* § 133 Rn. 7; KK-StPO/*Diemer* § 133 Rn. 4; LR/*Gleß* § 133 Rn. 5).

7 Dem ordnungsgemäß geladenen Beschuldigten obliegt eine **Erscheinenspflicht** unabhängig davon, ob er sich zur Sache nicht äußern möchte oder gar ausdrücklich ankündigt, dies nicht zu tun (LG Hannover NJW 1967, 791; LG Krefeld MDR 1968, 68; LG Mönchengladbach NJW 1968, 1392; LG Nürnberg-Fürth NJW 1967, 2126 ff.; *Meyer-Goßner/Schmitt* § 133 Rn. 5; LR/*Gleß* § 133 Rn. 8; SK-StPO/*Rogall* § 133 Rn. 10; *Lampe* MDR 1974, 538; krit. *Welp* JR 1994, 37). Der Sinn dieser ständigen Rechtsprechung erschließt sich nicht ohne Weiteres. Im Einzelfall kann ein Bestehen auf die Erscheinenspflicht unverhältnismäßig sein, wenn zweifelsfrei feststeht, dass sich der Beschuldigte nicht zur Sache äußern wird (vgl. auch LG Krefeld MDR 1968, 68; LG Köln NJW 1967, 1873; LG Hannover NJW 1967, 792; AG Stuttgart NJW 1966, 791).

8 C. Vorführungsandrohung (Abs. 2) Mit der Ladung kann auch die Androhung der Vorführung erfolgen. Sie steht im **Ermessen** des Gerichts (LG Mönchengladbach JZ 1970, 192; KMR/*Pauckstadt-Maihold* § 133 Rn. 7). Die Vorführungsandrohung sollte nur ergehen, wenn eine Vorführung ggf. auch beabsichtigt ist (Nr. 44 Abs. 2 RiStBV). Im Fall der mündlichen Ladung zur Fortsetzung der Vernehmung wirkt die Androhung fort (LR/*Gleß* § 133 Rn. 10; *Meyer-Goßner/Schmitt* § 133 Rn. 6).

9 Ein **Vorführungsbefehl** darf nur erlassen werden, wenn die Vorführung angedroht wurde, der Zugang der Ladung nachgewiesen und das Ausbleiben des Beschuldigten nicht ausreichend entschuldigt ist (*Kaiser* NJW 1968, 188). Der Erlass steht ebenso wie die Androhung (Rdn. 8) im Ermessen des Gerichts (BayVerfGH MDR 1963, 739). Dass der Verhältnismäßigkeitsgrundsatz der Vorführung niemals entgegenstehen könne (*Meyer-Goßner/Schmitt* § 133 Rn. 7; zumindest grundsätzlich nicht: LR/

Gleß § 133 Rn. 14), erscheint verfassungsrechtlich bedenklich (vgl. auch LG Krefeld MDR 1968, 68; LG Köln NJW 1967, 1873; LG Hannover NJW 1967, 792; AG Stuttgart NJW 1966, 791).
Zu **Form, Inhalt, Bekanntmachung** und **Vollstreckung** des Vorführungsbefehls vgl. § 134 Rdn. 3 bis 6. 10

D. Abgeordnete. Die Ladung eines Abgeordneten ist nach Maßgabe des Art. 46 Abs. 2 GG und 11
der entsprechenden Vorschriften der Landesverfassung zulässig (SK-StPO/*Rogall* § 133 Rn. 15; KK-StPO/*Diemer* § 133 Rn. 16). Die vom Deutschen Bundestag erteilte generelle Genehmigung (GO-BT Anl. 6; vgl. Nr. 193a Abs. 1, 2 RiStBV) erstreckt sich auf die Ladung und die Vorführungsandrohung. Dagegen bedarf es für die Vorführung selbst als freiheitsbeschränkende Maßnahme im Ermittlungsverfahren einer besonderen Genehmigung (LR/*Gleß* § 133 Rn. 20; KMR/*Pauckstadt-Maihold* § 133 Rn. 12; Maunz/Dürig/Herzog/*Scholz*, GG, Art. 46 Rn. 65; Nr. 193a Abs. 2 Buchst. c) RiStBV).

E. Rechtsbehelfe. Die richterliche Ladung kann mit der Beschwerde gem. § 304 angegriffen 12
werden (LG Hannover NJW 1967, 791; *Eb. Schmidt* JZ 1968, 362; *Gössels* GA 1976, 62; MüKo-StPO/*Schuhr* § 133 Rn. 23; SK-StPO/*Rogall* § 133 Rn. 17; AK-StPO/*Gundlach* § 133 Rn. 17; a. nur bei Vorliegen einer Vorführungsandrohung bejahende A.: KMR/*Pauckstadt-Maihold* § 133 Rn. 10; KK-StPO/*Diemer* § 133 Rn. 15; *Meyer-Goßner/Schmitt* § 133 Rn. 9; Graf/*Monka* § 133 Rn. 6; LR/*Gleß* § 133 Rn. 18; HK-StPO/*Ahlbrecht* § 133 Rn. 9). Verstöße gegen § 133 begründen weder Beweisverwertungsverbote noch die Revision (Radtke/Hohmann/*Kretschmer* § 133 Rn. 6).

§ 134 StPO Vorführung.
(1) Die sofortige Vorführung des Beschuldigten kann verfügt werden, wenn Gründe vorliegen, die den Erlass eines Haftbefehls rechtfertigen würden.
(2) In dem Vorführungsbefehl ist der Beschuldigte genau zu bezeichnen und die ihm zur Last gelegte Straftat sowie der Grund der Vorführung anzugeben.

A. Anwendungsbereich. Abs. 1 regelt die Vorführung ohne vorausgegangene Ladung mit Vor- 1
führungsandrohung. Abs. 2 legt die inhaltlichen Voraussetzungen an einen Vorführungsbefehl für beide Arten der Vorführung fest.
Die Vorschrift gilt für die richterlichen Vernehmungen des Beschuldigten bis zur Eröffnung des Hauptverfahrens (KMR/*Pauckstadt-Maihold* § 134 Rn. 1). Darüber hinaus steht die Anordnung der StA (vgl. § 163a Abs. 3 Satz 2), nicht aber der Polizei zu (SK-StPO/*Rogall* § 134 Rn. 2; LR/*Gleß* § 134 Rn. 1).

B. Die sofortige Vorführung (Abs. 1) Die sofortige Vorführung ist unter den Vorausset- 2
zungen der §§ 112, 112a und § 126a zulässig. Es bedarf also eines **dringenden Tatverdachts** und eines **Haftgrundes**; ferner muss der Grundsatz der **Verhältnismäßigkeit** gewahrt sein.

C. Der Vorführungsbefehl (Abs. 2) Der Vorführungsbefehl wird durch den nach §§ 125, 3
126, 162, 165, 169 **zuständigen** Richter erlassen (RGSt 56, 234). Eine vorherige **Anhörung** unterbleibt gem. § 33 Abs. 4. Der Vorführungsbefehl ist **schriftlich** zu erlassen (*Meyer-Goßner/Schmitt* § 134 Rn. 2; MüKo-StPO/*Schuhr* § 134 Rn. 5), der Beschuldigte ist so **genau** zu **bezeichnen**, dass eine Verwechselungsgefahr ausgeschlossen ist. Weiter müssen dem Vorführungsbefehl **Vorführungszeit und -ort** und die dem Beschuldigten zur Last gelegte **Straftat** (gesetzliche Bezeichnung genügt) zu entnehmen sein. In einer kurzen Schilderung der Tat ist das Bestehen eines **Tatverdachts** festzustellen und der **Haftgrund** entsprechend § 114 Abs. 2 Nr. 3 zu bezeichnen (SK-StPO/*Rogall* § 134 Rn. 11; LR/*Gleß* § 134 Rn. 6; MüKo-StPO/*Schuhr* § 134 Rn. 5). Die Tatsachen, aus denen sich der dringende Tatverdacht und der Haftgrund ergeben, sind nicht auszuführen (*Meyer-Goßner/Schmitt* § 134 Rn. 3).
Der Vorführungsbefehl ist dem Beschuldigten unmittelbar vor Beginn der Vollstreckung **bekannt zu** 4
geben (BGH NStZ 1981, 22). Vor seiner Eröffnung darf kein Zwang ausgeübt werden (BGH NStZ 1981, 22). Auf Verlangen des Beschuldigten ist der Vorführungsbefehl vorzuzeigen (SK-StPO/*Rogall* § 134 Rn. 13; AK-StPO/*Gundlach* § 134 Rn. 6). Ein Anspruch auf Aushändigung einer Abschrift besteht nicht (HK/*Ahlbrecht* § 134 Rn. 5; LR/*Gleß* § 134 Rn. 7; jedenfalls die nachträgliche Aushändigung der Abschrift darf nicht verweigert werden, MüKo-StPO/*Schuhr* § 134 Rn. 8; a. A. *Meyer-Goß-*

§ 135 StPO Sofortige Vernehmung

ner/Schmitt § 134 Rn. 4; LR/*Gleß* § 134 Rn. 7). Wird die Vollstreckung des Vorführungsbefehls im Eilfall telefonisch oder durch Fernschreiben veranlasst, so ist dem Beschuldigten entsprechend § 114a Abs. 1 Satz 2 zu eröffnen, dass er auf richterliche Anordnung vorgeführt wird (OLG Stuttgart Justiz 1982, 339).

5 Die **Staatsanwaltschaft vollstreckt** die Vorführung gem. § 36 Abs. 2 Satz 1 (*Wendisch* JR 1978, 447). Befindet sich der Beschuldigte in Haft, gilt § 36 Abs. 2 Satz 2 StVollzG (SK-StPO/*Rogall* § 134 Rn. 14).

6 Der Vorführungsbefehl berechtigt **nicht** dazu, die **Wohnung** des Beschuldigten, **oder gar eines Dritten**, zu seiner Ergreifung zu betreten und zu durchsuchen (ausführlich LR/*Tsambikakis* § 105 Rn. 19 ff. m.w.N.; a. A. *Kaiser* NJW 1964, 759; *Meyer-Goßner/Schmitt* § 134 Rn. 5; LR/*Gleß* § 134 Rn. 8; SK-StPO/*Rogall* § 134 Rn. 14; AK-StPO/*Gundlach* § 134 Rn. 7; MüKo-StPO/*Schuhr* § 134 Rn. 7; sogar bei Dritten KK-StPO/*Diemer* § 134 Rn. 8; differenzierend KMR/*Paucksdadt-Maihold* § 134 Rn. 5). Der Vorführungsbefehl erfüllt nicht die gesetzlichen Voraussetzungen einer Durchsuchungsanordnung (ausführlich LR/*Tsambikakis* § 105 Rn. 22 ff. m.w.N.).

7 **Unmittelbarer Zwang** darf angewandt werden (BGH NStZ 1981, 22, 23; *Kaiser* NJW 1965, 1217). Der Beschuldigte darf aber nicht nachts vorgeführt werden (HK-StPO/*Ahlbrecht* § 134 Rn. 5; AK-StPO/*Gundlach* § 134 Rn. 8).

8 Mit Abschluss der Vernehmung **endet die Wirksamkeit des Vorführungsbefehls** (SK-StPO/*Rogall* § 134 Rn. 15; HK-StPO/*Ahlbrecht* § 134 Rn. 7; KMR/*Paucksdadt-Maihold* § 134 Rn. 6; AK-StPO/*Gundlach* § 134 Rn. 9; a. A. *Enzian* NJW 1957, 451; *Lampe* MDR 1974, 538) und der Beschuldigte ist zu entlassen, soweit kein Haft- oder Unterbringungsbefehl ergeht. Für die erneute Vernehmung bedarf es eines weiteren Vorführungsbefehls (*Enzian* NJW 1957, 451; a. A. *Rasenhorn* DRiZ 1956, 269).

9 **D. Vorführung von Abgeordneten.** Die zwangsweise Vorführung, nicht aber ihre bloße Androhung, bedarf der Genehmigung des Bundestages (Anl. 6 Abschn. A Nr. 14 Buchst. K) GO-BT).

10 **E. Rechtsmittel.** Gegen den Vorführungsbefehl ist die Beschwerde nach § 304 Abs. 1 zulässig. Sie hat jedoch keine aufschiebende Wirkung (§ 307 Abs. 1) und ist somit in den meisten Fällen überholt, bevor sie dem Beschwerdegericht zugeht (*Meyer-Goßner/Schmitt* § 134 Rn. 7).

§ 135 StPO Sofortige Vernehmung.

[1]Der Beschuldigte ist unverzüglich dem Richter vorzuführen und von diesem zu vernehmen. [2]Er darf auf Grund des Vorführungsbefehls nicht länger festgehalten werden als bis zum Ende des Tages, der dem Beginn der Vorführung folgt.

1 **A. Geltungsbereich.** Die Vorschrift gilt für die Vorführung nach §§ 133, 134 Abs. 1 und findet in den Fällen der §§ 51 Abs. 1 Satz 3, 163a Abs. 3 Satz 2 und 161a Abs. 2 Satz 1 entsprechende Anwendung. § 135 geht den §§ 115, 115a vor, tritt jedoch hinter §§ 230, 236 und § 329 Abs. 4 zurück (LR/*Gleß* § 135 Rn. 1; MüKo-StPO/*Schuhr* § 135 Rn. 1; HK-StPO/*Ahlbrecht* § 135 Rn. 1; *Meyer-Goßner/Schmitt* § 135 Rn. 1).

2 **B. Beschleunigungsgebot (Satz 1)** Der Vorführungsbefehl legitimiert nur eine Freiheitsbeschränkung i.S.d. Art. 104 Abs. 1 Satz 1 GG, nicht aber eine Freiheitsentziehung i.S.d. Art. 104 Abs. 2 bis 4 GG (SK-StPO/*Rogall* § 135 Rn. 2; KK-StPO/*Diemer* § 135 Rn. 2; *Meyer-Goßner/Schmitt* § 135 Rn. 2; *Lampe* MDR 1974, 536; a. A. *Baumann* in: FS für Eb. Schmidt, S. 541; *Moritz* NJW 1977, 796 bezogen auf § 163a Abs. 3). Die Vorführung ist zeitlich an den Vernehmungstermin gekoppelt und darf daher nicht früher erfolgen, als es für die Einhaltung des Vernehmungstermins nötig ist (MüKo-StPO/*Schuhr* § 135 Rn. 4; KMR/*Paucksdadt-Maihold* § 135 Rn. 2; LR/*Gleß* § 135 Rn. 2). Der Beschuldigte muss **unverzüglich** – also ohne jede vermeidbare Säumnis – vernommen werden (MüKo-StPO/*Schuhr* § 135 Rn. 4; KMR/*Paucksdadt-Maihold* § 135 Rn. 3; LR/*Gleß* § 135 Rn. 3).

3 Unter **Vorführung** wird das Verbringen des Beschuldigten in das Gerichtsgebäude verstanden, soweit er der unmittelbaren Verfügungsgewalt des Richters unterstellt wird (Graf/*Monka* § 135 Rn. 2, 3; vgl. Radtke/Hohmann/*Tsambikakis* § 115 Rn. 3). Ggf. darf der Beschuldigte bereits einige Stunden vor

der Vorführung bzw. am Vorabend ergriffen werden, wenn sonst die konkrete Gefahr besteht, dass er sich der Vernehmung entzieht (*Meyer-Goßner/Schmitt* § 135 Rn. 4).

Der Beschuldigte ist unverzüglich zu **vernehmen**. Verzögerungen die in der Person des Richters ihre Ursache haben oder aufgrund von Verhinderungen des nach § 168c anwesenheitsberechtigten Staatsanwalts oder organisatorischer Probleme des Gerichts können Verhältnismäßigkeitsprobleme aufwerfen. Der Richter hat die möglichen und zumutbaren organisatorischen Maßnahmen zur Einhaltung des Abs. 1 zu treffen (*Meyer-Goßner/Schmitt* § 135 Rn. 5; LR/*Gleß* § 135 Rn. 6; MüKo-StPO/*Schuhr* § 135 Rn. 4 f.). 4

C. Zeitliche Grenze für das Festhalten (Satz 2) Die Höchstfrist des Festhalterechts ist nach Satz 2 das Ende des nächsten Tages unabhängig davon, ob einer der Tage ein Sonnabend oder Feiertag ist. Auch wenn der Beschuldigte noch nicht vernommen werden konnte, ist ein längeres Festhalten unzulässig. 5

D. Art und Weise des Festhaltens. Über das Wie des Festhaltens entscheidet das Gericht unter Beachtung des Verhältnismäßigkeitsgrundsatzes. Immer gewahrt sein müssen die allgemein für die Untersuchungsgefangenen geltenden Erleichterungen (vgl. HK-StPO/*Ahlbrecht* § 135 Rn. 6). 6

E. Die Vorführung zum Zwecke der Auslieferung. Die Vorführung kann auch auf Ersuchen einer ausländischen Behörde erfolgen (SK-StPO/*Rogall* § 135 Rn. 10). 7

§ 136 StPO Erste Vernehmung.

(1) ¹Bei Beginn der ersten Vernehmung ist dem Beschuldigten zu eröffnen, welche Tat ihm zur Last gelegt wird und welche Strafvorschriften in Betracht kommen. ²Er ist darauf hinzuweisen, dass es ihm nach dem Gesetz freistehe, sich zu der Beschuldigung zu äußern oder nicht zur Sache auszusagen und jederzeit, auch schon vor seiner Vernehmung, einen von ihm zu wählenden Verteidiger zu befragen. ³Er ist ferner zu belehren, dass er zu seiner Entlastung einzelne Beweiserhebungen beantragen und unter den Voraussetzungen des § 140 Absatz 1 und 2 die Bestellung eines Verteidigers nach Maßgabe des § 141 Absatz 1 und 3 beanspruchen kann. ⁴In geeigneten Fällen soll der Beschuldigte auch darauf, dass er sich schriftlich äußern kann, sowie auf die Möglichkeit eines Täter-Opfer-Ausgleichs hingewiesen werden.

(2) Die Vernehmung soll dem Beschuldigten Gelegenheit geben, die gegen ihn vorliegenden Verdachtsgründe zu beseitigen und die zu seinen Gunsten sprechenden Tatsachen geltend zu machen.

(3) Bei der ersten Vernehmung des Beschuldigten ist zugleich auf die Ermittlung seiner persönlichen Verhältnisse Bedacht zu nehmen.

Übersicht

	Rdn.
A. Allgemeines	1
I. Regelungszusammenhang und Bedeutung	1
1. Äußere systematische Einordnung	1
2. Inhaltskern	2
3. Praktische Bedeutung	3
4. Binnensystematik	4
a) Belehrungsregeln (Abs. 1)	4
b) Zweck (Abs. 2)	5
c) Hervorhebung der Befragung zu den persönlichen Verhältnissen (Abs. 3)	9
II. Normadressaten auf der Ermittlerseite	10
III. Beschuldigter	12
1. Begründung der Prozessrolle	12
2. Informelle Handlungen	15
3. Rollentausch	19
IV. Vernehmungen und vernehmungsähnliche Konstellationen	21
1. Art und Weise der Beschuldigtenvernehmung im Strafverfahren	21
2. Vernehmungsähnliche Befragungen und Selbstbelastungsprovokationen	23
3. Vernehmungen oder Befragungen des Beschuldigten außerhalb des Strafverfahrens	31
B. Hinweis auf den Vorwurf (Abs. 1 S. 1)	34
C. Belehrung über Essentialia der Verteidigung (Abs. 1 S. 2)	42
I. Belehrung über das Recht, sich zum Vorwurf zu äußern oder nicht zur Sache auszusagen	43
1. Selbstbelastungsfreiheit	43
2. Belehrung vor der Vernehmung zur Sache und Reaktion der Verhörperson auf die Rechtsausübung	49
II. Belehrung über das Recht auf Verteidigerbeistand und diesbezügliche Rechtsdurchsetzung	52

§ 136 StPO   Erste Vernehmung

		Rdn.			Rdn.
	1. Generelle Geltung und Umfang der Belehrungspflicht	53		cc) Normzwecklehre als Alternative	89
	2. Reaktion auf den Wunsch nach Verteidigerkonsultation	56		dd) Beweisbefugnislehre	90
	3. Verteidigerbestellung	59		ee) »Heilung« des Rechtsfehlers bei der Beweiserhebung durch Verlaufshypothesen	95
	4. Anwesenheitsrecht des Verteidigers bei der Beschuldigtenvernehmung	60		b) »Widerspruchslösung«	96
	5. Benachteiligung des unverteidigten Beschuldigten	61		aa) Entstehung und Bedeutung	96
III.	Rechtsfehler nach Abs. 1 S. 2 und ihre Folgen	64		bb) Ausgestaltung	103
	1. Fehler bei der Belehrung über das Recht zu schweigen und bei der Gewährung dieses Rechts	64		cc) Kritik	113
				c) Bedeutung des Verwertungsverbots als Belastungsverbot	120
	2. Fehler bei der Belehrung über das Recht zur Verteidigerkonsultation oder bei der Realisierung dieses Rechts	68		d) Reichweite des Verwertungsverbots	122
			D.	Hinweis auf ein Beweisantragsrecht (Abs. 1 S. 3)	127
	3. Heilung des Rechtsfehlers	75	E.	Hinweise auf weitere Handlungsoptionen (Abs. 1 S. 4)	128
	a) Qualifizierte Belehrung	75	I.	Möglichkeit der schriftlichen Äußerung des Beschuldigten	129
	b) Zustimmung des Beschuldigten zur Verwertung früherer Äußerungen	78	II.	Möglichkeit des Täter-Opfer-Ausgleichs	130
	4. Rechtsfolgen eines ungeheilten Rechtsfehlers	79	III.	Fehlende Hinweisregelung zur Möglichkeit der Aufklärungshilfe	131
	a) Verwertungsverbot als Kompensation eines Fehlers bei der Beweiserhebung	80	IV.	Fehlende Hinweisregelung zur Möglichkeit des Rechtsgesprächs nach § 160b	132
	aa) Alternativen der Kompensation	80	F.	Ergänzende Hinweise nach anderen Regeln	133
	bb) Abwägungsdoktrin zur Bestimmung der Rechtsfolgen einer Verletzung von Abs. 1 Satz 2	82	I.	Möglichkeit des konsularischen Beistands (Art. 36 Abs. 1 Buchst. b WÜK)	133
			II.	Benachrichtigung von Erziehungsberechtigten oder gesetzlichen Vertretern (§ 67 Abs. 1 JGG)	136

1 **A. Allgemeines. I. Regelungszusammenhang und Bedeutung. 1. Äußere systematische Einordnung.** Die Vorschrift, die nach § 46 Abs. 1 OWiG im Bußgeldverfahren entsprechend anzuwenden ist (*Hecker* NJW 1997, 1833 ff.), findet sich im zehnten Abschnitt des Ersten Buches. Sie steht nach dieser Einordnung im Rahmen der §§ 133 ff. nicht in einem unmittelbaren Regelungszusammenhang mit den Bestimmungen über die Beweiserhebung im Vorverfahren mithilfe von Zeugen (sechster Abschnitt) oder Sachverständigen und Augenschein (siebenter Abschnitt), sondern sie ist davon durch die Regeln des Eingriffsrechts im achten Abschnitt und über Verhaftung, vorläufige Festnahme (neunter Abschnitt), weitere Maßnahmen zur Sicherstellung der Strafverfolgung und Strafvollstreckung (Abschnitt 9a) und das vorläufige Berufsverbot (Abschnitt 9b) getrennt. Zudem ist sie den Normen über die Verteidigung (elfter Abschnitt) vorangestellt. Aus dieser Systematik wird deutlich, dass es nicht oder jedenfalls nicht zuvörderst um Beweiserhebung, sondern um die **Verteidigung des Beschuldigten**, die er nicht nur durch einen Verteidiger, sondern auch selbst betreiben kann (Art. 6 Abs. 3 Buchst. c EMRK; *Gaede* Fairness als Teilhabe, 2007, S. 253 ff.), sowie um seine Stellung **als Subjekt** des Strafverfahrens geht.

2 **2. Inhaltskern.** Die vorliegende Norm regelt einen Teil der Aspekte zur **Art und Weise der Durchführung der ersten Beschuldigtenvernehmung durch den Richter** außerhalb der Hauptverhandlung, die statistisch selten vorkommt, etwa im Fall der Vorführung gem. § 135 Satz 1 (Art. 5 Abs. 3 Satz 1 EMRK) nach vorläufiger Festnahme, wobei § 115 Abs. 3 z.T. ähnliche Regeln nennt, welche die vorliegende Vorschrift nicht verdrängen, sofern es sich um die erste Vernehmung handelt (*Meyer-Goßner/ Schmitt* § 115 Rn. 8). Über § 163a Abs. 3 Satz 2 gilt die vorliegende Bestimmung auch bei den häufigeren ersten Beschuldigtenvernehmungen **durch den Staatsanwalt**. Die statistisch absolut im Vordergrund stehenden **polizeilichen Vernehmungen** sind nach § 163a Abs. 4 – mit Ausnahme des Gebots der Mitteilung einschlägiger Strafnormen durch die Verhörsperson (krit. *Neuhaus* StV 2013, 488 [489 f.]) – ebenso zu gestalten.

3. Praktische Bedeutung. Die **große Zahl der polizeilichen Beschuldigtenvernehmungen**, die geringfügig schwächere Ausgestaltung der Belehrungsförmlichkeiten hierbei (vgl. § 163a Abs. 4), der größere **Erfolgsdruck** auf die polizeilichen Verhörspersonen und deren stärker ausgebildete **taktische Ausrichtung** auf eine Beeinflussung des Willensentschlusses des Beschuldigten sowie seines Aussageverhaltens (*Eisenberg* Beweisrecht der StPO, Rn. 573 f.) lassen im Akzent innerhalb der Abwägungslehren bei der Bewertung prozessualer Rechtsfolgen von Vernehmungsfehlern unter dem Gesichtspunkt der **Disziplinierungsfunktion von Beweisverwertungsverboten** (*Conen* FS Eisenberg, 2008, S. 459 ff.; tendenziell auch BGHSt 51, 285 [297]) unterschiedliche Bewertungen der Fälle nach § 136 Abs. 1, 163a Abs. 3 oder § 163a Abs. 4 möglich erscheinen. Die tatsächlich eingetretene Disziplinierungswirkung bei der Beachtung der bis 1992 vollkommen vernachlässigten, aber seit Bekanntwerden der deutschen **Parallele zum epochalen Urteil des US-amerikanischen Supreme Court** in der Sache *Miranda v. Arizona* U. S. 436 (1966) (vgl. *Salditt* GA 1992, 51 ff.; *Wittmann* JZ 2014, 105 ff.; zum Inhalt der »Miranda-warnings« *Lorenz* StV 1996, 172 [174]) durch BGHSt 38, 214 ff. eher respektierten Förmlichkeiten aus § 136 Abs. 1 S. 2 kann ebenso wenig bestritten werden, wie die tendenzielle Änderung der Prozessstruktur des deutschen Strafverfahrens in Richtung eines adversatorischen Prozessmodells durch die richterrechtlich hinzugefügte Widerspruchslösung für Beweisverwertungsverbote. Abwägungsdoktrin und Widerspruchslösung haben dazu geführt, dass Beweisverbote wieder weit zurückgedrängt wurden, sodass in der polizeilichen Routine erneut häufig vorkommende Fehler bei Beschuldigtenvernehmungen meist folgenlos bleiben. Sie werden relativ selten gerügt und noch seltener wird eine Verfahrensrüge von den Revisionsgerichten wirklich aufgegriffen; die Revisionshürden aus § 344 Abs. 2 S. 2 und der Widerspruchslösung wirken dem entgegen. In der Gesamtschau existiert erneut nur eine symbolische Verfahrenskontrolle, die statistisch kaum besser erscheint als der Rechtszustand vor 1992, als es bei der Verletzung von § 136 Abs. 1 S. 2 und § 163a Abs. 4 S. 2 angeblich um »bloße Ordnungsvorschriften« gegangen war. Tatsächlich sind von den zahlreich vorkommenden Verfahrensfehlern essenzielle Rechtspositionen des Beschuldigten im Kernbereich seiner prozessualen Stellung als Subjekt des Verfahrens, nämlich sein Recht sich redend oder schweigend zu verteidigen, und sein Recht auf den jederzeitigen Beistand eines Verteidigers seiner Wahl, betroffen.

4. Binnensystematik. a) Belehrungsregeln (Abs. 1) Abs. 1 hat eine **Informationsfunktion** (SK-StPO/*Rogall* § 136 Rn. 1). Er betrifft Belehrungsförmlichkeiten, die an bestimmte **prozessuale Rechtspositionen** oder Verhaltensoptionen des Beschuldigten anknüpfen, welche hier **vorausgesetzt** und in Bezug genommen, aber nicht konstitutiv normiert werden. Es geht um das Recht des Beschuldigten, sich redend oder schweigend verteidigen zu können, sein Recht auf Verteidigerbeistand, sein Recht auf Beweisteilhabe durch Einreichung von Beweisanträgen und die Möglichkeiten der schriftlichen Äußerung sowie des Täter-Opfer-Ausgleichs.

b) Zweck (Abs. 2) Abs. 2 besagt, dass die erste Vernehmung des Beschuldigten **zum Zwecke der Entlastung** des Beschuldigten vom Verdachtsvorwurf dienen »soll« (s.a. § 115 Abs. 3 S. 2). Ob dies der vorrangige Zweck der Norm ist (*Degener* GA 1992, 443 [462]; *Dencker* StV 1994, 667 [675]; *Eisenberg* Beweisrecht der StPO, Rn. 510a; *Weßlau* ZStW 110 [1998], 1 [12]; *Werner* Zur Notwendigkeit der Verteidigeranwesenheit während der polizeilichen Beschuldigtenvernehmung, 2008, S. 85 ff.; SK-StPO/*Wohlers* § 163a Rn. 4), wie es immerhin dem Willen des historischen Gesetzgebers der RStPO entsprochen hat (*Beckemper* Durchsetzbarkeit des Verteidigerkonsultationsrechts und die Eigenverantwortlichkeit des Beschuldigten, 2002, S. 110 ff.; *Eisenberg* a.a.O.; KMR/*Lesch* Vor § 133 Rn. 26 f.), ist jedenfalls umstritten. In Fällen der Anklageerhebung ohne vorherige Beschuldigtenvernehmung als Überraschungsanklage wird im Hinblick auf die Verletzung des Gehörsanspruch im behördlichen Verfahren als Ausfluss des Fairnessgrundsatzes diskutiert, ob daraus ein wesentlicher Anklagemangel resultiert (*Meinecke* StV 2015, 325 [326 ff.]). Nach einem Meinungsumschwung, der im Dritten Reich stattfand (*Beckemper* a.a.O. S. 118 f.; *Degener* GA 1992, 443 [460]), wird heute meist als weiterer Zweck der Beschuldigtenvernehmung die **Sachaufklärung** genannt (KK/*Diemer* § 136 Rn. 1; Radtke/Hohmann/*Kretschmer* § 136 Rn. 1; SK-StPO/*Rogall* § 136 Rn. 17; *Roxin* JZ 1993, 426 [427]), der in der Praxis längst dominiert. Aus dem Wortlaut des Gesetzes ist das aber so nicht zu entnehmen (*Eisenberg* Beweis-

§ 136 StPO Erste Vernehmung

recht der StPO, Rn. 510a), weshalb aus der Norm auch keine Ermächtigung zur Gegenüberstellung entnommen werden kann (vgl. zur Parallele SK-StPO/*Wohlers* § 163a Rn. 5).

6 Eine **dogmatische Begründung** für den zusätzlichen Sachaufklärungszweck **fehlt** allerdings. Abs. 2 und die systematische Einordnung der Vorschrift sprechen dagegen. Nach dem Ansatz des Gesetzgebers der RStPO war nicht einmal die Vernehmung des Angeklagten in der Hauptverhandlung ein Bestandteil der Beweisaufnahme im dortigen Strengbeweisverfahren, weil die Beweisaufnahme in der Hauptverhandlung erst nach der Vernehmung des Angeklagten (§ 243 Abs. 5 S. 2) beginnt (§ 244 Abs. 1). Erst recht war die Beschuldigtenvernehmung im Vorverfahren für die Urteilsfindung irrelevant, weil das Urteil nur auf dem Inbegriff der Hauptverhandlung beruhen soll (§ 261), nicht auf Erkenntnissen im Vorverfahren, und weil die Beweisergebnisse des Vorverfahrens prinzipiell in der Hauptverhandlung keine Rolle spielen sollten (vgl. Roxin/*Schünemann* Strafverfahrensrecht § 24 Rn. 22). Die heutige Übung, in »streitigen« Verfahren, möglichst alle Äußerungen des Beschuldigten aus dem Vorverfahren mithilfe von Sekundärbeweismitteln in die Hauptverhandlung einzuführen und sie dort ebenso wie den Primärbeweis, der dort erstmals nach den Regeln des Strengbeweisverfahrens erhoben wird, zu verwerten, liegt außerhalb des Grundkonzepts der RStPO. Die Bewertung der Beschuldigtenaussage bei der ersten Vernehmung als Beweisthema der Hauptverhandlung beruht auf einer allmählichen Umgestaltung des Ablaufs und Verhandlungsinhalts durch die Praxis, wodurch die Beschuldigtenvernehmung im Vorverfahren eine erweiterte Bedeutung erlangt hat. Grundlage der heute vorherrschenden These, dass die Beschuldigtenvernehmung primär der Sachverhaltsaufklärung diene, ist die **Annahme einer kriminalistischen Notwendigkeit** (krit. *Degener* GA 1992, 443 [466 f.]). Dabei bildet die polizeiliche Vernehmung eine wesentliche Quelle für Fehler bei der abschließenden Sachverhaltsklärung (*Neuhaus* StV 2015, 185 [187]) Die polizeiliche Praxis, die mit der Wahrnehmung einer Schutzaufgabe für den Beschuldigten strukturell überfordert wäre, verfolgt sogar weiter gehende Ziele (*Hermanutz/Litzke* Vernehmung in Theorie und Praxis, 2. Aufl., S. 73). Genau genommen ist aber schon damit eine **Strukturveränderung des Verfahrens** gegenüber der ursprünglichen gesetzgeberischen Vorstellung erfolgt. Der auch dogmatisch fehlerhafte Ansatz bei der Neubewertung des Zwecks der Beschuldigtenvernehmung hat zahlreiche Nebenwirkungen bei der Beweisverbotslehre, die zuletzt mit der Einordnung von § 261 als Ermächtigungsnorm für die Beweisverwertung (BVerfGE 130, 1 [29 ff.]) auf ein falsches Gleis geraten ist und das Systemkonzept des historischen Gesetzgeber zerstört hat. Die verfassungsgerichtliche These »Ein generelles Misstrauen gegenüber dem Beweiswert von Polizeiprotokollen ist im Staat des Grundgesetzes nicht gerechtfertigt« (BVerfGE 57, 250 [279]), geht an den einfachrechtlichen und rechtstatsächlichen Befunden weit vorbei. »Polizeiprotokolle« sollten nach der Vorstellung des historischen Strafprozessgesetzgebers für das Strengbeweisverfahren prinzipiell keine Rolle spielen. Misstrauen im Hinblick auf Perseveranz-, Inertia- und Ankereffekte ist aussagepsychologisch sogar zur Beachtung der »Nullhypothese« und von Alternativhypothesen zum Verdacht dringend erforderlich. Es hat nur nichts damit zu tun, ob persönliches Misstrauen angezeigt ist. Der Feind der Wahrheit ist – statistisch gesehen – schließlich nicht die Lüge, sondern der Irrtum.

7 War die protokollierte Aussage in der Beschuldigtenvernehmung nach der Ursprungsidee der RStPO gar kein Beweisthema für die Hauptverhandlung und erst recht **keine Beweisgrundlage für das Urteil**, weil nur der Inbegriff der Hauptverhandlung mit seinen originären Beweiserhebungen durch das erkennende Gericht relevant sein sollte (§ 261), so konzentriert sich der heutige Strafprozess sogar besonders auf die **Rekonstruktion des Akteninhalts in der Hauptverhandlung**. Dortige Beweisergebnisse werden durch Fragen und Vorhalte in der Regel dem Akteninhalt angepasst, was in der Urteilsabsprachepraxis in Extremform betrieben wurde, sofern die Urteilsgrundlage dort nicht ohnehin nur noch die Quintessenz des Akteninhalts war, wonach auch nur ein der Zusammenfassung des Ergebnisses von Schlussfolgerungen aus dem Akteninhalt entsprechendes Geständnis die Bedingungen für Strafmaßzusagen erfüllen konnte und nur dieses »Geständnis« als glaubhaft galt. Damit wurden **die strukturellen Schwächen der Beschuldigtenvernehmung** mit ihrer tendenziell einseitigen Zielrichtung der Herbeiführung selbstbelastender Äußerungen (*Eisenberg* Beweisrecht der StPO, Rn. 598 ff.), mit inhaltlichen Vernehmungsdefiziten (*Hermanutz/Litzke* Vernehmung in Theorie und Praxis, 2. Aufl., S. 74 ff.), ferner mit einer höchst selektiven Wahrnehmung und Dokumentation von Äußerungsinhalten **im Sinne der Verdachtshypothese** aufgrund von kognitiver Dissonanz ignoriert, die nach der Ursprungskonzeption des Gesetzes durch exklusiv für das Urteil maßgebliche autonome Beweiserhebungen des erkennenden Gerichts in der Hauptverhandlung austariert werden sollen (§ 261). Inzwischen wird wieder eine Geständ-

nisüberprüfung im Strengbeweisverfahren gefordert, wobei ausdrücklich entgegen der bisherigen Rechtsprechung (BGHSt 50, 40 [49]) ein bloßer Abgleich mit der Aktenlage nicht ausreichend ist (BVerfGE 133, 168 [209]). Das beruht auf der zutreffenden Erkenntnis, dass nicht die Glaubhaftigkeit des Geständnisses am Akteninhalt, sondern die Richtigkeit des Aktenbefundes anhand der Ergebnisse des Strengbeweisverfahrens überprüft werden sollen.

Diese **Kontrollaufgabe der Hauptverhandlung** ist im derzeitigen Verfahrenstypus, der in einer selbstgefälligen Erfüllung der Prognose der Richtigkeit der Verdachtshypothese mündet, immer noch zumindest stark relativiert. **Fehlurteile** werden meist nur durch Zufall aufgedeckt (*Neuhaus* StV 2015, 185 ff.). Ihre Dunkelziffer ist erheblich (*Bock/Eschelbach/Geipel/Hettinger/Röschke/Wille* GA 2013, 328 [329]; *Geipel* ZAP 2011 Nr. 22, S. 1161 [1163 ff.]; *Schwenn* StV 2010, 705 [706]; s. schon *Hirschberg* Das Fehlurteil im Strafprozess, 1960). Eine extrem wiederaufnahmefeindliche Haltung der Rechtsprechung und der Gesetzgeber vermeiden gezielt deren Erforschung (vgl. *Theobald* Barrieren im strafrechtlichen Wiederaufnahmeverfahren, 1998, S. 10), die bisher nur von *Karl Peters* (Fehlerquellen im Strafprozess, 3 Bände, 1970–1974) betrieben wurde und vor allem zu der Erkenntnis führt, dass Fehler bei der ersten Beschuldigtenvernehmung sich gegebenenfalls im gesamten weiteren Verfahren kaum noch effektiv korrigieren lassen (*Eisenberg* Beweisrecht der StPO, Rn. 502; (*Neuhaus* StV 2015, 185 [186]). Daher kommt der **Wahrung schützender Formen** an dieser Stelle **größte Bedeutung** für eine zur **Legitimation** der hoheitlichen Verfahrensveranstaltung im Ganzen ausreichende Richtigkeitsgewähr des Endergebnisses des Strafprozesses zu. 8

c) **Hervorhebung der Befragung zu den persönlichen Verhältnissen (Abs. 3)** Abs. 3 der Vorschrift betrifft die Hervorhebung eines Teils des Vernehmungsgegenstands, nämlich **die »persönlichen Verhältnisse«**. Ob damit nur eine **Identifizierung der Person** gemeint ist oder auch Tatsachen erforscht werden sollen, die über die Identitätsfeststellung hinausgehende Bedeutung als **Indiz oder Rechtsfolgenbemessungsgrund** haben können, erscheint unklar. Der historische Gesetzgeber wollte beides erfassen. Beweisrelevante Inhalte sind verfahrensrechtlich von der Vernehmung zur Tatfrage nicht zu trennen (LR/*Gleß* § 136 Rn. 14). Insoweit besteht keine Auskunftspflicht und die Belehrungen nach Abs. 1 S. 2 sind daher diesem Befragungsgegenstand voranzustellen. Zu den **Personaldaten im Sinne von § 111 OWiG** hat sich der Beschuldigte nach herrschender Ansicht jedenfalls seiner Identifizierung zu erklären (BGHSt 25, 13 [17]; BayObLG NJW 1969, 2057 m. Anm. *Seebode*; OLG Düsseldorf NJW 1970, 1888 [1889]; *Meyer-Goßner/Schmitt* § 136 Rn. 5; *Graf/Monka* BeckOK-StPO § 136 Rn. 5; differenzierend SK-StPO/*Rogall* § 136 Rn. 34 f.; *Roxin/Schünemann* Strafverfahrensrecht § 25 Rn. 5; *Verrel* Die Selbstbelastungsfreiheit im Strafverfahren, 2001, S. 173 ff.; abl. LR/*Gleß* § 136 Rn. 17). Auch dies kann aber für sich genommen nicht erzwungen werden. Jedoch ist eine Identifizierung zumeist jedenfalls mit den nach § 163b Abs. 1 erzwingbaren erkennungsdienstlichen Maßnahmen möglich. 9

II. **Normadressaten auf der Ermittlerseite.** Vom Gesetz angesprochen wird zunächst der Richter als Verhörsperson. Dies kann der **Ermittlungsrichter** im Vorverfahren sein, wenn ihm der Beschuldigte vorgeführt wird (§ 135 S. 1) und die Staatsanwaltschaft nach § 162 eine richterliche Vernehmung beantragt, was aber in der Praxis die Ausnahme ist. Auch **beauftragte oder ersuchte Richter** haben bei einer Vernehmung (§ 233 Abs. 2 S. 1) gegebenenfalls nach der vorliegenden Vorschrift vorzugehen. Für das erkennende Gericht in der Hauptverhandlung gilt § 243 Abs. 5 als lex specialis. Bei staatsanwaltlichen Vernehmungen ist die vorliegende Bestimmung gem. § 163a Abs. 3 S. 1 auch durch **Staatsanwälte** als Verhörspersonen anzuwenden. Bei polizeilichen Vernehmungen gilt nach § 163a Abs. 4 für die polizeilichen **Ermittlungspersonen** im Wesentlichen dasselbe. Sie müssen mit Rücksicht auf eine Gemengelage sogar bei einer polizeirechtlichen »**Gefährderansprache**« die Belehrungsförmlichkeiten beachten (KG StraFo 2012, 14). 10

Die **Gerichtshilfe** im Sinne von § 160 Abs. 3 S. 2 StPO oder § 38 JGG hat prinzipiell ebenfalls Abs. 1 S. 2 zu berücksichtigen, obwohl sie eigentlich keine »Vernehmungen« durchführt (*Meyer-Goßner/Schmitt* § 136 Rn. 2; SK-StPO/*Rogall* § 136 Rn. 28). Für **Bewährungshelfer** oder **Sachverständige** gilt dies hingegen nicht (BGH JR 1969, 231 m. Anm. *Peters*; SK-StPO/*Rogall* § 136 Rn. 25 f., 28; a. A. *Roxin/Schünemann* Strafverfahrensrecht § 25 Rn. 12). Die Exploration des Beschuldigten durch einen psychiatrischen, psychologischen oder kriminologischen Sachverständigen (krit. LR/*Gleß* § 136 Rn. 3) hat eine andere Bedeutung als die Vernehmung durch einen Strafverfolgungsbeamten oder Strafrichter. 11

§ 136 StPO Erste Vernehmung

Der Sachverständige ist seinerseits personelles Beweismittel und nicht Verhörsperson (SK-StPO/*Rogall* § 136 Rn. 25). Die Aufgabe, den Beschuldigten auf seine Rechte im Rahmen der Begutachtung hinzuweisen, trifft gegebenenfalls den Auftraggeber, nicht den beauftragten Sachverständigen (*Fincke* ZStW 86 [1974], 657 [664 ff.]). Eine Delegation der Belehrungsaufgabe ist nicht vorgesehen und sie erscheint auch untunlich, weil der Sachverständige kein Garant für die prozessordnungsgemäße Durchführung des Verfahrens ist.

12 **III. Beschuldigter. 1. Begründung der Prozessrolle.** Adressat der Hinweise und Fragen ist der Beschuldigte als **strafrechtlich verfolgte Person** (SK-StPO/*Rogall* Vor §§ 133 ff. Rn. 15 f. und § 136 Rn. 12). Er ist von einem verdächtigen Zeugen (§§ 55, 60 Nr. 2) einerseits und von einem Sachverständigen (§§ 72 ff.) andererseits zu unterscheiden. Jede Auskunftsperson, die im Strafverfahren zur Informationsbeschaffung in Anspruch genommen wird, hat prinzipiell eine dieser Rollen.

13 Die **Prozessrolle** als Beschuldigter wird durch einen **Zuschreibungsakt** der Staatsanwaltschaft begründet (formeller Beschuldigtenbegriff). Demnach wird eine Person zum Beschuldigten, wenn gegen sie aufgrund eines Tatverdachts ermittelt wird (BGHSt 10, 8 [12]; 34, 138 [140]; 51, 367 [370]; BGH StraFo 2015, 114 [115]; *Eisenberg* Beweisrecht der StPO, Rn. 505; SK-StPO/*Rogall* Vor §§ 133 ff. Rn. 16). Die objektive **Existenz des Verdachts** alleine (materieller Beschuldigtenbegriff) **genügt** nach vorherrschender Ansicht im Regelfall **nicht** zur Begründung der Beschuldigtenrolle (BGHSt 53, 112 [114]; *M. Klein* Inhalt und Reichweite der Belehrungsvorschrift des § 136 StPO, 2005, S. 9; SK-StPO/*Rogall* Vor §§ 133 ff. Rn. 13; *Roxin* JR 2008, 16), weil das Gesetz auch die Rechtsfigur des verdächtigen Zeugen kennt (§§ 55, 60 Nr. 2). Anderseits ist eine förmliche **Prozesshandlung** zur Begründung der Beschuldigtenrolle nicht erforderlich. Es kann sich, wie es **§ 397 Abs. 1 AO** für das Steuerstrafverfahren vorsieht (BGHSt 38, 214 [228]; krit. *Roxin* FS Schöch, 2010, S. 823 [824 ff.]), auch **konkludent** aus den Umständen ergeben, dass **nach dem Willen der Strafverfolgungsbehörde** nun gegen eine bestimmte Person als Beschuldigter ermittelt werden soll (*Eisenberg* Beweisrecht der StPO, Rn. 505; *Roxin* JR 2008, 16 [17]).

14 Der Praxis wird ein weiter Beurteilungsspielraum eingeräumt, der bisweilen ausgenutzt wird (abl. *Neuhaus* StV 2015, 185 [187]; SK-StPO/*Wohlers* § 163a Rn. 38). Die Inkulpation darf nicht künstlich hinausgezögert werden (*Eisenberg* Beweisrecht der StPO, Rn. 506a). Eine Beurteilungsgrenze wird jedenfalls erreicht, wenn die Vorgehensweise der Behörde darauf hinweist, dass einerseits Ermittlungsmaßnahmen mit dem Ziel der Inkulpation vorgenommen werden, während zugleich bloß behauptet wird, die involvierte Person sei nur ein Zeuge und kein Beschuldigter (vgl. BGH StraFo 2015, 114 [115]). Vor allem dann, wenn bereits ein **starker Tatverdacht** nicht nur »in rem«, sondern auch »in personam« vorliegt (BGHSt 53, 112 [114]; BGH StV 2005, 122 [123]; NStZ-RR 2012, 49 f.), geht die Rechtsprechung zur **Vermeidung einer Umgehung von Beschuldigtenrechten** davon aus, dass die Schutzvorschriften zugunsten der Beschuldigten anwendbar sind (BGHSt 51, 367 [371]; BGH NStZ-RR 2004, 368 f.; StraFo 2015, 114 [115]), sofern andernfalls von **willkürlicher Unterlassung** der nach dem Legalitätsprinzip gebotenen und zur Herbeiführung von Schutzrechten angezeigten Inkulpation gesprochen werden müsste (BGHSt 51, 367 [371 f.]; 53, 112 [114]; *M. Klein* Inhalt und Reichweite der Belehrungsvorschrift des § 136 StPO, 2005, S. 20; krit. *Mikolajczyk* ZIS 2007, 565 [567]; SK-StPO/*Rogall* Vor §§ 133 ff. Rn. 28). Werden Maßnahmen vorgenommen, die nach dem Eingriffsrecht der Strafprozessordnung nur gegen einen Beschuldigten zulässig sind, so ist wegen der hierin liegenden **Manifestation des Verfolgungswillens** ebenfalls davon auszugehen, dass die betroffene Person Beschuldigter ist, auch wenn das nicht ausdrücklich gesagt wird (BGHSt 51, 367 [370]; *Mikolajczyk* ZIS 2007, 565 [566]). Wird eine externe Behörde unter Mitteilung von Verdachtsgründen um Unterstützung bei der Vertiefung dieses Verdachts gegen eine bestimmte Person gebeten, liegt der Sache nach eine Inkulpation vor (BGH StraFo 2015, 114 [115]).

15 **2. Informelle Handlungen.** »Informatorische Befragungen« zur ersten Sondierung der Lage an einem Tatort, welche die Prozessrolle angetroffener Personen noch offen lassen (BGHSt 38, 214 [227 f.]; OLG Oldenburg NJW 1967, 1096 [1097]; *Beulke* StV 1990, 180 [181]; *ter Veen* StV 1983, 293 ff.), sind nur in einem engen Rahmen der Abklärung des Vorliegens eines Verdachtsfalls zuzulassen (*Beckemper* Durchsetzung des Verteidigerkonsultationsrechts und die Eigenverantwortlichkeit des Beschuldigten, 2002 S. 80 ff.; *Eisenberg* Beweisrecht der StPO, Rn. 509; *Prasch* Die List in der Vernehmung und Befragung des Beschuldigten, 2002, S. 277 ff.; SK-StPO/*Rogall* Vor §§ 133 ff. Rn. 42;

Roxin NStZ 1997, 18 [19]; SK-StPO/*Wohlers* § 163a Rn. 48). Der Sache nach handelt es sich um Zeugenvernehmungen, die in eine Behandlung der befragten Person übergehen müssen, sobald die Gefahr besteht, dass es zu selbstbelastenden Äußerungen kommt; es muss Ähnliches gelten wie beim förmlichen Rollentausch (Rdn. 19). Unbedachte selbstbelastende Äußerungen aufgrund informatorischer Befragungen zwingen genau genommen zum Erfordernis einer qualifizierten Belehrung auch über deren Unverwertbarkeit, damit anschließend eine unbeeinträchtigte Beschuldigtenposition wiederhergestellt ist (*Eisenberg* Beweisrecht der StPO, Rn. 509a). Wann ein förmliches Vorgehen unter Beachtung einer Beschuldigtenrolle angezeigt ist, richtet sich nach dem Vorhandensein und der objektiven Stärke des Verdachts sowie der Art und Weise, wie die Ermittlungsperson nach außen in Erscheinung tritt (BGHSt 38, 214 [228]; 51, 367 [373]; BGH StV 2010, 4 f.; *Roxin* JR 2008, 16 [17]).

Die in der Praxis anzutreffende Übung, längere »informatorische **Vorgespräche**« vor Beschuldigtenvernehmungen durchzuführen (*Schaefer* StV 2004, 212 [215]), dabei Vernehmungsregeln außer Acht zu lassen und bereits vorab Informationen zu erlangen oder dem Beschuldigten umgekehrt Tatsachenhinweise zu vermitteln, ohne dass dies inhaltlich aktenkundig wird (*Degener* GA 1992, 443 [445]; *Werner* Zur Notwendigkeit der Verteidigeranwesenheit während der polizeilichen Beschuldigtenvernehmung, 2008, S. 97 ff.), sind rechtsfehlerhaft (LR/*Erb* § 163a Rn. 78) und **gefährden die Wahrheitserforschung**. So kann eine später als »Täterwissen« eingestufte Tatsachenkenntnis des Beschuldigten aus Vorhalten in »informatorischen Vorgesprächen« oder anderen falschen Nachinformationen (*Bayen* in: Hermanutz/Litzke Vernehmung in Theorie und Praxis, 2. Aufl., S. 90 ff.) stammen, ohne dass dies nachträglich für das Gericht anhand des Akteninhalts erkennbar wird, da solche Gesprächsinhalte nicht dokumentiert werden. Weil die Sekundärfolgen einer möglicherweise fehlerhaften Beschuldigtenaussage im weiteren Verfahren aufgrund von Anker-, Perseveranz-, Inertia- und Schulterschlusseffekten (*Schünemann* StV 2000, 159 ff.) beinahe unbegrenzt fortwirken, hilft auch der Verteidigung oftmals das Streben nach **Aufdeckung der Möglichkeit des tatsächlichen Nichtvorliegens einer Verdachtsbestätigung** durch Äußerung von nur scheinbarem »Täterwissen« mehr als der Versuch, unbedingt ein Verwertungsverbot herbeizuführen und durchzusetzen, mit dem auch der Weg zu dem Wissen um Ursachen einer Informationsäußerung versperrt werden könnte. Mit Blick auf die Schutzfunktion der Belehrungspflichten ist es geboten, dass **auch vor informatorischen Gesprächen** schon die Förmlichkeiten nach Abs. 1 S. 2 gewahrt wurden (*Eisenberg* Beweisrecht der StPO, Rn. 562; LR/*Gleß* § 136 Rn. 9).

»**Vorermittlungen**« zur Klärung der Frage, ob ein Verdacht gegen eine Person besteht, sind der Strafprozessordnung fremd; sie kommen aber in der Praxis vor und sind im Frühstadium des Antreffens einer unklaren Lage kaum absolut zu vermeiden (SK-StPO/*Rogall* Vor §§ 133 ff. Rn. 42). Belehrungspflichten bestehen hierbei zunächst nicht (SK-StPO/*Rogall* Vor §§ 133 ff. Rn. 46). Zur Verhinderung einer Umgehung von Beschuldigtenrechten ist aber tendenziell von einem weiten Verdachtsbegriff auszugehen und der Betroffene als Beschuldigter zu behandeln, sobald sich bei der Sondierung der Lage auch **Verdachtsgründe in personam** ergeben. Damit geht zwar eine relativ frühzeitige Inkulpation einher, die dem Beschuldigten selbstverständlich auch Nachteile bereitet (*Kühne* Strafprozessrecht Rn. 104.2). Andererseits ist die damit zugleich verbundene Zubilligung von prozessualen Schutzrechten von noch größerer Bedeutung.

Nur **Spontanäußerungen**, die – ohne zurechenbare staatliche Veranlassung – bei informatorischen Befragungen, Vorermittlungen oder Vorgesprächen vor Vernehmungen abgegeben werden, bevor selbst eine **unverzüglich prozessordnungsgemäß** handelnde Ermittlungsperson förmlich nach Abs. 1 hätte vorgehen können (BGH NStZ 2009, 702 m. Anm. *Ellbogen* NStZ 2010, 464 f.; zu weitgehend BGH StV 1990, 194 f. m. abl. Anm. *Fezer*), sind unbeschadet der Nichteinhaltung der Förmlichkeiten einer Beschuldigtenvernehmung verwertbar (*Beckemper* Durchsetzung des Verteidigerkonsultationsrechts und die Eigenverantwortlichkeit des Beschuldigten, 2002 S. 104 ff.; *Eisenberg* Beweisrecht der StPO, Rn. 509b; *Prasch* Die List in der Vernehmung und Befragung des Beschuldigten, 2002, S. 287 ff.; SK-StPO/*Rogall* Vor §§ 133 ff. Rn. 47; *Verrel* Die Selbstbelastungsfreiheit im Strafverfahren, 2001, S. 137 ff.; SK-StPO/*Wohlers* § 163a Rn. 46). Sobald dagegen **selbstbelastende Äußerungen bewusst** von Ermittlungspersonen **herbeigeführt** werden, kann auch nicht mehr von Spontanäußerungen gesprochen werden (SK-StPO/*Rogall* Vor §§ 133 ff. Rn. 44).

19 **3. Rollentausch.** In Fällen des prozessualen Rollentauschs **vom verdächtigen Zeugen** in einem gegen unbekannte oder andere Beteiligte geführten Verfahren **zum späteren Beschuldigten** in derselben Sache (BGHSt 53, 112 ff.; *Prittwitz* NStZ 1981, 463 ff.) ergibt sich eine Gemengelage zwischen den Anwendungsbereichen des § 55 einerseits und der vorliegenden Vorschrift andererseits. Da die Belehrungen nach § 55 Abs. 2 in Bezug auf ein **Auskunftsverweigerungsrecht** nicht ebenso weit reichen, wie diejenigen nach der vorliegenden Vorschrift über ein **Aussageverweigerungsrecht** (BGHSt 38, 302 [303]), zumal neben einer näheren Erläuterung des Vorwurfs (§ 136 Abs. 1 S. 1) auch ein Hinweis auf das Recht auf Verteidigerbeistand gem. § 136 Abs. 1 S. 1 (BGHSt 58, 301 [303]) bei der anfänglichen Vernehmung des späteren Beschuldigten als verdächtiger Zeuge fehlt, ist ein Schutz der Selbstbelastungsfreiheit (*Kasiske* JuS 2014, 15 ff.) dahin anzustreben, dass auch hinsichtlich der anfänglichen Vernehmungen als verdächtiger Zeuge nachträglich der Beurteilungsmaßstab der vorliegenden Vorschrift gilt (*Neuhaus* StV 2015, 185 [188]). Wird deshalb angenommen, dass eine Zeugenvernehmung des späteren Beschuldigten mangels nachträglicher Zustimmung des Beschuldigten grundsätzlich einem Verwertungsverbot unterliegt, entfällt das Problem des Beurteilungsspielraums der Verhörperson bei der Begründung des Beschuldigtenstatus (Rdn. 14). Für die später nach Belehrung gem. Abs. 1 S. 2 gemachten Äußerungen ergeben sich im Fall des Rollenwechsels für sich genommen zunächst keine Verwertbarkeitsbedenken (BGHSt 53, 112 [115]). Im Hinblick auf die früheren Äußerungen soll aber erst eine »**qualifizierte Belehrung**« über deren Unverwertbarkeit das partielle Belehrungsdefizit kompensieren. Eine Verletzung der Verpflichtung zur »qualifizierten Belehrung« soll andererseits nach der Rechtsprechung (BGHSt 53, 112 [116]) nicht ebenso schwer wiegen, wie die Verletzung von Abs. 1 Satz 2 und deshalb kein Verwertungsverbot auslösen. Das wirkt wenig überzeugend, weil es in beiden Konstellationen um die Selbstbelastungsfreiheit als prozessualen Höchstwert geht (offen gelassen von BGH StraFo 2015, 114 [115]; für eine Gleichbehandlung *Deiters* ZJS 2009, 198, 201 f.; *Eisenberg* Beweisrecht der StPO Rn. 577; *Ellbogen* NStZ 2010, 464, 465; *Gless/Wennekers* JR 2008, 383, 384; *Jäger* JA 2013, 155, 157; *Kasiske* ZIS 2009, 319, 322 ff.; Radtke/Hohmann/*Kretschmer* StPO § 136 Rn. 34; *Neuhaus* StV 2010, 45, 51; SK-StPO/*Rogall* § 136 Rn. 87; *Roxin* JR 2008, 16, 18 und HRRS 2009, 186, 187).

20 **Mitbeschuldigte**, denen im Rahmen der Verdachtshypothese eine Mittäterschaft oder Teilnahme an der zu untersuchenden Tat vorgeworfen wird, erwähnt die Strafprozessordnung nicht gesondert. Sie sind keine Beweismittelkategorie sui generis (BGHSt 10, 8 [11]; *Eisenberg* Beweisrecht der StPO Rn. 927). In eigener Sache sind sie Beschuldigte, in fremder Sache im Sinne von Art. 6 Abs. 1, Abs. 3 lit. d EMRK dagegen »Zeugen«. Mitbeschuldigte sind in einem – auch – gegen sie geführten Verfahren selbst dann unter Beachtung der **Schutzbestimmungen** aus Abs. 1 S. 2 zu vernehmen, wenn sich eine Vernehmung inhaltlich nur auf Vorwürfe gegen andere Beschuldigte bezieht. Soweit es dagegen um die **Beweisteilhabe** eines anderen Beschuldigten im Hinblick auf dessen **Anwesenheitsrechte** entsprechend § 168c (noch ohne Berücksichtigung des Konfrontationsrechts abl BGHSt 42, 391 [393 ff.] m. Anm. *Fezer* JZ 1997, 1019 f.; *Rieß* NStZ 1997, 353 ff.; *Schulz* StraFo 1997, 294 ff.; BGH StV 2002, 584 f. m. Anm. *Wohlers*; BGH NStZ 2010, 159), **Frage- und Beweisantragsrechte** geht, ist der Mitbeschuldigte ohne Rücksicht auf Verfahrensverbindung oder Verfahrensabtrennung wie ein Zeuge zu bewerten, weil nur dann die **Konventionsgarantien** aus Art. 6 Abs. 1 und Abs. 3 EMRK zugunsten des nicht selbst vernommenen Mitbeschuldigten eingelöst werden. Durch **Abtrennung von Verfahren** nach §§ 2 Abs. 2, 237 darf nicht gezielt ein Rollenwechsel herbeigeführt werden, um einem ursprünglichen Mitbeschuldigten dadurch prozessuale Nachteile zu bereiten, dass der andere Mitbeschuldigte nun formal zu einem Belastungszeuge wird (*Eisenberg* Beweisrecht der StPO, Rn. 934 ff.; Roxin/*Schünemann* Strafverfahrensrecht § 26 Rn. 5; SK-StPO/*Rogall* Vor §§ 133 ff. Rn. 58). Dies könnte als Verstoß gegen den Fairnessgrundsatz gerügt werden. Auch hier könnte mit einer Willkürgrenze argumentiert werden, wonach eine sachlich begründete Abtrennung von Verfahren beanstandungsfrei bleiben würde, während zumindest eine ohne sonstigen sachlichen Grund, außer der Rollenbeeinflussung mit nachteiligen Folgen für einen Mitbeschuldigten, vorgenommene Verfahrenstrennung angreifbar sein muss. Andererseits ist es in den prozessualen Auswirkungen für den Mitbeschuldigten aus dessen Perspektive unerheblich, ob der Rollenwechsel des anderen Beschuldigten von der Justiz willkürlich oder aus nachvollziehbaren Gründen herbeigeführt wird. Im Sinne von Art. 6 Abs. 3 lit. d MRK steht der Mitbeschuldigte einem Belastungszeugen gleich, soweit es um dessen Äußerungen mit einem für den anderen Beschuldigten nachteiligen Inhalt geht.

IV. Vernehmungen und vernehmungsähnliche Konstellationen. 1. Art und Weise der Be- 21
schuldigtenvernehmung im Strafverfahren. Die Vorschrift bezieht sich auf die »**erste Verneh-**
mung« des Beschuldigten (SK-StPO/*Rogall* § 136 Rn. 20) wegen einer konkreten Tat oder einer Mehrzahl von Taten im prozessualen Sinn. Das Gesetz geht davon aus, dass die Hinweise und Belehrungen nach Abs. 1 ein für alle Mal erteilt werden. Sie gelten prinzipiell in weiteren Vernehmungen fort und müssen nicht immer wieder neu erteilt werden, sofern ihr Inhalt bekannt ist oder es darauf aus sonstigen Gründen später nicht mehr darauf ankommt, etwa wenn Verteidigerbeistand tatsächlich präsent ist. Insbesondere bei den Rechten, auf die sich die Belehrungen nach Abs. 1 S. 2 beziehen, ist aktuelle Rechtskenntnis des Vernommenen aber nicht immer garantiert, so vor allem bei zeitlich weit entfernten Folgevernehmungen (vgl. BGHSt 47, 172 [175]). Insoweit empfiehlt es sich, über den unpräzisen Wortlaut des Gesetzes (SK-StPO/*Rogall* § 136 Rn. 4) hinaus, jeder Beschuldigtenvernehmung die Belehrungen nach Abs. 1 S. 2 voranzustellen. Die Eröffnung des Tatvorwurfs nach Abs. 1 S. 1 ist nicht schon deshalb immer wieder erforderlich, weil der Vorwurf im Laufe des Verfahrens ohnehin mehr und detaillierter bekannt wird. Der ebenfalls im Vergleich mit Abs. 1 S. 2 nicht ganz so essenzielle Hinweis auf Beweisantragsmöglichkeiten nach Abs. 1 S. 3 verliert bei Folgevernehmungen weiter an Gewicht. Der Personalbeweis ist nach überkommenem Strafprozessrecht **prinzipiell offen** zu erheben (*Dencker* 22 StV 1994, 667 [674]). Unter der Beschuldigtenvernehmung versteht die Rechtsprechung daher die offene Vernehmung (BGHSt 42, 139 [150]; 55, 138 [143]), bei der ein Richter, Staatsanwalt oder Polizeibeamter förmlich in seiner amtlichen Eigenschaft dem Beschuldigten gegenübertritt und ihn in erkennbarer Rolle als Verhörsperson zu dem Vorwurf, der den Ermittlungsanlass bildet, befragt (BGHSt 42, 139 [145]; 52, 11 [15]). Eine konsularische Beistandsleistung ist nach der Rechtsprechung keine Vernehmung (BGHSt 55, 314 [317] m. zu Recht abl. Anm. *Heghmanns* ZJS 2011, 98 [100]).

2. Vernehmungsähnliche Befragungen und Selbstbelastungsprovokationen. Funktional vernehmungsähnliche Situationen, in denen **Verdeckte Ermittler** oder Privatpersonen als **V-Leute** oder Informanten (BGH NStZ 1995, 557; StV 2012, 129 [130] m. Anm. *Roxin*) für Befragungen oder »Hörfallen« (BGHSt 39, 335 [348 f.]) vorgeschoben werden und eine »informelle Ausforschung« betreiben (*Meurer* FS Claus Roxin I, 2001, S. 1281 ff.) oder ein »verdecktes Verhör« (BGHSt 55, 138 [143 ff.]; *Kasiske* HRRS 2010, 343 [346 f.]) und dabei eine »Selbstbelastungsprovokation« betreiben (*Wolter* ZIS 2012, 238 ff.), werden von der bisher vorherrschenden Meinung **nicht der vorliegenden Vorschrift unterworfen**, weil keine Vernehmung vorliege (BGHSt 42, 139 [145 f.]; 52, 11 [15]; *Ellbogen* Die verdeckte Ermittlungstätigkeit der Strafverfolgungsbehörden durch die Zusammenarbeit mit V-Personen und Informanten, 2004, S. 86 f.; *Mahlstedt* Die verdeckte Befragung des Beschuldigten im Auftrag der Polizei, 2011, S. 61 ff.; SK-StPO/*Rogall* § 136 Rn. 14; a. A. *Eisenberg* Beweisrecht der StPO, Rn. 571a; LR/*Gleß* § 136 Rn. 12; *Kasiske* StV 2014, 423 ff.; *M. Klein* Inhalt und Reichweite der Belehrungsvorschrift des § 136 StPO, 2005, S. 36 ff.; *Radtke/Hohmann/Kretschmer* § 136 Rn. 7). Dabei werden aber die verfassungs- und konventionsrechtlichen Prämissen in fragwürdiger Weise übergangen (*Groth* Unbewusste Äußerungen und das Verbot des Selbstbelastungszwangs, 2003, S. 70 ff.; *Schumann* JZ 2012, 265 [266 ff.]) und das Problem der staatlich veranlassten Selbstbelastungsprovokation als Manipulation der Bedeutung der scheinbar privaten Gesprächssituation allenfalls gestreift.

Die Rechtsprechung stand Mitte der 1990er Jahre an einem **Scheideweg** (*Roxin* NStZ 1995, 465 ff.; 24 krit. *Verrel* Die Selbstbelastungsfreiheit im Strafverfahren, 2001, S. 165 ff.), sie hat diese Situation durch ein **Ausweichmanöver** zu umgehen versucht, wird nun aber durch die Rechtsprechung des EGMR (StV 2003, 257 [259]) wieder damit konfrontiert und **muss sich neu positionieren** (BGHSt 52, 11 [18] m. Anm. *Engländer* ZIS 2008, 163 ff.), was nach der wegen Verletzung von Verfassungsrecht eigentlich ab initio **korrekturbedürftigen Entscheidung des Großen Senats des Bundesgerichtshofs für Strafsachen** (BGHSt 42, 139 [145 f.]), deren Überprüfung das Bundesverfassungsgericht mit der Erfindung neuer verfassungsprozessualer Hindernisse aus §§ 23, 92 BVerfGG (*Eschelbach/Giegl/Schulz* NStZ 2000, 565 ff.) umgangen hat (BVerfG StV 2000, 467 f. m. abl. Anm. *Weßlau*, ferner *Franke* JR 2000, 467; BVerfG NJW 2000, 3556 f.; 2005, 656 [657]; krit. zur »Karlsruher Lotterie« *Lamprecht* NJW 2000, 3543 f.), angesichts eines »horror pleni« allenfalls zögernd geschieht. Staatlich inszenierte Gespräche über die Tat oder über Indiztatsachen mit dem Ziel, Informationen gegen den Beschuldigten zu gewinnen und zu verwenden, sind nach zutreffender Erkenntnis keine »Privatgespräche«, sondern der Zielrichtung nach einer Vernehmung ähnliche Eingriffsakte (*Beulke* StV 1990, 180

§ 136 StPO Erste Vernehmung

[181]), soweit das Handeln der Vorderleute dem im Hintergrund bleibenden Staat zuzurechnen ist (*Gaede* StV 2004, 46 [50 ff.]; *Kretschmer* HRRS 2010, 343 [346]). Die informelle Ausforschung hat besondere Eingriffsqualität (*Wolter* ZIS 2012, 238 [240 f.]) und ist – soweit nicht sogar Unverfügbares betroffen ist – jedenfalls illegitim, soweit eine besondere gesetzliche Ermächtigung dazu fehlt (SK-StPO/ *Wohlers* § 163a Rn. 45).

25 Die Annahme, es könne auch dann nicht von einem »**Informationseingriff**« gesprochen werden (BGHSt 42, 139 [154]), kollidiert mit der Rechtsprechung des Bundesverfassungsgerichts zum Recht auf informationelle Selbstbestimmung, nach der etwa auch eine Zeugenvernehmung einen Eingriff in dieses Informationsbeherrschungsrecht darstellt (BVerfGE 76, 373 [388]) und jede Beschaffung personenbezogener Daten ohne oder gegen den Willen des Betroffenen einer spezialgesetzlichen Ermächtigungsgrundlage bedürfte (*Bernsmann/Jansen* StV 1998, 217 [218]). Für die informelle Befragung des Beschuldigten kann nichts anderes gelten. Gerade er hat in besonderer Weise ein »Informationsbeherrschungsrecht« (*Amelung* StV 1991, 454 [455]), denn er muss wegen der Selbstbelastungsfreiheit sein Wissen um Tat und Täter nicht preisgeben.

26 Der nemo-tenetur-Grundsatz schützt vor diesem Hintergrund die **kommunikative Autonomie des Beschuldigten** in dem gegen ihn gerichteten Strafverfahren (*Groth* Unbewusste Äußerungen und das Verbot des Selbstbelastungszwangs, 2003, S. 71 f.). Jede Beschaffung, Aufzeichnung und Verwendung personenbezogener Daten, wie sie zumindest in einer Beschuldigtenaussage, nach den Erkenntnissen der Kommunikationswissenschaft aber auch in informellen Äußerungen und nonverbalem Verhalten oder konkludenten Handlungen, enthalten sind, greift, sofern sie ohne oder gegen den Willen des Beschuldigten erfolgt, in den Schutzbereich des Rechts auf informationelle Selbstbestimmung ein (*Groth* a.a.O. S. 79; *Singelnstein* FS Eisenberg, 2008, S. 643 [647]). Ferner wird der durch den Fairnessgrundsatz erfasste, verfahrensspezifische Schutz der Autonomie des Beschuldigten als zentrales Prozesssubjekt aufgegeben. Schließlich wird von Fall zu Fall ein künstlich geschaffenes **Vertrauensverhältnis** oder zumindest eine **spezifische Kommunikationsbeziehung** missbraucht, sodass auch insoweit die Fairness des Verfahrens nicht mehr gewahrt ist. Kommunikation ist nicht nur von der Verbalisierung von Informationen, sondern auch von der Beziehung zwischen den Gesprächsteilnehmern abhängig (*Groth* Unbewusste Äußerungen und das Verbot des Selbstbelastungszwangs, 2003, S. 23 m.w.N.).

27 Eine Informationsbeschaffung vom Beschuldigten mithilfe von Privatpersonen, die eine »**Selbstbelastungsprovokation**« durchführen, ist **dem Staat** jedenfalls dann **zuzurechnen**, wenn Privatpersonen im behördlichen Auftrag handeln oder sogar für den öffentlichen Dienst besonders verpflichtet sind (vgl. § 11 Abs. 1 Nr. 2 Buchst. c, Nr. 4 StGB; RiStBV Anlage D). Sie berührt die Selbstbelastungsfreiheit, wenn der Beschuldigte sich wegen der sich im Bereich des Täuschungsverbots bewegenden »**Legende**« der ihn ausforschenden Person (einschränkend *Verrel* FS Puppe, 2011, S. 1629 ff.), ferner wegen der konkreten **Ausforschungshandlung**, die eine verfahrensrechtliche Eigenverantwortlichkeit der Beschuldigtenäußerung mangels Kenntnis des Gesprächszwecks und Ausforschungsziels aufhebt, und wegen des sofortigen Informationstransfers in das Strafverfahren **unbewusst und ungewollt selbst belastet**. Dagegen hilft entgegen der bisher herrschenden Ansicht nur ein Beweisverwertungsverbot (*Radtke/ Hohmann/Kretschmer* § 136 Rn. 8 f.; *Prasch* Die List in der Vernehmung und Befragung des Beschuldigten, 2002, S. 277 ff.).

28 Abs. 1 S. 2 der vorliegenden Vorschrift, die ebenso wie § 136a nur Teilaspekte der Regeln über die Selbstbelastungsfreiheit nennt, deutet an, dass die Selbstbelastungsfreiheit durch Belehrungshinweise und die Zubilligung von Verteidigerbeistand auch vor einer ungewollten, aber durch Irrtum verursachten Selbstbelastung geschützt werden soll. Die bisher von der deutschen Rechtsprechung praktizierte Reduzierung des Grundsatzes »nemo tenetur se ipsum accusare« auf eine Freiheit von Aussagezwang (BVerfG StV 2013, 353 [359]) geht darüber hinweg, dass auch schon mit einem »verdeckten Verhör« in die **Willensfreiheit des Beschuldigten**, aus eigenem Entschluss darüber zu disponieren, welche Informationen er den Ermittlungsbehörden preisgibt, eingegriffen wird (EGMR StV 2003, 257 [259] m. Anm. *Gaede*; *Engländer* ZIS 2008, 163 [166]; *Groth* Unbewusste Äußerungen und das Verbot des Selbstbelastungszwangs, 2003, S. 71 ff.). Dies muss dazu führen, dass Beschuldigtenäußerungen außerhalb von Vernehmungen, wenn sie durch aktives Tun des Staates mit dem alleinigen Ziel, den Beschuldigten damit zu überführen, herbeigeführt werden, unverwertbar sind (*Haas* GA 1995, 234 f.). Ein Entlastungszweck (Abs. 2) wird in der Praxis, die ihren Neutralitätsverlust gar nicht mehr verspürt, mit solchen Methoden so gut wie nie verfolgt.

Erste Vernehmung § 136 StPO

Nebenbei geht es bei der informellen Ausforschung nicht nur um die Nichtbeachtung von Abs. 1 S. 2 29
der vorliegenden Vorschrift, sondern auch um eine Umgehung des speziellen Eingriffsrechts im Sinne
der §§ 110a ff., während nach der diese Problematik aussparenden Judikatur jedenfalls ohne **vorherige
Aussageverweigerung** des Beschuldigten **keine Umgehung der Vernehmungsregeln** aus §§ 136, 136a
vorliegen soll, deren Normzweck auch keine entsprechende Anwendung von Abs. 1 S. 2 der vorliegenden Vorschrift auf informelle Befragungen gebiete (BGHSt 42, 139 [147]; *Mahlstedt* Die verdeckte Befragung des Beschuldigten im Auftrag der Polizei, 2011, S. 123 ff.; a. A. *Eisenberg* Beweisrecht der
StPO, Rn. 571). Damit wird das Thema zumindest z.T. verfehlt, weil §§ 136, 163a allenfalls die Peripherie der Selbstbelastungsfreiheit normieren, aber diese Rechtsposition selbst weder definieren noch
konstitutiv und abschließend regeln, sondern stillschweigend voraussetzen.

Unabhängig von der Frage einer **Gesetzesumgehung hinsichtlich der §§ 110a ff.**, 136 ist schließlich zu 30
prüfen, ob **§ 136a Abs. 1 StPO**, unmittelbar geltendes **Verfassungsrecht** (Art. 1 Abs. 1, 2 Abs. 1 und 2
S. 2 i.V.m. Art. 20 Abs. 3 GG) oder **die Europäische Menschenrechtskonvention** (Art. 6 Abs. 1 S. 1
EMRK) dieser Art der Informationsbeschaffung unter Vortäuschung eines privaten Charakters der Gespräche entgegenstehen (vgl. BGHSt 55, 138 [144]). Den Kernbereich der Selbstbelastungsfreiheit
(Art. 1 Abs. 1 GG, § 136a StPO; *Wolter* ZIS 2012, 238 [240 ff.]) hat die deutsche Rechtsprechung
noch nicht genau erfasst und deshalb auch seine Peripherie bisher nicht als solche von einer zweiten
(Art. 2 Abs. 1 GG, § 136 StPO) und dritten Sphäre (§§ 161, 163 StPO) abgeschichtet (vgl. *Wolter*
ZIS 2012, 238 [242 ff.]). Dabei wäre das im Sinne der verfassungsrechtlichen Drei-Sphären-Theorie
angezeigt.

3. Vernehmungen oder Befragungen des Beschuldigten außerhalb des Strafverfahrens. Äuße- 31
rungen des Beschuldigten **außerhalb des Strafverfahrens**, etwa bei einer Vernehmung im Zivilprozess,
werden nicht nach der vorliegenden Vorschrift beurteilt (*Verrel* NStZ 1997, 361 [362]; zur umgekehrten Lage im Zivilprozess BGHZ 153, 165 [169 ff.] m. abl. Anm. *Deiters* JR 2003, 373 f. und *Katzenmeier* ZZP 116 [2003], 375 ff.). Gleiches gilt bei Angaben **ganz außerhalb eines Gerichtsverfahrens**,
etwa gegenüber dem Haftpflichtversicherer (OLG Celle NJW 1995, 640 f.; KG NStZ 1995, 146 f.).
Das gilt prinzipiell auch bei Mitarbeiterbefragungen (Interviews) durch Compliance-Beauftragte in Unternehmen im Rahmen interner Ermittlungen (*Greco/Caracas* NStZ 2015, 7 ff.; *Greeve* StraFo 2013,
89 ff.; *Kasiske* NZWiSt 2014, 252 ff.; *Momsen* ZIS 2011, 508 ff.; *Zerbes* ZStW 125 [2013], 551 ff.).
Die Äußerungspflicht oder das Bestehen eines Auskunftsverweigerungsrechts wegen einer auf das Zivilrechtsverhältnis übergreifenden Bedeutung der Selbstbelastungsfreiheit für das Strafverfahren richtet
sich dann zunächst nach dem Arbeitsrecht. Die Frage, ob die Resultate der Mitarbeiterbefragungen
im Fall eines konsensualen Verhaltens des seinerseits unter Druck stehenden Unternehmens (*Momsen*
ZIS 2011, 508 [510]) gegenüber den Ermittlungsbehörden gegen die Mitarbeiter als spätere Beschuldigte verwendet werden können, ist aber nicht abschließend geklärt. Die Situation ähnelt in gewisser
Weise den Fällen der Äußerung aufgrund verfahrensrechtlicher Äußerungspflichten außerhalb des
Strafprozesses (BVerfGE 56, 37 [43 f.] m. Sondervotum *Heußner*); es weist aber auch Unterschiede
auf (*Greco/Caracas* NStZ 2015, 7 [11 f.]). Die Drucksituation für Unternehmensmitarbeiter (*Momsen*
ZIS 2011, 508 [512]), denen im Fall der Auskunftsverweigerung gegenüber dem Unternehmen neben
anderen Nachteilen vor allem die Kündigung droht (*Jahn* StV 2009, 41 [42]), kann daher aus Gründen
der Rechtsstaatlichkeit des Strafverfahrens und mit Blick auf die Bedeutung der Selbstbelastungsfreiheit ein Beweisverwertungsverbot zur Folge haben (*Knauer/Gaul* NStZ 2013, 192 [193 f.]; *Momsen*
ZIS 2011, 508 [515]; *I. Roxin* StV 2012, 116 [120]; a. A. *Schmitt* in: Meyer-Goßner/Schmitt § 136
Rn. 7a), zumindest sofern nicht dem § 136 Abs. 1 S. 2 entsprechende Bedingungen bei der Mitarbeiterbefragung hergestellt worden waren und die internen Ermittlungen des Unternehmens dem Staat zuzurechnen sind, weil sie durch hoheitliche Maßnahmen veranlasst oder unter Zurückstellung des Legalitätsprinzips von den Ermittlungsbehörden ausgenutzt werden (*Greco/Caracas* NStZ 2015, 7 [12 ff.]).
Eine Beweiswürdigungslösung (*Raum* StraFo 2013, 395 [399]) reicht hier ebenso wenig aus wie alleine
die Zubilligung eines Auskunftsverweigerungsrechts der Mitarbeiter gegenüber den Compliance-Beauftragten (*I. Roxin* StV 2012, 116 [121]). Beides trägt dem teils faktischen, teils kündigungsrechtlichen Äußerungszwang für die Mitarbeiter nicht ausreichend Rechnung (*Greco/Caracas* NStZ 2015,
7 [8 f.]).

§ 136 StPO Erste Vernehmung

32 Inwieweit **Äußerungsverpflichtungen in anderen Verfahrensordnungen** für gerichtliche Verfahren, in denen Informationsinteressen Dritter oder der Allgemeinheit höher gewichtet werden als das Interesse des Betroffenen, sich nicht durch eigene Äußerungen belasten zu müssen, Auswirkungen auf das Strafverfahren haben, ist nicht in allen Einzelheiten geklärt (vgl. auch EGMR JR 2005, 423 [424] m. Sondervotum *Lorenzen/Levits/Hajiyev* und m. Anm. *Gaede*). Der Fairnessgrundsatz gebietet es nach der bisher mehrheitlich vertretenen Ansicht nicht, dass auch in einem solchen strafprozessexternen Rechtsverhältnis oder Verfahren von einem Äußerungszwang abgesehen werden muss, um Nachteile im Strafverfahren zu vermeiden. Es genüge ein Beweisverwertungsverbot hinsichtlich der externen Erkenntnisse nur für das Strafverfahren (vgl. BVerfGE 56, 37 [43 ff.] m. Sondervotum *Heußner*). Damit werden allerdings die Folgen aus dem Rechtsprechungsgrundsatz, dass ein Beweisverwertungsverbot die Verwendung der Informationen als Spurenansatz nicht ausschließt, nicht restlos eliminiert. Erst recht erscheint es fraglich, ob die Verneinung eines Verwertungsverbots für das Strafverfahren in Konstellationen, in denen der Beschuldigte andernorts Äußerungsobliegenheiten befolgt (BGHSt 36, 328 [334 ff.]), gerechtfertigt ist.

33 Sehr weit geht schließlich die Annahme, **im Ausland durchgeführte Vernehmungen** ohne eine dem Abs. 1 S. 2 entsprechende Belehrung seien ohne weiteres im Inland verwertbar (BGH NStZ-RR 2002, 67). Insoweit sollte vom Standpunkt der Rechtsprechung aus zumindest nach dem Maßstab der Abwägungsdoktrin eine Beweisverbotsprüfung stattfinden.

34 **B. Hinweis auf den Vorwurf (Abs. 1 S. 1)** Bei Beginn der ersten Vernehmung ist dem Beschuldigten in einer für ihn verständlichen Sprache zu eröffnen, welche Tat ihm zur Last gelegt wird und welche Strafvorschriften in Betracht kommen (s.a. Art. 5 Abs. 2, 6 Abs. 3 Buchst. a EMRK, § 114b Abs. 1 StPO). Damit wird unter anderem ein **Zeitpunkt** benannt, zu dem ein **Tatsachenhinweis** auf die Tat und – abgesehen von der polizeilichen Vernehmung (§ 163a Abs. 4 S. 1) – ein **Rechtsnormhinweis** auf die anwendbaren Strafnormen zu erteilen ist. Aber die Hinweise nach § 136 Abs. 1 S. 1 und Abs. 2 sind auch eng miteinander verknüpft (*Neuhaus* StV 2013, 488 [490]). Die Kenntnis davon, was dem Beschuldigten in tatsächlicher Hinsicht und zumindest mit der konkreten Dimension des Unrechts auch in rechtlicher Hinsicht vorgeworfen wird, kann für seine Entscheidung über die Wahrnehmung der zentralen Rechte, nämlich die Rechte sich redend oder schweigend zu verteidigen und auf Verteidigerkonsultation, ebenso von Bedeutung sein, wie die Kentnnis der prozessualen Rechte selbst. Kennt der Beschuldigte den Inhalt des Vorwurfs aus dem Zusammenhang des Verfahrensgeschehens oder anderen Gründen, kann ein Defizit des Hinweises zu Beginn der Vernehmung im Einzelfall verfahrensrechtlich unerheblich sein (BGH StV 2013, 485 [487] m. abl. Anm. *Neuhaus*). Kennt er den Vorwurf in seinem gesamten Umfang aber nicht, so werden auch die Belehrungen nach Abs. 1 S. 2 mittelbar dadurch entwertet und es kann das prozessuale Recht, auf das sich die Belehrungen beziehen sollen, beeinträchtigt sein. Die Beweisverbotsfolgen müssen dann dieselben sein, wie bei einem Fehler bei der Belehrung im Sinne von Abs. 1 S. 2 (SK-StPO/*Wohlers* § 163a Rn. 75).

35 Nur **zu Beginn** und nur bei **der ersten Vernehmung** ist der Hinweis abstrakt-generell vorgeschrieben. Damit bezeichnet das Gesetz nur ein Minimum dessen, was in allen Fällen erfüllt sein muss. Ein Mehr ist grundsätzlich möglich und im Einzelfall angezeigt, so etwa dann, wenn erst später weitere oder andere Kriterien bekannt werden, auf die erst nachträglich hingewiesen werden kann, ferner wenn sich später das Tatbild oder die Rechtslage anders darstellen, schließlich wenn zu der anfangs verfolgten Tat nachträglich weitere Taten hinzukommen, die z.B. erst im Verlauf der Beschuldigtenvernehmung bekannt werden. Wie in solchen Konstellationen zu verfahren ist, lässt das Gesetz mit seiner Normierung von Mindestbedingungen offen.

36 Die Hinweispflichten ab dem Zeitpunkt der Anklageerhebung sind insoweit – freilich nur z.T. – genauer geregelt, indem Anklageschrift (§ 200 Abs. 1), Eröffnungsbeschluss (§ 207) und gerichtliche Hinweise in der Hauptverhandlung (§ 265) immer wieder präzisierte, geänderte oder nachgebesserte Informationen vermitteln können, sobald die laufend zu überprüfende Sach- und Rechtslage zur **Vermeidung einer Überraschung** dazu Anlass bietet. Dort geht es vor allem um den Anspruch auf rechtliches Gehör zur Sach- und Rechtslage vor dem Strafurteil; hier steht der Anspruch auf Gehör »vor Gericht« noch nicht als Prüfungsmaßstab bereit (BVerfGE 101, 397 [404]), weil es noch nicht unmittelbar um eine Prozesshandlung vor einer gerichtlichen Sachentscheidung geht, sondern um eine Maßnahme im behördlichen Vorverfahren auf dem Weg zur Abschlussverfügung der Staatsanwaltschaft. Soweit

Art. 103 Abs. 1 GG nicht eingreift, besteht verfassungsrechtlich aber nicht etwa ein rechtsfreier Raum, sondern ein Anwendungsbereich des Prozessgrundrechts auf ein faires Verfahren aus Art. 2 Abs. 1 oder Abs. 2 S. 2 GG i.V.m. Art. 20 Abs. 3 GG (vgl. BVerfGE 101, 397 [405]); ferner gilt **Art. 6 Abs. 3 Buchst. a EMRK**, mit dem Recht des Beschuldigten darauf, »**unverzüglich** in einer für ihn verständlichen Sprache **in allen Einzelheiten** über die Art und den Grund der gegen ihn erhobenen Beschuldigungen in Kenntnis gesetzt zu werden«. Daraus ergeben sich u.U. Hinweispflichten über Abs. 1 S. 1 hinaus. So kann beim Vorwurf der Begehung mehrerer Taten anfangs ein Hinweis auf eine Tat ausreichen, der nachträgliche Hinweis auf weitere Vorwürfe aber erforderlich werden, sobald diese erkannt werden. Unmögliches wird von der Verhörsperson nicht verlangt, das Realisierbare ist aber »unverzüglich« und vollständig zu leisten (Art. 6 Abs. 3 Buchst. a EMRK).

Der gebotene Tatsachenhinweis bezieht sich nach dem Gesetzeswortlaut zunächst nur auf die Tat im prozessualen Sinn, also den Lebenssachverhalt (LR/*Gleß* § 136 Rn. 25). Ob nur **Sachverhaltstatsachen** oder auch **Indiztatsachen** mitzuteilen sind, regelt das Gesetz hier nicht eindeutig; in § 115 Abs. 3 S. 1 werden auch die belastenden Umstände als Gegenstand der Belehrung bei einer Vernehmung durch den Haftrichter, sofern es nicht die erste Vernehmung ist, genannt. Wenn der Beschuldigte nach § 136 Abs. 2 die **Möglichkeit** erhalten soll, **Verdachtsgründe zu beseitigen**, dann muss er sie auch bei der ersten Vernehmung und außerhalb einer Vernehmung durch den Haftrichter zumindest **kennen** (*Dencker* StV 1994, 667 [676]). Da er in eigener Person zunächst keine Akteneinsicht erhält, muss er bei der Vernehmung auf die Verdachtsgründe hingewiesen werden. Dies gehört zu den Hinweisen nach Abs. 1 S. 1. Die Frage ist nur, wie weit diese Hinweispflicht geht. 37

Art. 6 Abs. 3 Buchst. a EMRK tendiert zu einem optimalen Hinweis auf alle zur Ermöglichung einer effektiven Verteidigung relevanten Aspekte und zwar in allen Einzelheiten. Dieses Gebot wirkt gut gemeint, andererseits aber nicht zu Ende gedacht. Hinweise an den Beschuldigten als Auskunftsperson sind nämlich nicht nur positiv zu bewerten, sie können dann, wenn sie zu weit gehen, auch negative Wirkungen entfalten. Dies ist namentlich dann der Fall, wenn Tatsachenhinweise der Verhörsperson suggestiv auf den Beschuldigten einwirken, insbesondere wenn sie ihm scheinbares »Täterwissen« durch Informationsvermittlung verschaffen, das später als wichtiges und oft überschätztes (*Wimmer* ZStW 50 [1930], 537, [549 f.]) sowie bei Herkunft der Informationskerne aus Hinweisen der Verhörsperson fehlerhaft festgestelltes Belastungsindiz gegen ihn verwendet wird, zumal wenn die wahre Herkunft dieses Wissens mangels genauer Aufzeichnung auch der Fragen und Vorhalte in Protokollen später nicht mehr erkannt wird. Ein **Zuviel an Hinweisen** auf mögliche Belastungsbeweise kann im Extremfall eine »erdrückende Beweislage« andeuten, die zu einem falschen Geständnis (*Drews* Die Königin unter den Beweismitteln? 2013, S. 132 f.; *Eschelbach* FS Rissing-van Saan, 2011, 115 [123 f.]; *Kroll* Wahre und falsche Geständnisse in Vernehmungen, 2012, S. 45 ff.; *Sickor* Das Geständnis, 2014, S. 297 ff.) führen mag. Vor einer Fairnesseuphorie mit der Tendenz, ein Maximum an Hinweisen zu postulieren, ist deshalb zu warnen. 38

Im Prinzip sind **alle für eine sachgerechte Verteidigung erforderlichen Informationen** mit ihrem wesentlichen Gehalt zu vermitteln, unabhängig davon, ob es sich um Sachverhalts- oder Beweistatsachen handelt. Andererseits ist mehr als das im Einzelfall Wesentliche nicht erforderlich. Die Mitteilung des inkriminierten Sachverhalts in groben Zügen und der wesentlichen Belastungsbeweise reicht aus, soweit dadurch eine sachgemäße Verteidigung ermöglicht wird (LR/*Gleß* § 136 Rn. 22). Das Gesetz zwingt die Verhörsperson also nicht dazu, schon zu Beginn der Beschuldigtenvernehmung alle Verdachtsgründe auszubreiten (*Dencker* StV 1994, 667 [676]; SK-StPO/*Rogall* § 136 Rn. 65). Würden dem Beschuldigten vor der Vernehmung sämtliche Verdachtsgründe bekannt gegeben, so würde dies den Vernehmungszweck der Sachverhaltsaufklärung infrage stellen (*Mahlstedt* Die verdeckte Befragung des Beschuldigten im Auftrag der Polizei, 2011, S. 55). Insoweit müsste Ähnliches gelten, wie für die heute verbreitet vorkommende Desavouierung der Zeugenrolle von »Opfern« durch den Aktenkenntnis (*Schünemann* FS Hamm, 2008, S. 687 [690 ff.]; *Schroth* NJW 2009, 2916 [2919]). Eine Auskunftsperson, die praktisch über Aktenkenntnis durch deren Lektüre oder aber durch umfassende Hinweise der Verhörsperson verfügt, kann diese Kenntnisse bald nicht mehr von Erinnerungen an selbst erlebtes Geschehen unterscheiden (*Eschelbach* ZAP Fach 22, 781 [786 ff.]). Anstelle der Forderung, »sofort« vor Beginn der Vernehmung zur Sache auf die Tat hinweisen zu müssen, ist eine zeitliche Relativierung durch das Gebot »unverzüglich« zu handeln und gegebenenfalls sukzessive zu informieren, meist der richtige Weg. 39

40 Eine **sukzessive Erteilung von Hinweisen** ist im Allgemeinen jedenfalls nicht rechtsfehlerhaft, sondern gerade bei Umfangsverfahren sachgerecht (SK-StPO/*Rogall* § 136 Rn. 39; krit. LR/*Gleß* § 136 Rn. 24). Sie darf nur nicht dazu führen, dass die Aussagebereitschaft des Beschuldigten und der Aussageinhalt manipuliert werden. Das gilt auch für die Mitteilung der Dimension des Vorwurfs, die für die Wahrnehmung der prozessualen Rechte von Bedeutung sein kann (*Neuhaus* StV 2013, 488 [489 f.]). Auch darf die Verhörsperson den Sachverhalt nicht als feststehend und die Beweisgründe als verbindlich darstellen, weil sonst die Besorgnis der Befangenheit entsteht und die Unschuldsvermutung (vgl. dazu allgemein EGMR NJW 2011, 1789 f.; BVerfG StV 2013, 353 [359]) verletzt werden kann. Wie weiter zu verfahren ist, wenn der Beschuldigte auf **Indizien**, etwa Sachbeweise, hingewiesen wird, die **ihrerseits** im Strafverfahren **unverwertbar** sind, ist noch nicht entschieden. Eine einheitliche Antwort wird kaum zu geben sein, sondern sie hängt von der Qualität des Beweisverwertungsverbots für das Indiz ab, das dem Beschuldigten bei der Vernehmung vorgehalten oder auf das er im Rahmen von Abs. 1 Satz 1 hingewiesen wird. Soll die vorliegende Vorschrift die Entschließungsfreiheit des Beschuldigten bei der Frage, ob er sich redend oder schweigend verteidigen will, stärken, dann ist ein Hinweis auf einen unverwertbaren anderen Beweis allenfalls nach einer qualifizierenden Belehrung darüber, dass dieses Beweismittel unverwertbar ist, unbeachtlich. Ohne eine qualifizierte Belehrung wirkt sich der Hinweis auf die Willensfreiheit des Beschuldigten aus, weil er annehmen muss, Schweigen sei zur Verteidigung nicht mehr geeignet. Das Geständnis, das nach einem Hinweis auf die Existenz eines Belastungsbeweises abgelegt wird, der tatsächlich unverwertbar ist, sollte demnach einem Verwertungsverbot unterliegen (vgl. auch Schweizerisches Bundesgericht, Urt. v. 14.04.2011 – 6B.849/2011, Ls. in Kriminalistik 2011, 725).

41 Die (nur) bei richterlichen oder staatsanwaltschaftlichen Vernehmungen, nicht aber bei polizeilichen Vernehmungen (§ 163a Abs. 4 S. 1), gebotenen **Rechtsnormhinweise** beziehen sich auf die möglicherweise anzuwendenden **Straftatbestände** nebst Qualifikationen, im Einzelfall auch auf die wesentlichen **Zurechnungsnormen** nach dem Allgemeinen Teil, namentlich bei einem Unterlassen als Garant (§ 13 StGB), bei mittelbarer Täterschaft (§ 25 Abs. 1, 2. Alt. StGB), bei Mittäterschaft (§ 25 Abs. 2 StGB) oder bei Teilnahme (§§ 26, 27 StGB), ferner bei einem Versuch der Tat (§ 22 StGB) oder einer versuchten Beteiligung an einem Verbrechen (§ 30 StGB). Geringere praktische Bedeutung für Verteidigungszwecke haben komplizierte und im Einzelfall eher fernliegende oder erst künftig annähernd genau zu ermittelnde Aspekte, wie diejenigen nach §§ 20, 21 StGB oder zuvörderst strafzumessungsrelevante Aspekte wie besonders schwere oder minder schwere Fälle. Mit welchem genauen Inhalt der Hinweis zu erteilen ist, wird in Abs. 1 S. 1 nicht festgelegt. Dies hängt von den Umständen des Einzelfalls ab. Vorrangig von Bedeutung ist die **Verständlichkeit** für den Beschuldigten (*Eisenberg* Beweisrecht der StPO, Rn. 542; LR/*Gleß* § 136 Rn. 26), die meist nicht mit der Bezeichnung (nur) der Paragrafen, sondern mit der begrifflichen Umschreibung in verständlicher Sprache zu erzielen ist. Ferner ist die **Bedeutsamkeit für die Verteidigung** im Rahmen der Beschuldigtenvernehmung zu beachten. Es kann natürlich nicht der Maßstab angelegt werden, der an die Informationsfunktion einer Anklageschrift gem. § 200 Abs. 1 anzulegen ist. Andererseits muss der Rechtsnormhinweis zumindest im Wesentlichen zutreffend sein; ein falscher Hinweis kann im Einzelfall sogar zur Anwendung von § 136a Abs. 1 und 3 führen, wenn er direkt Einfluss auf die Aussagebereitschaft hat (*Eisenberg* Beweisrecht der StPO, Rn. 547).

42 **C. Belehrung über Essentialia der Verteidigung (Abs. 1 S. 2)** Nirgends ist die Eigenverantwortlichkeit des Beschuldigten bei offenen Ermittlungen so wichtig und zugleich so schwach ausgeprägt wie bei der ersten Vernehmung, insbesondere durch die Polizei. Das Gesetz stellt vor diesem Hintergrund Belehrungspflichten auf und nennt die Rechtspositionen, auf die sich die Belehrungen beziehen, ohne diese hier selbst zu konstituieren. Es geht um die Entschließungsfreiheit des Beschuldigten darüber, sich redend oder schweigend zu verteidigen, und um das Recht auf Verteidigerbeistand vor und/oder während der Vernehmung. Die Belehrungen haben **Vorsorglichkeits- und Fürsorgecharakter** (vgl. BGHSt 25, 325 [330]) und sie bilden eine **Sicherung der Selbstbelastungsfreiheit** (BGHSt 58, 301 [303 f.] mit Anm. *Wohlers* JR 2014, 132 f.; *Groth* Unbewusste Äußerungen und das Verbot des Selbstbelastungszwangs, 2003, S. 87 f.; *Mahlstedt* Die verdeckte Befragung des Beschuldigten im Auftrag der Polizei, 2011, S. 84), sind also Ausprägungen des Grundsatzes »nemo tenetur se ipsum accusare vel prodere« (*Roxin* FS Geppert, 2011, S. 549 [556]). Abs. 1 S. 2 stellt **mittelbar ein Beweiserhebungs-**

verbot in der Weise auf, dass er eine Befragung des Beschuldigten zum Tatvorwurf verbietet, wenn dieser nicht zuvor über sein Recht sich redend oder schweigend zu verteidigen und sein Recht auf Verteidigerkonsultation unterrichtet wurde. Das Recht – zu schweigen und Verteidigerbeistand in Anspruch zu nehmen – selbst wird durch inhaltlich fehlerhafte Belehrungen oder deren Unterlassung nicht unmittelbar verletzt, sondern mittelbar, sofern es mangels Kenntnis des Beschuldigten infolge des Belehrungsdefizits nicht ausgeübt oder durchgesetzt wird. Ist das Recht dagegen **aus anderen Informationsquellen** bereits **bekannt und** auch dem Beschuldigten in der Vernehmungssituation bewusst, dann ist die Belehrung eine Förmlichkeit ohne substanzielle Bedeutung für die Rechtsposition des Beschuldigten (BGHSt 38, 214 [224]). Ein Belehrungsfehler wirkt sich dann nicht aus. Andererseits kann das prozessuale Recht, auf das sich die Belehrung bezieht, auch dann **substanziell verletzt** werden, wenn die Belehrung ordnungsgemäß erfolgt. Dies ist etwa dann der Fall, wenn das dem Beschuldigten bekannte Schweigerecht durch Äußerungszwänge beeinträchtigt wird oder wenn das ihm bekannte Recht auf Verteidigerkonsultation durch Vereitelung der erwünschten Verteidigerkonsultation vor oder während der Vernehmung verkürzt wird. Es ist also von Fall zu Fall vor allem zu prüfen, ob und wie eine essentielle Rechtsposition im Verfahren beeinträchtigt wird, nicht nur, ob und wie die Förmlichkeiten des Abs. 1 S. 2 eingehalten oder verletzt wurden. Die **Art und Weise der Belehrung** ist, anders als bei den »Miranda-warnings« in den USA, hier nicht formalisiert und lässt der Verhörsperson einen **Spielraum** (krit. *Lorenz* StV 1996, 172 [173]). Maßgebend ist die Verständlichkeit für den Beschuldigten (*Eisenberg* Beweisrecht der StPO, Rn. 564).

I. Belehrung über das Recht, sich zum Vorwurf zu äußern oder nicht zur Sache auszusagen. 43
1. Selbstbelastungsfreiheit. Die Belehrung über die »nach dem Gesetz« bestehende Freiheit des Beschuldigten, sich zu dem strafrechtlichen Vorwurf zu äußern oder nicht zur Sache auszusagen, betrifft einen zentralen Aspekt der Beschuldigtenrolle und der sich daraus ergebenden Rechtsstellung im Verfahren (BGHSt 58, 301 [304]). Die Selbstbelastungsfreiheit bedeutet im Kontext der Vernehmung, dass der Beschuldigte eigenverantwortlich entscheiden kann, **ob und gegebenenfalls welche Informationen er** den staatlichen Strafverfolgungsorganen **preisgibt** (*Beckemper* Durchsetzung des Verteidigerkonsultationsrechts und die Eigenverantwortlichkeit des Beschuldigten, 2002 S. 74 ff.; *Engländer* ZIS 2008, 163 [165]; *Groth* Unbewusste Äußerungen und das Verbot des Selbstbelastungszwangs, 2003, S. 70 ff.). Weil der Beschuldigte ein Subjekt des Verfahrens ist, muss sein **eigenverantwortlicher Willensentschluss**, sich redend oder schweigend zu verteidigen, ermöglicht und beachtet werden. Die Selbstbelastungsfreiheit ist zudem eng mit der Unschuldsvermutung des Art. 6 Abs. 2 EMRK verbunden (*Safferling/Hartwig* ZIS 2009, 784 [787]). Es handelt sich um eine Rechtsposition, auf die der Beschuldigte verzichten kann, indem er aus freiem Willensentschluss in Kenntnis seiner rechtlichen Befugnisse auch selbstbelastende Äußerungen macht. Weil die Rechtsposition verzichtbar ist, kann auch auf die Belehrung nach Abs. 1 S. 2 verzichtet werden. Ebenfalls kann auf die Geltendmachung prozessualer Rechtsfolgen einer Verletzung von Abs. 1 S. 2 in Form eines Beweisverwertungsverbots verzichtet werden, indem seitens des betroffenen Beschuldigten der Verwertung zugestimmt wird. Ob aber auch das Unterlassen eines Widerspruchs gegen die Beweisverwertung wegen einer Verletzung von Abs. 1 Satz 2 dieselbe Wirkung entfaltet, wie es richterrechtlich nach der Widerspruchslösung angenommen wird (Rdn. 96 ff.), erscheint zumindest streitbar.

Die **Freiheit**, sich zu der Beschuldigung zu äußern oder nicht zur Sache auszusagen, wird **in der Verfassung** (Art. 1 Abs. 1, 2 Abs. 1 i.V.m. Art. 20 Abs. 3 GG), und **in der Konvention** (Art. 6 Abs. 1 EMRK; *Esser* JR 2004, 98 [102 f.]; *Gaede* Fairness als Teilhabe, 2007, S. 312 ff.) **sowie im Völkerrecht** (Art. 14 Abs. 3 IPBPR) **anerkannt** (EGMR StV 2003, 257 [259]; BVerfGE 133, 168 [201]; BGHSt 38, 214 [220]; 42, 139 [151 f.]; 52, 11 [17]; 53, 294 [305]; 58, 301 [304]; LR/*Gleß* § 136 Rn. 27; SK-StPO/*Paeffgen* EMRK Art. 6 Rn. 80; *Safferling/Hartwig* ZIS 2009, 784 [786]; gegen Verfassungsrang wegen der hingenommenen Folgen der Rechtsausübung *Leitmeier* JR 2014, 372 [376]; gegen die Akzeptanz der Folgen dagegen SSW-StGB/*Eschelbach* StGB§ 46 Rn. 121 ff.), obwohl dort, ebenso wie in der Strafprozessordnung, meist zumindest Detailregeln fehlen. Insbesondere in den §§ 55, 136 Abs. 1, 136a, 243 Abs. 5 S. 1 StPO wird der Grundsatz der Selbstbelastungsfreiheit immer wieder stillschweigend vorausgesetzt, aber nirgends positiv geregelt (*Kasiske* JuS 2014, 15). Wegen dieses Regelungsdefizits besteht über Einzelheiten des Inhalts der Selbstbelastungsfreiheit keine Klarheit (BGHSt 52, 11 [17]). Die Selbstbelastungsfreiheit betrifft im Übrigen **nicht nur Aussagen**, sondern **alle verbalen** 44

§ 136 StPO   Erste Vernehmung

und nonverbalen aktiven Handlungen des Beschuldigten, die eine Selbstbelastung zur Folge haben könnten (BGHSt 49, 56 [58]). Die vorliegende Vorschrift behandelt allerdings nur Äußerungen.

45 Gesichert ist alleine, dass jedenfalls ein **Zwang zur Aussage** nicht bestehen darf, weil dadurch der »Kernbereich« der Selbstbelastungsfreiheit angetastet wird (BVerfGE 133, 168 [201]; BGHSt 55, 138 [144]; SK-StPO/*Rogall* § 136 Rn. 16). Auch Art. 14 Abs. 3 Buchst. g IPBPR verlangt möglicherweise nur, der Verfolgte dürfe nicht dazu »gezwungen« werden, gegen sich selbst quasi als Zeuge auszusagen oder sich schuldig zu bekennen. Er statuiert das Recht des Verfolgten: »not to be compelled to testify against himself or to confess guilt«. Dabei kann »compelled« zwar einerseits mit »gezwungen« oder »genötigt«, andererseits aber auch mit »angehalten« oder »veranlasst« übersetzt werden. Diese Regelung erlaubt also keinen zwingenden Schluss auf die Beschränkung des nemo-tenetur-Grundsatzes auf Freiheit von Zwang. Der IPBPR ist für den innerstaatlichen Bereich auch sonst keine zwingend rechtsbegrenzende Regelung. Die Rechtsnormen im innerstaatlichen Gesetzesrecht enthalten dagegen keine Detailbestimmung. Ob es neben dem Zwang zur Selbstbelastung, den auch § 136a Abs. 1 S. 2 ausdrücklich verbietet, und darüber hinaus im Sinne einer dem Staat zuzurechnenden Veranlassung des Beschuldigten zu einer nicht eigenverantwortlichen Selbstbelastung weitere gewichtige Einflüsse der Ermittlungsorgane auf die Willensfreiheit des Beschuldigten gibt, die jenseits der Grenze des Zulässigen liegen (vgl. *Renzikowski* JZ 1997, 710 [713 ff.]; *Schumann* JZ 2012, 265 [266 f.]), und wo genau die Grenze verläuft, bleibt deshalb unklar.

46 Immerhin sieht auch § 136a Abs. 1 S. 1 unzulässige Willensbeeinflussungen vor, die sich vom Zwang unterscheiden; er markiert aber mit seinen Beispielsfällen unzulässiger Einwirkungen auf die Willensfreiheit ebenfalls kein einheitliches Belastungsgewicht der hoheitlichen Maßnahmen, das erforderlich wäre, um erst aufgrund einer bestimmten Eingriffsintensität eine Verletzung der Selbstbelastungsfreiheit zu bewirken. § 136a wird in seiner Bedeutung überschätzt, wenn er auch außerhalb seines Anwendungsbereichs als Gradmesser für die Bewertung sonstiger Rechtsverletzungen im Hinblick auf Beweisverwertungsverbotsfolgen herangezogen wird (*M. Klein* Inhalt und Reichweite der Belehrungsvorschrift des § 136 StPO, 2005, S. 36; *Mitsch* NJW 2008, 2295 [2297]; s.a. *Safferling/Hartwig* ZIS 2009, 784 [788]). Zwischen irgendeiner dem Staat zuzurechnenden **Veranlassung des Beschuldigten zur** gegebenenfalls **selbstbelastenden Äußerung** (*Roxin* StV 2012, 131 [132 f.]) und staatlichem Aussagezwang ergibt sich eine weite Spanne der Fallgestaltungen, bei denen der nemo-tenetur-Grundsatz relevant sein kann. § 136a Abs. 1 bringt weder Klarheit über den genauen Grenzverlauf zwischen zulässigen und unzulässigen hoheitlichen Handlungen oder Unterlassungen, noch enthält er eine abschließende Regelung. Er bildet vor allem nicht die Grundnorm, von der aus verbindlich die Reichweite des nemo-tenetur-Grundsatzes bestimmt werden könnte (*Groth* Unbewusste Äußerungen und das Verbot des Selbstbelastungszwangs, 2003, S. 91). Daher ist aus jener Norm keine abschließende Rechtsfolgenregelung für die dort genannten Fälle zu entnehmen und es ist kein Umkehrschluss zu ziehen, dass Verletzungen von § 136 Abs. 1 S. 2 keine oder jedenfalls keine ähnliche Rechtsfolge haben (BGHSt 38, 214 [222 f.]). § 136 Abs. 1 S. 2 steht der Grundnorm des nemo-tenetur-Prinzips zumindest näher als § 136a. Er regelt allerdings nur eine Fürsorgemaßnahme, die dem Beschuldigten die Rechtsausübung durch Verschaffung von Rechtskenntnis ermöglichen soll. Er besagt nichts über die Folgen einer eventuellen Rechtsverletzung. Die Frage, ob eine erhebliche Rechtsverletzung vorliegt und welche Rechtsfolgen sie auslöst, ist nach der Rechtsprechung vielmehr von Fall zu Fall zu beantworten (BGHSt 38, 214 [219]).

47 Die bisher herrschende Meinung neigt, von anderen Fällen des § 136a Abs. 1 abgesehen, zur Beschränkung der Selbstbelastungsfreiheit des Beschuldigten auf eine »Freiheit von Zwang« zur Selbstbelastung (BGHSt 42, 139 [152 f.]; 53, 294 [305]; 55, 138 [143 ff.]; *Ellbogen* Die verdeckte Ermittlungstätigkeit der Strafverfolgungsbehörden durch die Zusammenarbeit mit V-Personen und Informanten, 2004, S. 89; *Verrel* NStZ 1997, 415 ff.). **Freiheit von Irrtum** soll dagegen **nicht garantiert** sein (*Ellbogen* a.a.O. S. 90 ff.), obwohl Abs. 1 Satz 2 der vorliegenden Vorschrift den Beschuldigten gerade vor einem Irrtum über eine Aussagepflicht schützen soll und § 136a Abs. 1 etwa auch ein Täuschungsverbot statuiert. Damit wird der Schutzbereich der Selbstbelastungsfreiheit jedenfalls aus der Sicht der Verfassung (*Renzikowski* JZ 1997, 710 [715 f.]) und der Konvention von der herrschenden Meinung zu eng definiert (EGMR StV 2003, 257 [259]; BGHSt 52, 11 [18]) und bei konventionskonformer Auslegung auch nach den Maßstäben des innerstaatlichen Rechts zu restriktiv gehandhabt (*Roxin* NStZ 1995, 465 [466 f.,]). Verfassungsrechtlich trifft die Beschränkung des Beweisverbots auf Aussagezwang ebenfalls

nicht zu, wenn die Entschlussfreiheit des Beschuldigten über eine Verteidigung durch Reden oder Schweigen sogar ein Bestandteil der Menschenwürdegarantie ist (vgl. BGHSt 14, 358 [364 f.]; 58, 301 [304]; OLG Bremen NJW 1967, 2022 [2023]; *Groth* Unbewusste Äußerungen und das Verbot des Selbstbelastungszwangs, 2003, S. 70 ff.). Schließlich soll Abs. 1 S. 2 den Beschuldigten mit beiden Alternativen, zusätzlich also auch mit der Ermöglichung einer Verteidigerkonsultation, die gleichfalls der Klärung der Ausübung des Schweigerechts als Verteidigungsstrategie dient (BGHSt 47, 172 [174]; 58, 301 [303 f.]), vor einer ungewollten Selbstbelastung bewahren (*Roxin* NStZ 1995, 465 [467]; 1997, 18 f.). Das wäre kaum verständlich, wenn ein solcher Irrtum, der auch beim scheinbar vertraulichen Privatgespräch entstehen kann, welches in Wahrheit nur zur Informationsbeschaffung von den Ermittlungsbehörden inszeniert wurde, rechtlich irrelevant wäre. Der mit der informellen Ausforschung einher gehende Vertrauensbruch lässt die Rechtsbeeinträchtigung des Beschuldigten sogar gravierender erscheinen als im Fall der Versäumung einer Belehrung bei einer offenen Vernehmung (*Roxin* NStZ 1995, 465 [467]).

Dann ist aber **jede dem Staat zurechenbare aktive Veranlassung des Beschuldigten** durch Täuschung oder Ausübung von Druck **zu einer selbstbelastenden Äußerung** als Eingriff in dessen Rechtsstellung als Subjekt des Verfahrens anzusehen (vgl. EGMR StV 2003, 257 [259] m. Anm. *Gaede* und *Esser* JR 2004, 98 [105 ff.]; enger EGMR NJW 2010, 213 [215] m. Anm. *Gaede* JR 2009, 493 ff.; *Groth*, Unbewusste Äußerungen und das Verbot des Selbstbelastungszwangs, 2003, S. 71 ff.; *Renzikowski* JR 2008, 164 [165 f.]; *Roxin* NStZ 1997, 18 [19]). Die staatliche Gesprächsveranlassung und -wahrnehmung unter Verwendung einer »Legende« mit dem Ziel der Verwertung geht insoweit über die Abschöpfung eigenverantwortlicher Äußerungen des Beschuldigten durch eine Telekommunikationsüberwachung oder einen Lauschangriff (BGHSt 53, 294 [306 ff.]) oder das nachträglich den Behörden hinterbrachte Privatgespräch mit Freunden oder Bekannten hinaus. Es führt zu einer **Instrumentalisierung des Beschuldigten** zur Informationsbeschaffung gegen ihn selbst (*Mahlstedt* Die verdeckte Befragung des Beschuldigten im Auftrag der Polizei, 2011, S. 101 ff.). Der heimlich ausgeforschte Beschuldigte ist nachhaltig in seiner Verteidigung im weiteren Verfahren beeinträchtigt. Die Menschenwürde wird durch das subtile Vorgehen im Ergebnis ebenso wie durch Anwendung von rohem Zwang angetastet und die Fairness des Verfahrens im Ganzen muss in beiden Konstellationen infrage gestellt werden (*Wolter* ZIS 2012, 238 ff.). Dies wird bisher in der deutschen Rechtsprechung nicht anerkannt, weil auf vertraute Ermittlungsmethoden durch Einsatz Verdeckter Ermittler, sonstiger nicht offen ermittelnder Beamter oder besonders für den öffentlichen Dienst verpflichteter V-Leute, die Beschuldigte heimlich aushorchen, nicht verzichtet werden soll. Ob aber der Rechtsstaat zwingend auf diese außerhalb des Gesetzes praktizierten Methoden angewiesen ist, bleibt ungeklärt.

2. Belehrung vor der Vernehmung zur Sache und Reaktion der Verhörperson auf die Rechtsausübung. Das Gesetz statuiert im Fall der ersten Vernehmung eine **generelle Pflicht** der Verhörperson zum Hinweis an den Beschuldigten auf sein Recht, sich zu dem Vorwurf zu äußern oder nicht zur Sache auszusagen, weil es davon ausgeht, dass dieses **Recht nicht allgemein bekannt** ist (BGHSt 38, 214 [221]; LR/ *Gleß* § 136 Rn. 28). Das Recht des Beschuldigten, nach freiem, eigenverantwortlichem Entschluss selbst darüber entscheiden zu können, ob er sich redend oder schweigend verteidigt, kann nur sachgemäß ausgeübt werden, wenn es ihm in der Befragungssituation bekannt und bewusst ist (*Safferling/Hartwig* ZIS 2009, 784). Einen Erfahrungssatz darüber gibt es jedoch nicht (BGHSt 38, 214 [225]). Die Belehrungspflicht hat **Fürsorgecharakter** und sie besteht in allen Fällen der Beschuldigtenvernehmung, selbst dann, wenn Hinweise darauf vorliegen, dass der Beschuldigte das Recht zu schweigen ohnehin kennt, etwa weil er Jurist ist oder weil er als Wiederholungstäter bereits früher Erfahrungen mit Vernehmungssituationen gesammelt hat. Selbst bei genereller Rechtskenntnis kann die konkrete Vernehmungssituation dazu führen, dass das **Bewusstsein der Rechtsposition** aktuell nicht vorhanden ist (BGHSt 38, 214 [224]; 47, 172 [173]). Die Belehrungspflicht soll den Beschuldigten auch vor diesem Hintergrund davor bewahren, dass er irrtümlich von einer Aussagepflicht ausgeht (*Renzikowski* JR 2008, 164 [166]), weil er mit einem amtlichen Auskunftsverlangen immerhin unter Inanspruchnahme staatlicher Autorität konfrontiert wird (BGHSt 42, 139 [147]; 55, 138 [143]; BGHR StPO § 136 Belehrung 17; *Linnenbaum* Belehrung und »qualifizierte« Belehrung im Strafverfahren, 2009, S. 79; *Meyer-Goßner/Schmitt* § 136 Rn. 7; auch bei einer Gefährderansprache KG StraFo 2012, 14). Rechtskenntnis auch ohne Belehrung durch die Verhörperson ist dagegen in der Regel anzunehmen, wenn der

§ 136 StPO Erste Vernehmung

Beschuldigte z.Zt. der Vernehmung im Verteidigerbeistand ist. Dann ist davon auszugehen, dass die Frage, ob der Beschuldigte sich zu dem Vorwurf äußert oder nicht zur Sache aussagen will, als essentielles Element der Verteidigungsstrategie bereits geklärt wurde (BGHSt 38, 214 [225]).

50 Erteilt wird die Belehrung nach Abs. 1 S. 2 **durch die Verhörperson**. Diese darf die Aufgabe nicht delegieren. Die Belehrung ist **dem Beschuldigten persönlich** zu erteilen und nicht etwa einem Dritten mit dem Auftrag, sie an den Beschuldigten weiterzugeben (LR/*Gleß* § 136 Rn. 32). Bei der Belehrung empfiehlt es sich, die **Formulierung des Gesetzes** zu benutzen, was andererseits nicht zwingend ist (*Meyer-Goßner/Schmitt* § 136 Rn. 8) und gerade gegenüber Beschuldigten mit ausgesprochen starker Mundart verfehlt wirken kann. Entscheidend ist die **Verständlichkeit** der Hinweise für den individuellen Beschuldigten (BGHR StPO § 136 Belehrung 17). Die Belehrung über die Freiheit zum Entschluss über Aussage oder Aussageverweigerung darf nicht dadurch erheblich relativiert werden, dass die Verhörperson Vorteile der Aussage und Nachteile der Aussageverweigerung nennt. Das gilt zwar im Ansatz als zulässig (LR/*Gleß* § 136 Rn. 34), zumal nun auch der Vorzug des Täter-Opfer-Ausgleichs im Rahmen der Hinweise nach Abs. 1 S. 4 erwähnt werden kann; diese Folgenbetrachtung darf aber jedenfalls nicht so nachhaltig betrieben werden, dass hierdurch eine erhebliche Einschränkung der Entschließungsfreiheit des Beschuldigten erfolgt. Die Frage, ob der Hinweis erteilt wurde, ist im **Freibeweisverfahren zu klären** (BGHSt 38, 214 [224]; *Sarstedt* Referat für den 46. DJT 1966 Bd. II S. F 24). Dabei ist das Vertrauen darauf, dass der zu kontrollierende Vernehmungsbeamte oder Richter zutreffend behauptet, er habe ordnungsgemäß belehrt, meist zu weitgehend (*Ransiek* StV 1994, 343 [346 f.]). Fehlt jeder Hinweis darauf, dass die Belehrung erteilt worden ist, dann muss mit Blick auf die Verletzung von **Nr. 45 Abs. 1 RiStBV** von deren Unterlassen ausgegangen werden (BGH StV 2007, 65 f. m. Anm. *Wohlers* JR 2007, 126 f.; OLG Bremen NJW 1967, 2022; *Eisenberg* Beweisrecht der StPO, Rn. 567; *Radtke/Hohmann/Kretschmer* § 136 Rn. 32).

51 Wenig beachtet wird bisher die Frage, wie die Verhörperson zu reagieren hat, wenn der Beschuldigte nach der Belehrung von seinem Recht zu schweigen tatsächlich Gebrauch macht. Nach der Rechtsprechung ist die Verhörperson dann nicht gezwungen weitere Fragen zu unterlassen, solange der Beschuldigte jedenfalls nicht eindeutig signalisiert, dass er in dieser Vernehmung endgültig nicht aussagen will. Andererseits kann es nicht richtig sein, wenn die Verhörperson nach einer erkennbaren Ausübung des Schweigerechts ohne weiteres zahlreiche Fragen stellt und Vorhalte macht (vgl. BGH StV 2004, 358). Besonders bedenklich wirkt ein Ratschlag der Verhörperson, dass der Beschuldigte besser aussagen solle (*Eisenberg* Beweisrecht der StPO, Rn. 565; *Neuhaus* StV 2015, 185 [188]). Damit wird die anfängliche Belehrung über die Freiheit zur Entschlussfassung des Beschuldigten, ob er reden oder schweigen will, konterkariert (*Salditt* FS Beulke, 2015, S. 999 [1001 f.]). Zudem grenzt die gegenläufige Kommunikation zumindest an eine Täuschung im Sinne von § 136a Abs. 1 S. 1, weil die Verhörperson, die auf Überführung des Beschuldigten abzielt, diesem vorspiegelt, es liege in seinem Interesse, wenn er Angaben macht.

52 **II. Belehrung über das Recht auf Verteidigerbeistand und diesbezügliche Rechtsdurchsetzung.** Der Beschuldigte ist nach Abs. 1 S. 2 zudem auf sein Recht hinzuweisen, jederzeit, auch schon vor seiner Vernehmung, einen von ihm zu wählenden Verteidiger zu befragen (BGHSt 58, 301 [303]). Damit wird eine weitere zentrale Rechtsposition zum Gegenstand der Belehrungen gemacht, die zu Beginn der Beschuldigtenvernehmung zu erteilen sind, nämlich das **Recht auf Verteidigerbeistand** (EGMR NJW 2009, 3707 [3708]; BGHSt 38, 372 [374]), das sich aus der Verfassung (*Eisenberg* Beweisrecht der StPO, Rn. 514) und der Konvention (Art. 6 Abs. 3 Buchst. c EMRK) sowie einfachrechtlich aus § 137 ergibt. Der Beschuldigte selbst ist in der Vernehmung ohne Verteidigerbeistand streng genommen strukturell **nicht verteidigungsfähig** (*Neuhaus* StV 2015, 185 [188]). Das Verteidigerkonsultationsrecht und die Belehrung hierüber haben deshalb jedenfalls **kein geringeres Gewicht** als die Selbstbelastungsfreiheit und die Belehrung des Beschuldigten über sein Recht sich redend oder schweigend verteidigen zu dürfen (BGHSt 47, 172 [174]; *Roxin* JZ 1993, 426 [427]). Der EGMR betont, dass das Recht auf wirksame Verteidigung durch einen Rechtsanwalt zwar kein absolutes Recht ist, jedoch eines der wesentlichen Elemente eines fairen Verfahrens darstellt (EGMR StraFo 2012, 490 [492]).

53 **1. Generelle Geltung und Umfang der Belehrungspflicht.** Der Hinweis auf die Möglichkeit des Verteidigerbeistands ist vor der Vernehmung zur Sache anzubringen, weil die Frage der Sacheinlassung einen zentralen Punkt betrifft, der aus der Sicht einer wirksamen Verteidigung so früh wie möglich geklärt werden muss. Spätere Kurskorrekturen können anfänglich eingetretene Rechtsnachteile kaum noch wirksam ausräumen. Die **Belehrung** ist – über den missverständlich gefassten Wortlaut des Abs. 1 S. 2 hinaus (»zu wählenden Verteidiger«) – **in jedem Fall** zu erteilen (OLG Hamm NStZ-RR 2006, 47), sogar wenn der Beschuldigte aus eigenem Antrieb erklärt, er wünsche keinen Verteidiger, oder wenn er bereits einen Verteidiger gewählt hat (*Beckemper* Durchsetzung des Verteidigerkonsultationsrechts und die Eigenverantwortlichkeit des Beschuldigten, 2002 S. 48; *Roxin* JZ 1993, 426 f.) oder aber wenn ihm bereits ein Verteidiger bestellt wurde (*Geppert* FS Otto, 2007, S. 913 [917]; LR/*Gleß* § 136 Rn. 40). Eine Auslegung anhand des »klaren Wortlauts« der Norm (BGHSt 42, 170 [171]) erscheint dagegen zu eng, weil auch Art. 6 Abs. 3 Buchst. c EMRK ergänzend zu berücksichtigen ist.

Die Belehrungspflicht bleibt vom **Bestehen eines Verteidigermandats** unberührt, nur wirkt sich der Belehrungsmangel meist nicht mehr aus, wenn ein Verteidiger bereits konsultiert wurde. Bereits bei **Kenntnis** des noch nicht verteidigten **Beschuldigten** vom Verteidigerkonsultationsrecht bleibt ein Belehrungsmangel ebenfalls meist folgenlos (BGHR StPO § 136 Belehrung 13). Im Übrigen muss ein Belehrungsmangel auch dann bewiesen sein, um prozessuale Rechtsfolgen auslösen zu können (BGH StV 1999, 354 m. Anm. *Wollweber*). 54

Hat der Beschuldigte aus wirtschaftlichen Gründen keine Möglichkeit, einen Verteidiger seiner Wahl zu beauftragen, so ist er ferner über die **Möglichkeit der Verteidigerbestellung** durch das Gericht zu informieren (BGH StV 2006, 567 [568]; LR/*Erb* § 163a Rn. 81b; SK-StPO/*Rogall* § 136 Rn. 52). Das ist in der Neufassung von Abs. 1 S. 3 klargestellt. Meldet sich ein Verteidiger bei der Strafverfolgungsbehörde, dann ist der Beschuldigte auf diese Tatsache hinzuweisen. Die Vernehmung darf, wenn der Behörde ein bestehendes Mandat bekannt ist, nicht einfach in Abwesenheit des gewählten oder bestellten Verteidigers und ohne dessen vorherige Konsultation durch den Beschuldigten fortgesetzt werden, es sei denn er äußert sich aus freiem Entschluss (vgl. BGHSt 58, 301 [305 ff.]). 55

2. Reaktion auf den Wunsch nach Verteidigerkonsultation. Die Pflicht zur Belehrung über das Verteidigerkonsultationsrecht, die erst 1964 eingeführt wurde (*Beckemper* Durchsetzung des Verteidigerkonsultationsrechts und die Eigenverantwortlichkeit des Beschuldigten, 2002 S. 46), wirkt zunächst wenig problematisch. Umstritten sind aber die Konsequenzen bei einem tatsächlich nach der Belehrung geäußerten Wunsch des Beschuldigten, das Recht auf Verteidigerbeistand wahrzunehmen (*M. Klein* Inhalt und Reichweite der Belehrungsvorschrift des § 136 StPO, 2005, S. 176 ff.). Erklärt der Beschuldigte nach der Belehrung, er wolle vor der Vernehmung zur Sache einen Verteidiger befragen, dann darf die **Vernehmung nicht fortgesetzt** werden (BGHSt 38, 372 [373]). Sie muss zumindest unterbrochen werden (BGHSt 42, 15 [19]; 58, 301 [305]; *Eisenberg* Beweisrecht der StPO, Rn. 566; LR/*Erb* § 163a Rn. 81; *Geppert* FS Otto, 2007, S. 913 [917]; LR/*Gleß* § 136 Rn. 43; *Neuhaus* StV 2015, 185 [188]). Streng genommen bedarf es sogleich der Neuterminierung der Vernehmung auf einen zumindest einige Stunden, eher einige Tage späteren Zeitpunkt, um in der Zwischenzeit eine Verteidigerkonsultation zu ermöglichen (SK-StPO/*Rogall* § 136 Rn. 47). Eine Fortsetzung der Vernehmung ist auch nicht ohne Weiteres nach einer kurzen »Bedenkzeit« zulässig (so aber BGHSt 42, 170 [174]), sondern nur **nach ernsthaften Bemühungen** darum, einen Verteidigerkontakt herzustellen (vgl. BGH NStZ 2013, 299 f.; LR/*Erb* § 163a Rn. 81b), und auch nach deren erfolgloser Durchführung erst im Anschluss an eine **erneute Belehrung** gem. Abs. 1 S. 2 (BGHSt 42, 15 [19]; *Beckemper* Durchsetzbarkeit des Verteidigerkonsultationsrechts und die Eigenverantwortlichkeit des Beschuldigten, 2002, S. 287 ff.). 56

Während Ermittler vor allem daran interessiert sind, möglichst viele Informationen zu erlangen, bevor ein Verteidiger tätig wird, der den Informationsfluss bremst oder kanalisiert, besteht das Interesse des Beschuldigten darin, seinen Entschluss, nicht ohne Verteidigerbeistand auszusagen, auch durchzusetzen. Dazu ist er berechtigt, weil er nicht zur Aussage verpflichtet ist. Würde der erkennbare Entschluss respektiert, ergäben sich in der Praxis keine Probleme. Jedoch stehen Ermittlungsbeamte in Fällen der vorläufigen Festnahme des Beschuldigten sowie in spektakulären Fällen unter Zeit- und Erwartungsdruck (*Hermanutz/Litzke* Vernehmung in Theorie und Praxis, 2. Aufl., S. 72). Sie neigen dazu, drängend nachzufragen, auch wenn der Wunsch des Beschuldigten nach Verteidigerbeistand noch nicht erfüllt ist. Das ist verständlich und nicht generell unzulässig (BGHSt 42, 170 [172 ff.]; SK-StPO/*Rogall* § 136 Rn. 49), aber wegen möglicher Nichtbeachtung des Willensentschlusses des Beschuldigten zumindest bedenklich (*Neuhaus* StV 2015, 185 [188]). 57

§ 136 StPO Erste Vernehmung

58 Die Belehrung über ein prozessuales Recht bleibt pure Förmelei, wenn danach die Durchsetzung der erwünschten Rechtswahrnehmung nicht ermöglicht wird (*Ransiek* StV 1994, 343 [345]). Die Vernehmungspersonen sind aufgrund ihrer Fürsorgepflicht (*Beckemper* Durchsetzbarkeit des Verteidigerkonsultationsrechts und die Eigenverantwortlichkeit des Beschuldigten, 2002, S. 276 ff.) im Bedarfsfall gehalten, dem Beschuldigten die Konsultation eines Verteidigers durch aktive Unterstützungshandlungen zu ermöglichen. Sie haben ihm eine Gelegenheit einzuräumen, mit einem Verteidiger zu **telefonieren**. Kennt der Beschuldige keinen Verteidiger, dann muss ihm ein **Telefonverzeichnis** zur Verfügung gestellt werden. In Fällen nächtlicher Vernehmungen ist gegebenenfalls auf einen **anwaltlichen Notdienst** hinzuweisen (BGHSt 42, 15 [20]; LG Schweinfurt StraFo 2013, 207 f.; *Corell* StraFo 2011, 34 ff.; LR/ *Gleß* § 136 Rn. 41; SK-StPO/*Rogall* § 136 Rn. 48; *Roxin* JZ 1997, 343 [345]; einschränkend BGHSt 47, 233 [235 f.] m. Anm. *Franke* GA 2002, 573 ff.; *Klemke* StV 2003, 413 ff. und *Roxin* JZ 2002, 898 ff.; zum Notdienst *Soyer/Schumann* StV 2012, 495 ff.).

59 **3. Verteidigerbestellung.** Kann der Beschuldigte keinen Wahlverteidiger beauftragen, so ist ihm in Fällen der notwendigen Verteidigung schon im Vorverfahren auf Antrag der Staatsanwaltschaft ein Verteidiger zu bestellen (BGHSt 47, 172 [176]), sofern er dort bereits des Verteidigerbeistands bedarf (*von Stetten* FS Beulke, 2015, S. 1053 [1061 f.]; *Zöller* FG Feigen, 2014, S. 399 [404 ff.], einschränkend BGHSt 47, 172 [175 ff.]; 47, 233 [235]) und wenn er nach Belehrung darauf besteht (vgl. LR/*Gleß* § 136 Rn. 44; *von Stetten* FS Beulke, 2015, S. 1053 [1054 ff.]; restriktiv dagegen sogar nach Ergreifung aufgrund eines Haftbefehls wegen Mordes BGH StV 2015, 144 [145] m. Anm. *Eisenberg* StV 2015, 180 ff. = NStZ 2014, 722 [723] m. Anm. *Knauer*). Auf Anregung des Beschuldigten ist der staatsanwaltschaftliche Bestellungsantrag unter Reduzierung des Ermessens besonders geboten, wenn es darum geht, die Rechte gemäß Art. 6 EMRK schon im Vorverfahren zu wahren (LG Limburg StV 2013, 625 f.; für ein Antragsrecht des Beschuldigten *Zöller* FG Feigen, 2014, S. 399, 413 f.). Der Rollenkonflikt der Ermittler in dieser Lage (*Eisenberg* Beweisrecht der StPO, Rn. 573) ist jedoch evident. Ihre Neigung zur Umgehung einer Verteidigerkonsultation, welche die Äußerungsbereitschaft des Beschuldigten rasch reduziert, bleibt beträchtlich; wenn das Gesetz unbeschadet der Objektivitätspflicht der Staatsanwaltschaft dieser als faktischem Prozessgegner das alleinige Antragsrecht zuweist, ist dies alles andere als ein partizipatorisches Ermittlungsverfahren. Besteht aber keine Möglichkeit der Herstellung eines Kontakts mit einem Verteidiger, dann ist die Vernehmung aus Rechtsgründen gescheitert, wenn der Beschuldigte auf seinem Recht auf Verteidigerbeistand vor oder während der Vernehmung beharrt. Er darf ebenso wenig dazu gezwungen werden, auf dieses Recht zu verzichten, wie er nicht dazu gezwungen werden darf, gegen seinen Willen zur Sache auszusagen. Umstritten ist nur, wann genau die Grenze zwischen zulässigen Rückfragen und einem unzulässigen Druck zur Herbeiführung eines Verzichts auf das prozessuale Recht überschritten ist und welche Rechtsfolge daran gegebenenfalls angeknüpft werden soll. Diese Fragen können nicht abstrakt-generell beantwortet werden. Tendenziell ist jede die Aussage zur Sache fördernde Frustrierung des Beschuldigten unzulässig (LR/*Gleß* § 136 Rn. 43). Die Fortsetzung der Beschuldigtenvernehmung ohne vorherige Verteidigerkonsultation trotz dahin gehenden Wunsches löst aber als angemessene prozessuale Kompensation ein Beweisverwertungsverbot aus (*M. Klein* Inhalt und Reichweite der Belehrungsvorschrift des § 136 StPO, 2005, S. 196). Die Vereitelung der gewünschten Verteidigerkonsultation ist sogar ein besonders gravierender Rechtsfehler (BGHSt 38, 372 [374] m. Anm. *Rieß* JR 1993, 334 f. und *Roxin* JZ 1993, 426 ff.).

60 **4. Anwesenheitsrecht des Verteidigers bei der Beschuldigtenvernehmung.** Bei richterlichen Beschuldigtenvernehmungen hat der Verteidiger nach § 168c Abs. 1 ein Anwesenheitsrecht, bei staatsanwaltschaftlichen Vernehmungen nach §§ 163a Abs. 3 S. 2, 168c Abs. 1 ebenfalls; **bei polizeilichen Vernehmungen** ist es dagegen **im Gesetz nicht vorgesehen** (LR/*Erb* StPO § 163a Rn. 92), obwohl dort der Schutzbedarf am größten ist. Dennoch ist entgegen der vorherrschenden Meinung (LR/*Erb* StPO § 163a Rn. 95a; SK-StPO/*Rogall* § 136 Rn. 69) über den Wortlaut des Gesetzes und die Materialien hinaus aus verfassungsrechtlichen Gründen auch bei der polizeilichen Beschuldigtenvernehmung die Anwesenheit des Verteidigers zu gestatten (*Adler* in: *Hermanutz/Litzke* Vernehmung in Theorie und Praxis, 2. Aufl., S. 54; *Eisenberg* Beweisrecht der StPO, Rn. 517; *M. Klein* Inhalt und Reichweite der Belehrungsvorschrift des § 136 StPO, 2005, S. 162 ff.; *H.C. Schaefer* StV 2004, 212 [216]; *Sieg* MDR 1985, 195 f.). Darauf hat der Beschuldigte zur Herstellung der Fairness des Verfahrens einen Anspruch, weil er schließlich »jederzeit«, also auch während der Vernehmung, den Verteidiger konsultieren

darf. Ferner besteht ein Anspruch des Verteidigers aus eigenem, durch die Berufsausübungsfreiheit gem. Art. 12 Abs. 1 GG unterstütztem Recht, sobald ein Mandat besteht. Das Recht auf Anwesenheit des Verteidigers resultiert im Ganzen aus dem im Rang über der StPO stehenden Gebot des fairen Verfahrens (*Schrepfer* Die Anwesenheit des Verteidigers bei der polizeilichen Beschuldigtenvernehmung, 2001, S. 123 ff.). Ohne dies ist eine wirksame Verteidigung nämlich kaum möglich.

5. Benachteiligung des unverteidigten Beschuldigten. Der unverteidigte Beschuldigte ist **gegenüber der polizeilichen Fragetechnik** mit Einleitungsfragen, Kontaktfragen, »Eisbrecherfragen«, stimulierenden Fragen, mehrdeutigen Fragen, Überrumpelungs- oder Fangfragen, Nebenfragen, Ablenkungs- oder Rangierfragen, Kontrollfragen, Lügenfragen oder Suggestivfragen (*Eisenberg* Beweisrecht der StPO, Rn. 589; *Hermanutz/Litzke* Vernehmung in Theorie und Praxis, 2. Aufl., S. 119 f.), sowie angesichts der **Vernehmungstaktik** der Sondierungs-, Festlegungs-, Verstrickungs- und Zermürbungsmethoden, der »Beichtvatermethode«, der Überrumpelungsmethode, der Kreuzverhörmethode und der abtastenden Methode (*Degener* GA 1992, 443 [450]; *Eisenberg* StV 2015, 180 [183 f.]; *Werner*, Zur Notwendigkeit der Verteidigeranwesenheit während der polizeilichen Beschuldigtenvernehmung, 2008, S. 101 ff., 110 ff.) **strukturell** zur eigenen Verteidigung **unfähig** (*Beckemper* Durchsetzung des Verteidigerkonsultationsrechts und die Eigenverantwortlichkeit des Beschuldigten, 2002 S. 33 ff.). Das wird in der Praxis ausgenutzt.

Die Annahme von **Eigenverantwortlichkeit** des bei der polizeilichen Vernehmung unverteidigten Beschuldigten bei der Entscheidung darüber, ob er sich redend oder schweigend verteidigen will (BGH NStZ 2013, 299, 300), bleibt streng genommen **eine Fiktion**, weil der Beschuldigte angesichts der Verhörtechniken und Vernehmungstaktik nicht einmal ahnt, worauf er sich einlässt. Selbst betroffene Juristen wissen das im Allgemeinen nicht, weil nur Polizeibeamte in Vernehmungstechnik geschult werden (zu dort verbleibenden Defiziten *Hermanutz/Litzke* Vernehmung in Theorie und Praxis, 2. Aufl., S. 70 ff.), während die Juristenausbildung nichts Vergleichbares vorsieht (*Neuhaus* StV 2015, 185 [186 f.]). Das derzeitige System der Strafrechtspflege »funktioniert« daher nur, wenn Fehlerquellen (*Eschelbach* ZAP Fach 22, 661 ff.) ignoriert, Fehlerquoten nicht eruiert und eine Fehlurteilsforschung nicht betrieben werden, während die Rechtsprechung von dem Glaubensbekenntnis ausgeht, dass das System auch auf der überholten gesetzlichen Grundlage »funktionstüchtig« sei und in diesem Bestand mitsamt seiner Praxis vor Rechtsmittelangriffen oder bereits vor einer argumentativen Kritik bewahrt werden müsse. Die tatsächlich vorhandenen Fehlerquellen der polizeilichen Vernehmungspraxis werden bei dieser Bewertung auch von Abs. 1 S. 2 durch die herrschende Meinung ebenso ignoriert wie die Bedeutung der strukturellen Voreingenommenheit der Verhörpersonen bei ihrer **Fixierung auf eine Verdachtshypothese** und der Zielsetzung des Verhörs, den Beschuldigten möglichst mit einem Geständnis als scheinbar größtmöglichem Vernehmungserfolg zu überführen, statt ihm hier nur rechtliches Gehör zu gewähren (vgl. *Eisenberg* Beweisrecht der StPO, Rn. 594 und StV 2015, 180 [183]). Alle Prämissen des in der Rechtsprechung betonten Verwertbarkeitsgrundsatzes mit der Einordnung von Beweisverwertungsverboten als extremer Ausnahme (vgl. BVerfGE 130, 1 [28]) basieren auf der unzutreffenden Annahme, die Beschuldigtenvernehmung produziere in aller Regel nur Äußerungen, welche im Regelfall die materielle Wahrheit widerspiegeln, sodass es bei der Verwertbarkeitsfrage um prinzipiell schutzwürdige Verwendungsmöglichkeiten gehe. Dieses Bild ist angesichts der bekannt gewordenen Fälle weiter **Verfehlung der materiellen Wahrheit** durch Vernehmungsergebnisse zu korrigieren. Verbesserungen sind zunächst im Bereich der möglichst authentischen Dokumentation von Beschuldigtenvernehmungen angezeigt (*Altenhain* ZIS 2015, 269 ff.; *Neuhaus* StV 2015, 185 [189]).

Ein Beispiel kann hier als pars pro toto gelten (vgl. *Eschelbach* ZAP Fach 22, 661 ff.; *Nestler* ZIS 2014, 594 ff.): Vier unverteidigte Beschuldigte gestanden in der polizeilichen Vernehmung, daran beteiligt gewesen zu sein, das angebliche Tatopfer mit einer Latte niedergeschlagen, dann mit einem Schlag mit einem Zimmermannshammer in den Kopf getötet, die Leiche zerstückelt, Leichenteile Tieren zum Fraß vorgeworfen und das Auto des Opfers in einer Schrottpresse beseitigt zu haben. Jahre später wurde durch Zufall das Fahrzeug mit der Leiche auf dem Fahrersitz auf dem Grund der Donau gefunden. Das Skelett war unversehrt. Die im Kern übereinstimmenden Aussagen der Beschuldigten waren demnach mitsamt den Angaben zum Geständnismotiv, die furchtbaren Tötungsszenen nicht mehr ohne Offenbarung ertragen zu können, allesamt falsch. Der Fehler, der die Grundlage eines Fehlurteils bildete, wurde erst ab der Beschwerdeinstanz im Additionsverfahren aufgegriffen (OLG München

Beschl. v. 09.03.2010 – 3 Ws 109 – 112/10). Das Beispiel, dem weitere hinzugefügt werden können (vgl. die Prozessberichte von *Darnstädt* Der Richter und sein Opfer, 2013; *Friedrichsen* Im Zweifel gegen die Angeklagten, 2008; *Geipel* ZAP Fach 13 S. 1777 [1791]; *Hirschberg* Das Fehlurteil im Strafprozess, 1960) zeigt, dass polizeiliche Vernehmungstechnik und Verhörtaktik dazu geeignet sein kann, sogar in Kapitalstrafsachen **Geständnisse** zu produzieren, **die mit der materiellen Wahrheit nichts gemein haben**. Dies wird ignoriert, wenn der meist nur unpräzise dokumentierte Aussageinhalt nach polizeilichen Beschuldigtenvernehmungen von der Rechtsprechung mit Hinweis auf die »Effektivität der Strafrechtspflege« mit aller Kraft gegen ein Verwertungsverbot verteidigt wird, das von Fall zu Fall dem Schutz der materiellen Wahrheit dienen könnte. Zu beachten ist ferner, dass Aussagen im Rahmen der ersten Vernehmung später kaum noch korrigiert werden, weil **Perseveranz-, Inertia- und Schulterschlusseffekte** (*Schünemann* StV 2000, 159 ff.) dies mit einer im Verlauf des Verfahrens zunehmenden Hartnäckigkeit verhindern. Ist die Beschuldigtenaussage aus der ersten Vernehmung nicht unverwertbar, dann muss sie zumindest genau dokumentiert, vom Gericht neutral rekonstruiert, möglichst präzise überprüft und mit anderen Beweismitteln abgeglichen werden, wobei auch aussagepsychologische Maßstäbe angelegt werden sollten. Die Praxis neigt hingegen dazu, auch in Fällen, in denen »Aussage gegen Aussage« steht, allenfalls einseitig die Angaben eines Belastungszeugen mittels aussagepsychologischer Begutachtung zu überprüfen, aber so gut wie nie die Aussage des Beschuldigten. Auch dies ist mit dem Prinzip der prozessualen Waffengleichheit kaum vereinbar (vgl. *Karl Peters* StV 1986, 375 [376]; s.a. *Eschelbach* ZAP Fach 22, 781 [782 f.]).

64 III. **Rechtsfehler nach Abs. 1 S. 2 und ihre Folgen.** 1. **Fehler bei der Belehrung über das Recht zu schweigen und bei der Gewährung dieses Rechts.** Das Recht zu schweigen kann verletzt werden, wenn es dem Beschuldigten **nicht ohnehin bekannt** und bewusst ist, eine entsprechende **Belehrung versäumt** wird oder die erteilte Belehrung essentielle Fehler aufweist (BGHR StPO § 136 Belehrung 17) und **deshalb** die Rechtsausübung durch **Aussageverweigerung unterlassen** wird, indem sich der Beschuldigte ungewollt zur Sache äußert und dabei selbst belastet. Das Schweigerecht des Beschuldigten würde entwertet, wenn aus seinem Schweigen für ihn nachteilige Schlüsse gezogen werden. Daher gilt im Grundsatz ein berechtigtes **Schweigen**, dem im Übrigen materiell kaum Beweiswert zukäme, auch prozessual als **unverwertbar** (BGHSt 20, 281 [282 f.]; BGH StV 2015, 146; *Safferling/Hartwig* ZIS 2009, 784 [785]). Für **Teilschweigen** wird davon eine Ausnahme gemacht (BGHSt 20, 298 [300]; 38, 302 [307]; *Nack* StV 2002, 510 [515]; a. A. *Richter II* StV 1994, 687 [690 ff.]), die aber weder mit dem Rechtsgrund des Schweigerechts vereinbar erscheint (*Park* StV 2002, 589 [591 f.]), noch mit der aussagepsychologischen Erkenntnis, dass einem (Teil-) Schweigen praktisch kein Beweiswert zukommt (*Keiser* StV 2000, 633 [637]). Das Unterlassen einer Belehrung über die Aussagefreiheit bewegt sich außerdem in einem Grenzbereich zur verbotenen Täuschung über eine Aussagepflicht (*Verrel* Die Selbstbelastungsfreiheit im Strafverfahren, 2001, S. 119 ff.), die zumindest bei bewusster Unterlassung der Belehrung oder bewusst fehlerhafter Belehrung mit dem Ziel der Annahme einer Aussagepflicht im Einzelfall vorliegen kann (OLG Oldenburg NJW 1967, 1096 [1098 f.]; auch bei unbewusstem Verhalten OLG Bremen NJW 1967, 2022 [2023]; *Eisenberg* Beweisrecht der StPO, Rn. 572). Kennt der Beschuldigte dagegen ohnehin sein Recht zu schweigen, dann ist ein Belehrungsdefizit mangels Schutzwürdigkeit folgenlos (BGHSt 38, 214 [224]; 47, 172 [173]). Kennt er das Recht zu schweigen nicht, dann kann der Belehrungsmangel sich weiter auf die Nichtausübung des Rechts auswirken. Dies kann zur Unverwertbarkeit derjenigen Aussage des Beschuldigten führen, die dieser wegen seiner Unkenntnis macht, weil er in Kenntnis des Aussageverweigerungsrechts nicht ausgesagt hätte. Bei wechselhaftem Aussageverhalten kann ein Verfahrensfehler u.U. nicht festgestellt werden (BGH NStZ 1995, 353). Ob die Vernehmung durchgeführt werden kann, wenn der Beschuldigte infolge seines psychischen Zustands die erteilte Belehrung nicht versteht, erscheint zweifelhaft (großzügig BGHSt 39, 339 [351]). Richtigerweise sollte die Vernehmung eines Beschuldigten, der die Rechtsposition nicht versteht, wegen Unfähigkeit zur Selbstverteidigung jedenfalls nicht ohne Verteidigerbeistand durchgeführt werden.

65 Ein Belehrungsmangel muss aus der revisionsrechtlichen Perspektive positiv festgestellt werden, wenn daraus Rechtsfolgen hergeleitet werden sollen (BGH NStZ 1997, 609 m. Anm. *Kaufmann* NStZ 1998, 474 = StV 1999, 354 m. Anm. *Wollweber*). Denn danach sind Verfahrensfehler nur relevant, wenn sie feststehen (krit. *Wohlers* JR 2007, 126 [127]). Die freibeweisliche Sachaufklärung erfolgt in der Praxis

regelmäßig anhand der **Dokumentation** des Vernehmungsverlaufs in den Akten oder dienstlicher **Erklärungen der Verhörperson** (krit. *Kaufmann* NStZ 1998, 474 f.). Wenn alleine damit genügend Klarheit herzustellen ist, kann es dabei sein Bewenden haben. Da aber auch im Freibeweisverfahren die **Aufklärungspflicht** gilt und deshalb »bestmögliche Sachaufklärung« vorgeschrieben ist, soweit Aufklärungsbedarf besteht (so in anderem Zusammenhang BVerfGE 70, 297 [309]), können weitere Beweismittel herangezogen werden. Auch die Angaben des Beschuldigten, seines Verteidigers, einer Protokollkraft oder weiterer Personen, die bei der Beschuldigtenvernehmung anwesend waren, können Indizbedeutung haben. Die Beschränkung der Praxis auf Angaben der Verhörpersonen beruht auf einer Beweisantizipation, die von generellem Vertrauen gegenüber Amtsinhabern und generellem Misstrauen gegenüber Beschuldigten und Verteidigern gespeist wird. Allgemein sind solche Vorbehalte aber nicht gerechtfertigt. Die Beschränkung des Freibeweises in der Revisionsinstanz auf den bisherigen Akteninhalt und dienstliche Äußerungen der Verhörpersonen (so im Ergebnis BGH StV 1999, 354) greift zu kurz. Auch die Dokumentation in den Akten ist nicht immer zuverlässig (*Neuhaus* StV 2015, 185 [189]). Andererseits gehört die Belehrung heute zur Handlungsroutine der Verhörpersonen, sie wird meist schematisch erfüllt und ihr Vorhandensein oder Fehlen im Einzelfall ist in der Erinnerung bald nicht mehr verifizierbar. Gibt eine bereits längere Zeit aktive Verhörperson an, dass sie immer die Belehrung nach Abs. 1 S. 2 erteile und sich an ein Unterlassen nicht erinnern könne, dann kann die routinemäßige Durchführung der Belehrung angenommen werden, sofern nicht Hinweise auf einen abweichenden Verlauf vorliegen. Liegen andererseits keine verlässlichen Anhaltspunkte für eine erfolgte Belehrung vor, weil Verhörpersonen sich nicht mehr an den Fall erinnern, und kommt hinzu, dass ein **Aktenvermerk** über die Belehrung **entgegen Nr. 45 Abs. 1 RiStBV nicht gefertigt** wurde, so ist indiziell von einem Versäumen der Belehrung auszugehen (BGH StV 2007, 65 f. m. Anm. *Wohlers* JR 2007, 126 f.). Konkrete Zweifel an der Erteilung der Belehrung wirken sich dann im Ergebnis zugunsten des Beschuldigten aus (LR/*Gleß* § 136 Rn. 78).

Die hypothetische **Kausalität des Unterlassens der Belehrung** für eine Nichtwahrnehmung des Schweigerechts durch Sachaussage des Beschuldigten infolge von **Rechtsunkenntnis** ist noch schwieriger festzustellen. Die Feststellung bleibt aber revisionsrechtlich erforderlich. Da das Gesetz die Belehrung generell vorschreibt, weil es davon ausgeht, dass ein Beschuldigter das Recht, sich nach seiner freien Wahl redend oder schweigend verteidigen zu dürfen, prinzipiell nicht kennt oder in der Vernehmungssituation nicht ohne weiteres in der Lage ist **klare Gedanken zu fassen** und das Schweigerecht zu nutzen (BGHSt 38, 214 [224]; 47, 172 [173]; *Ransiek* StV 1994, 343 [344]), kann beim Ausbleiben der Belehrung im Zweifel zugunsten eines Beschuldigten dessen **Rechtsunkenntnis angenommen** werden (BGHSt 38, 214 [225]; LR/*Gleß* § 136 Rn. 79; SK-StPO/*Wohlers* § 163a Rn. 82), sofern nicht aussagekräftige Indizien dagegen sprechen. Alleine aus der Tatsache, dass ein juristischer Laie **früher bereits als Beschuldigter vernommen** und dabei belehrt worden war, kann noch nicht ohne weiteres auf seine aktuelle Rechtskenntnis geschlossen werden. War jedoch eine andere Vernehmung kurze Zeit vorangegangen oder liegen zahlreiche oder intensive Erfahrungen des Beschuldigen mit Vernehmungen vor (BGH StraFo 1996, 121 m. abl. Anm. *Haizmann*) oder hatte der Beschuldigte früher sein Recht als Beschuldigter zu schweigen nach Belehrung ausgeübt, so können diese Umstände im Einzelfall die Annahme rechtfertigen, er habe auch in der aktuellen Vernehmung sein Recht nicht aussagen zu müssen aktuell gekannt (KK/*Diemer* § 136 Rn. 27). Stellt der Tatrichter dagegen Rechtsunkenntnis fest, muss er weiterhin die zumindest nicht ausschließbare Kausalität des Belehrungsfehlers für diese Rechtsunkenntnis und für seine Äußerungen zur Sache überprüfen (*Eisenberg* Beweisrecht der StPO, Rn. 576). Kannte der Beschuldigte wegen des Belehrungsmangels sein Schweigerecht nicht und hat er deshalb ausgesagt, dann ist die Aussage unverwertbar. Kannte er es trotz des Belehrungsdefizits, so ist der Informationsgewinn der Strafverfolgungsorgane rechtmäßig und die Aussage verwertbar, weil das bekannte Recht zu schweigen substanziell nicht verletzt wurde (*Amelung* StV 1991, 454 [455]). Steht das Unterlassen der Belehrung fest, im Zweifel von Unkenntnis des Beschuldigten ausgegangen werden. Steht dagegen nachträglich fest, dass der Beschuldigte in jedem Fall aussagen wollte, wirkt sich ein Belehrungsfehler wiederum nicht aus (LR/*Gleß* § 136 Rn. 80).

Hatte der Beschuldigte z.Zt. der Vernehmung **einen Verteidiger**, dann ist im Allgemeinen davon auszugehen, dass auch die Frage des Ob und Wie der Sacheinlassung bereits besprochen worden war; denn dabei handelt es sich um einen elementaren Teil der Verteidigungsstrategie. Auch bei Bestehen eines Verteidigermandats z.Zt. der Vernehmung kann es aber noch von Bedeutung sein, ob der Verteidiger aktuell anwesend ist oder nicht, ferner, ob das Mandat dann bereits längere Zeit Bestand hatte oder erst vor kurzer Zeit begründet worden war. Nur bei aktueller Anwesenheit des Verteidigers und zumindest zeitlich ausreichender Gelegenheit zu einem Beratungsgespräch (vgl. Art. 6 Abs. 3 Buchst. a EMRK) ist von ausreichender Kenntnis des Einlassungsverweigerungsrechts beim Beschuldigten aufgrund eines Verteidigergesprächs auszugehen, soweit keine Hinweise auf das Gegenteil vorliegen. War nach den Umständen des Einzelfalls dagegen keine ausreichende Gelegenheit für ein erstes Mandatsgespräch gegeben, kann dies selbst bei Anwesenheit eines Verteidigers z. Zt. der Vernehmung der Feststellung ausreichender Rechtskenntnis des Beschuldigten entgegenstehen.

68 2. **Fehler bei der Belehrung über das Recht zur Verteidigerkonsultation oder bei der Realisierung dieses Rechts.** Das Recht zur Verteidigerkonsultation ist ebenso **bedeutsam** wie das Recht des Beschuldigten, sich selbst redend oder schweigend verteidigen zu können (*Geppert* FS Otto, 2007, S. 913 [914]); denn formelle Verteidigung ist **Bestandteil eines Rechts auf Teilhabe am Prozess** als Subjekt, woraus wiederum eine »Legitimation« der Bestrafung »durch Verfahren« abgeleitet wird (*Gaede* Fairness als Teilhabe, 2007, S. 494 ff.). In der verfassungsgerichtlichen Rechtsprechung ist allgemein anerkannt, dass der Beistand eines Verteidigers ein Bestandteil **des Anspruchs auf ein faires Verfahren** ist (BVerfGE 38, 105 [111]; 39, 238 [243]; 46, 202 [210]; 63, 380 [391]; 64, 135 [149]; 65, 171 [174]; 66, 313 [318 f.]; 68, 237 [255]; 70, 297 [322 f.]).

69 Der Beschuldigte darf nach Art. 6 Abs. 3 Buchst. c EMRK nicht nur sich selbst verteidigen, sondern er kann auch **jederzeit** einen Verteidiger damit beauftragen (*Gaede* a.a.O. S. 255 ff.) oder **unentgeltlich** den Beistand eines gerichtlich bestellten Verteidigers erhalten, wenn dies im Interesse der Rechtspflege erforderlich ist (*Gaede* a.a.O. S. 264 ff.). Auch darüber ist der Beschuldigte vor der Vernehmung zu belehren (*Ransiek* StV 1994, 343 f.). Die Selbstverteidigung und die Verteidigung durch einen Strafverteidiger sind zwar rechtlich gleichwertig, faktisch bestehen aber wegen der strukturellen Überlegenheit der Verhörspersonen gravierende Defizite, wenn der Beschuldigte sich bei der Vernehmung ohne Verteidigerbeistand in eigener Person verteidigen will. Das Verteidigerkonsultationsrecht darf daher nicht mit Hinweis darauf abgewertet werden, dass dem Beschuldigten auch ohne Verteidigerbeistand die Möglichkeit der Verteidigung bleibt (BGHSt 38, 372 [374 f.]); denn der unverteidigte Beschuldigte kann wegen seiner **Betroffenheit** durch das Verfahren, aber auch aus **Unkenntnis** der Vernehmungstechnik und Ermittlungstaktik die Bedeutung und Tragweite seiner eigenen Aussage regelmäßig nicht ebenso gut einschätzen wie ein Verteidiger (*Beulke* NStZ 1996, 257 [258]). Selbst ein vom strafrechtlichen Vorwurf betroffener Jurist kann im Fall einer Verletzung seines Verteidigerkonsultationsrechts nicht ohne weiteres darauf verwiesen werden, er habe sich selbst verteidigen und eigenverantwortlich über sein Aussageverweigerungsrecht entscheiden können; denn ein nicht persönlich betroffener Jurist in der Verteidigerrolle kann anders agieren.

70 Die Verteidigerkonsultation dient nicht zuletzt der Klärung der prozesstaktischen Frage, ob und gegebenenfalls wie sich der Beschuldigte zur Sache äußert. Wird ihm dies nicht ermöglicht, weil der Beschuldigte mangels Belehrung und mangels eigener Kenntnis das Recht zur Verteidigerkonsultation nicht ausübt oder weil er unbeschadet einer erfolgten Belehrung an der Durchsetzung dieses Rechts gehindert wird, kann auch daraus ein **Verwertungsverbot** folgen (BGHSt 58, 301 [307 ff.]; *Beckemper* Durchsetzung des Verteidigerkonsultationsrechts und die Eigenverantwortlichkeit des Beschuldigten, 2002 S. 63; *Roxin* JZ 1993, 426 [428] und 1997, 343 [345]; Roxin/*Schünemann* Strafverfahrensrecht § 24 Rn. 37; *von Stetten* FS Beulke, 2015, S. 1053 [1059 f.]). Dies ist nach der restriktiven Rechtsprechung, welche zunächst eine Beweiswürdigungslösung bevorzugt hatte (BGHSt 46, 93 [103 ff.]) und den engen Zusammenhang zwischen Selbstbelastungsfreiheit und Verteidigerkonsultationsrecht erst jüngst hervorgehoben hat (BGHSt 58, 301 [304 ff.]), im Ergebnis nur der Fall, wenn der Verfahrensfehler im Einzelfall so schwer wiegt, dass er das staatliche Aufklärungsinteresse überwiegt (Abwägungslehre), ferner nur, wenn er für die Aussage kausal geworden ist (Beruhensaspekt), außerdem, wenn er nicht im weiteren Verfahrensverlauf durch »qualifizierte Belehrung« und/oder Zustimmung zur weiteren Vernehmung oder nachträgliche Genehmigung, spätestens bei der Verwertung durch strengbeweisliche Beweiserhebung in der Hauptverhandlung korrigiert wurde (Heilungsmöglichkeit), schließlich, wenn ein Verwertungsverbot exklusiv durch form- und fristgerechte Bewirkungshandlung aktiviert wurde (Widerspruchslösung). Alle diese Hürden für einen Verteidigungserfolg dienen der Rechtsprechung zur Eindämmung als zu weit gehend empfundener Fehlerfolgen. Dieses Geflecht

von Hindernissen hat aber praktisch dazu geführt, dass Verfahrensrügen zur Geltendmachung unselbstständiger Beweisverwertungsverbote in der Revisionsinstanz kaum noch erhoben werden und auch dann nur extrem selten Erfolg haben. Das kollidiert mit der Rechtsschutzgarantie aus Art. 19 Abs. 4 oder aus Art. 20 Abs. 3 GG in Verbindung mit den materiellen Grundrechten, insbesondere dem Freiheitsrecht.

Das Aussageverweigerungsrecht kann der Beschuldigte theoretisch auch alleine wahrnehmen, das 71 Recht auf Verteidigerbeistand nicht. Die Verteidigerkonsultation ist zugleich ein **Hilfsmittel zur sachgerechten**, alle prozessualen und materiell-rechtlichen Folgen bedenkenden **Entscheidung über das Recht** des Beschuldigten, **sich redend oder schweigend zu verteidigen**. Die Fehlervarianten sind hier gegenüber der Konstellation der unmittelbaren Verletzung des Rechts, sich redend oder schweigend zu verteidigen, partiell modifiziert, während sie aber den gleichen Kern berühren.

Das Recht auf Verteidigerkonsultation kann durch eine größere Anzahl von **Handlungen oder Unter-** 72 **lassungen der Ermittlungsorgane** verletzt werden. Dies gilt zunächst für die Unterlassung einer für den Beschuldigten in seiner konkreten Situation **verständlichen** (*Geppert* FS Otto, 2007, S. 913 [916]) **Belehrung** über das Verteidigerkonsultationsrecht, darüber hinaus auch durch die Versäumung einer **Verteidigerbestellung** für den mittellosen Beschuldigten in einem Fall notwendiger Verteidigung (Art. 6 Abs. 3 Buchst. c EMRK), ferner durch die Unterlassung der Mitteilung von einer bereits erfolgten Verteidigerbestellung (BGHSt 50, 272 [273 f.]) oder durch die Unterlassung eines Hinweises an den Beschuldigten auf die Option der Verteidigerbestellung (*Geppert* FS Otto, 2007, S. 913 [923]; *Roxin* JZ 2002, 898 [900]). Außerdem besteht die Möglichkeit der Rechtsverletzung bei einer Vereitelung der **Kontaktaufnahme** oder dem **Unterlassen einer** effektiven **Unterstützung** des Beschuldigten beim Bemühen darum (zu den im Einzelfall erforderlichen Maßnahmen *Beckemper* Durchsetzbarkeit des Verteidigerkonsultationsrechts und die Eigenverantwortlichkeit des Beschuldigten, 2002, S. 265 ff.; *Beulke* NStZ 1996, 257 [259 f.]). Auch die Vereitelung des bei polizeilichen Vernehmungen umstrittenen (Rdn. 60) Rechts auf Anwesenheit des Verteidigers bei der Beschuldigtenvernehmung kann zumindest nach Maßstäben, wie sie zu § 168c Abs. 5 entwickelt wurden, zu einem Beweisverwertungsverbot führen (*Schrepfer* Die Anwesenheit des Verteidigers bei der polizeilichen Beschuldigtenvernehmung, 2001, S. 206 ff.). Für **Fehler des Verteidigers**, die eine Kontaktaufnahme oder eine effektive Konsultation verhindern, hat der Staat hingegen grundsätzlich nicht einzustehen. Nur dann, wenn eine grobe Pflichtverletzung des Verteidigers ohne Einblick in das Innenverhältnis des Mandats erkennbar ist, entsteht eine Fürsorgepflicht des Staates zum Schutz des Beschuldigten vor Schlechtverteidigung (vgl. EGMR NJW 2003, 1229 [1230]).

Kein Rechtsfehler im Verfahren liegt vor, wenn die Vernehmung nach Belehrung ohne Verteidigerbei- 73 stand **fortgesetzt** wird, weil der Beschuldigte in Kenntnis seiner Rechte keine Verteidigerkonsultation wünscht oder weil er unbeschadet eines geäußerten Wunsches nach Verteidigerkonsultation der Fortsetzung der Vernehmung ausdrücklich **zustimmt** (BGHSt 42, 15 [19]) oder zumindest damit konkludent einverstanden ist (*Beulke* NStZ 1996, 257 [261]; *Geppert* FS Otto, 2007, S. 913 [922 f.]). Auch eine schlichte **Nachfrage** der Verhörperson, ob dies geschehen kann, nachdem ernsthafte Bemühungen um Herbeiführung eines Kontakts vergeblich geblieben sind, ist noch keine Willensbeeinflussung, welche die Eigenverantwortlichkeit des Beschuldigten bei einer Mitwirkung an der fortgesetzten Vernehmung aufheben würde. Indes ist es unzulässig, wenn der Beschuldigte **hartnäckig bedrängt** wird, auch ohne die erwünschte, aber noch nicht gelungene Verteidigerkonsultation zur Sache auszusagen (BGHSt 58, 301 [305] mit Anm. *Wohlers* JR 2014, 132; SK-StPO/*Rogall* § 136 Rn. 49; *Roxin* JZ 1997, 343 [344 f.]). Gleiches gilt für eine **Überlistung** des Beschuldigten zur Aussage ohne die an sich erwünschte Verteidigerkonsultation. Schließlich ist im Einzelfall die **Verweigerung einer** ernsthaften **Unterstützung** des Beschuldigten beim Versuch der Herstellung eines erwünschten Kontakts mit dem Recht auf Verteidigerbeistand nicht zu vereinbaren. Der Rechtsfehler liegt gegebenenfalls in einer dem Staat zurechenbaren Beeinträchtigung des freien Willensentschlusses des Beschuldigten, sich nicht ohne vorherige Verteidigerkonsultation zur Sache zu äußern (*Beckemper* Durchsetzbarkeit des Verteidigerkonsultationsrechts und die Eigenverantwortlichkeit des Beschuldigten, 2002, S. 180 ff.).

Die Belehrung nach Abs. 1 S. 2 bleibt pure Förmelei, wenn dem Beschuldigten die Durchsetzung des 74 Rechts nicht ermöglicht wird oder wenn er von seinem eigentlichen Willensentschluss abgebracht wird. Der Staat hat, auch wenn dies engagierten Ermittlern nicht ins Konzept passt, keinen Anspruch darauf, dass sich der Beschuldigte, dem unbefristet und uneingeschränkt ein Recht zu schweigen zusteht, sich

§ 136 StPO Erste Vernehmung

zu einem bestimmten Zeitpunkt und in bestimmter Lage zur Sache äußert und damit gegebenenfalls in unerwünschter Weise selbst belastet. Das Postulat der »Funktionstüchtigkeit der Strafrechtspflege« ändert nichts an diesem rechtsstaatlichen Befund, der seine Grenze nicht erst in der Ausübung von Zwang i.S.d. § 136a Abs. 1 S. 2 findet. Will **der Beschuldigte erkennbar und ernsthaft von seinem Recht** zu schweigen **Gebrauch machen**, solange jedenfalls nicht zuvor eine Verteidigerkonsultation stattgefunden hat, dann ist deshalb die **Vernehmung abzubrechen** (BGHSt 58, 301 [305]; KMR/*Lesch* § 136 Rn. 36). Im Übergehen des im Einzelfall klar zum Ausdruck gebrachten Willens des Beschuldigten ist eine Verletzung seiner Stellung als Rechtssubjekt zu sehen (*Roxin* JZ 1993, 426 ff.). Eine Fortsetzung der Vernehmung kann allenfalls nach erneuter Belehrung gem. Abs. 1 S. 2 erfolgen, wenn der Beschuldigte sich hierauf mit der Vernehmung einverstanden erklärt. Die hierzu zunächst divergierende Rechtsprechung (BGHSt 42, 15 [19 ff.]; 42, 170 [171 ff.]; 47, 172 [173 ff.]) hat sich im Lauf der Zeit angenähert und auf die Konstruktion der **Zweitbelehrung** nach gescheitertem Versuch der Kontaktaufnahme mit einem Verteidiger als Heilungsinstrument verständigt.

75 **3. Heilung des Rechtsfehlers. a) Qualifizierte Belehrung.** Ein anfänglicher Fehler bei der Belehrung nach § 136 Abs. 1 S. 2 kann geheilt werden. Heilung durch schlichte **Wiederholung** der Vernehmung (*Dencker* Verwertungsverbote im Strafprozess, 1977, S. 82 ff.; *Rogall* FS Geppert, 2011, S. 519 [530]) reicht aber nicht zur Wiederherstellung des status quo ante aus. Selbst die **Nachholung der gesetzlichen Belehrung** genügt noch nicht (BGHSt 51, 367 [376]), weil sie nur dazu führt, dass der Beschuldigte ab diesem Zeitpunkt seine Rechte kennt. Vollendete Tatsachen kann er aus seiner Sicht nicht mehr beseitigen und bleibt danach in seinen Entscheidungsalternativen beschränkt. Er kann der Ansicht sein, dass ihm sein Recht, sich redend oder schweigend zu verteidigen, und sein Recht auf Verteidigerkonsultation vor oder bei der Vernehmung wegen der bereits aktenkundigen früheren Aussage nicht mehr helfen; daher sind diese Rechte bei nachfolgenden Aussagen zunächst ebenfalls in gewissem Maße beeinträchtigt und die weiteren Angaben der Sache davon beeinflusst. Der verfahrensrechtliche status quo ante kann nach derzeitigem **Richterrecht** (*Rogall* FS Geppert, 2011, S. 519 [523]) mit der Folge einer rechtsfehlerfreien Fortführung der Vernehmungen hergestellt werden, indem der Beschuldigte nicht nur **erneut** über sein Schweige- und Verteidigerkonsultationsrecht **belehrt**, sondern aus Fairnessgründen **auch über die Unverwertbarkeit** seiner anfänglichen Sachaussage **informiert** wird (BGHSt 53, 112 [115] m. Anm. *Deiters* ZJS 2009, 198 ff. und *Kasiske* ZIS 2009, 186 ff.; *Barthelme*, Die qualifizierte Belehrung bei Verfahrensverstößen im Strafprozess, 2011, S. 127 ff., 159 ff.; KK/*Diemer* § 136 Rn. 27a; *Eisenberg* Beweisrecht der StPO, Rn. 577; *M. Klein* Inhalt und Reichweite der Belehrungsvorschrift des § 136 StPO, 2005, S. 110 ff.; *Linnenbaum* Belehrung und »qualifizierte« Belehrung im Strafverfahren, 2009, S. 107, 120 ff.; *Meyer-Goßner/Schmitt* § 136 Rn. 9; SK-StPO/*Rogall* Vor § 133 Rn. 182 und § 136 Rn. 60; SK-StPO/*Wohlers* § 163a Rn. 79).

76 Diese Konzeption krankt allerdings daran, dass sogar ein Verwertungsverbot für die anfänglichen Äußerungen den status quo ante nicht lückenlos wiederherstellen könnte, weil es nach der Rechtsprechung keine Fernwirkungen hat und einem »Spurenansatz« nicht entgegensteht. Prämisse des Konzepts der qualifizierten Belehrung ist zudem die Annahme eines Verwertungsverbots für die anfänglichen Äußerungen, welches dann nicht vom Ausbleiben eines Widerspruchs des verteidigten Angeklagten in der Hauptverhandlung gegen die Verwertung als Bewirkungshandlung abhängig sein kann, weil es schon bei einer weiteren Vernehmung im Vorverfahren von der Verhörsperson von Amts wegen durch qualifizierte Belehrung aufzugreifen wäre. Polizeiliche oder staatsanwaltschaftliche Vernehmungsbeamte, aber auch Ermittlungsrichter, die mit dem Hauptsacheverfahren später nicht mehr befasst sind, sind zudem auf dem Boden der Abwägungsdoktrin (Rdn. 82 ff.) nicht anstelle der erkennenden Richter die richtigen Beurteiler der Frage, ob anfängliche Äußerungen überhaupt dem Grunde nach unverwertbar sind und deshalb hierauf »qualifiziert« hinzuweisen ist. Strukturell ist die qualifizierte Belehrung mit der Widerspruchslösung unvereinbar, da diese das Verwertungsverbot erstmals in der Hauptverhandlung aufgrund einer dortigen Bewirkungshandlung der Verteidigung entstehen lässt, während es vorher weder existiert noch vorhersehbar ist (*Barthelme* Die qualifizierte Belehrung bei Verfahrensverstößen im Strafprozess, 2011, S. 105 ff.; krit. *Rogall* FS Geppert, 2011, S. 519 [533 ff.]). Die Verhörsperson, die im Vorverfahren qualifiziert belehren soll, kann also hier – anders als im Fall des absoluten Beweisverbots nach § 136a Abs. 3 (zur qualifizierten Belehrung nach einer Verletzung von § 136a

Abs. 1 LG Bad Kreuznach StV 1994, 293 [294 f.]) – den Gegenstand dieser Belehrung noch nicht kennen.

Eine **falsche qualifizierte Belehrung** über die Unverwertbarkeit anfänglicher Aussagen, die in verfahrensfehlerhafter Weise zustande gekommen waren, hätte zumindest objektiv meist die Qualität einer **Täuschung** (*Deiters* ZJS 2009, 198 [201]; *Kasiske* NJW-Spezial 2011, 376, 377), wenn später aufgrund der in Grenzfällen unkalkulierbaren Resultate der Abwägungslehre sowie der Gebote der Widerspruchslösung das Entscheidungsergebnis doch dahin lauten sollte, ein Verwertungsverbot für die Erstaussage sei a priori nicht gegeben gewesen. Die vor diesem Hintergrund nur mögliche Belehrung darüber, dass bei ex post-Betrachtung ein künftig entscheidendes Tatgericht und ein Revisionsgericht nach einem in der tatgerichtlichen Hauptverhandlung rechtzeitig und formgerecht erhobenen Widerspruch gegen die Äußerungsverwertung zu dem Ergebnis kommen könnten, die anfängliche Aussage zur Sache sei unverwertbar – so die für die Ermittlungspraxis viel zu komplizierte »ganze Wahrheit« (vgl. *Rogall* FS Geppert, 2011, S. 519 [539]) –, erscheint kontraproduktiv. Andererseits nimmt die Rechtsprechung an, dass eine **Verletzung der Pflicht zur qualifizierten Belehrung** im Einzelfall nicht dasselbe Gewicht habe wie ein unmittelbarer Verstoß gegen § 136 Abs. 1 S. 2, sodass daraus kein Beweisverwertungsverbot resultieren müsse (BGHSt 53, 112 [115 f.]; KK/*Diemer* § 136 Rn. 27a; a. A. SK-StPO/*Rogall* § 136 Rn. 87 f.). Damit wird die Rechtsfigur der qualifizierten Belehrung wieder entwertet (krit. *Rogall* FS Geppert, 2011, S. 519 [521]; *Roxin* JR 2008, 16 [18]). 77

b) Zustimmung des Beschuldigten zur Verwertung früherer Äußerungen. Der Belehrungsmangel als Anknüpfungspunkt für ein Beweisverwertungsverbot wird nach herrschender Ansicht dadurch **geheilt**, dass der Beschuldigte der Verwertung nach Kenntniserlangung von seinen prozessualen Rechten zustimmt oder sie nachträglich genehmigt (LR/*Gleß* § 136 Rn. 81; *Rogall* FS Geppert, 2011, S. 519 [529]). Er kann also im Verbund mit seinem Verteidiger durch Prozesserklärung über die Verwertung seiner früheren Angaben disponieren, zumal er durch weitere Aussagen zur Sache über die Vermittlung von Informationen aus seinem Wissensbereich bestimmen kann (BGH Beschl. v. 29.01.2003 – 5 StR 475/02). Der Sache nach liegt dann ein **Verzicht** auf die sich aus der Selbstbelastungsfreiheit ergebenden prozessualen Befugnisse vor. Die Zustimmung oder Genehmigung kann ausdrücklich oder konkludent erklärt werden, sie muss jedenfalls eindeutig erteilt sein, um als Prozesshandlung eine Verzichtswirkung zu entfalten. Sie kann als eine die Verfahrenslage beeinflussende Prozesshandlung jedoch **nicht widerrufen** werden, weil die Disposition sonst zu weitgehend in den Verfahrensablauf eingreifen würde. Andererseits kann die Genehmigung auch noch mit einem erheblichen zeitlichen Abstand zur Beschuldigtenvernehmung erteilt werden, insbesondere in der Hauptverhandlung. 78

4. Rechtsfolgen eines ungeheilten Rechtsfehlers. Ist ein Rechtsfehler bei der Beweiserhebung im Vorverfahren durch Beschuldigtenvernehmung festzustellen und wird dieser Fehler nicht geheilt, dann stellt sich die Frage nach der Rechtsfolge. Infrage kommen theoretisch ein Beweisverwertungsverbot oder als weiter gehende Rechtsfolge (*Jahn* Gutachten C zum 67. DJT 2008, C 104 f.) ein Verfahrenshindernis, ferner ein Revisionsgrund gegen eine Verurteilung, ein besonderes Beweiswürdigungskriterium (BGHSt 46, 93 [103 ff.] m. abl. Anm. *Gleß* NJW 2001, 3606 f. und *Sowada* NStZ 2005, 1 [6 f.] zur Verletzung des Konfrontationsrechts; abl. auch *Jahn* a.a.O. C105 f.; *Roxin*/*Schünemann* Strafverfahrensrecht § 24 Rn. 39), ein Strafzumessungskriterium (zu der spätestens durch EGMR JR 2015, 81 ff. überholten »Strafzumessungslösung« bei der Tatprovokation BGHSt 45, 321 [325 ff.]; 47, 44 [47]), ein Aspekt, der durch Strafabschlag nach der Vollstreckungslösung zu kompensieren ist (BGHSt 52, 48 [56 f.]), oder ein Schadensersatzanspruch wegen Amtspflichtverletzung. 79

a) Verwertungsverbot als Kompensation eines Fehlers bei der Beweiserhebung. aa) Alternativen der Kompensation. Strafrechtliche oder strafprozessuale Kompensationsformen sind wegen ihrer grundsätzlichen Verschiedenheit vom zivilrechtlichen Schadensersatz zu unterscheiden; die Möglichkeit der Amtshaftung schließt daher eine Rechtsfolge im Strafprozess nicht aus. Aus dem Spektrum der teils verfahrensrechtlichen, teils materiellrechtlichen Kompensationsmittel im Strafprozess sind zunächst das Verfahrenshindernis als eine an dieser Stelle zu weit gehende Rechtsfolge, sodann die Strafzumessungs- oder Vollstreckungsabschlagsmodelle (dagegen zu Recht *Jahn* Gutachten C zum 67. DJT 2008, C106 f.) als unpassende Kategorien zu eliminieren. Danach bleiben nur noch Beweisverwertungsverbots- oder Beweiswürdigungslösungen übrig. Die **Beweiswürdigungslösung** er- 80 weist sich schon deshalb als problematisch (*Fezer* FS Gössel, 2002, S. 627 ff.; *Ignor* FS Riess, 2002, S. 185 [189]), weil dabei als Kompensation für einen Verfahrensfehler eine »besonders vorsichtige Beweiswürdigung« gefordert wird. Besondere Vorsicht bei der Beweiswürdigung ist jedoch eine generelle Forderung an Strafrichter. Ein ernsthafter Unterschied zwischen der Beweiswürdigung in Normalfällen und derjenigen in Fällen mit Kompensationsbedeutung ist jedenfalls dann nicht verifizierbar, wenn die bemakelte Aussage nicht das einzige Beweismittel ist und diese nur für sich genommen einen Schuldspruch nicht zu tragen vermag. Sonst gilt als Folge der Beweiswürdigungslösung die Regel, dass der bemakelte Beweis eine Verurteilung nicht alleine tragen kann, sondern dazu einer Absicherung durch andere Indizien bedarf. Die Freiheit der Beweiswürdigung nach § 261 spricht tendenziell gegen eine solche **richterrechtliche Beweisregel** (LR/*Gössel* Einl. L Rn. 35). Beweiswürdigungs- und Strafzumessungslösungen beruhen jeweils auf justiziellen Praktikabilitätserwägungen und kompensieren oftmals einen Verfahrensfehler im Ergebnis praktisch nicht (*Dallmeyer* Beweisführung im Strengbeweisverfahren, 2002, S. 118 ff.).

81 Die einzige **angemessene prozessuale Rechtsfolge** einer Verletzung der Selbstbelastungsfreiheit oder des Verteidigerkonsultationsrechts bei der Beschuldigtenvernehmung ist daher **das Verwertungsverbot** (*Radtke/Hohmann/Kretschmer* § 136 Rn. 25 ff.). Zwischen der Verletzung der Selbstbelastungsfreiheit und derjenigen des Verteidigerkonsultationsrechts besteht dabei kein substanzieller Unterschied, weil der Verteidigerbeistand auch dem Schutz der Selbstbelastungsfreiheit dient (BGHSt 58, 301 [304 f.]), so dass die Verletzung des Verteidigerkonsultationsrechts aus demselben Grund wie bei direkter Verletzung des Schweigerechts ein Beweisverwertungsverbot auslösen kann (*von Stetten* FS Beulke, 2015, S. 1053 [1062 ff.]). Aus dem Fehlen einer positivrechtlichen Regelung kann auch nicht abgeleitet werden, dass eine solche Rechtsfolge nicht angenommen werden dürfe (OLG Bremen NJW 1967, 2022 [2023]). Es wäre ein Wertungswiderspruch zur ratio legis, wenn die unter Verstoß gegen die Selbstbelastungsfreiheit oder das Verteidigerkonsultationsrecht erlangte Äußerung im Strafprozess gegen den Angeklagten verwertet würde, sofern er dies nicht aufgrund seiner fortbestehenden Freiheit zur aktiven Mitwirkung an der eigenen Überführung oder deren Unterlassung wünscht (*Dudel* Das Widerspruchserfordernis bei Beweisverwertungsverboten, 1999, S. 110). Schon die Beweiserhebung über eine im Vorverfahren rechtsfehlerhaft erlangte Äußerung des Beschuldigten in der Hauptverhandlung verletzt mittelbar erneut seine Selbstbelastungsfreiheit. Dabei kommt es aus der Perspektive des Angeklagten auch nicht darauf an, ob der Verfahrensfehler im Vorverfahren schuldhaft verursacht worden war (*Jahn* Gutachten C zum 67. DJT 2008, C73 f.). Die Rechtsprechung handhabt dies jedoch meist anders. Wird der Beschuldigte etwa **im Ausland vernommen** und besteht dort keine Belehrungspflicht hinsichtlich des Schweigerechts, so bleibt die dort gemachte Aussage nach der Rechtsprechung im Inland verwertbar (BGH StV 1995, 231 f. m. abl. Anm. *Dencker*) und muss nur »besonders vorsichtig« gewürdigt werden. Das erscheint nicht überzeugend.

82 bb) **Abwägungsdoktrin zur Bestimmung der Rechtsfolgen einer Verletzung von Abs. 1 Satz 2.** Nichts ist im Strafprozessrecht heftiger umstritten als die Frage, wann ein unselbstständiges Beweisverwertungsverbot vorliegt. Die Strafprozessordnung trifft, auch wenn zunehmend gesetzliche Regeln über Beweiserhebungs-, Verwertungs- oder Verwendungsverbote entstehen, wonach gleichwohl Regelungslücken verbleiben, keine abschließende Regelung hierzu und enthält kein einheitliches Konzept der Verwertungsverbote. Dem Gesetz kann nicht entnommen werden, dass immer dann, wenn **keine positivrechtliche Regelung** über ein Verwertungsverbot als Folge eines Rechtsfehlers bei der Beweiserhebung besteht, kein Verwertungsverbot existieren soll. Andernfalls würden die Beweiserhebungsregeln im Ergebnis mangels wirkungsvoller Rechtsfolge ihrer Verletzung zu Sollvorschriften degradiert (so schon der Einwand von *Beling* JW 1924, 1721, 1722). Die Frage, ob ein Rechtsfehler bei der Beweiserhebung ein Verwertungsverbot nach sich zieht, muss nach der Rechtsprechung für jede Fallgestaltung gesondert entschieden werden. Die Rechtsprechung hat daneben selbstständige Beweisverwertungsverbote nach dem Maßstab der Dreistufentheorie unmittelbar aus der Verfassung hergeleitet. Die Entscheidung für oder gegen ein Verwertungsverbot ist nach Ansicht des Bundesgerichtshofs, von den Fällen des Eingriffs in den unantastbaren Kernbereich der Persönlichkeitsentfaltung abgesehen (BGHSt 31, 296 [299 f.]; 50, 206 [210]; 51, 1 [4]; 53, 294 [302 f.]; 56, 127 [135]), welche ein absolutes Beweisverbot im Sinne von § 136a Abs. 3 nach sich ziehen, bei selbstständigen wie bei unselbstständigen Beweisverwertungsverboten gleichermaßen aufgrund einer umfassenden **Abwägung der Bedeutung des Strafverfol-**

Erste Vernehmung **§ 136 StPO**

gungsinteresses der Allgemeinheit im Einzelfall **gegenüber dem Interesse des Beschuldigten** an der Wahrung seiner prozessualen Rechte zu treffen (BVerfG NJW 2012, 907 [910 f.]; BGHSt 38, 214 [219 f.]; 38, 372 [374]; 47, 172 [179], 52, 48 [54]; 53, 112 [116]; 54, 69 [87]; 56, 138 [145]; 58, 301 [308]). Dabei sind aber normativ abstrakte und fallbezogen konkrete Abwägungen zu verzeichnen. Zur Verletzung der Selbstbelastungsfreiheit durch Unterlassen einer Belehrung gemäß Abs. 1 S. 2 hat der BGH in seiner Grundsatzentscheidung überwiegend abstrakte Erwägungen angestellt und das eher geringe Gewicht des dortigen Vorwurfs eines Trunkenheitsverkehrsdelikts nicht besonders erwähnt (BGHSt 38, 214 [220 ff.]). In Entscheidungen zur Verletzung des Verteidigerkonsultationsrechts wurde dagegen auch die Schwere des Vorwurfs im Einzelfall als Abwägungspunkt hervorgehoben (vgl. BGHSt 42, 170 [174]). Die Art und Weise der Anwendung der Abwägungstheorie ist insoweit nicht homogen.

Der Abwägungsansatz aus dem Bereich der selbstständigen Beweisverwertungsverbote auf der zweiten Stufe der Dreisphärentheorie ist von der Rechtsprechung – im Ansatz undifferenziert – auf die unselbstständigen Beweisverwertungsverbote übertragen worden, obwohl diese wegen der unterschiedlichen Ausgangsbasis anderen Prinzipien folgen müssten (*Dencker* Verwertungsverbote im Strafprozess, 1977, S. 110; *Strate* HRRS 2008, 76 [80]). Bei der auch dazu postulierten Gesamtabwägung aller Umstände fallen nach der Rechtsprechung das **Gewicht des Verfahrensverstoßes** sowie seine Bedeutung für die Sphäre des Betroffenen ebenso in die Waagschale wie die Erwägung, dass die Wahrheit nicht um jeden Preis erforscht werden muss und das Verwertungsverbot oder die Verwertbarkeit des bemakelten Beweises vor allem vom **Gewicht des strafrechtlichen Vorwurfes** abhängt (zu Recht krit. *Kudlich* HRRS 2011, 114 [116]; *Wohlers* JR 2014, 132 [134]). Das läuft allerdings auf eine Missachtung des Grundsatzes hinaus, dass der besondere Zweck nicht jedes Mittel heiligt. Nach der Rechtsprechung soll zu bedenken sein, dass Verwertungsverbote die Möglichkeiten der Wahrheitserforschung beeinträchtigen und der Staat eine funktionstüchtige Strafrechtspflege zu gewährleisten hat. Die Annullierung von Beweisverwertungsverboten wegen des besonderen Gewichts des strafrechtlichen Vorwurfs im Einzelfall konterkariert dabei am Normzweck der verletzten Beweiserhebungsvorschrift orientierte Überlegungen und die Annahme einer Disziplinierungsfunktion von Verwertungsverboten in dem mittels der Widerspruchslösung bereits partiell adversatorisch ausgestalteten Strafverfahren (vgl. *Conen* FS Eisenberg, 2008, S. 459 [471]).

83

Ein Verwertungsverbot soll nun auch im Bereich der unselbstständigen Beweisverwertungsverbote eine **besonders begründungsbedürftige Ausnahme** vom Grundsatz der Wahrheitserforschung mithilfe aller vorhandenen Beweise darstellen, weil es die Beweismöglichkeiten der Strafverfolgungsbehörden zur Erhärtung (oder Widerlegung) des Verdachts strafbarer Handlungen einschränkt und so die Findung einer materiell richtigen und gerechten Entscheidung beeinträchtige (BVerfGE 130, 1 [28]; BGHSt 54, 69 [87]; 56, 138 [145]). **Rechtsgrundlage für die Beweisverwertung sei § 261**. Damit werden allerdings die Relationen zwischen Eingriffsakt und Erlaubnisregeln auf den Kopf gestellt (*Dallmeyer* Beweisführung im Strengbeweisverfahren, 2002, S. 128 ff.). Unselbstständige Beweisverwertungsverbote haben ihre normative Grundlage in den Regeln über die (erstmalige) Beweiserhebung (*Fezer* Grundlagen der Beweisverwertungsverbote, 1995, S. 27). Begründungsbedürftig ist danach eher die Verwertung fehlerhaft erhobener Beweise (s.a. *Mitsch* NJW 2008, 2295 [2296]), für die nach dem Prinzip vom Vorbehalt des Gesetzes gegebenenfalls eine ausreichende Heilungsregelung zur Verfügung gestellt werden müsste (*Jahn* Gutachten C zum 67. DJT 2008, C 50; *Singelnstein* FS Eisenberg, 2008, S. 643 [652]). Das in der früheren Rechtsprechung anfangs gar nicht, später zumindest weniger rigide postulierte Regel- und Ausnahmeverhältnis von Wahrheitserforschung und unselbstständigen Beweisverwertungsverboten (*K. Peters* Gutachten für den 46. DJT 1966 Bd. I Teil 3 A S. 93) wird nun von der Rechtsprechung neu positioniert und die Beweiswürdigungsmethodenregelung des § 261 anstelle des eher infrage kommenden § 244 Abs. 2 (*Jahn* a.a.O. C68; vgl. auch BVerfGE 57, 250 [277]), der im Übrigen dafür zu unbestimmt erscheint (*Dallmeyer* a.a.O. S. 131 ff.; *Singelnstein* a.a.O. S. 653; a. A. BVerfGE 130, 1 [40]) in eine Eingriffsermächtigung zur Informationsverwendung umfunktioniert. Dies kann allenfalls durch den Trick einer **Veränderung des Regel- und Ausnahmeverhältnisses** von Verwertbarkeit und Unverwertbarkeit rechtsfehlerhaft erhobener Beweise gelingen. Demgegenüber war jedenfalls in der jüngeren Rechtsprechung zu den Folgen der Verletzung von Abs. 1 S. 2 von der Regel der Unverwertbarkeit der verfahrensfehlerhaft zustande gekommenen Beschuldigtenaussage und der Ausnahme der Möglichkeit ihrer Verwertung ausgegangen worden (*Ransiek* StV 1994, 343 [344]).

84

§ 136 StPO Erste Vernehmung

85 Wenn unselbstständige **Beweisverwertungsverbote zugleich Beweiserhebungsverbote für die Hauptverhandlung** darstellen (*Fezer* JZ 1994, 686 [687]; *Ufer* Der Verwertungswiderspruch in Theorie und Praxis, 2002, S. 156 ff.), darf der bemakelte Beweisstoff eigentlich nicht in den Informationsfundus gelangen, aus dem die tatrichterliche Würdigung bei der Urteilsberatung nach § 261 exklusiv ihre Beweisgrundlagen zu schöpfen hat (*Tolksdorf* FG Graßhof, 1998, S. 255 [267]). Die nun vom Bundesverfassungsgericht ohne Beachtung der Beweislehren umgekehrte Sicht der Dinge rührt aus dem Gedankengut der Widerspruchslösung her (vgl. *Ufer* a.a.O. S. 94). Diese Lösung ist aber weder dogmatisch zutreffend noch wird ein Widerspruch als Entstehungsvoraussetzung für ein Verwertungsverbot für alle Beweisverbotskonstellationen gefordert. Zudem ist ein schon der Beweiserhebung entgegen wirkender Widerspruch nicht ausgeschlossen. Auf § 261 kommt es dann entgegen der jüngsten Judikatur des Bundesverfassungsgerichts, die sich mit der Dogmatik der Beweisverwertungsverbote als einfachrechtlicher Ausgangsbasis seiner verfassungsrechtlichen Kontrolle nicht ernsthaft befasst hat, überhaupt nicht an.

86 Dient die Verfahrensvorschrift, die bei der erstmaligen Beweiserhebung verletzt worden ist, nach ihrem **Normzweck** nicht oder nicht in erster Linie dem Schutz des Beschuldigten, so liegt ein Verwertungsverbot fern, so etwa bei Verstoß gegen § 55 Abs. 2. Genau genommen hat der Gesetzgeber bei § 136 Abs. 1 S. 2 aber eine Vorwertung getroffen, die eine einzelfallbezogene Abwägung durch die Rechtsprechung entbehrlich macht (*Radtke/Hohmann/Kretschmer* § 136 Rn. 25). Zumindest liegt ein Verwertungsverbot besonders nahe, wenn die verletzte Verfahrensvorschrift dazu bestimmt ist, die Grundlagen der verfahrensrechtlichen Stellung des Beschuldigten zu sichern (BGHSt 38, 214 [220]; 38, 372 [374]; 42, 15 [21]). Dies ist **bei Abs. 1 S. 2** der Fall, der formale **Regeln zum Schutz der essenziellen Beschuldigtenrechte** auf Selbstbelastungsfreiheit und Verteidigerbeistand aufstellt, weshalb aus der Verletzung dieser Norm regelmäßig ein Beweisverwertungsverbot resultieren muss (*Eisenberg* Beweisrecht der StPO, Rn. 373 f., 568). Bei Verletzung des Verteidigerkonsultationsrechts soll jedoch eine Differenzierung nach den Umständen des Einzelfalls vorgenommen werden (BGHSt 42, 15 [21]; a. A. BGHSt 42, 170 [174 f.]; krit. *Roxin/Schünemann* Strafverfahrensrecht § 24 Rn. 38). Eine stringente Dogmatik lässt sich aus diesen Vorgaben nicht ablesen. Bei klaren Verletzungen der Selbstbelastungsfreiheit oder des Verteidigerkonsultationsrechts kommt auch die Rechtsprechung nicht umhin, nur ein Beweisverwertungsverbot als angemessene Rechtsfolge anzusehen (BGHSt 58, 301 [304]).

87 Dogmatisch überzeugt die Abwägungslehre im Bereich der unselbstständigen Beweisverwertungsverbote nicht, weil sie das Vorliegen oder Nichtvorliegen eines Verwertungsverbots **von kriminalpolitischen Opportunitätserwägungen abhängig** macht, damit kein dogmatisches Konzept zugrunde legt und stattdessen Elemente des Grundsatzes der Verhältnismäßigkeit in die Prüfung der Fairness des Verfahrens übernimmt, der dort nichts zu suchen hat (*Rupp* Gutachten für den 46. DJT 1966 Bd. I Teil 3 A S. 176). Außerdem wird die Abwägung falsch vorgenommen, wenn bei schweren Vorwürfen eine Fehlerfolge dementiert wird, obwohl dabei das Schutzbedürfnis des Beschuldigten am größten ist (*Dencker* Verwertungsverbote im Strafprozess, 1977, S. 97; *Jahn* Gutachten C zum 67. DJT 2008, C50, C63). Das Ergebnis der einzelfallbezogenen Abwägung steht angesichts unterschiedlicher Handhabung der Abwägungsfaktoren und möglicher Veränderungen der Bewertung der Schwere des Vorwurfes im Lauf des Prozesses, etwa wenn Vorsatz oder Fahrlässigkeit in Betracht kommen und der dynamische fortschreitende Beweisgang bisweilen die eine, bisweilen die andere Schuldform betont (*Dencker* a.a.O. S. 96 f.), erst nach der letzten Instanz fest, sodass das Abwägungsresultat vorher für Ermittlungsbeamte, Verteidiger, Angeklagte und Nebenkläger unvorhersehbar erscheint. **Rechtsunsicherheit** ist die Folge (*Ufer* Der Verwertungswiderspruch in Theorie und Praxis, 2002, S. 52), die ihrerseits nicht dem Rechtsstaatsprinzip entspricht. Anderseits ist die Abwägungslehre **nicht ergebnisoffen** (*Jahn* a.a.O. C 49), sondern sogar erheblich ergebnisorientiert (*Wohlers* JR 2014, 132 [133]) und damit unfair. Der von ihr pauschal unterstellte **Antagonismus zwischen Wahrheitserforschung und Verwertungsverboten** existiert tatsächlich nicht (*Conen* FS Eisenberg, 2008, S. 459 [467 f.]; *Eisenberg*, Beweisrecht der StPO, Rn. 329), zumal bei formfehlerhaften Vernehmungen keine Garantie für die inhaltliche Richtigkeit der Äußerung, Wahrnehmung und Aufzeichnung von Aussagen zu erlangen ist. Das Anforderungsprofil an die Fairness des Verfahrens durch Beachtung der schützenden Formen bei der Beweiserhebung sinkt zudem nicht mit zunehmender Schwere des Tatvorwurfs; eher wäre das Gegenteil zu postulieren. Je schwerer der Vorwurf wiegt, desto strenger sollten die Anforderungen an die Beachtung der schützenden Formen des Strafverfahrens sein (*Dencker* a.a.O. S. 97). Die Abwägungslehre annulliert aber die Rechtsfolgen von Verfahrensfehlern im Ergebnis um so eher, je schwerer der Vorwurf

wiegt, weil dann dem Sachaufklärungsinteresse der Allgemeinheit regelmäßig Vorrang vor der strikten Formwahrung gebühren soll. Das ist der falsche Maßstab (*Beckemper* Durchsetzung des Verteidigerkonsultationsrechts und die Eigenverantwortlichkeit des Beschuldigten, 2002 S. 58; *Dallmeyer* Beweisführung im Strengbeweisverfahren, 2002, S. 162; *Jahn* a.a.O. C61; *Sowada* NStZ 2005, 1 [6]).

Die Abwägungslehre trägt zur Erosion des rechtsstaatlichen Verfahrensrechts bei. Sie basiert in letzter Konsequenz auf dem strukturellen **Vorurteil**, dass es nur darum gehe, **Hindernisse für eine berechtigte Aburteilung** des Angeklagten zu **eliminieren**. Dabei wird unter anderem übersehen, dass es selbst nach Geständnissen in polizeilichen Vernehmungen durchaus Fehlurteile zum Nachteil von Angeklagten gibt, die gegebenenfalls mit einem bemakelten Beweis herbeigeführt werden (zu einem Beispiel Rdn. 63). Fehler bei der polizeilichen Beschuldigtenvernehmung zu Beginn des Verfahrens wirken sich kontinuierlich im Gesamtverfahren aus und sind aufgrund der bekannten Ankereffekte kaum noch zu eliminieren (*Neuhaus* StV 2015, 185 ff.). Zudem erlaubt der Maßstab der uneinheitlichen Abwägungsjudikatur (*Trüg/Habetha* NStZ 2008, 481 [486]) **keine präzise Grenzziehung** und führt zu Rechtsunsicherheit und Rechtsunklarheit. Die unbegrenzte Auslegung nach der Abwägungslehre ermöglicht beliebige Resultate, meist zulasten von Beschuldigten. Danach findet kein effektiver Rechtsschutz mehr statt. Die »Abwägungsdogmatik« liefert also aufs Ganze gesehen keine akzeptable Lösung des Problems. Die Annullierung von Verfahrensrügen im übermäßig komplizierten Rechtskontrollsystem von Revision und Urteilsverfassungsbeschwerde **verleitet Verhörpersonen** zudem erneut **zu einem nachlässigen Umgang** mit den schützenden Formen der Strafprozessordnung. 88

cc) **Normzwecklehre als Alternative.** Der Ansatz der **Normzwecklehre** wirkt dogmatisch überzeugender als der Abwägungstopos der Rechtsprechung (*Beulke* ZStW 103 [1991], 657 [663 f.]). Sie beurteilt die Frage, ob aus der Verletzung einer Rechtsnorm über die Beweiserhebung ein Verbot der Verwertung des fehlerhaft erhobenen Beweises resultiert, abstrakt-generell anhand des Zwecks der verletzten Rechtsnorm. Auch dieser Ansatz klingt in der Rechtsprechung zwar an (BGHSt 38, 214 [220]); er ist dort aber nur als Teilelement einer mit divergierenden Akzenten weiter gehenden Abwägung verschiedener Faktoren anzutreffen. Betreffen die Regeln in Abs. 1 S. 2 mit der Selbstbelastungsfreiheit und dem Recht auf Verteidigerbeistand **essentielle Rechtspositionen**, dann muss eine **substanzielle Verletzung** einer dieser Rechtspositionen nach dem Maßstab der Normzwecklehre unabhängig von dem Gewicht des individuellen strafrechtlichen Vorwurfs ein Beweisverwertungsverbot zur Folge haben (*Ransiek* StV 1994, 343). 89

dd) **Beweisbefugnislehre.** Noch stringenter wirkt die der Lehre von den Informationsbeherrschungsrechten (*Amelung* Informationsbeherrschungsrechte im Strafprozess, 1990, S. 24 ff., 30 ff.; *Singelnstein* FS Eisenberg, 2008, S. 643 ff.) ähnliche **Beweisbefugnislehre**, nach der – verkürzt gesprochen – dem Staat die Befugnis zur Informationsverwertung nur zusteht, wenn er unter Einhaltung gesetzlicher Ermächtigungsnormen prozessordnungsgemäß vorgeht (*Dallmeyer* Beweisführung im Strengbeweisverfahren, 2002, S. 123 ff.; *Jahn* Gutachten C zum 67. DJT 2008, C66 ff.; *Kühne* Strafprozessrecht Rn. 907.4). Alle unter Verletzung von gesetzlichen Normen fehlerhaft erhobenen Beweise unterliegen danach prinzipiell einem Verwertungsverbot (vgl. auch Art. 191 des italienischen CPP). Damit werden die Struktur der unselbstständigen Beweisverwertungsverbote einerseits und die Bedeutung der verletzten Beweiserhebungsbestimmung als gesetzlicher Eingriffsermächtigung folgerichtig beachtet. Was der Rechtsprechung daran missfällt, ist vor allem das Resultat. Dabei wird aber übersehen, dass gerade gegenüber polizeilichen Beschuldigtenvernehmungen angesichts der zahlreichen Fehlerquellen und erheblichen Fehlerfolgen (*Neuhaus* StV 2015, 185 ff.) gerade auch im Interesse der Sicherung von Wahrheit und Gerechtigkeit eine effektive Kontrolle und Sanktionierung von Verfahrensfehlern bestehen muss. 90

Ein Beweis, der auf rechtswidrige Weise gewonnen wurde, war schließlich auch nach der anfänglichen Rechtsprechung und Lehre mangels einer Heilung des Fehlers unzulässig (RGSt 8, 122 [124]; 20, 91 [92]; 20, 186 [187]; 32, 157 [158]; 47, 196; 52, 157 [158]; heute im Ergebnis ebenso *Kühne* Strafprozessrecht Rn. 907.4; *Rzepka* Zur Fairness im deutschen Strafverfahren, 2000, S. 435). Seine Verwendung im Urteil nach erneuter Rechtsverletzung durch die Anschlussbeweiserhebung in der Hauptverhandlung zwingt, wenn nicht Beweiserhebungsakt und Verwertbarkeitsfrage derart separiert werden, dass sie bereits als unterschiedliche Rechtsinstitute erscheinen, auch aufgrund einer Revision zur Urteilsaufhebung. Die Urteilsaufhebung und Zurückverweisung der Sache aufgrund einer Verfahrens- 91

§ 136 StPO Erste Vernehmung

rüge, welche die Tatsachenfeststellungen für sich genommen nicht direkt in Frage gestellt hatte, hat erstaunlicherweise oft die Folge, dass danach andere Feststellungen getroffen werden (vgl. *Vogelsang*, Die Bedeutung erfolgreicher Verfahrensrügen für das nachfolgende tatrichterliche Urteil, 2001) und das Prozessergebnis deshalb anders ausfällt. Sie ist daher keineswegs eine überflüssige Übung (vgl. *Dallmeyer* Beweisführung im Strengbeweisverfahren, 2002, S. 142 f.).

92 Die vormals der Sache nach auch in Rechtsprechung und Lehre dominierende Beweisverbotslehre ist eine konsequente Ableitung aus dem **Prinzip vom Vorbehalt und vom Vorrang des Gesetzes**, dem heute seltsamerweise gerade das Bundesverfassungsgericht eine Absage erteilt, das früher noch dem überkommenen Ansatz der prinzipiellen Unverwertbarkeit rechtswidrig erlangter Beweise gefolgt war (vgl. BVerfGE 44, 353 [383 f.]; BVerfG StV 2004, 169, [175]). Zuerst wurde dies in der Kammerrechtsprechung geleugnet (BVerfG StV 2011, 65 [67]), damit danach auch der Zweite Senat scheinbar behaupten kann, die Beweisverbotsfrage sei nie anders bewertet worden (BVerfGE 130, 1 [29 ff.]). Die unbelegte (*Trüg/Habetha* NStZ 2008, 481 [482]), aber zumindest ihrerseits begründungsbedürftige Behauptung, es gebe keinen Rechtssatz des Inhalts, dass aus einem Fehler bei der Beweiserhebung im Vorverfahren nicht prinzipiell ein Verbot der Beweisverwertung folge, trifft mit Blick auf das Prinzip vom Vorbehalt des Gesetzes nicht zu, wenn nicht aus der andersartigen und als Eingriffsermächtigung nach Beweiserhebungsfehlern völlig unbestimmten Regelung des § 261 eine umfassende Beweisverwertungsbefugnis abgeleitet werden kann. Sie kollidiert auch mit dem Prinzip des Strengbeweisverfahrens (vgl. Roxin/*Schünemann* Strafverfahrensrecht § 24 Rn. 13).

93 Die Nichtbeachtung der limitierten Beweisbefugnisse des Staates widerspricht zudem tendenziell der Judikatur des Ersten Senats des Bundesverfassungsgerichts zu dem von jedem Beweiserhebungs- und Beweisverwertungsakt betroffenen **Recht auf informationelle Selbstbestimmung**, das nur beschränkt werden darf, soweit das Gesetz es gestattet (*Dallmeyer* Beweisführung im Strengbeweisverfahren, 2002, S. 57, 66 ff.). Danach müssen bei der Beschuldigtenvernehmung eben auch die Belehrungsförmlichkeiten beachtet sein, um den Äußerungsinhalt verwenden zu dürfen (*Singelnstein* FS Eisenberg, 2008, S. 643 [648]). Die Folgen der Rechtsprechung zum Recht auf informationelle Selbstbestimmung und dessen Schutzbereichsverletzung bei staatlicher Informationsbeschaffung gegen den Willen des Inhabers wird konterkariert, wenn inzwischen sogar die eigentlich weiter gehenden (Roxin/*Schünemann* Strafverfahrensrecht 24 Rn. 63) gesetzlichen Informationsverwendungsverbote mithilfe der Abwägungslehre dahin relativiert werden, dass ein Verwendungsverbot nicht mit einem Beweisverwertungsverbot identisch sein soll (so etwa BGHSt 54, 69 [88] zu § 100d Abs. 5 Nr. 3). Schließlich wird mit der Separierung des Beweisverwertungsverbots vom Eingriffstatbestand bei der Beweiserhebung der Akzent verschoben (*Trüg/Habetha* NStZ 2008, 481 [482]) und der rechtswidrige Eingriff im Ergebnis ignoriert.

94 Im Grunde sind unselbstständige Beweisverwertungsverbote eine Art von prozessualer **Folgenbeseitigung** (*Schwaben* Die personelle Reichweite von Beweisverwertungsverboten, 2005, S. 153 ff.) oder ein Abwehrrecht gegenüber einer Vertiefung des Eingriffs in das Informationsbeherrschungsrecht durch Verwertung der ab initio fehlerhaft erlangten Informationen (*Singelnstein* FS Eisenberg, 2008, S. 643 [649 ff.]). Voraussetzung für das Eingreifen dieser Rechtsfolgenregel ist auf der Tatbestandsseite die **Verletzung einer Rechtsnorm** über das Beweisverfahren, wie in Abs. 1 Satz 2, ferner eine damit einhergehende **Verletzung eines subjektiven prozessualen Rechts** (auf Beachtung der Menschenwürde oder des Persönlichkeitsrechts, des Anspruchs auf rechtliches Gehör, des Rechts auf Fairness im Verfahren, des Rechts auf willkürfreie Entscheidung oder auf effektiven Rechtsschutz) und schließlich unter Beruhensaspekten (*Kühne* Strafprozessrecht Rn. 909) die zumindest **nicht ausschließbare Sachentscheidungserheblichkeit** des fehlerhaft erlangten Beweisinhalts.

95 ee) »**Heilung« des Rechtsfehlers bei der Beweiserhebung durch Verlaufshypothesen.** Eine Hypothese der alternativ rechtmäßigen Beweiserlangung in Anlehnung an die US-amerikanische »hypothetical clean path doctrine« ist nach der Rechtsprechung – nur als ein **Faktor im Rahmen der Gesamtabwägung** (*Rogall* NStZ 1988, 385 [391 ff.]) – ein Aspekt, der ein an sich gegebenes Beweisverwertungsverbot aufheben kann (BGH NStZ 1989, 375 m. Anm. *Roxin* ebenda und *Fezer* StV 1989, 289; abl. *Dallmeyer*, Beweisführung im Strengbeweisverfahren, S. 148 ff.; *Dallmeyer/Jahn* NStZ 2005, 297 [303 ff.]; *Jahn* Gutachten C zum 67. DJT 2008, C74 ff.; *Kühne* Strafprozessrecht Rn. 908.5 und Rn. 909.1; *Wohlers* FS Fezer, 2008, S. 311 [326 ff.]). Eine solche Hypothese kann entsprechend der

»inevitable discovery-These« des US-amerikanischen Rechts jedoch allenfalls dann beachtet werden, wenn es hinreichend sicher erscheint, dass der Beschuldigte diese Angaben im konkreten Fall auch ohne den Rechtsfehler gemacht hätte, insbesondere wenn er verdeutlicht, dass er auf jeden Fall aussagen wollte (vgl. *Eisenberg* Beweisrecht der StPO, Rn. 410). Im Anwendungsbereich von Abs. 1 S. 2 spielt die Idee der Verlaufshypothesenbildung bisher in der Praxis aber keine Rolle.

b) »**Widerspruchslösung**«. aa) **Entstehung und Bedeutung**. Erstmals wurde im Jahr 1992 überhaupt ein Beweisverwertungsverbot wegen Verletzung von § 136 Abs. 1 Satz 2, 163a Abs. 4 dem Grunde nach anerkannt (BGHSt 38, 214 [218 ff.]), nachdem die Rechtsprechung vorher die Verletzung einer »bloßen Ordnungsvorschrift« ohne Rechtsfolge angenommen hatte (BGHSt 22, 170 [173 ff.]; 31, 395 [399]). Weil die Anerkennung eines Beweisverwertungsverbots einerseits revolutionär erschien, **sollte** andererseits **ein Dammbruch verhindert werden** (*Nagel* StraFo 2013, 221 [222]). Namentlich polizeiliche Ermittlungsbeamten hatten die Belehrungsregeln (§ 163a Abs. 4) bisher wegen der Folgenlosigkeit ihrer Verletzung oft nicht beachtet (*Werner* Zur Notwendigkeit der Verteidigeranwesenheit während der polizeilichen Beschuldigtenvernehmung, 2008, S. 95). Daher bedurfte es aus der Sicht der Rechtsprechung einer Begrenzung des nunmehr im Ansatz anerkannten Beweisverwertungsverbots (vgl. *Hamm* StV 2010, 418 [421]; *Ventzke* StV 1997, 543 [547]), wozu die Grundsatzentscheidung die »Widerspruchslösung« (scil.: für die Verwertungsverbotsfrage) als Richterrecht erfand (BGHSt 38, 214 [225 ff.]; 39, 349 [352]; 42, 15 [22 f.]; 50, 272 [274]; 52, 38 [41]). Damit ist in funktional ähnlicher Weise, wie der Mythos der »Miranda warnings« in den Vereinigten Staaten von der Rechtsprechung der US-amerikanischen Gerichte bis zur Unkenntlichkeit relativiert wurde *Wittmann* JZ 2014, 105 [108 ff.]), im deutschen Strafverfahrensrecht auch die Wirkung des Beweisverwertungsverbots aufs Ganze gesehen verpufft. Die Widerspruchslösung war z.Zt. ihrer Entstehung noch auf das Engste mit dem Verwertungsverbot wegen Verletzung von Abs. 1 S. 2 verknüpft. Ihre Verselbständigung im Verlauf der weiteren Rechtsprechungsentwicklung mit einer Ausdehnung auf andere unselbständige Beweisverwertungsverbote hat die Wurzel in Vergessenheit geraten lassen und die Widerspruchslösung zur eigenständigen Figur gemacht, deren Berechtigung, sofern sie entgegen der herrschenden Lehre überhaupt akzeptiert wird, an anderer Stelle jedenfalls nicht mehr dieselbe ist, wie am Ursprungsort. Der Rechtsgrund ist **nicht** mehr, wie es anfangs erwogen wurde, bei den Kriterien der **Verwirkung einer Rügemöglichkeit oder des Verzichts** auf die Geltendmachung eines Beweisverwertungsverbots zu suchen (vgl. *Heinrich* ZStW 112 [2000], 398 [402 ff.]); denn beides würde das Bewusstsein des Bestehens einer prozessualen Rechtsposition im Präklusionszeitpunkt des § 257 und deren konkludente Nichtgeltendmachung voraussetzen, was aber nicht unterstellt werden kann.

Es handelt sich um reines **Richterrecht** (*Kasiske* NJW-Spezial 2011, 376; *von der Lippe* Die ›Widerspruchslösung‹ der Rechtsprechung für strafprozessuale Beweisverwertungsverbote, 2001, S. 24) mit dem Gehalt einer **Rechtsfortbildung** (*Dudel* Das Widerspruchserfordernis bei Beweisverwertungsverboten, 1999, S. 100), das unbeschadet früherer Einzelfallentscheidungen, die auf Gedanken über einen Rügeverzicht, eine Rügeverwirkung, eine Fehlerheilung oder die revisionsrechtliche Annahme fehlenden Beruhens des Urteils auf dem Verfahrensfehler basierten, erstmals auf eine **Dispositionsmacht der Verteidigung** verweist und **ohne tradierte dogmatische Begründung** (*Jahn* Gutachten C zum 67. DJT 2008, C111; für eine »affirmative Strafrechtsdogmatik« *Mosbacher* NStZ 2011, 606; gegen ihn *Bauer* NStZ 2012, 191 ff.; krit. auch *Widmaier* NStZ 2011, 305 ff.) sowie **ohne Anbindung an geschriebenes Recht** auskommt. § 295 ZPO kann hier nicht entsprechend angewendet werden, weil die Analogievoraussetzungen fehlen. Für die Verteidigung bildet die Widerspruchslösung wegen Zurechnung eines unterstellten Verteidigerverschuldens auf den Angeklagten eher eine gefährliche Klippe als eine Stärkung der prozessualen Autonomie (*Augustin* Das Recht des Beschuldigten auf effektive Verteidigung, 2013, S. 321; *Meixner* Das Widerspruchserfordernis des BGH bei Beweisverwertungsverboten, 2015, S. 127 ff.). Die wenigsten Rechtsanwälte befassen sich schwerpunktmäßig mit dem Strafverfahren und die wenigsten Strafverteidiger mit dem allzu komplizierten Revisionsrecht, dessen Anwendung mit der inzwischen als formalisierte Rügeobliegenheit ausgestalteten Widerspruchslösung in die Tatsacheninstanz vorgezogen wird (*Wohlers* JR 2015, 281 [284]). Die Widerspruchslösung bleibt von Instanzverteidigern zum Leidwesen der erst später hinzugezogenen Revisionsspezialisten oft schon aus Unachtsamkeit oder Unkenntnis ungenutzt, ohne dass eine echte Dispositionsentscheidung getroffen wurde, die durch ein Unterlassen der Prozesserklärung verlautbart würde. Die Vorverlagerung des

Revisionsrügerechts in die Tatsacheninstanz zur Aktivierung eines Beweisverwertungsverbots und zur Verhinderung einer Präklusion entsprechenden Revisionsvorbringens hat dazu beigetragen, dass relative Beweisverwertungsverbote in der Praxis wieder kaum eine Rolle spielen. Zulässige Verfahrensrügen einer Verletzung von § 136 Abs. 1 S. 2 gelangen daher kaum noch zum Bundesgerichtshof, obwohl die Fälle der Verletzung von Verfahrensregeln im Vorverfahren nicht seltener geworden sind. Auch einen Schutz des Angeklagten vor Defiziten der formellen Verteidigung durch unprofessionelles Verteidigerhandeln hat die Rechtsprechung bisher nicht erwogen. Eine Möglichkeit zur Wiedereinsetzung in den vorigen Stand wird in wiederum undogmatischer Weise verneint, weil sie das gewünschte Ergebnis konterkarieren würde.

98 Das Richterrecht zur Widerspruchslösung für unselbstständige Beweisverwertungsverbote betont nur in symbolischer Weise die **Subjektstellung des** verteidigten oder richterlich belehrten **Angeklagten** sowie die Autonomie der Verteidigung (*Ignor* FS Riess, 2002, S. 181 [191 f.]), was aber auch im Fall einer reinen Zustimmungslösung ausreichend der Fall wäre (*Radtke/Hohmann/Kretschmer* § 136 Rn. 30; *Tolksdorf* FG Graßhof, 1998, S. 255 [257]). Die Widerspruchslösung ist dazu nicht erforderlich. Die Behauptung einer verbindlichen Dispositionsentscheidung der als Einheit von Angeklagtem und Verteidiger bewerteten Verteidigung, die künstlich in den zeitlichen Rahmen der Äußerungsrechte nach § 257 gezwängt wird, liefert eine Scheinlegitimation, da eine bindende Disposition über Beweisstoff vor Abschluss der Beweisaufnahme untunlich und eine Eigenverantwortlichkeit des Angeklagten oder des Verteidigers wegen der Deutungshoheit des Gerichts über die Würdigung der Beweisinhalte mangels gerichtlicher Erörterung der Beweislage anders als im Fall des § 279 Abs. 3 ZPO für das Strafverfahren nicht besteht. Das Richterrecht zur Widerspruchslösung beruht letztlich allein auf Praktikabilitätserwägungen und kriminalpolitischen Erwägungen aus der Perspektive der Strafjustiz. Es weicht von der überkommenen Struktur des Strafverfahrens ab, die vom Gesetzgeber selbst nach § 257c Abs. 1 S. 2 auch durch die begrenzte Legalisierung von Verständigungen angeblich nicht verändert wurde (BVerfGE 133, 168 [204]). Damit überschreitet die Widerspruchslösung nach ihrem heutigen Entwicklungsstand im Ergebnis die Grenzen dessen, was Richterrecht bei Beachtung der Gesetzesbindung der Gerichte leisten darf (HK-GS/*Jäger* § 136 Rn. 31). Nebenbei wird die **zivilrechtliche Haftungsverantwortung verschoben**; denn der Rechtsanwalt, der als Verteidiger einen naheliegenden Verwertungswiderspruch unterlässt und damit zur Verurteilung des Mandanten beiträgt (zur »Schlechtverteidigung« *Gaede* HRRS 2007, 402 ff.), wobei dem Angeklagten hier in atypischer Weise ein Verteidigerverschulden zugerechnet wird (krit. *Meixner* Das Widerspruchserfordernis des BGH bei Beweisverwertungsverboten, 2015, S. 127 ff.; *Meyer-Mews* StraFo 2009, 141 [144]; *Ufer* Der Verwertungswiderspruch in Theorie und Praxis, 2002, S. 96 ff.), haftet dem Mandanten gegebenenfalls für eine Sorgfaltspflichtverletzung auf Schadenersatz, während der Staat oder der erkennende Richter von vornherein kaum und nach der Verantwortungsverschiebung aufgrund der Widerspruchslösung erst recht nicht für eine Fehlentscheidung haftet (vgl. § 839 Abs. 3 BGB).

99 Die **Legitimation** im Sinne der Vermeidung einer Kollision mit dem Prinzip vom Vorbehalt des Gesetzes wurde anfangs daraus hergeleitet, dass der Bundesgerichtshof dann, wenn er schon dem Grunde nach ein Verwertungsverbot für verfahrensfehlerhaft erhobene Beweise versagen oder etablieren kann, auch dazu berechtigt sei, bestimmte Bedingungen für das Wirksamwerden des Verbots aufstellen dürfe (LR/*Gleß* § 136 Rn. 82; *Maul/Eschelbach* StraFo 1996, 66 [67], *Meyer-Goßner/Appl* StraFo 1998, 258 [261]; krit. *Dudel* Das Widerspruchserfordernis bei Beweisverwertungsverboten, 1999, S. 101; *Jahn* Gutachten C zum 67. DJT 2008, C112 und FS Stöckel, 2010, S. 259 [276]; *Kudlich* HRRS 2011, 114 [115]). Diese Legitimationsbehauptung ist noch brüchiger geworden (*Fezer* StV 1997, 57 [58]), seit sich die Widerspruchslösung verselbstständigt hat (*Weßlau* StV 2010, 41 [44]) und auch auf Eingriffsnormen angewendet wird, die nach Gesetzesänderungen, insbesondere im Bereich der heimlichen Ermittlungsmethoden, wo die Anwendbarkeit der Widerspruchslösung auch aus der Perspektive der Rechtsprechung zumindest unklar ist (LR/*Hauck* § 100a Rn. 115, § 100c Rn. 64), Verwertungs- oder Verwendungsregeln ohne geschriebenes Widerspruchserfordernis enthalten. § 630c Abs. 2 S. 3 BGB enthält nicht nur an unerwarteter Stelle überhaupt eine Beweisverbotsregelung für den Strafprozess nach einem möglichen ärztlichen Kunstfehler, sondern zugleich eine ausdrückliche Zustimmungslösung, die das Widerspruchskonzept in diesem Bereich erst recht konterkariert. Die Grenze des nach dem Prinzip vom Vorrang und Vorbehalt des Gesetzes Zulässigen dürfte spätestens im Zuge dieser Gesetzgebung mit der Aufrechterhaltung der Widerspruchslösung überschritten sein. Zudem ist das an-

Erste Vernehmung **§ 136 StPO**

dauernde Fehlen einer Auseinandersetzung mit dogmatischer Kritik ein Legitimationsdefizit (*Fezer* JZ 2006, 474; *Meixner* Das Widerspruchserfordernis des BGH bei Beweisverwertungsverboten, 2015, S. 62 ff.). Ausdehnungen in der Revisionsinstanz, auch mit rückwirkender Bedeutung für die Tatsacheninstanz in derselben Sache (krit. OLG Celle StV 1992, 412), verletzen das rechtsstaatliche Gebot des Vertrauensschutzes. Informelle Präklusionen (*Basdorf* StV 1997, 488 ff.) sind zudem mit dem Anspruch auf Gehör vor Gericht gem. Art. 103 Abs. 1 GG unvereinbar (*Eschelbach/Geipel/Weiler* StV 2010, 325 [331]).

Die **Verlagerung der Verantwortung** für Verfahrensfehler wegen Zuweisung nicht nur einer Dispositionsmacht, sondern auch einer Dispositionspflicht auf die Verteidigung (BGHSt 38, 214 [226]; *Basdorf* StV 2010, 414 [417]; a. A. *Hamm* StV 2010, 418 [421]) unterwandert die **Instruktionsmaxime** und annulliert die originäre Aufgabe des Gerichts, für ein prozessordnungsgemäßes Verfahren Sorge zu tragen. Die Behauptung, Beweisverwertungsverbote hätten keine Disziplinierungsfunktion, verträgt sich nicht mit der Tatsache, dass sie insbesondere in Fällen schwerer, vor allem verschuldeter Verfahrensfehler bei der Beweisgewinnung, postuliert werden. Die Zurückdrängung der Beweisverwertungsverbote in allen anderen Fällen hat tatsächlich zu einer Verschlechterung der Disziplin der Verhörpersonen bei Beschuldigtenvernehmungen geführt. Eine Fürsorgepflicht der Behörden und Gerichte für Beschuldigte im Hinblick auf die Beachtung des Fairnessgrundsatzes im Verfahren wird bei Geltung der Widerspruchslösung nicht wahrgenommen. Auch die Verfahrensherrschaft der Staatsanwaltschaft im Vorverfahren gegenüber den polizeilichen Ermittlungshandlungen schwindet dahin, sodass die Verteidigung vor Gericht praktisch ein Antagonist der Polizei geworden ist, der Ermittlungsfehler im Parteiinteresse selbst aufdecken und geltend machen muss (vgl. *Conen* FS Eisenberg, 2008, S. 459 [470]). Dies **zwingt die Verteidigung** nach dem Präklusionskonzept der Widerspruchslösung **zur Erhebung** von »Präventivwidersprüchen mit Rücknahmemöglichkeit« (*Malek* Verteidigung in der Hauptverhandlung, Rn. 368), die der von der Rechtsprechung angestrebten Rechtsklarheit nicht förderlich sind (*Ufer* Der Verwertungswiderspruch in Theorie und Praxis, 2002, S. 145). Die »Verantwortung der Verteidigung« für das Eingreifen oder Nichteingreifen eines Verwertungsverbots bleibt dogmatisch ungeklärt (*Dudel* Das Widerspruchserfordernis bei Beweisverwertungsverboten, 1999, S. 134 ff.).

100

Die richterzentriert agierende Rechtsprechung zur Widerspruchslösung hatte zunächst alleine den Fall einer Verletzung des § 136 Abs. 1 S. 2 oder § 163a Abs. 4 S. 2 im Auge. Ihre Konzeption war alleine darauf zugeschnitten. Sie hat dies aber nicht ausreichend zum Ausdruck gebracht. Überlegungen zur prozessrechtlichen Bedeutung des Widerspruchs als Bewirkungshandlung wurden erst nachträglich überhaupt bei der Suche nach der Grundlage des ansatzlos etablierten Widerspruchskonzepts (vgl. BGHSt 38, 214 [225 f.]) angestellt, auch um die Legitimationsfrage und die Frage der dogmatischen Bedeutung des Verwertungswiderspruchs als Prozesshandlung zu überprüfen (vgl. *Maul/Eschelbach* StraFo 1996, 66 ff.). Nachfolger in der revisionsrichterlichen Rolle der Protagonisten der Widerspruchslösung, die an verschiedenen Stellen das Konzept aufgriffen, haben die Widerspruchslösung aber ausgedehnt (abl. *Meyer-Goßner/Schmitt* § 136 Rn. 25), dabei zugleich modifiziert, womit im Detail divergierende neue Gedanken zu den Grundlagen des Widerspruchsmodells entwickelt wurden. Ohne einheitliche Gesamtkonzeption wucherndes Richterrecht ändert aber sogar das Rollenverständnis von **Verteidigung und Anklagebehörde** im Strafverfahren **in die Richtung eines adversatorischen Verfahrens** (*Bohlander* StV 1999, 562 [567]; *Conen* FS Eisenberg, 2008, S. 459 [464]; *Wohlers* JR 2015, 281 [284]). Die Staatsanwaltschaft, die bisher als objektive Behörde auch zugunsten des Angeklagten Prozesshandlungen vornehmen konnte, wird von der Widerspruchsmöglichkeit ausgeschlossen. Verteidiger und Beschuldigter werden dagegen als Einheit behandelt, obwohl sie nach der Konzeption des Gesetzes verschiedene Prozesssubjekte mit eigenständigen prozessualen Befugnissen sind. Der Angeklagte kann die Verteidigung schließlich entweder selbst führen oder sie durch einen Verteidiger führen lassen (Art. 6 Abs. 3 Buchst. c EMRK); eine Präklusion seiner Prozesshandlungsmöglichkeiten infolge eines Versäumnisses des Verteidigers ist der StPO fremd. Dies zeigt, dass die Widerspruchslösung grundlegende Fragen aufwirft, die ein Richterrecht, das nur offene Einzelfragen in Fortführung der Konzeptionslinien des Gesetzes beantworten darf, nicht in Abweichung vom gesetzgeberischen Gesamtkonzept aufzuwerfen hat.

101

Das Widerspruchskonzept annulliert in Teilbereichen die Wahrnehmung bestimmter hoheitlicher Aufgaben im Offizialverfahren, wie insbesondere der auch im Freibeweisverfahren über Prozesstatsachen geltenden **Aufklärungspflicht** des Gerichts, und es beschränkt subjektive prozessuale Rechte ohne aus-

102

reichendes Verständnis »für die andere Seite«, welches in einer Justiz, die Strafverteidiger und sogar Rechtslehrer generell als Opponenten versteht (vgl. *Mosbacher* NStZ 2011, 606 f.), nicht mehr ausreichend vorhanden ist. Dabei ist eine Phalanx von Verteidigung und herrschender Rechtslehre deshalb gegen die Widerspruchslösung errichtet worden, weil sich die Rechtsprechung unter Immunisierung gegen jede Kritik von der Dogmatik abgewendet hat, ferner weil sie Funktionalität aus der Justizperspektive an die Stelle dogmatisch nachvollziehbarer Rechtsentwicklung gesetzt hat und dabei unter Überbetonung des Topos der »Funktionstüchtigkeit der Strafrechtspflege« einseitig zulasten von Angeklagten operiert. Dabei bilden ungezügelte polizeiliche Vernehmungstechniken mit verfälschenden Wirkungen (*Schrepfer* Die Anwesenheit des Verteidigers bei der polizeilichen Beschuldigtenvernehmung, 2001, S. 89 ff.) eine Gefahr für die Erforschung der Wahrheit (vgl. *Eschelbach* ZAP 9/2013, 467 ff. = Fach 22, 661 ff.; *Nestler* ZIS 2014, 594 ff.; *Neuhaus* StV 2015, 185 ff.). Die Option der Widerspruchslösung, die **Verwertbarkeit** des Beweisinhalts **erst nach der erfolgten Beweiserhebung** in der Hauptverhandlung zu **annullieren**, nimmt dem Beweisverwertungsverbot zudem verfahrenspsychologisch seine Wirkung, weil der Beweisinhalt, auch wenn er förmlich unverwertbar ist, allen Prozessbeteiligten und der Öffentlichkeit mit Suggestivwirkung bekannt ist.

103 **bb) Ausgestaltung.** Die Rechtsprechung zur Widerspruchslösung hat ein neues Institut geschaffen, das nicht mehr mit früheren Rügeverzichts-, Verwirkungs- oder Beruhensüberlegungen übereinstimmt (*Meixner* Das Widerspruchserfordernis des BGH bei Beweisverwertungsverboten, 2015, S. 17 ff.; *Graf von Schlieffen* FS 25 Jahre ARGE Strafrecht des DAV, 2009, S. 801 [803]; *Ufer* Der Verwertungswiderspruch in Theorie und Praxis, 2002, S. 86 ff.). Sie fordert, dass **der Verteidiger oder der unverteidigte, aber vom Richter aufgeklärte Angeklagte** der Verwertung von Sekundärbeweismitteln, insbesondere Verhörpersonen als Zeugen, **spätestens bis zu dem in § 257 genannten Zeitpunkt** (BGHSt 42, 15 [23]; *Hamm* NJW 1996, 2185 [2188 f.]) **widerspricht**, damit in der Hauptverhandlung ein Verwertungsverbot »besteht« (BGHSt 38, 214 [225 f.]). Beim unverteidigten und auch nicht ausreichend vom Richter belehrten Beschuldigten bleibt hingegen alles beim ursprünglichen Konzept der Instruktionsmaxime auch für Beweisverbotsfragen. Dieser Unterschied ist dogmatisch kaum zu erklären, in der Sache unangemessen (*Dornach* NStZ 1995, 57 [62]; *Heinrich* ZStW 112 [2000], 398 [411]; *Maul/Eschelbach* StraFo 1996, 66 [70]; *Meixner* Das Widerspruchserfordernis des BGH bei Beweisverwertungsverboten, 2015, S. 127 ff.; *Meyer-Mews* StraFo 2009, 141 [142]) und er nimmt dem praktisch auf Fälle der notwendigen oder sonst vorhandenen Verteidigung begrenzten Widerspruchslösung die Plausibilität (*Tolksdorf* FG Graßhof, 1998, S. 255 [266]). Der Angeklagte darf seine Verteidigung auch dann, wenn er einen – möglicherweise inaktiven – (Pflicht-) Verteidiger hat, durchaus auch selbst führen. Warum er dann aber, insbesondere in Fällen, in denen er den gerichtlich bestellten Verteidiger nicht wünscht oder sich von diesem falsch verteidigt fühlt, nicht ebenso wie der unverteidigte Angeklagte vom Richter belehrt werden muss, erschließt sich nicht. Auch erscheint die Option praxisfremd, dass der in Verfahren vor dem Amtsgericht unverteidigte Angeklagte vom Richter über die Widerspruchsoption belehrt wird und dann in gleicher Weise wie der verteidigte Angeklagte diese Option sachgemäß bewerten und nutzen kann (*Meyer-Mews* StraFo 2009, 141 [142]). Die Wahrung der inzwischen eingeführten Inhaltserfordernisse eines nach Art einer revisionsrechtlichen Verfahrensrüge zu begründenden Verwertungswiderspruchs kann dem unveretidigten Angeklagten selbst im Fall einer richterlichen Belehrung kaum ebenso abverlangt werden, wie einem professionell verteidigten Angeklagten.

104 Der Widerspruch im Sinne des Richterrechts ist eine **Prozesserklärung** und wesentliche Förmlichkeit der Hauptverhandlung, weshalb er gegebenenfalls mit den Folgen des § 274 in das Protokoll auszunehmen ist (*Eisenberg* Beweisrecht der StPO, Rn. 427a; *Ufer* Der Verwertungswiderspruch in Theorie und Praxis, 2002, S. 131; *Maiberg* Zur Widerspruchsabhängigkeit von strafprozessualen Verwertungsverboten, 2003, S. 214). Einen **bedingten Widerspruch** dürfte die Rechtsprechung von ihrem Standpunkt aus nicht zulassen, wenngleich das noch nicht entschieden ist (vgl. *Maiberg* a.a.O. S. 223 ff.). Der rechtzeitige Widerspruch ist nach der Rechtsprechung eine **Entstehungsvoraussetzung** des Verwertungsverbots (*Hamm* NJW 1996, 2185 [2187]; *Widmaier* NStZ 1992, 519 [521]; a. A. *Mosbacher* FS Rissing-van Saan, 2011, S. 357 [374]) und als Prozesserklärung eine **Bewirkungshandlung** (so der Deutungsversuch von *Maul/Eschelbach* StraFo 1996, 66 [67]; krit. *Fezer* JZ 2006, 474 [475]; näher zur Aktivierung des Verwertungsverbots *Dudel* Das Widerspruchserfordernis bei Beweisverwertungsverboten, 1999, S. 67 ff.; *Meixner* Das Widerspruchserfordernis des BGH bei Beweisverwertungsver-

boten, 2015, S. 17 ff.). Ohne den Widerspruch und vor seiner Erklärung gibt es nach der Rechtsprechung praktisch kein Hindernis für die Beweisverwertung im Vor- und Zwischenverfahren. Der dort bereits erhobene Widerspruch ist nach dem case law für die Hauptverhandlung unbeachtlich (BGH NStZ 1997, 502; a. A. *Fezer* StV 1997, 57 [59]; *Jahn* Gutachten C zum 67. DJT 2008, C84 f.; *Kudlich* HRRS 2011, 114 [116]; *Maul/Eschelbach* StraFo 1996, 66 [70]; *Mosbacher* FS Widmaier, 2008, S. 339 [343 f.]). Der Widerspruch ist nach allem eine **Tatbestandsvoraussetzung des Verwertungsverbots** (*Meixner* a.a.O. S. 17 ff.; *Dudel* a.a.O. S. 119). Damit wird freilich die Beweisbasis von Anklageschrift und Eröffnungsbeschluss brüchig. Staatsanwaltschaft und eröffnendes Gericht lassen infolge der Widerspruchslösung ein Verwertungsverbot zunächst unbeachtet, das erst nachträglich in der Hauptverhandlung entstehen kann und gegebenenfalls nachträglich die Beweisgrundlage der Verurteilungsprognose zerstören könnte (krit. *Schlothauer* FS Lüderssen, 2002, S. 761 ff.). Auch diese Konsequenz war bei Erfindung der Widerspruchslösung offenbar nicht bedacht worden.

Die Widerspruchsbefugnis kann der Beschuldigte nur hinsichtlich einer Verletzung in eigenen subjektiven Rechten geltend machen. **Verfahrensfehler bei der Vernehmung eines Mitbeschuldigten** kann er nach der Rechtsprechung nicht für sich ausnutzen (BGHSt 47, 233 [234]; BGH NStZ 1994, 595 [596]; *Meyer-Goßner/Schmitt* § 136 Rn. 20; SK-StPO/*Rogall* § 136 Rn. 82 f.; a. A. *Hamm* NJW 1996, 2185 [2189 f.]; *Jäger* GA 2008, 473 [485 f.] und HK-GS/*Jäger* § 136 Rn. 34). Eine »**Überkreuzverwertung**« von Mitbeschuldigtenäußerungen gegen jeweils andere Mitangeklagte wird damit im Prinzip möglich, auch wenn alle Beschuldigten jeweils verfahrensfehlerhaft vernommen worden waren, aber jeder für sich genommen keinen zulässigen Verwertungswiderspruch erhebt und damit die Präklusionswirkung auslöst. Die Fairness des Verfahrens steht in Fällen der Verwertung des doppelt fehlerhaft gewonnenen Beweismaterials jedoch im Ganzen infrage (*Dencker* StV 1995, 232 [235 f.]; LR/*Gleß* § 136 Rn. 90; *Jahn* Gutachten C zum 67. DJT 2008, C114 f.; *Ufer* Der Verwertungswiderspruch in Theorie und Praxis, 2002, S. 174 ff.; a. A. *von der Lippe* Die ›Widerspruchslösung‹ der Rechtsprechung für strafprozessuale Beweisverwertungsverbote, 2001, S. 190 ff.). Insoweit hat die Rechtsprechung (BayObLG StV 1995, 237) ihre Rechtskreistheorie mit der Widerspruchslösung verknüpft (*Weßlau* StV 2010, 41 f.), ohne zunächst das Gesamtkonzept zu Ende zu denken (krit. *Schwaben* Die personelle Reichweite von Beweisverwertungsverboten, 2005, S. 120 ff.). Auch ist die Frage nicht gelöst worden, wie zu verfahren ist, wenn mehrere Widerspruchsberechtigte hinsichtlich derselben Rechtsposition vorhanden sind und sich diese hinsichtlich Zustimmung, Schweigen oder Widerspruchserklärung unterschiedlich verhalten (*Schwaben* a.a.O. S. 160 ff.). Dies führt bei Mitangeklagten im schlimmsten Fall zu einer **gespaltenen Verwertbarkeit und Unverwertbarkeit** eines Beweises. Damit wird die Praxis endgültig überfordert, wenn sie sich mithilfe von Beschuldigtenaussagen von der Schuld eines Angeklagten überzeugen kann, während sie daran in Bezug auf einen Mitbeschuldigten nicht mithilfe derselben Beweise überzeugen darf.

Die Rechtsprechung hat unter Ignorierung der überkommenen These, dass unselbstständige Beweisverwertungsverbote wegen Fehlern bei der Beweiserhebung im Vorverfahren auch Beweiserhebungsverbote für die Hauptverhandlung darstellen, anfangs angenommen, dass der Widerspruch spätestens unmittelbar **nach jeder Beweiserhebung** in der Hauptverhandlung, welche das Thema der Aussage in der ersten Vernehmung betrifft, jeweils erneut erhoben werden muss, um im Ergebnis alle Sekundärbeweismittel zu erfassen, mit denen der bemakelte Beweisstoff zunächst einmal in die Hauptverhandlung transportiert wird (BGHSt 39, 349 [352]; abl. LR/*Gleß* § 136 Rn. 84; *von der Lippe* Die ›Widerspruchslösung‹ der Rechtsprechung für strafprozessuale Beweisverwertungsverbote, 2001, S. 195 f.). Ohne Divergenzausgleich ist das zuletzt einfach anders bewertet worden, so dass nach einzelnen Entscheidungen ein **Sammelwiderspruch** der Verteidigung in der tatgerichtlichen Hauptverhandlung gegen alle dortigen Beweiserhebungen mit Sekundärbeweismitteln zu dem gleichen Beweisstoff, der im Vorverfahren in fehlerhafter Weise erschlossen worden war, zugelassen wird (BGHSt 60, 38 [39]; 60, 50 [52]).

Ferner wurde zuerst mit Blick auf die zusätzlich zu § 136 Abs. 1 Satz 2 oder § 163a Abs. 4 in Fällen der Vernehmung von Beschuldigten mit ausländischer Staatsangehörigkeit hinzukommende Belehrungspflicht nach Art. 36 Abs. 1 WÜK ein **Begründungserfordernis** aufgestellt, wonach der Verwertungswiderspruch zumindest »die Angriffsrichtung« der Rüge (vgl. BGHSt 60, 38 [44] = NStZ 2014, 722 [724] mit Anm. *Knauer, Eisenberg* StV 2015, 180 [182] und *Wohlers* JR 2015, 281 [284]) klarstellen und den konkret beanstandeten Verfahrensfehler bei der Beschuldigtenvernehmung kennzeichnen muss (BGHSt 52, 38 [42]; a. A. *Bauer* StV 2011, 635 ff.; *von der Lippe* Die ›Widerspruchslösung‹

der Rechtsprechung für strafprozessuale Beweisverwertungsverbote, 2001, S. 201 f.; *Ufer* Der Verwertungswiderspruch in Theorie und Praxis, 2002, S. 131 ff.). Damit sind letztlich ähnliche Substanziierungsanforderungen gemeint, wie sie nach § 344 Abs. 2 S. 2 in der Revisionsinstanz bestehen. Die Verletzung von Art. 36 Abs. 1 WÜK löst aber – unabhängig von der Widerspruchsfrage – nach der weiteren Rechtsprechung schon im Grundsatz kein Verwertungsverbot aus, sodass die Ausgestaltung des Widerspruchserfordernisses auf der falschen Baustelle erfolgt ist, die zwischenzeitlich geschlossen wurde, während das dort beiläufig erfundene Widerspruchsbegründungspostulat an anderer Stelle fortgeführt wird. Auch dies trägt nicht zur Rechtsklarheit bei. Das Begründungserfordernis ist folgerichtig, wenn der Verwertungswiderspruch praktisch eine **in die Tatsacheninstanz vorgezogene Verfahrensrüge** im Sinne von § 344 Abs. 2 Satz 2 StPO darstellt (*Maiberg* Zur Widerspruchsabhängigkeit von strafprozessualen Verwertungsverboten, 2003, S. 218 ff.). Zur Ausdeutung als Tatbestandsvoraussetzung eines an sich von Amts wegen zu prüfenden Beweisverwertungsverbots passt dies aber nicht (*Graf von Schlieffen* FS 25 Jahre ARGE Strafrecht des DAV, 2009, S. 801 [811]), erst recht dann nicht, wenn eine Verletzung von § 136a geltend gemcht wird und eine Verletzung von Belehrungspflichten damit einhergeht, aber von der Verteidigung nicht gesondert hervorgehoben wird (*Heghmanns* ZJS 2011, 98 [101]). Im Hinblick auf die »Angriffsrichtung« ist der Widerspruch zumindest theoretisch im Hinblick auf mehrere Beanstandungsgründe teilbar. Ob er aber auf die Unverwertbarkeit von Aussagen zu bestimmten Beweisthemen oder deren Reproduktion mithilfe konkreter Beweismittel oder auf einzelne Teile der gerichtlichen Sachentscheidung **beschränkbar** ist, bleibt vorerst ungeklärt (vgl. *Maiberg* Zur Widerspruchsabhängigkeit von strafprozessualen Verwertungsverboten, 2003, S. 226 ff.). Auch wurde die Frage noch nicht endgültig beantwortet, ob eine Begründung nach »rechtzeitig« erhobenem Widerspruch nachgeschoben werden kann (*Graf von Schlieffen* FS 25 Jahre ARGE Strafrecht des DAV, 2009, S. 801 [806 ff.]). Sie ist von der Entscheidung zu § 36 Abs. 1 WÜK verneint worden (BGHSt 52, 38 [43]), wobei diese Überlegung jedoch nicht tragend war.

108 Der nach der Rechtsprechung rechtzeitig bis zum Präklusionszeitpunkt des § 257 zu erhebende und genau zu begründende Widerspruch kann einerseits frühestens in der Hauptverhandlung erfolgen, sodass das Verwertungsverbot keine Vorwirkung auf das Vor- und Zwischenverfahren entfaltet, andererseits muss der jeweilige Verwertungswiderspruch spätestens im Zeitrahmen für Äußerungen des Angeklagten und/oder Verteidigers zur jeweiligen Beweiserhebung in der Hauptverhandlung gemäß § 257 erhoben werden. Später kann er nach dem Richterrecht nicht mehr nachgeholt werden (*Meixner* Das Widerspruchserfordernis des BGH bei Beweisverwertungsverboten, 2015, S. 141 ff.). Wird der Widerspruch bis zu diesem Zeitpunkt unterlassen, so tritt nach der Rechtsprechung eine **Präklusion** ein, die sowohl einen späteren Widerspruch in der Tatsacheninstanz als auch eine danach erhobene Verfahrensrüge in der Revisionsinstanz ausschließt. Das wird angenommen, obwohl eine dem § 295 ZPO ähnelnde allgemeine Präklusionsregelung in der StPO nicht vorhanden ist (*Eisenberg* Beweisrecht der StPO, Rn. 429) und dort vorhandene Präklusionsnormen, wie §§ 6a, 222b, 338 Nr. 1, hierher nicht übertragen werden können. Eine Hinweispflicht des Gerichts soll andererseits nicht existieren (BGH Beschl. v. 06.08.1997 – 1 StR 402/997). Eine **Wiedereinsetzungsmöglichkeit besteht** selbst dann **nicht** (*von der Lippe* Die »Widerspruchslösung« der Rechtsprechung für strafprozessuale Beweisverwertungsverbote, 2001, S. 166 ff.), wenn Umstände, die ein Verwertungsverbot begründen könnten, erst nachträglich bekannt werden (anders noch in der Übergangszeit nach der Rechtsprechungsänderung OLG Celle NZV 1993, 42 [43]). Ebenso lebt die Widerspruchsbefugnis nach der Rechtsprechung nicht wieder auf, wenn erst nachträglich der Prozessgegenstand im Sinne von § 265 Abs. 1 verändert oder nach §§ 4 Abs. 1, 154a Abs. 3 Satz 1, 266 erweitert oder reduziert wird und damit die »Geschäftsgrundlage« einer zeitlich limitierten Dispositionsscheidung der Verteidigung entfallen sein kann. Das Gericht selbst hat keine Befugnis mehr, ein Verwertungsverbot von Amts wegen aufzuklären und aufgrund besserer Tatsachenwissens selbst zu sanktionieren, weil der Verteidigung eine exklusive Dispositionsmacht zugeschrieben wird. Für diese Präklusionsfolgen fehlt mit Blick auf die Gebote aus Art. 19 Abs. 4, 20 Abs. 3, 103 Abs. 1 GG eine ausreichende Legitimation.

109 Die einmal verlorene Widerspruchsbefugnis lebt nach der bisherigen Rechtsprechung **in einer neuen tatrichterlichen Hauptverhandlung** nicht wieder auf, gleich, ob diese Neuverhandlung auf einer **Aussetzung** der ersten Hauptverhandlung, auf einer **Berufung** (OLG Stuttgart NStZ 1997, 405 f.; a. A. LR/ *Gössel* Einl. L Rn. 32; *Kudlich* HRRS 2011, 114 [117]; *Ufer* Der Widerspruchswiderspruch in Theorie und Praxis, 2002, S. 116 ff.; *Maiberg* Zur Widerspruchsabhängigkeit von strafprozessualen Verwer-

tungsverboten, 2003, S. 241 ff.) oder auf einer **Urteilsaufhebung und Zurückverweisung der Sache** durch das Revisionsgericht beruht (BGHSt 50, 272 [274 f.]; a. A. *Fezer* JZ 2006, 474 [475 f.]; *Maul/ Eschelbach* StraFo 1996, 66 [69 f.]; *Mosbacher* NStZ 2011, 606 [611] und FS Rissing-van Saan, 2011, S. 357 [373 f., 377 f.]; *Ufer* a.a.O. S. 119 ff.). Die fehlende Praktikabilität dieser Ausgestaltung der Widerspruchslösung für die Verteidigung, die in einer Neuverhandlung von einem anderen Verteidiger geführt und neu konzeptioniert werden mag, bleibt unbeachtet. Damit ist die anfängliche Behauptung, mit der Widerspruchslösung werde der Verteidigung (scil.: in der ersten Tatsachenverhandlung) jedenfalls nicht zuviel zugemutet (BGHSt 38, 214 [226]), überholt. Die Bedeutung der Widerspruchslösung für ein Wiederaufnahmeverfahren ist erst recht terra incognita. Unklar bleibt insoweit, ob neue Prozesstatsachen, aus denen sich ein Beweisverwertungsverbot mit Entscheidungserheblichkeit für ein zulässiges Wiederaufnahmeziel ergeben kann, auch neue Tatsachen im Sinne von § 359 Nr. 5 sein können (vgl. *Bock/Eschelbach/Geipel/Hettinger/Roeschke/Wille* GA 2013, 328 [344]).

Übt die Verteidigung ihre Widerspruchsbefugnis aus, **muss das Tatgericht** nach der bisherigen Rechtsprechung **nicht** dazu Stellung beziehen und den Widerspruch auch nicht alsbald durch Beschluss **bescheiden** (BGH NStZ 2007, 719 f.; a. A. *Hamm* NJW 1996, 2185 [2188 f.]; *Ufer*, Der Verwertungswiderspruch in Theorie und Praxis, 2002, S. 158 ff.; *Maiberg* Zur Widerspruchsabhängigkeit von strafprozessualen Verwertungsverboten, 2003, S. 244 ff.). Tatsächlich tendieren Tatgerichte dazu, die Entscheidung möglichst weit zurückzustellen (*Graf von Schlieffen* FS 25 Jahre ARGE Strafrecht des DAV, 2009, S. 801 [813]) und zunächst mit der Erhebung möglicherweise unverwertbarer Beweise aufgrund weiterer Sekundärbeweismittel fortzufahren, was auch im Fall der späteren Annahme eines Verwertungsverbots jedenfalls Suggestiveffekte auslöst und das Verwertungsverbot, wenn es mit Verzögerung anerkannt wird, zumindest verfahrenspsychologisch entwertet (*Malek* Verteidigung in der Hauptverhandlung, Rn. 363) sowie die Verteidigung künstlich in eine Konfliktrolle drängt (*Meyer-Mews* StraFo 2009, 141 [142]). Wird der im Zusammenhang mit § 257 nachträglich erhobene Widerspruch gegen die Verwertung des erhobenen Beweises als **Rechtsbehelf in einem »hauptverhandlungsinternen Rechtsweg«** gedeutet (krit. dazu *Nagel* StraFo 2013, 221 [222 ff.]), so ist er defizitär, weil er sich **an den iudex a quo** wendet, der nach allen Erfahrungen mit der Anhörungsrüge tendenziell dazu geneigt ist, den Behelf stets zurückzuweisen. Wäre der Verwertungswiderspruch dagegen ein Unterfall des Remonstrationsgebots, das von der Rechtsprechung in § 238 Abs. 2 hineingelesen wird, dann müsste eine Pflicht für das Gericht zur unverzüglichen Bescheidung anerkannt werden (*Mosbacher* FS Rissing-van Saan, 2011, S. 357 [376] und NStZ 2011, 606 [610]). Dazu hat sich die Rechtsprechung bisher nicht durchgerungen, weshalb das Widerspruchskonzept in seiner aktuellen Ausgestaltung defizitär geblieben ist.

110

Mehrere **Widerspruchserklärungen** müssen nach einem Ansatz in der divergierenden Rechtsprechung bei einer Mehrzahl von Beweiserhebungsakten in der tatrichterlichen Hauptverhandlung **auf Vorrat** abgegeben werden (BGHSt 39, 349 [353]), ohne zu wissen, wie das Tatgericht, das schließlich bisher nicht sogleich entscheiden muss, den Widerspruch beurteilt. Nach neuerer Rechtsprechung kann allerdings auch ein (Sammel-) Widerspruch einheitlich erklärt werden (BGHSt 60, 38 [39] m. Anm. *Knauer, Eisenberg* JR 2015, 180 [182] und *Wohlers* JR 2015, 281 [284]; BGHSt 60, 50 [52]) Andererseits kann ein einmal versäumter Widerspruch auch bei weiteren Beweiserhebungen in der Hauptverhandlung zum gleichen Thema nicht nachgeholt werden. Umgekehrt kann ein erhobener **Widerspruch zurückgenommen** werden (BGHSt 39, 349 [353]; 42, 15 [23]; *Ufer* Der Verwertungswiderspruch in Theorie und Praxis, 2002, S. 136 ff.; *Maiberg* Zur Widerspruchsabhängigkeit von strafprozessualen Verwertungsverboten, 2003, S. 214 ff.). Dies führt nach dem Richterrecht gegebenenfalls zum endgültigen Verlust der Widerspruchsbefugnis. Ein Widerruf des Widerrufs des Widerspruchs gilt als unzulässig. Das ist konsequent, aber dogmatisch kaum erklärbar.

111

In der Revisionsinstanz, die für die Rechtsschutzgewährleistung gegenüber Beweiserhebungsfehlern mit der Kompensationsmöglichkeit durch unselbständige Beweisverwertungsverbote praktisch subsidiär geworden ist (*Basdorf* StV 2010, 414 [416 f.]; *Mosbacher* FS Rissing-van Saan, 2011, S. 357 [360]), müssen zur Erfüllung der **Substanziierungspflichten aufgrund von § 344 Abs. 2 Satz 2** der Verfahrensfehler aus dem Vorverfahren, etwa bei einer Rüge der Verletzung des Verteidigerkonsultationsrechts, auch das Prozessgeschehen um diesen Aspekt (BGH StV 1999, 194), zum Beispiel auch der Fortgang der Vernehmung nach Erklärung der Inanspruchnahme des Rechts durch den Beschuldigten (BGH NStZ 2010, 97 f.), ferner die rechtzeitige Erfüllung der angeblichen Widerspruchsobliegenhei-

112

ten gegenüber dem Tatgericht und die Entscheidung des Tatgerichts über den Widerspruch (BGHSt 52, 38 [40 f.]) genau dargelegt werden. Nur damit kann nach der Rechtsprechung im Revisionsrechtszug in zulässiger Weise gerügt werden, das Tatgericht habe zu Unrecht ein unselbständiges Beweisverwertungsverbot verneint. Dem Tatgericht wird dagegen zugebilligt, seine Entscheidung über den Widerspruch zu einem beliebigen Zeitpunkt in der Hauptverhandlung, notfalls erst im Urteil, bekannt zu machen. Die tatrichterliche Entscheidung über den Widerspruch kann unter Beruhensgesichtspunkten im Ergebnis sogar folgenlos unterbleiben, wenn das Revisionsgericht aufgrund der vom Revisionsführer mitgeteilten Prozesstatsachen seinerseits durch Abwägung aller festgestellten Umstände ein Verwertungsverbot verneint (krit. *Graf von Schlieffen* FS 25 Jahre ARGE Strafrecht des DAV, 2009, S. 801 [813]).

113 **cc) Kritik.** Die Widerspruchslösung ist mit der gesetzlichen Struktur des Strafverfahrens unvereinbar (SK-StPO/*Wohlers* § 163a Rn. 81). Beweisverwertungsverbote sind an sich **in jeder Lage des Verfahrens von Amts wegen zu prüfen** und zu beachten (*Bohlander* NStZ 1992, 505; *Fezer* JR 1992, 386; KMR/*Lesch* § 136 Rn. 24; *Trüg/Habetha* NStZ 2008, 481 [487]). Das gilt ungeachtet der Widerspruchslösung für relative Beweisverwertungsverbote jedenfalls für absolute Verbote, wie diejenigen aus § 136a Abs. 3 S. 2, ferner für gesetzliche Beweisverwertungsverbote ohne im Gesetz vorgesehenes Widerspruchserfordernis, wie etwa bei § 252 oder § 257c Abs. 4 S. 3. Dass auch gesetzliche geregelte Beweisverbote ohne gesetzliches Widerspruchserfordernis derselben richterrechtlichen Entstehungsvoraussetzung unterliegen sollen, wäre erst recht kaum begründbar. Die Problematik der Ungleichbehandlung zeigt sich bei der Frage der Unverwertbarkeit eines verständigungsbasierten Geständnisses, die nach § 257c Abs. 4 S. 3 in der Verständigungsinstanz widerspruchsunabhängig kraft Gesetzes eintritt, aber in der Berufungsinstanz hinsichtlich des erstinstanzlichen Geständnisses von einem Verwertungswiderspruch abhängig sein soll (*Schneider* NZWiSt 2015, 1 [3]); das wirkt konsequent, ruft aber besonders nachdrücklich das Fehlen einer plausiblen Begründung der Widerspruchslösung überhaupt in Erinnerung. In Grenzfällen zwischen absoluten und relativen Beweisverwertungsverboten, etwa zwischen Täuschung im Sinne von § 136a Abs. 1 und 3 und schlichtem Verfahrensfehler im Sinne von § 136 Abs. 1 S. 2 wäre eine Nichtbeachtung des Verfahrensgeschehens durch das Tatgericht mangels Widerspruchs der Verteidigung gegen die Beweisverwertung eine Verletzung der Aufklärungspflicht. Die ausnahmsweise nur für bestimmte Konstellationen richterrechtlich etablierte Kombination eines von gerichtlicher Abwägung einzelfallbezogener Umstände abhängigen unselbstständigen Beweisverwertungsverbots mit dem Erfordernis der Geltendmachung durch eine aktive Prozesshandlung der Verteidigung ist aber auch im Hinblick auf die **Gesetzesbindung** der Gerichte problematisch (*Maiberg* Zur Widerspruchsabhängigkeit von strafprozessualen Verwertungsverboten, 2003, S. 101 ff.), weil Richterrecht keine völlig freie Rechtsfortbildung ermöglicht (*Fezer* StV 1997, 57 [58]; *Tolksdorf* FG Graßhof, 1998, S. 255 [267]). Wo die **Grenzen für richterrechtliche Rechtsfortbildung** liegen, ist allerdings umstritten (vgl. ohne nähere Maßstabsbeschreibung BVerfGE 122, 248 [267] m. zu Recht abl. Sondervotum *Voßkuhle/Osterloh/Di Fabio* S. 282 ff.). Die Grenze ist jedenfalls überschritten, wenn mit richterrechtlichen Rechtssätzen eine Strukturveränderung des gesetzlich geregelten Verfahrens einhergeht. Dies dürfte mit der allmählichen Erweiterung und Ausgestaltung der Widerspruchslösung geschehen sein. Aus der Stellung des Verteidigers lässt sich **keine Mitwirkungspflicht** für die Entstehung eines Verwertungsverbots ableiten (*Maiberg* Zur Widerspruchsabhängigkeit von strafprozessualen Verwertungsverboten, 2003, S. 180 ff.; *Nagel* StraFo 2013, 221 [227]; *Tolksdorf* FG Graßhof, 1998, S. 255 [265]). Eine Veränderung des Strafverfahrens mit Instruktionsmaxime in ein Verfahren mit adversatorischem Charakter wäre dem Gesetzgeber vorzubehalten, der eine solche Änderung in anderem Regelungszusammenhang bei § 257c Abs. 1 S. 2 abgelehnt hat. Auch bei Novellen zum Eingriffsrecht der §§ 100a ff. ist die Widerspruchslösung vom Gesetzgeber nicht berücksichtigt worden, obwohl dieser dort auch unselbständige Beweisverwertungsverbote geregelt hat.

114 Rechtsbehelfe praeter legem verletzen das **Prinzip der Rechtsmittelklarheit** (vgl. BVerfGE 107, 395 [416]). Die billigende und in eine Überprüfung der Abwägungslösung zusammenhanglos eingeschobene Erwähnung der Widerspruchslösung in der Entscheidung des Bundesverfassungsgerichts zu den Folgen einer polizeirechtlichen Wohnraumüberwachung (BVerfGE 130, 1 [31]) enthält ihrerseits nur wenige Begründungselemente und keine erschöpfende Prüfung ihrer Vereinbarkeit mit grundrechtsgleichen Rechten aus Art. 2 Abs. 1 i.V.m. Art. 20 Abs. 3, Art. 19 Abs. 4 und Art. 103 Abs. 1

GG. In jenem Verfahren dürfte auch keine gezielte Grundrechtsrüge gegen die Widerspruchslösung erhoben worden sein, so dass es in jenem Senatsbeschluss an einer umfassenden verfassungsrechtlichen Überprüfung des richterrechtlichen Widerspruchskonzepts fehlt. Jedenfalls die Konkurrenz von Beweiswürdigungs- und Beweisverbotslösungen führt zur Doppelrelevanz neuer Prozesstatsachen auch für einen Wiederaufnahmeantrag nach § 359 Nr. 5, woraus sich die Unvereinbarkeit der Widerspruchslösung mit dem nicht der Verwirkung oder einem (Rechtsbehelfs-) Verzicht unterliegenden Wiederaufnahmerecht ergibt (*Wasserburg* in: Brüssow/Gatzweiler/Krekeler/Mehle [Hrsg.], Strafverteidigung in der Praxis, 4. Aufl., § 15 Rn. 89).

Das richterrechtliche Widerspruchsreglement geht darüber hinweg, dass **Schweigen der Verteidigung keine** einer Zustimmung zur Beweisverwertung gleich kommende **Prozesserklärung** eines Verzichts ist (*Dudel* Das Widerspruchserfordernis bei Beweisverwertungsverboten, 1999, S. 189; LR/*Gleß* § 136 Rn. 83). Tendenziell verstößt die Annahme einer Obliegenheitsverletzung mit prozessual nachteiligen Folgen im Fall des Unterlassens einer Prozesserklärung auch für den Angeklagten selbst gegen den nemo-tenetur-Grundsatz, weil dadurch eine Mitwirkungshandlung postuliert wird, obwohl der Angeklagte ein Recht auf Passivität hat (*Chen* forum poenale 2012, 163 [164]). Für den Verteidiger in der Doppelrolle des Fürsprechers seines Mandanten und eines Garanten für ein justizförmiges Verfahren wird beinahe die Grenze zum Parteiverrat erreicht, wenn er mit seinem begründungsbedürftigen Widerspruch den Richter auf einen Verfahrensfehler zum Nachteil des Mandanten aufmerksam machen muss, damit dieser gegebenenfalls doch zu einer prozessordnungsmäßen Verurteilung gelangen kann (*Meyer-Mews* StraFo 2009, 141 [143]). Das Richterrecht gestaltet den Verwertungswiderspruch zudem als eine revisionsähnlich in die Tatsacheninstanz vorgezogene Verfahrensrüge aus und beweist damit Unverständnis für die **Erfordernisse effektiver Verteidigung**. Diese muss flexibel agieren und sie kann sich jedenfalls in einer neuen Hauptverhandlung mit einer dort anders akzentuierten Beweislage, in der möglicherweise sogar nur andere Verteidiger agieren, vor veränderte Bedingungen gestellt sehen. Die Verteidigungsstrategie kann auch schon in derselben Tatsacheninstanz angesichts veränderter Sach- oder Rechtslagen einen Kurswechsel fordern, zumal der Standpunkt des Gerichts zur Beweislage andauernd im Unklaren bleibt. Daher ist die Festlegung der Verteidigung auf ein zeitlich begrenztes Widerspruchserfordernis während laufender Hauptverhandlung der ersten Tatsacheninstanz sachwidrig. Die **Beweisbedeutung** der Aussage des Beschuldigten, um deren Verwertbarkeit oder Unverwertbarkeit gerungen wird, ist zudem oftmals **ambivalent** und kann aus verschiedenen Beurteilungsperspektiven mit allen ihren Facetten unterschiedlich eingeschätzt werden. Dem Angeklagten kann die Beweisverwertung ebenso erwünscht wie unerwünscht sein (*Basdorf* StV 2010, 414 [416 f.]). Welche Option die Günstigere ist, kann die Verteidigung solange nicht abschätzen, wie die Beweiswürdigung des Tatgerichts, das keine Pflichten im Sinne von § 279 Abs. 3 ZPO hat, unbekannt bleibt. Bei dieser Sachlage der Verteidigung nur eine einmalige und zeitlich begrenzte Gelegenheit zur einseitig irreversiblen Disposition zuzubilligen, wirkt als überflüssige Rechtsbehelfserschwerung unfair (*Meixner* Das Widerspruchserfordernis des BGH bei Beweisverwertungsverboten, 2015, S. 165 ff.).

Dies gilt erst recht dann, wenn das Tatgericht **von Amts wegen** ein Beweisverwertungsverbot annimmt und die Verteidigung gerade deshalb einen Widerspruch unterlässt, während die nächste Instanz auf ein staatsanwaltschaftliches Rechtsmittel das Verwertungsverbot verneint. Hier soll nach der Rechtsprechung die Widerspruchsbefugnis der Verteidigung in einer wiederum nachfolgenden Tatsacheninstanz auch präkludiert sein (OLG Frankfurt NStZ-RR 2011, 46 m. abl. Anm. *Kudlich* HRRS 2011, 114 [117 f.]), was die Widerspruchslösung jedoch ad absurdum führt. Tatsächlich bestehen gegen die Annahme einer ausschließlichen Dispositionsfreiheit der Verteidigung über den bemakelten Beweis als Legitimation der Widerspruchslösung erhebliche Bedenken (*Mosbacher* FS Widmaier, 2008, S. 339 [347]). Die **Parteimaxime** ist kein Grundsatz der Strafprozessordnung (*Dudel* Das Widerspruchserfordernis bei Beweisverwertungsverboten, 1999, S. 82 ff.) und der Verteidiger hat keine Prozessförderungspflicht (*Ufer* Der Verwertungswiderspruch in Theorie und Praxis, 2002, S. 107). Den Verteidiger zum Garanten für eine verfahrensfehlerfreie Verurteilung des Mandanten zu machen, bleibt paradox (*Meyer-Mews* StraFo 2009, 141 [142]). Die Zurechnung von Verteidigerverschulden zum Nachteil des Angeklagten in Form einer Rügepräklusion ist dem Strafprozessrecht fremd (*Meixner* Das Widerspruchserfordernis des BGH bei Beweisverwertungsverboten, 2015, S. 127 ff.; *Meyer-Mews* StraFo 2009, 141 [144]; *Nagel* StraFo 2013, 221 ff.). Außerdem bleibt ungeklärt, wie divergierende Äußerungen oder Nichtäußerungen des Angeklagten einerseits und verschiedener Verteidiger desselben Mandanten an-

§ 136 StPO   Erste Vernehmung

dererseits, die alle ein eigenes Äußerungsrecht im Sinne von § 257 haben, ohne dass einer der Stellvertreter des anderen wäre (*Leipold* StraFo 2001, 300 f.), zu bewerten sein sollen.

117 Das aus revisionsgerichtlicher Perspektive entwickelte Richterrecht hat die Entstehung und Bewirkung des Beweisverwertungsverbots auf die Hauptverhandlung der Tatsacheninstanz konzentriert und **für das Vor- und Zwischenverfahren sowie das Wiederaufnahmeverfahren** zumindest einen **rechtsfreien Raum belassen**, in dem das Beweisverwertungsverbot nach der Maxime seiner Bewirkung erst durch den Widerspruch in der Hauptverhandlung praktisch keine Rolle mehr spielt (krit. *Ufer* Der Verwertungswiderspruch in Theorie und Praxis, 2002, S. 152 ff.). Freilich ist Verteidigern ein Widerspruch schon im Vor- oder Zwischenverfahren zu empfehlen, wenn dieser als Ankündigung eines künftigen Verwertungsverbots die Verurteilungsprognose in Anklageschrift und Eröffnungsbeschluss infrage stellen soll. Danach bedarf der Widerspruch aber gegebenenfalls der Wiederholung in der Hauptverhandlung, wenn er dort wirksam werden soll. Die Anknüpfung einer Präklusion an die Versäumung eines Widerspruchs bis zu dem in § 257 genannten Zeitpunkt funktioniert eine **Schutzvorschrift** zum Nachteil des Beschuldigten in einen Präklusionstatbestand um (LR/*Gleß* § 136 Rn. 84; *Heinrich* ZStW 112 [2000], 398 [412]; *M. Klein* Inhalt und Reichweite der Belehrungsvorschrift des § 136 StPO, 2005, S. 218; *Leipold* StraFo 2001, 300 [302 f.]; *von der Lippe* Die ›Widerspruchslösung‹ der Rechtsprechung für strafprozessuale Beweisverwertungsverbote, 2001, S. 131; *Maiberg* Zur Widerspruchsabhängigkeit von strafprozessualen Verwertungsverboten, 2003, S. 106 ff., 238 ff.; *Salecker* Das Äußerungsrecht des Angeklagten und seines Verteidigers gem. § 257 StPO, 2008, S. 117; *Tolksdorf* FG Graßhof, 1998, S. 255 [267 f.]; *Ufer* a.a.O. S. 146 f.). Eine **Hinweispflicht des Gerichts** wird dagegen, vom Fall des unverteidigten Angeklagten abgesehen, **nicht angenommen** (*Tolksdorf* FG Graßhof, 1998, S. 255 [259]). Die Befristung der Widerspruchsmöglichkeit widerspricht dem Gebot, Mitwirkungsbefugnisse der Prozessbeteiligten in einem dynamischen Prozessgeschehen bis zum Ende der Beweisaufnahme zu ermöglichen. Dem Strafverfahrensrecht ist eine **Präklusion** im Sinne von § 295 Abs. 1 ZPO fremd (*Fezer* StV 1997, 57 [58]; *Heinrich* ZStW 112 [2000], 398 [401]; *Meyer-Mews* StraFo 2009, 141 [142]; SK-StPO/*Rogall* § 136 Rn. 7), zumal nachträgliche Änderungen der Sach- und Rechtslage (§ 265) eine Änderung der Verteidigungsstrategie gebieten können, die dann nicht an eine frühere Disposition über den Beweisstoff gebunden werden darf. Für eine informelle Präklusion fehlt hier jede Legitimation (*von der Lippe* a.a.O. S. 141; *Maiberg* Zur Widerspruchsabhängigkeit von strafprozessualen Verwertungsverboten, 2003, S. 210 ff.; *Tepperwien* FS Widmaier, 2008, S. 583 [592 f.]; *Ufer* a.a.O. S. 149). Auch insoweit ist das Richterrecht **contra legem** entwickelt worden. Präklusionsregeln außerhalb des geschriebenen Rechts sind mit der Konzeption des Strafverfahrensrechts unvereinbar (vgl. §§ 246 Abs. 1, 359 Nr. 5). Zudem kann eine andere Verteidigung in einer neuen Tatsacheninstanz nicht ohne Rücksicht auf eine veränderte Prozesslage mit ihrer Verteidigungskonzeption an diejenige einer früheren, für das neue Urteil nicht mehr relevanten Hauptverhandlung gebunden werden (*Fezer* JZ 2006, 474 [476]; *von der Lippe* Die ›Widerspruchslösung‹ der Rechtsprechung für strafprozessuale Beweisverwertungsverbote, 2001, S. 203 ff.).

118 Schließlich wird die **Aufklärungspflicht des Gerichts** zu Unrecht suspendiert (vgl. BGHSt 52, 38 [42]; abl. *Salecker* Das Äußerungsrecht des Angeklagten und seines Verteidigers gem. § 257 StPO, 2008, S. 130 f.) und damit die Entscheidungsmacht des Gerichts modifiziert (*Bauer* StV 2011, 635 [637]). Dabei liegt die Verantwortung für ein prozessordnungsgemäßes Verfahren und eine lückenlose Sachaufklärung zu Umständen, die zumindest mittelbar für die Beweiswürdigung Bedeutung haben können, zuvörderst bei dem Gericht (Roxin/*Schünemann* Strafverfahrensrecht § 24 Rn. 34; *Widmaier* NStZ 1992, 519 [521]), das durch die Widerspruchslösung in einem Teilbereich seiner Verantwortung enthoben wird. Richter müssen auch dann passiv bleiben, wenn sie den Verfahrensfehler erkennen; das ist mit Art. 20 Abs. 3, 97 Abs. 1 GG kaum vereinbar. Schon durch einen Hinweis des Richters an die Verteidigung auf die Möglichkeit eines Verwertungswiderspruchs würde der Richter aus der Perspektive der Widerspruchskonzeption parteilich erscheinen und könnte einer Ablehnung wegen Besorgnis der Befangenheit durch Staatsanwaltschaft, Nebenkläger oder Mitangeklagte mit divergierenden Interessen ausgesetzt sein. Das erscheint höchst fragwürdig.

119 Eine **Subsidiarität der Revision** gegenüber dem »innerprozessualen Rechtsweg« ist im Gegensatz zu der immerhin im Ansatz aus § 90 Abs. 2 BVerfGG ableitbaren Subsidiarität der Verfassungsbeschwerde als außerordentlichem Sonderrechtsbehelf **nicht begründbar** (zu den Ansätzen *Reichart* Revision und Verfassungsbeschwerde in Strafsachen, 2007, S. 59 ff., 224 ff., 322 ff.). Für die Praxis der Strafverteidigung

ist das Richterrecht zur Widerspruchslösung allerdings vorerst verbindlich. Angreifbar wäre es nur im Verfassungsbeschwerdeverfahren mit der Rüge der **Verletzung von Art. 2 Abs. 1 i.V.m. Art. 20 Abs. 3** (*Ufer* Der Verwertungswiderspruch in Theorie und Praxis, 2002, S. 81), **Art. 19 Abs. 4 und Art. 103 Abs. 1 GG** (*Salecker* Das Äußerungsrecht des Angeklagten und seines Verteidigers gem. § 257 StPO, 2008, S. 123 ff.). Im Ergebnis hätte eine Grundrechtsrüge zum Bundesverfassungsgericht gegen die Folgen der Widerspruchslösung nur dann Aussicht auf Erfolg, wenn jenes Gericht nicht seinerseits bereits derart von Subsidiaritätsgedanken überwältigt wäre, dass es seine eigene Rechtsschutzaufgabe bereits partiell aufgegeben hätte. Es gestattet derzeit neue richterrechtliche Rechtssätze der Fachgerichte, die eigentlich mit der Konzeption des geschriebenen Strafverfahrensrechts unvereinbar sind. Es hat aufgrund begrenzter eigener Vorstellungen vom Strafverfahren und mangels gezielter Grundrechtsrüge gegen die Widerspruchslösung dieses richterrechtliche Konzept gebilligt (BVerfGE 130, 1 [31]), was aber mangels darauf gerichteter Rüge nur ein obiter dictum sein dürfte. Das Bundesverfassungsgericht fordert seinerseits den rechtzeitigen Verwertungswiderspruch in der fachgerichtlichen Tatsacheninstanz mit Hinweis aus das Gebot der Beachtung der Subsidiarität der Verfassungsbeschwerde (BVerfG StV 2000, 466), womit aber an einen nicht überprüften Sonderrechtsbehelf praeter legem angeknüpft wird, weil dieser seinerseits nicht Gegenstand der Verfassungsbeschwerde war. Das Bundesverfassungsgericht propagiert danach mit der historisch falschen Behauptung, es gebe keinen abweichenden Rechtssatz, die Abwägungsdoktrin unter extensiver Betonung des Gebots der Funktionstüchtigkeit der Strafrechtspflege. Dagegen scheint vorerst kein Kraut gewachsen, solange jedenfalls dem monomethodalen Standpunkt des Bundesverfassungsgerichts zum case law der Fachgerichte keine systematische Erläuterung der Fehlentwicklung entgegengehalten wird.

c) Bedeutung des Verwertungsverbots als Belastungsverbot. Nach neuerer Lehre sind Beweisverwertungsverbote nur dazu geeignet, eine Verwertung zum Nachteil des Beschuldigten zu verhindern. Ihm günstige Folgen der **Verwertung eines Beweismittels oder Beweisinhalts als Entlastungsbeweis** sollen dagegen **nicht ausgeschlossen** werden (*Dencker* Verwertungsverbote im Strafprozess, 1977, S. 73 ff.; *Jahn* Gutachten C zum 67. DJT 2008, C112 ff.; *Jäger* GA 2008, 473 [498]; *Meixner* Das Widerspruchserfordernis des BGH bei Beweisverwertungsverboten, 2015, S. 219 ff.; *Nack* StraFo 1998, 366 ff.; zur Mühlenteichtheorie *Roxin/Schäfer/Widmaier* StV 2006, 655 ff.), da der Strafrichter nicht gleichsam gezwungen sein soll, sehenden Auges ein Fehlurteil zum Nachteil des Beschuldigten zu fällen. Die Verwertbarkeit oder Unverwertbarkeit wird deshalb von der Lehre der Eigenschaft der Beweisverwertungsverbote als Belastungsverbote dahin gespalten, dass bei Vorliegen der Voraussetzungen eines Beweisverwertungsverbots für entlastende Wirkungen von der Verwertbarkeit, für belastende Wirkungen von der Unverwertbarkeit des Beweisinhalts auszugehen sein soll. Dies ist eine komplizierte Operation, die von der Rechtsprechung bisher auch noch nicht praktiziert wurde. Nach dieser Konzeption könnte der Beweisinhalt eine Beweisgrundlage für den Schuldspruch liefern, zugleich jedoch auf verminderten Schuldumfang hindeuten; dann wäre dieselbe Aussage der Auskunftsperson als Beweismittel nicht dem Schuldspruch, wohl aber dem Strafausspruch zugrunde zu legen. Mit dieser gespaltenen Betrachtung würde dem Praktiker allerdings zuviel abverlangt. Verfahrenspsychologisch wirkt eine gespaltene Beweisverwertung und -würdigung eher verheerend als nutzbringend.

Zu einem selbstständigen Beweisverwertungsverbot aufgrund eines Eingriffs in den absolut geschützten Kernbereich des Persönlichkeitsrechts hat die Rechtsprechung eine Verwertbarkeit des bemakelten Beweisinhalts zugunsten von Mitangeklagten jedenfalls ausgeschlossen, weil schon die Beweiserhebung in der Hauptverhandlung eine neuerliche Verletzung der Intimsphäre des Betroffenen zur Folge hätte (BGHSt 57, 71 [78] m. Anm. *Mitsch* NJW 2012, 1486 ff. und krit. Anm. *Jahn/Geck* JZ 2012, 561 [566]; s.a. schon *K. Peters* Gutachten für den 46. DJT 1966 Bd. I Teil 3 A S. 96). Daraus könnte andererseits vielleicht entnommen werden, dass nach dem Maßstab der Abwägungslehre außerhalb der Kernbereichsberührung die Beweisrichtung eine Rolle spielen könnte. Ein Beweis, der zur Entlastung des Angeklagten führt, muss dann nicht zwingend unverwertbar sein, weil die Abwägung des Interesses der Allgemeinheit an der (richtigen) Strafverfolgung und des Interesses des Beschuldigten an der Beweisführung mithilfe des bemakelten Beweismittels oder Beweisinhalts in dieselbe Richtung weisen. Ob und inwiefern das allerdings der Fall ist, weiß in allen Fällen, in denen ein Beweismittel oder Beweisinhalt nicht eindeutig nur in die eine Richtung der Entlastung des Angeklagten deutet, erst das Gericht am Ende der Urteilsberatung. Wären die Verwertungsverbote nur in die Kategorien der absoluten und

§ 136 StPO Erste Vernehmung

relativen Beweisverwertungsverbote zu unterteilen und wären die relativen Verwertungsverbote ausschließlich »Belastungsverbote«, die nur eine Beweisführung gegen den Angeklagten, nie aber eine solche zu seinen Gunsten verhindern, bestünde immerhin kein Bedarf mehr für die verfehlte Widerspruchslösung (*Meixner* Das Widerspruchserfordernis des BGH bei Beweisverwertungsverboten, 2015, S. 183 ff.; *Roxin/Schäfer/Widmaier* StV 2006, 655 [660]). Ob allerdings jener Teufel mit diesem Beelzebub ausgetrieben werden soll, ist noch offen.

122 **d) Reichweite des Verwertungsverbots.** Ebenso umstritten, wie es die Frage der Existenz eines Beweisverwertungsverbots ist, bleibt die Frage nach den **Vor-, Folge-, Dritt- und Fernwirkungen** des Verwertungsverbots, wenn es denn überhaupt existiert.

123 Nach der Rechtsprechung entsteht das Beweisverwertungsverbot wegen Verletzung von Abs. 1 S. 2 **erst in der Hauptverhandlung** aufgrund des dort form- und fristgerecht zu erklärenden Widerspruchs als Bewirkungshandlung. Demnach spielt es vorher keine Rolle, soweit man nicht einen (Verurteilungs-)Prognosefaktor bei der Abschlussverfügung der Staatsanwaltschaft oder beim Eröffnungsbeschluss darin sieht, der allerdings gegebenenfalls erhebliche Rechtsunsicherheit verursacht (*Schlothauer* FS Lüderssen, 2002, S. 761 [767 ff.]) und wegen Unvorhersehbarkeit der künftigen Dispositionsentscheidung der Verteidigung im Regelfall nicht zuverlässig zu beurteilen ist. Ob die Unerheblichkeit des relativen Beweisverwertungsverbots im Vor- und Zwischenverfahren eine gewollte Folge der Widerspruchslösung oder eine zufällige Nebenwirkung ist, lässt sich nicht mehr rekonstruieren. Jedenfalls wird der **Freibeweis im Vor- und Zwischenverfahren** durch die Widerspruchslösung weitgehend **von relativen Verwertungsverboten freigehalten**. Ohne die Akzentsetzung der Widerspruchslösung wäre es selbstverständlich, dass der für die Urteilsfindung unverwertbare Beweis auch zuvor für die Verdachtsbegründung von Eingriffsakten oder für Zwischenentscheidungen auf dem Weg zum Urteil nicht heranzuziehen wäre (*Jahn* Gutachten C zum 67. DJT 2008, C85). Wenn aber die Widerspruchslösung diese Wirkung der Beweisverwertungsverbote annulliert, dann divergiert die heutige Rechtsprechung von früheren Rechtsaussagen, ohne dass der jeweils notwendige Divergenzausgleich herbeigeführt worden wäre.

124 Die verwertungsfreundliche Rechtsprechung verneint auch Folgewirkungen von Verwertungsverboten (*Jahn* Gutachten C zum 67. DJT 2008, C 90). Fehlt es allerdings wegen der komplizierten Entstehungsbedingungen nach der Widerspruchslösung und der komplexen Beurteilung nach der Abwägungsdoktrin an einem Verwertungsverbot überhaupt, dann sind auch keine **Folgewirkungen** zu diskutieren. Diese könnten sonst zu diskutieren sein, wenn nach einer Beschuldigtenvernehmung, bei der Abs. 1 S. 2 verletzt wurde, eine weitere Beschuldigtenvernehmung stattfindet, die für sich genommen verfahrensfehlerfrei gestaltet wird. In dieser Konstellation wird mit der **Theorie von der qualifizierten Belehrung** (Rdn. 75 ff.) angenommen, dass die erste Vernehmung unverwertbar sein könnte, worauf gegebenenfalls zur Heilung des Fehlers und Vermeidung einer sekundären Fehlerfolge bei der Anschlussvernehmung hinzuweisen wäre (BGH StV 2007, 450 [452]; 2010, 4 [5]; offengelassen BGH StV 2013, 485 [488]). Das liegt auch bei einem Übergang von der Zeugenvernehmung zur Beschuldigtenvernehmung oder von einer fehlerhaften informatorischen Befragung zur förmlichen Beschuldigtenvernehmung nahe (vgl. den Fall BGH StraFo 2015, 114 [115]). Da andererseits die Verletzung der – angeblichen – Pflicht zur qualifizierten Belehrung nach der Abwägungslehre in der Rechtsprechungspraxis oft kein Verwertungsverbot für die nachfolgende Vernehmung auslöst, weil der qualifizierten Belehrung geringere Bedeutung beigemessen wird als der Belehrung nach Abs. 1 S. 2, ist die Konstruktion für das Ergebnis wieder unerheblich und liefert nur eine Potemkinsche-Fassade, hinter der sich kein Gebäude befindet, das auf dogmatisch festem Fundament stünde.

125 **Drittwirkungen** der Verwertungsverbote aus dem Bereich von Abs. 1 S. 2 werden in der Rechtsprechung mit Hinweis auf die Subjektivität der Dispositionsbefugnis verneint, sodass eine Verletzung von Abs. 1 S. 2 gegenüber einem Mitangeklagten oder Zeugen, der in einem anderen Verfahren Beschuldigter war, von einem Dritten nicht mit Erfolg geltend gemacht werden kann (BGHSt 47, 233 [234]; BGH NJW 1994, 3364 [3366]; a. A. *Radtke/Hohmann/Kretschmer* § 136 Rn. 26). Das entspricht im Ergebnis der Rechtskreistheorie (abl. dazu etwa *Strate* HRRS 2008, 76 [83 f.]) und wirkt auf dem Boden der Widerspruchslösung konsequent. Allerdings wird die Fairness des Verfahrens im Ganzen infrage gestellt, insbesondere wenn verschiedene Mitbeschuldigte jeweils in ihren Rechten verletzt wurden und ihre Aussagen jeweils nicht gegen sie selbst, aber im Wege einer »Überkreuzverwer-

tung« gegen den anderen Mitangeklagten verwertet werden können (dagegen bei absoluten Verwertungsverboten BGHSt 57, 71 [78]). Das wirkt unangemessen (*Meixner* Das Widerspruchserfordernis des BGH bei Beweisverwertungsverboten, 2015, S. 183 ff.).

Schließlich werden **Fernwirkungen** eines Beweisverwertungsverbots jedenfalls unterhalb der Schwelle des § 136a **von der Rechtsprechung im Allgemeinen abgelehnt** (BGHSt 27, 355 [358]; 32, 68 [71]; 34, 362 [364]; 51, 1 [7 f.]; 55, 314 [319]; a. A. *Dencker* Verwertungsverbote im Strafprozess, 1977, S. 76 ff.; *Jäger* GA 2008, 473 [494]). Ob das auch in Fällen der Verletzung des Abs. 1 S. 2 gilt, ist nicht abschließend geklärt (differenzierend OLG Oldenburg StV 1995, 178 f.). Dies liegt aber nahe, wenn selbst absolute Verwertungsverbote im Sinne von § 136a Abs. 3 S. 2 nach der Rechtsprechung nicht unbedingt Fernwirkungen auslösen (vgl. BGHSt 55, 314 [319]). Besteht ein Beweisverwertungsverbot nach form- und fristgerechtem Widerspruch gegen die Verwertung einer Beschuldigtenaussage aus dem Vorverfahren in der Hauptverhandlung, bleibt demnach in aller Regel die Verwertbarkeit solcher Beweise unberührt, die erst aufgrund des Aussageinhalts der Beschuldigtenäußerung erlangt worden waren. Begründet wird diese Aussage vor allem mit dem Topos der **Funktionstüchtigkeit der Strafrechtspflege**, die nicht zu weitgehend beeinträchtigt werden dürfe (BVerfG NJW 2005, 656 f.; zu diesem Fall auch EGMR NStZ 2008, 699 ff.), ferner mit einem Blick auf positivrechtlich geregelte Beweisverwertungsverbote, wie in § 136a Abs. 3, die (nur) nach dem Gesetzeswortlaut auch nicht mit Fernwirkungen ausgestattet sind. Beide Argumente wirken **dogmatisch schwach** (*Jahn* Gutachten C zum 67. DJT 2008, C92 f.); denn die Funktionstüchtigkeit der Strafrechtspflege als Effizienzargument kollidiert laufend mit dem Fairnessgrundsatz und das Fehlen weiter gehender Rechtsfolgenhinweise im geschriebenen Recht besagt nicht viel über die Existenz oder Nichtexistenz solcher Rechtsfolgen, an die der historische Gesetzgeber noch nicht gedacht hatte. Die Verneinung von Fernwirkungen beruht auf einer Vernachlässigung der fundamentalen Bedeutung der Selbstbelastungsfreiheit. Konsequenter wirkt daher das US-amerikanische Recht (*Harris* StV 1991, 313 ff.; *Kühne* Strafprozessrecht, Rn. 912), dem die heute in der deutschen Strafprozessrechtslehre auftretende Beweisbefugnislehre ähnelt. Danach haben Beweisverwertungsverbote grundsätzlich auch Auswirkungen auf die **Früchte vom vergifteten Baum** (»fruits of the poisonous tree doctrine«; s.a. EGMR NStZ 2008, 699 [701]), zumindest soweit nicht davon auszugehen ist, dass sie – sicher – auch ohne die verbotene Beweisquelle erlangt worden wären (»hypothetical clean path doctrine«). Aber diesem stringenteren Weg (*Jäger* GA 2008, 473 [494]; *Neuhaus* NJW 1990, 1221 f.) folgt die deutsche Rechtsprechung bisher nicht.

D. Hinweis auf ein Beweisantragsrecht (Abs. 1 S. 3) Im Rahmen der Belehrungen vor der Vernehmung zur Sache ist der Beschuldigte auch darauf hinzuweisen, dass er zu seiner Entlastung einzelne Beweiserhebungen beantragen kann. Statt »einzelne« sollte es besser »konkrete« Beweiserhebungen heißen. Eine zahlenmäßige Begrenzung ist mit der gesetzlichen Formulierung nicht gemeint, sondern eine Konkretisierung auf bestimmte Beweisthemen und Beweismittel. Dem Beschuldigten wird ein Beweisantragsrecht zugebilligt, das unabhängig von dem Recht sich redend oder schweigend zu verteidigen und unabhängig von dem Recht auf Verteidigerbeistand besteht. Dem Verteidiger steht daneben ein eigenes Beweisantragsrecht zu (*Eisenberg* Beweisrecht der StPO, Rn. 553). Es handelt sich freilich insgesamt um eine wenig effektive Rechtsposition, weil für das Freibeweisverfahren kein förmliches Beweisantragsrecht mit Bescheidungspflichten (§ 244 Abs. 6) sowie mit einem begrenzten Kanon von Ablehnungsgründen (§ 244 Abs. 3–5) besteht. Praktisch handelt es sich hier nur um Anregungen, die im Rahmen des im Vorverfahren herrschenden Freibeweises von der Ermittlungsbehörde befolgt werden können, aber nicht befolgt werden müssen. Immerhin kann ein Beweisantrag hier die Aufklärungspflicht, die schließlich auch im Freibeweisverfahren gilt, aktualisieren. Eine sofortige Entscheidung über den Beweisantrag ist im Gesetz jedoch nicht vorgesehen. Die Zulässigkeit der Vernehmung des Beschuldigten ist davon auch nicht abhängig.

E. Hinweise auf weitere Handlungsoptionen (Abs. 1 S. 4) In geeigneten Fällen kann nach der vorliegenden Vorschrift auf die **Möglichkeit der schriftlichen Äußerung** sowie auf den **Täter-Opfer-Ausgleich** (§ 46a StGB) hingewiesen werden. Die einzige Verbindung zwischen beiden Hinweisgegenständen besteht zunächst darin, dass die diesbezüglichen Hinweise auf undefinierte und je nach den Umständen zu bewertende »geeignete Fällen« bezogen sind, also **nicht obligatorisch** bei jeder Vernehmung angebracht werden müssen. Bezüglich des vertypten Milderungsgrundes nach § 46b StGB

§ 136 StPO Erste Vernehmung

(zur Problematik dieser Regelung im materiellen Recht *Jeßberger* FS Beulke, 2015, S. 1153 ff.) und hinsichtlich der Möglichkeit einer Verständigung gem. §§ 160b, 202a, 212, 257b, 257c StPO bestehen dagegen keine Hinweisregeln in der vorliegenden Vorschrift.

129 **I. Möglichkeit der schriftlichen Äußerung des Beschuldigten.** Der Unmittelbarkeitsgrundsatz des Strengbeweisverfahrens, nach dem die unmittelbare Vernehmung der Auskunftsperson beim Personalbeweis prinzipiell Vorrang vor dem Urkundenbeweis hat, gilt im Freibeweisverfahren nicht. Die **Beschuldigtenvernehmung** ist also **nicht formgebunden** und sie kann auch schriftlich erfolgen. Der Beschuldigte hat natürlich jederzeit das Recht, sich schriftlich an die Ermittlungsbehörden und Gerichte zu wenden (*Eisenberg* Beweisrecht der StPO, Rn. 519), niemals aber eine Pflicht dazu. Die Einreichung einer Verteidigungsschrift oder »Schutzschrift« ist oft empfehlenswert. Die staatlichen Strafverfolgungsorgane können ihrerseits anstelle einer Vernehmung auch eine schriftliche Äußerung einholen, soweit der Beschuldigte dazu bereit ist; darauf bezieht sich der Hinweis nach Abs. 1 S. 4. Die Abgrenzung zwischen Vernehmung und schriftlicher Anhörung erfolgt insoweit nach dem **Maßstab der Aufklärungspflicht.** Im Grundsatz ist die Vernehmung der schriftlichen Befragung überlegen, insbesondere weil sie durch Annahme eines geschlossenen Berichts des Beschuldigten und anschließende Anknüpfung von Fragen im Sinne eines Verhörs eine strukturierte Form der Vernehmung gestattet, ferner weil sie sofortige Rückfragen ermöglicht, überdies weil nur hierbei nonverbale Kommunikation stattfindet, die auch Aussagekraft besitzen kann, und schließlich, weil nur die mündliche Vernehmung durch die Interaktion von Verhörs- und Auskunftsperson eine genaue Abklärung von Einzelheiten ermöglicht. Die schriftliche Äußerung ist daher im Wesentlichen nur aus Gründen der Prozessökonomie **bei Bagatelldelikten** oder bei ganz einfach gelagertem Rahmengeschehen **in Punktesachen, im wirtschaftlichen oder technischen Bereich** angezeigt. Am Besten erscheint aber auch hier eine mündliche Vernehmung, die natürlich stets durch schriftliche Äußerungen zu Rückfragen ergänzt werden kann, aber nicht von Anfang an dadurch ersetzt werden sollte. Schließlich ist eine schriftliche Äußerung nach einer Verteidigerkonsultation möglich. Sie kann dann auch **durch den Verteidiger** abgegeben werden (*Eisenberg* Beweisrecht der StPO, Rn. 520), wobei Unklarheiten darüber vermieden werden sollten, wer im Einzelnen welche Äußerung abgibt. Der Verteidiger ist nicht Wissensvertreter des Beschuldigten als Auskunftsperson, sondern hier nur ein Sprachrohr (zur Problematik der Verteidigererklärung in der Hauptverhandlung *Eschelbach* ZAP Fach 22, 711 ff.). Er sollte die Informationen, die aus dem Wissen des Beschuldigten herrühren, gegebenenfalls als solche kennzeichnen, und er kann eigene Kommentare dazu anbringen, die wiederum als solche erkennbar sein sollten.

130 **II. Möglichkeit des Täter-Opfer-Ausgleichs.** Seit dem OpferRRG vom 24.06.2004 ist auch der Hinweis auf die Möglichkeit des Täter-Opfer-Ausgleichs nach § 46a StGB »in geeigneten Fällen« vorgesehen. Geeignet sind zunächst nur Delikte, in denen es überhaupt ein individuelles Tatopfer gibt, ferner nur solche, in denen eine Täter-Opfer-Ausgleich nicht a priori – etwa wegen schwerer Traumatisierung des Opfers – unangebracht erscheint, schließlich nur in Fällen, in denen der Beschuldigte kooperativ wirkt und zumindest andeutungsweise die Bereitschaft zum Täter-Opfer-Ausgleich erkennen lässt. Im Übrigen ist strikt zu beachten, dass er als unschuldig gilt (Art. 6 Abs. 2 EMRK) und weder zu früh, noch zu nachhaltig in die Täterrolle eingeordnet werden darf, auch damit nicht die Besorgnis der Befangenheit der Verhörsperson entsteht. Der Hinweis auf die Möglichkeit des Täter-Opfer-Ausgleichs muss vor diesem Hintergrund nicht notwendigerweise zu Beginn der Vernehmung erfolgen; er kann auch im Verlauf der Vernehmung oder danach angebracht werden. Das Gesetz steht schließlich einem schriftlichen Hinweis außerhalb der Vernehmung nicht entgegen.

131 **III. Fehlende Hinweisregelung zur Möglichkeit der Aufklärungshilfe.** Es fehlt in der vorliegenden Vorschrift eine dem Abs. 1 S. 4 entsprechende Regelung eines Hinweises zur Aufklärungshilfe nach § 46b StGB. Unter dem Gesichtspunkt der prozessuale Gleichbehandlung wäre auf erste Sicht hierzu, mehr noch als hinsichtlich des § 46a StGB, ein Hinweis angezeigt, weil § 46b Abs. 3 StGB sogar eine unter dem Gesichtspunkt des Schuldprinzips und des Gleichbehandlungsgrundsatzes höchst bedenkliche Präklusion des vertypten Milderungsgrundes für den Fall vorsieht, dass die Aufklärungshilfe nicht bis zum Eröffnungsbeschluss geleistet wurde. Bis dahin muss zur materiellen Erfüllung des Vergünstigungstatbestands auch prozessual ein Ermittlungserfolg vorhanden oder jedenfalls ein brauchbarer Ansatz verifiziert sein, worauf der Beschuldigte nur begrenzt Einfluss nehmen kann. Würde im

Einzelfall eine rechtzeitige Aufklärungshilfe mangels eines Hinweises der Verhörperson versäumt und ließe sich das belegen, könnte jedenfalls dies möglicherweise unter dem Gesichtspunkt einer Verletzung von Art. 3 Abs. 1 GG beanstandet werden. Jedoch wird beim verteidigten Angeklagten davon auszugehen sein, dass diese Option im Mandatsinnenverhältnis erörtert wurde. Andererseits berührt die Belehrung über eine Kronzeugenbehandlung auch die Selbstbelastungsfreiheit. Dies kann sich dann auswirken, wenn der Beschuldigte wegen des Hinweises eine geständige Aussage macht, danach aber den erhofften Ertrag in Form einer Strafmilderung nicht erlangt. Einzelheiten zur Bedeutung dieser Lage sind noch nicht geklärt. Jedenfalls müsste eine im Einzelfall fehlerhafte Belehrung des Inhalts, dass mit einer Strafmilderung zwingend zu rechnen sei, auch unter dem Blickwinkel der Täuschung im Sinne von § 136a Abs. 1 S. 1 untersucht werden.

IV. Fehlende Hinweisregelung zur Möglichkeit des Rechtsgesprächs nach § 160b. Außerdem 132 fehlt eine dem Abs. 1 S. 4 entsprechende Regelung eines Hinweises auf die Möglichkeit von Erörterungen nach § 160b StPO (*Seppi* Absprachen im Strafprozess, 2012, S. 88 f.). Auch insoweit könnte eine Verletzung von Art. 3 Abs. 1 GG bestehen, die aber kaum relevante Folgen habe dürfte, da die Verständigung im Vorverfahren ohnehin nur fakultativ ist und alleine nach dem bisher kaum justiziablen Opportunitätsprinzip zu einer Verfahrensbeendigung führt.

F. Ergänzende Hinweise nach anderen Regeln. I. Möglichkeit des konsularischen 133 **Beistands (Art. 36 Abs. 1 Buchst. b WÜK)** Nach Art. 36 Abs. 1 Buchst. b WÜK (§ 114b Abs. 2 Satz 3 StPO), der durch den Fall *La Grand* bekannt wurde (IGH EuGRZ 2001, 287 ff. = JZ 2002, 91 ff. m. Anm. *Hillgruber*) und in der *Avena*-Entscheidung eine Fortsetzung fand (IGH ILM 43 [2004], 581 ff. m. Anm. *Walther* HRRS 2004, 126 ff.), haben die zuständigen Behörden die konsularische Vertretung auf Verlangen des Beschuldigten unverzüglich zu unterrichten, wenn er als Angehöriger eines ausländischen Staates festgenommen ist. Jede von dem Beschuldigten an die konsularische Vertretung gerichtete Mitteilung haben die Behörden unverzüglich weiterzuleiten. Sie haben den Beschuldigten auch unverzüglich über seine Rechte aufgrund dieser Bestimmung zu unterrichten. Dies kann auch bei der ersten Vernehmung des Beschuldigten im Sinne der vorliegenden Vorschrift geboten sein. Die Belehrungspflicht nach Art. 36 Abs. 1 Buchst. b WÜK hat aber eine andere Bedeutung als die Belehrung nach § 136 Abs. 1 S. 2 (*Eisenberg* Beweisrecht der StPO Rn. 563a); denn sie hängt nicht unmittelbar mit dem Recht auf Selbstbelastungsfreiheit zusammen, die wiederum mit dem Recht auf Verteidigerkonsultation verknüpft ist. Das Konsulat hat allerdings eine Unterstützungsaufgabe für den Beschuldigten, die etwa dahin gehen kann, ihm bei der Erlangung von Verteidigerbeistand zu helfen. Insoweit besteht ein **mittelbarer Zusammenhang mit der Selbstbelastungsfreiheit** des Beschuldigten bei der Vernehmung (*Ambos* Beweisverwertungsverbote, 2010, S. 76 f.). Ist ein Verteidigerbeistand vorhanden, kann damit zugleich der Schutzzweck des Art. 36 WÜK erfüllt sein (BVerfG NJW 2014, 532 [534]). Die Tätigkeit eines Konsularbeamten, der als Beistandsleistung mit dem Beschuldigten spricht, bei seiner Zeugenvernehmung im heimatlichen Strafprozess dann aber gegen ihn aussagt, kann sich im Einzelfall sogar als Danaergeschenk auswirken (*Norouzi* NJW 2011, 1525).

Die Belehrung über die Möglichkeit des konsularischen Beistands hat nur **im Fall der Freiheitsentzie-** 134 **hung,** dann aber **unverzüglich** zu erfolgen, also in der Regel, sobald die Ausländereigenschaft festgestellt wird (BGHSt 52, 110 [112]). Die Belehrungspflicht knüpft zeitlich nicht an den Vernehmungsbeginn, sondern an die Festnahme an (*Ambos* Beweisverwertungsverbote, 2010, S. 76). Sie trifft nicht nur den **Richter** bei der Vorführung, sondern auch die festnehmenden **Polizeibeamten** (BGHSt 52, 48 [51]; 52, 110 [113]; *Paulus* StV 2003, 57 [59 f.]). Die Belehrung ist nur dann rechtsfehlerfrei erfolgt, wenn sie in einer für den Beschuldigten verständlichen Sprache erteilt wurde (§ 114b Abs. 1 Satz 1). Die Belehrung betrifft ausschließlich die Mitteilung, dass das Konsulat benachrichtigt werde, wenn der Beschuldigte dies wünsche, und dass Mitteilungen des Beschuldigten unverzüglich nach dort weitergeleitet werden. Weitere Hinweise auf den Zweck der Regelung, dass das Konsulat dem Beschuldigten bei der Kontaktaufnahme mit einem Verteidiger helfen kann, werden vom Gesetz nicht gefordert, sind aber durchaus im Kontext mit der Belehrung über das Verteidigerkonsultationsrecht nach Abs. 1 S. 2 sachgerecht und dann angezeigt, wenn der Beschuldigte erkennen lässt, dass er Verteidigerbeistand wünscht, aber nicht weiß, wie er ihn herbeiführen soll. Andernfalls werden zumindest eigene Unterstützungshandlungen der Ermittlungsbehörde erforderlich. Mitbeschuldigte können sich nach der Rechtsprechung nicht mit Erfolg auf eine Verletzung von Art. 36 Abs. 1 Buchst. b WÜK zum Nachteil eines anderen Beschuldigten berufen (BGHSt 52, 48 [52]). Ob das in jedem Fall, auch unter dem Blickwinkel des Anspruchs von Mitbeschuldigten auf ein faires Verfahren, gelten kann, ist noch offen.

135 Wird die **Belehrung nach Art. 36 Abs. 1 Buchst. b WÜK versäumt**, hat dies nach der Rechtsprechung, die hier wieder der Abwägungslehre folgt (BGHSt 52, 48 [54]; 52, 110 [116]), **nicht zur Folge**, dass eine Aussage, die der Beschuldigte nach Belehrung gem. § 136 Abs. 1 S. 2 macht, **unverwertbar** wäre, wenn dem Beschuldigten im weiteren Verfahren daraus kein Nachteil entsteht (BGHSt 52, 48 [54]; 52, 110 [114 ff.]; BGH StV 2011, 603 [605 f.]; *Ambos* Beweisverwertungsverbote, 2010, S. 77; a. A. *Gless/Peters* StV 2011, 369 [376]). Die Fachgerichte haben freilich auch die Vorgaben des Internationalen Gerichtshofs zu beachten. Darauf hat das Bundesverfassungsgericht wiederholt hingewiesen (BVerfG StV 2008, 1 [4 f.] m. Anm. *Burchard* JZ 2007, 891 ff.; *Kreß* GA 2007, 296 ff.; *Viellechner* EuGRZ 2011, 203 ff.; *Walter* JR 2007, 99 ff.; BVerfG StV 2011, 329 ff. m. Anm. *Gless* StV 2011, 369 ff.; BVerfG NJW 2014, 532 ff.). Der Bundesgerichtshof hat nach Zurückverweisung einer Sache aus anderen Gründen aber erneut kein Verwertungsverbot angenommen (BGH StV 2011, 603 ff. m. Anm. *Meyer-Mews* StraFo 2012, 7 ff.). Eine Rechtsfolge im Verfahren ist nur geboten, wenn der Belehrungsmangel zu einer tatsächlichen Verschlechterung der prozessualen Lage des Beschuldigten geführt hat; außerdem gilt nach der Rechtsprechung auch insoweit die Abwägungslehre. Zwischenzeitlich wurde eine Kompensation des Verfahrensfehlers nach dem Maßstab der **Vollstreckungslösung** erwogen (BGHSt 52, 48 [55 ff.]), der aber nicht überzeugt (*Ambos* a.a.O. S. 80; *Strate* HRRS 2008, 76 [86]) und nicht wiederholt wurde (BGHSt 52, 110 [118 f.]; BGH StV 2011, 603 [606 f.] m. Anm. *Meyer-Mews* StraFo 2011, 7 ff.), da es um inkommensurable Faktoren geht (BVerfG NJW 2014, 532 [534]; *Weigend* StV 2008, 39 [44]).

136 **II. Benachrichtigung von Erziehungsberechtigten oder gesetzlichen Vertretern (§ 67 Abs. 1 JGG)** Es ist nicht im Gesetz geregelt, in welchem Verhältnis die Rechte des Erziehungsberechtigten und des gesetzlichen Vertreters zu denen eines minderjährigen Beschuldigten stehen. Das Erziehungsrecht aus Art. 6 Abs. 2 GG gebietet jedenfalls, dass erziehungsberechtigte Personen und gesetzliche Vertreter in das Jugendstrafverfahren einbezogen werden; diese können sich dort aber nicht ihrerseits vertreten lassen (KG StraFo 2015, 122 f.). Nach § 67 Abs. 1 JGG steht dem Erziehungsberechtigten und gesetzlichen Vertreter das **Recht auf Anwesenheit** bei Untersuchungshandlungen ebenso wie dem jugendlichen Beschuldigten zu. Er hat ein Frage- und Antragsrecht und wohl auch die Widerspruchsbefugnis. Für den vom Gericht bestellten Beistand folgt dies jedenfalls aus § 69 Abs. 3 S. 2 JGG (*Meixner* Das Widerspruchserfordernis des BGH bei Beweisverwertungsverboten, 2015, S. 11). Diese Rechte sind schon im Vorverfahren bei Vernehmungen des Minderjährigen als Beschuldigter zu beachten (*Möller* NStZ 2012, 113 [115]). Von Jugendlichen wird das Recht zur eigenverantwortlichen Entscheidung darüber, ob sie sich redend oder schweigend verteidigen, nicht in gleicher Weise ausgeübt wie von Erwachsenen. Daher dient die Hinzuziehung eines Erziehungsberechtigten oder gesetzlichen Vertreters der Stärkung der Subjektstellung. Daraus folgt im Grundsatz auch eine Pflicht der Behörde oder des Gerichts zur **Benachrichtigung des Erziehungsberechtigten oder gesetzlichen Vertreters** darüber, dass eine Beschuldigtenvernehmung vorgesehen ist (*Möller* NStZ 2012, 113 [116]). Dem Anwesenheitsrecht des Erziehungsberechtigten oder gesetzlichen Vertreters korrespondiert ein Recht des jugendlichen Beschuldigten, sich vor oder bei seiner Vernehmung durch diesen darüber **beraten** zu lassen, ob er aussagen oder schweigen soll. Auf dieses »Elternkonsultationsrecht« ist der Jugendliche bei jugendrechtskonformer Auslegung der §§ 136, 163a StPO gem. § 2 JGG hinzuweisen (*Eisenberg* JGG § 67 Rn. 11b; *Möller* NStZ 2012, 113 [116 f.]). Unterbleibt der **Hinweis** und deshalb der Kontakt mit einem Erziehungsberechtigten oder gesetzlichen Vertreter und übt der minderjährige Beschuldigte sein Schweigerecht nicht aus, so kann auch daraus ein **Beweisverwertungsverbot** resultieren (OLG Celle StraFo 2010, 114 f.; LG Saarbrücken NStZ 2012, 167 m. Anm. *Möller* NStZ 2012, 113 ff.).

§ 136a StPO Verbotene Vernehmungsmethoden; Beweisverwertungsverbote.

(1) ¹Die Freiheit der Willensentschließung und Willensbetätigung des Beschuldigten darf nicht beeinträchtigt werden durch Mißhandlung, durch Ermüdung, durch körperlichen Eingriff, durch Verabreichung von Mitteln, durch Quälerei, durch Täuschung oder durch Hypnose. ²Zwang darf nur angewandt werden, soweit das Strafverfahrensrecht dies zulässt. ³Die Drohung mit einer nach seinen Vorschriften unzulässigen Maßnahme und das Versprechen eines gesetzlich nicht vorgesehenen Vorteils sind verboten.

(2) Maßnahmen, die das Erinnerungsvermögen oder die Einsichtsfähigkeit des Beschuldigten beeinträchtigen, sind nicht gestattet.

(3) ¹Das Verbot der Absätze 1 und 2 gilt ohne Rücksicht auf die Einwilligung des Beschuldigten. ²Aussagen, die unter Verletzung dieses Verbots zustande gekommen sind, dürfen auch dann nicht verwertet werden, wenn der Beschuldigte der Verwertung zustimmt.

Übersicht	Rdn.		Rdn.
A. Allgemeines	1	a) Drohung mit einer unzulässigen Maßnahme	45
I. Regelungszusammenhang und Bedeutung	1	b) Versprechen eines gesetzlich nicht vorgesehenen Vorteils	47
II. Schutzzweck	4	4. Beeinträchtigungen des Erinnerungsvermögens oder der Einsichtsfähigkeit des Beschuldigten (Abs. 2)	50
III. Erweiterungen des personalen Anwendungsbereichs (§§ 69 Abs. 3, 72)	8	5. Fragen entsprechender Anwendung der vorliegenden Vorschrift	51
IV. Geltung bei Vernehmungen und anderen Aussagesituationen	9	a) Einsatz eines Lügendetektors	51
V. Normadressaten	12	b) Phallometrie	52
B. Verbotene Mittel und Methoden	16	c) Brechmitteleinsatz	53
I. Maßnahmen zur Beeinflussung von Willensentschließung und Willensbetätigung (Abs. 1)	17	C. Nachweis des Verfahrensfehlers und Rechtsfolgen (Abs. 3)	54
1. Verbotene Mittel oder Methoden mit der Folge der Beeinträchtigung der Willensfreiheit (Abs. 1 Satz 1)	18	I. Feststellung der Prozesstatsachen im Freibeweisverfahren	54
a) Misshandlung	19	II. Beweiserhebungsverbot (Abs. 3 Satz 1)	55
b) Ermüdung	20	III. Beweisverwertungsverbot (Abs. 3 Satz 2)	56
c) Körperlicher Eingriff	25	1. Primäres Beweisverbot	56
d) Verabreichung von Mitteln	26	2. Fortwirkung	59
e) Quälerei	28	3. Fernwirkung	60
f) Täuschung	30	IV. Verfahrenshindernis	62
g) Hypnose	38	V. Rechtsmittel und Rechtsbehelfe	63
2. Unzulässiger Zwang (Abs. 1 Satz 2)	40	1. Ablehnung der Verhörsperson wegen Befangenheit	63
3. Drohung mit unzulässigen Maßnahmen oder Versprechen gesetzwidriger Vorteile (Abs. 1 Satz 3)	44	2. Revision	64
		3. Wiederaufnahmeverfahren	66

A. Allgemeines. I. Regelungszusammenhang und Bedeutung. Abs. 1 stellt ein Verbot der 1 Beeinflussung der **Willensentschließung und Willensbetätigung** des Beschuldigten über das Ob und Wie einer Aussage durch bestimmte Methoden bei der Vernehmung auf (BGHSt 17, 364 [367]), Abs. 2 verbietet vom Willen des Beschuldigten unabhängige Beeinflussungen seines **Erinnerungsvermögens oder** seiner **Einsichtsfähigkeit** (*Erbs* NJW 1951, 386 f.). Abs. 3 schließlich erklärt die **Einwilligung** des Beschuldigten in die Beweiserhebungsmethode für unbeachtlich und betont, dass das – stillschweigend vorausgesetzte – **Beweisverwertungsverbot** für Aussagen, die unter Einflüssen nach Abs. 1 oder 2 zustande gekommen sind, selbst dann gilt, wenn der Beschuldigte der Verwertung **zustimmt**. Diese einfachgesetzliche Bestimmung, die in allen Teilen verfassungsrechtlichen Gehalt aufweist, 2 wurde durch das Gesetz zur Wiederherstellung der Rechtseinheit vom 12.09.1950 (BGBl. I S. 455, 629), in dem sie nachträglich eingestellt wurde, **eingeführt**. Sie beruht »auf den schmerzlichen Erfahrungen« aus der NS-Zeit (BGHSt 1, 387; s.a. *Gau* Die rechtswidrige Beweiserhebung nach § 136a StPO als Verfahrenshindernis, 2006, S. 50 f.; LR/*Gleß* § 136a Rn. 2; *Osmer* Der Umfang des Beweisverwertungsverbotes nach § 136a StPO, 1966, S. 6; *Wodrich* Das Verbot von Vernehmungsmethoden in ge-

§ 136a StPO   Verbotene Vernehmungsmethoden; Beweisverwertungsverbote

schichtlicher Sicht – historische Grundlagen des § 136a StPO, 1961, S. 170 ff.). Sie **ergänzt** die Regeln des § 136 über die Beschuldigtenvernehmung (SK-StPO/*Rogall* § 136a Rn. 4). Sie ist über §§ 69 Abs. 3, 72 auf die Vernehmung von Zeugen und Sachverständigen anwendbar und besitzt auch sonst weiter reichende Bedeutung außerhalb von Vernehmungen, da der nemo-tenetur-Grundsatz (§ 136 Rdn. 33) jede aktive Mitwirkung an der Strafverfolgung für den Beschuldigten nur seinem freien Willen unterordnet und jede staatliche Verursachung einer aktiven Handlung des Beschuldigten mit dem Ziel der Informationsgewinnung, **auch wenn sie** etwa »nur« **Sachbeweise hervorbringt**, verbietet (*Groth* Unbewusste Äußerungen und das Verbot des Selbstbelastungszwangs, 2003, S. 70 ff.). Die nicht in das innerstaatliche Regelungssystem passende Fassung der Vorschrift wurde vom schwedischen Recht beeinflusst; die Materialen geben zudem zur Auslegung der Norm praktisch nichts her (*Achenbach* StV 1989, 515 [517]). Nach ihrem Wortlaut betrifft sie die Freiheit der Willensentschließung und Willensbetätigung (Abs. 1) sowie die Unberührtheit des Erinnerungsvermögens oder der Einsichtsfähigkeit (Abs. 2), nach dem Wortlaut **auch unabhängig von einer speziellen Vernehmungssituation**. Der Bezug zu »Aussagen« wird im Normtext erst bei der Rechtsfolge nach Abs. 3 S. 2 hergestellt. Insoweit geht die Vorschrift bezüglich der geschützten Personen und des betroffenen Beweiserhebungsakts über den von § 136 Abs. 1 zuvörderst intendierten Schutz der Selbstbelastungsfreiheit des Beschuldigten bei dessen (erster) Vernehmung hinaus, der andererseits als zentraler Aspekt inbegriffen ist. Anerkannt ist, dass der **Katalog der verbotenen Methoden und Maßnahmen** in den Abs. 1 und 2 **nicht abschließend** ist, auch wenn dies dem Gesetzestext wiederum nicht ohne weiteres zu entnehmen ist.

3   Im Ganzen wirkt die Norm, die in der Praxis auffallend **selten angewendet** wird (*Deckers* StV 1986, 140; *Eisenberg* Beweisrecht der StPO, Rn. 626), unbefriedigend. Sie gilt als »prozessuale Grundnorm«, was aber nicht zutrifft (*Groth* Unbewusste Äußerungen und das Verbot des Selbstbelastungszwangs, 2003, S. 91); denn sie beschreibt nur in kasuistischer Weise Extremsituationen, ohne die Basis der Selbstbelastungsfreiheit zu markieren. § 136 Abs. 1 S. 2 steht der Grundnorm näher als die vorliegende Vorschrift. § 136a Abs. 1 ist daher in der Rechtsprechung zur Frage von sonstigen unselbstständigen Beweisverwertungsverboten früher ungeachtet der Tatsache, dass Abs. 3 S. 2 ein Verwertungsverbot nicht einmal statuiert, sondern nur voraussetzt (»auch dann«), dahin missverstanden worden, dass Rechtsfehler bei der Beweiserhebung allgemein ein gewisses **Belastungsgewicht** und eine den Methoden nach Abs. 1 ähnliche **Eingriffsintensität** aufweisen müssten (BGHSt 22, 170 [175]; 31, 395 [399]; 42, 139 [149]), um unselbstständige Beweisverwertungsverbote auslösen zu können. Auch aus diesem Grund wurde etwa die Verletzung von § 136 Abs. 1 S. 2 jahrzehntelang mit großer Eindeutigkeit als folgenlos angesehen (*Sarstedt* Referat für den 46. DJT 1966 Bd. II F 21; gegen den Umkehrschluss *Klug* ebenda F 49) und jene Verfahrensvorschrift zur »bloßen Ordnungsvorschrift« degradiert. Auch hat die Rechtsprechung lange postuliert, die Methoden des Abs. 1 seien untereinander zu vergleichen, sodass insbesondere eine angeblich erlaubte »kriminalistische List« von der verbotenen »Täuschung« zu unterscheiden sei, wonach ausschließlich eine besonders gravierende, aktive und intentionale Täuschung, soweit das Gesetz nicht die Verwendung einer »Legende« (§ 110a Abs. 2) gestattet, den verbotenen körperlichen Eingriffen, der Quälerei oder dem gesetzlich nicht vorgesehenen Zwang zur Aussage gleich zu setzen sei und erst dann ein Verwertungsverbot auslöse. Dabei handelt es sich um **Fehldeutungen**, welche die vorliegende Vorschrift überstrapazieren (*Mitsch* NJW 2008, 2295 [2297]). Der Akzent der Vorschrift im Kontext mit § 136 Abs. 1 S. 2 liegt mehr auf der Beeinträchtigung der Willensentschließung und Willensbetätigung, des Erinnerungsvermögens oder der Einsichtsfähigkeit der Auskunftsperson, also auf dem **Erfolg der verbotenen Methode**, nicht auf dem »Handlungsunrecht«. Diese Akzentsetzung bei der Wirkung auf den Beschuldigten resultiert aus dem Normzweck, der im Schutz der Person als Prozesssubjekt vor jeder Überwindung ihres freien Willens zur Mitwirkung an der Sachaufklärung, ferner ihrer Erinnerung oder natürlichen Einsichtsfähigkeit besteht. Abstriche lassen sich davon allgemein nur nach einem wiederum auf die Erfolgswirkung auf den Beschuldigten zu beziehenden Bagatellprinzip machen: Minima non curat praetor, vorausgesetzt die Willensfreiheit ist nicht spürbar beeinträchtigt. § 136a behandelt demnach eine Aufhebung oder rechtlich erhebliche Minderung der Eigenleistung der Auskunftsperson, die nicht oder nicht mehr in vollem Umfang hinter der Aussage steht, sodass die Aussage als solche nicht gewollt oder nicht gekonnt ist (*K. Peters* Gutachten für den 46. DJT 1966 Teil 3 A S. 156 f.). Wie die **Handlung** im Einzelnen aussieht, die diesen Erfolg verursacht, ist aus der Perspektive des geschützten Rechtssubjekts unerheblich, sodass der Beispielskatalog in den Abs. 1 und 2 offenbleibt und nur solche Maßnahmen oder Einflussgrößen benennt, bei denen im

Zweifel von einer erheblichen Beeinflussung der Willensfreiheit oder Aussagetüchtigkeit auszugehen ist. Die gesetzliche Regelung erscheint im Ganzen überflüssig (*Fezer* StV 1996, 77 [78]) und sie hat sich wegen der Interpretationsprobleme, die sie bereitet, sowie der Nebenwirkungen in anderen Bereichen als »Danaergeschenk« erwiesen (*Strate* JZ 1989, 176 [177]).

II. Schutzzweck. Es geht bei den Verbotsbestimmungen in den Abs. 1 und 2 sowie der Rechtsfolgenregelung des Abs. 3 um den **Schutz der Menschenwürde** der Auskunftsperson (BVerfGE 56, 37 [42 f.]; 133, 168 [201]; *Gau* Die rechtswidrige Beweiserhebung nach § 136a StPO als Verfahrenshindernis, 2006, S. 54 ff.; LR/*Gleß* § 136a Rn. 1, 3; *Osmer* Der Umfang des Beweisverwertungsverbotes nach § 136a StPO, 1966, S. 7 f.; *K. Peters* Strafprozess, 4. Aufl., § 41 II 2a, S. 333; a. A. *Krack* NStZ 2002, 120 f.). Dies gilt ungeachtet der Schutzbereichsberührung weiterer Verbürgungen, die kumulativ, aber nicht alternativ hinzukommen. Insbesondere der Grundsatz »**nemo tenetur se ipsum accusare**« (§ 136 Rdn. 43), der als weiterer Zweck der Norm genannt wird, wurzelt in dem Gebot der Achtung der Menschenwürde (BVerfGE 133, 168 [201]), das wiederum eine der Grundlagen des allgemeinen Persönlichkeitsrechts ist, welches aber gegenüber der unverfügbaren Menschenwürde als disponibles Recht erst auf einer zweiten Stufe steht. Der nemo-tenetur-Grundsatz als prozessuales Detail ist kein aliud gegenüber der Menschenwürdegarantie, sondern eine Ausprägung der Gewährleistung aus Art. 1 Abs. 1 GG. Die vorliegende Verbotsnorm betrifft nicht nur irgendwelche physischen oder psychischen Beeinträchtigungen, Täuschung, verbotenen Zwang, Drohung oder unlautere Versprechen gegenüber irgendeinem Bürger, sondern solche **Maßnahmen gegenüber einem beschuldigten Bürger**, der zum Schutze seiner Menschenwürde im Strafverfahren ein Recht darauf hat, sich aus eigenverantwortlichem Entschluss redend oder schweigend, gegen den Vorwurf zu verteidigen und dabei nicht von den staatlichen Strafverfolgungsorganen beeinflusst zu werden. Von einer ungewollten Selbstbelastung innerhalb des gegen den Beschuldigten geführten Verfahrens um Eingriffe in Freiheit, Eigentum und Persönlichkeitsrecht durch Schuld-, Straf- oder Maßregelaussprüche oder Maßnahmen der Einziehung oder des Verfalls wird deshalb auch der Menschenwürdegehalt des Grundsatzes »nemo tenetur se ipsum accusare vel prodere« betroffen. Der Beschuldigte ist ein Prozesssubjekt, das nicht zu einem sich aktiv selbst belastenden und auf dieser Grundlage zu bestrafenden Objekt des Verfahrens degradiert werden darf (BVerfGE 56, 37 [45]; 133, 168 [201]; *Weßlau* ZStW 110 [1998], 1 [14]).

Deshalb ist in Fortführung der Rechtsprechung zu § 136 Abs. 1 S. 2 auch über den wenig systematisch aufgestellten Katalog der vorliegenden Vorschrift hinaus **jede dem Staat zuzurechnende Verursachung einer ungewollten Selbstbelastung** (LR/*Gleß* § 136a Rn. 10) letztlich eine Verletzung der Menschenwürde des Beschuldigten. Dies gilt für ungewollte Selbstbelastungen durch beliebige aktive Handlungen (vgl. *Haas* NJW 1996, 1120), auch solche, die nicht in einer Aussage im Rahmen einer förmlichen Vernehmung bestehen (BGHSt 34, 39 [46]; 42, 139 [152]; 49, 56 [58]), und für Äußerungen in **funktional vernehmungsähnlichen Situationen** (§ 136 Rdn. 23 ff.; zur entsprechenden Anwendung der vorliegenden Norm *Radtke*/*Hohmann*/*Kretschmer* § 136a Rn. 9; a. A. BGHSt 42, 139 [153]). Die Rechtsprechung zu § 136a hat das bisher noch nicht durchweg anerkannt. Sie muss sich aber im Gefolge der grenzüberschreitenden Rechtsentwicklung, namentlich bezüglich der heimlichen Ermittlungsmethoden, neu positionieren (BGHSt 52, 11 [18] m. Anm. *Duttge* JZ 2008, 261 ff.; *Engländer* ZIS 2008, 163 ff.; *Jahn* StraFo 2011, 117 ff.; *Meyer-Mews* NJW 2007, 3142 f.; *Renzikowski* JR 2008, 164 ff.; *Roxin* NStZ-Sonderheft für Miebach 2009, 41 ff.). Die kasuistische Vorgehensweise der Praxis und der horror pleni verhindern bisher weiter reichende, systematisierte Erkenntnisse, denen sich die Rechtsprechung aber auf Dauer nicht verschließen kann.

Die Tatbestandsmerkmale der Verletzungsbeschreibung in den Abs. 1 und 2 sind deshalb nur exemplarisch. Ohne sie würde die Feststellung einer Verletzung von Art. 1 Abs. 1 GG zu demselben rechtlichen Befund führen (*Fezer* StV 1996, 77 [78]). Funktionslos ist die vorliegende Vorschrift aber jedenfalls deshalb nicht, weil sie in Abs. 3 kategorische prozessuale Rechtsfolgen in Form absoluter Beweiserhebungs- und Beweisverwertungsverbote formuliert. Dies **entspricht** qualitativ den erstrangigen unselbstständigen Beweisverwertungsverboten wegen eines Eingriffs in den absolut geschützten **Kernbereich** der Persönlichkeitsentfaltung (BGHSt 57, 71 [78]) mitsamt ihren Vorwirkungen für die Beweiserhebung. Geringere Rechtsverletzungen können relative Beweisverwertungsverbote oder andere Rechtsfolgen auslösen (zu einem mehrstufigen Modell zutreffend *Wolter* ZIS 2012, 238 [240]). Die allgemeine Frage ist also entgegen den ersten Ansätzen der Rechtsprechung nur, ob eine Rechtsbeeinträchtigung

§ 136a StPO Verbotene Vernehmungsmethoden; Beweisverwertungsverbote

im Verfahren überhaupt ein Beweisverwertungsverbot zur Folge hat, sondern gegebenenfalls auch, welcher Qualität es sein mag – absolut oder relativ, mit oder ohne Drittwirkung und Fernwirkung, als Belastungsverbot oder auch hinsichtlich potenziell entlastender Aussageinhalte des Beweismittels, disponibel oder unabhängig von Einwilligung oder Widerspruch. Dafür kann, soweit es um selbstständige Beweisverwertungsverbote geht, die Frage nach dem Eingriff in den absolut geschützten Kernbereich des Persönlichkeitsrechts (1. Stufe der Dreisphärentheorie) oder »nur« in die allgemeine Persönlichkeitssphäre (2. Stufe) von Bedeutung sein, bei den unselbstständigen Beweisverwertungsverboten dagegen die Frage, ob Unverfügbares im Sinne der Abs. 1 und 2 der vorliegenden Vorschrift oder nur disponible prozessuale Rechtspositionen, wie in § 136 Abs. 1 S. 2 oder § 55 Abs. 2, betroffen sind.

7 Mittelbar wird auch die Wahrheitserforschung rangiert. Freilich muss eine erzwungene oder durch Täuschung erschlichene Aussage nicht falsch sein. Der **Schutz des Strafverfahrens vor einer Beeinträchtigung der Wahrheitserforschung** ist daher in den Fällen des Abs. 1 nicht der vorrangige Zweck der Norm (SK-StPO/*Rogall* § 136a Rn. 5), wohl aber ein sinnvoller Nebeneffekt (weiter gehend *Krack* NStZ 2002, 120 [122]; *K. Peters* Strafprozess, 4. Aufl., § 41 II 2c, S. 335). In den Fällen des Abs. 2 kommt der Beeinflussung des Beweisinhalts stärkere Bedeutung zu. Hier liegt der Akzent jedenfalls z.T. stärker auf dem Verbot einer auch für den Aussageinhalt relevanten Beweismanipulation. Jedoch hat sich der Gesetzgeber auch an dieser Stelle einer Bewertung des Beweiswerts der manipulierten oder manipulativ herbeigeführten Äußerung enthalten, der nicht für alle Methoden gleichermaßen relevant ist. Es geht also auch dort mehr um die Verletzung der Menschenwürde des im Bereich des Unbewussten beeinflussten Beschuldigten als um den Schutz des Wahrheitsgehalts der in den Prozess einfließenden Informationen.

8 **III. Erweiterungen des personalen Anwendungsbereichs (§§ 69 Abs. 3, 72)** §§ 69 Abs. 3, 72 erweitern den Anwendungsbereich auf **alle personalen Beweismittel**. Zur Wahrung der Subjektstellung aller Auskunftspersonen im Strafverfahren ist deren freier Willensentschluss über das Ob und Wie einer Aussage zu beachten und letztlich dem Staat jede Manipulation verboten. Dem stehen die prinzipiell vorhandenen **Aussagepflichten von Zeugen und Sachverständigen** nicht entgegen, wonach diese Auskunftspersonen, soweit kein Aussage- oder Auskunftsverweigerungsrecht nach §§ 52 ff. besteht, gesetzeskonform zur Äußerung gezwungen werden können (§§ 51, 70). Der Schutz nach der vorliegenden Vorschrift gilt im Hinblick auf das Verbot des Äußerungszwangs bei Zeugen und Sachverständigen eben nur, soweit ausnahmsweise keine dem Gesetz entsprechende und mit gesetzlich vorgesehenen Zwangsmitteln durchsetzbare Aussagepflicht besteht oder kein gesetzlich erlaubtes Zwangsmittel eingesetzt wird. Auch im Umfang der Aussagepflicht dürfen Zeugen und Sachverständige nicht mit einzelnen verbotenen Methoden außerhalb des Bereichs eines ausnahmsweise und mit enger Zweckbestimmung gesetzlich erlaubten Zwangs im Sinne der §§ 51, 72 beeinflusst werden, zumal nicht nur das **Ob**, sondern auch das **Wie der Aussage** zum Schutzbereich der Norm gehört. Soweit **Verschwiegenheitspflichten** (§ 203 StGB) oder **Zeugnis- bzw. Auskunftsverweigerungsrechte** nach §§ 52 ff. bestehen, dürfen auch Zeugen und Sachverständige überdies keinem sonst nach §§ 51, 70 möglichen Zwang zur Aussage unterworfen werden. Die Umgehung der Zeugnisverweigerungsrechte durch informelle Ausforschung mittels Verdeckter Ermittler oder V-Personen, die im staatlichen Auftrag handeln, begegnet erheblichen Bedenken (BVerfG StV 2000, 233 [234] m. Anm. *Weßlau* StV 2000, 468 ff., obiter gegen BGHSt 40, 211 [214 ff.]).

9 **IV. Geltung bei Vernehmungen und anderen Aussagesituationen.** Der Wortlaut der Norm ergibt zunächst noch nicht, dass sie nur auf Vernehmungen bezogen ist; dieser Begriff taucht in den Abs. 1 und 2 gar nicht auf und nur Abs. 3 Satz 2 nennt »Aussagen« als Gegenstand der Rechtsfolge eines Beweisverwertungsverbots (BGHSt 34, 365 [369]). Allenfalls der Abschnittsüberschrift ist in verbalisierter Form zu entnehmen, dass es um Vernehmungen geht (*Lagodny* StV 1996, 167 [168]); was aber auch noch keinen zwingenden Schluss auf die exklusive Normgeltung nur in diesem Bereich zulässt. Ein Bezug zu Vernehmungen könnte im Übrigen aus der Stellung im Anschluss auf die für die erste Vernehmung geltende Regelung des § 136 abgeleitet werden (SK-StPO/*Rogall* § 136a Rn. 22), der nach der bisherigen Rechtsprechung für förmliche Vernehmungen reserviert bleiben soll (BGHSt 42, 139 [147 f.]). Danach wäre der Anwendungsbereich jener Norm **auf Vernehmungen durch Polizeibeamten, Staatsanwälte oder Richter beschränkt** (BGHSt 34, 365 [369]; 55, 314 [317]; *Meyer-Goßner/Schmitt* § 136a Rn. 4; SK-StPO/*Rogall* § 136a Rn. 22), was aber auch die Rechtsprechung für die vorliegende

Vorschrift nicht durchgehend postuliert (vgl. BGHSt 42, 139 [149, 152]; anders tendenziell BGHSt 55, 314 [317 f.] m. Anm. *Norouzi* NJW 2011, 1525). Nach dem Normzweck und verfassungsrechtlichen Gehalt ist eine derartige einschränkende Interpretation auch nicht angezeigt. Geht es darum, den Beschuldigten vor jeder dem Staat zurechenbaren Willensbeeinflussung mit der Folge einer ungewollten aktiven Selbstbelastung zu schützen, dann gilt dies für alle Äußerungen des Beschuldigten, die dieser unter dem Einfluss einer solchen Methode macht und die eine Selbstbelastung zum Inhalt haben. Damit wäre die Frage, ob Hörfallen oder eine **informelle Ausforschung** des Beschuldigten oder eines aussage- oder auskunftsverweigerungsberechtigten Zeugen durch Verdeckte Ermittler oder durch gezielt von einer Ermittlungsbehörde eingesetzte V-Leute am Maßstab der vorliegenden Vorschrift zu messen sind, ohne Weiteres zu bejahen (LG Hannover StV 1986, 521 f.; *Gaede* StV 2004, 46 ff. und JR 2009, 493 ff.; LR/*Gleß* § 136a Rn. 15, 44; *Kretschmer* HRRS 2010, 343 ff.; *Lagodny* StV 1996, 167 [168 f.]; für eine Analogie *Eisenberg* Beweisrecht der StPO, Rn. 637; abl. *Meyer-Goßner/Schmitt* § 136a Rn. 4 ff.; SK-StPO/*Rogall* § 136a Rn. 23 ff.), erst recht ein **Lockspitzeleinsatz**, der nicht nur eine Äußerung zum Tatvorwurf, sondern sogar die zu verfolgende Tat erst hervorruft (LR/*Gleß* § 136a Rn. 4; *Grünwald* StV 1987, 470 [471 f.]), aber nebenbei eben auch eine »Selbstbelastungsprovokation« (*Wolter* ZIS 2012, 238 ff.) darstellt. Letzteres wird aber in der Praxis bisher nicht anerkannt (vgl. BGHSt 45, 321 [335]), weil sie bei ihrer am Ergebnis orientierten isolierten Rechtsfolgenbetrachtung (BGHSt 32, 345 [350 ff.]; 45, 321 [326 ff.]) die Tatprovokation schon im Ansatz nicht oder jedenfalls nicht zutreffend am nemo-tenetur-Prinzip misst. Der Zweck soll das Mittel heiligen, was aber kaum noch Überzeugungskraft besitzt (anders nun BGH Urt. vom 10.06.2014 – 2 StR 97/14).

Die Rechtsprechung zu informellen Ausforschungen hatte zuerst die Zurechnung des Handelns von privaten V-Personen zum staatlichen Verfahren verneint (BGHSt 40, 211 [214 ff.]), was erst später anders bewertet wurde (BGHSt 45, 321 [330 ff., 336 ff.]). Sodann hatte sie die Eingriffsqualität des Ausforschungsaktes bestritten (BGHSt 42, 139 [150 ff.]), obwohl dies angesichts des weiten Gegenstands des Rechts auf **informationelle Selbstbestimmung** a priori kaum bestreitbar war und – wie es heute unter dem Eindruck von Entscheidungen des EGMR auch von der deutschen Rechtsprechung anerkannt wird (BGHSt 52, 11 [20]; 55, 138 [145 ff.]) – den Bedeutungsgehalt der Selbstbelastungsfreiheit zu sehr einengt. Die Rechtsprechung kann sich im Rückzugsgefecht derzeit nur noch auf formale Argumentationslinien im Verbund von § 136 und § 136a und die rein begrifflich repetierte **Umschreibung der Selbstbelastungsfreiheit als Freiheit von Zwang zur selbstbelastenden Aussage** in Vernehmungen zurückziehen. Das gewünschte Ergebnis soll also praktisch sich selbst erklärend wirken. Das kann weder dogmatisch überzeugen, noch lässt sich diese Position auf Dauer mit einer Kasuistik, die dem horror pleni folgend bisher eine neue Grundsatzentscheidung vermeidet, aufrecht erhalten. Richtigerweise ist § 136a gleichermaßen auf Vernehmungen und funktional vernehmungsähnliche Situationen anzuwenden.

Auf **Prozesserklärungen**, wie etwa die Zurücknahme eines Beweisantrags, einer Richterablehnung, eines Strafantrags, eines Rechtsmittels (*F. Meyer* Willensmängel beim Rechtsmittelverzicht des Angeklagten im Strafverfahren, 2003, S. 91 ff.) oder eine Verzichtserklärung, ist die vorliegende Vorschrift nicht direkt anwendbar (*Eisenberg* Beweisrecht Rn. 641; LR/*Gleß* § 136a Rn. 17). Ihr Sinngehalt gilt aber auch dabei (BGHSt 17, 14 [18] m. Anm. *Eb. Schmidt* JR 1962, 290 ff.), sodass die Wirksamkeit von Prozesserklärungen bei gravierenden Willensmängeln, die in einer den Methoden nach den Abs. 1 und 2 der vorliegenden Vorschrift ähnlichen Weise herbeigeführt wurden, zu verneinen ist.

V. Normadressaten. Die Vorschrift richtet sich zunächst an **Richter** und **Strafverfolgungsbeamte** (*Eisenberg* Beweisrecht Rn. 628; SK-StPO/*Rogall* § 136a Rn. 7), welche die verbotenen Methoden weder selbst anwenden, noch durch Dritte anwenden lassen dürfen (LR/*Gleß* § 136a Rn. 6). Sie gilt darüber hinaus auch für **V-Leute**, die im staatlichen Auftrag handeln (SK-StPO/*Rogall* § 136a Rn. 7), soweit jedenfalls keine für die führenden Beamten unvorhersehbaren Exzesshandlungen erfolgen, die den Zurechnungszusammenhang durchbrechen. Dann wäre gegebenenfalls ebenso wie beim autonomen Handeln einer Privatperson die Frage zu stellen, ob der Staat die Ergebnisse einer rechtswidrigen Handlung einer Privatperson in das Strafverfahren übernehmen darf oder aus Gründen der Rechtsstaatlichkeit praeter legem daran gehindert ist. Ebenso richtet die Norm sich nach der Rechtsprechung und einem Teil der Literatur an gerichtlich beauftragte **Sachverständige** (BGHSt 11, 211 [212]; OLG Celle StV 1991, 248; LR/*Gleß* § 136a Rn. 8; *Hilland* Das Beweisgewinnungsverbot des § 136a StPO, 1981,

§ 136a StPO Verbotene Vernehmungsmethoden; Beweisverwertungsverbote

S. 15; a. A. *Eisenberg* Beweisrecht Rn. 629; SK-StPO/*Rogall* § 136a Rn. 8) und **Dolmetscher** (vgl. *Schaefer* StV 2004, 212 [215]), weil auch deren Handeln infolge des Auftrags dem Staat zuzurechnen ist, auch wenn sie nicht Strafverfolgungsorgane sind. Nach der Rechtsprechung wird ein Konsularbeamter, der im Ausland eine Beistandsleistung für einen deutschen Beschuldigten erbringt, nicht im Rahmen einer Vernehmung tätig, weshalb § 136a nicht anwendbar sein soll (BGHSt 55, 314 [317 f.] m. abl. Anm. *Heghmanns* ZJS 2011, 98 [100]).

13 Keine Normadressaten sind **sonstige Verfahrensbeteiligte**, etwa ein Verteidiger, oder **Privatpersonen** (OLG Oldenburg NJW 1953, 1237; *Eisenberg* Beweisrecht der StPO, Rn. 630; SK-StPO/*Rogall* § 136a Rn. 9), die keinen staatlichen Untersuchungsauftrag im Verfahren gegen den Beschuldigten haben. Insoweit sind gegebenenfalls andere staatliche Maßnahmen zur Kompensation einer Verletzung der Menschenwürde angezeigt. Wirkt ein Prozessbeteiligter im Rahmen einer Vernehmung auf einen Beschuldigten, Zeugen oder Sachverständigen im Sinne von §§ 136a Abs. 1, 69 Abs. 3, 72 ein, dann hat der Richter die Fürsorgepflicht, die Einwirkung zu untersagen. Das im Einzelfall pflichtwidrige **Unterlassen des gebotenen Eingreifens** kann aber über Umwegen zur Zurechnung der Maßnahme zum staatlichen Strafverfahren führen und damit im Endergebnis zur analogen Anwendung der vorliegenden Vorschrift (LR/*Gleß* § 136a Rn. 7). Auch ein **bewusstes Ausnutzen** der von einer Privatperson geschaffenen Lage im Sinne von Abs. 1 oder 2 durch einen Richter oder Ermittlungsbeamten ist rechtsstaatswidrig und mit entsprechender Anwendung der vorliegenden Vorschrift zu sanktionieren (LR/*Gleß* § 136a Rn. 13).

14 In Fällen einer Verletzung der Menschenwürde oder des Persönlichkeitsrechts des Beschuldigten durch eine **Privatperson**, deren Handeln nicht unmittelbar wegen eines behördlichen oder gerichtlichen Auftrags zur Mitwirkung im Strafverfahren dem Staat zuzurechnen ist (SK-StPO/*Rogall* § 136a Rn. 12), entsteht im Allgemeinen kein Beweisverwertungsverbot (BGH StV 2012, 120 [130 f.] m. Anm. *Eisenberg* JR 2011, 409 ff.; *Roxin* StV 2012, 131 f.; *Schumann* JZ 2012, 265 ff.; *Wolter* ZIS 2012, 238 ff.; a. A. *Jahn* Gutachten C zum 68. DJT, 2008, C 102). Nur unter besonderen Umständen besteht eine **Schutz- und Fürsorgepflicht** des Staates (SK-StPO/*Rogall* § 136a Rn. 13); das gilt namentlich im »besonderen Gewaltverhältnis« bei einer Freiheitsentziehung (BGHSt 44, 129 ff. m. Anm. *Hanack* JR 1999, 348 ff.; *Lesch* GA 2000, 355 ff.; *Roxin* NStZ 1999, 149 ff.). Täuscht ein Mitgefangener in der (Untersuchungs-) Haft den Beschuldigten und führt er in einer den Ermittlungsbehörden zurechenbaren Weise eine selbstbelastende Äußerung herbei, so ist demnach ebenfalls ein Beweisverwertungsverbot als Kompensation angezeigt (BGHSt 44, 129 [134 ff.]). Im Übrigen wird dann, wenn der ursprüngliche Informationsgewinnungsakt dem Staat nicht zuzurechnen ist, für den Informationstransfer auf die Strafverfolgungsorgane selbst kein eigenständiges Verbot gilt und die Beweisverwertung als solche keine neue Rechtsverletzung darstellt, die Verwertungsmöglichkeit im Strafverfahren verbreitet zumindest nach dem **Maßstab der Abwägungslehre** (§ 136 Rdn. 82 ff.) für gegeben erachtet (SK-StPO/*Rogall* § 136a Rn. 15). Hier spielen alsdann auch verfassungs- und menschenrechtliche Gesichtspunkte eine Rolle (SK-StPO/*Rogall* § 136a Rn. 33).

15 **Bei grenzüberschreitendem Beweistransfer** ist entweder, wenn die **Beweisinitiative** etwa in Form eines **Rechtshilfeersuchens** den inländischen Strafverfolgungsorganen zuzurechnen ist, direkt nach den Maßstäben des deutschen Rechts, einschließlich der vorliegenden Vorschrift, zu bewerten, ob ein Beweisinhalt im deutschen Strafverfahren verwertbar ist, oder andernfalls, also beim sekundären Transfer autonom im Ausland gewonnener Informationen, anhand des Filters des deutschen **ordre public**, eine Untersuchung darauf durchzuführen, ob der im Ausland erlangte Informationsbestand im Inland ohne Verletzung von Grundrechten oder anderen elementaren Wertvorstellungen verwertet werden kann (für Verwertbarkeit BGHSt 55, 214 [217 ff.] m. Anm. *Bauer* StV 2011, 635 ff.; *Norouzi* NJW 2011, 1525 f.; *Heghmanns* ZJS 2011, 98 ff.). Mit letzteren wäre etwa immer noch das Resultat **im Ausland durch Folter** (vgl. EGMR EuGRZ 2008, 699 ff.) **erzwungener Angaben** von der Verwertung im Inland auszuschließen (*Ambos* StV 2009, 151 ff.; LR/*Gleß* § 136a Rn. 72; *Jahn* JuS 2008, 836 ff.). Ob auch der Anlauf **rechtswidrig erlangter ausländischer Bankdaten** zu Verwertungsverboten im inländischen Steuerstrafverfahren führt, ist umstritten (für Rechtmäßigkeit LG Düsseldorf wistra 2011, 37 ff. und NStZ-RR 2011, 84 f.; a. A. *Ostendorf* ZIS 2010, 301 ff.; *Trüg/Habetha* NStZ 2008, 481 ff.; s.a. *Coen* NStZ 2011, 433 ff.; *Godenzi* GA 2008, 500 ff.; *Kelnhofer/Krug* StV 2008, 660 ff.; *Pawlik* JZ 2010, 693 ff.).

B. Verbotene Mittel und Methoden. Eine Ausschöpfung des Rahmens des Zulässigen, aber 16 auch Grenzüberschreitungen sind zunehmend zu verzeichnen, zumal die Beweisbarkeit der illegalen Methode praktisch meist nicht gegeben ist (*Sarstedt* Referat für den 46. DJT 1966, Bd. II, F 21 ff.), ferner weil immer stärkerer Erfolgs- und Erledigungsdruck auf den Strafverfolgungsorganen lastet, außerdem weil die Praxis sich seit Einführung von Urteilsabsprachen und Verfahrensverständigungen an die Nichtbeachtung von Verfahrensförmlichkeiten gewöhnt hat und schließlich weil die multimediale Wahrnehmung aggressiver Methoden in neuen Medien, etwa in »Actionfilmen«, das (Un-) Rechtsbewusstsein getrübt hat. **Ziel** der verbotenen Methoden und Maßnahmen nach Abs. 1 und 2 ist vor allem die **Erlangung einer Aussage**. Die Methoden nach Abs. 1 richten sich dabei auf **Willensbildung und Willensbetätigung** zur Aussage, die Maßnahmen nach Abs. 2 auf eine vom Willen des Beschuldigten unabhängige Beeinträchtigung des **Erinnerungsvermögens** bezüglich aussagerelevanter Tatsachen oder der **Einsichtsfähigkeit** hinsichtlich der Freiheit zur Entschließung darüber, ob der Beschuldigte sich redend oder schweigend verteidigen und was er gegebenenfalls aussagen will. Einflussnahmen, die nicht auf die Erlangung einer Aussage zielen oder diese bewirken und die sich nicht auf die Freiheit des Beschuldigten, über das Ob und Wie der Aussage zu entscheiden, auswirken, sind dagegen nicht das Thema der vorliegenden Vorschrift. Wird andererseits eine Methode nach Abs. 1 festgestellt, dann ist im Grundsatz **zu vermuten, dass sich diese** auch auf eine im Kontext damit gemachte Aussage **ausgewirkt hat** (SK-StPO/*Rogall* § 136a Rn. 35). Minimaleinflüsse, wie leichte Müdigkeit, bleiben dagegen von vornherein prozessrechtlich unerheblich (LR/*Gleß* § 136a Rn. 18; SK-StPO/*Rogall* § 136a Rn. 36). Wann die Grenze des Zulässigen überschritten ist, bleibt vielfach von den konkreten Umständen des Einzelfalls abhängig (*K. Peters* Gutachten für den 46. DJT 1966 Teil 3 A S. 157). Die Bestimmung hat, wie auch die gesetzliche Differenzierung in den Abs. 1 und 2 zeigt, teils nach faktischen Umständen des Einzelfalls, teils aber auch nach normativen Kriterien zu erfolgen. Eine scharfe Grenzziehung zwischen noch zulässigen und schon rechtswidrigen Handlungen wird durch die Vorschrift nicht ermöglicht.

I. Maßnahmen zur Beeinflussung von Willensentschließung und Willensbetätigung (Abs. 1) 17
Die verbotenen Mittel und Methoden nach Abs. 1 sind im Gesetz weder abschließend aufgezählt (LR/*Gleß* § 136a Rn. 20; *Meyer-Goßner/Schmitt* § 136a Rn. 6) noch untereinander scharf abzugrenzen (SK-StPO/*Rogall* § 136a Rn. 40). **Mehrere Aspekte**, wie etwa Drohung, Misshandlung und Quälerei, können **kumulativ** zusammenwirken oder fließend ineinander übergehen. Unerlaubter Zwang kann durch einen körperlichen Eingriff ausgeübt werden. Drohungen mit gesetzwidrigen Nachteilen und Versprechung nicht gesetzlich gestatteter Vorteile können sich **abwechseln** oder bei ambivalenten Aspekten gleichzeitig miteinander zusammentreffen (LR/*Gleß* § 136a Rn. 19). Für die Bewertung maßgeblich ist eine **Gesamtbewertung**. Der Tatbestand ist jedenfalls erfüllt, wenn ein unerlaubter Einfluss auf den Willen der Auskunftsperson von nicht unerheblicher Stärke ausgeübt wird, der dazu führt, dass die Auskunftsperson ungewollt aussagt, obwohl sie dazu nicht verpflichtet ist.

1. Verbotene Mittel oder Methoden mit der Folge der Beeinträchtigung der Willensfreiheit 18
(Abs. 1 Satz 1) Misshandlung, Ermüdung, körperlicher Eingriff zur Willensbeeinflussung, Verabreichung von Mitteln zur Willensbeeinflussung, Quälerei, Täuschung und Hypnose sind als Methoden zur Erlangung einer Aussage generell verboten. Selbst eine gesetzliche Gestattung wäre verfassungswidrig, weil es um Unverfügbares im Verfahren geht.

a) Misshandlung. Eine Misshandlung im Verfahren ist, ähnlich wie in § 223 Abs. 1 StGB (*Erbs* 19 NJW 1951, 386 [387]; *Hilland* Das Beweisgewinnungsverbot des § 136a StPO, 1981, S. 29), der aber stärker eingrenzend eine »körperliche« Misshandlung voraussetzt, die unangemessene Behandlung, die zu einer nicht unerheblichen **Beeinträchtigung des körperlichen Wohlbefindens oder der körperlichen Unversehrtheit** führt (*Radtke/Hohmann/Kretschmer* § 136a Rn. 11; *Meyer-Goßner/Schmitt* § 136a Rn. 7). Eine unmittelbare Einwirkung auf den Körper ist nicht erforderlich, wohl aber eine körperlich empfundene Auswirkung (SK-StPO/*Rogall* § 136a Rn. 43). Die Misshandlung kann durch aktives **Handeln oder pflichtwidriges Unterlassen** erfolgen (*Eisenberg* Beweisrecht der StPO, Rn. 645; LR/*Gleß* § 136a Rn. 22; SK-StPO/*Rogall* § 136a Rn. 43). Verboten sind demnach etwa Schläge oder Tritte, Elektroschocks, länger andauernder Nahrungs- oder Schlafentzug, das andauernde Einwirken lauter Geräusche, grellen Lichts oder von Kälte oder Hitze (*Erbs* NJW 1951, 386

§ 136a StPO Verbotene Vernehmungsmethoden; Beweisverwertungsverbote

[387]). Vernehmungen unter erheblichen Entzugserscheinungen können als Misshandlung gelten (zur Substanziierungspflicht im Revisionsverfahren KG Beschl. v. 08.06.1998 – [3] 1 Ss 15/98). Auch das Vorenthalten medizinischer Versorgung bei kranken oder verletzten Beschuldigten ist eine Misshandlung (*Eisenberg* a.a.O.). **Bagatellen** in zeitlicher Hinsicht oder hinsichtlich der Intensität der Einwirkung bleiben unbeachtlich. Erhebliche und andauernde Misshandlungen sind meist mit Quälerei gleichzusetzen (LR/*Gleß* § 136a Rn. 22; *Hilland* Das Beweisgewinnungsverbot des § 136a StPO, 1981, S. 29 f.; SK-StPO/*Rogall* § 136a Rn. 43). Neben der vorliegenden Vorschrift greift dann regelmäßig auch das Folterverbot nach Art. 3 EMRK ein, das mit dem Misshandlungsverbot im Wesentlichen kongruent ist (LR/*Gleß* § 136a Rn. 23).

20 b) **Ermüdung.** Ermüdung ist das als gesteigert empfundene Bedürfnis nach Schlaf als Folge von körperlicher Anstrengung, Krankheit, Schlafstörungen, Schlafmangel oder Schlafentzug. Verboten ist eine Vernehmung unter dem Einfluss einer »Ermüdung«, also wenn die Willenskraft des Beschuldigten durch **gesteigertes Schlaf- oder Ruhebedürfnis** so beeinträchtigt ist, dass die **Freiheit der Willensentschließung oder Willensbetätigung ernsthaft gefährdet** ist (BGHSt 13, 60 [61]; *Eisenberg* Beweisrecht Rn. 646; LR/*Gleß* § 136a Rn. 24; s.a. *Hilland* Das Beweisgewinnungsverbot des § 136a StPO, 1981, S. 34 f.). Auf eine Herbeiführung der Ermüdung durch die Verhörspersonen kommt es nicht an; **der objektive Befund** genügt (BGHSt 1, 376 [379]; 12, 332 [333]; BGH StV 1992, 451; *Bung* StV 2008, 495 [499]; *Eisenberg* a.a.O.; *Fezer* StV 1996, 77 [79]; LR/*Gleß* § 136a Rn. 25; *Hilland* a.a.O. S. 36 f.; tendenziell aber für Herbeiführung oder Steigerung einer Erschöpfung durch die Verhörsperson *Erbs* NJW 1951, 386 [387]; für eine finale Ausrichtung SK-StPO/*Rogall* § 136a Rn. 44), mag auch die Verstärkung des Befundes durch nachhaltige Störungen eines Erschöpften (OLG Köln StV 1987, 537 [538]) jedenfalls erst recht die Anwendung der Norm nahe legen. Normale Ermüdung schon ohne Hinzutreten pathologischer Befunde, die eine besondere Beurteilung erforderlich machen, tritt nämlich – als einziger Fall im Sinne von Abs. 1 – ohne Einwirkung von Vernehmungspersonen schon ein, wenn der Beschuldigte aus beliebigen Gründen über längere Zeit keine Ruhephase gehabt hat. Willkürliche Herbeiführung von Schlafentzug über einen längeren Zeitraum wäre dagegen sogar eine Folter im Sinne von Art. 3 EMRK.

21 Vor diesem Hintergrund stellt sich die Frage, ob es für das Merkmal der Ermüdung einer intentionalen Mitwirkung der Verhörsperson beim Eintritt des Ermüdungszustands, etwa durch nächtliche Dauervernehmung, bedarf, bzw. die bewusste Ausnutzung einer bereits bestehenden Situation längeren Schlafentzugs oder erhöhter Belastung zu fordern ist, um den Verbotstatbestand eingreifen zu lassen (so tendenziell BGHSt 38, 291 [293]), oder aber ob der objektive Befund genügt, doch in akzentuierter Form. Der Gesetzeswortlaut zwingt nicht zum Schluss auf Ersteres (*Hilland* Das Beweisgewinnungsverbot des § 136a StPO, 1981, S. 35 ff.; a. A. SK-StPO/*Rogall* § 136a Rn. 44); Letzteres ist vielmehr auch deshalb zu bevorzugen, weil der **Schutz des Beschuldigten vor ungewollter Selbstbelastung als Regelungsziel** auch dann angestrebt werden muss, wenn die Vernehmungsperson undolos trotz erheblicher Müdigkeit des Beschuldigten die Vernehmung durch- und fortführt. Auch ähnelt der Fall der Ermüdung aus gedächtnispsychologischer Perspektive den Fällen des Abs. 2; denn Schlaf dient nicht nur der Erholung der physischen Kraft, sondern auch der Sortierung, Speicherung und Verarbeitung von bisherigen Sinneseindrücken – gegebenenfalls im Traum – unter Entlastung des Arbeitsgedächtnisses, das seine Leistungsfähigkeit bei Übermüdung zunehmend verliert. Dieser Befund ist unabhängig von den Intentionen der Verhörspersonen. Qualitativer oder quantitativer Schlafmangel oder Überanstrengung führen zu einem Erschöpfungsgefühl und zu Gähnen wegen Sauerstoffunterversorgung es Gehirns, zu verminderter Konzentrationsfähigkeit, zu Beeinträchtigung der Wahrnehmungsfähigkeit, zu Gedächtnislücken, zu Reizbarkeit, in gravierenden Fällen sogar zu halluzinatorischen oder psychotischen Erscheinungen, ferner zu Augenflimmern, Ohrensausen, Übelkeit und Muskelschmerz. Bei depressiven Erkrankungen gehört massive Ermüdung sogar zur Symptomatik. Ab wann in diesem Zusammenhang die Fähigkeit des Beschuldigten, seine Entscheidung über das Ob und Wie einer Aussage zur Sache eigenverantwortlich und frei zu treffen, ernsthaft beeinträchtigt ist, kann kaum konturenscharf festgelegt werden.

22 Problematisch ist neben der **Tatsachenfeststellung**, also dem Nachweisproblem (*Erbs* NJW 1951, 386 [387]), auch die **rechtliche Grenzbestimmung** bei der Unterscheidung einer noch ausreichenden geistigen Frische von einer Ermüdung, durch die eine rechtlich erhebliche Beeinträchtigung der Willens-

freiheit beim Entschluss über die Wahrnehmung oder Nichtwahrnehmung des Rechts zu schweigen eintritt. Ermüdung ist bereits begrifflich eine **relative Größe**. Der Tatbestand der Ermüdung im Sinne von Abs. 1 hängt stets von den Umständen des Einzelfalls ab, namentlich von der Kondition des Beschuldigten, dem Zeitablauf seit der letzten Schlaf- oder Ruhephase, sowie der konkreten Vernehmungssituation. Ermüdung kann aber auch durch eine bestimmte **psychische Disposition**, etwa eine reaktive Depression (»burnout«), oder eine körperliche **Schwächung**, z.B. bei latenter Sauerstoffunterversorgung des Gehirns durch Herzmuskelschwäche, erheblich verstärkt sein. Die Bemessung alleine anhand der Dauer der vorhandenen oder fehlenden Schlaf- und Ruhezeiten (BGHSt 13, 60 f.; SK-StPO/*Rogall* § 136a Rn. 45) zeigt nur ein Fehlverständnis des psychischen Befundes und seiner Auswirkungen an. **Schlafstörungen** alleine oder **nächtliche Vernehmungssituationen** (BGHSt 12, 332 [333]; BGH StV 1992, 451 [452]; *Eisenberg* Beweisrecht der StPO, Rn. 647; krit. *Hilland* Das Beweisgewinnungsverbot des § 136a StPO, 1981, S. 38 ff.) sowie ermüdende Befragungen (LR/*Gleß* § 136a Rn. 24) ergeben dagegen für sich genommen noch nicht die Unzulässigkeit der Vernehmung, sofern der Beschuldigte dabei noch über ausreichende Wahrnehmungs- und Entscheidungsfähigkeit verfügt (*Radtke/Hohmann/Kretschmer* § 136a Rn. 16; SK-StPO/*Rogall* § 136a Rn. 46).

Vernehmungsunfähigkeit mit Blick auf Ermüdung ist rechtlich der Verhandlungsunfähigkeit im Rahmen einer Hauptverhandlung zumindest ähnlich (zu stark differenzierend SK-StPO/*Rogall* § 136a Rn. 44). Ausreichende Vernehmungsfähigkeit ist die Regel, Ermüdung im Sinne einer die Vernehmungsfähigkeit aufhebenden Übermüdung oder Erschöpfung dagegen die **Ausnahme**, weil der gesunde Mensch prinzipiell als genügend leistungsfähig angesehen werden kann, um **eigenverantwortlich** zu handeln. Die Rechtsprechung verhält sich dennoch bei der Prüfung von Ermüdung im Sinne von Abs. 1 zu restriktiv, zumal sie auch für psychopathologische Erscheinungen wenig Empathie aufbringt. Sie neigt ferner zur **Überbetonung kriminalistischer Notwendigkeiten** und geht außerdem wegen **Nichtbeachtung der Physiologie** von Wach- und Schlafzuständen und differenzierteren Gründen für Erschöpfungszustände zu weit mit der Annahme, eine sofortige lange, auch nächtliche Vernehmung, gegebenenfalls trotz längerer Schlaflosigkeit des Beschuldigten, nicht zuletzt in der Erregung über extreme Erlebnisse mit Tatrelevanz, sei zulässig und kriminaltechnisch geboten (vgl. BGHSt 38, 291 [294]). Tatsächlich ist **der unverteidigte Beschuldigte** per se gegenüber polizeilicher Vernehmungstaktik und Befragungstechnik strukturell verteidigungsunfähig (§ 136 Rdn. 52), was erst recht bei Vernehmungen in besonderen Situationen oder komplexen Fällen gelten müsste. Notwendige Verteidigung im Sinne von § 140 müsste schon bei der Beschuldigtenvernehmung im Vorverfahren, besonders bei taktisch für erforderlich gehaltenen nächtlichen Beschuldigtenvernehmungen, beachtet werden, nachdem die Hauptverhandlungsstruktur, welche nach der Vorstellung des historischen Gesetzgebers der Reichsstrafprozessordnung die Verteidigungsdefizite im Vorverfahren kompensieren sollte, weitgehend aufgegeben ist und Ergebnisse des Vorverfahrens auch wegen der bekannten Perseveranz-, Inertia- und Schulterschlusseffekte (*Schünemann* StV 2000, 159 ff.) später kaum noch korrigiert werden. Vor diesem Hintergrund müsste auch das Verhörsverbot wegen Ermüdung in Bezug auf nächtliche oder besonders lange andauernde Vernehmungen großzügiger gehandhabt werden, zumal der Beschuldigte an Vernehmungen gar nicht mitwirken muss. Angebliche kriminaltaktische Notwendigkeiten überwinden hier systematisch die Ausübung elementarer Verteidigungsrechte des unverteidigten Beschuldigten. Dass sein Recht zu schweigen auch im Rahmen langer, zermürbender und in vielfacher Weise ermüdender Vernehmungen im Ergebnis oftmals nicht genutzt wird, während Vernehmungen im Verteidigerbeistand wesentlich eher und rascher ein Ende finden, beruht eben auf struktureller Verteidigungsunfähigkeit des Beschuldigten gegenüber polizeilichen Zugriffen, der im Jargon treffend als »erster Angriff« bezeichnet werden. 23

Die nachträgliche **Rekonstruktion der Befindlichkeit** des Beschuldigten bei der Vernehmung zur Überprüfung, ob eine »Ermüdung« vorlag, gestaltet sich in der Praxis meist als schwierig, wenn nicht gerade ein Evidenzfall der physischen Überforderung vorliegt (vgl. BGHSt 60, 50 [51]), und die Beweisfrage fällt regelmäßig zum Nachteil des Beschuldigten aus. Jedenfalls ohne Mitteilung konkreter psychopathologischer **Anknüpfungstatsachen** für eine Übermüdung oder Erschöpfung mit der Folge einer Beeinträchtigung des Leistungsvermögens lässt sich eine Ermüdung nachträglich auch kaum jemals positiv feststellen. Allein äußere Kriterien, wie die Dauer einer Phase ohne Schlaf vor der Vernehmung (vgl. BGHSt 38, 291 [292]), besagen im Allgemeinen nicht genug (BGH NStZ 1999, 630), da das Leistungsvermögen und die Akzeptanz von Schlafmangel individuell verschieden ist und durch äußere Umstän- 24 de, nicht zuletzt durch Aufregung wegen des Tatgeschehens oder wegen der Konfrontation mit Ermittlungsmaßnahmen, beeinflusst wird. So ist schon eine Störung des Wach-/Schlafrhythmus, etwa bei einem »Jetlag«, in ihren Auswirkungen auf die Befindlichkeit gravierender als die schlichte Dauer von Wachphasen. Hat der Beschuldigte **während der Vernehmung nicht zu erkennen gegeben**, dass er ermüdet ist, so spricht dies immerhin als Indiz gegen eine rechtlich erhebliche Ermüdung (BGHSt 1, 376 [379]; BGHSt 38, 291 [294]; BGHR StPO § 136a Abs. 1 Ermüdung 2 und 3), kann aber seinerseits durch Ermüdung bedingt gewesen sein (LR/*Gleß* § 136a Rn. 26). Die Fortsetzung der Vernehmung trotz Geltendmachung einer Ermüdung durch den generell schweigeberechtigten Beschuldigten selbst in der Vernehmungssituation erscheint, ähnlich wie die Nichtgewährung von Verteidigerbeistand trotz eines Verlangens danach, als Verletzung des nemo-tenetur-Grundsatzes.

25   c) **Körperlicher Eingriff.** Als Mittel zur Herbeiführung einer Aussage verboten sind körperliche Eingriffe, also nach dem Begriff nur **invasive Maßnahmen am Körper** der Auskunftsperson, insbesondere durch Injektionen (*Erbs* NJW 1951, 386 [387]). Der Begriff der körperlichen Eingriffe ist unabhängig davon, ob die Handlungen Schmerzen bereiten und Folgen hinterlassen. Soweit es sich aber um ein Mittel zur Herbeiführung einer Äußerung geht, lässt sich ein Eingriff nicht von den Folgen trennen. Der Grenze zu Misshandlungen, Verabreichen von Mitteln oder Quälerei ist dann fließend, ein reiner körperlicher Eingriff zur Herbeiführung einer Aussage allerdings auch kaum vorstellbar. Die Verabreichung von Vomitivmitteln zu Magenausheberung unterliegt, soweit sie überhaupt in Verbindung mit der vorliegenden Vorschrift gebracht wird (abl. SK-StPO/*Rogall* § 136a Rn. 48) eher dem Verbot der Verabreichung von Mitteln als dem Verbot des körperlichen Eingriffs.

26   d) **Verabreichung von Mitteln.** Als Vernehmungsmethode verboten ist die Verabreichung von Mitteln (BGHSt 11, 211 [212]), also die **Zuführung von festen, flüssigen oder gasförmigen Stoffen** in den Körper des Beschuldigten (*Eisenberg* Beweisrecht der StPO, Rn. 649; *Erbs* NJW 1951, 386 [387]; LR/*Gleß* § 136a Rn. 29; *Radtke/Hohmann/Kretschmer* § 136a Rn. 13; *Meyer-Goßner/Schmitt* § 136a Rn. 10). In Abgrenzung zum Fall des Abs. 2 sollte darunter nur die nicht die Aussagetüchtigkeit oder Aussagebereitschaft beeinflussende Zufuhr, etwa von Nahrung oder Medikamenten, zu verstehen sein, was aber im Normkontext wenig Sinn macht. Das **Unterlassen** wäre insoweit wiederum einer Misshandlung oder Quälerei nahe stehend, im Sinne des Verabreichungsverbots steht ein Unterlassen dem aktiven Handeln jedenfalls – schon begrifflich – nicht gleich (SK-StPO/*Rogall* § 136a Rn. 49). Bei der Verabreichung kommt es nicht darauf an, in welcher Form die Mittel zugeführt werden, sei es etwa durch Ermöglichung des Einatmens, Einspritzen in den verschlossenen Körper oder Einführen in Köpereröffnungen. Als **Mittel zur Herbeiführung einer Äußerung** oder zur Beeinflussung des Aussageverhaltens verboten sind aber insbesondere die **Verabreichung enthemmender, einschläfernder oder aufputschender Mittel** (*Eisenberg* Beweisrecht der StPO, Rn. 649), insbesondere also von Alkohol, Drogen oder Medikamenten (LR/*Gleß* § 136a Rn. 30 f.; *Hilland* Das Beweisgewinnungsverbot des § 136a StPO, 1981, S. 82).

27   Gedacht war zurzeit der Entstehung der Norm in der Nachkriegszeit und bei Beginn des »kalten Krieges« mit seinen geheimdienstlichen Aktivitäten allerdings auch an die **Verabreichung eines Wahrheitsserums**, die vor dem Hintergrund der verheerenden staatspolizeilichen Maßnahmen als Mittel der Strafverfolgung im Rechtsstaat ausdrücklich kategorisch ausgeschlossen werden sollte (BGHSt 11, 211; *Hilland* Das Beweisgewinnungsverbot des § 136a StPO, 1981, S. 69 ff.; näher *Kieninger* Narkoanalyse – historische und rechtliche Aspekte des Einsatzes von Wahrheitsdrogen, 2011). Die Anwendung der Narkoanalyse gegenüber dem Zeugen ist weder zur Belastung noch zur Entlastung des Beschuldigten zulässig (*K. Peters* Strafprozess, 4. Aufl., § 41 II 1, S. 333). Eine Verabreichung von Mitteln, die nur der **Erfrischung** dienen oder von Medikamenten, die unter anderem auch **Schmerzen lindern** soll, ist dagegen grundsätzlich nicht untersagt (SK-StPO/*Rogall* § 136a Rn. 49 f.). Auch eine sozial adäquate »**Verabreichung**« eines Getränks, auch mit Coffein, oder **einer Zigarette** unterliegt keinem Verbot (LR/*Gleß* § 136a Rn. 31; *Meyer-Goßner/Schmitt* § 136a Rn. 10), soweit dies nicht gerade im Übermaß oder die Verweigerung im Ausnahmefall – etwa bei einem nikotinsüchtigen Kettenraucher – als Mittel der Verhaltenslenkung eingesetzt wird (BGHSt 5, 290 [291]; SK-StPO/*Rogall* § 136a Rn. 50). Rechtlich unerheblich ist dagegen, wer die Verabreichung von Mitteln durchführt, solange sie einem für die Ermittlungsmaßnahme Verantwortlichen zuzurechnen ist. Das Beweiserhebungs- und -verwertungsverbot nach der vorliegenden Vorschrift gilt dagegen prinzi-

piell nicht für die **eigenverantwortliche Einnahme von Mitteln** durch den Beschuldigten vor oder während der Vernehmung, auch wenn die Verhörsperson dies erkennt und die Folgen hinnimmt (LR/*Gleß* § 136a Rn. 32; a. A. *Eisenberg* Beweisrecht der StPO, Rn. 650; *Hilland* Das Beweisgewinnungsverbot des § 136a StPO, 1981, S. 82 ff.). **Angetrunkene** Auskunftspersonen können daher nach vorherrschender Meinung vernommen werden, solange sie aussagetüchtig sind (krit. LR/*Gleß* § 136a Rn. 33). Die Vernehmung **Betrunkener**, die nicht mehr als vernehmungsfähig gelten können, verletzt dagegen auch eine Fürsorgepflicht (OLG Köln StV 1989, 520 f.). Die Aussage eines berauschten Drogenkonsumenten kann ebenfalls unverwertbar sein (LG Mannheim NJW 1977, 346 f.).

e) **Quälerei.** Während eine Misshandlung eher vorliegt, wenn dem Betroffenen überwiegend körperliche Schmerzen zugefügt werden, betrifft Quälerei, die der Gesetzgeber sinnigerweise § 1 Abs. 2 TierSchG nachempfunden hat (vgl. *Erbs* NJW 1951, 386 [387]), eher das **Zufügen** länger andauernder oder sich wiederholender **seelischer Leiden** (*Eisenberg* Beweisrecht der StPO, Rn. 651; LR/*Gleß* § 136a Rn. 37; *Hilland* Das Beweisgewinnungsverbot des § 136a StPO, 1981, S. 90; *K. Peters* Strafprozess, 4. Aufl., § 41 II 3, S. 336), kann aber auch andauernde Zufügung körperlicher Schmerzen bedeuten (SK-StPO/*Rogall* § 136a Rn. 52). Der Unterschied zwischen Misshandlung und Quälerei mag danach vor allem in der Dauer und der Wiederholung liegen, spielt aber praktisch kaum eine Rolle. Als Beispiele für Quälerei werden insbesondere **Folter** oder unmenschliche Behandlung (Art. 3 EMRK), andauerndes lautes **Anschreien**, dauerndes **Anstrahlen** mit starken Lichtquellen, massive **Drohungen** und **schwere Beleidigungen**, **Dunkelhaft** und die Erzeugung oder Verstärkung von erheblicher **Angst** durch Verbreitung von Schreckensnachrichten u.a. genannt (*Eisenberg* Beweisrecht der StPO, Rn. 651; LR/*Gleß* § 136a Rn. 37).

Eine **bedrängende Situation** in der Vernehmung, die oft vorliegt, reicht auch bei einem labilen Beschuldigten noch nicht zur Anwendung des Abs. 1 aus (BGH Urt. v. 18.09.1979 – 1 StR 399/79). Auch die (zutreffende) **Prognose** wahrscheinlich **drohender Tatfolgen** im Verfahren oder bei einer Verurteilung ist im Regelfall **noch keine Quälerei** (*Erbs* NJW 1951, 386 [388]), was sich aber bei übermäßiger Wiederholung der Ankündigung erheblicher Nachteile ändern kann. **Lichtbilder von schweren Tatfolgen** können dem Beschuldigten im Regelfall vorgelegt werden. Ein **Hinführen** des Beschuldigten **zur Leiche** des Opfers eines Tötungsdelikts kann gegenüber einem Angehörigen als Beschuldiger oder Zeuge (§ 69 Abs. 3) oder gegenüber einer labilen Person, deren **individuelle Empfindlichkeit mit zu berücksichtigen** ist (*Eisenberg* Beweisrecht der StPO, Rn. 653), als Quälerei anzusehen sein (vgl. BGHSt 15, 187 [190]; 17, 364; LR/*Gleß* § 136a Rn. 38; *Meyer-Goßner/Schmitt* § 136a Rn. 11; SK-StPO/*Rogall* § 136a Rn. 53) und zwar unabhängig davon, ob die Soll-Bestimmung des § 88 Abs. 2 diese Handlung »zur Anerkennung« angezeigt erscheinen ließe (*Hilland* a.a.O. S. 100; zu weitgehend Graf/*Monka* Beck-OK-StPO, § 136a Rn. 14); denn auch das Gesetz kann schließlich eine Quälerei nicht vorschreiben. Andererseits ist – jenseits des § 88 Abs. 2 – die Konfrontation einer Auskunftsperson mit schlimmen Tatfolgen nicht generell verboten (SK-StPO/*Rogall* § 136a Rn. 55), sondern bisweilen bei der Augenscheinseinnahme oder als Vorhalt zur Beweiserhebung erforderlich. Es kommt aber auf die Umstände des Einzelfalls an.

f) **Täuschung.** Als Vernehmungsmethode kategorisch verboten ist die – vollendete, nicht nur versuchte (*Eisenberg* Beweisrecht der StPO, Rn. 674; SK-StPO/*Rogall* § 136a Rn. 65) – »Täuschung«, also eine solche, die zu einem für die Aussage relevanten Irrtum geführt hat. Stark umstritten ist aber, was unter einer Täuschung im Sinne der vorliegenden Vorschrift zu verstehen sein soll. Der Maßstab etwa des materiellen Rechts in § 263 Abs. 1 geht hier nach vorherrschender Meinung zu weit, sodass eine **einschränkende Auslegung** des Täuschungsbegriffs für erforderlich gehalten wird (BGHSt 42, 139 [149]; LR/*Gleß* § 136a Rn. 39; *Meyer-Goßner/Schmitt* § 136a Rn. 12). Dabei wird die Bedeutung der Täuschung als Eingriffsgewicht von Aussagezwang gemessen (vgl. *Ellbogen* Die verdeckte Ermittlungstätigkeit der Strafverfolgungsbehörden durch die Zusammenarbeit mit V-Personen und Informanten, 2004, S. 93 ff.), was aber doch inkommensurable Kriterien sind. Hintergrund der Fehlbewertung ist die aus dem Stadium der Überwindung des gemeinrechtlichen Inquisitionsprozesses mit seinen Urteilsgrundlagen in durch Folter erzwungenen Geständnissen historisch überkommene Vermutung, dass niemand sich als Beschuldigter zu Unrecht selbst belasten werde, wenn er nicht durch körperlich empfundenen Zwang dazu veranlasst wird (*Drews* Die Königin unter den Beweisen? 2013, S. 118). Nach dem Schutzzweck der Norm wäre dagegen zumindest im ersten Ansatz, vorbehaltlich einer genauen Prüfung der Willensbeeinflussung, eher eine weite Auslegung des Täuschungsbegriffs angezeigt (*Eisenberg* Beweisrecht der StPO, Rn. 655; *Groth* Unbewusste Äußerungen und das Verbot des Selbstbelastungszwangs, 2003, S. 83). Eine Täuschung kann jedenfalls ebenso durch **ausdrückliche Erklärungen** wie durch **konkludentes Verhalten** begangen werden (*Eisenberg* a.a.O. Rn. 667). Eine Täuschung in einem – wegen seiner vielfältigen Suggestivwirkungen und der Informalität der Durchführung generell kritisch zu bewertenden – informellen Vorgespräch reicht zur Anwendung der vorliegenden Vorschrift aus, wenn sie sich auf die nachfolgende Vernehmung auswirkt (OLG Frankfurt StV 1998, 121; *Eisenberg* a.a.O. Rn. 674b).

31 **Meist** wird mit der Prämisse des Gebots einer restriktiven Auslegung des Täuschungsbegriffs nur die aktive, final auf Herbeiführung einer Aussage gerichtete und bewusste Einwirkung auf die Vorstellungswelt des Beschuldigten als Täuschung im Sinn der vorliegenden Vorschrift interpretiert, die **gezielt einen Irrtum über** im Einzelfall erhebliche **Tatsachen oder rechtliche Aspekte herbeiführt**, um diesen Irrtum **für Vernehmungszwecke** auszunützen (BGH StV 1989, 515 m. Anm. *Achenbach*; SK-StPO/*Rogall* § 136a Rn. 59; relativierend LG Freiburg StV 2004, 647 f.; a. A. *Eisenberg* Beweisrecht der StPO, Rn. 664 ff.; *Erbs* NJW 1951, 386 [390]; *Hilland* Das Beweisgewinnungsverbot des § 136a StPO, 1981, S. 109 ff.; *Radtke/Hohmann/Kretschmer* § 136a Rn. 21). Ein Unterlassen sei keine Täuschung und eine unbewusste Fehlhandlung auch nicht. Dafür wird auf ein Vergleich mit den anderen gravierenden Methodenfehlern nach Abs. 1 der vorliegenden Vorschrift bemüht und auf die angeblich vorhandene praktische Notwendigkeit kriminalistischer List verwiesen. Außerdem soll auf der Folgenseite nur eine **erhebliche Beeinträchtigung der Willensfreiheit** durch Täuschung relevant sein, die aber von unerheblichen Einflüssen schwer abzugrenzen und in ihrer faktischen Wirkung kaum rekonstruierbar ist, weshalb sie normativ interpretiert wird (SK-StPO/*Rogall* § 136a Rn. 64). Hinter allem steht die Sorge, dass das Täuschungsverbot zu weit reichende Folgen haben könnte. Ist andererseits der Beschuldigte generell kein Beweismittel »gegen sich selbst«, dann ist diese Sorge – wiederum normativ betrachtet – ihrerseits zu weitgehend. Mit dem Grundsatz der Selbstbelastungsfreiheit ist die enge Auslegung tendenziell unvereinbar.

32 Nicht unter den Täuschungsbegriff fallen danach vom Standpunkt der vorherrschenden Meinung aus bloß **unbeabsichtigte Irreführungen** (BGHSt 31, 395 [400]; 35, 328 [329]; *Meyer-Goßner/Schmitt* § 136a Rn. 13; a. A. LR/*Gleß* § 136a Rn. 49 f.; *Radtke/Hohmann/Kretschmer* § 136a Rn. 21) durch allenfalls fahrlässige Fehlinformationen (BGHR StPO § 136a Abs. 1 Täuschung 11), ferner die **Ausnutzung eines bereits bestehenden Irrtums** durch **Unterlassen** einer Aufklärung der Auskunftsperson (BGH StV 1988, 419 ff. m. Anm. *Günther*; *Müncheberg* Unzulässige Täuschung durch Organe der Strafverfolgungsbehörden, 1966, S. 116; a. A. *Hilland* Das Beweisgewinnungsverbot des § 136a StPO, 1981, S. 111 ff.). Ob das ausreicht, um der Subjektstellung des Beschuldigten gerecht zu werden, erscheint jedoch zunehmend fraglich. Der **Schutzzweck der Norm spricht gegen die enge Auslegung** des Merkmals der Täuschung im Sinne der vorherrschenden Ansicht (*Eisenberg* Beweisrecht der StPO, Rn. 664a). Wenn dessen Recht, eigenverantwortlich darüber entscheiden zu können, ob er sich im Strafverfahren durch Reden oder Schweigen verteidigen will, im Ergebnis berührt ist, und wenn der Beschuldigte deshalb nicht durch Organe des Staates in einer diesen zurechenbaren Weise zur unbewussten und ungewollten Selbstbelastung durch eigenes aktives Handeln veranlasst werden darf, dann ist neben undolosen Irreführungen und Täuschungen durch Unterlassen einer Aufklärung über anderweitig verursachte Irrtümer eben auch so genannte kriminalistische List als Mittel der Verhaltenssteuerung mit dem Ziel der Selbstbelastung untersagt (vgl. *Degener* GA 1992, 443 [464]). Die Interpretation des nemo-tenetur-Grundsatzes anhand der vorliegenden Vorschrift greift zu kurz, weil der Grundsatz weder in § 136 Abs. 1 Satz 2 abschließend geregelt ist, sondern dort jeweils vorausgesetzt wird. Die vorliegende Vorschrift ist deshalb eher durch Orientierung an einem außerhalb des geschriebenen Rechts zu ermittelnden nemo-tenetur-Grundsatz auszulegen als umgekehrt der nemo-tenetur-Grundsatz anhand der vorliegenden Vorschrift.

33 Es beruht daher auf einem rechtlichen Fehlverständnis und auf einer Überbetonung der kriminalistischen Erfordernisse, wenn heute immer noch ganz überwiegend angenommen wird, **kriminalistische List** sei nicht im Sinne des Täuschungsverbots der vorliegenden Vorschrift untersagt (BGHSt 35, 328 [329]; 37, 48 [52]; *Meyer-Goßner/Schmitt* § 136a Rn. 15, *Puppe* GA 1978, 289 ff.; *Soiné* NStZ 2010, 596 [597]; a. A. *Groth* Unbewusste Äußerungen und das Verbot des Selbstbelastungszwangs, 2003, S. 80 f.). Der gekünstelt wirkende Unterschied der List zur verbotenen Täuschung ist kaum defi-

nierbar (LR/*Gleß* § 136a Rn. 39; *Hilland* Das Beweisgewinnungsverbot des § 136a StPO, 1981, S. 108 f.; SK-StPO/*Rogall* § 136a Rn. 56) und in der praktischen Rechtsanwendung nicht zu verifizieren. Die Grenze zwischen List und Täuschung wird durch **Fangfragen** erreicht, aber nach der vorherrschenden Meinung meist noch nicht überschritten (*Lesch* ZStW 111 [1999], 643 ff.; *Meyer-Goßner/ Schmitt* § 136a Rn. 15), eher bei **Suggestivfragen**, die sich auch auf den Willensentschluss zur Äußerung beziehen können (*Eisenberg* Beweisrecht der StPO, Rn. 672; SK-StPO/*Rogall* § 136a Rn. 65; differenzierend LR/*Gleß* § 136a Rn. 51; *Hilland* Das Beweisgewinnungsverbot des § 136a StPO, 1981, S. 124 ff.). Auch das **Vorspiegeln einer freundlichen und hilfsbereiten Haltung,** hinter der sich (hinter-) »listig« der Wille zur Überführung des Beschuldigten mit selbstbelastenden Aussagen verbirgt, gilt nach vorherrschender Ansicht noch nicht als verbotene Vernehmungsmethode (BGH NJW 1953, 1114); nach der Gegenmeinung kann es sich dabei aber eben doch um eine Täuschung handeln, die freilich nur dann zu einem Beweisverbot führt, wenn sie tatsächlich einen aussagerelevanten Irrtum der Auskunftsperson zur Folge hat (*Eisenberg* Beweisrecht der StPO, Rn. 674). Besonders infam erscheint die Täuschung durch Mitteilung wahrer Tatsachen, die aber durch **Doppeldeutigkeiten** in der Formulierung und **vage Andeutungen** sprachlich so geschickt eingesetzt werden, dass sie im Ergebnis zur Herbeiführung eines Irrtums bestimmt und geeignet sind (*Eisenberg* Beweisrecht der StPO, Rn. 666; *Lindner* Täuschungen in der Vernehmung des Beschuldigten, 1988, S. 100 ff.; *Lorentz-Czarnetzki* Das Täuschungsverbot des § 136a StPO, 2001, S. 237 ff.; *Prasch* Die List in der Vernehmung und Befragung des Beschuldigten, 2002, S. 215 ff.).

Eine Täuschung kann sich auf Sachverhalts- oder Indiztatsachen oder auf die Rechtslage beziehen (LR/ **34** *Gleß* § 136a Rn. 40). Eine Täuschung **über Tatsachen** liegt etwa dann vor, wenn in unzutreffender Weise behauptet wird, die vorhandenen Indizien ergäben eine **erdrückende Beweislage** (BGHSt 35, 328 ff. m. Anm. *Bloy* JR 1990, 165 f.; *Fezer* JZ 1989, 348 f.; OLG Frankfurt StV 1998, 119 [120 f.]; *Eisenberg* Beweisrecht der StPO, Rn. 656; SK-StPO/*Rogall* § 136a Rn. 62), seine Einlassung sei schon widerlegt (OLG Köln MDR 1972, 965 f.) oder es würden aus der Aussage keine dem Beschuldigten nachteiligen Schlüsse gezogen (BGH bei *Dallinger* MDR 1954, 17), was aber – je nach Aussageinhalt – kaum zu vermeiden und anderen Beurteilern nicht vorzuschreiben ist. Eine Täuschung der Auskunftsperson **über die Rechtslage** kann sich auf **materiellrechtliche** (LR/*Gleß* § 136a Rn. 47) **oder prozessuale Aspekte** beziehen. Ersteres ist z.B. dann anzunehmen, wenn ein Verhalten, das hinterfragt werden soll, wahrheitswidrig als straflos bezeichnet wird; letzteres kommt etwa dann in Betracht, wenn dem Beschuldigten vorgegeben wird, er sei nur ein Zeuge, oder er sei auch als Beschuldigter zur Aussage verpflichtet, er müsse die Wahrheit sagen oder sein Schweigen könne gegen ihn verwertet werden.

Das Verschweigen von Rechten und Tatsachen gilt nach der von einem – durch die Rechtsprechung des **35** EGMR überholten – engen Verständnis des nemo-tenetur-Grundsatzes ausgehenden deutschen Rechtsprechung im Allgemeinen nicht als Täuschung (BGHSt 39, 335 [348]; 42, 139 [149]; *Meyer-Goßner/ Schmitt* § 136a Rn. 16), sondern vielfach als kriminalistisch notwendige und daher rechtlich unbedenkliche List (krit. LR/*Gleß* § 136a Rn. 40). Diese These ist aber zunächst zu ungenau und bedarf der Präzisierung dahin, dass eine **Täuschung durch Unterlassen** dem Abs. 1 Satz 1 unterfällt, wenn eine **Rechtspflicht zur Aufklärung** besteht (*Eisenberg* Beweisrecht der StPO, Rn. 668; *Lindner* Täuschungen in der Vernehmung des Beschuldigten, 1988, S. 111 ff.; *Prasch* Die List in der Vernehmung und Befragung des Beschuldigten, 2002, S. 166 ff.). Die Ausnutzung eines bei der Auskunftsperson bestehenden Irrtums ist danach allenfalls dann zulässig, wenn es sich um einen selbstverursachten Irrtum handelt, nicht um einen solchen, der durch die Vernehmungssituation oder ein bestimmtes Verhalten der Verhörsperson erst bewirkt wurde (*Lorentz-Czarnetzki* Das Täuschungsverbot des § 136a StPO, 2001, S. 302 ff.; *Prasch* a.a.O. S. 177 ff.). Wird dagegen insbesondere eine gesetzlich vorgeschriebene Belehrung (§§ 136 Abs. 1 Satz 2, 52 Abs. 3, 55 Abs. 2) unterlassen, so beurteilt sich die Rechtsfolge dieser prozessualen Pflichtverletzung zumindest nach den zu diesen Belehrungsvorschriften entwickelten Maßstäben (*Meyer-Goßner/Schmitt* § 136a Rn. 16; SK-StPO/*Rogall* § 136a Rn. 62), insbesondere bei § 136 Abs. 1 Satz 2 also nach der Abwägungslehre für unselbstständige Beweisverwertungsverbote und nach der Widerspruchslösung der Rechtsprechung, aber noch nicht unbedingt nach Abs. 3 der vorliegenden Vorschrift (LR/*Gleß* § 136a Rn. 42). Deren Nichtanwendung überzeugt andererseits kaum, wenn eine Verhörsperson z.B. die Belehrungspflicht bewusst verletzt und einen erkennbaren Irrtum des Beschuldigten über sein Recht, sich redend oder schweigend zu verteidigen oder Verteidigerbeistand zu suchen, als Mittel zur Überführung des Beschuldigten mit einer selbstbelastenden Äußerung ausnutzt.

§ 136a StPO Verbotene Vernehmungsmethoden; Beweisverwertungsverbote

Die Verhörsperson hat dann vielmehr die Rechtspflicht, einen Irrtum über das Bestehen einer Aussagepflicht zu beseitigen (*Eisenberg* Beweisrecht der StPO, Rn. 671). Andernfalls steht das Unterlassen einer Belehrung im Sinne von § 136 Abs. 1 Satz 2 einem aktiven Täuschungsverhalten gleich und die Relevanz und Zielrichtung in Bezug auf die Herbeiführung der vom Beschuldigten ungewollten Selbstbelastung unterscheidet sich in nichts von einer »Täuschung« im Sinne von Abs. 1 der vorliegenden Vorschrift durch aktives Handeln.

36 Das Täuschungsverbot gilt dann aber auch gegenüber der **Verwendung einer »Legende«** durch Verdeckte Ermittler, sonstige noch offen ermittelnde Polizeibeamte oder im behördlichen Auftrag handelnde V-Leute, die eine informelle Ausforschung betreiben und unter Vortäuschung der Eigenschaft als vertrauenswürdige Privatpersonen den Beschuldigten zu selbstbelastenden Äußerungen im scheinbaren Privatgespräch bewegen oder aber Angehörige des Beschuldigten (§ 52 Abs. 1) zu diesen belastenden Äußerungen. Dabei wird von der vorherrschenden Meinung noch angenommen, die **vorliegende Vorschrift** sei **unanwendbar** (BGHSt 42, 139 [149 ff.]; *Hilland* Das Beweisgewinnungsverbot des § 136a StPO, 1981, S. 19 f.), weil erstens nicht um eine Vernehmung gehe, zweitens **keine Hinweispflicht** bestehe, sodass die Ausforschung im scheinbaren Privatgespräch nur ein nicht pflichtwidriges Unterlassen darstelle, drittens die Gesprächsführung **nicht mit den anderen Methoden nach Abs. 1 vergleichbar** sei, weil sie entweder gar keinen Eingriff in geschützte Rechtspositionen darstelle oder aber zumindest nicht mit der Eingriffsintensität der gesetzlich verbotenen Maßnahmen vergleichbar sei, und viertens **das Gesetz die Verwendung einer Legende vorsehe** (§ 110a Abs. 2), sodass nicht von einer gesetzlich verbotenen Methode gesprochen werden könne (vgl. SK-StPO/*Rogall* § 136a Rn. 68). Dies sind aber alles ergebnisorientierte Begründungsversuche zur Rechtfertigung des erwünschten Resultats. Die vorliegende **Vorschrift** ist nämlich auch sonst **nicht nur auf Vernehmungen anwendbar**, das Verwenden einer Legende zur Herstellung einer Kommunikationsbeziehung und die **Äußerungsprovokation** sind eher **aktives Handeln** als nur ein Unterlassen, ein **Eingriff in die Selbstbelastungsfreiheit und das Informationsbeherrschungsrecht** liegt durchaus vor, dieser geschieht mittels einer mit der Selbstbelastungsfreiheit inkompatiblen **Täuschung über Ziel und Zweck der Gesprächsführung** bzw. die behördliche Funktion des Handelns (*Eisenberg* Beweisrecht der StPO, Rn. 659; *Groth* Unbewusste Äußerungen und das Verbot des Selbstbelastungszwangs, 2003, S. 83; *Prasch* Die List in der Vernehmung und Befragung des Beschuldigten, 2002, S. 277 ff.; im Ergebnis a. A. *Lorentz-Czarnetzki* Das Täuschungsverbot des § 136a StPO, 2001, S. 445 ff.), die **Eingriffsintensität der Handlung spielt** nach Eintritt des Erfolges einer Verletzung des Selbstbestimmungsrechts einerseits **keine Rolle** und sie ist andererseits angesichts der (hinter-) listigen Art des Vorgehens auch nicht wesentlich weniger gravierend als eine sonstige Täuschung im Sinne von Abs. 1 und die **partielle Gestattung der Legendenverwendung in § 110a Abs. 2 besagt** schließlich **nichts** über die Frage, wie weit die Befugnis des verdeckt ermittelnden Beamten oder V-Manns zur Herbeiführung und Ausnutzung einer Vertrauensbeziehung und zur Anbahnung eines scheinbaren Privatgesprächs mit der tatsächlichen Intention der Herbeiführung einer Selbstbelastung des Beschuldigten geht.

37 Ein sonstiger **Irrtum des Beschuldigten über die** den Strafverfolgungsorganen **bereits vorliegenden Informationen** muss vom Standpunkt der Rechtsprechung zur eingeschränkten Interpretation des Täuschungsverbots aus nicht korrigiert werden (BGH StV 1988, 419 [421] m. Anm. *Günther*). Das hängt nach der hier bevorzugten Deutung vom Bestehen oder Nichtbestehen einer Hinweispflicht ab. Andererseits darf ein bestehender Irrtum auch nach der Rechtsprechung jedenfalls nicht bewusst von der Verhörsperson ausgeweitet oder vertieft werden. Zumindest auf eine Frage des Beschuldigten oder Zeugen darf die Verhörsperson den Vernommenen nicht unnötig im Ungewissen lassen (LR/*Gleß* § 136a Rn. 46). Der Übergang vom Zulässigen zum Unzulässigen ist auch hier aber wiederum fließend.

38 **g) Hypnose.** Als Vernehmungsmethode ist Hypnose nach der vorliegenden Vorschrift generell verboten (*Eisenberg* Beweisrecht der StPO, Rn. 678; SK-StPO/*Rogall* § 136a Rn. 70), aber in der Praxis derzeit auch nicht relevant. Unter Hypnose versteht man die Einwirkung auf den Beschuldigten, durch die unter Ausschaltung des Willens eine **Einengung des Bewusstseins** auf die von dem Hypnotiseur gewünschte Vorstellungsrichtung erreicht wird. Sie ist ausnahmslos verboten, selbst wenn sie mit Einwilligung des Beschuldigten als letzte Entlastungsmöglichkeit angewendet werden soll. Ob das auch dann über § 69 Abs. 3 sachgerecht ist, wenn ein **Entlastungszeuge**, der seine **Erinnerung verloren** hat, nur, aber immerhin unter Anwendung von Hypnose in der Lage wäre, einen Beschuldigten von

einem schwerwiegenden Vorwurf zu entlasten, erscheint fragwürdig (*Svoboda* Kriminalistik 1998, 431 ff.; zur Zeugenhypnose s.a. *Fuchs* Kriminalistik 1983, 2 ff.). Insoweit mag das Gesetz zu weit gehen und nach dem Maßstab der »Mühlenteichtheorie« (*Roxin/Schäfer/Widmaier* StV 2006, 655 ff.) korrigiert werden. Als Mittel nur zur **Beseitigung posthypnotischer Hemmungen,** um eine spätere Vernehmung ohne Hypnose zu ermöglichen, gilt die Hypnose als erlaubt (*Eisenberg* a.a.O. Rn. 679; LR/*Gleß* § 136a Rn. 53; *K. Peters* Strafprozess, 4. Aufl., § 41 II 3, S. 337; SK-StPO/*Rogall* § 136a Rn. 70; a. A. *Hilland* Das Beweisgewinnungsverbot des § 136a StPO, 1981, S. 131 f.).

Projektive psychologische Testverfahren, die z.T. auch Informationen aus dem Unterbewusstsein hervorrufen sollen, stehen der Hypnose nicht gleich und sind nicht generell nach der vorliegenden Vorschrift verboten (krit. *Eisenberg* a.a.O. Rn. 680; *Groth* Unbewusste Äußerungen und das Verbot des Selbstbelastungszwangs, 2003, S. 133 ff., 142 f.). 39

2. Unzulässiger Zwang (Abs. 1 Satz 2) Zwang darf **nur in den gesetzlich vorgesehenen Fällen** (§§ 51, 70, 77, 112 ff., 134, 163a Abs. 3) und nur zu den dort vorgesehenen Zwecken angewendet werden (*Eisenberg* Beweisrecht der StPO, Rn. 691; *Erbs* NJW 1951, 386 [388]; *Meyer-Goßner/Schmitt* § 136a Rn. 20; SK-StPO/*Rogall* § 136a Rn. 84), bei zeugnis- oder auskunftsverweigerungsberechtigten Personen aber generell nicht als Mittel zur Herbeiführung einer von diesen ungewollten Aussage (*Erbs* NJW 1951, 386 [388]). Unangenehme oder bohrende Fragen stellen indes keine Zwangsausübung dar. Auch eine rechtmäßige Festnahme, die nicht zur sofortigen Vorführung, sondern zunächst zur polizeilichen Vernehmung führt, hat noch nicht die Anwendung der vorliegenden Vorschrift zur Folge (BGH StV 1992, 356 [357] m. Anm. *Nelles* StV 1992, 385 ff.). Die wiederholte Vernehmung eines vorläufig Festgenommenen wird von der Rechtsprechung ebenfalls nicht beanstandet (BGH NStZ 1990, 195). Unzulässiger Zwang kann aber in einer rechtswidrigen Festnahme (LG Bremen StV 1995, 515 ff.) oder rechtsfehlerhafter Anordnung von Untersuchungshaft bestehen. Verbotener Zwang muss dann nach vorherrschender Meinung allerdings nicht nur **kausal für die Äußerung** (BGHSt 34, 365 [369]), sondern auch **final darauf gerichtet** sein. Glaubt der Beschuldigte nur irrtümlich ohne zurechenbare Veranlassung durch die Verhörs- oder Ermittlungspersonen, er befinde sich in einer Zwangslage, so ist dies irrelevant, soweit die Verhörsperson jedenfalls keine gesetzliche Hinweispflicht trifft (*Meyer-Goßner/Schmitt* § 136a Rn. 17). Ein Beweiserhebungs- und -verwertungsverbot besteht auch im Übrigen nach der herrschenden Auffassung wiederum nur, wenn der Zwang **gezielt als Mittel zur Herbeiführung einer Aussage eingesetzt** worden ist, Einfluss auf die Auskunftsperson dahin zu nehmen, ob oder wie sie aussagt (SK-StPO/*Rogall* § 136a Rn. 84). 40

Die Frage, ob schon **objektiv unzulässiger Zwang** das Beweiserhebungs- und -verwertungsverbot auslöst oder erst ein **intentionaler Zwang,** ist im Fall des Verdachts industrieller Weinverfälschung als groß angelegter Betrug thematisiert worden (BGH StV 1996, 73 [76] m. Anm. *Fezer* StV 1997, 57 ff. und *Samson* StV 1996, 93 f.; LG Bad Kreuznach StV 1993, 629 ff.; *Bung* StV 2008, 495 ff.), der ebenso viele wie durchweg von unvollständiger Information geprägte Meinungsäußerungen hervorgebracht hat. In jenem Fall hatten zahlreiche Ermittler mehrere Jahre lang einen Verdacht nur »in rem« verfolgt, zunächst aber nicht »in personam«. Erst nachdem tausende von Aktenbänden gefüllt waren, wurde der Versuch unternommen, einen »Namensträger« des Familienunternehmens als Beschuldigten offeriert zu erhalten, was die Unternehmensführung auch angesichts des drohenden Umfangsverfahrens mit erheblicher Pressepublizität und der wirtschaftlich nachteiligen Folgen überraschend ablehnte. Daraufhin wurden mehrere Jahre nach Beginn der Ermittlungen Haftbefehle gegen besondere Funktionsträger aus der mittleren Führungsebene (Buchhalter, Kellermeister, Leiter von Einkauf und Vertrieb u.a.) beantragt und erwirkt, die über besonderes Wissen zu verfügen schienen, wozu – von mehr oder weniger apokryphen Haftgründen abgesehen – eine Verdachtsbeschreibung unter Beifügung von Exzerpten des uferlosen Aktenmaterials präsentiert wurden. Haft- und Beschwerderichter konnten nicht in einzelnen Tagen verifizieren, was ein personell stärker besetztes Ermittlungsteam in Jahren zusammengetragen hatte. Daher wurde nach dem äußeren Anschein davon ausgegangen, dass die mit den Haftbefehlsanträgen mitgeteilten Befunde gleichsam die Spitze eines Eisbergs der Verdachtshypothese eines besonders umfangreichen Betrugsgeschehens darstellten. Spätere Sichtung des zuletzt auf über zehntausend Stehordner und Aktenbände angewachsenen Bestands (nur) an Sachakten (ohne zusätzliche Beweismittelordner) ergab partiell ein anderes Bild. Der Umschwung in der Haltung der Richter zur Haftfrage begann nach den in der Haft gemachten Beschuldigtenaussagen, die eher entlastend als belastend wirkten, 41 und nach sukzessive voranschreitender richterlicher Sichtung des Gesamtmaterials der Akten, dessen Unterschied zum Erscheinungsbild der Exzerpte bei den Haftbefehlsanträgen von einem Ermittlungsbeamten nicht öffentlich mit der Bemerkung, man müsse »ja auch mal bluffen«, kommentiert wurde. Die Strafkammer nahm danach einen Fall der Ausübung von Zwang im Sinne von Abs. 1 der vorliegenden Vorschrift an, stellte andererseits die Ermittlungsbeamten nicht etwa durch die Behauptung intentionalen Handelns bloß, sondern erklärte den objektiven Befund für ausreichend, um von einem Beweisverwertungsverbot hinsichtlich der in der Haft gemachten Beschuldigtenaussagen auszugehen. Im späteren freisprechenden Urteil wurde zudem bemerkt, dieses Urteil beruhe nicht auf den eher entlastenden Aussagen. Der Bundesgerichtshof korrigierte dies mit Hinweis darauf, dass erstens von Rechts wegen intentionale Anwendung von rechtswidrigem Zwang zur Herbeiführung einer Aussage für die Anwendung der Norm erforderlich sei, zweitens die Haftentscheidungen der Ermittlungs- und Beschwerderichter maßgeblich seien, drittens sich aus den Gründen ihrer Haftentscheidungen nichts für intentionalen Zwang ergebe und viertens die Behauptung der Strafkammer im Urteil, es beruhe nicht auf der Nichtverwertung der Beschuldigtenaussagen in der Haft, nicht ausreichend sei (BGH StV 1996, 73 [76]). Alle diese Bemerkungen wirken bei Kenntnis des Gesamtsachverhalts zweifelhaft.

42 Natürlich kommt es auf die **Lage z.Zt. der Anordnung der Zwangsmaßnahme** an. Die erkennenden Richter hätten im Beispielsfall aber theoretisch im Freibeweisverfahren auch zu der Ansicht gelangen können, die damals wegen Unmöglichkeit der Sichtung des Gesamtmaterials in überschaubarer Zeit auf der Grundlage von Aktenexzerpten entscheidenden Ermittlungs- und Beschwerderichter seien im Vorverfahren getäuscht worden. Die erkennenden Richter hätten auch ergänzende Hinweise auf eine Intention (»bluffen«) zur Nutzung der Untersuchungshaft als Mittel der Herbeiführung von Beschuldigtenaussagen unter Bloßstellung bestimmter Beamter offen legen können. Die Tatsache, dass sie dies nicht getan haben, aber gleichwohl den Angeklagten daraus keinen Nachteil erwachsen lassen wollten, hätte der Rechtsfrage nach der Erforderlichkeit des Nachweises intentionalen Handelns einen anderen Akzent verleihen können. Die Annahme, der objektive Befund rechtswidriger Zwangsentfaltung genüge für ein Beweisverbot, hat damit auch aus justizieller Sicht den positiven Effekt, dass **nicht notwendigerweise ein »Kollege« angeschwärzt** werden muss, um dennoch im Sinne eines effektiven Beschuldigtenschutzes richtig entscheiden zu können. Anders als § 123 BGB verlangt § 136a Abs. 1 Satz 1 StPO nämlich **keine »arglistige« Täuschung**, sondern eben nur eine »Täuschung« (*Achenbach* StV 1989, 515 [517]), die im Einklang mit dem noch möglichen Wortsinn durchaus auch als objektiver Befund definierbar ist.

43 Im Ergebnis spricht manches, neben dem **Schutzzweck** der Norm (*Achenbach* a.a.O.; *Bung* StV 2008, 495 [496]) nicht zuletzt das **Nachweisproblem**, dafür, dass objektiv unzulässiger Zwang als Voraussetzung von der Anwendung von §§ 136a Abs. 1 Satz 2, Abs. 3, 163a ausreichen sollte. Das wäre im Rechtsstaat besser, als der Allgemeinheit vorzuspiegeln, Rechtsverletzungen im Sinne von Abs. 1 Satz 2 der vorliegenden Vorschrift kämen kaum jemals vor (zur »Selbstverständlichkeit« von Rechtsbrüchen bei der U-Haft *Eidam* HRRS 2008, 241 ff.; s.a. *Nobis* StraFo 2012, 45 ff.). Heute würde sich nach dem Maßstab von BVerfG Beschl. v. 23.05.2012 – 2 BvR 610, 625/12 – im Beispielsfall aber auch die weitere Frage stellen, ob (Haft- und Beschwerde-) Richter **ohne vollständige Aktenkenntnis**, die **in Großverfahren** nach jahrelanger Komplettierung des Aktenmaterials zeitnah kaum noch herstellbar ist, überhaupt über Eingriffsakte zum Nachteil von Beschuldigten entscheiden dürfen. Das ist nach den verfassungsgerichtlichen Vorgaben eher zu verneinen.

44 **3. Drohung mit unzulässigen Maßnahmen oder Versprechen gesetzwidriger Vorteile (Abs. 1 Satz 3)** Die Drohung mit unzulässigen Maßnahmen und das Versprechen gesetzwidriger Vorteile sind gegenläufige Komponenten, die jeweils wie die Kehrseite der anderen Methode wirken. Daher sind sie in Abs. 1 Satz 3 gleichgestellt und alternativ als verbotene Vernehmungsmethoden genannt. Sie können im Einzelfall auch kumulativ zusammentreffen oder mit einer Täuschung sowie einer Quälerei im Sinne von Abs. 1 Satz 1 verbunden sein.

45 **a) Drohung mit einer unzulässigen Maßnahme.** Die Drohung mit einer nach den strafprozessualen Vorschriften unzulässigen Maßnahme ist als Mittel bei der Vernehmung verboten (*Erbs* NJW 1951, 386 [388]). Eine **Drohung** liegt vor, wenn die Verhörsperson **ausdrücklich oder konkludent** eine der Auskunftsperson nachteilige Maßnahme in Aussicht stellt, auf deren Anordnung oder Vollziehung der Richter oder Vernehmungsbeamte Einfluss zu haben vorgibt (*Eisenberg* Beweisrecht der StPO,

Rn. 682; LR/*Gleß* § 136a Rn. 56; *Meyer-Goßner/Schmitt* § 136a Rn. 21; SK-StPO/*Rogall* § 136a Rn. 72), etwa die Festnahme oder vorläufige Unterbringung. Erforderlich ist die Drohung **mit einer unzulässigen Maßnahme**, also einer solchen, die mit dem Strafprozessrecht unvereinbar ist, weil sie entweder ausdrücklich verboten, oder als Eingriffsmaßnahme mangels gesetzlicher Ermächtigungsnorm nicht vorgesehen oder wegen fehlender Einschlägigkeit einer vorhandenen Ermächtigungsnorm oder wegen Unverhältnismäßigkeit im Einzelfall nicht in rechtmäßiger Weise möglich ist. Zudem ist die **Verknüpfung** einer an sich zulässigen Maßnahme **mit dem Ansinnen**, auf sie im Fall **eines erwünschten Aussageverhaltens** zu verzichten, nicht gestattet (SK-StPO/*Rogall* § 136a Rn. 75). Inwieweit dies durch die Verständigungspraxis zu relativieren ist (*Huttenlocher* Dealen wird Gesetz – die Urteilsabsprache im Strafprozess und ihre Kodifizierung, 2007, S. 62 ff.; *Moldenhauer* Eine Verfahrensordnung für Absprachen im Strafverfahren durch den Bundesgerichtshof? 2004, S. 160 ff.), bleibt bisher unklar.

Ferner kann die **Ankündigung einer unangemessen hohen Strafe** eine Drohung sein (BGHSt 43, 195 [204]; BGH StV 2004, 636 [637 f.]; 2005, 201). Inwieweit umgekehrt das Angebot einer nicht mehr der Schuld angemessenen milden Strafe, die unter die Alternative des Vorteilsversprechens zu subsumieren wäre, zugleich die Drohung mit einer unverhältnismäßigen Strafe für den Fall fehlender Kooperationsbereitschaft einschließt, ist Tatfrage. **Warnungen, Belehrungen oder Hinweise** gelten sonst allgemein nicht als Drohungen (LR/*Gleß* § 136a Rn. 57; SK-StPO/*Rogall* § 136a Rn. 73), was prinzipiell richtig ist, solange ihr Bezugspunkt eine gesetzlich zulässige Gestaltung betrifft und das Übermaßverbot nicht evident verletzt ist. Vorhaltungen, welche die Aussagebereitschaft oder das Aussageverhalten nicht beeinflussen können oder gesetzeskonform bleiben, sind nicht verboten (BGHSt 14, 189 [191]). Anders ist es bei Maßnahmen, die im Gesetz nicht oder jedenfalls **nicht als Mittel zur Herbeiführung einer Aussage vorgesehen** sind (*Erbs* NJW 1951, 386 [388]). Auch abstrakt mögliche, im konkreten Fall aber nicht ernsthaft infrage kommende Eingriffsmaßnahmen dürfen nicht angedroht werden (BGH StV 2004, 636 [637 f.]). Gleiches gilt erst für die **Androhung sachfremder Maßnahmen**, wie eines Bewährungswiderrufs gegenüber einem Zeugen für den Fall der Aussageverweigerung (LG Bielefeld StV 1993, 239). **Drohung mit Folter** oder ähnlichen Maßnahmen gegenüber einem Beschuldigten (LG Frankfurt StV 2003, 327 f. und NJW 2005, 692 ff.) ist immer unzulässig. Auf zulässige Maßnahmen, die besonders belastend wirken, wie die vorläufigen Festnahme, eine Abschiebung, die Einleitung eines Ermittlungsverfahrens gegen einen Zeugen, darf hingewiesen werden, sofern die Verhörsperson jedenfalls zum Ausdruck bringt, dass sie die Entscheidung darüber nur nach sachgemäßen Gesichtspunkten treffen wird.

b) Versprechen eines gesetzlich nicht vorgesehenen Vorteils. Das Versprechen eines gesetzlich nicht vorgesehenen Vorteils ist als Vernehmungsmethode ebenfalls verboten. Ein solches Versprechen liegt vor, wenn die Verhörsperson als Gegenleistung für eine Aussage oder ihren Inhalt eine **bindende und – auch und gerade bei Kompetenzüberschreitung – das Vertrauen der Auskunftsperson begründende Zusage** der Gewährung gesetzlich nicht vorgesehener Vorteile macht (BVerfG NJW 1984, 428 f.; BGHSt 14, 189, 191; OLG Hamm StV 1984, 456 f.; *Erbs* NJW 1951, 386 [389]; LR/*Gleß* § 136a Rn. 58; *Meyer-Goßner/Schmitt* § 136a Rn. 23; SK-StPO/*Rogall* § 136a Rn. 76; krit. *Eisenberg* Beweisrecht der StPO, Rn. 685). Das unverbindliche Ankündigen eines Vorteils, ein allgemeiner Hinweis oder eine abstrakte Belehrung genügen nicht (BGHSt 14, 189 [191]; SK-StPO/*Rogall* § 136a Rn. 80), soweit darin nicht eine konkludente Drohung enthalten ist. **Vorteil** ist ein vom Versprechensempfänger als günstig angesehener Befund, der hier wiederum nicht lediglich unerheblich (SK-StPO/*Rogall* § 136a Rn. 77) oder sozialadäquat sein darf, wie das Angebot einer Tasse Kaffee oder einer Zigarette (LR/*Gleß* § 136a Rn. 59). Er muss vielmehr dazu **geeignet** sein, **das Aussageverhalten der Auskunftsperson zu beeinflussen** (*Eisenberg* Beweisrecht der StPO, Rn. 686). **Gesetzlich nicht vorgesehen** ist der Vorteil, wenn er nach dem Gesetz generell oder aber jedenfalls im konkreten Fall nicht in Betracht kommt oder vom Versprechenden wegen Kompetenzmangels nicht gewährt werden kann (*Eisenberg* Beweisrecht der StPO, Rn. 687 f.; LR/*Gleß* § 136a Rn. 59 f.; SK-StPO/*Rogall* § 136a Rn. 78). Dagegen ist ein Vorteilsversprechen, etwa im Rahmen konsensualer Vorgehensweisen, nicht schon allgemein deswegen unzulässig, weil es eine Gegenleistung für ein Aussageverhalten betrifft (SK-StPO/*Rogall* § 136a Rn. 78).

Ankündigungen von verfahrensbezogenen Vorteilen gelten als zulässig, wenn sie im Wesentlichen nur Hinweise darauf enthalten, welche Änderungen der Verfahrenslage durch die Aussage eintreten werden.

§ 136a StPO Verbotene Vernehmungsmethoden; Beweisverwertungsverbote

So wird es als zulässig angesehen, eine **Einstellung des Verfahrens** nach § 154 zuzusagen (*Eisenberg* Beweisrecht der StPO, Rn. 689; SK-StPO/*Rogall* § 136a Rn. 79), Vergünstigungen nach **§ 31 BtMG a.F. oder § 46b StGB n.F.** (s. dazu *Malek* StV 2010, 200 ff.) zu versprechen (BGHR StPO § 136a Abs. 1 Satz 3 Versprechungen 3), einen **Verzicht auf eine Abschiebung** zu erklären oder allgemein auf **Strafmilderungsmöglichkeiten nach einem Geständnis** hinzuweisen (BGH StV 1999, 407; *Eisenberg* a.a.O. Rn. 690). Auch eine konkrete **Strafrahmenzusage** für den Fall des Geständnisses im Verfahren nach § 257c ist nun im Rahmen dessen, was schon und noch der Schuld angemessen erscheinen soll, zugelassen (krit. zuvor *Heller* Die gescheiterte Urteilsabsprache, 2004, S. 116 ff.; *Huttenlocher* Dealen wird Gesetz – die Urteilsabsprache im Strafprozess und ihre Kodifizierung, 2007, S. 58 ff.; *Moldenhauer* Eine Verfahrensordnung für Absprachen im Strafverfahren durch den Bundesgerichtshof? 2004, S. 166 ff.), wobei aber die Grenzen des Akzeptablen auch im novellierten Gesetz unklar bleibt. Die Ankündigung der **Entlassung aus der Untersuchungshaft** ist als Gegenleistung für ein Aussageverhalten unzulässig (BGHSt 20, 268 f.; OLG Köln StV 2014, 272 [273]; LG Aachen NJW 1978, 2256 f.); sie kommt allenfalls in Bezug auf den Wegfall einer zugrunde liegenden Verdunkelungsgefahr infrage. Zulässig soll die Zusage der **Aufnahme in ein Zeugenschutzprogramm** und die Alimentierung (§ 8 ZSHG) sein. Auch die Zusage der **Übernahme der Kosten** eines Zeugenbeistands gilt nicht als Versprechen gesetzlich nicht gestatteter Vorteile (BVerfG NJW 1984, 428).

49 Vorteilsversprechen werden im Rahmen von Verständigungen nach § 257c gestattet (SK-StPO/*Rogall* § 136a Rn. 81). Unzulässig ist das von Rechtsprechung und Gesetzgebung bisher nicht wirksam unterbundene Arbeiten mit einer **Sanktionsschere** (BGH StV 2007, 619 f.; *Heller* Das Gesetz zur Regelung der Verständigung im Strafverfahren – No big deal? 2012, S. 109 ff.; *Huttenlocher* Dealen wird Gesetz – die Urteilsabsprache im Strafprozess und ihre Kodifizierung, 2007, S. 44 ff.), die das **Versprechen einer der Tatschuld unangemessen milden Strafe** (*Hauer* Geständnis und Absprache, 2007, S. 327 ff.; SK-StPO/*Rogall* § 136a Rn. 81) oder sonstigen Rechtsfolge der Tat als Gegenleistung für kooperatives Verhalten, insbesondere ein Geständnis, bei gleichzeitiger Ankündigung der Bestrafung nach der »vollen Härte des Gesetzes« für den Fall fehlender Kooperationsbereitschaft einschließt (*Hildebrandt* Gesetzliche Regelung der Verständigung im Strafverfahren, 2010, S. 94 ff.). **Allgemeine Hinweise** auf strafmildernde Wirkungen eines Geständnisses oder gesetzlich erlaubte Vorteile (§§ 46a, 46b StGB, § 153b, §§ 154 ff. StPO) sind dagegen zulässig; § 257c Abs. 2 regelt unter Beschränkung des Anwendungsbereichs von Abs. 1 Satz 3 der vorliegenden Vorschrift die Grenzen des Zulässigen in abstrakter Weise. Wann die Grenze des nunmehr nach dem Gesetz Zulässigen überschritten ist, bleibt aber im Einzelnen immer noch unklar, weil insbesondere die Strafzumessungsbedeutung des taktischen Geständnisses noch nicht geklärt ist.

50 **4. Beeinträchtigungen des Erinnerungsvermögens oder der Einsichtsfähigkeit des Beschuldigten (Abs. 2)** Das Erinnerungsvermögen wird sowohl durch Maßnahmen beeinflusst, die es verschlechtern, als auch durch solche, die es verbessern. Gemeint sind nach der Vorstellung des historischen Gesetzgebers die Verabreichung von Drogen, Aufputschmitteln, Wahrheitsseren, was aber zugleich als Verabreichung von Mitteln im Sinne von Abs. 1 Satz 1 erscheint, ferner Hypnose und Suggestion (*Erbs* NJW 1951, 386 [389]). Dies wird meist bereits von den Methodenverboten des Abs. 1 erfasst, sodass ein eigenständiger Anwendungsbereich des Ansatzes 2 weitgehend fehlt (LR/*Gleß* § 136a Rn. 65). Während aber die Methoden nach Abs. 1 eine Beeinflussung des Willens betreffen, bezieht sich Abs. 2 auf die Beeinflussung des Wissens in Form von Erinnerungsvermögen, sowie der Einsichtsfähigkeit, also das Beurteilungsvermögen, das auch für die Verteidigungs- und Verhandlungsfähigkeit vorauszusetzen ist. Verwirrende Fragen können in gewisser Weise auch die Erinnerung trüben, sie werden aber von Abs. 2 regelmäßig nicht erfasst (LR/*Gleß* § 136a Rn. 66). Die Einsichtsfähigkeit wird vor allem durch Alkohol, Drogen oder bewusstseinstrübende Medikamente beeinträchtigt.

51 **5. Fragen entsprechender Anwendung der vorliegenden Vorschrift. a) Einsatz eines Lügendetektors.** Der Einsatz eines Lügendetektors (*Wagner* Polygrafie im Strafverfahren, 2012) bei freiwilliger Mitwirkung des Beschuldigten war **nach anfänglicher Rechtsprechung** in entsprechender Anwendung der vorliegenden Vorschrift **unzulässig** (BGHSt 5, 332 ff.; OLG Frankfurt NStZ 1988, 425 f.; OLG Karlsruhe StV 1998, 530) und das Untersuchungsergebnis unverwertbar. Nach neuerer Rechtsprechung **verstößt** der Lügendetektoreinsatz **nicht gegen angewandtes Verfassungsrecht** im Sinne der vorliegenden Vorschrift, weil völlige innere Zustimmung erforderlich ist (BGHSt 44, 308 ff. m. Anm. *Ame-*

lung JR 1999, 382 ff.; *Fezer* JZ 2007, 665 f.; *Hamm* NJW 1999, 922 f.; *Meyer-Mews* NJW 2000, 916 ff.). Die polygrafische Untersuchung mittels des »Kontrollfragentests« und – jedenfalls in der Hauptverhandlung – auch hinsichtlich eines »Tatwissenstests« ist danach aber ein **völlig ungeeignetes Beweismittel** (BGH NStZ 2011, 474). Es sei, so führt der Bundesgerichtshof aus, nicht möglich, eine gemessene körperliche Reaktion zweifelsfrei auf eine bestimmte Ursache zurückzuführen. Für eine Überprüfung dieser Rechtsmeinung plädieren aber inzwischen wieder Teile der Literatur (*Putzke/Scheinfeld/Klein/Undeutsch* ZStW 121 [2009], 607 ff.). Dabei ging es dem Gericht ersichtlich darum, den Polygrafentest aus dem deutschen Strafverfahren zu verbannen (*Groth* Unbewusste Äußerungen und das Verbot des Selbstbelastungszwangs, 2003, S. 118). Die Frage, ob der Lügendetektortest als **Verteidigungsmittel zur Entlastung** wenigstens im Ermittlungsverfahren zugelassen werden kann, ist weiter umstritten, aber prinzipiell zu bejahen (*Putzke/Scheinfeld* StraFo 2010, 58; a. A. *Drews* Die Königin unter den Beweismitteln? 2013, S. 247 ff; *Eisenberg* Beweisrecht der StPO, Rn. 696).

b) Phallometrie. Zur Überprüfung der sexuellen Orientierung wird bisweilen die Phallometrie als Untersuchungsmethode in Betracht gezogen (LG Hannover NJW 1977, 1110 f. m. Anm. *Jessnitzer* NJW 1977, 2128; zur Entwicklung *Binder* NJW 1972, 321 f.), bei der die Reaktion mit Erektionen auf optische oder akustische Reize gemessen wird. Die vorliegende Vorschrift ist darauf schon deshalb nicht unmittelbar anwendbar, weil damit **nicht eine Aussage** erlangt werden soll, **sondern eine biomechanische Reaktion** auf Reize. Indes kommt hier ebenso wie beim Lügendetektor einerseits eine entsprechende Anwendung der Norm infrage, ferner bestehen andererseits hilfsweise ebenso wie beim Lügendetektortest **Zweifel an der Aussagekraft** der Untersuchungsmethode (*Eisenberg* Beweisrecht der StPO, Rn. 703). In der Praxis spielt sie heute kaum eine Rolle. 52

c) Brechmitteleinsatz. Probleme bereiten Fälle, in denen Beschuldigte bei Annäherung von Polizeibeamten durch Verschlucken **Drogenportionen im Magen** in sich führen. Diese Drogenportionen sind dann einerseits sächliche Beweismittel und Einziehungsgegenstände im Strafverfahren, andererseits bilden sie eine Gefahr für das Leben des Betroffenen, das in höchstem Maße bedroht ist, wenn die Verpackung der Drogenportion ihn nicht effektiv vor der hochkonzentrierten weiteren Aufnahme in den Verdauungsvorgang schützt. Daher wird von Fall zu Fall, bisweilen aus Gründen der Gefahrenabwehr, bisweilen aus strafprozessualen Gründen, eine Magenaushebung durch Brechmitteleinsatz betrieben, im Strafverfahren auf der Grundlage von § 81a. Ob diese Maßnahme aber generell auch gegen den Willen des Beschuldigten zulässig ist, war umstritten. Nach anfänglicher Bejahung der Zulässigkeit (BVerfG StV 2000, 1 m. Anm. *Naucke*; OLG Bremen NStZ-RR 2000, 270; KG StV 2002, 122 ff. m. Anm. *Zaczyk*; a. A. OLG Frankfurt StV 1996, 651 [654]) ist die deutsche Rechtsprechung spätestens durch den Europäischen Gerichtshof für Menschenrechte korrigiert worden (EGMR StV 2006, 617 [619 ff.] m. Anm. *Schumann* StV 2006, 661 ff.). Jedenfalls für strafprozessuale Zwecke der Beweismittelgewinnung ist die Magenaushebung durch Brechmitteleinsatz gegen den Willen des Beschuldigten nach heutigem Stand **nicht zulässig** (LR/*Gleß* § 136a Rn. 36), sei es, dass darin ein selbstständiges Beweisverwertungsverbot von Verfassungs wegen gesehen wird, das wegen Verletzung der Menschenwürde angenommen wird, sei es, dass eine Verletzung von Art. 3 EMRK bejaht wird, oder sei es, dass der nemo-tenetur-Grundsatz als verletzt bezeichnet wird, weil der Beschuldigte **zu einer unwillkürlichen aktiven Mitwirkung** an seiner Überführung mithilfe der Sachbeweise gezwungen wird, die er ausspeien muss. Ein Fall der Verabreichung von Mitteln im Sinne des Abs. 1 Satz 1 der vorliegenden Vorschrift liegt nicht direkt vor, da die Maßnahme **nicht im Rahmen einer Vernehmung** erfolgt und auch **keine Aussage** hervorruft, deren Verwertbarkeit infrage zu stellen wäre. Aber der nemo-tenetur-Grundsatz ist nicht auf Aussagen beschränkt (*Dallmeyer* StV 1997, 606 [607 f.]), sondern er betrifft jede Form der aktiven Mitwirkung des Beschuldigten an dem gegen ihn betriebenen Strafverfahren (OLG Frankfurt StV 1996, 651 ff. m. Anm. *Benfer* JR 1998, 53 ff.; *Rogall* NStZ 1998, 66 ff.; *Schaefer* NJW 1997, 2437 f.; *Weßlau* StV 1997, 341 ff.). 53

C. Nachweis des Verfahrensfehlers und Rechtsfolgen (Abs. 3) I. **Feststellung der Prozesstatsachen im Freibeweisverfahren.** Das Vorliegen eines Verfahrensfehlers im Sinne der Abs. 1 und 2 ist in jeder Lage des Verfahrens, auch in der Hauptverhandlung des Tatgerichts, **von Amts wegen** zu prüfen, wenn sich konkrete Hinweise auf dessen Möglichkeit ergeben. Ob doppelrelevante Tatsachen vom Tatgericht mit Bindungswirkung für das Revisionsgericht festgestellt werden, ist 54 in der Rechtsprechung derzeit noch offen (mit Neigung zur Bindungswirkung BGHSt 54, 69 [97]; 55, 314 [318]). Art. 1 Abs. 1 S. 2 GG spricht eher für eine weiter gehende Rechtsschutzmöglichkeit. Die »Widerspruchslösung« für unselbstständige Beweisverwertungsverbote, die von der Rechtsprechung für Verletzungen des § 136 Abs. 1 Satz 2 gefunden wurde (§ 136 Rdn. 96 ff.), gilt hier jedenfalls nicht auf der Ebene des Primärverstoßes, allenfalls hinsichtlich möglicher Folgewirkungen (BGH StV 1996, 360 m. abl. Anm. *Fezer* StV 1997, 57 ff.). Zur Sachaufklärung der Prozesstatsachen, die ein Beweisverwertungsverbot begründen könnten, gilt nach der überkommenen Rechtsprechung das **Freibeweisverfahren** (BGHSt 16, 164 [166]; BVerfG EuGRZ 1980, 91 f.: *Eisenberg* Beweisrecht der StPO, Rn. 707; *Radtke/Hohmann/Kretschmer* § 136a Rn. 51; a. A. LR/ *Gleß* § 136a Rn. 77; *K. Peters* Strafprozess, 4. Aufl., § 41 II 4 d bb, S. 339) und zwar für alle Gerichtsinstanzen, auch für das Revisionsgericht. Dieses hat den Fehler aber nur aufgrund einer in zulässiger Weise erhobenen Verfahrensrüge zu prüfen. Der Grundsatz »**in dubio pro reo**« spielt aus der revisionsgerichtlichen Perspektive für die Fehlerfeststellung **keine Rolle** (*Meyer-Goßner/Schmitt* § 136a Rn. 32; a. A. LR/ *Gleß* § 136a Rn. 78; *Radtke/Hohmann/Kretschmer* § 136a Rn. 52). Nur ein positiv festgestellter Rechtsfehler zwingt dort die Rechtskontrollinstanz zum Eingreifen. Übertragen auf die Tatsacheninstanz gilt danach aber auch für diese, dass alleine bei positiver Feststellung einer verbotenen Vernehmungsmethode ein kategorisches Beweiserhebungsverbot für die Hauptverhandlung und ein absolutes Beweisverwertungsverbot im Sinne des Abs. 3 anzunehmen ist. Ist der behauptete Verstoß gegen ein Vernehmungsmethodenverbot hingegen nicht positiv erwiesen, so bleibt die Aussage verwertbar (BGHSt 16, 164 [166]; krit. *Eisenberg* Beweisrecht der StPO, Rn. 708 f.; *Jahn* Gutachten C zum 68. DJT, 2008, C 108 f.). Steht dagegen der Verfahrensfehler fest, so genügt es für die **Annahme eines Kausalzusammenhangs** zwischen der Anwendung der verbotenen Vernehmungsmethode und der Aussage der Auskunftsperson, dass dieser nicht ausgeschlossen werden kann (BGH NStZ 2008, 643; *Eisenberg* a.a.O. Rn. 710; *Radtke/Hohmann/Kretschmer* § 136a Rn. 53; *Meyer-Goßner/Schmitt* § 136a Rn. 28). Im Zweifel ist also von der Kausalität des Methodenfehlers auf die Herbeiführung der Aussage zu schließen. Fehlt ein Kausalzusammenhang, so besteht kein Beweiserhebungsverbot und ein Verwertungsverbot (BGHSt 55, 314 [318]).

55   **II. Beweiserhebungsverbot (Abs. 3 Satz 1)** Verstöße gegen Abs. 1 oder Abs. 2 führen zu einem absoluten **Beweiserhebungsverbot**, das nach Abs. 3 Satz 1 **auch nicht durch die Einwilligung** des Betroffenen **aufgehoben** wird. Die Möglichkeit der Einwilligung würde nämlich wiederum die Gefahr von Umgehungshandlungen der Strafverfolgungsorgane begründen (LR/ *Gleß* § 136a Rn. 68). Eine Beweiserhebung auch in der Hauptverhandlung hat also a priori zu unterbleiben (*Osmer* Der Umfang des Beweisverwertungsverbotes nach § 136a StPO, 1966, S. 21). Aber auch der gleichwohl zunächst im Freibeweisverfahren fehlerhaft gewonnene Aussageinhalt darf nicht durch Beweiserhebung im Strengbeweisverfahren in die Hauptverhandlung eingeführt werden. Das Beweiserhebungsverbot gilt auch dann, wenn der Beschuldigte in die Methode oder in die Beweiserhebung nach dem Methodenfehler einwilligt (Abs. 3 Satz 1).

56   **III. Beweisverwertungsverbot (Abs. 3 Satz 2) 1. Primäres Beweisverbot.** Wird gleichwohl Beweis erhoben, dann folgt aus dem Verfahrensfehler im Sinne von Abs. 1 oder Abs. 2 der vorliegenden Vorschrift jedenfalls ein **absolutes Beweisverwertungsverbot**, das auch dann eingreift, wenn der Betroffene der Beweisverwertung seiner fehlerhaft erlangten Aussage zustimmt (Abs. 3 Satz 2). Das Ergebnis der Vernehmung darf damit insbesondere nicht Grundlage **eines Urteils** werden (*Osmer* Der Umfang des Beweisverwertungsverbotes nach § 136a StPO, 1966, S. 20 f.), aber auch nicht Grundlage **sonstiger Entscheidungen**, die im Freibeweisverfahren eine Beweiswürdigung voraussetzen, in welche der bemakelte Beweisinhalt ohne den Methodenfehler einzubeziehen wäre (*Eisenberg* Beweisrecht der StPO, Rn. 713). Das gilt etwa für den Eröffnungsbeschluss (*Osmer* a.a.O. S. 28 f.) oder für ermittlungsrichterliche Eingriffsgestattungen oder Haftentscheidungen.

57   Das Verwertungsverbot bezieht sich dabei **sowohl auf belastende als auch auf entlastende Aspekte** (BGH StV 2009, 113 m. Anm. *Roxin*; *Jahn* Gutachten C zum 68. DJT, 2008, C 113; *Radtke/Hohmann/Kretschmer* § 136a Rn. 40; *Meyer-Goßner/Schmitt* § 136a Rn. 27; *K. Peters* Strafprozess, 4. Aufl., § 41 II 4 a, S. 337; a. A. *Eisenberg* Beweisrecht der StPO, Rn. 712; *Erbs* NJW 1951, 386 [389]; LR/ *Gleß* § 136a Rn. 71, 82), falsche und richtige Aussagen (BGHSt 5, 290), bei unterscheidbaren Aussageteilen aber nur auf diejenigen, die von der verbotenen Methode beeinflusst sind (*Erbs* NJW 1951, 386 [389]). Die Verwertung wird **auch nicht zum Vor- oder Nachteil anderer Personen** zugelassen (LR/ *Gleß*

§ 136a Rn. 71). Das kategorische Verbot setzt allerdings stets einen ursächlichen Zusammenhang zwischen dem Methodenfehler bei der Vernehmung und der Aussage voraus. Eine Aussage, die nicht durch einen tatsächlich vorhandenen Vernehmungsmethodenfehler zustande gekommen oder inhaltlich beeinflusst ist, kann verwertet werden. Ein **Kausalzusammenhang** fehlt etwa, wenn der Beschuldigte ausgesagt hat, obwohl er eine Täuschung durch die Verhörsperson erkannt hatte (BGHSt 22, 170 [175]). Zur Annahme des Verwertungsverbots genügt es andererseits, wenn der Ursachenzusammenhang nicht ausgeschlossen werden kann (BGHSt 34, 365 [369]). Ist **nur ein Teil der Aussage** von dem Methodenfehler beeinflusst, dann bleibt der übrige Teil verwertbar, wenn ein Einfluss der verbotenen Vernehmungsmethode hierauf ausgeschlossen werden kann (*Eisenberg* a.a.O.; LR/*Gleß* § 136a Rn. 71).

Das Verwertungsverbot ist **in jeder Lage des Verfahrens von Amts wegen zu** beachten. Die richterrechtlich in den Fällen der Verletzung von § 136 Abs. 1 Satz 2 entwickelte Widerspruchslösung (§ 136 Rdn. 72 ff.) gilt hier grundsätzlich nicht, weil es an einer Dispositionsbefugnis der Verteidigung fehlt (LR/*Gleß* § 16a Rn. 73, 80). 58

2. Fortwirkung. Die Anwendung einer verbotenen Methode **bei einer informellen Befragung** vor einer förmlichen Vernehmung wirkt auch in der unmittelbar **anschließenden Vernehmung** fort (OLG Frankfurt StV 1998, 119 [120]). Eine Fortwirkung eines Verstoßes gegen Abs. 1 **bei nachfolgenden Vernehmungen**, die für sich genommen prozessordnungsgemäß durchgeführt werden, hat der Verstoß gegen Abs. 1 oder 2 nach der Rechtsprechung dagegen grundsätzlich nicht (BGHSt 22, 129 [134]; 55, 314 [318]; BGH StV 1988, 369 f.; 2003, 324; *Meyer-Goßner/Schmitt* § 136a Rn. 30; *K. Peters* Strafprozess, 4. Aufl., § 41 II 4 c, S. 338), soweit die Einflussgröße sich nicht ausnahmsweise auch auf die Folgevernehmung erstreckt (BGHSt 17, 364 [367 f.]; LG Aachen NJW 1978, 2256 [2257]; *Eisenberg* Beweisrecht der StPO, Rn. 711; LR/*Gleß* § 16a Rn. 74). Der Beschuldigte darf daher erneut vernommen werden und die neue Aussage kann für und gegen ihn verwertet werden, wenn die Einwirkung auf die Willensfreiheit oder Aussagetüchtigkeit nicht mehr vorliegt (BGHSt 37, 48 [53]). Es kommt darauf an, dass sich der Beschuldigte bei der zweiten Aussage seiner Entscheidungsmöglichkeit bewusst war (BGH NStZ 1988, 419). Bei Zwang, Drohung oder Quälerei kommt es auch darauf an, wie lange der Verstoß zurückliegt. Die rechtsfehlerfreie Folgevernehmung ist aber von dem vorausgegangenen Verfahrensmangel nur dann restlos befreit, wenn eine **qualifizierte Belehrung** über die Unverwertbarkeit der früheren Aussage erfolgt (LG Bad Kreuznach StV 1994, 293 ff.; LG Frankfurt StV 2003, 436; differenzierend *Eisenberg* a.a.O. Rn. 711a.). 59

3. Fernwirkung. Auch eine Fernwirkung des Beweisverwertungsverbots bezüglich der fehlerhaft zustande gekommenen Aussage in der Weise, dass auch die durch die Aussage bekannt gewordenen anderen Beweismittel nicht verwertet werden dürften, **besteht nach der Rechtsprechung nicht** (BGHSt 32, 68 [71]; 34, 362 [364]; 51, 1 [7]; 55, 314 [319] m. krit. Anm. *Heghmanns* ZJS 2011, 98 [99]; differenzierend BGHSt 29, 244 [248 ff.]; a. A. *Neuhaus* NJW 1990, 1221 f.). Begründet wird das letztlich nur damit, dass eine solche Wirkung nicht als elementares rechtsstaatliches Gebot des deutschen Strafverfahrensrechts angesehen sei, praktisch zu weit gehe und die Effektivität der Strafrechtspflege zu sehr störe. 60

Das wird aber durch den **Wortlaut** des Gesetzes zumindest nicht nahe gelegt (*Eisenberg* Beweisrecht der StPO, Rn. 715; *Osmer* Der Umfang des Beweisverwertungsverbotes nach § 136a StPO, 1966, S. 35 ff.) und es trägt dem **Normzweck** der vorliegenden Vorschrift nur unzureichend Rechnung (LG Hannover StV 1986, 521 [522]; *Grünwald* StV 1987, 470 [472 f.]; *Radtke/Hohmann/Kretschmer* § 136a Rn. 44), namentlich auch in Fällen der Verletzung von Art. 3 EMRK (*Weigend* StV 2011, 325 [327]). Ferner lässt sich die **Entstehungsgeschichte** der vorliegenden Vorschrift dahin deuten, dass der Gesetzgeber auch eine Verwertung mittelbar mithilfe der verbotenen Methode erlangter Beweise untersagen wollte (*Eisenberg* a.a.O. Rn. 716; *Osmer* a.a.O. S. 42 ff.). Historie und **Schutzzweck** der Norm lassen sich eher für als gegen die Annahme von Fernwirkungen des Verwertungsverbots auf Sekundärbeweise anführen (*Eisenberg* a.a.O. Rn. 717 f.). Daher wird bisweilen auf der Ebene der Fernwirkungen **zumindest nach dem Maßstab der Abwägungslehre** von Fall zu Fall geprüft, ob aus dem absoluten Beweisverbot für die primär erlangte Aussage auch ein Verwertungsverbot für Sekundärbeweise, die erst mithilfe der bemakelten Aussage erlangt wurden, resultieren soll. Eine Alternative wäre die Anwendung der »fruit of the poisonous tree doctrine« (*Weigend* StV 2011, 325 [329]) mit der Gegenausnahme nach dem Maßstab 61

§ 136a StPO   Verbotene Vernehmungsmethoden; Beweisverwertungsverbote

der »hypothetical clean path doctrine«. Die Rechtsprechung folgt dem aber, wie gesagt, bisher nicht (§ 136 Rn. 125).

62 IV. Verfahrenshindernis. Die Verletzung der Verbotsregeln aus Abs. 1 oder 2 führt nach vorherrschender Meinung nicht zu einem Verfahrenshindernis (*Jahn* Gutachten C zum 68. DJT, 2008, C 104 f.), weil der Wortlaut des Abs. 3 das nicht hergibt. Freilich wird bei besonders schwer wiegenden und irreparablen Verletzungen prozessualer Rechte an anderer Stelle erwogen, dass über die begrenzte Rechtsfolge des Beweisverwertungsverbots hinaus **ausnahmsweise ein Verfahrenshindernis von Verfassungs wegen** in Betracht zu ziehen sei (*Hillenkamp* NJW 1989, 2841 ff.). Das Verfahrenshindernis wäre dann praktisch nur eine weiter gehende Rechtsfolge in Fällen, in denen das Verwertungsverbot zur Kompensation nicht ausreicht. Das könnte bei besonders gravierenden Verletzungen des Gebots der Fairness des Verfahrens im Sinne der vorliegenden Vorschrift der Fall sein (*Weigend* StV 2003, 436 [437]). Es ginge gegebenenfalls auch nicht sehr weit über ein mit Fernwirkungen ausgestattetes absolutes Beweisverwertungsverbot hinaus und würde sich nur als **intensivste Form der Nichtverwertung** des Beweismittels im Sinne von Abs. 3 Satz 2 darstellen (*Gau* Die rechtswidrige Beweiserhebung nach § 136a StPO als Verfahrenshindernis, 2006, S. 40 ff.). Die deutsche Rechtsprechung und herrschende Lehre lehnt mit Billigung des Bundesverfassungsgerichts (BVerfG NJW 2005, 656 [657]) und des Europäischen Gerichtshofs (EGMR NStZ 2008, 699 [701 f.] m. Anm. *Esser* NStZ 2008, 657 ff.; EGMR NJW 2010, 3145 [3148 ff.]) ein solches Verfahrenshindernis als Folge eines Methodenfehlers bei der einzelnen Beweiserhebung jedoch prinzipiell als zu weitgehend ab. Im Gesetz findet sich für die Rechtsfolge eines Verfahrenshindernisses kein Anhaltspunkt, was andererseits nicht viel besagt, weil auch andere Verfahrenshindernisse, etwa das Prozesshindernis wegen endgültiger Verhandlungsunfähigkeit des Angeklagten, nicht positivrechtlich geregelt sind und genau genommen auch das Verwertungsverbot in Abs. 3 der vorliegenden Vorschrift nur vorausgesetzt, aber nicht ausdrücklich geregelt ist. Wird zudem etwa **für Extremfälle** der qualifiziert überlangen Verfahrensdauer ein Verfahrenshindernis erwogen (BGHSt 46, 159 [169]), dann besteht prinzipiell kein Grund, dasselbe nicht auch für besonders grobe Rechtsfehler bei der Beweisbeschaffung im Sinne der vorliegenden Vorschrift vorzusehen (*Gau* Die rechtswidrige Beweiserhebung nach § 136a StPO als Verfahrenshindernis, 2006, S. 91 ff.). Insbesondere die **Verletzung des Folterverbotes** aus Art. 3 EMRK könnte Anlass dazu bieten, über eine Verfahrenshindernislösung nachzudenken (*Radtke/Hohmann/Kretschmer* § 136a Rn. 18). In der inländischen Praxis sind aber kaum Fälle irreparabler Fehler dieser Art anzutreffen, die nicht durch mindere Kompensationsmittel ausreichend ausgeglichen werden können. Jedoch ist die aus dogmatischer Sicht eine Aufreihung der strafprozessualen Möglichkeiten zur Kompensation von Verfahrensfehlern vom Verfahrenshindernis als ultima ratio über das mit Fernwirkungen ausgestattete absolute Beweisverwertungsverbot, ferner danach das relative Beweisverwertungsverbot ohne Fernwirkungen und schließlich und endlich die schlichte Beweiswürdigungslösung in eine Stufenfolge zu bringen, um verschiedenen Graden der Prozessrechtsverletzung sachgerecht Rechnung tragen zu können.

63 V. Rechtsmittel und Rechtsbehelfe. 1. Ablehnung der Verhörsperson wegen Befangenheit. Die Verhörperson, der ein Methodenfehler nach der vorliegenden Vorschrift unterläuft, setzt sich der Besorgnis der Befangenheit aus. Richter können deswegen abgelehnt werden (§ 24), für Staatsanwälte oder polizeiliche Ermittlungspersonen fehlt in der Strafprozessordnung eine entsprechende Regelung. Jedoch muss insoweit aus Gründen der Fairness des Verfahrens eine Auswechslung des handelnden Beamten mit den Mitteln der Sachaufsicht ermöglicht werden. Ein Gericht, das mit der Sache befasst wird, hat darauf hinzuwirken, dass der potenziell befangene Beamte von der weiteren Sachbearbeitung, insbesondere als Sitzungsvertreter der Staatsanwaltschaft, ausgeschlossen wird.

64 2. Revision. Mit der **Revision** kann gerügt werden, dass das Urteil des Tatgerichts auf der **Nichtbeachtung eines Beweisverwertungsverbots** nach Abs. 3 Satz 2 beruhe. Dazu muss nach der Rechsprechung eine Verfahrensrüge erhoben werden (BGHR StPO § 136a Abs. 1 Satz 3 Vereinbarung 1; *Eisenberg* Beweisrecht der StPO, Rn. 723; *Meyer-Goßner/Schmitt* § 136a Rn. 33), die den Voraussetzungen der §§ 344 Abs. 2 Satz 2, 345 genügen muss, um zulässig zu sein. Dazu müssen alle Prozesstatsachen, aus denen sich das die Voraussetzungen des Verwertungsverbots ergeben sollen, form- und fristgerecht vorgetragen werden. Geboten ist vorsorglich die Mitteilung der gesamten Vernehmungsprotokolle, der Prozesstatsachen über die Beweisverwertung in der Hauptverhandlung und die Umstände, aus denen sich die Möglichkeit des Ursachenzusammenhangs zwischen der fehlerhaften Vernehmungsmethode und der Aussage ergeben soll (BGH NStZ-RR 2000, 34; LR/*Gleß* § 136a Rn. 80). Erst recht muss die Fortwirkung dargelegt werden, wenn geltend gemacht wird, ein Methodenfehler habe sich noch auf eine wesentlich später gemachte Aussage ausgewirkt (BGH StV 1986, 360 f.). Ist die Nichtbeachtung eines Beweisverwertungsverbots in zulässiger Weise gerügt worden, dann hat das Revisionsgericht die Prozesstatsachen wiederum im **Freibeweisverfahren** festzustellen (*Eisenberg* a.a.O. Rn. 724 *Meyer-Goßner/Schmitt* § 136a Rn. 33) und gegebenenfalls die nötigen Rechtsfolgen nach § 337 daraus zu ziehen. In der Rechtsprechung ist dabei nicht abschließend geklärt, ob **Urteilsfeststellungen** des Tatgerichts insoweit für das Revisionsgericht **bindend** sind (offen gelassen in BGHSt 55, 314 [318]). Wenn das Revisionsgericht aber effektiven Rechtsschutz gewähren soll, so darf es eigentlich nicht an tatrichterliche Feststellungen zur prozessualen Fragestellung gebunden werden.

Mit der Revision kann auch beanstandet werden, das Tatgericht habe **zu Unrecht ein Beweisverwertungsverbot angenommen** und einen Beweisinhalt nicht verwendet. Diese Rüge entspricht in der prozessualen Handhabung im Wesentlichen einer Aufklärungsrüge (BGH StV 1995, 450 f.). 65

3. Wiederaufnahmeverfahren. Eine Wiederaufnahme des Verfahrens zugunsten des Verurteilten kommt nach § 359 Nr. 5 infrage, wenn er **neue Prozesstatsachen** zum **Vorliegen eines absoluten Beweisverwertungsverbots** nach der vorliegenden Vorschrift geltend machen kann (vgl. SK-StPO/*Frister/Deiters* § 359 Rn. 10; *Krüger* Die Überprüfung der tatsächlichen Grundlagen von Verfahrensentscheidungen, 1999, S. 118 ff.; *K. Peters* Fehlerquellen im Strafprozess, Bd. III, S. 54; a. A. LG Landau StV 2009, 237 ff.; LR-*Gössel* § 359 Rn. 74). Das ist insbesondere **im Kontext mit einem Geständniswiderruf** nach einer Verurteilung aufgrund einer Verständigung nahe liegend (OLG Stuttgart NJW 1999, 375 f.), wenn dem taktischen Geständnis eine selbstbelastende Äußerung in einer methodenfehlerhaften Vernehmung im Vorverfahren vorausgegangen war (*M. Müller* Probleme um eine gesetzliche Regelung der Absprachen im Strafverfahren, 2008, S. 250). 66

Elfter Abschnitt. Verteidigung

§ 137 StPO Recht des Beschuldigten auf Hinzuziehung eines Verteidigers.
(1) ¹Der Beschuldigte kann sich in jeder Lage des Verfahrens des Beistandes eines Verteidigers bedienen. ²Die Zahl der gewählten Verteidiger darf drei nicht überschreiten.
(2) ¹Hat der Beschuldigte einen gesetzlichen Vertreter, so kann auch dieser selbständig einen Verteidiger wählen. ²Absatz 1 Satz 2 gilt entsprechend.

A. Grundsätzliches. I. Verfassungsrechtliche Grundlagen und Historisches. Bei § 137 Abs. 1 Satz 1 handelt es sich um eine **einfachgesetzliche Ausprägung des verfassungsrechtlich und konventionsrechtlich** verbürgten **Anspruchs des Beschuldigten auf ein faires Verfahren** (Art. 2 Abs. 1 i.V.m. Art. 1 Abs. 1 Satz 1, 20 Abs. 3 GG sowie Art. 6 Abs. 1 Satz 1, Abs. 3 lit. c) EMRK; vgl. BVerfGE 39, 156, 163; 66, 314, 318; 133, 168, 203; *Gaede*, Fairness als Teilhabe, 2007, S. 239 ff.; *Renzikowski* FS Roxin II, S. 1341). 1

Hintergrund des verfassungsrechtlichen Anspruchs auf eine geordnete und effektive Verteidigung ist die Überlegung, dass die Strafverfolgungsbehörden zwar theoretisch auch die zugunsten des Beschuldigten sprechenden Umstände ermitteln sollen (§§ 160 Abs. 2, 244 Abs. 2), dass aber eine **Verteidigung im materiellen Sinne**, also das Hervorheben der zugunsten des Beschuldigten sprechenden Umstände, in der Praxis erst durch eine außerhalb der Strafverfolgungsorgane stehende Person, die im Verfahren eine herausgehobene Stellung hat (**Verteidigung im formellen Sinne**), verwirklicht werden kann. Das Recht auf eine Verteidigung dient damit dem Ziel, **Waffengleichheit** zwischen den Verfahrensbeteiligten im Strafverfahren herbeizuführen (Maunz/Dürig/*Grzeszick* Art. 20 Rn. 144; s.a. Einl. Rdn. 160), indem dem regelmäßig rechtsunkundigen und ggf. infolge von Untersuchungshaft in seiner Handlungsfreiheit beschränkten Beschuldigten die Möglichkeit eröffnet wird, einen rechts- 2 kundigen Beistand zu wählen (*Beulke* Strafprozessrecht Rn. 148; zur Relevanz des anwaltlichen Beistands in der Verfahrenswirklichkeit *Soyer/Schumann* StV 2012, 495 [zu den Ländern Österreich, Kroatien, Deutschland und Slowenien]).

3 Die Regelungen des § 137 Abs. 1 Satz 1 und des Abs. 2 Satz 1 sind seit dem Inkrafttreten der StPO unverändert geblieben (LR/*Lüderssen/Jahn* § 137 Rn. 1; zur historischen Verankerung des Beistandsbegriffs s. *Ignor* FS Schlüchter, S. 39, 47).

4 Die Beschränkung durch § 137 Abs. 1 Satz 2 auf (im Regelfall, s.u. Rdn. 22) drei Wahlverteidiger geht zurück auf das Gesetz zur Ergänzung des Ersten Gesetzes zur Reform des Strafverfahrensrechts vom 20.12.1974 (BGBl. I 1974, S. 3686; dazu näher *Dünnebier* NJW 1976, 1; zur Verfassungsmäßigkeit dieser Regelung vgl. BVerfGE 39, 156, 162 [Verteidiger der RAF]). Die Regelung soll dem Missbrauch der Verteidigung zum Zwecke der Prozessverschleppung und -vereitelung vorbeugen (BT-Drs. 7/2526, S. 30; BGHSt 27, 124, 128).

5 **II. Die Stellung des Verteidigers.** Welche Rechte und Pflichten dem Verteidiger im Strafverfahren zukommen, lässt sich dem Gesetz nicht für sämtliche Konstellationen konkret entnehmen und ist daher seit langem umstritten (umfassend hierzu Widmaier/Müller/Schlothauer/*Salditt* MAH § 1). Diese Frage zielt darauf ab, welche Rolle er im Strafverfahren einnimmt (näher dazu *Beulke/Ruhmannseder* [2010] Rn. 10 ff.; *Beulke* FS Roxin, S. 1173, 1179 ff.; s.a. Einl. Rdn. 160 ff.).

6 Gegen die z.T. vertretene sog. **Parteiinteressenvertretertheorie** (u.a. vertreten von AK/*Stern* Vor § 137 Rn. 24), die den Verteidiger an den Willen des Beschuldigten binden will, spricht bereits das o.g. Ziel der Verteidigung, Waffengleichheit herzustellen, indem dem Beschuldigten das rechtliche »Knowhow« des Verteidigers zuteil wird. Die Bindung des Verteidigerhandelns an den – womöglich ungünstigen – Willen des Beschuldigten würde dieses Ziel konterkarieren. Die abgeschwächte Form dieser Theorie, die sog. **Vertragstheorie** (so LR/*Lüderssen/Jahn* Vor § 137 Rn. 33 ff.; *Jahn* StV 2014, 40, 43 ff.; wohl auch MüKo-StPO/*Thomas/Kämpfer* § 137 Rn. 10 a.E.), widerspricht dem geltenden Recht der Pflichtverteidigung, das eine Bestellung sogar gegen den Willen des Beschuldigten ermöglicht (Roxin/Schünemann § 19 Rn. 5; vgl. auch *Beulke* in Kühne/Miyazawa (Hrsg.), Alte Strafrechtsstrukturen und neue gesellschaftliche Herausforderungen in Japan und Deutschland 2000, S. 137, 140; Radtke/Hohmann/*Reinhart* § 137 Rn. 6 sowie Einl. Rdn. 166). Die in jüngerer Zeit verstärkt vertretenen sog. **verfassungsrechtlich-prozessualen Theorien** schließlich (vgl. dazu Radtke/Hohmann/*Reinhart* § 137 Rn. 10 m.w.N.; s.a. Einl Rdn. 167), die jedes von einem Verteidigungshandeln getragene Tun des Verteidigers vorbehaltlich eines expliziten gesetzlichen Verbots für zulässig erachten, scheitern an ihrer Konturenlosigkeit. Gleiches gilt für die Lesart, die die Zulässigkeit des Handelns des Verteidigers von einer ausdrücklichen gesetzlichen Normierung abhängig machen will (so *G. Wolf*, Das System des Rechts der Strafverteidigung, [2000]; hierzu näher *Beulke* StV 2007, 261; Radtke/Hohmann/*Reinhart* § 137 Rn. 7; vgl. auch Einl. Rdn. 167).

7 Nach zutreffender herrschender Meinung handelt der Verteidiger sowohl als Beistand des Beschuldigten als auch – worauf § 1 BRAO hindeutet – als Organ der Rechtspflege (sog. **Organtheorie**; umfassend zu diesem Begriff *Beulke* Verteidiger im Strafverfahren S. 164 ff.; *Jaeger* NJW 2004, 1 ff. sowie *Eckhart Müller* FS Dahs, S. 3 ff., jeweils m. zahlr. N. zur verfassungsgerichtlichen Rechtsprechung). Aus dieser Stellung heraus lassen sich die ihm gewährten gesetzlichen Privilegierungen (z.B. §§ 147 ff.) erklären (krit. hierzu Radtke/Hohmann/*Reinhart* § 137 Rn. 2).

8 Die aus dieser janusköpfigen Stellung erwachsenden Pflichten gegenüber der Allgemeinheit sind jedoch darauf beschränkt, die Effektivität der Strafrechtspflege in ihrem **Kernbereich** sicherzustellen (sog. **eingeschränkte Organtheorie**, vgl. *Beulke* S. 200 ff.; *ders*. Strafprozessrecht Rn. 150; *ders./Witzigmann* StV 2009, 394, 395; s.a. Einl. Rdn. 162). Darüber hinausgehende Pflichten gegenüber den Strafverfolgungsorganen zu einer Verfahrenssicherung oder gar -förderung sind damit nicht begründbar. Aus diesem Grund ist bspw. eine Pflicht, der Verwertung einer Einlassung des Beschuldigten wegen fehlender Belehrung bis zu dem in § 257 genannten Zeitpunkt zu widersprechen, abzulehnen (s. dazu näher Einl. Rdn. 163).

9 **B. Tatbestand. I. Zeitlicher Geltungsbereich.** § 137 ist weit auszulegen (KK/*Laufhütte/Willnow* § 137 Rn. 1). Er gilt **in allen Phasen des Strafverfahrens**, d.h. vom Ermittlungsverfahren (vgl. § 136 Abs. 1 Satz 2) über das Zwischen- und Hauptverfahren bis nach Rechtskraft des Urteils im Rah-

men des Strafvollstreckungs-, Gnaden- und Wiederaufnahmeverfahren (*Meyer-Goßner/Schmitt* § 137 Rn. 3; SK-StPO/*Wohlers* § 137 Rn. 18 ff.; zu besonderen Verfahrensarten vgl. LR/*Lüderssen/Jahn* § 137 Rn. 51 ff.; zu Strafvollzugsangelegenheiten s. LR/*Lüderssen/Jahn* § 137 Rd. 48; *Meyer-Goßner/Schmitt* Vor § 137 Rn. 5; zum Untersuchungshaftvollzug: OLG Bamberg NStZ-RR 2015, 93). Eine Beauftragung ist auch bereits **vor Einleitung eines Ermittlungsverfahrens** möglich (MüKo-StPO/*Thomas/Kämpfer* § 137 Rn. 5). Wenn die Mandatierung bzw. Konsultation sogar schon vor Tatbegehung erfolgt, muss der Verteidiger die Anzeigepflichten des § 139 Abs. 2 Satz 2 StGB beachten. Eine **vorzeitige Beendigung des Verteidgerverhältnisses** ist bei der Wahlverteidigung jederzeit möglich, und zwar ohne Angabe von Gründen. Dem Verteidiger ist es allerdings untersagt, das Verteidigungsverhältnis zur Unzeit zu kündigen, sofern kein wichtiger Grund die Fortführung der Verteidigung als unzumutbar erscheinen lässt (§ 627 Abs. 2 BGB; s.a. These 7 der Thesen zur Strafverteidigung des Strafrechtsausschusses der Bundesrechtsanwaltskammer, 2. A. 2015). Dies schließt z.B. eine Kündigung unmittelbar vor und während der Hauptverhandlung aus (SK-StPO/*Wohlers* § 137 Rn. 11). Im **Fall des Todes des Strafverteidigers** erlischt das Verteidigungsverhältnis (§ 673 BGB). Für den Fall des **Todes des Beschuldigten** ist die Rechtslage streitig: Teilweise wird auch insoweit ein Erlöschen des Verteidigungsverhältnisses befürwortet (OLG Düsseldorf NJW 1993, 546; OLG Hamburg StraFo 2008, 90). Da jedoch weitere Entscheidung anstehen können, wie z.B. die über die Erstattung der notwendigen Auslagen eines Angeklagten durch die Staatskasse (OLG Frankfurt a.M. NStZ-RR 2002, 246), gilt das Verteidigungsverhältnis (in Übereinstimmung mit § 672 BGB) über den Tod hinaus (KG StraFo 2008, 90; OLG Hamburg NJW 1971, 2183; HK/*Julius* § 137 Rn. 8; *Meyer-Goßner/Schmitt* Vor § 137 Rn. 7).

Bereits in der sog. **Anbahnungsphase** entfaltet § 137 Abs. 1 gewisse Vorwirkungen. Dem in Untersuchungshaft befindlichen Beschuldigten ist daher auf seinen Wunsch der Besuch durch einen Rechtsanwalt zu gestatten, auch wenn zu diesem Zeitpunkt noch kein Mandatsverhältnis besteht (s.a. Einl. Rdn. 170; zur Frage, ob dies auch dann gilt, wenn ein Dritter den Rechtsanwalt um einen Haftbesuch bittet und der Beschuldigte von dieser Bitte gar nichts weiß: bejahend LG Darmstadt StV 2003, 628; **a. A.** OLG Hamm StRR 2010, 193 m. zust. Anm. *Barton*; hierzu krit. die Stellungnahme Nr. 16/2010 des Strafrechtsausschusses der BRAK zur Praxis der Verteidigerbestellung nach §§ 140 Abs. 1 Nr. 4, 141 Abs. 3 Satz 4, StV 2010, 544, 548 f. sowie näher unter § 148 Rdn. 10). Die Beschränkung auf drei Verteidiger (§ 137 Abs. 1 Satz 2) gilt nur für diejenigen Verteidiger, die gegenüber Staatsanwaltschaft und Gericht in dieser Eigenschaft auftreten, also nicht bezüglich Rechtsanwälten, die den Beschuldigten in der Untersuchungshaft aufsuchen wollen (*Widmaier* StraFo 2011, 390). 10

II. Sachlicher Gehalt. Die generalklauselartige Norm selbst eröffnet dem Verteidiger zwar keine konkreten Handlungsbefugnisse (*Gössel* ZStW 94 (1982) 5, 34; KK/*Laufhütte/Willnow* § 137 Rn. 1), weist jedoch durch den Begriff »Beistand« darauf hin, dass der Verteidiger zum Schutz des Beschuldigten in dessen Stellung als Prozesssubjekt berufen und diesem bei der Wahrnehmung seiner Rechte Hilfe zu leisten hat (*Ignor* FS Schlüchter, S. 31, 47). 11

Die Regelung wird in zahlreichen speziellen Regelungen der StPO, v.a. in Form von Anwesenheits- und Anhörungsrechten (vgl. z.B. §§ 81 Abs. 1, 168c Abs. 1 u. 2), konkretisiert (SK-StPO/*Wohlers* § 137 Rn. 3; Radtke/Hohmann/*Reinhart* § 137 Rn. 1). 12

Sie stellt für die Strafverfolgungsbehörden **eine Art »Merkposten«** dar und erinnert diese daran, dass das Interesse an einer reibungslosen Durchführung des Strafverfahrens gegen dasjenige des Beschuldigten auf den Beistand eines Verteidigers seines Vertrauens abzuwägen ist und im Zweifel dem letztgenannten Interesse der Vorrang gebührt (OLG Koblenz NZV 2009, 569, 570; OLG Hamm VRR 2013, 272). Auch die in der täglichen Praxis höchst virulente Problematik um die richterliche Ermessensentscheidung über die Terminierung und – bei Verhinderung des Wahlverteidigers – Terminsverlegung ist letzlich als Ausprägung dieses Abwägungsvorgangs zu begreifen (vgl. BGH NStZ 2007, 163; BGH NStZ 1988, 235; OLG Oldenburg StV 2015, 156; LG Braunschweig StV 2014, 335; LG Neubrandenburg, Beschluss vom 13. Februar 2012 – 8 Qs 21/12 bei juris; s. aber auch AG Tiergarten StRR 2014, 500). 13

III. Grundsatz, § 137 Abs. 1 Satz 1, 2 Satz 1. 1. § 137 Abs. 1 Satz 1 a) Beschuldigtenbegriff. § 137 Abs. 1 Satz 1 knüpft an den Begriff des **Beschuldigten** an (dazu näher unter § 136; vgl. aber auch o. Rdn. 9 zur zeitlichen Geltung). 14

§ 137 StPO   Recht des Beschuldigten auf Hinzuziehung eines Verteidigers

15 **b) Entstehen des Verteidigungsverhältnisses.** § 137 Abs. 1 Satz 1 betrifft den sog. **Wahlverteidiger**. Wird dieser entgeltlich tätig (zur gesetzlichen Vergütung *Klemke/Elbs* Einführung in die Praxis der Strafverteidigung [2013] Rn. 219 ff.; zur möglichen Höhe der vereinbarten Vergütung BVerfG NJW-RR 2010, 259 m. zust. Anm. *Beukelmann* NJW-Spezial 2009, 584; BGH NJW 2010, 1364; OLG Koblenz NStZ-RR 2010, 32; zur Zulässigkeit einer Zeittaktklausel OLG Düsseldorf NJW-Spezial 2010, 187; offen gelassen bei BGH NJW 2011, 63), so entsteht durch den **Abschluss eines Geschäftsbesorgungsvertrages** i.S.d. §§ 611, 675 BGB ein Verteidigungsverhältnis (BGH NJW 1964, 2402; *Krause* NStZ 2000, 225; s.a. Einl Rdn. 168; a. A. [Dienstvertrag höherer Art] *Klemke/Elbs* Einführung in die Praxis der Strafverteidigung [2013] Rn. 49; diff. LR/*Lüderssen/Jahn* Vor § 137 Rn. 35; zur Form näher *Ignor* Beck'sches Formularhandbuch für den Strafverteidiger [2010], S. 43), andernfalls durch die Übernahme eines Auftrages i.S.d. § 662 BGB. Sofern der Beschuldigte nach den Regeln des bürgerlichen Rechts nicht (voll) geschäftsfähig ist, vermag ein Vertrag zwar keine Zahlungspflichten zu begründen. Jedoch hindert dieser Umstand nicht das Zustandekommen eines Verteidigungsverhältnisses, weil es hierfür lediglich darauf ankommt, die Bedeutung des Verfahrens zu erkennen und sich sachgemäß zu verteidigen (KK/*Laufhütte/Willnow* § 137 Rn. 4 m.w.N.; unzutreffend daher KG NStZ 2012, 591, das – gestützt auf § 111 Satz 1 BGB – bei einem Fall der Zeugenbeistandschaft von schwebender Unwirksamkeit ausgegangen ist.

16 Eine Personenvereinigung oder juristische Person kann zwar Vertragspartner des Beschuldigten werden; als Verteidiger i.S.d. § 137 kommt indes **nur eine natürliche Person** in Betracht (BVerfGE 43, 73, 91). Zur **Vollmacht**, die auf eine Personenvereinigung bzw. GmbH lautet, s.u. Rdn. 26).

17 Der Abschluss des Vertrages bzw. die Übernahme des Auftrages bedarf **keiner besonderen Form**. Zudem muss den Strafverfahrensbehörden **grundsätzlich keine Vollmachtsurkunde** vorgelegt werden (OLG Nürnberg NStZ 2007, 539 f.; LG Ellwangen NStZ 2003, 331; AG Nauen StRR 2013, 277; *Klemke/Elbs* Einführung in die Praxis der Strafverteidigung [2013] Rn. 4; *Schnarr* NStZ 1986, 488, 490). Auch **gegenüber dem Gericht** kann also die Bevollmächtigung **formlos mitgeteilt** werden. Das gilt auch für den Nachweis der **Untervollmacht** (OLG Karlsruhe NStZ 1983, 43). Hegt das Gericht allerdings **Zweifel** an einer wirksamen Erteilung der Vollmacht, so kann es eine entsprechende Urkunde anfordern (OLG Düsseldorf StraFo 1998, 227). Ein Auftreten des Verteidigers in der Hauptverhandlung lässt vermuten, dass ihm Verteidigervollmacht erteilt worden ist. Das gilt insbesondere, wenn der Verteidiger eine Prozesshandlung für den Beschuldigten vornimmt (BGH NStZ-RR 1998, 18; OLG Düsseldorf StV 2014, 208). Die Vollmachterteilung bleibt aber stets eine Willenserklärung des Beschuldigten. Deshalb genügt es nicht, wenn lediglich der Verteidiger erklärt, er wolle für den Beschuldigten auftreten, ohne dass der Beschuldigte dies zumindest mitträgt (BGH StraFo 2010, 339). Der Strafverteidiger hat seine Dienste im Zweifel **persönlich** zu erbringen, die Ermächtigung des Wahlverteidigers zur Erteilung einer Untervollmacht ist jedoch zulässig und üblich (vert. zur Untervollmacht in Bußgeldsachen: *Fromm* SVR 2015, 49; s.a. § 139 Rdn. 1 ff.). Solange der Beschuldigte die Verteidigerbestellung nicht wirksam zurücknimmt, sind die vom unterbevollmächtigten Verteidiger vorgenommenen Rechtsakte wirksam (zweifelhaft deshalb LG Duisburg StV 2005, 600 m. Anm. *Jahn/Kett-Straub*). Die Übersendung der **schriftlichen Vollmacht** zu den Akten ist lediglich insoweit ein zwingendes Erfordernis, als damit die Zustellung an den Verteidiger ermöglicht (vgl. § 145a Abs. 1; näher dazu unter § 145a Rdn. 1) sowie eine Vertretung des Beschuldigten durch den Verteidiger gewährleistet wird (§§ 234, 350 Abs. 2 Satz 1, 387 Abs. 1, 411 Abs. 2 Satz 1). Um den in der Untersuchungshaft befindlichen Beschuldigten zu besuchen, ist hingegen keine Vollmachtsvorlage vonnöten (vgl. auch § 34 UVollzG Berlin; anders noch Nr. 36 Abs. 2, 3 UVollzO sowie *Meyer-Goßner/Schmitt* § 148 Rn. 11; näher zum Ganzen und mit gleichem Ergebnis zur letztgenannten Fallgruppe *Meyer-Lohkamp/Venn* StraFo 2009, 265, 268).

18 **c) Inhalt.** Der Wortlaut des § 137 Abs. 1 Satz 1 (»Beistand«) deutet in der Gesamtschau mit den §§ 234, 350 Abs. 2 Satz 1, 387 Abs. 1, 411 Abs. 2 Satz 1, die ausdrücklich von einer »Vertretung« sprechen, darauf hin, dass der Verteidiger **grundsätzlich nicht als Vertreter** seines Mandanten fungiert (BGHSt 9, 356, 357; 12, 368, 370; BGH, Beschl. v. 20.03.2001 – 1 StR 59/01; LR/*Lüderssen/Jahn* § 137 Rn. 7). Erklärungen, die der Verteidiger abgibt, sind dem Beschuldigten daher nicht als eigene zuzurechnen (so auch OLG Celle NStZ 1988, 426; *Meyer-Goßner/Schmitt* Vor § 137 Rn. 1; *Wessing* in Graf StPO § 133 Rn. 3; der Beschuldigte kann jedoch eigene (in Ich-Form gehaltene) Erklärungen

durch seinen Verteidiger verlesen lassen und sich diese durch Zustimmung zu eigen machen; näher zum Ganzen und zu den weiteren Möglichkeiten des Beschuldigten, sich die Erklärungen seines Verteidigers zu eigen zu machen, *Beulke* FS Strauda, S. 87).

Die Rechte und Pflichten des Verteidigers bestimmen sich durch die StPO und andere Gesetze. Sofern keine konkreten Regelungen existieren, sind sie aus der Stellung des Verteidigers im Strafverfahren herzuleiten (s. dazu Rdn. 5 ff. oben). 19

Die Regelung des § 137 Abs. 1 StPO würde für den ausländischen Angeklagten rechtswidrig beschnitten, wenn diesem durch die Versagung der **Inanspruchnahme eines Dolmetschers** der Verkehr mit einem ihm nach dem Strafprozessrecht zustehenden Wahlverteidiger verwehrt werden würde (OLG Hamm NStZ-RR 2014, 328). Art. 6 Abs. 3 lit. e EMRK räumt dem der Gerichtssprache unkundigen Beschuldigten unabhängig von seiner finanziellen Lage für das gesamte Strafverfahren und damit auch für vorbereitende Gespräche mit einem Verteidiger einen Anspruch auf unentgeltliche Zuziehung eines Dolmetschers ein (BGHSt 46, 178; s.a. MüKo-StPO/*Thomas/Kämpfer*, § 137 Rn. 11), ohne dass es zuvor eines förmlichen Antragsverfahrens bedarf (BVerfG NJW 2004, 50). 20

2. § 137 Abs. 2 Satz 1. § 137 Abs. 2 Satz 1 eröffnet dem **gesetzlichen Vertreter** des Beschuldigten das Recht, neben dem Beschuldigten seinerseits höchstens drei (vgl. Abs. 2 Satz 2 i.V.m. Abs. 1 Satz 2) Verteidiger zu wählen. Für das Jugendstrafverfahren trifft § 67 Abs. 3 JGG eine entsprechende Regelung für den Erziehungsberechtigten. Wer gesetzlicher Vertreter bzw. Erziehungsberechtigter ist, bestimmt sich nach dem bürgerlichen Recht (KK/*Laufhütte/Willnow* § 137 Rn. 4). Der gesetzliche Vertreter schließt den entsprechenden Vertrag mit dem Verteidiger im Namen des Beschuldigten, und der so gewählte Verteidiger ist dem Beschuldigten gegenüber berechtigt und verpflichtet, sofern der Beschuldigte zu eigenverantwortlichen Entscheidungen in der Lage ist (*Wessing* in Graf StPO § 137 Rn. 18). 21

Die Frage, ob damit im Ergebnis **insgesamt sechs Wahlverteidiger** für einen Beschuldigten mit gesetzlichem Vertreter im Verfahren auftreten dürfen, wird unterschiedlich beantwortet. Zum Teil wird die Norm mit Blick auf ihren Zweck, die Wahlverteidiger zahlenmäßig zu beschränken, teleologisch reduziert und die Höchstzahl der Wahlverteidiger auf drei beschränkt, wobei dem Beschuldigten zumindest bzgl. eines Verteidigers seines Vertrauens die Wahl bleiben soll (so KK/*Laufhütte/Willnow* § 137 Rn. 5; *Meyer-Goßner/Schmitt* § 137 Rn. 10; *Pfeiffer* § 137 Rn. 2; *Fahl* Rechtsmißbrauch im Strafprozess [2003] S. 234). Die überzeugende Gegenansicht stellt auf den Wortlaut des Gesetzes ab, der eine derartige Beschränkung nicht vorsieht und im Gegenteil auf eine kumulative Wahlmöglichkeit hindeutet (so *Joecks*, StPO, § 137 Rn. 7; LR/*Lüderssen/Jahn* § 137 Rn. 77, 79; SK-StPO/*Wohlers* § 137 Rn. 26; HK/*Julius* § 137 Rn. 11; Radtke/Hohmann/*Reinhart* § 137 Rn. 27). Sie vermag sich zudem auf die Gesetzgebungsgeschichte zu berufen (*Dünnebier* NJW 1976, 1 Fn. 1 unter Verweis auf BT-Drucks. 7/2989, S. 3 f.). 22

IV. Grenzen, §§ 137 Abs. 1 Satz 2, Satz 2. Neben § 146 stellt auch § 137 Abs. 1 Satz 2, Abs. 2 Satz 2 eine Grenze für die Vertragsfreiheit im Zusammenhang mit dem Abschluss des Anwaltsvertrags dar. 23

§ 137 Abs. 1 Satz 2 limitiert die Zahl der möglichen Wahlverteidiger auf drei. Pflichtverteidiger sind nicht mitzuzählen (BayObLGStV 1988, 97; kritisch HK/*Julius* § 137 Rn. 9). 24

Als Verteidiger gilt in diesem Zusammenhang auch **der Unterbevollmächtigte**, sofern er nicht nur anstelle, sondern neben dem Hauptbevollmächtigten tätig wird, weil auch die Untervollmacht im Außenverhältnis eine umfassende Vollmacht darstellt (BGH bei *Holtz* MDR 1978, 111; *Meyer-Goßner/Schmitt* § 137 Rn. 5 m.w.N.; FA Strafrecht/*Köllner* Rn. 96). Auch Personen, die nur mit Genehmigung des Gerichts nach § **138 Abs. 2** auftreten dürfen (dazu näher unter § 138 Rdn. 23 ff.), sind mitzuzählen (BGH, Beschl. v. 14.11.1979 – 3 StR 323/79, zit. nach *Pfeiffer* NStZ 1981, 93, 94 f.), ebenso **ausländische Verteidiger** (*Pfeiffer* § 137 Rn. 2). 25

Weist die zu den Akten gereichte Vollmacht eine **Personenvereinigung bzw. juristische Person** als Vertragspartner aus, so ist diese ggf. einschränkend auszulegen. Als Verteidiger ist daher derjenige Rechtsanwalt anzusehen, der tatsächlich verteidigt und damit das Angebot zur Bearbeitung des Mandats ausdrücklich abgegeben hat (BVerfGE 43, 79, 91; BGHSt 40, 188, 190; SK-StPO/*Wohlers* § 137 Rn. 25 m.w.N.). 26

§ 138 StPO Wahlverteidiger

27 Übersteigt die Zahl der gewählten Verteidiger diese Höchstgrenze, so ist derjenige, der entgegen § 137 Abs. 1 Satz 2 bzw. Abs. 2 Satz 2 mit der Verteidigung betraut wird, gem. § 146a Abs. 1 Satz 1 als Verteidiger **zwingend zurückzuweisen**. Zeigen mehr als drei Verteidiger **gleichzeitig** ihre Mandatierung an, so sind sie allesamt gem. § 146a Abs. 1 Satz 2 zurückzuweisen (dazu näher unter § 146a).

28 **C. Revision. I. Verstoß gegen § 137 Abs. 1 Satz 1.** Mit Blick auf das in § 137 Abs. 1 Satz 1 zum Ausdruck kommende Recht des Beschuldigten auf effektive Verteidigung hat der BGH bislang lediglich obiter dictu entschieden, dass bei einem Verstoß gegen § 137 Abs. 1 Satz 1 als ultima ratio ein Verfahrenshindernis wegen eines Verstoßes gegen den Grundsatz des fairen Verfahrens in Betracht kommt, im übrigen aber die Beweiswürdigungslösung favorisiert (BGH NJW 2007, 3010 m. krit. Anm. *Jahn* JuS 2007, 1058; zum Verstoß gegen die Belehrungspflicht gem. § 136 Abs. 1 Satz 2 s. Einl. Rdn. 298). Die ermessensfehlerhafte Ablehnung bzw. Nichtbescheidung eines Terminverlegungsantrags kann als Verletzung des Rechts auf wirksame Verteidigung einen relativen Revisionsgrund darstellen (OLG Oldenburg StV 2015, 156).

29 **II. Verstoß gegen § 137 Abs. 1 Satz 2.** Nach der Rechtsprechung des BGH kann ein Urteil nicht darauf beruhen, dass an dem Verfahren **mehr als drei Verteidiger mitgewirkt** haben (BGH, Beschl. v. 26.02.1998, 4 StR 7/98; *Meyer-Goßner/Schmitt*, § 137 Rn. 12; a. A. mit Blick auf die konkrete Fallkonstellation *Neuhaus* StV 2002, 44).

30 Zur Revisibilität der **Zurückweisung, obwohl die Voraussetzungen des § 146a Abs. 1 Satz 1 nicht vorgelegen haben,** s.u. § 146a Rdn. 18.

§ 138 StPO Wahlverteidiger.
(1) ¹Zu Verteidigern können Rechtsanwälte sowie die Rechtslehrer an deutschen Hochschulen im Sinne des Hochschulrahmengesetzes mit Befähigung zum Richteramt gewählt werden.
(2) ¹Andere Personen können nur mit Genehmigung des Gerichts gewählt werden. ²Gehört die gewählte Person im Fall der notwendigen Verteidigung nicht zu den Personen, die zu Verteidigern bestellt werden dürfen, kann sie zudem nur in Gemeinschaft mit einer solchen als Wahlverteidiger zugelassen werden.
(3) Können sich Zeugen, Privatkläger, Nebenkläger Nebenklagebefugte und Verletzte eines Rechtsanwalts als Beistand bedienen oder sich durch einen solchen vertreten lassen, können sie nach Maßgabe der Absätze 1 und 2 Satz 1 auch die übrigen dort genannten Personen wählen.

1 **A. Grundsätzliches.** Die Absätze 1 und 2 des § 138 **konkretisieren** den in § 137 verkörperten **Anspruch des Beschuldigten auf eine Wahlverteidigung,** indem sie den Kreis möglicher Verteidiger umschreiben (*Nestler* FS Kohlmann S. 653, 655). Die Norm unterscheidet dabei grundlegend zwischen solchen Personengruppen, die kraft Qualifikation ohne weiteres vom Beschuldigten gewählt werden können (**Abs. 1**) und solchen, bei denen das Auftreten als Verteidiger neben der Wahl durch den Beschuldigten zusätzlich die individuelle Genehmigung durch das Gericht (**Abs. 2**) und im Fall der notwendigen Verteidigung außerdem die Mitwirkung eines Verteidigers i.S.d. § 138 Abs. 1 voraussetzt.

2 § 138 Abs. 1 wurde seit seiner Schaffung bislang dreimal geändert (zur wechselhaften Anwendungsgeschichte LR/*Lüderssen/Jahn* § 138 Vor Rn. 1; speziell zu § 138 Abs. 2 s. *Lehmann* JR 2012, 287, 288; zu Ansätzen der europäischen Vereinheitlichung s. *Ahlbrecht* StV 2012, 491, 494).

3 Die erste Änderung erfolgte im Zuge des Ersten Justizmodernisierungsgesetzes vom 24.08.2004 (BGBl. I S. 2198). In diesem Zusammenhang wurde die Norm dahingehend modifiziert, dass nunmehr auch Fachhochschullehrer als Verteidiger gem. § 138 Abs. 1 gewählt werden können. Der Gesetzgeber hat damit auf die geänderte höchstrichterliche Rechtsprechung reagiert (BGHSt 48, 350).

4 Infolge des Gesetzes zur Stärkung der Rechtsanwaltschaft im Jahr 2007 wurde der Passus, dass Rechtsanwälte »bei einem deutschen Gericht zugelassen« sein müssen, gestrichen (BGBl. I S. 365; Gesetz v. 26.03.2007).

5 Zuletzt wurde die Norm im Jahr 2009 durch das 2. Opferrechtsreformgesetz in Absatz 2 sprachlich neu gefasst und um einen **Absatz 3** erweitert (BGBl. I S. 2280; Gesetz v. 29.07.2009). Mit diesem werden den dort genannten Personen die gleichen Rechte wie dem Beschuldigten gewährt und damit die

Rechte dieser Personen denen des Beschuldigten angeglichen (BT-Drucks. 16/12098, S. 10; *Ladiges* JR 2013, 294; krit. dazu *Barton* JA 2009, 753).

B. Regelungsgehalt. I. Rechtsanwälte. 1. Grundsatz. Wer in Deutschland als Rechts- 6
anwalt zugelassen ist, kann grundsätzlich vor jedem Gericht als Verteidiger auftreten. Die Voraussetzungen der Zulassung regeln §§ 4 und 5 BRAO (näher dazu LR/*Lüderssen/Jahn* § 138 Rn. 3 ff.; zu den Spezialisierungsmöglichkeiten eingehend KMR/*Hiebl* § 138 Rn. 7-12).

Ob ein **Rechtsanwalt** gewählt werden kann, **der in einem anderen Staat Europas zugelassen ist**, be- 7
stimmt sich nach dem Gesetz über die Tätigkeit europäischer Rechtsanwälte in Deutschland vom 09.03.2000 (**EuRAG**). Das Gesetz erfasst Rechtsanwälte aus einem Mitgliedstaat der Europäischen Union, anderer Vertragsstaaten des Abkommens über den Europäischen Wirtschaftsraum und der Schweiz (§ 1 EuRAG). Es unterscheidet zwischen niedergelassenen europäischen Rechtsanwälten (§§ 2 ff. EuRAG) und den nur vorübergehend in Deutschland tätigen dienstleistenden europäischen Rechtsanwälten (§§ 25 ff. EuRAG) und stellt die erstgenannte Gruppe den deutschen Rechtsanwälten gleich, während die letztgenannte Gruppe nur im Einvernehmen mit einem deutschen Rechtsanwalt handeln darf (sog. Einvernehmensanwalt [§ 28 Abs. 1 EuRAG]; näher zum Ganzen *E. Werner* StraFo 2001, 221).

Ein **Syndikusanwalt**, d.h. ein zugelassener Rechtsanwalt, der Arbeitszeit und Arbeitskraft aufgrund 8
eines Dienstvertrages oder ähnlichen Beschäftigungsverhältnisses überwiegend nur einem Auftraggeber zur Verfügung stellt, steht in einem Spannungsverhältnis zwischen dienstvertraglicher Weisungsabhängigkeit und freiem Beruf (*Beulke/Lüdke/Swoboda* S. 5 ff.; *Kramer* AnwBl. 2001, 140). Er kann nur nach Maßgabe der Einschränkungen des § 46 Abs. 2 BRAO und nur dann zum Verteidiger gem. § 138 Abs. 1 gewählt werden, wenn er außerhalb seines Dienstverhältnisses tätig wird (§ 46 Abs. 1 BRAO; näher zum Ganzen *Beulke/Lüdke/Swoboda* Unternehmen im Fadenkreuz [2009], S. 14). Dies schließt aber seine Wahl nach § 138 Abs. 2 nicht aus (SK-StPO/*Wohlers* § 138 Rn. 10; *Kramer* AnwBl. 2001, 140, 143).

Wer ein Unternehmen **ständig anwaltlich berät**, ohne Syndikusanwalt zu sein, darf hingegen in einem 9
Wirtschafts- oder Steuerstrafverfahren ohne diese Einschränkungen als Verteidiger i.S.d. § 138 Abs. 1 auftreten (*Meyer-Goßner/Schmitt* § 138 Rn. 2b; **a. A.** *Birkenstock* wistra 2002, 47), und zwar auch zugunsten von Vorstands- und Aufsichtsratsmitgliedern dieses Unternehmens.

Ein sogenannter **Unternehmensverteidiger** vertritt die Interessen eines Unternehmens in einem Straf- 10
verfahren, ohne bei diesem angestellt zu sein (vgl. hierzu näher *Jahn* ZWH 2012, 477 u. 2013, 1; *Wessing* FS Mehle, S. 665 sowie die vom Strafrechtsausschuss der BRAK erarbeiteten Thesen zum Unternehmensanwalt, BRAK-Mitteilungen 2011, 16; hierzu *Sidhu/v. Saucken/Ruhmannseder* NJW 2011, 881; vgl. auch *Leipold* NJW-Spezial 2011, 56).

2. Ausnahmen. In eigener Sache kann ein Rechtsanwalt weder nach § 138 Abs. 1 als Verteidiger 11
agieren, noch gem. § 138 Abs. 2 zugelassen werden, weil der Status des Verteidigers als Organ der Rechtspflege (s.o. § 137 Rdn. 7) mit dem des Beschuldigten im Strafverfahren nicht vereinbar ist (BVerfGE 53, 207, 214 f.; BVerfG NJW 1998, 2205).

Auch eine **Verteidigung eines Mitbeschuldigten** scheidet seitens eines beschuldigten Rechtsanwalts we- 12
gen der zu erwartenden Interessenwidersprüche und der Unvereinbarkeit mit Rechten der Verteidigung (Akteneinsichtsrecht; ungehinderter und nicht überwachter Kontakt mit dem Beschuldigten) und dem Interesse an einer effektiven Strafverfolgung aus (BGH StV 1996, 469; BGH wistra 2011, 149 f.; OLG Celle NJW 2001, 3564; OLG Hamm NStZ-RR 2008, 252; vgl. zum anzuwendenden Verfahren näher unter § 138a Rdn. 9 f.).

Demgegenüber schließt die **Zeugenstellung** des Rechtsanwalts die Verteidigung nicht aus (LR/*Ignor/* 13
Bertheau Vor § 48 Rn. 45); dass die Verteidigung berufswidrig ist, wenn der Verteidiger seinen Mandanten belastet, ändert hieran nichts.

Einer Verteidigung steht es jedoch entgegen, wenn gegen den Rechtsanwalt ein **Berufs- oder Vertre-** 14
tungsverbot gem. § 132a, § 70 StGB, §§ 114 Abs. 1 Nr. 4, 150 Abs. 1 Satz 1, 161a BRAO verhängt worden ist.

Darüber hinaus dürfen gem. § **172 Abs. 1 Satz 1 BRAO** die beim BGH zugelassenen Rechtsanwälte 15
nur vor dem Bundesgerichtshof, den anderen obersten Gerichtshöfen des Bundes, dem Gemeinsamen

16 Eine **Erweiterung** des Anwendungsbereichs des § 138 folgt aus **§ 392 Abs. 1 AO**. Über die in § 138 Abs. 1 genannten Rechtsanwälte hinaus können demnach auch die **Angehörigen der steuerberatenden Berufe** (Steuerberater, Steuerbevollmächtigte, Wirtschaftsprüfer, vereidigte Buchprüfer) zu Verteidigern gewählt werden, soweit es sich um Ermittlungsverfahren wegen Steuerstraftaten i.S.d. § 369 Abs. 1 AO handelt und die Finanzbehörde das Verfahren gem. § 396 Abs. 2 AO selbstständig führt.

17 **II. Rechtslehrer an deutschen Hochschulen. 1. Umfasster Personenkreis.** Rechtslehrer an einer deutschen Hochschule i.S.d. Hochschulrahmengesetzes (HRG) ist, wer selbstständig und hauptberuflich ein Rechtsgebiet in Lehre und Forschung vertritt (LR/*Lüderssen/Jahn* § 138 Rn. 9) und einer staatlichen wissenschaftlichen Hochschule oder staatlich anerkannten wissenschaftlichen Bildungseinrichtung angehört; sei es als **(außer-)ordentlicher Professor**, als **Juniorprofessor** (vgl. § 42 Abs. 1 HRG), als **Honorarprofessor** oder als **Privatdozent** (zu letzterem wie hier SK-StPO/*Wohlers* § 138 Rn. 16; a. A. LR/*Lüderssen/Jahn* § 138 Rn. 9 für den Fall eines anderen Hauptberufs). Zusätzliche Voraussetzung ist die Befähigung zum Richteramt, d.h. das Assessorexamen (§ 5 DRiG).

18 Nicht notwendig ist es hingegen, dass die Lehrbefugnis sich auf das Straf(prozess)recht bezieht (zweifelnd HK/*Julius* § 138 Rn. 5); zudem ändert auch die Emeritierung nichts an der Berechtigung (*Meyer-Goßner/Schmitt* § 138 Rn. 4; zu den Folgen im Falle eines Wechsels an eine ausländische Universität näher SK-StPO/*Wohlers* § 138 Rn. 19).

19 Durch den infolge der Gesetzesänderung im Jahr 2004 erfolgten Verweis auf § 1 HRG sind nunmehr unstreitig auch **Fachhochschullehrer** von der Regelung erfasst, sofern sie die Befähigung zum Richteramt besitzen (abl. – nach alter Rechtslage – OLG Brandenburg NStZ-RR 2004, 85; bereits zu diesem Zeitpunkt bejahend BGHSt 48, 350; OLG Dresden NStZ-RR 2001, 205). Nicht erfasst sind hingegen Rechtslehrer an einer **privaten Hochschule**, wie § 1 Satz 2 HRG belegt (so auch LR/*Lüderssen/Jahn* § 138 Rn. 9; Radtke/Hohmann/*Reinhart* § 138 Rn. 4).

20 Ob auch **Lehrbeauftragte** unter § 138 Abs. 1 fallen, wird unterschiedlich beurteilt (dafür Thür. OLG Jena, StraFo 1999, 349 f. m. zust. Anm. *Deumeland*; KMR/*Hiebl* § 138 Rn. 20). Der Wortlaut der Norm spricht dagegen, ebenso wie der Umstand, dass Lehrbeauftragte in der Legaldefinition des Begriffs des Hochschullehrers in § 42 Satz 1 HRG nicht auftauchen (i.E. ebenso *Joecks* § 138 Rn. 3; LR/ *Lüderssen/Jahn* § 138 Rn. 9 m.w.N.; *Meyer-Goßner/Schmitt* § 138 Rn. 4; SK-StPO/*Wohlers* § 138 Rn. 18). Aus diesem Grund sind auch **wissenschaftliche Assistenten**, die einen Lehrauftrag innehaben, aber keine Juniorprofessoren sind, nicht von § 138 Abs. 1 erfasst (i.E. ebenso *Meyer-Goßner/Schmitt* § 138 Rn. 4; *Deumeland* StraFo 1999, 350). Erforderlich ist insoweit also eine Genehmigung i.S.v. § 138 Abs. 2.

21 **2. Modalitäten.** Auch für die unter den Begriff des Rechtslehrers i.S.d. § 138 Abs. 1 fallenden Personen gilt die Einschränkung, dass sie nicht formell als Verteidiger in eigener Sache agieren dürfen (KMR/*Hiebl* § 138 Rn. 5); nicht möglich ist überdies die Verteidigung von Mitbeschuldigten.

22 Das am 01.07.2008 an die Stelle des Rechtsberatungsgesetzes getretene Rechtsdienstleistungsgesetz steht einer anwaltlichen Tätigkeit der unter Rdn. 17 genannten Personen nicht entgegen, weil die gesetzliche Zulässigkeit i.S.d. § 138 Abs. 1 eine solche gem. § 5 Abs. 1 RDG darstellt, sodass auch außergerichtliche Tätigkeiten erlaubt sind (BT-Drucks. 16/3655, S. 53; SK-StPO/*Wohlers* § 138 Rn. 20).

23 **III. Andere Personen (§ 138 Abs. 2) 1. In Betracht kommender Personenkreis.** Die Norm erfasst nur natürliche geschäftsfähige Personen (KK/*Laufhütte/Willnow* § 138 Rn. 8). Nach dem Willen des Gesetzgebers sollten unter den Begriff der anderen Personen i.S.d. § 138 Abs. 2 vor allem **sachkundige**, juristisch gebildete Personengruppen fallen, z.B. ausländische Rechtsanwälte (hierzu OLG Stuttgart NStZ-RR 2009, 113; s. aber Rdn. 7 zum EuRAG) oder Vertreter anderer juristischer Berufe (näher dazu m.w.N. *Hilla* NJW 1988, 2525 f.) und Assessoren (BVerfG NJW 2003, 882; zur Möglichkeit der Übertragung der Verteidigung auf einen Referendar vgl. § 139 Rdn. 3 ff.). Nach Ansicht der Rechtsprechung kommen darüber hinaus aber auch Personen ohne juristisches Staatsexamen in Betracht (OLG Hamm NStZ 2007, 238, 239).

Ein persönlicher Bezug zum Beschuldigten, z.B. bei Familienangehörigen (OLG Hamm MDR 1978, 24 509) oder Freunden schließt die Tauglichkeit – ebenso wenig wie bei den Verteidigern nach Abs. 1 – nicht von vornherein aus (Radtke/Hohmann/*Reinhardt* § 138 Rn. 10; *Lehmann* JR 2012, 287, 290). Mitangeklagte sind hingegen, aus denselben Gründen wie der Beschuldigte selbst (s.o. Rdn. 11), keine 25 tauglichen Verteidiger (BayObLG NJW 1953, 755). Liegen die Ausschließungsgründe der §§ 138a, 138b vor, so steht dies einer Genehmigung gleichfalls von vornherein entgegen (KK/*Laufhütte/Willnow* § 138 Rn. 8).

2. Genehmigung durch das Gericht. a) Allgemeines. aa) Genehmigungsverfahren. Die Zu- 26 lassung setzt einen entsprechenden **Antrag** voraus, der auch konkludent gestellt werden kann (OLG Düsseldorf StraFo 2001, 270; SK-StPO/*Wohlers* § 138 Rn. 28 m.w.N.).
Die Entscheidung über die Zulassung trifft das Gericht **nach pflichtgemäßem Ermessen** auf (konklu- 27 denten) Antrag des Beschuldigten, wobei es im konkreten Einzelfall zwischen dem Interesse des Beschuldigten, durch eine Person seines Vertrauens verteidigt zu werden, und den Belangen der Rechtspflege abzuwägen hat (OLG Koblenz NStZ-RR 2008, 179; OLG Hamm NStZ 2007, 238 f.; OLG Düsseldorf NStZ 1999, 586 f.; ein Muster für einen entsprechenden Antrag findet sich bei KMR/*Hiebl* § 138 Rn. 31).
Die Zulassung **muss** erfolgen, wenn die benannte Person genügend **sachkundig** und **vertrauenswürdig** 28 erscheint und auch sonst keine Bedenken gegen ihr Auftreten vor Gericht bestehen (OLG Koblenz NStZ-RR 2008, 179). Insoweit ist das Ermessen des Gerichts »auf Null« reduziert (so wohl auch SK-StPO/*Wohlers* § 138 Rn. 40). Das Gericht kann sich bei der Ausübung des Ermessens am Maßstab des § 43a BRAO orientieren, der die Grundpflichten des Rechtsanwalts regelt (BVerfG NJW 2006, 1502, 1503). Ist absehbar, dass der Nichtanwalt das Sachlichkeitsgebot verletzen wird, ist seine Ablehnung nicht ermessensfehlerhaft (OLG Hamm NStZ 2007, 238, 240).
Nimmt die vom Beschuldigten gewählte Person vor ihrer Zulassung durch das Gericht Prozesshandlun- 29 gen vor, so sind diese bis zur Zulassung schwebend unwirksam.
Die Entscheidung über die Zulassung ergeht nach Anhörung der Staatsanwaltschaft durch **Beschluss**, 30 der gem. § 34 zu begründen ist (*Meyer-Goßner/Schmitt* § 138 Rn. 12).
Wird die Genehmigung erteilt, so erstreckt sich vorbehaltlich einer ausdrücklichen Beschränkung die 31 Genehmigung auf **das gesamte Verfahren** (OLG Düsseldorf StraFo 2001, 270), sofern der Beschuldigte den Antrag seinerseits nicht ersichtlich beschränkt hat. Die bis dahin vorgenommenen, schwebend unwirksamen Prozesshandlungen werden rückwirkend geheilt (RGSt 55, 213; OLG Hamm MDR 1951, 503). Wird die Genehmigung versagt, so wird die Prozesshandlung endgültig unwirksam (RGSt 62, 250).
Zuständig ist im Hauptverfahren das mit der Sache befasste Gericht; bei Kollegialgerichten wirken im 32 Falle eines Antrags in der Hauptverhandlung auch die Schöffen mit (KK/*Laufhütte/Willnow* § 138 Rn. 10). Wer zu entscheiden hat, wenn sich das Verfahren noch im Stadium des Ermittlungsverfahrens befindet, ist gesetzlich nicht geregelt. Nach allgemeiner Auffassung ist **§ 141 Abs. 4** entsprechend anzuwenden, mit der Maßgabe, dass nicht der Vorsitzende, sondern das Gericht in seiner Besetzung außerhalb der Hauptverhandlung entscheidet (so auch KK/*Laufhütte/Willnow* § 138 Rn. 9; *Meyer-Goßner/Schmitt* § 138 Rn. 16; SK-StPO/*Wohlers* § 138 Rn. 30). Betrifft der Antrag ausschließlich die Mitwirkung bei einer Untersuchungshandlung i.S.d. § 162, so ist der **Ermittlungsrichter** zuständig. Sofern sich das Verfahren im Rechtsmittelstadium befindet, und die Akten dem Rechtsmittelgericht nach §§ 321 Satz 2, 347 Abs. 2 vorgelegt wurden, ist das **Rechtsmittelgericht** für die Entscheidung zuständig (*Meyer-Goßner/Schmitt* § 138 Rn. 16). Bis zu diesem Zeitpunkt bleibt das Gericht zuständig, bei dem das Rechtsmittel eingelegt worden ist (RGSt 55, 213 f.; 62, 250 f.; SK-StPO/*Wohlers* § 138 Rn. 31).

bb) Rücknahme. Die Genehmigung kann zurückgenommen werden, wenn sich herausstellt, dass die 33 Voraussetzungen für die Bestellung weggefallen oder bereits von vornherein nicht bestanden haben (BayObLG NJW 1953, 755). Sofern jedoch die Voraussetzungen der §§ 138a, 138b vorliegen, gehen die §§ 138c, 138d als Spezialtatbestände vor (*Meyer-Goßner/Schmitt* § 138 Rn. 17; SK-StPO/*Wohlers* § 138 Rn. 43; *Burhoff* StRR 2012, 404; zweifelnd HK/*Julius* § 138 Rn. 9; *Lehmann* JR 2012, 287, 290: Alleinentscheidungsrecht des Tatrichters).

34 Die Rücknahme ist, wie auch die Versagung der Genehmigung, zu begründen (OLG Düsseldorf StraFo 2001, 270, 271; BayObLG NJW 1953, 755).

35 Zuständig für die Rücknahme ist das Gericht, das zu diesem Zeitpunkt für die Erteilung der Genehmigung zuständig wäre (SK-StPO/*Wohlers* § 138 Rn. 44 m.w.N.).

36 Die Rücknahme wirkt nur für die Zukunft; bis dahin vorgenommene Prozesshandlungen bleiben wirksam (*Pfeiffer* § 138 Rn. 3; Radtke/Hohmann/*Reinhart* § 138 Rn. 11).

37 **b) Fall der notwendigen Verteidigung. aa) Allgemeines.** Liegt ein Fall notwendiger Verteidigung vor (vgl. dazu näher unter § 140 Rdn. 12 ff.) und gehört die vom Beschuldigten als Verteidiger gewählte Person nicht zu dem Personenkreis des § 138 Abs. 1 bzw. des § 142 Abs. 2, so gilt zum Schutze der Interessen des Angeklagten und zur Gewährleistung eines prozessordnungsgemäßen Verfahrensablaufs das »Gebot der gemeinschaftlichen Verteidigung« (BGHSt 32, 326, 328, 329; OLG Koblenz NStZ-RR 2008, 179); d.h. es ist die Mitwirkung einer weiteren Person vonnöten, die die Voraussetzungen der genannten Normen erfüllt und damit die Gewähr für die notwendige Sachkunde bei der Verteidigung bietet (BGHSt 3, 398).

38 **bb) Praktische Konsequenzen.** Grundsätzlich hat der nach § 138 Abs. 2 zugelassene Verteidiger alle Rechte, die einem Verteidiger nach § 138 Abs. 1 zustehen (z.B. Akteneinsichtsrecht, Recht auf unüberwachte Kommunikation mit dem Inhaftierten; zu letzterem KG JR 1988, 391 m. zust. Anm. *Hammerstein*). Von diesem Grundsatz bestehen jedoch Ausnahmen in zweierlei Hinsicht, die sich aus dem Sinn des Gebots der gemeinschaftlichen Verteidigung ergeben, eine sachkundige Verteidigung sicherzustellen.

39 Zunächst besteht eine Art Akzessorietät zwischen den Handlungen des Rechtsanwalts bzw. Hochschullehrers und des Verteidigers i.S.d. § 138 Abs. 2 mit Blick auf **Prozesshandlungen**; d.h., bei divergierenden Anträgen oder Erklärungen der beiden Verteidiger ist die Entscheidung des Verteidigers ausschlaggebend, der die Voraussetzungen des § 138 Abs. 1 erfüllt. Der letztgenannte kann also – im Rahmen der allgemein geltenden Grundsätze für die Rücknahme von Prozesshandlungen – anderslautende Anträge des Verteidigers i.S.d. § 138 Abs. 2 zurücknehmen oder Erklärungen **widerrufen** (SK-StPO/*Wohlers* § 138 Rn. 48).

40 **Rechtsmittel** kann ein Verteidiger i.S.d. § 138 Abs. 2 nur zusammen mit demjenigen nach § 138 Abs. 1 einlegen. Das bedeutet, dass im Falle einer schriftlichen Erklärung das Erfordernis einer Mitzeichnung bzw. der Abgabe einer fristgemäßen gesonderten Erklärung des letztgenannten besteht, in der er zum Ausdruck bringt, dass er mit der Einlegung des Rechtsmittels einverstanden ist (KG NJW 1974, 916). Speziell im Fall der gesetzlich vorgeschriebenen Unterzeichnung der Rechtsmittelerklärung (bspw. § 345 Abs. 2) ist stets eine Mitzeichnung des Verteidigers bzw. Hochschullehrers vonnöten (BGHSt 32, 326, 328; KG JR 1983, 83 – speziell zum Fall des § 140 Abs. 2). Hieran ändert auch die Mitgliedschaft als Rechtsbeistand in der Rechtsanwaltskammer nichts (BGHSt 32, 326, 329).

41 **IV. § 138 Abs. 3.** Der im Jahre 2009 neu eingefügte § 138 Abs. 3 passt das Recht der dort genannten Personen, sich eines Beistands bedienen zu können (vgl. §§ 68b Abs. 1 Satz 1, 378 Satz 1, 397a Abs. 2 Satz 1, 406g Abs. 1 Satz 1, 406f Abs. 1 Satz 1), demjenigen des Beschuldigten auf einen Verteidiger inhaltlich an (BT-Drucks. 16/12098, S. 19 f., 30, für eine Erstreckung des § 138 Abs. 2 auf Verletzte schon nach altem Recht LR/*Lüderssen/Jahn* § 138 Rn. 25; *Jahn* NJW-FS für Tepperwien, S. 25, 26 f.; zur Unvollständigkeit der Regelung mit Blick auf die Angehörigen steuerberatender Berufe LR/*Lüderssen/Jahn* [Nachtrag] § 138 Rn. 5; Radtke/Hohmann/*Reinhart* § 138 Rn. 13; zur Unvollständigkeit mit Blick auf im Privatklageverfahren Angeklagte bzw. Antragsteller im Klageerzwingungsverfahren sowie Privatpersonen und sonstige Stellen i.S.d. § 475 *Ladiges* JR 2013, 295, 296 f.; LR/*Lüderssen/Jahn* [Nachtrag] § 138 Rn. 6).

Obgleich der Begriff »wählen« verwendet wird, umfasst die Norm nach ihrem Sinn und Zweck, Waffengleichheit zwischen dem Beschuldigten und den genannten Personen zu fördern, auch den Fall der Beiordnung (*Ladiges* JR 2013, 295, 298; LR/*Lüderssen/Jahn* [Nachtrag] § 138 Rn. 1).

42 **C. Rechtsmittel. I. Beschwerde.** Gegen die Zurückweisung als Verteidiger bzw. Beistand nach § 138 ist die Beschwerde statthaft. **§ 305 Satz 1** ist nicht einschlägig, weil die Entscheidung nicht in einem inneren Zusammenhang zu dem zu erlassenden Urteil steht (OLG Düsseldorf NStZ 1999,

586 f.; 1988, 91). Die Entscheidungen des Ermittlungsrichters des Bundesgerichtshofs und des Oberlandesgerichts sind jedoch, wie sich aus § 304 Abs. 5 ergibt, nicht anfechtbar.

Beschwerdebefugt sind sowohl der Beschuldigte als auch der abgelehnte Rechtsanwalt bzw. Rechtslehrer als »sonstige Person« i.S.d. § 304 Abs. 2 (BGHSt 8, 194). 43

Wird eine Genehmigung gem. § 138 Abs. 2 versagt oder im Nachhinein zurückgenommen, so können 44 der Beschuldigte und der von diesem zum Verteidiger Gewählte ebenfalls Beschwerde einlegen; ist die Staatsanwaltschaft der Ansicht, die Genehmigung sei zu Unrecht erfolgt, so steht auch ihr die Beschwerdebefugnis zu (SK-StPO/*Wohlers* § 138 Rn. 51; MüKo-StPO/*Thomas/Kämpfer*, § 138 Rn. 25).

Gegen Beschlüsse i.S.d. § 138 Abs. 3 können die in dieser Norm genannten Personen und die von die- 45 sen gewählten Verteidiger Beschwerde einlegen (AnwK-StPO/*Krekeler/Werner* § 138 Rn. 5).

Das Beschwerdegericht hat die Entscheidung des Gerichts auf seine Rechtmäßigkeit zu untersuchen, 46 ist aber mit Blick auf die Frage, ob die Entscheidung im pflichtgemäßen Ermessen erging (s. dazu oben Rdn. 27), auf die Untersuchung von Ermessensfehlern **beschränkt** (OLG Koblenz NStZ-RR 2008, 179; OLG Hamm NStZ 2007, 238, 239; OLG Düsseldorf NStZ 1999, 586; 1988, 91; BayObLG NJW 1953, 755; *Meyer-Goßner/Schmitt* § 138 Rn. 23; LR/*Lüderssen/Jahn* § 138 Rn. 32; **a. A.** KG VRS 107 (2004), 126 f.; SK-StPO/*Wohlers* § 138 Rn. 52 unter Berufung auf § 309 Abs. 2; ebenso *Pfeiffer* § 138 Rn. 5).

II. Revision. Die Frage, ob gegen § 138 Abs. 1 bzw. 2 verstoßen worden und das Urteil daher gem. 47 **§ 338 Nr. 8** aufzuheben ist, kann mit der Revision überprüft werden (dazu näher unter § 338).

Hat im Fall notwendiger Verteidigung bei wesentlichen Teilen der Hauptverhandlung nur ein Vertei- 48 diger i.S.d. § 138 Abs. 2 mitgewirkt, ist der absolute Revisionsgrund des **§ 338 Nr. 5** zu bejahen (BayObLG NJW 1991, 2434; SK-StPO/*Wohlers* § 138 Rn. 55; MüKo-StPO/*Thomas/Kämpfer* § 138 Rn. 26 a.E.). Gleiches gilt, sofern in diesen Fällen ein sog. **Scheinverteidiger** mitwirkt, d.h. ein Rechtsanwalt, dem die Zulassung entzogen worden ist (BGHSt 47, 238, 240 m. zust. Anm. *Beulke/Angerer* NStZ 2002, 443).

§ 138a StPO Ausschließung des Verteidigers.

(1) Ein Verteidiger ist von der Mitwirkung in einem Verfahren auszuschließen, wenn er dringend oder in einem die Eröffnung des Hauptverfahrens rechtfertigenden Grade verdächtig ist, dass er
1. an der Tat, die den Gegenstand der Untersuchung bildet, beteiligt ist,
2. den Verkehr mit dem nicht auf freiem Fuß befindlichen Beschuldigten dazu missbraucht, Straftaten zu begehen oder die Sicherheit einer Vollzugsanstalt erheblich zu gefährden, oder
3. eine Handlung begangen hat, die für den Fall der Verurteilung des Beschuldigten Begünstigung, Strafvereitelung oder Hehlerei wäre.

(2) Von der Mitwirkung in einem Strafverfahren, das eine Straftat nach § 129a, auch in Verbindung mit § 129b Abs. 1, des Strafgesetzbuches zum Gegenstand hat, ist ein Verteidiger auch auszuschließen, wenn bestimmte Tatsachen den Verdacht begründen, dass er eine der in Absatz 1 Nr. 1 und 2 bezeichneten Handlungen begangen hat oder begeht.

(3) ¹Die Ausschließung ist aufzuheben,
1. sobald ihre Voraussetzungen nicht mehr vorliegen, jedoch nicht allein deshalb, weil der Beschuldigte auf freien Fuß gesetzt worden ist,
2. wenn der Verteidiger in einem wegen des Sachverhalts, der zur Ausschließung geführt hat, eröffneten Hauptverfahren freigesprochen oder wenn in einem Urteil des Ehren- oder Berufsgerichts eine schuldhafte Verletzung der Berufspflichten im Hinblick auf diesen Sachverhalt nicht festgestellt wird,
3. wenn nicht spätestens ein Jahr nach der Ausschließung des Sachverhalts, der zur Ausschließung geführt hat, das Hauptverfahren im Strafverfahren oder im ehren- oder berufsgerichtlichen Verfahren eröffnet oder ein Strafbefehl erlassen worden ist.

²Eine Ausschließung, die nach Nummer 3 aufzuheben ist, kann befristet, längstens jedoch insgesamt für die Dauer eines weiteren Jahres, aufrecht erhalten werden, wenn die besondere Schwierigkeit oder der besondere Umfang der Sache oder ein anderer wichtiger Grund die Entscheidung über die Eröffnung des Hauptverfahrens noch nicht zulässt.

§ 138a StPO Ausschließung des Verteidigers

(4) ¹Solange ein Verteidiger ausgeschlossen ist, kann er den Beschuldigten auch in anderen gesetzlich geordneten Verfahren nicht verteidigen. ²In sonstigen Angelegenheiten darf er den Beschuldigten, der sich nicht auf freiem Fuß befindet, nicht aufsuchen.

(5) ¹Andere Beschuldigte kann ein Verteidiger, solange er ausgeschlossen ist, in demselben Verfahren nicht verteidigen, in anderen Verfahren dann nicht, wenn diese eine Straftat nach § 129a, auch in Verbindung mit § 129b Abs. 1, des Strafgesetzbuches zum Gegenstand haben und die Ausschließung in einem Verfahren erfolgt ist, das ebenfalls eine solche Straftat zum Gegenstand hat. ²Absatz 4 gilt entsprechend.

Übersicht	Rdn.
A. Historisches	1
B. Regelungsgehalt	3
I. Allgemeines	3
II. Voraussetzungen der Ausschließung (Abs. 1 und 2)	6
1. Persönlicher Anwendungsbereich	6
2. Zeitlicher Anwendungsbereich	11
3. Die einzelnen Ausschließungsgründe	12
a) § 138a Abs. 1	13
aa) § 138a Abs. 1 Nr. 1	16
bb) § 138a Abs. 1 Nr. 2	21
(1) Missbrauch des Verkehrsrechts	23
(2) Gefährdung der Sicherheit einer Vollzugsanstalt	27
cc) § 138a Abs. 1 Nr. 3	29
b) § 138a Abs. 2	32
III. Entfallen der Ausschließungsgründe (Abs. 3)	35
IV. Folgen der Ausschließung (Abs. 4 und 5)	40

1 **A. Historisches.** Die §§ 138a ff. wurden durch das Gesetz zur Ergänzung des Ersten Gesetzes zur Reform des Strafverfahrensrechts vom 20.12.1974 (BGBl. I S. 3686) eingefügt. Den Grund für diese Einfügung bildete die Entscheidung des BVerfG vom 14.02.1973 (BVerfGE 34, 293 – Schily-Beschluss), in der der Senat die bis dato herrschende Praxis der Ausschließung ohne rechtliche Grundlage für verfassungswidrig erklärt und eine gesetzliche Regelung gefordert hatte (zur Rechtslage vor der Normierung des Verteidigerausschlusses *Remagen-Kemmerling* Der Ausschluß des Strafverteidigers in Theorie und Praxis [1992], S. 19 ff.; näher zur Entstehungsgeschichte und zu zwischenzeitlichen Änderungen LR/*Lüderssen/Jahn* § 138a Vor Rn. 1 m.w.N.; FA Strafrecht/*Köllner* Rn. 103; *Remagen-Kemmerling* Der Ausschluß des Strafverteidigers in Theorie und Praxis [1992], S. 47 ff.; *Frye* wistra 2005, 86).

2 Die bestehenden Regelungen sind vom BVerfG zu Recht für verfassungskonform erachtet worden, denn sie stellen die notwendige Konsequenz der janusköpfigen Funktion des Strafverteidigers (dazu unter § 137 Rdn. 7 sowie Einl. Rdn. 161) dar (grundlegend BVerfGE 34, 293; zu § 138a: BVerfG NJW 1975, 2341; zust. SK-StPO/*Wohlers* § 138a Rn. 1 f. m.w.N.; LR/*Lüderssen/Jahn* § 138a Rn. 2; *Beulke* Verteidiger im Strafverfahren, S. 224 f. m. Nachw. zur Gegenansicht; Vorschläge für eine Gesetzesänderung bei *Parigger* FG Koch, S. 199, 210 ff.; statistische Angaben bei HK/*Julius* § 138a Rn. 2).

3 **B. Regelungsgehalt. I. Allgemeines.** Überschreitet der Verteidiger die Grenzen zulässigen Verteidigerverhaltens, so ist er, sofern die Voraussetzungen der §§ 138a bis 138d erfüllt sind, **zwingend** von der Verteidigung des Beschuldigten auszuschließen (BGHSt 37, 395, 396; *Beulke/Ruhmannseder* Rn. 514; *Frye* wistra 2005, 86 f.).

4 Die Absätze 1 und 2 des § 138a regeln, gemeinsam mit § 138b Satz 1, **abschließend** (OLG Nürnberg StV 1989, 287, 289; Radtke/Hohmann/*Reinhart* § 138a Rn. 2; *Klemke/Elbs* Rn. 203) die Voraussetzungen des Verteidigerausschlusses, während die §§ 138c, 138d das beim Ausschluss zu beachtende Verfahren normieren. In § 138a Abs. 3 wird der Wegfall des Ausschließungsgrundes behandelt, und in den Absätzen 4 und 5 des § 138a werden über die Ausschließung in dem betreffenden Verfahren hinausgehende Folgen für den Verteidiger geregelt.

5 Die Normen verdrängen nicht andere Regelungen, die eine Verteidigung ausschließen, wie z.B. eine Rücknahme der Genehmigung nach § 138 Abs. 2 (s. dazu oben, § 138 Rdn. 33 ff.) oder die Bestellung eines Pflichtverteidigers nach § 141 (KMR/*Müller* § 138a Rn. 3).

6 **II. Voraussetzungen der Ausschließung (Abs. 1 und 2) 1. Persönlicher Anwendungsbereich.** § 138a gilt für sämtliche Arten von Verteidigern, d.h. für den **Wahlverteidiger** nach § 138 Abs. 1 sowie für denjenigen i.S.d. § 138 Abs. 2 (*Klemke/Elbs* Rn. 204; *Müller/Gussmann* Rn. 381).

Auch der im finanzbehördlichen Ermittlungsverfahren gem. **§ 392 AO** als Verteidiger tätige Steuerberater, Steuerbevollmächtigte oder Wirtschaftsprüfer wird erfasst (OLG Karlsruhe NJW 1975, 943 zu § 427 AO a.F.; *Klemke/Elbs* Rn. 204; *Parigger* FG Koch, S. 199, 205). 7

Unter Verweis auf den Wortlaut des § 138a sowie den angeblich mit den §§ 138a ff. verfolgten Zweck, eine einheitliche Regelung für sämtliche Verteidiger vorzusehen, wenden die Rechtsprechung und die herrschende Lehre die Regelung auch auf den **Pflichtverteidiger** an (so BGHSt 42, 94, 95 f.; OLG Zweibrücken, JurionRS 2009, 31838; OLG Braunschweig StV 1984, 500, KK/*Laufhütte/Willnow* § 138a Rn. 2; Radtke/Hohmann/*Reinhart* § 138a Rn. 1; *Beulke/Ruhmannseder* Rn. 516; *Klemke/Elbs* Rn. 205; *Parigger* FG Koch, S. 199, 204 f.; *Remagen-Kemmerling* Der Ausschluß des Strafverteidigers in Theorie und Praxis [1992], S. 63; *Roxin/Schünemann* § 19 Rn. 54; *Burhoff* StRR 2012, 404; *Dünnebier* NJW 1976, 1, 4; *Frye* wistra 2005, 86 f.). Da für Pflichtverteidiger die Rücknahmemöglichkeit gem. § 143 besteht, erscheint es aber logischer, die Regelung nur für Wahlverteidiger anzuwenden (BVerfGE 39, 238, 245; OLG Koblenz NJW 1978, 252; OLG Köln NStZ 1982, 129; *Beulke* Strafprozessrecht Rn. 169). 8

Ist der Verteidiger **Mitbeschuldigter** und ist **das Hauptverfahren eröffnet**, so bedarf es keines Ausschließungsverfahrens nach §§ 138a ff., sondern das erkennende Gericht hat den Verteidiger gem. § 146a analog als Verteidiger zurückzuweisen (BGH StV 1996, 469). 9

Unterschiedlich beurteilt wird, ob dies auch **vor Eröffnung des Hauptverfahrens** gilt (bejahend OLG Celle NJW 2001, 3564; **a. A.** BGH wistra 2000, 311, 312; OLG Hamm NStZ-RR 2008, 252; zust. *Wessing* in Graf StPO § 138c Rn. 1). Für die letztgenannte Ansicht – und damit für die Anwendung der §§ 138 a ff. – streitet, dass in diesem Fall noch keine Prüfung des hinreichenden Tatverdachts erfolgt ist. 10

2. Zeitlicher Anwendungsbereich. Die §§ 138a ff. gelten **in sämtlichen Stadien des Strafverfahrens**, vom Ermittlungsverfahren über das Hauptverfahren, die Rechtskraft des Verfahrens hinaus bis zum Ende der Strafvollstreckung (BGHSt 26, 367, 371) und des Strafvollzugs bis hinein in das Gnadenverfahren (KMR/*Müller* § 138a Rn. 2). Sie sind überdies durch den Verweis in § 116 Abs. 2 BRAO **im anwaltsgerichtlichen Verfahren** anzuwenden (BGHSt 37, 395, 397) und finden über § 46 Abs. 1 OWiG im **Bußgeldverfahren** Anwendung (BGH wistra 1992, 228; KK/*Laufhütte/Willnow* § 138a Rn. 4). 11

3. Die einzelnen Ausschließungsgründe. Die Ausschließungsgründe des § 138a Abs. 1 unterscheiden sich von denen des Absatzes 2 der Norm hinsichtlich des erforderlichen **Verdachtsgrades**. Während im Fall des Absatzes 1 der dringende bzw. der hinreichende Tatverdacht vonnöten ist, genügt bei den Fallgruppen des Absatzes 2 bereits ein auf bestimmte Tatsachen gestützter Anfangsverdacht (LR/*Lüderssen/Jahn* § 138a Rn. 104; noch enger KG NJW 1978, 1538 f., das die »begründete Aussicht auf die Durchführung eines Ermittlungsverfahrens« fordert; diesem zust. *Rieß* NStZ 1981, 328, 332, der in Fn. 74 bemerkt, der Verdachtsgrad bedürfe noch der Präzisierung). 12

a) § 138a Abs. 1. Bei den in Absatz 1 des § 138a genannten Fallgruppen handelt es sich um die in der Praxis am häufigsten zum Einsatz kommenden (*Beulke/Ruhmannseder* Rn. 518; *Müller/Gussmann* Rn. 391; *Frye* wistra 2005, 86, 87). 13

Die Gleichstellung des dringenden mit dem hinreichenden Tatverdacht erklärt sich in diesem Zusammenhang aus dem unterschiedlichen Anknüpfungspunkt. Während der hinreichende Tatverdacht, der sich auf die Verurteilungswahrscheinlichkeit bezieht, erst nach erfolgter Sachaufklärung festgestellt werden kann, ist dies im Rahmen des dringenden Tatverdachts gerade nicht nötig. 14

Die Bejahung des hinreichenden Tatverdachts setzt nach Auffassung des BGH nicht voraus, dass wegen des Vorwurfs gegen den Verteidiger ein Ermittlungsverfahren eingeleitet und bis zur Anklagereife geführt worden ist (BGHSt 36, 133, 134 f. unter Aufgabe der bisherigen Rechtsprechung; zust. *Meyer-Goßner/Schmitt* § 138a Rn. 14; *Burhoff/Stephan* Rn. 185; *Frye* wistra 2005, 86, 87). Dem ist jedoch **zu widersprechen**: Erst die Einleitung eines Ermittlungsverfahrens und der Abschluss der daraufhin erfolgenden Ermittlungen vermögen die erforderliche Sachverhaltsaufklärung zu gewährleisten und damit den hinreichenden Tatverdacht begrifflich zu begründen (so auch noch BGH bei *Holtz* MDR 1979, 989; OLG Frankfurt am Main StV 1988, 516; ebenso LR/*Lüderssen/Jahn* § 138a Rn. 20 ff.; SK-StPO/ 15

§ 138a StPO Ausschließung des Verteidigers

Wohlers § 138a Rn. 9; *Mehle* NStZ 1990, 92; *Scholderer* StV 1993, 228, 231; zu Folgerungen für die Verteidigung im Ausschließungsverfahren *Müller/Gussmann* Rn. 395).

16 **aa) § 138a Abs. 1 Nr. 1.** Gemäß § 138a Abs. 1 Satz 1 ist ein Verteidiger von der Mitwirkung im Verfahren auszuschließen, wenn er dringend bzw. hinreichend tatverdächtig ist, an der Tat, die den Gegenstand der Untersuchung bildet, beteiligt zu sein.

17 Hintergrund dieser Regelung ist die Vermutung, dass ein Verteidiger, der sich in einem Konflikt befindet zwischen dem Interesse, sich selbst zu entlasten und seinen Mandanten bestmöglich zu vertreten, im Ergebnis keinen adäquaten Beistand leisten kann (SK-StPO/*Wohlers* § 138a Rn. 11 m.w.N.).

18 Das Tatgeschehen i.S.d. § 264 Abs. 1 muss eine **Straftat** darstellen (BGH NStZ 1986, 37 m. zust. Anm. *Hammerstein*). Die Norm enthält **keine Bagatellklausel**, so dass die Ausschließung auch im Falle geringfügiger Straftaten zu erfolgen hat (BGHSt 37, 395 f. [der jedoch offenlässt, ob »in besonders gelagerten Ausnahmefällen« aus Gründen der Verhältnismäßigkeit anders zu entscheiden wäre]; a. A. KK/*Laufhütte/Willnow* § 138a Rn. 10).

19 Der Begriff der **Beteiligung** ist **materiell-rechtlich** i.S.d. § 28 Abs. 2 StGB zu verstehen (KK/*Laufhütte/Willnow* § 138a Rn. 7; KMR/*Müller* § 138a Rn. 6; LR/*Lüderssen/Jahn* § 138a Rn. 23; *Meyer-Goßner/Schmitt* § 138a Rn. 5; *Parigger* FG Koch, S. 199, 205; *Remagen-Kemmerling* Der Ausschluß des Strafverteidigers in Theorie und Praxis [1992], S. 65; *Rotsch/Sahan* ZIS 2007, 142, 149). Er umfasst also sowohl eine Täterschaft als auch eine Teilnahme. Nicht ausreichend ist hingegen eine Mitwirkung im weiteren – verfahrensrechtlichen – Sinne, wie sie z.B. im Rahmen des § 60 Nr. 2 vertreten wird (OLG Zweibrücken wistra 1995, 319; SK-StPO/*Wohlers* § 138a Rn. 10; a. A. *Roxin/Schünemann* § 19 Rn. 50; offengelassen durch BGH bei *Holtz* MDR 1977, 984 und BGH NStZ 1986, 37). Hierfür spricht bereits der Gegenschluss zu § 138a Abs. 1 Nr. 3.

20 Dass die erforderlichen **Strafverfolgungsvoraussetzungen**, wie z.B. ein Strafantrag, vorliegen, soll demgegenüber **nicht erforderlich** sein (OLG Hamburg NStZ 1983, 426; LR/*Lüderssen/Jahn* § 138a Rn. 97, die aber in Rn. 98 eine Ausschließung für unverhältnismäßig halten, sofern die Antragsfrist verstrichen ist; ebenso *Meyer-Goßner/Schmitt* § 138a in Rn. 7); es reicht nach dem Zweck der Regelung vielmehr aus, dass die Tat Gegenstand **anwaltsgerichtlicher Ahndung** sein kann (BGH NJW 1984, 316; wistra 2000, 311, 314; FA Strafrecht/*Köllner* Rn. 106). Die Beteiligung des Verteidigers kann **bei Dauerdelikten** auch noch nach der Anklageerhebung gegen den Beschuldigten erfolgen (*Meyer-Goßner/Schmitt* § 138a Rn. 5; SK-StPO/*Wohlers* § 138a Rn. 10).

21 **bb) § 138a Abs. 1 Nr. 2.** § 138a Abs. 1 Nr. 2 regelt die Ausschließung des Verteidigers für den Fall, dass dieser den ungehinderten Verkehr mit dem Beschuldigten (vgl. § 148 Abs. 1) dazu missbraucht, Straftaten zu begehen oder die Sicherheit einer Vollzugsanstalt erheblich zu gefährden (krit. hierzu *Beulke* Verteidiger im Strafverfahren, S. 226; *Parigger* FG Koch, S. 199, 206).

22 Die Norm beschränkt sich thematisch auf die Konstellation, in der sich der Mandant nicht **auf freiem Fuß** befindet. Hierunter ist eine Situation zu verstehen, in der der Beschuldigte aufgrund einer richterlichen oder behördlichen Entscheidung in seiner Fortbewegungsfreiheit und der Wahl seines Aufenthaltsorts beschränkt wird (BGHSt 4, 308; 13, 209, 212). Auf einen entgegenstehenden Willen des Mandanten bzw. von dessen gesetzlichem Vertreter oder Vormund kommt es wegen des mit der Regelung verfolgten Zwecks nicht an (*Beulke/Ruhmannseder* Rn. 520; a. A. LR/*Lüderssen/Jahn* § 138a, Rn. 92; SK-StPO/*Wohlers* § 138a, Rn. 13).

23 **(1) Missbrauch des Verkehrsrechts.** Ob ein **Missbrauch** (zu Recht krit. zu dem Begriff LR/*Lüderssen/Jahn* § 138a Rn. 93: »inhaltsleer und tautologisch«; ebenso SK-StPO/*Wohlers* § 138a Rn. 14; *Groß* NJW 1975, 422, 424) vorliegt, hängt nach dem Wortlaut des Gesetzes nicht davon ab, ob der Mandant Kenntnis von den Zielen seines Verteidigers hat (*Meyer-Goßner/Schmitt* § 138a Rn. 6).

24 Die **Straftat**, also die tatbestandsmäßige, rechtswidrige und schuldhafte Tat (LR/*Lüderssen/Jahn* § 138a Rn. 7), auf die sich das missbräuchliche Verhalten des Verteidigers bezieht, muss nach dem Wortlaut des Gesetzes bereits begangen, oder es muss mit ihrer Verwirklichung begonnen worden sein. Ordnungswidrigkeiten genügen insoweit nicht (KK/*Laufhütte/Willnow* § 138a Rn. 10).

25 Der bloße Verdacht, dass eine Straftat **zukünftig** begangen werden könnte, reicht nicht aus (*Meyer-Goßner/Schmitt* § 138a Rn. 7; SK-StPO/*Wohlers* § 138a Rn. 16; Radtke/Hohmann/*Reinhart* § 138a Rn. 4; *Beulke/Ruhmannseder* Rn. 521; *Burhoff* EV Rn. 1917; a. A. LR/*Lüderssen/Jahn* § 138a Rn. 95;

ausreichend, wenn Straftaten einer gewissen Gruppe oder Richtung zu erwarten). Andererseits ist aber – wie der Gegenschluss zu § 138a Abs. 1 Nr. 1 belegt – nicht erforderlich, dass die Tat bereits Gegenstand eines Ermittlungsverfahrens ist.

Die Straftat ist – im Gegensatz zur ursprünglichen Fassung, die eine Mindeststrafdrohung von einem Jahr Freiheitsstrafe voraussetzte (zur freilich geringen praktischen Relevanz zum Geltungszeitpunkt *Groß* NJW 1975, 422 f.) – in der geltenden Fassung des Gesetzes nicht näher definiert. Bei geringfügigen Straftaten ist die Norm jedoch im Lichte des Verhältnismäßigkeitsgrundsatzes **verfassungskonform eng auszulegen** (LR/*Lüderssen/Jahn* § 138a Rn. 96; *Roxin/Schünemann* § 19, Rn. 51), vor allem mit Blick auf Antragsdelikte, bei denen kein Antrag gestellt worden ist (SK-StPO/*Wohlers* § 138a Rn. 15 m.w.N.). 26

(2) **Gefährdung der Sicherheit einer Vollzugsanstalt.** Der Begriff der **Sicherheit einer Vollzugsanstalt** umfasst die Unversehrtheit des Gebäudes und der Einrichtung sowie die Gesundheit von Insassen und des Anstaltspersonals sowie deren Freiheit und die Erhaltung der Anstalt in einer Lage, in der sie ihren Zweck erfüllen kann (zu diesem Begriff näher LR/*Lüderssen/Jahn* § 138a Rn. 120; KK/*Laufhütte/Willnow* § 138a Rn. 11). Die Gefährdung der **Ordnung** in der Anstalt genügt nach dem klaren Wortlaut nicht (LR/*Lüderssen/Jahn* § 138a Rn. 101). 27

Erforderlich ist eine **Gefährdung** der genannten Rechtsgüter; dies ist dann zu bejahen, wenn bei ungehindertem Weiterlauf der Eintritt eines Schadens konkret zu besorgen ist (LR/*Lüderssen/Jahn* § 138a Rn. 102). Bspw. erfüllt das Einschmuggeln von Waffen oder Ausbruchswerkzeugen den Tatbestand (zur Überschneidung mit dem Anwendungsbereich des § 138a Abs. 1 Nr. 1 bei Verwirklichung der Delikte der Gefangenenbefreiung/Meuterei SK-StPO/*Wohlers* § 138a Rn. 18). Nicht erforderlich ist nach dem klaren Wortlaut der Norm der Eintritt eines Schadens. Der verwendete Begriff der **erheblichen** Gefährdung deutet zudem darauf hin, dass Einwirkungen von geringer Art, Wirkung oder Dauer nicht zur Ausschließung führen können (*Meyer-Goßner/Schmitt* § 138a Rn. 8). 28

cc) **§ 138a Abs. 1 Nr. 3.** Gem. § 138a Abs. 1 Nr. 3 ist ein Verteidiger auszuschließen, wenn er eine Handlung begangen hat, die für den Fall der Verurteilung des Beschuldigten eine **Anschlusstat i.S.d. §§ 257 ff. StGB** darstellen würde. 29

Diese Regelung verfolgt den gleichen **Zweck** wie § 138a Abs. 1 Nr. 1, nämlich die Verhinderung eines Konflikts zwischen dem Interesse des Verteidigers, sich selbst zu entlasten und dem Interesse des Beschuldigten an einer adäquaten Verteidigung (LR/*Lüderssen/Jahn* § 138a, Rn. 26). 30

Grundlage ist daher eine hypothetische Betrachtungsweise, d.h. die Strafbarkeit des Beschuldigten wird ohne nähere Prüfung unterstellt. Vor diesem Hintergrund muss sich das Verhalten des Verteidigers mit Blick auf die Tat i.S.d. § 264 Abs. 1, hinsichtlich der er mandatiert ist, als Begünstigung (dazu *Beulke/Ruhmannseder* Rn. 406 ff.), Strafvereitelung (hierzu *Beulke/Ruhmannseder* Rn. 17 ff.; *Müller/Gussmann* Rn. 9 ff.; LR/*Lüderssen/Jahn* § 138a Rn. 35 ff.) oder Hehlerei darstellen. Ein strafbarer **Versuch** genügt wegen des Regelungszwecks, nicht aber eine straflose Vorbereitungshandlung (zum Versuchsbeginn bei der Strafvereitelung näher *Beulke/Ruhmannseder* Rn. 162 ff. m.w.N.; Bsp. für eine Ausschließung wg. versuchter Strafvereitelung: BGH NJW 2006, 2421 [Fall *Zündel*] m.i.E. zust. Anm. *K.M. Böhm* NJW 2006, 2371 sowie *Jahn* JZ 2006, 1134). 31

b) **§ 138a Abs. 2.** § 138a Abs. 2 erstreckt die Ausschließungsmöglichkeiten auf den Fall, dass gegen den vom Verteidiger vertretenen Beschuldigten (a. A. LR/*Lüderssen/Jahn* § 138a Rn. 122; wie hier SK-StPO/*Wohlers* § 138a Rn. 22) ein Verfahren geführt wird, das – zumindest auch – eine Straftat nach § 129a StGB, auch in Verbindung mit § 129b Abs. 1 StGB, zum Gegenstand hat, und ein auf bestimmte Tatsachen gegründeter **Anfangsverdacht** dafür besteht, dass der Verteidiger entweder an dieser Tat beteiligt ist oder das ihm zustehende Kontaktrecht i.S.d. § 138a Abs. 1 Nr. 2 missbraucht. 32

Mit Blick auf den Beschuldigten genügt ebenfalls der Anfangsverdacht. Sofern gegen ihn ein Haftbefehl erlassen wurde, muss dieser nicht auf § 129a StGB gestützt werden; die willkürliche Annahme der Norm genügt freilich nicht (KK/*Laufhütte/Willnow* § 138a Rn. 14). 33

Die Ausschließung des Verteidigers kommt nach dieser Vorschrift nicht in Betracht, wenn das Verfahren gegen den Beschuldigten nicht mehr wegen der Tat nach § 129a StGB geführt wird (bspw. wegen einer Teilrechtskraft, Teileinstellung oder der Beschränkung der Verfolgung nach § 154a; *Meyer-Goßner/Schmitt* § 138a Rn. 15; *Burhoff* StRR 2012, 404, 406). 34

35 **III. Entfallen der Ausschließungsgründe (Abs. 3)** Sofern die Voraussetzungen des Absatzes 3 des § 138a vorliegen, ist, wie sich bereits aus dem Wortlaut der Norm ergibt, die Ausschließung **zwingend** aufzuheben. Lediglich in § 138a Abs. 3 Satz 1 Nr. 3 i.V.m. Satz 2 wird dem Gericht zwar kein Entschließungs-, aber ein Auswahlermessen eingeräumt.

36 Gem. **§ 138a Abs. 3 Satz 1 Nr. 1** ist die Ausschließung zunächst dann aufzuheben, wenn die Voraussetzungen des Abs. 1 bzw. 2 nicht mehr vorliegen, bzgl. § 138a Abs. 1 Nr. 2 jedoch mit der Ausnahme, dass dies nicht allein deshalb gilt, weil der Beschuldigte auf freien Fuß gesetzt worden ist. Diese Einschränkung soll Handlungssicherheit gewährleisten, und verhindern, dass die wechselhafte Haftsituation des Beschuldigten zu einem ständigen Wechsel des Verteidigungsverhältnisses führt (SK-StPO/*Wohlers* § 138a Rn. 32; krit. dazu LR/*Lüderssen/Jahn* § 138a Rn. 150).

37 **§ 138a Abs. 3 Satz 1 Nr. 2** ordnet die Aufhebung der Ausschließung an, sofern der Verteidiger wegen des die Ausschließung begründenden Sachverhalts in einem strafgerichtlichen Verfahren freigesprochen wird, oder wenn in einem berufs- oder ehrengerichtlichen Verfahren eine schuldhafte Verletzung der Berufspflichten nicht festgestellt werden kann. Dass die Rechtskraft des Freispruchs vonnöten ist, lässt sich der Norm nicht entnehmen (OLG Stuttgart StV 1987, 97). Dem Freispruch gleichzustellen ist im Wege eines Erst-Recht-Schlusses die Ablehnung der Eröffnung des Hauptverfahrens (LR/*Lüderssen/Jahn* § 138a Rn. 156; SK-StPO/*Wohlers* § 138a Rn. 33; a. A. *Meyer-Goßner/Schmitt* § 138a Rn. 18) sowie die Einstellung des Verfahrens nach § 170 Abs. 2, sofern sich die Einstellung nicht nur auf ein Verfahrenshindernis zurückführen lässt (OLG Frankfurt am Main StV 1988, 516; SK-StPO/*Wohlers* § 138a Rn. 33). Entscheidungen nach §§ 153 ff. erfüllen den Tatbestand des § 138a Abs. 3 Satz 1 Nr. 2 hingegen nicht, vermögen aber mit zur Aufhebung nach § 138a Abs. 3 Nr. 1 bzw. Nr. 3 beizutragen (HK/*Julius* § 138a Rn. 7; Radtke/Hohmann/*Reinhart* § 138a Rn. 12).

38 Nach **§ 138a Abs. 3 Satz 1 Nr. 3** ist die Ausschließung schließlich aufzuheben, sofern nicht spätestens ein Jahr nach der Ausschließung wegen des zugrunde liegenden Sachverhalts das Hauptverfahren vor einem Straf-, Ehren- oder Berufsgericht eröffnet oder ein Strafbefehl erlassen worden ist. Die Regelung setzt voraus, dass ein ehren- bzw. berufsgerichtliches Verfahren möglich ist (Radtke/Hohmann/*Reinhart* § 138a Rn. 13). Sie ist Ausdruck des zeitlichen Übermaßverbots. § 138a Abs. 3 Satz 2 regelt eine Rückausnahme von dem Grundsatz bei Vorliegen eines wichtigen Grundes.

39 Die **Befugnis zur Stellung eines Antrags** auf Aufhebung setzt stets voraus, dass das Verteidigungsverhältnis ungeachtet der Aufhebungsentscheidung noch bestehen würde. Ist es unabhängig davon erloschen, so kann die Aufhebung nicht mehr begehrt werden (OLG Frankfurt a.M. NStZ-RR 2011, 149).

40 **IV. Folgen der Ausschließung (Abs. 4 und 5)** Führt das Ausschließungsverfahren (vgl. dazu §§ 138c, 138d) zu einem Ausschließungsbeschluss, so wird dieser **mit Rechtskraft wirksam** (SK-StPO/*Wohlers* § 138a Rn. 24; *Meyer-Goßner/Schmitt* § 138a Rn. 23; Radtke/Hohmann/*Reinhart* § 138a Rn. 14; a. A. LR/*Lüderssen/Jahn* § 138a Rn. 146: Erlass der Entscheidung, sofern nicht Aussetzungsentscheidung nach § 307 Abs. 2); die durch den Verteidiger in dem betreffenden Verfahren vorgenommenen Prozesshandlungen sind automatisch unwirksam (*Burhoff* StRR 2012, 404, 409). Dieses Verbot kann der ausgeschlossene Verteidiger auch nicht durch eine Unterbevollmächtigung des ihm nachfolgenden Verteidigers oder im Wege einer Sonderbevollmächtigung durch den Beschuldigten für einzelne Prozesshandlungen umgehen (*Meyer-Goßner/Schmitt* § 138a Rn. 22 m.w.N.)

41 Über das Verteidigungsverbot für das betreffende Strafverfahren hinaus regeln die Absätze 4 und 5 des § 138a die **Folgen** der Ausschließung **für andere Verfahren**.

42 **§ 138a Abs. 4 Satz 1** bezieht sich auf das weitere Verhältnis zwischen Verteidiger und ursprünglich vertretenen Mandant. Demnach darf der Verteidiger diesen auch **in anderen gesetzlich geordneten Verfahren** nicht verteidigen. Unter diesem Begriff sind, wie die Verwendung des Begriffs »verteidigen« zeigt, über das Strafverfahren hinausgehende sonstige Verfahren zu verstehen, in denen der Mandant beschuldigt wird und sich zur Wehr setzen kann, d.h. **andere Strafverfahren** ebenso wie **Bußgeld-, Ehren- und Berufsgerichtsverfahren** und das **DNA-Identitätsfeststellungsverfahren** (§ 81g) als Teil eines anderen, künftigen Strafverfahrens (BVerfG NStZ 2008, 226). Im Umkehrschluss ist der Norm zu entnehmen, dass eine Vertretung **in anderen Verfahren**, z.B. in Zivil- bzw. Verwaltungsverfahren, möglich bleibt; dabei ist jedoch § 138a Abs. 4 Satz 2 zu beachten, der ein Aufsuchen des nicht auf freiem Fuß befindlichen Mandanten verbietet, um ein Umgehen des Zwecks der Ausschließung zu verhindern (näher zur Reichweite des Verbots SK-StPO/*Wohlers* § 138a Rn. 28).

§ 138a Abs. 5 Satz 1 regelt die Auswirkungen des Ausschlusses auf die Verteidigung **anderer Beschuldigter**. Er bestimmt, dass der Verteidiger in dem Verfahren, auf das sich seine Ausschließung bezieht, auch Mitbeschuldigte nicht verteidigen darf. Die Regelung ergänzt § 146 (a. A. *Burhoff* StRR 2012, 404, 409). In anderen Verfahren kann der ausgeschlossene Verteidiger weitere Beschuldigte verteidigen, sofern nicht das Verfahren, auf das sich die Ausschließung bezieht und das avisierte Verfahren jeweils eine Straftat nach § 129a StGB betreffen (an der Verfassungsmäßigkeit dieser Regelung zw. Radtke/Hohmann/*Reinhart* § 138a Rn. 17). Insoweit gilt über § 138a Abs. 5 Satz 2 auch das in Abs. 4 Satz 2 enthaltene Verbot, den inhaftierten Mitbeschuldigten aufzusuchen. 43

§ 138b StPO Ausschließung bei Gefahr für die Sicherheit der Bundesrepublik Deutschland.

¹Von der Mitwirkung in einem Verfahren, das eine der in § 74a Abs. 1 Nr. 3 und § 120 Abs. 1 Nr. 3 des Gerichtsverfassungsgesetzes genannten Straftaten oder die Nichterfüllung der Pflichten nach § 138 des Strafgesetzbuches hinsichtlich der Straftaten des Landesverrates oder einer Gefährdung der öffentlichen Sicherheit nach den §§ 94 bis 96, 97a und 100 des Strafgesetzbuches zum Gegenstand hat, ist ein Verteidiger auch dann auszuschließen, wenn auf Grund bestimmter Tatsachen die Annahme begründet ist, dass seine Mitwirkung eine Gefahr für die Sicherheit der Bundesrepublik Deutschland herbeiführen würde. ²§ 138a Abs. 3 Satz 1 Nr. 1 gilt entsprechend.

A. Grundsätzliches. § 138b erweitert den Kreis der möglichen Ausschließungstatbestände auf darin genannte **Staatsschutzsachen** (krit. dazu *Beulke* Verteidiger im Strafverfahren, S. 104 m.w.N.). Die Norm hat bislang keine praktische Relevanz erlangt (LR/*Lüderssen/Jahn* § 138b Rn. 1). 1

B. Regelungsgehalt. Hinsichtlich des persönlichen und zeitlichen Anwendungsbereichs gilt das gleiche wie bei § 138a (vgl. dort Rdn. 6 ff.). 2

§ 138b Satz 1 setzt zunächst voraus, dass ein Verfahren wegen der darin **abschließend genannten** (AnwK-StPO/*Krekeler/Werner* § 138b Rn. 1) Staatsschutzdelikte geführt wird. 3

Zudem muss ein Verdacht dafür bestehen, dass die Mitwirkung des Verteidigers an dem Verfahren eine Gefahr für die Sicherheit der Bundesrepublik Deutschland herbeiführen würde. Wie in **§ 92 Abs. 3 Nr. 2 StGB** legaldefiniert, umfasst der Begriff der **Sicherheit** sowohl die innere als auch die äußere Sicherheit der Bundesrepublik Deutschland (*Beulke* Verteidiger im Strafverfahren, S. 104; Meyer-Goßner/*Schmitt* § 138b Rn. 2). Hierunter ist die Fähigkeit zu verstehen, sich nach innen oder außen gegen gewaltsame Störungen zur Wehr zu setzen (BGHSt 28, 312, 316 f.). 4

Der Begriff der **Annahme** ist im Sinne des Verdachts gem. § 138a Abs. 2 zu verstehen; es genügt also ein tatsachenbasierter **Anfangsverdacht** (dazu KMR/*Müller* § 138b Rn. 4; SK-StPO/*Wohlers* § 138b Rn. 3). Unter einer **Gefahr** ist jeder Zustand zu verstehen, der bei ungehindertem Verlauf den Eintritt eines Schadens für das geschützte Rechtsgut befürchten lässt; die politische Gesinnung des Verteidigers soll in diesem Zusammenhang nicht genügen (KK/*Laufhütte/Willnow* § 138b Rn. 3; Meyer-Goßner/*Schmitt* § 138b Rn. 2). 5

Der Verweis des **§ 138b Satz 2** auf § 138a Abs. 3 Satz 1 Nr. 1 zeigt, dass die Ausschließung auch in diesem Fall **aufzuheben** ist, wenn die Voraussetzungen der Anordnung nicht (mehr) vorliegen. 6

Aus dem Umstand, dass der Verweis auf § 138a Abs. 4 und Abs. 5 fehlt, ist zu folgern, dass die Ausschließung nach § 138b nicht die darin genannten Erstreckungswirkungen entfaltet (Radtke/Hohmann/*Reinhart* § 138b Rn. 4). 7

§ 138c StPO Zuständigkeit für die Ausschließungsentscheidung.

(1) ¹Die Entscheidungen nach den §§ 138a und 138b trifft das Oberlandesgericht. ²Werden im vorbereitenden Verfahren die Ermittlungen vom Generalbundesanwalt geführt oder ist das Verfahren vor dem Bundesgerichtshof anhängig, so entscheidet der Bundesgerichtshof. ³Ist das Verfahren vor einem Senat eines Oberlandesgerichtes oder des Bundesgerichtshofes anhängig, so entscheidet ein anderer Senat.
(2) ¹Das nach Absatz 1 zuständige Gericht entscheidet nach Erhebung der öffentlichen Klage bis zum rechtskräftigen Abschluss des Verfahrens auf Vorlage des Gerichts, bei dem das Verfahren anhängig ist, sonst auf Antrag der Staatsanwaltschaft. ²Die Vorlage erfolgt auf Antrag der Staatsanwaltschaft oder von Amts wegen durch Vermittlung der Staatsanwaltschaft. ³Soll ein Verteidiger ausgeschlossen werden, der Mitglied einer Rechtsanwaltskammer ist, so ist eine Abschrift des Antrages der Staatsanwaltschaft nach Satz 1 oder die Vorlage des Gerichts dem Vorstand der zuständigen Rechtsanwaltskammer mitzuteilen. ⁴Dieser kann sich im Verfahren äußern.
(3) ¹Das Gericht, bei dem das Verfahren anhängig ist, kann anordnen, dass die Rechte des Verteidigers aus den §§ 147 und 148 bis zur Entscheidung des nach Absatz 1 zuständigen Gerichts über die Ausschließung ruhen; es kann das Ruhen dieser Rechte auch für die in § 138a Abs. 4 und 5 bezeichneten Fälle anordnen. ²Vor Erhebung der öffentlichen Klage und nach rechtskräftigem Abschluss des Verfahrens trifft die Anordnung nach Satz 1 das Gericht, das über die Ausschließung des Verteidigers zu entscheiden hat. ³Die Anordnung ergeht durch unanfechtbaren Beschluss. ⁴Für die Dauer der Anordnung hat das Gericht zur Wahrnehmung der Rechte aus den §§ 147 und 148 einen anderen Verteidiger zu bestellen. ⁵§ 142 gilt entsprechend.
(4) ¹Legt das Gericht, bei dem das Verfahren anhängig ist, gemäß Absatz 2 während der Hauptverhandlung vor, so hat es zugleich mit der Vorlage die Hauptverhandlung bis zur Entscheidung durch das nach Absatz 1 zuständige Gericht zu unterbrechen oder auszusetzen. ²Die Hauptverhandlung kann bis zu dreißig Tagen unterbrochen werden.
(5) ¹Scheidet der Verteidiger aus eigenem Entschluss oder auf Veranlassung des Beschuldigten von der Mitwirkung in einem Verfahren aus, nachdem gemäß Absatz 2 der Antrag auf Ausschließung gegen ihn gestellt oder die Sache dem zur Entscheidung zuständigen Gericht vorgelegt worden ist, so kann dieses Gericht das Ausschließungsverfahren weiterführen mit dem Ziel der Feststellung, ob die Mitwirkung des ausgeschiedenen Verteidigers in dem Verfahren zulässig ist. ²Die Feststellung der Unzulässigkeit steht im Sinne der §§ 138a, 138b, 138d der Ausschließung gleich.
(6) ¹Ist der Verteidiger von der Mitwirkung in dem Verfahren ausgeschlossen worden, so können ihm die durch die Aussetzung verursachten Kosten auferlegt werden. ²Die Entscheidungen hierüber trifft das Gericht, bei dem das Verfahren anhängig ist.

1 **A. Grundsätzliches.** § 138c regelt, zusammen mit § 138d, das **Verfahren zur Ausschließung des Verteidigers.** Dieses gliedert sich in das **Antrags- bzw. Vorlegungsverfahren** (§ 138c Abs. 2 und 4) und das **Ausschließungsverfahren** (§ 138c Abs. 1 und § 138d; zum Ganzen *Dünnebier* NJW 1976, 1, 3).
2 Die Norm wurde, wie die §§ 138a und 138b, durch das Erste Gesetz zur Reform des Strafverfahrensrechts vom 20.12.1974 (BGBl. I S. 3686) in die StPO eingefügt (zu zwischenzeitlichen Änderungen LR/*Lüderssen/Jahn* § 138c Vor Rn. 1).

3 **B. Regelungsgehalt. I. Zuständigkeit (Absatz 1)** § 138c Abs. 1 betrifft die Zuständigkeit für das Ausschließungsverfahren. Die Regelungen sehen – mit Ausnahme vorläufiger Maßnahmen nach § 138c Abs. 3 S. 1 (vgl. dazu Rdn. 15 ff.) – keine Ausschließungskompetenz des erkennenden Gerichts vor, um eine Belastung des Verhandlungsklimas und Befangenheitsanträge zu verhindern und eine einheitliche obergerichtliche Rechtsprechung zu fördern (OLG Hamm NStZ-RR 2008, 252; *Fezer* GS Meyer, S. 81, 82 f.; *Frye* wistra 2005, 86, 88).
4 **Sachlich zuständig** ist gem. § 138c Abs. 1 S. 1 grundsätzlich **das Oberlandesgericht.** Ausnahmsweise ist der **BGH** zur Entscheidung berufen, wenn der Generalbundesanwalt die Ermittlungen führt oder das Revisionsverfahren beim BGH anhängig ist (§ 138c Abs. 1 Satz 2), die Akten also zusammen mit dem Antrag des Generalbundesanwalts beim BGH eingegangen sind (Radtke/Hohmann/*Reinhart* § 138c

Rn. 1); die Ausnahmezuständigkeit gilt jedoch nicht im Fall von Strafvollzugssachen (BGHSt 38, 52 f.; KMR/*Haizmann* § 138c Rn. 6; **a. A.** LR/*Lüderssen/Jahn* § 138c Rn. 6).

§ 138c Abs. 1 Satz 3 regelt die **funktionelle Zuständigkeit**: Ist das Verfahren vor einem Senat eines OLG oder des BGH anhängig, so ist ein anderer Senat zuständig, der sich aus dem Geschäftsverteilungsplan ergibt (SK-StPO/*Wohlers* § 138c Rn. 4). 5

Örtlich zuständig ist im Ermittlungsverfahren das OLG, das dem örtlich zuständigen Tatgericht übergeordnet ist, im Hauptverfahren das dem Tatgericht übergeordnete Gericht, nach rechtskräftigem Abschluss des Verfahrens das OLG, in dessen Bezirk die zuständige Staatsanwaltschaft ihren Sitz hat, und im Wiederaufnahmeverfahren das dem Wiederaufnahmegericht übergeordnete OLG (*Meyer-Goßner/Schmitt* § 138c Rn. 2). 6

II. Verfahrenseinleitung (Absatz 2) 1. Vorlage bzw. Antrag und Weiterleitung. § 138c Abs. 2 Satz 1 regelt die Vorlagebefugnis. Insoweit kommen, **abhängig vom Verfahrensstadium**, zwei Möglichkeiten der Verfahrenseinleitung in Betracht: Sobald und solange das Verfahren gegen den vom Verteidiger vertretenen Beschuldigten bei **Gericht anhängig** ist, hat dieses gem. § 138c Abs. 2 Satz 1, 1. Var. dem nach Abs. 1 zuständigen Gericht die Sache vorzulegen. Diese Vorlage kann zum einen **von Amts wegen** ergehen; zum anderen kann sie auf einem **Antrag der Staatsanwaltschaft** beruhen (§ 138c Abs. 2 Satz 2). Da es sich ungeachtet des Zustandekommens der Vorlage stets um eine solche des Gerichts handelt, hat dieses als Prozessvoraussetzung einen entsprechenden **Vorlagebeschluss** zu erlassen. Eine bloße Übersendungsverfügung ohne eigene Sachentscheidung genügt nicht (OLG Celle StraFo 2015, 21). Erfolgt die Vorlage von Amts wegen, so hat die Staatsanwaltschaft den Beschluss samt Akten an das nach § 138c Abs. 1 zuständige Gericht **weiterzuleiten**. 7

Vor Erhebung der öffentlichen Klage und nach rechtskräftigem Abschluss des Verfahrens hat die **Staatsanwaltschaft** – bzw. im Fall des § 386 AO die Finanzbehörde (vgl. § 399 Abs. 1 AO; OLG Karlsruhe NJW 1975, 943, 944) – einen entsprechenden Antrag selbst zu stellen (§ 138c Abs. 2 Satz 1 2. Var.; näher SK-StPO/*Wohlers* § 138c Rn. 7, 10). 8

2. Pflicht zur Einleitung und zur Weiterleitung. Die jeweils zuständige Stelle ist nach dem Wortlaut der Norm zur Antragstellung bzw. zur Vorlage sowie zur Weiterleitung verpflichtet; es besteht für diese – ebenso wie für das über die Ausschließung entscheidende Gericht nach Abs. 1 – **kein Ermessen** (*Fezer* GS Meyer, S. 81, 82; *Frye* wistra 2005, 86, 88). 9

Wie bereits der Wortlaut der Norm belegt (»erfolgt«), hat das vorlegende Gericht bei einem Antrag der Staatsanwaltschaft keine eigene Prüfungsbefugnis (BT-Drucks. 7/2526, S. 22; *Frye* NStZ 2005, 50 f.). Folglich darf das Gericht einen entsprechenden Antrag der Staatsanwaltschaft nicht ablehnen (OLG Karlsruhe NStZ 1983, 281 m. zust. Anm. *Bohnert*); es hat den Vorlagebeschluss zu erlassen, braucht ihn aber nicht zu begründen, und kann eine abweichende Stellungnahme abgeben, der die Qualität einer Anregung zukommt. 10

3. Anforderungen an die Vorlage bzw. den Antrag. Dem Vorlagebeschluss bzw. dem Antrag der Staatsanwaltschaft i.S.d. § 138c Abs. 2 kommen der Anklageschrift vergleichbare Funktionen zu (**Informations- und Umgrenzungsfunktion**, vgl. §§ 200 f. sowie *Fezer* GS Meyer, S. 81, 84). Hieraus werden hohe Mindestanforderungen abgeleitet, die sich nicht unmittelbar aus dem Gesetz ergeben. Zunächst muss der Beschluss Angaben zur **Person des Verteidigers**, einen **konkreten Antrag** und die zur Anwendung kommenden **Vorschriften** enthalten. Zudem müssen die den behaupteten Ausschließungsgrund in subjektiver und objektiver Hinsicht untermauernden **Tatsachen** substantiiert angegeben werden (OLG Bamberg StraFo 2012, 187 ff.; näher zu den Anforderungen bei dem Ausschließungsgrund des § 138a Abs. 1 Nr. 3 wg. Strafvereitelung *Beulke/Ruhmannseder* Rn. 533); überdies sind die entsprechenden **Beweismittel** zu benennen (grundlegend OLG Karlsruhe NJW 1975, 943, 944 f.; diesem zust. OLG Düsseldorf StV 1983, 117; OLG Hamm NStZ-RR 1999, 50; KG NStZ 2006, 352; OLG Brandenburg StV 2008, 66, 67; OLG Jena NStZ 2009, 526, 527; vgl. dazu auch *Frye* wistra 2005, 86, 89). Die bloße **Bezugnahme auf andere Schriftstücke oder Beiakten** genügt nicht; hieran ändert auch deren Beifügung nichts, insoweit gelten die strengen Anforderungen, die an das **Klageerzwingungsverfahren** (§§ 172 ff.) gestellt werden (OLG Celle StraFo 2015, 21; OLG Hamm NStZ-RR 1999, 50, 51; OLG Jena NStZ 2005, 49; KG NStZ 2006, 352). 11

§ 138c StPO Zuständigkeit für die Ausschließungsentscheidung

12   Fraglich ist, ob dieser Umstand dazu führt, dass auch im Fall der Vorlage auf Antrag der Staatsanwaltschaft ein die Voraussetzungen erfüllender Beschluss durch das Gericht selbst getroffen werden muss (so OLG Jena NStZ 2005, 49), oder ob insoweit in dem Beschluss Bezug genommen werden kann auf den schriftlichen Antrag der Staatsanwaltschaft an das Tatgericht (dafür *Meyer-Goßner/Schmitt* § 138c Rn. 7; *Frye* wistra 2005, 86, 89; *ders.* NStZ 2005, 50). Für die letztgenannte Ansicht spricht der Umstand, dass das Gericht keine Prüfungskompetenz hat und dem Vorlagebeschluss in diesem Fall folglich nur eine formale Wirkung zukommt.

13   Erfüllt die Vorlage die nötigen Voraussetzungen nicht, so kann das zuständige Gericht die vorlegende **Stelle zur Nachbesserung auffordern** oder **den Antrag als unzulässig verwerfen** (OLG Celle StraFo 2015, 21; OLG Hamm NStZ-RR 1999, 50, 51; *Meyer-Goßner/Schmitt* § 138c Rn. 9; a. A. *Frye* wistra 2005, 86, 90: Entscheidung nur über die Frage der Ausschließung, nicht über die Verwerfung der Vorlage bzw. des Antrags; umfassend zum Ganzen *Fezer* GS Meyer, S. 81, 87 f.); es ist nicht zu eigenen Ermittlungen verpflichtet (OLG Karlsruhe NJW 1975, 943, 945; OLG Düsseldorf wistra 1997, 239).

14   Das Ausschließungsbegehren ist dem betreffenden Verteidiger – ebenso wie dem Vorstand der zuständigen Rechtsanwaltskammer gem. § 138c Abs. 2 Satz 3, sofern der Verteidiger deren Mitglied ist – **mitzuteilen** (OLG Karlsruhe NJW 1975, 943, 944; *Meyer-Goßner/Schmitt* § 138c Rn. 10; »versteht sich von selbst«). Zuständig hierfür ist gem. §§ 35 Abs. 2 Satz 2, 36 Abs. 1 analog das Gericht i.S.d. § 138c Abs. 1 (LR/*Lüderssen/Jahn* § 138c Rn. 16; SK-StPO/*Wohlers* § 138c, Rn. 15; a. A. KMR/*Haizmann* § 138c Rn. 15).

15   **III. Vorläufige Anordnungen (Absatz 3)   1. Ruhen der Verteidigerrechte der §§ 147 ff.** Gemäß § 138c Abs. 3 Satz 1, 1. HS kann das vorlegende Gericht **vorläufig** das Ruhen des Rechts auf Akteneinsicht (§ 147), im Fall der Inhaftierung des Beschuldigten auch das auf unüberwachten Kontakt (§ 148 Abs. 1) anordnen. Im Ermittlungsverfahren und nach rechtskräftiger Entscheidung ist das Gericht i.S.d. § 138c Abs. 1 gem. § 138c Abs. 3 Satz 2 **zuständig**.

16   Die Entscheidung liegt im **Ermessen** des Gerichts; die Anordnung ist nur dann **verhältnismäßig**, wenn aufgrund konkreter Anhaltspunkte zu befürchten ist, dass der Verteidiger andernfalls die ihm vorgeworfene unerlaubte Tätigkeit fortsetzen wird (*Meyer-Goßner/Schmitt* § 138c Rn. 12; SK-StPO/*Wohlers* § 138c Rn. 20; *Radtke/Hohmann/Reinhart* § 138c Rn. 12).

17   Die Entscheidung ergeht gem. § 138c Abs. 3 Satz 3 **durch unanfechtbaren Beschluss**, der wegen der Schwere des Eingriffs in die Grundrechte des Verteidigers und seines Mandanten der **Begründung** bedarf; § 34 ist insofern verfassungskonform auszulegen, auch um eine Verfassungsbeschwerde zu ermöglichen (so auch KK/*Laufhütte/Willnow* § 138c Rn. 19; LR/*Lüderssen/Jahn* § 138c Rn. 30; SK-StPO/*Wohlers* § 138c Rn. 21; *Müller/Gussmann* Rn. 406; *Dünnebier* NJW 1976, 1, 6; a. A. *Meyer-Goßner/Schmitt* § 138c Rn. 12).

18   Zuvor sind die Beteiligten gem. § 33 **anzuhören**: dies gilt zunächst für die Staatsanwaltschaft, sofern sie nicht selbst einen entsprechenden Antrag gestellt hat (§ 33 Abs. 2); zudem sind der Verteidiger bzw. der von diesem gewählte Verteidiger und der Beschuldigte als Verfahrensbeteiligte i.S.d. § 33 Abs. 1 (vgl. § 138d Abs. 2) zu hören, sofern hierdurch nicht der Zweck der Maßnahme gefährdet werden würde (§ 33 Abs. 4 Satz 1), was eher selten zu bejahen sein wird (*Müller/Gussmann* Rn. 404).

19   Gem. § 138c Abs. 3 Satz 1, 2. HS kann das Gericht das Ruhen des Rechts auf Akteneinsicht bzw. im Fall des inhaftierten Beschuldigten auf unüberwachten Kontakt auch auf andere Verfahren ausdehnen, in denen der Ausschluss die in § 138a Abs. 4 und Abs. 5 enthaltenen Verteidigungsverbote zur Folge hätte (hierzu *Radtke/Hohmann/Reinhart* § 138c Rn. 13).

20   **2. Bestellung eines anderen Verteidigers.** Da dem Beschuldigten, gegen dessen Verteidiger vorläufig Maßnahmen gem. § 138c Abs. 3 angeordnet wurden, insoweit keine adäquate Verteidigung zukommt, verpflichtet **§ 138c Abs. 3 Satz 4** das Gericht, bezüglich der für ruhend erklärten Rechte einen zusätzlichen Verteidiger zu bestellen. Diese Pflicht ist unabhängig davon, ob die Verteidigung im konkreten Fall notwendig ist (vgl. dazu unter § 140) bzw. ob der Beschuldigte noch weitere Verteidiger mandatiert hat (krit. zu der Regelung LR/*Lüderssen/Jahn* § 138c Rn. 35: »Zwei halbe Verteidiger machen keinen ganzen Verteidiger.«). Maßgebend für die Auswahl sollen nach dem Willen des Gesetzgebers die Grundsätze des § 142 sein (BT-Drucks. 7/2526, S. 23).

21   Der zusätzliche Verteidiger darf nach dem Regelungszweck lediglich die Rechte wahrnehmen, die dem vom Ausschließungsverfahren betroffenen Verteidiger entzogen worden sind; selbst unaufschiebbare

Prozesshandlungen sind ihm untersagt, weil der Verteidiger insoweit handlungsfähig bleibt (*Meyer-Goßner/Schmitt* § 138c Rn. 13; SK-StPO/*Wohlers* § 138c Rn. 23; *Müller/Gussmann* Rn. 411 ff.; *Burhoff* StRR 2012, 404, 408; a. A. KK/*Laufhütte/Willnow* § 138c Rn. 18; Radtke/Hohmann/*Reinhart* § 138c Rn. 14). Da dies die Beistandsfunktion der Verteidigung beeinträchtigt, ist dem Beschuldigten mit der herrschenden Meinung die Möglichkeit zu geben, einen bereits für ihn tätigen Verteidiger seines Vertrauens zu mandatieren bzw. muss die Möglichkeit bestehen, ihm einen entsprechenden Pflichtverteidiger zu bestellen (so z.B. LR/*Lüderssen/Jahn* § 138c Rn. 35; SK-StPO/*Wohlers* § 138c Rn. 23; a. A. *Meyer-Goßner/Schmitt* § 138c Rn. 13). In den Fällen des § 138c Abs. 3 Satz 1, 2. HS erstreckt sich die Bestellung des zusätzlichen Verteidigers nur dann auf die Verfahren, auf die die Ruhenswirkung ausgedehnt wird, wenn es in dem betreffenden Verfahren ausdrücklich festgestellt worden ist (Radtke/Hohmann/*Reinhart* § 138c Rn. 14).

Zuständig für die **Auswahl** ist gem. § 138c Abs. 3 Satz 5 i.V.m. § 142 Abs. 1 der Vorsitzende des Gerichts. Gleiches gilt für die **Bestellung**. Zwar nimmt § 138c Abs. 3 Satz 2 nicht auf § 141 Abs. 4 Bezug; dies ergibt sich aber aus dem engen sachlichen Zusammenhang des § 141 Abs. 4 zu § 142 (SK-StPO/*Wohlers* § 138c Rn. 22; *Dünnebier* NJW 1976, 1, 6; KMR/*Haizmann* § 138c Rn. 23; a. A. HK/*Julius* § 138c Rn. 7; KK/*Laufhütte/Willnow* § 138c Rn. 17). 22

IV. Unterbrechung bzw. Aussetzung der Hauptverhandlung (Absatz 4) Erfolgt eine Vorlage gem. 23 § 138c Abs. 2 Satz 1 1. Var., so hat das vorlegende Gericht die Hauptverhandlung gem. § 138c Abs. 4 Satz 1 **zwingend** bis zur Entscheidung über die Ausschließung zu unterbrechen oder auszusetzen, unabhängig von der Frage, ob es sich bei dem Verteidiger, der ausgeschlossen werden soll, um den einzigen handelt oder ein Pflichtverteidiger bestellt worden ist (BT-Drucks. 7/2526, S. 23). Die Hauptverhandlung kann nach § 138c Abs. 4 Satz 2 **bis zu 30 Tagen** unterbrochen werden.

Die Frist beginnt mit der Vorlegung; sie endet mit einer rechtskräftigen Entscheidung (*Meyer-Goßner/Schmitt* § 138c Rn. 14; *Müller/Gussmann* Rn. 414). 24

Wird die Ausschließung innerhalb der Frist rechtskräftig abgelehnt, so wird die Verhandlung fort- 25
gesetzt; erfolgt währenddessen die Ausschließung, dann ist die Fortsetzung der Hauptverhandlung davon abhängig, dass eine Verteidigung durch einen bereits von Anfang an mandatierten Mitverteidiger oder durch einen neu mandatierten Verteidiger erfolgen kann, der sich kurzfristig in die Sache einarbeiten kann. Andernfalls ist die Hauptverhandlung auszusetzen und neu zu terminieren (*Meyer-Goßner/Schmitt* § 138c Rn. 14).

V. Selbständiges Verfahren im Falle der Mandatsniederlegung (Absatz 5) § 138c Abs. 5 normiert 26 ein **Umgehungsverbot**: Wird das Mandat durch den Beschuldigten oder den Verteidiger beendet, nachdem das Ausschließungsverfahren in Gang gesetzt worden ist, so kann dieses Verfahren ungeachtet dessen weitergeführt werden. Das Verfahren zielt in diesem Fall auf die **Feststellung** der Unzulässigkeit der Verteidigung durch den ausgeschiedenen Verteidiger ab, die nach § 138c Abs. 5 Satz 2 der Ausschließung gleichsteht.

Das Feststellungsverfahren ist nur **statthaft**, wenn das Ausschließungsverfahren beim Ausscheiden des 27
Verteidigers bereits **in Gang gesetzt** war (SK-StPO/*Wohlers* § 138c Rn. 29: »*verunglückte Bestimmung*«).

Dies ist bei der Vorlage durch **das Gericht** (§ 138c Abs. 2 Satz 1, 1. Var.) der Fall, sobald die Vorlage an 28 das nach § 138c Abs. 1 zuständige Gericht erfolgt. Nach dem Sinn und Zweck der Regelung ist nicht erst der Eingang der Akten bei diesem Gericht, sondern bereits der Vorlegungsbeschluss als solcher maßgebend. Nicht ausreichend ist es hingegen, wenn der Verteidiger bereits zuvor aus dem Verfahren ausgeschieden ist (OLG Düsseldorf NStZ 1994, 450; KK/*Laufhütte/Willnow* § 138c Rn. 26).

Initiiert **die Staatsanwaltschaft** das Verfahren (§ 138c Abs. 2 Satz 1, 2. Var.), so ist es in Gang gesetzt, 29 sobald der Antrag deren Geschäftsbereich verlassen hat (*Meyer-Goßner/Schmitt* § 138c Rn. 15).

Das für die Ausschließung gem. § 138c Abs. 1 zuständige Gericht entscheidet **nach pflichtgemäßem** 30 **Ermessen** darüber, ob es das Verfahren zu diesem Zweck weiterführen will (LR/*Lüderssen/Jahn* § 138c Rn. 42: »*Opportunitätsprinzip*«). Die Entscheidung ist davon abhängig, ob für das Gericht die begründete Besorgnis besteht, dass der Verteidiger in dem Verfahren das Mandat nur zum Zwecke der Verfahrenseinstellung niederlegt und später **erneut tätig werden** will (BGH bei *Kusch* NStZ 1994, 23; OLG Düsseldorf StV 1995, 570 f.; OLG Hamm NStZ-RR 2008, 252, 253; LR/*Lüderssen/Jahn* § 138c Rn. 42).

31 Weder die Entscheidung über die Fortführung noch über die Einstellung des Verfahrens bedarf nach dem Gesetzeswortlaut einer förmlichen Entscheidung. Aus Klarstellungsgründen ist jedoch in beiden Fällen ein entsprechender **Gerichtsbeschluss** empfehlenswert (so für die Fortführung auch KK/*Laufhütte*/*Willnow* § 138c Rn. 28; wohl auch SK-StPO/*Wohlers* § 138c Rn. 30).

32 **VI. Kosten (Absatz 6)** § 138c Abs. 6 eröffnet dem vorlegenden Gericht (Satz 2) die Möglichkeit, im Falle eines Ausschlusses des Verteidigers diesem die durch die **Aussetzung** (nicht nur Unterbrechung; SK-StPO/*Wohlers* § 138c Rn. 32) verursachten Kosten aufzuerlegen, sofern ihn ein **Verschulden** trifft, und es unangemessen wäre, die Kosten der Staatskasse oder dem Angeklagten aufzuerlegen (krit. zum Standort der Norm LR/*Lüderssen*/*Jahn* § 138c Rn. 46). In Betracht kommen in diesem Zusammenhang z.B. Kosten für die Abbestellung und Neuladung von Zeugen oder Schöffen oder Verteidigerkosten für die Wiederholung von Prozessabschnitten (SK-StPO/*Wohlers* § 138c Rn. 32). Zur Kostenentscheidung des nach § 138c Abs. 1 zuständigen Gerichts vgl. § 138d Rdn. 15.

33 Die Norm gilt mangels Verweis auf Abs. 5 **nicht im Feststellungsverfahren** (LR/*Lüderssen*/*Jahn* § 138c Rn. 45; SK-StPO/*Wohlers* § 138c Rn. 31).

34 **C. Beschwerde.** Die Staatsanwaltschaft kann gegen die unzulässige (s.o. Rdn. 11) **Ablehnung des Antrags auf Vorlage** (§ 138c Abs. 2 Satz 1, 2. Var.) mit der Beschwerde vorgehen (OLG Karlsruhe NStZ 1983, 281, 282 m. zust. Anm. *Bohnert*).

35 Gegen die **Anordnung des Ruhens der Rechte aus §§ 147 ff.** gem. § 138c Abs. 3 Satz 1 ist trotz § 138c Abs. 3 Satz 3 die Beschwerde zulässig. Die Beschwerde ist begründet, wenn bei der Anordnung wesentliche Rechte des Beschuldigten auf den Beistand eines Verteidigers verletzt wurden (*Müller*/*Gussmann* Rn. 408 unter Verweis auf OLG München NStZ 1994, 451).

36 Gegen die **Kostenentscheidung** nach § 138c Abs. 6 Satz 1 können – vorbehaltlich einer erstinstanzlichen Zuständigkeit des OLG (§ 304 Abs. 4 Satz 2; KK/*Laufhütte*/*Willnow* § 138c Rn. 34) – sowohl der ausgeschlossene Verteidiger als auch die Staatsanwaltschaft vorgehen; zu beachten ist in diesem Zusammenhang die in § 304 Abs. 3 normierte Wertuntergrenze (*Meyer-Goßner*/*Schmitt* § 138c Rn. 19). Der ursprünglich vertretene Beschuldigte ist beschwerdebefugt, sofern dem ausgeschlossenen Verteidiger keine Kosten auferlegt worden sind (SK-StPO/*Wohlers* § 138c Rn. 34).

§ 138d StPO Verfahren bei Ausschließung des Verteidigers.

(1) Über die Ausschließung des Verteidigers wird nach mündlicher Verhandlung entschieden.
(2) ¹Der Verteidiger ist zu dem Termin der mündlichen Verhandlung zu laden. ²Die Ladungsfrist beträgt eine Woche; sie kann auf drei Tage verkürzt werden. ³Die Staatsanwaltschaft, der Beschuldigte und in den Fällen des § 138c Abs. 2 Satz 3 der Vorstand der Rechtsanwaltskammer sind von dem Termin zur mündlichen Verhandlung zu benachrichtigen.
(3) Die mündliche Verhandlung kann ohne den Verteidiger durchgeführt werden, wenn er ordnungsgemäß geladen und in der Ladung darauf hingewiesen worden ist, dass in seiner Abwesenheit verhandelt werden kann.
(4) ¹In der mündlichen Verhandlung sind die anwesenden Beteiligten zu hören. ²Für die Anhörung des Vorstands der Rechtsanwaltskammer gilt § 247a Absatz 2 Satz 1 entsprechend. ³Den Umfang der Beweisaufnahme bestimmt das Gericht nach pflichtgemäßem Ermessen. ⁴Über die Verhandlung ist eine Niederschrift aufzunehmen; die §§ 271 bis 273 gelten entsprechend.
(5) ¹Die Entscheidung ist am Schluss der mündlichen Verhandlung zu verkünden. ²Ist dies nicht möglich, so ist die Entscheidung spätestens binnen einer Woche zu erlassen.
(6) ¹Gegen die Entscheidung, durch die ein Verteidiger aus den in § 138a genannten Gründen ausgeschlossen wird oder die einen Fall des § 138b betrifft, ist die sofortige Beschwerde zulässig. ²Dem Vorstand der Rechtsanwaltskammer steht ein Beschwerderecht nicht zu. ³Eine die Ausschließung des Verteidigers nach § 138a ablehnende Entscheidung ist nicht anfechtbar.

1 **A. Grundsätzliches.** § 138d regelt die »Ausschließungsverhandlung« sowie die möglichen Rechtsmittel hiergegen. Die Norm ist zuletzt durch das Gesetz zur Intensivierung des Einsatzes von Videokonferenztechnik in gerichtlichen und staatsanwaltschaftlichen Verfahren (BGBl. I, S. 935)

vom 25.04.2013 zum 01.11.2013 geändert worden, indem ein neuer Abs. 4 Satz 2 eingefügt wurde (zust. BRAK-Stellungnahme NR. 30/2010, S. 6). Durch Art. 9 Satz 1 des Gesetzes (BGBl. I, S. 937) wird den Bundesländern jedoch die Möglichkeit zum Erlass einer Rechtsverordnung eröffnet, die die Anwendbarkeit der Regelung bis spätestens zum 31.12.2017 ausschließt.

B. Regelungsgehalt. I. Die mündliche Verhandlung (Absätze 1 bis 4) Gem. § 138d Abs. 1 setzt die Ausschließung des Verteidigers grundsätzlich eine mündliche Verhandlung voraus. Der **Zweck** dieser Regelung besteht darin, zu gewährleisten, dass im Wege der mündlichen Diskussion rascher als im schriftlichen Verfahren eine Beurteilungsgrundlage geschaffen und eine Entscheidung über den Ausschluss getroffen werden kann (OLG Karlsruhe NJW 1975, 943, 945 f.; LR/*Lüderssen/Jahn* § 138d Rn. 2). Der Unterstützung dieses Anliegens dient – neben der Intention der Kostenersparnis – auch der neu eingefügte Abs. 4 Satz 2 (BT-Drucks. 17/1224, S. 16).

1. Entbehrlichkeit. Einer mündlichen Verhandlung bedarf es nach dem Regelungszweck ausnahmsweise dann nicht, wenn eine Ausschließung von vornherein nicht in Betracht kommt, sei es weil der Ausschließungsantrag unzulässig ist, das unzuständige Gericht angerufen wurde oder weil die vorgebrachten Tatsachen nicht unter einen Ausschließungsgrund zu fassen sind; § 138d Abs. 1 ist insoweit **teleologisch zu reduzieren** (BGHSt 38, 52; OLG Bremen NJW 1981, 2711; OLG Karlsruhe NJW 1975, 943, 945 f.; KG NJW 2006, 1537; OLG Hamm NStZ-RR 1999, 50, 51; LR/*Lüderssen/ Jahn* § 138d Rn. 3; *Meyer-Goßner/Schmitt* § 138d Rn. 1; *Roxin/Schünemann* § 19 Rn. 56; *Frye* wistra 2005, 86, 90; *Rieß* NStZ 1981, 328, 332; **a. A.** *Fezer* GS Meyer, S. 81, 90 f.).

2. Ladung. Der **Verteidiger** ist gem. § 138d Abs. 2 Satz 1 zu dem Termin der mündlichen Verhandlung förmlich zu laden. Er ist in der Ladung darauf hinzuweisen, dass in seiner Abwesenheit verhandelt werden kann (vgl. § 138d Abs. 3). Nicht zulässig ist eine derartige Verfahrensweise jedoch, wenn der Verteidiger nachweislich ernsthaft an der Wahrnehmung des Termins verhindert ist; in diesen Fällen gebietet das Rücksichtnahmegebot die Verschiebung des Termins (*Müller/Gussmann* Rn. 420).
Die **Ladungsfrist** beträgt eine Woche; sie kann auf drei Tage verkürzt werden (§ 138d Abs. 2 Satz 2). Eine derartige Fristverkürzung kommt bei besonderer Eilbedürftigkeit, z.B. im Zusammenhang mit einem Verfahren i.S.d. § 138b, in Betracht (LR/*Lüderssen/Jahn* § 138d Rn. 5). Wird die Frist nicht gewahrt, ist dies unbeachtlich, sofern der Verteidiger erscheint und dies nicht rügt (KK/*Laufhütte/Willnow* § 138d Rn. 5; *Meyer-Goßner/Schmitt* § 138d Rn. 3; SK-StPO/ *Wohlers* § 138d Rn. 3; *Burhoff/Stephan* Rn. 192).
Im Gegensatz dazu werden **die sonstigen Beteiligten**, d.h. die Staatsanwaltschaft, der Beschuldigte sowie, in den Fällen des § 138c Abs. 2 Satz 3, der Vorstand der Rechtsanwaltskammer, nur formlos von dem Termin benachrichtigt (§ 138d Abs. 2 Satz 3). Auch der vom Verteidiger gewählte Beistand (dazu näher unter Rdn. 8) ist zu benachrichtigen.

3. Verfahrensmodalitäten. Da es sich bei der Verhandlung nicht um eine Hauptverhandlung vor dem erkennenden Gericht i.S.d. § 169 Satz 1 GVG handelt, ist die mündliche Verhandlung über die Ausschließung **nicht öffentlich** (BGH bei *Pfeiffer* NStZ 1981, 95; **a.A.** *Schmidt-Leichner* NJW 1975, 417, 422 Fn. 49). Der in Haft befindliche Beschuldigte ist auf seinen Wunsch hin vorzuführen, damit er an der mündlichen Verhandlung teilnehmen kann (Radtke/Hohmann/*Reinhart* § 138d Rn. 4).
Zwar stellt das Ausschließungsverfahren kein Strafverfahren dar; der Verteidiger kann sich daher mangels Beschuldigteneigenschaft nicht unmittelbar aufgrund des **§ 137 Abs. 1** des Beistands eines Verteidigers bedienen; die Norm gilt jedoch wegen der Schwere der möglichen Konsequenzen **analog** (KMR/ *Haizmann* § 138d Rn. 2; LR/*Lüderssen/Jahn* § 138d Rn. 6; Radtke/Hohmann/*Reinhart* § 138d Rn. 6; SK-StPO/*Wohlers* § 138d Rn. 2; *Müller/Gussmann* Rn. 421 ff.; *Dünnebier* NJW 1976, 1, 3). Zum Teil wird diese Analogie nicht thematisiert und dem Verteidiger das Recht auf eine dem Zeugenbeistand ähnliche Person zuerkannt (KK/*Laufhütte/Willnow* § 138d Rn. 6; *Meyer-Goßner/Schmitt* § 138d Rn. 5; *Burhoff/Stephan* Rn. 340). Konsequenzen hat diese abweichende Meinung für das Vertretungsrecht sowie für das – wegen der Mitteilungspflichten (vgl. § 138c Rdn. 14) freilich weniger relevante – Akteneinsichtsrecht. Vor der mündlichen Verhandlung sollte diese Frage daher mit dem zuständigen Gericht diskutiert werden (*Müller/Gussmann* Rn. 427).

§ 138d StPO Verfahren bei Ausschließung des Verteidigers

9 Die anwesenden Beteiligten sind nach § 138d Abs. 4 Satz 1 – entsprechend dem Regelungszweck (s.o. Rdn. 2) – **zu hören**. Durch den neu eingefügten Verweis in § 138d Abs. 4 Satz 2 auf § 247a Abs. 2 Satz 1 wird dem Gericht künftig ermöglicht, den Vorstand der Rechtsanwaltskammer per **Videokonferenz** anzuhören (s. Rdn. 1). Die Entscheidung über diese Verfahrensweise liegt im pflichtgemäßen Ermessen des Gerichts und ist anfechtbar (§ 138d Abs. 4 Satz 2 verweist nur auf § 247a Abs. 2 Satz 1 und nicht auf Satz 3, vgl. LR/*Lüderssen/Jahn* [Nachtrag] § 138d Rn. 2).

10 Das Gericht bestimmt überdies den **Umfang der Beweisaufnahme** nach pflichtgemäßem Ermessen (§ 138d Abs. 4 Satz 3). Es ist dabei nicht verpflichtet, über den Ausschließungsantrag hinausgehende Anhaltspunkte für einen Ausschließungsgrund zu prüfen (BGH NJW 1991, 2780, 2781; OLG Karlsruhe NJW 1975, 943, 945).

11 Obgleich die Norm nicht ausdrücklich auch die **Art der Beweisaufnahme** in das Ermessen des Gerichts stellt, gilt wegen der Intention des Gesetzgebers bei Schaffung des § 138d (BT-Drucks. 7/2526, S. 23) das **Freibeweisverfahren** (BGHSt 28, 116; KK/*Laufhütte/Willnow* § 138d Rn. 7; *Meyer-Goßner/ Schmitt* § 138d Rn. 7; Radtke/Hohmann/*Reinhart* § 138d Rn. 7; *Hammerstein* NStZ 1986, 38; *Rieß* NStZ 1981, 328, 332; **a. A.** HK/*Julius* § 138d Rn. 3; LR/*Lüderssen/Jahn* § 138d Rn. 8; *Klemke/ Elbs* Rn. 216; *Dünnebier* NJW 1976, 1, 3).

12 Die Verhandlung ist gem. § 138d Abs. 4 Satz 4 i.V.m. §§ 271 bis 273 **zu protokollieren**. Hierdurch wird eine Überprüfung der Entscheidung auf Fehler in der Rechtsmittelinstanz (dazu näher unter Rdn. 20) gewährleistet (SK-StPO/*Wohlers* § 138d Rn. 11).

13 **II. Die Entscheidung (Absatz 5) 1. Allgemeines.** Gemäß § 138d Abs. 5 ist die Entscheidung am Schluss der mündlichen Verhandlung, sofern dies nicht möglich ist, binnen einer Woche zu erlassen. Die Entscheidung ergeht durch **Beschluss** und gibt Auskunft darüber, ob die Verteidiger ausgeschlossen oder die Ausschließung abgelehnt wird (LR/*Lüderssen/Jahn* § 138d Rn. 10; *Fezer* GS Meyer, S. 81, 86; *Frye* wistra 2005, 86, 90). Sie ist ungeachtet der Frage, ob sie anfechtbar ist, wegen der Grundrechtsrelevanz der Entscheidung **zu begründen** (LR/*Lüderssen/Jahn* § 138d Rn. 10).

14 Der Beschluss ist, sofern er nicht gem. Abs. 5 Satz 1 verkündet wird und die Beschwerde zulässig ist, gem. § 35 Abs. 2 Satz 1 an den Verteidiger und die sonstigen Beschwerdeberechtigten (dazu unter Rdn. 21) zuzustellen.

15 **2. Kosten.** Da der Beschluss das Ausschließungsverfahren abschließt, hat er eine Entscheidung über die Kosten zu treffen (zu den durch die Ausschließung verursachten Kosten s.o. § 138c Rdn. 32).

16 Wird die **Ausschließung abgelehnt**, so trägt die Staatskasse nach § 467 Abs. 1 analog die Kosten des Verfahrens sowie die notwendigen Auslagen des Verteidigers (BGH NJW 1991, 2917 [in BGHSt 38, 52 nicht abgedruckt]; OLG Bremen NJW 1981, 2711; OLG Karlsruhe NJW 1975, 943, 946). Hierzu gehören auch die Kosten für einen anwaltlichen Beistand (KK/*Laufhütte/Willnow* § 138d Rn. 6; Radtke/Hohmann/*Reinhart* § 138d Rn. 9; SK-StPO/*Wohlers* § 138d Rn. 15; *Müller/Gussmann* Rn. 428; *Rieß* NStZ 1981, 328, 332 Fn. 98; **a. A.** KGAnwBl. 1981, 116, 117 f. m. abl. Anm. *Schmidt*; *Meyer-Goßner/Schmitt* § 138d Rn. 10).

17 Wird der Verteidiger hingegen **ausgeschlossen**, so hat er gemäß § 465 Abs. 1 analog die Kosten des Verfahrens zu tragen (*Meyer-Goßner/Schmitt* § 138d Rn. 10; **a. A.** HK/*Julius* § 138d Rn. 4; SK-StPO/ *Wohlers* § 138d Rn. 15; *Rieß* NStZ 1981, 328, 332).

18 **3. Beschränkte Rechtskraft.** Die Entscheidung entfaltet nur eine beschränkte Rechtskraft, wie die §§ 138a Abs. 3 und 138b Satz 2 belegen, die die Aufhebung der Ausschließung zwingend vorsehen (*Fezer* GS Meyer, S. 81, 91 f.).

19 Ein bereits abgelehntes Ausschließungsverfahren darf nicht aus denselben Gründen wiederholt werden; in Kombination mit der Beibringung neuer Tatsachen oder Beweismittel ist dies hingegen möglich (OLG Düsseldorf StraFo 1998, 305 f.; SK-StPO/ *Wohlers* § 138d Rn. 20; *Frye* wistra 2005, 86, 91).

20 **III. Mögliche Rechtsmittel (Absatz 6) 1. Sofortige Beschwerde.** Gegen die Ausschließung durch das OLG ist gem. § 138d Abs. 6 Satz 1 i.V.m. § 304 Abs. 4 Satz 3 die sofortige Beschwerde **statthaft**. Zuständiges Gericht ist der Bundesgerichtshof (§ 135 Abs. 2 GVG; zum Ablauf des Beschwerdeverfahrens näher LR/*Lüderssen/Jahn* § 138d Rn. 16).

21 **Beschwerdebefugt** sind der Verteidiger selbst, dessen Mandant sowie die Staatsanwaltschaft. Der ausgeschlossene Verteidiger kann die Beschwerde für seinen Mandanten einlegen, weil die Ausschließung

erst mit Rechtskraft des Beschlusses eintritt (BGHSt 26, 291, 295). Der Vorstand der Rechtsanwaltskammer ist hingegen gem. § 138d Abs. 6 Satz 2 nicht beschwerdebefugt (*Burhoff/Stephan* Rn. 204).
Nicht anfechtbar ist der Beschluss, in dem die Ausschließung des Verteidigers aus den in § 138a genannten Gründen abgelehnt wird (**§ 138d Abs. 6 Satz 3**; BGH bei *Becker* NStZ-RR 2002, 257 f.); eine Ausnahme gilt für die Ausschließung nach § 138b durch das OLG. Nicht anfechtbar ist wegen § 304 Abs. 4 Satz 2 zudem der Beschluss, mit dem die **Aufhebung der Ausschließung** nach § 138a Abs. 3 abgelehnt wird (BGHSt 32, 231 f.; Meyer-Goßner/Schmitt § 138d Rn. 13; a. A. LR/*Lüderssen/ Jahn* § 138d Rn. 24; KK/*Laufhütte/Willnow* § 138d Rn. 17, die die Ablehnung mit der Anordnung einer weiteren Ausschließung gleichsetzen). Nicht anfechtbar ist schließlich auch die **Ausschließung durch den BGH** (LR/*Lüderssen/Jahn* § 138d Rn. 15). 22

2. Revision. Die Ausschließung selbst kann nicht mit der Revision gerügt werden; diese ist, unabhängig davon, ob sie durch das OLG oder durch den BGH erging, gem. **§ 336 Satz 2** ausgeschlossen. Der Beschuldigte kann jedoch rügen, dass er nach der Ausschließung nicht mehr adäquat verteidigt worden ist (SK-StPO/*Wohlers* § 138d Rn. 16). 23

§ 139 StPO Übertragung der Verteidigung auf einen Referendar.
Der als Verteidiger gewählte Rechtsanwalt kann mit Zustimmung dessen, der ihn gewählt hat, die Verteidigung einem Rechtskundigen, der die erste Prüfung für den Justizdienst bestanden hat und darin seit mindestens einem Jahr und drei Monaten beschäftigt ist, übertragen.

A. Grundsätzliches. Der Gesetzgeber bezweckte bei der Schaffung der Regelung, dem damaligen Mangel an verteidigenden Rechtsanwälten abzuhelfen (*Peter* JuS 1991, 140). Nachdem dieser Zweck angesichts der Rechtsanwaltsschwemme heutzutage überholt ist, behält die Norm den **Zweck**, im Laufe der nunmehr stark ausgedehnten Anwaltsstage Rechtsreferendaren einen Einblick in die Praxis der Strafverteidigung zu bieten (BGHSt 26, 319, 320; LR/*Lüderssen/Jahn* § 139 Rn. 1 m.w.N.; SK-StPO/*Wohlers* § 139 Rn. 1; *Jahn* JuS 2006, 660, 661). 1

§ 139 erfasst nur den Fall der **Übertragung** der Verteidigung, nicht aber den Fall der bloßen Assistenz (hierzu BGH NJW 1958, 1308 f.; LR/*Lüderssen/Jahn* § 139 Rn. 9; *Peter* JuS 1991, 140, 141 f.). Er ist – anders als der Fall des § 142 Abs. 2 – nicht auf das amtsgerichtliche Verfahren beschränkt (SK-StPO/ *Wohlers* § 139 Rn. 2; *Dünnebier* JR 1973, 267, 268). 2

B. Regelungsgehalt. I. Persönlicher Anwendungsbereich. Unter dem Begriff des **Rechtskundigen** ist der Referendar zu verstehen, der die erste juristische Staatsprüfung bestanden hat und sich seit mindestens einem Jahr und drei Monaten im juristischen Vorbereitungsdienst (§ 5b DRiG) befindet (vert. zur Frage, ob es sich um den Stationsreferendar des Verteidigers handeln muss: *Gruschwitz* DRiZ 2012, 239, 241). Nicht möglich ist es, dem Referandar seine eigene Verteidigung zu übertragen (OLG Karlsruhe MDR 1971, 320; SK-StPO/ *Wohlers* § 139 Rn. 2; zu den Gründen für das Verbot vgl. § 138 Rdn. 11 f.). 3

Der **Assessor** und der **nicht im Justizdienst beschäftigte Rechtskundige** werden vom Wortlaut der Norm nicht erfasst; für eine analoge Anwendung der Norm fehlt es an einer Regelungslücke, weil der Assessor sowohl als Beistand nach § 138 Abs. 2 als auch als Vertreter nach § 53 Abs. 4 Satz 2 BRAO (hierzu näher *Peter* JuS 1991, 140, 142) und der nicht im Justizdienst beschäftigte Rechtskundige als Beistand i.S.d. § 138 Abs. 2 gewählt werden können (vgl. zum Assessor BGHSt 26, 319, 320 auch unter Hinweis auf die Gesetzgebungsgeschichte und die reichsgerichtliche Rechtsprechung, die die Einschränkung mit der staatlichen Aufsicht begründete, sowie BayObLG NJW 1991, 2434). 4

Nur der **Rechtsanwalt**, nicht aber ein Hochschullehrer oder eine nach § 138 Abs. 2 geeignete Person können die Verteidigung auf einen Referendar übertragen. Der Rechtsanwalt muss zudem der »gewählte« sein, d.h. nur der **Wahlverteidiger**, nicht aber der Pflichtverteidiger ist übertragungsberechtigt (BGH NJW 1958, 1308; NJW 1967, 165; BGH bei *Miebach* NStZ 1990, 226; LG Berlin NStZ 2000, 51; *Dünnebier* JR 1973, 367; zur Möglichkeit der Bestellung des Referendars als Pflichtverteidiger vor dem Amtsgericht vgl. § 142 Rdn. 34 ff.). 5

§ 139 StPO   Übertragung der Verteidigung auf einen Referendar

6 § 387 Abs. 2 dehnt den Anwendungsbereich der Norm auf den Anwalt des Klägers und des Angeklagten im Privatklageverfahren aus. Entsprechende Anwendung findet die Norm zudem auf den Anwalt des **Nebenklägers** sowie auf die Fälle der §§ **406f und 406g** (LR/*Lüderssen/Jahn* § 139 Rn. 8; AnwK-StPO/*Krekeler/Werner* § 139 Rn. 7) sowie gem. **§ 434 Abs. 1** auf den Anwalt des Einziehungsberechtigten (SK-StPO/*Wohlers* § 139 Rn. 4).

7 **II. Zeitlicher Anwendungsbereich.** Die Norm ermöglicht eine Übertragung bereits **im Ermittlungsverfahren**. Die früher vertretene Ansicht, die Regelung setze eine Anklage voraus (BGH NJW 1973, 64; umfassend zur damaligen Diskussion *Dünnebier* JR 1973, 267, 268 ff.), ist mit der Änderung des Begriffs des Angeklagten in denjenigen, der den Verteidiger gewählt hat, obsolet geworden (BT-Drucks. 10/1313, S. 20; *Meyer-Goßner/Schmitt* § 139 Rn. 5 m.w.N.).

8 **III. Sachlicher Anwendungsbereich. 1. Voraussetzungen.** Die Übertragung setzt zunächst die **Zustimmung des Beschuldigten** voraus, im Fall der Wahl durch den gesetzlichen Vertreter (vgl. dazu auch § 137 Rdn. 21 f.) auch dessen Zustimmung (dazu näher SK-StPO/*Wohlers* § 139 Rn. 8). Einer Zustimmung seitens des Gerichts ist ebenso wenig erforderlich wie diejenige der Ausbildungsstelle des Referendars (LR/*Lüderssen/Jahn* § 139 Rn. 14; SK-StPO/*Wohlers* § 139 Rn. 6).

9 Ob der Verteidiger bereits in der allgemeinen Prozessvollmacht vorab auf die Möglichkeit der Übertragung der Verteidigung auf einen Referendar verweisen kann, wird z.T. verneint, und es wird eine Spezialvollmacht verlangt (KG JR 1972, 206, 207; *Peter* JuS 1991, 140, 141). Richtigerweise bedarf der Mandant aber dieses Schutzes nicht, weil es ihm unbenommen bleibt, auf den Verzicht auf die Klausel zu bestehen (*Wessing* in Graf StPO § 139 Rn. 3; KK/*Laufhütte/Willnow* § 139 Rn. 2; LR/*Lüderssen/Jahn* § 139 Rn. 10; Radtke/Hohmann/*Reinhart* § 139 Rn. 2; *Jahn/Kett-Straub* StV 2005, 601, 602; Bsp. für eine derartige Vollmacht bei *Ignor* Beck'sches Formularhandbuch, S. 42). Die Zustimmung zur Übertragung der Verteidigung auf den Referendar ist widerruflich (SK-StPO/*Wohlers* § 139 Rn. 7).

10 Liegt die Zustimmung vor, so erteilt der Wahlverteidiger dem Referendar **Untervollmacht**. Dem Gericht gegenüber muss die Unterbevollmächtigung nicht nachgewiesen werden (allgemein zum Nachweis der Untervollmacht RGSt 41, 14, 15; SK-StPO/*Wohlers* § 139 Rn. 7).

11 **2. Wirkung.** Dem Referendar stehen nach der Bevollmächtigung **sämtliche Rechte eines Verteidigers** zu (SK-StPO/*Wohlers* § 139 Rn. 10); er kann entweder anstelle oder neben dem Verteidiger auftreten. Im letztgenannten Fall ist er i.R.d. § 137 Abs. 1 Satz 2 mitzuzählen (KK/*Laufhütte/Willnow* § 139 Rn. 4; SK-StPO/*Wohlers* § 139 Rn. 9; zum Kostenrecht SK-StPO/*Wohlers* § 139 Rn. 11 sowie *Schnabl/Keller* AnwBl. 2008, 131). Der Referendar darf den inhaftierten Beschuldigten besuchen, ohne dass es auf die Zustimmung des zuständigen Ermittlungsrichters ankommt (ebenso Radtke/Hohmann/*Reinhart* § 139 Rn. 4; a. A. KK/*Laufhütte/Willnow* § 139 Rn. 5).

12 In beiden Konstellationen hat der Rechtsanwalt den Referendar **zu überwachen** (BGH bei *Miebach* NStZ 1990, 226; KK/*Laufhütte/Willnow* § 139 Rn. 4; KMR/*Haizmann* § 139 Rn. 7). Über die Kanzlei des gewählten Verteidigers kann an ihn gem. § 145a Abs. 1 zugestellt werden.

13 **C. Revision.** Wird ein wirksam bevollmächtigter Referendar zu Unrecht zurückgewiesen, so liegt der absolute Revisionsgrund des **§ 338 Nr. 8** vor (SK-StPO/*Wohlers* § 139 Rn. 12). Zudem verletzt dieser Verstoß, wenn der Beschuldigte von der Pflicht, vor Gericht zu erscheinen, befreit war, das rechtliche Gehör (**Art. 103 Abs. 1 GG**) und begründet die Rechtsbeschwerde (OLG Oldenburg DAR 2005, 701 m. zust. Anm. *Jahn* JuS 2006, 660).

14 Ein Fall des **§ 338 Nr. 5** ist gegeben, wenn im Fall notwendiger Verteidigung die Voraussetzungen für die Übertragung nicht vorlagen und der Assessor dennoch ohne Beanstandung des Gerichts als Bevollmächtigter aufgetreten ist (BGHSt 26, 319).

§ 140 StPO Notwendige Verteidigung.

(1) Die Mitwirkung eines Verteidigers ist notwendig, wenn

1. die Hauptverhandlung im ersten Rechtszug vor dem Oberlandesgericht oder dem Landgericht stattfindet;
2. dem Beschuldigten ein Verbrechen zur Last gelegt wird;
3. das Verfahren zu einem Berufsverbot führen kann;
4. gegen einen Beschuldigten Untersuchungshaft nach den §§ 112, 112a oder einstweilige Unterbringung nach § 126a oder § 275a Abs. 6 vollstreckt wird;
5. der Beschuldigte sich mindestens drei Monate auf Grund richterlicher Anordnung oder mit richterlicher Genehmigung in einer Anstalt befunden hat und nicht mindestens zwei Wochen vor Beginn der Hauptverhandlung entlassen wird;
6. zur Vorbereitung eines Gutachtens über den psychischen Zustand des Beschuldigten seine Unterbringung nach § 81 in Frage kommt;
7. ein Sicherungsverfahren durchgeführt wird;
8. der bisherige Verteidiger durch eine Entscheidung von der Mitwirkung in dem Verfahren ausgeschlossen ist;
9. dem Verletzten nach den §§ 397a und 406g Absatz 3 und 4 ein Rechtsanwalt beigeordnet ist.

(2) ¹In anderen Fällen bestellt der Vorsitzende auf Antrag oder von Amts wegen einen Verteidiger, wenn wegen der Schwere der Tat oder wegen der Schwierigkeit der Sach- oder Rechtslage die Mitwirkung eines Verteidigers geboten erscheint oder wenn ersichtlich ist, dass sich der Beschuldigte nicht selbst verteidigen kann. ²Dem Antrag eines hör- oder sprachbehinderten Beschuldigten ist zu entsprechen.

(3) ¹Die Bestellung eines Verteidigers nach Absatz 1 Nr. 5 kann aufgehoben werden, wenn der Beschuldigte mindestens zwei Wochen vor Beginn der Hauptverhandlung aus der Anstalt entlassen wird. ²Die Bestellung des Verteidigers nach Absatz 1 Nr. 4 bleibt unter den in Absatz 1 Nr. 5 bezeichneten Voraussetzungen für das weitere Verfahren wirksam, wenn nicht ein anderer Verteidiger bestellt wird.

Übersicht	Rdn.			Rdn.
A. Grundsätzliches	1		8. § 140 Abs. 1 Nr. 8	32
B. Regelungsgehalt	4		9. § 140 Abs. 1 Nr. 9	33
I. Anwendungsbereich	4	III.	Die Generalklausel des § 140 Abs. 2	34
1. Zeitlich	4		1. Allgemeines	34
2. Sachlich	9		2. Schwere der Tat	36
3. Persönlich	11		3. Schwierigkeit der Sachlage	39
II. Der Katalog des § 140 Abs. 1	12		4. Schwierigkeit der Rechtslage	43
1. § 140 Abs. 1 Nr. 1	12		5. Unfähigkeit des Beschuldigten zur Eigenverteidigung	47
2. § 140 Abs. 1 Nr. 2	14		6. § 140 Abs. 2 Satz 2	54
3. § 140 Abs. 1 Nr. 3	17		7. Analoge Anwendung der Norm	55
4. § 140 Abs. 1 Nr. 4	20	IV.	Veränderungen der Haftsituation (Absatz 3)	60
5. § 140 Abs. 1 Nr. 5	24			
6. § 140 Abs. 1 Nr. 6	29	C.	Rechtsmittel	63
7. § 140 Abs. 1 Nr. 7	31			

A. Grundsätzliches. In § 140 wird, wie an zahlreichen anderen Stellen der StPO (vgl. z.B. 1 §§ 118a Abs. 2 Satz 2 bis 4, 138c Abs. 3 Satz 4, 231 Abs. 4, 350 Abs. 3, 418 Abs. 4), geregelt, in welchen Konstellationen eine Verteidigung **notwendig** ist. Die Norm enthält in ihrem Abs. 1 einen **Katalog von Fallgruppen**, in denen unabhängig vom konkreten Einzelfall unwiderleglich vermutet wird, dass die Mitwirkung eines Verteidigers erforderlich ist. Abs. 2 enthält demgegenüber eine **Generalklausel**, die einen Ergänzungs- und Auffangtatbestand für weitere Fälle notwendiger Verteidigung darstellt. Hierbei kommt es auf den konkreten Einzelfall an. Dies führt in der Praxis in jüngerer Zeit zunehmend zu der Frage, wem die »Beweislast« für das Vorliegen eines Falls notwendiger Verteidigung obliegt (s. dazu näher unter Rdn. 39, 48 sowie sehr instruktiv *Meyer-Goßner* StV 2012, 718). Abs. 3 schließlich regelt die Auswirkungen von Veränderungen der Situation des nicht auf freiem Fuß befindlichen Beschuldigten auf die Bestellung eines notwendigen Verteidigers. Die Regelung wird ergänzt durch die §§ 141, 142, die das Verfahren der Bestellung eines Pflichtverteidigers normieren, sofern der Beschuldigte nicht selbst einen Verteidiger wählt.

2 § 140 konkretisiert das **Rechtsstaatsprinzip** in seiner Ausgestaltung als Gebot eines fairen Verfahrens einfachgesetzlich, indem es dem Beschuldigten in bestimmten Fällen unabhängig von seinen Einkommens- und Vermögensverhältnissen eine Einflussmöglichkeit auf das gegen ihn geführte Verfahren gewährt (BVerfGE 39, 238, 243; 46, 202, 210; 63, 380, 390 f.; 70, 297, 323; diff. SK-StPO/*Wohlers* § 140 Rn. 3).

3 Die Norm wurde in jüngerer Zeit durch das Gesetz zur Änderung des Untersuchungshaftrechts vom 29.07.2009 (BGBl. I S. 2274) modifiziert; im Zuge dessen wurden § 140 Abs. 1 Nr. 4 und § 140 Abs. 3 Satz 2 in ihrer jetzigen Fassung eingeführt (zur Neuregelung *Bittmann* NStZ 2010, 13; *Deckers* StraFo 2009, 441; *Jahn* FS Rissing-van Saan, S. 275, 276 ff.; *Jahn*, Zur Rechtswirklichkeit der Pflichtverteidigerbestellung [2014], S. 27 ff.; LR-*Lüderssen/Jahn* § 140 Nachtr. Rn. 1 f.; *Michalke* NJW 2010, 17; *Schlothauer* FS Samson, S. 709; *Wohlers* StV 2010, 151; s.a. die Kritik des 35. Strafverteidigertages in StV 2011, 321, 323; zur Entstehungsgeschichte der Regelung allgemein LR/*Lüderssen/Jahn* § 140 Vor Rn. 1). Infolge des Gesetzes zur Neuordnung des Rechts der Sicherungsverwahrung und begleitender Regelungen vom 22.12.2010 (BGBl. I, S. 2300) ist der Verweis in § 140 Abs. 1 Nr. 4 auf § 275 Abs. 5 durch Abs. 6 ersetzt worden. Durch das Gesetz zur Stärkung der Rechte von Opfern sexuellen Missbrauchs vom 26.06.2013 (BGBl. I, S. 1805) wurde in § 140 Abs. 1 mit Wirkung zum 01.09.2013 eine Nr. 9 angefügt, die zuvor zur Erläuterung des Falls der fehlenden Fähigkeit zur Eigenverteidigung in § 140 Abs. 2 Satz 1 a.E. enthalten war. Hierdurch sollte zum einen dem Gedanken der Waffengleichheit Rechnung getragen werden und zum anderen dem Opferschutz, weil es für den Verletzten u.U. belastender sein kann, im Strafverfahren einem unverteidigten Beschuldigten gegenübertreten zu müssen (BR-Drucks. 213/11, S. 13).

4 **B. Regelungsgehalt. I. Anwendungsbereich. 1. Zeitlich.** Ist eine Verteidigung nach § 140 **Abs. 1** notwendig, so gilt dies – vorbehaltlich der Regelung in § 140 Abs. 3 (dazu unter Rdn. 60 ff.) – für **das gesamte Strafverfahren** (OLG Düsseldorf MDR 1984, 669; *Meyer-Goßner/Schmitt* § 140 Rn. 5) einschließlich des **Antrages über die Wiederaufnahme des Verfahrens** (KG StraFo 2013, 22; OLG Bremen NJW 1964, 2175; LR/*Lüderssen/Jahn* § 141 Rn. 28; *Meyer-Goßner/Schmitt* § 364a Rn. 2; a.A. OLG Oldenburg NStZ-RR 2009, 208; KK/*Laufhütte/Willnow* § 141 Rn. 10; SK-StPO/*Wohlers* § 141 Rn. 23) und der erneuten Verhandlung nach Zurückverweisung gem. § 354 Abs. 2 (OLG Celle NdsRpflege 1983, 125; SK-StPO/*Wohlers* § 141 Rn. 22). Eine Beschränkung der Bestellung ist nicht möglich (KMR/*Müller* § 140 Rn. 7); allerdings umfasst die Bestellung eines Verteidigers durch das Tatgericht nicht dessen Auftreten in einer Revisionshauptverhandlung. Insoweit bedarf es einer gesonderten Bestellung (BGH bei *Cierniak/Zimmermann* NStZ-RR 2011, 97, 101; BGHSt 19, 258; BGH NStZ 2000, 552; vgl. dazu näher unter § 141 Rdn. 29).

5 Zum Strafverfahren zählt aufgrund des Zwecks der Regelungen zur notwendigen Verteidigung (s.o. Rdn. 2) richtigerweise auch das **Adhäsionsverfahren** (OLG Schleswig NStZ 1998, 101; OLG Hamm StV 2002, 89; OLG Köln StraFo 2005, 394; OLG Hamburg NStZ-RR 2006, 347; *J. Ph. Feigen*, Adhäsionsverfahren in Wirtschaftsstrafsachen [2012], S. 42; KK/*Laufhütte/Willnow* § 140 Rn. 4; *Meyer-Goßner/Schmitt* § 140 Rn. 5; *Burhoff* EV Rn. 1308 m.w.N.; a. A. unter Verweis auf § 404 Abs. 5: OLG München StV 2004, 38; OLG Bamberg NStZ-RR 2009, 114; OLG Stuttgart NJW-Spezial 2009, 493; OLG Oldenburg StraFo 2010, 306; HansOLG Hamburg StraFo 2010, 307; KG NStZ-RR 2011, 86, 87; OLG Hamm StraFo 2013, 85, 86; OLG Dresden StV 2014, 276); der Begriff umfasst auch sog. **Nachtragsentscheidungen** zur Bildung einer nachträglichen Gesamtstrafe (KG StV 2012, 616; OLG Jena StraFo 2007, 96; OLG Köln NStZ-RR 2010, 283; LR/*Lüderssen/Jahn* § 141 Rn. 28; *Meyer-Goßner/Schmitt* § 140 Rn. 33; a.A. SK-StPO/*Wohlers* § 141 Rn. 26 m.w.N.).

6 An der Gültigkeit der Beiordnung ändert weder eine vorläufige Einstellung des Verfahrens nach § 205 etwas (LG Heilbronn StV 1992, 509), noch der Umstand, dass sich in der Berufungsinstanz ergibt, dass die Voraussetzungen nicht mehr vorliegen (RGSt 70, 317, 320).

7 Eine Bestellung aufgrund der sich aus § 140 **Abs. 2** ergebenden Notwendigkeit kann beschränkt werden, z.B. auf bestimmte Verfahrensabschnitte – auch ergab das Verfahrensstadium der vorläufigen Einstellung nach § 153a (z.B. zur Wahrung der Rechte bei der Auflagenerfüllung oder bei drohendem Scheitern der Einstellung, s. OLG Hamm StV 2012, 330) – oder einzelne Verfahrenshandlungen (RGSt 62,

22, 23; *Meyer-Goßner/Schmitt* § 140 Rn. 6; *Wessing* in Graf StPO § 140 Rn. 2; a. A. SK-StPO/ *Wohlers* § 140 Rn. 31; *Wasserburg* GA 1982, 312 f., die einen Umkehrschluss zu § 138c Abs. 3 ziehen); erfolgt diese Beschränkung nicht, gilt die Bestellung ebenfalls für das gesamte Strafverfahren (zur analogen Anwendung auf das Strafvollstreckungsverfahren vgl. unter Rdn. 56). Hat das Gericht einen Verteidiger bestellt, begründet dies ein Recht des Beschuldigten auf Verteidigung (*Meyer-Goßner/Schmitt* § 140 Rn. 34). Nur die wesentliche Änderung von Umständen begründet daher eine Rücknahme der Bestellung (BGHSt 7, 69; OLG Köln NJW 2006, 76; OLG Düsseldorf NStZ 2011, 653).
Zum Zeitpunkt der Bestellung des Verteidigers s. unter § 141 Rdn. 8 ff. 8

2. Sachlich. Die Norm gilt auch für das **Privatklageverfahren** (BVerfGE 63, 380; *Moltketin/Jakobs* 9 AnwBl. 1981, 483). Im **Jugendstrafverfahren** gelten zusätzlich die §§ 68, 109 Abs. 1 JGG (hierzu *Beulke* Jugendverteidigung, S. 170, 172 ff.; siehe auch Rdn. 52 f.). Für das **Strafbefehlsverfahren** enthält § 408b eine Sonderregelung (dazu *Lutz* NStZ 1998, 295; *Brackert/Staechelin* StV 1995, 547), für **das beschleunigte Verfahren** § 418 Abs. 4 (*Ernst* StV 2001, 367; OLG Köln StRR 2010, 68), und sofern erstmals im **Wiederaufnahmeverfahren** die Bestellung eines Verteidigers in Betracht kommt, sind die §§ 364a, 364b maßgebend. Im **Ordnungswidrigkeitenverfahren**, für das die §§ 140 ff. über § 46 OWiG gelten (s.z.B. LG Ellwangen StV 2012, 462), ist zusätzlich § 60 OWiG zu beachten (weitere Sondernormen bei *B. Mehle* NJW 2007, 969, 972; speziell zum Verkehrsordnungswidrigkeitenverfahren *Fromm* NJW 2013, 2006; zur analogen Anwendung des § 140 Abs. 2 vgl. unter Rdn. 55 ff.).

Im **Auslieferungs-, Durchlieferungs- und Vollstreckungsverfahren** ist dem Verfolgten bzw. Verurteil- 10 ten unter den Voraussetzungen der §§ 40 Abs. 2, 53 Abs. 2 IRG ein Beistand zu bestellen (LG Kiel StV 2011, 429; zur analogen Anwendung auf die sonstige Rechtshilfe i.S.d. §§ 59 ff. IRG vgl. LG Hamburg StV 2011, 430).

3. Persönlich. Ob eine Verteidigung notwendig ist, ist **für jeden Mitangeklagten gesondert** zu be- 11 stimmen (KMR/*Müller* § 140 Rn. 2, s. aber auch Rdn. 48). Auch der **rechtskundige Beschuldigte**, der nach § 138 Abs. 1 zum Verteidiger gewählt werden könnte, hat im Fall notwendiger Verteidigung einen Anspruch auf einen Verteidiger, weil er nicht selbst bestellt werden kann (vgl. dazu näher unter Rdn. 43 sowie § 138 Rdn. 11; OLG Hamm StraFo 2004, 170; BGH MDR 1954, 564; *Meyer-Goßner/ Schmitt* § 140 Rn. 2; *Pfeiffer* § 140 Rn. 1).

II. Der Katalog des § 140 Abs. 1. 1. § 140 Abs. 1 Nr. 1. § 140 Abs. 1 Nr. 1 bestimmt, dass die 12 Verteidigung dann notwendig ist, wenn die Hauptverhandlung im ersten Rechtszug vor dem Oberlandesgericht bzw. dem Landgericht stattfindet. Dass von Rechts wegen das Amtsgericht zuständig wäre, ändert hieran – wie der Wortlaut der Norm belegt – nichts (LR/*Lüderssen/Jahn* § 140 Rn. 21; *Meyer-Goßner/Schmitt* § 140 Rn. 11).

Die Beiordnung ist bereits dann notwendig, wenn die Hauptverhandlung vor den genannten Gerichten 13 stattfinden **würde** (LR/*Lüderssen/Jahn* § 140 Rn. 21), d.h. schon vor der Eröffnung des Hauptverfahrens. Stellt sich jedoch heraus, dass das Hauptverfahren vor dem Amtsgericht stattfinden wird, und liegt kein sonstiger Fall einer notwendigen Verteidigung vor, ist die bereits erfolgte Bestellung zurückzunehmen.

2. § 140 Abs. 1 Nr. 2. § 140 Abs. 1 Nr. 2 erfasst die Fälle, in denen dem Beschuldigten ein **Verbre-** 14 **chen** zur Last gelegt wird. Der Begriff des Verbrechens ist i.S.d. § 12 Abs. 1 StGB zu verstehen; er erfasst daher sämtliche Straftaten, die im Mindestmaß mit wenigstens einem Jahr Freiheitsstrafe bedroht sind. Gem. § 12 Abs. 3 StGB bleiben sowohl Strafschärfungen als auch Strafmilderungen bei der Qualifizierung der betreffenden Tatbestandes außer Acht. Aus diesem Grund sind auch Versuch und Teilnahme erfasst (SK-StPO/ *Wohlers* § 140 Rn. 7).

Unter dem Terminus des **Zur-Last-Legens** sind zum einen »**formale**« Beschuldigungshandlungen zu 15 verstehen, d.h. die Anklage, der hiervon abweichende Eröffnungsbeschluss (§ 207 Abs. 2 Nr. 3), der rechtliche Hinweis (§ 265; RGSt 33, 302; 65, 246; KG StV 1985, 184) sowie die Nachtragsanklage (§ 266; BGHSt 1, 302; 9, 243). Zum anderen greift die Norm bereits dann ein, wenn wegen eines Verbrechens **ermittelt** wird (BGH StV 2006, 566, 567; HK/*Julius* § 140 Rn. 6; SK-StPO/ *Wohlers* § 140 Rn. 7; **a. A.** *Burgard* NStZ 2000, 242, 243 ff. Noch weiter OLG Bremen StV 1984, 13: nicht nur entfernte Möglichkeit, dass die dem Gericht unterbreitete Tat zu irgendeinem Zeitpunkt als Verbrechen

§ 140 StPO   Notwendige Verteidigung

beurteilt werden wird; hiergegen zu Recht *Meyer-Goßner/Schmitt* § 140 Rn. 12; *Burgard* NStZ 2000, 242, 244) bzw. wenn sich i.R.d. Hauptverhandlung abzeichnet, dass ein rechtlicher Hinweis gem. § 265 erteilt werden wird (KK/*Laufhütte/Willnow* § 140 Rn. 9; dem zust. Radtke/Hohmann/*Reinhart* § 140 Rn. 9).

16   Wird dem Beschuldigten ein Verbrechen zur Last gelegt, dann bleibt die Verteidigung so lange notwendig, bis **rechtskräftig entschieden** worden ist, dass kein Verbrechen vorliegt (BayObLG StV 1994, 65). Wird ein Rechtsmittel eingelegt, ändert dies daher grundsätzlich nichts, sofern der Beschuldigte es nicht wirksam auf die Strafhöhe beschränkt (OLG Düsseldorf StV 1984, 369; OLG Oldenburg StV 1995, 345 f.; AnwK-StPO/*Krekeler/Werner* § 140 Rn. 5).

17   **3. § 140 Abs. 1 Nr. 3.** § 140 Abs. 1 Nr. 3 regelt, dass eine Verteidigung notwendig ist, wenn sie zu einem Berufsverbot führen kann. Erforderlich ist daher eine **Prognose**, ob **mit einiger Wahrscheinlichkeit** ein entsprechendes Verbot **zu erwarten** ist (BGHSt 4, 320, 322 zu § 140 Abs. 1 Nr. 3 a.F.; RGSt 70, 317; LR/*Lüderssen/Jahn* § 140 Rn. 26: »naheliegende Möglichkeit«; SK-StPO/*Wohlers* § 140 Rn. 9).

18   Für eine derartige Wahrscheinlichkeit spricht die Nennung des § 70 StGB in der Anklageschrift (BGHSt 4, 320, 322; RGSt 68, 397 f.; 70, 317 f.), ein rechtlicher Hinweis des Gerichts gem. § 265 Abs. 2 (OLG Celle NJW 1964, 877; *Meyer-Goßner/Schmitt* § 140 Rn. 13), die Anordnung eines vorläufigen Berufsverbots gem. § 132a Abs. 1 sowie sonstige Umstände, die dem Gericht Anlass geben, sich mit der Frage eines möglichen Berufsverbots zu beschäftigen, wie z.B. ein entsprechender Schlussantrag seitens der Staatsanwaltschaft (RGSt 70, 317, 318).

19   Die Norm ist **analog** auf den Fall anzuwenden, dass bei einer Verurteilung die befristete Aufenthaltserlaubnis endgültig abgelehnt und der Beschuldigte damit die Möglichkeit verlieren würde, eine Erwerbstätigkeit auszuüben (s. LG Oldenburg StV 2013, 435, das allerdings auf § 140 Abs. 2 abstellt). Eine analoge Anwendung der Regelung auf **andere Fälle der Maßregeln der Besserung und Sicherung** (vgl. § 61 StGB) ist mangels Regelungslücke abzulehnen, weil § 140 Abs. 1 Nr. 6 zeigt, dass der Gesetzgeber bei der Schaffung des Katalogs nicht nur das Berufsverbot, sondern auch andere Maßregeln im Blick hatte (i.E. ebenso LR/*Lüderssen/Jahn* § 140 Rn. 30; AnwK-StPO/*Krekeler/Werner* § 140 Rn. 6).

20   **4. § 140 Abs. 1 Nr. 4.** Der auf Betreiben des Rechtsausschusses des Deutschen Bundestages eingefügte und am 01.01.2010 in Kraft getretene § 140 Abs. 1 Nr. 4 bestimmt, dass die Mitwirkung eines Verteidigers dann notwendig ist, wenn gegen den Beschuldigten **Untersuchungshaft** (§§ 112, 112a) oder eine **einstweilige Unterbringung** (§§ 126a, 275a Abs. 6) **vollstreckt** wird. Durch diese Regelung soll zusammen mit § 141 Abs. 3 Satz 4 – anders als nach dem bis dato geltenden § 117 Abs. 4, der eine Bestellung erst nach drei Monaten vorsah – der nicht auf freiem Fuß befindliche Beschuldigte von Anfang an in die Lage versetzt werden, sich effektiv verteidigen zu können (BT-Drucks. 16/13097, S. 18 f.; vert. *Schmidt* NJ 2012, 284; näher zu § 141 Abs. 3 Satz 4 unter § 141).

21   Die Norm findet **keine Anwendung** auf die Fälle der Hauptverhandlungshaft (§§ 127b Abs. 2, 230 Abs. 2, 329 Abs. 4 Satz 1) sowie auf die Sicherungshaft nach § 453c Abs. 1 (a. A. AG Aschersleben StV 2010, 493; krit. dazu *Jahn* FS Rissing-van Saan, S. 275, 281 Fn. 29), ebenso wenig auf die Strafbzw. Auslieferungshaft (BT-Drucks. 16/13097, S. 19; LR/*Lüderssen/Jahn* [Nachtrag] § 140 Rn. 8; *Meyer-Goßner/Schmitt* § 140 Rn. 14; krit. dazu SK-StPO/*Wohlers* § 140 Rn. 10; *ders.* StV 2010, 151, 152; s.a. *Schomburg/Lagodny* NJW 2012, 348, 352, die wegen des Diskriminierungsverbots gegenüber EU-Ausländern zutreffend jedenfalls eine Anwendbarkeit im Hinblick auf EU-Bürger vertreten), auf freiheitsentziehende Maßnahmen der Besserung und Sicherung sowie sonstige freiheitsentziehende Sanktionen (§§ 16 f. JGG; § 9 WStG; *Jahn* FS Rissing-van Saan, S. 275, 281 Fn. 30).

22   Die Formulierung soll verdeutlichen, dass die Regelung nur so lange einschlägig ist, als sich der Beschuldigte tatsächlich im **Vollzug** der genannten Maßnahmen befindet (SK-StPO/*Wohlers* § 140 Rn. 11; *Jahn* FS Rissing-van Saan, S. 275, 281 f.; krit. zur Formulierung Radtke/Hohmann/*Reinhart* § 140 Rn. 11). Nach Ansicht des V. Senats liegt erst mit Aufrechterhaltung der Haft nach § 115 Abs. 4 S. 1 eine Vollstreckung der Untersuchungshaft im Sinne des § 140 Abs. 1 Nr. 4 vor, d.h. nicht bereits mit Festnahme oder im Vorführungstermin (BGHSt 60, 38 Rz. 10 m. abl. Bespr. *Kasiske* HRRS 2015, 69, 70; s.a. *Eisenberg* StV 2015, 180 u. *Wohlers* JR 2015, 281; zust. de lege lata: *Jahn*, Zur Rechtswirklichkeit der Pflichtverteidigerbestellung [2014], S. 35 f. - de lege ferenda die Vorverlagerung des Bestellungszeitpunkts fordernd). **Nicht erforderlich** ist nach Wortlaut, Entstehungsgeschichte sowie Sinn

und Zweck der Norm, dass sich die Untersuchungshaft auf **das vorliegende Verfahren** bezieht (OLG Hamm StV 2014, 274; OLG Frankfurt a.M. NStZ-RR 2011, 19; LG Itzehoe StV 2010, 562 f. m. zust. Anm. *Tachau* und abl. Anm. *Peters/Krawinkel* StRR 2011 4, 7; *Meyer-Goßner/Schmitt* § 140 Rn. 14; **a. A.** LG Saarbrücken StRR 2010, 308; LG Bonn NStZ-RR 2012, 15 [jedenfalls nicht, solange sich das andere Verfahren im Stadium des Ermittlungsverfahrens befindet]; AG Wuppertal NStZ-aktuell 2011 Heft 7, S. 7; *Busch* NStZ 2011, 663; zur Folgefrage, welches Gericht in diesem Fall zuständig ist, vgl. § 141 Rdn. 31). Gleiches gilt wegen der gleichgelagerten Interessenlage im Fall von Überhaft, auch wenn bei dieser der Untersuchungshaftbefehl nicht vollstreckt wird (**a. A.** LG Saarbrücken, Beschl. v. 16.06.2010 – 3 Qs 28/10, zit. nach *Brocke/Heller* StraFo 2011, 1, 8, Fn. 69, die diesem zustimmen).

Für das **Anordnungsverfahren** gilt die Norm **nicht** (*Wohlers* StV 2010, 151, 152). Wird ein Haftverschonungsbeschluss erlassen, ist der Tatbestand ebenfalls nicht einschlägig (BT-Drucks. 16/13097, S. 19). Zur **Auswirkung der nachträglichen Entlassung aus der Untersuchungshaft** vgl. § 140 Abs. 3 Satz 2; dazu näher unter Rdn. 61. 23

5. § 140 Abs. 1 Nr. 5. Gemäß § 140 Abs. 1 Nr. 5 ist die Mitwirkung eines Verteidigers dann notwendig, wenn der Beschuldigte sich mindestens 3 Monate auf Grund richterlicher Anordnung oder mit richterlicher Genehmigung in einer Anstalt befunden hat und nicht mindestens 2 Wochen vor Beginn der Hauptverhandlung entlassen wird. 24

Der Regelung liegt der gleiche Gedanke wie § 140 Abs. 1 Nr. 4 zugrunde, nämlich derjenige, dass die Verteidigungsmöglichkeiten des Beschuldigten infolge der Beschränkung der Fortbewegungsfreiheit begrenzt sind (SK-StPO/*Wohlers* § 140 Rn. 11). Neben § 140 Abs. 1 Nr. 4 behält § 140 Abs. 1 Nr. 5 insoweit eine eigenständige Bedeutung, als er zum einen auch dann gilt, wenn die Vollstreckung der Haft oder Unterbringung beendet wird und zum anderen dann, wenn sich der Beschuldigte in Strafoder Auslieferungshaft befindet (AnwK-UHaft/*König* § 140 Rn. 2; LR/*Lüderssen/Jahn* [Nachtrag] § 140 Rn. 8; SK-StPO/*Wohlers* § 140 Rn. 13). 25

Der Begriff des **Anstaltsaufenthalts** umfasst (auch ausländische, vgl. OLG Koblenz NStZ 1984, 522; AG Altenkirchen StV 2014, 540) Strafhaft, auch wenn dem Beschuldigten Freigang i.S.d. § 11 Abs. 1 Nr. 1 StrafvollzugsG gewährt wird (KG JR 1980, 348; LG Berlin StraFo 2013, 285), Jugendhaft i.S.d. § 17 JGG, Straf- bzw. Jugendarrest, Auslieferungshaft i.S.d. §§ 15 f. IRG sowie die Unterbringung nach den §§ 63 ff. StGB, den Unterbringungsgesetzen der Länder oder aufgrund vormundschaftsgerichtlicher Genehmigung (AnwK-StPO/*Krekeler/Werner* § 140 Rn. 8). Dass sich der Aufenthalt auf das vorliegende Verfahren bezieht, ist nicht vonnöten (OLG Düsseldorf StV 2001, 609). Die Frist fängt mit dem Beginn der Ermittlungen an zu laufen (SK-StPO/*Wohlers* § 140 Rn. 16). Die Haftdauer muss sowohl nach dem Wortlaut der Norm als auch nach deren Zweck **nicht ununterbrochen** mindestens 3 Monate betragen haben, entscheidend ist vielmehr, ob die Verteidigung im Einzelfall tatsächlich konkret eingeschränkt sein konnte (so LG Frankfurt a.M. NStZ 1991, 600; AnwK-StPO/*Krekeler/Werner* § 140 Rn. 9; LR/*Lüderssen/Jahn* § 140 Rn. 36; SK-StPO/*Wohlers* § 140 Rn. 16; noch weitergehend OLG Bremen StV 1984, 13; **a. A.** OLG Hamburg MDR 1973, 336; *Meyer-Goßner/Schmitt* § 140 Rn. 15 und wohl auch *Joecks*, StPO, § 140 Rn. 9). 26

Die Norm ist **analog** anzuwenden auf den freiwilligen stationären Aufenthalt in einer Drogentherapieeinrichtung nach § 35 BtMG (LG Gießen StV 1991, 204 m. zust. Anm. *Nix*; LG Münster StraFo 2000, 195), auf einen stationären Klinikaufenthalt zum Alkoholentzug (LG München I StV 1999, 421; LG Traunstein StV 1995, 126) sowie auf einen Aufenthalt in einem Erziehungsheim, bei dem die Fortbewegungsfreiheit des Beschuldigten erheblich eingeschränkt wird (LG Braunschweig StV 1986, 472). 27

Zur Möglichkeit der **Aufhebung nach § 140 Abs. 3 Satz 1** vgl. unter Rdn. 60. 28

6. § 140 Abs. 1 Nr. 6. Nach § 140 Abs. 1 Nr. 6 ist eine Verteidigung dann notwendig, wenn zur Vorbereitung eines Gutachtens über den psychischen Zustand des Beschuldigten dessen Unterbringung nach § 81 in Frage kommt. 29

Ein derartiges Gutachten **kommt in Frage, wenn** über einen entsprechenden ernst gemeinten Antrag zu entscheiden ist (RGSt 67, 259, 261; *Lehmann* StV 2003, 356). Dass der Antrag i.E. keinen Erfolg hat, ändert an der Notwendigkeit der Verteidigung nichts. Die Verteidigung bleibt vielmehr **bis zur rechtskräftigen Entscheidung** notwendig, weil die Beantwortung der Frage, ob eine Unterbringung anzuord- 30 nen ist, dem Gericht im Urteil obliegt und der Beschuldigte die Antwort auf die Frage beeinflussen können soll (RGSt 67, 259, 261; BGH NJW 1952, 797; LR/*Lüderssen/Jahn* § 140 Rn. 44).

31   **7. § 140 Abs. 1 Nr. 7.** § 140 Abs. 1 Nr. 7 erklärt die Mitwirkung eines Verteidigers für den Fall für notwendig, dass ein **Sicherungsverfahren** gem. §§ 413 ff. durchgeführt wird. Die Norm entfaltet nur für den Fall eine eigenständige Bedeutung, dass das Verfahren auf eine Unterbringung in einer Entziehungsanstalt (**§ 64 StGB**) oder auf die Entziehung der Fahrerlaubnis (**§ 69 StGB**) abzielt; sofern die Unterbringung des Beschuldigten in einem psychiatrischen Krankenhaus (§ 63 StGB) in Betracht kommt, greift wegen der Zuständigkeit des Landgerichts (§ 24 Abs. 1 Nr. 2 GVG) bereits § 140 Abs. 1 Nr. 1 ein, falls ein Berufsverbot in Rede steht § 140 Abs. 1 Nr. 3.

32   **8. § 140 Abs. 1 Nr. 8.** § 140 Abs. 1 Nr. 8 bestimmt, dass die Mitwirkung eines Verteidigers dann notwendig ist, wenn der bisherige Verteidiger durch eine Entscheidung nach §§ 138a ff. von der Mitwirkung an dem Verfahren ausgeschlossen worden ist. Die Norm ist jedoch nur dann einschlägig, wenn die Verteidigung nicht bereits nach den Nr. 1 bis 7 des § 140 Abs. 1 notwendig ist (LR/*Lüderssen/Jahn* § 140 Rn. 46). Sie setzt zudem voraus, dass der Beschuldigte neben dem ausgeschlossenen Verteidiger keinen weiteren Verteidiger gewählt hatte (*Meyer-Goßner/Schmitt* § 140 Rn. 20; krit. dazu *Eisenberg* NJW 1991, 1257, 1261).

33   **9. § 140 Abs. 1 Nr. 9.** Der kürzlich eingefügte § 140 Abs. 1 Nr. 9 erklärt schließlich die Verteidigung in den Fällen für notwendig, in denen **dem Verletzten** (§§ 397a, 406g) ein **Rechtsanwalt beigeordnet** ist. Aus Gründen der Prozessfairness und der Waffengleichheit liegt nach der Neuregelung insoweit immer ein Fall notwendiger Verteidigung vor. Durch die Gesetzesänderung wurde die bisherige Vermutung zugunsten der mangelnden eigenen Verteidigungsfähigkeit (§ 140 Abs. 2 Satz 1 a.E.: »*namentlich*«) in einen zwingenden Bestellungsgrund umgewandelt.
Die selben Gründe, die im Fall des § 140 Abs. 1 Nr. 9 maßgebend sind, sprechen auch dann regelmäßig für eine notwendige Verteidigung nach Maßgabe des Absatz 2 (s.u. Rdn. 34 ff.), wenn der Verletzte den **Beistand selbst gewählt** hat (OLG Hamm StraFo 2004, 242; OLG Stuttgart StV 2009, 12; OLG Celle StV 2000, 70; OLG Zweibrücken StV 2002, 237; LG Verden NStZ-RR 2012, 287; *Meyer-Goßner/Schmitt* § 140 Rn. 34; *Klemke/Elbs* Rn. 99; LR/*Lüderssen/Jahn* [Nachtrag] § 140 Rn. 36; enger BR-Drucks. 213/11, S. 13 [»im Einzelfall«]; KG StV 2012, 714 m. zu Recht krit. Anm. *Meyer-Goßner* [nur im Einzelfall nach konkreter Prüfung, d.h. Umkehrung des Regel-Ausnahme-Verhältnisses]; OLG Köln StRR 2011, 82 [wenn Verteidigungsmöglichkeiten bestehen, die Rechtskunde erfordern und denen der »gegnerische« Anwalt entgegentreten kann, ohne dass dies dem Beschuldigten bewusst wird]; Radtke/Hohmann/*Reinhart* § 140 Rn. 32).

34   **III. Die Generalklausel des § 140 Abs. 2. 1. Allgemeines.** Die Generalklausel des § 140 Abs. 2 enthält auf der Tatbestandsebene **unbestimmte Rechtsbegriffe** (so auch LR/*Lüderssen/Jahn* § 140 Rn. 47; *Lehmann* JuS 2004 492; a.A. BGHSt 6, 199, 200; KG StV 1983, 186; BayObLGSt 1994, 169, 170; OLG Brandenburg NStZ-RR 2002, 184; OLG Rostock StraFo 2002, 230; *Meyer-Goßner/Schmitt* § 140 Rn. 22; *Eisenberg* NJW 1991, 1257, 1261: pflichtgemäßes Ermessen): die Schwere der Tat, die Schwierigkeit der Sach- oder Rechtslage sowie die fehlende Verteidigungsfähigkeit des Beschuldigten. Bejaht der Vorsitzende des Gerichts deren Vorliegen, wobei ihm in den engen Grenzen der Begriffe ein **Beurteilungsspielraum** zukommt (KG NStZ 1982, 298; KK/*Laufhütte/Willnow* § 140 Rn. 27; Radtke/Hohmann/*Reinhart* § 140 Rn. 21; *Beulke* Jugendverteidigung, S. 170, 186; *Kappe* GA 1960, 357, 370; **a. A.** SK-StPO/*Wohlers* § 140 Rn. 30, 68: volle Überprüfbarkeit durch das Beschwerde- und Revisionsgericht, ebenso *Oellerich* StV 1981, 434, 436), so ist die Mitwirkung eines Verteidigers notwendig.

35   § 140 Abs. 2 entfaltet neben dem Katalog des Abs. 1 nur insoweit eine eigenständige Bedeutung, als es um Vergehen geht, die vor dem Amtsgericht verhandelt werden.

36   **2. Schwere der Tat.** Der Begriff der Schwere der Tat bezieht sich auf die **zu erwartenden Rechtsfolgen**, nicht auf die Schwere der Rechtsverletzung. Nach gefestigter Rechtsprechung soll insoweit eine Straferwartung von rund einem Jahr Freiheitsstrafe genügen (OLG Naumburg StV 2013, 433; OLG München NStZ-RR 2010, 19; OLG Hamm StV 2004, 586; OLG Frankfurt a.M. StV 1995, 628, 629; LG Koblenz StV 2009, 237), wobei wegen der u.U. schwierigen Beurteilung der Voraussetzungen

des § 56 Abs. 2 StGB nicht maßgebend sein soll, ob die Strafe zur Bewährung ausgesetzt wird (OLG Frankfurt a.M. StV 2001, 106 f.). Bei einer Gesamtstrafenbildung soll die zu erwartende Gesamtstrafe, nicht aber die jeweilige Einzelstrafe maßgebend sein (OLG Jena StraFo 2005, 200). Erreicht diese die Schwelle von einem Jahr, wird die Verteidigung in jedem Verfahren zu Recht für notwendig erachtet (OLG Naumburg NStZ-RR 2013, 287; a. A. OLG Stuttgart NStZ-RR 2012, 214: Prüfung im Einzelfall).

Richtigerweise ist es jedoch bereits ausreichend, dass dem Beschuldigten **überhaupt eine Freiheitsstrafe** droht (SK-StPO/*Wohlers* § 140 Rn. 33; *Beulke* Jugendverteidigung, S. 170 ff.; *ders.* Jugendverteidigung II, S. 45; *Klemke/Elbs* Rn. 91; *Hermann* StV 1996, 396, 400; *Oellerich* StV 1981, 434, 437; enger *Roxin/Schünemann* § 19 Rn. 16: Freiheitsstrafe von mind. 6 Monaten oder fahrlässige Tötung; *G. Temming* StV 1992, 221: Freiheitsstrafe ohne Bewährung; ähnl. Radtke/Hohmann/*Reinhart* § 140 Rn. 25: bei Vollzugsstrafe stets, bei Bewährungsstrafen von mind. einem Jahr regelmäßig). 37

Auch **schwerwiegende sonstige Nachteile**, die sich an die Strafe knüpfen, sind in diesem Zusammenhang zu berücksichtigen, z.B. der Verlust des Arbeitsplatzes für einen Berufskraftfahrer, dem die Fahrerlaubnis entzogen wird (LG Mainz NZV 2009, 404; s.a. LG Stuttgart StRR 2013, 276: nicht bei drohendem Fahrerlaubnisentzug bei selbständigem Frachtführer und Spediteur; weitere Fallkonstellationen im Zusammenhang mit Verkehrsordnungswidrigkeiten bei *Fromm* NJW 2013, 2006, 2007), der Widerruf der Bewährung in anderer Sache (OLG Saarbrücken StRR 2014, 145; OLG Celle StV 2006, 686; OLG Dresden NStZ-RR 2005, 318, 319; LG Magdeburg NStZ-RR 2009, 87; LG München StraFo 2008, 429; SK-StPO/*Wohlers* § 140 Rn. 34; enger: OLG Celle StRR 2012, 424 und OLG Nürnberg StV 2014, 275 – jedenfalls dann, wenn zu erwartende Verbüßungsdauer von mindestens einem Jahr; a. A. LG Kleve NStZ-RR 2015, 51), die Beendigung des Beamtenverhältnisses (KG StV 1983, 186; nach OLG Hamburg NStZ 1984, 281 sollen aber mögliche Nachteile in der Laufbahn nicht genügen, weil sie zum Zeitpunkt der Entscheidung nicht bestimmt genug seien), die Nichtverlängerung einer Aufenthaltsgenehmigung (LG Berlin StV 2005, 15; BayObLG StV 1993, 180; s. dazu auch unter Rdn. 19) oder der Widerruf der Zurückstellung der Strafvollstreckung nach § 35 Abs. 6 BtMG (OLG Hamburg StV 1999, 420). 38

3. Schwierigkeit der Sachlage. Die Schwierigkeit der Sachlage ist – entgegen der Tendenz in der Rechtsprechung, vorrangig auf die zu erwartenden Rechtsfolgen abzustellen – unabhängig von der Schwere der Tat. Sie ist im Wege der **Gesamtschau** (AG Backnang StRR 2015, 184) aus **der Perspektive des Beschuldigten** zu bestimmen (LR/*Lüderssen/Jahn* § 140 Rn. 68). 39

Die Mitwirkung eines Verteidigers ist in diesem Zusammenhang vor allem dann erforderlich, wenn nur er den zu erwartenden **Umfang der Beweisaufnahme** sachgerecht bewältigen kann, z.B. weil zahlreiche Zeugen zu vernehmen sind (OLG Stuttgart StV 1987, 8) bzw. zahlreiche Mitangeklagte existieren (AnwK-StPO/*Krekeler/Werner* § 140 Rn. 15; zu Unrecht daher die abl. Entscheidung des AG Tiergarten MDR 1993, 72, bei 13 Mitangekl.; abzulehnen ist ebenfalls die Entscheidung des OLG Hamm NStZ-RR 2012, 82, der zufolge »*nicht stets*« per se die längere Dauer der Hauptverhandlung oder eine komplexe Beweislage die Notwendigkeit der Verteidigung begründe, sondern der konkrete Einzelfall maßgebend sei). Gleiches gilt, wenn die **Schwierigkeit der Beweiswürdigung** die Mitwirkung eines Verteidigers gebietet, z.B. weil **komplexe Feststellungen zur inneren Tatseite** (LG Hamburg StV 1985, 453) oder zu den **Konkurrenzen** (LG Berlin StV 2012, 145) zu treffen sind, Beweisfragen mithilfe von **Sachverständigengutachten** geklärt werden müssen (OLG Zweibrücken StV 2002, 237: Gutachten zur Glaubwürdigkeit eines kindlichen Opferzeugen; LG Flensburg StV 2013, 435: zum Tatzeitpunkt vierjährige Hauptbelastungszeugin; a. A. LG Stuttgart StRR 2013, 276, 277: anthropologisches Gutachten) oder wenn eine »**Aussage gegen Aussage**«**-Konstellation** vorliegt **und** zusätzlich keine weiteren belastenden Indizien bestehen, so dass es allein auf die Würdigung der Aussage des Zeugen ankommt (KG StV 2015, 16; OLG Frankfurt a.M. NStZ-RR 2009, 207, 208; OLG Celle NStZ 2009, 175; LG Hamburg StV 2010, 514). Stets sollen überdies die Voraussetzungen einer notwendigen Verteidigung bei einer **Berufung gegen ein freisprechendes Urteil** erfüllt sein, weil eine abweichende Beweiswürdigung oder sonst unterschiedliche Bewertung erstrebt wird (OLG Köln StV 2004, 587 m.w.N.; enger OLG Dresden NStZ-RR 2005, 318, 319; OLG Köln NStZ-RR 2012, 225 – nicht bei Vornahme der eigentlich erstinstanzlich gebotenen Beweisaufnahme in der Berufungsverhandlung; weiter: OLG Karlsruhe NStZ-RR 2002, 326: nicht nur freisprechendes Urteil, sondern auch unterschiedliche Beurteilung in 40

41 Ferner ist die Verteidigung notwendig, sofern der Angeklagte gem. § 247 **aus der Hauptverhandlung entfernt** wird (OLG Zweibrücken NStZ 1987, 89 m. zust. Anm. *Molketin*).

42 Die Schwierigkeit der Sachlage ist schließlich dann zu bejahen, wenn die dem Beschuldigten nach § 147 Abs. 7 zu gewährende **Akteneinsicht** nicht ausreichen würde, um eine adäquate Verteidigung zu gewährleisten, z.B. weil zur Vorbereitung der Hauptverhandlung unbekannte Urkunden eingesehen werden müssen (LG Cottbus StV 2012, 525; s.a. LG Waldshut-Tiengen StV 2014, 280 – beigezogene Akten des Sozialgerichts), Videoaufnahmen auszuwerten sind (LG Kiel StraFo 2007, 418; a. A. KG NStZ-RR 2013, 116, 117 unter Verweis auf die Neufassung des § 147 Abs. 7 mit zu Recht krit. Anm. *Deutscher* StRR 2013, 100 f., der darauf verweist, dass i.d. Praxis mangels Rechtskenntnissen des Beschuldigten regelmäßig kein entsprechender Antrag gestellt werden wird), weil einem widersprüchlich aussagenden Zeugen seine früheren Aussagen vorgehalten werden sollen (OLG Zweibrücken StV 1986, 240; OLG Köln StV 2012, 719), weil sich in den Akten ein Gutachten befindet, mit dessen Inhalt sich der Beschuldigte zu seiner Verteidigung auseinandersetzen können muss (OLG Hamm StraFo 2002, 397, 398: Prüfung der Anknüpfungstatsachen, der Qualifikation des Sachverständigen und der angewendeten Methoden) oder weil aus sonstigen Gründen die Kenntnis der Akten für eine sachgerechte Verteidigung unerlässlich ist (HK/*Julius* § 140 Rn. 16; *Klemke/Elbs* Rn. 96 mit zutr. Exkurs in Rn. 96, dass das Akteneinsichtsrecht nach § 147 Abs. 7 nicht ausreichend ist).

43 **4. Schwierigkeit der Rechtslage.** Auch insoweit ist die **Perspektive des Beschuldigten** maßgebend. Soweit dieser über juristische Kenntnisse verfügt, wird zwar vertreten, dass diese zu berücksichtigen seien (OLG Celle NJW 1964, 877; *Joecks*, StPO, § 140 Rn. 2); dabei ist allerdings zu beachten, dass der Beschuldigte regelmäßig durch die eigene Betroffenheit befangen und zu einer objektiven Beurteilung nicht in der Lage sein wird (SK-StPO/*Wohlers* § 140 Rn. 37).

44 Die Rechtslage ist als schwierig anzusehen, wenn bei der Anwendung des materiellen oder des formellen Rechts auf den konkreten Sachverhalt **bislang ungeklärte** Rechtsfragen entschieden werden müssen (OLG Stuttgart StV 2002, 298, 299; StV 2011, 83 f.; zahlreiche Beispiele bei LR/*Lüderssen/Jahn* § 140 Rn. 80 ff.). Die Schwierigkeit kann sich aber auch aus der Frage ergeben, wie eine **kontrovers diskutierte** Rechtsfrage zu entscheiden ist (OLG Köln StV 2012, 455; KG Berlin StV 2009, 625; OLG Bremen NStZ-RR 2009, 353; OLG Brandenburg NJW 2009, 1287 m. Anm. *Tier*e*l* juris Praxis Report Strafrecht 2009, 109; LG Münster StV 2012, 525); dies soll auch dann der Fall sein, wenn die Strafverfolgungsorgane sich bei einer eindeutig geklärten Frage untereinander uneinig sind (näher dazu LG Bonn StV 1986, 246; SK-StPO/*Wohlers* § 140 Rn. 44). Einen Fall der notwendigen Verteidigung wird – jedenfalls bei weitreichenden Rechtsfolgen für den Angeklagten – auch die **Verständigung** gem. § 257c darstellen (so auch *Jahn/Müller* NJW 2009, 2625, 2627; *Theile* NStZ 2012, 666, 670; enger *Kudlich* Gutachten, S. C 66). Ob indes jede Aufnahme von Erörterungen zur Frage einer Verständigung die Beiordnung eines Pflichtverteidigers nach sich ziehen muss, ist obergerichtlich noch nicht abschließend geklärt (dafür OLG Naumburg NStZ 2014, 116 m. abl. Anm. *Wenske* u. zust. Anm. *Burhoff* StRR 2014, 70; **a. A.**: OLG Bamberg NStZ 2015, 184 m. abl. Anm. *Burhoff* StRR 2015, 103: Berücksichtigung aller Besonderheiten des Einzelfalls erforderlich).

45 Zum Zwecke der **Revisionsbegründung** soll die Mitwirkung eines Verteidigers nach wohl überwiegender Meinung nicht in jedem Fall vonnöten sein; erforderlich soll sein, dass der Urkundsbeamte der Geschäftsstelle mit der Protokollierung i.S.d. § 345 Abs. 2 überfordert wäre (KG NStZ 2007, 663; 664; OLG Koblenz StraFo 2007, 117; OLG Karlsruhe StraFo 2006, 497; OLG Hamm NStZ-RR 2013; 87; zust. LR/*Lüderssen/Jahn* § 140 Rn. 117; *Meyer-Goßner/Schmitt* § 140 Rn. 29). Dem ist jedoch angesichts des hohen Formalisierungsgrads der Verfahrensrüge, dem ausgedehnten Anwendungsbereich der Sachrüge und dem eingeschränkten Akteneinsichtsrecht des Beschuldigten **zu widersprechen** (Saarländisches OLG StraFo 2009, 518 [zur Verfahrensrüge]; Radtke/Hohmann/*Reinhart* § 140 Rn. 30; SK-StPO/*Wohlers* § 140 Rn. 45; *Wessing* in Graf § 140 Rn. 18; *Balbier* FS E. Müller, S. 15, 17 ff.; *Dahs* NStZ 1982, 345; *Ziegler* FS DAV, S. 930, 933 f.; s.a. KG StV 2015, 18). Wird der Verteidiger nicht bestellt und der Angeklagte nicht benachrichtigt, so begründet dies die Wiedereinsetzung in den vorigen Stand (BayObLG NStZ 1995, 300, 301; OLG Braunschweig StV 2014, 275; OLG Oldenburg NStZ 2012, 51; OLG Koblenz StV 2007, 343; SK-StPO/*Wohlers* § 140 Rn. 45).

Ferner wird man die Durchführung einer Revisionshauptverhandlung jedenfalls dann als auslösendes 46
Moment für die Bestellung eines Wahlverteidigers als Pflichtverteidiger ansehen müssen, wenn auf diese
Weise sichergestellt werden soll, dass der gem. § 350 Abs. 2 S. 2 abwesende Angeklagte ein Verfahren
erhält, welches den Anforderungen von Art. 6 Abs. 3 lit. c EMRK entspricht (EGMR NStZ 1983, 373).
Erscheint ein Wahlverteidiger, dem der Termin der Hauptverhandlung gem. § 350 Abs. 1 mitgeteilt
wurde, zur Hauptverhandlung vor dem Revisionsgericht nicht oder teilt er vorab mit, er werde nicht
erscheinen, ist er in der Regel zum Pflichtverteidiger für die Revisionshauptverhandlung zu bestellen.
Das hierin möglicherweise liegende berufstypische Sonderopfer hat der Verteidiger nach Ansicht des
2. Strafsenats hinzunehmen (BGH NJW 2014, 3527 m. zust. Anm. *Meyer-Mews*).

5. Unfähigkeit des Beschuldigten zur Eigenverteidigung. § 140 Abs. 2 Satz 1 ordnet schließlich 47
an, dass ein Verteidiger dann notwendig ist, wenn ersichtlich ist, dass der Beschuldigte sich nicht selbst
verteidigen kann. Insoweit genügen bereits **erhebliche Zweifel** (OLG Frankfurt a.M. StV 1984, 370).
Die **Unfähigkeit** ist dann zu bejahen, wenn der Beschuldigte nicht in der Lage ist, seine Interessen zu
wahren (OLG Hamm StraFo 2000, 32; AnwK-StPO/*Krekeler/Werner* § 140 Rn. 16). Ob dies der Fall
ist, bestimmt sich nach seinen **geistigen Fähigkeiten**, seinem **Gesundheitszustand** und **sonstigen Umständen** des Falls (*Meyer-Goßner/Schmitt* § 140 Rn. 30) und ist nicht deckungsgleich mit dem Begriff
der Verhandlungsfähigkeit (SK-StPO/*Wohlers* § 140 Rn. 46: »Verteidigungsfähigkeit verlangt mehr als
Verhandlungsfähigkeit«).

Der Grundsatz der Waffengleichheit gebietet die Mitwirkung eines Verteidigers auch – wie bei der nun- 48
mehr zur Fallgruppe des Abs. 1 Nr. 9 erhobenen Konstellation des dem Verletzten beigeordneten
Rechtsanwalts (s.o. Rdn. 33) –, sofern **verteidigte Mitbeschuldigte** existieren und die **Möglichkeit gegenseitiger Belastung** besteht (OLG Brandenburg NStZ-RR 2002, 184, 185; OLG Stuttgart StraFo
2013, 71; LG Verden StV 2015, 20; LG Düsseldorf StraFo 2015, 163; LG Oldenburg StV 2001, 107 f.;
LG Kiel StV 2009, 236; LG Magdeburg NStZ-RR 2012, 50; SK-StPO/*Wohlers* § 140 Rn. 52; restriktiver OLG Köln NStZ-RR 2012, 351). Der Gedanke der Waffengleichheit macht die Verteidigung zudem notwendig, wenn der Privatkläger anwaltlich vertreten wird (SK-StPO/*Wohlers* § 140 Rn. 52;
a. A. BVerfGE 63, 380, 390 ff. m. abl. Bspr. *Molketin/Jakobs* AnwBl. 1981, 483; *Meyer-Goßner/Schmitt*
§ 140 Rn. 32), wenn der Beschuldigte maßgebend durch einen Verwandten belastet wird und die Interessen des Beschuldigten mit denen der Familie kollidieren können (AG Bergheim StV 2010, 354)
oder wenn **mehrere Belastungszeugen** zu hören sind und diese im Ermittlungsverfahren widersprüchliche Angaben gemacht haben, so dass Akteneinsicht notwendig ist, um Widersprüche aufzudecken
(LG Berlin StV 2010, 69; LG Köln StV 2015, 20; anders wohl LG Frankfurt a.M. StV 2015, 20 m.
abl. Anm. *Teuter*).

Die Möglichkeit zur adäquaten Wahrnehmung der eigenen Interessen fehlt dem Beschuldigten zudem 49
im Fall des prozessual ungeschickten Agierens (OLG Celle StV 1997, 624: fehlende Kenntnis der Bindung des Gerichts nach § 358 Abs. 1; OLG Frankfurt a.M. StV 1984, 370: ungeschickte Einlassung;
für eine Beschränkung auf eindeutige Fälle SK-StPO/*Wohlers* § 140 Rn. 47), der **Legasthenie** (LG Hildesheim NJW 2008, 454), des **Analphabetismus** (OLG Celle NStZ 1994, 8; LG Schweinfurt
StraFo 2009, 105 f.: erhebliche Zweifel genügen), des **hohen Alters** mit einhergehender längerer Betreuung (OLG Hamm NJW 2003, 3286, 3287) oder der **Betäubungsmittelabhängigkeit** (OLG Düsseldorf StV 2002, 236, 237). Die Betreuung des Beschuldigten ändert nichts, weil sich die Aufgaben
des Betreuers und diejenigen des Verteidigers unterscheiden (OLG Nürnberg NStZ-RR 2008, 253,
254; SK-StPO/*Wohlers* § 140 Rn. 49).

Unterschiedlich beurteilt wird, ob **ausländischen Beschuldigten**, die der deutschen Sprache nicht aus- 50
reichend mächtig sind, bereits aufgrund fehlender Sprachkenntnisse ein Verteidiger bestellt werden
muss (so OLG Frankfurt a.M. StV 2008, 291, 292; OLG Karlsruhe StV 2002, 299 [für den Fall,
dass dem Beschuldigten die Anklageschrift nicht in übersetzter Fassung übermittelt wurde]; LG Tübingen StV 1992, 154 [offengelassen für Bagatelldelikte]; LG Freiburg StV 1991, 458; *Schmidt* Verteidigung von Ausländern [2012], Rn. 320; *Oellerich* StV 1981, 434, 437 f.; *Staudinger* StV 2002, 327,
330, leitet aus § 140 Abs. 2 i.V.m. Art. 3 Abs. 1 GG einen Anspruch auf Beiordnung ab; für extensive
Auslegung des § 140 Abs. 2 in diesen Fällen auch: *Hillenbrand* StRR 2014, 44, 46 f.), oder ob das Recht
auf die unentgeltliche Hinzuziehung eines Dolmetschers aus Art. 6 Abs. 3 lit. e EMRK (BGHSt 46,
178, 186 m. Anm. *Staudinger* StV 2002, 327), das mit Wirkung vom 06.07.2013 einfachgesetzlich

in § 187 GVG verankert wurde, jedenfalls im Bereich der Kleinkriminalität und bei einfacher Beweislage genügt, um dieses Manko auszugleichen (OLG Nürnberg NStZ-RR 2014, 343; OLG Karlsruhe StraFo 2005, 423 [widersprüchliche Zeugenaussagen bedingen Mitwirkung eines Verteidigers]; für die Notwendigkeit der Verteidigung bei Aussage-gegen-Aussage-Konstellationen: LG Hamburg StV 2010, 514; LG Itzehoe StraFo 2003, 421 m. abl. Anm. *Molketin*; AG Tiergarten MDR 1993, 72; KK/*Laufhütte/Willnow* § 140 Rn. 24; *Basdorf* GS Meyer, S. 19, 30 f.).

51 **Für einen weiten Anwendungsbereich des § 140 Abs. 2** in diesem Zusammenhang spricht, dass die Verständigungsschwierigkeiten nicht immer ein rein sprachliches Problem darstellen, sondern u.U. auf einer anderen Rechtssprache und Rechtskultur beruhen (OLG Brandenburg StV 2000, 69, 70; OLG Zweibrücken StV 1988, 379; LG Osnabrück StV 1984, 506; SK-StPO/*Wohlers* § 140 Rn. 51; vert. zu dem Thema *Schmidt* Verteidigung von Ausländern [2012], Rn. 319 ff. m. zahl. Nachw. zur Rechtsprechung unter Rn. 367; *Sättele* StV 1998, 328, 329). Zudem sollte dem Beschuldigten in den Fällen ein Verteidiger zur Seite stehen, in denen ausländerrechtliche Beschränkungen bestehen (OLG Frankfurt a.M. StV 1990, 487: Aufenthaltsbeschränkung; OLG Stuttgart StV 2005, 657: vorangegangene Abschiebung und Notwendigkeit einer Betretenserlaubnis).

52 Streitig ist zudem, wann im Fall von **Jugendstrafsachen** die Mitwirkung eines Verteidigers notwendig ist. Kontrovers beurteilt wird in diesem Zusammenhang vor allem, ob die §§ 109, 68 Nr. 1 JGG, die auf § 140 verweisen, die Mitwirkung eines Verteidigers in einem größeren Umfang als bei Erwachsenen erfordern (Überblick zum Meinungsstand bei *Hartman-Hilter* Notwendige Verteidigung und Pflichtverteidigerbestellung im Jugendstrafverfahren, [1989]; *Zieger* Verteidigung in Jugendstrafsachen [2013], Rn. 174 ff.; *Theiß* StV 2005, 58).

53 Wegen des jugendlichen Alters, der damit einhergehenden mangelnden Reife der Beschuldigten sowie der weitreichenden Folgen für deren weiteres Leben erscheint eine **extensive Auslegung** der Normen vonnöten (OLG Schleswig StV 2009, 86 m.i.E. zust. Anm. *Gubitz*; OLG Saarbrücken StV 2007, 9; LG Bremen StraFo 2004, 56; AG Saalfeld NStZ 1995, 150 m. krit. Anm. *Bärens* NStZ 1996, 52; OLG Hamm StV 2005, 57 m.i.E. zust. Anm. *Theiß*; *Klemke/Elbs* Rn. 99b; *Dölling* NStZ 2009, 193, 199; *Ostendorf* StV 1986, 308, 309). Dies bedeutet, dass zur Ermöglichung der Ausübung des Elternkonsultationsrechts i.S.d. § 67 JGG (dazu *Möller* NStZ 2012, 113, 117), beim Ausbleiben der Jugendgerichtshilfe (LG Bremen StraFo 2004, 56), bei einer in Betracht kommenden Jugendstrafe (LG Gera StraFo 1998, 270, 342 [Sympathie für diese Auffassung auch bei OLG Hamm StraFo 2004, 280; StV 2009, 85]; LG Saarbrücken ZJJ 2010, 427 [mit Vorverurteilung von 6 Monaten]; *Burhoff* EV, Rn. 1234; *Klemke/Elbs* Rn. 93; *Gau* StraFo 2007, 315, 316; *Spahn* StraFo 2004, 82, 83; a.A. OLG Hamm NJW 2004, 1338: »faktisch« drohende Möglichkeit eines Freiheitsentzugs von mindestens 1 Jahr; dazu krit. *Theiß* StV 2005, 58, 60), in allen Jugendschöffengerichtssachen (*Gubitz* StV 2009, 87, 88; *Spahn* StraFo 2004, 82, 83; enger OLG Brandenburg NStZ-RR 2002, 184; OLG Saarbrücken StV 2007, 9: Umstände des Einzelfalls entscheidend; ähnlich OLG Hamm StV 2010, 67; KG StRR 2013, 98 u. StRR 2014, 140; s.a. *Hillenbrand* StRR 2014, 44, 48) sowie bei sämtlichen folgenreichen vollstreckungsrechtlichen Entscheidungen, wie dem Widerruf der Bewährung, ein Fall notwendiger Verteidigung anzunehmen ist (*Möller* ZJJ 2010, 20; *Spahn* StraFo 2004, 82, 83; näher zum Ganzen *Beulke* Jugendverteidigung, S. 170 ff.; *ders.* FS Böhm, S. 647, 652 ff.; *Oellerich* StV 1981, 434, 439 f.; vgl. zudem die Kölner Richtlinien zur notwendigen Verteidigung im Jugendstrafverfahren, abgedruckt in NJW 1989, 1024).

54 **6. § 140 Abs. 2 Satz 2.** § 140 Abs. 2 Satz 2 fingiert in den Fällen der **Hör- oder Sprachbehinderung** bei einem **Antrag** des Beschuldigten die Notwendigkeit der Verteidigung (KMR/*Müller* § 140 Rn. 26). Eine Prüfung, ob die Verteidigungsfähigkeit tatsächlich eingeschränkt ist, findet in diesem Fall nicht statt (a. A. wohl *Meyer-Goßner/Schmitt* § 140 Rn. 31a, die für den Fall des Gebrauchs eines Hörgeräts bzw. nur geringfügiger Sprechbehinderungen den Tatbestand für nicht erfüllt erachtet. Fehlt ein Antrag, kommt es darauf an, wie stark die Behinderung den Beschuldigten beeinträchtigt. Gleiches gilt für den Fall der starken Sehbehinderung bzw. der Blindheit (SK-StPO/*Wohlers* § 140 Rn. 50).

55 **7. Analoge Anwendung der Norm.** § 140 Abs. 2 findet aufgrund des ausdrücklichen Verweises des § 83 Abs. 3 Satz 2 JGG auf § 68 JGG sinngemäße Anwendung auch im Vollstreckungsverfahren gegen Heranwachsende (dazu näher *Beulke* Jugendverteidigung, S. 170, 191 f.; *Hartman-Hilter* StV 1988, 312). Der im Jahr 2007 eingefügte **§ 463 Abs. 4 Satz 5** bestimmt, dass für das Überprüfungsverfahren

nach 5 Jahren Unterbringung in einem psychiatrischen Krankenhaus (§ 63 StGB) ein Verteidiger zu bestellen ist (hierzu näher OLG Braunschweig StV 2008, 590 m. Anm. *Steck-Bromme*; OLG Frankfurt a.M. NStZ-RR 2010, 126). Zudem sieht **§ 463 Abs. 3 Satz 5** die Bestellung eines Verteidigers zum Zwecke der Vorbereitung der Entscheidung über die Erledigungserklärung der Unterbringung in der Sicherungsverwahrung nach 10 Jahren Vollzug (§ 67d Abs. 3 Satz 1 StGB) bzw. – im Falle der Ablehnung – für Folgeentscheidungen nach § 67d Abs. 2 StGB vor (Meyer-Goßner/Schmitt § 140 Rn. 33).

Im Übrigen ist § 140 Abs. 2 analog anzuwenden auf das **Strafvollstreckungsverfahren** (BVerfG 56 NJW 2002, 2773, 2774; OLG Frankfurt a.M. NStZ-RR 2010, 126; OLG Köln NStZ-RR 2010, 326; LG Magdeburg StraFo 2015, 116; LG Bremen StV 2014, 39 – nach dem Grundsatz des fairen Verfahrens; *Oellerich* StV 1981, 434, 440; MüKo-StPO/*Thomas/Kämpfer* § 140 Rn. 7; a. A. OLG Bremen NStZ 1984, 91; näher zum Ganzen *Ahmed* StV 2015, 252; *Hillenbrand* StRR 2014, 44, 48 f.; *Pollähne/Woynar* Verteidigung in Vollstreckung und Vollzug [2013], Rn. 47 f.). Zu beachten ist in diesem Zusammenhang, dass nicht das Erkenntnis-, sondern das Vollstreckungsverfahren maßgebend ist (KG StraFo 2002, 244; StV 2007, 94 f.; OLG Hamm NStZ-RR 2008, 219; AG Backnang StRR 2014, 390). Es kommt folglich auf die Schwere des Vollstreckungsfalls für den Verurteilten bzw. auf die besondere Schwierigkeit der Sach- und Rechtslage im Vollstreckungsverfahren an (OLG Köln NStZ-RR 2010, 326).

In der Rechtsprechung wird unter Bezugnahme auf einen Beschluss des Bundesverfassungsgerichts aus 57 dem Jahr 2002 (BVerfG NJW 2002, 2773, 2774) eine **einschränkende Auslegung der Merkmale des § 140 Abs. 2 Satz 1** vorgenommen und mit dem im Vergleich zum Erkenntnisverfahren weniger stark kontradiktorisch ausgeprägten Charakter des Vollstreckungsverfahrens begründet (KG StV 2007, 94, 96; OLG Hamm NStZ-RR 2008, 219; OLG Köln NStZ-RR 2010, 326). Warum aber die Beiordnung maßgebend von den Befugnissen der Staatsanwaltschaft abhängen soll, beantwortet die Rechtsprechung nicht. Sie ist daher **abzulehnen**.

In Betracht kommt eine Beiordnung bei einem möglichen **Widerruf der Strafaussetzung zur Bewährung** 58 (§ 56f StGB; OLG Celle NStZ-RR 2008, 80; LG Magdeburg StraFo 2015, 116 f.) oder einem möglichen Widerruf der Strafrestaussetzung (§ 57 Abs. 5 Satz 1 StGB; dazu *Rotthaus* NStZ 2000, 350). Sie liegt zudem nahe, sofern ein **Gutachten über die Gefährlichkeit** des Verurteilten nach § 454 Abs. 2 eingeholt wird und der Verurteilte mit dessen Prüfung überfordert ist (OLG Schleswig NStZ-RR 2008, 253; OLG Hamm NStZ-RR 2008, 219; weitere Beispiele bei *Meyer-Goßner/Schmitt* § 140 Rn. 33a). Die Bestellung gilt – sofern keine ausdrückliche Beschränkung erfolgt (vgl. OLG Zweibrücken StraFo 2008, 40) – für das gesamte Vollstreckungsverfahren (OLG Stuttgart NJW 2000, 3367; *Meyer-Goßner/Schmitt* § 140 Rn. 33a; a. A. KG NStZ-RR 2002, 63; OLG Frankfurt a.M. NStZ-RR 2003, 252; OLG München StraFo 2009, 527).

Im **Strafvollzugsverfahren** ist § 140 Abs. 2 hingegen grundsätzlich nicht anwendbar (OLG Bremen 59 NStZ 1984, 91; *Meyer-Goßner/Schmitt* § 140 Rn. 33b; *Pollähne/Woynar* Verteidigung in Vollstreckung und Vollzug, [2013], Rn. 52); eine Ausnahme gilt aber für das vollzugsrechtliche Disziplinarverfahren, weil die Situation des Strafgefangenen insoweit der eines Beschuldigten vergleichbar ist (OLG Karlsruhe NStZ-RR 2002, 29; SK-StPO/*Wohlers* § 140 Rn. 59; *Böhm* FS Hanack, S. 457, 467).

IV. Veränderungen der Haftsituation (Absatz 3) § 140 Abs. 3 Satz 1 stellt einen Spezialfall der 60 Rücknahme aus wichtigem Grund dar (*Hilgendorf* NStZ 1996, 1, 3; näher zur Rücknahme unter § 143). Nach dem Zweck des § 140 Abs. 1 Nr. 5, die Einschränkung der Verteidigungsmöglichkeiten des Beschuldigten wegen der Beschränkung seiner Fortbewegungsfreiheit zu kompensieren, kann die Bestellung des Verteidigers aufgehoben werden, sofern der Beschuldigte mindestens 2 Wochen vor Beginn der Hauptverhandlung aus der Anstalt entlassen wird. Das Gericht hat jedoch in diesen Fällen stets zu prüfen, ob die Beschränkungen noch **nachwirken** oder ob die Bestellung **aus anderen Gründen aufrechtzuerhalten** ist (OLG Bremen StraFo 2002, 231: Entlassung nach 2 Jahren Strafhaft und 20 Tage vor der Berufungshauptverhandlung bei zusätzlicher Suchtproblematik; OLG Celle StV 1992, 151: Entlassung einen Monat vor Beginn der Verhandlung; OLG Frankfurt a.M. StV 1990, 487: ortsunkundiger, sprachunkundiger Ausländer), was **regelmäßig anzunehmen** sein wird (so zu Recht OLG Celle NStZ-RR 2010, 342).

Der neu eingefügte **§ 140 Abs. 3 Satz 2** bestimmt, dass eine nach § 140 Abs. 1 Nr. 4 erfolgte Bestellung 61 auch nach dem Ende der Inhaftierung wirksam bleibt, wenn die Voraussetzungen des § 140 Abs. 1

§ 141 StPO   Bestellung eines Pflichtverteidigers

Nr. 5 vorliegen, wenn der Aufenthalt in der Untersuchungshaftanstalt mehr als 3 Monate angedauert und der Beschuldigte nicht mindestens 2 Wochen vor Beginn der Hauptverhandlung seine Freiheit wiedererlangt hat. Allerdings kann in diesen Fällen nach dem Wortlaut des Gesetzes auch ein anderer Verteidiger bestellt werden. Dies ist insbesondere dann der Fall, wenn die Anklage in einem anderen Gerichtsbezirk erfolgt und dem Verteidiger die Anreise nicht zugemutet werden kann (KK/*Laufhütte/ Willnow* § 140 Rn. 16; LR/*Lüderssen/Jahn* [Nachtrag], § 140 Rn. 18; *Meyer-Goßner/Schmitt* § 140 Rn. 37; SK-StPO/*Wohlers* § 140 Rn. 7).

62 Es fehlt eine gesetzliche Regelung dazu, was gilt, wenn die Voraussetzungen des § 140 Abs. 3 Satz 2 nicht erfüllt sind. Aus Gründen der Rechtssicherheit, des Vertrauensschutzes und der Verfahrensfairness bedarf die Verteidigerbestellung in diesem Fall eines Aufhebungsbeschlusses (*Burhoff* StRR 2011, 265, 266; s.a. *Hillenbrand* StRR 2014, 4; HK-*Julius*, § 140 Rn. 8; KK-*Laufhütte/Willnow*, § 140 Rn. 16; MüKo-StPO/*Thomas/Kämpfer* § 140 Rn. 18; so auch OLG Hamburg StraFo 2015, 145 – selbst wenn im Bestellungsbeschluss eine Befristung auf die Dauer der Untersuchungshaft erfolgt ist; a. A. *Meyer-Goßner/Schmitt*, § 140 Rn. 37; OLG Düsseldorf NJW 2011, 1618).

63 **C. Rechtsmittel.** Liegt ein Fall der notwendigen Verteidigung vor und werden dennoch wesentliche Teile der Hauptverhandlung ohne den Verteidiger durchgeführt, so ist das Urteil auf Rüge nach § 338 Nr. 5 aufzuheben (BGHSt 15, 306, 307 f.; 21, 180, 182). Dabei hat das Revisionsgericht den Beurteilungsspielraum des Tatgerichts zu beachten (s.o. Rdn. 34; a. A. SK-StPO/*Wohlers* § 140 Rn. 68). Wird ein Beiordnungsantrag zu Unrecht abgelehnt, darf (und muss) sich der Verteidiger während der Hauptverhandlung zeitweise in den Zuschauerraum setzen, um dem Angeklagten die Möglichkeit zu erhalten, die in der Nichtbeiordnung des Pflichtverteidigers liegende Rechtsverletzung im Rechtsmittelzug geltend zu machen (OLG Naumburg StV 2014, 10).

64 Ein vom Angeklagten abgegebener **Rechtsmittelverzicht** ist unwirksam, wenn er sich trotz notwendiger Verteidigung nicht mit einem Verteidiger beraten konnte (KG NStZ-RR 2012, 352; OLG Hamm StV 2010, 67; OLG Celle StV 2013, 12; OLG Naumburg StV 2013, 12; OLG Köln StV 2003, 65; SK-StPO/*Wohlers* § 140 Rn. 69; a. A. OLG Naumburg NJW 2001, 2190; OLG Hamburg StV 1998, 641, 642 m.i.E. zust. Anm. *Rogall*: nur bei besonderen Umständen dafür, dass der Beschuldigte die Bedeutung und Tragweite seiner Erklärung nicht erkannt hat).

65 Zur Möglichkeit der Anfechtung von Entscheidungen des Gerichts über die (Nicht-)Bestellung eines Verteidigers vgl. unter § 141 Rdn. 47, über die Auswahl unter § 142 Rdn. 42 ff.

§ 141 StPO Bestellung eines Pflichtverteidigers.

(1) In den Fällen des § 140 Abs. 1 Nr. 1 bis Nr. 3, 5 bis 9 und Abs. 2 wird dem Angeschuldigten, der noch keinen Verteidiger hat, ein Verteidiger bestellt, sobald er gemäß § 201 zur Erklärung über die Anklageschrift aufgefordert worden ist.
(2) Ergibt sich erst später, dass ein Verteidiger notwendig ist, so wird er sofort bestellt.
(3) ¹Der Verteidiger kann auch schon während des Vorverfahrens bestellt werden. ²Die Staatsanwaltschaft beantragt dies, wenn nach ihrer Auffassung in dem gerichtlichen Verfahren die Mitwirkung eines Verteidigers nach § 140 Abs. 1 oder 2 notwendig sein wird. ³Nach dem Abschluss der Ermittlungen (§ 169a) ist er auf Antrag der Staatsanwaltschaft zu bestellen. ⁴Im Fall des § 140 Abs. 1 Nr. 4 wird der Verteidiger unverzüglich nach Beginn der Vollstreckung bestellt.
(4) Über die Bestellung entscheidet der Vorsitzende des Gerichts, das für das Hauptverfahren zuständig oder bei dem das Verfahren anhängig ist, oder das Gericht, das für eine von der Staatsanwaltschaft gemäß § 162 Absatz 1 Satz 1 oder Satz 3 beantragte richterliche Vernehmung zuständig ist, wenn die Staatsanwaltschaft das zur Beschleunigung des Verfahrens für erforderlich hält; im Fall des § 140 Absatz 1 Nummer 4 entscheidet das nach § 126 oder § 275a Abs. 6 zuständige Gericht.

1 **A. Grundsätzliches.** § 141 regelt den **Zeitpunkt** (Abs. 1, 2) sowie die **Zuständigkeit** (Abs. 4) für die Bestellung eines Pflichtverteidigers und soll damit die Verwirklichung des in § 140 verkörperten Rechts sicherstellen und die Subjektstellung des Angeschuldigten stärken (BVerfG StV 2001, 601, 602; *Klemke/Elbs* Rn. 72). Die Norm wurde erst nachträglich in die StPO eingefügt (zur Entstehungs-

geschichte näher LR/*Lüderssen/Jahn* § 141 Vor Rn. 1) und zuletzt durch das Gesetz zur Änderung des Untersuchungshaftrechts vom 29.7.2009 (BGBl. I S. 2274) sowie durch das Gesetz zur Stärkung der Rechte von Opfern sexuellen Missbrauchs (StORMG) vom 26.06.2013 (BGBl. I S. 1805) modifiziert. Vor allem mit Blick auf das Vorverfahren ist damit aber noch nicht das gebotene Maß an frühzeitiger Bestellung eines Pflichtverteidigers erreicht (näher *Beulke* Verteidiger im Strafverfahren, S. 247; *ders.* StV 2010, 442, 445).

B. Regelungsgehalt. I. Notwendigkeit der Verteidigung. Die Bestellung eines Verteidigers nach § 141 setzt nach dem Wortlaut der Norm voraus, dass die Verteidigung notwendig ist und der Beschuldigte dennoch bislang keinen Verteidiger gewählt hat. 2

Dessen ungeachtet ist anerkannt, dass dem Beschuldigten sein bisheriger Wahlverteidiger beizuordnen ist, wenn dieser den Antrag stellt, ihn als Pflichtverteidiger beizuordnen und (konkludent) für diesen Fall die Niederlegung des Mandats ankündigt (SK-StPO/*Wohlers* § 141 Rn. 2: sog. Statuswechsler; BGH NStZ 1991, 248, 249; OLG Nürnberg StV 1987, 191). Des Weiteren soll es dem Gericht nach einhelliger Rechtsprechung möglich sein, dem Beschuldigten – auch gegen dessen Willen (sog. **Zwangs- oder Sicherungsverteidiger**; näher dazu *Beulke* Verteidiger im Strafverfahren, S. 239 f.; *ders.* Strafprozessrecht Rn. 170; *Theiß* S. 30 f.) – **neben einem oder mehreren Wahlverteidigern** einen oder mehrere zusätzliche(n) Verteidiger nach § 141 beizuordnen (näher dazu LR/*Lüderssen/Jahn* § 141 Rn. 38 ff. m. zahlreichen Nachw.). Dies ist zum einen **zum Zwecke der Verfahrenssicherung** dann möglich, wenn andernfalls die ordnungsgemäße Durchführung der Hauptverhandlung – und damit eine sachgerechte Verteidigung – nicht sichergestellt wäre (vgl. z.B. OLG Karlsruhe StV 2001, 557 m. abl. Anm. *Braum*; OLG Düsseldorf NJW 2010, 391; LG Koblenz NStZ 1995, 250 mit krit. Anm. *Wasserburg*), oder wenn das Verfahren sonst verzögert werden würde. 3

Nicht ausreichend ist es hingegen, dass sich Pflicht- und Wahlverteidiger gegenseitig vertreten sollen; vielmehr muss der Sicherungsverteidiger Gelegenheit haben, dem gesamten Prozess zu folgen (OLG Hamm NStZ 2011, 235, 236; OLG Frankfurt a.M. StV 1995, 68, 69; NJW 1980, 1703: in dieser Konstellation Vertreterregelung vorrangig). 4

Zum anderen kommt die Beiordnung **aus Gründen der prozessualen Fürsorgepflicht** in Betracht, sofern es sich um eine **besonders schwierige und umfangreiche Sache** handelt, die nur durch das arbeitsteilige Zusammenwirken von mindestens zwei Verteidigern bewältigt werden kann (OLG Karlsruhe StraFo 2009, 517 m.w.N.) oder wenn wegen der Dauer der Hauptverhandlung Anlass zur Annahme besteht, dass der Wahlverteidiger allein an bestimmten Terminen verhindert wäre (enger OLG Hamburg StV 2000, 409 m. krit. Anm. *Sieg* – konkrete Anhaltspunkte für Verhinderung vonnöten). Entgegen dem Wortlaut des § 141 Abs. 1 können dem Beschuldigten auch mehrere Pflichtverteidiger bestellt werden; § 137 Abs. 1 Satz 2 gilt insoweit nicht (*Meyer-Goßner/Schmitt* § 141 Rn. 2; **a. A.** LR/*Lüderssen/Jahn* § 141 Rn. 32), und eine gebührenrechtliche Beschränkung, dergestalt dass nur eine Gebühr beglichen wird, ist nicht zulässig (OLG Frankfurt a.M. NJW 1980, 1703). 5

Die Möglichkeit der Bestellung eines Pflichtverteidigers **neben** einem Wahlverteidiger steht in einem gewissen **Spannungsverhältnis** zum Vorrang der Wahlverteidigung (dazu näher unter § 143). Die Bestellung eines **Zwangsverteidigers** neben einem Wahlverteidiger muss daher auf **Ausnahmefälle** beschränkt werden, in denen das Interesse an einem geordneten Verfahrenslauf das Recht des Beschuldigten auf einen selbstgewählten Verteidiger eindeutig überwiegt (so auch *Bockemühl* StV 2004, 64; zu Recht abl. daher OLG Frankfurt a.M. StV 1986, 144: Hauptverhandlung mit vier Verhandlungstagen; OLG Celle StV 1988, 100: Verhinderung des Wahlverteidigers aus terminlichen Gründen; OLG Frankfurt a.M. StV 1983, 234: auswärtiger Wahlverteidiger; für eine Beschränkung der Zulässigkeit der Bestellung eines »Zwangsverteidigers« auf Fälle, in denen das Unterlassen der Beantragung des zusätzlichen Pflichtverteidigers auf der Verteidigungsunfähigkeit des Beschuldigten beruht, LR/*Lüderssen/ Jahn* § 141 Rn. 39; diesen zust. *Neumann* NJW 1991, 264, 265 f.; zu Detailfragen im Zusammenhang mit der Sicherungsverteidigung vgl. *Beulke* StV 1990, 364 m.w.N.). 6

II. Vornahme der Bestellung. Bei der Bestellung handelt es sich um einen hoheitlichen Akt, durch den der Verteidiger als Privater zu öffentlichen Zwecken in Dienst genommen wird (BVerfG StV 2001, 241; *Klemke/Elbs* Rn. 73; vgl. auch § 142 Rdn. 30). 7

§ 141 StPO Bestellung eines Pflichtverteidigers

8 **1. Zeitpunkt. a) Sonderfall des § 141 Abs. 3 Satz 4.** Seit dem 01.01.2010 ist dem in Untersuchungshaft bzw. einstweiliger Unterbringung befindlichen Beschuldigten nach § 141 Abs. 3 Satz 4 **unverzüglich** nach Beginn der Vollstreckung ein Verteidiger zu bestellen.

9 Der Begriff der **Vollstreckung** erfasst nicht die vorläufige Festnahme gem. § 127 Abs. 2 (*Meyer-Goßner/Schmitt* § 141 Rn. 3a; *Bittmann* NStZ 2010, 13, 15; a. A. *Deckers* StraFo 2009, 441, 444). Nach Ansicht der Rechtsprechung soll erst mit Aufrechterhaltung der Haft nach § 115 Abs. 4 S. 1 StPO eine Vollstreckung im Sinne des § 140 Abs. 1 Nr. 4 StPO vorliegen (BGHSt 60, 38 Rz. 10 m. insoweit zust. Anm. *Knauer* NStZ 2014, 724; m. abl. Bespr. *Kasiske* HRRS 2015, 69, 70; krit. auch *Eisenberg* StV 2015, 180). Richtigerweise beginnt die Vollstreckung jedoch bereits dann, wenn der Beschuldigte aufgrund eines bereits bestehenden Haftbefehls ergriffen wird, weil mit diesem Realakt die angeordnete Maßnahme vollstreckt wird (Strafrechtsausschuss der BRAK, Stellungnahme 16/2010, StV 2010, 544, 546; *Deckers* StraFo 2009, 441, 443; MüKo-StPO/*Thomas/Kämpfer* § 140 Rn. 17; *von Stetten* MAH Strafverteidigung, § 16 Rn. 12; a. A. *Brocke/Heller* StraFo 2011, 1, 7; *Michalke* NJW 2010, 17; *Wohlers* StV 2010, 151, 152; s.a. BeckOK-StPO/*Wessing* § 140 Rn. 5a: unbefriedigend, aber Folge einer eindeutigen gesetzgeberischen Entscheidung). Empirische Studie zur Beiordnungspraxis nach § 140 Abs. 1 Nr. 4 StPO im Auftrag der AG Strafrecht des DAV: *Jahn* Zur Rechtswirklichkeit der Pflichtverteidigerbestellung, 2014.

10 Der Begriff »**unverzüglich**« bedeutet ohne schuldhaftes Zögern (BT-Drucks. 16/13097, S. 19). Dem Gericht wird daher ein gewisser zeitlicher Spielraum bis zur Bestellung eingeräumt, der sich insbesondere daraus ergeben kann, dass der gewünschte Verteidiger u.U. nicht sofort erreichbar ist oder – v.a. am Wochenende – nicht sofort ein Verteidiger kontaktiert werden kann (BT-Drucks. 16/13097, S. 19).

11 Bislang noch nicht geklärt ist das **Verhältnis dieses Unverzüglichkeitsgebots zu § 142 Abs. 1**, dem zufolge dem Beschuldigten die Gelegenheit zur Bezeichnung eines Verteidigers seiner Wahl gegeben werden soll. Zum Teil wird vertreten, der neu geschaffene § 141 Abs. 3 Satz 4 verdränge als spezialgesetzliche Regelung die Soll-Vorschrift des § 142 Abs. 1 (in diesem Sinne *Schlothauer* FS Samson, S. 709, 714; *Schlothauer/Weider* Untersuchungshaft [2010], Rn. 297 ff., vgl. aber auch Rn. 289, wo eine Frist gefordert wird).

12 Nach anderer Ansicht beeinflusst das Unverzüglichkeitsgebot lediglich die Länge der zu setzenden Frist (so LG Krefeld StV 2011, 274; dem zust. OLG Dresden NStZ-RR 2012, 213; KG StV 2012, 656, 666; *Meyer-Goßner/Schmitt* § 141 Rn. 3a sowie die Empfehlungen des DAV, Stellungnahme Nr. 55/2009, S. 5 f.; Strafrechtsausschuss der BRAK, Stellungnahme 16/2010, StV 2010, 544, 545; *Jahn* FS Rissing-van Saan, S. 275, 291; *König* AnwBl. 2010, 50, 51; *Brocke/Heller* StraFo 2011, 1, 7: eine Woche; SK-StPO/*Wohlers* § 141 Rn. 10; *ders.* StV 2010, 151, 153 sowie die Gemeinsamen Empfehlungen der Strafverteidigervereinigungen StV 2010, 109; Beschluss des 35. Strafverteidigertages: 2 Wochen; dem zust. LG Krefeld StV 2011, 274; ebenso *Lam/Meyer-Mews* NJW 2012, 177, 180). Zugunsten dieser Ansicht streiten die Äußerungen des Gesetzgebers, die gerade nicht auf ein sofortiges Tätigwerden abstellen (ebenso und mit weiteren Argumenten *Jahn* FS Rissing-van Saan, S. 275, 285 f.).

13 Ist die Fristsetzung ausnahmsweise nicht erforderlich oder verzichtet der Beschuldigte einstweilen auf die Bezeichnung eines Verteidigers, so wird ihm im Interesse der mit der Neuregelung bezweckten möglichst schnellen anwaltlichen Betreuung des Beschuldigten zunächst ein verfügbarer Verteidiger (sog. Notverteidiger) bestellt, die Bestellung ggf. im Anschluss zurückgenommen und der gewünschte Verteidiger bestellt (*Wessing* in Graf StPO § 141 Rn. 5; *Deckers* StraFo 2009, 441, 443 f.; so auch die Vorgehensweise des Ermittlungsrichters des BGH in der Dokumentation in StV 2010, 390; zur Möglichkeit des vereinfachten Verteidigerwechsels in diesen Fällen näher unter § 143 Rdn. 21 f.).

14 **b) Bestellung bei Anklageerhebung (§ 141 Abs. 1)** Gem. § 141 Abs. 1 wird dem Angeschuldigten, vorbehaltlich der Fälle des § 140 Abs. 1 Nr. 4 (dazu dort unter Rdn. 20), ein Verteidiger bestellt, sobald er zur Erklärung über die Anklageschrift aufgefordert worden ist. Dieser Formulierung ist nicht eindeutig zu entnehmen, ob die Anklageschrift bereits dann an den Angeschuldigten übersandt werden kann, wenn er noch keinen Verteidiger an seiner Seite hat. Die Frage ist durch einen Rückgriff auf den Sinn und Zweck der Regelung zu beantworten: Der Verteidiger soll den Angeschuldigten bei der Abgabe dieser Erklärung beraten können. Aus diesem Grund ist es vorzugswürdig, den Beschuldigten **vorab** i.S.d. § 142 aufzufordern, einen Verteidiger zu benennen. Ist dies unterblieben, so ist die Übersendung der Anklageschrift **einstweilen zurückzustellen**, bis der Beschuldigte von seinem Wahlrecht

Gebrauch gemacht oder einen Verteidiger beigeordnet erhalten hat (so auch LR/*Lüderssen/Jahn* § 141 Rn. 19; SK-StPO/*Wohlers* § 141 Rn. 11; *Eisenberg* NJW 1991, 1257, 1261 f.).

Die Gegenansicht, die vertritt, die Übersendung der Anklageschrift könne zusammen mit der Aufforderung nach § 142 erfolgen, sofern die Frist zur Benennung des Verteidigers kürzer ist, als diejenige zur Stellungnahme zur Anklageschrift (*Meyer-Goßner/Schmitt* § 141 Rn. 3; *Oellerich* StV 1981, 434, 441), birgt das Risiko, dass der anwaltlich (noch) nicht beratende Angeschuldigte vorschnell eine unüberlegte Erklärung abgibt. Zudem verkürzt diese Vorgehensweise faktisch die Einlassungsfrist des Angeschuldigten. 15

Ergibt sich erst **nach der Eröffnung des Hauptverfahrens**, dass eine Verteidigung notwendig ist, so wird der Verteidiger gem. **§ 141 Abs. 2** sofort bestellt. Eine Ablehnung des Antrags begründet die Besorgnis der Befangenheit (AG Hameln StV 2004, 127, 128). In diesem Fall sind die Teile der Hauptverhandlung, die vor der Bestellung erfolgt sind, zu wiederholen (BGHSt 9, 243, 244; BGH NStZ 2009, 650; vgl. auch § 145 Abs. 2). Ist eine Wiederholung nicht möglich, muss ausgesetzt werden (SK-StPO/*Wohlers* § 141 Rn. 12). 16

c) Bestellung im Vorverfahren (§ 141 Abs. 3) aa) Antrag. (1) Antragsbefugnis. § 141 Abs. 3 Satz 1 bestimmt, dass der Verteidiger auch schon während des Vorverfahrens bestellt werden kann (BGHSt 29, 1, 5). Das für die Bestellung zuständige Gericht (dazu näher unter Rdn. 27 ff.) ist in diesem Verfahrensstadium von einem Antrag der Staatsanwaltschaft – der »Herrin des Vorverfahrens« – abhängig, und kann nicht eigenständig von Amts wegen über die Beiordnung entscheiden (OLG Oldenburg NJW 2009, 3044 m. zust. Anm. *Kröpil* Jura 2010, 765 f.; KK/*Laufhütte/Willnow* § 141 Rn. 3, 6; **a. A.** LG Bremen StV 1999, 532; LR/*Lüderssen/Jahn* § 141 Rn. 24 m.w.N.; SK-StPO/*Wohlers* § 141 Rn. 6; *Klemke/Elbs* Rn. 142; Widmaier/Müller/Schlothauer/*Lütz-Binder* MAH § 16 Rn. 17; *Stalinski* StV 2008, 500, 501; *Klemke* StV 2002, 414, 415; *ders.* StV 2003, 413, 414). 17

Da sich Satz 2 des § 141 Abs. 3 lediglich auf einen Antrag der Staatsanwaltschaft bezieht, ist streitig, ob gleichwohl auch dem **Beschuldigten** die Befugnis zur Stellung eines Antrags zusteht (dafür LG Bremen StV 1999, 532; LG Limburg NStZ-RR 2013, 87 f. – Ermessensreduzierung »auf Null« wg. Art. 6 Abs. 3 lit. c EMRK; KMR/*Müller* § 141 Rn. 1; LR/*Lüderssen/Jahn* § 141 Rn. 24 m.w.N.; *Pfeiffer* § 141 Rn. 2; *Jahn* FS Rissing-van Saan, S. 275, 279; *Klemke/Elbs* Rn. 142; *B. Mehle* Zeitpunkt und Umfang notwendiger Verteidigung im Ermittlungsverfahren [2006], S. 292 ff.; *Beckemper* NStZ 1999, 221, 226; *Neuhaus* JuS 2002, 18, 20), oder ob dessen Antrag lediglich als Anregung gegenüber der Staatsanwaltschaft zur Stellung eines Antrags zu deuten ist (so KK/*Laufhütte/Willnow* § 141 Rn. 6; *Meyer-Goßner/Schmitt* § 141 Rn. 5; *Wessing* in Graf StPO § 141 Rn. 5). Insoweit spricht der Wortlaut der Norm gegen ein Antragsrecht des Beschuldigten (vgl. auch den Diskussionsentwurf für eine Reform des Strafverfahrens, StV 2004, 228, 232, der eine Antragsbefugnis des Beschuldigten und seines gesetzlichen Vertreters vorgesehen hatte; dem zust. *Satzger* Ergänzung des Gutachtens C zum 65. Dt. Juristentag 2004, S. O 81). 18

(2) Zeitpunkt des Antrags. Wie der Wortlaut des § 141 Abs. 3 Satz 2 belegt, ist die **Staatsanwaltschaft** dazu verpflichtet, bei Vorliegen der Voraussetzungen der notwendigen Verteidigung einen entsprechenden Antrag zu stellen; ihr kommt insoweit **kein Ermessen** zu (*Beulke* Jugendverteidigung, S. 170, 187; *Sowada* NStZ 2005, 1, 4; *Stalinski* StV 2008, 500; offen gelassen von BGHSt 46, 93, 99). Jedoch soll sie nach der Rechtsprechung einen nur eingeschränkt gerichtlich überprüfbaren **Beurteilungsspielraum** bzgl. der Einschätzung, ob ein Fall notwendiger Verteidigung vorliegt, besitzen (BGHSt 47, 172, 176; 233, 236). Ob sich dieser bereits dann verengt, wenn bei Anklageerhebung ein Fall notwendiger Verteidigung vorläge, ist umstritten (bejahend durch konventionskonforme Auslegung LR/*Lüderssen/Jahn* § 141 Rn. 24a). 19

Nach Ansicht des **V. Strafsenats** soll der Beurteilungsspielraum nicht bereits dann »auf Null« reduziert sein, wenn der dringende Tatverdacht einer gewichtigen Straftat besteht (BGHSt 60, 38 m. abl. Anm. *Eisenberg* StV 2015, 180; *Kasiske* HRRS 2015, 69 u. *Wohlers* JR 2015, 281); vielmehr beschränkt das Gericht die Pflicht auf Fälle, in denen das Beschuldigteninteresse die Mitwirkung eines Verteidigers »unerlässlich erfordert« (s.a. BGHSt 47, 233, 236 f.). Der Senat will dabei zwischen dem Verteidigerinteresse des Beschuldigten und den Belangen der Wahrheitsfindung, Verfahrensbeschleunigung, des effektiven Opferschutzes und Kosteninteressen abwägen. Dabei verkennt er jedoch, dass das Verteidi- 20 gungsinteresse den Belangen der Wahrheitspflicht nicht entgegensteht (so zu Recht *Roxin/Schünemann* Strafverfahrensrecht § 19 Rn. 42; **a. A.** der I. Strafsenat in BGHSt 47, 172, 176).

21 Der **I. Strafsenat** hatte demgegenüber in BGHSt 46, 93, 99 zu Recht offengelassen, ob es *überhaupt* Fälle geben kann, in denen bei prognostizierter notwendiger Verteidigung von der Bestellung abgesehen werden kann. Er entschied, dass der Beurteilungsspielraum dann »auf Null« reduziert sei, wenn ein wesentlicher Belastungszeuge in Abwesenheit des Beschuldigten ermittlungsrichterlich vernommen werden soll (BGHSt 46, 93, 99 f.). Aber auch er nimmt bei Missachtung der Verpflichtung kein Beweisverwertungsverbot an, sondern die auf diese Weise erlangten Beweise sollen dann lediglich besonders kritisch zu würdigen sein (sog. **Beweiswürdigungslösung**, vgl. BGHSt 46, 93, 103; krit. dazu *Schlothauer* StV 2001, 127; BGH StV 2006, 566). Richtigerweise gebietet jedoch die Schwere des Verstoßes gegen Art. 6 Abs. 3 lit. d) EMRK und der fair-trial-Grundsatz die Annahme eines Beweisverwertungsverbots (AG Hamburg StV 2004, 11, 12 m. zust. Anm. *Meyer-Lohkamp*; *Satzger* Ergänzung des Gutachtens C zum 65. Dt. Juristentag 2004, S. O 81; *Sowada* NStZ 2005, 1, 6 f.; näher dazu *B. Mehle* Zeitpunkt und Umfang notwendiger Verteidigung im Ermittlungsverfahren [2006], S. 332). Zur damit einhergehenden Frage nach der Hinweispflicht auf den Anwaltsnotdienst und den Antrag auf Beiordnung eines Pflichtverteidigers durch die Polizei: BGH StV 2006, 566 m. krit. Anm. *Beulke/Barisch* StV 2006, 569; *Jahn* FS Rissing-van der Saan, S. 275, 293.

22 Zudem stellt sich die Frage, ob eine Entscheidung, mit der die Staatsanwaltschaft die Stellung eines Antrages ablehnt, nach §§ 23 ff. EGGVG **justitiabel** ist (bejahend *Klemke* StV 2002, 414; *ders.* StV 2003, 413; *Weider* StV 1987, 317, 319 und wohl auch LR/*Lüderssen/Jahn* § 141 Rn. 24; *Jahn* FS Rissing-van Saan, S. 275, 279; **a. A.** OLG Oldenburg StV 1993, 511; OLG Karlsruhe NStZ 1998, 315, 316; LG Cottbus StV 2002, 414 [die beiden letztgenannten Entscheidungen jeweils vorbehaltlich objektiver Willkür]; *Meyer-Goßner/Schmitt* § 141 Rn. 5; *Wessing* in Graf StPO § 141 Rn. 5; *Kröpil* Jura 2010, 765 f.). Bejaht man ein eigenes Antragsrecht des Beschuldigten, so besteht dafür kein Bedürfnis (so konsequent *Beckemper* NStZ 1999, 221, 225). Lehnt man ein solches ab (oben Rdn. 18), so spricht der Charakter der Ablehnung als Justizverwaltungsakt für deren Anfechtbarkeit (**a. A.** *Kröpil* Jura 2010, 765 f.).

23 bb) **Entscheidung des Gerichts.** Der Wortlaut des § 141 Abs. 3 deutet darauf hin, dass dem Richter bei der Entscheidung, ob bereits im Ermittlungsverfahren ein Verteidiger zu bestellen ist, ein **Ermessungsspielraum** zusteht (so BGHSt 47, 233, 236; KMR/*Müller* § 141 Rn. 1; *Roxin/Schünemann* Strafverfahrensrecht § 19 Rn. 24; *B. Mehle* NJW 2007, 969, 972). Dieser Ermessensspielraum ist jedoch angesichts der Tatsache, dass der Richter mit der Angelegenheit bislang nicht vertraut ist und sich aufgrund der regelmäßig anzunehmenden Eilbedürftigkeit auch nicht vertraut machen kann, nicht sinnvoll zu erklären; das Wort »kann« ist daher als bloßer Hinweis auf eine entsprechende Kompetenz des Gerichts in diesem Stadium des Verfahrens zu verstehen (*Beulke* Jugendverteidigung, S. 170, 187; *Stalinski* StV 2008, 500).

24 Als Grund für die Ablehnung eines Antrages der Staatsanwaltschaft kommt vor allem in Betracht, dass das Gericht den Ausgang des Ermittlungsverfahrens noch als zu ungewiss ansieht oder dass zum Zeitpunkt der Antragstellung keine hinreichenden Anhaltspunkte für eine notwendige Verteidigung vorliegen (OLG Oldenburg NJW 2009, 3044 f.).

25 Hat die Staatsanwaltschaft die Ermittlungen abgeschlossen, so **ist** auf deren Antrag ein Verteidiger beizuordnen (**§ 141 Abs. 3 Satz 3**), und zwar selbst dann, wenn nach Auffassung des Gerichts kein Fall notwendiger Verteidigung anzunehmen ist (LG Oldenburg StV 2011, 90; LG Dresden NStZ-RR 2012, 50; LG Stuttgart StV 2008, 132; LG Braunschweig StV 2007, 522; **a. A.** OLG Düsseldorf MDR 1988, 695).

26 Eine Entscheidung unterbleibt, wenn der Beschuldigte zwischenzeitlich einen Wahlverteidiger mandatiert hat (OLG Jena NJW 2009, 1430, 1431).

27 2. **Zuständigkeit (§ 141 Abs. 4)** a) **§ 141 Abs. 4 1. HS.** Gem. § 141 Abs. 4, 1. HS entscheidet der **Vorsitzende** des Gerichts, das für das Hauptverfahren zuständig ist oder bei dem das Verfahren anhängig ist, über das Verfahren, sofern nicht ein Fall des § 140 Abs. 1 Nr. 4 vorliegt (dazu unter Rdn. 20). Ist die Sache noch nicht anhängig, so bemisst sich die Zuständigkeit danach, wo die Staatsanwaltschaft Anklage erheben möchte (AnwK-StPO/*Krekeler/Werner* § 141 Rn. 5). Die Zuständigkeit nach § 141 Abs. 4 umfasst auch die **Ablehnung** des Antrags auf Bestellung (OLG Frankfurt

NStZ-RR 2007, 244) sowie – als *actus contrarius* zur Bestellung – die **Rücknahme** (*Meyer-Goßner/ Schmitt* § 141 Rn. 6; hierzu näher unter § 143 Rdn. 23).

Der für das Hauptverfahren zuständige Vorsitzende bleibt für die Beiordnung zum Zwecke der **Revi- 28 sionsbegründung** sowie für die Bestellung als Verteidiger im **Revisionsverfahren** zuständig (BGH bei *Becker* NStZ-RR 2001, 257, 260; OLG Hamm NJW 1963, 1513).

Ob etwas anderes gilt, wenn das Gericht bis zur Vorlage der Akten an das Revisionsgericht nach § 347 29 **Abs. 2** nicht über den Antrag entschieden hat, ist umstritten. Zum Teil wird ein Wechsel der Zuständigkeit auf den Vorsitzenden des Revisionsgerichts vertreten (BGH NStZ 1997, 48 [für die Bestellung eines weiteren Pflichtverteidigers im bereits anhängigen Revisionsverfahren]; OLG Rostock NStZ-RR 2010, 342 f.; wohl auch KK/*Laufhütte/Willnow* § 141 Rn. 12). Für die Gegenansicht, die vertritt, dass das Revisionsgericht in diesem Fall die Sache zur Nachholung der unterbliebenen Entscheidung nochmals an das Vorgericht abzugeben habe (OLG Stuttgart StV 2000, 413; *Meyer-Goßner/ Schmitt* § 141 Rn. 6), spricht jedoch, dass es sich um eine unterbliebene Entscheidung handelt, die von Gesetzes wegen dem Gericht, dessen Entscheidung angefochten wird, obliegt. Zudem kann dieses als mit der Sache bereits näher befasste Stelle einfacher beurteilen, ob die Voraussetzungen der notwendigen Verteidigung erfüllt sind. Nur sofern das Revisionsgericht beabsichtigt, eine **Revisionshauptverhandlung** durchzuführen, ist der Vorsitzende des Revisionsgerichts für die Bestellung des notwendigen Verteidigers zuständig.

Dass anstelle des zuständigen Vorsitzenden die gesamte Kammer entscheidet, ändert nichts an der Wirksamkeit der Bestellung und macht sie nicht revisibel (BGH NStZ 2004, 632, 633; BVerwG NJW 1969, 2029 [Wehrdisziplinarrecht]; LR/*Lüderssen/Jahn* § 141 Rn. 16; *Meyer-Goßner/Schmitt* § 141 Rn. 6; KK/*Laufhütte/Willnow* § 141 Rn. 12; **a. A.** OLG Karlsruhe NJW 1974, 110; AnwK-StPO/*Krekeler/Werner* § 141 Rn. 5).

b) § 141 Abs. 4 2. HS. Der neu gefasste § 141 Abs. 4 2. HS bestimmt, dass alternativ auch der Er- 30 mittlungsrichter für die Bestellung des Pflichtverteidigers zuständig ist, wenn die Staatsanwaltschaft eine richterliche Vernehmung i.S.d. § 162 Abs. 1 Satz 1 oder Satz 3 beantragt und sie dies zur Beschleunigung des Verfahrens für erforderlich erachtet. Der Gesetzgeber beabsichtigt damit zum einen, richterliche Vernehmungen im Ermittlungsverfahren zu erleichtern. Zugleich verfolgt er die Absicht, zeitlichen Verzögerungen vorzubeugen, die bislang dadurch eintreten konnten, dass vor der Vernehmung durch den Ermittlungsrichter zunächst das für die Entscheidung über die Bestellung des Pflichtverteidigers zuständige Gericht mit der Sache befasst werden musste (BR-Drucks. 213/11, S. 13).

c) § 141 Abs. 4 3. HS. Wird gegen den Beschuldigten Untersuchungshaft oder die einstweilige Un- 31 terbringung vollstreckt, so ist nach **§ 141 Abs. 4 2. HS** der in § 126 bzw. § 275a Abs. 6 bezeichnete **Haftrichter** zuständig. Hintergrund der Regelung ist, dass dieser nach Auffassung des Gesetzgebers »am besten mit der Sache vertraut« ist (BT-Drucks. 16/13097, S. 19).

d) Offene Zuständigkeitsfragen. Weder in der gesetzlichen Regelung noch in den dieser zugrunde 32 liegenden Materialien findet sich jedoch eine Aussage darüber, wer für die Beiordnung zuständig ist, sofern in einem Verfahren neben dem Beiordnungstatbestand des § 140 Abs. 1 Nr. 4 auch noch andere Fälle notwendiger Verteidigung des § 140 Abs. 1 gegeben sind bzw. ein Fall vorliegt, in dem die Untersuchungshaft sich nicht auf das hiesige Verfahren bezieht.

aa) Überschneidung des § 140 Abs. 1 Nr. 4 mit anderen Beiordnungstatbeständen. Über- 33 schneiden sich die Fälle des § 140 Abs. 1, so besteht kein Grund, § 141 Abs. 4, 2. HS als § 141 Abs. 4, 1. HS verdrängende lex specialis anzusehen. Vielmehr kann sich der Vorsitzende des zuständigen Gerichts ebenfalls zeitnah einarbeiten und entscheiden (*Jahn* FS Rissing-van Saan, S. 275, 283 f.; LR/*Lüderssen/Jahn* [Nachtrag], § 141 Rn. 31; **a. A.** *Meyer-Goßner/Schmitt* § 141 Rn. 6a).

bb) Untersuchungshaft in anderer Sache. Im Fall der Untersuchungshaft in anderer Sache (dazu 34 näher oben § 140 Rdn. 22) soll nach der bisher ergangenen Rechtsprechung § 141 Abs. 4, 2. HS einschlägig sein; der Haftrichter sei, auch soweit es das andere Verfahren betreffe, der diesbezüglich »am besten mit der Sache vertraute Richter« i.S.d. Gesetzesbegründung (OLG Frankfurt a.M. NStZ-RR 2011, 19; nicht problematisiert von LG Itzehoe StV 2010, 562, wo zufälligerweise eine Doppelzuständigkeit des Gerichts bestand).

§ 141 StPO Bestellung eines Pflichtverteidigers

35 Dem ist jedoch für den Fall, dass das andere Verfahren bereits rechtshängig ist und die Notwendigkeit der Verteidigung in Frage steht, zu widersprechen und **§ 141 Abs. 4, 2. HS teleologisch zu reduzieren**, so dass das »Nichthaftsachegericht« zuständig ist (so zutr. *Tachau* StV 2010, 563; ihm zust. LR/*Lüderssen/Jahn* [Nachtrag], § 141 Rn. 31).

36 **3. Modalitäten.** Die Bestellung eines Pflichtverteidigers erfolgt regelmäßig durch **schriftliche Verfügung**; sie ist aber auch **mündlich** (z.B. per Telefon) möglich (SK-StPO/*Wohlers* § 141 Rn. 13; unklar LG Berlin StV 1990, 366, das die Verteidigerin so stellen will, als wenn sie bestellt worden wäre). Möglich ist auch eine **konkludente Bestellung**, z.B. durch das Übersenden der Anklageschrift oder die Zustellung der Terminsnachricht (BGH StraFo 2006, 455; NStZ-RR 2009, 348; OLG Oldenburg StV 2004, 587).

37 Von der konkludenten Bestellung des Verteidigers zu unterscheiden ist dessen **rückwirkende Bestellung**, wenn der zunächst mandatierte Wahlverteidiger für den Fall der Beiordnung die Niederlegung des Mandats angekündigt hat. Die nachträgliche Bestellung soll nach Ansicht der Oberlandesgerichte unzulässig sein (OLG Hamm NStZ-RR 2009, 113). Begründet wird dies mit dem Sinn und Zweck der Beiordnung, die eine effektive Verteidigung sichern soll. Dieser sei mit dem Abschluss des Verfahrens erreicht. Die Norm bezwecke keine Sozialregelung für mittellose Beschuldigte, die ihren Wahlverteidiger nicht zahlen können (KG StraFo 2006, 200, StV 2007, 343; dem zust. KK/*Laufhütte/Willnow* § 141 Rn. 12). Bei dieser Lesart wäre die Verteidigung jedoch geradezu dazu aufgerufen, den Beschuldigten bis zur Beiordnung nicht zu verteidigen; sie ist daher abzulehnen (LG Frankfurt a.M. StV 2013, 19; LG Bonn StraFo 2009, 106; LG Frankenthal StV 2007, 344 f.; LG Bremen StV 2004, 126, 127; *Wohlers* StV 2007, 376, 379 unter Rekurs auf Art. 6 Abs. 3 lit. b) EMRK; *Meyer-Goßner/Schmitt* § 141 Rn. 8; jedenfalls bei einem rechtzeitigen Antrag: LG München I StV 2014, 281; LG Potsdam StRR 2014, 146; LG Itzehoe NStZ 2011, 56; LG Dortmund StV 2007, 344; LG Erfurt StV 2007, 346; LG Magdeburg StV 2007, 347; LG Hamburg StV 2005, 207 u. StV 2014, 280 f.; LR/*Lüderssen/Jahn* § 141 Rn. 11; SK-StPO/*Wohlers* § 141 Rn. 27; *Klemke/Elbs* Rn. 121, die in Rn. 123 für den Fall der eindeutig notwendigen Verteidigung und Nichtbescheidung des Antrags einen Befangenheitsantrag empfehlen). Zudem ist nur bei der Sicherstellung, dass die Kosten der Verteidigung übernommen werden, eine effektive Verteidigung möglich (zur gebührenrechtlichen Rückwirkung der Bestellung gem. § 48 Abs. 6 RVG vgl. *N. Schneider* StraFo 2015, 410). Die Entgegnung, eine solche Reaktion könne nicht ernsthaft in Erwägung gezogen werden, weil sie vertragswidrig wäre (KG StraFo 2006, 200, 202), verwechselt das Sein mit dem Sollen. Der Verweis auf eine mögliche stillschweigende Beiordnung (so BGH StraFo 2006, 455, NStZ-RR 2009, 348) ist dem Verteidiger nicht zuzumuten.

38 Lehnt der Vorsitzende die Bestellung eines Verteidigers ab, so hat er den Beschluss mit Gründen zu versehen (§ 34) und gem. § 35 bekannt zu machen (*Meyer-Goßner/Schmitt* § 141 Rn. 6).

39 Die Bestellung wird wirksam, sobald die Entscheidung zum Zweck der Bekanntgabe abgesandt wird (LG Heilbronn StraFo 2005, 424).

40 **C. Rechtsmittel. I. Beschwerde.** Gegen den Beschluss, in dem der Vorsitzende die Bestellung anordnet oder ablehnt, ist die Beschwerde gem. **§ 304 Abs. 1 statthaft**, ebenso gegen die **Untätigkeit** des Vorsitzenden (LG Magdeburg StraFo 2008, 429; LG Köln StV 2001, 344; SK-StPO/*Wohlers* § 141 Rn. 29). Eine Ausnahme hiervon gilt jedoch nach **§ 304 Abs. 4 Satz 2**, sofern es um die Entscheidung eines Vorsitzenden eines Senats des OLG geht (*Wessing* in Graf StPO § 141 Rn. 11).

41 Wird die Bestellung **angeordnet**, so ist der **Beschuldigte** mangels Beschwer nicht beschwerdebefugt. Anderes gilt, sofern ihm gegen seinen Willen ein Zwangsverteidiger (s.o. Rdn. 3) bestellt wird (OLG Düsseldorf StV 2004, 62; *Oellerich* StV 1981, 434, 440 f.; a. A. OLG Jena StV 2012, 721: nur Auswahl angreifbar) oder die Beiordnung eines zweiten Pflichtverteidigers gegen seinen Antrag abgelehnt worden ist (so OLG Frankfurt a.M. NStZ-RR 2007, 244; SK-StPO/*Wohlers* § 141 Rn. 32; a. A. *Meyer-Goßner/Schmitt* § 141 Rn. 9 unter Verweis auf OLG Celle NStZ 1998, 637 [die Entscheidung stellt allerdings auf § 305 Satz 1 ab]).

42 Unterschiedlich beurteilt wird, ob das Beschwerderecht wegen **§ 305 Satz 1** ausgeschlossen ist, wenn der Angeklagte gegen Entscheidungen des erkennenden Gerichts vorgehen möchte. Zum Teil wird diese Frage bejaht (OLG Naumburg NStZ-RR 1996, 41; so noch OLG Hamburg NStZ 1985, 88), zum Teil der Antrag auf gerichtliche Entscheidung nach § 238 Abs. 2 jedenfalls für Entscheidungen

in der Hauptverhandlung als speziellerer Rechtsbehelf angesehen (OLG Koblenz NStZ-RR 1996, 206; OLG Köln StraFo 1995, 25 m. abl. Anm. *Münchhalffen*). Richtigerweise stehen jedoch angesichts der eigenständigen prozessualen Bedeutung der Beiordnung zur Sicherung eines justizförmigen Strafverfahrens weder § 305 Satz 1 noch § 238 Abs. 2 der Zulässigkeit der Beschwerde des Angeklagten entgegen (OLG Naumburg StV 2013, 200; OLG Düsseldorf StV 2001, 609; KG StV 1990, 298; OLG Zweibrücken NStZ 1988, 144 f.; KK/*Laufhütte/Willnow* § 141 Rn. 13; *Meyer-Goßner/Schmitt* § 141 Rn. 10a, § 305 Rn. 5; SK-StPO/*Wohlers* § 141 Rn. 30 m.w.N.; *Beulke* Jugendverteidigung, S. 170, 186 f.; *Oellerich* StV 1981, 434, 440).

Der **Staatsanwaltschaft** steht die Beschwerdebefugnis gegen Verfügungen des Vorsitzenden dann zu, wenn sie die Bestellung als rechtswidrig ansieht (OLG Celle NStZ 2009, 56; enger *Wessing* in Graf StPO § 141 Rn. 11, SK-StPO/*Wohlers* § 141 Rn. 31 unter Rückgriff auf § 339: Beschwerde nur zugunsten des Beschuldigten); indes hat sie dieses Recht **verwirkt**, wenn sie die Pflichtverteidigung erst nach Abschluss des Verfahrens angreift (LG Essen NJW 1991, 856, a. A. *Meyer-Goßner/Schmitt* § 141 Rn. 9). 43

Der **Wahlverteidiger** ist im Falle der Beiordnung eines Pflichtverteidigers nicht beschwerdebefugt (OLG Köln NStZ 2010, 653; OLG Düsseldorf StraFo 2000, 414, 415); gleiches gilt für den **nicht beigeordneten Rechtsanwalt** (OLG Düsseldorf StV 2001, 609; StV 2004, 62). 44

Das Beschwerdegericht prüft im Rahmen der **Begründetheit**, ob der Vorsitzende rechtmäßig entschieden hat, wobei der ihm zustehende Beurteilungsspielraum und das bei der Auswahl des Verteidigers zu wahrende pflichtgemäße Ermessen (s. dazu näher unter § 142 Rdn. 19 ff.) zu beachten sind (OLG Düsseldorf StV 2004, 62; OLG Naumburg StV 2013, 433). Hält es die Beschwerde für begründet, so entscheidet es in der Sache selbst (§ 309 Abs. 2, BGHSt 43, 153, 155; *Wessing* in Graf StPO § 141 Rn. 12). 45

Ist die Beschwerde nicht erledigt, bevor ein Urteil ergangen ist und die Akten dem Berufungsgericht nach § 321 Satz 2 vorgelegt werden, so ist sie in einen erneuten Antrag auf Verteidigerbestellung **umzudeuten**, über den dann das Berufungsgericht zu entscheiden hat (OLG Stuttgart NStZ-RR 2008, 21). Ist das Verfahren abgeschlossen, so gibt es **keine »Fortsetzungsfeststellungsbeschwerde«** (*Meyer-Goßner/Schmitt* § 141 Rn. 10b m. Nachw. zur Gegenansicht). 46

II. Revision. Neben – auch bei Erfolglosigkeit (BGH StV 1992, 406) – der Beschwerde ist gem. **§ 336 Satz 1** die Revision statthaft, weil das Urteil auf der Entscheidung über die Bestellung beruhen kann (BGHSt 39, 310, 313; BGH NStZ 1992, 292). Nach der Rechtsprechung ist es für den Erfolg der Revision notwendig, dass ein schwerwiegender Rechtsverstoß zu bejahen und der Beschuldigte schutzbedürftig ist (BGHSt 47, 172, 180; gegen die Bedeutung der Schutzwürdigkeit *Sowada* NStZ 2005, 1, 6). Zur Anfechtung der **Auswahl** vgl. unter § 142 Rdn. 38 ff. 47

§ 142 StPO Auswahl des zu bestellenden Pflichtverteidigers.
(1) ¹Vor der Bestellung eines Verteidigers soll dem Beschuldigten Gelegenheit gegeben werden, innerhalb einer zu bestimmenden Frist einen Verteidiger seiner Wahl zu bezeichnen. ²Der Vorsitzende bestellt diesen, wenn dem kein wichtiger Grund entgegensteht.
(2) In den Fällen des § 140 Abs. 1 Nr. 2, 5 und 9 sowie des § 140 Abs. 2 können auch Rechtskundige, welche die vorgeschriebene erste Prüfung für den Justizdienst bestanden haben und darin seit mindestens einem Jahr und drei Monaten beschäftigt sind, für den ersten Rechtszug als Verteidiger bestellt werden, jedoch nicht bei dem Gericht, dessen Richter sie zur Ausbildung überwiesen sind.

A. Grundsätzliches.
§ 142 betrifft die **Auswahl** des Verteidigers durch den Vorsitzenden in den Fällen notwendiger Verteidigung; die Norm ergänzt damit § 141. 1

Der erste Absatz der Norm wurde in jüngerer Zeit durch das 2. Opferrechtsreformgesetz vom 29.07.2009 (BGBl. I S. 2280; näher dazu *Wessing* in Graf StPO § 142 Rn. 10 sowie unter Rdn. 22) geändert; nunmehr ist die Auswahlmöglichkeit des Gerichts **nicht mehr auf die ortsansässigen Rechtsanwälte begrenzt** (OLG Brandenburg StRR 2015, 181; Kritik hieran bereits früher bei *Beulke* Jugendverteidigung, S. 170, 188 f.; *Eisenberg* NJW 1991, 1257, 1262; vgl. auch *Klemke/Elbs* Rn. 106 ff. zur Berechtigung des Lokalisationsprinzips im Fall der Vollstreckung von Untersuchungshaft; dagegen *Schlothauer* FS Samson, S. 709, 717; s.a. *Jahn* FS Rissing-van Saan, S. 275, 296; *ders.* NJW-Festheft 2

für Tepperwien, S. 25, 26 f.). Die letzte Änderung erfolgte durch das Gesetz zur Stärkung der Rechte von Opfern sexuellen Missbrauchs (StORMG) vom 26.06.2013, im Zuge dessen § 140 Abs. 1 eine Nr. 9 hinzugefügt wurde, auf die nunmehr in § 142 Abs. 2 ebenfalls Bezug genommen wird.
Der Gesetzgeber erkennt mit dem in Abs. 1 der Norm enthaltenen Bezeichnungsrecht des Beschuldigten an, dass das Vertrauensverhältnis zwischen Mandant und Verteidiger zu den »Essentials« eines fairen Strafverfahrens gehört (vgl. BVerfG StV 2001, 601, 602; BT-Drucks. 16/12098, S. 20; *Beulke* Verteidiger im Strafverfahren, S. 45). Zudem wird die Pflichtverteidigung damit der Wahlverteidigung angenähert (vgl. *Rieß/Hilger* NStZ 1987, 145, 147).

3 Der Beschuldigte hat aber keinen Anspruch auf die Beiordnung des bezeichneten Verteidigers (vgl. BVerfGE 9, 38; 39, 238; BVerfG NJW 2001, 3695, 3696; BGHSt 43, 153, 154; OLG Jena NJW 2009, 1430, 1431; a. A. KMR/*Müller* § 142 Rn. 1), sondern nur auf die *eines* Verteidigers seines Vertrauens und damit auf eine **ermessensfehlerfreie Auswahl** (OLG Rostock StraFo 2002, 85, 86). Dieses Ermessen ist »auf Null« reduziert, soweit der Wahl des Beschuldigten kein wichtiger Grund entgegensteht (dazu näher unter Rdn. 18 ff.). Die Norm enthält im Übrigen bedauerlicherweise keine Kriterien für die Beiordnung eines Pflichtverteidigers, sofern der Beschuldigte keinen Verteidiger wählt oder seiner Wahl ein wichtiger Grund entgegensteht (krit. dazu und mit möglichen Auswahlkriterien de lege ferenda *Beulke* Jugendverteidigung, S. 170, 190 f.; *Thielmann* StraFo 2006, 358, 361; *ders.* HRRS 2009, 452; *ders.* NJW 2011, 1927 sowie – für den Fall des § 140 Abs. 1 Nr. 4 – die Stellungnahme Nr. 16/2010 des Strafrechtsausschusses der BRAK StV 2010, 547; zur mangelnden Vergleichbarkeit mit dem Auswahlrecht des Gerichts im Hinblick auf den Insolvenzverwalter, zur Unanwendbarkeit des Vergaberechts und gegen Alternativen de lege ferenda *Wenske* NStZ 2010, 479, 481 ff.; a. A. *Jahn* FS Rissing-van Saan, S. 275, 297; *Schlothauer* FS Samson, S. 709, 719 ff.).

4 In Satz 2 des Abs. 1 ist die Zuständigkeit geregelt (krit. zur unterbliebenen Anpassung an § 141 Abs. 4, 2. S. i.V.m. §§ 126, 275a Abs. 6 Radtke/Hohmann/*Reinhart* § 142 Rn. 1).

5 **Der zweite Absatz des § 142** eröffnet dem Vorsitzenden in bestimmten Fällen die Möglichkeit, dem Beschuldigten einen Referendar beizuordnen. Anlass für diese Regelung war – wie bei § 139 (vgl. dort Rdn. 1) – der zum Zeitpunkt der Schaffung der Norm vorherrschende Mangel an Rechtsanwälten (BGHSt 20, 95, 97 f.). Die Regelung ist angesichts dieses überholten Bedürfnisses eng auszulegen.

6 **B. Regelungsgehalt. I. Recht zur Bezeichnung (§ 142 Abs. 1 Satz 1)** Mit § 142 Abs. 1 Satz 1 gewährt der Gesetzgeber dem Beschuldigten zwar kein Recht auf die Beiordnung des benannten Verteidigers; er trägt jedoch dessen Subjektstellung und dem hieraus folgenden Recht auf rechtliches Gehör (Art. 103 Abs. 1 GG; BVerfG StV 2001, 601, 603) Rechnung, indem er ihm – auch im Falle der Bestellung eines weiteren Pflichtverteidigers (OLG Frankfurt a.M. StV 2009, 402 f.; LG Cottbus StraFo 2003, 11) – ein Bezeichnungsrecht gewährt und damit, vorbehaltlich eines wichtigen Grundes (näher dazu unter Rdn. 18 ff.), das Auswahlermessen des Gerichts einschränkt. Dementsprechend genügt es nicht, den Wahlverteidiger statt des Beschuldigten anzuhören (OLG Stuttgart StV 1989, 521; SK-StPO/*Wohlers* § 142 Rn. 3).

7 Wie die Formulierung »soll« zeigt, besteht **grundsätzlich eine Pflicht des Gerichts**, den Beschuldigten **anzuhören**. Die Anhörung hat nur in den Fällen besonderer Eilbedürftigkeit zu unterbleiben, sowie dann, wenn eine Anhörung unzweckmäßig wäre. Einen weiteren Ausnahmefall stellen die Fälle des ausdrücklichen Verzichts auf das Wahlrecht dar (vgl. BGH NStZ 2008, 231). An dessen Wirksamkeit sind jedoch strenge Anforderungen zu stellen (KG StV 2015, 19; OLG Koblenz StV 2011, 349). Sie ist schließlich dann entbehrlich, wenn sich aus dem bisherigen Verfahrensgang eindeutig ergibt, durch wen sich der Beschuldigte verteidigen lassen möchte (v.a. bei bisheriger Wahlverteidigung, vgl. BayObLG StV 1988, 97, 98); sie ist jedoch nicht mit der allgemeinen Anhörung im Zuge der Haftbefehlsverkündung abgedeckt (LG Frankfurt [Oder] StV 2010, 235 f.).

8 Für die Anhörung ist keine besondere Form vorgesehen; sie kann daher **auch telefonisch** erfolgen (OLG Düsseldorf StV 2004, 62 f.; BayObLG StV 1988, 97; *Meyer-Goßner/Schmitt* § 142 Rn. 10). Im Ermittlungsverfahren kann der Beschuldigte den Verteidiger auch gegenüber der Staatsanwaltschaft benennen (LG Bonn StV 2010, 180 f.).

9 Die Vorschrift darf angesichts ihres Zwecks nicht dahingehend ausgelegt werden, dass dem Beschuldigten zunächst ein Verteidiger beigeordnet wird und er hiergegen begründete Einwände vorbringen darf (KG StV 1993, 628; LG Cottbus StraFo 2003, 11).

1. Wählbarer Personenkreis. Die durch das 2. Opferrechtsreformgesetz erfolgte sprachliche Veränderung von »Rechtsanwalt« in »Verteidiger« soll klarstellen, dass – entsprechend § 138 Abs. 1 (vgl. dort unter Rdn. 17 ff.) – nicht nur **Rechtsanwälte**, sondern auch **Hochschullehrer** vom Beschuldigten bezeichnet werden können (BT-Drucks. 16/12098, S. 21; *Ladiges* JR 2013, 295, 298). Sonstige Personen, wie z.B. Angehörige steuerberatender Berufe sowie Personen i.S.d. § 138 Abs. 2 (s. dazu unter § 138 Rdn. 23 ff.) sollten damit jedoch nicht erfasst werden (Radtke/Hohmann/*Reinhart* § 142 Rn. 5). 10

Der bisherige Wahlverteidiger kann als Pflichtverteidiger beigeordnet werden, wenn er das Mandat niedergelegt hat (sog. **Wahlpflichtverteidiger**, vgl. *Theiß* Die Pflichtverteidigerbestellung de lege lata und de lege ferenda [2003], S. 30). Stellt er den Antrag, als Pflichtverteidiger beigeordnet zu werden, ist hierin die konkludente Niederlegung zu sehen (entsprechendes Formulierungsbsp. bei *Ignor* in Beck'sches Formularbuch, S. 59). 11

Auch dann, wenn der Beschuldigte **dem bisherigen Wahlverteidiger** das **Mandat entzogen** hat, ist dessen Beiordnung als Pflichtverteidiger möglich, wenn die Gründe für die Mandatsbeendigung ersichtlich unzutreffend sind (BGHSt 39, 310, 312 f.). Ob dies der Fall ist, hat das Gericht aufzuklären (BGH NStZ 2000, 326 f.) und zu bewerten (BGHSt 39, 310, 313). Die Behauptung des Beschuldigten, er habe kein **Vertrauen** mehr zu seinem Wahlverteidiger, genügt allein allerdings nicht (OLGBamberg StV 1984, 234), vielmehr müssen für den Vorsitzenden insoweit **konkrete und hinreichende Anhaltspunkte** erkennbar sein (BGH NStZ 1992, 292 f.), so dass – vergleichbar der Ablehnung des Richters wegen der Besorgnis der Befangenheit (BGH NStZ 2004, 632 f.; OLGDüsseldorf StV 1993, 6) – **vom Standpunkt des verständigen Beschuldigten** das Fehlen des Vertrauensverhältnisses nachvollziehbar erscheint (LG Magdeburg StV 2008, 630). Regelmäßig soll die Erklärung des Verteidigers vonnöten sein (BGH NStZ 2004, 632 f.; hiergegen zu Recht krit. aus Gründen des Schweigerechts des Beschuldigten und der Schweigepflicht des Verteidigers SK-StPO/*Wohlers* § 143 Rn. 16; *Molketin* MDR 1989, 503, 507). Erklären jedoch der Wahlverteidiger und der Beschuldigte übereinstimmend, das Vertrauensverhältnis sei unwiederbringlich gestört und geben sie insoweit Tatsachen an, so hat die Bestellung zu unterbleiben (AnwK-StPO/*Krekeler/Werner* § 142 Rn. 7). 12

Zum Teil vertritt die Rechtsprechung, die Beiordnung des bisherigen Wahlverteidigers als Pflichtverteidiger verbiete sich bei einem »**Erschleichen« der Pflichtverteidigung**, d.h. in dem Fall, in dem der Wahlverteidiger, der nunmehr um Beiordnung bittet, den bisherigen, vom Beschuldigten zuvor bezeichneten Verteidiger verdrängt hat (BGH bei *Cierniak/Zimmermann* NStZ-RR 2011, 97, 101; KG JR 1974, 433 m. abl. Anm. *Lantzke*; OLG Zweibrücken NStZ 1982, 298 f.; OLG Stuttgart NStZ-RR 1996, 207; nach OLG Oldenburg NStZ-RR 2009, 115 soll nicht einmal die Erklärung, des bisherigen Wahlverteidigers, er sei bislang vergütet worden, den Verdacht des Erschleichens widerlegen; LG Gera StraFo 2000, 196, will darauf abstellen, ob die Verdrängung rechtsmissbräuchlich gewesen ist; *Meyer-Goßner/Schmitt* § 142 Rn. 7; AnwK-StPO/*Krekeler/Werner* § 142 Rn. 7; *Lam/Meyer-Mews* NJW 2012, 177, 180). Dieses – möglicherweise berufsrechtswidrige – Verhalten hat jedoch für sich genommen nichts mit dem Sinn und Zweck der Beiordnung zu tun, der darin besteht, eine Verteidigung durch den Rechtsanwalt des Vertrauens zu gewährleisten. Es hat daher bei der Beurteilung, ob eine Auswahl des Beschuldigten zulässig ist, außer Acht zu bleiben (so auch SächsVerfGH StraFo 2004, 54, 56; weitere Kritik bei LR/*Lüderssen/Jahn* § 142 Rn. 22; *Beulke* Verteidiger im Strafverfahren, S. 241 f.; *Fahl* Rechtsmißbrauch im Strafprozeß [2003], S. 228 ff.). 13

2. Frist. Dem Beschuldigten ist nach § 142 Abs. 1 Satz 1 eine Frist zu setzen; hieran ändert auch der neu eingefügte § 141 Abs. 3 Satz 4 nichts, wonach ein Verteidiger unverzüglich nach Beginn der Vollstreckung bestellt werden muss (OLG Düsseldorf StV 2010, 350 m. Anm. *Burhoff* StRR 2010, 223 f.; OLG Düsseldorf StRR 2011, 265, 266 m. Anm. *Burhoff*; LG Frankfurt [Oder] StV 2010, 235, 236; LG Krefeld StV 2011, 274; AG Stuttgart StV 2010, 677; *Jahn* FS Rissing-van Saan, S. 275, 284 ff.; *Lam/Meyer-Mews* NJW 2012, 177, 180; dazu näher § 141 Rdn. 8 ff.). Die Bestimmung der Frist stellt eine Entscheidung i.S.d. § 35 Abs. 2 dar, so dass eine förmliche Zustellung erforderlich ist (LG Bochum StV 2012, 526). 14

Die Frist ist nicht identisch mit derjenigen nach § 201. Sie muss zunächst **zumindest bestimmbar** sein. Dies ist dann der Fall, wenn sie auch für den Beschuldigten klar erkennbar und berechenbar ist (dazu OLG Düsseldorf StV 2010, 350, 351). Sie muss zudem **angemessen** sein. Das ist zu bejahen, wenn dem Beschuldigten eine angemessene Zeit zur Überlegung zur Verfügung steht und er seine Entscheidung 15 dem Gericht innerhalb der Frist mitteilen kann (*Wessing* in Graf StPO § 142 Rn. 8; OLG Düsseldorf StV 2004, 62 f. mit abl. Anm. *Bockemühl*: wenige Stunden zu kurz; LG Berlin StV 2009, 14 f. [= StV 2009, 405]: 3 Tage zu kurz; OLG Düsseldorf StV 1990, 536: 4 Tage bei inhaftiertem Beschuldigtem und fehlender Eilbedürftigkeit zu kurz).

16 Ist die Frist **zu kurz bemessen**, wird eine angemessene Frist in Gang gesetzt (OLG Düsseldorf StV 1990, 536; ähnlich AG Bitterfeld-Wolfen StV 2014, 281; a. A. LG Halle StV 2010, 69, wonach die unangemessene Frist nicht zu laufen beginnt; zust. SK-StPO/*Wohlers* § 142 Rn. 5). Erklärt sich der Beschuldigte **nach Fristablauf**, so muss die Sache dem Vorsitzenden noch einmal vorgelegt werden, wenn die getroffene Verfügung noch keine Außenwirkung erlangt hat (OLG Köln StV 2015, 20; OLG Braunschweig StV 2012, 401; LG Braunschweig StraFo 2009, 520; s.a. LG München StV 2015, 26; LG Magdeburg StV 2012, 525).

17 Hat der Beschuldigte im Ermittlungsverfahren den gewünschten Verteidiger gegenüber der Staatsanwaltschaft angegeben, dann gehen Verzögerungen in der Übermittlung zwischen Staatsanwaltschaft und dem für die Bestellung zuständigen Gericht nicht zulasten des Beschuldigten (LG Bonn StV 2010, 180 f.).

18 **II. Bestellung des benannten Verteidigers (§ 142 Abs. 1 Satz 2) 1. Kein wichtiger Grund.** Gem. § 142 Abs. 1 Satz 2 bestellt der Vorsitzende (vgl. auch § 141 Rdn. 27) den vom Beschuldigten benannten Verteidiger, wenn dem kein **wichtiger Grund** entgegensteht (zur Zulässigkeit der Beschränkung vgl. EGMR EuGRZ 1992, 542, 546). Der Gesetzgeber hat den bislang im Plural verwendeten Begriff im Zuge des 2. Opferrechtsreformgesetzes geändert; er wollte damit aber nicht zum Ausdruck bringen, dass die Schwelle insoweit herabgesetzt werden soll; vielmehr sollte hierdurch »im Sinn der sprachlichen Korrektheit« klargestellt werden, dass bereits **ein** wichtiger Grund genügt, um von der vom Beschuldigten erbetenen Bestellung abzusehen (BT-Drucks. 16/12098, S. 21; vgl. auch Radtke/Hohmann/*Reinhart* § 142 Rn. 6).

19 Der unbestimmte Rechtsbegriff eröffnet dem Vorsitzenden einen nicht umfassend überprüfbaren **Beurteilungsspielraum** (BGHSt 48, 170, 175). Der Begriff ist im Lichte des verfassungsrechtlich verbürgten Rechts auf die Verteidigung durch eine Person des Vertrauens **eng auszulegen** (OLG Köln NStZ 1991, 248, 249 mit zust. Anm. *Wasserburg*). Grundsätzlich hat das Gericht zu untersuchen, ob Anhaltspunkte dafür bestehen, dass zwischen dem Beschuldigten und dem benannten Verteidiger kein Vertrauensverhältnis aufgebaut werden kann (BGHSt 48, 170, 172 f.). Ist dies zu bejahen, hat die Bestellung aus Fürsorgegründen zu unterbleiben. Diese Fürsorge steht in einem gewissen Spannungsverhältnis zur Mitwirkung des Beschuldigten bei der Auswahl des Verteidigers.

20 Unproblematisch anzunehmen ist ein wichtiger Grund, sofern der Bestellung **rechtliche Hindernisse** im Wege stehen, so z.B. weil die bezeichnete Person die Voraussetzungen des § 138 nicht erfüllt bzw. im Falle der Beiordnung eine Mehrfachverteidigung nach § 146 zu bejahen wäre.

21 Zudem führt die konkrete Gefahr einer Interessenkollision bei sukzessiver Mehrfachverteidigung (BGHSt 48, 170 m.i.E. zust. Anm. *Berz/Saal* NStZ 2003, 379; OLG Frankfurt a.M. NJW 1999, 1414, 1415 f.) ebenso wie eine krankheitsbedingte Verhinderung des benannten Verteidigers zu dessen Ablehnung (OLG Rostock StraFo 2002, 85, 86). **Im Übrigen** hat das Gericht das Recht auf die Verteidigung durch eine Person des Vertrauens gegen das Interesse an einem ordnungsgemäßen Verfahrensablauf **abzuwägen** (OLG Jena NJW 2009, 1430, 1431).

22 Nach der Gesetzesänderung ist die **fehlende örtliche Nähe** des bezeichneten Verteidigers kein »gesetzlich normiertes Regelbeispiel« (so BGHSt 43, 153, 155) mehr. Für den Regelfall ist dieses Kriterium daher obsolet geworden (LG Dresden StraFo 2012, 14; *Jahn* FS Rissing-van Saan, S. 275, 296; LR/*Lüderssen/Jahn* [Nachtrag], § 142 Rn. 3; HK/*Julius* § 142 Rn. 1, 7 a.E.; ähnlich Meyer-Goßner/*Schmitt* § 142 Rn. 5: »keine wesentliche Voraussetzung«; a. A. OLG Köln NStZ-RR 2011, 49; OLG Oldenburg StV 2010, 351). Die fehlende örtliche Nähe ist nur noch dann ausnahmsweise als wichtiger Grund anzusehen, wenn **im konkreten Einzelfall** zu erwarten ist, dass hierdurch eine sachgerechte Verteidigung gefährdet wird (so bereits vor der Gesetzesänderung BGHSt 43, 153, 157; OLG Jena NJW 2009, 1430, 1431; OLG Stuttgart StraFo 2006, 112, 113; für die Berücksichtigung dieses Gesichtspunkts v.a. bei Vollstreckung von Untersuchungshaft *Schlothauer* FS Samson, S. 709, 717; s.a. *Lehmann* NStZ 2012, 188, 190, der u.a. auf fiskalische Interessen eingeht und eine grundsätzliche Pflicht zur Substantiierung des Vertrauensverhältnisses bejaht). Fiskalische Interessen an der Entste-

hung möglichst niedriger Verteidigerkosten (insb. Fahrtkostenerstattung) haben im Rahmen der Abwägung angesichts der hohen Bedeutung des Rechts des Beschuldigten auf Verteidigung durch einen Rechtsanwalt seines Vertrauens zurückzutreten (OLG Brandenburg StRR 2015, 181).

Problematisch ist die Beantwortung der Frage, ob ein wichtiger Grund vorliegt dann, wenn das **Beschleunigungsgebot** in ein Spannungsverhältnis zum Bezeichnungsrecht des Beschuldigten gerät (umfassende Übersicht hierzu bei *Rahlf* FS Widmaier, S. 447 ff.). Da sowohl die Regeln zur Beiordnung als auch das Beschleunigungsgebot in erster Linie dem Schutz des Beschuldigten dienen sollen, ist **im Falle nur eines Beschuldigten** diesem die Wahl zu eröffnen, welchem Gesichtspunkt er den Vorzug geben will (*Leipold* FS DAV, S. 636, 639; *Rahlf* FS Widmaier, S. 447, 466 f.; *Schlothauer* StV 2009, 578, 579). **Bei mehreren Mitbeschuldigten** besteht diese Wahlmöglichkeit mangels Dispositionsbefugnis des Einzelnen nicht (Thür. OLG StV 2009, 576, 577; KG StV 2009, 577, 578 m. krit. Anm. *Schlothauer*). Hier hat das Gericht Kollisionen in erster Linie durch Terminabsprachen vorzubeugen (*Hilger* StV 2006, 451, 453; *Leipold* FS DAV, S. 636, 640; *Tepperwien* NStZ 2009, 1, 5). Ist dies nicht möglich, hat es abzuwägen und gegebenenfalls das Verfahren gegen den Beschuldigten, der sich für einen Verteidiger ausgesprochen hat, abzutrennen oder Modifikationen im Terminplan vorzunehmen (OLG Celle NStZ 2008, 583; OLG Jena NStZ-RR 2009, 114; OLG Frankfurt a.M. StV 2012, 612 f.; *Hilger* StV 2006, 451, 453; *Rahlf* FS Widmaier, S. 447, 468; *Schlothauer* StV 2009, 578, 580; vgl. auch BGH StV 2010, 170, dem es »*nicht unbedenklich*« erscheint, wenn pauschal auf die Belastung des gewählten Verteidigers mit Terminvertretungen abgestellt wird und keine vorherige Verfügbarkeitsprüfung stattgefunden hat).

Ebenfalls schwierig ist die Beurteilung, ob Gründe **in der Person des Verteidigers** vorliegen. Da die Pflichtverteidigung der Wahlverteidigung grundsätzlich gleichgestellt ist, kann aus einer **konfliktbereiten Verteidigung allein** kein wichtiger Grund i.S.d. § 142 Abs. 1 Satz 2 gefolgert werden (OLG Köln StraFo 2006, 328; 2007, 28; *Meyer-Goßner/Schmitt* § 142 Rn. 3). Insoweit gelten die unter § 143 Rdn. 18 dargestellten Grundsätze zum Widerruf. Richtigerweise genügt wegen Fehlens der Voraussetzungen der §§ 138a ff. im hiesigen Verfahren auch nicht das vorangegangene verfahrensfremde Verhalten in anderen Verfahren (SK-StPO/*Wohlers* § 142 Rn. 21; LR/*Lüderssen/Jahn* § 142 Rn. 2; a. A. OLG Köln StV 2007, 288, 289). Auch die **Qualität der Verteidigung** ist grundsätzlich nicht der Kontrolle unterworfen, weil es sich beim Pflichtverteidiger, wie beim Wahlverteidiger auch, um ein gegenüber dem Gericht gleichberechtigtes Organ der Rechtspflege handelt (KG JR 1982, 349; StV 1993, 236; vgl. aber KG StRR 2011, 195, 196). Zulässig ist jedoch die Ablehnung des vorgeschlagenen Wahlverteidigers, wenn diesem die für bestimmte Strafverfahren erforderlichen Spezialkenntnisse fehlen (OLG Schleswig StV 1987, 478, 479). Der beizuordnende Rechtsanwalt muss aber nicht Fachanwalt für Strafrecht sein (BGH NStZ 2008, 231 m. zust. Anm. *Gaede* HRRS 2007, 402, 413).

Bestehen Zweifel am Vorliegen eines wichtigen Grundes, so soll der Vorsitzende den Beschuldigten und den von diesem bezeichneten Verteidiger anhören (BGHSt 48, 170, 174). Da diese Pflicht gesetzlich nicht explizit vorgesehen ist, ist dem gewählten Verteidiger zu raten, dem Gericht darzulegen, warum das Vertrauensverhältnis die Beiordnung gebietet (so *Meyer-Goßner/Schmitt* § 142 Rn. 12 zur Mitwirkung eines auswärtigen Verteidigers; noch enger OLG Naumburg NStZ-RR 2009, 114 [»*sind darzulegen*«]; Formulierungsbsp. hierfür bei Widmaier/Müller/Schothauer/*Lütz-Binder* MAH § 16 Rn. 20). Wird ein wichtiger Grund bejaht, so ist der Beschuldigte jedenfalls dann, wenn keine besondere Eilbedürftigkeit besteht, **erneut anzuhören** (Thür. OLG StraFo 2009, 107 f.; OLG Hamm StV 1994, 8; a. A. *Meyer-Goßner/Schmitt* § 142 Rn. 10).

2. Keine Verteidigung durch einen Wahlverteidiger. Sofern der Beschuldigte dem Gericht auf Aufforderung mitteilt, dass er bereits einen Wahlverteidiger mandatiert habe, sind die Voraussetzungen für die Bestellung eines Pflichtverteidigers – vorbehaltlich eines Sicherungspflichtverteidigers (dazu unter § 141 Rdn. 3) – entfallen (OLG Jena NJW 2009, 1430 f.). Überschneidet sich die Mitteilung mit der Beiordnung, so ist sie aufzuheben; auf die Kenntnis des Vorsitzenden kommt es nicht an, wenn der Beschuldigte zuvor nicht gesondert angehört worden ist (OLG Karlsruhe StV 2010, 179).

III. Beiordnung in den übrigen Fällen. Hat der Beschuldigte innerhalb der ihm gesetzten Frist keinen Verteidiger benannt, war die Anhörung ausnahmsweise entbehrlich oder steht der Wahl des Beschuldigten ein wichtiger Grund entgegen, so ordnet ihm der Vorsitzende einen Verteidiger bei. Er hat diesen **nach pflichtgemäßem Ermessen** auszuwählen (BGH StV 1992, 406 m. krit. Anm. *Barton*,

§ 142 StPO   Auswahl des zu bestellenden Pflichtverteidigers

der darin – vorbehaltlich des Verzichts des Beschuldigten auf die Nennung einer Person – die Konkretisierung eines unbestimmten Rechtsbegriffs sieht; ebenso KMR/*Müller* § 142 Rn. 1). Taugliche Kriterien sind in diesem Zusammenhang bspw. die erforderlichen Rechtskenntnisse auf einem speziellen Gebiet sowie dieselbe Herkunft und Sprache wie der Beschuldigte (weitere Kriterien speziell für den Fall des § 140 Abs. 1 Nr. 4 in der Stellungnahme Nr. 16/2010, S. 13 des Strafrechtsausschusses der BRAK).

29 Ein **Hochschullehrer** darf wegen des Fehlens einer § 49 Abs. 1 BRAO entsprechenden Regelung nur mit seinem Einverständnis beigeordnet werden (LR/*Lüderssen/Jahn* § 142 Rn. 33; KK/*Laufhütte/Willnow* § 142 Rn. 3; *Meyer-Goßner/Schmitt* § 142 Rn. 4).

30 **IV. Rechtsfolgen der Beiordnung.** Mit der Beiordnung wird ein **öffentlich-rechtliches Pflichtenverhältnis** begründet (daher der Name Pflichtverteidigung, vgl. *Theiß* Die Pflichtverteidigerbestellung de lege lata und de lege ferenda [2003], S. 29 m.w.N.; *Wenske* NStZ 2010, 479, 483; für eine zivilrechtliche Begründung hingegen LR/*Lüderssen/Jahn* § 142 Rn. 30 ff.; *Jahn* JR 1999, 1, 4 f.). Wie § 143 belegt, bedarf die Beendigung der Tätigkeit der Rücknahme der Bestellung durch das Gericht. Die Übernahme der Pflichtverteidigung darf nur aus wichtigen Gründen abgelehnt werden (§§ 48 Abs. 2, 49 BRAO; dazu näher Widmaier/Müller/Schlothauer/*Lütz-Binder* MAH § 16 Rn. 33 ff.).

31 Zudem ist die Verteidigung grundsätzlich in personam zu erbringen; eine **Unterbevollmächtigung** ist dem Pflichtverteidiger nicht möglich, weil ihm vom Beschuldigten keine Vollmacht übertragen worden ist, die übertragen werden könnte (BGH NStZ 1995, 356 f. m. insoweit zust. Anm. *Ehrlicher*; *Meyer-Goßner/Schmitt* § 142 Rn. 15; a. A. LR/*Lüderssen/Jahn* § 142 Rn. 35 für den Fall, dass der Beschuldigte mit der Unterbevollmächtigung ausdrücklich einverstanden ist). Vom Unterbevollmächtigten abgegebene Rechtsmittelerklärungen sind daher unwirksam (KK/*Laufhütte/Willnow* § 142 Rn. 10). Auch die Führung durch einen **Sozius** des beigeordneten Rechtsanwalts ist daher unzulässig (*Meyer-Goßner/Schmitt* § 142 Rn. 15; a. A. KG NStZ-RR 2005, 327 für den Fall vorübergehender Verhinderung und Zustimmung des Vorsitzenden). Schließlich ist auch die Übertragung auf einen **Referendar** unzulässig (*Meyer-Goßner/Schmitt* § 142 Rn. 16). Allerdings kann dieser zu Ausbildungszwecken unter Aufsicht des Rechtsanwalts bei Zustimmung des Vorsitzenden auftreten.

32 Der allgemeine Vertreter i.S.d. § 53 BRAO darf hingegen den beigeordneten Verteidiger vertreten; dies folgt aus **§ 53 Abs. 7 BRAO**, wonach dem Vertreter dieselben anwaltlichen Befugnisse zustehen, wie dem Vertretenen (BGH NStZ 1992, 248; BayObLG StV 1989, 469 [Referendar]; OLG Frankfurt a.M. StV 1988, 195).

33 Der **Gebührenanspruch** entsteht **kraft Gesetzes**; die Beiordnung eines auswärtigen Verteidigers unter Beschränkung auf die Vergütung eines ortsansässigen Rechtsanwalts ist daher mangels Dispositionsbefugnis des Vorsitzenden unzulässig; jedoch kann der Rechtsanwalt auf den überschüssigen Betrag **verzichten** (OLG Oldenburg NStZ-RR 2010, 210 f.; OLG Frankfurt a.M. StV 1989, 241; OLG Zweibrücken StV 1983, 362; gegen die Möglichkeit eines im Voraus vereinbarten Verzichts unter Bezug auf § 49b Abs. 1 Abs. 1 BRAO hingegen OLG Köln StraFo 2008, 348; gegen ein Entgegenstehen der Norm OLG Bamberg NJW 2006, 1536). Der Verzicht ist aus Gründen der Rechtsklarheit **ausdrücklich** zu erklären (OLG Brandenburg StV 2007, 484; weitergehend OLG Frankfurt a.M. StV 1987, 158 m. abl. Anm. *Krehl*: widerspruchslose Hinnahme der Beschränkung ausreichend). Der Verzicht gilt **nur für die betreffende Beiordnung** (OLG Düsseldorf NStZ 2009, 448 f.).

34 **V. Möglichkeit der Bestellung von Referendaren (§ 142 Abs. 2)** § 142 Abs. 2 regelt die Möglichkeit der Bestellung von Referendaren. Auch diese sind mangels Geltung des § 49 BRAO nicht zur Übernahme der Verteidigung verpflichtet (*Theiß* Die Pflichtverteidigerbestellung de lege lata und de lege ferenda [2003], S. 29).

35 Referendare dürfen im ersten Rechtszug in den Fällen der § 140 Abs. 1 Nr. 2, Nr. 5 und Nr. 9 sowie des Absatzes 2 bestellt werden. Ein Auftreten vor dem Landgericht oder dem Oberlandesgericht ist damit von vornherein ausgeschlossen (BGH StV 1989, 465: Teilnahme an einer Ortsbesichtigung in einem Verfahren vor dem Landgericht unzulässig).

36 Der Referendar muss mindestens 1 Jahr und 3 Monate des Vorbereitungsdienstes absolviert haben und darf hieraus nicht ausgeschieden sein (BGHSt 20, 95 f.). Zudem darf er nicht bei der Abteilung des Amtsgerichts bestellt werden, der er zur Ausbildung zugewiesen ist. Damit ist jedoch nach Sinn und

Zweck der Regelung nicht das gesamte Gericht erfasst (KK/*Laufhütte/Willnow* § 142 Rn. 6; LR/*Lüderssen/Jahn* § 142 Rn. 11; *Meyer-Goßner/Schmitt* § 142 Rn. 18).

Bei der Beurteilung der Geeignetheit des Referendars steht dem Gericht ein größeres Maß an Auswahlermessen zu als bei Rechtsanwälten (LG Berlin NStZ 2000, 51 f.). Anders als bei diesen ist daher aus Gründen der Fürsorge dem Beschuldigten gegenüber zu prüfen, ob das betreffende Verfahren sich zur Beteiligung des Referendars eignet (LG Berlin NStZ 2000, 51 f.: Verfahren, bei dem der Widerruf von zwei Strafaussetzungen in Rede steht und Referendarin in Strafverteidigungen unerfahren ist, ungeeignet). Insoweit liefert Nr. 107 der RiStBV dem Vorsitzenden Anhaltspunkte. 37

C. Rechtsmittel. I. Beschwerde. Gegen die Verfügung des Vorsitzenden, mit der die Beiordnung erfolgt, ist die Beschwerde **statthaft** (Muster hierfür bei *Burhoff* EV, Rn. 1202), und zwar auch dann, wenn das erkennende Gericht entscheidet; § 305 Satz 1 steht dem nicht entgegen (dazu näher unter § 141 Rdn. 43). 38

Beschwerdebefugt ist grundsätzlich der Beschuldigte, nicht jedoch der nicht beigeordnete Rechtsanwalt im eigenen Namen (OLG Köln NStZ 1982, 129; OLG Düsseldorf StV 1986, 239, 240), und zwar auch dann, wenn der Wahlverteidiger als Pflichtverteidiger bestellt wird (OLG Köln NStZ 2010, 653). Im letztgenannten Fall ist auch der Beschuldigte mangels Beschwer ausnahmsweise ebenfalls nicht beschwerdebefugt (OLG Köln NStZ 2010, 653; s.a. OLG Stuttgart StV 2010, 11). 39

Die Beschwerde ist **begründet**, wenn die Verfügung rechtswidrig ist. Das Beschwerdegericht darf insoweit – anders als das Revisionsgericht – sein Ermessen an die Stelle desjenigen des Vorsitzenden setzen (BGHSt 43, 153, 155 f.; OLG Düsseldorf StV 2010, 350, 351; **a. A.** KK/*Laufhütte/Willnow* § 142 Rn. 11). Als Konsequenz ist der nunmehr vom Beschuldigten bezeichnete Verteidiger durch das Beschwerdegericht beizuordnen, wenn nicht ein wichtiger Grund entgegensteht. 40

Dies ist auch dann der Fall, wenn der Vorsitzende das **Anhörungsrecht** des Beschuldigten **verletzt** hatte (OLG Jena StV 2012, 330; OLG Stuttgart StV 2014, 11; OLG Stuttgart StV 2007, 288; OLG Naumburg StV 2005, 120; OLG Düsseldorf StV 2010, 350; LG Frankfurt [Oder] StV 2010, 235 f.; LG Magdeburg StraFo 2014, 421; AG Stuttgart StV 2010, 677); in diesem Fall kommt auch nicht die Aufrechterhaltung der erfolgten Beiordnung als Sicherungsverteidigung in Betracht, weil nur auf diese Weise der Verfahrensfehler behoben werden kann (KG StV 2010, 63, 64 f.). Der Verfahrensfehler wird **nicht** durch einen fehlenden Widerspruch des Beschuldigten und dessen – zunächst – längere Zusammenarbeit mit dem bestellten Verteidiger **geheilt** (LG Frankfurt [Oder] StV 2010, 235 f.; SK-StPO/*Wohlers* § 142 Rn. 7; a. A. OLG München StV 2010, 233; s.a. § 143 Rdn. 20). 41

II. Revision. Der Zulässigkeit der Revision steht § 336 Satz 1 ebenso wenig entgegen (dazu näher unter § 141 Rdn. 47), wie der Umstand, dass der Beschuldigte keinen Antrag auf Aussetzung der Hauptverhandlung gestellt hatte (BGH NJW 1992, 850; *Meyer-Goßner/Schmitt* § 142 Rn. 20). 42

Im Gegensatz zur Beschwerde begründet die Nichtbeachtung des § 142 Abs. 1 Satz 1 für sich genommen noch nicht die Begründetheit der Revision (BGH NJW 2001, 237, 238; NJW 1992, 850 und StV 1992, 406, die beiden letztgenannten m. Anm. *Barton*, NStZ 1998, 311, 312; KK/*Laufhütte/Willnow* § 142 Rn. 11). 43

Gem. § 337 muss zunächst ein **Verfahrensfehler** in Form von ermessensfehlerhaftem Handeln festgestellt werden (abgelehnt im Fall BGH NJW 1992, 850, hierzu krit. *Barton*, StV 1992, 407, 409; BGH NStZ 1998, 311, 312). Ermessensfehlerhaft ist die Entscheidung im Falle der Ermessensunterschreitung oder sofern ein Fall der Ermessensreduzierung »auf Null« vorliegt (BGHSt 43, 153, 156). Zudem muss das Urteil auf dem Fehler **beruhen.** Dies ist grundsätzlich nur dann der Fall, wenn der zu Unrecht beigeordnete Verteidiger entweder nicht willens oder nicht in der Lage war, die Verteidigung zu übernehmen (BGH NJW 1992, 850; **a. A.** SK-StPO/*Wohlers* § 142 Rn. 34). Ausreichend soll in diesem Zusammenhang bereits die konkrete Gefahr einer Interessenkollision sein (BGH StV 1992, 406; BGH NStZ 2006, 404). Ausnahmsweise ist vom Beruhen jedoch auch dann auszugehen, wenn der Beschuldigte nach unterlassener Anhörung die Beiordnung des nunmehr vom Beschuldigten benannten Rechtsanwalts, der keine wichtigen Gründe entgegenstehen, ablehnt und der Beschuldigte dies nicht widerspruchslos hinnimmt (BGH NJW 2001, 237, 238). Zudem soll die Revision dann begründet sein, wenn der Beschuldigte zeitgerecht den Wunsch nach der Beiordnung eines be- 44 stimmten Verteidigers vorgetragen hatte, der Vorsitzende diesen jedoch überging (BGH NJW 2001, 237 m. Anm. *Lüderssen* NStZ 2001, 606 zu möglichen absoluten Revisionsgründen).

45 Zudem ist der absolute Revisionsgrund des § 338 Nr. 8 zu bejahen, wenn **im Wege der Gesamtschau** nur die Verteidigung durch den bezeichneten Verteidiger in Betracht kommt (BGHSt 43, 153, 156 f.: schwerste Tatvorwürfe, Untersuchungshaft, umfangreiches Verfahren und durch Vertretung im Ermittlungsverfahren begründetes Vertrauensverhältnis zur Beschuldigten).

§ 143 StPO Zurücknahme der Bestellung eines Pflichtverteidigers.

Die Bestellung ist zurückzunehmen, wenn demnächst ein anderer Verteidiger gewählt wird und dieser die Wahl annimmt.

1 **A. Grundsätzliches.** § 143 regelt die **Zurücknahme der Bestellung des Pflichtverteidigers**. Die Regelung bringt zum Ausdruck, dass die Pflichtverteidigung der Wahlverteidigung gegenüber subsidiär ist (näher dazu *Theiß* Die Pflichtverteidigerbestellung de lege lata und de lege ferenda, [2003] S. 38). Der Mandatierung des Verteidigers des Vertrauens gebührt also grundsätzlich der Vorrang vor der Bestellung eines Pflichtverteidigers.

2 Das Erfordernis der Rücknahme als actus contrarius zur Bestellung ist auf den öffentlich-rechtlichen Charakter der Pflichtverteidigung zurückzuführen (dazu näher unter § 142 Rdn. 30).

3 Die Vorschrift erfasst lediglich den Fall der Rücknahme wegen der Bestellung eines Wahlverteidigers; sie ist aber **nicht** als **abschließend** anzusehen (BVerfGE 39, 238, 244; *Fahl* Rechtsmißbrauch im Strafprozeß [2003], S. 340). Daneben existieren vielmehr weitere Normen, die die Beendigung der Pflichtverteidigung regeln (§§ 138a ff., § 140 Abs. 3 Satz 1, 145; zur Rücknahme aus wichtigem Grund näher unter Rdn. 11 ff.).

4 **B. Regelungsgehalt. I. Zurücknahme wegen Bestellung eines Wahlverteidigers.** § 143 ist so zu lesen, dass die Bestellung zurückzunehmen ist, wenn ein Wahlverteidiger gewählt worden ist, im Fall der Wahl eines Referendars jedoch erst mit der Genehmigung gem. § 142 Abs. 2 (SK-StPO/*Wohlers* § 143 Rn. 3). Die Norm gilt auch dann, wenn der Wahlverteidiger bereits vor der Bestellung des Pflichtverteidigers mandatiert worden war und das Gericht hiervon lediglich keine Kenntnis erlangt hatte (*Hilgendorf* NStZ 1996, 1). Erfasst wird auch der Fall, in dem der Beschuldigte den bisherigen Pflichtverteidiger als Wahlverteidiger mandatiert (SK-StPO/*Wohlers* § 143 Rn. 2).

5 **Ausnahmsweise** gebietet jedoch die Fürsorgepflicht des Gerichts ein **Nebeneinander von Pflichtverteidiger und Wahlverteidiger** (s. dazu unter § 141 Rdn. 3). Eine weitere Ausnahme soll nach der Rechtsprechung das »**Erschleichen**« der **Pflichtverteidigung** darstellen; in diesem Fall soll der ursprüngliche Pflichtverteidiger wieder beigeordnet werden (hierzu und zur Kritik an dieser Ansicht vgl. § 142 Rdn. 13).

6 **II. Gesetzlich nicht geregelte Gründe.** Das Bundesverfassungsgericht hat im *Croissant*-Beschluss ausgeführt, dass die Bestellung des Pflichtverteidigers einem begünstigenden Verwaltungsakt nahekomme. Diese könne aus wichtigem Grund widerrufen werden. In diesem Sinne wichtig sei »*jeder Umstand (. . .), der den Zweck der Pflichtverteidigung, dem Beschuldigten einen geeigneten Beistand zu sichern und den ordnungsgemäßen Verfahrensablauf zu gewährleisten, ernsthaft gefährdet*« (BVerfGE 39, 238, 245).

7 **1. Verhältnis des wichtigen Grundes zu den §§ 138a f.** Nach herrschender, allerdings abzulehnender Ansicht (s. § 138a Rdn. 8) sind die §§ 138a f. nicht nur auf den Wahlverteidiger, sondern auch auf den Pflichtverteidiger anwendbar. Auf der Basis dieser Auslegung ergibt sich ein Konkurrenzproblem, nämlich ob über die §§ 138a f. hinaus nach § 141 bzw. § 143 analog eine Rücknahme der Bestellung des Pflichtverteidigers **aus wichtigem Grund** zulässig ist. Dies wird unterschiedlich beurteilt.

8 Während eine Anwendung der §§ 141, 143 z.T. mit Blick auf die prinzipiell anerkannte Gleichwertigkeit der Stellung von Wahl- und Pflichtverteidiger abgelehnt wird (so *Roxin/Schünemann* Strafverfahrensrecht § 19 Rn. 54; diff. *Remagen-Kemmerling* Der Ausschluß des Strafverteidigers in Theorie und Praxis [1992], S. 63, 104; *Weigend* NStZ 1997, 47 f.: nur in den Fällen, in denen der Beschuldigte den Verteidigerwechsel wünscht oder es ihm an Willensautonomie mangelt; offengelassen von BGHSt 42,

84, 97), bejaht die Gegenansicht die Anwendbarkeit (KG JR 1972, 349; StV 2009, 572 f.; *Meyer-Goßner/Schmitt* § 143 Rn. 3; SK-StPO/ *Wohlers* § 143 Rn. 12). Für die letztgenannte Ansicht wird der öffentlich-rechtliche Charakter der Pflichtverteidigung ins Feld geführt, der auch bereits die Bestellung reglementiert (so *Kett-Straub* NStZ 2006, 361, 363; *Seier* FS Hirsch, S. 977). Zudem sprechen auch die §§ 49 Abs. 2, 48 BRAO von einem Antrag des Verteidigers auf Aufhebung der Bestellung bei Vorliegen wichtiger Gründe.

Um Wertungswidersprüche zu den §§ 138a ff. zu vermeiden, ist der **Anwendungsbereich der §§ 141, 143 analog** jedenfalls **zu beschränken**: zumindest sofern ein möglicher wichtiger Grund thematisch einer Fallgruppe der §§ 138a f. zuzuordnen ist, stellt sich das **Ausschließungsverfahren als abschließende Spezialregelung** dar (näher dazu *Beulke* Verteidiger im Strafverfahren, S. 248; *Hilgendorf* NStZ 1996, 1, 5 f.; *Kett-Straub* NStZ 2006, 361, 363; *Weigend* StV 2009, 573, 574 f.; *Seier* FS Hirsch, S. 977, 988). Daher sollte nicht davon gesprochen werden, dass die §§ 141, 143 analog über die §§ 138a hinaus Anwendung finden (so *Meyer-Goßner/Schmitt* § 143 Rn. 3), sondern allenfalls *neben* diesen. 9

2. Verhältnis zu den Gründen i.S.d. § 142 Abs. 1 Satz 2. Ob der Begriff des wichtigen Grundes mit demjenigen im Sinne des § 142 Abs. 1 Satz 2 (dazu näher unter § 142 Rdn. 18 ff.) gleichzusetzen ist, wird nicht einheitlich beurteilt (dagegen BVerfG NStZ 2002, 99 f.; *Eisenberg* NJW 1991, 1257, 1262; a. A. *Weigend* StV 2009, 573, 575). Eine Überschneidung ist jedenfalls dann anzunehmen, wenn der Beschuldigte erklärt und substantiiert (dazu BGH StraFo 2013, 23) darlegt, er habe **kein Vertrauen (mehr)** zu dem ihm beigeordneten Verteidiger, denn insoweit ist der Sinn und Zweck der Pflichtverteidigung als verfehlt anzusehen (OLG Düsseldorf StV 1993, 6: bejaht nach »Anherrschen« des Beschuldigten durch den Verteidiger, er möge »endlich mit der Wahrheit herausrücken«; *Weigend* StV 2009, 573, 576; vgl. auch § 142 Rdn. 11 ff. zur Bestellung des ehemaligen Wahlverteidigers). 10

3. Anerkannte Fallgruppen. Die Rechtsprechung zur Frage, wann darüber hinaus ein wichtiger Grund vorliegt, ist einerseits sehr vage (BVerfGE 39, 238, 245: **ernstliche Gefährdung des Zwecks der Pflichtverteidigung**), andererseits sehr einzelfallbezogen und lässt sich nur schwer systematisieren (zu Versuchen und einem eigenen Lösungsansatz *Theiß* Die Pflichtverteidigerbestellung de lege lata und de lege ferenda [2003], S. 126 ff. sowie *Lam/Meyer-Mews* NJW 2012, 177 ff.). In Anlehnung an *Seier* (FS Hirsch, S. 977 ff.), der sich an § 1 Abs. 2 Satz 1 KSchG orientiert, wird hier folgende Einordnung vorgenommen: 11

a) **Personenbezogene Gründe.** Unter die Rubrik der personenbezogenen wichtigen Gründe fallen diejenigen, die keine dem Verteidiger vorwerfbare Pflichtverletzung begründen, sondern vielmehr an die Person des Pflichtverteidigers anknüpfen und einen geordneten Verfahrenslauf verhindern. Insoweit ist zum einen an eine **längerfristige Erkrankung des Verteidigers** zu denken (LG Trier StV 2012, 591 – Verteidiger »fahrig«; *Meyer-Goßner/Schmitt* § 143 Rn. 3; *Seier* FS Hirsch, S. 977, 978, 980; *Kett-Straub* NStZ 2006, 361, 364; *Hilgendorf* NStZ 1996, 1, 5), der die **sonstige längerfristige Verhinderung** gleichsteht (OLG Stuttgart NStZ-RR 2011, 279; OLG Braunschweig StRR 2013, 102, 103). Zudem kommt in diesem Zusammenhang ein **nachträglich eingetretener Interessenkonflikt** in Betracht (BGHSt 48, 170, 174; *Wessing* in Graf StPO § 143 Rn. 6; vgl. aber KG NStZ-RR 2012, 352, 353: kein das Vertrauensverhältnis beeinträchtigender Umstand bei Belastung durch einen Mitangeklagten, der von einem in Bürogemeinschaft mit dem Pflichtverteidiger tätigen Rechtsanwalt verteidigt wurde, wenn kein konkret erkennbarer Interessenkonflikt des Pflichtverteidigers vorliegt). 12

Überdies ist ein personenbezogener Grund dann anzunehmen, wenn der Verteidiger selbst einräumt, zu einer sachgerechten Verteidigung nicht in der Lage zu sein (KG JR 1987, 524 f.; zum Fall des wirtschaftlichen Zwangs des Pflichtverteidigers *Lam/Meyer-Mews* NJW 2012, 177; 182 f. m.w.N.). Problematisch ist die Frage, ob das Gericht aus Fürsorgegründen auch dann gehalten ist, die Beiordnung zurückzunehmen, wenn sich der Pflichtverteidiger nach dessen Sicht als **unfähig** erweist. Dies ist abzulehnen, weil hiermit mittelbar die Gefahr der Kontrolle der Verteidigungsstrategie heraufbeschworen werden würde (BGH StV 2000, 402, 403; *Beulke* Strafprozessrecht Rn. 169; *Klemke/Elbs* Rn. 126; *Weigend* StV 2009, 573, 576; diff. SK-StPO/ *Wohlers* § 143 Rn. 18). 13

Zu den personenbezogenen Gründen ist auch der Verlust des Vertrauensverhältnisses zu rechnen, der nichts mit der Frage zu tun hat, ob dem ein Fehlverhalten des Verteidigers vorausgegangen ist. 14

§ 143 StPO Zurücknahme der Bestellung eines Pflichtverteidigers

15 **b) Verhaltensbezogene Gründe.** Darüber hinaus erlauben nur **grobe Pflichtverletzungen** die Rücknahme der Bestellung (KG StV 2008, 68; 2009, 572). Vom Standpunkt eines vernünftigen und verständigen Beschuldigten ist zu beurteilen, ob das **Vertrauensverhältnis** zwischen Angeklagtem und Verteidiger **endgültig und nachhaltig erschüttert** ist und deshalb zu besorgen ist, dass die Verteidigung objektiv nicht (mehr) sachgerecht geführt werden kann (BVerfG NJW 2001, 3695, 3697; OLG München StV 2015, 155, 156; *Meyer-Goßner/Schmitt* § 143 Rn. 5).

16 Eine entsprechende **Pflichtverletzung** ist dann anzunehmen, wenn der Verteidiger seine **Pflichten gegenüber dem Beschuldigten im Innenverhältnis** verletzt, indem er sich z.B. weigert, einen Schlussvortrag zu halten (BGH StV 1993, 566; a. A. *Kett-Straub* NStZ 2006, 361, 365 f.) oder entgegen der ursprünglichen Ankündigung für den Beschuldigten eine Revisionsbegründung anzufertigen (OLG Frankfurt a.M. StV 1985, 225; KG StV 2009, 571 f.; s. aber OLG Köln NStZ-RR 2012, 351: unterschiedliche Auffassungen über die Verteidigungsstrategie per se kein Grund; OLG Hamm StV 1982, 510, 511), wenn er sich in keiner Weise oder unzureichend um eine persönliche Kontaktaufnahme mit dem inhaftierten oder untergebrachten Beschuldigten bemüht (OLG Braunschweig StV 2012, 719; LG Ingoldstadt StV 2015, 27: fehlender Besuch über einen Zeitraum von fast zwei Monaten; LG Köln StraFo 2015, 149: kein Besuch in der fünf Monate andauernden Untersuchungshaft; ähnlich: LG München I StV 2015, 27), es versäumt, ein Vertrauensverhältnis zum Mandanten aufzubauen, und damit die Mindeststandards der Strafverteidigung verfehlt (so für das Sicherungsverfahren BGH NStZ 2009, 465; OLG Köln StraFo 2007, 157; OLG Düsseldorf NStZ-RR 2011, 48; LG Osnabrück StV 2010, 563; LG Magdeburg StraFo 2008, 428) oder wenn keine Möglichkeit besteht, sich auf ein Verteidigungskonzept zu einigen, da insofern das Letztentscheidungsrecht dem Beschuldigten zusteht (BGH NStZ 1988, 420; *Lam/Meyer-Mews* NJW 2012, 177, 178f). Gleichfalls stellt es eine Pflichtverletzung dar, wenn der Verteidiger den Beschuldigten ungeachtet der erklärten Ablehnung wiederholt zum Abschluss einer Honorarvereinbarung drängt (KG NStZ-RR 2012, 287; LG Marburg NStZ-RR 2012, 317; weitere Fallgruppen bei *Hellwig/Zebisch* NStZ 2010, 602; *Lam/Meyer-Mews* NJW 2012, 177, 178) oder eine schriftliche Stellungnahme zur Anklageschrift abgibt, ohne die darin aufgezeigte Verteidigungslinie mit dem Angeklagten abgesprochen zu haben (OLG München StV 2015, 155).

17 Zudem muss es sich um ein **besonders grobes** Fehlverhalten handeln. Keinen Grund für eine Rücknahme bildet daher die nicht vorschriftsgemäße Kleidung des Strafverteidigers in der Hauptverhandlung (BGH NStZ 1988, 510; a. A. OLG München StV 2007, 27 m. abl. Anm. *Weihrauch*; zu diesem Problemkreis näher *Beulke* FS Hamm, S. 21 ff.).

18 Noch schwieriger ist die Beantwortung der Frage, wann eine grobe Pflichtverletzung **im Außenverhältnis** gegenüber dem Gericht anzunehmen ist (zu Recht verneint beim verweigerten Verzicht auf die Ladungsfrist im Haftprüfungstermin: KG StV 2008, 68 f. m. zust. Anm. *Dallmeyer*). Da das Gericht weder dazu befugt ist, die Verteidigungsstrategie durch eine Rücknahmeentscheidung zu bewerten, noch den Verteidiger über diesen Umweg zu disziplinieren, begründet nicht jedes objektiv unzweckmäßige oder prozessordnungswidrige Auftreten des Verteidigers (»Konfliktverteidigung«) einen wichtigen Grund; vielmehr ist die Entpflichtung **auf eindeutige Ausnahmefälle zu beschränken** (OLG Nürnberg StV 1995, 287 m.i.E. zust. Anm. *Barton*; OLG Hamburg NStZ 1998, 586 f.; KG JR 1972, 349; zu weit daher KG StV 2009, 572 f. m. krit. Anm. *Weigend*; gänzlich abl. *Klemke/Elbs* Rn. 128).

19 Da es sich bei der Rücknahme nicht um eine Sanktionierung handelt, sondern diese nur der Sicherstellung eines justizförmigen Verfahrens dienen darf, ist über das Fehlverhalten hinaus jeweils **zusätzlich die konkrete Gefahr der Wiederholung** der Pflichtwidrigkeit zu fordern (OLG Köln StraFo 2006, 328; KG StV 1993, 236 f.; *Weigend* StV 2009, 573 f.; zum Abmahnungserfordernis vgl. unter Rdn. 26).

20 **c) Verfahrensbedingte Gründe.** Einen der Kündigung aus betriebsbedingten Gründen ähnlichen Entpflichtungsgrund stellt die Situation dar, in der das **Anhörungsrecht des Beschuldigten** (§ 142 Rdn. 6 ff.) **verletzt** (OLG Stuttgart StV 2014, 11; Thür. OLG StV 2012, 330; KG StV 2012, 656, 657; OLG Celle StV 2012, 720; OLG Dresden NStZ-RR 2012, 213; OLG Düsseldorf StV 2010, 350; OLG Karlsruhe StV 2010, 179; LG Landau in der Pfalz StV 2015, 23; LG Bonn StV 2010, 180; LG Landshut, Beschl. v. 01.07.2010 – 4 Qs 172/10, zit. nach *Jahn* FS Rissing-van Saan, S. 275, 287 Fn. 51) oder der Beschuldigte **nicht hinreichend über die Möglichkeit der Beiordnung eines Verteidigers informiert** worden ist (*Schlothauer/Weider* Untersuchungshaft [2010] Rn. 325; *Jahn* FS Rissing-van Saan, S. 275, 287 f.; *Wohlers* StV 2010, 151, 157). In diesem Fall »verwirkt« der Beschuldigte

sein Recht auf Auswechslung des Pflichtverteidigers auch nicht durch die anfangs widerspruchslose Zusammenarbeit mit dem zunächst beigeordneten Verteidiger (OLG Dresden NStZ-RR 2012, 213; a. A. OLG Koblenz StV 2011, 349, 351; KG StV 2012, 656, 657 f. – wo jeweils im konkreten Fall kein entsprechendes Verhalten festgestellt wurde).

Ein neuer verfahrensbedingter Grund für einen Wechsel ist infolge des neu eingefügten § 140 Abs. 1 Nr. 4 (dazu näher unter § 140 Rdn. 20 ff.) entstanden (*Jahn* FS Rissing-van Saan, S. 275, 287; LR/*Lüderssen/Jahn* [Nachtrag] § 140 Rn. 20). Wurde dem Beschuldigten zunächst ein »Notverteidiger« bestellt, weil der von ihm benannte Verteidiger nicht erreicht werden konnte oder konnte er zunächst keinen Verteidiger benennen und wurde ihm daher ein ihm unbekannter Verteidiger beigeordnet, so soll nach der bisherigen Rechtsprechung dann ein Wechsel möglich sein, wenn der Beschuldigte dies wünscht, der **bisherige Pflichtverteidiger damit einverstanden** ist und **der Wechsel weder das Verfahren verzögert noch der Staatskasse Mehrkosten verursacht**, z.B. weil der neue Pflichtverteidiger auf doppelt anfallende Gebühren verzichtet oder die entstehenden Mehrkosten vom Angeklagten als Vorschuss gem. § 58 Abs. 3 RVG gezahlt werden (OLG Bremen NStZ 2014, 358; OLG Oldenburg NStZ-RR 2010, 210 f.; LG Osnabrück StV 2015, 24; LG Osnabrück StRR 2010, 270 m. Anm. *Burhoff*; bef. *Wenske* NStZ 2010, 479, 484).

21

Ob der neu beauftragte Verteidiger, der die Beiordnung als Pflichtverteidiger anstrebt, wirksam auf doppelt anfallende Gebühren verzichten kann, ist vor dem Hintergrund der Regelung in § 49b Abs. 1 S. 1 BRAO allerdings umstritten (dafür: OLG Oldenburg NStZ-RR 2010, 210 f; OLG Frankfurt NStZ-RR 2008, 47; OLG Düsseldorf StraFo 2007, 156; **a. A.:** OLG Bremen NStZ 2014, 358; OLG Köln StV 2011, 659; OLG Naumburg StRR 2011, 228). Richtigerweise darf der **Wechsel** – jedenfalls im Rahmen von § 140 Abs. 1 Nr. 4, der eine interessengerechte Lösung von »Verlegenheitswahlfällen« erfordert (ausf. *Jahn*, Zur Rechtswirklichkeit der Pflichtverteidigerbestellung [2014], S. 143 ff.) – aber **nicht von einem Verzicht auf die Mehrkosten abhängig** gemacht werden, weil diese Frage nichts mit der Pflicht zu tun hat, die Verteidigung durch einen Verteidiger des Vertrauens zu sichern (so auch der Strafrechtsausschuss der BRAK, Stellungnahme 16/2010, StV 2010, 544, 548 und das Ergebnis einer Arbeitsgruppe des 35. Strafverteidigertages, StV 2011, 321, 324; *Herrmann* StraFo 2011, 133, 141; *Heydenreich* StraFo 2011, 263, 271; *Schlothauer/Weider* Untersuchungshaft [2010] Rn. 329a; gegen die Relevanz des Einverständnisses auch OLG Düsseldorf NJW 2011, 1618; OLG Koblenz StV 2011, 349; OLG Köln NStZ-RR 2011, 49; *Jahn* Rissing-van Saan-FS, S. 275, 288; ohne Eingehen auf die Frage LG Krefeld StV 2011, 274, 275).

22

III. Rücknahmeverfahren. Zuständig für die Rücknahme der Bestellung des Pflichtverteidigers ist gem. **§ 141 Abs. 4, 1. Halbs. analog** der Vorsitzende des Gerichts, der auch die Bestellung vorgenommen hatte (*Meyer-Goßner/Schmitt* § 143 Rn. 1). Er entscheidet **auf Antrag** oder **von Amts wegen.** Ist jedoch die Bestellung nach § 140 Abs. 1 Nr. 4 erfolgt, so hat nach § 141 Abs. 4, 3. Halbs. das nach § 126 bzw. § 275a Abs. 6 zuständige Gericht zu entscheiden (KG Beschl. v. 2.10.2013 – 4 Ws 126 – 128/13 bei *Schultheis* NStZ 2015, 144, 149 Fn. 55; so zu Recht auch *Burhoff* StRR 2010, 223 f. gegen OLG Düsseldorf StV 2010, 350).

23

Zum Teil wird vertreten, in der Zustimmung zu einer Verständigung liege eine konkludente Rücknahme des Antrags auf Auswechslung des Pflichtverteidigers (so BGH NStZ-RR 2010, 180 f.). Tatsächlich kommt diesem Verhalten jedoch kein derartiger Erklärungswert zu.

24

Vor der Entscheidung ist sowohl dem Beschuldigten als auch dem Pflichtverteidiger **rechtliches Gehör** zu gewähren. Letzterer hat dabei die Wahrung der Schweigepflicht zu beachten, so dass ihm für die Substantiierung u.U. enge Grenzen gesetzt sind (*Lam/Meyer-Mews* NJW 2012, 177, 181). Unterbleibt die Gewährung des rechtlichen Gehörs, wird die Anhörung im Rahmen des Beschwerdeverfahrens nachgeholt (KG StV 2009, 572, 573).

25

Zum Teil wird zudem verlangt, dass der Pflichtverteidiger bei einem verhaltensbezogenen Rücknahmegrund zuvor **abgemahnt** worden sein muss (OLG Hamburg NStZ 1998, 586, 587 f.; zust. SK-StPO/ *Wohlers* § 143 Rn. 19; *Wessing* in Graf StPO § 143 Rn. 7; *Burhoff* EV Rn. 1256). Dies wird in der Praxis regelmäßig stillschweigend durch eine entsprechende Äußerung gegenüber dem Verteidiger der Fall sein.

26

Die Rücknahme darf auch noch nach Beginn der Hauptverhandlung erfolgen, aber **nicht zur Unzeit** (BGHSt 3, 327 ff.), d.h. wenn die Ausübung prozessualer Rechte gefährdet werden würde (SK-StPO/

27

§ 144 StPO

Wohlers § 143 Rn. 5). Erlässt das Gericht einen Rücknahmebeschluss, so ist dieser gem. § 34 **zu begründen** und i.S.d. § 35 dem Beschuldigten und dem bisherigen Pflichtverteidiger **bekanntzumachen** (*Theiß* Die Pflichtverteidigerbestellung de lege lata und de lege ferenda [2003], S. 42).

28 **C. Rechtsmittel. I. Beschwerde.** Sowohl gegen die Rücknahme der Beiordnung als auch gegen deren Versagung ist die Beschwerde grundsätzlich **statthaft** (OLG Celle StV 2011, 84; KG StV 2010, 63 f.; OLG Oldenburg StraFo 2006, 378 f.; a. A. zur Versagung der Rücknahme OLG Düsseldorf StV 1997, 576 m. krit. Anm. *Barton*, KK/*Laufhütte/Willnow* § 143 Rn. 6; anders bei erstinstanzlichem Verfahren vor dem OLG: BGH StraFo 2015, 203 – vgl. § 304 Abs. 4 S. 2). § 305 Satz 1 steht dem nicht entgegen, selbst wenn die Verfügung während der Hauptverhandlung erfolgt (vgl. oben § 141 Rdn. 43). Die Beschwerde kann wegen der Fortdauer der Beiordnung auch noch nach Rechtskraft des Urteils erfolgen (OLG Koblenz MDR 1983, 252; *Meyer-Goßner/Schmitt* § 143 Rn. 7; a. A. OLG Frankfurt NJW 1999, 1414; LR/*Lüderssen/Jahn* § 143 SK-StPO/ *Wohlers* § 143 Rn. 25; *Hilgendorf* NStZ 1996, 1, 6).

29 **Beschwerdebefugt** ist neben dem **Beschuldigten** entgegen der herrschenden Meinung in der Rechtsprechung (BVerfG StV 1998, 356 m. abl. Anm. *Lüderssen*; OLG Hamm NJW 2006, 2712) auch der **Pflichtverteidiger**, weil er insoweit selbständig eine öffentliche Funktion wahrnimmt (HK/*Julius* § 143 Rn. 10; *Beulke* Strafverfahrensrecht Rn. 169; *Klemke/Elbs* Rn. 147 m. Muster in Rn. 148; *Hilgendorf* NStZ 1996, 1, 6; ebenso bei objektiver Willkür: OLG Frankfurt NStZ-RR 1996, 272; OLG Hamm MDR 1993, 1236; LR/*Lüderssen/Jahn* § 143 Rn. 16; a. A. KK/*Laufhütte/Willnow* § 143 Rn. 6; *Meyer-Goßner/Schmitt* § 143 Rn. 7; *Kett-Straub* NStZ 2006, 361, 362). Der **Wahlverteidiger**, der entweder nicht bestellt, oder neben dem Pflichtverteidiger tätig geworden ist, ist hingegen nicht selbst beschwerdebefugt (OLG Hamm NJW 2006, 2712; OLG Hamburg NJW 1998, 621; SK-StPO/*Wohlers* § 143 Rn. 26; *Hilgendorf* NStZ 1996, 1, 7).

30 **II. Revision.** Die Revision kann nicht auf die Rücknahme selbst (und damit auf § 338 Nr. 5) gestützt werden, wenn danach ein anderer Verteidiger bestellt worden ist; eine Ausnahme hiervon gilt im Fall der Rücknahme der Bestellung zur Unzeit (BGHSt 3, 327). Es kann jedoch der absolute Revisionsgrund des **§ 338 Nr. 8** erfüllt sein, wenn dieser Verteidiger die Verteidigung nicht allein führen oder vorbereiten konnte (SK-StPO/*Wohlers* § 143 Rn. 27).

31 Da das Urteil auf der Entscheidung über die Rücknahme beruhen kann, unterliegt sie gem. § 336 Satz 1 unmittelbar der Kontrolle durch das Revisionsgericht; eine Vorabentscheidung des Gerichts ist zur Zulässigkeit nicht vonnöten (*Meyer-Goßner/Schmitt* § 143 Rn. 8 m.w.N.; vgl. dazu auch unter § 141 Rdn. 47). Soll mit der Verfahrensrüge geltend gemacht werden, dass wegen fehlenden Vertrauens eine Rücknahme der Bestellung geboten gewesen wäre, so müssen in der Revisionsbegründung – wie bei der Ablehnung eines Ablehnungsgesuchs – die abgegebenen Erklärungen des Angeklagten und des Verteidigers sowie die dienstlichen Erklärungen der Richter wiedergegeben werden (BGH NStZ 2004, 632 f.).

32 Die eindeutig unberechtigte Rücknahme der Beiordnung vermag die **Besorgnis der Befangenheit** zu begründen (BGH NJW 1990, 1373 f.; KG StV 2008, 68, 70 m. zust. Anm. *Dallmeyer*), so dass der Revisionsgrund des § 338 Nr. 3 einschlägig ist, wenn ein entsprechendes Ablehnungsgesuch gestellt worden ist. Gleiches gilt vice versa, wenn unter Missachtung des § 143 StPO und ungeachtet eines erkennbaren Interessenkonflikts wiederholt die Rücknahme der Bestellung eines Pflichtverteidigers abgelehnt wird (BGH NStZ 2014, 660).

§ 144 StPO *weggefallen*

§ 145 StPO Ausbleiben oder Weigerung des Pflichtverteidigers.

(1) ¹Wenn in einem Falle, in dem die Verteidigung notwendig ist, der Verteidiger in der Hauptverhandlung ausbleibt, sich unzeitig entfernt oder sich weigert, die Verteidigung zu führen, so hat der Vorsitzende dem Angeklagten sogleich einen anderen Verteidiger zu bestellen. ²Das Gericht kann jedoch auch eine Aussetzung der Verhandlung beschließen.
(2) Wird der notwendige Verteidiger gemäß § 141 Abs. 2 erst im Laufe der Hauptverhandlung bestellt, so kann das Gericht eine Aussetzung der Verhandlung beschließen.
(3) Erklärt der neu bestellte Verteidiger, dass ihm die zur Vorbereitung der Verteidigung erforderliche Zeit nicht verbleiben würde, so ist die Verhandlung zu unterbrechen oder auszusetzen.
(4) Wird durch die Schuld des Verteidigers eine Aussetzung erforderlich, so sind ihm die hierdurch verursachten Kosten aufzuerlegen.

A. Grundsätzliches. Der Sinn und Zweck des § 145 wird uneinheitlich beurteilt: Während zum 1
Teil angenommen wird, die Norm flankiere die §§ 140 Abs. 1, 2, 141 Abs. 1, 2 und § 231a Abs. 4 (so BGH StV 1992, 358, 359; KG NStZ-RR 2000, 189, 190; LR/*Lüderssen/Jahn* § 145 Rn. 1) und diene damit primär der Effektivität der Verteidigung (BGH NJW 2013, 2981, 2982), meinen andere, sie gebe dem Gericht Handlungsinstrumente zur Sicherung der Durchführung der Hauptverhandlung an die Hand und werde durch das Recht des Beschuldigten auf die Verteidigung durch den Verteidiger seines Vertrauens begrenzt (so SK-StPO/*Wohlers* § 145 Rn. 1).

B. Regelungsgehalt. I. Bestellung eines Pflichtverteidigers (§ 145 Abs. 1 Satz 1) 1. Vor- 2
aussetzungen. § 145 Abs. 1 Satz 1 sieht für den Fall der notwendigen Verteidigung die Bestellung eines anderen Pflichtverteidigers vor, wenn der bestellte Verteidiger ausbleibt, sich unzeitig entfernt oder sich weigert, die Verteidigung zu führen.

a) **Ausbleiben.** Von einem **Ausbleiben** ist dann auszugehen, wenn der Verteidiger entweder gar nicht 3
erscheint oder wenn er trotz ordnungsgemäßer Ladung (RGSt 53, 264, 265) nicht zum Termin erscheint, obwohl er nicht nach § 231c befreit worden war (*Meyer-Goßner/Schmitt* § 145 Rn. 5). Hat das Gericht die **Ladungsfrist nicht eingehalten**, so ändert dies nichts an der Pflicht zu erscheinen; der Verteidiger kann jedoch in diesem Fall die Aussetzung der Hauptverhandlung gem. §§ 218 Satz 2 i.V.m. 217 Abs. 2 verlangen (LR/*Lüderssen/Jahn* § 145 Rn. 13; SK-StPO/*Wohlers* § 145 Rn. 8; a. A. KMR/*Müller* § 145 Rn. 3).
Dem Ausbleiben steht nach allgemeinen strafprozessualen Grundsätzen die fehlende Verhandlungs- 4
fähigkeit des Verteidigers gleich (BGHSt 23, 331, 334: Trunkenheit; LR/*Lüderssen/Jahn* § 143 Rn. 14).
Nicht unter den Begriff des Ausbleibens fällt hingegen **das verspätete Erscheinen**, wenn es sich noch in 5
einem zeitlich begrenzten Rahmen hält (OLG Bamberg StraFo 2003, 419; HK/*Julius* § 145 Rn. 3; OLG Düsseldorf StV 1984, 372 f.: 30 Minuten Wartezeit zu kurz, wenn mit baldigem Erscheinen des Verteidigers zu rechnen und das Gericht keine Anschlusstermine hat; a. A. LR/*Lüderssen/Jahn* § 145 Rn. 13). Der Verteidiger ist auch dann nicht ausgeblieben, wenn er sich zulässigerweise nach § 53 BRAO vertreten lässt (OLG Frankfurt a.M. StV 1988, 195). Hat der Wahlverteidiger einem seiner Sozietät angehörigen Rechtsanwalt Untervollmacht erteilt und will sich der Angeklagte nicht von diesem verteidigen lassen, so nimmt die Rechtsprechung ebenfalls ein Ausbleiben an (LG Duisburg StV 2005, 600, 601 m. abl. Anm. *Jahn/Kett-Straub*). Dem ist jedoch für den Fall, dass dieses Recht vertraglich ausbedungen ist, zu widersprechen (so auch *Meyer-Goßner/Schmitt* § 145 Rn. 21).
Hat der Angeklagte mehrere Verteidiger, ist von einem Ausbleiben nur dann auszugehen, wenn entwe- 6
der sämtliche Verteidiger nicht zum Termin erscheinen oder die erschienenen Verteidiger ohne den fehlenden nicht zu einer Verteidigung fähig oder willig sind (SK-StPO/*Wohlers* § 145 Rn. 5).

b) **Unzeitiges Entfernen.** Unter einem **unzeitigen Entfernen** ist das vorzeitige Verlassen der Haupt- 7
verhandlung zu verstehen, obwohl wesentliche Teile derselben noch bevorstehen (RGSt 38, 216, 217: Vernehmung des Angeklagten; RGSt 44, 16, 18: Verzicht auf die Vernehmung von Zeugen; OLG Köln NJW 2005, 3588; zur Frage, ob ein »prozessuales Notstandsrecht« anzuerkennen ist, vgl. unter Rdn. 23). Ein unzeitiges Entfernen liegt nicht vor, wenn der Verteidiger gem. § 231c beurlaubt ist

§ 145 StPO Ausbleiben oder Weigerung des Pflichtverteidigers

(Radtke/Hohmann/*Reinhart* § 145 Rn. 4, der weitergehend auch die Vertretung mit Zustimmung des Beschuldigten und des Vorsitzenden als erfasst ansieht.

8 c) **Verteidigungsverweigerung.** Eine **Weigerung, die Verteidigung zu führen,** kommt sowohl **ausdrücklich** als auch **konkludent** dadurch in Betracht, dass der Verteidiger untätig bleibt, obwohl er zu einer sachgerechten Verteidigung tätig werden müsste (OLG Karlsruhe StV 2003, 152: Weigerung, den Schlussvortrag zu halten, unter Wiederholung des Antrags auf Entbindung von der Pflichtverteidigung; BGH StV 1993, 566: Ablegen der Robe und Begeben in den Zuschauerbereich; *Meyer-Goßner/Schmitt* § 145 Rn. 7). Da es dem Gericht aber nicht obliegt, die Verteidigungsstrategie zu bewerten, begründet **das bloße Untätigbleiben** des Verteidigers allein keine Weigerung. Vielmehr hat das Gericht im Zweifelsfall die Verteidigungsbereitschaft durch Nachfrage zu klären (SK-StPO/*Wohlers* § 145 Rn. 10; gegen eine derartige Pflicht hingegen LR/*Lüderssen/Jahn* § 145 Rn. 17) und diese ebenso hinzunehmen wie eine »**Konfliktverteidigung**« (LR/*Lüderssen/Jahn* § 145 Rn. 18).

9 **2. Konsequenzen.** Sind die Voraussetzungen des § 145 Abs. 1 Satz 1 erfüllt, so ist dem Angeklagten sogleich ein anderer Verteidiger zu bestellen, wenn dieser nicht umgehend einen neuen Verteidiger wählt (OLG Karlsruhe StV 1991, 199 f.; KK/*Laufhütte/Willnow* § 145 Rn. 6) oder das Verfahren nach §§ 142 Abs. 1 Satz 2, 265 Abs. 4 ausgesetzt wird.

10 Der Begriff »**sogleich**« ist nicht gleichzusetzen mit »sofort«; vielmehr ist dem Angeklagten Gelegenheit zu geben, einen Verteidiger zu benennen (§ 142 Abs. 1 Satz 1; *Wessing* in Graf StPO § 145 Rn. 6). Der Begriff setzt voraus, dass keine weiteren Prozesshandlungen vorgenommen werden, bevor dem Angeklagten wieder ein Verteidiger zur Seite steht.

11 Zuständig für die Bestellung des anderen Verteidigers ist der Vorsitzende (§ 141 Abs. 4).

12 Fraglich ist, ob die Hauptverhandlung nach der Bestellung wiederholt werden muss. Zum Teil wird dies verneint mit dem Argument, die notwendige Verteidigung gebiete nur, dass ein Verteidiger an der Hauptverhandlung teilnehme, nicht aber, dass es stets derselbe sein müsse (dazu allgemein BGHSt 13, 337, 340 f.; *Meyer-Goßner/Schmitt* § 145 Rn. 3; Radtke/Hohmann/*Reinhart* § 145 Rn. 6). Dem steht jedoch der Sinn und Zweck der notwendigen Verteidigung, der letztlich auf eine effektive Verteidigung abzielt, entgegen, so dass die wesentlichen Teile der Hauptverhandlung regelmäßig wiederholt werden müssen, wenn nicht der bisherige Pflichtverteidiger zusichert, den nunmehr bestellten Verteidiger umfassend zu unterrichten (SK-StPO/*Wohlers* § 145 Rn. 15).

13 **II. Unterbrechung, Aussetzung oder Terminsaufhebung (§ 145 Abs. 1 Satz 2)** Anstelle der Beiordnung eines Pflichtverteidigers kann das Gericht auch nach § 145 Abs. 1 Satz 2 beschließen, das Verfahren auszusetzen; in Betracht kommt – kraft Kompetenz a maiore ad minus (SK-StPO/*Wohlers* § 145 Rn. 16) – überdies eine Unterbrechung oder eine Terminsaufhebung. Als gegenüber der Bestellung eines anderen Pflichtverteidigers milderen Maßnahmen gebühren diesen Handlungsoptionen der Vorrang gegenüber dem Vorgehen nach § 145 Abs. 1 Satz 1. Sie sind von Amts wegen zu prüfen (BGH NJW 2013, 2981; dazu auch unter Rdn. 16). Die Maßnahmen nach § 145 Abs. 1 Satz 2 setzen voraus, dass die Verteidigung des Angeklagten in absehbarer Zeit wiederhergestellt sein wird und der Pflichtverteidigerwechsel nicht nötig ist, was vor allem bei kurzfristigen Erkrankungen des Verteidigers in Betracht kommt (*Meyer-Goßner/Schmitt* § 145 Rn. 9; *Burhoff* HV, Rn. 152. HK/*Julius* § 145 Rn. 6 stellt in diesem Zusammenhang darauf ab, ob dem Pflichtverteidiger die fehlende Verteidigung vorwerfbar ist).

14 **III. Bestellung erst im Lauf der Hauptverhandlung (§ 145 Abs. 2)** § 145 Abs. 2 eröffnet dem Gericht die Möglichkeit, das Verfahren von Amts wegen auszusetzen, wenn der notwendige Verteidiger nach § 141 Abs. 2 erst im Laufe der Hauptverhandlung bestellt wird. Diese Vorgehensweise ist dann erforderlich, wenn die wesentlichen Teile der Hauptverhandlung nicht in Anwesenheit des nunmehr bestellten Verteidigers wiederholt werden können, oder wenn nach Auffassung des Gerichts eine hinreichende Vorbereitung des Verteidigers nicht möglich erscheint (*Meyer-Goßner/Schmitt* § 145 Rn. 11).

15 **IV. Unterbrechung/Aussetzung auf Verlangen des neu bestellten Verteidigers (§ 145 Abs. 3) 1. Voraussetzungen.** § 145 Abs. 3 normiert demgegenüber ein **Antragsrecht** des neu bestellten Verteidigers in den Fällen des § 145 Abs. 1 Satz 1 bzw. Abs. 2 (Bsp. für einen entsprechenden Antrag bei *Burhoff* HV Rn. 155). Die Norm ist **analog** anzuwenden, wenn der Angeklagte wegen des Ausbleibens

des ursprünglich aufgetretenen Verteidigers umgehend einen Verteidiger wählt und eine Bestellung nach § 145 Abs. 1 Satz 1 daher unterbleibt (OLG Karlsruhe StV 1991, 199 f.; *Meyer-Goßner/Schmitt* § 145 Rn. 15).

Stellt der Verteidiger den Antrag, so hat das Gericht grundsätzlich nicht nachzuprüfen, ob eine rasche Einarbeitung möglich ist; dies folgt aus der Stellung des Rechtsanwalts als unabhängiges Organ der Rechtspflege (so BGH JR 1998, 251 m. krit. Anm. *Rogat* für den Fall, dass ein Antrag nicht gestellt wird). Der Gesetzgeber gewährt dem Verteidiger damit eine **Einschätzungsprärogative**. Die entsprechende Erklärung hat der Verteidiger umgehend nach Bestellung abzugeben; das Recht ist zu einem späteren Zeitpunkt ausgeschlossen, um beliebige Einflussnahmen des Verteidigers zu einem späteren Zeitpunkt des Verfahrens auszuschließen (BGHSt 13, 337, 339 f.). 16

Stellt der neue bestellte Pflichtverteidiger hingegen keinen Antrag, hat das Gericht dies ebenfalls grundsätzlich hinzunehmen (BGH NJW 2013, 2981). Eine Ausnahme hiervon, die aus Fürsorgegründen zur Unterbrechung oder Aussetzung von Amts wegen zwingt, ist in Anlehnung an § 265 Abs. 4 in Fällen gegeben, in denen evident keine schnelle Einarbeitung möglich ist (BGH a.a.O., BGH JR 2013, 373 m. Anm. *Wohlers*, mit näheren Ausführungen dazu, wann Mindeststandards der Verteidigung verletzt werden, mithin Evidenzfälle vorliegen).

2. Entscheidung des Gerichts. Welche Rechtsfolgen ein Antrag nach § 145 Abs. 3 zeitigt, ist umstritten. Unstreitig ist lediglich, dass eine Auswahl zwischen der Unterbrechung der Hauptverhandlung und deren Aussetzung besteht, und dass diese **Auswahl nach pflichtgemäßem Ermessen** zu treffen ist; kontrovers wird jedoch beurteilt, wem insoweit das Auswahlrecht zukommt. Während nach Ansicht der Rechtsprechung, die sich auf den Wortlaut der Norm stützt, das Gericht entscheiden soll (BGHSt 13, 337, 340 ff.; BGH JR 1998, 251; *Meyer-Goßner/Schmitt* § 145 Rn. 12), vertritt die überwiegende Kommentarliteratur, dass dem Verteidiger dieses Auswahlermessen zukomme (LR/*Lüderssen/Jahn* § 145 Rn. 26; Radtke/Hohmann/*Reinhart* § 145 Rn. 10; SK-StPO/*Wohlers* § 145 Rn. 12; jedenfalls bei zuvor nicht anwesendem Verteidiger: *Eisenberg* NJW 1991, 1257, 1263). Für die letztgenannte Ansicht spricht entscheidend der Umstand, dass § 145 Abs. 3 gerade Ausdruck der Einschätzungsprärogative des Verteidigers ist, andernfalls käme der Norm neben § 145 Abs. 1 Satz 2 eine nur sehr marginale Bedeutung zu. 17

V. Auferlegung der Kosten der Aussetzung (§ 145 Abs. 4) Der Anspruch auf Ersatz der durch die Aussetzung verursachten Kosten nach § 145 Abs. 4 stellt keine sitzungspolizeiliche Maßnahme, sondern einen **Schadensersatzanspruch** des Staats gegenüber dem Verteidiger in den Fällen des Absatzes 1 der Norm dar (*Meyer-Goßner/Schmitt* § 145 Rn. 24; *Jahn/Kett-Straub* StV 2005, 601; *Zwiehoff* JR 2006, 505, 508; vgl. aber OLG Köln NJW 2005, 3588, 3589, das in diesem Zusammenhang von »Sanktionen« spricht, ebenso OLG Köln StV 2001, 389, 390). Anspruchsgegner kann sowohl der Wahl- als auch der Pflichtverteidiger sein (*Meyer-Goßner/Schmitt* § 145 Rn. 18; zur Anwendung auf den Pflichtverteidiger vgl. BGH bei *Cierniak/Zimmermann* NStZ-RR 2011, 97, 101). 18

Eine **analoge Anwendung** auf andere Fälle der Aussetzung ist bereits wegen der systematischen Stellung der Norm im Gefüge des § 145 **abzulehnen** (OLG Jena StV 2003, 432; OLG Köln StV 2001, 389, 390; KG NStZ-RR 2000, 189, 190; *Meyer-Goßner/Schmitt* § 145 Rn. 17; *Burhoff* HV, Rn. 153; a. A. LG Berlin NStZ 2003, 280: analoge Anwendung bei Aussetzung wegen verspäteter Rückgabe von Akten; OLG Hamburg NStZ 1982, 171: Herbeiführung der Verhandlungsunfähigkeit des Angeklagten durch Auseinandersetzung mit Befangenheitsantrag »in temperamentvoller Weise«; eingehend zu dem Problembereich *Fahl* Rechtsmissbrauch im Strafprozeß [2003] S. 48 ff.). 19

1. Voraussetzungen. Der Anspruch nach § 145 Abs. 4 setzt zunächst voraus, dass eine Aussetzung nach § 145 Abs. 1 Satz 2 oder Abs. 3 erfolgt ist. 20

Zudem muss der Verteidiger **schuldhaft** gehandelt haben. Dies ist dann der Fall, wenn er **prozessordnungswidrig** und **pflichtwidrig** agiert hat (OLG Koblenz NStZ 1982, 43). Von einem pflichtwidrigen Handeln ist zum einen auszugehen, wenn der Verteidiger **bewusst** die ihm obliegenden Pflichten i.S.d. § 145 Abs. 1 verletzt hat. Mit Blick auf den Pflichtverteidiger ist dies stets anzunehmen; anders ist dies hinsichtlich des Wahlverteidigers in den Konstellationen des § 140 Abs. 2. Insoweit ist regelmäßig ein aktenkundig zu machender Hinweis des Gerichts gegenüber dem Wahlverteidiger auf die Pflicht, zu 21

22 Zum anderen genügt **Fahrlässigkeit** (HK/*Julius* § 145 Rn. 12). Diese ist z.B. dann gegeben, wenn der Wahlverteidiger das Mandat niedergelegt hat und seine daraufhin erfolgte Bestellung zum Pflichtverteidiger verkennt (OLG Köln StRR 2011, 82), zudem dann, wenn der Verteidiger den Termin vergessen hat oder ohne Rückfrage bei Gericht von der Aufhebung des Termins ausgegangen ist (OLG Düsseldorf StV 1990, 55 f.; StV 1984, 8 f.). Sie ist abzulehnen, wenn der bisherige Pflichtverteidiger auf die Wahrnehmung des Termins durch den Wahlverteidiger vertrauen darf (KG StV 2000, 406 f.). Ist ein Verteidiger kurzfristig am Erscheinen verhindert, so schließt die – notfalls telefonische – Mitteilung dieses Umstands dem Gericht gegenüber das Verschulden aus (OLG Frankfurt StV 1987, 8 f.; OLG Hamm StV 1995, 514). Zu weit geht es aber, aus der fehlenden Ankündigung des Pflichtverteidigers, dass ein nach § 142 Abs. 2 zum Pflichtverteidiger bestellbarer Referendar zur Sitzungsvertretung geschickt werden wird, ein Verschulden zu folgern (so aber LG Berlin NStZ 2000, 51 f.).

23 Kontrovers diskutiert wird, ob dem Verteidiger – vor allem bezüglich des Vorwurfs des unzeitigen Entfernens – ein »**prozessuales Notstandsrecht**« zukommt, das der Annahme eines schuldhaften Verhaltens entgegensteht. Die Rechtsprechung hat dies bislang verneint mit dem Argument, dass weder das Gesetz noch die Rechtsprechung ein derartiges Notwehrrecht kennen würden und es dem Verteidiger zuzumuten sei, mit den Mitteln der StPO gegen seiner Ansicht nach rechtswidrige Maßnahmen vorzugehen (OLG Köln NJW 2005, 3588, 3589; OLG Frankfurt a.M. StV 1981, 289). Dagegen spricht jedoch, dass auch ein rechtlich umstrittenes bzw. rechtswidriges Handeln des Gerichts nicht in der StPO thematisiert wird, ebenso wie der Umstand, dass dem Verteidiger damit eine – ebenfalls nicht gesetzlich vorgesehene – Anwesenheitspflicht bei rechtswidrigem Handeln des Gerichts auferlegt werden würde (LR/*Lüderssen/Jahn* § 145 Rn. 36; *Burhoff* HV, Rn. 154; *Zwiehoff* JR 2006, 505, 508; gegen eine berufsrechtliche Ahndung eines derartigen Verhaltens auch BGH StV 1981, 133, 135; RAK Frankfurt a.M. StV 1981, 210; LG Berlin StV 1981, 136, 138). Freilich ist dieses Notwehrrecht auf Fälle **evident rechtswidrigen Handelns** des Gerichts beschränkt (so auch *Wessing* in Graf StPO § 145 Rn. 14; es stellt überdies die ultima ratio dar, setzt also voraus, dass der Verteidiger zuvor mit den ihm ausdrücklich zustehenden Mitteln (bspw. § 238 Abs. 2) versucht hat, auf das Verhalten des Gerichts Einfluss zu nehmen.

24 Schließlich muss das Verschulden den einzigen Grund für die Aussetzung darstellen (OLG Stuttgart NStZ-RR 2009, 243, 245); gibt es »Reserveursachen«, so können dem Verteidiger keine Kosten auferlegt werden.

25 **2. Konsequenzen.** Die Feststellung, dass ein Anspruch gem. § 145 Abs. 4 **dem Grunde nach** besteht, ist sofort zu treffen (*Meyer-Goßner/Schmitt* § 145 Rn. 22). Sie obliegt dem **Gericht der Hauptsache**, nicht dem Vorsitzenden (OLG Hamm StV 1995, 514 f.); wurde das Verfahren vor der Entscheidung über die Aussetzung zunächst unterbrochen, so wirken die Schöffen nicht an der Entscheidung mit (BVerfG NJW 2009, 1582, 1584). Vor der Feststellung ist der betreffende Verteidiger **anzuhören** (LR-*Lüderssen/Jahn*, § 145, Rn. 38; **a. A.** HK-*Julius*, § 145, Rn. 14); ist er ausgeblieben oder hat er sich entfernt, so wird ihm im Rahmen des Beschwerdeverfahrens rechtliches Gehör gewährt (OLG Köln NJW 2005, 3588, 3589; *Meyer-Goßner/Schmitt* § 145 Rn. 23). Der Verteidiger kann – **analog § 51 Abs. 2 Satz 3** – in diesem Zusammenhang Gründe vortragen, die sein fehlendes Verschulden belegen (OLG Düsseldorf StV 1984, 8 f.; HK/*Julius* § 145 Rn. 2; *Meyer-Goßner/Schmitt* § 145 Rn. 23).

26 Die Entscheidung ist zu begründen (§ 34) und dem Verteidiger zuzustellen (§ 35 Abs. 1 Satz 1).

27 Die Feststellung der **Höhe** der aufzuerlegenden **Kosten** erfolgt im Kostenfestsetzungsverfahren. Zu ersetzen sind die durch die Aussetzung verursachten, tatsächlich angefallenen Kosten in der Höhe, in der sie im Falle des Freispruchs die Staatskasse (§ 467 Abs. 1) bzw. bei Verurteilung der Angeklagte (§ 465 Abs. 1 Satz 1) zu tragen hätte.

28 **C. Rechtsmittel. I. Beschwerde.** Gegen die Verteidigerbestellung i.S.d. § 145 Abs. 1 Satz 1 ist die Beschwerde statthaft. Gleiches gilt für die Versagung der nach § 145 Abs. 3 beantragten Unterbrechung bzw. Aussetzung.

29 Streitig ist bezüglich der Aussetzung bzw. Unterbrechung nach § 145 Abs. 1 Satz 2, ob einer hiergegen gerichteten Beschwerde § 305 Satz 1 generell entgegensteht (so *Meyer-Goßner/Schmitt* § 145 Rn. 25)

oder ob nur die ablehnende Entscheidung unanfechtbar ist (so HK/*Julius* § 145 Rn. 18; KMR/*Müller* § 145 Rn. 21; KK/*Laufhütte/Willnow* § 145 Rn. 13; LR/*Lüderssen/Jahn* § 145 Rn. 39). Für letztere Ansicht spricht, dass eine entsprechende Entscheidung durchaus eine selbständige prozessuale Beschwer enthalten kann, indem z.B. das Verfahren verzögert wird (OLG Frankfurt am Main StV 1988, 195; SK-StPO/*Wohlers* § 145 Rn. 21).

Gegen den Kostenbeschluss nach **§ 145 Abs. 4** sind der betroffene Verteidiger nach § 304 Abs. 2, der Angeklagte (§ 296 Abs. 1) sowie die Staatsanwaltschaft (§ 296 Abs. 2) beschwerdebefugt (LR/*Lüderssen/Jahn* § 145 Rn. 39), nicht aber der durch die Entscheidung nicht beschwerte Angeklagte (LR/*Lüderssen/Jahn* § 145, Rn. 39; **a. A.** KMR/*Müller* § 145 Rn. 21). Die Beschwerde gegen den Kostenbeschluss ist nur dann zulässig, wenn die Wertgrenze des § 304 Abs. 3 überschritten wird (*Meyer-Goßner/Schmitt* § 145 Rn. 25; *Wessing* in Graf StPO § 145 Rn. 16)

II. Revision. Der absolute Revisionsgrund des **§ 338 Nr. 5** ist nur dann zu bejahen, wenn der notwendige Verteidiger in der Hauptverhandlung gefehlt hat und dennoch ohne ihn (weiter-)verhandelt worden ist, sowie dann, wenn im Falle des § 145 Abs. 2 nicht wesentliche Teile der Hauptverhandlung wiederholt worden sind (HK/*Julius* § 145 Rn. 21). Unter dem Fehlen ist die körperliche Abwesenheit bzw. die erkennbare Verhandlungsunfähigkeit zu verstehen (BGH StV 2000, 402, 403 m. insoweit zust. Anm. *Stern*). Nicht hierunter fällt der neu gewählte oder nach § 145 Abs. 1 Satz 1 bestellte Verteidiger, der zu Beginn der Verhandlung geltend macht, unzureichend vorbereitet zu sein (BGH StV 2000, 402, 403 mit Anm. *Stern*). Insoweit kommt allerdings der Revisionsgrund des **§ 338 Nr. 8** in Betracht (SK-StPO/*Wohlers* § 145 Rn. 22). Zudem ist das Urteil nach § 337 aufzuheben, wenn dem Antrag des neu bestellten Verteidigers auf Unterbrechung bzw. Aussetzung nach § 145 Abs. 3 nicht stattgegeben worden ist, weil regelmäßig nicht ausgeschlossen werden kann, dass der nicht hinreichend eingearbeitete Verteidiger im Falle einer Unterbrechung bzw. Aussetzung das Verfahren zugunsten des Angeklagten hätte beeinflussen können, so dass das Urteil auf der Entscheidung beruht (*Meyer-Goßner/Schmitt* § 145 Rn. 26; **a. A.** BGH StV 2000, 402, 404 m. insoweit abl. Anm. *Stern*; zust. *Hammerstein* NStZ 2000, 327). Gleiches gilt für den Fall, dass ein entsprechender Antrag trotz evident unmöglicher Einarbeitung nicht gestellt worden ist (BGHSt 58, 296, 300 f.).

§ 145a StPO Zustellungen an den Verteidiger.

(1) Der gewählte Verteidiger, dessen Vollmacht sich bei den Akten befindet, sowie der bestellte Verteidiger gelten als ermächtigt, Zustellungen und sonstige Mitteilungen für den Beschuldigten in Empfang zu nehmen.
(2) ¹Eine Ladung des Beschuldigten darf an den Verteidiger nur zugestellt werden, wenn er in einer bei den Akten befindlichen Vollmacht ausdrücklich zur Empfangnahme von Ladungen ermächtigt ist. ²§ 116a Abs. 3 bleibt unberührt.
(3) ¹Wird eine Entscheidung dem Verteidiger nach Absatz 1 zugestellt, so wird der Beschuldigte hiervon unterrichtet; zugleich erhält er formlos eine Abschrift der Entscheidung. ²Wird eine Entscheidung dem Beschuldigten zugestellt, so wird der Verteidiger hiervon zugleich unterrichtet, auch wenn eine schriftliche Vollmacht bei den Akten nicht vorliegt; dabei erhält er formlos eine Abschrift der Entscheidung.

A. Grundsätzliches. § 145a befasst sich mit Fragen der Zustellung an den Verteidiger (zur Gesetzgebungsgeschichte *Schnarr* NStZ 1997, 15). Die praktische Relevanz der Norm besteht in ihrer Bedeutung für die Berechnung von Fristen (*Wessing* in Graf StPO § 145a Vor Rn. 1). Abs. 1 der Norm soll **das Zustellungswesen vereinfachen** (KMR/*Müller* § 145a Rn. 2; *Meyer-Goßner/Schmitt* § 145a Rn. 2; *Kuhn* JA 2011, 217, 218) und auf diesem Wege **Rechtsklarheit schaffen** (OLG Jena NJW 2001, 3204). Zusammen mit Abs. 3 Satz 2 der Regelung ist zudem **Ausdruck prozessualer Fürsorge**, denn hierdurch soll sichergestellt werden, dass der Verteidiger die für den Beistand notwendigen Informationen erhält (LR/*Lüderssen/Jahn* § 145a Rn. 1; s.a. *Bockemühl* StV 2011, 87 f.). Die Norm gilt für sämtliche Arten formloser Mitteilungen und förmlicher Zustellungen; hiervon ausgenommen ist nach § 145a Abs. 2 die Ladung des Beschuldigten, die vorbehaltlich einer ausdrücklichen Bevollmächtigung an diesen selbst zu richten ist (KMR/*Müller* § 145a Rn. 3). Die Regelung wird ergänzt durch Nr. 108 und Nr. 154 RiStBV.

§ 145a StPO   Zustellungen an den Verteidiger

B. Regelungsgehalt. I. Gesetzliche Zustellungsvollmacht des Strafverteidigers (Absatz 1)
1. Rechtliche Einordnung. § 145a Abs. 1 fingiert zum Zwecke der Vereinfachung des Zustellungswesens eine **gesetzliche Zustellungsvollmacht** sowohl des Wahlverteidigers als auch des Pflichtverteidigers (zur Abgrenzung zur rechtsgeschäftlichen Zustellungsvollmacht jüngst BGH bei *Cierniak/Zimmermann* NStZ-RR 2011, 97, 101). Der Grund für diese Regelung liegt darin, dass Verteidigung nicht mit Vertretung gleichzusetzen ist, sondern Beistand bedeutet (s. dazu näher unter § 137 Rdn. 18).

Bei mehreren Verteidigern gilt die Regelung für jeden einzelnen (LR/*Lüderssen/Jahn* § 145a Rn. 3; *Meyer-Goßner/Schmitt* § 145a Rn. 2). Die Zustellung an einen Verteidiger genügt (BGH bei *Cierniak/Zimmermann* NStZ-RR 2011, 97, 101; diff. SK-StPO/*Wohlers* § 145a Rn. 16). Es begründet keine »Verjährungsfalle«, wenn die Zustellung pauschal an das Rechtsanwaltsbüro adressiert wird (OLG Celle Beschl. v. 23.06.2011 – 311 SsRs 96/11 – zit. nach *Schwind* NStZ 2012, 484; **a. A.** AG Jena ZfS 2005, 313; AG Husum DAR 2009, 158).

Die Norm begründet **keine Pflicht** zur Zustellung bzw. Mitteilung gegenüber dem Verteidiger, so dass die Zustellung bzw. Mitteilung ungeachtet dessen auch an den Beschuldigten gerichtet werden kann (OLG Stuttgart NStZ-RR 2009, 254; OLG Brandenburg DAR 2005, 99; KK/*Laufhütte/Willnow* § 145a Rn. 2; LR/*Graalmann-Scheerer* § 37 Rn. 102; *Meyer-Goßner/Schmitt* § 145a Rn. 6).

2. Voraussetzungen. Aus Gründen der Rechtsklarheit und Rechtssicherheit knüpft § 145a Abs. 1 die Zustellungsvollmacht an formale **Voraussetzungen** (OLG Hamm NStZ-RR 2009, 144 f.): Bei der **Wahlverteidigung** ist dies nach dem Wortlaut des Gesetzes die Zusendung der **Vollmacht** – ohne Rücksicht auf die Nennung des Aktenzeichens (*Bockemühl* StV 2011, 87, 88), nicht eine sog. »Blankovollmacht« (AG Neuruppin StRR 2013, 233) – zur Akte, wobei eine Kopie genügt (SK-StPO/*Wohlers* § 145a Rn. 7); es genügt aber auch die mündliche Bevollmächtigung in der Hauptverhandlung und die Beurkundung dieses Vorgangs im Sitzungsprotokoll (BGHSt 41, 303 f.; *Meyer-Goßner/Schmitt* § 145a Rn. 9; *Schnarr* NStZ 1997, 15 f.). Ob das Auftreten eines Verteidigers vor Gericht in Anwesenheit des Angeklagten für die Begründung der Zustellungsvollmacht genügt, ist umstritten (dafür BayObLG StV 1981, 117 f.; OLG Karlsruhe NJW 1983, 895 f.; LR/*Lüderssen/Jahn* § 145a Rn. 4). Gegen diese weite Auslegung streitet jedoch zum einen der Wortlaut der Norm und zum anderen deren Sinn und Zweck, der darin besteht, Rechtsklarheit herzustellen, und der wegen der Frage, ob tatsächlich (konkludent) mandatiert wurde, konterkariert werden würde (so auch BGHSt 41, 303 f.; NStZ-RR 2009, 144; OLG Karlsruhe NStZ-RR 1996, 237; *Meyer-Goßner/Schmitt* § 145a Rn. 9; SK-StPO/*Wohlers* § 145a Rn. 8).

Das Verteidigungsverhältnis muss **wirksam** sein, d.h. im Fall des § 138 Abs. 2 muss eine wirksame Genehmigung vorliegen, und der Verteidiger darf nicht nach § 146a zurückgewiesen worden sein (*Wessing* in Graf StPO § 145a Rn. 6). Erteilt der Wahlverteidiger Untervollmacht, begründet diese, sofern sie zu den Akten gelangt ist, die Zustellungsvollmacht (*Meyer-Goßner/Schmitt* § 145a Rn. 10).

Wird das Mandat beendet, so gilt § 145a Abs. 1 fort, bis der Beschuldigte oder der bisherige Verteidiger dies schriftlich zur Akte anzeigt (*Meyer-Goßner/Schmitt* § 145a Rn. 11). Im Fall des Wiederaufnahmeantrags soll diese Anzeige konkludent im Antrag enthalten sein (OLG Düsseldorf NStZ 1993, 403). Wird dem Verteidiger ein Mandat nach dessen Erlöschen nochmals erteilt, so müssen diese Voraussetzungen erneut erfüllt werden; die Vollmacht lebt nicht von selbst wieder auf (OLG Stuttgart NStZ-RR 2002, 369; OLG Hamm NStZ-RR 2009, 144 f.).
Im Fall der **Pflichtverteidigung** bildet der Bestellungsakt die formale Voraussetzung für die Zustellungsvollmacht; sie endet mit der Aufhebung der Beiordnung bzw. mit der rechtskräftigen Entscheidung (SK-StPO/*Wohlers* § 145a, Rn. 11).

3. Umfang. Der **Umfang** der Zustellungsvollmacht ist von Gesetzes wegen vorgegeben und aufgrund der Herleitung der Vollmacht allein aus der Stellung als Verteidiger und nicht aus der Vollmachtsurkunde nicht abdingbar (OLG Dresden NStZ-RR 2005, 244; OLG Köln NJW 2004, 3196; **a. A.** für den Widerruf der Ermächtigung nach Erlass eines Berufungsurteils OLG Hamm NJW 1991, 1317). Sie kann daher auch nicht durch die Erteilung einer die Zulässigkeit von Zustellungen ausklammernden »**außergerichtlichen Vollmacht**« umgangen werden (so auch OLG Karlsruhe NStZ 2009, 295 m. zust. Anm. *Fahl* ZIS 2009, 380; KG VRS 122, 34 ff.). Sie erfasst sowohl Zustellungen als auch sonstige Mitteilungen sowohl des Gerichts als auch der Staatsanwaltschaft; hiervon ausgenommen sind ihrem

Wesen nach nur an die Verteidigung zu richtende Mitteilungen, wie z.B. die Mitteilung über die Gerichtsbesetzung nach § 222a Abs. 1 Satz 2.

II. Erfordernis einer Spezialvollmacht für Ladungen des Beschuldigten (Absatz 2) Nach § 145a Abs. 2 Satz 1 bedarf die Zustellung der Ladung des Beschuldigten an den Verteidiger einer ausdrücklichen schriftlichen Ermächtigung. Die Norm gilt sowohl für den Wahl- als auch für den Pflichtverteidiger (OLG Köln NStZ-RR 1999, 334; OLG Karlsruhe StraFo 2011, 509) und setzt im Fall des letztgenannten eine ausdrückliche Ermächtigung des Beschuldigten voraus (OLG Köln NStZ-RR 1999, 334; *Kuhn* JA 2011, 217, 218). Fraglich ist, ob eine dem Wahlverteidiger erteilte Spezialvollmacht nach Niederlegung des Wahlmandats und Beiordnung entsprechend § 170 BGB analog fortgilt (in diesem Sinne KG NJW 2012, 245, 246). Dies erscheint angesichts der ratio legis des § 145a, das Zustellungswesen zu vereinfachen, zweifelhaft. 9

§ 145a Abs. 2 ist als **Ausnahmevorschrift** eng auszulegen (OLG Köln NStZ-RR 1998, 240 f.; 1999, 334; *Kaiser* NJW 1982, 1367, 1368 zu § 145a Abs. 3 a.F.; *Schnarr* NStZ 1997, 15, 17). Die Vollmacht zur Entgegennahme von Ladungen muss daher **eindeutig** sein, d.h. für jeden auf Anhieb zweifelsfrei als solche zu erkennen (OLG Stuttgart NStZ-RR 2005, 319 f.). Die pauschale Ermächtigung zur Entgegennahme von »Zustellungen aller Art« genügt daher ebenso wenig (OLG Köln NStZ-RR 1998, 240; 1999, 334) wie die eigene Erklärung des Verteidigers, er sei fortan unwiderruflicher Zustellungsbevollmächtigter des Angeklagten (OLG Naumburg StV 2014, 205). 10

Zu beachten ist, dass die Vollmacht i.S.d. § 145a Abs. 2 im Berufungsverfahren fortgilt (Radtke/Hohmann/*Reinhart* § 145a Rn. 8). 11

Da im Fall des § 116a Abs. 3 die Aufgabe des Bevollmächtigten gerade darin besteht, Zustellungen in Empfang zu nehmen, bedarf es daher nach § **145a Abs. 2 Satz 2** keiner speziellen Ermächtigung (LR/*Lüderssen/Jahn* § 145a Rn. 10). 12

III. Unterrichtung (Absatz 3) Gem. § 145a Abs. 3 soll der Beschuldigte bzw. der Verteidiger über die Zustellung von Entscheidungen an den jeweils anderen unterrichtet und ihm eine formlose Abschrift der Entscheidung erteilt werden. Eine Belehrung ist mangels Bekanntmachungscharakters der Unterrichtung nicht nötig (OLG Karlsruhe Justiz 1989, 68; LR/*Lüderssen/Jahn* § 145a Rn. 13). 13

Die Norm gilt ihrem Wortlaut nach (»Entscheidungen«) nicht für Ladungen des Beschuldigten (SK-StPO/*Wohlers* § 145a Rn. 24) und auch nicht für Mitteilungen der Staatsanwaltschaft (*Meyer-Goßner/Schmitt* § 145a Rn. 14). Nach dem Sinn und Zweck der Regelung, der in prozessualer Fürsorge besteht, ist aber auch die Anklageschrift als Entscheidung in diesem Sinne anzusehen (HK/*Julius* § 145a Rn. 10; KK/*Laufhütte/Willnow* § 145a Rn. 7; generell für eine weite Auslegung der Norm über ihren Wortlaut hinaus LR/*Lüderssen/Jahn* § 145a Rn. 14 m.w.N.), nicht aber der Antrag gem. § 349 Abs. 2 (BGH StraFo 2003, 172). 14

Die Regelung stellt nach allgemeiner Ansicht eine bloße **Ordnungsvorschrift** dar (BGH NJW 1977, 640; zur verfassungsrechtlichen Unbedenklichkeit: BVerfG NJW 2002, 1640; KK/*Laufhütte/Willnow* § 145a Rn. 6; LR/*Graalmann-Scheerer* § 37 Rn. 102; LR/*Lüderssen/Jahn* § 145a Rn. 12), die auf die Wirksamkeit der Zustellung keinen Einfluss hat. Sie ist disponibel. 15

Wird sowohl an den Verteidiger als auch an den Beschuldigten zugestellt, ist gem. § 37 Abs. 2 die letzte wirksame Zustellung maßgebend für den Fristenlauf, sofern die Frist bei der letzten Zustellung noch nicht abgelaufen war.

C. Wiedereinsetzung/Revision. **I. Wiedereinsetzung in den vorigen Stand.** Wird gegen die Ordnungsvorschrift des § 145a Abs. 3 verstoßen, so begründet dies einen Wiedereinsetzungsgrund, wenn das Fristversäumnis darauf beruht (zum Verstoß gegen Abs. 3 Satz 1: BGH NStZ-RR 2006, 211 f.; zum Verstoß gegen Abs. 3 Satz 2 und zur Frage des Verschuldens s. OLG Stuttgart StV 2011, 85 sowie – strenger – OLG München StV 2011, 86; zu beiden Entscheidungen vgl. die Anm. *Bockemühl* StV 2011, 87 f.). Gleiches gilt, sofern im Falle mehrerer Verteidiger nur an einen zugestellt wurde und keine Benachrichtigung der anderen Verteidiger erfolgte (BGHSt 34, 371, 372; KK/*Laufhütte/Willnow* § 145a Rn. 3; SK-StPO/*Wohlers* § 145a Rn. 27). 16

§ 146 StPO Verbot der Mehrfachverteidigung

17 **II. Revision.** Wird die Benachrichtigung des Verteidigers nach § 145a Abs. 3 Satz 2 absichtlich umgangen, so liegt ein Verstoß gegen das Gebot des fairen Verfahrens vor, der revisibel ist (OLG Frankfurt a.M. NStZ 1990, 556; SK-StPO/*Wohlers* § 145a Rn. 28).

§ 146 StPO Verbot der Mehrfachverteidigung.
¹Ein Verteidiger kann nicht gleichzeitig mehrere derselben Tat Beschuldigte verteidigen. ²In einem Verfahren kann er auch nicht gleichzeitig mehrere verschiedener Taten Beschuldigte verteidigen.

1 **A. Grundsätzliches.** § 146 verbietet die sogenannte Mehrfachverteidigung (zu den prozessualen Folgen eines Verstoßes vgl. unter Rdn. 22 f. sowie unter § 146a). Die Regelung verfolgt primär das **Ziel**, den Beschuldigten vor einem in Interessengegensätze verstrickten Verteidiger zu schützen und sekundär, dem öffentlichen Interesse an der Gewährleistung einer effektiven Verteidigung Genüge zu tun (BVerfGE 39, 156, 164 ff.; 45, 354, 358).

2 Nachdem die Norm in ihrer ursprünglichen Fassung auf das Bestehen eines konkreten Interessenkonflikts abgestellt hatte, wurden im Jahr 1974 infolge der RAF-Prozesse (näher dazu *Dünnebier* FS Pfeiffer, S. 272 f.) denkbare Interessenkollisionen generell für unzulässig erklärt, um in bestimmten Konstellationen eine Einmischung des Gerichts bzw. der Staatsanwaltschaft in die Verteidigungsstrategie zu verhindern (näher dazu *Beulke* Verteidiger im Strafverfahren, S. 125 ff.). In der seit dem StVÄG 1987 geltenden Fassung sind weiterhin bestimmte Konstellationen – unabhängig von einem konkreten Interessenkonflikt im Einzelfall – generell für unzulässig erklärt; mit der Beschränkung auf eine gleichzeitige Verteidigung (zum Begriff der Gleichzeitigkeit näher unter Rdn. 13 ff.) hat der Gesetzgeber den Anwendungsbereich jedoch wieder eingeschränkt und den Mandatswechsel während des laufenden Verfahrens ermöglicht (Wortlaut der früheren Fassungen abgedruckt bei LR/*Lüderssen/Jahn* § 146 Vor Rn. 1; zu den Änderungen infolge des StVÄG näher *Nestler-Tremel* NStZ 1988, 103).

3 Der Gesetzgeber unterscheidet in der geltenden Fassung zwischen Tatidentität (Satz 1) und Verfahrensidentität (Satz 2) und stellt für diese Fälle die **unwiderlegliche Vermutung** auf, dass ein Interessenkonflikt besteht (BGHSt 27, 22, 24; 148, 151; SK-StPO/*Wohlers* § 146 Rn. 19; *Meyer-Goßner/Schmitt* § 146 Rn. 9; a. A. OLG Frankfurt a.M. NStZ 1983, 472 m. abl. Anm. *Paulus*; zur Kritik an der geltenden Regelung SK-StPO/*Wohlers* § 146 Rn. 3; Radtke/Hohmann/*Reinhart* § 146 Rn. 2).

4 **B. Regelungsgehalt. I. Zeitlicher und sachlicher Anwendungsbereich.** Das Verbot der Mehrfachverteidigung gilt bereits mit der Entstehung der Beschuldigteneigenschaft im **Ermittlungsverfahren** (OLG Karlsruhe MDR 1986, 605) und reicht bis zum **Vollstreckungsverfahren** (OLG Düsseldorf NStZ 1985, 521 f.; *Meyer-Goßner/Schmitt* § 146 Rn. 10; diff. SK-StPO/*Wohlers* § 146 Rn. 9, der die Norm nicht bei Entscheidungen nach § 57 StGB anwenden will). Über § 120 StrafVollzG gilt sie auch im **Strafvollzugsverfahren bei Rechtsbehelfen** nach §§ 23 ff. EGGVG bzw. §§ 109 ff. StrafVollzG (OLG München NStZ 1985, 383; *Meyer-Goßner/Schmitt* § 146 Rn. 11). Da eine dem § 120 StrafVollzG vergleichbare Verweisungsnorm für das Strafvollzugsverfahren fehlt, gilt § 146 nicht allgemein für den Beistand in diesem Verfahrensabschnitt (*Meyer-Goßner/Schmitt* § 146 Rn. 11; a. A. OLG Celle StV 1986, 108 m. abl. Anm. *Nestler-Tremel/Prittwitz*).

5 Im **Auslieferungsverfahren** gilt § 146 hingegen nicht, weil dieses Teil des Strafverfahrens des ersuchenden Staates ist und dem deutschen Gesetzgeber hierfür keine Regelungskompetenz zukommt (*Meyer-Goßner/Schmitt* § 146 Rn. 12; *Rebmann* NStZ 1981, 41, 45; a. A. OLG Rostock NStZ 2012, 101). Hingegen gilt die Norm im **Einlieferungsverfahren** (SK-StPO/*Wohlers* § 146 Rn. 13).

6 § 146 ist entsprechend anwendbar im **Privatklageverfahren** (OLG Karlsruhe Justiz 1978, 114) sowie – über § 46 Abs. 1 OWiG – im **Bußgeldverfahren** (BVerfGE 45, 272, 287; LG Waldshut-Tiengen NStZ 2002, 156 f.; OLG Köln NStZ 1983, 560; *Meyer-Goßner/Schmitt* § 146 Rn. 10). Auch im **Disziplinarverfahren** gilt das Verbot entsprechend, wenn eine einer strafrechtlichen Tat vergleichbare Verfehlung in Rede steht (BVerwG NJW 1994, 1019; NJW 1985, 1180; SK-StPO/*Wohlers* § 146 Rn. 11; a. A. KMR/*Müller* § 146 Rn. 3).

7 Auch **in einer Sozietät zusammengeschlossene Rechtsanwälte** können nicht mehrere Beschuldigte gemeinschaftlich vertreten; möglich ist jedoch eine Beschränkung der Verteidigung durch einen Rechts-

anwalt auf jeweils einen Beschuldigten (BVerfGE 43, 79; 45, 272, 295 f.; LG Regensburg NJW 2005, 2245; *Rebmann* NStZ 1981, 41, 45). Dass die Vollmachtsurkunde nicht beschränkt ist, ist insoweit irrelevant (BGHSt 27, 124, 127; LG Regensburg a.a.O., *Meyer-Goßner/Schmitt* § 146 Rn. 8).

II. Verteidigung. Der Begriff der **Verteidigung** umfasst sowohl die Wahl- als auch die Pflichtverteidigung (BGHSt 27, 22), unabhängig davon, ob sie im eigenen Namen, als Unterbevollmächtigter oder allgemeiner Vertreter gem. § 53 BRAO erfolgt. Zulässig ist hingegen die Tätigkeit als interner Mitarbeiter (BGH NStZ 1991, 398). 8

Die Frage, ob eine Verteidigung vorliegt, ist grundsätzlich unabhängig vom **Umfang** der tatsächlich für die Mandanten entfalteten Tätigkeiten (BGHSt 27, 154, 158; 28, 67, 68; OLG Düsseldorf NStZ 1983, 471: Anfrage nach dem Stand des Verfahrens; *Meyer-Goßner/Schmitt* § 146 Rn. 20; **a. A.** OLG Frankfurt a.M. NStZ 1983, 472 m. abl. Anm. *Paulus:* Berufungseinlegung für mehrere Mitangeklagte; LG Bremen StV 1985, 143: Besuche in der Untersuchungshaft zur Übermittlung einer Nachricht eines anderen Rechtsanwalts). Eine Ausnahme ist nur dann zu machen, wenn überhaupt keine Aktivitäten entfaltet wurden (OLG Karlsruhe MDR 1977, 777; *Meyer-Goßner/Schmitt* § 146 Rn. 20; *Rebmann* NStZ 1981, 41, 45). 9

Der Begriff der Verteidigung betrifft zudem richtigerweise nicht das reine **Anbahnungsgespräch**, weil erst dieses dem Verteidiger ermöglicht, einen eventuellen Interessenkonflikt überhaupt festzustellen (OLG Düsseldorf StV 1984, 106; *Beulke* Verteidiger im Strafverfahren, S. 126; *Roxin/Schünemann* Strafverfahrensrecht § 19 Rn. 37; AnwK-StPO/*Krekeler/Werner* § 146 Rn. 4; *Nestler-Tremel* NStZ 1988, 103, 104; *Wessing* in Graf StPO § 146, Rn. 6 mit der Einschränkung, dass der andere Beschuldigte dem Verteidiger nicht bereits das Mandat erteilt hat; ebenso *Rebmann* NStZ 1981, 41, 45; **a. A.** KG StV 1985, 405 m. abl. Anm. *Hassemer*; OLG München NJW 1983, 1688; *Meyer-Goßner/Schmitt* § 146 Rn. 4; vgl. zum Schutz des Anbahnungsgesprächs auch § 148 Rdn. 10). 10

Teleologisch zu reduzieren ist die Norm auch im Fall sogenannter **Sockelverteidigung**, d.h. wenn mehrere Rechtsanwälte mehrere Beschuldigte derselben Straftat vertreten und ihr Verteidigungsverhalten aufeinander abstimmen, weil insoweit ein »gemeinsamer Sockel«, eine (teilweise) gleiche Interessenlage, gegeben ist (OLG Düsseldorf JR 2003, 346, 347 m. zust. Anm. *Beulke*; LG Frankfurt a.M. NStZ-RR 2008, 205; näher dazu *Beulke/Ruhmannseder* Rn. 82 ff.; *Eckhart Müller* StV 2001, 649; *ders./Gussmann* Rn. 271 ff.). Zu beachten bleiben insoweit freilich die durch die §§ 258, 356 StGB gesteckten Grenzen der Verteidigung (OLG Düsseldorf, a.a.O.; SK-StPO/*Wohlers* § 146 Rn. 5; zu einzelnen Fragen in diesem Zusammenhang näher *Beulke/Ruhmannseder* Rn. 704 ff.). 11

Obwohl eine juristische Person nicht Beschuldigte sein und damit auch nicht verteidigt werden kann, erfasst § 146 – vor dem Hintergrund des § 434 Abs. 1 S. 2 – seinem Sinn nach auch die Vertretung eines Einziehungsbeteiligten und die gleichzeitige Verteidigung eines Beschuldigten (OLG Düsseldorf NStZ 1988, 289 f.; für Nebenbeteiligte und deren beschuldigte Organe: OLG Hamburg NJW 2013, 626 m. Anm. *Meyer-Mews*). Nicht erfasst wird die Tätigkeit als Zeugenbeistand (SK-StPO/*Wohlers* § 146 Rn. 8), als Verletztenbeistand (SK-StPO/*Wohlers* § 146 Rn. 10; **a. A.** KK/*Laufhütte/Willnow* § 146, Rn. 4) bzw. als sog. Unternehmensanwalt. 12

III. Gleichzeitigkeit. Obwohl Interessenkollisionen auch bei der Verteidigung mehrerer Beschuldigter in zeitlich versetzt stattfindenden Strafverfahren denkbar sind, hat der Gesetzgeber die **sukzessive Mehrfachverteidigung** von der geltenden Fassung des § 146 ausgenommen (BT-Drucks. 10/1313, S. 23; BGHSt 52, 307; 48, 170, 176; OLG Jena NJW 2008, 311; LG Dessau-Roßlau StraFo 2008, 74). Gleichwohl kann sie materiell-rechtlich einen Parteiverrat (§ 356 StGB; näher dazu OLG Stuttgart NStZ 1990, 542 m. zust. Anm. *Geppert*; *Beulke/Ruhmannseder* Rn. 203 ff.) bzw. einen Verstoß gegen anwaltliches Berufsrecht (§ 43a Abs. 4 BRAO; § 3 Abs. 1 BORA) darstellen. 13

Nicht mehr gleichzeitig ist die Verteidigung dann, wenn sie mit Blick auf das früher übernommene Mandat **in rechtlicher Hinsicht beendet** ist (BT-Drucks. 10/1313, S. 23). Dies ist dann der Fall, wenn der Verteidiger nicht mehr rechtlich in der Lage ist, für seinen früheren Mandanten eine Verteidigertätigkeit zu entfalten (BT-Drucks. 10/1313, S. 23). Entscheidend ist also, ob aus dem früheren Mandatsverhältnis noch aktuelle Beistandspflichten resultieren (BT-Drucks. 10/1313, S. 22; *Nestler-Tremel* NStZ 1988, 103). 14

Von einer rechtlichen Beendigung in diesem Sinne ist nach dem Normzweck dann auszugehen, wenn der frühere Mandant verstorben ist (BGHSt 27, 315, 316), wenn er dem Verteidiger das Mandat ent- 15 zogen oder jener das Mandat niedergelegt hat, sowie dann, wenn eine rechtskräftige Entscheidung bezüglich des früheren Mandanten ergangen ist (BGH NStZ 1994, 500 f.; LG Dessau-Roßlau StraFo 2008, 74).

16 Hat der gewählte Verteidiger die Beendigung des früheren Verteidigungsverhältnisses den Strafverfolgungsbehörden bzw. dem Gericht noch nicht angezeigt, so muss er ausdrücklich erklären, dass er den früheren Mandanten nicht mehr verteidigt (BT-Drucks. 10/1313, S. 23; OLG Karlsruhe NStZ 1988, 567). Diese Erklärung ist jedoch nur dann notwendig, wenn das Bestehen des Verteidigungsverhältnisses zu dem früheren Beschuldigten eindeutig zum Ausdruck gekommen ist und davon ausgegangen werden muss, dass es noch fortbesteht (OLG Jena NJW 2008, 311).

17 Bei der Pflichtverteidigung ist der Zeitpunkt der Bestellung maßgebend (BT-Drucks. 10/1313, S. 23).

18 **IV. Tatidentität (Satz 1)** Der Begriff derselben **Tat** ist im Sinne des § 264 zu verstehen (vgl. zum prozessualen Tatbegriff näher unter § 264; zur Anwendbarkeit auf die §§ 129, 129a StGB vgl. SK-StPO/*Wohlers* § 146 Rn. 21; *Rebmann* NStZ 1981, 41, 44 f.) und nicht mit dem Begriff des Tatkomplexes gleichzusetzen. Ob die Verfahren verbunden wurden, ist für die Tatbestandsvariante der Tatidentität bei paralleler Verteidigung irrelevant.

19 **V. Verfahrensidentität (Satz 2)** Gem. § 146 Satz 2 ist die gleichzeitige Verteidigung mehrerer Beschuldigter ungeachtet der Frage, ob diesen eine identische Tat zur Last gelegt wird, allein wegen der Verfahrensverbindung unzulässig. Eine Verfahrensverbindung in diesem Sinne stellen unstreitig solche i.S.d. §§ 2, 4, 13 Abs. 2 dar (SK-StPO/*Wohlers* § 146 Rn. 26).

20 Ob auch eine **Verbindung von Strafsachen i.S.d. § 237** durch das Gericht zum Zwecke der Verfahrensvereinfachung erfasst wird, wird unterschiedlich beurteilt (dagegen *Meyer-Goßner/Schmitt* § 146 Rn. 17; OLG Stuttgart NStZ 1985, 326, 327; *Radtke/Hohmann/Reinhart* § 146 Rn. 12). Richtigerweise ist auch sie als von § 146 Satz 2 erfasst anzusehen, weil der in der Regelung zum Ausdruck kommende Wille des Gesetzgebers dahin geht, die Verteidigung bei einer Verbindung von Verfahren – gleich welcher Art – von vornherein für unzulässig zu erklären (*Beulke* Verteidiger im Strafverfahren, S. 127; OLG Celle NStZ 2011, 236: jedenfalls dann, wenn trotz fehlenden Zusammenhangs Interessenkonflikt nicht auszuschließen ist; *ders.* NStZ 1985, 289, 291 f.; einschränkend KK/*Laufhütte/Willnow* § 146 Rn. 8; SK-StPO/*Wohlers* § 146 Rn. 26: nur für die Dauer der gleichzeitigen Verhandlung).

21 Nicht erfasst sind hingegen lediglich gleichzeitige Ermittlungen im Vorverfahren (SK-StPO/*Wohlers* § 146 Rn. 25).

22 **VI. Folgen einer unzulässigen Mehrfachverteidigung.** Liegt ein Fall unzulässiger Mehrfachverteidigung vor und haben die Beschuldigten den Verteidiger **gleichzeitig** beauftragt, so führt das zur Unzulässigkeit sämtlicher Verteidigungsverhältnisse (OLG Celle StV 1986, 108, 109; OLG Düsseldorf NStZ 1984, 235; OLG Köln NStZ 1983, 560). Maßgebend ist, falls keine anderweitigen Anhaltspunkte ersichtlich sind, das Datum der Vollmachtsurkunde (OLG Hamm NJW 1980, 1059). Falls die zeitliche Reihenfolge der Mandatsübernahme nicht feststellbar ist, so sind ebenfalls sämtliche Verteidigungen unzulässig (OLG Koblenz MDR 1980, 514; *Meyer-Goßner/Schmitt* § 146 Rn. 22).

23 Sofern die zeitliche Reihenfolge zu ermitteln ist, ist die Rechtsfolge streitig. Während z.T. vertreten wird, lediglich die später übernommene Verteidigung sei unzulässig (BGHSt 27, 148, 150; 26, 291, 297; OLG Bremen NStZ 1985, 89, 90; OLG Stuttgart NStZ 1985, 326, 327; AnwK-StPO/*Krekeler/Werner* § 146 Rn. 12; *Meyer-Goßner/Schmitt* § 146 Rn. 23), ist richtigerweise, sofern der Verteidiger bereits Aktivitäten in der später übernommenen Sache entfaltet, von der Unzulässigkeit beider Verteidigungen auszugehen (so auch OLG Hamm NStZ 1983, 378; 1985, 327 m. abl. Anm. *Bottke*; *Beulke* Verteidiger im Strafverfahren, S. 126; *Dünnebier* NJW 1976, 7); nur dieses Ergebnis führt dazu, dass dem Sinn und Zweck der Norm, der u.a. darin besteht, sowohl dem ersten als auch dem zweiten Mandanten einen effektiven Beistand zu gewährleisten, Rechnung getragen wird.

24 **C. Revision.** Zur Revisibilität von Verstößen gegen § 146 siehe unter § 146a Rdn. 18 f.

§ 146a StPO Zurückweisung eines Wahlverteidigers.

(1) ¹Ist jemand als Verteidiger gewählt worden, obwohl die Voraussetzungen des § 137 Abs. 1 Satz 2 oder des § 146 vorliegen, so ist er als Verteidiger zurückzuweisen, sobald dies erkennbar wird; Gleiches gilt, wenn die Voraussetzungen des § 146 nach der Wahl eintreten. ²Zeigen in den Fällen des § 137 Abs. 1 Satz 2 mehrere Verteidiger gleichzeitig ihre Wahl an und wird dadurch die Höchstzahl der wählbaren Verteidiger überschritten, so sind sie alle zurückzuweisen. ³Über die Zurückweisung entscheidet das Gericht, bei dem das Verfahren anhängig ist oder das für das Hauptverfahren zuständig wäre.
(2) Handlungen, die ein Verteidiger vor der Zurückweisung vorgenommen hat, sind nicht deshalb unwirksam, weil die Voraussetzungen des § 137 Abs. 1 Satz 2 oder des § 146 vorlagen.

A. Grundsätzliches.

§ 146a regelt die verfahrensrechtlichen Konsequenzen eines Verstoßes gegen das in § 137 Abs. 1 S. 2 normierte Verbot der Überschreitung der Höchstzahl von drei Wahlverteidigern bzw. gegen das in § 146 enthaltene Verbot unzulässiger Mehrfachverteidigung. Die Norm bestimmt, dass derartige Verstöße nicht automatisch zur Unzulässigkeit der Verteidigung führen, sondern vielmehr einer verfahrensrechtlichen Umsetzung in Form einer konstitutiven Zurückweisung bedürfen, bezüglich derer dem Gericht kein Ermessensspielraum zukommt (BGHSt 26, 291). 1

Abs. 2 des § 146a regelt die Konsequenzen für bis zur Zurückweisung vorgenommene Handlungen. Die Norm entspricht der bis zu ihrem Inkrafttreten herrschenden Rechtsprechung (BGHSt 26, 291, 294), so dass ihr ein **klarstellender Charakter** zukommt (BT-Drucks. 10/1313, S. 23; näher zur Geschichte der Regelung *Dünnebier* Pfeiffer-FS, S. 265, 271 ff.). 2

B. Regelungsgehalt.

I. Sachlicher und zeitlicher Anwendungsbereich der Norm. 3
1. Sachlicher Anwendungsbereich. Wie der Wortlaut des § 146a Abs. 1 S. 1 belegt, bezieht sich die Norm lediglich auf die Konstellation der **Wahlverteidigung**. Verstößt die Bestellung eines **Pflichtverteidigers** gegen § 137 Abs. 1 Satz 2 bzw. § 146, so tritt an die Stelle der Zurückweisung die Aufhebung der Bestellung aus wichtigem Grund (§ 143) und die Bestellung eines anderen Verteidigers (BT-Drucks. 10/1313, S. 23; SK-StPO/*Wohlers* § 146a Rn. 5).

§ 146a Abs. 1 S. 1 betrifft die Fälle, in denen **infolge sukzessiver Wahl** gegen § 137 Abs. 1 Satz 2 (§ 146a Abs. 1 S. 1, 1. Halbs.) bzw. **infolge einer nachträglichen Verfahrensverbindung** (dazu § 146 Rdn. 19 f.) gegen das Verbot der Mehrfachverteidigung verstoßen wird (§ 146a Abs. 1 S. 1, 2. Halbs.). 4
Während im erstgenannten Fall lediglich die letzte Wahl unzulässig ist, ist der Verteidiger nach dem Wortlaut des Gesetzes im Fall des § 146a Abs. 1 S. 1, 2. Halbs. in beiden Verfahren zurückzuweisen. 5
Dem kann er jedoch zuvorkommen, indem er im Rahmen der notwendigen Anhörung (s.u. Rdn. 10) ein Mandat niederlegt (LR/*Lüderssen/Jahn* § 146a Rn. 6, die auch den Fall der Tatidentität als erfasst ansehen).

§ 146a Abs. 1 S. 2 regelt die Überschreitung der Höchstzahl möglicher Verteidiger und deren **gleichzeitige Verteidigungsanzeige**. In diesen Fällen hat das Gericht sämtliche Verteidiger zurückzuweisen; ihm kommt **kein Wahlrecht** zu. Nach dem Willen des Gesetzgebers bleibt es dem Beschuldigten jedoch auch insoweit überlassen, vor der Zurückweisung im Rahmen der Anhörung die Zahl auf das zulässige Höchstmaß zu reduzieren (BT-Drucks. 10/1313, S. 23 f.). 6

2. Zeitlicher Anwendungsbereich. § 146a gilt grundsätzlich **in jedem Verfahrensstadium** (SK-StPO/*Wohlers* § 146a Rn. 11). Die Norm ist jedoch **teleologisch zu reduzieren** in den Fällen, in denen das Verfahrensstadium eine Zurückweisung nicht mehr gebietet, weil die Mehrfachverteidigung keine Auswirkungen mehr auf das Verfahren hätte (LR/*Lüderssen/Jahn* § 146a Rn. 3; SK-StPO/*Wohlers* § 146a Rn. 12: Revisionsverfahren, das nach §§ 347 Abs. 1, 349 Abs. 2 zu verwerfen ist oder bei dem das Revisionsgericht nach §§ 349 Abs. 4, 354 Abs. 1 eine eigene Entscheidung trifft). 7

II. Zuständigkeit für die Zurückweisung, § 146a Abs. 1 S. 3. Für die Entscheidung über die Zurückweisung ist gem. § 146a Abs. 1 S. 3 das **Gericht** zuständig, bei dem das Verfahren anhängig ist oder das für das Hauptverfahren zuständig wäre. Die Besetzung richtet sich nach dem jeweiligen Verfahrensabschnitt (KMR/*Müller* § 146a Rn. 6). Das angerufene Gericht kann gem. § 209 an das seiner Ansicht nach zuständige niedrigere Gericht abgeben (SK-StPO/*Wohlers* § 146a Rn. 6). 8

9 Der **Staatsanwaltschaft** kommt – da sie durch Verfahrensverbindung die Voraussetzungen des § 146a S. 2 selbst schaffen kann – lediglich ein Antragsrecht zu (KMR/*Müller* § 146a Rn. 6; LR/*Lüderssen/ Jahn* § 146a Rn. 11; **a. A.** *Roxin/Schünemann* Strafverfahrensrecht § 19 Rn. 39 unter Verweis auf die vor Erlass des § 146a ergangene Entscheidung BVerfG NJW 1976, 231).

10 **III. Zurückweisungsverfahren.** Die Staatsanwaltschaft und das Gericht haben in jedem Verfahrensabschnitt über die Einhaltung der Verbote der §§ 137 Abs. 1 S. 2, 146 zu wachen. Ob eine Verbotsverletzung vorliegt, ist im **Freibeweisverfahren** zu klären (OLG Zweibrücken StraFo 2009, 516; KK/*Laufhütte/Willnow* § 146a Rn. 4); eine Zurückweisung »auf Verdacht« ist unzulässig (LG Düsseldorf StV 1991, 410 f.). Vor der Entscheidung sind die Staatsanwaltschaft und der Verteidiger gem. § 33 **anzuhören**. Der Beschluss ist nach § 34 zu **begründen** und gem. § 35 **bekannt zu machen**.

11 **IV. Folgen der Zurückweisung. 1. Wirksamkeit von Handlungen des Verteidigers vor der Zurückweisung, § 146a Abs. 2.** Gemäß § 146a Abs. 2 bleiben die Handlungen, die ein Verteidiger vor seiner Zurückweisung nach § 146a Abs. 1 vorgenommen hat, wirksam. Unter dem **Begriff der Zurückweisung** ist die Unanfechtbarkeit des Zurückweisungsbeschlusses zu verstehen (LG Flensburg JurBüro 1988, 653; *Meyer-Goßner/Schmitt* § 146a Rn. 1; *Wessing* in Graf StPO § 146a Vor Rn. 1; *Beulke* NStZ 1985, 289, 294; **a. A.** HK/*Julius* § 146a Rn. 4).

12 Mit der Regelung folgt der Gesetzgeber der früheren Rechtsprechung des BGH. Mangels praktischen Bedürfnisses bewusst nicht übernommen hat er jedoch die von der Rechtsprechung entwickelten Ausnahmen für die zur Zurückweisung Anlass gebende Handlung (BT-Drucks. 10/1313, S. 24; zust. LR/ *Lüderssen/Jahn* § 146a, Rn. 13; *Dünnebier* FS Pfeiffer, S. 265, 267; krit. demgegenüber *Foth* NStZ 1987, 441: Zeitpunkt der beschlussförmigen Zurückweisung). Aus diesem Grund sind mehrere Revisionsbegründungen beachtlich (KK/*Laufhütte/Willnow* § 146a Rn. 5; *Foth* NStZ 1987, 441).

13 **2. Gebührenanspruch.** Ob die strafprozessuale Beurteilung des § 146a Abs. 2 im Ergebnis auch für das Zivil- und das Kostenrecht gilt, ob also der bis zur Zurückweisung entfaltete Aufwand dem Verteidiger zu vergüten ist, ist umstritten.

14 Ein Teil der Literatur und Rechtsprechung meint, der Mandatsvertrag sei in diesem Fall wegen Verstoßes gegen § 134 BGB nichtig, so dass kein Honoraranspruch bestehe (OLG Rostock NStZ 2012, 101; LG Koblenz NStZ-RR 1998, 96; GenStA Zweibrücken NStZ-RR 2004, 191; LR/*Hilger* § 464a Rn. 33, der jedoch die Lösung selbst für »problematisch« erachtet in den Fällen des § 146a Abs. 1 S. 1, 2. Halbs.; ihm zust. *Wasmuth* NStZ 1989, 348, 351; offen gelassen durch BGH NStZ 1991, 398 f.).

15 Demgegenüber vertritt eine Gegenauffassung zu Recht, dass die in § 146a Abs. 2 angeordnete **konstitutive Wirkung** des Zurückweisungsbeschlusses als Grundentscheidung **auch für das Zivilrecht Geltung** erlangt. Wird der Verstoß nicht bemerkt, so verbleibt dem Verteidiger der Gebührenanspruch in voller Höhe; wird er zurückgewiesen der bis zur Zurückweisung entstandene Anspruch (LG Bamberg NStZ 1989, 387; LG Flensburg JurBüro 1988, 653 m. insoweit abl. Anm. *Mümmler*; HK/*Julius* § 146a Rn. 4; KK/*Laufhütte/Willnow* § 146a Rn. 5; LR/*Lüderssen/Jahn* § 146a Rn. 14; Radtke/Hohmann/ *Reinhart* § 146a, Rn. 6; SK-StPO/*Wohlers* § 146a Rn. 14).

16 **C. Rechtsmittel. I. Beschwerde.** Gegen den Beschluss über die Zurückweisung ist gem. § 304 Abs. 1 die **Beschwerde statthaft**, sofern nicht das OLG entschieden hat (§ 304 Abs. 4 S. 2; *Meyer-Goßner/Schmitt* § 146a Rn. 8). § 305 S. 1 steht dem nicht entgegen (OLG Karlsruhe NStZ 1988, 567; *Meyer-Goßner/Schmitt* § 146a Rn. 8; SK-StPO/*Wohlers* § 146a Rn. 15; **a. A.** OLG Hamm NStZ 1987, 476 f.; KMR/*Müller* § 146a Rn. 11).

17 **Beschwerdebefugt** ist im Falle der Ablehnung des Erlasses eines Zurückweisungsbeschlusses die **Staatsanwaltschaft** (KK/*Laufhütte/Willnow* § 146a Rn. 7), im Falle der Zurückweisung der **Beschuldigte** sowie dessen **Verteidiger** im eigenen Namen (BGHSt 26, 291; KG Beschl. v. 02.10.2013 – 4 Ws 126 – 128/13 u.a. (juris); LG Regensburg NJW 2005, 2245; **a. A.** KMR/*Müller* § 146a Rn. 11). Dem **Mitbeschuldigten** fehlt regelmäßig die Beschwer (SK-StPO/*Wohlers* § 146a Rn. 18).

18 **II. Revision.** Unterbleibt eine Zurückweisung, obwohl die Voraussetzungen der §§ 137 Abs. 1 S. 2, 146 vorliegen, oder wird umgekehrt zu Unrecht zurückgewiesen, so ist strittig, ob in diesen Konstellationen der absolute Revisionsgrund des § 338 Nr. 5 erfüllt ist (so *Dünnebier* FS Pfeiffer, S. 265, 278), oder ob gem. § 337 ein Beruhensnachweis dahingehend geführt werden muss, dass dieser Fehler des

Gerichts der Verteidigung tatsächlich widerstritten hat (BGHSt 27, 22, 23 f.; 27, 154, 159; *Meyer-Goßner/Schmitt* § 146a Rn. 9; KMR/*Müller* § 146a Rn. 12; LR/*Lüderssen/Jahn* § 146a Rn. 18; *Nestler-Tremel* NStZ 1988, 103, 107; diff. SK-StPO/*Wohlers* § 146 Rn. 37: bei zu Unrecht erfolgter Zurückweisung § 338 Nr. 8, bei zu Unrecht unterlassener Zurückweisung tatsächlicher Widerstreit im Einzelfall vonnöten; unklar BGH StV 1981, 117: einerseits Annahme des § 338 Nr. 5, andererseits tatsächlicher Interessenkonflikt gefordert).

Für die Bejahung des § 338 Nr. 5 spricht, dass der Gesetzgeber mit der Neuschaffung des § 146 gerade klarstellen wollte, dass es nicht auf die Beurteilung der Zulässigkeit der Verteidigung im jeweiligen Einzelfall ankommen solle. 19

§ 147 StPO Akteneinsichtsrecht, Besichtigungsrecht; Auskunftsrecht des Beschuldigten.

(1) Der Verteidiger ist befugt, die Akten, die dem Gericht vorliegen oder diesem im Falle der Erhebung der Anklage vorzulegen wären, einzusehen sowie amtlich verwahrte Beweisstücke zu besichtigen.

(2) ¹Ist der Abschluss der Ermittlungen noch nicht in den Akten vermerkt, kann dem Verteidiger die Einsicht in die Akten oder einzelne Aktenstücke sowie die Besichtigung der amtlich verwahrten Beweisstücke versagt werden, soweit dies den Untersuchungszweck gefährden kann. ²Liegen die Voraussetzungen von Satz 1 vor und befindet sich der Beschuldigte in Untersuchungshaft oder ist diese im Fall der vorläufigen Festnahme beantragt, sind dem Verteidiger die für die Beurteilung der Rechtmäßigkeit der Freiheitsentziehung wesentlichen Informationen in geeigneter Weise zugänglich zu machen; in der Regel ist insoweit Akteneinsicht zu gewähren.

(3) Die Einsicht in die Niederschriften über die Vernehmung des Beschuldigten und über solche richterlichen Untersuchungshandlungen, bei denen dem Verteidiger die Anwesenheit gestattet worden ist oder hätte gestattet werden müssen, sowie in die Gutachten von Sachverständigen darf dem Verteidiger in keiner Lage des Verfahrens versagt werden.

(4) ¹Auf Antrag sollen dem Verteidiger, soweit nicht wichtige Gründe entgegenstehen, die Akten mit Ausnahme der Beweisstücke zur Einsichtnahme in seiner Geschäftsräume oder in seine Wohnung mitgegeben werden. ²Die Entscheidung ist nicht anfechtbar.

(5) ¹Über die Gewährung der Akteneinsicht entscheidet im vorbereitenden Verfahren und nach rechtskräftigem Abschluss des Verfahrens die Staatsanwaltschaft, im Übrigen der Vorsitzende des mit der Sache befassten Gerichts. ²Versagt die Staatsanwaltschaft die Akteneinsicht, nachdem sie den Abschluss der Ermittlungen in den Akten vermerkt hat, versagt sie die Einsicht nach Absatz 3 oder befindet sich der Beschuldigte nicht auf freiem Fuß, so kann gerichtliche Entscheidung durch das nach § 162 zuständige Gericht beantragt werden. ³Die §§ 297 bis 300, 302, 306 bis 309, 311a und 473a gelten entsprechend. ⁴Diese Entscheidungen werden nicht mit Gründen versehen, soweit durch deren Offenlegung der Untersuchungszweck gefährdet werden könnte.

(6) ¹Ist der Grund für die Versagung der Akteneinsicht nicht vorher entfallen, so hebt die Staatsanwaltschaft die Anordnung spätestens mit dem Abschluss der Ermittlungen auf. ²Dem Verteidiger ist Mitteilung zu machen, sobald das Recht zur Akteneinsicht wieder uneingeschränkt besteht.

(7) ¹Dem Beschuldigten, der keinen Verteidiger hat, sind auf seinen Antrag Auskünfte und Abschriften aus den Akten zu erteilen, soweit dies zu einer angemessenen Verteidigung erforderlich ist, der Untersuchungszweck, auch in einem anderen Strafverfahren, nicht gefährdet werden kann und nicht überwiegende schutzwürdige Interessen Dritter entgegenstehen. ²Absatz 2 Satz 2 erster Halbsatz, Absatz 5 und § 477 Abs. 5 gelten entsprechend.

Übersicht

	Rdn.		Rdn.
A. Grundsätzliches	1	aa) »Akten«	13
B. Regelungsgehalt	4	bb) »Einsicht«	19
I. Akteneinsichtsrecht des Verteidigers	4	cc) Besichtigung von Beweisstücken	25
1. Grundsatz (Abs. 1)	4	2. Ausnahmen und Rückausnahmen	
a) Persönlicher Anwendungsbereich	4	(Abs. 2, 3)	31
b) Zeitlicher Anwendungsbereich	9	3. Entscheidung über die Gewährung	
c) Gegenständlicher Anwendungsbereich	13	(Abs. 5)	42

§ 147 StPO Akteneinsichtsrecht, Besichtigungsrecht; Auskunftsrecht d. Beschuldigten

		Rdn.			Rdn.
II.	Auskunftsrecht des Beschuldigten (Abs. 7)	47	2.	Anfechtbarkeit einer stattgebenden Entscheidung	56
C.	Rechtsmittel	51	II.	Anfechtbarkeit von Entscheidungen des Gerichts	57
I.	Anfechtbarkeit von Entscheidungen der Staatsanwaltschaft	51	III.	Revision	59
1.	Anfechtbarkeit von ablehnenden Entscheidungen	51			

1   **A. Grundsätzliches.** Eine sachgerechte Verteidigung setzt voraus, dass der Beschuldigte weiß, was ihm vorgeworfen wird (BGHSt 29, 99, 102). Das Akteneinsichtsrecht gehört daher zu den wichtigsten Verfahrensrechten im Strafprozess (dazu auch Einl. Rdn. 178). Ob es aus dem Anspruch auf rechtliches Gehör abzuleiten ist (so KG StRR 2011, 102 m. zust. Anm. *Haselier*; OLG Naumburg StRR 2011, 276, 277; AnwK-StPO/*Krekeler/Werner* § 147 Rn. 1; *Jahn/Lips* StraFo 2004, 229, 233) oder sich (zusätzlich) auf den fair-trial-Grundsatz gründet (so OLG Brandenburg NJW 1996, 67, 68; LR/*Lüderssen/Jahn* § 147 Rn. 4; SK-StPO/*Wohlers* § 147 Rn. 1; *Schlegel* HRRS 2004, 411 f.; *Welp* FG Peters II, S. 309; *Wohlers/Schlegel* NStZ 2010, 486 f.; *Stuckenberg* StV 2010, 231), ist ebenso umstritten wie die Frage, ob es dem Verteidiger als eigenständiges Recht selbst zusteht (LG Göttingen StV 1996, 166; offen gelassen durch BVerfG NJW 2012, 141, 142; KMR/*Müller* § 147 Rn. 23; KK/*Laufhütte/Willnow* § 147 Rn. 2; *Beulke* Verteidiger im Strafverfahren, S. 142; *Klemke/Elbs* Rn. 158; *Roxin/Schünemann* Strafverfahrensrecht, § 19 Rn. 69; vgl. auch § 138c Abs. 3 S. 1: »*Rechte des Verteidigers*«) oder von diesem nur für den Beschuldigten ausgeübt wird (BVerfGE 62, 338, 343; OLG Zweibrücken NJW 1977, 1699; AnwK-StPO/*Krekeler/Werner* § 147 Rn. 2; HK/*Julius* § 147 Rn. 2; LR/*Lüderssen/Jahn* § 147 Rn. 9; SK-StPO/*Wohlers* § 147 Rn. 5; *Beulke/Ruhmannseder* [2010], Rn. 39; *Burhoff* EV Rn. 78, 80). Beide Fragen sind aber letztlich ohne entscheidende praktische Relevanz.

2   § 147 normiert in Abs. 1 das Akteneinsichtsrecht des Verteidigers sowie dessen Recht, amtlich verwahrte Beweisstücke zu besichtigen und verweist den unverteidigten Beschuldigten in Abs. 7 auf die Möglichkeit, in bestimmten Fällen Auskünfte oder Abschriften aus den Akten zu erhalten. Sinn und Zweck dieser Privilegierung des Verteidigers war bei der Schaffung der Norm die Annahme, dass der Verteidiger als Organ der Rechtspflege eine Gewähr dafür biete, dass die Akten nicht verfälscht werden. Im Lichte heutiger Vervielfältigungsmöglichkeiten der Strafverfolgungsbehörden, die damit die Akten vor Manipulationen schützen können, erscheint diese Annahme überholt (so auch LR/*Lüderssen/Jahn* § 147 Rn. 8; SK-StPO/*Wohlers* § 147 Rn. 6). Jedoch behält die Norm ihren Zweck, indem sie dem Verteidiger eine Art »Filterfunktion« bei der Vermittlung des Akteninhalts an den Beschuldigten zuweist (dazu näher unter Rdn. 23).

3   Die Auslegung des § 147 ist in den letzten Jahren maßgebend durch mehrere Entscheidungen des EGMR beeinflusst worden (dazu näher *Beulke/Witzigmann* NStZ 2011, 254, 255 f.; *Jahn* FS I.-Roxin, S. 585, 587 ff. und *Park* StV 2009, 276). Diese haben sich auch auf den Gesetzeswortlaut selbst ausgewirkt. So wurde infolge der Entscheidung im Fall *Foucher* (EGMR NStZ 1998, 429 m. zust. Anm. *Deumeland*; vgl. dazu auch *Schlegel* HRRS 2004, 411, 413) durch das StVÄG 1999 (BGBl. I 1999 S. 1253) vom 02.08.2000 die Möglichkeit für den unverteidigten Beschuldigten, Auskünfte oder Abschriften aus den Akten zu erhalten, ausdrücklich gesetzlich geregelt (dazu näher *Dedy* StraFo 2001, 149, 152; *Gatzweiler* StraFo 2001, 1; *Jahn* FS I.-Roxin, S. 585, 595 mit Hinweisen zu weiteren geplanten Änderungen auf S. 596 f.). Mit dem Gesetz zur Änderung des Untersuchungshaftrechts, das am 01.01.2010 in Kraft getreten ist (BGBl. I 2009 S. 2274 ff.; dazu näher *Deckers* StraFo 2009, 441, 444; *König* AnwBl. 2010, 55; *Weider* StV 2010, 102, 105), wurde der Anspruchscharakter dieser Norm verstärkt (vgl. dazu unter Rdn. 47) sowie das Recht zur Einsicht in die Akten im Falle von Untersuchungshaft in § 147 Abs. 2 Satz 2 mit Blick auf die zur Beurteilung der Rechtmäßigkeit der Freiheitsentziehung notwendigen Informationen erstmals ausdrücklich gesetzlich normiert (dazu näher unter Rdn. 37; zur Änderung des § 147 Abs. 5 Satz 2 durch das 2. Opferrechtsreformgesetz *Jahn* FS I.-Roxin, S. 585, 586).

4   **B. Regelungsgehalt. I. Akteneinsichtsrecht des Verteidigers. 1. Grundsatz (Abs. 1)** a) **Persönlicher Anwendungsbereich.** Zur Einsicht in die Akten befugt ist gem. § 147 Abs. 1 der **Verteidiger.** Unter diesen Begriff fallen der **Wahl- und der Pflichtverteidiger**, auch schon zur Prüfung,

ob das Mandat tatsächlich übernommen werden kann und soll (AnwK-StPO/*Krekeler/Werner* § 147 Rn. 4; *P. Danckert* StV 1986, 171; *Michalke* NJW 2013, 2334; zweifelnd zumindest für den potentiellen Pflichtverteidiger vor Ablauf der Frist des § 142 Abs. 1 Satz 2 HK/*Julius* § 147 Rn. 9). Ebenfalls von der Norm erfasst sind Referendare, denen die Verteidigung nach § 139 vom Wahlverteidiger übertragen worden ist (dazu näher unter § 139), der durch § 138 Abs. 2 umschriebene Personenkreis (vgl. hierzu § 138 Rdn. 23 ff.) nach Genehmigung sowie im Steuerstrafverfahren die in § 392 AO genannten Personen.

Der Verteidiger darf Unterbevollmächtigte oder juristische Mitarbeiter mit der Akteneinsicht **beauftragen** (*Meyer-Goßner/Schmitt* § 147 Rn. 9; vgl. auch § 19 Abs. 1 Satz 1 BORA; enger OLG Brandenburg NJW 1996, 67, 68: ausnahmsweise bei sog. Umfangsverfahren; hiergegen zu Recht *Hohmann* in Radtke/Hohmann/*Hohmann* § 147 Rn. 4). 5

Hat ein Beschuldigter **mehrere Verteidiger** gewählt, so steht jedem einzelnen von ihnen ein Akteneinsichtsrecht zu (KK/*Laufhütte/Willnow* § 147 Rn. 3; SK-StPO/*Wohlers* § 147 Rn. 7; abzulehnen daher OLG Naumburg StRR 2011, 276, 277 m. krit. Anm. *Herrmann*, das eine Zurechnung des infolge Akteneinsicht gewonnenen Wissens des Pflichtverteidigers zum Wahlverteidiger vornimmt). Auch der zur Verfahrenssicherung bestellte Pflichtverteidiger muss sich nicht auf die Ablichtungen verweisen lassen, die ein anderer Verteidiger vom Aktenauszug gefertigt hat (OLG Köln ZfS 2010, 106 m. Anm. *Hansens*). 6

Vertritt sich ein Verteidiger selbst, so richtet sich die Frage, ob ihm Akteneinsicht zu gewähren ist, nach § 147 Abs. 7 (SK-StPO/*Wohlers* § 147 Rn. 8; dazu näher unter Rdn. 47 ff.). 7

Das Akteneinsichtsrecht existiert, solange ein Mandatsverhältnis besteht. Es endet mit der Niederlegung bzw. Kündigung des Mandats, dem Widerruf der Bestellung, der Zurückweisung nach § 146a, dem Eintritt der Rechtskraft des Ausschließungsbeschlusses i.S.d. §§ 138a ff. bzw. der Anordnung des vorläufigen Ruhens des Rechts nach § 138c Abs. 3 Satz 1 (Radtke/Hohmann/*Hohmann* § 147 Rn. 6). Das Akteneinsichtsrecht darf nicht willkürlich unter Hinweis auf eine noch fehlende Vorlage der Vollmacht versagt werden (BVerfG NJW 2012, 141, 142). 8

b) **Zeitlicher Anwendungsbereich.** Das Recht zur Akteneinsicht umfasst **das gesamte Verfahren**; es erstreckt sich auch auf **Vorermittlungen** (BGH NStZ-RR 2009, 145; *Meyer-Goßner/Schmitt* § 147 Rn. 10; *Krause* FS Strauda, S. 358; a. A. *Senge* FS Hamm, S. 712). Im **Ermittlungsverfahren** sind die Beschränkungsmöglichkeiten des § 147 Abs. 2 (dazu näher unter Rdn. 31 ff.) zu beachten. 9

Im Stadium der **Hauptverhandlung** kann unstreitig Einsicht in die Akten beansprucht werden, sofern ein **besonderes Interesse** daran besteht (OLG Hamm NJW 2004, 381), sei es weil der Verteidiger erst im Verlauf der Hauptverhandlung mandatiert oder bestellt wird (OLG Stuttgart NJW 1979, 559, 560) oder er aus anderen Gründen zuvor keine vollständige Akteneinsicht erhalten hat, z.B. weil ein weiteres Gutachten zu den Akten gelangt ist. 10

Ob **auch abgesehen von derartigen Sonderkonstellationen** in diesem Verfahrensstadium grundsätzlich ein Anspruch auf Akteneinsicht besteht, ist umstritten (abl. *Meyer-Goßner/Schmitt* § 147 Rn. 10; OLG Hamm NJW 2004, 381; OLG Stuttgart NJW 1979, 559, 560). Für einen derartigen Anspruch spricht entscheidend, dass das Gesetz entsprechende Beschränkungen nicht enthält (so auch LR/*Lüderssen/Jahn* § 147 Rn. 100; SK-StPO/*Wohlers* § 147 Rn. 68). Das berechtigte Interesse sämtlicher Verfahrensbeteiligter an der zügigen Durchführung der Hauptverhandlung ist in diesem Stadium durch eine **Anpassung der Modalitäten** der Einsicht an die Erfordernisse der Hauptverhandlung (vgl. LR/*Lüderssen/Jahn* § 147 Rn. 100; SK-StPO/*Wohlers* § 147 Rn. 68: Einsichtnahme in der Geschäftsstelle des Gerichts, in den Sitzungspausen im Verhandlungssaal bzw. im Zimmer des Vorsitzenden) zu gewährleisten. 11

Ist ein **rechtskräftiger Verfahrensabschluss** erfolgt, so ist analog § 475 Abs. 1 Satz 1 ein **berechtigtes Interesse** an der Akteneinsicht vonnöten. Ein solches ist dann zu bejahen, wenn die Akteneinsicht der Vorbereitung eines Antrags im Vollstreckungsverfahren oder eines Wiederaufnahmeantrags dienen soll (*Meyer-Goßner/Schmitt* § 147 Rn. 11). Ist das **Verfahren nach § 170 Abs. 2 eingestellt worden**, so gilt § 147 Abs. 1 analog (LG Frankfurt StraFo 2005, 379; SK-StPO/*Wohlers* § 147 Rn. 22); das z.T. geforderte (vgl. *Roxin/Schünemann* Strafverfahrensrecht, § 19 Rn. 73) berechtigte Interesse folgt in diesen Fällen bereits aus der Möglichkeit, dass die Ermittlungen jederzeit wieder aufgenommen werden können. 12

§ 147 StPO Akteneinsichtsrecht, Besichtigungsrecht; Auskunftsrecht d. Beschuldigten

13 **c) Gegenständlicher Anwendungsbereich. aa) »Akten«.** Der Begriff der Akten ist gesetzlich nicht definiert. § 147 Abs. 1 enthält lediglich die Konkretisierung, dass sich die Befugnis zur Einsicht auf die dem Gericht vorliegenden oder diesem im Fall der Erhebung der Anklage vorzulegenden Akten (vgl. § 199 Abs. 2 Satz 2) erstreckt, so dass von einer Identität zwischen dem Aktenbegriff des § 147 und dem des § 199 auszugehen ist (LR/*Lüderssen/Jahn* § 147 Rn. 26; LR/*Stuckenberg* § 199 Rn. 10; a. A. *Dünnebier* StV 1981, 504, 505).

14 Unstreitig zählen zu den Akten **nicht** die Unterlagen, denen eine **rein innerdienstliche Bedeutung** zukommt, wie z.B. die Handakten der Staatsanwaltschaft (Nr. 186 Abs. 3 S. 1 RiStBV), Arbeitsvermerke der Polizei, Notizen von Mitgliedern des Gerichts oder sog. Senatshefte (BGH NStZ 2001, 551 f.; BGH StRR 2009, 122; BGH StV 2010, 228, 229 m. zust. Anm. *Stuckenberg*; BGH StRR 2014, 122; HK/*Julius* § 147 Rn. 7; nicht: Kurzübersetzungen und Zusammenfassungen von fremdsprachigen Telefonaten, vgl. *Cierniak/Zimmermann* NStZ-RR 2012, 97, 101 f.).

15 Ebenso unstreitig zählen hierzu diejenigen Ermittlungsergebnisse, die sich sowohl auf den Verfahrensgegenstand als auch auf den oder die Beschuldigten beziehen (sog. **formeller Aktenbegriff**, BGHSt 30, 131, 138 f. – Fall »Zlof«; BGH StV 2010, 228, 229; ebenso *Meyer-Goßner/Schmitt* § 147 Rn. 18; *Roxin/Schünemann* Strafverfahrensrecht, § 19 Rn. 71). Zu den Akten gehört auch das gesamte ab dem ersten Zugriff der Polizei (§ 163) gesammelte Beweismaterial, das gerade in dem gegen den Beschuldigten gerichteten Ermittlungsverfahren angefallen ist (BGH StV 2010, 228; LG Hannover StV 2013, 79; *Meyer-Goßner/Schmitt* § 147 Rn. 13), also auch eine polizeiliche »Zweitakte«, die ggf. parallel zur »Erstakte« der Staatsanwaltschaft geführt wird. Angesichts der Funktion der Staatsawaltschaft als »Herrin des Ermittlungsvefahrens« existiert kein »staatsanwaltsfreier Raum« für Ermittlungspersonen im Sinne von § 152 GVG (LR/*Lüderssen/Jahn* § 147 Rn. 52). Eine Versagung der Einsicht in diese polizeilichen Akten im Ermittlungsverfahren kommt daher nur unter den Voraussetzungen des Abs. 2 in Betracht (zur Bescheidungspflicht siehe Nr. 188 Abs. 1 RiStBV). Ob vom Aktenbegriff darüberhinausgehend auch solche – nicht in die Akten des Verfahrens integrierte oder dem Gericht vorliegende – Akten erfasst sind, die nur dieselbe prozessuale Tat, nicht aber denselben Beschuldigten betreffen und für die Feststellung der dem Beschuldigten vorgeworfenen Tat und für die Beurteilung der gegen ihn zu verhängenden Rechtsfolgen nicht von Bedeutung sind (sog. **Spurenakten**), ist umstritten. Während die Rechtsprechung diese Frage verneint (BGHSt 30, 131, 138 f.; zur Verfassungsmäßigkeit dieser Lesart BVerfGE 63, 45, 62; 112, 304, 320), halten die Vertreter des sog. **materiellen Aktenbegriffs**, demzufolge alle Ermittlungs- und Verhandlungsergebnisse, die im Rahmen eines allein durch die Tat konkretisierten Sachverhalts angefallen sind, auch die Spurenakten vom Aktenbegriff des § 147 Abs. 1 erfasst (SK-StPO/*Wohlers* § 147 Rn. 27 f.; *ders./Schlegel* NStZ 2010, 486, 490 f.; Radtke/Hohmann/*Hohmann* § 147 Rn. 10; *Beulke* FS Dünnebier, S. 285, 294; *Klemke/Elbs* Rn. 353; *Welp* FG Peters II, S. 309, 310 f.; *Michalke* NJW 2013, 2333, 2335; *Peters* NStZ 1983, 275 f.; i.E. ebenso LR/*Lüderssen/Jahn* § 147 Rn. 28, die allerdings einen funktionalen Aktenbegriff propagieren). Für die letztgenannte Auffassung streitet der Sinn und Zweck des § 147, der u.a. in der Schaffung von Waffengleichheit für die Verteidigung besteht, und einer Deutungshoheit der Strafverfolgungsbehörden über die Relevanz von Ermittlungsergebnissen entgegensteht, sowie Art. 6 Abs. 1 Satz 1 EMRK (näher zum letztgenannten Argument *Wohlers/Schlegel* NStZ 2010, 486, 491; zur Anfechtbarkeit von Spurenakten betreffende Entscheidungen s.u. Rdn. 53).

16 Der Begriff der Akten beschränkt sich nicht auf **Schriftstücke**, sondern erfasst auch **Video-, Bild- und Tonaufnahmen** sowie **Computerdateien** inklusive hiervon hergestellter Niederschriften (BGH StV 2010, 228 f. m. zust. Anm. *Stuckenberg*; *Meyer-Goßner/Schmitt* § 147 Rn. 15, 18; vgl. aber auch Rdn. 25 ff.). Er beinhaltet auch die **Auszüge aus dem Bundeszentralregister** (BVerfGE 62, 338, 344; a. A. LG Hildesheim NStZ 1983, 88 f. m. abl. An. *Schmid*), **Berichte der Jugendgerichtshilfe** (SK-StPO/*Wohlers* § 147 Rn. 53 m.w.N.) sowie vom Gericht herangezogene oder von der Staatsanwaltschaft nachgereichte **Beiakten** (BGHSt 30, 131, 138; a. A. *H. Schäfer* NStZ 1984, 203, 206: Beweisstücke; hiergegen zu Recht *Rieß* FG Peters II, S. 113, 121 Fn. 39; zur Möglichkeit der Korrektur der Beiziehungsentscheidung BGHSt 49, 317, 327), z.B. Steuerakten (hierzu näher *Müller-Jacobsen/Peters* wistra 2009, 458, 462), Insolvenzakten, Akten der Ausländerbehörde oder sogenannte Lebensakten bei Radarkontrollgeräten (zu letzeren AG Erfurt juris-PR extra 2010, 258 m. Anm. *Burmann* m.w.N. auch zur Gegenansicht; zu diesen Akten näher *Marberth-Kubicki* StraFo 2003, 366, 368 f.) und deren Bedienungsanleitung (LG Ellwangen StRR 2011, 116 m. Anm. *Burhoff*). Das Einsichtsrecht in Gefangenen-

personalakten wird außerhalb gerichtlicher Verfahren durch § 185 StVollzG (in Bayern: Art. 203 BayStVollzG) geregelt (zu § 185 StVollzG KG HRRS 2010, 237 m. krit. Anm. *Bung* HRRS 2010, 251; OLG Nürnberg StV 2012, 168 f.: grds. Darlegung des berechtigten Interesses vonnöten). Im gerichtlichen Verfahren gilt hingegen neben § 185 StVollzG auch § 120 StVollzG i.V.m. § 147 StPO (SK-StPO/*Wohlers* § 147 Rn. 57 m.w.N.).

Wird gegen mehrere Beschuldigte in einem Verfahren ermittelt, so ist die Akteneinsicht insoweit unbeschränkt (BGHSt 52, 58, 62). Fraglich ist, inwieweit Akteneinsicht zu gewähren ist, wenn ein ursprünglich einheitlich geführtes **Verfahren** gegen mehrere Beschuldigte in der Folge **getrennt** wird. Die Rechtsprechung verneint in diesen Fällen ein generelles Einsichtsrecht in die Akten des abgetrennten Verfahrens mit der Begründung, es handele sich um fremde Akten. Sie macht die Akteneinsicht in diesen Fällen von einem legitimierenden Interesse abhängig (BGHSt 52, 58, 62 f. [mit durch Art. 6 Abs. 1 Satz 1 EMRK begründetem abweichendem Ergebnis im Einzelfall aufgrund der dem Gericht vorliegenden Akten der Parallelverfahren]; ebenso LR/*Lüderssen/Jahn* § 147 Rn. 72). Für ein generelles Akteneinsichtsrecht nach § 147 Abs. 1 auch in diesen Fällen spricht jedoch der Umstand, dass der Aktenbegriff richtigerweise materiell tatbezogen zu verstehen ist (i.E. OLG Karlsruhe AnwBl. 1981, 18; Radtke/Hohmann/*Hohmann*, § 147 Rn. 8; *Müller-Jacobsen/Peters* wistra 2009, 458 f.). 17

Da vom **Grundsatz der Aktenvollständigkeit** auszugehen ist, dürfen vorbehaltlich der Beschränkung nach Abs. 2 (dazu näher unter Rdn. 31 ff.) bzw. nach § 96 keine Akten zurückgehalten werden. 18

bb) »**Einsicht**«. Wie ein Gegenschluss zu § 147 Abs. 4 zeigt, geht das Gesetz davon aus, dass die Einsicht in die Akten **grundsätzlich in den Diensträumen der Staatsanwaltschaft bzw. des Gerichts** gewährt wird (*Meyer-Goßner/Schmitt* § 147 Rn. 28). Gemäß § 147 Abs. 4 »sollen« dem Verteidiger, soweit nicht wichtige Gründe entgegenstehen, die Akten zur Einsichtnahme in seine Wohn- bzw. Geschäftsräume **mitgegeben** werden. Diese Norm bildet die Rechtswirklichkeit ab. Trotz der kritikwürdigen Kombination aus unbestimmtem Rechtsbegriff und »Soll-«Formulierung (vgl. dazu *Rieß* Peters FG II, S. 113, 127) lässt sich dieser Regelung entnehmen, dass bei Fehlen eines entgegenstehenden wichtigen Grundes ein **Rechtsanspruch** des Verteidigers folgt auf Mitgabe bzw. Übersendung der Akten (so auch AnwK-StPO/*Krekeler/Werner* § 147 Rn. 15; LR/*Lüderssen/Jahn* § 147 Rn. 141; SK-StPO/*Wohlers* § 147 Rn. 70; *Rieß* FG Peters II, S. 113, 127; offen gelassen durch BVerfG NJW 2012, 141, 142 (jedenfalls Anspruch auf willkürfreie Entscheidung); a. A. BGH NStZ-RR 2008, 48; KK/*Laufhütte/Willnow* § 147 Rn. 11; *Meyer-Goßner/Schmitt* § 147 Rn. 28; *Donath/B. Mehle* NJW 2009, 1399 speziell zur Übersendung), der freilich wegen § 147 Abs. 4 Satz 2 nicht durchsetzbar ist. Als dem entgegenstehender **wichtiger Grund** ist beispielsweise die Eigenschaft des Verfahrens als Verschlusssache (vgl. Nr. 213 Abs. 4 lit. a) RiStBV; BGHSt 18, 369, 373 zu den dabei zu beachtenden Modalitäten) sowie die Notwendigkeit der Akten für das beschleunigte Verfahren anzusehen (*Meyer-Goßner/Schmitt* § 147 Rn. 29), nicht aber der Datenschutz, der auch im Falle der Einsicht der Akten auf der Geschäftsstelle betroffen wäre (SK-StPO/*Wohlers* § 147 Rn. 75 im Anschluss an *Groß/Fünfsinn* NStZ 1992, 105, 107; zur Zuständigkeit über die Entscheidung vgl. unter Rdn. 42 ff.); ebenso wenig »urheberrechtliche Bestimmungen« (so aber AG Gelnhausen DAR 2011, 421 zur Bedienungsanleitung von Messgeräten). Liegt ein entgegenstehender wichtiger Grund vor, so besteht für den Verteidiger die Möglichkeit, die Herstellung und Übersendung von Kopien gegen die Erstattung der hieraus erwachsenden Kosten zu beantragen (SK-StPO/*Wohlers* § 147 Rn. 75). 19

Erfolgt die Einsicht in die Akten in den Räumen des Verteidigers, so hat er diese sorgfältig zu verwahren und unverzüglich zurückzugeben (§ 19 Abs. 1 Satz 3 BORA). 20

Die Einsicht umfasst auch die Möglichkeit zur **Fertigung von Abschriften sowie Ablichtungen** (BGHSt 8, 194, 197; 18, 369, 371). Dateien und Filmaufnahmen dürfen ebenfalls vervielfältigt werden (SK-StPO/*Wohlers* § 147 Rn. 77). Handelt es sich um Verschlusssachen, sind die Kopien ebenfalls als solche zu behandeln (vgl. aber BGHSt 18, 369, 371 f.). 21

Der Verteidiger ist **grundsätzlich berechtigt und auch verpflichtet**, seinen **Mandanten über den Inhalt der Akten in Kenntnis zu setzen** (BGHSt 29, 99, 102; BGH StV 2015, 10, 13). Gem. § 19 Abs. 2 Satz 1 BORA (und nach These 51 der Thesen zur Strafverteidigung des Strafrechtsausschusses der Bundesrechtsanwaltskammer, 2. A. 2015) darf der Verteidiger dem Mandanten zu diesem Zweck auch **Ablichtungen und Vervielfältigungen überlassen**; die Entscheidung, ob die Information mündlich oder schriftlich erfolgt, liegt in seinem Ermessen (BGHSt 29, 99, 104). 22

§ 147 StPO Akteneinsichtsrecht, Besichtigungsrecht; Auskunftsrecht d. Beschuldigten

Es handelt sich um eine Entscheidung, die den Kernbereich der Verteidigung tangiert und deren Bewertung den Strafverfolgungsbehörden grundsätzlich entzogen ist. Daher kann bspw. die Weitergabe von Akten mit kinderpornographischem Inhalt nicht nach § 184b Abs. 2 StGB bestraft werden, weil der Tatbestand wegen der Erfüllung einer beruflichen Pflicht kraft § 184b Abs. 5 StGB ausgeschlossen ist (*Barton* StRR 2013, 48 f.; *Beulke* Editorial StV Heft 6/2013; *Beulke/Witzigmann* FS Schiller, S. 49 ff.; *Jahn* FS Beulke, S. 801; a. A. OLG Frankfurt a.M. NJW 2013, 107 m. abl. Anm. *König*; BGH NStZ 2014, 514 m. Bespr. *Jahn* JuS 2014, 1046 sowie *Meyer-Lohkamp/Schwerdtfeger* StV 2014, 772).

Zur Rückforderung der Unterlagen ist der Verteidiger nicht verpflichtet (*Meyer-Goßner/Schmitt* § 147 Rn. 23). Eine Belehrung über die Strafbarkeitsrisiken des § 353d StGB ist jedoch ratsam (Muster für eine entsprechende Belehrung bei *Klemke/Elbs* Rn. 356). Zur Überlassung der **Originalakten** an den Beschuldigten oder an Sachverständige ist er hingegen keinesfalls berechtigt (OLG Frankfurt a.M. NJW 1965, 2312 f.; *Donath/B. Mehle* NJW 2009, 1399; zu damit verbundenen Strafbarkeitsrisiken näher *Beulke/Ruhmannseder* [2010], Rn. 39).

23 Die Berechtigung zur Inkenntnissetzung besteht jedoch zum einen dann nicht, wenn hierdurch die **Gefährdung des Untersuchungszwecks** (bspw. durch die Benachrichtigung von einem drohenden Haftbefehl oder einer Durchsuchung) eintreten würde (so auch BGHSt 18, 369, 371; 29, 99, 103; KK/*Laufhütte/Willnow* § 147 Rn. 14; S/S/*Stree* § 258 Rn. 20; *Beulke* Verteidiger in Strafsachen, S. 90; *Beulke/Ruhmannseder* [2010], Rn. 42 ff.; **a. A.** OLG Hamburg StV 1991, 551; AnwK-StPO/*Krekeler/Werner* § 147, Rn. 14; LR/*Lüderssen/Jahn* § 138a Rn. 60 u. § 147 Rdn. 1; Radtke/Hohmann/*Hohmann* § 147 Rn. 30; SK-StPO/*Wohlers* § 147 Rn. 83; SSW-StGB/*Jahn* § 258 Rn. 27; *Donath/B. Mehle* NJW 2009, 1399, 1400; *Schlothauer/Weider* Untersuchungshaft [2010], Rn. 396 ff.; *V. Mehle* NStZ 1983, 558). Zum anderen darf der Verteidiger den Beschuldigten dann nicht umfassend über die durch die Akteneinsicht erlangten Erkenntnisse informieren, wenn es sich um eine **Verschlusssache** handelt und der Ermittlungsrichter entsprechende Beschränkungen angeordnet hat (vgl. den Verweis von BGHSt 29, 99, 102 f. auf BGHSt 18, 369, 371 ff.).

24 Über diese Ausnahmefälle hinaus bestehen jedoch keine Beschränkungen; insbesondere ist weder die Gefahr des Missbrauchs der Informationen durch den Beschuldigten zu verfahrensfremden Zwecken (z.B. Weitergabe an die Presse; **a. A.** BGHSt 29, 99, 103; diff. *Meyer-Goßner/Schmitt* § 147 Rn. 7; SK-StPO/*Wohlers* § 147 Rn. 84; *Donath/B. Mehle* NJW 2009, 1399, 1400: Informierung des Mandanten, aber kein Recht zur Übergabe von Kopien; näher zum Ganzen *Beulke/Ruhmannseder* [2010], Rn. 45) noch diejenige zum Zwecke der Nutzung für eine unwahre Einlassung (BGHSt 29, 99, 103) ausreichend.

25 **cc) Besichtigung von Beweisstücken.** Der **Begriff des Beweisstücks** deckt sich mit dem des Beweismittels (SK-StPO/*Wohlers* § 147 Rn. 85). Beweisstücke stellen diejenigen Gegenstände dar, die für das weitere Verfahren aufgrund der individuellen Beschaffenheit ihrer Substanz Bedeutung erlangen können (*Rieß* FG Peters II, S. 113, 122). Sie *können* Teile der Akten sein, müssen dies aber nicht (*Rieß* FG Peters II, S. 113, 120; dies verkennt das OLG Frankfurt a.M. NJW 2013, 1107, 1109 im Hinblick auf digitale Kopien; s. dazu näher *Beulke* Editorial StV Heft 06/2013; *ders./Witzigmann* StV 2013, 75, 77; *dies.* FS Schiller, S. 48, 51 ff.; *König* NJW 2013, 1110). Vor allem bei Urkunden ist danach zu differenzieren, ob es auf ihre Beschaffenheit ankommt oder nicht (so auch *Rieß* FG Peters II, S. 113, 122; SK-StPO/*Wohlers* § 147 Rn. 86; weitergehend *Meyer-Goßner/Schmitt* § 147 Rn. 19).

26 § 147 Abs. 4 statuiert ein **Mitgabeverbot** für Beweisstücke (LR/*Lüderssen/Jahn* § 147 Rn. 114 mit Ausnahmen in Rn. 115; KK/*Laufhütte/Willnow* § 147 Rn. 9; SK-StPO/*Wohlers* § 147 Rn. 92; **a. A.** wohl KMR/*Müller* § 147 Rn. 18). Der **Sinn dieser Regelung** besteht darin, den regelmäßig nicht ersetzbaren Gegenständen einen erhöhten Schutz zukommen zu lassen, d.h. Substanzverletzungen zu verhindern (*Rieß* FG Peters II, S. 113, 125; *Beulke/Witzigmann* StV 2013, 75 ff.).

27 Ob die Beweisstücke **in amtliche Verwahrung gegeben** worden sind oder nicht, ist entgegen dem Wortlaut des § 147 Abs. 1 nicht relevant; zulässig ist daher auch die Besichtigung in sonstiger Weise sichergestellter Beweisstücke (§ 94 Abs. 1, 2. Var.; SK-StPO/*Wohlers* § 147 Rn. 87 nennt beispielhaft Wohnungen und Räume). Im Spezialfall des Belassens des Gegenstandes im Gewahrsam Dritter ist freilich eine vorherige Beschlagnahme vonnöten (*Rieß* FG Peters II, S. 113, 123).

Grundsätzlich erfolgt die **Besichtigung an dem Ort, an dem sich das Beweisstück befindet**. Einem auswärtigen Verteidiger kann aber die Besichtigung an dessen Amtsgericht gewährt werden (LG Heilbronn StV 1988, 293; *Meyer-Goßner/Schmitt* § 147 Rn. 30). **Tonbänder bzw. Videoaufnahmen** werden durch das Abspielen auf der Geschäftsstelle »besichtigt«. Sofern die Bänder ohne Mitwirkung eines Dolmetschers oder des Beschuldigten unverständlich sind, ist diesen die Anwesenheit beim Anhören zu gestatten (OLG Frankfurt a.M. StV 2001, 611, 612). Reicht dies nicht aus, so kommt die Anfertigung einer Kopie in Betracht (OLG Frankfurt a.M. StV 2001, 611, 612; zur Mitwirkungspflicht in Form der Überlassung einer Leerkassette vgl. OLG Koblenz NStZ-RR 2000, 311; AG Lemgo NStZ 2012, 287; zur Akteneinsicht durch Übersendung einer Kopie der Bedienungsanleitung eines Lasermessgeräts LG Ellwangen StRR 2011, 116 m. Anm. *Burhoff*). 28

Streitig ist, ob bei Urkunden oder (Audio-)Dateien, v.a. in sogenannten Umfangsverfahren, ein **Anspruch** darauf besteht, **amtlich gefertigte Kopien zu erhalten** [dafür BayObLG StV 1991, 200; OLG Frankfurt a.M. StV 2001, 611; OLG Stuttgart NStZ-RR 2013, 217 (»in bestimmten Konstellationen«); AG Lemgo NStZ 2012, 287 (digitales Foto zur Einholung eines Sachverständigengutachtens); AG Stuttgart DAR 2014, 406 (Geschwindigkeitsmessfilm zur Einholung eines Gutachtens); LR/*Lüderssen/Jahn* § 147 Rn. 115; SK-StPO/ *Wohlers* § 147 Rn. 93; *Rieß* FG Peters II, S. 113, 127; *Krekeler* wistra 1983, 47; **a. A.** *Meyer-Goßner/Schmitt* § 147 Rn. 30; OLG Nürnberg StraFo 2005, 102 m. abl. Anm. *Wesemann/Mehmeti*; OLG Karlsruhe StV 2013, 74, 75 (Verweis auf »Vertiefung des Grundrechtseingriffs« bei Audiodateien mit Gesprächen Dritter, aber im Einzelfall »sachgerecht und geboten« – krit. dazu die Anm. *Beulke/Witzigmann*; ebenso die Anm. von *Meyer-Mews* NJW 2012, 2743 und *Wölky* StraFo 2013, 493); OLG Frankfurt NJW-Spezial 2014, 25; restriktiv auch BGH StV 2015, 10 m. zutr. abl. Anm. *Gercke* u. *Krawczyk* StRR 2014, 220; krit. hierzu auch *Salditt* StraFo 2015, 1, 6 f.], ebenso wie die Frage, wer derartige Kopien zunächst bezahlen muss (für eine Kostenpflichtigkeit des Verteidigers *Rieß* FG Peters II, S. 113, 128; für eine solche der Staatskasse LR/*Lüderssen/Jahn* § 147 Rn. 118; SK-StPO/ *Wohlers* § 147 Rn. 93; MAH/ *Schlothauer* § 3 Rn. 47). Hier streitet das Recht des Beschuldigten auf informationelle Waffengleichheit für einen entsprechenden Anspruch. Weder Datenschutzerwägungen noch ein etwaiger Mehraufwand der Strafverfolgungsbehörden stehen dem entgegen (so aber OLG Karlsruhe und OLG Nürnberg jew. a.a.O.). 29

Dem Verteidiger ist rechtzeitig vor Beginn der Hauptverhandlung Gelegenheit zur Besichtigung zu geben (KG StV 1989, 9). Die Besichtigung hat **unter zumutbaren Bedingungen** zu erfolgen (LR/*Lüderssen/Jahn* § 147 Rn. 101; SK-StPO/ *Wohlers* § 147 Rn. 90). Ob der Verwertung des Beweismittels ein Beweisverwertungsverbot entgegensteht, ist irrelevant, weil erst im Verlauf der Hauptverhandlung über die Beweisbedeutung endgültig entschieden wird (*Meyer-Goßner/Schmitt* § 147 Rn. 19; *Rieß* FG Peters II, 113, 122 Fn. 44; **a. A.** *Schäfer* NStZ 1984, 203, 208). 30

2. Ausnahmen und Rückausnahmen (Abs. 2, 3) Neben der Beschränkungsmöglichkeit nach § 138c Abs. 3 (dazu näher unter § 138c Rdn. 15 ff.) kann dem Verteidiger die Einsicht in die Akten sowie die Besichtigung der Beweismittel gem. § 147 Abs. 2 ganz oder teilweise versagt werden, wenn die Staatsanwaltschaft den Abschluss der Ermittlungen noch nicht nach § 169a in den Akten vermerkt hat und die Einsicht bzw. Besichtigung den Untersuchungszweck gefährden kann. Diese Regelung trägt dem Aufklärungs- und dem damit einhergehenden Geheimhaltungsinteresse der Strafverfolgungsorgane Rechnung und verschafft ihnen einen Informationsvorsprung. 31

Unter dem unbestimmten Rechtsbegriff der **Gefährdung des Untersuchungszwecks** ist eine Situation zu verstehen, in der entweder durch die Information des Beschuldigten der Überraschungscharakter einer Ermittlungsmaßnahme gestört werden kann oder eine unlautere Einwirkung des Beschuldigten auf das Verfahren zu erwarten ist (SK-StPO/ *Wohlers* § 147 Rn. 96). Ob bereits eine abstrakte Gefahr genügt, um das Akteneinsichtsrecht einstweilen zu verweigern (so *Meyer-Goßner/Schmitt* § 147 Rn. 25; KMR/*Müller* § 147 Rn. 5; KK/ *Laufhütte/Willnow* § 147 Rn. 13; diff. *Pfeiffer* FS Odersky, S. 453, 459; AnwK-StPO/*Krekeler/Werner* § 147 Rn. 26), oder ob es einer konkreten Gefahr bedarf, ist umstritten. Für die letztgenannte Ansicht spricht entscheidend die Bedeutung des Akteneinsichtsrechts für den Beschuldigten, die zu einer verfassungskonform engen Auslegung der Beschränkungsnormen führen muss (LR/*Lüderssen/Jahn* § 147 Rn. 133, 135; SK-StPO/ *Wohlers* § 147 Rn. 97; Radtke/Hohmann/*Hohmann* § 147 Rn. 15; *Kettner* Der Informationsvorsprung der Staatsanwaltschaft im Ermittlungsverfahren [2002], S. 102 ff.; *Eisenberg* NJW 1991, 1257, 1260; vgl. auch LG Regensburg 32

StV 2004, 369: jedenfalls nur vage und entfernte Möglichkeit der Gefährdung des Untersuchungszwecks genügt nicht). Darüber hinaus trägt diese Lesart dem Ausnahmecharakter der Beschränkung Rechnung.

33 Bei der Frage, ob die Entscheidung der Staatsanwaltschaft, die Akteneinsicht einstweilen nach § 147 Abs. 2 zu versagen, auch **Bindungswirkung für andere, abgetrennte Verfahren** entfaltet, in denen die Akten von Bedeutung sind, ist zu differenzieren: Unproblematisch nicht der Fall ist dies, wenn die Akten beigezogen werden (OLG Schleswig StV 1989, 95; LR/*Lüderssen/Jahn* § 147 Rn. 132; *Senge* FS Strauda, S. 459, 465); in dieser Konstellation werden diese Akten Bestandteile des hiesigen Verfahrens. Aus diesem Grund ist auch die Bitte der aktenführenden Behörde um Vertraulichkeit bei einer fehlenden Sperre der Akten nach § 96 unbeachtlich (BGHSt 42, 71, 72 f.; AnwK-StPO/*Krekeler/Werner* § 147 Rn. 7; a. A. *Meyer-Goßner/Schmitt* § 147 Rn. 16).

34 Erfolgt keine Beiziehung, so bindet die Entscheidung der Staatsanwaltschaft in dem Parallelverfahren das Gericht des hiesigen Verfahrens (so BGHSt 49, 317, 329, krit. zur dogmatischen Herleitung *Senge* FS Strauda, S. 459, 464 f.; BGHSt 50, 224; dem zust. *Senge* FS Strauda, S. 459, 467 ff.).

35 In bestimmten Konstellationen erachtet der Gesetzgeber das Verteidigungsinteresse des Beschuldigten als generell höherrangiger als das Interesse der Strafverfolgungsbehörden an der ungestörten Aufklärung des Sachverhalts. Eine solche Konstellation umschreibt **§ 147 Abs. 3 Satz 1**. Danach darf dem Verteidiger die Einsicht in die Niederschriften über die Vernehmung des Beschuldigten sowie über solche richterlichen Untersuchungshandlungen, bei denen dem Verteidiger das Recht zur Anwesenheit zusteht, sowie in Sachverständigengutachten in keiner Lage des Verfahrens versagt werden. Unter Niederschriften über die Vernehmung des Beschuldigten sind polizeiliche, staatsanwaltschaftliche und gerichtliche Protokolle zu verstehen (OLG Hamm NStZ 1987, 572), unabhängig von der Verfahrensrolle des Beschuldigten zu diesem Zeitpunkt (OLG Hamm StV 1995, 571 f. m. zust. Anm. *V. Mehle/Hiebl*). Auf schriftliche Äußerungen des Beschuldigten ist diese Vorschrift analog anzuwenden (SK-StPO/*Wohlers* § 147 Rn. 100; zust. *Wessing* in Graf StPO § 147 Rn. 10). Unter dem Begriff der Niederschriften über richterliche Untersuchungshandlungen sind solche nach §§ 118a, 168c Abs. 2 und 369 zu verstehen. Mit Blick auf Gutachten von Sachverständigen ist streitig, ob übersetzte Urkunden unter den Begriff fallen. Die Übersetzung als solche ist irrelevant, vielmehr kommt es auf den Charakter des »Urdokuments« an.

36 Eine Rückausnahme von § 147 Abs. 3 Satz 1 enthält § 34 Abs. 3 Nr. 2 Satz 3 EGGVG im Falle einer Kontaktsperre nach §§ 31 f. EGGVG.

37 **§ 147 Abs. 2 Satz 2** normiert ebenfalls eine Rückausnahme von der Begrenzungsmöglichkeit des Satz 1. Voraussetzung hierfür ist, dass sich der Beschuldigte in Untersuchungshaft befindet bzw. vorläufig festgenommen wurde und ein Haftbefehl beantragt ist. Die Neufassung dient vorrangig der Umsetzung der ständigen Rechtsprechung des EGMR (BT-Drucks. 16/11644, S. 33 f.). Dieser hatte u.a. in den Fällen *Mooren* (EGMR StV 2008, 475), *Lietzow* und *Garcia Alva* (StV 2001, 201 ff. m. zust. Anm. *Kempf*), in denen bei Untersuchungshaft Akteneinsicht verweigert wurde, einen Verstoß gegen Art. 5 Abs. 4 EMRK gesehen (näher dazu *Beulke/Witzigmann* NStZ 2011, 254, 257; *Jahn* FS I.-Roxin, S. 585, 587 ff.; *Esser/Gaede/Tsambikakis* NStZ 2011, 78, 81 ff.). Der Verteidiger habe in diesen Fällen zwar nicht das Recht auf umfassende Akteneinsicht; zumindest habe er aber aufgrund des aus Art. 6 EMRK abzuleitenden Prinzips des kontradiktorischen Verfahrens und der Waffengleichheit einen Anspruch darauf, dass dem Beschuldigten bzw. dem Verteidiger selbst **diejenigen Informationen** zugänglich gemacht werden, **die für die Beurteilung der Rechtmäßigkeit der Freiheitsentziehung wesentlich sind** (zu dieser Einschränkung näher EGMR NStZ 2009, 164 m. zust. Anm. *Strafner*; *Peglau* JR 2012, 231; 232 f.).

38 Welche Unterlagen hiervon konkret betroffen sind, hat der Gesetzgeber nicht näher definiert. Nach dem Sinn und Zweck des § 147 folgt hieraus jedoch ein Anspruch auf Einsicht in die Akten, die die Staatsanwaltschaft dem Gericht vorlegt, welches über die Anordnung bzw. Aufrechterhaltung der Untersuchungshaft zu entscheiden hat (näher dazu *Beulke/Witzigmann* NStZ 2011, 254, 258 ff.; so auch SK-StPO/*Wohlers* § 147 Rn. 65; a. A. *Peglau* JR 2012, 231, 232, Fn. 13: nur das »Wie« muss gleichlautend sein).

39 Der neu eingefügte § 147 Abs. 2 Satz 2 kann im Wesentlichen auf **andere Zwangsmaßnahmen** analog übertragen werden (vgl. BVerfG NJW 2004, 2443; NJW 2006, 1048 [jew. zum strafprozessualen Arrest]; BVerfG NStZ 2007, 274; LG Berlin StV 2010, 352 [jew. zur Durchsuchung]; BVerfG

NStZ-RR 2008, 16 [zur Telefonüberwachung]; AG Bremen StV 2012, 14, 15 [zur Beschlagnahme]; *Börner* NStZ 2007, 680; *ders.* NStZ 2010, 417; *Park* StV 2009, 276, 279 ff.; *Rau* StraFo 2008, 9, 14; *Walischewski* StV 2001, 243); allerdings sind der Umfang der Übertragbarkeit bzw. notwendige Modifizierungen noch nicht hinreichend geklärt (näher dazu *Beulke/Witzigmann* NStZ 2011, 254, 260). Der Gesetzgeber hat ausdrücklich den Strafverfolgungsbehörden die Entscheidung darüber belassen, 40 auf welche Weise die **praktische Umsetzung dieser Vorgabe** im jeweiligen Einzelfall erfolgt. Bereits in der Begründung des Gesetzentwurfs der Bundesregierung (BT-Drucks. 16/11644, S. 34) hat er aber darauf hingewiesen, dass Informationsvermittlungen, die den Sachverhalt nur aus der Sicht der Ermittlungsbehörden schildern, nicht ausreichend sind, weil diese Schilderungen »praktisch« nicht angefochten werden können (BT-Drucks. 16/11644, S. 34). Infolge der Beschlussempfehlung und des Berichts des Rechtsausschusses ist daher der 2. Halbs. des § 147 Abs. 2 Satz 2 angefügt worden (BT-Drucks. 16/13097, S. 19). Die Formulierung »in der Regel« ist dabei im Sinne eines »stets« zu interpretieren (näher dazu *Beulke/Witzigmann* NStZ 2011, 254, 257; so auch *Schlothauer/Weider* Untersuchungshaft [2010], Rn. 236, 242, 249, 435; *Weider* StV 2010, 102, 105; für das Genügen einer schriftlichen Auskunft über Ermittlungsvorgänge »im absoluten Ausnahmefall« Radtke/Hohmann/ *Hohmann* § 147, Rn. 20; noch weiter *Peglau* JR 2012, 231, 233 f.: im Einzelfall auch mündliche Information oder anderweitige Inkenntnissetzung – dagegen [»konventionswidrig«] *Jahn* FS I.-Roxin, S. 585, 590 f., 595; LR/ *Lüderssen/Jahn* [Nachtrag], § 147 Rn. 7, die die Möglichkeit schriftlicher Zusammenfassungen vom Einzelfall abhängig machen wollen, aber den polizeilichen Schlussbericht für untauglich erachten.

Ob dem Verteidiger auch dann – analog § 147 Abs. 2 Satz 2 – ein Recht auf Akteneinsicht zusteht, 41 wenn gegen den Beschuldigten ein **Haftbefehl beantragt oder gar erlassen, aber noch nicht vollstreckt** wird – sei es, weil er flüchtig ist oder der Haftbefehl außer Vollzug gesetzt worden ist – ist dem Gesetzestext nicht zu entnehmen und wird unterschiedlich beurteilt (bejahend OLG Köln StV 1998, 269; LG Aschaffenburg StV 1997, 644; LR/ *Lüderssen/Jahn* § 147, Rn. 77; *Tsambikakis* ZIS 2009, 503, 505; *Walischewski* StV 2001, 243, 247 f.; verneinend und auf die Anhörung nach § 115 Abs. 3 abstellend OLG München StV 2009, 538; OLG Hamm NStZ-RR 2001, 254 f.; KG NStZ 2012, 588, 589 m. Anm. *Peglau* JR 2012, 231, 232 sowie mit krit. Anm. *Börner* StV 2012, 361). Am überzeugendsten erscheint es, in diesem Zusammenhang danach **zu differenzieren**, ob dem Beschuldigten durch die Offenlegung des Inhalts der Akten ein Anreiz geboten wird, sich dem Verfahren zu entziehen oder Handlungen zum Zwecke der Verdunkelung vorzunehmen. Bei einem Ergreifungshaftbefehl, von dem der Beschuldigte Kenntnis erlangt hat, und der auf den Haftgrund der Fluchtgefahr gestützt wird, ist daher regelmäßig Akteneinsicht zu gewähren, weil ein zusätzlicher Fluchtimpuls dadurch nicht erwächst. Anders ist dies hingegen dann, wenn er auf Verdunkelungsgefahr abstellt (*Beulke/Witzigmann* NStZ 2011, 254, 257 f.; ebenso *Park* StV 2009, 276, 283; *Wohlers* StV 2009, 539, 540; **a. A.** KG NStZ 2012, 588, 589; *Peglau* JR 2012, 231, 235).

3. Entscheidung über die Gewährung (Abs. 5) Gemäß § 147 Abs. 5 ist die Zuständigkeit für die 42 Entscheidung über die Gewährung der Akteneinsicht **abhängig vom jeweiligen Verfahrensstadium** (Muster für Akteneinsichtsgesuche in den einzelnen Verfahrensstadien bei *Klemke/Elbs* Rn. 333 ff.).

§ 147 Abs. 5 Satz 1, 1. Halbs. bestimmt, dass **im vorbereitenden Verfahren**, d.h. vor Erhebung der öf- 43 fentlichen Klage, die Staatsanwaltschaft als »Herrin des Vorverfahrens« zuständig ist; im steuerstrafrechtlichen Ermittlungsverfahren entscheidet die Finanzbehörde, sofern sie die Ermittlungen selbständig und eigenverantwortlich führt (§§ 386 Abs. 2, 399 Abs. 1 AO). Bei (kompletter oder teilweiser) Versagung der beantragten Akteneinsicht ist der Antragssteller zu bescheiden (Nr. 188 Abs. 1 RiStBV; HK/ *Julius* § 147 Rn. 14).

Der Polizei steht keine Entscheidungsbefugnis zu (a. A. für Niederschriften über die Beschuldigtenver- 44 nehmung und mit der Vernehmung verbundene Unfall- oder sonstige Tatortskizzen *Kleinknecht*, Kriminalistik 1965, 449, 454 sowie *Pfeiffer* FS Odersky, S. 453, 461; hiergegen *Meyer-Goßner/Schmitt* § 147 Rn. 34; Vorschläge für eine generelle Zuständigkeit der Polizei de lege ferenda bei *Buschbell/Janker* ZRP 1996, 475, 478 f.). Aus § 147 Abs. 5 (LR/ *Lüderssen/Jahn* § 147 Rn. 148: Satz 1; SK-StPO/ *Wohlers* § 147 Rn. 106: Satz 2) lässt sich zudem folgern, dass auch in dem Fall, in dem sich die Akten zum Zweck der Vornahme einer richterlichen Untersuchungshandlung bei Gericht befinden, die Staatsanwaltschaft entscheidungsbefugt bleibt (LG Berlin StV 2010, 352, 354; OLG Hamm NStZ 1982,

348; *Pfeiffer* FS Odersky, S. 453, 461; *Börner* NStZ 2010, 417; *ders.* NStZ 2007, 680, 682; *Park* StV 2009, 276, 284; **a. A.** LG Ravensburg NStZ-RR 2007, 114, 115 f.; *Marberth-Kubicki* StraFo 2003, 366, 371; *Welp* FG Peters II, S. 309, 324). Daraus folgt, dass sofern die Akteneinsicht von der Staatsanwaltschaft verweigert wird, die Entscheidung des Gerichts über eine Beschwerde gegen die beendete Ermittlungsmaßnahme bis zur Gewährung der Akteneinsicht aufgeschoben wird (BVerfG NStZ 2007, 274; NStZ-RR 2008, 16; *Meyer-Goßner/Schmitt* § 147 Rn. 40a).

45 **Nach Erhebung der öffentlichen Klage** (auch im Rahmen des beschleunigten Verfahrens) bzw. **einem Anklagesurrogat** – dem Erlass eines Strafbefehls gem. § 407 – und dem Eingang der Akten bei dem für die Eröffnung zuständigen Gericht (LR/*Lüderssen/Jahn* § 147 Rn. 149) entscheidet gem. § 147 Abs. 5 Satz 1, 2. Halbs. der Vorsitzende des Spruchkörpers. Diese Entscheidungskompetenz dauert im Hauptverfahren fort (SK-StPO/*Wohlers* § 147 Rn. 107). Eine Möglichkeit, die Entscheidung des gesamten Spruchkörpers nach § 238 Abs. 2 herbeizuführen, besteht mangels einer Zuständigkeit des Spruchkörpers als solchem nicht (LR/*Lüderssen/Jahn* § 147 Rn. 152, *Meyer-Goßner/Schmitt* § 147 Rn. 35).

46 **Nach dem rechtskräftigen Abschluss des Verfahrens** bzw. nach Einstellung des Ermittlungsverfahrens ist wiederum gem. § 147 Abs. 5 Satz 1, 1. Halbs. die Staatsanwaltschaft zuständig, sofern nicht ein Antrag im Vollstreckungs- oder Gnadenverfahren bzw. ein Wiederaufnahmeverfahren vorbereitet werden soll (LR/*Lüderssen/Jahn* § 147 Rn. 151; SK-StPO/*Wohlers* § 147 Rn. 48; *Pfeiffer* FS Odersky, S. 453, 462 f.).

47 **II. Auskunftsrecht des Beschuldigten (Abs. 7)** Der zum Zwecke der Umsetzung der Rechtsprechung des EGMR mit Wirkung zum 01.01.2010 geänderte § 147 Abs. 7 Satz 1 (s. hierzu oben Rdn. 3; krit. zur Neufassung LR/*Lüderssen/Jahn* [Nachtrag], § 147 Rn. 16 ff.; SK-StPO/*Wohlers* § 147 Rn. 11) bestimmt, dass dem unverteidigten Beschuldigten auf seinen Antrag hin Auskünfte und Abschriften aus den Akten zu erteilen sind, soweit dies für eine angemessene Verteidigung erforderlich ist, der Untersuchungszweck, auch in einem anderen Strafverfahren, nicht gefährdet werden kann und keine überwiegenden schutzwürdigen Interessen Dritter entgegenstehen. Der neu eingefügte § 147 Abs. 7 Satz 2 dehnt den ebenfalls auf der Rechtsprechung des EGMR fußenden Anspruch auf Informationserteilung nach § 147 Abs. 2 Satz 2 auf den sich selbst verteidigenden Beschuldigten aus. Die Norm hat allein dann praktische Relevanz, wenn der Beschuldigte auf freiem Fuß ist, weil ihm andernfalls ein Verteidiger zu bestellen ist (vgl. § 140 Abs. 1 Nr. 4; AnwK-StPO/*Krekeler/Werner* § 147 Rn. 31).

48 Der Gesetzgeber beabsichtigte hiermit ausdrücklich nicht, dem Beschuldigten ein *generelles* Einsichtsrecht in die Akten zu gewähren (BT-Drucks. 16/11644, S. 34) und verwies für Fälle, in denen die Missbrauchsmöglichkeiten einer Einsicht entgegenstehen, auf die Möglichkeit der Bestellung eines Pflichtverteidigers gem. § 140 Abs. 2. Die Neufassung der Regelung unterstreicht jedoch den bereits bei ihrer Schaffung beabsichtigten Charakter als **ein subjektiv-öffentliches Recht auf eine ermessensfehlerfreie Entscheidung** über die Erteilung von Auskünften bzw. Abschriften aus der Akte (vgl. BT-Drucks. 14/1484, S. 22; für ein an Art. 6 Abs. 1 Nr. 5 lit. a-c EMRK orientiertes Ermessen Radtke/Hohmann/*Hohmann* § 147 Rn. 32).

49 Der Begriff der **Gefährdung des Untersuchungszwecks** ist im Sinne des § 147 Abs. 2 Satz 1 zu verstehen (s.o. Rdn. 31 ff.). Als **überwiegende schutzwürdige Interessen Dritter** kommen nach Auffassung des Gesetzgebers insbesondere die Wahrung der Intimsphäre Dritter, der Schutz gefährdeter Zeugen sowie von Betriebs- und Geschäftsgeheimnissen in Betracht (BT-Drucks. 14/1484, S. 22).

50 § 147 Abs. 7 Satz 3 verweist auf die in § 477 Abs. 5 geregelte Zweckbindung bezüglich der im Zuge der Akteneinsicht erlangten personenbezogenen Daten. Hiermit wird die Beschränkung der Nutzung dieser Informationen zum Zwecke der Verteidigung sichergestellt (AnwK-StPO/*Krekeler/Werner* § 147 Rn. 31). Der Beschuldigte ist auf diese Zweckbindung hinzuweisen (§ 477 Abs. 5 Satz 3).

51 **C. Rechtsmittel. I. Anfechtbarkeit von Entscheidungen der Staatsanwaltschaft. 1. Anfechtbarkeit von ablehnenden Entscheidungen.** Gemäß § 147 Abs. 5 Satz 2 ist bei die Akteneinsicht verweigernden Entscheidungen der Staatsanwaltschaft **in drei Varianten** bei dem nach § 162 (bei den in § 120 GVG aufgezählten Fällen i.V.m. § 169 Abs. 1) zuständigen Gericht ein **Antrag auf gerichtliche Entscheidung statthaft:** Zum einen ist dies der Fall, wenn **der Abschluss der Ermittlungen** bereits gem. § 169a **in den Akten vermerkt** ist, zum anderen dann, wenn die begehrte Akteneinsicht

Akteneinsichtsrecht, Besichtigungsrecht; Auskunftsrecht d. Beschuldigten **§ 147 StPO**

Niederschriften bzw. Gutachten i.S.d. § 147 Abs. 3 (s. dazu oben Rdn. 35) betrifft. Schließlich kann ein Antrag auf gerichtliche Entscheidung dann gestellt werden, wenn **der Beschuldigte nicht auf freiem Fuß** ist. Hierunter ist jede denkbare Art der Freiheitsentziehung zu zählen (MAH/*Schlothauer* § 3 Rn. 41; *ders.* StV 2001, 192, 194), d.h. der Fall, in dem sich der Beschuldigte in Untersuchungshaft befindet, der Fall der einstweiligen Unterbringung gem. § 126a, des Weiteren die Konstellation, in der sich der Beschuldigte **in anderer Sache** in Strafhaft (LG München I StV 2006, 11; LR/*Lüderssen/ Jahn* § 147 Rn. 160b; *Tsambikakis* FS Richter II, S. 529, 531; a. A. BGH (Ermittlungsrichter) StV 2012, 321 m. abl. Anm. *Tsambikakis*; LG Mannheim StV 2001, 613 m. abl. Anm. *Schlothauer*, *Meyer-Goßner/Schmitt* § 147 Rn. 39) bzw. in Auslieferungshaft im Ausland (LG Regensburg StV 2004, 369) befindet. Dass sich die Staatsanwaltschaft insoweit ausdrücklich auf § 147 Abs. 2 beruft, ist für die Statthaftigkeit des Antrags nicht erforderlich (LR/*Lüderssen/Jahn* § 147 Rn. 163a; a. A. LG Landau StV 2001, 613 m. abl. Anm. *Schlothauer*).

Im Übrigen kann – wie sich aus einem Gegenschluss zu § 147 Abs. 5 Satz 2 ergibt (gegen diesen Umkehrschluss SK-StPO/*Wohlers* § 147 Rn. 112) – gegen die Akteneinsicht verwehrende Entscheidungen **grundsätzlich lediglich** mit der **Dienstaufsichtsbeschwerde** vorgegangen werden (LG Neubrandenburg NStZ 2008, 655, 656: neben Gegenvorstellung; AnwK-StPO/*Krekeler/Werner* § 147 Rn. 24, 33; *Meyer-Goßner/Schmitt* § 147 Rn. 40); die Möglichkeit einer analogen Anwendung der Norm auf sonstige Fälle scheitert an deren Ausnahmecharakter (LG Berlin StV 2010, 352, 354; *Park* StV 2009, 276, 280; hiergegen *Börner* NStZ 2010, 418, 422; a. A. OLG Saarbrücken NStZ-RR 2008, 48; HK/*Julius* § 147 Rn. 26; SK-StPO/*Wohlers* § 147 Rn. 40. Die Verfassungswidrigkeit dieser Rechtslage wegen eines Verstoßes gegen den Gleichheitsgrundsatz durch gesetzgeberisches Unterlassen mit Blick auf § 478 Abs. 3 Satz 1 propagierend MAH/*Schlothauer* § 3 Rn. 43). 52

Auch die Möglichkeit, über die **§§ 23 ff. EGGVG** Rechtsschutz zu erlangen, ist wegen des abschließenden Charakters des § 147 Abs. 5 Satz 2 und der in § 23 Abs. 3 EGGVG angeordneten Subsidiarität dieses Rechtsbehelfs **grundsätzlich nicht möglich** (OLG Frankfurt a.M. NStZ-RR 2005, 376; *Meyer-Goßner/Schmitt* § 147 Rn. 40); eine **Ausnahme** besteht jedoch zum einen nach der verfassungsgerichtlichen Rechtsprechung (BVerfGE 63, 45; vgl. auch OLG Hamm NStZ 1984, 423 m. Anm. *Meyer-Goßner*; LR/*Lüderssen/Jahn* § 147 Rn. 162; a. A. KK/*Laufhütte/Willnow* § 147 Rn. 26, der für diesen Fall die analoge Anwendung des § 147 Abs. 5 Satz 2 vertritt) im Fall von sogenannten **Spurenakten** (s.o. Rdn. 15). Zum anderen erwägt der BGH eine erweiternde Auslegung des § 147 Abs. 5 Satz 2 bzw. eine Anwendung des § 23 EGGVG in dem »*ganz speziell und ungewöhnlich gelagerten Fall*«, in dem der Beschuldigte in einem anderen Verfahren bereits angeklagt ist und ihm die Einsicht in die Akten eines anderen Verfahrens, aus denen er sich Informationen für das hiesige Verfahren erhofft, nach § 147 Abs. 2 versagt wird (BGHSt 49, 317, 330 m. Anm. *Pananis* NStZ 2005, 569 sowie *Vogel* JR 2005, 123; krit. hierzu *Senge* FS Strauda, S. 459, 465 f.). 53

Das Verfahren richtet sich in den in § 147 Abs. 5 Satz 2 aufgezählten Fällen nach den in § 147 Abs. 5 Satz 3 genannten Normen. Ist der Antrag begründet, so gewährt das Gericht die Akteneinsicht entweder selbst, oder – sofern dies nicht möglich ist – weist es die Staatsanwaltschaft an, Einsicht in die Akten zu gestatten (SK-StPO/*Wohlers* § 147 Rn. 113). 54

Gegen die Entscheidung des Gerichts kann Beschwerde eingelegt werden (BT-Drucks. 16/12098, S. 21). 55

2. Anfechtbarkeit einer stattgebenden Entscheidung. Ob der Verletzte oder ein Dritter die der Akteneinsicht stattgebende Entscheidung der Staatsanwaltschaft mit dem Argument, er werde hierdurch in seinen verfassungsmäßigen Rechten verletzt, anfechten kann, ist gesetzlich nicht geregelt. Die Rechtsprechung hat eine solche Möglichkeit bejaht, und insoweit § 147 Abs. 5 Satz 2 analog angewendet (OLG Stuttgart NStZ 2006, 654; *B. Mehle* FS Mehle, S. 387, 398). Hiergegen sprechen jedoch die vorstehend genannten dogmatischen Einwände (krit. auch *Meyer-Goßner/Schmitt* § 147 Rn. 39; vgl. zudem LR/*Lüderssen/Jahn* § 147 Rn. 159, die in diesen Fällen §§ 23 ff. EGGVG für einschlägig erachten). 56

II. Anfechtbarkeit von Entscheidungen des Gerichts. Die seitens des Vorsitzenden getroffenen Entscheidungen hinsichtlich des »Ob« der Akteneinsicht sind gem. § 304 Abs. 1, Abs. 4 Satz 2 Nr. 4 stets mit der **Beschwerde** anfechtbar. Mit Blick auf die Modalitäten – das »Wie« – sieht § 147 Abs. 4 57

§ 148 StPO Kommunikation des Beschuldigten mit dem Verteidiger

Satz 2 eine Ausnahme vor (vgl. dazu BGHSt 27, 244, 245 f.; OLG Stuttgart NStZ-RR 2013, 217; OLG Brandenburg NJW 1996, 67, 68).

58 § 305 Satz 1 steht der Zulässigkeit der Beschwerde mangels des von der Norm vorausgesetzten engen Bezugs zur Urteilsfindung **nicht** entgegen (OLG Brandenburg NJW 1996, 67, 68 m. abl. Anm. *Krack* JR 1996, 172, 173 sowie zust. Anm. *Hiebl* StraFo 1996, 21; KK/*Laufhütte/Willnow* § 147 Rn. 28; LR/ *Lüderssen/Jahn* § 147 Rn. 167; *Meyer-Goßner/Schmitt* § 147 Rn. 41; SK-StPO/ *Wohlers* § 147 Rn. 115; **a. A.** OLG Naumburg NStZ-RR 2010, 151; OLG Hamm NStZ 2005, 226 m. abl. Anm. *Fischer* StraFo 2004, 419; OLG Frankfurt a.M. StV 2004, 362 m. abl. Anm. *Lüderssen*; OLG Koblenz StV 2003, 608; OLG Frankfurt a.M. NStZ-RR 2001, 374).

59 **III. Revision.** Die **Verweigerung** der Akteneinsicht ist als solche grundsätzlich nicht mit der Revision anfechtbar. Der absolute Revisionsgrund des § 338 Nr. 8 StPO ist jedoch dann ausnahmsweise gegeben, wenn der Antrag auf Unterbrechung oder Aussetzung in der Hauptverhandlung gestellt und durch Gerichtsbeschluss abgelehnt worden ist (zum Revisionsvortrag näher LR/*Lüderssen/Jahn* § 147 Rn. 175a sowie BGH NStZ 2010, 530 f., OLG Hamm NStZ-RR 2013, 53 f.).

60 Die **Modalitäten** der Gewährung der Akteneinsicht sind hingegen nicht anfechtbar (vgl. § 147 Abs. 4 Satz 2 i.V.m. § 336 Satz 2).

§ 148 StPO Kommunikation des Beschuldigten mit dem Verteidiger.

(1) Dem Beschuldigten ist, auch wenn er sich nicht auf freiem Fuß befindet, schriftlicher und mündlicher Verkehr mit dem Verteidiger gestattet.

(2) ¹Ist ein nicht auf freiem Fuß befindlicher Beschuldigter einer Tat nach § 129a, auch in Verbindung mit § 129b Abs. 1, des Strafgesetzbuches dringend verdächtig, soll das Gericht anordnen, dass im Verkehr mit Verteidigern Schriftstücke und andere Gegenstände zurückzuweisen sind, sofern sich der Absender nicht damit einverstanden erklärt, dass sie zunächst dem nach § 148a zuständigen Gericht vorgelegt werden. ²Besteht kein Haftbefehl wegen einer Straftat nach § 129a, auch in Verbindung mit § 129b Abs. 1, des Strafgesetzbuches, trifft die Entscheidung das Gericht, das für den Erlass eines Haftbefehls zuständig wäre. ³Ist der schriftliche Verkehr nach Satz 1 oder 2 zu überwachen, so sind für das Gespräch zwischen dem Beschuldigten und dem Verteidiger Vorrichtungen vorzusehen, die die Übergabe von Schriftstücken und anderen Gegenständen ausschließen.

Übersicht	Rdn.		Rdn.
A. Grundsätzliches	1	bb) Ungehindert	24
B. Regelungsgehalt	4	**II. Ausnahmen**	30
I. Grundsatz des unüberwachten Verkehrs .	4	1. § 148 Abs. 2 StPO	30
1. Persönlicher Anwendungsbereich	4	2. §§ 31 ff. GVG	35
2. Zeitlicher Anwendungsbereich	9	3. § 138c Abs. 3	36
3. Sachlicher Anwendungsbereich	13	**C. Rechtsmittel**	37
a) Schriftverkehr	13	I. Einzelmaßnahmen der Staatsanwaltschaft/ Justizvollzugsanstalt	38
aa) Begriff	13		
bb) Ungehindert	16	II. Allgemeine Anordnungen der Justizvollzugsanstalt	40
b) Mündlicher Verkehr	22		
aa) Begriff	22	III. Maßnahmen des Gerichts	41

1 **A. Grundsätzliches.** § 148 Abs. 1 gewährt sowohl dem inhaftierten als auch dem auf freiem Fuß befindlichen Beschuldigten und dem Verteidiger (BGHSt 33, 347, 349 m. Bspr. *Beulke* Jura 1986, 642; OLG Dresden StV 2006, 654, 655 [zu § 29 StVollzG]; *Meyer-Goßner/Schmitt* § 148 Rn. 2; *Radtke/Hohmann/Reinhart* § 148 Rn. 1; vgl. auch § 138c Abs. 3 Satz 1: »Rechte des Verteidigers«; **a. A.** SK-StPO/*Wohlers* § 148 Rn. 2: »Rechtsreflex aus dem bestehenden Verteidigungsverhältnis«; ähnlich *Callies* StV 2002, 675) während des gesamten Verfahrens einen freien und unüberwachten mündlichen und schriftlichen Verkehr mit dem jeweils anderen (krit. zur Formulierung LR-*Lüderssen/ Jahn* § 148 Rn. 5). Nach BGHSt 27, 260, 262 ist Zielsetzung der Norm eine »*völlig freie Verteidigung*«, d.h. eine Verteidigung, »die von jeder Behinderung oder Erschwerung freigestellt und in deren Rahmen der Anwalt wegen seiner Integrität jeder Beschränkung enthoben ist«, sofern sie keine verteidigungsfrem-

den Zwecke verfolgt (zur Ausschlussmöglichkeit bei Missbrauch der Verteidigerrechte s. §§ 138a ff.). Der Gesetzgeber erkennt damit an, dass der Schutz des Vertrauens zwischen Verteidiger und Beschuldigtem eine unverzichtbare Grundlage einer effektiven Verteidigung und damit letztlich der Menschenwürde (BVerfGE 109, 279, 322, 329; BVerfG NJW 2007, 2749, 2750; *Beulke* Lüderssen-FS, S. 693 f.) darstellt. Nur im Falle rückhaltloser Offenbarungsmöglichkeiten kann der Beschuldigte eine wirksame Hilfe erwarten (BGHSt 33, 347, 349; *Ignor* NJW 2007, 3403; *Müller-Jacobsen* NJW 2011, 257).

Die Regelung wird ergänzt durch die §§ 53 Abs. 1 Nr. 2, 97 Abs. 1, 160a Abs. 1 StPO und die Untersuchungshaftvollzugsgesetze der Länder. Der Gesetzgeber bezweckt auf diese Weise einen umfassenden Schutz der anwaltlichen Berufsgeheimnisträger (LG Augsburg StV 2014, 468). Für den Strafvollzug gelten – soweit vorhanden – die Strafvollzugsgesetze der Länder (andernfalls das StVollzG). Die Norm gilt auch für die Unterbringung nach dem ThUG (LG Regensburg StV 2012, 489, 490). 2

§ 148 Abs. 2 normiert Einschränkungen von diesem Grundsatz in den Fällen, in denen ein dringender Tatverdacht für Straftat nach § 129a (i.V.m. § 129b) StGB in Rede steht. Durch diese soll verhindert werden, dass sich der Beschuldigte aus der Haftanstalt heraus weiterhin für die terroristische Vereinigung betätigt und auf diese Weise zu deren Fortbestand beiträgt (BGH NStZ 1984, 177, 178 m.w.N.; krit. zur Tauglichkeit der Regelung LR-*Lüderssen/Jahn* § 148 Rn. 27 ff. m.w.N.; zur Vereinbarkeit der Norm mit der EMRK: EGMR NJW 2003, 1439, 1441). Die Regelung wurde zuletzt infolge des Untersuchungshaftänderungsgesetzes dahingehend klargestellt, dass stets ein dringender Tatverdacht für die Mitgliedschaft in einer (ausländischen) terroristischen Vereinigung vonnöten ist. Zudem wurde sie insoweit modifiziert, als eine Überwachung des Schriftverkehrs bzw. eine sogenannte Trennscheibenanordnung nunmehr stets eine richterliche Anordnung voraussetzt (BT-Drucks. 16/11644, S. 34; dazu *Bittmann* NStZ 2010, 13, 16; näher zur Entstehungsgeschichte der Regelung insgesamt LR/*Lüderssen/Jahn* § 148 Rn. 21 m. zahlr. Nachw.). 3

B. Regelungsgehalt. I. Grundsatz des unüberwachten Verkehrs. 1. Persönlicher Anwendungsbereich. § 148 erfasst den **Wahl- und den Pflichtverteidiger** eines Beschuldigten (zum sog. Unternehmensverteidiger näher *Taschke* Hamm-FS, S. 751; *Wessing* Mehle-FS, S. 665, 678 ff.) im Strafverfahren (zum dienstleistenden europäischen Rechtsanwalt s. § 30 EuRAG sowie § 138 Rdn. 7). Der Beistand i.S.d. § 149 ist nicht erfasst (BGHSt 44, 82, 87; SK-StPO/*Wohlers* § 148 Rn. 4). 4

Das Recht auf unüberwachten Verkehr mit dem Verteidiger gilt **in jeder Lage des Strafverfahrens**, vorausgesetzt der Verteidiger übt eine Verteidigungstätigkeit aus. Dies gilt nicht nur für das Verfahren, in dem Untersuchungshaft angeordnet worden ist, sondern auch für weitere anhängige Strafverfahren (OLG Celle NStZ 2003, 686, 687). 5

§ 148 Abs. 1 gilt für den in Deutschland inhaftierten Beschuldigten auch für die Verteidigung in ausländischen Strafverfahren, sofern dessen Heimatland die EMRK ratifiziert hat (OLG Celle NStZ 2003, 686, 687; weitergehend SK-StPO/*Wohlers* § 148 Rn. 4: jede der deutschen Jurisdiktion unterstehende Person; vgl. OLG Köln StV 2011, 35 zu den Anforderungen an die Verteidigerlegitimation). 6

Die Norm greift nur im **Strafverfahren gegen den Beschuldigten** ein bzw. nur zu dessen Gunsten, nicht aber zu Gunsten des Verteidigers, der selbst beschuldigt wird (BGHSt 53, 257 m. zust. Anm. *Ruhmannseder* NJW 2009, 2647; *Beulke/Ruhmannseder* StV 2011, 180, 186; *Wohlers* JR 2009, 523; krit. *Barton* JZ 2010, 102, 103; *Kühne* HRRS 2009, 547; *Mosbacher* JuS 2010, 127; *Norouzi* StV 2010, 670; vgl. dazu auch BVerfG StV 2010, 666 sowie *Beulke/Ruhmannseder* [2010], Rn. 502; *Krekeler* Samson-FS, S. 681, 692). 7

Über **§ 119 Abs. 4 Satz 2** ist § 148 Abs. 1 auf die dort genannten Personen entsprechend anwendbar. 8

2. Zeitlicher Anwendungsbereich. § 148 Abs. 1 erfasst nach seinem Wortlaut das Verteidigungsverhältnis. Ein solches setzt nicht zwingend voraus, dass in der strafrechtlichen Angelegenheit bereits ein Ermittlungsverfahren eingeleitet worden ist (LG Gießen wistra 2012, 409, 410; vgl. auch § 137 Rdn. 7). 9

Ob der Verkehr zwischen Rechtsanwalt und Beschuldigtem auch bereits in dem Zeitraum von § 148 Abs. 1 geschützt ist, in dem es um die **Anbahnung des Mandats** geht, also noch kein Verteidigungsverhältnis besteht (a. A. *P. Danckert* StV 1986, 171, 173), ist umstritten (dagegen KG JR 1979, 40; StV 1985, 405 m. abl. Anm. *Hassemer*; vgl. hierzu auch *Bung* StV 2010, 587, 590; KG StV 1991, 307, 524; OLG München NStZ 2013, 170, 171 f.; für ein Entscheidungsrecht des Richters bei aus- 10 geschlossenem Missbrauch des Kontaktrechts im Einzelfall: *Meyer-Goßner/Schmitt* § 148 Rn. 4). Für einen derartigen zeitlichen Umfang der Norm spricht, dass ohne Vertrauen kein Mandat zustande kommt, dieses also konstituierend wirkt, und dass andernfalls die nötige Prüfung, ob eine Interessenkollision vorliegt, nicht möglich wäre (s.a. Einl. Rdn. 170; *Beulke* Strafverfahrensrecht, Rn. 153; KK-*Laufhütte/Willnow* § 148 Rn. 5; *Ignor* Beck'sches Formularbuch, S. 41; *Schäfer* Hanack-FS, S. 77, 82; *Wessing* Mehle-FS, S. 665, 673; *Wohlers* StV 2010, 151, 154; These 4 der Thesen zur Strafverteidigung des Strafrechtsausschusses der BRAK, 2. A. 2015; für die Geltung der Norm jedenfalls bei Beauftragung des Rechtsanwalts durch Dritte: LG Darmstadt StV 2003, 628; OLG Düsseldorf StV 1984, 106; LR-*Lüderssen/Jahn* § 148 Rn. 8; weitergehend und auch sog. Angebotsfälle erfassend: *Fezer* StV 1993, 255; a. A. OLG Hamm StV 2010, 586 m. abl. Anm. *Bung:* allein Wunsch des Inhaftierten maßgebend; für eine Darlegungspflicht des Rechtsanwalts bei Beantragung einer Besuchserlaubnis AG Aachen JurionRS 2010, 11816; ebenso Radtke/Hohmann/*Reinhart* § 148, Rn. 2).

11 Fraglich ist zudem, ob die Norm auch **nach Kündigung des Mandats** fortwirkt (dagegen LG Tübingen NStZ 2008, 653). Hierfür spricht, dass die Kündigungserklärung zwar zur Beendigung des Verteidigungsverhältnisses, nicht aber zum vollständigen Erlöschen der vertraglichen Beziehung führt (AG Koblenz StV 2006, 650 m. zust. Anm. *Wilhelm*; LR-*Lüderssen/Jahn* § 148 Rn. 9: jedenfalls dann, wenn noch kein neuer Verteidiger gewählt worden ist; ebenso *Grube* JR 2009, 362, 363).

12 Umstritten ist schließlich, ob § 148 Abs. 1 auch **nach rechtskräftigem Abschluss des Verfahrens** »nachwirkt« (dagegen BGHSt 53, 257, 261 m. zust. Anm. *Ruhmannseder* NJW 2009, 2647, 2648; OLG Koblenz NStZ-RR 2008, 282; best. durch BVerfG 2 BvR 112/08 v. 28.01.2008; *Meyer-Goßner/Schmitt* § 148 Rn. 2a). Für eine derartige »Fernwirkung« spricht, dass der Verteidiger, der gewärtigen müsste, dass Interna der Verteidigung nachträglich offenbart werden müssen, de facto als »gläserner Verteidiger« anzusehen wäre (*Beulke* Fezer-FS, S. 3, 10 ff.; *Beulke/Ruhmannseder* StV 2011, 252, 254; LR/*Lüderssen/Jahn* § 148 Rn. 9; *Bosbach* NStZ 2009, 177, 180 ff.; *Schäfer* Hanack-FS, S. 77, 102; *Wessing* Mehle-FS, S. 665, 682; *Schmitz* NJW 2009, 40, 41).

13 **3. Sachlicher Anwendungsbereich. a) Schriftverkehr. aa) Begriff.** § 148 Abs. 1 normiert zunächst das Recht auf ungehinderten Schriftverkehr zwischen Beschuldigtem und Verteidiger. Der **Begriff des Schriftverkehrs** umfasst den schriftlichen Gedankenaustausch zwischen Absender und Empfänger (so *Grube* JR 2009, 362, 364 m.w.N.), d.h. neben Briefen auch Pakete mit Schriftstücken sowie elektronisch gespeicherte Nachrichten (OLG Koblenz StV 1982, 427; SK-StPO/*Wohlers* § 148 Rn. 20; LR/*Lüderssen/Jahn* § 148 Rn. 16 m. Kritik an der Beschränkung der Nutzungsmöglichkeit eines Laptops in der Untersuchungshaft; instruktiv zu Briefeinlagen KG NStZ-RR 2007, 125 m.w.N.). Dass die Briefe, Pakete bzw. Nachrichten bereits abgesendet wurden, ist nicht vonnöten (OLG München NStZ 2006, 300, 301).

14 Geschützt ist nur die der Verteidigung dienende Kommunikation. Fraglich ist in diesem Zusammenhang, ob nur Schriftstücke, die in unmittelbarem Zusammenhang zur Verteidigung stehen, von § 148 Abs. 1 erfasst werden und daher als Verteidigerpost deklariert werden dürfen oder ob auch **das anwaltliche Tätigwerden außerhalb des Strafverfahrens** erfasst ist (für eine Beschränkung auf das Strafverfahren BGHSt 26, 304, 307 f.; OLG Karlsruhe StV 2014, 551; LG Tübingen NStZ 2008, 653, 655; BVerfG StV 2010, 144, 145 m. abl. Anm. *Weider*). Für ein weiteres Verständnis der Norm spricht, dass das Strafverfahren häufig Auswirkungen auf andere Rechtsgebiete hat, und der Schriftverkehr u.U. nur schwer zu trennen ist. Jedenfalls insoweit erstreckt sich der Anwendungsbereich des § 148 Abs. 1 auch auf Bereiche außerhalb des Strafverfahrens (LR/*Lüderssen/Jahn* § 148 Rn. 17; Radtke/Hohmann/*Reinhart* § 148 Rn. 4, 7; Widmaier/Müller/Schlothauer/*König* MAH § 4 Rn. 125; *Schlothauer/Weider* Untersuchungshaft [2010], Rn. 97 ff; *Beulke* Lüderssen-FS, S. 693, 694; *Grube* JR 2009, 362, 364: »innerer Zusammenhang« vonnöten).

15 Sendet der Beschuldigte seinem Verteidiger jedoch Dokumente, die in keinem Zusammenhang mit der Verteidigung stehen, so hat dieser sie seinem Mandanten zurückzusenden (a. A. *Klemke/Elbs* Rn. 168: Verwahrung des Schreibens und Herausgabe nach rechtskräftiger Beendigung des Verfahrens bzw. Beendigung der Untersuchungshaft. Zu möglichen – auch strafrechtlichen – Sanktionen gegen den Verteidiger bei Weiterleitung von Schreiben *Beulke/Ruhmannseder* [2010], Rn. 74; *Müller/Gussmann* Rn. 119 ff. sowie *Grube* JR 2009, 362, 365; zur in diesem Fall bestehenden Ausschlussmöglichkeit vgl. näher § 138a Rdn. 21 ff.).

bb) Ungehindert. Ungehindert bedeutet dabei zum einen, dass keine inhaltliche Kontrolle erfolgen 16
und zum anderen der Schriftverkehr nicht verzögert werden darf (OLG Düsseldorf NJW 1983, 186 f.).
Der Schriftverkehr unterliegt lediglich insoweit einer Kontrolle, als geprüft werden muss, ob er **dem** 17
äußeren Anschein nach (vgl. OLG Bremen StV 2006, 650: »*Vollmacht, Kennzeichnung als Verteidigerpost, Absenderidentität*«) als Verteidigerpost anzusehen ist (OLG Düsseldorf NJW 1983, 186, 187; s.a. Einl. Rdn. 170). Obwohl z.B. § 21 UVollzG BaWü und § 41 UVollzG Bln keine derartigen Einschränkungen für die Kontrolle von Paketen vorsehen, sind die Normen im Lichte des § 148 Abs. 1 entsprechend auszulegen (i.E. ebenso OLG Stuttgart NStZ 1991, 359, 360; SK-StPO/*Wohlers* § 148 Rn. 24; a. A. *Meyer-Goßner/Schmitt* § 148 Rn. 6).
Eine **inhaltliche Kontrolle** der als Verteidigerpost gekennzeichneten Schriftstücke auf unzulässige Ein- 18
lagen ist auch im Falle der Anwesenheit des Beschuldigten (OLG Frankfurt a.M. StV 2005, 226; *Meyer-Goßner/Schmitt* § 148 Rn. 7, SK-StPO/*Wohlers* § 148 Rn. 25; **a. A.** EGMR NJW 2003, 1439, 1441; OLG Koblenz StV 1982, 427 m. abl. Anm. *Dünnebier*; KMR-*Müller* § 148 Rn. 8) und sogar bei seiner Zustimmung (OLG Dresden StV 2006, 654 f.; OLG Saarbrücken NStZ-RR 2004, 188; OLG München NStZ 2013, 170, 172; s.a BVerfG StV 2012, 161, 162, das die Freiwilligkeit der Zustimmung im konkreten Fall verneint hatte; **a. A.** OLG Stuttgart NStZ 2011, 348, 349) **unzulässig** (zum Beweisverwertungsverbot bei Verstoß gegen diese Maßgabe LG München I StV 2006, 28). Mögliche Präventivstrategien zur Vermeidung der Wiederverwendung von Schreiben stellen das Lochen (OLG Karlsruhe NStZ 2005, 588), die Stempelung (OLG Frankfurt a.M. NStZ-RR 2003, 254, 255) bzw. Perforierung der Post (OLG Saarbrücken NStZ-RR 2004, 188, 189) dar; wegen der möglichen – auch unbewussten – Wahrnehmung von Interna des Verteidigungsverhältnisses unzulässig ist hingegen das Herausschneiden des Sichtfensters des Umschlags und die Stempelung der hierdurch entstandenen Öffnung (OLG Frankfurt a.M. NStZ-RR 2003, 254, 255 [Beispiele von *Grube* JR 2009, 362, 365, der überdies mögliche Straftatbestände bei Verstößen gegen diese Grundsätze anführt]; zur Missachtung dieser Vorgaben in der Praxis *Münchhalffen* StraFo 2003, 150, 152).
Falls Zweifel an der Eigenschaft als Verteidigerpost bestehen, darf das betreffende Schreiben bzw. Paket 19
nicht geöffnet werden, sondern es muss beim Absender Rückfrage gehalten und der Brief oder das Paket ggf. zurückgesandt werden (BGH StV 2015, 339; OLG Bremen StV 2006, 650; SK-StPO/*Wohlers* § 148 Rn. 26; einschränkend LG Tübingen NStZ 2008, 653, 655 bei gewichtigen Anhaltspunkten für eine missbräuchliche Verwendung der Bezeichnung Verteidigerpost).
Zuständig für die Kontrolle ist im Falle der Untersuchungshaft sowie in den Konstellationen der 20
§§ 126a Abs. 2 Satz 1, 275a Abs. 5 Satz 4, 453c Abs. 2 Satz 2 die nach § 119 Abs. 2 zuständige Stelle (*Meyer-Goßner/Schmitt* § 148 Rn. 7). Im Übrigen kann die Justizvollzugsanstalt damit beauftragt werden; eine Anordnung, dass der Schriftverkehr zunächst dem Richter vorgelegt werden muss, ist wegen der damit einhergehenden Verzögerung unzulässig (OLG Düsseldorf NJW 1983, 186, 187; SK-StPO/*Wohlers* § 148 Rn. 26; vorsichtiger *Meyer-Goßner/Schmitt* § 148 Rn. 7: »idR überflüssig«). Zur Möglichkeit der **Beschlagnahme von Verteidigerpost beim Beschuldigten** vgl. Einl. Rdn. 170, § 97 sowie (sofern es das Strafverfahren gegen den Verteidiger betrifft) BGHSt 53, 257, 261 f.; *Beulke* Lüderssen-FS, S. 693, 696 ff. Zur Möglichkeit der **Beschlagnahme beim Verteidiger** näher unter § 160a sowie bei *Beulke/Ruhmannseder* [2010], Rn. 490 ff.; *dies.* StV 2011, 180 ff.; 252 ff.
Problematisch ist schließlich, in welchem **Verhältnis** der durch § 148 Abs. 1 statuierte Grundsatz des 21
unüberwachten schriftlichen Verkehrs **zu der Postsperre i.S.d. § 99 InsO** steht. Nach Ansicht des Bundesverfassungsgerichts hindert § 148 Abs. 1 nicht die Lektüre der Verteidigerpost seitens des Insolvenzverwalters, weil Erkenntnisse, die aus dem auf diese Weise überwachten Schriftverkehr resultierten, gem. § 97 Abs. 1 Satz 3 InsO analog einem Verwendungsverbot unterliegen (BVerfG StV 2001, 212 m. abl. Anm. *Marberth-Kubicki* StV 2001, 433; KK-*Laufhütte/Willnow* § 148 Rn. 8; *Wessing* in Graf StPO § 148 Rn. 8). Dieser Ansicht ist jedoch aufgrund der von der Rechtsprechung grds. abgelehnten Fernwirkung von Beweisverwertungsverboten (dazu näher unter Einl. Rdn. 278) zu widersprechen (krit. auch SK-StPO/*Wohlers* § 148 Rn. 23; für eine Fernwirkung in diesen Fällen dementsprechend LR-*Lüderssen/Jahn* § 148 Rn. 17a).

b) Mündlicher Verkehr. aa) Begriff. Der Begriff des mündlichen Verkehrs umfasst neben **Besu-** 22
chen auch die **fernmündliche Kommunikation** des Beschuldigten mit seinem Verteidiger zum Zwecke der Verteidigung (zu dieser Einschränkung vgl. oben Rdn. 14 f.). Hiervon erfasst ist auch die Kommuni-

kation im Rahmen einer Sockelverteidigung, wenn keine Verdunkelungshandlungen zu erwarten sind (LG Gießen StV 2012, 363).

23 Für die Unterredung erforderliche Unterlagen dürfen mitgenommen werden, egal ob in schriftlicher oder elektronischer Form (zur Mitnahme des **Verteidiger-Notebooks** ohne Netzwerkkarte und Zusatzgeräte in die JVA BGH NJW 2004, 457). Auch ist die Mitnahme eines **Diktiergeräts** zulässig (OLG Frankfurt a.M. AnwBl. 1980, 307; *Schlothauer/Weider* Untersuchungshaft [2010], Rn. 92; Widmaier/Müller/Schlothauer/*König* MAH § 4 Rn. 131; zur Behinderungen in der Praxis *Münchhalffen* StraFo 2003, 150, 152); **Mobilfunkgeräte** sind jedoch regelmäßig nicht gestattet (krit dazu Widmaier/Müller/Schlothauer/*König* MAH § 4 Rn. 121, Fn. 176), ebenso wenig **Tonband- und Videorecorder** (zu letzterem OLG Hamm NStZ 1995, 102; krit. hierzu *Münchhalffen* StraFo 2003, 150, 153). Der Verteidiger darf, sofern der Beschuldigte der deutschen Sprache nicht hinreichend mächtig ist, einen allgemein vereidigten **Dolmetscher** als Hilfskraft mit in die Haftanstalt nehmen, ohne dass dieser einer zusätzlichen Besuchserlaubnis bedarf (LG Frankfurt a.M. StV 1989, 350; LR-*Lüderssen/Jahn* § 148 Rn. 13; SK-StPO/*Wohlers* § 148 Rn. 17; enger wohl LG Köln NStZ 1983, 237, das u.a. auf die Kenntnis der Kammer abstellt).

24 **bb) Ungehindert.** Aufgrund des Normzwecks des § 148 Abs. 1 (s.o. Rdn. 1) sind Beschränkungen des mündlichen Verteidigerkontakts sowohl mit Blick auf die **Häufigkeit** als auch den **zeitlichen Umfang** grundsätzlich ausgeschlossen (BT-Drucks. 7/3998, S. 14). Zulässig sind nur solche Einschränkungen, die zur Aufrechterhaltung der Ordnung in der Haftanstalt unabdingbar sind (KG GA 1977, 115, 116; OLG Stuttgart NStZ 1998, 212, 214; OLG Hamm NStZ 1985, 432; *Meyer-Goßner/Schmitt* § 148 Rn. 10; s. aber auch OLG Hamm NStZ-RR 2012, 62: kein Besuchsrecht bei anstaltsinterner Fortbildung). Die **Besuchszeiten** dürfen den Kontakt nur regeln, nicht aber wesentlich einschränken. Hierfür ist eine Abwägung im Einzelfall vonnöten (*Schriever* NStZ 1998, 159, 160). Im Zweifel gebührt dem Verteidigungsinteresse des Beschuldigten der Vorrang (KG GA 1977, 115, 116; OLG Stuttgart NStZ 1998, 212, 214f.; LG Bonn StV 2014, 552), und es sind **ggf. Ausnahmen** zu gewähren (für eine Pflicht des Beschuldigten bzw. seines Verteidigers zur Begründung besonderer Umstände in dem Antrag auf Erteilung einer Ausnahmegenehmigung OLG Karlsruhe NStZ 1997, 407, 408 m. zu Recht abl. Anm. *Schriever* NStZ 1998, 159; zu Behinderungen des Verteidigerkontaktrechts in der Praxis *Münchhalffen* StraFo 2003, 150, 151).

25 Eine **Durchsuchung des Verteidigers** beim Betreten der Haftanstalt (Leibesvisitation, Abtasten mit Metalldetektor etc.) ist gem. §§ 34 Satz 2 i.V.m. 33 Abs. 4 UVollzG Bln (krit. zur Regelungskompetenz der Länder *Schlothauer/Weider* Untersuchungshaft [2010], Rn. 88) bzw. gem. Art. 29 Satz 2 i.V.m. Art. 27 Abs. 3 BayStVollzG zulässig. Die Normen sind im Lichte des § 148 Abs. 1 allerdings eng auszulegen, so dass eine Durchsuchung **nur im Falle eines konkreten, tatsachenbasierten Anlasses für den Missbrauch der Verteidigerbefugnisse** in Betracht kommt (OLG Saarbrücken NJW 1978, 1446, 1448; *Schlothauer/Weider* Untersuchungshaft [2010], Rn. 87 f.; *Beulke* Verteidiger im Strafverfahren, S. 196; Widmaier/Müller/Schlothauer/*König* MAH § 4 Rn. 120; *Callies* StV 2002, 675, 678 zu § 26 Satz 2 StVollzG – zu weit daher BGH NJW 1973, 1656; OLG Nürnberg NJW 2002, 694 m. Anm. *Fahl* JA 2003, 368. Vgl. auch SK-StPO/*Wohlers* § 148 Rn. 14, der eine Durchsuchung bei »besondere(n) Sicherheitsrisiken« für zulässig erachtet). Auch sofern eine Durchsuchung zulässig ist, unterfallen die Unterlagen, die der Verteidiger mit sich führt, jedenfalls keiner inhaltlichen Kontrolle (BGH NJW 2004, 457; s.a. § 34 Satz 3 UVollzG Bln, Art. 29 Satz 3 BayStVollzG).

26 Eine **akustische oder optische Überwachung des Besuchs** ist nicht zulässig (vgl. Art. 30 Abs. 5 BayStVollzG, § 35 Abs. 4 UVollzG Bln). Daher können der Beschuldigte und der Verteidiger verlangen, dass ihnen ein Raum zur Verfügung gestellt wird, in dem Gespräche in normaler Lautstärke geführt werden können, ohne dass diese unter normalen Umständen mitgehört werden können (OLG Hamm StV 1985, 242).

27 Unter Zugrundelegung dieses Anspruchs auf Schaffung geeigneter Räume für die ungestörte Kommunikation in der Haftanstalt besteht auch ein **Anspruch** des Beschuldigten **auf Nutzung der anstaltseigenen Fernsprechanlagen zum Zwecke der unüberwachten fernmündlichen Kommunikation mit seinem Verteidiger** (vgl. z.B. § 40 Satz 1 und 2 i.V.m. § 34 Satz 1, 35 Abs. 4 UVollzG Bln; Art. 35 Abs. 1 Satz 2 i.V.m. Art. 30 Abs. 5 BayStVollzG; zur Kostentragungspflicht des Beschuldigten KG NStZ-RR 1996, 383). Daher ist die Anwesenheit von Bediensteten der Justizvollzugsanstalt während

des Telefonats und damit ein Mithören dieser Gespräche nicht gestattet (vgl. aber BGH NStZ 1999, 471, 472; *Meyer-Goßner/Schmitt* § 148 Rn. 16; wie hier hingegen AnwK-StPO/*Krekeler/Werner* § 148 Rn. 15; SK-StPO/*Wohlers* § 148 Rn. 37; *Schlothauer/Weider* Untersuchungshaft [2010], Rn. 111, Widmaier/Müller/Schlothauer/*König* MAH § 4, Rn. 133; *Lüderssen* StV 1999, 490 f.; zur Praxis *Münchhalffen* StraFo 2003, 150, 152).

Das Recht unüberwachter telefonischer Kommunikation zwischen Verteidiger und inhaftiertem Mandanten darf auch nicht mit der pauschalen Begründung versagt werden, es sei nicht sicherzustellen, dass es sich bei dem Gesprächspartner tatsächlich um den Verteidiger handelt (BVerfG StV 2012, 610, 611).

Auch die **Telekommunikation mit dem Verteidiger** darf nicht überwacht werden, um sie im Verfahren gegen den Beschuldigten zu verwerten (BGHSt 33, 347, 350; BVerfG NJW 2007, 2749, 2450; *Meyer-Goßner/Schmitt* § 148 Rn. 16; *Schäfer* Hanack-FS, S. 77, 82). 28

Zur Unzulässigkeit der Überwachung der Telekommunikation bei möglicher Verstrickung des Verteidigers vgl. unter § 100a sowie *Beulke/Ruhmannseder* [2010], Rn. 153; *dies.* StV 2011, 183 ff.; 255 ff. 29

II. Ausnahmen. 1. § 148 Abs. 2 StPO. § 148 Abs. 2 eröffnet dem Gericht in den Fällen, in denen 30 der inhaftierte Beschuldigte der Mitgliedschaft in einer (ausländischen) terroristischen Vereinigung dringend tatverdächtig ist, die Möglichkeit, den Schriftverkehr mit dem Verteidiger von einer vorherigen gerichtlichen Kontrolle abhängig zu machen (s. dazu *Birkhoff/Hawickhorst* StV 2013, 540, 541 f., die zu Recht auf die Notwendigkeit konkreter Anknüpfungstatsachen hinweisen und die Norm verfassungskonform dahingehend auslegen, dass zusätzliche Tatsachen vorliegen müssen, die auf eine Instrumentalisierung des Verteidigers zu verfahrensfremden Zwecken schließen lassen). Erklärt sich der Absender nicht mit der vorherigen Vorlage des Schriftverkehrs einverstanden, so wird dieser zurückgewiesen (Satz 1). Zudem schreibt Satz 3 für den Fall, dass der Schriftverkehr auf diese Weise überwacht wird, den Einsatz einer sogenannten Trennscheibe für Besuche des Verteidigers beim inhaftierten Beschuldigten vor, um auch insoweit eine Übergabe von Schriftstücken oder anderen Gegenständen zu verhindern.

Der **dringende Tatverdacht** muss sich nicht auf die Tat beziehen, deretwegen der Beschuldigte sich 31 nicht auf freiem Fuß befindet; dies ergibt sich implizit aus Satz 2. Auch ist irrelevant, welche Form von Haft gegen den Beschuldigten vollstreckt wird (*Meyer-Goßner/Schmitt* § 148 Rn. 18).

Der Gesetzgeber hat die – eng auszulegende (BVerfG StV 2012, 610, 611) – Norm im Zuge des Gesetzes zur Änderung des Untersuchungshaftrechts als »**Soll**«-**Vorschrift** formuliert, um die notwendige Flexibilität im Einzelfall zu gewährleisten. Zwar sei »in der Mehrzahl der Fälle eine Überwachung geboten« (BT-Drucks. 16/11644, S. 34 f.); jedoch seien auch Konstellationen denkbar, in denen dies nicht der Fall sei, so z.B. wenn sich der Beschuldigte von der Mitgliedschaft losgesagt habe oder mit den Strafverfolgungsbehörden kooperiere (BT-Drucks. 16/11644, S. 35; Bsp. hierfür: KG StV 2011, 296; s.a. OLG München StV 2013, 528 [»*Nationalsozialistischer Untergrund-NSU*«] m.i.E. zust. Anm. *Birkhoff/Hawickhorst* StV 2013, 540: Anhaltspunkte für Auflösung der terroristischen Vereinigung sowie keine Indizien für die Kommunikation mit Sympathisanten über die Verteidiger). Durch die Formulierung wird zudem verdeutlicht, dass es sich bei der Frage, ob eine Überwachung notwendig ist, um eine situativ zu beantwortende handelt. 32

Notwendig ist nach der Änderung des Gesetzes **stets** die **gesonderte richterliche Anordnung** der Beschränkung, auch sofern ein Haftbefehl wegen des dringenden Verdachts einer Straftat nach § 129a (i.V.m. § 129b) StGB erlassen worden ist. Mit dem **Begriff »Gericht«** wird auf die Regelung in § 126 Bezug genommen (BT-Drucks. 16/11644, S. 35). Ist noch kein Haftbefehl wegen § 129a (i.V.m. § 129b StGB) ergangen, so stellt § 148 Abs. 2 Satz 2 klar, dass in diesen Fällen das Gericht zuständig ist, das zum Erlass des Haftbefehls berufen wäre. Die Durchführung der Überwachung des Schriftverkehrs regelt § 148a. 33

Die Regelung ist, abgesehen von den §§ 31 ff. EGGVG, sowie der Anordnung des Ruhens des Rechts nach § 148 Abs. 1 im Ausschließungsverfahren nach §§ 138a ff. (dazu unter Rdn. 35 f.) **abschließend** (BGHSt 30, 38, 41; OLG Nürnberg StV 2001, 39). Insbesondere darf, sofern deren Voraussetzungen nicht erfüllt sind, nicht subsidiär auf § 4 Abs. 2 Satz 2 StVollzG bzw. auf die entsprechenden Vollzugsgesetze der Länder (z.B. Art. 6 Abs. 2 Satz 2 BayStVollzG) zurückgegriffen werden, um die Verwendung einer Trennscheibe beim Besuch eines Verteidigers wegen der konkreten Gefahr einer Geiselnahme des Verteidigers zum Zwecke der Freipressung zu legitimieren (so aber BGHSt 49, 61, 64 ff.). 34

§ 148 StPO Kommunikation des Beschuldigten mit dem Verteidiger

m. zust. Anm. *Arloth* Jura 2005, 108, 109 f. und krit. Anm. *Beulke/Swoboda* NStZ 2005, 67, 70; abl. auch LR-*Lüderssen/Jahn* § 148 Rn. 32 ff.; zust. hingegen KK/*Laufhütte/Willnow* § 148 Rn. 12). Auch ist keine zusätzliche optische Überwachung des Besuchs des Verteidigers im Falle der Verwendung einer Trennscheibe zulässig (LR-*Lüderssen/Jahn* § 148 Rn. 43; *Meyer-Goßner/Schmitt* § 148 Rn. 21).

35 **2. §§ 31 ff. GVG.** Die Normen, die die Kontaktsperre betreffen (vgl. dazu näher KK/*Laufhütte/Willnow* § 148 Rn. 2), gelten als leges speciales neben § 148 Abs. 2. Hieran ändert auch die jüngste Modifizierung des § 148 Abs. 2 nichts (BT-Drucks. 16/11644, S. 35).

36 **3. § 138c Abs. 3.** Schließlich ist der Verkehr zwischen Beschuldigtem und Verteidiger auch dann nicht frei von der Möglichkeit der Überwachung, wenn in einem Ausschließungsverfahren i.S.d. §§ 138a ff. angeordnet wird, dass das Recht auf unüberwachten Verkehr mit dem Beschuldigten gem. § 138c Abs. 1 Satz 1 bis zum Abschluss des Verfahrens ruht (hierzu näher unter § 138c Rdn. 15 ff.).

37 **C. Rechtsmittel.** Die Beantwortung der Frage, welcher Rechtsbehelf gegen Maßnahmen, die das Kontaktrecht betreffen, statthaft ist, richtet sich nach der Art der in Rede stehenden Maßnahme und der erlassenden Stelle. **Antragsbefugt** sind stets sowohl der Beschuldigte als auch der Verteidiger im eigenen Namen als Träger des Rechts (BGHSt 29, 135, 137, s.a. oben Rdn. 1); im Fall der Anfechtung einer Maßnahme nach § 148 Abs. 2 zudem die Staatsanwaltschaft (LR-*Lüderssen/Jahn* § 148 Rn. 50).

38 **I. Einzelmaßnahmen der Staatsanwaltschaft/Justizvollzugsanstalt.** Gegen **einzelfallbezogene Maßnahmen**, die die Staatsanwaltschaft bzw. die JVA erlassen hat und die den Kontakt zwischen Beschuldigten und Verteidiger betreffen, ist der **Antrag beim Haftrichter auf gerichtliche Entscheidung gem. §§ 119 Abs. 5 Satz 1, 119a, 126** statthaft (*Meyer-Goßner/Schmitt* § 148 Rn. 24; SK-StPO/*Wohlers* § 148 Rn. 51). Im Strafvollzugsverfahren gilt dies aufgrund des **§ 109 StVollzG** (ggf. durch Verweisung im Landesrecht, vgl. z.B. Art. 208 BayStVollzG).

39 Beruht die Maßnahme hingegen auf einem ministeriellen Erlass, d.h. auf einer allgemeinen, für sämtliche Beschuldigte gleichermaßen geltenden Regelung, so ist ein Antrag auf gerichtliche Entscheidung i.S.d. § 23 EGGVG statthaft (OLG Frankfurt a.M. StV 2005, 226, 227).

40 **II. Allgemeine Anordnungen der Justizvollzugsanstalt.** Gegen **allgemeine organisatorische Maßnahmen zur Gestaltung der Haft** seitens der JVA, z.B. zur Länge der Besuchszeiten (OLG Hamm NStZ 1985, 432), ist ein **Antrag auf gerichtliche Entscheidung gem. § 23 EGGVG** statthaft (OLG Frankfurt a.M. NStZ-RR 1996, 365 m.w.N.; *Meyer-Goßner/Schmitt* § 148 Rn. 24; *Grube* JR 2009, 362, 365 m.w.N.; **a. A.** KK/*Laufhütte/Willnow* § 148 Rn. 3 für den Fall, dass dem Verteidiger durch allgemeine Regelungen der Zugang zum Beschuldigten erschwert wird).

41 **III. Maßnahmen des Gerichts.** Hat das Gericht eine Maßnahme erlassen, die das Kontaktrecht nach **§ 148 Abs. 1** betrifft, ist hiergegen gem. **§ 304 Abs. 1** die **Beschwerde** statthaft (vgl. LG Darmstadt StV 2003, 628 zu einer verwehrten Besuchserlaubnis im Anbahnungsstadium).

42 Gegen die **Anordnung** von Maßnahmen i.S.d. **§ 148 Abs. 2** ist die Beschwerde hingegen wegen § 304 Abs. 4 Satz 2 und 5 ausgeschlossen (*Meyer-Goßner/Schmitt* § 148 Rn. 24. AnwK-StPO/*Krekeler/Werner* § 148 Rn. 23 weisen zu Recht daraufhin, dass die Maßnahmen inzidenter über eine Beschwerde gegen den Haftbefehl in Frage gestellt werden können, sofern sich der der Beschuldigte wegen des Verdachts des § 129a StGB in Haft befindet). Hinsichtlich der **Art und Weise** der Ausgestaltung der Besuchsräume (Sprechzellen mit Trennscheiben) ist lediglich ein **Antrag auf gerichtliche Entscheidung gem. § 23 EGGVG** statthaft (KG GA 1979, 340; *Meyer-Goßner/Schmitt* § 148 Rn. 25; SK-StPO/*Wohlers* § 148 Rn. 55, § 148a, Rn. 2; **a.A.** KK/*Laufhütte/Willnow* § 148 Rn. 18: Antrag beim Haftrichter). Zur Revisibilität der Durchführung der Kontrolle durch den Überwachungsrichter vgl. § 148a Rdn. 18 f.

§ 148a StPO Durchführung von Überwachungsmaßnahmen.

(1) ¹Für die Durchführung von Überwachungsmaßnahmen nach § 148 Abs. 2 ist der Richter bei dem Amtsgericht zuständig, in dessen Bezirk die Vollzugsanstalt liegt. ²Ist eine Anzeige nach § 138 des Strafgesetzbuches zu erstatten, so sind Schriftstücke oder andere Gegenstände, aus denen sich die Verpflichtung zur Anzeige ergibt, vorläufig in Verwahrung zu nehmen; die Vorschriften über die Beschlagnahme bleiben unberührt.
(2) ¹Der Richter, der mit Überwachungsmaßnahmen betraut ist, darf mit dem Gegenstand der Untersuchung weder befasst sein noch befasst werden. ²Der Richter hat über Kenntnisse, die er bei der Überwachung erlangt, Verschwiegenheit zu bewahren; § 138 des Strafgesetzbuches bleibt unberührt.

A. Grundsätzliches.

§ 148a regelt – fragmentarisch (LR/*Lüderssen/Jahn* § 148a Rn. 1) –, auf 1
welche Weise die in § 148 Abs. 2 Satz 1 (vgl. § 148 Rdn. 30 ff.) vorgesehenen Überwachungsmaßnahmen durchgeführt werden. Konkret benennt er den sogenannten Überwachungsrichter in Abs. 1 Satz 1 und beschreibt dessen Stellung im weiteren Verfahren näher (Abs. 2). Zudem statuiert die Norm Handlungsmaßgaben für den Fall, dass die Prüfung der dem Überwachungsrichter vorgelegten Gegenstände ergibt, dass diese tauglich sind, die in Rede stehende terroristische Vereinigung zu fördern (Abs. 1 Satz 2; *Welp* GA 1977, 129).

B. Regelungsgehalt. I. Der Überwachungsrichter. 1. Zuständigkeit (Abs. 1)

Der Richter des Amtsgerichts, in dessen Bezirk die betreffende Vollzugsanstalt liegt und der gem. Geschäftsverteilungsplan mit der Aufgabe der Überwachung betraut ist, ist zuständig für die Durchführung der in § 148 Abs. 2 angeordneten Überwachungsmaßnahmen. 2

Wegen des Grundsatzes der fehlenden Vorbefassung (dazu näher unter Rdn. 4 ff.) ist es dem betreffenden Richter weder gestattet noch wegen fehlender Aktenkenntnis möglich, zu prüfen, ob in dem betreffenden Fall die Anordnung einer Maßnahme nach § 148 Abs. 2 überhaupt rechtmäßig ist (LR/*Lüderssen/Jahn* § 148a Rn. 3). Zu prüfen hat er lediglich seine örtliche Zuständigkeit. 3

2. Ausschluss (Abs. 2 Satz 1) Gem. § 148a Abs. 2 Satz 1 darf der mit der Überwachung betraute 4
Richter mit dem Gegenstand der Untersuchung weder befasst sein noch befasst werden. Die Regelung begründet damit aufgrund der im Zuge der Kontrolle erlangten Kenntnis von Verteidigungsinterna einen gesetzlichen Fall der Verhinderung.

Betraut ist der Überwachungsrichter mit der Sache, wenn er mit der Prüfung von Schriftstücken bzw. 5
anderen Gegenständen in dem konkreten Ermittlungsverfahren begonnen hat. Die Zuständigkeit als Überwachungsrichter als solche genügt hierfür nicht (*Meyer-Goßner/Schmitt* § 148a Rn. 7).

Unter dem Begriff der **Befassung** ist jedwede Beteiligung an dem konkreten Strafverfahren (mit Ausnahme derjenigen als Verteidiger für einen einzigen überwachten Beschuldigten – insoweit ist die Norm teleologisch zu reduzieren, weil die Kenntnis von Verteidigerinterna in dieser Konstellation nicht schadet, vgl. KMR/*Müller* § 148a Rn. 8; SK-StPO/*Wohlers* § 148a Rn. 17; *Wessing* in Graf StPO § 148a Rn. 5; a. A. LR/*Lüderssen/Jahn* § 148a Rn. 16; *Meyer-Goßner/Schmitt* § 148a Rn. 8) sowie an jedem anderen Strafverfahren zu verstehen, das mit der den Gegenstand der Untersuchung bildenden prozessualen Tat irgendeine Berührung aufweist (LR/*Lüderssen/Jahn* § 148a Rn. 15). Auch die Tätigkeit in der Beschwerdeinstanz genügt insoweit, weil auch sie Kenntnis von Interna des Verteidigungsverhältnisses vermittelt (SK-StPO/*Wohlers* § 148a Rn. 18; LR/*Lüderssen/Jahn* § 148a Rn. 18; a. A. BGH bei *Pfeiffer/Miebach* NStZ 1983, 208, 209; KG NJW 1979, 771; KK/*Laufhütte/Willnow* § 148a Rn. 12; *Meyer-Goßner/Schmitt* § 148a Rn. 9; offen gelassen von BGHSt 29, 196, 199). 6

Dass der Überwachungsrichter in der Vergangenheit (z.B. als Haftrichter) mit dem Verfahren in Berührung gekommen ist, hindert sein Tätigwerden nicht (*Meyer-Goßner/Schmitt* § 148a Rn. 8). 7

3. Verschwiegenheitspflicht (Abs. 2 Satz 2) § 148a Abs. 2 Satz 2 statuiert in Ergänzung des Ausschlusses nach Abs. 2 Satz 1 für den Überwachungsrichter eine **Verschwiegenheitspflicht** mit Blick auf sämtliche Informationen, von denen er im Zuge seiner Überwachungstätigkeit Kenntnis erlangt. Auch die Modalitäten der Überwachung (Zeit der Vorlage, Anzahl der zur Prüfung vorgelegten Gegenstände etc.) werden von dieser Pflicht erfasst, denn hierdurch können mittelbar Schlüsse auf die Verteidigungsstrategie gezogen werden (SK-StPO/*Wohlers* § 148a Rn. 14; *Wessing* in: Graf StPO § 148a 8

§ 148a StPO   Durchführung von Überwachungsmaßnahmen

Rn. 6 und wohl auch AnwK-StPO/*Krekeler/Werner* § 148a Rn. 8, Fn. 12; **a. A.** KK/*Laufhütte/Willnow* § 148a Rn. 10; KMR/*Müller* § 148a Rn. 6; *Meyer-Goßner/Schmitt* § 148a Rn. 10).

9   Durch die Verschwiegenheitspflicht soll verhindert werden, dass – abgesehen von Mitteilungen im Rahmen einer Anzeige gem. § 138 StGB (dazu näher unter Rdn. 15) – jemand anderes als der Überwachungsrichter Kenntnis vom Inhalt des Schriftwechsels zwischen Verteidiger und Beschuldigtem – und damit von der Verteidigungsstrategie – erlangt (zu damit einhergehenden organisatorischen Vorsichtsmaßnahmen LR/*Lüderssen/Jahn* § 148a Rn. 12).

10   Die Prüfungspflicht ist daher eine **höchstpersönliche**. Der Überwachungsrichter darf jedoch ausnahmsweise insoweit externen Rat suchen, als er sich **sachverständiger Hilfe** bedienen darf (OLG Stuttgart NStZ 1983, 384: auch Vollzugsanstalt, aber keine Delegation der Prüfung in toto). Da **Dolmetscher** die Prüfung erst ermöglichen, und ein milderes Mittel gegenüber der Zurückweisung des Schriftverkehrs darstellen, ist auch deren Einsatz als zulässig zu erachten (LG Köln StV 1988, 536; LG Baden-Baden NStZ 1982, 81, 82; *Meyer-Goßner/Schmitt* § 148a Rn. 11; SK-StPO/*Wohlers* § 148a Rn. 12; **a. A.** *Kreitner* NStZ 1989, 5, 6 f.). Diese Helfer, sind, wie auch sonstige gerichtsinterne Gehilfen, ebenfalls zur Verschwiegenheit verpflichtet (*Meyer-Goßner/Schmitt* § 148a Rn. 11; **a. A.** HK/*Julius* § 148a Rn. 3, 5).

11   **II. Durchzuführende Überwachungsmaßnahmen.** Werden dem Überwachungsrichter aufgrund einer angeordneten Kontrollmaßnahme gem. § 148 Abs. 2 Schriftstücke oder sonstige Gegenstände zur Kontrolle vorgelegt, prüft er diese durch Lektüre bzw. Betrachtung (LR/*Lüderssen/Jahn* § 148a Rn. 4). Sodann hat er **drei Handlungsmöglichkeiten**:

12   Ergibt seine Prüfung, dass der Schriftwechsel bzw. die zur Übersendung bestimmten Gegenstände nicht der Förderung der in Rede stehenden terroristischen Vereinigung bestimmt sind, so hat er anzuordnen, dass die Gegenstände an den Adressaten weitergeleitet werden.

13   Ob die Sendung **sonstigen verteidigungsfremden Zwecken** dient, hat er hingegen wegen des fehlenden Bezugs zu der ihn zur Kontrolle ermächtigenden Anordnung der Überwachung nicht zu prüfen; stellt er sie dennoch fest, berechtigen sie ihn nicht zur Zurückweisung der Sendung (KG JR 1979, 216; LR/*Lüderssen/Jahn* § 148a Rn. 5 f.; Radtke/Hohmann/*Reinhart* § 148a Rn. 7; *Wessing* in Graf StPO § 148a Rn. 3; *Beulke* Verteidiger im Strafverfahren, S. 196; LG Regensburg sowie LG Berlin, beide StV 1988, 538: Ausschluss allenfalls bei eindeutigem Missbrauch, der aus der Sicht der Verteidigung zu bestimmen ist – ebenso LG Baden-Baden NStZ 1982, 81; AnwK-StPO/*Krekeler/Werner* § 148a Rn. 4; *Meyer-Goßner/Schmitt* § 148a Rn. 3; LG Köln NJW 1979, 1173; **a. A.** OLG Hamburg NJW 1979, 1724; OLG Stuttgart NStZ 1983, 384; LG Frankfurt a.M. StV 1995, 645; KK/*Laufhütte/Willnow* § 148a Rn. 8).

14   Kommt der Überwachungsrichter bei der Prüfung der ihm vorgelegten Sendung zu dem Ergebnis, dass diese sich auf die Förderung der terroristischen Vereinigung bezieht, so untersagt er deren Beförderung und leitet die betreffenden Gegenstände, zusammen mit einem begründeten Beschluss (*Meyer-Goßner/Schmitt* § 148a Rn. 3), an den Absender zurück. Die Staatsanwaltschaft ist wegen der Verpflichtung des Überwachungsrichters zur Verschwiegenheit (s.o. Rdn. 8) entgegen § 33 Abs. 2 nicht zuvor zu hören (BayObLG MDR 1979, 862).

15   Ist eine Anzeige nach § 138 StGB zu erstatten, so nimmt er die Gegenstände, aus denen sich die Anzeigepflicht ergibt, einstweilen bis zu ihrer Beschlagnahme (§ 97 gilt insoweit nicht, vgl. BGH StV 1990, 146) in Verwahrung und erstattet die Anzeige (Abs. 1 Satz 2). Die Beschlagnahme kann auch aufgrund eines bereits anhängigen Ermittlungsverfahrens erfolgen (BGH StV 1990, 146 m. abl. Anm. *Nestler-Tremel*; *Meyer-Goßner/Schmitt* § 148a Rn. 5; **a. A.** HK/*Julius* § 148a Rn. 1; SK-StPO/*Wohlers* § 148a Rn. 8). Erfolgt keine Beschlagnahme in angemessener Frist, so sind die Gegenstände an den Adressaten zurückzugeben (KMR/*Müller* § 148a Rn. 3).

16   Weitergehende Handlungen (etwa die Initiierung eines Verteidigerausschlussverfahrens) sind ihm wegen seiner Verpflichtung zur Verschwiegenheit nicht erlaubt (LR/*Lüderssen/Jahn* § 148a Rn. 13).

17   **C. Rechtsmittel. I. Beschwerde.** Der **statthafte Rechtsbehelf** gegen Maßnahmen des Überwachungsrichters ist die **Beschwerde** (§ 304 Abs. 1). **Beschwerdebefugt** sind der Beschuldigte und sein Verteidiger (Radtke/Hohmann/*Reinhart* § 148a Rn. 11). **Zuständig** hierfür ist das Landgericht (BGHSt 29, 196, 199; BayObLG StV 1990, 201; SK-StPO/*Wohlers* § 148a Rn. 20).

II. Revision. Ist entgegen dem in Abs. 2 Satz 1 normierten **Ausschlussprinzip** (dazu o. Rdn. 4 ff.) ein 18
mit der Sache befasster Richter mit der Überwachung betraut worden, so begründet dies den absoluten
Revisionsgrund des **§ 338 Nr. 2**.
Beruht das Urteil auf der Verletzung der **Verschwiegenheitspflicht** (hierzu o. Rdn. 8), so begründet dies 19
die Revision nach § 337 (LR/*Lüderssen/Jahn* § 148a Rn. 22 m.w.N.). Dieser Weg ist auch zu wählen,
wenn die Strafanzeige des Überwachungsrichters wegen einer möglichen bevorstehenden Straftat
nach § 138 StGB der Staatsanwaltschaft das Verteidigungskonzept zur Kenntnis gebracht hat und
das Verfahren in der Folge eingestellt worden ist (BGH NStZ 1984, 419 m. krit. Anm. *Gössel*; krit.
auch LR/*Lüderssen/Jahn* § 148a Rn. 22). Gleiches gilt für bis zum Urteil **fortwirkende Entscheidungen
des Überwachungsrichters** (SK-StPO/*Wohlers* § 148a Rn. 24; vgl. auch LR/*Lüderssen/Jahn* § 148a
Rn. 23 zum Verhältnis zu § 336).

§ 149 StPO Zulassung von Beiständen.
(1) ¹Der Ehegatte oder Lebenspartner eines Angeklagten ist in der Hauptverhandlung als Beistand zuzulassen und auf sein Verlangen zu hören. ²Zeit und Ort der Hauptverhandlung sollen ihm rechtzeitig mitgeteilt werden.
(2) Dasselbe gilt von dem gesetzlichen Vertreter eines Angeklagten.
(3) Im Vorverfahren unterliegt die Zulassung solcher Beistände dem richterlichen Ermessen.

A. Grundsätzliches. Mit § 149 erkennt der Gesetzgeber das natürliche Fürspracheinteresse der 1
dem Beschuldigten nahestehenden Personen (für Ehegatten vgl. BGHSt 44, 82, 86) sowie das Bedürfnis des Beschuldigten nach psychischer Entlastung und Stabilisierung (*Wollweber* NJW 1999, 620) an.
Trotz dieser Intention und des Standorts der Norm im 11. Abschnitt des 1. Buchs der StPO stehen dem
Beistand – anders als demjenigen im Jugendstrafverfahren (vgl. § 69 Abs. 3 Satz 2 JGG) – nicht die
Rechte eines Verteidigers zu (*Wessing* in Graf StPO § 149 Vor Rn. 1).
Die Vorschrift wurde zuletzt durch das »Gesetz zur Beendigung der Diskriminierung gleichgeschlecht- 2
licher Gemeinschaften: Lebenspartnerschaften« v. 16.02.2001 (BGBl. I S. 266) geändert (vgl. allgemein zur Entstehungsgeschichte der Norm *Kaum* Der Beistand im Strafprozessrecht, 1992, S. 44 ff.;
LR/*Lüderssen/Jahn* § 149 Vor Rn. 1).

B. Regelungsgehalt. I. Persönlicher Anwendungsbereich. § 149 Abs. 1 erfasst **Ehegatten** 3
und **Lebenspartner** i.S.d. § 1 LPartG. Voraussetzung hierfür ist nach dem Sinn der Norm, dass die
Ehe bzw. Lebenspartnerschaft zu diesem Zeitpunkt noch existiert (LR/*Lüderssen/Jahn* § 149 Rn. 1;
vgl. dort auch Rn. 1 zum Widerruf bei Ende der Ehe/Lebenspartnerschaft).
§ 149 Abs. 2 benennt den **gesetzlichen Vertreter** als möglichen Beistand. Die Norm ergänzt damit 4
§ 137 Abs. 2. Ob von § 149 auch der **Betreuer i.S.d. §§ 1896 ff. BGB** erfasst bzw. ob die Norm insoweit analog anzuwenden ist, ist umstritten. Zum Teil wird die Frage verneint mit dem Argument, die
Betreuung führe nicht zur Geschäftsunfähigkeit, so dass keine gesetzliche Vertretung vorliege. Zudem
handele es sich, sofern eine Unterbringung in Betracht komme, um einen Fall notwendiger Verteidigung, so dass auch eine analoge Anwendung der Norm nicht möglich sei (so BGH NStZ 2008, 524,
525; *Wessing* in Graf StPO, § 149 Rn. 1). Überzeugender erscheint es jedoch, wegen § 1902 BGB sowie
wegen des Zwecks des § 149, der auch auf die Konstellation der Betreuung passt, eine entsprechende
Anwendung der Norm jedenfalls dann zu bejahen, wenn der Betreuer dem Beschuldigten allgemein
oder für die Vertretung in Strafverfahren bestellt worden ist oder nach Auffassung des Betreuers ein
Bezug zu dem übertragenen Aufgabengebiet besteht (so auch KG FamRZ 2005, 1776; LR/*Lüderssen/
Jahn* § 149 Rn. 1; *Meyer-Goßner/Schmitt* § 149 Rn. 1; SK-StPO/*Wohlers* § 149 Rn. 3; *Elzer* BtPrax
2000, 139, 140).
Dass der Ehegatte bzw. Lebenspartner gesetzlicher Vertreter oder Betreuer mitangeklagt oder als Zeuge 5
benannt ist, hindert die Beistandstauglichkeit nicht (Ehefrau als Zeugin: BGHSt 4, 204; mitangeklagter Ehegatte: RG JW 1916, 857).

II. Zulassungsvoraussetzungen. Die Zulassung eines Beistandes setzt stets einen entsprechenden 6
Antrag voraus (RGSt 41, 348). In diesem Zusammenhang ist die **Antragsberechtigung des Beschuldigten** umstritten (dagegen RGSt 38, 106; OLG Düsseldorf NJW 1979, 938; *Meyer-Goßner/Schmitt* § 149

§ 150 StPO

Rn. 1; *Wessing* in Graf StPO § 149 Rn. 2; dafür SK-StPO/*Wohlers* § 149 Rn. 6). Für ein Antragsrecht spricht der Sinn und Zweck des Rechtsinstituts (in diese Richtung auch LR/*Lüderssen/Jahn* § 149 Rn. 17). **Zuständig** für die Entscheidung ist – während des Vorverfahrens (zu diesem Begriff näher LR/*Lüderssen/Jahn* § 149 Rn. 11) entsprechend § 141 Abs. 4, 1. Halbs., 1. Var. – der Vorsitzende des für das Hauptverfahren zuständigen Gerichts (*Meyer-Goßner/Schmitt* § 149 Rn. 2).

7   Kontrovers diskutiert wird des Weiteren, ob die Zulassung eines Beistands im Falle des § 149 Abs. 1 von der **Zustimmung des Beschuldigten** abhängt (abl. *Meyer-Goßner/Schmitt* § 149 Rn. 1). Für ein derartiges Zustimmungserfordernis spricht, dass ansonsten bei in der Auflösung begriffenen, aber zum Zeitpunkt des Antrags noch existenten Ehen bzw. Lebenspartnerschaften eine dem Zweck der Regelung widersprechende aufgedrängte Fürsorge geschaffen würde (i.E. ebenso AnwK-StPO/*Krekeler/Werner* § 149 Rn. 2; LR/*Lüderssen/Jahn* § 149 Rn. 4; SK-StPO/*Wohlers* § 149 Rn. 7; *Wessing* in Graf StPO § 149 Rn. 3).

8   **III. Rechte des Beistands.** Aus dem Recht, als Beistand zugelassen zu werden, folgt ein Anspruch auf *möglichst baldige* Zulassung (BGHSt 4, 205, 206); gem. § 149 Abs. 1 Satz 2 sollen ihm Zeit und Ort der Hauptverhandlung rechtzeitig mitgeteilt werden. Eine förmliche Ladung ist hingegen nicht vonnöten (*Meyer-Goßner/Schmitt* § 149 Rn. 4). Im Vorverfahren unterliegt die Zulassung eines Beistands gem. § 149 Abs. 3 dem richterlichen Ermessen, das pflichtgemäß ausgeübt werden muss.

9   Dem Beistand kommt nach dem Normzweck eine **Beratungsfunktion** zu. Er hat nach dem Gesetzeswortlaut zudem ein **Anhörungsrecht** in der Hauptverhandlung (für eine Einbeziehung bei verfahrensbeendenden Absprachen *Wollweber* NJW 1999, 620, 621); dieses schließt das **Recht zur Teilnahme und Anwesenheit** ein, wobei ggf. die die Anwesenheitsrechte von Zeugen betreffenden Regelungen sowie § 247 dieses Recht modifizieren können (BGHSt 47, 62, 64 ff.). Das Anhörungsrecht umfasst das **Recht zur ausführlichen Stellungnahme** in tatsächlicher und rechtlicher Hinsicht (BGHSt 44, 82, 86). Unterschiedlich beurteilt wird, ob ihm auch das **Fragerecht** gem. § 240 Abs. 2 zusteht (dagegen BayObLG NJW 1998, 1655 m. abl. Anm. *Wollweber* NJW 1999, 620). Zugunsten einer derartigen Befugnis streitet auch insoweit der Sinn und Zweck der Beistandsregelung, den Beschuldigten bei seiner Verteidigung zu unterstützen (BGHSt 44, 82, 86; 47, 62, 64; LR/*Lüderssen/Jahn* § 149 Rn. 6; *Wessing* in Graf StPO § 149 Rn. 4).

10 **Weitergehende Rechte** stehen ihm **nicht** zu; insbesondere steht ihm weder ein Beweisantragsrecht zu, noch die dem Verteidiger vorbehaltenen Rechte nach §§ 147 f. (BGHSt 47, 62, 66; 44, 82, 87; *Meyer-Goßner/Schmitt* § 148 Rn. 3).

11 **C. Rechtsmittel. I. Beschwerde.** Sowohl gegen die Zulassung, als auch gegen deren Verweigerung oder Widerruf ist die Beschwerde gem. § 304 Abs. 1 statthaft, sofern keine Senatsentscheidung i.S.d. § 304 Abs. 4 angegriffen wird. **Beschwerdebefugt** ist jeweils der Beschuldigte, im ersten Fall zudem die Staatsanwaltschaft, im zweiten Fall der Antragsteller (OLG Düsseldorf NJW 1997, 2533). § 305 Satz 1 steht dem nicht entgegen (*Meyer-Goßner/Schmitt* § 149 Rn. 5).

12 **II. Revision.** Rechtsmittelberechtigt sind sowohl der Angeklagte (BGHSt 47, 62), als auch der Ehegatte bzw. Lebenspartner (LR/*Lüderssen/Jahn* § 149 Rn. 21; a. A. OLG Düsseldorf NJW 1997, 2532; KK/*Laufhütte/Willnow* § 149 Rn. 6) und gem. § 298 der gesetzliche Vertreter.

13 Die Revision ist i.S.d. § 337 begründet, sofern das Urteil auf der gesetzeswidrigen Versagung oder der verspäteten Zulassung beruht (BGHSt 4, 205; *Meyer-Goßner/Schmitt* § 149 Rn. 5). Gleiches gilt in den Fällen, in denen die Rechte des Beistands in unverhältnismäßiger Weise beschränkt wurden (BGHSt 44, 82, 88) oder eine Benachrichtigung nach § 149 Abs. 1 Satz 2 nicht rechtzeitig erfolgte (HK/*Julius* § 149 Rn. 8; *Meyer-Goßner/Schmitt* § 149 Rn. 5; offen gelassen von BGHSt 44, 82, 84 f.).

§ 150 StPO   *(weggefallen)*

Zweites Buch. Verfahren im ersten Rechtszug

Erster Abschnitt. Öffentliche Klage

§ 151 StPO Anklagegrundsatz. Die Eröffnung einer gerichtlichen Untersuchung ist durch die Erhebung einer Anklage bedingt.

A. Anklagegrundsatz. Diese Vorschrift begründet den **Anklagegrundsatz** (**Akkusationsprinzip:** 1 nemo iudex sine actore): Nur aufgrund einer Anklage kann es zu einer gerichtlichen Untersuchung kommen. Die Erhebung der öffentlichen Klage erfolgt durch Einreichung einer Anklageschrift (§ 170 Abs. 1 Halbs. 2). Sie kann aber auch mündlich erhoben werden, nämlich in der Hauptverhandlung als Nachtragsanklage, § 266 Abs. 2 S. 1, und im beschleunigten Verfahren, § 418 Abs. 3.
Weitere Formen der Klageerhebung sind: 2
– Antrag auf Erlass eines Strafbefehls, § 407.
– Antrag auf Anordnung von Maßregeln der Besserung und Sicherung im Sicherungsverfahren, §§ 413, 414 Abs. 2.
– Antrag nach § 440 im objektiven Verfahren (auf Anordnung der Einziehung).
– Antrag im vereinfachten Jugendverfahren nach § 76 JGG (schriftlich oder mündlich).
– Erhebung der Privatklage durch den Verletzten oder sonst Berechtigten, § 374.

B. Gerichtliche Untersuchung. Mit Erhebung der Anklage wird die Sache bei Gericht anhängig. Die gerichtliche Untersuchung beginnt jedoch nicht automatisch, sondern bedarf noch eines förmlichen Eröffnungsbeschlusses nach § 203 und der Zulassung der Anklage zur Hauptverhandlung, § 207. Erst damit tritt Rechtshängigkeit ein. Bis dahin kann die StA die Klage noch zurücknehmen, § 156. 3

C. Prozessvoraussetzung. Als Prozessvoraussetzung ist in jedem Verfahrensstadium, einschließlich der Revisionsinstanz, zu prüfen, ob die Klage – ordnungsgemäß – erhoben ist. Sie muss inhaltlich den gesetzlichen Mindestanforderungen des § 200 genügen. Zugleich bestimmt und begrenzt sie den der gerichtlichen Untersuchung und Entscheidung zugrundezulegenden Sachverhalt, § 155 Abs. 1. 4

§ 152 StPO Anklagebehörde, Legalitätsgrundsatz. (1) Zur Erhebung der öffentlichen Klage ist die Staatsanwaltschaft berufen.
(2) Sie ist, soweit nicht gesetzlich ein anderes bestimmt ist, verpflichtet, wegen aller verfolgbaren Straftaten einzuschreiten, sofern zureichende tatsächliche Anhaltspunkte vorliegen.

A. Anklagemonopol und Offizialprinzip. In Abs. 1 wird häufig die Begründung des **Anklagemonopols** der StA gesehen (*Meyer-Goßner/Schmitt*, § 152 Rn. 1; KMR/*Plöd*, § 152 Rn. 1; LR/*Beulke*, § 152 Rn. 5; *Pfeiffer*, § 152 Rn. 1). Zwar wird in der Praxis in Deutschland die weitaus größte Zahl der öffentlichen Klagen von den StA erhoben, dies gilt jedoch nicht ausschließlich. So können auch die Steuerbehörden nach § 386 Abs. 1 und 2 AO Ermittlungsverfahren selbstständig durchführen und nach §§ 399 Abs. 1, 400 AO beim Richter den Erlass eines Strafbefehls beantragen. 1
Das **Offizialprinzip** besagt, dass die Strafverfolgung grds. dem Staat obliegt und nicht dem einzelnen Bürger. Auch das Offizialprinzip wird häufig mit Abs. 1 in Verbindung gebracht (*Meyer-Goßner/Schmitt*, § 152 Rn. 1; *Pfeiffer*, § 152 Rn. 1). Dabei ist das Anklagemonopol der StA (besser: Anklagezuständigkeit) nicht mit dem Offizialprinzip gleichzusetzen. Die Einsetzung einer besonderen Anklagebehörde ist vielmehr eine Ableitung hieraus: Die Aufgabe der Strafverfolgung, namentlich die Funktion des Anklägers, wird der StA übertragen. Durchbrochen ist das Offizialprinzip bei den Privat- 2

klagedelikten (§§ 374 ff.). Hier kommt die Klägerfunktion nicht dem Staat durch die StA zu, sondern dem einzelnen Verletzten oder sonst Berechtigten.

3 **B. Legalitätsgrundsatz.** Abs. 2 unterwirft die StA dem **Legalitätsgrundsatz**. Sie ist grds. – unter den dort genannten Voraussetzungen – **zum Einschreiten verpflichtet**. Dies bedeutet Verfolgungszwang ggü. jedem Verdächtigen (BVerfG, NStZ 1982, 430). Der Legalitätsgrundsatz ist eine Ausprägung der Rechtsstaatsgarantie des Grundgesetzes. Er sichert die Gleichbehandlung der Betroffenen (Art. 3 Abs. 1 GG) und strafrechtliche Gerechtigkeit durch die Einheitlichkeit der Rechtsanwendung (BGHSt 15, 159). Der Legalitätsgrundsatz ist das notwendige Korrelat zum Anklagemonopol (Abs. 1) der StA. Er wird gesichert durch das Klageerzwingungsverfahren (§§ 172 ff.) und durch Strafvorschriften (§§ 258, 258a StGB). Auch das Weisungsrecht (§ 146 GVG) wird hierdurch begrenzt. Rechtswidrige Weisungen darf der StA nicht befolgen.

4 Das Einschreiten der StA steht am Beginn der Ermittlungen. Dementsprechend enthält die StPO, nach den Vorschriften über die Ausnahmen vom Verfolgungszwang (§§ 153 bis 154e), in den §§ 158 bis 169a weitere Regelungen zu den Ermittlungen. Erst danach erfolgt die Entscheidung der StA gem. § 170, ob sie Anklage erhebt oder das Ermittlungsverfahren einstellt. Die Ermittlungsbefugnisse der StA ergeben sich jedoch nicht nur aus diesen Bestimmungen. Sie ist vielmehr berechtigt und verpflichtet, auch solche Maßnahmen im Rahmen ihrer Ermittlungen zu ergreifen, die im Ersten Buch der StPO (Allgemeine Vorschriften) enthalten sind und nur mithilfe des Richters veranlasst bzw. durchgeführt werden können (wie bspw. Beschlagnahmen, § 94, Überwachungen des Fernmeldeverkehrs, §§ 100a ff., Durchsuchungen, §§ 102 ff., oder der Einsatz eines verdeckten Ermittlers, §§ 110a ff.). § 160 ergänzt § 152 Abs. 2 dahin gehend, dass er die StA zur (umfassenden) Erforschung des Sachverhalts verpflichtet.

5 Damit regeln die Bestimmungen der §§ 152, 160 und 170 Abs. 1 lückenlos die Verpflichtungen der StA bis zur Anklageerhebung. Mit dieser hat die StA formell ihre Verpflichtungen aus dem Legalitätsgrundsatz erfüllt, doch wird auch die weitere Beteiligung der StA im Haupt- und Rechtsmittelverfahren durch den Legalitätsgrundsatz zumindest mittelbar beeinflusst (KK-StPO/*Schoreit*, § 152 Rn. 14a; *Pfeiffer*, § 152 Rn. 1; *Strate*, StV 1985, 338; a. A. *Geppert*, GA 1979, 300).

6 **C. Anfangsverdacht. I. Zureichende tatsächliche Anhaltspunkte.** Ein Ermittlungsverfahren ist bei Bestehen eines sog. **Anfangsverdachts** einzuleiten. Dieser liegt bei »zureichenden tatsächlichen Anhaltspunkten« für »verfolgbare Straftaten« vor. Es müssen konkrete Tatsachen (OLG Hamburg, GA 1984, 289 f.), zumindest in Form von Indizien, vorhanden sein, die nach kriminalistischen Erfahrungen einen Verstoß gegen Strafnormen als möglich erscheinen lassen (BVerfG, NStZ-RR 2004, 206; NJW 1994, 783, 784; *Hund*, ZRP 1991, 463, 464; *Kuhlmann*, NStZ 1983, 130). Damit kann auch durch ein an sich legales Verhalten ein Anfangsverdacht begründet werden, wenn weitere Anhaltspunkte hinzutreten (»Fall Edathy« BVerfG NJW 2014, 3085; im Hinblick auf einen kriminalistischen Erfahrungssatz, wonach die Grenze zur strafbaren Kinderpornographie bei Bezug von als strafrechtlich relevant einschätzbarer Medien über das Internet – jedenfalls bei Anbietern, die auch eindeutig strafbares Material liefern – nicht zielsicher eingehalten werden könne und auch regelmäßig überschritten werde; kritisch zur Annahme »kriminalistischer Erfahrungssätze« *Hoven*, NStZ 2014, 361). Bloße Vermutungen reichen dagegen nicht aus (BVerfGE 44, 353; BVerfGE 115, 166; OLG Hamburg, NJW 1984, 1635; LR/*Beulke*, § 152 Rn. 22). Andererseits braucht der Anfangsverdacht aber weder dringend (vgl. §§ 111a, 112) noch hinreichend (vgl. § 203) zu sein (OLG München, NStZ 1985, 549, 550). Bei der Frage, ob **zureichende** tatsächliche Anhaltspunkte vorliegen, steht der StA ein gewisser Beurteilungsspielraum zu, da es sich insoweit um einen unbestimmten Rechtsbegriff handelt (BGH, NStZ 1988, 510, 511).

7 Ob Tatsachen, die einem Beweisverwertungsverbot unterliegen, zur Begründung eines Anfangsverdachts herangezogen werden dürfen, ist streitig (KK-StPO/*Schoreit*, § 152 Rn. 32; SK-StPO/ *Weßlau*, § 152 Rn. 18; AK-StPO/*Schöch*, § 152 Rn. 11). Im Ergebnis wird zwischen der Schwere des Verfahrensverstoßes einerseits und der aufzuklärenden Straftat andererseits abzuwägen sein (*Meyer-Goßner/Schmitt*, § 152 Rn. 4; LR/*Beulke*, § 152 Rn. 26, 27); insb. darf die StA aufgrund dieser Erkenntnisse weitere Ermittlungen vornehmen und darauf aufbauend dann den Anfangsverdacht bejahen (BGHSt 27, 355; KMR/*Plöd*, § 152 Rn. 20).

II. Vorermittlungen. Zur Klärung, ob bekanntgewordene Umstände den Anfangsverdacht einer verfolgbaren Straftat begründen, sind Vorermittlungen zulässig. Nur so wird es der StA ermöglicht, Umstände, die noch nicht alle Elemente einer verfolgbaren Straftat aufweisen, aber Anhaltspunkte für sachdienliche weitere Abklärungen liefern, dahin gehend zu überprüfen, ob weitere Erkenntnisse für die Klärung des Vorliegens eines Anfangsverdachts gewonnen werden können (*Pfeiffer*, § 152 Rn. 1c). Da die StA nach dem Legalitätsgrundsatz verpflichtet ist, bei zureichend tatsächlichen Anhaltspunkten wegen aller verfolgbaren Straftaten einzuschreiten, muss es ihr zur Erfüllung dieser Verpflichtung auch gestattet sein, durch Vorermittlungen zu überprüfen, ob die geforderten Voraussetzungen tatsächlich vorliegen. Dies entspricht der herrschenden Meinung (BGHSt 38, 214, 227; BayObLGSt 1985, 71, 75; *Meyer-Goßner/Schmitt*, § 152 Rn. 4a; *Lange*, DRiZ 2002, 264). Zu Eingriffsmaßnahmen ist die StA mangels Tatverdachts in diesem Verfahrensstadium nicht berechtigt. Von Vorermittlungen betroffene Personen haben die Rechtsstellung von Zeugen. Die Vorermittlungen können nicht nur dazu führen, zureichende tatsächliche Anhaltspunkte zu begründen, sondern auch dazu, zu Unrecht einer Straftat verdächtigte Personen zum frühest möglichen Zeitpunkt zu entlasten. Hierdurch wird vermieden, dass diese förmlich Beschuldigte und mit einem Ermittlungsverfahren überzogen werden. Während der Vorermittlungen wird der Vorgang bei der StA in das AR-Register eingetragen. Erst nach Bejahung eines Anfangsverdachts, worüber i.d.R. ein Aktenvermerk zu fertigen ist, erfolgt eine Umtragung in das Js-Register gegen den bekannten Tatverdächtigen bzw. das UJs-Register, falls ein solcher (noch) nicht bekannt ist.

Hiervon zu unterscheiden sind die **polizeilichen Vorfeld- oder Initiativermittlungen**. Diese unterfallen nicht der StPO, dementsprechend sind auch deren Eingriffs- und Ermächtigungsgrundlagen nicht anwendbar. Z.T. ist eine Regelung in den Polizei- und Sicherheitsgesetzen des Bundes und der Länder erfolgt bzw. wird eine solche angestrebt. Die Polizei sucht in diesem Stadium aufgrund von Hinweisen oder Vermutungen erst nach tatsächlichen Anhaltspunkten, um einen Anfangsverdacht begründen und dann nach der StPO weiter verfahren zu können. Es handelt sich um eine vorbeugende Bekämpfung von Kriminalität, mit dem Ziel, diese operativ aufzuspüren und zurückzudrängen (*Pfeiffer*, § 152 Rn. 1b m.w.N.; krit. KK-StPO/*Schoreit*, § 152 Rn. 18c, d). Von besonderer Bedeutung ist hierbei der Bereich des Terrorismus und der organisierten Kriminalität, da aufgrund der Abschottung i.d.R. keine Anzeigen eingehen oder Zufallserkenntnisse bekannt werden.

III. Ermittlungsverfahren gegen Unbekannt. Besteht ein Anfangsverdacht einer Straftat, ist der Täter jedoch noch unbekannt, wird das Ermittlungsverfahren zunächst gegen Unbekannt geführt (UJs-Register). Wie z.B. § 69 Abs. 1 S. 2 zeigt, ging auch der Gesetzgeber davon aus, dass es ein Ermittlungsverfahren gegen einen (noch) unbekannten Beschuldigten geben kann. Sobald eine zureichend tatverdächtige Person ermittelt ist, muss diese zum Beschuldigten gemacht werden und das Ermittlungsverfahren gegen ihn geführt werden, was durch Umtragung vom UJs-Register in das Js-Register erfolgt. Hat ein Polizeibeamter als Ermittlungsperson der StA auf der Grundlage des § 163 Abs. 1 bereits einen Anfangsverdacht gegen eine bestimmte Person bejaht und Ermittlungen durchgeführt, so ist es der StA verwehrt, diese Entscheidung rückgängig zu machen. Das förmlich durch Eintragung des Beschuldigten in das Js-Register einzuleitende Verfahren ist vielmehr unverzüglich nach § 170 Abs. 2 einzustellen, falls der Staatsanwalt bereits einen Anfangsverdacht verneint hätte.

D. Verfolgbare Straftaten. Zur Feststellung der tatsächlichen Anhaltspunkte kommt eine rechtliche Prüfung hinzu (vgl. dazu die »Richtlinien für die Prüfung eines Anfangsverdachts wegen einer Straftat« des GenStA Brandenburg, JMBl. Brandenburg 1998, 106 ff.).

I. Straftaten. Die Verpflichtung zum Einschreiten bezieht sich auf **Straftaten**, nicht auf Ordnungswidrigkeiten und Disziplinarsachen. Es muss sich um nach materiellem Strafrecht tatbestandsmäßiges, rechtswidriges und schuldhaftes Verhalten handeln.

II. Verfolgbarkeit. Die Straftat muss **verfolgbar** sein. Ein Anfangsverdacht scheidet daher bei offensichtlich bestehender Notwehr- oder Nothilfehandlung aus. Die Strafklage darf auch nicht verbraucht sein und es dürfen keine Verfahrenshindernisse wie Verjährung entgegenstehen. Auf behebbare Verfahrenshindernisse hat die StA hinzuwirken, wie z.B. fehlender Strafantrag bei Antragsdelikten, wenn eine Strafverfolgung im öffentlichen Interesse geboten ist, oder bei bestehender Immunität. Die höchstrich-

§ 152a StPO Landesgesetzliche Vorschriften über d. Strafverfolgung v. Abgeordneten

terliche Rechtsprechung ist zu beachten soweit es sich um eine **feste** höchstrichterliche Rechtsprechung handelt (BGHSt 15, 155, 158). Die StA ist zwar nur zur richtigen Rechtsanwendung verpflichtet. Eine feste höchstrichterliche Rechtsprechung kann jedoch einen gegenteiligen Standpunkt als aussichtslos erscheinen lassen (*Pfeiffer*, § 152 Rn. 2).

14 **E. Opportunitätsprinzip.** Der Verfolgungszwang besteht nur, **soweit nicht gesetzlich ein anderes bestimmt ist.** Dies bezieht sich v.a. auf die Vorschriften der §§ 153 bis 154e, 376, § 45 JGG, § 31 BtMG. Die StA kann danach, unter den dort genannten weiteren Voraussetzungen, trotz hinreichenden Tatverdachts von der weiteren Verfolgung absehen. Diese Ausnahme vom Verfolgungszwang trotz an sich bestehender Verfolgungsvoraussetzungen wird als **Opportunitätsprinzip** bezeichnet (*Weigend* ZStW 109, 103). Dessen Ausübung wird z.T. an wertende Kriterien geknüpft (z.B. »Schuld gering«, »kein öffentliches Interesse« bei § 153; »nicht beträchtlich ins Gewicht fällt« bei § 154 Abs. 1 Nr. 1), die einen Beurteilungsspielraum eröffnen. Trotz der Formulierung »kann« in den §§ 153 ff. bzw. sogar des zusätzlichen Ausdrucks »Ermessen« in § 31 BtMG und in § 467 Abs. 4 handelt es sich um keine Ermessensentscheidung i.S.e. freien Wahlrechts zwischen Verfolgung oder Nichtverfolgung, sondern um Rechtsanwendung mit einer gewissen Bandbreite an Entscheidungsmöglichkeiten (KK-StPO/ *Schoreit*, § 152 Rn. 23 m.w.N.).

15 **F. Güter- und Pflichtenabwägung.** Die StA ist nach dem Legalitätsgrundsatz zur Verfolgung von Straftaten verpflichtet, die StPO trifft jedoch keine Bestimmung zum Zeitpunkt des Einschreitens. Zwar wird die StA grds. unverzüglich tätig, das erkennbare Einschreiten kann jedoch zeitweise aufgeschoben werden, wenn dies aus kriminaltaktischen Maßnahmen z.B. zur Identifizierung von Hinterleuten, Mittätern oder sonstigen wichtigen Beteiligten geboten und auch vertretbar ist. Die Güter- und Interessenabwägung kann eine Zurückstellung des Einschreitens auch gebieten, wenn dies zum Schutz besonders gewichtiger Rechtsgüter erforderlich ist, etwa bei einer akuten Gefahr für Geiseln (*Meyer-Goßner/Schmitt*, § 152 Rn. 6; beim Zusammentreffen der Aufgaben der Strafverfolgung und der Gefahrenabwehr s. RiStBV Anlage A, Gemeinsame Richtlinien der Justiz- und Innenminister über die Anwendung unmittelbaren Zwangs).

16 **G. Anfechtbarkeit.** Verneint die StA den Anfangsverdacht aus Rechtsgründen und klärt deshalb den Sachverhalt in tatsächlicher Hinsicht nicht auf, ist ausnahmsweise das gerichtliche Verfahren nach §§ 172 ff. zulässig. Dieses wird nicht als Klage-, sondern als Ermittlungserzwingungsverfahren behandelt, das ggf. mit der Anweisung an die StA enden kann, die erforderlichen Ermittlungen durchzuführen (OLG München, NJW 2007, 3734).

§ 152a StPO Landesgesetzliche Vorschriften über die Strafverfolgung von Abgeordneten.

Landesgesetzliche Vorschriften über die Voraussetzungen, unter denen gegen Mitglieder eines Organs der Gesetzgebung eine Strafverfolgung eingeleitet oder fortgesetzt werden kann, sind auch für die anderen Länder der Bundesrepublik Deutschland und den Bund wirksam.

S.a. RiStBV Nr. 191, 192, 192a, 192b, 298

1 **A. Zweck der Regelung.** Da Art. 46 Abs. 2 GG nur die Immunität der Bundestagsabgeordneten betrifft, ist es erforderlich, den Mitgliedern der Länderparlamente bundesweit einen entsprechenden Schutz zu verschaffen. Deren Immunität ist in ihrem jeweiligen Landesrecht geregelt. Solche landesrechtlichen Bestimmungen ermöglicht § 6 Abs. 2 EGStPO. Ihre bundesweite Anerkennung sichert § 152a (zu den Fundstellen der Länderverfassungen vgl. KK-StPO/*Schoreit*, § 152a Rn. 5; LR/*Beulke*, § 152a Fn. 15).

2 Die Immunitätsbestimmungen in den Länderverfassungen entsprechen im Wesentlichen Art. 46 GG. Dieser lautet:
(1) Ein Abgeordneter darf zu keiner Zeit wegen seiner Abstimmung oder wegen einer Äußerung, die er im Bundestage oder in einem seiner Ausschüsse getan hat, gerichtlich oder dienstlich verfolgt oder sonst außer-

*halb des Bundestages zur Verantwortung gezogen werden. Dies gilt nicht für verleumderische Beleidigungen.
(2) Wegen einer mit Strafe bedrohten Handlung darf ein Abgeordneter nur mit Genehmigung des Bundestages zur Verantwortung gezogen oder verhaftet werden, es sei denn, dass er bei Begehung der Tat oder im Laufe des folgenden Tages festgenommen wird.
(3) Die Genehmigung des Bundestages ist ferner bei jeder anderen Beschränkung der persönlichen Freiheit eines Abgeordneten oder zur Einleitung eines Verfahrens gegen einen Abgeordneten gemäß, Art. 18 erforderlich.
(4) Jedes Strafverfahren und jedes Verfahren gemäß, Art. 18 gegen einen Abgeordneten, jede Haft und jede sonstige Beschränkung seiner persönlichen Freiheit sind auf Verlangen des Bundestages auszusetzen.*

B. Indemnität und Immunität. Art. 46 Abs. 1 GG stellt bestimmte mit der Wahrnehmung des Mandats eines Bundestagsabgeordneten verbundene Handlungsweisen, namentlich Abstimmungen und Äußerungen im Bundestag und seinen Ausschüssen (Ausnahme: verleumderische Beleidigungen), von Strafe frei. Es handelt sich um einen **persönlichen Strafausschließungsgrund**. Hierfür hat sich die Bezeichnung **Indemnität** (materielle Immunität) durchgesetzt. § 36 StGB wiederholt diese materiellstrafrechtliche Indemnität der Bundestagsabgeordneten und bezieht darüber hinaus auch noch die Mitglieder der Bundesversammlung und der Gesetzgebungsorgane der Länder ein.

3

Demgegenüber schützt **Art. 46 Abs. 2 GG** den Bundestagsabgeordneten davor, wegen des Verdachts einer Straftat **verfolgt** zu werden, (formelle oder prozessuale) **Immunität**. Ein Strafverfahren darf grds. nur mit Genehmigung des Parlaments durchgeführt werden. Es handelt sich damit um ein **Verfahrenshindernis** mit Verfassungsrang. Anders als § 36 StGB für die Indemnität wiederholt die StPO die Immunitätsregelung des GG nicht, sondern enthält in § 152a nur eine ergänzende Regelung (bundesweite Anerkennung landesrechtlicher Immunitätsvorschriften). Rechtsgrundlagen für die parlamentarische Immunität sind daher unmittelbar Art. 46 Abs. 2 bis 4 GG bzw. die landesverfassungsrechtlichen Vorschriften (LR/*Beulke*, § 152a Rn. 2). Die Regelungen über Indemnität und Immunität dienen dem Schutz des Parlaments und seiner Funktionsfähigkeit.

4

Die parlamentarische Behandlung von Immunitätsangelegenheiten ist in den Geschäftsordnungen der Parlamente geregelt. Der Bundestag hat die Durchführung von Ermittlungen gegen seine Abgeordneten allgemein genehmigt (Ausnahme: Beleidigungen politischen Charakters), vgl. Anlage 6 zur BT-GO (BGBl. I 1980, S. 1264). Dieser Beschluss wird zu Beginn einer neuen Wahlperiode jeweils übernommen. In Anlage 6 zur BT-GO sind ferner die vom BT-Ausschuss für Wahlprüfung, Immunität und Geschäftsordnung gem. § 107 Abs. 2 BT-GO aufgestellten »Grundsätze in Immunitätsangelegenheiten« enthalten (diese werden ebenfalls bei Beginn einer jeden Wahlperiode durch Beschluss übernommen). Detaillierte Anweisungen zur Behandlung von Immunitätsangelegenheiten enthalten die Nr. 191 ff. RiStBV.

5

C. Geltungsbereich und Umfang der Immunität. I. Persönlicher Geltungsbereich. Die Immunität erstreckt sich auf die **Abgeordneten der Parlamente**. Für den **Bundespräsidenten** besteht jedoch ebenfalls Immunität aufgrund der Verweisung in Art. 60 Abs. 4 GG auf Art. 46 Abs. 2 bis 4 GG. Entsprechendes gilt für die Mitglieder der **Bundesversammlung** gem. § 7 des Gesetzes über die Wahl des Bundespräsidenten durch die Bundesversammlung v. 25.04.1959 (BGBl. I, S. 230). Mitglieder des **Europäischen Parlaments** genießen im Hoheitsgebiet ihres eigenen Staates die gleiche Immunität wie Mitglieder der nationalen Parlamente. Für deutsche Abgeordnete gilt daher materiell Art. 46 GG, für die Genehmigung zur Strafverfolgung ist jedoch das Europäische Parlament zuständig. Abgeordnete anderer Mitgliedstaaten dürfen für die Dauer der Sitzungsperiode in der Bundesrepublik (außer bei Ergreifung auf frischer Tat) weder strafrechtlich verfolgt noch festgenommen werden (vgl. Nr. 192b RiStBV, auch in Bezug auf die Rechtsgrundlagen). **Keine** Immunität haben Mitglieder der **Bundes- oder Landesregierung** oder des **Bundesrates**, auch nicht als Mitglieder des gemeinsamen Ausschusses nach Art. 53a GG oder des Vermittlungsausschusses nach Art. 77 Abs. 2 GG, es sei denn, sie sind Bundestags- oder Landtagsabgeordnete. Auch Mitglieder **kommunaler Vertretungskörperschaften** unterliegen nicht der Immunität.

6

§ 152a StPO Landesgesetzliche Vorschriften über d. Strafverfolgung v. Abgeordneten

7 **II. Zeitlicher Geltungsbereich.** Die Immunität beginnt mit der Annahme der Wahl beim Wahlleiter (§§ 45, 48 Abs. 1 BWG). Ist zu diesem Zeitpunkt ein Verfahren bereits anhängig (sog. **mitgebrachtes Verfahren**), so muss dieses ausgesetzt werden. Gleiches gilt für eine angeordnete Haft, Vollstreckung einer Freiheitsstrafe oder sonstige Beschränkung der persönlichen Freiheit (Nr. 16 der Grundsätze in Immunitätsangelegenheiten, Anlage 6 zur BT-GO; vgl. auch Nr. 191 Abs. 2 RiStBV). Das Verfahrenshindernis der Immunität entfällt durch die Genehmigung der Strafverfolgung oder mit dem Ende des Mandats.

8 **III. Sachlicher Geltungsbereich.** Verboten ist die Verfolgung und Verhaftung wegen **Straftaten**. Unzulässig ist bereits die Einleitung eines solchen Verfahrens. Die Formulierung »mit Strafe bedrohten Handlung« ist dabei weit zu verstehen und umfasst auch Verfahren, die die Anordnung von Maßregeln der Besserung und Sicherung bezwecken. **Nicht** umfasst wird die Verfolgung von **Ordnungswidrigkeiten** (OLG Düsseldorf, NJW 1989, 2207; OLG Köln, NStZ 1987, 564; Nr. 298 RiStBV).

9 **1. Genehmigungsfreie Maßnahmen.** Eine Reihe von Maßnahmen ist ohne Genehmigung des Parlaments möglich. Einen Überblick hierüber gibt Nr. 191 Abs. 3, 4 RiStBV.

10 **a) Festnahme bei Begehung der Tat oder im Laufe des folgenden Tages.** Die Immunität hindert nicht die Einleitung und Durchführung eines Verfahrens, wenn der Abgeordnete »bei **Begehung der Tat** oder im **Laufe des folgenden Tages** festgenommen wird«, Art. 46 Abs. 2 Halbs. 2 GG. Bei »Begehung der Tat« bedeutet dabei das Gleiche wie »auf frischer Tat betroffen« in §§ 127, 127b (LR/*Beulke*, § 152a Rn. 25 m.w.N.). Die Strafverfolgungsbehörde braucht in diesem Fall nur den Parlamentspräsidenten auf dem Dienstweg zu unterrichten, vgl. Nr. 191 Abs. 5 RiStBV. Die Durchführung des Verfahrens und der weitere Vollzug der Freiheitsentziehung ist ohne Genehmigung zulässig. Wird die Freiheitsentziehung beendet, darf das Strafverfahren dennoch genehmigungsfrei fortgeführt werden. Nach Art. 46 Abs. 4 GG kann der Bundestag jedoch die Aussetzung des Strafverfahrens, der Haft oder der Beschränkung der persönlichen Freiheit verlangen.

11 **b) Einleitung eines Verfahrens zum Zweck der Einstellung.** Ein zur Verantwortung ziehen i.S.d. Art. 46 Abs. 2 GG liegt nicht vor, wenn die Ablehnung oder Einstellung eines Verfahrens ohne weitere Beweiserhebung zur Sache möglich ist. Einstellungen können daher in diesen Fällen nach §§ 152 Abs. 2, 170 Abs. 2, aber auch nach §§ 153, 154 – nicht jedoch nach § 153a (str.) – erfolgen. Zur Vorbereitung einer solchen Entscheidung ist es zulässig, dem Abgeordneten die Anschuldigung mitzuteilen und ihm anheim zu geben, Stellung zu nehmen (Nr. 191 Abs. 3 Buchst. b), c RiStBV). Zur Klärung der Frage, ob es sich um eine offensichtlich unbegründete Anzeige handelt, können auch Feststellungen über die Person des Anzeigenden getroffen werden (Nr. 191 Abs. 4 RiStBV).

12 **c) Verfahren gegen Mittäter und Teilnehmer.** Da sich die Immunität nur auf den jeweiligen Abgeordneten erstreckt, können Verfahren gegen Mittäter, Teilnehmer oder andere Beteiligte durchgeführt werden. Der Abgeordnete darf als Zeuge vernommen werden, wobei jedoch Zeugnisverweigerungsrechte zu berücksichtigen sind (§§ 53 Abs. 1 Nr. 4, 53a, 55; Nr. 191 Abs. 3 Buchst. d) RiStBV). Soweit sich das Verfahren gegen andere Tatbeteiligte richtet, darf auch eine Durchsuchung beim Abgeordneten nach §§ 103, 104 unter Beachtung des § 97 Abs. 3, 4 erfolgen.

13 **d) Eilige polizeiliche Maßnahmen.** Unaufschiebbare Maßnahmen zur Sicherung von Spuren (z.B. Messungen, Lichtbildaufnahmen am Tatort) dürfen vorgenommen werden. Bei Verkehrsunfällen ist die Feststellung des Kennzeichens, des Fahrzeugzustandes und der Personalien zulässig (Nr. 191 Abs. 3 Buchst. f), g RiStBV). Im zeitlichen Rahmen des Art. 46 Abs. 2 Halbs. 2 GG ist auch eine unaufschiebbare körperliche Untersuchung, namentlich die Entnahme einer Blutprobe, nach § 81a gestattet (Nr. 191 Abs. 3 Buchst. h) RiStBV). Die genehmigungsfreie Zulässigkeit solcher unaufschiebbarer Sicherungsmaßnahmen wird per argumentum a maiore ad minus aus der Befugnis zur Festnahme des auf frischer Tat betroffenen Abgeordneten hergeleitet (LR/*Beulke*, § 152a Rn. 28).

14 **2. Ermittlungsverfahren aufgrund allgemeiner Genehmigung.** Der **Bundestag** hat die Durchführung von Ermittlungen gegen seine Abgeordneten **allgemein genehmigt**, s. Rdn. 5. Entsprechende Genehmigungen haben die **Landesparlamente** erteilt (mit Unterschieden in einzelnen Punkten). Mitumfasst ist die vorläufige Entziehung der Fahrerlaubnis, § 111a StPO.

Die StA teilt die beabsichtigte Einleitung eines Ermittlungsverfahrens lediglich dem jeweiligen Parlamentspräsidenten sowie dem betroffenen Abgeordneten, sofern nicht Gründe der Wahrheitsfindung entgegenstehen, mit (Nr. 192a Abs. 3 RiStBV). Die allgemeine Genehmigung des Bundestages wird erst nach Ablauf von 48 Std. nach Zugang der Mitteilung beim Bundestagspräsidenten wirksam (Ziff. 1, 3. Abs. des Beschlusses des Deutschen Bundestages betr. Aufhebung der Immunität der Mitglieder des Bundestages, Anlage 6 zur BT-GO). Dem Parlament wird es hierdurch ermöglicht, sein Aussetzungsrecht nach Art. 46 Abs. 4 GG auszuüben. Zahlreiche Länderparlamente haben vergleichbare Fristenregelungen getroffen.

Die allgemeine Genehmigung zur Durchführung von Ermittlungsverfahren erstreckt sich nicht auf:
– Ermittlungen wegen Beleidigungen politischen Charakters,
– die Erhebung der Anklage und den Antrag auf Erlass eines Strafbefehls (zur abweichenden Regelung in Bayern bei Strafbefehlen wegen Straftaten im Zusammenhang mit dem Führen eines Kfz vgl. Nr. 1 S. 2 Buchst. c) des Beschlusses des Bayer. Landtags v. 27.01.2009, LT-Drucks. 16/252; Fn. 2 zu Nr. 192a Abs. 2 Buchst. a) RiStBV) sowie
– auf freiheitsentziehende oder -beschränkende Maßnahmen im Ermittlungsverfahren.

Der Vollzug einer angeordneten Durchsuchung ist unterschiedlich geregelt. Während der Vollzug einer solchen Maßnahme gegen Bundestagsabgeordnete einer ausdrücklichen Genehmigung bedarf, erstreckt sich in einigen Ländern die allgemeine Genehmigung auch auf Durchsuchungen.

3. Genehmigung. Handelt es sich nicht um eine genehmigungsfreie Maßnahme (Rdn. 9 ff.) und liegt auch keine allgemeine Genehmigung vor (Rdn. 14 ff.), bedarf die Strafverfolgung der Genehmigung des Parlaments.

a) **Antragsberechtigung und Verfahren.** Den **Antrag** stellt die **StA** auf dem Dienstweg. Form- und Inhalt regelt Nr. 192 RiStBV. Zur Antragsstellung ist auch das **Gericht** befugt, etwa wenn der Immunitätsschutz erst nach Erhebung der öffentlichen Klage entsteht (vgl. zu den verschiedenen Fallgestaltungen LR/*Beulke*, § 152a Rn. 35). Der **Privatkläger** muss sich selbst unter Nachweis der Privatklageerhebung an das Parlament wenden.

b) **Vorentscheidungsverfahren.** Der Bund und einige Länder haben insb. bei Verkehrssachen und Bagatellangelegenheiten zur Erteilung der Genehmigung ein vereinfachtes Verfahren durch **Vorentscheidung** des zuständigen Immunitätsausschusses eingeführt. Dessen Entscheidung gilt als Parlamentsentscheidung, sofern die Parlamentsmitglieder nicht schriftlich binnen bestimmter Fristen Widerspruch erheben (KK-StPO/*Schoreit*, § 152b Rn. 19).

c) **Reichweite der Genehmigung.** Wenn das Parlament keine weiter gehende Bestimmung getroffen hat, ermächtigt die Genehmigung zur Strafverfolgung nicht zugleich auch zur Verhaftung oder zu anderen freiheitsbeschränkenden Maßnahmen (vgl. die in Art. 46 Abs. 2 und 3 GG genannten Fallgruppen). Die Genehmigung zur Strafverfolgung reicht bis zur Rechtskraft des Urteils. Die Strafvollstreckung als solche unterliegt nicht dem Immunitätsschutz, es sei denn, die Vollstreckung führt zu einer Freiheitsentziehung oder -beschränkung, wie bei der Vollstreckung einer Freiheitsstrafe, Ersatzfreiheitsstrafe oder Erzwingungshaft nach § 96 OWiG. Diese Maßnahmen dürfen gegen Bundestagsabgeordnete erst vollzogen werden, wenn eine Genehmigung nach Art. 46 Abs. 3 GG vorliegt (LR/*Beulke*, § 152a Rn. 18). Die Genehmigung gilt nur für die Dauer der Wahlperiode und umfasst die im Antrag umschriebene (prozessuale) Tat. An die rechtliche Beurteilung ist das Gericht nicht gebunden (BGHSt 15, 274).

D. Folgen der Immunität. Das Verfahrenshindernis der Immunität bewirkt das **Ruhen der Verjährung**. Die Verjährung ruht mit Ablauf des Tages, an dem die StA oder eine Behörde oder ein Beamter des Polizeidienstes von der Tat und der Person des Täters Kenntnis erlangt bzw. an dem eine Strafanzeige oder ein Strafantrag gegen den Täter angebracht wird, § 78b Abs. 2 StGB. Unter Verstoß gegen die Immunität erlangte Beweise unterliegen i.d.R. nicht einem **Beweisverwertungsverbot**, da die Immunität nicht dem Schutz des einzelnen Abgeordneten, sondern der Funktionsfähigkeit des Parlaments dient (LR/*Beulke*, § 152a Rn. 52; *Meyer-Goßner/Schmitt*, § 152a Rn. 13; *Pfeiffer*, § 152a Rn. 8; a. A. *Brocker*, GA 2002, 44, 52).

§ 153 StPO Absehen von der Verfolgung bei Geringfügigkeit.

(1) ¹Hat das Verfahren ein Vergehen zum Gegenstand, so kann die Staatsanwaltschaft mit Zustimmung des für die Eröffnung des Hauptverfahrens zuständigen Gerichts von der Verfolgung absehen, wenn die Schuld des Täters als gering anzusehen wäre und kein öffentliches Interesse an der Verfolgung besteht. ²Der Zustimmung des Gerichts bedarf es nicht bei einem Vergehen, das nicht mit einer im Mindestmaß erhöhten Strafe bedroht ist und bei dem die durch die Tat verursachten Folgen gering sind. (2) ¹Ist die Klage bereits erhoben, so kann das Gericht in jeder Lage des Verfahrens unter den Voraussetzungen des Absatz 1 mit Zustimmung der Staatsanwaltschaft und des Angeschuldigten das Verfahren einstellen. ²Der Zustimmung des Angeschuldigten bedarf es nicht, wenn die Hauptverhandlung aus den in § 205 angeführten Gründen nicht durchgeführt werden kann oder in den Fällen des § 231 Abs. 2 und der §§ 232 und 233 in seiner Abwesenheit durchgeführt wird. ³Die Entscheidung ergeht durch Beschluss. ⁴Der Beschluss ist nicht anfechtbar.

S.a. RiStBV Nr. 93, 211

1 **A. Bedeutung und Anwendungsbereich.** Die Vorschrift erlaubt die Durchbrechung des Legalitätsgrundsatzes aus **Opportunitätsgründen**. Durch sie wird bei Vergehen von geringer Schwere eine einzelfallangepasste, informelle Erledigung aus Gerechtigkeitsgründen in einem frühen Verfahrensstadium ermöglicht (BGHSt 45, 340). In diesem Bereich erfüllt sie damit eine, in der Praxis häufig genutzte, entkriminalisierende und zugleich justizentlastende Funktion (LR/*Beulke*, § 153 Rn. 1). Der mit der Einstellung verbundene Beschleunigungseffekt wirkt nicht nur zugunsten des Beschuldigten, indem die mit einem Strafverfahren oder gar einer förmlichen Sanktionierung verbundenen Nachteile vermieden werden, sondern auch zugunsten der Strafverfolgungsbehörden, die ihre Kapazitäten auf Straftaten von größerem Gewicht konzentrieren können.

2 **I. Prozessuale Tat.** Eine Einstellung nach § 153 kann nur einheitlich für die gesamte prozessuale Tat vorgenommen werden. Einzelakte oder tateinheitlich verwirklichte Straftatbestände können nur nach § 154a – unter dessen Voraussetzungen – aus der Verfolgung ausgeschieden werden. Eine rechtsirrig auf § 153 gestützte Teileinstellung kann ggf. in eine solche nach § 154a umgedeutet werden.

3 **II. Privatklagedelikte.** Betrifft die Tat nur Privatklagedelikte (§ 374) ist für § 153 Abs. 1 kein Raum. Besteht kein öffentliches Interesse an der Strafverfolgung, verweist die StA den Anzeigeerstatter auf den Privatklageweg (§ 378). Ist Privatklage erhoben, verdrängt für die gerichtliche Einstellung § 383 Abs. 2 als Spezialvorschrift den § 153 Abs. 2 (*Meyer-Goßner/Schmitt*, § 153 Rn. 1). Treffen dagegen in einer einheitlichen prozessualen Tat Privatklage- und Offizialdelikte zusammen, ist § 153 anwendbar. Die Weiterverfolgung des Privatklagedelikts im Wege der Privatklage ist in diesem Fall nicht möglich (LR/*Beulke*, § 153 Rn. 12; KK-StPO/*Schoreit*, § 153 Rn. 13, 67; *Meyer-Goßner/Schmitt*, § 153 Rn. 5, § 376 Rn. 11; *Pfeiffer*, § 153 Rn. 1).

4 **III. Jugendstrafverfahren.** In Verfahren gegen Jugendliche oder Heranwachsende (bei denen Jugendstrafrecht nach §§ 105 Abs. 1, 109 Abs. 2 JGG anwendbar wäre) wird § 153 von den Spezialvorschriften der §§ 45 Abs. 1, 47 Abs. 1 S. 1 Nr. 1 JGG verdrängt. Diese verweisen ihrerseits jedoch auf die Voraussetzungen des § 153 (Vergehen, geringe Schuld, fehlendes öffentliches Interesse). Das Absehen von der Verfolgung nach § 45 Abs. 1 JGG bedarf keiner Zustimmung des Gerichts.

5 **IV. Betäubungsmittelverfahren.** § 31a Abs. 1 BtMG lässt unter den Voraussetzungen des § 153 Abs. 1 S. 1 bei Vergehen nach § 29 Abs. 1, 2 oder 4 das Absehen von der Verfolgung ohne Zustimmung des Gerichts zu, wenn es sich um eine geringe Menge zum Eigenverbrauch handelt. Insoweit ist § 31a BtMG lex specialis. I.Ü. bleibt § 153 jedoch anwendbar, wenn es sich in Ausnahmefällen gerade nicht mehr um eine geringe Menge i.S.d. § 31a BtMG handelt oder diese zum Fremdgebrauch bestimmt ist (BVerfGE 90, 145, 189; *Weber*, BtMG, § 31a Rn. 18; *Körner*, BtMG, § 31a Rn. 13; *Meyer-Goßner/ Schmitt*, § 153 Rn. 15; HdbStA/*Vordermayer*, 3. Teil Rn. 182).

6 **V. Zusammentreffen von Straftat und Ordnungswidrigkeit.** Im Rahmen einer prozessualen Tat kann die StA hinsichtlich der Straftat von der Verfolgung absehen und das Verfahren zur Verfolgung der Ordnungswidrigkeit an die Verwaltungsbehörde abgeben, §§ 40, 43 Abs. 1 OWiG (276, 278, 279 RiStBV; BGHSt 41, 385, 390).

B. Gemeinsame Voraussetzungen von Abs. 1 und Abs. 2. I. Vergehen. Die Vorschrift gilt nur bei Vergehen (§ 12 Abs. 2 StGB). Maßgebend für die rechtliche Bewertung ist der Erkenntnisstand zum Zeitpunkt der Entscheidung.

II. Geringe Schuld. § 153 ist nur anwendbar, wenn die Tat strafbar ist und kein Verfolgungshindernis vorliegt. Bei liquider Entscheidungslage hat die Einstellung nach § 170 Abs. 2 S. 1 (bzw. ein Freispruch) Vorrang (KK-StPO/*Schoreit*, § 153 Rn. 6; LR/*Beulke*, § 153 Rn. 35; *Pfeiffer*, § 153 Rn. 1). § 153 setzt jedoch nicht voraus, dass die Sache durchermittelt ist (*Eckl*, JR 1975, 101). Aus der Formulierung »die Schuld ... als gering anzusehen **wäre**« folgt, dass es für die Anwendung des § 153 eines Schuldnachweises nicht bedarf. Es genügt eine gewisse Wahrscheinlichkeit auf der Grundlage einer hypothetischen Schuldbeurteilung (BVerfGE 82, 106), da die Einstellung nach § 153 **keine Schuldfeststellung** enthält.

Die Schuld ist gering, wenn sie bei Vergleich mit Vergehen gleicher Art deutlich unter dem Durchschnitt liegt (LR/*Beulke*, § 153 Rn. 24; *Meyer-Goßner/Schmitt*, § 153 Rn. 4; *Pfeiffer*, § 153 Rn. 2; HdbStA/*Vordermayer*, 3. Teil Rn. 81). Es müsste eine Strafe im untersten Bereich des in Betracht kommenden Strafrahmens zu erwarten sein. Bei der Gesamtabwägung der schuldbezogenen Merkmale kann auf die Gesichtspunkte des § 46 Abs. 2 S. 2 StGB zurückgegriffen werden. In Betracht kommen namentlich: Motive und Gesinnung des Täters (zur Tat provoziert oder verleitet), Maß der Pflichtwidrigkeit (notwehr- oder notstandsähnliche Lage; vermeidbarer, aber verständlicher Verbotsirrtum), Art der Tatausführung (untergeordnete Beteiligung; Grenze zum untauglichen Versuch, zum Wahnverbrechen oder zur Vorbereitungshandlung) und verschuldete Auswirkungen der Tat. Das Bemühen um Schadenswiedergutmachung, ein durchgeführter Täter-Opfer-Ausgleich, in Verkehrssachen der Verzicht auf die Fahrerlaubnis (*Eisele*, NZV 1999, 232) sowie eine überlange Verfahrensdauer (m.w.N. KK-StPO/*Schoreit*, § 153 Rn. 4a, 15; LR/*Beulke*, § 153 Rn. 34; *Cramer*, wistra 1999, 290) können sich ebenfalls schuldmindernd auswirken.

III. Kein öffentliches Interesse. Das öffentliche Interesse kann sich trotz geringer Schuld insb. aus Gründen der Spezial- oder Generalprävention oder bei außergewöhnlichen Tatfolgen (BGHSt 10, 259) ergeben. Die mit der Generalprävention bezweckte Bestätigung der Verbindlichkeit der Rechtsordnung gebietet auch die Berücksichtigung der Opferbelange (LR/*Beulke*, § 153 Rn. 32). Allein das Justizinteresse an einer gerichtlichen Entscheidung zur Klärung einer Rechtsfrage, z.B. über die Gültigkeit einer Vorschrift, genügt i.d.R. nicht. Ist bereits eine disziplinarrechtliche Ahndung erfolgt, kann dies ein öffentliches Interesse an der Strafverfolgung entfallen lassen.

C. Absehen von der Verfolgung durch StA (Abs. 1) Die Entscheidung, von der Verfolgung abzusehen, ergeht durch die StA, in Steuerstrafverfahren auch durch die Finanzbehörde, wenn sie das Ermittlungsverfahren selbstständig führt (§§ 386 Abs. 2, 399 Abs. 1 AO). Hat eine andere Behörde Strafanzeige erstattet (oder sonst Interesse am Verfahren), tritt die StA nach Nr. 93 RiStBV vor einer Entscheidung mit dieser in Verbindung. Der vorherigen Anhörung oder Zustimmung des Beschuldigten bzw. des Anzeigeerstatters/Verletzten, bedarf es nicht.

I. Mit Zustimmung des Gerichts (S. 1) Die Zustimmung des Gerichts, das für die Eröffnung des Hauptverfahrens zuständig wäre, ist nach Abs. 1 S. 1 erforderlich. Bei mehrfacher örtlicher Zuständigkeit entscheidet die StA, bei welchem Gericht sie um Zustimmung nachsucht. Die Erteilung oder Versagung der Zustimmung ist keine Entscheidung, sondern nur Prozesserklärung und damit nicht mit der Beschwerde anfechtbar (BGHSt 38, 381, 382). Rechtliches Gehör ist nicht zu gewähren (§ 33 Abs. 2).

II. Zustimmungsfreie Einstellung (S. 2) Die StA kann nach Abs. 1 S. 2 bei geringfügigen Vergehen ohne gerichtliche Zustimmung von der Verfolgung absehen.

1. Keine im Mindestmaß erhöhte Strafe. Voraussetzung ist, dass die angedrohte Strafe nicht im Mindestmaß erhöht ist, d.h. dass das Mindestmaß nicht mehr als 1 Monat beträgt, §§ 12 Abs. 2, 38 Abs. 2 StGB. Strafschärfungen oder -milderungen für besonders schwere bzw. minder schwere Fälle bleiben für diese Einteilung außer Betracht, § 12 Abs. 3 StGB. Gleiches gilt für Strafzumessungsregeln, wie § 243 StGB.

§ 153 StPO   Absehen von der Verfolgung bei Geringfügigkeit

15 **2. Geringe Tatfolgen.** Die weitere Voraussetzung ist, dass die durch die Tat verursachten Folgen gering sind. Die Beschränkung der zustimmungsfreien Einstellung auf Vermögensdelikte wurde durch das RPflEntlG (BGBl. I 1993, S. 50) gestrichen. Die StA kann nunmehr bei geringen Tatfolgen in allen Bagatellfällen ohne gerichtliche Zustimmung von der Verfolgung absehen. Bei Vermögensdelikten richtet sich die Beurteilung der geringen Tatfolgen vornehmlich nach dem entstandenen Schaden. Die Wertgrenze dürfte bei etwa 50,00 € liegen (KK-StPO/*Schoreit*, § 153 Rn. 43; LR/*Beulke*, § 153 Rn. 51; KMR/*Plöd*, Rn. 22; *Meyer-Goßner/Schmitt*, § 153 Rn. 17). Ein Affektionsinteresse wird nicht berücksichtigt. Bei Museumsstücken kann das öffentliche Interesse an der Strafverfolgung einer Einstellung entgegenstehen.

16 Bei Steuerstraftaten (Zollstraftaten) kann auch die Finanzbehörde nach § 399 Abs. 1 AO ohne Zustimmung des Gerichts unter den Voraussetzungen des § 153 Abs. 1 S. 1 von der Verfolgung absehen, wenn nur eine geringe Verkürzung der fiskalischen Einnahmen eingetreten ist oder der Täter nur geringwertige Vorteile erlangt hat.

17 **III. Entscheidung. 1. Form und Inhalt.** Das Absehen von der Verfolgung nach § 153 Abs. 1 erfolgt in der Form einer Einstellungsverfügung der StA. Sie wird dem Beschuldigten – unter den Voraussetzungen des § 170 Abs. 2 S. 2 – ohne Gründe mitgeteilt. Liegt eine entschädigungspflichtige Strafverfolgungsmaßnahme i.S.d. § 2 StrEG vor, ist der Beschuldigte über sein Antragsrecht, die Frist und das zuständige Gericht zu belehren, § 9 Abs. 1 S. 5 StrEG (HdbStA/*Kunz*, 5.Teil Kap. 6 Rn. 12; eine Zustellung ist in diesem Fall erforderlich, um die Frist nach § 9 Abs. 1 S. 4 StrEG in Lauf zu setzen). Ein Anzeigeerstatter wird nach § 171 Abs. 1 S. 1 unter Angabe der Gründe beschieden (Nr. 89 Abs. 3 RiStBV), jedoch ohne Belehrung nach § 171 Abs. 1 S. 2, da – auch wenn er Verletzter ist – kein Klageerzwingungsverfahren möglich ist, § 172 Abs. 2 S. 3.

18 **2. Kosten- und Entschädigungsregelung.** Die Einstellungsverfügung der StA enthält keine Kostenentscheidung, § 464 Abs. 1 StPO. Unter den Voraussetzungen des § 467a StPO (Einstellung nach Klagerücknahme) bzw. der §§ 2, 3, 9 StrEG kann auf Antrag eine gerichtliche Entscheidung über die Kosten bzw. über die Entschädigung für Strafverfolgungsmaßnahmen ergehen.

19 **D. Einstellung durch Gericht (Abs. 2)** Nach Anklageerhebung (§ 170 Abs. 1) geht die Zuständigkeit für die Einstellung auf das Gericht über. Diesem Zeitpunkt entspricht im Strafbefehlsverfahren die Einreichung des Strafbefehlsantrags (§ 407 Abs. 1 S. 4). Im beschleunigten Verfahren ist nicht der Antrag auf Entscheidung in dieser Verfahrensart maßgebend, sondern der davon möglicherweise verschiedene Zeitpunkt der Klageerhebung (§ 418 Abs. 3 S. 2; LR/*Beulke*, § 153 Rn. 58). Wird die Anklage zurückgenommen (§ 156) lebt die Zuständigkeit der StA für die Verfahrenseinstellung gem. § 153 Abs. 1 wieder auf. In jeder Lage des Verfahrens bis zum rechtskräftigen Abschluss im Erkenntnisverfahren ist die Einstellung zulässig. Die Verwerfung eines Rechtsmittels als unzulässig (§§ 322 Abs. 1, 349 Abs. 1) geht der Einstellung vor. Dies gilt auch für die Verwerfung der Berufung oder des Einspruchs wegen unentschuldigten Ausbleibens des Angeklagten gem. §§ 329 Abs. 1 S. 1, 412 S. 1, da in diesen Fällen das Gericht nicht mehr zu einer Sachprüfung befugt ist.

20 **I. Zustimmungserfordernisse. 1. StA.** Zuständig für die stets erforderliche Zustimmung ist die StA bei dem Gericht, das die Einstellung aussprechen will. Sie kann schriftlich oder mündlich erklärt werden, ist jedoch nicht erzwingbar. Der Rechtsweg nach § 23 EGGVG ist nicht eröffnet (OLG Hamm, NStZ 1985, 472). In dem Antrag/Anregung, der StA, das Verfahren einzustellen, liegt zugleich die erforderliche Zustimmung.

21 **2. Angeschuldigter.** Zur gerichtlichen Einstellung ist die Zustimmung des Angeschuldigten/Angeklagten erforderlich. Durch die Verweigerung der Zustimmung kann er die Durchführung des Verfahrens zur Erreichung einer ihm günstigen Entscheidung (Freispruch oder Einstellung wegen Verfahrenshindernis) erzwingen. Die Zustimmung ist als Prozesserklärung bedingungsfeindlich. Sie kann nicht von der Auferlegung der notwendigen Auslagen auf die Staatskasse abhängig gemacht werden (*Meyer-Goßner/Schmitt*, § 153 Rn. 27, 31; *Pfeiffer*, § 153 Rn. 8; KK-StPO/*Schoreit*, § 153 Rn. 53; KMR/*Plöd*, § 153 Rn. 29; AK-StPO/*Schöch*, § 153 Rn. 49; a. A. LR/*Beulke*, § 153 Rn. 70, 71; LG Neuruppin, NJW 2002, 1967; nach beiden Ansichten kommt das LG Limburg zur Unwirksamkeit der Einstellungsentscheidung, wenn das Gericht von der Auslagenerstattung nach § 467 Abs. 4 StPO absieht, obwohl

der Angeklagte einer Einstellung allein für den Fall der Erstattung seiner notwendigen Auslagen zugestimmt hat, NStZ-RR 2012, 296). Die Anregung/Antrag des Angeklagten oder seines Verteidigers, das Verfahren einzustellen, enthält zugleich die Zustimmung. Sie stellt kein Schuldeingeständnis dar (BVerfGE 82, 106, 118) und kann bis zur tatsächlichen Einstellung widerrufen werden, danach nicht mehr (KG, JR 1978, 524).

Der Zustimmung des Angeklagten bedarf es nach § 153 Abs. 2 S. 2 nicht in den Fällen der §§ 205, 231 Abs. 2, 232, 233. Da § 153 Abs. 2 S. 2 eine enumerativ gefasste Ausnahmevorschrift darstellt, wird eine analoge Anwendung auf die Fälle der §§ 231a und b abgelehnt (KK-StPO/*Schoreit*, § 153 Rn. 54; LR/*Beulke*, § 153 Rn. 73; *Meyer-Goßner/Schmitt*, § 153 Rn. 27; AK-StPO/*Schöch*, § 153 Rn. 48; HK-StPO/*Krehl*, § 153 Rn. 22; a. A. KMR/*Plöd*, § 153 Rn. 30). Auch bei überlanger Verfahrensdauer bedarf es zur gerichtlichen Einstellung der Zustimmung des Angeklagten (OLG Frankfurt am Main, NStZ-RR 1998, 52). 22

II. Mitwirkung anderer Beteiligter. Liegen die Voraussetzungen für eine Anschlussberechtigung vor, wird der Nebenkläger vor einer Einstellung nach § 153 Abs. 2 zugelassen (§ 396 Abs. 3). Er wird zur beabsichtigten Einstellung lediglich gehört (§ 33 Abs. 1, 3), seine Zustimmung ist nicht erforderlich (OLG Köln, NJW 1952, 1029). Die Finanzbehörde wird im Steuerstrafverfahren nur gehört, wenn ein Vertreter an der Hauptverhandlung teilnimmt (§ 407 AO). Der Zustimmung bedarf es nicht (LR/*Beulke*, § 153 Rn. 76). 23

III. Entscheidung. 1. Form und Inhalt. Gem. § 153 Abs. 2 S. 3 ergeht die Entscheidung durch Beschluss (»Das Verfahren wird gemäß § 153 Abs. 2 StPO eingestellt«), der nicht zu begründen ist, weil er unanfechtbar ist (§§ 153 Abs. 2 S. 4, 34). Eine Begründung kann jedoch u.U. zweckmäßig sein, um den Umfang der Rechtskraftwirkung klarzustellen. Wird versehentlich die Form des Urteils gewählt, wird dieses trotzdem wie ein Beschluss behandelt (*Meyer-Goßner/Schmitt*, § 153 Rn. 24). 24

2. Kosten- und Entschädigungsregelung. Der gerichtliche Einstellungsbeschluss enthält eine Kostenentscheidung, da er das Verfahren beendet (§ 464 Abs. 1). Der Inhalt der Kostenentscheidung ergibt sich aus § 467 Abs. 1 und 4. Danach fallen die Kosten des Verfahrens der Staatskasse zur Last (außer in den Fällen des § 467 Abs. 2, schuldhafte Säumnis); von der Auferlegung der notwendigen Auslagen des Angeschuldigten auf die Staatskasse kann abgesehen werden (§ 467 Abs. 4). Diese Auslagenentscheidung kann auf Erwägungen zum Tatvorwurf gestützt werden. Auf die strafrechtliche Schuld darf nur abgestellt werden, wenn die Hauptverhandlung bis zur Schuldspruchreife durchgeführt wurde, ansonsten läge ein Verstoß gegen die Unschuldsvermutung vor (BVerfG, NJW 1990, 2741; LR/*Beulke*, § 153 Rn. 80 m.w.N.; KMR/*Plöd*, § 153 Rn. 33). Notwendige Auslagen des Nebenklägers können ganz oder teilweise dem Angeschuldigten auferlegt werden, soweit dies aus besonderen Gründen der Billigkeit entspricht (§ 472 Abs. 2 S. 1). Ist eine entschädigungsfähige Strafverfolgungsmaßnahme vollzogen worden (§ 2 StrEG), ergeht im Einstellungsbeschluss auch eine Entscheidung über die Verpflichtung zur Entschädigung (§§ 8 Abs. 1, 3 StrEG). 25

E. Folgen der Einstellung, beschränkte Rechtskraftwirkung. Eine staatsanwaltschaftliche Einstellung nach § 153 Abs. 1 StPO verbraucht die Strafklage nicht. Eine Wiederaufnahme ist jederzeit möglich. 26

Der gerichtliche Einstellungsbeschluss erlangt demgegenüber beschränkte Rechtskraft, deren Umfang jedoch umstritten ist. Einigkeit besteht, dass eine neue Verfolgung möglich ist, wenn sich nachträglich herausstellt, dass ein Verbrechen vorliegt (BGH, NJW 2004, 375; OLG Hamm, GA 1993, 231; KK-StPO/*Schoreit*, § 153 Rn. 63, 64; LR/*Beulke*, § 153 Rn. 88; KMR/*Plöd*, § 153 Rn. 37; *Meyer-Goßner/Schmitt*, § 153 Rn. 37; *Pfeiffer*, § 153 Rn. 9). Ob sich der Vorwurf des Verbrechens auf neue Tatsachen oder nur auf eine andere rechtliche Bewertung stützt, ist dabei unerheblich. Die im Schrifttum vertretenen Meinungen, dass neue Tatsachen oder Beweismittel (LR/*Beulke*, § 153 Rn. 91: sofern diese erheblich sind), die ggf. zusätzlich eine (schärfere) rechtliche Beurteilung begründen (*Meyer-Goßner/Schmitt*, § 153 Rn. 38), die Sperrwirkung wegfallen lassen, entsprechen nicht der Rechtsprechung des BGH (BGH, NJW 2004, 375; vgl. Darstellung des Streitstandes bei LR/*Beulke*, § 153 Rn. 88 ff.; *Meyer-Goßner/Schmitt*, § 153 Rn. 37, 38). Eine erneute Strafverfolgung bleibt möglich, wenn verkannt wurde, dass es sich um den Teilakt einer Dauerstraftat oder einer Bewertungseinheit handelt (*Meyer-* 27

§ 153a StPO Absehen von der Verfolgung unter Auflagen und Weisungen

Goßner/Schmitt, § 153 Rn. 38; *Pfeiffer*, § 153 Rn. 9). Für die Rechtsfigur der fortgesetzten Handlung ist dies nicht mehr relevant, da die Rechtsprechung diese Rechtsfigur für die überwiegende Anzahl der Fallgruppen aufgegeben hat (BGHSt 40, 138). Entfällt der Strafklageverbrauch nach richterlicher Einstellung, bedarf es zur Weiterverfolgung der Erhebung einer neuen Anklage. Das eingestellte Verfahren bleibt erledigt. Trotz einer Einstellung nach § 153 Abs. 1 oder Abs. 2 bleibt ein nachträgliches objektives Verfahren mit dem Ziel der Einziehung, des Verfalls oder der Unbrauchbarmachung möglich (§ 76a Abs. 1, 3 StGB, §§ 440, 442).

28 **F. Anfechtbarkeit.** Die Entscheidung der StA, ob sie von der Strafverfolgung absehen will, ist gerichtlich nicht nachprüfbar (KK-StPO/*Schoreit*, § 153 Rn. 32; LR/*Beulke*, § 153 Rn. 39; *Meyer-Goßner/Schmitt*, § 153 Rn. 10).

29 Lehnt das Gericht eine beantragte Einstellung ab (ausdrücklich oder durch Verfahrensfortsetzung), ist dies nicht anfechtbar. Auch der gerichtliche Einstellungsbeschluss ist kraft ausdrücklicher gesetzlicher Bestimmung unanfechtbar (§ 153 Abs. 2 S. 4); dies gilt auch für den Nebenkläger (§ 400 Abs. 2 S. 2). Ausnahmsweise ist jedoch die Beschwerde (§ 304) für die StA und den Angeschuldigten gegeben, wenn eine prozessuale Voraussetzung fehlte (LG Krefeld, NJW 1976, 815), z.B. die Tat in Wirklichkeit ein Verbrechen ist (OLG Hamm, NStZ-RR 2004, 144; OLG Celle, NJW 1966, 1329) oder die erforderlichen Zustimmungserklärungen fehlten (OLG Köln, NJW 1952, 1029; LG Osnabrück, NJW 1956, 883).

30 Die Kosten- und Auslagenentscheidung ist unanfechtbar (§ 464 Abs. 3 S. 1 Hs. 2). Dies gilt nicht für die StrEG-Entscheidung; gegen sie ist die sofortige Beschwerde zulässig (§ 8 Abs. 3 S. 1 StrEG).

31 **G. Revision.** Die Revision kann nicht auf die Nichtanwendung des § 153 Abs. 2 gestützt werden.

§ 153a StPO Absehen von der Verfolgung unter Auflagen und Weisungen.

(1) ¹Mit Zustimmung des für die Eröffnung des Hauptverfahrens zuständigen Gerichts und des Beschuldigten kann die Staatsanwaltschaft bei einem Vergehen vorläufig von der Erhebung der öffentlichen Klage absehen und zugleich dem Beschuldigten Auflagen und Weisungen erteilen, wenn diese geeignet sind, das öffentliche Interesse an der Strafverfolgung zu beseitigen, und die Schwere der Schuld nicht entgegensteht. ²Als Auflagen oder Weisungen kommen insbesondere in Betracht,
1. zur Wiedergutmachung des durch die Tat verursachten Schadens eine bestimmte Leistung zu erbringen,
2. einen Geldbetrag zugunsten einer gemeinnützigen Einrichtung oder der Staatskasse zu zahlen,
3. sonst gemeinnützige Leistungen zu erbringen,
4. Unterhaltspflichten in einer bestimmten Höhe nachzukommen,
5. sich ernsthaft zu bemühen, einen Ausgleich mit dem Verletzten zu erreichen (Täter-Opfer-Ausgleich) und dabei seine Tat ganz oder zum überwiegenden Teil wieder gut zu machen oder deren Wiedergutmachung zu erstreben,
6. an einem sozialen Trainingskurs teilzunehmen oder
7. an einem Aufbauseminar nach § 2b Abs. 2 Satz 2 oder § 4 Abs. 8 Satz 4 des Straßenverkehrsgesetzes teilzunehmen.

³Zur Erfüllung der Auflagen und Weisungen setzt die Staatsanwaltschaft dem Beschuldigten eine Frist, die in den Fällen des Satzes 2 Nr. 1 bis 3, 5 und 7 höchstens sechs Monate, in den Fällen des Satzes 2 Nr. 4 und 6 höchstens ein Jahr beträgt. ⁴Die Staatsanwaltschaft kann Auflagen und Weisungen nachträglich aufheben und die Frist einmal für die Dauer von drei Monaten verlängern; mit Zustimmung des Beschuldigten kann sie auch Auflagen und Weisungen nachträglich auferlegen und ändern. ⁵Erfüllt der Beschuldigte die Auflagen und Weisungen, so kann die Tat nicht mehr als Vergehen verfolgt werden. ⁶Erfüllt der Beschuldigte die Auflagen und Weisungen nicht, so werden Leistungen, die er zu ihrer Erfüllung erbracht hat, nicht erstattet. ⁷§ 153 Absatz 1 Satz 2 gilt in den Fällen des Satzes 2 Nr. 1 bis 6 entsprechend. ⁸§ 246a Absatz 2 gilt entsprechend.

(2) ¹Ist die Klage bereits erhoben, so kann das Gericht mit Zustimmung der Staatsanwaltschaft und des Angeschuldigten das Verfahren bis zum Ende der Hauptverhandlung, in der die tatsächlichen

Feststellungen letztmals geprüft werden können, vorläufig einstellen und zugleich dem Angeschuldigten die in Absatz 1 Satz 1 und 2 bezeichneten Auflagen und Weisungen erteilen. ²Absatz 1 Satz 3 bis 6 gilt entsprechend. ³Die Entscheidung nach Satz 1 ergeht durch Beschluss. ⁴Der Beschluss ist nicht anfechtbar. ⁵Satz 4 gilt auch für eine Feststellung, dass gemäß Satz 1 erteilte Auflagen und Weisungen erfüllt worden sind.

(3) Während des Laufes der für die Erfüllung der Auflagen und Weisungen gesetzten Frist ruht die Verjährung.

(4) § 155b findet im Fall des Absatzes 1 Satz 2 Nummer 6, auch in Verbindung mit Absatz 2, entsprechende Anwendung mit der Maßgabe, dass personenbezogene Daten aus dem Strafverfahren, die nicht den Beschuldigten betreffen, an die mit der Durchführung des sozialen Trainingskurses befasste Stelle nur übermittelt werden dürfen, soweit die betroffenen Personen in die Übermittlung eingewilligt haben. Satz 1 gilt entsprechend, wenn nach sonstigen strafrechtlichen Vorschriften die Weisung erteilt wird, an einem sozialen Trainingskurs teilzunehmen.

Übersicht	Rdn.			Rdn.
A. Bedeutung und Anwendungsbereich	1	VII.	Aufbauseminar (Nr. 7)	19
I. Privatklagedelikte	2	D.	Absehen von der Klageerhebung durch StA	
II. Jugendstrafverfahren	3		(Abs. 1)	20
III. Betäubungsmittelverfahren	4	I.	Zustimmung des Gerichts	21
IV. Ordnungswidrigkeitenverfahren	5	II.	Entscheidung	22
V. Steuerstrafverfahren	6		1. Vorläufige Einstellung	22
B. Gemeinsame Voraussetzungen von Abs. 1 und Abs. 2	7		2. Nachträgliche Änderungen	23
			3. Endgültige Einstellung	24
I. Vergehen	7		a) Form und Inhalt	24
II. Beseitigung des öffentlichen Interesses	8		b) Kosten- und Entschädigungsregelung	25
III. Keine schwere Schuld	9			
IV. Zustimmung des Beschuldigten	10		4. Fortführung des Verfahrens	26
C. Auflagen und Weisungen	12	E.	Einstellung durch das Gericht (Abs. 2)	27
I. Schadenswiedergutmachung (Nr. 1)	13	F.	Folgen der Einstellung	29
II. Geldzahlung (Nr. 2)	14	I.	Bedingtes Verfahrenshindernis	29
III. Gemeinnützige Leistungen (Nr. 3)	15	II.	Endgültiges Verfahrenshindernis	30
IV. Unterhaltspflichten (Nr. 4)	16	III.	Ruhen der Verjährung	32
V. Täter-Opfer-Ausgleich (Nr. 5)	17	G.	Anfechtbarkeit	33
VI. Sozialer Trainingskurs (Nr. 6)	18	H.	Revision	37

S.a. RiStBV Nr. 93, 93a, 211

A. Bedeutung und Anwendungsbereich. Die Vorschrift ermöglicht ein vereinfachtes Erledigungsverfahren ohne Strafmaßnahmen im Bereich der kleineren und mittleren Kriminalität, in dem § 153 nicht mehr anwendbar ist. Während die sonstigen Durchbrechungen des Legalitätsprinzips i.d.R. nur die sanktionslose Verfahrenseinstellung erlauben, besteht die Besonderheit hier darin, dass mit Zustimmung des Beschuldigten weitreichende Auflagen und Weisungen erteilt werden, deren Erfüllung die Verhängung einer Strafe oder Maßregel entbehrlich machen (LR/*Beulke*, § 153a Rn. 2). Diese Form der kooperativen Verfahrensbeendigung führt unter justizökonomischen Gesichtspunkten zu einer Entlastung, verbunden mit einer Verfahrensbeschleunigung. Da es zu keinem formellen Schuldspruch kommt und damit auch zu keinem Eintrag in das BZR, hat die Vorschrift auch eine entkriminalisierende Wirkung. Die Unschuldsvermutung nach Art. 6 Abs. 2 EMRK wird nicht verletzt (BVerfG, MDR 1991, 891; OLG Frankfurt am Main, NJW 1996, 3353). Das Verfahren ist zweistufig aufgebaut. Zunächst wird das Verfahren nach Herbeiführung der erforderlichen Zustimmungen von der StA bzw. dem Gericht vorläufig eingestellt und dem Beschuldigten zur Erfüllung der Auflagen und Weisungen eine Frist gesetzt. Werden diese erfüllt, wird das Verfahren endgültig eingestellt – wie sich aus § 467 Abs. 5 ergibt –, ansonsten wird das Verfahren fortgesetzt. 1

I. Privatklagedelikte. Ein Verfahren wegen eines Privatklagedelikts kann nach § 153a eingestellt werden (LR/*Beulke*, § 153a Rn. 17; KMR/*Plöd*, § 153a Rn. 7; *Pfeiffer*, § 153a Rn. 1). Treffen ein Offizialdelikt und ein Privatklagedelikt zusammen, umfasst die Einstellung nach § 153a Abs. 1 auch das 2

§ 153a StPO Absehen von der Verfolgung unter Auflagen und Weisungen

Privatklagedelikt. Für die gerichtliche Einstellung eines Privatklagedelikts hat § 383 Abs. 2 Vorrang; § 153a ist hier nicht anwendbar.

3 **II. Jugendstrafverfahren.** Im Jugendstrafrecht ist das Verhältnis zwischen § 153a und §§ 45, 47, 109 Abs. 2 JGG strittig. Zutreffend erscheint, in Letzteren eine auf junge Straftäter zugeschnittene, abschließende Sonderregelung zu sehen (KK-StPO/*Schoreit*, § 153a Rn. 8; *Brunner/Dölling*, JGG § 45 Rn. 3; LR/*Beulke*, § 153a Rn. 19 mit näherer Begründung u.w.N.; a. A. KMR/*Plöd*, § 153a Rn. 8; *Meyer-Goßner/Schmitt*, § 153a Rn. 4: § 153a nur bei Nichtgeständigen; so auch *Pfeiffer*, § 153a Rn. 1; *Bohnert*, NJW 1980, 1927, 1930 ff.). Bei Heranwachsenden, auf die Erwachsenenstrafrecht anzuwenden ist, kann nach § 153a verfahren werden.

4 **III. Betäubungsmittelverfahren.** Bei Straftaten aufgrund einer BtM-Abhängigkeit bleibt § 153a neben § 37 BtMG anwendbar (LR/*Beulke*, § 153a Rn. 20; *Weber*, BtMG, § 37 Rn. 4, 69; a. A. möglicherweise *Körner*, BtMG, § 37 Rn. 30, wonach § 37 Abs. 2 BtMG eine Spezialvorschrift zu § 153a Abs. 2 sei).

5 **IV. Ordnungswidrigkeitenverfahren.** Im Ordnungswidrigkeitenverfahren ist § 153a nicht anwendbar (vgl. § 47 Abs. 3 OWiG). Treffen eine Ordnungswidrigkeit und ein Vergehen innerhalb einer prozessualen Tat zusammen, kann die Tat nur einheitlich nach § 153a eingestellt werden. Eine Weiterverfolgung der Ordnungswidrigkeit nach § 21 Abs. 2 OWiG ist (anders als bei § 153) nicht möglich (OLG Frankfurt am Main, NJW 1985, 1850; OLG Nürnberg, NJW 1977, 1787).

6 **V. Steuerstrafverfahren.** Im Steuerstrafverfahren kann die Finanzbehörde gem. § 399 AO nach § 153a verfahren.

7 **B. Gemeinsame Voraussetzungen von Abs. 1 und Abs. 2. I. Vergehen.** § 153a ist nur bei Vergehen (§ 12 Abs. 2 StGB) anwendbar.

8 **II. Beseitigung des öffentlichen Interesses.** Der Begriff des öffentlichen Interesses deckt sich mit dem in § 153 verwendeten (vgl. § 153 Rn. 10). Während die Einstellung nach § 153 voraussetzt, dass kein öffentliches Interesse besteht, muss dieses bei § 153a durch die Erfüllung der Auflagen beseitigt werden können. Ob und welche Auflagen oder Weisungen geeignet sind, das öffentliche Interesse zu beseitigen, ist eine Frage des Einzelfalls und davon abhängig, wie stark das öffentliche Interesse ist. Relevante Umstände können dabei u.a. sein: Keine oder nicht einschlägige kriminelle Vorbelastung, strafloses Verhalten nach länger zurückliegender Tatzeit, Bemühungen um Schadensausgleich, geringe Tatfolgen bzw. niedriger Schaden.

9 **III. Keine schwere Schuld.** Die Schwere der Schuld darf der Einstellung nicht entgegenstehen. Dies ist der Fall, wenn die (deliktsspezifische) Schuld entweder gering ist oder im mittleren Bereich liegt (LR/*Beulke*, § 153a Rn. 32). Die Beurteilung dieser Frage setzt einen Aufklärungsstand voraus, der den Schuldnachweis wie bei der Anklageerhebung als wahrscheinlich erscheinen lässt. Insoweit werden in § 153a höhere Anforderungen gestellt, als bei dem konjunktivisch gefassten § 153 (»als gering anzusehen wäre«). Der zugrunde liegende Sachverhalt muss hierzu im Wesentlichen durchermittelt sein.

10 **IV. Zustimmung des Beschuldigten.** Die Zustimmung des Beschuldigten ist stets erforderlich. Sie muss sich auf die vorgesehenen Auflagen und Weisungen einschließlich ihrer Leistungsmodalitäten wie Ratenzahlung und Fristen beziehen. Die Zustimmungserklärung kann ausdrücklich oder auch konkludent durch Erfüllung der Auflagen erfolgen. Eine an Bedingungen (z.B. an die Kostenfrage) geknüpfte Zustimmung ist unwirksam. Wird eine Zustimmung mit Veränderungen der Auflagen oder ihrer Modalitäten erteilt, liegt darin eine Verweigerung der Zustimmung zur ursprünglichen Auflage verbunden mit einer vorweg erklärten Zustimmung zur veränderten Auflagenfestsetzung. Der StA bzw. dem Gericht steht es frei, hierauf einzugehen. Die Zustimmungserklärung des bevollmächtigten Verteidigers ist dem Beschuldigten i.d.R. zuzurechnen. Bis zur vollständigen Erfüllung der Auflagen oder Weisungen, kann die Zustimmung widerrufen werden, danach ist sie weder widerruflich noch wegen Willensmängeln anfechtbar. Ein Schuldeingeständnis liegt in der Zustimmung nicht. Wegen der Unschuldsvermutung sind Gerichte und Verwaltungsbehörden gehindert, allein aufgrund der Zustimmung

bzw. Einstellung davon auszugehen, die Tat sei nachgewiesen (BVerfG, NJW 1991, 1530; NJW 1990, 2741; *Rettenmaier*, NJW 2013, 123).

Die Zustimmung **anderer Verfahrensbeteiligter**, wie etwa des Anzeigeerstatters oder des Verletzten, ist nicht erforderlich. Zu beachten sind jedoch Nr. 93, 211 RiStBV über die Beteiligung von Behörden, öffentlichen Körperschaften und obersten Staatsorganen, wenn diese Strafanzeige erstattet haben oder sonst an dem Verfahren interessiert sind bzw. eine Ermächtigung zur Strafverfolgung erteilt haben. 11

C. Auflagen und Weisungen. Die Auflagen und Weisungen nach § 153a Abs. 1 Satz 2 haben **keinen Strafcharakter**, da der Beschuldigte zustimmen und auch zu ihrer Erfüllung bereit sein muss (BGHSt 28, 174, 176). In Nr. 1 bis 3 handelt es sich in Anlehnung an den Gesetzeswortlaut in § 56b Abs. 2 Nr. 1 bis 4 StGB um Auflagen. In Nr. 4 um eine Weisung, vgl. § 56c Abs. 2 Nr. 5 StGB. Die Zuordnung von Nr. 5, 6 und 7 (Auflage bzw. Weisung) wird unterschiedlich vorgenommen (s. hierzu LR/*Beulke*, § 153a Rn. 47). Die Frage hat nur terminologische Bedeutung. Auflagen und Weisungen können miteinander kombiniert werden. Ihre Aufzählung ist **nicht abschließend** (»insbesondere«). Die Auflagen bzw. Weisungen müssen **konkret bestimmt** sein. Es dürfen jedoch keine unzumutbaren Anforderungen gestellt werden. Die **Fristen**, innerhalb derer Auflagen und Weisungen zu erfüllen sind, bemisst die StA bzw. das Gericht nach den Umständen des Einzelfalls, längstens jedoch 6 Monate bei Auflagen/Weisungen nach § 153a Abs. 1 S. 2 Nr. 1 bis 3, 5, 7 und 1 Jahr bei einer Weisung nach Nr. 4 und 6 (vgl. § 153a Abs. 1 S. 3). Kommt eine Therapieweisung wegen einer der in § 181b StGB genannten Sexualstraftaten in Betracht, so soll aufgrund des durch das Gesetz vom 14.03.2013 (StORMG) neu eingeführten Abs. 1 S. 8, welcher auf § 246a Abs. 2 verweist, zuvor ein Sachverständigengutachten über den Zustand und die Behandlungsaussichten des Beschuldigten eingeholt werden. Dies gilt sowohl für die beabsichtigte Einstellung durch die StA als auch durch das Gericht. 12

I. Schadenswiedergutmachung (Nr. 1) Durch diese Auflage soll der nach den zivilrechtlichen Vorschriften zu ersetzende Schaden ausgeglichen werden. Mitwirkendes Verschulden (§ 254 BGB) ist zu berücksichtigen. Ist der Schaden nicht genau feststellbar, darf geschätzt werden. Die Auflage der Schadenswiedergutmachung »nach Kräften« (vgl. § 56b Abs. 2 S. 1 Nr. 1 StGB) genügt nicht, die Leistung muss konkret bestimmt werden (ggf. in Raten) und darf die Schadensersatzpflicht nicht übersteigen. Die Verjährung des Anspruchs macht die Auflage nicht unzulässig (OLG Koblenz, NJW 1975, 527). Erhält der Geschädigte von dritter Seite (z.B. von der Versicherung) Schadensersatz, so scheidet eine Auflage nach Nr. 1 i.d.R. aus, da keine doppelte Entschädigung erfolgen soll (KK-StPO/*Schoreit*, § 153a Rn. 16). Die Auflage, Gerichtskosten sowie notwendige Auslagen des Nebenklägers zu übernehmen, ist unzulässig (OLG Frankfurt am Main, MDR 1980, 515). 13

Auch der Ersatz des immateriellen Schadens (Schmerzensgeld) kann zur Auflage gemacht werden. Bei Beleidigung kommt die Abgabe einer Entschuldigung in Betracht.

II. Geldzahlung (Nr. 2) Die ganz überwiegende Zahl der Auflagen i.R.d. § 153a betrifft Geldzahlungen an gemeinnützige Einrichtungen oder die **Staatskasse** (LR/*Beulke*, § 153a Rn. 29: 98% der von der StA verhängten Auflagen). Das Gesetz enthält keinen Höchstbetrag. Der Verhältnismäßigkeitsgrundsatz ist jedoch zu beachten. Bei der Bestimmung der Höhe der Geldauflage sind die persönlichen und wirtschaftlichen Verhältnisse des Beschuldigten zu berücksichtigen sowie die Größe des durch die Auflagen zu beseitigenden öffentlichen Interesses an der Strafverfolgung. Die Höhe einer zu erwartenden Geldstrafe im Fall einer Verurteilung kann als ungefähre Orientierung dienen, da vergleichbare Abwägungen vorzunehmen sind (KMR/*Plöd*, § 153a Rn. 21; krit. LR/*Beulke*, § 153a Rn. 57). Die Verfahrenskosten dürfen dem Beschuldigten nicht als Geldleistung auferlegt werden. Die Berücksichtigung erheblicher Kosten i.R.d. Ermittlungsverfahrens, z.B. für Sachverständigengutachten, ist jedoch bei der Verteilung der Geldleistungen (zwischen gemeinnützigen Einrichtungen und der Staatskasse) und bei der Bestimmung ihrer Höhe möglich, wobei ggf. die persönliche Schuld und die Zumutbarkeit als Korrektiv dienen müssen (LR/*Beulke*, § 153a Rn. 56; KMR/*Plöd*, § 153a Rn. 22; *Meyer-Goßner/ Schmitt*, § 153a Rn. 19; AK-StPO/*Schöch*, § 153a Rn. 30; krit. KK-StPO/*Schoreit*, § 153a Rn. 19). Ratenzahlung kann gewährt werden. Eine Geldauflage an die Staatskasse ist unzulässig, wenn der Beschuldigte durch die Erfüllung der Auflage seine Insolvenzgläubiger benachteiligen würde (BGH, 05.06.2008 – IX ZR 17/07). 14

§ 153a StPO   Absehen von der Verfolgung unter Auflagen und Weisungen

Die **gemeinnützige Einrichtung** muss nicht steuerrechtlich als solche anerkannt sein, jedoch muss sich die Gemeinnützigkeit aus ihren Zwecken ergeben. Einzelpersonen sind keine gemeinnützigen Einrichtungen im Sinne dieser Vorschrift (LR/*Beulke*, § 153a Rn. 55). Die Länder haben einheitliche Regelungen über Geldauflagen an gemeinnützige Einrichtungen erlassen (vgl. *Meyer-Goßner/Schmitt*, § 153a Rn. 20).

15 **III. Gemeinnützige Leistungen (Nr. 3)** Die Auflage, gemeinnützige Leistungen zu erbringen, stimmt mit der in § 56b Abs. 2 S. 1 Nr. 3 StGB überein. Hierdurch erhalten auch diejenigen eine Chance, zu einer Verfahrenseinstellung zu kommen, die zu einer Geldleistung nicht in der Lage sind (LR/*Beulke*, § 153a Rn. 58; KK-StPO/*Schoreit*, § 153a Rn. 20; AK-StPO/*Schöch*, § 153a Rn. 31; KMR/*Plöd*, § 153a Rn. 23). In Betracht kommen Dienstleistungen in caritativen Einrichtungen, Krankenhäusern, Alten- oder Pflegeheimen, Umweltschutzeinrichtungen, Tierheimen u.a.

16 **IV. Unterhaltspflichten (Nr. 4)** Die Weisung kommt v.a. bei Unterhaltspflichtverletzungen (§ 170 StGB) in Betracht. I.d.R. wird die Leistung eines monatlich fällig werdenden bestimmten Geldbetrags auferlegt. Möglich sind aber auch Naturalleistungen (LR/*Beulke*, § 153a Rn. 59; KMR/*Plöd*, § 153a Rn. 24; *Meyer-Goßner/Schmitt*, § 153a Rn. 22; a. A. AK-StPO/*Schöch*, § 153a Rn. 33). Die Höchstfrist für die Weisung beträgt ein Jahr, § 153a Abs. 1 S. 3.

17 **V. Täter-Opfer-Ausgleich (Nr. 5)** Mit der Einfügung des Täter-Opfer-Ausgleichs in Nr. 5 (i.V.m. §§ 155a, 155b) durch das Gesetz zur strafverfahrensrechtlichen Verankerung des Täter-Opfer-Ausgleichs und zur Änderung des Gesetzes über Fernmeldeanlagen v. 20.12.1999 (BGBl. I, S. 2491) wurde neben der bereits zuvor eingeführten materiell-rechtlichen Regelung in § 46a StGB nunmehr die verfahrensrechtliche Möglichkeit zur Einstellung über einen Täter-Opfer-Ausgleich eröffnet. Bereits das **ernsthafte Bemühen** um einen Täter-Opfer-Ausgleich mit dem Ziel, den Schaden zumindest teilweise wieder gut zu machen, genügt für die Verfahrenseinstellung. Es bedarf der Feststellung der StA (in den Akten), dass das vom Beschuldigten gezeigte Bemühen als ausreichend anzusehen ist, da es in Nr. 5 (im Gegensatz zu den übrigen Auflagen/Weisungen) an einem sicher feststellbaren Erfolg fehlt. Wegen § 155a Abs. 1 S. 3 darf gegen den ausdrücklichen Willen des Verletzten die Weisung nicht erteilt werden (LR/*Beulke*, § 153a Rn. 62; *Meyer-Goßner/Schmitt*, § 153a Rn. 22a).

18 **VI. Sozialer Trainingskurs (Nr. 6)** Von der Möglichkeit, die Teilnahme an einem sozialen Trainingskurs aufzuerlegen, wurde bisher bereits in der Praxis Gebrauch gemacht. Mit dem Gesetz zur Stärkung der Täterverantwortung vom 15.11.2012 (BGBl. I S. 2298) hat der Gesetzgeber eine entsprechende Weisung nunmehr ausdrücklich unter Nr. 6 eingefügt. Durch die Zuweisung an qualifizierte Täterprogramme soll die Fähigkeit zur Verantwortungsübernahme und zur Selbstkontrolle seines Verhaltens beim Täter/Beschuldigten gestärkt werden. Insbesondere bei Tätern häuslicher Gewalt, aber nicht ausschließlich bei diesen, wird sich eine entsprechende Weisung anbieten. Gerade im Hinblick auf den hohen Stellenwert des Opferschutzes kann die Durchführung eines Sozialen Trainingskurses oftmals sinnvoller sein als die Auferlegung einer Geldbuße oder die Verurteilung zu einer Geldstrafe, weil der Täter nachhaltig gezwungen wird, sich mit seiner Tat auseinanderzusetzen und die Verantwortung hierfür zu übernehmen.
Zusammen mit der Nr. 6 neu eingefügt wurde der Abs. 4. Mit diesem wurde eine ausdrückliche gesetzliche Grundlage für die Übermittlung von personenbezogenen Daten an die mit einem sozialen Trainingskurs befasste Stelle geschaffen. Abs. 4 S. 1 verweist insoweit auf die entsprechenden Regelungen für die Durchführung eines Täter-Opfer-Ausgleichs nach § 155b StPO. Abweichend von der Regelung in § 155b Abs. 1 S. 1 StPO wird jedoch die Befugnis zur Übermittlung der erforderlichen personenbezogenen Daten anderer Personen als des Beschuldigten unter die zusätzliche Voraussetzung der Einwilligung der betroffenen Personen in die Datenübermittlung gestellt. Hierdurch soll den geschützten Interessen dieser Personen, insbesondere der Opfer, Rechnung getragen werden. Eine Einwilligung des Beschuldigten in die Übermittlung seiner personenbezogenen Daten ist dagegen nicht erforderlich.

19 **VII. Aufbauseminar (Nr. 7)** Die Teilnahme an einem Aufbauseminar soll den Bedürfnissen des Straßenverkehrs Rechnung tragen. Bei den in § 69 Abs. 2 StGB genannten Vergehen ist die Fahrerlaubnis i.d.R. zu entziehen. Deshalb reicht in diesen Fällen allein die Teilnahme an einem Aufbauseminar nicht aus, um das Verfahren einzustellen. Die Einstellung wird hier nur in Betracht kommen, wenn

auch im Fall einer Verurteilung ausnahmsweise vom Entzug der Fahrerlaubnis abgesehen worden wäre (LR/*Beulke*, § 153a Rn. 66; *Meyer-Goßner/Schmitt*, § 153a Rn. 22b). Damit verbleibt in der Praxis kaum ein Anwendungsbereich für die Nr. 6.

D. Absehen von der Klageerhebung durch StA (Abs. 1) Die Entscheidung, von der Erhebung der öffentlichen Klage abzusehen, § 153a Abs. 1, ergeht durch die StA; in Steuerstrafverfahren durch die Finanzbehörde, wenn sie das Ermittlungsverfahren selbstständig führt (§§ 386 Abs. 2, 399 Abs. 1 AO). **20**

I. Zustimmung des Gerichts. Die Zustimmung des für die Eröffnung des Hauptverfahrens zuständigen Gerichts ist erforderlich, es sei denn die Voraussetzungen des § 153 Abs. 1 S. 2 sind gegeben, auf die § 153a Abs. 1 S. 7 verweist. Also bei Vergehen, die nicht mit einer im Mindestmaß erhöhten Strafe bedroht sind und nur geringe Folgen verursacht haben (vgl. hierzu § 153 Rn. 13 ff.). Die Teilnahme an einem Aufbauseminar kann nur mit Zustimmung des Gerichts angeordnet werden, da die Verweisung in § 153a Abs. 1 S. 7 nur die Fälle des S. 2 Nr. 1 bis 5 umfasst. In welcher Reihenfolge die StA die Zustimmung des Gerichts und des Beschuldigten einholt, ist im Gesetz nicht vorgeschrieben. Das angegangene Gericht gibt die Sache – ohne Entscheidung über die Zustimmung – zurück, wenn nach seiner Auffassung ein anderes Gericht über die Eröffnung des Hauptverfahrens zu entscheiden hätte oder wenn es seine Zustimmung wegen § 153a Abs. 1 S. 7 i.V.m. § 153 Abs. 1 S. 2 nicht für erforderlich hält (*Meyer-Goßner/Schmitt*, § 153a Rn. 31). Hält das Gericht seine Zuständigkeit für gegeben, kann dessen Entscheidung nur auf Erteilung oder Versagung der Zustimmung lauten. Notwendige Klarstellungen kann es vornehmen. Eine Änderung der Auflagen steht einer Ablehnung gleich (KK-StPO/*Schoreit*, § 153a Rn. 28), verbunden mit einer vorweg erklärten Zustimmung zur veränderten Auflagenfestsetzung (LR/*Beulke*, § 153a Rn. 105; KMR/*Plöd*, § 153a Rn. 33). Die Erteilung oder Versagung der Zustimmung ist keine Entscheidung, sondern nur Prozesserklärung und nicht mit der Beschwerde anfechtbar. **21**

II. Entscheidung. 1. Vorläufige Einstellung. In der vorläufigen Einstellungsverfügung bezeichnet die StA die Bedingungen einschließlich der festgesetzten Fristen (s.o. Rdn. 12) für die Erfüllung der Auflagen und Weisungen. Obwohl nicht vorgeschrieben, empfiehlt sich – u.a. zum Nachweis der Fristen – analog § 35 Abs. 2 S. 1 eine Zustellung an den Beschuldigten bzw. in den Fällen des § 145a an den Verteidiger, verbunden mit dem Hinweis, dass bei Nichterfüllung das Verfahren fortgesetzt wird. Dem Anzeigeerstatter ist die vorläufige Einstellung formlos mit Gründen – jedoch ohne die erteilten Auflagen und Weisungen – mitzuteilen (Nr. 89 Abs. 3 RiStBV). Der Leistungsempfänger wird ebenfalls unterrichtet, zweckmäßigerweise verbunden mit der Aufforderung, der StA den Empfang der Zahlungen oder sonstigen Leistungen mitzuteilen. Dies erleichtert der StA die Überwachung der rechtzeitigen Erfüllung der Auflagen oder Weisungen. **22**

2. Nachträgliche Änderungen. Die StA kann – ohne Zustimmung des Beschuldigten – Auflagen und Weisungen **nachträglich aufheben** und die **Frist** einmal für die Dauer von drei Monaten **verlängern**, § 153a Abs. 1 S. 4 Hs. 1. Nach § 153a Abs. 1 S. 4 Hs. 2 ist die StA auch befugt, nachträglich Auflagen und Weisungen **aufzuerlegen oder zu ändern**. Hierfür ist jedoch die Zustimmung des Beschuldigten nötig, auch wenn die Änderung für ihn nur vorteilhaft ist. Ein Anspruch auf nachträgliche Änderung besteht nicht. Der gerichtlichen Zustimmung bedarf es in keinem der vorgenannten Fälle (a. A. LR/*Beulke*, § 153a Rn. 83). **23**

3. Endgültige Einstellung. a) Form und Inhalt. Nach der vollständigen Erfüllung der Auflagen und Weisungen stellt die StA das Verfahren endgültig ein. Diese Einstellungsverfügung hat nur deklaratorischen Charakter, da das Verfolgungshindernis des § 153a Abs. 1 S. 5 bereits mit der Erfüllung der Auflagen und Weisungen eintritt. Rechtsgrundlage für die Einstellungsverfügung ist nach herrschender Meinung § 153a direkt. Die endgültige Einstellung wird dem Beschuldigten formlos mitgeteilt. Ein Anzeigeerstatter wird nach § 171 Abs. 1 S. 1 unter Angabe der Gründe beschieden (Nr. 89 Abs. 3 RiStBV), jedoch ohne Belehrung nach § 171 Abs. 1 S. 2, da – auch wenn er Verletzter ist – kein Klageerzwingungsverfahren möglich ist, § 172 Abs. 2 S. 3. **24**

§ 153a StPO   Absehen von der Verfolgung unter Auflagen und Weisungen

25 **b) Kosten- und Entschädigungsregelung.** Eine Entscheidung über die Kosten, Auslagen oder eine Entschädigung für Strafverfolgungsmaßnahmen unterbleibt; jedoch kommt § 9 Abs. 1 S. 5 StrEG in Betracht (Vordermayer-v. Heintschel-Heinegg/*Kunz*, Teil 5, Kap. 6, Rn. 13; LR/*Beulke*, § 153a Rn. 113; *Meyer-Goßner/Schmitt*, § 153a Rn. 45).

26 **4. Fortführung des Verfahrens.** Hat der Beschuldigte die Auflagen oder Weisungen nicht oder nicht vollständig erfüllt, wird das Verfahren durch die StA – i.d.R. durch Anklageerhebung – fortgesetzt. Erbrachte Teilleistungen werden nicht erstattet, § 153a Abs. 1 S. 6. Das Gericht kann sie jedoch bei der Bemessung der Strafe berücksichtigen. Strittig ist, ob Leistungen nach Fristablauf, also nicht entsprechend den Auflagen, zu erstatten sind (dafür: KK-StPO/*Schoreit*, § 153a Rn. 40; *Meyer-Goßner/Schmitt*, § 153a Rn. 46, *Kalomiris*, NStZ 1998, 500; a. A. LR/*Beulke*, § 153a Rn. 89).

27 **E. Einstellung durch das Gericht (Abs. 2)** Zuständig ist das Gericht ab Anklageerhebung bis zum Ende der Tatsacheninstanz, auch nach Zurückverweisung durch das Revisionsgericht. Das Revisionsgericht kann nicht nach § 153a Abs. 2 verfahren. Die materiellen Voraussetzungen einer Verfahrenseinstellung ergeben sich aus Abs. 1: Durch Auflagen und Weisungen zu beseitigendes öffentliches Interesse (s.o. Rdn. 8) und keine entgegenstehende Schwere der Schuld (s.o. Rdn. 9). Förmliche Voraussetzungen sind die Zustimmung der StA, die sich auf alle Auflagen und Weisungen erstrecken muss, und die Zustimmung des Angeschuldigten (s.o. Rdn. 10). Die Zustimmung des Anzeigeerstatters oder Nebenklägers ist nicht erforderlich; Letzterem wird jedoch rechtliches Gehör gewährt. Vor der Einstellung entscheidet das Gericht gem. § 396 Abs. 3 über seinen Anschluss. Die **vorläufige Einstellung** des Verfahrens erfolgt durch einen nicht anfechtbaren Beschluss, § 153a Abs. 2 S. 3, 4. Die Beschlussform gilt auch für eine vorläufige Verfahrenseinstellung in der Hauptverhandlung. Der Beschluss bedarf keiner Begründung und enthält, da er nur vorläufig ist, keine Kosten-, Auslagen- oder StrEG-Entscheidung.

Nach § 153a Abs. 2 S. 2 i.V.m. Abs. 1 S. 4 kann das Gericht Auflagen und Weisungen **nachträglich aufheben** oder die Frist einmal verlängern. Mit Zustimmung des Angeschuldigten kann es die Auflagen und Weisungen auch **ändern**. Bei nicht vollständiger oder fristgerechter Erfüllung der Auflagen und Weisungen **setzt** das Gericht das Verfahren **fort**, indem es i.d.R. Termin zur Hauptverhandlung bestimmt und mit der Ladung dem Angeklagten die Fortsetzung des Verfahrens mitteilt. Das Gericht kann jedoch auch einen besonderen Wiederaufnahmebeschluss erlassen (LR/*Beulke*, § 153a Rn. 126 m.w.N.).

28 Steht demgegenüber die fristgerechte Erfüllung der Auflagen und Weisungen fest, stellt das Gericht das Verfahren durch **Beschluss endgültig** ein. Ein solcher Einstellungsbeschluss ist in § 467 Abs. 5 ausdrücklich vorgesehen, hat jedoch nur feststellende Bedeutung, da das Verfolgungshindernis des § 153a Abs. 2 S. 2 i.V.m. Abs. 1 S. 5 bereits mit der Erfüllung der Auflagen und Weisungen eintritt (OLG Frankfurt am Main, NJW 1996, 3353). Der Einstellungsbeschluss ist mit einer **Kostenentscheidung** zu versehen, die sich nach § 467 Abs. 1, 5 richtet. Danach trägt die Staatskasse die Kosten des Verfahrens (außer im Fall des § 467 Abs. 2); notwendige Auslagen des Angeschuldigten werden der Staatskasse nicht auferlegt. Notwendige Auslagen des Nebenklägers hat i.d.R. der Angeschuldigte zu tragen (§ 472 Abs. 2 S. 2). Ist eine entschädigungsfähige Strafverfolgungsmaßnahme vollzogen worden (§ 2 StrEG), ergeht im Einstellungsbeschluss auch eine Entscheidung über die Verpflichtung zur Entschädigung nach Billigkeit (§§ 3, 8 Abs. 1 StrEG).

29 **F. Folgen der Einstellung.** **I. Bedingtes Verfahrenshindernis.** Hat die StA oder das Gericht dem Beschuldigten konkrete Auflagen oder Weisungen erteilt und sich dieser damit einverstanden erklärt, entsteht ein **bedingtes Verfahrenshindernis**. Die Verfahrensfortführung ist nur zulässig, wenn der Beschuldigte die Auflagen/Weisungen nicht vollständig oder fristgerecht erfüllt oder die Tat sich als Verbrechen herausstellt. Es besteht ein Schwebezustand, währenddessen ein Haftbefehl zumindest außer Vollzug zu setzen, wenn nicht aus Verhältnismäßigkeitsgründen sogar aufzuheben ist. Die Beschlagnahme von Beweismitteln kann zu Beweissicherungszwecken aufrechterhalten werden, wenn nicht auch hier Verhältnismäßigkeitsgründe entgegenstehen. Dagegen müssen vorläufige Maßnahmen zur Sicherung einer bei späterer Durchführung des Verfahrens zu erwartenden Rechtsfolge aufgehoben wer-

den, wie z.B. die vorläufige Entziehung der Fahrerlaubnis, § 111a, die Sicherstellung von Gegenständen nach § 111b oder ein vorläufiges Berufsverbot nach § 132a (*Meyer-Goßner/Schmitt*, § 153a Rn. 44).

II. Endgültiges Verfahrenshindernis. Erfüllt der Beschuldigte die Auflagen/Weisungen vollständig und fristgerecht, entsteht ein **endgültiges Verfahrenshindernis**. Die Tat kann nicht mehr als Vergehen verfolgt werden, § 153a Abs. 1 S. 5, Abs. 2 S. 2. Das Verfahrenshindernis tritt bereits mit der Erfüllung der Auflagen bzw. Weisungen ein, die endgültige Einstellung des Verfahrens durch die StA bzw. das Gericht hat nur noch feststellende Bedeutung (s.o. Rn. 23, 28). Das Verfahrenshindernis umfasst die gesamte prozessuale Tat, einschließlich etwaiger Ordnungswidrigkeiten. § 153a Abs. 1 S. 5 geht als Spezialregelung § 21 Abs. 2 OWiG vor (s.o. Rn. 5). 30

Eine Einstellung nach § 153a wird weder im Bundeszentralregister noch im Verkehrszentralregister eingetragen, jedoch erfolgt eine Erfassung im zentralen staatsanwaltschaftlichen Verfahrensregister (§ 492). 31
Eine Strafverfolgung des Beschuldigten wegen der gleichen prozessualen Tat ist nur dann zulässig, wenn sich der Verdacht eines Verbrechens ergibt, 153a Abs. 2 S. 2, Abs. 1 S. 5. Dafür ist nicht erforderlich, dass es sich um neue Tatsachen oder Beweismittel handelt (LR/*Beulke*, § 153a Rn. 99; *Meyer-Goßner/ Schmitt*, § 153a Rn. 52). Das selbstständige Verfalls- und Einziehungsverfahren (§§ 440, 442) bleibt nach einer Verfahrenseinstellung möglich.

III. Ruhen der Verjährung. Während des Laufes der für die Erfüllung der Auflagen gesetzten Frist ruht die Verjährung, § 153a Abs. 3. Das Ruhen der Verjährung beginnt mit der vorläufigen Einstellungsverfügung der StA bzw. dem entsprechenden Einstellungsbeschluss des Gerichts und endet mit dem letzten Tag der – ggf. verlängerten – Frist. 32

G. Anfechtbarkeit. Die Entscheidung der StA, ob sie von der Strafverfolgung absehen will, ist gerichtlich nicht nachprüfbar (OLG München, NStZ 1983, 236). Sieht die StA von der Strafverfolgung ab, ist das Klageerzwingungsverfahren für den Verletzten ausgeschlossen, § 172 Abs. 2 S. 3. Der Verletzte kann aber durch eine neue Anzeige geltend machen, dass ein Verfahrenshindernis nicht eingetreten ist, weil ein Verbrechen vorliege oder die Auflagen/Weisungen nicht erfüllt wurden (KMR/*Plöd*, § 153a Rn. 44; KK-StPO/*Schoreit*, § 153a Rn. 44; LR/*Beulke*, § 153a Rn. 117 f.). 33

Lehnt das Gericht eine beantragte Einstellung ab (ausdrücklich oder durch Verfahrensfortsetzung), ist dies nicht anfechtbar (KK-StPO/*Schoreit*, § 153a Rn. 52; LR/*Beulke*, § 153a Rn. 133; *Meyer-Goßner/ Schmitt*, § 153a Rn. 57). Auch gegen die Ablehnung einer vom Angeschuldigten beantragten Aufhebung oder Änderung der Auflagen/Weisungen steht diesem die Beschwerde nicht zu (KK-StPO/ *Schoreit*, § 153a Rn. 56; LR/*Beulke*, § 153a Rn. 133). 34

Die vorläufige Einstellung durch das Gericht ist kraft ausdrücklicher gesetzlicher Bestimmung in § 153a Abs. 2 S. 4 nicht anfechtbar. Dies gilt auch für die endgültige Einstellung, nebst der Feststellung, dass die erteilten Auflagen oder Weisungen erfüllt sind, § 153a Abs. 2 S. 5 (OLG Frankfurt am Main, MDR 1980, 515). Ausnahmsweise ist jedoch gegen die gerichtliche Einstellung die Beschwerde (§ 304) für die StA und den Angeschuldigten gegeben, wenn prozessuale Voraussetzungen wie die erforderlichen Zustimmungserklärungen fehlten (KK-StPO/*Schoreit*, § 153a Rn. 53; KMR/*Plöd*, § 153a Rn. 51; *Meyer-Goßner/Schmitt*, § 153a Rn. 57; *Pfeiffer*, § 153a Rn. 7; differenzierend LR/*Beulke*, § 153a Rn. 134 ff.; OLG Karlsruhe, NJW 1987, 42: trotz fehlender Zustimmung der StA ist deren Beschwerde aus Gründen des Vertrauensschutzes unbegründet, wenn der Angeschuldigte vor Kenntnis von der Beschwerdeeinlegung die Auflage ganz oder teilweise erfüllt hat). 35

Unanfechtbar ist die Kosten- und Auslagenentscheidung (§ 464 Abs. 3 S. 1 Hs. 2). Dies gilt nicht für die StrEG-Entscheidung; gegen sie ist die sofortige Beschwerde zulässig (§ 8 Abs. 3 S. 1 StrEG). 36

H. Revision. Die Revision kann auf die Anwendung oder Nichtanwendung des § 153a nicht gestützt werden. Das Revisionsgericht prüft jedoch von Amts wegen, ob das Verfahrenshindernis des beschränkten Strafklageverbrauchs nach § 153a Abs. 1 S. 5 besteht. 37

§ 153b StPO Absehen von der Verfolgung bei möglichem Absehen von Strafe.

(1) Liegen die Voraussetzungen vor, unter denen das Gericht von Strafe absehen könnte, so kann die Staatsanwaltschaft mit Zustimmung des Gerichts, das für die Hauptverhandlung zuständig wäre, von der Erhebung der öffentlichen Klage absehen.
(2) Ist die Klage bereits erhoben, so kann das Gericht bis zum Beginn der Hauptverhandlung mit Zustimmung der Staatsanwaltschaft und des Angeschuldigten das Verfahren einstellen.

1 **A. Bedeutung und Anwendungsbereich.** Die Vorschrift ermöglicht es, die Vorbereitung und Durchführung einer Hauptverhandlung in den Fällen zu vermeiden, in denen ohnehin abzusehen ist, dass das Gericht aufgrund des materiellen Strafrechts von Strafe absehen wird (KK-StPO/*Schoreit*, § 153b Rn. 1; LR/*Beulke*, § 153b Rn. 2). Zu den infrage kommenden Vorschriften, die ein Absehen von Strafe erlauben, gehören §§ 46a, 46b und 60 StGB, die auch bei Verbrechenstatbeständen gelten, bei denen §§ 153, 153a nicht anwendbar wären, sowie §§ 83a, 84 Abs. 4, Abs. 5, 85 Abs. 3, 86 Abs. 4, 86a Abs. 3, 87 Abs. 3, 89 Abs. 3, 98 Abs. 2 S. 1, 99 Abs. 3, 113 Abs. 4, 125 Abs. 2, 129 Abs. 5, Abs. 6, 129a Abs. 7, 139 Abs. 1, 142 Abs. 4, 157, 158 Abs. 1, 174 Abs. 4, 182 Abs. 4, 218a Abs. 4 S. 2, 306e Abs. 1, 314a Abs. 2, 320 Abs. 2, 330b Abs. 1 S. 1 StGB, § 20 Abs. 2 VereinsG, 29 Abs. 5, 31 BtMG. Die Straffreierklärung nach § 199 StGB fällt ebenfalls hierunter, da diese sachlich ein Absehen von Strafe darstellt. Nicht anwendbar ist § 153b bei persönlichen Strafaufhebungsgründen wie §§ 24, 31, 98 Abs. 2 S. 2, 306e Abs. 2, 314a Abs. 3, 320 Abs. 3 oder 330b Abs. 1 S. 2 StGB.

2 Im **Jugendstrafrecht** bedarf es wegen der Einstellungsmöglichkeiten nach §§ 45, 47, 109 Abs. 2 JGG im Allgemeinen keines Rückgriffs auf § 153b (KK-StPO/*Schoreit*, § 153b Rn. 13; LR/*Beulke*, § 153b Rn. 6; *Pfeiffer*, § 153b Rn. 4; *Meyer-Goßner/Schmitt*, § 153b Rn. 5).

3 **B. Absehen von der Klageerhebung durch StA (Abs. 1)** Will die StA im Ermittlungsverfahren § 153b Abs. 1 anwenden, bedarf sie nur der **Zustimmung des Gerichts**. Zuständig ist das Gericht, zu dem die Anklage zu erheben wäre. Die Ermittlungen müssen so weit ausgedehnt werden, dass für den Fall einer Verurteilung mit Absehen von Strafe zu rechnen wäre (LR/*Beulke*, § 153b Rn. 13). Die §§ 153 Abs. 1, 153a Abs. 1 und 153b Abs. 1 schließen einander nicht aus (*Meyer-Goßner/Schmitt*, § 153b Rn. 2; teilweise a.M. LR/*Beulke*, § 153b Rn. 7, 8). Die Einstellung umfasst die gesamte prozessuale Tat und ist nur möglich, wenn alle verwirklichten Tatbestände ein Absehen von der Verfolgung erlauben. Wegen Kostenentscheidung und Entschädigung vgl. § 153 Rn. 18.

4 **C. Einstellung durch das Gericht (Abs. 2)** Mit **Erhebung der öffentlichen Klage** geht die Einstellungsbefugnis auf das Gericht über. Sie endet mit Beginn (§ 243 Abs. 1 S. 1) der erstinstanzlichen Hauptverhandlung, auch wenn diese anschließend ausgesetzt wird. Danach ist ein Absehen von Strafe nur durch Urteil möglich. StA und Angeschuldigter müssen zustimmen. Der Nebenkläger wird nur gehört (§ 33 Abs. 3). Vor der Einstellung entscheidet das Gericht jedoch gem. § 396 Abs. 3 über seinen Anschluss. Die gerichtliche Einstellung erfolgt durch Beschluss, der nicht zu begründen ist. Hinsichtlich der Nebenentscheidungen gilt das Gleiche wie bei § 153 Abs. 2 (vgl. § 153 Rn. 25).

5 **D. Folgen der Einstellung.** Die Einstellung durch die StA bewirkt keinen Strafklageverbrauch. Die StA kann die Ermittlungen jederzeit wieder aufnehmen. Ein Klageerzwingungsverfahren ist unzulässig (§ 172 Abs. 2 S. 3).

6 Demgegenüber führt die gerichtliche Einstellung zu einem beschränkten Strafklageverbrauch. Die Weiterverfolgung – durch eine neue Anklage – ist nur zulässig, wenn neue Tatsachen oder Beweismittel eine andere Beurteilung des Unrechtsgehalts der Tat dahin gehend ergeben, dass die Voraussetzungen für das Absehen von Strafe nicht mehr vorliegen (LR/*Beulke*, § 153b Rn. 21, KK-StPO/*Schoreit*, § 153b Rn. 11; *Pfeiffer*, § 153b Rn. 4).

7 Das selbstständige Verfalls- und Einziehungsverfahren (§§ 440, 442) bleibt nach einer Verfahrenseinstellung möglich.

8 **E. Anfechtbarkeit.** Die Ablehnung der Einstellung durch die StA oder das Gericht ist nicht anfechtbar. Auch der Einstellungsbeschluss ist grds. unanfechtbar (BGHSt 10, 91). Ausnahmsweise ist die

Beschwerde (§ 304) für die StA und den Angeschuldigten gegeben, wenn die erforderlichen Zustimmungserklärungen fehlten (LR/*Beulke*, § 153b Rn. 20; KK-StPO/*Schoreit*, § 153b Rn. 9; KMR/*Plöd*, § 153b Rn. 11; *Meyer-Goßner/Schmitt*, § 153b Rn. 6; AK-StPO/*Schöch*, § 153b Rn. 11). Bzgl. der Anfechtbarkeit der Kosten-, Auslagen- und StrEG-Entscheidung vgl. § 153a Rdn. 36.

F. Revision. Die Revision kann auf die Anwendung oder Nichtanwendung des § 153b nicht gestützt werden. 9

§ 153c StPO Absehen von der Verfolgung bei Auslandstaten.

(1) ¹Die Staatsanwaltschaft kann von der Verfolgung von Straftaten absehen,
1. die außerhalb des räumlichen Geltungsbereichs dieses Gesetzes begangen sind oder die ein Teilnehmer an einer außerhalb des räumlichen Geltungsbereichs dieses Gesetzes begangenen Handlung in diesem Bereich begangen hat,
2. die ein Ausländer im Inland auf einem ausländischen Schiff oder Luftfahrzeug begangen hat,
3. wenn in den Fällen der §§ 129 und 129a, jeweils auch in Verbindung mit § 129b Abs. 1, des Strafgesetzbuches die Vereinigung nicht oder nicht überwiegend im Inland besteht und die im Inland begangenen Beteiligungshandlungen von untergeordneter Bedeutung sind oder sich auf die bloße Mitgliedschaft beschränken.

²Für Taten, die nach dem Völkerstrafgesetzbuch strafbar sind, gilt § 153 f.

(2) Die Staatsanwaltschaft kann von der Verfolgung einer Tat absehen, wenn wegen der Tat im Ausland schon eine Strafe gegen den Beschuldigten vollstreckt worden ist und die im Inland zu erwartende Strafe nach Anrechnung der ausländischen nicht ins Gewicht fiele oder der Beschuldigte wegen der Tat im Ausland rechtskräftig freigesprochen worden ist.

(3) Die Staatsanwaltschaft kann auch von der Verfolgung von Straftaten absehen, die im räumlichen Geltungsbereich dieses Gesetzes durch eine außerhalb dieses Bereichs ausgeübte Tätigkeit begangen sind, wenn die Durchführung des Verfahrens die Gefahr eines schweren Nachteils für die Bundesrepublik Deutschland herbeiführen würde oder wenn der Verfolgung sonstige überwiegende öffentliche Interessen entgegenstehen.

(4) Ist die Klage bereits erhoben worden, so kann die Staatsanwaltschaft in den Fällen des Absatzes 1 Nr. 1, 2 und des Absatzes 3 die Klage in jeder Lage des Verfahrens zurücknehmen und das Verfahren einstellen, wenn die Durchführung des Verfahrens die Gefahr eines schweren Nachteils für die Bundesrepublik Deutschland herbeiführen würde oder wenn der Verfolgung sonstige überwiegende öffentliche Interessen entgegenstehen.

(5) Hat das Verfahren Straftaten der in § 74a Abs. 1 Nr. 2 bis 6 und § 120 Abs. 1 Nr. 2 bis 7 des Gerichtsverfassungsgesetzes bezeichneten Art zum Gegenstand, so stehen diese Befugnisse dem Generalbundesanwalt zu.

S.a. RiStBV Nr. 94 bis 97, 99

A. Bedeutung und Anwendungsbereich. Die Vorschrift umfasst Fallgruppen, die in unterschiedlicher Weise Auslandsberührungen aufweisen. Die Entscheidung, von der Verfolgung abzusehen, steht im alleinigen Ermessen der StA, in den Fällen des Abs. 5 des Generalbundesanwalts. Namentlich in den Fällen des Abs. 1 Nr. 1 und 2 ist der Ermessensspielraum äußerst weit und tatbestandsmäßig nicht eingeschränkt. Eine Zustimmung des Beschuldigten, Verletzten oder des Gerichts ist nicht erforderlich. Nach Nr. 94 ff. RiStBV ist die StA gehalten, die Entscheidung des Generalstaatsanwalts einzuholen und ggf. den Generalbundesanwalt zu unterrichten (im Fall des § 153c Abs. 5). Weitere Benachrichtigungspflichten sehen Nr. 99 Abs. 1, 2 RiStBV vor. 1

§ 153c ist nur anwendbar, wenn deutsches Strafrecht gilt. Wann dies der Fall ist, ergibt sich aus den §§ 3 bis 9 StGB. Die Ermittlungen müssen nicht abgeschlossen sein. Von der Verfolgung kann bereits abgesehen werden, wenn lediglich ein Anfangsverdacht vorliegt (LR/*Beulke*, § 153c Rn. 7; KMR/*Plöd*, § 153c Rn. 4; KK-StPO/*Schoreit*, § 153c Rn. 3; AK-StPO/*Schöch*, § 153c Rn. 4; *Pfeiffer*, § 153c Rn. 1; *Meyer-Goßner/Schmitt*, § 153c Rn. 2). Für Taten, die nach dem Völkerstrafgesetzbuch strafbar sind, gilt der zum 30.06.2002 neu eingefügte § 153f (vgl. § 153c Abs. 1 S. 2). 2

§ 153c StPO Absehen von der Verfolgung bei Auslandstaten

3 **B. Voraussetzungen. I. Auslandstaten (Abs. 1 S. 1 Nr. 1)** Die Tat muss **außerhalb der BRD begangen** worden sein. Zum Staatsgebiet der BRD gehören neben dem Festland auch die Eigengewässer, Küstengewässer bis zu 12 Seemeilen und der Luftraum darüber (*Meyer-Goßner/Schmitt*, § 153c Rn. 5). Alle anderen Gebiete sind Ausland.

4 Wo eine Tat begangen ist, richtet sich nach § 9 Abs. 1 StGB. Begehungsort (Tatort) kann danach sowohl der Tätigkeitsort als auch der Erfolgsort sein. Abs. 1 Nr. 1 ist damit nur anwendbar, wenn sämtliche Begehungsorte (Tätigkeitsort/Erfolgsort) im Ausland liegen. Hat auch nur ein Mittäter im Inland gehandelt, liegt keine Auslandstat mehr vor. Dagegen ist es ohne Bedeutung, ob der Täter Deutscher oder Ausländer ist. Wurde zu einer Auslandstat vom Inland aus Anstiftung oder Beihilfe geleistet, handelt es sich nach § 9 Abs. 2 StGB um eine Inlandstat. Dennoch kann auch in diesen Fällen nach § 153c Abs. 1 S. 1 Nr. 1 Hs. 2 von der Verfolgung abgesehen werden.

5 **II. Ausländertat im Inland auf einem ausländischen Schiff oder Luftfahrzeug (Abs. 1 S. 1 Nr. 2)** § 153c Abs. 1 S. 1 Nr. 2 gilt nur für Straftaten von **Ausländern** auf einem **ausländischen Schiff** oder **Luftfahrzeug** im Inland. Ob das Schiff oder Luftfahrzeug ein ausländisches ist, entscheidet die Registrierung (nach dem Flaggenrechtsgesetz bzw. der Eintragung in die Luftfahrzeugrolle nach §§ 2 Abs. 5 und 7, 3 LuftVG). Ausländer ist, wer nicht die deutsche Staatsangehörigkeit besitzt oder sonst Deutscher i.S.d. Art. 116 GG ist. Zu den Ausländern gehören auch Staatenlose. Maßgebend ist der Zeitpunkt der Anklageerhebung (LR/*Beulke*, § 153c Rn. 14). Ein Absehen von der Verfolgung kommt in den Fällen der Nr. 2 insb. in Betracht, wenn die Tat nicht gegen einen Deutschen oder Interessen der Bundesrepublik gerichtet ist (*Meyer-Goßner/Schmitt*, § 153c Rn. 6; *Pfeiffer*, § 153c Rn. 2).

6 **III. Kriminelle und terroristische Vereinigungen (Abs. 1 S. 1 Nr. 3)** § 153c Abs. 1 S. 1 Nr. 3 erlaubt bei **kriminellen** und **terroristischen Vereinigungen** (§§ 129, 129a i.V.m. 129b StGB) unter zwei Voraussetzungen von der Verfolgung abzusehen:
– die Vereinigung darf nicht oder nicht überwiegend im Inland bestehen und
– die im Inland begangenen Beteiligungshandlungen sind von untergeordneter Bedeutung oder beschränken sich auf die bloße Mitgliedschaft.
Die Einstellungsbefugnis hat der Generalbundesanwalt (Abs. 5).

7 **IV. Berücksichtigung von Auslandsurteilen (Abs. 2)** Ist eine Tat nach deutschem Strafrecht strafbar (§§ 3 bis 9 StGB), bewirkt eine wegen der gleichen Tat **im Ausland erfolgte Verurteilung grds. keinen Strafklageverbrauch** (BGH, StV 1986, 292; 1988, 18). Die im Ausland vollstreckte Strafe ist lediglich anzurechnen (§ 51 Abs. 3 StGB). Unerheblich ist, ob die Tat von einem Deutschen oder Ausländer im Inland oder Ausland begangen worden ist.

8 Ein **Strafklageverbrauch** kann sich jedoch nach dem ne bis in idem-Grundsatz **aus völkerrechtlichen Vereinbarungen** ergeben. Besondere Bedeutung kommt dabei Art. 54 des Übereinkommens zur Durchführung des Schengener Übereinkommens v. 19.06.1990 (SDÜ) zu. Danach darf bei einer rechtskräftigen Verurteilung durch eine Vertragspartei dieselbe Tat nicht durch eine andere Vertragspartei verfolgt werden, wenn die Sanktion bereits vollstreckt worden ist, gerade vollstreckt wird oder nach dem Recht des Urteilsstaates nicht mehr vollstreckt werden kann. Eine zur Bewährung ausgesetzte Strafe wird nach der Rechtsprechung »gerade vollstreckt« (BGHSt 46, 187). Auch ein rechtskräftiger Freispruch bewirkt einen Strafklageverbrauch nach Art. 54 SDÜ (EuGH, NJW 2006, 3406; NJW 2006, 3403; BGHSt 46, 307), ebenso eine Verfahrenseinstellung ohne Mitwirkung des Gerichts durch die StA nach Erfüllung bestimmter Auflagen (EuGH, NStZ 2003, 332). Art. 54 SDÜ unterliegt jedoch durch die Vorbehaltsmöglichkeiten in Art. 55 SDÜ Einschränkungen, von denen auch die BRD Gebrauch gemacht hat. So tritt kein Verfolgungshindernis ein, wenn die Tat ganz oder teilweise in ihrem Hoheitsgebiet begangen worden ist (jedoch Rückausnahme in Art. 55 Abs. 1 Buchst. a) Hs. 2 SDÜ), sowie bei bestimmten Straftatbeständen (insb. Staatsschutzdelikten, Straftaten nach dem Außenwirtschafts- und Kriegswaffenkontrollgesetz, *Meyer-Goßner/Schmitt* Einl. Rn. 177a). Weitere Verbote der Doppelbestrafung enthalten Art. VIII (8) NTS, Art. 10 des Jugoslawien-IStGH-Statuts, Art. 9 des Ruanda-IStGH-Statuts, Art. 1 ff. des Übereinkommens v. 25.05.1987 zwischen den Mitgliedstaaten der Europäischen Gemeinschaften über das Verbot der doppelten Strafverfolgung (*Meyer-Goßner/Schmitt* Einl. Rn. 177b). Besteht ein Strafklageverbrauch, ist § 153c Abs. 2 nicht anwendbar. Wegen des Verfahrenshindernisses hat eine Einstellung nach § 152 Abs. 2 bzw. nach § 170 Abs. 2 zu erfolgen.

Ist kein Strafklageverbrauch eingetreten und die Strafe im Ausland schon vollstreckt worden, kann die 9
StA von der Verfolgung absehen, wenn die im Inland zu erwartende Strafe aufgrund der Anrechnung
nicht ins Gewicht fallen würde, d.h. kein wesentlicher Strafrest übrig bliebe. Einer zur Bewährung ausgesetzten Strafe kommt weniger Gewicht zu als einer nicht ausgesetzten (*Meyer-Goßner/Schmitt*, § 153c
Rn. 12). Mögliche Besonderheiten aufgrund des Strafvollzugs im Ausland sowie die Belastungen durch
einen weiteren Strafprozess sind zu berücksichtigen (KMR/*Plöd*, § 153c Rn. 8).

§ 153c Abs. 2 a.E. lässt auch bei einem rechtskräftigem ausländischem Freispruch ein Absehen von der 10
Verfolgung zu, ohne dass hieran weitere Voraussetzungen geknüpft werden. Ein Absehen von der Strafverfolgung wird insb. dann in Betracht kommen, wenn sich der ausländische Freispruch als Sachentscheidung darstellt und keine erheblichen Bedenken gegen die Beweisgrundlagen und das Verfahren
bestehen (LR/*Beulke*, § 153c Rn. 26; AK-StPO/*Schöch*, § 153c Rn. 8; HK-StPO/*Krehl*, § 153c Rn. 6).

V. Distanztaten (Abs. 3) § 153c Abs. 3 betrifft sog. **Distanztaten, bei denen die Handlung im Aus-** 11
land begangen wurde, der Erfolg jedoch im Inland eingetreten ist. Deshalb handelt es sich um eine
Inlandstat, §§ 3, 9 StGB, so dass Abs. 1 S. 1 Nr. 1 nicht anwendbar ist. Da es sich um Angriffe auf inländische Rechtsgüter von außen her handelt, ist das öffentliche Interesse an der Strafverfolgung hier
i.d.R. höher als bei reinen Auslandstaten. Die Anwendung des Abs. 3 ist daher an die Gefahr eines
schweren Nachteils für die BRD oder sonstige überwiegende öffentliche Interessen geknüpft. Die Gefahr eines schweren Nachteils kann den äußeren (§§ 93 Abs. 1, 94 Abs. 1, 97a StGB) oder inneren Frieden, auch nur in einem Bundesland, betreffen (*Meyer-Goßner/Schmitt*, § 153c Rn. 14). Die »sonstigen
öffentlichen Interessen« bilden den Oberbegriff. Sie müssen aber etwa von dem gleichen Gewicht sein,
wie das Hauptbeispiel der »Gefahr eines schweren Nachteils für die BRD« (*Meyer-Goßner/Schmitt*,
§ 153c Rn. 15). Erforderlich ist im Einzelfall eine konkrete Interessenabwägung zwischen dem Strafverfolgungsinteresse und den bei einer Strafverfolgung drohenden Nachteilen.

C. Verfahren. Im Ermittlungsverfahren entscheidet allein die StA. Ist die öffentliche Klage bereits 12
erhoben, aber noch gem. § 156 zurücknehmbar (vor Eröffnung des Hauptverfahrens), so kann die StA
nach Klagerücknahme in allen Fällen des § 153c ohne zusätzliche Voraussetzungen von der Verfolgung
absehen (LR/*Beulke*, § 153c Rn. 28).

§ 153c Abs. 4 umfasst die Fälle nach Eröffnung des Hauptverfahrens. In diesem Verfahrensstadium 13
kann die StA zum Zwecke der Einstellung nach Abs. 1 S. 1 Nr. 1, 2 und Abs. 3 die Klage zurücknehmen. Zusätzliche Voraussetzung ist jedoch, dass die Durchführung des Verfahrens die Gefahr eines
schweren Nachteils für die BRD herbeiführen würde oder sonstige überwiegende öffentliche Interessen
entgegenstehen (vgl. oben Rdn. 11). Die Klagerücknahme kann auch noch in der Rechtsmittelinstanz
erfolgen (»in jeder Lage des Verfahrens«). Einer Zustimmung des Gerichts, des Angeklagten oder Verletzten bedarf es nicht. Die erweiterte Rücknahmebefugnis gilt nicht für die Fallgruppen nach Abs. 1
S. 1 Nr. 3 (kriminelle oder terroristische Vereinigungen) und Abs. 2 (Auslandsverurteilungen).

In Staatsschutzsachen (§§ 74a Abs. 1 Nr. 2 bis 6, 120 Abs. 1 Nr. 2 bis 7 GVG, ausgenommen Friedens- 14
verrat und Straftaten nach dem Völkerstrafgesetzbuch), hat die Befugnisse nach Abs. 1 bis 4 der Generalbundesanwalt (Abs. 5). Dies gilt auch in Fällen, in denen die StA eines Landes das Verfahren führt.
Zu Einzelheiten vgl. Nr. 97 RiStBV.

D. Folgen der Einstellung. Die **Einstellung erfasst die gesamte prozessuale Tat**. Sie hat keine 15
Rechtskraftwirkung (LG Gießen, StV 1984, 327). War Klage bereits erhoben und wurde diese zurückgenommen, ist ggf. eine Entscheidung nach § 467a und 9 StrEG zu treffen. Ein objektives Verfahren
nach §§ 440, 442 ist nachträglich unter den Voraussetzungen des § 76a Abs. 1, 3 möglich. Im Fall des
§ 153c Abs. 5 ist hierfür nur der Generalbundesanwalt antragsberechtigt (KK-StPO/*Schoreit*, § 153c
Rn. 20; KMR/*Plöd*, § 153c Rn. 17; *Meyer-Goßner/Schmitt*, § 153c Rn. 21; *Pfeiffer*, § 153c Rn. 8; a. A.
LR/*Beulke*, § 153c Rn. 34).

E. Anfechtbarkeit. Anwendung bzw. Nichtanwendung des § 153c ist gerichtlich nicht nach- 16
prüfbar (LR/*Beulke*, § 153c Rn. 36). Das Klageerzwingungsverfahren ist unzulässig (§ 172 Abs. 2
S. 3 Hs. 2).

§ 153d StPO Absehen von der Verfolgung bei Staatsschutzdelikten wegen überwiegender öffentlicher Interessen. (1) Der Generalbundesanwalt kann von der Verfolgung von Straftaten der in § 74a Abs. 1 Nr. 2 bis 6 und in § 120 Abs. 1 Nr. 2 bis 7 des Gerichtsverfassungsgesetzes bezeichneten Art absehen, wenn die Durchführung des Verfahrens die Gefahr eines schweren Nachteils für die Bundesrepublik Deutschland herbeiführen würde oder wenn der Verfolgung sonstige überwiegende öffentliche Interessen entgegenstehen. (2) Ist die Klage bereits erhoben, so kann der Generalbundesanwalt unter den in Absatz 1 bezeichneten Voraussetzungen die Klage in jeder Lage des Verfahrens zurücknehmen und das Verfahren einstellen.

S.a. RiStBV Nr. 98f.

1 Diese Vorschrift betrifft dieselben Staatsschutzstrafsachen wie § 153c Abs. 5 und enthält auch die gleiche Zuständigkeitskonzentration beim Generalbundesanwalt, bringt jedoch insofern eine Erweiterung, als keine Auslandsbeziehung wie in § 153c Abs. 1 bis 3 vorliegen muss. Zur »Gefahr eines schweren Nachteils ... oder sonstige überwiegende öffentliche Interessen« vgl. § 153c Rn. 11. Zu den Unterrichtungspflichten der Staatsanwaltschaften der Länder s. Nr. 98 RiStBV.

2 Bei Zusammentreffen der in Abs. 1 aufgeführten Staatsschutzstrafsachen mit anderen Straftatbeständen innerhalb einer prozessualen Tat kann die Nichtverfolgung nur die gesamte Tat betreffen. Sie setzt voraus, dass das Schwergewicht bei den Staatsschutzsachen liegt (LR/*Beulke*, § 153d Rn. 5, 6; KK-StPO/*Schoreit*, § 153e Rn. 11; *Pfeiffer*, § 153d Rn. 2; AK-StPO/*Schöch*, § 153d Rn. 3; HK-StPO/*Krehl*, § 153d Rn. 2; a. A. KMR/*Plöd*, § 153d Rn. 2).

§ 153e StPO Absehen von der Verfolgung bei Staatsschutzdelikten wegen tätiger Reue. (1) ¹Hat das Verfahren Straftaten der in § 74a Abs. 1 Nr. 2 bis 4 und in § 120 Abs. 1 Nr. 2 bis 7 des Gerichtsverfassungsgesetzes bezeichneten Art zum Gegenstand, so kann der Generalbundesanwalt mit Zustimmung des nach § 120 des Gerichtsverfassungsgesetzes zuständigen Oberlandesgerichts von der Verfolgung einer solchen Tat absehen, wenn der Täter nach der Tat, bevor ihm deren Entdeckung bekanntgeworden ist, dazu beigetragen hat, eine Gefahr für den Bestand oder die Sicherheit der Bundesrepublik Deutschland oder die verfassungsmäßige Ordnung abzuwenden. ²Dasselbe gilt, wenn der Täter einen solchen Beitrag dadurch geleistet hat, dass er nach der Tat sein mit ihr zusammenhängendes Wissen über Bestrebungen des Hochverrats, der Gefährdung des demokratischen Rechtsstaates oder des Landesverrats und der Gefährdung der äußeren Sicherheit einer Dienststelle offenbart hat.
(2) Ist die Klage bereits erhoben, so kann das nach § 120 des Gerichtsverfassungsgesetzes zuständige Oberlandesgericht mit Zustimmung des Generalbundesanwalts das Verfahren unter den in Absatz 1 bezeichneten Voraussetzungen einstellen.

S.a. RiStBV Nr. 100

1 **A. Bedeutung und Anwendungsbereich.** § 153e lässt unter Durchbrechung des Legalitätsgrundsatzes in Fällen tätiger Reue über die materiell-strafrechtlichen Strafaufhebungsgründe (z.B. §§ 24, 31 StGB) hinaus als rein prozessuale Vergünstigung ein Absehen von der Strafverfolgung zu. Der Anwendungsbereich ist jedoch beschränkt auf die enumerativ aufgeführten Staatsschutzdelikte (KK-StPO/*Schoreit*, § 153e Rn. 1; *Pfeiffer*, § 153e Rn. 1), gilt aber auch bei entsprechenden Straftaten gegen das NATO-Truppenstatut (Art. 9d. 4. StRÄndG; vgl. LR/*Beulke*, § 153e Rn. 22).

2 Zuständig ist immer der Generalbundesanwalt bzw. das OLG, auch wenn das Verfahren von einer Landes-StA geführt wird oder bei der Strafkammer eines LG anhängig ist. In diesem Fall wird die Entscheidung in einem Zwischenverfahren getroffen (BGHSt 11, 52). Die Landes-StA legt die Akten dem Generalbundesanwalt vor, wenn in ihrem Verfahren Anhaltspunkte für eine Einstellung nach § 153e in Betracht kommen (Nr. 100 Abs. 2 RiStBV). Bei Erörterung einer Einstellung mit dem Beschuldigten und seinem Verteidiger ist zurückhaltend vorzugehen (Nr. 100 Abs. 1 RiStBV). Der Sachverhalt muss nicht ausermittelt sein. Die Einstellung umfasst die gesamte prozessuale Tat. Sie kann auch auf weniger

schwerwiegende (tateinheitlich oder tatmehrheitlich zusammentreffende) Straftaten ausgedehnt werden; unterbleibt jedoch, wenn diese einen größeren Unrechtsgehalt haben (LR/*Beulke*, § 153e Rn. 2; KK-StPO/*Schoreit*, § 153e Rn. 11; HK-StPO/*Krehl*, § 153e Rn. 2; *Pfeiffer*, § 153e Rn. 1; a. A. *Meyer-Goßner*/*Schmitt*, § 153e Rn. 7; KMR/*Plöd*, § 153e Rn. 9 ff.).

Nach Klageerhebung ist das OLG für die Einstellung zuständig (Abs. 2). Die Einstellung bedarf der Zustimmung des Generalbundesanwalts und ergeht durch Beschluss (zu den Nebenentscheidungen vgl. § 153 Rdn. 25). Die Einstellung kann auch noch in der Revisionsinstanz durch den BGH erfolgen. 3

B. Voraussetzungen. Abs. 1 unterscheidet **zwei Fallgruppen.** Dabei bildet die dem **Täter** bekanntgewordene Entdeckung der Tat die maßgebliche **zeitliche Zäsur.** In beiden Fällen muss der Täter einen **Beitrag nach der Tat** durch aktives Handeln geleistet haben. 4

Bis zur Kenntnis des Täters **von der Entdeckung der Tat** genügt nach **Abs. 1 S. 1** ein Beitrag zur Gefahrabwendung ohne Einschaltung einer Behörde, z.B. durch Abhalten anderer von weiteren Gefährdungshandlungen. »Entdeckung der Tat« setzt nicht Kenntnisnahme durch eine Behörde oder Amtsperson voraus; es genügt die Wahrnehmung ihrer wesentlichen kriminellen Eigenschaften durch einen Dritten, der bereit ist, den Erfolgseintritt zu verhindern oder ein Strafverfahren zu veranlassen. Abs. 1 S. 1 kommt nicht mehr in Betracht, wenn der Täter positiv Kenntnis von der Entdeckung hat. 5

Im Fall des **Abs. 1 S. 2** bedarf es einer gefahrabwendenden Wissensoffenbarung ggü. einer **Dienststelle**, von der Gegenmaßnahmen zu erwarten sind. Die Gefahr, zu deren Abwendung der Beschuldigte in beiden Fällen beiträgt, braucht nicht unmittelbar von ihm verursacht zu sein. Die Gefahr muss jedoch tatsächlich bestehen und seine Angaben dürfen nicht wertlos sein, z.B. weil die Strafverfolgungsbehörden über diese Erkenntnisse bereits selbst verfügen (LR/*Beulke*, § 153e Rn. 7). Der Beschuldigte muss sein Wissen vollständig offenbaren (LR/*Beulke*, § 153e Rn. 11). Zurückhaltung weiteren Wissens schließt die Anwendung des § 153e aus (KK-StPO/*Schoreit*, § 153e Rn. 7). 6

C. Folgen der Einstellung. Zum Verbrauch der Strafklage gelten die Erläuterungen bei § 153 Rdn. 26 ff. entsprechend. Das selbstständige Verfalls- und Einziehungsverfahren (§ 76a Abs. 1, 3 StGB i.V.m. §§ 440, 442) bleibt nach einer Verfahrenseinstellung möglich. 7

D. Anfechtbarkeit. Sieht der Generalbundesanwalt von der Verfolgung ab, ist das Klageerzwingungsverfahren nicht zulässig (§ 172 Abs. 2 S. 3 Hs. 2). Stellt das OLG das Verfahren ein, ist dessen Beschluss nach § 304 Abs. 4 S. 2 unanfechtbar. 8

§ 153f StPO Absehen von der Verfolgung bei Straftaten nach dem Völkerstrafgesetzbuch.

(1) ¹Die Staatsanwaltschaft kann von der Verfolgung einer Tat, die nach den §§ 6 bis 14 des Völkerstrafgesetzbuches strafbar ist, in den Fällen des § 153c Abs. 1 Nr. 1 und 2 absehen, wenn sich der Beschuldigte nicht im Inland aufhält und ein solcher Aufenthalt auch nicht zu erwarten ist. ²Ist in den Fällen des § 153c Abs. 1 Nr. 1 der Beschuldigte Deutscher, so gilt dies jedoch nur dann, wenn die Tat vor einem internationalen Gerichtshof oder durch einen Staat, auf dessen Gebiet die Tat begangen oder dessen Angehöriger durch die Tat verletzt wurde, verfolgt wird.

(2) ¹Die Staatsanwaltschaft kann insbesondere von der Verfolgung einer Tat, die nach den §§ 6 bis 14 des Völkerstrafgesetzbuches strafbar ist, in den Fällen des § 153c Abs. 1 Nr. 1 und 2 absehen, wenn
1. kein Tatverdacht gegen einen Deutschen besteht,
2. die Tat nicht gegen einen Deutschen begangen wurde,
3. kein Tatverdächtiger sich im Inland aufhält und ein solcher Aufenthalt auch nicht zu erwarten ist und
4. die Tat vor einem internationalen Gerichtshof oder durch einen Staat, auf dessen Gebiet die Tat begangen wurde, dessen Angehöriger der Tat verdächtig ist oder dessen Angehöriger durch die Tat verletzt wurde, verfolgt wird.

²Dasselbe gilt, wenn sich ein wegen einer im Ausland begangenen Tat beschuldigter Ausländer im Inland aufhält, aber die Voraussetzungen nach Satz 1 Nr. 2 und 4 erfüllt sind und die Überstellung

§ 153f StPO Absehen von Verfolgung bei Straftaten nach Völkerstrafgesetzbuch

an einen internationalen Gerichtshof oder die Auslieferung an den verfolgenden Staat zulässig und beabsichtigt ist.
(3) Ist in den Fällen des Absatzes 1 oder 2 die öffentliche Klage bereits erhoben, so kann die Staatsanwaltschaft die Klage in jeder Lage des Verfahrens zurücknehmen und das Verfahren einstellen.

S.a. RiStBV Nr. 100

1 **A. Bedeutung und Anwendungsbereich.** § 1 des **Völkerstrafgesetzbuches (VStGB)** statuiert das **Weltrechtsprinzip** für **Völkermord, Verbrechen gegen die Menschlichkeit** und **Kriegsverbrechen**, mit der Folge, dass deutsche Strafverfolgungsbehörden auch dann zuständig sind, wenn die Tat im Ausland begangen wurde und keinen Bezug zum Inland aufweist. Diese Zuständigkeitsausdehnung bedurfte eines Korrektivs auf prozessualer Ebene, indem § 153f die Ermessensausübung der StA in zwei Richtungen strukturierte: Für Fälle mit Inlandsbezug wird an der prinzipiellen Verfolgungspflicht festgehalten, während bei bestimmten Fallkonstellationen mit überwiegenden Auslandsbezug ausländischen oder internationalen Strafverfolgungsbehörden der Vorzug gelassen werden soll.

2 § 153f gilt für Straftaten nach den §§ 6 bis 14 VStGB und schließt für ihren Anwendungsbereich als speziellere Norm § 153c aus (§ 153c Abs. 1 S. 2). Zuständig ist immer der **Generalbundesanwalt**, §§ 142a Abs. 1, 120 Abs. 1 Nr. 8 GVG. Auch noch nach Anklageerhebung und Eröffnung des Hauptverfahrens kann der Generalbundesanwalt die Klage zurücknehmen und das Verfahren einstellen (Abs. 3). Die Nichtverfolgungsentscheidung umfasst die gesamte prozessuale Tat, damit auch andere, tateinheitlich oder tatmehrheitlich zusammentreffende Straftatbestände (LR/*Beulke*, § 153f Rn. 13).

3 **B. Voraussetzungen.** Abs. 1 S. 1 umschreibt die Grundkonstellation: Es muss sich um eine **Auslandstat** i.S.d. **§ 153c Abs. 1 Nr. 1** handeln (außerhalb des räumlichen Geltungsbereichs der StPO begangen oder Teilnahmehandlung im Inland an einer außerhalb des Geltungsbereichs begangenen Handlung, vgl. § 153c Rdn. 3, 4). Zusätzlich darf sich der **Beschuldigte nicht im Inland aufhalten** und ein solcher **Aufenthalt auch nicht zu erwarten** sein. Ein Inlandsaufenthalt liegt bereits bei einem nur vorübergehenden Aufenthalt, z.B. bei Durchreise, vor.

4 Ist der Beschuldigte **Deutscher**, ist zusätzliche Voraussetzung, dass die Tat vor einem internationalen Gerichtshof oder durch den Tatortstaat oder den Heimatstaat des Opfers verfolgt wird (Abs. 1 S. 2).

5 Bei einem **ausländischen Beschuldigten** kann von der Verfolgung abgesehen werden, wenn die Tat im **Inland** auf einem **ausländischen Schiff oder Luftfahrzeug** begangen wurde (§ 153c Abs. 1 Nr. 2, vgl. § 153c Rdn. 5), sofern er sich nicht im Inland aufhält und ein solcher Aufenthalt auch nicht zu erwarten ist (§ 153f Abs. 1 S. 1 a.E.).

6 Abs. 2 S. 1 zählt Fälle auf, in denen »**insbesondere**« von der Verfolgung abgesehen werden kann. Die Voraussetzungen müssen kumulativ gegeben sein:
– Auslandstat i.S.d. § 153c Abs. 1 Nr. 1 oder Tat nach § 153c Abs. 1 Nr. 2,
– kein Tatverdacht gegen einen Deutschen,
– Opfer der Tat darf nicht Deutscher sein,
– kein Tatverdächtiger im Inland und Aufenthalt nicht zu erwarten und
– Verfolgung der Tat vor einem internationalen Gerichtshof oder durch den Tatortstaat, den Heimatstaat des Opfers oder den Heimatstaat des Täters.

§ 153f Abs. 2 S. 1 Nr. 4 verstößt nicht gegen die Garantie des gesetzlichen Richters nach Art. 101 Abs. 1 S. 2 GG (BVerfG, NJW 2011, 2569). Der Beschuldigte wird nicht seinem gesetzlichen Richter entzogen, wenn der Generalbundesanwalt nach dieser Vorschrift von der Verfolgung absieht. Zwischen der deutschen und der internationalen Strafgerichtsbarkeit besteht zwar insoweit ein funktionaler Zusammenhang, dieser führt jedoch nicht zu einer Verschränkung dergestalt, das der Internationale Strafgerichtshof funktional in die nationale Gerichtsbarkeit eingegliedert wäre. Dessen formelle, materielle und zeitliche Zuständigkeit ergibt sich vielmehr aus Art. 5, 11 und 12 des IStGH-Statuts.

7 Bei **Ausländern** wird ein Absehen von der Verfolgung einer Auslandstat gem. **Abs. 2 S. 2** auch zugelassen, wenn er sich im Inland aufhält, sofern a) die Tat nicht gegen einen Deutschen begangen wurde, b) die Tat vor einem internationalen Gerichtshof oder durch den unmittelbar betroffenen Staat verfolgt wird und die Überstellung an einen internationalen Gerichtshof oder die Auslieferung an den verfolgenden Staat zulässig und beabsichtigt ist.

§ 154 StPO Teilweises Absehen von der Verfolgung bei mehreren Taten.

(1) Die Staatsanwaltschaft kann von der Verfolgung einer Tat absehen,
1. wenn die Strafe oder die Maßregel der Besserung und Sicherung, zu der die Verfolgung führen kann, neben einer Strafe oder Maßregel der Besserung und Sicherung, die gegen den Beschuldigten wegen einer anderen Tat rechtskräftig verhängt worden ist oder die er wegen einer anderen Tat zu erwarten hat, nicht beträchtlich ins Gewicht fällt oder
2. darüber hinaus, wenn ein Urteil wegen dieser Tat in angemessener Frist nicht zu erwarten ist und wenn eine Strafe oder Maßregel der Besserung und Sicherung, die gegen den Beschuldigten rechtskräftig verhängt worden ist oder die er wegen einer anderen Tat zu erwarten hat, zur Einwirkung auf den Täter und zur Verteidigung der Rechtsordnung ausreichend erscheint.

(2) Ist die öffentliche Klage bereits erhoben, so kann das Gericht auf Antrag der Staatsanwaltschaft das Verfahren in jeder Lage vorläufig einstellen.

(3) Ist das Verfahren mit Rücksicht auf eine wegen einer anderen Tat bereits rechtskräftig erkannte Strafe oder Maßregel der Besserung und Sicherung vorläufig eingestellt worden, so kann es, falls nicht inzwischen Verjährung eingetreten ist, wieder aufgenommen werden, wenn die rechtskräftig erkannte Strafe oder Maßregel der Besserung und Sicherung nachträglich wegfällt.

(4) Ist das Verfahren mit Rücksicht auf eine wegen einer anderen Tat zu erwartende Strafe oder Maßregel der Besserung und Sicherung vorläufig eingestellt worden, so kann es, falls nicht inzwischen Verjährung eingetreten ist, binnen drei Monaten nach Rechtskraft des wegen der anderen Tat ergehenden Urteils wieder aufgenommen werden.

(5) Hat das Gericht das Verfahren vorläufig eingestellt, so bedarf es zur Wiederaufnahme eines Gerichtsbeschlusses.

Übersicht	Rdn.		Rdn.
A. Bedeutung und Anwendungsbereich . . . 1		C. Absehen von der Verfolgung durch StA . . 7
B. Voraussetzungen des Abs. 1 2		D. Einstellung durch Gericht (Abs. 2) 8
I. Abs. 1 Nr. 1 (»nicht beträchtlich ins Gewicht fallen«) 4		E. Wiederaufnahme 10
		F. Anfechtbarkeit 12
II. Abs. 1 Nr. 2 (»darüber hinaus«) 5		G. Revision 16

S.a. RiStBV Nr. 5, 101

A. Bedeutung und Anwendungsbereich. Zweck der Vorschrift ist eine Verfahrensbeschleunigung und -vereinfachung durch Konzentration auf die wesentlichen Taten. Die Nichtverfolgung nach § 154 betrifft die **gesamte Tat** (§ 264). Sollen nur einzelne Teile einer (prozessualen) Tat oder einzelne rechtliche Gesichtspunkte aus der Verfolgung ausgeschieden werden, ist § 154a anzuwenden. § 154 gilt auch in JGG-Verfahren. In Bußgeldverfahren ist die Vorschrift nicht unmittelbar anwendbar, der zugrunde liegende Gedanke ist jedoch bei der Ermessensausübung i.R.d. § 47 Abs. 1 OWiG zu berücksichtigen. Im Privatklageverfahren ist § 154 nach herrschender Meinung nicht anwendbar (*Meyer-Goßner/Schmitt*, § 385 Rn. 10, *Pfeiffer*, § 154 Rn. 1, KK-StPO/*Schoreit*, § 154 Rn. 27, AK-StPO/*Schöch*, § 154 Rn. 9; a. A. LR/*Beulke*, § 154 Rn. 7; offen gelassen LG Regensburg, NJW 1990, 1742). Die Anwendbarkeit von § 154 in Bezug auf **ausländische Verurteilungen** ist in der Literatur umstritten (im Wesentlichen ablehnend *Meyer-Goßner/Schmitt*, § 154 Rn. 1; *Pfeiffer*, § 154 Rn. 1; KK-StPO/*Schoreit*, § 154 Rn. 7; LR/*Beulke*, § 154 Rn. 10; KMR/*Plöd*, § 154 Rn. 5, HK-StPO/*Krehl*, § 154 Rn. 2; AK-StPO/*Schöch*, § 154 Rn. 12; SK-StPO/*Weßlau*, § 154 Rn. 10). Die Rechtsprechung wendet jedoch richtigerweise § 154 auch in diesen Fällen an, insb. wenn die Voraussetzungen für eine Verfahrenseinstellung nach §§ 153c, 154b nicht vorliegen. § 153c, 154b regeln nur bestimmte Fallgruppen, daneben bleibt § 154 anwendbar, der bereits nach seinem Wortlaut nicht danach unterscheidet, ob es sich bei dem Bezugsverfahren um ein inländisches oder ausländisches handelt; die fortschreitenden internationalen Verknüpfungen durch völkerrechtliche Verträge sprechen vielmehr für die Anwendung der Vorschrift (LG Bonn, NJW 1973, 1566; LG Essen, StV 1992, 223; LG Aachen, NStZ 1993, 505; HdbStA/*Vordermayer*, 3. Teil Rn. 129; *Beseler*, NJW 1970, 370; *Dauster*, NStZ 1986, 145). Im Hinblick auf Art. 3 des Rahmenbeschlusses 2008/675/JI des EU-Rates vom

24.07.2008 (ABl. Nr. L 220 v. 15/08/2008 S. 0032–0034) ist § 154 nunmehr bei Urteilen aus anderen EU-Mitgliedstaaten unzweifelhaft anwendbar (*Peters*, NStZ 2012, 76).

2 **B. Voraussetzungen des Abs. 1.** Die Anwendung des § 154 Abs. 1 erfordert einen **Vergleich** zwischen der Sanktion, die wegen der einzustellenden Tat zu erwarten ist, und der wegen einer **anderen Tat bereits erfolgten** oder zu erwartenden Sanktion. Auch andere Maßnahmen als Maßregeln der Besserung und Sicherung (§ 11 Abs. 1 Nr. 8 StGB) sind zu berücksichtigen, obwohl in § 154 Abs. 1 nicht ausdrücklich genannt. Eine Einstellung nach § 153a steht einer Verurteilung nicht gleich. Unerheblich ist, ob die einzustellende Tat und die Bezugstat Gegenstand eines gemeinsamen oder verschiedener Verfahren sind. Es reicht auch aus, dass die zu erwartende Sanktion nur im Hinblick auf mehrere in verschiedenen Verfahren verhängte oder zu erwartende Sanktionen nicht beträchtlich ins Gewicht fällt. Da § 154 Abs. 1 keine zeitliche Begrenzung enthält, ist dessen Anwendung auch bzgl. einer Bezugssanktion möglich, deren Vollstreckung bereits begonnen hat oder sogar schon abgeschlossen ist, insb. wenn eine Gesamtstrafe zu bilden bzw. ein Härteausgleich vorzunehmen wäre. Ist die neue Tat erst nach Abschluss der Vollstreckung der Bezugssanktion begangen worden, scheidet § 154 aus, da die neue Straftat zeigt, dass eine weitere Sanktion zur Einwirkung auf den Täter erforderlich ist (LR/*Beulke*, § 154 Rn. 15).

3 § 154 Abs. 1 enthält zwei unterschiedliche Einstellungsalternativen. Nach Abs. 1 Nr. 1 darf die neue Strafe oder Maßregel neben der Bezugssanktion nicht beträchtlich ins Gewicht fallen. Abs. 1 Nr. 2 erlaubt die Nichtverfolgung »darüber hinaus«, d.h. auch bei beträchtlich ins Gewicht fallenden Rechtsfolgen, wenn weitere Voraussetzungen erfüllt sind (s.u. Rdn. 5).

4 **I. Abs. 1 Nr. 1 (»nicht beträchtlich ins Gewicht fallen«)** Wann die Rechtsfolge nicht beträchtlich ins Gewicht fällt, lässt sich nur im Einzelfall unter Abwägung aller Umstände und unter Berücksichtigung der Strafzwecke beurteilen. Als Orientierung kann dienen, dass ggü. einer Geldstrafe eine unbedingte Freiheitsstrafe i.d.R. ins Gewicht fallen wird; eine solche wird grds. auch ggü. einer zur Bewährung ausgesetzten erheblich ins Gewicht fallen. Kommt eine Sicherungsverwahrung in Betracht, wird sie regelmäßig ggü. zeitlichen Freiheitsstrafen ins Gewicht fallen. Einzelne Strafen fallen auch dann beträchtlich ins Gewicht, wenn nur die Verurteilung wegen dieser mehreren Taten zu einer Freiheitsstrafe führen wird. Wäre mit der wegen der einzustellenden Tat zu erwartenden Strafe eine Gesamtstrafe zu bilden, so kommt es für die Beträchtlichkeit auf die Erhöhung der Gesamtstrafe an. Bei einer quantitativen Bewertung wird die Grenze zur Beträchtlichkeit z.T. bei einem Rechtsfolgenminus zwischen einem Viertel und weniger als der Hälfte angesiedelt (*Meyer-Goßner/Schmitt*, § 154 Rn. 7; KK-StPO/*Schoreit*, § 154 Rn. 10; KMR/*Plöd*, § 154 Rn. 7; HK-StPO/*Krehl*, § 154 Rn. 4; *Kurth*, NJW 1978, 2481).

5 **II. Abs. 1 Nr. 2 (»darüber hinaus«)** Nach Abs. 1 Nr. 2 ist die Nichtverfolgung auch möglich, wenn die Sanktion beträchtlich ins Gewicht fallen würde. Eine solche quantitative Grenze wie bei Abs. 1 Nr. 1 gibt es hier nicht. Wegen ihres weitgehenden Verzichts auf eine Sanktion hat die Vorschrift Ausnahmecharakter. Kann ein Urteil in angemessener Frist bereits durch Verfahrenstrennung erreicht werden, ist dieser Weg vorzuziehen (*Meyer-Goßner/Schmitt*, § 154 Rn. 9; LR/*Beulke*, § 154 Rn. 23). Die Nichtverfolgung nach Abs. 1 Nr. 2 hat zwei Voraussetzungen:
– ein Urteil wegen dieser Tat ist **in angemessener Frist nicht zu erwarten** und
– die wegen einer anderen Tat rechtskräftig verhängte oder zu erwartende Sanktion muss zur **Einwirkung auf den Täter** und **zur Verteidigung der Rechtsordnung** ausreichend sein.

6 Die Angemessenheit der Frist ist eine Frage des Einzelfalls. Maßgebend ist, wann das erstinstanzliche Urteil zu erwarten ist. Bei der Prüfung der Angemessenheit kann auch ein Vergleich mit der Dauer anderer Verfahren gleicher Art herangezogen werden. Mit den Formulierungen »zur Einwirkung auf den Täter« und »zur Verteidigung der Rechtsordnung« sind die Strafzwecke der Spezial- bzw. Generalprävention umschrieben. Aufgrund dieser (unvollständigen) Verweisung auf Rechtsfolgenzwecke des materiellen Strafrechts ist nach überwiegender Meinung auch die Schwere der Schuld und das Bedürfnis nach Sühne bei der Einstellungsentscheidung zu berücksichtigen (LR/*Beulke*, § 154 Rn. 27, 28; *Meyer-Goßner/Schmitt*, § 154 Rn. 9; KK-StPO/*Schoreit*, § 154 Rn. 17, 18; KMR/*Plöd*, § 154 Rn. 12; HK-StPO/*Krehl*, § 154 Rn. 7; *Kurth*, NJW 1978, 2481; a. A. AK-StPO/*Schöch*, § 154 Rn. 24).

C. Absehen von der Verfolgung durch StA.
Die StA soll in weitem Umfang und in einem möglichst frühen Verfahrensstadium von § 154 Abs. 1 Gebrauch machen und prüft die Möglichkeit von Beginn der Ermittlungen an (Nr. 101 Abs. 1 RiStBV). Der Sachverhalt muss nicht ausermittelt, sondern nur soweit aufgeklärt sein, um eine sachgerechte Entscheidung über die Einstellung treffen und ggf. das Verfahren später ohne Beweisverlust wieder aufnehmen zu können. Die ausgeschiedenen Taten sind möglichst exakt (»positiv«) zu bezeichnen. Ein pauschaler Verweis, dass die Strafverfolgung auf die in der Anklage erhobenen Vorwürfe beschränkt wird, genügt keinesfalls und wäre unwirksam (BGH, NStZ 2012, 50; NStZ 2015, 96). Liegt kein hinreichender Tatverdacht vor, so hat die Einstellung nach § 170 Abs. 2 Vorrang. Eine Zustimmung des Gerichts, des Beschuldigten oder Verletzten ist nicht erforderlich. In Steuerstrafsachen ist die Finanzbehörde vorher zu hören (§ 403 Abs. 4 AO). Soweit die Finanzbehörde das Steuerstrafverfahren selbstständig führt, kann sie von der Verfolgung nach § 154 Abs. 1 selbst absehen (§§ 386, 399 Abs. 1 AO). Der Ausdruck »vorläufig« wird in der Einstellungsverfügung nicht verwendet. Eine Kostenentscheidung ergeht nicht. Die Einstellung ist dem Beschuldigten mitzuteilen (unter den Voraussetzungen des § 170 Abs. 2 Satz 2). Der Anzeigeerstatter erhält die Einstellungsmitteilung mit Gründen (Nr. 101 Abs. 2, 89 Abs. 2 RiStBV), jedoch unter Wahrung des Persönlichkeitsschutzes des Beschuldigten. Eine Rechtsmittelbelehrung (§ 171 Satz 2) unterbleibt, auch wenn er Verletzter ist, da das Klageerzwingungsverfahren unzulässig ist (§ 172 Abs. 2 Satz 3). Eine mit der Straftat zusammentreffende Ordnungswidrigkeit kann trotz Einstellung des Verfahrens hinsichtlich der Straftat nach § 154 Abs. 1 an die Verwaltungsbehörde zur Verfolgung abgegeben werden (BGHSt 41, 385). Wenn die StA hinsichtlich einer von mehreren Taten von der Verfolgung absieht, ist das Gericht nicht mit ihr befasst; es kann diese Tat im gerichtlichen Verfahren wegen der anderer Taten nicht einbeziehen, da es an der Prozessvoraussetzung der Anklageerhebung fehlt (*Meyer-Goßner/Schmitt*, § 154 Rn. 6). Die StA darf eine Zusage, andere bei ihr anhängige Ermittlungsverfahren nach Abs. 1 einzustellen, nicht im Rahmen einer Verständigung nach § 257c erteilen (BVerfG, NJW 2013, 1058).

D. Einstellung durch Gericht (Abs. 2)
Nach Klageerhebung ist das mit der Sache befasste Gericht für die Einstellung zuständig. Die gerichtliche Zuständigkeit beginnt mit Einreichung der Anklageschrift und dauert bis zum rechtskräftigen Abschluss des Verfahrens, einschließlich des Revisionsverfahrens. Inhaltlich müssen die Voraussetzungen des Abs. 1 vorliegen. Die Einstellung ist nur auf Antrag der StA möglich. Die Zustimmung des Angeschuldigten ist nicht erforderlich. Der Zustimmung des Nebenklägers bedarf es ebenfalls nicht, auch nicht, wenn nur er Berufungsführer ist (BGHSt 28, 272; OLG Celle, NStZ 1983, 328). Er ist jedoch zu hören (§ 33 Abs. 3), sofern die Einstellung eine Tat betrifft, aus der sich seine Anschlussberechtigung herleitet. Vor der Einstellung ist über die Anschlussberechtigung zu entscheiden (§ 396 Abs. 3). Die Einstellung erfolgt durch Beschluss und ist wegen ihrer weitreichenden Wirkung so zu fassen, dass kein Zweifel besteht, auf welche Taten und welche Angeklagten sie sich bezieht. Dabei können auszuscheidende Taten sowohl »positiv« beschrieben werden, insbesondere auch anhand der Nummerierung in der Anklageschrift, als auch »negativ«, indem genau festgelegt wird, welche der angeklagten Taten weiterhin Verfahrensgegenstand bleiben (BGH, NStZ 2015, 96). Das von anderen Senaten des BGH aufgestellte Erfordernis, ausgeschiedene Taten oder Strafbestimmungen konkret (»positiv«) zu bezeichnen, betrifft Verfahrensbeschränkungen durch die StA vor Anklageerhebung, da diese in einem anderen prozessualen Kontext erfolgen. Bei einer Einstellung durch das Gericht sind nämlich auch bei einer negativ formulierten Beschränkung auf die verbleibenden Taten die ausgeschiedenen Taten durch die Anklage festgelegt. Die Einstellung hat endgültige Bedeutung, trotz der Bezeichnung als »vorläufig« im Gesetz. Damit ist aber nur gemeint, dass das eingestellte Verfahren unter den Voraussetzungen der Abs. 3 bis 5 wieder aufgenommen werden kann. Die Formulierung »vorläufig« im Einstellungsbeschluss sollte daher vermieden werden. Einer nachträglichen »endgültigen« Einstellung bedarf es nicht mehr. Der Einstellungsbeschluss enthält eine Kostenentscheidung. Die Kosten des Verfahrens trägt die Staatskasse (§ 467 Abs. 1). Für die notwendigen Auslagen gilt § 467 Abs. 4. Die notwendigen Auslagen des Nebenklägers können dem Angeklagten nach Maßgabe des § 472 Abs. 2 auferlegt werden. Ggf. ist auch über eine Entschädigung für Strafverfolgungsmaßnahmen zu entscheiden (§§ 3, 8 StrEG).

Der Beschluss entfaltet **beschränkte materielle Rechtskraft** und bildet ein **Verfahrenshindernis** (BGHSt 30, 197; BayObLGSt 1992, 32). Die Verfolgung als Ordnungswidrigkeit bleibt zulässig.

§ 154 StPO Teilweises Absehen von der Verfolgung bei mehreren Taten

Die nach Abs. 2 eingestellten Taten dürfen zum Nachteil eines Angeklagten nur dann berücksichtigt werden, wenn sie prozessordnungsgemäß festgestellt wurden und der Angeklagte hierauf hingewiesen wurde (BGHSt 30, 197; OLG Hamm, NJW, StV 2002, 187; *Meyer-Goßner/Schmitt*, § 154 Rn. 25; KK-StPO/*Schoreit*, § 154 Rn. 48; KMR/*Plöd*, § 154 Rn. 29; LR/*Beulke*, § 154 Rn. 56 ff.; *Pfeiffer*, § 154 Rn. 7). Die Anrechnung von Untersuchungshaft für eingestellte Taten ist nach dem für § 51 StGB maßgebenden Grundsatz der Verfahrenseinheit immer dann möglich, wenn die eingestellte und die abgeurteilte Tat – zumindest zeitweilig – in einem Verfahren verbunden waren. Ob die Untersuchungshaft darüber hinaus auf die wegen der Bezugstat verhängten Strafe angerechnet werden kann, wenn bei Nichteinstellung über beide Taten in einer einheitlichen Hauptverhandlung hätte entschieden werden können, ist strittig, jedoch zu bejahen (LR/*Beulke*, § 154 Rn. 55 m.w.N.; BVerfG, NStZ 1999, 24; 1999, 125; BGHSt 43, 112).

10   **E. Wiederaufnahme.** Die StA kann das Verfahren **jederzeit** – auch konkludent durch Anklageerhebung – wieder aufnehmen, wenn ein sachlicher Grund vorliegt (*Meyer-Goßner/Schmitt*, § 154 Rn. 21a; LR/*Beulke*, § 154 Rn. 35; KK-StPO/*Schoreit*, § 154 Rn. 24; KMR/*Plöd*, § 154 Rn. 15). **§ 154 Abs. 3, 4** gelten **nur für die gerichtliche Einstellung** nach § 154 Abs. 2, nicht für die staatsanwaltschaftliche (BGHSt 30, 165; NJW 1986, 3217; a. A. AK-StPO/*Schöch*, § 154 Rn. 28).

11   Dagegen kann das durch die **gerichtliche Einstellung** nach Abs. 2 eingetretene Verfahrenshindernis nur durch einen **ausdrücklichen Wiederaufnahmebeschluss** (Abs. 5) des Gerichts, das die Einstellung ausgesprochen hatte, beseitigt werden. Die Voraussetzungen für die Wiederaufnahme sind in Abs. 3, 4 näher bestimmt. Eine stillschweigende Wiederaufnahme, z.B. durch Bestimmung eines Termins zur Hauptverhandlung, genügt nicht (BayObLGSt 1992, 32; a. A. OLG Celle, NStZ 1985, 218). Die Zustimmung der StA ist nicht erforderlich (BGHSt 13, 44; 30, 197; OLG Frankfurt am Main, NStZ 1985, 39), jedoch ihre Anhörung (33 Abs. 2). Im Berufungsverfahren ist die Wiederaufnahme nicht mehr zulässig (OLG Hamm, JMBlNRW 1969, 258). **Abs. 3** verlangt für die Wiederaufnahme den vollständigen nachträglichen **Wegfall der rechtskräftigen Bezugssanktion**, z.B. durch Freispruch im Wiederaufnahmeverfahren, Amnestie oder Begnadigung. Eine Frist ist nicht vorgesehen. Liegen die Voraussetzungen des Abs. 3 vor, muss das Gericht das Verfahren wieder aufnehmen (LR/*Beulke*, § 154 Rn. 71; KK-StPO/*Schoreit*, § 154 Rn. 38; KMR/*Plöd*, § 154 Rn. 21; *Pfeiffer*, § 154 Rn. 6; AK-StPO/*Schöch*, § 154 Rn. 44, 45). Wurde das Verfahren mit Rücksicht auf eine **wegen einer anderen Tat zu erwartende Strafe oder Maßregel** eingestellt, ist die **Wiederaufnahme nur binnen der 3-monatigen Ausschlussfrist des Abs. 4** zulässig. Die Frist beginnt mit der Rechtskraft der Bezugsentscheidung; dabei kann es sich um eine Verurteilung, einen Freispruch oder eine Einstellung handeln. Nach Ablauf der Ausschlussfrist ist die Wiederaufnahme nur ausnahmsweise zulässig, wenn sich herausstellt, dass das eingestellte Verfahren kein Vergehen, sondern ein Verbrechen zum Gegenstand hat (BGH, NStZ 1986, 36; *Meyer-Goßner/Schmitt*, § 154 Rn. 22; LR/*Beulke*, § 154 Rn. 63; KMR/*Plöd*, § 154 Rn. 22; weiter gehend KK-StPO/*Schoreit*, § 154 Rn. 47). Ist der Einstellungsbeschluss nach Abs. 2 im Hinblick auf mehrere noch nicht abgeschlossene Strafsachen ergangen, beginnt die Frist mit dem rechtskräftigen Abschluss des letzten Verfahrens (*Meyer-Goßner/Schmitt*, § 154 Rn. 23). Das eingestellte Verfahren kann jedoch bereits davor wieder aufgenommen werden (OLG Celle, NStZ 1985, 218).

12   **F. Anfechtbarkeit.** Gegen die Anwendung oder Nichtanwendung des § 154 Abs. 1 durch die StA gibt es keinen gerichtlichen Rechtsbehelf. Das Klageerzwingungsverfahren für den Verletzten ist ausdrücklich ausgeschlossen (§ 172 Abs. 2 Satz 3).

13   Dasselbe gilt für die Ablehnung des Antrags auf Einstellung durch das Gericht (Abs. 2), bei der auch die StA kein Beschwerderecht hat (*Meyer-Goßner/Schmitt*, § 154 Rn. 20; KK-StPO/*Schoreit*, § 154 Rn. 32; LR/*Beulke*, § 154 Rn. 47; a. A. KMR/*Plöd*, § 154 Rn. 26).

14   Der gerichtliche Einstellungsbeschluss ist unanfechtbar (BGH, NStZ-RR 2007, 21; OLG Celle, NStZ 1983, 328). Der Angeklagte ist nicht beschwert und aus der Unschuldsvermutung ergibt sich kein Anspruch auf Fortführung des Verfahrens zum Zweck des Unschuldsbeweises. Ausnahmsweise steht der StA (und dem Nebenkläger) die Beschwerde zu (§ 304), wenn gesetzliche Verfahrensvoraussetzungen fehlten, z.B. der Antrag der StA oder die Zuständigkeit des Gerichts. Auch die Kostenentscheidung ist unanfechtbar (§ 464 Abs. 3 Satz 1 Halbs. 2). Die Entscheidung über eine Entschädigung unterliegt jedoch der sofortigen Beschwerde (§ 8 Abs. 3 Satz 1 StrEG).

Der Wiederaufnahmebeschluss des Gerichts ist sowohl für den Angeschuldigten als auch für die StA 15
unanfechtbar, Gleiches gilt für die Ablehnung der Wiederaufnahme (OLG Frankfurt am Main,
NStZ 1985, 39; OLG Stuttgart, MDR 1984, 73; OLG Düsseldorf, JR 1983, 471; *Meyer-Goßner/
Schmitt*, § 154 Rn. 24; KK-StPO/*Schoreit*, § 154 Rn. 46; a. A. OLG Bamberg, NStZ-RR 1997, 44;
OLG Oldenburg, NStZ 2007, 167; LR/*Beulke*, § 154 Rn. 79; *Pfeiffer*, § 154 Rn. 8; KMR/*Plöd*, § 154
Rn. 28).

G. Revision. Mit der Revision kann weder die Nichtanwendung noch die Anwendung des Abs. 2 16
gerügt werden. Das durch die Einstellung nach Abs. 2 geschaffene Verfahrenshindernis wird in der Revision jedoch von Amts wegen beachtet, z.B. wenn ein Wiederaufnahmebeschluss überhaupt nicht vorliegt oder von einem örtlich oder sachlich unzuständigem Gericht erlassen wurde (*Meyer-Goßner/
Schmitt*, § 154 Rn. 22a; *Pfeiffer*, § 154 Rn. 8).

Berücksichtigt das Gericht bei der Beweiswürdigung oder der Strafzumessung eine nach Abs. 2 einge- 17
stellte Tat, muss es die prozessordnungsgemäß festgestellten Taten in den Urteilsgründen hinreichend
konkret darstellen und zuvor einen entsprechenden Hinweis erteilen, da durch die Verfahrenseinstellung regelmäßig ein **Vertrauen** des Angeklagten darauf begründet wird, dass ihm der ausgeschiedene
Prozessstoff nicht mehr angelastet wird (BGH, NStZ 2012, 628). Dies ist selbst dann der Fall, wenn
der Angeklagte hinsichtlich der ausgeschiedenen Tat geständig war (BGH, StV 2009, 117). Die Erteilung des Hinweises stellt keine wesentliche Verfahrensförmlichkeit gemäß § 274 StPO dar, die zwingend in das Protokoll aufzunehmen ist (BGH, NStZ -RR 2014, 92; StV 2011, 399; entgg. OLG München, NJW 2010, 1826), jedoch zur Dokumentation zweckmäßig sein kann. Die Frage, ob ein **Hinweis
auf die Verwertbarkeit des eingestellten Verfahrens** erfolgt ist, kann das Revisionsgericht jedenfalls in
einem Fall, in dem die Urteilsgründe keinen Aufschluss hierüber ergeben, nur auf eine den Anforderungen des § 344 Abs. 2 Satz 2 entsprechende Verfahrensrüge hin prüfen (BGH, NStZ 1993, 501; KK-StPO/*Schoreit*, § 154 Rn. 48; *Pfeiffer*, § 154 Rn. 8). Hat das Gericht einen prozessordnungsgemäß festgestellten, jedoch ausgeschiedenen Sachverhalt ohne entsprechenden Hinweis berücksichtigt, beruht
das Urteil nicht auf diesem Fehler, wenn die Einstellung erst nach Schluss der Beweisaufnahme erfolgte,
da die Einstellung dann kein die Verteidigung beeinflussendes Vertrauen geschaffen hatte (BGH, NJW
1985, 1479; NStZ 2004, 277; KK-StPO/*Schoreit*, § 154 Rn. 49).

§ 154a StPO Beschränkung der Verfolgung.

(1) ¹Fallen einzelne abtrennbare Teile einer Tat oder einzelne von mehreren Gesetzesverletzungen, die durch dieselbe Tat begangen worden sind,
1. für die zu erwartende Strafe oder Maßregel der Besserung und Sicherung oder
2. neben einer Strafe oder Maßregel der Besserung und Sicherung, die gegen den Beschuldigten wegen einer anderen Tat rechtskräftig verhängt worden ist oder die er wegen einer anderen Tat zu erwarten hat,

nicht beträchtlich ins Gewicht, so kann die Verfolgung auf die übrigen Teile der Tat oder die übrigen
Gesetzesverletzungen beschränkt werden. ²§ 154 Abs. 1 Nr. 2 gilt entsprechend. ³Die Beschränkung
ist aktenkundig zu machen.

(2) Nach Einreichung der Anklageschrift kann das Gericht in jeder Lage des Verfahrens mit Zustimmung der Staatsanwaltschaft die Beschränkung vornehmen.

(3) ¹Das Gericht kann in jeder Lage des Verfahrens ausgeschiedene Teile einer Tat oder Gesetzesverletzungen in das Verfahren wieder einbeziehen. ²Einem Antrag der Staatsanwaltschaft auf Einbeziehung ist zu entsprechen. ³Werden ausgeschiedene Teile einer Tat wieder einbezogen, so ist § 265
Abs. 4 entsprechend anzuwenden.

S.a. RiStBV Nr. 5, 101 f.

A. Bedeutung und Anwendungsbereich. § 154a ermöglicht die Konzentration auf die we- 1
sentlichen Tatvorwürfe **innerhalb derselben prozessualen Tat** (i.S.d. § 264) und dient damit der Vereinfachung und Beschleunigung des Verfahrens. Trotz Verfolgungsbeschränkung wird mit der Erhebung
der Anklage die ganze prozessuale Tat anhängig. Hierin besteht ein wesentlicher Unterschied zu § 154.

§ 154a gilt auch in JGG- und Privatklageverfahren (bzgl. Zustimmung und Wiedereinbeziehungsantrag s.u. Rdn. 10, 14). Die bloße Anschlussbefugnis eines Nebenklägers steht der Verfolgungsbeschränkung nicht entgegen. Trotz Ausscheidens eines rechtlichen Gesichtspunktes, der die Anschlussbefugnis vermittelt, bleibt das Anschlussrecht erhalten (§ 397 Abs. 2 Satz 1). Mit Wirksamwerden des Anschlusses entfällt die Beschränkung, soweit sie die Nebenklage betrifft (§ 397 Abs. 2 Satz 2).

2 Die Verfahrensbeschränkung kann zur Folge haben, dass sich die **gerichtliche Zuständigkeit ändert**. Werden im Ermittlungs- oder im Zwischenverfahren Tatteile oder Gesetzesverletzungen ausgeschieden, die Spezialzuständigkeiten begründen, wie etwa die erstinstanzliche Zuständigkeit des OLG (§ 120 Abs. 1 GVG), kann dies zu eine Änderung der gerichtlichen Zuständigkeit führen. Beschränkt das OLG die Untersuchung mit der Zulassung der Anklage auf Gesetzesverletzungen, die seine Zuständigkeit nicht begründen, so eröffnet es das Hauptverfahren vor dem zuständigen Gericht niedriger Ordnung. Die Zuständigkeitsverschiebung kann nach Wegbeschränkung der Spezialzuständigkeiten auch die besonderen Strafkammern bei den LG (§§ 74 Abs. 2, 74a, 74c GVG) sowie die Zuständigkeit der Jugendgerichte betreffen (BGH, NStZ 1996, 244; KK-StPO/*Schoreit*, § 154a Rn. 10; LR/*Beulke*, § 154a Rn. 15). Die zuständigkeitsverändernde Beschränkung im Ermittlungs- oder Zwischenverfahren ist jedoch nicht unveränderlich. Durch Wiedereinbeziehung ausgeschiedener Tatteile bei Eröffnung oder während des Hauptverfahrens kann das Instanzgericht die Zuständigkeit des speziell zuständigen Gerichts begründen (§§ 209 Abs. 2, 225a, 270 GVG; KK-StPO/*Schoreit*, § 154a Rn. 11; LR/*Beulke*, § 154a Rn. 16).

3 **B. Voraussetzungen des Abs. 1. I. Abtrennbare Teile einer Tat.** Nach der 1. Alt. des § 154a Abs. 1 Satz 1 können einzelne **abtrennbare Teile einer Tat** von der Verfolgung ausgenommen werden. Dabei handelt es sich um solche Tatteile, die aus einem einheitlichen historischen Vorgang i.S.d. § 264 herausgelöst werden können, ohne dass ein auch strafrechtlich untrennbar zusammengehöriger Gesamttatbestand zerrissen würde, z.B. Teile einer Falschaussage, Einzelakte einer Bewertungseinheit oder einer Dauerstraftat (*Pfeiffer*, § 154a Rn. 2; KK-StPO/*Schoreit*, § 154a Rn. 5).

4 **II. Einzelne von mehreren Gesetzesverletzungen.** Nach § 154a Abs. 1 Satz 1, 2. Alt. sind auch **einzelne von mehreren Gesetzesverletzungen**, die durch **dieselbe Tat** begangen worden sind, ausscheidbar. Dabei wird es sich i.d.R. um in Tateinheit zusammentreffende Gesetzesverletzungen (§ 52 StGB) handeln. § 154a gestattet nicht, einzelne Tatbestandsmerkmale (z.B. Gewaltanwendung beim Geschlechtsverkehr, BGH, NStZ 1981, 21, oder Nötigung bei einem Raub unter Beschränkung der Verfolgung auf Diebstahl) oder bestimmte strafrechtliche Rechtsfolgen (z.B. Entziehung der Fahrerlaubnis) auszuklammern. Letzteres ist für den Bereich der Einziehung, Verfall, Vernichtung und Unbrauchbarmachung nur nach den §§ 430, 442 möglich. Das Ausscheiden einzelner Tatteile oder Gesetzesverletzungen kann jedoch zur Folge haben, dass damit auch die Verhängung bestimmter Rechtsfolgen entfällt. Nur **bestimmte Tatteile oder Gesetzesverletzungen** können ausgeklammert werden. Unzulässig wäre es, die Verfolgung auf bestimmte Teile oder Gesetzesverletzungen zu beschränken, da hierdurch das Gericht an der erschöpfenden Untersuchung und Beurteilung der Tat in dem verbleibenden Bereich gehindert würde (*Meyer-Goßner/Schmitt*, § 154a Rn. 7, KK-StPO/*Schoreit*, § 154a Rn. 5).

5 **III. Nicht beträchtlich ins Gewicht fallende Rechtsfolgen.** § 154a geht von einem hypothetischen Vergleich zwischen der Sanktion mit und der ohne Verfolgungsbeschränkung aus (*Pfeiffer*, § 154a Rn. 3). Das Rechtsfolgenminus darf **nicht beträchtlich ins Gewicht** fallen (vgl. insoweit § 154 Rdn. 4).

6 Hinsichtlich der maßgeblichen Bezugssanktion sieht § 154a Abs. 1 Satz 1 zwei Möglichkeiten vor: Nach **Nr. 1** darf der ausgeschiedene Tatteil oder die Gesetzesverletzung neben einer zu erwartenden Rechtsfolge **wegen derselben prozessualen Tat** nicht beträchtlich ins Gewicht fallen.

7 Darüber hinaus ist die Beschränkung nach **Nr. 2** möglich, wenn das Rechtsfolgenminus in Bezug auf rechtskräftig verhängte oder zu erwartende Sanktionen **wegen einer anderen Tat** nicht beträchtlich wäre. Eine frühere Verurteilung, die zum Zeitpunkt der neuerlichen Tat bereits vollständig vollstreckt war, scheidet als Bezugssanktion jedoch aus (vgl. § 154 Rdn. 2; *Meyer-Goßner/Schmitt*, § 154a Rn. 14).

8 Durch den **Verweis in Abs. 1 Satz 2 auf § 154 Abs. 1 Nr. 2** ist eine Verfolgungsbeschränkung ferner dann möglich, wenn ohne diese ein **Urteil in angemessener Frist** nicht zu erwarten wäre und die bereits

rechtskräftig verhängte oder zu erwartende Sanktion zur Einwirkung auf den Täter und zur Verteidigung der Rechtsordnung ausreicht (vgl. § 154 Rdn. 5, 6).

C. Verfolgungsbeschränkung durch die StA. Die StA soll von der Beschränkung der Verfolgung in weitem Umfang und in einem möglichst frühen Verfahrensstadium Gebrauch machen, wenn dies das Verfahren vereinfacht (Nr. 101a Abs. 1 i.V.m. Nr. 101 Abs. 1 RiStBV). Der Sachverhalt muss nicht ausermittelt sein. Es bedarf weder der Zustimmung des Gerichts noch der Zustimmung oder Anhörung des Beschuldigten. Die Beschränkung ist **aktenkundig zu machen** (§ 154a Abs. 1 Satz 3, Nr. 101a Abs. 3 Halbs. 1 RiStBV). In der Anklageschrift (sowie im Strafbefehlsantrag) wird darauf hingewiesen (Nr. 101a Abs. 3 Halbs. 2 RiStBV). Inhaltlich muss der Aktenvermerk so konkret gefasst sein, dass eindeutig ist, in welchem Umfang Tatteile oder Gesetzesverletzungen nicht verfolgt werden. Der Vermerk, dass § 154a angewandt wurde, soweit nicht Anklage erhoben wurde, wäre zu unbestimmt. Eine Kostenentscheidung ergeht nicht. 9

D. Verfolgungsbeschränkung durch das Gericht (Abs. 2) Mit Erhebung der öffentlichen Klage ist das jeweils mit der Sache befasste Gericht für die Beschränkung zuständig. Der Gesetzeswortlaut spricht zwar nur von der Einreichung einer Anklageschrift, mitumfasst sind jedoch alle Arten der Erhebung der öffentlichen Klage. Eine Beschränkung ist auch noch in der Rechtsmittelinstanz und nach Zurückverweisung durch das Revisionsgericht möglich (ausgenommen nach horizontaler Teilrechtskraft). Inhaltlich müssen die Voraussetzungen des Abs. 1 vorliegen. Die Beschränkung bedarf der Zustimmung der StA. In einem entsprechenden Antrag der StA ist zugleich die Zustimmung enthalten. Im Revisionsverfahren ist die StA beim Revisionsgericht zuständig. Im Privatklageverfahren tritt an die Stelle der Zustimmung der StA die des Privatklägers. Die Zustimmung des Angeklagten ist nicht erforderlich. Die Einstellung erfolgt **durch Beschluss** (des Gerichts, nicht allein des Vorsitzenden). Dieser kann auch noch zugleich mit dem Urteil verkündet werden (BGH, NStZ 1996, 324). Eine Kosten- und Auslagenentscheidung unterbleibt, da die Beschränkung nach § 154a regelmäßig keine das Verfahren beendende Entscheidung ist (BGH, StV 1993, 135). Nur ausnahmsweise ist eine solche erforderlich, wenn, etwa nach Teilrechtskraft hinsichtlich der übrigen Tatteile, durch die Anwendung des § 154a das Verfahren insgesamt beendet wird (LR/*Beulke*, § 154a Rn. 27). Wird irrtümlich oder versehentlich nach § 154 statt nach § 154a eingestellt, richtet sich das weitere Verfahren nicht nach der irrig angewendeten Norm, sondern ist in eine Verfahrensbeschränkung nach § 154a umzudeuten (BGHSt 25, 388; 49, 359; BGH NStZ 2015, 96). Demgegenüber stellt der BGH im Beschluss vom 08.10.2013 (BGH NStZ 2014, 46) fest, dass auch eine irrtümlich nach § 154 Abs. 2 durch Gerichtsbeschluss erfolgte Verfahrenseinstellung zu einem Verfahrenshindernis führe. Die irrig angewendeten Vorschriften seien maßgeblich, nicht die tatsächlich anzuwendenden (abl. Anm. Allgaier zu BGH, NStZ 2015, 46). Lediglich eine bloße Falschbezeichnung dürfte danach unschädlich sein. Die möglichen Folgen dieser Entscheidung sind erheblich, da bereits geringfügige Fehler oder Ungenauigkeiten bei der Verfahrensbeschränkung zu einem Verfahrenshindernis bezüglich der ganzen prozessualen Tat führen können. 10

Der Strafklageverbrauch einer rechtskräftigen gerichtlichen Sachentscheidung erstreckt sich auch auf die ausgeschiedenen Teile der Tat und Rechtsverletzungen; gleichgültig, wann und von wem sie ausgeschieden wurden. Der Strafklageverbrauch tritt bereits bei Rechtskraft des Schuldspruchs ein. In gleicher Weise erfasst die Unterbrechung der Verjährung die ganze Tat, also auch nach § 154a ausgeschiedene Teile (BGHSt 22, 105; KK-StPO/*Schoreit*, § 154a Rn. 20). 11

Ein ausgeschiedener Verfahrensstoff darf bei der Beweiswürdigung und Strafzumessung nur berücksichtigt werden, wenn das Gericht ihn prozessordnungsgemäß festgestellt und den Angeklagten hierauf zuvor ausdrücklich hingewiesen hat (BGHSt 30, 147; 31, 302; NStZ 1994, 195; *Meyer-Goßner/ Schmitt*, § 154a Rn. 2; KK-StPO/*Schoreit*, § 154a Rn. 21). Eines solchen Hinweises bedarf es nicht, wenn ein Vertrauenstatbestand, dass ein ausgeschiedener Tatteil oder eine ausgeschiedene Gesetzesverletzung unberücksichtigt bleibe, nicht geschaffen wurde (BVerfG, NStZ 1995, 76; BGH, NStZ 1987, 133; NStZ 1992, 225; NStZ 2004, 277; NJW 1996, 2585) oder wenn das Verteidigungsverhalten durch die Heranziehung nicht beeinflusst werden kann. 12

E. Wiedereinbeziehung. Solange noch nicht Anklage erhoben ist (bzw. diese wirksam zurückgenommen ist), kann die StA die Verfolgungsbeschränkung **jederzeit rückgängig** machen.

Auch das jeweils mit der Sache befasste **Gericht** kann **in jeder Lage des Verfahrens ausgeschiedene Tatteile oder Gesetzesverletzungen wieder einbeziehen** (§ 154 Abs. 3 Satz 1), unabhängig davon, wer die Beschränkung vorgenommen hatte. Die Entscheidung steht grds. im Ermessen des Gerichts (»kann«); aufgrund seiner umfassenden Kognitionspflicht (§§ 244 Abs. 1, 264) ist das Gericht jedoch zur Wiedereinbeziehung verpflichtet, wenn es ansonsten zu einem Freispruch oder einer Einstellung wegen Verjährung käme (BGHSt 22, 105; 29, 315; 32, 84; NStZ 1982, 517; NStZ 1988, 322; NStZ 1995, 540). Die Wiedereinbeziehung darf nicht erst mit dem Urteil erfolgen. Das Gericht kann aber einen Freispruch (bzw. eine Einstellung) auch ohne vorherige förmliche Wiedereinbeziehung auf ausgeschiedene Tatteile oder Gesetzesverletzungen erstrecken, wenn ein entsprechender Nachweis nicht zu führen ist (BGH, NJW 1989, 2481; StV 1997, 566; NStZ-RR 2006, 311). Einem Antrag der StA auf Wiedereinbeziehung muss das Gericht entsprechen (§ 154a Abs. 3 Satz 2; BGHSt 21, 326; 29, 397). Der Antrag kann von der StA auch bedingt, z.B. für den Fall des Freispruchs oder der Unterschreitung einer bestimmten Strafhöhe, gestellt werden (BGH, NJW 1981, 354). Im Privatklageverfahren löst der Wiedereinbeziehungsantrag des Privatklägers diese Verpflichtung nicht aus (§ 385 Abs. 4). Im Eröffnungsverfahren ist für die Wiedereinbeziehung ein Beschluss des Gerichts erforderlich (§ 207 Abs. 2 Nr. 2, 4), ansonsten ist ein ausdrücklicher Gerichtsbeschluss nicht vorgeschrieben, jedoch im Interesse der Rechtsklarheit ratsam; zumindest bedarf es eines ausdrücklichen Hinweises des Gerichts nach § 265 (BGH, NStZ 1994, 495). Wird eine Wiedereinbeziehung beschlossen, ist § 265 Abs. 4 entsprechend anzuwenden (§ 154a Abs. 3 Satz 3); danach kann das Gericht nach pflichtgemäßen Ermessen die Hauptverhandlung zur genügenden Vorbereitung der Verteidigung unterbrechen oder aussetzen.

F. Anfechtbarkeit. Gegen die Ablehnung eines Beschränkungsantrags kann sich der Angeklagte nicht beschweren, weil Abs. 1 nicht seinem Schutz dient (*Meyer-Goßner/Schmitt*, § 154a Rn. 23). Der gerichtliche Beschränkungsbeschluss ist ebenfalls unanfechtbar. Der Angeklagte ist hierdurch nicht beschwert. Hat die StA der Beschränkung nicht zugestimmt, kann sie einen Wiedereinbeziehungsantrag nach Abs. 3 Satz 2 stellen, an den das Gericht gebunden ist. Der Beschwerde gegen eine Entscheidung des erkennenden Gerichts stünde auch § 305 Satz 1 entgegen.

Der die Wiedereinbeziehung anordnende Beschluss ist für alle Beteiligten unanfechtbar. Dagegen kann der die Wiedereinbeziehung ablehnende Beschluss von der StA im Zwischenverfahren mit der Beschwerde angefochten werden (KMR/*Plöd*, § 154a Rn. 25; KK-StPO/*Schoreit*, § 154a Rn. 24; a. A. LR/*Beulke*, § 154a Rn. 40), im Hauptverfahren steht der Beschwerde § 305 entgegen.

G. Revision. Mit der Revision kann die Nichtanwendung des § 154a nicht gerügt werden. Die StA kann einen Freispruch mit der Verfahrensrüge angreifen, wenn der Tatrichter eine Wiedereinbeziehung der ausgeschiedenen Teile unterlassen hat (BGH, NStZ 1996, 241; a. A. BGH, NStZ 1995, 540: Sachrüge genügt). Das Revisionsgericht verweist, falls es die ausgeschiedenen Teile nicht gleich selbst wieder einbezieht, zur Wiedereinbeziehung und neuen Verhandlung zurück (BGH, NStZ-RR 2001, 263). Eine Aufhebung der den Freispruch tragenden rechtsfehlerfreien Feststellungen erfolgt nicht (BGHSt 32, 84; *Meyer-Goßner/Schmitt*, § 154a Rn. 27; KMR/*Plöd*, § 154a Rn. 28); die neue Verhandlung befasst sich nur mit dem wieder einbezogenen Tatteil. Zur Revisibilität der Berücksichtigung eingestellter Tatteile bei der Strafzumessung oder Beweiswürdigung vgl. § 154 Rdn. 17.

§ 154b StPO Absehen von der Verfolgung bei Auslieferung und Ausweisung.

(1) Von der Erhebung der öffentlichen Klage kann abgesehen werden, wenn der Beschuldigte wegen der Tat einer ausländischen Regierung ausgeliefert wird.

(2) Dasselbe gilt, wenn er wegen einer anderen Tat einer ausländischen Regierung ausgeliefert oder an einen internationalen Strafgerichtshof überstellt wird und die Strafe oder die Maßregel der Besserung und Sicherung, zu der die inländische Verfolgung führen kann, neben der Strafe oder der Maßregel der Besserung und Sicherung, die gegen ihn im Ausland rechtskräftig verhängt worden ist oder die er im Ausland zu erwarten hat, nicht ins Gewicht fällt.

(3) Von der Erhebung der öffentlichen Klage kann auch abgesehen werden, wenn der Beschuldigte aus dem Geltungsbereich dieses Bundesgesetzes abgeschoben, zurückgeschoben oder zurückgewiesen wird.
(4) ¹Ist in den Fällen der Absätze 1 bis 3 die öffentliche Klage bereits erhoben, so stellt das Gericht auf Antrag der Staatsanwaltschaft das Verfahren vorläufig ein. ²§ 154 Abs. 3 bis 5 gilt mit der Maßgabe entsprechend, dass die Frist in Absatz 4 ein Jahr beträgt.

S.a. RiStBV Nr.

A. Bedeutung und Anwendungsbereich.
Die Vorschrift schränkt das Legalitätsprinzip ein und ermöglicht eine **vereinfachte Verfahrenserledigung** in Fällen der **Auslieferung** und **Ausweisung** (KK-StPO/*Schoreit*, § 154b Rn. 1). Sie ergänzt § 153c Abs. 2. Vergleichbare Regelungen für die Vollstreckungsbehörde enthalten § 465a und § 17 StVollstrO. Entgegen dem Wortlaut ist die Einstellung durch die StA bereits zulässig, wenn das Verfahren noch nicht vollständig durchermittelt ist (KK-StPO/*Schoreit*, § 154b Rn. 4; LR/*Beulke*, § 154b Rn. 9; *Pfeiffer*, § 154b Rn. 2). Es muss sich jedoch um eine in Deutschland verfolgbare Straftat handeln, mag sie auch im Ausland begangen worden sein (§§ 5 bis 7 StGB). § 154b ist **nicht anwendbar**, wenn der Beschuldigte den Geltungsbereich des Gesetzes **freiwillig verlässt**.

B. Voraussetzungen.
Abs. 1 betrifft die **Auslieferung wegen derselben Tat** wie im anhängigen Verfahren, Abs. 2 dagegen die **Auslieferung oder Überstellung wegen einer anderen Tat**. Voraussetzung ist in beiden Fällen das Vorliegen einer bestandskräftigen Entscheidung des OLG über die Zulässigkeit der Auslieferung, nicht aber deren Vollzug (OLG Karlsruhe, NJW 2007, 617). Der Auslieferung steht die **Durchlieferung** gleich (KK-StPO/*Schoreit*, § 154b Rn. 3; KMR/*Plöd*, § 154b Rn. 2; SK-StPO/*Weßlau*, § 154b Rn. 3). Abs. 2 setzt weiter voraus, dass ggü. der Auslandsverurteilung die inländische Sanktion nicht ins Gewicht fällt.

Abs. 3 betrifft den praktisch häufigeren Fall der Ausweisung (§§ 43, 54 AufenthG). Der Ausweisung gleichzustellen sind die **Abschiebung** und **Zurückschiebung** (Meyer-Goßner/*Schmitt*, § 154b Rn. 1; *Pfeiffer*, § 154b Rn. 2; KK-StPO/*Schoreit*, § 154b Rn. 6; LR/*Beulke*, § 154b Rn. 7; KMR/*Plöd*, § 154b Rn. 2; SK-StPO/*Weßlau*, § 154b Rn. 6). Auch hier kommt es auf die Bestandskraft der ausländerrechtlichen Entscheidung, nicht aber auf ihren Vollzug an. Ob den Beschuldigten nach der Ausweisung in dem anderen Land eine Strafverfolgung erwartet, ist nicht Voraussetzung für die Einstellung nach Abs. 3.

C. Einstellung durch das Gericht (Abs. 4)
Nach Klageerhebung ist das Gericht für die Einstellung zuständig. Es hat dem Antrag der StA stattzugeben, wenn die gesetzlichen Voraussetzungen vorliegen. D.h. das Gericht prüft, ob eine Auslieferung, Überstellung oder Ausweisung erfolgt bzw. eine entsprechende bestandskräftige Entscheidung vorliegt (Meyer-Goßner/*Schmitt*, § 154b Rn. 3, LR/*Beulke*, § 154b Rn. 10; AK-StPO/*Schöch*, § 154b Rn. 10). Obwohl in Abs. 4 Satz 1 die Einstellung als vorläufig bezeichnet wird, handelt es sich tatsächlich – wie auch bei § 154 – um eine endgültige Einstellung. Der Einstellungsbeschluss enthält deshalb auch eine Kostenentscheidung (§ 467 Abs. 1, 4) und ggf. eine Entscheidung nach dem StrEG (§ 3 StrEG).

D. Wiederaufnahme und Anfechtbarkeit.
Die StA kann das von ihr eingestellte Verfahren jederzeit wieder aufnehmen. Gegen die Einstellung ist das Klageerzwingungsverfahren nicht zulässig, § 172 Abs. 2 Satz 3.

Lehnt das Gericht die von der StA beantragte Einstellung nach Abs. 4 Satz 1 durch zu begründenden Beschluss ab, so steht der StA hiergegen die Beschwerde zu (§ 304, LR/*Beulke*, § 154b Rn. 10). Der gerichtliche Einstellungsbeschluss ist nicht anfechtbar (mit Ausnahme der ev. StrEG-Entscheidung, § 8 Abs. 3 StrEG). Die Wiederaufnahme nach Abs. 4 Satz 2 ist zulässig, wenn die Voraussetzungen der gerichtlichen Einstellung entfallen sind oder sich als fehlend erwiesen haben, insb. wenn der Angeschuldigte wieder in den Geltungsbereich der StPO zurückgekehrt ist. Die in Abs. 4 Satz 2 bestimmte entsprechende Anwendung des § 154 Abs. 3 bis 5 bezieht sich nur auf den Fall des Abs. 2. Nur bei einer solchen Einstellung mit Rücksicht auf eine im Ausland zu erwartende Strafe ist die Wiederaufnahme an

§ 154c StPO Absehen von der Verfolgung des Opfers einer Nötigung oder Erpressung

eine Frist gebunden. Diese wird nach Abs. 4 Satz 2 auf ein Jahr verlängert, da Strafnachrichten aus dem Ausland oft verspätet eingehen (*Meyer-Goßner/Schmitt*, § 154b Rn. 4; *Pfeiffer*, § 154b Rn. 3). Die Jahresfrist wird entsprechend angewandt bei erlaubter Wiedereinreise nach Ausweisung (LR/*Beulke*, § 154b Rn. 15; KMR/*Plöd*, § 154d Rn. 5; SK-StPO/*Weßlau*, § 154b Rn. 16, der bei der Jahresfrist jedoch auf den Zeitraum bis zur Wiedereinreise abstellt).

§ 154c StPO Absehen von der Verfolgung des Opfers einer Nötigung oder Erpressung.

(1) Ist eine Nötigung oder Erpressung (§§ 240, 253 des Strafgesetzbuches) durch die Drohung begangen worden, eine Straftat zu offenbaren, so kann die Staatsanwaltschaft von der Verfolgung der Tat, deren Offenbarung angedroht worden ist, absehen, wenn nicht wegen der Schwere der Tat eine Sühne unerlässlich ist.

(2) Zeigt das Opfer einer Nötigung oder Erpressung (§§ 240, 253 des Strafgesetzbuches) diese an (§ 158) und wird hierdurch bedingt ein vom Opfer begangenes Vergehen bekannt, so kann die Staatsanwaltschaft von der Verfolgung des Vergehens absehen, wenn nicht wegen der Schwere der Tat eine Sühne unerlässlich ist.

S.a. RiStBV Nr. 102

1 **A. Bedeutung und Anwendungsbereich.** Im Interesse der Opfer von Nötigung und Erpressung ermöglicht die Vorschrift ein Absehen von der Verfolgung, um so ihre Anzeige- und Aufklärungsbereitschaft zu steigern und dadurch auch die Strafverfolgungsmöglichkeiten ggü. Erpressern zu verbessern (HK-StPO/*Krehl*, § 154c Rn. 1). Eine Minderung des Strafbedürfnisses ggü. dem Opfer einer Nötigung oder Erpressung wird als weiterer Umstand für den Verfolgungsverzicht anerkannt (LR/*Beulke*, § 154c Rn. 1; AK-StPO/*Schöch*, § 154c Rn. 1; SK-StPO/*Weßlau*, § 154c Rn. 1). Die Einstellungsbefugnis gilt nur für die StA, nicht für das Gericht (dort ggf. Sachbehandlung nach §§ 153 Abs. 2, 153a Abs. 2). Für die Zusicherung der Einstellung ist der Behördenleiter zuständig, Nr. 102 Abs. 2 RiStBV.

2 **B. Voraussetzungen.** Voraussetzung ist, dass die **Nötigung oder Erpressung begangen oder zumindest versucht** wurde.

3 Nötigungsmittel bei **Abs. 1** muss die Drohung gewesen sein, eine **Straftat** zu offenbaren. Diese muss aber nicht vom Bedrohten selbst begangen worden sein; es genügt die Straftat einer diesem nahe stehenden Person. Wurde mit der Offenbarung einer Ordnungswidrigkeit gedroht, berücksichtigt die Verwaltungsbehörde den Rechtsgedanken des § 154c bei der Ausübung ihres Einstellungsermessens nach § 47 Abs. 1 OWiG (*Meyer-Goßner/Schmitt*, § 154c Rn. 3). Die Drohung mit **Offenbarung** kann nicht nur auf eine Anzeige bei der Polizei gerichtet sein, sondern auch auf eine Mitteilung an andere, wie z.B. Angehörige, Vorgesetzte, Medien.

4 Im Fall des **Abs. 2** wird die Nötigung oder Erpressung nicht durch Drohung mit Offenbarung einer Straftat begangen, das Opfer befindet sich jedoch in einer ähnlichen Zwangslage, wenn es bei Erstattung einer Anzeige mit der Entdeckung eigener Straftaten rechnen muss. Hier sieht der mit Gesetz v. 11.02.2005 (BGBl. I, S. 239) einfügte Abs. 2 nunmehr vor, dass die StA von der Verfolgung eines – **erst durch die Anzeige bekannt gewordenen – Vergehens** des Opfers absehen kann. Erfasst werden hierdurch Fälle, in denen z.B. Frauen zur Prostitutionsausübung genötigt werden, aber wegen ihres illegalen Aufenthalts bei einer Strafanzeige selbst mit einem Strafverfahren rechnen müssen (*Meyer-Goßner/Schmitt*, § 154c Rn. 2).

5 Sowohl nach Abs. 1 als auch nach Abs. 2 darf die StA von der Verfolgung nicht absehen, wenn wegen der **Schwere der Tat eine Sühne unerlässlich** ist. Es kommt auf die Umstände des Einzelfalls an, wobei generalpräventive Gesichtspunkte besondere Bedeutung haben, aber nicht allein maßgebend sind. Nach Nr. 102 Abs. 1 RiStBV soll eine Einstellung nur erfolgen, wenn die »Nötigung oder Erpressung strafwürdiger ist als die Tat des Genötigten oder Erpressten«. Diese Fassung ist mit dem Gesetzeswortlaut nicht ohne Weiteres vereinbar (*Pfeiffer*, § 154c Rn. 2; LR/*Beulke*, § 154c Rn. 8; KK-StPO/*Schoreit*, § 154c Rn. 4; HK/*Krehl*, § 154c Rn. 3; SK-StPO/*Weßlau*, § 154c Rn. 6; a. A. AK-StPO/*Schöch*, § 154c Rn. 6).

C. Wiederaufnahme und Anfechtbarkeit. Die Einstellung hat keine Rechtskraftwirkung. 6
Eine Wiederaufnahme kommt jedoch nur ausnahmsweise bei veränderter Sachlage in Betracht.
Das Klageerzwingungsverfahren ist unzulässig, § 172 Abs. 2 Satz 3.

§ 154d StPO Verfolgung bei zivil- oder verwaltungsrechtlicher Vorfrage.

¹Hängt die Erhebung der öffentlichen Klage wegen eines Vergehens von der Beurteilung einer Frage ab, die nach bürgerlichem Recht oder nach Verwaltungsrecht zu beurteilen ist, so kann die Staatsanwaltschaft zur Austragung der Frage im bürgerlichen Streitverfahren oder im Verwaltungsstreitverfahren eine Frist bestimmen. ²Hiervon ist der Anzeigende zu benachrichtigen. ³Nach fruchtlosem Ablauf der Frist kann die Staatsanwaltschaft das Verfahren einstellen.

S.a. RiStBV Nr. 103

A. Bedeutung und Anwendungsbereich. Im Strafverfahren sind die Gerichte bei der Beurteilung zivil- und öffentlichrechtlicher Fragen grds. frei (§ 262 Abs. 1). Dieselbe Befugnis steht den Ermittlungsbehörden zu. § 154d ermöglicht es jedoch der StA, sich nicht durch einen Anzeigeerstatter die Klärung schwieriger Rechtsfragen aus anderen Rechtsgebieten durch umfangreiche Beweisaufnahmen aufdrängen zu lassen. Vielmehr kann die StA nach § 154d Satz 1 zur Austragung einer präjudiziellen Rechtsfrage eine Frist bestimmen und so schon die Fortführung des Ermittlungsverfahrens von der Klärung dieser Vorfrage abhängig machen. Die Fristbestimmung kommt damit einer Befugnis zur vorläufigen Einstellung gleich. Bei fruchtlosem Fristablauf ermächtigt Satz 3 die StA, das Verfahren endgültig einzustellen. Der Legalitätsgrundsatz wird insoweit durchbrochen. Für das Steuerstrafverfahren enthält § 396 AO eine vergleichbare Vorschrift. 1

B. Voraussetzungen. Die Vorschrift ist nur bei **Vergehen** (§ 12 Abs. 2 StGB) anwendbar. Bei Ordnungswidrigkeiten ist § 154d zwar entsprechend anwendbar (§ 46 Abs. 2 OWiG), hat aber im Hinblick auf § 47 OWiG geringe praktische Bedeutung. 2

Die Durchführung des Strafverfahrens muss von einer Rechtsfrage abhängen, die nach **bürgerlichem oder Verwaltungsrecht** zu beurteilen ist. Für **arbeits- oder sozialgerichtliche Verfahren** gilt § 154d entsprechend (*Meyer-Goßner/Schmitt*, § 154d Rn. 3). Von der **präjudiziellen Rechtsfrage** muss die Entscheidung über die Erhebung der öffentlichen Klage abhängen, d.h. es muss sich ohne ihre Klärung nicht beantworten lassen, ob ein hinreichender Tatverdacht besteht. Dies kann der Fall sein, wenn das Strafgesetz in einem Tatbestandsmerkmal einen Rechtsbegriff verwendet, der ausschließlich nach Zivil- oder öffentlichem Recht zu beurteilen ist (z.B. Fremdheit der Sache bei §§ 242, 246, fremdes Jagdrecht in § 292 StGB; LR/*Beulke*, § 154d Rn. 6). Keine Abhängigkeit i.S.d. § 154d ist gegeben, wenn in einem Zivil- oder Verwaltungsverfahren lediglich die Klärung von Tatsachen zu erwarten ist. 3

C. Verfahren. Die von der StA nach den Umständen des Einzelfalls ausreichend zu bemessende Frist bezieht sich auf die **Einleitung** des anderweitigen Verfahrens. Die Frist kann verlängert werden, wenn sie zu kurz bemessen war. Es empfiehlt sich, mit der Fristsetzung die Verpflichtung zu verbinden, der StA die Einleitung des anderweitigen Verfahrens nachzuweisen. Von der Fristsetzung ist der Anzeigende formlos zu benachrichtigen (Satz 2). Ist ein Verfahren zur Klärung der präjudiziellen Rechtsfrage bereits anhängig, kommt eine Fristsetzung nicht in Betracht, das Ermittlungsverfahren kann jedoch nach § 154d vorläufig eingestellt werden. Eine Fristsetzung kann in diesem Fall dann erfolgen, wenn das Verfahren in zurechenbarer Weise nicht betrieben wird (LR/*Beulke*, § 154d Rn. 8). Während der vorläufigen Einstellung ruht die Verjährung nicht, da die StA das Ermittlungsverfahren jederzeit fortsetzen kann. 4

Ist die Frist ergebnislos verstrichen, kann die StA das Verfahren ohne weitere sachliche Prüfung endgültig einstellen. Die Einstellung ist mit einer Belehrung nach § 171 Satz 2 zu verbinden, wenn der Antragsteller zugleich Verletzter ist. Auch das endgültig eingestellte Verfahren kann die StA jederzeit wieder aufnehmen. 5

§ 154e StPO Absehen von der Verfolgung bei falscher Verdächtigung oder Beleidigung

6 **D. Anfechtbarkeit.** Das Klageerzwingungsverfahren nach § 172 ist nicht schon gegen die Fristsetzung, sondern erst gegen die endgültige Einstellung nach Satz 3 zulässig (OLG Hamm, NJW 1959, 161; *Meyer-Goßner/Schmitt*, § 154d Rn. 4; *Pfeiffer*, § 154d Rn. 3). Das OLG prüft lediglich, ob die gesetzlichen Voraussetzungen des § 154d erfüllt sind.

§ 154e StPO Absehen von der Verfolgung bei falscher Verdächtigung oder Beleidigung.

(1) Von der Erhebung der öffentlichen Klage wegen einer falschen Verdächtigung oder Beleidigung (§§ 164, 185 bis 188 des Strafgesetzbuches) soll abgesehen werden, solange wegen der angezeigten oder behaupteten Handlung ein Straf- oder Disziplinarverfahren anhängig ist.
(2) Ist die öffentliche Klage oder eine Privatklage bereits erhoben, so stellt das Gericht das Verfahren bis zum Abschluss des Straf- oder Disziplinarverfahrens wegen der angezeigten oder behaupteten Handlung ein.
(3) Bis zum Abschluss des Straf- oder Disziplinarverfahrens wegen der angezeigten oder behaupteten Handlung ruht die Verjährung der Verfolgung der falschen Verdächtigung oder Beleidigung.

1 **A. Bedeutung und Anwendungsbereich.** Zweck der Vorschrift ist es, widersprüchliche Entscheidungen über denselben Sachverhalt zu vermeiden (BGHSt 8, 135; 10, 89). § 154e sieht vor, dass das Bezugsverfahren grds. Vorrang hat, da die Strafbarkeit des Täters der Beleidigung bzw. der falschen Verdächtigung zumeist davon abhängt, ob die vorgeworfene Tat tatsächlich von dem Betroffenen begangen wurde. Das Ermittlungs- oder Strafverfahren, das vorläufig eingestellt werden soll, muss eines der in Abs. 1 ausdrücklich genannten **Vergehen (§§ 164, 185 bis 188 StGB)** zum Gegenstand haben. Auf andere Straftatbestände ist die Vorschrift nicht entsprechend anwendbar. Die vorläufige Einstellung umfasst die gesamte prozessuale Tat (§ 264), damit auch andere mit o.g. Vergehen zusammentreffende Straftatbestände. Im Fall der Ausscheidung der falschen Verdächtigung oder Beleidigung nach § 154a kann das Verfahren wegen der übrigen Straftatbestände jedoch fortgeführt werden (*Meyer-Goßner/Schmitt*, § 154e Rn. 8; *Pfeiffer*, § 154e Rn. 1; KK-StPO/*Schoreit*, § 154e Rn. 3; LR/*Beulke*, § 154e Rn. 4; KMR/*Plöd*, § 154e Rn. 2; SK-StPO/*Weßlau*, § 154e Rn. 4).

2 **B. Voraussetzungen.** Wegen der angezeigten oder behaupteten Handlung muss ein **Straf- oder Disziplinarverfahren anhängig** sein. Ein Sicherungsverfahren nach §§ 413 ff. reicht aus (*Pfeiffer*, § 154e Rn. 2); nicht aber ein Ordnungswidrigkeitenverfahren. Das Strafverfahren beginnt mit der Einleitung des Ermittlungsverfahrens oder der Erhebung der Privatklage. Die Möglichkeit zur Privatklage genügt nicht. Die Anhängigkeit endet mit einer Einstellung nach § 170 Abs. 2 oder nach dem Opportunitätsprinzip (z.B. §§ 153, 154, 154a; BGHSt 10, 88). Kann der Anzeigeerstatter als Verletzter im Klageerzwingungsverfahren den Antrag nach § 172 stellen, endet die Anhängigkeit erst mit dem fruchtlosen Ablauf der Antragsfrist oder der Verwerfung des Antrags (§ 174; BGHSt 8, 154). Das gerichtliche Verfahren endet mit einem rechtskräftigen Urteil oder einem nicht mehr anfechtbaren Beschluss. Durch eine neue Anzeige wegen derselben Tat lebt das Verfahrenshindernis nicht wieder auf (BGH, GA 1979, 224). Die Anhängigkeit des Disziplinarverfahrens beginnt bereits mit dem Verfahren nach §§ 17 ff. BDG. Es endet mit der unanfechtbaren Einstellung bzw. dem Urteil.

3 **C. Verfahren und Entscheidung.** Abs. 1 enthält eine **Sollvorschrift** für das Ermittlungsverfahren. Die StA verfügt die vorläufige Einstellung. Sie ist aktenkundig zu machen und dem Anzeigeerstatter mitzuteilen (Nr. 103 RiStBV). Die StA ist an die vorläufige Einstellung nicht gebunden und kann das Ermittlungsverfahren jederzeit fortführen (z.B. bei drohendem Beweismittelverlust).

4 Nach Klageerhebung ist das Gericht nach **Abs. 2** für die vorläufige Einstellung zuständig. Dieses hat im Gegensatz zur StA keinen Ermessensspielraum, sondern muss das Verfahren einstellen. Die Anhängigkeit des Bezugsverfahrens ist ein **vorübergehendes Verfahrenshindernis** (BGHSt 8, 154). Die vorläufige Einstellung ergeht durch zu begründenden Beschluss (nicht durch Einstellungsurteil nach § 260 Abs. 3). In der Hauptverhandlung wirken die Schöffen mit. Vorher sind die Beteiligten anzuhören (§ 33). Aufgrund der Vorläufigkeit ergeht keine Entscheidung über Kosten oder Entschädigung

nach dem StrEG. Das Gericht kann das Verfahren erst fortsetzen, wenn das Bezugsverfahren abgeschlossen ist; was von Amts wegen zu überprüfen ist.

Auch das Berufungsgericht hat Abs. 2 anzuwenden; unabhängig davon, ob das erstinstanzliche Gericht das vorübergehende Verfahrenshindernis übersehen hat oder es erst später eingetreten ist. Eine vorläufige Einstellung unterbleibt jedoch, wenn wegen einer Berufungsbeschränkung der Ausgang des Bezugsverfahrens nicht mehr berücksichtigt werden kann (SK-StPO/*Weßlau*, § 154e Rn. 16). Tritt das Verfahrenshindernis erst im Revisionsverfahren ein, entscheidet das Revisionsgericht über die Revision und beschließt nicht die vorläufige Einstellung (BayObLGSt 1958, 315; KK-StPO/*Schoreit*, § 154e Rn. 15; LR/*Beulke*, § 154e Rn. 17; SK-StPO/*Weßlau*, § 154e Rn. 16). 5

D. Ruhen der Verjährung (Abs. 3) Das Ruhen der Verjährung beginnt (in Ergänzung zu § 78b Abs. 1 Satz 1 StGB) mit der vorläufigen Einstellung nach Abs. 1 oder 2. Maßgeblicher Zeitpunkt ist, wann die Entscheidung aktenkundig wurde. Das Ruhen endet mit dem (unanfechtbaren) Abschluss des Straf- oder Disziplinarverfahrens wegen der Bezugstat, nicht erst mit der Aufhebung der vorläufigen Einstellung. Widerruft die StA ihre vorläufige Einstellung bereits früher, endet damit das Ruhen der Verjährung. 6

E. Anfechtbarkeit. Die Entscheidung der StA unterliegt keiner gerichtlichen Kontrolle. Das Klageerzwingungsverfahren ist, da es sich nur um eine vorläufige Einstellung handelt, ausgeschlossen. Die gerichtliche Einstellung ist durch Beschwerde (§ 304) anfechtbar. Lehnt das Gericht die Einstellung nach § 154e ab, ist die Beschwerde zulässig, sofern der Beschluss vor Eröffnung des Hauptverfahrens ergeht; andernfalls steht § 305 entgegen (KK-StPO/*Schoreit*, § 154e Rn. 16). 7

F. Revision. Die Verletzung des Abs. 2 durch den Tatrichter ist Revisionsgrund nach § 337. Das Revisionsgericht muss aufheben und zurückverweisen (BGH, GA 1979, 224). 8

§ 154f StPO Einstellung des Verfahrens bei vorübergehenden Hindernissen.

Steht der Eröffnung oder Durchführung des Hauptverfahrens für längere Zeit die Abwesenheit des Beschuldigten oder ein anderes in seiner Person liegendes Hindernis entgegen und ist die öffentliche Klage noch nicht erhoben, so kann die Staatsanwaltschaft das Verfahren vorläufig einstellen, nachdem sie den Sachverhalt so weit wie möglich aufgeklärt und die Beweise so weit wie nötig gesichert hat.

A. Bedeutung und Anwendungsbereich. Die zum 01.10.2009 durch das 2. Opferrechtsreformgesetz neu eingefügte Vorschrift soll eine Regelungslücke schließen. Bisher hatte sich die StA damit beholfen, § 205 analog anzuwenden. 1

§ 205 gestattet es dem Gericht, das Verfahren vorläufig einzustellen, wenn nach Erhebung der öffentlichen Klage die Situation besteht, dass die Hauptverhandlung aufgrund einer längeren Abwesenheit des Angeschuldigten/Angeklagten oder eines anderen in seiner Person liegenden Hindernisses nicht durchgeführt werden kann. Da entsprechende Sachverhalte in der Praxis jedoch häufig bereits vor Erhebung der öffentlichen Klage auftreten, sieht das Gesetz nunmehr ausdrücklich eine solche **Einstellungsmöglichkeit für die StA** vor.

B. Voraussetzungen. Die öffentliche Klage darf noch nicht erhoben oder muss wieder zurückgenommen worden sein. Nach Erhebung der öffentlichen Klage gilt § 205, unabhängig davon, ob das Hauptverfahren bereits eröffnet wurde. Das – nur vorübergehende – Hindernis muss in der Person des Beschuldigten bestehen. Die längere Abwesenheit des Beschuldigten ist ein Beispiel für ein solches Hindernis. Im vorbereitenden Verfahren kann das Hindernis dazu führen, dass die Ermittlungen nicht abgeschlossen werden können und damit auch die Klage nicht erhoben werden kann (z.B. der Beschuldigte konnte noch nicht vernommen werden). Es kann aber auch die Lage bestehen, dass zwar die öffentliche Klage erhoben werden könnte, jedoch erkennbar ist, dass das Hauptverfahren nicht eröffnet oder die Hauptverhandlung nicht durchgeführt werden kann, z.B. weil dem – nach seiner Vernehmung 2

§ 155a StPO   Täter-Opfer-Ausgleich

im Ermittlungsverfahren unbekannt verzogen – Beschuldigten die Anklageschrift nicht zugestellt werden kann oder der Beschuldigte aufgrund einer Erkrankung nicht in der Lage ist, an einer Hauptverhandlung teilzunehmen. Vor einer vorläufigen Einstellung muss die StA alle eine Aufklärung des Sachverhalts versprechenden Ermittlungen durchführen und die benötigten Beweismittel so weit wie nötig sichern.

3   **C. Verfahren und Entscheidung.** Der StA steht ein Ermessen zu, ob sie von der Möglichkeit der vorläufigen Einstellung Gebrauch macht. Sind die Ermittlungen abgeschlossen, kann sie stattdessen die öffentliche Klage erheben. Dies kann bei drohender Verjährung angezeigt sein, weil nach § 78c Abs. 1 Satz 1 Nr. 10 StGB nur der gerichtliche Beschluss nach § 205 verjährungsunterbrechende Wirkung hat.

§ 155 StPO Umfang der gerichtlichen Untersuchung und Entscheidung.

(1) Die Untersuchung und Entscheidung erstreckt sich nur auf die in der Klage bezeichnete Tat und auf die durch die Klage beschuldigten Personen.
(2) Innerhalb dieser Grenzen sind die Gerichte zu einer selbständigen Tätigkeit berechtigt und verpflichtet; insbesondere sind sie bei Anwendung des Strafgesetzes an die gestellten Anträge nicht gebunden.

1   **A. Allgemeines.** Die Vorschrift sieht für das Gericht im Anschluss an § 151 die Anwendung des Anklage- und des Untersuchungsprinzips vor.

2   **B. Anklageprinzip (Abs. 1)** Das Gericht darf nach Abs. 1 nur die angeklagten Taten der in der Klage beschuldigten Personen aburteilen. Es darf insb. die Verhandlung nicht auf in der Hauptverhandlung neu bekannt gewordene Taten und weitere Tatbeteiligte erstrecken, wenn nicht die StA Nachtragsanklage erhebt. Der Tatbegriff des § 155 ist mit dem des § 264 identisch (s. dort; KK-StPO/*Schoreit* § 155 Rn. 3). Es ist zulässig, dass die StA Anklage gegen eine Person erhebt, deren Identität nicht oder nicht sicher feststeht, wenn gewährleistet ist, dass nur gegen die Person die Hauptverhandlung durchgeführt wird, die der Tat hinreichend verdächtig ist. Die Anklage kann sich dann gegen »N.N., festgenommen am, alias-Personalien ...« richten.

3   **C. Untersuchungsprinzip (Abs. 2)** In dem durch Abs. 1 vorgegebenen Rahmen ist das Gericht jedoch weder in rechtlicher noch tatsächlicher Sicht an Anträge gebunden, selbst wenn alle Verfahrensbeteiligten übereinstimmende Anträge stellen. Insb. kann die Strafe nach Art und Höhe schwerer ausfallen, als von der StA beantragt, wenn nicht das Verbot der reformatio in peius eingreift (§§ 331 Abs. 1 und 358 Abs. 2 Satz 1). Das Gericht kann und muss den Sachverhalt soweit klären, wie es zur Urteilsfindung notwendig erscheint. Eingeschränkt wird die Entscheidungsbefugnis im Fall der §§ 154a Abs. 1 Satz 2 und 154b Abs. 4 Satz 1, da hier die StA das Gericht zwingen kann, die Strafverfolgung zu beschränken oder von ihr ganz abzusehen.

4   **D. Anfechtung, Revision.** Wenn das Gericht eine Tat aburteilt, die von der Anklage nicht umfasst war, ist in jeder Lage und von Amts wegen das Verfahren außerhalb der Verhandlung durch Beschluss (§ 206a) bzw. in der Hauptverhandlung durch Urteil (§ 260 Abs. 3) einzustellen, da es an der Verfahrensvoraussetzung der Klageerhebung fehlt (BGH NStZ-RR 2009, 146). Erscheint für den Angeklagten eine andere Person und das Gericht bemerkt dies nicht, ist ein gleichwohl verhängtes Urteil nichtig (LR/*Beulke* § 155 Rn. 10, a. A. *Gössel* § 33 E Ib 2).

§ 155a StPO   Täter-Opfer-Ausgleich.

¹Die Staatsanwaltschaft und das Gericht sollen in jedem Stadium des Verfahrens die Möglichkeiten prüfen, einen Ausgleich zwischen Beschuldigtem und Verletztem zu erreichen. ²In geeigneten Fällen sollen sie darauf hinwirken. ³Gegen den ausdrücklichen Willen des Verletzten darf die Eignung nicht angenommen werden.

A. Allgemeines. Der **Gesetzgeber** verfolgt mit der Übernahme des im Jugendstrafrecht erfolg- 1
reich angewandten Täter-Opfer-Ausgleichs (§§ 10 Abs. 1 Satz 3 Nr. 7, 45 Abs. 2 Satz 2 JGG) in das
allgemeine Strafrecht die Absicht, auch im Erwachsenenstrafrecht die Belange des Opfers von Straftaten stärker in den Mittelpunkt des Interesses zu rücken. Gleichzeitig kann der Täter auf diesem Wege
besser als mit bloßer Bestrafung zur Einsicht in die Verwerflichkeit seines Tuns und zur Übernahme von
Verantwortung für die Folgen seiner Straftat veranlasst werden (BT-Drucks. 12/6853, S. 21). § 46a
StGB will einen Anreiz für Ausgleichsbemühungen seitens des Täters schaffen, dem Opfer durch
sein persönliches Einstehen für die Folgen der Tat, durch immaterielle Leistungen oder auch durch
materielle Schadensersatzleistungen Genugtuung zu verschaffen. Allerdings will die Norm mit den
Anforderungen an einen friedensstiftenden Ausgleich auch in dem aus generalpräventiver Sicht erforderlichen Umfang sicherstellen, dass nicht jede Form des Schadensausgleichs ausnahmslos und ohne
Rücksicht auf den Einzelfall dem Täter zugutekommt (BT-Drucks. 12/6853, S. 21). § 155a statuiert
als Sollvorschrift eine Pflicht von StA und Gericht, hierauf in geeigneten Fällen hinzuwirken. Der TOA
soll nach dem Willen des Gesetzgebers in größerem Umfang als vor Einführung der Vorschrift 1999
auch im Erwachsenenstrafrecht Anwendung finden (BT-Drucks. 14/1928, S. 8).

Der TOA kann auf verschieden Weise im Ermittlungs- oder Strafverfahren **berücksichtigt** werden: 2
– StA und Gericht (Letzteres jeweils i.V.m. Abs. 2) können das Verfahren einstellen nach § 153a Abs. 1
  Satz 2 Nr. 5, ebenso nach § 153b, § 46a StGB. Ein Vorrang letzterer Einstellungsmöglichkeit besteht
  nicht (SK-StPO/*Weßlau* § 153a Rn. 39; a. A. *Meyer-Goßner/Schmitt* § 153b Rn. 2; LR/*Beulke*
  § 153b Rn. 8). Sie bietet sich an, wenn der Täter selbst den Ausgleich herbeigeführt hat.
– Allein das Gericht kann im Hauptverfahren nach Durchführung eines TOA die Strafe mildern oder,
  wenn keine Geldstrafe von mehr als 360 Tagessätzen oder Freiheitsstrafe von über einem Jahr verwirkt ist, von einer Strafe ganz absehen, § 46a StGB.

B. Prüfung der Eignung zum TOA (Satz 1) Die **Eignung** eines Verfahrens für den Täter- 3
Opfer-Ausgleich und das Maß des zu verlangenden **kommunikativen Prozesses** sind abhängig von dem
zugrunde liegenden Delikt, vom Umfang der beim Tatopfer eingetretenen Schädigungen und damit
von dem Grad der persönlichen Betroffenheit des Opfers (BGHSt 48, 134). I.d.R. wird ein Geständnis
vom Täter zu fordern sein, das erkennen lässt, dass der Täter Verantwortung für sein Tun übernimmt.
Ein Freikauf von der Verantwortung soll vermieden werden (BGHSt 48, 134). Der Beschuldigte soll
sich ernsthaft bemühen, einen Ausgleich mit dem Verletzten zu erreichen. Dies setzt grds. ein Bemühen
des Täters um einen kommunikativen Prozess zwischen Täter und Opfer voraus, der auf einen umfassenden, friedensstiftenden Ausgleich der durch die Straftat verursachten Folgen angelegt sein muss. Das
einseitige Wiedergutmachungsbestreben ohne den Versuch der Einbeziehung des Opfers genügt dazu
nicht (BGH NStZ 1995, 492; StV 2002, 654) Ungeeignet erscheint der TOA für psychisch kranke
Täter, Serientäter mit eine Vielzahl von Opfern und solche, die die Tat bestreiten, (KK-StPO/*Schoreit*
§ 155a Rn. 14), nicht schon wenn der Beschuldigte sich noch nicht geäußert hat (BGH StV 2003, 272).
Auf die Möglichkeit des TOA ist der Beschuldigte schon bei der ersten Vernehmung gem. § 136 Abs. 1
Satz 4 in geeigneten Fällen hinzuweisen. Die Erteilung dieses Hinweises ist aber keine ausreichende Prüfung i.S.d. Abs. 1 Satz 1. Vielmehr haben das Gericht und die StA in allen Verfahrensstadien die Pflicht,
die Möglichkeit eines Ausgleichs zwischen dem Beschuldigten und dem Verletzten zu prüfen. Für die
StA wird man aber die Einschränkung machen müssen, dass die Ermittlungen von Polizei und StA
schon einen hinreichenden Tatverdacht ergeben haben müssen. Bei Privatklagedelikten sollte die StA
vorab prüfen, ob sie beim Scheitern des TOA auch das öffentliche Interesse des § 376 bejahen würde.
Das Gericht kann bis zum Schluss der mündlichen Verhandlung auf einen solchen TOA hinwirken. Es
wird dies aber in der mündlichen Verhandlung nur tun, wenn mit einer alsbaldigen Erledigung zu rechnen ist. Eine Unterbrechung der Hauptverhandlung zur Anbahnung oder Durchführung des TOA ist
denkbar, der Angeklagte hat jedoch keinen Anspruch hierauf oder gar auf eine Aussetzung (BGH StV
2003, 272). Der TOA soll dem Angeklagten keine Möglichkeit zur Verzögerung des Verfahrens geben
(LR/*Beulke* § 155a Rn. 16).

C. Hinwirken auf TOA (Satz 2) Ergibt die Prüfung nach Satz 1, dass ein TOA in Betracht 4
kommt, kann die StA darauf hinwirken, d.h. sie kann gem. § 155b die Akten oder notwendigen Unterlagen einer Stelle zur Durchführung des Ausgleichs übermitteln. Eine Vermittlung durch die StA oder

§ 155b StPO   Durchführung des Täter-Opfer-Ausgleichs

das Gericht selbst ist nicht ausgeschlossen (*Meyer-Goßner/Schmitt* § 155a Rn. 3; LR/*Beulke* § 155a Rn. 4: nur in Ausnahmefällen), bindet aber erhebliche personelle Ressourcen.

5 D. Entgegenstehender Wille des Verletzten (Satz 3) Ausgeschlossen ist der TOA gegen den ausdrücklichen Willen des Verletzten, S. 3. Er darf ihm nicht aufgedrängt werden. Es ist zulässig, dass die Stelle zunächst den Auftrag erhält, die Eignung der Sache zum TOA mit den Beteiligten getrennt zu erörtern. Da das Gesetz nicht regelt, wie die Prüfung der Eignung erfolgen muss, können dazu auch Dritte eingeschaltet werden (KMR/*Plöd* § 155a Rn. 4). Damit ist aber noch kein TOA eingeleitet.

6 E. Weiteres Vorgehen der StA. Im Ermittlungsverfahren sieht die StA von der Anklageerhebung vorläufig ab und erteilt dem Beschuldigten zugleich die Weisung, sich ernsthaft zu bemühen einen Ausgleich mit dem Verletzten zu erreichen, § 153a Abs. 1 Satz 2 Nr. 5 und stellt nach erfolgreichem TOA das Verfahren endgültig ein, Abs. 1 Satz 5. Von einem Erfolg kann ausgegangen werden, wenn der Vermittler einen solchen bescheinigt (§ 155b Abs. 2 Satz 3). Die StA kann aber auch nach § 46a StGB und § 153b Abs. 1 das Verfahren einstellen (*Meyer-Goßner/Schmitt* § 155a Rn. 4). Die Tat kann danach jeweils nicht mehr als Vergehen verfolgt werden (§ 153a Abs. 1 Satz 5; *Meyer-Goßner/Schmitt* § 153b Rn. 3). Anderenfalls erhebt die StA Anklage. Der erfolgreiche TOA ist dann bei der Strafzumessung gem. § 46a StGB zu berücksichtigen.

7 Ist der TOA gescheitert, kann die StA nach § 153a Abs. 1 Satz 2 Nr. 5 und Abs. 1 Satz 5 das Verfahren endgültig einstellen, wenn das Bemühen des Beschuldigten als ausreichend anzusehen ist (*Meyer-Goßner/Schmitt* § 153a Rn. 22a). Wegen § 155a Satz 3 darf die Ablehnung des TOA durch den Verletzten nicht dazu führen, dass das Verfahren endgültig nach § 153a Abs. 1 Satz 5 eingestellt wird oder gar nach § 153 Abs. 1. Nur nach begonnenem TOA kann das ernsthafte Bemühen des Beschuldigten als ausreichend angesehen werden.

§ 155b StPO Durchführung des Täter-Opfer-Ausgleichs. (1) ¹Die Staatsanwaltschaft und das Gericht können zum Zweck des Täter-Opfer-Ausgleichs oder der Schadenswiedergutmachung einer von ihnen mit der Durchführung beauftragten Stelle von Amts wegen oder auf deren Antrag die hierfür erforderlichen personenbezogenen Daten übermitteln. ²Die Akten können der beauftragten Stelle zur Einsichtnahme auch übersandt werden, soweit die Erteilung von Auskünften einen unverhältnismäßigen Aufwand erfordern würde. ³Eine nicht-öffentliche Stelle ist darauf hinzuweisen, dass sie die übermittelten Daten nur für Zwecke des Täter-Opfer-Ausgleichs oder der Schadenswiedergutmachung verwenden darf.
(2) ¹Die beauftragte Stelle darf die nach Absatz 1 übermittelten personenbezogenen Daten nur verarbeiten und nutzen, soweit dies für die Durchführung des Täter-Opfer-Ausgleichs oder der Schadenswiedergutmachung erforderlich ist und schutzwürdige Interessen des Betroffenen nicht entgegenstehen. ²Sie darf personenbezogene Daten nur erheben sowie die erhobenen Informationen verarbeiten und nutzen, soweit der Betroffene eingewilligt hat und dies für die Durchführung des Täter-Opfer-Ausgleichs oder der Schadenswiedergutmachung erforderlich ist. ³Nach Abschluss ihrer Tätigkeit berichtet sie in dem erforderlichen Umfang der Staatsanwaltschaft oder dem Gericht.
(3) Ist die beauftragte Stelle eine nicht-öffentliche Stelle, finden die Vorschriften des Dritten Abschnitts des Bundesdatenschutzgesetzes auch Anwendung, wenn die Daten nicht in oder aus Dateien verarbeitet werden.
(4) ¹Die Unterlagen mit den in Absatz 2 Satz 1 und 2 bezeichneten personenbezogenen Daten sind von der beauftragten Stelle nach Ablauf eines Jahres seit Abschluss des Strafverfahrens zu vernichten. ²Die Staatsanwaltschaft oder das Gericht teilt der beauftragten Stelle unverzüglich von Amts wegen den Zeitpunkt des Verfahrensabschlusses mit.

1 A. Allgemeines. Die Vorschrift bildet den datenschutzrechtlichen Rahmen des TOA und regelt die Voraussetzungen des Datenaustausches zwischen StA bzw. Gericht und der Ausgleichsstelle.

B. Informationsvermittlung (Abs. 1) Neben der Durchführung des TOA (§ 155a) in Form eines **kommunikativen Prozesses** kann auch die Schadenswiedergutmachung Rechtfertigung für die Übermittlung von Informationen sein. Grds. sollen nach Satz 1 nur die für diese Zwecke benötigten Informationen übermittelt werden. Für die Durchführung der Schadenswiedergutmachung dürfte daher ein Schreiben mit den dafür notwendigen Informationen ausreichen. Beim TOA soll nach Satz 2 ebenfalls die Übersendung der Akten an die Ausgleichsstelle die Ausnahme sein. Jedoch finden sich häufig Zeugenaussagen, Einlassungen des Beschuldigten und andere Beweisergebnisse in den Akten, die der Vermittler kennen muss, um die Einlassungen der Beteiligten kritisch würdigen zu können. In diesem Fall werden die vollständigen Akten übermittelt. Auch können bei langjährigen Auseinandersetzungen zwischen den Beteiligten Akten über frühere Ermittlungsverfahren in diesen Zusammenhang übermittelt werden. Die Bildung von Hilfsakten oder gar die Fertigung eines Berichtes für die Ausgleichsstelle wären unverhältnismäßig (*Busch* NJW 2002, 1326). In der Praxis dürfte deshalb wohl die Übersendung der Akten die Regel sein. An öffentliche Stellen können die Akten immer übersandt werden (*Busch* JR 03, 94; *Meyer-Goßner/Schmitt* § 155b Rn. 3). Geht die Initiative zum TOA nicht von StA oder Gericht aus, kann die z.B. von dem Beschuldigten oder dem Verletzten beauftragte Stelle auch die Übermittlung der Informationen oder Akten beantragen, um das Verfahren durchzuführen (BT-Drucks. 14/1928, 8; *Pfeiffer* § 155b Rn. 1; *Meyer-Goßner/Schmitt* § 155b Rn. 3; a. A. KK-StPO/*Schoreit* § 155b Rn. 2, HK-StPO/*Krehl* § 155b Rn. 1). Hier muss aber vor der Übermittlung das Einverständnis aller Beteiligten vorliegen (so auch HK-StPO/*Krehl* § 155b Rn. 1).

C. Datenverarbeitung und Bericht (Abs. 2) Die übermittelnde Behörde hat die nichtöffentliche Stelle über die Zweckbindung zu informieren, S. 1. Diese darf die übermittelten Daten nur für die vorgesehen Zwecke verwenden. Nach Satz 2 gilt die Zweckbindung auch für die erst im Ausgleichs- oder Schadenswiedergutmachungsverfahren erhobenen personenbezogenen Daten. Für die Erhebung, Verarbeitung und Nutzung der Daten ist die Einwilligung aller Beteiligten erforderlich. Diese sind also ausdrücklich zu befragen, eine schriftliche Einwilligung ist jedoch nicht erforderlich, sie kann mündlich erklärt werden und in den nach Satz 3 erforderlichen Schlussbericht aufgenommen werden (a. A. *Busch* NJW 2002, 1326, 1327, der § 4a Abs. 1 Satz 3 BDSG anwenden will). Dieser Bericht ermöglicht StA und Gericht den ordnungsgemäßen Verlauf und den Erfolg des TOA einzuschätzen. Er darf sich nicht auf floskelhafte Wendungen beschränken (»TOA wurde erfolgreich durchgeführt«). Nur so ist gewährleistet, dass die Voraussetzungen des § 153a Abs. 1 Satz 2 Nr. 5 und des § 46a StGB nachvollziehbar geprüft werden können. Letztendlich hat nicht die Ausgleichsstelle über den Erfolg des TOA zu entscheiden. Sie kann nur die Grundlage für diese Entscheidung schaffen (ebenso HK-StPO/*Gercke* § 155b Rn. 2, KMR/*Plöd* § 155b Rn. 4). Wenn die Betroffenen die Einwilligung zur Datenübermittlung beschränken, begrenzt dies die Berichtspflicht (*Meyer-Goßner/Schmitt* § 155b Rn. 4, zweifelhaft). In diesem Fall kann die StA die erfolgreiche Durchführung eines TOA verneinen, wenn sie dessen Voraussetzung aufgrund der mitgeteilten Tatsachen nicht prüfen kann. Das Gericht muss sogar bei unzureichender Information die Anwendung des § 46a StGB ablehnen, wenn es die wesentlichen Einzelheiten über den erfolgreichen Ausgleich nicht im Urteil darlegen kann (BGH StV 2003, 272). Ebenso soll der staatlich beauftragte Vermittler den Beschuldigten nach § 136 Abs. 1 Satz 2 belehren müssen (*Meyer-Goßner/Schmitt* § 155b Rn. 4).

D. Datenschutz (Abs. 3) Für nicht öffentlich beauftragte Stellen würden die Vorschriften des dritten Abschnitts des BDSG (§§ 27 ff.) nicht gelten, wenn sie die Informationen nicht in elektronischen Dateien verwenden, sondern nur in Akten. Der Gesetzgeber will aber auch in diesen Fällen den Schutz des BDSG verwirklichen, um die besonders sensiblen Daten zu schützen. Die Stelle darf aber wegen Abs. 2 nicht gem. § 28 BDSG die Daten für eigene Zwecke verwenden (KK-StPO/*Schoreit* Rn. 4). Sie unterliegt daher der Aufsicht der zuständigen Datenschutzbehörde, § 38 BDSG.

E. Vernichtung (Abs. 4) Satz 1 schreibt die Vernichtung (und damit auch die Löschung) erhobener Daten nach Ablauf eines Jahres seit Abschluss des Verfahrens vor. Deshalb ist dieser Zeitpunkt von StA oder Gericht der Stelle unverzüglich mitzuteilen.

§ 156 StPO Anklagerücknahme.

§ 156 StPO Anklagerücknahme. Die öffentliche Klage kann nach Eröffnung des Hauptverfahrens nicht zurückgenommen werden.

1 **A. Allgemeines.** Die Vorschrift ist Ausfluss des **Legalitätsprinzips**. Die StA kann die Klage nicht mehr zurücknehmen, wenn das Gericht die Entscheidungshoheit übernommen hat.

2 **B. Einzelfälle.** Im Fall der Anklageerhebung durch **Anklageschrift** kann die Klage nicht mehr zurückgenommen werden, wenn der Eröffnungsbeschluss unterschrieben und auf der Geschäftsstelle eingegangen ist. Gleiches gilt, wenn der Eröffnungsbeschluss in der Hauptverhandlung verkündet wird (Fall der Nachtragsanklage oder versehentliches Unterlassen des Beschlusses). Wird die Eröffnung des Hauptverfahrens abgelehnt, kann die Klage nach Eingang des Beschlusses auf der Geschäftsstelle nicht mehr zurückgenommen werden.

3 Im **Strafbefehlsverfahren** kann der Strafbefehl bis zum Ablauf des letzten Tages der Einspruchsfrist zurückgenommen werden, nicht nur nach zulässigem Einspruch (OLG Karlsruhe NStZ 1991, 602, a. A. *Meyer-Goßner/Schmitt* § 411 Rn. 8; KMR/*Plöd* § 156 Rn. 3). Nach zulässigem Einspruch kann der Strafbefehl bis zum Beginn der Hauptverhandlung ohne, danach bis zur Urteilsverkündung mit Zustimmung des Angeklagten zurückgenommen werden. Bei Teilrechtskraft (auf die Rechtsfolgen beschränkter Einspruch) ist dies nicht mehr möglich. In der nach § 408 Abs. 3 Satz 2 bestimmten Hauptverhandlung kann der Strafbefehl noch bis zum Beginn der Hauptverhandlung zurückgenommen werden. Wenn das Revisionsgericht die Sache voll umfänglich zurückverweist, lebt die Rücknahmemöglichkeit wieder auf (*Meyer-Goßner/Schmitt* § 411 Rn. 8)

4 Im **beschleunigten Verfahren** ist die Rücknahme der Klage bis zur Urteilsverkündung möglich, da es keine Entscheidung des Gerichts über die Eröffnung gibt (§ 418 Abs. 1 Satz 1) und eine gesetzliche Regelung fehlt (BGHSt 15, 314, 316; BayObLGSt 97, 172; KK-StPO/*Schoreit* § 156 Rn. 5; a. A. *Meyer-Goßner/Schmitt* § 417 Rn. 13; KMR/*Plöd* § 156 Rn. 5: nur bis zum Beginn der Vernehmung des Angeklagten zur Sache)

5 Im **Sicherungsverfahren** steht nach § 414 Abs. 1 Satz 1 der Antrag der öffentlichen Klage gleich. Es ist daher bis zur Eröffnung des Hauptverfahrens die Rücknahme des Antrags möglich.

6 **C. Entscheidung der StA.** Bis zur Eröffnung des Hauptverfahrens ist die StA in ihrer Erschließung, die Anklage zurückzunehmen, frei. Sie kann von dieser Möglichkeit auch Gebrauch machen, um vor einem anderen zuständigen Gericht oder vor demselben Gericht, aber dem nach der Geschäftsverteilung zuständigen Spruchkörper, anzuklagen (BGH StV 1984, 7). Die Rücknahme der Anklage und die Wiederholung der Klageerbung bei einem anderen Gericht kann einen Verstoß gegen das Verbot, den Angeklagten seinem gesetzlichen Richter zu entziehen, bedeuten, wenn dies geschieht, um eine im Zwischenverfahren zu Tage getretene Auffassung des ursprünglichen Richters zu umgehen, die den Erfolg der Anklage gefährden könnte (BGHSt 14, 11, 17).

7 Die StA kann die Klage aus verschiedenen **Gründen** zurücknehmen. Zum einen kann sich ergeben, dass die erhobene Klage wesentliche Mängel aufweist, die nur durch Einreichung einer neuen Klage behoben werden können. Zum anderen kann sich durch Ermittlungen im Zwischenverfahren die Unbegründetheit nachträglich ergeben. Die StA ist aber nicht verpflichtet die Klage zurückzunehmen, sondern kann eine ablehnende Entscheidung des Gerichtes hinnehmen. Dies kann sich bisweilen empfehlen, um nicht nach Klagerücknahme und Einstellung nach § 170 Abs. 2 die Möglichkeit des Klageerzwingungsverfahrens zu eröffnen. Zulässig ist nach Klagerücknahme jede von der StPO vorgesehene Sachbehandlung, insb. nach §§ 153 ff (*Meyer-Goßner/Schmitt* § 156 Rn. 5). Eine Aufsichtsbeschwerde mit dem Ziel, die StA zur Rücknahme der Klage zu zwingen, ist zwar grds. möglich, sollte jedoch nur im Fall einer unvertretbaren Sachbehandlung Erfolg haben. Vorrangig hat das Gericht über die Zulassung der Klage zu entscheiden.

§ 157 StPO Bezeichnung als Angeschuldigter oder Angeklagter.
Im Sinne dieses Gesetzes ist Angeschuldigter der Beschuldigte, gegen den die öffentliche Klage erhoben ist, Angeklagter der Beschuldigte oder Angeschuldigte, gegen den die Eröffnung des Hauptverfahrens beschlossen ist.

Beschuldigter ist der Oberbegriff, der gesetzlich nicht definiert ist. Der Beschuldigte wird zum Angeschuldigten, wenn die Anklageschrift oder der Strafbefehlsantrag bei Gericht eingehen. Der Eröffnung steht der Erlass des Strafbefehls gleich. Im selbstständigen Sicherungsverfahren nach §§ 413 ff. bleibt es bei der Bezeichnung Beschuldigter. 1

Zweiter Abschnitt. Vorbereitung der öffentliche Klage

§ 158 StPO Strafanzeige; Strafantrag.
(1) ¹Die Anzeige einer Straftat und der Strafantrag können bei der Staatsanwaltschaft, den Behörden und Beamten des Polizeidienstes und den Amtsgerichten mündlich oder schriftlich angebracht werden. ²Die mündliche Anzeige ist zu beurkunden.

(2) Bei Straftaten, deren Verfolgung nur auf Antrag eintritt, muss der Antrag bei einem Gericht oder der Staatsanwaltschaft schriftlich oder zu Protokoll, bei einer anderen Behörde schriftlich angebracht werden.

(3) ¹Zeigt ein im Inland wohnhafter Verletzter eine in einem anderen Mitgliedstaat der Europäischen Union begangene Straftat an, so übermittelt die Staatsanwaltschaft die Anzeige auf Antrag des Verletzten an die zuständige Strafverfolgungsbehörde des anderen Mitgliedstaats, wenn für die Tat das deutsche Strafrecht nicht gilt oder von der Verfolgung der Tat nach § 153c Absatz 1 Satz 1 Nummer 1, auch in Verbindung mit § 153f, abgesehen wird. ²Von der Übermittlung kann abgesehen werden, wenn

1. die Tat und die für ihre Verfolgung wesentlichen Umstände der zuständigen ausländischen Behörde bereits bekannt sind oder
2. der Unrechtsgehalt der Tat gering ist und der verletzten Person die Anzeige im Ausland möglich gewesen wäre.

Übersicht		Rdn.			Rdn.
A.	Allgemeines	1	III.	Antragstellung zu Protokoll	20
B.	Form und Adressaten einer Strafanzeige	2	IV.	Adressaten des Strafantrags	21
I.	Strafanzeige	2	D.	**Strafanzeige bei Auslandstaten (Abs. 3)**	25
II.	Form	5	I.	Allgemeines	25
III.	Behandlung der Anzeige	6	II.	Voraussetzungen der Übermittlungspflicht	
IV.	Adressaten	11		(Satz 1)	26
V.	Anzeigepflicht	12	III.	Ausnahmen (Satz 2)	30
C.	Form des Strafantrages als Prozessvoraussetzung (Abs. 2)	13		1. Kenntnis der ausländischen Behörden	30
I.	Inhalt	13	IV.	Übermittlung ohne Antrag	32
II.	Schriftform	16	E.	**Reformabsicht**	37

S.a. RiStBV Nr. 6, 8 f.

A. Allgemeines. Abs. 1 beschreibt, in welcher Form und wo Sachverhalte mit dem Ziel der Überprüfung auf strafbare Handlungen bei **Offizialdelikten** mitgeteilt werden können. Abs. 2 regelt dies bei **Antragsdelikten**. Er gilt nicht für Strafverlangen und Ermächtigung (HK-StPO/*Zöller* § 158 Rn. 1; KK-StPO/*Griesbaum* § 158 Rn. 32). Der neu eingefügte § 158 Abs. 3 dient der Umsetzung des Art. 11 Abs. 2 des Rahmenbeschlusses des Rates der EU v. 15.03.2001 über die Stellung des Opfers im Strafverfahren, 2001/220/JI (BT-Drucks. 16/12098, S. 22). Er bestimmt, unter welchen Voraussetzungen 1

§ 158 StPO   Strafanzeige; Strafantrag

Opfer einer in einem Mitgliedstaat begangenen Straftat bei Behörden ihres Wohnsitzstaates Anzeige erstatten können und wie die Ermittlungsbehörden weiter zu verfahren haben.

2   **B. Form und Adressaten einer Strafanzeige. I. Strafanzeige.** Die Anzeige einer Straftat ist die Mitteilung eines Tatverdachtes mit der Anregung zu prüfen, ob ein Ermittlungsverfahren einzuleiten ist (KK-StPO/*Griesbaum* § 158 Rn. 2; BayObLG St 85, 71, *Pfeiffer* § 158 Rn. 2). Nur wenn darüber hinaus auch der Wille zum Ausdruck kommt, dass eine Strafverfolgung stattfinden soll, handelt es sich um einen Strafantrag i.S.d. § 171 Satz 1, der zu verbescheiden ist.

3   Jedermann hat das Recht zur Anzeige einer Straftat, auch wenn er selbst nicht Verletzter oder sonst von ihr betroffen ist. Eine Prozessfähigkeit ist nicht Voraussetzung; es sind daher auch Anzeigen von Geistesgestörten, Suchtkranken und Querulanten zu prüfen, ebenso anonyme Anzeigen.

4   Die Polizeibehörden können auch dem Anzeigeerstatter **Vertraulichkeit** zusichern. Es darf ihnen nicht vorgeschrieben werden, Anzeigen nur unter der Bedingung anzunehmen, dass der Name des Anzeigeerstatters in den Akten erscheint (BGH, MDR [D] 1952, 659; *Meyer-Goßner/Schmitt* § 158 Rn. 16). Das hat aber nur zur Folge, dass sie seine Person geheim halten dürfen und die Aussagegenehmigung der Polizeibeamten nach § 54 insoweit beschränkt wird. In einer späteren Hauptverhandlung könnte der Angeklagte diese Person als Zeugen benennen, die auf gezielte Fragen die Anzeige einräumen muss. Die Zusage der Vertraulichkeit kann nur erfolgen, wenn abzusehen ist, dass der Anzeigende nicht als Beweismittel benötigt wird (KK-StPO/*Griesbaum* § 158 Rn. 19). Die Zusage darf nur in Absprache mit der StA als Herrin des Ermittlungsverfahrens gegeben werden (KMR/*Plöd* § 158 Rn. 10; *Meyer-Goßner/Schmitt* § 158 Rn. 17). Sie steht unter der Bedingung, dass der Anzeigende zutreffende Angaben macht (vgl. Anlage D zur RiStBV für V-Personen). Wer wissentlich oder leichtfertig falsche Informationen gibt, kann sich nicht auf die Vertraulichkeit berufen (Nr. 4a der Anlage D). Wenn die Polizeibehörden eigenmächtig Vertraulichkeit zusichern, ist die StA daran nicht gebunden. Die Polizei muss der StA auf Anfrage Auskunft über die Person erteilen.

5   **II. Form.** Die Anzeige kann in jeder Form, schriftlich, mündlich, auch telefonisch oder per Telefax erstattet werden, ebenso per E-Mail. Vertretung ist möglich, im Fall des Antrags nach § 171 ist ein Nachweis der Vollmacht notwendig (KMR/*Plöd* § 158 Rn. 9). Die mündliche Anzeige gem. Abs. 1 Satz 2 ist zu beurkunden und möglichst vom Anzeigerstatter zu unterzeichnen. Auch ohne Verschriftung besteht die Pflicht zur ihrer Prüfung (KK-StPO/*Griesbaum* § 158 Rn. 17).

6   **III. Behandlung der Anzeige.** Die StA muss den Eingang der Anzeige bestätigen, wenn nicht alsbaldige Einstellung erfolgt (Nr. 9 RiStBV). StA und Polizei haben die Anzeige zu prüfen, ob sie gem. § 152 Abs. 2 Anhaltspunkte für verfolgbare Straftaten beinhaltet. Wird gegen eine bestimmte natürliche Person Strafantrag gestellt, ist diese in das Js-Register der StA einzutragen, wenn nicht erkennbar keine strafbare Handlung vorliegt. Die Person ist nicht erst dann einzutragen, wenn ein Anfangsverdacht besteht (a. A. KK-StPO*Griesbaum* § 158 Rn. 1, vgl. z.B. Art. 47 Abs. 1 Satz 1 Buchst. a) und b BayAktO und NdsAktO). Das bedeutet aber noch nicht, dass damit auch schon ein Ermittlungsverfahren gegen die angezeigte Person eingeleitet wird. Der Anzeigende hat es nicht in der Hand, der angezeigten Person den Status eines Beschuldigten zu verschaffen. Zum Beschuldigten wird diese erst, wenn die StA oder Polizei gegen sie mit dem Ziel der Strafverfolgung vorgehen (BGHSt 51, 367, 376). Die Strafverfolgungsbehörde darf jedoch diese Entscheidung nicht missbräuchlich hinauszögern, um Beschuldigte ohne Belehrung nach § 136 als Zeugen vernehmen zu können (BGHSt 51, 367; s. a. § 163a Rn. 3).

7   Anzeigen von erkennbar **Geistesgestörten und Geschäftsunfähigen** sind mit der gebotenen Vorsicht darauf zu prüfen, ob sie Anhaltspunkte für verfolgbare Straftaten bieten. **Querulatorische** Anzeigen in beleidigender Form können nach summarischer Prüfung durch die StA ohne Erteilung eines Bescheides abgelegt werden (vgl. § 171 Rdn. 8 f.; KMR/*Plöd* § 158 Rn. 8). Gleiches gilt, wenn die Anzeige nur bereits bekannte Sachverhalte wiederholt.

8   Bei **anonymen Anzeigen** kommt es darauf an, wie sachlich und tatsachengestützt die Mitteilung ist (RiStBV Nr. 8). Wenn der Informant dem Beschuldigten erkennbar nahe steht und sich durch Ermittlungen im Umfeld der Verdacht bestätigt, kann die anonyme Anzeige sogar Eingriffsmaßnahmen wie Durchsuchungen und verdeckte Ermittlungsmaßnahmen begründen. Auch **Behörden und juristische Personen** können durch ihre gesetzlichen Vertreter Strafanzeige erstatten.

Von der vertraulichen Anzeige ist die **Zusage der Vertraulichkeit** bei Zeugen und V-Personen zu unter- 9
scheiden (vgl. gemeinsame Richtlinien Anlage D zur RiStBV). Die Inanspruchnahme von Informanten
und der Einsatz von V-Personen sind nur nach Abwägung des Erfordernisses einer unmittelbaren Beweisaufnahme und einer vollständigen Sachverhaltserforschung einerseits und dem Interesse an der Zusicherung der Vertraulichkeit/Geheimhaltung zur Aufklärung von Straftaten andererseits zulässig. Der Grundsatz eines rechtsstaatlichen fairen Verfahrens ist zu beachten. Der Einsatz ist nur zulässig, wenn die Aufklärung sonst aussichtslos oder wesentlich erschwert wäre. Einem Informanten darf Vertraulichkeit nur zugesichert werden, wenn dieser bei Bekanntwerden seiner Zusammenarbeit mit den Strafverfolgungsbehörden erheblich gefährdet wäre oder unzumutbare Nachteile zu erwarten hätte (vgl. Nr. 3 der Richtlinien). Der Schutz des Informanten entfällt, wenn er wissentlich oder leichtfertig falsche Angaben gemacht hat, ebenso wenn sich seine strafbare Tatbeteiligung herausstellt (Nr. 4 der Richtlinien). Soweit die StA Vertraulichkeit zugesichert hat, sind sie und die Polizei zur Verschwiegenheit verpflichtet. Die oberste Aufsichtsbehörde im Sinne des § 62 BBG oder der entsprechenden landesrechtlichen Regelungen (i.d.R. der jeweilige Innenminister) kann deshalb auch die Aussagegenehmigung für die als Zeugen zu vernehmenden Polizeibeamten versagen oder einschränken. Gleiches gilt für den informierten Staatsanwalt. Die Unterlagen über die Zusage und die Aussage des Zeugen werden nicht Bestandteil der Ermittlungsakten, sondern werden zu den Generalakten der StA genommen (KMR/*Plöd* § 158 Rn. 11). Die Aussage eines Informanten/einer V-Person wird nur über die Aussage der Vernehmungsperson in die Hauptverhandlung eingeführt.

Die **Rücknahme** der Strafanzeige hat grds. auf die Strafverfolgung bei Offizialdelikten keine Auswir- 10
kung. Die StA muss das Verfahren zu Ende führen.

IV. Adressaten. Die Anzeige kann bei der StA, Behörden und Beamten des Polizeidienstes und den 11
AG angebracht werden. Zu den Behörden und Beamten des Polizeidienstes vgl. 163 Rdn. 4–7. Bei Taten, die ausschließlich Steuerstraftaten darstellen, sind auch die Finanzbehörden Adressaten, §§ 369 Abs. 1, 386 Abs. 1 und 2, 399 Abs. 1 AO.

V. Anzeigepflicht. Eine **Pflicht zur Anzeige** von Straftaten besteht nur im Fall der in § 138 StGB ge- 12
nannten Tatbestände. In diesem Fall sind auch Behörden zur Anzeigenerstattung verpflichtet. Ansonsten besteht keine allgemeine Pflicht von Amtsträgern, bekannt gewordene Straftaten anzuzeigen, wenn nicht besondere Vorschriften dies anordnen, wie § 163 Abs. 1, § 183 GVG, § 14 GwG § 41 OWiG, § 6 SubvG, § 67 Abs. 4 TKG und insb. § 116 AO. § 33 Abs. 3 WDO räumt Disziplinarvorgesetzten einen Ermessensspielraum ein, ob sie die Sache an die zuständige Strafverfolgungsbehörde abgeben, wenn dies entweder zur Aufrechterhaltung der militärischen Ordnung oder wegen der Art der Tat oder der Schwere des Unrechts oder der Schuld geboten ist. Auch Dienstvorschriften können eine Anzeigepflicht begründen (*Meyer-Goßner/Schmitt* § 158 Rn. 6). Zur Pflicht zum Tätigwerden bei außerdienstlicher erlangten Kenntnissen durch Strafverfolgungsbehörden vgl. § 160 Rdn. 6.

C. Form des Strafantrages als Prozessvoraussetzung (Abs. 2) I. Inhalt. Der Straf- 13
antrag ist die ausdrückliche oder durch Auslegung zu ermittelnde Erklärung des nach dem Gesetz zum Strafantrag Befugten, dass er die Strafverfolgung wünsche (BGH NJW 1951, 368; MDR 1974, 13; *Meyer-Goßner/Schmitt* § 158 Rn. 4). Er ist **Prozessvoraussetzung** (LR/*Erb* § 158 Rn. 23) deren Fehlen zu einem Bestrafungsverbot führt, wenn nicht das Gesetz der StA durch Bejahung eines besonderen öffentlichen Interesses eine Strafverfolgung ermöglicht (§§ 182 Abs. 5, 183 Abs. 2, 205 Abs. 1 Satz 2, 230, 235 Abs. 7, 238 Abs. 4, 248a, 301, 303c StGB). Aus §§ 127 Abs. 3, 130 ergibt sich aber, dass das Fehlen des Strafantrags die StA nicht hindert, vorläufige Ermittlungen zur Aufklärung des Sachverhaltes zu führen, wenn nicht schon alle Antragsberechtigten auf den Strafantrag verzichtet oder seine Rücknahme erklärt haben (s. § 127 Rdn. 46 f.).

Der Strafantrag setzt **Geschäftsfähigkeit** voraus, § 77 Abs. 3 StGB. Geschäftsunfähige oder beschränkt 14
Geschäftsfähige müssen durch den gesetzlichen Vertreter in den persönlichen Angelegenheiten bzw. den Personensorgeberechtigten vertreten werden.

Bei Gericht und StA kann der **Antrag zu Protokoll** gestellt werden, bei den Behörden des Polizeidienstes 15
nur in Schriftform. Damit sollen für alle Straftaten, deren Verfolgung nur auf Antrag eintritt, eindeutig strengere Formvorschriften aufgestellt werden als für Fälle des Abs. 1 (BayObLG NStZ 1994, 86).

§ 158 StPO Strafanzeige; Strafantrag

16 **II. Schriftform.** Schriftform bedeutet nach dem Sprachgebrauch **nicht notwendig handschriftliche** Unterzeichnung (BayObLG NStZ 1997, 453; KG NStZ 1990, 144; KK-StPO/*Griesbaum* § 158 Rn. 45: »in aller Regel«; a. A. KMR/*Plöd* § 158 Rn. 27; AK-StPO/*Schöch* § 158 Rn. 30; *Meyer-Goßner/Schmitt* § 158 Rn. 11), auch wenn die Unterzeichnung durch den Antragsteller generell anzustreben ist (OLG Hamm NStE Nr. 1 zu § 158 StPO). Die mechanische Erzeugung einer Unterschrift mittels eines Stempels ist ausreichend. Die Person des Antragstellers muss aber erkennbar sein (KG NStZ 1990, 144).

17 Bei **Aufnahme durch einen Polizeibeamten** gilt: Der ggü. der polizeilichen Verfolgungsbehörde unzweideutig erklärte Wille zu Strafverfolgung genügt den inhaltlichen Anforderungen an den Strafantrag. Die Unterzeichnung des im Zusammenhang mit einer solchen Anzeige erstellten Protokolls erfüllt auch die in § 158 Abs. 2 geforderte Form des Strafantrags (BGHR StPO, § 158 Abs. 2 Formerfordernis 1). Zulässig ist, dass der Antragsteller bei einer polizeilichen Vernehmung den Strafantrag auf einen Tonträger spricht und der Polizeibeamte später diesen Text schriftlich niederlegt (BayObLG NStZ 1997, 453 f.), oder wenn lediglich ein Stenogramm oder das handschriftliche Konzept unterschrieben wird (KK-StPO/*Griesbaum* § 158 Rn. 45). Nicht ausreichend ist die schriftliche Beurkundung eines bei der Polizei fernmündlich gestellten Antrags, da diese nicht Strafanträge zu Protokoll entgegen nehmen kann, oder dass sich der aufnehmende Polizeibeamte Notizen über Strafanzeige und -antrag macht und diese Angaben in Abwesenheit des Antragsberechtigten in einem nur von ihm bestätigten Protokoll ausformuliert (BayObLG NStZ 1994, 86). Die Strafantragstellung bei einer ausländischen Polizeibehörde genügt nur, wenn der dort gestellte Antrag innerhalb der Antragsfrist bei einer deutschen Behörde eingeht (BayObLGSt 1972, 78).

18 Auch die Unterschrift durch einen Dritten unter dem Namen des Berechtigten ist mit dessen Einverständnis zulässig. Selbst die nachträgliche Genehmigung genügt. Bei dem Antrag einer Behörde genügt es, wenn das Schreiben nicht die Unterschrift eines zeichnungsberechtigen Beamten enthält, sondern nur eine beglaubigte Abschrift übersandt wird (KMR/*Plöd* § 158 Rn. 26). In den übrigen Fällen muss der Strafantrag in Urschrift bei einer zur Entgegennahme des Antrags zuständigen Behörde eingehen (*Meyer-Goßner/Schmitt* § 158 Rn. 11)

19 Das Schriftstück kann persönlich, per Post, Boten, Telefax oder als eingescanntes Dokument im Anhang einer E-Mail **übermittelt** werden. In letzterem Fall muss aber innerhalb der Antragsfrist ein Ausdruck der PDF-Datei bei der Behörde erfolgen (BGH, Beschl. v. 15.07.2008 – X ZB 9/08 für ZPO-Berufung). Übertragung per Telegramm oder Fernschreiben reicht zwar aus (LR/*Erb* § 158 Rn. 31b), dürfte jedoch nur noch sehr selten vorkommen.

20 **III. Antragstellung zu Protokoll.** Antragstellung zu Protokoll ist nur bei Gericht oder StA möglich. Es kann vom Richter, dem StA oder einem Urkundsbeamten der Geschäftsstelle erstellt werden. Unterschrift ist ebenso wenig erforderlich wie Verlesung. Als Protokoll kann ein Aktenvermerk genügen, der Strafantrag kann aber auch in einem Sitzungs- oder Vernehmungsprotokoll enthalten sein (KK-StPO/*Griesbaum* § 158 Rn. 46). Es kann sogar ausreichen, dass das Gericht in seinem Urteil den in der Hauptverhandlung zuvor gestellten Antrag dokumentiert (BayObLG, NStZ 1995, 197; a. A. LR/*Erb* § 158 Rn. 33).

21 **IV. Adressaten des Strafantrags.** Strafantrag kann bei jeder **StA** unabhängig von ihrer Zuständigkeit gestellt werden. Sie hat ihn ggf. an die zuständige StA weiterzuleiten. Die Frist ist schon mit Eingang bei der Ersteren gewahrt (AK-StPO/*Schöch* § 158 Rn. 29; KMR/*Plöd* § 158 Rn. 25, SK-StPO/*Wohlers* § 158 Rn. 49).

22 **Gerichte** sind zur Entgegennahme des Antrags nur verpflichtet, wenn das Verfahren aktuell bei ihnen anhängig ist. Nur AG sind immer zur Entgegennahme verpflichtet (LR/*Erb* § 158 Rn. 27). Wenn das unzuständige Gericht den Antrag entgegennimmt, ist er erst wirksam gestellt, wenn er an die zuständige Stelle weitergeleitet wird (AK-StPO/*Schöch* § 158 Rn. 27; *Meyer-Goßner/Schmitt* § 158 Rn. 8; a. A. LR/*Erb* § 158 Rn. 27, KK-StPO/*Griesbaum* Rn. 39, *Eb. Schmidt* 12). Er muss dort innerhalb der Antragsfrist eingehen (*Meyer-Goßner/Schmitt* § 158 Rn. 8).

23 **Andere Behörden** i.S.d. Abs. 2 sind nur die des Polizeidienstes (RGSt 67, 125, 128; OLG Koblenz OLGSt S 1; *Meyer-Goßner/Schmitt* § 158 Rn. 7), weil hier an die Aufzählung des Abs. 1 angeknüpft wird. Ein Antrag, der einen einzelnen Beamten des Streifendienstes übergeben wird, soll erst wirksam werden, wenn er bei dieser Behörde als solche eingeht (RGSt 39, 358, 359, AK-StPO/*Schöch* § 158

Rn. 29, LR/*Erb* § 158 Rn. 29, KK-StPO/*Griesbaum* § 158 Rn. 41). Das ist abzulehnen, weil auch der Streifenbeamte Teil der Polizeibehörde und nicht lediglich Bote ist. Es kann keinen Unterschied machen, ob der Strafantrag bei der Vernehmung vor Ort oder im Behördengebäude gestellt wird. Nimmt eine andere Behörde den Strafantrag entgegen, hat sie ihn an die zuständige Behörde weiterzuleiten. Die Frist wird erst gewahrt, wenn der Strafantrag dort eingeht.

Für den **Verzicht oder die Rücknahme** des Strafantrags gibt es keine Formvorschriften. Sie sind daher 24 formlos möglich, müssen aber der zuständigen Behörde zugehen. Ein schriftlich bei der Polizei gestellter Antrag kann telefonisch bei ihr zurückgenommen werden. Diese muss die Erklärung beurkunden und an die mit der Sache befassten StA oder das Gericht weiterleiten. Mit dem Eingang dort wird die Erklärung wirksam (LR/*Erb* § 158 Rn. 36). Auch der Verzicht auf den Strafantrag kann nur ggü. der zuständigen Behörde erklärt werden. Schriftform ist auch bei der Polizeibehörde nicht zu wahren. Erklärt der Berechtigte, er stelle keinen Antrag, ist dies auszulegen, ob damit ein Verzicht oder der Vorbehalt des Antrags gemeint ist. In den polizeilichen Antragsformularen sollten beide Möglichkeiten eröffnet werden. Die Rücknahme des Antrags ist gleichzeitig Verzicht auf einen neuen (LR/*Erb* § 158 Rn. 37).

D. Strafanzeige bei Auslandstaten (Abs. 3)

I. Allgemeines. Schon nach bisher geltendem Recht konnte das Opfer einer im Ausland begangenen Straftat den Sachverhalt i.R.d. Abs. 1 25 bei den dort genannten Behörden anzeigen. Die Strafverfolgungsbehörden, insb. die StA i.R.d. § 160, haben zu prüfen, ob auf die Tat deutsches Strafrecht gem. §§ 5 bis 7 StGB Anwendung findet. Kommt es nicht zur Anwendung, kann die StA gem. Art. 21 Abs. 1 des Europäischen Übereinkommens v. 20.04.1959 über die Rechtshilfe in Strafsachen den Staat, in dem die Tat begangen wurde, um Übernahme der Strafverfolgung ersuchen oder innerhalb der EU die entsprechenden Informationen gem. Art. 7 Abs. 1 des Übereinkommens v. 29.05.2000 über die Rechtshilfe in Strafsachen zwischen den Mitgliedstaaten der EU an die zuständigen Behörden des anderen Mitgliedstaats übermitteln. Die Zulässigkeit einer entsprechenden Datenübermittlung ergibt sich dabei aus § 92 Abs. 1 des Gesetzes über die internationale Rechtshilfe in Strafsachen (IRG). Für in einem anderen Mitgliedstaat begangene Straftaten wird jetzt in Abs. 3 ausdrücklich geregelt, unter welchen Voraussetzungen die Behörden die Anzeigen an diesen Staat weiterleiten müssen.

II. Voraussetzungen der Übermittlungspflicht (Satz 1) Nur der **Verletzte** i.S.d. § 172 Abs. 1 26 Satz 1 (s. dort Rdn. 12 bis 16) kann eine Übermittlungspflicht auslösen. Strafanzeigen anderer Personen sind nach Abs. 1 zu behandeln. Dieser muss im **Inland wohnhaft** sein. Es muss sich wohl nicht um den Hauptwohnsitz handeln, da es verfehlt wäre, dem auf Mallorca überwinternden Rentner eine Heimreise zum Hauptwohnsitz zuzumuten. Ein vorübergehend bewohntes Urlaubsdomizil fällt aber nicht hierunter. Nach dem Wortlaut muss er nicht selbst EU-Angehöriger sein. Der Rahmenbeschluss sollte jedoch nur eine Besserstellung der EU-Bürger bewirken, sodass andere Staatsangehörige nicht darunter fallen (BT-Drucks. 16/12098, S. 22).

Die angezeigte Straftat muss in einem **andern Mitgliedstaat** begangen worden sein. Taten gegen EU- 27 Angehörige außerhalb dieses Raumes fallen nicht hierunter.

Der Verletzte muss die Übermittlung **beantragen**. Eine Belehrung hierüber sieht das Gesetz nicht vor, 28 ggf. ist die Anzeige auszulegen, ob der Verletzte eine Strafverfolgung durch ausländische Behörden will. Da der Antrag an keine Frist gebunden ist, kann er auch nach Einstellung des Verfahrens durch die StA noch gestellt werden.

Eine Übermittlungspflicht besteht, wenn deutsches Strafrecht nicht anwendbar ist, auch nicht über 29 §§ 5, 6 oder 7 Abs. 2 StGB, oder deutsches Strafrecht zwar anwendbar ist, weil der Geschädigte oder der Beschuldigte deutsche Staatsangehörige sind, die StA aber gem. § 153c Abs. 1 Satz 1 Nr. 1, auch i.V.m. § 153f von der Verfolgung der (ausschließlich) außerhalb des räumlichen Geltungsbereichs der Strafprozessordnung begangenen Tat absieht.

III. Ausnahmen (Satz 2) 1. Kenntnis der ausländischen Behörden. Wenn bereits sowohl die Be- 30 gehung der Tat als solche als auch die vom Verletzten bei der Anzeigeerstattung mitgeteilten, für die Verfolgung der Tat wesentlichen Umstände (z.B. der Tatablauf und die zur Verfügung stehenden Beweismittel) der zuständigen ausländischen Strafverfolgungsbehörde bekannt sind, wäre eine Übermittlung überflüssig, Nr. 1.

31 Daneben ist i.S.e. Bagatellklausel die Übermittlung dann entbehrlich, wenn der Unrechtsgehalt der Tat gering ist und dem Verletzten eine Anzeige bei den ausländischen Behörden möglich gewesen wäre, Nr. 2. Dem Gesetzgeber schwebte wohl eine Geringwertigkeitsgrenze wie bei § 248a StGB vor (BT-Drucks. 16/12098, S. 23: Bspw. Diebstahl von Modeschmuck im Wert von 20,00 €); aber auch einfache Körperverletzung, Beleidigungen und Verkehrsunfälle mit leichten Körperschäden werden nach den Grundsätzen der §§ 374, 376 kaum zur Übermittlung auf dem Rechtshilfeweg zwingen. Bei derartigen Delikten wird man die Unmöglichkeit der Anzeigeerstattung im EU-Ausland nur in Ausnahmefällen annehmen können. Bloße Unannehmlichkeiten wie längere Fahrtzeiten zur Polizei oder Verständigungsschwierigkeiten sind überwindbar. Für schwere Straftaten gelten derartige Einschränkungen nicht (BT-Drucks. 16/12098, S. 23).

32 **IV. Übermittlung ohne Antrag.** Abs. 3 regelt nur die Fälle, in denen die Übermittlung auf Antrag des Geschädigten zwingend ist. Nach der Vorstellung des Gesetzgebers (BT-Drucks. 16/12098, S. 23) gibt es auch weitere Konstellationen, in denen nach dem Grundgedanken des Rahmenbeschlusses eine Übermittlung an die ausländische Strafverfolgungsbehörde die StA unter Beachtung der rechtshilferechtlichen Vorgaben des § 61 Abs. 1 und des § 92 Abs. 1 IRG eine Einzelfallentscheidung darüber zu treffen hat, ob eine Abgabe der Anzeige erfolgen soll:

33 Die Voraussetzungen des Abs. 3 Satz 1 liegen vor, jedoch kein Übermittlungsantrag des Verletzten.

34 Wenn ein Begehungs- oder Erfolgsort auch im Inland liegt, wäre § 153c Abs. 1 Satz 1 Nr. 1 nicht anwendbar, (§ 153c Rdn. 3). Gleichwohl kann es sinnvoll sein die Tat im Ausland zu verfolgen, weil der Schwerpunkt dort liegt und auch Zeugen und Beweismittel sich im Ausland befinden.

35 Wenn ein ausländischer Beschuldigter in seinen Heimatstaat zurückgekehrt ist und sein Erscheinen vor einem deutschen Gericht nicht durchgesetzt werden kann, kann die StA das Verfahren nach § 154 f. einstellen und das Verfahren an den anderen Staat abgeben. Dies gilt auch, wenn der Aufenthalt des Beschuldigten unbekannt ist. In diesem Fall kann eine einheitliche Fahndung durch einen anderen Staat sinnvoll sein.

36 Eine Abgabe kommt in Betracht, wenn nach deutschem Strafrecht bereits Verjährung eingetreten ist, der ausländische Staat aber die Tat noch verfolgen kann, ebenso wenn die Tat nach deutschem Recht gar nicht strafbar ist. Generell ist der Gedanke der Verfahrensökonomie bei der Prüfung der Abgabe des Verfahrens ein maßgeblicher Gesichtspunkt. Rechtshilfeverfahren sind aufwendig und langwierig. Ermittlungen vor Ort verlaufen häufig rascher und effektiver.

37 **E. Reformabsicht.** Durch das 3. Opferrechtsreformgesetz sind folgende Ergänzungen beabsichtigt:

Dem Absatz 1 werden folgende Sätze angefügt:
»Dem Verletzten ist auf Antrag der Eingang seiner Anzeige schriftlich zu bestätigen. Die Bestätigung soll eine kurze Zusammenfassung der Angaben des Verletzten zu Tatzeit, Tatort und angezeigter Tat enthalten. Die Bestätigung kann versagt werden, soweit der Untersuchungszweck, auch in einem anderen Strafverfahren, gefährdet erscheint.«
Folgender Absatz 4 wird angefügt:
»(4) Ist der Verletzte der deutschen Sprache nicht mächtig, erhält er die notwendige Hilfe bei der Verständigung, um die Anzeige in einer ihm verständlichen Sprache anzubringen. Die schriftliche Anzeigebestätigung nach Absatz 1 Satz 3 und 4 ist dem Verletzten in diesen Fällen auf Antrag in eine ihm verständliche Sprache zu übersetzen; Absatz 1 Satz 5 bleibt unberührt.«

Abs. 1 S. 3–5 dienen der Umsetzung von Artikel 5 Absatz 1 der Opferschutzrichtlinie. Danach haben die Mitgliedstaaten sicherzustellen, dass die Opfer eine schriftliche Bestätigung ihrer förmlichen Anzeige erhalten, welche die grundlegenden Elemente bezüglich der betreffenden Straftat enthält.
Durch die Anfügung des neuen Absatzes 4 soll den in Artikel 5 Absatz 2 und 3 der Opferschutzrichtlinie vorgesehenen Hilfestellungen für sprachunkundige Antragsteller – namentlich Hilfe bei der Verständigung und Übersetzung der schriftlichen Anzeigebestätigung in eine ihm verständliche Sprache – Rechnung getragen werden.

§ 159 StPO Anzeigepflicht bei Leichenfund und Verdacht auf unnatürlichen Tod.

(1) Sind Anhaltspunkte dafür vorhanden, dass jemand eines nicht natürlichen Todes gestorben ist, oder wird der Leichnam eines Unbekannten gefunden, so sind die Polizei und Gemeindebehörden zur sofortigen Anzeige an die Staatsanwaltschaft oder an das Amtsgericht verpflichtet.

(2) Zur Bestattung ist die schriftliche Genehmigung der Staatsanwaltschaft erforderlich.

S.a. RiStBV Nr. 33 bis 38

A. Allgemeines. Die StA soll frühestmöglich über die nach einem Todesfall erforderlichen Ermittlungshandlungen entscheiden können und muss deshalb alsbald über fragliche Todesfälle informiert werden, Abs. 1. In Abs. 2 wird durch das Erfordernis einer schriftlichen Leichenfreigabe die Informationspflicht abgesichert. Das Todesermittlungsverfahren ist kein Ermittlungsverfahren i.S.d. § 160 (BGHSt 47, 29, 32). Erst wenn die Ermittlungen einen Anfangsverdacht i.S.d. § 152 Abs. 2 gegen eine bestimmte Person ergeben, wird die StA gegen sie ein Verfahren einleiten. Dies hindert die StA und Polizei aber nicht, auch umfangreiche Ermittlungen zu den Umständen eines Tötungsdeliktes anzustellen, wenn der mutmaßliche Täter nach der Tat verstorben ist (insbesondere durch Suizid). Der Ausschluss eines Fremdverschuldens ist in diesen Fällen das Ziel der Ermittlungen und darf nicht ohne weiteres vorausgesetzt werden (a. A. offenbar *Mitsch* NJW 2010, 3479, der sogar eine Straftat nach § 344 StGB sieht, wenn die Motive für einen Amoklauf ermittelt werden). Die StA kann im Rahmen des Todesermittlungsverfahren auch die in einem so frühen Stadium unerlässlichen Beweissicherungsmaßnahmen ergreifen, z.B. Sicherstellung/Beschlagnahme von Krankenunterlagen eines Verstorbenen, um dem Obduzenten eine ausreichende Beurteilungsgrundlage zu schaffen (a. A. wohl HK/*Zöller* § 159 Rn. 9). 1

B. Anzeigepflicht (Abs. 1) I. Todesart. Natürlich ist ein Tod aus krankhafter Ursache, der völlig unabhängig von rechtlich bedeutsamen äußeren Faktoren eingetreten ist. **Nicht natürlich** ist demgegenüber ein Todesfall, der auf ein von außen verursachtes, ausgelöstes oder beeinflusstes Geschehen zurückzuführen ist, unabhängig davon, ob dieses selbst- oder fremdverschuldet ist. Nichtnatürliche Todesfälle sind daher Gewalteinwirkungen, Unfälle, Tötungsdelikte, Vergiftungen, Suizide, ärztliche Behandlungsfehler und tödlich verlaufende Folgezustände der vorgenannten Ereignisse (*Madea/Dettmeyer* DÄBl. 2003, 3161 mit umfassender Darstellung der ärztlichen Leichenschau). Der Tod im Krankenhaus oder während der ärztlichen Behandlung ist unnatürlich, wenn wenigstens entfernte Anhaltspunkte für einen Kunstfehler oder ein sonstiges Verschulden der behandelnden Person vorliegen (*Maiwald* NJW 1978, 563). Ebenso, wenn der Patient während der Behandlung wegen einer Unfallfolge verstirbt, was auch nach längerem Behandlungszeitraum der Fall sein kann. 2

Ein **unbekannter Toter** wird aufgefunden, wenn der Tote nicht sofort identifiziert werden kann. Aufgefunden wird auch derjenige, der im Beisein anderer Personen verstirbt oder nach kurzer ärztlicher Behandlung vor Ort oder im Krankenhaus. Aufgefunden wird aber nicht, wer nach längerer Krankheit in einem Krankenhaus verstirbt, ohne dass seine Identität bekannt ist. 3

II. Verpflichtete. Die **Anzeigepflicht** besteht schon, wenn der Arzt auf der Todesbescheinigung einen ungeklärten Tod attestiert. Verpflichtet zur Anzeige sind die Polizei und die Gemeindebehörden. Funktionell zuständig ist der Leiter der Behörde oder der nach dem Geschäftsplan zuständige Mitarbeiter. Die Leitung eines gemeindlichen Krankenhauses ist nur Gemeindebehörde, wenn sie zur Vertretung der Gemeinde berechtigt ist (*Meyer-Goßner/Schmitt* § 159 Rn. 6). Auch wenn ein Arzt tätig wird, ist die Anzeige eine befugte Offenbarung i.S.d. § 203 Abs. 1 StGB. Weitere Voraussetzungen der Anzeigepflicht bestehen nicht. Über das weitere Vorgehen entscheidet allein die StA, die die Polizei mit den weiteren Ermittlungen beauftragt. Wenn die Polizei zuerst von dem Todesfall erfährt, wird sie bereits **Vorermittlungen i.R.d. ersten Zugriffs** nach § 163 tätigen, die der StA die Entscheidung ermöglichen, ob eine Obduktion durchzuführen ist. Dazu gehören eine eingehende äußerliche Besichtigung der Leiche, die Dokumentation der Auffindesituation auf Lichtbildern, sowie erste Befragungen von möglichen Zeugen. Ist ein Kapitalverbrechen als Todesursache wahrscheinlich, ist die StA dagegen sofort zu verständigen (BGH NJW 2009, 2612, 2613). 4

§ 159 StPO — Anzeigepflicht bei Leichenfund und Verdacht auf unnatürlichen Tod

5 Andere Behörden, Ärzte oder gar Privatpersonen sind nicht zu einer derartigen Anzeige verpflichtet, wohl aber haben sie ggf. die **ärztliche Leichenschau** zu veranlassen (Bestattungsgesetz der Länder, vgl. z.B. Art. 2 BavBestG und § 1 BayBestV). Der Arzt hat nach durchgeführter Leichenschau Anhaltspunkte für einen nicht natürlichen Tod den Gemeindebehörden bzw. der Polizei mitzuteilen (vgl. § 4 Abs. 1 Satz 2 BayBestV). Damit wird die ärztliche Schweigepflicht aufgehoben, auch hinsichtlich des vertraulichen Teils der Todesbescheinigung (LR/*Erb* § 159 Rn. 9).

6 **Ohne schuldhaftes Zögern** hat die Verständigung der StA zu erfolgen. Nur den Polizeibehörden ist es gestattet, i.R.d. § 163 erste Ermittlungen zu führen. Die Verständigung des AG als Notstaatsanwalt gem. § 165 hat die absolute Ausnahme zu bleiben (*Meyer-Goßner/Schmitt* § 159 Rn. 7).

7 **III. Maßnahmen der StA.** Die StA wird insb. in den Fällen der Nr. 33 RiStBV eine **Leichenöffnung** nach § 87 anordnen (lassen):
Die Leiche eines unbekannten Toten ist zum Zwecke der Identifizierung und Klärung der Todesumstände zu obduzieren. Die DNA-Untersuchung zur Identifizierung bedarf nach § 88 Abs. 1 Satz 3 keiner richterlichen Anordnung.
Eine Obduktion ist auch zur Vermeidung von nachträglichen Vorwürfen und zum Ausschluss behördlichen Fehlverhaltens bei Tod in Haft oder amtlichem Gewahrsam durchzuführen.
Häufigster Anlass wird sein, dass eine Straftat als Todesursache nicht auszuschließen ist. Dies kann bei jungen Menschen schon der Fall sein, wenn eine Todesursache nicht festzustellen ist. Im Zweifel sollte die StA sich für die Obduktion entscheiden.
Die Sicherstellung und Beschlagnahme der Leiche richten sich nach §§ 94 ff. Von der Anordnung der Beschlagnahme und Leichenöffnung ist die Entnahme von Organen für weiterführende (z.B. histologische) Untersuchungen und gegebenenfalls Präparationen (Mazerieren des Schädels und anderen Knochenteilen) umfasst. Einer erneuten Beschlagnahmeanordnung bedarf es nicht (vgl. Nr. 35 RiStBV).

8 Die **Organentnahme und die klinische Sektion** sind zwar ohne schriftliche Genehmigung der StA zulässig, weil es sich nicht um eine Bestattung i.S.d. § 159 handelt (LR/*Erb* § 159 Rn. 13). Gleichwohl dürfen ohne ihre zumindest mündliche Zustimmung solche Maßnahmen nicht durchgeführt werden, da schon nach dem Bestattungsrecht (vgl. § 4 Abs. 1 BayBestV) bis zur ärztlichen Leichenschau keine nicht aus Gründen der öffentlichen Sicherheit zwingend notwendigen Veränderungen an der Leiche zulässig sind, wenn die Voraussetzungen des § 159 Abs. 1 vorliegen. Bleibt die Todesursache ungeklärt, ist die StA unverzüglich zu verständigen. Diese hat dann über eine Leichenöffnung zu entscheiden. Eine Transplantation ist nur nach Absprache mit den die Obduktion durchführenden Gerichtsmedizinern und mit Erlaubnis der StA möglich, da diese durch Beschlagnahme der Leiche die Transplantation verhindern könnte. Die klinische Sektion ist in gleicher Weise zu verhindern. Es kann nur Ärzten des Krankenhauses die Anwesenheit bei der gerichtsmedizinischen Obduktion gestattet werden (§ 87 Abs. 2 Satz 4). Eine erst nach einer solchen Maßnahme erstattete Anzeige wäre keine unverzügliche mehr.

9 **C. Bestattungsgenehmigung:** Die StA hat eine schriftliche Genehmigung zur Bestattung zu erteilen. Sie kann dies vor oder nach einer Leichenöffnung tun. Die Genehmigung kann auch mit der Maßgabe erteilt werden, dass die Bestattung erst nach der Durchführung der Obduktion erlaubt wird. Eine **Feuerbestattung** ist nur mit ausdrücklicher Genehmigung der StA zulässig (vgl. Nr. 38 RiStBV). Die Genehmigung und alle damit verbundenen Handlungen haben mit größtmöglicher Beschleunigung zu erfolgen. Der zulässige Weg, dass die Genehmigung fernmündlich der örtlichen Polizeibehörde mit der Bitte mitgeteilt wird, sie schriftlich niederzulegen (LR/*Erb* § 159 Rn. 23) dürfte in Zeiten der Telekopie obsolet sein. Eine Überführung der Leiche vom Unfallort soll ohne Gestattung der StA möglich sein. Aus den o.g. Gründen (Rdn. 8), kann diese aber ebenfalls durch Beschlagnahme eine Ortsveränderung verhindern (*Meyer-Goßner/Schmitt* § 159 Rn. 8).

§ 160 StPO Pflicht zur Sachverhaltsaufklärung. (1) Sobald die Staatsanwaltschaft durch eine Anzeige oder auf anderem Wege von dem Verdacht einer Straftat Kenntnis erhält, hat sie zu ihrer Entschließung darüber, ob die öffentliche Klage zu erheben ist, den Sachverhalt zu erforschen.
(2) Die Staatsanwaltschaft hat nicht nur die zur Belastung, sondern auch die zur Entlastung dienenden Umstände zu ermitteln und für die Erhebung der Beweise Sorge zu tragen, deren Verlust zu besorgen ist.
(3) ¹Die Ermittlungen der Staatsanwaltschaft sollen sich auch auf die Umstände erstrecken, die für die Bestimmung der Rechtsfolgen der Tat von Bedeutung sind. ²Dazu kann sie sich der Gerichtshilfe bedienen.
(4) Eine Maßnahme ist unzulässig, soweit besondere bundesgesetzliche oder entsprechende landesgesetzliche Verwendungsregelungen entgegenstehen.

Übersicht

		Rdn.			Rdn.
A.	Allgemeines	1	II.	Ermittlungen zu den Rechtsfolgen (Abs. 3 Satz 1 – RiStBV Nr. 14 bis 16)	12
B.	Entstehen der Verdachtslage	3			
C.	Umfang der Ermittlungspflicht	8	III.	Gerichtshilfe (Abs, 3 Satz 2)	13
I.	Ermittlungen zum strafbaren Sachverhalt (Abs. 2)	8	IV.	Rechtsmittel gegen Ermittlungen	15
			V.	Öffentlichkeitsarbeit der StA	17
	1. Persönliche Beweise	9	D.	Besondere Verwendungsregeln (Abs. 4)	18
	2. Sachbeweise	11			

S.a. RiStBV Nr. 1ff.

A. Allgemeines. Die Vorschrift konkretisiert das schon in § 152 Abs. 2 umschriebene **Legalitätsprinzip** und die Pflicht zur **Amtsaufklärung**. Die der StA dabei zur Verfügung stehenden Aufklärungsmittel werden teilweise in den §§ 161 ff. genannt. Adressat sind die StA und nach §§ 386, 399 AO die die Ermittlungen in Steuerstrafverfahren selbstständig führende Finanzbehörde. Die Pflicht zur Erforschung des Sachverhaltes bei Verdacht auf Straftaten trifft die StA als Herrin des Ermittlungsverfahrens. Die Polizeibehörden sind auch dann nur als verlängerter Arm der StA tätig, wenn sie i.R.d. ersten Zugriffs i.S.d. § 163 handeln. Der Staatsanwalt hat die Ermittlungen verantwortlich zu leiten (Nr. 1 RiStBV) und darf sich nicht darauf beschränken, die Polizeibehörden »autonom« ermitteln zu lassen (wie in BGHSt 51, 285 – 298 beschrieben). Insb. hat er auf die Gesetzmäßigkeit der Ermittlungen zu achten und Rechtsverstöße zu verhindern. Er muss auch den Umfang der Ermittlungen bestimmen und durch gezielte Aufträge an die Polizei auf einen zügigen Abschluss der Ermittlungen hinwirken (Nr. 3 Abs. 2 RiStBV). Er trägt auch die Verantwortung dafür, dass bei Ermittlungshandlungen der Richtervorbehalt beachtet wird und ggfls. richterliche Anordnungen auch schon vorsorglich erholt werden, damit z.B. Durchsuchungen nach einer notwendig gewordenen Festnahme eines Täters unverzüglich erfolgen können (BGHSt 51, 285 – 298). In der Praxis hat sich zwar aufgrund der technischen und personellen Überlegenheit der Polizei eine bedenkliche Tendenz entwickelt, dass diese die Ermittlungen zunächst alleine führt (KMR/*Plöd* § 160 Rn. 2; LR/*Erb* § 160 Rn. 24). Jedenfalls bei Kapitaldelikten (§ 74 Abs. 2 GVG), Verbrechen (§ 12 StGB), bedeutenden Wirtschaftsstraftaten (§ 74c GVG) und schweren Unfällen ist es jedoch erforderlich, dass der Staatsanwalt – auch vor Ort – die Ermittlungen selbst leitet (Nr. 3 Abs. 1 RiStBV). Er wird auch schwierige oder für das Verfahren wichtige Zeugenvernehmungen selbst durchführen, namentlich in Wirtschaftsstrafverfahren oder bei Ermittlungen gegen Ärzte, RA und Amtsträger.

Im **Verhältnis zu der Finanzbehörde** gilt Folgendes: Sie hat zwar bei Verdacht einer Steuerstraftat (und Begleitdelikten gem. § 386 Abs. 2 Nr. 2 AO) grds. eine eigene Ermittlungskompetenz und gem. § 400 AO die Möglichkeit, den Erlass eines Strafbefehls bei Gericht zu beantragen. Dies bedeutet jedoch nicht, dass die Finanzbehörden in allen Fällen die Sache bis zur Anklagereife (bzw. Einstellungsreife) ohne Beteiligung der StA selbstständig ausermitteln (BGH, StV 2009, 684). Der BGH betont vielmehr, dass die StA grds. die Möglichkeit hat, das Verfahren in Steuerstrafsachen jederzeit von sich aus an sich zu ziehen (**Evokationsrecht** gem. § 386 Abs. 4 Satz 2 AO). Sie könne deshalb zwar in Verfahren, die von den Finanzbehörden autonom betrieben werden, nicht gem. § 152 Abs. 1 GVG den ermittelnden Steuerfahndungsbeamten Weisungen erteilen. Sie kann aber das Verfahren jederzeit übernehmen, um ihre

Vorstellungen durchzusetzen. Dann haben die Steuerfahndungsbeamten als Ermittlungsgehilfen gem. § 152 Abs. 1 GVG den Anordnungen der StA Folge zu leisten. Damit die StA von dieser Möglichkeit Gebrauch machen kann, haben die Finanzbehörden daher nach Ansicht des BGH diese über alle bei der Steuerfahndung anhängigen Ermittlungsverfahren, bei denen eine Evokation nicht fern liegt, frühzeitig zu unterrichten. Nach der Vorstellung des BGH soll dies aber nicht in allen Fällen erfolgen, gar unter Vorlage der Akten, sondern bei regelmäßig stattfindenden Kontaktgesprächen. Beispielhaft werden Fälle genannt, in denen Anklage zur großen Strafkammer zu erwarten ist, bei denen die Beweislage schwierig erscheint oder die besondere öffentliche Aufmerksamkeit erregen könnten.

3 **B. Entstehen der Verdachtslage.** Hier ist der Anfangsverdacht des § 152 Abs. 2 gemeint (vgl. dort Rdn. 1 ff.). Dieser kann auf verschiedene Weisen entstehen:

4 Die **Anzeige** einer Straftat ist die Mitteilung eines Tatverdachtes mit der Anregung zu prüfen, ob ein Ermittlungsverfahren einzuleiten ist i.S.d. § 158 Abs. 1 (KK-StPO/*Griesbaum* § 160 Rn. 2; BayObLG St 85, 71, *Pfeiffer* § 160 Rn. 2; vgl. dort Rdn. 2 ff.).

5 **Andere Wege**: Gerichte sind nach § 183 GVG verpflichtet, über in der Sitzung begangene Straftaten die StA unter Zuleitung des hierzu aufgenommenen Protokolls zu unterrichten. Die Polizei übersendet gem. § 163 Abs. 2 Satz 1 ihre Verhandlungen, d.h. ihre durchgeführten Ermittlungen in schriftlicher Form der StA, die dann zu prüfen hat, ob noch weitere Ermittlungsschritte erforderlich sind. Medienberichte können ebenso Anlass zur Prüfung des Anfangsverdachts sein.

6 Auch **privat erlangte Erkenntnisse** verpflichten den Staatsanwalt zur Prüfung der Notwendigkeit des Einschreitens (BVerfG NJW 2003, 1030; BGHSt 12, 277, 281; SSW-StGB/*Jahn* § 258a Rn. 8; a. A. *Meyer-Goßner/Schmitt* § 160 Rn. 10: Zwar hat er auch ein Recht auf Schutz seiner Privatsphäre, jedoch wäre es mit den beamtenrechtlichen Pflichten und dem Ansehen eines Staatsanwalts in der Öffentlichkeit nicht vereinbar, dass dieser Straftaten, die wegen ihrer schwerwiegenden Folgen für den Einzelnen Belange der Öffentlichkeit und der Volksgesamtheit berühren, nur deshalb ignoriert, weil er gerade nicht im Dienst ist. Dass daran eine Garantenpflicht i.S.d. §§ 13, 258a StGB anknüpft, ist eine Folge der besonderen Stellung eines Staatsanwalts. Allenfalls bei Bagatellstraftaten kann es hingenommen werden, dass diese nicht verfolgt werden. Der BGH nennt als denkbare Beispiele (allerdings für Polizeibeamte!) ständiges Fahren ohne Fahrerlaubnis, nicht schwerwiegende Verstöße gegen das Waffengesetz ohne Dauercharakter und auf den Einzelfall beschränkten Handel mit (auch harten) Drogen (BGHSt 38, 388). In der Literatur werden wegen Bedenken unter dem Gesichtspunkt des Bestimmtheitsgebotes des Art. 103 Abs. 2 GG verschiedene Kriterien zur Abgrenzung zwischen schweren (Verfolgungspflicht) und leichteren Delikten (keine solche Pflicht) erwogen:
– Katalog des § 138 StGB (MüKo-StGB/*Cramer* § 258a Rn. 7; *Mitsch* NStZ 1993, 384);
– Verbrechen i.S.d. § 12 StGB (*Kretschmer* Jura 2004, 452, 455; HK/*Zöller*, § 158 Rn. 8)
– Besonders schwere Straftaten i.S.d. § 100c Abs. Nr. 1 bis 7, die mit einer Höchststrafe von mehr als fünf Jahre bedroht sind (SSW-StGB/*Jahn* § 258a Rn. 8)
Letztlich sind dies aber auch keine i.R.d. § 258a StGB gesetzlich geregelte Maßstäbe. Einem mit dem Strafrecht vertrauten Beamten ist daher eine eigenständige Prüfung zuzumuten, ob eine Pflicht zur Strafverfolgung besteht. Zutreffend wird darauf hingewiesen, dass der Staatsanwalt ja nicht immer sofort einschreiten, sondern nur bei Dienstbeginn die zur Strafverfolgung notwendigen Maßnahmen ergreifen muss (SSW-StGB/*Jahn* § 258a Rn. 8; vgl. auch zu Polizeibeamten im privaten Bereich OLG Koblenz NStZ-RR 1998, 332). Ausreichend kann auch schon die Hinzuziehung von Ermittlungspersonen i.S.d. § 152 GVG sein, da die Beamten der StA häufig nicht die Möglichkeit zur Anwendung unmittelbaren Zwangs haben.

7 Der **zeitliche Rahmen** der Ermittlungspflicht beginnt sofort mit der Kenntniserlangung i.S.d. Abs. 1 und endet nicht etwa mit der Anklageerhebung. Auch während des Zwischenverfahrens und der laufenden Hauptverhandlung hat die StA das Recht und die Pflicht, den wahren Sachverhalt zu ermitteln und zulasten und zugunsten des Beschuldigten zu ermitteln. Die StA ist nämlich nicht Partei des Strafverfahrens, sondern zur Objektivität verpflichtet. Diese Verpflichtung wirkt auch nach Anklageerhebung fort. Allein aus dem Wortlaut des § 169a kann nicht gefolgert werden, dass nach Anbringung des Vermerks über den Abschluss der Ermittlungen die StA keine Ermittlungshandlungen mehr vornehmen dürfte, da dies nicht der Regelungsgehalt dieser Vorschrift ist (*Hildenstab* NStZ 2008, 249 gegen

Strauß NStZ 2006, 556). Auch während des laufenden Hauptverfahrens kann die StA neue Zeugen nicht ins Blaue hinein benennen, sondern wird regelmäßig zunächst die Polizeibehörden um Vernehmung ersuchen, um festzustellen, was der Zeuge berichten kann. Auch der Gesetzgeber geht in § 162 Abs. 3 S. 1 davon aus, dass die StA in diesem Abschnitt Ermittlungshandlungen durchführen darf.

C. Umfang der Ermittlungspflicht. I. Ermittlungen zum strafbaren Sachverhalt (Abs. 2) Aufgrund des Legalitätsprinzips hat die StA **alle Umstände zu erforschen**, die für die strafrechtliche Beurteilung des Sachverhaltes von Bedeutung sein können. Es wird die Verpflichtung der StA zur Objektivität normiert. Es darf nicht nur gegen den Beschuldigten ermittelt werden. Vielmehr ist der »Sachverhalt« i.S.d. Abs. 1 soweit erforderlich aufzuklären. Die StA ist verpflichtet, diejenigen Beweise zu sichern, deren Verlust bis zur Hauptverhandlung droht.

1. Persönliche Beweise. Zeugen ohne festen Wohnsitz im Bundesgebiet sind richterlich, wenigstens aber durch die StA oder Polizei zu vernehmen. Im Fall eines Zeugnisverweigerungsrechtes nach § 52 ist der Zeuge zur Gewinnung eines in der späteren Hauptverhandlung verwertbaren Beweismittels richterlich zu vernehmen. Trotz § 252 kann der Vernehmungsrichter zur Aussage des Zeugen, der jetzt von seinem Recht nach § 52 StPO Gebrauch macht vernommen werden (BGH 32, 25, 29, vgl. § 252 Rdn. 7 ff.). Eine Anklage, die sich lediglich auf polizeiliche Aussagen eines wichtigen Belastungszeugen stützt, dem ein Zeugnisverweigerungsrecht nach § 52 zusteht, genügt den Erfordernissen sorgfältiger und vorausschauender Ermittlungen nicht. Vernehmungen kindlicher oder traumatisierter Zeugen sollen auf Video aufgezeichnet werden, §§ 58a, 255a Abs. 2 und 161a Abs. 1 Satz 2.

Die Erholung des **Sachverständigenbeweises** muss frühzeitig erfolgen. Der Sachverständige muss bei Verkehrsunfällen und vollendeten Tötungsdelikten baldmöglichst vor Ort sein. Bei Kapitaldelikten, Sexualstraftaten, Kindesmisshandlungen sowie schweren oder gefährlichen Körperverletzungen mittels einer Waffe oder eines gefährlichen Werkzeugs (§ 224 Abs. 1 Nr. 2 StGB) ist ein Sachverständiger zur Begutachtung der frischen Wunden oder Spuren hinzuzuziehen. Häufig wird nur ein Rechtsmediziner die notwendige Sachkunde zur Beurteilung der Entstehung der Verletzung besitzen. Die üblichen ärztlichen Atteste sind meist zu allgemein gehalten.

2. Sachbeweise. Zur Beweissicherung bei Tötungsdelikten aber auch bei Delikten mit Sachschäden gehört die Dokumentation des Fund- oder Tatortes mittels **Video-** und/oder **Fotoaufnahmen**. Die Leichenschau und die Leichenöffnung (§ 89) sind sorgfältig zu dokumentieren. Zur Sicherung von Beweismitteln dienen auch **Durchsuchungen und Beschlagnahmen** nach §§ 94 ff. und 102 ff. Bei fraglicher Alkohol- oder Drogenintoxikation ist eine Blutentnahme nach § 81a zu veranlassen.

II. Ermittlungen zu den Rechtsfolgen (Abs. 3 Satz 1 – RiStBV Nr. 14 bis 16) Die StA hat auch die Umstände zu ermitteln, die für die **Strafzumessung** von Bedeutung sein können. Sie ergeben sich insb. aus §§ 46 und 47 StGB. Aber auch bei Entscheidungen über **Aussetzungen zur Bewährung** nach §§ 56 und 67 StGB oder den **Strafvorbehalt** nach § 59 StGB sind die maßgeblichen Umstände zu ermitteln. Mit den Ermittlungen kann zunächst zugewartet werden, bis sich abzeichnet, dass keine Einstellung nach § 170 Abs. 2 erfolgt (*Meyer-Goßner/Schmitt* § 160 Rn. 19). Befindet sich der Beschuldigte in Haft oder Unterbringung, gebietet das Beschleunigungsgebot, mit diesen Ermittlungen vorsorglich sogleich zu beginnen. Zwingend erforderlich ist die Erholung eines Auszugs aus dem BZR, bei Jugendlichen aus dem Erziehungsregister. Akten über Vorverurteilungen sind rechtzeitig beizuziehen. Bei den Ermittlungen zu den Rechtsfolgen ist der Verhältnismäßigkeitsgrundsatz zu beachten. Es kann allerdings nicht hingenommen werden, dass bei selbstständig oder freiberuflich tätigen Personen nur deshalb unangemessen niedrige Tagessatzhöhen festgesetzt werden, weil diese ihr Einkommen zu niedrig angeben. Bei den Gerichten ist die Neigung aber gering, erst in der Hauptverhandlung hierzu Ermittlungen anzustellen. Die StA muss daher bereits im Ermittlungsverfahren darauf achten, dass in solchen Fällen Feststellungen zum Einkommen getroffen werden. Auch die Möglichkeit der Schätzung nach § 40 Abs. 3 StGB darf nicht dazu verführen, nur allgemeine Erfahrungssätze anzuwenden, ohne eine ausreichende Tatsachengrundlage für die Schätzung zu ermitteln. Insb. wird in geeigneten Fällen ein Auskunftsersuchen nach § 24c Abs. 3 Satz 1 Nr. 2 KWG die Bankkonten des Beschuldigten ergeben, über die dann vom Kreditinstitut Auskunft verlangt werden kann. Im Weigerungsfall ist ein Mitarbeiter der Bank als Zeuge zu befragen (KMR/*Plöd* § 160 Rn. 11).

§ 160 StPO   Pflicht zur Sachverhaltsaufklärung

13   **III. Gerichtshilfe (Abs. 3 Satz 2)**   Die Gerichtshilfe ist ein **unselbstständiges Ermittlungsorgan**, das vorrangig die StA aber auch andere Justizbehörden bei der Erforschung der persönlichen Verhältnisse des Beschuldigten unterstützen soll. Auch wenn die Mitarbeiter regelmäßig eine sozialpädagogische Ausbildung haben, gehören die Betreuung und Sozialarbeit nicht zu ihren Aufgaben. Vielmehr hat die Gerichtshilfe nur in Einzelfällen auftragsgebunden die persönlichen Verhältnisse zu erforschen, um Entscheidungen über eine Einstellung nach §§ 153 ff, die Haftfrage (Wohnsitz?) oder die Durchführung eines TOA nach §§ 155a und b vorzubereiten. Ein Hausbesuch des Gerichtshelfers zur Erforschung des Sachverhaltes wird regelmäßig erforderlich sein, sollte aber angekündigt werden. Der Gerichtshelfer hat die Zeugnisverweigerungsrechte des §§ 52 und 55 zu beachten und den Beschuldigten über seine Rechte nach § 136 zu belehren. Über seine Nachforschungen erstellt der Gerichtshelfer einen Bericht, den er zuvor nicht mit dem Beschuldigten erörtern muss. Eine Information über den Inhalt der beabsichtigten Stellungnahme ist jedoch sinnvoll.

14   Der Bericht wird dem Auftraggeber übermittelt. Die StA kann ihn freibeweislich verwerten. In der **Hauptverhandlung** kann er dem Angeklagten vorgehalten werden. Wird der Inhalt von diesem bestätigt, kann von seiner Richtigkeit ausgegangen werden (HK-StPO/*Zöller* § 160 Rn. 16). Anderenfalls ist der Gerichtshelfer als Zeuge zu vernehmen, soweit seine Nachforschungen für die Schuld- oder Strafzumessungsfrage erheblich sind. Ebenfalls zulässig ist die Verlesung des Berichts durch den anwesenden Gerichtshelfer (BGH NStZ 1984, 467; a. A. HK/*Zöller*, Rn. 16). Eine Verlesung nach § 256 Abs. 1 Nr. 1 Buchst. a) als Behördenauskunft ist nicht möglich (BGH StV 2008, 338, LR/*Erb* § 160 Rn. 101). Nach der Neufassung dieser Vorschrift ist jedoch gem. § 256 Abs. 1 Nr. 5 eine Verlesung zulässig, soweit der Bericht nicht eine Vernehmung oder eine ihr gleichzusetzende Erklärung des Beschuldigten oder eines Zeugen enthält. Der BGH hat dies ausdrücklich offen gelassen (StV 2008, 338). Der Gerichtshelfer als unselbstständiger Ermittlungsgehilfe ist in diesem Fall als Teil der Strafverfolgungsbehörde anzusehen.

15   **IV. Rechtsmittel gegen Ermittlungen.**   Nach geltendem Recht kann der Beschuldigte gegen die Einleitung eines Ermittlungsverfahrens kein Rechtsmittel einlegen (verfassungsrechtlich unbedenklich, vgl. BVerfG 2004, 447; OLG Karlsruhe NStZ 1982, 434 m. Anm. *Rieß*). Ebenso wenig muss er sogleich darüber informiert werden. Hierfür besteht auch unter dem Gebot des Art. 19 Abs. 4 GG kein Bedürfnis, da zuletzt auch die Überprüfbarkeit der gerichtlichen und staatsanwaltschaftlichen Entscheidungen in Ermittlungsverfahren durch den Gesetzgeber ausgeweitet wurden (vgl. § 101 Abs. 7 n. F.) und auch der Rechtsbehelf des § 98 Abs. 2 Satz 2 immer größere Bedeutung erlangt. Der Beschuldigte kann nur die in der StPO vorgesehenen Rechtsmittel ergreifen, wenn in seine Rechte eingegriffen wird.

16   Im **Amtshaftungsprozess** sind die Entscheidungen der StA nach § 152 Abs. 2 und § 170 Abs. 1 nicht auf ihre Richtigkeit, sondern allein auf ihre Vertretbarkeit zu überprüfen. Diese darf nur dann verneint werden, wenn bei voller Würdigung auch der Belange einer funktionsfähigen Strafrechtspflege die Einleitung der Ermittlungen oder die Erhebung der Anklage gegen den Beschuldigten nicht mehr verständlich ist (BGH, Beschl. v. 22.02.1988 – III ZR 51/88).

17   **V. Öffentlichkeitsarbeit der StA.**   Der grds. bestehende **Informationsanspruch** der Öffentlichkeit muss im Ermittlungsverfahren besonders sorgfältig gegen die Rechte des Beschuldigten (Schutz vor ungerechtfertigter Bloßstellung) und dem Vorrangs des Untersuchungszweckes abgewogen werden. Ein Auskunftsanspruch besteht nach 4 Abs. 1 der Landespressegesetze. § 475 Abs. 4 gilt dagegen nicht (*Lehr* NStZ 2009, 409, 411; a. A. Meyer-Goßner/*Schmitt* § 475 Rn. 1; *Lindner* StV 2008, 211, 216; *Mitsch* NJW 2010, 3479, 3482; gilt nur entsprechend). I.d.R. sind die Ermittlungen geheim und können nicht fortlaufend berichtet werden. Die Medien haben nur Anspruch auf Information durch den Behördenleiter oder den von ihm hierfür beauftragten Behördensprecher. Der Sachbearbeiter sollte tunlichst auf diese verweisen, die auch die notwendige Erfahrung und Schulung im Umgang mit den Medien haben sollten. Eine Nennung des vollständigen Namens des Beschuldigten oder eines kleineren Wohnortes ist nur bei schwerwiegenden Straftaten, die öffentliches Aufsehen erregen, gerechtfertigt (BGH, Beschl. v. 22.02.1988 – III ZR 51/88, Juris). Über die Anklageerhebung darf die Presse erst nach Mitteilung der Anklage an den Beschuldigten und den Verteidiger informiert werden (OLG Düsseldorf NJW 2005, 1791). Die StA darf nicht den Eindruck einer Vorverurteilung vermitteln und kann immer nur von einem Verdacht einer Straftat sprechen. Verstöße gegen diese Pflichten können Amtshaftungsansprüche auslösen (OLG Düsseldorf NJW 2005, 1791). Eine Vorabinformation des Beschul-

digten bzw. seines Verteidigers vor jeglicher Mitteilung oder Auskunft ist in der Praxis wegen der Eilbedürftigkeit oft nicht möglich und kann deshalb auch unter dem Gesichtspunkt des fairen Verfahrens allenfalls für Pressekonferenzen gefordert werden (a. A. *Lehr* NStZ 2009, 409, 412 f.). Eine schriftliche Pressemitteilung sollte zumindest gleichzeitig dem Verteidiger zugehen. Beim Umfang der Auskünfte kann zu berücksichtigen sein, dass der Beschuldigte während des Ermittlungsverfahrens selbst die Öffentlichkeit sucht (BVerfG NJW 2009, 350, 352).

D. Besondere Verwendungsregeln (Abs. 4) Abs. 4 erklärt Maßnahmen für unzulässig, 18
denen besondere bundesgesetzliche oder entsprechende landesgesetzliche Verwendungsregulierungen entgegenstehen. Dadurch wird u.a. der Schutz des Steuer- und Sozialgeheimnisses sichergestellt, § 30 AO, § 35 SGB I, §§ 67 ff. SGB X (KMR/*Plöd* § 160 Rn. 17).

§ 160a StPO Maßnahmen bei zeugnisverweigerungsberechtigten Berufsgeheimnisträgern.

(1) ¹Eine Ermittlungsmaßnahme, die sich gegen eine in § 53 Abs. 1 Satz 1 Nr. 1, 2 oder Nr. 4 genannte Person, einen Rechtsanwalt, eine nach § 206 der Bundesrechtsanwaltsordnung in eine Rechtsanwaltskammer aufgenommene Person oder einen Kammerrechtsbeistand richtet und voraussichtlich Erkenntnisse erbringen würde, über die diese Person das Zeugnis verweigern dürfte, ist unzulässig. ²Dennoch erlangte Erkenntnisse dürfen nicht verwendet werden. ³Aufzeichnungen hierüber sind unverzüglich zu löschen. ⁴Die Tatsache ihrer Erlangung und der Löschung der Aufzeichnungen ist aktenkundig zu machen. ⁵Die Sätze 2 bis 4 gelten entsprechend, wenn durch eine Ermittlungsmaßnahme, die sich nicht gegen eine in Satz 1 in Bezug genommene Person richtet, von dieser Person Erkenntnisse erlangt werden, über die sie das Zeugnis verweigern dürfte.
(2) ¹Soweit durch eine Ermittlungsmaßnahme eine in § 53 Abs. 1 Satz 1 Nr. 3 bis 3b oder Nr. 5 genannte Person betroffen wäre und dadurch voraussichtlich Erkenntnisse erlangt würden, über die diese Person das Zeugnis verweigern dürfte, ist dies im Rahmen der Prüfung der Verhältnismäßigkeit besonders zu berücksichtigen; betrifft das Verfahren keine Straftat von erheblicher Bedeutung, ist in der Regel nicht von einem Überwiegen des Strafverfolgungsinteresses auszugehen. ²Soweit hiernach geboten, ist die Maßnahme zu unterlassen oder, soweit dies nach der Art der Maßnahme möglich ist, zu beschränken. ³Für die Verwertung von Erkenntnissen zu Beweiszwecken gilt Satz 1 entsprechend. ⁴Die Sätze 1 bis 3 gelten nicht für Rechtsanwälte, nach § 206 der Bundesrechtsanwaltsordnung in eine Rechtsanwaltskammer aufgenommene Personen und Kammerrechtsbeistände.
(3) Die Absätze 1 und 2 sind entsprechend anzuwenden, soweit die in § 53a Genannten das Zeugnis verweigern dürften.
(4) ¹Die Absätze 1 bis 3 sind nicht anzuwenden, wenn bestimmte Tatsachen den Verdacht begründen, dass die zeugnisverweigerungsberechtigte Person an der Tat oder an einer Begünstigung, Strafvereitelung oder Hehlerei beteiligt ist. ²Ist die Tat nur auf Antrag oder nur mit Ermächtigung verfolgbar, ist Satz 1 in den Fällen des § 53 Abs. 1 Satz 1 Nr. 5 anzuwenden, sobald und soweit der Strafantrag gestellt oder die Ermächtigung erteilt ist.
(5) Die §§ 97 und 100c Abs. 6 bleiben unberührt.

Übersicht	Rdn.		Rdn.
A. Allgemeines	1	I. Betroffene	6
B. Geistliche, Verteidiger und Abgeordnete (Abs. 1)	2	II. Erhebung (Satz 2)	7
I. Unzulässigkeit der Erhebung (Satz 1)	2	III. Verwertung (Satz 3)	8
II. Verwertungsverbot (Satz 2)	3	IV. Besonderheiten bei Heilberufen	9
III. Löschungsgebot (Satz 3 und 4)	4	D. Berufshelfer (Abs. 3)	10
IV. Zufällig mit betroffene Geheimnisträger (Satz 5)	5	E. Verstrickungsregelung (Abs. 4 Satz 1)	11
C. Heil- und Beratungsberufe, Medienmitarbeiter (Abs. 2)	6	F. Antrags- und Ermächtigungserfordernis bei Medienangehörigen (Abs. 4 Satz 2)	12
		G. Spezialvorschriften (Abs. 5)	13
		H. Revision	14

§ 160a StPO Maßn. b. zeugnisverweigerungsberechtigten Berufsgeheimnisträgern

1 **A. Allgemeines.** Durch die Vorschrift soll eine **umfassende Regelung zum Schutze von Berufsgeheimnisträgern** im Rahmen von Ermittlungsverfahren geschaffen werden. Sie ist zwar mit dem TKÜG eingefügt worden, gilt aber auch für nicht verdeckte Ermittlungsmaßnahmen (*Meyer-Goßner/ Schmitt* § 160a Rn. 2), soweit nicht in §§ 97 und 100c Abs. 6 spezielle Regelungen getroffen werden (Abs. 5). Die Zeugnisverweigerungsrechte der §§ 53 ff. gelten abschließend ebenso wie das Recht zur Verweigerung von Untersuchungen nach § 81c Abs. 3. Wird der Geheimnisträger von der Pflicht zur Verschwiegenheit entbunden, ist die Vorschrift nicht anwendbar (§ 53 Abs. 3; KMR/*Plöd* Rn. 2). Nicht ausreichend ist, dass er freiwillig den Strafverfolgungsbehörden Daten offenbart. Der Schutz ist abgestuft, da nicht jeder Berufsgeheimnisträger von Verfassungswegen absolut zu schützen ist und eine Abwägung zwischen dem Strafverfolgungsinteresse und den geschützten Interessen der Betroffenen vorzunehmen ist. Dies führt noch nicht zu Berufsgeheimnisträgern zweiter Klasse (so aber *Fahr* DStR 2008, 375 ff.; krit. auch *Reiß* StV 08, 542). . Das Gesetz zur Stärkung des Schutzes von Vertrauensverhältnissen zu Rechtsanwälten im Strafprozessrecht vom 22.12.2010 hat mit Wirkung vom 01.02.2011 alle Rechtsanwälte und ihnen gleichgestellte Personen dem absoluten Schutz des Abs. 1 unterstellt. Es ist von Verfassungswegen nicht geboten, auch die zeugnisverweigerungsberechtigten Angehörigen dem Schutz dieser Vorschrift zu unterstellen (BVerfG NJW 2010,287; kritisch HK/*Zöller*, § 160a Rn. 2).

2 **B. Geistliche, Verteidiger und Abgeordnete (Abs. 1) I. Unzulässigkeit der Erhebung (Satz 1)** Die in § 53 Abs. 1 Satz 1 Nr. 1, 2 und 4 genannten Personen sowie Rechtsanwälte, nach § 206 der Bundesrechtsanwaltsordnung in eine Rechtsanwaltskammer aufgenommene (ausländische) Personen und Kammerrechtsbeistände genießen einen **absoluten Schutz**. Ermittlungsmaßnahmen, die sich gegen sie richten, sind unzulässig, soweit es sich um Erkenntnisse handelt, über die die Person das Zeugnis verweigern dürfte. Die Maßnahme ist also zulässig, wenn der Geheimnisberechtigte außerhalb seiner beruflichen Tätigkeit bzw. seiner Mandatsausübung erfasst wird. Schon die Beweiserhebung ist unzulässig, wenn vor Beginn der Maßnahme abzusehen ist, dass Erkenntnisse aus dem geschützten Bereich gewonnen werden (Satz 1). Eine Abwägung oder Verhältnismäßigkeitsprüfung findet i.R.d. Abs. 1 nicht statt. **Voraussichtlich** bedeutet, dass den Ermittlungsbehörden ein Beurteilungsspielraum bei der Frage zusteht, ob das Zeugnisverweigerungsrecht des Geheimnisträgers berührt wird, Ermittlungen hierzu bedarf es nicht (*Meyer-Goßner/Schmitt* § 160a Rn. 3a). Die Maßnahme ist aber zulässig, wenn konkrete tatsächliche Anhaltspunkte den Verdacht begründen, dass absolut geschützte Erkenntnisse mit Inhalten verknüpft werden, die dem Ermittlungsziel unterfallen, um eine Überwachung zu verhindern (so zutreffend KK-StPO/*Griesbaum* § 160a Rn. 6; HK/*Zöller*, § 160a Rn. 7). Es muss nicht von der grundsätzlichen Lauterkeit des RA, Geistlichen oder Abgeordneten ausgegangen werden (KK-StPO/*Griesbaum* § 160a Rn. 6). Nach dem BVerfG ist eine Durchsuchung bei einem Strafverteidiger zur Verfolgung des legitimen Zwecks der Aufklärung der Anklagevorwürfe offensichtlich ungeeignet und daher unverhältnismäßig, wenn nicht nach den zum Zeitpunkt des Erlasses des Durchsuchungsbeschlusses tatsächlich vorliegenden Anhaltspunkten eine Prognose ergibt, dass ausschließlich relevante Erkenntnisse aus dem nicht absolut geschützten Bereich zu erwarten sind (StraFo 2015, 61–63). Das ist etwa dann der Fall, wenn Tatwerkzeuge und Gegenstände, die durch die Tat hervorgebracht, zur Tat gebraucht oder bestimmt sind oder aus der Tat herrühren, bei dem Verteidiger aufgrund bestimmter Tatsachen vermutet werden (vgl. § 97 Rn 49). In einem solchen Fall ist aber zur Wahrung der Verhältnismäßigkeit dem Strafverteidiger die Abwendung der Durchsuchung durch Herausgabe der genau bezeichneten Beweisgegenstände zu ermöglichen.

3 **II. Verwendungsverbot (Satz 2)** Das Erhebungsverbot wird durch ein Verwendungsverbot ergänzt. Wurde eine Maßnahme dennoch durchgeführt oder waren solche Erkenntnisse dennoch zu erwarten, dürfen die erlangten Daten nicht verwendet werden (Satz 2), auch nicht zu Gunsten des Beschuldigten. Es handelt sich um ein selbstständiges Verwertungsverbot (*Meyer-Goßner/Schmitt* Rn. 4). Anders als im Fall des Abs. 2 können deshalb die gewonnenen Erkenntnisse auch nicht als Ermittlungsansätze Grundlage weiterer Ermittlungen werden. Stellt sich aber erst im Laufe der Ermittlungen heraus, dass ex ante zulässige Maßnahmen aus nachträglicher Sicht unzulässig waren, können Erkenntnisse aus anderen Ermittlungsmaßnahmen (z.B. Durchsuchung beim Beschuldigten) verwertet werden, wenn zum Zeit-

punkt ihrer Anordnung oder Durchführung noch kein Verwendungsverbot erkennbar war und sie sich nicht gegen die Berufsgeheimnisträger richteten.

III. Löschungsgebot (Satz 3 und 4) An das Verwendungsverbot knüpft die Pflicht zur Löschung der Aufzeichnungen nach Satz 3 an. Unter die Löschungspflicht fallen nicht nur die Aufzeichnungen von Telefonaten sondern alle gespeicherten oder in Schriftform gewonnenen Erkenntnisse. Sie dürfen auch nicht Anlass zu weiteren Ermittlungen sein (*Meyer-Goßner/Schmitt* § 160a Rn. 4) und müssen ohne schuldhaftes Zögern gelöscht werden. Wenn erkennbar ein absolut geschützter Geheimnisträger betroffen ist, dürfen die Ermittlungsbehörde auch nicht vom Inhalt der erhobenen Beweismittel Kenntnis nehmen, um zu prüfen, ob dieser tatsächlich Adressat ist. Es dürfen deshalb Aufzeichnungen über solche Telefongespräche nicht verschriftet und abgehört und E-Mail-Nachrichten nicht gelesen werden (LG Ellwangen StraFo 2013, 380). Damit aber dem Betroffenen die vom BVerfG geforderte Möglichkeit zum nachträglichen Rechtsschutz (BVerfG 109, 279; NJW 2004, 999, 1007) gewahrt bleibt, ist die Tatsache ihrer Erlangung und der Löschung der Aufzeichnungen aktenkundig zu machen. Es darf sich aus diesen Vermerken jedoch nicht der Inhalt der Erkenntnisse ergeben. Die Entscheidung über die Löschung trifft grds. die StA (für § 101 *Meyer-Goßner/Schmitt* § 101 Rn. 28). Die mit der Ausführung der Maßnahme befasste Stelle hat jedoch in eindeutigen Fällen selbst schon die Pflicht zur Löschung (*Meyer-Goßner/Schmitt* § 100a Rn. 27). Ist das Verfahren bei Gericht anhängig, entscheidet dieses. Die Polizei hat die StA unverzüglich zu informieren, wenn relevante Daten angefallen sind, um deren Entscheidung herbeizuführen.

IV. Zufällig mit betroffene Geheimnisträger (Satz 5) Nach Satz 5 gelten diese **Grundsätze entsprechend**, wenn sich die Maßnahme nicht gegen den Berufsgeheimnisträger richtet, er aber von der Maßnahme zufällig betroffen wird und Erkenntnisse erlangt werden, über die er das Zeugnis verweigern dürfte. Auch Anbahnungsgespräche sind vom Schutz bereits erfasst (BGH StV 2014, 304). Auf den Inhalt des Gesprächs kommt es nicht an. Es ist ausreichend, aber auch notwendig, dass das zufällig überwachte Gespräch für den Geheimnisträger berufsbezogen ist und er deshalb nach § 53 das Zeugnis verweigern dürfte. Nicht erfasst vom Schutz wird nur das, was er als Privatperson oder nur anlässlich seiner Berufsausübung in Erfahrung gebracht hat (BGH StV 2014, 304). In diesem Fall gilt ebenfalls ein absolutes Verwertungsverbot. Eine Verpflichtung zum Unterbrechen der Maßnahme besteht aber nicht. Eine analoge Anwendung des § 100c Abs. 5 und 7 kommt nicht in Betracht (*Meyer-Goßner/Schmitt* § 160a Rn. 7, anders wohl *Glaser/Gedeon* GA 2007, 424, 429). Insbesondere folgt aus Abs. 1 S. 5 keine Verpflichtung zur Live-Überwachung (BGH–Ermittlungsrichter, Beschluss vom 16.05.2013, Az. 2 BGs 147/13; bestätigt von BGH StV 2014, 304). Auch das Verhältnismäßigkeitsprinzip kann dieses Gebot nicht begründen, weil die Verwertungsverbote der Sätze 2 bis 4 ausreichend Schutz bieten. Der Gesetzgeber hat die Maßnahme sogar als zulässig gesehen, wenn zu erwarten ist, dass möglicherweise auch die Kommunikation mit dem Berufsgeheimnisträgern betroffen ist (BT-Drucks 16/5846, S. 35). Wenn aber eine Überwachung in Echtzeit durchgeführt wird, ist im Falle der Telekommunikation mit dem Geheimnisträger eine solche Unterbrechung notwendig, da derartige Gespräche von den Ermittlungsbehörden nicht belauscht werden dürfen. Der absolute Schutz ist nur zu gewährleisten, wenn im Fall eines Gesprächs mit dem Berufsgeheimnisträger auch die Antworten des Gesprächspartners, insb. des Beschuldigten unverwertbar sind. Für den Verteidiger ergibt sich dies schon aus § 148. Für Rechtsanwälte, Abgeordnete und Geistliche gilt nichts anderes.

C. Heil- und Beratungsberufe, Medienmitarbeiter (Abs. 2) I. Betroffene. Für die in § 53 Abs. 1 Satz 1 Nr. 3 bis 3b und Nr. 5 genannten Personen gilt nur ein **relatives Beweiserhebungs- und Verwertungsverbot** (vgl. BVerfGE 122, 63). Durch die Einfügung des Satzes 4 wird klargestellt, dass für Rechtsanwälte nunmehr der absolute Schutz des Abs. 1 gilt. Die Vorschrift ist verfassungsgemäß. Eine Erweiterung auf andere Berufsgeheimnisträger war nicht geboten (BVerfGE 129, 208–268). Dabei ist zu berücksichtigen, dass ein absoluter Schutz vor staatlichen Eingriffen und Strafverfolgungsmaßnahmen die Ausnahme bleiben muss, um den vom BVerfG immer wieder betonten unabweisbaren Bedürfnissen einer wirksamen Strafverfolgung durch möglichst vollständige Sachverhaltsaufklärung zu genügen (BVerfG 100, 383, 388). Nur der Kernbereich privater Lebensgestaltung ist dem staatlichen Zugriff schlechthin entzogen und bedarf daher umfassenden Schutzes vor staatlicher Kenntnisnahme (BVerfGE 109, 279, 322). Es unterliegt keinem Zweifel, dass nicht alle Kommunikation mit

Heil- und Beratungsberufsangehörigen diesem Kernbereich zuzuordnen ist (KK-StPO/*Griesbaum* § 160a Rn. 12). Eine Prüfung im Einzelfall unter dem Gesichtspunkt der Verhältnismäßigkeit und Berücksichtigung der Intensität des Eingriffs stellt daher einen ausreichenden Schutz vor unverhältnismäßigen Eingriffen dar. Auch unter dem Gesichtspunkt des Schutzes des Vertrauensverhältnisses im Verhältnis zu RA, Arzt oder Steuerberater gab es schon bisher keinen absoluten Schutz, da dieser im Fall des Verdachts der Beteiligung aufgehoben wird (§ 97 Abs. 2 Satz 3). Der Mandant muss immer damit rechnen, dass der Staat Kenntnis von anvertrauten Tatsachen erhält. Die Regelung greift auch ein, wenn die Maßnahme sich nicht gegen eine geschützte Person richtet.

7 II. Erhebung (Satz 2) Die Prüfung der Verhältnismäßigkeit einer Maßnahme hat bereits bei ihrer Anordnung zu erfolgen, sei es durch Gericht oder StA. Bestehen zu diesem Zeitpunkt Anhaltspunkte, dass sie Tatsachen erbringen würde, die dem Schutz des § 53 unterfallen, ist dies besonders zu berücksichtigen. I.R.d. Verhältnismäßigkeitsprüfung ist das öffentliche und im Einzelfall auch individuell (des Betroffenen der Straftat) begründete Interesse an einer wirksamen, auf die Ermittlung der materiellen Wahrheit und die Findung einer gerechten Entscheidung gerichteten Strafrechtspflege gegen das öffentliche Interesse an den durch die Berufsgeheimnisträger wahrgenommenen Aufgaben und das individuelle Interesse an der Geheimhaltung der ihnen anvertrauten oder bekannt gewordenen Tatsachen abzuwägen (BT-Drucks. 16/5846, S. 36; BGH StV 2013, 1–3). Die Anwendung der Maßnahme wird zu unterbleiben haben, wenn es nicht um Straftaten von erheblicher Bedeutung geht. Eine Straftat hat »erhebliche Bedeutung«, wenn sie mindestens dem Bereich der mittleren Kriminalität zuzurechnen ist, den Rechtsfrieden empfindlich stört und geeignet ist, das Gefühl der Rechtssicherheit der Bevölkerung erheblich zu beeinträchtigen (BVerfGE 109, 279–391; BGH StV 2013, 1–3). Dabei ist der abstrakte Strafrahmen maßgeblich und sogar fahrlässige Körperverletzungen mit erheblichen Tatfolgen sind eingeschlossen (BGH StV 2013, 1–3). Selbst unterhalb dieser Grenze ist eine Anordnung aber nicht gänzlich ausgeschlossen, da der Gesetzgeber ein absolutes Verbot nicht angeordnet hat (»in der Regel nicht«). Zu berücksichtigen ist insb. auch die Schwere des beabsichtigten Eingriffs, da zwischen einer verdeckten Maßnahme nach §§ 100a ff. und einer Beschlagnahme nach § 94 erhebliche Abstufungen der Eingriffsintensität liegen können. Die Verhältnismäßigkeit kann auch durch eine Beschränkung der Maßnahme hergestellt werden, soweit das ihrer Art nach möglich ist (Satz 2).

8 III. Verwertung (Satz 3) Bei der Verwertung von Erkenntnissen gelten die gleichen Kriterien, die auch i.R.d. Satzes 1 bei der Frage der Zulässigkeit der Erhebung zu beachten sind (s. Rdn. 7). Dies soll nach dem Willen des Gesetzgebers zu einem weitgehenden Gleichlauf bei der Beurteilung der Erheb- und Verwertbarkeit führen (BT-Drucks. 16/5846, S. 37). Die Prüfung ist jedoch vielfach zu unterschiedlichen Zeitpunkten vorzunehmen, sodass aufgrund zwischenzeitlicher Änderungen der Sachlage die Verwertbarkeit erlangter Erkenntnisse anders zu beurteilen ist als die Zulässigkeit der Ermittlungsmaßnahme. War eine Erhebung von Erkenntnissen, die dem Zeugnisverweigerungsrecht unterliegen, zunächst wegen des Verdachts einer schweren Straftat gerechtfertigt, kann die Verwertung der Erkenntnisse zur Verfolgung einer Bagatelltat unzulässig sein, wenn sich der ursprüngliche schwerwiegende Verdacht nicht bestätigt. Umgekehrt gilt entsprechendes. Soweit die Erhebung zunächst wegen einer geringfügigen Straftat unzulässig war, kann die Verwertung zulässig sein, wenn im Nachhinein sich der Verdacht einer schwerwiegenden Straftat ergibt (a. A. *Puschke/Singelnstein* NJW 2008, 117). Damit wird von der bisherigen Rechtsprechung abgewichen, die grds. aus der Zulässigkeit der Beweiserhebung auch die Verwertbarkeit folgerte (vgl. BGH NStZ 1983, 85 zu § 97).

9 IV. Besonderheiten bei Heilberufen. Für die Erhebung und Verwertung von Beweisen, die bei einem Arzt erhoben werden, ist ebenso nach diesen Grundsätzen eine Abwägung vorzunehmen. Im Einzelfall können Arztgespräche dem Kernbereich privater Lebensgestaltung zuzuordnen sein (BVerfGE 109, 279, *Meyer-Goßner/Schmitt* § 160a Rn. 13). Jedoch bedeutet dies nicht, dass eine Erhebung oder Verwertung völlig unzulässig wäre. Bei schweren Straftaten kann es geboten sein, Unterlagen des Arztes zu den Verletzungen und den unmittelbaren Folgen der Tat auch gegen den Willen des Verletzten zu beschlagnahmen und zu verwerten, soweit nicht die Ausnahmen des § 97 entgegenstehen. So hat schon die bisherige Rechtsprechung zu § 97 in dieser Vorschrift kein allgemeines Beschlagnahmeverbot gesehen (BVerfG NStZ-RR 2004, 83, BGH StV 1997, 622; *Meyer-Goßner/Schmitt* § 97 Rn. 10). Andererseits stehen die Beschlagnahme von psychiatrischen und psychologischen Befunden des Verletzten oder anderer Zeugen oder gar die Durchführung verdeckter Ermittlungsmaßnahmen zur Aufklärung von Arzt-Patienten-Gesprächen regelmäßig nicht mehr im Verhältnis zum öffentlichen Interesse an der Aufklärung von Straftaten (KK-StPO/*Griesbaum* § 160a Rn. 15). Dies kann aber anders zu beurteilen sein, wenn die Verwertbarkeit zentraler Beweismittel für die Schuldfrage zu prüfen ist (BGH StV 2013, 1–3).

D. Berufshelfer (Abs. 3) Entsprechend der Vorschrift des § 97 Abs. 4 wird der Schutz der Abs. 1 und 2 auf die jeweiligen Berufshelfer erstreckt. 10

E. Verstrickungsregelung (Abs. 4 Satz 1) Im Fall des Verdachts der Beteiligung der Zeugnisverweigerungsberechtigten endet der von den Abs. 1 bis 3 gewährleistete besondere Schutz wie bei den Verstrickungsregelungen der §§ 97 Abs. 2 Satz 3 und § 100c Abs. 6 Satz 3, soweit der Berufsgeheimnisträger der Beteiligung an der Tat oder der Begünstigung, Strafvereitelung oder Hehlerei verdächtigt ist. Im Gesetzgebungsverfahren wurde jedoch auf das zunächst beabsichtigte Erfordernis der Einleitung eines Ermittlungsverfahrens verzichtet (BT-Drucks. 16/6979, S. 67). Erforderlich sind jedoch bestimmte Tatsachen, nicht bloße Vermutungen oder lediglich kriminalistische Erfahrungen, die den Tatverdacht begründen. Gefordert wird, dass auf Grund der Lebenserfahrung oder der kriminalistischen Erfahrung fallbezogen aus Zeugenaussagen, Observationen oder anderen sachlichen Beweisanzeichen auf die fragliche Beweistatsache geschlossen werden kann (BVerfG NJW 2007, 2752) Auch hier soll es zwar zu einem weitgehenden Gleichlauf der Beurteilung von Erheb- und Verwertbarkeit kommen. Jedoch hat die Prüfung ebenfalls zu unterschiedlichen Zeitpunkten zu erfolgen. Aus einer zunächst unzulässigen Erhebung kann sich ein Verdacht gegen den Berufsgeheimnisträger ergeben, in die aufzuklärende Straftat verstrickt zu sein, sodass die Schutzregelung des Abs. 2 nicht mehr eingreift und die gewonnenen Erkenntnisse verwertbar sind (BT-Drucks. 16/5846, S. 37; KK-StPO/*Griesbaum* § 160a Rn. 7; a. A. *Meyer-Goßner/Schmitt* § 160a Rn. 15). Andererseits kann die Verwertung von Erkenntnissen aus zunächst zulässigen Maßnahmen unzulässig sein, wenn der ursprüngliche Verdacht der Verstrickung entfällt (*Meyer-Goßner/Schmitt* § 160a Rn. 15). Die bisherige Rechtsprechung zu § 97 (BGH, NStZ 1983, 85) kann daher nicht mehr fort gelten (*Meyer-Goßner/Schmitt* § 160a Rn. 15). 11

F. Antrags- und Ermächtigungserfordernis bei Medienangehörigen (Abs. 4 Satz 2) Bei Antrags- und Ermächtigungsdelikten ist Satz 1 nur anzuwenden, sobald und soweit der Strafantrag gestellt oder die Ermächtigung erteilt ist. Medienangehörige sollen durch diese Regelung besonders geschützt werden. Die StA kann daher zu solchen Ermittlungsmaßnahmen nur greifen, wenn der Strafantrag oder die Ermächtigung vorliegen (anders für vorl. Festnahme und Verhaftung §§ 127 Abs. 3, 130). Bei Zufallsfunden im Rahmen von Durchsuchungsmaßnahmen gilt § 108 Abs. 3. 12

G. Spezialvorschriften (Abs. 5) Die Spezialvorschriften der §§ 97 und 100c Abs. 6 gehen dem § 160a vor, soweit sie die Zulässigkeit von Maßnahmen regeln. Für die Verwertung greift jedoch § 160a auch im Fall der Beschlagnahme ergänzend ein (BT-Drucks. 16/5846, S. 38). Aus der Einbeziehung der Rechtsanwälte in den absoluten Schutzbereich des Abs. 1 ergibt sich aber noch nicht, dass § 97 Abs. 1 Nr. 3 so auszulegen ist, dass Rechtsanwälte auch einen absoluten Beschlagnahmeschutz genießen. Weiterhin gilt dieser nur im Verhältnis zum Beschuldigten (*Meyer-Goßner/Schmitt*, § 97 StPO Rn. 10a-c mit weiteren Nachweisen). Den Gesetzgeber ist die einschränkende Auslegung des § 97 Abs. 1 Nr. 3 bekannt gewesen. Er hat eine entsprechende Regelung aber nicht vorgenommen. 13

H. Revision. Die Revision kann mit einer Verfahrensrüge auf die Verwertung von Erkenntnissen gestützt werden, die einem Verwertungsverbot nach Abs. 1 Satz 2 und 5 oder Abs. 2 Satz 3 unterlagen. Auf den Verstoß gegen ein Erhebungsverbot kann sich die Revision jedoch nicht stützen, da das Gericht in der Hauptverhandlung über die Verwertung nach den erstgenannten Vorschriften zu entscheiden hat. In der Revisionsbegründung muss dargelegt werden, dass die Voraussetzungen des Abs. 4 nicht vorlagen, wenn eine Verstrickung des Berufsgeheimnisträgers ernsthaft in Betracht kommt (BGHSt 37, 245). Die Revision muss auch darauf hinweisen, dass eine Entbindung von der Schweigepflicht nicht erfolgt war (BGHSt 38, 144). Eines ausdrücklichen Widerspruchs des Angeklagten gegen die Verwertung bedarf es dann nicht, wenn es offensichtlich ist, dass er mit einer strengbeweislichen Verwertung 14

§ 160b StPO Erörterung des Verfahrensstands mit den Verfahrensbeteiligten

zu seinen Lasten nicht einverstanden ist (BGHSt 50, 206, 215f; KK-StPO/*Griesbaum* § 160a Rn. 22). Nicht geklärt ist, ob es eines Widerspruchs des Beschuldigten bzw. des Verteidigers in der Hauptverhandlung gegen die Verwertung bedarf. Dies wird zu bejahen sein, wenn der Beschuldigte über die Verwertung disponieren kann, also allein seine Sphäre berührt ist (KK-StPO/*Grießbaum* § 160a Rn. 22, a. A. wohl *Meyer-Goßner/Schmitt* § 160a Rn. 18).

§ 160b StPO Erörterung des Verfahrensstands mit den Verfahrensbeteiligten.
¹Die Staatsanwaltschaft kann den Stand des Verfahrens mit den Verfahrensbeteiligten erörtern, soweit dies geeignet erscheint, das Verfahren zu fördern. ²Der wesentliche Inhalt dieser Erörterung ist aktenkundig zu machen.

1 **A. Grundsätzliches. I. Normhistorie.** § 160b StPO wurde durch das **Gesetz zur Regelung der Verständigung im Strafverfahren** (hierzu näher § 257c Rdn. 1 ff.) in die StPO eingefügt. Die Gesetzesbegründung (BT-Drucks. 16/12310, S. 11 f.) nimmt ausdrücklich Bezug auf die ähnliche Vorschrift, die bereits im Entwurf zum Opferrechtsreformgesetz aus dem Jahr 2003 vorgesehen war (vgl. BT-Drucks. 15/1976, S. 3, 10 f.), damals aber nicht Gesetz wurde. Auch in dem »Diskussionsentwurf für eine Reform des Strafverfahrens« (auszugsweise abgedruckt in StV 2004, 228, 231) aus dem Jahr 2004 war die Idee eines Erörterungstermins im Vorverfahren erneut aufgegriffen worden. Ggü. dem früheren Regelungsvorschlag verwendet der später Gesetz gewordene Entwurf (BT-Drucks. 16/12310) statt des Begriffs des »Beteiligten« den des »Verfahrensbeteiligten«, spricht von »Erörterung« statt von »Anhörung«, statuiert eine »Kann«-Regelung anstelle einer »Soll«- Regelung und verpflichtet die Staatsanwaltschaft zur Fertigung eines Aktenvermerks über den wesentlichen Inhalt der Erörterungen.

2 Die Vorschrift wird unterschiedlich beurteilt. Während ein Teil der Literatur sie – überzeugend – als klarstellende Vorschrift begrüßt (*Meyer-Goßner/Schmitt* § 160b Rn. 1; KMR/*Plöd* § 160b Rn. 2; N/Sch/W/*Schlothauer* Teil B § 160b Rn. 10; AnwK-StPO/*Walther* § 160b Rn. 7; *Schlothauer/Weider* StV 2009, 600, 606, wohl auch *Kempf* StV 2009, 269, 279), hält ein anderer sie für unschädlich, aber überflüssig (*Ioakimidis* in HbStrVf Rn. VIII 19; *Jahn/Müller* NJW 2009, 2625, 2627 m.w.N.); wieder andere kritisieren die Norm, weil die Pflicht zur Fertigung eines Aktenvermerks eine Erschwerung der Kontaktaufnahme sowie eine Verlagerung von Gesprächen im Ermittlungsverfahren in die Informalität und damit Illegalität befürchten lasse (s. *Fischer* StraFo 2009, 177, 186; *Leipold* NJW-Spezial 2009, 520, 521 sowie *Weimar/Mann* StraFo 2010, 12, 16).

3 **II. Normzweck.** Der Gesetzgeber beabsichtigte mit der Vorschrift ebenso wie mit den zugleich neu geschaffenen §§ 202a, 212, 257b StPO **eine Stärkung der kommunikativen Elemente im Strafverfahrens** (BT-Drucks. 16/12310, S. 2), speziell eine Förderung der Gesprächsmöglichkeiten zwischen der Staatsanwaltschaft und den Verfahrensbeteiligten und, wo Aufgabe und Funktion des Strafverfahrens dies zulassen, die Unterstützung eines offeneren Verhandlungsstils, der das Verfahren insgesamt fördert (BT-Drucks. 16/12310, S. 11). Dies ist zu begrüßen (vgl. bereits *Ignor/Matt* StV 2002, 102 ff.). Die ausdrückliche Klarstellung, dass derartige Gespräche zulässig sind, trägt der Praxis informeller Erörterungen i.R.d. Ermittlungsverfahrens Rechnung (vgl. dazu die Rundverfügung der Generalstaatsanwaltschaft bei dem OLG Frankfurt am Main AnwBl. 1998, 263 f.) und erteilt der daran bisweilen geäußerten Kritik eine Absage (vgl. *Meyer-Goßner/Schmitt* § 160b Rn. 1 m.w.N. zur Gegenansicht). Sie kann dazu beitragen, durchaus vorhandene Zurückhaltungen gegen Erörterungen abzubauen und gibt diesbezüglichen Initiativen eine über die Berufung auf Üblichkeiten hinausgehende rechtliche Basis. Im Hinblick auf die angestrebte **Beschleunigung des Verfahrens** sollen sich die Erörterungen sich nicht nur auf die »Bestandsaufnahme« der Ermittlungen beschränken, sondern auch den weiteren Fortgang des Verfahrens einschließen (BT-Drucks. 16/12310, S. 12, näher Rdn. 7). Die Pflicht, den wesentlichen Inhalt von Erörterungen aktenkundig zu machen, entspricht dem **Transparenzgebot** und beugt einer problematischen Heimlichkeit vor (näher dazu *Ignor* FS Strauda, S. 321, 32 f.).

4 **B. Regelungsgehalt. I. Verfahrensbeteiligte.** Ausweislich der Materialien ist der Begriff der Verfahrensbeteiligten **funktional** zu bestimmen, bezeichnet mithin im Anschluss an *Meyer-Goßner/ Schmitt* (Einl. Rn. 71) grds. die Personen oder Stellen, die nach dem Gesetz eine Prozessrolle ausüben,

d. h. durch eigene Willenserklärungen im prozessualen Sinn gestaltend als Prozesssubjekt mitwirken müssen oder dürfen (BT-Drucks. 16/12310, S. 11). Als Verfahrensbeteiligte sind daher im Stadium des Ermittlungsverfahrens der **Beschuldigte**, dessen **Verteidiger** sowie die **Staatsanwaltschaft** anzusehen (BT-Drucks. 16/12310, S. 11). In Jugendgerichtsverfahren zählen dazu überdies die **Erziehungsberechtigten** und die **gesetzlichen Vertreter** des Beschuldigten (N/Sch/W/*Schlothauer* Teil B § 160b Rn. 12). Regelmäßig wird sich die Erörterung auf den Verteidiger und die Staatsanwaltschaft beschränken. Die Materialien erweitern diesen Personenkreis auf den **Nebenklageberechtigten**, unabhängig davon, dass sich dieser gem. § 395 Abs. 1 erst einer erhobenen öffentlichen Klage anschließen kann. Begründet wird dies mit den möglichen Auswirkungen derartiger Rechtsgespräche auf folgende Abschnitte des Strafverfahrens (BT-Drucks. 16/12310, S. 11; zust. *Nistler* JuS 2009, 916, 917 mit Blick auf einen möglichen Täter-Opfer-Ausgleich; abl. N/Sch/W/*Schlothauer* Teil B § 160b Rn. 14). Rechtsdogmatisch stimmiger erscheint allerdings die Begründung dieses Ergebnisses mit dem rein deklaratorischen Charakter der gerichtlichen Zulassung des Nebenklageberechtigten nach § 396 Abs. 2 S. 1 (so zutr. *Jahn/Müller* NJW 2009, 2625, 2627). Entgegen der in den Materialien geäußerten Rechtsansicht (BT-Drucks. 16/12310, S. 11) ist auch der nicht zur Nebenklage berechtigte **Verletzte** als Verfahrensbeteiligter anzusehen. Zwar stehen diesem keine prozessualen Gestaltungsrechte zu, sondern gem. §§ 406d ff. lediglich Informations- und Schutzrechte; jedoch ist seine Mitwirkung insb. im Rahmen eines Täter-Opfer-Ausgleichs unabdingbar (vgl. § 155a S. 3 StPO), sodass er bei funktionaler Betrachtungsweise als Verfahrensbeteiligter anzusehen ist (ebenso N/Sch/W/*Schlothauer* Teil B § 160b Rn. 14; a. A. KMR/*Plöd* § 160b Rn. 4). Darüber hinaus sind auch die **Finanzbehörden** als Verfahrensbeteiligte anzusehen, weil sie gem. § 403 AO im Ermittlungsverfahren zu beteiligen sind und ihnen im gerichtlichen Verfahren Beteiligungsrechte nach § 407 AO zustehen (BT-Drucks. 16/12310, S. 11; zust. N/Sch/W/*Schlothauer* Teil B § 160b Rn. 13). Gleiches gilt für die **Verwaltungsbehörden** in Bußgeldverfahren sowie für die **Jugendgerichtshilfe** in Jugendgerichtsverfahren (N/Sch/W/*Schlothauer* Teil B § 160b Rn. 12). Nicht verfahrensbeteiligt sind hingegen **Zeugen** und **Sachverständige** (*Meyer-Goßner/Schmitt* § 160b Rn. 4). Gleiches gilt für **Angehörige der Gerichtshilfe** und der **Bewährungshilfe** (N/Sch/W/*Schlothauer* Teil B § 160b Rn. 13).

II. Verfahren, Voraussetzung und Inhalt der Erörterung. 1. Verfahren. Entgegen seiner Formulierung setzt § 160b StPO nicht zwingend voraus, dass die **Initiative** für das Rechtsgespräch von der Staatsanwaltschaft ausgeht (so zutreffend *Jahn/Müller* NJW 2009, 2625, 2627). Sowohl diese als auch die **sonstigen Modalitäten** der Kommunikation – ob fernmündlich oder im Rahmen eines persönlichen Gesprächs, ob zusammen mit den übrigen Verfahrensbeteiligten oder zunächst nur zwischen der Staatsanwaltschaft und dem Verteidiger – überlässt der Gesetzgeber vielmehr den Verfahrensbeteiligten (BT-Drucks. 16/12310, S. 12) und trägt damit dem Grundsatz der freien Gestaltung des Ermittlungsverfahrens Rechnung (*Meyer-Goßner/Schmitt* § 160b Rn. 7; ebenso AnwK-StPO/*Walther* § 160b Rn. 5; Graf/*Patzak* § 160b Rn. 6). Für den Verteidiger empfiehlt es sich, eine entsprechende Erörterung ggf. anzuregen. Gemäß dem Wortlaut der Norm steht es im pflichtgemäßen Ermessen der Staatsanwaltschaft, ob sie ein Rechtsgespräch führt oder nicht. Die im Entwurf zum Opferrechtsreformgesetz vorgesehene »Soll«-Regelung wurde mit Blick auf die Verfahrensherrschaft der Staatsanwaltschaft im Ermittlungsverfahren bewusst verworfen (vgl. BT-Drucks. 16/12310, S. 12). Damit ist zugleich klargestellt, dass den Verfahrensbeteiligten **kein Anspruch** auf ein Gespräch zusteht (so auch *Beulke* Rn. 395c; *Meyer-Goßner/Schmitt* § 160b Rn. 5; Graf/*Patzak* § 160b Rn. 4) und ein solches bzw. die Teilnahme daran – abgesehen von der Möglichkeit, disziplinarische Maßnahmen anzuregen – **nicht im Rechtsweg durchsetzbar** sind (N/Sch/W/*Schlothauer* Teil B § 160b Rn. 10, 14).

2. Voraussetzung: Geeignetheit zur Verfahrensförderung. Die vom Gesetz vorausgesetzte Geeignetheit zur Verfahrensförderung mutet auf den ersten Blick tautologisch an (vgl. *Fischer* StraFo 2009, 177, 186: »wann sonst?«). Den Materialien zufolge soll damit darauf hingewiesen werden, dass nicht nur der gegenwärtige Stand des Verfahrens, sondern auch der weitere Verfahrensgang zum Gegenstand der Erörterung gemacht werden kann (BT-Drucks. 16/12310, S. 12). Die Formulierung ist daher richtigerweise als **Zielbeschreibung** (vgl. oben Rdn. 3) und nicht etwa als Einschränkung des Anwendungsbereichs der Norm anzusehen.

3. Inhalt der Erörterung. Zum Begriff der »Erörterung« s. § 202a Rdn. 6 ff. Die möglichen Inhalte von Erörterungen mit der Staatsanwaltschaft im Ermittlungsverfahren sind **vielfältig**. Sie können sowohl im Rechtlichen wie auch im Tatsächlichen liegen, sowohl einzelne Verfahrenshandlungen wie auch das Verfahren insgesamt zum Gegenstand haben. Der Begriff der »**Förderung« des Verfahrens** ist **weit** zu verstehen. Im Interesse der Verfahrensförderung kann es bereits angezeigt sein, dass die Beteiligten ihre jeweilige Sichtweise verdeutlichen. Darüber hinaus kommt ein Vielzahl möglicher Verständigungen im weiteren Sinn in Betracht, bspw. über die Anordnung/Aufhebung von Zwangsmitteln, einen Täter-Opfer-Ausgleich und Schadenswiedergutmachung (§ 46a StGB), die Auswahl von Sachverständigen (Nr. 70 RiStBV), (Teil-) Einstellungen wegen Geringfügigkeit (§ 153 StPO) oder gegen Auflagen (§ 153a StPO), die Beschränkung des Verfahrens auf bestimmte Taten (§§ 154, 154a StPO), Verfahrensabtrennungen und Verfahrensverbindungen, den Übergang ins Strafbefehlsverfahren (§§ 407 ff.)/die Strafbefehlshöhe, die Unternehmensgeldbuße (§ 30 OWiG) und/oder den Verfall (§ 29a OWiG), die Berücksichtigung weiterer, ggf. auch außerstrafrechtlicher Verfahren (z.B. Steuerverfahren, Beitragsverfahren) und dortiger Verfahrensergebnisse, eine schnelle Anklage (vgl. MAH/ *Ignor/Matt/Weider* § 13 Rn. 4, 92 ff.). Auch wenn Verfahrensabsprachen, die eine Beteiligung des Gerichts erfordern, im Ermittlungsverfahren noch nicht möglich sind, können bereits mögliche Verständigungen in der Hauptverhandlung ins Auge gefasst und erörtert werden (vgl. BT-Drucks. 16/12310, S. 12; *Meyer-Goßner/Schmitt* § 160b Rn. 6), wobei auch schon – entgegen einer in der Praxis verbreiteten Meinung – Belange des Opferschutzes eine Rolle spielen können.

III. Dokumentationspflicht (S. 2) 1. Voraussetzungen. Umstritten ist, wann die Staatsanwaltschaft zur Fertigung eines Aktenvermerks über eine Erörterung verpflichtet ist. Gegen die Auffassung, die Staatsanwaltschaft müsse jede Anfrage eines Verteidigers aktenkundig machen (*Fischer* StraFo 2009, 177, 186), spricht schon der Wortlaut der Vorschrift (»Erörterung«). Auch im Hinblick auf die mit der Norm bezweckte Verfahrensförderung (vgl. oben Rdn. 6) ist diese Auffassung zu weit. Sinnvollerweise besteht eine Dokumentationspflicht mithin nicht bei jeder Kontaktaufnahme (so auch *Meyer-Goßner/Schmitt* § 160b Rn. 8; *Bittmann* wistra 2009, 414), sondern nur bei solchen Kontakten zwischen den Verfahrensbeteiligten, bei denen es zumindest zu einer **argumentativen Auseinandersetzung** über den Verfahrensstand oder über das weitere Verfahren kommt. Jedenfalls sind sämtliche erreichten Verständigungen insbesondere gegenüber dem Gericht offenzulegen (BGH Urt. v. 29.11.2011 – 1 StR 287/11; BGH Beschl. v. 22.02.2012 – 1 StR 349/11 = NStZ 2013, 353).

2. Umfang. Die Staatsanwaltschaft ist nach dem Wortlaut der Norm verpflichtet, den »wesentlichen Inhalt« der Erörterung zu dokumentieren. Dazu gehört, **dass** ein Rechtsgespräch stattgefunden hat, **mit wem** es geführt und **welches Ergebnis** erzielt wurde. Letzteres ist insb. bei **Zusagen** (siehe unten Rdn. 10) erforderlich (*Meyer-Goßner/Schmitt* § 160 Rn. 8; KMR/*Plöd* § 160b Rn. 6; N/Sch/ W/*Schlothauer* Teil B § 160b Rn. 23). Die Dokumentation kann aber auch dazu beitragen, Streitiges und/oder Unstreitiges festzuhalten und Missverständnisse auszuräumen oder solchen vorzubeugen. Daher kann sich die **Unterzeichnung** des Aktenvermerks durch den/die anderen Verfahrensbeteiligten empfehlen (so auch AnwK-StPO/*Walther* § 160b Rn. 8; *Jahn/Müller* NJW 2009, 2625, 2627), hilfsweise die Übersendung einer Art »**Bestätigungsschreiben**«. Gibt ein Vermerk nach Auffassung eines Verfahrensbeteiligten den Inhalt einer Erörterung ganz oder in Teilen nicht zutreffend wieder, ist zu einer »**Gegendarstellung**« zu raten. Hiermit kann zugleich dem befürchteten Streit über die Wahrheit der Erörterungsvermerke und dessen Instrumentalisierung als »Verhandlungsmasse für Absprachen« (*Fischer* StraFo 2009, 177, 186) vorgebeugt werden.

IV. Bindungswirkung. Anders als bei einer Verständigung mit dem Gericht i.R.d. Hauptverhandlung (vgl. § 257c Abs. 4 S. 1 StPO) ist die Frage, ob **Zusagen** im Rahmen einer Erörterung i.S.d. § 160b StPO rechtlich bindend sind, gesetzlich nicht geregelt; auch in den Materialien finden sich dazu keine Ausführungen. Vor allem stellt sich diese Frage bei Zusagen der Staatsanwaltschaft (dazu MAH/*Ignor/ Matt/Weider* § 13 Rn. 98 ff.; Anforderungen an solche Zusagen bei *Landau* DRiZ 1995, 132, 140 f.). Entsprechend **allgemeinen Grundsätzen des Vertrauensschutzes** besteht wohl Einigkeit darüber, dass die Erfüllung der Zusage durch einen Verfahrensbeteiligten die anderen an die von ihnen abgegebene Zusage bindet bzw. ein einseitiges Sich-Lösen eines Verfahrensbeteiligten auch für den anderen die Verpflichtung zur Einhaltung entfallen lässt (*Meyer-Goßner/Schmitt* § 160b Rn. 9).

Ist der Anklagte ggü. der Staatsanwaltschaft in »**Vorleistung**« gegangen ist, muss er im Fall enttäuschten **11** Vertrauens eine **Kompensation** erhalten (N/Sch/W/*Schlothauer* Teil B Rn. 26). Erhebt bspw. die Staatsanwaltschaft entgegen ihrer Zusage, gem. § 154 Abs. 1 von einer Verfolgung abzusehen, Anklage in einem weiteren Verfahren, so hat das Gericht die Eröffnung des Hauptverfahrens abzulehnen (vgl. N/Sch/W/*Schlothauer* Teil B § 160a Rn. 26). Bei einer sachlich nicht gerechtfertigten Lösung des Verletzten von Zusagen im Rahmen von Erörterungen gem. § 160b kommt hingegen nur ein Ausgleich *inter partes* gem. §§ 812 ff. BGB in Betracht (N/Sch/W/*Schlothauer* Teil B § 160b Rn. 27).

V. Keine Mitteilungspflicht in der Hauptverhandlung. Erörterungen zwischen Staatsanwaltschaft und Verteidigung im Hinblick auf eine mögliche Verständigung (§ 257c StPO) unterliegen nicht der Mitteilungspflicht des § 243 Abs. 4 S. 1 StPO, die nur »Erörterungen nach §§ 202a, 212« erfasst (vgl. BGH, Beschl. v. 25.02.2015 – 5 StR 258/13 = NStZ 2015, 232).

§ 161 StPO Allgemeine Ermittlungsbefugnis der Staatsanwaltschaft.

(1) ¹Zu dem in § 160 Abs. 1 bis 3 bezeichneten Zweck ist die Staatsanwaltschaft befugt, von allen Behörden Auskunft zu verlangen und Ermittlungen jeder Art entweder selbst vorzunehmen oder durch die Behörden und Beamten des Polizeidienstes vornehmen zu lassen, soweit nicht andere gesetzliche Vorschriften ihre Befugnisse besonders regeln. ²Die Behörden und Beamten des Polizeidienstes sind verpflichtet, dem Ersuchen oder Auftrag der Staatsanwaltschaft zu genügen, und in diesem Falle befugt, von allen Behörden Auskunft zu verlangen.
(2) ¹Ist eine Maßnahme nach diesem Gesetz nur bei Verdacht bestimmter Straftaten zulässig, so dürfen die auf Grund einer entsprechenden Maßnahme nach anderen Gesetzen erlangten personenbezogenen Daten ohne Einwilligung der von der Maßnahme betroffenen Personen zu Beweiszwecken im Strafverfahren nur zur Aufklärung solcher Straftaten verwendet werden, zu deren Aufklärung eine solche Maßnahme nach diesem Gesetz hätte angeordnet werden dürfen. ²§ 100d Abs. 5 Nr. 3 bleibt unberührt.
(3) In oder aus einer Wohnung erlangte personenbezogene Informationen aus einem Einsatz technischer Mittel zur Eigensicherung im Zuge nicht offener Ermittlungen auf polizeirechtlicher Grundlage dürfen unter Beachtung des Grundsatzes der Verhältnismäßigkeit zu Beweiszwecken nur verwendet werden (Artikel 13 Abs. 5 des Grundgesetzes), wenn das Amtsgericht (§ 162 Abs. 1), in dessen Bezirk die anordnende Stelle ihren Sitz hat, die Rechtmäßigkeit der Maßnahme festgestellt hat; bei Gefahr im Verzug ist die richterliche Entscheidung unverzüglich nachzuholen.

Übersicht	Rdn.		Rdn.
A. Allgemeines	1	III. Ermittlungen jeder Art (Abs. 1 Satz 1, 2. Alt.)	17
B. Befugnisse (Abs. 1)	2	1. Vernehmungen und Augenschein	17
I. Auskunft von Behörden (Satz 1)	2	2. Andere Ermittlungsmaßnahmen	18
II. Gesetzlich geregelte Ausnahmen	5	3. Auslandsermittlungen	19
1. Steuergeheimnis	5	4. Aufträge und Ersuchen an die Polizei	24
2. Sozialgeheimnis	7	C. Verwendung durch nicht strafprozessuale Maßnahmen erlangter Daten (Abs. 2)	27
3. Krankenunterlagen	13		
4. Post- und Fermeldegeheimnis	14	D. Verwendung personenbezogener Informationen aus einem Einsatz technischer Mittel (Abs. 3)	29
5. Mautdaten	15		
6. Sperrerklärung	16		

A. Allgemeines. Abs. 1 wurde durch das Strafverfahrensänderungsgesetz 1999 neu gefasst. Er regelt als **Ermittlungsgeneralklausel** allgemein die Befugnisse der StA und der Steuerbehörde und ihr Recht von Behörden Auskunft zu verlangen, um ihre nach § 160 bestehende Pflicht zu erfüllen. Abs. 2 ist durch das Gesetz zur Neuregelung der TKÜ- und anderer verdeckter Ermittlungsmaßnahmen mit Wirkung v. 01.01.2008 eingeführt worden. Er regelt die Verwendung von Daten, die durch nicht strafprozessuale Maßnahmen erlangt wurden, unter dem Gesichtspunkt des hypothetischen Ersatzeingriffs. Abs. 3 war ursprünglich als Abs. 2 durch das Gesetz von 1999 eingeführt worden und beschreibt die verfahrensrechtlichen Voraussetzungen der Verwertung von Daten, die anlässlich des Einsatzes technischer Mittel zur Eigensicherung in Wohnungen erhoben wurden.

2 **B. Befugnisse (Abs. 1) I. Auskunft von Behörden (Satz 1)** Behörden im Sinne dieser Vorschrift sind alle inländischen Behörden gem. § 4 Abs. 1 und § 1 Abs. 4 VwVfG. Gerichte sowie andere StA und Polizeibehörden fallen hierunter soweit sie nicht am Ermittlungsverfahren im Sinne dieses Gesetzes beteiligt sind (Ermittlungsrichter, auswärtige StA, die ersucht wird i.S.d. § 161a Abs. 4; LR/*Erb* § 161 Rn. 11). Die StA kann den Gerichtspräsidenten oder Behördenleiter um Auskunft ersuchen. Die Behörde ist verpflichtet dem Verlangen erschöpfend nachzukommen, auch wenn dies einen erheblichen personellen und sachlichen Aufwand bedeutet, und kann nur in den gesetzlich geregelten Fällen die Auskunft verweigern (KMR/*Plöd* § 161 Rn. 2). Die Verweigerung der Auskunft ist zu begründen. Das Recht auf informationelle Selbstbestimmung gilt für Behörden nicht.

3 Das **Bankgeheimnis** ist gesetzlich nicht geregelt und stellt sich nur als eine vertragliche Pflicht zur Verschwiegenheit dar. Öffentlich-rechtlich organisierte Kreditinstitute (Sparkassen) haben daher Auskunft zu erteilen (h.M.; KK-StPO/*Griesbaum* § 161 Rn. 8; *Meyer-Goßner/Schmitt* § 161 Rn. 4; LG Hamburg NJW 1978, 958; a. A. LR/*Erb* § 161 Rn. 28), Privatbanken sind zur schriftlichen Auskunft berechtigt, aber nicht verpflichtet. Bei Verweigerung der Auskunft ist ein verantwortlicher Mitarbeiter zur Vernehmung zu laden, der sich zur Vorbereitung auf die Vernehmung die erforderlichen Unterlagen zu beschaffen hat. Zur Vermeidung dieser Vernehmung kann und sollte die Bank die geforderten Auskünfte schriftlich erteilen (LR/*Erb* § 161 Rn. 28a). Banken sind auch nach § 95 zur Herausgabe von Unterlagen verpflichtet. Die unberechtigte Auskunftsverweigerung durch die Bank kann eine Strafvereitelung nach § 258 StGB darstellen. Für Steuerstraftaten ist § 30a AO zu beachten.

4 Nach § 24c Abs. 3 Satz 1 Nr. 2 KWG können die Strafverfolgungsbehörden von der Bundesanstalt für Finanzdienstleistungen (**BaFin**) Auskunft über die sog. Stammdaten (Kontonummern, Namen des Inhabers und der Verfügungsberechtigten) aller von den Kreditinstituten mitgeteilten Bankkonten verlangen (vgl. BVerfGE 118, 168). Für den Inhalt der Konten muss aber dann eine Auskunft der sie führenden Banken erholt werden. Die Erholung der Stammdaten ist nicht auf Fälle von schweren Straftaten beschränkt (OLG Stuttgart ZIP 2015, 947). Es gibt keinen Grundsatz, dass eine solche Auskunftserholung erst zulässig ist, wenn die Ermittlungsbehörden den Sachverhalt nicht auf andere Weise z.B. durch Vernehmung des Beschuldigten aufklären können. Anders als § 93 Abs. 7 und 8 AO enthält § 24c KWG keine als Subsidiaritätsklausel auszulegende Regelung (vgl. *Brender* ZRP 2009, 198). Die StA entscheidet daher in freier Ausgestaltung des Ermittlungsverfahrens, wann die Auskunftserholung erforderlich i.S.d. § 24c Abs. 3 Satz 1 Nr. 2 KWG ist.

5 **II. Gesetzlich geregelte Ausnahmen. 1. Steuergeheimnis.** Das **Steuergeheimnis** des § 30 Abs. 1 AO darf nur unter den Voraussetzungen des § 30 Abs. 4 AO gebrochen werden. Die Zustimmung des Betroffenen zur Offenbarung (§ 30 Abs. 4 Nr. 1 AO) dürfte eher die Ausnahme sein. Von Bedeutung sind v.a. Abs. 4 Nr. 4 Buchst. a) und b) der Vorschrift. Wenn die Kenntnisse im Verfahren wegen einer Steuerstraftat oder -ordnungswidrigkeit erlangt worden sind, dürfen sie offenbart werden, soweit es sich nicht um Tatsachen handelt, die der Steuerpflichtige in Unkenntnis der Einleitung des Straf- oder Bußgeldverfahrens offenbart hat.

6 Von praktischer Relevanz ist insb. die Offenbarungsbefugnis aufgrund eines zwingenden öffentlichen Interesses i.S.d. § 30 Abs. 4 Nr. 5 Buchst. a) und b) AO. Die StA kann bei Ermittlungen wegen Kapitaldelikten und gefährlichen oder schweren Körperverletzungen, Straftaten gegen den Staat und seine Einrichtungen sowie schwerwiegenden Wirtschaftsstraftaten uneingeschränkt Auskünfte der Finanzbehörden verlangen.

7 **2. Sozialgeheimnis.** Sozialleistungsträger und ihnen durch Gesetz gleichgestellte Behörden dürfen und müssen nach § 35 Abs. 1 und 3 SGB I die Auskunft verweigern. Ihre Unterlagen dürfen nicht beschlagnahmt werden (KMR/*Plöd* § 161 Rn. 11).

8 Das Sozialgeheimnis steht der Auskunftserteilung und Beschlagnahme nicht entgegen, wenn eine schriftliche Einwilligung des Betroffenen (§ 67 Abs. 1 SGB X) oder eine nach Belehrung zu Protokoll erklärte Einwilligung (§ 67 Abs. 2 SGB X) vorliegen. In diesem Fall ist die Auskunft uneingeschränkt zulässig. Ebenso kann die StA im Wege der Amtshilfe gem. Art. 35 GG die in § 68 Abs. 1 SGB X genannten Daten (Name, Vorname, Geburtsdatum, Geburtsort, derzeitige Anschrift des Betroffenen, sei-

nen derzeitigen oder zukünftigen Aufenthalt sowie Namen und Anschriften seiner derzeitigen Arbeitgeber) erfragen und die Übermittlung der in § 68 Abs. 3 SGB X genannten Daten zur Durchführung einer Rasterfahndung verlangen. Im Fall des Abs. 1 stehen einem staatsanwaltlichen Auskunftsersuchen zur Aufklärung einer Straftat i.d.R. keine schutzwürdigen Belange entgegen (*Meyer-Goßner/Schmitt* § 161 Rn. 5, KK-StPO/*Griesbaum* § 161 Rn. 9, KMR/*Plöd* § 161 Rn. 11) Mangels gesetzlicher Regelung bedarf es keiner richterlichen Anordnung, § 73 Abs. 3 gilt nicht (*Meyer-Goßner/Schmitt* § 161 Rn. 5; LR/*Erb* § 161 Rn. 23).

Auskünfte können auch gem. § 69 Abs. 1 Nr. 2 SGB X erteilt werden zur Erfüllung sozialgesetzlicher Aufgaben. Hierunter fallen Ermittlungsverfahren wegen Unterhaltspflichtverletzungen, die zu Leistungen der Sozialbehörde geführt haben, das Erschleichen von Sozialleistungen und der Abrechnungsbetrug durch Leistungserbringer ggü. den Sozialbehörden (*Welke* DÖV 2010, 175). Die StA kann auch hier ohne richterliche Anordnung Auskunft im Wege der Amtshilfe verlangen (LR/*Erb* § 161 Rn. 23; *Meyer-Goßner/Schmitt* § 161 Rn. 6; *Hardtung* NJW 1992, 211; *von Wulffen* SGB X, § 69 Rn. 26; *Kerl* NJW 1984, 2444; *Welke* DÖV 2010, 175; a.A. LG Hamburg, NJW 1984; *Zeibig* NJW 1999, 339 ff.). 9

I.Ü. ist nach § 73 SGB X im Fall eines Verbrechens i.S.v. § 12 StGB uneingeschränkt Auskunft zu erteilen, § 73 Abs. 3. Bei Vergehen ist die Auskunft auf die in § 72 Abs. 1 Satz 2 SGB X genannten Daten und die Angaben über erbrachte und zukünftige Geldleistungen zu beschränken. Nach Abs. 3 ist in diesen Fällen eine richterliche Anordnung erforderlich. Zuständig ist der Ermittlungsrichter gem. § 162 Abs. 1. Die Behörden haben nach ergangener Anordnung kein Recht, die Auskunft zu verweigern (LR/*Erb* § 161 Rn. 24). Abs. 1 § 73 Abs. 1 und Abs. 3 SGB X gehen bzgl. der Erlangung von Sozialdaten den allgemeinen strafprozessualen Vorschriften vor (*v. Wulffen* SGB X, § 73 Rn. 2). 10

Nach § 61 SGB VIII gelten diese Vorschriften auch für die Jugendgerichtshilfe, insb. § 76 SGB X für in deren Akten enthaltene ärztliche Daten (LG Hamburg NStZ 1993, 401). § 61 Abs. 3 SGB VIII berechtigt und verpflichtet die JGH zur Offenbarung ggü. den Gerichten und der StA (KMR/*Plöd* § 161 Rn. 11). 11

§ 76 SGB X garantiert, dass von **Ärzten oder anderen Berufsgeheimnisträgern** übermittelte Daten nur unter den Voraussetzungen übermittelt werden dürfen, unter denen diese selbst Auskunft erteilen dürften. Die Vorschrift steht einer Offenbarung von Abrechnungsdaten im Rahmen von Ermittlungsverfahren wegen Abrechnungsbetrugs nicht entgegen (*von Wulffen* SGB X, § 76 Rn. 9; s. a. § 81a SGB V, der die Kassenärztlichen Vereinigungen zur Unterrichtung der StA beim Verdacht von Straftaten verpflichtet). Zur Beschlagnahme von Abrechnungsunterlagen vgl. *Seibert* NStZ 1987, 398. 12

3. Krankenunterlagen: Behörden, die ärztliche Behandlungsdaten erheben, unterliegen der ärztlichen Schweigepflicht und müssen nur im Fall der Entbindung hiervon Auskunft erteilen. Dies gilt auch für im Strafvollzug tätige Ärzte. Der Anstaltsarzt (vgl. § 158 StVollzG) darf nur Behandlungsdaten übermitteln, wenn diese Grundlage für Vollzugsentscheidungen bilden. Im Ermittlungsverfahren bedarf es einer Entbindung von der ärztlichen Schweigepflicht (SSW-StGB/*Bosch* § 203 Rn. 7; LK/*Schünemann* § 203 Rn. 157). 13

4. Post- und Fermeldegeheimnis. Das Postgeheimnis und das Fernmeldegeheimnis (Art. 10 GG, § 39 PostG) stehen einer Auskunft entgegen, wenn nicht die Voraussetzungen der §§ 99, 100g vorliegen. Telekommunikationsunternehmen, die wirtschaftlich tätig sind, sind keine Behörden i.S.d. § 161 (KMR/*Plöd* § 161 Rn. 6). In den Schutzbereich des Art. 10 GG fallen nicht Verbindungsdaten, die nach Abschluss des Telekommunikationsvorgangs aufgezeichnet und gespeichert werden. Sie können Gegenstand eines Auskunftsverlangens gegenüber Behörden und privaten Telekommunikationsunternehmen sein, wenn der Eingriff in das Recht auf informationelle Selbstbestimmung nicht schwerwiegend ist (BVerfG WM 2011, 211). 14

5. Mautdaten. Autobahnmautdaten sind für Zwecke des Ermittlungsverfahrens nach geltender Rechtslage auch bei Verdacht schwerster Straftaten nicht verwertbar, § 4 Abs. 2 Satz 4 ABMG (krit. LR/*Erb* § 161 Rn. 26a). 15

6. Sperrerklärung. Behörden dürfen Auskünfte verweigern, soweit sie dem Wohl des Bundes oder eines Landes Nachteile bereiten würden oder die Erfüllung öffentlicher Aufgaben ernstlich gefährdet 16

§ 161 StPO Allgemeine Ermittlungsbefugnis der Staatsanwaltschaft

oder erheblich erschwert würde (Rechtsgedanke der § 96, § 39 BRRG und § 5 VwVfG; KMR/*Plöd* § 161 Rn. 4). Nach diesem Grundsatz können insb. Auskünfte zu Gewährsleuten verweigert werden.

17 **III. Ermittlungen jeder Art (Abs. 1 Satz 1, 2. Alt.) 1. Vernehmungen und Augenschein.** Zunächst kommen hier die klassischen Beweismittel der Zeugenvernehmung, des Sachverständigenbeweises und der Augenscheinnahme in Betracht. Nur die StA kann die Zeugenvernehmungen zwangsweise durchsetzen und Sachverständige zur Erstellung ihrer Gutachten zwingen (§ 161a). Die Besichtigung des Tatortes kann der Staatsanwalt zwar leiten, die Spurensicherung und andere Dokumentationen wird er aber den hierfür geschulten Polizeibeamten oder einem von ihm beauftragten Sachverständigen überlassen.

18 **2. Andere Ermittlungsmaßnahmen.** Daneben treten die von der StPO genannten Ermittlungsmaßnahmen, die häufig vom Ermittlungsrichter angeordnet werden müssen: Die körperliche Untersuchung eines Beschuldigten (§ 81a) oder eines Zeugen (§ 81c), die Beschlagnahme eines Beweisgegenstandes (§§ 94, 98), Rasterfahndung (§§ 98a bis c), Postbeschlagnahme (§§ 99, 100), die Durchführung von Telekommunikations- und Wohnraumüberwachungsmaßnahmen (§§ 100a ff.) oder Durchsuchungen (§§ 102, 103 Abs. 1 Satz 1, 105) sind von der StA einzusetzen, wenn dies zur Erforschung des Sachverhaltes zweckdienlich, erforderlich und verhältnismäßig erscheint. Dabei gilt der Grundsatz der freien Gestaltung des Ermittlungsverfahrens (LR/*Erb* § 161 Rn. 31). Bei dieser Entscheidung ist jedoch das Verhältnismäßigkeitsprinzip zu beachten (LR/*Erb* § 161 Rn. 32). Von der Durchführung personal- oder kostenintensiver Maßnahmen kann abgesehen werden, wenn das Opportunitätsprinzip (§§ 153 ff.) die Verfolgung nicht gebietet, oder dieser Aufwand außer Verhältnis zur Schwere des Verdachts oder der Tat steht. Bei Großverfahren wegen Straftaten mit einer Vielzahl von Geschädigten (Abrechnungs- oder Anlagebetrug, Betrug mittels Internet, Heilbehandlungen durch vorgebliche Ärzte) kann zunächst statt einer persönlichen Vernehmung der Geschädigten als Zeugen die Beantwortung eines schriftlichen Fragenkatalogs zu zentralen Punkten (Schadenshöhe, Täuschungshandlungen bzw. Behandlungsdaten) ausreichend sein. Anschließend kann in frühzeitiger Anwendung des § 154 Abs. 1 der Verfahrensstoff auf einige Geschädigte beschränkt werden, bei denen der Schaden oder die Folgen der Tat besonders schwer wiegen. Zum Umfang des gerichtlichen und deshalb auch von der StA zu beachtenden Aufklärungsbedarfs bei Verfahren wegen Massenbetrugs oder ähnlichen Seriendelikten vgl. BGH NStZ 2015, 98: Eventuell genügt die Beschränkung auf die Einvernahme einzelner Zeugen, wenn sich hieraus schon ein schlüssiges Bild des Tatgeschehens und der (täuschungsbedingten) Vorstellungen der potentiellen Geschädigten ergibt.

19 **3. Auslandsermittlungen.** Weder die StA noch die Polizei können hoheitliche Ermittlungstätigkeit im Ausland vornehmen, soweit nicht internationale Abkommen (SDÜ, insb. Art. 40, 41) oder bilaterale Abkommen mit den Nachbarländern (z.B. **Österreich**, Abkommen v. 10. November und 19.12.2003, BGBl. II 2005, S. 1307) dies gestatten. Die StA kann Rechtshilfeersuchen nach den Vorschriften des IRG an die Behörden anderer Staaten richten, die Einzelheiten regeln die Richtlinien für den Verkehr mit dem Ausland in strafrechtlichen Angelegenheiten (RiVASt). Aufseiten der StA ist dringend die Konzentration des Rechtshilfeverkehrs auf ein oder mehrere Spezialdezernate zu empfehlen, da ein erfolgreiches Ersuchen die Beachtung spezieller Vorschriften voraussetzt. In der Praxis kann es bei bedeutenden oder eilbedürftigen Ermittlungshandlungen erforderlich sein, dass die StA die ermittelnde Polizeidienststelle ersucht, einen direkten Kontakt mit der am Zielort zuständigen Polizeibehörde herzustellen. Auf diese Weise können das weitere Vorgehen besprochen und eilbedürftige Ermittlungsmaßnahmen vorbereitet werden. Das Rechtshilfeersuchen kann vorab per Telefax übermittelt werden. In den an Deutschland angrenzenden Staaten gibt es Kontaktdienststellen der Bundespolizeibehörden, die unmittelbar mit (ggf. deutschsprachigen) Beamten der Nachbarstaaten Fühlung haben. Hier kann ein Kontakt zu Behörden vor Ort vermittelt werden. Bei den Botschaften der Bundesrepublik sind Kontaktbeamte des BKA tätig, die ebenfalls mit den örtlichen Stellen der Justiz und Polizei zusammenarbeiten (s. § 3 BKAG). Ohne solche Vorbereitung ist bei Rechtshilfeersuchen mit einer längeren Laufzeit zu rechnen, die sich bei einigen Staaten auf Jahre ausdehnen kann. Die ausländischen Behörden sollten in bedeutenden Fällen ersucht werden, die Anwesenheit deutscher Ermittlungspersonen bei Vernehmungen von Zeugen und Beschuldigten sowie die Stellung von Fragen zu gestatten. Die Anwe-

senheit eines deutschen Staatsanwaltes bei Ermittlungshandlungen im Ausland verleiht dem Ersuchen zusätzliches Gewicht.

Der Rahmenbeschluss 2008/978/JI des Rates v. 18.12.2008 über die **Europäische Beweisanordnung** 20 zur Erlangung von Sachen, Schriftstücken und Daten zur Verwendung in Strafsachen bedarf noch der nationalen Umsetzung. Damit ist nun nicht mehr zu rechnen, da an seine Stelle die Richtlinie über die europäische Ermittlungsanordnung (EEA, 2010/0817(COD)) getreten ist (vgl. auch *Swoboda* HRRS 2014, 10). Eine Umsetzung ist aber auch hier bisher nicht erfolgt (vgl. BT-Drucks. 18/1439 S. 4).

Eurojust wurde errichtet durch den Beschluss 2002/187/JI des Rates, geändert durch den Beschluss 21 2009/426/JI des Rates vom 16. Dezember 2008, umgesetzt durch das Eurojust-Gesetz EJG. Aufgabe ist die Steigerung der Effizienz der Arbeit der nationalen Ermittlungs- und Vollzugsbehörden bei der Verfolgung schwerer grenzüberschreitender und organisierter Kriminalität (http://www.eurojust.europa.eu). Insbesondere bei der Koordination länderübergreifender Ermittlungen kann (auch finanzielle) Unterstützung geleistet werden (Rn. 19e).

Das **Europäische Justizielle Netz (EJN)** ist ein Netzwerk von Kontaktstellen in den einzelnen Mitglied- 22 staaten, das die justizielle Zusammenarbeit in Strafsachen erleichtern soll. Aktuelle Rechtsgrundlage ist der Beschluss des Rates 2008/976/JI vom 16. Dezember 2008 für das Europäische Justizielle Netz und § 14 EJG. Über diese Kontaktstelle kann die StA rasch mit auswärtigen Justizbehörden Verbindung aufnehmen und die Zusammenarbeit beschleunigen. Insbesondere stehen Information über die Voraussetzungen der Rechtshilfe zur Verfügung; z.B. hat das EJN für Strafsachen hat einen Europäischen Justiziellen Atlas darüber erstellt, an welche örtlich zuständige Behörde ein Rechtshilfeersuchen gerichtet werden kann.

Besondere Bedeutung bei der Bekämpfung grenzübergreifender Kriminalität erlangen die »**Joint Inves-** 23 **tigation Teams**«, kurz JITs. Rechtsgrundlage ist Artikel 13 Absatz 1 des Rechtshilfeübereinkommens 2000. Die beteiligten Staaten schließen durch ihre Justizbehörden einen Vertrag über die Errichtung eines JIT. Für jedes beteiligte Land wird ein Gruppen-Leiter bestimmt, in Deutschland ein StA. Die Mitglieder können Informationen unmittelbar untereinander austauschen, ohne hierzu auf förmliche Rechtshilfeersuchen zurückgreifen zu müssen. Ermittlungsmaßnahmen können unmittelbar bei den anderen Mitgliedern beantragt werden. Dies gilt auch für die Beantragung von Zwangsmaßnahmen. Die Mitglieder können bei Hausdurchsuchungen, Vernehmungen usw. in allen vereinbarten Einsatzbereichen zugegen sein.

4. Aufträge und Ersuchen an die Polizei. Nach § 161 Abs. 1 Satz 2 sind alle Polizeibehörden und 24 -beamten verpflichtet, dem Auftrag und den Ersuchen der StA zu genügen. Damit wird die Leitungsbefugnis der StA hervorgehoben. Ersuchen werden an die Polizeibehörden gerichtet, Aufträge einzelnen Polizeibeamten erteilt (LR/*Erb* § 161 Rn. 51). Gesetzwidrige Ansinnen sind nicht auszuführen. I.Ü. entscheidet allein die StA über die Erforderlichkeit und den Umfang der Ermittlungen. Sie wird aber auf begründete Einwendungen der Polizei eingehen und ihr Vorgehen mit dem polizeilichen Sachbearbeiter absprechen. Faktisch wird die Leitungsbefugnis auch durch beschränkte sachliche und personelle Ausstattung der Polizeibehörden begrenzt. Insb. aufwändige Observationen und TKÜ Maßnahmen müssen von der Polizei zu bewältigen sein und erfordern bei fremdsprachigen Tätergruppen einen hohen Personaleinsatz.

Die StA wendet sich an die örtlich **und sachlich zuständige Polizeibehörde**, wenn bisher noch kein be- 25 stimmter Beamter mit der Sache befasst war. Auch andere den Polizeibehörden gleichgestellte Behörden sind in diesem Sinne verpflichtet (s. § 163 Rdn. 7). Die StA kann die Zoll- und Steuerfahndungsbehörden mit Ermittlungen auch dann beauftragen, wenn deren Gegenstand nicht ausschließlich Steuerstraftaten i.S.d. § 369 AO sind (BGH NStZ 1990, 38). Sie kann einzelnen Beamten Aufträge erteilen, wenn diese schon mit der Sache befasst waren oder den Staatsanwalt bei Ermittlungshandlungen begleiten. Sie muss aber die Geschäftsverteilungspläne und Einsatzzeiten der Polizeibehörden respektieren (LR/*Erb* § 161 Rn. 52). Die StA hat dabei ihre Leitungsfunktion wahrzunehmen. Der allgemeine Auftrag zur Anzeigenvorlage oder Durchführung der »erforderlichen Ermittlungen« genügt i.d.R. nur bei einfach gelagerten Sachverhalten (vgl. Nr. 11 RiStBV), ist dann aber auch ausreichend. Andernfalls sind wenigstens das Ziel der Ermittlungen und die hierzu erforderlichen Erhebungen vorzugeben. Rechtlich schwierige oder umfangreiche Ermittlungsverfahren bedürfen der ständigen Aufsicht und Überprüfung, damit der Sachverhalt ausreichend aufgeklärt wird, andererseits die Ermittlungsmaßnahmen aber auf die notwendigen und am wenigsten belastenden beschränkt werden. Der persönliche Kontakt ist häufig der beste Weg hierfür.

Die Weisungsbefugnis der StA erstreckt sich nicht auf präventiv-polizeiliche Maßnahmen. Bei Überschneidung von solchen Maßnahmen mit den Belangen der Strafverfolgung müssen Polizei und StA eine enge und vertrauensvolle Zusammenarbeit anstreben und eine Güterabwägung vornehmen. Bei Geiselnahmen oder Entführungen soll letztlich die Polizei unaufschiebbare Entscheidungen über Zwangsmaßnahmen treffen (vgl. RiStBV Anlage A Abschn. B Abs. 3 a.E.).

26 Bei der **Gestaltung** des Ermittlungsverfahrens, insbesondere der Frage der Reihenfolge der zu ergreifenden Maßnahmen ist die StA innerhalb der gesetzlichen Befugnisse grundsätzlich frei. Es sind unter Beachtung der Verhältnismäßigkeit alle Maßnahmen zu ergreifen, die zur Aufklärung des Sachverhaltes (§ 160 Abs. 1) geeignet und erforderlich sind (BVerfG NStZ 1996, 45). Es besteht keine Pflicht, zunächst den Beschuldigten über die Einleitung des Verfahrens zu informieren. Vielmehr ist es häufig tunlich, den Sachverhalt zunächst soweit als möglich aufzuklären, um die Ermittlungsergebnisse dem Angeklagten in einer Vernehmung vorhalten zu können oder das Verfahren gegebenenfalls ohne eine solche einzustellen (*Meyer-Goßner/Schmitt* § 161 Rn. 8).

27 **C. Verwendung durch nicht strafprozessuale Maßnahmen erlangter Daten (Abs. 2)** Abs. 2 regelt nach dem Prinzip des **hypothetischen Ersatzeingriffs** die Verwendung von Daten, die durch nicht strafprozessuale Maßnahmen erlangt wurden, insb. nach Polizeirecht, (BT-Drucks. 16/5846 S. 64). Diese dürfen zu Beweiszwecken nur zur Aufklärung solcher Straftaten verwendet werden, für die die Maßnahme auch nach der StPO angeordnet werden dürfen. Damit soll der Umgehung strafprozessualer Anordnungsvoraussetzungen vorgebeugt werden (BR-Drucks. 275/07, S. 148). Die übrigen verfahrensrechtlichen Voraussetzungen nach der StPO sind aber nicht zu prüfen. Das gilt nur für die Verwendung der Daten zu Beweiszwecken. Als weiterer Ermittlungsansatz oder zur Ermittlung des Aufenthaltsortes dürfen diese Erkenntnisse verwertet werden (*Meyer-Goßner/Schmitt* § 161 Rn. 18d unter Berufung auf BVerfG NJW 2005, 2766; krit. HK/*Zöller* § 161 StPO Rn. 32). Dies ergibt sich schon aus der Formulierung »zu Beweiszwecken« Die Erkenntnisse können daher Anlass für Durchsuchungen nach § 102 oder verdeckte Ermittlungsmaßnahmen sein. Nach Abs. 2 Satz 1 geht § 100d Abs. 5 Nr. 3 dem Satz 1 vor.

28 Nach § 20v Abs. 5 Satz 1 Nr. 3 BKAG dürfen vom BKA erhobene Daten zur Verfolgung von Straftaten übermittelt werden, wenn ein Auskunftsverlangen nach der Strafprozessordung zulässig wäre. Daten, die nach den §§ 20h, 20k oder § 20l BKAG erhoben worden sind, dürfen nur zur Verfolgung von Straftaten übermittelt werden, die im Höchstmaß mit mindestens fünf Jahren Freiheitsstrafe bedroht sind. Damit können vom BKA nach § 20k BKAG durchgeführte präventive »Online-Durchsuchungen« zwar mangels entsprechender Erhebungsvorschrift in der StPO nicht unmittelbar als Beweismittel im Gerichtsverfahren verwertet werden, aber als Ermittlungsansatz dienen, ohne dass § 160 Abs. 4 entgegenstünde (*Meyer-Goßner/Schmitt* § 161 Rn. 18d).

29 **D. Verwendung personenbezogener Informationen aus einem Einsatz technischer Mittel (Abs. 3)** Abs. 3 schränkt die Verwendung personenbezogener Informationen zu Beweiszwecken (*Meyer-Goßner/Schmitt*, § 161 Rn. 19; a. A. LR/*Erb* § 161 Rn. 72: auch als Spurenansatz) ein, die durch eine Wohnraumüberwachung aus einem Einsatz technischer Mittel zur Eigensicherung erlangt worden sind. Hier kommen insb. Maßnahmen zur Sicherung verdeckter Ermittler (§ 110a Abs. 2) nach Polizeirecht in Betracht. Sie dürfen nur unter Beachtung des Grundsatzes der Verhältnismäßigkeit zu Beweiszwecken verwendet werden. Das AG am Sitz der anordnenden Stelle i.S.d. § 162 Abs. 1 muss die Rechtmäßigkeit und die Verhältnismäßigkeit der Maßnahme festgestellt haben. Das Gericht am Sitz der das Ermittlungsverfahren führende StA nach § 162 Abs. 1 n. F. ist nicht zuständig. Die richterliche Entscheidung ist grds. vor der Verwendung zu erholen (*Meyer-Goßner/Schmitt* § 161 Rn. 18d), andernfalls ist die sie unverzüglich nachzuholen. Die Verwendung strafprozessualer erhobener Daten im präventiv-polizeilichen Bereich regeln §§ 477 Abs. 2, 481.

§ 161a StPO Vernehmung von Zeugen und Sachverständigen durch die Staatsanwaltschaft.

(1) ¹Zeugen und Sachverständige sind verpflichtet, auf Ladung vor der Staatsanwaltschaft zu erscheinen und zur Sache auszusagen oder ihr Gutachten zu erstatten. ²Soweit nichts anderes bestimmt ist, gelten die Vorschriften des sechsten und siebenten Abschnitts des ersten Buches über Zeugen und Sachverständige entsprechend. ³Die eidliche Vernehmung bleibt dem Richter vorbehalten.

(2) ¹Bei unberechtigtem Ausbleiben oder unberechtigter Weigerung eines Zeugen oder Sachverständigen steht die Befugnis zu den in den §§ 51, 70 und 77 vorgesehenen Maßregeln der Staatsanwaltschaft zu. ²Jedoch bleibt die Festsetzung der Haft dem nach § 162 zuständigen Gericht vorbehalten.

(3) ¹Gegen Entscheidungen der Staatsanwaltschaft nach Absatz 2 Satz 1 kann gerichtliche Entscheidung durch das nach § 162 zuständige Gericht beantragt werden. ²Gleiches gilt, wenn die Staatsanwaltschaft Entscheidungen im Sinne des § 68b getroffen hat. ³Die §§ 297 bis 300, 302, 306 bis 309, 311a und 473a gelten jeweils entsprechend. ⁴Gerichtliche Entscheidungen nach den Sätzen 1 und 2 sind unanfechtbar.

(4) Ersucht eine Staatsanwaltschaft eine andere Staatsanwaltschaft um die Vernehmung eines Zeugen oder Sachverständigen, so stehen die Befugnisse nach Absatz 2 Satz 1 auch der ersuchten Staatsanwaltschaft zu.

S.a. RiStBV Nr. 64 bis 72

A. Allgemeines. Die Vorschrift soll zur **Konzentration des Ermittlungsverfahrens** in der Hand der StA führen (BT-Drucks. 7/551, S. 72) und den Ermittlungsrichter entlasten. Der verantwortliche und über das bisherige Ermittlungsergebnis genau unterrichtete Staatsanwalt soll sachkundiger als der Ermittlungsrichter Vernehmungen führen können. Damit geht auch die Pflicht zur Nutzung der Befugnisse nach pflichtgemäßem Ermessen einher. Der Richter soll nur noch eingeschaltet werden, wenn besondere Gründe die Vernehmung gerade durch ihn geboten erscheinen lassen (BT-Drucks. 7/551, S. 72, vgl. aber § 162 Rdn. 14). Zu dem genannten Zweck hat die StA die Befugnis, Zeugen und Sachverständige zur Aussage bzw. Erstattung eines Gutachtens zu zwingen. Die Befugnisse haben auch die die Ermittlungen in Steuerstrafverfahren selbstständig führende Finanzbehörde (§§ 386, 399 AO) und die Verwaltungsbehörde im Ordnungswidrigkeitenverfahren über § 46 Abs. 1 u. 2 OWiG. Im Bußgeldverfahren ist die Anordnung der Vorführung von Betroffenen und Zeugen dem Richter vorbehalten, § 46 Abs. 5 OWiG. 1

Durch das 2. OpferRRG wurde die Zuständigkeit für die Anordnung von Haft in Abs. 2 Satz 2 auf das in § 162 genannte Gericht übertragen. Die frühere Regelung über die Zuständigkeit des LG am Sitz der StA für den Antrag auf gerichtliche Entscheidung gegen deren Entscheidungen i.R.d. Abs. 2 Satz 1 wurde gänzlich geändert und um die Ablehnung eines Zeugenbeistands nach § 68b erweitert. Zuständig ist jetzt ebenfalls das Gericht des § 162. Auf Abs. 3 verweisen noch folgende Vorschriften: § 111l Abs. 6 Satz 1, § 147 Abs. 5 Satz 2, § 163a Abs. 3 Satz 3, § 406e Abs. 4 Satz 2 und § 478 Abs. 3 Satz 1. 2

Nach dem Willen des Gesetzgebers soll die StA auch nach Erhebung der öffentlichen Klage ihre Zwangsbefugnisse ausüben können (BT-Drucks. 16/12098, S. 24; *Meyer-Goßner/Schmitt* § 161 Rn. 1; LR/*Erb*, § 161 Rn. 7). Die gerichtliche Überprüfung der Entscheidungen i.S.d. Abs. 3 erfolgt aber durch das Gericht des § 162 Abs. 3. Dies gilt nicht, wenn Anhaltspunkte für bisher nicht bekannte Straftaten desselben Beschuldigten oder die Beteiligung weiterer Beschuldigter an der angeklagten Tat entstehen und deshalb ein neues Ermittlungsverfahren eingeleitet wird. 3

B. Zeugen und Sachverständige (Abs. 1) I. Zeugen. 1. Ladung. Zeugen können im ganzen Bundesgebiet geladen werden. Im Ausland lebende Zeugen dürfen nicht unter Androhung von Zwangsmitteln geladen werden. Die Ladung erfolgt i.d.R. mit einfachem Brief, kann aber zugestellt werden, wenn Zweifel an der Zuverlässigkeit des Zeugen bestehen oder sichergestellt werden soll, dass der Zugang der Ladung alsbald feststeht (vgl. auch Nr. 64 Abs. 2 RiStBV). Nach § 48 ist der Zeuge auf die im Interesse des Zeugen dienenden verfahrensrechtlichen Bestimmungen und auf die gesetzlichen Folgen des Ausbleibens hinzuweisen. Zu §§ 49, 50 s. dort. Aus der Ladung müssen sich die Person des Beschuldigten (soweit schon bekannt) und die vorgeworfene Straftat (als Kurzbezeichnung) und die Tatsache ergeben, dass der Empfänger als Zeuge aussagen soll. Wenn damit zu rechnen ist, dass der 4

§ 161a StPO Vernehmung v. Zeugen u. Sachverständigen durch d. Staatsanwaltschaft

Zeuge auf formlose Ladung nicht erscheinen wird, kann er sogleich unter Androhung der Vorführung durch Zustellung gem. § 37 geladen werden. Bei nicht auf freiem Fuß befindlichen Zeugen wird die Vorführung aus der Anstalt angeordnet, § 36 Abs. 2 Satz 2 StVollzG. Aus dem Fehlen einer dem § 168c Abs. 2 entsprechenden Regelung ergibt sich, dass der Verteidiger und der Beschuldigte bei staatsanwaltschaftlichen Zeugenvernehmungen kein Recht zur Anwesenheit haben. Sie müssen nicht, können aber benachrichtigt werden, um ihre Teilnahme zu ermöglichen. Ist der Verteidiger anwesend, ist ihm auch das Recht zuzubilligen Fragen zu stellen. Ungeeignete oder gar unzulässige Fragen können durch den die Ermittlungen leitenden Beamten zurückgewiesen werden (LR/*Erb* § 161 Rn. 32). Zeugen können sich von einem Beistand begleiten lassen. Dieser wird nicht geladen. Sollte sich die Erforderlichkeit eines Zeugenbeistandes ergeben (§ 68b) kann dieser auch schon für die staatsanwaltschaftliche Vernehmung beigeordnet werden. Zuständig ist die StA, wie sich aus der entsprechenden Anwendung der Vorschriften über die gerichtliche Zeugenvernehmung gem. Abs. 1 Satz 1und Abs. 3 Satz 2 und § 68b Abs. 2 Satz 2 i.V.m. § 142 Abs. 1 ergibt. Die Gegenauffassung (der Vorsitzende des für die Hauptsache zuständigen Gerichtes), die sich auf den Wortlaut der §§ 68b Satz 3 a. F., 141 Abs. 4 und § 142 Abs. 2 stützte (LR/*Erb* § 161 Rn. 11a; KK-StPO/*Senge* § 68b Rn. 10) ist damit nicht mehr haltbar.

5 Anders als das Gericht nach § 48 muss die StA den Zeugen nicht unter Hinweis auf die gesetzlichen Folgen des Ausbleibens laden. Sie kann ihn formlos laden, wenn sie auf eine Erzwingung der Vernehmung verzichten will (LR/*Erb* § 161 Rn. 14). Auch die fernmündliche Vereinbarung eines Termins ist möglich.

6 **2. Vernehmung.** Zeugen müssen nicht nur nach einer Ladung vor die StA sondern auch dann aussagen, wenn sie von einem ihrer Beamten aufgesucht werden (*Meyer-Goßner/Schmitt* § 161 Rn. 2). Letzteres kann sogar ermittlungstaktisch sinnvoll sein, wenn damit zu rechnen ist, dass Zeugen sich anderenfalls absprechen oder von dem Beschuldigten beeinflusst würden (Mitarbeiter von Ärzten, RA oder Unternehmen).

7 Die **Durchführung** der Vernehmung regeln §§ 58, 58a, 58b, 68, 68a, 69. Durch das Gesetz zur Stärkung der Rechte von Opfern sexuellen Missbrauchs wurde in § 58a Abs. 1 S. 2 ein Vorrang der richterlichen Videovernehmung zur Vermeidung von Mehrfachvernehmungen konstituiert (BT-Drucks. 17/6261), der von der StA zu beachten ist (s. dort). Das Gesetz zur Intensivierung des Einsatzes von Videokonferenztechnik in gerichtlichen und staatsanwaltschaftlichen Verfahren (VidVerfG) hat im neuen § 58 b die Möglichkeit der Vernehmung eines Zeugen im Wege der Videokonferenz geschaffen. Dies soll zur Verfahrensverkürzung führen und der ermittelnde Beamte soll entfernt wohnende Zeugen selbst befragen können (BT-Drucks. 17/1224 S. 3). Der Zeuge sollte belehrt werden, dass er zur Wahrheit verpflichtet ist und vorsätzlich falsche Angaben vor der StA als Strafvereitelung, Vortäuschen einer Straftat oder falsche Verdächtigung strafbar sein können (LR/*Erb* § 161 Rn. 13). Der falsch aussagende Zeuge macht sich aber nicht nach §§ 153 ff. StGB strafbar. Der Zeuge sollte im Zusammenhang berichten können. Dies erleichtert die Beurteilung der Glaubhaftigkeit der Aussage erheblich. In diesem Bericht wird erkennbar, was für den Zeugen wichtig erscheint und worauf er sich vor der Vernehmung eingestellt hat oder möglicherweise von interessierter Seite eingestellt wurde. Erst dann schließen sich gezielte Nachfragen an. Nur wenn der Zeuge zur Weitschweifigkeit neigt oder vom Beweisthema abweicht, darf und muss der Vernehmende ihn durch gezielte Fragen leiten.
Die Zeugnis- und Auskunftsverweigerungsrechte nach §§ 52 ff. sowie die Belehrungspflichten hierzu gelten auch bei der Vernehmung durch die StA.

8 Die StA kann jetzt auch gemäß § 68b Abs. 2 einen **Zeugenbeistand** unter den dort genannten Voraussetzungen bestellen, der einen Anspruch auf Vergütung gemäß § 45 Abs. 3 RVG analog hat (LG Düsseldorf, Beschl. v. 15.02.2012, 4 Qs 60 Js 1009/09 15/12B, juris). Dies gilt auch für polizeiliche Vernehmungen, § 163 Abs. 3 Satz 1. Der Zeugenbeistand kann nach § 68b i.d.F. des 2. OpferRRG zurückgewiesen werden, wenn bestimmte Tatsachen die Annahme rechtfertigen, dass seine Anwesenheit die geordnete Beweiserhebung nicht nur unwesentlich beeinträchtigen würde, § 68b Abs. 1 Satz 3 i.V.m. den Regelbeispielen des Satz 4. Die bisher erwogene Ausschlussmöglichkeit nach § 164 als Störer (*Meyer-Goßner/Schmitt* 52. Aufl., vor § 48 Rn. 11; KMR/*Neubeck* vor § 48 Rn. 20) wird durch diese Spezialregelung verdrängt.

9 Für die **Protokollierung** ist § 168b Abs. 2 maßgeblich, der auf die §§ 168 und 168b verweist (s. dort).

II. Sachverständige. 1. Auftragserteilung. Die StA kann auch Sachverständige zum Erscheinen 10
vor ihr oder zur Erstattung eines schriftlichen Gutachtens zwingen. In eilbedürftigen Fällen wird sie
bei der Auswahl des Sachverständigen bereits darauf achten, dass er sein Gutachten in angemessener
Zeit erstatten kann und einen zeitlichen Rahmen vereinbaren, § 73 Abs. 1 Satz 2. Aus der Vorschrift
folgt, dass im Vorverfahren die StA den Sachverständigen auswählt. Ausnahmen gelten in den Fällen
des § 81 (Unterbringung zur Beobachtung) und § 81f Abs. 2 (DNA-Gutachten). Nach Nr. 70 RiStBV
soll aber dem Verteidiger vor der Auswahl Gelegenheit zur Stellungnahme gegeben werden. Erhebt der
Verteidiger nicht völlig unsubstanzierte Einwände, kann die StA mit dem Vorsitzenden des für die
Hauptsache voraussichtlich zuständigen Gerichts Fühlung aufnehmen (BGHSt 44, 26). Dies empfiehlt
sich insb. bei der Bestellung von Psychiatern oder Psychologen zur Beurteilung der Schuldfähigkeit oder
der Anordnung von Maßregeln der Sicherung und Besserung. Auch wäre es denkbar, nach § 162 den
Ermittlungsrichter entscheiden zu lassen (BGHSt 44, 26; LR/*Erb* § 161a Rn. 26). Das Gericht der
Hauptsache ist zwar grds. nicht an die Auswahl der StA gebunden und kann nach § 73 für das Hauptverfahren einen anderen Sachverständigen bestellen, was aber insb. bei eilbedürftigen Haftsachen die
Ausnahme bleiben wird, schon aus Beschleunigungsgründen. Die StA hat die Tätigkeit des Sachverständigen zu leiten und ihm einen eindeutigen und klar umrissenen Auftrag zu erteilen (*Meyer-Goßner/
Schmitt* § 161a Rn. 13). Auch sind ihm erforderlichenfalls die verfahrensrechtlichen Vorschriften
und die materielle Rechtslage zu erläutern. Die erforderlichen Anknüpfungstatsachen hat die StA vorzugeben. Nur soweit es zu ihrer Feststellung schon besonderer Sachkunde (insbesondere für rechtsmedi-
zinische, psychiatrische und unfallanalytische Fragestellungen) bedarf, kann sie ihm die Erhebung überlassen. Es kann aber empfehlenswert sein, den Sachverständigen ggf. aufzufordern, zwei oder mehrere
Sachverhaltsalternativen als Arbeitshypothesen zu unterstellen. Dieser kann dann prüfen, ob er zu unterschiedlichen Schlussfolgerungen und Bewertungen kommt.

2. Gutachtenerstattung. Das Sachverständigengutachten kann schriftlich oder mündlich erstattet 11
werden, § 82. Hierüber entscheidet die StA. Eine ausschließlich mündliche Erstattung sollte auf Ausnahmefälle und einfache Sachverhalte beschränkt werden. In diesem Fall ist das Ergebnis nach § 168b
Abs. 1 aktenkundig zu machen. Umfangreiche mündliche Gutachten müssten in einer förmlichen Ver-
nehmungsniederschrift festgehalten werden (LR/*Erb* § 161a Rn. 30).
Bei Vernehmung des Sachverständigen durch die StA haben der Verteidiger und der Beschuldigte 12
grds. kein Recht auf Anwesenheit (LR/*Erb* § 161a Rn. 34; *Meyer-Goßner/Schmitt* § 161a Rn. 15; a. A.
SK-StPO/*Wohlers* § 161a Rn. 45). Der Verteidiger kann aber nach § 147 Abs. 3 jederzeit im Wege der
Akteneinsicht Kenntnis von den Feststellungen und Schlussfolgerungen des Sachverständigen erhalten.
Der Akzeptanz des Gutachtens wird es jedoch förderlich sein, dem Verteidiger bei förmlichen Anhö-
rungen und Vernehmungen die Anwesenheit und das Stellen von sachdienlichen Fragen zu gestatten.
Die **eidliche Vernehmung** steht bei Zeugen und Sachverständigen nur dem Gericht zu, Abs. 1 Satz 3. 13

C. Zwangsmittel (Abs. 2) I. Kostenauferlegung, Vorführung und Ordnungsgeld (Satz 1) 14
1. Nichterscheinen. Die StA muss gem. § 51 bei unentschuldigtem Ausbleiben eines Zeugen diesem
die dadurch verursachten Kosten auferlegen (*Pfeiffer* § 161a Rn. 5), kann ein Ordnungsgeld verhängen
und im Fall seiner Nichtbeitreibbarkeit Ordnungshaft durch das Gericht anordnen lassen sowie die Vorführung anordnen.

2. Aussageverweigerung. Verweigert der Zeuge zur Unrecht die Aussage, werden ihm die Kosten 15
auferlegt. Ein Ordnungsgeld kann verhängt werden. Zwingend aufzuerlegen sind die Kosten, i.Ü.
kann die StA von der Verhängung eines Ordnungsgeldes absehen (LR/*Erb* § 161a Rn. 38), da die
StA das Ermittlungsverfahren nach ihrem Ermessen frei gestalten und statt der Erzwingung einer Vernehmung auch den Weg der richterlichen Vernehmung und deren zwangsweise Durchsetzung wählen
kann. Die Zwangsmaßnahmen nach § 70 sind auch zulässig, wenn der erschienene Zeuge formlos geladen oder vom Staatsanwalt aufgesucht wurde (LR/*Erb* § 161a Rn. 42).

3. Ausführung. Die staatsanwaltschaftlichen Zwangsmaßnahmen werden durch eine Verfügung ge- 16
troffen, in denen die Zwangsmittel festgesetzt werden. Die Vollstreckung obliegt dem Rechtspfleger,
§ 31 Abs. 2 RPflG. Der Staatsanwalt kann sich die Vorlage der Sache vorbehalten. In diesem Fall
hat der Rechtspfleger vor der Entscheidung die Akten ihm vorzulegen, § 31 Abs. 2a Nr. 3 RPflG.

§ 161a StPO Vernehmung v. Zeugen u. Sachverständigen durch d. Staatsanwaltschaft

Mit der **Vorführung** wird die Polizei beauftragt. Der Zeuge darf nur vorgeführt werden, wenn die Ladung eine Androhung enthielt. Auch wenn die StA die Vorführung in der Ladung angedroht hatte, steht ihr die Anordnung frei (LR/*Erb* § 161a Rn. 40). Es handelt sich nicht um eine nach Art. 104 Abs. 2 Satz 1 GG nur dem Richter vorbehaltene Freiheitsentziehung (LR/*Erb* § 161a Rn. 40; HK-StPO/ *Krehl* § 161a Rn. 8; KK-StPO/*Griesbaum* § 161a Rn. 15; *Meyer-Goßner/Schmitt* § 161a Rn. 16; KMR/*Plöd* § 161a Rn. 12; a. A. AK-StPO/*Achenbach* § 161a Rn. 15 f., *Liskin* NJW 1982, 1268). Die Polizei darf die Wohnung des Betroffenen nicht gegen dessen Willen betreten (LR/*Erb* § 161a Rn. 41 unter Hinweis auf die Entscheidung zum Betretungsrecht des Gerichtsvollziehers: BVerfGE 51, 97, 107), es sei denn, es besteht Gefahr im Verzug. Anderenfalls bedarf es einer richterlichen Vorführungsanordnung. Eine staatsanwaltschaftliche Vorführungsanordnung wäre dann nur noch ausreichend, wenn zu erwarten ist, dass der Betroffene – an der Wohnungstür angetroffen – freiwillig mitkommt oder außerhalb von Wohnungen zu finden ist.

17 **II. Ordnungs- und Erzwingungshaft (Satz 2)** Nur vom Gericht kann im Fall der Nichtbeitreibbarkeit des von der StA verhängten Ordnungsgeldes die Ordnungshaft verhängt sowie zur Erzwingung der Aussage Erzwingungshaft angeordnet werden (§ 70 Abs. 2). Die Besonderheit ist also, dass die Ordnungshaft nur vom Gericht angeordnet werden kann. Zuständig ist das Gericht des § 162. Voraussetzung ist, dass der Zeuge auf die Folgen des Ungehorsams hingewiesen wurde.

18 Bei Sachverständigen können gem. § 77 nur die Kosten auferlegt oder ein Ordnungsgeld festgesetzt werden. Zuständig ist hierfür immer die StA.

19 **D. Gerichtliche Überprüfung (Abs. 3) I. Überprüfbare Entscheidungen (Satz 1)** Gegen die Entscheidungen der StA über Zwangsmittel nach Abs. 2 Satz 1 kann der Betroffene gerichtliche Entscheidung beantragen. Anfechtbar ist aber nicht die Ladung des Zeugen, auch wenn in ihr formularmäßig auf die gesetzlich vorgesehenen Folgen des unentschuldigten Ausbleibens hingewiesen wird (BGHR, StPO, § 161a Rechtsmittel 2). In dieser Entscheidung hat der BGH auch offen gelassen, ob schon die Androhung einer zwangsweisen Vorführung nach § 161a Abs. 3 nachprüfbar ist. Dies wird bisher bejaht (BGHSt 39, 96; HK-StPO/*Zöller* § 161a Rn. 14; KK-StPO/*Griesbaum* § 161a Rn. 20; *Meyer-Goßner/Schmitt* § 161a Rn. 20a; SK-StPO/*Wohlers* § 161a Rn. 49). Auch wenn der Zeuge mit der ohne Anhörung (§ 33 Abs. 4) ausgeführten Vorführung rechnen muss, besteht kein Grund mehr, entgegen dem Wortlaut Abs. 3 Satz 1 auch auf die Androhung der Vorführung anzuwenden. Der Zeuge kann nachträglich Rechtsschutz erlangen, wenn die Vorführung ausgeführt ist (a. A. LR/*Erb* § 161a Rn. 51). Das Rechtsschutzinteresse entfällt bei erledigten Zwangsmaßnahmen nicht durch die prozessuale Überholung (BVerfGE 96, 27, siehe hierzu *Meyer-Goßner/Schmitt* vor § 296 Rn. 18a). Der Gesetzgeber wollte die StA dem Ermittlungsrichter gleichstellen (BT-Drucks. 7/551, S. 73). Damit ist es auch hinzunehmen, dass Zeugen erst nachträglichen Rechtsschutz erlangen. Anfechtbar sind daher nur die Verfügungen, die dem Zeugen oder Sachverständigen Kosten auferlegen, Ordnungsgeld festsetzen oder die Vorführung anordnen.

20 **II. Nichtbeiordnung und Zurückweisung eines Zeugenbeistandes (Satz 2)** Gegen seinen Ausschluss kann der Zeugenbeistand gerichtliche Entscheidung nach Satz 2 beantragen. Ebenso anfechtbar ist die Ablehnung der Beiordnung eines Zeugenbeistandes nach § 68 b Abs. 2 Satz 1, auch soweit der zuständige StA dies bei polizeilichen Vernehmungen ablehnt (in Verbindung mit § 163 Abs. 3 Satz 2).

21 **III. Verfahren (Satz 3)** Über den Antrag entscheidet nunmehr das nach § 162 zuständige Gericht, i.d.R. also der Ermittlungsrichter. Hat das Ermittlungsverfahren Straftaten zum Gegenstand, die nach § 120 GVG im ersten Rechtszug zur Zuständigkeit des OLG gehören oder in denen der GBA die Ermittlungen führt, sollen nach dem Willen des Gesetzgebers neben dem nach § 162 zuständigen Gericht auch die Ermittlungsrichter des OLG oder des BGH gem. § 169 für einen Antrag auf gerichtliche Entscheidung zuständig sein, insbesondere bei »sicherheitsrelevanten Verfahren« (BT-Drucks. 16/12098, S. 25). Unklar bleibt, wer nach welchen Kriterien das zuständige Gericht auswählt, wenn ein Zeuge oder Beschuldigter im Fall des § 163a Abs. 3 Satz 3 den Antrag stellt. Richtigerweise muss diese Entscheidung der – anzuhörenden (§ 33 Abs. 2) – ermittlungsführenden StA bzw. General-

bundesanwaltschaft überlassen werden, die prüfen muss, ob die Voraussetzungen der Vorschrift vorliegen (s. § 169 Rdn. 4).
Die Regeln über das Beschwerdeverfahren werden für entsprechend anwendbar erklärt. Der Antrag hat 22 keine aufschiebende Wirkung, § 307. Die Entscheidungen sind **nicht anfechtbar**, Satz 4. Die StA muss deshalb unbedingt angehört werden, § 33 Abs. 2. Sie kann auch Gegenvorstellungen nach der Entscheidung erheben, wenn das Gericht Gesichtspunkte berücksichtigt hat, zu denen sie nicht gehört wurde.
Für die **Kostenentscheidungen** gilt der durch das 2. OpferRRG eingefügte § 473a. Nach dessen Satz 2 23 sind sie nur bei Überschreiten der Wertgrenze von 200,00 € anfechtbar, §§ 304 Abs. 3, 464 Abs. 3 Satz 1.

E. Ersuchte StA (Abs. 4) Der ersuchten StA stehen die gleichen Befugnisse wie der StA zu, die 24 um die Vernehmung eines Zeugen oder Sachverständigen ersucht hat. Diese StA handelt im Wege der Amtshilfe (Art. 35 GG). Die Amtshilfe unter StA ist eher die Ausnahme (*Meyer-Goßner/Schmitt* § 161a Rn. 23). Sie kann aber zweckmäßig sein, wenn zwei StA Ermittlungskomplexe bearbeiten, die sich überschneiden, oder eine StA früher mit der Sache befasst war und diese dann abgegeben hat. Es kann in diesem Fall auf deren Vorkenntnisse zurückgegriffen werden.

F. Reformabsicht. Durch das 3. Opferrechtsreformgesetz sind folgende Ergänzungen beabsich- 25 tigt:

Dem § 161a wird folgender Absatz 5 angefügt:
»(5) § 185 Absatz 1 und 2 des Gerichtsverfassungsgesetzes gilt entsprechend.«

Dadurch soll klargestellt werden, dass schon im Ermittlungsverfahren für Zeugen und Sachverständige im Bedarfsfall ein Dolmetscher zuzuziehen ist. Eine Ausnahme gilt, wenn die beteiligten Personen sämtlich der fremden Sprache mächtig sind. Hier wird vom Gesetzgeber Artikel 7 Absatz 1 der Opferschutzrichtlinie umgesetzt, ohne dass ein echte Änderung der bisherigen Praxis zu erwarten ist. Schon bisher gebot der Amtsaufklärungsgrundsatz des § 160 Abs. 1 und 2 die Zuziehung eines Dolmetschers bei sprachunkundigen Zeugen (so auch BT-Drucks. 18/4621 S. 25).

§ 162 StPO Ermittlungsrichter.
(1) ¹Erachtet die Staatsanwaltschaft die Vornahme einer gerichtlichen Untersuchungshandlung für erforderlich, so stellt sie ihre Anträge vor Erhebung der öffentlichen Klage bei dem Amtsgericht, in dessen Bezirk sie oder ihre den Antrag stellende Zweigstelle ihren Sitz hat. ²Hält sie daneben den Erlass eines Haft- oder Unterbringungsbefehls für erforderlich, so kann sie, unbeschadet der §§ 125, 126a, auch einen solchen Antrag bei dem in Satz 1 bezeichneten Gericht stellen. ³Für gerichtliche Vernehmungen und Augenscheinnahmen ist das Amtsgericht zuständig, in dessen Bezirk diese Untersuchungshandlungen vorzunehmen sind, wenn die Staatsanwaltschaft dies zur Beschleunigung des Verfahrens oder zur Vermeidung von Belastungen Betroffener dort beantragt.
(2) Das Gericht hat zu prüfen, ob die beantragte Handlung nach den Umständen des Falles gesetzlich zulässig ist.
(3) ¹Nach Erhebung der öffentlichen Klage ist das Gericht zuständig, das mit der Sache befasst ist. ²Während des Revisionsverfahrens ist das Gericht zuständig, dessen Urteil angefochten ist. ³Nach rechtskräftigem Abschluss des Verfahrens gelten die Absätze 1 und 2 entsprechend. ⁴Nach einem Antrag auf Wiederaufnahme ist das für die Entscheidungen im Wiederaufnahmeverfahren zuständige Gericht zuständig.

S.a. RiStBV Nr. 10

A. Allgemeines. Die Vorschrift regelt die gerichtliche Zuständigkeit für Untersuchungshandlun- 1 gen, die die StA im Ermittlungsverfahren für notwendig hält. Damit sind alle im Zusammenhang mit einem Strafverfahren anfallenden Handlungen zur Förderung des Verfahrens oder zur Sicherung oder Vorwegnahme einer im Straferkenntnis zu erwartenden Maßnahme gemeint (*Meyer-Goßner/Schmitt* § 162 Rn. 4). Zu unterscheiden sind einerseits Ermittlungshandlungen, wie richterliche Vernehmun-

§ 162 StPO Ermittlungsrichter

gen, Augenscheinnahmen sowie Teilnahmen an der Leichenschau bzw. -öffnung und andererseits Anordnungen von Zwangsmaßnahmen, z.B. §§ 81, 81a, 81c, 81f, 81h, 98, 105, 111e, 114, 116, 120, 126a Abs. 2 Satz 1, 132a. Im ersten Fall leistet das Gericht Amtshilfe, im zweiten Fall entscheidet das Gericht als Organ der Rechtspflege (KMR/*Plöd* § 162 Rn. 3). Auch das Verlangen einer Auskunft durch das Gericht nach § 161 Abs. 1 Satz 1 ist zulässig, auch wenn die StA selbst nach dieser Vorschrift Auskunft verlangen könnte (*Meyer-Goßner/Schmitt* § 162 Rn. 4; LG Frankfurt am Main NJW 1954, 688; LG Bonn JZ 1966, 33).

2 **Sonderregelungen** enthalten § 81 Abs. 3 (Gericht, das für die Eröffnung zuständig wäre), § 100d Abs. 1 (besondere Strafkammer des LG nach § 74a Abs. 4 GVG), § 141 Abs. 4 (Vorsitzender des Gerichts, das für die Hauptsache zuständig ist oder bei dem das Verfahren anhängig ist, bzw. Haftgericht nach § 126 oder das nach § 275a berufene Gericht) und § 157 GVG (AG als Rechtshilfegericht).

3 Die Vorschrift gilt im **Ordnungswidrigkeitenverfahren** entsprechend, § 46 Abs. 1, 2 OWiG (BGH NStZ 2008, 578; s. Rdn. 7).

4 Schon bei der Durchführung so genannter **Vorermittlungen** oder wenn noch kein Beschuldigter bekannt ist, kann die StA gerichtliche Untersuchungshandlungen beantragen (LG Freiburg NStZ 1993, 506).

5 Durch die Ergänzung des Abs. 1 und die Einführung des Abs. 3 mit dem Gesetz zur Änderung des Untersuchungshaftrechts ist die schon bestehende Rechtsprechung zur **Zuständigkeitsänderung** nach Anklageerhebung und in den weiteren Verfahrensstadien ausdrücklich in das Gesetz übernommen worden (BGHSt 27, 253; BT-Drucks. 16/11644, S. 35).

6 Das 2. OpferRRG hat zudem die bisher in § 161a Abs. Satz 2 vorgeschriebene Zuständigkeit des LG am Sitz der StA über **Anträge auf gerichtliche Entscheidung** dem Gericht des § 162 zugewiesen, um auch zeitnahe Entscheidungen zu ermöglichen und durch die damit mögliche Anwendung des Abs. 3 das Auseinanderfallen der Zuständigkeiten des Gerichts der Hauptsache und des LG am Sitz der StA zu beseitigen (BT-Drucks. 16/12098, S. 24 ff.). Auf diese Vorschrift verweisen § 111l Abs. 6 Satz 1, § 147 Abs. 5 Satz 2, § 163a Abs. 3 Satz 3, § 406e Abs. 4 Satz 2 und § 478 Abs. 3 Satz 1. Damit gewinnt der der Ermittlungsrichter am Sitz der StA zentrale Bedeutung auch bei der Kontrolle der Rechtmäßigkeit verschiedener Maßnahmen.

7 **B. Zuständigkeitsregelung und Antragsberechtigung (Abs. 1) I. Grundsätzliche Zuständigkeit (Satz 1)** Die Vorschrift wurde durch das TKÜG wesentlich vereinfacht, indem die örtliche Zuständigkeit an den Sitz der ermittelnden StA geknüpft wurde. Die bisherige Rechtsprechung zur Frage des Ortes von Ermittlungshandlungen und der Zuständigkeitskonzentration ist daher obsolet (LR/*Erb* Anm. a), *Meyer-Goßner/Schmitt* § 162 Rn. 8). Maßgeblich ist der Dienstort des Behördenleiters bzw. der Sitz der bei der StA bestehenden Zweigstelle (§ 141 GVG). Die Geschäftsverteilung der StA bestimmt, welche Staatsanwälte der Zweigstelle zuzuordnen sind. Im Fall einer Übernahme oder Ersetzung nach § 145 GVG tritt mit der Verfügung eine Zuständigkeitsänderung bei Gericht ein, wenn der beauftragte bzw. übernehmende Staatsanwalt einer anderen Behörde angehört oder einen anderen Dienstsitz hat (*Meyer-Goßner/Schmitt* § 162 Rn. 8; a. A. LG Zweibrücken, 12.03.2009 – Qs 26 – 29/09). Im Ordnungswidrigkeitenverfahren ist der Sitz der Verwaltungsbehörde bzw. ihrer den Antrag stellenden Zweigstelle maßgebend (BGH, NStZ 2008, 578). Der Sitz der StA ist unerheblich, wenn sie nicht selbst die Ordnungwidrigkeiten (vgl §§ 40, 42 OWiG) verfolgt, da § 46 Abs. 1 OWiG nur die entsprechende Anwendung des § 162 Abs. 1 vorsieht, die Verfolgungsbehörde nach § 46 Abs. 2 OWiG dieselben Rechte und Pflichten wie die StA hat und die Neufassung wesentlich die Bestimmung der ermittlungsrichterlichen Zuständigkeit erleichtern sollte (*Meyer-Goßner/Schmitt* § 162 Rn. 8; a.M. LG Arnsberg wistra 2009, 368; wohl auch AG Winsen Beschl. v. 01.06.2010, 7 Gs 47/10, juris).

8 **Sachlich zuständig** ist das AG, daneben im Fall des § 120 Abs. 1 GVG das OLG und der BGH bei Ermittlungen des GBA, § 169 Abs. 1. **Funktionell** zuständig ist der nach der Geschäftsverteilung vorgesehene Ermittlungsrichter. Mit der Neuregelung ist auch die Absicht verbunden, dass die Tätigkeit des Ermittlungsrichters von besonders erfahrenen Richtern ausgeübt wird, die mit den strafprozessualen Ermittlungsmaßnahmen und deren technischen Hintergrund vertraut sind. Mit dieser Kompetenzbündelung soll ein verbesserter Rechtsschutz für die Betroffenen einhergehen (BT-Drucks. 275/07, S. 149). Die Gerichte und die Justizverwaltungen haben deshalb die Pflicht, auch **außerhalb der**

Dienstzeiten zumindest zur Tageszeit (§ 104 Abs. 3) die Erreichbarkeit eines Richters zu gewährleisten, was durch die Zuständigkeitskonzentration vereinfacht wird. Zur Nachtzeit ist dies nach der Rechtsprechung des BVerfG nur erforderlich, wenn hierfür ein Bedürfnis durch häufiger notwendig werdende Zwangsmaßnahmen besteht (BVerfGE 103, 142; OLG Bamberg NZV 2010, 310; LG Limburg NStZ-RR 2009, 384; LG Krefeld NZV 2010, 307; a. A. *Fickenscher/Dingelstadt* NJW 2009, 3473). Dabei ging das Gericht aber nur von der Notwendigkeit richterlicher Durchsuchungsanordnungen und nicht von Maßnahmen nach § 81a aus (NJW 2004, 1442; a. A. OLG Hamm, 3. Strafsenat, NStZ 2010, 148: wenn in den infrage stehenden Zeiträumen dem Richtervorbehalt unterliegende Ermittlungsmaßnahmen nicht nur ausnahmsweise anfallen; dagegen aber OLG Hamm, 4. Senat, 10.09.2009 – 4 Ss 316/09 mit dem Hinweis auf eine Zustimmung der übrigen Senate). Das BVerfG hat keine verfassungsrechtliche Notwendigkeit der Einrichtung eines nächtlichen richterlichen Bereitschaftsdienstes für die Anordnung von Maßnahmen nach § 81a StPO gesehen, da dort der Richtervorbehalt nur einfachrechtlich vorgesehen ist (BVerfG DAR 2011, 196).
Nach § 22c GVG können zum Bereitschaftsdienst eines Landgerichtsbezirks die Richter des LG und aller AG herangezogen werden.

II. Antragserfordernis. Antragsbefugt ist allein die StA, die Polizei kann nur im Fall deren Unerreichbarkeit (was in Zeiten der mobilen Kommunikation die seltene Ausnahme bleiben dürfte) nach § 165 eine Tätigkeit des Gerichtes als Notstaatsanwalt anregen. Zulässig ist es jedoch, dass die StA die Polizei beauftragt, in ihrem Namen unter Vorlage der Akten den Antrag zu stellen. Außerhalb des § 165 darf das Gericht nicht ohne Antrag der StA tätig werden. Wenn der Antrag zurückgenommen oder beschränkt wird, ist das Gericht daran gebunden (KMR/*Plöd* § 162 Rn. 3f). 9

Eine bestimmte **Form** ist für die Anträge nicht vorgeschrieben. Sie sollen i.d.R. schriftlich gestellt werden. Wenn es zeitlich möglich ist, können Unterlagen per Telefax oder Boten dem Gericht übermittelt werden. Die Verwendung von vorformulierten Textbausteinen und von der StA gefertigten Beschlussentwürfen macht den Richter nicht zum »Urkundsbeamten der Staatsanwaltschaft« (so aber *Jahn* NStZ 2007, 255, 259). Die StA trägt in gleicher Weise wie das Gericht die Verantwortung für ein rechtsstaatliches Vorgehen. Die StA kann daher bei ihrem begründeten Antrag die beabsichtigte Maßnahme und ihre gesetzlichen Voraussetzungen auch in Form eines Beschlussentwurfes dem Gericht übermitteln. Die Verwendung von Textbausteinen ist auch mit einer erheblichen Arbeitsentlastung im Alltagsgeschäft verbunden, die dem Richter die zeitaufwendige Prüfung zweifelhafter oder rechtlich schwieriger Fälle ermöglicht. Einen Anspruch auf vorformulierte Beschlussentwürfe hat das Gericht jedoch nicht. 10

III. Entscheidung. I.d.R. entscheidet das Gericht durch begründeten **schriftlichen Beschluss**. Gegen die Verwendung von Formularen ist nichts einzuwenden, wenn ein richterlicher Abwägungsprozess und eine Einzelfallprüfung erkennbar sind (BGHSt 42, 103). Es kann und muss ggf. auch **mündliche Anordnungen** treffen (vgl. BVerfG Beschl. v. 23.07.2007, 2 BvR 2267/06, juris; BGH NStZ 2005, 392). Es gibt kein Privileg des Richters, Entscheidungen nur schriftlich aufgrund schriftlicher Unterlagen treffen zu müssen (BGH NStZ 2006, 114). Ein eingeschränkter Rechtsschutz des Betroffenen aufgrund lediglich mündlicher Information ist ein effektiverer als die Wahrnehmung der Eilkompetenz durch die Ermittlungsbehörden mit nachträglicher richterlicher Bestätigung (BGH NStZ 2005, 392). Wird der Richter erreicht und verweigert er eine eilige Entscheidung unter Berufung auf fehlende Aktenkenntnis, so muss der StA selbst entscheiden, ob ein Zuwarten bis zur Entscheidung des Richters mit einem Beweismittelverlust verbunden wäre. In diesem Fall ist der Staatsanwalt selbst anordnungsbefugt, wenn das Gesetz dies bei Gefahr im Verzug erlaubt (BGH NStZ 2006, 114; *Hofmann* NStZ 2003, 230; a. A. *Beichel/Kieninger* NStZ 2003, 10). Mündliche Anordnungen sind dann vom Gericht oder den Strafverfolgungsbehörden zeitnah zu dokumentieren. Ein Verstoß gegen die Dokumentationspflicht macht die Maßnahme aber noch nicht rechtswidrig (BGH NStZ 2005, 392). Auch ist eine mündliche Durchsuchungsanordnung des Gerichts nicht deshalb rechtswidrig, weil für eine schriftliche Anordnung ausreichend Zeit wäre (a. A. LG Tübingen NStZ 2008, 589). Rechtswidrig wird der Beschluss erst dann, wenn die dokumentierten Gründe seinen Erlass nicht rechtfertigen. Eine spätere, nicht zeitnahe Dokumentation – gar erst nach Beschwerdeeinlegung – ist jedoch nicht zulässig. Davon zu trennen ist die Frage der Verwertbarkeit in der Hauptverhandlung, die dort gesondert zu prüfen ist (vgl. BVerfG NJW 2008, 3053; DAR 2011, 196). 11

§ 162 StPO Ermittlungsrichter

12 **IV. Haft- und Unterbringungsbefehl (Satz 2)** Die StA kann neben anderen richterlichen Untersuchungshandlungen auch den Erlass eins Haft- oder Unterbringungsbefehls bei dem in Satz 1 genannten Gericht beantragen. **Daneben** bedeutet, dass entweder der Antrag gleichzeitig mit der in Satz 1 genannten Untersuchungshandlung oder auch danach gestellt werden kann. Damit soll die Möglichkeit eröffnet werden, die Konzentrationswirkung des Satzes 1 auch auf alle Haft- oder Unterbringungsmaßnahmen zu erstrecken, wenn das Gericht bereits aus anderem Anlass mit der Sache befasst ist oder war (BT-Drucks. 16/5846, S. 84). Nach dem Willen des Gesetzgebers sollte diese weitere Haftzuständigkeit nicht nur für ein kurzes Zeitfenster während der aktuellen Bearbeitung eines Antrags auf Anordnung einer weiteren Untersuchungshandlung geöffnet werden. Eine Auslegung von »daneben« im Sinne von »gleichzeitig« würde den Anwendungsbereich unnötig einschränken (so aber HK/*Zöller* § 162 Rn 6). Ein Haft- oder Unterbringungsbefehl kann aber nicht als alleinige Maßnahme nach Abs. 1 Satz 2 bei dem Gericht am Sitz der StA beantragt werden. In diesem Fall gelten allein §§ 125 Abs. 1, 126a Abs. 2. Eine wahlweise Zuständigkeit besteht in diesem Fall nicht (*Meyer-Goßner/Schmitt* § 162 Rn. 10; *Wiesneth* DRiZ 2010, 46 a. A. KK-StPO/*Griesbaum* § 162 Rn. 10). Wenn mehrere Gerichtsstände eröffnet sind, besteht aber eine freie Auswahlmöglichkeit der StA.

13 **V. Gerichtliche Vernehmungen und Augenscheinnahmen (Satz 3)** In Abweichung von Abs. 1 Satz 1 kann die StA die Vornahme von richterlichen Vernehmungen und Augenscheinnahmen bei dem AG beantragen, in dessen Bezirk die Untersuchungshandlungen vorzunehmen sind. Sie hat dabei nach pflichtgemäßem Ermessen zu prüfen, ob damit eine Beschleunigung des Verfahrens verbunden ist oder Belastungen Betroffener vermieden werden können. Die Gerichte haben die Auswahl der StA bis zur Grenze der Willkür zu respektieren (LG Nürnberg NStZ-RR 2008, 313; *Meyer-Goßner/Schmitt* § 162 Rn. 11). Insb. bei größeren Entfernungen zu den zu vernehmenden Zeugen kann eine Vernehmung in der Nähe ihres Aufenthaltsortes geboten sein. Wenn ein Zeuge im Rahmen einer polizeilichen Zeugenschutzmaßnahme an einem geheim gehaltenen Ort wohnt, ist der Antrag entweder bei dem Gericht am Sitz der StA oder am Sitz der Polizeidienststelle zu stellen, über die der Zeuge geladen werden kann (*Meyer-Goßner/Schmitt* § 162 Rn. 11; LG Karlsruhe, NStZ 1997, 509). Bei einer Videovernehmung ist es ohne Bedeutung, wo sich ein Videovernehmungszimmer befindet (OLG München NStZ 2004, 642, *Meyer-Goßner/Schmitt* § 162 Rn. 11). Im Zuge der Neuregelung wird es sich jedoch empfehlen, dass die Justizverwaltungen gerade bei dem AG am Sitz der StA ein solches Zimmer einrichten. Auskunftserteilungen (Rn. 1) sind noch keine Vernehmungen. Die Zuständigkeit für deren Anordnung richtet sich daher nach Abs. 1 Satz 1.

14 **C. Prüfungsumfang (Abs. 2)** Das Gericht hat nur zu prüfen, ob die Maßnahme gesetzlich zulässig ist. Offensichtlich unverhältnismäßige Handlungen sind nicht zulässig (KG JR 65, 268; Stuttgart, MDR 83, 955; LG Saarbrücken, NStZ 1989, 132 m. Anm. *Weyand*; *Meyer-Goßner/Schmitt* § 162 Rn. 14) I.Ü. ist bei den Zwangseingriffen, die dem Richter vorbehalten sind, in vollem Umfang zu prüfen, ob ein Tatverdacht besteht und die besonderen Voraussetzungen des Eingriffs vorliegen. Bei den anderen Maßnahmen hat allein die StA in Anwendung des Grundsatzes der freien Gestaltung des Ermittlungsverfahrens zu entscheiden, welche richterlichen Handlungen sie für erforderlich hält (BVerfGE 31, 43, 46; KK-StPO/*Griesbaum* § 162 Rn. 17; a. A. *Ebsen* NStZ 2007, 501 unter Darlegung des Streitstandes; LG Köln NStZ 1989, 41) Auch wenn sie grds. selbst die Möglichkeit hat, das Erscheinen von Zeugen und Sachverständigen sowie Beschuldigten nach §§ 161a, 163a Abs. 2 zu erzwingen, kann sie ohne Begründung die Vernehmung der Personen durch das Gericht beantragen. Nr. 10 RiStBV ist keine Gesetzesnorm sondern eine Verwaltungsvorschrift. Der Gesetzgeber hat § 162 Abs. 2 auch nach Einführung des § 161a unverändert gelassen. Es entspricht der gesetzlichen Rollenverteilung im Ermittlungsverfahren, dass die StA Herrin des Verfahrens ist und der Richter Amtshilfe leisten muss (BVerfGE 31, 43, 46). Dem Vorwurf der Arbeitsabwälzung kann die StA dadurch begegnen, dass sie an der richterlichen Vernehmung teilnimmt. Außer Zweifel steht, dass die StA intern an die RiStBV gebunden ist und deshalb die richterliche Zeugenvernehmung nur beantragt, wenn eine Vereidigung geboten erscheint oder ein Fall der §§ 252, 52 vorliegt. Im Fall eines evidenten Missbrauchs verbleibt es aber bei der Möglichkeit des Gerichts, dienstaufsichtsrechtliche Maßnahmen anzuregen. Die leitenden Beamten der StA haben darauf zu achten, dass Nr. 10 RiStBV befolgt wird. Ein Grund für eine richterliche Vernehmung kann aber auch sein, dass zentrale Zeugen bereits im Ermittlungsver-

fahren durch ein neutrales Gericht in Anwesenheit des Verteidigers und des Beschuldigten befragt werden sollen. Auch im Hinblick auf § 78c StGB (Unterbrechung der Verjährung), kann es notwendig und deshalb auch zulässig sein, eine richterliche Vernehmung vornehmen zu lassen (a. A. *Meyer-Goßner/ Schmitt* § 162 Rn 15 aE).

D. Zuständigkeitswechsel (Abs. 3) Schon nach der früheren Rechtsprechung war nach Erhebung der öffentlichen Klage § 162 Abs. 1 grds. unanwendbar (BGHSt 27, 253; OLG Düsseldorf NJW 1981, 2133; OLG Frankfurt am Main, StV 2006, 122). Dies ordnet Abs. 3 Satz 1 nunmehr ausdrücklich an. Die StA kann aber weiterhin nach be- oder entlastenden Tatsachen forschen (*Meyer-Goßner/Schmitt* § 162 Rn. 16). Sie muss ihre Anträge jedoch jetzt bei dem mit der Sache befassten Gericht stellen. Dieses erlässt seine Beschlüsse ggf. nach § 33 Abs. 4 Satz 1 ohne Anhörung des Angeschuldigten bzw. Angeklagten. § 162 Abs. 2 kann aber nicht mehr gelten, da das Gericht den bei ihm anhängig gemachten Sachverhalt selbstständig aufzuklären hat und an Anträge der StA nicht gebunden ist (§ 155 Abs. 2). Die StA kann nur zur Aufklärung weiterer, bisher nicht angeklagter Taten (§ 264) oder der Tatbeteiligung nicht angeklagter Beschuldigter Anträge bei dem nach Abs. 1 zuständigen Ermittlungsrichter stellen. Während des Revisionsverfahrens bleibt die Zuständigkeit des letzten Tatsachengerichts bestehen, S. 2. Nach rechtskräftigem Abschluss des Verfahrens lebt die Zuständigkeit des Ermittlungsrichters wieder auf (BT-Drucks. 16/11644, S. 35). Wird ein Wiederaufnahmeantrag gestellt, geht die Entscheidungskompetenz auf das für das Wiederaufnahmeverfahren zuständige Gericht über. 15

E. Anfechtung. Die StA kann die Ablehnung einer von ihr beantragten richterlichen Handlung mit der Beschwerde nach § 304 anfechten. Darüber entscheidet immer das dem AG übergeordnete LG, auch wenn die StA ihren Antrag im Fall des Abs. 1 Satz 3 bei einem auswärtigen Gericht gestellt hat, da die beantragte Handlung ein Akt der Amtshilfe ist (KK-StPO/*Griesbaum* § 162 Rn. 20; *Meyer-Goßner/ Schmitt* § 162 Rn. 18). Im Erfolgsfall erlässt das LG die begehrte Anordnung. Hält das LG eine Ablehnung einer richterlichen Handlung (Vernehmung, Augenschein oder Leichenöffnung) für rechtswidrig, weist es unter Aufhebung des Beschlusses das AG an, diese Handlung vorzunehmen (KK-StPO/*Griesbaum* § 162 Rn. 20). 16

Der durch eine richterliche Anordnung Betroffene kann ebenfalls nach § 304 Beschwerde einlegen (KK-StPO/*Griesbaum* § 162 Rn. 20); jedoch ist im Fall einer in § 101 genannten Maßnahmen der Antrag nach § 101 Abs. 7 Satz 2 bis 4 für die dort in Abs. 4 Satz 2 genannten Personen der alleinige Rechtsbehelf (BGH NStZ 2010, 50, *Meyer-Goßner/Schmitt* § 101 Rn. 26, a. A. KK-StPO/*Nack* § 101 Rn. 34: § 98 Abs. 2 Satz 2 analog). Die Beschwerde gegen die Ablehnung von richterlichen Anordnungen durch das erkennende Gericht ist im Fall des Abs. 2 Satz 1 durch § 305 ausgeschlossen. 17

Wird nach Einlegung der Beschwerde Anklage erhoben, geht die Entscheidungskompetenz auf das mit der Sache befasste Gericht über, das nunmehr über den Antrag zu entscheiden hat (OLG Karlsruhe Justiz 1998, 130; *Meyer-Goßner/Schmitt* § 162 Rn. 19; a. A. wohl LR/*Erb* § 162 Rn. 52: wegen geänderter Sachlage keine Umdeutung möglich). Der Ermittlungsrichter darf auch nicht mehr abhelfen. 18

§ 163 StPO Aufgaben der Polizei im Ermittlungsverfahren.

(1) ¹Die Behörden und Beamten des Polizeidienstes haben Straftaten zu erforschen und alle keinen Aufschub gestattenden Anordnungen zu treffen, um die Verdunkelung der Sache zu verhüten. ²Zu diesem Zweck sind sie befugt, alle Behörden um Auskunft zu ersuchen, bei Gefahr im Verzug auch, die Auskunft zu verlangen, sowie Ermittlungen jeder Art vorzunehmen, soweit nicht andere gesetzliche Vorschriften ihre Befugnisse besonders regeln.
(2) ¹Die Behörden und Beamten des Polizeidienstes übersenden ihre Verhandlungen ohne Verzug der Staatsanwaltschaft. ²Erscheint die schleunige Vornahme richterlicher Untersuchungshandlungen erforderlich, so kann die Übersendung unmittelbar an das Amtsgericht erfolgen.
(3) ¹Bei der Vernehmung eines Zeugen durch Beamte des Polizeidienstes sind § 52 Absatz 3, § 55 Absatz 2, § 57 Satz 1 und die §§ 58, 58a, 58b, 68 bis 69 entsprechend anzuwenden. ²Über eine Gestattung nach § 68 Absatz 3 Satz 1 und über die Beiordnung eines Zeugenbeistands entscheidet die Staatsanwaltschaft; im Übrigen trifft die erforderlichen Entscheidungen die die Vernehmung leitende Person. ³Bei Entscheidungen durch Beamte des Polizeidienstes nach § 68b Absatz 1 Satz 3 gilt § 161a

§ 163 StPO   Aufgaben der Polizei im Ermittlungsverfahren

Absatz 3 Satz 2 bis 4 entsprechend. ⁴Für die Belehrung des Sachverständigen durch Beamte des Polizeidienstes gelten § 52 Absatz 3 und § 55 Absatz 2 entsprechend. ⁵In den Fällen des § 81c Absatz 3 Satz 1 und 2 gilt § 52 Absatz 3 auch bei Untersuchungen durch Beamte des Polizeidienstes sinngemäß.

Übersicht

	Rdn.
A. Allgemeines	1
B. Pflicht zur Erforschung von Straftaten und Verhütung von Verdunkelung (Abs. 1)	2
I. Zusammenwirken mit StA	2
1. Verpflichtete	4
2. Anlass zum Einschreiten	8
3. Vorermittlungen	10
II. Befugnisse (Satz 2)	11
1. Allgemeines	11
2. Verteidigung	15
3. Ermittlungen jeder Art	16
4. Befugnisse der Ermittlungspersonen (§ 152 GVG)	18
5. Überörtliche Tätigkeit	19
a) Länderübergreifend	19
b) International	20
6. Besondere Maßnahmen	22
7. Kumulation von Maßnahmen	43
8. Auskunftsersuchen	44
C. Übersendung der Verhandlungen, Abs. 2	45
I. Übersendung an die StA, S. 1	45
1. Vorzulegende Unterlagen	46
2. Schlussvermerk/-bericht	50
3. Unverzüglich	52
II. Übersendung an das AG (Satz 2)	53
D. Zeugen- und Sachverständigenvernehmung (Abs. 3)	54
I. Allgemeines	54
II. Entsprechend anwendbare Vorschriften bei Zeugenvernehmungen (Satz 1)	57
1. Belehrungen	58
2. Vernehmungsreihenfolge, Videoaufzeichnung/-konferenz und Persönliche Verhältnisse	59
3. Vernehmung zur Person	60
4. Zeugenbeistand, § 68b	61
III. Entscheidungsbefugnis (Satz 2)	62
1. Beiordnung eines Zeugenbeistandes und Einschränkung der Angaben zur Person (Halbs. 1)	62
2. Übrige Entscheidungen (Halbs. 2)	63
IV. Anfechtung (Satz 3)	64
V. Belehrungen bei Vernehmungen von Sachverständigen (Satz 4)	65
VI. Belehrung über das Untersuchungsverweigerungsrecht (Satz 5)	66
E. Rechtsbehelfe gegen polizeiliche Maßnahmen i.R.d. Strafverfolgung	67
I. Antrag auf gerichtliche Entscheidung (§ 98 Abs. 2 Satz 2)	67
II. Antrag auf Überprüfung nach § 101 Abs. 7 Satz 2	69
III. Dienstaufsichtsbeschwerde	70
F. Revision	72
G. Reformabsicht	72

S.a. *RiStBV Nr. 13 bis 21, 43, 65 bis 67, 70 Abs. 5, 101 f.*

1 A. Allgemeines. Die Vorschrift regelt in Abs. 1 und 2 die Aufgaben und Befugnisse der Polizei bei der Verfolgung von Straftaten. Aus der Stellung der Vorschrift im zweiten Abschnitt des zweiten Buches der StPO ergibt sich jedoch schon, dass die Polizei auch hier nur als verlängerter Arm der StA tätig wird (BVerwGE 47, 255, 263; BGH NJW 2003, 3142; *Meyer-Goßner/Schmitt* § 163 Rn. 1; *LR/Erb* § 163 Rn. 3a; *KMR/Plöd* § 163 Rn. 1). Nach der Gegenansicht soll es sich um Parallelbefugnisse von Polizei und StA handeln (*Knemeyer/Deubert* NJW 1992, 3131) und die StA habe daher während laufender polizeilicher Ermittlungen kein Weisungsrecht. Dies verkennt aber das gesetzliche Regel-Ausnahme-Verhältnis der §§ 160 und 163. Der durch das 2. OpferRRG eingefügte Abs. 3 ersetzt und erweitert den bisherigen § 163a Abs. 5. Er soll hier systematisch besser passen und die Befugnisse und Pflichten der Polizei bei Zeugenvernehmungen klarer regeln (BT-Drucks. 16/12098, S. 26).

2 B. Pflicht zur Erforschung von Straftaten und Verhütung von Verdunkelung (Abs. 1) I. Zusammenwirken mit StA. Abs. 1 legt den Beamten und Behörden des Polizeidienstes die Verpflichtung auf, auch ohne Auftrag der StA bei einem Anfangsverdacht i.S.d. § 152 Abs. 2 Straftaten zu erforschen sowie den Verlust von Beweismitteln zu verhindern und gibt somit das **Recht auf den ersten Zugriff**. Aber auch hier handeln sie nur mit dem Ziel, eine Entscheidung der StA über die Anklageerhebung i.S.d. § 170 vorzubereiten. Sie unterliegen dabei dem Legalitätsprinzip des § 152. Entscheidungen der Polizei, eine Person als Beschuldigten zu behandeln, binden daher die StA wegen der Einheit des Ermittlungsverfahrens (BGH NJW 2003, 3142). Auch dabei leitet die StA das Ermittlungsverfahren und trägt die Gesamtverantwortung für eine rechtsstaatliche, faire und ordnungsgemäße Durchführung des Verfahrens (BGH StV 2010, 3). Aus der Regelung ergibt sich aber auch, dass bei Eilmaßnahmen, die Staatsanwaltschaft und ihre Ermittlungspersonen nur bei Gefahr in Verzug selbst anordnen dürfen (z.B. §§ 105 Abs. 1 S. 1, 81a StPO), die Polizei sich nicht immer und jederzeit um eine Entscheidung der Staatsanwaltschaft bemühen muss (so zutr. *Metz*, NStZ 2012, 242; BVerfG DAR 2011, 196. Soweit das BVerfG von einem »Vorrang« der StA spricht (NJW 2008, 3053; DAR 2011, 196), kann dies im Lichte der Pflicht des Abs. 1 S. 1 zur Verhütung von Verdunkelung nur so verstanden werden, dass die Polizei zwar eine Fühlungnahme mit der StA anstreben muss, diese aber auch durch generelle Weisungen jene berechtigen kann, in umschrieben Fällen selbstständig zu entscheiden. Im Übrigen sind immer auch Fälle »allerhöchster Gefahr im Verzug« denkbar, in denen für die Ermittlungsperson nicht einmal genug Zeit für den Anruf bei der StA bleibt, weil ein Beweismittelverlust droht.

Bei allen bedeutenden Straftaten muss die Polizei die StA frühzeitig informieren, nicht nur wenn Anträge auf richterliche Maßnahmen i.S.d. § 162 zu stellen sind. Die StA kann allgemeine Weisungen an die Polizeibehörden ihres Zuständigkeitsbereiches über die Informationspflicht erteilen (LR/*Erb* § 163 Rn. 9). Nur so kann sie frühzeitig durch Weisungen im Einzelfall auf die zweckmäßige Gestaltung des Ermittlungsverfahrens hinwirken und ggf. den Verfahrensstoff nach §§ 154 ff. reduzieren. Ebenso kann das Opportunitätsprinzip schon am Beginn des Ermittlungsverfahrens bei der Beschränkung des Ermittlungsaufwandes berücksichtigt werden. Nur die StA kann frühzeitig auf Anregung der Polizeibehörden über eine Verbindung von Verfahren und die Bildung von Sammelverfahren entscheiden. Leitlinien hierfür bilden Nr. 25 ff. RiStBV. 3

1. Verpflichtete. Verpflichtet werden die Beamten und Behörden des Polizeidienstes. Darunter fallen alle Bundes- und Landespolizeibehörden, die nach den für sie geltenden Vorschriften mit polizeilichen Aufgaben betraut sind. 4

Polizeibehörden der **Länder** sind die (uniformierte) Schutz- und Kriminalpolizei sowie die Landeskriminalämter, zu deren Einrichtung die Länder nach § 1 Abs. 2 BKAG verpflichtet sind. 5

Polizeibehörde des **Bundes** ist zum einen das Bundeskriminalamt, dessen Zuständigkeiten in § 4 Abs. 2 und 3 BKAG geregelt ist. Die Landespolizeibehörden sind aber auch in diesen Bereichen zur Durchführung notwendiger, unaufschiebbarer Maßnahmen berechtigt und verpflichtet, § 4 Abs. 3 Satz 2 BKAG. Zum andern nimmt die Bundespolizei nach § 12 Abs. 1 BPOLG die polizeilichen Aufgaben auf den dort genannten Gebieten insb. im Bereich der Grenz- und Bahnpolizei wahr. Auch außerhalb ihrer Zuständigkeit hat sie unaufschiebbare Maßnahmen i.S.d. Abs. 1 Satz 1 zu treffen, § 12 Abs. 3 Satz 2 BPOLG. 6

Angesprochen werden auch die den Polizeibehörden durch Gesetz **gleichgestellten Behörden**. Die Steuerfahndung und die Hauptzollämter sind für die Verfolgung von Steuerstraftaten zuständig und handeln i.R.d. §§ 369, 386 Abs. 4 und 404 AO als verlängerter Arm der StA (BGHSt 36, 283), wenn nicht die Finanzbehörden selbstständig die Ermittlungen nach §§ 386 Abs. 2 und 3 AO durchführen. Sie werden außerdem durch § 37 MOG, § 37 AWG den Polizeibehörden gleichgestellt, die Zollverwaltungsbehörden nach § 14 SchwarzBekG. Nach Art. 18 EichG haben die zuständigen Behörden Befugnisse der Polizeibehörden zur Abwehr oder Unterbindung von Zuwiderhandlungen gegen dieses Gesetz oder gegen die aufgrund dieses Gesetzes erlassenen Rechtsverordnungen. Gem. § 147 BBergG haben die für die Ausführung dieses Gesetzes zuständigen Verwaltungsbehörden ebenfalls die Pflichten des § 163. Im Bereich des Festlandsockels haben die Beamten der in § 132 Abs. 1, § 134 Abs. 1 und § 136 BBergG bezeichneten Behörden Straftaten nach § 146 BBergG zu erforschen und alle keinen Aufschub gestattenden Anordnungen zu treffen, um die Verdunkelung der Sache zu verhüten; die Beamten haben die Rechte und Pflichten der Polizeibeamten nach den Vorschriften der StPO und sie sind insoweit Ermittlungspersonen der StA, § 148 Abs. 2 BBergG. 7

2. Anlass zum Einschreiten. Wenn ein **Anfangsverdacht** i.S.d. § 152 Abs. 2 besteht, haben die Beamten und Behörden des Polizeidienstes die Pflicht, auch ohne Auftrag der StA die zur Erforschung der Straftat erforderlichen Maßnahmen zu treffen. Die Polizei prüft zunächst eigenständig, ob zureichende Anhaltspunkte für eine verfolgbare Straftat bestehen. Bestehen hieran Zweifel, hat sie jedoch die Entscheidung der StA herbeizuführen, soweit dies ohne Beweismittelverlust möglich ist. Ggfls. sind jedoch die später nicht mehr nachholbaren, beweissichernden Maßnahmen zunächst durchzuführen. Wie die StA muss auch die Polizei be- und entlastende Umstände ermitteln, § 160 Abs. 2. 8

9 Es ist unerheblich, auf welchem Weg die Polizei von dem Anfangsverdacht erfährt. Häufig wird dies durch eine Strafanzeige, sonstige Mitteilungen von Bürgern oder i.R.d. gefahrenabwehrenden Tätigkeit (z.B. Streifenfahrt) geschehen. Für die Kenntnisnahme im privaten Bereich des Polizeibeamten gelten dieselben Maßstäbe wie für die StA (*Meyer-Goßner/Schmitt* § 163 Rn. 10; vgl. § 160 Rdn. 5). Es ist ohne Bedeutung, ob der Polizeibeamte gerade zivile Kleidung trägt. Er kann sich jederzeit durch schlüssige Handlung in den Dienst versetzen (KMR/*Plöd* § 163 Rn. 3)

10 **3. Vorermittlungen.** Die Polizei kann zunächst den Sachverhalt durch informatorische Befragungen und einfache Auskunftserholung so weit klären, dass eine Prüfung des Anfangsverdachtes möglich ist (LR/*Erb* § 163 Rn. 18). Das berechtigt nicht zu Initiativermittlungen gegen Unverdächtige ohne konkrete Anhaltspunkte für Straftaten. Diese sind nur im Rahmen der Gefahrenabwehr nach den Polizeigesetzen zulässig (KMR/*Plöd* § 163 Rn. 9); vgl. z.B. die besonderen Datenerhebungsmittel des § 33 BayPAG beim Verdacht, dass Personen Straftaten von erhebliche Bedeutung begehen wollen.

11 **II. Befugnisse (Satz 2) 1. Allgemeines.** Abs. 1 enthält eine beschränkte Ermächtigungsgrundlage in Form einer **Ermittlungsgeneralklausel**, die solche Eingriffe ermöglicht, die keine Zwangsmaßnahmen im eigentlichen Sinn darstellen und in ihrer Eingriffsintensität hinter den gesetzlich geregelten Maßnahmen zurückbleiben (LR/*Erb* § 163 Rn. 6). Er stellt keine gesetzliche Grundlage für polizeiliche Zwangsmittel dar (KMR/*Plöd* § 163 Rn. 12).

12 Die Polizei ist auch i.R.d. ersten Zugriffs in der Gestaltung des Ermittlungsverfahrens frei, hat aber die Weisungen der StA zu beachten (LR/*Erb* § 163 Rn. 31; KMR/*Plöd* § 163 Rn. 8). Die StA hat bei allen Ermittlungshandlungen der Polizei ein Anwesenheitsrecht aufgrund ihrer Leitungsbefugnis.

13 Schon bei den polizeilichen Ermittlungen ist der **Beschleunigungsgrundsatz** zu beachten. Insb. bei Haftsachen hat auch die Polizei die Pflicht, die Ermittlungen mit höchstmöglicher Beschleunigung durchzuführen, wobei der Staatsanwalt dies zu überwachen hat. Die Polizeibehörden trifft die Pflicht, ausreichende personelle und sachliche Mittel zur Verfügung zu stellen, um eine alsbaldige Entscheidung der StA über den Abschluss der Ermittlungen zu ermöglichen.

14 Bei der Information der Öffentlichkeit über die **Medien** hat die Polizei ebenfalls die Leitungsbefugnis der StA zu beachten (*Meyer-Goßner/Schmitt* § 161 Rn. 16). Aus eigenem Recht kann sie nur über die Maßnahmen zur Gefahrenabwehr berichten. Im Rahmen strafprozessualer Ermittlungsverfahren muss sie insb. die Unschuldsvermutung und das Verbot der Bloßstellung der Beteiligten beachten. Einer rechtlichen Würdigung und Äußerungen zur Verdachtslage sollte sie sich enthalten. Grds. wäre in laufenden Ermittlungsverfahren jede Presseinformation mit der StA abzusprechen, da bei einem öffentlichen Interesse an den Ermittlungen auch der StA in geeigneter Weise Kenntnis zu verschaffen ist (oben Rdn. 3). Diese kann jedoch hierzu allgemeine Weisungen erteilen und die Polizei im Fall von Alltagskriminalität zur Presseinformation ermächtigen. Die Grundsätze der Nr. 23 RiStBV sind bei Informationen über Ermittlungsverfahren auch von der Polizei zu beachten (LR/*Erb* § 163 Rn. 35). Die Veröffentlichung von Abbildungen des Verdächtigen ist außerhalb von Fahndungsmaßnahmen (§§ 131 ff.) nur bei schwerwiegenden Straftaten zulässig (OLG Hamm NStZ 1982, 82).

15 **2. Verteidigung.** Gem. § 137 kann sich der Beschuldigte in jeder Lage des Verfahrens des Beistandes eines Verteidigers bedienen, auch soweit die Polizei i.R.d. ersten Zugriffs die Ermittlungen selbstständig führt. Insb. im Polizeigewahrsam nach vorläufiger Festnahme ist deshalb dem Verteidiger der unüberwachte Verkehr gem. § 148 Abs. 1 zu gestatten. Ebenso darf er dort mit seinem Verteidiger ohne Kontrolle telefonieren (LR/*Erb* § 163 Rn. 36). Allerdings darf die Polizei sich versichern, dass nur zum Verteidiger Kontakt aufgenommen wird. Telefonate des Festgenommen mit Dritten dürfen bei Verdunkelungsgefahr ggf. unterbunden werden. Auf Anfrage muss die Polizei dem Verteidiger in gleicher Weise den Tatvorwurf erläutern, wie es § 136a Abs. 4 Satz 1 ggü. dem Beschuldigten vorsieht (*Meyer-Goßner/Schmitt* § 163 Rn. 6).

16 **3. Ermittlungen jeder Art.** Es gibt keinen Grundsatz, dass heimliche Ermittlungsmaßnahmen unzulässig wären, da der Gesetzgeber gerade hierzu verstärkt Regelungen getroffen hat (LR/*Erb* § 163 Rn. 40). Deshalb besteht auch keine Pflicht, schon zu Beginn dem Beschuldigten zu eröffnen, dass ein Ermittlungsverfahren gegen ihn eingeleitet wird.

17 Die Polizei hat insb. das Recht, **Zeugen** zu vernehmen (Abs. 3, s.u.) und zu diesem Zweck zu laden oder aufzusuchen. Diese Personen sind jedoch nicht verpflichtet zu erscheinen. Die Polizei kann auch **Sach-**

verständige einschalten, sollte dies aber mit der StA absprechen, wenn es nicht um Alltagskriminalität geht. Sie darf bei Gefahr im Verzug Gegenüberstellungen vornehmen, Abs. 3, § 58 Abs. 2 (KMR/*Plöd* § 163 Rn. 13). Die **Beschuldigtenvernehmung** dient nicht nur der Gewährung rechtlichen Gehörs, sondern auch der Sachaufklärung (LR/*Erb* § 163a Rn. 27, vgl. hierzu § 163a). Dem **Beweismittelverlust** ist insb. durch fotographische Dokumentation von Tatorten, Opferverletzungen und sonstigen Spuren zu begegnen.

4. Befugnisse der Ermittlungspersonen (§ 152 GVG) Bestimmte Befugnisse stehen bei Gefahr im Verzug auch den Ermittlungspersonen der StA zu, bei Steuerstraftaten den Finanzbehörden und deren Hilfsorganen: Die Anordnung der körperlichen Untersuchung eines Beschuldigten (§ 81a) oder eines Zeugen (§ 81c), die Beschlagnahme eines Beweisgegenstandes (§§ 94, 98), die Anordnung einer Durchsuchung (§§ 102, 103 Abs. 1 Satz 1, 105), die Beschlagnahme einer beweglichen Sache zur Sicherstellung (§§ 111b, 111c Abs. 1, 111e), die Anordnung einer Sicherheitsleistung nach § 132, der Netzfahndung (§ 163d) und längerfristigen Observation (§ 163f). Die Ermittlungspersonen werden durch die gesetzlichen Vorschriften bezeichnet, die zu § 152 GVG erlassen wurden. Die Landesregierungen können hierzu Rechtsverordnungen erlassen, § 152 Abs. 2 Satz 1 GVG. Die Ausführung der vom befugten Organ angeordneten Maßnahmen kann auch andern Beamten als den Ermittlungspersonen überlassen werden (*Meyer-Goßner/Schmitt* § 163 Rn. 31). 18

5. Überörtliche Tätigkeit. a) Länderübergreifend. Die Strafverfolgungsarbeit der Polizei der Bundesländer muss nicht an deren Grenzen enden. Das Abkommen über die erweiterte Zuständigkeit der Polizei der Bundesländer bei der Strafverfolgung v. 08.11.1991 (KMR/*Plöd* § 163 Rn. 4) ermächtigt die Polizeibeamten der vertragsschließenden Bundesländer, Amtshandlungen auch in anderen Bundesländern vorzunehmen, wenn einheitliche Ermittlungen wegen der räumlichen Ausdehnung der Tat oder der in der Person des Täters oder in der Tatausführung liegenden Umstände notwendig erscheinen. Die StA wird jedoch insb. bei Durchsuchungshandlungen auch darauf zu achten haben, dass die örtliche StA von überörtlichen Ermittlungen in ihrem Bezirk Kenntnis erhält. 19

b) International. Art. 40 Abs. 1 des **Schengener Durchführungsübereinkommen** (vgl. *Gläß* NStZ 2000, 57 ff.) erlaubt bei auslieferungsfähigen Straftaten die Observation eines Verdächtigen auf dem Hoheitsgebiet einer anderen Vertragspartei, wenn diese einem zuvor gestellten Rechtshilfeersuchen zugestimmt hat. Nach Art. 40 Abs. 7 und Abs. 2 darf die Observation bei besonderer Dringlichkeit der Angelegenheit und bestimmten besonders schweren Straftaten auch ohne diese Zustimmung über die Grenzen hinweg durchgeführt werden. Nach Art. 41 ist eine Nacheile in Bezug auf eine verfolgte oder aus der Haft entflohene Person unter ähnlichen Voraussetzungen zulässig. Die BRD hat in ihren Erklärungen zu Art. 41 Abs. 9 ihren Nachbarstaaten gestattet, für alle auslieferungsfähigen Straftaten die Nacheile ohne räumliche und zeitliche Begrenzung und unter Einräumung des Festhalterechtes auszuüben. Eine internationale Fahndung ist insb. durch das Schengener Informationssystem möglich, vgl. Nr. 43 RiStBV. Daneben gelten die bilateralen Polizeiabkommen, die teilweise über den Schengenstandard hinausgehen und mit allen Nachbarstaaten abgeschlossen wurden. Hier werden Bestimmungen zu grenzüberschreitenden Polizeieinsätzen, gemeinsamen polizeilichen Einsätzen, gegenseitigem Informationsaustausch und grenzüberschreitender personeller Unterstützung getroffen (aufgeführt unter http://www.bmi.bund.de: Pfad: Sicherheit/Internationale Zusammenarbeit/Polizeiliche Zusammenarbeit/Bilaterale Polizeiabkommen und gemeinsame Zentren). 20

Im »Vertrag über die Vertiefung der grenzüberschreitenden Zusammenarbeit, insbesondere zur Bekämpfung des Terrorismus, der grenzüberschreitenden Kriminalität und der illegalen Migration« (**Prümer Vertrag v. 27.05.2005**) haben die vertragsschließenden bzw. bisher beigetretenen Staaten (Belgien, Deutschland, Spanien, Frankreich, Luxemburg, die Niederlande, Österreich, Finnland, Slowenien, Ungarn und Norwegen) eine weitere grenzüberschreitende Zusammenarbeit vereinbart, insb. den Zugriff auf nationale Datenbanken durch die Vertragsstaaten, grenzüberschreitende Einsätze und Zusammenarbeit der Polizeibehörden sowie Regelungen zum Datenschutz. 21

6. Besondere Maßnahmen. Datenabgleich: Daten aus einem Strafverfahren dürfen mit anderen zur Strafverfolgung oder Strafvollstreckung oder zur Gefahrenabwehr gespeicherten Daten maschinell abgeglichen werden, § 98c. 22

23 **Erkennungsdienstliche Maßnahmen:** § 81b gibt das Recht zur Fertigung von Lichtbildern und Fingerabdrücken des Beschuldigten. Hierzu darf unmittelbarer Zwang angewendet werden, wenn der Beschuldigte trotz der Belehrung über seine Duldungspflicht die Maßnahme verweigert oder behindert.

24 **Fahndung:** Die Fahndungs- und Ausschreibungsmaßnahmen sind in den §§ 131 bis 131c geregelt. Meist dürfen Polizeibeamte sie nur bei Gefahr im Verzug als Ermittlungspersonen der StA anordnen, vgl. RiStBV Anlage B. Daneben dürften nur gezielte Nachfragen bei bekannten Kontaktpersonen, Auskünfte aus Melderegistern oder eine Nachschau an Örtlichkeiten, in denen sich die gesuchte Person aufhalten könnte, auf die Ermittlungsgeneralklausel zu stützen sein (LR/*Erb* § 161 Rn. 36).

25 **Heimliche Bildaufnahmen** erlaubt § 100h Abs. 1 Satz 1 Nr. 1. Nach der Rechtsprechung des BVerfG bedarf es für derartige Eingriffe auf jeden Fall einer gesetzlichen Grundlage. Verwaltungsvorschriften genügen nicht (NJW 2009, 3293).

26 **Heimliche Tonaufnahmen durch die Polizei:** Sie gestatten §§ 100a, 100c, 100f unter den dort genannten Voraussetzungen. Daneben können sie zur Eigensicherung von Beamten erlaubt sein, z.B. nach § 16 BKAG. Zur Verwertung der Erkenntnisse aus diesen Maßnahmen s. § 161 Rdn. 26–28. Die heimliche Aufzeichnung einer Beschuldigten- oder anderen polizeilichen Vernehmung ohne Kenntnis und Zustimmung des Betroffenen ist unzulässig, weil es sich um eine nicht öffentliche Äußerung i.S.d. § 201 StGB handelt (OLG Frankfurt am Main NJW 1977, 1547; *Meyer-Goßner/Schmitt* § 136a Rn. 18; SSW-StGB/*Bosch* § 201 Rn. 3; a. A. *Meyer-Goßner/Schmitt* § 163 Rn. 42). Die Vernehmungsperson muss wissen, dass ihre Äußerung wörtlich aufgezeichnet wird (KMR/*Plöd* § 163 Rn. 18). Die Aufzeichnung von Notrufen bei Polizei und Rettungsdiensten ist jedoch unter dem Gesichtspunkt der mutmaßlichen Einwilligung (SSW-StGB/*Bosch* § 201 Rn. 13) gerechtfertigt, da die Notwendigkeit besteht unverständliche oder unklare Mitteilungen sofort zum Zwecke der Festlegung der Einsatzziele nochmals abzuhören. Die Rufnummer des Notrufanrufers wird als begleitende Information gemäß § 108 TKG und § 4 Notrufverordnung unbeachtlich einer vereinbarten Rufnummernunterdrückung übermittelt. Die **Verwertung** kann grds. durch Verlesung der Verschriftungen erfolgen; wenn ein Beteiligter begründete Einwände erhebt, sind die Mitschnitte als Augenscheinsobjekte in der Hauptverhandlung anzuhören (*Meyer-Goßner/Schmitt* § 163 Rn. 45; BGH NJW 1956, 558)

27 **Heimliche Tonaufnahmen Dritter:** Heimliche Ton- oder Bildaufnahmen durch Dritte sind verwertbar, wenn sie nach § 100c gestattet wären (KMR/*Plöd* § 163 Rn. 20). I.Ü. können sie verwertet werden, wenn überwiegende Interessen der Allgemeinheit dies zwingend gebieten und dem ggü. das schutzwürdige Interesse des Belauschten an der Nichtverwertung zurücktreten muss (BVerfGE 34, 238; BayObLG NJW 1990, 197). In Betracht kommen hier Notwehr oder eine notwehrähnliche Lage des Geschädigten einer Straftat bei der Beweisbeschaffung. Unabhängig von der Frage der Verwertung in der Hauptverhandlung ist es den Ermittlungsbehörden aber erlaubt, die Aufnahmen als Spurenansätze zu verwerten, soweit sich durch sie der Verdacht einer verfolgbaren Straftat ergibt.

28 Davon zu unterscheiden ist der Fall, dass eine Privatperson auf Veranlassung der Ermittlungsbehörden mit den Tatverdächtigen ein Gespräch führt, ohne dass dieser erfährt, dass hier Angaben zum Untersuchungsgegenstand erlangt werden sollen, sog. **Hörfalle.** Der Inhalt der aufgezeichneten Gespräche darf dann verwertet werden, wenn es um die Aufklärung einer Straftat von erheblicher Bedeutung geht und die Erforschung des Sachverhaltes unter Einsatz anderer Ermittlungsmethoden erheblich weniger Erfolg versprechend oder wesentlich erschwert gewesen wäre (BGH StV 1996, 465). Allerdings darf auf diesem Weg das Recht des Beschuldigten gem. § 136, sich nicht selbst belasten zu müssen, nicht umgangen werden (*Meyer-Goßner/Schmitt* § 163 Rn. 4a; vgl. § 136a Rdn. 4 f.)

29 **Identitätsfeststellung:** §§ 163b und 163c ermöglichen die zur Feststellung der Identität von Verdächtigen einer Straftat und Unverdächtigen erforderlichen Maßnahmen.

30 **Internet:** Gestützt auf die Generalklausel des Abs. 1 S. 2 kann sich die Polizei Kenntnis von Inhalten der Internetkommunikation auf dem dafür technisch vorgesehenen Weg verschaffen, wenn sie nur öffentlich zugängliche Kommunikationsinhalte wahrnimmt oder sich an öffentlich zugänglichen Kommunikationsvorgängen beteiligt, da damit nicht in Grundrechte eingegriffen wird (BVerfGE 120, 274–350). Erst dann, wenn die staatliche Stelle nicht durch Kommunikationsbeteiligte zur Kenntnisnahme autorisiert ist, bedarf sie einer speziellen gesetzlichen Ermächtigung. Die »Internet-Streife« d.h. die gezielte Beobachtung der allgemein zugänglichen Kommunikationsinhalte ist präventive Tätigkeit der Polizei. Ergeben sich dabei Anhaltspunkte für verfolgbare Straftaten i.S.d. § 152, können Polizei und StA daher gestützt auf die Generalklauseln der §§ 161 Abs. und 163 Abs. 1 gezielt von diesen allgemein zu-

gänglichen Inhalten Kenntnis nehmen und den Sachverhalt erforschen. Unbeachtlich sind dabei Zugangssperren und Aufforderungen zu Identifikation, die nicht überprüft werden und bei denen offensichtliche Falschidentitäten akzeptiert werden, da damit kein Vertrauen in die Person des Kommunikationspartners geschaffen wird.

Der nicht offen im Internet ermittelnde Polizeibeamte wird dann zum »virtuellen verdeckten Ermittler« i.s.d. § 110a-c, wenn er gegen bestimmte Täter, deren Identität noch nicht festzustehen braucht, mit einiger Dauer und Intensität unter einer auf Dauer angelegten verdeckten Identität tätig wird, vgl. zur Abgrenzung im einzelnen *Rosengarten/Römer* NJW 2012, 1764 ff. Da jedoch persönliche Kontakte eines verdeckten Ermittlers eine höhere Eingriffsintensität in die Rechte des Betroffenen aufweisen als solche über Internetkommunikation, ist im letzteren Fall die Schwelle zum VE nicht so schnell erreicht (*Rosengarten/Römer* NJW 2012, 1764, 1767). Die auf Dauer angelegte legendierte Teilnahme an geschlossenen Benutzergruppen unter Überwindung von Zugangskontrollen wird diese Schwelle wohl überschreiten (so *Meyer-Goßner/Schmitt*, § 110a Rn. 4).

Lichtbildbeschaffung: Die Polizei kann im Rahmen von § 2b PAuswG oder § 22 PaßG auch Lichtbilder aus dem Personalausweis – oder Passregister, bei Gefahr im Verzug auch im Wege des Online-Zugriffs, erholen (*Meyer-Goßner/Schmitt* § 163 Rn. 28; § 2c Abs. 2 PAuswG, § 22a Abs. 2 PaßG). 31

Netzfahndung: Gem. § 163d können bei bestimmten Straftaten die bei grenzpolizeilichen Kontrollen und im Fall des § 111 auch die bei Personenkontrollen anfallenden Daten sowie bestimmte Umstände in einer Datei gespeichert werden. Es wird die Errichtung einer Kurzzeitdatei gestattet, um die anfallenden Daten mit anderen Dateien, insb. den Fahndungsdateien abzugleichen, wenn dies an Ort und Stelle aufgrund der Menge der anfallenden Daten nicht möglich ist (*Meyer-Goßner/Schmitt* § 163d Rn. 2). 32

NoeP (Nicht offen ermittelnder Polizeibeamter): Der Einsatz von Beamten, die nur gelegentlich – ohne Legende, wenn auch unter falschem Namen – verdeckt auftreten (*Meyer-Goßner/Schmitt* § 110a Rn. 4) ist durch die Generalklausel des § Abs. 1 Satz 2 grds. gedeckt, wenn er sich auf Vortäuschung einer Bereitschaft zu einer Straftat (Scheinkauf, Bereiterklärung zur Begehung eines Verbrechens) beschränkt. Zweifelhaft ist, ob der NoeP ein verdecktes Verhör herbeiführen darf (BGHSt 55, 138 – 147). Jedenfalls hat er sich dabei wie der Verdeckte Ermittler jeglichen Zwangs zu enthalten (BGHSt 55, 138 – 147). 33

Notstand, rechtfertigender: Nach BGHSt 27, 260 ist der in § 34 StGB, §§ 228 und 904 BGB zum Ausdruck kommende allgemeine Rechtsgedanke, dass die Verletzung eines Rechts in Kauf genommen werden muss, wenn es nur so möglich erscheint, ein höheres Rechtsgut zu retten, auch als Rechtfertigung polizeilichen Handelns denkbar (*Meyer-Goßner/Schmitt* § 163 Rn. 30; KMR/*Plöd* § 163 Rn. 15; a.M. *Amelung* NJW 1978, 623; *Lisken* ZRP 1990, 15, 19). Allerdings kann dies nur in engen Ausnahmefällen angenommen werden. Dies gilt nicht, wenn die allgemeine Bestimmung des rechtfertigenden Notstandes durch besondere Regelungen verdrängt wird. 34

Notwehr und -hilfe: Die Polizeibeamten haben neben ihren Befugnissen nach der StPO und den einschlägigen Polizeigesetzen auch das Recht zur Notwehr und Nothilfe gem. §§ 32, 35 StGB (*Meyer-Goßner/Schmitt* § 163 Rn. 30, vgl. Art. 60 Abs. 2 BayPAG). 35

Observation: § 163f geht stillschweigend davon aus, dass kurzfristige Beobachtungsmaßnahmen von der allgemeinen Befugnisnorm des § 163 erfasst sind. Erst wenn die Observation durchgehend länger als 24 Std. dauert oder an mehr als zwei Tagen stattfindet, bedarf sie der Anordnung durch das Gericht bzw. bei Gefahr im Verzug durch StA oder ihre Ermittlungspersonen. 36

Polizeiliche Beobachtung: Gem. § 163e können Personen und Kennzeichen eines Kfz zur Beobachtung anlässlich von polizeilichen Kontrollen, die die Feststellung der Personalien zulassen, ausgeschrieben werden. Durch diese planmäßige und heimliche Beobachtung können Erkenntnisse über Personen bzw. Fahrzeuge unauffällig ermittelt und gesammelt werden (*Meyer-Goßner/Schmitt* § 163e Rn. 2). Außerdem sollen Zusammenhänge und Querverbindungen der ausgeschriebenen Person zu anderen erfasst werden. 37

Rasterfahndung: Unter den Voraussetzungen des § 98a kann ein maschinell-automatisierter Datenabgleich zwischen bestimmten, auf den Täter einer erheblichen Katalog-Straftat zutreffenden Prüfungsmerkmalen mit aus anderen Gründen von anderen Stellen gespeicherten Daten erfolgen. Damit sollen Nichtverdächtige ausgeschlossen oder Personen festgestellt werden, die weiter für die Ermittlungen bedeutsame Prüfungsmerkmale erfüllen. 38

§ 163 StPO Aufgaben der Polizei im Ermittlungsverfahren

39 **Razzia:** Die Razzia als überraschende, groß angelegte Durchsuchungsaktion kann auf §§ 163b, 94, 95, 102, 103 und 111b gestützt werden. An bestimmten Orten kann sie mit einer Razzia zur Gefahrenabwehr kombiniert werden (*Meyer-Goßner/Schmitt* § 163 Rn. 33, vgl. Art. 22 Abs. 1 Nr. 4 BayPAG). Besteht gem. § 152 Abs. 2 der Verdacht, dass an einem bestimmten Ort mit Drogen gehandelt wird, darf eine Razzia mit großem Polizeiaufgebot und vorübergehender Straßenabsperrung in den Räumen einer Drogenberatungsstelle durchgeführt werden (BVerfGE 44, 357, 370).

40 **Verdeckte Ermittler:** Nach §§ 110a bis c darf sich die Polizei des Einsatzes verdeckter Ermittler bedienen, um schwerwiegende Straftaten aufzuklären (vgl. Anlage D Abs. 2 zur RiStBV).

41 **V-Personen und Lockspitzel (= agent provocateur):** Der Kampf gegen das organisierte Verbrechen erfordert mehr und mehr den Einsatz von verdeckten Ermittlern und Informanten, was auch der EGMR anerkennt (NJW 2009, 3565). Die EMRK erlaubt auch die Stützung der Ermittlungen auf solche Quellen. Die spätere Verwendung durch die Gerichte ist jedoch nur zulässig, wenn ausreichende Sicherungen gegen Missbrauch vorhanden sind, insb. ein eindeutiges und vorhersehbares Verfahren zur Genehmigung, Durchführung und Überwachung solcher Maßnahmen. Die Einschaltung eines Lockspitzels kommt dann in Betracht, wenn durch ein tatprovozierendes Verhalten ein bereits bestehender starker Verdacht schwerwiegenden strafbaren Verhaltens bestätigt werden sollen (BGHSt 32, 345; KK-StPO/*Griesbaum* § 163 Rn. 18). Die Polizei muss sich darauf beschränken, strafbares Verhalten zu verfolgen. Sie darf jedoch nicht eine Person anstiften, eine Straftat zu begehen, welche diese sonst nicht begangen hätte (EGMR NStZ 1999, 46; NJW 2009, 3565). Nach der letztgenannten Entscheidung haben die Gerichte eine nachvollziehbare und glaubhaft vorgetragene Behauptung einer konventionswidrigen Anstiftung selbstständig zu überprüfen. Die StA hat in diesem Fall zu beweisen, dass die konventionswidrige Anstiftung nicht stattgefunden hat. Wenn eine Aufklärung nicht möglich ist, weil Zeugen nicht zur Verfügung stehen, die der Beschuldigte benennt, z.B. aufgrund einer Sperrerklärung analog § 96, wird das Gericht dies im Zweifelsfall zu seinen Gunsten werten müssen. In diesem Fall ist das Recht auf ein faires Verfahren nach Art. 6 Abs. 1 EMRK verletzt (EGMR NJW 2009, 35, 65). Der zulässige Einsatz eines Lockspitzels ist in jedem Fall bei der Strafzumessung zu würdigen (BGH, NStZ 1992, 488; 2000, 269 ff.). Ein Verfahrenshindernis hat der BGH aber bisher auch bei konventionswidriger Anstiftung abgelehnt (BGHSt 45, 321; NStZ 2015, 226; dagegen *Gaede/Buermeyer* HRRS 2008, 279). In einer weiteren Entscheidung sah der EGMR die Kompensation durch eine erhebliche Strafmilderung als nicht ausreichend an (StraFo 2014, 504). Das BVerfG hat aber daran festgehalten, dass eine rechtsstaatswidrige Tatprovokation grundsätzlich nur bei der Strafzumessung zu berücksichtigen ist (NJW 2015, 1083). Ein Verfahrenshindernis wurde dabei nur »in extremen Ausnahmefällen« für möglich gehalten. Dies soll dann in Betracht kommen, wenn ein gänzlich Unverdächtiger durch den staatlichen Lockspitzel zu einer Tat provoziert wird, zu der er zunächst gar nicht bereit war. Möglicherweise muss aber in diesen Fällen zumindest ein Beweisverwertungsverbot geprüft werden, wie vom EGMR gefordert (so auch NJW-Spezial 2015, 152).

42 **Vorläufige Festnahme:** Alle Polizeibeamten haben (über das Jedermanns-Recht des § 127 Abs. 1 hinaus) die Befugnis zur vorläufigen Festnahme einer verdächtigen Person, wenn die Voraussetzungen eines Haft- oder Unterbringungsbefehls vorliegen (§ 127 Abs. 2).

43 **7. Kumulation von Maßnahmen.** Eine »Rundumüberwachung«, mit der ein umfassendes Persönlichkeitsprofil eines Beteiligten erstellt werden könnte, wäre von Verfassung wegen unzulässig (BVerfG 2005, 1337, 1342 f.). Dies ist schon bei der Auswahl und Anordnung der für sich gesehen noch zulässigen Maßnahmen von den Strafverfolgungsbehörden und den Gerichten zu berücksichtigen. Allerdings soll ein eine solche unzulässige Rundumüberwachung auch bei einer Bündelung mehrerer heimlicher Überwachungsmaßnahmen durch die vorhandenen verfahrensrechtlichen Sicherungen, an die mit Rücksicht auf das der Kumulation der Grundrechtseingriffe innewohnende Gefährdungspotential allerdings besondere Anforderungen zu stellen sind, grundsätzlich ausgeschlossen sein (BVerfGE 112, 304–321, BGHSt 54–132).

44 **8. Auskunftsersuchen.** Die Polizeibehörden können im Gegensatz zur StA (§ 161 Abs. 1 Satz 1) nur andere Behörden um Auskunft bitten, die dann zur Auskunftserteilung nicht durch die StPO verpflichtet sind, aber im Einzelfall z.B. nach dem Meldegesetz Auskunft erteilen müssen. Wenn die Polizei darlegt, dass Gefahr im Verzug ist, kann sie die Auskunft von der Behörde verlangen, d.h. diese ist verpflichtet, dem Verlangen nachzukommen, soweit nicht andere gesetzliche Vorschriften i.S.d. § 161

Abs. 1 Satz 1 dem entgegenstehen. Die Polizei kann nicht mehr verlangen, als nach dieser Vorschrift der StA zusteht. Zwangsbefugnisse stehen der Polizei aber nicht zur Verfügung. Auf diese Generalermächtigung können nicht Eingriffe gestützt werden, die die StPO nur unter besonderen Voraussetzungen zulässt, wie Ermittlungsmaßnahmen nach § 100a. Auch hat die Polizei die Beschränkungen des § 160 Abs. 4 zu beachten. Das Beweisverwertungsverbot des § 161 Abs. 2 gilt auch für von der Polizei erlangte Informationen, da es sich um eine für die Hauptverhandlung geltende Beweisverwertungsregelung handelt.

C. Übersendung der Verhandlungen, Abs. 2.

I. Übersendung an die StA, S. 1. Das Ermittlungsverfahren ist ein **schriftliches Verfahren** (*Meyer-Goßner/Schmitt* § 163 Rn. 10). Die Polizei hat deshalb alle Ermittlungshandlungen schriftlich zu dokumentieren. Die mündlichen Vernehmungen von Zeugen werden grds. protokolliert, wobei auch hier der Zeuge oder Beschuldigte grds. zunächst im Zusammenhang berichten soll (§ 69 Abs. 1 Satz 1). In einfachen Fällen kann aber auch die Stellung gezielter Fragen genügen. Auch auffällige Verhaltensweisen von Auskunftspersonen und andere Tatsachen, die für die Glaubwürdigkeit Bedeutung haben können, sind festzuhalten. Die Polizei soll zwar nicht die Glaubwürdigkeit von Zeugen oder Beschuldigten beurteilen. Sie kann aber die Umstände dokumentieren, die hierfür von Bedeutung sein können. Die Bewertung hat die StA bei ihrer Entscheidung nach § 170 vorzunehmen. 45

1. Vorzulegende Unterlagen. Die **Verhandlungen** i.S.d. Abs. 2 Satz 1 umfassen alle Ermittlungsvorgänge (Akten, sachliche Beweismittel, Verfalls- und Einziehungsgegenstände) und sind vollständig der StA vorzulegen. Dies hat ohne zeitlichen Verzug zu geschehen, d.h. nach Abschluss aller für die Entscheidung nach § 170 erforderlichen Ermittlungshandlungen einschließlich der Beschuldigtenvernehmung (§ 163a Abs. 1). Es ist zulässig und für eine zügige Sachbehandlung förderlich, dass die Polizei ein Doppel der Ermittlungsakten für sich anlegt. So können Aufträge zu Nachermittlungen bearbeitet werden, ohne dass die StA die vollständigen Akten zurücksenden muss. In diese Doppelakten kann der Verteidiger nur nach Genehmigung durch die StA Einsicht nehmen, ebenso in die Handakten der Polizeibeamten (*Meyer-Goßner/Schmitt* § 163 Rn. 23). Etwas anderes gilt nur für die Einsicht in und die Vernichtung von nach Abschluss des Ermittlungsverfahrens und eines evtl. sich anschließenden Strafverfahrens allein aus präventivpolizeilichen Erwägungen aufbewahrten Kriminalakten. Hier kann die Einsicht und die Vernichtung auf dem Verwaltungsrechtsweg durchgesetzt werden (VGH Bayern NJW 1984, 2235; a. A. *Schoreit* NJW 1985, 169; *Meyer-Goßner/Schmitt* § 163 Rn. 23). Die Akten sind vollständig vorzulegen. Auch Spurenakten, d.h. die Aktenbestandteile welche die Aufklärung von Tatsachen dokumentieren, die aus Sicht der Polizei keine Beweisrelevanz haben, sind der StA vorzulegen (dazu *Meyer-Goßner/Schmitt* NStZ 1982, 353 ff.). Diese hat abschließend die erhobenen Beweise zu würdigen. Nur so hat der Verteidiger später die Möglichkeit, diese Ermittlungen auf die Bedeutung für das Strafverfahren zu prüfen. 46

Die Polizei hat jeden Ermittlungsvorgang vorzulegen. Dabei ist es ohne Bedeutung, ob aus Sicht der Polizei die Ermittlungen einen Tatverdacht ergeben haben. Allein die StA hat dies zu entscheiden und das Verfahren ggf. einzustellen (KMR/*Plöd* § 163 Rn. 26). Es kann notwendig sein, bzgl. einzelner Beschuldigter die Akten vorab der StA zuzuleiten, um eine Einstellung herbeizuführen. So kann der zunächst Beschuldigte als Zeuge vernommen werden. 47

Wenn die Polizei Maßnahmen ergriffen hat, die sich nach außen als Ermittlungshandlung gegen eine bestimmte Person darstellen, z.B. Beschuldigtenvernehmung oder Zwangsmaßnahmen nach §§ 94, 102, muss der Vorgang der StA vorgelegt werden, auch wenn sich herausstellt, dass nur eine Ordnungswidrigkeit gegeben ist. Die StA gibt das Verfahren nach erfolgter Einstellung wegen der Straftat dann gem. § 43 OWiG an die Verwaltungsbehörde ab. 48

Die Vorlage erfolgt über den Behördenleiter des ermittelnden Polizeibeamten (KMR/*Plöd* § 163 Rn. 27), der aber keine Vorgänge aus dem Dienstgang entfernen darf, weil er kein strafbares Verhalten sieht. Er kann aber seine Zweifel in einem Begleitbericht darlegen, so sie nicht zuvor intern geklärt werden konnten (BGH MDR 1956, 563; *Meyer-Goßner/Schmitt* § 163 Rn. 25). 49

2. Schlussvermerk/-bericht. Ein Schlussvermerk ist von der StPO nicht zwingend vorgeschrieben. Auf ihn sollte jedoch nur in Fällen der Alltags- und Bagatellkriminalität verzichtet werden. Bei umfangreichen Ermittlungsverfahren ist er unbedingt erforderlich. Er dient zum einen der Selbstkontrolle auf 50

Vollständigkeit der Ermittlungen und des Akteninhaltes. Zum anderen sind nur so die Ermittlungen für StA und später das Gericht nachvollziehbar. Ein geordneter Schlussbericht ist ein unentbehrlicher Führer durch umfangreiche Akten. Der Aufbau sollte sich am Zweck der Aktenvorlage richten. Bei einem bestehenden Tatverdacht empfiehlt sich folgender Aufbau:
- Anlass und Gang der Ermittlungen,
- Darstellung der für die Beweiswürdigung wesentlichen be- und entlastender Umstände ohne abschließende Bewertung zur Schuldfrage,
- Sonstiges (noch ausstehende Ermittlungshandlungen, offene Ermittlungsverfahren bei anderen Polizeibehörden, übersandte Beweismittel).
- Ggf. Darstellung der persönlichen und wirtschaftlichen Verhältnisse des Beschuldigten (§ 160 Abs. 3)

51 Nach der herrschenden Meinung soll sich der Schlussbericht einer Bewertung der Schuldfrage und rechtlicher Ausführungen enthalten (KK-StPO/*Griesbaum* § 163 Rn. 29; *Meyer-Goßner/Schmitt* § 163 Rn. 49; KMR/*Plöd* § 163 Rn. 24). Es ist jedoch gerade im umfangreichen Verfahren geboten, dass die Polizei die wesentlichen be- und entlastenden Umstände, die sie ermittelt hat, zusammenfassend darstellt, ohne dass damit ein Präjudiz verbunden wäre (so wohl auch LR/*Erb* § 163 Rn. 83). Dabei werden selbstverständlich auch die Tatbestandsmerkmale der Strafvorschriften angesprochen, die den Anlass der Ermittlungen gebildet haben.

52 **3. Unverzüglich.** Abweichend vom gesetzlichen Leitbild hat sich die Praxis des polizeilichen Handelns dahin entwickelt, dass in den meisten Fällen die Ermittlungen über die in Abs. 1 Satz 1 geforderten ersten Ermittlungshandlungen hinaus die Sache »ausermittelt« wird (vgl. LR/*Erb* § 163 Rn. 24). Damit ist jedoch noch kein Gewohnheitsrecht entstanden, das der Polizei ein Recht zu eigenständigen Ermittlungen ohne Einfluss der StA gibt. Die Polizei ist zwar zur selbstständigen Weiterermittlung grds. (mit Duldung der StA) berechtigt, aber keinesfalls verpflichtet (LR/*Erb* § 163 Rn. 24). Es liegt in ihrem pflichtgemäßen Ermessen, wie weit sie den Sachverhalt aufklärt, bevor sie i.S.d. Abs. 2 ihre Verhandlungen der StA vorlegt.

53 **II. Übersendung an das AG (Satz 2)** Die unmittelbare Vorlage an das AG ist zulässig, wenn die schleunige Vornahme richterlicher Untersuchungshandlungen notwendig erscheint. Die Vorschrift stellt eine Ausnahme des Grundsatzes dar, dass nur die StA Anträge beim Ermittlungsrichter stellen kann, § 162. Da nunmehr durch moderne Kommunikationsmittel ein Informationsaustausch mit der StA jederzeit möglich ist, und die StA verpflichtet ist, ihre ständige Erreichbarkeit durch Schaffung eines Bereitschaftsdienstes zu gewährleisten, hat die Polizei grds. die StA als Herrin des Ermittlungsverfahrens zu informieren. Diese kann den Antrag bei Gericht stellen und die notwendigen schriftlichen Unterlagen z.B. per Telefax von der Polizei übermitteln lassen. Zulässig ist es auch, dass die Polizei nach telefonischer Information der StA in deren Namen Anträge bei Gericht stellt (LR/*Erb* § 163 Rn. 92; *Meyer-Goßner/Schmitt* § 163 Rn. 26). Wenn die Polizei nach § 163 Abs. 2 Satz 2 vorgeht, wird der Richter nach § 165 als Notstaatsanwalt tätig (OLG Hamm NJW 2009, 242).

54 **D. Zeugen- und Sachverständigenvernehmung (Abs. 3) I. Allgemeines.** Der durch das 2. OpferRRG eingefügte Abs. 3 ersetzt § 163a Abs. 5 a. F. und regelt die Vernehmung von Zeugen und Sachverständigen durch die Polizei. Die Materie soll nach dem Willen des Gesetzgebers leichter gefunden werden können und systematisch zu den übrigen Ermittlungsbefugnissen der Polizei gehören (BT-Drucks. 16/12098, S. 26). Inhaltlich erweitert wurde der Kreis der von § 163 Abs. 3 in Bezug genommenen Vorschriften aus dem Bereich der richterlichen Zeugenvernehmung, die auch für die polizeiliche Zeugenvernehmung gelten. Dies soll die Stellung der Zeugen verbessern, weil klargestellt wird, dass ihnen bei einer polizeilichen Vernehmung grds. dieselben Rechte zustehen wie bei einer richterlichen. Gleichzeitig soll auch für die vernehmenden Beamten des Polizeidienstes mehr Rechtsklarheit geschaffen werden (BT-Drucks. 16/12098, S. 26).

55 Nach der StPO hat die Polizei keine Möglichkeit, das Erscheinen von Zeugen zu erzwingen. Dies bleibt nach §§ 161a, 163a, der StA vorbehalten bzw. dem Gericht. Zeugen trifft zwar eine grundsätzliche Pflicht zur Aussage, erzwingen kann dies die Polizei aber nicht. In diesem Fall wird die Polizei mit der StA das weitere Vorgehen absprechen. Es ist zulässig, dass die Polizei den Zeugen bereits selbst darauf hinweist, dass im Fall der unberechtigten Zeugnisverweigerung er von der StA oder dem Gericht

geladen und dort seine Aussage erzwungen werden kann. Unzulässig ist es, dass die StA Zeugen oder Beschuldigte zur Polizei lädt, ohne dort die Vernehmung selbst zu leiten (BGHSt 39, 96). Sucht die Polizei Zeugen oder Beschuldigte in deren Wohnung auf, muss diese Person die Beamten nicht einlassen und darf sie jederzeit der Wohnung verweisen. Durch den vorgesehenen § 163a Abs. 5 (BR-Drucks. 120/10) sollten Zeugen verpflichtet werden, auf Ladung vor der Polizeibehörde zu erscheinen und zur Sache auszusagen, wenn dies von der StA zuvor angeordnet wurde. Der Vorschlag hat sich jedoch nicht durchgesetzt.

Für polizeiliche Vernehmungsprotokolle gilt § 168b Abs. 2 entsprechend. Wegen des Verweises auf § 168a Abs. 2 sind Tonbandmitschnitte demnach als vorläufige Aufzeichnungen aufzubewahren und dürfen erst nach rechtskräftigem Abschluss oder sonstiger Beendigung des Verfahrens gelöscht werden (BGH NStZ 1997, 611). Die gesetzlich vorgeschriebenen Belehrungen sind durch den Vernehmungsbeamten zu dokumentieren. Dabei sollte der Wortlaut des Gesetzes verwendet werden, wie er regelmäßig bei den polizeilichen Protokollen in Textbausteinen vorkommt. Eine Wiederholung der Belehrung im Text der nachfolgenden Vernehmung ist überflüssig und bietet nur Anlass zu Missverständnissen und nachträglichen Beanstandungen. Eine Unterschrift des Vernommenen ist kein wesentliches Erfordernis des polizeilichen Protokolls (KMR/*Plöd* § 163 Rn. 28). Es empfiehlt sich jedoch den Beschuldigten jede Seite des Protokolls unterschreiben zu lassen. Ggf. sind auch handschriftliche Ergänzungen oder Korrekturen durch ihn zuzulassen. Damit wird der späteren Behauptung der Boden entzogen, das Protokoll gebe nicht seine Einlassung wieder. Im Einzelfall kann es genügen, dass nur ein Vermerk über die Befragung einer Person gefertigt wird. Grds. sollten jedoch Fragen, Vorhalte und Antworten möglichst wortgetreu wiedergegeben werden, ggfls. auch vom Zeugen verwendete Ausdrücke der Umgangssprache oder des Dialekts (vgl. Nr. 45 Abs. 2 RiStBV). 56

II. Entsprechend anwendbare Vorschriften bei Zeugenvernehmungen (Satz 1) Im Einzelnen werden folgende für die richterliche Zeugenvernehmung geltenden Vorschriften auch für die polizeiliche Vernehmung verbindlich erklärt: 57

1. Belehrungen. Polizeibeamte müssen Zeugen bzw. deren gesetzliche Vertreter (bei Minderjährigen oder Betreuten, § 52 Abs. 2) über **Zeugnis- und Auskunftsverweigerungsrechte** gem. § 52 Abs. 3 und § 55 Abs. 2 belehren. Kommt im Fall des § 52 Abs. 2 Satz 2 die Bestellung eines Ergänzungspflegers gem. § 1909 Abs. 1 Satz 1 BGB in Betracht, nimmt die Polizei Fühlung zur StA auf, die dann den Antrag stellen muss (*Meyer-Goßner/Schmitt* § 52 Rn. 20). Nach dem durch das 2. OpferRRG aufgenommenen § 57 Satz 1 sind Zeugen vor der Vernehmung zur Wahrheit zu ermahnen und über die strafrechtlichen Folgen einer unrichtigen oder unvollständigen Aussage zu belehren. In Betracht kommen hier aber nur die Strafbarkeit der falschen Verdächtigung, des Vortäuschens einer Straftat und der Strafvereitelung, da die Aussagedelikte der §§ 153 ff. StGB nicht bei polizeilichen Aussagen gelten. Die Belehrungspflichten bestehen noch nicht bei formlosen informatorischen Befragungen darüber, ob eine Person überhaupt als Zeuge in Betracht kommt 58

2. Vernehmungsreihenfolge, Videoaufzeichnung/-konferenz und Persönliche Verhältnisse. Der jetzt ebenfalls in Bezug genommene § 58 bestimmt in seinem Abs. 1, dass Zeugen einzeln, d.h. insb. auch in Abwesenheit anderer Zeugen, zu vernehmen sind. Davon sollte nur in Ausnahmefällen abgewichen werden. Insb. die in der Praxis übliche gemeinsame Einvernahme von Zeugen, von denen einer dann nur noch bestätigt, dass der andere das Geschehen zutreffend geschildert habe, ist zwar ökonomisch aber nicht ordnungsgemäß. In Abs. 2 legt er die Voraussetzungen einer Gegenüberstellung fest. § 58a regelt, in welchen Fällen eine Zeugenvernehmung auf Video aufgezeichnet werden soll. Durch das Gesetz zur Stärkung der Rechte von Opfern sexuellen Missbrauchs wurde in § 58a Abs. 1 S. 2 ein Vorrang der richterlichen Videovernehmung zur Vermeidung von Mehrfachvernehmungen konstituiert (BT- Drucks. 17/6261), der von der Polizei in Absprache mit der StA zu beachten ist (s. dort). Das Gesetz zur Intensivierung des Einsatzes von Videokonferenztechnik in gerichtlichen und staatsanwaltschaftlichen Verfahren (VidVerfG) hat im neuen § 58b die Möglichkeit der Vernehmung eines Zeugen im Wege der Videokonferenz geschaffen, was auch der Polizei gestattet wird (BT-Drucks. 17/12418 S. 16). Dies soll zur Verfahrensverkürzung führen und der ermittelnde Beamte soll entfernt wohnende Zeugen selbst befragen können (BT-Drucks. 17/1224 S. 3). Durch § 68 wird klargestellt, zu 59 welchen persönlichen Verhältnissen der Zeuge zu befragen ist und unter welchen Umständen insb. von der Aufnahme des Wohnortes in die Hauptakten abgesehen werden soll.

60 **3. Vernehmung zur Person.** §§ 68a, 69 regeln, nach welchen Inhalten der Zeuge in welcher Form zu befragen ist. Auch die Polizei muss den Zeugen zunächst den Gegenstand der Vernehmung erläutern und durch allgemeine Fragen Gelegenheit zum zusammenhängenden Sachbericht geben. Dies sollte auch in der Niederschrift über die Vernehmung erkennbar sein. Da nunmehr § 69 anzuwenden ist, konnte der bisher in § 163a Abs. 5 enthaltene Verweis auf § 136a entfallen, weil die entsprechende Geltung des § 136a bei Zeugenvernehmungen bereits durch § 69 Abs. 3 bestimmt wird. Das Verbot bestimmter Vernehmungsmethoden gilt deshalb auch für Zeugenvernehmungen der Polizei. Das Verbot des Bloßstellens von Zeugen gilt ebenfalls, § 68a.

61 **4. Zeugenbeistand, § 68b.** Damit soll klargestellt werden, dass sich der Zeuge auch bei der polizeilichen Vernehmung eines RA als Zeugenbeistand bedienen kann (BT-Drucks. 16/12098, S. 27) und ein anwaltlicher Beistand zu bestellen ist, wenn der Zeuge seine Befugnisse bei der Vernehmung nicht selbst wahrnehmen kann.

62 **III. Entscheidungsbefugnis (Satz 2) 1. Beiordnung eines Zeugenbeistandes und Einschränkung der Angaben zur Person (Halbs. 1)** Die StA entscheidet über die Beiordnung eines Zeugenbeistandes bei polizeilichen Vernehmungen wie bei ihren eigenen Vernehmungen gem. §§ 161a Abs. 1 Satz 2 und 68b. Stellt der Zeuge den Antrag erst während der Vernehmung, muss die Entscheidung der StA herbeigeführt werden, was in eiligen Fällen eine unerwünschte Verzögerung bedeuten kann. Eine Eilkompetenz der Polizeibeamten besteht nicht. Wegen der besonderen Bedeutung der Gestattung des § 68 Abs. 3 Satz 1 hat auch hierüber die StA zu entscheiden.

63 **2. Übrige Entscheidungen (Halbs. 2)** Alle übrigen Entscheidungen, die bei richterlichen Vernehmungen vom Richter zu treffen wären, trifft der die Vernehmung leitende Beamte. Insb. kann er einen anwaltlichen Zeugenbeistand gem. § 68b Abs. 1 Satz 3 und 4 von der Vernehmung ausschließen. Da aber die StA als Herrin des Ermittlungsverfahrens für die Rechtmäßigkeit des Verfahrens zu sorgen hat (vgl. § 160 Rn. 1), kann sie selbst schon vorab über dessen Ausschluss entscheiden. Häufig wird dies sogar der bessere Weg sein, da es regelmäßig um den Ausschluss eines Rechtsanwaltes geht. Damit hat der Gesetzgeber die vom BVerfG geforderte gesetzliche Regelung für den Ausschluss geschaffen (BVerfGE 34, 293 ff.).

64 **IV. Anfechtung (Satz 3)** Grds. sind alle Entscheidungen i.R.d. Satz 1 unanfechtbar. Die Entscheidung der StA i.R.d. polizeilichen Vernehmung gem. § 163 Abs. 3 Satz 2 1. Hs über die Beiordnung eines Zeugenbeistandes ist gem. § 161a Abs. 3 Satz 2 anfechtbar. Satz 3 erklärt für den Fall des Ausschlusses des Zeugenbeistands von der Vernehmung durch die Polizei § 161a Abs. 3 Satz 2 bis 4 für entsprechend anwendbar. Der Zeuge kann die Entscheidung des nach § 162 zuständigen Gerichts beantragen und bei Bestätigung des Ausschlusses durch das Gericht dagegen Beschwerde einlegen.

65 **V. Belehrungen bei Vernehmungen von Sachverständigen (Satz 4)** Die Polizei hat einen Sachverständigen, den sie hinzuzieht, vor der Vernehmung über sein Gutachtensverweigerungsrecht gem. § 52 Abs. 1 und 3 zu belehren und bei entsprechenden Anhaltspunkten dafür, dass er durch seine Auskünfte sich der Gefahr strafrechtlicher Verfolgung aussetzen würde, auch darüber, dass er die Auskunft gem. § 55 Abs. 1 verweigern darf.

66 **VI. Belehrung über das Untersuchungsverweigerungsrecht (Satz 5)** Satz 5 entspricht inhaltlich dem bisherigen Verweis in § 163a Abs. 5 auf § 81c Abs. 3 Satz 2 i.V.m. § 52 Abs. 3. Um den Bezug zur Augenscheinsnahme herzustellen, hat der Gesetzgeber einen gesonderten Satz gebildet. Mit den »Untersuchungen durch Polizeibeamte« sind wohl die Anordnungen der Untersuchung und der Blutentnahme durch Polizeibeamte bei Unverdächtigen i.S.d. § 81c gemeint (so auch *Meyer-Goßner/ Schmitt*, § 163 Rn. 46 f.), da Eingriffe, insb. Blutentnahmen nur von einem Arzt vorgenommen werden dürfen, § 81c Abs. 2. Zudem soll durch die n. F. klarer als bisher zum Ausdruck gebracht werden, dass die Belehrungspflicht nach § 52 Abs. 3 nicht nur in den Fällen des § 81c Abs. 3 Satz 2, sondern auch in denen des dortigen Satz 1 besteht (BT-Drucks. 16/12098). Die Vorschrift hat große praktische Bedeutung, da gerade in Fällen häuslicher Gewalt oder der §§ 176, 176a StGB die Polizei i.R.d. ersten Zugriffs bei Maßnahmen der Beweissicherung (körperliche Untersuchung der Geschädigten) das Recht der in § 52 genannten Personen zu Verweigerung der Untersuchung und die Notwendigkeit einer Ergänzungspflegerbestellung und bei Gefahr im Verzug der richterlichen Anordnung übersehen kann.

E. Rechtsbehelfe gegen polizeiliche Maßnahmen i.R.d. Strafverfolgung.

I. Antrag auf gerichtliche Entscheidung (§ 98 Abs. 2 Satz 2) Der Antrag auf gerichtliche Entscheidung ist bei einer von einer Ermittlungsperson der StA angeordneten Beschlagnahme gem. § 98 Abs. 2 Satz 2 zulässig. Die Rechtsprechung hat diesen Rechtsbehelf in analoger Anwendung auch bei sonstigen Zwangsmaßnahmen für statthaft gehalten, deren Anordnung in erster Linie dem Richter obliegt und nur in Ausnahmefällen den Ermittlungspersonen (BGHSt 28, 57, 58; *Meyer-Goßner/Schmitt* § 98 Rn. 23). Für die in letzter Zeit zunehmende Beanstandung der Anordnung körperlicher Untersuchungen gem. § 81a Abs. 1 und 2 ist dem gemäß der Antrag entsprechend § 98 Abs. 2 Satz 2 der zulässige Weg der Beanstandung (für eine staatsanwaltschaftliche Anordnung: BVerfGK 12, 374; *Meyer-Goßner/Schmitt* § 81a Rn. 31). 67

Demgegenüber ist der Rechtsweg nach **§ 23 EGGVG** nicht gegeben bei polizeilichen Strafverfolgungsmaßnahmen. Es handelt sich um Prozesshandlungen und nicht um Justizverwaltungsakte (BGHSt 44, 265; KK-StPO/*Grießbaum* § 163 Rn. 35; *Meyer-Goßner/Schmitt* § 163 Rn. 51 und § 23 EGGVG Rn. 9 f.). Der Verwaltungsrechtsweg ist ebenfalls ausgeschlossen bei Strafverfolgungstätigkeit der Polizei (BVerwGE 47, 255; KMR/*Plöd* § 163 Rn. 30; LR/*Erb* § 163 Rn. 96). 68

II. Antrag auf Überprüfung nach § 101 Abs. 7 Satz 2. Für Maßnahmen nach den §§ 98a, 99, 100a, 100c bis 100i, 110a, 163d bis 163f bestimmt § 101 Abs. 7 Satz 2, dass auch nach Beendigung der Maßnahme bis zu zwei Wochen nach ihrer Benachrichtigung die Überprüfung der Rechtmäßigkeit der Maßnahme sowie der Art und Weise ihres Vollzugs beantragt werden kann. Damit kann sowohl die Anordnung einer Maßnahme durch die Polizei als auch deren Vollzug zur gerichtlichen Überprüfung gestellt werden. Dieser Rechtsbehelf verdrängt in seinem Bereich den des entsprechend angewendeten § 98 Abs. 2 Satz 2 (BGH StV 2009, 3). 69

III. Dienstaufsichtsbeschwerde. Der Betroffene einer polizeilichen Maßnahme kann die sog. **Sachaufsichtsbeschwerde** einlegen, wenn er die eigentliche Sachbehandlung rügt, z.B. die Anordnung einer körperlichen Untersuchung wegen Gefahr im Verzug (§ 81a Abs. 2), oder die Ablehnung oder Unterlassung strafprozessualer Maßnahmen. Über diese Beschwerde entscheidet immer die StA, da sie als Herrin des Ermittlungsverfahrens über die Rechtmäßigkeit des polizeilichen Handelns zu wachen hat (LR/*Erb* § 163 Rn. 95; *Meyer-Goßner/Schmitt* § 163 Rn. 50). Dies gilt unabhängig von entsprechenden landesgesetzlichen Regelungen (vgl. jeweils Art. 12 Abs. 3 Satz 1 Nr. 1 BayPOG und ThürPOG) oder Dienstvorschriften (z.B. Nr. 90 der Anweisungen für das Straf- und Bußgeldverfahren in Steuersachen, ASTBV [St] 2010), da die Sachaufsichtsbeschwerde als gewohnheitsrechtlicher Rechtsbehelf, der auf dem Petitionsrecht des Art. 17 GG gründet (vgl. Maunz-Düring-Herzog/*Klein* Art. 17 GG Rn. 48), häufig gesetzlich gar nicht geregelt ist. Auch die Bundespolizei hat daher Sachaufsichtsbeschwerden der zuständigen StA vorzulegen. Es ist nicht entscheidend, ob ein Polizeibeamter als Ermittlungsperson i.S.d. § 152 GVG oder auf Weisung der StA tätig war (a. A. KK-StPO/*Griesbaum* § 163 Rn. 33: nur in diese Fällen Entscheidung der StA) oder ein Polizeibeamter i.R.d. ersten Zugriffs ohne Auftrag handelt (a. A. KMR/*Plöd* § 163 Rn. 28: dann entscheidet die Polizei). Auch i.R.d. ersten Zugriffs trägt die StA letztendlich die Verantwortung für die Rechtmäßigkeit des polizeilichen Handelns. Nur so sind auch widersprüchliche Entscheidungen des Dienstvorgesetzten und der StA zu vermeiden. 70

Wird nur das Verhalten des Beamten bei der Untersuchungshandlung gerügt (z.B. herabsetzende Äußerungen, unangemessenes Verhalten oder übertriebene Härte), liegt eine **Dienstaufsichtsbeschwerde i.e.S.** vor, über die stets der Dienstvorgesetzte des Beamten entscheidet, wenn die Maßnahme nicht auf einer Anordnung der StA beruht (KK-StPO/*Griesbaum* § 163 Rn. 33). 71

F. Revision.
Die unterbliebene oder fehlerhafte Belehrung von Zeugen nach § 52 im Ermittlungsverfahren kann mit der Revision gerügt werden, wenn die Aussagen in der Hauptverhandlung verwertet werden. Dies gilt nach der herrschenden Meinung nicht für die Belehrung nach § 55 (KK-StPO/*Griesbaum* § 163 Rn. 40). 72

§ 163a StPO Vernehmung des Beschuldigten

G. Reformabsicht. Durch das 3. Opferrechtsreformgesetz sind folgende Ergänzungen beabsichtigt:

§ 163 Absatz 3 wird wie folgt geändert:
a) In Satz 1 wird vor der Angabe »§ 52« die Angabe »§ 48 Absatz 3,« eingefügt.
b) Folgender Satz wird angefügt:
»§ 185 Absatz 1 und 2 des Gerichtsverfassungsgesetzes gilt entsprechend.«

Die Erweiterung der Bezugnahmeregelung in § 163 Absatz 3 Satz 1 StPO-E dient der Umsetzung von Artikel 18 und Artikel 22 der Opferschutzrichtlinie. Die neue Einstiegsnorm für die Prüfung der individuellen Schutzbedürftigkeit in § 48 Absatz 3 StPO-E soll auch im polizeilichen Ermittlungsverfahren Geltung beanspruchen. Ziel ist die Sensibilisierung der jeweils dem Opfer gegenübertretenden hoheitlichen Stelle für die besonderen Bedürfnisse des Verletzten und die möglichst frühe Prüfung der deswegen erforderlichen besonderen Schutzmaßnahmen« (BT-Drucks. 18/4621 S. 25). Näheres bei § 48. Im Übrigen s. § 161a Rn. 25.

§ 163a StPO Vernehmung des Beschuldigten. (1) ¹Der Beschuldigte ist spätestens vor dem Abschluss der Ermittlungen zu vernehmen, es sei denn, dass das Verfahren zur Einstellung führt. ²§ 58a Absatz 1 Satz 1, Absatz 2 und 3 sowie § 58b gelten entsprechend. ³In einfachen Sachen genügt es, dass ihm Gelegenheit gegeben wird, sich schriftlich zu äußern.
(2) Beantragt der Beschuldigte zu seiner Entlastung die Aufnahme von Beweisen, so sind sie zu erheben, wenn sie von Bedeutung sind.
(3) ¹Der Beschuldigte ist verpflichtet, auf Ladung vor der Staatsanwaltschaft zu erscheinen. ²Die §§ 133 bis 136a und 168c Abs. 1 und 5 gelten entsprechend. ³Über die Rechtmäßigkeit der Vorführung entscheidet auf Antrag des Beschuldigten das nach § 162 zuständige Gericht. ⁴Die §§ 297 bis 300, 302, 306 bis 309, 311a und 473a gelten entsprechend. ⁵Die Entscheidung des Gerichts ist unanfechtbar.
(4) ¹Bei der ersten Vernehmung des Beschuldigten durch Beamte des Polizeidienstes ist dem Beschuldigten zu eröffnen, welche Tat ihm zur Last gelegt wird. ²Im Übrigen sind bei der Vernehmung des Beschuldigten durch Beamte des Polizeidienstes § 136 Abs. 1 Satz 2 bis 4, Abs. 2, 3 und § 136a anzuwenden.
(5) § 187 Absatz 1 bis 3 und § 189 Absatz 4 des Gerichtsverfassungsgesetzes gelten entsprechend.

Übersicht	Rdn.		Rdn.
A. Allgemeines	1	2. Belehrungen	20
B. Begründung der Beschuldigteneigenschaft	2	3. Anwesenheit	21
		4. Protokoll	22
C. Beschuldigtenvernehmung (Abs. 1)	7	III. Gerichtliche Entscheidung, Satz 3	23
I. Vernehmungspflicht (Satz 1)	7	IV. Entsprechend geltende Vorschriften des Beschwerdeverfahrens, Satz 4	24
II. Zeitpunkt der Vernehmung	10		
III. Vernehmungsorgan	11	F. Polizeiliche Beschuldigtenvernehmung (Abs. 4)	25
IV. Videovernehmung/-konferenz (Satz 2)	13	I. Eröffnung der Tat (Satz 1)	25
V. Schriftliche Vernehmung (Satz 3)	14	II. Entsprechend anwendbare Vorschriften (Satz 2)	26
D. Entlastungsbeweise (Abs. 2)	15		
E. Vernehmung durch StA (Abs. 3)	16	G. Polizeiliche Protokolle	30
I. Erscheinenspflicht (Satz 1)	16	I. Form	30
II. Entsprechend anwendbare Vorschriften (Satz 2)	18	II. Aushändigung	31
1. Vorführungsbefehl:	18	H. Revision	33

S.a. RiStBV Nr. 44 f., 65 bis 67, 70

1 A. Allgemeines. Abs. 1 regelt die Pflicht zur Vernehmung des Beschuldigten als Ausfluss des Anspruchs auf rechtliches Gehör und Mittel zur Sachverhaltsaufklärung sowie deren Form. Er wird ergänzt durch Abs. 2, der ein Beweisantragsrecht bereits im Ermittlungsverfahren gewährt. Abs. 3 ermöglicht der StA, das Erscheinen des Beschuldigten zu erzwingen und regelt das Verfahren; durch das 2.

OpferRRG wurde die Zuständigkeit für die gerichtliche Entscheidung über die Rechtmäßigkeit der Vorführung dem Richter des § 162 übertragen. Die Vernehmung des Beschuldigten durch Beamte des Polizeidienstes regelt Abs. 4. Ebenfalls durch das 2. OpferRRG wurde der bisherige Abs. 5 unter Erweiterung in den § 163 als Abs. 3 verschoben (dort Rdn. 54–66). Das Gesetz zur Stärkung der Verfahrensrechte von Beschuldigten im Strafverfahren (BeVReStG) hat in Umsetzung der Richtlinie 2010/64/EU durch Einfügung der §§ 187 u. 189 Abs. 1 GVG die Rechte fremdsprachiger Verfahrensbeteiligter umfassend geregelt. Der durch dieses Gesetz neu eingefügte Abs. 5 erklärt die Vorschrift für Beschuldigte bereits im Ermittlungsverfahren für anwendbar.

B. Begründung der Beschuldigteneigenschaft. Die StPO definiert den Begriff des Beschuldigten nicht, § 157 dient nur der Begriffsbestimmung in den jeweiligen Verfahrensabschnitten. Die StPO sieht keine besondere Form der Einleitung eines Ermittlungsverfahrens gegen einen bestimmten Beschuldigten vor. Es reicht aus, dass eine tatsächliche Maßnahme ergriffen wird, aus der sich ergibt, dass gegen eine Person wegen des Verdachts einer Straftat ermittelt wird (z.B. Auftrag an Polizei zur Beschuldigtenvernehmung, BGH StV 1985, 397). In § 397 Abs. 1 AO wird jedoch festgelegt, dass ein Strafverfahren eingeleitet ist, wenn StA, eine ihrer Ermittlungspersonen oder ein Strafrichter eine Maßnahme trifft, die erkennbar darauf abzielt, gegen jemanden wegen einer Steuerstraftat strafrechtlich vorzugehen. § 397 Abs. 2 sieht zudem vor, dass die Einleitung eines Steuerstrafverfahrens in den Akten (schriftlich) zu vermerken ist, was jedoch auch in in anderen Strafverfahren zu empfehlen ist. Beschuldigter, ist nur der Tatverdächtige, gegen den das Verfahren betrieben wird (BGHSt 10, 8, 12; *Meyer-Goßner/Schmitt* Einl. Rn. 76). Der Beschuldigtenbegriff vereinigt deshalb subjektive und objektive Elemente (LR/*Erb* Rn. 9). Er setzt – **subjektiv** – den Verfolgungswillen der Strafverfolgungsbehörde voraus, der sich – **objektiv** – in einem Willensakt manifestiert (BGH StV 2007, 450). Wird gegen eine Person ein förmliches Ermittlungsverfahren eingeleitet, liegt darin ein solcher Willensakt. Andernfalls beurteilt sich dessen Vorliegen danach, wie sich das Verhalten des ermittelnden Beamten nach außen, insb. in der Wahrnehmung des davon Betroffenen darstellt (BGH StV 2007, 450). Bereits aus §§ 55, 60 Nr. 2 ergibt sich aber, dass im Strafverfahren auch ein Verdächtiger im Einzelfall als Zeuge vernommen werden darf, ohne dass er über die Beschuldigtenrechte belehrt werden muss (vgl. BGHSt 10, 8, 10; 17, 128, 133). Der Vernehmende darf dabei auch die Verdachtslage weiter abklären. Da er mithin nicht gehindert ist, den Vernommenen mit dem Tatverdacht zu konfrontieren, sind hierauf zielende Vorhalte und Fragen nicht zwingend ein hinreichender Beleg dafür, dass der Vernehmende dem Vernommenen als Beschuldigten gegenübertritt. Der Verfolgungswille kann sich jedoch aus dem Ziel, der Gestaltung und den Begleitumständen der Befragung ergeben (BGHSt 38, 214: Mitnahme eines Verdächtigen im Polizeiwagen und Befragung dort, auch ohne vorläufige Festnahme).

Die Ermittlungsbehörden dürfen den ihnen eingeräumten Beurteilungsspielraum über die Einleitung eines Ermittlungsverfahrens aber nicht dazu missbrauchen, dem Verdächtigen die gesetzlichen Rechte, insbesondere nach § 136 zu verweigern oder Belehrungspflichten des § 136 Abs. 3 und 4 zu umgehen (BGHSt 38, 214). Sie haben bei entsprechender Verdachtslage die Pflicht, den Verdächtigen als Beschuldigten zu behandeln (**Inkulpationspflicht**; LR/*Erb* § 163a Rn. 11a). I.R.d. gebotenen sorgfältigen Abwägung aller Umstände des Einzelfalls kommt es dabei darauf an, inwieweit der Tatverdacht auf hinreichend gesicherten Erkenntnissen hinsichtlich Tat und Täter oder lediglich auf kriminalistischer Erfahrung beruht (BGH StV 2007, 450). Falls jedoch der Tatverdacht so stark ist, dass die Strafverfolgungsbehörde andernfalls willkürlich die Grenzen ihres Beurteilungsspielraums überschreiten würde, ist es verfahrensfehlerhaft, wenn dennoch nicht zur Beschuldigtenvernehmung übergegangen wird. Der Umstand, dass die Strafverfolgungsbehörde – zumal bei Tötungsdelikten – erst bei einem konkreten und ernsthaften Tatverdacht zur Vernehmung des Verdächtigen als Beschuldigten verpflichtet ist, kann für ihn auch eine schützende Funktion haben. Denn der Vernommene wird hierdurch nicht vorschnell mit einem Ermittlungsverfahren überzogen, das erhebliche nachteilige Konsequenzen für ihn haben kann (BGH StV 2007, 450). Es gibt keinen Grundsatz, dass jemand im Zweifel immer als Beschuldigter zu behandeln ist, insb. nicht, wenn feststeht, dass der Täter aus einer begrenzten Anzahl von Personen kommt, ohne dass sicher ist, wer es ist (BGHSt 38, 214, 227; NStZ 1983, 86; *Meyer-Goßner/Schmitt* Einl. Rn. 78: immer wenn hinreichender Tatverdacht gegen alle aus der Gruppe besteht, auch wenn sich ihre Täterschaft gegenseitig ausschließt; zw., da in diesen Fällen sehr fraglich ist, ob schon gegen alle ein hinreichender Tatverdacht besteht).

Ziegler/Vordermayer

4 Daraus folgt aber auch, dass Dritte nicht durch eine Anzeige die StA oder die Polizei zwingen können, eine bestimmte Person als Beschuldigten zu behandeln (*Meyer-Goßner/Schmitt* Einl. Rn. 77), auch wenn diese zunächst den Sachverhalt durch Ermittlungsmaßnahmen aufklären (insoweit a. A. *Meyer-Goßner/Schmitt* Einl. Rn. 77; AK-StPO/*Grundbach* § 136 Rn. 9; SK-StPO/*Wohlers* § 163a Rn. 9; LR/*Erb* § 163a Rn. 12: nur wenn sofortige Einstellung erfolgt, muss die Person nicht als Beschuldigter behandelt werden). Die StA kann zwar den Sachverhalt i.S.d. §§ 152 Abs. 2, 160 Abs. 1 erforschen, muss jedoch nicht zwingend die angezeigte Person als Tatverdächtigen sehen, wenn sich für deren strafbare Beteiligung (noch) keine zureichenden tatsächlichen Anhaltspunkte ergeben haben. Insb. bei Anzeigen gegen Amtsträger ist es zulässig, zunächst die tatsächlichen Umstände soweit zu klären, dass eine sichere Beurteilung des Anfangsverdachts möglich ist. Aus der Tatsache dass ein Polizeibeamter Zwang oder Schusswaffen angewendet hat, folgt nicht der Verdacht einer rechtswidrigen Tat, da er hierzu nach den Vorschriften über den unmittelbaren Zwang unter den dort genannten Voraussetzungen berechtigt ist. Auch dabei ist zu berücksichtigen, dass die Einleitung eines Ermittlungsverfahrens mit einer erheblichen Belastung für den Betroffenen verbunden ist (BGH StV 2007, 450).

5 Eine informatorische Befragung mit dem Ziel, ob die Auskunftsperson als Beteiligter in Betracht kommt, ist zulässig (BGH NStZ 1983, 86). Eine zu vernehmende Person ist entweder Zeuge oder Beschuldigter, Zwischenstadien sieht das Gesetz nicht vor (*Meyer-Goßner/Schmitt* Einl. Rn. 79). Es ist jedoch zulässig, Personen als Zeugen in einem Ermittlungsverfahren zu vernehmen, obwohl gegen sie ebenfalls ein Ermittlungsverfahren wegen des gleichen Sachverhaltes geführt wird. Die Ermittlungsbehörden können die Verfahren jederzeit trennen, z.B. gegen den Schleuser (§ 96 AufenthG) und die von ihm geschleusten Personen. Der Zeuge ist nach § 55 zu belehren. Um eine Umgehung der Belehrungspflichten zu verhindern, wird die Vernehmung als Zeuge erst nach einer solchen als Beschuldigter möglich sein.

6 Strafunmündige Kinder sind immer Zeugen (LR/*Erb* § 163a Rn. 14a).

7 **C. Beschuldigtenvernehmung (Abs. 1) I. Vernehmungspflicht (Satz 1)** Die Vernehmung des Beschuldigten ist im Ermittlungsverfahren obligatorisch. Mit ihr wird sein **Recht auf rechtliches Gehör** gewährleistet. Er erfährt spätestens hier, dass gegen ihn Ermittlungen geführt werden. Aus der Vorschrift folgt aber auch, dass der Beschuldigte nicht zu Beginn des Verfahrens über die Einleitung von Ermittlungen informiert werden muss (LR/*Erb* § 163a Rn. 29a). Die Pflicht entfällt gemäß dem 2. Halbsatz, wenn die StA das Verfahren nach §§ 170 Abs. 2, 153 ff. (nicht jedoch im Fall des § 153a; KMR/*Plöd* § 163a Rn. 6; a. A. KK-StPO/*Griesbaum* § 163a Rn. 5) oder §§ 154 ff. einstellen will, bzw. in den Fällen des § 374 von der Anklageerhebung absehen will (a. A. *Wagner* ZStW 109, 574: nur bei § 170 Abs. 2).

8 Ein Verstoß gegen die Verpflichtung zur Vernehmung des Beschuldigten führt nach h.M. nicht zur Unwirksamkeit der Anklage (*Meyer-Goßner/Schmitt* § 163a Rn. 1; KMR/*Plöd* § 163a Rn. 25; a. A. *Meinecke* StV 2015, 325 unter Darstellung des Streitstandes). Das fehlende rechtliche Gehör kann im Zwischenverfahren nachgeholt werden (§ 201). Bringt der Angeschuldigte dabei vor, dass er bei einer ausführlichen Vernehmung sich umfangreich verteidigt hätte, kann das Gericht die Anklage an die StA unter Hinweis auf die nachzuholende Vernehmung und die durchzuführenden Ermittlungen zurückgeben (§ 202 Rn. 2). Wenn die StA sich gesetzwidrig weigern würde, wäre die Eröffnung abzulehnen, die Strafklage ist dann nicht verbraucht (§ 201 Rn. 18). Dies alles führt jedoch nicht zur Unwirksamkeit der Anklageerhebung. Sie unterbricht insbesondere die Verjährung (§ 78c StGB) und bewirkt Rechtshängigkeit. Die von Meinecke behauptete »Dunkelziffer entsprechender Verfahren« ist nicht belegt und widerspricht den Erfahrungen der Praxis der StA.

9 Die Beschuldigtenvernehmung dient gleichzeitig der **Erforschung des Sachverhaltes** i.S.d. § 160 Abs. 1 Satz 1 (HK-StPO/*Zöller* § 163a Rn. 2; KMR/*Plöd* § 163a Rn. 1; *Meyer-Goßner/Schmitt* § 163a Rn. 1) Ein Vorrang des rechtlichen Gehörs vor der Aufklärung ist dem Gesetz nicht zu entnehmen (a. A. LR/*Erb* § 163a Rn. 28: Aufklärung nur Nebenzweck). Andernfalls hätte der Gesetzgeber nicht Gericht und StA zur zwangsweisen Durchsetzung des Erscheinens ermächtigen brauchen. Alle Vernehmungsorgane dürfen und müssen deshalb aufgrund ihrer Aufklärungspflicht (§§ 152, 160, 163, 155 Abs. 2) i.R.d. gesetzlichen Regelungen den Beschuldigten auch »verhören«, ihm sachliche Vorhalte machen, Widersprüche in seiner Aussage aufdecken und ihn auch zur Wahrheit ermahnen, da der Beschuldigte zur Wahrheit zwar nicht verpflichtet ist, aber ein Recht zur Lüge auch nicht besteht (BGH NStZ 2005,

517; *Meyer-Goßner/Schmitt* § 136 Rn. 18; KK-StPO/*Diemer* § 163a Rn. 19, a. A. *Ransiek* StV 1994, 345). Zum bloßen Objekt des Verfahrens darf er aber nicht gemacht werden (BVerfGE 57, 250, 257; BGHSt 36, 44).

II. Zeitpunkt der Vernehmung. Das Gesetz legt nur den spätesten Zeitpunkt der Vernehmung fest. 10
Nach dem Grundsatz der freien Gestaltung des Ermittlungsverfahrens können die Ermittlungsbehörden entscheiden, wann sie dem Beschuldigten Gelegenheit geben, die Vorwürfe ggfls. zu entkräften oder durch ein glaubhaftes Geständnis den Ermittlungsaufwand zu begrenzen. Die Sachaufklärungspflicht (§§ 160 Abs. 1 und 2, 163 Abs. 1) kann es gebieten, den Beschuldigten wiederholt zu vernehmen, auch wenn er oder sein Verteidiger erklärt haben, keine Angaben machen zu wollen. Der Beschuldigte kann mit neuen Erkenntnissen zu konfrontieren sein und muss dann entscheiden, ob er sich äußern will.

III. Vernehmungsorgan. Wer den Beschuldigten vernimmt, ist gesetzlich nicht geregelt. Auch aus 11
praktischen Gründen wird dies häufig die Polizei i.R.d. ersten Zugriffs tun, bzw. die Finanzbehörde bei Steuerstrafverfahren, § 368 AO. Die StA kann die Polizei ersuchen, § 161 Abs. 1 Satz 1, oder die Vernehmung selbst durchführen. Sie wird dies in bedeutenden Ermittlungsverfahren oder bei schwierigen Sachverhalten selbst tun (Ermittlungsverfahren gegen Ärzte, RA, Wirtschaftsstrafsachen nach § 74c GVG). Ausnahmsweise kann auch eine andere StA ersucht werden. Eine Vernehmung durch den Ermittlungsrichter kann in Betracht kommen, wenn ein nach § 254 verlesbares richterliches Geständnis erlangt werden soll (*Meyer-Goßner/Schmitt* § 162 Rn. 3).
Der Beschuldigte hat kein Recht, das Vernehmungsorgan zu bestimmen. Er kann zwar den Wunsch 12
äußern von der StA vernommen zu werden. Es steht jedoch im pflichtgemäßen Ermessen der StA, ob sie die Vernehmung selbst durchführt. Dies wird sie tun, wenn damit eine zusätzliche Sachverhaltsaufklärung zu erwarten ist. Sie kommt ihrer Pflicht aus Satz 1 jedoch nach, wenn sie eine Vernehmung durch die Polizei anbietet (*Meyer-Goßner/Schmitt* § 163a Rn. 2, KK-StPO/*Griesbaum* § 163a Rn. 6; a. A. LR/*Erb* § 163a Rn. 39).

IV. Videovernehmung/-konferenz (Satz 2) Die Videoaufzeichnung nach § 58a ist nunmehr auch 13
bei der Beschuldigtenvernehmung zulässig. In der Praxis sollte diese Möglichkeit schon deshalb vermehrt genutzt werden, um die Verwertbarkeit polizeilicher Geständnisse zu erhöhen. Das Gericht kann anhand der Aufzeichnung prüfen, ob behauptete Verfahrensverstöße (z.B. nach §§ 136 und 136a) vorliegen. Der neue § 58b StPO ermöglicht es, im Ermittlungsverfahren Zeugenvernehmungen auch unter Verwendung von Bild-Tonübertragungen unter Verzicht auf die Anwesenheit der Zeugen im Vernehmungszimmer.

V. Schriftliche Vernehmung (Satz 3) Grds. erfolgt die Vernehmung mündlich, aber nach Satz 2 14
kann die Gelegenheit zur schriftlichen Äußerung von allen Vernehmungsorganen mit Ausnahme des Ermittlungsrichters gewählt werden. Die erforderlichen Hinweise nach § 136 Abs. 1 Satz 1, 2 werden schriftlich erteilt (*Meyer-Goßner/Schmitt* § 163a Rn. 12). Anders als in § 136 Abs. 1 Satz 4 ist jedoch nur eine Anwendung bei einfachen Sachverhalten vorgesehen (Ladendiebstähle, Leistungserschleichung, Sozialleistungsbetrug u.Ä.). Eine mündliche Vernehmung ist aber auch in allen anderen Fällen dann entbehrlich, wenn der Verteidiger nach Gewährung von Akteneinsicht für seinen Mandanten eine schriftliche Stellungnahme abgibt, da darin zugleich ein konkludenter Verzicht auf eine mündliche Vernehmung liegt. Wenn eine durch den Verteidiger oder den Beschuldigten angekündigte Stellungnahme ausbleibt, kann die StA ohne Vernehmung Anklage erheben (KMR/*Plöd* § 163a Rn. 2). Die schriftlichen Erklärungen des Beschuldigten können durch Verlesung nach § 249 in die Hauptverhandlung eingeführt werden, nicht die Erklärungen seines Verteidigers (OLG Celle NStZ 1988, 426; OLG Jena VRS 109, 24; KMR/*Plöd* § 163a Rn. 3), auch wenn der Beschuldigte in der Hauptverhandlung keine Angaben macht (OLG Hamm VRS 42, 99, 100; KMR/*Plöd* § 163a Rn. 3).

D. Entlastungsbeweise (Abs. 2) Stellt der Beschuldigte Beweisanträge zu seiner Entlastung, 15
prüft die StA nach pflichtgemäßem Ermessen, ob diese für ihre Entscheidung nach § 170 von Bedeutung sind (KK-StPO/*Griesbaum* § 163a Rn. 6, *Meyer-Goßner/Schmitt* § 163a Rn. 15). Nach a. A. handelt es sich bei dem Merkmal »von Bedeutung« um einen unbestimmten Rechtsbegriff und der Beschuldigte habe einen Beweiserhebungsanspruch (LR/*Erb* § 163a Rn. 107, 112; *Krekeler* NStZ 1991, 367).

Es bleibt aber offen, wie ein solcher Beweiserhebungsanspruch durchzusetzen wäre (so auch LR/*Erb* § 163a Rn. 117). Die StA kann ohne Erhebung des Beweises Anklage erheben, sodass erst das Gericht im Zwischenverfahren die Erheblichkeit prüft, § 202. Stellt der Beschuldigte den Antrag bei einer richterlichen Vernehmung, leitet der Richter den Antrag an die StA weiter, wenn nicht ein Fall des § 166 vorliegt (*Meyer-Goßner/Schmitt* § 163a Rn. 15).

16 **E. Vernehmung durch StA (Abs. 3)** **I. Erscheinenspflicht (Satz 1)** Die StA kann anders als die Polizei das Erscheinen zur Vernehmung erzwingen, Abs. 3 Satz 1. Der Beschuldigte ist verpflichtet, vor der StA zu erscheinen. Der auf freiem Fuß befindliche Beschuldigte wird nach § 133 Abs. 1 geladen. Die Androhung der Vorführung in der Ladung empfiehlt sich immer dann, wenn eine Befolgung der Ladung ungewiss erscheint. Die Androhung soll nur erfolgen, wenn die Ladung auch tatsächlich erzwungen werden soll, Nr. 44 RiStBV. Die Ladung kann nicht durch öffentliche Zustellung nach § 40 erfolgen (*Meyer-Goßner/Schmitt* § 163a Rn. 18). Eine Zustellung ist aber nicht vorgeschrieben. Eine formlose fernmündliche Terminsvereinbarung und Ladung ist ebenso möglich wie eine solche per E-Mail, wenn im Fall des Ausbleibens zunächst keine Zwangsmittel eingesetzt werden sollen.

17 Die Vernehmung muss nicht in den Diensträumen der StA erfolgen. Der Beschuldigte kann z.B. auch in die Räume der Polizei oder eines Landgerichtsarztes geladen werden. Die Vernehmung muss jedoch durch den Staatsanwalt oder zumindest unter seiner verantwortlichen Leitung stattfinden. Eine Ladung zur Vernehmung, die dann nur durch Polizei oder Sachverständigen erfolgt ist unzulässig (BGHSt 39, 96). Es kann aber nach Erscheinen des Beschuldigten mit dessen ausdrücklichem Einverständnis die Befragung durch Polizeibeamte oder den Sachverständigen fortgeführt werden.

18 **II. Entsprechend anwendbare Vorschriften (Satz 2)** **1. Vorführungsbefehl:** §§ 133 Abs. 2 und 134 Abs. 2 erlauben die Vorführung des Beschuldigten nur nach deren Androhung in der schriftlichen Ladung. I.Ü. kann eine Vorführung erfolgen, wenn die Voraussetzungen eines Haftbefehls vorliegen, § 134 Abs. 1. Auch wenn der Beschuldigte ankündigt, von seinem Recht auf Aussageverweigerung Gebrauch machen zu wollen, ist die Vernehmung oder Vorführung zulässig. Zum einem kann bei entsprechender Darstellung der Vorwürfe und Aufklärung über die Beweislage der Beschuldigte doch noch zu Angaben bereit sein. Zum anderen ist es zulässig, ihn bei der Vorführung Zeugen gegenüberzustellen (a. A. *Welp* JR 94, 36).

19 Der nicht auf freiem Fuß befindliche Beschuldigte wird entweder vom Staatsanwalt in der JVA, dem psychiatrischen Krankenhaus oder der Entziehungsanstalt aufgesucht, oder die StA richtet einen Vorführungsbefehl an die Anstalt (§ 36 StVollzG).

20 **2. Belehrungen.** Die in § 136 Abs. 1 Satz 1 bis 3 vorgeschriebenen Belehrungen hat die StA in jedem Fall zu erteilen, auch wenn der Beschuldigte bereits von der Polizei oder einem Gericht vernommen worden ist (LR/*Erb* § 163a Rn. 62), da der Beschuldigte nicht weiß, ob die Aussagefreiheit auch bei der StA gilt. Wegen der Einzelheiten hierzu und zu den weiteren Regelungen der Abs. 2 und 3 vgl. die Kommentierung zu § 136.

21 **3. Anwesenheit.** Gem. § 168c Abs. 1 und Abs. 5 hat der Verteidiger ein uneingeschränktes Anwesenheitsrecht bei der Beschuldigtenvernehmung der StA. Er ist von dem Termin zu benachrichtigen, wenn dadurch der Untersuchungszweck nicht gefährdet wird, § 168c Abs. 5. Der Verteidiger hat zwar keinen Anspruch auf Terminsverlegung, § 168c Abs. 5 Satz 3; in der Praxis empfiehlt es sich jedoch auf die Belange des Verteidigers Rücksicht zu nehmen, wenn dies mit dem Beschleunigungsgebot zu vereinbaren ist (LR/*Erb* § 163a Rn. 64). Anderenfalls wird häufig der Beschuldigte zu einer Aussage nicht bereit sein. In Jugendsachen haben der Erziehungsberechtigte und der gesetzliche Vertreter ein Anwesenheitsrecht, § 67 Abs. 1 JGG, der mitbeschuldigte Elternteil ist jedoch auszuschließen (BVerfG NJW 1988, 1256). Die StA kann daneben anderen Personen nach pflichtgemäßem Ermessen die Anwesenheit gestatten, wenn dies sinnvoll erscheint oder dies der Beschuldigte wünscht (KK-StPO/*Griesbaum* § 163a Rn. 22).

22 **4. Protokoll.** Gem. § 168b Abs. 2 soll bei staatsanwaltschaftlichen Vernehmungen ein Protokoll gem. §§ 168, 168a aufgenommen werden, s. dort und unter Nr. 45 Abs. 2 RiStBV.

III. Gerichtliche Entscheidung, Satz 3. Nach herrschender Meinung soll der Antrag des Beschuldigten auf Entscheidung des Gerichtes über die Rechtmäßigkeit der Vorführung schon gegen deren Androhung in der Ladung zur Beschuldigtenvernehmung zulässig sein (*Meyer-Goßner/Schmitt* § 163a Rn. 22; LR/*Erb* § 163a Rn. 67; *Gössel* GA 1976, 62; jetzt auch KMR/*Plöd* § 163a Rn. 20). Durch das 2. OpferRRG wurde die besondere Zuständigkeitsregelung des § 161a Abs. 3 Satz 2 bis 4 a. F. aufgehoben. Daher verweist Satz 3 jetzt ebenfalls auf das Gericht des § 162 (BT-Drucks. 16/12098, S. 28). 23

IV. Entsprechend geltende Vorschriften des Beschwerdeverfahrens, Satz 4. Die Vorschrift entspricht § 161a Abs. 3 Satz 3; s. dort Rdn. 21. Der Antrag hat keine aufschiebende wirkung, § 307. 24

F. Polizeiliche Beschuldigtenvernehmung (Abs. 4)
I. Eröffnung der Tat (Satz 1) 25
Bei der ersten Vernehmung des Beschuldigten durch Beamte des Polizeidienstes muss ihm nur eröffnet werden, welches tatsächliche Geschehen ihm zur Last gelegt wird. Hinsichtlich der Ausgestaltung der Eröffnung im Einzelnen hat der Vernehmende einen gewissen Beurteilungsspielraum. Dessen Grenzen sind jedoch überschritten, wenn dem Beschuldigten eines Gewaltdelikts der Tod des Opfers nicht eröffnet wird (BGH StV 2013, 485–488). Ob aus einem Verstoß gegen diese Belehrungspflicht ein Verwertungsverbot resultiert, hat der BGH in der vorgenannten Entscheidung grundsätzlich offengelassen, im konkreten Einzelfall jedenfalls verneint. Eine rechtliche Einordnung der Tat ist nicht vorgeschrieben. In Zweifelsfällen sollte sie von den Polizeibeamten tunlichst unterlassen werden, da die Entscheidung hierüber die StA trifft. Eine falsche rechtliche Einordnung ist aber nur dann schädlich, wenn sie zu einer bewussten Täuschung des Beschuldigten führt (§ 136a).

II. Entsprechend anwendbare Vorschriften (Satz 2) Durch die Verweisung auf die Vorschriften des § 136 Abs. 1 Satz 2 bis 4 und Abs. 2 und 3 erhält der Beschuldigte bei polizeilichen Vernehmungen die gleichen Rechte wie bei richterlichen oder staatsanwaltschaftlichen. Der Polizeibeamte hat auf die Aussagefreiheit hinzuweisen. Bei Tests, an denen der Beschuldigte nicht mitzuwirken braucht oder Tatrekonstruktionen muss auf die Freiwilligkeit der Mitwirkung hingewiesen werden. 26

Der Hinweis auf das Recht der Verteidigerkonsultation hat zu Beginn der Vernehmung zu erfolgen. Eine Wiederholung der Belehrung ist bei weiteren Vernehmungen ebenso wenig notwendig wie während der Vernehmung. Der Verteidiger hat aber kein Anwesenheitsrecht bei polizeilichen Vernehmungen. Der Beschuldigte entscheidet selbst, ob er sich in Abwesenheit seines Verteidigers zur Sache äußern will (LR/*Erb* § 163a Rn. 96). Auch dessen ausdrücklicher Hinweis, dass der Beschuldigte sich nicht äußern wolle, hindert die Polizei nicht, den Beschuldigten aufzusuchen und ihn zu vernehmen, insb. um ihn mit neuen Beweismitteln zu konfrontieren. Der Beschuldigte kann selbst entscheiden ob er dazu Stellung nehmen will. Es darf jedoch kein unzulässiger Druck ausgeübt werden. 27

Weiter ist der Beschuldigte darauf hinzuweisen, dass er das Recht zur Beantragung von Entlastungsbeweisen hat. Nach § 136 Abs. 1 Satz 4 soll in geeigneten Fällen auf die Möglichkeit der schriftlichen Äußerung hingewiesen werden. 28

Der BGH betont zu Recht, dass es zu den Aufgaben der Staatsanwaltschaft gehört, im Rahmen ihrer Verantwortung für die Gesetzmäßigkeit des Ermittlungsverfahrens, auch soweit es von der Polizei durchgeführt wird, auf die korrekte Einhaltung der Belehrungsbestimmungen und erforderlichenfalls möglichst auf die Korrektur erkennbarer Mängel hinzuwirken (BGH StV 2013, 485–488). Dies kann insbesondere bedeuten, dass bei erkennbaren Zweifeln an der ordnungsgemäßen Belehrung schon die StA durch Erholung dienstlicher Stellungnahmen den Ablauf der Vernehmung aufklärt und dies nicht der Hauptverhandlung überlässt, zumal die Frage der Verwertbarkeit einer Aussage dem Freibeweisverfahren unterliegt (StV 2012, 81–82). 29

G. Polizeiliche Protokolle.
I. Form. Für polizeiliche Protokolle gilt § 168b entsprechend (HK-StPO/*Zöller* § 163a Rn. 26). Wegen des Verweises in § 168b auf § 168a Abs. 2 sind Tonbandmitschnitte demnach als vorläufige Aufzeichnungen aufzubewahren und dürfen erst nach rechtskräftigem Abschluss oder sonstiger Beendigung des Verfahrens gelöscht werden (BGH NStZ 1997, 611). Die gesetzlich vorgeschriebenen Belehrungen sind durch den Vernehmungsbeamten zu vermerken (RiStBV Nr. 45 Abs. 2). Dabei sollte der Wortlaut des Gesetzes verwendet werden, wie er bei den polizeilichen Protokollen in Textbausteinen üblich ist. Eine Wiederholung der Belehrung im Text der Vernehmung ist überflüssig und bietet nur Anlass zu Missverständnissen und nachträglichen Beanstandungen (vgl. 30

BGH StV 2006, 566). Eine Unterschrift des Vernommenen ist kein wesentliches Erfordernis des polizeilichen Protokolls (KMR/*Plöd* § 163a Rn. 28). Es empfiehlt sich jedoch den Beschuldigten jede Seite des Protokolls unterschreiben zu lassen. Ggf. sind auch handschriftliche Ergänzungen oder Korrekturen durch ihn zuzulassen. Damit wird der Behauptung der Boden entzogen, das Protokoll gebe nicht seine Einlassung wieder. Wie bei der Zeugenvernehmung besteht hier noch verstärkt die Notwendigkeit, dass das Protokoll den Inhalt der Äußerungen zumindest in den wichtigen Abschnitten möglichst wortgetreu wiedergeben soll. Umformulierungen in die »Behörden- oder Gesetzessprache« haben zu unterbleiben (LR/*Erb* § 163a Rn. 103). Nur so kann später nachvollzogen werden, was der Beschuldigte bei den Vernehmungen ausdrücken wollte.

31 **II. Aushändigung.** Über die Aushändigung von Vernehmungsniederschriften entscheidet die StA, da es sich um einen Fall der teilweisen Gewährung von Akteneinsicht handelt. Regelmäßig kann dem Beschuldigten auf dessen Verlangen und Kosten eine Abschrift seines Vernehmungsprotokolls ausgehändigt werden, wenn der Untersuchungszweck nicht gefährdet wird (KMR/*Plöd* § 163a Rn. 29; *Meyer-Goßner/Schmitt* § 163a Rn. 32; a. A. KG Rpfleger 1995, 226).

32 Bei Zeugenvernehmungen ist eine Aushändigung von Vernehmungsniederschriften regelmäßig abzulehnen, da der Zeuge sich aus eigener Erinnerung in späteren Vernehmungen zur Sache äußern soll. Eine Wiedergabe von auswendig Gelerntem ist nicht hilfreich. Über den Antrag hat die StA zu entscheiden.

33 **H. Revision.** Mit der Revision kann gerügt werden, dass der Beschuldigte unter Verstoß gegen die Belehrungspflichten des Abs. 4 vernommen wurde oder ihm das Recht zur Verteidigerkonsultation verwehrt wurde. Der verteidigte Angeklagte muss in der Hauptverhandlung rechtzeitig der Verwertung der Vernehmung widersprechen (KK-StPO/*Griesbaum* § 163a Rn. 38). Auf die fehlende Belehrung über das Recht die Erhebung von Entlastungsbeweisen zu verlangen kann die Revision dagegen nicht gestützt werden, ebenso nicht auf das Unterbleiben der Vernehmung nach Abs. 1 (*Meyer-Goßner/Schmitt* § 163a Rn. 1). Zu den Einzelheiten s. § 136 Rdn. 1 ff.

34 Eine Beschuldigtenvernehmung unter Anwendung verbotener Vernehmungsmethoden ist auch mit Zustimmung des Angeklagten unverwertbar, § 136a Abs. 3. Zum Revisionsvorbringen s. § 136a Rdn. 64.

§ 163b StPO Maßnahmen zur Identitätsfeststellung.

(1) ¹Ist jemand einer Straftat verdächtig, so können die Staatsanwaltschaft und die Beamten des Polizeidienstes die zur Feststellung seiner Identität erforderlichen Maßnahmen treffen; § 163a Abs. 4 Satz 1 gilt entsprechend. ²Der Verdächtige darf festgehalten werden, wenn die Identität sonst nicht oder nur unter erheblichen Schwierigkeiten festgestellt werden kann. ³Unter den Voraussetzungen von Satz 2 sind auch die Durchsuchung der Person des Verdächtigen und der von ihm mitgeführten Sachen sowie die Durchführung erkennungsdienstlicher Maßnahmen zulässig.
(2) ¹Wenn und soweit dies zur Aufklärung einer Straftat geboten ist, kann auch die Identität einer Person festgestellt werden, die einer Straftat nicht verdächtig ist; § 69 Abs. 1 Satz 2 gilt entsprechend. ²Maßnahmen der in Absatz 1 Satz 2 bezeichneten Art dürfen nicht getroffen werden, wenn sie zur Bedeutung der Sache außer Verhältnis stehen; Maßnahmen der in Absatz 1 Satz 3 bezeichneten Art dürfen nicht gegen den Willen der betroffenen Person getroffen werden.

1 **A. Allgemeines.** Die Vorschrift wurde durch das Gesetz zur Änderung der StPO v. 14.04.1978 zur Verbesserung der Terrorismusbekämpfung eingeführt (grundlegend *Kurth* NJW 1979, 1377 ff.). Abs. 1 räumt StA und Beamten des Polizeidienstes zum Zweck der Identitätsfeststellung von Verdächtigen Befugnisse ein. Nach Abs. 2 können unter teilweise strengeren Voraussetzungen auch gegen Unverdächtige erforderliche Maßnahmen ergriffen werden. Über § 46 Abs. 1 OWiG gilt die Vorschrift auch bei der Verfolgung von Ordnungswidrigkeiten (VGH Baden-Württemberg DÖV 2005, 165). Die Befugnisse haben auch die die Ermittlungen in Steuerstrafverfahren selbstständig führenden Finanzbehörden §§ 386, 399 AO. Das Verfahren und den Rechtsschutz regelt der gleichzeitig eingeführte § 163c. Die Befugnisse stehen StA und Beamten des Polizeidienstes gleichermaßen zu, ein Richtervorbehalt besteht nicht.

B. Maßnahmen gegen Verdächtige (Abs. 1)

I. Verdacht einer Straftat. Der Verdacht einer Straftat besteht, wenn der Schluss auf die Begehung einer Straftat, auch des Versuchs, gerechtfertigt ist und Anhaltspunkte vorliegen, die eine Täterschaft oder Teilnahme des Betroffenen als möglich erscheinen lassen (BVerfGE 92, 191; LG Amberg StV 1990, 541; KK/*Wache*, § 163b Rn. 9). Die Polizei darf aufgrund einer bestehenden Ausschreibung zur Aufenthaltsermittlung nach § 131a Abs. 1 nicht ohne eigene Prüfung vom Verdacht einer Straftat des Ausgeschriebenen ausgehen (OLG München, Beschl. v. 29.11.2012, 4 VA 55/12, juris). Der Verdächtige ist nicht immer Beschuldigter i.S.d. § 163a, es reicht aus, dass er nicht frei vom Verdacht einer Straftat ist (KMR/*Plöd* § 163b Rn. 2). Die Schuldunfähigkeit berührt den Tatverdacht nicht, wenn sie nicht im Zeitpunkt der Maßnahme offen und eindeutig bekannt ist (KMR/*Plöd* § 163b Rn. 3). Gegen erkennbar Strafunmündige kann sich eine Maßnahme nach Abs. 1 nicht richten. Ggf. ist eine solche nach Abs. 2 zulässig (*Meyer-Goßner/Schmitt* § 163b Rn. 4). Über § 46 Abs. 1 und 2 OwiG ist die Vorschrift auch bei Verdacht einer (erheblichen) Ordnungswidrigkeit anwendbar (s. auch Rdn. 12).

II. Belehrung (Satz 1 Halbs. 2 i.V.m. § 163a Abs. 4 Satz 1) Vor der Durchführung jeglicher Maßnahme ist der Betroffene zu belehren, welche Tat ihm zur Last gelegt wird. Einer rechtlichen Bewertung bedarf es nicht (HK-StPO/*Zöller* § 163b Rn. 3). Eine weitere Belehrung ist nur erforderlich, wenn erkennbar bereits ein Verfahren gegen den Betroffenen eingeleitet wird und er damit zum Beschuldigten wird. Dann ist die Belehrung nach § 163a Abs. 4 Satz 1 und 2 und § 136 Abs. 1 erforderlich. Wird er nicht über die Tat unterrichtet, ist die Maßnahme rechtswidrig i.S.d. § 113 Abs. 3 StGB (KG NJW 2002, 3789; StV 2001, 260). Die Unterrichtung ist nur entbehrlich, wenn der Grund für die Identitätsfeststellung dem Betroffenen bekannt oder für ihn offensichtlich ist, z.B. weil er auf frischer Tat betroffen wird oder bei Gefährdung des Vollstreckungszwecks (KG StV 2001, 260).

III. Von der Generalklausel erfasste Maßnahmen (Satz 1) Das Gesetz erlaubt die zur Identitätsfeststellung erforderlichen Maßnahmen, ohne dass diese zunächst näher umschrieben werden. Möglich ist die Anhaltung und nach Belehrung (s. Rdn. 3) die Befragung nach den Personalien, wozu der Betroffene auch nach § 111 OWiG verpflichtet ist. Zum Nachweis kann er aufgefordert werden sich auszuweisen. Der Beamte kann auch verlangen, dass mitgeführte Ausweispapiere ausgehändigt werden (*Meyer-Goßner/Schmitt* § 163b Rn. 6). Zur Feststellung der Identität sind Vor- und Nachname, Geburtsname, -tag und -ort sowie die Anschrift anzugeben. Beruf, Familienstand und Staatsangehörigkeit brauchen nicht festgestellt werden (KMR/*Plöd* § 163b Rn. 6). Als weitere Maßnahmen kommen Rückfragen, Gegenüberstellungen und bei gegebenem Anlass auch die Überprüfung der Ausweispapiere auf ihre Echtheit in Betracht (*Kurth* NJW 1978, 1378). Für alle Maßnahmen gilt das **Verhältnismäßigkeitsprinzip**. Es darf nur die schonendste Maßnahme ergriffen werden, die zur Erreichung des Ziels erforderlich und mit dem geringsten Eingriff für den Betroffenen verbunden ist.

IV. Festhaltung (Satz 2) Nur wenn sich die Maßnahmen i.R.d. Generalklausel des Satz 1 als nicht ausreichend erweisen oder nur unter erheblichen Schwierigkeiten eine Feststellung der Identität ermöglichen, kann der Beamte den Verdächtigen, den er angehalten hat, auch festhalten. Die Vorschrift konkretisiert damit das Übermaßverbot (BVerfG StV 1992, 210; 2011, 389). Ein Festhalten liegt vor, wenn der Betroffene an der Fortbewegung gehindert wird, um weitere Maßnahmen durchzuführen. Eine Fesselung ist nicht Voraussetzung, aber als eine der möglichen Maßnahmen des unmittelbaren Zwangs zulässig. Es handelt sich um eine Freiheitsbeschränkung, nicht in jedem Fall aber um eine Freiheitsentziehung i.S.v. Art. 104 Abs. 2 GG. Nur wenn die Bewegungsfreiheit des Betroffenen nicht nur kurzfristig in jeder Richtung aufgehoben wird, z.B. durch Verbringung in eine Gewahrsamszelle, ist die Freiheit entzogen (BVerfG StV 2011, 389). Der Betroffen kann auch zu zur einer Polizeidienststelle verbracht werden (KMR/*Plöd* § 163b Rn. 10). Dies ist aber erst zulässig, wenn eine Identitätsfeststellung vor Ort mit erheblichen Schwierigkeiten verbunden wäre. Es reicht nicht aus, dass die Feststellungen auf der Dienststelle einfacher zu treffen wären (BVerfG StV 1992, 210). Gegebenenfalls sind Lichtbilder vor Ort zu fertigen (BVerfG StV 2011, 389).

V. Durchsuchung (Satz 3, 1. Alt.) Unter den Voraussetzungen des Satz 2 sind auch die Durchsuchung der Person des Verdächtigen und der von ihm mitgeführten Sachen sowie die Durchführung von erkennungsdienstlichen Maßnahmen zulässig. Die Durchsuchung dient dem Zwecke des Auffindens von Ausweispapieren, Schriftstücken oder körperlichen Merkmalen, die eine Identifizierung erlauben. Zulässig ist es auch, dass der Festgehaltene nach Waffen und anderen gefährlichen Werkzeugen zum Zwecke der Eigensicherung der Polizeibeamten oder anderer Personen durchsucht wird (KMR/ *Plöd* § 163b Rn. 14).

7 **Mitgeführte Sachen** sind alle Gegenstände, über die der Verdächtige die Sachherrschaft ausübt. Zivilrechtliche Eigentums- oder Besitzverhältnisse sind nicht entscheidend. Fahrzeuge werden mitgeführt, wenn der Verdächtige Führer des Fahrzeugs ist, Mitfahrer üben keine Sachherrschaft aus (*Meyer-Goßner/Schmitt* § 163b Rn. 11). Sind Durchsuchungsmaßnahmen zur Identitätsfeststellung nicht zulässig oder ist die Durchsuchung von Räumen erforderlich, sind die Voraussetzungen der §§ 102 oder 103 und die deshalb notwendige Einschaltung der StA und des Ermittlungsrichters zu prüfen.

8 Die **Person** des Verdächtigen kann durchsucht werden, hierzu zählt auch die von ihm getragene Kleidung.

9 **VI. Erkennungsdienstliche Maßnahmen (Satz 3, 2. Alt.)** Zulässig sind die gleichen Maßnahmen, wie sie in § 81b beschrieben sind. Der Verdächtige kann zur Dienststelle verbracht werden, wenn diese Maßnahmen nur dort durchgeführt werden können. Dies ist auch ein Festhalten i.S.d. Satz 2. (KK-StPO/*Wache* § 163b Rn. 15; a. A. KMR/*Plöd* § 163b Rn. 16). Die Festhalteanordnung ist formfrei. Zumindest der Beginn der Maßnahme sollte jedoch dokumentiert werden, da damit die Frist des § 163c Abs. 1 Satz 2 und Abs. 3 beginnt. Unmittelbarer Zwang ist zulässig. Wenn der Verdächtige als Beschuldigter zu behandeln ist, greift § 81b direkt ein.

10 **C. Maßnahmen gegen Unverdächtige (Abs. 2) I. Zulässige Maßnahmen.** Die Maßnahmen zur Identitätsfeststellung nach Abs. 1 sind grds. auch gegen Personen zulässig, gegen die kein Tatverdacht besteht, wenn dies zur Aufklärung einer Straftat geboten ist. Geboten ist eine Maßnahme, wenn ohne Identitätsfeststellung die Aufklärung der Straftat erschwert wäre (*Kurth* NJW 1978, 1379). Dies kann der Fall sein, wenn die Identität von Zeugen oder Geschädigten (als Augenscheinsobjekt) festzustellen ist. Der Betroffene ist zu belehren, zur Aufklärung welcher Straftat die Feststellung seiner Identität erforderlich ist (Abs. 2 Satz 1 letzter Halbs., § 69 Abs. 1 Satz 2), wenn er dies nicht bereits weiß, z.B. als Augenzeuge (KK-StPO/*Wache* § 163b Rn. 32). Der Name des Beschuldigten muss jedoch nicht mitgeteilt werden (KMR/*Plöd* § 163b Rn. 18; LR/*Erb* § 163b Rn. 17). Die Zeugnis- und Untersuchungsverweigerungsrechte des § 52 bzw. 81c Abs. 3 greifen nicht ein.

11 **II. Einschränkungen (Satz 2)** Bei Nichtverdächtigen ist eine **Festhaltung** nur zulässig, wenn sie nicht außer Verhältnis zur Bedeutung der Sache steht. Mit der Sache ist allein die aufzuklärende Straftat gemeint. Es kommt darauf an, was im konkreten Fall für eine Strafe zu erwarten ist. Die Bedeutung der Sache kann sich aber auch daraus ergeben, dass derartige Straftaten wegen ihrer Gefährlichkeit zu bekämpfen sind (KMR/*Plöd* § 163b Rn. 20).

12 **Durchsuchungen und erkennungsdienstliche Maßnahmen** dürfen nicht gegen den Willen des Nichtverdächtigen durchgeführt werden. Eine Belehrung über die Freiwilligkeit ist nicht vorgeschrieben. Der durchführende Beamte darf aber nicht den Eindruck erwecken, dass der Betroffene keine Widerspruchsmöglichkeit hat. Er darf auch nicht einen erkennbaren Irrtum darüber ausnutzen (KMR/*Plöd* § 163b Rn. 21). In diesem Fall muss er über den Irrtum aufklären (KK-StPO/*Wache* § 163b Rn. 31). Wenn der Betroffene auch nur schlüssig zum Ausdruck bringt, dass er die Maßnahme nicht hinnehmen will, wird sie unzulässig. Der Beamte kann aber im Gespräch versuchen die Zustimmung des Betroffenen herbeizuführen, soweit er sich nicht unlauterer Mittel i.S.d. § 136a bedient (KK/*Wache* § 163b Rn. 31). Wenn der Unverdächtige unrichtige Personalien angibt oder erforderliche Angaben verweigert, wird er zu einem Verdächtigen einer Ordnungswidrigkeit nach § 111 OWiG. Dann können Maßnahmen nach Abs. 1 zulässig sein, wobei die Verhältnismäßigkeit besonders sorgfältig zu prüfen ist (KK/*Wache* § 163b Rn. 6; *Meyer-Goßner/Schmitt* § 163b Rn. 17; *Kurth* NJW 1978, 1379, Fn. 40; a. A. LR/*Erb* § 163b Rn. 20a: »Spitzfindigkeit« zur Umgehung der Einschränkungen des Abs. 2; HK/*Zöller* § 163b Rn. 4).

§ 163c StPO Freiheitsentziehung zur Identitätsfeststellung.

(1) ¹Eine von einer Maßnahme nach § 163b betroffene Person darf in keinem Fall länger als zur Feststellung ihrer Identität unerlässlich festgehalten werden. ²Die festgehaltene Person ist unverzüglich dem Richter bei dem Amtsgericht, in dessen Bezirk sie ergriffen worden ist, zum Zwecke der Entscheidung über Zulässigkeit und Fortdauer der Freiheitsentziehung vorzuführen, es sei denn, dass die Herbeiführung der richterlichen Entscheidung voraussichtlich längere Zeit in Anspruch nehmen würde, als zur Feststellung der Identität notwendig wäre. ³Die §§ 114a bis 114c gelten entsprechend.
(2) Eine Freiheitsentziehung zum Zwecke der Feststellung der Identität darf die Dauer von insgesamt zwölf Stunden nicht überschreiten.
(3) Ist die Identität festgestellt, so sind in den Fällen des § 163b Abs. 2 die im Zusammenhang mit der Feststellung angefallenen Unterlagen zu vernichten.

A. Allgemeines. Die Vorschrift regelt die Festhaltedauer und das Verfahren bei einer Maßnahme nach § 163b Abs. 1 Satz 2 bei Verdächtigen wie Unverdächtigen. Durch das Untersuchungshaftreformgesetz werden in einem neuen Satz 3 die §§ 114a bis 114c für entsprechend anwendbar erklärt. Der ursprünglich die Benachrichtigungspflichten regelnde Abs. 2 a. F. entfiel gleichzeitig.

B. Dauer der Festhaltung (Abs. 1 Satz 1, Abs. 2) Grds. ist die Festhaltung nur solange zulässig, wie dies zur Feststellung der Identität **unerlässlich** ist. Alle Maßnahmen müssen daher mit besonderer Beschleunigung durchgeführt werden. Ein Ausschöpfen der Frist des Abs. 2 ist nur in besonderen Fällen zulässig.
Die **Höchstgrenze** des Abs. 2 ist absolut und darf unter keinen Umständen überschritten werden (vgl. EGMR NJW 1999, 775 und *Eiffler* NJW 1999, 762). Fristbeginn ist der Zeitpunkt, in dem der Betroffene an der Fortbewegung durch eine Anordnung oder durch Anwendung unmittelbaren Zwangs gehindert wird. Auch das Verbringen an einen anderen Ort, z.B. zur Dienststelle, um erkennungsdienstliche Maßnahmen i.S.d. § 163b Abs. 1 Satz 3 zu ermöglichen, ist schon eine Festhaltung (A.A. KMR/*Plöd* § 163c Rn. 4). Nach Ablauf der 12 Std. kann die Festhaltung nur noch auf andere Vorschriften gestützt werden, z.B. §§ 127a und 127b. Die Frist wird durch eine Unterbrechung nicht erneut in Gang gesetzt. Wenn der Betroffene zunächst oder im Verlauf einer Maßnahme sich freiwillig zur Verfügung stellt oder an Ort und Stelle verbleibt, liegt solange kein Festhalten vor, bis er der Maßnahme widerspricht (KK-StPO/*Wache* § 163c Rn. 16).

C. Vorführung vor den Richter (Abs. 1 Satz 2) I. Voraussetzung. Eine festgehaltene Person ist unabhängig von der Frist des Abs. 2 unverzüglich dem Richter bei dem AG vorzuführen. Diese Pflicht entfällt nur, wenn die Herbeiführung der richterlichen Entscheidung voraussichtlich längere Zeit in Anspruch nehmen würde, als zur Feststellung der Identität notwendig wäre. Die für die Durchführung der Maßnahme zuständigen Beamten haben daher pflichtgemäß zu prüfen, welche Zeit voraussichtlich die Identitätsfeststellung bzw. die Festhaltung in Anspruch nehmen werden. Wenn in diesem Zeitraum eine richterliche Entscheidung einschließlich der hierfür erforderlichen Maßnahmen nicht zu erwarten ist, muss die Vorführung nicht erfolgen. Das Gericht benötigt für seine Entscheidung eine ausreichende Tatsachengrundlage, die ihm die vorführenden Beamten vermitteln müssen. Der für die schriftliche Fixierung erforderliche Zeitraum ist bei der Prognose zu berücksichtigen. Auch hier greift die nach der Rechtsprechung des BVerfG bestehende Verpflichtung der Justizverwaltung und der Gerichte ein, jedenfalls zur Tageszeit (§ 104 Abs. 3) und bei entsprechendem Bedarf auch zur Nachtzeit einen richterlichen Bereitschaftsdienst vorzuhalten (BVerfGE 103, 142; *Meyer-Goßner/Schmitt* § 163c Rn. 4). Wenn Maßnahmen der Freiheitsentziehung in größerem Umfang zu erwarten sind, z.B. bei Großdemonstrationen, haben die Gerichte dies auch bei der Gestaltung des Bereitschaftsdienstes zu berücksichtigen (BVerfG NVwZ 2006, 579).
Die Pflicht zur Vorführung entfällt, wenn der Betroffene **freiwillig** erklärt, die Durchführung der Maßnahme abzuwarten bis seine Identität geklärt ist, da in diesem Fall keine Festhaltung mehr vorliegt (*Meyer-Goßner/Schmitt* Rn. 5; a. A. LR/*Erb* § 163c Rn. 7). Auf die Vorführung selbst kann er jedoch nicht verzichten (KMR/*Plöd* Rn. 5).

6 Durch die richterliche Vorführung soll aber der Betroffene nicht länger als zur Durchführung der Maßnahme selbst notwendig festgehalten werden. Wenn die Identität festgestellt ist, ist die Entlassung sofort zu verfügen, auch wenn der Betroffene gerade dem Richter vorgeführt wird.

7 **II. Gerichtliches Verfahren. 1. Zuständigkeit.** Sachlich zuständig ist der Richter am AG. **Örtlich** zuständig ist nach Abs. 1 Satz 2 das Gericht des Ergreifungsortes. Damit ist nicht der Ort gemeint, an dem die Person angetroffen wird, sondern der Ort, an dem ihr die Festhaltung erklärt oder gegen sie unmittelbarer Zwang durchgeführt wird. Das Verbringen während der Festhaltung an einen anderen Ort ändert die Zuständigkeit des Richters nicht. **Funktionell** zuständig ist der nach dem Geschäftsverteilungsplan vorgesehene Richter am AG. Fehlt dort eine Regelung, gilt § 162 Abs. 1 (KMR/*Plöd* § 163c Rn. 10, *Meyer-Goßner/Schmitt* § 163c Rn. 9).

8 **2. Entscheidung.** Nähere Regelungen über das Verfahren gibt es nicht. Der Betroffene muss jedenfalls angehört werden. Die Polizei hat den Sachverhalt dem Gericht zu unterbreiten. Wegen der Kürze der Frist des Abs. 2 muss auch eine mündliche Information des Gerichtes genügen. Die StA ist anzuhören, wenn dies ohne Verzögerung möglich ist. Der Verteidiger ist zur Anwesenheit berechtigt (LR/ *Erb* § 163c Rn. 15, *Krause* StV 1984, 171). Die Gegenansicht (*Kurth* NJW 1979, 1380, Fn. 68; *Riegel* BayVwBl. 1978, 589, 593) dürfte nach der Neufassung des Abs. 1 Satz 3 mit dem Verweis auf § 114b Abs. 2 Satz 1 Nr. 4 überholt sein. Wie für die Verhandlung gelten §§ 168 und 168a, da die richterliche Anhörung zu dokumentieren ist (KMR/*Plöd* § 163c Rn. 11). Das Gericht hat dann zu entscheiden, ob die Festhaltung zulässig ist und weiter andauern darf. Auch der Richter kann die Frist des § 163c Abs. 3 nicht verlängern. Er kann ggf. die weitere Festhaltedauer begrenzen.

9 **3. Beschwerde.** Gegen die Entscheidung des Richters ist Beschwerde zulässig. Nach der neueren Rechtsprechung des BVerfG ist die Beschwerde nicht wegen prozessualer Überholung unzulässig (BVerfG StV 1992, 210; NVwZ 2006, 579).

10 **D. Entsprechend anwendbare Vorschriften (Abs. 1 Satz 3)** Ein Haftbefehl i.S.d. § 114a besteht nicht und kann daher nicht ausgehändigt werden. Trotzdem soll die Vorschrift entsprechend angewendet werden (BT-Drucks. 16/11644, S. 35). Gegen Bedenken des Bundesrates (BT-Drucks. 16/11644, S. 42) wurde hieran festgehalten (BT-Drucks. 16/11644, S. 46). Der Sinn der Verweisung insb. beim Unverdächtigen bleibt dunkel.

11 Auch § 114b ist ebenfalls nur entsprechend anwendbar. Notwendig ist wohl eine Belehrung über die richterliche Entscheidung nach § 163c Abs. 1 Satz 2 und die Höchstdauer nach Abs. 2. Weiter empfiehlt sich die Belehrung über die in § 114b Abs. 2 Satz 1 Nr. 2 bis 6 und Satz 2 genannten Rechte bei dem festgehaltenen Verdächtigen, die ihm ebenfalls in der Kürze der Frist zustehen. Beim Nichtverdächtigen entfallen die Belehrungen der Nr. 2 und 3 und er kann sich statt eines »Verteidigers« anwaltlichen Beistandes bedienen. Durch § 114b Abs. 2 Satz 3 wird klargestellt, dass die Pflicht zur Benachrichtigung nach Art. 36 Abs. 1 Buchst. b) WÜK schon für die Polizei, nicht nur für den Richter gilt (BGH NJW 2007, 499, *Walter* JR 2007, 101). Die Benachrichtigung hat unverzüglich zu erfolgen (vgl. *Weigent* StV 2008, 40).

12 Nach dem ebenfalls anwendbaren § 114c kann der Festgehaltene selbst eine Person seines Vertrauens benachrichtigen, wenn der Untersuchungszweck nicht gefährdet wird, z.B. weil Mittäter gewarnt oder Dritte zu Strafvereitelungshandlungen veranlasst werden könnten (§ 114c Abs. 1). Das Gericht muss bei Bestätigung der Festhaltung die Benachrichtigung eines Angehörigen oder einer Vertrauensperson anordnen (§ 114c Abs. 2).

13 **E. Behandlung von Unterlagen (Abs. 3)** Die bei Maßnahmen gegen einen Unverdächtigen angefallenen Unterlagen sind von der Polizei nach der Feststellung seiner Identität zu vernichten. Insb. dürfen Fingerabdrücke, Lichtbilder und anderes aus erkennungsdienstlichen Maßnahmen stammendes Material nicht aufbewahrt werden.

14 Für Unterlagen über verdächtige Personen ist keine Regelung getroffen. Die Unterlagen sind daher Bestandteil der Ermittlungsakten. Sie können zugleich in die polizeilichen Unterlagen aufgenommen werden (*Meyer-Goßner/Schmitt* Rn. 17, a. A. SK-StPO/ *Wolter* § 163c Rn. 29). Der Verdächtige darf die

Entfernung aus den polizeilichen Akten unter den gleichen Voraussetzungen verlangen, unter denen nach § 81b gewonnene Unterlagen zu entfernen wären. Aus den Strafakten werden sie nicht entfernt.

F. Rechtsbehelfe. Für die Beanstandung der von Polizei oder StA getroffenen Maßnahmen ist der Antrag auf gerichtliche Entscheidung entsprechend § 98 Abs. 2 Satz 2 der richtig Weg (LR/*Erb* § 163b Rn. 47; a. A. HK-StPO/*Zöller* § 163c Rn. 11; *Pfeiffer* § 163c Rn. 11; BVerwGE 47, 255: §§ 23 ff. EGGVG). Der Verdächtige kann nach den für § 81b geltenden Grundsätzen die Vernichtung der Unterlagen erreichen (s. dort). Der Unverdächtige muss nach § 23 EGGVG vorgehen (LR/*Erb* § 163c Rn. 29). 15

§ 163d StPO Speicherung und Abgleich von Daten aus Kontrollen.

(1) Begründen bestimmte Tatsachen den Verdacht, dass
1. eine der in § 111 bezeichneten Straftaten oder
2. eine der in § 100a Abs. 2 Nr. 6 bis 9 und 11 bezeichneten Straftaten

begangen worden ist, so dürfen die anlässlich einer grenzpolizeilichen Kontrolle, im Falle der Nummer 1 auch die bei einer Personenkontrolle nach § 111 anfallenden Daten über die Identität von Personen sowie Umstände, die für die Aufklärung der Straftat oder für die Ergreifung des Täters von Bedeutung sein können, in einer Datei gespeichert werden, wenn Tatsachen die Annahme rechtfertigen, dass die Auswertung der Daten zur Ergreifung des Täters oder zur Aufklärung der Straftat führen kann und die Maßnahme nicht außer Verhältnis zur Bedeutung der Sache steht. Dies gilt auch, wenn im Falle des Satzes 1 Pässe und Personalausweise automatisch gelesen werden. Die Übermittlung der Daten ist nur an Strafverfolgungsbehörden zulässig.
(2) Maßnahmen der in Absatz 1 bezeichneten Art dürfen nur durch den Richter, bei Gefahr im Verzug auch durch die Staatsanwaltschaft und ihre Ermittlungspersonen (§ 152 des Gerichtsverfassungsgesetzes) angeordnet werden. Hat die Staatsanwaltschaft oder einer ihrer Ermittlungspersonen die Anordnung getroffen, so beantragt die Staatsanwaltschaft unverzüglich die richterliche Bestätigung der Anordnung. § 100b Abs. 1 Satz 3 gilt entsprechend.
(3) Die Anordnung ergeht schriftlich. Sie muss die Personen, deren Daten gespeichert werden sollen, nach bestimmten Merkmalen oder Eigenschaften so genau bezeichnen, wie dies nach der zur Zeit der Anordnung vorhandenen Kenntnis von dem oder den Tatverdächtigen möglich ist. Art und Dauer der Maßnahmen sind festzulegen. Die Anordnung ist räumlich zu begrenzen und auf höchstens drei Monate zu befristen. Eine einmalige Verlängerung um nicht mehr als drei Monate ist zulässig, soweit die in Absatz 1 bezeichneten Voraussetzungen fortbestehen.
(4) Liegen die Voraussetzungen für den Erlass der Anordnung nicht mehr vor oder ist der Zweck der sich aus der Anordnung ergebenden Maßnahmen erreicht, so sind diese unverzüglich zu beenden. Die durch die Maßnahmen erlangten personenbezogenen Daten sind unverzüglich zu löschen, sobald sie für das Strafverfahren nicht oder nicht mehr benötigt werden; eine Speicherung, die die Laufzeit der Maßnahmen (Absatz 3) um mehr als drei Monate überschreitet, ist unzulässig. Über die Löschung ist die Staatsanwaltschaft zu unterrichten.

A. Allgemeines und Regelungsgehalt. Die Norm wurde mit dem Gesetz zur Neuregelung der Telekommunikationsüberwachung und anderer verdeckter Ermittlungsmaßnahmen sowie zur Umsetzung der Richtlinie 2006/24/EG eingefügt (BR-Drucks. 798/07; BT-Drucks. 16/5846, 16/6979). Sie ist zum 01.01.2008 in Kraft getreten (BGBl. I 2007, S. 3198 ff.). 1

§ 163d regelt, unter welchen Voraussetzungen Fahndungsmaßnahmen mit Unterstützung von Computern zulässig sind. Die Schaffung einer gesetzlichen Grundlage für die **computergestützte Netzfahndung** beruht auf dem Urteil des BVerfG zum Volkszählungsgesetz (BVerfGE 65, 1 = NJW 1984, 419). Zur Entstehung der Vorschrift und der Kritik an dem Gesetz vgl. KK-StPO/*Moldenhauer* § 163d Rn. 1 bis 5 und *Rogall* NStZ 1986, 385. § 163d erlaubt als **abschließende Regelung** für den Bereich der Strafverfolgung die Errichtung von Dateien und die automatische Speicherung und Verarbeitung von Daten, die bei Personenkontrollen an der Grenze oder an Kontrollstellen nach § 111 anfallen, damit diese später zur Aufklärung von Straftaten und zur Ergreifung von Straftätern ausgewertet werden können 2

§ 163d StPO Speicherung und Abgleich von Daten aus Kontrollen

(LR/*Erb* § 163d Rn. 6). Die Vorschrift ermöglicht die Errichtung von Kurzzeit-Dateien für die automatische Speicherung und Verarbeitung von Daten, die bei bestimmten Massenkontrollen anfallen, deren Auswertung aber an Ort und Stelle nicht möglich ist.

3   Zulässige Maßnahmen sind die zeitweilige Speicherung und die Auswertung von Daten über Personen mit bestimmten Merkmalen oder Eigenschaften. In Betracht kommen die persönlichen Identitätsmerkmale (Name, Geburtstag, Wohnort), die sich aus den Ausweispapieren ergeben (KK-StPO/*Moldenhauer* § 163d Rn. 12) sowie Umstände, die für die Aufklärung der Tat oder die Ergreifung des Täters, auch des Teilnehmers von Bedeutung sein können, z.B. Typ, Kennzeichen eines benutzten Pkws, Ort und Umstände der Identitätsfeststellung, Ergebnisse von Durchsuchungen und erkennungsdienstlicher Behandlungen (LR-*Erb* § 163d Rn. 27; *Rogall* NStZ 1986, 390). Dateien, in denen Speicherung und Verarbeitung stattzufinden haben, werden im Gesetz nicht näher bezeichnet. Die Speicherung und Verarbeitung ist nicht auf die Staatsanwaltschaft beschränkt (Argument § 163d Abs. 4 S. 3!). Die Staatsanwaltschaft darf die Ermittlungen der Polizei übertragen oder überlassen, die über die entsprechenden EDV-Systeme verfügt (M-G/*Schmitt* § 163d Rn. 6). Die Auswertung der Daten erfolgt durch einen Abgleich mit anderen Dateien der Strafverfolgungsbehörden in Form von programmgesteuerter Durchführung von Suchläufen (KK-StPO/*Moldenhauer* § 163d Rn. 15; *Rogall* NStZ 1986, 389, 390). Ein Datenabgleich mit anderen behördlichen oder privaten Dateien ist nur unter den Voraussetzungen der §§ 98a, b zulässig (M-G/*Schmitt* § 163d Rn. 7). § 163d ist keine Ermächtigung zur Rasterfahndung (*Rogall* NStZ 1986, 390).

4   **B. Voraussetzungen. I. Konkreter Tatverdacht.** Erforderlich ist zunächst der **Verdacht, dass ein noch nicht ermittelter Täter**, von dem aber schon eine Beschreibung möglich ist, **eine der in § 163d Abs. 1 Satz 1 bezeichneten Taten begangen hat.** Durch die Bezugnahme auf § 111 sind alle dort genannten Vorschriften einbezogen. In Betracht kommt die Netzfahndung bei Taten gem. §§ 129a, 250 Abs. 1 Nr. 1 StGB oder bei räuberischer Erpressung unter Führung von Schusswaffen nach § 255 StGB sowie bei den in § 129a StGB bezeichneten Taten gem. §§ 211, 212, 220a, 239a, 239b, 305a, 306 bis 308, 309, 313, 314, 315 Abs. 1, 3, 4, 316b Abs. 1, 3, 316c Abs. 1 bis 3 oder 317 StGB. Weiterhin gehören zu den Katalogtaten die in § 100a Abs. 2 Nr. 6 bis 9 und 11 bezeichneten schwerwiegenden Straftaten nach dem Außenwirtschafts-, Betäubungsmittel-, Grundstoffüberwachungs-, Kriegswaffenkontrollgesetz und Waffengesetz. Die in Betracht kommende Tat muss aber **bereits begangen** worden sein. Damit sind eine versuchte Beteiligung nach § 30 StGB sowie eine Vorbereitungshandlung nicht ausreichend (*Schnarr* NStZ 1990, 260). Es genügt aber der Verdacht der Teilnahme oder des Versuchs (LR/*Erb* § 163d Rn. 9; *Rogall* NStZ 1986, 388, 389; a.M. SK-StPO/*Wolter* § 163d Rn. 38).

5   **II. Bestimmte Tatsachen.** Diesen Verdacht müssen **bestimmte Tatsachen** begründen, Vermutungen reichen nicht aus. Der Verdacht muss stärker sein als der Anfangsverdacht (§ 152 Abs. 2). Nicht erforderlich ist ein dringender Verdacht i.S.v. § 112 Abs. 1 Satz 1 (LR/*Erb* § 163d Rn. 15).

6   **III. Grenzpolizeiliche Kontrolle.** Die Daten müssen bei einer Kontrollstelle nach § 111 oder bei einer **grenzpolizeilichen Kontrolle** nach den §§ 2, 23 BPolG angefallen sein, in Bayern nach den für die bayerische Grenzpolizei, in Hamburg und Bremen nach den dort für die Wasserschutzpolizei geltenden Bestimmungen. Dies ist der Fall, wenn Personen bei der Kontrolle des grenzüberschreitenden Verkehrs angehalten und ihre Personalien durch die Polizei festgestellt werden. Der Anlass für die Personenkontrolle und die Art der Datenerhebung (Sichtkontrolle oder automatisches Lesen der Ausweispapiere) sind unerheblich.

7   **IV. Personenkontrolle.** Die Daten können auch bei einer **Personenkontrolle gem.** § 111 erhoben und gespeichert werden. Unter den Voraussetzungen des § 111 kann eine Kontrollstelle eingerichtet werden, um Identitätsfeststellungen (§ 111 Abs. 1 Satz 2) zu treffen. Bei Einrichtung einer Kontrollstelle ist die Datenerfassung auf die Aufklärung der in § 111 bezeichneten Tatbestände begrenzt. Daten, die der Aufklärung einer Tat gem. § 163d Abs. 1 Nr. 2 dienen, dürfen bei einer Personenkontrolle gem. § 111 nicht erhoben und gespeichert werden. Die Daten können allenfalls als Zufallsfund gem. § 163d Abs. 4 Satz 2 behandelt werden (KK-StPO/*Moldenhauer* § 163d Rn. 11; kritisch *Rogall* NStZ 1986, 385, 390).

V. Erfolgsaussicht. Tatsachen müssen die Annahme rechtfertigen, dass die Auswertung der Daten zur Ergreifung des Täters/der Täter (ausreichend auch des Teilnehmers, *Rogall* NStZ 1986, 385, 389) oder zur Aufklärung der Straftat führen kann. Es muss also eine **gewisse Erfolgsaussicht** bestehen. Es genügt dazu eine gewisse Wahrscheinlichkeit, die auf kriminalistischer Erfahrung beruht. Nicht erforderlich ist, dass die Erfolgsaussicht auf bestimmten Tatsachen beruht (a.M. LR/*Erb* § 163d Rn. 16a: einzelfallbezogene Tatsachen erforderlich). Die spätere Auswertung im Rahmen des zulässigen Abgleichs muss erfolgsgeeignet erscheinen (LR/*Erb* § 163d Rn. 16a). 8

VI. Verhältnismäßigkeit. Die Maßnahme darf nicht außer Verhältnis zur Bedeutung der Sache stehen (**Verhältnismäßigkeitsgrundsatz**). Dabei sind die Schwere der Tat, das Ausmaß der Belastung, der Grad der Erfolgsaussicht und die Notwendigkeit der Netzfahndung abzuwägen (*Kühl* NJW 1987, 742; *Rogall* NStZ 1986, 389). § 163d enthält aber **keine Subsidiaritätsklausel** (vgl. § 100a Abs. 1 Nr. 3), d.h. die Netzfahndung ist nicht subsidiär gegenüber anderen Fahndungsmethoden (KK-StPO/*Moldenhauer* § 163d Rn. 25; LR/*Erb* § 163d Rn. 8; *Meyer-Goßner/Schmitt* § 163d Rn. 11; *Rogall* NStZ 1986, 385 [389]). Wenn die Netzfahndung notwendig und verhältnismäßig ist, kann sie bereits bei Beginn der Fahndungs- und Ermittlungsmaßnahmen angeordnet werden. 9

C. Automatische Ablesung. § 163d Abs. 1 ist auch bei **automatischer Ablesung** von Pässen und Personalausweisen an den Kontrollstellen anwendbar (§ 163d Abs. 1 Satz 2). Insoweit handelt es sich um eine Ausnahme von dem grundsätzlichen Speicherungsverbot der §§ 3a Abs. 2 PersAuswG, 17 Abs. 2 PassG. 10

D. Übermittlung. Die **Übermittlung** der Daten darf **nur an Strafverfolgungsbehörden** erfolgen (§ 163d Abs. 1 S. 3). Strafverfolgungsbehörden sind die Staatsanwaltschaft einschließlich GBA und die Polizei, ferner die Finanz- und Zollbehörden, soweit sie als Strafverfolgungsbehörden tätig sind. Auch die Gerichte sind Strafverfolgungsbehörden im Sinne der Vorschrift (offen KK-StPO/*Schoreit* § 163d Rn. 27; *Schroeder* GA 1985, 485 [491]). Eine Übertragung der Daten an andere Behörden, insb. an Nachrichtendienste, ist nicht gestattet (*Rogall* NStZ 1986, 390; a.M. SK-StPO/*Weßlau* 32 zu § 477). Nicht erlaubt ist auch ein allgemeiner Datentransfer zwischen Strafverfolgungsbehörden (LR/*Erb* § 163d Rn. 38). Außer für das konkrete anhängige Strafverfahren dürfen die Daten nur für die Strafverfolgung auf Grund von Zufallsfunden benutzt werden (§ 163d Abs. 4 Satz 4). 11

E. Zuständigkeit für die Anordnung der Datenverarbeitung (§ 163d Abs. 2)
I. Ermittlungsrichter. Zuständig für die Anordnung der Maßnahme ist grundsätzlich der **Ermittlungsrichter** (§§ 162, 169). Der Ermittlungsrichter wird nur nach einem entsprechenden Antrag der Staatsanwaltschaft tätig. 12

II. Gefahr in Verzug. Bei **Gefahr in Verzug** kann die Maßnahme auch durch die Staatsanwaltschaft und ihre Ermittlungspersonen (§ 152 GVG) angeordnet werden. Gefahr in Verzug ist gegeben, wenn die Datenerhebung und die Datenspeicherung und -auswertung so eilig ist, dass eine richterliche Anordnung nicht abgewartet werden kann. Diese Konstellation kann sich bei terroristischen Anschlägen ergeben, die Veranlassung für die Einrichtung von Kontrollstellen nach § 111 geben und die durch eine Netzfahndung nach § 163d ergänzt werden sollen (*Meyer-Goßner/Schmitt* § 163d Rn. 14). 13

III. Richterliche Bestätigung. Bei einer Eilanordnung durch die Staatsanwaltschaft oder ihre Ermittlungspersonen muss die Staatsanwaltschaft unverzüglich (ohne schuldhaftes Zögern) die **richterliche Bestätigung** der Anordnung beantragen (§ 163d Abs. 2 Satz 2). Zuständig für den Bestätigungsantrag ist allein die Staatsanwaltschaft, nicht die Polizei. Wenn der Richter die Eilanordnung nicht binnen 3 Tagen bestätigt, tritt sie ohne weiteres außer Kraft (§ 163d Abs. 2 Satz 3). Dies hat zur Folge, dass die Maßnahme unverzüglich zu beenden und die bis dahin gespeicherten Daten zu löschen oder zu vernichten sind. Auch Zufallsfunde dürfen nicht verwertet werden (*Rogall* NStZ 1986, 391). Die richterliche Kontrolle kommt nicht zum Zuge, wenn die Staatsanwaltschaft die Anordnung vor Ablauf der 3-Tagesfrist aufhebt oder keine Daten mehr vorhanden sind (KK-StPO/*Moldenhauer* § 163d Rn. 30; LR-*Erb* § 163d Rn. 48; a.M. SK-StPO/*Wolter* § 163d Rn. 59). Die Verwertung der vor der Aufhebung 14

§ 163d StPO Speicherung und Abgleich von Daten aus Kontrollen

der Anordnung gespeicherten Daten bestimmt sich nach § 163d Abs. 4 Satz 2 bis 5 (vgl. *Riegel* JR 1986, 145).

15 F. Form und Inhalt der Anordnung. I. Schriftform. Die Anordnung muss **schriftlich** erfolgen (§ 163d Abs. 3 Satz 1). Sie muss auch schriftlich der die Daten erhebenden Stelle übermittelt werden, wobei Übermittlung per Telefax genügt (KK-StPO/*Moldenhauer* § 163d Rn. 32; *Meyer-Goßner/Schmitt* § 163d Rn. 16; a.M. *Kühl* NJW 1987, 743; *Rogall* NStZ 1986, 391, der eine telefonische Mitteilung genügen lässt).

16 II. Inhalt. Die Anordnung muss inhaltlich folgende Details benennen:
 – das Verfahren, in dem sie ergeht,
 – den Verfahrensgegenstand,
 – die Verdachtsmerkmale (§ 163d Abs. 3 Satz 2),
 – den Personenkreis, der von der Maßnahme erfasst werden soll, nach Merkmalen oder Eigenschaften entsprechend den zur Zeit der Anordnung vorhandenen Kenntnissen,
 – Art und Dauer der Maßnahmen (§ 163d Abs. 3 Satz 3, 4),
 – Umfang und räumliche Erstreckung der Maßnahmen.

17 III. Gesuchte Personen. Die gesuchten Personen sind so genau wie möglich einzugrenzen und zu bezeichnen. Wenn eine hinreichend genaue Beschreibung nicht möglich ist, hat die Netzfahndung zu unterbleiben. Die Beschreibung ist zu ergänzen, wenn neue Merkmale oder Eigenschaften bekannt werden (KK-StPO/*Moldenhauer* § 163d Rn. 34; *Meyer-Goßner/Schmitt* § 163d Rn. 17; *Rogall* NStZ 1986, 391).

18 IV. Kontrollmaßnahmen. Es ist konkret zu bestimmen, bei welchen Kontrollmaßnahmen welche Daten zu erheben sind, z.B. durch Angabe der Kontrollstellen oder der Grenzübergänge. Anzugeben ist weiter, welche Stelle die Daten verarbeitet, in welcher Datei die Speicherung zu erfolgen hat und welche Stelle die Daten auswertet.

19 V. Dauer. Die Maßnahmen sind grundsätzlich auf die **Dauer von höchstens 3 Monaten** zu befristen (§ 163d Abs. 3 Satz 4). Eine kürzere Zeitdauer ist ohne weiteres möglich. Der Zeitpunkt des Beginns der Maßnahmen sollte angegeben werden. Die Dauer kann nur einmalig um höchstens 3 Monate verlängert werden (§ 163d Abs. 3 Satz 5), unabhängig, ob die erste Anordnung die Frist von 3 Monaten ausgeschöpft hat oder nicht. Die zeitliche Beschränkung gem. § 163d Abs. 3 Satz 4, 5 gilt nur für die Datenspeicherung, nicht für die spätere Auswertung oder Übermittlung der Daten. Die Verwertbarkeit der Daten dauert auch nach Fristablauf an (*Meyer-Goßner/Schmitt* § 163d Rn. 19; LR-*Erb* § 163d Rn. 30). Die Daten können in den Grenzen des § 163d Abs. 3 Satz 2 ausgewertet werden, wenn dies alsbald geschieht.

20 G. Beendigung der Maßnahmen und Datenlöschung (§ 163d Abs. 4)
I. Bestätigung. § 163d Abs. 4 Satz 1 regelt, dass die Maßnahmen unverzüglich zu beenden sind, wenn die Voraussetzungen für den Erlass der Anordnung nicht mehr vorliegen oder der mit der Anordnung verfolgte Zweck erreicht ist oder die Frist des § 163d Abs. 3 Satz 4, 5 abgelaufen ist. In diesen Fällen sind die Speicherung, Auswertung und die Übermittlung der Daten einzustellen. Die Löschung der Daten hat erst zu erfolgen, wenn sie für das Strafverfahren nicht mehr benötigt werden (§ 163d Abs. 4 Satz 2 Halbs. 1). Dies ist der Fall, wenn die Daten aus der Datei in die Ermittlungsakten übernommen worden sind. Die Löschungspflicht bezieht sich nicht auf die Daten, die Bestandteil der Ermittlungsakten geworden sind, sondern nur auf die Datei (*Meyer-Goßner/Schmitt* § 163d Rn. 21; *Hilger* NStZ 1997, 372).

21 II. Laufzeit. Die Speicherung darf die Laufzeit der Maßnahmen (§ 163d Abs. 3) nicht um mehr als 3 Monate überschreiten (§ 163d Abs. 4 Satz 2 Halbs. 2). Dies bedeutet, dass eine Speicherung längstens 9 Monate aufrechterhalten werden darf.

22 III. Unterrichtung. Über die Löschung ist die Staatsanwaltschaft zu **unterrichten** (§ 163d Abs. 4 Satz 3), wenn sie nicht selbst die Daten gespeichert hat. Wenn die Staatsanwaltschaft die Datenverarbeitung von einer anderen öffentlichen Stelle im Auftrag ausführen lässt, hat die Staatsanwaltschaft die Datenlöschung anzuordnen (§ 11 BDSG). Das Löschungsprotokoll ist zu den Akten zu nehmen (*Rogall* NStZ 1986, 391).

H. Verwendung der Daten. I. Verwendungsregelungen. Für die Verwendung der Daten gelten die Verwendungsregelungen der §§ 161 Abs. 2, 477 Abs. 2, 3.

II. Zufallsfunde. Zufallsfunde dürfen ausnahmsweise verwertet werden. Die bei Gelegenheit der Auswertung der gespeicherten Daten gewonnenen Erkenntnisse dürfen in anderen Verfahren verwendet werden, wenn sie zur Aufklärung einer anderen Straftat oder zur Ermittlung einer Person benötigt werden, die zur Fahndung oder Aufenthaltsfeststellung aus Gründen der Strafverfolgung oder Strafvollstreckung ausgeschrieben ist (kritisch zu den Zufallsfunden KK-StPO/*Moldenhauer* § 163d Rn. 42).

I. Benachrichtigungspflicht. Die Benachrichtigungspflicht der Personen, gegen die nach der Auswertung der Daten weitere Ermittlungen geführt werden, bestimmt sich nach § 101 Abs. 1, 4 Nr. 10. Zu benachrichtigen sind nur die Personen, gegen die nach Auswertung der Daten weitere Ermittlungen geführt wurden. Dies bedeutet umgekehrt, dass Personen, gegen die ein Tatverdacht nicht entstanden ist, nicht zu benachrichtigen sind. Die Benachrichtigung ist Sache der Staatsanwaltschaft (§ 101 Abs. 4 bis 7), nicht der Polizei und nicht des Gerichts.

J. Anfechtung. Die Betroffenen, gegen die nach der Auswertung der Daten weitere Ermittlungen geführt werden, haben den Rechtsbehelf nach § 101 Abs. 7 Satz 2 bis 4 i.V.m. Abs. 4 Satz 1 Nr. 10 gegen die richterliche oder nicht-richterliche Anordnung sowie die Art und Weise ihres Vollzugs binnen einer Ausschlussfrist von zwei Wochen. Die Frist beginnt mit der Benachrichtigung. Es ist unerheblich, ob der Betroffene schon vorher Kenntnis von der Maßnahme erlangt hat (*Wesemann* StraFo 2009, 506; *Glaser* JR 2010, 427). Ein verfristeter Antrag ist unzulässig. Der Rechtsbehelf kann aber auch schon vor der Beendigung der Maßnahme und vor der Benachrichtigung erhoben und auch verbeschieden werden (HK-*Gercke* § 101 Rn. 16; SK-*Wolter* § 101 Rn. 39; a.M. *Singelstein* NStZ 2009, 482, Beschwerde gem. § 304). Gegen die richterliche Anordnung ist für die nicht Antragsberechtigten die Beschwerde (**§ 304 Abs. 1**) gegeben (Ausnahme: Anordnung des Ermittlungsrichters des BGH oder des OLG, § 304 Abs. 5). Bei Erledigung der Maßnahme ist die Beschwerde umzudeuten in einen Antrag auf Feststellung der Rechtswidrigkeit der Anordnung. Die Rechtswidrigkeit von Anordnungen der Staatsanwaltschaft oder ihrer Ermittlungspersonen kann entsprechend § 98 Abs. 2 Satz 2 geltend gemacht werden (LR/*Erb* § 163d Rn. 84, Meyer-Goßner/*Schmitt* § 163d Rn. 26; KK-StPO/*Moldenhauer* § 163d Rn. 45; *Kühl* NJW 1987, 743; *Rogall* NStZ 1986, 392). Die Verletzung von § 163d kann eine Revision nicht begründen, da das Urteil nicht auf dem Fehler beruhen dürfte.

§ 163e StPO Ausschreibung zur Beobachtung bei polizeilichen Kontrollen.

(1) Die Ausschreibung zur Beobachtung anlässlich von polizeilichen Kontrollen, die die Feststellung der Personalien zulassen, kann angeordnet werden, wenn zureichende tatsächliche Anhaltspunkte dafür vorliegen, dass eine Straftat von erheblicher Bedeutung begangen wurde. Die Anordnung darf sich nur gegen den Beschuldigten richten und nur dann getroffen werden, wenn die Erforschung des Sachverhalts oder die Ermittlung des Aufenthaltsortes des Täters auf andere Weise erheblich weniger erfolgversprechend oder wesentlich erschwert wäre. Gegen andere Personen ist die Maßnahme zulässig, wenn auf Grund bestimmter Tatsachen anzunehmen ist, dass sie mit dem Täter in Verbindung stehen oder eine solche Verbindung hergestellt wird, dass die Maßnahme zur Erforschung des Sachverhalts oder zur Ermittlung des Aufenthaltsortes des Täters führen wird und dies auf andere Weise erheblich weniger Erfolg versprechend oder wesentlich erschwert wäre.
(2) Das Kennzeichen eines Kraftfahrzeugs, die Identifizierungsnummer oder äußere Kennzeichnung eines Wasserfahrzeuges, Luftfahrzeuges oder eines Containers kann ausgeschrieben werden, wenn das Fahrzeug für eine nach Absatz 1 ausgeschriebene Person zugelassen ist oder das Fahrzeug oder der Container von ihr oder einer bisher namentlich nicht bekannten Person genutzt wird, die einer Straftat mit erheblicher Bedeutung verdächtig ist.

§ 163e StPO   Ausschreibung zur Beobachtung bei polizeilichen Kontrollen

(3) Im Falle eines Antreffens können auch personenbezogene Daten eines Begleiters der ausgeschriebenen Person, des Führers eines nach Absatz 2 ausgeschriebenen Fahrzeugs oder des Nutzers eines nach Absatz 2 ausgeschriebenen Containers gemeldet werden.

(4) Die Ausschreibung zur polizeilichen Beobachtung darf nur durch das Gericht angeordnet werden. Bei Gefahr in Verzug kann die Anordnung auch durch die Staatsanwaltschaft getroffen werden. Hat die Staatsanwaltschaft die Anordnung getroffen, so beantragt sie unverzüglich die gerichtliche Bestätigung der Anordnung. § 100b Abs. 1 Satz 3 gilt entsprechend. Die Anordnung ist auf höchstens ein Jahr zu befristen. Eine Verlängerung um jeweils nicht mehr als drei Monate ist zulässig, soweit die Voraussetzungen der Anordnung fortbestehen.

1 **A. Allgemeines.** Durch das Gesetz zur Bekämpfung des illegalen Rauschgifthandels und anderer Erscheinungsformen der Organisierten Kriminalität (OrgKG) vom 22.07.1992 (BGBl. 1992 I, 1301, 1309, in Kraft getreten am 22.09.1992) wurde § 163e in die StPO aufgenommen.

2 Die Neufassung der Norm wurde mit dem Gesetz zur Neuregelung der Telekommunikationsüberwachung und anderer verdeckter Ermittlungsmaßnahmen sowie zur Umsetzung der Richtlinie 2006/24/EG eingefügt (BR-Drucks. 798/07; BT-Drucks. 16/5846, 16/6979). Sie ist zum 01.01.2008 in Kraft getreten (BGBl. I 2007, 3198 ff.). Zuletzt wurde die Bestimmung durch das Gesetz zum Schengener Informationssystem der zweiten Generation (SIS-II-Gesetz) vom 06.06.2009 (BGBl. 2009 I, 1226 f.) geändert.

3 § 163e normiert die gesetzlichen Voraussetzungen der polizeilichen Beobachtungsfahndung (vgl. *Krahl* NStZ 1998, 339 ff.). **Polizeiliche Beobachtung** ist die planmäßige, heimliche Beobachtung einer Person (oder eines Objekts) zum Zwecke der **Erstellung eines Bewegungsbildes** (*Hilger* NStZ 1992, 525; *Meyer-Goßner/Schmitt* § 163e Rn. 1). Die Beobachtung dient weiter dazu, Zusammenhänge und Querverbindungen zwischen dieser und anderen Personen zu erfassen (*Hilgendorf-Schmid* wistra 1989, 210). Die polizeiliche Beobachtung wurde früher auf die §§ 161, 163 Abs. 1 i.V.m. der Polizeilichen Dienstanweisung 348.2 gestützt. Vielfach wurde die Polizeiliche Beobachtung als Eingriff in die durch Art. 2 Abs. 1 GG garantierte Freiheit des Beobachteten bezeichnet und mit Rücksicht auf das vom BVerfG betonte Recht auf informationelle Selbstbestimmung (BVerfGE 65, 1 = NJW 1984, 411) die Schaffung einer ausdrücklichen gesetzlichen Grundlage gefordert (*Bottke*, Meyer-Gedächtnisschrift 37 ff.).

4 **B. Polizeigesetzliche Regelungen.** Für den polizeilichen Bereich gibt es eine Vielzahl von Regelungen der Polizeilichen Beobachtung in Polizeigesetzen, z.B. Art. 36 BayPAG, § 17 SOG Hessen; § 21 PolG NW, § 29 Saarl. PolG. Durch die in den Polizeigesetzen genannte Voraussetzung der polizeilichen Beobachtung, nämlich des Verdachts der Verstrickung in bereits begangene und zukünftige erhebliche Kriminalität, war die Anordnung der Maßnahme materiell als **Strafverfolgungsmaßnahme** gekennzeichnet. Daher ist es zweifelhaft, ob die Länder überhaupt eine Regelungskompetenz haben (vgl. KK-StPO/*Schoreit* § 163e Rn. 2). Soweit Polizeiliche Beobachtungen aber nach Polizeirecht zulässig sind, dürfen gewonnene Erkenntnisse auch im Strafverfahren verwendet werden (BGH NJW 1991, 2651, 2652; einschränkend *Rogall* NStZ 1992, 47). § 163e ermöglicht länger andauernde Beobachtungen bezogen auf eine bestimmte Person, nämlich einen »Beschuldigten« sowie dessen Begleit- und Verbindungspersonen (SK-Wolter § 163e Rn. 10). Es fehlt aber eine spezialgesetzliche Grundlage für die EDV-mäßige Verarbeitung der Rückmeldungen an die ausschreibende Stelle (vgl. hierzu KK-StPO/*Wache* § 163e Rn. 7, 8; SK-*Wolter* § 163e Rn. 2). Diese Lücke wurde durch das Strafverfahrensänderungsgesetz 1999 geschlossen (vgl. §§ 483 ff.; § 163f).

5 **C. Voraussetzungen der Ausschreibung zur Polizeilichen Beobachtung. I. Voraussetzungen.** Die Ausschreibung zur Polizeilichen Beobachtung kann anlässlich von polizeilichen Kontrollen, die die Feststellung der Personalien zulassen, erfolgen. Die Ausschreibung nach § 163e ist als »Beobachtung« ausgerichtet, ohne Fragen zu stellen oder Gegenstände sicher zu stellen. Die Maßnahme geschieht heimlich, nämlich bei der Überprüfung der Personalien aus anderem Anlass. Die Kontrollen werden nicht für die Polizeiliche Beobachtung vorgenommen. Es werden vielmehr bereits bestehende Kontrollen, bei denen die Personalien festgestellt werden, genutzt (*Hilger* NStZ 1992, 525 Fn. 167). In Betracht kommen Kontrollstellen nach §§ 111, 163b, Kontrollen nach den Polizeigesetzen

der Länder, aber auch Grenzkontrollen. Bei der Kontrolle werden die Personalien, die Namen von Begleitern, der Reiseweg, das Transportmittel und mitgeführte Gegenstände erfasst. Die Erkenntnisse werden dann der ausschreibenden Stelle mitgeteilt.

II. Anhaltspunkte. Voraussetzung für die Ausschreibung zur Polizeilichen Beobachtung ist, dass **zureichende tatsächliche Anhaltspunkte** dafür vorliegen, dass eine **Straftat von erheblicher Bedeutung** begangen wurde. Es muss zumindest ein Anfangsverdacht bestehen (*Krahl* NStZ 1998, 340). Nicht erforderlich ist ein hinreichender oder dringender Tatverdacht (*Meyer-Goßner/Schmitt* § 163e Rn. 6). Der Begriff einer »Straftat von erheblicher Bedeutung« entspricht dem Begriff, der in den §§ 98a, 110a Abs. 1 verwendet wird, ist aber nicht durch einen Katalog von Straftaten oder in sonstiger Weise eingeschränkt. Das Verfahren muss sich gegen einen **bestimmten Beschuldigten** richten (Ausnahmen § 163e Abs. 1 S. 3 und Abs. 2). Die Anordnung darf nur erfolgen, wenn die Erforschung des Sachverhalts oder die Ermittlung des Aufenthalts des Täters auf andere Weise erheblich weniger Erfolg versprechend oder wesentlich erschwert wäre. Diese »**Subsidiaritätsklausel**« entspricht § 98a Abs. 1 Satz 2 (Rasterfahndung).

6

III. Kontaktpersonen. § 163e Abs. 1 Satz 3 erweitert die Zulässigkeit der Maßnahme auf andere Personen, nämlich nicht beschuldigte **Kontaktpersonen**. Als Kontaktpersonen kommen Verwandte, Verlobte, Freunde, Bekannte, aber auch Tatbeteiligte, bei denen kein Anfangsverdacht besteht, in Betracht. Der Verteidiger ist keine Kontaktperson (KK-StPO/*Moldenhauer* § 163e Rn. 17). Zusätzlich zu den bereits genannten Voraussetzungen (zureichender Tatverdacht hinsichtlich einer Straftat von erheblicher Bedeutung, wesentliche Erschwernisse bei der Erforschung des Sachverhalts oder der Ermittlung des Aufenthalts des Täters) ist hier Voraussetzung für die Anordnung, dass auf Grund bestimmter Tatsachen anzunehmen ist, dass die Kontaktperson mit dem Täter in Verbindung steht oder eine solche Verbindung hergestellt wird. Die Polizeiliche Beobachtung ist nur zur Erforschung des Sachverhalts oder zwecks Ermittlung des Aufenthaltsortes des Täters zulässig (M-G/*Schmitt* § 163 Rn. 8). Auch hier gilt die Subsidiaritätsklausel (§ 163e Abs. 1 S. 3 Halbs. 2).

7

D. Ausgeschriebene Fahrzeuge. Die Ausschreibung eines Kfz-Kennzeichens, der Identifizierungsnummer oder der äußeren Kennzeichnung eines Wasserfahrzeuges, Luftfahrzeuges oder eines Containers ist nach § 163e Abs. 2 zulässig, wenn das Fahrzeug für eine nach § 163e Abs. 1 ausgeschriebene Person zugelassen ist oder das Fahrzeug oder der Container von ihr oder einer bisher namentlich nicht bekannten Person benutzt wird. Diese Person muss einer Straftat von erheblicher Bedeutung verdächtig sein. Andere Gegenstände als Fahrzeuge oder Container können, wenn sie einen Personenbezug haben, nach den §§ 161 Abs. 1 S. 1, 163 Abs. 1 S. 2 ausgeschrieben werden (BT-Drs. 16/10816 S. 9).

8

E. Informationen über Nebenpersonen. Nach § 163e Abs. 3 dürfen auch personenbezogene Informationen eines **Begleiters** der ausgeschriebenen Person, des **Führers** eines ausgeschriebenen Kraftfahrzeugs oder des Nutzers eines nach § 163e Abs. 2 ausgeschriebenen Containers gemeldet werden. Dagegen bestehen allerdings verfassungsrechtliche Bedenken (vgl. SK-*Wolter* § 163e Rn. 12; *Krahl* NStZ 1998, 341; *Strate* StV 1989, 410). Nach § 463a Abs. 2 kann die Ausschreibung zur Polizeilichen Beobachtung auch gegen einen unter Führungsaufsicht stehenden Verurteilten angeordnet werden (vgl. RiStBV 41 Abs. 7).

9

F. Verfahren. I. Ermittlungsrichter. Für die Anordnung der Ausschreibung zur Polizeilichen Beobachtung ist grundsätzlich der Ermittlungsrichter zuständig (§§ 162, 169). Bei »Gefahr in Verzug« kann die Anordnung auch die Staatsanwaltschaft treffen, nicht aber Ermittlungspersonen der Staatsanwaltschaft (§ 152 GVG). Die Eilanordnung der Staatsanwaltschaft bedarf der unverzüglichen richterlichen Bestätigung, die der Staatsanwalt gemäß § 163e Abs. 4 Satz 3 zu beantragen hat. Die Eilanordnung tritt automatisch außer Kraft, wenn sie der Richter nicht binnen drei Tagen bestätigt (§§ 163e Abs. 4 Satz 4, 100b Abs. 1 Satz 3). Zwischenzeitlich erlangte Erkenntnisse dürfen aber verwertet werden. Die Anordnung ist auf längstens ein Jahr zu befristen (§ 163e Abs. 4 Satz 5). Nach § 163e Abs. 4 Satz 6 ist eine mehrmalige Verlängerung um nicht mehr als 3 weitere Monate zulässig, wenn die Voraus-

10

§ 163f StPO Längerfristige Observation

setzungen der Anordnung fortbestehen. Wird die Anordnung nicht verlängert, tritt sie ohne weiteres außer Kraft.
Bei der Beobachtung von **Rechtsanwälten, Abgeordneten und Journalisten** ist § 160a zu beachten. Nach § 463a Abs. 2 kann die polizeiliche Beobachtung während der **Führungsaufsicht** angeordnet werden.
Für die Anordnung der Ausschreibung zur Polizeilichen Beobachtung in **Auslieferungsverfahren** ist das OLG gem. § 77 Abs. 1 IRG i.V.m. Abs. 3 S. 1 sachlich zuständig (OLG Hamm NStZ 2009, 347).

11 **II. Schriftform.** Die Anordnung erfolgt in der Regel schriftlich (stets: LR/*Erb* § 163e Rn. 42), notfalls auch mündlich. Die Anordnung muss die auszuschreibende Person, gegebenenfalls das Kfz-Kennzeichen, die Kennzeichnung eines Wasserfahrzeuges, Luftfahrzeuges oder eines Containers, die in Betracht kommenden polizeilichen Kontrollen sowie die Geltungsdauer der Anordnung nennen. Im Rahmen der fortschreitenden Ermittlungen sind auch Ergänzungen, z.B. bei den Kfz-Kennzeichen, möglich. Die richterliche Bestätigung bedarf der Schriftform (*Meyer-Goßner/Schmitt* § 163e Rn. 14)

12 **III. Benachrichtigung.** Die Zielperson der Maßnahme und die Personen, deren personenbezogene Daten gemeldet worden sind, sind zu benachrichtigen (§§ 163e Abs. 4 Satz 4, 100b Abs. 1 Satz 3). Eine mehrmalige Verlängerung um jeweils nicht mehr als 3 Monate ist bei Vorliegen der Voraussetzungen zulässig (§ 163e Abs. 4 Satz 6; LR/Erb § 163e Rn. 40; *Meyer-Goßner/Schmitt* § 163e Rn. 15; SK-StPO/*Wolter* § 163e Rn. 27). Für Kennzeichnungs- und Löschungspflichten gilt § 101 Abs. 3 und 8.

13 **IV. Anfechtung.** Für die Anfechtung gelten die Ausführungen zu § 163d Rdn. 26.

§ 163f StPO Längerfristige Observation.

(1) Liegen zureichende tatsächliche Anhaltspunkte dafür vor, dass eine Straftat von erheblicher Bedeutung begangen worden ist, so darf eine planmäßig angelegte Beobachtung des Beschuldigten angeordnet werden, die
1. durchgehend länger als 24 Stunden dauern oder
2. an mehr als zwei Tagen stattfinden

soll (längerfristige Observation).
Die Maßnahme darf nur angeordnet werden, wenn die Erforschung des Sachverhalts oder die Ermittlung des Aufenthaltsortes des Täters auf andere Weise erheblich weniger Erfolg versprechend oder wesentlich erschwert wäre. Gegen andere Personen ist die Maßnahme zulässig, wenn auf Grund bestimmter Tatsachen anzunehmen ist, dass sie mit dem Täter in Verbindung stehen oder eine solche Verbindung hergestellt wird, dass die Maßnahme zur Erforschung des Sachverhalts oder zur Ermittlung des Aufenthaltsortes des Täters führen wird und dies auf andere Weise erheblich weniger Erfolg versprechend oder wesentlich erschwert wäre.
(2) Die Maßnahme darf auch durchgeführt werden, wenn Dritte unvermeidbar betroffen werden.
(3) Die Maßnahme darf nur durch das Gericht, bei Gefahr im Verzug auch durch die Staatsanwaltschaft und ihre Ermittlungspersonen (§ 152 des Gerichtsverfassungsgesetzes) angeordnet werden. Die Anordnung der Staatsanwaltschaft oder ihrer Ermittlungspersonen tritt außer Kraft, wenn sie nicht binnen drei Werktagen von dem Gericht bestätigt wird. § 100b Abs. 1 Satz 4 und 5, Abs. 2 Satz 1 gilt entsprechend.

1 **A. Gesetzgebung.** § 163f wurde durch das StVÄndG 1999 eingefügt. § 163f regelt als neue Einzeleingriffsermächtigung die längerfristige Observation (*Hilger* NStZ 2000, 561 [564]). Der Gesetzgeber kam damit einer seit langem erhobenen Forderung nach und schloss sich insoweit der bisherigen Rechtsprechung an (BGHSt 44, 13 = NStZ 1998, 629 m. Anm. *Amelung* und *Asbrok* = JZ 1998, 794; *Hefendehl* StV 2000, 275; BGH NStZ 1992, 44 mit Anm. *Rogall* und Anm. *Schön* NStZ 1992, 504 sowie Anm. *Gusy* StV 1991, 499; OLG Düsseldorf NStZ 1998, 268 – JR 1999, 255 m. Anm. *Theisen*).

2 Die Neufassung der Norm wurde mit dem Gesetz zur Neuregelung der Telekommunikationsüberwachung und anderer verdeckter Ermittlungsmaßnahmen sowie zur Umsetzung der Richtlinie 2006/24/EG eingefügt (BR-Drucks. 798/07; BT-Drucks. 16/5846, 16/6979). Sie ist zum 01.01.2008 in Kraft getreten (BGBl. I 2007, S. 3198 ff.).

B. Definition. Eine **längerfristige Observation** ist nach der Definition des § 163f Abs. 1 Satz 1 eine über einen durchgehend länger als 24 Stunden dauernden Zeitraum oder eine zwar unterbrochene, aber an mehr als 2 Tagen stattfindende, planmäßige Beobachtung des Beschuldigten. § 163f regelt nur die längerfristige Observation im Unterschied zur kurzfristigen, die nach den §§ 161 Abs. 1, 163 Abs. 1 ohne weitere Einschränkungen zulässig ist (BVerfG StraFo 2009, 453; *Hefendehl* StV 2001, 704). Eine längerfristige Observation liegt auch dann vor, wenn sich während einer kurzfristigen Beobachtung herausstellt, dass die Fristen überschritten werden müssen. Daher ist die richterliche Anordnung einzuholen, sobald sich die Fristüberschreitung abzeichnet. Maßgebend für die Einstufung der Ermittlungsmaßnahme als kurz- oder längerfristige Observation ist zunächst die Einschätzung der Strafverfolgungsbehörde bei Beginn der Maßnahme im Hinblick auf deren Art, Dauer und Umfang (LR-*Erb* § 163f Rn. 4; KK-StPO/*Moldenhauer* § 163f Rn. 8).

C. Einsatz technischer Mittel. Werden bei der längerfristigen Observation technische Mittel nach § 100c eingesetzt, müssen die dafür erforderlichen Voraussetzungen vorliegen (BGH StV 2001, 216 ff.; OLG Hamm NStZ 2009, 347; *Demko* NStZ 2004, 62). Die Anordnung nach § 163f ersetzt nicht die Anordnung weiterer Maßnahmen. Die Beweisgewinnung unter Verwendung des satellitengestützten Navigationssystems »GPS« ist von § 100c Abs. 1 Nr. 1b gedeckt. Dabei muss aber der Grundsatz der Verhältnismäßigkeit beachtet werden, wenn es zu einer umfassenden Überwachung der Person kommt (BGH 46, 266; *Steinmetz* NStZ 2001, 344). Zusätzlich müssen die Anordnungsvoraussetzungen des § 163f vorliegen. Es darf durch die Kumulation der Maßnahmen nicht zu einer Totalüberwachung der betroffenen Person kommen (BVerfG 65, 1, 43; 109, 279, 323; 112, 304; Bernsmann StV 2001, 382, 385). Observtionen von kürzerer als der in § 163f vorausgesetzten Dauer, z.B. Spontanbeobachtungen auf Grund zufälligen Geschehens, Beobachtung mit bloßem Auge, Teilnahme eines Beamten an einer Veranstaltung, entbehren der Grundrechtsrelevanz. Sie können auf §§ 161 Abs. 1, 163 Abs. 1 gestützt werden (LR-*Erb* § 163f Rn. 3; KK-StPO/*Moldenhauer* § 163f Rn. 11).

D. Voraussetzungen. I. Anhaltspunkte. Es müssen **zureichende tatsächliche Anhaltspunkte für eine begangene Straftat von erheblicher Bedeutung** vorliegen. Die Maßnahme ist nicht von bestimmten Delikten abhängig. Der Gesetzgeber hat auf einen einschränkenden Deliktskatalog verzichtet. Eine längerfristige Observation kommt auch bei Eigentums- und Vermögensdelikten in Betracht, nicht aber bei Bagatelldelikten. Die längerfristige Observation ist vor allem bei der Bekämpfung der organisierten Kriminalität von erheblicher Bedeutung (vgl. *Hilger* NStZ 2000, 564). Die Maßnahme richtet sich gegen den Beschuldigten (§ 163f Abs. 1 Satz 1, 2) und auch gegen Kontaktpersonen (§ 163f Abs. 1 Satz 3), wenn diese Kontakt zu dem Täter haben oder zu ihm in Verbindung treten. Der Verdacht der Kontaktaufnahme muss auf Tatsachen beruhen. Ein Kontaktaufnahme in der Vergangenheit genügt (KK-StPO/*Moldenhauer* § 163f Rn. 16). Die längerfristige Beobachtung von Kontakt- und Verbindungspersonen muss ausdrücklich angeordnet werden (*Hilger* NStZ 2000, 561, 565).

II. Subsidiarität. § 163f Abs. 1 Satz 2, 3 enthält **Subsidiaritätsklauseln**, die § 163e Abs. 1 Satz 2, 3 entsprechen. Die Maßnahme darf nur angeordnet werden, wenn die Erforschung des Sachverhalts oder die Ermittlung des Aufenthaltsortes des Täters auf andere Weise erheblich weniger Erfolg versprechend oder wesentlich erschwert wäre. Gegen andere Personen ist die Maßnahme zulässig, wenn auf Grund bestimmter Tatsachen anzunehmen ist, dass sie mit dem Täter in Verbindung stehen oder eine solche Verbindung hergestellt wird, dass die Maßnahme zur Erforschung des Sachverhalts oder zur Ermittlung des Aufenthaltsortes des Täters führen wird und dies auf andere Weise erheblich weniger Erfolg versprechend oder wesentlich erschwert wäre. Grundlage für die Beurteilung der Subsidiaritätsklausel ist die Erfolgsprognose, die die Staatsanwaltschaft und das Gericht vorzunehmen haben (KK-StPO/*Moldenhauer* § 163f Rn. 15).

III. Betroffene Personen. § 163f Abs. 2 gestattet die längerfristige Observation auch dann, wenn Dritte unvermeidbar betroffen werden. Begleiter des Beschuldigten dürfen nach § 163e Abs. 3 gemeldet werden.

E. Ermittlungsrichter. Die längerfristige Observation bedarf der **Anordnung durch das Gericht, d.h. durch den Ermittlungsrichter** (§ 162), in Auslieferungsverfahren durch das OLG (§§ 14

§ 164 StPO   Festnahme von Störern

Abs. 1, 77 IRG, vgl. Hamm NStZ 2009, 347). Bei Gefahr in Verzug darf sie auch durch die Staatsanwaltschaft und deren Ermittlungspersonen (§ 152 GVG) angeordnet werden. Im letzteren Falle ist unverzüglich die Bestätigung der Anordnung durch die Staatsanwaltschaft zu beantragen (§ 163f Abs. 3 Satz 2). Die Anordnung ist zu befristen (Abs. 3, § 100b Abs. 1 S. 4). Die Anordnung tritt außer Kraft, wenn sie nicht binnen drei Tagen vom Gericht bestätigt wird. Die Frist beginnt mit dem Erlass der Anordnung, nicht erst mit dem Beginn der Observation (BGHSt 44, 243 [246]). Die **Dauer der Observation** ist auf höchstens 3 Monate zu befristen. Die **Verlängerung der Maßnahme** um jeweils nicht mehr als 3 Monate ist zulässig, wenn die Voraussetzungen der Anordnung unter Berücksichtigung der gewonnenen Ermittlungsergebnisse fortbestehen (§§ 163f Abs. 3 Satz 3, 100b Abs. 1 Satz 4, 5). Die Verlängerung der Maßnahme durch den Richter kann mehrfach wiederholt werden. Bei Beobachtung von Rechtsanwälten, Abgeordneten und Journalisten ist § 160a zu beachten.

9 Die Anordnung hat **schriftlich** zu ergehen (§ 163f Abs. 3 Satz 3 i.V.m. § 100b Abs. 2 Satz 1) und muss begründet werden (§ 34).

10 Zufallsfunde sind wie Ergebnisse kurzfristiger Observationen gem. § 163 Abs. 1 zu behandeln (KK-StPO/*Moldenhauer* § 163f Rn. 29)

11 Grenzüberschreitende Observationen sind nach dem SDÜ, dem 2. Zusatzprotokoll vom 8.11.2001 zum EuRhÜbk sowie im Bereich des Zollfahndungsdienstes des Neapel-II-Übereinkommens vom 18.12.1997 möglich (KK-StPO/*Moldenhauer* § 163f Rn. 31). Darüber hinaus sehen bilaterale Verträge grenzüberschreitende Observationen unter den Voraussetzungen des nationalen Rechts vor (BT-Drs. 17/4333 S. 3 f.).

12 Die Zielperson der Maßnahme und die Personen, deren personenbezogene Daten gemeldet worden sind, sind zu **benachrichtigen** (§§ 163f Abs. 3 Satz 3, 101 Abs. 1, 4 Nr. 12). Für Kennzeichnungs- und Löschungspflichten gilt § 101 Abs. 3 und 8.

13 **F. Anfechtung.** Für die **Anfechtung** gelten die Ausführungen zu § 163d Rdn. 26.

14 **G. Revision.** Eine Observation ohne Anordnung oder über die zulässige Dauer hinaus führt zu einem **Verwertungsverbot** bezüglich der gewonnenen Erkenntnisse (einschränkend OLG Hamburg StraFo 2007, 374=StV 2007, 628; vgl. auch BVerfG StraFo 2009, 453; LR-*Erb* 163f Rn. 19; *Steinmetz* NStZ 2001, 348)). Eine Verwertung im Urteil begründet die Revision. Das Vorliegen der Voraussetzungen für die Anordnung und die Einhaltung des Subsidiaritätsgrundsatzes kann nur eingeschränkt revisionsrechtlich überprüft werden. Es müsste Willkür vorliegen, um die Revision begründen zu können (*Meyer-Goßner/Schmitt* § 163f Rn. 10).

§ 164 StPO   Festnahme von Störern.
Bei Amtshandlungen an Ort und Stelle ist der Beamte, der sie leitet, befugt, Personen, die seine amtliche Tätigkeit vorsätzlich stören oder sich den von ihm innerhalb seiner Zuständigkeit getroffenen Anordnungen widersetzen, festnehmen und bis zur Beendigung seiner Amtsverrichtungen, jedoch nicht über den nächstfolgenden Tag hinaus, festhalten zu lassen.

1 **A. Anwendungsbereich.** Die Vorschrift schützt nichtrichterliche Strafverfolgungsorgane (StA, Polizei) bei zulässigen Amtshandlungen strafprozessualer Art in allen Verfahrensabschnitten (*Eb. Schmidt*, NJW 1969, 393, 394). Bei Einschreiten aufgrund polizeilicher Bestimmungen zur Gefahrenabwehr gilt § 164 nicht.

2 Auf Amtshandlungen, die von einem **Richter** geführt werden, ist § 164 nur insoweit anwendbar, als die §§ 177 bis 179 GVG, die gem. § 180 GVG auch für richterliche Amtshandlungen außerhalb der Sitzung gelten, keine vorrangigen Spezialregelungen enthalten (str.; wie hier LR/*Erb*, § 164 Rn. 3; für uneingeschränkte Anwendbarkeit des § 164: KK-StPO/*Griesbaum*, § 164 Rn. 1; *Meyer-Goßner/Schmitt*, § 164 Rn. 1; KMR/*Plöd*, § 164 Rn. 1; für Unanwendbarkeit des § 164: *Eb. Schmidt*, NJW 1969, 393). Die §§ 177 bis 179, 180 GVG verleihen einerseits weiter gehende Rechte als § 164, indem sie z.B. auch die Verhängung von Ordnungsgeld oder Ordnungshaft bis zu einer Woche ermöglichen. Andererseits bleiben sie insofern hinter § 164 zurück, als sie z.B. sitzungspolizeiliche Maßnahmen gegen den Vertei-

diger nicht zulassen (vgl. §§ 177, 178 GVG). Da die speziellen Regelungen der allgemeinen Bestimmung vorgehen, kann der Richter bei strafprozessualen Amtshandlungen nur außerhalb des Anwendungsbereiches der §§ 177 ff. GVG auf die Befugnis des § 164 zurückgreifen. Nachdem die praktisch bedeutsamen Fälle der richterlichen Vernehmung oder des richterlichen Augenscheins auch als eine einer Sitzung vergleichbare Amtshandlung angesehen werden, auf die über § 180 GVG die §§ 177 ff. GVG anwendbar sind (vgl. *Meyer-Goßner/Schmitt*, § 180 GVG Rn. 1), ist bei diesen richterlichen Handlungen ein Rückgriff auf § 164 ausgeschlossen.

Für die Anwendbarkeit des § 164 ist es unerheblich, ob die Amtshandlung innerhalb oder außerhalb behördlicher Diensträume stattfindet. Die Formulierung »an Ort und Stelle« bedeutet nur, dass die Störung am Ort der Amtshandlung vorgenommen werden oder dort unmittelbare Auswirkungen zeigen muss (*Meyer-Goßner/Schmitt*, § 164 Rn. 3). Störungen innerhalb von Diensträumen kann auch mit den Mitteln des Hausrechts begegnet werden. Da das Hausrecht jedoch nicht dieselben Zwangsbefugnisse wie § 164 verleiht, bei außerhalb von Diensträumen gelegenen Störquellen keinen Schutz bietet und i.d.R. nicht dem die Amtshandlung leitenden Beamten, sondern dem Behördenleiter zusteht, ist daneben der Rückgriff auf die Rechte aus § 164 uneingeschränkt möglich (KK-StPO/*Griesbaum*, § 164 Rn. 3). Allerdings kann es nach dem Verhältnismäßigkeitsgrundsatz geboten sein, zur Abwehr der Störung zunächst von dem milderen Mittel des Hausrechts Gebrauch zu machen (*Meyer-Goßner/Schmitt*, § 164 Rn. 3). 3

B. Störer. Die Maßnahmen nach § 164 richten sich gegen denjenigen, der die amtliche Tätigkeit vorsätzlich stört oder sich den getroffenen (rechtmäßigen) Maßnahmen widersetzt. Das kann ein unbeteiligter Dritter sein (z.B. Zuschauer), ebenso eine Person, die zu der Amtshandlung zugezogen (z.B. Durchsuchungszeuge, § 105) oder zugelassen wurde (z.B. Inhaber, § 106). Auch der unmittelbar von der Amtshandlung Betroffene kann Adressat der Maßnahme nach § 164 sein. Liegt allerdings die Störung oder Widersetzlichkeit darin, dass er sich weigert, die von ihm verlangte Maßnahme oder Handlung zu dulden oder vorzunehmen, oder dass er sich aktiv zur Wehr setzt, wird die Maßnahme mit unmittelbarem Zwang durchgesetzt. Dies stellt keinen Anwendungsfall des § 164 dar. Stört er aber in anderer Weise die Durchführung der amtlichen Maßnahme, kann gegen ihn nach § 164 vorgegangen werden (KK-StPO/*Griesbaum*, § 164 Rn. 5). 4

C. Störung, Widersetzlichkeit. Als Störung ist jedes Verhalten anzusehen, durch das die reibungslose, auf einen bestimmten Erfolg abzielende Durchführung der konkreten Maßnahme erschwert oder ihre Erfolgsaussicht vermindert wird (*Eb. Schmidt*, NJW 1969, 393, 394). Eine Vereitelung der Amtshandlung ist nicht erforderlich. Eine Widersetzlichkeit verlangt nicht, dass durch Gewalt oder Drohung mit Gewalt Widerstand geleistet wird; es genügt schon die hartnäckige Nichtbefolgung der Anordnung oder rein passiver Widerstand (*Eb. Schmidt*, NJW 1969, 393, 396). Rechtswidriges und vorsätzliches Handeln ist in beiden Alternativen erforderlich. 5

D. Zwangsbefugnisse. § 164 verleiht dem zuständigen Beamten das Recht, den Störer festzunehmen oder für die Dauer der Amtshandlung (OLG Celle, MDR 1955, 692), längstens bis zum Ende des nächsten Tages festzuhalten. Wird die Amtshandlung für längere Zeit unterbrochen (z.B. über Nacht), ist der Störer auf freien Fuß zu setzen. Bei Fortsetzung der Amtsverrichtung muss dann geprüft werden, ob die erneute Festnahme geboten ist (*Meyer-Goßner/Schmitt*, § 164 Rn. 5). Eine Strafmaßnahme gegen den Störer rechtfertigt § 164 nicht (OLG Celle, MDR 1955, 692). 6

Der **Verhältnismäßigkeitsgrundsatz** erfordert, dass das Festnahme- und Festhalterecht nur ausgeübt wird, wenn die Störung nicht auf andere Weise mit weniger einschneidenden Mitteln beseitigt werden kann (KK-StPO/*Griesbaum*, § 164 Rn. 7). Auch für diese weniger belastenden Eingriffe in die allgemeine Handlungsfreiheit bildet dann § 164 die Rechtsgrundlage (LR/*Erb*, § 164 Rn. 11). Der Betroffene hat die zulässige Maßnahme nach § 164 zu dulden. Sein Widerstand kann durch unmittelbaren Zwang gebrochen bzw. als Straftat nach § 113 StGB geahndet werden (*Eb. Schmidt*, NJW 1969, 393, 397). 7

Die **Anordnungskompetenz** liegt bei demjenigen Beamten (StA, Polizei) oder Richter (vgl. Rdn. 2), der vor Ort für die Durchführung der Amtshandlung verantwortlich ist. In Vollzug des Festnahme-/Festhalterechts, kann der Betroffene bspw. in einem gesonderten Raum am Ort der Amtshandlung, in 8 einem Polizeifahrzeug oder notfalls auch auf der Polizeidienststelle in amtlichen Gewahrsam genommen werden.

9 **E. Rechtsbehelfe.** Gegen Maßnahmen der StA und der Polizei ist gem. §§ 23 ff. EGGVG Antrag auf gerichtliche Entscheidung statthaft (bei bereits vollzogenem Eingriff mit dem Ziel der Rechtswidrigkeitsfeststellung, § 28 Abs. 1 Satz 4 EGGVG). Gegen richterliche Anordnungen ist die Beschwerde nach § 304 zulässig (bei prozessualer Überholung wegen Vollzugs der Maßnahme ebenfalls mit dem Ziel der Rechtswidrigkeitsfeststellung).

§ 165 StPO Richterliche Untersuchungshandlungen bei Gefahr im Verzug.
Bei Gefahr im Verzug kann der Richter die erforderlichen Untersuchungshandlungen auch ohne Antrag vornehmen, wenn ein Staatsanwalt nicht erreichbar ist.

1 **A. Regelungsinhalt.** Die Vorschrift berechtigt und verpflichtet den Richter, auch ohne Antrag der StA (insoweit abweichend von § 162) und vorübergehend (vgl. § 167) als Notstaatsanwalt die erforderlichen Untersuchungshandlungen vorzunehmen, wenn Gefahr im Verzug gegeben und ein StA nicht erreichbar ist. Die Vorschrift hat angesichts des bei den StA eingerichteten Bereitschaftsdienstes und der Möglichkeiten moderner Kommunikationstechnik kaum mehr praktische Bedeutung.

2 **B. Voraussetzungen.** Gefahr im Verzug liegt vor, wenn die Maßnahme nicht bis zur Herbeiführung einer staatsanwaltschaftlichen Entschließung aufgeschoben werden kann, ohne dass dadurch ihre Vornahme gänzlich vereitelt oder zumindest die Erreichung ihres Zwecks gefährdet würde (LG Frankfurt, NJW 1968, 118). Unerreichbarkeit des StA ist gegeben, wenn ein Kontakt überhaupt nicht hergestellt oder der StA nicht so rechtzeitig und umfassend unterrichtet werden kann, dass er sachgerechte Anträge nach § 162 zu stellen oder die erforderlichen Ermittlungshandlungen selbst vorzunehmen in der Lage ist (KK-StPO/*Griesbaum*, § 165 Rn. 3).

3 **C. Zuständigkeit.** Sachlich zuständig ist jeder Richter des AG, und zwar unabhängig davon, ob er nach dem Geschäftsverteilungsplan (§ 21e GVG) zum Ermittlungsrichter bestellt ist (vgl. auch § 22d GVG). Örtlich zuständig ist in Anlehnung an die (neu gefasste) Bestimmung des § 162 Abs. 1 Satz 1 das AG, in dessen Bezirk die – zuständige, aber nicht erreichbare – StA ihren Sitz hat. Die frühere Zuständigkeitsbestimmung nach dem Ort, an dem die Untersuchungshandlung vorzunehmen ist (so *Meyer-Goßner/Schmitt*, § 165 Rn. 2; KK-StPO/*Griesbaum*, § 165 Rn. 5), findet nach der Neufassung des § 162 im Gesetz keine Stütze mehr. § 162 Abs. 1 Satz 3 kann für die örtliche Zuständigkeit nicht herangezogen werden, weil die in dieser Vorschrift vorausgesetzte (Wahl-)Entscheidung der StA gerade nicht herbeigeführt werden kann.

4 **D. Erforderliche Untersuchungshandlungen.** Zu den Untersuchungshandlungen i.S.d. § 165 zählen nicht nur die von einem Richter anzuordnenden prozessualen Zwangsmaßnahmen, sondern auch andere Ermittlungstätigkeiten (z.B. richterliche Vernehmungen). Für die Anordnung von Untersuchungshaft gelten die Sonderregelungen in §§ 125 Abs. 1 und 128 Abs. 2. Obwohl der Richter anstelle der StA tätig wird, bleiben seine Maßnahmen richterliche Handlungen, sodass die §§ 168, 168a, 168c, 168d anwendbar sind, nicht jedoch die §§ 168b und 22 Nr. 4 (KK-StPO/*Griesbaum*, § 165 Rn. 4). Weiß der Richter, dass die StA nicht handeln will, darf er nicht als Notstaatsanwalt tätig werden.

5 **E. Anfechtung.** Gegen richterliche Anordnungen nach § 165 ist die Beschwerde (§ 304) statthaft (bei prozessualer Überholung wegen Vollzugs der Maßnahme mit dem Ziel der Rechtswidrigkeitsfeststellung). Wird sie nur auf eine Verletzung des § 165 gestützt (Tätigwerden des Richters ohne Antrag der StA, obwohl die Voraussetzungen des § 165 nicht vorlagen), ist sie jedoch unbegründet (LR/*Erb*, § 165 Rn. 18; a. A. LG Frankfurt, NJW 1968, 118; LG Freiburg, StV 2001, 268). Denn die Antragstel-

lung durch die StA ist nicht (formelle) Rechtmäßigkeitsvoraussetzung für eine ermittlungsrichterliche Untersuchungshandlung, die Anordnung folglich nicht rechtswidrig.

§ 166 StPO Beweisanträge des Beschuldigten bei richterlichen Vernehmungen.
(1) Wird der Beschuldigte von dem Richter vernommen und beantragt er bei dieser Vernehmung zu seiner Entlastung einzelne Beweiserhebungen, so hat der Richter diese, soweit er sie für erheblich erachtet, vorzunehmen, wenn der Verlust der Beweise zu besorgen ist oder die Beweiserhebung die Freilassung des Beschuldigten begründen kann.
(2) Der Richter kann, wenn die Beweiserhebung in einem anderen Amtsbezirk vorzunehmen ist, den Richter des letzteren um ihre Vornahme ersuchen.

A. Anwendungsbereich. Die Vorschrift verpflichtet den Richter, einzelne Beweiserhebungen, die der Beschuldigte bei seiner Vernehmung zu seiner Entlastung beantragt, unter den näher genannten Voraussetzungen vorzunehmen. Die daneben bestehende Pflicht der StA, entlastenden Beweisanträgen des Beschuldigten nachzugehen, ergibt sich aus § 163a Abs. 2. § 166 gilt nur im Ermittlungsverfahren in Fällen der Vernehmung nach den §§ 115 Abs. 2, 115a Abs. 2, 118 Abs. 3, 126a Abs. 2, 128 Abs. 1, 162, 165, nicht jedoch im Fall des § 122 Abs. 2 Satz 2 (LR/*Erb*, § 166 Rn. 3). 1

B. Voraussetzungen und Umfang der Beweiserhebungen. Die beantragte Beweiserhebung muss erheblich, d.h. geeignet sein, die Beweissituation zugunsten des Beschuldigten zu beeinflussen (LR/*Erb*, § 166 Rn. 5). Voraussetzung ist außerdem, dass der Verlust der Beweise zu besorgen ist oder die Beweiserhebung die Freilassung des Beschuldigten (z.B. wegen Entkräftung des dringenden Tatverdachtes oder Wegfalls des Haftgrundes) begründen kann. § 166 ermächtigt und verpflichtet nur zu »einzelnen« Beweiserhebungen, nicht zu ausgedehnter oder umfassender Beweisaufnahme; diese bleibt nach wie vor Aufgabe der StA (vgl. § 167). Die Erhebungen sind vom Richter selbst vorzunehmen, nicht auf StA oder Polizei übertragbar. 2

C. Befugnis zur Freilassung. § 166 verleiht kein Freilassungsrecht. Haben die richterlichen Erhebungen im Fall der Inhaftierung des Beschuldigten die Voraussetzungen für dessen Freilassung erbracht, darf der vernehmende Richter selbst die Freilassung nur dann anordnen, wenn er zugleich für die Haftfrage zuständig ist (z.B. nach §§ 115a Abs. 2, 126 Abs. 1). Andernfalls muss er das Ermittlungsergebnis unverzüglich dem zuständigen Haftrichter oder der StA (wegen deren Antragsrecht nach § 120 Abs. 3 Satz 1) zuleiten (KK-StPO/*Griesbaum*, § 166 Rn. 7). 3

D. Anfechtung. Gegen die Ablehnung einer beantragten Beweiserhebung ist die Beschwerde nach § 304 nicht statthaft (LG Berlin, StV 2004, 10; LR/*Erb*, § 166 Rn. 13; a.A. *Schlothauer*, StV 1995, 158, 164). Einem drohenden Beweisverlust kann durch erneute Stellung des Antrags bei der StA (s. § 163a Abs. 2) begegnet werden. Die Freilassung des inhaftierten Beschuldigten kann – zusammen mit den darauf gerichteten Beweiserhebungen – mit den Rechtsbehelfen gegen die Haftentscheidung selbst (§§ 117 Abs. 1, 304 Abs. 1) weiter verfolgt werden. 4

§ 167 StPO Weitere Verfügung der Staatsanwaltschaft.
In den Fällen der §§ 165 und 166 gebührt der Staatsanwaltschaft die weitere Verfügung.

Der Richter übersendet in den Fällen der §§ 165, 166 die bei ihm angefallenen Ermittlungsvorgänge an die StA. Er ist nur als deren Vertreter tätig geworden (vgl. *Schnarr*, NStZ 1991, 209, 211). Die StA ist als Herrin des Ermittlungsverfahrens an die richterliche Beurteilung, die den Beweiserhebungen zugrunde liegt, nicht gebunden. Sie bewertet die Beweisergebnisse selbstständig und führt die Ermittlungen eigenverantwortlich fort. 1

§ 168 StPO Protokoll über richterliche Untersuchungshandlungen

¹Über jede richterliche Untersuchungshandlung ist ein Protokoll aufzunehmen. ²Für die Protokollführung ist ein Urkundsbeamter der Geschäftsstelle zuzuziehen; hiervon kann der Richter absehen, wenn er die Zuziehung eines Protokollführers nicht für erforderlich hält. ³In dringenden Fällen kann der Richter eine von ihm zu vereidigende Person als Protokollführer zuziehen.

1 **A. Bedeutung und Anwendungsbereich.** § 168 Satz 1 verpflichtet den Richter zur förmlichen Protokollierung richterlicher Untersuchungshandlungen. Welche Förmlichkeiten in das Protokoll aufzunehmen sind, ergibt sich aus § 168a. Die Beachtung der wesentlichen Förmlichkeiten ist Voraussetzung dafür, dass das Protokoll als richterliches Protokoll in der Hauptverhandlung zu Beweiszwecken verlesen werden darf (BGHSt 27, 339; s.u. Rdn. 8). Die Dokumentation staatsanwaltschaftlicher und polizeilicher Untersuchungshandlungen erfolgt grds. in Form von Aktenvermerken (§ 168b Abs. 1); nur für Vernehmungen ist ebenfalls Protokollierung vorgeschrieben (§ 168b Abs. 2).

2 Die Protokollierungspflicht nach Satz 1 gilt für richterliche Untersuchungshandlungen im Ermittlungsverfahren und – analog – im Zwischenverfahren sowie für kommissarische Ermittlungshandlungen außerhalb der Hauptverhandlung nach den §§ 223 bis 225 (OLG Hamburg, StV 1996, 418). Die Protokollierung in der Hauptverhandlung selbst wird ausschließlich durch die §§ 271 bis 274 geregelt (BGH, NStZ 1981, 31 [LS]). Der Begriff der richterlichen Untersuchungshandlung ist enger auszulegen als in § 162 und deckt sich hier mit dem Begriff »Verhandlung« in § 168a Abs. 1. Er umfasst nur solche Handlungen, durch die der Richter selbst ermittelnd tätig wird (z.B. Vernehmungen oder Augenscheinseinnahme), nicht aber nach Aktenlage getroffene richterliche Entscheidungen (z.B. Erlass eines Haftbefehles oder Durchsuchungsbeschlusses).

3 **B. Zuziehung eines Protokollführers. I. Urkundsbeamter der Geschäftsstelle (Satz 2 Halbs. 1)** Für die Protokollierung ist i.d.R. ein Urkundsbeamter der Geschäftsstelle zuzuziehen (Satz 2 Halbs. 1, § 153 GVG). Dieser kann auch einem anderen Gericht angehören (BGH, NJW 1986, 390, 391). Soweit der Richter nicht ausdrücklich von dessen Zuziehung absieht (vgl. nachfolgend Rdn. 7), muss der Urkundsbeamte während der gesamten Verhandlung anwesend sein (*Meyer-Goßner/ Schmitt*, § 168 Rn. 2). Mehrere Protokollführer können sich abwechseln, was aber im Protokoll nachvollziehbar zu dokumentieren ist. In diesem Fall hat jeder den von ihm aufgenommenen Teil des Protokolls zu unterschreiben (§ 168a Abs. 4 Satz 1).

4 **II. Hilfspersonen als Protokollführer (Satz 3)** Will der Richter von der Heranziehung eines Protokollführers nicht absehen, steht aber kein Urkundsbeamter zur Verfügung, kann er in dringenden Fällen eine andere Person als Protokollführer zuziehen (Satz 3). In Betracht kommen namentlich Auszubildende bei Gericht, Rechtsreferendare, Bedienstete der StA oder Polizeibeamte, aber grds. auch sonstige Angehörige des öffentlichen Dienstes und sogar Privatpersonen (KK-StPO/*Griesbaum*, § 168 Rn. 5). Jede Hilfsperson muss vor Beginn ihrer Tätigkeit vom Richter vereidigt werden; entbehrlich ist dies nur bei einem Urkundsbeamten der StA, weil dieser bereits bei seiner eigenen Behörde in der besonderen Verpflichtung als Urkundsbeamter steht (*Meyer-Goßner/Schmitt*, § 168 Rn. 6; a. A. LR/*Erb*, § 168 Rn. 17). Die Eidesformel, die im Gesetz nicht vorgegeben ist, lautet dahin gehend, dass der Protokollführer seine Pflichten treu und gewissenhaft erfüllen werde.

5 Die **Vereidigung** muss für jeden Einzelfall einer richterlichen Untersuchungshandlung gesondert vorgenommen und als wesentliche Förmlichkeit (§ 168a Abs. 1) im Protokoll vermerkt werden. Es reicht nicht aus, dass der Protokollführer bereits früher in einer anderen dringenden Sache i.S.d. § 168 Satz 3 vereidigt worden ist (BGHSt 27, 339, 340). Nur wenn verschiedene Vernehmungen, die in einem Zusammenhang stehen, insgesamt als ein einziger dringender Fall erscheinen, der die Zuziehung eines Protokollführers erforderlich macht, kann die einmalige Vereidigung ausreichen (BGHSt 27, 339, 340: z.B. bei Vorführung mehrerer Beschuldigter, die ohne Zuziehung eines Protokollführers nicht fristgemäß – § 115 Abs. 2 – vernommen werden könnten). Hier ist dann die (einmalige) Vereidigung in jedem der mehreren Protokolle als geschehen zu vermerken (*Meyer-Goßner/Schmitt*, § 168 Rn. 9).

C. Absehen von der Zuziehung eines Protokollführers (Satz 2 Halbs. 2)

Hält der Richter die Zuziehung eines Protokollführers nicht für erforderlich, kann er das Protokoll selbst fertigen (Satz 2 Halbs. 2). Die Entscheidung hierüber gehört zum Kernbereich richterlicher Tätigkeit und kann deshalb nicht dienstaufsichtlich überprüft werden (BGH, NJW 1978, 2509). Hat er den Inhalt des Protokolls mit einem Tonbandgerät vorläufig aufgezeichnet, ist bzgl. der Förmlichkeiten § 168a Abs. 4 Satz 2 und 3 zu beachten. Zulässig ist auch, dass der Richter für einen Teil der Verhandlung einen Protokollführer hinzuzieht und für den anderen Teil das Protokoll selbst fertigt.

D. Inhalt des Protokolls.

Den sachlichen Inhalt des Protokolls bestimmt der Richter. Maßgeblich ist die jeweilige Untersuchungshandlung und der Zweck des Protokolls, nämlich seine Verwendbarkeit als Beweismittel im Ermittlungs- oder Strafverfahren. Festzuhalten sind deshalb – neben den wesentlichen Förmlichkeiten – Inhalt und Ergebnis der Untersuchungshandlung (für Augenschein vgl. § 86). I.d.R. diktiert der Richter den Inhalt der Niederschrift selbst. Zulässig ist aber auch, die Formulierung im Wesentlichen dem Protokollführer zu überlassen oder Beschuldigte, Zeugen oder Sachverständige zu veranlassen, ihre Angaben selbst zu Protokoll zu diktieren. Dies enthebt der Richter jedoch nicht von seiner Verantwortung für die inhaltliche Richtigkeit und Vollständigkeit der Niederschrift. Übergebene Unterlagen oder Skizzen werden als Anlagen zum Protokoll genommen. Beobachtungen, die nicht Teil der Vernehmung sind, können an geeigneter Stelle (z.B. als Zusatz) festgehalten werden (*Meyer-Goßner/Schmitt*, § 168a Rn. 3).

E. Verlesung des Protokolls.

Die Verlesung der Niederschrift über eine frühere richterliche Vernehmung oder über die Einnahme eines richterlichen Augenscheins erfolgt in der Hauptverhandlung nach den §§ 232 Abs. 3, 249 Abs. 1, 251 Abs. 2, 254 Abs. 1. Sie setzt voraus, dass bei Aufnahme des Protokolls die wesentlichen Förmlichkeiten (§ 168a Abs. 1) beachtet wurden (BGHSt 27, 339). Ihre Nichtbeachtung führt dazu, dass das Protokoll nicht als richterliche Niederschrift nach § 251 Abs. 2, sondern nur als sonstige Urkunde i.S.d. § 251 Abs. 1 verlesen werden kann (BGHSt 22, 118, 120). Zulässig ist in diesem Fall auch, den Richter als Zeugen über den Inhalt der Aussage zu vernehmen (OLG Düsseldorf, StV 1995, 9 [L]).

F. Revision.

Die Revision kann nicht unmittelbar auf einen Verstoß gegen § 168 gestützt werden, weil das Urteil nicht darauf beruhen kann. Wird allerdings ein mangelhaftes Protokoll in der Hauptverhandlung – verfahrensfehlerhaft – als richterliches Protokoll verlesen, kann mit der Revision der Verstoß gegen die Verfahrensvorschrift, aufgrund derer verlesen wurde, gerügt werden.

§ 168a StPO Art der Protokollierung richterlicher Untersuchungshandlungen.

(1) ¹Das Protokoll muss Ort und Tag der Verhandlung sowie die Namen der mitwirkenden und beteiligten Personen angeben und ersehen lassen, ob die wesentlichen Förmlichkeiten des Verfahrens beachtet sind. ²§ 68 Abs. 2, 3 bleibt unberührt.

(2) ¹Der Inhalt des Protokolls kann in einer gebräuchlichen Kurzschrift, mit einer Kurzschriftmaschine, mit einem Tonaufnahmegerät oder durch verständliche Abkürzungen vorläufig aufgezeichnet werden. ²Das Protokoll ist in diesem Fall unverzüglich nach Beendigung der Verhandlung herzustellen. ³Die vorläufigen Aufzeichnungen sind zu den Akten zu nehmen oder, wenn sie sich nicht dazu eignen, bei der Geschäftsstelle mit den Akten aufzubewahren. ⁴Tonaufzeichnungen können gelöscht werden, wenn das Verfahren rechtskräftig abgeschlossen oder sonst beendet ist.

(3) ¹Das Protokoll ist den bei der Verhandlung beteiligten Personen, soweit es sie betrifft, zur Genehmigung vorzulesen oder zur Durchsicht vorzulegen. ²Die Genehmigung ist zu vermerken. ³Das Protokoll ist von den Beteiligten zu unterschreiben oder es ist darin anzugeben, weshalb die Unterschrift unterblieben ist. ⁴Ist der Inhalt des Protokolls nur vorläufig aufgezeichnet worden, so genügt es, wenn die Aufzeichnungen vorgelesen oder abgespielt werden. ⁵In dem Protokoll ist zu vermerken, dass dies geschehen und die Genehmigung erteilt ist oder welche Einwendungen erhoben worden sind. ⁶Das Vorlesen oder die Vorlage zur Durchsicht oder das Abspielen kann unterbleiben, wenn die beteiligten Personen, soweit es sie betrifft, nach der Aufzeichnung darauf verzichten; in dem Protokoll ist zu vermerken, dass der Verzicht ausgesprochen worden ist.

§ 168a StPO Art der Protokollierung richterlicher Untersuchungshandlungen

(4) ¹Das Protokoll ist von dem Richter sowie dem Protokollführer zu unterschreiben. ²Ist der Inhalt des Protokolls ohne Zuziehung eines Protokollführers ganz oder teilweise mit einem Tonaufnahmegerät vorläufig aufgezeichnet worden, so unterschreiben der Richter und derjenige, der das Protokoll hergestellt hat. ³Letzterer versieht seine Unterschrift mit dem Zusatz, dass er die Richtigkeit der Übertragung bestätigt. ⁴Der Nachweis der Unrichtigkeit der Übertragung ist zulässig.

S.a. RiStBV Nr. 5b

1 **A. Regelungsinhalt (Abs. 1)** § 168a Abs. 1 regelt den formalen Inhalt des nach § 168 aufzunehmenden Protokolls (zum Anwendungsbereich der Vorschrift vgl. § 168 Rdn. 2). Nach Abs. 1 Satz 1 müssen sich aus dem Protokoll Ort und Tag der Verhandlung sowie die Namen der mitwirkenden und beteiligten Personen ergeben. Zu den »**Mitwirkenden**« zählen der Richter, der StA, alle mit einem Anwesenheits-/Antrags- und/oder Fragerecht ausgestatteten Prozessbeteiligten (z.B. Beschuldigter, Verteidiger, Erziehungsberechtigter, gesetzlicher Vertreter, vgl. §§ 168c und 168d; § 67 JGG) sowie der Protokollführer (§ 168 Satz 2 und 3) und der Dolmetscher (§§ 185 ff. GVG). »**Beteiligte**« sind der zu vernehmende Zeuge und ggf. sein anwaltlicher Beistand (§§ 68b Abs. 1, 406f Abs. 1, 406g Abs. 2) bzw. die Person seines Vertrauens (§ 406f Abs. 2), der einzuvernehmende Sachverständige oder die Person, die Gegenstand eines Augenscheins ist (§ 86). Neben der namentlichen Bezeichnung der betreffenden Personen ist jeweils auch die Angabe der prozessualen Funktion erforderlich. Die dem Schutz gefährdeter Zeugen dienenden Bestimmungen in § 68 Abs. 2 und Abs. 3 sind bei der Protokollierung zu beachten (Abs. 1 Satz 2).

2 Außerdem muss das Protokoll erkennen lassen, ob die **wesentlichen Förmlichkeiten** des Verfahrens beachtet sind (Abs. 1 Satz 1). Dazu gehören alle Vorgänge, die für das gesetzmäßige Zustandekommen des Protokolls von Bedeutung sind, wie z.B. der Verzicht auf einen Protokollführer (§ 168 Satz 2), die Zuziehung und Vereidigung einer anderen Person als Protokollführer (§ 168 Satz 3), die Tatsache der vorläufigen Aufzeichnung des Protokolls (Abs. 2) und die Unterzeichnung durch die Urkundspersonen (Abs. 4 Satz 1). Außerdem zählen dazu auch die für die Untersuchungshandlung selbst vorgeschriebenen Formalitäten wie z.B. die Belehrung bei Beschuldigten- oder Zeugenvernehmungen (§ 136 Abs. 1; §§ 52 Abs. 3, 55 Abs. 2), die Entscheidung nach § 59 Abs. 1 über eine Vereidigung (vgl. BGH, NStZ 2006, 114 und BGHSt 50, 282: Die Vereidigung ist stets protokollierungspflichtig, die Nichtvereidigung nur bei Vereidigungsantrag eines Verfahrensbeteiligten) sowie die Vereidigung selbst (§ 59 Abs. 2) oder der Ausschluss des Beschuldigten bei einer Zeugenvernehmung (§ 168c Abs. 3). Zu den Folgen einer Verletzung der wesentlichen Förmlichkeiten vgl. § 168 Rdn. 9.

3 **B. Vorläufige Aufzeichnung des Protokolls (Abs. 2)** § 168a Abs. 2 erklärt die vorläufige Aufzeichnung des Protokolls durch den Protokollführer oder Richter für zulässig. Die (nicht anfechtbare) Entscheidung hierüber trifft allein der Richter; die Zustimmung der betroffenen Person ist nicht erforderlich (BVerfG, NStZ 1983, 84; BGHSt 34, 39, 50). Dabei soll vom Einsatz technischer Hilfsmittel (insb. von Tonaufnahmegeräten) möglichst weitgehend Gebrauch gemacht werden (RiStBV Nr. 5b). Die vorläufige Aufzeichnung stellt noch nicht das Protokoll dar, bildet aber dessen verbindliche Grundlage (*Meyer-Goßner/Schmitt*, § 168a Rn. 4). Das Protokoll ist in diesem Fall unverzüglich nach Beendigung der Verhandlung herzustellen (Abs. 2 Satz 2). Lücken in den vorläufigen Aufzeichnungen werden dabei wahrheitsgemäß ausgefüllt. Die verspätete Herstellung führt nicht zu einem Verwertungsverbot, kann aber den Beweiswert des Protokolls beeinträchtigen (LR/*Erb*, § 168a Rn. 25).

4 Die vorläufigen Aufzeichnungen dürfen nach Herstellung des Protokolls nicht vernichtet werden, weil der nach Abs. 4 Satz 4 zulässige Nachweis der Unrichtigkeit der Übertragung möglich bleiben muss. Sie werden vielmehr Bestandteil der Akten (Abs. 2 Satz 3) und unterliegen damit auch der Akteneinsicht. Vorläufige Aufzeichnungen in Schriftform sind wie die Akten aufzubewahren (Abs. 2 Satz 3); Tonaufzeichnungen können aber bereits nach rechtskräftigem Abschluss oder sonstiger Beendigung des Verfahrens gelöscht werden (Abs. 2 Satz 4). Der Verlust oder die vorzeitige Vernichtung der vorläufigen Aufzeichnungen hat auf die Verwertbarkeit des richterlichen Protokolls keinen Einfluss (BGH, StV 1997, 511 [L]). Die Aufzeichnung einer Zeugenvernehmung auf Bild-Ton-Träger regeln die §§ 58a, 168e. Auch hier ist über den Vernehmungsinhalt ein vollständiges schriftliches Protokoll nach Maßgabe der §§ 168, 168a zu erstellen (LR/*Erb*, § 168a Rn. 18a). Die Videoaufnahme als vorläufige Aufzeich-

nung i.S.d. Abs. 2 zu behandeln, ist in diesen Fällen wegen des damit verbundenen Mehraufwandes nicht empfehlenswert (LR/*Erb*, § 168a Rn. 18a).

C. Genehmigung des Protokolls (Abs. 3) Gem. § 168a Abs. 3 Satz 1 ist auf eine Genehmigung des Protokolls durch die »bei der Verhandlung beteiligten Personen, soweit es sie betrifft«, hinzuwirken. Damit wird klargestellt, dass die Genehmigung nur von den Personen, die protokollierte Erklärungen abgegeben haben oder Gegenstand des Augenscheins waren, und nur für den Teil des Protokolls, der sie betrifft, einzuholen ist (*Meyer-Goßner/Schmitt*, § 168a Rn. 6). 5

Das während der Verhandlung hergestellte Protokoll wird vorgelesen oder zur Durchsicht vorgelegt (Abs. 3 Satz 1), und zwar zweckmäßigerweise vor der Unterzeichnung durch die Urkundspersonen (Abs. 4 Satz 1). Die Erteilung der Genehmigung ist zu vermerken (Abs. 3 Satz 2); im Weigerungsfall sind die erhobenen Einwendungen zu protokollieren. Das Protokoll ist sodann von den Betroffenen zu unterschreiben; andernfalls ist der Grund für die unterbliebene Unterschrift anzugeben (Abs. 3 Satz 3). 6

Soweit nur vorläufige Aufzeichnungen bestehen, werden diese vorgelesen oder abgespielt (Abs. 3 Satz 4). Im Protokoll ist dann zu vermerken, dass dies geschehen und die Genehmigung erteilt ist (Abs. 4 Satz 5). Bei der anschließenden Übertragung dürfen nur noch rein stilistische, aber keine inhaltlichen Änderungen mehr vorgenommen werden. Bei Verweigerung der Genehmigung ist zu protokollieren, welche Einwendungen der Betroffene erhoben hat (Abs. 3 Satz 5). 7

Nach Abs. 3 Satz 6 kann der Betroffene auf das Vorlesen, die Vorlage zur Durchsicht oder das Abspielen verzichten. Der Verzicht ist zu protokollieren (Satz 6 Halbs. 2) und bedeutet noch keine Genehmigung des Protokolls. Der Betroffene kann also auf die nochmalige Wiedergabe des Protokolls verzichten, zugleich aber Einwendungen erheben bzw. die Genehmigung und Unterschrift verweigern. 8

Verweigert der Betroffene die Genehmigung und die Unterschrift, so liegt trotzdem ein ordnungsgemäß erstelltes richterliches Protokoll i.S.d. § 168 vor. Aber auch bei Nichtbeachtung einer der in Abs. 3 vorgeschriebenen Förmlichkeiten kann die Niederschrift als richterliches Protokoll in der Hauptverhandlung verlesen werden, weil Abs. 3 keine wesentlichen Förmlichkeiten des Verfahrens i.S.d. Abs. 1 Satz 1 regelt (BVerfG, NStZ 2006, 46). Allerdings wird durch die fehlerhafte Verfahrensweise der Beweiswert des Protokolls beeinträchtigt. 9

D. Unterschriften (Abs. 4) **I. Unterzeichnung durch Richter und Protokollführer.** Hat der Richter einen Protokollführer zugezogen, müssen beide das fertige Protokoll unterzeichnen (Abs. 4 Satz 1). Durch ihre Unterschrift bestätigen sie die inhaltliche Richtigkeit und Vollständigkeit der Niederschrift. Hat der Protokollführer die Niederschrift auf der Grundlage vorläufiger Aufzeichnungen gefertigt, muss der Richter vor Unterzeichnung keinen Vergleich mit den vorläufigen Aufzeichnungen anstellen. Für seine Unterschrift genügt es, dass der Protokollinhalt seiner Erinnerung an die Verhandlung entspricht. Die Unterzeichnung durch beide Urkundspersonen gehört zu den wesentlichen Förmlichkeiten des Verfahrens i.S.d. Abs. 1 Satz 1. Ein Verstoß dagegen hindert die Verlesung als richterliches Protokoll in der Hauptverhandlung. Die fehlende Unterschrift einer Urkundsperson kann zwar nachgeholt werden, da sie nicht fristgebunden ist. Erfolgt die Unterzeichnung aber erst nach der Verlesung des Protokolls in der Hauptverhandlung, wird der Verfahrensverstoß dadurch nicht mehr geheilt (KMR/*Plöd*, § 168a Rn. 14). 10

II. Unterzeichnung durch Richter und Übertragungsperson. Wird kein Protokollführer zugezogen, unterschreibt der Richter das Protokoll allein. Hat er dessen Inhalt selbst mit einem Tonaufnahmegerät vorläufig aufgezeichnet, muss neben ihm auch die Übertragungsperson unterzeichnen (Abs. 4 Satz 2). Diese versieht ihre Unterschrift mit dem Zusatz, dass sie die Richtigkeit der Übertragung bestätigt (Abs. 4 Satz 3). Fehlt die Unterschrift der Übertragungsperson und deren Bestätigungsvermerk, hindert dies nicht die Verlesung als richterliches Protokoll (LR/*Erb*, § 168a Rn. 43; a. A. OLG Stuttgart, NStZ 1986, 41; *Pfeiffer*, § 168a Rn. 5). Denn da die Übertragungsperson nicht an der Verhandlung teilgenommen hat, kann ihrer Unterschrift nicht die Funktion zukommen, die inhaltliche Richtigkeit des Protokolls zu bestätigen. 11

12 E. Beweiskraft des Protokolls (Abs. 4 Satz 4) Das nach den §§ 168, 168a aufzunehmende Protokoll hat nicht die formelle Beweiskraft des § 274 (BGHSt 26, 281; 32, 25, 30). Daher kann die Frage, ob die wesentlichen Förmlichkeiten des Verfahrens i.S.d. Abs. 1 gewahrt sind, im Freibeweisverfahren geklärt werden (LR/*Erb*, § 168a Rn. 53). Auch hinsichtlich des sachlichen Inhalts des Protokolls ist der Nachweis der Unrichtigkeit zulässig; als Spezialfall nennt das Gesetz den Nachweis der unrichtigen Übertragung aus vorläufigen Aufzeichnungen (Abs. 4 Satz 4).

§ 168b StPO Protokoll über staatsanwaltschaftliche Untersuchungshandlungen.

(1) Das Ergebnis der Untersuchungshandlungen der Ermittlungsbehörden ist aktenkundig zu machen.
(2) Über die Vernehmung des Beschuldigten, der Zeugen und Sachverständigen soll ein Protokoll nach den §§ 168 und 168a aufgenommen werden, soweit dies ohne erhebliche Verzögerung der Ermittlungen geschehen kann.
(3) Die Belehrung des Beschuldigten vor seiner Vernehmung nach § 136 Absatz 1 sowie § 163a ist zu dokumentieren.

1   A. Aktenkundigmachen des Ergebnisses strafrechtlicher Ermittlungen (Abs. 1)
Der Grundsatz der Aktenwahrheit und Aktenvollständigkeit erfordert, dass das Ergebnis strafrechtlicher Ermittlungen aktenkundig gemacht wird. Die Bestimmung in Abs. 1 ist Ausfluss dieses Grundsatzes; sie gilt deshalb für alle Ermittlungsbehörden, also insbesondere auch die mit strafrechtlichen Ermittlungen befassten Finanzbehörden (§ 6 Abs. 2 AO). Aus den Akten muss sich ergeben, welche konkreten Ermittlungsmaßnahmen durchgeführt worden sind und welchen Erfolg sie gehabt haben (OLG Karlsruhe, NStZ 1991, 50 [L]), damit im weiteren Verlauf des Verfahrens und später auch für Gericht und Verteidiger der Gang und das Ergebnis der Ermittlungen nachvollziehbar sind. Der Begriff »Untersuchungshandlungen« ist weit auszulegen. Er umfasst nicht nur alle Maßnahmen der Strafverfolgungsbehörden zur Aufklärung des Sachverhaltes, sondern auch die Anordnung von Zwangsmaßnahmen aufgrund originärer staatsanwaltschaftlicher oder polizeilicher Zuständigkeit oder bei Annahme von Gefahr im Verzug (LR/*Erb*, § 168b Rn. 3, 4). Das Aktenkundigmachen erfolgt in der Weise, dass Aktenvermerke geschrieben und alle bei den Ermittlungen anfallenden Unterlagen (z.B. schriftliche Auskünfte, Fotos, Skizzen) zu den Akten genommen werden.

2   B. Protokollierung staatsanwaltschaftlicher Vernehmungen (Abs. 2) Nach Abs. 2 soll bei Vernehmungen von Beschuldigten, Zeugen und Sachverständigen ein Protokoll nach den §§ 168, 168a aufgenommen werden (vgl. dazu RiStBV Nr. 5b). Für polizeiliche Vernehmungen gilt die Vorschrift entsprechend (BGH, NStZ 1995, 353; 1997, 611). Die Einhaltung der Sollvorschrift ist die Regel; ein Abweichen ist nur bei begründetem Anlass zulässig, z.B. bei völliger Bedeutungslosigkeit der Aussage (*Meyer-Goßner/Schmitt*, § 168b Rn. 2) oder bei einer Vielzahl gleichlautender Aussagen (KK-StPO/*Griesbaum*, § 168b Rn. 5). Von der Protokollierung darf auch abgesehen werden, wenn dadurch eine erhebliche Verzögerung der Ermittlungen eintreten würde (Abs. 2 letzter Halbs.), z.B. bei eilbedürftigen Vernehmungen am Tat- oder Unfallort (KK-StPO/*Griesbaum*, § 168b Rn. 5). In den genannten Ausnahmefällen genügt die Anfertigung eines Aktenvermerkes nach Abs. 1. Zur Frage der Aushändigung von Vernehmungsniederschriften an Beschuldigte oder Zeugen vgl. § 163a Rn. 30, 31.

3   C. Dokumentierung der Beschuldigtenbelehrung (Abs. 3) Sämtliche Belehrungen, die vor den Vernehmungen nach § 136 Abs. 1 und § 163a vorzunehmen sind, müssen aktenkundig gemacht werden. Dazu zählen auch die neuen – durch Gesetz vom 02.07.2013 (BGBl I S. 1938) vorgeschriebenen – Belehrungen nach § 187 GVG für sprachunkundige bzw. hör- oder sprachbehinderte Beschuldigte.

4   D. Verstöße und Mängel. Ein Verstoß gegen § 168b Abs. 1 oder Abs. 2 führt nicht zur Unverwertbarkeit des Ermittlungsergebnisses und kann nur im Wege der Dienstaufsicht beanstandet werden

(KMR/*Plöd*, § 168b Rn. 5). Mangelhafte Niederschriften haben allerdings nur geringen oder keinen Beweiswert (KK-StPO/*Griesbaum*, § 168b Rn. 6). Wird gegen Abs. 3 in der Weise verstoßen, dass die tatsächlich erfolgte Belehrung vorschriftswidrig nicht dokumentiert wird, kann dieser Fehler, wenn durch ihn der Nachweis der stattgefundenen Belehrung nicht mehr zweifelsfrei gelingt, mittelbar zur Unverwertbarkeit der Aussage führen (vgl. dazu § 136 Rn. 63 ff.).

§ 168c StPO Anwesenheitsrecht bei richterlichen Vernehmungen.

(1) Bei der richterlichen Vernehmung des Beschuldigten ist der Staatsanwaltschaft und dem Verteidiger die Anwesenheit gestattet.
(2) Bei der richterlichen Vernehmung eines Zeugen oder Sachverständigen ist der Staatsanwaltschaft, dem Beschuldigten und dem Verteidiger die Anwesenheit gestattet.
(3) ¹Der Richter kann einen Beschuldigten von der Anwesenheit bei der Verhandlung ausschließen, wenn dessen Anwesenheit den Untersuchungszweck gefährden würde. ²Dies gilt namentlich dann, wenn zu befürchten ist, dass ein Zeuge in Gegenwart des Beschuldigten nicht die Wahrheit sagen werde.
(4) Hat ein nicht in Freiheit befindlicher Beschuldigter einen Verteidiger, so steht ihm ein Anspruch auf Anwesenheit nur bei solchen Terminen zu, die an der Gerichtsstelle des Ortes abgehalten werden, wo er in Haft ist.
(5) ¹Von den Terminen sind die zur Anwesenheit Berechtigten vorher zu benachrichtigen. ²Die Benachrichtigung unterbleibt, wenn sie den Untersuchungserfolg gefährden würde. ³Auf die Verlegung eines Termins wegen Verhinderung haben die zur Anwesenheit Berechtigten keinen Anspruch.

A. Regelungsinhalt. Die Vorschrift regelt das Anwesenheitsrecht des StA, des Beschuldigten **1** und seines Verteidigers bei richterlichen Vernehmungen im Ermittlungsverfahren. Sie gilt sinngemäß für das Bußgeldverfahren (§ 46 Abs. 1, Abs. 2 OWiG). Für richterliche Vernehmungen nach Eröffnung des Hauptverfahrens enthält § 224 eine Sonderregelung. Im Verfahren gegen jugendliche Beschuldigte haben gem. § 67 Abs. 1 JGG auch der Erziehungsberechtigte und der gesetzliche Vertreter ein Anwesenheitsrecht, das dem des Beschuldigten entspricht. Das Anwesenheitsrecht der vorgenannten Personen ist mit einem Fragerecht verknüpft (KK-StPO/*Griesbaum*, § 168c Rn. 15). Ungeeignete oder nicht zur Sache gehörende Fragen können analog § 241 Abs. 2 zurückgewiesen werden. Bei Vernehmung von Zeugen unter 18 Jahren gilt § 241a entsprechend.

Daneben verleiht das Gesetz weiteren Personen ein Teilnahmerecht. Dem RA des nebenklagebefugten **2** Verletzten steht nach § 406g Abs. 2 Satz 3 das Recht auf Anwesenheit bei allen richterlichen Vernehmungen zu, wenn dadurch der Untersuchungszweck nicht gefährdet wird. Der Nebenklagebefugte selbst hat außerhalb der Hauptverhandlung kein Anwesenheitsrecht (§§ 397 Abs. 1 Satz 1, 406g Abs. 1 Satz 2). Der nicht nebenklagebefugte Verletzte kann (nur) bei seiner eigenen Zeugenvernehmung einen RA (§ 406f Abs. 1) oder eine Vertrauensperson (§ 406f Abs. 2) als Beistand hinzuziehen. Für sonstige Zeugen sieht § 68b das Recht auf Anwesenheit eines anwaltlichen Beistandes für die Dauer ihrer Vernehmung vor.

Anderen Personen, die nach gesetzlichen Bestimmungen kein Anwesenheitsrecht haben, kann der Rich- **3** ter nach pflichtgemäßem Ermessen und in jederzeit widerruflicher Weise die Teilnahme an der Vernehmung gestatten, so z.B. dem Ehegatten oder Lebenspartner des zu vernehmenden Beschuldigten, dem Bewährungshelfer oder dem sachbearbeitenden Polizeibeamten (LR/*Erb*, § 168c Rn. 25 ff.). Personen, deren Anwesenheit nach richterlichem Ermessen gestattet werden kann, haben kein Fragerecht. Doch kann der Richter ihnen erlauben, einzelne Fragen zu stellen (BGH, NStZ 2005, 222).

B. Richterliche Beschuldigtenvernehmung (Abs. 1) Bei der richterlichen Beschuldig- **4** tenvernehmung (Abs. 1) haben StA und Verteidiger ein Recht auf Anwesenheit. In Steuerstrafverfahren steht dieses Recht der Finanzbehörde zu, wenn sie – anstelle der StA – das Ermittlungsverfahren selbstständig führt (§§ 386 Abs. 2, 399 Abs. 1 AO). Über die Verweisung in § 163a Abs. 3 Satz 2 gilt das Anwesenheitsrecht des Verteidigers aus Abs. 1 auch bei einer staatsanwaltschaftlichen Vernehmung des Beschuldigten. Einschränkungen des Anwesenheitsrechtes des Verteidigers finden sich im sog. Kontaktsperregesetz (vgl. § 34 Abs. 3 Nr. 2, 3 EGGVG).

5 **C. Richterliche Zeugen- oder Sachverständigenvernehmung (Abs. 2)** Bei der richterlichen Zeugen- oder Sachverständigenvernehmung (Abs. 2) haben StA, Beschuldigter und Verteidiger ein Anwesenheitsrecht. Auf den Fall der richterlichen Vernehmung eines Mitbeschuldigten ist die Vorschrift mangels Gesetzeslücke nicht analog anwendbar; deshalb sind bei richterlicher Vernehmung eines Mitbeschuldigten im Ermittlungsverfahren weder der Beschuldigte noch sein Verteidiger zur Anwesenheit berechtigt (BGHSt 42, 391; StV 2002, 584; *Meyer-Goßner/Schmitt*, § 168c Rn. 1; KK-StPO/*Griesbaum*, § 168c Rn. 11; LR/*Erb*, § 168c Rn. 14). Diese Auslegung ist verfassungsrechtlich nicht zu beanstanden (BVerfG, NJW 2007, 204). Bei der staatsanwaltschaftlichen Vernehmung eines Zeugen oder Sachverständigen steht dem Beschuldigten und seinem Verteidiger – anders als nach Abs. 2 bei richterlichen Vernehmungen – kein Anwesenheitsrecht zu (§ 161a).

6 **D. Ausschließung des Beschuldigten (Abs. 3) I. Voraussetzungen.** Die Ausschließung des Beschuldigten – nicht auch des Verteidigers – von der Verhandlung erlaubt Abs. 3. Voraussetzung ist, dass die Anwesenheit des Beschuldigten den Untersuchungszweck gefährden würde. Nach Satz 2 ist dies insb. dann der Fall, wenn (konkret) zu befürchten ist, dass ein Zeuge in Gegenwart des Beschuldigten nicht die Wahrheit sagen werde. Gleiches gilt, wenn begründete Anhaltspunkte dafür bestehen, dass der Zeuge aus Angst vor Repressalien des Beschuldigten von seinem Zeugnisverweigerungsrecht Gebrauch machen werde (BayObLG, NJW 1978, 232). Eine Gefährdung des Untersuchungszwecks ist auch dann zu bejahen, wenn die konkrete Gefahr besteht, dass der Beschuldigte seine Anwesenheit oder sein aus der Vernehmung erlangtes Wissen für Verdunklungshandlungen (Beeinflussung von Zeugen oder Mitbeschuldigten, Beseitigung oder Verfälschung von Beweismitteln) missbrauchen würde (LR/*Erb*, § 168c Rn. 15).

7 Die nachträgliche Unterrichtung des Beschuldigten – wie in § 247 Satz 4 für die Hauptverhandlung vorgeschrieben – ist nicht erforderlich, aber zulässig (KK-StPO/*Griesbaum*, § 168c Rn. 6). Gegen den Ausschließungsbeschluss kann der Beschuldigte gem. § 304 Beschwerde einlegen, die jedoch nach Abschluss der Vernehmung wegen prozessualer Überholung unzulässig ist (LR/*Erb*, § 168c Rn. 61). Zu den Rechtsfolgen eines fehlerhaften Ausschlusses des Beschuldigten vgl. Rdn. 15 u. 16.

8 **II. Pflichtverteidigerbestellung bei Vernehmung des Hauptbelastungszeugen zur Beweissicherung.** Wird der unverteidigte Beschuldigte nach Abs. 3 von der Anwesenheit bei der zum Zwecke der Beweissicherung durchgeführten **ermittlungsrichterlichen Vernehmung des zentralen Belastungszeugen** ausgeschlossen, so ist ihm vor der Vernehmung gem. § 141 Abs. 3 StPO ein Verteidiger zu bestellen, wenn abzusehen ist, dass dessen Mitwirkung im gerichtlichen Verfahren notwendig sein wird (BGHSt 46, 93). Nur dadurch bleibt das durch Art. 6 Abs. 3 Buchst. d) EMRK garantierte Recht des Beschuldigten auf Fragen an Belastungszeugen gewahrt. Der Verteidiger muss Gelegenheit haben, sich vor der Vernehmung mit dem Beschuldigten zu besprechen. Das Unterlassen der Verteidigerbestellung führt zwar nicht zu einem Verwertungsverbot, mindert aber den Beweiswert des Vernehmungsergebnisses in der Weise, dass auf die Angaben des Vernehmungsrichters eine Feststellung nur dann gestützt werden kann, wenn diese Bekundungen durch andere gewichtige Gesichtspunkte außerhalb der Aussage bestätigt werden (BGHSt 46, 93; 51, 150).

9 **E. Nicht in Freiheit befindlicher Beschuldigter (Abs. 4)** Dem nicht in Freiheit befindlichen Beschuldigten, der einen Verteidiger hat, steht nur ein beschränktes Anwesenheitsrecht zu (Abs. 4). Er kann seine Teilnahme an der Vernehmung nur dann beanspruchen, wenn der Termin an der Gerichtsstelle, d.h. im Dienstgebäude des vernehmenden Richters abgehalten wird (vgl. BGHSt 1, 269, 271) und die Gerichtsstelle sich am selben Ort wie die Haftanstalt befindet. Hat der inhaftierte Beschuldigte keinen Verteidiger, unterliegt sein Anwesenheitsrecht – abgesehen von Abs. 3 – keinen Einschränkungen. Er ist vom Vernehmungstermin zu benachrichtigen und auf Verlangen vorzuführen. Gegen die Ablehnung der beantragten Vorführung kann er Beschwerde (§ 304) einlegen, die jedoch nach Abschluss der Vernehmung wegen prozessualer Überholung unzulässig ist. Wird der Termin nicht an der Gerichtsstelle des Haftortes abgehalten, kann seine Überstellung an den Vernehmungsort da-

durch vermieden werden, dass ihm nach § 141 Abs. 3 – wenn dessen Voraussetzungen vorliegen – ein Pflichtverteidiger bestellt wird; denn dann gilt wieder die Beschränkung des Anwesenheitsrechtes nach Abs. 4. Zu den Folgen eines Verstoßes gegen Abs. 4 vgl. Rdn. 15 u. 16.

F. Benachrichtigung der zur Anwesenheit Berechtigten (Abs. 5) I. Benachrichtigungspflicht (Abs. 5 Satz 1) Die nach Abs. 1 u. 2 sowie aufgrund anderer Bestimmungen (vgl. Rdn. 1, 2) zur Anwesenheit Berechtigten sind zu dem Termin so rechtzeitig zu benachrichtigen, dass Ihnen die Teilnahme auch tatsächlich möglich ist. Auf die Verlegung eines Termins wegen Verhinderung haben sie keinen Anspruch (Abs. 5 Satz 3). Doch kann es die richterliche Fürsorgepflicht gebieten, einem begründeten Verlegungsantrag stattzugeben, wenn dadurch der Untersuchungserfolg nicht beeinträchtigt wird. Der ohne Benachrichtigung zum Termin erschienene Verteidiger ist gleichwohl zur Teilnahme berechtigt, da er nicht wie der Beschuldigte von der Teilnahme ausgeschlossen werden kann (BGHSt 29, 1, 5). Bestellt sich ein Verteidiger erst während des laufenden Vernehmungstermins, gebietet nicht Abs. 5 Satz 1, sondern allenfalls der Grundsatz des fairen Verfahrens, mit der Vernehmung bis zu seinem Erscheinen innezuhalten (BGH, StV 2006, 228).

II. Unterbleiben der Benachrichtigung (Abs. 5 Satz 2) 1. Voraussetzungen. Die nach Abs. 5 Satz 1 vorgeschriebene Benachrichtigung der zur Anwesenheit Berechtigten vom Termin darf nach Abs. 5 Satz 2 unterbleiben, wenn sie den **Untersuchungserfolg gefährden** würde. Untersuchungserfolg in diesem Sinn ist die Gewinnung einer wahrheitsgemäßen Aussage, die in einem späteren Verfahrensabschnitt durch Verlesung oder Vernehmung des Ermittlungsrichters als Zeugen verwertet werden kann (BayObLG, NJW 1978, 232; BGHSt 29, 1; BGH, NStZ 1999, 417). Eine Gefährdung dieses Erfolgs kann nur aus Umständen resultieren, die geeignet sind, das unmittelbar durch die Zeugenvernehmung zu gewinnende Beweisergebnis zu beeinflussen (BGH, NStZ 1999, 417). Eine mögliche Beeinträchtigung von zukünftigen weiteren Ermittlungshandlungen, deren Notwendigkeit sich aus dem Ergebnis der richterlichen Zeugenvernehmung ergibt, rechtfertigt nicht ein Absehen von der Benachrichtigung (BGH, NStZ 1999, 417).

Eine Gefährdung des Beweisergebnisses ist zu bejahen, wenn konkrete Anhaltspunkte dafür vorliegen, dass der Beschuldigte (oder Verteidiger) die Terminsnachricht zur Vornahme von Verdunklungshandlungen ausnützen (BGHSt 32, 115, 129), also insb. den Zeugen zu einer Falschaussage anhalten könnte (BGHSt 29, 1), oder dass der Zeuge aus Angst vor Repressalien von seinem Zeugnisverweigerungsrecht Gebrauch machen könnte (BayObLG, NJW 1978, 232). Ausnahmsweise kann die Gefährdung des Untersuchungserfolges auch bei absoluter Eilbedürftigkeit der richterlichen Vernehmung (z.B. des lebensbedrohlich erkrankten Zeugen) dann angenommen werden, wenn die mit der Benachrichtigung verbundene zeitliche Verzögerung die Vernehmung vereiteln oder erheblich erschweren würde. Eine bloße zeitliche Verzögerung des Verfahrens insgesamt genügt keinesfalls.

Liegen die Gründe für ein Absehen von der Benachrichtigung allein in der Person des Beschuldigten, muss jedenfalls der Verteidiger vom Termin verständigt werden; nur wenn auch von ihm ausgehende Gefährdungshandlungen zu besorgen sind, darf seine Benachrichtigung unterbleiben (BGHSt 29, 1). Ist einem Zeugen Vertraulichkeit zugesichert worden, darf die Benachrichtigung des Beschuldigten und seines Verteidigers vom Termin gleichwohl nur unter den Voraussetzungen des Abs. 5 Satz 2 unterbleiben (BGH, NJW 2003, 3142).

2. Beurteilungszeitpunkt. Die Beurteilung, ob die Voraussetzungen des Abs. 5 Satz 2 (Gefährdung des Untersuchungserfolges) vorliegen, trifft zunächst der vernehmende Richter, der über seine Entschließung und die sie tragenden Gründe einen Aktenvermerk fertigen muss (BGHSt 29, 1; 31, 140). Unabhängig davon hat dann in der späteren Hauptverhandlung das erkennende Gericht in eigener Verantwortung zu prüfen, ob die Benachrichtigung unterbleiben durfte, wenn es das Ergebnis der Vernehmung bei seiner Entscheidungsfindung berücksichtigen will (BGH, NStZ 1999, 417). Abzustellen ist dabei auf den Zeitpunkt der richterlichen Vernehmung; spätere Umstände, die der Ermittlungsrichter noch nicht kennen konnte, dürfen nicht berücksichtigt werden (BGH, NJW 2003, 3142).

G. Verstöße gegen § 168c. Ein Verstoß gegen Abs. 3 (unberechtigter Ausschluss des Beschuldigten), gegen Abs. 4 (unberechtigte Ablehnung der Vorführung) oder Abs. 5 (Verletzung der Benachrichtigungspflicht) hat nach bisheriger Rechtsprechung zur Folge, dass das Beweisergebnis in der

Hauptverhandlung im Fall des Widerspruchs des Betroffenen nicht verwertet werden darf (BGH, NStZ 1999, 417). Ausgeschlossen ist damit sowohl die Verlesung der richterlichen Vernehmungsniederschrift nach § 251 Abs. 2 wie auch die Vernehmung des Ermittlungsrichters als Zeuge (BGHSt 26, 332; 31, 140; StV 2011, 336). Dabei ist nicht von Bedeutung, ob der Verstoß absichtlich, versehentlich oder unter Verkennung der gesetzlichen Voraussetzungen erfolgt ist (BVerfG, NJW 2006, 672; BGH, NJW 2003, 3142). Das aufgrund des Verstoßes fehlerhafte Protokoll über die richterliche Vernehmung darf aber als Protokoll einer anderen – nicht richterlichen – Vernehmung gem. § 251 Abs. 1 verlesen werden, wenn die übrigen Voraussetzungen hierfür vorliegen (BayObLG, MDR 1977, 687; BGH, NStZ 1998, 312). Ebenso dürfen aus einer solchen Vernehmung Vorhalte an den Zeugen gemacht werden (BGHSt 34, 231; a. A. BGHSt 31, 140). Der Verstoß gegen Abs. 5 Satz 1 führt aber nicht zu einem Verwertungsverbot hinsichtlich eines Mitbeschuldigten (BGH, NStZ 2009, 345).

16 In einer neueren Entscheidung hat der BGH jedoch Verstöße gegen Abs. 3 und Abs. 5 Satz 1 nicht mehr mit einem Verwertungsverbot sanktioniert, sondern – gestützt auf die Rechtsprechung des EGMR – als Verletzung des Rechts des Beschuldigten auf konfrontative Befragung eines Zeugen nach Art. 6 Abs. 3 Buchst. d) EMRK gewertet mit der Folge, dass die Zeugenangaben verwertbar, aber in ihrem Beweiswert geschmälert sind (BGHSt 51, 150). Eine Verurteilung kann darauf nur gestützt werden, wenn die Zeugenangaben durch andere gewichtige Gesichtspunkte außerhalb der Aussage bestätigt werden (BGHSt 51, 150).

17 **H. Revision.** Wird das Beweisergebnis entgegen einem Verwertungsverbot (vgl. Rdn. 15) in die Hauptverhandlung eingeführt, stellt dies »im Falle des Beruhens« einen die Revision begründenden Verfahrensfehler dar (BGH, NStZ 1999, 417). Für den Fall, dass der Tatrichter unter Würdigung aller Umstände eine Gefährdung des Untersuchungszwecks (Abs. 3) bzw. des Untersuchungserfolges (Abs. 5 Satz 2) bejaht und deshalb das Beweisergebnis verwertet hat, ist das Revisionsgericht seinerseits auf die Prüfung beschränkt, ob dabei Rechtsfehler, insb. eine Überschreitung der dem tatrichterlichen Ermessen gesetzten Schranken, erkennbar sind (BGHSt 29, 1; StV 2003, 540). Hat der Tatrichter die entsprechende Prüfung unterlassen, ist dem Revisionsgericht eine Überprüfung der Voraussetzungen für einen Ausschluss bzw. eine Nichtbenachrichtigung des Beschuldigten verwehrt, ein Rechtsfehler somit nicht ausschließbar (BGHSt 31, 140). Wird mit der Revision das Fehlen der Benachrichtigung gerügt, so ist, wenn das Gegenteil nicht bewiesen ist, das Unterbleiben der Benachrichtigung zu unterstellen (BayObLG, MDR 1977, 687). Bei Zugrundelegung der »Beweiswürdigungslösung« (vgl. Rdn. 16) überprüft das Revisionsgericht auf entsprechende Rüge hin, ob die tatrichterliche Beweiswürdigung den besonderen Wertungs- und Begründungsanforderungen genügt (BGHSt 51, 150).

§ 168d StPO Anwesenheitsrecht bei Einnahme eines richterlichen Augenscheins.

(1) ¹Bei der Einnahme eines richterlichen Augenscheins ist der Staatsanwaltschaft, dem Beschuldigten und dem Verteidiger die Anwesenheit bei der Verhandlung gestattet. ²§ 168c Abs. 3 S. 1, Abs. 4 und 5 gilt entsprechend.

(2) ¹Werden bei der Einnahme eines richterlichen Augenscheins Sachverständige zugezogen, so kann der Beschuldigte beantragen, dass die von ihm für die Hauptverhandlung vorzuschlagenden Sachverständigen zu dem Termin geladen werden, und, wenn der Richter den Antrag ablehnt, sie selbst laden lassen. ²Den vom Beschuldigten benannten Sachverständigen ist die Teilnahme am Augenschein und an den erforderlichen Untersuchungen insoweit gestattet, als dadurch die Tätigkeit der vom Richter bestellten Sachverständigen nicht behindert wird.

1 **A. Richterlicher Augenschein (Abs. 1)** Bei der richterlichen Augenscheinseinnahme (Abs. 1) gelten die gleichen Anwesenheitsrechte und Benachrichtigungspflichten wie bei richterlichen Zeugen- und Sachverständigenvernehmungen (§ 168c). Satz 1 entspricht inhaltlich § 168c Abs. 2; Satz 2 verweist auf § 168c Abs. 3 Satz 1, Abs. 4 und Abs. 5. Für die Leichenöffnung im Beisein eines Richters enthält § 87 eine Sonderregelung. Auf die Einnahme eines Augenscheins durch den StA ist § 168d ebenfalls nicht anwendbar; der StA kann daher nach seinem Ermessen den Verfahrensbeteilig-

ten die Anwesenheit gestatten (KK-StPO/*Griesbaum*, § 168d Rn. 2). Bei der Protokollierung des richterlichen Augenscheins sind § 86 (Inhalt) und §§ 168, 168a (Förmlichkeiten) zu beachten.

B. Zuziehung eines Sachverständigen (Abs. 2) Bei einem richterlichen Augenschein unter Zuziehung eines Sachverständigen muss der Beschuldigte (Verteidiger) bereits in der Terminsnachricht (Abs. 1 Satz 2 i.V.m. § 168c Abs. 5 Satz 1) von der beabsichtigten Zuziehung unterrichtet werden, damit er seine Rechte aus Abs. 2 wahrnehmen kann. Über den Antrag nach Abs. 2 Satz 1 entscheidet der Richter nach pflichtgemäßem Ermessen. Im Fall der Ablehnung kann der Beschuldigte Beschwerde einlegen oder den Sachverständigen selbst laden (Abs. 2 Satz 1 i.V.m. § 220), aber auch ohne eigene Ladung den Sachverständigen zum Termin mitbringen (LR/*Erb*, § 168d Rn. 11). Der Ausschluss dieses Sachverständigen von der Teilnahme am Augenschein ist nicht nur wegen Behinderung der gerichtlich bestellten Sachverständigen zulässig (Abs. 2 Satz 2), sondern auch dann, wenn der betreffenden Person die erforderliche Eignung und Sachkunde erkennbar fehlt (LR/*Erb*, § 168d Rn. 17). Der Ausschluss ist mit der Beschwerde (§ 304) anfechtbar; nach Durchführung des Termins ist diese jedoch wegen prozessualer Überholung unzulässig (*Meyer-Goßner/Schmitt*, § 168d Rn. 3). 2

§ 168e StPO Vernehmung von Zeugen getrennt von Anwesenheitsberechtigten.
¹Besteht die dringende Gefahr eines schwerwiegenden Nachteils für das Wohl des Zeugen, wenn er in Gegenwart der Anwesenheitsberechtigten vernommen wird, und kann sie nicht in anderer Weise abgewendet werden, so soll der Richter die Vernehmung von den Anwesenheitsberechtigten getrennt durchführen. ²Die Vernehmung wird diesen zeitgleich in Bild und Ton übertragen. ³Die Mitwirkungsbefugnisse der Anwesenheitsberechtigten bleiben im Übrigen unberührt. ⁴Die §§ 58a und 241a finden entsprechende Anwendung. ⁵Die Entscheidung nach S. 1 ist unanfechtbar.

S.a. RiStBV Nr. 19 f.

A. Regelungsinhalt und Anwendungsbereich. Die durch das Zeugenschutzgesetz v. 30.04.1998 (BGBl. I, S. 820) eingefügte Vorschrift verbessert die Stellung schutzbedürftiger Zeugen in zweierlei Hinsicht. Zum einen schützt sie den Zeugen bei der Vernehmung selbst, indem sie seine richterliche Einvernahme unter räumlicher Trennung von den übrigen Anwesenheitsberechtigten (Satz 1) bei gleichzeitiger Bild-Ton-Übertragung (Satz 2) ermöglicht. Zum anderen schützt sie den Zeugen vor den Belastungen einer wiederholten Vernehmung, indem sie die Video-Aufzeichnung der Einvernahme erlaubt (Satz 4 i.V.m. § 58a), deren spätere Vorführung in der Hauptverhandlung die nochmalige Vernehmung ersetzen kann (§ 255a Abs. 2). 1

§ 168e gilt für richterliche Vernehmungen im Ermittlungsverfahren, ist aber analog auch im Zwischenverfahren und für kommissarische Vernehmungen (§§ 223, 224) außerhalb der Hauptverhandlung anwendbar (LR/*Erb*, § 168e Rn. 6). Die audiovisuelle Zeugenvernehmung in der Hauptverhandlung selbst regelt § 247a. Bei polizeilichen und staatsanwaltschaftlichen Zeugenvernehmungen bestehen keine Anwesenheitsrechte anderer Verfahrensbeteiligter, sodass hierbei ein Rückgriff auf § 168e nicht geboten ist. 2

B. Voraussetzungen. I. Schutzbereich der Vorschrift. Die Beschränkung der Anwesenheitsrechte nach § 168e Satz 1 setzt voraus, dass bei Vernehmung in Gegenwart der Anwesenheitsberechtigten die dringende Gefahr eines schwerwiegenden Nachteils für das Wohl des Zeugen besteht und diese Gefahr nicht anders abgewendet werden kann. Unter den Schutzbereich der Vorschrift fallen nicht nur kindliche oder jugendliche Opferzeugen unter 18 Jahren (vgl. §§ 58a Abs. 1, 255a Abs. 2), sondern alle schutzbedürftigen Zeugen ohne Altersbeschränkung, insb. Opfer von Sexualstraftaten oder Gewaltdelikten sowie psychisch geschädigte, kranke oder gebrechliche Zeugen. Bei der Vernehmung gefährdeter Zeugen (z.B. V-Leuten, verdeckten Ermittlern), deren Identität nach §§ 96 analog, 110b Abs. 3 geheim gehalten werden soll, ist § 168e nur unter Einsatz einer Videokonferenzanlage mit Verfremdungstechnik anwendbar, weil andernfalls die Simultanübertragung das Schutzinteresse dieser Personen unterlaufen würde (*Schlüchter/Greff*, Kriminalistik 1998, 530, 534). 3

§ 168e StPO Vernehmung von Zeugen getrennt von Anwesenheitsberechtigten

4 **II. Dringende Gefahr eines schwerwiegenden Nachteils.** Die dringende Gefahr eines schwerwiegenden Nachteils für das Wohl des Zeugen setzt konkrete tatsächliche Anhaltspunkte voraus, die die hohe Wahrscheinlichkeit einer schwerwiegenden Beeinträchtigung des körperlichen, geistigen oder seelischen Wohlbefindens des Zeugen begründen. Bloße Unannehmlichkeiten, die gewöhnlich mit jeder Zeugenvernehmung verbunden sind, reichen nicht aus. Die Gefahr eines dauerhaften Schadens ist nicht erforderlich; auch eine schwerwiegende vorübergehende Beeinträchtigung (z.B. Nervenzusammenbruch während der Vernehmung) genügt (KK-StPO/*Griesbaum*, § 168e Rn. 5). Ursache der zu befürchtenden Nachteile muss die körperliche Anwesenheit der anderen Verfahrensbeteiligten bei der Vernehmung sein.

5 **III. Keine anderweitige Abwendbarkeit der Gefahr.** Die getrennte Vernehmung ist nur zulässig, wenn die Gefahr nicht in anderer Weise abgewendet werden kann. Vorrangig ist daher zu prüfen, ob nicht bereits der Beistand eines RA (§§ 68b Abs. 1 u. 2, 406f Abs. 1, 406g Abs. 2), die Zulassung einer Vertrauensperson des Zeugen (§ 406f Abs. 2) oder bei Zeugen unter 18 Jahren die alleinige Vernehmung durch den Vorsitzenden (§ 241a Abs. 1) geeignet ist, eine schwerwiegende Beeinträchtigung des Zeugenwohles abzuwenden (vgl. auch RiStBV Nr. 19 und Nr. 19a). Dagegen dürfte dem Ausschluss des Beschuldigten von der Anwesenheit gem. § 168c Abs. 3 bzw. dem Unterlassen der Benachrichtigung vom Termin gem. § 168c Abs. 5 Satz 2 kein Vorrang vor der Anwendung des § 168e zukommen (LR/*Erb*, § 168e Rn. 13; a. A. *Meyer-Goßner/Schmitt*, § 168e Rn. 2; HK-StPO/*Zöller*, § 168e Rn. 6; vermittelnd KK-StPO/*Griesbaum*, § 168e Rn. 6). Denn die Maßnahmen nach § 168c Abs. 3 und Abs. 5 Satz 2 greifen stärker in die Rechtsstellung des Beschuldigten ein, indem sie – anders als bei Anwendung des § 168e – zu einem vollständigen Ausschluss seiner Mitwirkungsrechte führen.

6 **C. Durchführung der Vernehmung. I. Räumliche Trennung der Anwesenheitsberechtigten (Satz 1)** Liegen die Voraussetzungen des § 168e Satz 1 vor, führt der Richter nach entsprechender Anordnung die Vernehmung in räumlicher Trennung von den Anwesenheitsberechtigten durch. Der Protokollführer ist kein »Anwesenheitsberechtigter« in diesem Sinne und deshalb vom Ausschluss nicht betroffen (LR/*Erb*, § 168e Rn. 17; a. A. KK-StPO/*Griesbaum*, § 168e Rn. 8, *Meyer-Goßner/Schmitt*, § 168e Rn. 8). Ansonsten kann nur dem anwaltlichen Beistand (§§ 68b, 406f Abs. 1, 406g Abs. 2) oder einer Vertrauensperson des Zeugen (§ 406f Abs. 2) die Anwesenheit im Vernehmungszimmer gestattet werden.

7 **II. Zeitgleiche Bild-Ton-Übertragung (Satz 2)** Den in einem anderen Raum oder einem anderen Gebäude befindlichen Verfahrensbeteiligten wird die Vernehmung zeitgleich in Bild und Ton übertragen. Dabei soll die Videokamera stets Richter und Zeugen gleichzeitig erfassen, um die Vernehmungssituation möglichst umfassend und realgetreu darzustellen.

8 **III. Mitwirkungsbefugnisse der Anwesenheitsberechtigten (Satz 3)** Die Mitwirkungsbefugnisse der Anwesenheitsberechtigten, insb. deren Fragerecht, dürfen durch die räumliche Trennung nicht beeinträchtigt werden. Erforderlich ist also zumindest eine Sprechverbindung zum Vernehmungszimmer (zur technischen Umsetzung vgl. *Janovski*, Kriminalistik 1999, 455). Die Vernehmung eines Zeugen unter 18 Jahren wird allein vom Vorsitzenden durchgeführt (Satz 4 i.V.m. § 241a Abs. 1), sodass hier eine sog. Ohrknopfverbindung zum Richter genügt.

9 **IV. Aufzeichnung der Vernehmung (Satz 4)** Die Aufzeichnung der Vernehmung auf Bild-Ton-Träger ist zulässig (Satz 4 i.V.m. § 58a). Von dieser Möglichkeit soll bei Zeugen unter 18 Jahren zur Vermeidung wiederholter Vernehmungen Gebrauch gemacht werden (RiStBV Nr. 19). Die Vorführung der Aufzeichnung in der späteren Hauptverhandlung kann allerdings gem. § 255a Abs. 2 – bei sonst gegebenen Voraussetzungen – die erneute Zeugenvernehmung nur ersetzen, wenn Angeklagter und Verteidiger bei der früheren Einvernahme mitwirken konnten. Deshalb sind beide gem. § 168c Abs. 5 Satz 1 rechtzeitig zum Termin zu laden. Bei begründetem Ersuchen ist der Termin zu verlegen (OLG München, StV 2000, 352), obwohl nach § 168c Abs. 5 Satz 3 kein Anspruch darauf besteht. Ist die Benachrichtigung wegen Gefährdung des Untersuchungserfolges gem. § 168c Abs. 5 Satz 2 unterblieben, kommt die Anwendung des § 255a Abs. 2 nicht in Betracht (BGHSt 49, 72, 82; KK-StPO/*Griesbaum*, § 168e Rn. 7).

D. Protokollierung. Wie bei jeder richterlichen Untersuchungshandlung ist auch im Fall der 10
Zeugenvernehmung nach § 168e ein Protokoll zu erstellen (§§ 168, 168a). Wird die Vernehmung
gleichzeitig auf Bild-Ton-Träger aufgezeichnet (Satz 4 i.V.m. § 58a), könnte von der Zuziehung eines
Protokollführers abgesehen (§ 168 Satz 2 Halbs. 2) und die Videoaufzeichnung als vorläufige Aufzeichnung des Protokollinhalts verwendet werden (§ 168a Abs. 2 Satz 1), was aber wegen des damit verbundenen Mehraufwands nicht zu empfehlen ist (LR/*Erb*, § 168a Rn. 18a). Der Zeitpunkt für die Vernichtung der Aufzeichnungen wäre in diesem Fall nicht nach §§ 58a Abs. 2 Satz 2 i.V.m. 101 Abs. 8,
sondern nach § 168a Abs. 2 Satz 4 zu bestimmen. Wird die Vernehmung nicht auf Bild-Ton-Träger
aufgezeichnet, ist sie in jedem Fall durch einen Protokollführer aufzunehmen (§ 168 Abs. 1 Satz 2)
oder mit einem Tonaufnahmegerät aufzuzeichnen (§ 168a Abs. 2 Satz 1).

E. Anfechtbarkeit. Die Entscheidung des Richters nach Satz 1 über die getrennte Durchfüh- 11
rung der Zeugenvernehmung mit Simultanübertragung, d.h. sowohl deren Anordnung als auch die Ablehnung eines entsprechenden Antrags, ist nicht anfechtbar (Satz 5). Dies bedeutet gleichzeitig, dass
mit der Revision nicht die fehlerhafte Anwendung des § 168e Satz 1 gerügt werden kann (§ 336 Satz 2).

§ 169 StPO Ermittlungsrichter des Oberlandesgerichts und des Bundesgerichtshofes.

(1) ¹In Sachen, die nach § 120 des Gerichtsverfassungsgesetzes zur Zuständigkeit des Oberlandesgerichts im ersten Rechtszug gehören, können die im vorbereitenden Verfahren dem Richter beim Amtsgericht obliegenden Geschäfte auch durch Ermittlungsrichter dieses Oberlandesgerichts wahrgenommen werden. ²Führt der Generalbundesanwalt die Ermittlungen, so sind an deren Stelle Ermittlungsrichter des Bundesgerichtshofs zuständig.
(2) Der für eine Sache zuständige Ermittlungsrichter des Oberlandesgerichts kann Untersuchungshandlungen auch dann anordnen, wenn sie nicht im Bezirk dieses Gerichts vorzunehmen sind.

S.a. RiStBV Nr. 202 f.

A. Regelungsinhalt. Die Vorschrift begründet in Staatsschutzsachen, die nach § 120 Abs. 1 1
und Abs. 2 GVG zur Zuständigkeit des OLG im ersten Rechtszug gehören, für richterliche Untersuchungshandlungen im Ermittlungsverfahren eine zusätzliche Zuständigkeit besonderer Ermittlungsrichter des OLG (Abs. 1 Satz 1) oder des BGH (Abs. 1 Satz 2), die neben die Zuständigkeit des Ermittlungsrichters beim AG (§ 162) tritt. Die Zuständigkeit der weiteren Ermittlungsrichter hängt davon ab,
ob der GenStA beim zuständigen OLG oder der GBA die Ermittlungen führt.

B. Zuständigkeitsverteilung. Der **Ermittlungsrichter des BGH** (Abs. 1 Satz 2) ist zuständig, 2
wenn und solange der GBA nach § 142a Abs. 1 Satz 1 GVG die Ermittlungen führt (BGH, NJW 1973,
475). Seine Zuständigkeit besteht folglich in Strafsachen nach § 120 Abs. 1 GVG, für die der GBA originär zuständig ist, von der Einleitung der Ermittlungen bis zur etwaigen Abgabe an den GenStA bei
dem zuständigen OLG (§ 142a Abs. 2 GVG) und in Strafsachen nach §§ 74a Abs. 1, 120 Abs. 2
GVG von der Übernahme durch den GBA (§§ 74a Abs. 2, 120 Abs. 2 Satz 1 GVG) bis zu einer eventuellen Abgabe an die Landes-StA (§ 142a Abs. 4 GVG). In Haftsachen überträgt er nach Abgabe der
Sache die Haftzuständigkeit entsprechend § 126 Abs. 1 Satz 3 auf einen bestimmten neuen Haftrichter,
da dieser im Fall der alternativen Zuständigkeit des Ermittlungsrichters beim AG und beim OLG nicht
von vornherein feststeht (BGH, NJW 1973, 475). Bis zur Übertragung besteht seine Zuständigkeit fort.
Der **Ermittlungsrichter des OLG** (Abs. 1 Satz 1) ist zuständig, wenn und solange der GenStA bei die- 3
sem OLG die Ermittlungen führt. Er kann nach Abs. 2 Untersuchungshandlungen auch dann anordnen, wenn diese im Bezirk eines anderen OLG vorzunehmen sind; eine entsprechend erweiterte Kompetenz hat nach der zum 01.01.2008 in Kraft getretenen Neufassung des § 162 nunmehr auch der
Ermittlungsrichter des AG. Richterliche Ausführungshandlungen (z.B. Zeugenvernehmung) in einem
fremden Bezirk kann er entweder selbst vornehmen (§ 166 GVG) oder im Wege der Rechtshilfe durch
den ersuchten Richter (§ 157 Abs. 1 GVG) durchführen lassen.
Der **Ermittlungsrichter des AG** (§ 162) hat die alleinige Zuständigkeit in Staatsschutzsachen nach § 74a 4
Abs. 1 GVG, solange nicht der GBA nach § 74a Abs. 2 GVG die Verfolgung übernimmt; er wird wieder

§ 170 StPO Entscheidung über eine Anklageerhebung

allein zuständig, wenn der GBA die Sache nach § 142a Abs. 4 GVG an die für die Staatsschutzkammer zuständige Landes-StA zurückgibt. Führt der GenStA beim zuständigen OLG oder der GBA die Ermittlungen, besteht seine Zuständigkeit neben der des Ermittlungsrichters beim OLG oder BGH. Nach Sinn und Zweck des § 169 wird er in diesen Fällen nur eingeschaltet, wenn zur Ausführung des Ersuchens keine besondere Erfahrung in Staatsschutzsachen notwendig ist (*Meyer-Goßner/Schmitt*, § 169 Rn. 4); doch ist er grds. für alle richterlichen Untersuchungshandlungen uneingeschränkt zuständig.

5 **C. Anfechtung.** Beschlüsse und Verfügungen des Ermittlungsrichters des BGH und des OLG sind nur dann mit der Beschwerde anfechtbar, wenn sie die Verhaftung, einstweilige Unterbringung, Beschlagnahme, Durchsuchung oder die in § 101 Abs. 1 bezeichneten Maßnahmen betreffen (§ 304 Abs. 5). Über die Beschwerde entscheidet der BGH (§ 135 Abs. 2 GVG) oder das OLG (§ 120 Abs. 3 Satz 2 GVG). Wird gegen eine Entscheidung des Ermittlungsrichters beim AG in Strafsachen, die zur Zuständigkeit des OLG im ersten Rechtszug gehören, Beschwerde eingelegt, entscheidet hierüber ebenfalls das OLG (§§ 120 Abs. 3 Satz 1 i.V.m. 73 Abs. 1 GVG). Die Beschwerdezuständigkeit des BGH entfällt, sobald der GBA die Sache nach § 142a Abs. 2 oder Abs. 4 GVG abgegeben (BGH, NJW 1973, 475) oder Anklage zum OLG erhoben hat (BGHSt 27, 253).

§ 169a StPO Vermerk über den Abschluss der Ermittlungen.

Erwägt die Staatsanwaltschaft, die öffentliche Klage zu erheben, so vermerkt sie den Abschluss der Ermittlungen in den Akten.

S.a. RiStBV Nr. 109

1 **A. Erforderlichkeit des Abschlussvermerks.** Der Abschluss der Ermittlungen ist in den Akten in allen Fällen zu vermerken, in denen die StA die Erhebung der öffentlichen Klage (§§ 170 Abs. 1, 407, 413, 417; § 76 JGG) erwägt. Zudem ist der Vermerk auch vor Anwendung des § 153a Abs. 1 erforderlich, weil in diesen Fällen bei nicht vollständiger Erfüllung der Auflagen und Weisungen ohne weitere Verfahrensschritte die öffentliche Klage erhoben wird (LR/*Erb*, § 169a Rn. 3). Richtet sich das Verfahren gegen mehrere Personen, ist mit dem Vermerk bis zum Abschluss der Ermittlungen gegen all diejenigen Beschuldigten, gegen die Anklage erhoben werden soll, zuzuwarten (RiStBV Nr. 109 Abs. 2); der Vermerk muss erkennen lassen, gegen welche Beschuldigten die Ermittlungen abgeschlossen sind (RiStBV Nr. 109 Abs. 3 Satz 2).

2 **B. Form, Inhalt und Bedeutung des Abschlussvermerks.** Der Vermerk bedarf weder einer besonderen Form noch einer Begründung. Es genügt der mit Datum und Unterschrift des Staatsanwalts (RiStBV Nr. 109 Abs. 3 Satz 1) versehene Satz: »Die Ermittlungen sind abgeschlossen«. Eine Mitteilung an den Beschuldigten unterbleibt.

3 Der Abschlussvermerk hat zur Folge, dass nunmehr auf Antrag der StA dem Beschuldigten ein Verteidiger zu bestellen ist (§ 141 Abs. 3 Satz 3) und dem Verteidiger ein unbeschränktes Akteneinsichtsrecht zusteht (§ 147 Abs. 2, Abs. 5 Satz 2, Abs. 6). Der Vermerk ist keine Prozessvoraussetzung und nicht anfechtbar (BGH, NJW 1967, 1869). Die Revision kann auf das Fehlen des Abschlussvermerks nicht gestützt werden (BGH, NJW 1967, 1869). Weitere Ermittlungen der StA werden durch den Vermerk nicht ausgeschlossen.

§ 170 StPO Entscheidung über eine Anklageerhebung.

(1) Bieten die Ermittlungen genügenden Anlass zur Erhebung der öffentlichen Klage, so erhebt die Staatsanwaltschaft sie durch Einreichung einer Anklageschrift bei dem zuständigen Gericht.
(2) ¹Andernfalls stellt die Staatsanwaltschaft das Verfahren ein. ²Hiervon setzt sie den Beschuldigten in Kenntnis, wenn er als solcher vernommen worden ist oder ein Haftbefehl gegen ihn erlassen war; dasselbe gilt, wenn er um einen Bescheid gebeten hat oder wenn ein besonderes Interesse an der Bekanntgabe ersichtlich ist.

S.a. RiStBV Nr. 87 bis 91, 211, 275, 276

A. Bedeutung der Vorschrift.

I. Regelungsinhalt. § 170 befasst sich mit der von der StA am Ende des Ermittlungsverfahrens zu treffenden abschließenden Entscheidung (vgl. auch RiStBV Nr. 87 bis 91, 211). Das Ermittlungsverfahren wird entweder durch Erhebung der öffentlichen Klage (Abs. 1) oder durch Einstellung des Verfahrens (Abs. 2 Satz 1) abgeschlossen. 1

Die **Erhebung der öffentlichen Klage** kann nicht nur durch Einreichung einer Anklageschrift (Abs. 1) erfolgen, sondern auch durch Antrag auf Erlass eines Strafbefehls (§ 407) oder auf Aburteilung im beschleunigten Verfahren (§ 417), ebenso durch Stellung eines Antrags auf Durchführung des Sicherungsverfahrens (§ 413) oder auf Aburteilung im vereinfachten Jugendverfahren (§ 76 JGG) sowie durch Erhebung einer Nachtragsanklage (§ 266 Abs. 2 Satz 1). Auch der Antrag auf Durchführung des objektiven Verfahrens nach § 440 ist eine Form der Klageerhebung. 2

Die **Einstellung des Verfahrens** erfolgt nach Abs. 2 Satz 1 bei Fehlen eines genügenden Anlasses zur Klageerhebung. Ob eine Verfahrenseinstellung nach den Vorschriften, die das Opportunitätsprinzip umsetzen (§§ 153 ff.), einen Anwendungsfall des Abs. 2 Satz 1 darstellt oder ob hier die Rechtsgrundlage der Einstellung in den §§ 153 ff. selbst zu suchen ist, ist umstritten, letztlich aber nur von theoretischer Bedeutung (ebenso LR/*Graalmann-Scheerer*, § 170 Rn. 33). Denn unstreitig finden in jedem Fall auch auf Einstellungen nach §§ 153 ff. die Bestimmungen des Abs. 2 Satz 2 (Mitteilung an Beschuldigten) und des § 171 Satz 1 (Verbescheidung des Antragstellers, vgl. § 171 Rdn. 6, 7) direkte oder analoge Anwendung. Bei vorübergehenden Hindernissen kann das Ermittlungsverfahren nach § 154f vorläufig eingestellt werden. 3

In **Steuerstrafsachen** kann die Finanzbehörde das Ermittlungsverfahren nach Maßgabe des § 386 AO selbstständig anstelle der StA (§ 399 Abs. 1 AO) führen und damit selbstständig über Verfahrenseinstellung oder Erhebung der öffentlichen Klage in Gestalt eines Strafbefehlsantrages (§ 400 Halbs. 1 AO) entscheiden. Eignet sich die Sache nicht für das Strafbefehlsverfahren, sind die Akten der StA vorzulegen (§ 400 Halbs. 2 AO). 4

II. Einheitlichkeit der Abschlussentscheidung. Innerhalb einer prozessualen Tat i.S.d. § 264 kann die abschließende Entscheidung nur einheitlich entweder auf Anklageerhebung oder Verfahrenseinstellung lauten, auch wenn mehrere Straftatbestände tateinheitlich oder tatmehrheitlich zusammentreffen. Rechtfertigt nur eine von mehreren Gesetzesverletzungen die Klageerhebung, ist bzgl. der übrigen Tatbestände eine Teileinstellung nach § 170 Abs. 2 nicht zulässig. Vielmehr sind in einem Aktenvermerk die Gründe niederzulegen, weshalb insoweit keine Anklageerhebung erfolgt. Eine Beschränkung der Strafverfolgung nach § 154a Abs. 1 auf einzelne Gesetzesverletzungen ist keine Teileinstellung i.d.S. und deshalb jederzeit möglich. 5

Bei **Zusammentreffen von Straftat und OWi** innerhalb einer prozessualen Tat i.S.d. § 264 gilt der Grundsatz der Einheitlichkeit der Abschlussentscheidung nicht uneingeschränkt. Die StA kann hier einerseits das Verfahren unter allen rechtlichen Gesichtspunkten (Straftat und OWi) in einer einheitlichen Einstellungsverfügung gem. § 170 Abs. 2 (i.V.m. § 46 Abs. 1 OWiG) einstellen. Andererseits ist es aber auch zulässig, das Verfahren nur hinsichtlich der Straftat nach § 170 Abs. 2 einzustellen und die Sache i.Ü. zur Verfolgung der OWi gem. § 43 OWiG an die Verwaltungsbehörde abzugeben (vgl. auch RiStBV Nr. 275, 276). 6

Sind **mehrere selbstständige prozessuale Taten** Gegenstand des Ermittlungsverfahrens oder richtet sich dieses gegen mehrere Beschuldigte, ist eine Teileinstellung nach § 170 Abs. 2 hinsichtlich einzelner Taten oder Beschuldigter zulässig. Scheidet ein Beschuldigter durch Teileinstellung schon im Ermittlungsstadium aus dem Verfahren aus, kann er in diesem Verfahren die Stellung als Zeuge erlangen (*v. Heintschel-Heinegg*, JA 1990, 112; *Meyer-Goßner/Schmitt*, § 170 Rn. 8). 7

III. Amtspflichten der StA. § 170 verpflichtet die StA, nach Abschluss der Ermittlungen alsbald die Entscheidung über Einstellung oder Anklageerhebung zu treffen, denn die mit dem Ermittlungsverfahren verbundenen Belastungen für den Beschuldigten dürfen nicht länger als unbedingt erforderlich aufrechterhalten werden (BGH, NJW 1956, 1028; *Hilger*, JR 85, 93). Eine Verletzung dieser Pflicht kann zu Amtshaftungsansprüchen des Beschuldigten führen (BGH, NJW 1956, 1028). 8

Zur Amtspflicht der StA gehört auch, Anklage nur bei genügendem Anlass i.S.d. Abs. 1 zu erheben. Eine amtspflichtwidrige Anklageerhebung kann Schadensersatzansprüche des Angeschuldigten begründen. Allerdings wird im Amtshaftungsprozess die Entschließung der StA zur Klageerhebung nicht auf ihre »Richtigkeit«, sondern nur auf ihre »Vertretbarkeit« überprüft (BGH, NJW 2000, 2672; OLG 9

Dresden, StV 2001, 581 [L]). Ein gerichtlich durchsetzbarer Anspruch des Beschuldigten auf Einstellung des Verfahrens gem. § 170 Abs. 2 besteht nicht (BVerfG, NStZ 1982, 430).

10 **B. Die Erhebung der öffentlichen Klage (Abs. 1)** **I. Voraussetzungen.** Genügender Anlass zur Erhebung der öffentlichen Klage besteht, wenn der Beschuldigte nach dem Ergebnis der durchgeführten Ermittlungen einer Straftat hinreichend verdächtig ist (vgl. § 203). Denn nur unter dieser Voraussetzung darf das Hauptverfahren eröffnet werden.

11 **1. Hinreichender Tatverdacht.** Hinreichender Tatverdacht bedeutet die Feststellung von Tatsachen, die nach praktischer Erfahrung zu einer Verurteilung in der Hauptverhandlung mit voll gültigen Beweisen führen werden (BGH, NJW 1970, 1543; 2000, 2672). Rechtfertigt eine vorläufige Tatbewertung (BGH, NJW 1970, 2071) die Prognose, dass eine Verurteilung des Beschuldigten nach Durchführung der Hauptverhandlung mit Wahrscheinlichkeit zu erwarten ist, muss Anklage erhoben werden. Der Grad der Wahrscheinlichkeit darf hinter dem dringenden Tatverdacht i.S.d. §§ 112 Abs. 1 Satz 1, 126a Abs. 1 zurückbleiben.

12 Die Entscheidung der StA zwischen Erhebung der öffentlichen Klage (Abs. 1) oder Einstellung des Verfahrens (Abs. 2 Satz 1) ist keine Ermessensentscheidung, weil § 170 keine Auswahlmöglichkeit zwischen zwei gleichermaßen richtigen Handlungsalternativen bietet. Die Entscheidung erfordert vielmehr eine Auslegung des unbestimmten Rechtsbegriffes »genügender Anlass« und ist somit Rechtsanwendung (BGH, NJW 1970, 1543). Allerdings steht hier dem Entscheidungsträger wie bei jeder Auslegung von Rechtsnormen ein gewisser Beurteilungsspielraum zu (BVerfG, NStZ 2002, 606; BGH, NJW 1970, 1543).

13 Von dieser Problematik zu trennen sind die Fälle einer Einstellungsmöglichkeit nach dem Opportunitätsprinzip (§§ 153 ff.). Aufgrund der darin enthaltenen Ermächtigungen zur Nichtverfolgung kann die StA trotz Bejahung des hinreichenden Tatverdachtes nach pflichtgemäßem Ermessen von der Anklageerhebung absehen und das Verfahren einstellen.

14 **2. Anforderungen in tatsächlicher Hinsicht.** In tatsächlicher Hinsicht kann der hinreichende Tatverdacht auch bei nicht eindeutigem Beweisergebnis zu bejahen sein, wenn nur ausreichende Belastungsmomente erwiesen sind. Die Aufklärung von Widersprüchen zwischen den Angaben des Beschuldigten und den vorhandenen Beweisergebnissen darf der Hauptverhandlung überlassen bleiben (BGH, NJW 1970, 1543).

15 Der Grundsatz »in dubio pro reo« findet bei der Prüfung nach § 170 Abs. 1 keine unmittelbare Anwendung (OLG Karlsruhe, NJW 1974, 806; OLG Bamberg, NStZ 1991, 252), weil er eine Beweisregel für die gerichtliche Entscheidung nach einer Gesamtwürdigung aller Beweise in der Hauptverhandlung darstellt (HdbStA/*Eschelbach*, S. 828). Die StA darf nicht eigene Restzweifel hinsichtlich der Beweisbarkeit zum Anlass nehmen, den Sachverhalt einer gerichtlichen Prüfung vorzuenthalten, und damit die in Art. 92 GG verankerte Zuweisung der Rechtsprechung an die Gerichte unterlaufen. Mittelbar ist der In-dubio-Satz allerdings bei der von der StA anzustellenden Beweisbarkeitsprognose zu berücksichtigen. Drängt sich nämlich i.R.d. notwendigen Vorausschau geradezu auf, dass das Gericht nach diesem Grundsatz zu einem Freispruch kommen wird, ist mangels Verurteilungswahrscheinlichkeit eine Anklageerhebung ausgeschlossen (OLG Bamberg, NStZ 1991, 252).

16 **3. Anforderungen in rechtlicher Hinsicht.** Die Erhebung der öffentlichen Klage setzt voraus, dass kein Verfahrenshindernis besteht, der Sachverhalt die Tatbestandsvoraussetzungen einer Strafnorm erfüllt und kein Rechtfertigungs-, Schuldausschließungs- oder Strafausschließungsgrund vorliegt. Bei der rechtlichen Bewertung des Sachverhaltes ist die StA insoweit gebunden, als sie nicht aufgrund der nach ihrer Überzeugung gegebenen Straflosigkeit von der Anklageerhebung absehen darf, wenn ihrer Rechtsansicht eine gefestigte höchstrichterliche Rechtsprechung entgegensteht (BGH, NJW 1960, 2346; KK-StPO/*Moldenhauer*, § 170 Rn. 6, KMR/*Plöd*, § 170 Rn. 5; *Meyer-Goßner/Schmitt*, Vor § 141 GVG Rn. 11; a. A. LR/*Graalmann-Scheerer*, § 170 Rn. 27; *Arndt*, NJW 1961, 1617; *Dünnebier*, JZ 1961, 312; *Faller*, JZ 1961, 478; *Roxin*, DRiZ 1969, 387; 1997, 115). Denn andernfalls wären die Einheitlichkeit der Rechtsanwendung und die Gleichheit vor dem Gesetz nicht mehr gewährleistet (BGH, NJW 1960, 2346). Strafbarkeit und Strafverfolgung hingen letztlich nicht mehr von der Gesetzesanwendung durch unabhängige Gerichte, sondern von der Rechtsansicht der dafür unzuständigen

Exekutive ab (BGH, NJW 1960, 2346). Hält aber im umgekehrten Fall die StA ein Verhalten für strafbar, das nach höchstrichterlicher Rechtsprechung als straflos anzusehen ist, ist sie aufgrund des Legalitätsprinzips nicht gehindert, Anklage zu erheben, um so eine erneute gerichtliche Prüfung der Rechtsfrage zu erreichen (*Lüttger*, GA 1957, 193, 213).

II. Wirkungen. Die wirksame Klageerhebung ist nach § 151 Voraussetzung für die Eröffnung der gerichtlichen Untersuchung, d.h. Prozessvoraussetzung. Mit Eingang der Anklageschrift und der beizufügenden vollständigen Akten (vgl. § 199 Abs. 2 Satz 2) wird das Gericht – auch bei Unzuständigkeit – mit der Sache befasst, das Verfahren bei ihm anhängig. Rechtshängigkeit tritt erst mit Eröffnung des Hauptverfahrens oder einer vergleichbaren Prozessentscheidung ein. 17

C. Die Einstellung des Verfahrens (Abs. 2)   I. Einstellungsverfügung (Abs. 2 Satz 1) 18
1. Begründung. Die Begründung der Einstellungsverfügung (Abs. 2 Satz 1) darf sich nicht auf allgemeine Redewendungen beschränken (RiStBV Nr. 89 Abs. 2), sondern muss die für die Verfahrenseinstellung maßgeblichen Gesichtspunkte konkret darlegen. Insb. muss sich daraus ergeben, ob die Einstellung aus tatsächlichen oder rechtlichen Gründen erfolgt. Bei mehreren Einstellungsgründen reicht es, den überzeugendsten Punkt herauszugreifen.

2. Anhörung von Behörden und Körperschaften des öffentlichen Rechts. Vor einer beabsichtigten Verfahrenseinstellung ist eine Behörde oder öffentliche Körperschaft, die Anzeige erstattet hat oder sonst am Ausgang des Verfahrens interessiert ist, unter Mitteilung der für die Einstellung sprechenden Gründe anzuhören (RiStBV Nr. 90 Abs. 1; für Steuerstrafsachen vgl. § 403 Abs. 4 AO). Zur Anhörung oberster Staatsorgane des Bundes oder eines Landes s. RiStBV Nr. 211 Abs. 1, Abs. 3. 19

3. Rechtsfolgen und Anfechtbarkeit. Durch die Einstellung nach Abs. 2 Satz 1 tritt **kein Strafklageverbrauch** ein. Das Verfahren kann auch bei gleicher Sach- und Rechtslage jederzeit wieder aufgenommen werden (RGSt 67, 315, 316; OLG Hamm, VRS 58, 33). Trotz Verfahrenseinstellung dürfen die personenbezogenen Daten des Beschuldigten bei der StA weiterhin gespeichert werden (OLG Zweibrücken, NStZ 2007, 55); dasselbe gilt für die Speicherung im polizeilichen Datenbestand (VGH BW, NVwZ 2001, 1289), sofern sich nicht die Unschuld oder das Fehlen jedes begründeten Verdachtes herausgestellt hat. Anfechtbar ist die Einstellungsentscheidung nur unter den Voraussetzungen des § 172; der Rechtsweg nach § 23 EGGVG ist nicht eröffnet (*Meyer-Goßner/Schmitt*, § 170 Rn. 13). 20

4. Entbehrlichkeit einer Kostenentscheidung. Die Einstellungsverfügung enthält grds. keine Kostenentscheidung. Der Beschuldigte hat nur dann Anspruch auf Ersatz seiner notwendigen Auslagen, wenn die StA nach Klagerücknahme das Verfahren eingestellt hat (§ 467a Abs. 1). Stehen dem Beschuldigten nach Verfahrenseinstellung Ansprüche wegen entschädigungsfähiger Strafverfolgungsmaßnahmen nach dem StrEG zu, kann er als erstattungsfähigen Vermögensschaden (§ 7 Abs. 1 StrEG) auch die Verteidigerkosten geltend machen, wenn und soweit die Zuziehung eines Verteidigers für die Beseitigung der Strafverfolgungsmaßnahme notwendig war (vgl. GenStA Bamberg, NStZ 1994, 39 für den Fall der Durchsuchung). Beruht das Verfahren auf einer unwahren Anzeige, können auf Antrag der StA durch Gerichtsbeschluss dem Anzeigeerstatter die notwendigen Auslagen des Beschuldigten und die Verfahrenskosten auferlegt werden (§ 469 Abs. 1, Abs. 2). 21

5. Verweisung auf den Privatklageweg. Die Verweisung des Antragstellers auf den Privatklageweg (RiStBV Nr. 87 u. 89 Abs. 2) ist in Wahrheit eine Verfahrenseinstellung nach § 170 Abs. 2 Satz 1 aus Rechtsgründen, weil durch die Verneinung des öffentlichen Interesses bei einem Privatklagedelikt (§ 376) ein Verfahrenshindernis für das Offizialverfahren entsteht. Die Einstellung mit Verweisung auf den Privatklageweg kann, wenn mit dem Privatklagedelikt eine OWi zusammentrifft, auch mit einer Abgabe an die Verwaltungsbehörde (§ 43 OWiG) verbunden werden (BayObLG, MDR 1977, 246). Allerdings entsteht dadurch die Gefahr einer nach Art. 103 Abs. 3 GG unzulässigen Doppelsanktion (KK-StPO/*Moldenhauer*, § 170 Rn. 16; *Pfeiffer*, § 170 Rn. 3). Zur Verbescheidung des Antragstellers und zur Zulässigkeit des Klageerzwingungsverfahrens s. § 171 Rdn. 4. 22

II. Mitteilung an den Beschuldigten (Abs. 2 Satz 2) Die Mitteilung der Verfahrenseinstellung an den Beschuldigten ist unter den in Abs. 2 Satz 2 genannten Voraussetzungen zwingend vorgeschrieben. Eine Begründung enthält die Mitteilung nur bei entsprechendem Antrag (RiStBV Nr. 88 Satz 1). Hat 23

§ 171 StPO Einstellungsbescheid

sich herausgestellt, dass der Beschuldigte unschuldig oder jeder begründete Verdacht entfallen ist, muss dies in der Mitteilung ausgesprochen werden (RiStBV Nr. 88 Satz 2). Die Mitteilung ergeht formlos; förmliche Zustellung ist aber erforderlich, wenn der Beschuldigte Entschädigungsansprüche nach dem StrEG geltend machen kann (vgl. RiStBV Nr. 91 Abs. 1 u. § 9 Abs. 1 Satz 4 StrEG). Mitteilungspflichten an öffentliche Stellen enthält die Anordnung über Mitteilungen in Strafsachen (MiStra). Zur Zulässigkeit der Übermittlung personenbezogener Daten von Amts wegen an öffentliche Stellen vgl. Art. 2 bis 31 JuMiG und §§ 12 ff. EGGVG.

§ 171 StPO Einstellungsbescheid. ¹Gibt die Staatsanwaltschaft einem Antrag auf Erhebung der öffentlichen Klage keine Folge oder verfügt sie nach dem Abschluss der Ermittlungen die Einstellung des Verfahrens, so hat sie den Antragsteller unter Angabe der Gründe zu bescheiden. ²In dem Bescheid ist der Antragsteller, der zugleich der Verletzte ist, über die Möglichkeit der Anfechtung und die dafür vorgesehene Frist (§ 172 Abs. 1) zu belehren.

S.a. RiStBV Nr. 89, 91 f.

1 **A. Bescheidungspflicht (Satz 1) I. Antrag auf Erhebung der öffentlichen Klage.** Der Antrag auf Erhebung der öffentlichen Klage ist eine Strafanzeige nach § 158, die erkennbar darauf abzielt, die strafrechtliche Verfolgung des Angezeigten in Gang zu setzen (*Meyer-Goßner/Schmitt*, § 171 Rn. 1; KK-StPO/*Moldenhauer*, § 171 Rn. 1). In einem Strafantrag (§ 77 StGB), einer Ermächtigung zur Strafverfolgung (§ 77e StGB) oder einem Strafverlangen (§ 77e StGB) liegt stets ein Antrag auf Erhebung der öffentlichen Klage (KMR/*Plöd*, § 171 Rn. 1). Auch nach Einstellung des auf andere Weise eingeleiteten Verfahrens kann der Verletzte noch den Antrag stellen, um so einen Bescheid als Voraussetzung für das Klageerzwingungsverfahren (vgl. § 172 Abs. 1 Satz 1) zu erwirken (KK-StPO/*Moldenhauer*, § 171 Rn. 2). Der Antrag setzt nicht Prozessfähigkeit, sondern nur Handlungsfähigkeit voraus.

2 **II. Einstellung des Ermittlungsverfahrens. 1. Endgültige Verfahrenseinstellung.** Jede endgültige Einstellung des Ermittlungsverfahrens verpflichtet die StA zur Verbescheidung des Antragstellers (*Solbach*, NStZ 1987, 350, 352; KMR/*Plöd*, § 171 Rn. 4). Ob dieser zugleich Verletzter ist oder ob ihm der Weg zur Klageerzwingung offen steht, ist für die Bescheidungspflicht nach Satz 1 nicht erheblich (wohl aber für die Belehrungspflicht nach Satz 2). Der Antragsteller erhält also einen mit Gründen versehenen Bescheid, wenn der Strafanzeige ohne Ermittlungen keine Folge gegeben (Satz 1, 1. Alt.) oder das Verfahren nach Ermittlungen gem. § 170 Abs. 2 eingestellt wird (Satz 1, 2. Alt.), ebenso wenn eine Einstellung nach § 170 Abs. 2 mit einer Abgabe an die Verwaltungsbehörde (§ 43 OWiG) verbunden wird.

3 **2. Teileinstellung.** Wird das Verfahren wegen mehrerer prozessualer Taten und/oder gegen mehrere Beschuldigte geführt, ist auch bei Teileinstellung hinsichtlich einzelner Taten oder Beschuldigter nach Satz 1 zu verbescheiden. Dies gilt jedoch nicht, wenn innerhalb einer prozessual einheitlichen Tat einzelne Gesetzesverletzungen nicht verfolgt oder nach § 154a ausgeschieden werden. Wird hier gleichwohl – zu Unrecht – ein Einstellungsbescheid erteilt, bleibt das Klageerzwingungsverfahren dennoch unzulässig (OLG Karlsruhe, NJW 1977, 62).

4 **3. Verweisung auf den Privatklageweg.** Bei Verweisung auf den Privatklageweg ist der Antragsteller ebenfalls unter Angabe der Gründe zu verbescheiden. Verneint die StA bei einem Privatklagedelikt das öffentliche Interesse an der Erhebung der öffentlichen Klage (§ 376), stellt sie das Ermittlungsverfahren aus Rechtsgründen gem. § 170 Abs. 2 ein (vgl. § 170 Rdn. 22) und verweist in dem Einstellungsbescheid den Antragsteller, sofern dieser zugleich Verletzter ist, auf den Privatklageweg. In der Praxis werden Verfahrenseinstellung und Verweisung auf den Privatklageweg in einem einzigen Einstellungsbescheid zusammengefasst. Treffen innerhalb einer prozessualen Tat i.S.d. § 264 Offizialdelikt und Privatklagedelikt zusammen und soll das Offizialdelikt aus allgemeinen tatsächlichen oder rechtlichen Erwägungen, das Privatklagedelikt aber wegen fehlenden öffentlichen Interesses i.S.d. § 376 eingestellt werden, unterbleibt die Verweisung des Antragstellers auf den Privatklageweg. Vielmehr wird lediglich in den Gründen der Einstellungsverfügung deutlich gemacht, dass hinsichtlich des Privatklagedeliktes

wegen Verneinung des öffentlichen Interesses ein Verfahrenshindernis besteht (HbStA/*Vordermayer*, S. 725).

4. Verfahrenseinstellung nach §§ 153 ff. Auch bei einer Verfahrenseinstellung nach §§ 153 Abs. 1, 153a Abs. 1 (endgültig) oder 153b Abs. 1 erteilt der StA dem Antragsteller einen mit Gründen versehenen Bescheid (RiStBV Nr. 89 Abs. 3), ausnahmsweise auch bei vorläufiger Einstellung nach § 154 Abs. 1 (RiStBV Nr. 101 Abs. 2). Die vorläufige Einstellung nach § 154e oder § 154f wird dagegen ohne Gründe mitgeteilt (RiStBV Nr. 103, Nr. 104 Abs. 3).

III. Verbescheidung des Antragstellers. Nach Satz 1 ist jeder Anzeigeerstatter, der einen Antrag auf Erhebung der öffentlichen Klage gestellt hat, im Fall der Einstellung des Verfahrens unter Angabe der Gründe zu verbescheiden. Dies gilt auch dann, wenn er nicht zugleich Verletzter ist (zum Verletztenbegriff vgl. § 172 Rdn. 12 ff.). Wegen des Inhalts der Begründung vgl. § 170 Rdn. 18.

Die Bekanntgabe des mit Gründen versehenen Bescheids an den Antragsteller, der nicht Verletzter ist, erfolgt stets formlos. Aber auch wenn er zugleich Verletzter ist, wird dem Antragsteller die Einstellungsmitteilung i.d.R. formlos übersandt (RiStBV Nr. 91 Abs. 2 Satz 1). Eine förmliche Zustellung soll nur dann angeordnet werden, wenn dem Antragsteller die Beschwerde nach § 172 Abs. 1 zusteht und mit einer solchen sowie dem nachfolgenden Klageerzwingungsantrag zu rechnen ist (RiStBV Nr. 91 Abs. 2 Satz 2). Denn nur durch förmliche Zustellung kann das genaue Datum des Zuganges nachgewiesen und damit die Einhaltung der Beschwerdefrist (§ 172 Abs. 1 Satz 1), die Zulässigkeitsvoraussetzung für den Klageerzwingungsantrag ist, überprüft werden. Bei fehlender Nachweisbarkeit der verspäteten Beschwerdeeinlegung wird das OLG unnötigerweise zu einer Sachentscheidung gezwungen. Gesetzlich vorgeschrieben ist die förmliche Zustellung allerdings nicht (OLG Schleswig, OLGSt Nr. 11 zu § 172).

IV. Ausnahmen von der Bescheidungspflicht. Kein Bescheid wird erteilt, wenn der Anzeigende – ohne den Willen, die Strafverfolgung zu veranlassen – nur über einen strafrechtlich relevanten Sachverhalt oder Tatverdacht informieren wollte. Dasselbe gilt, wenn der Antragsteller auf eine Einstellungsmitteilung zweifelsfrei verzichtet hat. Strafanzeigen von (krankheitsbedingt) Geschäftsunfähigen, deren Ausführungen auf erkennbar wahnhaften Vorstellungen beruhen, bedürfen gleichfalls keiner Verbescheidung (*Kockel/Vossen-Kempkens*, NStZ 2001, 178, 180; LR/*Graalmann-Scheerer*, § 171 Rn. 9).

Schließlich ist auch bei **missbräuchlichen Strafanzeigen**, deren Kennzeichen die Verfolgung ausschließlich verfahrensfremder oder verfahrenswidriger Zwecke ist, die Erteilung eines Einstellungsbescheides entbehrlich (*Kröpil*, JA 1997, 783; HdbStA/*Vordermayer*, S. 708 ff.). Darunter fallen insb. die bloße Wiederholung einer bereits verbeschiedenen Anzeige ohne neuen Sachvortrag (KK-StPO/*Moldenhauer*, § 171 Rn. 7) sowie die sog. »Kettenanzeigen«, in denen der Anzeigeerstatter jede Handlung oder Entscheidung eines Amtsträgers stets zum Anlass für neue Anzeigen gegen den jeweiligen Sachbearbeiter wegen Strafvereitelung im Amt/Rechtsbeugung/Verfolgung Unschuldiger/etc. nimmt (LR/*Graalmann-Scheerer*, § 171 Rn. 9; *Meyer-Goßner/Schmitt*, § 171 Rn. 2). Außerdem zählen dazu Anzeigen mit grob beleidigendem Inhalt oder mit dem erkennbaren Zweck, die Arbeit der Strafverfolgungsbehörden zu stören bzw. lahm zu legen (*Kröpil*, JA 1997, 783), sowie Anzeigenserien hartnäckiger, uneinsichtiger, »bösartiger« Querulanten (*Kockel/Vossen-Kempkens*, NStZ 2001, 178, 180). In diesen Fällen erhält der Anzeigeerstatter anstelle eines sachlichen Einstellungsbescheides lediglich eine formlose Mitteilung des Inhalts, dass er wegen Missbrauchs seiner strafprozessualen Befugnisse zur Anzeigenerstattung nicht sachlich verbeschieden und bei weiterem Missbrauch zukünftig keinerlei Mitteilung mehr erhalten wird (*Kröpil*, JA 1997, 783, 787). Bei den sog. Kettenanzeigen ist allerdings auf die erste Anzeige hin ein sachlicher Bescheid – verbunden mit dem Hinweis auf die beabsichtigte Nichtverbescheidung weiterer gleichartiger Anzeigen – zu erteilen (LR/*Graalmann-Scheerer*, § 171 Rn. 9). Trotz fehlender Bescheidungspflicht hat die StA aber in allen Fällen des Anzeigenmissbrauchs aufgrund des Legalitätsprinzips (§§ 152 Abs. 2, 160 Abs. 1 StPO) gleichwohl zu prüfen, ob zureichende tatsächliche Anhaltspunkte für verfolgbare Straftaten vorliegen (HbStA/*Vordermayer*, S. 708). Wegen dieser Prüfungspflicht ist es auch untunlich und irreführend, rechtsmissbräuchliche Anzeigen als unzulässig, ungültig oder unwirksam zu bezeichnen (so aber *Solbach*, DRiZ 1979, 181 ff.).

10 B. Belehrungspflicht (Satz 2) I. Voraussetzungen. Die Erteilung einer Rechtsmittelbelehrung in dem Einstellungsbescheid ist (nur) dann erforderlich, wenn der Anzeigeerstatter zugleich Verletzter ist (Satz 2) und wenn – was nicht aus dem Wortlaut des Satz 2, aber aus dem Zweck der Belehrungspflicht folgt – darüber hinaus das Klageerzwingungsverfahren auch i.Ü. rechtlich zulässig wäre (KMR/*Plöd*, § 171 Rn. 12). Denn die Belehrung soll dem Antragsteller die Einhaltung der Frist zur Einlegung der Einstellungsbeschwerde (Vorschaltbeschwerde) nach § 172 Abs. 1 ermöglichen, um später ggf. den Klageerzwingungsantrag stellen zu können (LR/*Graalmann-Scheerer*, § 171 Rn. 14; *Pfeiffer*, § 171 Rn. 4). Deshalb ist eine Belehrung nicht erforderlich, wenn das Klageerzwingungsverfahren nach § 172 Abs. 2 Satz 3 ausgeschlossen (OLG Nürnberg, MDR 1959, 1030) oder deshalb unzulässig wäre, weil die Ermittlungen gegen Unbekannt geführt bzw. eingestellt wurden (*Meyer-Goßner/Schmitt*, § 171 Rn. 9).

11 Bei **Zusammentreffen von Privatklage- und Offizialdelikt** innerhalb einer prozessualen Tat ist der Antragsteller aber uneingeschränkt zu belehren, weil in diesem Fall der Ausschlusstatbestand des § 172 Abs. 2 Satz 3 nicht greift und deshalb das Klageerzwingungsverfahren zulässig wäre (HdbStA/*Vordermayer*, S. 725). Stellen Privatklage- und Offizialdelikt jedoch selbstständige prozessuale Taten dar und wird das Verfahren wegen beider Tatvorwürfe eingestellt, muss in der Beschwerdebelehrung zum Ausdruck kommen, dass sich diese nicht auf die Einstellung des Verfahrens wegen des Privatklagedelikts bezieht.

12 II. Inhalt. Die nach Satz 2 erforderliche schriftliche Belehrung über die Möglichkeit der Anfechtung erfordert nur eine Belehrung über die Vorschaltbeschwerde nach § 172 Abs. 1. Hinzuweisen ist also auf das Recht zur Beschwerde an den GenStA (§ 172 Abs. 1 Satz 1), die zweiwöchige Frist (§ 172 Abs. 1 Satz 1) und die Einlegungsmöglichkeiten (bei GenStA oder Ausgangs-StA, § 172 Abs. 1 Satz 1 und 2). Auf die Möglichkeit, gerichtliche Entscheidung nach § 172 Abs. 2 zu beantragen, braucht nicht hingewiesen zu werden, da hierüber erst mit dem Beschwerdebescheid des GenStA belehrt wird (*Meyer-Goßner/Schmitt*, § 171 Rn. 8). Bei fehlender oder in wesentlichen Punkten mangelhafter Belehrung wird die Frist nicht in Lauf gesetzt (§ 172 Abs. 1 Satz 3). Über das Recht zur Erhebung einer (Dienst-)Aufsichtsbeschwerde muss nicht belehrt werden (LR/*Graalmann-Scheerer*, § 171 Rn. 14).

C. Reformabsicht. Nach dem Entwurf des 3. Opferrechtsreformgesetzes (BT-Drs. 18/4621) soll künftig gem. § 171 Satz 3 die StA verpflichtet sein, einem fremdsprachigen, nach § 395 nebenklageberechtigten Antragsteller auf dessen Antrag hin kostenlos eine schriftliche Übersetzung des Einstellungsbescheids nebst eventuell erforderlicher Rechtsmittelbelehrung in einer für ihn verständlichen Sprache zu erteilen, soweit dies für die Ausübung der Rechte des Nebenklägers erforderlich ist. Die geplante Neuregelung in S. 3 erweitert aber nicht die Bescheidungspflicht als solche, so dass in den unter Rn. 8 u. 9 dargestellten Fällen ein Bescheid weiterhin unterbleiben kann.

§ 172 StPO Beschwerde des Verletzten; Klageerzwingungsverfahren.

(1) ¹Ist der Antragsteller zugleich der Verletzte, so steht ihm gegen den Bescheid nach § 171 binnen zwei Wochen nach der Bekanntmachung die Beschwerde an den vorgesetzten Beamten der Staatsanwaltschaft zu. ²Durch die Einlegung der Beschwerde bei der Staatsanwaltschaft wird die Frist gewahrt. ³Sie läuft nicht, wenn die Belehrung nach § 171 Satz 2 unterblieben ist.
(2) ¹Gegen den ablehnenden Bescheid des vorgesetzten Beamten der Staatsanwaltschaft kann der Antragsteller binnen einem Monat nach der Bekanntmachung gerichtliche Entscheidung beantragen. ²Hierüber und über die dafür vorgesehene Form ist er zu belehren; die Frist läuft nicht, wenn die Belehrung unterblieben ist. ³Der Antrag ist nicht zulässig, wenn das Verfahren ausschließlich eine Straftat zum Gegenstand hat, die vom Verletzten im Wege der Privatklage verfolgt werden kann, oder wenn die Staatsanwaltschaft nach § 153 Abs. 1, § 153a Abs. 1 Satz 1, 7 oder § 153b Abs. 1 von der Verfolgung der Tat abgesehen hat; dasselbe gilt in den Fällen der §§ 153c bis 154 Abs. 1 sowie der §§ 154b und 154c.
(3) ¹Der Antrag auf gerichtliche Entscheidung muss die Tatsachen, welche die Erhebung der öffentlichen Klage begründen sollen, und die Beweismittel angeben. ²Er muss von einem Rechtsanwalt un-

terzeichnet sein; für die Prozesskostenhilfe gelten dieselben Vorschriften wie in bürgerlichen Rechtsstreitigkeiten. ³Der Antrag ist bei dem für die Entscheidung zuständigen Gericht einzureichen.
(4) ¹Zur Entscheidung über den Antrag ist das Oberlandesgericht zuständig. ²§ 120 des Gerichtsverfassungsgesetzes ist sinngemäß anzuwenden.

Übersicht

		Rdn.
A.	Bedeutung und Aufbau des Klageerzwingungsverfahrens	1
I.	Normzweck	1
II.	Aufbau	2
III.	Doppelcharakter der Einstellungsbeschwerde	3
B.	Zulässigkeitsvoraussetzungen des Klageerzwingungsverfahrens	5
I.	Sachliche Voraussetzungen	5
	1. Endgültige Einstellung	5
	2. Verfahren gegen Unbekannt	6
	3. Privatklagedelikte	7
	4. Geltungsbereich des Opportunitätsprinzips	9
II.	Persönliche Voraussetzungen	11
	1. Antragsteller	11
	2. Verletzter	12
C.	Einstellungsbeschwerde (Abs. 1)	17
I.	Beschwerdeeinlegung	17
	1. Adressat und Inhalt	17
	2. Form	18
	3. Frist	19
	4. Wiedereinsetzung in den vorigen Stand	20
II.	Abhilfeentscheidung	21
III.	Beschwerdeentscheidung	22
	1. Allgemeines	22

		Rdn.
	2. Inhalt	23
	3. Belehrung	24
D.	Antrag auf gerichtliche Entscheidung (Abs. 2 bis 4)	25
I.	Allgemeines	25
II.	Frist	26
III.	Form	27
IV.	PKH	28
V.	Inhalt	30
	1. Allgemeines	30
	2. Darlegung des hinreichenden Tatverdachts	31
	3. Darlegung der Zulässigkeit des Klageerzwingungsverfahrens	34
	4. Unzulässigkeit einer Bezugnahme	35
VI.	Entscheidung des Gerichts	36
	1. Verwerfung des unzulässigen Antrags	36
	2. Verwerfung des unbegründeten Antrags	37
	3. Anordnung der Klageerhebung	38
	4. Anordnung der Wiederaufnahme der Ermittlungen	39
	5. Erledigung des Klageerzwingungsverfahrens	40
VII.	Wiederholung des Klageerzwingungsverfahrens	41

S.a. RiStBV Nr. 105

A. Bedeutung und Aufbau des Klageerzwingungsverfahrens. I. Normzweck.
Das Klageerzwingungsverfahren (§§ 172 bis 177; RiStBV Nr. 105) dient der Sicherung des Legalitätsprinzips (§ 152 Abs. 2). Da der durch eine Straftat Verletzte wegen des Anklagemonopols der StA (§ 152 Abs. 1) nicht selbst das Strafverfahren in Gang setzen kann (Ausnahme: bei Privatklagedelikten), verleiht ihm § 172 das Recht auf ein gerichtliches Kontrollverfahren mit dem Ziel, die StA zur Anklageerhebung zu zwingen (§ 175). Dadurch wird das Anklagemonopol der StA nicht durchbrochen, vielmehr nur dessen sachgerechte Handhabung überprüft. Über § 172 hinaus gibt es grundsätzlich keinen verfassungsrechtlich verbürgten Anspruch auf Strafverfolgung eines anderen (BVerfGE 51, 176, 187; BVerfG, NStZ 2002, 606; zu den Ausnahmen etwa bei erheblichen Straftaten gegen das Leben oder bei Delikten von Amtsträgern vgl. BVerfG, BeckRS 2014, 59593). 1

II. Aufbau. Das Klageerzwingungsverfahren ist zweistufig aufgebaut. Die erste Stufe bildet die gegen die Einstellungsverfügung gerichtete fristgebundene Einstellungsbeschwerde (»Vorschaltbeschwerde«) gem. Abs. 1, über die der GenStA zu entscheiden hat. Die zweite Stufe stellt der gegen den ablehnenden Bescheid des GenStA gerichtete, frist- und formgebundene Antrag auf gerichtliche Entscheidung gem. Abs. 2 u. 3 dar, über den das OLG zu entscheiden hat (für Dreistufigkeit: *Meyer-Goßner/Schmitt*, § 172 Rn. 5 ff., KK-StPO/*Moldenhauer*, § 172 Rn. 2; KMR/*Plöd*, § 172 Rn. 4 ff.; *Pfeiffer*, § 172 Rn. 1 ff.). 2

III. Doppelcharakter der Einstellungsbeschwerde. Die Einstellungsbeschwerde (Stufe 1) ist eine »Vorschaltbeschwerde« auf dem Weg zum OLG (*Kleinknecht*, JZ 1952, 488, 490; *Solbach*, DRiZ 1977, 181). Für ihre Zulässigkeit müssen deshalb dieselben sachlichen und persönlichen Voraussetzungen vorliegen, die auch für die Zulässigkeit des Antrags auf gerichtliche Entscheidung (Stufe 2) erforderlich sind. Die in beiden Stufen deckungsgleichen Zulässigkeitsvoraussetzungen können zusammenfassend 3 als Zulässigkeitsvoraussetzungen des Klageerzwingungsverfahrens bezeichnet werden (vgl. nachfolgend Rdn. 5 ff.).

4 Jedoch wirkt sich die Unzulässigkeit der Vorschaltbeschwerde bis zur Entscheidung des GenStA (d.h. in der Stufe 1) praktisch nicht aus. Denn in jeder unzulässigen Vorschaltbeschwerde ist auch eine stets zulässige, weil an keinerlei Voraussetzungen gebundene (sachliche) Dienstaufsichtsbeschwerde enthalten (§ 147 Nr. 3 GVG), die den GenStA zu einer sachlichen Überprüfung der angefochtenen Einstellungsverfügung und Verbescheidung des Beschwerdeführers zwingt. Die Unzulässigkeit der Vorschaltbeschwerde hat Auswirkungen erst bei der Prüfung durch das OLG (d.h. in der Stufe 2), welches in diesem Fall den Antrag auf gerichtliche Entscheidung als unzulässig verwerfen muss (OLG Schleswig, OLGSt Nr. 11 zu § 172; LR/*Graalmann-Scheerer*, § 172 Rn. 9 ff.). Wegen des Doppelcharakters der Einstellungsbeschwerde als Vorschaltbeschwerde nach § 172 Abs. 1 und (sachliche) Dienstaufsichtsbeschwerde nach § 147 Nr. 3 GVG kann der Beschwerdeführer gegen den ablehnenden Bescheid des GenStA wahlweise statt des Antrages auf gerichtliche Entscheidung nach § 172 Abs. 2 Satz 1 auch (weitere) Dienstaufsichtsbeschwerde gem. § 147 Nr. 2 GVG zum JM erheben (LR/*Graalmann-Scheerer*, § 172 Rn. 11; *Meyer-Goßner/Schmitt*, § 172 Rn. 18).

5 **B. Zulässigkeitsvoraussetzungen des Klageerzwingungsverfahrens.** I. Sachliche Voraussetzungen. 1. Endgültige Einstellung. Das Klageerzwingungsverfahren ist nur zulässig bei einer endgültigen Verfahrenseinstellung nach § 170 Abs. 2, durch die eine Tat im prozessualen Sinn insgesamt eingestellt worden ist (OLG Hamm, MDR 1959, 234; LR/*Graalmann-Scheerer*, § 172 Rn. 12 ff.). Hat die StA innerhalb einer prozessualen Tat i.S.d. § 264 wegen einzelner tateinheitlich oder tatmehrheitlich zusammentreffender Straftatbestände – unzulässigerweise – eine Teileinstellung vorgenommen und i.Ü. Anklage erhoben, ist für § 172 kein Raum, da die gesamte Tat wegen §§ 155, 264 bereits Gegenstand des gerichtlichen Verfahrens ist (OLG Karlsruhe, NJW 1977, 62).

6 **2. Verfahren gegen Unbekannt.** Gegen unbekannte Täter ist das Klageerzwingungsverfahren nicht zulässig, denn es zielt auf die Anordnung der Klageerhebung ab (§ 175), welche ohne namentliche Bezeichnung des Angeschuldigten (§ 200 Abs. 1) nicht möglich ist (OLG Hamburg, MDR 1993, 1226; OLG Hamm, NStZ-RR 2001, 83; OLG Stuttgart, NStZ-RR 2003, 331). Jedoch reicht es aus, wenn der Antrag den Beschuldigten, falls dieser nicht namentlich bezeichnet werden kann, so genau umschreibt, dass dessen Identifizierung möglich ist (OLG Karlsruhe, NStZ-RR 2001, 112). Unzulässig ist der Antrag auch in den Fällen, in denen gegen den – namentlich bekannten – Beschuldigten wegen unbekannten Aufenthalts (OLG Stuttgart, NStZ-RR 1999, 277) oder wegen Unausführbarkeit seiner Gestellung vor ein deutsches Gericht (OLG Stuttgart, NStZ 2003, 682) nicht verhandelt werden könnte.

7 **3. Privatklagedelikte.** Nach Abs. 2 Satz 3 Halbs. 1 ist das Klageerzwingungsverfahren stets unzulässig, wenn Gegenstand des Verfahrens ausschließlich ein Privatklagedelikt ist. Dies gilt bei Einstellung wegen mangelnden Tatverdachtes ebenso wie bei Einstellung wegen Verneinung des öffentlichen Interesses (§ 376). Trifft innerhalb einer prozessualen Tat i.S.d. § 264 ein Offizialdelikt mit einem Privatklagedelikt zusammen, ist der Klageerzwingungsantrag zulässig, wenn hinsichtlich des Offizialdelikts alle Voraussetzungen des § 172 gegeben sind, insb. der Antragsteller auch durch das Offizialdelikt verletzt ist (OLG Frankfurt am Main, NStZ-RR 2006, 47; *Meyer-Goßner/Schmitt*, § 172 Rn. 2). Wird in diesem Fall der Antrag hinsichtlich des Offizialdeliktes für begründet erachtet, muss das OLG auch den hinreichenden Tatverdacht für das Privatklagedelikt prüfen (OLG Koblenz, NJW 1960, 734 [L]; LR/*Graalmann-Scheerer*, § 172 Rn. 24). Verneint das Gericht den hinreichenden Tatverdacht für das Offizialdelikt, ist ohne Prüfung des Privatklagedelikts der Antrag als unbegründet – nicht als unzulässig – zu verwerfen, weil eine sachliche Prüfung wegen des Offizialdelikts stattgefunden hat (OLG Koblenz, NJW 1960, 734 [L]; KK-StPO/*Moldenhauer*, § 174 Rn. 3).

8 Da gegen Jugendliche eine Privatklage nicht erhoben werden kann (§ 80 Abs. 1 Satz 1 JGG), ist zur Sicherung des Legalitätsprinzips das Klageerzwingungsverfahren ausnahmsweise auch bei Privatklagedelikten zulässig, wenn die StA das Verfahren gem. § 170 Abs. 2 und nicht nach einer Ermessensvorschrift (§§ 80 Abs. 1 Satz 2, 45 JGG) eingestellt hat (OLG Stuttgart, NStZ 1989, 136).

4. Geltungsbereich des Opportunitätsprinzips. Ferner ist das Klageerzwingungsverfahren nach 9
Abs. 2 Satz 3 Halbs. 2 unzulässig, wenn die StA im Geltungsbereich des Opportunitätsprinzips das Verfahren – auch ohne Mitwirkung des Gerichts – nach einer der genannten Vorschriften (§§ 153, 153a, 153b, 153c bis 154, 154b, 154c) eingestellt hat. Dasselbe gilt für den nicht genannten Fall der Einstellung nach § 45 JGG (OLG Nürnberg, MDR 1965, 845). Bei Verfahrensbeschränkung nach § 154a entfällt das Klageerzwingungsverfahren bereits deshalb, weil wegen der Tat i.Ü. Anklage erhoben wurde (LR/*Graalmann-Scheerer*, § 172 Rn. 27). Bei § 154e steht die Vorläufigkeit der Einstellung einer Klageerzwingung entgegen. Gegen eine endgültige Verfahrenseinstellung nach § 154d Satz 3 ist das Klageerzwingungsverfahren zulässig (OLG Brandenburg, OLGSt Nr. 1 zu § 154d), nicht jedoch gegen eine vorläufige Einstellung nach § 154d Satz 1 (OLG Stuttgart, NStZ-RR 2003, 145).

Der Ausschluss des Klageerzwingungsverfahrens nach Abs. 2 Satz 3 Halbs. 2 gilt aber nicht, wenn die 10
Einstellung mit der Begründung angegriffen wird, der Anwendungsbereich der betreffenden Einstellungsnorm sei überhaupt nicht gegeben, z.B. weil in den Fällen einer Einstellung nach §§ 153 oder 153a tatsächlich ein Verbrechenstatbestand erfüllt sei (OLG Hamm, MDR 1997, 285; OLG Bamberg, NStZ 2011, 534; LR/*Graalmann-Scheerer*, § 172 Rn. 26). Denn hinsichtlich des Vorliegens der Tatbestandsvoraussetzungen der Einstellungsnorm steht der StA kein Ermessen zu. Für das Bußgeldverfahren ergibt sich der Ausschluss des Klageerzwingungsverfahrens aus § 46 Abs. 3 Satz 3 OWiG.

II. Persönliche Voraussetzungen. 1. Antragsteller. Nur der Antragsteller hat gem. Abs. 1 Satz 1, 11
Abs. 2 Satz 1 die Befugnis, das Klageerzwingungsverfahren zu betreiben. Antragsteller ist derjenige, der den Antrag auf Erhebung der öffentlichen Klage nach § 171 Satz 1 gestellt hat (OLG Oldenburg, MDR 1987, 431; OLG Koblenz, NStZ-RR 2012, 317). Das Antragsrecht ist ein höchstpersönliches Recht, das nicht auf Erben oder Angehörige übergeht (OLG Celle, NStZ 1988, 568) und nicht durch Rechtsgeschäft (Abtretung) übertragen werden kann (OLG Brandenbrug, NStZ-RR 2009, 245).

2. Verletzter. Der Antragsteller muss zugleich Verletzter sein (Abs. 1 Satz 1), d.h. durch die behaup- 12
tete Tat – ihre tatsächliche Begehung unterstellt – unmittelbar in einem Rechtsgut verletzt sein (OLG Koblenz, NJW 1985, 1409; OLG München, NJW 1985, 2430; OLG Hamm, NStZ 1986, 327). Um über § 172 einen umfassenden Schutz des Legalitätsprinzips zu gewährleisten, ist der Begriff des Verletzten weit auszulegen (OLG Düsseldorf, NStZ 1995, 49), sodass als Rechtsgutverletzung jede Beeinträchtigung eines rechtlich anerkannten Interesses genügt (OLG Stuttgart, NJW 2001, 840). Allerdings muss der Verletzte dem Schutzbereich der verletzten materiellen Strafnorm unterfallen (BGHSt 18, 283, 284; LR/*Graalmann-Scheerer*, § 172 Rn. 52). Das allgemeine Interesse jedes Bürgers an der Einhaltung der Rechtsordnung genügt keinesfalls (OLG Düsseldorf, NJW 1988, 2906). Strafvorschriften, die ausschließlich Rechtsgüter der Gemeinschaft schützen sollen, begründen keine Verletzteneigenschaft (OLG Hamburg, NJW 1966, 1933; OLG Köln, NJW 1972, 1338). Es genügt aber, dass die verletzte Strafnorm wenigstens nachrangig oder als Nebenzweck ein Individualrechtsgut schützt (LR/*Graalmann-Scheerer*, § 172 Rn. 56).

Bei **konkreten Gefährdungsdelikten** (z.B. § 315c StGB) ist strittig, ob derjenige Verletzter ist, dessen 13
geschütztes Individualrechtsgut (lediglich) gefährdet wurde (vgl. LR/*Graalmann-Scheerer*, § 172 Rn. 58). Hier dürfte die Verletzteneigenschaft zu verneinen sein, wenn die Gefährdung ein Rechtsgut betrifft (z.B. Gesundheit), das im Fall seiner tatsächlichen Verletzung als Privatklagedelikt (z.B. §§ 223, 229 StGB) vom Klageerzwingungsverfahren ausgeschlossen wäre (OLG Stuttgart, NJW 1997, 1320; OLG Celle, NStZ-RR 2004, 369).

Auch **Behörden** sind durch Straftaten gegen die Allgemeinheit nicht verletzt, wenn zu ihrem Aufgaben- 14
bereich lediglich der Schutz und die Kontrolle derjenigen Rechtsgüter gehört, die durch die Strafvorschrift geschützt werden (LR/*Graalmann-Scheerer*, § 172 Rn. 60). Gleiches gilt für berufsständische Organisationen (KK-StPO/*Moldenhauer*, § 172 Rn. 30). Nicht verletzt ist deshalb z.B. die Ausländerbehörde bei ausländerrechtlichen Vergehen (OLG Karlsruhe, NJW 1987, 1835) oder die Ärztekammer bei unerlaubter Ausübung der Heilkunde (OLG Stuttgart, NJW 1969, 569). Private Vereine und Interessenverbände sind nicht verletzt, wenn eine Straftat nur ihre satzungsmäßigen Ziele tangiert (z.B. Tierschutzverein bei Tierquälerei, vgl. OLG Hamm, MDR 1970, 946). Dagegen können Behörden, öffentlich-rechtliche Körperschaften und privatrechtliche Vereinigungen nach allgemeinen Grundsätzen dann Verletzte sein, wenn die Straftaten sich gegen die ihnen zugeordneten Rechtsgüter wie etwa Eigentum, Vermögen, Hausrecht, etc. richten (OLG Düsseldorf, NJW 1979, 2525).

Beispielsfälle:

15 Verletzt sind
- bei Volksverhetzung (§ 130 Abs. 1 und Abs. 2 StGB) jeder Angehörige eines betroffenen Bevölkerungsteils (OLG Karlsruhe, NJW 1986, 1276; a. A. OLG München, NJW 1985, 2430) oder jedes einzelne Mitglied einer Religionsgemeinschaft (OLG Stuttgart, NJW 2002, 2893);
- bei Aussage- und Eidesdelikten (§§ 153, 154, 156 StGB) jeder Prozessbeteiligte, zu dessen Nachteil sich die Aussage ausgewirkt hat (OLG Bremen, NStZ 1988, 39; OLG Düsseldorf, NStZ 1995, 49; OLG Frankfurt am Main, NStZ-RR 2002, 174), nicht jedoch Personen, die – ohne am Verfahren beteiligt zu sein – nur ein wirtschaftliches oder sonstiges Interesse am Verfahrensausgang haben (OLG Hamburg, NJW 1954, 1619);
- bei Verletzung der Unterhaltspflicht (§ 170 StGB) sowohl der Unterhaltsberechtigte als auch der öffentliche Versorgungsträger (OLG Hamm, NJW 1958, 640 und NStZ-RR 2003, 116 [L]);
- bei Straftaten gegen das Leben (§§ 211 ff., 222 StGB) die nebenklagebefugten Angehörigen oder Lebenspartner (§ 395 Abs. 2 Nr. 1) des Getöteten (OLG Hamm, NStZ 1986, 327; einschränkend für Geschwister: OLG Koblenz, NJW 1977, 1461) und auch weitläufigere Verwandte, mit denen eine enge Lebensgemeinschaft bestand (LR/*Graalmann-Scheerer*, § 172 Rn. 83);
- bei Diebstahl (§§ 242 ff. StGB) Eigentümer und Gewahrsamsinhaber;
- bei Betrug (§ 263 StGB) Geschädigter und Getäuschter;
- bei Urkundendelikten (§§ 267 ff. StGB) derjenige, zu dessen Nachteil die Urkunde im Rechtsverkehr gebraucht wird oder werden soll (OLG Karlsruhe, Justiz 2003, 270, 271);
- bei unterlassener Hilfeleistung (§ 323c StGB) nur der in Not Geratene, nicht nahe Verwandte (OLG Celle, NStZ 1988, 568).

16 Nicht verletzt sind
- die Tatbeteiligten (OLG Hamburg, NJW 1980, 848);
- der Ehegatte bei Sexualdelikt z.N. der Ehefrau (LR/*Graalmann-Scheerer*, § 172 Rn. 76; a. A. OLG Celle, NJW 1960, 835) oder ein Elternteil bei sexuellem Mißbrauch des Kindes (OLG Stuttgart, NStZ-RR 2012, 116);
- hinsichtlich Strafvereitelung das Opfer der Vortat (OLG Frankfurt am Main, NStZ-RR 1998, 279);
- der Tierhalter bei Verstoß gegen das Tierschutzgesetz (OLG Celle, NStZ 2007, 483);
- der Steuerzahler/Gemeindebürger bei Untreue z.N. öffentlicher Haushalte/Gemeinde (OLG Köln, MDR 1952, 568);
- der Dienstherr eines bestochenen Amtsträgers (OLG Nürnberg, NStZ 1997, 254) oder die durch eine Straftat nach den §§ 331 ff. StGB betroffenen Bürger (OLG Koblenz, OLGSt Nr. 13 zu § 172);
- Insolvenzverwalter und Testamentsvollstrecker bei Straftaten gegen die zu verwaltende Masse (LR/*Graalmann-Scheerer*, § 172 Rn. 89);
- Aktionäre bei Vermögensstraftaten z.N. der AG (OLG Braunschweig, wistra 1993, 31; OLG Frankfurt am Main, NJW 2011, 691);
- Gesellschafter einer GmbH bei Untreue des Geschäftsführers (OLG Stuttgart, NJW 2001, 840);
- bei Vorwurf der Rechtsbeugung gegen StA der Antragsteller, wenn er gegen die Einstellungsverfügung des jetzt beschuldigten Staatsanwalts nicht den Rechtsweg nach § 172 ausgeschöpft hat (OLG Dresden, NStZ-RR 1998, 338; abweichend OLG Karlsruhe, NStZ-RR 2001, 112; LR/*Graalmann-Scheerer*, § 172 Rn. 73).

17 **C. Einstellungsbeschwerde (Abs. 1) I. Beschwerdeeinlegung. 1. Adressat und Inhalt.** Die Einstellungsbeschwerde ist nach Abs. 1 Satz 1 an den vorgesetzten Beamten der StA (d.h. den GenStA, §§ 145, 147 GVG) zu richten. Folglich muss sie inhaltlich zum Ausdruck bringen, dass eine förmliche Sachentscheidung des vorgesetzten Beamten erstrebt und nicht nur eine Gegenvorstellung oder persönliche Dienstaufsichtsbeschwerde erhoben wird. In Staatsschutzsachen, in denen der GBA oder GenStA die Ermittlungen geführt und eingestellt hat (§§ 120 Abs. 1, Abs. 2 und 142a Abs. 1, Abs. 2 GVG), entfällt die Vorschaltbeschwerde; der Antrag auf gerichtliche Entscheidung kann in diesen Fällen direkt beim örtlich zuständigen OLG gestellt werden (OLG Stuttgart, NStZ 2006, 117).

2. Form. Die Beschwerde kann schriftlich oder (fern-)mündlich (dann besteht Beurkundungspflicht, **18**
vgl. OLG Stuttgart, NStZ 1989, 42) bei der Ausgangs-StA (Abs. 1 Satz 2) oder dem GenStA (Abs. 1
Satz 1) eingelegt werden. Eine Begründung ist – im Gegensatz zum Antrag auf gerichtliche Entscheidung nach Abs. 2, 3 – nicht vorgeschrieben.

3. Frist. Die zweiwöchige Beschwerdefrist (Abs. 1 Satz 1) beginnt unter der Voraussetzung, dass eine **19**
richtige und vollständige Beschwerdebelehrung erteilt wurde (Abs. 1 Satz 3), mit der Bekanntmachung
des Bescheids, also dem Zeitpunkt der förmlichen Zustellung bzw. des Zugangs der formlosen Mitteilung. Bei wiederholter Einstellung des Verfahrens ist für die Frage der Einhaltung der Beschwerdefrist
nur der letzte Einstellungsbescheid maßgeblich, da frühere Bescheide durch die Wiederaufnahme der
Ermittlungen gegenstandslos geworden sind (OLG Celle, OLGSt Nr. 26 zu § 172; LR/*Graalmann-Scheerer*, § 172 Rn. 130; KK-StPO/*Moldenhauer*, § 172 Rn. 9; *Meyer-Goßner/Schmitt*, § 172 Rn. 16;
a. A. OLG Düsseldorf, NStZ 1989, 193).

4. Wiedereinsetzung in den vorigen Stand. Gegen die Versäumung der Beschwerdefrist kann Wie- **20**
dereinsetzung in den vorigen Stand analog §§ 44 ff. gewährt werden (LR/*Graalmann-Scheerer*, § 172
Rn. 133 ff.). Zuständig für die Entscheidung über den Wiedereinsetzungsantrag ist analog § 46 Abs. 1
grds. das OLG (str.; wie hier OLG Koblenz, MDR 1985, 75; OLG Hamm, NStZ 1990, 450 m. abl.
Anm. *Schmid*, dagegen *Asper*, NStZ 1991, 146; LR/*Graalmann-Scheerer*, § 172 Rn. 134; *Meyer-Goßner/Schmitt*, § 172 Rn. 17). Denn die Einhaltung der Beschwerdefrist als Zulässigkeitsvoraussetzung
für das Klageerzwingungsverfahren ist allein bei der Sachprüfung durch das OLG von Bedeutung, nicht
bei der Prüfung durch den GenStA, der auch bei verfristeter Beschwerde zur sachlichen Prüfung und
Verbescheidung verpflichtet ist. Das OLG muss aber erst und nur dann über die Wiedereinsetzung entscheiden, wenn ein Antrag auf gerichtliche Entscheidung nach Abs. 2 Satz 1 eingegangen ist (OLG
Düsseldorf, NJW 1988, 431; OLG Stuttgart, NStZ-RR 1996, 239; KK-StPO/*Moldenhauer*, § 172
Rn. 11; a. A. LR/*Graalmann-Scheerer*, § 172 Rn. 136; *Meyer-Goßner/Schmitt*, § 172 Rn. 17). Nach
einer differenzierenden Meinung liegt die Entscheidungszuständigkeit für den Wiedereinsetzungsantrag beim GenStA, wenn der Antrag vor dessen sachlicher Entscheidung über die Beschwerde eingegangen ist, bei späterem Antragseingang beim OLG (OLG Hamm, NJW 1973, 1055; OLG München,
NJW 1977, 2365; OLG Celle, MDR 1980, 335; KK-StPO/*Moldenhauer*, § 172 Rn. 11; KMR/*Plöd*,
§ 172 Rn. 45a).

II. Abhilfeentscheidung. Die StA kann der Beschwerde abhelfen (RiStBV Nr. 105 Abs. 1), indem **21**
sie Anklage erhebt oder die Ermittlungen wieder aufnimmt. Dadurch wird die Beschwerde gegenstandslos, ebenso der Einstellungsbescheid, dessen förmliche Aufhebung nicht erforderlich ist. Dem Beschwerdeführer ist die Abhilfe mitzuteilen (RiStBV Nr. 105 Abs. 4). Bei Wiederaufnahme der Ermittlungen und anschließender erneuter Einstellung gelten wieder die §§ 171, 172.

III. Beschwerdeentscheidung. 1. Allgemeines. Hilft die StA der Beschwerde nicht ab, legt sie **22**
diese zusammen mit den Akten dem GenStA zur Entscheidung vor (zur Verfahrensweise im Einzelnen
vgl. RiStBV Nr. 105 Abs. 2, 3). Auch wenn die Beschwerde wegen Versäumung der Beschwerdefrist
oder wegen Fehlens der sachlichen und persönlichen Voraussetzungen des Klageerzwingungsverfahrens
(vgl. Rdn. 5 bis 16) unzulässig ist, muss der GenStA wegen des Doppelcharakters der Beschwerde (vgl.
Rdn. 3, 4) diese sachlich prüfen und verbescheiden.

2. Inhalt. Ist die Beschwerde begründet, hebt der GenStA die Einstellungsverfügung auf und weist **23**
die StA zur Anklageerhebung oder Wiederaufnahme der Ermittlungen an. Die Frage der Zulässigkeit
der Beschwerde hat in diesem Fall keine Bedeutung. Hält der GenStA die Beschwerde für unbegründet,
so weist er sie zurück und öffnet damit den Weg zum OLG (Abs. 2 Satz 1). Ergeht die ablehnende Sachentscheidung trotz unzulässiger Einstellungsbeschwerde aufgrund dienstaufsichtlicher Sachprüfung,
muss der Beschwerdebescheid zweifelsfrei erkennen lassen, dass und aus welchem Grund die Beschwerde als Vorschaltbeschwerde für unzulässig erachtet und deshalb als sachliche Dienstaufsichtsbeschwerde behandelt wurde (LR/*Graalmann-Scheerer*, § 172 Rn. 117). Eine ausdrückliche Verwerfung der Vorschaltbeschwerde als unzulässig im Tenor des ablehnenden Beschwerdebescheides
entspricht nicht gängiger Praxis und erscheint auch nicht zwingend geboten (anders die h.M., vgl. LR/

§ 172 StPO   Beschwerde des Verletzten; Klageerzwingungsverfahren

Graalmann-Scheerer, § 172 Rn. 117; *Meyer-Goßner/Schmitt*, § 172 Rn. 14; KK-StPO/*Moldenhauer*, § 172 Rn. 13). Die Bekanntgabe des Beschwerdebescheids regelt RiStBV Nr. 105 Abs. 5.

24   **3. Belehrung.** Der ablehnende Beschwerdebescheid ist gem. Abs. 2 Satz 2 mit einer Belehrung über das Recht des Beschwerdeführers zum Antrag auf gerichtliche Entscheidung (Abs. 2 Satz 1) sowie die dafür vorgesehene Frist (Abs. 2 Satz 1) und Form (Abs. 3 Satz 2 Halbs. 1 und Satz 3) zu versehen. Die Pflicht zur Angabe der antragsbegründenden Tatsachen und Beweismittel (Abs. 3 Satz 1) betrifft nicht die Form, sondern den Inhalt des Antrags und ist damit nicht Gegenstand der Belehrung (OLG Nürnberg, NStZ-RR 1998, 143). Bei unvollständiger oder unterbliebener Belehrung läuft die Frist nicht (Abs. 2 Satz 2). Die Belehrung ist auch dann erforderlich, wenn die Vorschaltbeschwerde – z.B. wegen Verfristung oder fehlender Verletzteneigenschaft – als unzulässig angesehen und der ablehnende Beschwerdebescheid deshalb aufgrund dienstaufsichtlicher Sachprüfung erlassen wurde (OLG Hamm, NStZ 1990, 450; *Meyer-Goßner/Schmitt* § 172 Rn. 20). Nur wenn ein in Abs. 2 Satz 3 genannter Unzulässigkeitsgrund vorliegt (Privatklagedelikt oder Einstellung gem. §§ 153 ff.), ist die Belehrung entbehrlich (LR/*Graalmann-Scheerer*, § 172 Rn. 121).

25   **D. Antrag auf gerichtliche Entscheidung (Abs. 2 bis 4)   I. Allgemeines.** Das Klageerzwingungsverfahren vor dem OLG ist ein prozessual selbstständiges Verfahren (BVerfG, NJW 1976, 1629). Antragsbefugt ist nur, wer die Strafanzeige erstattet und auch Beschwerde eingelegt hat (OLG Oldenburg, MDR 1987, 431). Der Antragsteller muss prozessfähig sein (OLG Düsseldorf, MDR 1989, 377); andernfalls muss sein gesetzlicher Vertreter für ihn handeln.

26   **II. Frist.** Die Antragsfrist von einem Monat (Abs. 2 Satz 1) beginnt unter der Voraussetzung, dass eine ordnungsgemäße Rechtsbehelfsbelehrung erteilt wurde (Abs. 2 Satz 2), mit der Bekanntgabe des Bescheides. Maßgeblich ist der Tag des Zuganges, nicht der (spätere) Zeitpunkt der tatsächlichen Kenntnisnahme (OLG Stuttgart, BeckRS 2009, 05156). Die Frist gilt auch für die Begründung des Antrags (OLG Nürnberg, NStZ-RR 1998, 143) und kann nicht verlängert werden (OLG Düsseldorf, NJW 1987, 2453). Fristwahrend ist nur der rechtzeitige Eingang beim OLG (Abs. 3 Satz 3, Abs. 4 Satz 1). Bei schuldloser Fristversäumnis ist Wiedereinsetzung in den vorigen Stand zulässig. Der Antragsteller muss sich aber ein Verschulden seines Anwalts zurechnen lassen (OLG Frankfurt am Main, NStZ-RR 2002, 215). Ist innerhalb der Monatsfrist PKH beantragt und nach deren Gewährung binnen einer Woche (§ 45 Abs. 1) der Antrag auf gerichtliche Entscheidung gestellt worden, so wird, wenn der Antrag erst nach Fristablauf eingegangen ist, Wiedereinsetzung in den vorigen Stand gewährt (BVerfG, NJW 1993, 720).

27   **III. Form.** Der Antrag muss schriftlich gestellt werden und von einem bevollmächtigten RA, der bei einem Gericht im Geltungsbereich der StPO zugelassen ist (OLG Hamburg, NJW 1962, 1689), unterzeichnet sein (Abs. 3 Satz 2). Antragstellung zu Protokoll der Geschäftsstelle sieht das Gesetz nicht vor. Die Vollmacht muss innerhalb der Monatsfrist (Abs. 2 Satz 1) erteilt worden sein (OLG Düsseldorf, MDR 1983, 153); der entsprechende Nachweis kann aber noch nachträglich geführt werden. Eine wirksame Unterzeichnung durch einen RA i.S.d. Abs. 3 Satz 2 liegt nur dann vor, wenn der RA durch seine Unterschrift zu erkennen gibt, dass er den Antrag geprüft hat und die Verantwortung dafür übernimmt (OLG München, NStZ 1984, 281; OLG Hamm, NStZ-RR 2001, 300). Fehlt es daran ersichtlich, weil z.B. lediglich Stempel und Unterschrift auf einem vom Antragsteller selbst gefertigten Schriftsatz gesetzt wurden (OLG Düsseldorf, NJW 1990, 1002) oder nur auf ein vom Antragsteller selbst verfasstes Schreiben Bezug genommen wird (OLG Frankfurt am Main, NStZ-RR 2002, 15), ist das Formerfordernis nicht erfüllt und der Antrag unzulässig. Etwaige Formmängel können nach Ablauf der Frist des Abs. 2 Satz 1 nicht mehr geheilt werden (*Meyer-Goßner/Schmitt*, § 172 Rn. 33), und zwar auch nicht auf dem Umweg der Wiederholung der Strafanzeige (OLG Düsseldorf, NStZ-RR 2000, 146 [L]).

28   **IV. PKH.** Der Antrag auf Bewilligung von PKH (Abs. 3 Satz 2 Halbs. 2) setzt Prozessfähigkeit des Antragstellers voraus (OLG Hamburg, NJW 1966, 1934) und muss schriftlich oder zu Protokoll der Geschäftsstelle des OLG (§ 117 Abs. 1 Satz 1 ZPO) innerhalb der Monatsfrist des Abs. 2 Satz 1 gestellt werden (BVerfG, NJW 1993, 720; OLG Koblenz, MDR 1985, 957), wenn nicht zuvor fristgerecht ein Klageerzwingungsantrag eingereicht wurde (OLG Düsseldorf, OLGSt Nr. 17 zu § 44). Innerhalb der Monatsfrist muss der Antragsteller auch auf dem amtlichen Vordruck (§ 117 Abs. 4 ZPO) die Erklä-

rung über seine persönlichen und wirtschaftlichen Verhältnisse vorlegen (OLG Stuttgart, NStZ 1985, 41 [L]). Damit das OLG die Erfolgsaussicht der beabsichtigten Rechtsverfolgung (§ 114 ZPO) beurteilen kann, müssen die materiellen und formellen Voraussetzungen des Klageerzwingungsverfahrens wenigstens in groben Zügen dargetan werden, wobei wegen des fehlenden Anwaltszwanges für das PKH-Verfahren die Anforderungen nicht überspannt werden dürfen (OLG Hamm, NJW 2008, 245; LR/*Graalmann-Scheerer*, § 172 Rn. 167; a. A. KK-StPO/*Moldenhauer*, § 172 Rn. 51; *Meyer-Goßner/Schmitt*, § 172 Rn. 21a je m.w.N.: Darlegung der formellen Voraussetzungen entbehrlich).

Für das Bewilligungsverfahren gilt die StPO. Das OLG entscheidet durch unanfechtbaren Beschluss (§ 304 Abs. 4 Satz 2) nach vorheriger Anhörung der StA (§ 33 Abs. 2). Sofern die Gewährung von PKH in Betracht kommt, ist auch der Beschuldigte vorher anzuhören (*Meyer-Goßner/Schmitt*, § 172 Rn. 22). Mit der Bewilligung von PKH wird dem Antragsteller auf seinen Antrag hin ein RA seiner Wahl beigeordnet (§ 121 Abs. 1 ZPO). Aber auch ohne Bewilligung von PKH kann ihm bei entsprechendem Antrag in analoger Anwendung des § 78b ZPO ein RA (**Notanwalt**) bestellt werden, um dem Anwaltszwang nach Abs. 3 Satz 2 Rechnung zu tragen (str., vgl. KK-StPO/*Moldenhauer*, § 172 Rn. 55, *Meyer-Goßner/Schmitt*, § 172 Rn. 23 je m.w.N.). Voraussetzung ist jedoch, dass der Antragsteller glaubhaft macht, trotz aller ihm zumutbaren Bemühungen keinen vertretungsbereiten RA gefunden zu haben (OLG Hamm, NJW 2008, 245). 29

V. Inhalt. 1. Allgemeines. Der Antrag auf gerichtliche Entscheidung ist nur zulässig, wenn sein Inhalt den Anforderungen des Abs. 3 Satz 1 genügt. Danach muss der Antrag die Tatsachen, welche die Erhebung der öffentlichen Klage begründen sollen, und die Beweismittel angeben. Über den Gesetzeswortlaut hinaus hat die Rechtsprechung zusätzliche Voraussetzungen entwickelt, die der Antrag inhaltlich erfüllen muss (vgl. hierzu *Stoffers*, NStZ 1993, 497). Gefordert wird eine in sich geschlossene, aus sich heraus verständliche Sachdarstellung, die es dem OLG ermöglicht zu entscheiden, ob ein für die Erhebung der öffentlichen Klage hinreichender Tatverdacht besteht, wenn man die Richtigkeit des Vorbringens und die Beweisbarkeit unterstellt (BVerfG, NJW 2000, 1027; OLG Stuttgart, NStZ-RR 2005, 113). Die Antragsschrift muss das Gericht in die Lage versetzen, selbstständig und ohne Rückgriff auf die Ermittlungsakten oder andere Schriftstücke eine Schlüssigkeitsprüfung vorzunehmen (OLG Koblenz, NJW 1977, 1461; OLG Celle, NStZ 1997, 406; OLG Düsseldorf, NStZ-RR 1998, 365; OLG Schleswig, NStZ 2013, 302). Die Prüfung der Schlüssigkeit erstreckt sich nicht nur auf das Vorliegen eines hinreichenden Tatverdachts als materielle Voraussetzung für die Anordnung der Erhebung der öffentlichen Klage (nachfolgend Rdn. 31 bis 33). Vielmehr muss das Antragsvorbringen auch Angaben zu den Zulässigkeitsvoraussetzungen des Klageerzwingungsverfahrens enthalten, damit das Gericht auch hinsichtlich der formellen Voraussetzungen der Klageerzwingung die Schlüssigkeitsprüfung vornehmen kann (nachfolgend Rdn. 34). 30

2. Darlegung des hinreichenden Tatverdachts. Um den hinreichenden Tatverdacht schlüssig darzulegen, muss der Antrag erkennen lassen, welcher konkrete Sachverhalt den Schuldvorwurf begründet und aufgrund welcher Beweismittel der Beschuldigte zu überführen ist. Das Gericht muss in der Lage sein, die Schlüssigkeit des Antrages hinsichtlich jedes einzelnen Tatbestandsmerkmales der in Betracht kommenden Strafvorschrift in objektiver und subjektiver Hinsicht zu überprüfen (OLG Bamberg, NStZ-RR 2012, 248). Bei Antragsdelikten ist die Rechtzeitigkeit der Strafantragstellung darzulegen (OLG Hamm, NJW 2000, 1278). Bei Einstellung wegen Verjährung oder bei Sachvortrag, der eine Verjährung nahelegt, muss ausgeführt werden, dass und aus welchem Grund die Tat trotzdem noch verfolgbar ist (OLG München, NJW 1973, 2120; OLG Hamburg, NStZ 1985, 41 [L]). 31

Überdies muss der Antrag in groben Zügen den Gang des Ermittlungsverfahrens schildern, den Inhalt des Einstellungsbescheids der StA und des Beschwerdebescheids der GenStA mitteilen und die tatsächlichen oder rechtlichen Gründe für deren Unrichtigkeit im Einzelnen darlegen (BVerfG, NJW 2000, 1027; OLG Schleswig, NStZ 1989, 286; OLG Düsseldorf, NStZ-RR 1998, 365; OLG Stuttgart, NStZ-RR 2002, 79; 2003, 331; einschränkend OLG Bamberg, NStZ 1989, 544; a. A. OLG Celle, NStZ 1989, 43). Eine wörtliche Wiedergabe der Bescheide ist jedoch entbehrlich, wenn sich deren Inhalt aus dem Klageerzwingungsantrag erschließt (BVerfG, NJW 1993, 382). Ebenso wenig bedarf es der Wiedergabe der kompletten Aussagen aller Zeugen (*Meyer-Goßner/Schmitt*, § 172 Rn. 27a). 32

Zu einem zulässigen Antrag gehört schließlich die Benennung der Beweismittel, wobei auch neue Beweismittel – ebenso wie neue Tatsachen – vorgebracht werden können. Der Antragsteller muss darle- 33 gen, mit welchem Beweismittel welcher einzelne Umstand bewiesen werden soll (OLG Celle, NStZ 1988, 568). Ob die Beweismittel zum Nachweis der Tatsachenbehauptungen ausreichen, ist dann eine Frage der Begründetheit des Antrags.

34 **3. Darlegung der Zulässigkeit des Klageerzwingungsverfahrens.** Um die Zulässigkeit des Klageerzwingungsverfahrens schlüssig darzulegen, muss der Antragsteller Ausführungen dazu machen, dass er Antragsteller (§ 171 Satz 1) und zugleich Verletzter (§ 171 Satz 2) ist (OLG Hamm, NStZ 1986, 327); ferner, dass er Beschwerdeführer der Vorschaltbeschwerde (Abs. 1) und Antragsteller des Antrags auf gerichtliche Entscheidung (Abs. 2) ist. Der Antragsschrift muss weiter zu entnehmen sein, ob die Beschwerdefrist des Abs. 1 Satz 1 und die Antragsfrist des Abs. 2 Satz 1 gewahrt sind (BVerfG, NJW 1993, 382; OLG Karlsruhe, NStZ 1982, 520; OLG Hamm, NStZ-RR 1997, 308; OLG Frankfurt am Main, NStZ-RR 2000, 113; a. A. OLG Celle, NJW 1990, 60 [L]). Folglich müssen grds. die für die Beurteilung der Fristenwahrung maßgeblichen Daten (Zugang des Einstellungsbescheids; Eingang der Beschwerde; Zugang der Beschwerdeentscheidung) ausdrücklich mitgeteilt werden. Bei offensichtlicher Fristwahrung unter Zugrundelegung regulärer Postlaufzeiten reicht es aber, wenn statt des Eingangsdatums der Beschwerde beim GenStA das Absendedatum der Beschwerdeschrift beim Antragsteller angegeben wird (BVerfG, NStZ 2004, 215; NStZ-RR 2005, 176).

35 **4. Unzulässigkeit einer Bezugnahme.** Eine Bezugnahme auf die Ermittlungsakten, auf frühere Eingaben oder andere Schriftstücke zur Darstellung des Sachverhalts ist grds. unzulässig (OLG Koblenz, NJW 1977, 1461). Ebenso wenig ist es zulässig, wenn der Antragsteller Ablichtungen aus den Akten in die Antragsschrift einfügt, auf eine eigene Sachdarstellung verzichtet und auch nicht darlegt, aufgrund welcher Teile des Aktenauszugs sein Antrag begründet sein soll (OLG Celle, NStZ 1997, 406). Werden aber lediglich Aktenbestandteile, auf deren Wortlaut es ankommt, zur Vermeidung des – andernfalls notwendigen – vollständigen Abschreibens dieser Unterlagen in die Antragsschrift hineinkopiert, ist dies nicht zu beanstanden (OLG Hamm, BeckRS 2015, 01011). Auch darf nicht auf Anlagen zur Antragsschrift Bezug genommen werden, wenn dadurch die i.Ü. fehlende oder lückenhafte Sachdarstellung ersetzt bzw. ergänzt werden soll und erst durch die Kenntnisnahme vom Inhalt der Anlagen die erforderliche geschlossene Sachdarstellung erreicht wird (OLG Düsseldorf, StV 1983, 498; a. A. OLG Bamberg, NStZ 1990, 202 zur Feststellung der Wahrung der Fristen). Statt der Bezugnahme und des Einkopierens empfiehlt sich deshalb die wörtliche Übernahme in den Antrag, wobei eine aus sich heraus verständliche geschlossene Sachdarstellung unverzichtbar bleibt.

36 **VI. Entscheidung des Gerichts. 1. Verwerfung des unzulässigen Antrags.** Das OLG verwirft den Antrag als unzulässig, wenn die nach § 172 Abs. 2 und Abs. 3 erforderlichen formellen Voraussetzungen nicht gegeben sind oder die Frist für die Vorschaltbeschwerde nach Abs. 1 versäumt worden ist. Zulässig ist der Antrag also nur, wenn die Fristen für Vorschaltbeschwerde und Antrag auf gerichtliche Entscheidung gewahrt sind, wenn die für den letztgenannten Antrag vorgesehene Form eingehalten ist (Unterzeichnung durch einen RA), die inhaltlichen Anforderungen an diesen Antrag erfüllt sind (in sich geschlossene Sachdarstellung) und die sachlichen Zulässigkeitsvoraussetzungen (endgültige Verfahrenseinstellung; Benennung des Beschuldigten; kein Privatklagedelikt; keine Einstellung nach §§ 153 ff.) sowie die persönlichen Zulässigkeitsvoraussetzungen des Klageerzwingungsverfahrens (Antragsbefugnis; Verletztenstellung) vorliegen. Die Verwerfung als unzulässig, die im Gesetz nicht ausdrücklich geregelt ist, hat keine Sperrwirkung nach § 174 Abs. 2 und keine Kostentragungspflicht nach § 177 zur Folge. Die Entscheidung ist dem Antragsteller und der StA formlos mitzuteilen (§ 35 Abs. 2 Satz 2), dem Beschuldigten nur, wenn er gem. § 173 Abs. 2 angehört worden ist.

37 **2. Verwerfung des unbegründeten Antrags.** Die Verwerfung des zulässigen, aber unbegründeten Antrags regelt § 174.

38 **3. Anordnung der Klageerhebung.** Ist der zulässige Antrag auch begründet, ordnet das OLG durch Beschluss nach § 175 die Erhebung der öffentlichen Klage an.

39 **4. Anordnung der Wiederaufnahme der Ermittlungen.** Das OLG kann das Klageerzwingungsverfahren nicht mit der Anordnung abschließen, dass die StA die von ihr geführten Ermittlungen wieder aufzunehmen, fortzuführen oder zu intensivieren habe. Ein derartiger Antrag wäre auf ein im Klageerzwingungsverfahren nicht erreichbares Ziel gerichtet und somit unzulässig. Hat die StA jedoch

wegen Verneinung des Anfangsverdachtes aus tatsächlichen oder rechtlichen Gründen davon abgesehen, irgendwelche Beweiserhebungen durchzuführen, sodass der Sachverhalt überhaupt nicht aufgeklärt worden ist und sämtliche Ermittlungen nachgeholt werden müssen, kann das OLG ausnahmsweise die StA anweisen, die erforderlichen Ermittlungen aufzunehmen und bis zur Entscheidungsreife fortzuführen (KG, NStZ 1990, 355 u. NStZ-RR 2014, 14; OLG Hamm, StV 2002, 128; OLG Köln, NStZ 2003, 682; OLG München, NJW 2007, 3734; *Meyer-Goßner/Schmitt*, § 175 Rn. 2; a. A. KK-StPO/*Moldenhauer*, § 175 Rn. 3). Damit ist das Verfahren vor dem OLG abgeschlossen (KG, NStZ 1990, 355). Das Klageerzwingungsverfahren wird in diesen Fällen zum Ermittlungserzwingungsverfahren (OLG München, NJW 2007, 3734).

5. Erledigung des Klageerzwingungsverfahrens. Nimmt die StA auf den Klageerzwingungsantrag hin von sich aus die Ermittlungen wieder auf, führt dies zur Erledigung des Antrags aufgrund prozessualer Überholung mit der Folge, dass eine Entscheidung des OLG nicht mehr veranlasst ist (str.; wie hier OLG Bamberg, NStZ 2010, 590; OLG Jena, NStZ-RR 2007, 223; OLG Brandenburg, NStZ-RR 2005, 45; OLG Koblenz, NStZ 1990, 48; KK-StPO/*Moldenhauer*, § 172 Rn. 57). Denn die Wiederaufnahme der Ermittlungen stellt gerade keine Verweigerung der Anklageerhebung dar, sodass sich eine gerichtliche Kontrolle der Einhaltung des Legalitätsprinzips erübrigt. Hinzu kommt, dass infolge der Wiederaufnahme der Ermittlungen die ursprüngliche Einstellungsverfügung der StA und der ablehnende Beschwerdebescheid des GenStA gegenstandslos werden und damit keine endgültige Verfahrenseinstellung mehr vorliegt, die aber Voraussetzung für das Klageerzwingungsverfahren ist. Die gegenteilige Ansicht schließt aus Sinn und Zweck des Klageerzwingungsverfahrens, dass sich der Antrag erst bei Klageerhebung erledigt; nimmt die StA die Ermittlungen wieder auf, hat nach dieser Ansicht das OLG die Entscheidung über den Klageerzwingungsantrag auszusetzen, bis die StA entweder – aufgrund der Nachermittlungen – doch die öffentliche Klage erhebt oder dies – endgültig erneut – ablehnt (OLG Bamberg, NStZ 1989, 543; OLG Hamm, NStZ-RR 1999, 148; *Meyer-Goßner/Schmitt*, § 172 Rn. 36).

VII. Wiederholung des Klageerzwingungsverfahrens. Eine Wiederholung des Klageerzwingungsverfahrens kann der Antragsteller nur erreichen, wenn er seine neuerliche Strafanzeige auf neue Tatsachen oder Beweismittel stützt (OLG Hamm, MDR 1965, 930; OLG Köln, NStZ 2003, 682). Dabei macht es keinen Unterschied, ob der ursprüngliche Klageerzwingungsantrag als unzulässig oder unbegründet verworfen wurde. Wiederholt der Antragsteller lediglich seine frühere Anzeige ohne Angabe von neuen Tatsachen oder Beweismitteln und lehnt die StA deshalb die Wiederaufnahme der Ermittlungen ab, ist der Weg ins Klageerzwingungsverfahren nicht erneut eröffnet, weil in der Sache keine neue staatsanwaltschaftliche Entscheidung vorliegt (OLG Stuttgart, NStZ-RR 1997, 177). Enthält die erneute Anzeige jedoch neues erhebliches Tatsachenvorbringen und/oder benennt sie neue erhebliche Beweismittel, muss die StA sachlich prüfen und verbescheiden; gegen die ablehnende Entscheidung ist dann erneut das Klageerzwingungsverfahren zulässig (OLG Nürnberg, MDR 1964, 524; OLG Frankfurt am Main, NStZ-RR 2003, 268).

§ 173 StPO Verfahren des Gerichts nach Antragstellung.
(1) Auf Verlangen des Gerichts hat ihm die Staatsanwaltschaft die bisher von ihr geführten Verhandlungen vorzulegen.
(2) Das Gericht kann den Antrag unter Bestimmung einer Frist dem Beschuldigten zur Erklärung mitteilen.
(3) Das Gericht kann zur Vorbereitung seiner Entscheidung Ermittlungen anordnen und mit ihrer Vornahme einen beauftragten oder ersuchten Richter betrauen.

A. Verfahrensgestaltung im Allgemeinen. Die Ausgestaltung des Verfahrens bestimmt das OLG nach eigenem Ermessen (BVerfG, NStZ 2002, 606). Da das Klageerzwingungsverfahren noch Bestandteil des Ermittlungsverfahrens ist, gilt der Freibeweis (LR/*Graalmann-Scheerer*, § 173 Rn. 2). Das OLG ist bei der Prüfung, ob der Antrag genügenden Anlass zur Erhebung der öffentlichen Klage bietet, nicht auf das tatsächliche Vorbringen des Antragstellers beschränkt. Es kann vielmehr weitere Ermittlungen zur Aufklärung in tatsächlicher Hinsicht vornehmen (vgl. Abs. 3). Allerdings erstreckt sich die Untersuchung nur auf die prozessuale Tat, die Gegenstand des Klageerzwingungsantrags nach § 172 Abs. 2 Satz 1, Abs. 3 Satz 1 ist (LR/*Graalmann-Scheerer*, § 173 Rn. 1).

B. Anhörung des Beschuldigten (Abs. 2) Die Anhörung des Beschuldigten steht nach Abs. 2 grds. im Ermessen des Gerichts. Bei Verwerfung des Antrages als unzulässig oder unbegründet muss der Beschuldigte vorher nicht gehört werden. Will das Gericht aber dem Antrag stattgeben und die Klageerhebung beschließen, muss es dem Beschuldigten – wie sich auch aus § 175 ergibt – vorher zwingend rechtliches Gehör gewähren (BVerfG, NJW 1976, 1629). Wird dagegen verstoßen, ist die Nachholung des rechtlichen Gehörs gem. § 33a im Klageerzwingungsverfahren selbst geboten. Der Beschuldigte darf nicht auf seine Äußerungs- und Verteidigungsrechte im Zwischen- bzw. Hauptverfahren verwiesen werden (BVerfG, NJW 1976, 1629). Mit der Anhörung ist eine Belehrung über das Aussageverweigerungsrecht (§ 136 Abs. 1) zu erteilen, wenn der Beschuldigte im Ermittlungsverfahren bis dahin noch nicht belehrt worden ist (KK-StPO/*Moldenhauer*, § 173 Rn. 2). Für die Anhörung des Antragstellers gilt § 33 Abs. 3, für die Anhörung der GenStA § 33 Abs. 2.

C. Ermittlungen des Gerichts (Abs. 3) Sind zur Vorbereitung der Entscheidung des OLG weitere Ermittlungen durchzuführen, kann das Gericht nach Abs. 3 diese durch Beschluss anordnen und mit ihrer Vornahme ein Mitglied des Senats (beauftragter Richter) oder den nach § 157 GVG zuständigen Rechtshilferichter (ersuchter Richter) betrauen. Auf Ersuchen des Gerichts ist die StA – die ihrerseits stets die Polizei beauftragen kann (§ 161 Satz 2; § 152 GVG) – verpflichtet, die nach Abs. 3 angeordneten Ermittlungen durchzuführen, wenn nach allgemeinen Grundsätzen Amtshilfe verlangt werden kann (LR/*Graalmann-Scheerer*, § 173 Rn. 16). Das ist dann der Fall, wenn das Gericht die angeordneten strafprozessualen Maßnahmen aus tatsächlichen Gründen nicht oder nur mit wesentlich größerem Aufwand als Polizei und StA durchführen könnte (LR/*Stuckenberg*, § 202 Rn. 18).

Nur Lücken füllende Nachermittlungen werden vom OLG nach Abs. 3 angeordnet (*Meyer-Goßner/Schmitt*, § 173 Rn. 3). Hat die StA davon abgesehen, irgendwelche Beweiserhebungen durchzuführen, sodass der Sachverhalt überhaupt nicht aufgeklärt worden ist und sämtliche Ermittlungen nachgeholt werden müssen, kann das OLG ausnahmsweise ohne Beweisanordnung nach Abs. 3 die StA auffordern, die Ermittlungen aufzunehmen und durchzuführen (vgl. zuletzt OLG München, NJW 2007, 3734 und § 172 Rdn. 39). Damit ist das Verfahren vor dem OLG abgeschlossen (KG, NStZ 1990, 355).

§ 174 StPO Verwerfung des Antrags.

(1) Ergibt sich kein genügender Anlass zur Erhebung der öffentlichen Klage, so verwirft das Gericht den Antrag und setzt den Antragsteller, die Staatsanwaltschaft und den Beschuldigten von der Verwerfung in Kenntnis.
(2) Ist der Antrag verworfen, so kann die öffentliche Klage nur auf Grund neuer Tatsachen oder Beweismittel erhoben werden.

A. Regelungsinhalt. § 174 befasst sich nur mit dem zulässigen, aber unbegründeten Klageerzwingungsantrag. Die Vorschrift ist nicht anwendbar, wenn der Antrag bereits unzulässig ist, weil die erforderlichen formellen Voraussetzungen fehlen. Zur Behandlung des unzulässigen Antrags vgl. § 172 Rdn. 36.

B. Verwerfung des unbegründeten Antrags (Abs. 1) Das Gericht verwirft den Antrag als unbegründet, wenn sich kein genügender Anlass zur Erhebung der öffentlichen Klage ergibt (Abs. 1). Die Formulierung stimmt mit derjenigen in § 170 Abs. 1 überein und deckt sich inhaltlich mit dem Begriff des hinreichenden Tatverdachts i.S.d. § 203 (OLG Rostock, NStZ-RR 1996, 272; a. A. OLG Köln, NJW 1991, 764). Zu den Entscheidungsmöglichkeiten bei Zusammentreffen von Offizial- und Privatklagedelikt innerhalb einer prozessualen Tat vgl. § 172 Rdn. 7.

Der Verwerfungsbeschluss ist mit einer **Kostenentscheidung** zu versehen (§ 177) und dem Antragsteller, der StA und dem Beschuldigten formlos (§ 35 Abs. 2 Satz 2) bekanntzumachen. Die Mitteilung an den Beschuldigten ist wegen der für ihn günstigen Sperrwirkung des Abs. 2 auch dann erforderlich,

wenn er zum Antrag nicht gehört worden ist oder überhaupt von dem Klageerzwingungsverfahren bzw. dem Ermittlungsverfahren keine Kenntnis hat.
Der Beschluss ist unanfechtbar (§ 304 Abs. 4 Satz 2). Zulässig sind jedoch Gegenvorstellungen (dazu allgemein BGH, NStZ 2001, 334). Die Sperrwirkung des Abs. 2 ändert daran nichts; sie schränkt nur die Entscheidungsfreiheit der StA in Bezug auf eine mögliche Anklageerhebung ein, bindet aber nicht das OLG in der Weise, dass eine Überprüfung der Rechtmäßigkeit der eigenen Entscheidung ausgeschlossen wäre (a. A. OLG Nürnberg, MDR 1966, 351 und h.M., vgl. KK-StPO/*Moldenhauer*, § 174 Rn. 5). Bei Vorliegen neuer Tatsachen oder Beweismittel kommt auch eine Wiederholung des Klageerzwingungsverfahrens in Betracht (vgl. § 172 Rdn. 41). 4

C. Verfahrenseinstellung gem. §§ 153 ff. im Klageerzwingungsverfahren.
Ab dem Zeitpunkt, ab dem das OLG mit dem Klageerzwingungsantrag befasst ist, darf die StA das Verfahren nicht mehr gem. §§ 153 Abs. 1, 153a Abs. 1 einstellen und so durch nachträgliche Auswechslung der Einstellungsgründe dem Antrag den Boden entziehen (LR/*Graalmann-Scheerer*, § 174 Rn. 9). Eine Verfahrenseinstellung durch das OLG in direkter Anwendung der §§ 153 Abs. 2, 153a Abs. 2 ist nach dem Gesetzeswortlaut ebenfalls nicht möglich, da die genannten Vorschriften erst nach Anklageerhebung anwendbar sind. 5

Strittig ist, ob das OLG im Klageerzwingungsverfahren zu einer Verfahrenseinstellung in analoger Anwendung der §§ 153 ff. befugt ist. Die obergerichtliche Rechtsprechung bejaht aus Gründen der Prozessökonomie überwiegend eine analoge Anwendbarkeit insb. des § 153 (vgl. OLG Braunschweig, NJW 1958, 1361; OLG Stuttgart, NJW 1982, 2680; NJW 1997, 3103; OLG Köln, NJW 1991, 764). Diese Ansicht stößt in der Kommentarliteratur zu Recht auf Ablehnung (vgl. LR/*Graalmann-Scheerer*, § 174 Rn. 9 ff.; KK-StPO/*Moldenhauer*, § 174 Rn. 4). Dem OLG fehlt nämlich im Klageerzwingungsverfahren die gesetzliche Kompetenz zur Verfahrenseinstellung, da als Gerichte i.S.d. §§ 153 Abs. 2, 153a Abs. 2 nur die Gerichte des ordentlichen Rechtsmittelzuges anzusehen sind. Außerdem hat das OLG im Klageerzwingungsverfahren nur über die Einhaltung des Legalitätsprinzipes zu wachen, nicht die Einstellungsmöglichkeiten nach Opportunitätsgrundsätzen zu prüfen. 6

D. Sperrwirkung (Abs. 2)
Der Beschluss, durch den der Antrag als unbegründet verworfen wird, führt gem. Abs. 2 zu einem beschränkten Strafklageverbrauch. Die StA kann also nur aufgrund neuer, d.h. dem OLG bei Beschlussfassung nicht bekannter Tatsachen oder Beweismittel Anklage erheben. Auf die Kenntnis des Antragstellers kommt es nicht an (RGSt 56, 91; a. A. OLG Hamm, MDR 1965, 930). Ein neues Beweismittel liegt auch dann vor, wenn ein bereits früher vernommener Zeuge entgegen seiner früheren Aussage andere, für die Entscheidung bedeutsame Angaben macht (OLG Hamburg, NJW 1963, 1121). Die neuen Tatsachen oder Beweismittel müssen erheblich sein (KK-StPO/*Moldenhauer*, § 174 Rn. 6), d.h. sie müssen geeignet sein, der Sachentscheidung des OLG den Boden zu entziehen. 7

Ist der Verwerfungsbeschluss nach Abs. 1 auf das Vorliegen eines Verfahrenshindernisses gestützt worden, tritt die Sperrwirkung des Abs. 2 nur hinsichtlich dieses Einstellungsgrundes ein; neue Tatsachen oder Beweismittel müssen sich dann (nur) auf diesen Einstellungsgrund beziehen. Bei Zusammentreffen von Offizial- und Privatklagedelikt innerhalb einer prozessualen Tat tritt im Fall der Verwerfung des Antrags als unbegründet die Sperrwirkung des Abs. 2 nur bzgl. des Offizialdeliktes ein, weil nur insoweit das OLG den Antrag geprüft und verworfen hat (KK-StPO/*Moldenhauer*, § 174 Rn. 6). 8

Die beschränkte materielle Rechtskraft des Abs. 2 wirkt gegen alle durch die Tat Verletzten, d.h. auch ggü. einem möglicherweise ebenfalls verletzten Dritten, der am Klageerzwingungsverfahren nicht beteiligt war oder erst später von der Verfahrenseinstellung Kenntnis erlangt hat (OLG Koblenz, NStZ-RR 1998, 339). Die Sperrwirkung des Abs. 2 tritt aber nicht ein, wenn der Antrag als unzulässig verworfen (vgl. Rdn. 1) oder vor der OLG-Entscheidung zurückgenommen wird. 9

§ 175 StPO Anordnung der Anklageerhebung. ¹Erachtet das Gericht nach Anhörung des Beschuldigten den Antrag für begründet, so beschließt es die Erhebung der öffentlichen Klage. ²Die Durchführung dieses Beschlusses liegt der Staatsanwaltschaft ob.

1 **A. Anordnung der Klageerhebung (Satz 1)** Das OLG beschließt die Erhebung der öffentlichen Klage, wenn der zulässige Antrag auch begründet ist, also hinreichender Tatverdacht hinsichtlich eines Offizialdeliktes vorliegt. Der Beschluss muss alle Angaben enthalten, die bei Anklageerhebung in den Anklagesatz (§ 200 Abs. 1 Satz 1) aufzunehmen sind.

2 Die **Anhörung des Beschuldigten** vor Erlass des Beschlusses ist in Satz 1 zwingend vorgeschrieben (BVerfG, JZ 1964, 653). Zu diesem Zweck sind dem Beschuldigten oder seinem Verteidiger (§ 145a Abs. 1) die Antragsschrift sowie – wegen § 33 Abs. 3 – alle weiteren Tatsachen und Beweismittel (Stellungnahme der GenStA, Ergebnis der OLG-Ermittlungen) mitzuteilen, die die Entscheidungsgrundlage bilden. Die Anhörung des Beschuldigten nach Satz 1 ist, wenn sie unter ordnungsgemäßer Beschuldigtenbelehrung erfolgt, grds. geeignet, die bis dahin unterbliebene Vernehmung nach den §§ 163a Abs. 1, 136 zu ersetzen (KK-StPO/*Moldenhauer*, § 175 Rn. 1; a. A. LR/*Graalmann-Scheerer*, § 175 Rn. 3). Dies folgt bereits aus dem Wortlaut der §§ 163a Abs. 1 Satz 2, 136 Abs. 1 Satz 4, worin die Möglichkeit zur schriftlichen Äußerung der Vernehmung gleichgestellt wird.

3 Der Beschluss ergeht **ohne Kostenentscheidung**, da die Kosten des Klageerzwingungsverfahrens Kosten des Verfahrens sind. Er ist dem Antragsteller, der StA und dem Beschuldigten gem. § 35 Abs. 2 Satz 2 formlos mitzuteilen; auch der Beschuldigte ist Betroffener i.S.d. § 35, weil seine Verfahrensbeteiligung (Anhörung) in Satz 1 zwingend vorgeschrieben ist (a. A. KK-StPO/*Moldenhauer*, § 175 Rn. 5: Mitteilung nicht vorgeschrieben, aber zweckmäßig). Der erfolgreiche Antragsteller kann sich der Klage als Nebenkläger anschließen (§ 395 Abs. 2 Nr. 2).

4 **B. Durchführung des Beschlusses (Satz 2)** Die StA hat den Beschluss in der Weise umzusetzen (Satz 2), dass sie nach den Vorgaben des OLG die öffentliche Klage erhebt. Sie ist an die Feststellungen des OLG zum hinreichenden Tatverdacht in tatsächlicher und rechtlicher Hinsicht gebunden. Die Bindungswirkung hindert die StA auch an einer Verfahrenseinstellung nach den §§ 153 ff. (*Meyer-Goßner/Schmitt*, § 175 Rn. 3). Ebenso steht sie einer Klagerücknahme entgegen, sofern nicht alsbaldige neue Anklageerhebung bei einem anderen zuständigen Gericht beabsichtigt ist.

5 Bei der Bestimmung des sachlich und örtlich zuständigen Gerichts und der Auswahl der Klageart ist die StA jedoch frei. Das Strafbefehlsverfahren ist nicht ausgeschlossen (a. A. *Meyer-Goßner/Schmitt*, § 175 Rn. 3; KK-StPO/*Moldenhauer*, § 175 Rn. 6). Die v.a. aus kostenrechtlichen Gesichtspunkten geäußerten Bedenken gegen diese Verfahrensart sind nicht begründet, weil auch im Strafbefehlsverfahren über die §§ 395 Abs. 2 Nr. 2, 406g Abs. 1 Satz 1, 472 Abs. 3 Satz 1 dem verurteilten Angeklagten die notwendigen Auslagen des nebenklagebefugten Antragstellers in jedem Fall auferlegt werden können (LG Traunstein, DAR 1991, 316; OLG Frankfurt am Main, NStZ-RR 2001, 63; *Rieß*, NStZ 1990, 6, 9).

6 Nach Anklageerhebung entfällt die Bindungswirkung des OLG-Beschlusses (OLG Karlsruhe, NJW 1977, 62). StA und erkennendes Gericht sind zu einer abweichenden Beurteilung in tatsächlicher und rechtlicher Hinsicht befugt und können das Verfahren auch nach einer Ermessensvorschrift (§§ 153 Abs. 2, 153a Abs. 2, etc.) einstellen.

§ 176 StPO Sicherheitsleistung durch den Antragsteller. (1) ¹Durch Beschluss des Gerichts kann dem Antragsteller vor der Entscheidung über den Antrag die Leistung einer Sicherheit für die Kosten auferlegt werden, die durch das Verfahren über den Antrag voraussichtlich der Staatskasse und dem Beschuldigten erwachsen. ²Die Sicherheitsleistung ist durch Hinterlegung in barem Geld oder in Wertpapieren zu bewirken. ³Davon abweichende Regelungen in einer auf Grund des Gesetzes über den Zahlungsverkehr mit Gerichten und Justizbehörden erlassenen Rechtsverordnung bleiben unberührt. ⁴Die Höhe der zu leistenden Sicherheit wird vom Gericht nach freiem Ermessen festgesetzt. ⁵Es hat zugleich eine Frist zu bestimmen, binnen welcher die Sicherheit zu leisten ist.

(2) Wird die Sicherheit in der bestimmten Frist nicht geleistet, so hat das Gericht den Antrag für zurückgenommen zu erklären.

A. Regelungszweck und Anwendungsbereich. Zweck der Vorschrift ist die Absicherung 1
des nach § 177 möglichen Kostenerstattungsanspruches. Kosten, die der Staatskasse erwachsen können, sind die Gerichtsgebühren und die gerichtlichen Auslagen (z.B. auch Kosten der gerichtlichen Beweisaufnahme, § 173 Abs. 3). Kosten aufseiten des Beschuldigten sind dessen notwendige Auslagen. Die Anordnung einer Sicherheitsleistung setzt voraus, dass der Klageerzwingungsantrag zulässig ist. Denn die Verwerfung eines unzulässigen Antrags löst nicht die Kostentragungspflicht nach § 177 aus (vgl. § 177 Rdn. 2). Wird dem Antragsteller PKH bewilligt, darf ihm keine Sicherheitsleistung auferlegt werden, § 172 Abs. 3 Satz 2 Halbs. 2 i.V.m. § 122 Abs. 1 Nr. 2 ZPO.

B. Anordnung der Sicherheitsleistung (Abs. 1) Die Anordnung der Sicherheitsleistung 2
erfolgt durch gesonderten Beschluss (Abs. 1 Satz 1) nach vorheriger Anhörung der GenStA (§ 33 Abs. 2). Die Entscheidung ist nicht anfechtbar (§ 304 Abs. 4 Satz 2) und dem Antragsteller förmlich zuzustellen (§ 35 Abs. 2).
Die Sicherheit, deren Höhe das Gericht nach freiem Ermessen festsetzt (Abs. 1 Satz 4), ist durch Hinterlegung in barem Geld oder in Wertpapieren zu leisten (Abs. 1 Satz 2). Zulässig ist aber auch die unbare Sicherheitsleistung (z.B. mittels EC-Karte oder Kreditkarte), sofern eine nach dem ZahlVGJG v. 22.12.2006 (BGBl. I, S. 3416) erlassene Rechtsverordnung diese Möglichkeit eröffnet (Abs. 1 Satz 3). Wird das Klageerzwingungsverfahren mit einer Entscheidung nach den §§ 174 oder 176 Abs. 2 abgeschlossen, welche jeweils die Kostentragungspflicht des Antragstellers nach sich zieht (§ 177), können die Kostengläubiger nach den Bestimmungen der Hinterlegungsordnung auf die Sicherheit zugreifen. Endet das Klageerzwingungsverfahren jedoch mit einer Entscheidung, die keine Kostenentscheidung zur Folge hat (Beschluss nach § 175; Verwerfung des nachträglich als unzulässig erkannten Antrags; Erledigung des Klageerzwingungsverfahrens), ist die Sicherheit durch Beschluss freizugeben und dem Antragsteller zurückzuerstatten.

C. Folgen der Fristversäumung (Abs. 2) Erbringt der Antragsteller die Sicherheit inner- 3
halb der ihm gesetzten Frist (Abs. 1 Satz 5) nicht oder nicht vollständig, hat das Gericht den Antrag gem. Abs. 2 für zurückgenommen zu erklären und dem Antragsteller die Kosten des Verfahrens aufzuerlegen (§ 177). Trifft den Antragsteller an der Fristversäumung kein Verschulden, ist Wiedereinsetzung in den vorigen Stand möglich, §§ 44 ff. Der Beschluss nach Abs. 2 hindert nicht die Stellung eines neuen Klageerzwingungsantrages, wenn die Monatsfrist des § 172 Abs. 2 Satz 1 noch nicht abgelaufen ist (LR/*Graalmann-Scheerer*, § 176 Rn. 11; KK-StPO/*Moldenhauer*, § 176 Rn. 4).

§ 177 StPO Kosten. Die durch das Verfahren über den Antrag veranlassten Kosten sind in den Fällen der §§ 174 und 176 Abs. 2 dem Antragsteller aufzuerlegen

A. Notwendigkeit einer Kostenentscheidung. § 177 benennt diejenigen Fälle (Be- 1
schlüsse nach § 174 und § 176 Abs. 2), in denen bei Abschluss des Klageerzwingungsverfahrens eine Kostenentscheidung erforderlich ist. Die Vorschrift gilt analog, wenn der Klageerzwingungsantrag zurückgenommen wird (OLG Düsseldorf, GA 1983, 219; *Rieß*, NStZ 1990, 6, 9; LR/*Graalmann-Scheerer*, § 177 Rn. 2; *Meyer-Goßner/Schmitt*, § 177 Rn. 1; a.A. OLG Zweibrücken, MDR 1985, 250; KK-StPO/*Moldenhauer*, § 177 Rn. 1). Da bei direkter Anwendung des § 177 auf den Fall der Rücknahmefiktion nach § 176 Abs. 2 die Kostentragungspflicht des Antragstellers ohne Rücksicht darauf eintritt, ob der Antrag zulässig und/oder begründet wäre, muss auch bei analoger Anwendung auf den Fall der tatsächlichen Antragsrücknahme eine derartige Unterscheidung nicht getroffen werden. Folglich hängt bei Antragsrücknahme die Kostentragungspflicht des Antragstellers weder von einer hypothetischen Begründetheitsprüfung noch von der Unterscheidung danach ab, ob das Gericht bereits in die Begründetheitsprüfung eingetreten ist oder nicht (so OLG Stuttgart, Justiz 2000, 49 und KK-

StPO/Moldenhauer, § 177 Rn. 1). In allen anderen Fällen der Beendigung des Klageerzwingungsverfahrens ergeht keine Kostenentscheidung (vgl. nachfolgend Rdn. 2 ff.).

2 **B. Entbehrlichkeit einer Kostenentscheidung.** Wird der Antrag aus formellen Gründen als unzulässig verworfen, werden dem Antragsteller keine Kosten auferlegt, weil eine Gerichtsgebühr nicht anfällt (s. Nr. 3200 KVGKG) und die Erstattung der notwendigen Auslagen des Beschuldigten mangels gesetzlicher Grundlage nicht möglich ist (vgl. OLG Bremen, MDR 1984, 164; OLG Koblenz, NJW 1985, 1409).

3 Der Beschluss nach § 175, durch den die Klageerhebung angeordnet wird, enthält keine Kostenentscheidung, weil die Kosten des Klageerzwingungsverfahrens Kosten des Strafverfahrens sind, über die das erkennende Gericht zu befinden hat (LR/*Graalmann-Scheerer*, § 175 Rn. 6). Der Antragsteller kann sich als Nebenkläger (§ 395 Abs. 2 Nr. 2) dem Verfahren anschließen mit der Folge, dass seine notwendigen Auslagen – auch die im Klageerzwingungsverfahren entstandenen (*Meyer-Goßner/Schmitt*, § 472 Rn. 8) – im Fall der Verurteilung dem Angeklagten aufzuerlegen sind, § 472 Abs. 1. Dies gilt auch bei Erledigung des Verfahrens durch Strafbefehl, ohne dass eine Hauptverhandlung durchgeführt wurde (*Rieß*, NStZ 1990, 6, 9 und § 175 Rdn. 5).

4 Eine Kostenentscheidung ergeht auch dann nicht, wenn das OLG die Aufnahme der Ermittlungen durch die StA anordnet (*Meyer-Goßner/Schmitt*, § 177 Rn. 3; *Stoffers*, JurBüro 1993, 643, 645; vgl. auch § 172 Rdn. 39). Erledigt sich der Antrag dadurch, dass die StA während des Klageerzwingungsverfahrens von sich aus die Ermittlungen wieder aufnimmt (vgl. § 172 Rdn. 40), ist ebenfalls keine Kostenentscheidung veranlasst (OLG Jena, NStZ-RR 2007, 223). Stirbt der Antragsteller vor der Entscheidung des OLG, ist das Klageerzwingungsverfahren analog § 402 erledigt. Eine Kostenentscheidung ergeht nicht (OLG Düsseldorf, GA 1984, 129). Dasselbe gilt bei Tod des Beschuldigten, der einen konstitutiven Beschluss über die Verfahrenseinstellung wegen eines Verfahrenshindernisses zur Folge hat (BGHSt 45, 108).

5 **C. Umfang der Kostentragungspflicht.** Bei den veranlassten Kosten handelt es sich um die Gerichtsgebühr (Nr. 3200 KVGKG), die durch etwaige gerichtliche Ermittlungen (§ 173 Abs. 3) der Staatskasse entstandenen Auslagen und die notwendigen Auslagen (§ 464a Abs. 2) des Beschuldigten im Klageerzwingungsverfahren (OLG Stuttgart, NJW 1962, 2021; OLG Koblenz, NStZ 1990, 48).

Dritter Abschnitt. Gerichtliche Voruntersuchung

§§ 178 bis 197 StPO *(weggefallen)*

Vierter Abschnitt. Entscheidung über die Eröffnung des Hauptverfahrens

§ 198 StPO *(weggefallen)*

§ 199 StPO Entscheidung über die Eröffnung des Hauptverfahrens. (1) Das für die Hauptverhandlung zuständige Gericht entscheidet darüber, ob das Hauptverfahren zu eröffnen oder das Verfahren vorläufig einzustellen ist.
(2) Die Anklageschrift enthält den Antrag, das Hauptverfahren zu eröffnen. Mit ihr werden die Akten dem Gericht vorgelegt.

A. Grundsätzliches. Mit der Anklageerhebung geht die Verfahrensherrschaft von der StA als 1
Herrin des Ermittlungsverfahrens auf das Gericht über (KMR/*Seidl* § 199 Rn. 2). Damit beginnt
das sog. **Zwischenverfahren.**
Das Zwischenverfahren dient formal der Entscheidung über die Eröffnung des Hauptverfahrens (so die 2
Abschnittsüberschrift). Der Sache nach ermöglicht es eine erste **Plausibilitätskontrolle**, ob die StA zu
Recht Anklage erheben durfte. Das rechtfertigt sich zum einen in der ggü. der StA nochmals gesteigerten Unabhängigkeit des Strafgerichts, so dass auch politisch motivierte Anklagen bereits in diesem frühen Stadium zurückgewiesen werden können (vgl. etwa BGH NJW 1965, 1187 in der Spiegel-Affäre).
Zum anderen können bei den Massenverfahren der kleinen und mittleren Kriminalität die Ermittlungen oft nur kursorisch erfolgen, so dass das Zwischenverfahren zum zweiten als weiteres Korrektiv vor
nicht fundierten Anklagen fungieren kann. Drittens verstärkt es den Grundsatz des **rechtlichen Gehörs.**
Der Beschuldigte kann vor der Hauptverhandlung nochmals Einfluss auf das Strafverfahren nehmen
(*Roxin/Schünemann* § 42 Rn. 2). Viertens werden der **Prozessgegenstand** und das **zuständige Gericht**
festgelegt (AK-StPO/*Loos* Vor § 199 ff. Rn. 1).
Angesichts geringer Nichteröffnungsquoten von 0,6 % bei Amtsgerichten und 2 % bei Landgerichten 3
(*Rieß* FS Rolinski, S. 239 [240]) wird der Sinn des Zwischenverfahrens teils infrage gestellt. Die **Kritik**
übersieht dabei, dass es bei amtsgerichtlichen Verfahren gerade im Zwischenverfahren nicht selten zu
einer Opportunitätseinstellung nach den §§ 153 Abs. 2, 153a Abs. 2 kommt, was sich in der Quote
nicht niederschlägt. Die kritisierte Voreingenommenheit des im späteren Hauptverfahren entscheidenden Richters besteht zwar (*Schünemann* StV 2000, 159 [161]; *Vormbaum*, ZIS 2015, 328 [330]), wird
aber überschätzt, weil zwar der Richter einen hinreichenden Tatverdacht nach dem Gesetz bejaht, er
aber nur eine vorläufige Tatbewertung vornimmt (BGHSt 10, 304 [306]; a. A. *Wohlers* FS Roxin 80.
Geburtstag, S. 1313 [1327]), in der Praxis lediglich die Plausibilität der Anklage prüft und diese aus
tatsächlichen Gründen nur dann zurückweisen wird, wenn die Ermittlungen deutliche Fragen offen lassen. Entsprechend lässt sich eine Tendenz der Beschwerdegerichte feststellen, wonach diese in Zweifelsfällen Nichteröffnungsbeschlüsse wieder aufheben (*Rieß* FS Rolinski, S. 239 [247]).
Da mit dem Zwischenverfahren die Beschuldigtenrechte gestärkt werden und u.U. eine stigmatisie- 4
rende öffentliche Verhandlung abgewendet, andererseits auch die aufwendige und Justizressourcen aufzehrende Hauptverhandlung vermieden werden kann, steht mit dem Zwischenverfahren ein unverzichtbares Ventil vor unnötigen Anklagen zur Verfügung (so auch BGH StV 2008, 414 [416]; Mavany,
JA 2015, 488 [490]). Diese Filterfunktion rechtfertigt auch die Usance in der Praxis, um bei **querulatorischen Strafanzeigen** mit der Autorität des Gerichts zu Rechtsfrieden zu kommen: Informell signalisiert die StA mit Übersendung der Anklageschrift dem Gericht, eine Nichteröffnung zu akzeptieren.
In die Anklageschrift ist der Eröffnungsantrag aufzunehmen. Der Antrag ist Voraussetzung für das ge- 5
richtliche Tätigwerden (Radtke/Hohmann/*Reinhart* § 199 Rn. 7). Über die Eröffnung des Hauptverfahrens entscheidet der für die Hauptverhandlung zuständige Spruchkörper (SK-StPO/*Paeffgen* § 199
Rn. 9, zur Besetzung KK-StPO/*Schneider* § 199 Rn. 6) durch **Beschluss.** Bei Kollegialgerichten darf
die Entscheidung auch im schriftlichen Umlaufverfahren ergehen ((BGH NstZ 2012, 225; SK-StPO/
Paeffgen § 199 Rn. 15; a. A. LR/*Stuckenberg* § 199 Rn. 4).

B. Einleitung des Zwischenverfahrens und Vorlage der Akten. Das Zwischenver- 6
fahren wird eingeleitet, indem die StA öffentliche Anklage bei dem Strafgericht (Strafrichter, Schöffengericht, LG, OLG) erhebt, welches sie zur Durchführung des Hauptverfahrens für zuständig hält (vgl.
§ 170 Abs. 1; *Meyer-Goßner/Schmitt* § 199 Rn. 1).
Der **Eröffnungsantrag** ist Voraussetzung für die Einleitung des Zwischenverfahrens und selbständige 7
Prozesshandlung (Radtke/Hohmann/*Reinhart* § 199 Rn. 7). Die Rücknahme des Antrags zwecks
Übergangs zum beschleunigten Verfahren ist daher zulässig.
Die Akten legt die StA dem Gericht mit der Anklageschrift vor. Vorzulegen sind alle seit der ersten po- 8
lizeilichen Ermittlungstätigkeit angefallenen Erkenntnisse, die den angeklagten Prozessgegenstand betreffen. Handakten der StA sind von der Vorlagepflicht ausgenommen (*Meyer-Goßner/Schmitt* § 199
Rn. 2). Es müssen dem Gericht alle Informationen – auch Beweismittel und Beiakten – zugänglich gemacht werden, die für die Abschlussentscheidung der StA zur Verfügung standen (»funktioneller Aktenbegriff«, LR/*Stuckenberg* § 199 Rn. 9). Bedeutungslose Vorgänge werden von der StA ausgegliedert
und müssen nicht vorgelegt werden (BGHSt 30, 131 [139]). Ausnahmen vom Grundsatz der Aktenvoll-

§ 200 StPO Anklageschrift

ständigkeit bestehen, wenn Aspekte des Zeugenschutzes berührt sind (§ 68 Abs. 3) sowie bei einer wirksamen Sperrerklärung (§ 96; BVerfGE 63, 56 [65]; a. A. OLG Hamburg StV 1984, 11; LR/*Stuckenberg* § 199 Rn. 14). Spurenakten müssen nur vorgelegt werden, wenn sie den Prozessgegenstand betreffen (BGHSt 30, 131 [139]; BVerfGE 63, 45 [62]).

9 **C. Entscheidung über die Eröffnung der Hauptverhandlung.** Zur Entscheidung ist der Spruchkörper aufgerufen, der auch für die Hauptverhandlung zuständig ist. Schöffen sind daran nicht beteiligt, es wird entsprechend im **Beschlussverfahren** entschieden. Es bleibt auch dann bei der Entscheidung durch die Berufsrichter, wenn der Beschluss in der Hauptverhandlung nachgeholt werden sollte (BGHSt 50, 267 [268]). Als Entscheidungen kommen in Betracht:
– die Nichteröffnung gem. § 204,
– die Einstellung nach den §§ 153 ff.,
– die vorläufige Einstellung gem. § 205,
– die Einstellung aufgrund eines Verfahrenshindernisses gem. § 206a,
– die Einstellung nach Gesetzesänderung gem. § 206b,
– die Eröffnung des Verfahrens gem. § 207.

§ 200 StPO Inhalt der Anklageschrift. (1) Die Anklageschrift hat den Angeschuldigten, die Tat, die ihm zur Last gelegt wird, Zeit und Ort ihrer Begehung, die gesetzlichen Merkmale der Straftat und die anzuwendenden Strafvorschriften zu bezeichnen (Anklagesatz). In ihr sind ferner die Beweismittel, das Gericht, vor dem die Hauptverhandlung stattfinden soll, und der Verteidiger anzugeben. Bei der Benennung von Zeugen ist deren Wohn- oder Aufenthaltsort anzugeben, wobei es jedoch der Angabe der vollständigen Anschrift nicht bedarf. In den Fällen des § 68 Absatz 1 Satz 2, Absatz 2 Satz 1 genügt die Angabe des Namens des Zeugen. Wird ein Zeuge benannt, dessen Identität ganz oder teilweise nicht offenbart werden soll, so ist dies anzugeben; für die Geheimhaltung des Wohn- oder Aufenthaltsortes des Zeugen gilt dies entsprechend.
(2) In der Anklageschrift wird auch das wesentliche Ergebnis der Ermittlungen dargestellt. Davon kann abgesehen werden, wenn Anklage beim Strafrichter erhoben wird.

1 **A. Bedeutung und Aufgabe der Anklageschrift.** Die **Anklageschrift** zählt zu den notwendigen Verfahrensvoraussetzungen (BGHSt 5, 225 [227]). Sie bestimmt durch Beschreibung der angeklagten Tat den Prozessgegenstand (**Umgrenzungsfunktion**, BGHSt 40, 390 [392]). Es muss klar sein, über welchen Sachverhalt das Gericht zu entscheiden hat (BGH NStZ 2011, 418 [419]). Umgekehrt ist das Gericht in seiner Entscheidungskompetenz auf die bezeichnete Tat begrenzt (SK-StPO/ *Paeffgen* § 200 Rn. 3). Daneben unterrichtet sie den Angeschuldigten über die wesentlichen Belange der Anklage und ermöglicht so die Vorbereitung einer sachgerechten Verteidigung (**Informationsfunktion**, BGH NStZ 2006, 649 [650]). Nur Mängel der Umgrenzungsfunktion machen die Anklage unwirksam, Defizite in ihrer Informationsfunktion sollen unschädlich sein (BGH NStZ 2011, 418 [419 einerseits u. 420 andererseits]; *Schroeder/Verrel* Rn. 159). Diese Differenzierung vermag vor dem Hintergrund des fair-trial-Grundsatzes aus Art. 6 Abs. 1 EMRK nicht zu überzeugen (s. Rdn. 20).

2 § 200 umschreibt relativ detailliert den Inhalt der Anklageschrift. Sie besteht aus dem Anklagesatz, dem wesentlichen Ergebnis der Ermittlungen, der Bezeichnung des für zuständig erachteten Gerichts, dem Eröffnungsantrag sowie der Angabe der Beweismittel, ggf. gefolgt vom Antrag auf Erlass bzw. Aufrechterhaltung des Haft- oder Unterbringungsbefehls.

3 **B. Der Anklagesatz.** Die **Angaben zur Person** dienen der Individualisierung des Angeklagten und müssen so genau erfolgen, dass eine Verwechslung nicht möglich ist (KK-StPO/*Schneider* § 200 Rn. 2). Anzugeben sind Familienname, Vorname (Rufname unterstrichen), Geburtsname, Beruf, Anschrift, Familienstand, Geburtstag und Geburtsort (vgl. RiStBV Nr. 110 Abs. 2a). Sind die Personalien (teilweise) unbekannt, muss die Individualisierung in anderer Weise (Beschreibung, Lichtbilder, »alias-Namen«) erfolgen (LR/*Stuckenberg* § 200 Rn. 12). Befindet sich der Angeschuldigte in Haft, ist die Haftanstalt anzugeben. Auch der Name des Verteidigers ist anzuführen.

Die **Bezeichnung der Tat** (der Tatbegriff entspricht demjenigen wie bei § 264; BGHSt -GS- 56, 109 4
[114]) erfolgt durch Umschreibung eines historischen Vorganges unter Angabe von Zeit und Ort. Dabei muss der Anklagesatz aus sich heraus verständlich sein. Die Tat ist so genau zu beschreiben, dass die Identität des geschichtlichen Vorganges klargestellt und eine Verwechslung mit anderen Handlungen desselben Täters ausgeschlossen wird (BGH NStZ 2010, 418 [419]; NStZ-RR 2014, 151). Die hinreichende Konkretisierung der Tat hat auch Bedeutung für die Verjährung und den Strafklageverbrauch (BGHSt -GS- 56, 109 [114]; BGH NStZ 2011, 650 [651]). Für die Bestimmung der konkretisierenden Angaben sind jeweils die Umstände des einzelnen Falles maßgebend (BGHSt 40, 44 [46]; NStZ 2008, 351). Je größer die Wahrscheinlichkeit, dass der Angeschuldigte verwechselbare Straftaten begangen hat, umso höher sind die Konkretisierungsanforderungen an die Tatbeschreibung ((BGH NStZ 2012, 279; *Meyer-Goßner/Schmitt* § 200 Rn. 7). Bedeutend zur Umgrenzung der Tat sind etwa genaue Orts- und Zeitangaben (SK-StPO/*Paeffgen* § 200 Rn. 8), insb. im Lichte möglicher Alibibehauptungen des Angeschuldigten (OLG München NStZ-RR 2005, 350). Allerdings dürfen diese Anforderungen auch nicht überspannt werden, weil nicht die Anklageschrift, sondern das Urteil die Tat rechtskräftig feststellt (KK-StPO/*Schneider* § 200 Rn. 4, SK-StPO/*Paeffgen* § 200 Rn. 8). Wenn anderweitige Umstände die Tat hinreichend individualisieren können, ist eine unpräzise zeitliche Angabe unschädlich (BGH NStZ 2006, 649 [650]; StV 2007, 171); im Einzelfall kann die zeitliche Angabe sogar völlig fehlen (OLG München NStZ-RR 2005, 350; LR/*Stuckenberg* § 200, Rn. 19).

Jedes gesetzliche Merkmal des dem Angeschuldigten zur Last gelegten Straftatbestandes muss einem 5
Sachverhalt zugeordnet werden können (BGH NStZ 1984, 133; SK-StPO/*Paeffgen* § 200 Rn. 9). Der Anklagesatz darf andererseits nicht zu weitschweifig formuliert sein und keine Beweiswürdigungen enthalten (LR/*Stuckenberg* § 200, Rn. 26). So soll einer Beeinflussung der Laienrichter vorgebeugt werden (KK-StPO/*Schneider* § 200 Rn. 4).

Bei **mehreren Handlungen** zu Lasten derselben Person oder desselben Rechtsguts müssen die einzelnen 6
Taten deutlich voneinander abgegrenzt werden (KMR/*Seidl* § 200 Rn. 15). Wo dies nicht möglich ist – wie vielfach im Bereich der serienmäßigen Sexualdelikte –, ist es ausreichend aber auch notwendig, das Tatopfer, die Art und Weise der Tatbegehung, einen bestimmten Tatzeitraum und die Zahl der begangenen Taten zu beziffern (BGHSt 40, 44 [46 f.]; NStZ 2014, 49). Mit Sorge ist zu konstatieren, dass der BGH die Anforderungen zur Konkretisierung der Taten tendenziell minimiert hatte (KK-StPO/*Schneider* § 200 Rn. 7; dagegen nun aber BGHSt -GS- 56, 109 [115]). Bei einer **Vielzahl von Geschädigten** müssen die einzelnen Opfer aufgezählt oder in einer Weise bezeichnet werden, die eine Differenzierung von eventuellen weiteren Fällen ermöglicht (BGHSt 10, 137 [140 f.]; *Meyer-Goßner/Schmitt* § 200 Rn. 9). Besteht bei einer Vielzahl gleichartiger Tathandlungen eine materielle Tateinheit, und sind diese Taten zugleich prozessual zu einer Tat verbunden, bedarf es keiner individualisierenden Beschreibung der Einzelakte, so dass Tausende Geschädigte zu wenigen prozessualen Taten zusammengefasst werden können (BGH NStZ 2011, 418 [419]). Allerdings bleibt es dabei, dass die Informationsfunktion bei massenhaft begangenen Seriendelikten verlangt, dass jeder schädigende Einzelakt konkret bezeichnet wird (BGHSt -GS- 56, 109 [115]). Nur dann kann sich der Angeschuldigte auf den Prozess einstellen (BGHSt 40, 44 [47 f.]). Bei »Massenverbrechen«, die eine exakte Individualisierung der Tatopfer nicht erlauben, soll eine Mindestzahl der Opfer für einen konkreten Zeitraum ausreichend sein (BGH NStZ 1984, 229 [230]). Allerdings ist strittig, ob von einer Mindestzahl (AnwK-StPO/*Kirchhof* § 200 Rn. 4; *Meyer-Goßner/Schmitt* § 200 Rn. 9) oder von einer Höchstzahl (BGHSt 40, 44 [46]; StV 2007, 171; LR/*Stuckenberg* § 200 Rn. 24; KK-StPO/*Schneider* § 200 Rn. 8) auszugehen ist. Letzterer Ansicht ist zuzustimmen. Anzuklagen ist eine bestimmte Zahl von Fällen, nicht eine etwaige weitere, nicht weiter erwiesene Anzahl von Fällen. Dies würde den Angeschuldigten auch in unzulässiger Weise, u.a. aus laienrichterlicher Perspektive, zusätzlich belasten. Im Fall der **Wahlfeststellung** müssen alle in Betracht kommenden alternativen Sachverhaltsvarianten geschildert werden (BGH GA 1967, 184).

Tatsachen, die allein für die **Rechtsfolgenseite** Relevanz besitzen, gehören nach Ansicht der Rechtspre- 7
chung nicht zum notwendigen Bestandteil des Anklagesatzes (BGHSt 16, 47 [48]; 29, 274 [279]; *Meyer-Goßner/Schmitt* § 200 Rn. 10; a. A. SK-StPO/*Paeffgen* § 200 Rn. 11). Um der Informationsfunktion ggü. dem Angeschuldigten gerecht zu werden, sind diese Tatsachen jedoch in die Anklageschrift aufzunehmen (KK-StPO/*Schneider* § 200 Rn. 15; LR/*Stuckenberg* § 200, Rn. 31).

Anzugeben sind die abstrakten Tatbestände als **gesetzliche Merkmale der Tat**. Der konkrete Straftat- 8
bestand und die anzuwendenden Vorschriften des Allgemeinen Teils sind zu nennen, um den Verfah-

rensbeteiligten, insb. dem Angeschuldigten, die zutreffende Subsumtion unter die Normen des StGB aufzuzeigen (*Meyer-Goßner/Schmitt* § 200 Rn. 11). Ferner sind die weiteren **anzuwendenden Strafvorschriften** unter Angabe der gesetzlichen Bezeichnung zu benennen (KMR/*Seidl* § 200 Rn. 26). Weiter soll angegeben werden, ob es sich bei der Tat um ein Vergehen oder ein Verbrechen handelt, sowie die Form der Täterschaft. Die einzelnen nach Auffassung der StA anzuwendenden Normen können in Form einer Liste angegeben werden (*Meyer-Goßner/Schmitt* § 200 Rn. 14). In Konsequenz der Rechtsprechung (Rdn. 7) werden Vorschriften über Strafandrohung und Maßnahmen nicht aufgenommen (BGHSt 22, 336 [339]). **Nebenbeteiligte** werden mit allen Angaben, die eine personelle Identifizierung ermöglichen, angeführt (KMR/*Seidl* § 200 Rn. 29).

9 **C. Beweismittel.** Die StA bezeichnet **alle persönlichen und sachlichen Beweismittel**, die für die Beurteilung der Tat und deren Rechtsfolgen für erforderlich gehalten werden (KK-StPO/*Schneider* § 200 Rn. 26). Nur die notwendigen Beweismittel sind anzugeben (RiStBV Nr. 111 Abs. 1), um die Hauptverhandlung nicht zu überfrachten. Auch den Angeschuldigten entlastende Materialien sind anzugeben (LR/*Stuckenberg* § 200, Rn. 38). Lediglich verwertbare Beweismittel sind aufzuführen. Ein **glaubwürdiges Geständnis** des Angeschuldigten, dessen Wiederholung in der Hauptverhandlung erwartet werden kann, ist anzugeben, weil es u.U. eine weitere Beweisführung entbehrlich macht (RiStBV Nr. 110 Abs. 4; SK-StPO/*Paeffgen* § 200 Rn. 14). Auch Zeugen, die im Ermittlungsverfahren von ihrem Aussageverweigerungsrecht Gebrauch gemacht haben, sind zu benennen, es sei denn, es kann mit Sicherheit davon ausgegangen werden, dass der Zeuge auch in der Hauptverhandlung keine Angaben tätigen wird (LR/*Stuckenberg* § 200, Rn. 39). Grds. dürfen aber nur verwertbare Beweismittel angegeben werden (KK-StPO/*Schneider* § 200 Rn. 26).

10 **Zeugen und Sachverständige** sind unter Angabe einer ladungsfähigen Anschrift aufzuführen (KMR/*Seidl* § 200 Rn. 33). Aus Zeugenschutzgesichtspunkten muss die ladungsfähige Anschrift nicht der Wohnanschrift entsprechen (SK-StPO/*Paeffgen* § 200 Rn. 14). Daraus ist zu folgern, dass im »Normalfall«, wenn Zeugenschutzaspekte nicht einschlägig sind, der Wohnort mit Privatanschrift zu benennen ist (OLG Celle NJW 1970, 580; Meyer-Goßner/*Schmitt* § 200 Rn. 16; KMR/*Seidl* § 200 Rn. 34; a. A. KK-StPO/*Schneider* § 200 Rn. 27; LR/*Stuckenberg* § 200 Rn. 40). Soll die Identität des Zeugen geheim gehalten werden, muss dies nach § 200 Abs. 1 Satz 4 angegeben werden. Diese Angaben müssen auch im Fall eines Geheimvermerks der StA (§ 96) getätigt werden (KK-StPO/*Schneider* § 200 Rn. 27).

11 Weiter gehören zu den Beweismitteln verlesbare **Urkunden**, Auszüge aus dem Bundeszentralregister, dem Verkehrs- und Erziehungsregister sowie **Augenscheinsobjekte**. Nicht zu den Beweismitteln zählt der Bericht der Gerichtshilfe oder der Jugendgerichtshilfe; diese sind als Zeugen zu benennen (KMR/*Seidl* § 200 Rn. 38).

12 **D. Wesentliches Ergebnis der Ermittlungen.** Der Anklagesatz und das wesentliche Ergebnis der Ermittlungen müssen deutlich voneinander getrennt dargestellt werden (SK-StPO/*Paeffgen* § 200 Rn. 17). Während der Anklagesatz darlegt, welche Strafgesetze unter eine bestimmte Verhaltensweise des Angeschuldigten subsumiert werden können, zeigt das wesentliche Ergebnis der Ermittlungen auf, weshalb der Angeschuldigte der zuvor geschilderten Tatumstände hinreichend verdächtig ist (KK-StPO/*Schneider* § 200 Rn. 20). Das Ermittlungsergebnis dient der Information des Angeschuldigten, aber auch der anderen Prozessbeteiligten (LR/*Stuckenberg* § 200, Rn. 55). Nicht bestimmt ist es für die Schöffen, weil es eine Beweiswürdigung durch die StA enthält und mithin die Gefahr der Voreingenommenheit heraufbeschworen würde (BGHSt 13, 73 [75]; SK-StPO/*Paeffgen* § 200 Rn. 17; Graf/*Ritscher* § 200 Rn. 11; a. A. Meyer-Goßner/*Schmitt* § 30 GVG Rn. 2, der die Schöffen den Berufsrichtern i.R.d. Einsichtsrechte gleichstellen will).

13 Die Tatsachen, die den hinreichenden Tatverdacht aus Sicht der StA belegen sollen, sind aufzuzeigen. Bei einem glaubhaften Geständnis des Angeschuldigten entfällt eine sonst vorzunehmende Beweiswürdigung (KK-StPO/*Schneider* § 200 Rn. 21; a. A. LR/*Stuckenberg* § 200, Rn. 54). Inhaltsleere Floskeln genügen den Anforderungen einer Beweiswürdigung nicht (bspw. »Der Angeschuldigte leugne zwar, wird aber durch die Beweismittel überführt werden«). In **Jugendsachen** soll die Darstellung nach § 46 JGG so erfolgen, dass dem Angeschuldigten hieraus keine Erziehungsnachteile entstehen. Der In-

formationsfunktion der Darstellung darf hieraus aber kein Nachteil erwachsen (SK-StPO/*Paeffgen* § 200 Rn. 19).

Anzuführen sind weiterhin **rechtsfolgenrelevante Tatsachen** (RiStBV Nr. 110 Abs. 2g)). Hierunter fallen alle Umstände, die für Strafzumessung, Strafart und Strafhöhe, das Absehen von Strafe oder mögliche Nebenstrafen und Nebenfolgen von Bedeutung sein können (KMR/*Seidl* § 200 Rn. 44). Benannt werden können auch frühere Taten, selbst wenn diese bereits verjährt sind (BGH NStZ-RR 1997, 130 [131]). Auch die aus dem Bundeszentralregister, Verkehrsregister oder Erziehungsregister gewonnenen Erkenntnisse sind darzustellen (*Meyer-Goßner/Schmitt* § 200 Rn. 19). **Rechtliche Ausführungen** sind geboten, wenn sie strittig und bedeutsam für das Verfahren sind (KMR/*Seidl* § 200 Rn. 45; HK-StPO/*Julius* § 200 Rn. 14), etwa Fragen zur Verjährung, zur Wirksamkeit eines Strafantrages (LR/*Stuckenberg* § 200, Rn. 63; KK-StPO/*Schneider* § 200 Rn. 23) oder bei Vorfragen aus anderen Rechtsgebieten bzw. Rechtsordnungen. 14

Auf die Darstellung des wesentlichen Ergebnisses der Ermittlungen kann verzichtet werden, wenn die **StA beim Strafrichter** Anklage erhebt, § 200 Abs. 2 Satz 2. Bei Anklagen zum **Jugendrichter** ist die Vorschrift entsprechend anzuwenden (LR/*Stuckenberg* § 200, Rn. 53). Davon sollte allerdings nur bei einfacher und eindeutiger Sachlage Gebrauch gemacht werden (SK-StPO/*Paeffgen* § 200 Rn. 24; KK-StPO/*Schneider* § 200 Rn. 25; KMR/*Seidl* § 200 Rn. 46). 15

E. Weitere Angaben. Das **Gericht**, vor dem die Hauptverhandlung stattfinden soll, ist unter Hervorhebung des Spruchkörpers zu benennen. Ein Haftvermerk ist im Kopf der Anklageschrift anzubringen, ebenso der Verteidiger, falls bereits bestellt oder gewählt. Der Eröffnungsantrag muss in der Anklageschrift enthalten sein (§ 199 Abs. 2 Satz 1). Die StA muss die Fortdauer der **Untersuchungshaft** oder einstweiliger Unterbringung beantragen, falls sich der Angeschuldigte in Haft befindet und die Voraussetzungen der §§ 112 ff. fortbestehen (RiStBV Nr. 110 Abs. 4). Auch ein **Geheimvermerk** der StA ist zulässig (BGHSt 18, 369 [371]; KMR/*Seidl* § 200 Rn. 49). Das Akteneinsichtsrecht des Verteidigers darf hierdurch nicht beschnitten werden (*Meyer-Goßner/Schmitt* § 200 Rn. 24). Schließlich ist die Anklageschrift unter Angabe von Ort, Datum und ausstellender Behörde zu unterzeichnen (SK-StPO/*Paeffgen* § 200 Rn. 16), nicht notwendigerweise vom Sachbearbeiter selbst. 16

F. Mängel der Anklageschrift. Überwiegend wird zwischen Mängeln, die die Umgrenzungsfunktion der Anklageschrift betreffen, und sonstigen Defiziten, insb. mit Blick auf die Informationsfunktion, unterschieden (s. Rdn. 1; StPO/*Paeffgen* § 200 Rn. 26; KK-StPO/*Schneider* § 200 Rn. 30). Andere differenzieren zwischen wesentlichen und unwesentlichen Mängeln (BGHSt 5, 225 [227]; KMR/*Seidl* § 200 Rn. 53), was im Ergebnis oftmals zu identischen Rechtsfolgen führt. 17

Ein die **Umgrenzungsfunktion** tangierender Mangel ist gegeben, wenn der Angeschuldigte nicht zweifelsfrei identifiziert werden kann, ebenso bei fehlender Konkretisierung der angeklagten Tat. In diesen Fällen fehlt es an einer wirksamen Umgrenzung des Verfahrensgegenstandes, was zu Unklarheiten bzgl. der Rechtskraftwirkung eines darauf gestützten Urteils führt (BGHSt 40, 44 [47]; BGH StV 2007; 171 [172]). Zur Feststellung, ob der Anklagesatz den Konkretisierungsanforderungen genügt, darf zu Auslegungszwecken auch das wesentliche Ergebnis der Ermittlungen herangezogen werden (BGHSt 5, 225 [227]; BGH NStZ 2012, 279 [280]; Radtke/Hohmann/*Reinhart* § 200 Rn. 25; a. A. SK-StPO/*Paeffgen* § 200 Rn. 27). Stellt das Gericht einen Mangel fest, gibt es die Anklage an die StA mit der Anregung zurück, die Anklageschrift nachzubessern (KMR/*Seidl* § 200 Rn. 63). Wird der Mangel nicht behoben, ist die Eröffnung des Hauptverfahrens abzulehnen (LR/*Stuckenberg* § 200, Rn. 86; BGH JR 2001, 421 [422]). Das Gericht kann einen solchen Mangel nicht im Eröffnungsbeschluss oder in der Hauptverhandlung (etwa durch einen Hinweis) heilen (KK-StPO/*Schneider* § 200 Rn. 33; Radtke/Hohmann/*Reinhart* § 200 Rn. 25; wohl BGHSt 40, 44 [47]; BGH NJW 1996; 206 [207]; a. A. SK-StPO/*Paeffgen* § 200 Rn. 29; *Meyer-Goßner/Schmitt* § 200 Rn. 26), weil die Schaffung einer wirksamen Anklage als Verfahrensvoraussetzung die zentrale Aufgabe der StA darstellt. Daher ist das Verfahren einzustellen, wenn der Mangel erst in der Hauptverhandlung bemerkt wird. Die Strafklage wird durch die Einstellung nicht verbraucht (BGH NStZ 1995, 245 f.; KK-StPO/*Schneider* § 200 Rn. 32). Auch kann das Prozesshindernis im weiteren Verfahren dadurch behoben werden, dass eine neue Anklage erhoben wird, welche den Anforderungen des § 200 Abs. 1 Satz 1 StPO genügt (BGH NStZ 2011, 650). 18

19 **Sonstige Mängel**, die die Informationsfunktion oder den Aufbau bzw. Formalia betreffen, sollen die Wirksamkeit der Anklageschrift nicht tangieren (BGHSt 40, 44 [48]; ; BGH, NStZ 2014, 599 [600]; KK-StPO/*Schneider* § 200 Rn. 35) und weder zur Ablehnung des Hauptverfahrens führen noch mit der Revision geltend gemacht werden können (BGH bei *Kusch* NStZ 1995, 19; Meyer-Goßner/Schmitt § 200 Rn. 27). Die angebotenen Lösungen erscheinen sehr fatalistisch: Das Gericht habe nur die Möglichkeit, sich informell mit der StA zu arrangieren (Radtke/Hohmann/*Reinhart* § 200 Rn. 24) und auf eine Korrektur hinzuwirken (*Ranft* Rn. 1098). Oder es könne die Zustellung der Anklageschrift über den Wortlaut des § 201 Abs. 1 hinausgehend verweigern, wogegen der StA die Beschwerde zustehe (*Meyer-Goßner/Schmitt* § 200 Rn. 27; LR/*Stuckenberg* § 200 Rn. 92; *Fezer* NStZ 1995, 297 [298]; a. A. KK-StPO/*Schneider* § 200 Rn. 35).

20 Diese Auffassung verkennt die Bedeutung der Informationsfunktion der Anklageschrift für die Verteidigungsrechte des Angeschuldigten. Daher ist es aufgrund Art. 6 EMRK (insb. Art. 6 Abs. 3 Buchst. a) EMRK; OLG Schleswig StV 1995, 455 [456]; OLG Düsseldorf NStZ-RR 1997, 109) und dem Rechtsstaatsgebot des Art. 20 Abs. 3 GG geboten, bei **erheblichen Mängeln**, die den Angeschuldigten deutlich in seinen Verteidigungsmöglichkeiten einschränken, Defizite in der Informationsfunktion denen der Umgrenzungsfunktion gleichzustellen. Das ist bei umfangreichen Verfahren etwa bei Mängeln in den wesentlichen Ermittlungsergebnissen der Fall. Ist überhaupt schon fraglich, ob sich Umgrenzungs- und Informationsfunktion voneinander klar abgrenzen lassen (HK-StPO/*Julius* § 200 Rn. 20), ist es mit der Kontrollfunktion des Zwischenverfahrens nicht zu vereinbaren, eine an solchen Mängeln leidende Anklage passieren zu lassen. Das Gericht hat also auch dann die Eröffnung abzulehnen (Graf/*Ritscher* § 200 Rn. 21; KK-StPO/*Schneider* § 200 Rn. 35; SK-StPO/*Paeffgen* § 200 Rn. 28; andeutungsweise BGH NStZ 1995, 297) mit entsprechenden Folgen in der Revision, falls dies nicht erfolgt sein sollte.

§ 201 StPO Übermittlung der Anklageschrift.

(1) Der Vorsitzende des Gerichts teilt die Anklageschrift dem Angeschuldigten mit und fordert ihn zugleich auf, innerhalb einer zu bestimmenden Frist zu erklären, ob er die Vornahme einzelner Beweiserhebungen vor der Entscheidung über die Eröffnung des Hauptverfahrens beantragen oder Einwendungen gegen die Eröffnung des Hauptverfahrens vorbringen wolle. Die Anklageschrift ist auch dem Nebenkläger und dem Nebenklagebefugten, der dies beantragt hat, zu übersenden; § 145a Absatz 1 und 3 gilt entsprechend.

(2) Über Anträge und Einwendungen beschließt das Gericht. Die Entscheidung ist unanfechtbar.

1 **A. Grundsätzliches.** Zweck der Vorschrift ist die umfassende Information des Angeschuldigten über die gegen ihn erhobenen Vorwürfe (KMR/*Seidl* § 201 Rn. 1). Er erhält so die Möglichkeit, seine Verteidigung vorzubereiten und aktiv in das Zwischenverfahren einzugreifen. Dadurch wird eine erste Verfahrenskontrolle noch vor der Eröffnungsentscheidung bewirkt (SK-StPO/*Paeffgen* § 201 Rn. 2).

2 **B. Mitteilung von Amts wegen.** Die Mitteilung an den Angeschuldigten ist obligatorisch; ein Verzicht auf die Mitteilung ist unbeachtlich (KK-StPO/*Schneider* § 201 Rn. 10). Die Anklageschrift ist vollständig mitzuteilen; in Staatsschutzsachen ist nach § 174 Abs. 3 GVG ein Schweigegebot möglich (*Meyer-Goßner/Schmitt* § 201 Rn. 1). **Mitteilungsadressat** ist der Angeschuldigte persönlich; in Fällen des § 145a Abs. 1 auch sein Verteidiger (AnwK-StPO/*Kirchhof* § 201 Rn. 2). In Jugendsachen soll die Mitteilung an den Erziehungsberechtigten erfolgen, § 67 Abs. 2 JGG. Der Nebenkläger gehört nun nach dem 2. Opferrechtsreformgesetz ebenfalls zu den Mitteilungsadressaten, der Nebenklagebefugte auf Antrag: Abs. 1 Satz 2. Einem der deutschen Sprache nicht hinreichend mächtigen Angeschuldigten ist die Anklageschrift in einer diesem verständlichen Sprache mitzuteilen (Art. 6 Abs. 3 Buchst. a) EMRK; OLG Karlsruhe StV 2005, 655 [656 m.w.N.]). Ein Nachholen der Übersetzung in der Hauptverhandlung ist möglich, soweit der Informationszweck des § 201 erfüllt wird (KMR/*Seidl* § 201 Rn. 4; enger wohl KK-StPO/*Schneider* § 201 Rn. 4).

3 Die Mitteilung der Anklageschrift erfolgt durch den Vorsitzenden (Roxin/*Schünemann* § 42 Rn. 5) durch **förmliche Zustellung**, § 35 Abs. 2 Satz 1 (AnwK-StPO/*Kirchhof* § 201 Rn. 2), bei einem vertei-

digten Angeschuldigten erfolgt die förmliche Zustellung an den Verteidiger, jener erhält formlos eine Abschrift der Anklage: § 145a Abs. 1 u. Abs. 3 Satz 1. Der Vorsitzende setzt eine angemessene **Erklärungsfrist** fest. Was angemessen ist, bestimmt sich nach Umfang und Schwierigkeit der Sache. Regelmäßig ist auch in einfachen Sachen von mindestens einer Woche auszugehen (LR/*Stuckenberg* § 201 Rn. 19). Die Frist darf verlängert und, mit Zustimmung des Angeschuldigten, auch verkürzt werden (KK-StPO/*Schneider* § 201 Rn. 7). Da es sich um keine Ausschlussfrist handelt, müssen auch verspätete Anträge nicht nur berücksichtigt, sondern formell beschieden werden (KMR/*Seidl* § 201 Rn. 12; LR/*Stuckenberg* § 201 Rn. 21 f.; *Meyer-Goßner/Schmitt* § 201 Rn. 4). Bei **Fehlen der Mitteilung** der Anklageschrift ist die Hauptverhandlung auf Antrag auszusetzen. Unterbleibt der Antrag des – verteidigten – Angeklagten, so ist dies als ein Verzicht auf die Geltendmachung einer hierauf zu stützenden Verfahrensrüge zu deuten (SK-StPO/*Paeffgen* § 201 Rn. 9). Ein Verfahrenshindernis ist in der fehlenden Mitteilung nicht zu sehen (BGHSt 33, 183 [186]).

C. Einwendungen und Anträge. Der Angeschuldigte kann durch Einwendungen oder Beweisanträge Einfluss auf die Eröffnungsentscheidung nehmen. Das kann insb. bei schwierigen Sachverhalten in medizinischen, technischen und ökonomischen Kontexten aus verteidigungstaktischen Überlegungen heraus sehr sinnvoll sein (HK-StPO/*Julius* § 201 Rn. 6). **Einwendungen** können sich gegen alle Voraussetzungen der Verfahrenseröffnung richten. Das Fehlen eines hinreichenden Tatverdachts, das Bestehen von Verfahrenshindernissen, die fehlende Zuständigkeit des Gerichts oder Mängel der Anklageschrift können gerügt werden (*Meyer-Goßner/Schmitt* § 201 Rn. 6). **Beweisanträge** des Angeschuldigten müssen für die Eröffnungsentscheidung von Bedeutung sein (KMR/*Seidl* § 201 Rn. 14). Es sind – entsprechend § 219 – bestimmte Beweismittel und Tatsachen anzugeben (*Meyer-Goßner/Schmitt* § 201 Rn. 6; KMR/*Seidl* § 201 Rn. 15; a. A. LR/*Stuckenberg* § 201 Rn. 27). 4

D. Entscheidung des Gerichts. Die Entscheidung des Gerichts ergeht durch förmlichen Beschluss nach Anhörung der StA (§ 33 Abs. 2) und ggf. des Nebenklägers. Die **Besetzung** bestimmt sich nach §§ 30 Abs. 2, 76 Abs. 1 Satz 2 GVG, die Schöffen wirken also nicht mit. Beim OLG wird nach § 122 Abs. 1 GVG in Dreierbesetzung entschieden, wenn nicht sogleich eine Verbindung mit der Eröffnungsentscheidung gegeben ist (KMR/*Seidl* § 201 Rn. 21; LR/*Stuckenberg* § 201 Rn. 31; a. A. *Meyer-Goßner/Schmitt* § 201 Rn. 7). Bei entsprechender Äußerung des Angeschuldigten kann eine ablehnende Entscheidung bereits vor Fristende ergehen (KK-StPO/*Schneider* § 201 Rn. 15). Der Beschluss kann mit der Eröffnungsentscheidung verbunden werden (KMR/*Seidl* § 201 Rn. 23) und muss gem. § 34 begründet werden. 5

Beweisanträge dürfen abgelehnt werden, wenn das Gericht feststellt, dass diese für die Eröffnungsentscheidung bedeutungslos sind (LR/*Stuckenberg* § 201 Rn. 36), die Ablehnungsregeln des § 244 sind nicht anzuwenden (Radtke/Hohmann/*Reinhart* § 201 Rn. 10; a. A. KMR/*Seidl* § 201 Rn. 26). Abgelehnte Beweisanträge kann der Angeklagte nach Eröffnung des Hauptverfahrens beim Vorsitzenden oder in der Hauptverhandlung wiederholen, worauf das Gericht hinzuweisen hat (KK-StPO/*Schneider* § 201 Rn. 19). 6

Die Entscheidung des Gerichts ist **unanfechtbar**, § 201 Abs. 2 Satz 2. Zuständigkeitseinwände nach §§ 6a, 16 können in der Hauptverhandlung wiederholt werden (*Meyer-Goßner/Schmitt* § 201 Rn. 9). Die **Revision** ist bei Verstößen gegen § 201 Abs. 1 denkbar, wenn das Urteil auf diesem Fehler beruht; im Fall des Fehlens der Mitteilung ist § 338 Nr. 8 einschlägig (KK-StPO/*Schneider* § 201 Rn. 11). Eine mangelhafte Entscheidung gem. § 202 Abs. 2 kann nicht mit der Revision gerügt werden; denn das Urteil beruht wegen der Wiederholungsmöglichkeiten in der Hauptverhandlung hierauf nicht. 7

§ 202 StPO Anordnung ergänzender Beweiserhebungen.

Bevor das Gericht über die Eröffnung des Hauptverfahrens entscheidet, kann es zur besseren Aufklärung der Sache einzelne Beweiserhebungen anordnen. Der Beschluss ist nicht anfechtbar.

A. Grundsätzliches. Die Vorschrift verdeutlicht, dass auch im Zwischenverfahren die Instruktionsmaxime Anwendung findet und räumt dem Gericht daher eigene Ermittlungsbefugnisse ein (LR/ 1

§ 202a StPO   Erörterung des Verfahrensstands mit den Verfahrensbeteiligten

Stuckenberg § 202 Rn. 1). Sie ist **restriktiv** auszulegen (KMR/*Seidl* § 202 Rn. 1). Thematisch ist die Ermittlungskompetenz auf die Prüfung der Voraussetzungen der Eröffnungsentscheidung, also des hinreichenden Tatverdachts, begrenzt (HK-StPO/*Julius* § 202 Rn. 1).

2 **B. Beweisanordnung.** Zulässig sind nur **einzelne Beweiserhebungen**; umfangreiche eigene Ermittlungen sind wegen eines sonst zu befürchteten Vorgriffs auf die Hauptverhandlung nicht statthaft (SK-StPO/*Paeffgen* § 202 Rn. 3). Der Sachverhalt muss von der StA umfangreich ausermittelt sein, die Vorschrift erlaubt nicht eine Nachholung wesentlicher Ermittlungsarbeiten (KMR/*Seidl* § 202 Rn. 2), sondern lediglich Ergänzungen, um einen noch nicht vorhandenen hinreichenden Tatverdacht zu begründen oder auszuräumen (LR/*Stuckenberg* § 202 Rn. 3). In Fällen unzureichend ermittelter Verdachtslagen gibt das Gericht die Anklageschrift mit der Aufforderung zur Nachbesserung zurück; kommt die StA der Aufforderung nicht nach, ist die Eröffnung des Hauptverfahrens abzulehnen (KK-StPO/*Schneider* § 202 Rn. 4). Die StA ist auch nach Anklageerhebung zu eigenen Ermittlungen berechtigt, ggf. auch verpflichtet (AnwK-StPO/*Ritscher* § 202 Rn. 4; KK-StPO/*Schneider* § 202 Rn. 9).

3 Ob einzelne Beweiserhebungen angeordnet werden, steht im Ermessen des Gerichts. Ausnahmsweise kommt nach den Grundsätzen der §§ 155 Abs. 2, 206 auch eine **Verpflichtung** zur Ermittlung in Betracht (LR/*Stuckenberg* § 202 Rn. 5; SK-StPO/*Paeffgen* § 202 Rn. 2; a. A. *Meyer-Goßner/Schmitt* § 202 Rn. 1), insb. wenn das Gericht meint, einen vermeintlich vorliegenden Tatverdacht leicht auszuräumen zu können (KK-StPO/*Schneider* § 202 Rn. 3).

4 Die Anordnung weiterer Beweiserhebungen ergeht durch **Beschluss** in der Besetzung des § 201. Der Vorsitzende darf bei unzureichendem Ermittlungsergebnis ohne Hinzuziehung des Kollegialgerichts die Anklageschrift zur Nachbesserung zurücksenden (KK-StPO/*Schneider* § 202 Rn. 6). Die Beteiligten müssen vor einer Anordnung nicht gehört werden (KMR/*Seidl* § 202 Rn. 8). In dem Beschluss sind Beweisthema und Beweismittel genau zu bezeichnen (KK-StPO/*Schneider* § 202 Rn. 5). Es gilt das Freibeweisverfahren (SK-StPO/*Paeffgen* § 202 Rn. 6). Die Anordnung soll erst nach Anhörung des Angeschuldigten ergehen; ein früherer Zeitpunkt ist aber ebenso zulässig (KMR/*Seidl* § 202 Rn. 7).

5 Das Gericht kann den Beschluss selbst **ausführen**. Anderenfalls ersucht das Gericht die StA mit der Durchführung, die dem Gesuch i.R.d. Grundsätze der Amtshilfe nachkommen muss (KMR/*Seidl* § 202 Rn. 12; LR/*Stuckenberg* § 202 Rn. 16; a. A. KK-StPO/*Schneider* § 202 Rn. 8).

6 Der Beschluss ist **unanfechtbar**, § 202 Satz 2. Davon erfasst ist auch die Auswahl eines bestimmten Sachverständigen (*Meyer-Goßner/Schmitt* § 202 Rn. 6). Da eine fehlerhaft nicht vorgenommene Beweiserhebung i.d.R. nicht auf die Hauptverhandlung ausstrahlt, ist § 202 nicht revisibel (KK-StPO/*Schneider* § 202 Rn. 11).

§ 202a StPO Erörterung des Verfahrensstands mit den Verfahrensbeteiligten.

¹Erwägt das Gericht die Eröffnung des Hauptverfahrens, kann es den Stand des Verfahrens mit den Verfahrensbeteiligten erörtern, soweit dies geeignet erscheint, das Verfahren zu fördern. ²Der wesentliche Inhalt dieser Erörterung ist aktenkundig zu machen.

1 **A. Grundsätzliches. I. Normhistorie.** § 202a StPO wurde durch das **Gesetz zur Regelung der Verständigung im Strafverfahren** (dazu näher § 257c Rdn. 1) in die StPO eingefügt. Wie im Fall des § 160b StPO (dort Rdn. 1) war eine ähnliche Regelung bereits in dem Entwurf zum Opferrechtsreformgesetz aus dem Jahr 2003 enthalten (vgl. BT-Drucks. 15/1976, S. 3) Diese wurde damit begründet, dass die dem Zwischenverfahren zukommende Filterfunktion ausweislich empirischer Studien weitgehend ungenutzt wäre (BT-Drucks. 15/1976, S. 11; vgl. *Ignor/Matt* StV 2002, 102 ff.). Ebf. wie bei § 160b StPO wurde im weiteren Verlauf des Gesetzgebungsverfahrens die geplante Regelung zwar verworfen, doch nahm der »Diskussionsentwurf für eine Reform des Strafverfahrens« aus dem Jahr 2004 (auszugsweise abgedruckt in StV 2004, 228, 231) darauf erneut ausdrücklich Bezug. Der Entwurf des Strafrechtsausschusses der BRAK sah eine ähnliche Regelung in § 202 Abs. 2 StPO (ZRP 2005, 235) und der Entwurf des Bundesrates in § 212 StPO (BT-Drucks. 16/4197, S. 5) vor. Die nunmehr inkorporierte Regelung ist, anders als im Entwurf zum Opferrechtsreformgesetz, nicht als »Soll«-, sondern als »Kann«-Vorschrift formuliert und enthält statt des Begriffs des »Beteiligten«

den des »Verfahrensbeteiligten«. Zudem wurde der Begriff der »mündlichen Anhörung« durch den der »Erörterung« ersetzt. Wie vom Strafrechtsausschuss der BRAK und vom Bundesrat vorgeschlagen, wird das Gericht verpflichtet, den wesentlichen Inhalt der Erörterung aktenkundig zu machen, jedoch ist die jetzige Regelung, anders als vom Strafrechtsausschuss und dem Bundesrat vorgeschlagen, nicht auf eine mögliche Verständigung in der Hauptverhandlung beschränkt.

Die Norm wird – wie auch § 160b StPO (vgl. dort Rdn. 2) – kontrovers diskutiert. Während einige sie strikt ablehnen (AnwK-StPO/*Kirchhof* § 202a Rn. 1; *Leipold* NJW-Spezial 2009, 520 f.; *Fischer* StraFo 2009, 177, 186), halten andere sie für unschädlich, aber überflüssig (*Ioakimidis* in HbStrVf Rn. VIII 19; *Jahn/Müller* NJW 2009, 2625, 2627). Wieder andere begrüßen die klarstellende Regelung (so wohl *Meyer-Goßner/Schmitt* § 202a Rn. 1 unter Verweis auf § 160b Rn. 1; *Schlothauer/Weider* StV 2009, 600, 608). Der letztgenannten Ansicht ist zuzustimmen. Zwar handelt es sich bei Erörterungen i.R.d. Zwischenverfahrens in der Tat um keine grundrechtswesentlichen Fragen (so *Jahn/Müller* NJW 2009, 2625, 2627). Auch entsprach es bereits vor der Neuregelung höchstrichterlicher Rechtsprechung, dass sachliche Bewertungen der angeklagten Tat keinen Ablehnungsgrund wegen Besorgnis der Befangenheit (§ 24 Abs. 1, 2 StPO) begründen (BGHSt 15, 40, 46 f.; *Meyer-Goßner/Schmitt* § 24 Rn. 14 m.w.N.). Jedoch schafft die Norm insoweit eine größere Rechtssicherheit und kann dazu beitragen, dass die Gerichte zu einem frühen Zeitpunkt in Rechtsgespräche mit den übrigen Verfahrensbeteiligten eintreten und die Möglichkeit konsensualer Verfahrensbeendigungen oder anderer Verständigungen (Rdn. 14) erörtern (vgl. dazu bereits *Ignor/Matt* StV 2002, 102 ff.).

II. Normzweck. Die Vorschrift ist im Zusammenhang mit den durch das VerstG ebenfalls neu geschaffenen §§ 160b, 212, 257b StPO zu lesen, vgl. § 160b Rdn. 3. Der Gesetzgeber beabsichtigte mit diesen Vorschriften ausdrücklich eine **Stärkung der kommunikativen Elemente in sämtlichen Stadien des Strafverfahrens** (BT-Drucks. 16/12310, S. 2). § 202a StPO ermöglicht ein Rechtsgespräch im Zwischenverfahren nach Anklageerhebung und vor Eröffnung des Hauptverfahrens. Als Unterfall der »Erörterung des Standes des Verfahrens« sollen auch Möglichkeit und Umstände einer Verständigung im Hauptverfahren besprochen werden können (vgl. BT-Drucks. 16/12310, S. 12). Damit dient § 202a S. 1 StPO auch der **Beschleunigung des Verfahrens** (KMR/*Seidl* § 202a Rn. 2). Durch die in S. 2 der Norm angeordnete Dokumentationspflicht i.V.m. § 243a Abs. 4 StPO wird dem **Transparenzgebot** Rechnung getragen.

B. Regelungsgehalt. I. Gericht/Verfahrensbeteiligte. Zum Begriff des **Verfahrensbeteiligten** s. § 160b StPO Rdn. 4. **Gericht** sind gemäß den allgemeinen Regelungen (vgl. §§ 30 Abs. 1, 77 Abs. 1 GVG) lediglich die **Berufsrichter** (BT-Drucks. 16/12310, S. 12). Die Schöffen erhalten erst durch die Mitteilung des Vorsitzenden in der Hauptverhandlung gem. § 243 Abs. 4 S. 1 StPO Kenntnis von Erörterungen im Zwischenverfahren. Dies ist mit den Grundsätzen der Art. 97 Abs. 1, 101 Abs. 1 S. 2 GG vereinbar (krit. *Fischer* StraFo 2009, 177, 183).

Ob an einer Erörterung bei der Großen Strafkammer oder einem erstinstanzlich zuständigen Strafsenat des OLG sämtliche Richter teilnehmen müssen, wird in der Entwurfsbegründung nicht ausdrücklich thematisiert. Der enthaltene Verweis auf § 76 Abs. 1 S. 1, Abs. 2 S. 1 GVG (BT-Drucks. 16/12310, S. 12) könnte darauf hindeuten, dass der Gesetzgeber von einer Beteiligung sämtlicher Berufsrichter ausging. Es ist jedoch nicht erkennbar, warum der Spruchkörper nicht **einen Richter** mit der Erörterung **beauftragen** können soll (vgl. BGH StV 2011, 202 m. krit. Anm. *Schlothauer*; AnwK-StPO/*Kirchhof* § 202a Rn. 3; a. A. KMR/*Seidl* § 202a Rn. 14). Die z.T. vorgenommene Differenzierung danach, ob es sich bei der Erörterung um ein bloßes »Anbahnungsgespräch« oder um »feste Vereinbarungen« handelt (so *Meyer-Goßner/Schmitt* § 202a Rn. 4), führt nicht weiter, weil in diesem Verfahrensstadium keine festen Vereinbarungen getroffen werden können (§ 243 Abs. 4 S. 1 StPO: »Möglichkeit einer Verständigung«), sondern gem. § 257c StPO der Hauptverhandlung vorbehalten sind (zutr. N/Sch/W/*Schlothauer* Teil B § 202a Rn. 17).

II. Verfahren, Voraussetzungen und Inhalt der Erörterung. 1. Verfahren. Die Initiative zu einer Erörterung kann nach allgemeiner Meinung nicht nur vom **Gericht** auch von den **anderen Verfahrensbeteiligten** ausgehen (AnwK-StPO/*Kirchhof* § 202a Rn. 2; *Meyer-Goßner/Schmitt* § 202a Rn. 1).

§ 202a StPO Erörterung des Verfahrensstands mit den Verfahrensbeteiligten

7 Die **Modalitäten** der Kommunikation – schriftlich oder mündlich, im Rahmen eines persönlichen Gesprächs vor Ort oder telefonisch – sind ebenso wenig vorgeschrieben wie die Frage, ob sämtliche Verfahrensbeteiligte hieran teilnehmen müssen.

8 Bei **Mitbeschuldigten** ist allerdings Folgendes zu beachten: Zwar sind Fälle denkbar, in denen sich das Gericht auf Erörterungen mit einzelnen Beschuldigten beschränkt, weil nur insoweit ein Gesprächsbedarf besteht. Sobald es aber in Betracht kommt, dass der an der Erörterung teilnehmende Beschuldigte einen Mitbeschuldigten im Rahmen einer möglichen Verständigung belasten könnte, sollte zur Vermeidung der Besorgnis der Befangenheit und zur Gewährleistung eines fairen Verfahrens der Termin dem Mitbeschuldigten bekannt gemacht und ihm bei entsprechender Bereitschaft Gelegenheit zur Teilnahme gegeben werden (vgl. BGH StV 2011, 72; *Meyer-Goßner/Schmitt* § 202a Rn. 1; KMR/*Seidl* § 202a Rn. 15; ferner BGH NStZ 2009, 701; AnwK-StPO/*Kirchhof* § 202a Rn. 2 hält bereits die gesetzlich vorgesehenen Dokumentationspflichten für ausreichend).

9 Die Durchführung eines Erörterung steht im pflichtgemäßen Ermessen des Gerichts (»kann«). Die Verfahrensbeteiligten haben darauf **keinen Anspruch**.

10 Abgesehen von dem Fall einer richterlichen Ladung des Beschuldigten zu einer Erörterung in Form einer Vernehmung gem. § 133 Abs. 1, 2 StPO besteht **keine Pflicht zur Teilnahme** an der Erörterung (KMR/*Seidl* § 202a Rn. 11; N/Sch/W/*Schlothauer* § 202a Rn. 13 Fn. 1).

11 **2. Voraussetzungen. a) Erwägen der Eröffnung des Hauptverfahrens.** Eine Erörterung im Zwischenverfahren setzt voraus, dass das Gericht die Eröffnung des Hauptverfahrens »erwägt«. Das Gericht muss sich also einerseits in den der Anklage zugrunde liegenden Sachverhalt und die Rechtslage eingearbeitet haben (Befürchtungen, dass Gericht werde den hinreichenden Tatverdacht nicht mehr sorgfältig prüfen, bei AnwK-StPO/*Kirchhof* § 202a Rn. 1). Andererseits muss die Meinungsbildung des Gerichts zu der Frage, ob ein hinreichender Tatverdacht zu bejahen ist, zum Zeitpunkt der Erörterung noch nicht abgeschlossen sein (N/Sch/W/*Schlothauer* Teil B § 202a Rn. 9; a. A. AnwK-StPO/*Kirchhof* § 202a Rn. 5, der im Hinblick auf eine mögliche Verständigung Verurteilungswahrscheinlichkeit voraussetzt). **Ausgeschlossen** ist also nur der Fall, dass das Gericht die **Ablehnung der Eröffnung** beabsichtigt. In diesem Fall ist eine Erörterung nicht nur überflüssig, sondern – wegen des Anspruchs des Beschuldigten auf eine unverzügliche Verfahrenseinstellung – auch unzulässig (*Meyer-Goßner/Schmitt* § 202a Rn. 3; KMR/*Seidl* § 202a Rn. 6 f.).

12 **b) Eignung zur Verfahrensförderung.** Hinsichtlich der von § 212a StPO– vorausgesetzten Eignung zur Verfahrensförderung s. die diesbezüglichen Anmerkungen zu § 160b StPO (dort Rdn. 6). Hier wie dort ist diese Voraussetzung als **Zielbeschreibung** und nicht als Einschränkung des Anwendungsbereichs der Norm anzusehen. Nach OLG Nürnberg, Beschl. v. 26.04.2011 – 1 Ws 125–126/11 muss das Gericht dafür Sorge tragen, dass alle ausstehenden Fragen beantwortet und greifbare Ergebnisse erzielt werden. Erörterungstermine seien daher so zu gestalten, dass im Anschluss umgehend über die Eröffnung entschieden und die Hauptverhandlung anberaumt werden könne. Dabei könne auch die Klarheit schaffende Feststellung, dass derzeit keine konsensuale Verfahrensgestaltung erreichbar sei, ein das Verfahren förderliches Ergebnis sein. Allerdings kann auch schon die gegenseitige Verdeutlichung von Standpunkten verfahrensfördernd sein (vgl. § 257b Rdn. 5).

13 **c) Inhalt der Erörterung.** Der dem Zivilprozess (vgl. § 139 Abs. 1 ZPO) entnommene Begriff der **Erörterung** bezeichnet eine **allseitige Aussprache** zwischen Gericht und Verfahrensbeteiligten in rechtlicher und tatsächlicher Beziehung (vgl. Thomas/Putzo/*Reichold* § 139 Rn. 25). Der Termin darf sich mithin nicht in der einseitigen, schon gar nicht begründungslosen Präsentation von Sichtweisen und Festlegungen erschöpfen. Einschätzungen der Sach- und Rechtslage sind zu begründen, damit sie von den Beteiligten sachgerecht beurteilt werden können, nicht zuletzt auch im Hinblick auf mögliche Verständigungen über den Fortgang des Verfahrens (vgl. *Salditt* DAV-FS 794). Die gerichtliche Mitteilung von Beratungsergebnissen »nicht zu Diskussionszwecken« (vgl. *Salditt* ebd.) begründet die Besorgnis der Befangenheit.

14 Möglicher Inhalt einer Erörterung kann ein **Rechtsgespräch** sein, in dessen Verlauf die Verfahrensbeteiligten sich insb. über die Argumente für und gegen eine Eröffnung des Hauptverfahrens austauschen bzw. über (teilweise) alternative Vorgehensweisen (N/Sch/W/*Schlothauer* Teil B § 202 Rn. 10), namentlich über(Teil-)Einstellungen nach §§ 153, 153a StPO, die Beschränkung des Verfahrens auf be-

stimmte Taten oder Tatteile (§§ 154, 154a StPO), die Rücknahme der Anklage (vgl. § 156 StPO), die Nichteröffnung des Verfahrens (§ 204 StPO), den Übergang ins Strafbefehlsverfahren (vgl. §§ 156, 408a StPO), aber auch über Haftfragen und einzelne Beweiserhebungen im Zwischenverfahren (vgl. MAH/*Ignor/Matt/Weider* § 13 Rn. 104 ff.; *Ignor/Matt* StV 2002, 102 ff.). Hierbei dürfen die Berufsrichter auch bereits eine vorläufige Prognose zu den Strafhöhen im Falle eines Geständnisses anstellen (BGH Urt. v. 14.04.2011 – 4 StR 571/10). Bei der Erörterung **tatsächlicher Fragen** haben das Gericht und die Verfahrensbeteiligten zu beachten, dass hierbei weder die Hauptverhandlung gleichsam vorweggenommen wird, noch wesentliche Teile des Ermittlungsverfahrens nachgeholt und damit Nachlässigkeiten der Strafverfolgungsbehörden behoben werden (*Meyer-Goßner/Schmitt* § 202a Rn. 3 unter Verweis u.a. auf KG NStZ 2003, 504, das in seinem Beschluss zudem auf die Gefahr der Befangenheit hinweist). Nach dem Willen des Gesetzgebers können Inhalt einer Erörterung im Zwischenverfahren auch die **Möglichkeit und Umstände einer Verständigung im Hauptverfahren** sein (BT-Drucks. 16/12310, S. 12). Dies darf allerdings nicht dazu führen, dass die Voraussetzungen des § 257c Abs. 2 StPO unterlaufen werden (so die Befürchtungen bei AnwK-StPO/*Kirchhof* § 202a Rn. 1; *Altenhain/Hagemeier/Haimerl* NStZ 2007, 71, 74). Festlegungen sind nicht bindend (BGH Beschl. v. 12.07.2011 – 1 StR 274/11 = ZWH 2012, 120 f. m. Anm. *Kudlich*). Das gilt auch für Absprachen zwischen Staatsanwaltschaft und Gericht (BGH Urt. v. 29.11.2011 – 1 StR 287/11).

III. Dokumentationspflicht (S. 2) 1. Voraussetzungen. Wie im Fall von Erörterungen gem. § 160b StPO (dort Rdn. 8) besteht die Pflicht zur Dokumentation nicht bei jeder Kontaktaufnahme zwischen den Verfahrensbeteiligten (so auch *Meyer-Goßner/Schmitt* § 202a. Rn. 1 unter Verweis auf § 160b Rn. 8), sondern nur bei solchen Kontakten, bei denen es zumindest zu einer argumentativen Auseinandersetzung über den Verfahrensstand oder über das weitere Verfahren kommt. 15

2. Umfang. Auch hinsichtlich des Dokumentationsumfangs gilt das Gleiche wie bei § 160b S. 2 StPO (vgl. dort Rdn. 9). Besonderes Augenmerk hat das Gericht dabei auf Erörterungen zu legen, bei denen die Möglichkeit einer späteren Verständigung i.S.d. § 257c StPO thematisiert wurde, weil der Vorsitzende gem. **§ 243 Abs. 4 S. 1 StPO** dazu verpflichtet ist, in der Hauptverhandlung mitzuteilen, ob derartige Gespräche stattgefunden haben und ggf. welchen Inhalt sie hatten. Zur Vermeidung nachträglicher Streitigkeiten über den Inhalt der Erörterung sollte das Gericht sogleich im Anschluss daran in Anwesenheit der Verfahrensbeteiligten den wesentlichen Inhalt schriftlich niederlegen und von den Verfahrensbeteiligten **unterzeichnen** lassen (so auch *Jahn/Müller* NJW 2009, 2625, 2627). Dies ist insb. dann ratsam, wenn der teilnehmende Staatsanwalt nicht zugleich der Sitzungsvertreter in der Hauptverhandlung sein wird (N/Sch/W/*Schlothauer* Teil B § 202a Rn. 22). Unterlässt das Gericht die sofortige Anfertigung der Dokumentation, empfiehlt es sich für den Verteidiger, den wesentlichen Inhalt des Gesprächs in einer Art »Bestätigungsschreiben« zusammenzufassen und an das Gericht zu übersenden (AnwK-StPO/*Kirchhof* § 202a Rn. 9). Dieses ist zu den Akten zu nehmen. 16

IV. Bindungswirkung. Zur Frage der rechtlichen Bindungswirkung von Zusagen i.R.d. Erörterung nach § 202a StPO können die diesbezüglichen Ausführungen zu § 160b StPO (dort Rdn. 10 f.) entsprechend herangezogen werden. Hierbei ist in Bezug auf das **Gericht** jedoch zu beachten, dass bei einer Erörterung nach § 202a StPO zwar die Möglichkeit einer Verständigung nach § 257b StPO sondiert, eine Verständigung aber nicht vorweggenommen werden darf (oben Rdn. 14). Diesbezügliche Absichtserklärungen erzeugen keine Bindungswirkung (N/Sch/W/*Schlothauer* Teil B § 212 Rn. 22). Allerdings kann bei damit im Zusammenhang stehenden »Vorleistungen« des Beschuldigten gleichwohl eine Fair-trial-Problematik bestehen, die nach allgemeinen Grundsätzen zu behandeln ist (vgl. § 257c Rdn. 122 ff.). 17

V. Mitteilungspflicht in der Hauptverhandlung. Erörterungen nach § 202a StPO mit Blick auf eine mögliche Verständigung sind ebenso wie solche gem. § 212 StPO in der Hauptverhandlung mitteilungspflichtig, § 243 Abs. 4 S. 1 StPO (zu den diesbezüglichen Anforderungen BGH, Beschl. v. 15.01.2015 1 StR 315/14 = StV 2015, 271). Die Vorschrift dient dem Schutz des Angeklagten vor einem im Geheimen sich vollziehenden »Schulterschluss« zwischen Gericht, Staatsanwaltschaft und Verteidigung und der öffentlichen Kontrolle der Justiz angesichts der gesetzlichen Zulassung der in eine vertrauliche Atmosphäre drängenden Verständigungen. Bei Verstößen kann ein Beruhen nur in Ausnahmefällen ausgeschlossen werden (BVerfG, 2. Kammer des 2. Senats, Beschl. v. 15.01.2015 –

2 BvR 2055/14 = StV 2015, 269 = NStZ 2015 m. Anm. *Knauer/Pretsch*; vgl. auch BVerfG, 2. Kammer des 2. Senats, Beschl. v. 15.01.2015 – 2 BvR 878/14). Die Mitteilungspflicht greift bei sämtlichen Vorgesprächen ein, die auf eine Verständigung abzielen; die Mitteilung bloß des letzten Gesprächs reicht nicht; sie bezieht sich auch auf erfolglos gebliebene Gespräche (BGH, Beschl. v. 29.07.2014 – 4 StR 126/14 = StV 2015, 149). Das gilt auch für den Fall von Erörterungen vor und nach der Rückgabe der Anklage zur »Nachbesserung« (BGH, Urt. v. 13.02.2014 – 1 StR 423/13 = NStZ 2014, 217), nicht jedoch dann, wenn die Staatsanwaltschaft die Anklage zurücknimmt und eine neue erhebt (BGH, Urt. v. 20.02.2014 – 3 StR 289/13 = NsTZ 2014, 600). Fraglich ist, ob die Mitteilungspflicht nach § 243 Abs. 4 S. 1 StPO auch auch für Gespräche zwischen Staatsanwaltschaft und Verteidigung über Strafvorstellungen gilt, die ohne Beteiligung des Gerichtes geführt werden, von denen das Gericht aber Kenntnis erlangt (dazu BGH, Beschl. v. 29.01.2014 – 1 StR 523/14 = NStZ-RR 2014, 115; BGH, Urt. v. 29.11.2011 – 1 StR 287/11 = NStZ 2012, 347, 348; abl. KK/StPO-*Schneider* § 243 Rn. 36). Jedenfalls nicht mitteilungspflichtig ist ein Gespräch des Verteidigers mit einem beisitzenden Richter, bei dem dieser auf die Frage nach dem Interesse des Gerichts an einer Verständigung abweisend reagiert (BGH, Beschl. v. 25.02.2015 – 5 StR 258/13 = NStZ 2015, 232).
Näher zur Mitteilungspflicht siehe unter § 243 StPO.

§ 203 StPO Eröffnungsbeschluss. Das Gericht beschließt die Eröffnung des Hauptverfahrens, wenn nach den Ergebnissen des vorbereitenden Verfahrens der Angeschuldigte einer Straftat hinreichend verdächtig erscheint.

1 **A. Grundsätzliches.** § 203 ist die Zentralnorm des Zwischenverfahrens. Denn sie ermöglicht mit dem Erfordernis, dass die Anklage der StA zuzulassen und das Hauptverfahren zu eröffnen ist, überhaupt erst die Kontrollfunktion des Zwischenverfahrens (s. § 199 StPO Rdn. 2). Und sie umschreibt mit dem Begriff des **hinreichenden Tatverdachts** zugleich die Voraussetzung für den Eröffnungsbeschluss und gibt damit korrespondierend der StA den Maßstab zur Anklageerhebung nach § 170 Abs. 1 vor.

2 Mit der Eröffnung des Hauptverfahrens endet das Zwischenverfahren und beginnt das Hauptverfahren. Der Eröffnungsbeschluss ist unbedingte Prozessvoraussetzung für alles Weitere (BGHSt 10, 278 [279]; KMR/*Seidl* § 203 Rn. 4). Zur Prüfung des hinreichenden Tatverdachts werden die **gesamten Akten** hinzugezogen (*Meyer-Goßner/Schmitt* § 203 Rn. 1). Im Zwischenverfahren nach §§ 201, 202 Abs. 2 Satz 1 gewonnenen Erkenntnisse fließen ebenfalls in die Entscheidung ein (LR/*Stuckenberg* § 203 Rn. 5).

3 **B. Der hinreichende Tatverdacht.** Hinreichender Tatverdacht ist gegeben, wenn bei vorläufiger Tatbewertung eine spätere Verurteilung in der Hauptverhandlung **wahrscheinlich** ist (*Beulke* Rn. 357). Im Einzelnen sind die retrospektiv zu beurteilende Wahrscheinlichkeit der Tatbegehung, die prospektiv festzustellende Verurteilungswahrscheinlichkeit im Rahmen einer Beurteilung der Beweismittel, die Strafbarkeit des dem Angeschuldigten zur Last gelegten Verhaltens sowie das Vorliegen der erforderlichen Prozessvoraussetzungen zu prüfen (LR/*Stuckenberg* § 203 Rn. 11). Die StPO kennt drei Verdachtsstufen. Beim **Anfangsverdacht** müssen konkrete Anhaltspunkte einer Straftat vorliegen. Mit ihm ist nach § 152 Abs. 2 ein Ermittlungsverfahren einzuleiten. Beim **dringenden Tatverdacht** muss eine hohe Wahrscheinlichkeit bestehen, dass der Täter die Tat begangen hat. Er ist Voraussetzung für schwerwiegende Zwangsmaßnahmen wie der Untersuchungshaft nach § 112. Der hinreichende Tatverdacht bewegt sich auf einer Verdachtsskala zwischen den beiden anderen Verdachtsgraden. Andererseits kann er formell strenger sein. So liegt u.U. ein dringender Tatverdacht vor, ohne dass bereits der hinreichende Tatverdacht anzunehmen ist, wenn nämlich zwingende Voraussetzungen wie die Gewährung von rechtlichem Gehör vor der Anklageerhebung nach § 163a Abs. 1 Satz 1 noch fehlen.

4 Das Hauptverfahren wird jedenfalls nicht eröffnet, wenn ein Freispruch wahrscheinlicher scheint als eine Verurteilung (KK-StPO/*Schneider* § 203 Rn. 4). Die **tatsächlichen Voraussetzungen** einer Verurteilung sind dann gegeben, wenn die Wahrscheinlichkeit einer Verurteilung überwiegt (*Meyer-Goß-*

ner/*Schmitt* § 203 Rn. 2); ein höherer Grad an Wahrscheinlichkeit – vergleichbar mit dem dringenden Tatverdacht nach § 112 – muss nicht vorliegen (BGH NStZ-RR 2004, 227; OLG Nürnberg StV 2011, 468 [469]; a. A. SK-StPO/*Paeffgen* § 203 Rn. 11; *Kühne* Rn. 339). Die Gegenansicht verwischt die unterschiedliche Nomenklatur der Verdachtsstufen (s. Rdn. 3). Dem Gericht steht bei der Bewertung ein gewisser **Beurteilungsspielraum** zu (*Beulke* Rn. 357; BGH NJW 1970, 1543 [1544]; weiter noch OLG Nürnberg StV 2011, 468 [469]). Die prospektiv zu beurteilende **Verurteilungswahrscheinlichkeit** bemisst sich danach, ob sich der Tatnachweis mit verwertbaren und zulässigen Beweismitteln erbringen lassen wird (KK-StPO/*Schneider* § 203 Rn. 5). Bei dieser Wahrscheinlichkeitsprüfung ist der in dubio pro reo-Grundsatz nicht anwendbar (*Meyer-Goßner/Schmitt* § 203 Rn. 2). Der hinreichende Tatverdacht kann jedoch unter der Maßgabe, in der Hauptverhandlung würde nach diesem Grundsatz ein Freispruch wahrscheinlich sein, verneint werden. Das so wahrscheinlich beweisbare Verhalten des Angeklagten muss **strafbar** sein; diesbezüglich genügt eine Wahrscheinlichkeitsprognose nicht (LR/*Stuckenberg* § 203 Rn. 16). Weiterhin darf kein **Prozesshindernis** vorliegen, auch hier reicht eine Wahrscheinlichkeit dieser Voraussetzung nicht aus (SK-StPO/*Paeffgen* § 203 Rn. 13). Bei Zweifeln prüft das Gericht das Vorliegen der Prozessvoraussetzungen im Wege des Freibeweises; strengbeweislich nur, wenn es auf die Klärung von Tatsachen ankommt, die die angeklagte Tat betreffen (BGHSt 46, 349 [352]; KK-StPO/*Schneider* § 203 Rn. 9). Bestehen die Zweifel fort oder lässt sich ein Prozesshindernis feststellen, so ist die Eröffnung des Hauptverfahrens abzulehnen.

C. Verfahrensfragen. I. Rücknahme und Nachholung. Der Eröffnungsbeschluss darf wegen nachträglichen Wegfalls des hinreichenden Tatverdachts **nicht zurückgenommen werden**; in diesem Fall hat der Angeklagte ein Recht auf einen Freispruch (*Meyer-Goßner/Schmitt* § 203 Rn. 3; a. A. HK-StPO/*Julius* § 207 Rn. 8). Denn die Rechtskraft des Freispruchs reicht deutlich weiter als die bloße Sperrwirkung des § 211. Bei **Fehlen des Eröffnungsbeschlusses** ist zu unterscheiden: ist er verloren gegangen, ist im Wege des Freibeweises festzustellen, ob und wie dieser erlassen worden ist; gelingt dies, kann er durch einen neuen Gerichtsbeschluss ersetzt werden (KMR/*Seidl* § 203 Rn. 7). Ist ein Eröffnungsbeschluss noch nicht erlassen, so kann dies nach ständiger Rechtsprechung in der Hauptverhandlung **nachgeholt** werden (BGHSt 29, 224 [228]; KMR/*Seidl* § 203 Rn. 9; a. A. SK-StPO/*Paeffgen* § 203 Rn. 4; *Meyer-Goßner/Schmitt* § 203 Rn. 4 mit der Folge der Verfahrenseinstellung), allerdings nur, wenn die Besetzung in der Hauptverhandlung derjenigen des Eröffnungsbeschlusses entspricht (BGH NStZ 2012, 225 [226]). Dies gilt unabhängig davon, ob die Hauptverhandlung bereits begonnen hat. In der Berufungsinstanz kann ein fehlender Eröffnungsbeschluss nicht nachgeholt werden (BGHSt 33, 167 [168]). Im Revisionsverfahren führt das Fehlen des Eröffnungsbeschlusses zwingend zur Einstellung des Verfahrens, eine Zurückverweisung ist nicht zulässig (SK-StPO/*Paeffgen* § 203 Rn. 5).

II. Rechtliches Gehör. Vor der Eröffnungsentscheidung sind Angeschuldigter, StA und Nebenkläger **anzuhören** (KMR/*Seidl* § 207 Rn. 4). Zur Form s. § 207 StPO Rdn. 9.

§ 204 StPO Nichteröffnungsbeschluss.

(1) Beschließt das Gericht, das Hauptverfahren nicht zu eröffnen, so muss aus dem Beschluss hervorgehen, ob er auf tatsächlichen oder auf Rechtsgründen beruht.
(2) Der Beschluss ist dem Angeschuldigten bekanntzumachen.

A. Grundsätzliches. Die Vorschrift regelt die Ablehnung der Eröffnung des Hauptverfahrens wegen Fehlens des hinreichenden Tatverdachts oder schwerwiegenden, nicht behobenen Mängeln in der Anklageschrift (SK-StPO/*Paeffgen* § 204 Rn. 2). § 204 ist nicht anzuwenden, wenn das Gericht das Verfahren nach §§ 153 ff. oder § 47 JGG einstellt oder nach § 205 verfährt, ebenso wenig bei sachlicher Unzuständigkeit (KK-StPO/*Schneider* § 204 Rn. 2; *Meyer-Goßner/Schmitt* § 204 Rn. 1). Strittig ist, wie bei **örtlicher Unzuständigkeit** zu verfahren ist. Während eine Ansicht auch in diesem Fall die Nichteröffnung nach § 204 für einschlägig hält (LR/*Stuckenberg* § 204 Rn. 7), hat nach der vorzuziehenden herrschenden Meinung (BGHSt 43, 122 [124]; KMR/*Seidl* § 199 Rn. 18; *Meyer-Goßner/Schmitt* § 204 Rn. 1; Graf/*Ritscher* § 204 Rn. 5; KK-StPO/*Schneider* § 204 Rn. 3) das Gericht sich lediglich für unzuständig zu erklären. Obgleich das Gesetz eine solche Erklärung nicht regelt, ist diese

§ 204 StPO Nichteröffnungsbeschluss

Lösung systematisch von der Rechtsfolgenseite her zu präferieren. Die vom Wortlaut her sonst zwingende Folge, die Untersuchungshaft bei Ablehnung der Eröffnung nach § 120 Abs. 1 Satz 2 wegen örtlicher Unzuständigkeit des Gerichts aufzuheben, führte zu unhaltbaren Ergebnissen.

2 **B. Ablehnung der Eröffnung. I. Qualifikation der Entscheidung.** Die Ablehnung der Eröffnung kann sowohl als **Sachentscheidung** oder als **Prozessentscheidung** ergehen, was sich aus der erforderlichen Begründung zu ergeben hat (*Meyer-Goßner/Schmitt* § 204 Rn. 1). Nur eine Prozessentscheidung führt nicht zum Strafklageverbrauch (Graf/*Ritscher* § 204 Rn. 1); ergeht eine Entscheidung in der Sache, kann dieselbe Tat nur unter den engen Voraussetzungen des § 211 wieder aufgenommen werden.

3 **II. Entscheidungsgründe.** Die Gründe für die Ablehnung muss das Gericht nach § 34 i.V.m. § 210 Abs. 2 angeben. Die Entscheidung beruht auf **Rechtsgründen**, wenn ein Verfahrenshindernis vorliegt, der zur Last gelegte Sachverhalt nicht unter einen Straftatbestand subsumiert werden kann oder Rechtfertigungs-, Schuldausschließungs- oder Strafaufhebungsgründe eine Verurteilung nicht überwiegend wahrscheinlich erwarten lassen (KMR/*Seidl* § 204 Rn. 10). Aus **tatsächlichen Gründen** ergeht die Entscheidung, wenn die vorläufige Bewertung durch das Gericht keinen hinreichenden Tatverdacht gegen den Angeschuldigten ergibt (*Meyer-Goßner/Schmitt* § 204 Rn. 3). Eine Begründung, die sich sowohl auf Tatsachen wie auf Rechtserwägungen stützt, ist zulässig (LR/*Stuckenberg* § 204 Rn. 17; KK-StPO/*Schneider* § 204 Rn. 7; KMR/*Seidl* § 204 Rn. 12; a. A. HK-StPO/*Julius* § 204 Rn. 4; einschränkend SK-StPO/*Paeffgen* § 204 Rn. 4, der dann eine Hilfsbegründung zulassen will), weil die Konjunktion »oder« des Abs. 1 im Deutschen nur eine alternative Verknüpfung verlangt, ohne die Kombination beider Alternativen auszuschließen. Die sonst nötige Formulierung »und/oder« wäre ein sprachliches Monstrum. I.Ü. tritt die Sperrwirkung des § 211 bei beiden Alternativen ein, so dass auch inhaltlich nichts gegen eine **Doppelbegründung** spricht. Ebenso wenig existiert eine vorgegebene Reihenfolge, welcher Begründung der Vorzug zu geben ist.

4 **III. Teilablehnung.** Eine **Teilablehnung** beschränkt sich auf einzelne Taten und wird mit dem Eröffnungsbeschluss bzgl. der anderen angeklagten Taten ausgesprochen (§ 207 Abs. 2 Nr. 1). Keine Teilablehnung liegt im Fall der abweichenden rechtlichen Würdigung (§ 207 Abs. 2 Nr. 3) oder der Verneinung tateinheitlich mitverletzter Vorschriften vor (KK-StPO/*Schneider* § 204 Rn. 8). Die sofortige Beschwerde gegen einen solchen Beschluss ist nicht statthaft (BGH NStZ 1989, 190).

5 **IV. Zusammenhang mit Ordnungswidrigkeit.** Keine Ablehnung nach § 204 darf ergehen, wenn das Gericht die angeklagte Tat als **Ordnungswidrigkeit** würdigt. Es muss wegen der festgestellten Ordnungswidrigkeit eröffnen, womit in das Bußgeldverfahren übergegangen wird, oder kann das Verfahren nach § 47 Abs. 2 OWiG einstellen (LR/*Stuckenberg* § 204 Rn. 10). Wird die Anklage kraft Zusammenhanges mit der Straftat auf eine Ordnungswidrigkeit erstreckt (§§ 42, 64 OWiG), muss das Gericht die Voraussetzung des Zusammenhanges prüfen und ggf. die Eröffnung ablehnen (KK-StPO/*Schneider* § 204 Rn. 10).

6 **V. Nebenentscheidung.** Als Nebenentscheidung ist über die Kosten und eine Entschädigung des Angeschuldigten zu befinden (§§ 464, 467, 469, 470; § 8 StrEG). Ein Haft- oder Unterbringungsbefehl ist aufzuheben (§§ 120 Abs. 1 Satz 2, 126a Abs. 3), ebenso eine Beschlagnahme, es sei denn, die beschlagnahmten Gegenstände werden für ein Verfahren nach §§ 440 ff. oder für ein weiteres Strafverfahren (§ 211) benötigt (*Meyer-Goßner/Schmitt* § 204 Rn. 10).

7 **VI. Bekanntmachung.** Der Nichteröffnungsbeschluss ist der StA förmlich **bekannt zu machen** (§§ 35 Abs. 2 Satz 1, 36 Abs. 1), genau wie dem Nebenkläger – diesem mit Rechtsmittelbelehrung (§§ 397 Abs. 1 Satz 2, 385 Abs. 1 Satz 2, 35a). Die Zustellung setzt die Wochenfrist des § 210 Abs. 2 in Gang. Ggü. dem Angeschuldigten reicht für die Bekanntgabe nach Abs. 2 eine formlose Mitteilung, es sei denn, der Beschluss enthält beschwerdefähige Nebenentscheidungen, bspw. nach § 8 StrEG (*Meyer-Goßner/Schmitt* § 204 Rn. 12; KK-StPO/*Schneider* § 204 Rn. 15). Der Verletzte wird gem. § 406d Abs. 1 benachrichtigt.

§ 205 StPO Einstellung des Verfahrens bei vorübergehenden Hindernissen.
Steht der Hauptverhandlung für längere Zeit die Abwesenheit des Angeschuldigten oder ein anderes in seiner Person liegendes Hindernis entgegen, so kann das Gericht das Verfahren durch Beschluss vorläufig einstellen. Der Vorsitzende sichert, soweit nötig, die Beweise.

A. Grundsätzliches. Die Bedeutung der Norm reicht weit über das Zwischenverfahren hinaus. 1
§ 205 findet nach allgemeiner Ansicht ebenso im Ermittlungsverfahren und nach der Eröffnung des Hauptverfahrens Anwendung (KK-StPO/*Schneider* § 205 Rn. 2). Der Anwendungsbereich der Vorschrift betrifft die vorläufige Verfahrenseinstellung bei vorübergehenden **Prozesshindernissen rechtlicher oder tatsächlicher Art** (*Meyer-Goßner/Schmitt* § 205 Rn. 1).
Vorrang vor der vorübergehenden Einstellung muss der endgültigen Verfahrenseinstellung nach § 204 2
eingeräumt werden (LR/*Stuckenberg* § 205 Rn. 7). Ebenfalls vorab zu prüfen sind andere endgültige Erledigungsarten, z.B. nach §§ 153 ff., 206a (SK-StPO/*Paeffgen* § 205 Rn. 3). Unanwendbar ist die Vorschrift weiterhin, wenn das Verfahren weiter fortgeführt werden kann; bei einem Hindernis nur in einer Person in einem Verfahren gegen mehrere Angeschuldigte ist abzutrennen, §§ 2 Abs. 2, 4 Abs. 1 (KMR/*Seidl* § 205 Rn. 3). Auch für das Abwarten höchstrichterlicher Grundsatzentscheidungen, einem Normenkontrollantrag (Art. 100 GG) oder einer Vorabentscheidung nach Art. 267 AEUV gilt § 205 nicht (KK-StPO/*Schneider* § 205 Rn. 4).

B. Voraussetzungen. Das zur Einstellung nach § 205 berechtigende Hindernis muss **vorüber-** 3
gehend sein. Endgültige Hemmnisse führen zwingend zur Einstellung nach § 204 (Rdn. 1). Bei **kurzfristigen** Verhinderungsgründen gelten für die Hauptverhandlung die §§ 228 ff.; eine Einstellung nach § 205 kommt nicht in Betracht. Die Abgrenzung erfolgt einzelfallbezogen und orientiert sich am Beschleunigungsgebot. Bei ungewisser Dauer liegt eine Einstellung nach § 205 nahe (LR/*Stuckenberg* § 205 Rn. 12).
Ein **Hindernis** i.S.d. § 205 liegt in der **Abwesenheit** des Angeschuldigten. Abwesenheit ist anzunehmen, 4
wenn dessen Aufenthalt unbekannt oder eine gerichtliche Vorführung undurchführbar ist (vgl. § 276; BGHSt 37, 145 [146]). Vorab muss geprüft werden, ob die Hauptverhandlung auch ohne die Anwesenheit des Angeklagten durchgeführt werden kann (§§ 231 Abs. 2, 231a, 232, 233). **Verhandlungsfähigkeit** setzt eine psychische und physische Konstitution des Angeklagten voraus, die es ihm ermöglicht, die jeweilige Verfahrenssituation hinreichend zu erkennen und sich in dieser konkreten Lage sachgerecht zu verteidigen (BVerfG NStZ 1995, 391 [392]; SK-StPO/*Paeffgen* § 205 Rn. 6). Nur erhebliche psychische oder physische Erkrankungen können eine Verhandlungsunfähigkeit herbeiführen (KMR/*Seidl* § 205 Rn. 8). Bei geringeren Beeinträchtigungen ist anderen Maßnahmen Vorrang einzuräumen, etwa längeren Pausen oder einer Verhandlung am Aufenthaltsort des Angeklagten (LR/*Stuckenberg* § 205 Rn. 24). Die vorübergehende Gefahr schwerer Gesundheitsschäden durch die Durchführung der Hauptverhandlung steht wertungsmäßig der Verhandlungsunfähigkeit gleich (LR/*Stuckenberg* § 205 Rn. 27). Ist der Tod des Angeklagten noch vor Beendigung der Hauptverhandlung zu erwarten, ist das Verfahren endgültig einzustellen (BerlVerfGH NJW 1993, 515 [517]). Bei vorsätzlicher und schuldhaft herbeigeführter Verhandlungsunfähigkeit gilt § 231a. Doch zwingt diese Vorschrift nicht zur Herstellung eines verhandlungsfähigen Zustandes durch ärztlichen Eingriff (BVerfG NStZ 1993, 598 [599], BGH StV 1992, 553 [554]), auch nicht in Fällen von Eingriffen ohne Gesundheitsrisiken (KK-StPO/*Schneider* § 205 Rn. 12). Die Voraussetzungen der Verhandlungsfähigkeit werden im Wege des **Freibeweises** geprüft (KMR/*Seidl* § 205 Rn. 13). Bestehen nach Ausschöpfung aller Erkenntnismöglichkeiten Zweifel an der Verhandlungsfähigkeit, darf eine Hauptverhandlung nicht stattfinden (BGH NStZ 1984, 520); ist ungewiss, ob die Verhandlungsunfähigkeit vorübergehender Natur ist, ist vorläufig einzustellen (LR/*Stuckenberg* § 205 Rn. 30).
Sonstige Hindernisse können in der Person des Angeschuldigten (Immunität) oder in anderen beseitig- 5
baren Prozesshindernissen (fehlender Strafantrag; Spezialitätsbindung im Auslieferungsverfahren, BGH NStZ-RR 2013, 251 [252]) bestehen. Dann wird § 205 unstreitig analog herangezogen (*Klesczewski* Rn. 370; *Roxin/Schünemann* § 42 Rn. 15).
Liegt es nicht am Angeschuldigten, dass das Verfahren nicht fortgeführt werden kann, ist streitig, ob 6
§ **205 analog** zur Anwendung kommt. Das spielt namentlich eine Rolle, wenn ein zentraler Zeuge lang-

§ 206a StPO Einstellung des Verfahrens bei Verfahrenshindernis

fristig nicht vernehmungsfähig oder unauffindbar ist. Der Wortlaut bezieht sich nur auf ein in der Person des Angeschuldigten liegendes Hindernis, weswegen zahlreiche Judikate § 205 für unanwendbar halten (OLG Koblenz StV 1993, 513 [514]; OLG Hamm NJW 1998, 1088; BGH NStZ 1985, 230; *Beulke* Rn. 364; AnwK-StPO/*Kirchhof* § 205 Rn. 2). Auch könnte das Beschleunigungsgebot gegen die Anwendung sprechen (HK-StPO/*Julius* § 205 Rn. 2), weil das Verfahren über § 205 auf die lange Bank geschoben wird. Richtig ist, dass in solchen Fällen zunächst die prozessual möglichen Auswege zu nutzen sind. So ist etwa auf die Beweissurrogate nach § 251 zurückzugreifen. Allerdings bleiben in der Praxis Fälle, in denen die Prozessordnung keinen Ausweg kennt, es sei denn, man wollte ins Blaue hinein freisprechen. Es ist aber anzunehmen, dass die StPO insoweit eine Regelungslücke enthält, so dass bei fehlender anderweitiger Möglichkeit zur Fortführung des Verfahrens die analoge Anwendung des § 205 in Betracht kommt (*Meyer-Goßner/Schmitt* § 205 Rn. 8; AK-StPO/*Loos* § 205 Rn. 9; *Ranft* Rn. 1311; SK-StPO/*Paeffgen* § 205 Rn. 13; so auch Graf/*Ritscher* § 205 Rn. 3 a.E.) De lege ferenda sollte der Gesetzgeber den Streitpunkt klären, zumal die Situationen nicht selten eintreten.

7 **C. Entscheidung und Rechtsbehelf.** Im Ermittlungsverfahren trifft die Entscheidung die StA durch Verfügung, im späteren Verfahrensstadium – das Revisionsverfahren eingeschlossen (BGH NStZ-RR 2013, 251 [253]) – entscheidet das Gericht durch Beschluss, jeweils nach Anhörung der Beteiligten (KK-StPO/*Schneider* § 205 Rn. 18). Liegen die Voraussetzungen des § 205 vor, ist eine vorläufige Einstellung zwingend (KMR/*Seidl* § 205 Rn. 26). Die Entscheidung ist den Beteiligten formlos mitzuteilen.

8 Einer **Fortsetzung des Verfahrens** steht die frühere Einstellung nach § 205 nicht entgegen; sie erfolgt von Amts wegen oder auf Antrag hin, ohne dass ein Aufhebungsbeschluss erforderlich wäre (*Meyer-Goßner/Schmitt* § 205 Rn. 5). Während der Einstellungszeit ist das der Entscheidung zugrunde liegende Hindernis regelmäßig zu überprüfen (KK-StPO/*Schneider* § 205 Rn. 20).

9 Der Angeschuldigte und die StA können den Einstellungsbeschluss mit einfacher **Beschwerde** nach § 304 angreifen, ebenso wie einen die Einstellung ablehnenden Beschluss (LR/*Stuckenberg* § 205 Rn. 44, 46). Ein nach Eröffnung des Hauptverfahrens ergehender Beschluss kann nicht angefochten werden, § 305 Abs. 1; allerdings kann ein Revisionsgrund nach § 338 Nr. 8 gegeben sein (*Meyer-Goßner/Schmitt* § 205 Rn. 4).

10 Die **Beweissicherung** obliegt dem Vorsitzenden, § 205 Satz 2, entweder durch Anordnung oder eigene Beweiserhebung (*Meyer-Goßner/Schmitt* § 205 Rn. 6).

§ 206 StPO Keine Bindung an Anträge.
Das Gericht ist bei der Beschlussfassung an die Anträge der Staatsanwaltschaft nicht gebunden.

1 Im Kontext mit den §§ 155 Abs. 2, 264 stellt § 206 klar, dass das Gericht in seiner Entscheidungsfindung (insb. im Hinblick auf Tatbewertung und Beweiswürdigung oder Zuständigkeitsbeurteilung) – nota bene: in den Grenzen der angeklagten Tat, §§ 151, 155 Abs. 1 – nicht durch die Anträge der StA gebunden ist (LR/*Stuckenberg* § 206 Rn. 1 und 2). Keine Entscheidungsbefugnis besteht hinsichtlich der Auswahl von Tat und Beschuldigtem oder der Bejahung des öffentlichen Interesses (*Meyer-Goßner/Schmitt* § 206 Rn. 1).

§ 206a StPO Einstellung des Verfahrens bei Verfahrenshindernis.
(1) Stellt sich nach Eröffnung des Hauptverfahrens ein Verfahrenshindernis heraus, so kann das Gericht außerhalb der Hauptverhandlung das Verfahren durch Beschluss einstellen.
(2) Der Beschluss ist mit sofortiger Beschwerde anfechtbar.

1 **A. Grundsätzliches.** Die Vorschrift regelt die endgültige Einstellung des Verfahrens außerhalb der Hauptverhandlung bei Vorliegen eines Verfahrenshindernisses. Im Gegensatz zu § 205 wird ein, wenn auch nicht immerwährendes, so doch **dauerndes Verfahrenshindernis** verlangt (BGH NStZ-RR 2013, 251 [253]; *Meyer-Goßner/Schmitt* § 206a Rn. 2). Der Grundsatz der Prozessförderungspflicht verlangt dem Gericht vor der Einstellung den Versuch ab, das Hindernis zu beseitigen (LR/*Stuckenberg*

§ 206a Rn. 3). Die Vorschrift eröffnet kein Ermessen (KK-StPO/*Schneider* § 206a Rn. 1). Die Einstellung darf **nur außerhalb der Hauptverhandlung** erfolgen. In der Hauptverhandlung ist nach **§ 260 Abs. 3**, der materiell dem § 206a entspricht, durch Urteil einzustellen (Meyer-Goßner/*Schmitt* § 206a Rn. 1; zu Differenzierungen im Einzelnen SK-StPO/*Paeffgen* § 206a Rn. 5). Systematisch steht § 206a an falscher Stelle. Mit dem Zwischenverfahren hat er nichts zu tun; denn dort lehnt das Gericht die Eröffnung des Hauptverfahrens gem. § 204 ab (KMR/*Seidl* § 206a Rn. 1). Vor Anklageerhebung stellt die StA im Ermittlungsverfahren gem. § 170 Abs. 2 ein.

B. Verfahrensstand. § 206a gilt folglich **in allen Verfahrenslagen nach Eröffnung** des Hauptverfahrens (Graf/*Ritscher* § 206a Rn. 2). Ist ein Prozesshindernis nach Urteilserlass, aber vor Rechtskraft entstanden, so stellt das Gericht nach § 206a ein (LR/*Stuckenberg* § 206a Rn. 12); bestand das Hindernis schon vor Urteilserlass und wurde es vom Gericht nicht berücksichtigt, so kommt eine Einstellung, auch vor Rechtskraft, nicht in Betracht. Das erlassene Urteil kann nur durch Rechtsmitteleinlegung beseitigt werden (BGHSt 16, 115 [117]; SK-StPO/*Paeffgen* § 206a Rn. 7). Selbiges gilt, wenn das Urteil rechtskräftig geworden ist, Rechtsmittel also nicht rechtzeitig oder in unwirksamer Weise eingelegt worden sind, unabhängig davon, wann das Prozesshindernis entstanden ist (LR/*Stuckenberg* § 206a Rn. 13). 2

Sind zulässig und wirksam **Rechtsmittel** eingelegt worden, war aber das Hindernis noch **vor Erlass des erstinstanzlichen Urteils** eingetreten, erfolgt die Einstellung durch Urteil unter Aufhebung des erstinstanzlichen Urteils; § 206a ist nicht einschlägig (Meyer-Goßner/*Schmitt* § 206a Rn. 6; SK-StPO/*Paeffgen* § 206a Rn. 8; uneinheitlich der BGH, der teilweise ein Wahlrecht zwischen Urteil und Beschluss nach § 206a postuliert, BGHSt 32, 275 [290]). Mit Blick auf die Systematik der Rechtsmittel ist der Ansicht zuzustimmen, die allein die Vorschriften des jeweiligen Rechtsmittels (Berufung: §§ 328 Abs. 1, 332, 260 Abs. 3; Revision: § 349 Abs. 4) anwendet. Ist das Hindernis **nach Erlass des erstinstanzlichen Urteils** entstanden, ist nach § 206a einzustellen, soweit fristgerecht Rechtsmittel eingelegt wurden (KK-StPO/*Schneider* § 206a Rn. 4); in diesem Fall steht nicht das Urteil zur Prüfung, es wird lediglich auf die neue Prozesslage reagiert (KMR/*Seidl* § 206a Rn. 15). 3

C. Fehlende Prozessvoraussetzung. Voraussetzung für eine Entscheidung nach § 206a ist das **Fehlen von Verfahrensvoraussetzungen**, also Umständen, die so schwer wiegen, dass von ihrem Bestehen die Zulässigkeit des Verfahrens im Ganzen abhängt (*Beulke* Rn. 273; LR/*Stuckenberg* § 206a Rn. 30). Danach kommt eine Einstellung in Betracht bei Fehlen deutscher **Gerichtsbarkeit** (BGHSt 38, 312 [313]) oder bei **Strafklageverbrauch** (KK-StPO/*Schneider* § 206a Rn. 7). Auch das Fehlen eines erforderlichen Strafantrages führt zur Einstellung, wenn der **Strafantrag** wegen Fristversäumnis nicht nachgeholt werden kann und die StA das öffentliche Interesse nicht bejaht (BGHSt 18, 123 [126]). Praktisch relevant ist der Fall der dauerhaft vorliegenden **Verhandlungsunfähigkeit** (BGHSt 41, 16 [18]). Nach Einstellung kann dann ein Sicherungsverfahren eingeleitet werden, §§ 413 ff.; besteht die Verhandlungsfähigkeit wieder, wird das Strafverfahren gem. § 416 Abs. 3 durchgeführt (Meyer-Goßner/*Schmitt* § 206a Rn. 9). Der **Tod** des Angeklagten schließt eine Sachentscheidung aus (BGH NJW 1983, 463; BGH NStZ 1983, 179). Da das Verfahren jedoch zu einem Abschluss geführt werden muss, ist nach § 206a zu verfahren (BGH NStZ 2012, 707; KMR/*Seidl* § 206a Rn. 5). Auch bei sicher zu erwartendem Tod des Angeklagten noch vor Abschluss des Verfahrens gilt § 206a, ebenso bei Gefahr **schwerer Gesundheitsschäden** durch die Fortführung der Hauptverhandlung. 4

Nicht zu einem Verfahrenshindernis führen dagegen bspw. eine **überlange Verfahrensdauer** (BGHSt 27, 274 [275]). Wie bei sonstigen vorliegenden »Unzumutbarkeiten« (Meyer-Goßner/*Schmitt* § 206a Rn. 1) liegt ein Einstellungsgrund nach § 206a dann nicht vor. Bei **sachlicher Unzuständigkeit** ist nach Eröffnung des Hauptverfahrens gem. §§ 225a, 270 vorzugehen (KK-StPO/*Schneider* § 206a Rn. 8). Im Fall der **örtlichen Unzuständigkeit** ist diese dies. § 16 nur bis zur Eröffnung des Hauptverfahrens von Amts wegen zu beachten, danach nur noch auf Rüge der Beteiligten hin. Ist diese erfolgt, muss das Gericht das Verfahren entweder nach § 206a oder § 260 Abs. 3 einstellen (LR/*Stuckenberg* § 206a Rn. 74). 5

D. Verfahrensfragen. Eine **Teileinstellung** wird vorgenommen, wenn das Hindernis nur eine von mehreren angeklagten Taten betrifft (KK-StPO/*Schneider* § 206a Rn. 12). Ist im Rahmen einer 6

§ 206b StPO   Einstellung des Verfahrens wegen Gesetzesänderung

angeklagten Tat nur ein Straftatbestand von dem Hindernis (etwa qua Verjährung) betroffen, kommt ein Einstellungsbeschluss nicht in Betracht; wird ein solcher gleichwohl erlassen, ist er unwirksam (*Meyer-Goßner/Schmitt* § 206a Rn. 5).

7 Ob Verfahrenshindernisse vorliegen, prüft das Gericht **von Amts wegen** im Wege des Freibeweises (*Kindhäuser* § 14 Rn. 4; KMR/*Seidl* § 206a Rn. 25). Bestehen nach gewissenhafter Prüfung **Zweifel** am Vorliegen der Prozessvoraussetzungen, muss das Gericht nach § 206a einstellen (*Meyer-Goßner/Schmitt* § 206a Rn. 7), wobei im Ergebnis unerheblich ist, ob nach dem Grundsatz in dubio pro reo verfahren wird (KMR/*Seidl* § 206a Rn. 26).

8 Die Entscheidung ergeht durch **Beschluss**, der eine Kosten-, Auslagen- und Entschädigungsentscheidung nach StrEG enthält (SK-StPO/*Paeffgen* § 206a Rn. 25). Der Beschluss ist den Beteiligten formell bekannt zu machen (LR/*Stuckenberg* § 206a Rn. 99). Er ist mit der **sofortigen Beschwerde** angreifbar, § 206a Abs. 2. Beschwerdeberechtigt sind StA und Nebenkläger; mangels Beschwer nicht der Angeklagte (KMR/*Seidl* § 206a Rn. 41). Letzterem steht die sofortige Beschwerde gegen ihn belastende Kosten- oder Entschädigungsentscheidungen zu (SK-StPO/*Paeffgen* § 206a Rn. 29). Nicht anfechtbar ist ein die Einstellung ablehnender Beschluss (AnwK-StPO/*Kirchhof* § 206a Rn. 5).

9 Die Einstellung nach § 206a führt zu materieller und formeller **Rechtskraft** mit grds. denselben Wirkungen wie bei einer Entscheidung nach § 260 Abs. 3 (*Meyer-Goßner/Schmitt* § 206a Rn. 11). Allerdings wird bei neu gewonnenen Tatsachen, die den Wegfall des Verfahrenshindernisses begründen, das Verfahren fortgesetzt (KK-StPO/*Schneider* § 206a Rn. 15). Das gilt auch, wenn der Angeklagte die Einstellung durch Täuschung erwirkt hat; hier sollen die Wiederaufnahmeregelungen zuungunsten nach § 362 Nr. 1 und 2 analog gelten (BGH NStZ 2008, 296 [297]; krit. SK-StPO/*Paeffgen* § 206a Rn. 31b).

§ 206b StPO Einstellung des Verfahrens wegen Gesetzesänderung.

Wird ein Strafgesetz, das bei Beendigung der Tat gilt, vor der Entscheidung geändert und hat ein gerichtlich anhängiges Strafverfahren eine Tat zum Gegenstand, die nach dem bisherigen Recht strafbar war, nach dem neuen Recht aber nicht mehr strafbar ist, so stellt das Gericht außerhalb der Hauptverhandlung das Verfahren durch Beschluss ein. Der Beschluss ist mit sofortiger Beschwerde anfechtbar.

1 **A. Grundsätzliches.** Die Einstellungsmöglichkeit nach § 206b dient der Verfahrensabkürzung und erspart dem Angeklagten eine Hauptverhandlung, die nach dem lex-mitior-Grundsatz des § 2 Abs. 3 StGB nur mit Freispruch enden kann (KMR/*Seidl* § 206b Rn. 1). Daher gleicht der Beschluss nach § 206b in der Sache einem Freispruch (*Meyer-Goßner/Schmitt* § 206b Rn. 2). Wegen dieses freisprechenden Charakters hat die Einstellung gem. § 206b ggü. derjenigen nach § 206a Vorrang, wenn ohne die Gesetzesänderung die Verfolgung der angeklagten Tat auch an einem Verfahrenshindernis scheitern würde (SK-StPO/*Paeffgen* § 206b Rn. 11).

2 **B. Fortfall der Strafbarkeit als Voraussetzung.** Materielle Voraussetzung des § 206b ist der Wegfall der Strafbarkeit der angeklagten Tat. Sie darf unter keinem rechtlichen Gesichtspunkt mehr als strafwürdig bewertet werden, und zwar weder als Straftat noch als Ordnungswidrigkeit (KMR/*Seidl* § 206b Rn. 11). Bleibt die Tat als Ordnungswidrigkeit zu ahnden, geht das Verfahren gem. § 82 OWiG in ein Bußgeldverfahren über (HK-StPO/*Julius* § 206b Rn. 5).

3 **C. Verfahrensstand.** Anwendbar ist die Vorschrift **nach Eröffnung** des Hauptverfahrens; im Zwischenverfahren lehnt das Gericht die Eröffnung gem. § 204 ab; im Ermittlungsverfahren greift § 170 Abs. 2 (SK-StPO/*Paeffgen* § 206b Rn. 3). § 206b gilt – ebenso wie § 206a – nur **außerhalb der Hauptverhandlung**. **Erstinstanzlich** stellt das Gericht nach § 206b ein, solange die Sache bei diesem rechtshängig ist, unabhängig davon, ob das Gesetz sich vor oder nach Urteilserlass geändert hat (*Meyer-Goßner/Schmitt* § 206b Rn. 4). Hat das Gericht die Gesetzesänderung, die vor dem Urteilserlass eingetreten ist, lediglich übersehen, kann nicht nach § 206b verfahren werden (LR/*Stuckenberg* § 206b

Rn. 8). Tritt die Gesetzesänderung in der Hauptverhandlung ein, hat das Gericht freizusprechen (KK-StPO/*Schneider* § 206b Rn. 3).

D. § 206b im Rechtsmittelzug. Werden Rechtsmittel nicht form- und fristgerecht eingelegt, ist eine Einstellung nach § 206b nicht vorzunehmen. In der **Berufungsinstanz** ist § 206b anzuwenden, wenn die Gesetzesänderung nach Erlass des angefochtenen Urteils eingetreten ist, selbst wenn zwischenzeitlich in Teilen Rechtskraft eingetreten ist (KMR/*Seidl* § 206b Rn. 6). Hätte der Angeklagte bereits in der ersten Instanz freigesprochen werden müssen, ist er in der Berufung durch Urteil freizusprechen; § 206b enthält – ebenso wie § 206a – keine Befugnis zur Urteilsaufhebung (Meyer-Goßner/*Schmitt* § 206b Rn. 5; KK-StPO/*Schneider* § 206b Rn. 5; a. A. LR/*Stuckenberg* § 206b Rn. 9). In der **Revision** findet § 206b keine Anwendung; bei Wegfall der Strafbarkeit nach Erlass des angefochtenen Urteils ist § 354a als lex specialis vorrangig (Radtke/Hohmann/*Reinhart* § 206b Rn. 6; KK-StPO/*Schneider* § 206b Rn. 7; a. A. SK-StPO/*Paeffgen* § 206b Rn. 8). Wurde die Gesetzesänderung in der Vorinstanz vom Gericht übersehen, finden die §§ 349 Abs. 4 bzw. 354 Abs. 1 Anwendung (Meyer-Goßner/*Schmitt* § 206b Rn. 6; KK-StPO/*Schneider* § 206b Rn. 7; a. A. LR/*Stuckenberg* § 206b Rn. 10). Gründe der Gesetzessystematik sprechen in beiden Fällen für diese herrschende Meinung.

4

E. Verfahrensfragen. Die Entscheidung des Gerichts erfolgt durch **Beschluss**. Vorab ist die StA gem. § 33 Abs. 2, nicht aber der Angeklagte anzuhören (Graf/*Ritscher* § 206b Rn. 5). Der Beschluss ist zu begründen (KMR/*Seidl* § 206b Rn. 13). Die Entscheidung ergeht in der für Entscheidungen außerhalb der Hauptverhandlung vorgesehenen Besetzung; das OLG beschließt mit drei Richtern (KK-StPO/*Schneider* § 206b Rn. 9). **Kosten** und notwendige Auslagen des Angeklagten fallen wegen des Freispruchcharakters der Staatskasse zur Last, § 467 Abs. 1 (KMR/*Seidl* § 206b Rn. 14). Der Angeklagte ist nach § 2 StrEG zu entschädigen (LR/*Stuckenberg* § 206b Rn. 18).

5

Gegen den Einstellungsbeschluss steht der StA und dem zugelassenen Nebenkläger **sofortige Beschwerde** zu, § 206b Satz 2 (KK-StPO/*Schneider* § 206b Rn. 11). Der ablehnende Beschluss ist nicht anfechtbar, § 305 Satz 1.

6

Die Einstellung nach § 206b hat den **Verbrauch der Strafklage** zur Folge (Meyer-Goßner/*Schmitt* § 206b Rn. 12; LR/*Stuckenberg* § 206b Rn. 22; einschränkend KMR/*Seidl* § 206b Rn. 16).

7

§ 207 StPO Inhalt des Eröffnungsbeschlusses.
(1) In dem Beschluss, durch den das Hauptverfahren eröffnet wird, lässt das Gericht die Anklage zur Hauptverhandlung zu und bezeichnet das Gericht, vor dem die Hauptverhandlung stattfinden soll.
(2) Das Gericht legt in dem Beschluss dar, mit welchen Änderungen es die Anklage zur Hauptverhandlung zulässt, wenn
1. wegen mehrerer Taten Anklage erhoben ist und wegen einzelner von ihnen die Eröffnung des Hauptverfahrens abgelehnt wird,
2. die Verfolgung nach § 154a auf einzelne abtrennbare Teile einer Tat beschränkt wird oder solche Teile in das Verfahren wieder einbezogen werden,
3. die Tat rechtlich abweichend von der Anklageschrift gewürdigt wird oder
4. die Verfolgung nach § 154a auf einzelne von mehreren Gesetzesverletzungen, die durch dieselbe Straftat begangen worden sind, beschränkt wird oder solche Gesetzesverletzungen in das Verfahren wieder einbezogen werden.
(3) In den Fällen des Absatzes 2 Nr. 1 und 2 reicht die Staatsanwaltschaft eine dem Beschluss entsprechende neue Anklageschrift ein. Von der Darstellung des wesentlichen Ergebnisses der Ermittlungen kann abgesehen werden.
(4) Das Gericht beschließt zugleich von Amts wegen über die Anordnung oder Fortdauer der Untersuchungshaft oder der einstweiligen Unterbringung.

A. Grundsätzliches. Die Vorschrift bestimmt Form und Inhalt des Eröffnungsbeschlusses. Durch Zulassung der Anklageschrift – ggf. unter Abänderung, § 207 Abs. 2 – übernimmt das Gericht den Anklagesatz als integrierten Bestandteil des Eröffnungsbeschlusses (BGH GA 1980, 108 [109]).

1

Damit findet die Abgrenzung der abzuurteilenden Tat in persönlicher und sachlicher Hinsicht statt (KK-StPO/*Schneider* § 207 Rn. 2). Der Beschluss muss erschöpfend den Gesamtinhalt der Anklage behandeln und eine Gesamtentscheidung bzgl. sämtlicher Taten und Angeschuldigter treffen (KMR/ *Seidl* § 207 Rn. 2). Der Eröffnungsbeschluss bestimmt das konkret zur Entscheidung berufene Gericht bzw. den Spruchkörper, vor dem die Hauptverhandlung stattfinden soll (*Meyer-Goßner/Schmitt* § 207 Rn. 1).

2 **B. Änderungen der Anklage mittels Eröffnungsbeschluss.** Bei **unveränderter Zulassung** lautet die Formulierung, dass die Anklage vor dem bezeichneten Gericht zugelassen wird (SK-StPO/*Paeffgen* § 207 Rn. 9). Im Fall von Mängeln in der Anklageschrift, die zu Unklarheiten in der Umgrenzung der Tat führen oder die Informationsfunktion beeinträchtigen (vgl. § 200 Rdn. 1), ist es geboten, diese Mängel bereits im Eröffnungsbeschluss durch Umschreibung oder Neufassung des Anklagesatzes zu korrigieren (LR/*Stuckenberg* § 207 Rn. 12). Eine solche Korrektur kann auch erfolgen, wenn der Anklagesatz in unzulässiger Weise Beweiswürdigungen enthält (LR/*Stuckenberg* § 207 Rn. 13). Nicht zulässig ist dagegen die Einbeziehung weiterer prozessualer Taten, weil dies mit dem Akkusationsprinzip nicht vereinbar wäre (AnwK-StPO/*Kirchhof* § 207 Rn. 3).

3 Bei **mehreren** miteinander verbundenen **Taten** kann das Gericht nach **§ 207 Abs. 2 Nr. 1** die Eröffnung einzelner Taten wegen Fehlens der Eröffnungsvoraussetzungen ablehnen (KMR/*Seidl* § 207 Rn. 14). Selbiges gilt, wenn gegen mehrere Angeschuldigte Anklage erhoben wurde und das Gericht bzgl. eines oder mehrerer Angeschuldigten die Eröffnung ablehnt (SK-StPO/*Paeffgen* § 207 Rn. 11). Nicht einschlägig ist Nr. 1 bei der Ablehnung tateinheitlicher Begehungsweise; hier ist nach § 207 Abs. 2 Nr. 3 zu verfahren (KK-StPO/*Schneider* § 207 Rn. 6). Hat die StA die Verfolgung einer Ordnungswidrigkeit in Zusammenhang mit einer Straftat übernommen (§ 42 Abs. 1 OWiG) und ist wegen der Straftat unter keinem rechtlichen Aspekt das Hauptverfahren zu eröffnen, lehnt das Gericht die Eröffnung trotz der Ordnungswidrigkeit mangels verbleibender Zuständigkeit ab; die StA gibt das Ordnungswidrigkeitsverfahren dann an die Verwaltungsbehörde ab (*Meyer-Goßner/Schmitt* § 207 Rn. 3). Die Nr. 1 ist nicht anwendbar, wenn das Gericht eine vorläufige Einstellung nach den §§ 153 ff. vorgenommen hat. Denn dann ist diese Tat nicht mehr Verfahrensgegenstand, so dass sie in der Eröffnungsentscheidung nicht weiter berücksichtigt werden kann (LR/*Stuckenberg* § 207 Rn. 10; KK-StPO/*Schneider* § 207 Rn. 7; a. A. *Meyer-Goßner/Schmitt* § 207 Rn. 3).

4 **§ 207 Abs. 2 Nr. 2** berechtigt das Gericht, Beschränkungen nach § 154a Abs. 2 durch den Abänderungsbeschluss vorzunehmen. Eine Änderungsentscheidung ist nicht erforderlich, wenn die StA bereits eine Beschränkung nach § 154a Abs. 1 durchgeführt hat (KMR/*Seidl* § 207 Rn. 15). Erwägt die StA aufgrund neuer Erkenntnisse eine Wiedereinbeziehung so ausgeschiedener Taten, muss das Gericht einem entsprechenden Antrag folgen; es kann die Taten auch von sich aus wieder einbeziehen (*Meyer-Goßner/Schmitt* § 207 Rn. 4). Der Angeschuldigte ist zuvor anzuhören, § 33 Abs. 3 (SK-StPO/*Paeffgen* § 207 Rn. 12).

5 Im Fall der abweichenden rechtlichen Würdigung, **§ 207 Abs. 2 Nr. 3**, muss erkennbar werden, welche Umstände das Gericht zur anderen rechtlichen Beurteilung veranlasst haben (BGHSt 23, 304 [305]). Ist aus Sicht des Gerichtes die rechtliche Beurteilung unsicher, kann das Gericht einen Hinweis nach § 265 bei sonst unveränderter Zulassung der Anklage erteilen (LR/*Stuckenberg* § 207 Rn. 17). In der Hauptverhandlung muss der Hinweis dann nicht wiederholt werden (KK-StPO/*Schneider* § 207 Rn. 9). Ebenso kann das Gericht rechtsfolgenrelevante Umstände hervorheben, um einen Hinweis gem. § 265 Abs. 2 in der Hauptverhandlung entbehrlich zu machen (*Meyer-Goßner/Schmitt* § 207 Rn. 5). Wertet das Gericht die angeklagte Tat lediglich als Ordnungswidrigkeit, lässt das Gericht die Anklage nach § 82 Abs. 2 OWiG wegen der Ordnungswidrigkeit zu; denn im Unterschied zur verbundenen Anklage von Straftat und Ordnungswidrigkeit (s. Rdn. 3) ist das eröffnende Gericht hier für die angeklagte prozessuale Tat zuständig. Das Verfahren wird ohne weitere Schritte in ein Bußgeldverfahren übergeleitet (LR/*Stuckenberg* § 207 Rn. 18). Zu beachten ist, dass die abweichende rechtliche Würdigung einen Zuständigkeitswechsel zur Folge haben kann (§§ 209, 209a).

6 Für einen Abänderungsbeschluss wegen Ausscheidens oder Einbeziehung einzelner Gesetzesverletzungen (**§ 207 Abs. 2 Nr. 4**) gelten die Ausführungen unter Rdn. 4. Der Begriff der »Straftat« als Tat im prozessualen Sinne zu verstehen (KK-StPO/*Schneider* § 207 Rn. 8).

In den Fällen eines abändernden Beschlusses nach § 207 Abs. 2 Nr. 1 und 2 muss die StA nach § 207 7
Abs. 3 eine **neue Anklageschrift** einreichen, wobei diese sich auf den Anklagesatz beschränken darf. Das
erfüllt die Klarstellungsfunktion ggü. dem Angeschuldigten (KMR/*Seidl* § 207 Rn. 21). Ihm ist die
neue Anklageschrift nach § 215 Satz 2 zuzustellen (LR/*Stuckenberg* § 207 Rn. 22). Wegen der Begrenzung auf ihre Informationsfunktion wird diese Anklageschrift nicht nach § 201 behandelt (*Meyer-Goßner/Schmitt* § 207 Rn. 9).

Das Gericht muss nach **§ 207 Abs.** 4 über Fragen der **Untersuchungshaft** oder der einstweiligen Unter- 8
bringung entscheiden, wenn ein Haft- oder Unterbringungsbefehl besteht, selbst wenn dieser nicht vollzogen wurde (Radtke/Hohmann/*Reinhart* § 207 Rn. 8; KK-StPO/*Schneider* § 207 Rn. 13; a. A. *Meyer-Goßner/Schmitt* § 207 Rn. 10). Ist der Haftbefehl in Vollzug, gelten für die Entscheidung die
Maßstäbe der Haftprüfung nach §§ 117 Abs. 3, 118 analog.

C. Förmlichkeiten. Der Eröffnungsbeschluss ist **schriftlich** abzufassen (BGH NStZ 2012, 583; 9
HK-StPO/*Julius* § 207 Rn. 18) und vom zuständigen Richter zu unterzeichnen; verwendete Vordrucke müssen vollständig und eindeutig ausgefüllt sein (OLG Koblenz StV 2011, 467 [468]). Nicht erforderlich ist die Unterschrift aller beteiligten Richter (SK-StPO/*Paeffgen* § 207 Rn. 15); a. A. BGH
NStZ 2012, 583; vgl. BGH NStZ 2012, 225 m.w.N.); allerdings ist dies empfehlenswert, um den Beschluss vom reinen Entwurf unterscheiden zu können (KK-StPO/*Schneider* § 207 Rn. 15. Entscheidend ist, dass die erforderliche Anzahl der Richter tatsächlich mitgewirkt hat, was im Zweifel freibeweislich festzustellen ist (BGHSt 42, 380 [384]). Soll im Umlaufverfahren beschlossen werden, müssen
allerdings alle beteiligten Richter unterzeichnen; andernfalls ist von einem Entwurf auszugehen
(BGH NStZ 2012, 225; LR/*Stuckenberg* § 207 Rn. 35).

Eine bestimmte Formulierung ist nicht erforderlich. Vielmehr genügt auch eine **schlüssige Entschei-** 10
dung, aus der sich der eindeutige Wille des Gerichts ergibt, eine bestimmte Anklage zur Hauptverhandlung zuzulassen (*Meyer-Goßner/Schmitt* § 207 Rn. 8). Ausreichend ist etwa ein Verbindungsbeschluss
mit einer bereits anhängigen Strafsache (BGH NStZ-RR 2002, 65 [68]), die Entscheidung über die
Fortdauer der Untersuchungshaft im Haftprüfungstermin (OLG Hamm NStZ 1990, 146) oder ein Besetzungsbeschluss mit gleichzeitigem Haftbefehl (BGH NStZ-RR 1999, 13 [14]). Nicht ausreichend ist
i.d.R. eine Termin- und Ladungsverfügung, es sei denn, das Vorliegen des Eröffnungsbeschlusses geht
aus den Unterlagen hervor oder das Gericht hat einheitliche Formulare verwendet (KK-StPO/*Schneider*
§ 207 Rn. 17). Ebenso wenig genügt ein Übernahmebeschluss (BGH NStZ-RR 2003, 95) oder eine
den Beschluss vorbereitende Verfügung des Richters (KMR/*Seidl* § 207 Rn. 8).

Eine **Begründung** ist bei unveränderter Zulassung der Anklageschrift nicht erforderlich, wenn nicht 11
zugleich ein Ablehnungsbeschluss ergeht (KK-StPO/*Schneider* § 207 Rn. 16). Eine Entscheidung
nach § 207 Abs. 2 Nr. 1, Abs. 4 sowie § 209 Abs. 1 muss gem. § 34 begründet werden (KMR/*Seidl*
§ 207 Rn. 10).

Der Eröffnungsbeschluss wird dem Angeschuldigten zugestellt (§ 215 Satz 1); der StA, dem Privatklä- 12
ger und dem Nebenkläger nur, wenn diese durch die Entscheidung beschwert sind (LR/*Stuckenberg*
§ 207 Rn. 38). Andernfalls ergeht die Bekanntmachung durch formlose Mitteilung, § 35 Abs. 2 Satz 2.

D. Rücknahme, Änderung und Fehlen des Eröffnungsbeschlusses. Nach Erlass 13
des Eröffnungsbeschlusses kann dieser **weder zurückgenommen noch abgeändert** werden (KK-StPO/
Schneider § 207 Rn. 19). Insb. kommt eine Aufhebung bei nachträglichem Fortfall des Tatverdachts
nicht in Betracht; s. § 203 Rdn. 5.

Ist der Eröffnungsbeschluss nicht erlassen, fehlt es an einer Verfahrensvoraussetzung (SK-StPO/*Paeff-* 14
gen § 207 Rn. 24). Ist zweifelhaft, ob der Beschluss ergangen ist, muss im Wege des Freibeweises sein
tatsächliches Vorliegen geprüft werden (KK-StPO/*Schneider* § 207 Rn. 20). Lassen sich die Zweifel
nicht beseitigen, ist von **Fehlen** des Eröffnungsbeschlusses auszugehen (LR/*Stuckenberg* § 207
Rn. 52). Kein Fehlen liegt bei einer schlüssigen Eröffnungsentscheidung (Rdn. 10) oder bei Unauffindbarkeit der Beschlussurkunde vor. Ein Verzicht auf den fehlenden Eröffnungsbeschluss ist nicht möglich (KMR/*Seidl* § 207 Rn. 22). Zur Nachholbarkeit s. § 203 Rdn. 5.

E. Mängel des Eröffnungsbeschlusses. Zu unterscheiden sind schwere formelle und mate- 15
rielle Mängel, die die Wirksamkeit des Eröffnungsbeschlusses als Verfahrensvoraussetzung tangieren

und sonstige, nicht zur Unwirksamkeit führende Mängel (KK-StPO/*Schneider* § 207 Rn. 26). Ein die **Unwirksamkeit** begründender Mangel ist gegeben, wenn der Eröffnungsbeschluss unmittelbar auf einer funktionell mangelhaften Anklageschrift beruht (KK-StPO/*Schneider* § 207 Rn. 27), er unter einer Personenverwechslung ergangen ist (KMR/*Seidl* § 207 Rn. 29) oder bei Vorliegen auslieferungsrechtlicher Spezialtatbestände (*Meyer-Goßner/Schmitt* § 207 Rn. 11). Ebenfalls unwirksam ist ein nicht schriftlich abgefasster oder ein nicht unter Mitwirkung der erforderlichen Zahl an Richtern ergangener Beschluss (vgl. aber oben Rdn. 9).

16 **Keine Unwirksamkeit** ist gegeben, falls das beschließende Gericht örtlich oder sachlich unzuständig ist (LR/*Stuckenberg* § 207 Rn. 62, 63), die Gerichtsbesetzung unrichtig war (BGHSt 10, 278 [280]), die Unterschrift des Richters fehlt, sofern aus anderen Umständen der Eröffnungswille des Gerichts zweifelsfrei hervorgeht (BayObLG StV 1990, 395 [396]; vgl. Rdn. 14) oder die Bestellung eines Verteidigers nicht erfolgte (*Meyer-Goßner/Schmitt* § 207 Rn. 11). Auch die Mitwirkung eines nach § 22 ausgeschlossenen Richters soll die Wirksamkeit des Eröffnungsbeschlusses nicht berühren (BGH NStZ 1985, 464 [465]; KMR/*Seidl* § 207 Rn. 33; a. A. LR/*Stuckenberg* § 207 Rn. 68; KK-StPO/*Schneider* § 207 Rn. 30).

17 Eine **Heilung** des Mangels ist nach einhelliger Meinung auch noch in der Hauptverhandlung möglich (BGH GA 1980, 108; KK-StPO/*Schneider* § 207 Rn. 32). Kommt eine solche Heilung in Betracht, muss das Gericht aus verfahrensökonomischen Gründen von ihr Gebrauch machen (LR/*Stuckenberg* § 207 Rn. 82). I.Ü. gelten die Regeln zur Nachholung eines fehlenden Eröffnungsbeschlusses (§ 203 Rdn. 5).

18 **F. Anfechtbarkeit.** Der Angeklagte kann gegen eine ihn belastende Entscheidung nach § 207 Abs. 4 **Beschwerde** einlegen (KMR/*Seidl* § 207 Rn. 43), nicht aber gegen die Eröffnung des Verfahrens: § 210 Abs. 1. Im Fall einer Entscheidung nach § 207 Abs. 2 Nr. 1 steht der StA die sofortige Beschwerde zu (§ 210 Abs. 2). Nicht angreifbar ist die unveränderte Zulassung der Anklage sowie Entscheidungen nach § 207 Abs. 2 Nr. 2–4. Verzögert sich das Eröffnungsverfahren in einem Rahmen, der die Verfolgungsverjährung berührt (namentlich in umfangreichen Wirtschaftsstrafsachen), steht der StA eine **Untätigkeitsbeschwerde** zu (*Kühne* Rn. 615; KK-StPO/*Schneider* § 207 Rn. 35). Im **Revisionsverfahren** ist ein unwirksamer Eröffnungsbeschluss als fehlende Prozessvoraussetzung von Amts wegen zu beachten und das Verfahren einzustellen (BGHSt 10, 278 [280]; NStZ 1994, 227 [227]; Aufhebung durch Urteil: BGHSt 29, 224 [227]). Sonstige Mängel können nicht mit der Revision geltend gemacht werden (KMR/*Seidl* § 207 Rn. 46).

§ 208 StPO   *(weggefallen)*

§ 209 StPO Eröffnungszuständigkeit.
(1) Hält das Gericht, bei dem die Anklage eingereicht ist, die Zuständigkeit eines Gerichts niederer Ordnung in seinem Bezirk für begründet, so eröffnet es das Hauptverfahren vor diesem Gericht.
(2) Hält das Gericht, bei dem die Anklage eingereicht ist, die Zuständigkeit eines Gerichts höherer Ordnung, zu dessen Bezirk es gehört, für begründet, so legt es die Akten durch Vermittlung der Staatsanwaltschaft diesem zur Entscheidung vor.

1 **A. Grundsätzliches.** Die Vorschrift regelt die Vorgehensweise, wenn sich StA und Gericht über die Frage der Zuständigkeit uneins sind. Es ermöglicht eine vorgezogene und somit zeitsparende Klärung, bei welchem Gericht die **sachliche Zuständigkeit** liegt (SK-StPO/*Paeffgen* § 209 Rn. 1 f.) und erlaubt i.S.d. Prozessökonomie einen raschen Verfahrensfortgang ohne langwierige Kompetenzkonflikte (LR/*Stuckenberg* § 209 Rn. 1).

2 **B. Anwendungsbereich.** Keine Anwendung findet § 209 bei fehlender **örtlicher Unzuständigkeit.** In solchen Fällen gibt das Gericht von Amts wegen nach § 16 eine Unzuständigkeitserklärung ab (*Meyer-Goßner/Schmitt* § 209 Rn. 5). Auch bei Streitigkeiten von Spruchkörpern derselben Ordnung,

welcher von diesen nach der **Geschäftsverteilung** zuständig sei, gilt § 209 nicht; der eine Spruchkörper kann das Verfahren formlos abgeben (BGHSt 26, 191 [199]). Mit einer Übernahmeerklärung wird es dort anhängig, notfalls entscheidet das Präsidium des Gerichts (KMR/*Seidl* § 209 Rn. 5).

§ 209 betrifft lediglich das **Zwischenverfahren** und nur die **sachliche Zuständigkeit**. 3
Der **örtliche** Anwendungsbereich wird durch den Wortlaut auf Gerichte **aus demselben Gerichtsbezirk** 4
beschränkt (KK-StPO/*Schneider* § 209 Rn. 6). Im Fall der örtlichen Zuständigkeitskonzentration (§ 58 GVG) wird der Gerichtsbezirk und damit die Anwendungsmöglichkeit der Vorschrift erweitert (LR/*Stuckenberg* § 209 Rn. 15). Die **zeitliche** Anwendung reicht bis zur Eröffnung des Hauptverfahrens. Im **Ermittlungsverfahren** ist die Vorschrift jedenfalls dann analog anwendbar, wenn das Gericht, das von der StA für die Verfahrenseröffnung für zuständig gehalten wird, tätig wird, etwa bei der Verteidigerbestellung oder im Haftrecht (SK-StPO/*Paeffgen* § 209 Rn. 3). Nach der Eröffnungsentscheidung gelten § 225a bzw. § 270. § 269 ist zu beachten.

C. Eröffnung nach unten, Abs. 1. Nach § 209 Abs. 1 eröffnet das Gericht vor einem **Ge-** 5
richt niederer Ordnung, das es für zuständig hält. Beim AG ist der Strafrichter ggü. dem Schöffengericht das Gericht niederer Ordnung (*Meyer-Goßner/Schmitt* § 209 Rn. 2). Das Gericht hat eine Gesamtentscheidung über die angeklagte Tat zu treffen (KMR/*Seidl* § 209 Rn. 9). Der Beschluss ist zu begründen, i.Ü. gelten die Vorschriften für den Eröffnungsbeschluss (LR/*Stuckenberg* § 209 Rn. 28). Das Gericht, vor dem die Hauptverhandlung stattfinden soll, ist genau zu bezeichnen (*Meyer-Goßner/Schmitt* § 209 Rn. 7). Der Beschluss ist dem Angeklagten (§ 215) und der StA (§ 35 Abs. 2 Satz 1) zuzustellen. Mit Erlass des Eröffnungsbeschlusses wird die Sache bei dem bezeichneten Gericht rechtshängig (SK-StPO/*Paeffgen* § 209 Rn. 12), auch wenn die Eröffnung vor dem Gericht niederer Ordnung auf willkürlichen Erwägungen beruht (LR/*Stuckenberg* § 209 Rn. 30). Das Gericht niederer Ordnung ist an die Entscheidung **gebunden**, es kann sie weder zurücknehmen noch ändern; eine Verweisung nach § 270 bleibt aber wie eine Vorlage gem. § 225a bei nachträglicher Änderung der Sachlage möglich (KMR/*Seidl* § 209 Rn. 15; LR/*Stuckenberg* § 209 Rn. 31; a. A. KK-StPO/*Schneider* § 209 Rn. 12).

D. Vorlage nach oben, Abs. 2. Hält das mit der Eröffnungsentscheidung befasste Gericht ein 6
Gericht höherer Ordnung für zuständig, legt es diesem die Akten zur Entscheidung vor. Die StA leitet die vom Gericht zurückgesandten Akten – ggf. mit einer Stellungnahme – weiter (KK-StPO/*Schneider* § 209 Rn. 15). Im Strafbefehlsverfahren ist nach § 408 Abs. 1 Satz 2 vorzugehen (KMR/*Seidl* § 209 Rn. 18). Unzulässig ist die Vorlage, wenn etwa das AG mit der Vorlage erreichen will, dass das LG ein bereits anhängiges Berufungsverfahren zu einem einheitlichen erstinstanzlichen Verfahren verbindet (BGHSt 37, 15 [16]). In Staatsschutzsachen (§ 120 Abs. 2 GVG) ist der Generalbundesanwalt einzubeziehen (KK-StPO/*Schneider* § 209 Rn. 16). Die Beteiligten müssen vor Erlass des Beschlusses nicht angehört werden; die Bekanntgabe erfolgt durch formlose Mitteilung nach § 35 Abs. 2 (*Meyer-Goßner/Schmitt* § 209 Rn. 8).

E. Rechtsbehelfe. Gegen den Beschluss nach **§ 209 Abs. 1** kann die StA sofortige Beschwerde 7
nach § 210 einlegen (LR/*Stuckenberg* § 209 Rn. 32). Die Entscheidung nach **§ 209 Abs. 2** ist für alle Beteiligten mangels Beschwer und inhaltlicher Relevanz unanfechtbar (SK-StPO/*Paeffgen* § 209 Rn. 14). In der **Revision** kann die Nichteinhaltung der gerichtlichen Prüfpflicht (§ 6) gerügt werden (KK-StPO/*Schneider* § 209 Rn. 20).

§ 209a StPO Besondere funktionelle Zuständigkeiten.

Im Sinne des § 4 Abs. 2, des § 209 sowie des § 210 Abs. 2 stehen
1. die besonderen Strafkammern nach § 74 Abs. 2 sowie den §§ 74a und 74c des Gerichtsverfassungsgesetzes für ihren Bezirk gegenüber den allgemeinen Strafkammern und untereinander in der in § 74e des Gerichtsverfassungsgesetzes bezeichneten Rangfolge und
2. die Jugendgerichte für die Entscheidung, ob Sachen
   a) nach § 33 Abs. 1, § 103 Abs. 2 Satz 1 und § 107 des Jugendgerichtsgesetzes oder

b) als Jugendschutzsachen (§ 26 Abs. 1 Satz 1, § 74b Satz 1 des Gerichtsverfassungsgesetzes) vor die Jugendgerichte gehören, gegenüber den für allgemeine Strafsachen zuständigen Gerichten gleicher Ordnung

Gerichten höherer Ordnung gleich.

1 **A. Grundsätzliches.** Zweck der Vorschrift ist die Regelung möglicher Kompetenzstreitigkeiten im Eröffnungsverfahren zwischen Gerichten gleicher Ordnung, indem Spezialspruchkörper als Gerichte höherer Ordnung fingiert werden (SK-StPO/*Paeffgen* § 209a Rn. 1 f.). § 209a Nr. 1 regelt den Vorrang von besonderen Spruchkörpern innerhalb der Strafkammern (§ 74e GVG), § 209a Nr. 2 den Vorrang der Jugendgerichte in bestimmten Fällen (KK-StPO/*Schneider* § 209a Rn. 1).

2 Wichtigster **Anwendungsbereich** ist das Zwischenverfahren, für das § 209a unmittelbar gilt (Radtke/Hohmann/*Reinhart* § 209a Rn. 1). Auch im Ermittlungsverfahren findet die Vorschrift entsprechende Anwendung (LR/*Stuckenberg* § 209 Rn. 4). Für die Verweisung der Strafsache nach Eröffnung des Hauptverfahrens gilt allein § 209a Nr. 2a, mit dem der Vorrang der Jugendgerichte ggü. den allgemeinen Gerichten postuliert wird (Meyer-Goßner/*Schmitt* § 209a Rn. 3). Auch für die Zurückweisungsbefugnis i.R.d. Revisionsverfahrens (§ 354 Abs. 3) ist § 209a anwendbar (SK-StPO/*Paeffgen* § 209a Rn. 3). In jeder Verfahrenslage gilt die Vorschrift für Verbindung und Trennung von Strafsachen nach § 4 Abs. 2 (KMR/*Seidl* § 209a Rn. 2).

3 **B. Vorrang besonderer Strafkammern, Nr. 1.** § 209a Nr. 1 bestimmt den Vorrang der besonderen Strafkammern. Schwurgerichtskammer, Wirtschaftsstrafkammer und Staatsschutzkammer sind hiernach Gerichte höherer Ordnung ggü. den allgemeinen Strafkammern. Für das Verhältnis der besonderen Spruchkörper untereinander gilt § 74e GVG (Meyer-Goßner/*Schmitt* § 209a Rn. 4).

4 Im Fall des § 209 Abs. 1 kann die Schwurgerichtskammer vor jeder anderen besonderen Strafkammer oder vor der allgemeinen Strafkammer eröffnen, die Wirtschaftsstrafkammer vor der Staatsschutzkammer oder der allgemeinen Strafkammer, die Staatsschutzkammer vor der allgemeinen Strafkammer (SK-StPO/*Paeffgen* § 209a Rn. 5). Bei Eröffnung vor der allgemeinen Strafkammer wird – soweit mehrere allgemeine Strafkammern im selben Bezirk eingerichtet sind – an keine bestimmte Kammer verwiesen (BGH StV 1990, 97); die genaue Zuständigkeitsverteilung der allgemeinen Strafkammern richtet sich allein nach dem Geschäftsverteilungsplan (KMR/*Seidl* § 209a Rn. 5). Bei Anwendbarkeit von § 209 Abs. 2 gilt obige Aufzählung in umgekehrter Reihenfolge. Wird an eine besondere Kammer vorgelegt, so hat sie über die Eröffnung des Hauptverfahrens zu entscheiden, auch wenn sie die allgemeine Strafkammer für zuständig hält (Meyer-Goßner/*Schmitt* § 209a Rn. 6).

5 **C. Vorrang der Jugend- vor den Erwachsenengerichten, Nr. 2.** § 209a Nr. 2 behandelt Jugendgerichte ggü. Erwachsenengerichten gleicher Ordnung vorrangig (LR/*Stuckenberg* § 209a Rn. 20). Gericht höherer Ordnung nach § 209a Nr. 2 ist der Jugendrichter ggü. dem Strafrichter, das Jugendschöffengericht ggü. dem Schöffengericht sowie die Jugendkammer ggü. der Strafkammer (KK-StPO/*Schneider* § 209a Rn. 6). Dieses Verhältnis gilt für Jugendsachen (Nr. 2a) sowie für Jugendschutzsachen (Nr. 2b). Der Vorrang der Jugendgerichte gilt auch im Verhältnis zwischen Jugendkammer und besonderer Strafkammer, auch wenn es sich bei letzterer um eine Schwurgerichtskammer handelt (SK-StPO/*Paeffgen* § 209a Rn. 7f; BGHSt 26, 191 [197]). **Ausnahmen** bestehen in den Fällen des §§ **103 Abs. 2 Satz 2, 3 JGG**, wenn ein Verfahren gegen Jugendliche mit einer Erwachsenensache i.R.d. Zuständigkeit dieser besonderen Strafkammern verbunden wird: die Wirtschaftsstrafkammer bzw. die Staatsschutzkammer gelten hiernach ggü. den Jugendgerichten als Gerichte höherer Ordnung (KK-StPO/*Schneider* § 209a Rn. 8). Für die Schwurgerichtskammer findet diese Ausnahmevorschrift ausdrücklich keine Anwendung; es bleibt beim Vorrang der Jugendkammer.

6 Im Fall des § 209 Abs. 1 kann der Jugendrichter vor dem Strafrichter, das Jugendschöffengericht vor dem Schöffengericht und die Jugendkammer vor der allgemeinen oder jeweils zuständigen besonderen Strafkammer in der Reihenfolge des § 74e GVG eröffnen. Wird in einem verbundenen Verfahren Anklage vor dem Jugendgericht erhoben (§ 103 Abs. 2 Satz 1 JGG), so muss das Jugendgericht auch die Voraussetzungen der Verbindung nach § 103 Abs. 1 JGG prüfen und ggf. abtrennen (LR/*Stuckenberg* § 209a Rn. 25).

Im Anwendungsbereich des § 209 Abs. 2 gilt die Aufzählung der Rdn. 6 in umgekehrter Reihenfolge, 7
falls nicht an ein höherrangiges Erwachsenengericht vorzulegen ist.

D. Rechtsbehelfe. Zu möglichen Rechtsbehelfen vgl. die Ausführungen zu § 209 Rdn. 7. 8

§ 210 StPO Rechtsmittel gegen den Eröffnungs- oder Ablehnungsbeschluss.
(1) Der Beschluß, durch den das Hauptverfahren eröffnet worden ist, kann von dem Angeklagten nicht angefochten werden.
(2) Gegen den Beschluß, durch den die Eröffnung des Hauptverfahrens abgelehnt oder abweichend von dem Antrag der Staatsanwaltschaft die Verweisung an ein Gericht niederer Ordnung ausgesprochen worden ist, steht der Staatsanwaltschaft sofortige Beschwerde zu.
(3) Gibt das Beschwerdegericht der Beschwerde statt, so kann es zugleich bestimmen, daß die Hauptverhandlung vor einer anderen Kammer des Gerichts, das den Beschluß nach Absatz 2 erlassen hat, oder vor einem zu demselben Land gehörenden benachbarten Gericht gleicher Ordnung stattzufinden hat. In Verfahren, in denen ein Oberlandesgericht im ersten Rechtszug entschieden hat, kann der Bundesgerichtshof bestimmen, daß die Hauptverhandlung vor einem anderen Senat dieses Gerichts stattzufinden hat.

A. Grundsätzliches. Die Norm ist eine spezielle Rechtsbehelfsregelung für Entscheidungen im 1
Zwischenverfahren. § 304 gilt nicht.

B. Regelungsgehalt. I. Unanfechtbarkeit des Eröffnungsbeschlusses, Abs. 1. Der Be- 2
schluss, durch den das Hauptverfahren eröffnet worden ist, ist **für den Angeklagten** unanfechtbar.
Dies gilt auch bei einer Eröffnung vor einem Gericht niederer Ordnung (*Meyer-Goßner/Schmitt* § 210
Rn. 1). Das Verfahren soll nicht bereits in diesem Stadium unnötig verzögert werden; der Eröffnungsbeschluss stellt schließlich nur eine vorläufige Tatbewertung dar, die später im Urteil bestätigt oder revidiert und im Rechtsmittelzug überprüft wird (OLG Hamburg wistra 2003, 38; KK-StPO/*Schneider*
§ 210 Rn. 5; für eine Willkürkontrolle de lege ferenda HK-StPO/*Julius* § 210 Rn. 1). Aus diesem
Grund kann gegen Eröffnungsbeschlüsse auch grds. keine Verfassungsbeschwerde eingelegt werden
(vgl. § 90 Abs. 2 Satz 1 BVerfGG; BVerfG NJW 1995, 316). Etwas anderes gilt dann, wenn eine Verletzung des Doppelbestrafungsverbots des Art. 103 Abs. 3 GG gerügt wird (*Meyer-Goßner/Schmitt*
§ 210 Rn. 1). Das ergibt eine verfassungskonforme Auslegung des § 210 (BVerfG StV 2005, 196 [197];
LR/*Stuckenberg* § 210 Rn. 3).

Sonstige Entscheidungen, die im Eröffnungsverfahren ergehen, aber nicht die Eröffnung an sich betref- 3
fen, werden von § 210 nicht erfasst. Damit sind z.B. die Unzuständigkeitserklärung des Gerichts (LR/
Stuckenberg § 210 Rn. 4, 37 ff.) und die Haftentscheidung nach § 207 Abs. 4 anfechtbar (*Meyer-Goßner/Schmitt* § 210 Rn. 1).

Die **Ablehnung** der Eröffnung ist für den Angeklagten mangels eigener Beschwer nicht anfechtbar (LR/ 4
Stuckenberg § 210 Rn. 22; SK-StPO/*Paeffgen* § 210 Rn. 10).

Auch für die **StA** ist der Eröffnungsbeschluss nicht mit der Beschwerde angreifbar (KK-StPO/*Schneider* 5
§ 210 Rn. 3; Radtke/Hohmann/*Reinhart* § 210 Rn. 5; KMR/*Seidl* § 210 Rn. 5.; AnwK-StPO/*Kirchhof* § 210 Rn. 2; offen gelassen in BGHSt 45, 26 [31]). Das ergibt sich systematisch aus Abs. 2, der abschließend die Rechtsbehelfe für die StA auf die sofortige Beschwerde gegen die Ablehnung der Eröffnung und bei Eröffnung bei einem Gericht niederer Ordnung beschränkt. Es ist darüber hinaus auch kein Rechtsschutzbedürfnis bei der StA zu erkennen. Die Gegenansicht, die in gewissen Ausnahmefällen eine Beschwerdemöglichkeit annehmen will (*Ranft* Rn. 1353; HK-StPO/*Julius* § 210 Rn. 6; Graf/
Ritscher § 210 Rn. 3; *Meyer-Goßner/Schmitt* § 210 Rn. 4), findet im Gesetz keine Grundlage und bleibt zudem rechtsstaatsproblematisch überaus vage.

II. Anfechtung durch die StA, Abs. 2. Im Gegensatz zum Angeklagten eröffnet § 210 Abs. 2 der 6
StA die Möglichkeit, **sofortige Beschwerde** gegen den Beschluss des Gerichts dann einzulegen,
wenn diese beschwert erscheint. Diesen Fall sieht das Gesetz bei der Nichteröffnung des Hauptverfahrens als gegeben an oder dann, wenn an ein Gericht niederer Ordnung verwiesen wurde. Dahinter steht

§ 210 StPO   Rechtsmittel gegen den Eröffnungs- oder Ablehnungsbeschluss

der Gedanke, dass eine negative Eröffnungsentscheidung rein tatsächlich ähnliche Wirkungen entfaltet wie ein freisprechendes Urteil bzw. eine Verfahrenseinstellung und einem Abschluss des Verfahrens gleich kommt (KG, Beschl. v. 28.08.2008 – 3 Ws 229/08; SK-StPO/*Paeffgen* § 210 Rn. 2; LR/*Stuckenberg* § 210 Rn. 1). Die Verweisung an ein höherrangiges Gericht kann dagegen nicht gerügt werden. Der BGH nimmt eine durchgreifende Prüfungskonsequenz des Berufungsgerichts hinsichtlich der Zuständigkeit selbst dann an, wenn letztere nicht von der StA gerügt wurde (BGH St 57, 165 [171]).

7 Eine rechtlich abweichende Beurteilung der Tat durch das Gericht kann die StA nicht mit einer Beschwerde angreifen (*Meyer-Goßner/Schmitt* § 210 Rn. 5; KMR/*Seidl* § 210 Rn. 13), ebenso wenig die Verweisung an ein örtlich unzuständiges Gericht (OLG Hamburg wistra 2003, 38 f.).

8 **C. § 210 als abschließende Regelung.** Ob § 210 damit abschließend ist oder ob weitere Anfechtungsmöglichkeiten mit der einfachen Beschwerde bestehen, wird uneinheitlich beurteilt (Überblick bei LR/*Stuckenberg* § 210 Rn. 5 ff.). Doch sind Ausnahmen bei angenommener Willkür (*Meyer-Goßner/Schmitt* § 210 Rn. 4; SK-StPO/*Paeffgen* § 210 Rn. 9a), bei schwerwiegenden formalen Mängeln (*Ranft* Rn. 1353) oder bei der Eröffnung gegen einen nicht angeklagten Beschuldigten (LG Göttingen NStZ 1989, 88) aus den genannten Gründen abzulehnen (s. Rdn. 5). Sowohl die historische Auslegung als auch der Wortlaut des § 210 und dessen Systematik streiten dafür, in § 210 eine abschließende Regelung zu sehen. Die Konzeption des Zwischenverfahrens als (bloße) Plausibilitätskontrolle (s. § 199 Rdn. 1) spricht gegen eine Ausdehnung von Rechtsbehelfen und für eine restriktive Auslegung (OLG Hamburg wistra 2003, 38). Rechtsklarheit und Rechtssicherheit streiten ebenso dafür (LR/*Stuckenberg* § 210 Rn. 8), mit dem Prinzip der Waffengleichheit aus Art. 6 EMRK wäre eine Besserstellung der StA ggü. dem Angeschuldigten auch schwer zu vereinbaren.

9 Denkbar ist dagegen, der StA die Möglichkeit einzuräumen, eine Untätigkeitsbeschwerde einzulegen, falls eine Entscheidung des Gerichts nicht rechtzeitig zu erwarten ist und eine mögliche Verjährung der angeklagten Straftaten droht (krit. LR/*Stuckenberg* § 210 Rn. 12). Dies ließe sich mit Sinn und Zweck des § 210 Abs. 2 vereinbaren, weil das Verfahren nicht fortgesetzt werden kann und es einer Ablehnung des Eröffnungsbeschlusses gleichkommt, wenn dieser nicht erlassen wird. Denn der Nichterlass hat genauso endgültige und nicht lediglich verzögernde Wirkung (OLG Dresden NStZ 2005, 652; *Hoffmann* NStZ 2006, 256 [257]).

10 **D. Fakultative Verweisungsmöglichkeit, Abs. 3.** § 210 Abs. 3 gibt dem Beschwerdegericht eine fakultative Verweisungsmöglichkeit an einen benachbarten Spruchkörper. Das soll die Unbefangenheit des erkennenden Gerichts wahren, wenn etwa die Begründung der Nichteröffnung befürchten lässt, dass sich der bisherige Spruchkörper schon über Gebühr auf einen Freispruch festgelegt hat oder auf einer abweichenden rechtlichen Bewertung zu beharren scheint.

11 Um ein »benachbartes« Gericht zu sein, muss das Gericht nicht angrenzend sein, aber zumindest zum **Bezirk des Beschwerdegerichts** gehören (SK-StPO/*Paeffgen* § 210 Rn. 14; *Meyer-Goßner/Schmitt* § 210 Rn. 9; KMR/*Seidl* § 210 Rn. 27).

12 Nicht unproblematisch ist, dass Abs. 3 als Kann-Vorschrift ausgestaltet ist, der Verweis an die andere »Kammer« in der unpräzisen Diktion der StPO also lediglich **fakultativ** ausgestaltet ist und Fragen des gesetzlichen Richters des Art. 101 Abs. 1 Satz 2 GG aufwirft.

13 Es ist aber eine **verfassungskonforme Auslegung** möglich, wenn die Verweisung an einen anderen Spruchkörper nur erfolgen darf, sofern **besondere Sachgründe** dies erfordern, das Strafverfahren also grds. bei dem als zuständig befundenen Spruchkörper belassen wird (BVerfG, Kammerbeschl. v. 13.06.1993 – 06 BvR 848/93, vgl. auch BVerfGE 20, 336 [343 ff.] zu § 354; BVerfG StV 2000, 537; *Meyer-Goßner/ Schmitt* § 210 Rn. 10; KK-StPO/*Schneider* § 210 Rn. 12; a. A. LR/*Stuckenberg* § 210 Rn. 32; *Seier* StV 2000, 586 f.). Ein besonderer Grund kann insb. gegeben sein, wenn davon auszugehen ist, dass das ursprüngliche Gericht die Entscheidung der Beschwerdeinstanz nicht ausreichend respektiert und sich dagegen bereits festgelegt hat (OLG Frankfurt am Main NJW 2005, 1727 [1736]; AnwK-StPO/*Kirchhof* § 210 Rn. 10). Die Entscheidung des BGH, nach der das Berufungsgericht über die Regelung des Abs. 3 hinaus auch an das für zuständig befundene ranghöhere Gericht vorlegen könne (BGHSt 57, 165 [172 f.]), verkürzt nicht nur den Anspruch auf den gesetzlichen Richter nach Art. 101 Abs. 1 Satz 2 GG, sondern ist auch ein schönes Beispiel für *Goethes* Sinnspruch aus den 24. Zahmen Xenien »Im Auslegen seid frisch und munter! Legt ihr's nicht aus, so legt was unter.«

§ 211 StPO Wiederaufnahme nach Ablehnungsbeschluss. Ist die Eröffnung des Hauptverfahrens durch einen nicht mehr anfechtbaren Beschluß abgelehnt, so kann die Klage nur auf Grund neuer Tatsachen oder Beweismittel wieder aufgenommen werden.

A. Grundsätzliches. § 211 dient zum einen dem Schutz des Angeklagten (RGSt 46, 67 [69]). 1 Dieser soll nicht vergegenwärtigen müssen, mehrmals wegen derselben prozessualen Tat angeklagt zu werden (KMR/*Seidl* § 211 Rn. 1). Dem Beschluss, mit dem die Eröffnung der Hauptverhandlung abgelehnt wird, wird somit eine gewisse Sperrwirkung verliehen; die Möglichkeit einer Wiederaufnahme des Verfahrens wird beschränkt (SK-StPO/*Paeffgen* § 210 Rn. 2). Zugleich aber regelt § 211 eine zulässige Einschränkung des ne bis in idem-Grundsatzes des Art. 103 Abs. 3 GG (SK-StPO/*Paeffgen* § 210 Rn. 2; LR/*Stuckenberg* § 210 Rn. 1). Das folgt dem staatlichen Interesse an der Strafverfolgung und ist als Versuch zu sehen, einen Ausgleich zwischen Rechtssicherheit und materieller Gerechtigkeit zu erreichen (KMR/*Seidl* § 211 Rn. 2).

B. Anwendungsbereich. I. Unanfechtbarer Ablehnungsbeschluss. § 211 setzt einen in- 2 zwischen **unanfechtbaren Nichteröffnungsbeschluss** voraus, betrifft also einen wirksamen, zwar grds. nach § 210 Abs. 2 anfechtbaren Beschluss nach § 204 (KMR/*Seidl* § 211 Rn. 3; LR/*Stuckenberg* § 211 Rn. 3, 7), der aber nicht mehr angefochten werden kann, weil die Beschwerdefrist abgelaufen oder eine eingelegte Beschwerde erfolglos geblieben ist (Meyer-Goßner/*Schmitt* § 211 Rn. 2).

Für die Anwendung des § 211 ist unerheblich, aus welchem Grund das Hauptverfahren nicht eröffnet 3 wurde; der hinreichende Tatverdacht könnte aus rechtlichen oder tatsächlichen Gründen nicht festgestellt worden sein, es hätte auch nach Auffassung des Gerichts ein die Strafverfolgung ausschließendes Verfahrenshindernis vorliegen können (SK-StPO/*Paeffgen* § 210 Rn. 3; Graf/*Ritscher* § 210 Rn. 2).

Keine Anwendung findet § 211 hingegen, wenn sich das angegangene Gericht für **örtlich unzuständig** 4 erklärt hat und eine nachfolgende Anklage beim örtlich zuständigen Gericht erhoben werden soll (KMR/*Seidl* § 211 Rn. 4; LR/*Stuckenberg* § 211 Rn. 5). Entscheidend ist vielmehr, ob das Gericht eine Entscheidung in der Sache getroffen hat.

II. Vorliegen von nova. Eine erneute Klage ist nur aufgrund neuer Tatsachen oder Beweismittel 5 möglich. Tatsachen und Beweismittel sind dann »neu« i.S.d. § 211, wenn das Beschlussgericht sie bei Erlass des Nichteröffnungsbeschlusses nach dem **vorliegenden Akteninhalt** nicht kannte (KK-StPO/*Schneider* § 211 Rn. 4). Abzustellen ist auf die Aktenlage im Zeitpunkt der Entscheidung; aktenkundige Tatsachen sind damit in diesem Sinne keine nova (AnwK-StPO/*Kirchhof* § 211 Rn. 4).

Unerheblich ist, ob andere staatliche Stellen die Tatsachen kannten oder das Gericht bei genauerer Er- 6 mittlung von den Tatsachen **hätte Kenntnis haben können**; es genügt vielmehr, dass sie dem Gericht im Zeitpunkt seiner Entscheidung unbekannt waren (BGHSt 7, 64 [65 f.]). Für eine beispielhafte Aufzählung neuer Tatsachen bzw. Beweismittel mit Nachweisen aus der Rechtsprechung s. KMR/*Seidl* § 211 Rn. 9 f.

Diese neuen Tatsachen oder Beweismittel müssen auch **erheblich** sein. Von einer Erheblichkeit ist im- 7 mer dann auszugehen, wenn sie der ursprünglichen Ablehnungsentscheidung die Grundlage entziehen, eine positive Eröffnungsentscheidung aufgrund der nova also möglich ist (LR/*Stuckenberg* § 211 Rn. 12). Beurteilt das Gericht die bereits vorhandenen Tatsachen lediglich rechtlich neu, liegen keine nova vor (BGH StV 1983, 322 [323]).

Rechtlicher Maßstab für die Erheblichkeit ist grds. die Rechtsauffassung des Gerichts, das als erstes mit 8 der Sache befasst war (LR/*Stuckenberg* § 211 Rn. 12). Dies gilt insb. für den Fall, dass die Rechtsansicht nun für unrichtig gehalten wird (BGHSt 18, 225 [227]). Eine rechtlich unvollständige Würdigung des Sachverhalts durch das erste Gericht kann eine für den Angeklagten negative Neuaufnahme des Verfahrens nicht rechtfertigen (SK-StPO/*Paeffgen* § 210 Rn. 6).

III. Wirkung; Verhältnis altes – neues Verfahren. Die **Sperrwirkung** des Ablehnungsbeschlusses 9 hat zur Folge, dass ohne Vorliegen von nova wegen derselben prozessualen Tat nicht erneut Anklage erhoben werden kann; ebenso wenig darf die Tat als Ordnungswidrigkeit (BayObLG NStZ 1983, 418 f.) oder im Rahmen einer Privatklage verfolgt (OLG Köln NJW 1952, 1152; KK-StPO/*Schneider* § 211 Rn. 3) noch darf ein erneutes Ermittlungsverfahren eingeleitet werden (KMR/*Seidl* § 211 Rn. 6).

§ 212 StPO Erörterung des Verfahrensstands mit den Verfahrensbeteiligten

Die Sperrwirkung reicht jedoch nicht so weit wie die eines rechtskräftigen Urteils, bei dem eine Wiederaufnahme nur unter den Voraussetzungen des § 362 möglich ist (KK-StPO/*Schneider* § 211 Rn. 1).

10 Das alte und das neue Verfahren stehen **selbständig nebeneinander**; der Nichteröffnungsbeschluss, mit dem das erste Verfahren abgeschlossen worden ist, wird insb. nicht aufgehoben; eine gewisse Verbindung zwischen beiden Verfahren besteht nur durch die Sperrwirkung des Ablehnungsbeschlusses (SK-StPO/*Paeffgen* § 211 Rn. 9; *Meyer-Goßner/Schmitt* § 211 Rn. 7). Auch die Durchführung des neuen Verfahrens unter demselben Aktenzeichen ändert nichts daran, dass das erste Verfahren abgeschlossen ist (BVerfG StV 2005, 198).

Fünfter Abschnitt. Vorbereitung der Hauptverhandlung

§ 212 StPO Erörterung des Verfahrensstands mit den Verfahrensbeteiligten. Nach Eröffnung des Hauptverfahrens gilt § 202a entsprechend.

1 **A. Grundsätzliches. I. Normhistorie.** § 212 StPO wurde durch das **Gesetz zur Regelung der Verständigung im Strafverfahren** (hierzu näher § 257c) in die StPO eingefügt. Anders als die vergleichbaren Vorschriften für das Ermittlungsverfahren – § 160b StPO (vgl. dort Rdn. 1) – und das Zwischenverfahren – § 202a StPO (vgl. dort Rdn. 1) – war die Regelung einer Erörterungsmöglichkeit nach Eröffnung des Hauptverfahrens nicht bereits in dem Entwurf zum Opferrechtsreformgesetz aus dem Jahr 2003 enthalten, aber zuvor schon in der Literatur angeregt worden (s. *Ignor/Matt* StV 2002, 102 ff.). Auch der Entwurf des Strafrechtsausschusses der BRAK für ein Verständigungsgesetz (bei N/Sch/W Anhang 1) enthielt einen entsprechenden Vorschlag. Demgegenüber machte der Entwurf des Bundesrats eine Regelung für den Zeitraum ab Eröffnung des Hauptverfahrens entbehrlich (zu Recht krit. N/Sch/W/*Schlothauer* Teil B § 202a Rn. 4).

2 Die Norm ist wie auch die §§ 160b, 202a StPO als klarstellende Regelung zu begrüßen, vgl. § 160b Rdn. 3.

3 **II. Normzweck.** Die Norm ist im Zusammenhang mit den durch das VerstG gleichfalls neu geschaffenen §§ 160b, 202a, 257b StPO zu lesen. Wie diese soll § 212 StPO einer **Stärkung der kommunikativen Elemente in sämtlichen Stadien des Strafverfahrens** dienen (vgl. BT-Drucks. 16/12310, S. 2), vgl. § 160b Rdn. 3. Die Vorschrift dient damit zugleich der **Beschleunigung des Verfahrens** und trägt durch den Verweis auf § 202a (S. 2) i.V.m. § 243 Abs. 4 StPO dem **Transparenzgebot** Rechnung. Sie gilt für den Zeitraum nach Eröffnung des Hauptverfahrens, unabhängig davon, ob die Hauptverhandlung bereits begonnen hat oder nicht, und auch im Fall einer ausgesetzten Hauptverhandlung (*Meyer-Goßner/Schmitt* § 212 Rn. 1).

4 **B. Regelungsgehalt. I. Gericht/Verfahrensbeteiligte.** Zum Begriff des **Verfahrensbeteiligten** s. § 160b StPO Rdn. 4, zum Begriff **Gericht** § 202a Rdn. 4. Auch bei Erörterungen gem. § 212 StPO sind die Laienrichter nicht hinzuzuziehen und damit nicht verfahrensbeteiligt (*Jahn/Müller* NJW 2009, 2625, 2627). Dies widerspricht nicht den Grundsätzen der Art. 97 Abs. 1, 101 Abs. 1 S. 2 GG (zweifelnd *Fischer* StraFo 2009, 177, 183). Das vom BGH bereits vor Inkrafttreten des VerstG entwickelte Gebot, außerhalb der Hauptverhandlung geführte Vorgespräche in der Hauptverhandlung offenzulegen (BGHSt 43, 195, 206), wird durch § 243 Abs. 4 StPO unterstrichen und verstärkt.

5 **II. Verfahren, Voraussetzungen und Inhalt der Erörterung.** Zum Verfahren, den Voraussetzungen und dem möglichen Inhalt einer Erörterung i.S.d. § 212 StPO s. § 202a Rdn. 6 ff. Möglicher Inhalt können außer Rechtsfragen und Verfahrensweisen insb. Umfang und Strukturierung der Hauptverhandlung sein (Umfang der Beweisaufnahme, Beweismittel, Reihenfolge der Beweiserhebungen, Termine etc.), ferner Möglichkeiten von Verständigungen vielfältiger Art (vgl. *Ignor/Matt* StV 2002, 102 ff.; MAH/*Ignor/Matt/Weider* § 13 Rn. 108 f.). Wie auch bei Erörterungen im Ermittlungs- und

Zwischenverfahren ist zu beachten, dass die Voraussetzungen des § 257c Abs. StPO nicht unterlaufen werden.

III. Dokumentationspflicht. Zu der gem. § 212 StPO i.V.m. § 202a S. 2 StPO bestehenden Verpflichtung des Vorsitzenden, den Inhalt der Erörterung **aktenkundig** zu machen, s. § 202a Rdn. 15 ff. 6

IV. Bindungswirkung. Zur Frage der Bindungswirkung von Zusagen im Rahmen von Erörterungen gem. § 212 StPO s. die entsprechend geltenden Ausführungen unter § 202a StPO Rdn. 17). 7

V. Mitteilungspflicht in der Hauptverhandlung. Gemäß § 243 Abs. 4 S. 1 StPO sind Erörterungen nach § 212 StPO mit Blick auf eine mögliche Verständigung ebenso wie solche nach § 202a StPO in der Hauptverhandlung mitteilungspflichtig. Näher dazu § 202a StPO Rdn. 15 ff. und § 243 Rdn. 14 ff.

§§ 212a und 212b StPO *(weggefallen)*

§ 213 StPO Bestimmung eines Termins zur Hauptverhandlung.
Der Termin zur Hauptverhandlung wird von dem Vorsitzenden des Gerichts anberaumt.

A. Inhalt der Regelung. Nach der Vorschrift obliegt dem Vorsitzenden die Bestimmung von Zeit und Ort der Hauptverhandlung. Er hat die anfallenden Sachen auf die verfügbaren Sitzungstage so zu verteilen, wie es eine zweckmäßige Erledigung der Geschäfte erfordert (BGHSt 15, 390 [392]). Die Erfüllung dieser Aufgabe setzt voraus, dass er den Prozessstoff durchdrungen und sich eine genaue Vorstellung von Umfang und voraussichtlicher Dauer der Hauptverhandlung gebildet hat. Leitbild ist eine klar strukturierte und straff geführte Hauptverhandlung, die unnötige Pausen und lange Wartezeiten für die Prozessbeteiligten vermeidet (vgl. Nr. 116 Abs. 3 bis 5 RiStBV) und durch möglichst enge Aufeinanderfolge der Verhandlungstage so konzentriert geführt wird, dass die zu erlassende Entscheidung unter dem lebendigen Eindruck des zusammenhängenden Bildes des gesamten Verhandlungsstoffs ergeht (BGH NJW 1952, 1149; NJW 2006, 3019). Bei umfangreichen Verfahren ist daher die Ausarbeitung eines nach Beweiskomplexen abgestimmten Terminierungsplans geboten (KK-StPO/ *Gmel* vor § 213 Rn. 4). Da die Anberaumung des Hauptverhandlungstermins verfahrensrechtliche Prinzipien – insb. den Beschleunigungsgrundsatz – und die Rechte von Verfahrensbeteiligten berührt, ist die »Terminhoheit« des Vorsitzenden in vielerlei Hinsicht eingeschränkt (SK-StPO/*Deiters* § 213 Rn. 3; Radtke/Hohmann/*Britz* § 213 Rn. 2). 1

B. Terminsanberaumung. Unter Anberaumung des Hauptverhandlungstermins ist die Festsetzung von Ort, Tag und Stunde der Hauptverhandlung zu verstehen (OLG Köln VRS 69, 451 [452]; *Meyer-Goßner/Schmitt* § 213 Rn. 1). 2

I. Ort der Hauptverhandlung. Ort der Hauptverhandlung ist grds. ein Sitzungssaal (nicht das Amtszimmer des Richters) am Sitz des Gerichts (vgl. Nr. 116 Abs. 1, 124 Abs. 1 RiStBV). Wegen der Besonderheit des Falles – etwa eine Vielzahl von Angeklagten und Verteidigern oder besondere Sicherheitsvorkehrungen – kann es geboten erscheinen, die Hauptverhandlung oder Teile davon an einem anderen Ort durchzuführen, der auch außerhalb des Gerichtsbezirks liegen kann (BGHSt 22, 250 [253]; SK-StPO/*Deiters* § 213 Rn. 13). Dabei ist der Öffentlichkeitsgrundsatz (§ 169 Satz 1 GVG) zu beachten. 3

II. Tag und Stunde der Hauptverhandlung. Tag und Stunde der Hauptverhandlung müssen so gelegt werden, dass ein reibungsloser und effektiver Ablauf sichergestellt ist (LR/*Jäger* § 213 Rn. 5). Zwar wird die Hauptverhandlung i.d.R. an einem Werktag stattfinden, ausnahmsweise kann der Terminstag aber auch auf einen Sonn- oder Feiertag gelegt werden (*Meyer-Goßner/Schmitt* § 213 Rn. 3). Im Hinblick auf Art. 4 GG sind bei der Festsetzung der Terminstage auch religiöse Handlungspflichten von Verfahrensbeteiligten (BGHSt 13, 123 [125]; OLG Köln NJW 1993, 1345) und örtliche Feiertage, 4

§ 213 StPO   Bestimmung eines Termins zur Hauptverhandlung

selbst wenn sie gesetzlich nicht anerkannt sind (vgl. Nr. 116 Abs. 2 RiStBV), zu berücksichtigen (LR/*Jäger* § 213 Rn. 5; SK-StPO/*Deiters* § 213 Rn. 12).

5 Die Terminsstunde liegt grds. innerhalb der üblichen Dienstzeiten des Gerichts. Eine Sitzung außerhalb der Dienstzeiten – etwa zur Nachtzeit – ist aber zulässig (BGHSt 12, 332 [333]; *Pfeiffer* § 213 Rn. 1) und kann in Haftsachen sogar geboten sein (BGH NStZ 2007, 281 [282]; *Meyer-Goßner/Schmitt* § 213 Rn. 4).

6 Soweit Schöffen mitwirken (Schöffengericht, Jugendschöffengericht, kleine und große Strafkammer, Jugendkammer und große Jugendkammer) ist die Hauptverhandlung im Hinblick auf den gesetzlichen Richter grds. an den **ordentlichen Sitzungstagen** (§ 45 GVG) zu terminieren (s. § 45 GVG Rdn. 2 bis 4).

7 **C. Ermessen des Vorsitzenden. I. Zuständigkeit des Vorsitzenden.** Zuständig für die Bestimmung des Termins der Hauptverhandlung – auch für Aufhebung und Verlegung von Terminen (KK-StPO/*Gmel* § 213 Rn. 2) – ist der Vorsitzende des Gerichts, vor dem das Hauptverfahren eröffnet worden ist (*Meyer-Goßner/Schmitt* § 213 Rn. 6). Beim AG ist dies der Strafrichter (§ 25 GVG) bzw. der Amtsrichter als Vorsitzender des Schöffengerichts (§ 29 Abs. 1 GVG), beim LG der Kammervorsitzende (§ 59 Abs. 1 GVG) und beim OLG der Senatsvorsitzende (§ 115 GVG).

8 **II. Ermessensausübung.** Bei der Terminierung der Hauptverhandlung ist dem Vorsitzenden keine freie Entscheidungsgewalt, sondern nur ein Ermessensspielraum eingeräumt. Das Ermessen muss **pflichtgemäß ausgeübt** werden (BGHSt 15, 390 [393]; NStZ 2007, 163 LR/*Jäger* § 213 Rn. 10; SK-StPO/*Deiters* § 213 Rn. 2), d.h. entsprechend dem Zweck der eingeräumten Terminshoheit und innerhalb der durch das Verfahrensrecht gesetzten Grenzen. Bei der Terminsbestimmung sind daher unter Berücksichtigung der Umstände des Einzelfalls und der Bedeutung der Strafsache die Funktionsinteressen der Justiz und die Interessen der Verfahrensbeteiligten gegeneinander abzuwägen (LR/*Jäger* § 213 Rn. 11; *Meyer-Goßner/Schmitt* § 213 Rn. 6). Schematische Lösungen, etwa eine Terminierung allein nach dem zeitlichen Eingang der Sache, werden dieser Anforderung nicht gerecht (OLG Karlsruhe Justiz 1986, 28 [29]; LR/*Jäger* § 213 Rn. 10). Für die Gewichtung der einzelnen Belange bei der Abwägung sind neben objektivierbaren Aspekten auch subjektive, von der Erfahrung und Fachkunde des einzelnen Betrachters abhängige und nicht näher verifizierbare Wertungen maßgebend (LG Nürnberg-Fürth StV 2009, 181).
Im Einzelnen sind zu berücksichtigen:

9 **1. Belange des Gerichts.** Zu den Belangen des Gerichts gehören insb. die Gesamtbelastung des Spruchkörpers und seine sonstige Terminplanung (BGH GA 1981, 37 [38]; NStZ-RR 2006, 271 [272]).

10 **2. Gebot der Verfahrensbeschleunigung.** Aus dem Mündlichkeits- und Ermittlungsgrundsatz, der gerichtlichen Fürsorgepflicht und Art. 6 Abs. 1 Satz 1 EMRK folgt, dass über die Anklage in angemessener Frist zu verhandeln ist. Die Hauptverhandlung hat daher baldmöglichst stattzufinden (*Meyer-Goßner/Schmitt* § 213 Rn. 6).

11 a) **Haft- und Unterbringungssachen.** Eine besondere Beschleunigung ist – wie sich aus Art. 5 Abs. 3 Satz 2 EMRK, Art. 2 Abs. 2 Satz 2 GG i.V.m. Art. 20 Abs. 3 GG ergibt – in **Haft- und Unterbringungssachen** geboten (BVerfGE 20, 45 [50]; StV 2011, 41; BGHSt. 38, 43 [45]; NStZ-RR 2007, 81 [82]; zu Unterbringungssachen vgl. OLG Celle NStZ 1991, 248; OLG Koblenz NStZ-RR 2007, 207). Das Gericht hat daher die Hauptverhandlung so bald und so schnell wie möglich durchzuführen (BGH NStZ 2006, 513 [514]), auch wenn der Haftbefehl außer Vollzug gesetzt ist (BVerfGE 53, 152 [159 f.], StV 2008, 421 [423]). Zwar lassen sich für den zulässigen zeitlichen Abstand zwischen Eröffnungsbeschluss und Beginn der Hauptverhandlung **keine starren Grenzen** festlegen, weil es insoweit jeweils auf die gesamten **Umstände des Einzelfalls** ankommt (BVerfG NStZ-RR 2007, 311 [313]; OLG Düsseldorf StV 1982, 531 [532]; KK-StPO/*Gmel* § 213 Rn. 4a). An den zügigen Fortgang des Verfahrens und die Straffheit der Terminierung sind aber umso strengere Anforderungen zu stellen, je länger die Untersuchungshaft schon andauert (BVerfG NJW 2006, 672 [676]; BGHSt 38, 43 [46]; NStZ 2007, 163 [164]). So ist ein Vollzug von Untersuchungshaft von mehr als einem Jahr bis zum Beginn der Hauptverhandlung oder dem Erlass des Urteils nur in ganz besonderen Ausnahmefällen

als gerechtfertigt anzusehen (BVerfG NStZ 2000, 153; NJW 2006, 672 [674]; OLG Düsseldorf StV 1992, 586). Je nach Sachlage kann sogar schon eine Zeitspanne von drei Monaten, bei langer Dauer der Untersuchungshaft sogar ein noch kürzerer Zeitraum zu beanstanden sein (BVerfG NJW 2006, 672 [674] m.w.N.). Daran anknüpfend geht die obergerichtliche Rechtsprechung inzwischen davon aus, dass dem Beschleunigungsgebot – sofern nicht besondere Umstände vorliegen – regelmäßig nur dann Genüge getan, wenn **innerhalb von drei Monaten nach Eröffnung des Hauptverfahrens** mit der Hauptverhandlung begonnen wird (BVerfG NStZ-RR 2007, 311 [313]; OLG Düsseldorf StRR 2008, 403; OLG Naumburg StV 2009, 482; KG StraFo 2010, 26 [27]; OLG Nürnberg StV 2011, 294 [295]; KK-StPO/*Gmel* § 213 Rn. 4a; *Meyer-Goßner/Schmitt* § 213 Rn. 6). Dabei ist zwar vorrangig der förmliche Zeitpunkt des Eröffnungsbeschlusses maßgebend. War jedoch bereits zu einem früheren Zeitpunkt die Eröffnungsreife gegeben, ist darauf abzustellen (OLG Koblenz StV 2003, 519; OLG Nürnberg StV 2009, 367).

Bei absehbar umfangreichen Verfahren fordert der Beschleunigungsgrundsatz darüber hinaus eine vorausschauende, auch größere Zeiträume umfassende Planung der Hauptverhandlung mit **mehr als nur einem durchschnittlichen Hauptverhandlungstag pro Woche** (EGMR NJW 2005, 3125 [3127]; BVerfGK 7, 140 [157]; StV 2008, 198 [199]; NJW 2006, 672 [676]: vier Tage pro Woche; NJW 2006, 668 [670]: auch in den Abendstunden und am Wochenende; BGH NJW 2008, 2451 [2453], OLG Hamburg NJW 2006, 2792; OLG Hamm StV 2006, 319 [320]). Steht einer solchen Planung die bereits erfolgte Terminierung anderer Sachen entgegen, ist diese ggf. aufzuheben und zu verlegen (OLG Karlsruhe Justiz 1986, 28; OLG Hamm StV 2006, 481; KK-StPO/*Gmel* § 213 Rn. 4a). 12

In komplexen **Wirtschaftsstrafsachen**, in denen der Beschleunigungsgrundsatz in einem Spannungsverhältnis zur Effektivität der Hauptverhandlung steht, ist die Terminierungsdichte in besonderer Weise von den Umständen des Einzelfalls abhängig (BGH NStZ 2008, 457 [458]; OLG Stuttgart, Beschl. v. 12.09.2007 – 4 Ws 305/07). 13

b) **Führerscheinsachen.** Das Beschleunigungsgebot ist auch in besonderem Maße bei der Terminierung von Verfahren zu beachten, in denen die Fahrerlaubnis gem. § 111a vorläufig entzogen worden ist (OLG Düsseldorf VRS 87, 36 [37]; OLG Hamm VRS 102, 56 [58]; OLG Karlsruhe VRS 108, 383 [384]; HK/*Julius* § 213 Rn. 4). Bei eintretender Verzögerung wird die Anordnung ggf. aufzuheben sein (OLG Düsseldorf VRS 98, 197). 14

c) **Jugendsachen.** Besondere Beschleunigung ist auch in Jugendsachen geboten, da die Strafverfolgungsbehörden und Gerichte wegen des das Jugendgerichtsgesetz beherrschenden Erziehungsgedankens gehalten sind, alles zu tun, um unnötige Verfahrensverzögerungen auszuschließen (BGH StV 2009, 93 f.). 15

3. Zeitliche Vorgaben. Bei der Terminierung des ersten Hauptverhandlungstermins ist die **Ladungsfrist** von mindestens einer Woche (Angeklagter § 217 Abs. 1, Verteidiger § 218 Satz 2; Nebenkläger § 397 Abs. 1 Satz 2) zu beachten, sofern darauf nicht verzichtet wurde. Sind an der Verhandlung Personen beteiligt, die außerhalb des Sitzungsorts wohnen, ist die nach den Verkehrsverhältnissen notwendige **Anreisezeit** zu berücksichtigen (vgl. Nr. 116 Abs. 3 Satz 3 RiStBV; OLG Bamberg NJW 2006, 2341 [2342]). **Vorhersehbare Verzögerungen** (wie Vorführungen von Angeklagten oder Zeugen oder Urlaubsabwesenheit eines als Zeuge zu vernehmenden polizeilichen Sachbearbeiters) sind einzurechnen. 16

Sofern damit keine übermäßige Belastung des Angeklagten bei der Vorbereitung der Verteidigung verbunden ist, ist es nicht verboten, **zwei Hauptverhandlungen vor verschiedenen Gerichten** gegen denselben Angeklagten parallel zueinander stattfinden zu lassen (BGH NStZ 1984, 274; *Meyer-Goßner/Schmitt* § 213 Rn. 5; a. A. SK-StPO/*Deiters* § 213 Rn. 11). 17

Auch der **drohenden Verjährung** der angeklagten Taten ist bei der Terminsbestimmung Rechnung zu tragen (LR/*Jäger* § 213 Rn. 11). 18

4. Räumliche Gegebenheiten. Für die Terminierung kann auch die Verfügbarkeit eines geeigneten Sitzungssaals eine Rolle spielen (BGH NStZ 2007, 163). Besondere Anforderungen an den Sitzungssaal können sich bei einer Mehrzahl von Angeklagten, einer audiovisuellen Vernehmung nach § 247a oder aus Sicherheitsgründen ergeben. 19

20 **5. Anspruch auf Gewährung rechtlichen Gehörs.** Der Anspruch auf Gewährung rechtlichen Gehörs beeinflusst die Terminierung dahin gehend, dass die Verfahrensbeteiligten – ungeachtet der Ladungsfrist – ausreichende Zeit und Gelegenheit zur Vorbereitung auf die Hauptverhandlung haben müssen (LR/*Jäger* § 213 Rn. 12; Hohmann/Radtke/*Britz* § 213 Rn. 13).

21 **6. Recht des Angeklagten auf Verteidiger seines Vertrauens.** Bei der Terminbestimmung muss das Gericht grds. auch das aus dem Grundsatz des fairen Verfahrens und aus Art. 6 Abs. 3 Buchst. c) EMRK folgende Recht des Angeklagten beachten, sich im Strafverfahren von einem Rechtsanwalt seines Vertrauens verteidigen zu lassen (BGH NJW 1992, 849; NStZ 1998, 311). Es besteht jedoch von vornherein kein Anspruch des Angeklagten, die Hauptverhandlung mit allen von ihm gewählten Verteidigern durchzuführen (OLG Frankfurt am Main NStZ-RR 1997, 177 [178]; *Pfeiffer* § 213 Rn. 4; Radtke/Hohmann/*Britz*, § 213 Rn. 14).

22 **III. Terminsverfügung.** Der Vorsitzende legt den Hauptverhandlungstermin unter Angabe des Spruchkörpers, des Datums des Sitzungstages, der Uhrzeit des Sitzungsbeginns, des Ortes und des Gerichtssaals durch **schriftliche Verfügung** fest. Diese ist Angeklagtem (§ 216), Verteidiger (§ 218), Nebenkläger (§ 397 Abs. 1), Zeugen (§ 48), Sachverständigen (§§ 48, 72) und Dolmetschern **durch Ladung bekannt zu machen**. Die StA und die weiteren Verfahrensbeteiligten erhalten **Mitteilungen bzw. Benachrichtigungen** des Termins. Fortsetzungstermine werden durch Verkündung in der Hauptverhandlung bekannt gemacht.

23 Die Terminsverfügung enthält i.d.R. über die eigentliche Terminsbestimmung hinaus **weitere Anordnungen**. So kann der Vorsitzende verfügen, dass mit der Terminsverfügung auch die Besetzung des Gerichts mitgeteilt (§ 222a) und – soweit noch nicht geschehen – der Eröffnungsbeschluss bekannt gegeben wird (§ 215). Daneben werden Anordnungen getroffen, um die **Durchführung der Hauptverhandlung** zu gewährleisten (insb. Mitteilungen an Schöffengeschäftsstelle, Wachtmeister und Kostenbeamte; Vorführersuchen an Justizvollzugsanstalt; Beiziehung von Akten; Herbeischaffung von Beweismitteln).

24 **IV. Zeitpunkt der Terminsbestimmung.** Weil für die Bestimmung der Termine selbst der Beschleunigungsgrundsatz gilt, muss sie grds. **mit oder in engem zeitlichem Zusammenhang mit der Eröffnung des Hauptverfahrens** erfolgen, im Berufungsrechtszug nach Vorlage der Akten nach § 321 Satz 2 (*Meyer-Goßner/Schmitt* § 213 Rn. 6). Dass das Gericht überlastet ist, berechtigt nicht dazu, von der Terminsbestimmung längere Zeit abzusehen (LR/*Jäger* § 213 Rn. 9).

25 **D. Terminabsprachen.** Um den Belangen der Verfahrensbeteiligten so weit wie möglich Rechnung zu tragen, sollte das Gericht – auch wenn es nach h.M. dazu **nicht verpflichtet** ist (OLG Frankfurt am Main NStZ-RR 1997, 177 [178]; *Meyer-Goßner/Schmitt* § 213 Rn. 6; Graf/*Ritscher* § 213 Rn. 4) – die Hauptverhandlungstermine absprechen. Terminabsprachen sichern nicht nur das Recht des Angeklagten, den Beistand eines Verteidigers seiner Wahl zu erhalten (s. Rn. 21). Sie dienen trotz des hohen organisatorischen Aufwands auch der Effektivität der Hauptverhandlung, weil sichergestellt wird, dass der mit der konkreten Strafsache vertraute Verteidiger auftritt, wichtige Zeugen erscheinen und Gericht, StA und Verteidigung ohne den zeitlichen Druck nachfolgender Tagestermine verhandeln können. In Großverfahren und komplexen Wirtschaftsstrafsachen ist diese Verfahrensweise daher bereits schon seit Längerem gängige Praxis (*Meyer-Goßner/Schmitt* § 213 Rn. 6). Vor diesem Hintergrund tendiert die neuere Rechtsprechung dazu, eine Verpflichtung des Gerichts anzunehmen, sich – auch schon vor Verlegungsanträgen – zumindest um eine terminliche Abstimmung mit der Verteidigung zu bemühen (BGHR StPO § 213 Terminierung 1; NStZ-RR 2010, 312 [313]; OLG Oldenburg StraFO 2008, 26; OLG Nürnberg StV 2005, 491 [492]; *Müller* FS Widmaier, S. 359).

26 Im Hinblick darauf, dass Termine mit Strafverteidigern erfahrungsgemäß weit im Voraus festgelegt werden müssen, ist eine möglichst frühzeitige Terminsabsprache – bei Haftsachen i.d.R. schon im Eröffnungsverfahren – geboten.

27 **E. Terminsverlegung.** Der Vorsitzende kann kraft seiner Befugnis den Termin **von Amts wegen** oder **auf Antrag** verlegen oder aufheben. Wegen des eingeräumten Ermessens haben die Verfahrensbeteiligten **keinen Anspruch auf Terminsverlegung** (*Meyer-Goßner/Schmitt* § 213 Rn. 7; KK-StPO/

Gmel § 213 Rn. 4b), sondern nur auf ermessensfehlerfreie Entscheidung, für die dieselben Grundsätze gelten wie für die Anberaumung der Hauptverhandlungstermins (s. Rdn. 8 ff.; BGH NStZ 1998, 311 [312]; 2006, 513 [514]; OLG München StV 2007, 518; OLG Hamm NJW 2006, 2788 [2791]; LR/*Jäger* § 213 Rn. 15).

Im Hinblick auf das Recht des Angeklagten, sich durch einen Verteidiger seines Vertrauens vertreten zu lassen, wird ein erstmaliger, begründeter und rechtzeitig gestellter Antrag des Verteidigers (wegen Verhinderung oder wegen Unzumutbarkeit einer Wahrnehmung des Termins durch den Angeklagten ohne seinen Verteidiger) grds. zur Verlegung führen (BayObLGSt 2001, 111 [114]; OLG Bamberg NJW 2006, 2341 [2342]; OLG Frankfurt NStZ-RR 2014, 250; LR/*Jäger* § 213 Rn. 10; Hohmann/Radtke/*Britz* § 213 Rn. 14; ausführlich *Neuhaus* StraFO 1998, 84). Soweit nicht dem Beschleunigungsgebot Vorrang einzuräumen ist (BVerfG NStZ-RR 2007, 311 [314]; ausführlich KK-StPO/*Gmel* § 213 Rn. 4b), muss sich das Gericht ernsthaft darum bemühen, angezeigte und substantiiert dargelegte Terminskollisionen des Verteidigers durch Absprachen zu überwinden (BGH NStZ 2009, 650 [651]; OLG Braunschweig StV 2008, 293 [294]; OLG Frankfurt am Main StV 2001, 157; ausführlich HK/*Julius* § 213 Rn. 6). Dies gilt insb. dann, wenn das Gericht zuvor keinen Versuch unternommen hat, die Terminierung abzustimmen (BGH NStZ-RR 2010, 312 [313]). Entschließt sich der Angeklagte relativ kurzfristig vor dem anberaumten, ihm bekannten Verhandlungstermin dazu, einen neuen, bisher mit der Sache nicht vertrauten Verteidiger zu wählen, muss grds. er selbst sicherstellen, dass dieser Verteidiger den Termin auch wahrnehmen kann (OLG Stuttgart Justiz 2006, 8 [9]; OLG Frankfurt NStZ-RR 2014, 250).

Bei der Entscheidung über Verlegungsanträge des **Nebenklägers** oder Nebenklägervertreters ist zu berücksichtigen, dass deren Verfahrensposition – wie § 398 deutlich macht – schwächer ausgestaltet ist als die des Angeklagten und Verteidigers und eine Verlegung wegen Verhinderung daher nur ausnahmsweise in Betracht kommt (OLG Stuttgart Justiz 2004, 127 [128]; LG Nürnberg-Fürth StV 2009, 180 [181]; a. A. OLG Bamberg StraFO 1999, 237 [238]).

F. Rechtsbehelfe. I. Beschwerde. Ob die Terminsverfügung des Vorsitzenden mit der **Beschwerde** angefochten werden kann, ist umstritten (ausführlich zum Streitstand OLG Hamm NStZ 2010, 231). Deren generelle Zulässigkeit wird nur von einer Mm. bejaht (Radtke/Hohmann/*Britz* § 213 Rn. 16 m.w.N.; *Heghmanns/Scheffler*, Handbuch VI Rn. 391). Dagegen spricht, dass es sich bei der Bestimmung des Beginns der Hauptverhandlung und sämtlicher Fortsetzungstermine durch den Vorsitzenden wie auch bei seiner Weigerung, auf entsprechenden Antrag den Termin insgesamt oder auch nur einzelne Fortsetzungstermine aufzuheben oder zu verlegen, um Entscheidungen handelt, die der Urteilsfällung vorausgehen und daher gem. § 305 Satz 1 nicht der Beschwerde unterliegen. Während eine früher in der Rechtsprechung vertretene Auffassung deshalb von genereller Unanfechtbarkeit ausging (OLG Stuttgart NJW 1976, 1647 [1648], OLG Düsseldorf JZ 1986, 864, VRS 90, 127 [128]; OLG Hamm StV 1990, 56; OLG Celle NStZ 1984, 282), sieht die zutreffende heutige herrschende Meinung die Beschwerde mit der sich aus § 305 Satz 1 ergebenden Beschränkung in Ausnahmefällen als zulässig an, wenn die in **rechtsfehlerhafter Ermessensausübung** getroffene Terminsverfügung eine **besondere, selbstständige Beschwer** für die Verfahrensbeteiligten bewirkt, insb. das Recht des Angeklagten beeinträchtigt wird, sich des Beistands eines Verteidigers seines Vertrauens zu bedienen (OLG München NStZ 1994, 451; StV 2007, 518; OLG Frankfurt am Main StV 1995, 9; NStZ-RR 2014, 250; OLG Hamburg StV 1995, 11; OLG Dresden NJW 2004, 3196 [3197]; OLG Nürnberg StV 2005, 491 [492]; KG StV 2009, 577; OLG Celle StV 2012, 720 [721]; OLG Stuttgart Justiz 2006, 8: nur bei evidenten und gewichtigen Rechtsfehlern; *Meyer-Goßner/Schmitt* § 213 Rn. 8 m.w.N.; HK/*Julius* § 213 Rn. 6). Das Beschwerdegericht darf danach weder die Zweckmäßigkeit der Terminierung prüfen noch den Termin anstelle des Vorsitzenden selbst bestimmen, sondern nur die Rechtsfehlerhaftigkeit der Terminsverfügung feststellen und ggf. – wenn keine andere Entscheidung in Betracht kommt – den Hauptverhandlungstermin aufheben (OLG Bamberg StraFo 1999, 237 [238]; OLG Frankfurt am Main StV 2001, 157 [158]; KK-StPO/*Gmel* § 213 Rn. 6 m.w.N.).

Unterlässt der Vorsitzende eine Terminierung, kann wegen ermessensfehlerhafter Missachtung des Beschleunigungsgebots Untätigkeitsbeschwerde erhoben werden (OLG Braunschweig NStZ-RR 1996, 172; LR/*Jäger* § 213 Rn. 18). Sie kann auch auf Mitteilung der ungefähren Terminierung gerichtet sein (LG Hamburg StV 1996, 659; HK/*Julius* § 213 Rn. 11).

§ 214 StPO   Ladungen durch den Vorsitzenden; Herbeischaffung der Beweismittel

32 **II. Revision.** Die Revision kann nicht alleine darauf gestützt werden, dass der Vorsitzende außerhalb der Hauptverhandlung einen Antrag auf Terminsverlegung abgelehnt (LR/*Jäger* § 213 Rn. 19; *Meyer-Goßner/Schmitt* § 213 Rn. 9) oder keine Terminsabsprache getroffen hat (Radtke/Hohmann/*Britz* § 213 Rn. 17). Jedoch kann der Angeklagte sein Anliegen in der Hauptverhandlung mit einem Aussetzungsantrag nach §§ 228 Abs. 1, 265 Abs. 4 geltend machen und eine dann ergehende ablehnende Entscheidung i.R.d. Revision (§ 338 Nr. 8) angreifen (BVerfG NStZ 1994, 330 [M]; BGH NStZ-RR 2006, 272; OLG Braunschweig StV 2008, 293; KK-StPO/*Gmel* § 213 Rn. 9; SK-StPO/*Deiters* § 213 Rn. 20).

33 Wird ein Verlegungsantrag des Verteidigers ermessensfehlerhaft abgelehnt und bleibt der Angeklagte wegen der Verhinderung des Verteidigers in der Hauptverhandlung unverteidigt, kann – auch bei nicht notwendiger Verteidigung – das Recht auf wirksame Verteidigung aus Art. 6 Abs. 3 Buchst. c) EMRK verletzt sein (OLG Frankfurt am Main StV 1998, 13; OLG Braunschweig StV 2004, 366; SK-StPO/*Deiters* § 213 Rn. 20).

34 Lehnt der Vorsitzende die rechtzeitig vorgetragene Bitte, den Termin zu verlegen, so spät ab, dass weder Angeklagter noch Verteidiger an der Hauptverhandlung teilnehmen können, kann dies als Verletzung des Anwesenheitsrechts (§ 338 Nr. 5) gerügt werden (OLG Hamm JR 1971, 471 [472]; LR/*Jäger* § 213 Rn. 20; *Meyer-Goßner/Schmitt* § 213 Rn. 9).

35 **III. Andere Rechtsbehelfe.** Gegen die Terminsverfügung des Vorsitzenden ist jederzeit **Gegenvorstellung** möglich (LR/*Jäger* § 213 Rn. 18). Die **Dienstaufsichtsbeschwerde** ist nur i.R.d. § 26 Abs. 2 DRiG zulässig (BGH DRiZ 1969, 124 [125]; KG NJW 1995, 2115; KK-StPO/*Gmel* § 213 Rn. 8). Der **Antrag nach §§ 23 ff. EGGVG** ist nicht statthaft (OLG Brandenburg OLG-NL 1996, 71). Ein Antrag auf Ablehnung des Vorsitzenden wegen **Besorgnis der Befangenheit** kann Aussicht auf Erfolg haben, bspw. wenn ein Verlegungsantrag ermessensfehlerhaft abgelehnt und mitgeteilt wird, dass künftige Verlegungsanträge unabhängig von ihrer Rechtfertigung nicht mehr berücksichtigt werden (OLG Bamberg NJW 2006, 2341 [2342]) oder objektiv unzutreffende Mitteilungen zur Terminslage der Kammer gemacht werden (OLG Karlsruhe StV 2005, 539 [540]).

§ 214 StPO Ladungen durch den Vorsitzenden; Herbeischaffung der Beweismittel.

(1) ¹Die zur Hauptverhandlung erforderlichen Ladungen ordnet der Vorsitzende an. ²Zugleich veranlasst er die nach § 397 Absatz 2 Satz 3 und § 406g Absatz 1 Satz 4, Absatz 2 Satz 2 erforderlichen Benachrichtigungen vom Termin; § 406d Absatz 3 gilt entsprechend. ³Die Geschäftsstelle sorgt dafür, dass die Ladungen bewirkt und die Mitteilungen versandt werden. (2) Ist anzunehmen, daß sich die Hauptverhandlung auf längere Zeit erstreckt, so soll der Vorsitzende die Ladung sämtlicher oder einzelner Zeugen und Sachverständigen zu einem späteren Zeitpunkt als dem Beginn der Hauptverhandlung anordnen.
(3) Der Staatsanwaltschaft steht das Recht der unmittelbaren Ladung weiterer Personen zu.
(4) ¹Die Staatsanwaltschaft bewirkt die Herbeischaffung der als Beweismittel dienenden Gegenstände. ²Diese kann auch vom Gericht bewirkt werden.

Übersicht	Rdn.		Rdn.
A. Inhalt der Regelung	1	E. Ladungsplan (Abs. 2)	16
B. Ladungen und Mitteilungen (Abs. 1) . . .	2	F. Unmittelbare Ladung durch die StA (Abs. 3)	20
I. Ladungen	2		
II. Mitteilungen	6	G. Herbeischaffung der Beweismittel (Abs. 4)	25
C. Anordnungsbefugnis des Vorsitzenden . .	10		
D. Ausführung der Ladungen und Mitteilungen	12	H. Rechtsbehelfe	26
		I. Reformabsicht	28

1 **A. Inhalt der Regelung.** Die Vorschrift regelt die Zuständigkeit des Vorsitzenden für Ladungen und Mitteilungen (Abs. 1). Im Interesse einer effektiven Verhandlung und zur Vermeidung von Wartezeiten für Zeugen und Sachverständige empfiehlt Abs. 2 bei länger dauernder Hauptverhandlung einen Ladungsplan. Abs. 3 normiert die Befugnis der StA, unabhängig vom Gericht weitere Beweispersonen

zur Hauptverhandlung zu laden, deren Aussagen aus ihrer Sicht von Bedeutung sind. Nach Abs. 4 sorgen StA und Gericht dafür, dass die für die Hauptverhandlung benötigten beweisrelevanten Gegenstände zum Termin herbeigeschafft werden.

B. Ladungen und Mitteilungen (Abs. 1) I. Ladungen. Ladung ist die Aufforderung an eine bestimmte Person, an einem bestimmten Tag zu einer bestimmten Zeit an einem bestimmten Ort in einer bestimmten Funktion zur Verhandlung einer bestimmten Strafsache zu erscheinen (LR/*Jäger* § 214 Rn. 1). Daraus folgt, dass die Ladung das Gericht, den Sitzungssaal, den Verhandlungstermin, die zu verhandelnde Strafsache (dazu OLG Hamburg NStZ-RR 1998, 183) und die vorgesehene Eigenschaft der geladenen Person nennen muss (*Meyer-Goßner/Schmitt* § 214 Rn. 2).
Die nach Abs. 1 zur Hauptverhandlung zu ladenden Beteiligten sind Angeklagter (§ 216), Verteidiger (§ 218) bzw. Beistand nach § 69 JGG, Zeuge (§ 48), Sachverständiger (§§ 72, 48), Privatkläger (§ 385 Abs. 1 Satz 1 und 2), Nebenkläger (§ 397 Abs. 1 Satz 2 i.V.m. § 385 Abs. 1 Satz 1, Abs. 2) und Nebenbeteiligte (§§ 442 Abs. 1, Abs. 2 Satz 1, 444 Abs. 1 Satz 1). Im Verfahren gegen Jugendliche sind gem. § 50 Abs. 2 JGG auch deren Erziehungsberechtigte und gesetzliche Vertreter unter Hinweis der Folgen ihres Ausbleibens zu laden.

Sollen **Kinder** als Zeugen vernommen werden, werden sie über ihre gesetzlichen Vertreter geladen. Jugendliche Zeugen werden dagegen persönlich geladen (OLG Frankfurt am Main NStZ-RR 2005, 268). Soweit die Voraussetzungen für die Hinzuziehung eines Dolmetschers nach § 185 Abs. 1 GVG vorliegen, hat an diesen ebenfalls eine Ladung zu ergehen (KK/*Gmel* § 214 Rn. 1).

Zu den Sonderfällen der Ladung von Soldaten, Seeleuten, Diplomaten und im Ausland lebenden Zeugen s. § 48 Rdn. 11–14.

Ist der **Angeklagte oder ein Zeuge nicht auf freiem Fuß**, ordnet der Vorsitzende neben der Ladung die Vorführung an (s. § 48 Rdn. 6 bzw. § 216 Rdn. 17). Für **Strafgefangene** gilt § 36 Abs. 2 Satz 2 StVollzG (Baden-Württemberg: § 10 Abs. 5 JVollzGB III; Bayern: Art. 38 Abs. 3 BayStVollzG; Hamburg: § 14 Abs. 3 HmbStVollzG; Hessen: § 15 Abs. 3 HStVollzG; Niedersachsen: § 14 Abs. 3 NJVollzG; entsprechende Regelungen enthalten auch die Jugendstrafvollzugsgesetze der Länder). Für **Untersuchungsgefangene** gelten die Untersuchungshaftvollzugsgesetze der Länder (Baden-Württemberg: § 6 Abs. 1 JVollzGB II; Berlin, Brandenburg, Bremen, Hamburg, Mecklenburg-Vorpommern, Rheinland-Pfalz, Saarland, Sachsen, Thüringen: jeweils § 9 Abs. 1 UVollzG, Hessen: § 8 Abs. 1 UVollzG, Niedersachsen: § 14 Abs. 3 NJVollzG, Sachsen-Anhalt: § 9 Abs. 2 UVollzG) bzw. findet § 36 Abs. 2 Satz 2 StVollzG entsprechende Anwendung.

II. Mitteilungen. Von der Ladung sind die **Mitteilungen** des Termins abzugrenzen. Im Gegensatz zur Ladung enthalten sie keine Aufforderung, zum Termin zu erscheinen (SK/*Deiters* § 214 Rn. 3). Als formlose Information über den Hauptverhandlungstermin sind sie an die StA, die sonst am Verfahren zu beteiligenden Behörden und weitere im Gesetz genannte Verfahrensbeteiligte zu richten.

Aus praktischen Gründen werden gemeinsam mit der Terminsmitteilung der StA die vom Gericht geladenen Zeugen und Sachverständigen namhaft gemacht (§ 222 Abs. 1). In Verfahren vor dem LG oder dem OLG wird außerdem die Gerichtsbesetzung mitgeteilt (§ 222a Abs. 1).

Behörden, die Terminsnachrichten erhalten, sind die Finanzbehörde im Steuerstrafverfahren (§ 407 Abs. 1 AO), die Verwaltungsbehörde in Wirtschafts-, Außenwirtschafts- und Marktordnungssachen (§ 13 Abs. 2 WiStrG 1954; § 38 Abs. 2 AWG, § 38 Abs. 2 MOG) und die Jugendgerichtshilfe im Verfahren gegen Jugendliche und Heranwachsende gem. §§ 50 Abs. 3, 109 Abs. 1 Satz 3 JGG (vgl. Nr. 117 Abs. 2 Satz 2 RiStBV). Im Bußgeldverfahren, in dem § 213 über § 71 OWiG entsprechende Anwendung findet, erhält die Verwaltungsbehörde eine Mitteilung des Termins (§ 76 OWiG). Eine gesetzliche Verpflichtung, der **Bewährungshilfe** den Hauptverhandlungstermin mitzuteilen, besteht nicht. Die Benachrichtigung kann jedoch im Einzelfall sinnvoll sein. Einen bereits aufgrund Weisung nach § 56d StGB der Aufsicht und Leitung der Bewährungshilfe unterstellten unzuverlässigen Probanden kann ggf. der Bewährungshelfer zum Erscheinen in der Hauptverhandlung motivieren. Auch die Anhörung des Bewährungshelfers in der Hauptverhandlung in Form informatorischer Befragung oder Vernehmung als Zeuge kann dem Gericht wichtige Informationen zur Person des Angeklagten liefern (vgl. dazu näher *Schellenberg* Hauptverhandlung, S. 22 f.).

§ 214 StPO Ladungen durch den Vorsitzenden; Herbeischaffung der Beweismittel

9   **Weitere Verfahrensbeteiligte:** Ist der Ehegatte bzw. Lebenspartner des Angeklagten oder sein gesetzlicher Vertreter als Beistand zugelassen, ist auch diesem Zeit und Ort der Hauptverhandlung mitzuteilen (§ 149 Abs. 1 Satz 2, Abs. 2). Abs. 1 Satz 2 normiert darüber hinaus Mitteilungspflichten an den RA des Nebenklägers (§ 397 Abs. 2 Satz 3), den Nebenklagebefugten, sofern er eine Benachrichtigung beantragt hat (§ 406g Abs. 1 Satz 4), sowie den als Beistand bestellten RA (§ 406g Abs. 2 Satz 2). Mit dem Verweis auf § 406d Abs. 3 wird klargestellt, dass die Benachrichtigung unterbleibt, sofern sie nicht unter einer Anschrift möglich ist, die der zu Benachrichtigende angegeben hat. Das Gericht ist somit nicht verpflichtet, Nachforschungen nach der aktuellen Anschrift anzustellen. Die Mitteilung kann aber statt an den Verletzten auch an einen als Verteidiger bestellten oder als Beistand gewählten oder beigeordneten RA ergehen (Abs. 1 Satz 4 i.V.m. §§ 406d Abs. 3 Satz 2, 145a).

10 **C. Anordnungsbefugnis des Vorsitzenden.** Für die Anordnung der Ladung und der Mitteilungen ist der **Vorsitzende** zuständig (Abs. 1 Satz 1), bei Verhinderung sein Vertreter (§ 21f Abs. 2 GVG). Bei der Auswahl der zu ladenden Zeugen und Sachverständigen ist er nicht an Anträge der StA, des Angeklagten oder Verteidigers gebunden (KK/*Gmel* § 214 Rn. 5; *Meyer-Goßner/Schmitt* § 214 Rn. 7).

11 Zwar schreibt das Gesetz für die Anordnung keine bestimmte Form vor. Im Hinblick darauf, dass Zwangsmittel oder Säumnisfolgen beim Ausbleiben von Verfahrensbeteiligten (§§ 51, 77, 230 Abs. 2; 329 Abs. 1, 412) u.a. den Nachweis ordnungsgemäßer Ladungsanordnung voraussetzen (s. § 51 Rdn. 2), ist diese aber **schriftlich** zu treffen oder, wenn sie ausnahmsweise mündlich ergeht, durch Vermerk aktenkundig zu machen.

12 **D. Ausführung der Ladungen und Mitteilungen.** Soweit der Vorsitzende nicht bereits mündlich geladen oder Mitteilungen gemacht hat, ist die Bewirkung der Ladungen und die Versendung der Mitteilungen gem. Abs. 1 Satz 3 Aufgabe der **Geschäftsstelle des Gerichts** (§ 153 GVG). Bei Ladungen muss sie beachten, dass (i.d.R. formularmäßig) bestimmte Hinweise zu machen sind (beim Angeklagten gem. § 216 Abs. 1, ggf. auch § 232 Abs. 1, beim Zeugen gem. §§ 48, 51, beim Sachverständigen gem. §§ 72, 48 und § 77). Bei den an Nebenbeteiligte vorgeschriebenen Mitteilungen bestehen gem. §§ 435 Abs. 2, 442 Abs. 1 und 2, 444 Abs. 2 Satz 2 besondere Hinweispflichten. Darüber hinaus muss dafür Sorge getragen werden, dass bestehende Ladungsfristen (§§ 217, 218 Satz 2) eingehalten werden und – soweit noch nicht geschehen – der Eröffnungsbeschluss zugestellt wird (§ 215).

13 Die Ladung bedarf – soweit gesetzlich nichts anderes vorgeschrieben ist (Bsp. § 216) – **keiner bestimmten Form**, sodass formlose Mitteilung (§ 35 Abs. 2 Satz 2) genügt. Insb. Zeugen und Sachverständige können daher auch mündlich geladen werden (BGH NStZ 1990, 226). Für den Nachweis des Ladungszugangs, ohne den keine Zwangsmittel verhängt werden dürfen, wird dem auf freien Fuß befindlichen Angeklagten, dem Verteidiger und den Zeugen und Sachverständigen die Ladung i.d.R. förmlich zugestellt (*Meyer-Goßner/Schmitt* § 214 Rn. 9).

14 Da die Gerichtssprache deutsch ist (§ 184 GVG), ist die Ladung grds. **in deutscher Sprache** abzufassen (BGH NJW 1984, 2050). Einem Ausländer, der über keine ausreichenden Deutschkenntnisse verfügt, ist entsprechend der Empfehlung in Nr. 181 Abs. 2 RiStBV eine Übersetzung der Ladung in einer ihm verständlichen Sprache beizufügen. Die Wirksamkeit der Ladung wird aber durch das Fehlen einer Übersetzung nicht beeinträchtigt (OLG Hamm JMBl NRW 1981, 166; 1984, 78; KK/*Gmel* § 214 Rn. 6). Allerdings ist das Ausbleiben des Geladenen dann i.d.R. entschuldigt (OLG Bremen NStZ 2005, 527).

15 Ist der Angeklagte oder ein Zeuge vorzuführen, leitet die Geschäftsstelle den Vorführbefehl den insoweit zuständigen Stellen, insb. dem Leiter der Justizvollzugsanstalt, zu (KMR/*Eschelbach* § 214 Rn. 25).

16 **E. Ladungsplan (Abs. 2)** Nicht nur bei der Vernehmung verlangt der Umgang mit Zeugen und Sachverständigen vom Gericht besonderes Fingerspitzengefühl. Die im Interesse der Wahrheitsfindung gebotene wertschätzende Behandlung beginnt bereits bei der Ladung. Die teilweise noch heute übliche Praxis, alle Zeugen zur selben Zeit zu laden und dadurch in Kauf zu nehmen, dass diese mehrere Stunden auf ihre Vernehmung (oder Entlassung) warten müssen, sorgt bei den Betroffenen zu Recht für Verärgerung. Die Frustration kann sogar so weit reichen, dass Zeugen mit entsprechenden Erfahrungen künftig jeden Vorwand nutzen werden, um nicht nochmals vor Gericht erscheinen zu müssen.

17 Um den Beweispersonen jeden vermeidbaren Zeitverlust zu ersparen, sollten Zeugen und Sachverständige v.a. bei voraussichtlich ganz- oder mehrtägigen Hauptverhandlungen erst für den Zeitpunkt geladen werden, in dem sie voraussichtlich benötigt werden (vgl. auch § 116 Abs. 4 Satz 1 RiStBV) und zu dem sie nach den Verkehrsverhältnissen auch ohne Schwierigkeiten vor Ort sein können (*Heghmanns* Rn. 397). Die **gestaffelten Ladungen** ergeben sich aus einem vom Vorsitzenden zu entwerfenden Ladungsplan. Dessen Erstellung zwingt ihn nicht nur, sich über eine sinnvolle Reihenfolge der beabsichtigten Beweiserhebungen klar zu werden (*Meyer-Goßner/Schmitt* § 214 Rn. 12) und den ungefähren Zeitbedarf für die Beweisaufnahme abzuschätzen. Er erleichtert dem Gericht auch die Terminierung der übrigen Hauptverhandlungen und verhindert so »Leerlauf« an den Sitzungstagen. Durch zeitlich versetzte Ladung wird darüber hinaus Absprachen zwischen den Zeugen vorgebeugt. Geringere Wartezeiten führen außerdem dazu, dass Kosten für die Entschädigung der Zeugen reduziert werden (HK/*Julius* § 214 Rn. 7).

18 Neben der zeitlich gestaffelten Ladung ist es ebenso möglich, bestimmte Zeugen und Sachverständige **»auf Abruf«** zu laden. In diesem Fall erhält die Beweisperson die Auflage, sich zu einem bestimmten Zeitpunkt oder während eines bestimmten Zeitraums bereitzuhalten und auf kurzfristige, üblicherweise telefonische Aufforderung des Gerichts zur Vernehmung zu erscheinen (vgl. § 116 Abs. 4 Satz 2 RiStBV). Dieses Vorgehen bietet sich v.a. bei Zeugen und Sachverständigen an, deren Wohnung oder Arbeitsplatz sich in der Nähe des Gerichts befindet.

19 Mit dem Ladungsplan und der Mitteilung der geladenen Zeugen und Sachverständigen gem. § 222 Abs. 1 schafft der Vorsitzende einen Vertrauenstatbestand. Die Abweichung vom Ladungsplan kann eine nach § 265 Abs. 4 relevante Veränderung der Sachlage darstellen, die eine Aussetzung zur genügenden Vorbereitung der Verteidigung erforderlich macht (HK/*Julius* § 214 Rn. 7; *Odenthal* NStZ 1988, 540).

F. Unmittelbare Ladung durch die StA (Abs. 3)

20 Nach Abs. 3 hat die StA das Recht, über die vom Gericht geladenen Zeugen und Sachverständigen hinaus weitere Beweispersonen zur Hauptverhandlung zu laden. Gem. § 161a hat sie außerdem die Befugnis, die auch im Hauptverfahren gilt (s. § 161a Rdn. 3), bei unberechtigtem Ausbleiben oder unberechtigter Weigerung zwangsweise vorführen zu lassen. Die unmittelbare Ladung kommt insb. dann in Betracht, wenn sich aus der gerichtlichen Ladungsmitteilung (§ 222 Abs. 1) ergibt, dass der Vorsitzende nicht alle in der Anklageschrift angegebenen Beweispersonen geladen hat oder wenn die StA die Ladung weiterer, z.Zt. der Anklageerhebung noch nicht bekannter Beweispersonen für notwendig erachtet (*Meyer-Goßner/Schmitt* § 214 Rn. 13).

21 Inhaltlich sollte die Ladung auf die gesetzlichen Ordnungsmittel bei Ausbleiben (§ 51) und die Entschädigungsansprüche nach JVEG hinweisen. Ausgeführt werden die Ladungen von der Geschäftsstelle der StA, nicht von der des Gerichts. § 38 findet keine Anwendung, einer Beauftragung des Gerichtsvollziehers bedarf es somit nicht.

22 In Haft befindliche Zeugen kann die StA vorführen lassen (analog § 36 Abs. 2 Satz 2 StVollzG bzw. nach den landesrechtlichen Regelungen (s. Rdn. 5). Für die Ausführung ist ebenfalls die Geschäftsstelle zuständig (*Meyer-Goßner/Schmitt* § 214 Rn. 13).

23 Macht die StA von ihrem Recht zur unmittelbaren Ladung Gebrauch, muss sie gem. § 222 Abs. 1 Satz 2 ggü. dem Gericht und dem Angeklagten die Zeugen und Sachverständigen unter Angabe des Wohn- oder Aufenthaltsorts namhaft machen (vgl. § 222 Rn. 5).

24 Um die Erstreckung der Beweisaufnahme auf die von ihr geladenen Beweispersonen zu erreichen, hat die StA gem. § 245 Abs. 2 einen Beweisantrag zu stellen.

G. Herbeischaffung der Beweismittel (Abs. 4)

25 Um Urkunden und Augenscheinsobjekte in die Hauptverhandlung einführen zu können, müssen diese dem Gericht rechtzeitig vor dem Termin zur Verfügung stehen. Die als Beweismittel dienenden Gegenstände, die als Bestandteil der Akten mit der Anklageschrift vorgelegt wurden (§ 199 Abs. 2 Satz 2) oder bei Gericht asserviert sind, schafft das Gericht selbst herbei (Abs. 4 Satz 2). Befinden sich darüber hinaus weitere beweisrelevante Gegenstände im Gewahrsam der StA, einer anderen Behörde (insb. der Polizei) oder im Besitz von Dritten, müssen sie noch beigebracht werden. Die Anordnung dazu trifft gem. § 221 der Vorsitzende des Gerichts, die Ausführung obliegt gem. Abs. 4 Satz 1 der StA. Zu den Einzelheiten s. § 221 Rdn. 1.

§ 215 StPO Zustellung des Eröffnungsbeschlusses

26 H. Rechtsbehelfe. Gegen die Anordnung einer Ladung ist die **Beschwerde** gem. § 305 Satz 1 nicht statthaft, da es sich um eine Entscheidung handelt, die der Urteilsfällung vorausgeht (OLG Hamm MDR 1978, 690; OLG Köln NJW 1991, 2480 [2481]; *Meyer-Goßner/Schmitt* § 214 Rn. 15; KK/*Gmel* § 214 Rn. 13). Dies gilt auch für Zeugen und Sachverständige, selbst wenn ein Zeugnis- oder Aussageverweigerungsrecht besteht (OLG Hamm MDR 1978, 690; SK/*Deiters* § 214 Rn. 24). Nicht anfechtbar ist auch die Entscheidung, in welcher Reihenfolge Beweispersonen geladen werden (zweifelnd Radtke/Hohmann/*Britz* § 214 Rn. 16). Bei der Ablehnung eines Antrags auf Ladung fehlt es an der Beschwer, da die Möglichkeit der Selbstladung besteht (§§ 214 Abs. 3, 220 Abs. 1) und in der Hauptverhandlung gem. § 244 Beweisanträge gestellt werden können (KG, Beschl. v. 22.09.1997 – 4 Ws 212/97; SK/*Deiters* § 214 Rn. 24; LR/*Jäger* § 214 Rn. 26).

27 Auf eine fehlerhafte oder unterlassene Ladung oder Mitteilung alleine kann die **Revision** nicht gestützt werden (KMR/*Eschelbach* § 214 Rn. 60; LR/*Jäger* § 214 Rn. 28). Hinzukommen muss eine Verletzung zwingenden Verfahrensrechts, z.B. dadurch, dass Jugendgerichtshilfe (BGH MDR 1977, 1029 f.), Beistand i.S.d. § 149 (BGHSt. 44, 82 [84]; 47, 62 [64]) oder Nebenkläger (KMR/*Eschelbach* § 214 Rn. 61; Graf/*Ritscher* § 214 Rn. 12) nicht vom Termin unterrichtet wurden.

28 I. Reformabsicht. Nach dem Entwurf des 3. Opferrechtsreformgesetzes (BT-Drucks. 18/4621) soll künftig durch § 406d Abs. 1 S. 1 Nr. 2 ein Recht für alle Verletzten (und nicht mehr nur für nebenklagebefugte Verletzte) vorgesehen werden, auf Antrag Mitteilung von Ort und Zeitpunkt der Hauptverhandlung zu erhalten. Der Entwurf sieht vor diesem Hintergrund in § 214 Abs. 1 S. 2 eine Veranlassung der dafür erforderlichen Benachrichtigung vor.

§ 215 StPO Zustellung des Eröffnungsbeschlusses.

¹Der Beschluß über die Eröffnung des Hauptverfahrens ist dem Angeklagten spätestens mit der Ladung zuzustellen. ²Entsprechendes gilt in den Fällen des § 207 Abs. 3 für die nachgereichte Anklageschrift.

1 A. Inhalt der Regelung. Anknüpfend an die Regelungen zur Entscheidung über die Eröffnung des Hauptverfahrens (§§ 199 bis 211) bestimmt die Vorschrift die Ladungszustellung als den **spätest möglichen Zeitpunkt** für die Zustellung des Eröffnungsbeschlusses (Satz 1) bzw. die nachgereichte Anklageschrift (Satz 2). Dass der Eröffnungsbeschluss dem Angeklagten förmlich zuzustellen ist, ergibt sich aus § 35 Abs. 2 Satz 1. Die Art und Weise der Zustellung richtet sich nach § 37 und (bei Bestehen einer Zustellungsvollmacht für den Verteidiger) nach § 145a Abs. 1 und 3.

2 § 215 betrifft nur die Zustellung an den **Angeklagten**. Ggü. den anderen Verfahrensbeteiligten wird der Eröffnungsbeschluss formlos bekannt gemacht (StA gem. § 35 Abs. 2, Privatkläger gem. § 385 Abs. 1 Satz 2, Nebenkläger gem. § 397 Abs. 1 Satz 5, Erziehungsberechtigter und gesetzlicher Vertreter des Jugendlichen gem. § 67 Abs. 2 JGG).

3 B. Anordnung und Bewirkung der Zustellung. Dass der Eröffnungsbeschluss zugestellt werden soll, muss der Vorsitzende ausdrücklich anordnen (§ 36 Abs. 1 Satz 1). Die Anordnung der Ladung reicht nicht aus (LR/*Jäger* § 215 Rn. 2; KK/*Gmel* § 215 Rn. 1). Bewirkt wird die Zustellung gem. § 36 Abs. 1 Satz 2 von der Geschäftsstelle.

4 C. Zeitpunkt der Zustellung. Die Vorschrift regelt die zeitliche Grenze für die Zustellung des Eröffnungsbeschlusses. Da zwischen der Zustellung der Ladung und dem Tag der Hauptverhandlung eine Frist von mindestens einer Woche liegen muss (§ 217 Abs. 1), ist eine **frühere Zustellung geboten**, wenn der Eröffnungsbeschluss Informationen oder rechtliche Erwägungen enthält, die über den Inhalt des Anklagesatzes hinausgehen (bspw. im Fall des § 207 Abs. 2 Nr. 3) (KMR/*Eschelbach* § 215 Rn. 3 f.; Radtke/Hohmann/*Britz* § 215 Rn. 1) oder wenn die Terminsbestimmung nicht alsbald möglich ist (LR/*Jäger* § 215 Rn. 3; SK/*Deiters* § 215 Rn. 3). In der (amtsgerichtlichen) Praxis werden Eröffnungsbeschluss und Ladung (§ 214) – wie in den dort benutzten Formularen vorgesehen – i.d.R. gemeinsam zugestellt.

D. Mängel der Zustellung. Die Zustellung ist **keine Wirksamkeitsvoraussetzung für den Eröffnungsbeschluss**. Unterbleibt sie oder erfolgt sie verspätet, führt dies – anders bei schweren Mängeln des Eröffnungsbeschlusses – nicht zu einem Verfahrenshindernis (BGHSt. 33, 183 [186]; KK/*Gmel* § 215 Rn. 2; SK/*Deiters* § 215 Rn. 9). Der Zustellungsmangel kann durch Bekanntmachung in der Hauptverhandlung geheilt werden (OLG Karlsruhe MDR 1970, 438; LR/*Jäger* § 215 Rn. 7; a. A. SK/ *Deiters* § 215 Rn. 9). 5

Der Angeklagte kann auch auf die Zustellung **verzichten**. Ein stillschweigender Verzicht kann bspw. darin liegen, dass die mangelnde Zustellung nicht gerügt und kein Aussetzungsantrag stellt wird (KK/ *Gmel* § 215 Rn. 2; *Meyer-Goßner/Schmitt* § 215 Rn. 6; a. A. SK/*Deiters* § 215 Rn. 9; KMR/*Eschelbach* § 215 Rn. 8: nur ausdrücklicher Verzicht möglich). Ein unverteidigter Angeklagte ist über das Recht zur Aussetzung nach § 217 Abs. 2 zu belehren (LR/*Jäger* § 215 Rn. 7; *Pfeiffer* § 215 Rn. 2). 6

E. Nachgereichte Anklageschrift (Satz 2) Hat das Gericht die Anklage nur mit Änderungen i.S.d. § 207 Abs. 2 Nr. 1 und 2 zugelassen, muss die StA gem. § 207 Abs. 3 eine neue, dem Eröffnungsbeschluss entsprechende Anklageschrift einreichen. Funktion der nachgereichten Anklageschrift ist es, dem Angeklagten zu verdeutlichen, was Gegenstand der Hauptverhandlung sein wird. Da sie nur deklaratorische Bedeutung hat, muss sie nicht – wie die ursprüngliche Anklageschrift – gem. § 201 mit der Aufforderung, Einwendungen und Anträge anzubringen, mitgeteilt werden. Vielmehr wird sie gem. Satz 2 **nach denselben Grundsätzen wie der Eröffnungsbeschluss** zugestellt. Ist die Zustellung des Eröffnungsbeschlusses zum Zeitpunkt des Eingangs der nachgereichten Anklageschrift bei Gericht noch nicht verfügt worden, können beide Zustellungen **miteinander verbunden** werden (SK/*Deiters* § 215 Rn. 7; *Meyer-Goßner/Schmitt* § 215 Rn. 7). 7

Weicht die nachgereichte Anklageschrift vom Eröffnungsbeschluss ab, muss der Vorsitzende nach allgemeiner Ansicht zunächst bei der StA auf entsprechende Änderung hinwirken (SK/*Deiters* § 215 Rn. 8; KMR/*Eschelbach* § 215 Rn. 11). Wie zu verfahren ist, wenn diese Änderung rechtswidrig abgelehnt wird, ist umstritten. Teilweise wird im Interesse der Verfahrensbeschleunigung vertreten, dass der Vorsitzende die Zustellung verfügt und in der Hauptverhandlung nach der Verlesung des Anklagesatzes auf die Divergenz zum Eröffnungsbeschluss hinweist (KK/*Gmel* § 215 Rn. 3; *Graf/Ritscher* § 215 Rn. 7; KMR/*Eschelbach* § 215 Rn. 11). Diese Lösung verschiebt aber die für den Angeklagten zentrale Frage, welchem Anklagevorwurf er sich in der Hauptverhandlung zu stellen hat, entgegen der gesetzlichen Intention in die Hauptverhandlung. Daher ist der Ansicht zu folgen, dass das Gericht die Zustellung durch Beschluss ablehnt, den die StA analog § 210 Abs. 2 mit **sofortiger Beschwerde** anfechten kann (LR/*Jäger* § 215 Rn. 5; SK/*Deiters* § 215 Rn. 8; HK/*Julius* § 215 Rn. 4). 8

F. Revision. Die Revision kann nicht darauf gestützt werden, dass der Eröffnungsbeschluss oder die nachgereichte Anklageschrift nicht oder verspätet zugestellt wurden (BGH, Urt. v. 23.02.1955 – 1 StR 606/54, LM § 215 Nr. 1; *Meyer-Goßner/Schmitt* § 215 Rn. 8). Allerdings kann mit der Revision nach § 338 Nr. 8 gerügt werden, dass ein deswegen in der Hauptverhandlung gestellter **Aussetzungsantrag zu Unrecht abgelehnt** wurde (LR/*Jäger* § 215 Rn. 9; KMR/*Eschelbach* § 215 Rn. 14). Zu Unrecht abgelehnt ist der Antrag, wenn der Angeklagte aufgrund des Zustellungsmangels über die im Eröffnungsbeschluss zum Ausdruck kommende Einschätzung des Gerichts im Unklaren ist und seine Verteidigung daher nicht darauf einrichten kann (SK/*Deiters* § 215 Rn. 12; HK/*Julius* § 215 Rn. 7). Da auf die Kenntnis des Angeklagten abzustellen ist, spielt es keine Rolle, dass die zugestellte Anklage mit dem nicht bzw. fehlerhaft zugestellten Eröffnungsbeschluss übereinstimmt (so aber h.M. vgl. *Meyer-Goßner/Schmitt* § 215 Rn. 8; LR/*Jäger* § 215 Rn. 9; *Graf/Ritscher* § 215 Rn. 8). Hat der Angeklagte **auf die Zustellung verzichtet** (Rn. 6), ist die Revision mangels Beschwer unzulässig (SK/*Deiters* § 215 Rn. 9; KMR/*Eschelbach* § 215 Rn. 8). 9

§ 216 StPO Ladung des Angeklagten.

(1) ¹Die Ladung eines auf freiem Fuß befindlichen Angeklagten geschieht schriftlich unter der Warnung, dass im Falle seines unentschuldigten Ausbleibens seine Verhaftung oder Vorführung erfolgen werde. ²Die Warnung kann in den Fällen des § 232 unterbleiben.

§ 216 StPO Ladung des Angeklagten

(2) ¹Der nicht auf freiem Fuß befindliche Angeklagte wird durch Bekanntmachung des Termins zur Hauptverhandlung gemäß § 35 geladen. ²Dabei ist der Angeklagte zu befragen, ob und welche Anträge er zu seiner Verteidigung für die Hauptverhandlung zu stellen habe.

1 **A. Allgemeines. I. Inhalt und Anwendungsbereich.** Die Vorschrift regelt die Ladung des Angeklagten zur Hauptverhandlung und differenziert dabei zwischen dem auf freiem Fuß befindlichen (Abs. 1) und dem inhaftierten Angeklagten (Abs. 2). Sie gilt nur für den **ersten Hauptverhandlungstermin** (auch nach Aussetzung), auf Fortsetzungstermine nach Unterbrechung findet die Regelung dagegen keine Anwendung (BGH NJW 1987, 2592 [2593]; BGHSt 38, 271 [273]; LR/*Jäger* § 216 Rn. 2; SK-StPO/*Deiters* § 216 Rn. 2). Zu diesen kann daher nach § 35 Abs. 1 auch im ersten Termin durch Verkündung in Anwesenheit des Angeklagten (vgl. auch Nr. 137 Abs. 1 RiStBV) oder gem. § 35 Abs. 2 Satz 2 durch formlose Mitteilung geladen werden. Auch eine dem Verteidiger außerhalb der Hauptverhandlung telefonisch mitgeteilte und in einem Aktenvermerk dokumentierte Umladung zu einem verlegten Fortsetzungstermin ist ggü. dem Angeklagten wirksam (BGHSt 38, 271 [274]; SK-StPO/*Deiters* § 216 Rn. 2; a. A. BGH NStZ 1984, 41; HK/*Julius* § 229 Rn. 10).

2 Die angeordneten besonderen Ladungsvoraussetzungen (Schriftform, Warnung über die Folgen unentschuldigten Ausbleibens und Befragung zu Verteidigungsanträgen) sollen sicherstellen, dass sich der Angeklagte **jederzeit Gewissheit über Zeit und Ort der Hauptverhandlung** verschaffen kann und die Folgen eines Ausbleibens kennt (BayObLGSt 1962, 99 [101]; KK-StPO/*Gmel* § 216 Rn. 2).

3 Da der gem. § 233 von der Pflicht zum Erscheinen entbundene Angeklagte ein Anwesenheitsrecht in der Hauptverhandlung hat, muss auch er – allerdings ohne Warnung (s. Rdn. 15) – geladen werden (BGHSt 12, 367 [371]; LR/*Jäger* § 216 Rn. 1).

4 Im **Jugendstrafverfahren** sollen neben dem Jugendlichen auch der Erziehungsberechtigte und der gesetzliche Vertreter geladen werden (§ 50 Abs. 2 JGG).

5 Im **Bußgeldverfahren** findet § 216 über § 71 Abs. 1 OWiG Anwendung (BayObLGSt 1971, 94 [95]; OLG Düsseldorf NZV 1992, 377; KMR/*Eschelbach* § 216 Rn. 2).

6 **II. Sonderfälle.** Für die Ladung zu richterlichen Vernehmungen des Beschuldigten in früheren Verfahrensabschnitten gilt § 133. Für die Berufungsverhandlung und die Hauptverhandlung nach Einspruch gegen einen Strafbefehl findet § 216 über § 323 Abs. 1 bzw. § 411 Abs. 1 Satz 2 Anwendung, jedoch sind im Hinblick auf die Verwerfung bei Ausbleiben (§§ 329, 412 Satz 1) besondere Hinweispflichten zu beachten. Für das beschleunigte Verfahren gilt die Sonderregelung des § 418 Abs. 2. Da im Privatklageverfahren nur die Vorführung des Angeklagten zulässig ist (§ 387 Abs. 3), ist die Warnung nur insoweit auszusprechen.

7 **B. Ladung des auf freiem Fuß befindlichen Angeklagten (Abs. 1) I. Schriftform.** Befindet sich der Angeklagte auf freiem Fuß, wird er **schriftlich** geladen. Dies bedeutet, dass ihm ein Schriftstück, in dem Zeit und Ort der Hauptverhandlung aufgeführt sind, ausgehändigt werden und belassen bleiben muss (BayObLGSt 1962, 99 [101]; OLG Düsseldorf MDR 1987, 868 [869]; *Meyer-Goßner/Schmitt* § 216 Rn. 2). Die mündliche Mitteilung eines Hauptverhandlungstermins, z.B. telefonisch, bei Vorsprache auf der Geschäftsstelle des Gerichts oder durch das Vorzeigen der Terminsnachricht, genügt daher nicht (BGH NStZ 1984, 41; OLG Düsseldorf MDR 1987, 868 [869]; SK-StPO/*Deiters* § 216 Rn. 4).

8 **II. Zustellung.** Um die Einhaltung der Ladungsfrist (§ 217 Abs. 1) nachweisen zu können, wird die Ladung gem. § 35 Abs. 2 Satz 1 **förmlich zugestellt** (vgl. Nr. 117 Abs. 1 Satz 1 RiStBV). Zwar ist es zutreffend, dass gem. § 35 Abs. 2 Satz 2 formlose Mitteilung genügt, wenn die Ladungsfrist nicht eingehalten werden muss (OLG Zweibrücken NStZ 1996, 239; KK-StPO/*Gmel* § 216 Rn. 3; *Meyer-Goßner/Schmitt* § 216 Rn. 2). Da aber auch die Anordnung der Zwangsmittel des § 230 Abs. 2 und die Verhandlung in Abwesenheit des Angeklagten (§ 231 Abs. 2) den Nachweis der ordnungsgemäßen schriftlichen Ladung voraussetzt, sollte im Strafverfahren nie auf die förmliche Zustellung verzichtet werden (LR/*Jäger* § 216 Rn. 5; KMR/*Eschelbach* § 216 Rn. 12).

9 Die Zustellung richtet sich nach § 37 Abs. 1 i.V.m. §§ 166 ff. ZPO. Daher sind **Ersatzzustellung** und **Zustellung an Zustellungsbevollmächtigte** möglich (KK-StPO/*Gmel* § 216 Rn. 4; *Meyer-Goßner/*

Schmitt § 216 Rn. 2). Als letztes Mittel kommt auch die **öffentliche Zustellung** gem. § 40 in Betracht (HK/*Julius* § 216 Rn. 2). In diesem Fall kann allerdings nicht in Abwesenheit des Angeklagten verhandelt werden (§ 232 Abs. 2). Zur Zustellung gem. § 145a s. § 145a Rdn. 2–12.

Kann der Angeklagte auf keinem Wege – insb. nicht über den Verteidiger gem. § 145a oder durch öffentliche Zustellung – ordnungsgemäß geladen werden, muss der Termin unter Abladung der übrigen Beteiligten aufgehoben werden. Bei Vorliegen der Voraussetzungen des § 407 Abs. 1 Satz 1 kann auf Antrag der StA gem. § 408a Abs. 1 Strafbefehl erlassen werden. 10

III. Warnung. 1. Inhalt und Form. Der in Freiheit befindliche Angeklagte muss mit der Ladung auf die Folgen eines unentschuldigten Fernbleibens – Anordnung der Vorführung oder Erlass eines Haftbefehls (§ 230 Abs. 2) – hingewiesen werden. Die Warnung muss **schriftlich** (BayObLGSt 1962, 99 [101]; *Meyer-Goßner/Schmitt* § 216 Rn. 2) und – wie sich aus dem Wortlaut der Vorschrift ergibt – gleichzeitig und in einem Vorgang mit der Ladung erfolgen (OLG Zweibrücken MDR 1991, 469; HK/*Julius* § 216 Rn. 3). 11

Bei der Umladung auf einen neuen (ersten) Hauptverhandlungstermin muss auch der Warnhinweis **wiederholt** werden. Es genügt nicht, wenn die erneute Ladung nur auf die Hinweise in einer früheren Ladung Bezug nimmt (OLG Zweibrücken StV 1992, 101; OLG Hamm NStZ-RR 2009, 89). 12

2. Warnung bei einem dauerhaft im Ausland lebenden Angeklagten. Umstritten ist, ob ggü. einem dauerhaft im Ausland lebenden Angeklagten die Vollstreckung von Zwangsmaßnahmen angedroht werden darf. Ein Teil der Rechtsprechung argumentiert, bereits in der Androhung – und nicht erst in deren Festsetzung oder Vollzug – liege ein Verstoß gegen den allgemeinen Grundsatz des Völkerrechts (Art. 25 GG), dass die Ausübung hoheitlicher Gewalt auf dem Gebiet eines fremden Staates unzulässig ist (OLG Frankfurt am Main NStZ-RR 1999, 18; OLG Oldenburg StV 2005, 432; OLG Köln NStZ-RR 2006, 22; OLG Brandenburg StV 2009, 348; ebenso LR/*Jäger* § 216 Rn. 7; HK/*Julius* § 216 Rn. 10). Eine entsprechende Ladung sei unwirksam, sodass gem. § 230 Abs. 2 kein Haftbefehl ergehen dürfe. Die Gegenansicht weist zu Recht darauf hin, dass nur dann in die Souveränität eines fremden Staates eingegriffen werde, wenn mit der Ausübung hoheitlicher Gewalt auf dessen Staatsgebiet gedroht werde. Eine eingeschränkte Warnung des Inhalts, dass Zwangsmittel nur im Inland vollstreckt werden können (vgl. Nr. 116 Abs. 1 Satz 2 RiVASt), sei dagegen rechtlich unbedenklich, da sie den Angeklagten zum Schutz vor einer überraschenden Verhaftung in Deutschland über das deutsche Strafprozessrecht unterrichte (OLG Rostock NStZ 2010, 412; OLG Saarbrücken NStZ-RR 2010, 49 [50]; KG StV 2011, 716; OLG Brandenburg NStZ 2014, 235; einschränkend KG StV 2014, 204: Warnung unzulässig, wenn Zwangsmittelandrohung im Rahmen internationaler Rechtshilfevereinbarungen nicht vorgesehen). 13

3. Unterbleiben der Warnung. In den Fällen des § 232 kann die Warnung unterbleiben (Satz 2). Dies folgt daraus, dass die Warnung Voraussetzung für die Anwendung von Zwangsmitteln ist, die im Abwesenheitsverfahren nicht benötigt werden. Stattdessen muss in der Ladung gem. § 232 Abs. 1 Satz 1 darauf hingewiesen werden, dass in Abwesenheit des Angeklagten verhandelt werden kann. 14

Wird der Angeklagte auf seinen Antrag von der Verpflichtung zum Erscheinen in der Hauptverhandlung entbunden (§ 233), tritt an die Stelle der Warnung die Belehrung, dass der Angeklagte nicht zum Erscheinen verpflichtet ist (vgl. Nr. 120 Abs. 3 Satz 2 RiStBV). 15

IV. Übersetzung. Ist der Angeklagte der deutschen Sprache nicht hinreichend mächtig, sind nach dem fair-trial-Grundsatz Ladung und Warnung in eine ihm verständliche Sprache zu übersetzen (OLG Dresden StV 2009, 348; OLG Saarbrücken NStZ-RR 2010, 49 [50]; *Meyer-Goßner/Schmitt* § 216 Rn. 4, vgl. auch Nr. 181 Abs. 2 RiStBV). Wird keine Übersetzung beigefügt, ist die Ladung unwirksam und ein wegen Ausbleibens ergangener Haftbefehl aufzuheben (OLG Bremen NStZ 2005, 527; OLG Dresden StV 2009, 348; a. A. OLG Hamm JMBl. NRW 1984, 78; BayObLG NJW 1996, 1836; KMR/*Eschelbach* § 216 Rn. 10). 16

C. Ladung des nicht auf freiem Fuß befindlichen Angeklagten (Abs. 2) I. Bekanntmachung des Termins gem. § 35. Befindet sich der Angeklagte nicht auf freiem Fuß, wird auf Anordnung des Vorsitzenden (§ 214 Abs. 1 Satz 1) durch Bekanntmachung des Termins zur Hauptverhandlung gem. § 35 geladen. Nicht auf freiem Fuß ist derjenige Angeklagte, dem die Freiheit 17

§ 216 StPO Ladung des Angeklagten

auf Anordnung des Gerichts oder einer Behörde entzogen und der dadurch in der Wahl seines Aufenthalts beschränkt ist (BGHSt 4, 308; 13, 209 [212]; *Meyer-Goßner/Schmitt* § 216 Rn. 5). In der Praxis verfügt der Vorsitzende mit der Ladung zugleich die Vorführung (*Meyer-Goßner/Schmitt* § 216 Rn. 6).

18 Im Regelfall ist die Ladung gem. § 35 Abs. 2 Satz 1 zuzustellen, da dadurch die Ladungsfrist (§ 217 Abs. 1) in Lauf gesetzt wird. Wegen der Befragung ist eine Ersatzzustellung an eine Person außerhalb des Gefängnisses oder durch Niederlegung bei der Post unzulässig (OLG Saaarbrücken VRS 43, 39; *Meyer-Goßner/Schmitt* § 216 Rn. 5). Die Ersatzzustellung an den Anstaltsleiter ist aber gem. § 37 i.V.m. § 178 Abs. 1 Nr. 3 ZPO möglich (LR/*Jäger* § 216 Rn. 10). Gem. § 35 Abs. 3 ist die Ladung dem nicht auf freiem Fuß Befindlichen nach der Zustellung auf Verlangen vorzulesen.

19 **II. Befragung. 1. Zweck.** Die (mündliche) Befragung nach Satz 2 soll dem durch die Haft in seiner Verteidigung möglicherweise behinderten Angeklagten Gelegenheit geben, rechtzeitig vor der Hauptverhandlung förmliche Anträge – unabhängig von seiner Verteidigung – zu stellen und damit die gegen ihn bestehenden Verdachtsgründe zu beseitigen und die zu seinen Gunsten sprechenden Tatsachen geltend zu machen (BGH NJW 2008, 1604; LR/*Jäger* § 216 Rn. 11). Dass er bereits nach § 201 Anträge gestellt hat, spielt keine Rolle (KMR/*Eschelbach* § 216 Rn. 23; *Meyer-Goßner/Schmitt* § 216 Rn. 7). Die Notwendigkeit der Regelung zur Wahrung der prozessualen Rechte des Angeklagten wird zu Recht in Zweifel gezogen (BGH NJW 2008, 1604). Da bei Inhaftierung regelmäßig ein Fall notwendiger Verteidigung gegeben sein wird (§ 140 Abs. 1 Nr. 5, Abs. 2) ist die praktische Bedeutung der Befragung eher gering (KMR/*Eschelbach* § 216 Rn. 21).

20 Da nach dem Zweck der Regelung die Befragung entbehrlich ist, wenn der Angeklagte seinen Verteidiger nach § 145a Abs. 2 zur Empfangnahme von Ladungen besonders bevollmächtigt hat, liegt in der Erteilung der Ladungsvollmacht ein Verzicht auf die Befragung (BGH NJW 2008, 1604; *Meyer-Goßner/Schmitt* § 216 Rn. 7; a. A. HK/*Julius* § 216 Rn. 8).

21 **2. Durchführung.** Nach allgemeiner Ansicht muss die Befragung trotz des Wortlauts (»dabei«) nicht zugleich mit der Zustellung, sondern nur in engem zeitlichem Zusammenhang mit ihr vorgenommen werden (LR/*Jäger* § 216 Rn. 11; KK-StPO/*Gmel* § 216 Rn. 7). Durchgeführt wird die Befragung i.d.R. von der Person, die die Ladung zugestellt hat. Nach den landesrechtlichen Vorschriften zu Zustellungen in Justizvollzugsanstalten wird die Entgegennahme von Erklärungen der Zustellungsempfänger den Leitern der Justizvollzugsanstalten und den Beamten des höheren und des gehobenen Vollzugs- und Verwaltungsdienstes übertragen, die diese Zuständigkeit auch an andere geeignete Bedienstete delegieren können. Über die Erklärung wird, falls er nicht die Aufnahme zu Protokoll eines Urkundsbeamten der Geschäftsstelle verlangt, eine Niederschrift aufgenommen, die zusammen mit der Zustellungsurkunde der Geschäftsstelle zu übersenden ist, die die Zustellung besorgt (LR/*Jäger* § 216 Rn. 11).

22 **III. Warnung.** Die Warnung nach Abs. 1 Satz 1 ist nicht notwendig, wenn der Angeklagte aus der Haft zum Termin **vorgeführt** werden kann. Anders ist es jedoch, wenn ihm zur Teilnahme an der Hauptverhandlung **Vollzugslockerungen** gewährt werden, sodass sein Erscheinen nur von seiner eigenen Entscheidung abhängt (LR/*Jäger* § 216 Rn. 13). Nachzuholen ist die Warnung, wenn der Angeklagte vor der Hauptverhandlung auf freien Fuß gesetzt wird (OLG Köln StV 2014, 205).

23 **D. Zustellung der Ladung an den Verteidiger.** Der Angeklagte kann – unabhängig davon, ob er auf freiem Fuß ist oder nicht (*Meyer-Goßner/Schmitt* § 216 Rn. 1) – auch über den Wahl- oder Pflichtverteidiger geladen werden, wenn dieser durch eine bei den Akten befindliche Vollmacht ausdrücklich zur Empfangnahme von Ladungen ermächtigt ist (§ 145a Abs. 2 Satz 1). Eine allgemeine Vollmacht, Zustellungen aller Art entgegenzunehmen, genügt nicht (OLG Köln NStZ-RR 1998, 240 [241]; s. § 145a Rdn. 10). Die Ladung über den in diesem Sinne bevollmächtigten Verteidiger ersetzt die unmittelbare Ladung des Angeklagten und weitere Mitteilungen an ihn (*Meyer-Goßner/Schmitt* § 145a Rn. 14).

24 **E. Verzicht.** Nach allgemeiner Ansicht kann der Angeklagte in beiden Fällen des § 216 auf die Zustellung der Ladung und damit auf deren Schriftlichkeit verzichten (BGH NJW 2008, 1604 [1605]; OLG Düsseldorf NZV 1992, 377; KK-StPO/*Gmel* § 216 Rn. 8). Ein wirksamer Verzicht, der ausdrücklich oder schlüssig erklärt werden kann, setzt voraus, dass der Angeklagte die wesentlichen Förm-

lichkeiten der Ladung kennt (OLG Düsseldorf MDR 1987, 868 [869]; KMR/*Eschelbach* § 216 Rn. 27; krit. SK-StPO/*Deiters* § 216 Rn. 12).

F. Fehlende oder mangelhafte Ladung. Fehlt die Ladung oder ist sie mangelhaft (z.B. falsche Angabe von Zeit oder Ort der Hauptverhandlung) und erscheint der Angeklagte deshalb nicht zur Hauptverhandlung, treten die **Säumnisfolgen** nach §§ 230 Abs. 2, 231 Abs. 2, 232 Abs. 1, 329 Abs. 1 nicht ein. Dies gilt unabhängig davon, ob Ort und Zeit durch Nachfrage hätten festgestellt werden können (BayObLGSt 1969, 104; OLG Frankfurt am Main NStZ-RR 1996, 75; *Meyer-Goßner/Schmitt* § 216 Rn. 8). Kannte der Angeklagte den Termin und wäre er auch ohne Ladungsmangel nicht zur Hauptverhandlung erschienen, kann mangels Kausalität die Berufung nach § 329 Abs. 1 verworfen werden (OLG Stuttgart NStZ-RR 2005, 319 [320]). 25

Erscheint der Angeklagte trotz unterbliebener oder mangelhafter Ladung, kann die Hauptverhandlung durchgeführt werden. Liegt zugleich ein Verstoß gegen die Ladungsfrist (§ 217 Abs. 1) vor oder hat der Ladungsfehler den Angeklagten in der Vorbereitung seiner Verteidigung behindert, kann er gem. § 217 Abs. 2 bzw. § 228 Aussetzung beantragen (LR/*Jäger* § 216 Rn. 15). 26

Fehlt die nach Abs. 1 vorgeschriebene Warnung oder ist sie unter Verstoß gegen den fair-trial-Grundsatz nicht übersetzt (s. Rdn. 16), dürfen keine Zwangsmittel nach § 230 Abs. 2 angewendet werden. Ein Haftbefehl bleibt aber unter den Voraussetzungen der §§ 112 ff. möglich (*Meyer-Goßner/Schmitt* § 216 Rn. 4). 27

Ein Verstoß gegen die Befragungspflicht berührt die Wirksamkeit der Ladung nicht. Da die Befragung nicht Bestandteil der Ladung ist, besteht in diesem Fall kein Anspruch auf Aussetzung nach § 217 Abs. 2 (BGH NJW 2008, 1604; HK/*Julius* § 216 Rn. 8; a. A. LG Potsdam StV 2006, 574). 28

G. Revision. Erscheint der Angeklagte zur Hauptverhandlung, kann die Revision nicht allein darauf gestützt werden, dass die Ladung unterblieben oder mangelhaft war. Der Angeklagte muss den Fehler in der Hauptverhandlung rügen und Aussetzung beantragen. Wird der Antrag durch Gerichtsbeschluss rechtsfehlerhaft abgelehnt, kann darin eine unzulässige Beschränkung der Verteidigung gem. § 338 Nr. 8 liegen, wenn nicht auszuschließen ist, dass dieser Rechtsfehler den Angeklagten daran gehindert hat, seine Verteidigung ausreichend vorzubereiten (RGSt 48, 386; KG, Beschl. v. 07.01.1998 – (4) 1 Ss 312/97 (139/97); LR/*Jäger* § 216 Rn. 18; *Meyer-Goßner/Schmitt* § 216 Rn. 9). 29

Wurde der Angeklagte **zum Amts- statt zum LG geladen**, kann die Revision nicht darauf gestützt werden, dass wegen der irrigen Annahme, es bestehe eine zweite Tatsacheninstanz, das Verteidigungsvorbringen zurückgehalten wurde (BGHSt 16, 389 [391]; LR/*Jäger* § 216 Rn. 18; *Meyer-Goßner/Schmitt* § 216 Rn. 9; a. A. SK-StPO/*Deiters* § 216 Rn. 15). 30

Wird außerhalb des Anwendungsbereichs des § 231 (dazu s. § 231 Rn. 3) in Abwesenheit des nicht ordnungsgemäß geladenen Angeklagten verhandelt und entschieden (Bsp.: Verwerfung der Berufung nach § 329 Abs. 1 oder des Einspruchs nach § 412 Satz 1), kann die Revision auf den Ladungsmangel gestützt werden, weil das **Urteil i.d.R. gem. § 337 darauf beruht** (OLG Dresden StV 2006, 8; LR/*Jäger* § 216 Rn. 18; HK/*Julius* § 216 Rn. 14). 31

Der Verstoß gegen die Befragungspflicht (Abs. 2 Satz 2) ist **nicht revisibel**, weil der Angeklagte sich in der Hauptverhandlung äußern kann (KMR/*Eschelbach* § 216 Rn. 30). 32

§ 217 StPO Ladungsfrist. (1) Zwischen der Zustellung der Ladung (§ 216) und dem Tag der Hauptverhandlung muss eine Frist von mindestens einer Woche liegen.
(2) Ist die Frist nicht eingehalten worden, so kann der Angeklagte bis zum Beginn seiner Vernehmung zur Sache die Aussetzung der Verhandlung verlangen.
(3) Der Angeklagte kann auf die Einhaltung der Frist verzichten.

A. Inhalt und Zweck der Regelung. Die Vorschrift normiert eine (**verzichtbare**) **Mindestfrist** zwischen Zustellung der Ladung und Hauptverhandlung von einer Woche (Abs. 1 und 3) und gibt dem Angeklagten im Fall der Nichteinhaltung einen Anspruch auf **Aussetzung der Hauptverhandlung** 1

(Abs. 2). § 228 Abs. 3 regelt ergänzend dazu, dass der Vorsitzende den Angeklagten über das Aussetzungsrecht belehren muss.

2 Zweck der Ladungsfrist ist es, dem Angeklagten ausreichende Zeit und Gelegenheit zur Vorbereitung seiner Verteidigung zu gewähren und ihn vor Überraschungsverfahren zu schützen (BGHSt. 24, 143 [146, 150]). Die Regelung, die über § 218 für den Verteidiger entsprechend gilt, ist **Ausdruck des fair-trial-Gedankens** und konkretisiert insofern die Rechte aus Art. 103 Abs. 1 GG, Art. 6 Abs. 3 Buchst. b) MRK und Art. 14 Abs. 3 IPBPR (KMR/*Eschelbach* Rn. 1; HK/*Julius* § 217 Rn. 2). Im Hinblick auf den Regelungszweck haben andere Verfahrensbeteiligte nach allg. Ansicht keinen Anspruch auf Einhaltung einer Ladungsfrist (KK/*Gmel* § 217 Rn. 1; *Meyer-Goßner/Schmitt* § 217 Rn. 1).

3 Die Auffassung, dass die Ladungsfrist dem Angeklagten auch Gelegenheit geben soll, seine zeitlichen Dispositionen rechtzeitig auf den Hauptverhandlungstermin einzurichten (BayObLG VRS 55, 435 [437]; KG NZV 2003, 586), erscheint fragwürdig (LR/*Jäger* § 217 Rn. 1).

4 **B. Ladungsfrist. I. Anwendungsbereich. 1. Unterbrechung.** Da die Vorschrift an § 216 anknüpft, ist die Frist des Abs. 1 nach zutreffender herrschender Meinung nur bei der Ladung zum **ersten Tag der Hauptverhandlung** anzuwenden. Sie muss daher bei Fortsetzungsterminen nach Unterbrechung nicht erneut eingehalten werden, wenn der Angeklagte vom ersten Termin Kenntnis hatte (BGH NJW 1982, 248; SK/*Deiters* § 217 Rn. 4; LR/*Jäger* § 217 Rn. 5).

5 **2. Aussetzung und Hauptverhandlung nach Zurückweisung.** Um dem Vorbereitungsinteresse des Angeklagten ausreichend Rechnung zu tragen, ist die Ladungsfrist immer dann zu beachten, wenn wegen einer Veränderung der prozessualen Situation oder längeren Zurückliegens des früheren Termins Anlass zur Überprüfung der Verteidigungsstrategie besteht (KG VRS 42, 213; OLG Hamm VRS 50, 307 [309]; SK/*Deiters* § 217 Rn. 4; a. A. LR/*Jäger* § 217 Rn. 5). Dies ist sowohl bei der Aussetzung der Hauptverhandlung (BayObLGSt. 1978, 98 [100]; KMR/*Eschelbach* § 217 Rn. 9; KK/*Gmel* § 217 Rn. 3; *Meyer-Goßner/Schmitt* § 217 Rn. 4; a. A. Radtke/Hohmann/*Britz* § 217 Rn. 3; der BGH zitiert in BGHSt. 24, 143 [145] die insoweit ablehnende Rspr. des RG, ohne seine Entscheidung darauf zu stützen) als auch bei einer Hauptverhandlung nach Zurückweisung durch das Revisionsgericht gem. § 354 Abs. 2 der Fall (so bereits RGSt. 42, 407 [409]; SK/*Deiters* § 217 Rn. 3; *Meyer-Goßner/Schmitt* § 217 Rn. 3).

6 **3. Verlegung des Hauptverhandlungstermins.** Die Ladungsfrist muss auch gewahrt werden, wenn die Hauptverhandlung vorverlegt wird. Die Vorverlegung des Termins auf eine frühere Stunde desselben Tages – etwa vom Nachmittag auf den Vormittag – ist jedoch zulässig (OLG Zweibrücken NStZ 1996, 239; *Meyer-Goßner/Schmitt* § 217 Rn. 5).

7 Wird die Hauptverhandlung auf einen späteren Termin verlegt, verbessert sich für den Angeklagten die Möglichkeit zur Vorbereitung. Die Ladungsfrist muss deshalb nicht eingehalten werden (RGSt. 15, 113 [114]; BayObLG NJW 1962, 1928; OLG Jena, VRS 118, 296 [298]; KK/*Gmel* § 217 Rn. 3).

8 **4. Sonderfälle.** Für die Berufungsverhandlung erklärt § 323 Abs. 1 die Vorschrift für entsprechend anwendbar. Für die Ladung zur Revisionshauptverhandlung gilt die Sonderregelung des § 350 Abs. 1. Im beschleunigten Verfahren ist die Ladungsfrist gem. § 418 Abs. 2 Satz 3 auf 24 Std. verkürzt. Für Anhörungstermine der Strafvollstreckungskammer gilt die Ladungsfrist des § 217 Abs. 1 nicht (BVerfG StV 1994, 552; KG NStZ-RR 2014, 191).

9 Nach allgemeiner Ansicht ist § 217 über § 46 Abs. 1 OWiG im **Bußgeldverfahren** anwendbar (BGHSt. 24, 143 [144]; OLG Zweibrücken NStZ 1981, 355 [356]; SK/*Deiters* § 217 Rn. 3; KMR/*Eschelbach* § 217 Rn. 12).

10 **II. Fristberechnung.** In Lauf gesetzt wird die Frist mit der Zustellung der Ladung an den Angeklagten, die auch über den Verteidiger möglich ist, wenn dieser insoweit gem. § 145a Abs. 2 Satz 1 bevollmächtigt ist. Die formlose Mitteilung vom Termin ist nicht ausreichend (vgl. auch Nr. 117 Abs. 1 Satz 1 RiStBV). Die Ladungsfrist läuft auch, wenn die Ladung fehlerhaft ist (LR/*Jäger* § 217 Rn. 3; KMR/*Eschelbach* § 217 Rn. 17)

11 Aus dem Wortlaut (»zwischen«) folgt, dass bei der Berechnung der Wochenfrist der Zustellungstag und der (erste) Tag der Hauptverhandlung nicht mitgezählt werden. Wird die Ladung also bspw. an einem Montag zugestellt, beginnt die Frist am Dienstag und endet mit Ablauf des darauf folgenden Dienstags.

Frühester Termin der Hauptverhandlung ist daher Mittwoch. Fällt das Ende der Frist auf einen Sonntag, einen allgemeinen Feiertag oder einen Sonnabend, gilt nach allgemeiner Ansicht § 43 Abs. 2 nicht (*Meyer-Goßner/Schmitt* § 217 Rn. 2; KK/*Gmel* § 217 Rn. 5). Die Frist endet daher am entsprechenden Tag der folgenden Woche, nicht erst mit Ablauf des nächsten Werktags.

III. Verlängerung der Frist. Auf Antrag des Angeklagten (vor der Hauptverhandlung) kann die Frist verlängert werden, wenn im Einzelfall ihr Zweck – dem Angeklagten eine ausreichende Zeit zur Vorbereitung der Hauptverhandlung zu geben – nicht erfüllt werden kann, z.B. bei Krankheit des Angeklagten oder bei besonderem Umfang oder Schwierigkeit der Anklage (LR/*Jäger* § 217 Rn. 1; KK/*Gmel* § 217 Rn. 1). Die Gründe sind glaubhaft zu machen (LR/*Jäger* § 217 Rn. 1, a. A. KMR/*Eschelbach* § 217 Rn. 4). 12

Über einen Verlängerungsantrag entscheidet der **Vorsitzende**, der i.R.d. ihm eingeräumten pflichtgemäßen Ermessens zwischen dem Interesse des Angeklagten und dem Beschleunigungsgrundsatz abzuwägen hat (Graf/*Ritscher* § 217 Rn. 3). Im Hinblick auf den Anspruch auf ausreichende Zeit zur Vorbereitung der Verteidigung (Art. 103 Abs. 1 GG; Art. 6 Abs. 3 MRK, Art. 14 Abs. 3 IPBPR) kann das **Ermessen auf Null reduziert** sein (KMR/*Eschelbach* § 217 Rn. 4). Eine Höchstfrist besteht nicht (KK/*Gmel* § 217 Rn. 1). Allerdings dürfen Ladungszustellung und Hauptverhandlungstermin nicht unzumutbar weit auseinander liegen. Bei fehlender Terminserinnerung kann sonst das Ausbleiben des Angeklagten genügend entschuldigt sein (OLG Saarbrücken NStZ 1991, 147; KK/*Gmel* § 217 Rn. 1). 13

IV. Erscheinungspflicht des Angeklagten. Umstritten ist, ob der Angeklagte auch dann zur Hauptverhandlung erscheinen muss, wenn die Ladungsfrist nicht eingehalten wurde. Diese Frage ist deshalb von Relevanz, weil das Gesetz bei nicht genügend entschuldigtem Ausbleiben des Angeklagten dessen Vorführung oder Verhaftung erlaubt (§ 230 Abs. 2) bzw. die Verwerfung von Berufung (§ 329 Abs. 1) und Einspruch (§§ 412, 329 Abs. 1) ohne Verhandlung ermöglicht. 14

Nach einer Ansicht begründet der Verstoß gegen die Ladungsfrist einen Mangel der Ladung, sodass keine Pflicht zum Erscheinen bestehe (*Cramer* JR 1972, 164; SK/*Deiters* § 217 Rn. 11 m.w.N.). Dagegen spricht, dass Ladung und Ladungsfrist unterschiedliche Zielrichtungen haben: Während die Ladung das Erscheinen des Angeklagten in der Hauptverhandlung sicherstellen soll, soll durch die Ladungsfrist ausreichende Gelegenheit zur Vorbereitung der Verteidigung gewährt werden. Nach zutreffender herrschender Meinung wird die **Wirksamkeit der Ladung** daher durch die Nichteinhaltung der Ladungsfrist **nicht berührt**. Der Angeklagte ist somit grds. verpflichtet, zum Termin zu erscheinen (BGHSt. 24, 143 [150 ff.]; OLG Düsseldorf MDR 1994, 1141; OLG Brandenburg, Beschl. v. 20.10.2010 – 1 Ws 154/10; *Meyer-Goßner/Schmitt* § 217 Rn. 11; *Pfeiffer* Rn. 5). Bei Ausbleiben können gegen ihn daher gem. § 230 Zwangsmittel angeordnet werden. Im Hinblick auf den Anspruch des Angeklagten auf Aussetzung der Hauptverhandlung sind diese aber i.d.R. unverhältnismäßig (OLG Frankfurt am Main NStZ-RR 1999, 18 [19]; LR/*Jäger* § 217 Rn. 14; Graf/*Ritscher* § 217 Rn. 9). Der Verwerfung von Berufung und Einspruch steht die Nichteinhaltung der Ladungsfrist entgegen, wenn die Ladung dem Angeklagten so spät zugestellt wurde, dass er nicht zum Termin erscheinen konnte (BayObLG NJW 1967, 457; KG VRS 17, 139 [140], 87, 129 [131]; a. A. KMR/*Eschelbach* § 217 Rn. 49: Verwerfung ist Verstoß gegen Grundsatz des fairen Verfahrens) oder er so weit vor dem Termin geladen wurde, dass er ihn inzwischen vergessen hat (OLG Saarbrücken NStZ 1991, 147; Graf/*Ritscher* § 217 Rn. 2; HK/*Julius* § 217 Rn. 6). 15

C. Aussetzungsantrag bei Nichteinhaltung der Ladungsfrist (Abs. 2) I. Zeitliche Grenze. Lässt sich der Angeklagte trotz Nichteinhaltung der Ladungsfrist zur Sache ein und verteidigt sich gegen den Anklagevorwurf, ohne mangelnde Vorbereitungszeit zu rügen, behindert ihn die zu kurze Frist offensichtlich nicht in seiner Verteidigung. Der Gesetzgeber hat daher in Abs. 2 bestimmt, dass der Angeklagte die Durchführung der Verhandlung wegen des Gesetzesverstoßes bei der Ladung nur bis zum Beginn seiner Vernehmung zur Sache (§ 243 Abs. 5 Satz 2) infrage stellen und die Aussetzung der Hauptverhandlung beantragen kann (zur Entstehungsgeschichte der »**befristeten Verfahrenseinrede**« BGHSt. 24, 143 [146]). Gem. § 228 Abs. 3 soll der Vorsitzende den Angeklagten über dieses Recht belehren. Bei mehreren Angeklagten läuft die Antragsfrist für jeden gesondert (*Pfeiffer* § 217 Rn. 3; *Meyer-Goßner/Schmitt* § 217 Rn. 8). 16

§ 217 StPO Ladungsfrist

17 Kein Fall des Abs. 2 liegt vor, wenn bei der Ladung eines nicht auf freiem Fuß befindlichen Angeklagten gegen § 216 Abs. 2 Satz 2 verstoßen wird; die Befragung ist nämlich **kein Bestandteil der Ladung** (BGH NStZ 2008, 420; *Meyer-Goßner/Schmitt* § 216 Rn. 8, a. A. LG Potsdam StV 2006, 574; LR/*Jäger* § 216 Rn. 11).

18 **II. Antragsrecht.** Den Antrag kann der Angeklagte oder sein insoweit bevollmächtigter Verteidiger stellen. Ein vom Angeklagten unabhängiges eigenes Antragsrecht hat der Verteidiger nicht (KK/*Gmel* § 217 Rn. 7; *Meyer-Goßner/Schmitt* § 217 Rn. 7). Wird allerdings ihm ggü. die Ladungsfrist nicht eingehalten, kann er selbst die Aussetzung verlangen (§ 218 Satz 2).

19 **III. Form.** Es muss kein ausdrücklicher Aussetzungsantrag gestellt werden. Unabhängig vom Wortlaut genügt jede Erklärung, aus der sich ergibt, dass der Angeklagte mit der Durchführung der Hauptverhandlung im gegenwärtigen Zeitpunkt nicht einverstanden ist (BayObLSt. 1978, 98 [99]; LR/*Jäger* § 217 Rn. 6; SK/*Deiters* § 217 Rn. 9). Einer Begründung bedarf der Antrag nicht (KMR/*Eschelbach* § 217 Rn. 28).

20 Wird der Antrag **mündlich** in der Hauptverhandlung gestellt, ist er zu protokollieren (KMR/*Eschelbach* § 217 Rn. 26). Der Antrag kann bereits vor dem Termin **schriftlich** gestellt werden (BGHSt. 24, 143 [151]; OLG Celle NJW 1974, 1258 [1259]; KG NZV 2003, 586; *Pfeiffer* § 217 Rn. 3). In diesem Fall besteht für den Angeklagten keine Pflicht, nur zur Stellung des Aussetzungsantrags zur Hauptverhandlung zu erscheinen (BGHSt. 24, 143 [151]; OLG Düsseldorf VRS 97, 139 [142]; Graf/*Ritscher* § 217 Rn. 7; Radtke/Hohmann/*Britz* § 217 Rn. 5, 7, a. A. OLG Köln NJW 1955, 1243; *Meyer-Goßner/Schmitt* § 217 Rn. 11). Die außerhalb der Hauptverhandlung mündlich geäußerte Bitte um Aussetzung genügt nicht (OLG Celle NJW 1974, 1258; KMR/*Eschelbach* § 217 Rn. 27).

21 **IV. Entscheidung.** Bei rechtzeitiger Antragstellung muss das Gericht **durch Beschluss** (BayObLG 1987, 55 [56]; LR/*Jäger* § 217 Rn. 6) die Hauptverhandlung aussetzen, es besteht kein Ermessensspielraum (KG NZV 2003, 586; OLG Düsseldorf VRS 97, 139 [141]; LR/*Jäger* § 217 Rn. 6; SK/*Deiters* § 217 Rn. 2).

22 Die Ablehnung des gerechtfertigten Antrags ohne Begründung kann die Besorgnis der Befangenheit des erkennenden Richters begründen (AG Homburg NStZ-RR 1996, 110; KK/*Gmel* § 217 Rn. 6). Eine Ablehnung kann auch in der Durchführung der Hauptverhandlung und der Verkündung des Verwerfungsurteils (bei Berufung oder Einspruch nach Strafbefehl) gesehen werden (BayObLG NStZ 1982, 172).

23 Wird der Antrag **verspätet gestellt**, muss das Gericht zwar nicht gem. Abs. 2 aussetzen. Es muss aber prüfen, ob gem. § 265 Abs. 4 die Aussetzung infolge veränderter Sachlage zur genügenden Vorbereitung der Verteidigung angemessen erscheint (LR/*Jäger* § 217 Rn. 7; KK/*Gmel* § 217 Rn. 6).

24 **D. Verzicht (Abs. 3)** Abs. 3 stellt klar, dass der Angeklagte auf die Einhaltung der Ladungsfrist verzichten kann, bevor der Rechtsverlust durch die Nichtantragstellung nach Abs. 2 eintritt (BGHSt. 24, 143 [148]). Der Verzicht, der ausdrücklich oder konkludent erklärt werden kann, ist nach herrschender Meinung **unwiderruflich** (BGH, Beschl. v. 29.04.1976 – 4 StR 117/76; KK/*Gmel* § 217 Rn. 8; LR/*Jäger* § 217 Rn. 9; a. A. KMR/*Eschelbach* § 217 Rn. 42: bis zu dem nach Abs. 2 relevanten Zeitpunkt widerruflich; HK/*Julius* § 217 Rn. 7). Wird der Verzicht, der auch gegen den Willen des Verteidigers möglich ist, ausdrücklich in der Hauptverhandlung erklärt, ist er **zu protokollieren** (LR/*Jäger* § 217 Rn. 9).

25 Ein wirksamer Verzicht setzt voraus, dass der Angeklagte sein Recht auf Aussetzung nach Abs. 2 kennt (BGH NStZ 2009, 48; LR/*Jäger* § 217 Rn. 11; KK/*Gmel* § 217 Rn. 8). War er vom Vorsitzenden gem. § 228 Abs. 3 belehrt worden, ist im Weiterverhandeln ohne Stellung eines Aussetzungsantrags regelmäßig ein **konkludenter Verzicht** zu sehen (SK/*Deiters* § 217 Rn. 12; KMR/*Eschelbach* § 217 Rn. 38). Hat der Angeklagte in einem Fall notwendiger Verteidigung auf die Einhaltung der Ladungsfrist verzichtet und ausdrücklich gewünscht, dass die Hauptverhandlung zum bestimmten Termin durchgeführt wird, liegt darin nicht zugleich der Verzicht auf die Beiordnung eines Pflichtverteidigers und auf die Geltendmachung des absoluten Revisionsgrundes des § 338 Nr. 5 (OLG Hamm NStZ-RR 1998, 243; *Meyer-Goßner/Schmitt* § 217 Rn. 12; *Pfeiffer* § 217 Rn. 6).

E. Revision. Auf eine Verletzung von Abs. 1 kann nach herrschender Meinung die Revision nicht 26
gestützt werden (BGHSt. 24, 143 [145 ff.]; *Meyer-Goßner/Schmitt* § 217 Rn. 12; KK/*Gmel* § 217
Rn. 10). Denn insoweit sieht das Gesetz nach Abs. 2 einen (zeitlich begrenzten) Anspruch auf Aussetzung der Hauptverhandlung vor.

Wird der rechtzeitig gestellte **Aussetzungsantrag zu Unrecht abgelehnt oder nicht beschieden**, liegt da- 27
rin aber eine unzulässige Beschränkung der Verteidigung (§ 338 Nr. 8), auf der das Urteil regelmäßig
beruht (BayObLG NStZ 1982, 172). Unterbleibt der Aussetzungsantrag, ist die Revision somit ausgeschlossen (SK/*Deiters* § 217 Rn. 14). Dies soll nach herrschender Meinung selbst dann gelten,
wenn der unverteidigte Angeklagte keinen Aussetzungsantrag gestellt hat, weil er mangels Belehrung
nach § 228 Abs. 3 sein Antragsrecht nicht kannte (BGH MDR 1952, 532; KK/*Gmel* § 217 Rn. 10;
Meyer-Goßner/Schmitt § 217 Rn. 12). Die dafür gelieferte Begründung, bei § 228 Abs. 3 handele es
sich um eine nicht revisible Ordnungsvorschrift, ist im Hinblick auf Art. 6 Abs. 3 Buchst. b) MRK
nicht haltbar. Eine Revision kann in diesem Fall daher auf eine Verletzung des § 228 Abs. 3 gestützt
werden (SK/*Deiters* § 217 Rn. 15; HK/*Julius* § 217 Rn. 11; Radtke/Hohmann/*Britz* § 217 Rn. 11).

§ 218 StPO Ladung des Verteidigers.
¹Neben dem Angeklagten ist der bestellte
Verteidiger stets, der gewählte Verteidiger dann zu laden, wenn die Wahl dem Gericht angezeigt worden ist. ²§ 217 gilt entsprechend.

A. Ladung des Verteidigers (Satz 1) I. Regelungszweck und Anwendungsbereich. Die 1
Vorschrift verpflichtet das Gericht, den bestellten oder gewählten Verteidiger neben dem Angeklagten
von Amts wegen zu laden. Sie stellt sicher, dass in der Hauptverhandlung der verfassungsrechtlich verbürgte Anspruch des Angeklagten auf Beistand eines Verteidigers erfüllt wird. Da der Verteidiger »neben dem Angeklagten« zu laden ist, findet die Regelung im Abwesenheitsverfahren (§ 287) keine Anwendung (SK-StPO/*Deiters* § 218 Rn. 3). Sie ist aber im Fall des § 233 zu beachten (OLG Köln NJW
1960, 736; *Meyer-Goßner/Schmitt* § 218 Rn. 4), weil der Angeklagte auch dann zu laden ist, wenn er von
der Verpflichtung zum Erscheinen entbunden wurde (s. § 233 Rdn. 24).

Die Regelung gilt entsprechend für die Vertreter des Privatklägers (§ 378 Abs. 1), des Einziehungs- oder 2
Verfallsbeteiligten (§ 434 Abs. 1 Satz 2, Abs. 2; 442 Abs. 1) und der juristischen Person oder Personenvereinigung (§ 444 Abs. 1 und Abs. 2 Satz 2) (KK-StPO/*Gmel* § 218 Rn. 1; *Meyer-Goßner/Schmitt*
§ 218 Rn. 6). Der Beistand oder Vertreter des Nebenklägers muss dagegen nicht förmlich geladen werden, sondern wird gem. § 397 Abs. 2 Satz 3 vom Termin der Hauptverhandlung benachrichtigt (Graf/
Ritscher § 218 Rn. 1, a. A. SK-StPO/*Deiters* § 218 Rn. 2; *Meyer-Goßner/Schmitt* § 218 Rn. 6). Über
§ 71 Abs. 1 OWiG ist die Vorschrift im **Bußgeldverfahren** anwendbar (OLG Zweibrücken NStZ 1981,
355 [356]; OLG Jena NJW-Spezial 2010, 217; LR/*Jäger* § 218 Rn. 1).

II. Pflichtverteidiger. Der bestellte Verteidiger ist zu laden, solange seine Bestellung nicht zurück- 3
genommen oder widerrufen wurde, auch wenn die Gründe für die Bestellung weggefallen sind oder
ein Antrag auf Entbindung gestellt wurde (RGSt 37, 21 [23]; SK-StPO/*Deiters* § 218 Rn. 2).

III. Wahlverteidiger. 1. Gewählter Verteidiger. Gewählt ist der Verteidiger, das ihm vom Be- 4
schuldigten, gesetzlichen Vertreter (§ 137 Abs. 2 Satz 1) oder Erziehungsberechtigten (§ 67 Abs. 3
JGG) übertragene Mandat angenommen hat und nicht gem. §§ 138 Abs. 2, 138a, 146 von der Verteidigung ausgeschlossen ist (LR/*Jäger* § 218 Rn. 3; HK/*Julius* § 218 Rn. 3).

2. Mehrere Verteidiger. Hat der Angeklagte mehrere Verteidiger, muss jeder von ihnen geladen wer- 5
den (BGHSt 36, 259 [260]; NJW 2009, 48). Vertreten mehrere Anwälte einer **Sozietät** den Angeklagten, genügt es, wenn derjenige Verteidiger geladen wird, der die Verteidigung (durch Vorlage einer mehrere Anwälte mandatierenden Vollmacht) angezeigt hat (BGHSt 36, 259 [260]; NJW 2009, 48; Graf/
Ritscher § 218 Rn. 3). Gleiches gilt für **Bürogemeinschaften**, denn diese verfügen – wie eine Sozietät –
über eine gemeinsame Büroorganisation, bei der Räume, Personal und sonstige Betriebsmittel gemeinsam genutzt werden und alle Mitglieder gleichen Zugang zu allen Mandantendaten haben (BGH NStZ
2007, 348 f.; *Meyer-Goßner/Schmitt* § 218 Rn. 5). Ist einer der Verteidiger zwischenzeitlich aus der So-

zietät oder Bürogemeinschaft ausgeschieden, ist er gesondert zu laden (BayObLG NStZ-RR 2001, 377 [378]).

6   **3. Anzeige des Wahlverteidigers. a) Adressat der Anzeige.** Geladen werden muss der Wahlverteidiger nur, wenn die Wahl dem Gericht, d.h. dem zuständigen Spruchkörper, angezeigt worden ist. Da ein Verteidiger regelmäßig bereits vor der Anklageerhebung konsultiert wird, genügt es, wenn die Verteidigerwahl derjenigen Stelle angezeigt wird, die das Verfahren in dem jeweiligen Stadium betreibt und bei der sich die Akten befinden. Im **Ermittlungsverfahren** kann die Wahl daher auch der Polizei oder der StA angezeigt werden (OLG Köln VRS 98, 138; OLG Hamm VRS 41, 133; LR/*Jäger* § 218 Rn. 8; KK-StPO/*Gmel* § 218 Rn. 3), im **Bußgeldverfahren** der Verwaltungsbehörde (OLG Koblenz VRS 94, 219; OLG Bamberg NJW 2007, 393). Beim späteren Übergang des Verfahrens auf das Gericht befindet sich die Verteidigungsanzeige in den Akten, sodass das Gericht von dem Verteidigungsverhältnis ebenso problemlos Kenntnis nehmen und den Verteidiger laden kann, wie wenn sich der Verteidiger erst im gerichtlichen Verfahren legitimiert hätte. Wird die Verteidigung einer verfahrensbeteiligten Behörde angezeigt, obwohl die Sache zwischenzeitlich bei Gericht anhängig ist, genügt dies nur dann, wenn Beschuldigter oder Verteidiger keine Kenntnis vom Verfahrensübergang hatten (OLG Koblenz VRS 94, 219). Andernfalls tragen sie das Risiko, dass die Anzeige so rechtzeitig bei Gericht eingeht, dass der Verteidiger noch zum Termin geladen werden kann (BayObLGSt 1978, 61 [63]; OLG Stuttgart NJW 2006, 3796; OLG Braunschweig StraFo 2009, 520; *Meyer-Goßner/Schmitt* § 218 Rn. 4).

7   **b) Form der Anzeige.** Die Anzeige der Wahl des Verteidigers ist an **keine bestimmte Form** gebunden. Aus ihr muss das Gericht aber erkennen können, dass der Verteidiger von dem Angeklagten oder einer sonst dazu befugten Person gewählt wurde (LR/*Jäger* § 218 Rn. 6; KK-StPO/*Gmel* § 218 Rn. 3). Wie sich schon aus dem Wortlaut ergibt, ist keine Vollmachtsvorlage vorausgesetzt (BGHSt 39, 259; BayObLGSt 1984, 133 [134]; OLG Bamberg NJW 2007, 393; *Meyer-Goßner/Schmitt* § 218 Rn. 4). Eine schriftliche Mitteilung ist aber zweckmäßig (LR/*Jäger* § 218 Rn. 6). Die Anzeige kann aber auch in **schlüssigem Verhalten** gesehen werden, insb. durch ein Tätigwerden des RA für den Angeklagten (RGSt 25, 152 [153]; BGH NStZ 2006, 461 [462]; KK-StPO/*Gmel* § 218 Rn. 3).

8   Bei **Mängeln der schriftlichen Anzeige** (z.B. fehlende Anschrift des Verteidigers) entfällt die Pflicht zur Ladung, es sei denn, eine Klärung ist ohne Verzögerung oder Schwierigkeit möglich (OLG Köln DAR 1982, 24; *Meyer-Goßner/Schmitt* § 218 Rn. 4).

9   **IV. Durchführung der Ladung.** Der Verteidiger ist auf **Anordnung des Vorsitzenden** (§ 214 Abs. 1 Satz 1) von Amts wegen durch **förmliche Zustellung** zu laden (KK-StPO/*Gmel* § 218 Rn. 6; *Meyer-Goßner/Schmitt* § 218 Rn. 7). Dies geschieht i.d.R. gem. § 37 i.V.m. § 174 Abs. 1 ZPO durch Zustellung gegen Empfangsbekenntnis. Der Vermerk der Geschäftsstelle über die Ausführung der Ladungsverfügung genügt nicht als Nachweis (BayObLGSt 1980, 35; OLG Düsseldorf VRS 93, 181; *Meyer-Goßner/Schmitt* § 218 Rn. 7). Nur zum **ersten Termin der Hauptverhandlung** muss förmlich geladen werden, für Fortsetzungstermine reicht bei Anwesenheit des Verteidigers eine formlose Ladung (BGH StV 2001, 663; StraFo 2009, 332; KK-StPO/*Gmel* § 218 Rn. 6).

10 Ob die förmliche Ladung entbehrlich ist, wenn aktenmäßig feststeht, dass der Verteidiger **Kenntnis vom Termin** hat, ist umstritten. Ein Teil der Rechtsprechung argumentiert, der Zweck der Ladung, den Verteidiger auf den Termin hinzuweisen, sei auch dann erreicht, wenn dieser nachweisbar auf andere Weise rechtzeitig vom Termin Kenntnis erlangt habe (BGHSt 36, 259 [261]; NJW 2009, 48; KG VRS 28, 438 [439]; OLG Hamm JMBl. NRW 1977, 215; OLG Naumburg StraFO 2009, 332). Dagegen spricht jedoch, dass die Vorschrift zum Zwecke des sicheren Nachweises ohne Ausnahmemöglichkeit die förmliche Ladung verlangt (BayOLGSt 1984, 133 [135]; OLG München NStZ 2005, 561; *Meyer-Goßner/Schmitt* § 218 Rn. 8; SK-StPO/*Deiters* § 218 Rn. 13). Allerdings wird das Urteil bei Kenntnis vom Termin nicht auf dem Formverstoß beruhen (LR/*Jäger* § 218 Rn. 14). Unstreitig ist, dass die bloße Möglichkeit der Kenntnisnahme vom Termin durch Akteneinsicht nicht ausreicht (BGH NStZ 1985, 229; 1995, 298 [299]; OLG München NStZ 2006, 590 [591]; KK-StPO/*Gmel* § 218 Rn. 6).

11 **V. Verzicht.** Der Verteidiger kann auf seine förmliche Ladung und die Einhaltung der Ladungsfrist verzichten (BGHSt 18, 396; NStZ 2009, 48; SK-StPO/*Deiters* § 218 Rn. 19). Der Verzicht kann auch **konkludent** erklärt werden (BGH NStZ 2005, 646 [647]), z.B. durch Verlegungsantrag (*Meyer-Goß-*

ner/Schmitt § 218 Rn. 9) oder durch Mitteilung des Verteidigers bei Anzeige seiner Bestellung, dass er vom Termin Kenntnis habe, sofern offensichtlich ist, dass er keine besondere Ladung mehr erwartet (OLG Jena VRS 113, 345 [346]; LR/*Jäger* § 218 Rn. 17).

Zum Verzicht ist der Verteidiger **ohne Zustimmung des Angeklagten** berechtigt. Der Angeklagte kann daher weder vor der Hauptverhandlung auf die Einhaltung von § 218 noch bei Anwesenheit des Verteidigers in der Hauptverhandlung auf die Einhaltung der Ladungsfrist verzichten (OLG Saarbrücken StV 1988, 425; LR/*Jäger* § 218 Rn. 18; KK-StPO/*Gmel* § 218 Rn. 7). 12

Liegt **kein Fall notwendiger Verteidigung** vor, kann der Angeklagte entscheiden, ob er sich verteidigen lassen will oder nicht. Erscheint der Wahlverteidiger daher nicht in der Hauptverhandlung, kann der Angeklagte durch ausdrückliche Erklärung oder konkludent nachträglich auf dessen Ladung oder die Einhaltung der Ladungsfrist verzichten, wenn er den Ladungsmangel kennt (BGHSt 36, 259 [261]; NStZ 2005, 114). Da in diesem Fall das Recht, wegen der Nichteinhaltung der Ladungsfrist ggü. dem Verteidiger die Aussetzung zu verlangen, auf den Angeklagten übergeht (OLG Celle NJW 1974, 1258; *Meyer-Goßner/Schmitt* § 218 Rn. 13), muss er sich – ggf. nach Belehrung (§ 228 Abs. 3) – auch darüber im Klaren sein, dass er infolge des Verzichts dieses Recht verliert (so nun auch BGH NStZ 2009, 48; OLG Frankfurt am Main NStZ-RR 2008, 381; LR/*Jäger* § 218 Rn. 19; SK-StPO/*Deiters* § 218 Rn. 20). Ein Verzicht kann daher nicht schon im rügelosen Einlassen auf die Hauptverhandlung und im Unterlassen eines Aussetzungsantrags gesehen werden (BGH NStZ 2006, 461 [462]; NStZ 2009, 48; *Meyer-Goßner/Schmitt* § 218 Rn. 9). Ist dem Angeklagten die Verhandlung ohne Beistand des Verteidigers nicht zuzumuten, kann die **gerichtliche Fürsorgepflicht** gebieten, trotz Verzichtserklärung die Hauptverhandlung zu unterbrechen oder auszusetzen, um die Mitwirkung des Verteidigers sicherzustellen (OLG Zweibrücken StV 1988, 425 [426]; KK-StPO/*Gmel* § 218 Rn. 7). 13

B. Ladungsfrist (Satz 2 i.V.m. § 217) I. Einhaltung der Ladungsfrist. Über die Verweisung des Satz 2 auf § 217 ist auch ggü. dem Verteidiger die **einwöchige Ladungsfrist** einzuhalten (§ 217 Abs. 1). Nach allgemeiner Ansicht (BGH NJW 1963, 1114; *Meyer-Goßner/Schmitt* § 218 Rn. 11 m.w.N.) gilt dies jedoch nur dann, wenn der Verteidiger bei Beginn der Ladungsfrist für den Angeklagten bereits gerichtlich bestellt oder dem Gericht als gewählt gemeldet ist. Bestellt ihn der Vorsitzende erst später oder zeigt der Angeklagte die Wahl erst später an, muss keine Ladungsfrist für den Verteidiger gewahrt werden. Andernfalls hätte es der Angeklagte in der Hand, durch verspätete Anzeige der Wahl, u.U. auch durch nachträglichen Antrag auf Beiordnung eines Verteidigers (§§ 140 Abs. 2, 141 Abs. 2), die Aussetzung der Hauptverhandlung zu erzwingen (§ 217 Abs. 2). Die Verpflichtung, den Verteidiger förmlich zu laden, bleibt von dieser Einschränkung unberührt (KK-StPO/*Gmel* § 218 Rn. 5). Ist eine förmliche Ladung nicht mehr möglich, muss formlos geladen werden (BayObLGSt 1984, 133; *Meyer-Goßner/Schmitt* § 218 Rn. 7). 14

Hat der Vorsitzende die verspätete Beiordnung verschuldet, muss der Hauptverhandlungstermin zur Wahrung der Ladungsfrist verschoben werden (KK-StPO/*Gmel* § 218 Rn. 5; *Meyer-Goßner/Schmitt* § 218 Rn. 11). 15

II. Aussetzungsantrag. Bei Nichteinhaltung der Ladungsfrist und – erst recht – bei nicht erfolgter Ladung hat der Verteidiger nach Satz 2 i.V.m. § 217 Abs. 2 ein vom Angeklagten unabhängiges eigenes Recht, die Aussetzung der Verhandlung zu verlangen (BGHSt 18, 396; NStZ 1985, 229; LR/*Jäger* § 218 Rn. 21). 16

Der Antrag auf Aussetzung muss spätestens bis zum **Beginn der Vernehmung des Angeklagten zur Sache** (§ 243 Abs. 5 Satz 2) (mündlich) gestellt werden. Erscheint der nicht geladene Verteidiger später, gilt diese zeitliche Grenze nicht (LR/*Jäger* § 218 Rn. 21; KK-StPO/*Gmel* § 218 Rn. 8). Der Aussetzungsantrag muss aber unverzüglich nach dem Erscheinen erklärt werden (OLG Celle MDR 1966, 256 [257]; *Meyer-Goßner/Schmitt* § 218 Rn. 14) 17

Schon **vor der Hauptverhandlung** kann die Aussetzung schriftlich beantragt werden (OLG Koblenz VRS 52, 357; OLG Celle NJW 1974, 1258 [1259]; *Meyer-Goßner/Schmitt* § 218 Rn. 12). Die vor Verhandlungsbeginn an den Vorsitzenden gerichtete Bitte, die Hauptverhandlung zu vertagen, genügt nicht (OLG Celle NJW 1974, 1258; KK-StPO/*Gmel* § 218 Rn. 10). 18

Wird der Verteidiger nicht geladen und erscheint er deshalb nicht in der Hauptverhandlung, geht das (erst recht bestehende) Aussetzungsrecht auf den Angeklagten über (s. Rn. 13). 19

20 **C. Revision. I. Verstoß gegen Satz 1 und Nichterscheinen des Verteidigers.** Wird der gewählte Verteidiger unter Verstoß gegen Satz 1 nicht oder falsch geladen und erscheint deshalb nicht, ist nicht auszuschließen, dass die Hauptverhandlung in seiner Anwesenheit zu einem günstigeren Ergebnis geführt hätte. Die Revision gegen das Urteil ist daher – unabhängig von einem Verschulden des Gerichts (KG StV 1996, 10; OLG Bamberg NJW 2007, 393) – grds. begründet, wenn kein Verzicht vorliegt oder feststeht, dass der Verteidiger Kenntnis vom Termin hatte oder bei ordnungsgemäßer Ladung nicht erschienen wäre (BGHSt 36, 259 [261]; NStZ 2009, 48; OLG Koblenz DAR 2009, 592). Dies gilt auch bei einem von mehreren Verteidigern (BGHSt 36, 259 [260]; *Pfeiffer* § 218 Rn. 6), sofern der Angeklagte nicht durch sein Verhalten verdeutlicht hat, dass die Aufgaben durch einen anderen Verteidiger übernommen werden (BGH NStZ 2005, 646 [647]; 2006, 461 [462]; *Meyer-Goßner/Schmitt* § 218 Rn. 15). Zum notwendigen Revisionsvortrag gem. § 344 Abs. 2 Satz 2 vgl. BayObLG NStZ-RR 1996, 245; OLG Hamm wistra 1998, 238; OLG Frankfurt am Main NStZ-RR 2008, 381; OLG Celle StV 2012, 588

21 Führt im Fall **notwendiger Verteidigung** die unterlassene oder falsche Ladung dazu, dass der Verteidiger in der Hauptverhandlung nicht anwesend ist, ist der absolute Revisionsgrund gem. § 338 Nr. 5 gegeben (LR/*Jäger* § 218 Rn. 30; SK-StPO/*Deiters* § 218 Rn. 21).

22 **II. Verstoß gegen Satz 1 und Erscheinen des Verteidigers.** Erscheint der Verteidiger trotz Nichtladung, kann die Revision nicht auf den Verstoß gegen Satz 1 gestützt werden. Der Verteidiger muss vielmehr gem. § 218 Satz 2 i.V.m. § 217 Abs. 2 die Aussetzung der Hauptverhandlung beantragen und kann nach fehlerhafter Ablehnung durch das Gericht die Revision damit begründen, dass die Verteidigung in einem für die Entscheidung wesentlichen Punkt unzulässig beschränkt wurde (§ 338 Nr. 8) (BGH NStZ 1985, 229; NStZ 1995, 298; KK-StPO/*Gmel* § 218 Rn. 13). Das Aussetzungsrecht und die Verfahrensrüge können **verwirkt** werden, wenn aus prozesstaktischen Gründen trotz sicherer Kenntnis des Aussetzungsgrunds mit dem Antrag zugewartet wird (BGH NStZ 2005, 646 [647]; *Meyer-Goßner/Schmitt* § 218 Rn. 15).

23 **III. Nichteinhaltung der Ladungsfrist.** Wird entgegen §§ 218 Satz 2, 217 die Ladungsfrist nicht eingehalten, gelten die bei Rn. 20 bis 22 dargestellten Grundsätze (SK-StPO/*Deiters* § 218 Rn. 22). Wird der Angeklagte bei Ausbleiben seines Verteidigers nicht über das Aussetzungsrecht belehrt, kann die Revision auf die Verletzung der Fürsorgepflicht gestützt werden (LR/*Jäger* § 218 Rn. 29).

§ 219 StPO Beweisanträge des Angeklagten.

(1) ¹Verlangt der Angeklagte die Ladung von Zeugen oder Sachverständigen oder die Herbeischaffung anderer Beweismittel zur Hauptverhandlung, so hat er unter Angabe der Tatsachen, über die der Beweis erhoben werden soll, seine Anträge bei dem Vorsitzenden des Gerichts zu stellen. ²Die hierauf ergehende Verfügung ist ihm bekanntzumachen.
(2) Beweisanträge des Angeklagten sind, soweit ihnen stattgegeben ist, der Staatsanwaltschaft mitzuteilen.

1 **A. Allgemeines.** § 219 eröffnet Angeklagtem, Verteidiger und Nebenbeteiligten bereits vor Beginn der Hauptverhandlung die Möglichkeit, auf die Ladung von Zeugen und Sachverständigen und die Herbeischaffung von Urkunden und Augenscheinsobjekten Einfluss zu nehmen. Im Unterschied zum Beweisantragsrecht im Zwischenverfahren nach § 201, das nur Beweiserhebungen zur Beurteilung des hinreichenden Tatverdachts betrifft, zielen Anträge nach § 219 ohne sachliche Beschränkung auf die **Beweisaufnahme über Tat, Schuld und Strafe** ab (LR/*Jäger* § 219 Rn. 2). Obwohl Anträge nach § 219 i.d.R. höhere Erfolgschancen als in der Hauptverhandlung gestellte Beweisanträge haben und zur Förderung des Verfahrens beitragen können, wird von diesem Instrument in der Praxis eher zurückhaltend Gebrauch gemacht.

2 **B. Antragsrecht.** Antragsberechtigt ist der **Angeklagte**, auch wenn er gem. § 233 von der Verpflichtung zum Erscheinen in der Hauptverhandlung entbunden ist. Ein im Vernehmungstermin i.S.d.

§ 233 Abs. 2 gestellter Beweisantrag ist jedoch so zu behandeln, als sei er in der Hauptverhandlung gestellt worden (LR/*Jäger* § 219 Rn. 3).

Über den Wortlaut der Vorschrift hinaus hat nach allgemeiner Ansicht auch der **Verteidiger** aus eigenem Recht und daher auch gegen den Willen des Angeklagten ein Antragsrecht. **Nebenbeteiligte** (§ 433 Abs. 1 Satz 1; 442 Abs. 1, 444 Abs. 2 Satz 2) dürfen im Umfang ihrer Verfahrensbeteiligung Anträge stellen. Nicht antragsbefugt ist der **Nebenkläger**, da § 397 Abs. 1 nur auf § 244, nicht aber auf § 219 verweist (KMR/*Eschelbach* § 219 Rn. 13). 3

Im **Privatklageverfahren** steht dem Beschuldigten kein Beweisantragsrecht zu. Die den allgemeinen Vorschriften vorgehende Spezialregelung des § 386 sieht ein ausschließliches Bestimmungsrecht des Vorsitzenden und (nur) ein Selbstladungsrecht des Privatklägers und des Angeklagten vor (KMR/*Eschelbach* § 219 Rn. 14). Im **jugendgerichtlichen Verfahren** sind Erziehungsberechtigte und gesetzliche Vertreter antragsberechtigt (§ 67 Abs. 1, 109 Abs. 1 JGG). Über die Verweisungsnorm des § 71 Abs. 1 OWiG besteht im **Bußgeldverfahren** ein Antragsrecht für den Betroffenen und seinen Verteidiger (KG StV 1990, 255). 4

C. Form und Inhalt des Antrags.
Der Antrag muss **schriftlich** oder **zu Protokoll der Geschäftsstelle** gestellt und an den Vorsitzenden gerichtet werden (Meyer-Goßner/Schmitt § 219 Rn. 1; KK/*Gmel* § 219 Rn. 9). 5

Inhaltlich muss der Antrag die Beweistatsachen und die Beweismittel angeben und auf eine Benutzung des Beweismittels in der Hauptverhandlung abzielen (KK/*Gmel* § 219 Rn. 2). Beweisanregungen und Beweisermittlungsanträge sind daher von § 219 ebenso wenig erfasst wie Anträge, die auf eine Beweiserhebung vor der Hauptverhandlung abzielen (LR/*Jäger* § 219 Rn. 4; Meyer-Goßner/Schmitt § 219 Rn. 4). Für Letztere bestehen teilweise besondere Regelungen (§ 223: kommissarische Vernehmung; § 225: richterlicher Augenschein). **Bedingte Beweisanträge**, insb. Hilfsbeweisanträge, sind zulässig. Allerdings hängt ihre Erfolgsaussicht davon ab, ob das Gericht den Eintritt der Bedingung bereits vor der Hauptverhandlung beurteilen kann (*Pfeiffer* § 219 Rn. 3). 6

Für die Antragstellung gibt es – abgesehen davon, dass sie vor dem ersten Hauptverhandlungstermin zu erfolgen hat – **keine Frist**. Der Antragsberechtigte sollte den Antrag aber so frühzeitig stellen, dass die Ladungen oder die Herbeischaffung der Beweismittel noch angeordnet werden kann bzw. noch ausreichende Zeit besteht, um von dem in § 220 normierten Recht zur Selbstladung von Zeugen und Sachverständigen Gebrauch machen zu können. 7

D. Zuständigkeit.
Die Entscheidung über den Antrag trifft allein der **Vorsitzende**, nicht das Gericht. Der Vorsitzende ist nicht befugt, die Entscheidung dem erkennenden Gericht in der Hauptverhandlung zu überlassen (BGHSt 1, 286 [287]). Vor Erlass einer Verfügung kann er aber die Mitglieder des erkennenden Gerichts hören (LR/*Jäger* § 219 Rn. 6). 8

E. Entscheidung.
Da § 33 für Verfügungen des Vorsitzenden nicht gilt, müssen StA und Nebenkläger nicht zuvor angehört werden. Die **Einholung von Stellungnahmen** ist aber sinnvoll und in der Praxis üblich (KK/*Gmel* § 219 Rn. 4; KMR/*Eschelbach* § 219 Rn. 31). 9

Entspricht das Verlangen nicht den inhaltlichen Anforderungen eines Beweisantrags, steht es dem Vorsitzenden frei, auf eine Klarstellung oder Vervollständigung hinzuwirken oder den Antrag unter näherer Bezeichnung der Mängel **abzulehnen** (LR/*Jäger* § 219 Rn. 5). 10

Sofern es sich um einen Beweisantrag handelt, kann der Vorsitzende diesem stattgeben oder ihn ablehnen. Bei der Entscheidung hat er sich an den in **§ 244 Abs. 3 bis 5 normierten Ablehnungsgründen** zu orientieren (Meyer-Goßner/Schmitt § 219 Rn. 3; LR/*Jäger* § 219 Rn. 2, 11). Dabei darf jedoch die Beweisaufnahme in der Hauptverhandlung nicht vorweggenommen werden. Deshalb ist bspw. die Wahrunterstellung unzulässig (BGHSt. 1, 51 [53]). Die Vernehmung eines Sachverständigen darf der Vorsitzende dagegen ablehnen, wenn er bei vorläufiger Bewertung davon ausgeht, dass das erkennende Gericht die erforderliche Sachkunde besitzt (Meyer-Goßner/Schmitt § 219 Rn. 3; KK/*Gmel* § 219 Rn. 6). 11

Entspricht der Vorsitzende dem Antrag, verfügt er (ohne Begründung) die Ladung (§ 214 Abs. 1) bzw. ordnet die Herbeischaffung der Beweismittel an (§§ 214 Abs. 5). Das Beweismittel ist dann in der 12

§ 220 StPO   Unmittelbare Ladung durch den Angeklagten

Hauptverhandlung präsent, sodass die Beweiserhebung gem. § 245 Abs. 1 nur noch wegen Unzulässigkeit oder bei allseitigem Verzicht unterlassen werden darf (SK/*Deiters* Rn. 32).

13 **Lehnt er den Antrag ab**, hat er diese Verfügung gem. § 34 **zu begründen**. Dafür ist es grds. ausreichend festzustellen, dass es für die Entscheidung in der Hauptverhandlung auf die Beweiserhebung nicht ankommt (*Meyer-Goßner/Schmitt* § 219 Rn. 4; KK/*Gmel* § 219 Rn. 5). Die Begründung muss also nicht den für einen Ablehnungsbeschluss nach § 244 Abs. 6 aufgestellten Erfordernissen genügen.

14 Auf die Ablehnung des Antrags kann der Antragsteller entweder mit der Selbstladung nach § 220 Abs. 1 Satz 1 oder durch Wiederholung des Antrags in der Hauptverhandlung reagieren. Im letztgenannten Fall entscheidet das erkennende Gericht, ohne an die Ablehnungsgründe des Vorsitzenden gebunden zu sein (RG 75, 165 [167]; *Meyer-Goßner/Schmitt* § 219 Rn. 3). Insoweit hat dessen Verfügung nur **vorläufigen Charakter**.

15 **F. Bekanntgabe.** Die (stattgebende oder ablehnende) Verfügung des Vorsitzenden ist dem Antragsteller bekannt zu machen (Abs. 1 Satz 2). **Formlose Mitteilung** gem. § 35 Abs. 2 Satz 2 ist ausreichend (*Meyer-Goßner/Schmitt* § 219 Rn. 4). StA (Abs. 2) und Nebenkläger (§ 397 Abs. 1 Satz 5) sind Beweisanträge, denen stattgegeben wurde, mitzuteilen. Diese Information ermöglicht ihnen, mit weiteren eigenen Beweismitteln zu »reagieren«.

16 **G. Rechtsbehelfe.** Gegen die Verfügung des Vorsitzenden ist die **Beschwerde** nicht zulässig (*Meyer-Goßner/Schmitt* § 219 Rn. 6; Graf/*Ritscher* § 219 Rn. 8). Dies folgt schon daraus, dass die Entscheidung nur vorläufigen Charakter hat und der Antragsteller den Beweisantrag in der Hauptverhandlung wiederholen kann.

17 Die **Revision** kann auf die Verletzung des § 219 nicht gestützt werden (RGSt 75, 165; *Meyer-Goßner/Schmitt* § 219 Rn. 7; a. A. OLG Düsseldorf JMBl. NRW 1987, 101 [103] für den Fall der unterbliebenen Entscheidung). Da die Antragsberechtigten die Möglichkeit haben, Zeugen und Sachverständige unmittelbar zu laden und ihre vor der Hauptverhandlung gestellten Anträge in der Hauptverhandlung zu wiederholen, kann das Urteil nicht auf der vorangegangenen Verfügung des Vorsitzenden beruhen. Allerdings kann die Revision damit begründet werden, dass der Vorsitzende gegen die **gerichtliche Fürsorgepflicht** verstoßen hat, wenn über einen zulässigen Antrag nicht entschieden und der Hinweis an den Antragsteller unterlassen wurde, dass der Antrag in der Hauptverhandlung wiederholt werden muss (BGHSt. 1, 51 [52]; zum Revisionsvorbringen LR/*Jäger* § 219 Rn. 35 f.).

§ 220 StPO Unmittelbare Ladung durch den Angeklagten.

(1) ¹Lehnt der Vorsitzende den Antrag auf Ladung einer Person ab, so kann der Angeklagte sie unmittelbar laden lassen. ²Hierzu ist er auch ohne vorgängigen Antrag befugt.

(2) Eine unmittelbar geladene Person ist nur dann zum Erscheinen verpflichtet, wenn ihr bei der Ladung die gesetzliche Entschädigung für Reisekosten und Versäumnis bar dargeboten oder deren Hinterlegung bei der Geschäftsstelle nachgewiesen wird.

(3) Ergibt sich in der Hauptverhandlung, daß die Vernehmung einer unmittelbar geladenen Person zur Aufklärung der Sache dienlich war, so hat das Gericht auf Antrag anzuordnen, daß ihr die gesetzliche Entschädigung aus der Staatskasse zu gewähren ist.

1 **A. Selbstladungsrecht.** Die Vorschrift räumt den nach § 219 Antragsberechtigten (s. § 219 Rdn. 2) das Recht ein, Zeugen und Sachverständige selbst zur Hauptverhandlung zu laden. Dies ist insb. von Relevanz, wenn ein Beweisantrag nach § 219 abgelehnt wurde. Das Selbstladungsrecht besteht aber auch ohne vorherigen Antrag (Abs. 1 Satz 2). Voraussetzung für die Selbstladung ist, dass für die Beweisperson eine Entschädigung gestellt wird (Abs. 2). Hat die Ladung Erfolg, ist der Zeuge bzw. Sachverständige **präsentes Beweismittel**. Ein in der Hauptverhandlung gestellter Antrag, ihn zu vernehmen, kann daher nicht – wie bei noch zu ladenden oder in die Hauptverhandlung gestellten Beweispersonen – nach § 244 Abs. 3 bis 5, sondern nur unter den (engeren) Voraussetzungen des § 245 Abs. 2 Satz 2 und 3 abgelehnt werden (SK/*Deiters* § 220 Rn. 4; KK/*Gmel* § 220 Rn. 1). Gem. Abs. 3 kann der Beweisperson auf Antrag die gesetzliche Entschädigung aus der Staatskasse gewährt werden,

wenn ihre Vernehmung sachdienlich war. § 220 gilt nur für Beweispersonen; für Urkunden und Augenscheinsgegenstände gibt es keine vergleichbare Regelung.

B. Verfahren. Zum Verfahren bestimmt § 38, dass mit der Zustellung der Ladung der Gerichtsvollzieher zu beauftragen ist. Dieser hat den Auftrag auch dann auszuführen, wenn keine Entschädigung angeboten wird (KK/*Gmel* § 220 Rn. 4). Die vom Ladungsberechtigten zu verfassende **schriftliche Ladung** sollte unter Angabe des Aktenzeichens Zeit und Ort der Hauptverhandlung benennen. Außerdem sollte sie einen Hinweis auf die Entschädigungsleistung und eine Belehrung über die Folgen des unentschuldigten Ausbleibens (für Zeugen: § 51, für Sachverständige: § 77) enthalten (§§ 48, 72). Das Beweisthema muss nicht mitgeteilt werden (*Meyer-Goßner/Schmitt* § 220 Rn. 4). 2

Der Entschädigungsbetrag, den der Ladungsberechtigte ohne Möglichkeit eines Vorschusses aus der Staatskasse (*Meyer-Goßner/Schmitt* § 220 Rn. 7) selbst aufzubringen hat, kann entweder dem Gerichtsvollzieher in bar übergeben oder bei der Gerichtskasse des erkennenden Gerichts hinterlegt werden. Da bei barer Entschädigung die Gefahr besteht, dass später keine Entscheidung nach § 220 Abs. 3 getroffen wird und der Angeklagte schlussendlich die Kosten selbst tragen muss, ist die Hinterlegung zu bevorzugen (s. Rdn. 7). Die Höhe der Entschädigung bestimmt sich nach dem JVEG und ist vom Ladungsberechtigten selbst zu berechnen (zur Berechnung der Entschädigung des Sachverständigen LR/*Jäger* § 220 Rn. 20). Da die Beweisperson nicht erscheinen muss, wenn ihr zu wenig angeboten wird (KK/*Gmel* § 220 Rn. 9; *Meyer-Goßner/Schmitt* § 220 Rn. 7), ist bei der Berechnung besondere Sorgfalt geboten. 3

Gem. § 222 Abs. 2 muss der Angeklagte dem Gericht und der StA den von ihm geladenen Zeugen bzw. Sachverständigen rechtzeitig namhaft machen und Wohn- und Aufenthaltsort der Beweisperson angeben (s. § 222 Rdn. 7). Geschieht dies nicht, kann die StA gem. § 246 Abs. 2 die Aussetzung der Hauptverhandlung beantragen. 4

Auslandszeugen können nach § 220 nicht selbst geladen werden (*Meyer-Goßner/Schmitt* § 220 Rn. 4; Graf/*Ritscher* § 220 Rn. 7). Mit ihnen kann der Angeklagte oder Verteidiger aber unmittelbar in Verbindung treten und versuchen, ihr Erscheinen zur Hauptverhandlung unter Anbieten einer Entschädigung zu vereinbaren (LR/*Jäger* § 220 Rn. 7, 30). 5

C. Pflicht zum Erscheinen. Ist die Beweisperson (nachweisbar) nach Abs. 2 ordnungsgemäß geladen worden, ist sie zum Erscheinen in der Hauptverhandlung genauso verpflichtet wie sie es bei amtlicher Ladung wäre. Es gelten daher die Beschränkungen der Zeugen- und Sachverständigenpflichten nach §§ 49, 50, 75. Bei Ausbleiben im Termin sind die in §§ 51, 77 geregelten Ungehorsamsfolgen anzuordnen. Dies gilt unabhängig davon, ob ein Antrag auf Vernehmung – etwa wegen Missbrauchs des Ladungsrechts – nach § 245 Abs. 2 Satz 2, 3 abzulehnen wäre (LR/*Jäger* § 220 Rn. 11). 6

D. Entschädigung aus der Staatskasse (Abs. 3) Während oder nach Abschluss der Hauptverhandlung (OLG Düsseldorf JurBüro 1986, 73) können die Beweispersonen, der Angeklagte und die StA einen Antrag auf gesetzliche Entschädigung aus der Staatskasse stellen, sofern der Entschädigungsanspruch der Beweisperson nicht bereits erloschen ist (*Meyer-Goßner/Schmitt* § 220 Rn. 11; KK/*Gmel* § 220 Rn. 15). Dies ist u.a. der Fall, wenn der Angeklagte die Beweisperson bereits in bar entschädigt hat bzw. wenn sie wegen der ihr zustehenden Entschädigung aus dem vom Angeklagten hinterlegten Betrag vollständig befriedigt wurde. 7

§ 220 Abs. 3 gibt nur der Beweisperson einen **Anspruch gegen die Staatskasse**, berührt aber nicht das in §§ 465, 467 geregelten Rechtsverhältnis zwischen dem Angeklagten und der Staatskasse (OLG Düsseldorf StV 1994, 492 f.). Die aus der Staatskasse gewährte Entschädigung gehört zu den Kosten des Verfahrens. Bei Kostenauferlegung im Urteil hat der Angeklagte den ausgelegten Betrag zu erstatten; bei Freispruch bleibt es bei der Kostentragung durch die Staatskasse, der nach Abs. 2 nachzuweisende Entschädigungsbetrag wird zurückbezahlt. 8

Die Voraussetzung, dass die Vernehmung der unmittelbar geladenen Beweisperson in der Hauptverhandlung zur Aufklärung der Sache dienlich war, soll den Missbrauch des Selbstladungsrechts verhindern (BGHR StPO § 220 Sachverständiger 1). Ob Sachdienlichkeit gegeben ist, hat das Gericht in tatrichterlicher Würdigung des Ergebnisses und des Verlaufs der Hauptverhandlung zu entscheiden, wobei ein von den Vorstellungen und Meinungen des Angeklagten unabhängiger objektiver Maßstab 9 anzulegen ist und Billigkeitserwägungen keinen Raum haben (OLG Düsseldorf MDR 1985, 1050). Sachdienlich ist nur eine Beweiserhebung, die das Verfahren fördert, also die zu fällende Entscheidung oder den weiteren Verfahrensgang beeinflusst (BGHR StPO § 220 Sachverständiger 1). Dies ist nicht schon dann der Fall, wenn zur Sache Gehörendes ausgesagt wurde (OLG Düsseldorf MDR 1985, 1050.). Dass eine Aussage in den Entscheidungsgründen verwendet wird, spricht i.d.R. für ihre Sachdienlichkeit (OLG München StV 1996, 491 f.).

10 Bei einem selbst geladenen **Sachverständigen** ist Sachdienlichkeit der Vernehmung bereits dann gegeben, wenn der Sachverständige mit seinen mündlichen Ausführungen die Diskussionsbasis in der Hauptverhandlung verbreitet, unabhängig davon, ob seine Feststellungen diejenigen des gerichtlich bestellten Sachverständigen bestätigen (KG NStZ 1999, 476; *Widmaier* StV 1985, 526 [528]). Die Entschädigung des Sachverständigen kann auch nicht mit der Begründung abgelehnt werden, dass das Gericht bereits einen Sachverständigen bestellt und geladen habe (OLG München StV 1996, 491). Keine Sachdienlichkeit liegt vor, wenn der Sachverständige keine Gewähr dafür bietet, dass das Gutachten unparteiisch und nach bestem Wissen und Gewissen erstattet wird (OLG Hamm StRR 2015, 66). Abs. 3 findet auf die in der Hauptverhandlung gestellten Zeugen und Sachverständigen entsprechende Anwendung (*Meyer-Goßner/Schmitt* § 220 Rn. 14; Graf/*Ritscher* § 220 Rn. 14).

11 **E. Rechtsbehelfe.** Die Ablehnung eines Antrags nach Abs. 3 können die Beweisperson und die StA mit der **Beschwerde** anfechten, der Angeklagte nur dann, wenn er durch die Entscheidung beschwert ist (*Meyer-Goßner/Schmitt* § 220 Rn. 15; KK/*Gmel* § 220 Rn. 16). An der Beschwer fehlt es, wenn nach dem rechtskräftigen Urteil die Staatskasse oder der Angeklagte die Verfahrenskosten zu tragen haben (OLG Karlsruhe MDR 1985, 694; LR/*Jäger* § 220 Rn. 39).

12 Wird das Selbstladungsrecht dadurch unwirksam gemacht, dass ein Sachverständiger zur Vorbereitung seines Gutachtens kein Besuchsrecht bei einem inhaftierten Angeklagten erhält, liegt darin eine Verletzung des Grundsatzes der Waffengleichheit, die die **Revision** begründet (BGHSt. 43, 171).

§ 221 StPO Herbeischaffung von Beweismitteln von Amts wegen.
Der Vorsitzende des Gerichts kann auch von Amts wegen die Herbeischaffung weiterer als Beweismittel dienender Gegenstände anordnen.

1 **A. Anordnung der Herbeischaffung von Beweismitteln.** Um Urkunden und Augenscheinsobjekte in die Hauptverhandlung einführen zu können, müssen diese dem Gericht rechtzeitig vor dem Termin zur Verfügung stehen. Die als Beweismittel dienenden Gegenstände, die als Bestandteil der Akten mit der Anklageschrift vorgelegt wurden (§ 199 Abs. 2 Satz 2) oder schon bei Gericht asserviert sind, schafft das Gericht selbst herbei (§ 214 Abs. 4 Satz 2). Befinden sich darüber hinaus weitere beweisrelevante Gegenstände im Gewahrsam der StA, einer anderen Behörde oder im Besitz von Dritten, müssen diese noch herbeigeschafft werden. Die Anordnung dazu trifft gem. § 221 der Vorsitzende des Gerichts, die Ausführung obliegt gem. § 214 Abs. 4 Satz 1 der StA.

2 Welche als Beweismittel dienenden Gegenstände (zusätzlich) beizubringen sind, entscheidet der Vorsitzende nach **pflichtgemäßem Ermessen** vor oder – aufgrund der Sachleitungsbefugnis gem. § 238 Abs. 1 – während der Hauptverhandlung (LR/*Jäger* § 221 Rn. 4). Maßstab für die Anordnung ist § 244 Abs. 2. Da die StA in der Anklageschrift nur diejenigen Beweismittel angibt, deren Verwendung sie in der Hauptverhandlung für notwendig hält (§ 200 Abs. 2 Satz 2, RiStBV Nr. 111 Abs. 1), wird der Vorsitzende insb. nicht durch die dort gemachte Aufzählung beschränkt. Hinweise auf relevante Beweismittel können sich aus den Akten (insb. der Asservatenliste) oder aus Äußerungen von Verfahrensbeteiligten (z.B. in der Verteidigungsschrift) ergeben.

3 **B. Ausführung der Anordnung.** Für die Ausführung der Anordnung ist die **StA** zuständig (§ 214 Abs. 4 Satz 1). Gegenstände, die sich im Gewahrsam von Dritten befinden, hat sie gem. § 36 Abs. 2 Satz 1 in Vollzug der richterlichen Anordnung beizubringen (LR/*Jäger* § 221 Rn. 6). Das an sie gerichtete Ersuchen des Vorsitzenden darf sie nicht aus Zweckmäßigkeitsgründen, sondern nur wegen Unzulässigkeit (etwa wegen Vorliegens eines Sperrvermerks gem. § 96) ablehnen (OLG Frankfurt

am Main NJW 1982, 1408; LR/*Jäger* § 221 Rn. 6). Gegen die Ablehnung ist nur die Dienstaufsichtsbeschwerde möglich (OLG Stuttgart Justiz 1982, 406).

C. Informationspflicht. Eine Mitteilung der Anordnung an die Verfahrensbeteiligten sieht das Gesetz – anders als bei der Ladung von Beweispersonen (§ 222 Abs. 1) – nicht vor. Wegen der Beweisbedeutung des Gegenstands gebietet aber die gerichtliche Fürsorgepflicht, Angeklagten und Verteidiger über die Anordnung zu informieren (*Meyer-Goßner/Schmitt* § 221 Rn. 4; KK/*Gmel* § 221 Rn. 4). 4

D. Rechtsbehelfe. Gegen die Anordnung des Vorsitzenden ist die **Beschwerde** grds. nicht statthaft (§ 305 Satz 1). Auf die Verletzung von § 221 kann die **Revision** nicht gestützt werden, da das Urteil nicht auf der Anordnung, sondern nur auf einer unzulässigen Beweiserhebung beruhen kann (SK/*Deiters* § 221 Rn. 5). 5

§ 222 StPO Namhaftmachung von Zeugen und Sachverständigen.

(1) ¹Das Gericht hat die geladenen Zeugen und Sachverständigen der Staatsanwaltschaft und dem Angeklagten rechtzeitig namhaft zu machen und ihren Wohn- oder Aufenthaltsort anzugeben. ²Macht die Staatsanwaltschaft von ihrem Recht nach § 214 Abs. 3 Gebrauch, so hat sie die geladenen Zeugen und Sachverständigen dem Gericht und dem Angeklagten rechtzeitig namhaft zu machen und deren Wohn- oder Aufenthaltsort anzugeben. ³§ 200 Abs. 1 Satz 3 bis 5 gilt sinngemäß. (2) Der Angeklagte hat die von ihm unmittelbar geladenen oder zur Hauptverhandlung zu stellenden Zeugen und Sachverständigen rechtzeitig dem Gericht und der Staatsanwaltschaft namhaft zu machen und ihren Wohn- oder Aufenthaltsort anzugeben.

A. Inhalt und Regelungszweck. Die Vorschrift verlangt vom Gericht und den nach § 214 Abs. 3 bzw. § 220 zur unmittelbaren Ladung Berechtigten, die jeweils geladenen Zeugen und Sachverständigen unter Angabe von Wohn- oder Aufenthaltsort namhaft zu machen. Auf diese Weise wird sichergestellt, dass sich Gericht, StA und Angeklagter **effektiv auf die Hauptverhandlung vorbereiten** können. Während dem Gericht die **genaue (zeitliche) Planung der Beweisaufnahme** ermöglicht wird (OLG Stuttgart Justiz 1971, 312; LR/*Jäger* § 222 Rn. 1), können StA und Angeklagter **rechtzeitige Erkundigungen** über die geladenen Zeugen und Sachverständigen einholen und klären, ob und welche Beweismittel von ihnen zweckmäßigerweise zusätzlich beizubringen sind (BGHSt. 23, 244 [245]; *Meyer-Goßner/Schmitt* § 222 Rn. 1). Zugleich wird verhindert, dass die Prozessbeteiligten von einem ihnen bislang unbekannten Beweismittel überrascht werden (OLG Hamm MDR 1971, 1029). Wird die Benachrichtigung unterlassen oder erfolgt sie verspätet, können die Verfahrensbeteiligten gem. § 246 Abs. 2, 3 die **Aussetzung der Hauptverhandlung** beantragen. Der Verstoß gegen Vorschrift hat auf die Anwendung des § 245 Abs. 2 keinen Einfluss. Die Vernehmung der Beweisperson in der Hauptverhandlung ist daher ungeachtet des Verstoßes zulässig (OLG Stuttgart NStZ 1990, 356; LR/*Jäger* § 222 Rn. 22). 1

B. Anwendungsbereich. § 222 ist auf **andere Beweismittel als Zeugen und Sachverständige nicht anwendbar** (LR/*Jäger* § 222 Rn. 2). Da die Regelung nur den Personal-, nicht den Sachbeweis betrifft, muss nach dem Gesetz nicht über die Herbeiziehung neuer Urkunden und Augenscheinsobjekte unterrichtet werden. Eine entsprechende Anwendung kommt nach dem Regelungszweck nur für Urkunden in Betracht, die den Personalbeweis ersetzen und nach §§ 251, 256 in der Hauptverhandlung verlesbar sind (KMR/*Eschelbach* § 222 Rn. 4; SK/*Deiters* § 222 Rn. 4; weiter gehend *Julius* § 222 Rn. 3). Aus Zweckmäßigkeitsgründen wird zu Recht empfohlen, mit der Ladung grds. alle als Beweismittel dienenden Gegenstände anzugeben (LR/*Jäger* § 222 Rn. 2; *Meyer-Goßner/Schmitt* § 222 Rn. 2 unter Hinweis auf Nr. 118 Abs. 3 RiStBV). Da das Aussetzungsrecht gem. § 246 Abs. 2, 3 nach allgemeiner Ansicht auf sachliche Beweismittel entsprechend anwendbar ist (SK/*Frister* § 246 Rn. 13; *Meyer-Goßner/Schmitt* § 246 Rn. 2), sind ansonsten Aussetzungsanträge zu erwarten. 2

§ 222 gilt über die Verweisung in § 71 Abs. 1 OWiG auch im **Bußgeldverfahren** (OLG Hamm NJW 1996, 534; OLG Jena VRS 113, 345 [346]; KMR/*Eschelbach* § 222 Rn 6). Die Frage, welche Folgen ein 3

§ 222 StPO   Namhaftmachung von Zeugen und Sachverständigen

Verstoß gegen die Regelung hat, ist dort wegen der häufig praktizierten Entbindung von der Pflicht zum persönlichen Erscheinen (§ 74 Abs. 1 OWiG) von besonderer Relevanz (s. Rdn. 13).

4 C. Mitteilungspflicht. I. Gericht. Nach Abs. 1 Satz 1 muss das Gericht der StA und dem Angeklagten die geladenen Zeugen und Sachverständigen mitteilen. Dies geschieht i.d.R. in der Ladung oder Terminsmitteilung (s. Nr. 118 Abs. 1 RiStBV). Lädt das Gericht die in der Anklageschrift benannten Beweispersonen, kann darauf Bezug genommen werden. Bei mehreren Angeklagten sind alle zu benachrichtigen, unabhängig davon, ob der Gegenstand der geplanten Vernehmung auch nur einen von ihnen betrifft (KMR/*Eschelbach* § 222 Rn. 10; KK/*Gmel* § 222 Rn. 4). Die Informationspflicht ggü. dem Angeklagten kann auch durch Mitteilung an einen zustellungsbevollmächtigten Verteidiger (§ 145a Abs. 1) erfüllt werden (SK/*Deiters* § 222 Rn. 7; LR/*Jäger* § 222 Rn. 7). Eine eigenständige Mitteilung an den Verteidiger ist vom Gesetz nicht gefordert, aber zweckmäßig (KMR/*Eschelbach* § 222 Rn. 10; Meyer-Goßner/Schmitt § 222 Rn. 6). Darüber hinaus sind auch die Privat- und Nebenkläger (§§ 385 Abs. 1, 397 Abs. 1) sowie die Nebenbeteiligten gem. § 433 Abs. 1 Satz 1, 442 Abs. 1 und 2, 444 Abs. 1 und 2 zu benachrichtigen (SK/*Deiters* § 222 Rn. 7; KMR/*Eschelbach* § 222 Rn. 11).

5 II. StA, Angeklagter, andere Verfahrensbeteiligte. Für die StA, den Angeklagten besteht nach Abs. 1 Satz 2 die Pflicht, dem jeweiligen »Gegner« (§ 246 Abs. 2), dem Gericht und ggf. den weiteren Verfahrensbeteiligten Mitteilung zu machen, sofern sie die Möglichkeit der Selbstladung (§§ 214 Abs. 3, 220 Abs. 1) nutzen. Da bei mehreren Angeklagten jeder eine eigene Verteidigungsstrategie haben kann, müssen auch die Mitangeklagten informiert werden (KMR/*Eschelbach* § 222 Rn. 24; SK/ *Deiters* § 222 Rn. 8; a. A. KK/*Gmel* § 222 Rn. 2; Meyer-Goßner/Schmitt § 222 Rn. 6). Die anderen zur unmittelbaren Ladung Berechtigten (s. § 219 Rn. 2, § 220 Rn. 1) haben ggü. dem Gericht und den anderen Verfahrensbeteiligten eine Mitteilungspflicht (KMR/*Eschelbach* § 222 Rn. 25).

6 D. Form und Inhalt der Mitteilung. Für die Mitteilung schreibt das Gesetz **keine bestimmte Form** vor. Zur besseren Nachweisbarkeit im Fall eines Aussetzungsantrags einer »Gegenpartei« sollte sie schriftlich sein (so auch Nr. 118 Abs. 1 RiStBV). Die Mitteilung kann aber auch mündlich, telefonisch, per Fax oder mittels E-Mail gemacht werden (KMR/*Eschelbach* § 222 Rn. 13; *Meyer-Goßner/Schmitt* § 222 Rn. 8).

7 Inhaltlich muss die Mitteilung grds. den Vor- und Nachnamen sowie den Wohn- oder Aufenthaltsort der Beweisperson enthalten (KMR/*Eschelbach* § 222 Rn. 14). Aus der sinngemäßen Anwendung des § 200 Abs. 1 Satz 3 (Abs. 1 Satz 3) ergibt sich, dass es nicht der Angabe der vollständigen Anschrift bedarf (SK/*Deiters* § 222 Rn. 5; a. A. KMR/*Eschelbach* § 222 Rn. 15; LR/*Jäger* § 222 Rn. 12; KK/ *Gmel* § 222 Rn. 7). Um den Belangen des Zeugenschutzes Rechnung zu tragen, genügt bei Zeugen, die Wahrnehmungen in amtlicher Eigenschaft gemacht haben, und bei gefährdeten Zeugen die Angabe des Namens (Abs. 1 Satz 3, § 200 Abs. 1 Satz 4, s.a. Nr. 130a RiStBV). Wohn-, Aufenthalts- oder Dienstort müssen nicht genannt werden (SK/*Deiters* § 222 Rn. 6). Wird ein Zeuge benannt, dessen Identität ganz oder teilweise nicht offenbart werden soll (vgl. § 68 Abs. 3), ist der Angeklagte darüber zu unterrichten (Abs. 1 Satz 3, § 200 Abs. 1 Satz 5).
Die Vorschrift verlangt nicht, dass das **Beweisthema**, zu dem der Zeuge oder Sachverständige vernommen werden soll, angegeben werden muss (RGSt. 67, 180 [182]; LR/*Jäger* § 222 Rn. 13).

8 E. Rechtzeitigkeit der Mitteilung. Rechtzeitig ist die Mitteilung, wenn – entsprechend dem Zweck der Regelung – den Verfahrensbeteiligten nach den Umständen des Einzelfalls genügend Zeit bleibt, sich auf die Vernehmung der benannten Beweispersonen in der Hauptverhandlung vorzubereiten. Dazu gehören die Einziehung von Erkundigungen (§ 246 Abs. 2), die Beantragung der Ladung weiterer Zeugen oder Sachverständigen bzw. deren unmittelbare Ladung und alle Maßnahmen, die für die Stellung weiterer Beweispersonen zur Hauptverhandlung notwendig sind (KMR/*Eschelbach* § 222 Rn. 12; Radtke/Hohmann/*Britz* § 222 Rn. 6).

9 F. Aussetzung und Verzicht. Bei Verstoß gegen die Mitteilungspflicht durch Verspätung oder Unterlassen kann der betroffene Verfahrensbeteiligte gem. § 246 Abs. 2 und Abs. 3 bis zum Schluss der

Beweisaufnahme den Antrag stellen, die Hauptverhandlung zum Zweck der Erkundigung **auszusetzen** (s. § 246 Rdn. 6 ff.).

Die Verfahrensbeteiligten können auch auf die Mitteilung **verzichten**, wenn sie vom Informationsmangel Kenntnis haben (KK/*Gmel* § 222 Rn. 9). Im bloßen Schweigen liegt kein Verzicht; es bedarf vielmehr einer Erklärung, aus der sich ein entsprechender Wille ergibt (KMR/*Eschelbach* § 222 Rn. 32). 10

G. Revision. Nach herrschender Meinung kann die **Revision** (bzw. die **Rechtsbeschwerde gem. §§ 79, 80 OWiG**) grds. nicht allein auf die Verletzung der Vorschrift (durch unterlassene oder verspätete Mitteilung) gestützt werden. Vielmehr muss mit der Verfahrensrüge vorgetragen werden, dass ein in der Hauptverhandlung gestellter Aussetzungsantrag nach § 246 Abs. 2, 3 durch rechts- oder ermessensfehlerhaften Gerichtsbeschluss zurückgewiesen wurde und darin eine Beschränkung der Verteidigungsmöglichkeit liegt, auf der das Urteil beruht (§ 338 Nr. 8) (BGHSt. 1, 284 [285], 37, 1 [3]; StV 1990, 196 [197]; KMR/*Eschelbach* § 222 Rn. 33; *Meyer-Goßner/Schmitt* § 222 Rn. 10). 11

Im Hinblick darauf, dass der Vorsitzende aufgrund der gerichtlichen Fürsorgepflicht den unverteidigten Angeklagten i.d.R. über das Recht belehren muss, die Aussetzung zu beantragen (OLG Jena VRS 113, 345 [347]; LR/*Jäger* § 222 Rn. 19; *Meyer-Goßner/Schmitt* § 246 Rn. 3), ist zu differenzieren: 12
– War der verteidigte Angeklagte in der Hauptverhandlung anwesend und haben weder er noch sein Verteidiger die Aussetzung der Hauptverhandlung nach § 246 Abs. 2, 3 beantragt, beruht das Urteil nicht auf der unterbliebenen Benachrichtigung (BGHSt. 1, 284 [285]).
– War der Angeklagte unverteidigt, wurde nicht über das Antragsrecht belehrt und hat daher aus Rechtsunkenntnis keinen Aussetzungsantrag gestellt, kann er dagegen die Revision ausnahmsweise auf den Verstoß gegen § 222 und das Unterlassen der Belehrung stützen (OLG Hamm MDR 1971, 1029; LR/*Jäger* § 222 Rn. 22; SK/*Deiters* § 222 Rn. 11). Ob das Urteil auf dem Mangel beruht, hängt davon ab, ob es auf die Aussage der Beweisperson ankam (KMR/*Eschelbach* § 222 Rn. 34).

Eine weitere Ausnahme, bei dem die Revision unmittelbar auf eine Verletzung des § 222 gestützt werden kann, liegt vor, wenn (bspw. im Fall des § 233) in Abwesenheit des Angeklagten verhandelt und er auch nicht gem. § 234 durch einen Verteidiger vertreten wurde (OLG Hamm MDR 1971, 1029; NJW 1996, 534; OLG Koblenz VRS 46, 447 [448]; OLG Jena VRS 110, 429 [431]). In diesem Fall hat der Angeklagte nämlich keine Möglichkeit, sich gegen das ihm unbekannte Beweismittel zu verteidigen bzw. einen Aussetzungsantrag nach § 246 Abs. 2, 3 stellen. Da das Gericht bei einer Entscheidung nur die Tatsachen und Beweismittel zugrunde legen darf, zu denen sich die Verfahrensbeteiligten äußern konnten, liegt im Verstoß gegen § 222 zugleich eine Verletzung des Anspruchs auf rechtliches Gehör aus Art. 103 Abs. 1 GG. Das Urteil beruht aber nur dann auf der Verletzung des Gesetzes, wenn die Aussage der nicht namhaft gemachten Beweisperson im Urteil verwertet wurde und nicht ausgeschlossen werden kann, dass sich der Angeklagte bei (rechtzeitiger) Kenntnis anders verteidigt hätte (OLG Hamm VRS 107, 127 [128]; OLG Jena VRS 110, 429 [431]; LR/*Jäger* § 222 Rn. 24; SK/*Deiters* § 222 Rn. 12). 13

§ 222a StPO Mitteilung der Besetzung des Gerichts.

(1) ¹Findet die Hauptverhandlung im ersten Rechtszug vor dem Landgericht oder dem Oberlandesgericht statt, so ist spätestens zu Beginn der Hauptverhandlung die Besetzung des Gerichts unter Hervorhebung des Vorsitzenden und hinzugezogener Ergänzungsrichter und Ergänzungsschöffen mitzuteilen. ²Die Besetzung kann auf Anordnung des Vorsitzenden schon vor der Hauptverhandlung mitgeteilt werden; für den Angeklagten ist die Mitteilung an seinen Verteidiger zu richten. ³Ändert sich die mitgeteilte Besetzung, so ist dies spätestens zu Beginn der Hauptverhandlung mitzuteilen

(2) Ist die Mitteilung der Besetzung oder einer Besetzungsänderung später als eine Woche vor Beginn der Hauptverhandlung zugegangen, so kann das Gericht auf Antrag des Angeklagten, des Verteidigers oder der Staatsanwaltschaft die Hauptverhandlung zur Prüfung der Besetzung unterbrechen, wenn dies spätestens bis zum Beginn der Vernehmung des ersten Angeklagten zur Sache verlangt wird.

(3) In die für die Besetzung maßgebenden Unterlagen kann für den Angeklagten nur sein Verteidiger oder ein Rechtsanwalt, für den Nebenkläger nur ein Rechtsanwalt Einsicht nehmen.

§ 222a StPO Mitteilung der Besetzung des Gerichts

1 **A. Inhalt und Zweck der Regelung.** Die Garantie des gesetzlichen Richters in Art. 101 Abs. 1 Satz 2 GG soll der Gefahr vorbeugen, dass durch eine auf den Einzelfall bezogene Auswahl der zur Entscheidung berufenen Richter das Ergebnis der Entscheidung – gleichgültig von welcher Seite – beeinflusst werden kann (BVerfGE 95, 322 [327]; 118, 212 [239]). Zu diesem Zweck bestehen gesetzliche Organisationsvorschriften und Geschäftsverteilungspläne, die in abstrakt-genereller Form die Zuständigkeiten der Gerichte und ihrer Spruchkörper im Vorhinein eindeutig und genau bestimmen. Dass ein Urteil wegen eines Fehlers bei der Anwendung dieser Bestimmungen aufgehoben und eine neue Hauptverhandlung durchgeführt wird, erscheint jedoch angesichts der damit verbundenen Mehrbelastung der Justiz und der Verzögerung des Verfahrens dann bedenklich, wenn die Entscheidung materiell richtig ist und auf einem ansonsten einwandfreien Verfahren beruht (BT-Drucks. 8/354, S. 7 f.; BVerfG NJW 2003, 3545 [3546]; BGHSt 48, 290 [293]). Aus diesem Grund legt das Gesetz in den §§ 222a, 222b dem Angeklagten auf, **bereits zu Beginn der Hauptverhandlung** eine Überprüfung der vorschriftsmäßigen Besetzung des Gerichts zu veranlassen, und verlangt von ihm, seinen **Anspruch auf den gesetzlichen Richter** spätestens bis zum Beginn der Vernehmung des ersten Angeklagten zur Sache geltend zu machen. Wird die vorschriftswidrige Besetzung nicht rechtzeitig gerügt, ist eine auf diese Rechtsverletzung gestützte Revision **präkludiert** (§ 338 Nr. 1 Halbs. 2). Da der gerichtlichen Mitteilungspflicht eine Pflicht korrespondiert, die Ordnungsmäßigkeit der Besetzung zu prüfen, dient die mit dem Strafverfahrensänderungsgesetz v. 05.10.1978 in die StPO eingefügte Vorschrift auch dazu, leicht behebbare Besetzungsfehler aufzudecken und zu heilen (BT-Drucks. 8/976, S. 46; BGH NStZ 1982, 295 f.; NStZ 1982, 1404; KMR/*Eschelbach* § 222a Rn. 3).

2 Die Regelung ist **verfassungsgemäß**, da sie nicht Inhalt und Umfang des Rechts auf den gesetzlichen Richter, sondern nur die zeitliche Geltendmachung eines Verstoßes begrenzt (BVerfG NStZ 1984, 370; NJW 2003, 3545; BGHSt 33, 126 [129]; KMR/*Eschelbach* § 222a Rn. 12 ff.).

3 § 222a Abs. 1 bestimmt, welche Mitteilungspflichten das Gericht im Hinblick auf die Besetzung zu erfüllen hat. Abs. 2 gibt den Verfahrensbeteiligten das Recht, zur Prüfung der Besetzung die Unterbrechung der Hauptverhandlung zu verlangen. Abs. 3 sichert im Hinblick auf das in § 222b Abs. 2 Satz 2 aufgestellte Erfordernis, den Besetzungseinwand zu begründen, das Recht zur Einsichtnahme in die für die Besetzung maßgeblichen Unterlagen.

4 **B. Anwendungsbereich.** §§ 222a, 222b betreffen nur **organisatorische Besetzungsmängel** (s. § 222b Rn. 2)

5 Die Vorschriften zum Besetzungseinwand gelten nur für **Hauptverhandlungen im ersten Rechtszug vor dem LG oder dem OLG** (§§ 74 ff., 120, 120a GVG), unabhängig von deren voraussichtlicher Dauer (BT-Drucks. 8/976, S. 45). Sie finden auch Anwendung auf neue Hauptverhandlungen nach Aussetzung oder nach Zurückverweisung durch das Revisionsgericht (SK-StPO/*Deiters* § 222a Rn. 4; KK-StPO/*Gmel* § 222a Rn. 3). § 222a gilt aber nicht, wenn ein vorher erhobener Einwand zu einer Änderung der Besetzung geführt hat (§ 222b Abs. 2 Satz 3).

6 **Nicht anwendbar** sind die Regelungen auf Verfahren vor dem AG, auf landgerichtliche Berufungsverfahren und auf Verfahren vor der StVK (OLG Celle StraFo 2013, 35). Für die ehrengerichtlichen oder berufsgerichtlichen Verfahren nach dem StBerG, der WiPrO und der PatAnwO, die vor besonders zusammengesetzten Kammern des LG bzw. Senaten des OLG stattfinden, gelten die Regelungen ebenfalls nicht (BT-Drucks. 8, 976, S. 45). Keine Anwendbarkeit besteht auch bei Bußgeldsachen. Dies ergibt sich daraus, dass § 71 OWiG auf die Vorschriften der StPO zum Strafbefehlsverfahren verweist, das nach § 407 Abs. 1 vor dem AG stattfindet (BGH NStZ 1986, 518; KK-StPO/*Gmel* § 222a Rn. 3; nach verbreiteter Ansicht gelten §§ 222a, 222b aber zumindest bei vor dem OLG verhandelten Kartellordnungswidrigkeiten gem. § 82 GWB SK-StPO/*Deiters* § 222a Rn. 4; Meyer-Goßner/*Schmitt* § 222a Rn. 2; Graf/*Ritscher* § 222a Rn. 4).

7 **C. Mitteilungspflicht (Abs. 1)** I. **Inhalt der Mitteilung.** Mitzuteilen ist die **Besetzung des Gerichts** unter Hervorhebung des Vorsitzenden und gem. § 192 Abs. 2, 3 GVG hinzugezogener Ergänzungsrichter und -schöffen. Zu nennen sind (nur) die Namen der Berufsrichter und der Schöffen sowie die Eigenschaft (Vorsitzender, Beisitzer bzw. Schöffe), in der sie mitwirken (LR/*Jäger* § 222a Rn. 3; HK/*Julius* § 222a Rn. 4). Die Hervorhebung des Vorsitzenden ist nötig, weil für dessen gesetzmäßige

Berufung besondere Voraussetzungen gelten (§ 21f GVG). Wer Berichterstatter ist, muss dagegen nicht mitgeteilt werden (*Meyer-Goßner/Schmitt* § 222a Rn. 7).

Der **Grund für die Besetzung** (Regelbesetzung, Verhinderung eines Richters o.Ä.) muss nicht näher angegeben werden (SK-StPO/*Deiters* § 222a Rn. 5; LR/*Jäger* § 222a Rn. 3; *Meyer-Goßner/Schmitt* § 222a Rn. 7). Er ergibt sich aus den für die Besetzung maßgeblichen Unterlagen, die den Prozessbeteiligten zur Einsicht zur Verfügung gestellt werden müssen (Abs. 3). Da gem. § 140 Abs. 1 Nr. 1 bei erstinstanzlichen Verfahren vor dem LG und OLG immer ein Fall notwendiger Verteidigung vorliegt, muss der Angeklagte über die Bedeutung der Besetzungsmitteilung und die Rügepräklusion **nicht belehrt** werden (SK-StPO/*Deiters* § 222a Rn. 5; LR/*Jäger* § 222a Rn. 10). Hinsichtlich der anderen Verfahrensbeteiligten ist entgegen der herrschenden Meinung (KK-StPO/*Gmel* § 222a Rn. 5; *Meyer-Goßner/Schmitt* § 222a Rn. 7) wegen der gerichtlichen Fürsorgepflicht danach zu differenzieren, ob diese anwaltlich vertreten sind oder nicht (KMR/*Eschelbach* § 222a Rn. 18). 8

II. Zeitpunkt und Form der Mitteilung. Die Mitteilung kann vor der Hauptverhandlung (Satz 2), muss aber spätestens zu deren Beginn gemacht werden (Satz 1). Die Entscheidung über den Zeitpunkt der Mitteilung trifft der Vorsitzende nach **pflichtgemäßem Ermessen** (SK-StPO/*Deiters* § 222a Rn. 9; HK/*Julius* § 222a Rn. 5). 9

1. Mitteilung vor der Hauptverhandlung. Vor der Hauptverhandlung muss die Besetzung nach allgemeiner Ansicht auf Anordnung des Vorsitzenden **schriftlich** mitgeteilt werden (OLG Celle NStZ 1991, 553 [554]; *Meyer-Goßner/Schmitt* § 222a Rn. 10). Dies kann – wie in der Praxis üblich – zusammen mit der Ladungsanordnung geschehen (LR/*Jäger* § 222a Rn. 7). 10

Adressaten der Mitteilung sind alle Verfahrensbeteiligten, die die Revision auf die fehlerhafte Gerichtsbesetzung stützen können. Für den Angeklagten ist die vorgezogene Mitteilung an seinen Verteidiger zu richten (Satz 2 Halbs. 2), bei mehreren Verteidigern an alle (Radtke/Hohmann/*Britz* § 222a Rn. 5); einer zusätzlichen Mitteilung an den Angeklagten bedarf es mangels Anwendbarkeit von § 145a Abs. 3 nicht (LR/*Jäger* § 222a Rn. 15; *Meyer-Goßner/Schmitt* § 222a Rn. 12). Bei einem Wechsel des Verteidigers muss die Mitteilung nicht wiederholt werden (KK-StPO/*Gmel* § 222a Rn. 8; *Meyer-Goßner/Schmitt* § 222a Rn. 13). 11

Mitzuteilen ist die Besetzung auch der StA, dem Nebenkläger und den Einziehungs- und Verfallsbeteiligten (§§ 431 Abs. 1 Satz 1, 442 Abs. 2) bzw. – in entsprechender Anwendung von Satz 2 Halbs. 2 – deren Prozessbevollmächtigten (LR/*Jäger* § 222a Rn. 15; *Meyer-Goßner/Schmitt* § 222a Rn. 14). Mangels Rechtsmittelberechtigung (§ 406a Abs. 1 Satz 2) erhält der Antragsteller im Adhäsionsverfahren kein Mitteilung (SK-StPO/*Deiters* § 222a Rn. 6; *Meyer-Goßner/Schmitt* § 222a Rn. 15). 12

Ausgeführt wird die vorherige Mitteilung von der **Geschäftsstelle des Gerichts** (LR/*Jäger* § 222a Rn. 9). Im Hinblick auf das in das Abs. 2 normierte Recht, die Unterbrechung der Hauptverhandlung zu beantragen, wenn die Mitteilung später als eine Woche vor Beginn der Hauptverhandlung zugeht, muss die Mitteilung zur Ermöglichung des Nachweises **förmlich zugestellt** werden (LR/*Jäger* § 222a Rn. 9; *Meyer-Goßner/Schmitt* § 222a Rn. 9). 13

Ändert sich die (schriftlich) mitgeteilte Besetzung, muss die **Mitteilung korrigiert** werden (Satz 3). Dies kann vor der Hauptverhandlung schriftlich oder in der Hauptverhandlung zu Beginn (s. Rdn. 9) mündlich geschehen. Die schriftliche Berichtigung darf nicht deshalb unterlassen werden, weil die Wochenfrist für ihren Zugang nach Abs. 2 nicht eingehalten werden kann (*Meyer-Goßner/Schmitt* § 222a Rn. 16). Inhaltlich ist es grds. ausreichend, nur die eingetretene Änderung (z.B. Wechsel eines Schöffen) mitzuteilen (KK-StPO/*Gmel* § 222a Rn. 9; *Meyer-Goßner/Schmitt* § 222a Rn. 16). Bei erheblichen oder wiederholten Änderungen sollte im Interesse der Transparenz die (neue) vollständige Besetzung mitgeteilt werden (LR/*Jäger* § 222a Rn. 12; HK/*Julius* § 222a Rn. 7). 14

Ohne dass dies gesetzlich geboten wäre, wird in der Praxis üblicherweise zu Beginn der Hauptverhandlung die (protokollierte) Feststellung getroffen, dass sich die den Verfahrensbeteiligten bereits schriftlich mitgeteilte Besetzung nicht geändert hat.

2. Mitteilung in der Hauptverhandlung. In der Hauptverhandlung erfolgt die Mitteilung mündlich durch den Vorsitzenden und ist als wesentliche Förmlichkeit gem. § 273 zu protokollieren (SK-StPO/*Deiters* § 222a Rn. 10; LR/*Jäger* § 222a Rn. 5; KK-StPO/*Gmel* § 222a Rn. 7). Nicht ausreichend ist es, die Besetzung durch Aushang vor dem Gerichtssaal mitzuteilen (BGHSt 29, 162; *Meyer-* 15

Goßner/Schmitt § 222a Rn. 4). »Spätestens zu Beginn der Hauptverhandlung« bedeutet nicht unmittelbar nach Aufruf der Sache (§ 243 Abs. 1 Satz 1), obwohl dies vom Ablauf her sinnvoll erscheint. Nach herrschender Meinung kann die Mitteilung zu einem beliebigen Zeitpunkt zwischen Aufruf der Sache und Vernehmung des ersten Angeklagten zur Person gemacht werden (BVerfG NJW 2003, 3545; BGH NJW 2001, 3062; *Meyer-Goßner/Schmitt* § 222a Rn. 5; einschränkend SK-StPO/*Deiters* § 222a Rn. 7: nur am ersten Verhandlungstag).

16 III. **Folgen unterlassener, verspäteter oder fehlerhafter Mitteilung.** Wird die Mitteilung nach Abs. 1 unterlassen, erfolgt sie verspätet oder ist sie fehlerhaft, hat dies keine Bedeutung für die Ordnungsmäßigkeit der Besetzung des Gerichts, sondern nur die Wirkung, dass hinsichtlich des Besetzungseinwands (§ 338 Nr. 1 Buchst. a) keine Präklusion eintritt (BVerfG NStZ 1984, 370 [371]; NJW 2002, 814; BGH DAR 1998, 175). Soweit der BGH bei einer Verletzung des § 76 Abs. 2 GVG eine Präklusion annimmt, wenn nicht analog § 222b Abs. 1 der Besetzungseinwand erhoben wurde (BGH NStZ 2005, 465; zustimmend LR/*Jäger* § 222b Rn. 4), ist dies weder mit dem Wortlaut der Regelungen vereinbar noch ersichtlich, wo die für die entsprechende Anwendung erforderliche Regelungslücke liegen soll (SK-StPO/*Deiters* § 222b Rn. 1).

17 Ein Verstoß gegen die Mitteilungspflicht kann auch nicht dadurch geheilt werden, dass das Gericht die Besetzungsmitteilung nachholt und den bereits durchgeführten Teil der Hauptverhandlung wiederholt (BGH DAR 1998, 175; LR/*Jäger* § 222a Rn. 4; KK-StPO/*Gmel* § 222a Rn. 6). Es muss vielmehr ausgesetzt und neu begonnen werden (HK/*Julius* § 222a Rn. 15).

18 **D. Unterbrechung der Hauptverhandlung (Abs. 2) I. Antrag.** Geht die Mitteilung der Besetzung oder einer Besetzungsänderung später als eine Woche vor dem Beginn der Hauptverhandlung zu, können Angeklagter, Verteidiger und StA die Unterbrechung der Hauptverhandlung beantragen, um im Hinblick auf den Besetzungseinwand gem. § 222b die vorschriftsmäßige Besetzung zu prüfen. Über den Wortlaut des Abs. 2 hinaus besteht auch für die unter Rdn. 12 genannten Verfahrensbeteiligten ein Antragsrecht.

Der Fall, dass die Besetzungsmitteilung später als eine Woche vor dem Hauptverhandlungstermin zugegangen ist – die Frist wird nach § 43 Abs. 1 berechnet –, kann bei schriftlicher Mitteilung der Besetzung oder Besetzungsänderung vor der Hauptverhandlung eintreten. Er ist immer gegeben, wenn die Mitteilung gem. Abs. 1 Satz 1 oder die Änderungsmitteilung nach Abs. 1 Satz 3 erst in der Hauptverhandlung erfolgt.

19 Über den gesetzlichen Wortlaut hinaus erkennt die herrschende Meinung im Hinblick auf Sinn und Zweck der Regelung ein Recht auf Antragstellung auch dann an, wenn zwar die Wochenfrist eingehalten wurde, aber feststeht oder glaubhaft gemacht wird, dass der Antragsteller die zur Prüfung der ordnungsgemäßen Besetzung maßgeblichen Unterlagen nicht oder nicht vollständig zur Verfügung gestellt wurden (LR/*Jäger* § 222a Rn. 20; *Meyer-Goßner/Schmitt* § 222a Rn. 21).

20 Der (mündliche) Antrag muss spätestens bis zum Beginn der Vernehmung des ersten Angeklagten zur Sache gestellt werden. Der vorgeschriebene Endzeitpunkt ist damit derselbe wie der für die Erhebung ähnlicher Einwände nach §§ 16 Satz 3, 217 Abs. 2 geltende. Die Antragstellung ist gem. § 273 Abs. 1 zu protokollieren. Dass bereits ein anderer Verfahrensbeteiligter einen Antrag gestellt hat, macht den (weiteren) Antrag nicht unzulässig (LR/*Jäger* § 222a Rn. 23).

21 Die Regelung lässt auch einen **schriftlichen Unterbrechungsantrag vor der Hauptverhandlung** zu. Ein solcher Antrag ist aber i.d.R. sinnlos, da die zur Prüfung der Besetzung angestrebte Verlegung des Hauptverhandlungstermins (v.a. bei den Schöffen) zu einer Besetzungsänderung führen kann (*Meyer-Goßner/Schmitt* § 222a Rn. 19). Nach zutreffender herrschender Meinung ist der Antrag daher dahin gehend auszulegen, dass die zum festgesetzten Termin mit der mitgeteilten Besetzung stattfindende Hauptverhandlung alsbald unterbrochen werden soll (LR/*Jäger* § 222a Rn. 21; KMR/*Eschelbach* § 222a Rn. 54). Über diesen Antrag hat das Gericht daher wie über einen in der Hauptverhandlung (rechtzeitig) gestellten Antrag zu entscheiden.

22 II. **Entscheidung über den Antrag. 1. Zuständigkeit und Verfahren.** Über den Unterbrechungsantrag entscheidet das Gericht unter Mitwirkung der Schöffen nach **Anhörung** der Verfahrensbeteiligten (§ 33 Abs. 1) **durch Beschluss**, der zu protokollieren ist (SK-StPO/*Deiters* § 222a Rn. 23; KMR/

Eschelbach § 222a Rn. 50). Abs. 2 ist ggü. § 228 Abs. 1 Satz 2, wonach der Vorsitzende kürzere Unterbrechungen anordnet, die speziellere Norm (KK-StPO/*Gmel* § 222a Rn. 12).

2. Zeitpunkt der Entscheidung. Über den Unterbrechungsantrag muss vor Beginn der Vernehmung des ersten Angeklagten zur Sache entschieden werden, weil ab diesem Zeitpunkt der Besetzungseinwand nicht mehr geltend gemacht werden kann (§ 222b Abs. 1 Satz 1). Wird der Antrag vom Gericht übergangen, tritt keine Präklusion ein (§ 338 Nr. 1 Buchst. c) (*Meyer-Goßner/Schmitt* § 222a Rn. 20; HK/*Julius* § 222a Rn. 9). 23

3. Entscheidungsmaßstab. Ist die Besetzung dem Antragsteller später als eine Woche vor Beginn der Hauptverhandlung oder erst in der Hauptverhandlung mitgeteilt worden, entscheidet das Gericht nach pflichtgemäßem Ermessen (»kann«), ob ein Aufschub erforderlich ist, um die ordnungsgemäße Gerichtsbesetzung prüfen zu können. Trotz Vorliegens der Antragsvoraussetzungen kann das Gericht den Antrag im Interesse der Fortführung des Verfahrens zurückweisen, wenn keinerlei Anhaltspunkte für eine vorschriftswidrige Besetzung vorliegen (OLG Bremen StV 1986, 540; LR/*Jäger* § 222a Rn. 24; *Meyer-Goßner/Schmitt* § 222a Rn. 21). 24

Will das Gericht dem Unterbrechungsantrag entsprechen, muss es außerdem darüber befinden, welche Zeit nach den Umständen des Einzelfalls für die Prüfung angemessen ist. Die Unterbrechung muss so lange dauern, dass der Antragsteller die Besetzung in jeder Hinsicht und in vollem Umfang überprüfen kann (BGHSt 29, 284 [285]; BGH NStZ 1988, 36 [37]). In Anlehnung an die in Abs. 2 geregelte Frist geht die Rechtsprechung zu Recht davon aus, dass **im Regelfall eine Woche** ausreichend ist, sofern sich der Antragsteller nicht selbst mit einer kürzeren Frist begnügt oder aufgrund besonderer Umstände der Zeitaufwand sicher abzuschätzen ist (BGHSt 29, 284 [285 f.]; SK-StPO/*Deiters* § 222a Rn. 22; HK/*Julius* § 222a Rn. 9; KK-StPO/*Gmel* § 222a Rn. 12: nur bei Schwurgerichtssachen; für eine ausschließliche Orientierung am Einzelfall dagegen LR/*Jäger* § 222a Rn. 25; KMR/*Eschelbach* § 222a Rn. 62). Die Frist kann auf Antrag **nachträglich verlängert** werden (LR/*Jäger* § 222a Rn. 26; *Meyer-Goßner/Schmitt* § 222a Rn. 22). Eine zu kurz bemessene Unterbrechung steht der Ablehnung des Unterbrechungsantrags gleich (BGHSt 29, 238 (285); NStZ 1988, 36 (37); KK-StPO/*Gmel* § 222a Rn. 12). In beiden Fällen wird die Besetzungsrüge nicht präkludiert. 25

4. Begründung. Die antragsgemäße Entscheidung bedarf **keiner Begründung**. Bei Ablehnung der Unterbrechung ist zu begründen, weshalb der Antrag unzulässig ist bzw. das Gericht die Aussetzung nicht für erforderlich hält (LR/*Jäger* § 222a Rn. 24; SK-StPO/*Deiters* § 222a Rn. 23; a. A. *Meyer-Goßner/Schmitt* § 222a Rn. 20; Radtke/Hohmann/*Britz* § 222a Rn. 12). 26

E. Einsichtnahme in die Besetzungsunterlagen (Abs. 3)

Gem. § 222b Abs. 1 Satz 2 müssen bei der Geltendmachung des Besetzungseinwands die Tatsachen angegeben werden, aus denen sich die vorschriftswidrige Besetzung des Gerichts ergeben soll. Zur Vorbereitung und Begründung des Einwands bedarf es daher der Einsicht in die maßgebenden Besetzungsunterlagen. Dabei handelt es sich insb. um den Geschäftsverteilungsplan des Gerichts und die diesen verändernden oder ergänzenden Präsidiumsbeschlüsse (§ 21e GVG), den internen Geschäftsverteilungsplan des Spruchkörpers (§ 21g GVG), die Unterlagen über die Bestimmung des Vorsitzenden (§§ 21e, 21f GVG), die Schöffen- und Hilfsschöffenliste (§§ 44 ff. GVG), die Unterlagen für die Schöffenwahl (§§ 36 ff. GVG) sowie die Unterlagen, aus denen sich Verhinderungen und Vertreterbestellungen ergeben (ausführliche Checkliste bei *Burhoff*, Handbuch Rn. 241). Entsprechend dem Akteneinsichtsrecht gewährt Abs. 3 dem Verteidiger oder einem (insoweit unterbevollmächtigten) RA sowie dem RA des Nebenklägers einen Rechtsanspruch auf Einsichtnahme (BGHSt 33, 126 [130]) und ggf. auf Erläuterung unklarer oder nicht aktenkundiger Vorgänge (LR/*Jäger* § 222a Rn. 17). Anspruch auf die Überlassung von Originalunterlagen besteht nicht (OLG Düsseldorf MDR 1979, 1043; HK/*Julius* § 222a Rn. 13). Über den Wortlaut hinaus besteht ein Einsichtsrecht auch für StA und die Rechtsanwälte von Nebenbeteiligten (SK-StPO/*Deiters* § 222a Rn. 25; *Meyer-Goßner/Schmitt* § 222a Rn. 24). 27

Die Vorschrift gibt dem Angeklagten, dem Nebenkläger und den Nebenbeteiligten kein Recht zur persönlichen Einsichtnahme in die Unterlagen. In die Geschäftsverteilungspläne des Gerichts und des Spruchkörpers können sie aber – wie jedermann auch – gem. § 21e Abs. 9 GVG bzw. bzw. § 21g Abs. 7 GVG Einsicht nehmen. 28

§ 222b StPO Besetzungseinwand

29 Die für die Besetzung maßgeblichen Unterlagen sind von der für die Gewährung der Einsicht zuständige Justizverwaltung **übersichtlich und vollständig bereitzuhalten** (SK-StPO/*Deiters* § 222a Rn. 25; LR/*Jäger* § 222a Rn. 17). Der Vorsitzende muss keine Unterlagen beschaffen oder vorlegen (*Meyer-Goßner/Schmitt* § 222a Rn. 22).

30 **F. Rechtsbehelfe.** Die Anordnung der Unterbrechung und deren Ablehnung können gem. § 305 Satz 1 nicht mit der **Beschwerde** angefochten werden (KK-StPO/*Gmel* § 222a Rn. 15; *Meyer-Goßner/Schmitt* § 222a Rn. 25).

31 Verweigert die Justizverwaltung die Einsicht in die Unterlagen, gewährt sie diese nur teilweise bzw. nur für zu kurze Zeit, kann dies nach h.M. nicht angefochten werden (insb. nicht nach § 23 EGGVG). Begründet wird dies zu Recht damit, dass in diesem Fall die (nicht präkludierte) Besetzungsrüge möglich ist (OLG Hamm NJW 1980, 1009; LR/*Jäger* § 222a Rn. 17; KK-StPO/*Gmel* § 222a Rn. 14; *Meyer-Goßner/Schmitt* § 222a Rn. 23; a. A. OLG Frankfurt am Main NStZ-RR 2006, 208; KMR/*Eschelbach* § 222a Rn. 71; Radtke/Hohmann/*Britz* § 222a Rn. 16).

32 Die Verletzung der Mitteilungspflichten begründet keinen Verstoß gegen Art. 101 Abs. 1 Satz 2 GG, sondern hebt lediglich die Rügepräklusion des § 338 Nr. 1 Halbs. 2 auf (BVerfG NJW 2002, 814; *Meyer-Goßner/Schmitt* § 222a Rn. 25).

§ 222b StPO Besetzungseinwand. (1) ¹Ist die Besetzung des Gerichts nach § 222a mitgeteilt worden, so kann der Einwand, daß das Gericht vorschriftswidrig besetzt sei, nur bis zum Beginn der Vernehmung des ersten Angeklagten zur Sache in der Hauptverhandlung geltend gemacht werden. ²Die Tatsachen, aus denen sich die vorschriftswidrige Besetzung ergeben soll, sind dabei anzugeben. Alle Beanstandungen sind gleichzeitig vorzubringen. ³Außerhalb der Hauptverhandlung ist der Einwand schriftlich geltend zu machen; § 345 Abs. 2 und für den Nebenkläger § 390 Abs. 2 gelten entsprechend.
(2) ¹Über den Einwand entscheidet das Gericht in der für Entscheidungen außerhalb der Hauptverhandlung vorgeschriebenen Besetzung. ²Hält es den Einwand für begründet, so stellt es fest, daß es nicht vorschriftsmäßig besetzt ist. ³Führt ein Einwand zu einer Änderung der Besetzung, so ist auf die neue Besetzung § 222a nicht anzuwenden.

1 **A. Inhalt der Regelung.** Gem. § 338 Nr. 1 Buchst. b) kann der Revisionsgrund der Entziehung des gesetzlichen Richters nur geltend gemacht werden, wenn die gem. § 222a mitgeteilte vorschriftswidrige Besetzung des Gerichts schon beim Tatrichter beanstandet wurde. § 222b Abs. 1 regelt, bis zu welchem Zeitpunkt, mit welchem Inhalt und in welcher Form der Besetzungseinwand zu erheben ist. Wie die Bezugnahme auf § 222a zeigt, gilt die Vorschrift nur für erstinstanzliche Verfahren vor dem LG und OLG. Abs. 2 normiert die Besetzung des Gerichts und die Folgen einer berechtigten Rüge.

2 **B. Einwand der vorschriftswidrigen Besetzung.** Da der Revisionsgrund der vorschriftswidrigen Besetzung (§ 338 Nr. 1) das Recht auf den gesetzlichen Richter (Art. 101 Abs. 1 Satz 2 GG, § 16 Satz 2 GVG) sichert, können mit dem Einwand vorschriftswidriger Besetzung nur **organisatorische Besetzungsmängel** geltend gemacht werden, nicht dagegen Besetzungsfehler, die sich aus Mängeln in der Person des Richters (Bsp. Blindheit) ergeben (BGH NJW 1987, 1210; LR/*Jäger* § 222a Rn. 2). Eine vorschriftswidrige Besetzung resultiert z.B. aus Fehlern bei der Berufung von Schöffen (BGHSt 33, 41; 33, 126 [129]), aus der Mitwirkung nicht vereidigter Schöffen (BGHSt 48, 290 [292 f.]) oder aus der Hinzuziehung eines Ergänzungsrichters oder -schöffen erst nach Beginn der Hauptverhandlung (BGH NJW 2001, 3062). Auf den Verstoß gegen § 76 Abs. 2 GVG wegen Über- oder Unterbesetzung der Kammer ist § 222b (entsprechend) anwendbar (BGHSt 44, 328 [333], 44, 361 [364]; NJW 2003, 3644; NStZ 2005, 465) Umfassende Übersicht möglicher Rechtsfehler s. § 338 Rn. 5 ff. sowie KMR/*Eschelbach* § 222b Rn. 72 ff.; *Burhoff* Handbuch Rn. 241.

3 **C. Prüfung der Besetzung von Amts wegen.** Die Regelung ist nicht dahin gehend zu verstehen, dass die vorschriftsmäßige Besetzung nur auf Einwand der Verfahrensbeteiligten hin zu prüfen

ist. Durch die Vorschrift soll das Gericht nicht von der Pflicht zur Prüfung der Besetzung von Amts wegen entbunden, sondern im Hinblick auf die Revision die zeitliche Geltendmachung der Besetzungsrüge begrenzt werden (s. § 222a Rdn. 1). Das Gericht muss daher auch ohne Besetzungseinwand seine vorschriftsmäßige Besetzung in jeder Lage des Verfahrens – auch bei verspätetem Einwand – von Amts wegen prüfen und ggf. auf eine Änderung hinwirken (BT-Drucks. 8/976, S. 26; BGH NStZ 1996, 48; KG MDR 1980, 688; OLG Hamm, Beschl. v. 27.01.2014, 1 Ws 50/14: nur bei eklatanter Fehlbesetzung; SK-StPO/*Deiters* § 222b Rn. 2; KK-StPO/*Gmel* § 222b Rn. 14; *Meyer-Goßner/Schmitt* § 222b Rn. 2, 13; a. A. OLG Celle NJW 1991, 2848; LR/*Jäger* § 222b Rn. 38).

D. Geltendmachung des Besetzungseinwands. I. Berechtigung. Zur Geltendmachung des Einwands sind alle Verfahrensbeteiligten **berechtigt**, die eine Revision gegen das Urteil auf die fehlerhafte Gerichtsbesetzung stützen können (LR/*Jäger* § 222b Rn. 3; KK-StPO/*Gmel* § 222b Rn. 2). Angeklagter und Verteidiger haben ein eigenes Beanstandungsrecht, können den Einwand daher ohne bzw. gegen den Willen des jeweils anderen geltend machen (*Meyer-Goßner/Schmitt* § 222b Rn. 3; HK/*Julius* § 222b Rn. 2). Wird der Besetzungseinwand des einen zurückgewiesen, kann der andere mit einem eigenen Antrag weitere Gründe für eine Besetzungsrüge vortragen (LR/*Jäger* § 222b Rn. 20; KK-StPO/*Gmel* § 222b Rn. 4). 4

Auf den Besetzungseinwand kann **verzichtet** werden (BGH, Beschl. v. 02.11.2010 – 1 StR 544/09, Rn. 44; *Meyer-Goßner/Schmitt* § 222b Rn. 3; KK-StPO/*Gmel* § 222b Rn. 3). Der Verzicht muss eindeutig erklärt werden. Er kann nicht schon darin gesehen werden, dass der Verteidiger erklärt, innerhalb einer vom Gericht in der Hauptverhandlung eingeräumten (zu kurzen) Prüfungszeit von 30 Minuten den Einwand nicht erheben zu können (BGH NJW 1988, 1921; HK/*Julius* § 222b Rn. 11). Folge des Verzichts ist der Verlust des Rechts zur Erhebung der Besetzungsrüge (Graf/*Ritscher* § 222b Rn. 7). Aus diesem Grund ist der Verzicht zu protokollieren (Radtke/Hohmann/*Britz* § 222b Rn. 2). 5

II. Zeitpunkt. Gem. Abs. 1 Satz 1 muss bei vorschriftsmäßiger Mitteilung der Besetzung der Einwand der vorschriftswidrigen Besetzung bis zum Beginn der Vernehmung des (einzigen oder ersten von mehreren) Angeklagten zur Sache (§ 243 Abs. 5 Satz 2) geltend gemacht werden. Sind die Vorschriften über die Mitteilung verletzt, bedarf es keines Besetzungseinwands, um die Präklusion zu verhindern (s. § 222a Rdn. 16). Der Einwand darf aber auch in diesem Fall unter denselben Voraussetzungen erhoben werden (LR/*Jäger* § 222b Rn. 4; KK-StPO/*Gmel* § 222b Rn. 1). 6

Nach dem in Abs. 1 geregelten Zeitpunkt ist der Einwand ausgeschlossen, selbst wenn die Mitteilung fehlerhaft war (KK-StPO/*Gmel* § 222b Rn. 4; *Meyer-Goßner/Schmitt* § 222b Rn. 4). Da die Rügepflicht daran anknüpft, dass das Gericht (nicht: das erkennende Gericht) vorschriftswidrig besetzt ist, ist die zeitliche Grenze auch maßgebend, soweit der Einwand Ergänzungsrichter oder -schöffen betrifft; die Geltendmachung des Einwands erst nach Eintritt des Verhinderungsfalls ist daher verspätet (BVerfG NJW 2003, 3545; BGH NJW 2001, 3062; LR/*Jäger* § 222b Rn. 19; KK-StPO/*Gmel* § 222b Rn. 4). 7

Findet die **Hauptverhandlung in Abwesenheit des Angeklagten** statt (§§ 231a, 231b, 231c, 232, 233), ist der Einwand bis zu den Zeitpunkt möglich, an dem die Verlesung der Niederschrift über die Vernehmung des Angeklagten zur Sache beginnt (SK-StPO/*Deiters* § 222b Rn. 4; LR/*Jäger* § 222b Rn. 8). 8

Gegen die Versäumung der Frist ist **keine Wiedereinsetzung** möglich, weil es sich um eine Ausschlussfrist handelt (SK-StPO/*Deiters* § 222b Rn. 4; LR/*Jäger* § 222b Rn. 15; a. A. Radtke/Hohmann/*Britz* § 222b Rn. 7). 9

III. Inhalt und Form. 1. Tatsachenvortrag. Der Einwand der vorschriftswidrigen Besetzung muss inhaltlich den Anforderungen entsprechen, die an eine Besetzungsrüge in der Revision gestellt werden (BGHSt 44, 161 [162]; BGH NStZ 2007, 536; LR/*Jäger* § 222b Rn. 17; KMR/*Eschelbach* Rn. 20; *Meyer-Goßner/Schmitt* § 222b Rn. 6). Dies ergibt sich daraus, dass Abs. 1 Satz 2 wie § 344 Abs. 2 Satz 2 verlangt, dass **die den Mangel ergebenden Tatsachen** anzugeben sind. Es reicht daher nicht aus, den Besetzungseinwand vorsorglich und »ins Blaue hinein« zu erheben. Vorzutragen sind alle konkreten Tatsachen, aus denen sich die Fehlerhaftigkeit der Besetzung ergeben soll. Wie aus dem Wortlaut des § 338 Nr. 1 (»soweit«) folgt, bleibt bei unberechtigter Verwerfung des Einwands nur bzgl. dieser konkret bezeichneten Tatsachen die Revision erhalten. Die »hohen Anforderungen« 10

§ 222b StPO   Besetzungseinwand

an die Begründung gelten auch bei evidenten Besetzungsmängeln, die allen Verfahrensbeteiligten ohne Weiteres erkennbar oder sogar bekannt sind (BGH NStZ 2007, 536).

11 Eine Einschränkung erfährt das Begründungserfordernis durch die **tatsächliche Möglichkeit des Tatsachenvortrags**. Ist etwa eine Dokumentation der Gründe für eine Änderung der Geschäftsverteilung nicht vorhanden, genügt es vorzutragen, dass mangels vorhandener Unterlagen nicht nachzuvollziehen sei, aufgrund welcher Tatsachen die Geschäfte in bestimmter Weise verteilt worden sind (BGHSt 53, 268 [280]; *Meyer-Goßner/Schmitt* § 222b Rn. 6)

12 **2. Umfang des Vortrags.** Der Umfang des Vortrags im Einzelnen richtet sich nach der jeweiligen Besetzungsrüge; i.d.R. muss der nicht mitwirkungsberechtigte Richter namentlich benannt werden (LR/*Jäger* § 222b Rn. 17b; SK-StPO/*Deiters* § 222b Rn. 5). Da nur die Tatsachen anzugeben sind, aus denen sich der Besetzungsfehler ergibt und das Gericht im Beschluss nach Abs. 2 nur die vorschriftswidrige und nicht die richtige Besetzung feststellt, muss grds. nicht ausgeführt werden, welcher Richter zur Mitwirkung berufen wäre (KMR/*Eschelbach* § 222b Rn. 22, SK-StPO/*Deiters* § 222b Rn. 5; a. A. zur Hinzuziehung von Hilfsschöffen BGHSt 36, 138 [139], BGH GA 1983, 180; NJW 1991, 50; einschränkend NJW 2002, 2963)

Ob für den Vortrag die Bezugnahme auf Unterlagen ausreicht, die sich bei den Strafakten des über den Besetzungseinwand entscheidenden Gerichts befinden, hat der BGH bisher offen gelassen (BGHSt 44, 161 [163]; NStZ 2007, 536 [537]). Gegen eine Aufweichung der Begründungsanforderungen spricht, dass durch Bezugnahmen auf aktenkundige Vorgänge der Umfang der Präklusionswirkung – entgegen der gesetzgeberischen Intention – zweifelhaft werden könnte.

13 **3. Gleichzeitiges Vorbringen der Beanstandungen.** Nach dem in Satz 3 aufgestellten **Konzentrationsgrundsatz** sind alle Beanstandungen gleichzeitig vorzubringen. Damit soll im Interesse der Verfahrensbeschleunigung verhindert werden, dass das Gericht mehrmals über Einwände desselben Verfahrensbeteiligten entscheiden muss (LR/*Jäger* § 222b Rn. 18). Mit einem formgerecht erhobenen Einwand verbraucht der Verfahrensbeteiligte sein Recht, einen weiteren Besetzungseinwand anzubringen. Das **Nachschieben von Gründen** ist – auch innerhalb der zeitlichen Grenzen von Abs. 1 Satz 1 – nicht statthaft (BGHSt 44, 328 [337]; 44, 361 [364]; 53, 268 [280]; BGH NStZ 2007, 536; LR/*Jäger* § 222b Rn. 18; *Meyer-Goßner/Schmitt* § 222b Rn. 7). Dass dem Einwendenden ein Grund für eine weitere Beanstandung zunächst nicht bekannt war, ist irrelevant, wenn der Besetzungsfehler zum Zeitpunkt der Erhebung objektiv erkennbar war und der Besetzungseinwand auch darauf hätte gestützt werden können (BGHSt 44, 328 [337]). **Nicht objektiv erkennbare Mängel** unterfallen dagegen nicht der Präklusionswirkung und können noch später geltend gemacht werden (BGH NJW 1997, 403 [404]; NJW 2001, 3062 [3063]; LR/*Jäger* § 222b Rn. 18; *Meyer-Goßner/Schmitt* § 222b Rn. 7). Dass dies auch für erst im Laufe der Hauptverhandlung eingetretene Mängel gilt, hat der BGH zunächst zu Recht angenommen (BGHSt 44, 361 [364]; BGH StraFO 2005, 162 [163]; ebenso SK-StPO/*Deiters* §§ 222b Rn. 6; *Pfeiffer* § 222b Rn. 2), lässt dies inzwischen aber offen (BGHSt 53, 99 [100]; BGH NJW 2009, 931 [932]).

14 **4. Mängel der Begründung.** Fehlt die erforderliche Begründung oder ist der Tatsachenvortrag unvollständig, ist der Besetzungseinwand nicht in der vorgeschriebenen Form geltend gemacht und daher nicht zulässig erhoben (BGHSt 44, 161 [162]; NStZ 2001, 491; 2007, 536). Bis zum Beginn der Vernehmung des ersten Angeklagten zur Sache (Abs. 1 Satz 1) kann der Einwand formgerecht wiederholt werden (LR/*Jäger* § 222b Rn. 21; *Meyer-Goßner/Schmitt* § 222b Rn. 7).

15 **5. Form. In der Hauptverhandlung** wird der Einwand **mündlich** geltend gemacht und ist als wesentliche Förmlichkeit zu protokollieren (SK-StPO/*Deiters* § 222b Rn. 8; LR/*Jäger* § 222b Rn. 1). Zur Erleichterung der Protokollierung und im Hinblick auf das spätere Revisionsvorbringen (s. § 338 Rdn. 22, 23) sollte auch eine schriftliche Abfassung übergeben werden (*Meyer-Goßner/Schmitt* § 222b Rn. 5; HK/*Julius* § 222b Rn. 4).

16 **Außerhalb der Hauptverhandlung** ist der Einwand **schriftlich** geltend zu machen (Abs. 1 Satz 4). Für den Angeklagten muss dies wie bei der Revisionsbegründung (§ 345 Abs. 2) in einer von dem Verteidiger oder einem RA unterzeichneten Schrift oder zu Protokoll der Geschäftsstelle (§ 24 Abs. 2 Nr. 3 RPflG) geschehen (Satz 4 Halbs. 2). Da die Formvorschrift gewährleisten soll, dass der Inhalt der Begründung gesetzmäßig und sachgerecht ist (BGHSt 25, 272 [273]), gilt sie auch für die Nebenbeteilig-

ten (LR/*Jäger* § 222b Rn. 13; KMR/*Eschelbach* § 222b Rn. 36). Befindet sich der Angeklagte nicht auf freiem Fuß, findet § 299 entsprechende Anwendung (LR/*Jäger* § 222b Rn. 13; KK-StPO/*Gmel* § 222b Rn. 7). Der Besetzungseinwand des Nebenklägers muss analog § 390 Abs. 2 mittels einer von einem RA unterzeichneten Schrift erhoben werden.

Der Einwand kann auch dadurch formwirksam geltend gemacht werden, dass sich ein Beteiligter **den** **17** **Einwendungen eines anderen** (durch Erklärung oder Mitunterzeichnung) **anschließt** (BGHSt 44, 328 [337]; *Meyer-Goßner/Schmitt* § 222b Rn. 5).

18
E. Entscheidung über den Besetzungseinwand (Abs. 2) I. Besetzung des Gerichts.
Die Entscheidung über den Einwand trifft das Gericht in der für Entscheidungen außerhalb der Hauptverhandlung vorgeschriebenen Besetzung (Abs. 2 Satz 1). Das LG entscheidet also ohne Schöffen (§ 76 Abs. 1 Satz 2 GVG), – je nach getroffener Besetzungsentscheidung bzw. Schwurgerichtszuständigkeit – mit zwei (§ 76 Abs. 2 GVG) oder drei Berufsrichtern (§§ 76 Abs. 1 GVG) einschließlich des Vorsitzenden, das OLG mit drei (§ 122 Abs. 1 GVG) oder – im Fall des § 122 Abs. 2 Satz 2 – mit fünf Berufsrichtern einschließlich des Vorsitzenden. Anders als bei der Entscheidung über ein Ablehnungsgesuch (§ 27 Abs. 1) darf der Richter, gegen den sich der Einwand richtet, mitwirken.

II. Verfahren. Vor der Entscheidung sind die Verfahrensbeteiligten gem. § 33 schriftlich oder mündlich anzuhören (KK-StPO/*Gmel* § 222b Rn. 11; Graf/*Ritscher* § 222b Rn. 12). **19**

Den Einwand prüft das Gericht zunächst auf Schlüssigkeit. Wäre bei Zugrundelegung des Tatsachenvortrags das Gericht nicht ordnungsgemäß besetzt, ist im Freibeweisverfahren – insb. durch Einsichtnahme in die für die Besetzung maßgebenden Unterlagen (§ 222a Abs. 3) – zu prüfen, ob die vorgetragenen Tatsachen zutreffen (SK-StPO/*Deiters* § 222b Rn. 11; KK-StPO/*Gmel* § 222b Rn. 12). Zur Prüfung des Einwands kann das Gericht auch dienstliche Äußerungen einholen (LR/*Jäger* § 222b Rn. 25). **20**

III. Zeitpunkt der Entscheidung. Der Gesetzgeber sah es nicht für erforderlich an, Regelungen **21** über den Zeitpunkt der Entscheidung zu treffen, da es sich von selbst verstehe, dass ein Gericht, dessen ordnungsgemäße Besetzung infrage gestellt ist, sich rechtzeitig vor weiterer Förderung der Sache hierüber Klarheit verschaffen und seine Auffassung bekannt geben muss (BT-Drucks. 8/976, S. 47). Die Entscheidung ist also **so früh wie möglich** zu treffen. Dies bedeutet jedoch nicht, dass bei einem in der Hauptverhandlung geltend gemachten Einwand sofort unterbrochen werden muss, um eine Entscheidung herbeizuführen. Analog § 29 Abs. 2 darf das Gericht die Hauptverhandlung so lange fortsetzen, bis eine Entscheidung ohne Verzögerung der Hauptverhandlung möglich ist (LR/*Jäger* § 222b Rn. 31; SK-StPO/*Deiters* § 222b Rn. 10; »KK-StPO/*Gmel* § 222b Rn. 11). Dies kommt bei Einwänden mit geringen Erfolgsaussichten in Betracht (*Meyer-Goßner/Schmitt* § 222b Rn. 10), insb. wenn diese im Rahmen einer Konfliktverteidigung allein prozesstaktisch motiviert sind.

IV. Entscheidungsmöglichkeiten. Hinsichtlich der Entscheidungsmöglichkeiten des Gerichts ist **22** nach Zulässigkeit und Begründetheit zu differenzieren. In allen Fällen ergeht die Entscheidung durch Beschluss, der gem. § 34 zu begründen und allen Verfahrensbeteiligten gem. § 35 bekannt zu machen ist (KK-StPO/*Gmel* § 222b Rn. 13; *Meyer-Goßner/Schmitt* § 222b Rn. 14).

1. Unzulässiger Einwand. Entspricht der Einwand nicht den Form- und Fristerfordernissen des **23** Abs. 1, ist er durch Beschluss als unzulässig zu verwerfen. Zur erneuten Geltendmachung s. Rdn. 14.

2. Unbegründeter Einwand. Hält das Gericht den (zulässigen) Einwand für sachlich unberechtigt, **24** weist es ihn als unbegründet zurück. Die Hauptverhandlung wird fortgesetzt (SK-StPO/*Deiters* § 222b Rn. 13; *Pfeiffer* § 222b Rn. 5). Weil das Gericht weiterhin die Pflicht hat, einen Besetzungsmangel in jeder Lage des Verfahrens von Amts wegen zu prüfen, ist es an seine zurückweisende Entscheidung nicht gebunden (s. Rdn. 3).

3. Begründeter Einwand. Ausdrücklich gesetzlich geregelt ist nur der Fall, dass das Gericht zu der **25** Überzeugung gelangt, es sei nicht ordnungsgemäß besetzt. Bei begründetem Einwand stellt das Gericht durch **Beschluss** lediglich die Vorschriftswidrigkeit der Besetzung fest (Abs. 2 Satz 2). Weil das Gericht die für die Besetzung maßgebenden Entscheidungen regelmäßig nicht selbst trifft, sondern hierfür je nach Lage des Einzelfalls verschiedene andere Organe (Präsidium, Präsident, Vorsitzender u.a.) zuständig sind, ist es dann deren Aufgabe, die erforderlichen Maßnahmen zu treffen (BT-Drucks. 8/976, S. 48).

26 Weil einer Fortsetzung der Hauptverhandlung in geänderter Besetzung entgegenstehen würde, dass nicht die gesamte Hauptverhandlung in ununterbrochener Gegenwart der zur Urteilsfindung berufenen Personen stattfinden würde (§ 226), muss eine neue Hauptverhandlung in ordnungsgemäßer Besetzung begonnen werden (BGH NJW 2002, 2963). Die Hauptverhandlung ist nach zutreffender herrschender Meinung mit Erlass des Beschlusses ohne Weiteres beendet, ohne dass es eines gesonderten Aussetzungsbeschlusses bedarf (LR/*Jäger* § 222b Rn. 34; SK-StPO/*Deiters* § 222b Rn. 12; KK-StPO/*Gmel* § 222b Rn. 16, a. A. *Meyer-Goßner/Schmitt* § 222b Rn. 12).

27 Ist der Mangel unschwer heilbar (Bsp. Nachholung der Vereidigung eines Schöffen), kann nach der Bekanntgabe der Entscheidung über den Einwand alsbald die ordnungsmäßige Besetzung herbeigeführt und mit der Hauptverhandlung in ordnungsgemäßer Besetzung (ohne erneute Ladung) unmittelbar von neuem begonnen werden (BT-Drucks. 8/976 S. 48; BGH NStZ 2008, 475 [476]; KMR/*Eschelbach* § 222b Rn. 57). Andernfalls ist neu zu terminieren (LR/*Jäger* § 222b Rn. 34; *Meyer-Goßner/Schmitt* § 222b Rn. 12).

28 Nach Abs. 2 Satz 3 findet auf die Gerichtsbesetzung nach erfolgreichem Besetzungseinwand § 222a – unabhängig davon, wann die neue Hauptverhandlung beginnt (LR/*Jäger* § 222b Rn. 35) – keine Anwendung. Das Gericht muss die Besetzung nicht mitteilen, kann dies aber tun (BT-Drucks. 8/976, S. 48). Ist auch die neue Besetzung vorschriftswidrig, kann dies gem. § 338 Nr. 1 ohne Präklusion unmittelbar mit der Revision gerügt werden (LR/*Jäger* § 222b Rn. 35; KK-StPO/*Gmel* § 222b Rn. 16). Eine Präklusion tritt aber auch in diesem Fall ein, wenn der Besetzungsrüge ein widersprüchliches Prozessverhalten zugrunde liegt (BGH NStZ 2008, 475; LR/*Jäger* § 222b Rn. 43, Fn. 68).

29 **F. Rechtsbehelfe.** Gegen das **Unterlassen einer Entscheidung** über den Besetzungseinwand ist kein Rechtsbehelf gegeben (KMR/*Eschelbach* § 222b Rn. 61; SK-StPO/*Deiters* § 222b Rn. 15). In der Revision ist die Besetzungsrüge in diesem Fall – wie sich aus § 338 Abs. 1 Nr. 1 Buchst. b) ergibt (»übergangen«) – nicht präkludiert.

30 Gegen die **Entscheidung über den Besetzungseinwand** ist nach herrschender Meinung die **Beschwerde nicht zulässig** (so bereits BT-Drucks. 8/976, S. 47) Bei einem zurückweisenden Beschluss mangelt es an der Beschwer, da die Besetzungsrüge nicht präkludiert wird (SK-StPO/*Deiters* § 222b Rn. 14, *Bohnert*, Revision, S. 63; im Ergebnis ebenso, allerdings begründet mit § 305 Satz 1 LR/*Jäger* § 222b Rn. 41; *Meyer-Goßner/Schmitt* § 222b Rn. 15; KK-StPO/*Gmel* § 222b Rn. 17). Der Beschluss, der die vorschriftswidrige Besetzung feststellt, dient der Vorbereitung der Hauptverhandlung in richtiger Besetzung und unterfällt daher dem Regelungsgedanken des § 305 Satz 1 (KMR/*Eschelbach* § 222b Rn. 59; KK-StPO/*Gmel* § 222b Rn. 17; *Meyer-Goßner/Schmitt* § 222b Rn. 15; a. A. bei Entscheidung von Amts wegen KG MDR 1980, 688; OLG Celle NStZ 1991, 553; Graf/*Ritscher* § 222b Rn. 19; *Joecks* § 222b Rn. 12).

31 Mit der **Revision** kann nicht die Verletzung des § 222b, sondern nur die vorschriftswidrige Besetzung des Gerichts gerügt werden (§ 338 Nr. 1 Buchst. a)–d). Auf Mängeln im Zwischenverfahren kann das Urteil nicht beruhen, da sie für die Besetzung des Gerichts nicht ursächlich sind (KMR/*Eschelbach* § 222b Rn. 62; LR/*Jäger* § 222b Rn. 51; Graf/*Ritscher* § 222b Rn. 19).

§ 223 StPO Vernehmungen durch beauftragte oder ersuchte Richter.

(1) Wenn dem Erscheinen eines Zeugen oder Sachverständigen in der Hauptverhandlung für längere oder ungewisse Zeit Krankheit oder Gebrechlichkeit oder andere nicht zu beseitigende Hindernisse entgegenstehen, so kann das Gericht seine Vernehmung durch einen beauftragten oder ersuchten Richter anordnen.

(2) Dasselbe gilt, wenn einem Zeugen oder Sachverständigen das Erscheinen wegen großer Entfernung nicht zugemutet werden kann.

Übersicht

	Rdn.
A. Inhalt der Regelung und Anwendungsbereich	1
B. Voraussetzungen	5
I. Nicht zu beseitigende Hindernisse (Abs. 1)	5

	Rdn.
1. Krankheit	5
2. Gebrechlichkeit	6
3. Andere nicht zu beseitigende Hindernisse	7

	Rdn.		Rdn.
4. Für längere oder ungewisse Zeit	10	5. Feststellungen über das Verhalten der Beweisperson	26
II. Unzumutbarkeit wegen zu großer Entfernung (Abs. 2)	11	6. Audiovisuelle Aufzeichnung und Bild-Ton-Übertragung	27
C. **Anordnung der kommissarischen Vernehmung**	13	7. Vereidigung	29
I. Beschluss	13	E. **Vernehmungen im Ausland**	30
II. Vernehmungsersuchen	17	I. Vernehmung durch beauftragte Richter des erkennenden Gerichts	30
D. **Durchführung der kommissarischen Vernehmung**	18	II. Konsularische Vernehmung	31
I. Beauftragter oder ersuchter Richter	18	III. Vernehmung durch ein ausländisches Gericht oder eine ausländische Behörde	32
II. Verfahren bei der Vernehmung	20	F. **Rechtsbehelfe**	35
1. Nichtöffentlichkeit	20	I. Beschwerde	35
2. Anwesenheitsrecht	21	II. Revision	36
3. Ablauf der Vernehmung	22		
4. Protokollierung	25		

A. Inhalt der Regelung und Anwendungsbereich. Nach § 250 besteht in der Hauptverhandlung grds. ein Vorrang des Personalbeweises vor dem Urkundenbeweis. Im Interesse der Wahrheitsfindung und zur Erleichterung und Beschleunigung des Verfahrens kann jedoch ausnahmsweise die Vernehmung eines Zeugen oder Sachverständigen gem. § 251 auch durch die Verlesung einer Niederschrift über seine frühere richterliche Vernehmung und die Vernehmung eines Zeugen gem. § 255a Abs. 1 durch die Vorführung einer Bild-Ton-Aufzeichnung ersetzt werden. Ist zu erwarten, dass die Beweisperson wegen nicht zu beseitigender Hindernisse nicht in der Hauptverhandlung vernommen werden kann, kann das Gericht gem. § 223 nach pflichtgemäßem Ermessen zur **vorsorglichen Beweissicherung** die kommissarische Vernehmung anordnen, um eine **Vernehmungsniederschrift** oder eine **Bild-Ton-Aufzeichnung** zu gewinnen. Auch wenn die Regelung im Abschnitt über die Vorbereitung der Hauptverhandlung steht, ist die Anordnung der Vernehmung nach Sinn und Zweck schon im Eröffnungsverfahren (RGSt. 66, 213 [214]; BGH VRS 36, 356; LR/*Jäger* § 223 Rn. 7) und noch in der Hauptverhandlung (BGHSt 31, 336 [338]; *Meyer-Goßner/Schmitt* § 223 Rn. 10) möglich. Ist bereits eine für die Verlesung geeignete richterliche Vernehmung vorhanden, ist eine zusätzliche kommissarische Vernehmung i.d.R. entbehrlich (*Meyer-Goßner/Schmitt* § 223 Rn. 1). Ob die kommissarische Vernehmung später zur Verlesung bzw. Vorführung kommt, entscheidet das erkennende Gericht i.R.d. Hauptverhandlung nach Maßgabe des § 251. 1

Die Vorschrift gilt nur für die Vernehmung von **Zeugen und Sachverständigen** (LR/*Jäger* § 223 Rn. 6). Sie wird durch § 224 ergänzt, der Regelungen zur Benachrichtigung enthält. Für die Einnahme richterlichen Augenscheins durch einen beauftragten oder ersuchten Richter gilt § 225. 2

Da die kommissarische Vernehmung nur die **Grundlage für einen Beweismitteltausch** bietet, durch den an die Stelle der Zeugenvernehmung die Protokollverlesung bzw. Vorführung einer Bild-Ton-Aufzeichnung tritt (*Heghmanns*, Handbuch Rn. 437; KMR/*Eschelbach* § 223 Rn. 2), handelt es sich entgegen der herrschenden Meinung nicht um die Vorwegnahme eines Teils der Hauptverhandlung (so BGHSt. 9, 24 [27]; KK/*Gmel* § 223 Rn. 1; *Meyer-Goßner/Schmitt* § 223 Rn. 1). 3

Um den geltenden Unmittelbarkeitsgrundsatz (§ 250) nicht auszuhöhlen, sind die Voraussetzungen für die kommissarische Vernehmung, die den gem. § 251 Abs. 2 Nr. 1 und 2 auch für die Verlesung der Vernehmungsniederschrift gelten, **restriktiv auszulegen** (KK/*Gmel* § 223 Rn. 1; Radtke/Hohmann/ *Britz* § 223 Rn. 2; differenzierend SK/*Deiters* § 223 Rn. 12 ff.). 4

B. Voraussetzungen. I. Nicht zu beseitigende Hindernisse (Abs. 1). 1. Krankheit. Krankheit ist ein pathologischer körperlicher und seelischer Zustand, der so schwerwiegend ist, dass er es der Auskunftsperson unmöglich oder unzumutbar macht, in der Hauptverhandlung zu erscheinen und vernommen zu werden (Graf/*Ritscher* § 223 Rn. 4). 5

2. Gebrechlichkeit. Gebrechlichkeit liegt vor, wenn die Beweisperson, ohne krank zu sein, wegen ihres fragilen körperlichen, geistigen oder seelischen Zustands oder wegen ihres hohen Alters nicht in der Hauptverhandlung erscheinen und vernommen werden kann (*Meyer-Goßner/Schmitt* § 223 Rn. 5). 6

§ 223 StPO Vernehmungen durch beauftragte oder ersuchte Richter

7   **3. Andere nicht zu beseitigende Hindernisse.** Die Aufzählung der Hinderungsgründe in Abs. 1 ist **nicht abschließend** (LR/*Jäger* § 223 Rn. 9; KMR/*Eschelbach* § 223 Rn. 46). Andere nicht zu beseitigende Hindernisse sind Umstände des Einzelfalls, die – wie Krankheit oder Gebrechlichkeit – ein Erscheinen in der Hauptverhandlung und die Vernehmung (BGHSt. 9, 294 [300]; 17, 337 [349]; KK/*Gmel* § 223 Rn. 3) unmöglich machen, ohne dass in zumutbarer Weise Abhilfe geschaffen werden kann. Davon kann erst gesprochen werden, wenn das Gericht zunächst alle gebührenden Bemühungen entfaltet hat, um eine Vernehmung in der Hauptverhandlung zu ermöglichen (BGHSt. 29, 109 [112]; 36, 159 [161]; *Meyer-Goßner/Schmitt* § 223 Rn. 6). Insoweit gelten die Kriterien, die die Rechtsprechung für die Unerreichbarkeit des Beweismittels i.S.d. § 244 Abs. 3 Satz 2 entwickelt hat (s. § 244 Rn. 201 ff.; *Pfeiffer* § 223 Rn. 4).

8   Folgende Fälle sind anerkannt:
   – (Unmittelbar bevorstehende) Längere Auslandsreise (RGSt 66, 213).
   – Vorliegen einer endgültigen Sperrerklärung gem. § 96 analog oder § 54 i.V.m. § 37 Abs. 4 BeamtStG (früher: § 39 Abs. 3 BRRG) (BGHSt. 29, 390 [391]; 32, 115 [126]; KK/*Gmel* § 223 Rn. 9) bzw. gem. § 110b Abs. 3. Zur Vernehmung von V-Leuten und verdeckten Ermittlern s. § 250 Rdn. 19.
   – Begründete Weigerung der Erziehungsberechtigten, ihr Kind in der Hauptverhandlung vernehmen zu lassen (OLG Saarbrücken NJW 1974, 1959 [1960]; KK/*Gmel* § 223 Rn. 7).
   – Haft im Ausland, sofern eine Überstellung zur Vernehmung nach Art. 9 Abs. 1 EURhÜbK nicht möglich ist (LR/*Jäger* § 223 Rn. 11).
   – Versagung der Einreise nach Deutschland (OLG Hamm DAR 1959, 192; *Meyer-Goßner/Schmitt* § 223 Rn. 6).
   – Ernsthafte Gefahr für Leib oder Leben des Zeugen oder seiner Familie (BGH NStZ 1984, 31 [32]; NStZ 1993, 350). Dies gilt jedoch nur, wenn die Gefahr nicht durch andere Maßnahmen wie Ausschluss des Angeklagten nach § 247, Verlegung des Termins, Ausschluss der Öffentlichkeit gem. § 172 Nr. 1 Buchst. a) GVG (BGHSt. 3, 344 [345]; 22, 311 [313]), Maßnahmen nach § 68 Abs. 2 und 3 oder Inanspruchnahme der Schutzmöglichkeiten nach dem ZSHG (OLG Köln, Beschl. v. 06.03.2009 – 2 Ws 87/09) beseitigt werden kann (LR/*Jäger* § 223 Rn. 14).

9   Nicht unter den Begriff fallen dagegen:
   – Starke berufliche oder private Inanspruchnahme (KK/*Gmel* § 223 Rn. 8).
   – Ordensregeln oder Lebensgewohnheiten (*Meyer-Goßner/Schmitt* § 223 Rn. 6).
   – Urlaub (KMR/*Eschelbach* § 223 Rn. 49) oder bloßer Auslandsaufenthalt (KK/*Gmel* § 223 Rn. 5).

10 **4. Für längere oder ungewisse Zeit.** Das Hindernis muss dem Erscheinen (und der Vernehmung) in der Hauptverhandlung für längere oder ungewisse Zeit entgegenstehen. Eine Krankheit ist daher kein Hindernis, wenn die Genesung nahe bevorsteht (KK/*Gmel* § 223 Rn. 10). Für die Prognose der voraussichtlichen Dauer des Hindernisses steht dem Gericht ein Beurteilungsspielraum zu (KMR/*Eschelbach* § 223 Rn. 62; KK/*Gmel* § 223 Rn. 10). Wenn der Wegfall des Hindernisses absehbar ist, kann es erforderlich sein, den Hauptverhandlungstermin zu verschieben, um eine Vernehmung der Beweisperson in der Hauptverhandlung zu ermöglichen (LR/*Jäger* § 223 Rn. 15).

11 **II. Unzumutbarkeit wegen zu großer Entfernung (Abs. 2)** Wann das Erscheinen in der Hauptverhandlung wegen zu großer Entfernung unzumutbar ist, lässt sich nicht nach der zurückzulegenden Wegstrecke entscheiden. Vielmehr ist eine Abwägung zwischen dem Interesse der Beweisperson, wegen der Entfernung nicht erscheinen zu müssen, und dem Interesse des Gerichts an einer Vernehmung in der Hauptverhandlung vorzunehmen (BGHSt. 9, 230; BGH StV 1989, 468; *Meyer-Goßner/Schmitt* § 223 Rn. 8). Zu berücksichtigende Belange sind dabei aufseiten der Beweisperson insb. die geografische Lage, seine persönlichen Verhältnisse, berufliche und private Verpflichtungen und die Verkehrssituation. Dem ggü. stehen v.a. die Bedeutung der Sache (vgl. § 251 Abs. 2 Nr. 2), die Relevanz der Aussage und die Notwendigkeit der beschleunigten Verfahrensdurchführung. Je wichtiger die Aussage oder das Gutachten ist, desto weniger kommt es auf die Entfernung der Beweisperson vom Gerichtsort an (BGH NJW 1986, 1999 [2000]; LR/*Jäger* § 223 Rn. 18; KK/*Gmel* § 223 Rn. 11). Bei Randzeugen kann eine Unzumutbarkeit daher auch bei geringerer Entfernung anzunehmen sein, während der einzige Belastungszeuge auch längere Strecken in Kauf nehmen muss (BGH StV 1981, 220 [221]; OLG Düsseldorf NJW 1991, 2781 [2782]; *Meyer-Goßner/Schmitt* § 223 Rn. 8).

Nach herrschender Meinung gilt das zeitliche Erfordernis des Abs. 1 auch für Abs. 2 (LR/*Jäger* § 223 Rn. 20; KK/*Gmel* § 223 Rn. 12). Es muss daher geprüft werden, ob zu erwarten ist, dass der Beweisperson das Erscheinen auch noch im Zeitpunkt der Hauptverhandlung für längere oder ungewisse Zeit unzumutbar ist (*Meyer-Goßner/Schmitt* § 223 Rn. 9).

C. Anordnung der kommissarischen Vernehmung. I. Beschluss. Ergibt die im Freibeweisverfahren vorzunehmende Prüfung des konkreten Einzelfalls, dass die Tatbestandsvoraussetzungen vorliegen, und kommt das Gericht bei **pflichtgemäßer Ausübung des Ermessens** (BGH NJW 1956, 1367; 1983, 527) zum Ergebnis, dass eine kommissarische Vernehmung durchgeführt werden soll, ordnet es sie **durch Beschluss** an. Hatte nur der Vorsitzende die Vernehmung angeordnet, kann das Gericht sie nachträglich genehmigen (LR/*Jäger* § 223 Rn. 22).

Zuvor sind die Verfahrensbeteiligten gem. § 33 **anzuhören**. Schon dabei hat die StA auf Bedenken gegen die Vernehmung hinzuweisen (Nr. 121 Abs. 1 Satz 2 RiStBV). Der anordnende Beschluss nennt im **Tenor** die zu vernehmende Beweisperson mit Namen und Anschrift. Die **Gründe** müssen nur angeben, welcher Hinderungsgrund vorliegt. Warum er vorliegt, muss nur begründet werden, wenn sich dies erst aus den näheren Umständen ergibt (*Meyer-Goßner/Schmitt* § 223 Rn. 12; KK/*Gmel* § 223 Rn. 14). Das Beweisthema ist anzugeben, wenn es sich nicht aus der Bezugnahme auf die Anklageschrift oder aus dem Hinweis auf frühere polizeiliche oder staatsanwaltschaftliche Vernehmungen nachvollziehen lässt (Graf/*Ritscher* § 223 Rn. 9). Beim beauftragten Richter (Rdn. 18) ist das für die Vernehmung bestimmte Spruchkörpermitglied zu bezeichnen, beim ersuchten Richter (Rdn. 19) das zuständige AG (HK/*Julius* § 223 Rn. 5).

Der Beschluss kann **von Amts wegen oder auf Antrag** ergehen. Antragsberechtigt ist neben den Verfahrensbeteiligten auch der zur Hauptverhandlung geladene Zeuge oder Sachverständige (KMR/*Eschelbach* § 223 Rn. 63; *Meyer-Goßner/Schmitt* § 223 Rn. 11). Wird ein Antrag abgelehnt, muss der Beschluss gem. § 34 begründet werden.

Ergeht der Beschluss in der Hauptverhandlung, wird er gem. § 35 Abs. 1 Satz 1 verkündet, außerhalb der Hauptverhandlung gem. § 35 Abs. 2 Satz 2 formlos mitgeteilt.

II. Vernehmungsersuchen. Im Fall des ersuchten Richters übersendet der Vorsitzende mit dem Beschluss ein Vernehmungsersuchen, das durch einen Fragenkatalog ergänzt werden kann und in umfangreichen Sachen die Teile der Akten bezeichnet, die für die Vernehmung wichtig sind (Nr. 121 Abs. 3 RiStBV). Sind mehrere Zeugen oder Sachverständige bei verschiedenen Gerichten kommissarisch zu vernehmen, so kann es sich empfehlen, die Gerichte möglichst gleichzeitig unter Übersendung von Aktenauszügen um die Vernehmung zu ersuchen (Nr. 121 Abs. 2 RiStBV).

D. Durchführung der kommissarischen Vernehmung. I. Beauftragter oder ersuchter Richter. Der Zeuge oder Sachverständige wird durch einen beauftragten oder ersuchten Richter vernommen. **Beauftragter Richter** ist ein (bzw. beim Schöffengericht der) (Berufs)Richter des erkennenden Spruchkörpers; bei einer Kammer oder einem Senat ist dies zweckmäßigerweise der Berichterstatter. Es ist nicht notwendig, dass der beauftragte Richter an der späteren Hauptverhandlung mitwirkt (BGHSt. 2, 1; LR/*Jäger* § 223 Rn. 29). Auch die drei richterlichen Mitglieder einer Strafkammer können mit der Vernehmung beauftragt werden (BGH NJW 1956, 600; *Pfeiffer* § 223 Rn. 8). Eine Vernehmung in voller Kammerbesetzung mit Schöffen ist dagegen nicht zulässig, weil es sich dabei um eine »versteckte« Hauptverhandlung handeln würde (BGHSt. 31, 236; *Meyer-Goßner/Schmitt* § 223 Rn. 15)

Ersuchter Richter ist der durch die Geschäftsverteilung bestimmte Richter des ersuchten auswärtigen Gerichts (§ 157 GVG). Gem. § 158 Abs. 2 darf er das Ersuchen nur dann ablehnen, wenn die vorzunehmende Handlung nach dem Recht des ersuchten Gerichts verboten ist, was nach herrschender Meinung voraussetzt, dass sie schlechthin rechtlich unzulässig ist (BGH NJW 1991, 2936; LR/*Jäger* § 223 Rn. 23). Dass er die Voraussetzungen des § 223 nicht für erfüllt oder die Vernehmung für unzweckmäßig hält, reicht nicht aus (OLG Düsseldorf NStZ-RR 1996, 304; OLG Frankfurt am Main NStZ-RR 2004, 50). In diesen Fällen kann er seine Bedenken aber ggü. dem ersuchenden Gericht mitteilen und die Aufhebung des Beschlusses anregen (KK/*Gmel* § 223 Rn. 19).

20 **II. Verfahren bei der Vernehmung. 1. Nichtöffentlichkeit.** Da es sich nicht um eine Verhandlung vor dem erkennenden Gericht gem. § 169 Satz 1 GVG handelt, ist die Vernehmung nicht öffentlich. Gem. § 180 GVG bestehen die sitzungspolizeilichen Befugnisse nach den §§ 176 bis 179 GVG.

21 **2. Anwesenheitsrecht.** Die Verfahrensbeteiligten sind, soweit § 224 Abs. 2 nicht eingreift (s. § 224 Rn. 15 ff.), zur Anwesenheit berechtigt. Der Verteidiger darf auch dann teilnehmen, wenn die Benachrichtigung nach § 224 Abs. 1 Satz 1 unterblieben ist, er aber auf andere Weise vom Termin Kenntnis erlangt hat (BGHSt. 31, 148 [153]; 32, 115 [129]; *Meyer-Goßner/Schmitt* § 223 Rn. 19). Ein Ausschluss des Verteidigers ist selbst dann unzulässig, wenn eine Gefährdung für eine Beweisperson besteht (BGHSt. 32, 115 [129]). Die zeitweilige Entfernung des Angeklagten gem. § 247 ist aber zulässig (BGHSt. 32, 32 [35]; SK/*Deiters* § 223 Rn. 22). In diesem Fall besteht keine Unterrichtungspflicht nach § 247 Abs. 1 Satz 4 (BGH NJW 1967, 404; KK/*Gmel* § 223 Rn. 23a).

22 **3. Ablauf der Vernehmung.** Für den Ablauf der Vernehmung sind §§ 68, 68a, 68b, 69 (auf den Sachverständigen über § 72 anwendbar) zu beachten. Es genügt daher nicht, dem Zeugen frühere Aussagen vorzulesen und ihre Richtigkeit bestätigen zu lassen (LR/*Jäger* § 223 Rn. 33). Nach der Belehrung (§ 57) und der Befragung über die Personalien (§ 68 Abs. 1) wird die Beweisperson vielmehr über den Untersuchungsgegenstand unterrichtet (§ 69 Abs. 1 Satz 2) und ist dann zu veranlassen, zusammenhängend zu berichten (§ 69 Abs. 1 Satz 1). Im Anschluss daran kann der Bericht durch das Verhör vervollständigt und überprüft werden (§ 69 Abs. 2).

23 Die Verfahrensbeteiligten sind berechtigt, Fragen zu stellen (LR/*Jäger* § 223 Rn. 34 unter zutreffendem Hinweis auf Art. 6 Abs. 3 Buchst. d) EMRK, Art. 14 Abs. 3 Buchst. e) IPBPR). Ist Angeklagtem oder Verteidiger die Teilnahme an der Vernehmung nicht möglich, können sie verlangen, dass von ihnen eingereichte Fragen gestellt werden (BGH NStZ 1983, 421; NStZ 1993, 292; KK/*Gmel* § 223 Rn. 20).

24 Für die Zurückweisung von Fragen durch den vernehmenden Richter gilt § 241 Abs. 2. Über die Zulässigkeit von Fragen kann er auch entsprechend § 242 die Entscheidung des erkennenden Gerichts herbeiführen (BGH NStZ 1983, 421; KK/*Gmel* § 223 Rn. 20).

25 **4. Protokollierung.** Die kommissarische Vernehmung ist gem. §§ 168, 168a zu protokollieren. Das Protokoll ist grds. von der Beweisperson zu genehmigen und zu unterschreiben (§ 168a Abs. 3). Zur Vorlage des Protokolls s. § 224 Rn. 13 f.

26 **5. Feststellungen über das Verhalten der Beweisperson.** Beobachtungen des Richters, die für die Beweiswürdigung, insb. für die Beurteilung der Glaubwürdigkeit eines Zeugen relevant sind (wie das Erscheinungsbild, Körpersprache, zögernde oder flüssige Aussage oder erkennbare Emotionen) sind Teil der Vernehmung und dürfen in das Protokoll aufgenommen werden (BGHSt. 43, 354 [359 f.]; KK/*Gmel* § 223 Rn. 22). In der Hauptverhandlung sind diese Äußerungen des Richters als Teil der Niederschrift verlesbar (RGSt. 37, 212; BGHSt. 2, 1 [3]; 45, 354 [360]; LR/*Jäger* § 223 Rn. 35). Dasselbe gilt nach herrschender Meinung für aus den Beobachtungen abgeleitete persönliche Eindrücke und Wertungen des vernehmenden Richters, sofern die Anknüpfungstatsachen hierfür ebenfalls in das Protokoll aufgenommen werden und dem erkennenden Gericht ermöglichen, insoweit etwa vorgenommene Wertungen einer eigenen Beurteilung zu unterziehen (BGHSt. 43, 354 [360]; KK/*Gmel* § 223 Rn. 22; *Meyer-Goßner/Schmitt* § 223 Rn. 24).

27 **6. Audiovisuelle Aufzeichnung und Bild-Ton-Übertragung.** Die **Aufzeichnung** der kommissarischen Vernehmung von Zeugen auf Bild-Ton-Trägern zur Ermöglichung einer Vorführung in der Hauptverhandlung gem. § 255a ist unter den Voraussetzungen des § 58a zulässig (BGHSt. 43, 354 [361]; KK/*Gmel* § 223 Rn. 23a; *Meyer-Goßner/Schmitt* § 223 Rn. 20). Sie bietet ggü. dem Protokoll den Vorteil, dass sie dem erkennenden Gericht einen unmittelbaren Eindruck vom Zeugen und von der Vernehmung vermittelt (KMR/*Eschelbach* § 223 Rn. 8). Um den Zeugenschutz zu gewährleisten, wird die aufzeichnende Vernehmung analog § 168e getrennt von den Anwesenheitsberechtigten durchgeführt und diesen zeitgleich in Bild und Ton übertragen (LR/*Erb* § 168e Rn. 6; SK/*Wohlers* § 168e Rn. 5; a. A. *Meyer-Goßner/Schmitt* § 223 Rn. 10: Anwendung von § 247a). Ob das Gericht die kommissarische Vernehmung aufzeichnen lässt oder den Zeugen gem. § 247a in der Hauptverhandlung vernimmt, bestimmt sich im Einzelfall danach, was den Zeugeninteressen mehr entspricht und die

Ermittlung der Wahrheit (§ 244 Abs. 2) besser fördert (BGHSt. 45, 188 [195]; 354 [361]; 46, 73 [77 f.]; KMR/*Eschelbach* § 223 Rn. 10).

Eine **Bild-Ton-Übertragung** der kommissarischen Vernehmung in die Hauptverhandlung unter den Voraussetzungen der §§ 223, 247a lehnt die herrschende Meinung zu Recht ab. Da die audiovisuelle Vernehmung nach § 247a Teil der Hauptverhandlung ist (BGHSt. 45, 188 [193]; 46; 73 [76]), würden ansonsten kommissarische Vernehmung und Hauptverhandlung trotz unterschiedlicher Verfahrensgestaltung unzulässig vermischt werden (KK/*Gmel* § 223 Rn. 23a; *Meyer-Goßner/Schmitt* § 223 Rn. 20; Radtke/Hohmann/*Britz* § 223 Rn. 19). 28

7. Vereidigung. Der beauftragte oder ersuchte Richter muss gem. § 63 dem Ersuchen um eidliche Vernehmung entsprechen, soweit §§ 60, 61 nicht entgegenstehen (*Meyer-Goßner/Schmitt* § 63 Rn. 3). Ist im Vernehmungsersuchen nichts zur Vereidigung der Beweisperson bestimmt, entscheidet darüber der vernehmende Richter gem. §§ 59 Abs. 1, 79 Abs. 1 nach seinem Ermessen. Als wesentliche Förmlichkeit i.S.d. § 168a Abs. 1 Satz 1 ist die Vereidigung im Protokoll festzuhalten (LR/*Jäger* § 223 Rn. 36). 29

E. Vernehmungen im Ausland. I. Vernehmung durch beauftragte Richter des erkennenden Gerichts. Kommissarische Vernehmungen können beauftragte Richter des erkennenden Gerichts auch im Ausland mit Einverständnis der Bundesregierung (§ 74 IRG) und mit Zustimmung der dortigen Regierung nach deutschem Verfahrensrecht durchführen (vgl. Art. 140, 142 RiVASt; BGH NStZ 1996, 609 [610]; KK/*Gmel* § 223 Rn. 24; LR/*Jäger* § 223 Rn. 37). Sie kommen v.a. dann in Betracht, wenn die Befragung der Beweisperson durch einen mit dem Verfahren vertrauten Richter die Ermittlung der Wahrheit mehr fördert, als die an einem Fragenkatalog orientierte Vernehmung durch einen ersuchten ausländischen Richter (s. Rdn. 32; Rose NStZ 1998, 154). 30

II. Konsularische Vernehmung. Gem. § 15 Konsulargesetz können Konsularbeamte auf Ersuchen deutscher Gerichte (auch eidliche) Vernehmungen durchführen. Die Befugnis kann – je nach vertraglicher Vereinbarung – nur für die Vernehmung deutscher Staatsangehöriger bestehen. Die Regelungen der StPO, insb. zu den Anwesenheitsrechten und der Protokollierung, gelten entsprechend. Da die über die Vernehmung aufgenommene Niederschrift einem richterlichen Protokoll gleichgestellt ist (§ 15 Abs. 4 KonsG), kann sie in der Hauptverhandlung gem. § 251 Abs. 2 verlesen werden (BGH NStZ 1984, 129; NJW 1989, 2205). 31

III. Vernehmung durch ein ausländisches Gericht oder eine ausländische Behörde. I.R.d. Rechtshilfe (vgl. Nr. 25 ff., 117 sowie Muster Nr. 32a RiVASt) kann auch ein ausländisches Gericht oder eine ausländische Behörde kommissarisch vernehmen, bei entsprechendem Ersuchen und Zustimmung der dortigen Regierung auch in Anwesenheit und – nach Maßgabe des anzuwendenden Rechts – unter Mitwirkung eines Richters des erkennenden Gerichts (LR/*Jäger* § 223 Rn. 40; HK/*Julius* § 223 Rn. 11). 32

Wird ein Staat, der Vertragspartei des **EURhÜbK** ist, i.R.d. Rechtshilfe um Vernehmung ersucht, richtet sich die Vernehmung gem. Art. 4 Abs. 1 EURhÜbK (in Kraft seit 02.02.2006) nach dem Recht des ersuchenden Staates. Eine nach ausländischem Verfahrensrecht ordnungsgemäß durchgeführte Vernehmung kann daher wegen des Verstoßes gegen deutsche Verfahrensvorschriften rechtsfehlerhaft sein (BGH NStZ 2007, 417; KK/*Gmel* § 223 Rn. 25). 33

Außerhalb des Geltungsbereichs des EURhÜbK wird die Vernehmung grds. nach dem Recht des ersuchten Staates durchgeführt (SK/*Deiters* § 223 Rn. 25). Das ersuchende deutsche Gericht muss allerdings darauf hinwirken, dass die Vorschriften des deutschen Verfahrensrechts beachtet werden, soweit dies nach dem ausländischen Recht zulässig ist (BGH NStZ 1988, 563; LR/*Jäger* § 223 Rn. 39; SK/*Deiters* § 223 Rn. 25). Da jedoch nicht erwartet werden kann, dass deutsches Prozessrecht angewendet wird, bedarf es i.d.R. nur der Einhaltung der im Ausland geltenden Zuständigkeits- und Verfahrensvorschriften (BGHSt. 2, 300 [304]; 42, 86 [90]; NStZ 2000, 547; *Meyer-Goßner/Schmitt* § 251 Rn. 34). Die Verlesbarkeit der nach dem Recht des Vernehmungsorts durchgeführten Vernehmung setzt jedoch voraus, dass die Vernehmung grundsätzlichen rechtsstaatlichen Anforderungen genügt und der Zeuge über ein bestehendes Zeugnisverweigerungsrecht belehrt wurde (BGH NStZ 1983, 181; NStZ 1992, 394). Verstöße gegen die ausländische Verfahrensordnung stehen der Verlesung nur dann entgegen, 34 wenn sie auch nach deutschem Recht relevant wären (BGH NStZ 1985, 376; StV 2005, 255; KK/*Gmel* § 223 Rn. 25).

35 **F. Rechtsbehelfe. I. Beschwerde.** Der Beschluss über die Anordnung der kommissarischen Vernehmung kann nach **§ 305 Satz 1** nicht mit der Beschwerde angefochten werden (*Meyer-Goßner/ Schmitt* § 223 Rn. 25; KK/*Gmel* § 223 Rn. 26). Der ablehnende Beschluss ist nur dann anfechtbar, wenn ein Beweisverlust droht (LG Düsseldorf NStZ 83, 42; SK/*Deiters* § 223 Rn, 33; LR/*Jäger* § 223 Rn. 43). Die Beweisperson hat allerdings kein Beschwerderecht, da es nicht in ihrem Belieben steht, von wem sie vernommen wird (Graf/*Ritscher* § 223 Rn. 19).

36 **II. Revision.** Auf die Verletzung von § 223 kann die Revision nicht gestützt werden. Revisibel ist nur der Verstoß gegen § 251 (s. § 251 Rdn. 43, 44), wenn das Protokoll der Vernehmung verlesen und der Verlesung widersprochen wurde (BGH StV 1992, 403; NJW 1996, 2239 [2341]; *Meyer-Goßner/ Schmitt* § 251 Rn. 45). Dass der kommissarischen Vernehmung zugestimmt worden war, führt zu keinem Rügeverlust (*Pfeiffer* § 223 Rn. 13; HK/*Julius* § 223 Rn. 16).

37 Eine revisible Verletzung der Aufklärungspflicht (§ 244 Abs. 2) kommt in Betracht, wenn eine mögliche kommissarische Vernehmung unterlassen wurde, eine erneute Vernehmung trotz Gebotenheit unterblieben ist (BGH, Beschl. v. 03.10.1984 – 2 StR 450/84) oder das Gericht eine kommissarische Vernehmung angeordnet hat, obwohl die Beweisperson in der Hauptverhandlung hätte vernommen werden können (LR/*Jäger* § 223 Rn. 45; HK/*Julius* § 223 Rn. 17). Wird im letztgenannten Fall der späteren Verlesung des Vernehmungsprotokolls nicht widersprochen, führt dies zum Verlust der Rüge (BGH StV 1992, 403; HK/*Julius* § 223 Rn. 17).

§ 224 StPO Benachrichtigung der Beteiligten über den Termin.

(1) ¹Von den zum Zweck dieser Vernehmung anberaumten Terminen sind die Staatsanwaltschaft, der Angeklagte und der Verteidiger vorher zu benachrichtigen; ihrer Anwesenheit bei der Vernehmung bedarf es nicht. ²Die Benachrichtigung unterbleibt, wenn sie den Untersuchungserfolg gefährden würden. ³Das aufgenommene Protokoll ist der Staatsanwaltschaft und dem Verteidiger vorzulegen.
(2) Hat ein nicht in Freiheit befindlicher Angeklagter einen Verteidiger, so steht ihm ein Anspruch auf Anwesenheit nur bei solchen Terminen zu, die an der Gerichtsstelle des Ortes abgehalten werden, wo er in Haft ist.

1 **A. Inhalt der Regelung und Anwendungsbereich.** Die Vorschrift ergänzt § 223 durch die Anordnung, dass die Verfahrensbeteiligten grds. vom Termin der kommissarischen Vernehmung **zu benachrichtigen** sind und der StA und dem Verteidiger das **Protokoll der Vernehmung** vorzulegen ist. Aus der Pflicht zur Benachrichtigung ist zu schließen, dass deren Adressaten einen **Anspruch auf Anwesenheit** bei der Vernehmung haben. Abs. 2 schränkt dieses Recht für den in Haft befindlichen verteidigten Angeklagten ein.

2 Da die Verlesung des Protokolls der kommissarischen Vernehmung bzw. die Vorführung der audiovisuellen Aufzeichnung die Vernehmung von Beweispersonen gem. § 251 ersetzen kann (s. § 223 Rdn. 3), stellt die Regelung sicher, dass die Verfahrensbeteiligten an der Beweiserhebung mitwirken und von ihrem Fragerecht Gebrauch machen können (LR/*Jäger* § 224 Rn. 4; HK/*Julius* § 224 Rn. 1).

3 Die Regelung gilt für alle Vernehmungen von Beweispersonen nach § 223, auch wenn sie im Ausland stattfinden (BGH NStZ 1988, 563; SK/*Deiters* § 224 Rn. 5). Bei konsularischen Vernehmungen gilt § 224 über § 15 Abs. 3 KonsG entsprechend. Da im Anwendungsbereich des EuRHÜbk Rechtshilfeersuchen gem. Art. 4 nach dem Recht des ersuchenden Staates erledigt werden, muss das um die Vernehmung ersuchende Gericht auch darum bitten, dass die Teilnahmeberechtigten vom Verhandlungstermin benachrichtigt werden und ihnen die Teilnahme daran gestattet wird (BGH JZ 1997, 44; HK/*Julius* § 224 Rn. 10). Gleiches gilt, soweit das ausländische Recht die Anwesenheit der Prozessbeteiligten bei der Vernehmung gestattet (LR/*Jäger* § 224 Rn. 3; *Meyer-Goßner/Schmitt* § 224 Rn. 1). Gestattet das Recht des ersuchten Staates dies nicht, steht die Nichtbeachtung des § 224 einer Verwertung nicht entgegen (BGHSt. 1, 219 (220); OLG Hamm JMBl. NRW 1962, 223 (224); KK/*Gmel* § 224 Rn. 1).

B. Benachrichtigungspflicht (Abs. 1) I. Benachrichtigung. Die Benachrichtigung vom 4
Termin (unter Angabe von Beweisperson, Ort und Zeit der Vernehmung) obliegt grds. dem beauftragten oder ersuchten Richter. Allerdings kann auch schon das ersuchende Gericht im Beschluss nach
§ 223 Anordnungen zum Termin treffen (BGH VRS 26, 211; KK/*Gmel* § 224 Rn. 5). Soweit der Vernehmungstermin nicht durch Verkündung in der Hauptverhandlung bekannt gegeben wird, kann er
gem. § 35 Abs. 2 Satz 2 formlos mitgeteilt werden (BayObLGSt 1953, 62 [63]; LR/*Jäger* § 224 Rn. 8).
Um den Zugang der Benachrichtigung nachweisen zu können, ist jedoch die förmliche Zustellung
zweckmäßig (KK/*Gmel* § 224 Rn. 5; SK/*Deiters* § 224 Rn. 6). Der Nachweis, dass die Benachrichtigung verfügt und abgesandt wurde, ist nicht ausreichend (OLG Frankfurt am Main NJW 1952, 1068;
Meyer-Goßner/Schmitt § 224 Rn. 6).

II. Adressaten der Benachrichtigung. Nach dem Wortlaut sind die StA, der Angeklagte, auch wenn 5
er in Haft ist (vgl. Abs. 2), und der Verteidiger zu benachrichtigen. Wird der nach § 145a Abs. 1 zustellungsbevollmächtigte Verteidiger benachrichtigt, bedarf es keiner gesonderten Benachrichtigung des
Angeklagten. In Verfahren mit mehreren Angeklagten müssen alle Mitangeklagten benachrichtigt werden. Dies gilt unabhängig davon, ob die Vernehmung eine Tat betrifft, die nicht allen zur Last gelegt
wird, da ansonsten die in der Hauptverhandlung bestehenden Mitwirkungs- und Fragerechte unterlaufen werden könnten (SK/*Deiters* § 224 Rn. 8; HK/*Julius* § 224 Rn. 3; a. A. KK/*Gmel* § 224 Rn. 7).
Die Benachrichtigungspflicht besteht jedoch nur innerhalb desselben Verfahrens. Wird gegen Mittäter
oder Teilnehmer derselben Tat ein gesondertes Verfahren geführt, müssen sie nicht informiert werden
(BGH NJW 1986, 1999 [2000]; LR/*Jäger* § 224 Rn. 12; *Meyer-Goßner/Schmitt* § 224 Rn. 4).
Über die in der Vorschrift genannten Beteiligten hinaus müssen auch der **Privatkläger** (§ 385 Abs. 1 6
Satz 1), der **Nebenkläger** (§ 397 Abs. 1 Satz 2) und dessen RA (§ 406g Abs. 2 Satz 2) sowie die **Nebenbeteiligten** gem. §§ 431, 442, 444 benachrichtigt werden (LR/*Jäger* § 224 Rn. 15 bis 18). Im **Verfahren
gegen Jugendliche** ist der Termin den gesetzlichen Vertretern und den Erziehungsberechtigten (§ 67
Abs. 2 JGG) mitzuteilen, in Steuerstrafsachen dem Vertreter der Finanzbehörde (§ 407 Abs. 1 Satz 3
AO).
Da es der Anwesenheit der Teilnahmeberechtigten – auch eines Pflichtverteidigers (BGH NJW 1952, 7
1426; *Meyer-Goßner/Schmitt* § 224 Rn. 9) – bei der Vernehmung nicht bedarf (Abs. 1 Satz 1 Halbs. 2)
und die Vernehmung auch bei deren Nichterscheinen durchgeführt werden kann (BGH MDR 1972,
753), besteht analog § 168c Abs. 5 Satz 3 unabhängig vom Verhinderungsgrund **kein Anspruch auf
Terminsverlegung** (BGHSt. 1, 284; VRS 26, 211; KK/*Gmel* § 224 Rn. 3). Jedoch sollte einem Verlegungswunsch entsprochen werden, wenn das Verfahren dadurch nicht verzögert wird (LR/*Jäger*
§ 224 Rn. 6).
Das Gericht ist nicht verpflichtet, dem Angeklagten einen Pflichtverteidiger am Ort des ersuchten Gerichts zu bestellen oder ihm die Teilnahme des Angeklagten dadurch zu ermöglichen, dass es ihm einen 8
Reisekostenvorschuss gewährt (*Pfeiffer* § 224 Rn. 3).

III. Zeitpunkt der Benachrichtigung. Die Beteiligten müssen so rechtzeitig benachrichtigt werden, 9
dass ihnen die Vorbereitung und Anwesenheit oder Vertretung bei der Vernehmung möglich ist (RGSt.
59, 280 [281]; BGH GA 1976, 242 [244]; BayObLGSt. 1951, 113 [116]; LR/*Jäger* § 224 Rn. 11).
Käme die Benachrichtigung auf schriftlichem Weg zu spät, sind die Adressaten telefonisch, per Fax
oder durch E-Mail zu informieren (Graf/*Ritscher* § 224 Rn. 8).

IV. Unterbleiben der Benachrichtigung. 1. Gefährdung des Untersuchungserfolgs. Nach 10
Abs. 1 Satz 2 unterbleibt die Benachrichtigung, wenn sie den Untersuchungserfolg gefährden würde.
Die Voraussetzung findet sich wortgleich in § 168c Abs. 5 Satz 2. Unter **Untersuchungserfolg** ist
die Gewinnung einer wahrheitsgemäßen Aussage zu verstehen, die in einem späteren Verfahrensabschnitt verwertet werden kann (BGHSt. 29, 1 [3]; BayObLGSt. 1977, 130 [133]). Eine Gefährdung
des Untersuchungserfolgs liegt vor, wenn durch die mit der Benachrichtigung verbundene Verzögerung
der Verlust, die Wertminderung des Beweismittels droht (BGHSt. 29, 1 [3], NJW 1980, 2088; *Meyer-Goßner/Schmitt* § 224 Rn. 8) oder wenn aufgrund konkreter Anhaltspunkte zu befürchten ist, dass Angeklagter oder Verteidiger die Benachrichtigung zu Verdunkelungsmaßnahmen nutzen werden
(BGHSt. 29, 1 [3]; 32, 115 [129]; KK/*Gmel* § 224 Rn. 9; a. A. SK/*Deiters* § 224 Rn. 13). Nicht ausreichend ist, dass durch die Benachrichtigung eine bloße Verfahrensverzögerung eintritt (BayObLSt.

1951, 113 [116]; KMR/*Eschelbach* § 224 Rn. 40; *Meyer-Goßner/Schmitt* § 224 Rn. 8). Ebenso wenig genügt, dass auf den Zeugen Einfluss genommen werden soll, von seinem Zeugnis- oder Aussageverweigerungsrecht Gebrauch zu machen. Denn insoweit handelt es sich um zulässiges Verteidigungsverhalten (Dölling/Duttge/Rössner/*Schulz* § 224 Rn. 3; a.A. BayObLGSt. 1977, 130 [133]; KK/*Gmel* § 224 Rn. 9). Der Gefahr, dass der Zeuge in Anwesenheit des Angeklagten nicht die Wahrheit sagen werde, ist durch dessen vorübergehende Entfernung nach § 247 zu begegnen, nicht durch das Unterlassen der Benachrichtigung (HK/*Julius* § 224 Rn. 5).

11 Die Gründe für das Unterbleiben der Benachrichtigung sind **aktenkundig zu machen**, da das erkennende Gericht deren Tragfähigkeit bei der späteren Verlesung der Niederschrift oder Vorführung der audiovisuellen Aufzeichnung prüfen und ggf. ergänzen muss (BGHSt. 29, 1 [3]; 31, 140 [143]; LR/*Jäger* § 224 Rn. 22). Dass der Verteidiger wegen des Unterbleibens der Benachrichtigung bei der Vernehmung keine Fragen stellen konnte, ist i.R.d. Beweiswürdigung zu berücksichtigen (BGH NStZ 1996, 595 [597]; KK/*Gmel* § 224 Rn. 9).

12 **2. Verzicht.** Die Benachrichtigung ist auch entbehrlich, wenn der Berechtigte auf sie verzichtet (BGHSt. 1, 284; 9, 24 [28]; OLG Bremen StV 1992, 52; *Pfeiffer* § 224 Rn. 2). Gem. § 121 Abs. 4 RiStBV prüft die StA, ob sie auf Terminsnachrichten verzichten kann.

13 **C. Vorlage des Protokolls (Abs. 1 Satz 3)** StA und Verteidiger ist das Protokoll der kommissarischen Vernehmung vorzulegen. Wurde die Vernehmung gem. § 58a auf Bild-Ton-Trägern aufgezeichnet (s. § 223 Rn. 27), muss die Aufzeichnung vorgelegt werden. Die Vorlagepflicht besteht unabhängig davon, ob StA oder Verteidiger vom Termin Kenntnis hatten (LR/*Jäger* § 224 Rn. 27) oder bei der Vernehmung anwesend waren (BGHSt. 25, 357 [359]; KK/*Gmel* § 224 Rn. 10). Der Angeklagte hat, auch wenn es sich um einen sich selbst verteidigenden Rechtsanwalt handelt, keinen Anspruch auf Protokollvorlage (KK/*Gmel* § 224 Rn. 10; *Meyer-Goßner/Schmitt* § 224 Rn. 11). Die Berechtigten können auf die Vorlegung verzichten (LR/*Jäger* § 224 Rn. 30, s. dort Nachweise Rspr.).

14 Die Anordnung zur Vorlage trifft der **Vorsitzende** (KMR/*Eschelbach* § 224 Rn. 56; LR/*Jäger* § 224 Rn. 28). Ggü. dem Verteidiger wird die Vorlagepflicht dadurch erfüllt, dass ihm eine Abschrift oder Kopie des Protokolls übersandt wird oder er die Möglichkeit zur Akteneinsicht erhält (BGHSt. 25, 357 [359]; *Meyer-Goßner/Schmitt* § 224 Rn. 11). Der StA werden die Akten oder die Niederschrift zur Einsichtnahme übersandt. Die Vorlage ist aktenkundig zu machen (KK/*Gmel* § 224 Rn. 10).

15 **D. Einschränkung des Anwesenheitsrechts des inhaftierten Angeklagten (Abs. 2)** Der nicht auf freiem Fuß befindliche Angeklagte hat keinen Anspruch auf Anwesenheit, wenn er – wie nach § 140 Abs. 1 Nr. 4 und 5 meist der Fall – einen Verteidiger hat und der Vernehmungstermin nicht an der Gerichtsstelle des Ortes abgehalten wird, wo er sich in Haft befindet. Positiv formuliert kann er nur an Vernehmungen teilnehmen, die im Gerichtsgebäude des am Verwahrungsort befindlichen Gerichts durchgeführt werden (BGHSt. 1, 269 [271]; HK/*Julius* § 224 Rn. 12). Der unter die Ausnahmeregelung fallende Angeklagte muss aber vom Termin **benachrichtigt** werden (BGH MDR 1976, 814; *Meyer-Goßner/Schmitt* § 224 Rn. 10), damit er schriftlich Fragen stellen (s. § 223 Rn. 23) oder sich mit seinem teilnahmeberechtigten Verteidiger abstimmen kann (LR/*Jäger* § 224 Rn. 24).

16 Die Regelung gilt entsprechend bei einer **Vernehmung im Ausland**, wenn der Angeklagte Deutschland nicht verlassen darf, weil der Vollzug der Untersuchungshaft unter dieser Anweisung gem. § 116 Abs. 2 Nr. 2 ausgesetzt wurde (OLG Bamberg MDR 1984, 604; *Meyer-Goßner/Schmitt* § 224 Rn. 10).

17 Im Hinblick auf Art. 6 Abs. 3 Buchst. d) EMRK kommt, soweit nach den Umständen des Einzelfalls nur dadurch die »Waffengleichheit« herstellbar ist, entgegen dem Wortlaut von Abs. 2 im Geltungsbereich des EuRHÜbK die gem. Art. 13 des 2. Zusatzprotokolls grds. mögliche Überstellung eines inhaftierten Angeklagten zur Teilnahme an einer Rechtshilfevernehmung in Betracht (*Widmaier* MAH Strafverteidigung, § 9 Rn. 55).

18 **E. Revision.** Der Verstoß gegen § 224 kann die Revision nicht begründen, da das Urteil darauf alleine nicht beruhen kann. Wird jedoch die unter Verletzung der Benachrichtigungspflicht durchgeführte Vernehmung gem. § 251 bzw. § 255a durch Verlesung oder Vorführung der Bild-Ton-Auf-

zeichnung in die Hauptverhandlung eingeführt, kann das Urteil auf dem Rechtsfehler beruhen, wenn nicht ausgeschlossen werden kann, dass die Anwesenheit bei der Vernehmung und die Ausübung des Fragerechts das Beweisergebnis beeinflusst hätten (BGHSt. 26, 332 [335]; LR/*Jäger* § 224 Rn. 35). Die Revisionsrüge setzt nach der Rechtsprechung aber voraus, dass der Revisionsführer der Protokollverlesung in der erstinstanzlichen Hauptverhandlung – nicht erst in der Berufungsverhandlung oder nach Zurückverweisung (BGHSt. 50, 272; *Meyer-Goßner/Schmitt* § 224 Rn. 12; a. A. OLG Bremen StV 1992, 59) – **ausdrücklich widersprochen** hat (BGHSt. 1, 284 [286]; 9, 24 [28]; NStZ 1998, 312; LR/*Jäger* § 224 Rn. 31). Ein Widerspruch ist nicht erforderlich, wenn der Angeklagte nicht verteidigt ist und seine Rechte nicht kennt (KK/*Gmel* § 224 Rn. 11; *Meyer-Goßner/Schmitt* § 224 Rn. 12). Dieselben Grundsätze gelten für den Fall, dass der nach Abs. 2 nicht anwesenheitsberechtigte Angeklagte keine Benachrichtigung erhalten hat (BGH MDR 1976, 814; SK/*Deiters* § 224 Rn. 23).

Dass diese Grundsätze auch gelten sollen, wenn die Protokollvorlage nach Abs. 1 Satz 3 unterblieben ist (so Graf/*Ritscher* § 224 Rn. 13; *Meyer-Goßner/Schmitt* § 224 Rn. 12), erscheint zumindest dann fraglich, wenn StA oder Verteidiger an der Vernehmung teilgenommen haben. I.Ü. kommt eine **Heilung** durch nachträgliche Vorlage oder Aussetzung nach § 265 Abs. 4 in Betracht (SK/*Deiters* § 224 Rn. 24). 19

Auf die Rüge hin, dass die Benachrichtigung unterblieben ist, obwohl die Voraussetzung des Abs. 1 Satz 2 nicht vorlag, kann das Revisionsgericht nur prüfen, ob eine Entschließung überhaupt vorliegt und ob diese frei von Rechtsmängeln, insb. Ermessensfehlern, ist (BGHSt. 29, 1, 3 [31]; 31, 140 [143]; 42, 86 [92]; KK/*Gmel* § 224 Rn. 13). 20

Wird in einem anderen Verfahren, das gegen einen anderen Angeklagten wegen Beteiligung an der Tat geführt wird, die Niederschrift der unter Verstoß gegen § 224 durchgeführten Vernehmung verlesen, kann die Revision nicht auf den Verfahrensfehler gestützt werden (BGH NJW 1986, 1999; LR/*Jäger* § 224 Rn. 37). 21

§ 225 StPO Einnahme des richterlichen Augenscheins durch beauftragte oder ersuchte Richter. Ist zur Vorbereitung der Hauptverhandlung noch ein richterlicher Augenschein einzunehmen, so sind die Vorschriften des § 224 anzuwenden.

A. Inhalt der Regelung. Die **wenig praxisrelevante** Vorschrift regelt ergänzend zu §§ 86, 168d die kommissarische Inaugenscheinnahme zur Vorbereitung der Hauptverhandlung, deren Möglichkeit als selbstverständlich vorausgesetzt wird (SK/*Deiters* § 225 Rn. 1). Diese kommt in Betracht, wenn Beweise zu sichern sind, deren Erhebung in der Hauptverhandlung voraussichtlich nicht oder nicht mehr möglich sein wird. Wie die kommissarische Vernehmung (§ 223) kann sie aber auch noch in der Hauptverhandlung angeordnet werden, wenn aus Gründen der Sachaufklärung die (davon abzugrenzende) Inaugenscheinnahme durch das erkennende Gericht nicht geboten ist (*Meyer-Goßner/Schmitt* § 225 Rn. 1; KK/*Gmel* § 225 Rn. 2). Dies ist nur in seltenen Ausnahmefällen denkbar, weil dank größerer Mobilität Ortsbesichtigungen – anders als bei der Einführung der Vorschrift – leicht durchzuführen sind und die sinnliche Wahrnehmung durch den gesamten Spruchkörper die Ermittlung des wahren Sachverhalts eher befördert als die Verlesung eines Protokolls über fremde Wahrnehmungen (HK/*Julius* § 225 Rn. 1; LR/*Jäger* § 225 Rn. 3). 1

Abzugrenzen ist die kommissarische auch **von der informatorischen Inaugenscheinnahme**, bei der ein Mitglied des Gerichts etwas ohne Anordnung in Augenschein nimmt. Die daraus gewonnenen Erkenntnisse sind privates Wissen und können dem Urteil nicht zugrunde gelegt werden (BGH MDR 1966, 383; KK/*Gmel* § 225 Rn. 2). 2

B. Anordnung. Über die Anordnung der kommissarischen Inaugenscheinnahme entscheidet das Gericht nach pflichtgemäßem Ermessen durch **Beschluss** (OLG Celle NJW 1957, 1812 [1813]; *Meyer-Goßner/Schmitt* § 225 Rn. 4). Soll dagegen der Augenschein nicht durch einen beauftragten oder ersuchten Richter, sondern vom Gericht in voller Besetzung als Teil der Hauptverhandlung öffentlich (§ 169 GVG) eingenommen werden, ordnet dies gem. § 238 Abs. 1 der Vorsitzende an (KK/*Gmel* § 225 Rn. 2). 3

§ 225a StPO Zuständigkeitsänderung vor der Hauptverhandlung

4 **C. Verfahren.** Aufgrund der Verweisung auf § 224 gelten die dort geregelten Benachrichtigungs- und Vorlagepflichten sowie die Einschränkung des Anwesenheitsrechts des Angeklagten (s. § 224 Rdn. 4 ff., 15 ff.). Das vom beauftragten oder ersuchten Richter gem. §§ 86, 168a anzufertigende **Protokoll** wird durch Verlesung gem. § 249 Abs. 1 Satz 2 in die Hauptverhandlung eingeführt (LR/*Jäger* § 225 Rn. 10; *Pfeiffer* § 225 Rn. 1). Bei der Einnahme des richterlichen Augenscheins kann ein **Sachverständiger** hinzugezogen werden. Insoweit ist § 168d Abs. 2 zu beachten (*Meyer-Goßner/Schmitt* § 225 Rn. 2; KK/*Gmel* § 225 Rn. 4). Gem. § 166 GVG kann der beauftragte Richter den Augenschein auch außerhalb des Bezirks des anordnenden Gerichts einnehmen.

5 **D. Rechtsbehelfe.** Gegen den anordnenden oder ablehnenden Beschluss ist die **Beschwerde** gem. § 305 Satz 1 ausgeschlossen (LR/*Jäger* § 225 Rn. 13; *Meyer-Goßner/Schmitt* § 225 Rn. 4). I.R.d. **Revision** kann gerügt werden, dass ein Antrag auf kommissarische Inaugenscheinnahme unter Verletzung von § 244 Abs. 5 abgelehnt wurde und Beweisverlust eingetreten ist (LR/*Jäger* § 225 Rn. 14). Mit der **Aufklärungsrüge** kann geltend gemacht werden, dass die Inaugenscheinnahme durch das erkennende Gericht hätte erfolgen müssen (KK/*Gmel* § 225 Rn. 5; HK/*Julius* § 225 Rn. 6). Hinsichtlich Verletzungen gegen die Benachrichtigungs- und Vorlagepflicht und das Anwesenheitsrecht s. § 224 Rdn. 18 ff.

§ 225a StPO Zuständigkeitsänderung vor der Hauptverhandlung.

(1) ¹Hält ein Gericht vor Beginn einer Hauptverhandlung die sachliche Zuständigkeit eines Gerichts höherer Ordnung für begründet, so legt es die Akten durch Vermittlung der Staatsanwaltschaft diesem vor; § 209a Nr. 2 Buchstabe a gilt entsprechend. ²Das Gericht, dem die Sache vorgelegt worden ist, entscheidet durch Beschluss darüber, ob es die Sache übernimmt.
(2) ¹Werden die Akten von einem Strafrichter oder einem Schöffengericht einem Gericht höherer Ordnung vorgelegt, so kann der Angeklagte innerhalb einer bei der Vorlage zu bestimmenden Frist die Vornahme einzelner Beweiserhebungen beantragen. ²Über den Antrag entscheidet der Vorsitzende des Gerichts, dem die Sache vorgelegt worden ist.
(3) ¹In dem Übernahmebeschluss sind der Angeklagte und das Gericht, vor dem die Hauptverhandlung stattfinden soll, zu bezeichnen. ²§ 207 Abs. 2 Nr. 2 bis 4, Abs. 3 und 4 gilt entsprechend. ³Die Anfechtbarkeit des Beschlusses bestimmt sich nach § 210.
(4) ¹Nach den Absätzen 1 bis 3 ist auch zu verfahren, wenn das Gericht vor Beginn der Hauptverhandlung einen Einwand des Angeklagten nach § 6a für begründet hält und eine besondere Strafkammer zuständig wäre, der nach § 74e des Gerichtsverfassungsgesetzes der Vorrang zukommt. ²Kommt dem Gericht, das die Zuständigkeit einer anderen Strafkammer für begründet hält, vor dieser nach § 74e des Gerichtsverfassungsgesetzes der Vorrang zu, so verweist es die Sache an diese mit bindender Wirkung; die Anfechtbarkeit des Verweisungsbeschlusses bestimmt sich nach § 210.

1 **A. Inhalt der Regelung und Anwendungsbereich.** Die Vorschrift regelt die Verweisung an ein Gericht höherer Ordnung bzw. Rangfolge i.S.d. § 74e GVG **vor der Hauptverhandlung**, also im Zeitraum zwischen Eröffnung des Hauptverfahrens und Beginn der Hauptverhandlung. Sie ergänzt damit §§ 209 Abs. 2, 270, die die Vorlage im Eröffnungsverfahren bzw. die Verweisung nach Beginn der Hauptverhandlung ermöglichen. Dadurch wird die Durchführung einer Hauptverhandlung nur zum Zweck der Verweisung entbehrlich (KK-StPO/*Gmel* § 225a Rn. 1) und eine Einstellung wegen fehlender sachlicher Zuständigkeit gem. § 206a mit nachfolgender Anklage beim zuständigen Gericht unnötig (SK-StPO/*Deiters* § 225a Rn. 2). Die Vorschrift lehnt sich – mit den durch die Sachlage gebotenen Abweichungen – eng an § 270 an (BT-Drucks. 8/976, S. 48).

2 Nach allgemeiner Ansicht findet die Regelung wegen des Wortlauts (»eine Hauptverhandlung«) auch im Stadium **zwischen Aussetzung und Beginn einer neuen Hauptverhandlung** sowie **nach Zurückverweisung** durch das Revisionsgericht gem. § 354 Abs. 2 Anwendung (BGHSt 25, 309 [311]; NJW 1999, 157 [158]; *Meyer-Goßner/Schmitt* § 225a Rn. 4).

3 Bei Fehlen der **geschäftsplanmäßigen oder örtlichen Zuständigkeit** ist § 225a nicht (entsprechend) anwendbar (LR/*Jäger* § 225a Rn. 7; *Meyer-Goßner/Schmitt* § 225a Rn. 3).

Ob die Vorschrift auch **im Berufungsverfahren** Anwendung findet, ist mangels Verweisung in § 323 **4**
Abs. 1 Satz 1 umstritten. Bei Nichtanwendbarkeit müsste das Berufungsgericht – je nach dem Zeitpunkt, zu dem es von der fehlenden sachlichen Zuständigkeit ausgeht – das Verfahren entweder wegen Unzuständigkeit einstellen oder gem. § 328 Abs. 2 nach Durchführung einer Hauptverhandlung das erstinstanzliche Urteil aufheben und die Sache an das zuständige Gericht verweisen (*Meyer-Goßner/Schmitt* § 225a Rn. 2, § 328 Rn. 7; *Hegmann* NStZ 2000, 574 [575]). Aus verfahrensökonomischen Gründen erscheint demgegenüber mit der herrschenden Meinung eine entsprechende Anwendung des § 225a, der in § 323 nur aufgrund eines Redaktionsversehens nicht genannt wird, vorzugswürdig (BGH NJW 2003, 1404; ausführlich KK-StPO/*Gmel* § 225a Rn. 4; LR/*Jäger* § 225a Rn. 6; SK/*Deiters* § 225a Rn. 3). Einer förmlichen Aufhebung des erstinstanzlichen Urteils bedarf es danach nicht, weil dieses mit dem Übernahmebeschluss gegenstandslos wird (BGH NJW 2003, 1404 [1405]).

Nach herrschender Meinung ist § 225a auch **im Beschwerdeverfahren** analog anwendbar (KK-StPO/ **5**
Gmel § 225a Rn. 4; LR/*Jäger* § 225a Rn. 6; a. A. KMR/*Eschelbach* § 225a Rn. 8; Graf/*Ritscher* § 225a Rn. 3).

B. Vorlage (Abs. 1 Satz 1) I. **Sachliche Zuständigkeit eines Gerichts »höherer Ordnung«.** **6**
Unter sachlicher Zuständigkeit ist die Verteilung der Strafsachen nach Art und Schwere unter den erstinstanzlichen, unterschiedlich besetzten Gerichten verschiedener Ordnung zu verstehen (*Meyer-Goßner/Schmitt* vor § 1 Rn. 2). Sie wird gem. § 1 durch die Regelungen des GVG bestimmt (AG: §§ 24 bis 28 GVG; LG: §§ 73 bis 74d, 74f GVG, OLG: §§ 120, 120a GVG). Da normative Zuständigkeitsmerkmale (wie die Rechtsfolgenerwartung gem. § 25 Nr. 2 GVG oder die Bedeutung des Falls i.S.d. § 24 Abs. 1 Nr. 3, 74 Abs. 1 GVG) nur bis zur Eröffnung des Hauptverfahrens geprüft werden, sind sie außer Betracht zu lassen (BGH NStZ 2009, 579 [580]; OLG Düsseldorf NStZ-RR 2001, 222 [223]; KK-StPO/*Gmel* § 225a Rn. 5; *Meyer-Goßner/Schmitt* § 225a Rn. 5). Aus diesem Grund ist die Vorlage vom Strafrichter an das Schöffengericht unzulässig (OLG Düsseldorf NStZ-RR 2001, 222 [223]; LR/*Jäger* § 225a Rn. 10).

Weil Satz 1 Halbs. 2 die Regelung des § 209a Nr. 2 Buchst. a) für entsprechend anwendbar erklärt, wird **7**
in Verfahren gegen Jugendliche oder Heranwachsende das **Jugendgericht** im Verhältnis zum gleichrangigen Erwachsenengericht als Gericht höherer Ordnung angesehen (KK-StPO/*Gmel* § 225a Rn. 2; SK-StPO/*Deiters* § 225a Rn. 5). Wegen der fehlenden Nennung von § 209a Nr. 2 Buchst. b) gilt dies nicht für die Jugendschutzgerichte (BGHSt 42, 39 [40]; *Meyer-Goßner/Schmitt* § 225a Rn. 2). Einem höheren Jugendschutzgericht kann aber vorgelegt werden (so wohl OLG Saarbrücken NStZ-RR 2003, 377; *Meyer-Goßner/Schmitt* § 270 Rn. 11). Die Abgabe vom Jugendgericht an ein allgemeines Gericht ist – abgesehen von den Fällen des § 103 Abs. 2 Satz 2 und Satz 3 JGG – gem. § 47a JGG ausgeschlossen (*Meyer-Goßner/Schmitt* § 225a Rn. 2).

II. **Vorlagebeschluss. 1. Voraussetzungen.** Das Gericht muss vor Beginn der Hauptverhandlung **8**
die sachliche Zuständigkeit eines Gerichts höherer Ordnung für begründet halten (Satz 1 Halbs. 1). Dies ist der Fall, wenn hinreichender Verdacht dafür besteht, dass die angeklagte prozessuale Tat einen Tatbestand erfüllt, der in die Entscheidungskompetenz des höheren Gericht fällt, oder dass die Rechtsfolgenkompetenz des Gerichts überschritten wird (LR/*Jäger* § 225a Rn. 10; SK-StPO/*Deiters* § 225a Rn. 6). Worauf die (geänderte) Beurteilung der sachlichen Zuständigkeit beruht, ist irrelevant. Grund kann neben einer neuen rechtlichen Bewertung v.a. das Hinzutreten relevanter prozessualer Umstände (wie Verfahrensverbindung oder Wiedereinbeziehung gem. § 154a Abs. 3) sein (HK/*Julius* § 225a Rn. 4).

2. Entscheidung. Über die Vorlage entscheidet das Gericht in der für Entscheidung außerhalb der **9**
Hauptverhandlung geltenden Besetzung **auf Antrag oder von Amts wegen** durch **Beschluss** (KK-StPO/*Gmel* § 225a Rn. 6). Zwar bedarf es – da die Übernahme nur angetragen, aber nicht bindend darüber entschieden wird – nach allgemeiner Ansicht **keiner vorherigen Anhörung** der Verfahrensbeteiligten (vgl. etwa *Pfeiffer* § 225a Rn. 3). Weil aber vor der Entscheidung des Gerichts, dem die Sache vorgelegt wird, rechtliches Gehör zu gewähren ist (s. Rdn. 14), ist die Einholung von Stellungnahmen sinnvoll (LR/*Jäger* § 225a Rn. 16; Graf/*Ritscher* § 225a Rn. 6).

10 **3. Inhalt und Bekanntgabe.** Der Vorlagebeschluss muss das Gericht bezeichnen, dem die Sache vorgelegt wird. Obwohl § 34 nicht gilt, ist er **zu begründen**, um dem Gericht, dem die Sache vorgelegt wird, nachvollziehbar zu machen, warum sich das vorlegende Gericht trotz zunächst gegenteiliger Annahme für unzuständig hält (*Meyer-Goßner/Schmitt* § 225a Rn. 6; LR/*Jäger* § 225a Rn. 14). Den Verfahrensbeteiligten wird der Beschluss formlos mitgeteilt; bei Fristsetzung nach Abs. 2 Satz 1 (s. Rdn. 25) wird er gem. § 35 Abs. 2 zugestellt (KK-StPO/*Gmel* § 225a Rn. 7).

11 **4. Weiterleitung.** Nach Satz 1 legt das Gericht die Akten **durch Vermittlung der StA**, die dadurch Kenntnis vom Beschluss erlangt, dem Gericht höherer Ordnung vor. Ist für dieses Gericht eine andere StA zuständig, leitet die StA des vorlegenden Gerichts die Akten an diese zur Vermittlung weiter (*Meyer-Goßner/Schmitt* § 225a Rn. 7; SK-StPO/*Deiters* § 225a Rn. 9).

12 **C. Entscheidung über die Übernahme (Abs. 1 Satz 2, Abs. 3) I. Entscheidungsmaßstab.** Gem. Abs. 1 Satz 2 entscheidet das Gericht, dem die Sache vorgelegt worden ist, über die Übernahme. Diese Zuständigkeit wird selbst durch einen Vorlagebeschluss begründet, der an schwersten Mängeln leidet (BGH NStZ 2009, 579 [580]).
Wie sich aus Abs. 3 ergibt, ersetzt der Übernahmebeschluss nicht den Eröffnungsbeschluss, sondern korrigiert ihn in der Bezeichnung des Gerichts, vor dem die Hauptverhandlung stattfinden soll. Da das übernehmende Gericht **keinen neuen Eröffnungsbeschluss** zu erlassen hat, prüft es nicht mehr, ob hinreichender Tatverdacht besteht (BT-Drucks. 8/976, S. 49; LR/*Jäger* § 225a Rn. 21). Es übernimmt die Sache, wenn es den hinreichenden Tatverdacht wegen einer seine Zuständigkeit begründenden Gesetzesverletzung bejaht (BGHSt 29, 341 [348]; *Meyer-Goßner/Schmitt* § 225a Rn. 15). Ein fehlender Eröffnungsbeschluss wird durch den Übernahmebeschluss nicht ersetzt (BGH NStZ 1984, 520; *Meyer-Goßner/Schmitt* § 225a Rn. 14).

13 Gem. § 207 Abs. 2 Nr. 2 bis 4, der über Abs. 3 Satz 2 entsprechend gilt, darf das übernehmende Gericht die danach zulässigen Beschränkungen und Einbeziehungen vornehmen und die Tat rechtlich abweichend würdigen. Da diese Befugnis nur bei Übernahme besteht, darf das Gericht den Übernahmegegenstand nicht durch Verfolgungsbeschränkung nach § 154a verändern, um die Übernahme zu vermeiden (*Meyer-Goßner/Schmitt* § 225a Rn. 20; KK-StPO/*Gmel* § 225a Rn. 11).

14 **II. Verfahren und Form.** Die Entscheidung ergeht durch **Beschluss** in der für Entscheidungen außerhalb der Hauptverhandlung vorgeschriebenen Besetzung. Zuvor sind die Verfahrensbeteiligten gem. § 33 Abs. 2, 3 anzuhören (BGH NJW 1999, 157 [158]; *Meyer-Goßner/Schmitt* § 225a Rn. 14).

15 **III. Entscheidungsmöglichkeiten. 1. Übernahme des Verfahrens.** Übernimmt das Gericht die Sache, bezeichnet es im **Übernahmebeschluss** den Angeklagten und das Gericht, vor dem die Hauptverhandlung stattfinden soll (Abs. 3 Satz 1). Soweit es den Eröffnungsbeschluss gem. Abs. 3 Satz 2 i.V.m. § 207 Abs. 2 Nr. 2 bis 4 ändert, ist dies im Übernahmebeschluss darzulegen, um deutlich zu machen, inwieweit der **Verfahrensgegenstand** durch die Übernahme modifiziert wurde. Übernahme- und Eröffnungsbeschluss müssen in zweifelsfreier Form erkennen lassen, welches Gericht welchen Tatvorwurf mit welcher (vorläufigen) rechtlichen Würdigung abzuurteilen hat (BT-Drucks. 8/976, S. 49; KK-StPO/*Gmel* § 225a Rn. 13; Zulässigkeit stillschweigender Übernahmebeschlüsse offengelassen in BGH NStZ 2012, 46). Im Fall des § 207 Abs. 2 Nr. 2 hat das Gericht die StA zur Einreichung einer dem Übernahmebeschluss entsprechenden Anklageschrift aufzufordern (Abs. 3 Satz 2 i.V.m. § 207 Abs. 3).

16 Bei mehreren prozessualen Taten kann das Gericht die Übernahme durch Trennung (§ 4) auf eine oder einzelne Taten **beschränken** (*Meyer-Goßner/Schmitt* § 225a Rn. 16; SK-StPO/*Deiters* § 225a Rn. 17).

17 Mit Erlass des Übernahmebeschlusses wird die Sache beim höheren Gericht **rechtshängig** und geht im ganzen Umfang auf das übernehmende Gericht über (BGHSt 44, 121 [122 f.]; LR/*Jäger* § 225a Rn. 31). Erst ab diesem Zeitpunkt ist das übernehmende Gericht für **Haft- und Nebenentscheidungen** zuständig (*Meyer-Goßner/Schmitt* § 225a Rn. 8). Gem. Abs. 3 Satz 2 i.V.m. 207 Abs. 4 hat es mit der Übernahme über die Anordnung bzw. Fortdauer der Untersuchungshaft oder einstweiligen Unterbringung neu zu beschließen.

18 Der Übernahmebeschluss muss dem Angeklagten gem. § 215 förmlich zugestellt werden (BGH NJW 1999, 157 [158]; LR/*Jäger* § 225a Rn. 26), der StA nur dann, wenn sie die Ablehnung der Übernahme

beantragt hatte (SK-StPO/*Deiters* § 225a Rn. 21). Dem Nebenkläger wird der Beschluss formlos mitgeteilt (LR/*Jäger* § 225a Rn. 26).

Das übernehmende Gericht darf die Sache gem. § 225a oder § 270 an ein Gericht höherer Ordnung 19 oder vorrangiges Gericht gleicher Ordnung **weiterverweisen** (LR/*Jäger* § 225a Rn. 32). Einer Verweisung an ein nachrangiges Gericht steht – soweit nicht Abs. 4 Satz 2 eingreift (s. Rn. 34) – § 269 entgegen (KK-StPO/*Gmel* § 225a Rn. 18).

2. Ablehnung der Übernahme. Lehnt das Gericht die Übernahme des Verfahrens ab, muss es darlegen, 20 aus welchen tatsächlichen oder rechtlichen Gründen es sich für nicht zuständig hält (KK-StPO/ *Gmel* § 225a Rn. 14). Eine ablehnende Entscheidung muss auch ergehen, wenn das Gericht ein drittes Gericht für zuständig hält; eine Abgabe an dieses Gericht ist nach zutreffender herrschender Meinung nicht zulässig (*Meyer-Goßner/Schmitt* § 225a Rn. 19; LR/*Jäger* § 225a Rn. 25).

Der Beschluss wird den Beteiligten **formlos mitgeteilt** (§ 35 Abs. 2 Satz 2). Hatte die StA die Über- 21 nahme beantragt, ist er ihr im Hinblick auf das Beschwerderecht (s. Rn. 38) gem. § 35 Abs. 2 Satz 1 förmlich zuzustellen (KK-StPO/*Gmel* § 225a Rn. 16). Die Akten leitet das Gericht an das vorlegende Gericht zurück (Graf/*Ritscher* § 225a Rn. 19).

Der ablehnende Beschluss hat nur bei gleich bleibender Sachlage **bindende Wirkung** (OLG Stuttgart 22 NStZ 1995, 248; *Meyer-Goßner/Schmitt* § 225a Rn. 21). Ergeben sich in der Hauptverhandlung neue Gesichtspunkte, kann gem. § 270 erneut an das Gericht verwiesen werden, das die Übernahme nach § 225a abgelehnt hatte (LR/*Jäger* § 225a Rn. 33).

D. Antrag zur Vornahme einzelner Beweiserhebungen (Abs. 2) I. Zweck. Der 23 inhaltlich an § 270 Abs. 4 orientierte Abs. 2 gibt dem Angeklagten bei Vorlage durch ein AG das Recht, innerhalb einer zu bestimmenden Frist die Vornahme einzelner Beweiserhebungen zu beantragen. Damit soll dem Angeklagten noch vor der Übernahmeentscheidung die Möglichkeit gegeben werden, die für die Vorlage maßgebenden Gründe durch eine Beweisaufnahme zu entkräften, um eine Übernahme durch das höhere Gericht zu verhindern (KK-StPO/*Gmel* § 225a Rn. 20; KMR/*Eschelbach* § 225a Rn. 27; HK/*Julius* § 225a Rn. 2). Ob darüber hinaus dem Angeklagten auch Gelegenheit zur Nachholung von Beweisanträgen und zur Anpassung der Verteidigungsstrategie an die veränderte Lage gegeben werden soll (so LR/*Jäger* § 225a Rn. 34; *Meyer-Goßner/Schmitt* § 225a Rn. 9; *Alsberg/Nüse/Meyer*, Beweisantrag, S. 366), erscheint im Hinblick auf das unabhängig davon bestehende Recht aus § 219 zweifelhaft (SK-StPO/*Deiters* § 225a Rn. 10).

II. Anwendungsbereich. Nach Abs. 2 Satz 1 besteht das Antragsrecht bei Vorlage der Akten von 24 einem Strafrichter oder einem Schöffengericht an ein Gericht höherer Ordnung. Da nach Abs. 1 Satz 1 i.V.m. § 209a Nr. 2 Buchst. a) **Jugendgerichte** als Gerichte höherer Ordnung gelten, findet die Regelung nach herrschender Meinung auch Anwendung, wenn ein Straf- oder Schöffengericht einem Jugendrichter oder Jugendschöffengericht vorlegt (KK-StPO/*Gmel* § 225a Rn. 20; KMR/*Eschelbach* § 225a Rn. 28; LR/*Jäger* § 225a Rn. 35; a. A. *Meyer-Goßner/Schmitt* § 225a Rn. 9, 22). Wie sich aus der Verweisung in Abs. 4 auf Abs. 2 ergibt, gilt die Vorschrift auch, wenn an eine der in § 74e GVG genannten **besonderen Strafkammer** verwiesen werden soll (LR/*Jäger* § 225a Rn. 51; KK-StPO/*Gmel* § 225a Rn. 20; a. A. KMR/*Eschelbach* § 225a Rn. 60; *Meyer-Goßner/Schmitt* § 225a Rn. 22, wonach es sich um ein Redaktionsversehen handele).

III. Fristsetzung. Für die Beantragung der Beweiserhebungen setzen Strafrichter bzw. Schöffenge- 25 richt dem Angeklagten bei der Vorlage eine Frist. Die Fristbestimmung sollte zur Vermeidung einer zusätzlichen Zustellung in den Vorlagebeschluss aufgenommen werden (KK-StPO/*Gmel* § 225a Rn. 21; *Meyer-Goßner/Schmitt* § 225a Rn. 10). Damit verbunden werden sollte der Hinweis, dass der Beweisantrag beim Vorsitzenden des ersuchten Gerichts einzureichen ist, der gem. Abs. 2 Satz 2 darüber entscheidet (LR/*Jäger* § 225a Rn. 38; SK-StPO/*Deiters* § 225a Rn. 13). Es handelt sich nicht um eine Ausschluss-, sondern um eine (verlängerbare) **Erklärungsfrist** (BT-Drucks. 8/976, S. 48; SK-StPO/*Deiters* § 225a Rn. 13). Solange über die Übernahme keine Entscheidung getroffen wurde, ist ein verspäteter Antrag zu berücksichtigen (*Meyer-Goßner/Schmitt* § 225a Rn. 10).

§ 225a StPO Zuständigkeitsänderung vor der Hauptverhandlung

26 Die Frist muss so **ausreichend bemessen** sein, dass der Angeklagte genügend Zeit hat, um über die Ausübung seines Antragsrechts im konkreten Fall zu entscheiden und davon sinnvoll Gebrauch zu machen (SK-StPO/*Deiters* § 225a Rn. 13; *Meyer-Goßner/Schmitt* § 225a Rn. 10).

27 **IV. Antrag.** Nachdem die Formulierung (»Vornahme einzelner Beweiserhebungen beantragen«) derjenigen in § 201 Abs. 1 Satz 1 gleicht, unterliegt der Antrag – wie dort – **inhaltlich** keinen Beschränkungen. Er muss daher nicht den Anforderungen der § 219 oder § 244 genügen. Ausreichend ist, dass er das Begehren enthält, mit einem bestimmten Beweismittel den Sachverhalt näher aufzuklären (SK-StPO/*Deiters* § 225a Rn. 14; HK/*Julius* § 225a Rn. 17; enger LR/*Jäger* § 225a Rn. 36; a. A. *Meyer-Goßner/Schmitt* § 225a Rn. 11: keine bloßen Beweisanregungen). Ergibt die Auslegung, dass der Antrag nicht darauf abzielt, die Übernahme zu verhindern, ist er als Antrag nach § 219 zu behandeln (KMR/*Eschelbach* § 225a Rn. 32; KK-StPO/*Gmel* § 225a Rn. 22).

28 Eine besondere **Form** sieht das Gesetz für den Antrag nicht vor. Es ist jedoch aus Nachweisgründen sinnvoll, ihn schriftlich oder zu Protokoll der Geschäftsstelle zu stellen (LR/*Jäger* § 225a Rn. 36).

29 **V. Entscheidung.** Über den Antrag entscheidet nach pflichtgemäßem Ermessen der **Vorsitzende des Gerichts**, dem die Sache vorgelegt worden ist (Abs. 2 Satz 2), nachdem die StA gem. § 33 **angehört** wurde (LR/*Jäger* § 225a Rn. 42; KK-StPO/*Gmel* § 225a Rn. 22). Die Entscheidung darf nicht vor Erlass des Übernahmebeschlusses getroffen werden; bei Ablehnung der Übernahme erledigt sich der Antrag und muss nicht beschieden werden (*Meyer-Goßner/Schmitt* § 225a Rn. 13).

30 Wird der Antrag **abgelehnt**, ist dies gem. § 34 zu begründen. Dafür genügt der Hinweis, dass die beantragte Beweiserhebung zur Entscheidung über die Übernahme nicht geboten erscheint (KK-StPO/*Gmel* § 225a Rn. 22; *Meyer-Goßner/Schmitt* § 225a Rn. 12; a. A. HK/*Julius* § 225a Rn. 9). Auch eine Ablehnung nach § 244 Abs. 3 und 4 ist möglich (LR/*Jäger* § 225a Rn. 46). Die Entscheidung muss so **rechtzeitig** getroffen werden, dass es dem Angeklagten noch möglich ist, vor der Hauptverhandlung gem. § 219 Beweisanträge zu stellen oder Beweispersonen gem. § 220 unmittelbar laden zu lassen (HK/*Julius* § 225a Rn. 9).

31 Entspricht der Vorsitzende dem Antrag, liegt die Durchführung der Beweisaufnahme in seinem Ermessen (LR/*Jäger* § 225a Rn. 46; SK-StPO/*Deiters* § 225a Rn. 16). Die kommissarische Vernehmung (§ 223) und den richterlichen Augenschein (§ 225) kann jedoch nur das Gericht anordnen (LR/*Jäger* § 225a Rn. 48).

32 **E. Vorlage und Verweisung an eine besondere Strafkammer (Abs. 4) I. Vorlage an eine besondere oder vorrangige besondere Strafkammer (Abs. 4 Satz 1)** Abs. 4 Satz 1 erweitert die Vorlagemöglichkeit auf **Fälle funktioneller Unzuständigkeit.** Er ermöglicht die Abgabe auch bei einem erst nach der Eröffnung des Hauptverfahrens deutlich werdenden Zuständigkeitskonflikt zwischen den allgemeinen und den besonderen Strafkammern (§§ 74 Abs. 2, 74a, 74c GVG) und zwischen besonderen Strafkammern, wenn eine von ihnen gem. § 74e GVG den Vorrang hat. Bei der letztgenannten Konstellation ist zu beachten, dass gem. § 209a Nr. 2 Buchst. a) auch ein Vorrang der Jugendkammer ggü. den besonderen Strafkammern besteht, soweit dieser nicht durch § 103 Abs. 2 Satz 2 JGG eingeschränkt ist.

33 Die Vorlage erfolgt in diesen Fällen **nicht von Amts wegen**, sondern setzt gem. § 6a Satz 2 voraus, dass der Angeklagte die Unzuständigkeit einwendet. Ist der Einwand berechtigt, hat das Gericht kein Ermessen, sondern muss vorlegen (BT-Drucks. 8/976, S. 49; *Meyer-Goßner/Schmitt* § 225a Rn. 22). I.Ü. richtet sich das Verfahren nach Abs. 1 bis 3 (KK-StPO/*Gmel* § 225a Rn. 24). Zur Geltung von Abs. 2 s. Rdn. 24.

34 **II. Verweisung an ein nachrangiges Gericht (Abs. 4 Satz 2)** Erhebt der Angeklagte den Einwand der Unzuständigkeit gem. § 6a Satz 2 bei einem Gericht, das gem. § 74e GVG den Vorrang ggü. dem zuständigen Gericht besitzt, wird die Sache dem nachrangigen Gericht nicht vorgelegt, sondern das Verfahren nach Anhörung der StA **mit bindender Wirkung** dorthin verwiesen (Abs. 4 Satz 2). Dies stellt eine Durchbrechung des Grundsatzes dar, dass nach Eröffnung des Hauptverfahrens eine Abgabe an ein Gericht niederer Ordnung nicht zulässig ist (§ 269).

Weil der Verweisungsbeschluss dem Übernahmebeschluss nach Abs. 3 Satz 1 gleichgestellt ist, gelten 35
für ihn hinsichtlich des Inhalts und der Zustellung dieselben Anforderungen (s. insoweit Rn. 15 ff.; KK-StPO/*Gmel* § 225a Rn. 25; *Meyer-Goßner/Schmitt* § 225a Rn. 23).

F. Rechtsbehelfe. Der **Vorlagebeschluss** ist als gerichtsinterne Maßnahme nicht anfechtbar (KK- 36
StPO/*Gmel* § 225a Rn. 27; *Meyer-Goßner/Schmitt* § 225a Rn. 24).
Der **Beschluss über den Beweisantrag** nach Abs. 2 Satz 2 ist nach § 305 Satz 1 der Beschwerde entzo- 37
gen (KMR/*Eschelbach* § 225a Rn. 63; SK-StPO/*Deiters* § 225a Rn. 28). Auch der für die Hauptverhandlung vorgesehene Zwischenrechtsbehelf nach § 238 Abs. 2 ist unzulässig (LR/*Jäger* § 225a Rn. 70).
Die Anfechtbarkeit des **Übernahmebeschlusses** bestimmt sich nach § 210 (Abs. 3 Satz 3, Abs. 4 38
Satz 1). Der Angeklagte kann ihn gem. § 210 Abs. 1 nicht anfechten, auch wenn er den Einwand nach § 6a erhoben hat (KK-StPO/*Gmel* § 225a Rn. 29). Die StA ist gem. § 210 Abs. 2 zur sofortigen Beschwerde berechtigt, wenn ihrem Antrag auf Übernahme im Verfahren nach § 225a nicht entsprochen wurde; der Antrag in der Anklageschrift, vor welchem Gericht die Hauptverhandlung stattfinden soll (§ 200 Abs. 1 Satz 2) ist mit dem Eröffnungsbeschluss erledigt (KMR/*Eschelbach* § 225a Rn. 64; SK-StPO/*Deiters* § 225a Rn. 28).
Gegen den **Verweisungsbeschluss** nach Abs. 4 Satz 2 hat der Angeklagte keine Rechtsmittel. Die StA 39
kann sofortige Beschwerde einlegen, wenn sie der Verweisung entgegengetreten ist (OLG Stuttgart MDR 1982, 252; LR/*Jäger* § 225a Rn. 63).
Gegen die **Ablehnung der Übernahme oder Verweisung** haben der Angeklagte und der Nebenkläger 40
kein Beschwerderecht (*Meyer-Goßner/Schmitt* § 225a Rn. 24). Ob die StA zur Anfechtung berechtigt ist, ist umstritten. Gegen die Zulässigkeit der sofortigen Beschwerde wird seitens der herrschenden Meinung argumentiert, die Verweisungen auf § 210 und das dort in Abs. 2 geregelte Beschwerderecht der StA in Abs. 3 Satz 3 und Abs. 4 Satz 2 bezögen sich nur auf den positiven Übernahme- bzw. Verweisungsbeschluss (OLG Celle NStZ-RR 2011, 281; OLG Zweibrücken NStZ 1998, 211 [212]; *Meyer-Goßner/Schmitt* § 225a Rn. 24; *Graf/Ritscher* § 225a Rn. 26; HK/*Julius* § 225a Rn. 15; differenzierend LR/*Jäger* § 225a Rn. 64). Die Gegenansicht versteht die Verweisung nach § 210 zu Recht umfassender und billigt der StA auch gegen ablehnende Beschlüsse ein sofortiges Beschwerderecht zu, weil diese Fälle der Verweisung an ein Gericht niedriger Ordnung gleichkämen, für die § 210 Abs. 2, 2. Alt. eine Anfechtungsmöglichkeit ausdrücklich vorsieht (KK-StPO/*Gmel* § 225a Rn. 30; SK-StPO/*Deiters* § 225a Rn. 29; Radtke/Hohmann/*Britz* § 225a Rn. 47).
Mit der **Revision** kann nach § 336 Satz 2 die Rechtswidrigkeit eines Übernahme- oder Verweisungs- 41
beschlusses nicht gerügt werden (KK-StPO/*Gmel* § 225a Rn. 31; *Meyer-Goßner/Schmitt* § 225a Rn. 25). Das Fehlen eines Übernahmebeschlusses (BGHSt 44, 121 [123]) sowie die Verurteilung durch ein sachlich unzuständiges, niederes oder nachrangiges Gericht – im Fall des § 6a jedoch nur bei rechtzeitigem Einwand – begründen dagegen die Revision (SK-StPO/*Deiters* § 225a Rn. 30; LR/*Jäger* § 225a Rn. 71).

Sechster Abschnitt. Hauptverhandlung

§ 226 StPO Ununterbrochene Gegenwart. (1) Die Hauptverhandlung erfolgt in ununterbrochener Gegenwart der zur Urteilsfindung berufenen Personen sowie der Staatsanwaltschaft und eines Urkundsbeamten der Geschäftsstelle.
(2) ¹Der Strafrichter kann in der Hauptverhandlung von der Hinzuziehung eines Urkundsbeamten der Geschäftsstelle absehen. Die Entscheidung ist unanfechtbar.

A. Inhalt. Die Vorschrift normiert als Ausfluss des Mündlichkeitsgrundsatzes (§§ 250, 261) den 1
Grundsatz der Verhandlungseinheit (*Meyer-Goßner/Schmitt* § 226 Rn. 1). Die ununterbrochene Gegenwart des erkennenden Gerichts sichert den Anspruch des Angeklagten auf **rechtliches Gehör** und

§ 226 StPO Ununterbrochene Gegenwart

gewährleistet eine möglichst genaue Sachverhaltsfeststellung und rechtliche Bewertung (KMR/*Eschelbach* § 226 Rn. 4 ff.). Dass die StA während der gesamten Dauer der Hauptverhandlung vertreten sein muss, folgt aus ihrer Funktion als ein dem Gericht gleichgeordnetes Organ der Strafrechtspflege (BGHSt 24, 170 [171]), dem die Verfolgung von Straftaten und die Mitwirkung im gesamten Strafverfahren obliegt (SK-StPO/*Deiters* § 226 Rn. 1; LR/*Becker* § 226 Rn. 2). Wegen des **Gebots der Protokollierung** (§§ 271, 273), das der Effektivität des Rechtsschutzes dient, muss grds. auch ein Urkundsbeamter der Geschäftsstelle ohne Unterbrechung an der Hauptverhandlung teilnehmen (KMR/*Eschelbach* § 226 Rn. 12 ff.). Von seiner Hinzuziehung kann der Strafrichter absehen (**Abs. 2**).

2   **B. Anwendungsbereich.** Abs. 1 gilt **im erstinstanzlichen Strafverfahren**, im Privatklageverfahren (§ 384 Abs. 1 Satz 1), im Sicherungsverfahren (§ 414 Abs. 1) und – über § 332 – im **Berufungsverfahren**. Der Grundsatz der Verhandlungseinheit wird durchbrochen im Vorbehaltsverfahren gem. §§ 27, 30, 62 JGG und im Verfahren nach § 275a (KMR/*Eschelbach* § 226 Rn. 22 ff.; Meyer-Goßner/Schmitt § 226 Rn. 1). Im **vereinfachten Jugendverfahren** ist gem. § 78 JGG die Teilnahme der StA nicht zwingend. An der Hauptverhandlung in **Bußgeldverfahren** muss die StA nach § 75 Abs. 1 OWiG nicht teilnehmen. Auf die Teilnahme eines Urkundsbeamten kann nach Abs. 2, der über § 71 Abs. 1 OWiG Anwendung findet, verzichtet werden.

3   **C. Umfang der Anwesenheitspflicht. I. Maßgeblicher Zeitraum.** Die Anwesenheitspflicht gilt für die **Hauptverhandlung**. Sie beginnt gem. § 243 Abs. 1 Satz 1 mit dem Aufruf der Sache und schließt gem. § 260 Abs. 1 mit der auf die Beratung folgenden Verkündung des Urteils durch Verlesung der Urteilsformel und Eröffnung der Urteilsgründe (§ 268 Abs. 2 Satz 1).

4   **II. Ununterbrochene Gegenwart.** Gegenwart bedeutet nach allgemeiner Ansicht **neben der körperlichen auch die geistige Anwesenheit** (LR/*Becker* § 226 Rn. 5; KK-StPO/*Gmel* § 226 Rn. 3). Da dauernde geistige Präsenz nicht verlangt werden kann, ist Unaufmerksamkeit erst dann als geistige Abwesenheit zu werten, wenn sie an einer Wahrnehmung wesentlicher Verfahrensvorgänge hindert (OLG Oldenburg MDR 1963, 433) bzw. unter Berücksichtigung der Umstände des Einzelfalls ein solches Ausmaß annimmt, dass die Person ihre Prozessrolle nicht mehr erfüllen kann (ähnlich KMR/*Eschelbach* § 226 Rn. 31; LR/*Becker* § 226 Rn. 11; SK-StPO/*Deiters* § 226 Rn. 4). Nicht anwesend ist daher auch, wer tief schläft (BGHSt 2, 14 [15]; 11, 74 [77]; NStZ 1982, 41; OLG Hamm NJW 2006, 1448 [schlafender Staatsanwalt]; *Meyer-Goßner/Schmitt* § 226 Rn. 3).

5   Das Gesetz verlangt »**ununterbrochene**« Gegenwart. Dies bedeutet, dass die in § 226 genannten Personen während der **gesamten** Hauptverhandlung anwesend sein müssen. Vom Umfang des Präsenzgebots zu unterscheiden ist die Frage, wie sich ein Verstoß dagegen revisionsrechtlich auswirkt (KMR/*Eschelbach* § 226 Rn. 32). Insoweit unterscheidet die Rechtsprechung beim absoluten Revisionsgrund des § 338 Nr. 5 zwischen unwesentlichen und wesentlichen Teilen der Hauptverhandlung (s. Rdn. 23).

6   Grds. müssen die in der Vorschrift genannten Personen auch **gleichzeitig anwesend** sein. Ist dies aus zwingenden Gründen für begrenzte Zeit (etwa aufgrund mangelnder räumlicher Kapazität bei einem Ortstermin) nicht umsetzbar, muss der Ablauf des betreffenden Teiles der Hauptverhandlung bei deren Fortsetzung mit den Verfahrensbeteiligten erörtert werden (OLG Köln VRS 6, 461 [462]; *Meyer-Goßner/Schmitt* § 226 Rn 4; LR/*Becker* § 226 Rn. 22).

7   **D. Die zur Urteilsfindung berufenen Personen.** Die zur Urteilsfindung berufenen Personen sind die Richter des erkennenden Gerichts. Dazu gehören neben den Berufsrichtern Schöffen (§§ 1, 45a DRiG, 30, 77 GVG) und ggf. Ergänzungsrichter und -schöffen (§ 192 GVG). Fällt ein mitwirkender Richter oder Schöffe aus, ohne dass dies durch den Eintritt eines (von Anfang an anwesenden) Ergänzungsrichters bzw. -schöffen kompensiert werden kann, muss die Hauptverhandlung durch Beschluss ausgesetzt werden (LR/*Becker* § 226 Rn. 5). War der Ergänzungsrichter bzw. -schöffe nicht von Anfang an anwesend, führt dies zu einer gem. § 222b Abs. 1 Satz 1 zu rügenden vorschriftswidrigen Besetzung i.S.d. § 338 Nr. 1 (BGH NJW 2001, 3062; SK-StPO/*Deiters* § 226 Rn. 6).

8   **E. StA.** Wie sich aus dem Wortlaut ergibt, muss die StA **als Behörde** ununterbrochen anwesend sein. Die Teilnahme ein und desselben Staatsanwalts während der gesamten Hauptverhandlung wird dage-

gen nicht verlangt, sodass die Geschäfte der StA auch verschiedene einander ablösende Personen (**Sitzungsvertreter**) wahrnehmen können (RGSt 16, 180 [181]; BGHSt 21, 85 [89]; LR/*Becker* § 226 Rn. 6). Gem. § 227 können auch mehrere Vertreter der StA in der Hauptverhandlung mitwirken und ihre Verrichtungen unter sich teilen (s. im Einzelnen § 227 Rdn. 2–4).

Da die in der Hauptverhandlung auftretende Person die StA repräsentiert, muss sie für diese vertretungsberechtigt sein. Ist dies nicht der Fall, ist die StA nicht gegenwärtig (LR/*Becker* § 226 Rn. 7). Die Vertretungsbefugnis wird durch örtliche Unzuständigkeit nicht berührt (RGSt 73, 86; KK-StPO/*Gmel* § 226 Rn. 5; SK-StPO/*Deiters* § 226 Rn. 9). 9

Vor den Landgerichten und allen höheren Gerichten kann die StA nur durch einen oder mehrere **Staatsanwälte**, also zum Richteramt befähigte Beamte (§ 122 Abs. 1 DRiG), vertreten werden (§ 142 Abs. 1 GVG). Vor den AG können gem. § 142 Abs. 1 Nr. 3 GVG auch **Amtsanwälte** das Amt der StA ausüben. Das Landesrecht sieht die Möglichkeit vor, Rechtspflegern die Wahrnehmung der Sitzungsvertretung an AG als **örtliche Sitzungsvertreter** zu übertragen, bei denen weder ein Staatsanwalt noch ein Amtsanwalt seinen Dienstsitz hat (eine Übersicht der landesrechtlichen Regelungen bei *Meyer-Goßner/Schmitt* § 142 GVG Rn. 9, s. a. *Landau/Globuschütz* NStZ 1992, 68). **Referendaren** kann die Wahrnehmung der Aufgaben eines Amtsanwalts und im Einzelfall eines Staatsanwalts unter dessen Aufsicht übertragen werden (§ 142 Abs. 3 GVG). Als alleinige Sitzungsvertreter der StA dürfen sie daher nur vor den AG auftreten. 10

Zur Vernehmung des Sitzungsstaatsanwalts als Zeugen s. § 227 Rdn. 4. 11

F. Urkundsbeamter der Geschäftsstelle. I. Grundsatz. Wer mit den Aufgaben eines Urkundsbeamten betraut werden darf, ergibt sich aus § 153 GVG i.V.m. den Ausführungsvorschriften von Bund und Ländern (zur vorübergehenden Bestellung einer Justizangestellten als Urkundsbeamtin vgl. BGH NStZ-RR 2014, 378). Der Urkundsbeamte muss nicht dem erkennenden Gericht angehören, sondern kann auch bei einem anderen ordentlichen Gericht des Verhandlungsorts tätig sein (BGH NStZ 1983, 213; SK-StPO/*Deiters* § 226 Rn. 10). Die Zuziehung einer vom Richter zu vereidigenden Person als Protokollführer in dringenden Fällen analog § 168 Satz 3 ist unzulässig (BGH NStZ 1981, 31; KK-StPO/*Gmel* § 226 Rn. 6). 12

Wie im Fall der StA muss – wie die Formulierung zeigt – nicht ein- und dieselbe Person anwesend sein (BGHSt 21, 85 [89]; KK-StPO/*Gmel* § 226 Rn. 6). Es ist allgemein anerkannt und in der Praxis bei größeren Verfahren üblich, dass analog § 227 auch **mehrere Urkundsbeamte** nebeneinander mitwirken können (LR/*Becker* § 226 Rn. 10; Meyer-Goßner/Schmitt § 226 Rn. 7). In diesem Fall muss gem. § 271 Abs. 1 Satz 1 jeder mitwirkende Urkundsbeamte den von ihm gefertigten Teil des Protokolls unterschreiben (BGH wistra 1991, 272; KK-StPO/*Gmel* § 226 Rn. 6). 13

II. Ausnahme (Abs. 2) Die allgemeine Aussage, dass der Richter anders als bei richterlichen Untersuchungshandlungen im Ermittlungsverfahren nicht gem. § 168 Satz 2 Halbs. 2 **auf die Hinzuziehung eines Urkundsbeamten verzichten** kann (KK-StPO/*Gmel* § 226 Rn. 6; *Meyer-Goßner/Schmitt* § 226 Rn. 7; *Pfeiffer* § 226 Rn. 1), trifft nach der Einfügung der Ausnahmeregelung des Abs. 2 durch das 1. JuMoG v. 24.08.2004 in dieser Allgemeinheit nicht mehr zu. Danach steht dem Strafrichter (§ 25) eine entsprechende Entscheidung zu, die keiner besonderen Form unterliegt (LR/*Becker* § 226 Rn. 24) und der Anfechtung entzogen ist (Satz 2). Da die Pflicht zur Protokollierung des wesentlichen Vernehmungsergebnisses (§§ 271, 273 Abs. 2) grds. fortbesteht und bei Verzicht auf den Urkundsbeamten vom Richter – ggf. unter Zuhilfenahme einer Tonträgeraufnahme – zu erfüllen ist, sind bei der Ermessensausübung Umfang und Schwierigkeit des Verfahrens und die zu erwartende Dauer der Hauptverhandlung zu berücksichtigen. Von der eingeräumten Möglichkeit sollte grds. nur in sehr einfach gelagerten Fällen Gebrauch gemacht werden (*Meyer-Goßner/Schmitt* § 226 Rn. 7a; HK/*Julius* § 226 Rn. 5). Ergibt sich erst während der Hauptverhandlung, dass die Mitwirkung eines Urkundsbeamten unabdingbar ist, kann dieser nachträglich hinzugezogen werden (LR/*Becker* § 226 Rn. 25). Dies ist zu protokollieren (HK/*Julius* § 226 Rn. 5). 14

G. Sonstige Verfahrensbeteiligte. I. Angeklagter. Dass der Angeklagte in der Hauptverhandlung ununterbrochen anwesend sein muss, folgt aus §§ 230 Abs. 1, 231 Abs. 1 Satz 1. Von dieser 15

Anwesenheitspflicht gibt es zahlreiche Ausnahmen (§§ 231 Abs. 2, 231a, 231b, 231c, 232, 233, 247, 329 Abs. 2, 350 Abs. 2, 387, 412).

16 **II. Verteidiger.** Die Anwesenheit eines Verteidigers in der Hauptverhandlung ist nur im Fall der notwendigen Verteidigung erforderlich (§ 145 Abs. 1 Satz 1). Ist ein Pflichtverteidiger nach § 140 oder § 231a Abs. 4 bestellt, darf nicht ohne ihn verhandelt werden. Hat der Angeklagte (noch) keinen Pflicht-, aber einen Wahlverteidiger, ist seine Anwesenheit zwingend, wenn es sich um einen Fall notwendiger Verteidigung handelt (s. im Einzelnen § 338 Rn. 38).

17 **III. Nebenkläger und Nebenbeteiligte.** Nebenkläger und Beistand des Nebenklägers sind gem. § 397 Abs. 1 Satz 1 bzw. § 406g Abs. 2 Satz 1 zur Anwesenheit in der Hauptverhandlung berechtigt, aber nicht verpflichtet. Auch Nebenbeteiligte müssen nicht ununterbrochen anwesend sein (*Meyer-Goßner/Schmitt* § 226 Rn. 9; zu deren Anwesenheitsrecht im Einzelnen SK-StPO/*Deiters* § 226 Rn. 15).

18 **IV. Sachverständige.** Der Sachverständige gehört nicht zu den Personen, deren Anwesenheit das Gesetz zwingend vorschreibt (BGH DAR 1983, 205; NStZ 1985, 455; *Meyer-Goßner/Schmitt* § 80 Rn. 5, § 338 Rn. 43). Inwieweit seine Teilnahme als »Gehilfe des Gerichts« erforderlich ist, hängt von seinem Auftrag im konkreten Verfahren ab und wird vom Vorsitzenden i.R.d. Sachleitungsbefugnis (§ 238) bestimmt (KK-StPO/*Gmel* § 226 Rn. 9). Zur Erfüllung der **Amtsaufklärungspflicht (§ 244 Abs. 2)** kann die Anwesenheit des Sachverständigen während der gesamten Hauptverhandlung geboten sein (BGHSt 2, 25 [28]; 27, 166 [167], NStZ 1995, 201; ausführlich LR/*Becker* § 226 Rn. 19 ff.).

19 **V. Dolmetscher.** Zur Anwesenheit des Dolmetschers s. § 259 Rdn. 3 und § 185 GVG Rdn. 2, 14.

20 **VI. Beteiligte im jugendgerichtlichen Verfahren.** Als Verfahrensbeteiligte im jugendgerichtlichen Verfahren sind Erziehungsberechtigte und gesetzliche Vertreter eines Jugendlichen gem. § 67 JGG zur Anwesenheit berechtigt, müssen aber nicht zwingend anwesend sein. Gleiches gilt für den Vertreter der Jugendgerichtshilfe, dem gem. § 50 Abs. 3 JGG Ort und Zeit der Hauptverhandlung mitzuteilen sind (BGHSt 27, 250 [252]; Dölling/Duttge/Rössner/*Temming*, § 226 Rn. 14).

21 **H. Protokollierung.** Die Anwesenheit der § 226 genannten Personen wird gem. § 272 Nr. 2 im Protokoll festgestellt. Es handelt sich um eine wesentliche Förmlichkeit des Verfahrens i.S.d. § 273 Abs. 1, deren Beobachtung gem. § 274 nur durch das Protokoll bewiesen werden kann; Lücken im Urteilsrubrum sind daher irrelevant (BGH NStZ 1994, 47 [48]; KK-StPO/*Gmel* § 226 Rn. 10). Da die Sitzungsniederschrift über eine mehrtägige Hauptverhandlung eine Einheit darstellt, gelten die zu Beginn der Hauptverhandlung als anwesend vermerkten Personen auch später als anwesend, wenn nicht ihre (vorübergehende) Entfernung protokolliert ist (BGH wistra 1995, 70 [72]).

22 **I. Revision.** Der Verstoß gegen § 226 kann die Revision nach § 338 Nr. 5 begründen. Dies gilt auch bei körperlicher oder geistiger Abwesenheit von Berufsrichtern oder Schöffen. Die dagegen von der herrschenden Meinung vertretene Auffassung, in diesem Fall sei nur § 338 Nr. 1 (mit der Voraussetzung rechtzeitiger Besetzungsrüge) anwendbar (BGHSt 44, 361 [365], NStZ 1982, 41; StV 2003, 5 [6]; KK-StPO/*Kuckein* § 338 Rn. 48; *Meyer-Goßner/Schmitt* § 338 Rn. 10 m.w.N.), ist mit dem Regelungsinhalt und -zweck von § 226 nicht in Einklang zu bringen (LR/*Becker* § 226 Rn. 27; KMR/*Eschelbach* § 226 Rn. 102 ff.; SK-StPO/*Deiters* § 226 Rn. 1).

23 Da § 338 nicht anwendbar ist, wenn das Beruhen des Urteils auf dem Mangel denkgesetzlich ausgeschlossen ist (BGH NStZ 2011, 233 [234]), muss jedoch ein **wesentlicher Teil der Hauptverhandlung** betroffen sein (BGHSt 15, 263 [264]; BGHR StPO § 338 Nr. 5 Angeklagter 17 (Gründe); *Meyer-Goßner/Schmitt* § 338 Rn. 36; krit. KMR/*Eschelbach* § 226 Rn. 102 ff.; s. im Einzelnen s. § 338 Rdn. 39 ff.). Dass ein Urteil auf der Abwesenheit bei einem unwesentlichen Teil beruhen und die Revision gem. § 337 begründen kann, erscheint zweifelhaft (so aber KK-StPO/*Gmel* § 226 Rn. 10; Graf/*Ritscher* § 226 Rn. 11).

24 Wird der in Abwesenheit durchgeführte (wesentliche) Teil der Hauptverhandlung fehlerfrei wiederholt, wird der **Mangel geheilt** und kann nicht erfolgreich gerügt werden. Die Wiederholung ist eine wesentliche Förmlichkeit der Verhandlung, die gem. § 274 nur durch das Protokoll bewiesen werden kann (OLG Köln NStZ 1987, 244; HK/*Julius* § 226 Rn. 10).

Da die Beachtung von Bestimmungen, deren Verletzung zwingende Aufhebungsgründe nach § 338 25
Nr. 1 bis 6 sind, **nicht verzichtbar** ist, steht die Einhaltung des § 226 Abs. 1 nicht zur Disposition
der Verfahrensbeteiligten (BGHSt 22, 18 [20] zu § 338 Nr. 5).
Die Entscheidung für oder gegen die Hinzuziehung eines Urkundsbeamten der Geschäftsstelle durch 26
den Strafrichter ist gem. Abs. 2 Satz 2 der Anfechtung entzogen und wird gem. § 336 Satz 2 nicht vom
Revisionsgericht überprüft (*Meyer-Goßner/Schmitt* § 226 Rn. 12).

§ 227 StPO Mehrere Staatsanwälte und Verteidiger.
Es können mehrere Beamte der Staatsanwaltschaft und mehrere Verteidiger in der Hauptverhandlung mitwirken und ihre Verrichtungen unter sich teilen.

A. Inhalt. Die Vorschrift erlaubt StA und Verteidigung, ihre jeweiligen Aufgaben in der Hauptver- 1
handlung durch mehrere Personen **arbeitsteilig** – nebeneinander, nacheinander oder abwechselnd –
wahrzunehmen (SK-StPO/*Deiters* § 227 Rn. 1; *Pfeiffer* § 227 Rn. 1). Das Auftreten mehrerer Staatsanwälte und Verteidiger kann v.a. bei Großverfahren oder Hauptverhandlungen, deren Dauer zu Beginn nicht abschätzbar ist, sinnvoll sein, um beim Ausfall eines Staatsanwalts oder Verteidigers wegen
Krankheit oder Verhinderung das Verfahren ohne Verzögerung fortführen zu können.

B. StA. Die Mitwirkung mehrerer Staatsanwälte in der Hauptverhandlung wird – soweit nicht pro- 2
zessual geboten (s. Rdn. 3) – im Hinblick auf die Personalknappheit bei den Staatsanwaltschaften nur
bei **Großverfahren oder Strafverfahren mit besonderer Öffentlichkeitswirksamkeit** in Betracht kommen. Das gemeinsame Auftreten mehrerer Sitzungsvertreter kann dabei dazu dienen, die besondere
Bedeutung des Verfahrens für die StA zu dokumentieren. Es kann aber auch den Zweck haben, die besondere fachliche Kompetenz des sachbearbeitenden Dezernenten mit der Autorität eines vorgesetzten
Beamten zu verbinden, z.B. um für eine Verständigung i.S.d. § 257c auch ohne Rücksprache mit der
Behördenleitung freie Hand zu haben.

Wird der Sitzungsstaatsanwalt in der Hauptverhandlung **als Zeuge vernommen**, ist er an der Ausübung 3
seiner Funktion gehindert und muss durch einen anderen Staatsanwalt ersetzt werden. Grds. darf er
auch danach nicht mehr an der Hauptverhandlung teilnehmen (BGHSt 14, 265 f.; 21, 85 [89];
NStZ 1983, 135; StV 1983, 497; ausführlich KMR/*Eschelbach* § 227 Rn. 20 ff.). Denn ansonsten ist
zu befürchten, dass der vernommene Staatsanwalt bei seinem Schlussvortrag auch den Inhalt seiner eigenen Aussage in die Beweiswürdigung einbezieht und die Meinungsbildung des Gerichts beeinflusst.
Im Interesse einer raschen und zweckgerichteten Verfahrensgestaltung erlaubt die Rechtsprechung aber
ausnahmsweise ein gemeinsames Auftreten beider Staatsanwälte nach dem Ende der Vernehmung,
wenn diese Möglichkeit durch Arbeitsteilung ausgeschlossen ist. Dies ist für folgende Konstellationen
anerkannt:
– Die Zeugenvernehmung hat sich nur auf einen von mehreren Angeklagten und auf eine Tat bezogen,
  die nur diesem einen Angeklagten zur Last liegt. In diesem Fall kann der vernommene Sitzungsstaatsanwalt weiterhin die Anklage gegen die übrigen Angeklagten vertreten; die Verrichtungen werden
  also zwischen den Staatsanwälten geteilt (BGHSt. 21, 85 [89]).
– Die Zeugenvernehmung betraf Wahrnehmungen, die nicht in unlösbarem Zusammenhang mit dem
  i.Ü. zu erörternden Sachverhalt stehen und Gegenstand einer abgesonderten Betrachtung und Würdigung (durch den zweiten Staatsanwalt) sein können. Dies ist i.d.R. der Fall bei Vorgängen, die sich
  erst aus der dienstlichen Befassung des Staatsanwalts mit der Sache ergeben haben und die Gestaltung des Verfahrens betrafen (BGHSt. 14, 265; NStZ 1989, 583). Beispiele dafür sind die Vernehmung des Staatsanwalts über die Registrierung und Verwahrung einer beschlagnahmten Urkunde
  (BGHSt. 21, 85 [90]) und die schlichte Schilderung der Übergabe eines Beweisstücks (BGH
  NStZ-RR 2001, 107).

Treten mehrere Staatsanwälte – die Zahl ist gesetzlich nicht beschränkt – in der Hauptverhandlung auf, 4
vertreten sie gem. § 144 GVG den ersten Beamten der StA und stehen dem Gericht **als Einheit** ggü.
(KMR/*Eschelbach* § 227 Rn. 5; SK-StPO/*Deiters* § 227 Rn. 2). Bei **widersprüchlichen Erklärungen**
ist zu differenzieren. Bei der Frage Antragstellung/Nichtantragstellung (Bsp.: § 154 Abs. 2) gilt der ge-

§ 228 StPO Aussetzung und Unterbrechung

stellte Antrag, bei der Frage Einverständnis/Widerspruch (Bsp.: § 245 Abs. 1 Satz 2) gilt der Widerspruch (*Meyer-Goßner/Schmitt* § 227 Rn. 3; *Radtke/Hohmann/Britz* § 227 Rn. 7). In Zweifelsfällen muss das Gericht die Entscheidung des Behördenleiters einholen (SK-StPO/*Deiters* § 227 Rn. 2; KMR/*Eschelbach* § 227 Rn. 12).

5 **C. Verteidiger.** Da § 146 verbietet, dass ein Verteidiger gleichzeitig mehrere derselben Tat Beschuldigte verteidigt, betrifft die Vorschrift nur die **Mitwirkung mehrerer Verteidiger für einen Angeklagten**. Nach § 137 Abs. 1 Satz 2 ist die Zahl der Wahlverteidiger auf drei beschränkt. Jeder Verteidiger ist – auch bei Arbeitsteilung – zur selbstständigen Wahrnehmung der Verteidigungsrechte berechtigt und hat daher ein **eigenes Akteneinsichts-, Frage-, Beweisantrags-, Erklärungs- und Schlussvortragsrecht** (BGH StV 2000, 402; HK/*Julius* § 227 Rn. 3; KMR/*Eschelbach* § 227 Rn. 25). Bei widersprüchlichen Erklärungen gilt: Bei Antragstellung/Nichtantragstellung ist über den Antrag zu entscheiden, bei Einverständnis/Widerspruch gilt der Widerspruch (*Meyer-Goßner/Schmitt* § 227 Rn. 3; *Radtke/Hohmann/Britz* § 227 Rn. 8).

6 Nur im Fall **notwendiger Verteidigung** darf die Hauptverhandlung nicht ohne Verteidiger stattfinden (§ 145 Abs. 1). Sind mehrere Verteidiger für den Angeklagten tätig, ist es ausreichend, wenn (irgend)ein Verteidiger in der Hauptverhandlung anwesend ist (*Radtke/Hohmann/Britz* § 227 Rn. 5; *Meyer-Goßner/Schmitt* § 227 Rn. 2). Mehrere Verteidiger können also neben-, nacheinander oder abwechselnd auftreten (LR/*Becker* § 227 Rn. 5). Wird der Verteidiger gewechselt, muss die Hauptverhandlung nicht in ihren wesentlichen Teilen wiederholt werden (BGHSt. 13, 337 [341]; *Pfeiffer* § 227 Rn. 1). Da der Verteidiger aber nur dann sinnvoll mitwirken und die Interessen des Angeklagten wirksam wahrnehmen kann, wenn er den Sachverhalt ausreichend kennt, kann es notwendig werden, zur Vorbereitung des Verteidigung die Hauptverhandlung gem. § 145 Abs. 2, 3 bzw. § 265 Abs. 4 zu unterbrechen oder auszusetzen (BGH MDR 1965, 2164; NJW 2000, 1350; LR/*Becker* § 227 Rn. 6; KMR/*Eschelbach* § 227 Rn. 27). Zur Thematik des Zwangsverteidigers s. § 141 Rdn. 6.

§ 228 StPO Aussetzung und Unterbrechung. (1) ¹Über die Aussetzung einer Hauptverhandlung oder deren Unterbrechung nach § 229 Abs. 2 entscheidet das Gericht. ²Kürzere Unterbrechungen ordnet der Vorsitzende an.
(2) Eine Verhinderung des Verteidigers gibt, unbeschadet der Vorschrift des § 145, dem Angeklagten kein Recht, die Aussetzung der Verhandlung zu verlangen.
(3) Ist die Frist des § 217 Abs. 1 nicht eingehalten worden, so soll der Vorsitzende den Angeklagten mit der Befugnis, Aussetzung der Verhandlung zu verlangen, bekanntmachen.

Übersicht		Rdn.			Rdn.
A.	Inhalt der Regelung	1		2. Bescheidung	14
B.	Begrifflichkeit	2	D.	Kein Aussetzungsrecht bei Verteidigerverhinderung (Abs. 2)	19
C.	Gründe für Aussetzung und Unterbrechung	5	I.	Verhinderung des Verteidigers	19
I.	Gesetzliche Gründe	5		1. Innerhalb des Verantwortungsbereichs des Angeklagten	19
	1. Aussetzung	5			
	2. Unterbrechung	6		2. Außerhalb des Verantwortungsbereichs des Angeklagten	22
II.	Weitere Gründe	7			
	1. Allgemeines	7	II.	Verspätung des Verteidigers	24
	2. Beispielsfälle	8	E.	Belehrung bei Nichteinhaltung der Ladungsfrist (Abs. 3)	25
	a) Aussetzungsgründe:	8			
	b) Unterbrechungsgründe:	9	F.	Rechtsbehelfe	26
III.	Anträge	10	I.	Beanstandung	26
IV.	Entscheidung über Aussetzung und Unterbrechung	12	II.	Beschwerde	28
			III.	Revision	29
	1. Zuständigkeit	12			

A. Inhalt der Regelung. Die Vorschrift regelt die Zuständigkeit für die Entscheidungen über 1
Aussetzung und Unterbrechung (Abs. 1). Außerdem stellt sie klar, dass außerhalb der notwendigen Verteidigung grds. kein Anspruch des Angeklagten auf Aussetzung der Hauptverhandlung besteht, wenn
der Verteidiger verhindert ist (Abs. 2). Die in Abs. 3 normierte Belehrungspflicht über das Aussetzungsrecht des Angeklagten ergänzt § 217 Abs. 2.

B. Begrifflichkeit. Die in der Vorschrift verwendeten Begriffe werden in der StPO nicht defi- 2
niert. Unter **Aussetzung** ist der Abbruch der mit dem Aufruf der Sache begonnenen Hauptverhandlung
zu verstehen, in dessen Folge eine neue selbstständige Verhandlung stattfinden muss, zu der neu zu laden ist und bei der eine andere Besetzung gegeben sein kann.

Im Unterschied dazu sind **Unterbrechungen** Pausen einer zusammenhängenden und einheitlichen 3
Hauptverhandlung mit derselben Besetzung. Da nach § 229 Abs. 1 eine Hauptverhandlung nur bis
zu 3 Wochen unterbrochen werden kann, führt die Anordnung einer längeren Unterbrechung dazu,
dass mit der Hauptverhandlung von neuem zu beginnen ist (§ 229 Abs. 4). Die zu lange Unterbrechung
hat damit dieselbe Wirkung wie eine Aussetzung. Daraus – wie die frühere Rechtsprechung (RGSt. 58,
357 [358]; BGH NJW 1982, 248) und herrschende Meinung in der Literatur – den Schluss zu ziehen,
dass die Abgrenzung von Unterbrechung und Aussetzung allein nach der tatsächlichen Dauer des Zeitraums zwischen zwei Terminen vorzunehmen ist, während die Bezeichnung und Absicht des Gerichts
nicht entscheidend sein sollen, ist jedoch unzutreffend. Wie der BGH inzwischen zur Recht klargestellt
hat, sind für die Unterscheidung auch die vom Gericht gewählte Formulierung, Besetzung und angestrebte prozessuale Wirkung maßgebend (BGHSt. 52, 24; zustimmend KK/*Gmel* § 228 Rn. 1; Graf/
Gorf § 228 Rn. 2; Dölling/Duttge/Rössner/*Telling* § 228 Rn. 2; a. A. LR/*Becker* § 228 Rn. 2; Meyer-
Goßner/*Schmitt* § 228 Rn. 2). Denn zum einen bestimmt sich die Bedeutung einer Prozesshandlung
nach den Gesamtumständen. Zum anderen besteht kein Zweifel daran, dass es sich um eine Aussetzung
handelt, wenn das Gericht in den gesetzlich geregelten Fällen auf Antrag eines Verfahrensbeteiligten die
Hauptverhandlung abbricht und innerhalb der Frist des § 229 einen neuen Termin bestimmt. Bei der
Entscheidung, ob auszusetzen oder zu unterbrechen ist, ist das Gericht bis zur Grenze der Willkür frei,
wenn in der Hauptverhandlung noch keine (bei einer Unterbrechung fortwirkenden) Erträge erzielt
worden sind (BGHSt. 52, 24 [30]).

Den auch in der Rechtsprechung häufig verwendeten Begriff »**Vertagung**« kennt das Gesetz nicht. Da 4
er sowohl für die Aussetzung als auch für die Unterbrechung benutzt wird, ist er missverständlich.

C. Gründe für Aussetzung und Unterbrechung. I. Gesetzliche Gründe. 1. Aus- 5
setzung. Nach dem Gesetz ist die Aussetzung der Hauptverhandlung in folgenden Fällen vorgeschrieben oder zugelassen:
- § 138c Abs. 4: Ausschließung des Verteidigers nach §§ 138a, 138b;
- § 145 Abs. 2 und 3: Bestellung des notwendigen Verteidigers erst im Laufe der Hauptverhandlung, unzureichende Vorbereitungszeit für neu bestellten Verteidiger;
- § 217 Satz 2 und § 218 Satz 2: Nichteinhaltung der Ladungsfrist für Angeklagten und Verteidiger;
- § 246 Abs. 2 bis 4: Verspätete Namhaftmachung von geladenen Beweispersonen bzw. verspätete Bekanntgabe von Beweistatsachen;
- § 265 Abs. 3 und 4: Veränderung der Sach- und Rechtslage;
- § 268 Abs. 3 Satz 2: verspäteter Verkündungstermin;
- § 416 Abs. 2 Satz 2 und 3: Veränderung der Rechtslage bzw. Abwesenheitsverhandlung im Sicherungsverfahren;
- Art. 100 Abs. 1 Satz 1 GG: Vorlage an das BVerfG bei konkreter Normenkontrolle.

2. Unterbrechung. In folgenden Fällen schreibt das Gesetz die Unterbrechung der Hauptverhand- 6
lung vor oder lässt sie zu:
- § 138c Abs. 4: Ausschließung des Verteidigers nach §§ 138a, 138b;
- § 145 Abs. 3: unzureichende Vorbereitungszeit für neu bestellten Verteidiger;
- § 222a Abs. 2: verspäteter Zugang der Besetzungsmitteilung;
- § 231a Abs. 3 Satz 4: sofortige Beschwerde gegen Beschluss über Abwesenheitsverhandlung;
- § 266 Abs. 3: Erhebung der Nachtragsanklage.

§ 228 StPO Aussetzung und Unterbrechung

7 **II. Weitere Gründe. 1. Allgemeines.** Über die im Gesetz genannten Fälle hinaus kann die Aussetzung bzw. Unterbrechung der Hauptverhandlung nach allgemeinen Grundsätzen, insb. wegen der Fürsorge- oder Aufklärungspflicht des Gerichts oder zur Wahrung von Verfahrensrechten der Beteiligten, geboten sein (KK/*Gmel* § 228 Rn. 4; Radtke/Hohmann/*Britz* § 228 Rn. 16; ausführlich LR/*Becker* § 228 Rn. 10 ff.). Die Entscheidung darüber trifft das Gericht **auf Antrag oder von Amts wegen** nach **pflichtgemäßem Ermessen** (SK/*Deiters* § 228 Rn. 8). Weil Beschleunigungsgrundsatz und Konzentrationsmaxime gebieten, dass eine einmal begonnene Hauptverhandlung zügig und unter Vermeidung unnötiger Verzögerungen zu Ende geführt wird, hat grds. die **Unterbrechung Vorrang vor der Aussetzung** (OLG Düsseldorf StV 1997, 282 [283]; KK/*Gmel* § 228 Rn. 3; *Meyer-Goßner/Schmitt* § 228 Rn. 4). Wurden allerdings in der Hauptverhandlung noch keine Erträge erzielt, die bei einer Unterbrechung fortwirken, bei einer Aussetzung des Verfahrens aber erneut gewonnen werden müssten, ist das Gericht in der Wahl zwischen Unterbrechung und Aussetzung frei (BGHSt. 52, 24 [30]; HK/*Julius* § 228 Rn. 3).

8 **2. Beispielsfälle. a) Aussetzungsgründe:**
– dem Angeklagtem wurde die Anklageschrift nicht mitgeteilt (BGH NStZ 1982, 125; OLG Celle StV 1998, 531 [532]) oder nicht übersetzt (OLG Stuttgart StV 2003, 490);
– die Zuziehung weiterer Beweismittel (insb. zusätzlicher Gutachten) ist erforderlich, innerhalb der Unterbrechungsfrist aber nicht möglich (OLG Köln StV 1991, 551 [552]; KK/*Gmel* § 228 Rn. 4);
– die Entscheidung über die Erteilung einer Aussagegenehmigung für einen Zeugen steht aus (BGH NStZ 1985, 466; LR/*Becker* § 228 Rn. 11);
– dem Verteidiger wird keine (vollständige) Akteneinsicht gewährt (BGH NStZ-RR 2004, 50; OLG Hamm VRS 109, 114 [116]) oder wird nicht die Möglichkeit eingeräumt, nachträglich vorgelegtes Aktenmaterial zur Kenntnis zu nehmen (BGH NStZ 1998, 369; OLG München NStZ 2005, 706; SK/*Deiters* § 228 Rn. 10);
– der Verteidiger ist – für den Angeklagten unvorhersehbar – an der Hauptverhandlungsteilnahme verhindert oder legt sein Mandat überraschend nieder (s. Rdn. 23).

9 **b) Unterbrechungsgründe:**
– Schaffung von Ruhe- und Erholungspausen für die Verfahrensbeteiligten (BGH bei Kusch NStZ-RR 2000, 34; LR/*Becker* § 228 Rn. 7);
– Anstellen von Ermittlungen zur Benennung eines der Verteidigung dienenden Zeugen (OLG Hamm StV 1990, 57);
– Erörterungen gem. § 212;
– Einräumen einer Überlegungspause für eine Beweisperson (LR/*Becker* § 228 Rn. 8);
– erhebliche Verzögerungen, die den Terminplan des Gerichts beeinträchtigen (*Schellenberg*, Hauptverhandlung, S. 204).

10 **III. Anträge.** Aussetzungs- und Unterbrechungsanträge können **innerhalb und außerhalb der Hauptverhandlung** gestellt werden. Eine Begründung des Antrags ist nicht erforderlich. Auch wird keine ausdrückliche Bezeichnung als Aussetzungs- oder Unterbrechungsantrag verlangt (SK/*Deiters* § 228 Rn. 7); letztlich muss das Gericht im Rahmen seiner Fürsorgepflicht durch Auslegung klären, was der Antragsteller begehrt. Bei einem vor der Hauptverhandlung gestellten Aussetzungsantrag handelt es sich um einen Antrag auf Verlegung des Termins (LR/*Becker* § 228 Rn. 15). Wird über diesen nicht vor (Wieder-) Beginn der Hauptverhandlung entschieden, muss das Gericht klären, ob er aufrechterhalten werden soll (OLG Bremen GA 1964, 211; *Meyer-Goßner/Schmitt* § 228 Rn. 5).

11 In der Hauptverhandlung gestellte Aussetzungs- und Unterbrechungsanträge sind als wesentliche Förmlichkeiten **zu protokollieren** (OLG Frankfurt am Main NStZ-RR 1996, 304 [305]; LR/*Becker* § 229 Rn. 40).

12 **IV. Entscheidung über Aussetzung und Unterbrechung. 1. Zuständigkeit.** Kürzere Unterbrechungen ordnet der Vorsitzende an (Abs. 1 Satz 2). Darunter fallen sowohl kleinere und größere Pausen im Laufe eines Verhandlungstages als auch Unterbrechungen bis zur gesetzlichen Höchstgrenze von 3 Wochen (§ 229 Abs. 1). Die Entscheidung trifft der **Vorsitzende** nach pflichtgemäßem Ermessen durch **Verfügung**, die i.d.R. in der Hauptverhandlung ergeht und gem. § 35 Abs. 1 Satz 1 verkündet wird (*Meyer-Goßner/Schmitt* § 228 Rn. 9).

Über **Unterbrechungen längerer Dauer**, die das Gesetz in den Ausnahmefällen der § 138c Abs. 4 Satz 2 **13**
(dreißig Tage), § 229 Abs. 2 (ein Monat) und § 231a Abs. 3 Satz 4 (dreißig Tage) zulässt, und über die
Aussetzung entscheidet gem. Abs. 1 Satz 1 das **Gericht** durch **Beschluss**. Dieser ergeht i.d.R. in der
Hauptverhandlung unter Beteiligung der Schöffen, ist aber auch außerhalb der Hauptverhandlung
in der dafür vorgeschriebenen Besetzung zulässig (BGHSt. 34, 154 [155]; *Meyer-Goßner/Schmitt* § 228
Rn. 8; SK/*Deiters* § 228 Rn. 12; a. A. für den Fall der Aussetzung KK/*Gmel* § 228 Rn. 2 unter Hinweis
auf BGHSt. 33, 312 [315]; HK/*Julius* § 228 Rn. 2). War eine Unterbrechung nach § 229 Abs. 1 angeordnet, kann das Gericht auch noch nach Ablauf der Frist eine Unterbrechung nach § 229 Abs. 2 beschließen, sofern die Monatsfrist noch nicht abgelaufen ist (BGHSt. 34, 154 [155]; *Meyer-Goßner/
Schmitt* § 228 Rn. 8). Die Entscheidung nach Abs. 1 Satz 1 ist zu **protokollieren** (OLG Köln StraFo
2002, 325 [326]; HK/*Julius* § 228 Rn. 2).

2. Bescheidung. Über **Aussetzungs- und Unterbrechungsanträge hat das Gericht grds. vor dem Ur- 14
teil zu entscheiden**, damit die Verfahrensbeteiligten Gelegenheit haben, andere Anträge zu stellen
(RGSt. 23, 136 [137], OLG Köln StV 1992, 567 [568]; LR/*Becker* § 228 Rn. 16; KK/*Gmel* § 228
Rn. 7). Ein hilfsweiser gestellter Aussetzungsantrag wird in den Urteilsgründen abgelehnt (OLG Schles-
wig SchlHA 1956, 298 [299]; HK/*Julius* § 228 Rn. 8). Bei Verwerfung der Berufung nach § 329 Abs. 1
Satz 1 ist sogar die schlüssige Ablehnung in den Urteilsgründen ausreichend (KK/*Gmel* § 228 Rn. 7;
SK/*Deiters* § 228 Rn. 14). Richtet sich das Verfahren gegen mehrere Angeklagte oder sind mehrere Ta-
ten i.S.d. § 264 Gegenstand des Verfahrens, ist zu prüfen, ob es ausreicht, das Verfahren nur teilweise
auszusetzen (BGH MDR 1975, 23 [D]; *Meyer-Goßner/Schmitt* § 228 Rn. 4).
Die **Anordnung der Aussetzung** muss im Hinblick auf die (wenn auch eingeschränkte) Beschwerde- **15**
möglichkeit (s. Rdn. 28) begründet werden (LR/*Becker* § 228 Rn. 19; SK/*Deiters* § 228 Rn. 12; a. A.
KMR/*Eschelbach* § 228 Rn. 11). Das Gericht muss nicht bestimmen, wie lange das Verfahren ausgesetzt wird (*Schellenberg*, Hauptverhandlung, S. 165). Wird im ausgesetzten Verfahren **Untersuchungshaft oder Unterbringung** vollzogen, hat das Gericht gem. § 120 Abs. 1 von Amts wegen deren
Fortdauer zu prüfen (*Schellenberg*, Hauptverhandlung, S. 208).
Auch die **Ablehnung der Aussetzung** muss gem. § 34 begründet werden (KK/*Gmel* § 228 Rn. 8; HK/ **16**
Julius § 228 Rn. 8). Aus der Begründung muss ersichtlich werden, dass das Gericht die vorgetragenen
und von Amts wegen zu beachtenden Tatsachen zutreffend gewürdigt und sein Ermessen fehlerfrei ausgeübt hat (*Meyer-Goßner/Schmitt* § 228 Rn. 7; KK/*Gmel* § 228 Rn. 7).
Die **Anordnung der Unterbrechung** muss eine Entscheidung darüber enthalten, wann und für wie **17**
lange mit der fortlaufenden Hauptverhandlung pausiert werden soll (LR/*Becker* § 228 Rn. 7). Den
zulässigen Rahmen gibt insoweit § 229 vor. Die Entscheidung bedarf **keiner Begründung**, erst die Zurückweisung einer Beanstandung (§ 238 Abs. 2) muss begründet werden (LR/*Becker* § 228 Rn. 17).
Mit der Unterbrechungsentscheidung verbunden wird regelmäßig die **Anordnung und Bekanntmachung des Fortsetzungstermins** (BGH JZ 1957, 673; KK/*Gmel* § 228 Rn. 2), die zugleich die Ladung ersetzt (BGH NStZ 1984, 41; NStZ 1988, 421 [422], vgl. auch Nr. 137 Abs. 1 RiStBV). Wird der
Fortsetzungstermin außerhalb der Hauptverhandlung bestimmt, muss er den Verfahrensbeteiligten
gem. § 35 Abs. 2 Satz 2 formlos mitgeteilt werden (LR/*Becker* § 228 Rn. 18).
Die **Ablehnung eines Antrags auf Unterbrechung** ist gem. § 34 zu begründen (LR/*Becker* § 228 **18**
Rn. 17)

D. Kein Aussetzungsrecht bei Verteidigerverhinderung (Abs. 2) I. Verhinderung **19**
des Verteidigers. 1. Innerhalb des Verantwortungsbereichs des Angeklagten. Nach Abs. 2 gibt
eine Verhinderung des Verteidigers dem Angeklagten kein Recht, die Aussetzung der Hauptverhandlung zu verlangen. Wegen des ausdrücklichen Vorrangs von § 145 gilt dies jedoch nur, wenn **kein
Fall notwendiger Verteidigung** nach §§ 140, 231a Abs. 4 vorliegt (dazu s. § 145 Rdn. 13). Wegen dieser Einschränkung liegt der Anwendungsbereich von Abs. 2 v.a. bei Hauptverhandlungen vor dem AG
und bei Berufungshauptverhandlungen.
Die Regelung, die Verzögerungen des Verfahrens durch den Angeklagten vorbeugen soll, geht von dem **20**
Gedanken aus, dass der Angeklagte innerhalb der Einlassungs- und Ladungsfrist hinreichend Gelegenheit hat, für seine Vertretung durch einen in der Hauptverhandlung auftretenden Wahlverteidiger zu
sorgen (OLG Celle NJW 1965, 2264; OLG Düsseldorf JMBl. NRW 1979, 19). Findet er keinen Ver-

§ 228 StPO Aussetzung und Unterbrechung

teidiger, der dazu bereit oder zeitlich in der Lage ist, geht das **grds. zu seinen Lasten** (OLG Stuttgart NJW 1967, 944 [945]; StV 1988, 145 [146]; OLG Hamm NJW 2006, 2199 [2000]; LR/*Becker* § 228 Rn. 23). Denn in diesem Fall weiß der Angeklagte, dass er sich selbst verteidigen muss, und hat genügend Zeit, um sich auf diese Verteidigung vorzubereiten (*Heubel* NJW 1981, 2678). Auch der **Wechsel des Verteidigers** begründet keinen Aussetzungsanspruch (BGH NJW 1991, 1622 [1623]; BayObLG NStZ-RR 1999, 141; *Pfeiffer* § 228 Rn. 3).

21 Auch wenn der Angeklagte nach Abs. 2 keinen Anspruch auf Aussetzung hat, ist das Gericht nicht gehindert, das Verfahren auszusetzen, wenn es dies im Einzelfall für angezeigt erachtet (OLG Hamm DRiZ 1977, 184; *Meyer-Goßner/Schmitt* § 228 Rn. 10).

22 **2. Außerhalb des Verantwortungsbereichs des Angeklagten.** Im Hinblick auf das Recht des Angeklagten aus § 137 Abs. 1 Satz 2 StPO, Art. 6 Abs. 3 Buchst. c) EMRK anders gelagert ist die Situation, in der der Angeklagte auf die Mitwirkung des von ihm gewählten Verteidigers vertraut, dieser aber **aus Gründen, die der Angeklagte weder voraussehen noch abwenden konnte**, nicht an der Hauptverhandlung teilnehmen kann. In diesem Fall kann dem Angeklagten eine (weitere) Verhandlung ohne den Beistand seines Verteidigers **unzumutbar** sein (BVerfG NJW 1984, 862 [863]; OLG Koblenz StV 2010, 477 [478]; SK/*Deiters* § 228 Rn. 17; *Meyer-Goßner/Schmitt* § 228 Rn. 12). Ob die prozessuale Fürsorgepflicht gebietet, dass das Gericht wegen dieser Verhinderung des Verteidigers die Hauptverhandlung gem. § 265 Abs. 4 auf Antrag oder von Amts unterbricht oder aussetzt, ist nach den **Umständen des Einzelfalls** zu entscheiden (BayObLG VRS 76, 290 [291]; LR/*Becker* § 228 Rn. 25). I.R.d. Abwägung zwischen dem Grundsatz der Beschleunigung einerseits und dem Interesse des Angeklagten am Beistand des von ihm gewählten Verteidigers andererseits sind insb. die Bedeutung der Sache, die Schwierigkeit der Sach- und Rechtslage, die Fähigkeit des Angeklagten zur Selbstverteidigung sowie Anlass, Vorhersehbarkeit und voraussichtliche Dauer der Verhinderung zu berücksichtigen (OLG Zweibrücken NZV 1996, 162 [163]; OLG Frankfurt am Main NStZ-RR 1996, 304 [305]; OLG Hamm NJW 2006, 2199 [2200]; LR/*Becker* § 228 Rn. 26; KK/*Gmel* § 228 Rn. 11).

23 Beispielsfälle, in denen eine Aussetzung bejaht wurde:
– der Verteidiger stirbt kurz vor der Hauptverhandlung (BayObLG StV 1983, 270), erkrankt plötzlich (OLG Celle NJW 1965, 2264 [2256]; OLG Düsseldorf StV 1995, 69 [70]; OLG Jena VRS 113, 322 [324]) oder erleidet einen Unfall (BayObLGSt. 1995, 61 [62]);
– der Verteidiger erscheint nicht, weil ihm die Geschäftsstelle versehentlich mitgeteilt hatte, der Termin sei aufgehoben (OLG Düsseldorf GA 1958, 54);
– der Beginn der Verhandlung verzögert sich so erheblich, dass der Verteidiger sich wegen anderweitiger Termine entfernen muss (BayObLG StV 1984, 13 [14]; OLG Hamburg MDR 1964, 524 [525]);
– der Antrag auf Bestellung eines Verteidigers oder auf Verlegung des Termins wegen Verhinderung des gewählten Verteidigers wird für den Angeklagten unerwartet erst kurz vor der Hauptverhandlung abgelehnt (OLG Hamm NJW 1973, 381);
– der Verteidiger legt das Mandat in der Hauptverhandlung überraschend nieder (*Schellenberg*, Hauptverhandlung, S. 185) oder entfernt sich aus sonstigen Gründen aus der Sitzung (OLG Hamm DRiZ 1977, 184).

24 **II. Verspätung des Verteidigers.** Abs. 2 betrifft nur den Fall der Verhinderung des Verteidigers, nicht den der Verspätung (LR/*Becker* § 228 Rn. 21; KK/*Gmel* § 228 Rn. 10). Erscheint der Verteidiger nicht zum festgesetzten Hauptverhandlungstermin und erklärt der Angeklagte, nicht ohne seinen Verteidiger verhandeln zu wollen, ist das Gericht aufgrund der Fürsorgepflicht nach den unter Rdn. 22 genannten Grundsätzen gehalten, eine angemessene Zeit zu warten (*Meyer-Goßner/Schmitt* § 228 Rn. 11 m.w.N.; Radtke/Hohmann/*Britz* § 228 Rn. 22). Die Wartezeit bestimmt sich zwar nach den **Umständen des Einzelfalls**, die obergerichtliche Rechtsprechung setzt in Straf- und Bußgeldsachen aber als **Richtwert 15 Minuten** an (BayObLG VRS 60, 304; OLG Hamm VRS 55, 368 [370]; OLG Koblenz VRS 45, 455 [456]; OLG Düsseldorf VRS 64, 276 [277]; OLG Köln StV 1984, 147). U.U. kann auch eine **längere Wartezeit** – ggf. auch die Aussetzung des Termins nach § 265 Abs. 4 – geboten sein, z.B. wenn es sich um einen auswärtigen Verteidiger handelt (OLG Frankfurt am Main AnwBl. 1984, 108), das Gericht weiß, dass der Verteidiger auf dem Weg ist (BayObLG VRS 67, 438 [439]; OLG Düssel-

dorf StV 1995, 454 [455]) oder der Verteidiger dem Gericht seine Verspätung mitgeteilt hat (Berl-VerfGH NJW-RR 2000, 1451; OLG Hamm NStZ-RR 2007, 120).

E. Belehrung bei Nichteinhaltung der Ladungsfrist (Abs. 3) Nach Abs. 3 soll das 25
Gericht den Angeklagten über das bei Nichteinhaltung der Ladungsfrist bestehende Recht zur Aussetzung (§ 217 Abs. 2) belehren (s. § 217 Rdn. 16 ff.). »Soll« bedeutet, dass das Gericht im Regelfall belehren muss und nur im Ausnahmefall – bspw. bei erfolgtem Verzicht auf die Einhaltung der Frist (§ 217 Abs. 3) – von der Belehrung absehen darf (KMR/*Eschelbach* § 228 Rn. 30).

F. Rechtsbehelfe. I. Beanstandung. Anordnung und Ablehnung der Unterbrechung durch 26
den Vorsitzenden sind Maßnahmen der Sachleitung und können daher gem. § 238 Abs. 2 StPO als unzulässig beanstandet werden, wenn der von der Anordnung betroffene Prozessbeteiligte schlüssig darlegt, dass ihn die Anordnung beschwert (SK/*Deiters* § 228 Rn. 20; Meyer-Goßner/*Schmitt* § 238 Rn. 12; HK/*Julius* § 229 Rn. 14; Dölling/Duttge/Rössner/*Temming* § 228 Rn. 12). Die früher herrschende Auffassung, dass für die Frage der Anfechtbarkeit danach differenziert werden muss, ob die (äußere) Verhandlungsleitung oder die Sachleitung im engeren Sinne betroffen ist (LR/*Becker* § 228 Rn. 34; KK/*Gmel* § 228 Rn. 13; Graf/*Ritscher* § 228 Rn. 20), wirft schwierige Abgrenzungsfragen auf und ist daher wenig praktikabel. Der Beschluss des Gerichts nach § 238 Abs. 2 ist grds. nach § 305 Satz 1 unanfechtbar, es sei denn, dass mit der Entscheidung eine zusätzliche prozessuale Beschwer verbunden ist oder dritte Personen betroffen werden (§ 305 Satz 2).

Gegen den **Beschluss, mit dem die Aussetzung oder Unterbrechung nach § 229 Abs. 2 abgelehnt** wur- 27
de, ist nach **§ 305 Satz 1** grds. keine Beschwerde möglich (OLG Hamm NJW 1978, 283; LR/*Becker* § 228 Rn. 38, 43; KK/*Gmel* § 228 Rn. 14; Meyer-Goßner/*Schmitt* § 228 Rn. 16).

II. Beschwerde. Hinsichtlich der Anfechtbarkeit eines die **Aussetzung oder Unterbrechung anord-** 28
nenden Beschluss wird zu Recht danach unterschieden, ob die Aussetzung der Vorbereitung der neuen Hauptverhandlung dient (etwa durch Beiziehung weiterer Beweise). In diesem Fall ist der Beschluss nach § 305 Satz 1 unanfechtbar. Hat die Aussetzung dagegen keine verfahrensfördernde Wirkung oder enthält der Beschluss eine selbstständige prozessuale Beschwer, kann der Beschluss gem. § 304 mit der Beschwerde angefochten werden (OLG Karlsruhe NStZ 1985, 227; OLG Frankfurt am Main StV 1988, 195; OLG Düsseldorf NStZ-RR 1996, 142; OLG Stuttgart Justiz 2000, 91; LR/*Becker* § 228 Rn. 40 m.w.N.; Meyer-Goßner/*Schmitt* § 228 Rn. 16). Die mit einem Vorlagebeschluss verbundene Aussetzungsanordnung (bspw. bei Vorlage an das BVerfG gem. Art. 100 Abs. 1 GG oder an den EuGH gem. Art. 267 AEUV) ist nicht anfechtbar (LR/*Becker* § 228 Rn. 41).

III. Revision. Zu häufige oder zu lange Unterbrechungen oder eine **verfahrensfehlerhafte Ausset-** 29
zungsentscheidung können unter dem Gesichtspunkt der rechtsstaatswidrigen Verfahrensverzögerung nach Art. 6 EMRK die Revision begründen (BGHR MRK Art. 6 Abs. 1 Satz 1 Verfahrensverzögerung 17; KMR/*Eschelbach* § 228 Rn. 35; KK/*Gmel* § 228 Rn. 15).

Die Anordnung einer mehr als dreiwöchigen Unterbrechung durch den Vorsitzenden ist zwar ein **Ver-** 30
stoß gegen Abs. 1 Satz 1, ist aber nur ausnahmsweise und nur bei Widerspruch gegen das Vorgehen revisibel (BGHSt. 33, 217 [219]; NStZ-RR 2002, 270; KK/*Gmel* § 228 Rn. 15; SK/*Deiters* § 228 Rn. 23).

Da § 228 Abs. 1 über die gesetzlich vorgesehenen Fälle hinaus keinen Anspruch auf Aussetzung der 31
Hauptverhandlung gewährt, kann die Revision nur darauf gestützt werden, dass der Angeklagte durch einen die Aussetzung ablehnenden und in der Hauptverhandlung ergangenen Beschluss (oder das Übergehen eines Antrags) **in seiner Verteidigung gem. § 338 Nr. 8 unzulässig beschränkt** worden ist (BGH NJW 1996, 2383; KG StV 1982, 10; zum Revisionsvorbringen BayObLG NStZ-RR 1999, 141; LR/*Becker* § 228 Rn. 43).

Entgegen der herrschenden Meinung (BGHSt. 24, 143 [146]; KK/*Gmel* § 228 Rn. 15; Meyer-Goßner/ 32
Schmitt § 228 Rn. 17) kann die Revision auch auf das **Unterlassen der Belehrung nach Abs. 3** gestützt werden, da es sich nicht nur um eine Ordnungsvorschrift handelt (s. im Einzelnen § 217 Rdn. 27).

§ 229 StPO Höchstdauer einer Unterbrechung.

(1) Eine Hauptverhandlung darf bis zu drei Wochen unterbrochen werden.
(2) Eine Hauptverhandlung darf auch bis zu einem Monat unterbrochen werden, wenn sie davor jeweils an mindestens zehn Tagen stattgefunden hat.
(3) ¹Kann ein Angeklagter oder eine zur Urteilsfindung berufene Person zu einer Hauptverhandlung, die bereits an mindestens zehn Tagen stattgefunden hat, wegen Krankheit nicht erscheinen, so ist der Lauf der in den Absätzen 1 und 2 genannten Fristen während der Dauer der Verhinderung, längstens jedoch für sechs Wochen, gehemmt; diese Fristen enden frühestens zehn Tage nach Ablauf der Hemmung. ²Beginn und Ende der Hemmung stellt das Gericht durch unanfechtbaren Beschluß fest.
(4) ¹Wird die Hauptverhandlung nicht spätestens am Tage nach Ablauf der in den vorstehenden Absätzen bezeichneten Frist fortgesetzt, so ist mit ihr von neuem zu beginnen. ²Ist der Tag nach Ablauf der Frist ein Sonntag, allgemeiner Feiertag oder ein Sonnabend, so kann die Hauptverhandlung am nächsten Werktag fortgesetzt werden.

1 **A. Inhalt und Zweck der Regelung.** Die Vorschrift regelt die **Höchstdauer für die Unterbrechung der Hauptverhandlung**. Die Normierung einer zeitlichen Grenze sollte nach der Vorstellung des historischen Gesetzgebers verhindern, dass durch längere Unterbrechungen der für die gerichtliche Entscheidung notwendige Gesamteindruck der Hauptverhandlung abgeschwächt und das Ergebnis der Beweisaufnahme nicht aus dem Inbegriff der Hauptverhandlung (§ 261), sondern aus den Akten geschöpft wird (Hahn I, Mot. S. 183; RGSt. 53, 332 [334]; BGH NJW 1952, 1149; NJW 1996, 3019; zur Entstehungsgeschichte *Mandla* NStZ 2011, 1 [2 f.]). Während die erste Fassung der Norm von 1877 noch eine Unterbrechungsfrist von bis zu 4 Tagen vorsah, galt später eine zehntägige Höchstdauer. Diese erwies sich in der von knappen Ressourcen geprägten Justizpraxis als zu kurz und führte dazu, dass die Gerichte zur Vermeidung eines Verfahrensabbruchs wegen Fristüberschreitung mit sog. Schiebeterminen arbeiteten. Um diesen Zwang entfallen zu lassen und besser als bisher auf unvorhersehbare Wendungen im Prozessverlauf reagieren zu können (BT-Drucks. 15/1508, S. 13), wurde mit dem 1. JuMoG v. 24.08.2004 (BGBl. I, S. 2198) die Frist des Abs. 1 auf 3 Wochen verlängert, die Höchstdauer der Unterbrechung bei mindestens 10 stattgefundenen Verhandlungstagen auf einen Monat ausgedehnt (Abs. 2) und die Hemmungsregelung in Abs. 3 auf den Fall der Erkrankung eines Richters oder Schöffen ausgeweitet. Theoretisch ist es daher möglich, eine Hauptverhandlung auf 17 Verhandlungstage pro Jahr zu strecken (*Keller/Meyer-Mews* StraFo 2005, 353 [356]). Diese großzügige gesetzliche Fristenregelung steht in einem **Spannungsverhältnis zum Beschleunigungsgrundsatz** (Art. 5 Abs. 3 Satz 2, 6 Abs. 1 Satz 1 EMRK), das nur bei der Ermessensausübung im Einzelfall aufgelöst werden kann (KK-StPO/*Gmel* § 229 Rn. 3; HK/*Julius* § 229 Rn. 6). Die Ausschöpfung der Unterbrechungsfristen in Nicht-Haftsachen erscheint i.d.R. unbedenklich, kann bei hoher Verfahrensbelastung des Gerichts sogar unumgänglich sein (Dölling/Duttge/Rössner/*Temming* § 229 Rn. 4; mit dieser Tendenz ebenso BGH NJW 2006, 3077 [3078]); a. A. LR/*Becker* § 229 Rn. 4; Meyer-Goßner/Schmitt § 229 Rn. 2 m.w.N.). Bei der Terminierung in Haftsachen sind für Unterbrechungen durch die Rechtsprechung enge Grenzen gesetzt (s. § 213 Rdn. 11 ff.).

2 Die **Frist für die Urteilsverkündung** bestimmt sich nach § 268 Abs. 3 Satz 2, nicht nach § 229 (BGH StV 2006, 516; StV 2007, 457 [458]; NStZ 2007, 163). **Sonderregelungen für die Unterbrechung** finden sich in §§ 138c Abs. 4 Satz 2, 231a Abs. 3 Satz 4 sowie § 34 Abs. 3 Nr. 6 EGGVG.

3 **B. Unterbrechungsfristen. I. Dreiwochenfrist (Abs. 1)** Nach Abs. 1 darf eine Hauptverhandlung bis zu 3 Wochen unterbrochen werden. Die Zahl der Unterbrechungen ist nicht begrenzt (*Meyer-Goßner/Schmitt* § 229 Rn. 2), sodass zwischen jedem einzelnen Hauptverhandlungstermin eine Unterbrechung von bis zu 3 Wochen liegen kann. Für die Unterbrechung spielt es weder eine Rolle, wie lange die (begonnene) Hauptverhandlung zuvor gedauert hat noch aus welchem Grund unterbrochen werden soll (LR/*Becker* § 229 Rn. 7; KK-StPO/*Gmel* § 229 Rn. 3). Die Unterbrechung ordnet der Vorsitzende nach pflichtgemäßem Ermessen an (s. § 228 Rdn. 12). Zur Ermessensausübung s. Rdn. 1.

4 **II. Monatsfrist (Abs. 2)** Abs. 2 erlaubt – ebenfalls ohne dass bestimmte Gründe vorliegen müssen – Unterbrechungen von bis zu einem Monat, wenn die Hauptverhandlung davor jeweils an mindestens 10

Tagen stattgefunden hat. Der Block von 10 Verhandlungstagen kann seinerseits nach Abs. 1 unterbrochen worden sein (*Meyer-Goßner/Schmitt* § 229 Rn. 3; SK-StPO/*Deiters* § 229 Rn. 7). Wird eine Unterbrechung nach Abs. 2 an eine solche nach Abs. 1 angeschlossen, ohne dass dazwischen in der Sache verhandelt wurde, beginnt die Frist nach Abs. 2 schon mit der Unterbrechung nach Abs. 1 (*Meyer-Goßner/Schmitt* § 229 Rn. 3; Radtke/Hohmann/*Britz* § 229 Rn. 7).

Über Unterbrechungen nach Abs. 2 entscheidet gem. § 228 Abs. 1 Satz 1 das **Gericht** durch Beschluss (s. § 228 Rdn. 13). Eine in der Hauptverhandlung vom Vorsitzenden nach Abs. 1 angeordnete Unterbrechung kann das Gericht auch noch nach Ablauf dieser Frist außerhalb der Hauptverhandlung durch Beschluss nach Abs. 2 bis auf einen Monat verlängern (BGHSt 34, 154 [156]; LR/*Becker* § 229 Rn. 16; KMR/*Eschelbach* § 229 Rn. 21).

III. Fristberechnung. Für die Berechnung von Beginn und Ende der Unterbrechungsfristen des § 229 gilt **§ 43 Abs. 1** (KMR/*Eschelbach* § 229 Rn. 20, 21; Dölling/Duttge/Rössner/*Temming* § 229 Rn. 6, 9; *Burhoff*, Hauptverhandlung, Rn. 876; anders h.M. RGSt 57, 266 [267]: »Zwischenfrist«; BGH NStZ 2014, 469; LR/*Becker* § 229 Rn. 6; KK-StPO/*Gmel* § 229 Rn. 7; *Meyer-Goßner/Schmitt* § 229 Rn. 9). Wird die Hauptverhandlung z.B. am Donnerstag, den 01.04. gem. Abs. 1 für 3 Wochen unterbrochen, endet die Frist am Donnerstag, den 22.04. Gem. **Abs. 4 Satz 1** ist die Hauptverhandlung spätestens am Tage nach Ablauf der Frist, also am Freitag, den 23.04. fortzusetzen. Würde es sich bei diesem Tag um einen Karfreitag handeln, fände **Abs. 4 Satz 2** Anwendung, der ggü. § 43 Abs. 2 spezieller ist. Die Hauptverhandlung kann danach am nächsten Werktag, also dem auf Ostermontag folgenden Dienstag, 27.04., fortgesetzt werden.

C. Hemmung der Frist (Abs. 3) I. Allgemeines. Um zu verhindern, dass eine bereits mindestens 10 Tage dauernde Hauptverhandlung ausgesetzt werden muss, weil ein Angeklagter oder Richter wegen Krankheit gehindert ist, am Tag nach Ablauf der Unterbrechungsfrist an der Verhandlung teilzunehmen, sieht Abs. 3 für diesen Fall eine Fristhemmung mit maximaler Dauer von 6 Wochen vor (*Meyer-Goßner/Schmitt* § 229 Rn. 6).

Die Ausdehnung der Regelung auf den Fall der Erkrankung von Richtern durch das 1. JuMoG sollte sicherstellen, dass die von § 192 GVG vorgesehene Möglichkeit der Bestellung von Ergänzungsrichtern und -schöffen auf die vom Gesetz vorgesehenen Ausnahmefälle beschränkt bleibt (BT-Drucks. 15/1508, S. 25). Mit der Zuziehung eines Ergänzungsrichters/-schöffen nach § 192 Abs. 2, 3 GVG sollte daher abgewartet werden, bis davon auszugehen ist, dass die Unterbrechungsfrist nach § 229 nicht ausreicht (*Meyer-Goßner/Schmitt* § 192 GVG Rn. 7).

Gem. § 268 Abs. 3 Satz 3 findet die Regelung für die Frist zur Urteilsverkündung gem. § 268 Abs. 3 Satz 2 entsprechende Anwendung.

II. Voraussetzungen. 1. Krankheit. Der einzige Verhinderungsgrund, der die Fristhemmung nach Abs. 3 auslösen kann, ist die Krankheit eines Angeklagten oder einer zur Urteilsfindung berufenen Person. Krank ist einer dieser Beteiligten, wenn es ihm wegen einer gesundheitlichen Beeinträchtigung aus medizinischer Sicht nicht zumutbar ist, an der Gerichtsstelle zur Hauptverhandlung zu erscheinen und daran teilzunehmen (BT-Drucks. 10/1313, S. 26; LR/*Becker* § 229 Rn. 19). Ob die Krankheit neu auftritt oder bereits längere Zeit besteht, ist ohne Bedeutung (OLG Düsseldorf NStZ-RR 1997, 81 [82]; *Meyer-Goßner/Schmitt* § 229 Rn. 6). Ebenfalls irrelevant ist, ob eine (grds. zulässige) Verhandlung am Krankenbett möglich wäre (SK-StPO/*Deiters* § 229 Rn. 10; Graf/*Gorf* § 229 Rn. 7). Dass der Angeklagte verhandlungsfähig ist, steht der Annahme von Krankheit nicht entgegen (BT-Drucks. 10/1313, S. 26; LR/*Becker* § 229 Rn. 19; HK/*Julius* § 229 Rn. 2). Ist der Angeklagte in der Lage, für begrenzte Zeit an der Hauptverhandlung teilzunehmen, sodass die Hauptverhandlung mit Einschränkungen fortgesetzt werden kann, liegt keine Krankheit nach Abs. 3 vor (LR/*Becker* § 229 Rn. 19; SK-StPO/*Deiters* § 229 Rn. 10).

2. Angeklagter oder zur Urteilsfindung berufene Person. Nur die Krankheit eines Angeklagten oder einer zur Urteilsfindung berufenen Person löst die Fristenhemmung aus. Eine (entsprechende) Anwendung von Abs. 3 auf Hauptverhandlungsunterbrechungen infolge der Erkrankung anderer Verfahrensbeteiligter ist nicht möglich (BGH NStZ 1997, 503; *Meyer-Goßner/Schmitt* § 229 Rn. 6a). Zur Urteilsfindung berufene Personen sind die Berufsrichter und Schöffen, nicht jedoch die Ergänzungsrichter und -schöffen (KMR/*Eschelbach* § 229 Rn. 25; SK-StPO/*Deiters* § 229 Rn. 8). Wie sich aus dem Wortlaut ergibt, ist es ausreichend, wenn einer von mehreren Angeklagten oder Richtern durch Krankheit verhindert ist (BT-Drucks. 10/1313, S. 26; BT-Drucks. 15/1508, S. 25; KK-StPO/*Gmel* § 229 Rn. 11). Bei sich abzeichnender längerer Erkrankung eines Mitangeklagten kann es sinnvoll sein, das Verfahren gegen diesen abzutrennen und gegen die übrigen fortzusetzen (LR/*Becker* § 229 Rn. 23; *Meyer-Goßner/Schmitt* § 229 Rn. 6; KK-StPO/*Gmel* § 229 Rn. 11: nur in Ausnahmefällen bei besonders umfangreichen Großverfahren).

12 Erkrankt eine Person erneut, nachdem zwischenzeitlich wieder an mindestens einem Tag verhandelt wurde, kann es zu mehrfacher Hemmung kommen (LR/*Becker* § 229 Rn. 22; SK-StPO/*Deiters* § 229 Rn. 11; a. A. *Zieschang* StV 1996, 115).

13 **3. Mindestens 10 Tage dauernde Hauptverhandlung.** Der Eintritt der Hemmungswirkung setzt voraus, dass die Hauptverhandlung vor der krankheitsbedingten Verhinderung bereits an mindestens 10 Tagen stattgefunden hat. Ist dies nicht der Fall, kann der Vorsitzende wegen der Erkrankung nur nach Abs. 1, also bis zu 3 Wochen, unterbrechen. Ist eine Fortsetzung danach nicht möglich, muss die Hauptverhandlung ausgesetzt werden (LR/*Becker* § 229 Rn. 17).

14 **III. Eintritt und Wirkung der Hemmung.** Die Fristenhemmung tritt bei Vorliegen der Voraussetzungen **kraft Gesetzes** ein (BGH NStZ 1992, 550 [551]; NStZ 1998, 633; *Meyer-Goßner/Schmitt* § 229 Rn. 7). Sie dauert so lange, wie der Erkrankte wegen der Krankheit nicht zur Hauptverhandlung erscheinen kann. Keine Hemmung tritt ein, wenn der Angeklagte oder Richter innerhalb der Unterbrechungsfrist nach Abs. 1 oder 2 an der Hauptverhandlung teilnehmen kann (BGH NStZ 1992, 550; StV 1994, 5; LR/*Becker* § 229 Rn. 24 f.; *Meyer-Goßner/Schmitt* § 229 Rn. 7).

15 Die **Höchstdauer** der Hemmung beträgt, unabhängig davon, wie viele Personen erkrankt sind, 6 Wochen (BT-Drucks. 15/1508, S. 25; *Pfeiffer* § 229 Rn. 4). Damit die nach der Hemmung verbleibende Unterbrechungszeit nicht zu kurz ist und zur Vorbereitung des Fortsetzungstermins ausreicht, beträgt nach Abs. 3 Satz 1 Halbs. 2 die Unterbrechungsfrist nach dem Ende der Hemmung mindestens 10 Tage. Da der Begriff der Hemmung im gleichen Sinne wie § 209 BGB zu verstehen ist, wird der Tag, an dem der Hemmungsgrund eintritt ebenso mitgezählt wie der Tag, an dem er wieder entfällt (LR/*Becker* § 229 Rn. 27; KK-StPO/*Gmel* § 229 Rn. 12).

16 Bei der Berechnung der Frist ist zu differenzieren, ob die Erkrankung während laufender oder unterbrochener Hauptverhandlung eintritt (*Meyer-Goßner/Schmitt* § 229 Rn. 7). Erkrankt ein Angeklagter oder Richter **während einer laufenden Hauptverhandlung**, kann der Vorsitzende (§ 228 Abs. 1 Satz 2) bzw. das Gericht (§ 228 Abs. 1 Satz 1) eine Unterbrechung nach Abs. 1 oder Abs. 2 anordnen. Die Unterbrechungsfrist wird dann gem. Abs. 3 sofort gehemmt, beginnt erst nach Wegfall der Verhinderung – spätestens aber nach 6 Wochen – zu laufen (BGH NStZ 1998, 633) und dauert mindestens 10 Tage (Abs. 3 Satz 1 Halbs. 2). Hatte das Gericht zunächst nur 3 Wochen unterbrochen, kann es, um die Genesung abzuwarten, die Unterbrechungsfrist nach Ablauf der Hemmung nachträglich nach Abs. 2 bis auf einen Monat verlängern (BGHSt 34, 154 [156]; LR/*Becker* § 229 Rn. 24).

17 Bei einer Erkrankung **während einer unterbrochenen Hauptverhandlung** wird die laufende Unterbrechungsfrist vom ersten bis zum letzten Tag der krankheitsbedingten Verhinderung gehemmt (BGH StV 1994, 5). Sie läuft weiter, wenn der Angeklagte oder Richter wieder an der Hauptverhandlung teilnehmen kann oder nach Ablauf der Höchstdauer von 6 Wochen, endet aber gem. Abs. 3 Satz 1 Halbs. 2 frühestens 10 Tage nach Ablauf der Hemmung (LR/*Becker* § 229 Rn. 25).

18 **IV. Feststellung der Hemmung (Abs. 3 Satz 2)** Gem. Abs. 3 Satz 2 stellt das Gericht Beginn und Ende der Hemmung durch **unanfechtbaren Beschluss** fest, der als wesentliche Förmlichkeit zu protokollieren ist (LR/*Becker* § 229 Rn. 40; SK-StPO/*Deiters* § 229 Rn. 15). Da die Hemmung kraft Gesetzes eintritt, hat der Beschluss nur **deklaratorische Bedeutung** (BGH NStZ 1990, 550 [551]; *Meyer-Goßner/Schmitt* § 229 Rn. 8).

19 Da der Beschluss i.d.R. außerhalb der Hauptverhandlung gefasst wird, bedarf es nicht der Mitwirkung der Schöffen (*Meyer-Goßner/Schmitt* § 229 Rn. 8; *Rieß/Hilger* NStZ 1997, 149). Betrifft der Beschluss die krankheitsbedingte Verhinderung eines Berufsrichters, wirkt dessen geschäftsplanmäßiger Vertreter mit (KMR/*Eschelbach* § 229 Rn. 8).

Die Feststellung der für den Beschluss relevanten Tatsachen trifft das Gericht im **Freibeweisverfahren** (BT-Drucks. 10/1313, S. 26; LR/*Becker* § 229 Rn. 21; KK-StPO/*Gmel* § 229 Rn. 13), wobei es sich i.d.R. eines ärztlichen Attests oder Gutachtens bedienen wird. Nachdem die Dauer von (schwereren) Erkrankungen häufig nicht absehbar sein wird, können ggf. zwei Beschlüsse – einer zum Beginn der Hemmung, ein zweiter zum Ende der Hemmung – erforderlich sein (KK-StPO/*Gmel* § 229 Rn. 13; *Meyer-Goßner/Schmitt* § 229 Rn. 8). 20

Der Beschluss muss nur dann begründet werden, wenn damit zugleich der Antrag abgelehnt wurde, den Eintritt der Hemmung zu verneinen (LR/*Becker* § 229 Rn. 34). 21

D. Fortsetzung nach Unterbrechung.

I. Besetzung. Nach der Unterbrechung wird die Hauptverhandlung in derselben Besetzung des Gerichts fortgesetzt, auch wenn ein neues Geschäftsjahr begonnen hat (BGHSt 8, 250; KK-StPO/*Gmel* § 229 Nr. 8). 22

II. Bekanntmachung des Fortsetzungstermins. Zum Fortsetzungstermin muss **nicht förmlich geladen** werden, §§ 216, 217 sind nicht zu beachten (s. § 216 Rdn. 1, § 217 Rdn. 4). Es reicht aus, wenn der Fortsetzungstermin in der Hauptverhandlung **mündlich bekannt gemacht** wird (BGH NStZ 1988, 421 [422]; *Meyer-Goßner/Schmitt* § 229 Rn. 12; vgl. auch Nr. 137 Abs. 1 RiStBV). Ist der Angeklagte nicht auf freiem Fuß, wird zugleich die erneute Vorführung zum Fortsetzungstermin angeordnet (*Meyer-Goßner/Schmitt* § 229 Rn. 129). 23

Ist der Angeklagte in der Hauptverhandlung abwesend oder wird der neue Termin außerhalb der Hauptverhandlung bestimmt, muss der Fortsetzungstermin **formlos mitgeteilt** werden (BGHSt 38, 271 [273]; OLG Köln NStZ 1991, 92; KMR/*Eschelbach* § 229 Rn. 30; KK-StPO/*Gmel* § 229 Rn. 9; a. A. BGH NStZ 1984, 41 m. abl. Anm. *Hilger*). Der über die Anklage schon vernommene Angeklagte sollte zweckmäßigerweise darauf hingewiesen werden, dass gem. § 231 Abs. 2 die Möglichkeit besteht, auch ohne ihn weiter zu verhandeln (*Meyer-Goßner/Schmitt* § 229 Rn. 12). 24

Auch anwesende Zeugen und Sachverständige können in der Hauptverhandlung mündlich zum Fortsetzungstermin geladen werden, wobei der Hinweis auf die gesetzlichen Folgen des Ausbleibens zu wiederholen ist (KK-StPO/*Gmel* § 229 Rn. 9). Ladung und Hinweiserteilung sind zu protokollieren (LR/*Becker* § 229 Rn. 40). 25

III. Fristwahrende Sachverhandlung. Die Hauptverhandlung muss spätestens am Tage nach Ablauf der Unterbrechungsfrist nach Abs. 1 oder 2 fortgesetzt werden. Eine Fortsetzung erst nach Fristablauf hat zur Folge, dass mit der Hauptverhandlung von neuem zu beginnen ist (Abs. 4 Satz 1). Die Überschreitung der Unterbrechungsfrist wirkt somit wie eine Aussetzung (s. § 228 Rdn. 2). 26

Als Termin, der zur Frist wahrenden Fortsetzung der Hauptverhandlung geeignet ist, gilt nach der Rechtsprechung nur ein solcher, in dem **zur Sache verhandelt** und das **Verfahren inhaltlich auf den abschließenden Urteilsspruch hin gefördert wird** (RGSt 62, 263 [264]; BGH NJW 1952, 1149; BGH NStZ 2009, 225; NStZ 2011, 532). Dabei genügt jede Förderung des Verfahrens, auch wenn weitere verfahrensfördernde Handlungen möglich gewesen wären und der Fortsetzungstermin auch der Einhaltung der Unterbrechungsfrist dient (BGH NStZ-RR 1998, 335 = NJW 2006, 3077 [3078]). 27

Im Gegensatz dazu steht (und ist daher dem Unterbrechungszeitraum hinzuzuzählen) ein Verhandlungstag, an dem das Gericht und die Verfahrensbeteiligten zur Wahrung der Frist nur »formal« zusammentreten oder die Verhandlung ohne substantielle Prozesshandlungen oder Erörterungen zu Sach- oder Verfahrensfragen »zum Schein« fortsetzen (sog. [reiner] **Schiebetermin** bzw. **Scheintermin**) (BGH NJW 1996, 3019 [3020]; NStZ 1999, 521; NStZ 2008, 115). Ebenso unzureichend ist es, einheitliche Verfahrensvorgänge, insb. Beweisaufnahmen, willkürlich in mehrere kurze Verfahrensabschnitte zu zerstückeln und diese auf mehrere Verhandlungstage zu verteilen, nur um hierdurch die gesetzlichen Unterbrechungsfristen einzuhalten (BGH StV 1998, 359: Verlesung eines zweiseitigen Briefes in mehr als 20 Hauptverhandlungsterminen; BGH NStZ 2008, 115; 2011, 532; 2012, 343). 28

Für die Abgrenzung nicht entscheidend ist die objektive Dauer des Hauptverhandlungstermins (BGH NJW 2006, 3077), weil diese bei Eintritt unvorhersehbarer Ereignisse (bspw. überraschendes Ausbleiben von Zeugen) dem Einfluss des Gerichts entzogen ist (BGH NJW 2009, 384 [385]). Dass der Vorsitzende einen Hauptverhandlungstag als »Schiebetermin« bezeichnet hat, ist irrelevant, wenn tatsächlich zur Sache verhandelt wurde (BGH StraFo 2011, 395 [396]). 29

30 Forderungen in Teilen des Schrifttums, nach der Verlängerung der Unterbrechungsfrist durch das 1. JuMoG kritischer ggü. »Schiebeterminen« zu sein und die Anforderungen an das Vorliegen einer Sachverhandlung zu verschärfen (*Meyer-Goßner/Schmitt* § 229 Rn. 11; KMR/*Eschelbach* § 229 Rn. 31 f.; *Knauer/Wolf* NJW 2004, 2932 [2934]; *Knauer* StV 2007, 340 [341]) hat der BGH bisher abgelehnt (BGH NJW 2006, 3077 [3078]; NStZ 2009, 225 [226], zustimmend LR/*Becker* § 229 Rn. 12; *Dietmeier* NStZ 2007, 657 [658]; *Gössel* JR 2007, 40 [42]). Die Ablehnung wird u.a. zu Recht darauf gestützt, dass eine restriktivere Handhabung dem verfahrensökonomischen Anliegen des Gesetzgebers zuwiderlaufen und mangels sachgerechter und handhabbarer Maßstäbe erhebliche Unsicherheiten für die Durchführung umfangreicher Verfahren bringen würde.

31 Die im Einzelfall schwierige Abgrenzung und die Vielzahl der denkbaren Konstellationen bringen es mit sich, dass sich zur Frage, wann ein das Verfahren sachlich fördernder Fortsetzungstermin vorliegt, eine bunte Kasuistik gebildet hat. Dabei hat die obergerichtliche Rechtsprechung u.a. **als Sachverhandlung** anerkannt:
   – Vernehmung des Angeklagten (BGH NJW 1996, 3019 [3020]);
   – Durchführung der Beweisaufnahme (BGH NJW 2006, 3077 [3078]), auch wenn diese unter einem Verfahrensfehler leidet (BGH NStZ 2000, 212 [214]; NStZ-RR 2004, 270);
   – Vernehmung von Sachverständigen zur Klärung der Verhandlungsfähigkeit des Angeklagten (BGH StPO § 229 Abs. 1 Sachverhandlung 1) bzw. Verhandlung über die Verhandlungsfähigkeit (OLG Düsseldorf NStZ-RR 1997, 81 [82]);
   – auch bloße Verlesung des Auszugs aus dem Bundeszentralregister (BGH NJW 1996, 3077; StraFo 2011, 395 [396]);
   – Entgegennahme und Bescheidung von Beweisanträgen (BGH NStZ 2000, 606);
   – Verhandlung über das Nichterscheinen eines Zeugen (BGH NStZ 2000, 606 [607]; a. A. OLG Celle StV 1992, 101);
   – in sich abgeschlossene Feststellung der Haftverhältnisse und -daten des Angeklagten (BGH NStZ 1999, 91);
   – Verlesung eines zuvor weder den Schöffen noch dem Angeklagten persönlich bekannt gegebenen Haftbeschwerdebeschlusses (BGH NStZ 2009, 225 [226]);
   – Unterrichtung der Verfahrensbeteiligten über die Ladung eines Zeugen, dessen Vernehmung mit Beweisantrag der Verteidigung beantragt worden war (BGH NStZ 1995, 19 [K]; NStZ 2011, 229 [230]);
   – Verhandlung über nur Mitangeklagte betreffende Vorwürfe (BGH MDR 1975, 23 [D]);
   – Verlesung eines ärztlichen Attestes und Erörterung der Frage, ob gegen den ausgebliebenen Angeklagten ggf. nach § 231 Abs. 4 weiterverhandelt werden kann (BGH NStZ 2014, 220);

32 **Nicht als Sachverhandlung** wird dagegen u.a. angesehen:
   – ausschließliche Entpflichtung eines nicht erschienenen Pflichtverteidigers und Bestellung eines neuen Pflichtverteidigers (BGH StV 1982, 4 [5]);
   – bloße Erörterung, ob und wann die sachliche Verhandlung fortgesetzt wird (RGSt 62, 263 [264]; BGH NJW 1996, 3019 [3020]; OLG Hamm ZAP EN-Nr. 595/2003);
   – bloßes Bestimmen eines neuen Termins (RGSt. 62, 263 [264]; BGH NJW 1952, 1149);
   – Verhandlung über das Nichterscheinen eines Zeugen mit weiterer Unterbrechung der Hauptverhandlung (OLG Celle StV 1992, 101);
   – Verlesung einer Urkunde, wenn diese (wie im Zeitpunkt ihrer Verlesung erkennbar) nochmals in Anwesenheit eines Sachverständigen verlesen werden muss (OLG Koblenz StV 1997, 288 [289]);
   – Protokollierung über erfolgte Beweiserhebung im Selbstleseverfahren gem. § 249 Abs. 2 Satz 3 (BGH NStZ 2008, 115; andererseits BGH NJW 2013, 404);
   – Feststellung, dass der Bundeszentralregisterauszug keine Eintragung enthält (BGH NStZ 1999, 521).

33 **E. Rechtsbehelfe. I. Beschwerde.** Zur Anfechtbarkeit von Entscheidungen, die Hauptverhandlung (nicht) zu unterbrechen s. § 228 Rdn. 26–28. Der Beschluss über Beginn und Ende der Hemmung ist nach Abs. 3 Satz 2 unanfechtbar.

II. Revision. Die Überschreitung der Unterbrechungsfristen der Abs. 1 und 2 ohne Wiederholung 34
der Hauptverhandlung ist zwar kein absoluter Revisionsgrund, doch kann das Beruhen des Urteils
(§ 337) auf einem Verstoß gegen § 229 nur in Ausnahmefällen ausgeschlossen werden (BGHSt 23,
224 [225]; BGH NJW 1996, 3019 [3020]; NStZ 2008, 115; StV 2014, 2; OLG Düsseldorf StV 1994,
362; LR/*Becker* § 229 Rn. 42; *Meyer-Goßner/Schmitt* § 229 Rn. 15; zu den Anforderungen an die Revisionsrüge BGH NStZ-RR 1998, 335; NStZ 2009, 288). Ein solcher Ausnahmefall liegt allenfalls
dann vor, wenn mit Bestimmtheit ausgeschlossen werden kann, dass die Fristüberschreitung weder
den Eindruck von der Hauptverhandlung abgeschwächt noch die Zuverlässigkeit der Erinnerung beeinträchtigt hat, etwa wenn ein Gericht über einen längeren Zeitraum ausschließlich mit einem Verfahren
befasst ist und dadurch ein hohes Maß an Verdichtung und Intensivierung des Eindrucks von den Vorgängen in der Hauptverhandlung erreicht hat (BGHSt 23, 224 [225]; BGHR StPO § 229 Abs. 3 StPO
Hemmung 2; BGH NStZ 2011, 532 [533]; OLG Karlsruhe StV 1993, 66: kein Ausnahmefall i.d.R. bei
Verfahren vor dem AG). Eine Überschreitung der Unterbrechungsfrist durch den Tatrichter mit der Begründung, das spätere Urteil werde nicht auf der Fristüberschreitung beruhen, ist selbstverständlich unzulässig (BGH NStZ 1986, 518 [519]; NStZ 1997, 503; *Meyer-Goßner/Schmitt* § 229 Rn. 15). Da
§ 229 nicht zur Disposition der Verfahrensbeteiligten steht, tritt bei Einwilligung in die Fristüberschreitung kein Rügeverlust ein (HK/*Julius* § 229 Rn. 17; LR/*Becker* § 229 Rn. 42: Verwirkung im Einzelfall möglich).

Auf die fehlerhafte Feststellung des Beginns oder Endes der **Fristhemmung** kann die Revision nicht gestützt werden (Abs. 3 Satz 2 i.V.m. § 336 Satz 2). Es kann aber gerügt werden, dass die rechtlichen Voraussetzungen für einen Beschluss über die Hemmung nicht vorlegen haben (LR/*Becker* § 229 Rn. 43; 35
SK-StPO/*Deiters* § 229 Rn. 20; *Rieß/Hilger* NStZ 1987, 145 [149]).

§ 230 StPO Ausbleiben des Angeklagten. (1) Gegen einen ausgebliebenen Angeklagten findet eine Hauptverhandlung nicht statt.
(2) Ist das Ausbleiben des Angeklagten nicht genügend entschuldigt, so ist die Vorführung anzuordnen oder Haftbefehl zu erlassen, soweit dies zur Durchführung der Hauptverhandlung geboten ist.

A. Inhalt und Zweck der Regelung. Die Vorschrift schreibt die Anwesenheit des Angeklag- 1
ten für die gesamte Dauer der Hauptverhandlung zwingend vor (Abs. 1) und ermöglicht dem Gericht,
sie durch Vorführungsanordnung oder Haftbefehl zu erzwingen (Abs. 2). Das Gesetz normiert damit
sowohl eine **Anwesenheitspflicht** als auch ein **Anwesenheitsrecht** des Angeklagten (BGHSt 19, 144
[147]; 26, 84 [90]; NJW 1991, 1364 [1365]; *Meyer-Goßner/Schmitt* § 230 Rn. 4).

Die Anwesenheit in der Hauptverhandlung dient einerseits der **Gewährleistung rechtlichen Gehörs** 2
(Art. 103 Abs. 1 GG), andererseits soll sie dem Tatrichter im Interesse der Wahrheitsfindung aber
auch einen **unmittelbaren Eindruck von der Person des Angeklagten**, seinem Auftreten und seinen Erklärungen vermitteln und dem Angeklagten die Möglichkeit sichern, sich **allseitig und uneingeschränkt zu verteidigen** (BVerfG NJW 2007, 2977 [2979]; BGHSt 3, 187 [190]; 15, 263 [264]; 26,
84 [90]; NStZ 2011, 233 [234]; LR/*Becker* § 230 Rn. 1; KMR/*Eschelbach* § 230 Rn. 1; *Meyer-Goßner/Schmitt* § 230 Rn. 3).

Von dem in Abs. 1 enthaltenen Grundsatz lässt das Gesetz **Ausnahmen** zu im Verfahren gegen Abwe- 3
sende (§ 276), in Verfahren gegen den ausgebliebenen Angeklagten (§§ 232, 233, 329, 350 Abs. 2, 387
Abs. 1, 411 Abs. 2 Satz 1, 421; 50 JGG) sowie in Verfahren bei zeitweiliger Abwesenheit des Angeklagten (§§ 231 Abs. 2, 231a, 231b, 231c, 247) (KK-StPO/*Gmel* § 230 Rn. 1; *Pfeiffer* § 230 Rn. 1). I.Ü.
kann weder der Angeklagte auf seine Anwesenheit verzichten (BGHSt 3, 187 [191]; 25, 317 [318];
NStZ 1991, 296; LR/*Becker* § 230 Rn. 2 m.w.N.) noch kann das Gericht ihn wirksam von seiner Anwesenheitspflicht entbinden (BGHSt 25, 317 [318]; KG StV 1985, 52; LR/*Becker* § 230 Rn. 2). Dies
gilt auch dann, wenn alle Verfahrensbeteiligten übereinstimmend der Auffassung sind, die Anwesenheit
des Angeklagten sei nicht erforderlich (BGH NJW 1973, 522; OLG Hamm StV 2007, 571; KK-StPO/
Gmel § 230 Rn. 1; a. A. HK/*Julius* § 233 Rn. 5). Der Angeklagte hat – soweit nicht § 247 und § 51
JGG eingreifen – ein Recht auf Anwesenheit auch dann, wenn ausnahmsweise keine Pflicht zur Anwesenheit besteht (BGHSt 26, 228 [234]; 28, 35 [37]; LR/*Becker* § 230 Rn. 4; KK-StPO/*Gmel* § 230

Rn. 1): Daher darf das Gericht ihn nicht gegen seinen Willen von der Verhandlung fernhalten (BGHSt 26, 228 [334]; MDR 1980, 631 [H]; *Meyer-Goßner/Schmitt* § 230 Rn. 4):

4 B. Anwesenheit des Angeklagten in der Hauptverhandlung. I. Gesamte Hauptverhandlung. Die Vorschrift verlangt nach Wortlaut und Zweck, dass der Angeklagte **während der gesamten Hauptverhandlung**, also vom Aufruf der Sache (§ 243 Abs. 1 Satz 1) bis zur Verkündung des Urteils (§§ 260 Abs. 1, 268), **ununterbrochen anwesend** ist (BGHSt 3, 187 [189]; NStZ-RR 2008, 285; BGHR StPO § 338 Nr. 5, Angeklagter 16; LR/*Becker* § 230 Rn. 5; *Meyer-Goßner/Schmitt* § 230 Rn. 5). Ausnahmen davon, also die zeitweise Abwesenheit des Angeklagten, lässt das Gesetz jedoch bspw. in §§ 231 Abs. 2, 231b, 231c, 247, 329, 411; 51 JGG zu.

5 Da **Ortsbesichtigungen**, die vom erkennenden Gericht unter Teilnahme von Sachverständigen, der StA und des Verteidigers vorgenommen werden, Teil der Hauptverhandlung sind, muss der Angeklagte auch dabei anwesend sein (BGHSt 3, 187 [189 f.]; 25, 317 [318]; StV 1983, 4; LR/*Becker* § 230 Rn. 6; KK-StPO/*Gmel* § 230 Rn. 4). Ist eine Inaugenscheinnahme in Anwesenheit des Angeklagten – gleich aus welchem Grund – nicht möglich, muss das Gericht sie einem Augenscheinsgehilfen (s. § 86 Rdn. 5) übertragen und diesen in der Hauptverhandlung als Zeugen über seine Wahrnehmungen vernehmen (BGHR StPO § 86 Augenschein 1; OLG Karlsruhe StRR 2007, 267; LR/*Becker* § 230 Rn. 6; *Meyer-Goßner/Schmitt* § 230 Rn. 6).

6 II. Anwesenheit. 1. Körperliche Anwesenheit. Anwesenheit nach Abs. 1 meint zunächst die **körperliche Anwesenheit** des Angeklagten. Der Angeklagte muss sich am Verhandlungsort befinden und zu erkennen geben (LR/*Becker* § 230 Rn. 7; SK-StPO/*Deiters* § 230 Rn. 5).

7 2. Verhandlungsfähigkeit. Nach herrschender Meinung wird darüber hinaus auch die **Verhandlungsfähigkeit** vorausgesetzt (BVerfGE 51, 324 [344]; BGHSt 2, 300 [305]; 23, 331 [334]; BGHR StPO § 338 Nr. 5 Angeklagter 14; OLG Frankfurt am Main NStZ-RR 2005, 174 [175]; OLG Düsseldorf NStZ 1990, 295; LR/*Becker* § 230 Rn. 7; a. A. SK-StPO/*Deiters* § 230 Rn. 7). Schon bei Zweifeln an der Verhandlungsfähigkeit des Angeklagten darf die Hauptverhandlung gegen ihn nicht durchgeführt werden (BGH NStZ 1984, 520 [521]; KK-StPO/*Gmel* § 230 Rn. 3). Ob die Verhandlungsunfähigkeit vom Angeklagten schuldhaft herbeigeführt wurde, spielt nur für die Frage der genügenden Entschuldigung (Abs. 2) und der Durchführung der Abwesenheitsverhandlung nach § 231a eine Rolle (OLG Düsseldorf NStZ 1990, 295; KK-StPO/*Gmel* § 230 Rn. 9; *Meyer-Goßner/Schmitt* § 230 Rn. 8).

8 Ist die **Verhandlungsfähigkeit** des Angeklagten durch Krankheit, Gebrechlichkeit oder Übermüdung **eingeschränkt**, muss das Gericht die Hauptverhandlung so gestalten, dass der Angeklagte ihr folgen kann, bspw. durch zeitliche Beschränkungen der Sitzungsdauer oder durch medizinische Hilfen (KK-StPO/*Gmel* § 230 Rn. 3; *Meyer-Goßner/Schmitt* § 230 Rn. 9). Auch eine Verhandlung am Krankenbett kann in Betracht kommen (LR/*Becker* § 230 Rn. 7; *Meyer-Goßner/Schmitt* § 230 Rn. 9).

9 3. Mehrere Angeklagte. Bei einer Hauptverhandlung gegen mehrere Angeklagte müssen – soweit keine Beurlaubung nach § 231c erfolgt ist – **grds. alle ununterbrochen anwesend** sein, auch wenn in einem Teil der Verhandlung ausschließlich über die Tat eines Mitangeklagten verhandelt wird, an der die anderen nicht beteiligt waren und die sie auch sonst nicht betrifft (BGH MDR 1987, 448; LR/*Becker* § 230 Rn. 10; SK-StPO/*Deiters* § 230 Rn. 12). Allerdings besteht die Möglichkeit, das Verfahren gegen einen der Mitangeklagten **nach § 4 vorläufig abzutrennen** und weiterzuverhandeln, wenn in der weitergeführten Hauptverhandlung ausschließlich Vorgänge erörtert werden, die mit dem abgetrennten Verfahrensteil in **keinem inneren Zusammenhang** stehen und deshalb die Anwesenheit des Angeklagten, gegen den das Verfahren abgetrennt wurde, nicht erfordern (RGSt 69, 360 [363]; 70, 65 [68 f.]; BGHSt 24, 257 [259]; *Meyer-Goßner/Schmitt* § 230 Rn. 11). Unzulässig ist die Abtrennung jedoch, wenn sie auf eine Umgehung des in § 230 Abs. 1 niedergelegten Anwesenheitsgebots hinausliefe, weil die in Abwesenheit des Angeklagten durchgeführte Verhandlung Vorgänge zum Gegenstand hat, die die gegen ihn erhobenen Vorwürfe berühren (BGHSt 30, 74 [75]; 32, 100 [102]; StV 1991, 97; KK-StPO/*Gmel* § 230 Rn. 5). Aber selbst in einem solchen Fall kann die Abtrennung erfolgen, wenn sich eine Berührung zweifelsfrei ausschließen lässt, etwa weil sich die Verhandlung auf einen Punkt beschränkt, der nur einen der Angeklagten betrifft (BGHSt 32, 270 [274]; *Meyer-Goßner/Schmitt* § 230 Rn. 11). Keine zulässige Abtrennung liegt wiederum vor, wenn das Verfahren gegen einen Mitangeklagten zunächst zu dem Zweck abgetrennt wurde, es durch Urteil zu beenden, die Verfahren aber später wieder verbunden werden, weil wider Erwarten keine Beendigung möglich war (BGHSt 33, 119 [121]; LR/*Becker* § 230 Rn. 12; KK-StPO/*Gmel* § 230 Rn. 5).

4. Personenverwechslung. Erscheint in der Hauptverhandlung anstelle der Person, die nach der zugelassenen Anklage einer Straftat beschuldigt wird, eine andere Person und wird verurteilt (**Personenverwechslung**), ist nach einer Ansicht das Urteil weder gegen die erschienene Person noch gegen den (gemeinten) Angeklagten wirksam, kann aber von dem scheinbar Verurteilten angefochten werden kann (LR/*Becker* § 230 Rn. 9; KK-StPO/*Gmel* § 230 Rn. 7). Wegen der Ähnlichkeit zu dem Fall, dass eine Hauptverhandlung völlig ohne den Angeklagten durchgeführt wurde (§ 338 Nr. 5), ist die inzwischen wohl herrschende Meinung überzeugender. Danach ist das Urteil ggü. dem richtigen Angeklagten wirksam und anfechtbar, ggü. der erschienenen Person aber wirkungslos (OLG Bamberg NStZ 2007, 292; LR/*Kühne* Einl. K VI. Rn. 122; KMR/*Eschelbach* § 230 Rn. 22; *Meyer-Goßner/ Schmitt* § 230 Rn. 27). 10

Abzugrenzen davon ist der Fall der **Personenidentität**, bei dem der Angeklagte in der Hauptverhandlung **unter falschem Namen auftritt** und unter diesem Namen verurteilt wird. Hier liegt kein Verstoß gegen § 230 Abs. 1 vor. Das Urteil ist (nur) **gegen den Anwesenden wirksam**, das Rubrum kann wegen offensichtlicher Unrichtigkeit berichtigt werden (BGH NStZ-RR 1990, 290 [291]; 1996, 9; OLG Düsseldorf NStZ 1994, 355; *Meyer-Goßner/Schmitt* § 230 Rn. 27; *Pfeiffer* § 230 Rn. 7). Um den Anschein zu beseitigen, wegen einer Straftat verurteilt zu sein, kann der wahre Namensträger das Urteil nicht mit Berufung und Revision anfechten. Denn sonst hätte er die Möglichkeit ein Urteil zu zerstören, das inhaltlich gegen den vor Gericht Erschienenen zutreffend und der Rechtskraft fähig ist (KG NStZ-RR 2004, 240 [241]; *Meyer-Goßner/Schmitt* Einl. Rn. 174; a. A. BGH NStZ-RR 1996, 9; OLG Köln MDR 1983, 865; LR/*Becker* § 230 Rn. 9; KK-StPO/*Gmel* § 230 Rn. 7). 11

C. Zwangsmittel (Abs. 2) I. Zweck. Die nach Abs. 2 mögliche Erzwingung der Anwesenheit des ausgebliebenen Angeklagten durch Vorführung oder Haft dient dazu, die **Weiterführung und Beendigung eines begonnenen Strafverfahrens zu sichern** (BVerfGE 32, 87 [93] NJW 2007, 2318 [2319]; Radtke/Hohmann/*Britz* § 230 Rn. 14). Die Zwangsmittel sollen dagegen nicht den Ungehorsam des Angeklagten ahnden (OLG Frankfurt am Main NStZ-RR 1999, 18 [19]; KG NJW 2007, 2345) oder eine Reaktion auf provozierendes Verhalten des Angeklagten sein (KG, Beschl. v. 09.04.1999 – 1 AR 352/99, 3 Ws 204/99). Im Hinblick auf ihren Zweck setzt eine Maßnahme nach Abs. 2 **weder dringenden Tatverdacht noch einen Haftgrund nach §§ 112, 112a**, sondern nur die Feststellung voraus, dass der Angeklagte in der Hauptverhandlung nicht erschienen und sein Ausbleiben nicht genügend entschuldigt ist (BVerfGE 32, 87 [93]; NJW 2007, 2318 [2319]; OLG Karlsruhe MDR 1980, 868; OLG Dresden StV 2007, 587; *Meyer-Goßner/Schmitt* § 230 Rn. 21). Da die Vorschrift nicht auf die Tat als solche abstellt, können Zwangsmittel nach Abs. 2 auch gegen einen schuldunfähigen Angeklagten ergehen (KG NStZ-RR 1997, 75; LR/*Becker* § 230 Rn. 25, 32; KK-StPO/*Gmel* § 230 Rn. 13). Vorführ- und Haftbefehl berechtigen zur Anwendung **unmittelbaren Zwangs** gegen den Angeklagten und zu den für die Durchsetzung **notwendigen Begleiteingriffen** (BGH NStZ 1981, 22 [23]; LR/*Becker* § 230 Rn. 29; KMR/*Eschelbach* § 230 Rn. 39). 12

II. Voraussetzungen. 1. Ausbleiben des Angeklagten trotz ordnungsgemäßer Ladung. Da man einem Termin, dessen Stattfinden nicht bekannt ist, nicht unentschuldigt fernbleiben kann, setzt die Anordnung der Zwangsmittel nach Abs. 2 über den Wortlaut hinaus voraus, dass der Angeklagte ausbleibt, obwohl er **ordnungsgemäß geladen** wurde (BVerfG NJW 2007, 2318 [2319]; BGH 1984, 41; OLG Naumburg StV 2014, 205; LR/*Becker* § 230 Rn. 14 m.w.N.; SK-StPO/*Deiters* § 230 Rn. 15; KK-StPO/*Gmel* § 230 Rn. 10). Der Angeklagte muss daher gem. § 216 Abs. 1 unter der Warnung geladen worden sein, dass im Fall seines unentschuldigten Ausbleibens seine Verhaftung oder Vorführung erfolgen werde. Zur Warnung bei einem dauerhaft im Ausland lebenden Angeklagten s. § 216 Rdn. 13. Zur Erscheinungspflicht bei Nichteinhaltung der Ladungsfrist s. § 217 Rdn. 14, 15. 13

Ausgeblieben ist der Angeklagte, wenn er 14
– bei Aufruf der Sache (§ 243 Abs. 1 Satz 1) nicht anwesend ist und auch nicht nach einer den Umständen des Einzelfalls nach angemessenen Wartefrist (s. § 329 Rdn. 18) erscheint (KG StV 2002,

§ 230 StPO   Ausbleiben des Angeklagten

607; LR/*Becker* § 230 Rn. 17; SK-StPO/*Deiters* § 230 Rn. 11; *Meyer-Goßner/Schmitt* § 230 Rn. 14)
- sich vor dem (verspäteten) Aufruf der Sache wieder entfernt (OLG Düsseldorf NJW 1997, 2062; Graf/*Gorf* § 230 Rn. 11);
- in verhandlungsunfähigem Zustand erscheint (s. Rdn. 7);
- sich im Sitzungssaal befindet, aber nicht zu erkennen gibt (s. Rdn. 6);
- sich außerhalb des Sitzungssaals befindet und sich weigert, diesen zu betreten (LR/*Becker* § 230 Rn. 17; SK-StPO/*Deiters* § 230 Rn. 5; a. A. *Meyer-Goßner/Schmitt* § 230 Rn. 14 und *Joecks* § 230 Rn. 11: § 231 Abs. 1 Satz 2 analog);
- sich während der Hauptverhandlung entfernt (*Meyer-Goßner/Schmitt* § 230 Rn. 15);
- bei einem Fortsetzungstermin ausbleibt (LR/*Becker* § 230 Rn. 19; *Meyer-Goßner/Schmitt* § 230 Rn. 15).

15 **2. Keine genügende Entschuldigung.** Weitere Voraussetzung für die Anordnung der Zwangsmittel ist, dass das Ausbleiben des Angeklagten nicht genügend entschuldigt ist. Es kommt nicht darauf an, ob sich der Angeklagte entschuldigt hat, sondern ob ein Entschuldigungsgrund gegeben ist (BGHSt 17, 391 [396]; *Meyer-Goßner/Schmitt* § 230 Rn. 16). Nicht genügend entschuldigt ist der Angeklagte, wenn ihm wegen seines Ausbleibens unter Abwägung aller Umstände des Einzelfalls billigerweise ein Vorwurf gemacht werden kann (OLG Brandenburg NJW 1998, 842; OLG Köln StrFo 2008, 29; OLG Schleswig SchlHA 2008, 490; LR/*Becker* § 230 Rn. 20; KMR/*Eschelbach* § 230 Rn. 34). Insoweit gelten dieselben Grundsätze wie bei § 329 Abs. 1 Satz 1 (s. im Einzelnen § 329 Rdn. 22 ff.; Radtke/Hohmann/*Britz* § 230 Rn. 18; *Meyer-Goßner/Schmitt* § 230 Rn. 16). Für die Abwägung zwischen den Belangen des Angeklagten und dem Interesse an einer funktionstüchtigen Strafrechtspflege muss das Gericht alle erkennbaren Umstände in Erwägung ziehen und von Amts wegen durch eigene Ermittlungen **im Freibeweisverfahren** aufzuklären versuchen, wobei der Grundsatz »**in dubio pro reo**« keine **Anwendung** findet (OLG Düsseldorf NStZ 1990, 295; LR/*Becker* § 230 Rn. 20; SK-StPO/*Deiters* § 230 Rn. 19; KK-StPO/*Gmel* § 230 Rn. 11). Als mögliche Entschuldigungsgründe kommen Krankheit (dazu OLG München StraFo 2013, 208), private und geschäftliche Angelegenheiten, Anreisehindernisse, Kommunikationsdefizite mit dem Gericht und rechtskräftige Ausweisung in Betracht (Radtke/Hohmann/*Britz* § 230 Rn. 18 ff.; KMR/*Eschelbach* § 230 Rn. 34; HK/*Julius* § 230 Rn. 8). Befindet sich der Angeklagte **in anderer Sache in Haft**, ist sein Ausbleiben i.d.R. entschuldigt (OLG Braunschweig NStZ 2002, 163; OLG Köln StraFo 2008, 248; Graf/*Gorf* § 230 Rn. 12.1; *Meyer-Goßner/Schmitt* § 329 Rn. 24; a. A. OLG Stuttgart Justiz 1978, 116; KMR/*Eschelbach* § 230 Rn. 34).

16 **3. Verhältnismäßigkeit.** Wegen des Eingriffs in die Freiheit der Person (Art. 2 Abs. 2 Satz 2 GG) muss bei der Anordnung der Zwangsmittel der **Verhältnismäßigkeitsgrundsatz** beachtet werden (BVerfGE 32, 87 [93]; NJW 2001, 1341; 2007, 2318 [2319]; LR/*Becker* § 230 Rn. 22; SK-StPO/*Deiters* § 230 Rn. 21). Dies wird durch die Einfügung des einschränkenden Halbsatzes (»soweit«) mit dem »Gesetz zur Stärkung des Rechts des Angeklagten auf Vertretung in der Berufungshauptverhandlung und über die Anerkennung von Abwesenheitsentscheidungen in der Rechtshilfe« vom 17.7.2015 (BGBl. I S. 1332) klarstellend verdeutlicht (BT-Drucks. 18/3562, S. 66). Vorführung und Haft kommen daher nur in Betracht, wenn und soweit der legitime Anspruch der staatlichen Gemeinschaft auf vollständige Aufklärung der Tat und auf rasche Bestrafung des Täters nicht anders gesichert werden kann. Ein sicher zu erwartender Freispruch schließt aber nicht aus, dass der Angeklagte vorgeführt wird (LR/*Becker* § 230 Rn. 24; *Meyer-Goßner/Schmitt* § 230 Rn. 19; a. A. KMR/*Eschelbach* § 230 Rn. 31). Ist nach verständiger Würdigung aller Umstände des Einzelfalls die Erwartung gerechtfertigt, dass der Angeklagte zum nächsten Hauptverhandlungstermin erscheinen wird, bedarf es keiner Maßnahmen nach Abs. 2 (BVerfGE 32, 87 [93 f.]; NJW 2007, 2318 [2319]; OLG Hamm StRR 2013, 275; LR/*Becker* § 230 Rn. 22).

17 Kann das Erscheinen des Angeklagten schon mit einfacheren Mitteln sicher erreicht werden oder die Hauptverhandlung auch ohne ihn durchgeführt werden, dürfen Maßnahmen nach Abs. 2 mangels Erforderlichkeit nicht angewendet werden (BVerfGE 32, 87 [94]; KG NJW 2007, 2345; OLG Celle StraFo 2009, 151: Vorführung aus der Strafhaft; OLG Düsseldorf NStZ-RR 1998, 180: anwesender Verteidiger hat Vertretungsvollmacht nach § 411 Abs. 2; LR/*Becker* § 230 Rn. 22; *Meyer-Goßner/Schmitt* § 230 Rn. 19). In Verfahren vor dem Strafrichter und dem Schöffengericht kommt bei Abwe-

senheit des Angeklagten insb. in Betracht, gem. § 408a ins **Strafbefehlsverfahren** überzugehen (HK/*Julius* § 230 Rn. 2; *Burhoff*, Hauptverhandlung, Rn. 114 ff.).

Stehen keine milderen, ebenso geeigneten Mittel zur Verfügung, sieht das Gesetz in erster Linie die Anordnung der Vorführung vor. Erst in zweiter Linie kommt der stärker in die persönliche Freiheit eingreifende Haftbefehl infrage (BVerfE 32, 87, 93 = NJW 2007, 2318 [2319]; OLG Düsseldorf StV 2001, 332; OLG Frankfurt am Main NStZ-RR 2007, 349 [350]; LR/*Becker* § 230 Rn. 25; KK-StPO/*Gmel* § 230 Rn. 8). Bei der Auswahl des Zwangsmittels sind auch die Schwere des Tatvorwurfs und die Straferwartung (BVerfG NJW 2007, 2318 [2320]) sowie das (Nicht-) Vorhandensein eines festen Wohnsitzes des Angeklagten zu berücksichtigen (OLG Frankfurt am Main StV 2005, 432; LG Koblenz StraFo 2010, 150). Ein **Vorrang des Vorführungsbefehls** besteht aber nur, wenn im konkreten Einzelfall anzunehmen ist, dass die ungehinderte Durchführung der Hauptverhandlung schon mit der Vorführung erreicht werden kann (OLG Düsseldorf NStZ 1990, 295 [296]; OLG Frankfurt am Main StV 2005, 432; LR/*Becker* § 230 Rn. 25; KK-StPO/*Gmel* § 230 Rn. 8). Scheitert die angeordnete Vorführung, ohne dass dies auf polizeilichen Organisationsmängeln beruht, darf Haftbefehl erlassen werden (LG Gera StV 1997, 294; *Meyer-Goßner/Schmitt* § 230 Rn. 19; a. A. KK-StPO/*Gmel* § 230 Rn. 8: erneute Ladung erforderlich). Stellt sich erst nach Erlass des Haftbefehls heraus, dass die Vorführung ausreicht, ist der Haftbefehl in eine Vorführungsanordnung umzuwandeln (*Meyer-Goßner/Schmitt* § 230 Rn. 19). 18

III. Zuständigkeit. Im Hinblick auf die Bedeutung des Grundrechtseingriffs ist für die Anordnung der Zwangsmittel nach Abs. 2 nicht der Vorsitzende allein, sondern **das Gericht** zuständig (KK-StPO/ *Gmel* § 230 Rn. 17; *Meyer-Goßner/Schmitt* § 230 Rn. 24). Es trifft die Entscheidung **in der Hauptverhandlung** gem. § 30 Abs. 1 GVG unter Mitwirkung der Schöffen **durch Beschluss** (OLG Köln StV 2005, 433; LR/*Becker* § 230 Rn. 38; SK-StPO/*Deiters* § 230 Rn. 25; *Meyer-Goßner/Schmitt* § 230 Rn. 24). 19

Ob das Gericht auch **außerhalb der Hauptverhandlung** ohne Beteiligung der Schöffen entscheiden kann, ist umstritten. Das Meinungsspektrum reicht von genereller Unzulässigkeit (OLG Bremen MDR 1960, 244 [245]; LG Gera NStZ-RR 1996, 329; *Pfeiffer* § 230 Rn. 4; *Burhoff*, Hauptverhandlung Rn. 1238) bis zur Bejahung ohne jede Einschränkung (KMR/*Eschelbach* § 230 Rn. 38; HK/*Julius* § 230 Rn. 7; *Welp* JR 1991, 265 [272]). Die praxistauglichste und dem Verhältnismäßigkeitsgrundsatz am besten gerecht werdende Lösung bietet die herrschende Meinung Sie lässt eine Entscheidung außerhalb der Hauptverhandlung zu, wenn das erkennende Gericht in der Hauptverhandlung einen entsprechenden **Vorbehalt beschließt**. Ein solcher Vorbehalt kommt insb. dann in Betracht, wenn eine vorgebrachte Entschuldigung geprüft, weitere Ermittlungen angestellt oder der Eingang des glaubhaft angekündigten Nachweises abgewartet werden soll (LR/*Becker* § 230 Rn. 39; SK-StPO/*Deiters* § 230 Rn. 25; enger OLG Köln StV 2005, 433; *Meyer-Goßner/Schmitt* § 230 Rn. 24; differenzierend KK-StPO/*Gmel* § 230 Rn. 17). 20

IV. Vorführungsanordnung. 1. Vorführung zum Termin. Besteht die Möglichkeit, den Angeklagten unmittelbar vorführen zu können, wird die sofortige Vorführung angeordnet. Ansonsten wird die Hauptverhandlung unterbrochen oder ausgesetzt und angeordnet, dass der Angeklagte zum neu bestimmten Termin vorzuführen ist. Es bedarf **keiner neuen Ladung** (LR/*Becker* § 230 Rn. 28; *Meyer-Goßner/Schmitt* § 230 Rn. 20). 21

2. Form und Inhalt. Ergeht die Vorführungsanordnung außerhalb der Hauptverhandlung, ist sie **schriftlich** zu beschließen. Der in der Hauptverhandlung beschlossene Vorführungsbefehl wird im Hauptverhandlungsprotokoll festgehalten (SK-StPO/*Deiters* § 230 Rn. 34) und für die Vollstreckung **ausgefertigt** (LR/*Becker* § 230 Rn. 38), soweit diese nicht zur alsbaldigen Durchführung der Hauptverhandlung (fern-)mündlich veranlasst wird (KMR/*Eschelbach* § 230 Rn. 39). Für den **Inhalt** gilt jeweils § 134 Abs. 2 entsprechend (LR/*Becker* § 230 Rn. 28; *Meyer-Goßner/Schmitt* § 230 Rn. 20). 22

3. Bekanntmachung. Die Vorführungsanordnung wird dem Angeklagten gem. § 35 Abs. 2 Satz 2 **formlos bekannt gemacht** (LR/*Becker* § 230 Rn. 28; SK-StPO/*Deiters* § 230 Rn. 27). Um zu verhindern, dass sich der Angeklagte der Vorführung entzieht, geschieht dies üblicherweise erst bei der Vollstreckung (KK-StPO/*Gmel* § 230 Rn. 12; Graf/*Gorf* § 230 Rn. 16). 23

§ 230 StPO Ausbleiben des Angeklagten

24 **4. Vollstreckung.** Vollstreckt wird der Vorführungsbefehl durch die **Polizei**, die auf Veranlassung der StA (§ 36 Abs. 2 Satz 1) oder des Vorsitzenden tätig wird (LR/*Becker* § 230 Rn. 29; SK-StPO/*Deiters* § 230 Rn. 27). Er darf nicht früher vollstreckt werden als notwendig, um den Angeklagten rechtzeitig zur Hauptverhandlung zu bringen; § 135 Abs. 2 gilt entsprechend (LG Berlin MDR 1995, 191 [192]; LR/*Becker* § 230 Rn. 30; KK-StPO/*Gmel* § 230 Rn. 12). Die Vollstreckung ab dem frühen Morgen des Verhandlungstags ist i.d.R. ausreichend (*Pfeiffer* § 230 Rn. 4; Radtke/Hohmann/*Britz* § 230 Rn. 24). Mit der Vorführung des Angeklagten in den Sitzungssaal wird die Vorführungsanordnung gegenstandslos (KK-StPO/*Gmel* § 230 Rn. 12; *Meyer-Goßner/Schmitt* § 230 Rn. 20). Will sich der Angeklagte wieder entfernen, stehen dem Gericht die Befugnisse nach § 231 Abs. 1 Satz 2 zu (*Meyer-Goßner/Schmitt* § 230 Rn. 20).

25 **V. Haftbefehl. 1. Form und Inhalt.** Der Haftbefehl bedarf analog § 114 Abs. 1 der **Schriftform** (LR/*Becker* § 230 Rn. 33; Graf/*Gorf* § 230 Rn. 17). Wird der Haftbefehl in der Hauptverhandlung beschlossen, wird der Wortlaut in das Protokoll aufgenommen und eine getrennte Ausfertigung gem. § 114a erstellt (LR/*Becker* § 230 Rn. 33) bzw. im Protokoll auf den gesondert abgefassten schriftlichen Haftbefehl Bezug genommen (KMR/*Eschelbach* § 230 Rn. 44). Um eine Überprüfung der Haftanordnung zu ermöglichen, muss der Haftbefehl neben der Anordnung der Haft gem. § 230 Abs. 2 den Grund des Ausbleibens ohne genügende Entschuldigung trotz ordnungsgemäßer Ladung bezeichnen (LG Zweibrücken NJW 2009, 1828 [1829]; KMR/*Eschelbach* § 230 Rn. 45). Je nach Sachlage bedarf es außerdem der Begründung, warum mildere Mittel nicht ausreichend waren (LR/*Becker* § 230 Rn. 33; SK-StPO/*Deiters* § 230 Rn. 26). Im Hinblick auf seinen Zweck (s. Rdn. 12) muss der Haftbefehl nicht die dem Angeklagten zur Last gelegte Tat und die angewendeten Strafvorschriften angeben (LG Chemnitz StV 1996, 255 m. zust. Anm. Gollwitzer, SK-StPO/*Deiters* § 230 Rn. 26; a. A. OLG Frankfurt am Main StV 1995, 237 [238]; LR/*Becker* § 230 Rn. 33: KK-StPO/*Gmel* § 230 Rn. 13). Im Haftbefehl kann bestimmt werden, wann er frühestens vollstreckt werden soll (OLG Düsseldorf NStZ 1990, 295 [296]; OLG Frankfurt am Main StV 2005, 432; KK-StPO/*Gmel* § 230 Rn. 13; *Meyer-Goßner/Schmitt* § 230 Rn. 21).

26 **2. Bekanntmachung und Vollstreckung.** Der Haftbefehl wird dem Angeklagten gem. § 35 Abs. 2 Satz 2 bei der Verhaftung **formlos bekannt gemacht**; analog § 114a ist ihm eine **Abschrift des Haftbefehls** auszuhändigen (SK-StPO/*Deiters* § 230 Rn. 27; *Meyer-Goßner/Schmitt* § 230 Rn. 21).

27 **Vollstreckt** wird der Haftbefehl gem. § 36 Abs. 2 Satz 1 auf Veranlassung der StA von der Polizei (LR/*Becker* § 230 Rn. 36; *Meyer-Goßner/Schmitt* § 230 Rn. 21). Für das **Verfahren nach der Verhaftung** des Angeklagten gelten **§§ 115 ff. entsprechend** (OLG Stuttgart MDR 1990, 75; SK-StPO/*Deiters* § 230 Rn. 28; *Meyer-Goßner/Schmitt* § 230 Rn. 21). Das Gericht kann den Vollzug des Haftbefehls (nur) unter gleichzeitiger Anordnung von Sicherungsmaßnahmen **gem. § 116 aussetzen** (OLG Frankfurt am Main StV 2005, 432; LR/*Becker* § 230 Rn. 35; SK-StPO/*Deiters* § 230 Rn. 28). Eine Sicherheitsleistung nach § 116a verfällt analog § 124 mit Nichtbefolgung der Ladung (KK-StPO/*Gmel* § 230 Rn. 14; *Meyer-Goßner/Schmitt* § 230 Rn. 22).

28 **3. Vollzug.** Die zur Sicherung der Hauptverhandlung angeordnete Haft wird nach den Untersuchungshaftvollzugsgesetzen der Länder grds. **entsprechend den Vorschriften über den Vollzug der Untersuchungshaft** vollzogen. Da die Haft nur der Sicherung der Teilnahme an der Hauptverhandlung dient, bleibt über diese der Aufrechterhaltung von Sicherheit und Ordnung der Anstalt dienenden Regelungen hinaus kein Raum für Beschränkungen nach §§ 119, 126 Abs. 2 (LR/*Becker* § 230 Rn. 36).

29 **4. Zeitliche Grenzen.** Der Haftbefehl nach Abs. 2 unterliegt nicht nur hinsichtlich seines Erlasses, sondern auch seiner Aufrechterhaltung dem **Verhältnismäßigkeitsgrundsatz** (BVerfG NJW 2007, 2318 [2320]; OLG Jena OLGSt. StPO § 230 Nr. 5; KMR/*Eschelbach* § 230 Rn. 46). § 121 Abs. 1 ist nicht anwendbar (KG NStZ-RR 1997, 75; *Meyer-Goßner/Schmitt* § 230 Rn. 23 m.w.N.), nach der Vollstreckung muss aber **die Hauptverhandlung in angemessener Frist durchgeführt** werden (OLG Hamburg MDR 1987, 78; OLG Celle NStZ-RR 2009, 157 [158]; OLG Jena OLGSt. StPO § 230 Nr. 5; LR/*Becker* § 230 Rn. 34 m.w.N.). Da der Durchführung eines neuen Hauptverhandlungstermins keine besonderen Hindernisse entgegenstehen, sind an die zügige Neuterminierung strenge Anforderungen zu stellen. Seine Wirkung behält der Haftbefehl **bis zum Abschluss der Hauptverhandlung**; einer Aufhebung bedarf es nicht (SK-StPO/*Deiters* § 230 Rn. 30; *Meyer-Goßner/Schmitt* § 230 Rn. 23).

5. Anrechnung. Eine **aufgrund Haftbefehls** nach Abs. 2 vollzogene Haft ist nach **§ 51 StGB** auf die 30
Strafe anzurechnen (h.M., *Meyer-Goßner/Schmitt* § 230 Rn. 23). Nach dem Wortlaut des § 51 StGB
muss dies auch gelten, wenn der Angeklagte eine einem Tag Haft entsprechende Freiheitsentziehung
aufgrund Vorführungsanordnung erlitten hat (LR/*Becker* § 230 Rn. 43; SK-StPO/*Deiters* § 230
Rn. 31; a. A. Radtke/Hohmann/*Britz* § 230 Rn. 27; *Meyer-Goßner/Schmitt* § 230 Rn. 23; Graf/*Gorf*
§ 230 Rn. 20).

D. Rechtsbehelfe. I. Beschwerde. Gegen die Zwangsmittel des Abs. 2 ist die **einfache Be-** 31
schwerde nach § 304 zulässig (§ 305 Satz 2). Der Haftbefehl, nicht aber die Vorführungsanordnung,
kann auch mit der **weiteren Beschwerde** (§ 310 Abs. 1) angefochten werden (OLG Celle NJW 1957,
393; 1966, 2180; KG NStZ-RR 2014, 378; SK-StPO/*Deiters* § 230 Rn. 35; *Meyer-Goßner/Schmitt*
§ 230 Rn. 25). Dies gilt auch dann, wenn der Haftbefehl **noch nicht vollzogen** wurde (OLG Zweibrücken MDR 1991, 469; KK-StPO/*Gmel* § 230 Rn. 18) und – in konsequenter Anwendung der Rechtsprechung des BVerfG zum Feststellungsinteresse bei tief greifenden Grundrechtseingriffen (BVerfGE
96, 27; NStZ-RR 2004, 252 [253]; NJW 2006, 40 [41]) – wenn er sich **durch Vollzug erledigt** hat
(OLG Düsseldorf NStZ-RR 2001, 382; KG NJW 2007, 2345; OLG Celle StraFo 2009, 151; LR/*Becker* § 230 Rn. 44; KMR/*Eschelbach* § 230 Rn. 50; KK-StPO/*Gmel* § 230 Rn. 18; a. A. OLG Hamm
NJW 1999, 229; OLG Frankfurt am Main NStZ-RR 2007, 349).
Dem Beschwerdegericht ist es mit Rücksicht auf die Erstzuständigkeit des Tatgerichts (§ 125 Abs. 2 32
StPO) verwehrt, einen Haftbefehl nach § 230 Abs. 2 StPO in einen Untersuchungshaftbefehl **umzu-**
wandeln (OLG Karlsruhe MDR 1980, 868; OLG Köln NStZ-RR 2006, 22 [23]; OLG Hamm
NStZ-RR 2009, 89 [90]; LR/*Becker* § 230 Rn. 45; *Meyer-Goßner/Schmitt* § 230 Rn. 25). Umgekehrt
kann es jedoch wegen der geringeren Voraussetzungen und rechtlichen Wirkungen aufgrund seiner
Sachentscheidungsbefugnis (§ 309 Abs. 2) einen Untersuchungshaftbefehl in einen Haftbefehl nach
§ 230 Abs. 2 umwandeln (OLG Düsseldorf, Beschl. v. 22.04.2010 – 3 Ws 175/10). Auch die Umwandlung eines Haftbefehls nach § 230 Abs. 2 in eine Vorführungsanordnung ist möglich (LR/*Becker* § 230
Rn. 45; KK-StPO/*Gmel* § 230 Rn. 18).

II. Revision. 1. Revisionsgrund. Die Abwesenheit des Angeklagten ist **kein von Amts wegen zu** 33
berücksichtigendes Verfahrenshindernis (BGHSt 26, 84 [90]; LR/*Becker* § 230 Rn. 47; *Meyer-Goß-
ner/Schmitt* § 230 Rn. 26). Etwas anderes gilt nur für die der Abwesenheit gleichgestellte Verhandlungsunfähigkeit, wenn sie nicht nur vorübergehend, sondern dauerhaft besteht (BGHSt 46, 345 [346]; SK-
StPO/*Deiters* § 230 Rn. 37; KMR/*Eschelbach* § 230 Rn. 52). Dass der Angeklagte während eines
wesentlichen Teils der Hauptverhandlung abwesend war, kann nach § 338 Nr. 5 mit der **Verfahrens-**
rüge (§ 344 Abs. 2) geltend gemacht werden (BGHSt 26, 84 [90 f.]; NStZ 2011, 233 [234]; LR/*Becker*
§ 230 Rn. 47; SK-StPO/*Deiters* § 230 Rn. 39; s. im Einzelnen § 338 Rdn. 45, 46).

2. Heilung des Verfahrensfehlers. Der Verstoß gegen § 230 kann dadurch **geheilt** werden, dass der 34
betreffende Teil der Hauptverhandlung in Anwesenheit des Angeklagten wiederholt wird (BGHSt 30, 74
[76]; NStZ 1981, 95 [P]; LR/*Becker* § 230 Rn. 13; SK-StPO/*Deiters* § 230 Rn. 40). Die bloße Unterrichtung des Angeklagten über den Gang und das Ergebnis des in seiner Abwesenheit durchgeführten Verhandlungsteils genügt in diesem Fall nicht (BGHSt 30, 74 [76 f.]; KK-StPO/*Gmel* § 230 Rn. 20). Zur
Problematik der Heilung, wenn in Abwesenheit des Angeklagten gem. § 247 Satz 1 ein Augenschein eingenommen wird, der mit der Zeugenvernehmung in engem Sachzusammenhang steht, s. § 247 Rdn. 37.

3. Revisionsbegründung. Zum notwendigen Sachvortrag gehört die Angabe des Verhandlungsteils, 35
bei dem der Angeklagte abwesend war. Dagegen muss grds. nicht mitgeteilt werden, worüber in seiner
Abwesenheit verhandelt wurde und was die in seiner Abwesenheit vernommenen Personen ausgesagt
haben (BGHSt 26, 84 [91]; NStZ 1983, 36; OLG Hamm StV 2010, 65; LR/*Becker* § 230 Rn. 47; *Mey-
er-Goßner/Schmitt* § 230 Rn. 26; a. A. BGH NStZ 2008, 644: Angabe des Inhalts einer Zeugenaussage
zur Prüfung der Wesentlichkeit des Verhandlungsteils). Soweit nach dem Revisionsvorbringen eine Heilung des Verfahrensfehlers durch Wiederholung von Zeugenangaben nahe liegt, muss allerdings – um
dem Revisionsgericht die Prüfung eines bis zum Urteil fortwirkenden Mangels zu ermöglichen – auch
vorgetragen werden, was während der Abwesenheit des Angeklagten bekundet wurde (BGHR StPO
§ 344 Abs. 2 Satz 2 Abwesenheit 2; SK-StPO/*Deiters* § 230 Rn. 39; KMR/*Eschelbach* § 230 Rn. 53).

§ 231 StPO Anwesenheitspflicht des Angeklagten.

(1) ¹Der erschienene Angeklagte darf sich aus der Verhandlung nicht entfernen. ²Der Vorsitzende kann die geeigneten Maßnahmen treffen, um die Entfernung zu verhindern; auch kann er den Angeklagten während einer Unterbrechung der Verhandlung in Gewahrsam halten lassen.
(2) Entfernt der Angeklagte sich dennoch oder bleibt er bei der Fortsetzung einer unterbrochenen Hauptverhandlung aus, so kann diese in seiner Abwesenheit zu Ende geführt werden, wenn er über die Anklage schon vernommen war und das Gericht seine fernere Anwesenheit nicht für erforderlich erachtet.

1 **A. Inhalt der Regelung.** Abs. 1 Satz 1 der Vorschrift ergänzt § 230 um die Klarstellung, dass sich der zur Anwesenheit verpflichtete Angeklagte nicht aus der Verhandlung entfernen darf. Um die Anwesenheit des erschienenen Angeklagten zu sichern, normiert Abs. 1 Satz 2 ein **Festhalterecht** (*Joecks* § 231 Rn. 1), das vom Vorsitzenden ausgeübt wird.

2 Abs. 2 eröffnet dem Gericht die Möglichkeit der **Abwesenheitsverhandlung**, wenn sich zunächst erschienene Angeklagte nach der Vernehmung zur Sache entfernt hat bzw. im Fortsetzungstermin ausbleibt und seine Anwesenheit sachlich nicht geboten ist. Damit soll im Interesse der **Verfahrensbeschleunigung** verhindert werden, dass der Angeklagte, dem rechtliches Gehör gewährt wurde, durch Missachtung seiner Anwesenheitspflicht eine begonnene Hauptverhandlung »platzen« lassen kann (*Hahn* Motive S. 187; LR/*Becker* § 231 Rn. 7). Im Hinblick auf die Einschränkung der Rechtsstellung des Angeklagten handelt sich um eine **eng auszulegende Ausnahmevorschrift** (RGSt. 42, 197 [199]; BGHSt. 3, 187 [190]; NStZ 1993, 446 [447]; LR/*Becker* § 231 Rn. 7; *Meyer-Goßner/Schmitt* § 231 Rn. 6).

3 **B. Anwendungsbereich.** Die Vorschrift gilt für **erstinstanzliche Hauptverhandlungen**, soweit keine Sonderregelungen (§§ 387 Abs. 1, 3; 411 Abs. 2) eingreifen (SK/*Deiters* § 231 Rn. 2). Sie ist über § 332 auch im **Berufungsverfahren** anwendbar (OLG Karlsruhe Justiz 1994, 446 [447]; BayObLGSt. 1995, 3 [4]; OLG Brandenburg ZfS 2010, 347 [348]; *Meyer-Goßner/Schmitt* § 231 Rn. 7). Während § 329 Abs. 1 Anwendung findet, wenn der Angeklagte bei Beginn der Hauptverhandlung nicht anwesend ist, gilt § 231 Abs. 2, wenn er bei deren Fortsetzung ausbleibt (BayObLG VRS 61, 131; OLG Karlsruhe NStZ 1990, 297; OLG Brandenburg ZfS 2010, 347 [348]). Für die **Revisionshauptverhandlung** gilt § 350 Abs. 2.

4 **C. Verbot der Entfernung aus der Hauptverhandlung (Abs. 1 Satz 1)** Nach Abs. 1 Satz 1 ist es dem erschienenen Angeklagten verboten, sich wieder aus der Verhandlung zu entfernen. Da unter Anwesenheit neben der erkennbaren körperlichen Präsenz auch die Verhandlungsfähigkeit verstanden wird (s. § 230 Rdn. 7), darf der Angeklagte somit weder den Sitzungssaal verlassen noch einen Zustand der Verhandlungsunfähigkeit herbeiführen (BGHSt. 16, 178 [182]; NJW 1981, 1052 [1053]; LR/*Becker* § 231 Rn. 3; *Meyer-Goßner/Schmitt* § 231 Rn. 17 m.w.N.; a. A. zur Verhandlungsunfähigkeit SK/*Deiters* § 231 Rn. 3).

5 **D. Maßnahmen zur Sicherstellung der Anwesenheit (Abs. 1 Satz 2)** I. **Geeignete Maßnahme zur Verhinderung der Entfernung.** Gem. Abs. 1 Satz 2 Halbs. 1 kann der **Vorsitzende** »geeignete Maßnahmen« treffen, um zu verhindern, dass sich der erschienene Angeklagte aus der Hauptverhandlung entfernt. Liegen **konkrete Anhaltspunkte** dafür vor, dass sich der Angeklagte unter Verstoß gegen seine Pflicht aus Abs. 1 Satz 1 entfernen möchte, steht es im **pflichtgemäßen Ermessen** des Vorsitzenden, ob und wie er die weitere Anwesenheit des Angeklagten zwangsweise sicherstellt (LR/*Becker* § 231 Rn. 2; SK/*Deiters* § 231 Rn. 4). Unter den in Betracht kommenden präventiven Maßnahmen ist nach dem **Verhältnismäßigkeitsgrundsatz** diejenige zu wählen, die den Angeklagten am wenigsten beeinträchtigt (LR/*Becker* § 231 Rn. 3; *Pfeiffer* § 231 Rn. 1). In Betracht kommen insb. die Verweisung des Angeklagten in eine umfriedete Anklagebank (s. Nr. 125 Abs. 2 RiStBV) und die ständige Bewachung durch einen Justiz- oder Polizeibeamten (BGH NStZ 2006, 650; KK/*Gmel* § 231 Rn. 2; *Meyer-Goßner/Schmitt* § 231 Rn. 2). Versucht sich der Angeklagte trotz dieser Maßnahmen zu entfernen, kann zur Ausführung der sitzungspolizeilichen Anordnung des Vorsitzenden (§ 176

GVG) auch **unmittelbarer Zwang** angewendet werden. Zulässig ist ggf. auch die Anordnung, den **Angeklagten zu fesseln**, oder ihm, wenn er schon gefesselt vorgeführt wird, die Fesseln nicht abzunehmen (BGH NJW 1957, 271). Die noch unter Geltung der alten Fassung des § 119 vertretene Auffassung, die Fesselung dürfe nur unter den engen Voraussetzungen des § 119 Abs. 5 a. F. angeordnet werden, ist überholt. Da § 119 Abs. 1 Satz 2 die Fesselung von Untersuchungsgefangenen als Beschränkungsmaßnahme schon zur Abwehr einer Fluchtgefahr erlaubt, gelten für die auf Abs. 1 Satz 2 gestützte Fesselung über die Verhältnismäßigkeit hinaus keine weiteren Beschränkungen (enger SK/*Deiters* § 231 Rn. 5; zur alten Rechtslage OLG Dresden NStZ 2007, 479 [480]; Radtke/Hohmann/*Britz* § 231 Rn. 4; *Meyer-Goßner/Schmitt* § 231 Rn. 2).

II. Ingewahrsamnahme des Angeklagten. Abs. 1 Satz 2 Halbs. 2 gibt dem Vorsitzenden die Befug- 6 nis, den Angeklagten während einer Unterbrechung der Verhandlung **in Gewahrsam halten zu lassen.** Im Hinblick auf die Intensität des Eingriffs kommt eine Fesselung nur dann in Betracht, wenn konkrete Anhaltspunkte dafür vorliegen, dass sich der Angeklagte entfernen will und der mit der Fesselung beabsichtigte Zweck nicht auf weniger einschneidende Art und Weise erreicht werden kann (OLG Hamm NStZ-RR 2014, 114). Da der Gewahrsam nur der kurzfristigen Sicherung der Anwesenheit dient und keine der Untersuchungshaft vergleichbaren Verfahrensgarantien bestehen, besteht weitgehend Einigkeit darüber, dass die Ermächtigung nur für **zeitlich eng begrenzte Freiheitsentziehungen** gilt (OLG Frankfurt am Main NStZ-RR 2003, 329 [330]; NStZ-RR 2005, 96; LR/*Becker* § 231 Rn. 5; SK/*Deiters* § 231 Rn. 8; HK/*Julius* § 231 Rn. 3; a. A. KMR/*Eschelbach* § 231 Rn. 14; *Gollwitzer* FS Hanack 1990, S. 163 ff.; widersprüchlich *Meyer-Goßner/Schmitt* § 231 Rn. 3; *Joecks* § 231 Rn. 3). Während nach einer Auffassung keine feste zeitliche Grenze besteht, die Ingewahrsamnahme bei »mehrtägiger« Unterbrechung aber nur auf einen Haftbefehl nach §§ 112 ff. gestützt werden könne (OLG Frankfurt am Main NStZ-RR 2003, 329 [330]; KK/*Gmel* § 231 Rn. 2; Graf/*Gorf* § 231 Rn. 3), wird nach a. A. als zeitliche Grenze auf die in § 128 Abs. 1 Satz 1 genannte Frist abgestellt (OLG Frankfurt am Main NStZ-RR 2005, 96; LR/*Becker* § 231 Rn. 5; HK/*Julius* § 231 Rn. 3). Da sich die Frage nach der Notwendigkeit von Maßnahmen nach Abs. 1 an jedem Verhandlungstag neu stellt, erscheint es am Überzeugendsten, »Verhandlung« als »Verhandlungstag« zu lesen und – auch aus Verhältnismäßigkeitsgründen – die Ingewahrsamnahme **nur für Unterbrechungen an einem Verhandlungstag**, also kurze Verhandlungspausen, zuzulassen (SK/*Deiters* § 231 Rn. 9). Bei Aussetzung der Hauptverhandlung ist der Angeklagte sofort aus dem Gewahrsam zu entlassen (Graf/*Gorf* § 231 Rn. 3).

Die Ingewahrsamnahme ordnet der Vorsitzende nach pflichtgemäßem Ermessen an. Sie wird auf seine 7 Anordnung ohne Einschaltung der StA (§ 36 Abs. 2 Satz 2) von den Justizwachtmeistern bzw. Justizvollzugsbediensteten oder (im Wege der Amtshilfe) von der Polizei vollzogen (LR/*Becker* § 231 Rn. 6; *Meyer-Goßner/Schmitt* § 231 Rn. 3).

E. Abwesenheitsverhandlung (Abs. 2) I. Regelungszweck. Nach Abs. 2 kann die be- 8 gonnene Hauptverhandlung bei eigenmächtigem Entfernen des Angeklagten zu Ende geführt werden kann, wenn dieser über die Anklage schon vernommen war und das Gericht seine fernere Anwesenheit nicht für erforderlich hält. Dem liegt der Gedanke zugrunde, dass der Angeklagte grds. nicht ungehört verurteilt werden darf, seine weitere Anwesenheit nach Gewährung rechtlichen Gehörs zur Erforschung der Wahrheit aber nicht unbedingt erforderlich ist (*Hahn*, Materialien S. 186 f.; LR/*Becker* § 231 Rn. 7). Da es der Angeklagte nicht in der Hand haben soll, durch das Entfernen aus der Hauptverhandlung den Fortgang des Verfahrens zu vereiteln, soll daher **im Interesse der Funktionsfähigkeit der Strafrechtspflege** und zur **Durchsetzung des staatlichen Strafanspruchs** ohne ihn weiterverhandelt werden können (BGHSt. 25, 317 [319]; NJW 2011, 3249 [3250]; LR/*Becker* § 231 Rn. 7; SK/*Deiters* § 231 Rn. 10).

II. Voraussetzungen. 1. Ordnungsgemäße Ladung. Da der Angeklagte seine Anwesenheits- 9 pflicht im Fortsetzungstermin nur erfüllen kann, wenn er ihn kennt, ist ungeschriebene Voraussetzung für die Abwesenheitsverhandlung, dass dafür die ordnungsgemäße Ladung nachgewiesen ist (BGHSt. 38, 271 [273]; NStZ 1984, 41; LR/*Becker* § 231 Rn. 10; *Meyer-Goßner/Schmitt* § 231 Rn. 14; weiter gehend Dölling/Duttge/Rössner/*Temming* § 231 Rn. 4: auch im Fall des Entfernens aus laufender Hauptverhandlung). Bei der Ladung zum Fortsetzungstermin (s. § 216 Rdn. 1) muss der Angeklagte nicht über die gesetzlichen Folgen eigenmächtigen Fernbleibens belehrt worden sein (BGHSt. 46,

§ 231 StPO Anwesenheitspflicht des Angeklagten

81 [83]; LR/*Becker* § 231 Rn. 10; *Meyer-Goßner/Schmitt* § 231 Rn. 14; a. A. OLG Düsseldorf NJW 1970, 1889).

10 Erscheint der Angeklagte nach Unterbrechung nicht zum Fortsetzungstermin, obwohl er zu diesem ordnungsgemäß geladen worden war, bedarf es über die mündliche Verkündung des neuen Termins hinaus keiner gesonderten Ladung, wenn die Hauptverhandlung erneut unterbrochen und an einem anderen Tag fortgesetzt werden soll (OLG Karlsruhe MDR 1984, 690; LR/*Becker* § 231 Rn. 10; *Meyer-Goßner/ Schmitt* § 231 Rn. 14; *Pfeiffer* § 231 Rn. 2; einschränkend BGH NJW 1987, 2592 [2593]: nur dann, wenn er durch einen Verteidiger vertreten ist; ebenso Radtke/Hohmann/*Britz* § 231 Rn. 9).

11 **2. Erfolgte Vernehmung über die Anklage.** Dem Angeklagten muss in der Hauptverhandlung Gelegenheit gegeben worden sein, sich zum zugelassenen Anklagesatz zu äußern. Ob er sich zu der Anklage geäußert oder nicht zur Sache ausgesagt hat, spielt keine Rolle (BGHSt. 27, 216 [217]; NJW 1987, 2592 [2593]; LR/*Becker* § 231 Rn. 26; *Meyer-Goßner/Schmitt* § 231 Rn. 19). Dadurch, dass der Angeklagte erklärt, er wolle später Angaben zur Sache machen, kann er den Abschluss der Sachvernehmung nicht hinausschieben (BGH NJW 1987, 2592 [2593]; LR/*Becker* § 231 Rn. 26). Keine Voraussetzung für die Anwendung von § 231 ist, dass (im Zusammenhang mit der Vernehmung zur Sache) **Vorstrafen** gem. § 243 Abs. 5 Satz 3 festgestellt und erörtert worden sind (BGHSt. 27, 216 [217, 219] unter Aufgabe von BGHSt. 25, 4 [5]; KK/*Gmel* § 231 Rn. 7; *Meyer-Goßner/Schmitt* § 231 Rn. 19).

12 Versetzt sich der Angeklagte **vor der Vernehmung zur Sache** in einen seine Verhandlungsfähigkeit ausschließenden Zustand, der dem Ausbleiben i.S.d. Abs. 2 gleichsteht (s. Rdn. 4), **gilt § 231a** (s. § 231a Rdn. 1; BGH NJW 2011, 3249 [3252]).

13 **3. Keine Erforderlichkeit der ferneren Anwesenheit des Angeklagten.** Nach Auffassung des Gerichts, nicht nur des Vorsitzenden, muss die fernere Abwesenheit des Angeklagten für die Sachaufklärung nicht erforderlich sein. Dafür sind die **Umstände des Einzelfalls nach dem Ausbleiben** des Angeklagten maßgeblich; vor diesem Zeitpunkt kann die Entbehrlichkeit des Angeklagten nicht beurteilt werden (RGSt. 58, 149 [153]; LR/*Becker* § 231 Rn. 27; *Meyer-Goßner/Schmitt* § 231 Rn. 20). Ist ein **Hinweis nach § 265 Abs. 1, 2** erforderlich, kann nicht ohne den Angeklagten weiterverhandelt werden (RGSt. 35, 65 [66]; BGH MDR 1969, 360 [D]; LR/*Becker* § 231 Rn. 28; *Meyer-Goßner/Schmitt* § 231 Rn. 21); es sei denn, ein Verteidiger des Angeklagten ist anwesend (§ 234a). Dass nach §§ 245 Abs. 1 Satz 2, 251 Abs. 1 Nr. 1, Abs. 2 Nr. 3 die Zustimmung des Angeklagten vorgeschrieben ist, macht seine Anwesenheit nicht erforderlich. Denn durch seine eigenmächtige Abwesenheit hat der Angeklagte auf dieses Recht verzichtet (BGHSt. 3, 206 [210]; KK/*Gmel* § 231 Rn. 9; *Meyer-Goßner/Schmitt* § 231 Rn. 21). Für den Fall des § 153 Abs. 2 stellt § 153 Abs. 2 Satz 2 die Entbehrlichkeit der Zustimmung ausdrücklich klar.

14 **4. Sich-Entfernen aus der Hauptverhandlung oder Ausbleiben bei Fortsetzung. a) Verstoß gegen die Anwesenheitspflicht.** Der Angeklagte muss dadurch gegen seine Anwesenheitspflicht verstoßen, dass er sich nach Erscheinen aus der Hauptverhandlung entfernt oder bei Fortsetzung einer unterbrochenen Hauptverhandlung ausbleibt (s. Rdn. 4). Keine Voraussetzung für die Anwendung von Abs. 2 ist, dass der Vorsitzende versucht hat, die Anwesenheit des Angeklagten mit den in Abs. 1 genannten Mitteln zu erzwingen (LR/*Becker* § 231 Rn. 7; *Meyer-Goßner/Schmitt* § 231 Rn. 6).

15 **b) Eigenmächtigkeit.** Nach dem reinen Wortlaut von Abs. 2 würde für die Abwesenheitsverhandlung der bloße Verstoß gegen die Anwesenheitspflicht ausreichen. Die herrschende Meinung verlangt darüber hinaus aber, dass der Angeklagte insoweit **eigenmächtig** gehandelt hat (BGHSt. 37, 249 [251]; NStZ 2010, 585 = NJW 2011, 3249 [3252]; LR/*Becker* § 231 Rn. 11; KK/*Gmel* § 231 Rn. 3; a. A. SK/ *Deiters* § 231 Rn. 19 ff.). Mit dem zusätzlichen Erfordernis der Eigenmacht soll in einschränkender Auslegung des Gesetzes dem Gedanken Rechnung getragen werden, dass es – auch im Hinblick auf Abs. 1 und § 230 Abs. 2 (»genügend entschuldigt«) – nicht Sinn der Vorschrift sein kann, in Verhandeln gegen den Angeklagten ohne Rücksicht auf die für sein Ausbleiben maßgebenden Gründe zuzulassen (BGHSt. 3, 187 [190]; 37, 249 [251]; NStZ-RR 2008, 285). Eigenmacht liegt vor, wenn der Angeklagte **ohne Rechtfertigungs- und Entschuldigungsgründe wissentlich seiner Anwesenheitspflicht nicht genügt** (BGHSt. 37, 249 [251, 255]; NStZ-RR 2008, 285; NStZ 2010, 585; KK/*Gmel* § 231 Rn. 3; *Meyer-Goßner/Schmitt* § 231 Rn. 10). Dass der Angeklagte das Ziel verfolgt, durch Missachtung seiner Anwesenheitspflicht i.S.e. Boykottabsicht den Gang der Rechtspflege zu stören oder ihm ent-

gegenzutreten (so noch BGH NJW 1980, 950; StV 1984, 325; NStZ 1988, 421 [422]), wird nicht (mehr) vorausgesetzt (BGHSt. 37, 249 [254]; NStZ-RR 2008, 285; KK/*Gmel* § 231 Rn. 3; *Meyer-Goßner/Schmitt* § 231 Rn. 10).

aa) Wissentliche Verletzung der Anwesenheitspflicht. Keine Eigenmächtigkeit ist danach gegeben, wenn der Angeklagte seine Anwesenheitspflicht ohne **Vorsatz** verletzt; bloße Fahrlässigkeit genügt nicht (LR/*Becker* § 231 Rn. 11; KMR/*Eschelbach* § 231 Rn. 20). **Keine Wissentlichkeit** liegt z.B. vor, wenn der Angeklagte 16
- sich über den Zeitpunkt des Fortsetzungstermins **geirrt** hat (BGH StV 1981, 393 [394]; NStZ-RR 2001, 333 [334]; OLG Bremen StV 1985, 50);
- einen Fortsetzungstermin **verschlafen** hat (BGH StV 1988, 185; BGHR StPO § 231 Abs. 2 – Abwesenheit, eigenmächtige 7);
- sich mit stillschweigender Billigung des Gerichts aus der Hauptverhandlung entfernt (BGH NJW 1973, 522) bzw. das Gericht ihm das Ausbleiben freistellt, gestattet oder den Eindruck des Einverständnisses erweckt (BGHSt. 37, 249 [252]; MDR 1987, 448; NStZ 1998, 476 [477]).

Dagegen ist – neben dem Fall des bewussten Entfernens bzw. Nichterscheinens – eine **vorsätzliche Verletzung** der Anwesenheitspflicht u.a. anzunehmen, wenn der Angeklagte 17
- sich zur Verhinderung der Verfahrensfortführung in einen seine **Verhandlungsfähigkeit ausschließenden Zustand** versetzt (BGH NJW 1991, 2917 [2918]; NStZ 1986, 372; 2002, 533 [535]);
- während laufender Hauptverhandlung einen **Suizidversuch** unternimmt (BGHSt. 16, 178 [182]; NJW 2011, 3249 [3252]);
- sich in Kenntnis des Fortsetzungstermins ohne Not in eine Lage begeben hat, die für ihn vorhersehbar mit dem erheblichen Risiko verbunden war, nicht (rechtzeitig) zum Termin zu erscheinen (BGH NStZ-RR 2008, 285; Provokation einer Verhaftung im Ausland; OLG Jena, Beschl. v. 08.10.2008 – 1 Ss 120/08: übermäßiger Alkoholgenuss).

bb) Rechtfertigungs- und Entschuldigungsgründe. Zur Frage, wann aufgrund bestimmter rechtfertigender oder entschuldigender Umstände keine Eigenmächtigkeit vorliegt, besteht eine **umfangreiche Kasuistik** (ausführlich LR/*Becker* § 231 Rn. 13 ff.; KK/*Gmel* § 231 Rn. 4 ff.). Als vom Willen des Angeklagten unabhängige, seine Teilnahme hindernde Gründe erkennt die Rechtsprechung etwa an, wenn der Angeklagte 18
- auf Anordnung des Vorsitzenden »vorübergehend abgeführt« wird (BGH StV 1993, 285 [286]);
- **verspätet zum Termin erscheint** (BGH NStZ 2003, 561: wegen dreißigminütiger Zugverspätung; KG, Beschl. v. 31.01.2000 – (4) 1 Ss 390/99 (153/99): wegen hohen Verkehrsaufkommens und Eingangskontrollen im Gericht);
- wegen überraschenden Ausfalls des Urlaubsrückflugs nicht zum Fortsetzungstermin erscheinen kann (BGH NStZ 1991, 28 [K/M]);
- durch **Krankheit**, nicht nur wegen Unpässlichkeit, am Erscheinen gehindert ist (BGH NJW 1987, 2592 [2593]; OLG Stuttgart NJW 1967, 944 [946]; OLG Karlsruhe StraFo 2001, 415). Eine Verhandlung am Krankenbett muss der Angeklagte nach herrschender Meinung nicht dulden (*Meyer-Goßner/Schmitt* § 231 Rn. 18 m.w.N.; offengelassen von BGH NJW 1987, 2592 [2593]).
- sich in einer **besonderen Konfliktlage** befindet, weil ihm bei Teilnahme am Termin der Verlust des Arbeitsplatzes droht (BGH NJW 1980, 950 [951]; StV 1984, 325; OLG Hamm NJW 1995, 207 zu § 329) oder wegen des Gesundheitszustandes eines nahen Angehörigen (OLG Stuttgart Justiz 1990, 169).

Da die Anwesenheitspflicht des Angeklagten beruflichen Verpflichtungen grds. vorgeht (BGH MDR 1981, 976 [Sch]), können **dringende berufliche Gründe** nur in seltenen Ausnahmefällen entschuldigend wirken (LR/*Becker* § 231 Rn. 20; zu weitgehend OLG Frankfurt am Main NJW 1974, 2065; Köln VRS 70, 16 [17]). 19

Befindet sich der **Angeklagte in Haft**, liegt keine Eigenmächtigkeit vor, wenn dem erkennenden Gericht eine Vorführung aus der Haft möglich ist. Aufgrund der Inhaftierung besitzt der Angeklagte nämlich nicht die »Machtposition«, aus eigenen Stücken dem Termin fernzubleiben; vielmehr hat das Gericht, das von der Inhaftierung Kenntnis hat, die Pflicht und Möglichkeit, die jederzeitige Anwesenheit notfalls zwangsweise durch Vorführung sicherzustellen (BGHSt. 25, 317 [319]; NJW 1977, 1928; NStZ 1993, 446 [447]; a. A. KG OLGStPO § 231 Nr. 3). Eine Verpflichtung des Gerichts, die Anwe- 20 senheit des Angeklagten sicherzustellen, entfällt jedoch, wenn das Gericht alle nach den Umständen und der Bedeutung der Sache zumutbaren Mittel versucht hat und weitere Zwangsmittel wegen ihrer Unverhältnismäßigkeit ausscheiden (BGH NJW 2014, 1606 [1607]). Führt die dem Gericht unbekannte Verhaftung in anderer Sache dazu, dass der Angeklagte einen Fortsetzungstermin nicht wahrnehmen kann, kann bei fehlender rechtzeitiger Information durch ihn nach Abs. 2 verfahren werden (offengelassen in BGH NStZ 1997, 295; a. A. BGH GA 1969, 281; OLG Frankfurt am Main StV 1987, 380 [381]; KMR/*Eschelbach* § 231 Rn. 22; KK/*Gmel* § 231 Rn. 6). Denn ansonsten hätte es der Angeklagte entgegen der Intention des Gesetzgebers in der Hand, die Durchführung des Verfahrens zu vereiteln bzw. zu verzögern.

21 c) **Nachweis der Eigenmächtigkeit.** Es obliegt nicht dem Angeklagten glaubhaft zu machen, dass sein Ausbleiben nicht auf Eigenmächtigkeit beruht. Daher ist es auch irrelevant, ob und wann er sich entschuldigt hat (BGH StV 1982, 356; *Meyer-Goßner/Schmitt* § 231 Rn. 12). Die Eigenmacht muss vielmehr im Freibeweisverfahren zur Überzeugung des Gerichts **nachgewiesen sein** (BGHSt. 3, 304 [305]; 16, 178 [180]; NStZ-RR 2001, 333 [334]; OLG Hamm StraFo 2007, 292; *Meyer-Goßner/Schmitt* § 231 Rn. 10). Es kommt nicht darauf an, ob das Gericht Grund zur Annahme eigenmächtigen Ausbleibens hatte, sondern allein darauf, ob nach den **konkreten Umständen des Einzelfalls** eine solche **Eigenmächtigkeit tatsächlich vorlag** (BGH NStZ-RR 2001, 333 [334]; NStZ 2003, 561 [562]; KK/*Gmel* § 231 Rn. 3). Bei verbleibenden Zweifeln darf das Gericht Abs. 2 nicht anwenden (BGH NJW 1980, 950 [951]; NStZ 1989, 283 [284]; OLG Karlsruhe Justiz 1994, 446 [447]; StraFo 2001, 415; KK/*Gmel* § 231 Rn. 3; Graf/*Gorf* § 231 Rn. 7). Da die Frage der Anwesenheit des Angeklagten **nicht disponibel** ist, können die Verfahrensbeteiligten sich nicht darauf verständigen, auch ohne Vorliegen der Voraussetzungen nach Abs. 2 zu verfahren (OLG Hamm StV 2007, 571; LR/*Becker* § 231 Rn. 12).

22 **III. Durchführung der Abwesenheitsverhandlung. 1. Entscheidung.** Ob nach Abs. 2 verfahren werden soll, entscheidet das Gericht nach **pflichtgemäßem Ermessen.** Das Gericht kann bei Vorliegen der Voraussetzungen entscheiden, ob es von der Vorschrift Gebrauch macht oder die Anwesenheit des Angeklagten nach § 230 Abs. 2 erzwingt (LR/*Becker* § 231 Rn. 30). Allerdings ist vom Gesetz die Fortführung des Verfahrens intendiert, wenn nach den Umständen des Einzelfalls die weitere Anwesenheit des Angeklagten zur Sachaufklärung entbehrlich ist.

23 Um das Verfahren in Abwesenheit des eigenmächtig ausgebliebenen Angeklagten fortzusetzen, bedarf es **keines gesonderten Beschlusses**; es reicht vielmehr aus, dass das Gericht ausdrücklich oder schlüssig zu erkennen gibt, dass es die Hauptverhandlung in Abwesenheit des Angeklagten zu Ende führen werde (BGH MDR 195, 198 [D]; NStZ 1981, 95 [Pf]; KK/*Gmel* § 231 Rn. 11; *Meyer-Goßner/Schmitt* § 231 Rn. 22).

24 **2. Zulässigkeit der Weiterverhandlung.** Die Weiterverhandlung ohne den Angeklagten ist so lange zulässig, wie das Gericht bei pflichtgemäßer Prüfung von der Fortdauer der Umstände, die es zur Anwendung von Abs. 2 veranlasst haben, ausgehen darf (OLG Düsseldorf NStZ-RR 1997, 81 [82]; Graf/*Gorf* § 231 Rn. 11). Erstreckt sich die Hauptverhandlung über mehrere Sitzungstage, rechtfertigt die eigenmächtige Abwesenheit des Angeklagten an nur einem Verhandlungstag die Fortsetzung ohne ihn an den folgenden Sitzungstagen nicht, wenn er dem Fortsetzungstermin nicht eigenmächtig fernbleibt, sondern sein Versuch, zur Hauptverhandlung zu erscheinen, aus anderen Gründen misslingt (BGH NStZ 1986, 422; SK/*Deiters* § 231 Rn. 31, 39).

25 **3. Rückkehr oder verspätetes Erscheinen.** Kehrt der Angekl. in die Hauptverhandlung zurück oder erscheint er verspätet zum Fortsetzungstermin, nimmt er seine **Stellung mit allen seinen Rechten** wieder ein, insb. ist ihm das letzte Wort (§ 258 Abs. 2) zu gewähren (BGH NStZ 1986, 372; 1990, 291; OLG Hamm NStZ-RR 2001, 334 [335]; LR/*Becker* § 231 Rn. 34; *Meyer-Goßner/Schmitt* § 231 Rn. 23). Lagen die Voraussetzungen für die Abwesenheitsverhandlung nach Abs. 2 vor, wird durch die Rückkehr die Zulässigkeit der in Abwesenheit durchgeführten Teile der Hauptverhandlung nicht berührt (LR/*Becker* § 231 Rn. 34; *Meyer-Goßner/Schmitt* § 231 Rn. 23)

26 Anders als für die Fälle der §§ 231a, 231b und § 247 normiert das Gesetz keine Pflicht des Vorsitzenden, den Angeklagten nach dessen Rückkehr über den Inhalt dessen zu unterrichten, was während seiner Abwesenheit ausgesagt oder verhandelt worden ist. Die herrschende Meinung folgert daraus, dass eine Information des Angeklagten zwar zweckmäßig und aufgrund der prozessualen Fürsorgepflicht im

Einzelfall auch geboten sein kann, grds. aber nicht notwendig ist (BGHSt. 3, 187 [189]; NStZ 2002, 533 [535]; LR/*Becker* § 231 Rn. 34; KK/*Gmel* § 231 Rn. 12; *Meyer-Goßner/Schmitt* § 231 Rn. 23). Da es angesichts der vergleichbaren Interessenlage aber keinen sachlichen Grund für eine Differenzierung zwischen den genannten Fällen der Abwesenheitsverhandlung gibt, ist es überzeugender, von einer **generellen Unterrichtungspflicht** auszugehen (SK/*Deiters* § 231 Rn. 38; KMR/*Eschelbach* § 231 Rn. 30; HK/*Julius* § 231 Rn. 11; *Rieß* JZ 1975, 265 [271]).

Entfernt sich der Angeklagte nach der Rückkehr nochmals, darf in seiner Abwesenheit weiterverhandelt 27 werden, wenn die Voraussetzungen des Abs. 2 erneut gegeben sind (BGHSt. 19, 144 [147]; LR/*Becker* § 231 Rn. 35; KMR/*Eschelbach* § 231 Rn. 31; *Meyer-Goßner/Schmitt* § 231 Rn. 23).

4. Urteil. Im Urteil muss das Gericht die Anwendung des Abs. 2 nicht begründen (OLG Köln StV 28 1985, 50; OLG Jena, Beschl. v. 08.10.2008 – 1 Ss 120/08; LR/*Becker* § 231 Rn. 37; KK/*Gmel* § 231 Rn. 13; a. A. SK/*Deiters* § 231 Rn. 29). Das Urteil ist dem Angeklagten gem. § 35 Abs. 2 Satz 1 mit Rechtsmittelbelehrung (§ 35a) förmlich zuzustellen; an den Verteidiger kann gem. § 145a Abs. 1 zugestellt werden. § 232 Abs. 4 gilt nicht entsprechend (s. § 232 Rdn. 25).

F. Rechtsbehelfe. I. Wiedereinsetzung. Ergibt sich nachträglich, dass der Angeklagte nicht ei- 29 genmächtig abwesend war, ist nach allgemeiner Ansicht mangels (entsprechender) Anwendbarkeit des § 235 die **Wiedereinsetzung in den vorherigen Stand unzulässig** (BGHSt. 10, 304 [305]; LR/*Becker* § 231 Rn. 39; Radtke/Hohmann/*Britz* § 231 Rn. 19). Zur Vermeidung einer Urteilsaufhebung in der Revision muss das Gericht in diesem Fall die in Abwesenheit des Angeklagten durchgeführten Teile der Hauptverhandlung wiederholen (BGH NStZ 1988, 447 [M]; SK/*Deiters* § 231 Rn. 44; KK/*Gmel* § 231 Rn. 14).

II. Antrag auf gerichtliche Entscheidung und Beschwerde. Da es sich bei der Anordnung des Vor- 30 sitzenden nach Abs. 1 Satz 2 nach heute herrschender Meinung um eine **Maßnahme der Sachleitung** handelt, kann dagegen Antrag auf gerichtliche Entscheidung gem. **§ 238 Abs. 2** gestellt werden (LR/*Becker* § 231 Rn. 40; SK/*Deiters* § 231 Rn. 42; *Meyer-Goßner/Schmitt* § 231 Rn. 24; a. A. BGH NJW 1957, 271; KK/*Gmel* § 238 Rn. 2; *Pfeiffer* § 231 Rn. 5).

Die Anordnung nach Abs. 1 Satz 2 bzw. der sie bestätigende Gerichtsbeschluss ist mit der **Beschwerde** 31 nach § 304 Abs. 1 anfechtbar, § 305 Satz 1 StPO steht nicht entgegen (OLG Frankfurt am Main NStZ-RR 2003, 329; OLG Dresden StV 2008, 33; LR/*Becker* § 231 Rn. 41; SK/*Deiters* § 231 Rn. 42; *Meyer-Goßner/Schmitt* § 231 Rn. 24). Hat sich eine Ingewahrsamnahme zwischenzeitlich erledigt, kann im Hinblick auf den Eingriff in Art. 2 Abs. 2 GG **Antrag auf Feststellung der Rechtswidrigkeit** der Maßnahme gestellt werden (OLG Frankfurt am Main NStZ-RR 2003, 329 [330]; LR/*Becker* § 231 Rn. 41; KMR/*Eschelbach* § 231 Rn. 35). Die **weitere Beschwerde** ist dagegen unzulässig, da die Ingewahrsamnahme keine »Verhaftung« i.S.d. eng auszulegenden § 310 ist (KMR/*Eschelbach* § 231 Rn. 36; SK/*Deiters* § 231 Rn. 42).

Die Entscheidung des Gerichts, nach Abs. 2 zu verfahren, ist im Hinblick auf § 305 Satz 1 nicht mit 32 der Beschwerde anfechtbar (LR/*Becker* § 231 Rn. 42; SK/*Deiters* § 231 Rn. 43; Graf/*Gorf* § 231 Rn. 15).

III. Revision. Anordnungen und Maßnahmen nach Abs. 1 Satz 2 können grds. nicht mit der Revi- 33 sion angegriffen werden, soweit nicht nach § 238 Abs. 2 erfolglos beanstandete Anordnungen des Vorsitzenden gem. § 338 Nr. 8 die Verteidigung in unzulässiger Weise beschränken (BGH NJW 1957, 271; LR/*Becker* § 231 Rn. 43; HK/*Julius* § 238 Rn. 17).

Die Abwesenheitsverhandlung ohne Vorliegen der Voraussetzungen des Abs. 2 ist – soweit nicht durch 34 Wiederholung geheilt (s. § 230 Rdn. 34, § 231 Rdn. 29) - **als Verstoß gegen § 230 Abs. 1 gem. § 338 Nr. 5 revisibel**, wenn die Abwesenheit einen wesentlichen Teil der Hauptverhandlung betrifft (BGH StV 1988, 185; StV 2003, 649; StraFo 2008, 430 [431]; LR/*Becker* § 231 Rn. 44; KK/*Gmel* § 231 Rn. 16; *Meyer-Goßner/Schmitt* § 231 Rn. 25). In der Revisionsbegründung (§ 344 Abs. 2) sind insb. die Tatsachen anzugeben, aus denen sich das Fehlen der Eigenmächtigkeit ergibt (LR/*Becker* § 231 Rn. 45; SK/*Deiters* § 231 Rn. 48). Zum weiteren Revisionsvorbringen s. § 230 Rdn. 35. Ob die Eigenmächtigkeit auch noch im Zeitpunkt des Revisionsverfahrens nachgewiesen ist, prüft das Revisionsgericht selbstständig nach, ohne an die Feststellung des Tatrichters gebunden zu sein (BGH NStZ 1999,

418; NStZ-RR 2001, 333 [334]; NStZ 2010, 585; *Meyer-Goßner/Schmitt* § 231 Rn. 25; a. A. LR/*Becker* § 231 Rn. 44; offen gelassen in BGH StV 2012, 72 [73]).

§ 231a StPO Herbeiführung der Verhandlungsunfähigkeit durch den Angeklagten.

(1) ¹Hat sich der Angeklagte vorsätzlich und schuldhaft in einen seine Verhandlungsfähigkeit ausschließenden Zustand versetzt und verhindert er dadurch wissentlich die ordnungsmäßige Durchführung oder Fortsetzung der Hauptverhandlung in seiner Gegenwart, so wird die Hauptverhandlung, wenn er noch nicht über die Anklage vernommen war, in seiner Abwesenheit durchgeführt oder fortgesetzt, soweit das Gericht seine Anwesenheit nicht für erforderlich hält. ²Nach Satz 1 ist nur zu verfahren, wenn der Angeklagte nach Eröffnung des Hauptverfahrens Gelegenheit gehabt hat, sich vor dem Gericht oder einem beauftragten Richter zur Anklage zu äußern.
(2) Sobald der Angeklagte wieder verhandlungsfähig ist, hat ihn der Vorsitzende, solang mit der Verkündung des Urteils noch nicht begonnen worden ist, von dem wesentlichen Inhalt dessen zu unterrichten, was in seiner Abwesenheit verhandelt worden ist.
(3) ¹Die Verhandlung in Abwesenheit des Angeklagten nach Absatz 1 beschließt das Gericht nach Anhörung eines Arztes als Sachverständigen. ²Der Beschluss kann bereits vor Beginn der Hauptverhandlung gefasst werden. ³Gegen den Beschluss ist sofortige Beschwerde zulässig; sie hat aufschiebende Wirkung. ⁴Eine bereits begonnene Hauptverhandlung ist bis zur Entscheidung über die sofortige Beschwerde zu unterbrechen; die Unterbrechung darf, auch wenn die Voraussetzungen des § 229 Abs. 2 nicht vorliegen, bis zu dreißig Tagen dauern.
(4) Dem Angeklagten, der keinen Verteidiger hat, ist ein Verteidiger zu bestellen, sobald eine Verhandlung ohne den Angeklagten nach Absatz 1 in Betracht kommt.

1 **A. Inhalt und Zweck der Regelung.** Die Vorschrift, die im Jahr 1974 aus Anlass des Baader-Meinhof-Prozesses geschaffen wurde (BGHSt 26, 228 [229]; KMR/*Eschelbach* § 231a Rn. 1), dient der Sicherung der ordnungsgemäßen Durchführung und Fortsetzung der Hauptverhandlung. Sie ermöglicht zu diesem Zweck, dass ohne den Angeklagten verhandelt werden kann, wenn dieser vorsätzlich und schuldhaft seine Verhandlungsunfähigkeit herbeigeführt hat, **bevor er zur Sache vernommen worden ist.** Bei Herbeiführung der Verhandlungsunfähigkeit nach Abschluss der Sachvernehmung greift dagegen § 231 Abs. 2 ein (BGH NJW 1981, 1052 [1053]; NJW 2011, 3249 [3252]; LR/*Becker* § 231a Rn. 2; *Meyer-Goßner/Schmitt* § 231a Rn. 1). Um zu gewährleisten, dass dem abwesenden Angeklagten hinreichende Möglichkeiten verbleiben, auf Gang und Ergebnis des Verfahrens Einfluss zu nehmen, sieht die **verfassungsgemäße Regelung** (BVerfGE 41, 246 [249]; 51, 324 [343]; 89, 120 [129]) vor, dass der Angeklagte Gelegenheit gehabt haben muss, sich vor einem Richter zur Anklage zu äußern (Abs. 1 Satz 2), dass er nach Wiedererlangung seiner Verhandlungsfähigkeit vom wesentlichen Inhalt des in seiner Abwesenheit Verhandelten zu unterrichten ist (Abs. 2) und dass er über den Beistand eines Verteidigers verfügt, durch den er sich Gehör verschaffen kann (Abs. 4). Über die Verhandlung in Abwesenheit des Angeklagten entscheidet das Gericht nach Anhörung eines Arztes durch Beschluss, der mit sofortiger Beschwerde angefochten werden kann (Abs. 3).

2 Während §§ 231 Abs. 2, 231b, 232 und § 233 dem Gericht ein Ermessen einräumen, ob ohne Angeklagten verhandelt werden soll, handelt es sich bei § 231a um eine **Mussvorschrift** (BGHSt 26, 228 [234]; *Meyer-Goßner/Schmitt* § 231a Rn. 2) Aus Verhältnismäßigkeitsgründen muss ihre Anwendung auf **besondere Ausnahmefälle beschränkt** bleiben (BGHSt 26, 228 [241]; Radtke/Hohmann/*Britz* § 231a Rn. 1; SK-StPO/*Deiters* § 231a Rn. 5).

3 **B. Voraussetzungen der Abwesenheitsverhandlung.** I. Vorsätzliche und schuldhafte Herbeiführung der Verhandlungsunfähigkeit. 1. Verhandlungsunfähigkeit. Die Anordnung der Abwesenheit des Angeklagten setzt voraus, dass das Gericht im **Freibeweisverfahren** aufgrund eines von ihm einzuholenden **ärztlichen Gutachtens** (Abs. 3 Satz 1) zum Ergebnis kommt, dass der Angeklagte sich in einem seine Verhandlungsfähigkeit ausschließenden Zustand befindet. Im Hinblick auf den Zweck der Regelung, dem Angeklagten die Möglichkeit zu nehmen, sich eigenmächtig der Teilnahme an der Hauptverhandlung zu entziehen, setzt die Vorschrift keine **absolute Verhandlungsunfä-**

higkeit voraus. Verhandlungsunfähig kann der Angeklagte daher auch dann sein, wenn er jeweils für kürzere Zeitspannen seine Rechte in der Hauptverhandlung voll wahrzunehmen in der Lage ist, diese Zeitspannen aber nicht ausreichen, um das Verfahren ordnungsmäßig, insb. in angemessener Zeit, zu Ende zu führen (**punktuelle Verhandlungsunfähigkeit**) (BVerfGE 41, 246 [247]; BGHSt 26, 228 [232]; LR/*Becker* § 231a Rn. 3; *Meyer-Goßner/Schmitt* § 231a Rn. 5; a. A. KMR/*Eschelbach* § 231a Rn. 13).

Herbeigeführt werden kann der die Verhandlungsfähigkeit ausschließende Zustand durch **Tun oder Unterlassen**. Als Mittel zur Herbeiführung kommen vor allem Medikamenteneinnahme BGH NStZ 2002, 533 [535]), Drogen- oder Alkoholmissbrauch, Hungerstreik (BGHSt 26, 228 [231]), Selbstbeschädigungen (BVerfGE 51, 324 [344]), Sich-Hineinsteigern in einen psychischen Ausnahmezustand (OLG Hamm NJW 1977, 1739) und Suizidversuch in Betracht (BGHSt 16, 178 [182]; 19, 144; NJW 2011, 3249 [3252] m. krit. Anm. *Trüg*; *Pfeiffer* § 231a Rn. 2; *Meyer-Goßner/Schmitt* § 231a Rn. 7 (nur »ernst gemeinter« Selbstmordversuch); a. A. KK-StPO/*Gmel* § 231a Rn. 9; Radtke/Hohmann/*Britz* § 231a Rn. 4). 4

Umstritten ist die Anwendbarkeit von § 231a, wenn der Angeklagte die Verhandlungsunfähigkeit nicht 5 durch eigenes Tun oder Unterlassen bewirkt hat, sondern eine zur Beseitigung der nicht von ihm herbeigeführten Verhandlungsunfähigkeit **notwendige ärztliche Behandlung nicht in Anspruch nimmt**. Die herrschende Meinung lehnt dies ab, weil der Angeklagte nicht verpflichtet sei, aktiv an der Wiederherstellung seiner Verhandlungsfähigkeit mitzuwirken (LR/*Becker* § 231a Rn. 6; *Meyer-Goßner/Schmitt* § 231a Rn. 7; KK-StPO/*Gmel* § 231a Rn. 3; Radtke/Hohmann/*Britz* § 231a Rn. 4). Mit der Gegenansicht ist dem jedoch entgegenzuhalten, dass i.R.d. gebotenen Abwägung der staatliche Verfolgungsanspruch das Recht des Angeklagten auf körperliche Integrität überwiegt, wenn die ärztliche Behandlung dem Angeklagten nach den Umständen des Einzelfalls – auch unter Berücksichtigung des Umfangs und Gewichts der gegen ihn erhobenen Vorwürfe – **zumutbar** ist (OLG Nürnberg NJW 2000, 1804 [1805]; OLG Düsseldorf NStZ-RR 2001, 274; LG Lüneburg NStZ-RR 2010, 211; *Pfeiffer* § 231a Rn. 2). Nur diese – verfassungsgemäße (BVerfGE 89, 120 [130]) – Auslegung sichert auch die für die Funktionsfähigkeit der Strafjustiz nötige Flexibilität im Umgang mit Angeklagten, die die Durchführung der Hauptverhandlung gezielt und mit allen Mitteln vereiteln wollen.

2. Vorsätzliche und schuldhafte Herbeiführung. Der Angeklagte muss die Verhandlungsunfähig- 6 keit vorsätzlich und schuldhaft herbeigeführt haben. Beide Begriffe sind **wie im Strafrecht** zu verstehen (KK-StPO/*Gmel* § 231a Rn. 4; Radtke/Hohmann/*Britz* § 231a Rn. 5). Vorsatz ist daher von Fahrlässigkeit abzugrenzen, nach herrschender Meinung genügt bedingter Vorsatz (BGHSt 26, 228 [239]; LR/*Becker* § 231a Rn. 4; a. A. SK-StPO/*Deiters* § 231a Rn. 20: dolus directus ersten Grades; ebenso KMR/*Eschelbach* § 231a Rn. 9). Schuld setzt Vorwerfbarkeit voraus und ist nicht gegeben, wenn der Angeklagte bei der Herbeiführung i.S.d. § 20 StGB schuldunfähig ist (*Meyer-Goßner/Schmitt* § 231a Rn. 8; KK-StPO/*Gmel* § 231a Rn. 6). Wie mit Fällen umzugehen ist, in denen der Angeklagte seine Verhandlungsfähigkeit in einem Zustand herbeiführt, in dem – wie bei § 21 – die Steuerungsfähigkeit (nur) erheblich beeinträchtigt ist, hat erstmals der BGH in einer neuen Entscheidung problematisiert, ohne jedoch über den Einzelfall hinaus handhabbare Kriterien zu formulieren (BGH NJW 2011, 3249 [3252] m. krit. Anm. *Trüg*).

II. Wissentliche Verhinderung der ordnungsmäßigen Durchführung oder Fortsetzung der 7 **Hauptverhandlung. 1. Ordnungsmäßigkeit der Hauptverhandlung.** Der Angeklagte muss durch sein Verhalten wissentlich die **ordnungsmäßige Durchführung oder Fortsetzung der Hauptverhandlung** verhindern. Erforderlich ist dafür nicht, dass der Verfahrensfortgang für unabsehbare Zeit gehemmt wird, es ist vielmehr schon eine Verzögerung ausreichend, die mit dem **allgemeinen Beschleunigungsgebot** nicht vereinbar ist und dazu führt, dass das Verfahren nicht in angemessener Zeit zu Ende geführt werden kann (BVerfGE 41, 246 [247]; BGHSt 26, 228 [232]; *Meyer-Goßner/Schmitt* § 231a Rn. 9; *Rieß* JZ 1975, 265 [269]). Maßgeblich sind insofern die **Umstände des Einzelfalls** (LR/*Becker* § 231a Rn. 8). Kurzfristige, leicht behebbare Verzögerungen reichen nicht aus (LR/*Becker* § 231a Rn. 9; KK-StPO/*Gmel* § 231a Rn. 7). Für die Frage, wann die Grenze überschritten ist und keine ordnungsmäßige Verfahrensdurchführung mehr möglich ist, bietet sich bei schon begonnener Hauptverhandlung die Orientierung an den Unterbrechungsfristen des § 229 an (LR/*Becker* § 231a Rn. 8; SK/*Deiters* § 231a Rn. 17; KMR/*Eschelbach* § 231a Rn. 24).

§ 231a StPO Herbeiführung der Verhandlungsunfähigkeit durch den Angeklagten

8   **2. Willentliche Verhinderung. Willentliche Verhinderung** setzt voraus, dass der Angeklagte weiß oder als sicher voraussieht, dass durch die von ihm herbeigeführte Verhandlungsunfähigkeit die Hauptverhandlung mindestens erheblich verzögert wird (KK-StPO/*Gmel* § 231a Rn. 8; Radtke/Hohmann/ *Britz* § 231a Rn. 6). Bedingter Vorsatz genügt nicht, (»Boykott«-) Absicht wird nicht verlangt (BGHSt 37, 249 [254]; NJW 2011, 3249 [3252]; LR/*Becker* § 231a Rn. 5; *Rieß* JZ 1975, 265 [269]).

9   **III. Fehlende Vernehmung zur Sache. Zeitlich** muss die Verhandlungsunfähigkeit vor dem Abschluss der Vernehmung zur Sache (§ 243 Abs. 5 Satz 2) eingetreten sein, da ansonsten § 231 Abs. 2 Anwendung findet (s. Rdn. 1). Nicht zur Sachvernehmung gehört die Erörterung von Vorstrafen (BGHSt 27, 216 [219 f.] für § 231; KK-StPO/*Gmel* § 231a Rn. 10; *Meyer-Goßner/Schmitt* § 231a Rn. 6). Bei mehreren Angeklagten ist darauf abzustellen, ob derjenige, gegen den der Beschluss ergehen soll, bereits vernommen wurde (*Meyer-Goßner/Schmitt* § 231a Rn. 7). Dass mit der Vernehmung zur Sache ein Verfahrensteil der Hauptverhandlung die Grenze markiert, bedeutet nicht, dass der Angeklagte erst nach Beginn der Hauptverhandlung verhandlungsunfähig geworden sein muss (Graf/*Gorf* § 231a Rn. 7).

10 **IV. Keine Unerlässlichkeit der Anwesenheit des Angeklagten.** Die Hauptverhandlung wird nicht in Abwesenheit des Angeklagten durchgeführt, wenn das Gericht seine Anwesenheit für unerlässlich hält. Wie sich bereits aus der Formulierung ergibt, ist dieses Tatbestandsmerkmal ein Korrektiv, um **Ausnahmefälle** zu erfassen (BT-Drucks. 7/2989, S. 6; KK-StPO/*Gmel* § 231a Rn. 11; *Meyer-Goßner/ Schmitt* § 231a Rn. 14). Bei Vorliegen der Voraussetzungen des Abs. 1 ist das Gericht grds. verpflichtet, in Abwesenheit des Angeklagten zu verhandeln, auch wenn dadurch die Aufklärung des Sachverhalts in gewissem Umfang erschwert wird (*Meyer-Goßner/Schmitt* § 231a Rn. 14; *Rieß* JZ 1975, 265 [270]). Die mit der Abwesenheitsverhandlung verbundenen Einschränkungen des rechtlichen Gehörs muss der dafür selbst verantwortliche Angeklagte grds. hinnehmen (LR/*Becker* § 231a Rn. 11). Die Anwesenheit kann aber z.B. unerlässlich sein, wenn es auf den unmittelbaren Eindruck des Angeklagten ankommt (Graf/*Gorf* § 231a Rn. 8) oder eine Gegenüberstellung von Zeugen und Mitangeklagten zwingend geboten erscheint (BT-Drucks. 7/2989, S. 6; KK-StPO/*Gmel* § 231a Rn. 11). Ob Unerlässlichkeit vorliegt, entscheidet das Gericht unter **Würdigung aller Umstände des Einzelfalls** (LR/*Becker* § 231 Rn. 11; *Meyer-Goßner/Schmitt* § 231a Rn. 14).

11 Ist die Anwesenheit des Angeklagten nur für einen bestimmten Verfahrensvorgang unerlässlich, kann das Gericht ihn auch nur **zeitweise** hinzuziehen (»soweit«) (LR/*Becker* § 231a Rn. 11). Ist zur Aufklärung eines Teils von mehreren Tatvorwürfen die Anwesenheit des Angeklagten unerlässlich, kommt eine **Abtrennung** in Betracht (KK-StPO/*Gmel* § 231a Rn. 11; *Meyer-Goßner/Schmitt* § 231a Rn. 15).

12 **V. Äußerung zur Anklage (Abs. 1 Satz 2)   1. Zweck.** Bevor der Ausschluss des Angeklagten angeordnet werden darf, muss dieser gem. Abs. 1 Satz 2 nach Eröffnung des Hauptverfahrens Gelegenheit haben, sich vor dem Gericht oder einem beauftragten Richter zur Anklage zu äußern. Mit der Äußerungsmöglichkeit wird dem Angeklagten einerseits **rechtliches Gehör** gewährt (BT-Drucks. 7/2989, S. 6; LR/*Becker* § 231a Rn. 12). Andererseits soll er auch gewarnt werden, dass bei unverändertem Verhalten die Gefahr einer Verhandlung in seiner Abwesenheit besteht (*Rieß* JZ 1975, 265 [270]).

13 **2. Durchführung.** Der Konzeption nach ersetzt die Anhörung die Vernehmung des Angeklagten zur Sache in der Hauptverhandlung und ist daher **nicht Teil der Hauptverhandlung** (*Rieß* JZ 1975, 265 [270]; SK/*Deiters* § 231a Rn. 29). Der Angeklagte ist gem. § 136 Abs. 1 Satz 2 zu belehren; Staatsanwaltschaft und Verteidiger haben gem. § 168c Abs. 1 ein Anwesenheitsrecht und müssen nach § 168c Abs. 5 vom Termin benachrichtigt werden (*Meyer-Goßner/Schmitt* § 231a Rn. 13). Die bei der Anhörung gemachte Äußerung des Angeklagten wird gem. § 168a protokolliert, die Niederschrift wird in der späteren Abwesenheitsverhandlung **gem. § 249 Satz 1 verlesen** (*Rieß* JZ 1975, 265 [270]; *Pfeiffer* § 231a Rn. 2; *Meyer-Goßner/Schmitt* § 231a Rn. 13). In dem Zeitpunkt, in dem der Angeklagte zur Anklage Stellung nehmen kann, muss er zwar nicht verhandlungsfähig, aber **vernehmungsfähig** sein (OLG Dresden OLG-NL 1995, 189 [190]; LR/*Becker* § 231a Rn. 14; *Meyer-Goßner/Schmitt* § 231a Rn. 12). Dafür reicht es aus, dass er nach ärztlicher Feststellung (vgl. Abs. 3 Satz 1) imstande ist, seine Verteidigung gegen den Anklagevorwurf vorzubringen (KMR/*Eschelbach* § 231a Rn. 31; *Rieß* JZ 1975, 265 [270]).

Die Gelegenheit zur Äußerung sollte gegeben werden, sobald Anhaltspunkte für das Vorliegen der Voraussetzungen des Abs. 1 vorhanden sind (Nr. 122 Abs. 1 RiStBV), jedoch **nicht vor Eröffnung des Hauptverfahrens** (KMR/*Eschelbach* § 231a Rn. 30; *Meyer-Goßner/Schmitt* § 231a Rn. 11). Da die Anhörung nicht Teil der Hauptverhandlung ist, führt sie – unabhängig davon, ob über die Abwesenheitsverhandlung bereits vor oder nach Beginn der Hauptverhandlung entschieden werden soll (Abs. 3 Satz 2 bzw. 4) – in amtsgerichtlichen Verfahren der Strafrichter oder Vorsitzende des Schöffengerichts; in Verfahren vor dem LG oder OLG das Gericht in der außerhalb der Hauptverhandlung vorgesehenen Besetzung oder ein beauftragter Richter durch (anders h.M. LR/*Becker* § 231a Rn. 15; KK-StPO/*Gmel* § 231a Rn. 13; *Meyer-Goßner/Schmitt* § 231a Rn. 11). In keinem Fall ausreichend ist die Anhörung durch einen ersuchten Richter oder eine schriftliche Äußerung des Angeklagten (LR/*Becker* § 231a Rn. 15; SK-StPO/*Deiters* § 231a Rn. 30). 14

C. Verteidigerbestellung (Abs. 4) Sobald eine Abwesenheitsverhandlung nach Abs. 1 in Betracht kommt – also vor Vernehmung des Angeklagten (Abs. 1 Satz 2) und Anhörung des Arztes nach Abs. 3 (LR/*Becker* § 231a Rn. 18; KK-StPO/*Gmel* § 231a Rn. 17) – muss dem unverteidigten Angeklagten ein Verteidiger bestellt werden. Da es sich um einen **Sonderfall der notwendigen Verteidigung** handelt (KMR/*Eschelbach* § 231a Rn. 39), ist für die Bestellung analog § 141 Abs. 4 der Vorsitzende zuständig (LR/*Becker* § 231a Rn. 18; *Meyer-Goßner/Schmitt* § 231a Rn. 16). Die Bestellung gilt für das gesamte Verfahren und entfällt nicht deshalb, weil der Angeklagte wieder an der Hauptverhandlung teilnimmt (KK-StPO/*Gmel* § 231a Rn. 17; Graf/*Gorf* § 231a Rn. 16). 15

D. Entscheidung des Gerichts (Abs. 3 Satz 1 und 2) Das Vorliegen der Voraussetzungen des Abs. 1 Satz 1 prüft das Gericht **im Freibeweisverfahren** (LR/*Becker* § 231a Rn. 21; KMR/*Eschelbach* § 231a Rn. 34). Zur Frage der Verhandlungsunfähigkeit muss es gem. Abs. 3 Satz 1 einen **Arzt als Sachverständigen** anhören. Die Verfahrensbeteiligten sind gem. § 33 anzuhören (KK-StPO/*Gmel* § 231a Rn. 20). Bei schriftlicher Anhörung kann das Anhörungsschreiben für den Angeklagten an den Verteidiger gerichtet werden (*Meyer-Goßner/Schmitt* § 231a Rn. 17). 16

Die Anordnung, die Verhandlung in Abwesenheit des Angeklagten zu führen, ist bei Vorliegen der Voraussetzungen **zwingend** (s. Rdn. 2). Die Entscheidung trifft das Gericht **durch Beschluss** (Abs. 3 Satz 1). Dieser kann bereits vor Beginn der Hauptverhandlung gefasst werden (Abs. 3 Satz 2). Ergeht der Beschluss nach Beginn der Hauptverhandlung, ist bei Einlegung der dagegen zulässigen sofortigen Beschwerde zu unterbrechen (Abs. 3 Satz 4). 17

Der Beschluss ist gem. § 34 zu **begründen** und dem Angeklagten nach §§ 35, 35a **unverzüglich bekannt zu machen** (BGHSt 39, 110 [111]; KK-StPO/*Gmel* § 231a Rn. 20). Kann dem Angeklagten wegen seiner Verhandlungsunfähigkeit der Beschluss nicht vor Ende der Hauptverhandlung bekannt gemacht werden, genügt die Mitteilung an den Verteidiger (§§ 231a Abs. 4, 234a) (BGHSt 39, 110 [111]; LR/*Becker* § 231a Rn. 23). 18

E. Durchführung der Abwesenheitsverhandlung. Nach Rechtskraft des Beschlusses nach Abs. 3 kann die Hauptverhandlung solange in Abwesenheit des Angeklagten geführt werden, bis dieser wieder imstande ist, der Verhandlung uneingeschränkt zu folgen (BGHSt 26, 228 [234]; *Meyer-Goßner/Schmitt* § 231a Rn. 18). 19

Anstelle der Vernehmung des Angeklagten zur Sache (§ 243 Abs. 5 Satz 2) wird das Protokoll der nach Abs. 1 Satz 2 durchgeführten Anhörung verlesen (KK-StPO/*Gmel* § 231a Rn. 21; *Rieß* JZ 1975, 265 [270]). Da nach Abs. 4 ein Verteidiger zu bestellen ist (Rdn. 15), nimmt dieser gem. § 234a die Informations- und Zustimmungsbefugnisse des abwesenden Angeklagten war (s. § 234 Rdn. 3–6). Hatte der Angeklagte in der Anhörung **Beweisanträge** gestellt, müssen diese nicht förmlich beschieden werden, soweit der Verteidiger sich in der Hauptverhandlung nicht zu Eigen macht (LR/*Becker* § 231a Rn. 24; KK-StPO/*Gmel* § 231a Rn. 21). 20

Nach herrschender Meinung schließt die Befugnis des Gerichts, in Abwesenheit der Angeklagten zu verhandeln, nicht auch das Recht in sich ein, diesen gegen seinen Willen von der Hauptverhandlung fernzuhalten (BGHSt 26, 228 [234]; MDR 1980, 631 [H]; LR/*Becker* § 231a Rn. 26; *Meyer-Goßner/Schmitt* § 231a Rn. 18; a. A. *Warda* FS Bruns, S. 415 [425 ff.]). Soweit der Angeklagte – auch der in der Haft befindliche – dies möchte, darf er daher in der Hauptverhandlung anwesend sein und sich äußern 21

(SK-StPO/*Deiters* § 231a Rn. 45). Die Abgabe Verfahrens gestaltender Erklärungen und das Stellen von Anträgen ist ihm jedoch im Hinblick auf seine Verhandlungsunfähigkeit versagt (LR/*Becker* § 231a Rn. 27; *Meyer-Goßner/Schmitt* § 231a Rn. 18).

22 **F. Wiedererlangung der Verhandlungsfähigkeit. I. Hinzuziehung zur Hauptverhandlung.** Wird der Angeklagte wieder verhandlungsfähig, ist er wieder zur Hauptverhandlung hinzuzuziehen, ohne dass der Beschluss nach Abs. 3 Satz 1 förmlich aufgehoben werden muss (KK-StPO/ *Gmel* § 231a Rn. 24; *Meyer-Goßner/Schmitt* § 231a Rn. 19). Dies setzt jedoch voraus, dass das Gericht Kenntnis davon hat, dass der von ihm angenommene Zustand der Verhandlungsunfähigkeit nicht mehr besteht. Deshalb darf es grds. so lange ohne den Angeklagten weiterverhandeln, wie es bei pflichtgemäßer Prüfung von der Fortdauer der Umstände, die es zur Anwendung des § 231a veranlasst haben, ausgehen darf (OLG Düsseldorf NStZ-RR 1997, 81 [82]; KK-StPO/*Gmel* § 231a Rn. 24; LR/*Becker* § 231a Rn. 30). Während der auf freiem Fuß befindliche Angeklagte selbst anzeigen muss, dass er wieder verhandlungsfähig ist, muss bei in Haft befindlichen Angeklagten das Gericht dafür Sorge tragen, dass es von der Wiedererlangung der Verhandlungsfähigkeit baldmöglichst Kenntnis erlangt (SK-StPO/*Deiters* § 231a Rn. 48; *Meyer-Goßner/Schmitt* § 231a Rn. 20).

23 **II. Unterrichtungspflicht (Abs. 2)** Gem. Abs. 2 muss der Vorsitzende den wieder verhandlungsfähigen Angeklagten, solange mit der Verkündung des Urteils nicht begonnen worden ist, von dem wesentlichen Inhalt dessen unterrichten, was in dessen Abwesenheit verhandelt worden ist. Für die Unterrichtung gelten dieselben Grundsätze wie im Fall des § 247 Abs. 1 Satz 4 (s. § 247 Rdn. 33–36). Als wesentliche Förmlichkeit der Hauptverhandlung ist die Tatsache der Unterrichtung zu protokollieren (BGH NStZ 2010, 465 [466]; LR/*Becker* § 231a Rn. 36).

24 **G. Rechtsbehelfe. I. Sofortige Beschwerde. 1. Zulässigkeit.** Gegen den Beschluss, gem. § 231a in Abwesenheit des Angeklagten zu verhandeln, ist die sofortige Beschwerde zulässig (Abs. 3 Satz 3), gem. § 304 Abs. 4 Satz 2 Nr. 3 auch bei Beschlüssen des OLG im ersten Rechtszug.

25 Das damit vorgesehene **Zwischenverfahren** soll dazu dienen, vor oder während der laufenden Hauptverhandlung abschließend zu klären, ob gegen den verhandlungsunfähigen Angeklagten verhandelt werden darf. Daher besteht die Anfechtbarkeit des Beschlusses nur bis zum Ende der Hauptverhandlung (BGHSt 39, 110; KK-StPO/*Gmel* § 231a Rn. 26). Wird der Angeklagte vor der Entscheidung des Beschwerdegerichts wieder verhandlungsfähig, wird die Beschwerde gegenstandslos, es sei denn, es wurde schon in Anwesenheit des Angeklagten verhandelt (LR/*Becker* § 231a Rn. 43; KK-StPO/*Gmel* § 231a Rn. 26; a. A. *Meyer-Goßner/Schmitt* § 231a Rn. 23).

26 **Beschwerdeberechtigt** sind die Staatsanwaltschaft, der vom Beschluss betroffene Angeklagte und sein Verteidiger bzw. gesetzlicher Vertreter, nicht jedoch Mitangeklagte (LR/*Becker* § 231a Rn. 38; *Meyer-Goßner/Schmitt* § 231a Rn. 23).

27 Die sofortige Beschwerde ist **binnen einer Woche** nach Bekanntmachung der Entscheidung (§ 311 Abs. 2) **schriftlich oder zu Protokoll der Geschäftsstelle** einzulegen (§ 306 Abs. 1), kann aber auch in der Hauptverhandlung zu Protokoll erklärt werden (LR/*Becker* § 231a Rn. 37).

28 **2. Aufschiebende Wirkung und Unterbrechung.** In Abweichung von § 307 Abs. 1 hat die sofortige Beschwerde nach Abs. 3 Satz 3 Halbs. 2 **aufschiebende Wirkung**. Bei form- und fristgerechter Einlegung muss daher eine noch nicht begonnene Hauptverhandlung bis zur Entscheidung über das Rechtsmittel hinausgeschoben werden (*Meyer-Goßner/Schmitt* § 231a Rn. 24). Eine bereits begonnene Hauptverhandlung ist bis zur (rechtskräftigen) Entscheidung über die sofortige Beschwerde zwingend zu unterbrechen (Abs. 3 Satz 4 Halbs. 1). Die Unterbrechung darf gem. Abs. 3 Satz 4 Halbs. 2 bis zu dreißig Tagen dauern, auch wenn die Hauptverhandlung davor nicht an mindestens 10 Tagen stattgefunden hat (»Voraussetzungen des § 229 Abs. 2«). War die Hauptverhandlung zum Zeitpunkt, an dem die Abwesenheitsverhandlung anordnet wurde, bereits aufgrund einer anderen Vorschrift unterbrochen, steht die dreißigtägige Frist gleichwohl in voller Länge zur Verfügung (LR/*Becker* § 231a Rn. 41; KK-StPO/*Gmel* § 231a Rn. 26). Für die Berechnung der mit Einlegung der Beschwerde beginnenden Frist gilt § 229 Abs. 4 entsprechend (SK-StPO/*Deiters* § 231a Rn. 42; KMR/*Eschelbach* § 231a Rn. 50).

3. Entscheidung. Das Beschwerdegericht überprüft das Vorliegen der Voraussetzungen des Abs. 1 in rechtlicher und tatsächlicher Hinsicht, die der tatrichterlichen Beurteilung vorbehaltene Frage der Unerlässlichkeit der Anwesenheit allerdings nur auf Ermessensfehler (LR/*Becker* § 231a Rn. 42; KK-StPO/*Gmel* § 231a Rn. 26). Den Beschluss über die Anordnung der Abwesenheit kann es **entweder bestätigen oder aufheben**, eine Entscheidung in der Sache nach 309 Abs. 2 darf es wegen der besonderen Art des Beschlusses nicht treffen (LR/*Becker* § 231a Rn. 43; SK-StPO/*Deiters* § 231a Rn. 43). 29

II. Beschwerde. Lehnt das Gericht einen Antrag auf Verhandlung in Abwesenheit des Angeklagten ab, ist dagegen die einfache Beschwerde gem. § 304 Abs. 1 zulässig. Wegen der eigenständigen prozessualen Bedeutung der Entscheidung steht § 305 Satz 1 nicht entgegen (OLG Nürnberg NJW 2000, 1804; KK-StPO/*Gmel* § 231a Rn. 22; Meyer-Goßner/*Schmitt* § 231a Rn. 27). Keine Beschwerde gegeben ist gem. § 304 Abs. 4 Satz 2 gegen Ablehnungsentscheidungen des OLG im ersten Rechtszug, da die Ausnahme nach § 304 Abs. 4 Satz 2 Nr. 3 nur die Anordnung der Hauptverhandlung in Abwesenheit des Angeklagten betrifft (KK-StPO/*Gmel* § 231a Rn. 27; *Rieß* JZ 1975, 265 [271 Fn. 89]). 30

III. Revision. Wegen der Anfechtbarkeit des Anordnungsbeschlusses mit der sofortigen Beschwerde nach Abs. 3 kann die **§ 336 Satz 2** die Revision nicht darauf gestützt werden, dass die Voraussetzungen des Abs. 1 nicht vorlagen (LR/*Becker* § 231a Rn. 47; SK-StPO/*Deiters* § 231a Rn. 52). 31

Gem. **§ 338 Nr. 5** kann geltend gemacht werden, dass die Hauptverhandlung in Abwesenheit des Angeklagten durchgeführt wurde, obwohl seine Verhandlungsfähigkeit wieder bestand und das Gericht ihn in Kenntnis oder fahrlässiger Unkenntnis dieses Umstands nicht hinzugezogen hat (LR/*Becker* § 231a Rn. 48; Meyer-Goßner/*Schmitt* § 231a Rn. 25). Ebenso kann gerügt werden, dass das Gericht entgegen § 231a Abs. 3 Satz 4 nach Einlegung der sofortigen Beschwerde die Hauptverhandlung ohne Unterbrechung fortgesetzt hat (LR/*Becker* § 231a Rn. 48; SK-StPO/*Deiters* § 231a Rn. 52). Mit der Revision kann auch ein Verstoß gegen die Unterrichtungspflicht nach § 231a Abs. 2 gerügt werden, wenn das Urteil auf diesem Fehler beruht (§ 337), z.B. weil der Angeklagte nicht über alle Vorgänge in seiner Abwesenheit unterrichtet wurde (SK-StPO/*Deiters* § 231a Rn. 52; KMR/*Eschelbach* § 231a Rn. 55). Auch die verspätete Bekanntmachung des Beschlusses nach Abs. 3 Satz 1 kann die Revision begründen (BGHSt 39, 110 [111]; LR/*Becker* § 231a Rn. 49; KK-StPO/*Gmel* § 231a Rn. 28). 32

§ 231b StPO Fortsetzung nach Entfernung des Angeklagten zur Aufrechterhaltung der Ordnung.

(1) ¹Wird der Angeklagte wegen ordnungswidrigen Benehmens aus dem Sitzungszimmer entfernt oder zur Haft abgeführt (§ 177 des Gerichtsverfassungsgesetzes), so kann in seiner Abwesenheit verhandelt werden, wenn das Gericht seine fernere Anwesenheit nicht für unerlässlich hält und solange zu befürchten ist, daß die Anwesenheit des Angeklagten den Ablauf der Hauptverhandlung in schwerwiegender Weise beeinträchtigen würde. ²Dem Angeklagten ist in jedem Fall Gelegenheit zu geben, sich zur Anklage zu äußern.
(2) Sobald der Angeklagte wieder vorgelassen ist, ist nach § 231a Abs. 2 zu verfahren.

A. Inhalt der Regelung. Die eng auszulegende Vorschrift ermöglicht es, die Hauptverhandlung zeitweise in Abwesenheit des Angeklagten zu führen, wenn dieser gem. § 177 GVG wegen ordnungswidrigen Benehmens aus dem Sitzungszimmer entfernt wurde (Satz 1). Damit soll nicht der Ordnungsverstoß sanktioniert, sondern der geordnete Ablauf der Hauptverhandlung sichergestellt werden (LR/*Becker* § 231b Rn. 1; *Rieß* JZ 1975, 265 [271]; *Vogel* NJW 1978, 1217 [1225]). Wegen des Anspruchs auf rechtliches Gehör muss der Angeklagte Gelegenheit zur Sacheinlassung erhalten (Satz 2) und nach Wiederzulassung zur Hauptverhandlung über den wesentlichen Inhalt des in seiner Abwesenheit Verhandelten informiert werden (Abs. 2). 1

B. Voraussetzungen der Abwesenheitsverhandlung (Abs. 1 Satz 1) I. Beschluss nach § 177 GVG. Die Verhandlung in Abwesenheit setzt zunächst einen Beschluss nach § 177 GVG voraus, dass der Angeklagten wegen ordnungswidrigen Benehmens aus dem Sitzungszimmer zu entfernen oder zur Ordnungshaft abzuführen ist. Wie der Wortlaut zeigt (»wird«), muss der Be- 2 schluss nicht bereits ergangen sein, sondern kann auch gleichzeitig mit der Anordnung nach § 231b getroffen werden (*Meyer-Goßner/Schmitt* § 231b Rn. 4).

3 Da Maßnahmen nach § 177 GVG auch schon vor dem Aufruf der Sache (§ 243 Abs. 1 Satz 1 StPO) möglich sind (SK/*Deiters* § 231b Rn. 2; HK/*Julius* § 231b Rn. 1), kann der Angeklagte bereits ausgeschlossen werden, bevor die Hauptverhandlung gegen ihn begonnen hat (LR/*Becker* § 231b Rn. 2; KK-StPO/*Gmel* § 231b Rn. 2).

4 Auch wenn sich Ordnungsmaßnahmen nach § 177 GVG nicht gegen Verteidiger richten dürfen, findet § 231b auch dann Anwendung, wenn der sich selbst verteidigende Angeklagte RA oder Hochschullehrer (§ 138 Abs. 1) ist (BVerfGE 53, 207 [215]; *Meyer-Goßner/Schmitt* § 231b Rn. 1).

5 **II. Keine Unerlässlichkeit der Anwesenheit.** Das Gericht darf die weitere Anwesenheit des Angeklagten nicht für unerlässlich halten. Unerlässlichkeit liegt – wie bei § 231a – nur in Ausnahmefällen vor und besteht nicht schon bei Erschwerung der Sachaufklärung vor (s. § 231a Rdn. 10).

6 **III. Befürchtung der schwerwiegenden Beeinträchtigung des Ablaufs der Hauptverhandlung.** Im Zeitpunkt der Entscheidung muss zu befürchten sein, dass die Anwesenheit des Angeklagten den Ablauf der Hauptverhandlung in schwerwiegender Weise beeinträchtigen würde. Die Befürchtung ist begründet, wenn das gesamte bisherige Verhalten des Angeklagten mit hinreichender Wahrscheinlichkeit weitere erhebliche Störungen der Hauptverhandlung oder einzelner Teile erwarten lässt (*Pfeiffer* § 231b Rn. 1). Eine einmalige Störung reicht dafür ebenso wenig aus wie geringfügige Entgleisungen (BGHSt 39, 72 [74]; *Dölling/Duttge/Rössner/Temming* § 231b Rn. 3). Die zu erwartenden Störungen müssen vielmehr von solchem Gewicht sein, dass sie objektiv den Fortgang der Hauptverhandlung infrage stellen (LR/*Becker* § 231b Rn. 5; KK-StPO/*Gmel* § 231b Rn. 5). Es ist nicht erforderlich, dass der Angeklagte diese Folge bewusst herbeiführen will (KMR/*Paulus* § 231b Rn. 8; *Meyer-Goßner/Schmitt* § 231b Rn. 6; krit. HK/*Julius* § 231b Rn. 4). Ob auch dem Angeklagten zurechenbare Störungen durch Dritte – etwa Zuhörer – ausreichen (LR/*Becker* § 231b Rn. 4), erscheint zweifelhaft, da diese (auch ohne Entfernung des Angeklagten) schon durch sitzungspolizeiliche Maßnahmen nach §§ 176 ff. GVG unterbunden werden können (KMR/*Paulus* § 231b Rn. 8).

7 **C. Entscheidung. I. Anordnung.** Die Anordnung über die Fortsetzung der Hauptverhandlung ohne den Angeklagten trifft **das erkennende Gericht**, nicht der Vorsitzende, nach **pflichtgemäßem Ermessen** (BGHSt 39, 72 [74]; LR/*Becker* § 229 Rn. 10; KK-StPO/*Gmel* § 229 Rn. 7). Vor der Entscheidung sind die Verfahrensbeteiligten und der Angeklagte gem. § 33 **anzuhören** (KMR/*Paulus* § 231b Rn. 13; SK-StPO/*Deiters* § 231b Rn. 7).

8 Anders als im Fall des § 231a schreibt das Gesetz für die Anordnung zwar keinen förmlichen Beschluss vor. Daraus leitet die herrschende Meinung ab, dass das Gericht nach Erlass des Beschlusses gem. § 177 GVG und Entfernung des Angeklagten alleine durch Fortführung der Hauptverhandlung konkludent über die Ausschließung entscheiden könne (BGHSt 39, 72 [73]; *Meyer-Goßner/Schmitt* § 231b Rn. 9; *Graf/Gorf* § 231b Rn. 5). Dem ist entgegenzuhalten, dass die Voraussetzungen für die Abwesenheitsverhandlung nach § 231b über die für einen Beschluss nach § 177 GVG geltenden hinausgehen und nur ein **förmlicher, mit Gründen versehener Beschluss** die revisionsrechtliche Prüfung ermöglicht, ob die Entscheidung frei von Rechtsfehlern ist (LR/*Becker* § 231b Rn. 11; HK/*Julius* § 231b Rn. 6; KMR/*Paulus* § 231b Rn. 12). Der Beschluss über die Ausschließung kann mit dem Beschluss nach § 177 GVG verbunden werden (LR/*Becker* § 231b Rn. 12).

9 **II. Aufhebung.** Sind keine schwerwiegenden Beeinträchtigungen des Ablaufs der Hauptverhandlung mehr zu befürchten (»solange«), muss dem Angeklagten die Anwesenheit in der Hauptverhandlung wieder gestattet werden (RGSt 54, 110 [115]; *Meyer-Goßner/Schmitt* § 231b Rn. 7). Dazu ist der Anordnungsbeschluss nach § 231b vom Gericht aufzuheben (LR/*Becker* § 231b Rn. 12; KMR/*Paulus* § 231b Rn. 13).

10 Zwar ist die Dauer der Abwesenheitsverhandlung grds. unbegrenzt (*Pfeiffer* § 231b Rn. 2). Bei länger andauernden Hauptverhandlungen muss das Gericht aber i.d.R. versuchen, den Angeklagten zur Hauptverhandlung wieder hinzuzuziehen (KG StV 1987, 519; SK-StPO/*Deiters* § 231b Rn. 8; KK-StPO/*Gmel* § 231b Rn. 5), insb. zur Gewährung des letzten Wortes (BGHSt 9, 77 [81]; OLG Koblenz MDR 1975, 424; KMR/*Paulus* § 231b Rn. 15). Ein von vornherein aussichtslos erscheinender Versuch

ist im Hinblick auf die Ordnung der Verhandlung und das Ansehen des Gerichts jedoch nicht erforderlich (RGSt 35, 433 [436]; BGHSt 9, 77 [81]; NJW 2005, 2466 [2469]; *Meyer-Goßner/Schmitt* § 231b Rn. 7).

D. Gelegenheit, sich zur Anklage zu äußern (Satz 2) Gem. Satz 2 muss der Angeklagte 11 Gelegenheit erhalten, sich zur Anklage zu äußern. Diese Regelung erlangt nur Bedeutung, wenn der Angeklagte vor seiner Vernehmung zur Sache (§ 243 Abs. 5 Satz 2) von der weiteren Teilnahme an der Hauptverhandlung ausgeschlossen werden soll. In diesem Fall muss ihm vor der Entfernung aus dem Sitzungssaal ggü. dem erkennenden Gericht in der Hauptverhandlung die Möglichkeit zu einer Einlassung gegeben werden (*Meyer-Goßner/Schmitt* § 231b Rn. 8; HK/*Julius* § 231b Rn. 3; a. A. LR/*Becker* § 231b Rn. 7: auch später). Die Anhörung durch einen ersuchten oder beauftragten Richter ist nach allg. Ansicht nicht ausreichend (KK-StPO/*Gmel* § 231b Rn. 8; SK-StPO/*Deiters* § 231b Rn. 5). Missbraucht der Angeklagte die Gelegenheit zur Äußerung für neue Störungen, ist die Anhörung abzubrechen. Eine weitere Äußerungsmöglichkeit muss ihm dann nicht eingeräumt werden (LR/*Becker* § 231b Rn. 9; KK-StPO/*Gmel* § 231b Rn. 8).

Will das Gericht gem. § 265 auf die Veränderung des rechtlichen Gesichtspunkts hinweisen, ist dem 12 Angeklagten nach den genannten Grundsätzen gesondert Gelegenheit zur Äußerung zu geben (LR/*Becker* § 231b Rn. 8). Ist der Angeklagte bereits aus dem Sitzungssaal entfernt, kann der Hinweis gem. § 234a dem Verteidiger erteilt werden.

E. Unterrichtung des Angeklagten (Abs. 2) Nach Abs. 2 ist der Angeklagte, sobald er 13 wieder an der Hauptverhandlung teilnehmen darf, entsprechend § 231a Abs. 2 von dem wesentlichen Inhalt dessen zu unterrichten, was in seiner Abwesenheit verhandelt worden ist. Für die Unterrichtungspflicht gelten dieselben Grundsätze wie bei § 247 Satz 4 StPO (BGH StV 2008, 174 [175]); *Meyer-Goßner/Schmitt* § 231b Rn. 10; s. § 247 Rdn. 33 ff.). Die danach vorgeschriebene Unterrichtung erschöpft sich nicht in dem Zweck, einem Angeklagten die Möglichkeit zu gewähren, seinerseits Fragen an einen Zeugen zu stellen; er muss vielmehr über alles in Kenntnis gesetzt werden, was er wissen muss, um sich sachgerecht verteidigen zu können (BGHSt 1, 346 [350]; 3, 384 [385]), also auch über die in seiner Abwesenheit gestellten Anträge, abgegebenen Erklärungen und die inzwischen ergangenen Beschlüsse (BGH StV 2008, 174 [175]).

Das Gericht kann ausnahmsweise von der Unterrichtung absehen, wenn diese angesichts eines mit Si- 14 cherheit zu erwartenden ordnungswidrigen Verhaltens des Angeklagten nicht durchführbar wäre (BGH NJW 1957, 1326 [1327]; *Meyer-Goßner/Schmitt* § 231b Rn. 10; *Pfeiffer* § 231b Rn. 2). Kommt es bei der Unterrichtung erneut zu schwerwiegenden Störungen durch den Angeklagten, kann sie abgebrochen werden (LR/*Becker* § 231b Rn. 16).

Im Protokoll muss als wesentliche Förmlichkeit nur die Unterrichtung, nicht aber deren Inhalt im Ein- 15 zelnen beurkundet werden (BGH MDR 1957, 267 [D]; StV 1999, 637 [638]; 2008, 174 [175]; KK-StPO/*Gmel* § 231b Rn. 9).

F. Rechtsbehelfe. I. Beschwerde. Gegen den Beschluss, mit dem die Ausschließung des Ange- 16 klagten angeordnet wird, ist die Beschwerde nach § 305 Satz 1 ausgeschlossen (KK-StPO/*Gmel* § 231b Rn. 10; *Meyer-Goßner/Schmitt* § 231b Rn. 11). Zur Anfechtbarkeit des Beschlusses nach § 177 GVG s. § 177 GVG Rdn. 8.

II. Revision. Mit der Verfahrensrüge kann nach § 338 Nr. 5 geltend gemacht werden, der An- 17 geklagte sei zu Unrecht zeitweilig von der Hauptverhandlung ausgeschlossen worden (BGHSt 39, 72; SK-StPO/*Deiters* § 231b Rn. 11; *Meyer-Goßner/Schmitt* § 231b Rn. 12). Da das Vorliegen der Voraussetzungen des § 231b (Unerlässlichkeit der Anwesenheit des Angeklagten und Befürchtung schwerwiegender Störung) der Beurteilung des Tatrichters obliegt und ihm für die Anordnung ein Ermessen eingeräumt ist, kann i.R.d. Revision nur geprüft werden, ob die Rechtsbegriffe verkannt wurden oder ein Ermessensfehler vorliegt (BGHSt 39, 72 [74]; NJW 2005, 2466 [2469]; LR/*Becker* § 231b Rn. 19).

Mit der Revision (§ 337) kann auch gerügt werden, dass das Gericht den Angeklagten entgegen Abs. 1 18 Satz 2 nicht angehört oder unter Verstoß gegen Abs. 2 nicht unterrichtet hat (BGH NStZ-RR 2010, 283 [284]; SK-StPO/*Deiters* § 231b Rn. 11; *Meyer-Goßner/Schmitt* § 231b Rn. 12).

§ 231c StPO Beurlaubung einzelner Angeklagter und ihrer Pflichtverteidiger.

¹Findet die Hauptverhandlung gegen mehrere Angeklagte statt, so kann durch Gerichtsbeschluß einzelnen Angeklagten, im Falle der notwendigen Verteidigung auch ihren Verteidigern, auf Antrag gestattet werden, sich während einzelner Teile der Verhandlung zu entfernen, wenn sie von diesen Verhandlungsteilen nicht betroffen sind. ²In dem Beschluß sind die Verhandlungsteile zu bezeichnen, für die die Erlaubnis gilt. ³Die Erlaubnis kann jederzeit widerrufen werden.

1 **A. Inhalt der Regelung.** Nach der Vorschrift können einzelne Angeklagte und ihre Pflichtverteidiger auf Antrag von der Teilnahme an Verhandlungsteilen **beurlaubt** werden, von denen sie nicht betroffen sind. Damit soll in Verfahren mit mehreren Angeklagten und einer Vielzahl von Taten, in denen längere Hauptverhandlungsabschnitte nur bestimmte Mitangeklagte betreffen, verhindert werden, dass die Anwesenheitspflicht (§ 230 bzw. §§ 140, 145) zu einer inhaltsleeren, das Verfahren unnötig belastenden Formalie wird (BT-Drucks. 8/976, S. 49). Zwar bietet die Regelung ggü. der bis zu ihrer Einführung allein bestehenden Möglichkeit, das Verfahren zeitweilig abzutrennen und später wieder zu verbinden, zahlreiche Vorteile; insb. macht die Beurlaubung den Angeklagten nicht zum Zeugen (LR/*Becker* § 231c Rn. 3; HK/*Julius* § 231c Rn. 3). Weil das Nichtbetroffensein aber schwer zu prognostizieren ist und die Verfahrensweise deshalb leicht einen absoluten Revisionsgrund schaffen kann, sollte – wie der BGH immer wieder betont (BGH MDR 1979, 807 [H]; NStZ 2010, 227; NStZ 289 [290]) – von der Möglichkeit der Beurlaubung nach § 231c nur **äußerst vorsichtig** Gebrauch gemacht werden.

2 **B. Anwendungsbereich.** Die Beurlaubung ist nur **für einzelne Teile der Hauptverhandlung** zulässig. Die Gestattung, sich zu entfernen, ist grds. von der Vernehmung der Mitangeklagten über ihre persönlichen Verhältnisse gem. § 243 Abs. 2 Satz 2 bis zum Beginn der Urteilsverkündung gem. § 268 möglich (BGHSt 32, 323 [330]; *Meyer-Goßner/Schmitt* § 231c Rn. 10). Die **Dauer der Beurlaubung** ist nicht begrenzt, insb. ist das Gericht nicht an die Frist des § 229 gebunden (BGH NJW 2003, 446 [452]; KK-StPO/*Gmel* § 231c Rn. 15).

3 Durch § 231c wird die Möglichkeit, nach §§ 231 Abs. 2, 231a, 231b, 232, 233 in Abwesenheit des Angeklagten zu verhandeln, nicht eingeschränkt (LR/*Becker* § 231c Rn. 2). Das Gericht kann das Verfahren gegen einen Mitangeklagten auch gem. § 4 Abs. 1 vorübergehend **abtrennen**, wenn das von Amts wegen zu berücksichtigende Interesse an zügiger Förderung des Verfahrens eine getrennte Verhandlung angezeigt erscheinen lässt und die Abtrennung nicht der Umgehung des Antragserfordernisses aus § 231c dient (BGHSt 32, 100 [102]; 270 [272]; KMR/*Paulus* § 231c Rn. 4; KK-StPO/*Gmel* § 231c Rn. 2, differenzierend LR/*Becker* § 231c Rn. 3).

4 **C. Voraussetzungen der Beurlaubung. I. Verfahren gegen mehrere Angeklagte.** Da es Zweck der Regelung ist, bei umfangreichen Hauptverhandlungen gegen mehrere Angeklagte die mit der Anwesenheitspflicht verbundenen Belastungen zu vermindern (BT-Drucks. 8/976, S. 49), erlaubt die Regelung eine Beurlaubung nur bei **Verfahren mit mehreren Angeklagten**.

5 **II. Nichtbetroffensein vom Verhandlungsteil.** Die Beurlaubung setzt voraus, dass der Antragsteller von den Verhandlungsteilen, bei denen er nicht anwesend sein will, nicht betroffen ist. Das ist der Fall, wenn ausgeschlossen werden kann, dass die während der Abwesenheit des Angeklagten behandelten Umstände auch nur mittelbar die gegen ihn erhobenen Vorwürfe berühren oder für den Ausspruch über eine Rechtsfolge von Bedeutung sind (BT-Drucks. 8/976, S. 50; BGH NStZ 1983, 34; NStZ 2009, 400; NStZ 2010, 227). Ob dies der Fall ist, lässt sich nur **im Einzelfall** beurteilen (BGHSt 32, 100 [101]; LR/*Becker* § 231c Rn. 5).

6 **Nicht betroffen** ist der Antragsteller insb., wenn der Verhandlungsteil der Erörterung einer prozessualen oder materiell-rechtlichen Tat dienen soll, die nur dem/den Mitangeklagten zur Last gelegt wird, also nicht Gegenstand des gegen den Angeklagten erhobenen Anklagevorwurfes ist und mit diesem in keinem Zusammenhang steht (BGHSt 32, 100 [101 f.]; LR/*Becker* § 231c Rn. 5). Auch keine Betroffenheit ist gegeben, wenn Umstände erörtert oder Beweise erhoben werden, die für den Antragsteller im Schuld- oder im Rechtsfolgenausspruch keine Bedeutung haben können. Beispiele dafür sind die Ver-

nehmung eines Mitangeklagten über seine persönlichen Verhältnisse (BGHSt 31, 323 [330 ff.]; *Meyer-Goßner/Schmitt* § 231c Rn. 12) und die Vernehmung eines Sachverständigen zur Schuldfähigkeit eines Mitangeklagten (KMR/*Paulus* § 231c Rn. 8).

Betroffen ist der Angeklagte dagegen, wenn der Verhandlungsteil einer Tat gilt, auf die sich auch der gegen den Angeklagten erhobene Anklagevorwurf sachlich bezieht, weil ein **einheitliches Tatgeschehen** zu verhandeln ist (BGHSt 30, 74 [76]; KK-StPO/*Gmel* § 231c Rn. 4), (zugleich) aufgrund Mittäterschaft oder Beihilfe eine **Verknüpfung in materiellrechtlicher Hinsicht** besteht (BGHSt 24, 257; 32, 100 [101]; NStZ 1983, 355; StV 1986, 465 [466]) oder die Höhe des durch die Tat verursachten Schadens erörtert wird (BGH StV 1984, 102). Auch Vorgänge, die **teilweise oder mittelbar** für den Antragsteller von Relevanz sind, stehen einer Beurlaubung entgegen (BGH NStZ 2009, 400). Dazu gehört etwa die Vernehmung von Zeugen, die die Aussage eines Mitangeklagten bestätigen, der den Antragsteller belastet hat (BGH NStZ 1985, 205 [Pf/M]), aber auch die Erörterung der Vereidigung und Entlassung eines Zeugen, der sich zwar zuletzt zu Tatvorwürfen gegen alle Mitangeklagten geäußert hat, zuvor aber auch zu einem gegen den Antragsteller gerichteten Anklagepunkt ausgesagt hat (BGH StV 1988, 370). Richtet sich das Strafverfahren gegen mehrere Angeklagte wegen **bandenmäßiger Begehung** von Straftaten, wird immer ein Betroffensein vorliegen (BGH NStZ 2010, 227; NStZ 2010, 289 [290]).

D. Antrag. I. Antragserfordernis. Da die Vorschrift in erster Linie den Interessen des Angeklagten und des Verteidigers dient, darf nicht von Amts wegen, sondern **nur auf Antrag** beurlaubt werden (KK-StPO/*Gmel* § 231c Rn. 6; Radtke/Hohmann/*Britz* § 231c Rn. 5). Dem Wahlverteidiger muss das Fernbleiben nicht gestattet werden, weil nur der notwendige Verteidiger in der Hauptverhandlung anwesend sein muss (LR/*Becker* § 231c Rn. 6). Beurlaubt das Gericht versehentlich, liegt im Gebrauchmachen der Befreiung die stillschweigende Nachholung der Antragstellung (BGHSt 31, 323 [329 f.]; SK-StPO/*Deiters* § 231c Rn. 7).

II. Antragsberechtigung. Angeklagter und notwendiger Verteidiger sind in ihrem Antragsrecht **voneinander unabhängig**, sodass auch dem einen oder dem anderen allein die Entfernung gestattet werden kann (BT-Drucks. 8/976, S. 50; LR/*Becker* § 231c Rn. 7). Der Verteidiger kann daher den Antrag, sich zu entfernen, auch gegen den Widerspruch des Angeklagten stellen; beantragt er für den Angeklagten die Beurlaubung, darf er dies jedoch nicht gegen dessen Willen tun (KMR/*Paulus* § 231c Rn. 10; Radtke/Hohmann/*Britz* § 231c Rn. 5). Bei mehreren Verteidigern hat jeder ein eigenes Antragsrecht (*Meyer-Goßner/Schmitt* § 231c Rn. 7).

III. Antragstellung. Der Antrag wird i.d.R. in der Hauptverhandlung **mündlich** gestellt, die Beurlaubung kann aber auch schon vor deren Beginn schriftlich beantragt werden (LR/*Becker* § 231c Rn. 9; KK-StPO/*Gmel* § 231c Rn. 7). Der Antrag muss inhaltlich den Verhandlungsteil **genau bezeichnen**, für den beurlaubt werden soll (Antragsmuster bei *Burhoff*, Hauptverhandlung, Rn. 249). Nicht ausreichend ist daher ein allgemeiner Antrag, von allen Verhandlungsteilen beurlaubt zu werden, die den Antragsteller nicht betreffen (LR/*Becker* § 231c Rn. 8; *Meyer-Goßner/Schmitt* § 231c Rn. 8). Eine **wiederholte Antragstellung** für verschiedene Verhandlungsteile derselben Hauptverhandlung ist zulässig (*Meyer-Goßner/Schmitt* § 231c Rn. 9).

E. Beschluss. I. Zuständigkeit, Verfahren und Form. Über den Antrag auf Beurlaubung entscheidet das **erkennende Gericht** nach **Anhörung** der Verfahrensbeteiligten, auch der Mitangeklagten (LR/*Becker* § 231c Rn. 10; *Meyer-Goßner/Schmitt* § 231c Rn. 13; a. A. KK-StPO/*Gmel* § 231c Rn. 9), **durch Beschluss**. Eine Beurlaubung nur durch prozessleitende Anordnung durch den Vorsitzenden ist wirkungslos (BGH NStZ 1985, 375; KK-StPO/*Gmel* § 231c Rn. 9).

II. Entscheidungsmaßstab. Die Entscheidung steht im **pflichtgemäßen Ermessen** des Gerichts. Bei Vorliegen der Voraussetzungen muss es abwägen zwischen dem Interesse des Antragstellers an der Abwesenheit während für ihn nicht relevanter Vorgänge und der Gefahr, dass während der Verhandlungsteile doch Umstände zur Sprache kommen können, die, wenn auch nur mittelbar, den »beurlaubten« Angeklagten betreffen (BT-Drucks. 8/976, S. 50; LR/*Becker* § 231c Rn. 11; SK-StPO/*Deiters* § 231c Rn. 12).

13 III. Inhalt. Im Beschluss sind die einzelnen Verhandlungsteile (Satz 2) und die beurlaubten Personen genau zu bezeichnen (KMR/*Paulus* § 231c Rn. 11). Die notwendige Konkretisierung kann sachlich durch Angabe bestimmter Verhandlungsvorgänge (Bsp.: »Vernehmung der Zeugen X und Y«; »Verhandlung über den Tatkomplex A«) und/oder durch zeitliche Eingrenzung (Bsp.: »am fünften Verhandlungstag«) erreicht werden (BT-Drucks. 8/976, S. 50; *Meyer-Goßner/Schmitt* § 231c Rn. 15; KK-StPO/*Gmel* § 231c Rn. 10).

14 Nur ein Beschluss, mit dem ein Antrag **abgelehnt** wird, muss gem. § 34 **begründet** werden (KMR/*Paulus* § 231c Rn. 11). In der Begründung muss das Gericht ausführen, ob es vom Nichtvorliegen der Voraussetzungen ausgegangen ist oder ob es i.R.d. Ermessens zum Nachteil des Antragstellers entschieden hat (LR/*Becker* § 231c Rn. 13; SK/*Deiters* § 231c Rn. 13).

15 F. Rechtsfolgen der Beurlaubung. Dem Beurlaubten ist es gestattet, den im Beschluss genannten Verhandlungsteilen fernzubleiben. Soweit die Zulässigkeit bestimmter prozessualer Maßnahmen von der Zustimmung des Angeklagten abhängig gemacht wird (§§ 245 Abs. 1 Satz 2; 251 Abs. 1 Nr. 1, Abs. 2 Nr. 3), muss der von der Anwesenheitspflicht befreite Angeklagte nicht zustimmen, da er insoweit nicht betroffen sein kann (BT-Drucks. 8/976, S. 50; *Meyer-Goßner/Schmitt* § 231c Rn. 19; *Rieß* NJW 1978, 2265 [2270]).

16 Auch wenn der Beurlaubte nicht anwesend sein muss, bleibt er weiterhin berechtigt, sein **Anwesenheitsrecht** auszuüben und an der Hauptverhandlung – selbst bei Ausschluss der Öffentlichkeit – teilzunehmen (KK-StPO/*Gmel* § 231c Rn. 14; *Meyer-Goßner/Schmitt* § 231c Rn. 18). In diesem Fall können Angeklagter und Verteidiger wirksam Prozesshandlungen vornehmen, soweit sich diese auf Prozessgegenstände beziehen, die für die Strafsache gegen den Beurlaubten von Bedeutung sind (KK-StPO/*Gmel* § 231c Rn. 14; *Meyer-Goßner/Schmitt* § 231c Rn. 18, differenzierend LR/*Becker* § 231c Rn. 17; a.A. SK-StPO/*Deiters* § 231c Rn. 14: keine Beschränkung; Dölling/Duttge/Rössner/*Temming* § 231c Rn. 16: keine Befugnis).

17 Die **Unterrichtung** von Angeklagtem und Verteidiger über das in ihrer Abwesenheit Verhandelte ist möglich, aber nicht zwingend (LR/*Becker* § 231c Rn. 20; *Meyer-Goßner/Schmitt* § 231c Rn. 20).

18 G. Widerruf (Satz 3) Stellt sich heraus, dass der Verhandlungsstoff doch den beurlaubten Angeklagten betrifft, muss das Gericht die ausgesprochene Beurlaubung auch vor Ablauf ihrer ursprünglich angenommenen Dauer **von Amts** wegen widerrufen (Satz 3). Dem Widerrufsantrag des beurlaubten Angeklagten hat es zu entsprechen (LR/*Becker* § 231c Rn. 14; SK-StPO/*Deiters* § 231c Rn. 17). Folge des Widerrufs ist es, dass die Verhandlung ohne den beurlaubten Angeklagten nicht fortgesetzt werden darf und ggf. bis zu seinem Wiedererscheinen zu unterbrechen ist (*Meyer-Goßner/Schmitt* § 231c Rn. 21; *Rieß* NJW 1978, 2265 [2270]).

19 Der Widerruf erfolgt durch **Gerichtsbeschluss**. Die Verfahrensbeteiligten, insb. Angeklagter und Verteidiger, müssen zuvor gem. § 33 **angehört** werden. Der Beschluss wird in der Hauptverhandlung verkündet und zugleich den Beurlaubten mit förmlicher Ladung zugestellt (*Pfeiffer* § 231c Rn. 3; SK-StPO/*Deiters* § 231c Rn. 18: Zustellung zweckmäßig; anders h.M.: nur formlose Mitteilung LR/*Becker* § 231c Rn. 15; *Meyer-Goßner/Schmitt* § 231c Rn. 21). Die Ladungsfristen nach §§ 217, 218 Satz 2 müssen nicht eingehalten werden (KMR/*Paulus* § 231c Rn. 12; *Rieß* NJW 1978, 2265 [2270 Fn. 101]). Da Angeklagter und Verteidiger nicht mit der Teilnahme an der Hauptverhandlung rechnen mussten, muss das Gericht auf deren zeitliche Dispositionen Rücksicht nehmen (*Burhoff*, Hauptverhandlung, Rn. 248c).

20 H. Protokollierung. Anträge auf Beurlaubung, Gerichtsbeschlüsse über Beurlaubung und Widerruf, Beginn und Ende der Entfernung und (tatsächliche) Dauer der Abwesenheit des Beurlaubten sind als wesentliche Förmlichkeiten gem. § 273 Abs. 1 zu protokollieren (LR/*Becker* § 231c Rn. 22; *Meyer-Goßner/Schmitt* § 231c Rn. 22).

21 I. Rechtsbehelfe. I. Beschwerde. Gegen den Beschluss, mit dem Beurlaubung gewährt, abgelehnt oder widerrufen wurde, ist die Beschwerde nach § 305 Satz 1 **nicht zulässig** (SK-StPO/*Deiters* § 231c Rn. 20; KK-StPO/*Gmel* § 231c Rn. 16).

II. Revision. Die Revision kann auf gem. § 338 Nr. 5 auf eine **Verletzung von § 230 Abs. 1 bzw.** 22
§ 145 Abs. 1 gestützt werden, wenn ein wesentlicher Teil der Hauptverhandlung in Abwesenheit des Angeklagten oder Verteidigers stattgefunden hat,
– ohne dass ein Antrag und/oder ein Beschluss zur Beurlaubung vorlagen (BGH NStZ 1985, 375; KK-StPO/*Gmel* § 231c Rn. 17; *Meyer-Goßner/Schmitt* § 231c Rn. 24) oder
– obwohl dort Umstände behandelt wurden, die den Angeklagten zumindest mittelbar betroffen haben (BGH NStZ 1983, 34; StV 1988, 370; NStZ 1992, 27; LR/*Becker* § 231c Rn. 24; KK-StPO/*Gmel* § 231c Rn. 17weil bereits die Beurlaubung rechtsfehlerhaft erfolgte (BGH StV 1984, 102) oder die im wirksamen Beschluss über die Befreiung festgelegte inhaltliche Begrenzung des Verhandlungsgegenstandes nicht eingehalten wurde (BGH NStZ 2010, 289 [290]; NStZ 2012, 463).
Weitere Voraussetzung der Revision ist, dass der begangene Verstoß nicht dadurch **geheilt** wurde, dass der fehlerhafte Teil der Verhandlung in Anwesenheit des Angeklagten wiederholt wurde (BGHSt 30, 74 [76]; LR/*Becker* § 231c Rn. 24; Radtke/Hohmann/*Britz* § 231c Rn. 22). Dass der Angeklagte seine Beurlaubung beantragt hat, steht der Verfahrensrüge nicht entgegen, da er zwar einen Antrag stellen, nicht aber über sein Anwesenheitsrecht disponieren kann (BGH NStZ 2010, 289 [290]).

§ 232 StPO Durchführung der Hauptverhandlung trotz Ausbleibens des Angeklagten.

(1) ¹Die Hauptverhandlung kann ohne den Angeklagten durchgeführt werden, wenn er ordnungsgemäß geladen und in der Ladung darauf hingewiesen worden ist, dass in seiner Abwesenheit verhandelt werden kann, und wenn nur Geldstrafe bis zu einhundertachtzig Tagessätzen, Verwarnung mit Strafvorbehalt, Fahrverbot, Verfall, Einziehung, Vernichtung oder Unbrauchbarmachung, allein oder nebeneinander, zu erwarten ist. ²Eine höhere Strafe oder eine Maßregel der Besserung und Sicherung darf in diesem Verfahren nicht verhängt werden. ³Die Entziehung der Fahrerlaubnis ist zulässig, wenn der Angeklagte in der Ladung auf diese Möglichkeit hingewiesen worden ist.
(2) Aufgrund einer Ladung durch öffentliche Bekanntmachung findet die Hauptverhandlung ohne den Angeklagten nicht statt.
(3) Die Niederschrift über eine richterliche Vernehmung des Angeklagten wird in der Hauptverhandlung verlesen.
(4) Das in Abwesenheit des Angeklagten ergehende Urteil muss ihm mit den Urteilsgründen durch Übergabe zugestellt werden, wenn es nicht nach § 145a Abs. 1 dem Verteidiger zugestellt wird.

A. Inhalt und Zweck der Regelung. Die Vorschrift erlaubt dem Gericht in Verfahren mit 1
begrenzter Rechtsfolgenerwartung von der Erzwingung der Anwesenheit des ordnungsgemäß geladenen, aber schuldhaft ferngebliebenen Angeklagten abzusehen und die Hauptverhandlung ohne ihn durchzuführen. Anders als in § 231 Abs. 2 wird dafür nicht vorausgesetzt, dass der Angeklagte richterlich zur Sache vernommen worden ist. Zweck der Regelung ist es, Strafsachen geringer Bedeutung **schnell erledigen** zu können (LR/*Becker* § 232 Rn. 1; *Pfeiffer* § 232 Rn. 1). § 232 **sanktioniert den Ungehorsam des Angeklagten** und gibt ihm nach zutreffender herrschender Meinung kein Recht, der Hauptverhandlung fernzubleiben (BGHSt. 25, 165 [167]; LR/*Becker* § 232 Rn. 1; KK/*Gmel* § 232 Rn. 1 *Meyer-Goßner/Schmitt* § 232 Rn. 1; a. A. HK/*Julius* § 232 Rn. 1; *Stein* ZStW 97 [1985], 303 [329]).

B. Anwendungsbereich. § 232 gilt über § 332 auch im **Berufungsverfahren**, soweit nicht 2
§ 329 Anwendung findet (LR/*Becker* § 232 Rn. 4; SK/*Deiters* § 232 Rn. 2). Gem. § 50 Abs. 1 JGG ist die Vorschrift auch im **Jugendgerichtsverfahren** anwendbar (KK/*Gmel* § 232 Rn. 2; *Meyer-Goßner/Schmitt* § 232 Rn. 2; krit. HK/*Julius* § 232 Rn. 15; SK/*Deiters* § 232 Rn. 4). Im **Revisionsverfahren** gilt § 232 nicht, da dem Angeklagten das Erscheinen zur Hauptverhandlung freisteht (§ 350 Abs. 2). Im **Verfahren nach Einspruch gegen einen Strafbefehl** findet die Vorschrift keine Anwendung, weil bei Nichterscheinen des Angeklagten oder des vertretungsberechtigten Verteidigers der Einspruch gem. §§ 412 Satz 1, 329 Abs. 1 Satz 1 verworfen wird (BayObLGSt. 2003, 155 [156]; LR/*Becker* § 232 Rn. 3; SK/*Deiters* § 232 Rn. 3).

§ 232 StPO Durchführung der Hauptverhandlung trotz Ausbleibens des Angeklagten

3   **C. Voraussetzungen der Abwesenheitsverhandlung. I. Ordnungsgemäße Ladung.** Der Angeklagte muss ordnungsgemäß gem. § 216 geladen worden sein. Gem. § 216 Abs. 1 Satz 2 muss die Ladung keine Warnung enthalten, dass im Fall des unentschuldigten Ausbleibens die Verhaftung oder Vorführung erfolgen werde. Daher genügt auch eine im Ausland formgerecht bewirkte Ladung, die keine Androhung von Zwangsmitteln enthält (LR/*Becker* § 232 Rn. 6; *Meyer-Goßner/Schmitt* § 232 Rn. 4, § 285 Rn. 1; KK/*Engelhardt* § 285 Rn. 3). Die Ladungsfrist muss nach herrschender Meinung nicht eingehalten werden (s. § 217 Rdn. 15; BGHSt. 24, 143 [150]; LR/*Becker* § 232 Rn. 6; *Meyer-Goßner/Schmitt* § 232 Rn. 4). Aufgrund einer **Ladung durch öffentliche Bekanntmachung** (§ 40) darf nicht in Abwesenheit des Angeklagten verhandelt werden (Abs. 2).

4   **II. Hinweise. 1. auf die Möglichkeit der Abwesenheitsverhandlung.** In der Ladung muss der Angeklagte ausdrücklich darauf hingewiesen werden, dass in seiner Abwesenheit verhandelt werden kann (Abs. 1 Satz 1). Damit soll dem Angeklagten verdeutlicht werden, dass er bei eigenmächtigem Fernbleiben keine Möglichkeit hat, sich persönlich gegen den Anklagevorwurf zu verteidigen (LR/*Becker* § 232 Rn. 7). Auf den Hinweis können Angeklagter und Verteidiger **nicht verzichten**, auch nicht durch Zustimmung zum Abwesenheitsverfahren (OLG Frankfurt am Main NJW 1952, 1107; LR/*Becker* § 232 Rn. 7; HK/*Julius* § 232 Rn. 2). Allerdings kann in der Erklärung, mit dem Abwesenheitsverfahren einverstanden zu sein, ein Antrag auf Entbindung zum Erscheinen gem. § 233 Abs. 1 liegen (LR/*Becker* § 232 Rn. 15; KK/*Gmel* § 232 Rn. 9).

5   Der Hinweis muss **klar und unmissverständlich** sein (*Meyer-Goßner/Schmitt* § 232 Rn. 7). Bei Terminsverlegung muss er ausdrücklich wiederholt werden, eine bloße Bezugnahme auf die frühere Ladung genügt nicht (OLG Köln StV 1996, 12 [13]; KK/*Gmel* § 232 Rn. 4).

6   Bei Fehlen des Hinweises darf das Gericht nicht nach § 232 verfahren, sondern muss das Verfahren – ggf. nach Anwendung von Zwangsmitteln nach § 230 Abs. 2 – in Anwesenheit des Angeklagten durchführen (BGHSt. 25, 165 [166]; KMR/*Paulus* § 232 Rn. 8). Da die Hauptverhandlung nicht in Abwesenheit des Angeklagten stattfinden kann, darf er sich auch nicht nach § 234 durch einen Verteidiger vertreten lassen (BGHSt. 25, 165 [166]; *Meyer-Goßner/Schmitt* § 232 Rn. 6 m.w.N.; KK/*Gmel* § 232 Rn. 4).

7   **2. auf die Möglichkeit der Entziehung der Fahrerlaubnis.** Kommt die Entziehung der Fahrerlaubnis (§§ 69 ff. StGB) in Betracht, muss nach Abs. 1 Satz 3 auch darauf ausdrücklich hingewiesen werden. Unterbleibt der Hinweis, darf aufgrund einer ohne den Angeklagten durchgeführten Hauptverhandlung die Fahrerlaubnis nicht entzogen werden (KK/*Gmel* § 232 Rn. 5).

8   **III. Erwartung bestimmter Rechtsfolgen.** Es dürfen nur die in Abs. 1 genannten Rechtsfolgen zu erwarten sein. Eine entsprechende Anwendung auf andere Rechtsfolgen, bspw. die Bekanntmachung des Urteils gem. §§ 165, 200 StGB, ist daher unzulässig (LR/*Becker* § 232 Rn. 13; Graf/*Gorf* § 232 Rn. 2; *Meyer-Goßner/Schmitt* § 232 Rn. 10). Kein Fall analoger Anwendung, sondern begrifflich von »Verfall« und »Einziehung« miterfasst ist die Anordnung des Verfalls des Wertersatzes und der Einziehung von Wertersatz gem. §§ 73a, 74c StGB (KK/*Gmel* § 232 Rn. 6; *Meyer-Goßner/Schmitt* § 232 Rn. 10). Dass – wie Abs. 1 Satz 2 aussagt – eine Maßregel der Besserung und Sicherung nicht angewendet werden darf, trifft in dieser Allgemeinheit nicht zu. Wie sich aus Abs. 1 Satz 3 ergibt, ist die Entziehung der Fahrerlaubnis (§§ 69 ff. StGB) nach entsprechendem Hinweis in der Ladung zulässig.

9   Ob die bezeichneten Rechtsfolgen zu erwarten sind, bestimmt sich nicht nach der abstrakten gesetzlichen Strafandrohung, sondern nach der **im konkreten Einzelfall** zu erwartenden Strafe oder Rechtsfolge (BayObLGSt. 1960, 273 [274]; OLG Stuttgart NJW 1962, 2023; LR/*Becker* § 232 Rn. 10; KK/*Gmel* § 232 Rn. 7). § 232 ist daher auch anwendbar, wenn gem. § 47 Abs. 2 StGB die Verurteilung zu einer Geldstrafe anstelle einer allein angedrohten Freiheitsstrafe zu erwarten ist (KK/*Gmel* § 232 Rn. 7; *Meyer-Goßner/Schmitt* § 232 Rn. 9; einschränkend HK/*Julius* § 232 Rn. 3). Bei Tatmehrheit kommt es auf die Gesamtstrafe an (OLG Düsseldorf NJW 1991, 2781 [2782]; *Meyer-Goßner/Schmitt* § 232 Rn. 9). Im Berufungsverfahren ist, wenn das Verschlechterungsverbot des § 331 eingreift, auf die erstinstanzliche Verurteilung abzustellen (OLG Stuttgart NJW 1962, 2023; LR/*Becker* § 232 Rn. 10). Eine höhere Strafe als Geldstrafe von 180 Tagessätzen darf nicht verhängt werden (Abs. 1 Satz 2).

10 **IV. Schuldhaftes Ausbleiben oder Sich-Entfernen des Angeklagten.** Anders als der Wortlaut es nahe legt, genügt es für die Abwesenheitsverhandlung nach § 232 nicht, dass der Angeklagte der ord-

nungsgemäßen, mit dem Hinweis auf die Folgen seines Ausbleibens verbundenen Ladung keine Folge leistet. Wegen der Bedeutung des Anwesenheitsrechts ist weitere Voraussetzung, dass der Angeklagte der Hauptverhandlung **schuldhaft fernbleibt** (RGSt. 22, 247 [249]; OLG Frankfurt am Main NJW 1952, 1107; OLG Karlsruhe NStZ 1990, 505; StraFo 2001, 415; KK/*Gmel* § 232 Rn. 9; *Meyer-Goßner/Schmitt* § 232 Rn. 11). Insoweit gelten dieselben Maßstäbe wie für das (»eigenmächtige«) Ausbleiben bei § 231 Abs. 2 (s. § 231 Rdn. 15 ff.; LR/*Becker* § 232 Rn. 14; KK/*Gmel* § 232 Rn. 9; *Meyer-Goßner/Schmitt* § 232 Rn. 11). Der Angeklagte muss also seine Anwesenheitspflicht wissentlich und ohne Vorliegen von Rechtsfertigungs- oder Entschuldigungsgründen verletzt haben (BGHSt. 37, 249 [251]; NStZ 1998, 476 [477]; NJW 2011, 3249 [3252]; LR/*Becker* § 232 Rn. 14).

Es kommt nicht darauf an, ob, wann und ggf. wie ein Fernbleiben entschuldigt wird, sondern ob eine Eigenmächtigkeit tatsächlich vorliegt. Dies ist vom Gericht von Amts **im Freibeweisverfahren** – i.d.R. nach Einhalten einer angemessenen Wartezeit – festzustellen (OLG Karlsruhe StraFo 2001, 415; LR/*Becker* § 232 Rn. 14; Radtke/Hohmann/*Britz* § 232 Rn. 12). Bleiben die tatsächlichen Voraussetzungen der Eigenmacht zweifelhaft, darf nicht nach § 232 verfahren werden (OLG Karlsruhe StraFo 2001, 415; HK/*Julius* § 232 Rn. 4).   11

Dem schuldhaften Ausbleiben ist es gleichzusetzen, wenn sich der Angeklagte **eigenmächtig aus der Hauptverhandlung entfernt** (LR/*Becker* § 232 Rn. 16; *Meyer-Goßner/Schmitt* § 232 Rn. 12). In diesem Fall darf das Gericht die Verhandlung fortsetzen, selbst wenn die Voraussetzungen des (nicht abschließenden) § 231 Abs. 2 nicht vorliegen (BayObLGSt. 1972, 17 [18]; LR/*Becker* § 232 Rn. 16; KMR/*Paulus* § 232 Rn. 10).   12

D. Entscheidung des Gerichts. Über die Frage, ob die Hauptverhandlung ohne den Angeklagten durchgeführt werden soll, entscheidet das erkennende Gericht unter Beteiligung der Schöffen bei Vorliegen der Voraussetzungen **nach pflichtgemäßem Ermessen** (»kann«), wofür **kein förmlicher Beschluss** notwendig ist (LR/*Becker* § 232 Rn. 19; SK/*Deiters* § 232 Rn. 11). Dabei ist insb. zu berücksichtigen, ob die Anwesenheit des Angeklagten zur Erforschung der Wahrheit (§ 244 Abs. 2) geboten ist (KK/*Gmel* § 232 Rn. 11; *Meyer-Goßner/Schmitt* § 232 Rn. 13).   13

E. Durchführung der Hauptverhandlung ohne den Angeklagten. I. Vertretung durch Verteidiger. Der Angeklagte kann sich in der Hauptverhandlung von einem mit schriftlicher Vollmacht versehenen Verteidiger vertreten lassen (§ 234). Zu Voraussetzungen und Umfang der Vertretung s. § 234 Rdn. 4 ff.   14

II. Verlesung der Niederschrift über eine richterliche Vernehmung des Angeklagten. Gem. Abs. 3 wird in der Hauptverhandlung die Niederschrift über eine richterliche Vernehmung des Angeklagten verlesen. Dass der Angeklagte vor der Hauptverhandlung richterlich vernommen wurde, ist jedoch keine Voraussetzung für das Verfahren nach § 232 (BayObLGSt. 1974, 35 [37]; SK/*Deiters* § 232 Rn. 7). Die Verlesung ersetzt die Vernehmung des Angeklagten zur Sache gem. § 243 Abs. 5 Satz 2. Um das Schweigerecht nicht zu unterlaufen, dürfen nur Protokolle von Vernehmungen verlesen werden, die in demselben Verfahren entstanden sind und die Aussagen enthalten, die der Angeklagte als Beschuldigter (und nicht als Zeuge) gemacht hat (LR/*Becker* § 232 Rn. 21; KMR/*Paulus* § 232 Rn. 13). Die Verlesung eines richterlichen Vernehmungsprotokolls ist nicht erforderlich, wenn sich der Angeklagte in der Hauptverhandlung gem. § 234 von einem schriftlich bevollmächtigen Verteidiger vertreten lässt und dieser für den Angeklagten Einlassungen zur Sache macht (BayObLGSt. 1974, 35 [36]; KK/*Gmel* § 232 Rn. 14).   15

Der in der Niederschrift enthaltene **Einwand der örtlichen Unzuständigkeit** gilt ohne Rücksicht darauf, wann das Protokoll verlesen wird, als rechtzeitig erhoben (KK/*Gmel* § 232 Rn. 13). Enthält die Niederschrift einen **Beweisantrag**, muss dieser – anders als im Fall des § 233 Abs. 2 – nicht nach § 244 Abs. 6 förmlich beschieden werden, weil die Vernehmung nicht Teil der Hauptverhandlung ist (*Meyer-Goßner/Schmitt* § 232 Rn. 17). Ob es dem Antrag entsprechen will, entscheidet das Gericht im Rahmen seiner Aufklärungspflicht nach § 244 Abs. 2 (OLG Hamm JMBlNRW 1962, 203; KK/*Gmel* § 232 Rn. 13).   16

Die Verlesung polizeilicher oder staatsanwaltschaftlicher Vernehmungen des Angeklagten zu Beweiszwecken ist unzulässig (*Meyer-Goßner/Schmitt* § 232 Rn. 15). Allerdings kann die in diesen Protokollen   17

§ 232 StPO   Durchführung der Hauptverhandlung trotz Ausbleibens des Angeklagten

enthaltene Einlassung des Angeklagten im Hinblick auf weitere Beweiserhebungen erörtert werden (LR/*Becker* § 232 Rn. 24; SK/*Deiters* § 232 Rn. 13). Um den Inhalt der Vernehmung in die Hauptverhandlung einzuführen, müssen die Vernehmungsbeamten als Zeugen vernommen werden (LR/*Becker* § 232 Rn. 24; *Meyer-Goßner/Schmitt* § 232 Rn. 15).

18 **III. Ausübung von Zustimmungsrechten.** Bei Anwesenheit des Verteidigers werden die Zustimmungsrechte nach §§ 245 Abs. 1 Satz 2, 251 Abs. 1 Nr. 1, Abs. 2 Nr. 3 von diesem wahrgenommen, das Einverständnis des Angeklagten ist nicht erforderlich (§ 234a). Ansonsten entfällt das Zustimmungserfordernis (LR/*Becker* § 232 Rn. 20; *Meyer-Goßner/Schmitt* § 232 Rn. 19).

19 **IV. Hinweise nach § 265.** Bei Hinweisen nach § 265 ist danach zu differenzieren, ob der Angeklagte verteidigt wird oder nicht. Im ersten Fall genügt es gem. § 234a Satz 1, wenn das Gericht dem Verteidiger – auch wenn er nicht nach § 234 besonders bevollmächtigt ist (s. § 234a Rdn. 1) – den Hinweis erteilt. Im Fall des unverteidigten Angeklagten kann entweder die Hauptverhandlung ausgesetzt und unter Mitteilung des Hinweises neu geladen werden oder die Hauptverhandlung unterbrochen und gem. § 236 das persönliche Erscheinen des Angeklagten angeordnet werden (LR/*Becker* § 232 Rn. 26; *Meyer-Goßner/Schmitt* § 232 Rn. 18).

20 **V. Nachträgliches Erscheinen des Angeklagten.** Erscheint der Angeklagte nach Beginn der Hauptverhandlung, aber vor Urteilsverkündung, **ohne dass sein Ausbleiben genügend entschuldigt ist,** muss der Vorsitzende ihn über seine persönlichen Verhältnisse (§ 243 Abs. 2 Satz 2) und zur Sache vernehmen (§ 243 Abs. 5 Satz 2) (LR/*Becker* § 232 Rn. 27; SK/*Deiters* § 232 Rn. 17). Der Angeklagte ist über den wesentlichen Inhalt der bisherigen Verhandlung ist unterrichten, auch wenn § 232 dies im Gegensatz zu §§ 231a Abs. 2, 231b Abs. 2, 247 Satz 4 nicht ausdrücklich vorschreibt (LR/*Becker* § 232 Rn. 27; SK/*Deiters* § 232 Rn. 17; KK/*Gmel* § 232 Rn. 15, einschr. Gollwitzer FS Tröndle S. 455 [465]). Eine Wiederholung der Hauptverhandlung ist dagegen nicht erforderlich (KK/*Gmel* § 232 Rn. 15; *Meyer-Goßner/Schmitt* § 232 Rn. 21). Die Beschränkung des § 232 Abs. 1 Satz 2 gilt fort (HK/*Julius* § 232 Rn. 7; a. A. ohne Begründung *Meyer-Goßner/Schmitt* § 232 Rn. 21).

21 Kommt der Angeklagte **entschuldigt** zu spät zur Hauptverhandlung, kann er Wiedereinsetzung in den vorigen Stand entsprechend § 235 beantragen mit der Folge, dass aufgrund stattgebenden Beschlusses die Hauptverhandlung ohne die Beschränkungen des § 232 (insb. zur Höhe der Strafe) sofort in seiner Anwesenheit wiederholt werden kann (LR/*Becker* § 232 Rn. 27; SK/*Deiters* § 232 Rn. 17; KK/*Gmel* § 232 Rn. 15).

22 **VI. Abbruch der Hauptverhandlung.** Abzubrechen ist die Abwesenheitsverhandlung, wenn sich ergibt, dass die Anwesenheit des Angeklagten zur Erforschung der Wahrheit (§ 244 Abs. 2) geboten ist oder die nach § 232 zulässigen Rechtsfolgen (Abs. 1 Satz 1, 2) nicht ausreichen (LR/*Becker* § 232 Rn. 25; *Meyer-Goßner/Schmitt* § 232 Rn. 20).

23 **F. Urteil. I. Gründe.** In dem aufgrund Abwesenheitsverhandlung gem. § 232 ergangenen Urteil darf das Gericht nur die in Abs. 1 genannten Strafen und Rechtsfolgen verhängen. Ob im Urteil auch darzulegen ist, dass und weshalb die Voraussetzungen des § 232 vorgelegen haben und welche Entschuldigungsgründe in Betracht kommen, ist umstritten. Während die herrschende Meinung ohne nähere Begründung eine entsprechende Darlegung verlangt (SK/*Deiters* § 232 Rn. 18; KK/*Gmel* § 232 Rn. 17; *Meyer-Goßner/Schmitt* § 232 Rn. 23; Graf/*Gorf* § 232 Rn. 17), weist die Gegenansicht zu Recht darauf hin, dass es sich um eine Sachentscheidung handelt, für die § 267 kein Eingehen auf Verfahrensfragen vorschreibt (LR/*Becker* § 232 Rn. 28).

24 **II. Zustellung des Urteils (Abs. 4)** Gem. Abs. 4 wird das Urteil mit Urteilsgründen nach § 145a Abs. 1 dem Wahlverteidiger, dessen Vollmacht sich bei den Akten befindet, bzw. dem Pflichtverteidiger zugestellt, ansonsten dem Angeklagten. Die gesetzliche Formulierung in Abs. 4 Halbs. 1 bedeutet nicht, dass nur eine Zustellung an den Angeklagten persönlich zulässig wäre (BGHSt. 11, 152 [156]; SK/*Deiters* § 232 Rn. 19). Vielmehr kann die Zustellung auch an die nach § 116a Abs. 3, 127a Abs. 2, 132 Abs. 1 Nr. 2 bestellten Zustellungsbevollmächtigten bewirkt werden, weil diese für alle Zustellungen an die Stelle des Angeklagten treten (RGSt. 77, 212 [214]; BayObLGSt. 1995, 94 [96 f.]; OLG München MDR 1995, 405; LR/*Becker* § 232 Rn. 30; *Meyer-Goßner/Schmitt* § 232 Rn. 24). »Durch

Übergabe« zugestellt wird nicht nur bei Aushändigung an den Angeklagten, sondern auch bei Ersatzzustellung gem. § 178 Abs. 1 Nr. 1, 3 ZPO, nicht aber bei Ersatzzustellung durch Einlegen in den Briefkasten (§ 180 ZPO) bzw. durch Niederlegung (§ 181 Abs. 1 ZPO) oder bei öffentlicher Zustellung (§ 40) (BGHSt. 11, 152 [156]; 22, 52 [55]; LR/*Becker* § 232 Rn. 29 m.w.N.; *Meyer-Goßner/Schmitt* § 232 Rn. 25). Die Ersatzzustellung an den Verteidiger ist nicht möglich (BGHSt. 11, 152; OLG Köln StV 1992, 457 [458]; LR/*Becker* § 232 Rn. 29).

Abs. 4 ist eine **Ausnahmevorschrift** für die Zustellung der Urteile, die im Verfahren nach § 232 ergangen sind (BGHSt. 11, 152 [157]; KK/*Gmel* § 232 Rn. 20). Sie ist auf andere in Abwesenheit des Angeklagten ergangene Urteile (§§ 233, 329, 412; § 74 OWiG) **nicht entsprechend anwendbar** (BGHSt. 11, 152 [157] zu § 233; BGHSt. 13, 182 [184] zu § 412; BayObLGSt. 1957, 79 und OLG Köln NJW 1980, 2720 zu § 329; *Meyer-Goßner/Schmitt* § 232 Rn. 26 m.w.N.). 25

III. Rechtsbehelfsbelehrung. Mit dem Urteil ist eine Rechtsbehelfsbelehrung (§ 35a) zuzustellen. Darin muss der Angeklagte darauf hingewiesen werden, dass neben den Rechtsmitteln der Berufung und Revision auch ein Antrag auf Wiedereinsetzung in den vorigen Stand gem. § 235 gestellt werden kann (§ 235 Satz 2). 26

G. Rechtsbehelfe. I. Beschwerde. Gegen die Abwesenheitsverhandlung und den Beschluss, mit dem ein Antrag auf Durchführung abgelehnt wurde, ist die Beschwerde **nach § 305 Satz 1 unzulässig** (KK/*Gmel* § 232 Rn. 23; *Meyer-Goßner/Schmitt* § 232 Rn. 28; a. A. SK/*Deiters* § 232 Rn. 21: ablehnender Beschluss anfechtbar). 27

II. Revision. Mit der Revision kann als **Verstoß gegen § 230** gerügt werden (§ 338 Nr. 5), dass in Abwesenheit des Angeklagten verhandelt wurde, obwohl die Voraussetzungen des § 232 nicht vorgelegen haben (OLG Köln StV 1996, 12; OLG Karlsruhe StraFo 2001, 415; LR/*Becker* § 232 Rn. 36; KK/*Gmel* § 232 Rn. 24; *Meyer-Goßner/Schmitt* § 232 Rn. 29). Dies kann gegeben sein, wenn der Angeklagte nicht ordnungsgemäß geladen wurde, der Hinweis auf die Möglichkeit der Abwesenheitsverhandlung unterblieben ist, das Gericht auf eine andere als nach Abs. 1 zulässige Rechtsfolge erkannt hat oder kein eigenmächtiges Fernbleiben vorliegt (LR/*Becker* § 232 Rn. 36; SK/*Deiters* § 232 Rn. 23; a. A. *Pfeiffer* § 232 Rn. 6; HK/*Julius* § 232 Rn. 12: bei Rechtsfolgenüberschreitung gilt § 337). Die Voraussetzungen des § 232 werden vom Revisionsgericht nicht von Amts wegen geprüft; der Angeklagte hat daher gem. § 344 Abs. 2 Satz 2 in der Revisionsbegründung im Einzelnen die den Verfahrensmangel enthaltenden Tatsachen anzugeben (LR/*Becker* § 232 Rn. 36; SK/*Deiters* § 232 Rn. 23; KMR/*Paulus* § 232 Rn. 27). Soweit sich Umstände, die eine Eigenmächtigkeit ausschließen, dem Gericht unbekannt waren, müssen sie mit dem **Wiedereinsetzungsantrag gem. § 235** geltend gemacht werden (OLG Düsseldorf NJW 1962, 2022; KK/*Gmel* § 232 Rn. 24; *Meyer-Goßner/Schmitt* § 232 Rn. 29; KMR/*Paulus* § 232 Rn. 27; einschränkend LR/*Becker* § 232 Rn. 37). 28

Verstöße gegen Abs. 3 können mit der Revision nach § 337 gerügt werden (KK/*Gmel* § 232 Rn. 24; *Meyer-Goßner/Schmitt* § 232 Rn. 29). Mängel der Urteilszustellung (Abs. 4), die zu deren Unwirksamkeit führen, sind **keine Verfahrenshindernisse** (BayObLGSt. 1995, 99 [100]; KK/*Gmel* § 232 Rn. 24; *Meyer-Goßner/Schmitt* § 232 Rn. 29) 29

III. Antrag auf Wiedereinsetzung. Der Antrag auf Wiedereinsetzung in den vorigen Stand gem. § 235 kann unabhängig von Berufung und Revision gestellt werden (LR/*Becker* § 232 Rn. 41; *Meyer-Goßner/Schmitt* § 232 Rn. 30). Wiedereinsetzung kann auch neben Berufung bzw. Revision beantragt werden (§§ 315 Abs. 2, 342 Abs. 2). Die Einlegung von Berufung bzw. Revision ohne Verbindung mit dem Antrag auf Wiedereinsetzung in den vorigen Stand gilt als Verzicht auf letztere (§§ 315 Abs. 3, 342 Abs. 3). 30

§ 233 StPO Entbindung des Angeklagten von der Pflicht zum Erscheinen.

(1) ¹Der Angeklagte kann auf seinen Antrag von der Verpflichtung zum Erscheinen in der Hauptverhandlung entbunden werden, wenn nur Freiheitsstrafe bis zu sechs Monaten, Geldstrafe bis zu einhundertachtzig Tagessätzen, Verwarnung mit Strafvorbehalt, Fahrverbot, Verfall, Einziehung, Vernichtung oder Unbrauchbarmachung, allein oder nebeneinander, zu erwarten ist. ²Eine

§ 233 StPO — Entbindung des Angeklagten von der Pflicht zum Erscheinen

höhere Strafe oder eine Maßregel der Besserung und Sicherung darf in seiner Abwesenheit nicht verhängt werden. ³Die Entziehung der Fahrerlaubnis ist zulässig.
(2) ¹Wird der Angeklagte von der Verpflichtung zum Erscheinen in der Hauptverhandlung entbunden, so muß er durch einen beauftragten oder ersuchten Richter über die Anklage vernommen werden. ²Dabei wird er über die bei Verhandlung in seiner Abwesenheit zulässigen Rechtsfolgen belehrt sowie befragt, ob er seinen Antrag auf Befreiung vom Erscheinen in der Hauptverhandlung aufrechterhalte. Statt eines Ersuchens oder einer Beauftragung nach Satz 1 kann außerhalb der Hauptverhandlung auch das Gericht die Vernehmung über die Anklage in der Weise durchführen, dass sich der Angeklagte an einem anderen Ort als das Gericht aufhält und die Vernehmung zeitgleich in Bild und Ton an den Ort, an dem sich der Angeklagte aufhält, und in das Sitzungszimmer übertragen wird.
(3) ¹Von dem zum Zweck der Vernehmung anberaumten Termin sind die Staatsanwaltschaft und der Verteidiger zu benachrichtigen; ihrer Anwesenheit bei der Vernehmung bedarf es nicht. ²Das Protokoll über die Vernehmung ist in der Hauptverhandlung zu verlesen.

1 **A. Inhalt und Zweck der Regelung.** Die Vorschrift ermöglicht Angeklagten in Verfahren mit begrenzter Rechtsfolgenerwartung, auf Antrag von der **Verpflichtung zum Erscheinen in der Hauptverhandlung entbunden** zu werden (Abs. 1). Entspricht das Gericht dem Antrag, muss der Angeklagte durch einen beauftragten oder ersuchten Richter oder durch das erkennende Gericht im Rahmen einer Videokonferenz über die Anklage vernommen werden (Abs. 2). In der späteren Hauptverhandlung tritt die Verlesung der Vernehmungsniederschrift an die Stelle der Vernehmung des Angeklagten zur Sache. Um den Verfahrensbeteiligten die Möglichkeit zu geben, durch Fragen auf den Inhalt der Einlassung Einfluss zu nehmen, sind sie über den Termin der Vernehmung zu informieren (Abs. 3).

2 Zweck der Einschränkung der Anwesenheitspflicht (§ 230 Abs. 1) ist es, Angeklagten private oder berufliche Belastungen zu ersparen, die mit der Teilnahme an der Hauptverhandlung verbunden sind und die angesichts der bei einer Verurteilung zu erwartenden Rechtsfolge als schwerwiegend empfunden werden (*Hahn*, Motive, Bd. II, 187; LR/*Becker* § 233 Rn. 1; Meyer-Goßner/Schmitt § 233 Rn. 1). Eine Entbindung kommt insb. bei weiter Anreise zum Gerichtsort, Krankheit oder Gebrechlichkeit in Betracht (LR/*Becker* § 233 Rn. 12; Meyer-Goßner/Schmitt § 233 Rn. 1).

3 **B. Anwendungsbereich.** Die Vorschrift gilt auch **im Verfahren nach Einspruch gegen einen Strafbefehl** (OLG Hamm NJW 1969, 1129 [1130]; LR/*Becker* § 233 Rn. 2; SK/*Deiters* § 233 Rn. 4;) und über § 332 **im Berufungsverfahren** (RGSt. 66, 364; BGHSt. 25, 281 [282]; OLG Köln NJW 1969, 705; BayObLG NJW 1970, 1055; Meyer-Goßner/Schmitt § 233 Rn. 2). Die vom AG beschlossene Entbindung gem. § 233 wirkt in der Berufungsinstanz nicht fort, es bedarf daher eines neuen Antrags und einer Entscheidung des Berufungsgerichts (RGSt. 64, 239 [244]; BayObLGSt. 1956, 20; KK/*Gmel* § 233 Rn. 1; Meyer-Goßner/Schmitt § 233 Rn. 2). Solange es hieran fehlt, besteht für den Angeklagten die Verpflichtung zum Erscheinen, ohne dass es einer besonderen Anordnung nach § 236 bedarf (RGSt. 64, 239 [244]; LR/*Becker* § 233 Rn. 4). Im **Jugendgerichtsverfahren** findet § 50 Abs. 1 JGG Anwendung. Im **Revisionsverfahren** gilt § 233 wegen der Sondervorschrift des § 350 Abs. 2 nicht. Im **Bußgeldverfahren** gelten §§ 73, 74 OWiG.

4 Die Vorschrift ist auch anwendbar, wenn sich der Angeklagte **im Ausland** befindet (KK/*Gmel* § 233 Rn. 1; Meyer-Goßner/Schmitt § 233 Rn. 2). Dass der Angeklagte in gleicher und anderer Sache **in Haft** ist, steht der Anwendung des § 233 nicht entgegen (LR/*Becker* § 233 Rn. 3; SK/*Deiters* § 233 Rn. 2).

5 **C. Voraussetzungen der Entbindung. I. Antrag des Angeklagten.** Von der Verpflichtung zum Erscheinen in der Hauptverhandlung kann der Angeklagte **nur auf Antrag** entbunden werden. Da das **Antragsrecht** nur dem Angeklagten persönlich zusteht, bedarf der Verteidiger zur wirksamen Antragstellung einer über die allgemeine Verteidigervollmacht hinausgehenden Vertretungsvollmacht (BGHSt. 12, 367 [369]; 25, 281 [284]; OLG Köln NStZ 2002, 268 [269]; LR/*Becker* § 233 Rn. 10; KK/*Gmel* § 233 Rn. 2). Nach zutreffender herrschender Meinung bedarf es hierfür keiner besonderen Ermächtigung, es genügt die Vollmacht, den Angeklagten in dessen Abwesenheit vertreten zu

dürfen (OLG Hamm NJW 1969, 1129 [1130]; OLG Köln NStZ 2002, 268 [269]; SK/*Deiters* § 233 Rn. 8; *Meyer-Goßner/Schmitt* § 233 Rn. 5).

Für die Antragstellung ist **keine bestimmte Form** vorgeschrieben (SK/*Deiters* § 233 Rn. 6; KMR/*Paulus* § 233 Rn. 12). Bittet der Angeklagte schriftlich darum, dass das Gericht in seiner Abwesenheit verhandelt, ist dies als Antrag auf Entbindung auszulegen (LR/*Becker* § 233 Rn. 8). Im Antrag sollte der Antragsteller begründen, aus welchen Gründen er die Entbindung begehrt (Radtke/Hohmann/*Britz* § 233 Rn. 13). 6

Zwar macht die Vorschrift keine Vorgaben für den **Zeitpunkt der Antragstellung**. Nach dem Zweck der Regelung ist ein Antrag aber erst **nach Eröffnung des Hauptverfahrens** bzw. nach Einspruch gegen den Strafbefehl zulässig (LR/*Becker* § 233 Rn. 9; *Meyer-Goßner/Schmitt* § 233 Rn. 4). Ist das Gericht der Auffassung, dass die persönliche Anwesenheit des Angeklagten in der Hauptverhandlung entbehrlich ist, soll es ihn über sein Antragsrecht schon vor der Ladung belehren (RiStBV Nr. 120 Abs. 1). Gestellt werden kann der Antrag **noch in der Hauptverhandlung** (BGHSt. 12, 367 [369]; OLG Hamm NJW 1969, 1129 [1130]; LR/*Becker* § 233 Rn. 9) bzw. **zu Beginn der Berufungshauptverhandlung** (BGHSt. 25, 281 [285]; OLG Köln NJW 1969, 705; BayObLG NJW 1970; 1055 [1056]; *Meyer-Goßner/Schmitt* § 233 Rn. 6 m.w.N.). 7

Der Antrag kann **widerrufen** werden, solange noch nicht über ihn entschieden wurde (LR/*Becker* § 233 Rn. 11; KK/*Gmel* § 233 Rn. 2). Wie sich aus § 233 Abs. 2 Satz 2 ergibt, kann der Angeklagte nachträglich auf die ihm gewährte Entbindung verzichten. Der Entbindungsbeschluss ist dann aufzuheben (KMR/*Paulus* § 233 Rn. 14; KK/*Gmel* § 233 Rn. 3; *Meyer-Goßner/Schmitt* § 233 Rn. 7). Bleibt der Angeklagte in der Folge nicht genügend entschuldigt aus, dürfen die Zwangsmittel nach § 230 Abs. 2 angewendet werden (OLG Köln NJW 1952, 637; LR/*Becker* § 233 Rn. 11; *Meyer-Goßner/Schmitt* § 233 Rn. 7). 8

II. Begrenzte Rechtsfolgenerwartung. Die Entbindung setzt – wie bei § 232 – voraus, dass **im konkreten Einzelfall** nur die in Abs. 1 genannten Rechtsfolgen zu erwarten sind (s. § 232 Rdn. 8 f.). Im Unterschied zu § 232 ist auch die Verhängung einer Freiheitsstrafe von bis zu 6 Monaten möglich und die Entziehung der Fahrerlaubnis ohne vorherigen Hinweis zulässig. 9

D. Entscheidung des Gerichts. I. Beschluss. Über den Antrag des Angeklagten, zu dem die Verfahrensbeteiligten gem. § 33 zu hören sind (SK/*Deiters* § 233 Rn. 9), entscheidet das Gericht, nicht nur der Vorsitzende, **durch förmlichen Beschluss** (LR/*Becker* § 233 Rn. 12, 14; KK/*Gmel* § 233 Rn. 5). I.R.d. ihm eingeräumten **pflichtgemäßen Ermessens** hat das Gericht neben dem Interesse des Angeklagten, nicht erscheinen zu müssen, insb. die Bedeutung und Schwierigkeit der Sache und die Erfordernisse der Sachaufklärung zu berücksichtigen (SK/*Deiters* § 233 Rn. 10; *Meyer-Goßner/Schmitt* § 233 Rn. 10). Da der Beschluss nur auf Antrag ergeht, kann das Gericht den Angeklagten nicht vorsorglich für den Fall, dass er dies beantragt, von der Verpflichtung zum Erscheinen in der Hauptverhandlung befreien (OLG Frankfurt am Main NJW 1991, 2849; anders h.M. BGHSt. 25, 42 [43]; LR/*Becker* § 233 Rn. 7 m.w.N.; KK/*Gmel* § 233 Rn. 6; *Meyer-Goßner/Schmitt* § 233 Rn. 9). 10

Der Beschluss muss **begründet** werden. Für den Fall der Ablehnung ergibt sich dies aus § 34. Aber auch der dem Antrag entsprechende Beschluss bedarf der Begründung. Weil im Urteil auf die Voraussetzungen der Abwesenheitsverhandlung nicht einzugehen ist, muss das Gericht für die revisionsrechtliche Prüfung die für seine Ermessensausübung maßgeblichen Gründe darstellen (s. § 232 Rdn. 23; LR/*Becker* § 233 Rn. 14; a. A. *Meyer-Goßner/Schmitt* § 233 Rn. 10; Radtke/Hohmann/*Britz* § 233 Rn. 14). 11

Die Entbindung gilt grds. für die **gesamte Hauptverhandlung**, sie kann nach allgemeiner Ansicht aber auch auf zeitlich oder örtlich begrenzte Teile (bspw. Ortsbesichtigung) beschränkt werden (Radtke/Hohmann/*Britz* § 233 Rn. 6). Dagegen ist nach herrschender Meinung eine Beschränkung auf einzelne sachliche Abschnitte der Hauptverhandlung unzulässig (OLG Schleswig SchlHA 1978, 188 Nr. 76 [E/J]; *Meyer-Goßner/Schmitt* § 233 Rn. 11; KMR/*Paulus* § 233 Rn. 19, a. A. LR/*Becker* § 233 Rn. 13; SK/*Deiters* § 233 Rn. 9; HK/*Julius* § 233 Rn. 11). 12

Ergibt sich, dass zur Sachaufklärung (§ 244 Abs. 2) die Anwesenheit des Angeklagten erforderlich ist oder entgegen der ursprünglichen Prognose eine höhere als die nach Abs. 1 Satz 2 zulässige Strafe zu erwarten ist, muss das Gericht den **Entbindungsbeschluss widerrufen** (OLG Hamburg MDR 1968, 344 [345]; LR/*Becker* § 233 Rn. 15; *Meyer-Goßner/Schmitt* § 233 Rn. 12). 13

§ 233 StPO Entbindung des Angeklagten von der Pflicht zum Erscheinen

14 **II. Bekanntmachung.** Stattgebender und ablehnender Beschluss sind bekannt zu machen. Bei Anwesenheit des Angeklagten geschieht dies gem. § 35 Abs. 1 Satz 1 **durch Verkündung in der Hauptverhandlung.** Gleiches gilt, wenn ein vertretungsbefugter Verteidiger den Entbindungsantrag in der Hauptverhandlung gestellt hat; einer Zustellung des Beschlusses an den Angeklagten bedarf es in diesem Fall nicht (BGHSt. 25, 281; KK/*Gmel* § 233 Rn. 10; *Meyer-Goßner/Schmitt* § 233 Rn. 13). Ergeht der Beschluss **außerhalb des Hauptverhandlung,** ist er gem. § 35 Abs. 2 Satz 1 dem Angeklagten oder gem. § 145a Abs. 1 dem Verteidiger durch förmliche Zustellung bekannt zu machen (LR/*Becker* § 233 Rn. 17; KK/*Gmel* § 233 Rn. 9). Zwar wird durch die Bekanntmachung der Entscheidung keine Frist in Lauf gesetzt. Der Angeklagte soll durch die Zustellung aber Gelegenheit erhalten, sein weiteres Verhalten der Prozesslage entsprechend einzurichten (OLG Hamm NJW 1969, 1129 [1130]; BayObLG NJW 1970, 1055 [1056]; SK/*Deiters* § 233 Rn. 11; *Meyer-Goßner/Schmitt* § 233 Rn. 13).

15 **E. Vernehmung über die Anklage (Abs. 2) I. Zweck.** Entbindet das Gericht den Angeklagten von der Verpflichtung zum Erscheinen, muss er durch einen beauftragten oder ersuchten Richter über die Anklage vernommen werden (Abs. 2 Satz 1). Durch das »Gesetz zur Intensivierung des Einsatzes von Videokonferenztechnik in gerichtlichen und staatsanwaltschaftlichen Verfahren« vom 25. April 2013 (BGBl. I 935) wurde als weitere Möglichkeit die unmittelbare Vernehmung durch die Sache entscheidenden Richter außerhalb der Hauptverhandlung unter Zuhilfenahme der Videokonferenz eröffnet (Abs. 2 Satz 3). Da dadurch zeitraubender Aktenversand vermieden wird und der in die Sache eingearbeitete erkennende Richter vernimmt, ist diese Form der Vernehmung gegenüber derjenigen durch den beauftragten oder ersuchten Richter vorzugswürdig. Durch Art. 9 des Gesetzes können die Landesregierungen jedoch für ihren Bereich durch Rechtsverordnung bestimmen, dass diese Vorschrift bis längstens 31.12.2017 keine Anwendung findet. Die Vernehmung dient der **Gewährung rechtlichen Gehörs** zum Anklagevorwurf und dient außerdem der Klärung, ob der Angeklagte nach Belehrung über die in seiner Abwesenheit zulässigen Rechtsfolgen seinen Entbindungsantrag aufrechterhalten möchte (*Meyer-Goßner/Schmitt* § 233 Rn. 15). Vor diesem Hintergrund ist die Vernehmung selbst dann **zwingend**, wenn der Angeklagte im Ermittlungsverfahren oder – bei Berufungsverfahren – in erster Instanz richterlich vernommen wurde (OLG Schleswig NJW 1966, 67 [68]; LR/*Becker* § 233 Rn. 18; SK/*Deiters* § 233 Rn. 14; *Meyer-Goßner/Schmitt* § 233 Rn. 14).

16 Während die herrschende Meinung die Vernehmung als vorweggenommenen Teil der Hauptverhandlung ansieht (BGHSt. 25, 42 [43]; OLG Hamburg NJW 1972, 2322; KK/*Gmel* § 233 Rn. 12 *Meyer-Goßner/Schmitt* § 233 Rn. 15; *Pfeiffer* § 233 Rn. 4; einschränkend LR/*Becker* § 233 Rn. 18), handelt es sich nach zutreffender Ansicht um die **Beschaffung eines Urkundenbeweises**, der in der Abwesenheitsverhandlung gem. § 233 Abs. 3 Satz 2 die Vernehmung des Angeklagten zur Sache gem. § 243 Abs. 5 Satz 2 ersetzt (KMR/*Paulus* § 233 Rn. 4; SK/*Deiters* § 233 Rn. 15).

17 **II. Zuständigkeit.** Der Angeklagte wird gem. Abs. 2 Satz 1 nicht vom erkennenden Gericht, sondern von einem beauftragten (s. § 223 Rdn. 18) oder ersuchten Richter (s. § 223 Rdn. 19) vernommen. Auch ein deutscher Konsul (§ 15 Abs. 1, 4 KonsularG) und ein ausländischer Richter können um Vernehmung ersucht werden (LR/*Becker* § 233 Rn. 19; KK/*Gmel* § 233 Rn. 12). Die Anordnung zur Vernehmung trifft das erkennende Gericht i.d.R. im Entbindungsbeschluss (*Pfeiffer* § 233 Rn. 4). Nach herrschender Meinung ist ein Vernehmungsersuchen auch schon vor der Antragstellung zulässig, der Angeklagte ist dann vom ersuchten Richter über sein Antragsrecht zu belehren (BGHSt. 25, 42 [43]; *Meyer-Goßner/Schmitt* § 233 Rn. 17). Stellt er daraufhin keinen Entbindungsantrag, wird das Vernehmungsersuchen gegenstandslos (KMR/*Paulus* § 233 Rn. 25). Die Vernehmung im Rahmen einer Videokonferenz gem. Abs. 2 Satz 3 führt das erkennende Gericht, im Hinblick auf die begrenzte Straferwartung i.d.R. der Strafrichter, durch.

18 **III. Verfahren. 1. Zwangsmittel.** Erscheint der Angeklagte, der auf seinen Antrag hin entbunden wurde, zur Vernehmung vor dem ersuchten oder beauftragten Richter nicht, darf dieser die Zwangsmittel nach § 230 Abs. 2 anordnen (BGHSt. 25, 42 [43]; *Meyer-Goßner/Schmitt* § 233 Rn. 17 m.w.N.). Dies gilt auch im Verfahren nach Einspruch gegen einen Strafbefehl (OLG Hamburg GA 1962, 375; LR/*Becker* § 233 Rn. 19).

2. Inhalt der Vernehmung. Die von Abs. 2 Satz 1 vorgeschriebene **Vernehmung über die Anklage** 19
soll dem Angeklagten Gelegenheit geben, sich umfassend gegen den zugelassenen Anklagevorwurf zu
verteidigen. Wie in der Hauptverhandlung ist er über seine persönlichen Verhältnisse (§ 243 Abs. 2
Satz 2) und nach Belehrung über seine Aussagefreiheit zu Sache (§ 243 Abs. 5 Satz 2), d.h. zu allen
für die Schuld- und Straffrage relevanten Umständen, zu vernehmen (LR/*Becker* § 233 Rn. 23; *Meyer-
Goßner/Schmitt* § 233 Rn. 15).

Gem. Abs. 2 Satz 2 wird der Angeklagte bei der Vernehmung auch über die bei der Abwesenheitsver- 20
handlung zulässigen Rechtsfolgen **belehrt** und **befragt**, ob er seinen Antrag auf Befreiung vom Erscheinen in der Hauptverhandlung aufrechterhalte. Erklärt der Angeklagte daraufhin, dass er auf die
Entbindung verzichte, wird das Vernehmungsersuchen gegenstandslos (LR/*Becker* § 233 Rn. 20;
KMR/*Paulus* § 233 Rn. 25). Seine Erklärung, er werde an der Hauptverhandlung teilnehmen und
sich selbst verteidigen, führt nicht zur Unzulässigkeit des Vernehmungsersuchens (LR/*Becker* § 233
Rn. 20; *Meyer-Goßner/Schmitt* § 233 Rn. 17).

I.R.d. Vernehmung besteht außerdem die Möglichkeit, den Angeklagten zu befragen, ob er auf die La- 21
dung zur Hauptverhandlung oder die Einhaltung der Ladungsfrist verzichtet (vgl. Nr. 120 Abs. 3
RiStBV; KMR/*Paulus* § 233 Rn. 25).

3. Wiederholung der Vernehmung. Die Vernehmung muss wiederholt werden, wenn in der Abwe- 22
senheitsverhandlung **neue, mit der Anklage noch nicht vorgebrachte Tatsachen und Beweismittel** relevant werden, zu denen sich der Angeklagte nicht äußern konnte (RGSt. 21, 100; OLG Hamm VRS
19, 374 [375], DAR 1994, 410; LR/*Becker* § 233 Rn. 36; *Meyer-Goßner/Schmitt* § 233 Rn. 16) oder
wenn der Angeklagte durch einen ausdrücklichen Antrag auf erneute Vernehmung zu erkennen gibt,
dass er seine **bisherigen Angaben berichtigen oder ergänzen** will (BayObLGSt. 1956, 20 [21]; *Meyer-
Goßner/Schmitt* § 233 Rn. 16). Wird in der Abwesenheitsverhandlung ein **Hinweis nach § 265 Abs. 1,
2** erforderlich, ist die Vernehmung ebenfalls zu wiederholen (KK/*Gmel* § 233 Rn. 12; *Meyer-Goßner/
Schmitt* § 233 Rn. 16). Zur Frage, ob das auch dann gilt, wenn der Angeklagte in der Abwesenheitsverhandlung durch einen vertretungsberechtigten Verteidiger vertreten wird, s. § 234a Rdn. 3.

IV. Benachrichtigungspflichten. Nach Abs. 3 Satz 1 Halbs. 1 sind StA und Verteidiger von dem 23
zum Zweck der Vernehmung anberaumten Termin zu benachrichtigen. Über den Wortlaut hinaus müssen jedoch – wie im bei § 224 (s. § 224 Rdn. 5 und 6) – **alle Verfahrensbeteiligten**, auch Mitangeklagte
und Nebenkläger, sowie andere zur Anwesenheit in der Hauptverhandlung berechtigte Personen benachrichtigt werden (RGSt. 57, 271 [272]; LR/*Becker* § 233 Rn. 21; SK/*Deiters* § 233 Rn. 16). Auf
die Terminsnachricht kann **verzichtet** werden (vgl. Nr. 120 Abs. 2 RiStBV zum Verzicht der StA).
Die zu benachrichtigenden Beteiligten haben ein Anwesenheitsrecht, nach Abs. 3 Satz 1 Halbs. 2 bedarf es aber ihrer Anwesenheit bei der Vernehmung nicht. Soweit sie anwesend sind, dürfen sie wie
in der Hauptverhandlung nach § 240 Abs. 2 Fragen stellen (LR/*Becker* § 233 Rn. 22, SK/*Deiters* § 233
Rn. 16). Wurde ein Verfahrensbeteiligter rechtfehlerhaft **nicht benachrichtigt**, darf bei dessen Widerspruch das gem. §§ 168, 168a zu fertigende **Vernehmungsprotokoll** in der Hauptverhandlung nicht
verlesen werden (OLG Braunschweig DAR 1992, 392; LR/*Becker* § 233 Rn. 21; *Meyer-Goßner/Schmitt*
§ 233 Rn. 18).

F. Hauptverhandlung. I. Ladung und Recht auf Anwesenheit. Der von der Pflicht zum Er- 24
scheinen entbundene Angeklagte ist zur Hauptverhandlung zu laden, wenn er nicht ausdrücklich darauf
verzichtet hat (OLG Schleswig SchlHA 1977, 181 Nr. 58 [E/J]; LR/*Becker* § 233 Rn. 28; KK/*Gmel*
§ 233 Rn. 16; *Meyer-Goßner/Schmitt* § 233 Rn. 19; Nr. 120 Abs. 3 Satz 1 RiStBV). In der Ladung
unterbleibt die Warnung über die Möglichkeit der Zwangsmittelanordnung (s. § 216 Rn. 15). Nur den
Verteidiger zu laden, ist nicht ausreichend (LR/*Becker* § 233 Rn. 28). Trotz Entbindung hat der Angeklagte ein Recht auf Anwesenheit in der Hauptverhandlung (BGHSt. 12, 367 [371]; SK/*Deiters*
§ 233 Rn. 20; *Meyer-Goßner/Schmitt* § 233 Rdn. 19, zur Teilnahme s. Rdn. 30).

II. Verhandlung in Abwesenheit des Angeklagten. 1. Verlesung des Vernehmungsprotokolls. 25
Bei Abwesenheit des Angeklagten in der Hauptverhandlung ist gem. Abs. 3 Satz 2 das Protokoll über
die Vernehmung zu verlesen. Dies gilt – anders als bei § 232 (s. § 232 Rdn. 15) – auch dann, wenn der
vertretungsberechtigte Verteidiger (§ 234) für den Angeklagten Erklärungen zur Sache abgibt (Bay-

ObLGSt. 1974, 35 [37]; LR/*Becker* § 233 Rn. 29; KK/*Gmel* § 233 Rn. 17; *Meyer-Goßner/Schmitt* § 233 Rn. 20; a. A. SK/*Deiters* § 233 Rn. 24: Verlesung des Protokolls nur nach § 254). Die Verlesung erfolgt auf Anordnung der Vorsitzenden zu dem in § 243 Abs. 5 Satz 2 bestimmten Zeitpunkt (LR/ *Becker* § 233 Rn. 29; KMR/*Paulus* § 233 Rn. 29; *Meyer-Goßner/Schmitt* § 233 Rn. 20).

26 **2. Behandlung von im Protokoll enthaltenen Anträgen und Einwänden.** Vom Angeklagten in der Vernehmung nach Abs. 2 gestellte und im Protokoll enthaltene **Beweisanträge und Fragen** sind im Hinblick auf die Funktion der Vernehmung so zu behandeln, wie wenn sie in der Hauptverhandlung gestellt wären (RGSt. 10, 135 [137]; 40, 354 [356]; BayObLGSt. 1955, 267; LR/*Becker* § 233 Rn. 31; SK/*Deiters* § 233 Rn. 23; *Meyer-Goßner/Schmitt* § 233 Rn. 22). Da sie mit der Verlesung eingebracht sind, müssen sie vom vertretungsberechtigten Verteidiger nicht erneut gestellt, können von diesem aber zurückgenommen werden (KMR/*Paulus* § 233 Rn. 32; *Meyer-Goßner/Schmitt* § 233 Rn. 22). Schriftliche Beweisanträge außerhalb der Vernehmung sind dagegen nach § 219 zu behandeln (BayObLGSt. 55, 267; LR/*Becker* § 233 Rn. 31; KMR/*Paulus* § 233 Rn. 32; *Meyer-Goßner/Schmitt* § 233 Rn. 22).

27 Hat der Angeklagte in der Vernehmung den **Einwand der örtlichen Unzuständigkeit** erhoben, ist darüber unabhängig vom Zeitpunkt der Protokollverlesung zu entscheiden (KK/*Gmel* § 233 Rn. 17; *Meyer-Goßner/Schmitt* § 233 Rn. 21).

28 **3. Ausübung von Zustimmungsrechten.** Bei Teilnahme eines vertretungsberechtigten Verteidigers an der Hauptverhandlung teil, übt dieser gem. § 234a die Zustimmungsrechte des Angeklagten nach §§ 245 Abs. 1 Satz 2, 251 Abs. 1 Nr. 1, Abs. 2 Nr. 3 aus, andernfalls muss die Zustimmung des Angeklagten eingeholt werden (BayObLG JZ 1964, 328; LR/*Becker* § 233 Rn. 35; SK/*Deiters* § 233 Rn. 25; *Meyer-Goßner/Schmitt* § 233 Rn. 23). Zur Einstellung des Verfahrens gem. § 153 bedarf es jedoch keiner Zustimmung des Angeklagten (§ 153 Abs. 2 Satz 2).

29 **4. Hinweise nach § 265 Abs. 1, 2.** Zur Problematik der Veränderung des rechtlichen Gesichtspunkts s. Rdn. 22.

30 **III. Verhandlung in Anwesenheit des Angeklagten.** Nimmt der Angeklagte an der Hauptverhandlung teil, obwohl er von der Verpflichtung zum Erscheinen entbunden und nach Abs. 2 vernommen wurde, wird diese regulär durchgeführt, insb. ist der Angeklagte gem. § 243 Abs. 2 Satz 2, Abs. 5 Satz 2 zu vernehmen (LR/*Becker* § 233 Rn. 38; KMR/*Paulus* § 233 Rn. 35). Das Protokoll der richterlichen Vernehmung (Abs. 2) kann nach § 254 verlesen werden (SK/*Deiters* § 233 Rn. 4; KMR/*Paulus* § 233 Rn. 35). Die Beschränkung der Rechtsfolgen nach Abs. 1 gilt nicht mehr, allerdings kommt eine Aussetzung nach § 265 Abs. 4 in Betracht (HK/*Julius* § 233 Rn. 9).

31 **G. Urteil nach Abwesenheitsverhandlung.** Das nach Abwesenheitsverhandlung ergehende Urteil darf keine höheren oder andere als die in Abs. 1 Satz 1, 3 genannten Rechtsfolgen aussprechen. Die **Zustellung** des Urteils erfolgt an den Angeklagten oder gem. § 145a an den Verteidiger (BGHSt. 11, 152 [157]; OLG Frankfurt am Main NJW 1982, 1297; SK/*Deiters* § 233 Rn. 26). § 232 Abs. 4 gilt nicht entsprechend (s. § 232 Rdn. 25).

32 **H. Rechtsbehelfe. I. Beschwerde.** Weil der Beschluss über die Entbindung oder über die Ablehnung eines Entbindungsantrags mit der Urteilsfindung in innerem Zusammenhang steht, kann er nach **§ 305 Satz 1** nicht mit der Beschwerde angefochten werden (BayObLGSt. 1952, 116; OLG Köln NJW 1957, 153; OLG Celle NJW 1957, 1163; LR/*Becker* § 233 Rn. 41; *Meyer-Goßner/Schmitt* § 233 Rn. 27). Dasselbe gilt für den Widerrufsbeschluss (OLG Hamburg MDR 1968, 344; KK/*Gmel* § 233 Rn. 20; *Pfeiffer* § 233 Rn. 6). Ausnahmsweise zulässig ist die Beschwerde, wenn das Gericht den Entbindungsantrag ohne Ermessensausübung als unzulässig abgelehnt hat (OLG Köln NJW 1957, 153; LR/*Becker* § 233 Rn. 41; *Meyer-Goßner/Schmitt* § 233 Rn. 27)

33 **II. Revision.** Als Verstoß gegen § 230 kann mit der Revision nach § 338 Nr. 5 gerügt werden, dass in Abwesenheit des Angeklagten verhandelt wurde, obwohl die **Voraussetzungen des § 233 Abs. 1 nicht vorlagen**, z.B. weil kein wirksamer Befreiungsantrag gestellt war (RGSt. 62, 259; LR/*Becker* § 233 Rn. 44; SK/*Deiters* § 233 Rn. 30; KK/*Gmel* § 233 Rn. 22). Dasselbe gilt, wenn das Gericht auf eine

andere als nach Abs. 1 zulässige Rechtsfolge erkannt hat (LR/*Becker* § 233 Rn. 44; *Meyer-Goßner/ Schmitt* § 233 Rn. 28; a. A. OLG Köln GA 1971, 27; OLG Hamm JR 1978, 120: Verfahrenshindernis).
Verstöße gegen Abs. 2 und Abs. 3 können gem. § 337 geltend gemacht werden (LR/*Becker* § 233 34 Rn. 45; SK/*Deiters* § 233 Rn. 31; *Meyer-Goßner/Schmitt* § 233 Rn. 28). Dazu gehören insb. das Unterbleiben der Vernehmung (OLG Schleswig NJW 1966, 67 [68]) bzw. der Belehrung über die zulässigen Rechtsfolgen (OLG Oldenburg NdsRPfl 1955, 140) und das Unterlassen der Verlesung des Protokolls in der Hauptverhandlung (*Meyer-Goßner/Schmitt* § 233 Rn. 28). Auch nach § 337 kann gerügt werden, dass der Angeklagte nicht (ordnungsgemäß) zur Hauptverhandlung geladen wurde (KMR/*Paulus* § 233 Rn. 40; KK/*Gmel* § 233 Rn. 45). Die die über den Vernehmungstermin zu benachrichtigenden Verfahrensbeteiligten können gem. § 337 den Verstoß gegen die Benachrichtigungspflicht rügen, wenn das Protokoll der Vernehmung in der Hauptverhandlung verlesen wurde (LR/*Becker* § 233 Rn. 46; SK/ *Deiters* § 233 Rn. 32; KMR/*Paulus* § 233 Rn. 40).

Ein **Mitangeklagter** kann mit der Revision grds. nicht geltend machen, dass § 233 in Bezug auf einen 35 entbundenen Angeklagten fehlerhaft angewendet worden ist (LR/*Becker* § 233 Rn. 46; SK/*Deiters* § 233 Rn. 32). Etwas anderes gilt nur dann, wenn der Verfahrensfehler auch das gegen in ergangene Urteil beeinflusst hat, etwa weil die Teilnahme des Angeklagten zur Sachaufklärung geboten war (LR/ *Becker* § 233 Rn. 46; KMR/*Paulus* § 233 Rn. 40).

III. Wiedereinsetzung. Eine Wiedereinsetzung in den vorigen Stand kommt nicht in Betracht, weil 36 § 235 weder unmittelbar noch entsprechend anwendbar ist (LR/*Becker* § 233 Rn. 47; SK/*Deiters* § 233 Rn. 29; *Meyer-Goßner/Schmitt* § 233 Rn. 29).

§ 234 StPO Vertretung des abwesenden Angeklagten. Soweit die Hauptverhandlung ohne Anwesenheit des Angeklagten stattfinden kann, ist er befugt, sich durch einen Verteidiger mit schriftlicher Vertretungsvollmacht vertreten zu lassen.

A. Inhalt der Regelung. Das Gesetz unterscheidet – wie § 387 Abs. 1 besonders anschaulich 1 zeigt – danach, ob der Verteidiger des Angeklagten in der Hauptverhandlung als Beistand oder Vertreter auftritt (BGHSt. 9, 356 [357]; ausführlich LR/*Becker* § 234 Rn. 1, 2). Als **Beistand** (§ 137 Abs. 1) erfüllt der Verteidiger als Organ der Rechtspflege einen gesetzlichen Auftrag, für den er besondere eigene Befugnisse besitzt. Als **Vertreter** des Angeklagten tritt er an dessen Stelle und nimmt dessen Verfahrensrechte wahr. Dafür benötigt er eine **besondere Vollmacht**, für die das Gesetz aus Nachweisgründen das Gesetz grds. die Schriftform verlangt. Unter derselben Voraussetzung ermöglicht § 234 die **Vertretung des Angeklagten in den Fällen der Abwesenheitsverhandlung** nach §§ 231 Abs. 2, 231a, 231b, 232 und 233.

Dass der Angeklagte einen Verteidiger mit der Vertretung bevollmächtigt hat, schließt nicht aus, dass er 2 von seinem Teilnahmerecht an der Hauptverhandlung Gebrauch macht (KK/*Gmel* § 234 Rn. 1; SK/ *Deiters* § 234 Rn. 3). In diesem Fall findet § 234 keine Anwendung (KMR/*Paulus* § 234 Rn. 5; *Meyer-Goßner/Schmitt* § 234 Rn. 4; a. A. LR/*Becker* § 234 Rn. 4; *Eisenberg/Pincus* JR 2003, 402). Will der Angeklagte Erklärungen des Verteidigers für und gegen sich gelten lassen, muss er dies zum Ausdruck bringen, bloßes Schweigen genügt nicht (BGH NStZ 1990, 447 [448]; NStZ 2006, 408; OLG Saarbrücken NStZ 2006, 182 [183]; SK/*Deiters* § 234 Rn. 3; a. A. *Meyer-Goßner/Schmitt* § 234 Rn. 4).

Besondere Regelungen gelten für das Berufungsverfahren (§ 329 Abs. 1), das Revisionsverfahren 3 (§ 350 Abs. 2), das Privatklageverfahren (§ 387 Abs. 1), das Verfahren nach Einspruch gegen einen Strafbefehl (§ 411 Abs. 2 Satz 1) und für die Nebenbeteiligten (§§ 434 Abs. 1 Satz 1, 444 Abs. 2 Satz 2). Im Bußgeldverfahren gilt § 73 Abs. 3 OWiG.

B. Schriftliche Vollmacht. Um den Angeklagten wirksam vertreten zu können, braucht der 4 Verteidiger eine schriftliche Vollmacht, die dem Gericht **spätestens bei Beginn der Hauptverhandlung** vorliegen muss (OLG Köln MDR 1964, 435; OLG Koblenz MDR 1972, 801; OLG Saarbrücken NStZ 1999, 265 [266]; *Meyer-Goßner/Schmitt* § 234 Rn. 5).

Die **gewöhnliche Verteidigervollmacht** reicht dazu ebenso wenig wie die **Pflichtverteidigerbestellung** 5 (OLG Hamm StV 1997, 404; LR/*Becker* § 234 Rn. 7). Aus der Vollmacht muss sich vielmehr ergeben, dass der Verteidiger vom Angeklagten mit der Vertretung beauftragt ist (KMR/*Paulus* § 234 Rn. 2). Dafür genügt, dass die Vollmacht zur Vertretung allgemein ermächtigt, einer spezielle Vollmacht »zur Vertretung in Abwesenheit« bedarf es nicht (BGHSt. 9, 356 [357]; OLG Düsseldorf VRS 81, 292 [293]; *Meyer-Goßner/Schmitt* § 234 Rn. 5; a. A. HK/*Julius* § 234 Rn. 2). Die Bevollmächtigung kann auch zusammen mit der allgemeinen Verteidigervollmacht nach § 137 erfolgen. Die dafür praxisübliche Formel »zu verteidigen und zu vertreten« bringt dies ausreichend zum Ausdruck (OLG Düsseldorf VRS 81, 292 [293]; OLG Zweibrücken StV 1981, 539; LR/*Becker* § 234 Rn. 7; KK/*Gmel* § 234 Rn. 4).

6 Der Schriftform genügt auch eine Vollmacht, die nach mündlicher Ermächtigung des Angeklagten von einem Dritten (BayObLGSt. 1962, 282 [283]) oder von dem bevollmächtigten Verteidiger selbst (BayObLGSt. 2001, 153) unterzeichnet ist (*Meyer-Goßner/Schmitt* § 234 Rn. 5; KMR/*Paulus* § 234 Rn. 9; a. A. LR/*Becker* § 234 Rn. 8; SK/*Deiters* § 234 Rn. 4). Ebenso ist ausreichend, wenn der Angeklagte die Vollmacht bei der Vernehmung nach § 233 Abs. 2 zu Protokoll erklärt (*Meyer-Goßner/Schmitt* § 234 Rn. 6; KK/*Gmel* § 234 Rn. 3). Der gesonderten Vorlage einer schriftlichen Vollmacht bedarf es nicht, wenn sich das Bestehen einer Vertretungsvollmacht bereits aus einer anderen schriftlichen Erklärung des Angeklagten ggü. dem Gericht ergibt (OLG Düsseldorf NStZ 1984, 524; LR/*Becker* § 234 Rn. 8; HK/*Julius* § 234 Rn. 4).

7 Der bevollmächtigte Verteidiger kann einem anderen Rechtsanwalt **Untervollmacht** erteilen (BayObLGSt. 1991, 41 [42]; SK/*Deiters* § 234 Rn. 4). Sie muss nicht schriftlich nachgewiesen werden, ausreichend ist vielmehr, dass ihr Bestehen auf andere Weise sicher belegt werden kann (OLG Hamm NJW 1963, 1793; NStZ 1986, 92; OLG Karlsruhe NStZ 1983, 43; HK/*Julius* § 234 Rn. 3).

8 Die Vollmacht kann auf einzelne Prozesshandlungen **beschränkt** werden. Im Interesse der Rechtssicherheit muss sich die Beschränkung aber aus der schriftlichen Bevollmächtigung eindeutig ergeben (LR/*Becker* § 234 Rn. 9; KMR/*Paulus* § 234 Rn. 10). Für den beschränkten Bereich hat der Verteidiger nur die Befugnisse nach § 234a.

9 **C. Wirkung der Vertretungsbefugnisse.** Durch die Vertretungsvollmacht kann der Verteidiger alle zum Verfahren gehörenden Erklärungen **im Namen und im Willen des Angeklagten** abgeben und entgegennehmen (BGHSt. 9, 356 [357]; OLG Köln VRS 60, 441 [442]; SK/*Deiters* § 234 Rn. 5). Dazu gehören insb.:
- Erhebung der Einwände nach §§ 6a, 16, 222b (LR/*Becker* § 234 Rn. 13; *Meyer-Goßner/Schmitt* § 234 Rn. 9);
- Ablehnungsanträge nach §§ 24, 74 (KMR/*Paulus* § 234 Rn. 14; a. A. Rabe NJW 1976, 173);
- Zustimmung zu Verfahrenseinstellungen nach §§ 153 ff. (KMR/*Paulus* § 234 Rn. 14; *Meyer-Goßner/Schmitt* § 234 Rn. 9);
- Verzicht auf die Einhaltung der Ladungsfrist nach § 217 Abs. 1 oder Aussetzung nach § 217 Abs. 2, 3 (OLG Hamm NJW 1954, 1856; LR/*Becker* § 234 Rn. 13);
- Zustimmung zur Verlesung von Urkunden nach § 251 Abs. 1 und 2 (s. a. § 234a Rdn. 4);
- Einlassungen zur Sache und Geständnis sowie letztes Wort (BayObLGSt. 1982, 156; KMR/*Paulus* § 234 Rn. 15; Radtke/Hohmann/*Britz* § 234 Rn. 10), zuvor muss nach § 243 Abs. 5 Satz 1 belehrt werden (BayObLSt. 1982, 156; *Meyer-Goßner/Schmitt* § 234 Rn. 10);
- Stellungnahme zu möglichen Bewährungsauflagen und -weisungen nach § 265a (LR/*Becker* § 234 Rn. 13; *Meyer-Goßner/Schmitt* § 234 Rn. 9).

10 **D. Rechtsbehelfe.** Wenn das Gericht zu Unrecht vom Bestehen einer Vertretungsvollmacht ausgegangen ist und auf die Abgabe der in Rdn. 9 genannten Erklärung durch den Angeklagten selbst verzichtet hat, kann die Verletzung der jeweiligen Verfahrensvorschrift mit der Revision gem. § 337 gerügt werden (LR/*Becker* § 234 Rn. 24; SK/*Deiters* § 234 Rn. 6; KMR/*Paulus* § 234 Rn. 16).

11 War der Angeklagte von der Pflicht zum Erscheinen in der Hauptverhandlung entbunden und wird sein vertretungsberechtigter Verteidiger nicht geladen, obwohl seine Wahl dem Gericht angezeigt worden war, kann die Revision auf die Verletzung des § 218 i.V.m. § 234 gestützt werden (OLG Köln NJW 1960, 736; KMR/*Paulus* § 234 Rn. 16; SK/*Deiters* § 234 Rn. 6).

12 Ein revisibler Verstoß gegen die Aufklärungspflicht kann vorliegen, wenn das Gericht unter Verzicht auf die erforderliche persönliche Vernehmung des Angeklagten mit der unzureichenden Sacheinlassung

des vertretungsberechtigten Verteidigers begnügt (KMR/*Paulus* § 234 Rn. 16; Radtke/Hohmann/ *Britz* § 234 Rn. 12; *Meyer-Goßner/Schmitt* § 234 Rn. 13).

§ 234a StPO Befugnisse des Verteidigers bei Vertretung des abwesenden Angeklagten.

Findet die Hauptverhandlung ohne Anwesenheit des Angeklagten statt, so genügt es, wenn die nach § 265 Abs. 1 und 2 erforderlichen Hinweise dem Verteidiger gegeben werden; das Einverständnis des Angeklagten nach § 245 Abs. 1 Satz 2 und § 251 Abs. 1 Nr. 1, Abs. 2 Nr. 3 ist nicht erforderlich, wenn ein Verteidiger an der Hauptverhandlung teilnimmt.

A. Inhalt der Regelung und Anwendungsbereich. Die Vorschrift sieht **zur Vereinfachung des Verfahrens** bei Abwesenheitsverhandlungen vor, dass der anwesende Verteidiger **auch ohne Vertretungsvollmacht** nach § 234 Informations- und Zustimmungsbefugnisse des Angeklagten wahrnehmen kann (LR/*Becker* § 234a Rn. 1; *Meyer-Goßner/Schmitt* § 234a Rn. 1). Da die Regelung den Anspruch des Angeklagten auf rechtliches Gehör (Art. 103 Abs. 1 GG) einschränkt, ist sie **eng auszulegen** (SK/*Deiters* § 234a Rn. 3; Radtke/Hohmann/*Britz* § 234a Rn. 2). 1

§ 234a gilt **in den Fällen der Abwesenheitsverhandlung** nach §§ 231 Abs. 1, 231a, 231b, 232, 233 (s. aber Rdn. 3), 329 Abs. 2, 387 Abs. 1, 411 Abs. 2 Satz 1, 415 Abs. 3 (LR/*Becker* § 234a Rn. 4; SK/*Deiters* § 234a Rn. 4). Im Fall der Beurlaubung nach § **231c** findet die Vorschrift keine Anwendung, weil während der Freistellung des Angeklagten nicht gegen ihn verhandelt werden darf (KK/*Gmel* § 234a Rn. 2). Bei zeitweiliger Entfernung des Angeklagten aus dem Sitzungssaal gem. § 247 ist § 234a ebenfalls nicht anwendbar, da es dabei sich um keinen Fall der Abwesenheitsverhandlung handelt (LR/*Becker* § 234a Rn. 6). Im **Bußgeldverfahren** gilt § 74 Abs. 1 Satz 3 OWiG. 2

B. Hinweise nach § 265 Abs. 1 und 2 (Halbs. 1) Die nach § 265 Abs. 1 und 2 erforderlichen Hinweise zur Veränderung des rechtlichen Gesichtspunkts und auf straferhöhende Umstände können dem anwesenden Wahl- oder Pflichtverteidiger in allen Fällen gegeben werden, in denen die Hauptverhandlung ohne Anwesenheit des Angeklagten stattfinden darf (*Meyer-Goßner/Schmitt* § 234a Rn. 2). Ob dies auch im Fall der **Abwesenheitsverhandlung nach § 233** gilt, ist umstritten. Gegen die Anwendbarkeit wird im Wesentlichen argumentiert, dass der Verteidiger sonst mehr Rechte besäße, als er bei Bevollmächtigung nach § 234 hätte, und dass durch Veränderungen der rechtlichen Beurteilung die Sachvernehmung nach § 233 Abs. 2 unterlaufen werde (KK/*Gmel* § 234a Rn. 3; *Meyer-Goßner/ Schmitt* § 234a Rn. 3; Graf/*Gorf* § 234a Rn. 6; ausführlich Radtke/Hohmann/*Britz* § 234a Rn. 4). Für die Anwendbarkeit sprechen neben Wortlaut und Entstehungsgeschichte der Regelung, dass § 234a die Durchführung der Abwesenheitsverhandlung erleichtern soll und daher als Modifizierung des § 233 Abs. 2 anzusehen ist, die einen Hinweis an den Verteidiger genügen lässt (LR/*Becker* § 234a Rn. 5; SK/*Deiters* § 234a Rn. 6). Dies überzeugt, zumal der Verteidiger – sollte er aufgrund der aus Sicht des Gerichts veränderten Rechtslage eine nochmalige Vernehmung des Angeklagten für erforderlich halten – diese durch einen Antrag auf Unterbrechung oder Aussetzung gem. § 265 Abs. 3 und 4 erreichen kann (LR/*Becker* § 234a Rn. 5; HK/*Julius* § 234a Rn. 2). 3

C. Zustimmungserklärungen (Halbs. 2) Bei Teilnahme eines Verteidigers muss in der zulässigen Abwesenheitsverhandlung auch die Zustimmung des Angeklagten zu den Prozesserklärungen nach § 245 Abs. 1 Satz 2 (Verzicht auf präsente Beweismittel), § 251 Abs. 1 Nr. 1 (Verlesung von nichtrichterlichen Vernehmungsprotokollen bzw. Urkunden von Beweispersonen), § 251 Abs. 2 Nr. 3 (Verlesung von richterlichen Vernehmungsprotokollen) nicht eingeholt werden, sondern kann vom Verteidiger erklärt werden. Dies gilt nach allgemeiner Ansicht über den Wortlaut hinaus auch für die Zustimmung nach § 325 Halbs. 2, der neben § 251 Abs. 1 Nr. 1 keine eigenständige Bedeutung zukommt (KK/*Gmel* § 234a Rn. 4; *Meyer-Goßner/Schmitt* § 234a Rn. 4). 4

Die Erklärung gibt der Verteidiger – unabhängig vom Willen des Angeklagten – **aus eigenem Recht** ab. Will der Angeklagte die Zustimmung versagen, muss er an der Hauptverhandlung teilnehmen (LR/*Becker* § 234a Rn. 18; SK/*Deiters* § 234a Rn. 9). 5

§ 235 StPO   Wiedereinsetzung in vorigen Stand bei Verhandlung ohne Angeklagten

6 **Auf andere Prozesserklärungen** als die in Rdn. 4 genannten ist die Vorschrift grds. **nicht anwendbar** (KK/*Gmel* § 234a Rn. 1). Insb. kann der Verteidiger nicht Verfahrenseinstellungen nach § 153 Abs. 2 (in Fällen des §§ 231 Abs. 2, 232 und 233 ohnehin entbehrlich, § 153 Abs. 2 Satz 2), § 153a Abs. 2 oder der Einbeziehung einer Nachtragsanklage gem. § 266 Abs. 1 zustimmen oder Rechtsmittel einlegen, zurücknehmen oder beschränken (LR/*Becker* § 234a Rn. 13 ff.; Radtke/Hohmann/*Britz* § 234a Rn. 8). Der Widerspruch zum Selbstleseverfahren nach § 249 Abs. 2 ist ein Recht der anwesenden Verfahrensbeteiligten und kann vom Verteidiger unabhängig von § 234a ausgeübt werden (LR/*Becker* § 234a Rn. 16).

7 **D. Rechtsbehelfe.** Nimmt der Vorsitzende bei einer Maßnahme der Verhandlungsleitung an, die Zustimmung des Angeklagten sei nach § 234a entbehrlich, kann gem. **§ 238 Abs. 2** das Gericht angerufen werden (LR/*Becker* § 234a Rn. 20; KMR/*Paulus* § 234a Rn. 12).

8 Gegen Anordnungen und Beschlüsse über die Anwendbarkeit des § 234a ist die Beschwerde nach **§ 305 Satz 1** ausgeschlossen (LR/*Becker* § 234a Rn. 21). Hält das Gericht § 234a irrig für unanwendbar und setzt deshalb die Hauptverhandlung aus, kann dieser Verstoß gegen das Beschleunigungsverbot jedoch mit der Beschwerde angegriffen werden (KMR/*Paulus* § 234a Rn. 13; SK/*Deiters* § 234a Rn. 10).

9 Wird nur dem Verteidiger ein Hinweis nach § 265 Abs. 1, 2 erteilt, obwohl die Voraussetzungen des § 234a nicht vorliegen, kann die **Revision** auf die Verletzung des § 265 gestützt werden (SK/*Deiters* § 234a Rn. 11). Hält das Gericht eine Verlesung nach § 251 Abs. 1 Nr. 1 oder Abs. 2 Nr. 3 für unzulässig, weil es rechtsfehlerhaft die Zustimmung des Angeklagten für erforderlich hält, kann eine Verletzung der Aufklärungspflicht (§ 244 Abs. 2) gegeben sein (LR/*Becker* § 234a Rn. 22; KMR/*Paulus* § 234a Rn. 14).

§ 235 StPO Wiedereinsetzung in den vorigen Stand bei Verhandlung ohne den Angeklagten.

¹Hat die Hauptverhandlung gemäß § 232 ohne den Angeklagten stattgefunden, so kann er gegen das Urteil binnen einer Woche nach seiner Zustellung die Wiedereinsetzung in den vorigen Stand unter den gleichen Voraussetzungen wie gegen die Versäumung einer Frist nachsuchen; hat er von der Ladung zur Hauptverhandlung keine Kenntnis erlangt, so kann er stets die Wiedereinsetzung in den vorigen Stand beanspruchen. ²Hierüber ist der Angeklagte bei der Zustellung des Urteils zu belehren.

1 **A. Inhalt der Regelung und Anwendungsbereich.** Die Vorschrift eröffnet dem Angeklagten, gegen den nach § 232 in Abwesenheit ein Urteil ergangen ist, obwohl er die Hauptverhandlung schuldlos oder in Unkenntnis der Ladung versäumt hat, die Möglichkeit der **Wiedereinsetzung in den vorigen Stand**. Auf diese Weise wird die nachträgliche Gewährung rechtlichen Gehörs des Angeklagten sichergestellt (LR/*Becker* § 235 Rn. 2; HK/*Julius* § 235 Rn. 1).

2 Nicht – auch nicht entsprechend – anwendbar ist § 235 in den Fällen der §§ 231 Abs. 2, 231a, 231b und 233 (BGHSt 10, 304 [305] zu § 231 Abs. 2; LR/*Becker* § 235 Rn. 1; KK-StPO/*Gmel* § 235 Rn. 1; Meyer-Goßner/*Schmitt* § 235 Rn. 1). Im Berufungsverfahren und im Verfahren nach Einspruch gegen einen Strafbefehl gilt § 329 Abs. 3 (i.V.m. § 412 Satz 1). Zur Anwendbarkeit der Vorschrift im Revisionsverfahren s. § 350 Rdn. 3 ff.

3 **B. Voraussetzungen der Wiedereinsetzung. I. Versäumung des Termins.** Der Angeklagte muss den Hauptverhandlungstermin versäumt haben. Keine Versäumung liegt vor, wenn er im Termin gem. § 234 von einem mit schriftlicher Vollmacht versehenen Verteidiger vertreten wurde (BayObLGSt 1965, 4 [5]; SK-StPO/*Deiters* § 235 Rn. 5). Denn dann hat die Hauptverhandlung nicht »ohne den Angeklagten« stattgefunden.

4 **II. Kein Verschulden oder Unkenntnis der Ladung.** Die Versäumung der Hauptverhandlung muss (bei Kenntnis der Ladung) entweder unverschuldet sein (Satz 1 Halbs. 1 i.V.m. § 44) oder darauf beruhen, dass der Angeklagte von der Ladung zur Hauptverhandlung keine Kenntnis hatte (Satz 1 Halbs. 2).

Ob ein **Verschulden** vorliegt, bestimmt sich nach der dem Angeklagten möglichen und zumutbaren 5
Sorgfalt (s. § 44 Rdn. 22 ff.). Da die Vorschrift im Lichte des Art. 103 Abs. 1 GG zu lesen ist, ist ein
großzügiger Maßstab anzulegen (LR/*Becker* § 235 Rn. 12 m.w.N.; HK/*Julius* § 235 Rn. 2). Kein Verschulden liegt regelmäßig vor, wenn der Angeklagte auf eine fehlerhafte Auskunft des Gerichts oder seines Verteidigers vertraut hat (LR/*Becker* § 235 Rn. 9; *Meyer-Goßner/Schmitt* § 235 Rn. 3; a. A. LG Köln MDR 1982, 73 [74] m. abl. Anm. *Schnellenbach*).
Kannte der Angeklagte die Ladung nicht, kommt es auf ein Verschulden nicht an (»stets«) (KMR/*Paulus* § 235 Rn. 8). Kenntnis liegt nicht schon dann vor, wenn der Angeklagte weiß, dass es eine Ladung 6
gibt oder diese zugestellt wurde, sondern erst dann, wenn ihm ihr wesentlicher Inhalt (Ort und Zeit der
Hauptverhandlung) bekannt ist (KK-StPO/*Gmel* § 235 Rn. 4; HK/*Julius* § 235 Rn. 2). Hat der Angeklagte keine Kenntnis, weil er den Zugang der Ladung arglistig vereitelt hat, ist eine Wiedereinsetzung
ausgeschlossen (OLG Karlsruhe NStZ 1990, 505 [506]; *Meyer-Goßner/Schmitt* § 235 Rn. 5).
Fehlt eine ordnungsgemäße Ladung, ist die Vorschrift analog anzuwenden, da der nichtsäumige Angeklagte nicht schlechter gestellt werden darf als der säumige (BGH NJW 1987, 1776 [1777]; OLG 7
Düsseldorf MDR 1987, 868 [869], jeweils zu § 329 Abs. 3; SK-StPO/*Deiters* § 235 Rn. 8 m.w.N.; LR/
Becker § 235 Rn. 11).

C. Antrag. Wie sich aus dem Wortlaut (»nachsuchen«) ergibt, wird die Wiedereinsetzung **nur auf** 8
Antrag gewährt. Eine Wiedereinsetzung von Amts wegen nach § 45 Abs. 2 Satz 3 ist daher ausgeschlossen (KK-StPO/*Gmel* § 235 Rn. 6; *Meyer-Goßner/Schmitt* § 235 Rn. 5; a. A. OLG Düsseldorf NJW
1980, 1704 [1705]).
Für die Antragstellung gelten ansonsten die §§ 44 bis 47 entsprechend (KK-StPO/*Gmel* § 235 Rn. 6). 9
Der Antrag muss binnen einer Woche nach der Zustellung des Urteils beim erkennenden Gericht
(§ 45) gestellt werden.

D. Belehrung. Nach Satz 2 muss der Angeklagte bei der Zustellung des Urteils (§ 232 Abs. 4) 10
über die Möglichkeit der Wiedereinsetzung und ihre Voraussetzungen belehrt werden. Unterbleibt
die Belehrung und versäumt der Angeklagte deshalb die Wochenfrist nach Satz 1 kann er analog
§ 44 Satz 2 Wiedereinsetzung verlangen (LR/*Becker* § 235 Rn. 15; *Meyer-Goßner/Schmitt* § 235 Rn. 6).

E. Entscheidung. Über den Antrag entscheidet das Gericht, welches das Abwesenheitsurteil 11
erlassen hat, **durch Beschluss** in der für Entscheidungen außerhalb der Hauptverhandlung vorgeschriebenen Besetzung (LR/*Becker* § 235 Rn. 12). Mit Wiedereinsetzung wird der vor der Säumnis
bestehende Zustand wiederhergestellt und das Abwesenheitsurteil gegenstandslos, ohne dass dies ausdrücklich ausgesprochen werden muss (BayObLGSt 1972, 43 [45]; OLG Oldenburg VRS 68, 282;
Meyer-Goßner/Schmitt § 235 Rn. 8). In der neuen Hauptverhandlung muss ein neues Urteil ergehen.
Auf das frühere Abwesenheitsurteil darf selbst dann nicht verwiesen werden, wenn es denselben Inhalt
hat (KMR/*Paulus* § 235 Rn. 14; *Pfeiffer* § 235 Rn. 3). Die Kostenentscheidung bestimmt sich nach
§ 473 Abs. 7.

F. Rechtsbehelfe. Der die Wiedereinsetzung gewährende Beschluss ist gem. § 46 Abs. 2 unan- 12
fechtbar. Gegen die den Antrag auf Wiedereinsetzung verwerfende Entscheidung ist die **sofortige Beschwerde** zulässig (§ 46 Abs. 3).

§ 236 StPO Anordnung des persönlichen Erscheinens des Angeklagten.
Das Gericht ist stets befugt, das persönliche Erscheinen des Angeklagten anzuordnen und durch einen Vorführungsbefehl oder Haftbefehl zu erzwingen.

A. Inhalt und Zweck der Regelung. Die Vorschrift erlaubt dem Gericht in Fällen, in denen 1
eine Verhandlung ohne den Angeklagten zulässig ist, dessen Anwesenheit anzuordnen und ggf. zwangsweise durchzusetzen. § 236 schränkt damit die ausnahmsweise zulässige Abwesenheitsverhandlung ein.
Zwar enthält die Regelung keine besonderen Voraussetzungen für die Anordnung des persönlichen Er-

scheinens. Nach allgemeiner Ansicht dient die Vorschrift aber der **Verwirklichung der Aufklärungspflicht** (§ 244 Abs. 2) (KK/*Gmel* § 236 Rn. 1; *Pfeiffer* § 236 Rn. 1; Graf/*Gorf* § 236 Rn. 1). Die Anordnung setzt daher voraus, dass die Erwartung besteht, die Anwesenheit des Angeklagten werde zur Erforschung der Wahrheit sachdienlich sein (BGHSt. 30, 172 [175] zu § 73 Abs. 2 OWiG; *Meyer-Goßner/Schmitt* § 236 Rn. 3), bspw. bei Gegenüberstellung oder zur Identifikation (KK/*Gmel* § 236 Rn. 1) oder um zuverlässigere Angaben von Zeugen oder Mitangeklagten zu erreichen (BGH NJW 1992, 2495; HK/*Julius* § 236 Rn. 2).

2   **B. Anwendungsbereich.** § 236 gilt in allen Fällen, in denen die Verhandlung in Abwesenheit des Angeklagten zulässig wäre (§§ 231 Abs. 2, 231a, 231b, 232, 233). Die Anordnung des persönlichen Erscheinens kann auch auf **einzelne Teile der Abwesenheitsverhandlung** beschränkt werden (LR/*Becker* § 236 Rn. 2). Das persönliche Erscheinen darf auch angeordnet werden, wenn sich der **Angeklagte im Ausland** befindet (OLG Schleswig SchlHA 1964, 70; LR/*Becker* § 236 Rn. 5; *Meyer-Goßner/Schmitt* § 236 Rn. 4

3   Nach dem Regelungszweck gilt die Vorschrift auch, wenn sich der Angeklagte in der Hauptverhandlung durch einen mit schriftlicher Vollmacht versehenen Verteidiger vertreten lassen kann (SK/*Deiters* § 236 Rn. 5). Daher ist § 236 auch trotz § 411 Abs. 2 im **Verfahren nach Einspruch gegen einen Strafbefehl** anwendbar (OLG Düsseldorf NStZ-RR 1998, 180; KG NJW 2007, 2345; NStZ-RR 2014, 378 [379]; KK/*Gmel* § 236 Rn. 2; *Meyer-Goßner/Schmitt* § 236 Rn. 1). Durch die Anordnung des persönlichen Erscheinens wird die Vertretungsmacht nicht berührt. Der Einspruch des trotz Anordnung ausgebliebenen Angeklagten darf daher nicht nach §§ 412 Satz 1, 329 Abs. 1 verworfen werden, wenn ein vertretungsberechtigter Verteidiger erschienen ist (LR/*Becker* § 236 Rn. 4; SK/*Deiters* § 236 Rn. 6).

4   Im **Berufungsverfahren** findet die Vorschrift über § 332 Anwendung. Auch hier verhindert die Vertretung die Verwerfung nach § 329 Abs. 1 (BayObLG MDR 1978, 510; OLG Düsseldorf StV 1985, 52; *Pfeiffer* § 236 Rn. 3; *Meyer-Goßner/Schmitt* § 329 Rn. 15; a. A. SK/*Deiters* § 236 Rn. 6). Im **Revisionsverfahren** ist § 236 mangels Verweisungsnorm nicht anwendbar, dem Angeklagten steht es gem. § 350 Abs. 2 frei, an der Revisionshauptverhandlung teilzunehmen. Gegen die Auffassung, sein persönliches Erscheinen dürfe angeordnet werden, wenn er freibeweislich zu Verfahrensfragen vernommen werden soll (OLG Koblenz NJW 1958, 2027 [2028]; KK/*Gmel* § 236 Rn. 2; *Meyer-Goßner/Schmitt* § 236 Rn. 1), spricht das Fehlen einer Rechtsgrundlage (LR/*Becker* § 236 Rn. 7).

5   Für das Privatklageverfahren besteht die Sonderregelung des § 387 Abs. 3. Für Einziehungs- und Verfallsbeteiligte gilt § 433 Abs. 2 (i.V.m. § 442 Abs. 1). Für das **Bußgeldverfahren** trifft § 73 Abs. 2 OWiG eine eigenständige Regelung.

6   **C. Entscheidung des Gerichts. I. Zuständigkeit.** Die Entscheidung trifft das **Gericht**, nicht der Vorsitzende, **durch Beschluss.** Die Anordnung ergeht **von Amts wegen.** Die Verfahrensbeteiligten haben kein förmliches Antragsrecht, können aber die Anordnung anregen (LR/*Becker* § 236 Rn. 9).

7   **II. Ermessen.** Kann von der Anwesenheit des Angeklagten in der Hauptverhandlung ein Beitrag zur Aufklärung des Sachverhalts erwartet werden, steht die Entscheidung darüber, ob das persönliche Erscheinen angeordnet wird oder nicht, im **pflichtgemäßem Ermessen** des Gerichts (BGHSt. 30, 172 [175]; KK/*Gmel* § 236 Rn. 3; Graf/*Gorf* § 236 Rn. 5). Bei der Ausübung des Ermessens muss das Gericht unter Berücksichtigung der Umstände des Einzelfalls (LG Berlin VRS 118, 364) das öffentliche Interesse an möglichst vollständiger Sachaufklärung und die berechtigten persönlichen und beruflichen Interessen des Angeklagten gegeneinander abwägen (OLG Düsseldorf NStZ-RR 1998, 180 [181]; KG NJW 2007, 2345; LR/*Becker* § 236 Rn. 10). Im Hinblick auf den besonders zu beachtenden **Grundsatz der Verhältnismäßigkeit** hat die Bedeutung der Sache Gewicht (BGHSt. 30, 172 [175 f.]; BayObLG 1973, 112 [113 f.]; OLG Stuttgart Justiz 1994, 25 [26]; *Meyer-Goßner/Schmitt* § 236 Rn. 4). Zu den relevanten Belangen des Angeklagten zählen v.a. die gesundheitliche Situation und die Entfernung (HK/*Julius* § 236 Rn. 3). Ebenso ist zu berücksichtigen, ob dem Aufklärungsinteresse auch durch andere Möglichkeiten (wie kommissarische Vernehmung (OLG Köln StV 1984, 18 [19]) oder Befragung des bevollmächtigten Vertreters (§ 234) (OLG Düsseldorf NStZ-RR 1998, 180) genügt werden kann.

Bei der Interessenabwägung spielt die Ankündigung des Angeklagten, er werde von seinem Schweige- 8
recht Gebrauch machen, keine Rolle. Denn i.R.d. Hauptverhandlung kann er von dem sich heraus-
bildenden Beweisergebnis unmittelbar Kenntnis nehmen und erhält so die Möglichkeit, seine Entscheidung zu überdenken und doch noch Angaben zur Sache zu machen; sein gesetzlich verbürgtes
Schweigerecht (§ 243 Abs. 5 Satz 1) wird durch die Anordnung des persönlichen Erscheinens nicht berührt (OLG Stuttgart Justiz 1994, 25; NStZ-RR 2005, 349; *Meyer-Goßner/Schmitt* § 236 Rn. 5, jeweils
unter Berufung auf BGHSt. 38, 251 [257]; a. A. BayObLGSt. 1983, 48 [50]; KK/*Gmel* § 236 Rn. 3;
Dölling/Duttge/Rössner/*Seebode* § 236 Rn. 3; differenzierend Radtke/Hohmann/*Britz* § 236 Rn. 5).
Das Gericht ist an seine Entscheidung nicht gebunden. Es kann daher den Anordnungsbeschluss auf 9
Antrag oder vom Amts wegen jederzeit **aufheben** (LR/*Becker* § 236 Rn. 14; *Meyer-Goßner/Schmitt*
§ 236 Rn. 6).

III. Zustellung. Der Beschluss (Begründung) ist dem Angeklagten mit der Ladung zum Termin 10
(§ 216) gem. § 35 Abs. 2 Satz 1 **zuzustellen** (*Pfeiffer* § 236 Rn. 3).

D. Folgen des Nichterscheinens. Erscheint der Angeklagte trotz Anordnung unentschuldigt 11
nicht, kann das Gericht **Zwangsmittel** anwenden, wenn es weiterhin davon ausgeht, dass die Anwesenheit zur Aufklärung geboten ist. Voraussetzung ist außerdem die **vorherige Androhung der Zwangsmittel**. Sie erfolgt regelmäßig dadurch, dass die Ladung die Warnung enthält, dass im Fall unentschuldigten Ausbleibens Verhaftung oder Vorführung erfolgen werden (§ 216 Abs. 1 Satz 1).
Geht das Gericht – ggf. auch erst nach erfolglosem Einsatz von Zwangsmitteln (OLG Celle NJW 1970,
906 [907]; OLG Hamburg VRS 35, 205 [206]; *Meyer-Goßner/Schmitt* § 236 Rn. 8) – nicht mehr von
der Sachdienlichkeit des Erscheinens aus, kann es die Anwesenheitspflicht aufheben und auch ohne den
Angeklagten verhandeln (LR/*Becker* § 236 Rn. 14; KK/*Gmel* § 236 Rn. 5; a. A. BayObLGSt. 1972, 47
[51]).

E. Rechtsbehelfe. I. Beschwerde. Der Beschluss, mit dem das persönliche Erscheinen ange- 12
ordnet wird, ist nach § 305 Satz 1 nicht mit der Beschwerde anfechtbar (BayObLG 1952, 116; LR/*Becker* § 236 Rn. 17; KK/*Gmel* § 236 Rn. 7). Gegen die Verhängung von Zwangsmitteln ist die Beschwerde gem. §§ 304, 305 Satz 2 zulässig, gegen den Haftbefehl auch die weitere Beschwerde gem.
§ 310 (*Meyer-Goßner/Schmitt* § 236 Rn. 9).

II. Revision. Mit der Revision kann eine Verletzung der Aufklärungspflicht (§ 244 Abs. 2) gerügt 13
werden, wenn dargelegt wird, dass die Anwesenheit des Angeklagten zur Sachaufklärung geboten gewesen wäre (OLG Düsseldorf VRS 65, 446 [448]; LR/*Becker* § 236 Rn. 18; KMR/*Paulus* § 236 Rn. 13).

§ 237 StPO Verbindung mehrerer Strafsachen.
Das Gericht kann im Falle eines Zusammenhangs zwischen mehreren bei ihm anhängigen Strafsachen ihre Verbindung zum Zwecke gleichzeitiger Verhandlung anordnen, auch wenn dieser Zusammenhang nicht der in § 3 bezeichnete ist.

A. Inhalt der Regelung. Während nach §§ 2, 4, 13 Abs. 2 persönlich oder sachlich zusammen- 1
hängende, aber getrennte Strafsachen zu einem neuen Verfahren verschmolzen werden können, erlaubt
§ 237 im Interesse der **Prozessökonomie** weniger eng zusammenhängende Verfahren zum Zweck
gleichzeitiger Verhandlung zu verbinden, ohne deren rechtliche Selbstständigkeit ansonsten anzutasten.
Da jede der verbundenen Sachen weiterhin ihren eigenen Gesetzen folgt (BGHSt. 19, 177 [182]; 26,
271 [275]; 36, 348 [351]; BayObLGSt. 1994, 79 [81]; *Meyer-Goßner/Schmitt* § 237 Rn. 8), insb.
über jede Sache gesondert entschieden werden muss (BGHSt. 37, 42 [43]; LR/*Becker* § 237 Rn. 17;
SK/*Deiters* § 237 Rn. 1), birgt diese Art der Verbindung für das Gericht die Gefahr von Verfahrensfehlern (Radtke/Hohmann/*Britz* § 237 Rn. 2; LR/*Becker* § 237 Rn. 4). Die Anwendung wird auch dadurch erschwert, dass die Auslegung der einzelnen Tatbestandsmerkmale stark umstritten ist (*Meyer-
Goßner* DRiZ 1990, 284 [285]; Dölling/Duttge/Rössner/*Temming* § 237 Rn. 1).

2 B. Voraussetzungen der Verbindung. I. Anhängigkeit bei demselben Gericht. Anhängig wird eine Strafsache nach allgemeinem Verständnis zwar mit Erhebung der Anklage gem. § 170 Abs. 1. Weil eine Verbindung ohne vorherige Entscheidung über die Eröffnung aber sinnwidrig wäre und § 237 zu den Regelungen der Hauptverhandlung gehört, muss in den zu verbindenden Sachen das **Hauptverfahren gem.** § 203 eröffnet sein (KK/*Gmel* § 237 Rn. 4; *Meyer-Goßner/Schmitt* § 237 Rn. 4; LR/*Becker* § 237 Rn. 5 zu äquivalenten Verfahrenseinleitungen; a. A. BGHSt. 20, 219 [221]; Radtke/Hohmann/*Britz* § 237 Rn. 7; SK/*Deiters* § 237 Rn. 6). Bei Identität des Angeklagten ist eine Verbindung nach Beginn der Hauptverhandlung nicht zulässig (LR/*Becker* § 237 Rn. 5 m.w.N.; SK/*Deiters* § 237 Rn. 8; a. A. Graf/*Gorf* § 237 Rn. 4). Die Strafsachen müssen sich **nicht im selben Verfahrensstadium** befinden. Eine erstinstanzliche Sache kann daher auch mit gem. §§ 328 Abs. 2, 354 Abs. 2 und 3, 355 zurückverwiesenen Sachen verbunden werden (BGHSt. 19, 177 [182]; *Meyer-Goßner/Schmitt* § 237 Rn. 4; KK/*Gmel* § 237 Rn. 2). Eine Verbindung einer im ersten Rechtszug anhängigen Sache mit einem **Berufungsverfahren** kommt wegen der ansonsten unterschiedlichen Besetzung der Spruchkörper nur bei der großen Jugendkammer (§§ 33b Abs. 1, 41 Abs. 2 Satz 1 JGG) in Betracht (KK/*Gmel* § 237 Rn. 2; LR/*Becker* § 237 Rn. 6). **Strafsachen gegen Jugendliche** bzw. Heranwachsende können nach §§ 103, 104, 112 JGG vor dem Jugendgericht (§ 104 Abs. 2 Satz 1 JGG) mit Strafsachen gegen Erwachsene verbunden werden (*Meyer-Goßner/Schmitt* § 237 Rn. 5; Radtke/Hohmann/*Britz* § 237 Rn. 8).

3 Was unter **Gericht** zu verstehen ist, ist umstritten. Nach einer Ansicht handelt es sich nicht um einen bestimmten Spruchkörper, sondern um das Gericht als administrative Einheit aller bei ihm gebildeten Spruchkörper (BGHSt. 20, 219 [220]; 26, 271 [273]; wohl auch BGH NJW 1995, 1688 [1689]; *Pfeiffer* § 237 Rn. 1; HK/*Julius* § 237 Rn. 3; Radtke/Hohmann/*Britz* § 237 Rn. 5; einschränkend KMR/*Paulus* § 237 Rn. 3; offen gelassen in BGHSt. 38, 376 [379]). Danach könnten jeweils die bei demselben Amts-, Land- oder OLG anhängigen Strafsachen miteinander verbunden werden. Die Gegenauffassung versteht unter Gericht nur den **einzelnen Spruchkörper** (KK/*Gmel* § 237 Rn. 2; *Meyer-Goßner/Schmitt* § 237 Rn. 3; LR/*Becker* § 237 Rn. 4; SK/*Deiters* § 237 Rn. 3), sodass eine Verbindung bei verschiedenen Spruchkörpern desselben Gerichts anhängigen Verfahren nach § 237 nicht möglich ist. Dafür spricht nicht nur die gesetzgeberische Intention, sondern auch der Wortlautvergleich mit §§ 236, 238 Abs. 2 (*Meyer-Goßner* NStZ 1996, 51). Auch im Hinblick auf die Garantie des gesetzlichen Richters (Art. 101 Abs. 1 Satz 2 GG, § 16 Satz 2 GVG) ist diese Auslegung vorzugswürdig (LR/*Becker* § 237 Rn. 4).

4 II. Zusammenhang. Der zwischen den Strafsachen notwendige Zusammenhang muss nicht so eng sein wie § 3 ihn für die Fälle der §§ 2, 4 und 13 definiert. Es daher ausreichend, wenn die gleichzeitige Verhandlung unter irgendeinem Gesichtspunkt **zweckmäßig** erscheint (*Meyer-Goßner/Schmitt* § 237 Rn. 6) bzw. die Verbindung zu **prozesstechnischen Erleichterungen** führt (BGHSt. 19, 177 [182]; 26, 271 [273]; 36, 348 [349]). Der Zusammenhang kann sich z.B. daraus ergeben, dass dieselben Beweismittel zu würdigen sind, der Kreis der Täter oder Verletzten gleich ist oder dieselben Rechtsfragen zu klären sind (LR/*Becker* § 237 Rn. 7; KMR/*Paulus* § 237 Rn. 22).

5 C. Entscheidung über die Verbindung. I. Ermessenentscheidung. Über die Verbindung entscheidet das Gericht (s. Rdn. 3) **auf Antrag oder von Amts wegen** nach **pflichtgemäßem Ermessen** (BVerfG StV 2002, 578 [580]; BGHSt. 18, 238 [239]; LR/*Becker* § 237 Rn. 8; missverständlich *Meyer-Goßner/Schmitt* § 237 Rn. 7 und KK/*Gmel* § 237 Rn. 8 unter Berufung auf BGH NJW 1953, 836: »freies Ermessen«). Neben den Gesichtspunkten der Zweckmäßigkeit und Prozesswirtschaftlichkeit sind bei der Entscheidung insb. der Beschleunigungsgrundsatz und das Recht auf freie Verteidigerwahl zu berücksichtigen (zum Verbot der Mehrfachverteidigung gem. § 146 s. BVerfG StV 2002, 578 [580]; OLG Stuttgart NStZ 1985, 326; OLG Celle NStZ 2011, 236 [237]; KK/*Gmel* § 237 Rn. 8). Einen Anspruch auf Verbindung haben weder Angeklagter noch StA (BGH NStE Nr. 11 zu § 304 StPO; OLG Koblenz VRS 49, 115; KK/*Gmel* § 237 Rn. 8).

6 Besteht zwischen den Strafsachen ein Zusammenhang nach § 3, kann das Gericht i.R.d. ihm eingeräumten Ermessens entscheiden, ob es die lose Verfahrensverbindung nach § 237 oder die Verfahrensverschmelzung wählt (BGHSt. 36, 348 [349]; OLG Stuttgart NStZ 1995, 248 [249]; LR/*Becker* § 237 Rn. 9; SK/*Deiters* § 237 Rn. 9; differenzierend *Meyer-Goßner* NStZ 1996, 51 [52]).

II. Verfahren und Form. Vor der Entscheidung sind die Verfahrensbeteiligten **anzuhören** (KK/ *Gmel* § 237 Rn. 6; Radtke/Hohmann/*Britz* § 237 Rn. 10). Die Verbindungsentscheidung ergeht **durch Beschluss**, der zumindest die Rechtsgrundlage und den Grund der Verbindung angeben muss (LR/*Becker* § 237 Rn. 11; *Pfeiffer* § 237 Rn. 2; a. A. BGH MDR 1994, 241 [S]; KK/*Gmel* § 237 Rn. 6; *Meyer-Goßner/Schmitt* § 237 Rn. 7: keine Begründung). Der Beschluss ist den Verfahrensbeteiligten bekannt zu machen, einer förmlichen Zustellung bedarf es nicht. Neben der ausdrücklichen Verbindung ist auch eine **stillschweigende Verbindung**, z.B. durch gemeinsame Terminierung und Hinweis in der Ladung, ist zulässig (BGH StraFo 2005, 203; *Meyer-Goßner/Schmitt* § 237 Rn. 8; KMR/*Paulus* § 237 Rn. 28; a. A. OLG Hamm RPfleger 1961, 411; LR/*Becker* § 237 Rn. 10). Wird ein Antrag auf Verbindung **abgelehnt**, sollte der Beschluss aus Gründen der Transparenz kurz begründet werden (LR/ *Becker* § 237 Rn. 11; a. A. Radtke/Hohmann/*Britz* § 237 Rn. 13).

7

D. Wirkung der Verfahrensverbindung. Durch die Verfahrensverbindung nach § 237 werden die Strafsachen **für die Dauer der gemeinsamen Hauptverhandlung** miteinander verbunden. Verschiedene Angeklagte der einzelnen Verfahren werden dadurch zu Mitangeklagten und können nicht als Zeugen vernommen werden (*Meyer-Goßner/Schmitt* § 237 Rn. 8). Ihre Verfahrensbefugnisse, insb. Antrags- und Fragerechte, erstrecken sich auf das gesamte verbundene Verfahren (LR/*Becker* § 237 Rn. 14). Wird in einer der Sachen ein Ausschluss der Öffentlichkeit notwendig, gilt dieser für das ganze Verfahren (KK/*Gmel* § 237 Rn. 9; *Meyer-Goßner/Schmitt* § 237 Rn. 8).

8

Anders als bei der Verbindung nach §§ 2 ff. werden die Verfahren aber nicht miteinander verschmolzen, sondern **behalten ihre Selbstständigkeit** (s. Rdn. 1). Eine Berufungssache behält auch bei der Verbindung mit einem Verfahren des ersten Rechtszugs vor der großen Jugendkammer ihre Eigenschaft, sodass insoweit die Vorschriften über das Berufungsverfahren zu beachten sind (RGSt. 57, 271; BGHSt. 19, 177 [182]; 26, 271 [274]; KK/*Gmel* § 237 Rn. 9); so bleibt auch eine vor der Verhandlung erfolgte Berufungsbeschränkung wirksam (BGH NStZ 1988, 211 [M]). Über die nach § 237 verbundenen Strafsachen wird einzeln entschieden, die Bildung einer Gesamtstrafe nach § 53 StGB oder einer Einheitsstrafe nach § 32 JGG ist unzulässig (BGHSt. 37, 42 [43]; LR/*Becker* § 237 Rn. 17; *Meyer-Goßner/ Schmitt* § 237 Rn. 8). Auch in Bezug auf die **Rechtsmittel** folgen die Strafsachen weiterhin ihren jeweiligen Regeln (BGHSt. 36, 348 [351]; 37, 42 [43]; KK/*Gmel* § 237 Rn. 10).

9

E. Trennung der Verfahren. Mit der Urteilsverkündung, durch die die Hauptverhandlung beendet wird (§ 268 Abs. 3 Satz 1), werden die Verfahren **kraft Gesetzes** getrennt, ohne dass es eines besonderen Beschlusses bedarf (KK/*Gmel* § 237 Rn. 11; *Meyer-Goßner/Schmitt* § 237 Rn. 9; a. A. KMR/ *Paulus* § 237 Rn. 42).

10

Das Gericht kann aber bereits während der Hauptverhandlung die Verfahrensverbindung nach **pflichtgemäßem Ermessen** vorübergehend oder dauerhaft aufheben (LR/*Becker* § 237 Rn. 20). Die Trennung erfolgt nach Anhörung der Verfahrensbeteiligten durch zu begründenden Beschluss (Radtke/Hohmann/*Britz* § 237 Rn. 14). Eine (vorübergehende) Trennung, die zu dem Zweck angeordnet wird, einen Mitangeklagten als Zeugen über eine ihm selbst zur Last liegende Tat zu vernehmen oder sein Anwesenheitsrecht nach § 230 zu umgehen, ist ermessensmissbräuchlich (BGHSt. 24, 258 [259]; 30, 74 [75]; KK/*Gmel* § 237 Rn. 12). Die Trennung lässt die Wirkungen der Verfahrensverbindung (s. Rdn. 8 und 9) **ex nunc** entfallen, die während der Verbindung gewonnenen Ergebnisse der Hauptverhandlung sind bei der Urteilsfindung zu berücksichtigen (LR/*Becker* § 237 Rn. 21; SK/*Deiters* § 237 Rn. 10).

11

F. Rechtsbehelfe. I. Beschwerde. Gegen die Anordnung oder Ablehnung der Verfahrensverbindung oder -trennung ist nach § 305 Satz 1 die Beschwerde grds. nicht zulässig (OLG Koblenz MDR 1982, 429; OLG Düsseldorf MDR 1985, 693; LR/*Becker* § 237 Rn. 22; KK/*Gmel* § 237 Rn. 13). Eine Ausnahme ist zu machen, wenn die Entscheidung – ggf. zusammen mit einer Aussetzungsanordnung – weder in innerem Zusammenhang mit der Urteilsfällung steht noch der Vorbereitung des Urteils dient, sondern sich ausschließlich hemmend und verzögernd auf das Verfahren auswirkt (OLG Frankfurt am Main StV 1983, 92; StV 1988, 195; OLG Düsseldorf NStZ-RR 1996, 142; KMR/*Paulus* § 237 Rn. 45).

12

13 II. Revision. Von den durch die Verbindung oder Trennung betroffenen Verfahrensbeteiligten kann mit der Revision das Fehlen der gesetzlichen Voraussetzungen und die Ermessensfehlerhaftigkeit der Entscheidung (nicht aber deren Zweckmäßigkeit) gerügt werden, wenn das Urteil darauf beruht (BVerfGK 12, 33 [34]; BGHSt. 18, 238 [239]; BGH MDR 1971, 897 [D]; Radtke/Hohmann/*Britz* § 237 Rn. 20). I.Ü. können Verfahrensfehler geltend gemacht werden, die im Zusammenhang mit der Verbindung bzw. Trennung stehen oder deren Folge sind, insb. Verstöße gegen §§ 230, 244 Abs. 2, 261 (BGH NJW 1953, 836; KMR/*Paulus* § 237 Rn. 48 ff.; ausführlich LR/*Becker* § 237 Rn. 25 ff.).

§ 238 StPO Verhandlungsleitung.

(1) Die Leitung der Verhandlung, die Vernehmung des Angeklagten und die Aufnahme des Beweises erfolgt durch den Vorsitzenden.
(2) Wird eine auf die Sachleitung bezügliche Anordnung des Vorsitzenden von einer bei der Verhandlung beteiligten Person als unzulässig beanstandet, entscheidet das Gericht.

Übersicht

	Rdn.
A. Inhalt der Regelung	1
B. Aufgaben des Vorsitzenden (Abs. 1)	3
I. Abgrenzung der Aufgaben zwischen Vorsitzendem und Spruchkörper	3
II. Persönliche Wahrnehmung	7
III. Maßstäbe für die Verhandlungsführung	9
1. Leitbild der Verhandlungsführung	9
2. Verhandlungsplanung	10
3. Verhandlungsatmosphäre	11
IV. Die Aufgaben der Verhandlungsleitung im Einzelnen	12
1. Äußere Gestaltung der Hauptverhandlung	12
2. Inhaltliche Führung der Hauptverhandlung	13
V. Rücknahme von Anordnungen	17
C. Beanstandungsrecht (Abs. 2)	18
I. Zulässigkeit der Beanstandung	18
1. Sachleitende Anordnungen	18
a) Begriff	18
b) Form	19
c) Beispiele aus der Rechtsprechung	20
2. Anwendbarkeit auf Anordnungen des Einzelrichters	22
3. Beanstandungsbefugnis	23
a) Verfahrensbeteiligte	23
b) Mitglieder des Gerichts	24
c) Weitere Personen	26
4. Form und Frist	27
5. Hinweispflicht	29
II. Begründetheit	30
III. Entscheidung	31
1. Form und Bekanntmachung	31
2. Entscheidungsmöglichkeiten	33
a) Verwerfung als unzulässig	33
b) Zurückweisung als unbegründet	34
c) Stattgebende Entscheidung	35
3. Begründung der Entscheidung	36
4. Bindungswirkung	37
IV. Protokollierung	38
D. Rechtsbehelfe	39
I. Beschwerde	39
II. Revision	41
1. Sachleitungsanordnung und Beanstandung nach Abs. 2	41
a) Unterbleiben einer Entscheidung des Gerichts	42
b) Formell fehlerhafte Entscheidung des Gerichts	43
c) Verspätete Entscheidung des Gerichts	44
d) Formell ordnungsgemäße Entscheidung des Gerichts	45
2. Sachleitungsanordnung und Unterlassen der Beanstandung nach Abs. 2	46
a) Ausgangspunkt	46
b) Rügeverlust nach der Rspr.	48
aa) Begründungsansätze	48
bb) Ausnahmen	49
c) Stellungnahmen des Schrifttums	50
aa) Zustimmung	50
bb) Kritik/Ablehnung	51
cc) Weiterentwicklung	52

1 **A. Inhalt der Regelung.** Abs. 1 bestimmt allgemein, dass die **Leitung der Hauptverhandlung** in der Hand des Vorsitzenden liegt. Diese Zuständigkeitsbestimmung dient nicht nur der Abgrenzung der Aufgaben zwischen Vorsitzendem (§ 21f Abs. 1 GVG) und Kollegialgericht, sondern stellt auch klar, dass dem Vorsitzenden bei der Ermittlung des wahren Sachverhalts durch das Gericht (§ 244 Abs. 2) eine hervorgehobene Funktion zukommt. Im Zusammenspiel mit den Aufgaben bei der Vorbereitung der Hauptverhandlung (§§ 213 ff.) und bei der Beratung (§ 194 Abs. 1 GVG) besitzt der Vorsitzende damit im Hauptverfahren die zentrale Rolle.

2 Abs. 2 ermöglicht den Verfahrensbeteiligten, die Zulässigkeit von verfahrensleitenden Anordnungen des Vorsitzenden durch das Gericht überprüfen zu lassen. Es handelt sich dabei um einen **Zwischen-**

rechtsbehelf, mit dem die Gesamtverantwortung des Spruchkörpers für die Rechtsförmigkeit der Verhandlung aktiviert werden soll. Er dient vor allem dazu, Fehler des Vorsitzenden i.R.d. Instanz zu korrigieren und damit Revisionen zu vermeiden (BGHSt 51, 144 [147]; 55, 65 [67]). Nach herrschender Meinung führt die unterlassene Anrufung des Gerichts daher auch grds. zur **Präklusion** der gegen die Anordnung gerichteten Verfahrensrüge.

B. Aufgaben des Vorsitzenden (Abs. 1) **I. Abgrenzung der Aufgaben zwischen Vorsitzendem und Spruchkörper.** Um die Hauptverhandlung nach den Grundsätzen der Öffentlichkeit, Mündlichkeit, Unmittelbarkeit und Beschleunigung durchführen zu können, bedarf es in Kollegialgerichten einer Aufgabenverteilung zwischen Vorsitzendem und Spruchkörper. Dazu finden sich im Gesetz zahlreiche Einzelvorschriften, aus denen sich ergibt, dass dem Kollegium (»das Gericht«) diejenigen Entscheidungen vorbehalten sind, die für die Durchführung der Hauptverhandlung von grundsätzlicher Bedeutung sind (LR/*Becker* § 238 Rn. 1; SK-StPO/*Frister* § 238 Rn. 5). 3

Zur **Zuständigkeit des Spruchkörpers** gehören im Einzelnen: 4
– Verfahrensverbindung und -trennung (§§ 4 Abs. 2, 237);
– Verweisung der Sache (§§ 6, 6a Satz 2, 269, 270);
– Entscheidung über Ablehnungsgesuche (§§ 26a Abs. 2, 27 Abs. 1);
– Verhängung von Ordnungsmitteln (§§ 51, 70, 77; 177 Satz 2, 178 Abs. 2 GVG);
– Aussetzung oder längere Unterbrechung der Hauptverhandlung (§§ 228 Abs. 1 Satz 1, 246 Abs. 4, 265 Abs. 3 und 4);
– Durchsetzung der Anwesenheit des Angeklagten (§§ 230 Abs. 2, 236);
– Durchführung der Abwesenheitsverhandlung (§§ 231 Abs. 2, 231a Abs. 3, 231b Abs. 1, 231c, 233);
– Entscheidung über Zulässigkeit von Fragen (§ 242);
– Entfernung des Angeklagten (§ 247 Satz 1);
– Ablehnung von Beweisanträgen (§§ 244 Abs. 6, 245 Abs. 2);
– Anordnung der audiovisuellen Vernehmung und der Verlesung von Niederschriften (§§ 247a Satz 1; 251 Abs. 4);
– Anordnung schriftlicher Antragstellung zu Verfahrensfragen (§ 257a);
– Erörterung des Verfahrensstands und Verständigung (§§ 212, 257b, 257c);
– Zulassung der Nachtragsanklage (§ 266 Abs. 1);
– Ausschluss der Öffentlichkeit (§§ 171 ff. GVG).

In die **Zuständigkeit des Vorsitzenden** fallen dagegen: 5
– Anordnung kürzerer Unterbrechungen (§§ 228 Abs. 1 Satz 2; 266 Abs. 3);
– Erteilung von Hinweisen (§ 228 Abs. 3);
– Unterrichtung des Angeklagten (§§ 231a Abs. 2, 231b Abs. 2, 247 Satz 4);
– Gestattung der Ausübung des Fragerechts (§§ 239, 240, 241, 241a, 257);
– Entlassung von Zeugen und Sachverständigen (§ 248 Satz 1);
– Anordnung des Selbstleseverfahrens (§ 249 Abs. 2);
– Anordnung sitzungspolizeilicher Maßnahmen (§§ 231 Abs. 1 Satz 2, 176 GVG);
– Präsenzfeststellung (§ 243 Abs. 1 Satz 2);
– Vernehmung des Angeklagten über seine persönlichen Verhältnisse (§ 243 Abs. 2 Satz 2).

Über diese besonderen Vorschriften hinaus trifft Abs. 1 für die Zuständigkeitsabgrenzung die **allgemeine Regelung**, dass der Vorsitzende die Befugnis zur Verhandlungsleitung hat (LR/*Becker* § 238 Rn. 1; *Pfeiffer* § 238 Rn. 1; *Erker* Beanstandungsrecht, S. 48). Der Begriff der Verhandlungsleitung ist umfassend zu verstehen und umfasst **alle Maßnahmen zur äußeren Gestaltung und inhaltlichen Führung der Hauptverhandlung** (SK-StPO/*Frister* § 238 Rn. 4) sowie die **Sitzungspolizei** gem. § 176 GVG (BGH NStZ 2008, 582; LR/*Becker* § 238 Rn. 12; KK-StPO/*Schneider* § 238 Rn. 4; *Meyer-Goßner/Schmitt* § 238 Rn. 5; a. A. *Jahn* NStZ 1998, 389 [392]). 6

II. Persönliche Wahrnehmung. Die ihm zugewiesene Aufgabe der Verhandlungsleitung nimmt der Vorsitzende **aus eigenem Recht** wahr. Er bedarf also keiner ausdrücklichen oder stillschweigenden Zustimmung des Spruchkörpers (RGSt 44, 65 [67]; *Schmid* FS Mayer, S. 544; *Meyer-Goßner/Schmitt* § 238 Rn. 3). Allerdings haben seine Anordnungen, soweit sie unmittelbar die Urteilsfindung berühren, 7

§ 238 StPO Verhandlungsleitung

nur **vorläufigen Charakter** (BGHSt 7, 281 [282]; LR/*Becker* § 238 Rn. 2, *Meyer-Goßner/Schmitt* § 238 Rn. 3; *Basdorf* StV 1997, 488 [490]).

8 Die Befugnis zur Verhandlungsleitung muss der Vorsitzende **persönlich wahrnehmen**, d.h. er muss sie selbst ausüben und kann sie nicht ganz oder teilweise auf andere Mitglieder des Spruchkörpers oder Verfahrensbeteiligte delegieren (RGSt 9, 310 [313, 318]; LR/*Becker* § 238 Rn. 15; SK-StPO/*Frister* § 238 Rn. 15; *Meyer-Goßner/Schmitt* § 238 Rn. 8). Einzelne verfahrenstechnische Aufgaben (wie das Verlesen von Urkunden) kann er allerdings Beisitzern, Schöffen oder Ergänzungsrichtern übertragen (RGSt 27, 172; LR/*Becker* § 238 Rn. 15; SK/*Frister* § 238 Rn. 15). Ist der Vorsitzende aus gesundheitlichen Gründen (bspw. wegen Heiserkeit) zur Wahrnehmung der Verhandlungsleitung nicht in der Lage, liegt ein Verhinderungsfall gem. § 21f Abs. 2 GVG vor, in dem der Stellvertreter vorübergehend den Vorsitz führt und der Vorsitzende Beisitzer wird (BGH MDR 1994, 764 [H]; LR/*Becker* § 238 Rn. 15; KK-StPO/*Schneider* § 238 Rn. 5).

9 **III. Maßstäbe für die Verhandlungsführung. 1. Leitbild der Verhandlungsführung.** Für die Art und Weise, wie der Vorsitzende die ihm eingeräumte Befugnis wahrnimmt, enthält das Gesetz keine ausdrücklichen Vorgaben. Aus einer Gesamtschau der für den Strafprozess geltenden Grundsätze und Prozessmaximen – insb. Art. 1 Abs. 1 i.V.m. Art. 20, 103 Abs. 1 GG, Amtsermittlungsgrundsatz (§ 244 Abs. 2), Beschleunigungsgebot, gerichtliche Fürsorgepflicht und fair-trial-Grundsatz – ergibt sich jedoch das **Leitbild einer unparteiischen, sachlichen und konzentrierten Verhandlungsführung** (LR/*Becker* § 238 Rn. 3, 5; KMR/*Paulus* § 238 Rn. 24, 25).

10 **2. Verhandlungsplanung.** Um diesem Leitbild gerecht zu werden, muss der Vorsitzende den Prozessstoff in tatsächlicher und rechtlicher Hinsicht vollständig durchdrungen und eine dem Umfang und der Bedeutung der Sache angemessene Zeitplanung vorgenommen haben. Nicht hinnehmbar ist daher ein Verhandeln »auf Sicht«, d.h. ohne Kenntnis des gesamten Akteninhalts. Die inhaltliche und terminliche Strukturierung der Hauptverhandlung sollte bei größeren Verfahren in einem für die Verfahrensbeteiligten transparenten und regelmäßig zu aktualisierenden **Verhandlungsplan** niedergelegt werden (LR/*Becker* § 238 Rn. 3; KK-StPO/*Schneider* § 238 Rn. 6). Dabei ist zu vermeiden, dass sich die Hauptverhandlung im bloßen Nachvollzug der Ermittlungsakten erschöpft (LR/*Becker* § 238 Rn. 6; SK-StPO/*Frister* § 238 Rn. 7; *Dahs* FS Odersky, S. 325).

11 **3. Verhandlungsatmosphäre.** Die am Leitbild orientierte Verhandlungsführung zeichnet sich durch einen **von wohlwollender Bestimmtheit geprägten Umgang** mit den Verfahrensbeteiligten aus. Dazu gehört ein ruhiger und sachlicher Umgangston, der ggü. dem Angeklagten der Unschuldsvermutung Rechnung trägt und mit Einfühlungsvermögen auf die Situation von (häufig erstmals vor Gericht erscheinenden oder als Opfer traumatisierten) Zeugen Rücksicht nimmt. Der Vorsitzende muss die Verfahrensbeteiligten, insb. den Angeklagten ausreden lassen, aber keine überflüssigen Wiederholungen und Ausschweifungen hinnehmen (LR/*Becker* § 238 Rn. 3; SK-StPO/*Frister* § 238 Rn. 8). Unnötigen Schärfen, Provokationen und Störungen von Verfahrensbeteiligten oder Zuhörern sollte er zur Wahrung der Autorität des Gerichts von Beginn an konsequent begegnen. Als Reaktion auf solche Vorgänge steht ihm ein breit gefächertes Instrumentarium zur Verfügung, das von der Ermahnung über die Entziehung des Wortes bis zu sitzungspolizeilichen Maßnahmen gem. §§ 176 ff. GVG reicht (LR/*Becker* § 238 Rn. 3, 12, 13; KMR/*Paulus* § 238 Rn. 19, 21, 27). Bei der Wahrung der Ordnung in der Hauptverhandlung wird der Vorsitzende vom Sitzungsvertreter der Staatsanwaltschaft unterstützt (Nr. 128 RiStBV).

12 **IV. Die Aufgaben der Verhandlungsleitung im Einzelnen. 1. Äußere Gestaltung der Hauptverhandlung.** Im Rahmen seiner Befugnis zur äußeren Gestaltung der Hauptverhandlung wählt der Vorsitzende einen geeigneten Sitzungssaal aus und legt die Sitzordnung fest (s. Nr. 124, 125 RiStBV). Der Angeklagte muss dabei einen Platz zugewiesen bekommen, der seinem Anspruch auf Gleichbehandlung mit den anderen Verfahrensbeteiligten entspricht und ihm die sachgerechte Führung seiner Verteidigung erlaubt (OLG Köln NJW 1980, 302 [303]; LR/*Becker* § 238 Rn. 10). Der Vorsitzende stellt sicher, dass der Grundsatz der Öffentlichkeit (§ 169 Satz 1 GVG) gewahrt wird und die mediale Berichterstattung durch Ton-, Film- und Bildaufnahmen in dem im Einzelfall gebotenen Umfang ermöglicht wird (SK-StPO/*Frister* § 238 Rn. 6; KMR/*Paulus* § 238 Rn. 23; ausführlich Radtke/Hohmann/*Britz* § 238 Rn. 12; s. a. Nr. 129 Abs. 3 RiStBV). Im Rahmen seiner sitzungs-

polizeilichen Befugnisse ordnet er die für die Sicherheit im Gerichtssaal und zur Abwehr von Störungen erforderlichen Maßnahmen an (s. § 176 GVG Rn. 1, 2).

2. Inhaltliche Führung der Hauptverhandlung. Zur inhaltlichen Führung der Hauptverhandlung durch den Vorsitzenden gehört, dass er die Verhandlung eröffnet, unterbricht, schließt und das Urteil verkündet (BGH MDR 1975, 24 [D]; LR/*Becker* § 238 Rn. 3; *Meyer-Goßner/Schmitt* § 238 Rn. 5). Er bestimmt innerhalb der gesetzlichen Grenzen (§§ 243, 244, 258) den Verfahrensgang im Einzelnen und entscheidet insb. über die Reihenfolge, in der die Verfahrensbeteiligten gehört werden, denen er das Wort erteilt und entzieht (BGH MDR 1957, 53; LR/*Becker* § 238 Rn. 3; KMR/*Paulus* § 238 Rn. 21). Nicht von der Befugnis zur Verhandlungsleitung gedeckt ist dagegen das an den Angeklagten gerichtete Verbot, schriftliche Aufzeichnungen anzufertigen (LR/*Becker* § 238 Rn. 10; *Meyer-Goßner/Schmitt* § 238 Rn. 5; a. A. BGHSt 1, 322 [324]; KMR/*Paulus* § 238 Rn. 25). 13

Wie Abs. 1 ausdrücklich betont, gehören zur Verhandlungsleitung insb. die **Vernehmung des Angeklagten** (§ 243 Abs. 2 Satz 2, Abs. 5 Satz 2) und die **Aufnahme des Beweises** (§ 244 Abs. 1). Der Vorsitzende ordnet daher die Beweiserhebungen an, bestimmt deren Reihenfolge und führt sie durch (BGH NStZ 1982, 432; LR/*Becker* § 238 Rn. 3; KK-StPO/*Schneider* § 238 Rn. 3). Er hat die ordnungsgemäße Vernehmung von Zeugen und Sachverständigen zu gewährleisten und insb. für die sachgerechte Ausübung des Fragerechts (§§ 240 Abs. 2, 241) durch die Verfahrensbeteiligten Sorge zu tragen (BGHSt 16, 67 [70 f.]; NJW 2004, 239 [240]; *Meyer-Goßner/Schmitt* § 238 Rn. 7). Der Vorsitzende bestimmt auch den Zeitpunkt, zu dem er in der Hauptverhandlung Anträge entgegennimmt. Soll ein Antrag zu einem ungeeigneten Zeitpunkt gestellt werden und würde dadurch die zügige und sachgerechte Durchführung der Hauptverhandlung gefährdet, kann er den Antragsteller auf einen späteren Zeitpunkt verweisen (BGH NStZ 2006, 463; StRR 2010, 363; LR/*Becker* § 238 Rn. 4; *Meyer-Goßner/Schmitt* § 238 Rn. 5). Dies gilt insb., wenn die Vernehmung eines Zeugen oder Sachverständigen durch extensive Antragstellung, wiederholte Beanstandungen, Herbeiführung von Gerichtsbeschlüssen oder Anträge auf wörtliche Protokollierung fortwährend unterbrochen wird (BGH NJW 2004, 239 [240]). Der Vorsitzende entscheidet auch über die Protokollierung von Vorgängen, Aussagen und Äußerungen gem. § 273 Abs. 3 Satz 1 (LR/*Becker* § 238 Rn. 17). 14

Aus der Aufgabe der Verhandlungsleitung folgt außerdem die Befugnis, durch eine **Fristsetzung für Beweisanträge** die weitere Gestaltung der Beweisaufnahme zu fördern, wenn die vom Gericht nach dem Maßstab der Aufklärungspflicht für geboten gehaltene Beweiserhebung abgeschlossen ist (BVerfG NJW 2010, 592 [593]; BGHSt 51, 333 [344 f.]; 52, 355 [362]; Radtke/Hohmann/*Britz* § 238 Rn. 13; a. A. SK-StPO/*Frister* § 238 Rn. 11; *Hamm* Revision, Rn. 1192). 15

Da in dem durch § 243 StPO vorgegebenen Rahmen des Hauptverhandlungsablaufs eine **allgemeine Eingangserklärung** (»opening statement«) des Verteidigers oder Nebenklagevertreters nicht vorgesehen ist, steht es im Ermessen des Vorsitzenden, ob und in welchem Umfang er eine solche Gelegenheit einräumt (LR/*Becker* § 238 Rn. 3; *Meyer-Goßner/Schmitt* § 238 Rn. 5, andererseits aber § 243 Rn. 29; *Dahs* FS Odersky, S. 329; a. A. *Müller* FS Hanack, S. 76). Da es wesentliche Funktion dieses aus dem angloamerikanischen Rechtskreis stammenden Instrumentes ist, die Beweislage aus Sicht der Verteidigung pauschal vorweg zu würdigen, ist die Zulassung einer Eingangserklärung insb. bei der Mitwirkung von Schöffen bedenklich. Nachdem es nach höchstrichterlicher Rspr. u.a. dem Grundsatz der Unmittelbarkeit widerspricht, den Schöffen das in der Anklageschrift enthaltene wesentliche Ergebnis der Ermittlungen (§ 200 Abs. 1 Satz 2) zu überlassen (RGSt 69, 120 [124]; BGHSt 13, 73 [75]; offengelassen in BGHSt 43, 36 [39], s. a. Nr. 126 Abs. 3 RiStBV), besteht kein Grund, der Verteidigung einseitig die Möglichkeit zu geben, zu Beginn der Hauptverhandlung ihre Einschätzung der Beweissituation darzulegen. 16

V. Rücknahme von Anordnungen. Der Vorsitzende kann von Amts wegen, auf Anregung von Verfahrensbeteiligten oder aufgrund förmlichen Antrags nach Abs. 2 eine Anordnung **abändern oder zurücknehmen**, soweit nicht besondere Gründe (wie die Voraussetzungen des § 245) entgegenstehen (LR/*Becker* § 238 Rn. 14; KMR/*Paulus* § 238 Rn. 30; *Meyer-Goßner/Schmitt* § 238 Rn. 6). Die auf eine Beanstandung hin erfolgte Abänderung oder Zurücknahme ist **zu protokollieren** (KK-StPO/*Schneider* § 238 Rn. 21; Hohmann/Radtke/*Britz* § 238 Rn. 25). 17

§ 238 StPO   Verhandlungsleitung

18   **C. Beanstandungsrecht (Abs. 2)** I. Zulässigkeit der Beanstandung. 1. **Sachleitende Anordnungen. a) Begriff.** Gem. Abs. 2 können die Verfahrensbeteiligten »auf die Sachleitung bezügliche Anordnungen des Vorsitzenden« beim Gericht als unzulässig beanstanden. Auch wenn sich angesichts des Wortlauts die Frage aufdrängt, wie »Leitung der Verhandlung« (Abs. 1) und »Sachleitung« (Abs. 2) voneinander abzugrenzen sind, entspricht es inzwischen herrschender Meinung, dass sich die **Begriffe nicht unterscheiden** (LR/*Becker* § 238 Rn. 19; SK-StPO/*Frister* § 238 Rn. 20; *Meyer-Goßner/Schmitt* § 238 Rn. 12). Frühere Versuche, zwischen »formeller Verhandlungsleitung« zur Regelung der äußeren Ordnung und Form der Hauptverhandlung einerseits und der auf die Förderung der Urteilsfindung bezogenen »Sachleitung im engeren Sinne« andererseits zu differenzieren, haben sich als nicht tragfähig erweisen (dazu näher *Erker* Beanstandungsrecht, S. 18–43; *Schmid* FS Mayer, S. 546–557; Überblick zum früheren Streitstand auch bei KMR/*Paulus* § 238 Rn. 5–7). Mit der herrschenden Meinung ist der Begriff der »auf die Sachleitung bezogenen Anordnung« deshalb **sehr weit zu verstehen**. Er umfasst alle Maßnahmen, mit denen der Vorsitzende auf den Ablauf des Verfahrens und das Verhalten der Verfahrensbeteiligten einwirkt (LR/*Becker* § 238 Rn. 17; SK-StPO/*Frister* § 238 Rn. 21; KK-StPO/*Schneider* § 238 Rn. 11, s.o. Rdn. 6). Dazu gehören nicht nur Ge- und Verbote, sondern auch Belehrungen, Hinweise, Vorhalte, Ermahnungen, Fragen (BGHSt 42, 73 [77]; LR/*Becker* § 238 Rn. 17; *Meyer-Goßner/Schmitt* § 238 Rn. 11) sowie sitzungspolizeiliche Anordnungen, sofern dadurch Verfahrensrechte beeinträchtigt werden (BGH StV 2009, 680 [681]; LR/*Becker* § 238 Rn. 21; KK-StPO/*Schneider* § 238 Rn. 14; *Meyer-Goßner/Schmitt* § 238 Rn. 13; a. A. frühere Rspr. RGSt 54, 110 [112]; BGHSt 10, 202 [207]; 18, 179 [180]).

19   **b) Form.** Der Vorsitzende kann Anordnungen **ausdrücklich oder konkludent** treffen (LR/*Becker* § 238 Rn. 18; KMR/*Paulus* § 238 Rn. 29). Im **Unterlassen** einer verfahrensrechtlich gebotenen Maßnahme liegt grds. keine Anordnung; die Nichtbeanstandung führt daher auch nicht zur Präklusion der Verfahrensrüge (RGSt 61, 376 [378]; BGHSt 42, 73 [77 f.]; 55, 65 [69]; NStZ-RR 2011, 151; LR/*Becker* § 238 Rn. 18; Radtke/Hohmann/*Britz* § 238 Rn. 16). Werden mit dem Unterlassen aber Anträge oder Anregungen bewusst übergangen, ist darin eine **schlüssige Ablehnung** zu sehen, die zur Wahrung des Revisionsrechts beanstandet werden muss (LR/*Becker* § 238 Rn. 18; SK-StPO/*Frister* § 238 Rn. 22; KK-StPO/*Schneider* § 238 Rn. 12; a. A. *Meyer-Goßner/Schmitt* § 238 Rn. 11 m.w.N.).

20   **c) Beispiele aus der Rechtsprechung.** Als **Anordnungen i.S.d. Abs. 2** hat die Rspr. u.a. anerkannt:
– Ablehnung, einem Beweisermittlungsantrag nachzugehen (BGH StV 2008, 59);
– Anordnung der Unterbrechung der Hauptverhandlung und Bestimmung eines Fortsetzungstermins (BGH NStZ-RR 2003, 3 [Be]);
– Anordnung der Verlesung einer Urkunde (BGHSt 19, 273 [280]; StraFo 2009, 152);
– Anordnung, einen Zeugen (BGH StV 2009, 225) bzw. einen Sachverständigen (BGH StV 1996, 2) unvereidigt zu lassen;
– Anordnung zur Durchführung des Selbstleseverfahrens sowie der Feststellungen nach § 249 Abs. 2 Satz 3 (BGH StV 2011, 458 [459]);
– Aufforderung an Zuhörer, den Sitzungssaal zu verlassen, weil sie als Zeugen in Betracht kommen (BGH NJW 2001, 2732);
– Beendigung der Sitzung wegen fehlenden Personals für Einlasskontrollen (BGH NStZ 2007, 281 [282]);
– Bestimmung eines Fortsetzungstermins gem. § 29 Abs. 2 StPO (BGH NStZ 2002, 429 [430]);
– Entfernung von Zuhörern aus dem Sitzungssaal und Verbot der weiteren Teilnahme an der Hauptverhandlung (BGH StV 2009, 680 [681]; NStZ 2013, 608);
– Entlassung eines vernommenen Zeugen oder Sachverständigen trotz Widerspruchs des Verteidigers (BGH StV 1985, 355 [356]; StV 1996, 248; OLG Stuttgart NStZ 1994, 600);
– Entscheidung, dass ein Aussageverweigerungsrecht nach § 55 besteht (BGHSt 10, 104 [105]; NStZ 2006, 178; NStZ 2007, 230 [231]);
– Feststellung, ob ein Verlöbnis i.S.d. § 52 Abs. 1 Nr. 1 vorliegt (BGHSt 55, 65 [67 ff.]);
– Fristsetzung zur Stellung eines Beweisantrags (BGHSt 52, 355 [356]);
– Hinzuziehung einer vertrauten Hilfsperson zur Vernehmung eines behinderten Zeugen (BGHSt 43, 62 [64]);
– Stattgabe eines Beweisantrags (BGH NStZ 1982, 432);

– Unterbrechung bzw. unzulässige Methode der Vernehmung des Angeklagten zur Sache (BGH NStZ 1997, 198; StV 2001, 548);
– Untersagung des Vorlesens des schriftlich gefassten letzten Wortes (BGHSt 3, 368 [369]; MDR 1964, 72);
– Vorhalte an einen Zeugen (BGHSt 1, 322 [325]; MDR 1984, 797 [H]);
– Weigerung des Vorsitzenden, nach Schluss der Beweisaufnahme noch Beweisanträge entgegenzunehmen (BGH NStZ 1992, 346);
– Weigerung, dem Verteidiger trotz Verlangens eine Erklärung nach § 257 Abs. 2 zu ermöglichen (BGH NStZ 2007, 234 [235]);
– Worterteilung an Verfahrensbeteiligte (BGH VRS 48, 18 [19]; BGHR StPO § 240 Abs. 2 Gelegenheit 2);
– Zurückweisung von Fragen (BGH StV 1990, 337; NJW 2004, 372 [373]).

Keine Anordnungen i.S.d. Abs. 2 sind z.B.: 21
– Anweisung, den Angeklagten während der Hauptverhandlung gefesselt zu lassen (BGH NJW 1957, 271);
– Anordnung des Selbstleseverfahrens gem. § 249 Abs. 2, da insoweit der unverzüglich geltend zu machende Widerspruch nach § 249 Abs. 2 Satz 2 Vorrang vor § 238 Abs. 2 hat (BGH StV 2011, 458 [459]);
– Feststellung, dass ein Schöffe verhindert ist und ersetzt werden muss (BGHSt 35, 366 [371]);
– Pflichtverteidigerbestellung während der Hauptverhandlung (BGHSt 39, 310 [312]; OLG Jena NStZ-RR 2004, 306; OLG Frankfurt am Main NStZ-RR 2007, 244);
– Weigerung, die Urteilsverkündung zu unterbrechen, um einen Beweisantrag entgegenzunehmen (BGH MDR 1975, 24 [D]).

2. Anwendbarkeit auf Anordnungen des Einzelrichters. Ob Anordnungen des Einzelrichters – 22
Strafrichter gem. § 25 GVG oder Jugendrichter gem. § 34 JGG – beanstandet werden können bzw. (zur Erhaltung der Revisionsrüge) müssen, ist umstritten. Eine Ansicht verneint die Anwendbarkeit von Abs. 2, da in diesem Fall Vorsitzender und Gericht identisch seien, es also kein Kollegium gebe, das man anrufen könne (OLG Köln MDR 1955, 311; BayObLG JR 1963, 105; Dölling/Duttge/Rössner/*Temming* § 238 Rn. 1). Die herrschende Meinung hält Abs. 2 dagegen zu Recht für anwendbar, weil der Wortlaut keine Ausnahme vorsieht, eine Revision nach § 338 Nr. 8 sonst ausgeschlossen wäre und die begründungspflichtige Überprüfung der eigenen Anordnung sinnvoll ist – wie § 306 Abs. 2 zeigt – der StPO nicht fremd ist (OLG Koblenz StV 1992, 263 [264]; OLG Düsseldorf StV 1996, 252; LR/*Becker* § 238 Rn. 38; SK-StPO/*Frister* § 238 Rn. 38; KK-StPO/*Schneider* § 238 Rn. 15; differenzierend *Ebert* NStZ 1997, 565 [566]: Anordnung möglich, aber nicht zwingende Voraussetzung für Verfahrensrüge).

3. Beanstandungsbefugnis. a) Verfahrensbeteiligte. Zur Beanstandung befugt ist nach Abs. 2 23
die »bei einer Verhandlung beteiligte Person«. Darunter sind **alle Verfahrensbeteiligten** zu verstehen, die – unabhängig davon, ob sie Adressat der Anordnung sind – von der Maßnahme **nachteilig betroffen** werden (LR/*Becker* § 238 Rn. 25; KK-StPO/*Schneider* § 238 Rn. 16; *Meyer-Goßner/Schmitt* § 238 Rn. 14; a. A. KMR/*Paulus* § 238 Rn. 45; *Ebert* StV 1997, 275: keine Beschwer erforderlich). Dies können Angeklagter, Verteidiger, Beistand (§ 149), Staatsanwalt, gesetzlicher Vertreter oder Erziehungsberechtigter (§ 50 Abs. 2 JGG), Privat- und Nebenkläger, Einziehungs- und Verfallsberechtigter sowie deren Vertreter sein (LR/*Becker* § 238 Rn. 25; SK-StPO/*Frister* § 238 Rn. 25, 26). **Zeugen, Sachverständige und Zeugenbeistände** können nur im Hinblick auf an sie gerichtete Fragen die Entscheidung des Gerichts beantragen (LR/*Becker* § 238 Rn. 25; SK-StPO/*Frister* § 238 Rn. 28; *Meyer-Goßner/Schmitt* § 238 Rn. 14).

b) Mitglieder des Gerichts. Ob auch **Beisitzer und Schöffen** zur Beanstandung befugt sind, ist um- 24
stritten. Gegen eine Beanstandung durch Mitglieder des Spruchkörpers wird eingewandt, dass nach dem Normzweck Voraussetzung für die Entscheidung ein »Anstoß von außen« sei und durch die interne Anregung einer Beratung eine gerichtliche Entscheidung jederzeit herbeigeführt werden könne (KK-StPO/*Schneider* § 238 Rn. 17; *Meyer-Goßner/Schmitt* § 238 Rn. 14; *Erker* Beanstandungsrecht, S. 56 ff., 71). Die herrschende Meinung verweist dagegen zu Recht auf den Zweck des Zwischenrechts-

§ 238 StPO Verhandlungsleitung

behelfs, die Gesamtverantwortung des Spruchkörpers für die Rechtsförmigkeit des Verfahrens zu aktivieren, und bejaht daher ein Bestandungsrecht ohne die Voraussetzung der Beschwer (LR/*Becker* § 238 Rn. 26; KMR/*Paulus* § 238 Rn. 45 m.w.N.; SK-StPO/*Frister* § 238 Rn. 23; HK/*Julius* § 238 Rn. 5; in BGHSt 1, 216 (218); 7, 281 (282) ohne nähere Begründung vorausgesetzt).

25 Der **Vorsitzende** kann seine eigene Anordnung nicht beanstanden (a. A. KMR/*Paulus* § 238 Rn. 45), jedoch ist es ihm unbenommen, bei schwierigen Fragen oder von Verfahrensbeteiligten geäußerten Zweifeln an der Zulässigkeit oder Zweckmäßigkeit einer Maßnahme von sich aus eine Entscheidung des Gerichts herbeizuführen (LR/*Becker* § 238 Rn. 26; *Meyer-Goßner/Schmitt* § 238 Rn. 14).

26 c) **Weitere Personen. Zuhörer** gehören – wie sich aus § 177 GVG ergibt – nicht zu den an der Verhandlung beteiligten Personen (SK-StPO/*Frister* § 238 Rn. 28; *Meyer-Goßner/Schmitt* § 238 Rn. 14). Auch Pressevertreter, Urkundsbeamte und Gerichtswachtmeister haben kein Beanstandungsrecht (LR/*Becker* § 238 Rn. 25; KK-StPO/*Schneider* § 238 Rn. 16; *Erker* Beanstandungsrecht, S. 78; a. A. KMR/*Paulus* § 238 Rn. 45).

27 **4. Form und Frist.** Die Beanstandung ist an **keine bestimmte Form** gebunden, insb. muss das Wort »Beanstandung« nicht verwendet werden (KK-StPO/*Schneider* § 238 Rn. 17; *Meyer-Goßner/Schmitt* § 238 Rn. 16). Der Antragsteller muss jedoch substantiiert eine Beschwer behaupten und zumindest schlüssig zum Ausdruck bringen, dass er eine bestimmte in der Hauptverhandlung erfolgte Anordnung des Vorsitzenden als unzulässig ansieht und eine Entscheidung des Gerichts begehrt (LR/*Becker* § 238 Rn. 30; SK-StPO/*Frister* § 238 Rn. 29; *Meyer-Goßner/Schmitt* § 238 Rn. 16). Da Beanstandungen mit dem Ziel, einen erledigten Verfahrensverstoß festzustellen, unzulässig sind, muss die Beeinträchtigung **gegenwärtig oder künftig** sein (*Erker* Beanstandungsrecht, S. 53). Die Anforderungen an die Darlegung der Beschwer bestimmen sich nach dem Umständen des Einzelfalls (LR/*Becker* § 238 Rn. 27; KK-StPO/*Schneider* § 238 Rn. 17; *Meyer-Goßner/Schmitt* § 238 Rn. 16).

28 Für die Beanstandung ist **keine Frist** vorgeschrieben (KK-StPO/*Schneider* § 238 Rn. 17; HK/*Julius* § 238 Rn. 6). Nach ihrem Zweck bildet aber der Beginn der Urteilsverkündung die zeitliche Grenze für die Geltendmachung (LR/*Becker* § 239 Rn. 29; SK-StPO/*Frister* § 238 Rn. 29).

29 **5. Hinweispflicht.** Nach herrschender Meinung ist der Vorsitzende grds. nicht verpflichtet, einen von einer Anordnung Betroffenen auf die Möglichkeit der Beanstandung nach Abs. 2 hinzuweisen (LR/*Becker* § 238 Rn. 31; KK-StPO/*Schneider* § 238 Rn. 20; *Meyer-Goßner/Schmitt* § 238 Rn. 15; a. A. KMR/*Paulus* § 238 Rn. 35: bei rechtsunkundigem Antragsberechtigten wegen gerichtlicher Fürsorgepflicht). Da dem unverteidigten Angeklagten bei Nichtbeanstandung kein Rügeverlust droht (s. Rdn. 49) und ständige Hinweise den Gang der Hauptverhandlung lähmen würden, ist dies überzeugend.

30 **II. Begründetheit.** Die Beanstandung ist begründet, wenn die Anordnung unzulässig war und der Antragsteller dadurch beschwert ist (KMR/*Paulus* § 238 Rn. 48; HK/*Julius* § 238 Rn. 4). **Unzulässig** i.S.d. Abs. 2 sind Anordnungen des Vorsitzenden, die gegen gesetzliche Vorschriften oder allgemeine Verfahrensgrundsätze verstoßen oder ermessensfehlerhaft sind (LR/*Becker* § 238 Rn. 30; KMR/*Paulus* § 238 Rn. 43; SK-StPO/*Frister* § 238 Rn. 32). Dass eine Maßnahme unzweckmäßig oder unangebracht ist, macht sie nicht »unzulässig« (RGSt 44, 65 [66]; LR/*Becker* § 238 Rn. 30; KK-StPO/*Schneider* § 238 Rn. 19; *Meyer-Goßner/Schmitt* § 238 Rn. 17). Die Abgrenzung kann im Einzelfall schwierig sein. So ist die Entscheidung des Vorsitzenden, in welcher Reihenfolge die Beweise erhoben werden, zwar grds. eine Frage der Zweckmäßigkeit (BGH NJW 1962, 260 [261]). Zielt seine Anordnung aber erkennbar darauf ab, das Ergebnis in eine bestimmte Richtung zu lenken, ist sie wegen Verletzung von §§ 243, 244 bzw. des fair-trial-Grundsatzes im Sinne von Abs. 2 unzulässig (SK-StPO/*Frister* § 238 Rn. 30 m.w.N.; s. a. BGHSt 19, 93 [96]; weitere Beispiele bei KK-StPO/*Schneider* § 238 Rn. 19 und KMR/*Paulus* § 238 Rn. 44).

31 **III. Entscheidung. 1. Form und Bekanntmachung.** Soweit der Vorsitzende seine Anordnung nicht abändert oder zurücknimmt (s. Rdn. 17), entscheidet das Gericht unter Beteiligung der Schöffen (§ 30 Abs. 1 GVG) nach Anhörung der Verfahrensbeteiligten (§ 33) **durch förmlichen Beschluss**, nur schlüssiges Verhalten genügt nicht (LR/*Becker* § 238 Rn. 32; SK-StPO/*Frister* § 238 Rn. 35; *Meyer-Goßner/Schmitt* § 238 Rn. 19; a. A. KMR/*Paulus* § 238 Rn. 50). Hat ein Spruchkörper über eine An-

ordnung des Vorsitzenden zu entscheiden, ist – um falsche Eindrücke zu vermeiden und eine inhaltliche Auseinandersetzung mit der Beanstandung zu ermöglichen – eine Beratung außerhalb des Sitzungssaals geboten (*Erker* Beanstandungsrecht, S. 100; HK/*Julius* § 238 Rn. 7).

Um den Verfahrensbeteiligten die Möglichkeit zu geben, ihr Verhalten auf die Entscheidung auszurichten und ggf. noch zweckentsprechende Anträge zu stellen oder Erklärungen abgeben zu können, muss der Beschluss grds. in unmittelbaren Anschluss an die Beanstandung, in jedem Fall aber vor Beginn der Urteilsverkündung, **in der Hauptverhandlung verkündet** werden (LR/*Becker* § 238 Rn. 34 m.w.N.; *Meyer-Goßner/Schmitt* § 238 Rn. 19; *Schmid* FS Mayer, S. 561). Eine Ausnahme bilden **Eventualbeanstandungen** (etwa zu Vereidigungsfragen), über die in den Urteilsgründen entschieden wird (RGSt 58, 369 (372); 68, 378 (379); LR/*Becker* § 238 Rn. 28; *Erker* Beanstandungsrecht, S. 101). 32

2. Entscheidungsmöglichkeiten. a) Verwerfung als unzulässig. Wird eine Maßnahme des Vorsitzenden beanstandet, die keine Anordnung i.S.d. Abs. 2 ist, fehlt die Antragsbefugnis, wird die Unzweckmäßigkeit gerügt oder ist die Beschwer nicht schlüssig dargelegt, **verwirft das** Gericht die Beanstandung als unzulässig (LR/*Becker* § 238 Rn. 32; KMR/*Paulus* § 238 Rn. 52). Eine Verwerfung erfolgt insbesondere dann, wenn eine Entscheidung gegen eine Vorsitzendenverfügung reflexartig und unsubstantiiert erhoben wird (»Dann beantrage ich Gerichtsbeschluss«). Eines besonderen Hinweises, dass eine Sachentscheidung über die Vorsitzendenverfügung nur bei begründetem Antrag getroffen wird, bedarf es nicht. Auch über das Nachschieben einer Begründung durch eine (nach Verwerfung) erhobene Gegenvorstellung kann in diesem Fall der Antragsteller keine sachliche Entscheidung mehr erreichen, da sich diese als Rechtsbehelf inhaltlich nur gegen die Verwerfungsentscheidung als unzulässig richten kann. 33

b) Zurückweisung als unbegründet. Liegen zwar die Zulässigkeitsvoraussetzungen für die Beanstandung nach Abs. 2 vor, war die Anordnung des Vorsitzenden aber nicht unzulässig, wird die Beanstandung **als unbegründet zurückgewiesen**, ohne dass die Maßnahme im Tenor des Beschlusses aufrechterhalten wird (LR/*Becker* § 238 Rn. 32; KMR/*Paulus* § 238 Rn. 52; *Pfeiffer* § 238 Rn. 5; a. A. *Graf/Gorf* § 238 Rn. 12). 34

c) Stattgebende Entscheidung. Hält das Gericht im Rahmen einer zulässigen Beanstandung die Anordnung des Vorsitzenden für »unzulässig«, ordnet es anstelle des Vorsitzenden die für zulässig gehaltene Maßnahme an (LR/*Becker* § 238 Rn. 33; KK-StPO/*Schneider* § 238 Rn. 19). 35

3. Begründung der Entscheidung. Die Entscheidung des Gerichts muss gem. § 34 nur begründet werden, wenn die Beanstandung verworfen oder zurückgewiesen wird (BGHSt 15, 253; LR/*Becker* § 238 Rn. 32; SK-StPO/*Frister* § 238 Rn. 36; *Meyer-Goßner/Schmitt* § 238 Rn. 19; a. A. KMR/*Paulus* § 238 Rn. 50 und HK/*Julius* § 238 Rn. 7: auch bei stattgebender Entscheidung). Soweit keine schwierigen Rechtsfragen zu klären sind, ist eine kurze Begründung – etwa durch Anfügung eines Halbsatzes an den Tenor – ausreichend (LR/*Becker* § 238 Rn. 32; SK-StPO/*Frister* § 238 Rn. 35). 36

4. Bindungswirkung. An die stattgebende Entscheidung des Gerichts ist der Vorsitzende gebunden (RGSt 32, 339 [341]), er muss sie also bei der Verhandlungsleitung beachten, solange sich die für den Beschluss bestimmenden Umstände nicht ändern (LR/*Becker* § 238 Rn. 37; KK-StPO/*Schneider* § 238 Rn. 23). Da der Beschluss nicht in Rechtskraft erwachsen kann, kann das Gericht ihn jederzeit – auch aus Zweckmäßigkeitsgründen – korrigieren (*Erker* Beanstandungsrecht, S. 111 f.; KMR/*Paulus* § 238 Rn. 53; *Meyer-Goßner/Schmitt* § 238 Rn. 19). 37

IV. Protokollierung. Die Beanstandung nach Abs. 2 und der Beschluss des Gerichts stellen wesentliche Förmlichkeiten i.S.d. § 273 StPO dar und sind deshalb in das Sitzungsprotokoll aufzunehmen (BGHSt 3, 199 [202]; NStZ-RR 2003, 5 [Be]; LR/*Becker* § 238 Rn. 39 m.w.N.; *Meyer-Goßner/Schmitt* § 238 Rn. 16). Die Protokollierung dient bei der Revisionsbegründung dem von der herrschenden Meinung geforderten Beweis (§ 274 Satz 1), dass die Sachleitungsanordnung in der Hauptverhandlung beanstandet wurde (s. Rdn. 46). 38

D. Rechtsbehelfe. I. Beschwerde. Gegen die **Anordnung des Vorsitzenden nach Abs.** 1 ist nach allgemeiner Meinung die Beschwerde (§ 304) **nicht zulässig**. Ob man dies mit § 305 Satz 1 (LR/*Becker* § 238 Rn. 40; KMR/*Paulus* § 238 Rn. 55) oder mit der Sonderregelung nach Abs. 2 begründet 39

(SK-StPO/*Frister* § 238 Rn. 39; KK-StPO/*Schneider* § 238 Rn. 24; *Meyer-Goßner/Schmitt* § 238 Rn. 21), spielt im Ergebnis keine Rolle.

40 Gegen den **Beschluss des Gerichts nach Abs. 2** ist die Beschwerde nach § 305 Satz 1 nicht statthaft (OLG Hamburg MDR 1977, 248; OLG Hamm NJW 1973, 818 [819]; OLG Zweibrücken VRS 50, 437; KK-StPO/*Schneider* § 238 Rn. 24; *Meyer-Goßner/Schmitt* § 238 Rn. 21). Etwas anderes gilt nur, wenn die Entscheidung des Gerichts eine selbstständige Beschwer enthält oder Dritte von ihr betroffen sind (§ 305 Satz 2) (SK-StPO/*Frister* § 238 Rn. 39; KMR/*Paulus* § 238 Rn. 55).

41 **II. Revision. 1. Sachleitungsanordnung und Beanstandung nach Abs. 2.** Hat ein Verfahrensbeteiligter in der Hauptverhandlung gem. Abs. 2 eine Sachleitungsanordnung des Vorsitzenden beanstandet, die nicht nur die – revisionsrechtlich irrelevante – äußere Gestaltung des Verfahrens betrifft (BGHSt 17, 201 [202]; LR/*Becker* § 238 Rn. 42; KK-StPO/*Schneider* § 238 Rn. 26), sind folgende Konstellationen denkbar:

42 a) **Unterbleiben einer Entscheidung des Gerichts.** Unterbleibt eine Entscheidung des Gerichts über die Beanstandung, kann der Verstoß gegen Abs. 2 für sich alleine die Revision nicht begründen. Vielmehr muss mit der Verfahrensrüge geltend gemacht werden, dass durch die Anordnung des Vorsitzenden eine konkrete Verfahrensvorschrift verletzt wurde und das Urteil auf dieser Verletzung beruht (RGSt 32, 339 [341]; BGHSt 44, 82 [91]; KG NStZ 1984, 523 [524]; KMR/*Paulus* § 238 Rn. 58; KK-StPO/*Schneider* § 238 Rn. 27; *Meyer-Goßner/Schmitt* § 238 Rn. 23) oder dass die Verteidigung gem § 338 Nr. 8 durch das Unterlassen in einem für die Entscheidung wesentlichen Punkt beschränkt worden ist (LR/*Becker* § 238 Rn. 49; KMR/*Paulus* § 238 Rn. 60; *Schmid* in FS Mayer, S. 562 f.: § 338 Nr. 8).

43 b) **Formell fehlerhafte Entscheidung des Gerichts.** Hat das Gericht vor der Entscheidung über die Beanstandung die Verfahrensbeteiligten nicht angehört oder seine Entscheidung unzureichend begründet, kann mit der Revision der Verstoß gegen § 33 Abs. 1 bzw. § 34 geltend gemacht werden (LR/*Becker* § 238 Rn. 49; SK-StPO/*Frister* § 238 Rn. 53; *Erker* Beanstandungsrecht, S. 140 f.).

44 c) **Verspätete Entscheidung des Gerichts.** Entscheidet das Gericht verspätet über eine Beanstandung, ist danach zu differenzieren, ob die durch den Beschluss bestätigte Anordnung des Vorsitzenden unzulässig war oder nicht. Im ersten Fall kann – ohne, dass es auf die Verspätung ankommt – gerügt werden, dass das Urteil auf der Verletzung von Verfahrensrecht beruht (BGHSt 44, 82 [91]; MDR 1955, 397 [D]; LR/*Becker* § 238 Rn. 49). Im zweiten Fall kann mit der Revision geltend gemacht werden, dass das Urteil auf der fehlerhaft zu spät ergangenen Entscheidung beruht, wenn nicht auszuschließen ist, dass der Beschwerdeführer aufgrund der Verspätung gehindert war, seine Verteidigung durch Anträge und Erklärungen der durch den Beschluss klargestellten Rechtslage anzupassen (RGSt 57, 261 [263]; 71, 261 [263]; LR/*Becker* § 238 Rn. 49; KMR/*Paulus* § 238 Rn. 61; KK-StPO/*Schneider* § 238 Rn. 27). Auch wenn die für das Beruhensprüfung notwendigen Tatsachen grds. nicht vorgetragen werden müssen (BGH NStZ 1999, 145 [146] m.w.N.; a. A. *Mosbacher* NStZ 2008, 263 f.), empfiehlt es sich, i.R.d. **Revisionsbegründung** nähere Ausführungen zu dem Verteidigungsverhalten zu machen, das bei rechtzeitiger Entscheidung gewählt worden wäre (SK-StPO/*Frister* § 238 Rn. 53; KK-StPO/*Schneider* § 238 Rn. 27; HK/*Julius* § 238 Rn. 15; *Erker* Beanstandungsrecht, S. 140).

45 d) **Formell ordnungsgemäße Entscheidung des Gerichts.** Ergeht auf die Beanstandung hin ein formell ordnungsgemäßer Beschluss des Gerichts oder genehmigt das Gericht nachträglich eine bereits durchgeführte Anordnung des Vorsitzenden, kann bei »Unzulässigkeit« der mit der Entscheidung bestätigten Anordnung mit der Revision gem. §§ 336, 337 der Verfahrensverstoß geltend gemacht bzw. nach § 338 Nr. 8 gerügt werden, durch den Beschluss werde die Verteidigung in einem für die Entscheidung wesentlichen Punkt beschränkt (LR/*Becker* § 238 Rn. 41; Radtke/Hohmann/*Britz* § 238 Rn. 30). Für die Zulässigkeit der Verfahrensrüge spielt es keine Rolle, ob der Beschluss nach Abs. 2 vom Revisionsführer oder von einem anderen Verfahrensbeteiligten herbeigeführt worden ist (Radtke/Hohmann/*Britz* § 238 Rn. 31; *Widmaier* NStZ 2007, 234).

46 **2. Sachleitungsanordnung und Unterlassen der Beanstandung nach Abs. 2. a) Ausgangspunkt.** Die Frage, welche revisionsrechtlichen Folgen es hat, wenn eine Sachleitungsanordnung des Vorsitzenden nicht nach Abs. 2 in der Hauptverhandlung beanstandet wurde, ist **umstritten**. Zwar deu-

ten weder Wortlaut noch systematische Stellung der Norm im 6. Abschnitt darauf hin, dass insofern überhaupt ein Problem bestehen könnte (*Sinn/Hülsmann* StV 2009, 281). Auch bietet die nähere Betrachtung der Entstehungsgeschichte der Regelung keine Anhaltspunkte dafür, dass der historische Gesetzgeber einen Zusammenhang zwischen § 238 Abs. 2 und der Revision gesehen hätte (*Hahn* Motive, S. 188 f.; SK-StPO/*Frister* § 238 Rn. 3; *Schneider* JuS 2003, 176 [179]; *Gaede* wistra 2011, 210 [214]). Dennoch gehen Rechtsprechung und ein großer Teil des Schrifttums davon aus, dass die Gesetzwidrigkeit einer Sachleitungsanordnung des Vorsitzenden grds. nur dann mit der Revision gerügt werden kann, wenn sie zuvor mit dem Zwischenrechtsbehelf nach Abs. 2 beanstandet worden ist (RG JW 1930, 760; JW 1931, 950; RGSt 71, 21 [23]; BGHSt 1, 322 [325]; 42, 73 [77]; 55, 65 [67]; OLG Düsseldorf wistra 1993, 79; OLG Celle StraFo 2005, 506; zum Schrifttum s. Rdn. 50 ff.). In neueren Entscheidungen hat der BGH festgestellt, dass dieser Grundsatz jedenfalls dann gelte, wenn der Anordnung des Vorsitzenden eine strafprozessuale Regelung zugrunde liegt, die ihm für die Feststellung der tatbestandlichen Voraussetzungen einen **Beurteilungsspielraum** eröffnet oder ihm auf der Rechtsfolgenseite **Ermessen** einräumt, und die Revisionsrüge auf eine Überschreitung des Beurteilungsspielraums oder einen Ermessensfehlgebrauch gestützt werden soll (BGHSt 51, 144 [147]; 55, 65 [67]).

Zur Begründung dieser ungeschriebenen Einschränkung des Revisionsrechts, die das BVerfG als verfassungsgemäß gebilligt hat (BVerfG StV 2000, 3; JR 2007, 390), stützt sich diese Auffassung sowohl auf Überlegungen zum Zweck des Zwischenrechtsbehelfs als auch auf allgemeine prozessrechtliche Erwägungen. Hinter dem zuletzt wieder heftig geführten Streit innerhalb des Schrifttums um die **Präklusion** und die dazu von der Rspr. anerkannten Ausnahmen steht letztlich die grundlegende rechtsstaatliche Frage, wie die Verantwortung für die Gesetzmäßigkeit der Hauptverhandlung zwischen Gericht und Verfahrensbeteiligten verteilt ist. 47

b) **Rügeverlust nach der Rspr. aa) Begründungsansätze.** Die Auffassung, dass die Zulässigkeit einer Verfahrensrüge, mit der eine Sachleitungsanordnung des Vorsitzenden beanstandet wird, grds. eine vorherige Beanstandung nach Abs. 2 voraussetzt, wird von der Rspr. – soweit sie nicht als selbstverständlicher revisionsrechtlicher Grundsatz behandelt wird (BGHSt 3, 368 [369]; 38, 260 [261]; NStZ 2009, 401; NStZ 2009, 647 [648]) – **unterschiedlich begründet**. Die frühe Rspr. argumentierte, dass bei unterlassener Beanstandung das Urteil nicht auf einer Gesetzesverletzung des Vorsitzenden beruhe (RGSt 71, 21 [23]; BGHSt 1, 284 [286], 4, 364 [366]) bzw. **keine Beschwer** vorliege (BGHSt 1, 322 [325]). Später wurde angeführt, im Unterlassen der Beanstandung liege ein **Verzicht** auf die Revisionsrüge (BGH NJW 1978, 1815; NStZ 1982, 432; NStZ 2008, 582). Die in zwei jüngeren Entscheidungen des BGH angeführte Begründung, die Verfahrensrüge sei **verwirkt** (so bereits OLG Koblenz StV 1992, 263 [264]; OLG Düsseldorf StV 1996, 252; OLG Köln NStZ-RR 1997, 366), wird auf ausführlichere Erwägungen zum Regelungszweck des § 238 Abs. 2 gestützt (BGHSt 51, 144 [147]; 55, 65 [67]). Danach bestehe der Zweck der Vorschrift darin, die Gesamtverantwortung des Spruchkörpers für die Rechtsförmigkeit der Verhandlung zu aktivieren, um hierdurch die Möglichkeit zu eröffnen, Fehler des Vorsitzenden i.R.d. Instanz zu korrigieren und damit Revisionen zu vermeiden, durch die ein Fehler des Vorsitzenden nur auf Kosten einer mehr oder weniger langen Verzögerung des Verfahrensabschlusses ausgeräumt werden könnte. Dieser Zweck würde jedoch verfehlt werden, wenn es im unbeschränkten Belieben des um die Möglichkeit des § 238 Abs. 2 StPO wissenden Verfahrensbeteiligten stünde, ob er eine für unzulässig erachtete Maßnahme des Vorsitzenden nach § 238 Abs. 2 StPO zu beseitigen sucht oder stattdessen hierauf im Fall eines ihm nachteiligen Urteils in der Revision eine Verfahrensrüge stützen will. 48

bb) **Ausnahmen.** Vom Grundsatz des Rügeverlusts bei Unterlassen der Beanstandung hat die Rspr. Ausnahmen anerkannt, die sich in ihrem Anwendungsbereich teilweise überschneiden (BGH NStZ 1992, 346; *Widmaier* MAH Strafverteidigung § 9 Rn. 217). Einer Beanstandung der Anordnung nach Abs. 2 bedarf es danach zur Erhaltung der Verfahrensrüge nicht, wenn 49
– der Angeklagte ohne Verteidiger ist und die Beanstandungsmöglichkeit des § 238 Abs. 2 nicht kennt (OLG Stuttgart NStZ 1988, 240; OLG Koblenz StV 1992, 263 [264]; OLG Köln NStZ-RR 1997, 366);
– der Vorsitzende eine dem Gericht vorbehaltene Maßnahme getroffen hat (BGHSt 4, 364 [366]: Entfernung des Angeklagten nach § 247 Satz 1; BGH, StV 2012, 202: Entscheidung über Verlesung nach § 251 Abs. 1);

§ 238 StPO Verhandlungsleitung

- sich der Vorsitzende über Verfahrensvorschriften hinwegsetzt, die keinerlei Entscheidungsspielraum zulassen (BGHSt 42, 73 (77 f.): Einführung der Aussage eines zeugnisverweigerungsberechtigten Arztes trotz Bestehens eines Zeugnisverweigerungsrechts von § 53 Abs. 1 Nr. 3; BGHSt 45, 203 [205]; StV 2012, 706: Verstoß gegen § 252);
- der Vorsitzende eine von Amts wegen vorzunehmende zwingende und unverzichtbare Maßnahme unterlassen hat (BGHSt 3, 368 [370]; 21, 288 [290]; OLG Zweibrücken StV 2003, 455: Nichterteilung des letzten Wortes; BGHSt 38, 260 [261 f.]: Verstoß gegen § 247 Satz 4; BGH StV 2012, 202: Entscheidung über Zulässigkeit der Verlesung nach § 256 Abs. 1; BGHSt 51, 81 [83]; StV 2009, 225: keine Entscheidung über Vereidigung nach § 59; a. A. BGH StV 2009, 565).
- eine unbeanstandete Maßnahme des Vorsitzenden zur Grundlage der Urteilsfindung wurde, weil das Gericht sie sich zu Eigen gemacht hat (BGH MDR 1958, 14 [D]; BGHSt 20, 98 [99]: Verstoß gegen Vereidigungsverbot; BGH StV 1996, 2: Nichtvereidigung des Sachverständigen entgegen § 79 Abs. 1 a. F.).
- der Vorsitzende die ihm nach § 243 Abs. 4 auferlegten Mitteilungs- und Dokumentationspflichten verletzt (BGH StV 2014, 655).

50 c) **Stellungnahmen des Schrifttums. aa) Zustimmung.** Der Auffassung der Rspr. zum Rügeverlust hat sich ein großer Teil des Schrifttums angeschlossen (LR/*Becker* § 238 Rn. 46 ff.; *Meyer-Goßner/Schmitt* § 238 Rn. 22; *Pfeiffer* § 238 Rn. 6; *Radtke/Hohmann/Britz* § 238 Rn. 30; *Dahs* FS Odersky, S. 327 ff.; *Graf/Gorf* § 238 Rn. 18; *Bischoff* NStZ 2010, 77 [80 f.]). Ergänzend zur knappen Begründung der Rspr. wird angeführt, die Auferlegung einer Beanstandungspflicht sei **verfahrensökonomisch sinnvoll**, da sie dem Interesse von Gericht und Prozessbeteiligten an einer schnellen Verfahrensdurchführung diene und der Gefahr begegne, dass die Prüfung eines korrigierbaren Verfahrensfehlers in rechtsmissbräuchlicher Wiese bewusst in die Revision verschoben wird. Die den Beschwerdeführer treffende Verantwortung wird griffig als **Rügeobliegenheit** beschrieben (*Kindhäuser* NStZ 1987, 529 [533]).

51 bb) **Kritik/Ablehnung.** Gegen die Auffassung der Rspr. wird von anderen Teilen des Schrifttums vor allem eingewandt, sie verwandle das in Abs. 2 allein genannte Beanstandungsrecht in eine **vom Gesetzgeber nicht vorgesehene Beanstandungspflicht** (SK-StPO/*Frister* § 238 Rn. 47 ff.; *Ebert* StV 1997, 271; *Schneider* JuS 2003, 176, 178). Die weitgehende Folge der Rügepräklusion bedürfe einer eindeutigen gesetzlichen Grundlage (*Hamm* Revision Rn. 1197; *Erker* Beanstandungsrecht, S. 151). Zwar enthalte die StPO auch Fälle, in denen die Beanstandungslast den Verfahrensbeteiligten auferlegt sei (§§ 6a Satz 2 und 3, 16 Satz 2 und 3, 25 Abs. 1, 217 Abs. 2, 222a, 222b); diese Einschränkungen ergäben sich aber – anders als bei § 238 Abs. 2 – unmittelbar aus dem Gesetzeswortlaut (KMR/*Paulus* § 238 Rn. 64; HK/*Julius* § 238 Rn. 12; *Lindemann* StV 2010, 379 [381]). Die von der Rspr. zur Begründung verwendeten Schlagworte (»Beruhen«, »Verzicht«, »Verwirkung«) seien bei genauerer dogmatischer Betrachtung nicht geeignet, einen Rügeverlust zu rechtfertigen (KMR/*Paulus* § 238 Rn. 64; *Erker* Beanstandungsrecht, S. 151 ff.; *Widmaier* NStZ 2007, 234; *Sinn/Hülsmann* StV 2009, 681 f. m.w.N.; *Lindemann* StV 2010, 381). Auch die uneinheitliche Anwendung von Grundsatz und Ausnahmen durch die Rspr. wird kritisch gesehen (*Schneider* JuS 2003, 176 [178]; *Sinn/Hülsmann* StV 2009, 681).

52 cc) **Weiterentwicklung.** Stark umstritten ist der von Teilen des Schrifttums entwickelte Ansatz, den Rügeverlust bei Unterlassen des Zwischenrechtsbehelfs nach § 238 Abs. 2 mit dem **Fehlen eines Rechtsschutzbedürfnisses** für eine spätere Verfahrensrüge zu begründen (*Mosbacher* JR 2007, 387; *ders.* FS Widmaier, S. 339; *ders.* NStZ 2011, 606; KK-StPO/*Schneider* § 238 Rn. 33 ff.). Ihm liegt der Gedanke zugrunde, die Beanstandung nach Abs. 2 als die ggü. der Revision einfachere, sachnähere und unter dem Aspekt von Treu und Glauben (§ 242 BGB) primär wahrzunehmende Möglichkeit der Überprüfung von sämtlichen Sachleitungsanordnungen des Vorsitzenden anzusehen. In der Folge wären bei Nichtbeanstandung auch Rügen wegen Verstößen gegen zwingendes Verfahrensrecht präkludiert (*Mosbacher* JR 2007, 387 [388]; *ders.* NStZ 2011, 606 [609]; KK-StPO/*Schneider* § 238 Rn. 34).

53 Zwar ist der Auffassung zugute zu halten, dass sie sich um dogmatische Schlüssigkeit bemüht. Problematisch erscheint jedoch, dass auch ihr rechtlicher Anknüpfungspunkt außerhalb der Norm in allgemeinen prozessualen Erwägungen liegt, die mit dem Wesen des Strafprozesses unvereinbar sind (*Lin-*

demann StV 2010, 383; *Bischoff* NStZ 2010, 77 [79]; *Gaede* wistra 2010, 210 [214]; Bauer NStZ 2012, 191 [192]), sie im Ergebnis zu einer Verschiebung der Verantwortung für ein rechtsstaatliches Verfahren auf den Verteidiger führt (*Tepperwien* NStZ 2009, 1 [6]; SK-StPO/*Frister* § 238 Rn. 47) und faktisch eine »Teilabschaffung der Verfahrensrüge« zur Folge hat (*Widmaier* NStZ 2011, 305 [309]). Auch der verfahrensökonomische Vorteil erscheint angesichts der – schon aus anwaltlicher Vorsicht zu erwartenden – Rügeinflation zweifelhaft (*Gaede* wistra 2010, 215). Entscheidend gegen die Auffassung sprechen aber **verfassungsrechtliche Überlegungen**. Die Annahme, die Beanstandung nach Abs. 2 sei als generelle Zulässigkeitsvoraussetzung für Verfahrensrügen zu verstehen, ist ersichtlich weder mit der Judikatur des BVerfG zu Art. 19 Abs. 4 und 20 Abs. 3 GG (*Widmaier* NStZ 2011, 305 [307]) noch mit der strengen Rspr. des BVerfG (NJW 2003, 3545 [3546] m.w.N.) zur (nur ausnahmsweise zulässigen) Einschränkung von Rechtsverfolgungsmöglichkeiten durch Präklusionsvorschriften vereinbar. Die angenommene Präklusion von Verstößen gegen zwingendes Verfahrensrecht, die auch Staatsanwaltschaft und Gericht nicht bemerkt haben, würde bereits gegen die Vorgabe verstoßen, dass nachteilige Rechtsfolgen (nur) »an eine von dem Betroffenen zu vertretende Verspätung geknüpft« werden dürfen. Auch wird durch § 238 Abs. 2 die vom Verfassungsgericht aufgestellte Voraussetzung nicht erfüllt, eine Präklusionsregelung müsse sich »durch ein besonderes Maß an Klarheit auszeichnen«.

Ob der BGH von seiner bisherigen Rspr. abweicht und eine auf § 238 Abs. 2 gestützte Ausweitung der Präklusion vornimmt, lässt sich nach wie vor noch nicht absehen. Nachdem in BGHSt 51, 144 das Problem des Rügeverlusts bei Verstoß gegen zwingende Verfahrensvorschriften zwar thematisiert, aber mangels Erheblichkeit nicht entschieden wurde, wurde in den jüngsten Entscheidungen wieder auf die bisherige Rspr. verwiesen (BGHSt 55, 65 [67]; StV 2012, 202; NStZ-RR 2012, 212 [213]).   54

§ 239 StPO Kreuzverhör.
(1) ¹Die Vernehmung der von der Staatsanwaltschaft und dem Angeklagten benannten Zeugen und Sachverständigen ist der Staatsanwaltschaft und dem Verteidiger auf deren übereinstimmenden Antrag von dem Vorsitzenden zu überlassen. ²Bei den von der Staatsanwaltschaft benannten Zeugen und Sachverständigen hat diese, bei den von dem Angeklagten benannten der Verteidiger in erster Reihe das Recht zur Vernehmung.
(2) Der Vorsitzende hat auch nach dieser Vernehmung die ihm zur weiteren Aufklärung der Sache erforderlich erscheinenden Fragen an die Zeugen und Sachverständigen zu richten.

A. Allgemeines.
Nach der Vorschrift können StA und Verteidigung durch **übereinstimmenden Antrag** erreichen, dass ihnen der Vorsitzende, der gem. § 238 Abs. 1 grds. die Verhandlung leitet, die Vernehmung der von ihnen benannten Beweispersonen überlässt und nur im Anschluss daran weitere zur Sachaufklärung erforderliche Fragen stellt. Zweck der Regelung ist es, die Unparteilichkeit des Vorsitzenden zu stärken und den Einfluss der Aktenkenntnis auf die Führung der Verhandlung zu verringern (SK/*Frister* § 239 Rn. 2).   1

Die Regelung ist an das im angloamerikanischen Strafprozess praktizierte **Kreuzverhör** angelehnt. Die Parteien (Anklage bzw. Verteidigung), denen es dort obliegt, die Beweise zu sammeln und vor Gericht vorzubringen, können mit dem Kreuzverhör (cross-examination) den von einer Gegenpartei benannten und bereits vernommenen Zeugen befragen. Ziel ist es, den Zeugen zu einer für die eigene Partei günstigen Aussage zu bringen oder seine Glaubwürdigkeit in Zweifel zu ziehen.   2

Da die Hauptverhandlung der StPO inquisitorisch ausgestaltet ist, d.h. das Gericht den Sachverhalt von Amts wegen aufklärt (§ 244 Abs. 2), wird die Regelung des § 239 übereinstimmend als Fremdkörper angesehen (KMR/*Paulus* § 239 Rn. 2; KK/*Schneider* § 239 Rn. 1). Sie spielt in der gerichtlichen Praxis auch **keine Rolle** (*Burhoff*, Strafrechtliche Hauptverhandlung, Rn. 586).   3

B. Anwendungsbereich.
Nach überwiegender Ansicht ist das Kreuzverhör auch bei der **kommissarischen Vernehmung** zulässig, weil diese vorweggenommener Teil der Hauptverhandlung sei (SK/*Frister* § 239 Rn. 13; KK/*Schneider* § 239 Rn. 6, a. A. § 223 Rn. 1; KMR/*Paulus* § 239 Rn. 6).   4

Bei der **audiovisuellen Zeugenvernehmung** (§ 247a) ist nach deren Anordnungsgrund zu differenzieren (SK/*Frister* § 239 Rn. 14). Wird sie zum Schutz des Zeugen durchgeführt (§ 247a Abs. 1 Satz 1 Halbs. 1), ist das seiner Natur nach auf Konfrontation angelegte Kreuzverhör unzulässig. Bei Anord-   5

§ 239 StPO Kreuzverhör

nung wegen Erscheinungshindernissen (§ 247a Abs. 1 Satz 1 Halbs. 2) spricht nichts gegen das Kreuzverhör.

6 **C. Voraussetzungen. I. Von der StA oder dem Angeklagten benannte Beweispersonen.** Ins Kreuzverhör können nur Zeugen und Sachverständige genommen werden, nicht der Angeklagte. Es muss sich um Beweispersonen handeln, die von der Staatsanwalt oder dem Angeklagten benannt worden sind. Dazu zählen alle Zeugen und Sachverständige, die vom Antragsberechtigten selbst geladen (§§ 214 Abs. 3, 220) oder auf seine Anregung oder seinen Beweisantrag hin vom Gericht geladen wurden (KMR/*Paulus* § 239 Rn. 9; *Meyer-Goßner/Schmitt* § 239 Rn. 4). Bei Zeugen unter 18 Jahren ist das Kreuzverhör nicht zulässig (§ 241a Abs. 1).

7 **II. Übereinstimmender Antrag.** StA und Verteidiger müssen einen übereinstimmenden Antrag stellen, dem das Gericht selbst bei Widerspruch des Angeklagten stattgeben muss (KMR/*Paulus* § 239 Rn. 10). Der Antrag, der auf einzelne Beweispersonen beschränkt werden kann (*Meyer-Goßner/Schmitt* § 239 Rn. 5), ist vor der Vernehmung zu stellen. Während bereits laufender Vernehmung durch den Vorsitzenden kann nicht ins Kreuzverhör umgestiegen werden (LR/*Becker* § 239 Rn. 8).

8 Hat ein Angeklagter keinen Verteidiger, ist das Kreuzverhör unzulässig. Bei mehreren Verteidigern (§ 137 Abs. 1 Satz 2) müssen alle den Antrag stellen (KK/*Schneider* § 239 Rn. 5, *Meyer-Goßner/Schmitt* § 239 Rn. 4; a. A. KMR/*Paulus* § 239 Rn. 10). Bei Verfahren mit mehreren Angeklagten, müssen alle Verteidiger dem Kreuzverhör zustimmen, wenn dessen Gegenstand auch ihren Mandanten betrifft (SK/*Frister* § 239 Rn. 5, KK/*Schneider* § 239 Rn. 3).

Andere Verfahrensbeteiligte (insb. Neben- und Privatkläger) haben kein Antragsrecht (KK/*Schneider* § 239 Rn. 5).

9 **D. Durchführung der Vernehmung.** Vor der Vernehmung wird die Beweisperson vom Vorsitzenden belehrt und zu ihren Personalien befragt (§§ 57, 68). Dann überträgt der Vorsitzende das Vernehmungsrecht auf StA und Verteidiger. Mit der Befragung beginnt der Verfahrensbeteiligte, der die Beweisperson zuerst benannt hat (Abs. 1 Satz 2). Die Vorgabe des § 69 für Vernehmungen zur Sache gilt auch für das Kreuzverhör (SK/*Frister* § 239 Rn. 11; KK/*Schneider* § 239 Rn. 7, a. A. KMR/*Paulus* § 239 Rn. 3). Zunächst wird daher im Zusammenhang berichtet (§ 69 Abs. 1 Satz 1), anschließend verhört (§ 69 Abs. 2).

10 Während des Kreuzverhörs kommt dem Vorsitzenden nur eine überwachende Funktion zu. Er kann demjenigen, der seine Befugnis zur Vernehmung missbraucht, das Fragerecht entziehen (§ 241 Abs. 1) und ungeeignete und nicht zur Sache gehörende Fragen zurückweisen (§ 241 Abs. 2). Dies kann auch vom Zeugen oder Sachverständigen beantragt werden. Bei Ablehnung kann ein Antrag nach § 238 Abs. 2 gestellt werden (*Meyer-Goßner/Schmitt* § 239 Rn. 6).

11 Nach Abschluss des Kreuzverhörs muss der Vorsitzende die ihm zur weiteren Aufklärung der Sache erforderlich erscheinenden Fragen an die Beweisperson richten (Abs. 2, § 244 Abs. 2). Danach können gem. § 240 Abs. 2 die übrigen Verfahrensbeteiligten Fragen stellen (SK/*Frister* § 239 Rn. 7).

12 **E. Informelles Kreuzverhör.** Nach allgemeiner Auffassung (SK/*Frister* § 239 Rn. 15; KMR/*Paulus* § 239 Rn. 5) kann der Vorsitzende bei Zweckmäßigkeit unabhängig von § 239 nach dem Zeugenbericht (§ 69 Abs. 1 Satz 1) bzw. dem Gutachtenserstattung den nach § 240 Abs. 2 Berechtigten das Fragerecht überlassen und ggf. ergänzende Nachfragen stellen (sog. **informelles Kreuzverhör**).

13 **F. Rechtsbehelfe.** StA und Verteidiger können gegen die unzulässige Anordnung oder Ablehnung des Antrags auf Durchführung des Kreuzverhörs einen Antrag gem. § 238 Abs. 2 stellen; die Beschwerde ist gem. § 305 Satz 1 unzulässig (KMR/*Paulus* § 239 Rn. 17). Die Beschwerde von Zeugen und Sachverständigen ist bei Verletzung eigener Rechte statthaft (§ 305 Satz 2). Bei unzulässiger Beschränkung des Kreuzverhörs durch den Vorsitzenden kommt (nach vorheriger Beanstandung gem. § 238 Abs. 2) die Revision nach § 338 Nr. 8 in Betracht (LR/*Becker* § 239 Rn. 11).

§ 240 StPO Fragerecht. (1) Der Vorsitzende hat den beisitzenden Richtern auf Verlangen zu gestatten, Fragen an den Angeklagten, die Zeugen und die Sachverständigen zu stellen. (2) ¹Dasselbe hat der Vorsitzende der Staatsanwaltschaft, dem Angeklagten und dem Verteidiger sowie den Schöffen zu gestatten. ²Die unmittelbare Befragung eines Angeklagten durch einen Mitangeklagten ist unzulässig.

A. Grundsätzliches und Regelungsgehalt. Die Vorschrift steht im Dienst der Erforschung der materiellen Wahrheit, indem sie es allen Verfahrensbeteiligten gestattet, zur **Sachverhaltsaufklärung** Fragen zu stellen (KK-StPO/*Schneider* § 240 Rn. 1). Gleichzeitig trägt sie den Anforderungen des Art. 6 Abs. 3d EMRK Rechnung, wonach die Befragung von Belastungszeugen zu den Mindestrechten des Angeklagten gehört (*Meyer-Goßner/Schmitt* § 240 Rn. 1). Sie gilt auch bei kommissarischen Vernehmungen (BGHSt 9, 24 [27]). Für Zeugen unter 18 Jahren gilt § 241a als Sondervorschrift. Die Aufteilung der frageberechtigten Prozessbeteiligten auf die beiden Absätze erklärt sich aus dem systematischen Zusammenhang mit § 241 Abs. 2, wonach der Vorsitzende nur Fragen der nach Abs. 2 Berechtigten zurückweisen kann, nicht aber die Fragen der weiteren berufsrichterlichen Mitglieder des erkennenden Gerichts (LR/*Becker* § 240 Rn. 4). 1

B. Frageberechtigte. I. Berufsrichter (Abs. 1) Abs. 1 betrifft die **berufsrichterlichen Mitglieder** des erkennenden Gerichts unter Einschluss evtl. gem. § 192 Abs. 2 GVG hinzugezogener Ergänzungsrichter (RGSt 67, 276 [277]; SK-StPO/*Frister* § 240 Rn. 7). 2

II. Übrige Verfahrensbeteiligte (Abs. 2) Frageberechtigt nach **Abs. 2** sind die Schöffen einschließlich der gem. § 192 Abs. 2, 3 GVG hinzugezogenen Ergänzungsschöffen (RGSt 67, 276 [277]), der Staatsanwalt, der Verteidiger und der Angeklagte. Dessen Fragerecht ist unabhängig von dem seines Verteidigers (BGH [Pf/M] NStZ 1985, 205; KK-StPO/*Schneider* § 240 Rn. 6). Damit die Regelung in den §§ 142 Abs. 1 Nr. 3, Abs. 2, 145 Abs. 2 GVG nicht unterlaufen wird, hat der Amtsanwalt kein umfassendes Fragerecht in der Hauptverhandlung vor dem Landgericht (BGH NStZ 2012, 344; vgl. auch LR/*Franke* § 142 GVG Rn. 30). 3

III. Sonstige Frageberechtigte. 1. Kraft Gesetzes. Die **Aufzählung der Frageberechtigten** nach § 240 ist **nicht abschließend** (BGH NJW 1969, 437 [438]). Verweise in anderen gesetzlichen Vorschriften erweitern diesen Kreis. Danach sind auch frageberechtigt der Privatkläger (§ 385 Abs. 1), der Nebenkläger (§ 397 Abs. 1 Satz 3), der gesetzliche Vertreter und Erziehungsberechtigte eines Jugendlichen (§ 67 Abs. 1 JGG), der Beistand im Jugendstrafverfahren (§ 69 Abs. 3 JGG), der Verfalls- und Einziehungsbeteiligte (§§ 433 Abs. 1, 442 Abs. 1), der Vertreter einer bußgeldbeteiligten juristischen Person oder Personenvereinigung (§ 444 Abs. 2 Satz 2) sowie der Vertreter der Finanzbehörde (§ 407 Abs. 1 Satz 5 AO). Inhalt und Umfang des Fragerechts eines Sachverständigen ergeben sich aus § 80 Abs. 2. Nach überwiegender Ansicht ergibt sich aus dem Anhörungsrecht des Beistandes und des gesetzlichen Vertreters des Angeklagten (§ 149 Abs. 1 Satz 1, Abs. 2) auch dessen Fragerecht (BGHSt 44, 82 [86]; 47, 62 [64]; LR/*Becker* § 240 Rn. 8; KK-StPO/*Schneider* § 240 Rn. 3; anders beim Beistand nach § 406f und § 406g). Die dagegen im Schrifttum unter Hinweis auf den Unterschied zwischen einem Anhörungs- und einem Fragerecht erhobenen Bedenken (SK-StPO/*Frister* § 240 Rn. 9 m.w.N.) sind nicht von der Hand zu weisen. 4

2. Sonstige. Der Vorsitzende kann im Rahmen seiner **Sachleitungsbefugnis** auch Fragen von Verfahrensbeteiligten zulassen, die **kein eigenes Fragerecht** haben, sofern dies der Sachaufklärung dient (BGHSt 47, 62[64]; BGH NStZ 2005, 222 m. Anm. *Ventzke* NStZ 2005, 396; allg.M.; vgl. nur OK-StPO/*Gorf* § 240 Rn. 4). Die Befragung eines Zeugen durch einen anderen wird ausnahmsweise für zulässig gehalten (*Meyer-Goßner/Schmitt* § 240 Rn. 3), sollte aber tatsächlich auf absolute Ausnahmefälle beschränkt bleiben. 5

C. Ausübung des Fragerechts. I. Form. Die Ausübung des Fragerechts besteht der Form nach darin, die Auskunftsperson durch das Stellen von Fragen oder durch Vorhalte zu einer **Erklärung bestimmter Tatsachen** zu veranlassen; die Abgabe von Erklärungen seitens des Fragenden ist ebenso wenig gestattet (vgl. dazu §§ 257, 258) wie die Veranlassung der Auskunftsperson zur Abgabe einer zu- 6 sammenhängenden Schilderung (KK-StPO/*Schneider* § 240 Rn. 5). Letzteres steht gem. § 69 Abs. 1 Satz 1 nur dem Vorsitzenden zu. Vorhalte sind auch aus dem erkennenden Gericht unbekannten Urkunden statthaft (HK-StPO/*Julius* § 240 Rn. 6).

7 **II. Unmittelbarkeit der Befragung.** Hat der Vorsitzende dem Frageberechtigten das Wort erteilt, hat dieser Anspruch darauf, dass er seine Frage(n) dann **unmittelbar und ohne Einschaltung des Gerichts** an die Auskunftsperson richten kann. Eine Befugnis des Vorsitzenden, den Inhalt der beabsichtigten Fragen vor der Vernehmung des Zeugen bzw. des Sachverständigen zu erfahren, besteht regelmäßig nicht (RGSt 18, 365 [366]; LR/*Becker* § 240 Rn. 14). Er kann die Befragung auch nicht von bestimmten Umständen abhängig machen, etwa der Vorlegung einer Urkunde, auf die sich eine Frage inhaltlich bezieht (BGHSt 16, 67 [69] m. Anm. *Eb. Schmidt* JR 1961, 429; LR/*Becker* § 240 Rn. 14). Vielmehr ist er auf die Wahrnehmung seiner Befugnisse aus § 241 Abs. 2 angewiesen, ungeeignete oder nicht zur Sache gehörende Fragen zurückzuweisen (*Meyer-Goßner/Schmitt* § 240 Rn. 9).

8 **III. Befragung von Mitangeklagten.** Die unmittelbare Befragung eines Angeklagten durch einen Mitangeklagten ist **ausnahmslos unzulässig**; dieses Verbot, dass der Vorsitzende auch in ihm geeignet erscheinenden Ausnahmefällen nicht durchbrechen kann (*Meyer-Goßner/Schmitt* § 240 Rn. 10), begegnet keinen verfassungsrechtlichen Bedenken (BVerfG NJW 1996, 3408; vgl. BVerfGE 53, 207 [215] für den Fall, dass der Angeklagte selbst RA ist) und ist sinnvoll, da eine gegenseitige Befragung der Angeklagten untereinander zu **Konfrontationen** führen kann, die der Sachaufklärung nicht dienlich sind (SK-StPO/*Frister* § 240 Rn. 15). Daher müssen Mitangeklagte entsprechende Fragen mittelbar über den Vorsitzenden stellen, womit den verfassungsrechtlichen Geboten des fairen Verfahrens und des rechtlichen Gehörs ebenso genügt wird wie den Gewährleistungen der EMRK (BVerfG NJW 1996, 3408; BGH NStZ-RR 1996, 334; *Frister* a.a.O.).

9 **IV. Zeitpunkt der Ausübung des Fragerechts.** Es liegt **im Ermessen des Vorsitzenden**, wann er den anderen Verfahrensbeteiligten die Ausübung des Fragerechts gestattet. Das ergibt sich aus § 238 Abs. 1, wonach er zunächst selbst i.R.d. Durchführung der Beweisaufnahme die Zeugen und Sachverständigen im Zusammenhang vornehmen muss (BGHSt 16, 67 [70]; *Meyer-Goßner/Schmitt* § 240 Rn. 6; KK-StPO/*Schneider* § 240 Rn. 8). Solange kann er Fragen der anderen Frageberechtigten zurückweisen; ob er Ausnahmen zulässt, liegt in seinem Ermessen (*Meyer-Goßner/Schmitt* § 240 Rn. 6). Sein Recht zur Leitung der Verhandlung beinhaltet auch die Befugnis zu entscheiden, wann und in welcher Reihenfolge er den Verfahrensbeteiligten das Wort erteilt (zur in der Praxis üblichen Reihenfolge HK-StPO/*Julius* § 240 Rn. 5); für die Ausübung seines Ermessens sind allein Gründe der Zweckmäßigkeit unter Beachtung des Grundsatzes der Amtsaufklärung maßgebend und können Abweichungen in jeder Hinsicht rechtfertigen (LR/*Becker* § 240 Rn. 12; HK-StPO/*Julius* § 240 Rn. 5). Hat er einem Berechtigten das Wort zur Befragung erteilt, entspricht es ständiger Praxis, diesen die Befragung insgesamt ohne Unterbrechung durch den Vorsitzenden oder andere Prozessbeteiligte durchführen zu lassen; einen Anspruch darauf hat dieser jedoch nicht (BGH NStZ 1995, 143; ähnlich KK-StPO/*Schneider* § 240 Rn. 8). Besteht ein sachlicher Grund, kann der Vorsitzende die Befragung ausnahmsweise unterbrechen und dem Betreffenden das Wort zu deren Fortsetzung später wieder erteilen (BGH a.a.O.; LR/*Becker* § 240 Rn. 17; zweifelnd *Schneider* a.a.O.; dagegen SK-StPO/*Frister* § 240 Rn. 13). Das Recht zur Befragung eines Zeugen oder Sachverständigen besteht vom Beginn seiner Vernehmung bis zu seiner förmlichen Entlassung. Die Frageberechtigten sind daher vor Entlassung zu hören, damit ihr Recht zur Befragung nicht verletzt wird (BGHSt 15, 161 [163]; BGH StV 1985, 355; StV 1996, 248; OLG Stuttgart NStZ 1994, 600; LR/*Becker* § 240 Rn. 13).

10 **V. Eingreifen des Vorsitzenden.** In die Befragung durch einen Prozessbeteiligten kann der Vorsitzende regelmäßig nur unter den Voraussetzungen des § 241 Abs. 2 eingreifen (*Radtke/Hohmann/Britz* § 240 Rn. 15). Ansonsten kann er den Fragenden, solange dieser sich prozessordnungsgemäß verhält, nicht unterbrechen, er kann das Fragerecht auch nicht wieder an sich ziehen oder Zwischenfragen anderer Beteiligter zulassen, es sei denn, der ursprüngliche Inhaber des Rechts zur Befragung stimmt dem zu (OLG Hamm StV 1993, 462; zu Ausnahmen bei einem dringenden sachlichen Grund s.o. Rn. 9).

D. Hauptverhandlungsprotokoll. Bei der Ausübung des Fragerechts und dessen Gewäh- 11
rung durch den Vorsitzenden handelt es sich **nicht um wesentliche Förmlichkeiten** i.S.d. § 273 Abs. 1
(LR/*Becker* § 240 Rn. 19). Eine Ausnahme besteht lediglich in dem Fall des § 273 Abs. 3 Satz 1.

E. Rechtsbehelfe. Wird das **Fragerecht beschnitten**, indem der Vorsitzende den Zeugen oder 12
Sachverständigen entlässt, muss der davon betroffene Frageberechtigte eine Entscheidung des Gerichts
(§ 238 Abs. 2) herbeiführen, auch um einen daraus erwachsenen Verfahrensfehler im Revisionsverfahren in zulässiger Weise rügen zu können (BGH StV 1985, 355; 1996, 248). Gleiches gilt bei fehlerhafter
Beurteilung der Frageberechtigung (BGH NJW 2007, 377 m. abl. Anm. *Ventzke*; BGH NStZ 2005,
396). Wegen der weiteren Einzelheiten zu Beschwerde und Revision im Zusammenhang mit der Gewährung und Ausübung des Fragerechts wird auf die Erläuterungen zu § 241 verwiesen (Rdn. 14 f.).

§ 241 StPO Zurückweisung von Fragen durch den Vorsitzenden.

(1) Dem, welcher in den Fällen des § 239 Abs. 1 die Befugnis der Vernehmung missbraucht, kann sie vom Vorsitzenden entzogen werden.
(2) In den Fällen des § 239 Abs. 1 und des § 240 Abs. 2 kann der Vorsitzende ungeeignete oder nicht zur Sache gehörende Fragen zurückweisen.

A. Grundsätzliches und Regelungsgehalt. Die Strafprozessordnung sieht in verschiede- 1
nen Vorschriften eine **Einschränkung des Fragerechts** der Verfahrensbeteiligten vor. Während § 68a
das Fragerecht zum Schutz der Persönlichkeitsrechte des Zeugen begrenzt, steht bei § 241 die Gewährleistung der Durchsetzung des Verfahrensrechts und damit die **Sicherung der Wahrheitsfindung** im
Vordergrund (BGH NJW 2005, 1519; NStZ 1990, 400; OLG Koblenz wistra 1983, 42; LR/*Ignor/Bertheau* § 68a Rn. 1; LR/*Becker* § 241 Rn. 1; tendenziell a. A. KK-StPO/*Schneider* § 241 Rn. 1 [nur
Schutz vor unzulässigen Fragen); unklar HK-StPO/*Julius* § 241 Rn. 1). Da das Fragerecht zu den essenziellen Rechten der Prozessbeteiligten gehört (vgl. BGH NStZ 1981, 71), wird zu Recht eine zurückhaltende Handhabung v.a. des Abs. 2 angemahnt (HK-StPO/*Julius* § 241 Rn. 1; KK-StPO/*Schneider*
§ 241 Rn. 1).

B. Missbrauch des Kreuzverhörs (Abs. 1) I. Missbrauch. Abs. 1 gehört zum Kreis der- 2
jenigen Vorschriften, die, wie etwa auch der Ablehnungsgrund der Prozessverschleppung im Beweisantragsrecht (§ 244 Abs. 3 Satz 2), die **missbräuchliche Wahrnehmung von Verfahrensrechten sanktioniert** (KK-StPO/*Schneider* § 241 Rn. 2). Ein Missbrauch der Befugnis zum Kreuzverhör i.S.d. – in
der Praxis nicht sehr bedeutsamen (KK-StPO/*Schneider* § 241 Rn. 2) – Abs. 1 ist immer dann anzunehmen, wenn **die Befragung** nach Inhalt und/oder Form **die Wahrheitsfindung behindert**. Ein solcher
Fall wird insb. dann anzunehmen sein, wenn die Art der Befragung darauf ausgerichtet ist, die Persönlichkeitsrechte der Auskunftsperson zu verletzen, etwa durch Einschüchterung, oder wenn die
Befragung insgesamt zu verfahrensfremden, bspw. zu politischen Zwecken genutzt wird (*Meyer-Goßner/Schmitt* § 241 Rn. 2; KK-StPO/*Schneider* § 241 Rn. 2; *Kröpil* JR 1997, 315). Zutreffend wird angenommen, dass dem Begriff des Missbrauchs ein Element der Dauer immanent ist, weshalb einzelne
unzulässige Fragen die Annahme der missbräuchlichen Ausübung des Rechts in § 239 Abs. 1 regelmäßig nicht rechtfertigen können (LR/*Becker* § 241 Rn. 2; KK-StPO/*Schneider* § 241 Rn. 2).

II. Wirkung der Entziehung. 1. Allgemeines. Die Entziehung der Befugnis zum Kreuzverhör 3
erfolgt durch den Vorsitzenden und stellt **eine auf die Sachleitung bezügliche Anordnung** i.S.d. § 238
Abs. 1 dar (LR/*Becker* § 241 Rn. 3). Schon aus Gründen der Verhältnismäßigkeit und mit Rücksicht
auf die Bedeutung des Fragerechts sollte die Maßnahme zunächst angekündigt werden, damit der Fragende Gelegenheit hat, sich auf die drohende Maßnahme einzustellen (SK-StPO/*Frister* § 241 Rn. 4
spricht insoweit von »Abmahnung«; ebenso KK-StPO/*Schneider* § 241 Rn. 3). Je nach Schwere des
Missbrauchs kann sich die Befugnis zum Entzug des Fragerechts zu einer Pflicht zum Einschreiten verdichten (vgl. *Granderath* MDR 1983, 799; *Meyer-Goßner/Schmitt* § 241 Rn. 3).

§ 241 StPO Zurückweisung von Fragen durch den Vorsitzenden

4 **2. Fragerecht gem. § 240 Abs. 2.** Die Anordnung des Vorsitzenden nach Abs. 1 **trifft nur denjenigen, der das Recht zum Kreuzverhör missbraucht.** Hat ein Angeklagter zwei Verteidiger, kann der von der Anordnung nicht betroffene das Kreuzverhör fortsetzen (LR/*Becker* § 241 Rn. 4). Der herrschenden Auffassung, wonach die Entziehung des Rechts zur Fortsetzung des Kreuzverhörs das Fragerecht nach § 240 Abs. 2 Satz 1 unberührt lässt (*Meyer-Goßner/Schmitt* § 241 Rn. 4; LR/*Becker* § 241 Rn. 4; OK-StPO/*Gorf* § 241 Rn. 3; einschränkend SK-StPO/*Frister* § 241 Rn. 6; a. A. KK-StPO/*Schneider* § 241 Rn. 4), ist schon mit Blick auf den eindeutigen Wortlaut der Vorschrift beizupflichten. Da es dem Vorsitzenden bei der Fortsetzung der Befragung außerhalb des Kreuzverhörs unbenommen bleibt, Fragen nach Abs. 2 zurückzuweisen, sind die Meinungsunterschiede von lediglich akademischem Interesse.

5 **C. Zurückweisung von Fragen (Abs. 2) I. Allgemeines.** Nach Abs. 2 kann der Vorsitzende ungeeignete und nicht zur Sache gehörende Fragen von Amts wegen oder auf Anregung eines Prozessbeteiligten **im Rahmen seiner Sachleitungsbefugnis zurückweisen.** Angesichts der sprachlichen Fassung können sich beide Zurückweisungsgründe im Einzelfall überschneiden, bezogen auf die jeweilige Frage also nicht nur alternativ, sondern kumulativ vorliegen (vgl. LR/*Becker* § 241 Rn. 6). Die Befugnis des Vorsitzenden erstreckt sich jedoch nur auf die Fragen der von § 240 Abs. 2 erfassten Verfahrensbeteiligten; hat der Vorsitzende Bedenken gegen die Zulässigkeit der Frage eines beisitzenden Richters, muss er gem. § 242 verfahren und einen entsprechenden Gerichtsbeschluss herbeiführen (LR/*Becker* § 241 Rn. 5). Entsprechendes gilt, wenn eine Frage des Vorsitzenden als ungeeignet oder nicht zur Sache gehörend beanstandet wird (SK-StPO/*Frister* § 241 Rn. 9).

6 **II. Ungeeignete Fragen.** Ungeeignete Frage sind nach der ständigen obergerichtlichen Rechtsprechung solche, die die **Wahrheitsermittlung nicht oder nicht in zulässiger Weise fördern können** (BGHSt 13, 252 [254]; 21, 334 [360]; 50, 318 [330]; SK-StPO/*Frister* § 241 Rn. 10). Herkömmlich werden Fragen, die aus tatsächlichen Gründen ungeeignet sind, von solchen, die sich aus Rechtsgründen als ungeeignet erweisen, unterschieden (KK-StPO/*Schneider* § 241 Rn. 8 ff., 11 ff.). Für die Anwendbarkeit der Vorschrift ist mit dieser Unterscheidung im Hinblick auf die einleitenden Ausführungen (Rn. 1) nicht viel gewonnen (ähnlich LR/*Becker* § 241 Rn. 7). Dass Suggestivfragen, regelmäßig auch Wiederholungsfragen und solche, die den Zeugen ersichtlich nur verwirren sollen, **aus tatsächlichen Gründen** die Wahrheitsfindung nicht weiter bringen, liegt auf der Hand (dazu OK-StPO/*Gorf* § 241 Rn. 6 ff.). **Aus Rechtsgründen** ungeeignet sind all jene Fragen, die im Hinblick auf andere strafprozessuale Bestimmungen, etwa Zeugnis- oder Auskunftsverweigerungsrechte, nicht gestellt werden dürfen (BGH St 50, 318 [321 f.]; BGH NStZ 1986, 181; LR/*Becker* § 241 Rn. 17). Dazu gehören aber auch Fragen nach dem Wohnort eines Zeugen in den Fällen des § 68 Abs. 2 und 3, nicht unerlässliche Fragen i.S.d. § 68a (vgl. aber BGH NStZ 1990, 400; OLG Koblenz wistra 1983, 42), Fragen an einen Richter, bei deren Beantwortung er gegen das Beratungsgeheimnis verstoßen würde sowie solche, für deren Beantwortung die gem. § 54 erforderliche Aussagegenehmigung nicht vorliegt (OK-StPO/*Gorf* § 241 Rn. 10.2).

7 **III. Nicht zur Sache gehörende Fragen.** Eine Frage gehört dann nicht zur Sache, wenn sie sich **weder unmittelbar noch mittelbar auf den Gegenstand der Untersuchung bezieht** (st. Rspr.; vgl. BGHSt 2, 284 [287]; BGH NStZ 1985, 183; vgl. auch KK-StPO/*Schneider* § 241 Rn. 7). Der Begriff des fehlenden Sachbezugs ist nicht gleichzusetzen mit dem (weiter gefassten) Begriff der Bedeutungslosigkeit einer Beweistatsache, die gem. § 244 Abs. 3 Satz 2 zur Zurückweisung eines entsprechenden Beweisantrags berechtigen kann (BGHSt 2, 284 [288]; BGH StV 1984, 60; ausführlich LR/*Becker* § 241 Rn. 10 f.). Darauf, dass die Frage nach Auffassung des erkennenden Richters erheblich ist, kommt es nicht an; dieses Urteil kann erst unter Berücksichtigung der jeweiligen Antwort abgegeben werden (BGH StV 1984, 60; NStZ 1985, 183). Geht es um die Überprüfung der Glaubwürdigkeit eines Zeugen und der Glaubhaftigkeit seiner Bekundungen, ist der Kreis der (noch) zur Sache gehörenden und damit der zulässigen Fragen besonders weit zu ziehen: Besteht zwischen dem Fragegegenstand und dem Tatvorwurf ein enger Zusammenhang und ist die Möglichkeit gegeben, aus der Antwort des Zeugen indizielle Rückschlüsse auf die Glaubhaftigkeit seiner belastenden Angaben zu ziehen, kann die Frage regelmäßig nicht zurückgewiesen werden (BGHR StPO § 241 Abs. 2 Zurückweisung 15; vgl. auch BGH NStZ 2001, 418). Geht es um die Glaubwürdigkeit von wichtigen Belastungszeugen, hat die

Wahrung ihrer Persönlichkeitsrechte – in Grenzen (vgl. BGH NStZ-RR 2001, 138) – hinter der Pflicht zur Wahrheitsermittlung zurückzustehen (BGH NStZ 1990, 400; NStZ 1982, 170).

IV. Verfahren und Wirkung der Zurückweisung. 1. Verfahren. Die Entscheidung des Vorsitzenden, eine Frage zurückzuweisen, ergeht als prozessleitende Anordnung von Amts wegen oder auf Antrag eines Prozessbeteiligten nach pflichtgemäßem Ermessen und erfasst regelmäßig eine einzelne, bereits gestellte Frage (LR/*Becker* § 241 Rn. 22). Die vorherige Mitteilung einer beabsichtigten Frage kann er regelmäßig (zu Ausnahmen Rdn. 11) nicht verlangen (BGH NStZ 1983, 421). Nimmt er sein Rechts zur Zurückweisung trotz Vorliegens der Voraussetzungen nicht wahr, trifft den Vorsitzenden ein Mitverschulden an der rechtswidrigen Ausübung des Fragerechts. Ergeben sich in einem solchen Fall im weiteren Verlauf der Hauptverhandlung Spannungen zwischen Gericht und Verteidigung, kann das Untätigbleiben des Vorsitzenden für die Entscheidung über einen Ablehnungsantrag von erheblicher Bedeutung sein (BGH NStZ 2005, 218).

2. Begründung. Obwohl für die Anordnung des Vorsitzenden § 34 nicht gilt, ist eine kurze Mitteilung der für die Zurückweisung maßgeblichen Erwägungen geboten (LR/*Becker* § 241 Rn. 22; *Meyer-Goßner/Schmitt* § 241 Rn. 17). Sie kann entbehrlich sein, wenn der Vorsitzende vor der Zurückweisung bereits hinreichend ausführlich auf seine Bedenken gegen eine Frage hingewiesen hat. Jedenfalls nach § 238 Abs. 2 ergehende Beschluss ist so zu begründen, dass die davon betroffene Verfahrensbeteiligte sein weiteres Verhalten darauf einrichten kann und die revisionsgerichtliche Nachprüfung gewährleistet ist (BGH NStZ-RR 2001, 138; BGHR StPO § 241 Abs. 2 Zurückweisung 3). Die Zurückweisung einer Frage an einen Sachverständigen etwa mit der Begründung, diese sei für das Verfahren ohne Bedeutung, reicht nicht aus (BGHR StPO § 241 Abs. 2 Zurückweisung 8).

3. Wirkung. a) Allgemeines. Die Zurückweisung bewirkt, dass die Auskunftsperson die gestellte Frage nicht zu beantworten braucht und die Frage auch später nicht erneut gestellt werden darf (LR/*Becker* § 241 Rn. 23). Ist die Antwort bereits – vorschnell – erfolgt, wird sie nicht Bestandteil des Bekundungen des Zeugen bzw. Sachverständigen und darf auch nicht verwertet werden; eine Bestrafung nach §§ 153, 154 StGB ist insoweit ebenfalls nicht zulässig (BGH bei *Dallinger* MDR 1953, 401; SK-StPO/*Frister* § 241 Rn. 23; vgl. auch SSW-StGB/*Sinn* § 153 Rn. 30).

b) Abschnittsweise Entziehung. Die Zurückweisung nach Abs. 2 bezieht sich auf die einzelne Frage; eine weiter gehende **Entziehung des Fragerechts insgesamt** wird zu Recht **nicht als zulässig** angesehen (*Meyer-Goßner/Schmitt* § 241 Rn. 6; SK-StPO/*Frister* § 241 Rn. 25; KK-StPO/*Schneider* § 241 Rn. 15). Wird jedoch im Lauf der Befragung ersichtlich, dass der Fragende keine zulässigen Fragen mehr stellen kann oder will, kann ihm in dem betreffenden Zusammenhang, etwa für einen bestimmten Abschnitt des Beweisthemas oder für einen einzelnen Fragenkomplex, **ausnahmsweise** das Fragerecht entzogen werden (BGHSt 13, 252 [254]; 21, 334 [360]; 48. 372 [373]; OLG Karlsruhe JZ 1978, 35 [36]; *Meyer-Goßner/Schmitt* § 241 Rn. 6; KK-StPO/*Schneider* § 241 Rn. 17; teilw. enger LR/*Becker* § 241 Rn. 24). Ob der Vorsitzende, der sich bei seiner Entscheidung streng am **Grundsatz der Verhältnismäßigkeit** zu orientieren hat, bei einem **nachhaltigen Missbrauch des Fragerechts** statt dessen eine vorherige schriftliche Vorlage weiterer Fragen anordnet oder dem Inhaber des Fragerechts aufgibt, weitere Fragen nur noch über den Verteidiger oder Nebenklägervertreter zu stellen, um eine **Verletzung des Persönlichkeitsrechts des Zeugen** zu unterbinden, (vgl. SK-StPO/*Frister* § 241 Rn. 25; *Radtke/Hohmann/Britz* § 241 Rn. 16), liegt in seinem pflichtgemäßen Ermessen.

D. Hauptverhandlungsprotokoll. Die Protokollierung einer auf der Grundlage der Vorschrift erfolgten Beschränkung des Fragerechts ist nur dann erforderlich, wenn der davon Betroffene die **Anordnung des Vorsitzenden gem. § 238 Abs. 2** beanstandet hat (OK-StPO/*Gorf* § 241 Rn. 16; a. A. SK-StPO/*Frister* § 241 Rn. 28 [Protokollierung immer erforderlich]). Der dazu ergangene Gerichtsbeschluss bedarf ebenso der Protokollierung (*Meyer-Goßner/Schmitt* § 241 Rn. 18).

E. Rechtsbehelfe. I. Allgemeines. Die Zulässigkeit einer auf die Verletzung von § 241 gestützten verfahrensrechtlichen Beanstandung im Revisionsverfahren setzt voraus, dass der Revisionsführer in der Hauptverhandlung gem. § 238 Abs. 2 eine **Entscheidung des Gerichts** herbeigeführt hat (BGH NStZ 2005, 222).

14 **II. Beschwerde.** Die Zulassung einer als unzulässig angesehenen Frage kann der jeweilige Zeugen oder Sachverständige **als Drittbetroffener gem.** § 305 Satz 2 mit der Beschwerde anfechten; der Rechtsbehelf hat keine aufschiebende Wirkung. Für alle weiteren Fallkonstellationen ist die **Beschwerde ausgeschlossen** (§ 305 Satz 1). Die Beschwerdeentscheidung bindet den Tatrichter, aber nicht das Revisionsgericht (BGHSt 21, 334 [359 f.]; LR/*Becker* § 241 Rn. 30).

15 **III. Revision. 1. Allgemeines.** Eine Verletzung von § 241 kann einen **Revisionsgrund i.S.d.** §§ 336, 337 darstellen. Der Angeklagte kann den Entzug des Fragerechts nach Abs. 1 oder die Zurückweisung einer Frage nach Abs. 2 auch **unter dem Gesichtspunkt des § 338 Nr. 8** geltend machen (BGHR StPO § 241 Abs. 2 Zurückweisung 8). Insoweit kann auch eine unzureichende Beschlussbegründung gerügt werden (BGH StV 1990, 199; BGHR StPO § 241 Abs. 2 Zurückweisung 8), ebenso, dass die Entscheidung über die Beanstandung einer Frage versehentlich unterblieben ist (LR/*Becker* § 241 Rn. 33; zur Beschwer durch Zurückweisung der Frage eines Mitangeklagten BGH NStZ 1991, 228). Nicht selten wird die Zurückweisung einer Frage zum Anlass für einen **Ablehnungsantrag** genommen, dessen Ablehnung im Revisionsverfahren gem. § 338 Nr. 3 gerügt werden kann (vgl. BGH NStZ 2005, 218; NStZ 2000, 325).

16 **2. Revisionsvorbringen.** Um den Anforderungen des § 344 Abs. 2 Satz 2 in Fällen der vorliegenden Art zu genügen, empfiehlt es sich, dem Revisionsgericht eine möglichst geschlossene Schilderung des Ablaufs des entscheidungserheblichen Teils der Hauptverhandlung vorzutragen (vgl. BGH NStZ-RR 2002, 270; NStZ 2000, 325 zu den Anforderungen einer Rüge nach § 338 Nr. 3).

§ 241a StPO Vernehmung von Zeugen durch den Vorsitzenden.

(1) Die Vernehmung von Zeugen unter achtzehn Jahren wird allein von dem Vorsitzenden durchgeführt.
(2) ¹Die in § 240 Abs. 1 und Abs. 2 Satz 1 bezeichneten Personen können verlangen, dass der Vorsitzende den Zeugen weitere Fragen stellt. ²Der Vorsitzende kann diesen Personen eine unmittelbare Befragung der Zeugen gestatten, wenn nach pflichtgemäßem Ermessen ein Nachteil für das Wohl der Zeugen nicht zu befürchten ist.
(3) § 241 Abs. 2 gilt entsprechend.

1 **A. Grundsätzliches und Regelungsgehalt.** Die Befragung kindlicher und jugendlicher Zeugen geht für diese erfahrungsgemäß mit **erheblichen psychischen Belastungen** einher. Zweck der Vorschrift ist es, diese Belastungen möglichst gering zu halten (vgl. BGH StV 2002, 635). Eine ausnahmsweise allein vom Vorsitzenden durchgeführte Vernehmung bietet den besten Schutz vor unsachgemäßen Fragen und einer aggressiven Befragung (vgl. BGH NStZ 1994, 354; *Meyer-Goßner/Schmitt* § 241a Rn. 2). Durch Art. 1 Nr. 35 des 2. Opferrechtsreformgesetzes wurde 2009 das **Schutzalter auf 18 Jahre erhöht.** Das Recht des Sachverständigen, gem. § 80 Abs. 2 einem Zeugen unmittelbar Fragen zu stellen, wird zwar von der Vorschrift grds. nicht berührt, weil dessen Befragung kein Teil der Vernehmung ist (*Meyer-Goßner/Schmitt* § 241a Rn. 2; *Meier* JZ 1991, 638 [645]); nach zutreffender Ansicht ist aber auch insoweit der Schutzzweck des § 241a zu beachten (KK-StPO/*Schneider* § 241a Rn. 3). Die Vorschrift gilt bei der audiovisuellen Vernehmung nach § 247a und im Ermittlungsverfahren (§ 168e Satz 4; Einzelheiten zu den dort teilw. streitigen Fragen bei LR/*Erb* § 168c Rn. 31 und SK-StPO/*Frister* § 241a Rn. 6) entsprechend.

2 **B. Alleinige Vernehmung durch den Vorsitzenden (Abs. 1)** Indem die Bestimmung das **Recht zur unmittelbaren Befragung minderjähriger Zeugen** ausnahmsweise allein dem Vorsitzenden überträgt, wird das für die Verfahrensbeteiligten aus § 240 folgende Recht der unmittelbaren Zeugenbefragung – abgesehen von der Rückausnahme des § 241a Abs. 2 – vollständig ausgeschlossen. Da der minderjährige Zeuge nur einem Gesprächspartner gegenüberstehen soll, ist es nicht zulässig, seine Befragung einem anderen Mitglied des erkennenden Gerichts zu übertragen (OK-StPO/*Gorf* § 241a Rn. 1). Das Recht des Vorsitzenden zur alleinigen Befragung umfasst auch die Befragung der Eltern des Zeugen zu dessen Personalien; hierin ist keine eigenständige Vernehmung zu sehen, sondern ein Behelf i.R.d. Vernehmung nach Abs. 1 (BGH NStZ 1994, 354). Auch die **Form der Vernehmung** kann der Vorsitzende **nach pflichtgemäßem Ermessen** gestalten (LR/*Becker* § 241a Rn. 4).

C. Ausnahmen (Abs. 2) I. Mittelbares Fragrecht (Satz 1) 1. Zeitpunkt. Schon der 3
Wortlaut des Satzes 1 »weitere Fragen« deutet darauf hin, dass das Recht der mittelbaren Befragung erst dann besteht, wenn der Vorsitzende seine eigene, unmittelbare Befragung beendet hat (KK-StPO/ *Schneider* § 241a Rn. 4). Dass dies die allein praktikable Verfahrensweise ist, liegt i.Ü. auf der Hand.

2. Form. Sofern der Vorsitzende die bei einer mittelbaren Zeugenvernehmung gestellte Frage nicht 4
nach Abs. 3 zurückweist, muss er ihren **Inhalt sinngemäß** an die minderjährige Beweisperson **weiter geben**. Er ist also nicht gehindert, sie – nach pflichtgemäßem Ermessen – dem Wortlaut nach zu verändern, etwa um sie der Auffassungsgabe des jeweiligen Zeugen besser anzupassen, oder sie in verschiedene Fragen aufzuspalten (allg.M.; vgl. SK-StPO/*Frister* § 241a Rn. 9; *Laubenthal/Nevermann-Jaskolla* JA 2005, 294 [297]). Beharrt der Fragesteller nach Beantwortung der sinngemäß gestellten Frage auf einer wortgetreuen Weitergabe, kann der Vorsitzende dies nach Abs. 3 in entsprechender Anwendung von § 241 Abs. 2 als ungeeignet zurückweisen (KK-StPO/*Schneider* § 241a Rn. 4 m.w.N.; *Radtke/Hohmann/Britz* § 241 Rn. 11).

II. Unmittelbare Befragung (Satz 2) Die unter den Voraussetzungen des Satzes 2 den dort erwähnten Personen gewährte Möglichkeit der unmittelbaren Befragung kann der Vorsitzende **jederzeit widerrufen**; er entscheidet bei Gewährung und Entzug dieses Rechts immer nach pflichtgemäßem Ermessen (vgl. KK-StPO/*Schneider* § 241a Rn. 6). Ein Anspruch auf unmittelbare Befragung besteht selbst dann nicht, wenn eine Gefährdung des Wohls des Zeugen nicht zu besorgen ist (SK-StPO/*Frister* Rn. 10; *Radtke/Hohmann/Britz* § 241 Rn. 8). Umstritten ist, ob der Vorsitzende die unmittelbare Befragung auch anderen als den in § 240 Abs. 1, 2 Satz 1 genannten Frageberechtigten gestatten kann (bejahend LR/*Becker* § 241a Rn. 10; SK-StPO/*Frister* § 241a Rn. 12; einschränkend HK-StPO/*Julius* § 241a Rn. 7 [bei allseitigem Einverständnis]; verneinend *Meyer-Goßner/Schmitt* § 241a Rn. 5; KK-StPO/ *Schneider* § 241a Rn. 7). Die Frage ist unter Berücksichtigung des Wortlauts der Vorschrift und im Hinblick auf das Regel-Ausnahme-Verhältnis zwischen Abs. 1 und 2 zu verneinen. Welchem der in Abs. 2 Satz 1 in Bezug genommenen Prozessbeteiligten der Vorsitzende ausnahmsweise die unmittelbare Befragung gestattet, hat er vor dem Hintergrund des Schutzzwecks der Vorschrift unter Berücksichtigung der Grundsätze der **Gleichbehandlung und der Verfahrensfairness** nach den Umständen des einzelnen Falles zu entscheiden (KK-StPO/*Schneider* § 241a Rn. 6). Da dies auch auf eine unterschiedliche Behandlung mehrerer Fragesteller hinauslaufen kann (Einzelheiten bei LR/*Becker* § 241a Rn. 7), bietet die Handhabung der Vorschrift eine Fülle von Anlässen zur Auseinandersetzung zwischen dem Gericht und Verfahrensbeteiligten. Der Vorsitzende sollte daher die Befragung nach dem Grundkonzept des Abs. 1 gestalten und diese Verfahrensweise konsequent durchhalten (so zutr. KK-StPO/*Schneider* § 241 Rn. 6; skeptisch hinsichtlich der Zweckmäßigkeit der Bestimmung insgesamt auch HK-StPO/ *Julius* § 241a Rn. 1). 5

D. Zurückweisung von Fragen (Abs. 3) Die Befugnisse des Vorsitzenden zur Zurückweisung von ungeeigneten oder nicht zur Sache gehörenden Fragen entsprechen denen, die in § 241 Abs. 2 geregelt sind. Dies gilt für die unmittelbare (Abs. 2 Satz 2) und die mittelbare (Abs. 2 Satz 1) Befragung gleichermaßen (LR/*Becker* § 241a Rn. 12; zur Protokollierungspflicht *Becker* a.a.O., Rn. 13 m.w.N.; SK-StPO/*Frister* § 241a Rn. 13). 6

E. Rechtsbehelfe. Entscheidungen des Vorsitzenden auf der Grundlage dieser Vorschrift betreffen die Sachleitung; um im Revisionsverfahren insoweit eine zulässige Rüge erheben zu können, bedarf es der vorherigen Herbeiführung eines Gerichtsbeschlusses, gleichgültig, ob die Zurückweisung einer Frage beanstandet werden soll oder ein Verfahrensfehler nach Abs. 2 geltend gemacht werden soll (*Meyer-Goßner/Schmitt* § 241a Rn. 7). Wegen der weiteren Einzelheiten wird auf die Erläuterungen zu § 241 verwiesen (Rdn. 14 f.). 7

§ 242 StPO Entscheidung über die Zulässigkeit von Fragen.
Zweifel über die Zulässigkeit einer Frage entscheidet in allen Fällen das Gericht.

1 **A. Grundsätzliches und Regelungsgehalt.** Die Vorschrift ist **auf alle in der Hauptverhandlung gestellten Fragen anwendbar**, gleichgültig, von wem sie gestellt wird und an wen sie gerichtet ist (LR/*Becker* § 242 Rn. 1; SK-StPO/*Frister* § 242 Rn. 3). Ihre praktische Bedeutung ist indes schon deshalb eingeschränkt, weil sie **nur dann** Anwendung findet, wenn das Gericht nicht ohnehin bereits nach § 238 Abs. 2 über die Zurückweisung einer Frage durch den Vorsitzenden gem. § 241 Abs. 2 entscheidet, es also **zu einer Entscheidung des Vorsitzenden nicht kommt** (KK-StPO/*Schneider* § 242 Rn. 1). Zu einer Entscheidung des Gerichts nach dieser Bestimmung kann es daher kommen, wenn es um Fragen eines Beisitzers geht (die der Vorsitzende nicht nach § 241 zurückweisen darf), wenn ein Verfahrensbeteiligter Zweifel an der Zulässigkeit einer Frage des Vorsitzenden äußert oder wenn der Vorsitzende trotz eigener Zweifel an der Zulässigkeit nicht nach § 241 entscheiden will (KK-StPO/*Schneider* § 242 Rn. 1; *Meyer-Goßner/Schmitt* § 242 Rn. 1).

2 **B. Begriff der Zulässigkeit.** Der **rechtliche Maßstab** für den Begriff der Zulässigkeit einer Frage ergibt sich aus § 241 Abs. 2 und meint deren Rechtmäßigkeit, nicht aber die Zweckmäßigkeit (OK-StPO/*Gorf* § 242 Rn. 2; SK-StPO/*Frister* § 242 Rn. 9). Meinungsverschiedenheiten über den Tonfall einer Frage oder deren Wortlaut sowie die Reihenfolge der gestellten Fragen fallen demnach nicht darunter (LR/*Becker* § 242 Rn. 5).

3 **C. Verfahren.** Die Anrufung des Gerichts, die durch die mitwirkenden Richter und alle anderen Verfahrensbeteiligten erfolgen kann, soweit deren eigene Verfahrensinteressen und -befugnisse berührt sind (*Meyer-Goßner/Schmitt* § 242 Rn. 3), unterliegt keiner besonderen Form (LR/*Becker* § 242 Rn. 2). Das Gericht, auch der Strafrichter (KK-StPO/*Schneider* § 242 Rn. 2; *Radtke/Hohmann/Britz* § 242 Rn. 4), **entscheidet durch begründeten Beschluss** nach Anhörung aller Verfahrensbeteiligten (*Meyer-Goßner/Schmitt* § 242 Rn. 3). Dieser sollte zeitnah, spätestens vor Schluss der Beweisaufnahme ergehen (LR/*Becker* § 242 Rn. 6).

4 **D. Protokoll, Rechtsbehelfe.** Der Antrag auf Entscheidung nach § 242 sowie der Erlass des Gerichtsbeschlusses bedürfen als wesentliche Förmlichkeiten gem. § 273 der Aufnahme in das Hauptverhandlungsprotokoll. Wegen der Möglichkeiten der Überprüfbarkeit von nach § 242 ergangenen gerichtlichen Entscheidungen im Beschwerdeweg und im Revisionsverfahren wird auf die Erläuterungen zu § 241 (Rdn. 14 f.) verwiesen.

§ 243 StPO Gang der Hauptverhandlung.
(1) [1]Die Hauptverhandlung beginnt mit dem Aufruf der Sache. [2]Der Vorsitzende stellt fest, ob der Angeklagte und der Verteidiger anwesend und die Beweismittel herbeigeschafft, insbesondere die geladenen Zeugen und Sachverständigen erschienen sind.
(2) [1]Die Zeugen verlassen den Sitzungssaal. [2]Der Vorsitzende vernimmt den Angeklagten über seine persönlichen Verhältnisse.
(3) [1]Darauf verliest der Staatsanwalt den Anklagesatz. [2]Dabei legt er in den Fällen des § 207 Abs. 3 die neue Anklageschrift zugrunde. [3]In den Fällen des § 207 Abs. 2 Nr. 3 trägt der Staatsanwalt den Anklagesatz mit der dem Eröffnungsbeschluss zugrunde liegenden rechtlichen Würdigung vor; außerdem kann er seine abweichende Rechtsauffassung äußern. [4]In den Fällen des § 207 Abs. 2 Nr. 4 berücksichtigt er die Änderungen, die das Gericht bei der Zulassung der Anklage zur Hauptverhandlung beschlossen hat.
(4) [1]Der Vorsitzende teilt mit, ob Erörterungen nach den §§ 202a, 212 stattgefunden haben, wenn deren Gegenstand die Möglichkeit einer Verständigung (§ 257c) gewesen ist und wenn ja, deren wesentlichen Inhalt. [2]Diese Pflicht gilt auch im weiteren Verlauf der Hauptverhandlung, soweit sich Änderungen gegenüber der Mitteilung zu Beginn der Hauptverhandlung ergeben haben.

(5) ¹Sodann wird der Angeklagte darauf hingewiesen, dass es ihm freistehe, sich zu der Anklage zu äußern oder nicht zur Sache auszusagen. ²Ist der Angeklagte zur Äußerung bereit, so wird er nach Maßgabe des § 136 Abs. 2 zur Sache vernommen. ³Vorstrafen des Angeklagten sollen nur insoweit festgestellt werden, als sie für die Entscheidung von Bedeutung sind. ⁴Wann sie festgestellt werden, bestimmt der Vorsitzende.

Übersicht	Rdn.		Rdn.
A. Grundsätzliches und Regelungsgehalt	1	3. Zeitpunkt	18
I. Allgemeines	1	VII. Belehrung über Aussagefreiheit (Abs. 5 Satz 1)	19
II. Abweichung von der gesetzlichen Reihenfolge	2	VIII. Vernehmung zur Sache (Abs. 5 Satz 2)	20
B. Ablauf der Hauptverhandlung	3	1. Regelfall	20
I. Aufruf der Sache (Abs. 1 Satz 1)	3	2. Ausnahmen	21
II. Feststellung der Anwesenheit (Abs. 1 Satz 2)	4	a) Problematik	21
III. Entfernung der Zeugen (Abs. 2 Satz 1)	5	b) Einzelheiten	22
IV. Vernehmung des Angeklagten über seine persönlichen Verhältnisse (Abs. 2 Satz 2)	6	IX. Feststellung der Vorstrafen (Abs. 5 Sätze 3 und 4)	25
V. Verlesung des Anklagesatzes (Abs. 3)	7	1. Voraussetzung	25
1. Regelfall, Begriff der Verlesung nach Abs. 3 Satz 1	7	2. Zeitpunkt der Feststellung	26
		C. Revision	27
2. Ausnahmen (Abs. 3 Sätze 2 bis 4)	9	I. Allgemeines	27
a) Neue Anklageschrift (§ 207 Abs. 3)	9	II. § 243 Abs. 1	28
b) § 207 Abs. 2 Nr. 3	10	III. § 243 Abs. 2 Satz 1	29
c) § 207 Abs. 2 Nr. 4	11	IV. § 243 Abs. 2 Satz 2	30
3. Weitere Sonderfälle	12	V. § 243 Abs. 3	31
VI. Mitteilung über Verständigung (Abs. 4)	14	VI. § 243 Abs. 4	32
1. Voraussetzungen	14	VII. § 243 Abs. 5 Satz 1	34
2. Inhalt	17	VIII. § 243 Abs. 5 Satz 2	35

A. Grundsätzliches und Regelungsgehalt. I. Allgemeines. Die StPO regelt die verschiedenen Verfahrensabschnitte der tatrichterlichen Hauptverhandlung erster Instanz (für die Berufungshauptverhandlung s. § 324) in einer ganzen Reihe von Vorschriften, u.a. in den §§ 222a, 222b, 244 Abs. 1, 257 u. 260. Der von § 243 erfasste Abschnitt betrifft das Stadium zwischen dem Aufruf der Sache (Abs. 1 Satz 1) bis zum Beginn der Beweisaufnahme (§ 244 Abs. 1). Dabei hat die Vorschrift insgesamt **nicht nur rein organisatorische Bedeutung**; die gesetzlich vorgesehene Struktur der Hauptverhandlung berücksichtigt das Interesse an der Ermittlung der materiellen Wahrheit ebenso wie die Wahrung der Rechtsstellung des Angeklagten (KK-StPO/*Schneider* § 243 Rn. 1; SK-StPO/*Frister* § 243 Rn. 3).

II. Abweichung von der gesetzlichen Reihenfolge. Soweit Rechte des Angeklagten nicht geschmälert werden, kann der Vorsitzende – **ohne Zustimmung des Angeklagten** – von der gesetzlich bestimmten Reihenfolge der Verfahrensabschnitte **abweichen**, wenn sachliche Gründe dafür vorliegen, etwa bei besonders umfangreichen Strafsachen und wenn die Struktur der Hauptverhandlung im Wesentlichen gewahrt bleibt (BGHSt 3, 384; *Meyer-Goßner/Schmitt* § 243 Rn. 1 f.). Bei der umstrittenen (vgl. LR/ *Becker* § 24 Rn. 2, 3) Frage, ob und in welchem Umfang das Abweichen von der gesetzlich vorgeschriebenen Reihenfolge der Zustimmung des Angeklagten bedarf, handelt es sich um ein Scheinproblem: Eine – im Gesetz nicht vorgesehene (weshalb BGHSt 3, 384 [385] sie im Unterschied zu neueren Entscheidungen richtigerweise auch nicht erwähnt) – Zustimmung des Angeklagten kann sich nur auf solche Abweichungen beziehen, die keine unverzichtbaren Rechte berühren. Die in der Rechtsprechungspraxis nahezu ausschließlich behandelte Abweichung von § 243 Abs. 5 Satz 1 (§ 243 Abs. 4 Satz 1 a. F.) beinhaltet aber gerade ein unverzichtbares Recht des Angeklagten, sich vor der Beweisaufnahme im Zusammenhang zur Sache zu äußern (BGHSt 13, 358 [360]; 19, 93 [97]; BGH NStZ 1986, 370 [371]; dazu KK-StPO/*Schneider* § 243 Rn. 1; SK-StPO/*Frister* § 243 Rn. 58; HK-StPO/*Julius/Temming* § 243 Rn. 29; unklar *Meyer-Goßner/Schmitt* § 243 Rn. 1, 2). Nicht zu bestreiten ist indes, dass die Rechtsprechung des BGH selbst durch missverständliche Formulierungen zur Diskussion im Schrifttum beigetragen hat (vgl. nur BGH NStZ 1986, 370 [371]). Eine Abweichung liegt daher immer im Ermessen des Vorsitzenden (§ 238 Abs. 1) und erfolgt auf sein Risiko. Bei wesentlichen Abweichungen von der gesetzlich vorgesehenen Reihenfolge ist eine **Protokollierung** unerlässlich (BGHSt 10, 342 [343]).

3 B. Ablauf der Hauptverhandlung. I. Aufruf der Sache (Abs. 1 Satz 1) Der Vorsitzende muss zum Aufruf der Sache **seinen Willen bekunden**, dass die terminierte Strafsache **nunmehr verhandelt werden soll** (LR/*Becker* § 243 Rn. 15). Er kann die Sache selbst aufrufen oder von einem Justizwachtmeister oder dem Protokollführer aufrufen lassen; immer muss der Aufruf, um eine rechtliche Wirkung zu erzeugen, auf den Willen des Vorsitzenden zurückzuführen sein (*Meyer-Goßner/Schmitt* § 243 Rn. 4). Wird der **Aufruf vergessen**, gilt nach herrschender Ansicht als Beginn die Handlung des Gerichts oder des Vorsitzenden, die den Beginn der Hauptverhandlung erkennen lässt (*Meyer-Goßner/Schmitt* § 243 Rn. 4; LR/*Becker* § 243 Rn. 16; KK-StPO/*Schneider* § 243 Rn. 7; ähnlich HK-StPO/*Julius/Temming* § 243 Rn. 3). Eine **wesentliche Förmlichkeit** ist der Aufruf nicht (SK-StPO/*Frister* § 243 Rn. 8). Dass der Angeklagte zur Hauptverhandlung erscheint, ist für den Aufruf i.S.v. Abs. 1 Satz 1 keine Wirksamkeitsvoraussetzung; § 230 Abs. 1 beschreibt mit der Anwesenheit des Angeklagten keine begriffliche Voraussetzung der Hauptverhandlung i.S.d. § 243 (BGHSt 52, 24 [25 f.]).

4 II. Feststellung der Anwesenheit (Abs. 1 Satz 2) Schon im Hinblick auf **§ 272** kann sich die **Feststellung der Präsenz** nicht auf die in Abs. 1 Satz 2 genannten Verfahrensbeteiligten beschränken. Sie dient der Klärung der Frage, ob alle notwendigen Beweismittel und Verfahrensbeteiligte tatsächlich anwesend sind, sodass der Durchführung der Hauptverhandlung kein Hindernis entgegen steht (KK-StPO/*Schneider* § 243 Rn. 9). Die Prüfung der Identität des erschienenen Angeklagten mit der in der Anklageschrift bezeichneten Person bleibt hingegen der Vernehmung nach Abs. 2 Satz 2 vorbehalten (*Meyer-Goßner/Schmitt* § 243 Rn. 11; a. A. LR/*Becker* § 243 Rn. 17). Ob es sinnvoll ist, die Feststellung der Präsenz nicht in die Sitzungsniederschrift aufzunehmen, ist zweifelhaft; um eine wesentliche Förmlichkeit handelt es sich jedoch nicht (*Meyer-Goßner/Schmitt* § 243 Rn. 5; offen gelassen in BGHSt 24, 280 [281]).

5 III. Entfernung der Zeugen (Abs. 2 Satz 1) Die Entfernung der Zeugen – die Vorschrift gilt nicht für den Sachverständigen – erfolgt üblicherweise nach deren Belehrung gem. § 57. **Die Bestimmung ergänzt § 58** und soll bewirken, dass jeder Zeuge unbeeinflusst von zuvor wahrgenommenen Vorgängen aus der Hauptverhandlung seine Aussage macht; nach zutreffender Ansicht macht ihre Missachtung die Vernehmung eines Zeugen jedoch nicht unzulässig (LR/*Becker* § 243 Rn. 22). Wegen ihrer prozessualen Funktion oder kraft Gesetzes mit eigenem Anwesenheitsrecht trotz potenzieller Zeugeneigenschaft ausgestattete Prozessbeteiligte, so der **Sitzungsvertreter der StA**, solange er diese Verfahrensrolle einnimmt (BGH NStZ 2008, 353; *Meyer-Goßner/Schmitt* § 243 Rn. 8; a. A. noch BGH NJW 1987, 3088), der **Pflicht- und Wahlverteidiger** (SK-StPO/*Frister* § 243 Rn. 19), der **Vertreter der Finanzbehörde** (§ 407 AO), der **Nebenkläger** auch dann, wenn er als Zeuge vernommen werden soll (§ 397 Abs. 1 Satz 1), **dessen anwaltlicher Beistand oder Vertreter** (§ 397 Abs. 1 Satz 2), der **nebenklageberechtigte Verletzte** (§ 406g Abs. 1 Satz 2) und **dessen anwaltlicher Beistand** (§ 406g Abs. 1 Satz 1, Abs. 2 Satz 1), müssen sich nicht entfernen (eingehend LR/*Becker* § 243 Rn. 22 ff.). Auch für den Sachverständigen gilt Abs. 2 Satz 1 nicht, und zwar ohne Rücksicht darauf, ob er auch als Zeuge in Betracht kommt (LR/*Becker* § 243 Rn. 25; a. A. SK-StPO/*Frister* § 243 Rn. 22). Der Vorsitzende kann nach pflichtgemäßem Ermessen Abweichungen von Abs. 2 Satz 1 gestatten (*Meyer-Goßner/Schmitt* § 243 Rn. 9; SK-StPO/*Frister* § 243 Rn. 22; zum Erziehungsberechtigten und zum gesetzlichen Vertreter eines Jugendlichen vgl. LR/*Becker* § 243 Rn. 23 a.E.; vgl. auch HK-JGG/*Schatz* § 51 Rn. 15 ff.).

6 IV. Vernehmung des Angeklagten über seine persönlichen Verhältnisse (Abs. 2 Satz 2) Dieser Verfahrensabschnitt dient in erster Linie der **Identitätsfeststellung zur Vermeidung von Personenverwechslungen**, aber auch der Klärung der Frage, ob der Angeklagte verhandlungsfähig ist und sich selbst verteidigen kann (*Meyer-Goßner/Schmitt* § 243 Rn. 11; LR/*Becker* § 243 Rn. 33). Eine Weigerung des Angeklagten, die erforderlichen Angaben zu machen, stellt eine **Ordnungswidrigkeit (§ 111 Abs. 1 OWiG)** dar. Erzwungen werden können die Angaben jedoch nicht, ggf. ist die Identität im Freibeweisverfahren zu überprüfen (OK-StPO/*Gorf* § 243 Rn. 13). Die zu den persönlichen und wirtschaftlichen

Verhältnissen gemachten Angaben sind hingegen Bestandteil der Sacheinlassung und bedürfen daher der vorherigen Belehrung über die Aussagefreiheit (BGH StV 1984, 190 [192]; LR/*Becker* § 243 Rn. 35).

V. Verlesung des Anklagesatzes (Abs. 3) 1. Regelfall, Begriff der Verlesung nach Abs. 3 Satz 1. 7
Der Begriff der **Verlesung** ist regelmäßig als **Vortrag des vollständigen Anklagesatzes** zu verstehen; bei verbundenen Strafsachen sind sämtliche Anklagesätze zu verlesen; geringfügige Unklarheiten kann der Sitzungsstaatsanwalt beim Vortrag korrigieren (BGH NStZ 1984, 133; *Meyer-Goßner/Schmitt* § 243 Rn. 16; LR/*Becker* § 243 Rn. 40). Die Verlesung dient der Information derjenigen Mitglieder des erkennenden Gerichts, die keine Aktenkenntnis haben, und der Öffentlichkeit über den Tatvorwurf, der zugleich dem Angeklagten nochmals vor Augen geführt wird (*Meyer-Goßner/Schmitt* § 243 Rn. 13; KK-StPO/*Schneider* § 243 Rn. 20; HK-StPO/*Julius/Temming* § 243 Rn. 10). Der **Anklagesatz** ist dem der deutschen Sprache nicht mächtigen Angeklagten zu **übersetzen** (BGHR StPO § 243 Abs. 3 Anklagesatz 1).

In welchem Umfang **auf die die Verlesung verzichtet** werden kann, ist im Schrifttum vor dem Hintergrund von Großverfahren, v.a. sog. **Punktesachen**, bei denen die Verlesung des vollständigen Anklagesatzes organisatorisch und inhaltlich an Grenzen stößt, eingehend diskutiert worden (Nachweise zum Meinungsstand bei LR/*Becker* § 243 Rn. 41). Der **Große Senat für Strafsachen des BGH** hat der hier teilweise favorisierten Lösung über die entsprechende Anwendung der Vorschriften über das Selbstleseverfahren widersprochen und in den genannten Fällen eine teleologische **Reduktion des Begriffs der Verlesung** vorgenommen: Danach ist dem Erfordernis der Verlesung i.S.v. Abs. 3 Satz 1 in Strafverfahren wegen einer Vielzahl gleichförmiger Taten oder Einzelakte, die durch eine gleichartige Begehungsweise gekennzeichnet sind, Genüge getan, wenn lediglich die Art der Tatausführung, die Gesamtzahl der Taten, der Tatzeitraum und ggf. der Gesamtschaden in der Hauptverhandlung vorgetragen werden (BGHSt 56, 109 ff. = NJW 2011, 1687 ff.). Eine Verlesung der näher individualisierenden tatsächlichen Umstände der Einzeltaten oder der Einzelakte ist dann nicht erforderlich (vgl. BGH NStZ 2011, 418 ff.; *Meyer-Goßner/Schmitt* § 243 Rn. 13; krit. *Börner* NStZ 2011, 436). Zur Verlesung in besonderen Fällen vgl. die Erl. Rn. 9 ff.

2. Ausnahmen (Abs. 3 Sätze 2 bis 4) a) Neue Anklageschrift (§ 207 Abs. 3) Wird die ursprüng- 9
lich eingereichte Anklage durch den Eröffnungsbeschluss dergestalt geändert, dass wegen einzelner Taten die Eröffnung abgelehnt (**§ 207 Abs. 2 Nr. 1**) oder nach § 154a verfahren wird bzw. nach dieser Vorschrift ausgeschiedene Teile wieder einbezogen werden (**§ 207 Abs. 2 Nr. 2**), muss die StA gem. § 207 Abs. 3 eine neue Anklage einreichen. Abs. 2 Satz 2 stellt klar, dass diese neue Anklageschrift zu verlesen ist.

b) § 207 Abs. 2 Nr. 3. In den Fällen der abweichenden rechtlichen Beurteilung der angeklagten 10
Tat(en) im Eröffnungsbeschluss (**§ 207 Abs. 2 Nr. 3**) ist die Anklage auf der Grundlage der rechtlichen Würdigung des Gerichts zu verlesen, was mitunter erhöhte Anforderungen an die Verständlichkeit des Vortrags des Sitzungsvertreters stellt (so zutr. LR/*Becker* § 243 Rn. 43). Eine **vorherige schriftliche Fixierung** kann daher zweckmäßig sein (HK-StPO/*Julius/Temming* § 243 Rn. 12). Nach Abs. 2 Nr. 3 Halbs. 2 kann der Staatsanwalt seine abweichende Rechtsauffassung verdeutlichen, wobei er sich auf das Wesentliche beschränken und ggf. rechtliche Hinweise des Gerichts i.S.d. § 256 anregen sollte (LR/*Becker* § 243 Rn. 44).

c) § 207 Abs. 2 Nr. 4. In Fällen der **Beschränkung nach § 154a** bei Zulassung der Anklage oder bei 11
Aufhebung einer solchen Beschränkung ist dies bei der Verlesung ebenfalls zu berücksichtigen (KK-StPO/*Schneider* § 243 Rn. 26). Einer besonderen Form bedarf es nicht.

3. Weitere Sonderfälle. Im **Strafbefehlsverfahren** ist für die Verlesung in der Hauptverhandlung 12
nach Einspruch der aus dem Strafbefehlsantrag ersichtliche Tatvorwurf maßgebend, jedoch ohne die beantragten Rechtsfolgen (LR/*Becker* § 243 Rn. 48 m.N. zur Gegenansicht). Im **Sicherungsverfahren** ist der Antrag nach § 414 Abs. 2, im **objektiven Verfahren** die Antragsschrift (§§ 440, 442 Abs. 1, 444 Abs. 3 Satz 1) zu verlesen. Nach einer **Verweisung** wegen der sachlichen Zuständigkeit eines Gerichts höherer Ordnung (§ 270 Abs. 1) muss der Staatsanwalt den Verweisungsbeschluss mit dem darin ent-

haltenen Anklagesatz verlesen (KK-StPO/*Schneider* § 243 Rn. 28). Für das **Privatklageverfahren** wird auf die Erl. zu § 418 verwiesen.

13 Ist das **Verfahren ausgesetzt** worden, verliest der Staatsanwalt in der neuen Hauptverhandlung den Anklagesatz und stellt kurz die bisherige Prozessgeschichte dar, um den Umfang des Verfahrensgegenstandes zu kennzeichnen (KK-StPO/*Schneider* § 243 Rn. 29; LR/*Becker* § 243 Rn. 51). Entsprechendes gilt bei **neuer Verhandlung nach Zurückverweisung** durch das Rechtsmittelgericht oder **nach Wiederaufnahme** des Verfahrens. Beschränkt sich die neue Verhandlung auf den Rechtsfolgenausspruch, ist statt des Anklagesatzes das zurückverweisende Urteil zu verlesen (SK-StPO/*Frister* § 243 Rn. 38).

14 **VI. Mitteilung über Verständigung (Abs. 4) 1. Voraussetzungen.** Nach Abs. 4 Satz 1 teilt der Vorsitzende nach Verlesung des Anklagesatzes mit, ob Erörterungen nach den §§ 202a, 212 stattgefunden haben, wenn deren Gegenstand die Möglichkeit einer Verständigung gewesen ist, und wenn ja, deren wesentlichen Inhalt. Diese Mitteilungspflicht ist nach Abs. 4 Satz 2 weiter zu beachten, wenn solche Erörterungen erst nach Beginn der Hauptverhandlung stattgefunden haben. Das Gesetz will hier erreichen, dass derartige Erörterungen stets in öffentlicher Hauptverhandlung zur Sprache kommen und dies auch inhaltlich dokumentiert wird, um dadurch heimliche Absprachen über den Verfahrensausgang zu verhindern. Gespräche außerhalb der Hauptverhandlung dürfen kein informelles und unkontrollierbares Verfahren eröffnen (BVerfG NJW 2013, 1058 [1069]; vgl. dazu BGH NStZ 2014, 219; StV 2011, 72 f.; KK-StPO/*Schneider* § 243 Rn. 34; SK-*Frister*/StPO § 243 Rn. 43). Dementsprechend können Gespräche über eine Verständigung, die in öffentlicher Hauptverhandlung geführt worden sind, eine Mitteilungspflicht nach Abs. 4 nicht auslösen (BGH, Beschl. v. 08.10.2014 – 1 StR 352/14). Die Regelungen dienen der Transparenz über Form und Inhalt der angestrebten Verständigung (BVerfG NJW 2013, 1058 [1064], einerseits im Hinlick auf die Verahrensbeteiligten, andererseits aber auch im Hinblick auf die Öffentlichkeit allgemein (so zuletzt BVerfG NStZ 2015, 170; dem folgend BGH, Beschl. v. 30.04.2015 – 5 StR 169/14), zumal eine Verletzung von § 338 Nr. 6 bei unterlassener oder unvollständiger Mitteilung nach Abs. 4 nicht in Betracht kommt (BGH NStZ 2014, 86). Im Rahmen der Beruhensprüfung bei Verletzungen der Mitteilungspflicht wird in der Rechtsprechung auch ein weiterer Schutzzweck der Vorschriften über die Verständigung in den Vordergrund gerückt: Mitteilung, Protokollierung und Belehrung (§ 257c Abs. 5) sollen dem Angeklagten die sachgemäße Wahrnehmung seiner Verteidigungsrecht ermöglichen (so etwa BGH NJW 2015, 645, z. Veröff. in BGHSt best.; BGH NStZ 2014, 221; NStZ 2015, 178). Der Schutz der Vorschriften über die Verständigung und deren Mitteilung nach Abs. 4 geht indes nicht so weit, den Angeklagten vor jedweder Fehleinschätzung zu bewahren, etwa vor der Annahme, es hätten Verständigungsgespräche stattgefunden und eine von der Staatsanwaltschaft im Ermittlungsverfahren geäußerte Straferwartung sei mit dem Gericht abgestimmt worden (BGH NStZ 2015, 232; vgl. dazu auch BVerfG NJW 2014, 3504 [3506]).

15 Die für die Praxis wichtige Abgrenzung zwischen allgemein kommunikativer Verhandlungsführung und mitteilungspflichtigen Vorgesprächen bereitet im Einzelfall nicht unerhebliche Schwierigkeiten, nicht zuletzt, weil auch die Mitteilung gefordert wird, es seien keine Verständigungsgespräche geführt worden (sog. Negativmitteilung; vgl. dazu BVerfG NJW 2014, 3504 f.; BGH NStZ 2014, 86; NStZ 2015, 232; jetzt allg. M.; anders noch BGHSt 58, 315). Eine Hilfestellung liefern die unterschiedlichen Regelungsbereiche von § 257b und § 257c für Erörterungen innnerhalb der Hauptverhandlung: Ein verständigungsbezogenes (Vor-)Gespräch ist als Unterfall der »Erörterung des Verfahrensstandes« von sonstigen zur Verfahrensförderung geeigneten Erörterungen zwischen den Verfahrensbeteiligten abzugrenzen (BGH, Beschl. vom 14.04.2015 – 5 StR 9/15). Ohne derartigen Verständigungsbezug und deshalb auch von Verfassungs wegen unbedenklich sind daher Rechtsgespräche und Hinweise auf die vorläufige Bewertung der Beweislage oder auf die strafmildernde Wirkung eines Geständnisses (BGH, Beschl. v. 14.04.2015 – 5 StR 9/15 unter Hinweis auf BVerfGE 133, 168 [228]). Gleiches gilt für die Mitteilung einer Ober- und Untergrenze der nach dem Verfahrensstand vorläufig zu erwartenden Strafe (BGH a.a.O.; vgl. auch BT-Drucks. 16/12310, S. 12 f.; *Schneider* NStZ 2014, 198; zu sondierenden Äußerungen nur eines Mitglieds des Spruchkörpers KK-StPO/*Schneider* § 243 Rn. 36). Die Grenze hin zu einer mitteilungspflichtigen, von Verständigungsinteresse getragene Anfrage der Gerichts jenseits einer unverbindlichen Fühlungsaufnahme ist fließend und wird leicht überschritten (beispielhaft BGH, Beschl. v. 14.04.2015 – 5 StR 20/15; vgl. auch *Schmitt* StraFo 2012, 386 [391]). Zunächst getrennte Gespräche mit den Verfahrensbeteiligten im Vorfeld einer Verständigung sind nicht

verboten, ziehen aber eine eingehende Mitteilungspflicht nach sich (BGHR StPO § 257c Verständigung 3 unter Bezugnahme auf BVerfG NJW 2013, 1058 [1065]).

Ein subjektives Recht des Angeklagten auf Verständigung lässt sich aus der gesetzgeberischen Konzeption nicht ableiten (BGH, Beschl. v. 14.04.2015 – 5 StR 20/15; OLG Celle NStZ 2012, 285 [286] m. Anm. *Altenhain/Haimerl* StV 2012, 397; Meyer-Goßner/Schmitt § 257c Rn. 6). Die Reichweite der Mitteilungspflicht ist im Übrigen deckungsgleich mit den Vorschriften über die Protokollierung entsprechender Erörterungen nach den §§ 202a und 212 (KK-StPO/*Schneider* § 243 Rn. 37; SK-StPO/*Frister* § 243 Rn. 45). Die Mitteilungspflicht erstreckt sich auch auf erfolglose Bemühungen um das Zustandekommen einer Verständigung, und zwar in gleicher Ausführlichkeit wie im Erfolgsfall (BGH NStZ 2014, 217; NJW 2014, 2514; allg. M.; vgl. nur *Meyer-Goßner/Schmitt* § 243 Rn. 18a; *Radtke/Hohmann/Kelnhofer* § 243 Rn. 30) Ob Gespräche über Strafvorstellungen etwa zwischen Staatsanwaltschaft und Verteidigung, die entgegen §§ 202a, 212 ohne Beteiligung des Gerichts stattgefunden haben, eine Mitteilungspflicht auslösen, wenn das Gericht – nachträglich – davon Kenntnis erlangt, ist bislang noch nicht entschieden worden, dürfte aber nach zutreffender Ansicht auch bei extensiver Auslegung des Transparenzgedankens zu verneinen sein (in der Tendenz ebenso BGH NStZ 2015, 232; vgl. auch BGH NStZ-RR 2014, 115, NStZ 2012, 347 [348]; KK-StPO/*Schneider* § 243 Rn. 36; a. A. *Radtke/Hohmann/Kelnhofer* § 243 Rn. 30 [Erkundigungspflicht]). Wird die Anklage zurückgenommen, bewirkt dies eine Zurückversetzung der Sache in den Stand des Ermittlungsverfahrens; bis zu diesem Zeitpunkt geführte Erörterungen können daher schon im Hinblick auf den Wortlaut der §§ 202a, 212 keine Mitteilungspflicht auslösen (BGHR StPO § 243 Abs. 4 Hinweis 3). Demgegenüber lässt eine nach einem verständigungsintendierten Vorgespräch und vor der Eröffnung des Hauptverfahrens erfolgte Änderung der Gerichtsbesetzung die Pflicht zur Mitteilung unberührt (BGH NJW 2014, 3385; NStZ 2015, 294). 16

2. Inhalt. Der wesentliche Ablauf der geführten Gespräche, die Positionen der Beteiligten und die erörterten Bestandteile einer Vereinbarung müssen dargelegt werden (OK-StPO/*Gorf* § 243 Rn. 25b). Insoweit wird auf die Erläuterungen zu den §§ 202a, 212 verwiesen. Es dürfte in der Rechtsprechung inzwischen als geklärt angesehen werden können, dass Mitteilung nach Abs. 4 nicht nur die Tatsache der Erörterung einer Verständigung als solche enthalten muss, sondern auch die von den Verfahrensbeteiligten vertretenen Standpunkte (jedenfalls in ihren Grundzügen), von wem die Initiative ausging und wie sich die anderen Beteiligten dazu verhalten haben (vgl. nur BGH NJW 2015, 645, z. Veröff. in BGHSt best.; BGH NStZ 2014, 219; enger noch BGH NStZ 2015, 293; BGH, Beschl. v. 18.12.2014 – 1 StR 242/14; Beschl. v. 14.01.2015 – 1 StR 335/14; vgl. auch BGH NStZ 2013, 722). Ergeben sich im Lauf der Hauptverhandlungen insoweit Änderungen, sind diese ebenfalls bekannt zu geben und zu protokollieren (BGH NStZ 2014, 219; StV 2014, 67). Dies gilt nach dem Wortlaut des Abs. 4 Satz 2 nicht für den Fall des Negativattests (KK-StPO/*Schneider* § 243 Rn. 39). 17

3. Zeitpunkt. Die Mitteilung hat nach Verlesung der Anklageschrift und vor Belehrung des Angeklagten über seine Aussagefreiheit zu erfolgen (BGH NStZ 2014, 287; *Meyer-Goßner/Schmitt* § 243 Rn. 18b;). 18

VII. Belehrung über Aussagefreiheit (Abs. 5 Satz 1) Der zwingend vom Vorsitzenden zu erteilende Hinweis soll sicherstellen, dass der Angeklagte sein Recht kennt, zum Tatvorwurf zu schweigen. Eine Orientierung am Wortlaut der Vorschrift ist zweckmäßig, aber nicht verpflichtend (KK-StPO/*Schneider* § 243 Rn. 42; OK-StPO/*Gorf* § 243 Rn. 26). Jeder Anschein, der Angeklagte werde zu einer bestimmten Entscheidung gedrängt, ist bei der Belehrung zu vermeiden (KK-StPO/*Schneider* § 243 Rn. 43). Die **Belehrungspflicht gilt für jede neue Hauptverhandlung**, nicht aber für jede neue Sitzung (vgl. LR/*Becker* § 243 Rn. 55). Die Erteilung des Hinweises ist eine **wesentliche Förmlichkeit** (SK-StPO/*Frister* § 243 Rn. 47). 19

VIII. Vernehmung zur Sache (Abs. 5 Satz 2) 1. Regelfall. Zwar sind Art und Weise der Vernehmung des Angeklagten zur Sache nicht im Einzelnen festgelegt, sondern können vom Vorsitzenden nach pflichtgemäßem Ermessen bestimmt werden (BGH NStZ 2000, 549 zur Zweckmäßigkeit der Frage-Antwort-Form; vgl. auch OK-StPO/*Gorf* § 243 Rn. 30). Die Rechtsprechung entnimmt insb. der Formulierung »... wird er nach Maßgabe des § 136 Abs. 2 zur Sache vernommen«, und dem Zweck der Vorschrift, dass die Befragung **mündlich mit mündlichen Antworten** erfolgt und dass der Ange- 20 klagte, von gesetzlich geregelten Ausnahmen in den Fällen seiner Abwesenheit abgesehen (§§ 234, 239 Abs. 1, 387 Abs. 1, 411 Abs. 2), bei seiner mündlichen Äußerung auch nicht von seinem Verteidiger vertreten werden kann (RGSt 44, 284; BGHSt 3, 368; 52, 175 [177]; h.A. im Schrifttum; vgl. nur *Meyer-Goßner/Schmitt* § 243 Rn. 27; KK-StPO/*Schneider* § 243 Rn. 52; *Detter* FS Rissing-van-Saan, S. 97). Kopfschütteln oder Nicken, etwa als Reaktion auf die abschnittsweise vorgenommene Verlesung eines umfangreichen Anklagesatzes, stellen keine Vernehmung i.S.d. Abs. 5 Satz 2 dar (BGHR StPO § 243 Abs. 4 Belehrungsverstoß 1; HK-StPO/*Julius/Temming* § 243 Rn. 21).

21 **2. Ausnahmen. a) Problematik.** Neben der mündlichen Äußerung zur Sache des Angeklagten in Person i.S.v. Abs. 5 Satz 2 haben sich in der forensischen Praxis der letzten Jahre »**Sonderformen**« der **Sacheinlassung** (so zutr. LR/*Becker* § 243 Rn. 73) herausgebildet, bei der die **schriftliche Verteidigererklärung** im Mittelpunkt steht. Die damit insb. von Verteidigerseite verbundenen Hoffnungen auf eine Verbesserung der Rechtsposition des Angeklagten im Erkenntnisverfahren durch Verstärkung des Verteidigereinflusses auf dessen Einlassungsverhalten dürften sich kaum im erwarteten Umfang erfüllt haben. Einer »Beförderung« der schriftlichen Einlassung zum Urkundenbeweis ist die Rechtsprechung mit zutreffenden Argumenten entgegen getreten; die damit beabsichtigte **Verbreiterung des revisionsrechtlich zu überprüfenden Verfahrensstoffs** ist definitiv fehlgeschlagen. I.Ü. haben sich die im Zuge des Vordringens solcher schriftlichen Einlassungen entstandenen verfahrensrechtlichen Probleme überwiegend mit dem geltenden Verfahrensrecht lösen lassen (LR/*Becker* § 243 Rn. 73 bezeichnet die Kontroversen im Schrifttum zu Recht als »Sturm im Wasserglas«). Im Einzelnen:

22 **b) Einzelheiten.** Trotz grundsätzlicher Mündlichkeit der Vernehmung zu Sache kann der Angeklagte nicht daran gehindert werden, zu diesem Zweck vorbereitete Notizen zu verwenden oder eine schriftlich vorbereitete Erklärung vollständig zu verlesen (BGH NStZ-RR 2015, 81 [82]; NStZ 2009, 282 [283]; StV 2007, 621 m. Anm. *Schlothauer*; LR/*Becker* § 243 Rn. 73). Das gilt nicht nur dann, wenn der Angeklagte, etwa aus gesundheitlichen Gründen, in seiner Fähigkeit zur freien Rede behindert ist (KK-StPO/*Schneider* § 243 Rn. 51: keine Pflicht zur »freien Rede«). Zum **Gegenstand der Hauptverhandlung** wird in solchen Fällen indes nur das mündlich Erklärte, und zwar auch dann, wenn eine schriftliche Erklärung nach Verlesung als **Anlage zum Hauptverhandlungsprotokoll** gegeben worden ist (BGH StV 2007, 621). Die Verlesung und Übergabe als Anlage zum Hauptverhandlungsprotokoll verbietet auch die grundlegende Entscheidung des 3. Strafsenats v. 27.03.2008 (BGHSt 52, 175) nicht. Der BGH ist in dieser Entscheidung lediglich der Auffassung entgegen getreten, eine verlesene und/oder als Anlage zum Sitzungsprotokoll gegebenen Sacheinlassung des Angeklagten verpflichte das Gericht auch zu deren Verlesung (§ 249 Abs. 1) und damit zur **Einführung im Wege des Urkundenbeweises** (BGHSt 52, 175 [177 ff.]; vgl. auch BGH NStZ 2009, 173; *Meyer-Goßner/Schmitt* § 243 Rn. 30). Insoweit können **nur besondere Umstände eine Verlesung gebieten**; unter dem Gesichtspunkt der Aufklärungspflicht (§ 244 Abs. 2) kann sich eine Verlesung etwa dann aufdrängen, wenn sie vollständig neuen Tatsachenvortrag enthält oder eine wesentliche Einlassungsänderung oder gar ein (Teil-)Geständnis beinhaltet (BGH NStZ 2000, 439; vgl. auch BGH NStZ 2008, 476; *Meyer-Goßner/Schmitt* § 243 Rn. 30). Liegen solche besonderen Umstände nicht vor, kann aus der Weigerung des Gerichts, die schriftliche Einlassung zu verlesen, kein Ablehnungsgrund hergeleitet werden (BGH NStZ 2008, 349).

23 Wird die **Einlassung** nicht vom Angeklagten selbst, sondern **von seinem Verteidiger** abgegeben, widerspricht dies zwar ebenfalls der im Wortlaut von Abs. 5 Satz 2 zum Ausdruck kommenden gesetzlichen Konzeption einer mündlichen und vom Angeklagten persönlich herrührenden Äußerung zur Sache. Gleichwohl ist anerkannt, dass das Gericht über diese Art der Erklärung nicht einfach hinweggehen darf (eingehend LR/*Becker* § 243 Rn. 74 und KK-StPO/*Schneider* § 243 Rn. 59; vgl. auch BGH NStZ 2009, 282). Zweifelhaft und im Einzelnen umstritten ist indes, unter welchen Voraussetzungen eine solche Verteidigererklärung **dem Angeklagten als Einlassung zur Sache zuzurechnen** ist und welcher Beweiswert einer solchen Erklärung zukommt. **Nicht zurechenbar** sind all jene Erklärungen, die der Verteidiger in Wahrnehmung seiner prozessualen Rechte abgibt, also Anträge und die in ihnen enthaltenen Tatsachen, Prozesserklärungen u.Ä. (LR/*Becker* § 243 Rn. 75 m.w.N.). Dass alle anderen Sachäußerungen des Verteidigers dem Angeklagten »ohne Weiteres« i.S.d. Abs. 5 Satz 2 zuzurechnen sind (so noch BGH StV 1998, 59), wird im Schrifttum zu Recht bezweifelt (ausf. KK-StPO/*Schneider* § 243 Rn. 54). Man wird mindestens verlangen müssen, dass der Verteidiger die Erklärung ausdrück-

lich für den Angeklagten abgibt und der Angeklagte durch welche Erklärung auch immer zu erkennen gibt, dass er sie **als seine Äußerung zur Sache gelten lassen will**; nicht eindeutiges Verhalten wie etwa die Entschuldigung des Angeklagten ggü. den Eltern des Tatopfers in der Hauptverhandlung reicht nicht aus (so aber BGH NStZ 2005, 703 [704]; vgl. auch SK-StPO/*Frister* § 243 Rn. 68).

Die **Einlassung des Angeklagten** i.S.v. Abs. 5 Satz 2 **unterliegt der freien Beweiswürdigung** (§ 261). 24
Tendenziell neigt die revisionsgerichtliche Rechtsprechung zur Zurückhaltung bei der Einschätzung des Beweiswertes von über den Verteidiger abgegebenen Sacheinlassungen, insb. zur Beurteilung der Glaubhaftigkeit und Glaubwürdigkeit; dies gilt insb. für die nicht selten vorkommende Fallgestaltung, in der nach Verlesung der Verteidigererklärung **vom Angeklagten keine Fragen mehr beantwortet werden** (BGH NStZ 2008, 173 [174]; NStZ 2008, 476; vgl. dazu KK-StPO/*Schneider* § 243 Rn. 52 f.).

IX. Feststellung der Vorstrafen (Abs. 5 Sätze 3 und 4) 1. Voraussetzung. Von Bedeutung sind 25
nur solche Vorstrafen, die für die Urteilsfindung, insb. für die **Festsetzung der Rechtsfolgen**, verwertet werden können. Getilgte oder tilgungsreife Vorstrafen (§§ 51 Abs. 1, 66 BZRG) sind deshalb ausgenommen (Ausnahme: § 52 BZRG; vgl. LR/*Becker* § 243 m.N.z.Rspr.).

2. Zeitpunkt der Feststellung. Wann die Vorstrafen festgestellt werden, bestimmt der Vorsitzende 26
im Rahmen seiner Sachleitungsbefugnis nach pflichtgemäßem Ermessen. **Frühestmöglicher Zeitpunkt** dafür ist die **Vernehmung des Angeklagten zur Sache** (BGH VRS 34, 219; OLG Stuttgart NJW 1973, 1941). Beim Umfang der Feststellung hat der Vorsitzende den Gesetzeszweck zu berücksichtigen, wonach der Angeklagte vor unnötiger Bloßstellung geschützt werden soll (vgl. BGHSt 27, 216 [218]). Um diesem Anliegen Rechnung zu tragen, ist es regelmäßig angezeigt und entspricht ständiger Praxis, die Vorstrafen erst zu einem späteren Zeitpunkt zu erörtern (LR/*Becker* § 243 Rn. 87; *Meyer-Goßner/ Schmitt* § 243 Rn. 34).

C. Revision. I. Allgemeines. Wegen des sehr unterschiedlichen Regelungsgehaltes der Bestim- 27
mung ist hier **zu differenzieren**. Regelmäßig kann eine Revisionsrüge jedenfalls nicht darauf gestützt werden, der Aufruf der Sache oder die Präsenzfeststellung (Abs. 1) hätten gänzlich gefehlt oder seien unzulänglich gewesen (OK-StPO/*Gorf* § 243 Rn. 44). Entsprechendes gilt für die Beanstandung, Zeugen sei vor ihrer Vernehmung die Anwesenheit in der Hauptverhandlung gestattet worden (Abs. 2 Satz 1; zur Ausnahme Rdn. 5) oder der vom Vorsitzenden gewählte Zeitpunkt für die Feststellung der Vorstrafen (Abs. 5 Satz 3, 4) sei nicht geeignet gewesen.

II. § 243 Abs. 1. Da der **Aufruf der Sache kein wesentlicher Teil der Hauptverhandlung** ist, kann 28
auch der absolute Revisionsgrund des § 338 Nr. 5 nicht geltend gemacht werden (RGSt 58, 180; SK-StPO/*Frister* § 243 Rn. 8). I.Ü. wird auf Rdn. 3 verwiesen.

III. § 243 Abs. 2 Satz 1. Ausnahmsweise kann eine **Verletzung der Aufklärungspflicht** (§ 244 29
Abs. 2) mit der Begründung geltend gemacht werden, der vor seiner Vernehmung in der Hauptverhandlung anwesende Zeuge hätte bei Abwesenheit anders ausgesagt (BGH NJW 1987, 3088 [3090]; a. A. wohl SK-StPO/*Frister* § 243 Rn. 81). Angesichts der insoweit bestehenden Darlegungsanforderungen (§ 344 Abs. 2 Satz 2) dürfte dieser Rüge jedoch **kaum praktische Bedeutung** zukommen.

IV. § 243 Abs. 2 Satz 2. Der Angeklagte kann rügen, dass seine Vernehmung zu den persönlichen 30
Verhältnissen bei anschließend verweigerter Sacheinlassung zu Angaben geführt hat, die im Urteil verwertet wurden, **ohne dass er zuvor über seine Aussagefreiheit (Abs. 5 Satz 1) belehrt wurde** (LR/*Becker* § 243 Rn. 95 m.w.N.).

V. § 243 Abs. 3. Ist der **Anklagesatz nicht oder nicht vollständig verlesen** worden, kann dies mit 31
einer Verfahrensrüge beanstandet werden; das Urteil wird auf dem Fehler auch regelmäßig beruhen (BGH NStZ 2000, 214; *Meyer-Goßner/Schmitt* § 243 Rn. 38). Eine Ausnahme kommt nur dann in Betracht, wenn bei einem einfach gelagerten Sachverhalt sichergestellt ist, dass die Prozessbeteiligten über den Tatvorwurf zweifelsfrei in anderer Form unterrichtet waren (BGHR StPO § 243 Abs. 3 Anklagesatz 2; KK-StPO/*Schneider* § 243 Rn. 70).

VI. § 243 Abs. 4. Die bislang vertretene Ansicht, das Urteil könne auf einem **Verstoß gegen die Mit-** 32
teilungspflichten unabhängig vom Zustandekommen einer Verständigung **nicht beruhen** (so noch

§ 243 StPO   Gang der Hauptverhandlung

BGH StV 2011, 202 [203] m. Anm. *Schlothauer*; LR/*Becker* § 243 Rn. 96a; a. A. *Schlothauer/Weider* StV 2009, 604; krit. auch *Jahn* StV 2011, 497 [502]), ist nach dem Urteil des BVerfG zum Verständigungsgesetz (BVerfG NJW 2013, 1058 [1067]) nicht mehr haltbar. Der BGH geht in inzwischen gefestigter Rechtsprechung davon aus, dass ein Beruhen des Urteils auf dem Verstoß gegen die Mitteilungspflicht im Regelfall nicht ausgeschlossen werden kann und hat daher entsprechende Verfahrensfehler in die Nähe eines absoluten Revisionsgrundes gerückt (zsfd. BGH NJW 2015, 645, z. Veröff. in BGHSt best.; ebenso KK-StPO/*Schneider* § 243 Rn. 71; *Meyer-Goßner/Schmitt* § 243 Rn. 38a). Dies gilt in der Regel auch dann, wenn tatsächlich keine Verständigung erreicht wurde; auch in einem solchen Fall kann nicht ausgeschlossen werden, dass das Prozessverhalten des Angeklagten durch die vorangegangenen Verständigungsgespräche beeinflusst worden ist (BGH NJW 2014, 2514 [2516]). Ist die Negativmitteilung unterblieben, ist zwar die Mitteilungspflicht auch dann verletzt, wenn es tatsächlich keine Gespräche vor der Hauptverhandlung gegeben hat (BGH NStZ 2015, 294), die Rechtsprechung schließt etwa dann ein Beruhen aus, wenn feststeht, dass tatsächlich über eine Verständigung nicht gesprochen wurde (BGH NStZ 2015, 232; BGH, Beschl. v. 14.01.2015 – 1 StR 335/14) oder wenn der Prozessverlauf trotz stattgefundener Gespräche nicht beeinflusst worden ist (BGH NStZ 2014, 221 [222 f.]). Prüfungsmaßstab für den Beruhensausschluss ist immer die drohende Gefahr der Beeinträchtigung oder gar des Unterlaufens des in den Vorschriften über die Verständigung zum Ausdruck kommenden Schutzkonzepts, gerade auch im Hinblick auf die Selbstbelastungsfreiheit des Angeklagten (ausf. BGH NJW 2015, 645, z. Veröff. in BGHSt best.; BGH, Beschl. v. 30.04.2015 – 5 StR 169/14 [»schmaler Grat« der Beruhensprüfung]; vgl. auch *Landau* NStZ 2014, 425 [430]). Im Mittelpunkt der Erwägungen zum Beruhen steht daher regelmäßig die mögliche Beeinflussung des Einlassungsverhaltens durch den konkreten Gesprächsablauf. Die Rechtsprechung des BGH ist deshalb in diesem Punkt in besonderer Weise von den Umständen des Einzelfalles geprägt (vgl. nur BGH NStZ 2014, 86 [schweigender Angeklagter]; BGH StRR 2015, 162 [bestreitender Angeklagter]; BGH NStZ 2015, 178 [Bestreiten, aber Entschuldigung im letzten Wort]; BGH NStZ-RR 2014, 315 [ausdrückliche Weigerung zur Mitwirkung an einer Verständigung]; ähnlich BGH NStZ 2014, 86; BGH, Beschl. v. 24.04.2014 – 5 StR 123/14 [Kenntnis von Verständigungsbemühungen bei Mitangeklagten ohne Bedeutung]).

33 Die Zulässigkeit einer Rüge der Verletzung von Abs. 4 setzt nicht voraus, dass der Revisionsführer zuvor den Weg des § 238 Abs. 2 beschritten hat (BGHSt 59, 252 = NJW 2014, 2514). Wie sonst auch erfordert § 344 Abs. 2 Satz 2 die Behauptung eines bestimmten Rechtsfehlers, hier also, dass Erörterungen stattgefunden haben, die nicht Gegenstand einer Mitteilung nach Abs. 4 waren. Die Angriffsrichtung der vorgetragenen Verfahrensrüge bestimmt den revisionsgerichtlichen Prüfungsumfang (BGH NStZ 2013, 671). Dargetan werden muss ein Informationsdefizit, das die Transparenz der Verständigung, die Möglichkeit einer effektiven Kontrolle durch die Öffentlichkeit, die Staatsanwaltschaft und das Rechtsmittelgericht oder die Willensfreiheit des Angeklagten gefährden könnte (BGH NStZ 2015, 48). Erforderlich ist danach der Vortrag dahin, dass überhaupt Erörterungen im Sinne von Abs. 4 stattgefunden haben und welchen Inhalt diese gegebenenfalls hatten (BGHSt 58, 315 [316]; zu den Darlegungsanforderungen bei Fehlen der Negativmitteilung, die dem Revisionsgericht ausnahmsweise die Beruhensprüfung ermöglichen sollen, BGH NJW 2015, 266; anders BGH NStZ 2015, 232 [Einholung dienstlicher Äußerungen]).

34 **VII. § 243 Abs. 5 Satz 1.** Der **unterbliebene Hinweis auf die Aussagefreiheit** kann die Revision begründen, da es sich nicht um eine bloße Ordnungsvorschrift handelt (BGHSt 25, 325; *Meyer-Goßner/Schmitt* § 243 Rn. 39; KK-StPO/*Schneider* § 243 Rn. 74). Die vom BGH geforderten Darlegungen zur Begründung der Rüge (§ 344 Abs. 2 Satz 2; vgl. BGHSt 25, 325 [331]) betreffen das Beruhen und werden im Schrifttum zu Recht kritisiert (KK-StPO/*Schneider* § 243 Rn. 62; *Meyer-Goßner/Schmitt* § 243 Rn. 39; SK-StPO/*Frister* § 243 Rn. 87; vgl. aber auch BGHSt 38, 214). **Mitangeklagte** können einen Belehrungsverstoß, der sie selbst nicht betrifft, nicht rügen (st. Rspr.; vgl. nur BGH NStZ 2008, 168; KK-StPO/*Schneider* § 243 Rn. 75).

35 **VIII. § 243 Abs. 5 Satz 2.** Eine **unzulängliche Vernehmung des Angeklagten zur Sache** ist regelmäßig nicht revisibel; sie würde auf die Rüge der Nichtausschöpfung eines Beweismittels hinauslaufen (*Meyer-Goßner/Schmitt* § 243 Rn. 40 m.w.N.). Eine Klärung des Inhalts der Einlassung des Angeklagten zur Feststellung von Widersprüchen mit den Urteilsgründen ist unzulässig (BGH NStZ 2009, 282

[283]). Will der Angeklagte rügen, eine Erklärung seines Verteidigers sei ihm zu Unrecht zugerechnet und als seine Sacheinlassung gewertet worden, bedarf es einer auf die Verletzung von § 261 gestützten Verfahrensrüge; hat er sich zusätzlich selbst eingelassen, steht dem Erfolg der Rüge regelmäßig das Rekonstruktionsverbot entgegen (vgl. *Meyer-Goßner/Schmitt* Rn. 40).

Der Angeklagte **kann jedoch rügen**, er habe sich **nicht ungehindert im Zusammenhang zur Sache äußern** können, und zwar auch dann, wenn er diese Einlassung **nach Beginn der Beweisaufnahme** machen will und/oder diese Absicht angekündigt hat (BGH NStZ 2000, 549; 1997, 198; StV 1990, 245; StV 1986, 370). Es kommt der Revisionsgrund nach § 338 Nr. 8 in Betracht, was eine vorherige Anrufung des Gerichts voraussetzt (BGH NStZ 1997, 198). Einzelne Fragen von Prozessbeteiligten oder Vorhalte stellen das ungehinderte Äußerungsrecht indes nicht infrage; eine Verletzung von § 243 Abs. 5 Satz 2 kommt aber bspw. in Betracht, wenn der Angeklagte auf derartige Fragen oder Vorhalte auf seinem Recht zur vorherigen zusammenhängenden Äußerung beharrt und ihm daraufhin das Wort entzogen wird (*Schlothauer/Weider* Verteidigung im Revisionsverfahren Rn. 753). Eine unzulässige Beschränkung kann auch darin liegen, dass dem Angeklagten die **Verlesung einer schriftlichen Einlassung verwehrt** wird (BGH NStZ 1997, 198). Das Revisionsgericht wird zur Prüfung des Beruhens regelmäßig auf den Inhalt der schriftlichen Unterlagen zurückgreifen (BGH NStZ-RR 2015, 81 [82]). 36

§ 244 StPO Beweisaufnahme; Untersuchungsgrundsatz; Ablehnung von Beweisanträgen.

(1) Nach der Vernehmung des Angeklagten folgt die Beweisaufnahme.

(2) Das Gericht hat zur Erforschung der Wahrheit die Beweisaufnahme von Amts wegen auf alle Tatsachen und Beweismittel zu erstrecken, die für die Entscheidung von Bedeutung sind.

(3) Ein Beweisantrag ist abzulehnen, wenn die Erhebung des Beweises unzulässig ist. Im übrigen darf ein Beweisantrag nur abgelehnt werden, wenn eine Beweiserhebung wegen Offenkundigkeit überflüssig ist, wenn die Tatsache, die bewiesen werden soll, für die Entscheidung ohne Bedeutung oder schon erwiesen ist, wenn das Beweismittel völlig ungeeignet oder wenn es unerreichbar ist, wenn der Antrag zum Zweck der Prozessverschleppung gestellt ist oder wenn eine erhebliche Behauptung, die zur Entlastung des Angeklagten bewiesen werden soll, so behandelt werden kann, als wäre die behauptete Tatsache wahr.

(4) Ein Beweisantrag auf Vernehmung eines Sachverständigen kann, soweit nichts anderes bestimmt ist, auch abgelehnt werden, wenn das Gericht selbst die erforderliche Sachkunde besitzt. Die Anhörung eines weiteren Sachverständigen kann auch dann abgelehnt werden, wenn durch das frühere Gutachten das Gegenteil der behaupteten Tatsache bereits erwiesen ist; dies gilt nicht, wenn die Sachkunde des früheren Gutachters zweifelhaft ist, wenn sein Gutachten von unzutreffenden tatsächlichen Voraussetzungen ausgeht, wenn das Gutachten Widersprüche enthält oder wenn der neue Sachverständige über Forschungsmittel verfügt, die denen eines früheren Gutachters überlegen erscheinen.

(5) Ein Beweisantrag auf Einnahme eines Augenscheins kann abgelehnt werden, wenn der Augenschein nach dem pflichtgemäßen Ermessen des Gerichts zur Erforschung der Wahrheit nicht erforderlich ist. Unter derselben Voraussetzung kann auch ein Beweisantrag auf Vernehmung eines Zeugen abgelehnt werden, dessen Ladung im Ausland zu bewirken wäre.

(6) Die Ablehnung eines Beweisantrages bedarf eines Gerichtsbeschlusses.

Übersicht	Rdn.			Rdn.
A. Regelungszweck und Anwendungsbereich	1		c) Doppelrelevante Tatsachen	21
B. Beweisaufnahme (Abs. 1)	5	III.	Revision	23
I. Begriff	5	C.	**Aufklärungspflicht (Abs. 2)**	24
II. Gegenstand der Beweisaufnahme	9	I.	Bedeutung	24
1. Tatsachen	9	II.	Gegenstand der Aufklärungspflicht	28
2. Haupttatsachen, Indiztatsachen, Hilfstatsachen	11	III.	Umfang der Aufklärungspflicht	32
3. Strengbeweis und Freibeweis	12		1. Aufklärungspflicht und richterliche Überzeugung	33
a) Strengbeweis	13			
b) Freibeweis	17		2. Allgemeiner rechtlicher Beurteilungsmaßstab	37

§ 244 StPO — Beweisaufnahme; Untersuchungsgrundsatz; Ablehnung v. Beweisanträgen

		Rdn.
3.	Konkrete Anforderung an die Beweiserhebung	41
a)	Vorrang des höherwertigen Beweisverfahrens und des sachnäheren Beweismittels	42
b)	Aufklärungspflicht und Sachverständige	47
c)	Besonderheiten bei der Schuldfähigkeitsbeurteilung	57
d)	Besonderheiten bei der Glaubhaftigkeitsbeurteilung	61
4.	Einschränkungen der Aufklärungspflicht	68
5.	Aufklärungspflicht bei Verständigung	71
IV.	Revision	73
D.	**Beweisanträge und sonstige Beweisbegehren**	**81**
I.	Elemente des Beweisantrages	82
1.	Beweistatsache	83
a)	Schlussfolgerungen und Wertungen	85
b)	Negativtatsachen	87
c)	Behauptungen »aufs Geratewohl« bzw. »ins Blaue hinein«	89
d)	Antrag auf nochmalige Vernehmung eines entlassenen Zeugen oder Sachverständigen	91
2.	Beweismittel	92
3.	Konnexität	96
II.	Antragstellung und Verfahren	100
1.	Antragsberechtigte	100
2.	Ort, Form und Zeit der Antragstellung	103
3.	Auslegung und Klarstellung von Beweisbehauptungen	108
4.	Rücknahme und Verzicht	112
5.	Entscheidung über den Beweisantrag	115
a)	Anordnung der Beweiserhebung	116
b)	Ablehnung des Beweisantrages durch Gerichtsbeschluss (Abs. 6)	118
c)	Einschränkungen bei »Missbrauch« des Beweisantragsrechts	126
III.	Bedingte Beweisanträge	130
1.	Hilfsbeweisantrag	131
2.	Eventualbeweisantrag	133
3.	Sonstiger prozessual bedingter Antrag	134
4.	Entscheidung über Hilfs- und Eventualbeweisanträge	135
IV.	Beweisermittlungsanträge und Beweisanregungen	139
1.	Beweisermittlungsantrag	139
2.	Beweisanregung	145
V.	Ablehnungsgründe (Abs. 3 bis 5)	147
1.	Systematik der Ablehnungsgründe	149
2.	Verbot der Beweisantizipation	153
3.	Unzulässigkeit der Beweiserhebung (Abs. 3 Satz 1)	157
a)	Unzulässigkeit des Beweisthemas	160
b)	Unzulässigkeit des Beweismittels	163
4.	Offenkundigkeit (Abs. 3 Satz 2, 1. Alt.)	166
a)	Allgemeinkundigkeit	167
b)	Gerichtskundigkeit	171
c)	Erörterung in der Hauptverhandlung	173
5.	Bedeutungslosigkeit der Tatsache (Abs. 3 Satz 2, 2. Alt.)	174
a)	Bedeutungslosigkeit aus tatsächlichen Gründen	176
b)	Bedeutungslosigkeit aus rechtlichen Gründen	180
c)	Entscheidung des Gerichts	182
6.	Beweistatsache ist erwiesen (Abs. 3 Satz 2, 3. Alt.)	185
7.	Völlige Ungeeignetheit des Beweismittels (Abs. 3 Satz 2, 4. Alt.)	189
a)	Zeuge als ungeeignetes Beweismittel	191
b)	Sachverständiger als ungeeignetes Beweismittel	197
c)	Urkunden und Augenschein	200
8.	Unerreichbarkeit eines Beweismittels (Abs. 3 Satz 2, 5. Alt.)	202
a)	Unerreichbarer Zeuge	203
b)	Sachverständige und Urkunden	214
9.	Verschleppungsabsicht (Abs. 3 Satz 2, 6. Alt.)	215
a)	Wesentliche Verzögerung des Verfahrensabschlusses	217
b)	Nutzlosigkeit der Beweiserhebung	219
c)	Verschleppungsabsicht	220
d)	Sonstige rechtsmißbräuchliche Beweisanträge	224
e)	Ablehnungsbegründung	226
10.	Wahrunterstellung (Abs. 3 Satz 2, 7. Alt.)	227
a)	Erheblichkeit der Beweisbehauptung	230
b)	Bedeutung der Wahrunterstellung	232
11.	Ablehnung von Anträgen auf Sachverständigenbeweis (Abs. 4)	234
a)	Eigene Sachkunde (Abs. 4 Satz 1)	235
b)	Ablehnung der Anhörung eines weiteren Sachverständigen (Abs. 4 Satz 2)	236
12.	Ablehnung von Anträgen auf Augenschein und Auslandszeugen (Abs. 5)	240
a)	Ablehnung eines Augenscheins (Abs. 5 Satz 1)	241
b)	Ablehnung der Vernehmung eines Auslandszeugen (Abs. 5 Satz 2)	244
VI.	Revision	248
1.	Rüge der gesetzwidrigen Behandlung von Beweisanträgen	248
2.	Beruhen	251

§ 244 StPO Beweisaufnahme; Untersuchungsgrundsatz; Ablehnung v. Beweisanträgen

A. Regelungszweck und Anwendungsbereich. § 244 regelt – anknüpfend an § 243 – das 1
Verfahren und die wesentlichen Grundsätze der **Beweisaufnahme** in der Tatsacheninstanz. Es handelt sich dabei um ein Verfahren mit einem abgeschlossenen Katalog an Beweismitteln (Strengbeweis), in dem Beweis über die Tatsachen erhoben wird, die nach Auffassung des Gerichts für die Entscheidung der Sache von Bedeutung sind (Abs. 2). Zwar sind die in diesem Zusammenhang vom Gericht zu entscheidenden Fragen über Art und Umfang der Beweisaufnahme systematisch von der Bewertung der Tatsachen, die Gegenstand der Beweisaufnahme geworden sind, zu unterscheiden. Letzteres ist Gegenstand der **Beweiswürdigung** (§ 261) nach dem Schluss der Beweisaufnahme. Die Entscheidung über Art und Umfang der Beweisaufnahme ist jedoch notwendigerweise mit der Bewertung der bereits erhobenen Beweise verbunden. Die hieraus resultierende Gefahr des Verlusts der Unvoreingenommenheit des Gerichts soll durch das **Beweisantragsrecht** der Verfahrensbeteiligten (Abs. 3 bis 6) kompensiert werden (AnwK/*Sommer* § 244 Rn. 3). Damit entsteht ein **Anspruch** der Verfahrensbeteiligten, die Beweisaufnahme – in den durch die Ablehnungsgründe der Abs. 3 bis 5 gezogenen Grenzen – auf Umstände auszudehnen, deren Aufklärung das Gericht zur Erforschung der Wahrheit für nicht erforderlich hält (Alsberg/*Dallmeyer* Rn. 54 ff.).

Durch das Beweisantragsrecht wird zum einen die Erkenntnisgrundlage verbreitert und diversifiziert 2
mit der Folge, dass sich die Gewähr für die Richtigkeit der gerichtlichen Entscheidung erhöht. Zum anderen stellt der damit einhergehende **Beweiserhebungsanspruch** sicher, dass der Angeklagte nicht zum bloßen Objekt des Strafverfahrens wird, sondern die Möglichkeit hat, auf den Gang und das Ergebnis des Verfahrens Einfluss zu nehmen (BVerfG NJW 2004, 209, 211). Es konkretisiert damit zugleich den Anspruch des Angeklagten auf **rechtliches Gehör** (Art. 103 Abs. 1 GG) sowie das Recht auf ein **faires Verfahren**, die zu den wesentlichen Grundsätzen eines rechtsstaatlichen Strafverfahrens gehören. Eingriffe in das Beweisantragsrecht müssen sich deshalb an den Gewährleistungen dieser zentralen Verfahrensgrundrechte messen lassen.

Das Beweisantragsrecht **als solches** zählt zum verfassungsrechtlich gewährleisteten **Mindestbestand** an 3
verfahrensrechtlichen Mitwirkungsbefugnissen des Angeklagten (Alsberg/*Dallmeyer* Rn. 37 ff.). Ob dies auch für das Beweisantragsrecht **in der vorliegenden Form** – insbesondere für die Einschränkung der Ablehnungsgründe – gilt, wird bestritten (*Landau* NStZ 2007, 121, 129; *Basdorf* StV 1995, 310, 311). Eine etwaige Ausweitung der Ablehnungsgründe wäre jedenfalls nur so weit vertretbar, wie das Beweisantragsrecht insgesamt als **effektives Mittel**, an dem Verfahren mitzuwirken und auf seinen Ausgang Einfluss zu nehmen, erhalten bliebe. Dabei ist nicht nur die Hauptverhandlung in den Blick zu nehmen; vielmehr ist zu bedenken, dass das Übergewicht von Polizei und Staatsanwaltschaft im Ermittlungsverfahren im Hinblick auf die faire Gestaltung des (gesamten) Verfahrens nur deshalb hinnehmbar erscheint, weil in der Beweisaufnahme ein angemessener Beteiligungsausgleich stattfindet (zutr. AnwK/*Sommer* § 244 Rn. 5). Aus diesem Grund ist auch eine weitere Einschränkung des Beweiserhebungsanspruchs durch eine (über Abs. 5 hinausgehende) **Verknüpfung mit dem Untersuchungsgrundsatz** (Abs. 2) abzulehnen (KK-StPO/*Krehl* § 244 Rn. 66).

§ 244 gilt **nicht** für sämtliche Verfahrensarten und für alle Verfahrensbeteiligte in gleicher Weise. Abs. 3 4
bis 5 gelten nicht für die Hauptverhandlung vor dem Strafrichter im Privatklageverfahren (§ 384 Abs. 3), im beschleunigten Verfahren (§ 420 Abs. 4), im Verfahren nach Strafbefehl (§§ 411 Abs. 2 Satz 2 i.V.m. 420 Abs. 4) und im Bußgeldverfahren (§ 77 Abs. 1, Abs. 2 Nr. 1 OWiG). Über Beweisanträge hat der Strafrichter daher ausschließlich nach Maßgabe der Aufklärungspflicht (§ 244 Abs. 2) zu entscheiden; die Ablehnung eines Antrages muss er dennoch begründen, weil die Verfahrensbeteiligten wissen müssen, aus welchem Grund das Gericht die beantragte Beweiserhebung für entbehrlich hält (LR/*Becker* § 244 Rn. 2). Entsprechendes gilt für Beweisanträge des Einziehungsbeteiligten zur Schuld des Angeklagten (§ 436 Abs. 2) auch im objektiven Einziehungsverfahren (§ 440 Abs. 3). § 444 erstreckt diese Regelung auch auf Nebenbeteiligte.

B. Beweisaufnahme (Abs. 1) I. Begriff. Die **Beweisaufnahme im engeren Sinne** ist der 5
sich an die Vernehmung des Angeklagten (§ 243 Abs. 5 Satz 2) anschließende Teil der Hauptverhandlung, in dem das Gericht die tatsächliche Grundlage seiner Entscheidung über Schuld- und Rechtsfolgenausspruch im Strengbeweisverfahren erarbeitet. Die darüber hinausgehende Tätigkeit des Gerichts, mit dem es sich Gewissheit über das Vorliegen entscheidungserheblicher Umstände verschafft, gehört zur Beweisaufnahme **im weiteren – materiellen – Sinne**. Die sich daraus ergebenden Umstände kon-

stituieren den Inbegriff der Hauptverhandlung i.S.d. § 261 und können zum Gegenstand der Urteilsfindung werden. Dies gilt z.B. für die Wahrnehmung des Verhaltens eines Zeugen vor und während seiner Vernehmung. Hieraus kann das Gericht Schlussfolgerungen auf die Glaubwürdigkeit eines Zeugen und die Glaubhaftigkeit seiner Aussage ziehen, obwohl derartige Beobachtungen kein formeller Augenschein sind (LR/*Becker* § 244 Rn. 3).

6 Die **Vernehmung des Angeklagten** gehört nicht zur Beweisaufnahme im engeren Sinne; sie zählt jedoch zur Beweisaufnahme **im materiellen Sinne** (KK-StPO/*Krehl* § 244 Rn. 2); d.h. sie gehört zum Inbegriff der Hauptverhandlung, den das Gericht bei seiner Überzeugungsbildung zu berücksichtigen hat (BGHSt 28, 196, 198; *Meyer-Goßner/Schmitt* § 244 Rn. 2). Gleiches gilt für Erklärungen des Verteidigers, soweit diese dem Angeklagten zurechenbar sind. Des Weiteren darf das Gericht Äußerungen eines Angeklagten über den Tatbeitrag eines Mitangeklagten schon entgegennehmen, bevor sich der Mitangeklagte zur Sache geäußert hat (LR/*Becker* § 244 Rn. 5).

7 Aus Abs. 1 folgt nach h.M. **nicht**, dass **in jedem Fall** in der Hauptverhandlung eine Beweisaufnahme durchzuführen ist. Vielmehr soll das Gericht eine Verurteilung **allein auf das Geständnis** des Angeklagten stützen können, wenn dieses dem Gericht die volle Überzeugung von der Täterschaft des Angeklagten verschaffen kann und eine ausreichende Grundlage für den Rechtsfolgenausspruch darstellt (BGHSt 39, 291, 303; 50, 40, 49; BGH NStZ 2009, 467). Ob ein Geständnis ausreicht, soll von seiner Plausibilität und seinem Informationsgehalt einerseits und von der Eigenart des jeweiligen Tatvorwurfs andererseits abhängen (LR/*Becker* § 244 Rn. 9). Das wird jedoch zumeist nur in sehr einfach gelagerten Fällen (vor dem Strafrichter) der Fall sein. Im Regelfall muss sich das Gericht in der Beweisaufnahme – etwa durch die Vernehmung einer Ermittlungsperson – zumindest davon überzeugen, ob das Geständnis mit den Ermittlungsergebnissen übereinstimmt (BGH StV 2014, 723; NStZ 2009, 467; OLG Celle StV 2011, 241; für eine weitergehende Prüfungspflicht *Eschelbach* FS Rissing-van Saan, S. 115, 136 ff.). Legt der Angeklagte sein Geständnis als Folge einer Absprache nach § 257c StPO ab, muss – wegen der erhöhten Gefahr eines falschen Geständnisses – stets eine Beweisaufnahme stattfinden, in der das Gericht die Richtigkeit des Geständnisses überprüft (BVerfG NJW 2013, 1058, 1063). Es genügt i.d.R. nicht, das verständigungsbasierte Geständnis durch einen bloßen Abgleich mit der Aktenlage zu überprüfen (BVerfG a.a.O.; *Schmitt* StraFo 2012, 386, 387 f.).

8 Die Durchführung der Beweisaufnahme ist eine Aufgabe der **Verhandlungsleitung** i.S.d. § 238 Abs. 1 (zum Fragerecht s. §§ 240 bis 241a) und obliegt damit dem **Vorsitzenden**, der insbesondere die **Abfolge** der Beweiserhebungen zu bestimmen hat (KK-StPO/*Schneider* § 238 Rn. 3). Aus Gründen der Prozessökonomie sowie zur Schonung des Angeklagten sollten zunächst die Beweise zur Schuldfrage erhoben werden und erst anschließend diejenigen Beweiserhebungen durchgeführt werden, die für den Rechtsfolgenausspruch von Bedeutung sind (LR/*Becker* § 244 Rn. 38).

9 **II. Gegenstand der Beweisaufnahme. 1. Tatsachen.** Gegenstand der Beweisaufnahme sind **Tatsachen**, also Geschehnisse und Zustände (Sachverhalte) in der Vergangenheit oder Gegenwart (statt aller: BGH NStZ 2006, 585, 586). Hierunter fallen sowohl das sinnlich wahrnehmbare **äußere Geschehen** (Erlebnisse, Beobachtungen, Zustände, Umstände, Vorgänge, Beschaffenheiten, Zustände) als auch **innerpersonale psychische Tatsachen** wie Pläne, Ansichten, Motive oder Gedanken (KK-StPO/*Krehl* § 244 Rn. 3). Auch die Behauptung, dass sich ein Geschehnis nicht ereignet hat oder ein Zustand nicht bestand (sog. **Negativtatsache**) kann eine dem Beweis zugängliche Tatsache sein (LR/*Becker* § 244 Rn. 5; s. dazu unten Rdn. 87 f.). Durch diesen weiten Tatsachenbegriff sind i.E. lediglich nicht objektivierbare Bewertungen und Vorhersagen sowie der Inhalt und die Auslegung der anzuwendenden inländischen Rechtsvorschriften und Rechtsbegriffe aus der Beweisaufnahme ausgenommen (AnwK/*Sommer* § 244 Rn. 7). Gleiches gilt für Entscheidungen anderer Gerichte in (vermeintlich) vergleichbaren Fällen (BGHSt 25, 207). Das Gericht ist allerdings nicht gehindert, sich im Freibeweisverfahren über den Inhalt von **Gewohnheitsrecht** sowie **ausländischem und internationalem Recht** kundig zu machen (BGH NJW 1994, 3364, 3366; LR/*Becker* § 244 Rn. 8). Auch die Existenz und Bedeutung von **Erfahrungssätzen**, die die zwischen tatsächlichen Vorgängen erfahrungsgemäß bestehenden Kausalzusammenhänge oder die aus bestimmten Vorgängen erfahrungsgemäß zu ziehenden Schlussfolgerungen beschreiben, können Gegenstand des Beweises sein (KK-StPO/*Krehl* § 244 Rn. 3; 7).

10 Über **offenkundige Tatsachen** findet eine Beweiserhebung nicht statt (Graf/*Bachler* § 244 Rn. 4; s. a., unten Rdn. 166 ff.). Offenkundig ist eine Tatsache dann, wenn sich ihre Wahrheit aus allgemein zu-

gänglichen Quellen ergibt und für jedermann unmittelbar einsichtig ist (BGHSt 40, 97, 99: Judenmord durch die Nationalsozialisten). **Gerichtskundig** sind Tatsachen, die ein Richter im Zusammenhang mit seiner dienstlichen Tätigkeit zuverlässig in Erfahrung gebracht hat (BGHSt 45, 354, 357; *Stackmann* NJW 2010, 1409). Auch hierüber ist i.d.R. kein Beweis zu erheben; zur Wahrung des rechtlichen Gehörs ist jedoch – anders als bei offenkundigen Tatsachen (dazu LR/*Becker* § 244 Rn. 10; 213) – ihre **ausdrücklich Mitteilung** in der Hauptverhandlung erforderlich (BGH NStZ-RR 2010, 20, 21). Schließlich kann nach h.M. auch der **Gang und der Inhalt der Beweisaufnahme** nicht Gegenstand der Beweisaufnahme in derselben Hauptverhandlung sein (Graf/*Bachler* § 244 Rn. 7). Deshalb findet *keine Wiederholung* einer bereits durchgeführten **Beweiserhebung** statt, etwa darüber, was ein Zeuge in seiner vorausgegangenen Vernehmung in der Hauptverhandlung tatsächlich bekundete. Etwas andere gilt, wenn ein bereits vernommener Zeuge zu Umständen befragt werden soll, die noch nicht Gegenstand seiner bisherigen Aussage waren (BGH NStZ 2006, 406).

2. Haupttatsachen, Indiztatsachen, Hilfstatsachen. Beweistatsachen werden in Haupttatsachen und Indizien (mittelbare Tatsachen) sowie in Hilfstatsachen (als Unterfall der Indizien) untergliedert (LR/*Becker* § 244 Rn. 7). **Haupttatsachen** füllen die Merkmale des gesetzlichen Tatbestandes aus, ohne dass es weiterer Zwischenschritte zur Subsumtion der Tatsache unter die in Betracht kommende Norm bedarf (KK-StPO/*Krehl* § 244 Rn. 4). Sie sind daher unmittelbar entscheidungserheblich (s. dazu unten Rdn. 175). **Indizien** sind demgegenüber (nur) mittelbar entscheidungserhebliche Beweistatsachen, die – für sich genommen oder in Verbindung mit anderen Indizien – mittels der Anwendung von Denkgesetzen oder Erfahrungssätzen einen zwingenden oder einen möglichen Schluss auf eine Haupttatsache zulassen (LR/*Becker* § 244 Rn. 7). Hierzu zählen auch die sog. **Hilfstatsachen**, die der Beurteilung des Beweiswertes eines Beweismittels dienen (vgl. BGH NStZ 2000, 437, 438: Glaubhaftigkeit einer Zeugenaussage) sowie Erfahrungssätze (KK-StPO/*Krehl* § 244 Rn. 7). 11

3. Strengbeweis und Freibeweis. Nach h.M. ist das sog. **Strengbeweisverfahren** i.S.d. Abs. 1 (nur) für diejenigen Tatsachen und Erfahrungssätze erforderlich, die für den Schuldspruch oder Rechtsfolgenausspruch i.S.d. § 267 unmittelbar von Bedeutung sein können. Ist dies nicht der Fall, so kann das Gericht den Sachverhalt im **Freibeweisverfahren** ermitteln. 12

a) Strengbeweis. Die Beweisaufnahme i.S.d. Abs. 1 bezeichnet denjenigen Teil der Hauptverhandlung, in dem das Gericht unter Verwendung der in §§ 244 bis 256 genannten Beweismittel unter Beachtung der Prozessmaximen der Mündlichkeit, Unmittelbarkeit und Öffentlichkeit diejenigen Tatsachen und Erfahrungssätze aufzuklären hat, auf deren Grundlage das Gericht über den Schulspruch und Rechtsfolgenausspruch zu entscheiden hat (BGH StV 2006, 118, 119; Graf/*Bachler* § 244 Rn. 8; *Meyer-Goßner/Schmitt* § 244 Rn. 6). Dem Strengbeweisverfahren unterfallen – mit Einschränkungen – auch die Entscheidungen über die **Kosten und Auslagen** des Verfahrens sowie ggf. über die **Entschädigung** des Angeklagten nach dem StrEG (LR/*Becker* § 244 Rn. 31). Der Katalog der Beweismittel ist **abschließend** – Zeugen, Sachverständige, Urkunden und Augenschein –, weil das Gesetz nur diese vier Beweisarten nennt. Hieran haben sich die Verfahrensbeteiligten zu halten (LR/*Becker* § 244 Rn. 17); aus dem Grundsatz der freien Beweiswürdigung folgt nichts anderes (KK-StPO/*Krehl* § 244 Rn. 18; a. A. BGH NJW 1962, 2156). Daher ist es unzulässig, Tatsachen, die für den Schuldspruch oder Rechtsfolgenausspruch von Bedeutung sein können, durch eine sog. **informatorische Befragung** eines Zeugen (oder Sachverständigen) in die Hauptverhandlung einzuführen (BGHSt 33, 217, 221). 13

Für die Vernehmung von **Zeugen** und **Sachverständigen**, die Verlesung von **Urkunden** sowie die Vorführung von **Bild-Ton-Aufzeichnungen** früherer Vernehmungen (zur Einordnung LR/*Becker* § 244 Rn. 19) gelten die Vorschriften der §§ 244 bis 247, für Zeugen und Sachverständige zudem die Vorschriften des 6. und 7. Abschnitts (§§ 48 ff., 72 ff.), soweit diese auf die Hauptverhandlung übertragbar sind (eingehend KK-StPO/*Krehl* § 244 Rn. 19 ff.). 14

Der **Augenschein** wird in Abs. 5 Satz 1 zwar erwähnt; weitergehende Regelungen enthält das Gesetz jedoch nicht. Alles, was der eigenen sinnlichen Wahrnehmung der Verfahrensbeteiligten unmittelbar oder durch Vermittlung anderer Personen oder durch technische Geräte zugänglich ist, die Verfahrensbeteiligten also selbst sehen, hören, fühlen, riechen oder schmecken können, kann Gegenstand des Augenscheins sein (*Eisenberg* BR Rn. 2220). Dazu zählen Tatwerkzeuge, Tatorte, die äußere Beschaffenheit von Urkunden, Lichtbilder (einschließlich Radarfotos), Zeichnungen, insbesondere Tatort- bzw. 15

§ 244 StPO Beweisaufnahme; Untersuchungsgrundsatz; Ablehnung v. Beweisanträgen

Unfallskizzen (dazu LR/*Becker* § 244 Rn. 20), Film- und Fernsehaufzeichnungen sowie Tonaufnahmen in jeder technischen Aufnahme- und Speicherform (KK-StPO/*Krehl* § 244 Rn. 22). Durch die Inaugenscheinnahme (Vorführung bzw. Abspielen) wird auch der darin **verkörperte gedankliche Inhalt** zum Gegenstand der Beweisaufnahme (BGHSt 14, 339, 341; 27, 135, 136). Durch den Inaugenschein einer Urkunde kann i.d.R. nur deren Vorhandensein und äußere Beschaffenheit, nicht jedoch deren Inhalt bewiesen werden. Hierfür muss die Urkunde verlesen werden, es sei denn, der gedankliche Inhalt kann selbst bei flüchtigem Betrachten gleichsam auf einen Blick mit erfasst werden. In diesem Fall wird auch der Wortlaut der Urkunde durch den Augenschein Gegenstand der Beweisaufnahme (BGH NStZ 2014, 606, 607).

16 Die **Beobachtungen**, die das Gericht während der Einlassung oder Vernehmung des Angeklagten bzw. der Vernehmung eines Zeugen oder Sachverständigen macht, sind hingegen nicht Gegenstand des Augenscheins, sondern **Teil der Vernehmung** und als solche Gegenstand der Beweisaufnahme im materiellen Sinne (LR/*Becker* § 244 Rn. 23). Gleiches gilt für die **Gegenüberstellung**, sei es zum Zwecke der Überprüfung des Aussageinhalts, der Aussagekonstanz und der Suggestibilität (KK-StPO/*Fischer* § 244 Rn. 23), sei es zum Zwecke der Identifizierung (LR/*Becker* § 244 Rn. 27). **Experimente, Versuche** und **Rekonstruktionen** sind nur dann zulässig, wenn sie sich einem Beweismittel zuordnen lassen. Dabei können einzelne Teile des Experiments, Versuchs oder der Rekonstruktion verschiedenen Beweismitteln zuzuordnen sein. In diesem Fall sind für jeden Teil die jeweils geltenden spezifischen Regelungen zu beachten (eingehend KK-StPO/*Krehl* § 244 Rn. 23 ff.). Werden der Angeklagte oder ein Zeuge dabei zum Gegenstand einer **Untersuchung**, sind zudem die §§ 81a ff. maßgebend.

17 **b) Freibeweis.** Obwohl der Gesetzgeber den Freibeweis nur in § 251 Abs. 3 ausdrücklich anerkannt hat, soll er nach h.M. darüber hinaus überall dort Anwendung finden, wo die Beweisaufnahme nicht nach den Regeln des Strengbeweises stattzufinden hat. Er kann also auf alle Umstände erstreckt werden, die nicht unmittelbar für den Schuldspruch und den Rechtsfolgenausspruch von Bedeutung sind (LR/*Becker* § 244 Rn. 30). Deshalb dürfen alle strafrechtlichen Ermittlungen, die **vor oder außerhalb der Hauptverhandlung** stattfinden, im Freibeweisverfahren vorgenommen werden (*Meyer-Goßner/Schmitt* § 244 Rn. 7).

18 Gleiches gilt in der Hauptverhandlung für die Feststellung von **Prozessvoraussetzungen** und **sonstigen prozesserheblichen Tatsachen**, die die Zulässigkeit oder den Fortgang des Verfahrens oder die Zulässigkeit einzelner Prozesshandlungen betreffen (BGHSt 45, 354, 361 f.; BGH NStZ 2003, 558, 559; Einzelheiten bei LR/*Becker* § 244 Rn. 33; KK-StPO/*Krehl* § 244 Rn. 16; Alsberg/*Dallmeyer* Rn. 238 ff.), und zwar auch dann, wenn sie die Urteilsgrundlagen – wie etwa bei der Annahme eines Beweisverbotes (dazu BGHSt 44, 129, 138; 55, 1, 5; OLG Hamm StraFo 1999, 92, 93) – unmittelbar beeinflussen (BGH NStZ-RR 1999, 259). Entscheidend ist hier allein, ob das Gericht auf der Grundlage der ermittelten Umstände eine rein verfahrensrechtliche Entscheidung zu treffen hat oder nicht. Etwaige Auswirkungen auf den Ausgang der Verfahrens bleiben außer Betracht (LR/*Becker* § 244 Rn. 30).

19 Im **Revisionsverfahren** gilt ausschließlich das Freibeweisverfahren (*Meyer-Goßner/Schmitt* § 244 Rn. 7; § 351 Rn. 3). Das Revisionsgericht kann – unter Beachtung des § 274 Satz 1 – die für seine Entscheidung erforderlichen Prozesstatsachen freibeweislich ermitteln, wenn der Tatrichter die entsprechenden Feststellungen nicht bzw. nicht rechtsfehlerfrei getroffen hat. Sind Feststellungen hingegen vorhanden und weisen diese keinen Rechtsfehler auf, ist das Revisionsgericht hieran gebunden. Andernfalls wäre die grundsätzliche Aufgabenverteilung zwischen Tat- und Revisionsgericht infrage gestellt (so zutr. LR/*Becker* § 244 Rn. 32 m.N. zur Gegenansicht). Zu weitgehend ist deshalb die Entscheidung des BGH v. 25.04.2012 (StV 2013, 65 mit abl. Anm. *Trüg* = NStZ 2012, 526 mit abl. Anm. *Knauer*), wonach zur Überprüfung des Verdachts einer wahrheitswidrigen Beweisbehauptung im Revisionsverfahren ein in der Tatsacheninstanz beantragtes DNA-Identifizierungsgutachten eingeholt werden kann.

20 **Gesetzliche Regeln** für das Freibeweisverfahren gibt es nicht. Dennoch ist es kein Verfahren nach dem Gutdünken des Gerichts (ausdr. *Meyer-Goßner/Schmitt* § 244 Rn. 9). Das Gericht ist lediglich in der Wahl der Beweismittel, in der Form der Beweisaufnahme und in der Art der Benutzung durch die Prinzipien der Mündlichkeit, Unmittelbarkeit und Öffentlichkeit nicht eingeschränkt und von den Formvorschriften der §§ 243 bis 256 weitgehend freigestellt (KK-StPO/*Krehl* § 244 Rn. 16). Im Übrigen sind die Grundregeln eines **rechtsstaatlichen und fairen Strafverfahrens** auch im Freibeweisverfahren zu beachten. Das gilt insbesondere für das **rechtliche Gehör** in Gestalt der **Frage- und Erklärungsrechte**

der Verfahrensbeteiligten, des Weiteren für das Schweigerecht des Angeklagten, für Zeugnisverweigerungsrechte und Vereidigungsverbote bei Zeugen sowie für Beweisverbote, die aus rechtsstaatlichen Gründen bestehen (LR/*Becker* § 244 Rn. 37).

c) **Doppelrelevante Tatsachen.** Für Tatsachen, die sowohl für die Entscheidung von Verfahrensfragen als auch unmittelbar für die Sachentscheidung von Bedeutung sind – sog. doppelrelevante Tatsachen – gelten die Regeln des **Strengbeweises** (Alsberg/*Dallmeyer* Rn. 266). In Betracht kommen hier Feststellungen zum Tatvorwurf, die sowohl für den Schuldspruch bzw. Rechtsfolgenausspruch von Bedeutung sind als auch für die Frage, ob einer Verurteilung das **Verbot der Doppelbestrafung** (Art. 103 Abs. 3 GG) entgegensteht (BGHSt 32, 215; 46, 349; BGH NStZ-RR 2003, 290). Feststellungen zum Tatvorwurf können des Weiteren über die Frage entscheiden, ob der auslieferungsrechtliche **Spezialitätsgrundsatz** beachtet wurde (BGHSt 22, 307, 309) oder **anderweitige Rechtshängigkeit** besteht (*Többens* NStZ 1982, 184, 185). Derselbe Umstand kann sowohl für die **Verhandlungsfähigkeit** des Angeklagten als auch für dessen **Schuldfähigkeit** von Bedeutung sein (KK-StPO/*Krehl* § 244 Rn. 10). Die potenzielle Doppelrelevanz einer Tatsache schließt nicht aus, dass die in Rede stehende prozessuale Frage zunächst im Freibeweisverfahren geklärt wird (Meyer-Goßner/*Schmitt* § 244 Rn. 8). Stellt sich dann heraus, dass die Tatsache auch für den Schuld- und Rechtsfolgenausspruch von Bedeutung ist, muss über denselben Umstand auch Strengbeweis erhoben werden (BGH StV 1991, 148, 149). Das Ergebnis des Strengbeweisverfahrens ist in diesem Fall auch der prozessualen Entscheidung zugrunde zu legen (BGHSt 26, 228, 238); denn das Urteil muss auf **einheitlichen Feststellungen** beruhen (LR/*Becker* § 244 Rn. 35).

III. **Revision.** Abs. 1 ist keine bloße Ordnungsvorschrift. Beginnt das Gericht vor der Vernehmung des Angeklagten ohne dessen Einverständnis mit der Beweisaufnahme, so liegt hierin ein **revisibler Rechtsfehler** (LR/*Becker* § 244 Rn. 360). Da dem Vorsitzenden hinsichtlich der Reihenfolge kein Beurteilungs- oder Ermessensspielraum zusteht, ist eine **Beanstandung** nach § 238 Abs. 2 von Rechts wegen zwar nicht erforderlich, im Hinblick auf die derzeit noch nicht absehbare Ausweitung des Anwendungsbereichs der Vorschrift (s. dazu *Mosbacher*, FS Rissing-van Saan, S. 357, 365 f.; *ders.*, NStZ 2011, 606, 607 f.) aber dennoch zu empfehlen. Das Urteil **beruht** auf einer Verletzung des Abs. 1, wenn nicht auszuschließen ist, dass sich durch die Missachtung der gesetzlich vorgeschriebenen Reihenfolge die Verteidigungsmöglichkeiten des Angeklagten verschlechtert haben (BGHSt 9, 93, 97; BGH NStZ 1986, 370, 371).

C. **Aufklärungspflicht (Abs. 2)** I. **Bedeutung.** Abs. 2 verpflichtet das Gericht, zur Erforschung der Wahrheit alle entscheidungserheblichen Tatsachen von Amts wegen aufzuklären. Der darin normierte **Untersuchungsgrundsatz** ist eines der beherrschenden Prinzipien des Strafverfahrens. Ohne Ermittlung des wahren Sachverhalts lässt sich das materielle Schuldprinzip, das seinerseits ein wesentliches Element des Rechtsstaatsprinzips ist, nicht verwirklichen (BVerfG NJW 2013, 1058, 1059 f.). Ihre praktische Bedeutung erlangt die Vorschrift als **Stoffsammlungsmaxime** (KK-StPO/*Krehl* § 244 Rn. 28), die eine **ausreichende tatsächliche Grundlage** für die richterliche Überzeugungsbildung sicherstellen soll. Das Gericht ist verpflichtet, die vorhandenen Beweismittel so weit auszuschöpfen, dass die Abwägung der für und wider den Anklagevorwurf streitenden Umstände auf einer **möglichst breiten und zuverlässigen Tatsachengrundlage** erfolgt (AnwKom/*Sommer* § 244 Rn. 24).

Über ihren unmittelbaren Anwendungsbereich (Beweisaufnahme) hinaus formuliert die Vorschrift einen **Leitgedanken**, der die Auslegung und Handhabung anderer Verfahrensvorschriften mit bestimmt (BGHSt 23, 176, 187). Wenn die Prozessordnung auf nähere Regelungen verzichtet oder mehrere Gestaltungsmöglichkeiten zur Wahl stellt, hat das Gericht das Verfahren so zu führen, dass der Aufklärungsgrundsatz bestmöglich zur Geltung kommt. Insbesondere das richterliche **Ermessen** ist stets so auszuüben, dass dadurch die Sachaufklärung nicht beeinträchtigt, sondern gefördert wird (LR/*Becker* § 244 Rn. 53). Ausdrücklich schreibt dies das Gesetz in Abs. 5 Satz 1 und Satz 2 vor. Der Untersuchungsgrundsatz ist weiterhin maßgebend, wenn das Gericht über die Anordnung einer audiovisuellen Vernehmung gem. § 247a (KK-StPO/*Krehl* § 244 Rn. 40) oder die ergänzende Vernehmung eines Zeugen nach § 255a Abs. 2 Satz 2 zu entscheiden hat (BGH NStZ 2003, 613, 614). Des Weiteren kann es der Untersuchungsgrundsatz gebieten, Fragen an einen Zeugen zu stellen oder Vorhalte zuzulassen, wenn in dessen Aussagen Widersprüche zutage treten (BGH StV 2002, 350, 351; NStZ 1997, 450).

Auch hat das Gericht Maßnahmen zu treffen, um Beweispersonen vor Einflussnahmen Dritter, die die Aussagen beeinflussen oder deren Beweiswert beeinträchtigen könnten, abzuschirmen (BGHSt 29, 193).

26 Die Verpflichtung, den Sachverhalt zu erforschen, obliegt dem Gericht **von Amts wegen**. Das Verhalten der Verfahrensbeteiligten hat deshalb keine Bedeutung für die Bestimmung des Gegenstands und des Umfangs der Aufklärungspflicht (KK-StPO/*Krehl* § 244 Rn. 32). Das Gericht muss die vorhandenen Beweismittel ggf. auch gegen den Willen der übrigen Beteiligten ausschöpfen (BGHSt 56, 6, 10; 34, 209, 210; BGH StV 1991, 245; NStZ 1991, 399). Anträge der Verfahrensbeteiligten können allenfalls eine **Aktualisierung** und **Präzisierung** der Aufklärungspflicht bewirken, insbesondere dann, wenn sie dem Gericht neuen Tatsachenstoff bieten und damit Hinweise auf weitere Beweismöglichkeiten liefern (LR/*Becker* § 244 Rn. 51). Sog. **Beweisermittlungsanträge** und **Beweisanregungen** können daher im Hinblick auf Abs. 2 eine nicht zu unterschätzende Bedeutung zukommen (vgl. BGHSt 46, 73, 80; 30, 131, 143). Wenn ein Antrag oder eine Anregung auf eine bestimmte Beweistatsache hindeutet, die für die Beweiswürdigung möglicherweise relevant ist, und ein Beweismittel benennt oder seine Individualisierung ermöglicht, besteht Anlass zur Beweiserhebung (KK-StPO/*Krehl* § 244 Rn. 35). Gelangen während des Hauptverfahrens bislang nicht bekannte Beweismittel zur Akte, so ist das Gericht zu einem entsprechenden Hinweis an die Verfahrensbeteiligten auch deshalb verpflichtet, um diesen Gelegenheit zur Stellung von Anträgen zu geben. Das gilt selbst dann, wenn das Gericht eine weitere Beweiserhebung nicht für erforderlich hält (BGH NStZ 2006, 116).

27 Das **Verhältnis der Aufklärungspflicht zum Beweisantragsrecht** gilt im Einzelnen als ungeklärt (LR/*Becker* § 244 Rn. 58; zum Stand der Diskussion Alsberg/*Dallmeyer* Rn. 40 ff.). Die Auffassung, das Gericht könne durch einen Beweisantrag nicht zu einer Beweiserhebung gezwungen werden, die ihm aufgrund der Aufklärungspflicht nicht ohnehin obläge (z.B. *Gössel* JR 1995, 364, 365), widerspricht allerdings der Systematik des Gesetzes (KK-StPO/*Krehl* § 244 Rn. 65). Vielmehr geht das Beweisantragsrecht im Rahmen der Abs. 3 und 4 über das von der Aufklärungspflicht Verlangte hinaus (BGH NStZ 2008, 52, 53), weil es eine Vorwegwürdigung der Tragweite und des Beweiswertes eines noch nicht genutzten Beweismittels durch das Gericht (sog. **Beweisantizipation**) nicht zulässt und die Ablehnung des Antrags nur unter den im Gesetz genannten Voraussetzungen gestattet.

28 **II. Gegenstand der Aufklärungspflicht.** Gegenstände der Aufklärungspflicht sind zunächst diejenigen Tatsachen, die als **Grundlage für die Entscheidung über den Schuld- oder Freispruch** des Angeklagten – bzw. für die Entscheidung über die Anordnung einer Maßregel der Besserung und Sicherung oder einer sonstigen Maßnahme – in Betracht kommen. Die in der Anklage bzw. in der Antragsschrift im Sicherungsverfahren bezeichnete Tat (§ 264 Abs. 1) ist erschöpfend zu untersuchen, d.h. das Gericht hat alle Tatsachen zu ermitteln, die für die Anwendung des materiellen Strafrechts maßgeblich sind (LR/*Becker* § 244 Rn. 40).

29 Des Weiteren bezieht sich die Aufklärungspflicht auf alle Tatsachen, die für die Entscheidung über **Art und Maß der Rechtsfolge** von Bedeutung sind. Das Gericht hat alle für die Strafzumessung bedeutsamen Umstände selbst zu ermitteln (LR/*Becker* § 244 Rn. 41).

30 Schließlich muss das Gericht die erforderlichen **Verfahrenstatsachen** aufklären, bevor es über eine Verfahrensfrage entscheidet. Das gilt namentlich für das Vorliegen der **Verfahrensvoraussetzungen** (vgl. OLG Frankfurt/M. NJW 1983, 1208) oder für das Eingreifen eines **Beweisverbotes** (BGH NJW 1995, 2047; OLG Hamburg StraFo 1999, 92, 93).

31 Darüber hinaus findet von Amts wegen **keine weitere Sachaufklärung** statt (BGH StV 1994, 169 m. Anm. *Strate* = NStZ 1994, 247, 248 m. Anm. *Widmaier*; BayObLG NStZ-RR 2003, 178). Die Aufklärungspflicht endet, wenn dem Gericht eine sichere abschließende Entscheidung möglich ist (LR/*Becker* § 244 Rn. 43). Auch Umstände, die keines Beweises bedürfen – also **offenkundig** oder **gerichtsbekannt** sind (s.o. Rdn. 10) sind nicht weiter aufzuklären, solange an ihrer Richtigkeit keine vernünftigen Zweifel bestehen (*Eisenberg* BR Rn. 16 f.). Schließlich findet die Aufklärungspflicht in den **Beweisverboten** ihre rechtlichen Grenzen. Eine »Wahrheitsermittlung um jeden Preis« findet im Strafprozess nicht statt (BGHSt 38, 372, 374 – stdg. Rspr.). Allerdings muss das Gericht alle verfügbaren Beweismittel ausschöpfen, um festzustellen, ob die tatsächlichen Voraussetzungen für die Annahme eines Beweisverbots vorliegen (BGH StV 2012, 3, 4), es sei denn, es ist durch anderweitige, in (Teil-)Rechtskraft erwachsene Feststellungen hieran gebunden (LR/*Becker* § 244 Rn. 44).

III. Umfang der Aufklärungspflicht. Weder Literatur noch Rechtsprechung konnten bislang einen 32
allgemeingültigen **Maßstab** zur Bestimmung des Umfangs der Aufklärungspflicht herausarbeiten
(AnwKom/*Sommer* § 244 Rn. 24). Ob dies in Zukunft gelingt, erscheint zweifelhaft. Die Ausarbeitung
wird von vornherein durch das – abschließend noch nicht geklärte (vgl. AnwKom/*Sommer* § 244
Rn. 31 einerseits, KK-StPO/*Krehl* § 244 Rn. 29 andererseits) – Verhältnis zwischen richterlicher Überzeugungsbildung (§ 261) und Aufklärungspflicht erschwert. Zudem sind die zu beurteilenden Sachverhalte derart vielgestaltig und unterschiedlich, dass allenfalls ein grober, (zu) stark verallgemeinernder
Maßstab in Betracht kommt. Deshalb ist mit einer Typisierung (zu diesem methodischen Ansatz s.
Schünemann FS Hirsch, S. 367 ff.) der vorhandenen höchstrichterlichen Rechtsprechung mehr zu gewinnen als mit einem Obersatz, der zwangsläufig weit ausgreift und daher die Handhabung der Vorschrift im Einzelfall nicht erleichtert.

1. Aufklärungspflicht und richterliche Überzeugung. Das RG (stdg. Rspr. seit RGSt 1, 61) und 33
zunächst auch der BGH (NJW 1953, 283) vertraten die Auffassung, dass der Tatrichter von jeder weiteren Beweiserhebung absehen darf, sobald er eine feste Überzeugung vom Vorliegen oder Nichtvorliegen einer Beweistatsache gewonnen hat. Diese Auffassung ist mittlerweile überwunden. Nach inzwischen h.M. setzt die Freiheit der Beweiswürdigung erst dann ein, wenn der Aufklärungspflicht genüge
getan ist (*Niemöller* StV 1984, 431). Für die Bildung der richterlichen Überzeugung ist somit erst
Raum, wenn das Gericht alle erkennbaren und erreichbaren Erkenntnisquellen ausgeschöpft hat (LR/
Becker § 244 Rn. 47).

Allerdings können die Sachaufklärung und die Beweiswürdigung **nicht vollständig voneinander getrennt** betrachtet werden. Da die Beweisaufnahme dazu dient, eine rational nachvollziehbare und intersubjektiv vermittelbare tatsächliche Grundlage für die richterliche Überzeugungsbildung zu bereiten, 34
ist sie zur Letzteren immer in Bezug zu setzen. Insoweit besteht ein **Spannungsverhältnis** (so KK-StPO/
Krehl § 244 Rn. 29) bzw. eine **Wechselbeziehung** (LR/*Becker* § 244 Rn. 46) zwischen der Aufklärungspflicht und der Freiheit der richterlichen Überzeugungsbildung.

Diese Wechselbeziehung kommt darin zum Ausdruck, dass der Tatrichter auf der **Grundlage der be-** 35
reits durchgeführten Beweisaufnahme abzuwägen hat, ob eine in Aussicht stehende weitere Beweiserhebung für die Entscheidung von Bedeutung ist und deshalb vorgenommen werden muss. Das setzt
eine **vorweggenommene Beweiswürdigung** in mehrfacher Hinsicht voraus: Zum einen muss der Tatrichter den Inhalt der bisherigen Beweisaufnahme bewerten, um sich eine **vorläufige Meinung** über deren Ergebnis zu bilden. Zum anderen muss er den **Beweiswert** des zur Verfügung stehenden weiteren
Beweismittels **vorab einschätzen**. Schließlich hat er auf der Grundlage dieser beiden Einschätzungen
abzuwägen, ob das von ihm **antizipierte Beweisergebnis** Einfluss auf seine Überzeugungsbildung erlangen könnte.

Die Schwierigkeit, einen allgemeingültigen und praktikablen Maßstab für die Bestimmung des Um- 36
fangs der Aufklärungspflicht zu finden, liegt im Wesentlichen darin begründet, dass dem Richter
bei diesem Vorgang nicht vorgeschrieben werden kann, unter welchen Voraussetzungen er zu einem
bestimmten Schluss und zu einer bestimmten Überzeugung gelangen darf (KK-StPO/*Krehl* § 244
Rn. 29). Hinzu kommt, dass es sich bei der Beweisaufnahme um einen **dynamischen Vorgang** handelt,
in dem sich der Horizont des Tatrichters ständig fortentwickelt (AnwKo/*Sommer* § 244 Rn. 26). Allerdings ist in der Praxis eine Neigung der Tatrichter zu beobachten, eine vorläufige Bewertung allzu
schnell zu einer endgültigen werden zu lassen, wenn die bisherige Beweisaufnahme den nach der Aktenlage erwarteten Verlauf genommen hat (AnwKo/*Sommer* § 244 Rn. 31). Die Wechselbeziehung zwischen Beweisaufnahme und Freiheit der richterlichen Überzeugungsbildung birgt daher eine erhebliche
Gefahr der voreiligen Festlegung und Fehleinschätzung, wenn der Tatrichter seine Einschätzungsprärogativen voreilig bzw. über Gebühr in Anspruch nimmt. Deshalb ist ein rechtlicher Maßstab dafür zu
entwickeln, in welchem Umfang die Aufklärungspflicht durch die subjektive Überzeugungsbildung des
Tatrichters beeinflusst werden darf (LR/*Becker* § 244 Rn. 46).

2. Allgemeiner rechtlicher Beurteilungsmaßstab. Die Beweiswürdigung ist nur insoweit »frei«, als 37
der Tatrichter nicht an Beweisregeln oder an sonstige Richtlinien gebunden ist, die ihm vorschreiben,
unter welchen Voraussetzungen er eine Tatsache für bewiesen oder nicht bewiesen zu halten oder welchen Wert er einem Beweismittel beizumessen hat (*Maier* NStZ 2005, 246, 250). Gleichwohl müssen
die das Urteil stützenden Sachverhaltsannahmen des Tatrichters in einem hohen Maße wahrscheinlich

§ 244 StPO   Beweisaufnahme; Untersuchungsgrundsatz; Ablehnung v. Beweisanträgen

sein und bedürfen einer rational nachprüfbaren Begründung (KK-StPO/*Krehl* § 244 Rn. 29). Die **Qualität der Entscheidungsgrundlage** ist daher Voraussetzung für die **Rationalität** und damit letztlich für die **Legitimität** der Entscheidung des Richters.

38 Der Tatrichter darf sich deshalb nicht voreilig auf bestimmte Sachverhaltsannahmen und unzureichend geprüfte Überzeugungen festlegen. Vielmehr verlangt die Aufklärungspflicht von ihm, die Beweisaufnahme so lange fortsetzen, wie er bei verständiger Würdigung aller Umstände des zu entscheidenden Falles damit rechnen muss, dass ihm bekannte oder erkennbare, nicht verwertete weitere Beweismittel einen Sachverhalt hervorbringen, der im Gegensatz zu seiner bisherigen Überzeugung den Tatvorwurf **widerlegt, infrage stellt** (und damit ggf. zur Anwendung des Zweifelssatzes führt) **oder bestätigt** (BGH StV 1994, 169, 170). Aus diesem Grund hat sich der Tatrichter den Inhalt der Akten (BGH StraFo 2009, 75), den Verlauf und die bisherigen Ergebnisse der Beweisaufnahme (BGHSt 30, 131, 140) sowie ggf. die Äußerungen, Anregungen oder Anträge der Verfahrensbeteiligten (BGH NStZ-RR 2002, 110) fortlaufend zu vergegenwärtigen und zu prüfen, ob Anlass besteht, die Qualität der Entscheidungsgrundlage zu verbessern, indem er den Sachverhalt durch zusätzliche, bisher nicht genutzte Beweismittel **umfassender oder sicherer erforscht**.

39 Allerdings geht die Aufklärungspflicht **nicht** so weit, dass der Tatrichter **in jedem Fall jedes erkennbare Beweismittel** nutzen muss, wenn auch nur die **entfernte Möglichkeit** besteht, dass die Erhebung des Beweises zu einer **Änderung seiner** aufgrund der bisherigen Beweisaufnahme gewonnenen **Einschätzung** führen könnte (insoweit missverständlich BGHSt 23, 176, 188; 30, 131, 143; BGH NStZ 1991, 399). Die **bloße gedankliche Möglichkeit** einer Änderung des Beweisergebnisses, die sich auf keine konkreten Anhaltspunkte stützen kann, löst keine Verpflichtung zur weitergehenden Sachaufklärung aus (ausdr. *Herdegen* NStZ 1994, 98). Allerdings ist der Tatrichter verpflichtet, diejenigen Beweise zu erheben, bei denen nach der konkreten Sachlage die **begründete Erwartung** besteht, dass sie zu einer Änderung des Beweisergebnisses führen können (BGH NStZ 2005, 44). Die für diese Einschätzung erforderliche Vorwegnahme eines Beweisergebnisses – sog. **Beweisantizipation** – ist nach allgem. Auffassung zulässig (BGHSt 40, 60, 62; BGH JR 2005, 389, 390 m. abl. Anm. *Gössel*; NStZ 1999, 312; *Widmaier* NStZ 1994, 416; LR/*Becker* § 244 Rn. 39; KK-StPO/*Krehl* § 244 Rn. 129; *Meyer-Goßner/Schmitt* § 244 Rn. 12).

40 In welchem Umfang unter dieser Voraussetzung die Erhebung weiterer Beweise durch die Aufklärungspflicht im Einzelfall jeweils geboten ist, hängt damit maßgeblich von der **Qualität** der bis dahin gewonnenen und der noch zu erwartenden Beweisergebnisse ab. Je fragmentarischer und unsicherer das vorläufige Ergebnis der Beweisaufnahme ist, desto weiter reicht die Aufklärungspflicht. Das liegt auf der Hand, solange die Beweisaufnahme **erfolglos** geblieben ist, d.h. die entscheidungserheblichen Umstände **weder nachgewiesen noch widerlegt** werden konnten (LR/*Becker* § 244 Rn. 61). Im Übrigen gilt: Je weniger gesichert das Beweisergebnis erscheint, je größer die Unsicherheitsfaktoren sind, je mehr Widersprüche bei der Beweiserhebung zutage treten und je mehr Zweifel hinsichtlich des Beweiswerts einzelner Beweismittel bestehen, desto größer ist der Anlass für den Tatrichter, trotz seiner bis dahin gewonnenen Überzeugung auf bekannte, bis dahin noch nicht genutzte Beweismittel zuzugreifen und ggf. sogar nach weiteren Beweismitteln zu forschen und diese bei Eignung zu nutzen (BGH StV 2008, 233; NStZ-RR 2003, 205, 206; *Meyer-Goßner/Schmitt* § 244 Rn. 12). Stützt sich ein vom Angeklagten bestrittenes vorläufiges Beweisergebnis auf ein einziges Beweismittel, hat der Tatrichter i.d.R. alle weiterhin ersichtlichen zu verwenden, die ihm zusätzliche Anhaltspunkte für seine Überzeugungsbildung verschaffen können (LR/*Becker* § 244 Rn. 65). Das gilt insbesondere dann, wenn **Aussage gegen Aussage** steht (BVerfG NStZ-RR 2003, 299, 300; BGH NStZ-RR 2003, 205, 206; BayObLG NStZ-RR 2003, 233, 234).

41 **3. Konkrete Anforderung an die Beweiserhebung.** Aus der beschriebenen Verpflichtung des Tatrichters, sich um eine möglichst zuverlässige Beweisgrundlage zu bemühen, lassen sich immerhin einige konkrete Anforderungen ableiten, denen die Beweiserhebung im Einzelfall zu genügen hat.

42 a) **Vorrang des höherwertigen Beweisverfahrens und des sachnäheren Beweismittels.** Der Tatrichter muss dem Beweismittel der höherwertigen Beweisstufe und dem tatnäheren Beweismittel nach Möglichkeit den **Vorrang** vor Beweismitteln mit einer geringeren Beweisqualität einräumen (BVerfG StV 2013, 574; BGHSt 46, 73, 79; BGH NStZ 2004, 50; OLG Düsseldorf StV 2007, 518, 519; KK-StPO/*Krehl* § 244 Rn. 36). Das schließt die Nutzung des sachferneren Beweismittels nicht aus, wenn

ein sachnäheres nicht verfügbar ist (BGH NStZ 1986, 519, 520; einschränkend OLG Düsseldorf NStZ-RR 2008, 180). In diesem Fall muss der Tatrichter jedoch in den **Urteilsgründen** zum Ausdruck bringen, dass er die darin für die Wahrheitsfindung liegende Gefahr erkannt und bei seiner Überzeugungsbildung **mit abgewogen** hat (LR/*Becker* § 244 Rn. 66).

Ein Verstoß gegen die Aufklärungspflicht liegt vor, wenn das Gericht nur einen **mittelbaren** (d.h. sachferneren) Zeugen vernimmt, obgleich der unmittelbare (d.h. sachnähere) Zeuge hätte vernommen werden können (BGH NStZ 2004, 50). Es darf sich deshalb nicht mit der Aussage eines **Zeugen vom Hörensagen** begnügen, nur weil der unmittelbare Zeuge schwer zu erreichen ist (BGHSt 1, 373, 376; BGH StV 1993, 114; eingehend *Detter* NStZ 2003, 1). Das gilt insbesondere dann, wenn es sich um den **einzigen Tatzeugen** handelt. In diesem Fall muss die Hauptverhandlung ggf. unterbrochen oder gar ausgesetzt werden, um diesen Zeugen doch noch zu erreichen. Gleiches gilt, wenn ein zeugnisverweigerungsberechtigter Zeuge ankündigt, er wolle nach dem (absehbaren) Abschluss des gegen ihn gerichteten Verfahrens aussagen (LR/*Becker* § 244 Rn. 67). 43

Auch muss sich das Gericht stets darum bemühen, einen anonymen oder gesperrten **Informanten, V-Mann oder Verdeckten Ermittler** persönlich zu vernehmen, anstatt sich von vornherein mit der Aussage eines V-Mann-Führers oder Vernehmungsbeamten über die Angaben des gesperrten Zeugen oder gar mit der Verlesung eines Vernehmungsprotokolls oder einer von dem unmittelbaren Zeugen stammenden schriftlichen Erklärung zu begnügen (BGHSt 33, 178, 180; 34, 85; 36, 159, 162). Unverbindliche **Vertraulichkeitszusagen** und die Verweigerung der Aussagegenehmigung durch eine unzuständige Behörde darf das Gericht nicht unbeanstandet hinnehmen (BGHSt 42, 175; BGH NStZ 2001, 656). Bleibt der unmittelbare Zeuge gesperrt, muss sich das Gericht weiter darum bemühen, dass der Zeuge in einer **audiovisuellen Vernehmung** unter optischer und akustischer Abschirmung aussagt (BGHSt 51, 232, 235; BGH NStZ 2003, 74; 2004, 345; 2005, 43; 2006, 648) oder etwaige Fragen des Gerichts bzw. der Verfahrensbeteiligten wenigstens schriftlich beantwortet (BGH NStZ 1993, 292). Sprechen gewichtige Gründe dafür, dass die Versagung bzw. Beschränkung einer Aussagegenehmigung (§ 54) oder die Sperrung eines Beweismittels (§ 96) zu Unrecht erfolgt sind, hat das Gericht die Hauptverhandlung ggf. zu unterbrechen, um dem Angeklagten Gelegenheit zu geben, verwaltungsrechtlich dagegen vorzugehen (BGH NStZ-RR 2008, 65). 44

Das Gericht darf sich nicht mit der **Verlesung von Vernehmungsniederschriften** nach § 251 Abs. 1 Nr. 1 oder 3, Abs. 2 Nr. 2 oder 3 begnügen, wenn gewichtige Gründe dafür sprechen, dass durch die persönliche Anhörung des Zeugen, Sachverständigen oder Mitbeschuldigten zuverlässigere oder weitergehende Erkenntnisse gewonnen werden können (OLG Köln StV 1998, 585; s. a. BGH NStZ-RR 2009, 5). Durch ihr Einverständnis (§ 251 Abs. 1 Nr. 1, Abs. 2 Nr. 3) verlieren die Verfahrensbeteiligten zwar nicht das Recht, die Verletzung der Aufklärungspflicht ggf. in der Revision zu rügen; allerdings stellt sich in diesem Fall die Frage, ob sich dem Gericht die Beweiserhebung aufdrängen musste (KK-StPO/*Krehl* § 244 Rn. 38). Die **audiovisuelle Vernehmung** eines Zeugen nach § 247a Satz 1 Halbs. 2 hat grundsätzlich Vorrang vor der Verlesung einer Vernehmungsniederschrift (BGHSt 45, 188, 195; s. a. EGMR StV 2002, 289 m. Anm. *Pauly*) oder der Vorführung einer Bild-Ton-Aufnahme einer früheren Vernehmung nach § 255a (BGH NStZ-RR 2005, 45; NStZ 2003, 613, 614), es sei denn, dass hiervon keine weitergehende oder bessere Sachaufklärung zu erwarten ist (BGHSt 46, 73, 79). Die Aufklärungspflicht kann allerdings die ergänzende Verlesung einer Vernehmungsniederschrift erfordern, wenn hierdurch die Qualität der Angaben des zuvor vernommenen Zeugen – etwa im Hinblick auf die Aussagekonstanz – besser beurteilt werden kann (BGHSt 51, 280, 281 f.; BGH StV 2015, 205). 45

Schließlich muss das Gericht ausreichende Anstrengungen unternehmen, um einen Zeugen ausfindig zu machen und seine Einvernahme zu ermöglichen, auch dann, wenn sich dieser im Ausland aufhält (BGH NStZ 2005, 44f.). Verweigert ein Zeuge zu Unrecht das Zeugnis bzw. die Auskunft, kann die Aufklärungspflicht die Verhängung von Zwangsmitteln gebieten (BGH StraFo 2012, 142). Auch hat das Gericht **nach Urkunden zu forschen**, die nicht Bestandteil der von der Staatsanwaltschaft vorgelegten Akten sind, wenn es Anhaltspunkte dafür gibt, dass diese zur Sachaufklärung beitragen können (LR/*Becker* § 244 Rn. 67). Das gilt insbesondere für nicht vorgelegte polizeiliche Ermittlungsakten wie **Spurenakten** (BVerfG NStZ 1983, 273; BGH StV 1983, 181 m. Anm. *Amelung*) oder Unterlagen über den Einsatz Verdeckter Ermittler (BGH StV 1995, 247). 46

47 **b) Aufklärungspflicht und Sachverständige.** Die steigenden Anforderungen an die Rationalität und Nachvollziehbarkeit der richterlichen Entscheidungsfindung haben zu einer stetigen Ausweitung des Sachverständigenbeweises im Strafprozess geführt. Das gilt in besonderem Maße für technische und naturwissenschaftliche Fragestellungen, die ein über Allgemeinwissen oder allgemeine Lebenserfahrung hinausreichendes **außerjuristisches Spezialwissen** erfordern. So ist z.B. in Wirtschaftsstrafverfahren der Einsatz von Sachverständigen weit verbreitet (*Wolf* ZWH 2012, 125) und kann – etwa zur Feststellung eines (Vermögens-)Schadens sogar geboten sein (BVerfG NJW 2010, 3209, 3215 [Rn. 114]). Ansonsten gilt: Je weiter die Beantwortung der in Rede stehenden Fragen durch normative Bewertungen mit entschieden wird, desto geringer ist die Neigung der Gerichte, einen Sachverständigen zu beauftragen (zutr. KK-StPO/*Krehl* § 244 Rn. 44 zur Sozialprognose; s. dazu BVerfG NStZ-RR 2003, 282; BayObLG NStZ 2003, 105 f.).

48 Abgesehen von den ausdrücklich geregelten Fällen (§§ 80a, 81, 87, 91, 92, 246a, § 73 JGG) geht das Gesetz davon aus, dass das Gericht im Allgemeinen über die erforderliche Sachkunde verfügt, um seiner Ermittlungs- und Aufklärungspflicht zu genügen (*Eisenberg* BR Rn. 1518). Reicht die eigene Sachkunde im Einzelfall jedoch nicht aus, um das Vorliegen oder Nichtvorliegen einer entscheidungserheblichen Tatsache festzustellen, muss es einen Sachverständigen anhören. Andernfalls verstößt das Gericht gegen § 244 Abs. 2 (LR/*Becker* § 244 Rn. 68; KK-StPO/*Krehl* § 244 Rn. 42).

49 Das Gericht hat zunächst **selbst** zu prüfen und zu entscheiden, ob es über die erforderliche Sachkunde verfügt oder nicht. In der Hauptverhandlung braucht es nicht darzulegen, woher die in Anspruch genommene Sachkunde stammt (BGH NStZ 1998, 98); eine Beweisaufnahme hierüber findet nicht statt (BGH NStZ 2000, 156). Bei **Kollegialgerichten** genügt es, dass einer oder einige der zum Spruchkörper gehörenden Richter die erforderliche Sachkunde besitzen (BGH NStZ-RR 2006, 241; NStZ 1998, 98). Den nicht sachkundigen Mitgliedern des Gerichts wird die erforderliche Sachkunde in diesem Fall von dem oder den sachkundigen Mitglieder(n) vermittelt. Für die Entscheidung, ob die eigene Sachkunde des Gerichts die Zuziehung eines Sachverständigen entbehrlich macht, ist keine Einstimmigkeit erforderlich. Es genügt die gesetzlich vorgeschriebene Mehrheit (LR/*Becker* § 244 Rn. 72). Dabei muss bei dem Gericht – oder jedenfalls der Mehrheit seiner Mitglieder – die Gewissheit vorhanden sein, dass die eigene Sachkunde ausreicht. Bestehen **Zweifel**, darf es sich nicht mit der eigenen (zweifelhaften) Sachkunde begnügen (BGH NStZ 1998, 366, 367; NStZ-RR 1997, 171; StV 1994, 173).

50 **Außerjuristische Fachfragen** wird das Gericht in der Regel nur dann aus eigener Sachkunde entscheiden können, wenn zu deren Beantwortung die Anwendung eines auf gesicherten sowie einfach strukturierten und umsetzbaren Erkenntnissen beruhenden, eher **theoretischen Fachwissens** ausreicht (OLG Hamm NStZ 1983, 266 m. Anm. *Müller-Luckmann*), das sich **jeder Laie** ohne besondere Schwierigkeiten aneignen und zutreffend anwenden kann. Setzt die Beantwortung einer entscheidungserheblichen Frage hingegen ein über bloße theoretische Kenntnisse hinausgehendes **Anwendungs- oder Auswertungswissen** voraus, das nur durch eine längere Ausbildung oder Praxis erworben werden kann, gebietet die Aufklärungspflicht die Hinzuziehung eines Sachverständigen (KK-StPO/*Krehl* § 244 Rn. 45).

51 Das Gericht kann die erforderliche Sachkunde dienstlich oder außerdienstlich, durch ständige Befassung mit einer Materie in seiner Spruchpraxis oder aus der einschlägigen Fachliteratur erwerben (LR/*Becker* § 244 Rn. 71). Es kann sich die eigene Sachkunde auch **ad hoc** im laufenden Verfahren durch die Anhörung eines Sachverständigen oder sachverständigen Zeugen verschaffen (BGH NStZ 2000, 437; NJW 1998, 2753, 2755). Dies muss allerdings im Strengbeweisverfahren geschehen. Die Befragung eines Sachverständigen im Freibeweisverfahren genügt selbst dann nicht, wenn sie in der Hauptverhandlung erfolgt (BGH StV 2015, 84, 85). Das Gericht soll die erforderliche Sachkunde durch die Anhörung eines Sachverständigen auch dann erwerben können, wenn es sich dem Gutachten im Ergebnis nicht anschließt (BGH NStZ 2010, 586; NJW 1989, 2948). Es erscheint allerdings zweifelhaft, dass die Ausführungen eines Sachverständigen, dessen Sachkunde das Gericht offensichtlich in Zweifel zieht, eine ausreichende Grundlage für die eigene Sachkunde des Gerichts sein kann (so zutr. BGH NStZ 2005, 628; 2006, 511; NStZ-RR 2005, 39; OLG Hamm StraFo 2002, 262, 263; s. a. KK-StPO/*Krehl* § 244 Rn. 46).

52 Entscheidet das Gericht eine außerjuristische Fachfrage, ohne hierzu einen Sachverständigen gehört zu haben, so muss es in den **Urteilsgründen** nachvollziehbar darlegen, aus welchen Gründen es sich die erforderliche Sachkunde zugetraut hat (BGHSt 12, 18, 20; BGH NStZ-RR 1997, 171, 172). Solche

Darlegungen können sich bei Fragen erübrigen, die das Gericht normalerweise aus seinem **Allgemeinwissen** beantworten kann (BGH NStZ 2009, 346, 347; *Meyer-Goßner/Schmitt* § 244 Rn. 73). Setzt die Beantwortung einer entscheidungserheblichen Frage hingegen besonderes **Anwendungs- oder Auswertungswissen** voraus, sind die Anforderungen an die Darlegungspflicht besonders hoch (LR/*Becker* § 244 Rn. 74).

Die Anforderungen an die Darlegung in der Urteilsbegründung sind auch dann besonders hoch, wenn 53 das Gericht bei seiner Entscheidung von der Ansicht des angehörten Sachverständigen **abweicht** (BGH StV 2009, 571; StraFo 2009, 571; NStZ 2006, 511; OLG Hamm StV 2001, 221). In diesem Fall muss sich das Gericht mit den Ausführungen des Sachverständigen im Einzelnen auseinandersetzen und seine abweichende Auffassung unter eingehendem **Nachweis der eigenen Sachkunde** und der Quellen, aus denen diese stammt, darlegen. Dabei können – wie schon dargelegt – die Ausführungen des Sachverständigen, denen sich das Gericht nicht anschließen will, keine ausreichende Grundlage für den Erwerb eigener Sachkunde bilden.

Ein Verstoß gegen die Aufklärungspflicht kann auch darin liegen, dass das Gericht das vom Sachverständigen erstattete Gutachten **ohne Weiteres** als zutreffend **hinnimmt**, ohne vorab zu prüfen, ob der Sachverständige tatsächlich die notwendige Sachkunde besitzt und ob gegen seine Zuverlässigkeit Bedenken bestehen (BGH NStZ 2000, 546 f.). Etwaigen **Mängeln des Gutachtens** muss es nachgehen (OLG Braunschweig NStZ 2008, 652). Gleiches gilt für die Gründe eines **Meinungswechsels** des Sachverständigen, ebenso für **Widersprüche** innerhalb des Gutachtens oder zu einem früheren Gutachten (*Eisenberg* BR Rn. 260).

Kann der Sachverständige die vom Gericht erkannten Mängel nicht beheben oder ist er nicht in der 55 Lage oder willens, einen Meinungswechsel oder Widersprüche nachvollziehbar zu erklären, begründet dies durchgreifende **Zweifel** an seiner **Sachkunde** oder an seiner **Zuverlässigkeit**. Das Gericht muss dann im Regelfall einen **weiteren Sachverständigen hinzuziehen**, um die entscheidungserhebliche Beweisfrage zu beantworten (BGH NStZ 2000, 437; 1997, 199; StV 1996, 9). Durchgreifende Zweifel an der Sachkunde oder Zuverlässigkeit können auch dann vorliegen, wenn der Sachverständige unausgereifte, nicht überprüfbare oder aus sonstigen Gründen von der Wissenschaft oder der Rspr. nicht anerkannte Methoden anwendet (BGHSt 49, 347; BGH NStZ-RR 1997, 304; StV 1989, 335 m. Anm. *Schlothauer*) oder er sich weigert, seine Methoden oder Arbeitsunterlagen offen zu legen (BGH NStZ 1999, 630, 631).

Auch wenn es **aus anderen Gründen** einem beigezogenen Sachverständigen nicht folgen will, wird das 56 Gericht **in den meisten Fällen** einen weiteren Sachverständigen anhören müssen (KK-StPO/*Krehl* § 244 Rn. 57), es sei denn, es kann die eigene Sachkunde, auf die es seine abweichenden Schlussfolgerungen stützen will, in den Urteilsgründen in Auseinandersetzung mit der Ansicht des Sachverständigen in nachprüfbarer Weise darlegen (BGH NStZ 2006, 511; 2000, 550 f.). Darüber hinaus kann es die Aufklärungspflicht gebieten, bei **besonders schwierigen Beweisfragen** oder Beweiskonstellationen, die ein besonders hohes Fehlerrisiko in sich tragen, oder bei **wissenschaftlich kontrovers** diskutierten Fragen von vornherein einen zweiten Sachverständigen hinzuziehen (LR/*Becker* § 244 Rn. 76; KK-StPO/*Krehl* § 244 Rn. 58). Ein entsprechender **Rechtssatz** besteht jedoch **nicht** (BGHSt 23, 176, 187).

c) **Besonderheiten bei der Schuldfähigkeitsbeurteilung.** Ebenso wenig existiert ein Rechtssatz, 57 wonach bei **bestimmten Deliktstypen** grundsätzlich ein Sachverständiger damit zu beauftragen ist, ein Gutachten über die Schuldfähigkeit des Angeklagten zu erstatten (BGH StV 2008, 1329 m. Anm. *Erb*). Es gelten die soeben beschriebenen **allgemeinen Grundsätze**. Gleichwohl ist es in der Praxis häufig zu beobachten, dass bei Tötungs- und sonstigen Gewaltdelikten sowie bei Brandstiftungs- und Sexualdelikten besonders häufig Sachverständige beauftragt werden, um die Schuldfähigkeit der Beschuldigten zu untersuchen.

Das Gericht kann von einer entsprechenden Beweiserhebung absehen, wenn **Anzeichen** für eine Auf- 58 hebung oder eine erhebliche Einschränkung der Schuldfähigkeit gänzlich **fehlen** (BGH NStZ 1989, 190, 191). Anlass **für die Hinzuziehung** eines Sachverständigen besteht hingegen dann, wenn sich aus der Lebensgeschichte des Angeklagten, aus den Motiven, der Begehungsweise oder den Begleitumständen der Straftat (KK-StPO/*Krehl* § 244 Rn. 47) oder aus dem völlig unüblichen Verhalten des Angeklagten (LR/*Becker* § 244 Rn. 78) **konkrete Anhaltspunkte** für das Vorliegen einer hirnorganischen Erkrankung oder Verletzung (BGH StV 1996, 4; 1990, 98), einer Epilepsie (BGH StV 1992,

§ 244 StPO Beweisaufnahme; Untersuchungsgrundsatz; Ablehnung v. Beweisanträgen

503), von Alkoholismus (BGH StV 1994, 634) oder Drogenabhängigkeit mit schwerwiegenden Persönlichkeitsveränderungen (BGH NStZ-RR 2006, 38; NStZ 2003, 370) oder akutem Suchtdruck (BGH NStZ 2006, 151; 2003, 770), für einen altersbedingten psychischen Abbauprozess (BGH StV 2008, 245), für das Vorliegen eines tatauslösenden Affekts (BGHSt 35, 143; BGH StV 1997, 296), einer Triebanomalie (BGH NStZ 1994, 75) oder einer als schwere andere seelische Abartigkeit i.S.d. § 20 StGB einzustufende Persönlichkeitsstörung (BGHSt 37, 397, 401; BGH StV 2012, 582, 583; NStZ-RR 1998, 106) vorliegen.

59 Liegen entsprechende Anhaltspunkte dafür vor, dass **krankhafte Zustände** die Schuldfähigkeit des Angeklagten beeinflusst haben könnten, hat das Gericht regelmäßig einen Psychiater hinzuzuziehen (BGH NStZ 1997, 199; StV 1996, 5; dagegen geht *Kruse* in NJW 2014, 509 von einer grundsätzlichen Parität von Psychiatern und psychologischen Psychotherapeuten aus). Bei nicht krankhaften psychischen Zuständen steht es im pflichtgemäßen **Ermessen** des Gerichts, ob es einen Psychiater oder einen Psychologen hinzuzieht (BGHSt 34, 355, 357; NJW 1998, 2753, 2754; NStZ 1990, 400, 401). Im Regelfall ist es nicht notwendig, sowohl einen Psychiater als auch einen Psychologen hinzuzuziehen (KK-StPO/ *Krehl* § 244 Rn. 48; krit. dazu *Rasch* NStZ 1992, 257).

60 Für psychiatrische Gutachten, auf deren Grundlage das Gericht über die Schuldfähigkeit des Angeklagten und ggf. über dessen Unterbringung in einem psychiatrischen Krankenhaus entscheiden soll, hat der BGH formale und inhaltliche **Qualitätsanforderungen** formuliert (BGHSt 49, 205; s. dazu *Boetticher/Nedopil/Bosinski/Saß* NStZ 2005, 57 sowie *Eisenberg* NStZ 2005, 304). Dabei handelt es sich allerdings um keinen verbindlichen Kriterienkatalog. Eine allgemein verbindliche Methodik hat die forensische Psychiatrie bislang nicht entwickelt. Vielmehr geht es (nur) darum, die Einhaltung bestimmter **Mindeststandards** zu gewährleisten, die für eine wissenschaftlich fundierte Begutachtung unabdingbar sind (LR/*Becker* § 244 Rn. 83).

61 **d) Besonderheiten bei der Glaubhaftigkeitsbeurteilung.** Die Beurteilung der Glaubhaftigkeit der Aussage eines Zeugen ist **ureigenste Aufgabe des Tatrichters** (BGHSt 23, 8, 12; BGH NStZ 2001, 105; BGH NStZ-RR 1997, 106), der hierfür regelmäßig eine **ausreichende eigene Sachkunde** besitzt (BVerfG NJW 2004, 209, 211; BGH StV 2001, 105; NStZ 2000, 214). Das gilt auch für die Beurteilung der Aussagen von kindlichen und jugendlichen Zeugen (BGH NStZ 2005, 394; NStZ-RR 2005, 146; 2006, 241; s. a. *Trück* NStZ 2007, 377, 380).

62 Die Zuziehung eines Sachverständigen ist jedoch dann geboten, wenn im Einzelfall **besondere Umstände** vorliegen, die die Einschätzung der Glaubhaftigkeit einer Zeugenaussage derart schwierig erscheinen lassen, dass sie nur mithilfe besonderer Sachkunde vollzogen werden kann, über die auch der forensisch erfahrene Richter nicht verfügt (BGHSt 8, 130, 131; BGH NStZ 2009, 346, 347; 2001, 105; StV 1994, 694), es sei denn, dass sich die Richtigkeit oder Unrichtigkeit der in Rede stehenden Angaben aufgrund der sonstigen Beweisergebnisse sicher beurteilen lässt (BGH NJW 2002, 1813; 1998, 2753, 2755; NStZ-RR 1999, 48, 49).

63 Bei Erwachsenen können insbesondere **geistige Erkrankungen und Behinderungen** Anlass geben, einen Sachverständigen hinzuzuziehen (BGH NStZ 2010, 100, 101; 2006, 242, 243; 1997, 199; NStZ-RR 1997, 171; StV 1997, 60; 1993, 567; 1992, 503; BayObLG 1996, 476). Gleiches gilt, wenn Anzeichen für eine **Einschränkung des Erinnerungsvermögens** vorliegen (BGH StraFo 2013, 26, 27; StV 1994, 634; OLG Stuttgart NStZ 2003, 51). Auch langjähriger **Alkohol- oder Drogenmissbrauch bzw. -abhängigkeit** können Anlass zur Anhörung eines Sachverständigen geben (BGH StV 2009, 116; 1990, 532; 1990, 289 m. Anm. *Weider*; NStZ-RR 2000, 332; OLG München StV 2006, 464, 465; s. a. *Eisenberg* BR Rn. 1425).

64 Bei **Kindern und jugendlichen Zeugen** müssen ebenfalls besondere Umstände vorliegen, damit die Hinzuziehung eines Sachverständigen von Amts wegen erforderlich ist (BGH NStZ 2007, 515; 2005, 394). Solche Umstände können **sehr geringes Alter** des Zeugen (OLG Zweibrücken StV 1995, 293: unter 5 Jahren; s. aber BGH NStZ-RR 2005, 146: keine Begutachtung bei einer sechsjährigen Zeugin), **Eigentümlichkeiten oder Auffälligkeiten** des Verhaltens, die vom durchschnittlichen Erscheinungsbild der Altersgenossen abweichen (BGHSt 3, 52, 54; BGH NStZ-RR 2006, 382; StV 2004, 241; 2002, 637; NJW 2002, 1813), unaufgeklärte Widersprüche oder sonstige Auffälligkeiten im Aussageverhalten (BGH StV 2004, 241; NStZ 2001, 105; OLG Brandenburg StV 1999, 481) sein, des Weiteren **psychische Auffälligkeiten**, geistige Schäden oder Reifedefizite (LR/*Becker* § 244 Rn. 85; s. aber BGH

NStZ-RR 2007, 195). Bei **Sexualdelikten** kann eine Begutachtung erforderlich sein, wenn Anhaltspunkte dafür vorliegen, dass reifungsbedingte Fantasien und Übertreibungen oder Gespräche mit Altersgenossen (BGHSt 2, 163, 164 f.; 21, 62; BGH StV 1991, 547) oder sonstige bewusste oder unbewusste **Beeinflussung durch Dritte** (BGH NStZ 2001, 115; NJW 1996, 206; StV 1994, 227) zu einer falschen Erinnerung geführt haben können.

65 In der Praxis ist die Hinzuziehung von Sachverständigen häufig in denjenigen Fällen zu beobachten, in denen sich das Gericht mit einer **schwierigen Beweislage** konfrontiert sieht, insbesondere dann, wenn Besonderheiten bei der **Aussageentstehung** vorliegen (BGH NStZ-RR 2006, 242, 243) oder nur ein einziger Belastungszeuge vorhanden ist und somit **Aussage gegen Aussage** steht (BGHSt 3, 27; BGH NStZ 1992, 450). Allerdings ist auch in diesen Fällen grundsätzlich davon auszugehen, dass das Gericht die erforderliche eigene Sachkunde besitzt, um die Glaubwürdigkeit solcher Aussagen selbst beurteilen zu können. Eine Regel, wonach bei **Zweifeln an der Glaubwürdigkeit oder -haftigkeit** stets ein Sachverständiger beizuziehen ist (so wohl BGHSt 23, 8, 12), besteht nicht (KK-StPO/*Krehl* § 244 Rn. 54). Eine solche Praxis wäre auch bedenklich, weil hierdurch die richterliche Aufgabe der Beweiswürdigung zunehmend auf den Sachverständigen verlagert würde (KK-StPO/*Krehl* § 244 Rn. 54; s. dazu BGH NStZ 2003, 276). Dies wäre – jenseits aller rechtlicher Bedenken – vielleicht hinnehmbar, wenn mit der Hinzuziehung eines Sachverständigen regelmäßig eine Verbesserung der Entscheidungsgrundlage einherginge. Wer jedoch beobachtet, wie beliebig die Kriterien für die Glaubhaftigkeitsbeurteilung in der Praxis von den Sachverständigen gehandhabt werden, muss hieran ernsthafte Zweifel haben.

66 Um dem Tatrichter eine Überprüfung der wissenschaftlichen Tragfähigkeit eines Glaubhaftigkeitsgutachtens zu ermöglichen, hat der BGH methodische **Qualitätsstandards** formuliert (BGHSt 45, 164; s. dazu *Nack* StraFo 2001, 5; *Meyer-Mews* NJW 2000, 216; *Jansen* StV 2000, 224; *Fischer* FS Widmaier, S. 191). Dabei handelt es sich wiederum nicht um einen zwingenden Katalog methodischer und inhaltlicher Kriterien; weder die Prüfungsstrategie noch die Reihenfolge der Prüfungsschritte sind verbindlich (BGH NStZ 2008, 116, 117; 2001, 45). Der BGH will lediglich die Einhaltung allgemein anerkannter **Mindeststandards** gewährleisten und es dem Tatrichter ermöglichen, solche Gutachten auszuscheiden, die diesen Standards nicht gerecht werden (LR/*Becker* § 244 Rn. 87).

67 Welchen Sachverständigen es für die Glaubhaftigkeitsbegutachtung auswählt, entscheidet das Gericht nach seinem pflichtgemäßen Ermessen. Wenn es um die Feststellung und Bewertung von **Grundlagen** der Glaubhaftigkeit geht, die ihren Ursprung in einer **krankhaften psychischen Störung** haben können, ist regelmäßig die Hinzuziehung eines **Psychiaters** geboten (BGH NStZ-RR 1997, 171, 172; StV 1996, 4). Für die Beurteilung normalpsychologischer **Wahrnehmungs-, Gedächtnis- und Denkprozesse** soll das Gericht hingegen im Zweifel einen **Psychologen** beauftragen (BGH NJW 2002, 1813).

68 **4. Einschränkungen der Aufklärungspflicht.** Schätzklauseln des materiellen Rechts (§§ 40 Abs. 3, 73b, 73d Abs. 2, 74c Abs. 3 Satz 1 StGB; § 29a Abs. 3 Satz 1 OWiG) **modifizieren** die gerichtliche Aufklärungspflicht. Sie sollen die Hauptverhandlung von Detailfragen im Rechtsfolgenbereich entlasten, wenn deren Aufklärung außer Verhältnis zur Bedeutung der Sache und der Höhe der zu verhängenden Rechtsfolge stünde (BGH StraFo 2007, 509) oder entsprechende Ermittlungen den Abschluss des Verfahrens über Gebühr verzögern würden (LR/*Becker* § 244 Rn. 11). Gegenstand und Umfang der Aufklärungspflicht werden durch die Schätzklauseln dahingehend verändert, dass sich das Gericht mit der Ermittlung der **Grundlagen für die Schätzung** begnügen kann (BGH NStZ-RR 2000, 57, 58; NJW 1998, 1723, 1727; *Krause* StraFo 2002, 249; *Meyer-Goßner/Schmitt* § 244 Rn. 15). Diese Grundlagen muss es durch die **im Strengbeweis** zulässigen Beweismittel ermitteln (LR/*Becker* § 244 Rn. 13). Es gilt der Zweifelssatz (BGH NStZ 1999, 581; StV 1992, 260). Die Schätzgrundlagen müssen im Urteil dargelegt werden (*Meyer-Goßner/Schmitt* § 244 Rn. 15a).

69 Darüber hinaus lässt die Rspr. Schätzungen zu, um den durch gleich gelagerte **Serienstraftaten** verursachten Schaden im Wege einer **Hochrechnung** zu ermitteln, wenn die Tatbestandsverwirklichung als solche feststeht (BGHSt 36, 320, 328; StraFo 2010, 71; NStZ 2004, 568; 1999, 581). Solche Schätzungen, die im Rahmen der freien richterlichen Beweiswürdigung erfolgen (Graf/*Bachler* § 244 Rn. 12), sollen auch ohne ausdrückliche Ermächtigung als richterliche Rechtsfortbildung zulässig (KK-StPO/*Krehl* § 244 Rn. 62) sein. Das Gericht muss auch in diesem Fall die Schätzgrundlage ermitteln und diese – zusammen mit der Schätzmethode – in den Urteilsgründen darlegen.

70 Keine Einschränkung erfährt die Aufklärungspflicht hingegen durch das (vermeintlich) **geringe Gewicht** der angeklagten Straftat oder durch den **Beschleunigungsgrundsatz** (problmat. deshalb BGHSt 40, 1, 3; s. dazu die Anm. v. *Widmaier* NStZ 1994, 169 und *Strate* StV 1994, 169). Ist eine Beweiserhebung geeignet, die Überzeugungsbildung des Gerichts zu beeinflussen, so ist sie auch dann durchzuführen, wenn damit eine Verzögerung des Verfahrensabschlusses einhergeht, selbst dann, wenn »nur« eine Geldstrafe von wenigen Tagessätzen droht (LR/*Becker* § 244 Rn. 57).

71 **5. Aufklärungspflicht bei Verständigung.** Durch das Gesetz zur Regelung der **Verständigung im Strafverfahren** vom 29.06.2009 (BGBl. I S. 2353) wird die richterliche Aufklärungspflicht ebenfalls **nicht eingeschränkt.** § 257c Abs. 1 Satz 2, der die Verständigung in der Hauptverhandlung regelt, schreibt vor, dass § 244 Abs. 2 von den nachfolgenden Regelungen **unberührt bleibt**. Dabei handelt es sich nicht um »Augenwischerei« oder eine »bloße Worthülse« (zur z.T. überzogenen Kritik an der Regelung s. § 257c Rdn. 9). Der Gesetzgeber hat damit zunächst einmal nur klargestellt, dass nicht die Verständigung selbst, sondern die Überzeugung des Gerichts von dem ungeachtet der Verständigung festzustellenden Sachverhalt Grundlage des Urteils sein soll (BT-Drucks. 16/12310, S. 13), und damit dem sog. **Konsensprinzip** im Strafverfahren eine Absage erteilt.

72 Der **Umfang** der Aufklärungspflicht bestimmt sich somit auch im Fall einer Verständigung nach den **allgemeinen Grundsätzen.** Dabei kann das Gericht die **Zustimmung** des Angeklagten zwar als einen relevanten Umstand in seine Überzeugungsbildung **mit einbeziehen** (vgl. § 257c Rdn. 29). Nach der Entscheidung des BVerfG v. 19.03.2013 (NJW 2013, 1058, 1061) darf sich der Tatrichter für seine Überzeugungsbildung allerdings nicht mit einem »verständigungsbasierten Geständnis« (vgl. § 257c Abs. 2 Satz 2) begnügen. Vielmehr ist er verpflichtet, dieses **durch eine Beweiserhebung in der Hauptverhandlung** auf seine Richtigkeit hin zu überprüfen. Ein bloßer Abgleich mit der Aktenlage außerhalb der Hauptverhandlung genügt hierfür nicht (so noch BGHSt 50, 386, 387). Allerdings scheint es dem BVerfG insoweit zu genügen, wenn das Gericht ggf. Vorhalte macht und die für die Entscheidungsfindung wesentlichen Urkunden im Selbstleseverfahren einführt (a.a.O.). Darüber hinaus kann zur Überprüfung der Richtigkeit des Geständnisses die Vernehmung von Zeugen erforderlich sein. Eine weitergehende Beweiserhebung dürfte jedenfalls dann geboten sein, wenn die Einlassung des Angeklagten in einem unauflösbaren Widerspruch zu den (auch entlastenden) Angaben von Zeugen steht. Es sollte sich allerdings von selbst verstehen, dass das Gericht in diesem Fall das Geständnis des Angeklagten allein nicht zur Grundlage seiner Überzeugungsbildung machen kann.

73 **IV. Revision.** Die **Aufklärungsrüge**, mit der die Verfahrensbeteiligten die Verletzung der gerichtlichen Aufklärungspflicht beanstanden können, wird häufig erhoben, hat jedoch selten Erfolg, weil die Rügebegründung häufig nicht den Anforderungen des § 344 Abs. 2 Satz 2 genügt (so KK-StPO/*Krehl* § 244 Rn. 215). Gegenstand der Rüge ist die Behauptung, das Gericht habe der ihm obliegende Aufklärungspflicht nicht genügt, weil es ein ihm bekanntes oder erkennbares, erreichbares und zulässiges **Beweismittel nicht genutzt hat, obwohl die Umstände hierzu drängten** (LR/*Becker* § 244 Rn. 361). Ob das Gericht die Aufklärungspflicht aus Mangel an Sorgfalt oder gar wissentlich verletzt hat, ist unerheblich. Auch etwaige Versäumnisse der Verfahrensbeteiligten – etwa eine unterlassene Antragstellung – schließen die Erhebung der Aufklärungsrüge nicht aus (*Dahs* NStZ 2007, 241, 245 f.; KK-StPO/*Krehl* § 244 Rn. 217). Allerdings stellt sich die Frage, ob sich das Gericht von Amts wegen zu einer Beweiserhebung gedrängt sehen musste, die von dem revisionsführenden Verfahrensbeteiligten nicht beantragt worden war (BGH NStZ 1992, 599, 600; *Widmaier* NStZ 1994, 418; *Meyer-Goßner/Schmitt* § 244 Rn. 81).

74 Die Begründung der Aufklärungsrüge muss folgenden **Inhalt** haben, um den Anforderungen des § 344 Abs. 2 Satz 2 zu genügen (dazu im Einzelnen: *Hamm*, Die Revision in Strafsachen, Rn. 547 ff.; *Schlothauer/Weider*, Verteidigung im Revisionsverfahren, Rn. 969 ff.): Zunächst muss der Beschwerdeführer vortragen, **welche konkrete(n) Tatsache(n)** das Gericht hätte aufklären müssen (BGHSt 30, 131, 138; 37, 162; BGH NStZ-RR 2008, 4; NJW 2005, 445, 447; 2005, 2242, 2243; 2003, 2934). Dabei sind die Umstände, aus denen das Gericht die weitere Aufklärungsmöglichkeit ersehen konnte – also entweder der bestimmte Aktenteile oder Erklärungen, Anträge oder Beweisstoff aus der Hauptverhandlung – unter genauer Angabe des für die Aufklärungspflicht erheblichen **Inhalts** zu bezeichnen (KK-StPO/*Krehl* § 244 Rn. 217). Eine **Fundstelle** aus den Verfahrensakten braucht in der Rügebegründung nicht mit angegeben zu werden; die versehentliche Angabe einer falschen Aktenstelle ist deshalb unschädlich

(BGH StraFo 2012, 467; NStZ-RR 2011, 253, 254). Für eine auf den **Verhandlungsstoff** gestützte Rüge müssen sich die aufzuklärende Tatsache sowie die Umstände, aus denen das Gericht die Aufklärungsbedürftigkeit ersehen konnte, aus dem **Protokoll** oder dem angefochtenen **Urteil** ergeben; weitere Anknüpfungstatsachen stehen wegen des sog. **Verbots der Rekonstruktion der Beweisaufnahme** nicht zur Verfügung (BGH NStZ 1990, 35; StV 1989, 518).

Darüber hinaus muss der Beschwerdeführer darlegen, welches konkret bezeichnete, erkennbare und erreichbare **Beweismittel** das Gericht hätte heranziehen müssen (BGHSt 37, 162; BGH NJW 2005, 1381, 1382; NStZ-RR 2003, 10, 11) und welches bestimmte, für den Beschwerdeführer günstige **Beweisergebnis** durch dessen Verwendung erzielt worden wäre (BGH NStZ 2009, 51; 2009, 468, 469; NStZ-RR 2003, 10, 11; NJW 2001, 2558). Dabei muss der Beschwerdeführer **bestimmt behauptete Tatsachen** vortragen; vermutete oder mögliche Beweisergebnisse genügen nicht (BGH NStZ 2004, 112; LR/*Becker* § 244 Rn. 367; KK-StPO/*Fischer* § 244 Rn. 218). 75

Schließlich muss der Beschwerdeführer diejenigen Umstände und Vorgänge bezeichnen, aufgrund derer sich dem Gericht die vermisste **weitere Sachverhaltsaufklärung aufdrängen** musste (BGH NStZ 2007, 165; 2004, 690; NJW 2005, 445, 447; NStZ-RR 2002, 145); ggf. muss er auch diejenigen Umstände vortragen, die dagegen sprechen (BGH StraFo 2011, 99), wie z.B. rechtliche Hinderungsgründe, die der Beweiserhebung entgegenstehen (OLG Koblenz StraFo 2014, 117, 118: Zeugnisverweigerungsrecht). Bei der Prüfung, ob sich die Beweiserhebung aufdrängte, ist allerdings davon auszugehen, dass die Beweiserhebung den vom Beschwerdeführer behaupteten Erfolg gehabt hätte. Die Richtigkeit der Beweisbehauptung braucht sich deshalb nicht aufzudrängen (BGH StraFo 2009, 385). Des Weiteren muss der Beschwerdeführer – soweit dies nicht auf der Hand liegt – darlegen, warum das von ihm benannte Beweismittel **geeignet** ist, die behauptete Tatsache zu belegen (**Konnexität**: BGH NStZ 2008, 232; 1998, 97, 98; ausführlich unten Rn. 96 ff.). 76

Die **unzureichende Ausschöpfung** eines benutzten Beweismittels kann die Richtigkeit eines Urteils ebenso infrage stellen wie die Nichtverwendung eines Beweismittels (BGHSt 17, 351, 353; BGH StV 2002, 350, 351). Dennoch scheitert eine entsprechende Beanstandung regelmäßig daran, dass der Beschwerdeführer diesen Verfahrensfehler **nicht beweisen** kann; denn das Protokoll gibt keine Auskunft über den Inhalt der Beweisergebung, und im Revisionsverfahren findet eine Beweisaufnahme über den Gang der Hauptverhandlung wegen des sog. **Verbots der Rekonstruktion** der Beweisaufnahme nicht statt (BGHSt 48, 268, 273; BGH NJW 1992, 2838, 2840). 77

Die Rüge, dass das Gericht z.B. bestimmte sich aufdrängende Vorhalte nicht gemacht bzw. Fragen nicht gestellt hat, hat aber dann Aussicht auf Erfolg, wenn Inhalt und Ergebnis der Beweisaufnahme mit den **Mitteln des Revisionsrechts** feststellbar sind (LR/*Becker* § 244 Rn. 364). Das ist dann der Fall, wenn der Beschwerdeführer die zur weiteren Ausschöpfung eines Beweismittels Anlass gebenden Umstände – wie z.B. unaufgeklärte Widersprüche in einer Zeugenaussage oder einem Sachverständigengutachten – anhand von Vernehmungsprotokollen, schriftlichen Sachverständigengutachten oder sonstigen sich bei den Akten befindlichen Schriftstücken darlegen kann und sich die Unzulänglichkeit der Beweisausschöpfung unmittelbar aus dem Urteil selbst ergibt (s. dazu BGHSt 43, 212, 215; BGH NStZ-RR 2008, 83; NJW 2007, 92, 96; NStZ 2006, 55). 78

Darüber hinaus versucht eine in der Literatur verbreitete Auffassung die aus dem Rekonstruktionsverbot gezogenen Einschränkung zu überwinden, indem sie eine sog. **Alternativrüge** zulässt (dazu *Neuhaus* StraFo 2004, 407; *Bauer* NStZ 2000, 72; *Fezer* JZ 1996, 665; *Ziegert* StV 1996, 279; *Herdegen* StV 1992, 590; *Schlothauer* StV 1992, 134). Damit kann der Beschwerdeführer vortragen, das Gericht habe entweder unter Verstoß gegen seine Aufklärungspflicht die sich aufdrängenden Fragen oder Vorhalte zur Aufklärung von Widersprüchen oder Unklarheiten unterlassen, oder es habe diese zwar aufgeklärt, sich damit in den Urteilsgründen jedoch nicht auseinandergesetzt mit der Folge, dass das Urteil unter einem sachlich-rechtlichen Darstellungsmangel leidet. Eine solche Ausweitung der Rügemöglichkeit erscheint aus Gründen der **Sachgerechtigkeit** – die der BGH ansonsten gerne bemüht – grundsätzlich geboten. Der BGH hält die Alternativrüge jedoch in stdg. Rspr. mit der sehr formal erscheinenden Begründung für unzulässig, dass der Beschwerdeführer gehalten sei, in der Revisionsbegründung einen **bestimmten Mangel** – und nicht alternativ zwei sich gegenseitig ausschließende Mängel – zu behaupten (BGH NStZ 2007, 115; 2006, 55, 56; NJW 1992, 2840; *Meyer-Goßner/Schmitt* § 337 Rn. 15a; KK-StPO/*Krehl* § 244 Rn. 222). 79

§ 244 StPO Beweisaufnahme; Untersuchungsgrundsatz; Ablehnung v. Beweisanträgen

80 Die Aufklärungsrüge ist **begründet**, wenn das Revisionsgericht nicht ausschließen kann, dass das Gericht zu einem **anderen Beweisergebnis** gelangt wäre, wenn es die vom Beschwerdeführer vermisste Beweiserhebung durchgeführt hätte (BGH StV 1989, 140), und das angefochtene Urteil hierauf **beruht**. Das ist dann der Fall, wenn das Ergebnis der Beweiserhebung möglicherweise für den Schuldspruch oder für den Rechtsfolgenausspruch von Bedeutung hätte sein können (BGH NJW 1994, 1294, 1295; StV 1989, 467).

81 **D. Beweisanträge und sonstige Beweisbegehren.** Das Recht, Beweisanträge zu stellen, verschafft den Verfahrensbeteiligten die Möglichkeit, **aktiv** auf den Gang und das Ergebnis der Hauptverhandlung **Einfluss zu nehmen**. Es prägt die strafprozessuale Stellung insbesondere des Angeklagten in der Hauptverhandlung als **Prozesssubjekt** und gehört deshalb zum unverzichtbaren Kern eines rechtsstaatlichen Strafverfahrens (BVerfG NJW 2007, 204, 205; *Habetha*, StV 2011, 239, 241). Darüber hinaus kann der Antragsteller aus der Reaktion auf seinen Beweisantrag wichtige Erkenntnisse über die Beurteilung der Beweislage durch das Gericht gewinnen (»**Blick in das Beratungszimmer**«; dazu *Widmaier* MAH Strafverteidigung Rn. 83). Aus einem nach Abs. 6 begründeten Ablehnungsbeschluss können sich wichtige Hinweise für das weitere Prozessverhalten ergeben. Das gilt insbesondere dann, wenn das Gericht einen Beweisantrag wegen tatsächlicher Bedeutungslosigkeit ablehnt mit der Folge, dass es die hierfür ausschlaggebenden Erwägungen in Auseinandersetzung mit der aktuellen Beweislage im Beweisbeschluss darzulegen hat (s. dazu BGH NStZ 2008, 299; 2007, 352; LR/*Becker* § 244 Rn. 255). Soweit der Antragsteller hierauf reagiert (s. dazu BGH NStZ 2009, 171, 173; 2008, 351, 352; 2008, 299, 300), kann jene Art von regelgeleiteter **Kommunikation** entstehen, die das moderne Verständnis vom Strafverfahren prägen sollte.

82 **I. Elemente des Beweisantrages.** Die StPO enthält keine Definition des Beweisantrages. In § 219 Abs. 1 finden sich lediglich Hinweise, welche Elemente er enthalten muss. Nach allgem. Auffassung ist ein Beweisantrag das **in der Hauptverhandlung** (*Niemöller* StV 2003, 687) vorgebrachte, bedingte oder unbedingte **Verlangen** (BGH NStZ 2006, 585) eines Prozessbeteiligten, dass das Gericht zum Nachweis einer **bestimmt behaupteten Tatsache**, die den Schuld- oder Rechtsfolgenausspruch betrifft (BGH StV 2007, 622), durch den Gebrauch eines **bestimmten Beweismittels** Beweis erhebt (BGHSt 1, 29, 31; 37, 162, 164; BGH NJW 2008, 2446; StV 2000, 180; NStZ 1999, 578; *Hamm/Hassemer/Pauly* Beweisantragsrecht Rn. 77; LR/*Becker* § 244 Rn. 95; KK-StPO/*Krehl* § 244 Rn. 67; *Meyer-Goßner/Schmitt* § 244 Rn. 18; *Basdorf*, FS Widmaier, S. 51, 52 f.). Hinzu kommt das von der Rspr. entwickelte Kriterium der **Konnexität** (BGHSt 40, 3, 6; 43, 3212, 329). Der Antragsteller muss die **Eignung** des von ihm benannten Beweismittels, Beweis für die von ihm behauptete Tatsache zu erbringen, näher darzulegen, wenn sich diese nicht aus den Akten oder aufgrund von Umständen, die in der Beweisaufnahme bekannten geworden sind, von selbst ergibt.

83 **1. Beweistatsache.** Zum Begriff der **Tatsache** s.o. Rdn. 9 ff. Der Antragsteller muss die Tatsache, über die das Gericht Beweis erheben soll, **konkret und bestimmt behaupten**, sie also **als feststehend** bezeichnen (BGHSt 39, 251, 253; *Hadamitzky*, StraFo 2012, 297, 299 f.). Die bloße Bezeichnung eines **Beweisthemas** (z.B. Vernehmung eines Sachverständigen »zur psychischen Verfassung des Angeklagten« – BGH NStZ 2004, 690) oder die Bezeichnung einer **bloßen Möglichkeit** (Hinzuziehung eines Sachverständigen zur Feststellung, ob es sich bei einem sichergestellten Stoff um Betäubungsmittel handelt – BGH NJW 1999, 2683), reichen nicht aus.

84 Es genügt allerdings, dass der Antragsteller das von ihm behauptete Beweisergebnis nur **vermutet** oder **für möglich hält** (BGHSt 21, 118, 125; BGH StV 2014, 264; 2003, 369; 2000, 180; NStZ 2006, 585, 586; 2002, 383; 2006, 585, 586). Er braucht von der Richtigkeit seiner Beweisbehauptung keinesfalls überzeugt zu sein (KG StraFo 2015, 208, 209; 2012, 20, 21); das Beweisbegehren ist so lange nicht zu beanstanden, wie der Antragsteller den Erfolg der von ihm beantragten Beweiserhebung nicht für ausgeschlossen hält (BGH StV 1989, 237, 238). Das soll allerdings dann nicht der Fall sein, wenn sein Beweisersuchen im Hinblick auf ein Beweismittel einander widersprechende Beweisbehauptungen enthält (BGH NStZ 2013, 118, 119).

85 **a) Schlussfolgerungen und Wertungen.** Schlussfolgerungen und Wertungen sind keine Tatsachen und können daher nicht Gegenstand eines Beweisantrages sein (Graf/*Bachler* § 244 Rn. 17). Zumeist

umschreiben sie ein **Beweisziel** (z.B. die Schlussfolgerung, ein Zeuge sei unglaubwürdig und seine Aussage unglaubhaft – BGH wistra 2008, 107; s. a. BGHSt 37, 162, 165; BGH NStZ-RR 2004, 56; NJW 2003, 2761), dessen Mitteilung im Antrag nicht nur nicht erforderlich ist (OLG Naumburg NStZ-RR 2013, 18, 19), sondern darüber hinaus für den Antragsteller auch schädlich sein kann, weil sie u.U. die Ablehnung des Antrages wegen Bedeutungslosigkeit erleichtert. Allerdings sind die der Schlussfolgerung oder Wertung zugrunde liegenden tatsächlichen Umstände der Beweiserhebung zugänglich (BGH NJW 1991, 435). Deshalb muss das Gericht durch **Auslegung des Antrages** (BGH NStZ 2014, 419; NJW 1993, 2881; OLG Hamburg StV 2012, 589; KG StraFo 2012, 20, 21) ermitteln, ob der Antragsteller die Schlussfolgerung bzw. Wertung als solche oder einen – für das Gericht aufgrund der Antragsbegründung oder aufgrund der sonstigen Umstände des Einzelfalls, insbesondere des Akteninhalt sowie des gesamten Verhandlungs- und Beweisstoffes (BGH NStZ 2014, 50, 51; StV 1995, 230) erkennbaren – **konkreten Tatsachenkern** unter Beweis stellt. Das gilt insbesondere dann, wenn der Antragsteller **schlagwortartig verkürzte Behauptungen mit Wertungselementen** (BGH StV 2010, 287, 288) oder einfache Rechtsbegriffe (BGH NStZ 2014, 282) verwendet.

Die Rspr. vermittelt insoweit **kein verlässliches Bild**, weil die Frage, ob ein ausreichender Tatsachenkern erkennbar ist, jeweils von den Umständen des Einzelfalls abhängt (s. dazu die zahlr. Bsp. bei LR/*Becker* § 244 Rn. 96 und 99 sowie Graf/*Bachler* § 244 Rn. 17.1). Die Behauptung, der Angeklagte leide unter einer krankheitsbedingten Alkoholabhängigkeit mit bereits eingetretener Persönlichkeitsdeformation, kann als hinreichend bestimmte Beweistatsache genügen (BGH NStZ 2008, 52, 53); die bloße Behauptung, ein Zeuge habe Alkoholprobleme, dagegen nicht (BGH StV 1997, 622). Die Behauptung, der Angeklagte habe »alkoholbedingte Ausfallerscheinungen« gezeigt, kann wiederum ausreichen, wenn sich aus Antragsbegründung ergibt, dass er mehrfach stürzte und sich an einer Wand abstützen musste (BGH StV 2011, 209). Die Behauptung, der Angeklagte sei zum Tatzeitpunkt **schuldunfähig bzw. vermindert schuldfähig** gewesen, reicht für die Annahme eines Beweisantrages jedenfalls dann aus, wenn in dem Antrag tatsächliche Anhaltspunkte für die Beweisbehauptung mitgeteilt werden, die einem Sachverständigen als erste **Anknüpfungstatsachen** für eine Untersuchung des Angeklagten ausreichen. Die Rspr. hat diese Frage allerdings noch nicht abschließend entschieden (offengelassen z.B. in BGH NStZ 1998, 366; krit. BGH NStZ 2012, 280, 281; 1999, 630, 631). Der Antragsteller sollte in diesem Fall – und darüber hinaus – **kein Risiko** eingehen und die unter Beweis gestellte Tatsache so präzise wie möglich formulieren (*Hamm/Hassemer/Pauly* Beweisantragsrecht Rn. 109), indem er das Vorliegen eines bestimmten Krankheitsbildes oder der dazugehörenden Symptome unter Beweis stellt.

b) **Negativtatsachen.** Problematisch ist die Abgrenzung zwischen Beweistatsache und Beweisziel des Weiteren bei sog. **Negativtatsachen**. In diesem Fall benennt der Antragsteller Beweismittel – zumeist Zeugen – zum Beweis dafür, dass ein bestimmtes Ereignis **nicht stattgefunden hat** (BGHSt 39, 251, 254; *Meyer-Goßner/Schmitt* § 244 Rn. 20). Ein solches Beweisbegehren ist ohne Weiteres als Beweisantrag anzusehen, wenn der Antragsteller den Nichteintritt eines genau beschriebenen Ereignisses behauptet, das die Beweisperson in einer **transparenten Wahrnehmungssituation** hätte wahrnehmen können, wenn es stattgefunden hätte (BGH NStZ 2008, 708). Das gilt z.B. für die Angaben eines Ermittlungsrichters, der bekunden soll, dass eine Zeugin, die von ihm richterlich vernommen wurde, in dieser Vernehmung nicht aussagte, von dem Angeklagten geschlagen worden zu sein (BGH NStZ-RR 2005, 78, 79), für die Erklärung eines Zeugen, der die gesamte verfahrensgegenständliche Auseinandersetzung beobachtete und bekunden soll, dass der Angeklagte während dieser Auseinandersetzung kein Messer in der Hand hielt, für die Bekundung eines Gesprächs, in dem über ein bestimmtes Geschehen nicht gesprochen worden sein soll (BGH NStZ 2011, 230) oder für die Auswertung einer SIM-Karte zum Beweis der Tatsache, dass es keine telefonischen Kontakte zu einer bestimmten Person gegeben habe (BGH StraFo 2009, 385).

Für die Annahme einer ausreichend bestimmten Beweistatsache reicht es der Rspr. hingegen nicht aus, wenn der Antragsteller lediglich Schlussfolgerungen darlegt, die möglicherweise aus irgendwelchen Wahrnehmungen von Beweispersonen gezogen werden sollen, diese Wahrnehmungen jedoch im Antrag nicht konkret bezeichnet werden (BGH NStZ 2000, 267, 268). Dieses Problem stellt sich insbesondere beim **Alibibeweis**, etwa dann, wenn der Antragsteller – ohne nähere Darlegung – einen Zeugen als Mittel zum Beweis der Tatsache anbietet, dass der Angeklagte zu einem bestimmten Zeitpunkt nicht an einem bestimmten (Tat-)Ort gewesen sei. Der BGH (BGHSt 39, 251, 255; s. a. BGHSt 43, 321, 327;

§ 244 StPO Beweisaufnahme; Untersuchungsgrundsatz; Ablehnung v. Beweisanträgen

BGH NStZ 1999, 362) hat ein solches Beweisbegehren als **Beweisermittlungsantrag** (s. dazu Rdn. 1399 ff.) gewertet. Für die Annahme eines Beweisantrages wäre es erforderlich gewesen, konkrete Tatsachen anzugeben, die der Zeuge **selbst unmittelbar** wahrgenommen hat, z.B., dass er sich mit dem Angeklagten zum in Rede stehenden Zeitpunkt an einem anderen Ort aufgehalten hat oder dass er sich zu diesem Zeitpunkt am Tatort aufgehalten, den ihm bekannten Angeklagten jedoch nicht gesehen hat, obwohl ihm dessen Anwesenheit nicht hätte entgehen können (Graf/Bachler § 244 Rn. 18.1). Auch die Behauptung mangelnder Personenidentität (mit der daraus zu ziehenden Schlussfolgerung, dass der Angeklagte nicht der Täter war) stellt eine genügend bestimmte Tatsachenbehauptung dar (BGH StV 2009, 254, 255).

89 c) **Behauptungen »aufs Geratewohl« bzw. »ins Blaue hinein«.** Obwohl der Antragsteller von der Richtigkeit seiner Beweisbehauptung nicht überzeugt zu sein braucht (s.o. Rdn. 84), vertritt die Rspr. bislang die Auffassung, dass keine zulässige Beweisbehauptung und damit kein rechtlich beachtlicher Beweisantrag vorliegt, wenn der Antragsteller eine Tatsache **ohne tatsächliche Anhaltspunkte** und ohne **jede begründete Vermutung** ins Blau hinein bzw. aufs Geratewohl behauptet (BGH StV 2008, 9; NStZ 2006, 405; s. a. *Hadamitzky* StraFo 2012, 297; *Herdegen* StV 1990, 518, 519). Für eine entsprechende Annahme genügt es jedoch nicht aus, dass die unter Beweis gestellte Tatsache objektiv ungewöhnlich oder eine andere Möglichkeit näher liegend erscheint (BGH NStZ 2008, 287) oder der Beweisantrag hätte früher gestellt werden können (KK-StPO/*Krehl* § 244 Rn. 73). Geht das Gericht jedoch davon aus, dass die Beweisbehauptung ohne tatsächliche und argumentative Grundlage in den Raum gestellt wird, muss das Gericht dem Beweisbegehren allenfalls nach Maßgabe der gerichtlichen Aufklärungspflicht (Abs. 2) nachgehen (BGH NStZ 2009, 226, 227; StV 2002, 233). Eine entsprechende Vorgehensweise wird allerdings nur ausnahmsweise in Betracht kommen und erfordert zur Begründung einen hohen argumentativen Aufwand des Tatrichters (KG StraFo 2015, 208, 210).

90 Der 3. **Strafsenat** des BGH hat diese Rspr. allerdings inzwischen infrage gestellt (StV 2008, 9, 10; offengelassen durch den 1. Strafsenat in NStZ 2011, 169, 170). Zu Recht erscheint es dem Senat zweifelhaft, dass einerseits ein Antrag, der allein zum Zweck der Verschleppung des Verfahrenes und in dem Bewusstsein gestellt wird, nichts zur Aufklärung des Sachverhalts beizutragen, lediglich zu einer Ablehnung nach Abs. 3 Satz 2 führen kann, während andererseits ein Beweisbegehren, dem es (nur) objektiv an einer erkennbaren plausiblen Tatsachengrundlage fehlt, schon der Charakter eines Beweisantrages abzusprechen sein soll. Gute Gründe sprechen deshalb dafür, auch ein Beweisbegehren ins Blaue hinein **als Beweisantrag zu behandeln** (s. a. *Habetha* StV 2011, 239, 242; *Trüg* StraFo 2010, 142).

91 d) **Antrag auf nochmalige Vernehmung eines entlassenen Zeugen oder Sachverständigen.** Das nach einer Beweiserhebung von einem Verfahrensbeteiligten geäußerte Verlangen, einen bereits vernommenen und entlassenen Zeugen oder Sachverständigen **nochmals zu vernehmen**, ist nach stdg. Rspr. lediglich ein auf Wiederholung der Beweisaufnahme gerichtetes Begehren und somit **kein Beweisantrag** (BGH BeckRS 2015, 10920), es sei denn, dass in dem Beweisbegehren **neue Beweistatsachen** behauptet werden (BGH NStZ-RR 1996, 107; StV 1991, 1, 2), zu denen der Zeuge oder Sachverständige noch nicht vernommen worden ist. Das gilt auch dann, wenn lediglich die Niederschrift über die Vernehmung eines Zeugen verlesen worden ist (BGHSt 46, 73, 80), ebenso für den Antrag auf die ergänzende Vernehmung eines Zeugen nach der Vorführung einer Bild-Ton-Aufzeichnung gem. § 255a Abs. 2 (BGHSt 48, 268, 273). In diesen Fällen kann die Vernehmung des Zeugen allerdings nach Abs. 2 geboten sein. Keine bloße Wiederholung der Beweisaufnahme ist die nochmalige Vernehmung eines Sachverständigen, wenn ein anderer Sachverständiger desselben Fachgebiets Tatsachen vorgetragen hat, die die Schlussfolgerung des ersten Sachverständigen infrage stellen (so wohl BGH NStZ 2007, 417, 418).

92 2. **Beweismittel.** Der Antragsteller muss ein **bestimmtes Beweismittel** bezeichnen (KK-StPO/*Krehl* § 244 Rn. 79; *Meyer-Goßner/Schmitt* § 244 Rn. 21). Er muss das Beweismittel in seinem Beweisbegehren in einer Weise **individualisieren**, die keinen Zweifel daran lässt, womit genau die unter Beweis gestellte Tatsache nachgewiesen werden soll. Eine rechtlich unzutreffende Bezeichnung des Beweismittels (Bezeichnung als sachverständigen Zeugen, obwohl die Voraussetzungen des § 85 nicht vorliegen) ist jedoch unschädlich, wenn eindeutig erkennbar ist, um welches es sich handelt (Graf/Bachler § 244 Rn. 23). Gegebenenfalls ist das Beweismittel im Wege der Auslegung unter Heranziehung der Antrags-

begründung zu ermitteln (BGH NStZ 2015, 354). Das Gericht ist berechtigt – und im Hinblick auf Abs. 2 u.U. verpflichtet –, das Beweismittel auszutauschen, wenn nach den Umständen des Einzelfalls das gewählte Beweismittel gegenüber dem angebotenen eine gleich sichere oder bessere Erkenntnisquelle darstellt (BGH StV 2008, 506: Verlesung eines Vermerkes über den Zustand des Nebenklägers zum Zeitpunkt der Erstattung der Strafanzeige statt Vernehmung des die Anzeige aufnehmenden Beamten).

Zeugen sind grundsätzlich mit **Vor- und Nachnamen** und unter Angabe einer **ladungsfähigen Anschrift** zu benennen (BGHSt 40, 3, 7; BGH NStZ 2014, 604, 605 f.; NStZ 2010, 403, 404; 2009, 651). Das gilt auch für Auslandszeugen (BGH NStZ 2011, 231). Allerdings kann dieses Erfordernis insbesondere für den Angeklagten bzw. seinen Verteidiger ein unüberwindbares Hindernis darstellen, weil deren Möglichkeiten, Ermittlungen durchzuführen, an diejenigen der Justiz i.d.R. nicht annähernd hinreichen. Deshalb muss es ausreichen, wenn der Antragsteller Identifikationsmerkmale mitteilt, die unmissverständlich verdeutlichen, welche Person er meint, und einen Weg aufzeigt, wie das Gericht die ladungsfähige Anschrift des Zeugen oder zumindest dessen Aufenthalt zuverlässig in Erfahrung bringen kann (BGH StV 2010, 556, 557; NStZ 1999, 152; 1996, 581; 1995, 246); andernfalls handelt es sich lediglich um einen Beweisermittlungsantrag (BGH NStZ 2009, 651; 2002, 270). Will der Antragsteller in der Revision geltend machen, dass die Bemühungen des Gerichts zur Ermittlung der Anschrift einer Auskunftsperson unzulänglich waren, muss er vortragen, welche konkrete Aufklärungshandlung unterblieben ist und zu welchem Ergebnis diese geführt hätte (BGH NStZ 2015, 346 = StraFo 2015, 211). 93

Bei **Sachverständigen** braucht hingegen **keine bestimmte Person** bezeichnet zu werden, weil dessen Auswahl dem Gericht obliegt (§ 73 Abs. 1). Bei einer konkreten Benennung im Antrag handelt es sich daher lediglich um einen **Vorschlag** des Antragstellers, an den das Gericht nicht gebunden ist (*Meyer-Goßner/Schmidt* § 244 Rn. 21). Dessen Auswahlermessen kann im Hinblick auf Abs. 2 jedoch eingeschränkt sein, wenn der vom Antragsteller benannte Sachverständige über Kenntnisse oder Feststellungsmöglichkeiten verfügt, die an seine Person gebunden sind (KK-StPO/*Krehl* § 244 Rn. 80). 94

Urkunden und **Augenscheinsobjekte** müssen ebenfalls so genau bezeichnet werden, dass das Gericht sie eindeutig **individualisieren** und zur Hauptverhandlung **herbeischaffen** kann (KK-StPO/*Krehl* § 244 Rn. 81; s. dazu BGH NStZ-RR 1998, 276). Beweismittel sind **einzelne** Schriftstücke, einzelne Aktenvorgänge oder einzelne Eintragungen, es sei denn, dass durch den gesamten Inhalt einer Akte oder Dokumentensammlung eine bestimmte Tatsache bewiesen werden soll (BGHSt 37, 168, 142). Ansonsten ist der Antrag auf **Beiziehung von Akten** kein Beweisantrag (BGHSt 8, 128, 129; BGH StV 2000, 248, 249). 95

3. Konnexität. Der Antragsteller muss zudem darlegen, dass ein **Konnex** zwischen der behaupteten Beweistatsache und dem angegebenen Beweismittel besteht. Unter dem Begriff **Konnexität** (zurückgehend auf *Widmaier* NStZ 1993, 602) formulierte die Rspr. zunächst nur allgemeine Anforderungen an die Konkretisierung von Beweistatsachen in Abgrenzung von Beweiszielen. Aus dem Beweisantrag musste (lediglich) hervorgehen, welche eigene Wahrnehmung der Zeuge bekunden sollte (BGHSt 40, 3, 6; dazu *Basdorf* FS Widmaier, S. 52, 53; *Schneider* FS Eisenberg, S. 607, 611, 622; *Hadamitzky* StraFo 2012, 299, 302; zum aktuellen Diskussionsstand *Rose* NStZ 2014, 128). 96

Mittlerweile hat der BGH dieses Kriterium zu einem **eigenständigen Element** des Beweisantrages fortentwickelt (ausdr. offen gelassen allerdings in BGH StV 2015, 82). Der Antragsteller muss darlegen, weshalb das von ihm angegebene Beweismittel **geeignet ist, die behauptete Tatsache unter Beweis zu stellen** (BGHSt 43, 321, 329; BGH NStZ 2011, 169, 170; 2006, 585, 586; 2000, 437, 438; NStZ-RR 2001, 42, 44; KK-StPO/*Krehl* § 244 Rn. 82; *Graf/Bachler* § 244 Rn. 25; abl. *Herdegen* NStZ 1999, 176; *Hamm/Hassemer/Pauly* Beweisantragsrecht Rn. 128; LR/*Becker* § 244 Rn. 114), es sei denn, dieser Zusammenhang versteht sich von selbst (BGH StV 2014, 257, 258) oder wird unter Beiziehung der Strafakten offenkundig (BGH NStZ 2014, 282, 283). Im Kern geht es darum, die **konkrete Wahrnehmungssituation** eines Zeugen derart bestimmt zu behaupten (BGH StV 2011, 207, 208 f.), dass das Gericht auf der Grundlage der mitgeteilten Umstände entscheiden kann, ob der **Ablehnungsgrund der völligen Ungeeignetheit** i.S.d. Abs. 3 Satz 2 vorliegt (BGH StV 2015, 82; zur Abgrenzung zw. Konnexität und dem Ablehnungsgrund der Ungeeignetheit s. OLG Schleswig StV 2014, 276, 277). Insoweit mag das Konnexitäts-Kriterium seine Rechtfertigung in der **strukturellen Korrespondenz** von Beweisantrag und Ablehnungsgrund finden oder lediglich eine notwendige Konkretisie- 97

§ 244 StPO Beweisaufnahme; Untersuchungsgrundsatz; Ablehnung v. Beweisanträgen

rung der Beweistatsache umschreiben. Allerdings besteht die Gefahr, dass die Rspr. dieses Kriterium zu einem »**Meta-Ablehnungsgrund**« wegen »Fehlens einer auf der Hand liegenden Plausibilität« oder des eindeutigen Widerspruchs zu der bisherigen Beweislage (dazu BGH StraFo 2014, 22; NJW 2012, 2212) weiterentwickelt (ausdr. KK-StPO/*Krehl* § 244 Rn. 84). Jedenfalls verschiebt sich die Argumentationslast einseitig zu Lasten des Antragstellers.

98 Ein Bsp. hierfür ist eine Entscheidung des 5. Strafsenats, wonach der Antragsteller bei **fortgeschrittener Beweisaufnahme** nicht nur die konkrete Wahrnehmungssituation eines Zeugen darzulegen, sondern sich darüber hinaus auch argumentativ mit der Plausibilität der Beweisbehauptung im Hinblick auf die bei Antragstellung bestehende Beweislage auseinanderzusetzen habe (BGHSt 52, 284, 287; s. a. BGH NStZ 2011, 169).

99 Diese Auffassung ist abzulehnen. Aus den Entscheidungsgründen wird deutlich, dass der Antragsteller die Wahrnehmungssituation des Zeugen hinreichend konkret dargelegt hatte. Die Bedenken des Gerichts richteten sich vielmehr gegen die **Zuverlässigkeit** des benannten Zeugen, dessen mutmaßlichen Bekundungen im Widerspruch zu den Angaben aller bis dahin in der Beweisaufnahme vernommenen Zeugen gestanden hätten. Ebenso scheint die späte Antragstellung das Gericht irritiert zu haben. Solche Umstände sind jedoch im Rahme der **Beweiswürdigung** zu berücksichtigen; sie haben mit der Frage, ob ein Beweisantrag vorliegt oder nicht, nichts zu tun. Die Auffassung des 5. Strafsenats verstößt vielmehr gegen das **beweisrechtliche Antizipationsverbot** (zur Entschdg. *Ventzke* StV 2009, 655, 657; *Jahn* StV 2009, 663, 664; *Schneider* FS Eisenberg, S. 607, 630; *Meyer-Goßner/Schmitt* § 244 Rn. 21a; s. a. BGH StraFo 2014, 22; *Habathea* StV 2011, 239, 243) und sollte deshalb aufgegeben werden. Der 5. Strafsenat hat seine Rspr. mittlerweile wenigstens entschärft: Der Antragsteller braucht sich in der Antragsbegründung zur Wahrnehmungskompetenz des von ihm benannten Zeugen auch bei fortgeschrittener Beweisaufnahme nicht zu verhalten, wenn sein Beweisbegehren auf die Vernehmung eines unmittelbaren Tatzeugen zielt, der sich im zeitlichen Zusammenhang mit der Tat am Tatort aufhielt und dessen Wahrnehmungsmöglichkeiten nicht zweifelhaft sind (BGH NStZ 2014, 351, 353 f. mit Anm. *Ferber*). Noch weitergehend sind Stimmen in der Lit., die eine Anwendung des Kriteriums auf den »schmalen Bereich« der offensichtlich ins Blaue hinein bzw. auf Geratewohl gestellten Anträge (s.o. Rn. 89 f.) beschränken wollen (KK-StPO/*Krehl* § 244 Rn. 84; *Kröpli* Jura 2012, 459, 461; eine entspr. Konstellation findet sich in KG BeckRS 2015, 03300).

100 **II. Antragstellung und Verfahren. 1. Antragsberechtigte.** Antragsberechtigt sind der Staatsanwalt, der Angeklagte und sein Verteidiger. Der Verteidiger hat ein **eigenes, selbständiges Beweisantragsrecht**. Er kann seine Anträge auch ohne und sogar gegen den Willen des Angeklagten stellen, selbst dann, wenn die behaupteten Beweistatsachen im Widerspruch zur Einlassung ds Angeklagten stehen (BGHSt 21, 118, 124; BGH NStZ 2009, 581, 582; *Meyer-Goßner/Schmitt* § 244 Rn. 30). Dementsprechend können Erläuterungen, die der Antrag des Verteidigers enthält, nur dann als Sacheinlassung des Angeklagten behandelt werden, wenn dieser ausdrücklich erklärt, sich das Vorbringen zu eigen zu machen (BGH NStZ 2000, 495, 496; LR/*Becker* § 244 Rn. 118). Ein Beweisantrag kann auch als **gemeinschaftlicher Antrag** von mehreren Verfahrensbeteiligten zusammen gestellt werden, indem entweder ein Verfahrensbeteiligter den von ihm gestellten Antrag unwidersprochen als gemeinschaftlichen Antrag bezeichnet oder sich ein anderer Verfahrensbeteiligter ausdrücklich dem Beweisbegehren des Antragstellers anschließt (BHGSt 32, 10, 12; BGH NJW 1998, 3284, 3285; StV 1994, 172). Letzteres empfiehlt sich, weil derjenige Verfahrensbeteiligte, der den Antrag nicht selbst gestellt hat, bei Zweifeln über seinen Anschluss auf die – selten erfolgreiche (s.o. Rn. 73) – Aufklärungsrüge angewiesen ist, anstatt bei einer fehlerhaften Zurückweisung des Antrages einen Verstoß gegen die Abs. 3 bis 6 geltend machen zu können (BGH StV 2011, 458 (LS) = StraFo 2011, 280 f.).

101 Gleichfalls antragsberechtigt sind **Neben- und Privatkläger** sowie **Nebenbeteiligte**, deren Recht allerdings durch § 436 Abs. 2 eingeschränkt wird. Der Nebenkläger ist nur antragsberechtigt, soweit die zur Nebenklage berechtigende Straftat betroffen ist (Graf/*Bachler* § 244 Rn. 26). Zudem sind ihm im Hinblick auf § 400 Abs. 1 Beweisanträge, die allein auf die Rechtsfolgen abzielen, nicht gestattet (KK-StPO/*Senge* § 397 Rn. 6; a. A. KK-StPO/*Krehl* § 244 Rn. 97; *Meyer-Goßner/Schmitt* § 397 Rn. 6). Der Auffassung des 5. Strafsenats, wonach die Ablehnungsgründe der Abs. 3 bis 5 beim Nebenkläger weniger restriktiv anzuwenden seien mit der Folge, dass dessen Beweisanträge leichter abgelehnt werden

könnten (BGH NStZ 2010, 714), ist der 3. Strafsenat zu Recht entgegengetreten (BGH NStZ 2011, 713, 714). Für eine solche Einschränkung gibt das Gesetz keinen Anhalt.

Kein Beweisantragsrecht haben der Beistand nach § 149, der als Zeugenbeistand zugezogene Rechtsanwalt, und zwar auch dann nicht, wenn der Zeuge Verletzter ist (§§ 406f Abs. 1, 406g Abs. 2) sowie die Vertreter des Finanzamts im Steuerstrafverfahren oder sonstige Vertreter der in der Hauptverhandlung anzuhörenden Behörden (LR/*Becker* § 244 Rn. 118). 102

2. Ort, Form und Zeit der Antragstellung. Nur Beweisanträge, die **in der Hauptverhandlung** gestellt werden, sind nach § 244 zu bescheiden (BGH StV 1995, 509; OLG Frankfurt NStZ-RR 1998, 210; *Niemöller* StV 2003, 687). Das gilt auch für (vorbereitende) Anträge, die außerhalb der Hauptverhandlung eingereicht wurden. Das Gericht hat ggf. durch einen **Hinweis** darauf hinzuwirken, dass der angekündigte Antrag tatsächlich gestellt wird (KK/*Krehl* § 244 Rn. 85). 103

Der Antrag ist in der Hauptverhandlung **mündlich** zu stellen. Allerdings kann das Gericht dem Antragsteller nach § 257a durch Beschluss aufgeben, Beweisanträge **schriftlich** zu stellen. Dies setzt allerdings voraus, dass der Verfahrensablauf bei mündlicher Antragstellung **erheblich** (um Stunden oder gar Tage) **verzögert** werden würde (Meyer-Goßner/Schmitt § 257a Rn. 2). Eine Anordnung nach § 257a soll auch dann in Betracht kommen, wenn zumindest naheliegende tatsächliche Anhaltspunkte für einen **beabsichtigten Missbrauch** des Beweisantragsrechts vorliegen (*Senge* NStZ 2002, 225, 231; enger Meyer-Goßner/Schmitt § 257a Rn. 2, der die Feststellung eines vorangegangenen Missbrauchs verlangt; so nun auch – entgegen *Fischer* in der Vorauflg. – KK-StPO/*Krehl* § 244 Rn. 86). 104

Es ist allein dem Antragsteller vorbehalten, zu entscheiden, wann er einen Beweisantrag stellt (BGH NStZ 2002, 161). Es ist legitim und rechtlich zulässig, bei der Antragstellung prozesstaktische Erwägungen mit zu berücksichtigen, solange damit keine verfahrensfremden Zwecke verfolgt werden. § 246 verbiete es, einen Beweisantrag als verspätet abzulehnen. Der Beweisantrag muss allerdings in der Hauptverhandlung gestellt werden (s.o.). **Letzter Zeitpunkt** hierfür ist der **Beginn der Urteilsverkündung** (KK-StPO/*Krehl* § 244 Rn. 87). Bis dahin muss das Gericht den Beweisantrag entgegennehmen und bescheiden (Graf/*Bachler* § 244 Rn. 33). Gibt der Antragsteller noch vor Beginn der Urteilsverkündung zu erkennen, dass er einen Beweisantrag stellen will, hat ihm das Gericht hierfür das Wort zu erteilen (BGH NStZ 2007, 112, 113). Unterbindet der Vorsitzende die Antragstellung, ist eine Entscheidung nach § 238 Abs. 2 herbeizuführen (BGH NStZ 1992, 346). 105

Wird ein Beweisantrag dagegen erst **nach Beginn** der Urteilsverkündung gestellt, so liegt es im Ermessen des Vorsitzenden, ob er den Antrag entgegennimmt oder nicht (BGHSt 25, 333, 335). Nimmt der Vorsitzende den Antrag entgegen, so muss das Gericht diesen nach Abs. 6 bescheiden. Lehnt er die Entgegennahme ab, so bleibt es bei seiner Entscheidung; eine Anrufung des Gerichts nach § 238 Abs. 2 ist nicht statthaft (Graf/*Bachler* § 244 Rn. 34). Allerdings hat das Gericht auch in diesem Fall zu prüfen, ob die Beweiserhebung nach Maßgabe der Aufklärungspflicht (Abs. 2) geboten ist (BGH NStZ 1986, 182). 106

Das **Protokoll** muss gem. § 273 Abs. 1 Satz 1 die im Laufe der Verhandlung gestellten Anträge enthalten. Daher sind auch Beweisanträge in das Hauptverhandlungsprotokoll aufzunehmen. Das gilt allerdings nicht für eine etwaige mündliche Begründung des Antrags (Meyer-Goßner/Schmitt § 244 Rn. 36). 107

3. Auslegung und Klarstellung von Beweisbehauptungen. Das Gericht ist berechtigt und verpflichtet, einen Beweisantrag **auszulegen**, um das wahre Begehren des Antragstellers zu ermitteln (BGH NStZ 2015, 354; LR/*Becker* § 244 Rn. 117). Dabei muss der Antrag auf die für den Antragsteller **günstigste Weise** ausgelegt werden (vgl. BGH NStZ 2006, 585). Zu berücksichtigen ist nicht nur der Wortlaut des Antrages – einschließlich der Begründung –, sondern darüber hinaus der kontextuale Zusammenhang (BGH StV 1995, 230) sowie jeder andere in der Hauptverhandlung zutage getretener Umstand (BGH StraFo 2007, 331; KK-StPO/*Krehl* § 244 Rn. 77). 108

Bleibt der Sinn eines Beweisantrages unklar, gebietet es die **Fürsorgepflicht**, dass das Gericht durch Befragung des Antragstellers auf die **Vervollständigung** eines lückenhaften oder auf die **Substantiierung** eines den Bestimmtheitserfordernissen nicht genügenden Beweisantrages **hinwirkt** (BGHSt 37, 162, 166; NStZ-RR 1996, 336, 337; NStZ 1994, 483). Der Antragsteller ist jedoch nicht zu einer Antwort verpflichtet. Sein Schweigen darf als solches keine Nachteile nach sich ziehen (*Schneider* NStZ 2012, 169, 171). Das Gericht muss sich weiterhin bemühen, den Beweisantrag in seiner **gesamten Tragweite**, d.h. ohne Einengung, Umdeutung oder sonstige Änderung des Sinngehalts zu erfassen. Es darf ins- 109

§ 244 StPO Beweisaufnahme; Untersuchungsgrundsatz; Ablehnung v. Beweisanträgen

besondere nicht von im Beweisbegehren nicht erwähnten Möglichkeiten oder ungeklärten Begleitumständen ausgehen, um einen Ablehnungsgrund anwenden zu können (KK-StPO/*Krehl* § 244 Rn. 78). Bei **mehreren Interpretationsmöglichkeiten** ist diejenige zu wählen, die zur Beweiserhebung führt (BGH NStZ 1984, 564).

110 Legt das Gericht einen Beweisantrag für den Antragsteller erkennbar unzutreffend aus, soll dieser seinerseits verpflichtet sein, das Gericht in der Hauptverhandlung auf diesen Irrtum **hinzuweisen** und diesen **auszuräumen** (BGH NStZ-RR 2008, 382; Graf/*Bachler* § 244 Rn. 31). Wenn er dies unterlässt, kann er eine auf dem Irrtum des Gerichts beruhende rechtsfehlerhafte Ablehnung des Beweisantrages in der Revision nicht mit Erfolg geltend machen (BGH NStZ 2009, 171, 173; 2003, 161; StV 1989, 465 m. Anm. *Schlothauer*).

111 Ist der Antragsteller der Ansicht, das Gericht habe erhebliche Umstände, die er zur Grundlage seines Antrages machen wollte, nicht berücksichtigt, kann er gegen den Beschluss, mit dem das Gericht den Beweisantrag abgelehnt hat, **Gegenvorstellung** erheben (BGH NStZ 2002, 656). Dies ist jedoch **keine Voraussetzung für die Zulässigkeit** einer darauf bezogenen Verfahrensrüge (BGH NStZ 2005, 231).

112 **4. Rücknahme und Verzicht.** Der Antragsteller kann seinen Beweisantrag **zurücknehmen**, auch dann, wenn das Gericht mit der beantragten Beweiserhebung bereits begonnen hat. In diesem Fall kann er auf die weitere Durchführung der Beweiserhebung **verzichten**. Damit entfällt die Verpflichtung des Gerichts, den die beantragte Beweiserhebung durchzuführen oder den Antrag nach Abs. 6 abzulehnen (LR/*Becker* § 244 Rn. 127). Ist das Beweismittel allerdings bereits »präsent«, gilt § 245 Abs. 2 Satz 1; von der Beweiserhebung kann nur abgesehen werden, wenn Staatsanwalt, Angeklagter und Verteidiger damit einverstanden sind (Alsberg/*Güntge* Rn. 753).

113 Rücknahme und Verzicht müssen – wie alle prozessualen Erklärungen – eindeutig sein und deshalb i.d.R. **ausdrücklich erklärt** werden. Eine konkludente Rücknahme ist nach Ansicht der Rspr. zwar grds. möglich (BGH NStZ 1993, 27, 28), dürfte aber – jedenfalls beim unverteidigten Angeklagten – nur in Ausnahmefällen anzunehmen sein (vgl. BGH bei *Becker* NStZ 2004, 436). Keine konkludente Rücknahme eines noch nicht erledigten oder beschiedenen Beweisantrages liegt im **Einverständnis** mit der **Schließung der Beweisaufnahme** (BGH StV 2003, 318; KK-StPO/*Krehl* § 244 Rn. 123) oder im Schweigen zur Feststellung des Vorsitzenden, alle Beweisanträge seien beschieden bzw. anderweitig erledigt worden (BGH NStZ 2003, 562; offen gelassen in BGH StraFo 2009, 385; A.A. NStZ 2005, 463, 464, wonach ein **ausdrückl. Widerspruch** erforderlich ist). In der Stellung eines zweiten Beweisantrages nach Ablehnung eines zuvor gestellten Antrages liegt auch dann keine Rücknahme des ersten Antrages, wenn der zweite Antrag inhaltlich auf den zuerst gestellten zurückgreift und auf die Ablehungsgründe des Gerichts Bezug nimmt (BGH StV 2014, 259, 260). Eine konkludente Rücknahme hat der BGH hingegen für den Fall angenommen, dass der zuerst seine Täterschaft bestreitenden und in der Hauptverhandlung Beweisanträge zum Nachweis seiner Unschuld stellende Angeklagte im Rahmen einer **Verständigung** ein Geständnis ablegt, ohne eine Erklärung zu den Beweisanträge abzugeben (BGH StraFo 2003, 384). Bleibt ein schriftlicher Beweisantrag, der vor Beginn der Hauptverhandlung gestellt wurde, unbeschieden, so soll – jedenfalls beim verteidigten Angeklagten – in der unterbliebenen Wiederholung des Antrages in der Hauptverhandlung ein konkludenter Verzicht auf die Beweiserhebung liegen (OLG München StV 2011, 401).

114 Die Rücknahme gilt **nur für denjenigen, der sie erklärt**. Bei gemeinschaftlichen Beweisanträgen haben Rücknahme bzw. Verzicht eines Antragstellers keine Auswirkung für diejenigen Verfahrensbeteiligten, die sich dem Antrag angeschlossen haben (KK-StPO/*Krehl* § 244 Rn. 99).

115 **5. Entscheidung über den Beweisantrag.** Das Gericht hat Beweisanträge stets inhaltlich zu prüfen (BGHSt 29, 149, 152), auch dann, wenn ein **Missbrauch** des Antragsrechts in Rede steht (KK-StPO/*Krehl* § 244 Rn. 105). Es hat den Beweisantrag durch Erhebung des Beweises oder durch eine zurückweisende Entscheidung nach Abs. 6 zu erledigen. Ein schlichtes Übergehen eines Antrages ist unzulässig. Ein solches Vorgehen kann entweder als gesetzwidrige Ablehnung des Antrages (BGH StV 1983, 318, 319) oder als rechtsfehlerhaftes Unterbleiben einer Entscheidung nach Abs. 6 (BGH NStZ 1999, 419; StV 1989, 189) beanstandet werden. Vor der Entscheidung sind die **Verfahrensbeteiligten anzuhören** (§ 33 Abs. 1).

a) **Anordnung der Beweiserhebung.** Die Anordnung der Beweiserhebung erfolgt durch den **Vorsitzenden** (§ 238 Abs. 1). Über Beanstandungen entscheidet das Gericht (§ 238 Abs. 2). Für eine Aufhebung der Anordnung des Vorsitzenden ist stets ein begründeter Gerichtsbeschluss erforderlich (BGHSt 13, 300, 302; BGH StV 1987, 189), weil es sich der Sache nach um die Ablehnung des Beweisantrages handelt. In diesem Fall muss ein gesetzlicher Ablehnungsgrund vorliegen (BGHSt 32, 10, 12). Der Antragsteller hat grds. einen Anspruch auf die Verwendung des von ihm benannten Beweismittels (KK-StPO/*Krehl* § 244 Rn. 116). Ein **Austausch des Beweismittels** soll jedoch möglich sein, wenn das vom Gericht verwendete und das beantragte Beweismittel **qualitativ gleichwertig** sind (BGHSt 22, 347, 349; NJW 2011, 1299, 1300; StV 2008, 506; StV 1983, 6 m. abl. Anm. *Schlothauer*), sodass kein Aufklärungsdefizit zu befürchten ist. Ein Austausch des Beweismittels durch das Gericht kann u.U. im Hinblick auf die Aufklärungspflicht sogar geboten sein, wenn dadurch eine bessere Sachaufklärung erzielt werden kann (z.B. persönliche Vernehmung des Zeugen anstatt der Verlesung einer Vernehmungsniederschrift). Die Auffassung der Rspr., wonach ein **Zeuge durch einen anderen ersetzt** werden kann, solange es nicht um eine personengebundene Wahrnehmung gehe (BGHSt 27, 135, 137), erscheint dagegen problematisch, weil jede Wahrnehmung – und erst recht ihre Wiedergabe – personengebunden ist (KK-StPO/*Krehl* § 244 Rn. 117).

116

117

b) **Ablehnung des Beweisantrages durch Gerichtsbeschluss (Abs. 6)** Die Ablehnung eines Beweisantrages bedarf eines **Gerichtsbeschlusses** (Abs. 6). Der Beschluss ist mit Gründen zu versehen, bekannt zu machen (§§ 34, 35 Abs. 1) und in das Protokoll aufzunehmen (BGH StV 1994, 635). Auf diesen Beschluss können die Verfahrensbeteiligten nicht verzichten (KK-StPO/*Krehl* § 244 Rn. 118). Eine Ablehnung durch den Vorsitzenden reicht auch dann nicht aus, wenn das Gericht diese Entscheidung nach § 238 Abs. 2 bestätigt. Allerdings kann der Vorsitzende einen **Beweisantrag**, der einen zuvor gestellten Antrag lediglich wiederholt, selbst zurückweisen, wenn der Beweis bereits erhoben oder der Antrag durch Gerichtsbeschluss abgelehnt worden ist, es sei denn, der Antragsteller trägt einen für die Entscheidung über den Antrag bedeutsamen neuen Grund vor oder hat den Mangel, der zur Ablehnung des ersten Antrages führte, beseitigt (LR/*Becker* § 244 Rn. 132).

118

Der Beschluss nach Abs. 6 hat zwei wesentliche **Funktionen**: Zum einen soll der Antragsteller über den Standpunkt des Gerichts **informiert** werden, sodass er die Gelegenheit erhält, entweder seinen Antrag nachzubessern oder sich auf andere Weise auf die durch den Ablehnungsbeschluss entstandene **Prozesslage einzustellen** (KK-StPO/*Krehl* § 244 Rn. 119). Zum anderen soll der Beschluss dem Revisionsgericht die **Nachprüfung** der Gesetzmäßigkeit der Ablehnung ermöglichen (BGHSt 40, 60, 63; StV 1996, 581).

119

Dementsprechend sind an den **Inhalt** des Ablehnungsbeschlusses **hohe Anforderungen** zu stellen. Das Gericht muss den Beweisantrag vollständig, in seiner ganzen Tragweite und ohne Einengungen und Verkürzungen erfassen und abhandeln (BGH StV 1991, 500; 1989, 140, 141; Graf/*Bachler* § 244 Rn. 38). Die Begründung muss vollständig und in verständlicher Form erfolgen. Der Antragsteller muss ohne weiteres in der Lage sein, die tragenden Erwägungen des Gerichts zu erkennen (BGH StV 1994, 365 m. Anm. *E. Müller*). Die bloße Wiedergabe des Gesetzeswortlauts reicht hierfür nicht aus (BGH NStZ 2003, 380). Ein Ablehnungsbeschluss ist auch dann Rechtsfehlerhaft, wenn das Gericht mehrere Ablehnungsgründe in Bezug nimmt, die sich gegenseitig ausschließen (BGH NJW 2011, 1299, 1300; NStZ 2004, 51: Wahrunterstellung und Bedeutungslosigkeit; s. a. BGH StV 2010, 287, 288).

120

Die Entscheidung nach Abs. 6 ist so rechtzeitig zu treffen und bekannt zu machen, dass der Antragsteller ausreichend Zeit hat, um sein Prozessverhalten an dem in der Ablehnungsentscheidung zum Ausdruck kommenden Standpunkt des Gerichts auszurichten. Solange das Gericht dies beachtet, steht es in seinem Ermessen, wann es über den Antrag entscheidet. Eine **sofortige Entscheidung** kann (ausnahmsweise) geboten sein, wenn der Antragsteller andernfalls nicht mehr rechtzeitig reagieren könnte (vgl. BGH NStZ 2011, 168). Letzter Zeitpunkt für die Bekanntmachung der Entscheidung ist der **Schluss der Beweisaufnahme**; Beschluss- und Urteilsverkündung dürfen nicht zusammenfallen (BGHSt 19, 24, 26; BGH NStZ 2003, 562). Ein Beschluss, der erst nach Abschluss der Urteilsverkündung bekannt gemacht wird, ist unbeachtlich; der Antrag gilt als nicht beschieden (Graf/*Bachler* § 244 Rn. 36).

121

§ 244 StPO   Beweisaufnahme; Untersuchungsgrundsatz; Ablehnung v. Beweisanträgen

122 An seine Entscheidung über den Beweisantrag ist das Gericht für die Instanz **nicht gebunden** (OLG Hamm StraFo 2006, 73, 74). Wenn sich seine Einschätzung der Sach- oder Rechtslage im Laufe der Hauptverhandlung ändert, hat es seine ursprüngliche Entscheidung dementsprechend abzuändern (LR/*Becker* § 244 Rn. 142). Will das Gericht einen Beweisantrag, dem es zunächst stattgegeben hat, später ablehnen und die Beweiserhebung nicht durchführen, hat dies mit einem Beschluss zu geschehen, der den Anforderungen des Abs. 6 entspricht (BGHSt 13, 300, 301; *Meyer-Goßner/Schmitt* § 244 Rn. 45).

123 Hält es einen zunächst in Bezug genommenen Ablehnungsgrund nicht mehr für einschlägig, dann hat das Gericht die Beweiserhebung anzuordnen. Das gilt gleichermaßen für beweisthemabezogene wie für beweismittelbezogene (s. dazu Rdn. 150 f.) Ablehnungsgründe (LR/*Becker* § 244 Rn. 143; a. A. *Niemöller* FS Hamm, S. 537, 538). Eine Anordnung durch den Vorsitzenden genügt allerdings nicht, weil er an den Ablehnungsbeschluss des Spruchkörpers gebunden ist. Weder braucht der Ablehnungsbeschluss förmlich aufgehoben zu werden, noch ist die Anordnung der Beweiserhebung zu begründen (*Meyer-Goßner/Schmitt* § 244 Rn. 45).

124 Eine **Änderung des Ablehnungsgrundes** muss das Gericht den Verfahrensbeteiligten mit einem Beschluss, aus dem sich die maßgebenden Gründe hierfür ergeben, noch in der Hauptverhandlung eröffnen. Gegebenenfalls muss es hierfür noch einmal in die Beweisaufnahme eintreten (BGHSt 32, 44, 47; BGH StV 1992, 147 m. Anm. *Deckers*; *Niemöller* FS Hamm, S. 537, 549; *Schlothauer* StV 1986, 227). Unterbleibt die Bekanntmachung der Änderung, steht dies der gesetzwidrigen Ablehnung des Beweisantrags gleich (KK-StPO/*Krehl* § 244 Rn. 122).

125 Durch die **Urteilsgründe** kann ein Ablehnungsbeschluss **weder geändert noch ergänzt** werden (BGHSt 29, 149, 152; BGH StV 2010, 556; NStZ 2007, 349, 351; 2003, 380, 381). Die im Urteil nachgeschobene Begründung kann den Antragsteller nicht mehr in die Lage versetzen, sein Prozessverhalten an der Ablehnung und ihrer Begründung auszurichten (LR/*Becker* § 244 Rn. 138; KK-StPO/*Krehl* § 244 Rn. 121). Allerdings kann eine rechtsfehlerhafte (ergänzende) Begründung der Ablehnung im Urteil zu einer Aufhebung der Entscheidung führen, selbst dann, wenn der ursprüngliche und rechtzeitig bekannt gemachte Ablehnungsbeschluss dem Gesetz entsprach (BGHSt 19, 24, 26). Für die Beurteilung der Rechtmäßigkeit der Ablehnungsentscheidung ist diejenige Auffassung heranzuziehen, die das Gericht nach abschließender Beratung im Urteil zum Ausdruck bringt.

126 c) **Einschränkungen bei »Missbrauch« des Beweisantragsrechts.** Die Rspr. sowie Teile der Lit. sind der Auffassung, dass prozessuale Rechte – und damit auch das Beweisantragsrecht – bei einem rechtsmissbräuchlichen Verhalten **eingeschränkt** oder sogar **verwirkt** werden können (BGHSt 17, 28, 30; BGH NStZ 2006, 649, 650; NJW 2005, 2466; KK-StPO/*Krehl* § 244 Rn. 113; *Graf/Bachler* § 244 Rn. 29; *Herdegen* NStZ 2000, 1, 6; ausführlich *Fahl* Rechtsmissbrauch im Strafprozess, S. 467). Ein Missbrauch soll dann vorliegen, wenn ein Verfahrensbeteiligter die ihm eingeräumten prozessualen Rechte dazu benutzt, gezielt verfahrensfremde oder verfahrenswidrige Zwecke zu verfolgen (BGHSt 38, 111, 113). Das soll etwa dann der Fall sein, wenn der Antrag nur **zum Schein** der Sachaufklärung dienen soll (BGH StV 2013, 65, 66 mit Anm. *Trüg*; NJW 2012, 2212; KG StV 2015, 103, 105 f. mit Anm. *Trüg*) oder das Verfahren durch eine Vielzahl von Anträgen über ein vertretbares und der Sache angemessenes Maß hinaus **verzögert** oder gar **paralysiert** werden soll (BGHSt 38, 111, 113; BGH NStZ 2011, 294, 295). Freilich erscheint es bedenklich, allein aus der Anzahl der angekündigten oder gestellten Beweisanträge auf einen Rechtsmissbrauch zu schlussfolgern. Gerade bei Großverfahren mit einer Vielzahl von angeklagten gleichartigen Taten kann es geboten sein, die Vernehmung der angeblich Geschädigten zu beantragen, wenn die Ermittlungsbehörden – wie in der Praxis häufig zu beobachten – nur einen Bruchteil der infrage kommenden Zeugen im Ermittlungsverfahren vernommen oder befragt hat.

127 Eine Befugnis des Gerichts, einem Verfahrensbeteiligten die Stellung von Beweisanträgen zur Gänze zu verbieten, besteht allerdings nicht (BGHSt 38, 111, 113). Das Gericht kann aber Maßnahmen treffen, die das Recht, Anträge zu stellen, **beschränken**. Dabei hat es die berechtigten Belange des Antragstellers, insbesondere des Angeklagten auf eine effektive Verteidigung, sowie dessen Informationsinteresse an der Bescheidung der gestellten Anträge gegen das Interesse an der Funktionsfähigkeit der Strafrechtspflege unter Berücksichtigung des Beschleunigungsgebots **abzuwägen** (BGH StV 2006, 113, 115) und

fortlaufend zu prüfen, ob die auferlegten Einschränkungen weiterhin erforderlich sind (BGH NStZ 2006, 649).

Nach Ansicht des BGH soll es zulässig sein, dem Angeklagten aufzugeben, Anträge nur noch **über seinen Verteidiger** zu stellen (zuletzt BGH NStZ-RR 2010, 384). Darüber hinaus lässt es der BGH mittlerweile zu, den Verfahrensbeteiligten nach längerer Verhandlungsdauer (mindestens 10 Verhandlungstage) eine **Frist zur Stellung von Beweisanträgen** zu setzen. Wenn Anträge nach Ablauf dieser Frist gestellt werden, soll das Gericht diesen Umstand als **signifikantes Indiz** für das Vorliegen einer **Verschleppungsabsicht** (Abs. 3 Satz 2) werten können dürfen (BGH NJW 2009, 605, 607 m. Anm. *Gaede*; NStZ 2010, 161, 162; s. a. LG Hamburg StraFo 2004, 170). 128

Dem BGH ist zuzugeben dass es sich bei den Sachverhalten, die seinen Entscheidungen zugrunde lagen, um **extreme Einzelfälle** handelt, bei denen sich die Frage, ob die Angeklagten überhaupt sachgerecht verteidigt waren, geradezu aufdrängt. Allerdings birgt eine einzelfallbezogene Missbrauchsrechtsprechung ohne enge, tatbestandliche Konkretisierung die Gefahr einer ihrerseits **missbräuchlichen Ausweitung** dieses Kriteriums auf Beweisanträge, die vom Gericht als überflüssig, störend oder lästig empfunden werden (vgl. KK-StPO/*Krehl* § 244 Rn. 113). Zudem erscheint fraglich, ob die von der Rspr. gebilligten Einschränkungen tatsächlich auf der Grundlage des geltenden Rechts zulässig sind (s. dazu BGH NJW 2009, 605, 607; bestätigt durch BVerfG NJW 2010, 155, 156; krit. AnwK/*Sommer* § 244 Rn. 56). Vieles spricht dafür, dass die in Rede stehenden Einschränkungen des Beweisantragsrechts dem Gesetzgeber vorbehalten sind (so *Dahs* StV 2006, 116, 117). Ob ein Eingriff des Gesetzgebers in das Beweisantragsrecht wünschenswert ist, steht allerdings auf einem anderen Blatt. Bei einer verständigen Anwendung des Ablehnungsgrundes der Prozessverschleppung können die meisten der in Rede stehenden Problemfälle sachgerecht gelöst werden (dazu unten Rn. 215 ff.), so dass ein sochees Eingreifen nicht erfoderlich erscheint. 129

III. Bedingte Beweisanträge. Der Antragsteller kann sein Beweisbegehren von einem zukünftigen, ungewissen Umstand – **Bedingung** – abhängig machen, wenn es sich dabei um einen **innerprozessualen Vorgang** handelt (BGHSt 29, 396). Man unterscheidet dabei zwischen Hilfsbeweisantrag, Eventualbeweisantrag und sonstigem prozessual bedingtem Beweisantrag (zur Terminologie *Schlothauer* StV 1988, 542, 546). 130

1. Hilfsbeweisantrag. Bei einem Hilfsbeweisantrag macht der Antragsteller sein Beweisbegehren vom Ergebnis der Beratung des Gerichts und damit vom **Inhalt des zukünftigen Urteilsspruchs** abhängig (BGHSt 32, 10, 13; LR/*Becker* § 244 Rn. 153). Das geschieht zumeist im Schlussvortrag (§ 258 Abs. 1) in Verbindung mit dem Hauptantrag (vgl. BGH NStZ 2005, 395), etwa in der Weise, dass der Beweisantrag für den Fall der Verurteilung oder der des Freispruchs gestellt wird (BGH StV 1991, 349 m. Anm. *Schlothauer*; 1990, 394) oder an ein bestimmtes Element des Schuldspruchs (Vollendung statt Versuch, Vorsatz statt Fahrlässigkeit: KK-StPO/*Krehl* § 244 Rn. 89) oder des Rechtsfolgenausspruchs (Überschreitung eines bestimmten Strafmaßes: BGH NStZ 1991, 457; keine Strafaussetzung zur Bewährung: *Schlothauer* StV 1988, 542, 543) anknüpft. 131

Hilfsbeweisanträge sind grundsätzlich **zulässig**. Etwas anderes gilt nur dann, wenn der Antrag von einer Bedingung abhängig gemacht wird, die in keinem sachlogischen Zusammenhang mit der beantragten Beweiserhebung steht (LR/*Becker* § 244 Rn. 156). Das ist bei einem Antrag der Fall, der sich zwar gegen den Schuldspruch richtet, jedoch von einer bestimmten Rechtsfolgenentscheidung abhängig gemacht wird (BGHSt 40, 287, 290; s. dazu *Herdegen* NStZ 1995, 202). Anders liegt der Fall, wenn der Antragsteller mit dem an eine bestimmte Strafhöhe anknüpfenden Beweisantrag auf den Nachweis einer weniger schwerwiegenden Tatbestandsvariante abzielt, die geeignet ist, die Tat in einem milderen Licht erscheinen zu lassen (BGH NStZ 1998, 209, 210). 132

2. Eventualbeweisantrag. Als Eventualbeweisantrag wird die Verknüpfung des Beweisbegehrens mit einem aus der Sicht des Antragstellers relevanten **Begründungselement des Sachurteils** bezeichnet (KK-StPO/*Kehl* § 244 Rn. 90; abweichende Terminologie in BGH NStZ-RR 1996, 362, 363; NStZ 1995, 98). Der Antragsteller kann sein Beweisbegehren z.B. davon abhängig machen, ob das Gericht eine bestimmte Tatsache für erwiesen erachtet (oder nicht) oder ob es die Einlassung des Angeklagten für zutreffend oder zumindest nicht für widerlegt hält (LR/*Becker* § 244 Rn. 152), des Weiteren, ob es ein bestimmtes Tatmotiv zugrunde legt (KK-StPO/*Krehl* § 244 Rn. 90), einen Schockzustand des An- 133 geklagten nach der Tat (mit indizieller Bedeutung für die Schuldfähigkeit) verneint (BGH StV 1990, 149), eine Urkunde für echt hält, von voller oder verminderter Schuldfähigkeit ausgeht (BGH NStZ-RR 1996, 362, 363), einen minder schweren Fall annimmt oder verneint oder die Angaben eines Zeugen für glaubhaft hält (BGH NStZ 1995, 98).

134   **3. Sonstiger prozessual bedingter Antrag.** Der Antragsteller kann eine Beweiserhebung auch nur für den Fall beantragen, dass ein bestimmtes **innerprozessuales Ereignis** eintritt oder ausbleibt (*Meyer-Goßner/Schmitt* § 244 Rn. 22). Als innerprozessuale Bedingung kommt etwa in Betracht, ob ein anderer Verfahrensbeteiligter einen bestimmten Antrag stellt oder nicht, ein Antrag abgelehnt oder ihm stattgegeben wird, ob ein Zeuge in einem bestimmten Sinne aussagt (OLG Zweibrücken StV 1995, 347) oder ob das Gericht eine bestimmte Zwischenentscheidung trifft (LR/*Becker* § 244 Rn. 151).

135   **4. Entscheidung über Hilfs- und Eventualbeweisanträge.** Hilfs- und Eventualbeweisanträge brauchen erst **in den Urteilsgründen** beschieden zu werden (BGHSt 40, 287, 289; 32, 10, 13). Soweit der Antragsteller sein Beweisbegehren davon abhängig macht, zu welchem Ergebnis das Gericht in der Urteilsberatung gelangt, liegt das auf der Hand. Im Übrigen liegt in dem Umstand, dass ein Antrag nur bedingt bzw. hilfsweise gestellt wird, zugleich der **Verzicht** des Antragstellers auf eine Bescheidung vor Urteilsverkündung (BGH NStZ 2005, 505). Gleichwohl ist das Gericht nicht daran gehindert, den Antrag vor der Urteilsverkündung in der Hauptverhandlung zu bescheiden (BGH StV 1990, 149).

136   Eine Ausnahme gilt allerdings dann, wenn das Gericht den bedingt gestellten Beweisantrag wegen **Verschleppungsabsicht** abgelehnt. In diesem Fall muss das Gericht seine Entscheidung durch Beschluss (Abs. 6) vor der Urteilsverkündung bekannt machen, um dem Antragsteller Gelegenheit zu geben, dem Vorwurf der Prozessverschleppung zu begegnen und ihn zu entkräften (BGHSt 22, 124, 125; BGH NStZ 1998, 207 m. Anm. *Sander*; NStZ-RR 1998, 14; StV 1990, 394; KK-StPO/*Krehl* § 244 Rn. 93). Eine **Gegenausnahme** greift in denjenigen Fällen ein, in denen das Gericht eine **Frist** zur Stellung von Beweisanträgen gesetzt und angekündigt hat, Anträge, die nach Ablauf der Frist in Verschleppungsabsicht gestellt werden, erst in den Urteilsgründen zu bescheiden (s. dazu Rn. 128 und Rn. 222).

137   Ein etwaiges Verlangen des Antragstellers, seinen Hilfs- oder Eventualbeweisantrag vor der Urteilsverkündung zu bescheiden – sog. **Bescheidungsklausel** – ist **unbeachtlich**. Zunächst ging die Rspr. von der Beachtlichkeit einer solchen Klausel aus, falls das Gericht zu einem zum Bedingungseintritt führenden Beratungsergebnis kam (BGHSt 32, 10, 13; BGH NStZ 1989, 158). Mittlerweile hat der BGH diese Rspr. jedoch aufgegeben. Er vertritt nunmehr die Auffassung, dass die Klausel unbeachtlich sei, weil kein Verfahrensbeteiligter verlangen könne, dass ihn das Gericht vor der Urteilsverkündung über das Ergebnis der Urteilsberatung informiere (BGH NStZ-RR 1996, 362; NStZ 1995, 98; a. A. LR/*Becker* § 244 Rn. 161).

138   Versäumt es das Gericht, einen Hilfs- oder Eventualbeweisantrag in den Urteilsgründen zu bescheiden, oder lehnt es den Antrag mit einer gesetzeswidrigen Begründung ab, kann das Revisionsgericht den Ablehnungsgrund **austauschen oder eine Begründung nachschieben** (BGH StV 1998, 248). Es kann auf der Grundlage der Urteilsgründe prüfen, ob der Antrag mit einer rechtsfehlerfreien Begründung hätte abgelehnt werden können. Ist das der Fall, ist ein Beruhen des Urteils auf der unterlassenen oder gesetzeswidrigen Ablehnung des Beweisantrages ausgeschlossen (BGH NStZ 2010, 161, 162; NStZ-RR 2007, 370; NJW 2000, 370).

139   **IV. Beweisermittlungsanträge und Beweisanregungen. 1. Beweisermittlungsantrag.** Ein Beweisermittlungsantrag ist jedes Begehren des Antragstellers, mit dem er vom Gericht ein Tätigwerden verlangt, wodurch ein unmittelbarer oder mittelbarer **Aufklärungseffekt** erzielt werden soll, und das nicht in der Form eines Beweisantrages vorgebracht wird, weil der Antragsteller entweder eine bestimmte Beweistatsache nicht behaupten oder ein bestimmtes Beweismittel nicht benennen kann oder will (BGHSt 37, 162, 167; BGH StV 1989, 237; KK-StPO/*Krehl* § 244 Rn. 100). Es handelt sich um einen **echten Antrag**, mit dem der Antragsteller eine Sachverhaltsaufklärung verlangt und nicht nur anregt oder dem Gericht einheimstellt. Er macht damit einen **Anspruch auf Aufklärung** geltend (*Meyer-Goßner/Schmitt* § 244 Rn. 25).

140   Mit seinem Beweisermittlungsantrag wird der Antragsteller oftmals das Ziel verfolgen, durch die beantragten Nachforschungen des Gerichts die Mängel, die ihn daran hindern, einen Beweisantrag zu stel-

len, zu beseitigen (vgl. BGHSt 30, 131, 142; BGH bei *Becker* NStZ 2007, 513). Darüber hinaus **aktualisiert** er mit der Antragstellung **die Aufklärungspflicht** des Gerichts (LR/*Becker* § 244 Rn. 162). Dementsprechend hat das Gericht **nach Abs.** 2 zu prüfen, ob auf den Antrag hin eine weitere Sachaufklärung möglich und geboten ist (BGHSt 6, 128, 129; NStZ 1990, 602). Letzteres ist dann der Fall, wenn es möglich erscheint, dass das Gericht seine aufgrund des bisherigen Beweisergebnisses gewonnene vorläufige Beurteilung der Schuld- bzw. Rechtsfolgenfrage durch weitere Nachforschungen in die vom Antragsteller aufgezeigte Richtung hin ändert (BGHSt 36, 159, 164; BGH StV 1991, 547, 548). Insoweit gelten die allgemeinen Maßstäbe zur Aufklärungspflicht des Gerichts (s.o. Rdn. 32 ff.). Je konkreter der Antragsteller die aufzuklärende Tatsache und einen Weg zu seiner Erforschung darlegen kann, desto näher liegt die Annahme, dass die Aufklärungspflicht die beantragten Nachforschungen gebietet (LR/*Becker* § 244 Rn. 163). 141

Der Antragsteller ist zu **bescheiden**, wenn das Gericht die beantragte Sachaufklärung für nicht möglich oder nicht erforderlich hält (KK-StPO/*Krehl* § 244 Rn. 101 mit Nachw. zur früher vertretenen Gegenauffassung). Wurde der Antrag ausdrücklich oder eindeutig erkennbar nicht als Beweisantrag gestellt, genügt eine Verfügung des Vorsitzenden (BGH NStZ 2009, 401). Die Entscheidung ist zu **begründen** (BGH NStZ 2009, 401) und in der Hauptverhandlung bekannt zu machen (LR/*Becker* § 244 Rn. 165). Aus der Begründung muss sich ergeben, aus welchem Grund dem Antrag nicht gefolgt werden soll (BGHSt 30, 131, 143; BGH NStZ 2008, 109). Nichtssagende Floskeln reichen hierfür nicht aus; vielmehr muss der Vorsitzende seine Erwägungen darlegen, weshalb er den Antrag als Beweisermittlungsantrag qualifiziert und er keinen Anlass zur Beweistätigkeit sieht (KK-StPO/*Krehl* § 244 Rn. 102). Gegen die Entscheidung des Vorsitzenden kann der Antragsteller nach **§ 238 Abs.** 2 das Gericht anrufen (BGH NStZ 2008, 109, 110). Nur dann bleibt ihm die Möglichkeit erhalten, die Ablehnung des Antrages in der Revision mit der Aufklärungsrüge anzugreifen (LR/*Becker* § 244 Rn. 165). 142

Formuliert der Antragsteller sein Beweisbegehren ausdrücklich oder erkennbar **als Beweisantrag,** muss das Gericht hierüber **nach Abs. 6** beschließen, auch dann, wenn es sich tatsächlich um einen Beweisermittlungsantrag handelt (BGH StV 1994, 172, 173; Graf/*Bachler* § 244 Rn. 47; KK-StPO/*Krehl* § 244 Rn. 101). Weist das Gericht einen Beweisantrag rechtsfehlerhaft als Beweisermittlungsantrag zurück, ist der Antragsteller nicht verpflichtet, hiergegen Gegenvorstellung zu erheben, um sich die entsprechende Revisionsrüge zu erhalten (LR/*Becker* § 244 Rn. 166). 143

Eine in der Sache nicht gebotene Bescheidung nach Abs. 6 soll den Bestand des Urteils nicht infrage stellen können, es sei denn, das Gericht hat hierdurch entweder seine Aufklärungspflicht verletzt oder durch eine unzutreffende Begründung eine »**irreführende Prozesslage**« geschaffen, die auf das Verhalten des Antragstellers Einfluss gehabt haben kann (BGH NStZ 2010, 403; NStZ-RR 2004, 370). Das kann z.B. dann der Fall sein, wenn es der Antragsteller unterlässt, eine nicht hinreichend konkretisierte Beweisbehauptung nachzubessern, obwohl er dazu in der Lage gewesen wäre (BGH StV 2012, 577, 578 f.). 144

2. Beweisanregung. Unter Beweisanregung ist ein Aufklärungsbegehren eines Verfahrensbeteiligten zu verstehen, das einerseits kein Beweisantrag ist, weil darin nicht die Verwendung eines bestimmten Beweismittels zum Nachweis einer bestimmten Tatsache verlangt wird, und das andererseits keinen Beweisermittlungsantrag darstellt, weil es die Beweiserhebung nicht ausdrücklich verlangt, sondern das Gericht lediglich auf die **Möglichkeit zur Vornahme von Ermittlungshandlungen hinweist** und die Beweiserhebung in das Ermessen des Gerichts stellt (KK-StPO/*Krehl* § 244 Rn. 103). Eine Beweisanregung führt deshalb lediglich zu einer **Aktualisierung der Aufklärungspflicht**. Über sie ist nach Maßgabe des Abs. 2 zu entscheiden (LR/*Becker* § 244 Rn. 170). Gegen das fehlerhafte Übergehen einer Beweisanregung kann nur die Aufklärungsrüge erhoben werden. 145

Das Gericht braucht den Antragsteller nicht förmlich zu bescheiden, wenn klar ist, dass der Verfahrensbeteiligte eine weitere Sachaufklärung tatsächlich nur anregen und keinen Antrag stellen wollte (BGH NStZ 2001, 160, 161). Zweifel sollten durch Nachfragen geklärt werden. Kann das Gericht diese nicht ausräumen, ist davon auszugehen, dass ein Beweisbegehren, das die erforderlichen inhaltlichen Elemente aufweist, ein Beweisantrag oder Beweisermittlungsantrag sein soll (KK-StPO/*Krehl* § 244 Rn. 103). 146

V. Ablehnungsgründe (Abs. 3 bis 5) In den Abs. 3 bis 5 sind Sachgründe normiert, die das Gericht zur **Ablehnung eines Beweisantrages** berechtigen. Dieser Katalog ist **abschließend** (BGHSt 29, 149, 147

§ 244 StPO Beweisaufnahme; Untersuchungsgrundsatz; Ablehnung v. Beweisanträgen

151). Aus anderen als den dort genannten Gründen darf ein Beweisantrag nicht abgelehnt werden (LR/ *Becker* § 244 Rn. 182). Greift keiner der gesetzlichen Ablehnungsgründe ein, ist das Gericht verpflichtet, dem Beweisantrag nachzugehen.

148 Nach Abs. 3 Satz 2 **muss** das Gericht einen Beweisantrag **ablehnen**, wenn die Erhebung des Beweises unzulässig ist. Die Ablehnungsgründe des Abs. 3 Satz 2 sowie der Abs. 4 und 5 **gestatten** dem Gericht die Ablehnung eines Beweisantrages, sie **zwingen es aber nicht** dazu. Das Gericht darf einem Beweisantrag trotz des Vorliegens eines Ablehnungsgrundes nachgehen, wenn es dadurch eine Förderung des Verfahrens oder eine Verbesserung der Sachaufklärung erwartet. Unnötige und vermeidbare Verzögerungen der Hauptverhandlung soll das Gericht jedoch vermeiden (LR/*Becker* § 244 Rn. 202).

149 **1. Systematik der Ablehnungsgründe.** Die Ablehnungsgründe der Abs. 3 bis 5 entziehen sich einer übergreifenden systematischen Interpretation (AnwK/*Sommer* § 244 Rn. 67). Allerdings lassen sich die in Abs. 3 Satz 2 genannten Gründe unter bestimmten übergeordneten Gesichtspunkten zusammenfassen.

150 Zum einen kann zwischen Ablehnungsgründen mit **Beweismittelbezug** (Unerreichbarkeit und Ungeeignetheit) und solchen mit **Beweisthemabezug** (Erwiesenheit, Offenkundigkeit, Bedeutungslosigkeit und Wahrunterstellung) unterschieden werden (*Niemöller* FS Hamm, S. 537, 538). Der Ablehnungsgrund der Verschleppungsabsicht lässt sich allerdings nicht in diese Systematik einordnen, weil er die Zurückweisung des Antrages mit einem subjektiven Element in der Person des Antragstellers verknüpft.

151 Lehnt das Gericht einen Beweisantrag mit einem **beweismittelbezogenen** Grund ab, hat sich dieser **endgültig** erledigt. Spätere Ereignisse – etwa die unerwartete Erreichbarkeit eines Zeugen – haben darauf keinen Einfluss; die erledigende Wirkung des Ablehnungsbeschlusses bleibt davon unberührt. Etwaige weiterführende Erkenntnisse muss der Antragsteller dem Gericht zur Kenntnis bringen, ggf. in Form eines neuen Antrages. Das Gericht ist nicht verpflichtet, von sich aus weitere Nachforschungen anzustellen (*Niemöller* FS Hamm, S. 537, 539). Anders kann es sich verhalten, wenn das Gericht einen Antrag mit einem **beweisthemabezogenen** Grund ablehnt, weil der Ablehnungsentscheidung eine jeweils aktuelle Einschätzung der Beweissituation zugrunde liegt, die sich im weiteren Verlauf der Beweisaufnahme oder in der Schlussberatung ändern kann (*Niemöller* FS Hamm, S. 537, 541). In diesem Fall muss das Gericht – ggf. unter Wiedereintritt in die Beweisaufnahme – über den Beweisantrag erneut befinden, weil andernfalls die Informationsfunktion des Ablehnungsbeschlusses (s.o. Rdn. 119) leerlaufen würde (*Niemöller* FS Hamm, S. 437, 441, 442; KK-StPO/*Krehl* § 244 Rn. 233; *Meyer-Goßner/ Schmitt* § 244 Rn. 41a). Ein bloßer Hinweis des Gerichts genügt nicht.

152 Zum anderen lassen sich die Ablehnungsgründe nach ihrem **sachlichen Regelungsgehalt** unterscheiden (dazu *Hamm/Hassemer/Pauly* Beweisantragsrecht Rn. 175–180; ähnlich LR/*Becker* § 244 Rn. 202). **Unerhebliches oder bereits Bekanntes** braucht nicht erforscht zu werden. Dementsprechend dürfen Beweisanträge, die hierauf abzielen, abgelehnt werden, wenn die unter Beweis gestellte Tatsache offenkundig, erwiesen oder für die Entscheidung ohne Bedeutung ist. Nicht anders liegt der Fall, wenn das benannte Beweismittel **zum Nachweis** der Beweistatsache **nichts beitragen** kann. Ein Beweisantrag kann deshalb zurückgewiesen werden, wenn das Beweismittel völlig ungeeignet oder unerreichbar ist. Ebenso darf eine Beweiserhebung aus **verfahrensökonomischen Gründen** unterbleiben, wenn die unter Beweis gestellte Tatsache durch das benannte Beweismittel aller Voraussicht nach bestätigt werden wird. In diesem Fall kann die behauptete Tatsache als wahr unterstellt werden. Schließlich erlaubt Abs. 3 Satz 2 die Ablehnung von Beweisanträgen, die in Verschleppungsabsicht und damit zu **verfahrensfremden Zwecken** gestellt wird.

153 **2. Verbot der Beweisantizipation.** Das Verbot der Beweisantizipation (grdlgd. RGSt 1, 189, 190; s. a. BGHSt 23, 176, 188; BGH StV 2002, 350, 352; Alsberg/*Güntge* Rn. 768 ff.) gehört zu den Grundlagen des geltenden Beweisantragsrechts. Es verbietet dem Tatrichter die **prognostische Beurteilung des Beweiswertes** eines beantragten Beweismittels. Stattdessen setzt der Antragsteller seine Beweisprognose an die Stelle derjenigen des Tatrichters und kann damit eine Beweiserhebung erwirken, zu der das Gericht von sich aus keine Veranlassung sieht (BGHSt 21, 118, 125; BGH NStZ 1997, 503, 504). Das Verbot der Beweisantizipation gewährleistet, dass die Beweisaufnahme bis zum Schluss offenbleibt, indem es einer verfrühten abschließenden Festlegung des Tatrichters entgegenwirkt (*Hamm/Hassemer/ Pauly* Beweisantragsrecht Rn. 153). Dadurch wird das Beweisantragsrecht zu einem wirksamen Gestal-

tungsmittel, das den Verfahrensbeteiligten eine angemessene Teilhabe an der Beweisaufnahme ermöglicht.

Dem Tatrichter ist es vor allem nicht gestattet, das Ergebnis der beantragten Beweiserhebung vorwegzunehmen, indem er den **Wert des Beweismittels oder die Erweislichkeit der Beweistatsache** mit Blick auf seine (vorläufige) Einschätzung des Ergebnisses der bis dahin durchgeführten Beweisaufnahme **in Abrede stellt** (vgl. *Hamm/Hassemer/Pauly* Beweisantragsrecht Rn. 155). Das Gericht darf einen Beweisantrag deshalb nicht mit der Begründung ablehnen, dass die Beweisbehauptung aufgrund der bisherigen Beweisaufnahme widerlegt und es vom Gegenteil dessen überzeugt sei, was der Antragsteller unter Beweis stellen wolle (BGHSt 40, 60, 62; NStZ 1997, 503; StV 1994, 62), oder dass eine Bestätigung der unter Beweis gestellten Tatsache nicht zu erwarten (BGH NJW 1993, 867; StV 1993, 176) oder diese nicht beweisbar, unwahrscheinlich, unglaubhaft, erdichtet, unsinnig (LR/*Becker* § 244 Rn. 184) oder die Beweiserhebung aussichtslos (BGH NStZ-RR 2012, 82) sei. Das Gericht darf Anträge auch nicht mit der Begründung ablehnen, dass der Beweiswert des benannten Beweismittels zu gering sei (BGH NStZ 1984, 42), dass sich der Zeuge voraussichtlich nicht erinnern oder das Gericht ihm ohnehin keinen Glauben schenken werde (LR/*Becker* § 244 Rn. 184) oder dass der Inhalt des Beweisantrages der Aussage des benannten Zeugen in einem anderen Verfahren (BGH StV 1984, 450) oder der Erklärung des Angeklagten oder seines Verteidigers widerspreche. 154

Das Verbot der Beweisantizipation gilt allerdings auch im Beweisantragsrecht **nicht uneingeschränkt**. Zum einen sieht das Gesetz bereits in Abs. 4 Satz 2 und Abs. 5 Ausnahmen vor, des Weiteren in §§ 384 Abs. 3, 411 Abs. 2 und 420 sowie im OWi-Verfahren (§ 77 OWiG). Zum anderen ergeben sich sachlogisch notwendige Durchbrechungen des Verbots aus einigen Ablehnungsgründen selbst (KK-StPO/*Krehl* § 244 Rn. 128; *Eisenberg* BR Rn. 200, 206). 155

Um die **Offenkundigkeit** (s.u. Rdn. 166 ff.) einer Beweistatsache beurteilen zu können, muss das Gericht das Ergebnis der beantragten Beweiserhebung notwendigerweise vorwegnehmen. Diese Vorwegnahme ist allerdings hinnehmbar, weil die Einschätzung des Gerichts auch dem Antragsteller ohne weiteres einleuchten muss, wenn die behauptete Tatsache wirklich offenkundig ist (*Hamm/Hassemer/Pauly* Beweisantragsrecht Rn. 160). Der Ablehnung eines Antrags wegen **Ungeeignetheit** (s.u. Rdn. 189 ff.) liegt eine negative Prognose über die Tauglichkeit des Beweismittels zugrunde. Diese Prognose ist nur deshalb zulässig, weil sich die fehlende Eignung ohne Rücksicht auf das bisherige Ergebnis der Beweisaufnahme aus dem Beweismittel selbst ergeben muss (KK-StPO/*Krehl* § 244 Rn. 128). Lehnt das Gericht einen Beweisantrag ab, weil er zu Zwecken der **Prozessverschleppung** (s.u. Rdn. 215 ff.) gestellt wurde, setzt dies die Prognose voraus, dass die beantragte Beweiserhebung nichts zugunsten des Antragstellers ergeben kann (BGHSt 21, 118, 212; *Hamm/Hassemer/Pauly* Beweisantragsrecht Rn. 169). **Zuvor** muss sich das Gericht – und zwar mithilfe aussagekräftiger Indizien, die ohne Antizipation des Beweisergebnisses gewonnen werden müssen – von der Verschleppungsabsicht des Antragstellers überzeugt haben. Nach Auffassung der Rspr. handelt es sich dann nur der äußeren Form nach um einen Beweisantrag, sodass eine Einschränkung des Antizipationsverbotes zulässig sein soll (BGH NJW 2001, 1956; StV 1994, 635). Die weitestgehende Einschränkung geht schließlich mit dem Ablehnungsgrund der **tatsächlichen Bedeutungslosigkeit** (s.u. Rdn. 176 ff.) einher. Dabei kann das Gericht die beantragte Beweiserhebung ablehnen, wenn es aus einer an sich bedeutsamen Indiztatsache, die mit der Beweiserhebung bewiesen werden soll, keine für das Urteil relevante Schlussfolgerung ziehen will (BGH NStZ 1997, 503, 504). Ein Verstoß gegen das Verbot der Beweisantizipation liegt (nur) dann vor, wenn das Gericht den Antrag mit der Begründung ablehnt, dass das Ergebnis der bislang durchgeführten Beweisaufnahme die Bestätigung der unter Beweis gestellten Tatsache nicht erwarten lässt (BGH NStZ-RR 2010, 211, 212; 2008, 206; *Meyer-Goßner/Schmitt* § 244 Rn. 56). Anders liegt der Fall hingegen, wenn das Gericht die unter Beweis gestellte Tatsache in vollem Umfang als erwiesen ansieht und in seinem Ablehnungsbeschluss darlegt, dass dieser Umstand nach vorläufiger Bewertung des bisherigen Ergebnisses der Beweisaufnahme seine Überzeugungsbildung nicht zu beeinflussen vermag (LR/*Becker* § 244 Rn. 220). Darin liegt nach h.M. keine Verstoß gegen das Antizipationsverbot, weil damit die Nachweisbarkeit und Wertigkeit des Beweises nicht in Abrede gestellt, sondern lediglich dessen Stellenwert in Bezug auf das bislang gewonnene Beweisergebnis klargestellt werde (BGH NStZ 2000, 436; NStZ-RR 2000, 210). 156

§ 244 StPO Beweisaufnahme; Untersuchungsgrundsatz; Ablehnung v. Beweisanträgen

157 **3. Unzulässigkeit der Beweiserhebung (Abs. 3 Satz 1)** Das Gericht **muss** einen Beweisantrag nach Abs. 3 Satz 1 **ablehnen**, wenn die **Erhebung** des Beweises **unzulässig** ist. Die Unzulässigkeit der Beweiserhebung kann sich aus der Unzulässigkeit des Beweisthemas oder aus der Unzulässigkeit des Beweismittels ergeben.

158 Von der Unzulässigkeit der Beweiserhebung ist die **Unzulässigkeit des Beweisantrages** zu unterscheiden. Ein Antrag ist unzulässig, wenn er von einem nicht Antragsberechtigten – z.B. vom Nebenkläger hinsichtlich eines Delikts, das nicht zur Nebenklage berechtigt oder von einem Zeugen – gestellt wird (KK-StPO/*Krehl* § 244 Rn. 107). Des Weiteren ist ein Antrag auf Wiederholung einer Beweiserhebung unzulässig (BGH NStZ 2006, 406 m. Anm. *Gössel*).

159 Nach Ansicht der Rspr. sollen auch sog. **Scheinbeweisanträge** unzulässig sein, mit denen ausschließlich sachfremde Intentionen verfolgt werden oder die in keinem Zusammenhang mit dem Gegenstand des Verfahrens stehen (BGHSt 17, 28, 30; 40, 287, 289; 46, 36, 46; BGH NJW 2002, 2115, 2116; 2000, 2217; krit. KK-StPO/*Krehl* § 244 Rn. 108). Gleiches soll in Fällen der »Paralysierung« der Hauptverhandlung durch mehrere tausend Beweisanträge gelten, weil solche Anträge auf Unmögliches gerichtet seien (BGH NStZ 2011, 294, 295). Die Rspr. hält auch den Antrag auf die **Vernehmung eines erkennenden Richters** für unzulässig, wenn dieser in einer dienstlichen Erklärung versichert, dass er die Beweisbehauptung nicht bestätigen kann, sei es, dass er sich nicht erinnert, sei es, dass er sich an das Gegenteil der behaupteten Tatsache erinnert. Hält der Antragsteller dennoch an seinem Antrag fest, ist dies für den BGH ein tragfähiges Indiz für die Annahme, dass der Antrag allein mit dem Ziel gestellt wurde, den benannten Richter, der als Zeuge gem. § 22 Nr. 5 von der Ausübung des Richteramts ausgeschlossen wäre, auszuschalten (BGHSt 7, 330, 331; 45, 354, 362; 47, 270, 272; NStZ 2005, 45; 2004, 355, 356; 2003, 558). Nach zutreffender Ansicht kann ein solcher Antrag allerdings wegen Prozessverschleppung abgelehnt werden (s. Rdn. 225). Der Beweisantrag auf Einholung eines Glaubhaftigkeitsgutachtens ist auch dann nicht zulässig, wenn der Zeuge die Einwilligung in die erforderliche Exploration verweigert (BGH StV 2015, 473).

160 **a) Unzulässigkeit des Beweisthemas.** Die Beweiserhebung über ein Beweisthema ist unzulässig, wenn das Thema von vornherein **nicht Gegenstand der Beweisaufnahme** sein kann. Das gilt zunächst für alle Umstände, die bereits zum Inbegriff der Hauptverhandlung geworden sind und damit der unmittelbaren Würdigung durch das Gericht unterliegen (Graf/*Bachler* § 244 Rn. 50). Ein Antrag, Beweis darüber zu erheben, was ein Zeuge, Sachverständiger oder Verfahrensbeteiligter in der Hauptverhandlung bekundet hat, ist deshalb unzulässig (BGHSt 44, 4, 10; 43, 212, 215).

161 Gleiches gilt für den Antrag, einen erkennenden Richter über seine dienstlichen Wahrnehmungen **im laufenden Verfahren** (BGHSt 39, 239, 241) oder – wegen des Beratungsgeheimnisses (§ 43 DRiG) – über den Inhalt der **Urteilsberatung** oder das Ergebnis einer Abstimmung (*Meyer-Goßner/Schmitt* § 244 Rn. 49) zu vernehmen. **Dienstliche Erklärungen** der erkennenden Richter können lediglich im Freibeweisverfahren zum Gegenstand der Beweisaufnahme gemacht werden (Graf/*Bachler* § 244 Rn. 51.1) und deshalb nicht für Feststellungen zur Schuld- oder Rechtsfolgenfrage herangezogen werden. Allerdings können diese Erklärungen zur Aufklärung von etwaigen Verfahrenshindernissen oder Verwertungsverboten verwendet werden, wobei die Feststellungen keine Auswirkungen auf die Beurteilung des Beweiswerts eines Beweismittels haben dürfen (BGHSt 45, 354, 356).

162 Des Weiteren können **Rechts- und Wertungsfragen** nicht Gegenstand der Beweisaufnahme sein (KK-StPO/*Krehl* § 244 Rn. 111). Auch eine Beweiserhebung über Mitteilungen des Angeklagten an seine(n) Verteidiger oder über die **Verteidigungsstrategie** ist unzulässig (BGH – 5. Strafsenat – NStZ 2008, 115, 116 mit krit. Anm. *Beulke/Ruhmannseder* StV 2008, 285; a. A. BGH – 1. Strafsenat – StV 2010, 287, 288; dazu *Bosbach* StraFo 2011, 172). Eine Beweiserhebung ist zudem unzulässig, wenn sie darauf abzielt, die in Fällen eingetretener **Teilrechtskraft** aufrecht erhaltenen **bindenden Feststellungen** des ersten Urteils in Zweifel zu ziehen (BGHSt 30, 340, 342; 44, 119, 120). Das neue Tatgericht ist an alle aufrecht erhaltenen Feststellungen gebunden, die für Schuldfrage oder – als doppelrelevante Tatsachen – auch für die Rechtsfolgenentscheidung von Bedeutung sind (Graf/*Bachler* § 244 Rn. 49.1). Dagegen darf das Gericht Beweis über Tatsachen erheben, die **in anderer Sache** rechtskräftig festgestellt worden sind (KK-StPO/*Krehl* § 244 Rn. 112). Auch über Umstände, die Gegenstand noch **laufender Ermittlungsverfahren** sind, darf Beweis erhoben werden (BGH NJW 2003, 150, 152). Eine Beweiserhebung über Straftaten, die nach § 154 von der Verfolgung ausgenommen wurden, ist zulässig, wenn diese Ta-

ten für die Strafzumessung von Bedeutung sein können (BGH StV 2004, 425). Über sog. **Vorstrafen**, die nach den Vorschriften des BZRG bereits getilgt oder zum Zeitpunkt der letzten tatrichterlichen Verhandlung tilgungsreif sind, darf hingegen kein Beweis erhoben werden (BGH NStZ 2006, 587; NJW 2005, 1813; NStZ-RR 2001, 237; zu Ausnahmen s. §§ 51 Abs. 2, 52 BZRG), auch nicht als Indiz für die abzuurteilende Tat (BGH StraFo 2006, 296).

b) **Unzulässigkeit des Beweismittels.** Die Beweiserhebung ist auch dann unzulässig, wenn im Hinblick auf das beantragte Beweismittel ein **Erhebungs- oder Verwertungsverbot** vorliegt. Beweismittel, die die StPO nicht vorsieht, dürfen nicht verwendet werden. Deshalb kann z.B. der Mitangeklagte nicht Zeuge sein. Ausschlaggebend dafür ist – bei Verfahrensabtrennung oder -verbindung – die Situation zum Zeitpunkt der Entscheidung über den Beweisantrag (BGH NStZ 2011, 168; *Meyer-Goßner/Schmitt* § 244 Rn. 49). Mit dem Erlass eines Urteils gegen einen Mitangeklagten in derselben Instanz endet allerdings die prozessuale Gemeinsamkeit. Das gilt selbst dann dann, wenn die Entscheidung noch nicht rechtskräftig geworden, ist. Ist also die Berufung eines Mitangeklagten verworfen, steht Abs. 3 S. 1 seiner Vernehmung als Zeuge in der Berufungshauptverhandlung eines (vormaligen) Mitangeklagten nicht länger entgegen (OLG Bamberg StraFo 2015, 155). 163

Erklärt ein Zeuge eindeutig und endgültig, dass er in der Hauptverhandlung von seinem **Zeugnis- oder Auskunftsverweigerungsrecht** Gebrauch machen wird, greift ebenfalls ein Beweiserhebungsverbot ein (BGHSt 46, 1, 3; BGH NStZ 2001, 48). Die Vernehmung etwaiger Verhörspersonen über die Vernehmung von Zeugen, die in der Hauptverhandlung das Zeugnis verweigern, ist nach § 252 unzulässig. **Ausnahmen** gelten für die Vernehmung eines Richters über die von ihm nach Belehrung über das Zeugnisverweigerungsrecht durchgeführte Vernehmung (BGHSt 32, 25, 29; 46, 189, 195) oder für nichtrichterliche Vernehmungen, wenn die zeugnisverweigerungsberechtigte Person der Beweiserhebung über seine damaligen Angaben zustimmt (BGHSt 45, 203, 206). § 250 steht einer ergänzenden Verlesung eines Vernehmungsprotokolls – etwa zur Beurteilung der Aussagekonstanz – nicht entgegen, wenn der Zeuge zuvor in der Hauptverhandlung vernommen worden ist. Ein Antrag auf Verlesung des Protokolls darf daher nicht nach Abs. 3 S. 1 abgelehnt werden (BGH StV 2015, 205 = NStZ 2014, 607). Unzulässig ist weiterhin eine Beweiserhebung durch die Vernehmung von Richtern, Beamten und anderen Personen des öffentlichen Dienstes, wenn eine **Aussagegenehmigung** nach § 54 nicht vorliegt (BGH NStZ 2003, 610). Zur Verpflichtung des Gerichtes, ggf. auf die Erteilung einer Aussagegenehmigung hinzuwirken, s.o. Rdn. 44. 164

Unterliegt ein Beweismittel einem **Verwertungsverbot**, so ist eine Beweiserhebung unter Nutzung dieses Beweismittels ebenfalls unzulässig (BGH StV 1998, 523, 524; NJW 1998, 2933, 2935). Unterliegt das Verwertungsverbot der **Disposition** eines Verfahrensbeteiligten, ist die Beweiserhebung allerdings nur dann unzulässig, wenn der betroffenen Beteiligte der Verwertung **widerspricht**. Der Ablehnungsbeschluss muss hierzu Ausführungen erhalten (BGHSt 36, 167, 172; BayObLG StV 1995, 65, 66). 165

4. Offenkundigkeit (Abs. 3 Satz 2, 1. Alt.) Das Gericht **darf** einen Beweisantrag ablehnen, wenn die beantragte Beweiserhebung **wegen Offenkundigkeit überflüssig** ist. Das gilt sowohl für die Offenkundigkeit einer unter Beweis gestellten Tatsache oder eines Erfahrungssatzes als auch für die Offenkundigkeit von deren bzw. dessen **Gegenteil** (BGH StV 1995, 339; bei präsenten Beweismitteln s. § 245 Rdn. 27). Tatsachen und Erfahrungssätze sind offenkundig, wenn sie **allgemeinkundig** oder **gerichtskundig** sind (KK-StPO/*Krehl* § 244 Rn. 131; *Meyer-Goßner/Schmitt* § 244 Rn. 50). 166

a) **Allgemeinkundigkeit.** Eine **Tatsache** ist allgemeinkundig, wenn verständige und lebenserfahrene Menschen in der Regel von ihr Kenntnis haben oder sie sich jederzeit ohne besondere Sachkunde mithilfe allgemein zugänglicher Erkenntnismittel zuverlässig darüber informieren können (BGHSt 6, 292, 293; BGH NJW 1992, 2088). Dabei handelt es sich vor allem um geschichtliche und naturwissenschaftliche Tatsachen, die außer Zweifel stehen. Der Umstand, dass Einzelne diese Tatsachen etwa aus Unverstand oder aus ideologischer Verblendung als streitig bezeichnen, ändert nichts daran, dass diese allgemeinkundig sind (vgl. BGHSt 40, 97, 99: Holocaust; s. a. 47, 278, 282). Weiterhin genügt es, wenn sich die Allgemeinkundigkeit auf einen begrenzten Kreis von Personen oder einen bestimmten Ort beschränkt (Graf/*Bachler* § 244 Rn. 4), solange einer der erkennenden Richter zu dem Kreis gehört, in dem die behauptete Tatsache allgemeinkundig ist. Andernfalls muss darüber Beweis erhoben werden, es sei denn, das Gericht kann sich noch vor der Entscheidung über den Beweis- 167

§ 244 StPO Beweisaufnahme; Untersuchungsgrundsatz; Ablehnung v. Beweisanträgen

antrag aus allgemein zugänglichen Erkenntnismitteln Kenntnis über die unter Beweis gestellte Tatsache verschaffen (KK-StPO/*Krehl* § 244 Rn. 132). Allgemein zugängliche Erkenntnisquellen sind Bücher, Zeitungen, Zeitschriften und selbstverständlich das **Internet**.

168 Der Umstand, dass eine Tatsache allgemeinkundig ist, streitet für die Annahme, dass sie auch wahr ist. Dieses Indiz kann jedoch in Zweifel gezogen und ggf. widerlegt werden. Ein Antrag, der darauf abzielt, unter Beweis zu stellen, dass eine für allgemeinkundig gehaltene Tatsache **unwahr** oder zumindest **nicht allgemeinkundig** ist, ist in der Sache zu bescheiden (BGHSt 6, 292, 295). Dabei muss der Antragsteller allerdings darlegen, warum das benannte Beweismittel geeignet ist, den Nachweis zu erbringen, dass die in Rede stehende Tatsache unwahr oder nicht allgemeinkundig ist (BGH StV 2006, 118, 119; NJW 2002, 2115, 2116). Fehlt eine entsprechende Begründung oder ist diese nicht geeignet, die Richtigkeit bzw. Allgemeinkundigkeit der Tatsache in Zweifel zu ziehen, kann das Gericht diesen Beweisantrag wiederum wegen Offenkundigkeit ablehnen (KK-StPO/*Krehl* § 244 Rn. 134).

169 Ein **Erfahrungssatz** ist allgemeinkundig, wenn er auf **täglicher Lebenserfahrungen** beruht oder Teil des **Allgemeinwissens** ist oder zumindest aus **allgemein zugänglichen Quellen** zuverlässig feststellbar ist, ohne dass es hierfür einer durch Ausbildung oder Praxis erworbenen Sachkunde bedarf (LR/*Becker* § 244 Rn. 207). Ein allgemeinkundiger Erfahrungssatz bedarf ebenfalls keines Beweises (BGHSt 25, 246, 251). Beweisanträge, die sich gegen die Richtigkeit oder die Allgemeinkundigkeit des in Rede stehenden Erfahrungssatzes richten, hat das Gericht wiederum in der Sache zu bescheiden, wenn der Antragsteller Gründe vorträgt, die die Geltung des Erfahrungssatzes infrage stellen (KK-StPO/*Krehl* § 244 Rn. 136).

170 Von einer allgemeinkundigen Tatsache oder einem allgemeinkundigen Erfahrungssatz braucht **nicht der gesamte Spruchkörper** Kenntnis zu haben. Es genügt, wenn der kundige Richter die übrigen Mitglieder informiert oder sich diese aus allgemein zugänglichen Quellen Kenntnis darüber verschaffen können (*Meyer-Goßner/Schmitt* § 244 Rn. 53). Entscheidend ist, ob bei der Abstimmung über den Beweisantrag die **Mehrheit** der Mitglieder des Spruchkörpers von der Offenkundigkeit der Tatsache oder des Erfahrungssatzes überzeugt ist (vgl. BGHSt 34, 209, 210; LR/*Becker* § 244 Rn. 212).

171 b) **Gerichtskundigkeit.** Gerichtskundig ist eine **Tatsache**, von der ein Richter im Zusammenhang mit seiner **dienstlichen Tätigkeit** – etwa in einer früheren Hauptverhandlung – zuverlässige Kenntnis erlangt hat (BGHSt 45, 354, 358). Sie braucht daher nicht allgemeinkundig zu sein. Ein **Erfahrungssatz**, der nicht allgemeinkundig ist, ist dagegen zumeist auch nicht gerichtskundig (LR/*Becker* § 244 Rn. 211), es sei denn, der Richter hat bei seiner amtlichen Tätigkeit – etwa bei der Anhörung eines Sachverständigen in einem früheren Verfahren – sowohl die Kenntnis des nicht allgemeinkundigen Erfahrungssatzes als auch die Fähigkeit, diesen auf den festgestellten Sachverhalt anzuwenden, erworben (BGHSt 45, 354, 357; KK-StPO/*Krehl* § 244 Rn. 137; s. a. BGH NStZ 1998, 98). Wiederum soll es genügen, wenn die Mehrheit eines Spruchkörpers davon überzeugt ist, dass eine Tatsache oder ein Erfahrungssatz gerichtskundig ist (BGHSt 34, 209, 210; *Meyer-Goßner/Schmitt* § 244 Rn. 53; LR/*Becker* § 244 Rn. 212). Hiergegen werden im Hinblick auf § 261 zu Recht Bedenken erhoben (KK-StPO/*Krehl* § 244 Rn. 140; anders noch *Fischer* in der Vorauflg.). Eine Tatsache kann somit nur dann als gerichtskundigt behandelt werden, wenn alle Mitglieder des Spruchkörpers – einschließlich der Schöffen (BGHSt 47, 270, 274; 45, 354, 359; BGH NStZ-RR 2007, 116 f.) – hiervon in Ausübung ihres Richteramtes Kenntnis erlangt haben (BGHSt 44, 4, 9).

172 Da alle Tatsachen, die für den Schuld- und Rechtsfolgenausspruch unmittelbar von Bedeutung sind, in der Hauptverhandlung im Wege des Strengbeweises aufgeklärt werden müssen, dürfen **Haupttatsachen** (s.o. Rdn. 11) nicht als gerichtskundig behandelt werden (BGHSt 45, 354, 358). Das Gleiche gilt für **Indiztatsachen** (BGH NJW 2002, 2401, 2403). **Lediglich Hilfstatsachen**, die den Beweiswert eines Beweismittels zum Gegenstand haben, dürfen daher als gerichtskundig behandelt werden (LR/*Becker* § 244 Rn. 210) sowie sog. **Hintergrundtatsachen** über den Stand eines anderen Verfahrens oder die Rechtshängigkeit einer anderen Sache (KK-StPO/*Krehl* § 244 Rn. 138; *Meyer-Goßner/Schmitt* § 244 Rn. 52).

173 c) **Erörterung in der Hauptverhandlung.** Um den Anspruch der Verfahrensbeteiligten auf **rechtliches Gehör** zu wahren, müssen offenkundige Tatsachen und Erfahrungssätze in der Hauptverhandlung **erörtert** werden (BGHSt 48, 206, 209; NStZ-RR 2010, 20, 21), es sei denn, es handelt sich um eine Selbstverständlichkeit. Dabei muss das Gericht ausreichend deutlich zum Ausdruck bringen,

dass es die Tatsache oder den Erfahrungssatz seiner Entscheidung möglicherweise zugrunde legen wird (BGH StV 1998, 251). Die Verfahrensbeteiligten müssen zudem Gelegenheit erhalten, Bedenken gegen die Richtigkeit der Tatsache oder des Erfahrungssatzes oder die Annahme der Offenkundigkeit vorzubringen, sei es mit einer Erklärung, sei es mit einem Beweisantrag (KK-StPO/*Krehl* § 244 Rn. 139).

5. Bedeutungslosigkeit der Tatsache (Abs. 3 Satz 2, 2. Alt.) Das Gericht darf einen Beweisantrag ablehnen, wenn die Tatsache, die bewiesen werden soll, für die Entscheidung ohne Bedeutung ist. Das ist zum einen dann der Fall, wenn **kein Zusammenhang** zwischen der unter Beweis gestellten Tatsache und der abzuurteilenden Tat besteht (BGH NStZ 2015, 296; 2014, 168; StV 2003, 429, 430: Beweis über die Glaubwürdigkeit eines Zeugen, der **keine Angaben zum Tagschehen** machen kann). Eine Tatsache kann darüber hinaus auch dann bedeutungslos sein, wenn sie trotz eines Zusammenhangs mit der abzuurteilenden Tat **nicht geeignet** ist, **die Entscheidung** des Gerichts in irgendeiner Weise **zu beeinflussen** (stdg. Rspr.: BGHSt 2, 286; BGH NStZ-RR 2010, 211, 212; StraFo 2008, 29, 30; NStZ-RR 2008, 205, 206; NJW 2004, 3051, 3056; *Meyer-Goßner/Schmitt* § 244 Rn. 56). Das kann aus rechtlichen oder aus tatsächlichen Gründen der Fall sein. 174

Eine Zurückweisung wegen Bedeutungslosigkeit kommt **nur hinsichtlich Indiz- oder Hilfstatsachen** in Betracht (vgl. BGH NStZ-RR 2007, 52); **Haupttatsachen** können hingegen **nie ohne Bedeutung** sein, weil es sich dabei per Definition um unmittelbar entscheidungsrelevante Tatsachen handelt, deren Relevanz sich aus den Tatbestandsmerkmalen der zur Anwendung kommenden Rechtssätze ergibt (s.o. Rdn. 11; LR/*Becker* § 244 Rn. 216; KK-StPO/*Krehl* § 244 Rn. 143). 175

a) Bedeutungslosigkeit aus tatsächlichen Gründen. Trotz der hohen Anforderungen, die der BGH an die Begründung des Ablehnungsbeschlusses stellt (dazu sogleich u. Rdn. 182), ist die Ablehnung von Beweisanträgen wegen tatsächlicher Bedeutungslosigkeit in der Praxis häufig anzutreffen. Eine Tatsache ist dann aus tatsächlichen Gründen bedeutungslos, wenn selbst ihr Nachweis zum Ergebnis des Verfahrens nichts beizutragen vermag, weil das Gericht auch für den Fall, dass die (Indiz- oder Hilfs-) Tatsache erwiesen wäre, daraus **keine für seine Entscheidung relevante Schlussfolgerung** ziehen würde. Die Tatsache darf also **keinen Einfluss auf die Beweiswürdigung** haben (BGH NStZ 2005, 296; LR/*Becker* § 244 Rn. 220; *Meyer-Goßner/Schmitt* § 244 Rn. 56, jew. m.w.N.). 176

Ein Einfluss auf die Beweiswürdigung kann nicht ausgeschlossen werden, wenn sich aus der unter Beweis gestellten Indiz- oder Hilfstatsache **zwingende Schlüsse** auf das Vorliegen einer Haupttatsache ergeben. Die Ablehnung eines Beweisantrages wegen Bedeutungslosigkeit kommt deshalb nur in Fällen in Betracht, in denen die Beweistatsache lediglich **mögliche Schlussfolgerungen** auf das Vorliegen einer Haupttatsache zulässt, die das Gericht bei umfassender Würdigung der Beweislage jedoch **nicht ziehen** will (BGH NStZ 2014, 110, 111; 2007, 112, 114; NJW 2005, 2242, 2243; 2004, 3051, 3056). 177

Bei der **Prüfung der Erheblichkeit** ist die unter Beweis gestellte Tatsache so zu behandeln, als sei sie **voll erwiesen** (BGH NStZ 2015, 296; NStZ-RR 2012, 82; 2008, 205; StV 2010, 557, 558; StraFo 2007, 78; NJW 2005, 224, 226). Sie ist ohne Verkürzung, Einengung oder Umdeutung in das bisher gewonnene Beweisergebnis einzustellen und in seiner indiziellen Bedeutung zu würdigen (BGH NStZ 2015, 355, 356; KK-StPO/*Krehl* § 244 Rn. 144). Das Gericht hat eine **Gesamtwürdigung aller Umstände** vorzunehmen. Es darf die unter Beweis gestellte Tatsache nicht isoliert abhandeln, sondern muss sie in einer **Gesamtschau** unter Einbeziehung aller Umstände, die für die Beurteilung ihrer Erheblichkeit von Bedeutung sein können, würdigen (BGH, Beschl. v. 21.07.2011 – 3 StR 44/11). Bei einer Mehrzahl von unter Beweis gestellten Tatsachen muss sich das Gericht auch mit deren Zusammenwirken für den Fall der Erwiesenheit auseinandersetzen. Eine isolierte Betrachtung der einzelnen Beweisbehauptungen reicht in diesen Fällen nicht aus (BGH StV 2011, 646; NStZ 2010, 558, 559). Bei der Gesamtschau können auch Umstände mit zu berücksichtigen sein, die über die im Beweisantrag behauptete Tatsache hinausgehen (Graf/*Bachler* § 244 Rn. 58.1). In dieser Prüfung liegt nach h.M. kein Verstoß gegen **das Verbot der Beweisantizipation** (BGH StV 2002, 250; s.o. Rdn. 153). Kommt das Gericht dabei zu dem Ergebnis, dass die Tatsache geeignet ist, die Beweislage in einer für den Urteilsspruch erheblichen Weise beeinflussen kann, darf es den Beweisantrag nicht als bedeutungslos zurückweisen (BGH NStZ 2003, 380; StV 2002, 350, 353; 2001, 96). Die Behauptung, ein Hauptbelastungszeuge habe sein Geständnis in dem gegen ihn gerichteten Verfahren nur **aufgrund einer Verfahrensabsprache** abgelegt, ist i.d.R. geeignet, die Glaubhaftigkeit der Angaben und damit das Ergebnis der Beweiswürdigung zu beeinflussen; ein entsprechender Beweisantrag kann deshalb nur ausnahmsweise bei umfassender und sorgfälti- 178 ger Würdigung des bisherigen Beweisergebnisses als bedeutungslos abgelehnt werden (BGHSt 48, 161, 168; BGH NStR-RR 2007, 116, 117; 2004, 691, 692).

179 Die Grenze zur unzulässigen Beweisantizipation wird überschritten, wenn das Gericht dem benannten Beweismittel **nicht den vollen Beweiswert** zuerkennt (KK-StPO/*Krehl* § 244 Rn. 144). Das ist z.B. dann der Fall, wenn das Gericht seine Ablehnung damit begründet, dass es angesichts des bisherigen Beweisergebnisses vom Gegenteil der Beweisbehauptung überzeugt sei oder sich die Beweisbehauptung voraussichtlich nicht zur vollen Überzeugung des Gerichts ergeben werde (BGH NStZ 2014, 282 mit Anm. *Leplow* wistra 2014, 321; NStZ-RR 2014, 316; 2012, 82, 83; 2008, 205, 206; StV 2014, 257, 259; 2010, 558), des Weiteren, wenn das Gericht zwar den Umstand, dass ein benannter Zeuge eine bestimmte Tatsache bekunden wird, nicht aber den **Inhalt der Aussage** zur Würdigung in das Beweisergebnis einstellt (BGH NStZ 1997, 503, 505).

180 **b) Bedeutungslosigkeit aus rechtlichen Gründen.** Eine Beweistatsache ist aus Rechtsgründen bedeutungslos, wenn sie die **gesetzlichen Merkmale** der abzuurteilenden Straftat **nicht berührt** (Graf/*Bachler* § 244 Rn. 61), des Weiteren, wenn es auf die behauptete Tatsache aus anderen (Rechts-) Gründen nicht mehr ankommt, z.B. weil bereits ein Prozesshindernis, ein Strafausschließungs- oder Strafaufhebungsgrund feststeht (*Meyer-Goßner/Schmitt* § 244 Rn. 55) oder eine Verurteilung bzw. die Rechtsfolge, auf die der Beweisantrag abzielt, nicht mehr in Betracht kommt (LR/*Becker* § 244 Rn. 217).

181 Will das Gericht eine an sich strafzumessungsrelevante Tatsache weder zugunsten noch zulasten des Angeklagten bei der konkreten Strafzumessung berücksichtigen, darf es einen Beweisantrag, der auf die Feststellung dieser Tatsache gerichtet ist, als bedeutungslos ablehnen, es sei denn, es handelt sich um einen bestimmenden Umstand i.S.d. § 267 Abs. 3 Satz 1 (BGHSt 43, 106, 108). Will es dagegen eine bereits abgeurteilte Straftat oder bestimmte Modalitäten früherer Taten strafschärfend berücksichtigen, darf es einen Beweisantrag, mit dem der Angeklagte die Begehung der Tat oder die in Rede stehende Tatmodalität in Abrede stellt, nicht unter Bezugnahme auf die rechtskräftigen Feststellungen vorausgegangener Urteile als rechtlich bedeutungslos zurückweisen, denn die tatsächlichen Feststellungen werden von der Rechtskraftwirkung nicht mit umfasst (KG NStZ 2008, 357; LR/*Becker* § 244 Rn. 219).

182 **c) Entscheidung des Gerichts.** Der Ablehnungsbeschluss muss den allgemeinen Anforderungen entsprechen, die an eine Entscheidung nach Abs. 6 zu stellen sind (s.o. Rdn. 118 ff.). Aus der Begründung muss sich zweifelsfrei ergeben, ob das Gericht die Beweistatsache aus rechtlichen oder aus tatsächlichen Gründen für bedeutungslos hält (KK-StPO/*Krehl* § 244 Rn. 145). Lehnt das Gericht den Antrag infolge einer vorläufigen Beweiswürdigung wegen tatsächlicher Bedeutungslosigkeit ab, muss diese in ihrem inhaltlichen Kern so ausführlich dargelegt werden, dass es dem Antragsteller und ggf. dem Revisionsgericht möglich ist, die Qualität der Argumentation zu überprüfen (BGH NStZ-RR 2007, 84, 85; NStZ 2000, 267, 268). An die Begründung des Beschlusses sind deshalb dieselben Anforderungen zu stellen wie an die **Würdigung von Indiztatsachen in den Urteilsgründen** (BGH NStZ 2015, 355, 356; 2007, 352; StV 2014, 260, 261; 2010, 557, 558; NStZ-RR 2013, 117). Inhaltsleere und formelhafte Aussagen genügen diesen Anforderungen nicht (BGH StV 2014, 262 = NStZ 2014, 110, 111).

183 Soweit die Umstände, die zur Bedeutungslosigkeit der Beweistatsache führen, nicht ausnahmsweise auf der Hand liegen (vgl. BGH NStZ-RR 2007, 149), muss das Gericht in der Beschlussbegründung anhand konkreter Erwägungen (BGH NStZ-RR 2013, 117) darlegen, warum die unter Beweis gestellte Tatsache ohne Einfluss auf die Überzeugungsbildung geblieben wäre (BGH NStZ 2008, 299; StV 2007, 176; StraFo 2007, 331, 332). Andernfalls besteht die Gefahr, dass aufklärbare, für den Angeklagten sprechende Umstände gänzlich ohne Bewertung und Würdigung durch das Gericht bleiben würden (BGH StV 2003, 369, 370). Allerdings braucht das Gericht dabei nicht sämtliche Überlegungen zur bisherigen Beweissituation offenzulegen. Es genügt, wenn sich aus dem Beschluss ergibt, warum die behauptete Indiztatsache keinen zwingenden Schluss auf eine Haupttatsache ermöglicht und aufgrund welcher »Gegenindizien« das Gericht nach derzeitiger Beweislage die nur mögliche Schlussfolgerung nicht ziehen würde (BGH StV 2014, 263; KK-StPO/*Krehl* § 244 Rn. 145). Eine Begründung, die diesen Anforderungen nicht entspricht, kann das Gericht **nicht** dadurch **nachträglich heilen**, indem es im Urteil andere oder weitere Argumente für die Ablehnung nachschiebt (BGHSt 29, 152; BGH StV 2010,

557, 558; 2007, 176; OLG Koblenz StraFo 2007, 379, 380; OLG Stuttgart StV 1999, 88). Ein Austauch des Ablehnungsgrundes durch das Revisionsgericht ist ausgeschlossen (BGH wistra 2012, 229).
Ändert das Gericht seine Einschätzung von der Bedeutungslosigkeit einer Tatsache im Laufe der weiteren Beweisaufnahme, muss es i.d.R. **von Amts wegen** (Abs. 2) Beweis erheben (KK-StPO/*Krehl* § 244 Rn. 146). Jedenfalls muss es die Verfahrensbeteiligten, die auf den Fortbestand der Einschätzung, die Beweisbehauptung sei bedeutungslos, vertrauen dürfen, auf die geänderte Beurteilung **hinweisen** (BGH NStZ 2012, 525, 526) und ihnen Gelegenheit zur erneuten Antragstellung geben (BGH StV 1996, 649; 1992, 147 m. Anm. *Deckers*). Das gilt auch dann, wenn das Gericht weiterhin vom Gegenteil der unter Beweis gestellten Tatsache ausgehen möchte (BGH StV 2001, 95; NStZ 2000, 267). In den Urteilsgründen darf sich das Gericht mit den Ablehnungsgründen nicht in Widerspruch setzen (BGH NStZ 2013, 118; 2013, 179; NStZ-RR 2013, 117; StraFo 2010, 466), etwa dadurch, dass es von der antizipierten Beweiswürdigung des Ablehnungsbeschlusses abweicht (BGH NStZ 2012, 525, 526) oder seine Überzeugungsbildung auf das Gegenteil der unter Beweis gestellten Tatsache stützt (BGH NStZ 2014, 282, 283 f.). Fehlt es an dieser inhaltlichen Kontinuität, liegt ein durchgreifender Rechtsfehler vor, es sei denn, das Revisionsgericht kann aufgrund der Beweiswürdigung im Urteil ausschließen, dass der Tatrichter bei Zugrundelegung der behaupteten Tatsache zu einem anderen Ergebnis gekommen wäre (BGH StraFo 2008, 29). Werden die vom Antragsteller intendierten Schlussfolgerungen vom Gericht in den Urteilsgründen gezogen, obwohl es den darauf abzielenden Beweisantrag wegen Bedeutungslosigkeit ablehnte, kann das Urteil auf einer ggf. unzureichenden Ablehnungsbegründung jedenfalls nicht beruhen (BGH NStZ 2015, 355, 357; NStZ-RR 2014, 279, 280).

6. Beweistatsache ist erwiesen (Abs. 3 Satz 2, 3. Alt.) Geht das Gericht davon aus, dass die **Behauptung**, die unter Beweis gestellt wird, **bereits bewiesen**, ist eine diesbezügliche Beweiserhebung überflüssig mit der Folge, dass es den Antrag auf Beweiserhebung ablehnen darf. **Grundlage** dieser Einschätzung muss das Ergebnis der bisherigen Hauptverhandlung sein (LR/*Becker* § 244 Rn. 228); Ausführungen im Beweisantrag, Sachverhaltsschilderungen in der Anklageschrift, in die Hauptverhandlung nicht eingeführte Akteninhalte oder gar bloße Mutmaßungen reichen nicht aus (KK-StPO/*Fischer* § 244 Rn. 148).

Das Gericht kann die Ablehnung nur damit begründen, dass die Beweistatsache feststeht, **nicht** aber damit, dass ihr **Gegenteil** erwiesen sei (KK-StPO/*Krehl* § 244 Rn. 148). Allerdings ist es unerheblich, ob sich die Beweistatsache für den Angeklagten be- oder entlastend auswirkt (*Meyer-Goßner/Schmitt* § 244 Rn. 57) oder ob das Gericht die Tatsache für entscheidungserheblich hält oder nicht. Eine Pflicht, den Beweisantrag im letztgenannten Fall als bedeutungslos abzulehnen, soll nicht bestehen nicht (LR/*Becker* § 244 Rn. 228). Dies erscheint fraglich, weil dadurch beim Antragsteller der möglicherweise unzutreffende Eindruck entstehen kann, der unter Beweis gestellte Umstand sei von Bedeutung und dieser sein Veteidigungsverhalten hierauf ausrichtet (KK-StPO/*Krehl* § 244 Rn. 148). Nach h.M. ist es auch nicht notwendig, dass sich das Gericht in der Urteilsbegründung mit jeder als erwiesen behandelten Tatsache auseinandersetzt, weil es auch unerhebliche Umstände als erwiesen ansehen kann (BGH NJW 2003, 150, 152). Etwas anderes gilt aber dann, wenn die Beweiswürdigung ohne die Erörterung der als erwiesen erachteten Tatsache lückenhaft bleibt (BGH StV 2012, 581, 582 = NStZ 2011, 472, 473).

Nur die unter Beweis gestellte **Tatsache** kann das Gericht als erwiesen ansehen, **nicht** aber das mit dem Antrag verfolgte **Beweisziel** (Graf/*Bachler* § 244 Rn. 63). Es ist in seiner Überzeugungsbildung daher weiterhin frei und kann die als erwiesen behandelte Tatsache sowohl zulasten als auch zugunsten des Angeklagten würdigen (BGH NStZ 2007, 717).

Das Gericht braucht den Beschluss, mit dem es den Beweisantrag ablehnt, nicht näher zu begründen, wenn es die Tatsache als erwiesen ansieht (LR/*Becker* § 244 Rn. 229). Die Urteilsgründe dürfen mit der als erwiesen behandelten Tatsache allerdings **nicht im Widerspruch** stehen (BGH NStZ 2011, 472, 473); das Gericht darf diesen Umstand auch nicht mit anderen Erwägungen relativieren, die in dem abgelehnten Beweisantrag nicht thematisiert wurden. Will das Gericht von seiner ursprünglichen Einschätzung abweichen, so bedarf es einer **Korrektur** der Entscheidung **in der Hauptverhandlung** (*Niemöller* FS Hamm, S. 537, 544).

7. Völlige Ungeeignetheit des Beweismittels (Abs. 3 Satz 2, 4. Alt.) Das Gericht darf einen Beweisantrag ablehnen, wenn die Verwendung des angebotenen Beweismittels **nichts zur Sachaufklärung**

§ 244 StPO Beweisaufnahme; Untersuchungsgrundsatz; Ablehnung v. Beweisanträgen

beizutragen vermag, sodass sich die Beweiserhebung in einer bloßen Förmlichkeit erschöpfen würde (BVerfG NStZ 2004, 214, 215; BGH NStZ-RR 2010, 211; NStZ 2007, 476; 2004, 508). Das ist der Fall, wenn sich das im Beweisantrag in Aussicht gestellte Ergebnis mit dem angebotenen Beweismittel **nach sicherer Lebenserfahrung** nicht erzielen lässt (BGH NStZ-RR 2013, 185; 2014, 316; KK-StPO/*Krehl* § 244 Rn. 149). Die völlige Ungeeignetheit muss sich dabei **allein aus dem Beweismittel** im Zusammenhang mit der Beweisbehauptung ergeben. Das **Ergebnis der bisherigen Beweisaufnahme** darf für die Einschätzung des Gerichts nicht herangezogen werden (BGH NStZ 2008, 351; StraFo 2004, 137; NStZ-RR 2002, 242). Eine Ablehnung wegen Ungeeignetheit der Beweiserhebung ist im Gesetz nicht vorgesehen (BGH NStZ-RR 2010, 211, 212).

190 Bei der Zurückweisung eines Beweismittels als ungeeignet ist größte Zutückhaltung geboten (VerfGH Berlin NJW 2014, 1084, 1085). Das Gericht hat bei der Beurteilung des Beweismittels die unter Beweis gestellte Behauptung ungeschmälert, d.h. ohne Verkürzung oder ihren Sinn verfehlende Interpretation zugrunde zu legen (BGH NStZ-RR 2010, 211, 212; StV 2008, 449; 1991, 500). Das Beweismittel ist nicht schon deshalb völlig ungeeignet, weil das Gericht dessen Beweiswert für gemindert, gering oder zweifelhaft hält (BGH NStZ 2008, 116; NStZ-RR 2002, 242), auch dann nicht, wenn das Ergebnis der bis dahin durchgeführten Beweisaufnahme, das der Beweisbehauptung entgegen steht, besonders zuverlässig zu sein scheint (so noch BGH NStZ 1997, 503, 504 m. Anm. *Herdegen*; dagegen KK-StPO/*Krehl* § 244 Rn. 149). Ob das vom Antragsteller verfolgte Beweisziel mit dem angebotenen Beweismittel erreicht werden kann, ist unbeachtlich (BGH StV 2015, 83). Es kommt allein auf die Eignung des Beweismittels an. Dessen völliger Unwert muss zur Überzeugung des Gerichts feststehen, damit es einen darauf bezogenen Beweisantrag zurückweisen darf (VerfGH Berlin NJW 2014, 1084, 1085). Gegebenenfalls hat das Gericht die Eignung des Beweismittels im **Freibeweisverfahren** zu klären (BGH NStZ 2003, 611; 1999, 362, 363; LR/*Becker* § 244 Rn. 231).

191 **a) Zeuge als ungeeignetes Beweismittel.** Ein Zeuge ist jedenfalls dann als ungeeignetes Beweismittel anzusehen, wenn es ihm **objektiv unmöglich** ist, etwas zur Sachaufklärung beizutragen. So kommt z.B. ein Blinder nicht als Zeuge zum Beweis eines Umstands in Betracht, der ausschließlich optisch wahrgenommen werden kann (KK-StPO/*Krehl* § 244 Rn. 150). Des Weiteren ist ein Zeuge i.d.R ein ungeeignetes Beweismittel, um **innere Vorgänge** eines anderen Menschen zu bekunden. Allenfalls kann er über äußerlich wahrnehmbare Umstände Auskunft geben, die Rückschlüsse auf die innere Verfassung des anderen zulassen (BGH NStZ 2008, 707; StV 2008, 449). Auch die Behauptung, ein anderer Zeuge habe nicht (stets) die Wahrheit gesagt, ist als solche keine dem Zeugenbeweis zugängliche Tatsache.

192 Darüber hinaus können Umstände, die in der Person des benannten Zeugen selbst liegen, dessen Eignung als Beweismittel infrage stellen. Das ist etwa dann der Fall, wenn der Zeuge aufgrund **körperlicher oder geistiger Gebrechen** oder **Trunkenheit** nicht in der Lage war, die unter Beweis gestellten Umstände wahrzunehmen (BGH NStZ 2003, 562; OLG Köln StV 1996, 368; *Meyer-Goßner/Schmitt* § 244 Rn. 59). Gleiches gilt, wenn sicher ausgeschlossen werden kann, **dass sich der Zeuge an diejenigen Tatsachen, die er bekunden soll, erinnert**. Hierzu gibt es allerdings **keinen allgemeingültigen Erfahrungssatz** (vgl. BGH NStZ-RR 2005, 78), lediglich grobe Anhaltspunkte, die eine Erinnerung des Zeugen mehr oder minder wahrscheinlich erscheinen lassen (BGH StV 2013, 70 = NStZ-RR 2012, 51 f.). Dabei kann es von Bedeutung sein, wie lange der Vorgang zurückliegt (BGH NStZ 2010, 52), ob es sich um einen für den Zeugen bedeutsamen oder eher alltäglichen Vorgang handelte (BGH NStZ 2000, 156), ob das Geschehen das Interesse des Zeugen weckte oder der Zeuge auf Erinnerungshilfen zurückgreifen kann (BGH NStZ 2004, 508). Entscheidend sind letztlich die Umstände des Einzelfalls, die das Gericht ggf. im Freibeweisverfahren aufklären muss. Nur wenn feststeht, dass der Zeuge zu der unter Beweis gestellten Tatsache keine verwertbaren Angaben machen kann, darf das Gericht einen Beweisantrag wegen völliger Ungeeignetheit ablehnen (Graf/*Bachler* § 244 Rn. 66).

193 Das Gericht darf einem Zeugen die Eignung als Beweismittel jedoch nicht mit der Begründung absprechen, dieser sei **persönlich unglaubwürdig**, sodass eine wahrheitsgemäße Aussage nicht zu erwarten sei (LR/*Becker* § 244 Rn. 237; a. A. OLG Zweibrücken NStZ-RR 2005, 113, 114; einschränkend KK-StPO/*Krehl* § 244 Rn. 153: in schwerwiegenden, evidenten Fällen). Namentlich **persönliche Beziehungen** des Zeugen zum Angeklagten (Ehe, Verlöbnis, Verwandtschaft, wirtschaftliche Abhängigkeit, Freundschaft oder Feindschaft) können die Ablehnung eines Beweisantrags nicht rechtfertigen (*Meyer-*

Goßner/Schmitt § 244 Rn. 61). Das Gleiche gilt, wenn der Zeuge schon einmal wegen eines Aussagedelikts bestraft worden ist (a. A. KG JR 1983, 479, wenn der Zeuge wegen einer früheren Bestätigung der in Rede stehenden Beweistatsache verurteilt worden ist), oder wenn es Anzeichen dafür gibt, dass der Zeuge in die Tat, die Gegenstand der Untersuchung ist, verstrickt ist (LR/*Becker* § 244 Rn. 237). Ist ein Zeuge, der für das Gericht unerreichbar ist (dazu u. Rn. 202 ff.), bereit, an einer kommissarischen bzw. audiovisuellen Vernehmung mitzuwirken, kann er gleichwohl als Beweismittel ungeeignet sein, wenn das Gericht aufgrund der besonderen Beweislage schon vorweg zu der Überzeugung gelangt, dass eine aus einer solchen Vernehmung gewonnenen Aussage mangels persönlichen Eindrucks vom Zeugen völlig untauglich ist, zur Sachaufklärung beizutragen und die Beweiswürdigung zu beeinflussen (BGH NJW 2010, 2365, 2367). Hierüber hat das Gericht nach seinem pflichtgemäßen Ermessen zu entscheiden. Die maßgeblichen Erwägungen hat es im Ablehnungsbeschluss darzulegen. Aus diesen muss sich schlüssig ergeben, weshalb die mögliche kommissarische oder audiovisuelle Vernehmung des Zeugen zur Sachverhaltsaufklärung ungeeignet und daher ohne jeden Beweiswert ist, wobei der Qualität des angebotenen Beweismittels und der Bedeutung des Beweisthemas besonderes Gewicht zukommt (BGH NJW 2010, 2365, 2368). Lehnt das Gericht die kommissarische oder audiovisuelle Vernehmung des Zeugen ab, darf es allerdings frühere belastende Angaben dieser Auskunftsperson, die außerhalb der Hauptverhandlung ohne Gerichtsbeteiligung zustande gekommen sind, nicht ohne Weiteres für hinreichend beweiskräftig halten (BGH NStZ 2011, 422).

Nach Auffassung des BGH ist ein Zeuge, der dem erkennenden Gericht gegenüber unmissverständlich **195** und endgültig erklärt, dass er im Fall einer Ladung **in der Hauptverhandlung** von einem ihm tatsächlich zustehenden **Zeugnisverweigerungsrecht** Gebrauch machen werde, ebenfalls ein völlig ungeeignetes Beweismittel (BGHSt 21, 12; BGH NStZ 1999, 46; KK-StPO/*Krehl* § 244 Rn. 152; krit. *Meyer-Goßner/Schmitt* § 244 Rn. 59; a. A. LR/*Becker* § 244 Rn. 236: Unzulässigkeit der Beweiserhebung; s. dazu o. Rdn. 164). Liegen allerdings Anhaltspunkte dafür vor, dass der Zeuge die Tragweite seiner Entscheidung nicht erkennt oder er diese ändern könnte, hat das Gericht diese Umstände im Freibeweisverfahren aufzuklären (BGH NStZ 1982, 126).

Ob und ggf. in welchem Umfang ein Zeuge von einem ihm zustehenden **Auskunftsverweigerungsrecht** **196** nach § 55 Gebrauch macht, kann zumeist erst in der Hauptverhandlung geklärt werden. Das Gericht hat einen auskunftsverweigerungsberechtigten Zeugen daher grds. zur Hauptverhandlung zu laden und dort dessen Aussagebereitschaft zu klären (OLG Köln StV 2002, 238). Eine Ladung ist nur dann nicht erforderlich, wenn dem Zeugen ein das gesamte Beweisthema **umfassendes Auskunftsverweigerungsrecht** (s. dazu § 55 Rdn. 17; KK-StPO/*Krehl* § 244 Rn. 152) zusteht und sicher feststeht, dass dieser keine Angaben machen wird, sei es, weil eine entsprechende Erklärung des Zeugen oder eines von ihm beauftragten Rechtsanwalts vorliegt, oder weil er in einem anderen Verfahren bereits davon Gebrauch gemacht hat (BGH NJW 1998, 1723). In diesem Fall darf das Gericht einen auf die Vernehmung dieses Zeugen gerichteten Beweisantrag ablehnen.

b) Sachverständiger als ungeeignetes Beweismittel. Ein Sachverständiger ist ein völlig ungeeignetes **197** Beweismittel, wenn ausgeschlossen ist, dass er sich zur vorgelegten Beweisfrage sachlich äußern kann (Graf/*Bachler* § 244 Rn. 67). Das ist der Fall, wenn die notwendigen **Anknüpfungstatsachen** für ein Gutachten **zur Gänze fehlen** und auch vom Sachverständigen mittels seiner besonderen Sachkunde nicht ermittelt werden können (BGHSt 14, 339, 342; BGH NStZ 2007, 476). Typischerweise betrifft dies nicht objektivierbare **innerpsychische Vorgänge** (BGH BeckRS 2003, 04911: dauerhafte innere Abneigung einer Person, sexuelle Handlungen auszuführen) oder **nicht rekonstruierbare** tatsächliche Umstände (BGH NStZ 2003, 611). Der Umstand, dass nur wenige Anhaltspunkte für die beantragte Begutachtung vorhanden sind oder ermittelt werden können, reicht für eine Ablehnung wegen völliger Ungeeignetheit jedoch nicht aus (BGH StV 2012, 711, 712: aussagepsychologischer Sachverständiger, der während der Vernehmung des zu explorierenden Zeuge nicht anwesend war; dazu auch BGH StV 2015, 299 sowie 2015, 273: Sachverständiger ist auch dann kein ungeeignetes Beweismittel, wenn der Zeuge die notwendige Einwilligung in die Exploration verweigert). Zunächst kann es ausreichen, dass sich in den Akten Lichtbilder, Tatort- und Spurenberichte oder andere Informationen befinden, die dem Sachverständigen – ggf. zusammen mit Beobachtungen in der Hauptverhandlung – zumindest eine Wahrscheinlichkeitsaussage ermöglichen (BGH NStZ 2012, 345 = StraFo 2012, 63; NStZ 2009, 346, 347; 2006, 686; NStZ-RR 2006, 140; KK-StPO/*Krehl* § 244 Rn. 154). Hat das Gericht Zweifel,

§ 244 StPO Beweisaufnahme; Untersuchungsgrundsatz; Ablehnung v. Beweisanträgen

ob die vorhandenen Anknüpfungstatsachen für die Erstattung eines Gutachtens ausreichen, muss es diese im **Freibeweisverfahren** – ggf. durch Befragung eines Sachverständigen – aufklären.

198 Ein Sachverständiger ist auch dann als völlig ungeeignetes Beweismittel anzusehen, wenn die zur Verfügung stehenden **Untersuchungsmethoden unausgereift und unzuverlässig** sind (BGH NStZ-RR 1997, 304; NJW 1993, 395). Das gilt bspw. für den sog. Lügendetektortest (grdlgd. BGHSt 44, 308, 323 f.; bestätigt durch BGH StV 2011, 518; dazu *Seiterle* StraFo 2014, 58; a. A. *Putzke/Scheinfeld* StraFo 2010, 58). Gleiches gilt, wenn die Beweisbehauptung **außerhalb des Wissensgebiets** des im Antrag benannten Sachverständigen liegt (*Meyer-Goßner/Schmitt* § 244 Rn. 59a). Dabei kommt es nicht auf die persönliche Sachkunde des im Beweisantrag benannten Sachverständigen an. Die Auswahl obliegt allein dem Gericht (§ 73 Abs. 1 Satz 1), sodass es an den Vorschlag des Antragstellers nicht gebunden ist. Vielmehr kommt es darauf an, ob das Gutachten eines Sachverständigen der im Antrag genannten **Fachrichtung** geeignet ist, den Beweis zu erbringen oder nicht (*Graf/Bachler* § 242 Rn. 67). Das Gericht ist ggf. verpflichtet, selbst einen geeigneten Sachverständigen zu bestimmen (BGH StraFo 2011, 308).

199 Das Gericht darf einen Beweisantrag nicht deshalb wegen Ungeeignetheit des Beweismittels ablehnen, weil sich aus dem beantragten Gutachten voraussichtlich keine sicheren und eindeutigen Schlussfolgerungen ziehen lassen. Es reicht aus, wenn das Ergebnis der Beweiserhebung die Beweisbehauptung **mehr oder minder wahrscheinlich** erscheinen lässt und damit Einfluss auf die Überzeugungsbildung des Gerichts haben kann (BGH NStZ 2012, 345 = StraFo 2012, 63; NStZ 2009, 48, 49; 2008, 116; 2007, 476).

200 c) **Urkunden und Augenschein.** Eine Urkunde ist ein völlig ungeeignetes Beweismittel, wenn sich die Beweisbehauptung aus ihrem Inhalt nicht ergibt oder wenn feststeht, dass sie im Nachhinein verfälscht worden ist (*Graf/Bachler* § 244 Rn. 68). Der Umstand, dass sie möglicherweise eine schriftliche Lüge enthält, macht die Urkunde hingegen nicht zu einem völlig ungeeigneten Beweismittel (KK-StPO/*Krehl* § 244 Rn. 155). Abschriften von TKÜ-Aufzeichnungen sollen als Beweismittel völlig ungeeignet sein, wenn die Übereinstimmung zwischen Urkundeninhalt und Aufzeichnung nicht mehr festgestellt werden kann, weil die Originalaufzeichnungen abhanden gekommen sind (*Meyer-Goßner/Schmitt* § 244 Rn. 59d; a. A. KK-StPO/*Krehl* § 244 Rn. 155, wenn eine verlässliche Zeugenaussage der Person vorhanden ist, die die Aufzeichnung hergestellt hat). Gleiches gilt für Kopien, wenn deren Authentizität in Frage steht und ein Abgleich mit den Originalen nicht mehr möglich ist.

201 Ein **Augenschein** ist völlig ungeeignet, wenn sich sein Gegenstand nach der Tat wesentlich verändert hat, wenn nicht mehr rekonstruierbare örtliche Verhältnisse bewiesen werden sollen (Lichtverhältnisse am Unfallort) oder wenn er überhaupt keinen Aufschluss über die Beweistatsache gegen kann (LR/*Becker* § 244 Rn. 242). Zur Möglichkeit der Ablehnung nach Abs. 5 Satz 1 s.u. Rdn. 240 ff.

202 8. **Unerreichbarkeit eines Beweismittels (Abs. 3 Satz 2, 5. Alt.)** Ist ein Beweismittel unerreichbar, kann eine Beweiserhebung nicht durchgeführt werden. Das Gericht darf einen hierauf gerichteten Beweisantrag deshalb ablehnen. Ein Beweismittel kann aus **tatsächlichen Gründen** unerreichbar sein, wenn es in der Hauptverhandlung nicht zur Verfügung steht, ein Weg, auf dem es beigebracht werden könnte, nicht bekannt ist und auch nicht ermittelt werden kann, oder wenn der Bedeutung des Beweismittels angemessene Bemühungen zu seiner Beibringung ohne Erfolg geblieben sind und keine begründete Aussicht besteht, es in absehbarer Zeit herbeizuschaffen (BGHSt 22, 110, 120; 32, 68, 73; NJW 2000, 443, 447; OLG München NStZ-RR 2007, 50, 51). Darüber hinaus kann ein Beweismittel auch aus **rechtlichen Gründen** unerreichbar sein, etwa dann, wenn ein Zeuge, dessen Erscheinen in der Hauptverhandlung nicht erzwungen werden kann, nicht bereit ist, freiwillig daran teilzunehmen (LR/*Becker* § 244 Rn. 247).

203 a) **Unerreichbarer Zeuge.** Ein Zeuge ist für eine Vernehmung in der Hauptverhandlung unerreichbar, wenn trotz dem Aufklärungsgebot genügender Bemühungen des Gerichts keine begründete Aussicht besteht, dass vertretbare weitere Anstrengungen zur Ermittlung der Person oder des Aufenthaltsorts des Zeugen oder zu seinem Erscheinen in der Hauptverhandlung führen werden (BGH NJW 2000, 443, 447; NStZ 1993, 50). Dabei kommt es nicht darauf an, ob der Zeuge an dem dafür ursprünglich vorgesehenen Terminstag vernommen werden kann; entscheidend ist, ob dies in **absehbarer Zeit** geschehen kann (BGH NStZ 2003, 562; NStZ-RR 1997, 302).

Welche Bemühungen das Gericht entfalten muss, um einen Zeugen in der Hauptverhandlung verneh- 204
men zu können, hängt von den Umständen des Einzelfalls ab (Graf/*Bachler* § 244 Rn. 70). Dabei hat
das Gericht die Bedeutung der Sache und die Relevanz der Zeugenaussage für die Wahrheitsfindung
einerseits und das Interesse an der zügigen Durchführung des Verfahrens sowie die konkreten Erfolgsaussichten weiterer Bemühungen andererseits gegeneinander abzuwägen (BGHSt 22, 118, 120; BGH
NJW 1990, 1124). Ist die Beweisbehauptung von wesentlicher Bedeutung für das Beweisergebnis, hat
das Gericht alle nicht von vornherein aussichtslosen Möglichkeiten auszuschöpfen, um den Zeugen in
der Hauptverhandlung zu vernehmen. Gegebenenfalls ist die Hauptverhandlung zu **unterbrechen** oder
auszusetzen (BGH StV 1987, 45; 1986, 418, 419). Ist die Beweisbehauptung dagegen von untergeordneter Bedeutung oder ist der Beweiswert der Aussage im Hinblick auf das bisherige Ergebnis der
Beweisaufnahme als gering einzuschätzen, kann das Interesse an einer zügigen und reibungslosen
Durchführung der Hauptverhandlung überwiegen (BGHSt 32, 68, 73). Dabei ist eine **Antizipation**
unter Berücksichtigung der bisherigen Beweisergebnisse **zulässig** (KK-StPO/*Krehl* § 244 Rn. 160).

Kann ein Zeuge vom Antragsteller **nicht hinreichend individualisiert** (insbesondere nicht namentlich 205
benannt) werden, handelt es sich (lediglich) um einen Beweisermittlungsantrag (s.o. Rdn. 93). Je nach
Bedeutung der Beweisbehauptung für das Beweisergebnis kann es die **Aufklärungspflicht** auch in diesem Fall erfordern, dass das Gericht im Rahmen seiner rechtlichen und tatsächlichen Möglichkeiten
alle erkennbaren Ermittlungsansätzen nachgeht (BGH StV 1987, 45; 1983, 496). Liegen allerdings
keine konkreten Anknüpfungspunkte vor, braucht das Gericht keine Nachforschungen anzustellen
(vgl. BGH StV 1992, 6; KK-StPO/*Krehl* § 244 Rn. 162).

Ist der **Aufenthaltsort** eines benannten Zeugen **unbekannt**, so ist das Gericht i.d.R. verpflichtet, **Rou-** 206
tineermittlungen (Anfragen bei Meldebehörden oder beim Bundeszentralregister, ggf. bei Ausländer-
behörden oder beim Ausländerzentralregister) durchzuführen (LR/*Becker* § 244 Rn. 249). Das Gericht
darf von solchen Nachforschungen nicht schon deshalb absehen, weil ein Zeuge auf eine Ladung hin
nicht erscheint oder weil seine Ladung als unzustellbar oder mit der Mitteilung, der Zeuge sei unbekannt verzogen, zurückkommt (OLG München NStZ-RR 2007, 50; KG StV 2005, 13; OLG Köln
StV 2002, 355). Auch hier gilt: je größer die potenzielle Bedeutung der Beweisbehauptung für das Beweisergebnis ist, desto intensiver muss sich das Gericht um die Ermittlung des Aufenthaltsorts bemühen. Das kann insbesondere **Ermittlungsersuchen** an die Staatsanwaltschaft oder an die Polizei erforderlich machen, etwa ein Ersuchen um polizeiliche Nachschau im Wohnungs- und Hausbereich oder
im bekannten Freizeitumfeld des Zeugen oder ein Ersuchen, Verwandte, Freunde und Bekannte (OLG
Frankfurt StV 1986, 468) oder den Arbeitgeber des Zeugen nach dessen Aufenthalt zu befragen (KK-
StPO/*Krehl* § 244 Rn. 163). Eine Unterbrechung oder gar Aussetzung der Hauptverhandlung, um solche Ermittlungen durchzuführen, ist allerdings nur in denjenigen Fällen geboten, in denen der Beweisbehauptung besondere Bedeutung für das Beweisergebnis zukommt (vgl. BGH NStZ 2005, 44, 45).

Ein Zeuge, dessen **Aufenthaltsort bekannt** ist, ist unerreichbar, wenn seinem Erscheinen in der Haupt- 207
verhandlung auf absehbare Zeit ein **nicht zu beseitigendes Hindernis** entgegensteht (BGH NStZ 1993,
349, 350; NJW 1990, 1124, 1125). Das ist etwa dann der Fall, wenn der Zeuge wegen **Erkrankung**
nicht vernehmungsfähig ist und eine Besserung seines Zustands innerhalb eines angemessenen Zeitraums nicht in Aussicht steht (BGH NStZ 2003, 562: mind. 3 Monate). Auch wenn der Gesundheitszustand eines Zeugen dessen Vernehmung nicht schlechthin unmöglich macht, ist der Zeuge dennoch
unerreichbar, wenn bei einer Vernehmung eine **wesentliche Verschlechterung** des Gesundheitszustandes zu erwarten ist (BGHSt 51, 325, 328; 9, 297, 300). Ein Zeuge, der sich endgültig **weigert**, an der
Hauptverhandlung teilzunehmen, ist ebenfalls unerreichbar, wenn das Gericht sein Erscheinen nicht
erzwingen kann (BGHSt 22, 118, 121; BGH StV 1992, 216).

Bei **Auslandszeugen** ist zunächst **Abs. 5 Satz 2** zu beachten (s. dazu u. Rdn. 244 ff.). Gebietet die Auf- 208
klärungspflicht die Vernehmung eines Zeugen, dessen Ladung im Ausland zu bewirken ist, ist grds. eine
förmliche Ladung erforderlich. Das Gericht darf hiervon nur absehen, wenn eine Ladung ersichtlich
zwecklos wäre (BGH NJW 2002, 2403), also z.B. dann, wenn der Zeuge ausdrücklich erklärt, zu
der Hauptverhandlung oder zu einer prozessual zulässigen Ersatzvernehmung nicht zu erscheinen. Gegebenenfalls hat sich das Gericht eine entsprechende Erklärung des Zeugen im Rechtshilfeverkehr nach
Art. 10 Abs. 1 EuRHÜbk durch den ersuchten Staat übermitteln zu lassen (BGH NStZ 1984, 375,
376; s. a. *Herdegen* NStZ 1984, 337, 339). Das Gericht kann darüber hinaus versuchen, unmittelbaren
Kontakt mit dem Zeugen aufzunehmen, um ihn zum Erscheinen zu bewegen (*Meyer-Goßner/Schmitt*

§ 244 StPO Beweisaufnahme; Untersuchungsgrundsatz; Ablehnung v. Beweisanträgen

§ 244 Rn. 63); verpflichtet ist es hierzu jedoch nicht (BGH NJW 1990, 1124, 1125). Zu den Möglichkeiten, über das Europäische Justizielle Netzwerk (EJN) Kontakt zu ausländischen Behörden aufzunehmen, um den Aufenthalt eines Auslandszeugen zu ermitteln, s. *Ahlbrecht/Schlei*, StraFo 2013, 265, 273.

209 Die Prognose, dass ein Auslandszeuge trotz Ladung nicht in der Hauptverhandlung erscheinen wird, kann aber auch auf **aussagekräftige äußere Umstände** gestützt werden, etwa darauf, dass sich der Zeuge wegen einer Straftat ins Ausland abgesetzt hat (vgl. BGHSt 35, 216; KK-StPO/*Krehl* § 244 Rn. 167). Das Gericht hat dann allerdings zu prüfen, ob der Zeuge während einer **Schutzfrist** (Art. 12 Abs. 1 und Abs. 3 EuRHÜbk, Art. 7 Abs. 18 UN-SuchtstoffÜbk) von der Strafverfolgung bzw. der Beschränkung seiner persönlichen Freiheit ausgenommen werden kann. In geeigneten Fällen ist der Zeuge über die Rechtslage zu belehren, um ihn zum persönlichen Erscheinen zu bewegen (BGHSt 32, 68, 74; BGH NJW 2002, 2403, 2404; StV 1985, 134).

210 Art. 11 Abs. 1 EuRHÜbk ermöglicht es, **Häftlinge**, die sich im Ausland in Gewahrsam befinden, zur Vernehmung oder Gegenüberstellung an den ersuchenden Staat zu überstellen. Da die Überstellung i.d.R. jedoch nur dann möglich ist, wenn der Häftling ihr zustimmt (s. dazu BGH NStZ 1992, 141), ist die praktische Bedeutung dieser Vorschrift nur gering (KK-StPO/*Krehl* § 244 Rn. 168).

211 Die Vernehmung eines Auslandszeugen in der Hauptverhandlung kann u.U. durch eine Vernehmung im Wege der **Rechtshilfe** (BGH NJW 2001, 695, 696) oder durch eine **audiovisuelle Vernehmung** nach § 247a (BGHSt 45, 188; StV 2001, 664, 665) ersetzt werden. Ein ausdrücklich auf diese Formen der Vernehmung abzielender Antrag ist nicht erforderlich, weil der Antrag auf Vernehmung eines Auslandszeugen in der Hauptverhandlung zugleich jedes »Weniger« mit umfasst, das der Tatrichter nicht als für die Wahrheitsfindung wertlos erachtet (sog. **erweiterter Erreichbarkeitsbegriff**: BGHSt 45, 188, 190; *Meyer-Goßner/Schmitt* § 244 Rn. 65; einschr. BGH StV 2009, 454 m. abl. Anm. *Sättele*). Das Gericht hat deshalb zu prüfen, ob die kommissarische oder audiovisuelle Vernehmung des Zeugen geeignet ist, das Beweisergebnis zu beeinflussen (BGH NStZ 2015, 102). Das ist dann nicht der Fall, wenn es nach Auffassung des Gerichts unerlässlich ist, einen **persönlichen Eindruck** von dem Zeugen zu erhalten, um dessen Glaubwürdigkeit beurteilen zu können (BGH NStZ 2011, 422; 2004, 347, 348; NJW 2010, 2365, 2368). Bei **Auslandssachverhalten** (zu deren zunehmender Bedeutung im deutschen Strafprozess s. *Oehmichen/Schneider/v. Wistinghausen*, StraFo 2015, 230), in denen die Beweismittel größtenteils aus dem Ausland stammen, hat das Gericht dabei allerdings in den Blick zu nehmen, dass der Angeklagte in besonderem Maße für seine Verteidigung auf im Ausland lebende Zeugen angewiesen ist (BGH NJW 2010, 2365, 2368; Graf/*Bachler* § 244 Rn. 74).

212 Ist das Gericht der Auffassung, dass es auf eine persönliche Vernehmung des benannten Auslandszeugen nicht verzichten kann, muss es in seinem Ablehnungsbeschluss darlegen, dass der Zeuge unerreichbar für eine Vernehmung in der Hauptverhandlung ist und dass die kommissarische bzw. audiovisuelle Vernehmung im konkreten Fall ein **völlig ungeeignetes Beweismittel** ist (KK-StPO/*Krehl* § 244 Rn. 170; s.o. Rn. 194), also nichts zur Sachaufklärung beitragen könnte. Dass es sich dabei um **keine gleichwertige Form** der Beweiserhebung handelt, ist unbeachtlich. Einschränkungen des Beweiswertes führen nicht zur völligen Ungeeignet des Beweismittels (BGHSt 55, 11; missverständlich deshalb Graf/*Bachler* § 244 Rn. 74), es sei denn, das Gericht gelangt zu der Auffassung, dass die Beweiserhebung keinen für die Beweiswürdigung erheblichen Beweisstoff erbringen könnte (vgl. BGHSt 45, 188, 197).

213 Ein Zeuge kann schließlich **aus Rechtsgründen** unerreichbar sein, wenn ihm im Fall einer wahrheitsgemäßen Aussage **rechtsstaatswidrige Verfolgung** oder **Gefahr für Leib und Leben** droht (BGHSt 17, 337, 347; 39, 141, 145). Eine **behördliche Sperrerklärung** (entpr. § 96) macht einen Zeugen ebenfalls unerreichbar. Allerdings hat sich das Gericht darum zu bemühen, **Hindernisse**, die der Vernehmung eines gesperrten Zeugen entgegenstehen, **auszuräumen** (BGHSt 35, 82, 85; BGH NStZ 2005, 43), etwa dadurch, dass es während der Vernehmung die Öffentlichkeit ausschließt (BGHSt 29, 109, 113) oder durch andere Maßnahmen zu gewährleisten versucht, dass die Identität des Zeugen geheim bleibt (BGH NStZ 2006, 648; 2005, 43; StV 2004, 241 m. Anm. *Wattenberg*). Darüber hinaus darf es unsubstantiierte oder stereotype Sperrerklärungen, die sich nur pauschal auf ein nicht näher dargelegtes Geheimhaltungsinteresse berufen, nicht unwidersprochen hinnehmen. Vielmehr ist das Gericht gehalten, gegen unzureichend begründete Sperrerklärungen **Gegenvorstellung** zu erheben (BGHSt 42, 175, 177). Offensichtlich rechtsfehlerfreie Sperrerklärungen hat das Gericht dagegen hinzunehmen. In diesem Fall hat es sich um **Beweiserhebungssurrogate** zu bemühen, d.h. es hat zu prüfen, ob die unmittelbare Vernehmung durch eine audiovisulle Vernehmung (s. dazu BVerfG Beck RS 2004, 16889), eine

Vernehmung durch einen beauftragten oder ersuchten Richter, durch die Verlesung einer Niederschrift oder einer vom Zeugen stammenden Äußerung oder durch die Vernehmung eines Zeugen vom Hörensagen ersetzt werden kann (KK-StPO/*Krehl* § 244 Rn. 174). Hierauf kann nur verzichtet werden, wenn diesen Surrogaten kein Beweiswert zukommt. Ist die Identität des gesperrten Zeugen aus anderen Quellen bekannt geworden, ist der Zeuge weder unerreichbar, noch ist die Beweiserhebung unzulässig (BGH NStZ 2003, 610).

b) Sachverständige und Urkunden. Die Unerreichbarkeit eines **Sachverständigen** kommt nur dann in Betracht, wenn nur eine einzige Person mit hochspezialisierter, nicht ersetzbarer Sachkunde das beantragte Gutachten erstatten kann, diese jedoch auf absehbare Zeit für die Erstattung eines Gutachtns nicht zur Verfügung steht (LR/*Becker* § 244 Rn. 263). Eine **Urkunde** ist unerreichbar, wenn sie verschwunden ist oder wenn ihre Herausgabe aus rechtlichen Gründen nicht erzwungen werden kann, also z.B. dann, wenn es sich um beschlagnahmefreie Unterlagen handelt (KK-StPO/*Krehl* § 244 Rn. 158). 214

9. Verschleppungsabsicht (Abs. 3 Satz 2, 6. Alt.) Die Prozessverschleppung stellt eine Besonderheit dar, weil sie als einziger Ablehnungsgrund nicht an das benannte Beweismittel oder die behauptete Beweistatsache, sondern an die Intention des Antragstellers anknüpft (Alsberg/*Güntge* Rn. 1237). Das Gericht darf nach bislang h.M. einen Beweisantrag ablehnen, wenn die beantragte Beweiserhebung geeignet ist, den Abschluss des Verfahrens wesentlich hinauszuzögern, sie nach der Überzeugung des Gerichts nichts Sachdienliches zugunsten des Angeklagten erbringen kann, sich der Antragsteller dessen bewusst ist und mit dem Antrag – ausschließlich – die Verzögerung des Verfahrensabschlusses bezweckt wird (BGHSt 21, 118, 121; 29, 149, 151; BGH StV 2002, 181, 182; NJW 2001, 1956). Das Gericht soll nicht gezwungen sein, Beweisanträgen nachzugehen, die nicht dazu geeignet und auch nicht dazu bestimmt sind, die Erkenntnisgrundlage der Entscheidung zu erweitern, sondern ausschließlich zu dem Zweck, den Abschluss des Verfahrens zu verzögern (Alsberg/*Güntge* Rn. 1238). Dieser Ablehnungsgrund gilt für alle Verfahrensbeteiligten (einschl. des Nebenklägers), nicht nur für den Angeklagten und seinen Verteidiger (LR/*Becker* § 244 Rn. 265). 215

Der Ablehnungsgrund wurde von der Rspr. über lange Zeit hinweg nur mit äußerster Zurückhaltung angenommen, nicht zuletzt deshalb, weil eine Ablehnung wegen Prozessversxchleppung erheblichen Begründungsaufwand erfordert (KK-StPO/*Krehl* § 244 Rn. 175). Neuerdings versuchen die Gerichte allerdings, den Anwendungsbereich des Ablehnungsgrunds auf Beweisanträge auszudehnen, mit denen ein Verfahrensbeteiligter in als rechtsmissbräuchlich empfundener Weise die Verzögerung des Verfahrens zwar bewirkt, jedoch nicht in erster Linie bezweckt. Gemeint sind etwa Beweisanträge, die ausschließlich Propaganda- oder Werbezwecke verfolgen oder der Diffamierung des benanten Zeugen oder eines Dritten dienen sollen (ausführlich LR/*Becker* § 244 Rn. 276; s. a. oben Rn. 126 ff.). Man kann diesen Ausweitungstendenzen mit guten Gründen skeptisch gegenüberstehen und eine vom Gesetzgeber zu fomulierende abstrakte Missbrauchsklausel als geschriebenes Recht einem ungeschriebenen richterlichen Missbrauchsrecht für vorzugswürdig halten (Alsberg/*Güntge* Rn. 1257). Damit wäre jedoch nicht viel gewonnen, weil die Ausgestaltung einer solchen wiederum in der Hand der Gerichte läge, die vermutlich auf die schon jetzt entwickelten Kriterien zurückgreifen würden. Es erscheint vorzugswürdig, die sog. Missbrauchsfälle anhand eines prozessualen Tatbestandes mit klar konturierten (wenngleich auslegungsbedürftigen) Merkmalen zu lösen, anstatt auf zweifelhafte Abwehrstrategien (z.B. Herabstufung von Beweisanträgen zu Beweisermittlungsanträgen – s. dazu *Bünger* NStZ 2006, 310; *Sander* NStZ 1998, 207 f.; *Basdorf* StV 1995, 317) oder gar ein ungeschriebenes allgemeines prozessuales Missbrauchsverbot zurückzugreifen (so z.B. *Fahl* Rechtsmissbrauch im Strafprozess S. 520 ff.), dessen Voraussetzungen und Grenzen weitgehend ungeklärt sind. Das gilt aber nur, solange sich die Gerichte im Klaren darüber sind, dass sich die Ablehnung wegen Prozessverschleppung in diesen Fällen auf Ausnahmekonstellationen beschränken muss (KK-StPO/*Krehl* § 244 Rn. 175) und die Voraussetzungen des Ablehnungsgrundes mit größter Sorgfalt geprüft und im Ablehnungsbeschluss dargelegt werden müssen (LR/*Becker* § 244 Rn. 267). 216

a) Wesentliche Verzögerung des Verfahrensabschlusses. Die Rspr. hat über lange Zeit hinweg den Eintritt einer **wesentlichen Verzögerung** des Verfahrensabschlusses durch die beantragte Beweiserhebung als Voraussetzung für die Annahme des Ablehnungsgrundes für erforderlich gehalten (BGHSt 217

21, 118, 121; NJW 2001, 1956, 1957). Eine Verzögerung hat der BGH jedenfalls dann als wesentlich angesehen, wenn zur Durchführung der Beweiserhebung eine **Aussetzung** der Hauptverhandlung erforderlich werden würde (BGH NStZ 1992, 551; *Meyer-Goßner/Schmitt* § 244 Rn. 67). Die Notwendigkeit einer Vertagung innerhalb der (damaligen Zehntages-)Frist des § 229 Abs. 1 oder die Möglichkeit der Durchführung der Beweisaufnahme an einem bereits angesetzten Folgetermin sollten dagegen zu keiner wesentlichen Verzögerung führen (BGH StV 1986, 418, 420; NStZ 1982, 391). Bei bereits **länger andauernden Hauptverhandlungen** konnten allerdings auch schon geringfügigere Verzögerungen ausreichen (BGH NJW 2009, 605, 606 m. Anm. *Gaede*). Letztlich stellte die ältere Rspr. auf die Relation von Gesamtverfahrensdauer und Dauer der beantragten Beweiserhebung(en) ab, ohne dass sich daraus klare Konturen erkennen ließen (Alsberg/*Güntge* Rn. 1246).

218 Namentlich der 1. Strafsenat vertritt mittlerweile die Auffassung, das Kriterium der Wesentlichkeit sei **einzuschränken** oder sogar **aufzugeben**, sodass jede – auch geringfügige – Verzögerung als Voraussetzung für die Ablehnung eines Beweisantrages wegen Prozessverschleppung ausreicht (BGHSt 51, 333, 342; s. a. BGH StV 2008, 9; offengelassen in BGHSt 52, 355; wie zuvor wiederum BGH StV 2009, 5; noch weitergehend *Niemöller* NStZ 2008, 181 und 2009, 129). Die überwiegende Ansicht in der Lit. lehnt die neuere Rspr. mit der Begründung ab, sie laufe letztlich auf eine im Beweisantragsrecht unzulässige Präklusion hinaus (*Michalke* StV 2008, 228; *Beulke/Ruhmannseder* NStZ 2008, 300; *Meyer-Goßner/Schmitt* § 244 Rn. 67; KK/*Krehl* § 244 Rn. 178), weswegen an dem Kriterium einer wesentlichen Verzögerung festzuhalten sei (so auch noch hier in der Vorauflg.). Die besseren systematischen Gründe sprechen jedoch dafür, dieses Kriterium aufzugeben (s. dazu LR/*Becker* § 244 Rn. 275; Alsberg/*Güntge* Rn. 1247 ff.). Die Voraussetzung einer Ablehnung eines Beweisantrags wegen Verschleppungsabsicht können bei § 244 Abs. 3 Satz 2 keine anderen sein als bei § 245 Abs. 2 Satz 3. Wenn dort im Hinblick auf die Präsenz des Beweismittels die mit der Durchführung der beantragten Beweiserhebung einhergehende Verfahrensverzögerung für die Annahme von Verschleppungsabsicht ausreicht (s. dort Rdn. 30), kann hier nichts anderes gelten.

219 **b) Nutzlosigkeit der Beweiserhebung.** Damit das Gericht den Ablehnungsgrund der Prozessverschleppung in Anspruch nehmen kann, muss der Antrag ein **erhebliches Beweisthema** beinhalten; andernfalls ist er wegen Bedeutungslosigkeit abzulehnen (KK-StPO/*Krehl* § 244 Rn. 176). Das Gericht muss allerdings aufgrund einer Prognose der Überzeugung sein, dass die beantragte Beweiserhebung objektiv nichts **Sachdienliches zugunsten des Antragstellers** erbringen kann (BGH StV 2013, 70; 2011, 397, 398; NStZ 2011, 230; 2007, 659; NJW 2001, 1956). Das ist dann der Fall, wenn die Bestätigung der Beweistatsache **völlig unwahrscheinlich** erscheint (BGH NStZ 1992, 551, 552). Die hierzu erforderliche **Vorauswürdigung** des zu erhebenden Beweises ist nach h.M. zulässig und auch geboten (BGH NJW 2001, 1956; Alsberg/*Güntge* Rn. 1240).

220 **c) Verschleppungsabsicht.** Der Antragsteller muss mit seinem Antrag die Verschleppung des Verfahrens bezwecken. Hierzu muss er sich der Nutzlosigkeit der von ihm beantragten Beweiserhebung bewusst sein, d.h. er muss selbst sicher annehmen, dass diese nichts Sachdienliches erbringen kann (BGH NStZ 1992, 551, 552). Die Verfahrensverzögerung braucht allerdings **nicht Endzweck** seines Verhaltens zu sein (KK-StPO/*Krehl* § 244 Rn. 179); es genügt, wenn der Antragsteller die Verzögerung als Zwischenziel verfolgt, etwa um dadurch den Abbruch der Hauptverhandlung zu erreichen oder das Gericht zu einer Absprache zu seinen Bedingungen zu drängen (BGH NStZ 2005, 45). Des Weiteren braucht die Verfahrensverschleppung auch nicht der einzige mit der Antragstellung verfolgte Zweck zu sein. Auch bei einem **Motivbündel** kann Verschleppungsabsicht angenommen werden, wenn der Antragsteller insgesamt verfahrensfremde Zwecke verfolgt (Alsberg/*Güntge* Rn. 1241) Verschleppungsabsicht darf hingegen nicht angenommen werden, wenn der Antragsteller zwar eine Verzögerung des Verfahrens zu erreichen versucht, dies jedoch zum Zweck einer weitergehenden Sachaufklärung geschieht (LR/*Becker* § 244 Rn. 270). Die Verschleppungsabsicht muss **in der Person des Antragstellers** selbst vorliegen (BGH NJW 2001, 1956). Stellt der Verteidiger einen Antrag, kommt es auf seine eigene Absicht an. Es genügt allerdings, wenn er sich eine entsprechende Absicht des Angeklagten zu eigen macht (BGH StV 1984, 494, 495). Verwertet der Verteidiger in seinem Antrag dagegen nur die ungeprüften Angaben seines Mandanten und lehnt erkennbar die Verantwortung für deren Richtigkeit ab, ist auf die Intention des Angeklagten abzustellen (Alsberg/*Güntge* Rn. 1264).

Der **Nachweis der Verschleppungsabsicht** kann sich nur aus einer Gesamtwürdigung aller **Beweisanzeichen** ergeben, d.h. das Gericht hat alle äußeren Umstände heranzuziehen und zu würdigen, die **für und gegen** das Vorliegen der Absicht sprechen (LR/*Becker* § 244 Rn. 270; KK-StPO/*Krehl* § 244 Rn. 180). Hierfür kommen alle Äußerungen sowie das gesamte Verhalten des Antragstellers innerhalb sowie außerhalb der Hauptverhandlung in Betracht (BGH NStZ 2007, 659; NJW 2001, 1956). Die Äußerung des Verteidigers, er müsse noch Beweisanträge stellen, weil er sich mit der Staatsanwaltschaft noch nicht einig sei, kann die Annahme von Verschleppungsabsicht rechtfertigen (Graf/*Bachler* § 244 Rn. 83.1). Gleiches gilt für ein nicht anders erklärbares, widersprüchliches bzw. unschlüssiges Prozessverhalten (LR/*Becker* § 244 Rn. 272). Der Umstand, dass der Antrag nicht früher oder zu einem dem Gericht angemessen erscheinenden **Zeitpunkt** gestellt wurde, reicht hingegen für sich genommen nicht aus (BGH StV 2009, 5; BGH NStZ-RR 1998, 14; NStZ 1998, 207 m. Anm. *Sander*). Gleiches gilt, wenn die Beweisbehauptung des Verteidigers nicht mit der bisherigen Einlassung des Angeklagten übereinstimmt (BGH NStZ 1992, 551, 552; NJW 1992, 2711, 2712). Wechselndes Verteidigungsvorbringen kann jedoch zusammen mit anderen Umständen – Wiederholung einer Beweisbehauptung trotz vorangegangener Erfolglosigkeit der Beweisaufnahme, Misslingen eines Entlastungsbeweises, Benennung unerreichbarer Zeugen – ein Beweisanzeichen von Gewicht für die Annahme von Verschleppungsabsicht sein (BGH NJW 2001, 1956, 1957). Zu weitgehend ist allerdings die Auffassung, es könne allein aus dem Umstand, dass der Verteidiger einem Belastungszeugen in dessen Vernehmung keine Vorhalte gemacht hat, er nach der Entlassung dieses Zeugen jedoch einen weiteren Zeugen benennt, der die Unwahrheit der Angaben bezeugen könne, auf das Vorliegen von Verschleppungsabsicht geschlossen werden (so Alsberg/*Güntge* Rn. 1243). Die Verteidigung mit einem »Gegenbeweis« ist in solchen Fällen oftmals wesentlich effektiver als der – zumeist wenig erfolgreiche – Versuch, die Glaubhaftigkeit eines Zeugen durch Vorhalte zu erschüttern. Im Übrigen ist bei der Beurteilung des Verhaltens eines Rechtsanwalts mit zu berücksichtigen, dass für ihn als Organ der Rechtspflege zunächst die – allerdings widerlegbare – Vermutung der Redlichkeit streitet. Hierdurch wird der Beweiswert der für die Annahme von Verschleppungsabsicht sprechenden Indizien zwar nicht verringert (so zutr. Alsberg/*Güntge* Rn. 1263); gleichwohl ist dies ein Umstand, der bei der Gesamtzwürdigung mit zu berücksichtigen ist. **221**

Die neuere Rspr. lässt es darüber hinaus zu, dass das Gericht den Verfahrensbeteiligten eine **Frist zur Stellung von Beweisanträgen** setzt. Zunächst hat der BGH in Fällen extremer Verfahrensverzögerung die Möglichkeit in Erwägung gezogen, nach Ablauf der Frist mit Verschleppungsabsicht gestellte Beweisanträge grundsätzlich nicht mehr durch Beschluss nach Abs. 6, sondern **erst in den Urteilsgründen** zu bescheiden (BGH NJW 2005, 2466; dagegen *Dahs* StV 2006, 116). Mittlerweile hat der BGH den Anwendungsbereich dieser »Fristenlösung« ausgeweitet. Demnach soll § 238 Abs. 1 eine Befugnis des Vorsitzenden beinhalten, den Verfahrensbeteiligten in geeigneten Fällen, insbesondere bei Verfahren, in denen bereits mindestens 10 Tage verhandelt wurde, eine Frist zur Stellung von Beweisanträgen zu setzen, wenn das Beweisprogramm des Gerichts erledigt ist und konkrete Anzeichen für das Bestehen einer Verschleppungsabsicht vorliegen (BGHSt 51, 333; BGH NJW 2009, 605, 607 m. Anm. *Gaede*). Diese Frist muss lang genug bemessen sein, um es den Verfahrensbeteiligten zu ermöglichen, auf der Basis des bisherigen Verfahrensverlaufs zu entscheiden, ob und ggf. welche Beweisanträge noch gestellt werden sollen (BVerfG NJW 2010, 2036, 2037). Werden Beweisanträge dennoch erst nach Ablauf der Frist gestellt, so darf das Gericht diesen Umstand als **signifikantes Indiz** für das Vorliegen einer Verschleppungsabsicht werten, wenn es hierauf zuvor hingewiesen hat (BGH NJW 2011, 2821, 2822; NStZ 2010, 161, 162). Der Antragsteller kann seinerseits dieses Indiz entkräften, wenn er eine nachvollziehbare Begründung für den Zeitpunkt der Antragstellung vorbringen kann. Die Anordnung der Fristsetzung und ihre Begründung sind nach § 273 Abs. 3 Satz 1 zu protokollieren; die Verfahrensbeteiligung können sie nach § 238 Abs. 2 beanstanden und eine Entscheidung des Gerichts beantragen (Graf/*Bachler* § 244 Rn. 29.1). **222**

Obwohl sich in der Lit. insbesondere im Hinblick auf die Regelung des § 246 Abs. 1 zahlreiche Stimmen gegen diese Rspr. erhoben haben (z.B. *Schlothauer* StraFo 2011, 465; *Kempf* StraFo 2010, 316; *Trüg* StraFo 2010, 146; *König* StV 2009, 171; *Jahn* StV 2009, 667), wurde sie durch das BVerfG mittlerweile bestätigt (NJW 2010, 592). Gleichwohl scheinen die Tatrichter weiterhin wenig Gebrauch von dieser neu geschaffenen Möglichkeit zu machen. Die Anzahl der mitgeteilten Entscheidung ist überschaubar geblieben. **223**

§ 244 StPO   Beweisaufnahme; Untersuchungsgrundsatz; Ablehnung v. Beweisanträgen

224 **d) Sonstige rechtsmißbräuchliche Beweisanträge.** Wie bereits erörtert (o. Rdn. 220) erfasst der Ablehnungsgrund auch sonstige rechtsmissbräuchliche Beweisanträge, wenn diese – zumindest auch – zum Zwecke der Prozessverschleppung gestellt werden. Das gilt jedenfalls für Beweisanträge, die zu Propaganda- bzw. Werbezwecken oder zur Diffamierung von Verfahrensbeteiligten oder anderen Dritten gestellt werden. Solchen Anträgen wird z.T. die Qualität als Beweisantrag abgesprochen (BGH NStZ 2005, 45; 1997, 503, 504 mit Anm. *Herdegen*; ders. NStZ 2000, 1, 8; dagegen zu Recht *Eisenberg* BR Rn. 174). Es erscheint jedoch vorzugswürdig, solche Anträge – wenn die unter Beweis gestellte Tatsache für die Entscheidung überhaupt von Bedeutung sein sollte (s. dazu LR/*Becker* § 244 Rn. 277) – wegen Prozessverschleppung abzulehnen, wenn die übrigen Voraussetzungen vorliegen. An der Verschleppungsabsicht besteht – wenn man wie hier (s.o. Rdn. 217) davon ausgeht, dass die durch die Durchführung der beantragten Beweiserhebung verursachte Verzögerung bereits genügt – kein Zweifel, weil es dem Antragsteller als Zwischenziel mit darauf ankommt, Zeit für die beantragte Beweiserhebung in Anspruch zu nehmen und das Vefahren derart zu verzögern, um seine weitergehenden verfahrensfremden Zwecke zu verfolgen. Bei sog. Erzwingungsanträgen, mit denen der Antragsteller das Gericht zwingen will, sich zur Vermeidung der Beweiserhebung auf einen bestimmten Rechtsfolgenausspruch zu verständigen (LR/*Becker* § 244 Rn. 284), liegt der Wille, die Dauer der Hauptverhandlung zu verlängern, auf der Hand (Alsberg/*Güntge* § 244 Rn. 1255), weil der Antragsteller die Verlängerung des Verfahrens als notwendige Folge einer unterbleibenden Verständigung und als Mittel, eine solche doch noch zu erreichen, ansieht (BGH NStZ 2005, 45 f.).

225 Die Benennung eines Richters als Zeuge – mit der Folge, dass dieser im Falle seiner Vernehmung von der Ausübung des Richeramts ausgeschlossen ist, § 22 Nr. 5 – kann im Hinblick auf die dadurch u.U. erzungene Aussetzung der Hauptverhandlung eine Ablehnung des Antrags wegen Prozessverschleppung begründen. Das ist dann der Fall, wenn der Antragsteller an seinem Beweisbegehren festhält, obwohl er aufgrund einer im Freibeweisverfahren eingeholten dienstlichen Erklärung (dazu LR/*Becker* § 244 Rn. 280) des benannten Richters positiv weiß, dass dieser von der unter Beweis gestellten Tatsache weder privat noch dienstlich Kenntnis erlangt hat (BGHSt 47, 270, 273; 45, 354, 356 f.; Alsberg/*Güntge* Rn. 1259). Gleiches gilt, wenn der benannte Richter zwar Angaben zur Sache machen kann, er aber das Gegenteil der unter Beweis gestellten Tatsache bekunden würde (LR/*Becker* § 244 Rn. 281). Kann der Richter die im Antrag behaupteten Tatsachen hingegen bestätigen und kann nicht mit völliger Sicherheit ausgeschlossen werden, dass die Beweiserhebung Sachdienliches zugunsten des Angeklagten erbringt, darf der Antrag nicht wegen Verschleppungsabsicht abgelehnt werden (Alsberg/*Güntge* Rn. 1260). Ob das durch die dienstliche Erklärung des benannten Richters in die Hauptverhandlung eingeführte Wissen als offenkundig i.S. von gerichtskundig behandelt werden kann, wenn dieser nur zu einer Hilfstatsache aussagen soll, ist umstritten (s. dazu LR/*Becker* § 244 Rn. 282). Für den Umgang mit sog. **Massenanträgen** ist mit der Ausweitung des Anwendungsbereichs des Ablehnungsgrunds der Prozeßverschleppung hingegen nichts gewonnen. Zumeist wird es dem Antragsteller darauf ankommen, das Verfahren durch das Stellen und die Bescheidung einer Vielzahl von Beweisanträgen und nicht durch die Beweiserhebung zu verzögern (Alsberg/*Güntge* Rn. 1256). Zu den Lösungsansätzen in Rspr. und Lit. s. oben Rn. 126 ff.

226 **e) Ablehnungsbegründung.** Das Gericht muss in seinem Ablehnungsbeschluss die tatsächlichen Umstände darlegen, aus denen es auf das Vorliegen von Verschleppungsabsicht schlussfolgert (KK-StPO/*Krehl* § 244 Rn. 182) und diese »nach Art eines Indizienbeweises« würdigen (BGH NStZ 2007, 659), d.h. es muss die für die Annahme von Verschleppungsabsicht maßgeblichen Überlegungen ausführlich darlegen sowie seine Überzeugung darstellen, warum die beantragte Beweiserhebung keinen Beitrag zur Sachaufklärung leisten kann (BGH StV 2011, 397, 398). Das Gericht muss einen (Haupt-)Antrag auch dann durch Beschluss bescheiden, wenn es zuvor eine Frist zur Stellung von Beweisanträgen gestellt hat und der Antrag erst **nach Ablauf der Frist gestellt** wurde (BGH NJW 2011, 1821). Zur Ablehnung von Hilfsbeweisanträgen s.o. Rdn. 136. Mängel des Ablehnungsbeschlusses können weder durch das Nachschieben von Gründen in einer nicht bekannt gemachten Beschlussergänzung noch im Urteil geheilt werden (LR/*Becker* Rn. 287). Das Revisionsgericht prüft lediglich, ob die zum Beleg der Verschleppungsabsicht vorgetragenen Umstände schlüssig sind und deren Würdigung frei von Rechtsfehlern ist. Eine eigene Würdigung nimmt es nicht vor (BGHSt 21, 118, 123).

10. Wahrunterstellung (Abs. 3 Satz 2, 7. Alt.) Das Gericht darf einen Beweisantrag schließlich 227 auch dann nach Abs. 3 Satz 2 ablehnen, wenn eine erhebliche Behauptung, die zur Entlastung des Angeklagten bewiesen werden soll, so behandelt werden kann, als wäre sie wahr. In der Praxis spielt dieser Ablehnungsgrund eine bedeutende (Alsberg/*Güntge* Rn. 1265), jedoch problematische Rolle, weil es die h.M. zulässt, eine zunächst als wahr unterstellte (Indiz-)Tatsache im weiteren Verlauf des Verfahrens als bedeutungslos zu behandeln, ohne dass der Antragsteller hiervon vor dem Urteil etwas erfährt. Folge ist, dass er keine Möglichkeit hat, sein Prozessverhalten auf die veränderte Einschätzung des Gerichts einzustellen (LR/*Becker* § 244 Rn. 299; 309). Mit dieser Ausweichstrategie soll der mit der Ablehnung wegen Bedeutungslosigkeit einhergehende Begründungsaufwand vermieden und die Zahl der Urteilsaufhebungen wegen unzureichend oder rechtsfehlerhaft begründeter Ablehnungsbeschlüsse reduziert werden (*Schweckendieck* NStZ 1997, 259). Damit werden aber nicht nur die systematischen Unterschiede zwischen den beiden Ablehnungsgründen grundlegend verkannt, sondern auch die Verteidigungsinteressen des Angeklagten erheblich beeinträchtigt (Alsberg/*Güntge* Rn. 1274).

Soweit sie **Haupttatsachen** betrifft, ist die Wahrunterstellung der Sache nach eine **Vorwegnahme der** 228 **Anwendung des Zweifelssatzes** (*Herdegen* NStZ 2005, 155, 156). Daher hat die **Aufklärungspflicht stets Vorrang** gegenüber der Wahrunterstellung (BGH NStZ 2011, 106; 2007, 282; NStZ-RR 1999, 275). Das Gericht muss zunächst prüfen, ob die beantragte Beweiserhebung zur Widerlegung der Beweisbehauptung führen oder einen anderen wesentlichen Beitrag zur Sachaufklärung beitragen kann (BGHSt 13, 326; BGH StraFo 2011, 23; StV 1996, 648). In solchen Fällen muss es den Beweis erheben. Das gilt in besonderem Maße, wenn Tatsachen behauptet werden, die zum unmittelbaren Kerngeschehen gehören (BGH StV 1999, 307). Ist eine Beweisbehauptung widerlegt, darf das Gericht ihr Gegenteil nicht nur deshalb unterstellen, weil der Antragsteller es unter Beweisantritt behauptet. Eine Wahrunterstellung kommt auch dann nicht in Betracht, wenn die Tatsache offensichtlich nicht beweisbar ist, weil ihr Gegenteil offenkundig oder das benannte Beweismittel völlig ungeeignet oder unerreichbar ist. Dann muss der Antrag mit der entsprechenden Begründung abgelehnt werden (Alsberg/*Güntge* Rn. 1283).

Ob eine Wahrunterstellung bei **Indiz- oder Hilfstatsachen** überhaupt zulässig ist, ist umstritten. Teile 229 der Lit. lehnen dies mit der Begründung ab, dass der Zweifelssatz auf Indiz- bzw. Hilfstatsachen keine Anwendung findet und sich die Erheblichkeit einer solchen Tatsache immer erst im Rahmen einer Gesamtschau bei der Beweiswürdigung beurteilen lässt (LR/*Becker* Rn. 290; 296). Gleichwohl wendet die h.M. den Ablehnungsgrund auch auf Indiz-oder Hilfstatsachen an (BGHSt 23, 311; *Meyer-Goßner/ Schmitt* § 244 Rn. 70; *Eisenberg* BR Rn. 243; wohl auch KK-StPO/*Krehl* § 244 Rn. 185), obwohl sich die Erheblichkeit erst im Rahmen einer Gesamtschau bei der Beweiswürdigung in der Urteilsberatung beurteilen lässt.

a) Erheblichkeit der Beweisbehauptung. Das Gericht darf nur **erhebliche Tatsachen** (zum Erfor- 230 dernis einer hinreichend bestimmten Beweisbehauptung s. BGH StraFo 2011, 23; BeckRS 2010, 24333, Rn. 10), die **zugunsten des Angeklagten** wirken und **zu seiner Entlastung** behauptet werden, als wahr unterstellen. **Bedeutungslosigkeit** und Wahrunterstellung schließen einander hingegen aus (BGH NStZ-RR 2013, 50; StV 2007, 18, 19; NStZ 2004, 51; *Schneider* NStZ 2013, 216). Dennoch lässt es die Rspr. zu, dass der Tatrichter auch solche Tatsachen als wahr unterstellt, die nur **möglicherweise erheblich** sind, weil sich die Relevanz von Indiztatsachen zum Zeitpunkt der Ablehnung des Beweisantrages oftmals nicht abschließend beurteilen lässt. In der Ablehnung wegen Wahrunterstellung kann deshalb keine Zusage der Erheblichkeit der Beweisbehauptung liegen. Die Rspr. folgert daraus weiter, dass sie den Antragsteller auf einen **Wechsel der Beurteilung** nicht hinzuweisen braucht, selbst dann nicht, wenn die Tatsache schon zum Zeitpunkt der Wahrunterstellung bedeutungslos war (BGH Beck RS 2015, 10759 [Rn. 22]; NStZ-RR 2009, 179; *Meyer-Goßner/Schmitt* § 244 Rn. 70).

Hiergegen erhebt die Lit. zu Recht Einwände (s. *Hamm/Hassemer/Pauly*, Beweisantragsrecht Rn. 374; 231 *Börner* StraFo 2014, 136; *Becker* NStZ 2006, 495, 498; *Gillmeister* StraFo 1997, 11; *Schlothauer* StV 1986, 213, 217; LR/*Becker* § 244 Rn. 312; KK-StPO/*Krehl* § 244 Rn. 187). Schon aus dem Wortlaut der Vorschrift ergibt sich, dass die unter Beweis gestellt Tatsache zum Zeitpunkt des Ablehnungsbeschlusses erheblich sein muss. Allerdings kann das Gericht an diese Einschätzung nicht gebunden sein. Ändert es seine Einschätzung, muss es jedoch **erneut** über den Antrag **entscheiden** (*Niemöller* FS Hamm, S. 537, 553). Die Rspr. ist hat sich dieser Auffassung bislang allerdings nicht angeschlossen.

§ 244 StPO Beweisaufnahme; Untersuchungsgrundsatz; Ablehnung v. Beweisanträgen

Nur in Ausnahmefällen soll das Gericht (wenigstens) verpflichtet sein, den Antragsteller auf die Änderung seiner Einschätzung über die Erheblichkeit der unter Beweis gestellten Tatsachen hinzuweisen, etwa dann, wenn es naheliegt, dass der Antragsteller im Hinblick auf die Wahrunterstellung weitere Beweisanträge unterlässt (BGH StV 2012, 580, 581 = BGH StraFo 2012, 230).

232 **b) Bedeutung der Wahrunterstellung.** Die Wahrunterstellung verknüpft die Ablehnung des Beweisantrages mit der Zusicherung des Gerichts, die Beweistatsache zugunsten des Antragstellers so zu behandeln, als wäre sie wahr, d.h. sie setzt an die Stelle der Beweiserhebung die Fiktion, dass diese gelungen ist (Alsberg/*Güntge* Rn. 1294). Folglich ist die Beweistatsache in ihrer sich aus Sinn und Zweck des Beweisantrages ergebenden Bedeutung **in vollem Umfang**, d.h. ohne Einengung, Umdeutung oder inhaltliche Änderung als wahr zu behandeln (BGH NStZ-RR 2013, 50; 2005, 78; NStZ 2008, 299, 300;). Sie muss **wie erwiesener Beweisstoff** mit ihrem **vollen Beweiswert** in die Beweiswürdigung mit einbezogen werden (KK-StPO/*Krehl* § 244 Rn. 189). Das gilt auch dann, wenn es sich bei dem Beweisbegehren, in dem die als wahr unterstellte Tatsache behauptet wurde, tatsächlich um keinen Beweisantrag handelt (BGH StV 2012, 581). Sind mehrere Beweistatsachen behauptet, aber nicht alle als wahr unterstellt worden, so müssen die anderen aufgeklärt oder die Beweiserhebung ggf. aus anderen Gründen abgelehnt werden. Die Wahrunterstellung umfasst **nicht die Schlussfolgerungen**, die aus der Beweistatsache gezogen werden können oder nach dem Willen des Antragstellers gezogen werden sollen (BGH NStZ 2003, 101, 102). Allerdings dürfen aus den als wahr unterstellten Tatsachen **in keinem Fall Schlüsse zulasten** des Antragstellers gezogen werden (BGH NStZ 2007, 717).

233 Will das Gericht im Verlauf des Verfahrens **von seiner Wahrunterstellung abrücken**, muss es den Angeklagten darauf hinweisen. Dieser muss Gelegenheit erhalten, sich auf die geänderte Verfahrenssituation einzustellen (BGH StV 1988, 38). Dieser Hinweis kann auch **konkludent** erfolgen, indem das Gericht über die zunächst als wahr unterstellte Tatsache Beweis erhebt (BGH NStZ 2007, 717). Die **Urteilsfeststellungen** müssen sich mit der Wahrunterstellung vollständig decken (sog. **Kongruenz**: BGHSt 40, 169, 184; BGH StV 2007, 18). Allerdings müssen sie sich nicht stets mit den als wahr unterstellten Tatsachen ausdrücklich auseinandersetzen. Das ist nur dann erforderlich, wenn nicht ohne weiteres erkennbar ist, wie das Ergebnis der Beweiswürdigung mit der Wahrunterstellung vereinbart werden kann (BGHSt 28, 310, 311; BGH NStZ 2011, 231; StV 1988, 91).

234 **11. Ablehnung von Anträgen auf Sachverständigenbeweis (Abs. 4)** Abs. 4 erweitert die Möglichkeit, Beweisanträge auf Vernehmung eines (weiteren) Sachverständigen abzulehnen. Die Ablehnungsgründe des Abs. 3 Satz 2 gelten sämtliche auch für den Sachverständigenbeweis.

235 **a) Eigene Sachkunde (Abs. 4 Satz 1)** Zu den Voraussetzungen für die Annahme eigener Sachkunde des Gerichts s.o. Rdn. 47 ff. Ein Beweisantrag auf Anhörung eines Sachverständigen kann ohne weiteres zurückgewiesen werden, wenn die unter Beweis gestellte Tatsache von jedermann ohne besondere Sachkunde festgestellt werden kann (BGH NStZ 2013, 118, 119). Wenn das Gericht hingegen mehr als Allgemeinwissen in Anspruch nimmt, muss es die Grundlage seiner eigenen Sachkunde im Ablehnungsbeschluss, spätestens aber in den Urteilsgründen darlegen (BGHSt 2, 163, 165; BGH StV 1998, 248, 249; NStZ 1995, 201). Die Feststellung, ob sich bestimmte Daten bzw. deren Spuren auf den Speichermedien eines Computers befinden, erfordert spezifisches Fachwissen, das nicht Allgemeingut von Richtern ist (BGH StV 2014, 264).

236 **b) Ablehnung der Anhörung eines weiteren Sachverständigen (Abs. 4 Satz 2)** Die Zuziehung eines weiteren Sachverständigen kann bereits durch die Aufklärungspflicht des Gerichts geboten sein (s.o. Rdn. 55). Ein Antrag auf Anhörung eines weiteren Sachverständigen kann auch – also neben den Gründen aus Abs. 3 Satz 2 und Abs. 4 Satz 1 – abgelehnt werden, wenn **das Gegenteil** der behaupteten Tatsache **allein** durch ein früheres, im selben Verfahren erstattetes Gutachten bereits erwiesen ist. Das ist nicht der Fall, wenn der (Gegen-) Beweis darüber hinaus auf weiteren Beweisstoff gestützt werden muss (BGHSt 39, 49, 52; BGH StV 2014, 265 f. = StraFo 2014, 75; NStZ 2005, 159; *Trück* NStZ 2007, 377, 383).

237 Weiterer Sachverständiger ist nur derjenige, der sich zur selben Beweisfrage wie ein schon angehörter Sachverständiger äußern soll und dessen Sachkunde dasselbe Sachgebiet betrifft (BGH NStZ 1999, 630, 631). In Bereichen, in denen sich die Fachkompetenz von Sachverständigen überschneidet, kann ein weiterer Sachverständiger auch derjenige sein, der einer anderen Fachrichtung angehört,

wenn die Beweisfrage in den Bereich der sich überlappenden Kompetenzen fällt (BGHSt 34, 355, 357; 39, 49, 52).

Das Gegenteil der behaupteten Tatsache kann durch **ein fachlich unzureichendes Gutachten** i.S.d. 238 Abs. 4 Satz 2 Halbs. 2 nicht bewiesen werden. Zu **Zweifeln an der Sachkunde** s.o. Rdn. 55. **Unzutreffende tatsächliche Voraussetzungen** sind nur dann ein Indikator für mangelnde Sachkunde, wenn **Befundtatsachen** betroffen sind. Befundtatsachen sind das Ergebnis angewandter Sachkunde. Eine fehlerhafte Feststellung dieser Tatsachen kann deshalb Zweifel an der Sachkunde des Gutachters begründen (vgl. KK-StPO/*Krehl* § 244 Rn. 204). Zur Wahrnehmung und zum Verständnis von **Zusatztatsachen** bedarf es dagegen keiner besonderen Sachkunde. Das Gericht kann sie selbst feststellen (BGHSt 18, 107, 108; 22, 268, 271). **Überlegene Forschungsmittel** sind Hilfsmittel und Verfahren, die der Sachverständige für seine wissenschaftliche Untersuchung verwendet. Auf seine persönlichen Qualifikation kommt es dabei nicht an (BGHSt 23, 176, 186; 34, 355, 358; 44, 26, 29). Forschungsmittel sind dann überlegen, wenn ihre Anwendung zu einem anderen und besser begründeten Ergebnis führen kann. Ein psychiatrischer Sachverständiger verfügt nicht deshalb über überlegene Forschungsmittel, weil ein Angeklagter bereit ist, sich von ihm untersuchen zu lassen, während der Angeklagte bei dem früheren Sachverständigen jede Mitwirkung verweigerte (BGHSt 44, 26, 31). Dies ist pragmatischen Erwägungen geschuldet, weil es dem Angeklagten sonst möglich wäre, das Auswahlrecht des Gerichts leer laufen zu lassen.

In seinem **Ablehnungsbeschluss** muss sich das Gericht mit den Einwendungen gegen die Sachkunde 239 des zugezogenen Gutachters, gegen die Richtigkeit der von ihm angenommenen tatsächlichen Voraussetzungen oder mit der Behauptung, ein anderer Sachverständiger verfüge über überlegene Forschungsmittel, im Einzelnen auseinandersetzen (BGHSt 10, 116, 118; BGH NStZ 2005, 205, 207; StV 1989, 335 m. Anm. *Schlothauer*). Eine bloße Wiedergabe des Gesetzeswortlauts reicht unter keinen Umständen aus. In seinen Urteilsgründen darf sich das Gericht nicht mit dem Inhalt des Ablehnungsbeschlusses in Widerspruch setzen. Das ist etwa dann der Fall, wenn es einen Beweisantrag auf Einholung eines weiteren Sachverständigengutachtens, der auf substantiiert dargelegte methodische Mängel des vorbereitenden schriftlichen Gutachtens gestützt ist, mit der Begründung zurückweist, es verfüge selbst über die erforderliche Sachkunde, in den Urteilsgründen jedoch für seine Entscheidung auf das vorbereitende schriftliche Gutachten zurückgreift, ohne die geltend gemachten methodischen Mängel zu erörtern (BGH NJW 2010, 1214 f. mit Anm. *Hoffmann/Wendler* = StV 2011, 713 = NStZ 2010, 405 mit Anm. *Trück* NStZ 2010, 586).

12. Ablehnung von Anträgen auf Augenschein und Auslandszeugen (Abs. 5) Abs. 5 räumt dem 240 Gericht die Möglichkeit ein, Beweisanträge schon dann abzulehnen, wenn die Aufklärungspflicht eine Beweiserhebung aus seiner Sicht nicht gebietet. In diesen Fällen braucht das Gericht nicht auf den Katalog des Abs. 3 zurückzugreifen (zur Kritik an dieser Vorschrift KK-StPO/*Krehl* § 244 Rn. 208).

a) Ablehnung eines Augenscheins (Abs. 5 Satz 1) Einen Antrag auf Einnahme eines Augenscheins 241 kann das Gericht ablehnen, wenn der Augenschein nach seinem pflichtgemäßen Ermessen zur Erforschung der Wahrheit nicht erforderlich ist. Der Begriff pflichtgemäßes Ermessen verweist auf das **Aufklärungsgebot** und eröffnet kein über Abs. 2 hinausgehendes Ermessen (BGH NJW 2001, 695, 696; 1998, 3363, 3364)

Aus der Verweisung auf das Aufklärungsgebot des Abs. 2 folgt, dass das **Verbot der Beweisantizipation** 242 **nicht gilt** (*Becker* NStZ 2006, 513, 516). Eine Ablehnung kann aber nicht damit begründet werden, dass das Gegenteil bereits bewiesen sei (KK-StPO/*Krehl* § 244 Rn. 210). Das Gericht wird jedoch in den meisten Fällen ohne erheblichen Begründungsaufwand darlegen können, dass der Beweiswert der beantragten Inaugenscheinnahme nicht wesentlich ins Gewicht fällt (vgl. BGHSt 8, 177, 181; BGH NStZ 1988, 88). Die Begründung, eine Tatsituation sei **nicht rekonstruierbar**, ist nur dann tragfähig, wenn der Antrag tatsächliche Umstände voraussetzt, die veränderlich sind und bei dem beantragten Augenschein nicht sicher vorgefunden oder wieder hergestellt werden können (KG NStZ 2007, 680).

Das Gericht kann einen Augenschein **außerhalb der Gerichtsstelle** ablehnen, wenn sich die dadurch zu 243 erwartenden Feststellungen auch auf andere Weise zuverlässig treffen lassen, etwa durch die Inaugenscheinnahme von Lichtbildern, Filmen, Modellen, Plänen oder Skizzen (BGHSt 3, 187, 189; 22, 347, 349). Das Gericht kann es auch für ausreichend erachten, wenn der Augenschein von einem beauftrag-

§ 244 StPO Beweisaufnahme; Untersuchungsgrundsatz; Ablehnung v. Beweisanträgen

ten oder ersuchten Richter eingenommen und das Protokoll hierüber verlesen wird (KK-StPO/*Krehl* § 244 Rn. 211). Es kann auch ausreichen, wenn ein Zeuge oder ein Sachverständiger über seine Wahrnehmungen berichtet (BGHSt 27, 135, 136; BGH NStZ 1984, 565).

244 b) **Ablehnung der Vernehmung eines Auslandszeugen (Abs. 5 Satz 2)** Das Gericht kann einen Beweisantrag auf Vernehmung eines Zeugen, dessen Ladung im Ausland zu bewirken wäre, ablehnen, wenn das **Aufklärungsgebot** keinen Anlass zur Beweiserhebung gibt (BGHSt 40, 60, 62; BGH NJW 2004, 3051, 3054; NStZ 2004, 99; zu Entwicklungen und Tendenzen in der neueren Rspr. s. *Rose* NStZ 2012, 18).

245 Das Gericht kann zunächst im **Freibeweisverfahren** klären, ob von dem benannten Auslandszeugen überhaupt relevante Bekundungen zur Beweisfrage zu erwarten sind (BGH NStZ-RR 1998, 178; StV 1995, 173). Zum Umfang der Aufklärungspflicht s.o. Rdn. 206, 208. Bei der Entscheidung hat das Gericht die Qualität und Zuverlässigkeit des bisherigen Beweisergebnisses, die Bedeutung der unter Beweis gestellten Tatsache für die Entscheidung sowie mögliche verfahrenstechnische Schwierigkeiten bei der Beweiserhebung in die Abwägung mit einzustellen (BGH NStZ 2007, 349, 350). Vom Verbot der Beweisantizipation ist das Gericht wiederum befreit (BGH StV 2014, 266). Kommt es unter Berücksichtigung sowohl des Vorbringens zur Begründung des Beweisantrags, als auch der in der bisherigen Beweisaufnahme angefallenen Erkenntnisse zu dem Ergebnis, dass ein Einfluss auf seine Überzeugung auch dann sicher ausgeschlossen ist, wenn der benannte Zeuge die in sein Wissen gestellte Behauptung bestätigen würde, darf eine Ablehnung nach Abs. 5 Satz 2 erfolgen (BGH NStZ 2014, 531, 532). Der späte Zeitpunkt der Benennung des Beweismittels ist jedoch kein tauglicher Umstand, um eine Zurückweisung zu rechtfertigen, jedenfalls dann nicht, wenn der Antragsteller bis dahin von seinem Schweigerecht Gebrach gemacht hat (BGH StV 2010, 561 f. = NStZ 2009, 705).

246 Wenn die dem Angeklagten vorgeworfene Tat im Ausland begangen wurde und die belastenden Beweismittel überwiegend von dort stammen, wird eine Ablehnung nach Abs. 5 Satz 2 i.d.R. nicht in Betracht kommen (BGH NJW 2010, 2365, 2368; KK-StPO/*Krehl* § 244 Rn. 213; so auch *Oehmichen/Schneider/v. Wistinghausen* StraFo 2015, 230, 240 f., insbes. für Verfahren nach dem UStGB). Jedenfalls sind bei Auslandssachverhalten an die Begründung der Ablehnung im Hinblick auf die Wahrung der Effektivität der Verteidigung einerseits und das Konfrontationsrechts des Angeklagten aus Art. 6 Abs. 3 lit. d EMRK (ausführl. dazu *Günther* FS Widmaier, S. 253) andererseits weitaus strengere Anforderungen zu stellen als bei Taten, die – von der beantragten Beweiserhebung abgesehen – weitestgehend Inlandsbezug aufweisen (BGH NStZ 2014, 51 f. mit Anm. *Heine*; StV 2010, 560, 561).

247 Wenn die Aufklärungspflicht die Vernehmung eines Auslandszeugen nicht gebietet, braucht das Gericht die Ablehnungsgründe des Abs. 3 Satz 2 nicht mehr in den Blick zu nehmen. Dennoch ist für eine Ablehnung ein **Beschluss nach Abs. 6** erforderlich, wenn die Vernehmung in einem Beweisantrag verlangt wurde. Die Begründung braucht keine ausführliche Beweiswürdigung zu enthalten. Eine bloße Wiedergabe des Gesetzeswortlauts reicht jedoch nicht aus. Das Gericht muss die für die Ablehnung ausschlaggebenden Gesichtspunkte in ihrem wesentlichen Kern nachvollziehbar darlegen (BGH NStZ 2014, 469, 470; NStZ-RR 2011, 116; 117). Begründet das Gericht in seinem Beschluss, mit dem es den Antrag wegen Prozessverschleppung ablehnt, ohne Rechtsfehler, warum die beantragte Beweiserhebung nach seiner Überzeugung nichts Sachdienliches zugunsten des Angeklagten erbringen kann (s. dazu oben Rdn. 219), genügt dies auch den Anforderungen an eine Ablehnung nach Abs, 5 Satz 2 (BGH StV 2013, 70, 71). Eine unzureichende Begründung kann in den Urteilsgründen nicht geheilt werden (BGH NStZ 2007, 349, 351).

248 **VI. Revision. 1. Rüge der gesetzwidrigen Behandlung von Beweisanträgen.** Wird ein Beweisantrag überhaupt nicht (LR/*Becker* § 244 Rn. 337) oder nicht rechtzeitig (BGH NStZ 2011, 647) beschieden oder mit unzutreffender Begründung zurückgewiesen, unterbleibt die angeordnete Beweiserhebung oder sind die Urteilsgründe und die Gründe des Ablehnungsbeschlusses nicht miteinander zu vereinbaren, kann der Antragsteller dies mit der Verfahrensrüge beanstanden (KK-StPO/*Krehl* § 244 Rn. 223).

249 Die Rüge muss den Begründungsanforderungen des § 344 Abs. 2 S. 2 genügen, d.h. der Revisionsführer muss die Tatsachen, die den Rechtsfehler begründen sollen, so genau und vollständig vortragen, dass das Revisionsgericht allein anhand der Revisionsbegründung eine Schlüssigkeitsprüfung vornehmen kann, ob der geltend gemachte Verfahrensfehler vorliegt, wenn sich die behaupteten Rügetatsachen

als zutreffend erweisen (allgem. *Meyer-Goßner/Schmitt* § 344 Rn. 20; *Mavany* StraFo 2014, 496). Jede Bezugnahme auf das Protokoll oder die Verfahrensakten ist dabei unzulässig (BGH StV 2012, 73; NStZ-RR 2011, 269; NJW 2007, 3010, 3011). In der Revisionsbegründung sind stets der in der Hauptverhandlung gestellte Antrag (BGH StV 2012, 73; NJW 2005, 2322, 2323) und der daraufhin ergangene Gerichtsbeschluss (BGH NStZ-RR 2000, 3; NJW 1999, 2683) vollständig vorzutragen. Des Weiteren muss die Begründung alle weiteren Verfahrensvorgänge, Erklärungen oder Entscheidungen enthalten, die für die Beurteilung der Gesetzmäßigkeit der beanstandeten Sachbehandlung von Bedeutung sind (BGH StV 2015, 85 f.; StV 2013, 73 = NStZ-RR 2012, 178, 179; NJW 2007, 3010, 3011; 2005, 2243, 2244). Auch sog. Negativtatsachen, d.h. für den Erfolg der Rüge möglicherweise nachteilige oder für das Vorliegen eines Ausnahmefalls sprechenden Umstände müssen mit vorgetragen werden (BGHSt 37, 245, 248; BGH StraFo 2004, 354, 355; a. A. BGH StV 2012, 73 = StraFo 2011, 99 f.). Auch kann der Vortrag erforderlich sein, dass solche Umstände nicht vorliegen (KK-StPO/*Krehl* § 244 Rn. 224). Soweit es sich nicht schon aus dem Beweisantrag ergibt, muss der Revisionsführer weiterhin diejenigen Umstände vortragen, aus denen sich ergibt, dass das Erfordernis der Konnexität erfüllt ist (BGH StV 2003, 650). Eine Gegenvorstellung gegen den Ablehnungsbeschluss ist i.d.R. nicht erforderlich (BGH NStZ 2009, 717, 173; 2008, 299, 300; StV 2009, 62). Etwas anderes gilt dann, wenn das Gericht den Beweisantrag ersichtlich missverstanden hat und die rechtsfehlerhafte Ablehnung des Antrages auf diesem Missverständnis beruht. In diesem Fall ist die Rüge unzulässig, wenn der Antragsteller den Ablehnungsbeschluss nicht zuvor beanstandet und dabei das Missverständnis aufklärt (BGH StV 2009, 62; NStZ-RR 2004, 370).

Rügeberechtigt sind der/die Antragsteller sowie diejenigen Verfahrensbeteiligten, die sich dem Antrag 250 ausdrücklich angeschlossen haben. Die übrigen Prozessbeteiligten sollen jedenfalls dann rügeberechtigt sein, wenn ihre Interessen mit denjenigen des Antragstellers erkennbar übereinstimmen, so dass das Gericht auch ihnen gegenüber zu einer rechtlich einwandfreien Behandlung des Beweisantrages verpflichtet gewesen wäre (*Meyer-Goßner/Schmitt* § 244 Rn, 84; s. a. OLG Koblenz StV 2013, 533). Der BGH hingegen erkennt die Rügeberechtigung nur beim Antragsteller und denjenigen Vefahrensbeteiligten an, die sich dem Antrag ausdrücklich angeschlossen haben. Die übrigen Verfahrensbeteiligten müssen die gesetzwidrige Behandlung des Beweisantrages im Wege der Aufklärungsrüge geltend machen (BGH StraFo 2011, 280 f. = StV 2011, 458).

2. Beruhen. Das Revisionsgericht prüft aufgrund der vom Revisionsführer vorgetragenen Tatsachen, 251 ob die vorgetragenen Verfahrenstatsachen zutreffen und einen Rechtsfehler bei der beanstandeten Ablehnung des Beweisantrages aufzeigen (LR/*Becker* § 244 Rn. 375). Ein Nachschieben von Ablehnungsgründen ist dabei nicht zulässig. Die rechtsfehlerhafte Ablehnung eines Beweisantrages kann weder das Tatgericht in den Urteilsgründen heilen (BGH NStZ 2007, 349, 351), noch kann das Revisionsgericht eine rechtsfehlerfreie Begründung nachliefern (BGH StV 2012, 577, 578). Die Revision kann also nicht mit der Begründung verworfen werden, dass der Beweisantrag mit einer anderen Beründung rechtsfehlerfrei hätte abgelehnt werden können (BGH NStZ 1997, 286), weil i.d.R. nicht ausgeschlossen werden kann, dass der Antragsteller durch einen rechtlich zutreffenden Ablehnungsbeschluss Informationen erhalten hätte, die sein weiteres Antrags- und Erklärungsverhalten und damit möglicherweise das Ergebnis der Beweisaufnahme beeinflusst hätten (KK-StPO/*Krehl* § 244 Rn. 233).

Das Beruhen des Urteils auf der gesetzwidrigen Behandlung eines Beweisantrages kann nur dann im 252 Einzelfall ausnahmsweise ausgeschlossen werden, wenn das Revisionsgericht sicher davon ausgehen kann, dass der Antragsteller auch bei rechtlich zutreffender Begründung keine anderen sachdienlichen Anträge hätte stellen können (LR/*Becker* § 244 Rn. 376). Das soll etwa dann der Fall sein, wenn der Ablehnungsgrund der Bedeutungslosigkeit auf der Hand liegt (BGH StV 1991, 408) bzw. offensichtlich ist (BGH NJW 2003, 150, 152) und die Verteidigung des Angeklagten durch die fehlerhafte Ablehnung nicht beeinträchtigt wurde. Bei einer Vielzahl von fehlerhaft beschiedenen Beweisanträgen wir ein Beruhen dagegen kaum auszuschließen sein (BGH StV 2010, 558, 559). Nicht zulässig ist es, eine unterbliebene Beweiserhebung in der Revisionsinstanz nachzuholen, um dadurch – bei Fehlschlagen des Beweises – das Beruhen ausschließen zu können (so aber BGH NJW 2012, 2212; s.a, Basdorf NStZ 2013, 186, 187 f.; wie hier KK-StPO/*Krehl* § 244 Rn. 234).

Übergeht das Gericht einen Hilfsbeweisantrag oder wird dieser im Urteil rechtsfehlerhaft beschieden, 253 ist das Beruhen des Urteilsauf dieser Rechtsverletzung gleichwohl ausgeschlossen, wenn das Revisions-

§ 245 StPO Umfang der Beweisaufnahme; präsente Beweismittel

gericht eine rechtlich zutreffende Begründung nachliefern kann. Die Informationsfunktion der Ablehnungsbegründung steht einem Nachschieben von Ablehnungsgründen nicht entgegen, weil der Antrag ohnehin erst im Urteil beschieden werden muss (BGH NStZ 2010, 161; NStZ-RR 2009, 559; 2006, 382; NJW 2000, 370, 371). Die abstrakte Möglichkeit eines Ablehnungsgrundes reicht hierzu allerdings nicht aus; dieser muss sich, wenn er nicht offenkundig ist, unmittelbar aus den Urteilsgründen ergeben (BGH NStZ 2006, 406, 407). Wird ein Beweisermittlungsantrag fälschlicherweise wie ein Beweisantrag geprüft und beschieden, kann ein Beruhen auf einer fehlerhaften Ablehnungsbegründung zumeist ausgeschlossen werden, weil es einer solchen Begründung überhaupt nicht bedurft hätte. Die Rüge ist dann am Maßstab des Abs. 2 zu messen (BGH StV 2012, 577, 578; NStZ 2007, 517; NStZ-RR 2004, 370). Etwas anderes gilt dann, wenn durch die fehlerhafte Verbescheidung des Antrages eine irreführende Prozesslage geschaffen wurde und nicht ausgeschlossen werden kann, dass der Antragsteller hierdurch in seiner Prozessführung beeinträchtigt wurde (BGH StV 2012, 577, 578 f.; *Hadamitzky* StraFo 2012, 297, 307).

§ 245 StPO Umfang der Beweisaufnahme; präsente Beweismittel.

(1) Die Beweisaufnahme ist auf alle vom Gericht vorgeladenen und auch erschienenen Zeugen und Sachverständigen sowie auf die sonstigen nach § 214 Abs. 4 vom Gericht oder der Staatsanwaltschaft herbeigeschafften Beweismittel zu erstrecken, es sei denn, dass die Beweiserhebung unzulässig ist. Von der Erhebung einzelner Beweise kann abgesehen werden, wenn die Staatsanwaltschaft, der Verteidiger und der Angeklagte damit einverstanden sind.

(2) Zu einer Erstreckung der Beweisaufnahme auf die vom Angeklagten oder der Staatsanwaltschaft vorgeladenen und auch erschienenen Zeugen und Sachverständigen sowie auf die sonstigen herbeigeschafften Beweismittel ist das Gericht nur verpflichtet, wenn ein Beweisantrag gestellt wird. Der Antrag ist abzulehnen, wenn die Beweiserhebung unzulässig ist. Im Übrigen darf er nur abgelehnt werden, wenn die Tatsache, die bewiesen werden soll, schon erwiesen oder offenkundig ist, wenn zwischen ihr und dem Gegenstand der Urteilsfindung kein Zusammenhang besteht, wenn das Beweismittel völlig ungeeignet ist oder wenn der Antrag zum Zwecke der Prozessverschleppung gestellt ist.

Übersicht	Rdn.		Rdn.
A. Regelungszweck und Anwendungsbereich	1	II. Präsente Beweismittel nach Abs. 2	20
B. Die Regelungen im Einzelnen	4	1. Zeugen und Sachverständige	20
I. Präsente Beweismittel nach Abs. 1	6	2. Sonstige herbeigeschaffte Beweismittel	21
1. Vom Gericht vorgeladene und erschienene Zeugen und Sachverständige	6	3. Beweisantrag	22
2. Sonstige vom Gericht oder von der Staatsanwaltschaft herbeigeschaffte Beweismittel	10	4. Unzulässigkeit der Beweiserhebung und Ablehnungsgründe des Abs. 2 Satz 3	24
		III. Verfahrensfragen	31
3. Grenzen der Beweiserhebungspflicht	13	C. Revision	34

1 **A. Regelungszweck und Anwendungsbereich.** § 245 erweitert den Umfang der vom Gericht durchzuführenden Beweisaufnahme, indem die Vorschrift **präsente Beweismittel** aus dem Geltungsbereich der Ablehnungsgründe des § 244 herausnimmt. Hierdurch soll nicht nur die umfassende Erforschung der Wahrheit gewährleistet, sondern auch die Autonomie und Effektivität der Verteidigung gestärkt werden (LR/*Becker* § 245 Rn. 8 f.; Alsberg/*Tsambikakis* Rn. 1465). Obwohl die Vorschrift damit eine wichtige Ergänzung des § 244 darstellt, wird sie in der Praxis kaum wahrgenommen: Abs. 1 scheint Selbstverständliches zu regeln und entspricht der alltäglichen Erfahrung in der forensischen Praxis. Abs. 2 hingegen kommt (erstaunlich) selten zur Anwendung. Das liegt zum einen daran, dass das Verfahren der **Selbstladung** (§§ 214 Abs. 3, 220) als umständlich und aufwendig gilt. Zum anderen bringen immer wieder Gerichte ihren Unmut über eine Beweiserhebung, die sie für unerheblich und damit für überflüssig halten, dadurch offen zum Ausdruck, indem sie den präsenten Zeugen oder Sachverständigen als »Zeugen/Sachverständigen der Verteidigung« titulieren und demonstrativ auf deren Befragung verzichten (*Hamm/Hassemer/Pauly*, Beweisantragsrecht Rn. 440 berichten darüber hinaus von »*besonders rigide[m] Verhalten*« durch das Gericht), sodass sich die Frage stellt, welchen

Einfluss diese Beweiserhebung auf die Überzeugungsbildung des Gerichts haben kann (AnwK/*Sommer* § 245 Rn. 12).

Dennoch trägt gerade § 245 Abs. 2 wichtigen Verteidigungsbelangen Rechnung und leistet einen Beitrag **zur Fairness und Waffengleichheit** im Verfahren (*Hamm/Hassemer/Pauly*, Beweisantragsrecht Rn. 441), indem er dem Angeklagten und seinem Verteidiger ein autonomes Beweisführungsrecht verschafft, das sie ggf. auch gegen den Willen des Gerichts durchsetzen können (Alsberg/ *Tsambikakis* Rn. 1524). Besonders deutlich wird dies beim Sachverständigenbeweis. Die Vorschrift ermöglicht es den Verfahrensbeteiligten, durch die Selbstladung die Anhörung eines **weiteren Sachverständigen** selbst dann zu erzwingen, wenn das Gericht einen entsprechenden Beweisantrag – wie zumeist – nach § 244 Abs. 3, 4 ablehnen würde.

Die Vorschrift gilt auch in der Berufungsinstanz, nicht jedoch in den Verfahren, in denen der Umfang der Beweiserhebung im pflichtgemäßen Ermessen des Gerichts steht (LR/*Becker* § 245 Rn. 8 f.), nämlich im Privatklageverfahren (§ 384 Abs. 3), im Strafbefehlsverfahren (§ 411 Abs. 2 Satz 2), und im beschleunigten Verfahren vor dem Strafrichter (§ 420 Abs. 4), des Weiteren im Bußgeldverfahren (§ 77 OWiG) oder im vereinfachten Jugendverfahren (§ 78 Abs. 3 JGG). Ob und ggf. in wieweit präsente Beweismittel zu nutzen sind, bestimmt sich in diesen Fällen ausschließlich nach § 244 Abs. 2.

B. Die Regelungen im Einzelnen. Voraussetzung für die Erweiterung der Beweiserhebungspflicht ist die **Präsenz** der herbeizuziehenden Beweismittel. Die sofortige Verfügbarkeit des Beweismittels lässt etwaige Überlegungen zur Prozessökonomie zurücktreten, weil sich jederzeit »*doch unerwarteter Weise etwas ergeben kann, das erheblich ist oder noch mehr zugunsten des Angeklagten wirkt als das, was zuvor für wahr oder unwiderlegbar erachtet worden ist*« (RGSt 65, 304, 305 = JW 1932, 58 m. Anm. *Alsberg*; LR/*Becker* § 245 Rn. 1; Alsberg/*Tsambikakis* Rn. 1465). Präsenz setzt Anwesenheit bzw. physisches Vorhandensein des Beweismittels an der Gerichtsstätte voraus. Neuere technische Entwicklungen (Audio-Visuelle Vernehmung/Skype) lassen eine Erweiterung dieses althergebrachten Präsenzbegriffs erwägenswert erscheinen (*Gerst* StraFo 2013, 103, 105 f.) Die StPO lässt solche Surrogate jedoch nach wie vor nur in Ausnahmefällen zu. Daher sollten Änderungen auch hier dem Gesetzgeber vorbehalten bleiben.

§ 245 differenziert, je nachdem, ob das Beweismittel aufgrund gerichtlicher Ladung (§ 214 Abs. 1) bzw. durch Herbeischaffung nach § 214 Abs. 4 in der Hauptverhandlung präsent ist (Abs. 1) oder ob es von den anderen Verfahrensbeteiligten selbst geladen bzw. beigebracht wurde (Abs. 2). Im erstgenannten Fall ist das Gericht verpflichtet, diese Beweismittel zu verwenden, ohne dass es hierfür eines Beweisantrages bedarf. Insoweit besteht eine **Beweiserhebungspflicht von Amts wegen**, es sei denn, dass die Verfahrensbeteiligten ausdrücklich auf die Beweiserhebung verzichten. Im Fall des Abs. 2 ist ein **Beweisantrag** erforderlich, um das Gericht zur Beweiserhebung zu verpflichten. Unterbleibt ein solcher Antrag, ist das Gericht nicht gehindert, präsente Beweismittel i.S.d. Abs. 2 auch ohne entsprechenden Antrag zu verwenden (*Meyer-Goßner/Schmitt* § 245 Rn. 18); im Hinblick auf § 244 Abs. 2 kann es hierzu sogar verpflichtet sein, denn die **Aufklärungspflicht** wird durch Abs. 2 **nicht eingeschränkt** (LR/*Becker* § 245 Rn. 7).

I. Präsente Beweismittel nach Abs. 1. 1. Vom Gericht vorgeladene und erschienene Zeugen und Sachverständige. Präsente Beweispersonen i.S.d. Abs. 1 sind nur diejenigen, die der **Vorsitzende nach § 214 Abs. 1 vorgeladen** hat. Die bloße Anwesenheit reicht nicht aus (*Waszczynski* ZJS 2010, 318; Alsberg/*Tsambikakis* Rn. 1476). In welcher Form die Ladung erfolgt, ist gleichgültig (BGH StV 1995, 567); es genügt jede schriftliche, mündliche, fernmündliche oder durch Boten mitgeteilte Aufforderung, zu einem bestimmten Termin zur Hauptverhandlung zu erscheinen, die mit der Androhung von Ordnungsmitteln für den Fall des Fernbleibens verbunden ist. Auch eine Ladung per Telefax oder E-Mail ist möglich (Alsberg/*Tsambikakis* Rn. 1475). Die mündliche Ladung in der Hauptverhandlung zum Fortsetzungstermin reicht ebenfalls aus. **Abgeladene**, aber dennoch anwesende Beweispersonen sind keine präsenten Beweismittel i.S.d. Abs. 1 (LR/*Becker* § 245 Rn. 10).

Die Beweisperson muss auch erschienen – also **anwesend** – und als Beweismittel **verwendbar** sein. Erschienen ist ein Zeuge oder Sachverständiger, wenn er – ggf. auch mit Verspätung – im Zeitpunkt der beabsichtigten Vernehmung an der Gerichtsstätte anwesend ist. Erscheint die Beweisperson zum vorgesehenen Termin nicht oder wird sie aus Zeitgründen am vorgesehenen Termin nicht vernommen und zur Fortsetzung nicht geladen, ist sie später kein präsentes Beweismittel mehr (Alsberg/ *Tsambikakis* Rn. 1481). Nicht erschienen ist eine zunächst anwesende Beweisperson auch dann, wenn sie sich vor ihrer Vernehmung eigenmächtig entfernt. Ob das Gericht ihre Anwesenheit durch Ordnungsmittel erzwingt, hat es unter dem Gesichtspunkt der Aufklärungspflicht zu prüfen (LR/ *Becker* § 245 Rn. 12). Anträge auf Heranziehung dieser Beweisperson sind nach § 244 zu ent- und bescheiden (Alsberg/ *Tsambikakis* Rn. 1477). Die Anwesenheit der Beweisperson muss für das Gericht auch **erkennbar** sein. Daran fehlt es, wenn sich die Beweisperson trotz **namentlichen Aufrufs** nicht meldet (LR/ *Becker* § 245 Rn. 15). Das Gericht hat allerdings in Rechnung zu stellen, dass sich der Zeuge bzw. Sachverständige verspätet bzw. kurzfristig entfernt haben könnte. Insoweit erscheint ein – in der Praxis häufig zu beobachtender – **zweiter Aufruf** nach einer Wartefrist von mind. 15 Minuten sachgerecht. Eine **Nachforschungspflicht** im unmittelbaren räumlichen Umfeld (AnwK/ *Sommer* § 245 Rn. 4) ist jedenfalls auf das Gerichtsgebäude beschränkt und kommt vor allem dann in Betracht, wenn feststeht, dass sich die Beweisperson bereits im Gerichtsgebäude aufgehalten hat.

8 Eine Beweisperson soll **nur in derjenigen Eigenschaft** ein präsentes Beweismittel sein, **in der sie geladen ist**. Wer als Zeuge geladen und erschienen ist, soll also nicht zugleich auch als Sachverständiger präsent sein (BGH NJW 2005, 445, 447) mit der Folge, dass die Verfahrensbeteiligten Sachverständigenfragen an diese Beweisperson nur dann stellen dürfen, wenn sie einen entsprechenden Beweisantrag stellen, über den das Gericht nach Maßgabe des § 244 Abs. 3 und 4 zu entscheiden hat (LR/ *Becker* § 245 Rn. 14). Dem kann allenfalls dann zugestimmt werden, wenn sich die unterschiedlichen prozessualen Rollen genau abgrenzen lassen. Das ist aber oftmals nicht der Fall, und die Praxis geht mit Abgrenzungsfragen durchaus großzügig um. Sachverständige machen bei den vorbereitenden Untersuchungen zu ihren Gutachten oftmals eigene Wahrnehmungen, über die sie zutreffenderweise als Zeugen Auskunft erteilen müssten. Die Ansicht der Rspr., dass eine Vernehmung zu diesen Wahrnehmungen nach Maßgabe des Abs. 1 nur dann erforderlich sei, wenn die Beweisperson ausdrücklich als Sachverständiger und Zeuge geladen wurde, erscheint praxisfern und kleinlich (s. dazu *Hamm/Hassemer/Pauly*, Beweisantragsrecht Rn. 442). Ein Rechtsanwalt, der als Verteidiger zur Hauptverhandlung geladen wurde, ist nicht als Zeuge erschienen (Alsberg/ *Tsambikakis* Rn. 1473). Gleiches gilt für diejenigen Personen, die kraft Amtspflicht (als Richer, Schöffen, Staatsanwälte oder Urkundsbeamte) erschienen sind, selbst dann, wenn sie zugleich als Zeuge geladen sind (KK-StPO/ *Krehl* § 245 Rn. 7). Ist der Nebenkläger zugleich als Zeuge geladen und erschienen, ist er ein präsentes Beweismittel i.S.d. Abs. 1 (Alsberg/ *Tsambikakis* Rn. 1474).

9 Eine erschienene Beweisperson ist nur dann präsent, wenn sie als Beweismittel **sofort verwendbar** ist. Das ist nicht der Fall, wenn sie **betrunken** ist, unter **Drogeneinfluss** steht oder der Beweis aufgrund einer physischen oder psychischen **Erkrankung** nicht erhoben werden kann. Sprachschwierigkeiten schließen die Verwendbarkeit dagegen nicht aus; diese können mithilfe eines Dolmetschers überwunden werden (Alsberg/ *Tsambikakis* Rn. 1482; einschr. LR/ *Becker* § 245 Rn. 16, der verlangt, dass ein Dolmetscher anwesend ist oder unverzüglich erreicht werden kann). Nich als Beweismittel verwertbar ist ein Zeuge weiterhin dann, wenn er ein Zeugnis- oder Auskunftverweigerungsrecht berechtigterweise ausübt (BGH BeckRS 1998, 02700). Gleiches gilt für den Fall, dass der Zeuge das Zeugnis oder die Auskunft ohne rechtlichen Grund verweigert, die Aussage jedoch nicht erzwungen werden kann (Alsberg/ *Tsambikakis* Rn. 1483). Ein Sachverständiger ist auch dann nicht als Beweismittel verwendbar, wenn offensichtlich ist, dass ihm die erforderliche **Sachkunde völlig fehlt** (a. A. Alsberg/ *Tsambikakis* Rn. 1485: Frage der Beweiswürdigung), des Weiteren, wenn er über die zur Erstattung eines Gutachtens erforderlichen Informationen nicht verfügt und die deswegen erforderliche Vorbereitung des Gutachtens in der laufenden Hauptverhandlung zu einer **Verfahrensverzögerung** führen würde (BGHSt 43, 171, 173 mit Anm. *Wittig* StV 1998, 174). Allerdings hat das Gericht im Rahmen seiner Möglichkeiten dafür Sorge zu tragen, dass keine Verzögerung eintritt, indem es etwa eine Besuchserlaubnis zum Zwecke der Exploration des inhaftierten Angeklagten erteilt oder dem Sachverständigen Zugang zu asservierten Beweismitteln verschafft (OLG Frankfurt/M.StV 2006, 701, 702). Lassen sich Verzögerungen nicht vermeiden und ist das Gericht nicht bereit, diese hinzunehmen, dann hat es – auf Antrag – nach § 244 Abs. 4 über die Notwendigkeit der Zuziehung des Sachverständigen zu entscheiden (LR/ *Becker* § 245 Rn. 18).

Umfang der Beweisaufnahme; präsente Beweismittel § 245 StPO

2. Sonstige vom Gericht oder von der Staatsanwaltschaft herbeigeschaffte Beweismittel. Sonstige nach § 214 Abs. 4 herbeigeschaffte Beweismittel sind Urkunden und Objekte des Augenscheins, die vom Gericht oder von der Staatsanwaltschaft herbeigeschafft wurden, sowie von der Staatsanwaltschaft beigebrachte Beweispersonen. Ganze **Akten** sind keine Beweismittel, auch dann nicht, wenn sie in der Anklageschrift als Beweismittel aufgeführt werden (BGHSt 37, 168, 171 ff.), ebenso wenig Sammlungen von Tonträgern oder Belegen oder Urkundengesamtheiten wie Handelsbücher oder Steuerunterlagen, sondern nur die einzelnen **Schriftstücke**, die sich darin befinden, sowie ggf. in den Akten vorhandene Gegenstände, die in Augenschein genommen werden können (LR/*Becker* § 245 Rn. 19; KK-StPO/*Krehl* § 245 Rn. 12; Alsberg/*Tsambikakis* Rn. 1488 f.). Soweit der Inhalt des Beweismittels nur mithilfe **technischer Abspielgeräte** wahrnehmbar ist, müssen auch diese und ggf. das zur Vorführung erforderliche Bedienungspersonal vorhanden sein, damit das Beweismittel präsent ist (LR/*Becker* § 245 Rn. 20). Beweismittel, die die Staatsanwaltschaft erst **im Laufe der Hauptverhandlung** vorlegt, sind keine präsenten Beweismittel (KK-StPO/*Krehl* § 245 Rn. 10). 10

Allerdings sind nicht alle Beweismittel, die aufgrund von Bewirkungshandlungen des Gerichts oder der Staatsanwaltschaft im Gerichtssaal körperlich vorhanden sind, herbeigeschafft i.S.d. Abs. 1. Vielmehr ist erforderlich, dass dem vorhandenen Gegenstand **Beweismittelqualität zuerkannt** und damit der Wille, es zu benutzen, erkennbar gemacht wird (LR/*Becker* § 245 Rn. 22). Die bloße Erwähnung in der Anklageschrift genügt hierfür nicht (*Meyer-Goßner/Schmitt* § 245 Rn. 5; a. A.; a. A. Alsberg/*Tsambikakis* Rn. 1492). Ein erkennbarer Benutzungswille liegt jedenfalls dann vor, wenn das Vorhandensein des Beweismittels nach § 243 Abs. 1 Satz 2 festgestellt wurde (zur **Protokollierung** dieser Feststellung s. LR/*Becker* 245 Rn. 42). Gleiches gilt für Beweismittel, die durch eine **Anordnung des erkennenden Gerichts** entstanden sind, vor allem für die Niederschrift über eine angeordnete kommissarische Vernehmung oder über einen Augenschein, §§ 223, 225 (*Meyer-Goßner/Schmitt* § 245 Rn. 5). 11

Darüber hinaus soll es nach h.M. **allein dem Gericht** obliegen, einer Urkunde oder einem Augenscheinsobjekt Beweismittelqualität zuzuerkennen (BGHSt 37, 168, 171; s. a. KK-StPO/*Krehl* § 245 Rn. 13; a. A. *Eisenberg* BR Rn. 275 f.). Diese Auffassung verkennt, dass die Beweiserhebungspflicht des Abs. 1 **praktisch leerlaufen** kann, wenn es allein dem Gericht vorbehalten bleibt, zu bestimmen, auf welche Beweismittel sich diese Verpflichtung bezieht. Vielmehr sind **alle Verfahrensbeteiligten** berechtigt, die vorhandenen Beweismittel mittels eines zu **begründenden Antrags** zu konkretisieren und zu individualisieren und dadurch präsent zu machen, wobei das Beweisthema zumindest in Umrissen angegeben werden muss (so LR/*Becker* § 245 Rn. 23, 25; Alsberg/*Tsambikakis* Rn. 1490; weitergehend *Köhler* StV 1992, 4, 5). Schreiben des Angeklagten an das erkennende Gericht bzw. dessen verschrifteten Einlassungen sind keine herbeigeschafften Beweismitttel i.S.d. Abs. 1 (BGH StV 2007, 622, 623 mit insoweit zust. Anm. *Schlothauer*). 12

3. Grenzen der Beweiserhebungspflicht. Nach Abs. 1 Satz 1 haben alle Prozessbeteiligten einen Anspruch auf Benutzung der herbeigeschafften Beweismittel. Das gilt auch für den Fall, dass die Tatsache, die dadurch beweisen werden soll, bereits durch andere Beweismittel erwiesen worden ist (Alsberg/*Tsambikakis* Rn. 1493). Die Verpflichtung des Gerichts, präsente Beweismittel zu verwenden, entfällt nur dann, wenn die Beweiserhebung **unzulässig** ist oder die Verfahrensbeteiligten hierauf **verzichten**. Darüber hinaus kann die Beweiserhebungspflicht bei der Trennung verbundener Verfahren entfallen, soweit sich die präsenten Beweismittel ausschließlich auf das abgetrennte Verfahren beziehen. Bei der Verfahrenstrennung hat das Gericht zugleich über die Trennung der Beweismittel zu entscheiden. Dabei hat das Gericht den jeweiligen Prozeßbeteiligten Gelegenheit zur Stellungnahme zu geben, welche Beweismittel sie für die Durchführung des Verfahrens für erforderlich erachten (Alsberg/*Tsambikakis* Rn. 1496). 13

Die Gründe, aus denen sich die **Unzulässigkeit der Beweiserhebung** ergeben kann, entsprechen denjenigen des § 244 Abs. 3 Satz 1 (dazu dort Rdn. 157 ff.; *Meyer-Goßner/Schmitt* § 245 Rn. 7;). Beweiserhebungen über Umstände, die nicht Gegenstand der Beweisaufnahme sein können, finden auch im Rahmen des § 245 nicht statt (LR/*Becker* § 245 Rn. 27). Eine **Ausweitung** der Ablehnungsgründe auf den Katalog des Abs. 2 Satz 3 oder gar des § 244 Abs. 3, 4 kommt hingegen nicht in Betracht (KK-StPO/*Krehl* § 245 Rn. 15 f.). Die Gegenauffassung (z.B. AK/*Schöch* § 245 Rn. 10) verkennt, dass eine Ausweitung der Ablehnungsgründe – insbesondere auf sog. Missbrauchsfälle – für Beweismittel, die von Amts wegen herbeigezogen werden, von vornherein entbehrlich ist (LR/*Becker* § 245 Rn. 28 f.; Als- 14

Sättele

berg/*Tsambikakis* Rn. 1504). Somit können weder mangelnde Beweiserheblichkeit noch mangelnde Beweisbedürftigkeit zur Unzulässigkeit der Beweiserhebung führen (BGH StV 1998, 360; LR/*Becker* § 245 Rn. 1); auch eine Wahrunterstellung ist in diesen Fällen nicht möglich (RGSt 65, 304, 305; KK/ *Krehl* § 245 Rn. 16). Allerdings soll in dem Verlangen eines Verfahrensbeteiligten, einen erkennbar bedeutungslosen Beweis mittels eines präsenten Beweismittels zu erheben, ein **rechtsmissbräuchliches Unterlassen des Verzichts** auf die Beweiserhebung liegen mit der Folge, dass eine Verzichtserklärung als erteilt bzw. als entbehrlich anzusehen sein soll (KK-StPO/*Krehl* § 245 Rn. 15; *Meyer-Goßner/ Schmitt* § 245 Rn. 7; *Eisenberg* BR Rn. 284). Klüger erscheint es hingegen, die Situation »geräuschlos durch schnelle Erhebung des unsinnigen Beweises« zu erledigen (ausdr. LR/*Becker* § 245 Rn. 29). Lehnt der Vorsitzende eine Beweiserhebung ab, weil der der Auffassung ist, die Beweiserhebung sei unzulässig, kann hiergegen das Gericht nach **§ 238 Abs. 2** angerufen werden (BGH NStZ 2006, 178). Gleiches gilt, wenn er einen Beweis erheben will, obwohl dies unzulässig ist (BGH NStZ 2006, 178; *Meyer-Goßner/Schmitt* § 245 Rn. 7).

15 Zur täglichen forensischen Praxis gehört der **allseitige Verzicht** auf die Beweiserhebung nach Abs. 1 Satz 2. Erforderlich hierfür ist das **Einverständnis** aller Verfahrensbeteiligter, d.h. der Angeklagte, der Verteidiger und der Staatsanwaltschaft. Hier gilt der Grundsatz der Beweismittelgemeinschaft (Alsberg/*Tsambikakis* Rn. 1506). Den Angeklagten gleichgestellt sind **Nebenbeteiligte** wie Einziehungs- und Verfallsbeteiligte sowie juristische Personen und Personenvereinigungen, denen eine Geldbuße droht (§§ 433 Abs. 1, 442 Abs. 1, 444 Abs. 2), aber nur, soweit ihre eigenen Verfahrensinteressen von der Beweiserhebung betroffen sind. Andernfalls ist ihre Zustimmung entbehrlich (LR/*Becker* § 245 Rn. 30). Dieselbe Einschränkung gilt für **Mitangeklagte**, soweit sie wegen der Tat, auf die sich die Beweiserhebung bezieht, nicht angeklagt sind bzw. mit dem Gegenstand der Beweiserhebung ersichtlich nichts zu tun haben (KK-StPO/*Krehl* § 245 Rn. 18). Auf das Einverständnis des Nebenklägers kommt es hingegen nicht an (*Meyer-Goßner/Schmitt* § 245 Rn. 9; die Entscheidung BGHSt 28, 272 ist durch die Änderung des § 397 überholt). Erforderlich ist hingegen das Einverständnis des nach § 69 Abs. 1 JGG bestellten Beistands.

16 Hat der Angeklagte **mehrere Verteidiger**, so ist der Verzicht jedes Verteidigers erforderlich (Graf/*Bachler* § 245 Rn. 6). Der vom Verteidiger erklärte Verzicht soll auch für den Angeklagten wirken, wenn dieser anwesend ist und der Erklärung seines Verteidigers nicht widerspricht. Ebenso soll aus dem Schweigen des Verteidigers zu der Verzichtserklärung des Angeklagten der Verzicht des Verteidigers zu folgern sein (LR/*Becker* § 245 Rn. 33). **Bei Abwesenheit des Angeklagten** genügt nach § 234a das Einverständnis des Verteidigers; dies gilt allerdings nicht, wenn der Angeklagte nach § 233 von der Pflicht zum Erscheinen entbunden (vgl. BGH NStZ 1996, 351 m. Anm. *Sander*) oder nach § 231c beurlaubt worden ist (Alsberg/*Tsambikakis* Rn. 1509). Im letztgenannten Fall darf ohnehin nicht über Dinge verhandelt werden, die für den beurlaubten Angeklagten von Bedeutung sind (*Meyer-Goßner/ Schmitt* § 234a Rn. 1). Bei zeitweiliger Entfernung nach § 247 darf die Zustimmung des Angeklagten ebenfalls nicht ersetzt werden (KK-StPO/*Krehl* § 245 Rn. 18).

17 Der Verzicht muss **eindeutig**, jedoch **nicht ausdrücklich** erklärt werden. Schlüssiges Verhalten genügt (KK-StPO/*Krehl* § 245 Rn. 20). Bloßes Schweigen oder die widerspruchslose Hinnahme einer Erklärung des Gerichts oder anderer Verfahrensbeteiligter reicht allerdings nicht aus (BGH StV 1998, 360). Somit soll es für die Annahme eines Verzichts ausreichen, wenn sich alle Verfahrensbeteiligten mit der Schließung der Beweisaufnahme ausdrücklich einverstanden erklären, obwohl präsente Beweismittel ungenutzt geblieben sind (Alsberg/*Tsambikakis* Rn. 1512). Nimmt ein Verfahrensbeteiligter dagegen die Feststellung des Gerichts, die Beweisaufnahme sei geschlossen, widerspruchslos hin oder gibt trotz entsprechender Aufforderung des Gerichts keine Erklärung dazu ab, liegt hierin kein wirksamer Verzicht (OLG Köln StV 2004, 311). Da die Verzichtserklärung als **wesentliche Verfahrensförmlichkeit** zu protokollieren ist, ist letztlich nicht entscheidend, auf welche Weise der Verzicht erklärt worden ist, sondern lediglich, ob die Verzichtserklärung in die Sitzungsniederschrift Eingang gefunden hat oder nicht (LR/*Becker* § 245 Rn. 33, 42: »*Diskussion eines Scheinproblems*«).

18 Das Einverständnis muss darüber hinaus endgültig und vorbehaltlos erklärt werden. Wie alle prozessualen Gestaltungserklärungen ist auch die Verzichtserklärung bedingungsfeindlich (LR/*Becker* § 245 Rn. 37). Wer dagegen nur »vorläufig« verzichtet, kann jederzeit die Benutzung des Beweismittels verlangen (Alsberg/*Tsambikakis* Rn. 1518). Eine entsprechende Erklärung ermöglicht es dem Gericht lediglich, die Verwendung des präsenten Beweismittels zurückzustellen (KK-StPO/*Krehl* § 245 Rn. 21).

Ein **Widderruf** der Verzichtserklärung ist **nicht möglich**, es sei denn, der Verfahrensbeteiligte ist durch eine rechtsirrige Erklärung des Gerichts zu seinem Verzicht veranlasst worden und dieser Irrtum wird noch im Laufe der Hauptverhandlung richtiggestellt (Alsberg/ *Tsambikakis* Rn. 1519). Ansonsten ist die Widerrufserklärung als **Antrag** auf die Erhebung des Beweises auszulegen (*Meyer-Goßner/Schmitt* § 245 Rn. 14; KK-StPO/*Krehl* § 245 Rn. 22; a. A. LR/*Becker* § 245 Rn. 38).

Der Verzicht kann sich auf einzelne oder mehrere Beweismittel beziehen. Er kann sich auch auf die **teilweise Nichtverwendung** eines Beweismittels beschränken, z.B. auf die teilweise Nichtverlesung einer Urkunde (KK-StPO/*Krehl* § 245 Rn. 19). Bei Zeugen oder Sachverständigen sind dieser Möglichkeit jedoch Grenzen gesetzt. Sobald die Beweisperson mit der Aussage zu einem bestimmten Tatkomplex begonnen hat, ist es mit ihrer Wahrheitspflicht (vgl. § 64 Abs. 1: nichts verschweigen) unvereinbar, die Aussage zur Sache durch einen allseitigen Verzicht vorzeitig zu beenden (LR/*Becker* § 245 Rn. 36; Alsberg/ *Tsambikakis* Rn. 1516). Der Verzicht wirkt nur für die **Instanz**, in der er erklärt wird (*Meyer-Goßner/Schmitt* § 245 Rn. 14). Er gilt auch nicht (mehr) für diejenigen Beweismittel, die nach Aussetzung der Hauptverhandlung erneut präsent sind (LR/*Becker* § 245 Rn. 39). 19

II. Präsente Beweismittel nach Abs. 2. 1. Zeugen und Sachverständige. Zeugen und Sachverständige sind präsente Beweismittel i.S.d. Abs. 2 Satz 1, wenn sie **auf Ladung** der Staatsanwaltschaft (§ 214 Abs. 3), des Nebenklägers (§§ 397 Abs. 1, 386 Abs. 2 – str.: dafür u.a. *Meyer-Goßner/Schmitt* § 245 Rn. 16; a. A. Alsberg/ *Tsambikakis* Rn. 1526), des Angeklagten (§ 220 Abs. 1) oder eines sonst befugten Verfahrensbeteiligten **erschienen** sind. Die Berechtigung des in Abs. 2 nicht genannten Verteidigers, Zeugen und Sachverständige selbst zu laden, folgt aus seiner Befugnis, die dem Angeklagten zustehenden prozessualen Rechte in seiner Eigenschaft als dessen Beistand aus eigenem Recht und in eingenem Namen wahrzunehmen (BGH NStZ 2014, 351, 353). Die Staatsanwaltschaft kann die Beweispersonen – ebenso wie das Gericht – formlos laden (s. dazu oben Rdn. 6), die übrigen Verfahrensbeteiligten müssen sie ordnungsgemäß – also **förmlich** nach § 38 **durch den Gerichtsvollzieher** – laden (s. dazu *Michalke*, in: Hamm/Leipold, Formularbuch VII.D.3, 4; *Waszczynski* ZJS 2010, 318, 319). Die derart geladenen Zeugen und Sachverständigen müssen dem Gericht und dem jeweiligen Prozessgegner nach § 222 rechtzeitig namhaft gemacht werden. Ein Verstoß gegen diese Verpflichtung kann allenfalls zu einer Aussetzung des Verfahrens nach § 246 Abs. 2 führen (s. dort Rdn. 5 ff.). Des Weiteren muss dem Gericht die ordnungsgemäße Ladung der Beweispersonen in der Hauptverhandlung nachgewiesen werden, soweit sie nicht anderweitig aktenkundig geworden ist (*Meyer-Goßner/Schmitt* § 245 Rn. 16). Auf Beweispersonen, die ohne vorherige ordnungsgemäße Ladung mitgebracht (»sistiert«) werden, ist Abs. 2 Satz 1 nicht anwendbar (LR/*Becker* § 245 Rn. 44). Gleichwohl kann die Aufklärungspflicht die Vernehmung dieser Beweispersonen gebieten (Alsberg/ *Tsambikakis* Rn. 1527). Der im Sitzungssaal anwesende Verteidiger ist kein präsentes Beweismittel, weil er auf Ladung des Gerichts erschienen ist (BGH StV 1995, 567). Gleiches gilt für die übrigen Verfahrensbeteiligten, soweit sie ausschließlich in amtlicher Eigenschaft zur Hauptverhandlung erschienen sind (Alsberg/ *Tsambikakis* Rn. 1529). Die Beweisperson muss bis zum **Ende der Beweisaufnahme** erschienen sein und sofort vernommen werden können (LR/*Becker* § 245 Rn. 46). Letzteres gilt auch für den Sachverständigen. Das Gericht ist allerdings verpflichtet, diesem zur Vorbereitung rechtzeitig Zugang zu den für eine Begutachtung erforderlichen Unterlagen sowie ggf. zu dem inhaftierten bzw. untergebrachten Angeklagten zu verschaffen (BGH StV 1997, 562 mit Anm. *Wittig* StV 1998, 174). 20

2. Sonstige herbeigeschaffte Beweismittel. Sonstige herbeigeschaffte Beweismittel sind **Urkunden und Augenscheinsobjekte**. Für das Herbeischaffen ist keine besondere Form vorgeschrieben. Es genügt, wenn das Beweismittel bis zum Schluss der Beweisaufnahme gebrauchsfähig herbeigeschafft wird (KK-StPO/*Krehl* § 245 Rn. 25). Eine Konstatierung durch das Gericht ist – im Unterschied zu Abs. 1 – nicht erforderlich (Alsberg/ *Tsambikakis* Rn. 1532). Soweit der Inhalt des Beweismittels nur mithilfe eines Abspielgerätes wahrgenommen werden kann, muss auch dieses – sowie ggf. eine zur Bedienung benötigte Person – bereitstehen. Urkunden, die von einem **Zeugen** mitgebracht werden, sind erst dann herbeigeschafft, wenn ein Verfahrensbeteiligter ausdrücklich ihre Verwendung verlangt; in der **Übergabe durch den Angeklagten** ist dagegen regelmäßig das schlüssig geäußerte Verlangen nach der Verwendung der Schriftstücke als Beweismittel zu erblicken (LR/*Becker* § 245 Rn. 49). Fremdsprachige Urkunden sind nur dann präsent, wenn zugleich ein Übersetzer zur Verfügung steht (LR/*Becker* § 246 Rn. 49). 21

22 **3. Beweisantrag.** Die Beweiserhebungspflicht des Gerichts wird in den Fällen des Abs. 2 erst durch einen Beweisantrag aktiviert, der in jeder Hinsicht den **Anforderungen des** § 244 (dazu dort Rdn. 82 ff.) **entsprechen** muss (BGH StraFo 2011, 511; NStZ 1999, 632, 633; *Meyer-Goßner/Schmitt* § 245 Rn. 20). Das gilt auch für persönliche Beweismittel (KK-StPO/*Krehl* § 245 Rn. 26; krit. *Hamm/Hassemer/Pauly*, Beweisantragsrecht Rn. 455). Der Antrag kann bis zum Beginn der Urteilsverkündung gestellt werden (LR/*Becker* § 245 Rn. 53; a. A. – Schluss der Beweisaufnahme – *Meyer-Goßner/Schmitt* § 245 Rn. 20). Auch ein bedingter Antrag, insbesondere ein **Hilfsbeweisantrag**, ist zulässig (KK-StPO/ *Krehl* § 245 Rn. 26). Der Hinweis, dass das beantragte Beweismittel präsent ist, ist zweckmäßig, aber nicht erforderlich (LR/*Becker* § 245 Rn. 52). Wird ein förmlicher Beweisantrag nicht gestellt oder entspricht dieser nicht den Anforderungen des § 244 Abs. 3, kann es die Aufklärungspflicht nach § 244 Abs. 2 gleichwohl gebieten, den präsenten Beweis zu erheben, wenn dessen Verfügbarkeit für das Gericht erkennbar ist (Alsberg/*Tsambikakis* Rn. 1535).

23 Für die Form des Beweisantrages gilt dasselbe wie für den Beweisantrag i.S.d. § 244 (dazu dort Rdn. 103 ff.). Insbesondere ist er in der Hauptverhandlung **mündlich** zu stellen; schriftlich eingereichte Anträge sind zu verlesen. Der Antrag muss nicht von demjenigen Verfahrensbeteiligten gestellt werden, der den Zeugen oder Sachverständigen geladen oder das sachliche Beweismittel herbeigeschafft hat (Alsberg/*Tsambikakis* Rn. 1537). Jeder Verfahrensbeteiligte kann einen entsprechenden Antrag stellen oder sich einem solchen Antrag anschließen. Ein Beweisantrag nach Abs. 2 Satz 1 ist auch dann zulässig, wenn das Gericht zuvor einem auf dasselbe (im Zeitpunkt der Antragstellung nicht präsente) Beweismittel bezogenen Antrag nach § 244 Abs. 3 nicht entsprochen hat. Es handelt sich dabei nicht um eine bloße Wiederholung eines früheren, vom Gericht bereits abgelehnten Beweisantrages, sondern um ein **neues Beweisbegehren**, über das das Gericht nach Abs. 2 zu entscheiden hat (KK-StPO/*Krehl* § 245 Rn. 26; *Eisenberg* BR Rn. 290).

24 **4. Unzulässigkeit der Beweiserhebung und Ablehnungsgründe des Abs. 2 Satz 3.** Auch nach Abs. 2 Satz 2 dürfen unzulässige Beweise nicht erhoben werden. Hierzu kann auf die Ausführungen zu Abs. 1 (dazu oben Rdn. 14) und zu § 244 Abs. 3 Satz 1 (dort Rdn. 145 ff.) verwiesen werden.

25 Des Weiteren enthält Abs. 2 Satz 3 einen **abschließenden** (»nur«) **Katalog** von Gründen, aus denen das Gericht einen Beweisantrag ablehnen **kann**. Die Ablehnung steht im pflichtgemäßen Ermessen des Gerichts, das hierbei auch Belange der **Verfahrensökonomie** berücksichtigen darf. Allerdings wird die Verwendung eines präsenten Beweismittels vielfach einfacher und verfahrensökonomischer sein als die Ablehnung eines hierauf gerichteten Antrages (LR/*Becker* § 245 Rn. 58). Ist das benannte Beweismittel nicht präsent, ist der Antrag nicht nach Abs. 2 abzulehnen, sondern nach § 244 Abs. 3 bis 6 zu bescheiden (Alsberg/*Tsambikakis* Rn. 1544).

26 Der Katalog der sachlichen Ablehnungsgründe ist **enger** als derjenige des § 244 Abs. 3 und 4 (s. dazu *Waszczynski* ZJS 2010, 318, 320 ff.). Er ist auf Fälle beschränkt, in denen ein sachliches Interesse an der Beweiserhebung unter keinem denkbaren Gesichtspunkt bestehen kann (LR/*Becker* § 245 Rn. 57).

27 Das gilt für Tatsachen, die **erwiesen** oder **offenkundig** sind. Hier kann auf die Erläuterung dieser Ablehnungsgründe bei § 244 Abs. 3 (dort Rdn. 66 ff.; 185 ff.) verwiesen werden. Eine Ablehnung, weil **das Gegenteil** der unter Beweis gestellten Tatsache offenkundig oder bereits erwiesen ist, ist nicht zulässig (*Meyer-Goßner/Schmitt* Rn. 24; *Eisenberg* BR Rn. 294). Insbesondere kann die Vernehmung eines weiteren Sachverständigen nicht mit der Begründung abgewiesen werden, dass das Gegenteil der Beweisbehauptung durch ein früheres Gutachten bereits erwiesen sei (KK-StPO/*Krehl* § 245 Rn. 30). Ebensowenig darf das Gericht die beantragte Beweierhebung unter Verweis auf die eigene Sachkunde ablehnen (*Waszczynski* ZJS 2010, 318, 323).

28 Der Begriff des **fehlenden Zusammenhangs** ist wesentlich enger zu verstehen als derjenige der Bedeutungslosigkeit i.S.d. § 244 Abs. 3 Satz 2 (KK-StPO/*Krehl* § 245 Rn. 31). Der Ablehnungsgrund greift nur dann ein, wenn **jede objektive Sachbezogenheit** zwischen der unter Beweis gestellten Tatsache und dem Gegenstand der Urteilsfindung **fehlt** (*Meyer-Goßner/Schmitt* § 245 Rn. 25; *Eisenberg* BR Rn. 295). Dabei ist eine Beweisantizipation nicht zulässig (Alsberg/*Tsambikakis* Rn. 1550). Vielmehr ist jede Möglichkeit, dass die beantragte Beweiserhebung einer sich bereits verfestigenden Meinung des Gerichts entgegenwirkt, in Betracht zu ziehen. Der Sachzusammenhang darf deshalb nicht verengt aus der Sicht eines sich bereits abzeichnenden Verfahrensergebnisses beurteilt werden (LR/*Becker* § 245 Rn. 63).

Der Ablehnungsgrund der **völligen Ungeeignetheit** des Beweismittels ist wiederum aus § 244 Abs. 3 **29**
Satz 2 übernommen (dort Rdn. 189 ff.). Es ist somit auf die objektive Ungeeignetheit und nicht auf
die subjektive Untauglichkeit abzustellen. Allerdings kann ein Sachverständiger, dem jede Sachkunde
auf dem in Rede stehenden Sachgebiet fehlt, als objektiv ungeeignet betrachtet werden (*Meyer-Goßner/
Schmitt* § 245 Rn. 26; KK-StPO/*Krehl* § 245 Rn. 32). Das soll auch gelten, wenn der Sachverständige
mangels genügender Anknüpfungstatsachen kein Gutachten erstatten kann (LR/*Becker* § 245 Rn. 65).
Hierfür reicht es allerdings nicht aus, dass ein aussagepsychologischer Sachverständiger, der die Glaubhaftigkeit der Aussage eines Zeugen beurteilen soll, während der Vernehmung dieses Zeugen nicht anwesend war. Dieser Umstand ist ggf. bei der Würdigung des Gutachtens in Rechnung zu stellen (BGH
StV 2011, 711). Gleiches gilt, wenn der Zeuge die notwendige Einwilligung in die Exploration verweigert (BGH StV 2015, 273). **Zweifel** an der Geeignetheit eines Sachverständigen berechtigen nicht zur
Ablehnung eines Beweisantrages nach Abs. 2 Satz 3 (*Meyer-Goßner/Schmitt* § 245 Rn. 26). Gleiches
gilt für Zweifel am Wissen, am Erinnerungsvermögen oder an der Glaubwürdigkeit eines Zeugen (LR/
Becker § 245 Rn. 65)

Der Ablehnungsgrund der **Verschleppungsabsicht** entspricht (inzwischen) demjenigen des § 244 **30**
Abs. 3 Satz 2 (dazu dort § 244 Rdn. 215 ff.). Eine erhebliche Verzögerung hat die Rspr. schon früher
nicht für erforderlich gehalten (s. dazu BGHSt 51, 333, 342 f.), weil die Präsenz des Beweismittels
eine Unterbrechung oder gar Aussetzung der Hauptverhandlung regelm. nicht erforderlich macht.
Damit genügt jede – auch unerhebliche – Verfahrensverzögerung. Allerdings soll die **zur bloßen Durchführung** der Beweiserhebung erforderliche Zeit nicht als prozessverschleppende Verzögerung angesehen werden können (KK-StPO/*Krehl* § 245 Rn. 33),) es sei denn, die Beweiserhebung ist ungewöhnlich aufwendig und nimmt unverhältnismäßig viel Zeit in Anspruch (Alsberg/*Tsambikakis* § 245
Rn. 1553). Die Gegenauffassung (Alsberg/*Güntge* Rn. 1248 f.; s. a. LR/*Becker* § 244 Rn. 275; § 245
Rn. 66) weist zu Recht darauf hin, dass der Ablehnungsgrund bei dieser Auslegung praktisch leerlaufen
würde, und lässt es bereits ausreichen, wenn durch die Durchführung einer zur Sachverhaltsaufklärung
nichts beitragenden Beweiserhebung die Dauer der Hauptverhandlung verlängert wird.

III. Verfahrensfragen. Die Durchführung der Beweiserhebung obliegt auch bei präsenten Beweis- **31**
mitteln dem Vorsitzenden (§ 238 Abs. 1). Er hat somit auch das Recht, die Reihenfolge der Beweisaufnahme zu bestimmen. Er darf dieses Recht jedoch nicht missbrauchen, um die Beweiserhebungspflicht
leerlaufen zu lassen. Desgleichen hat er auf die Belange der erschienenen Beweispersonen im gebotenen
Umfang Rücksicht zu nehmen (LR/*Becker* § 245 Rn. 6).

Die verfahrensleitenden Anordnungen des Vorsitzenden im Hinblick auf die Verwendung präsenter Be- **32**
weismittel kann jeder Verfahrensbeteiligte gem. **§ 238 Abs. 2** beanstanden. Das gilt auch dann, wenn es
der Vorsitzende ablehnt, die Beweiserhebung auf ein präsentes Beweismittel i.S.d. Abs. 1 zu erstrecken
(KK-StPO/*Krehl* § 245 Rn. 34). Die Entscheidung des Gerichts ist nach § 34 zu begründen (LR/*Becker* § 245 Rn. 41).

Über einen Beweisantrag nach Abs. 2 Satz 1 hat das Gericht durch einen zu begründenden **Beschluss** zu **33**
entscheiden, wenn es die Beweiserhebung als unzulässig oder aus den in Abs. 2 Satz 3 genannten Gründen ablehnt (*Meyer-Goßner/Schmitt* § 245 Rn. 28). Für den Inhalt des Beschlusses und für die Form
seiner Bekanntgabe gelten die gleichen Grundsätze wie für den Beschluss nach § 244 Abs. 6 (dazu
dort Rdn. 118 ff.). **Keine formelle Entscheidung** des Gerichts ist dagegen erforderlich, wenn der Vorsitzende die Beweiserhebung anordnet und den beantragten Beweis erhebt (LR/*Becker* § 245 Rn. 55).

C. Revision. Wurde ein nach Abs. 1 präsentes Beweismittel zu Unrecht nicht verwendet, kann **34**
dieser Verstoß die Revision nach § 337 und ggf. nach § 338 Nr. 8 begründen, wenn er auf einen Beschluss des Gerichts zurückgeht (LR/*Becker* § 245 Rn. 76). Eine **Anrufung des Gerichts** nach § 238
Abs. 2 ist i.d.R. **jedoch nicht erforderlich**, weil Abs. 1 dem Vorsitzenden weder einen Beurteilungsspielraum bei der Feststellungen der tatbestandlichen Voraussetzungen noch ein Ermessen auf der Rechtsfolgenseite einräumt (s. dazu BGHSt 51, 144, 146 f.; KK-StPO/*Krehl* § 246 Rn. 35). Etwas anderes
kann gelten, wenn der Vorsitzende die Beweiserhebung ablehnt, weil er sie für **unzulässig** hält. In diesem
Fall ist ein Antrag auf gerichtliche Entscheidung nicht nur statthaft, sondern erscheint auch erforderlich
(BGH NStZ 2006, 178; LR/*Becker* § 245 Rn. 78). In seiner Begründungsschrift muss der Revisionsführer das Beweismittel genau bezeichnen und alle Tatsachen darlegen, aus denen sich ergibt, dass

es sich um ein präsentes Beweismittel i.S.d. Abs. 1 handelte. Wird ein präsenter **Zeuge** rechtsfehlerhaft nicht vernommen, muss der Revisionsführer des Weiteren vortragen, ob und ggf. zu welchem Beweisthema der Zeuge im Ermittlungsverfahren vernommen worden ist und zu welchem Thema er in der Hauptverhandlung möglicherweise entscheidungserhebliche Angaben hätte machen können (BGH NJW 1996, 1685; *Meyer-Goßner/Schmitt* § 245 Rn. 30). Bei **sächlichen Beweismitteln** sind Angaben darüber erforderlich, ob und ggf. in welcher Form das Gericht das Vorhandensein und die Beweismitteleigenschaft des Beweismittels festgestellt hat (BGHSt 37, 168, 174) oder ob und ggf. in welcher Form ein Verfahrensbeteiligter die Verwendung des in der Hauptverhandlung vorhandenen sächlichen Beweismittels verlangt und wie das Gericht hierauf reagiert hat (LR/*Becker* § 245 Rn. 76; KK-StPO/*Krehl* § 245 Rn. 35).

35 Ein Verstoß gegen Abs. 2 begründet die Revision, wenn das Gericht einen ordnungsgemäß gestellten Beweisantrag **zu Unrecht ablehnt** oder **überhaupt nicht bescheidet** (LR/*Becker* § 245 Rn. 77). Für die Revisionsbegründung gelten dieselben Anforderungen wie bei § 244 (dazu dort Rdn. 248 ff.); zudem muss dargelegt werden, dass das Beweismittel präsent war – wozu der Vortrag gehört, dass die förmliche Ladung der Beweisperson durch den Gerichtsvollzieher in der Hauptverhandlung nachgewiesen wurde (BGH StV 2013, 71) – und dennoch nicht verwendet wurde. Auch dürfen keine Zweifel darüber verbleiben, welche Verfahrensvorschrift verletzt sein und anhand welcher Norm der gerügte Verstoß geprüft werden soll (BGH a.a.O.: § 245 Abs. 2 Satz 3 bzw. § 244 Abs. 3 Satz 2). Inhaltliche Ausführungen zu der unterlassenen Beweiserhebung und zu deren voraussichtlichem Ergebnis sind hingegen nicht erforderlich (OLG Düsseldorf StV 2001, 105).

36 Für die Prüfung des **Beruhens** gelten keine Besonderheiten. Im Regelfall wird ein Beruhen nicht auszuschließen sein (BGH wistra 2012, 29). Ein Beruhen auf der Verletzung des § 245 kann allenfalls ausgeschlossen werden, wenn die unterlassene Beweiserhebung die Entscheidung mit Sicherheit nicht beeinflusst hat, etwa dann, wenn feststeht, dass der zu Unrecht nicht vernommene Zeuge das Zeugnis verweigert hätte (BGH NJW 1996, 1685) oder wenn der Angeklagte die Tat glaubhaft gestanden hat (LR/*Becker* § 245 Rn. 80).

37 Die Nichtanhörung eines präsenten Zeugen oder Sachverständigen und die Nichtbenutzung eines beigebrachten Beweisgegenstandes kann auch mit der **Aufklärungsrüge** beanstandet werden, wenn ein Beweiserhebungsverlangen (Abs. 1) nicht geäußert oder ein Beweisantrag (Abs. 2) nicht gestellt wurde (KK-StPO/*Krehl* § 245 Rn. 36).

§ 246 StPO Ablehnung von Beweisanträgen wegen Verspätung.

(1) Eine Beweiserhebung darf nicht deshalb abgelehnt werden, weil das Beweismittel oder die zu beweisende Tatsache zu spät vorgebracht worden sei.
(2) Ist jedoch ein zu vernehmender Zeuge oder Sachverständiger dem Gegner des Antragstellers so spät namhaft gemacht oder eine zu beweisende Tatsache so spät vorgebracht worden, dass es dem Gegner an der zur Einziehung von Erkundigungen erforderlichen Zeit gefehlt hat, so kann er bis zum Schluss der Beweisaufnahme die Aussetzung der Hauptverhandlung zum Zweck der Erkundigung beantragen.
(3) Dieselbe Befugnis haben die Staatsanwaltschaft und der Angeklagte bei den auf Anordnung des Vorsitzenden oder des Gerichts geladenen Zeugen oder Sachverständigen.
(4) Über die Anträge entscheidet das Gericht nach freiem Ermessen.

1 § 246 Abs. 1 schließt eine **Präklusion von Beweisanträgen** aufgrund Zeitablaufs aus. Für den Fall einer **verspäteten Namhaftmachung** von Beweismitteln ermöglichen die Absätze 2 bis 4 die **Aussetzung** der Hauptverhandlung.

2 **A. Keine Rügepräklusion (Abs. 1)** § 246 Abs. 1 ergänzt § 244 Abs. 3 dahingehend, dass jeder bis zum Beginn der Urteilsverkündung gestellte Beweisantrag **entgegengenommen** und **sachlich geprüft** werden muss (*Meyer-Goßner/Schmitt* § 246 Rn. 1). Das Gesetz schreibt den Verfahrensbeteiligten nicht vor, bis zu welchem Zeitpunkt sie in der Hauptverhandlung ihre Beweisanträge anzubringen haben (BGH NStZ 1998, 207 m. Anm. *Sander*; StV 1990, 391 m. Anm. *Strate*). Ein Antrag darf also **nicht allein deshalb** zurückgewiesen werden, weil er früher hätte gestellt werden können (BGH NJW

2005, 2466, 2467; LR/*Becker* § 246 Rn. 1). Insoweit tritt der Beschleunigungsgrundsatz hinter die Verpflichtung des Gerichts zur erschöpfenden Sachverhaltsaufklärung zurück (BGH NStZ 2005, 395; krit. *Bauer* NStZ 2008, 542, 544 f.; *Basdorf* StV 1997, 490; *ders.* FS Widmaier, S. 61 f.). Zudem verwirklicht sich in der Wahl des Antragszeitpunkts das Recht des Angeklagten bzw. seines Verteidigers, die **Verteidigungsstrategie autonom zu bestimmen** und dem Ergebnis der Beweisaufnahme anzupassen (*Bernsmann* ZRP 1994, 331). Eventuell damit einhergehende Lästigkeiten (*Schmitt* StraFo 1993, 53 f.) haben das Gericht und die übrigen Verfahrensbeteiligten hinzunehmen.

Gegen die sog. **Fristsetzungslösung** des BGH (BGHSt 51, 333, 334 f.; 52, 355, 358 f.; s. a. BGH StV 2006, 113 m. Anm. *Dahs*; NStZ 2007, 716), wonach das Verstreichenlassen einer zuvor vom Gericht im Rahmen der Sachleitungsbefugnis (§ 238 Abs. 1) gesetzten Frist zur Anbringung von Beweisanträgen ein **Indiz** für die Annahme von **Verschleppungsabsicht** i.S.d. § 244 Abs. 3 Satz 2 sein soll (dazu dort Rdn. 222 f.) sprechen Bedenken von Gewicht (dazu *Kempf* StraFo 2010, 316). Ein **Verstoß gegen § 246** liegt hierin allerdings **nicht** (a. A. *Beulke/Ruhmannseder* NStZ 2008, 300, 302; *Gaede* NJW 2009, 608; *König* StV 2009, 171, 172 f.; *Fezer* HRRS 2009, 17 f.; Alsberg/*Güntge* Rn. 1244), denn auch nach Fristablauf ist das Gericht verpflichtet, Beweisanträge entgegennehmen und inhaltlich prüfen (LR/*Becker* § 244 Rn. 283). Mehr verlangt Abs. 1 nicht (zutr. daher BGHSt 52, 355, 362 f.). 3

Beweisanträge können **bis zum Beginn der Urteilsverkündung**, also auch noch nach Abschluss der Beweisaufnahme, gestellt werden (BGHSt 21, 118, 123 f.; BGH NStZ 2005, 395; *Meyer-Goßner/Schmitt* § 246 Rn. 1). Erkennt das Gericht beim Wiedereintritt in den Saal, dass ein Verfahrensbeteiligter einen Beweisantrag stellen möchte, darf es ihm diese Möglichkeit nicht abschneiden, indem es mit der Urteilsverkündung beginnt, noch bevor der Verfahrensbeteiligte Gelegenheit zur Antragstellung hatte (BGH NStZ 2007, 112, 113; KG StV 1991, 59). Das gilt insbesondere dann, wenn die Stellung von Beweisanträgen – etwa schriftlich – während der Beratung angekündigt wurde (KK-StPO/*Krehl* § 246 Rn. 2). Wird der Antrag gestellt, ist die Beweisaufnahme wieder aufzunehmen (BGH NStZ 2005, 395). Lehnt der Vorsitzende es ab, den Antrag entgegenzunehmen oder wieder in die Beweisaufnahme einzutreten, kann das Gericht nach § 238 Abs. 2 angerufen werden (BGH NStZ 1992, 346). Wird ein Beweisantrag **während der Urteilsverkündung** gestellt, muss der Vorsitzende weder die Verkündung unterbrechen noch den Beweisantrag entgegen nehmen. Es steht ihm jedoch frei, dies zu tun. In diesem Fall ist der Antrag nach §§ 244, 245 zu bescheiden (LR/*Becker* § 246 Rn. 2). 4

B. Aussetzung der Hauptverhandlung (Abs. 2 bis 4)

Das Antragsrecht auf Aussetzung der Hauptverhandlung nach den Abs. 2 und 3 schützt den Angeklagten bzw. die Staatsanwaltschaft davor, bei der Beweisaufnahme **überrumpelt** zu werden, wenn ein zu vernehmender **Zeuge oder Sachverständiger** so spät namhaft gemacht oder eine zu beweisende Tatsache so spät vorgebracht wurde, dass dem Gegner die Zeit gefehlt hat, Erkundigungen über Wert oder Unwert des Beweismittels einzuziehen (LR/*Becker* § 246 Rn. 3; KK-StPO/*Krehl* § 246 Rn. 4). Für **sächliche Beweismittel**, deren Vorhandensein den Beteiligten nicht rechtzeitig bekanntgegeben werden, gelten die Regelungen entsprechend (*Meyer-Goßner/Schmitt* § 246 Rn. 2). 5

Formal knüpfen Abs. 2 und Abs. 3 an die **Pflicht zur rechtzeitigen Benennung** der Beweisperson nach § 222 an und ergänzen diese, indem sie die für die Verletzung dieser Verpflichtung verfahrensrechtliche Konsequenzen vorsehen (KK-StPO/*Krehl* § 246 Rn. 4). Dies gilt über § 222 hinaus, der nur Beweispersonen betrifft, auch für **Beweistatsachen**. 6

»**Zu spät**« bedeutet dasselbe wie nicht »rechtzeitig« i.S.d. § 222. Die Namhaftmachung einer **Beweisperson** ist nicht mehr rechtzeitig und damit zu spät, wenn den anderen Verfahrensbeteiligten nicht ausreichend Zeit zur Einziehung von Erkundigungen oder für eigene Maßnahmen – wie die Anbringung von Gegenbeweisanträgen oder die Ladung von Gegenzeugen – bleibt (KK-StPO/*Gmel* § 222 Rn. 5; AnwK/*Sommer* § 246 Rn. 4). Für eine Namhaftmachung genügt jede schriftliche oder mündliche – auch fernmündliche – Mitteilung, wobei aus Gründen der Rechtssicherheit grundsätzlich die Schriftform eingehalten werden sollte (KK-StPO/*Gmel* § 222 Rn. 6). Es genügt nicht, dass der Zeuge oder Sachverständige durch Akteneinsicht als Beweismittel hätte erkannt werden können (LR/*Becker* § 246 Rn. 6). Eine **Beweistatsache** ist zu spät vorgebracht, wenn der Gegner zu einem Zeitpunkt mit der Behauptung ihrer Beweiserheblichkeit konfrontiert wird, in dem er hierauf nicht mehr angemessen reagieren kann (LR/*Becker* § 246 Rn. 7). Allerdings sind Tatsachen, deren verfahrenserhebliche Bedeutung entweder aus den zur Verfügung stehenden Akten oder aus der Anklageschrift ersichtlich war, keine 7

§ 246 StPO   Ablehnung von Beweisanträgen wegen Verspätung

»neuen« Tatsachen, die eine Aussetzung der Hauptverhandlung zu rechtfertigen vermögen (BGHSt 37, 1, 3; LG Koblenz StV 1997, 239, 240).

8   Die Aussetzung der Hauptverhandlung muss **zum Zweck der Erkundigung** beantragt werden. Die Erkundigung kann sowohl die Beweisperson – z.B. ihre Glaubwürdigkeit oder ihr Fachwissen – als auch die zu beweisende Tatsache betreffen (LR/*Becker* § 246 Rn. 8). **Antragsbefugt** nach **Abs. 2** ist der **Gegner** desjenigen, der das Beweismittel zu spät namhaft gemacht oder die Beweistatsache nicht rechtzeitig vorgebracht hat. Gegner sind all diejenigen, die Verfahrensinteressen mit gegenläufigen Zielsetzungen verfolgen (LR/*Becker* § 246 Rn. 9). Die Vorschrift stellt – ebenso wie § 222 – vor allem auf den Gegensatz zwischen dem Angeklagten – bzw. ihm gleichgestellte Nebenbeteiligte (§ 433 Abs. 1) – und der Staatsanwaltschaft ab. Auch der **Nebenkläger** ist i.d.R. Gegner des Angeklagten; allerdings steht im nach § 397 Abs. 1 Satz 3 kein Recht zu, die Aussetzung der Hauptverhandlung zu verlangen (*Meyer-Goßner/Schmitt* § 246 Rn. 4; die Entscheidung BGHSt 28, 272, 274 ist überholt). **Mitangeklagte** können Gegner sein, wenn ihre Verfahrensinteressen in Bezug auf die konkrete Beweiserhebung gegenläufig sind (AnwK/*Sommer* § 246 Rn. 5). Nach **Abs. 3** sind die Staatsanwaltschaft und der Angeklagte, darüber hinaus nach h.M. auch die ihm gleichgestellten Nebenbeteiligten sowie sein **Verteidiger** antragsbefugt (LR/*Becker* § 246 Rn. 10); ob darüber hinaus auch jeder andere in seinen Verfahrensinteressen Betroffene antragsbefugt ist, ist strtg. (dafür *Meyer-Goßner/Schmitt* § 246 Rn. 4; KK-StPO/*Krehl* § 246 Rn. 6; a. A. LR/*Becker* § 246 Rn. 10). Für den Nebenkläger gilt wiederum § 397 Abs. 1 Satz 3.

9   Der Aussetzungsantrag kann **bis zum Schluss der Beweisaufnahme**, also bis zum Beginn der Schlussvorträge (§ 258 Abs. 1) gestellt werden (BGHSt 37, 1, 2); danach nur dann, wenn das Gericht erneut in die Beweisaufnahme eingetreten ist. Der Antrag muss erkennbar **auf die Aussetzung** der Hauptverhandlung gerichtet sein. Der bloße **Protest** gegen die Beweiserhebung kann nicht ohne weiteres als Antrag auf Aussetzung der Hauptverhandlung angesehen werden (*Meyer-Goßner/Schmitt* § 246 Rn. 5).

10   Das Gericht muss die Verfahrensbeteiligten grundsätzlich **nicht** über das Antragsrecht **belehren**. Etwas anderes kann unter **Fürsorgesichtpunkten** für den rechtsunkundigen und unverteidigten Angeklagten gelten (KK-StPO/*Krehl* § 246 Rn. 6; *Meyer-Goßner/Schmitt* § 246 Rn. 3). In solchen Fällen kommt auch eine **Aussetzung von Amts wegen** in Betracht, ebenso, wenn die Hauptverhandlung **ohne den Angeklagten** stattfindet und für diesen auch kein Verteidiger erschienen ist (LR/*Becker* § 246 Rn. 20).

11   Über den Aussetzungsantrag entscheidet das Gericht – nicht der Vorsitzende allein – gem. Abs. 4 nach »**freiem Ermessen**«. Es soll dabei frei von allgemeinen formalen Erwägungen aufgrund der Gegebenheiten des Einzelfalls entscheiden (BGHSt 37, 1, 3 ff.; BGH StV 1990, 197 f.). Das Gericht hat bei der Nutzung seiner Beurteilungs- und Ermessenspielräume zwischen dem Gebot einer fairen Verfahrensführung einerseits und seiner Aufklärungspflicht und dem Gebot angemessener Verfahrensbeschleunigung andererseits abzuwägen (LR/*Becker* § 246 Rn. 15). Dabei wird die Aussetzung des Verfahrens die **Ausnahme** sein (BGHSt 37, 1, 3), jedenfalls seit der **Verlängerung der Unterbrechungsfristen** des § 229 Abs. 1 und 2 durch das 1. JuMoG. Dieser Zeitraum wird regelmäßig ausreichen, um die erforderlichen Erkundigungen einzuholen (LR/*Becker* § 246 Rn. 15, 19). Über die Gewährung und ggf. die Dauer der Unterbrechung der Hauptverhandlung entscheidet der Vorsitzende im Rahmen seiner Sachleitungsbefugnis (§ 238 Abs. 1). Hiergegen ist ein Antrag auf gerichtliche Entscheidung statthaft (§ 238 Abs. 2).

12   Darüber hinaus kann das Gericht die Aussetzung ablehnen, wenn das neu benannte Beweismittel bereits bekannt ist (BGH StV 1982, 457), Erkundigungen erkennbar keine weitere Aufklärung erwarten lassen (*Meyer-Goßner/Schmitt* § 246 Rn. 5), der Aussetzungsantrag tatsächlich anderen – insbesondere verfahrensfremden – Zwecken dient (BGH StV 1990, 197 m. Anm. *Odenthal*; KK-StPO/*Krehl* § 246 Rn. 8) oder die Tatsache, über die Erkundigungen eingezogen werden sollen, erkennbar ohne Bedeutung für die Beurteilung des neuen Beweismittels ist, wie z.B. der Leumund eines nicht rechtzeitig namhaft gemachten Zeugen, dessen Aussage ausschließlich nach Glaubhaftigkeitskriterien zu beurteilen ist (LR/*Becker* § 246 Rn. 16). Der Ablehnungsbeschluss ist zu begründen (*Meyer-Goßner/Schmitt* § 246 Rn. 5).

13   **C. Rechtsmittel.** Gegen die Entscheidung des Gerichts nach Abs. 4 ist wegen § 305 Satz 1 die Beschwerde nicht statthaft (*Meyer-Goßner/Schmitt* § 246 Rn. 7).

Die **Revision** ist begründet, wenn das Gericht die Bescheidung eines Beweisantrages oder die Erhebung 14
eines Beweises wegen Verspätung ablehnt oder die Ablehnung den Urteilsgründen vorbehält (BGH
NJW 2005, 395); letzteres soll allerdings ausnahmsweise für Fälle schwersten Missbrauchs des Beweisantragsrechts in Betracht kommen (BGH NJW 2005, 2466). Eine **vorherige Anrufung des Gerichts**
nach § 238 Abs. 2 ist für die Zulässigkeit der Rüge nicht erforderlich, weil dem Vorsitzenden weder
ein Beurteilungs- noch ein Ermessensspielraum zusteht (LR/*Becker* § 246 Rn. 23; BGH NStZ 1992,
248; a. A. BGH NStZ 1992, 346; KK-StPO/*Krehl* § 246 Rn. 11). Verweigert der Vorsitzende die Annahme des Beweisantrages, ist eine Aufklärungsrüge zu erheben (KK-StPO/*Krehl* § 246 Rn. 3).

Lehnt das Gericht einen Aussetzungsantrag zu Unrecht ab oder bescheidet es den Antrag nicht, kann 15
dies ebenfalls mit der Revision beanstandet werden. Die Rüge der Verletzung des Abs. 2 oder 3 setzt
jedoch einen entsprechenden **Antrag** des Revisionsführers **in der Hauptverhandlung** voraus (BGH
NStZ 1990, 245; OLG Jena, Beschl. v. 03.04.2006 – 1 Ss 64/06; KK-StPO/*Krehl* § 246 Rn. 12). Etwas
anderes gilt nur dann, wenn das Gericht aufgrund seiner **Fürsorgepflicht** verpflichtet gewesen wäre,
einen Verfahrensbeteiligten auf sein Antragsrecht hinzuweisen oder die Hauptverhandlung von Amts
wegen auszusetzen (dazu oben Rdn. 10; LR/*Becker* § 246 Rn. 25; s. a. OLG Hamm, BeckRS 2011,
24797 bei befugter Abwesenheit des unverteidigten Angeklagten im OWi-Verfahren). Der Revisionsführer muss in diesem Fall die Umstände darlegen, aus der sich diese Verpflichtungen ergeben.

§ 246a StPO Vernehmung eines Sachverständigen vor Entscheidung über eine Unterbringung.

(1) Kommt in Betracht, dass die Unterbringung des Angeklagten in einem psychiatrischen Krankenhaus oder in der Sicherungsverwahrung angeordnet oder vorbehalten werden wird, so ist in der Hauptverhandlung ein Sachverständiger über den Zustand des Angeklagten und die Behandlungsaussichten zu vernehmen. Gleiches gilt, wenn das Gericht erwägt, die Unterbringung des Angeklagten in einer Entziehungsanstalt anzuordnen.
(2) Ist Anklage erhoben worden wegen einer in § 181b des Strafgesetzbuchs genannten Straftat zum Nachteil eines Minderjährigen und kommt die Erteilung einer Weisung nach § 153a dieses Gesetzes oder nach den §§ 56c, 59a Absatz 2 Satz 1 Nummer 4 oder § 68b Absatz 2 Satz 2 des Strafgesetzbuchs in Betracht, wonach sich der Angeklagte psychiatrisch, psycho- oder sozialtherapeutisch betreuen oder behandeln zu lassen hat (Therapieanweisung), soll ein Sachverständiger über den Zustand des Angeklagten und die Behndlungsaussichten vernommen werden, soweit dies erforderlich ist, um festzustellen, ob der Angeklagte einer solchen Betreuung und Behandlung bedarf.
(3) Hat der Sachverständige den Angeklagten nicht schon früher untersucht, so soll ihm dazu vor der Hauptverhandlung Gelegenheit gegeben werden.

A. Allgemeines. Die Unterbringung in einem psychiatrischen Krankenhaus (§ 63 StGB) und die 1
Sicherungsverwahrung (§§ 66, 66a StGB), aber auch die Unterbringung in einer Entziehungsanstalt
(§ 64 StGB) sind außerordentlich schwerwiegende Maßregeln (BVerfGE 91, 1, 29; BGHSt 50, 275,
278; 52, 31, 37). Kommt die Anordnung einer solchen **freiheitsentziehenden Maßregel** in Betracht,
so hat das erkennende Gericht **von Verfassungs wegen** (BVerfGE 70, 297, 308) einen Sachverständigen
zuzuziehen und in der Hauptverhandlung anzuhören. Der § 246a konkretisiert dieses verfassungsrechtliche Gebot und verpflichtet das Gericht zur bestmöglichen Aufklärung aller für die Entscheidung über
die Anordnung relevanten Umstände (AnwK/*Sommer* § 246a Rn. 2). Auch in (scheinbar) einfach gelagerten Fällen ist es dem Gericht damit verwehrt, sich mit der eigenen Sachkunde zu begnügen (BGH
NStZ-RR 2004, 205; LR/*Becker* § 246a Rn. 1). Die Vorschrift dient damit dem Schutz des Angeklagten, aber auch dem öffentlichen Interesse an einer sachgerechten Auswahl und Anordnung von Maßregeln (BGH StV 1994, 231; KK-StPO/*Krehl* § 246a Rn. 1). Bei **nicht-freiheitsentziehenden** Maßregeln richtet sich die Pflicht des Gerichtes zur Zuziehung eines Sachverständigen nach den allgemeines
Regeln (Aufklärungspflicht bzw. Beweisantrag; SSW-StGB/*Schöch* Vor §§ 61 ff. Rn. 35). Der durch
das StORMG vom 26.06.2013 (BGBl. I S. 1805) neu eingefügte Abs. 2 ergänzt die richterliche Aufklärungspflicht und statuiert eine Sollvorschrift zur Begutachtung für den Bereich der Therapieanweisung
bei Sexualstrafsachen zum Nachteil von Minderjährigen (Beschlussempfehlung des Rechtsausschusses,
BT-Drs. 17/12735, S. 16 f.; krit. dazu LR/*Becker* Nachtr. § 246a Rn. 1).

§ 246a StPO   Vernehmung e. Sachverständigen v. Entscheidung über e. Unterbringung

2   **B. Vernehmung eines Sachverständigen (Abs. 1 und 2) I. Voraussetzungen.**
Abs. 1 Satz 1 betrifft die Unterbringung in einem psychiatrischen Krankenhaus (§ 63 StGB) sowie die Anordnung (§ 66 StGB) und den Vorbehalt (§ 66a StGB) der Sicherungsverwahrung und ordnet die Vernehmung eines Sachverständigen für alle Fälle an, in denen die Anordnung dieser Maßregeln in **Betracht kommt**, d.h. **möglich erscheint** (BGH wistra 2010, 68; *Meyer-Goßner/Schmitt* § 246a Rn. 2; KK-StPO/*Krehl* § 246a Rn. 2; *Schneider* NStZ 2008, 68, 70). Dringende Gründe für eine entsprechende Annahme müssen somit nicht vorliegen (*Eisenberg* BR Rn. 1827).

3   Eine entsprechende Verpflichtung enthält Abs. 1 Satz 2 für die Unterbringung in einer Entziehungsanstalt (§ 64 StGB) hingegen nur für diejenigen Fälle, in denen das Gericht die Anordnung dieser Maßregel **konkret erwägt**. Diese Regelung korrespondiert mit der Ausgestaltung des § 64 StGB als Sollvorschrift (*Spiess* StV 2008, 160, 164) Aber auch in diesen Fällen steht die Vernehmung eines Sachverständigen nicht im Belieben des Gerichts. Vielmehr kann es hierauf nur dann verzichten, wenn eine Unterbringung nach den Gegebenheiten des Einzelfall im Hinblick auf den – allerdings eng begrenzten (BGH NStZ 2008, 300; NStZ-RR 2008, 73; SSW-StGB/*Schöch* § 64 Rn. 46) – Ermessensspielraum des Gerichts offensichtlich nicht infrage kommt (*Meyer-Goßner/Schmitt* § 246a Rn. 3; LR/*Becker* § 246a Rn. 8; Graf/*Berg* § 246a Rn. 3; *Schneider* NStZ 2008, 68, 70). Davon darf nur in besonderen Ausnahmefällen ausgegangen werden (OLG Hamm BeckRS 2012, 15942), etwa dann, wenn wegen mangelnder oder fehlender Sprachkenntnisse des Angeklagten keine hinreichend konkreten Erfolgsaussichten für die Behandlung des Angeklagten bestehen (BGH StV 2009, 15; StV 2008, 138, jeweils unter Hinweis auf die Neufassung des § 64 StGB im Jahr 2007). Allerdings kann gerdae unter diesen Umständen die Vernehmung eines Sachverständigen zur Beurteilung der konkreten Erfolgsaussichten erforderlich sein (BGH BeckRS 2013, 02640, Rn. 9). Darüber hinaus soll die Vernehmung eines Sachverständigen unterbleiben können, wenn mit der Ausweisung des Angeklagten zu rechnen ist (BGH NStZ 2009, 214, 215; *Fischer* § 64 Rn. 23a, jew. unter Hinweis auf die Gesetzgebungsmaterialien). Bestehen dagegen **irgendwelche konkreten Erfolgsaussichten**, ist die Maßregel anzuordnen (*Fischer* § 64 Rn. 23a) mit der Folge, dass Abs. 1 Satz 2 zur Anwendung kommt. Die Therapieunwilligkeit des Angeklagten allein steht der Anordnung der Maßregel nicht entgegen (BGH NStZ-RR 2010, 141) und begründet damit die Begutachtungspflicht. Gleiches gilt bei erfolglosen früheren Therapieversuchen (BGH BeckRS 2012, 07665, Rn. 4).

4   Nach dem neu eingefügten Abs. 2 soll frühzeitig ein Sachverständiger über den Zustand des Angeklagten und etwaige Behandlungsmöglichkeiten vernommen werden, wenn dieser einer der in § 181b StGB genannten Sexualstraftaten zum Nachteil eines Minderjährigen hinreichend verdächtig ist (zur Erforderlichkeit der Schuldspruchprognose s. LR/*Becker* Nachtr. § 246a Rn. 10) und die Erteilung einer Therapieweisung (nach § 153a StPO bzw. §§ 56c, 59a Abs. 2 Satz 1 Nr. 4, 68b Abs. 2 Satz 2 StGB) in Betracht kommt. Das Gutachten muss erforderlich sein, um festzustellen, ob der Angeklagte der in Betracht gezogenen psychiatrischen, psycho- oder sozialtherapeutischen Betreuung und Behandlung bedarf (KK-*Krehl*, § 246a Rn. 2a). Mit der Regelung, die schon bei Kriminalität im niederschwelligen Bereich ansetzt, soll häufiger und frühzeitiger als bislang erkannt werden, ob beim Angeklagten eine behandlungsbedürftige, für das Rückfallrisiko bedeutsame Störung vorliegt, der mit einer Therapieweisung begegnet werden kann (Beschlussempfehlung des Rechtsausschusses, BT-Drs. 17/12735, S. 16). Durch die Verweisung in § 153a Abs. 1 S. 8 n. F. kann eine entsprechende Begutachtung von der Staatsanwaltschaft im Ermittlungsverfahren angeordnet werden (*Meyer-Goßner/Schmitt* § 153a Rn. 14a). Für das Vollstreckungsverfahren verweist § 453 Abs. 1 S. 2 n. Fn., auf Abs. 2. Dass eine Therapieweisung in Betracht kommt, dürfte – wie der Vergleich mit der Regelung in Abs. 1 Satz 2 ergibt – nur in Ausnahmefällen auszuschließen sein, etwa dann, wenn der Angeklagte mit Sicherheit nicht therapiefähig ist. Insoweit kann auf die obigen Ausführungen (Rn. 3) verwiesen werden. In den Fällen der §§ 56c, 59a Abs. 2 Satz 1 Nr. 4, 68b Abs. 2 Satz 2 StGB schließt Therapieunwilligkeit die Begutachtung nicht von vornherein aus, weil diese Vorschriften die Erteilung einer entsprechenden Weisung auch ohne Einwilligung des Angeklagten ermöglichen, soweit es sich um eine ambulante Heilbehandlung handelt, die nicht mit körperlichen Eingriffen verbunden ist oder einer Entziehungskur einhergeht (§ 56c Abs. 3 StGB, auf den die übrigen Vorschriften verweisen). Die Erteilung einer Weisung nach § 153a setzt hingegen die Zustimmung des Angeklagten voraus. Hier ist allerdings zu berücksichtigen, dass sich dessen Einstellung je nach Verfahrenslage ändern kann.

II. Auswahl des Sachverständigen. Die Auswahl des Sachverständigen hat **maßnahmenspezifisch**, 5
d. h. nach den für die Begutachtung erforderlichen Fachkenntnissen (BGH NStZ 2000, 215) sowie speziell unter dem Gesichtspunkt der jeweils infrage kommenden Maßregel (BVerfG NJW 1995, 3047 gegen BGH NStZ 1994, 592) zu erfolgen. Soweit eine Unterbringung nach § 63 StGB in Betracht kommt, ist regelmäßig die Vernehmung eine psychiatrischen Sachverständigen erforderlich (KK-StPO/*Krehl* § 246a Rn. 3). Auch in den übrigen Fällen, in denen bei dem Angeklagten eine krankheitsbedingte Störung in Betracht kommt, hat das Gericht einen Arzt mit einschlägigem Fachwissen hinzuzuziehen (BGH NJW 1993, 2252, 2253). Ansonsten – insbesondere für die Prognose – kommt auch die Vernehmung eines Psychologen oder Kriminologen in Betracht (*Kruse* NJW 2014, 509; *Kinzig* NStZ 2004, 659; *Veltes* StV 2000, 282).

Unter Aufklärungsgesichtspunkten kann es – über § 246a hinaus – geboten sein, **weitere Sachverständige** 6
hinzuzuziehen. Das ist insbesondere dann der Fall, wenn mehrere Maßregeln in Betracht zu ziehen sind (LR/*Becker* § 246a Rn. 10; *Eisenberg* BR Rn. 1827) oder sich das Gericht dem Sachverständigengutachten nicht anschließen will (*Trück* NStZ 2007, 384). Da das Gesetz gerade davon ausgeht, dass die eigene Sachkunde des Gerichts für die sichere Beurteilung der in Rede stehenden Fragen nicht ausreicht (BGH NStZ 2005, 159; 2005, 628), genügt es nicht, dass das Gericht den Sachverständigen unter Mitteilung seiner Erwägungen und der sie stützenden Anknüpfungstatsachen lediglich noch einmal zu seiner abweichenden Auffassung anhört (so aber LR/*Becker* § 246a Rn. 4).

III. Vernehmung des Sachverständigen in der Hauptverhandlung. Innerhalb seines Anwen- 7
dungsbereichs gibt § 246a Abs. 1 auch den **Modus der Beweisaufnahme** vor (AnwK/*Sommer* § 246a Rn. 3). Der Sachverständige **muss** in der Hauptverhandlung **vernommen werden**. Die Verlesung einer Vernehmungsniederschrift oder eines – ohnehin nicht zwingend vorgeschriebenen (BGHSt 54, 177; a. A. *Deckers/Schöch/Nedopil/Dittmann/Müller/Nowara/Saimeh/Boetticher/Marburg* NStZ 2011, 69; *Ziegert* StV 2011, 199) – vorbereitenden schriftlichen Gutachtens genügt nicht (*Meyer-Goßner/Schmitt* § 246a Rn. 4; KK-StPO/*Krehl* § 246a Rn. 4). Auch die Vernehmung des Sachverständigen durch den beauftragten oder ersuchten Richter reicht nicht aus (LR/*Becker* § 246a Rn. 9). Ebenso ist eine audiovisuelle Vernehmung des Sachverständigen (weiterhin) nicht statthaft (ausdr. § 247a Abs. 2 Satz 2 n. F.).

Absatz 2 hingegen schreibt die Vernehmung des Sachverständigen in der Hauptverhandlung nicht vor 8
(a. A. LR/*Becker* Nachtr. § 246a Rn. 3: dies folge aus der systematischen Stellung der Vorschrift). Erfolgt die mit einer Therapieauflage verbundene Verurteilung oder Verwarnung im Strafbefehlsverfahren oder eine Einstellung im Dezernatswege, kann die Vernehmung auch außerhalb der Hauptverhandlung erfolgen. Die Erstattung eines schriftlichen Gutachtens reicht jedoch auch bei Abs. 2 nicht aus. Nach Anklageerhebung kann die Vernehmung des Sachverständigen im Zwischenverfahren durch das Gericht nach § 202 erfolgen. Dabei ist den Verfahrensbeteiligten die Anwesenheit zu gestatten; § 168c gilt dabei entsprechend (KK-StPO/*Schneider* § 202 Rn. 8). Gleiches gilt, wenn die Staatsanwaltschaft einen Antrag auf Erlass eines Strafbefehls stellt. Der Richter kann einzelne Beweise entsprechend § 202 selbst erheben (KK-StPO/*Maur* § 408 Rn. 4; ähnlich LR/*Becker* Nachtr. § 246a Rn. 3: Anhörung des Sachverständigen im Freibeweisverfahren). Nach Eröffnung des Hauptverfahrens ist eine Vorwegnahme der Hauptverhandlung durch einzelne Beweiserhebungen grds. nur in den gesetzlich vorgesehenen Fällen statthaft (KK-StPO/*Gmel* Vor § 213 Rn. 3). Ob Abs. 2 eine entsprechende Regelung enthält, kann dahinstehen. Wenn im Hinblick auf eine Verfahrenseinstellung nach § 153a Abs. 2 oder den Übergang in das Strafbefehlsverfahren eine Hauptverhandlung vermieden werden soll, steht einer entsprechenden Anwendung des § 202 nichts entgegen, weil insoweit gerade keine Vorwegnahme vorliegt. Findet eine Haupverhandlung statt, so ist der Sachverständige in dieser zu vernehmen, es sei denn, die Vernehmung zum Beweisthema des Abs. 2 hat bereits im Zwischenverfahren oder außerhalb der Hauptverhandlung im Hauptverfahren stattgefunden. In diesem Fall ist es nach dem Wortlaut des Abs. 2 – anders als bei Abs. 1 – ebenso zulässig, die Niederschrift über die frühere richterliche Vernehmung – etwa nach § 251 Abs. 2 Nr. 3 – zu verlesen, wenn alle Verfahrensbeteiligten Gelegenheit hatten, daran teilzunehmen und der Vorlesung zuzustimmen.

Zwingend von § 246a (sowohl in Abs. 1 als auch in Abs. 2) vorgeschriebener **Gegenstand der Verneh-** 9
mung sind der Zustand des Angeklagten und die Behandlungsaussichten. Allerdings ist die Vernehmung des Sachverständigen schon unter Aufklärungsgesichtspunkten (§ 244 Abs. 2) auch auf **alle**

sonstigen prognoserelevanten Umstände auszudehnen (LR/*Becker* § 246a Rn. 10; zu den inhaltlichen Mindestanforderungen für Prognosegutachten s. *Boetticher/Kröber/Müller-Isberner/Böhm/Müller-Metz/Wolf* NStZ 2006, 537).

10 Bei welchen Teilen der Hauptverhandlung der Sachverständige anwesend sein muss, um ein zutreffendes Bild von der Persönlichkeit des Angeklagten und dessen Zustand zu gewinnen, richtet sich nach Gesichtspunkten der gerichtlichen Aufklärungspflicht (BGH StV 1999, 470). Er braucht i.d.R. **nicht während der gesamten Hauptverhandlung** anwesend zu sein (BGHSt 27, 166, 167; *Meyer-Goßner/Schmitt* § 246a Rn. 4; *Eisenberg* BR Rn. 1828). Er muss sein Gutachten jedoch auf den gesamten relevanten Prozessstoff stützen können (LR/*Becker* § 246a Rn. 11). Hierfür müssen ihm die Verfahrensakten zur Auswertung zur Verfügung stehen (BGH NStZ 2012, 463, 464). Darüber hinaus ist dem Sachverständigen auch die Sichtung von Behandlungsunterlagen früherer Therapien zu ermöglichen. Das gilt insbes. dann, wenn dieser die Sichtung der Unterlagen für erforderlich erklärt und die Verteidigung deren Beiziehung beantragt (BGH StV 2014, 125, 126).

11 Ergibt sich erst **während der Hauptverhandlung**, dass eine der im Gesetz genannten Maßregeln in Betracht kommt bzw. zu erwägen ist, wird eine Wiederholung des bereits durchgeführten Teils der Hauptverhandlung in Anwesenheit des Sachverständigen zumeist nicht für erforderlich gehalten (BGH NStZ 1987, 219; *Meyer-Goßner/Schmit* § 246a Rn. 4; *Graf/Berg* § 246a Rn. 4). Allerdings hat das Gericht mit besonderer Sorgfalt zu prüfen, ob die für den Sachverständigen **fragmentarische Hauptverhandlung** eine ausreichende Grundlage für die Erstattung des Gutachtens bietet (KK-StPO/*Krehl* § 246a Rn. 4). Es mag in vielen Fällen genügen, wenn der Vorsitzende über alle relevanten Beweiserhebungen berichtet und es dem Sachverständigen ermöglicht, durch eigene Fragen etwaige Unklarheiten zu beseitigen (LR/*Becker* § 246a Rn. 11). Eine **Wiederholung** des bereits durchgeführten Teils der Hauptverhandlung wird insbesondere dann in Betracht zu ziehen sein, wenn der Angeklagte seine Mitwirkung an der Exploration verweigert und der Sachverständige seinen persönlichen Eindruck vom Angeklagten im Wesentlichen aus dessen etwaige Reaktionen auf den Verlauf der Beweisaufnahme gewinnen muss.

12 **C. Untersuchung durch den Sachverständigen (Abs. 3)** Abs. 3 entspricht S. 3 a. F. Der Wortlaut der Vorschrift kann weiterhin zu Missverständnissen Anlass geben: Obwohl als Sollvorschrift formuliert, steht die Untersuchung des Angeklagten durch einen Sachverständigen nicht im Ermessen des Gerichts oder gar des Sachverständigen; sie ist **zwingend vorgeschrieben** (*Meyer-Goßner/Schmitt* § 246a Rn. 5; KK-StPO/*Krehl* § 246a Rn. 5), weil nur die Untersuchung eine verlässliche Grundlage für das Gutachten bietet (LR/*Becker* § 246a Rn. 12). Der Soll-Charakter bezieht sich allein auf den **Zeitpunkt der Untersuchung** (BGH NStZ 2002, 384; KK-StPO/*Krehl* § 246a Rn. 5), die **vor Beginn der Hauptverhandlung** durchgeführt werden soll, aber auch während der Hauptverhandlung vorgenommen werden darf, wobei die Beobachtung des Angeklagten in der Hauptverhandlung i.d.R. nicht ausreicht (*Meyer-Goßner/Schmitt* § 246a Rn. 5).

13 Auch die Untersuchung des Angeklagten muss **maßnahmenspezifisch ausgerichtet** sein. Eine allgemeine psychiatrische Untersuchung genügt daher nicht (BVerfG NStZ 1995, 3047; LR/*Becker* § 246a Rn. 13). Verweigert der Angeklagte seine **Mitwirkung an der Untersuchung**, so ist diese **zwangsweise** nach §§ 81, 81a durchzuführen (BGH NStZ-RR 1997, 166, 167; *Meyer-Goßner/Schmitt* § 246a Rn. 5). Etwas anderes gilt nur dann, wenn – z.B. bei einer psychiatrischen oder psychologischen Exploration – ohne die Mitwirkung oder gar gegen den Widerstand des Angeklagten von der Untersuchung kein verwertbares Ergebnis zu erwarten ist (BGH NStZ 2004, 263, 264; LR/*Becker* § 246a Rn. 12; *Eisenberg* BR Rn. 1829). Insoweit sind der Anwendung von Zwangsmaßnahmen enge Grenzen gesetzt (BVerfG NJW 2002, 283; BGHSt 48, 4, 11 ff.; *Schumacher/Arndt* StV 2003, 96). Das bedeutet allerdings nicht, dass in diesem Fall auf die Einholung eines Gutachtens verzichtet werden darf (BGH StraFo 2009, 208, 209). Der Sachverständige hat sich die notwendigen Anknüpfungstatsachen dann anderweitig zu verschaffen, insbesondere durch die Beobachtung des Angeklagten in der Hauptverhandlung und durch die Auswertung der Akten bzw. etwaiger früherer Gutachten (KK-StPO/*Krehl* § 246a Rn. 5). Auf die Untersuchung darf auch nicht deshalb verzichtet werden, weil der Angeklagte behauptet, er sein gesund (*Meyer-Goßner/Schmitt* § 246a Rn. 5) oder seine psychische Erkrankung offenkundig erscheint (BGHSt 9, 1, 3).

14 Die Untersuchung muss von demjenigen Sachverständigen, der in der Hauptverhandlung vernommen wird, vorgenommen worden sein (LR/*Becker* § 246a Rn. 13). Sie kann insbesondere nicht durch die

Bezugnahme auf ein sich bei den Akten befindliches Gutachten eines anderen Sachverständigen ersetzt werden. Die Untersuchung muss allerdings nicht unmittelbar vor der Hauptverhandlung stattgefunden haben (BGHSt 18, 374, 375: 1 Jahr); eine weiter zurückliegende Untersuchung wird hingegen – insbesondere dann, wenn sie in einem Strafverfahren erfolgt ist, das einen anderen Sachverhalt betrifft – nicht ausreichen (*Meyer-Goßner/Schmitt* § 246a Rn. 5).

D. Sonderregelungen. Im Sicherungsverfahren (§§ 413 ff.) gilt § 415 Abs. 5. Für die Entscheidung über die im Urteil vorbehaltene Sicherungsverwahrung (§ 66a StGB) wird § 246a durch § 275a Abs. 4 ergänzt (Graf/*Berg* § 246a Rn. 7). § 274a Abs. 4 Satz 3 gilt nur für das Nachverfahren, nicht für das vorausgehende Erkenntnisverfahren (LR/*Becker* § 246a Rn. 6). 15

E. Revision. Die Verletzung des § 246a ist ein **relativer Revisionsgrund** i.S.d. § 337 (BGHSt 27, 166, 168); der absolute Revisionsgrund des § 338 Nr. 5 kommt nicht in Betracht, weil die ununterbrochene Gegenwart des Sachverständigen nicht erforderlich ist (LR/*Becker* § 246a Rn. 14). Ein Rechtsfehler, auf dem das Urteil auch beruht, ist stets gegeben, wenn das Gericht die Unterbringung ohne die vorgeschriebene Vernehmung eines Sachverständigen anordnet, weil es sich insoweit gerade nicht auf seine eigene Sachkunde berufen kann (KK-StPO/*Krehl* § 246a Rn. 6). Die Verletzung der Pflicht des Gerichts zur umfassenden Unterrichtung des Sachverständigen (s.o. Rdn. 10) kann einen Verstoß gegen § 246a begründen; für eine entsprechende Rüge braucht der Beschwerdeführer – anders als bei der Erhebung der Aufklärungsrüge – in der Beschwerdebegründung nicht mitzuteilen, welche Anknüpfungstatsachen der Sachverständige im Falle der Beiziehung weiterer Unterlagen festgestellt hätte (BGH StV 2014, 125). 16

Die unterbliebene Hinzuziehung eines Sachverständigen stellt zugleich einen Aufklärungsmangel (§ 244 Abs. 2) dar. Mit der **Aufklärungsrüge** kann weiterhin beanstandet werden, dass die Untersuchung nicht ordnungsgemäß erfolgte, der Sachverständige während eines für sein Gutachten wesentlichen Teils der Hauptverhandlung nicht anwesend war (BGH StV 1999, 470) oder kein weiterer Sachverständiger hinzugezogen wurde (LR/*Becker* § 246a Rn. 15; *Meyer-Goßner/Schmitt* § 246a Rn. 6). 17

Ist die Vernehmung eines Sachverständigen nach § 246a vorgeschrieben, so stellt es regelmäßig einen auf die Sachrüge hin zu beachtenden **Darlegungsmangel** dar, wenn Ausführungen zu den Äußerungen des Sachverständigen fehlen (LR/*Becker* § 246a Rn. 16; offengelassen in BGH NStZ-RR 2006, 105; 1998, 206). 18

§ 247 StPO Entfernung des Angeklagten bei Vernehmung von Mitangeklagten und Zeugen.

¹Das Gericht kann anordnen, dass sich der Angeklagte während einer Vernehmung aus dem Sitzungszimmer entfernt, wenn zu befürchten ist, ein Mitangeklagter oder ein Zeuge werde bei seiner Vernehmung in Gegenwart des Angeklagten die Wahrheit nicht sagen. ²Das Gleiche gilt, wenn bei der Vernehmung einer Person unter achtzehn Jahren als Zeuge in Gegenwart des Angeklagten ein erheblicher Nachteil für das Wohl des Zeugen zu befürchten ist oder wenn bei der Vernehmung einer anderen Person als Zeuge in Gegenwart des Angeklagten die dringende Gefahr eines schwerwiegenden Nachteils für ihre Gesundheit besteht. ³Die Entfernung des Angeklagten kann für die Dauer von Erörterungen über den Zustand des Angeklagten und die Behandlungsaussichten angeordnet werden, wenn ein erheblicher Nachteil für seine Gesundheit zu befürchten ist. ⁴Der Vorsitzende hat den Angeklagten, sobald dieser wieder anwesend ist, von dem wesentlichen Inhalt dessen zu unterrichten, was während seiner Abwesenheit ausgesagt oder sonst verhandelt worden ist.

Übersicht	Rdn.		Rdn.
A. Allgemeines	1	1. Regelungszweck	10
B. Anwendungsbereich	4	2. Voraussetzungen	11
I. Sachlich	5	II. Schutz des Zeugen (Satz 2)	15
II. Persönlich	8	1. Kinder und Jugendliche (1. Alt.)	16
C. Ausschlussgründe	10	2. Erwachsene (2. Alt.)	18
I. Wahrheitsgefährdung (Satz 1)	10	III. Selbstschutz (Satz 3)	23

§ 247 StPO   Entfernung d. Angeklagten bei Vernehmung v. Mitangeklagten u. Zeugen

		Rdn.			Rdn.
D.	Dauer und Umfang des Ausschlusses	26	IV.	Notwendige Verteidigung	38
I.	Vernehmung	26	F.	**Rechtsmittel**	39
II.	Erörterung	31	I.	Beschwerde	39
E.	**Verfahren**	32	II.	Revision	40
I.	Gerichtsbeschluss	32		1. Absoluter Revisionsgrund, § 338 Nr. 5	41
II.	Unterrichtung des Angeklagten	33		2. Relativer Revisionsgrund, § 337	47
III.	Heilung	37	G.	**Jugendstrafverfahren**	49

1 **A. Allgemeines.** Der Angeklagte muss während der gesamten **Hauptverhandlung** (vgl. §§ 230 ff.) anwesend sein (BGH NJW 1991, 1364, 1365 f.; LR/*Becker* § 230 Rn. 1; *Meyer-Goßner/Schmitt* § 230 Rn. 3). Diese **Anwesenheitspflicht** des Angeklagten dient der Wahrheitsfindung, sichert das rechtliche Gehör des Angeklagten (Art. 103 Abs. 1 GG, Art. 6 Abs. 1 EMRK) und ermöglicht erst eine allseitige, uneingeschränkte Verteidigung (BGH NJW 2010, 2450, 2451; *Meyer-Goßner/Schmitt* § 230 Rn. 3). Auf seine für ein faires Verfahren unentbehrliche Anwesenheit kann der Angeklagte weder wirksam verzichten (BGH NStZ 2002, 44, 45; StV 1993, 285, 286; NStZ 1991, 296; NJW 1976, 1108; NJW 1973, 522; OLG Koblenz MDR 1977, 777; BayObLG NJW 1974, 249; a. A. *Dahs* in: FS für Widmaier, S. 95) noch kann das Gericht ihn von dieser Pflicht entbinden, soweit nicht ein Gesetz ausdrücklich eine Ausnahme vorsieht (BGH NJW 1976, 1108; JR 1973, 378; KMR/*Hiebl* § 247 Rn. 2).

2 Eine gesetzliche **Ausnahme** von der Anwesenheitspflicht statuiert § 247 in drei Fällen: zur besseren **Sachaufklärung** (Satz 1), zum **Schutz des Zeugen** (Satz 2) und zum **Schutz des Angeklagten** (Satz 3). Als Ausnahmevorschrift ist die Norm restriktiv auszulegen. Ein Mindestmaß rechtlichen Gehörs stellt dann nur noch die Unterrichtung nach Satz 4 sicher (LR/*Becker* § 247 Rn. 3). Das Gericht entscheidet über die Entfernung des Angeklagten nach pflichtgemäßem Ermessen (BGH NStZ 1987, 84, 85; KK-StPO/*Diemer* § 247 Rn. 4), es sei denn, ein milderes Mittel ist gleichermaßen wirksam (SK-StPO/*Frister* § 247 Rn. 53; KMR/*Hiebl* § 247 Rn. 3; *Meyer-Goßner/Schmitt* § 247 Rn. 3; AnwK-StPO/*Sommer* § 247 Rn. 5).

3 Eine **audio-visuelle Vernehmung** nach § 247a kann ein **milderes Mittel** sein, weil der Angeklagte der Zeugenvernehmung direkt folgen kann und bspw. dem Zeugenschutz durch die Bild-Ton-Übertragung genügt wird, da sich der Zeuge an einem anderen Ort befindet (LR/*Becker* § 247 Rn. 2). § 247a führt im Vergleich zu § 247 eher zu »einem schonenden und verhältnismäßigen Ausgleich der im Spannungsverhältnis zwischen dem Prinzip der Aufklärung materieller Wahrheit und dem Zeugenschutz stehenden Verteidigungsrechte« (*Rieck* JZ 2007, 745, 747; vgl. § 247a Rdn. 16 f.). Dennoch bleiben die Verteidigungsrechte des Angeklagten beschränkt, da sich der Angeklagte kein umfassendes Bild über die Reaktion des Zeugen auf Fragen und in der Folge über dessen Glaubwürdigkeit machen kann (*Eisenberg* Rn. 1039a). Welche Vorgehensweise das Gericht wählt, um Verteidigungs-, Zeugenschutz und Aufklärungsinteresse hinreichend auszugleichen, entscheidet das Gericht wiederum nach pflichtgemäßem Ermessen. Der Strafverteidiger sollte, wenn die Entfernung des Angeklagten sonst unvermeidlich ist, auf § 247a drängen. Wird der Angeklagte jedoch gem. § 247 ausgeschlossen, so hat er dennoch keinen Anspruch darauf, die Vernehmung eines Zeugen per Video mitzuverfolgen (BGH NStZ 2009, 582); § 247a hat ggü. § 247 keinen Auffangcharakter (*Rieck* spricht sich im Verhältnis von § 247 zu § 247a für einen grundsätzlichen Vorrang des § 247a aus, *Rieck* JZ 2007, 745, 748; vgl. auch § 247a Rdn. 18).

4 **B. Anwendungsbereich.** Die Vorschrift ist **restriktiv auszulegen** (BGHSt 22, 18, 20; 21, 332, 333 f.; 15, 194, 195; BGH NJW 2010, 2450, 2451; JZ 2001, 414, 415; NJW 1976, 1108; NJW 1957, 1161; LR/*Becker* § 247 Rn. 6; *Meyer-Goßner/Schmitt* § 247 Rn. 1; *Paulus* JZ 1993, 271) und die Ausschlussgründe sind als **abschließende Regelung** (BGHSt 15, 194, 195; RGSt 29, 30, 31; SK-StPO/*Frister* § 247 Rn. 3; KMR/*Hiebl* § 247 Rn. 3; a. A. RGSt 73, 306 f.) zu verstehen, da sie das die Hauptverhandlung beherrschenden Anwesenheitsprinzip durchbrechen.

5 **I. Sachlich.** § 247 gilt für die gesamte **Hauptverhandlung**. Sie findet – obwohl sie systematisch innerhalb der Vorschriften über die förmliche Beweisaufnahme verortet ist – nicht nur auf den Strengbeweis

Anwendung, sondern auch auf den in der Hauptverhandlung erhobenen Freibeweis (LR/*Becker* § 247 Rn. 11; Graf/*Berg* § 247 Rn. 2; SK-StPO/*Frister* § 247 Rn. 5).
Hinsichtlich der Art des Beweismittels ist § 247 Satz 1 auf die **Vernehmung** eines **Mitangeklagten** oder **Zeugen** und § 247 Satz 2 auf die Zeugenvernehmung beschränkt. Dagegen legt § 247 Satz 3 die Beweiserhebung nur thematisch fest, nicht aber ein bestimmtes Beweismittel: Gegenstand der Beweisaufnahme muss der physische und psychische Zustand des Angeklagten sein (LR/*Becker* § 247 Rn. 8). 6

Für die **kommissarische Vernehmung** (§ 223) gilt § 247 entsprechend (BGHSt 32, 32, 35 ff.; BGH NJW 1984, 1973; LR/*Becker* § 247 Rn. 12). Im Fall der kommissarischen Vernehmung bedarf es jedoch keiner Unterrichtung des ausgeschlossenen Angeklagten gem. § 247 Satz 4, da nur die Protokollverlesung, nicht aber die kommissarische Vernehmung Teil der Hauptverhandlung ist (BGH GA 1967, 371; Graf/*Berg* § 247 Rn. 2; SK-StPO/*Frister* § 247 Rn. 5). 7

II. Persönlich. Die Vorschrift gilt nur für den **Angeklagten** – auch den sich selbst verteidigenden RA (BVerfG NJW 1980, 1677, 1678; SK-StPO/*Frister* § 247 Rn. 6; KMR/*Hiebl* § 247 Rn. 6). Auf den Beistand (§ 149 Abs. 1 und 2) sind die Rechtsgedanken anwendbar (BGH NStZ 2001, 552 f.; Graf/*Berg* § 247 Rn. 1); für andere Prozessbeteiligte, insb. den Nebenkläger gilt § 247 nicht, auch nicht analog (LR/*Becker* § 247 Rn. 7; Graf/*Berg* § 247 Rn. 1; *Meyer-Goßner/Schmitt* § 247 Rn. 1; Radtke/Hohmann/Kelnhofer, § 247 Rn. 1). 8

Verlässt der Angeklagte die Hauptverhandlung eigenmächtig (BGHSt 16, 178, 180), ist nicht § 247, sondern § 231 einschlägig (SK-StPO/*Frister* § 247 Rn. 6; KMR/*Hiebl* § 247 Rn. 4). 9

C. Ausschlussgründe. I. Wahrheitsgefährdung (Satz 1) **1. Regelungszweck.** § 247 Satz 1 soll zu einer **wahrheitsgemäßen Aussage** von Mitangeklagten und Zeugen führen. Der Angeklagte soll deshalb nur entfernt werden, wenn der Aussagende durch die Anwesenheit des Angeklagten so gehemmt sein könnte, dass er nicht die Wahrheit sagen werde. Durch die Regelung darf nicht das Aussageverhalten des Angeklagten gesteuert werden. Er darf nicht entfernt werden, damit er seine Einlassung nicht an die eines Mitangeklagten anpasst, oder um ihn in Widersprüche zu verwickeln (BGHSt 15, 194, 195; BGH NJW 1957, 1161; LR/*Becker* § 247 Rn. 14, 47; KK-StPO/*Diemer* § 247 Rn. 2; *Paulus* JZ 1993, 271, 272; krit. *Küster* NJW 1961, 419 und *Hanack* JZ 1972, 81 f. hält BGHSt 15, 194 für zu streng). Da auch die Anwesenheit des Angeklagten der Wahrheitsermittlung dient, ist vor einer vorschnellen Anwendung zu warnen (LR/*Becker* § 247 Rn. 14). 10

2. Voraussetzungen. Vorausgesetzt wird eine auf tatsächliche Anhaltspunkte gestützte **konkrete Gefahr** für die Wahrheitsfindung bzw. Sachaufklärung (BGH NStZ 2015, 103 f.; BGHSt 3, 384, 386; OLG Düsseldorf StV 1989, 472, 473; LR/*Becker* § 247 Rn. 15; Graf/*Berg* § 247 Rn. 4; SK-StPO/*Frister* § 247 Rn. 22) aus Sicht des Gerichts und nicht des Mitangeklagten oder Zeugen (BGH MDR [D] 1972, 199; *Meyer-Goßner/Schmitt* § 247 Rn. 3) zum Zeitpunkt des Ausschlusses (LR/*Becker* § 247 Rn. 15; *Meyer-Goßner/Schmitt* § 247 Rn. 3). Der bloße Wunsch eines Zeugen oder Mitangeklagten rechtfertigt nicht den Ausschluss des Angeklagten (BGHSt 22, 18, 21; BGH NStZ-RR 2002, 217; BGH NStZ 2015, 103 f.). Genauso wenig entbindet ein vom Angeklagten erklärtes Einverständnis das Gericht von der Prüfung der gesetzlichen Voraussetzungen (Graf/*Berg* § 247 Rn. 4). Auch wenn der Angeklagte mit der Entfernung einverstanden ist, müssen die gesetzlichen Voraussetzungen des § 247 Satz 1 gegeben sein (Graf/*Berg* § 247 Rn. 4). Ein Ausschluss kann auch nicht darauf gestützt werden, dass ein bestellter Betreuer (§ 1897 BGB) der Zeugenvernehmung des nicht zeugnis- und auskunftsverweigerungsberechtigten Betreuten in Gegenwart des Angeklagten widersprochen hat (BGHSt 46, 142, 143 f.; *Meier* JZ 2001, 415, 416 f.). Für den zeugnis- und auskunftsverweigerungsberechtigten Betreuten gilt dies, soweit er eine genügende Vorstellung von dem Recht hat (*Meier* JZ 2001, 415, 416). 11

Eine konkrete Gefahr wird angenommen, wenn ein Zeuge angibt, bei wahrheitsgemäßer Aussage **Repressalien** seitens des Angeklagten zu befürchten (BGH NStZ 1990, 24, 27 (bei *Miebach*); KK-StPO/*Diemer* § 247 Rn. 5). In dieser Allgemeinheit ist das aber nicht ohne Weiteres überzeugend. Repressalien werden i.d.R. wegen des Inhalts der Aussage und nicht wegen der Aussage in Anwesenheit des Angeklagten befürchtet. In diesen Fällen greift aber der Zweck des § 247 nicht. Entscheidend ist die Sicht *ex ante*. Die Vernehmung muss nicht wiederholt werden, wenn sich nachträglich herausstellt, dass die Befürchtung unbegründet war (*Fischer* NJW 1975, 2034 f.; KK-StPO/*Diemer* § 247 Rn. 5; LR/*Becker* § 247 Rn. 32; a. A. OLG Hamburg NJW 1975, 1573, 1574). 12

13 Eine konkrete Gefahr wird auch angenommen, wenn ein Zeuge (BGH NStZ 2002, 44, 45) oder Mitangeklagter angibt, er werde bei Anwesenheit des Angeklagten von seinem Recht zur **Zeugnisverweigerung** bzw. von seinem **Schweigerecht** Gebrauch machen und dadurch die Wahrheitsfindung gefährdet ist (BGHSt 22, 18, 21; BGH NStZ 2010, 53; NStZ-RR 2004, 116; NStZ-RR 2002, 69 f.; NStZ 2001, 608; NStZ 1997, 402; StV 1995, 509). Somit kann das Gericht den Angeklagten ausschließen, wenn ein Zeuge, dem entweder ein Zeugnisverweigerungsrecht nach § 52 (BGH NStZ 2001, 608; NStZ 2001, 46, 47; NStZ 1997, 402) oder ein Auskunftsverweigerungsrecht nach § 55 (BGH NStZ-RR 2004, 116, 117 f.) zusteht, erklärt, er werde nur in Abwesenheit des Angeklagten aussagen. Trotz der ständigen bestätigenden Rechtsprechung erscheint dies nicht unproblematisch. Der Ausschlussgrund des § 247 Satz 1 soll der Gefahr begegnen, dass der Zeuge oder Mitangeklagte *nicht die Wahrheit sagt* und nicht, dass er überhaupt aussagt. Die Norm will lediglich falsche Aussagen verhindern. Die Abwägung zwischen der Wahrheitserforschung und anerkannten Schweigerechten von Zeugen aus abstrakten und verallgemeinernden Gründen hat der Gesetzgeber an anderer Stelle (§§ 52 ff.) zugunsten der Zeugnisverweigerungsrechte gelöst. Die »Drohung«, in Anwesenheit des Angeklagten von dem Recht auf Zeugnisverweigerung Gebrauch zu machen, begründet danach keine konkrete Gefahr, der Zeuge werde nicht die Wahrheit sagen.

14 Weiter sollen die Voraussetzungen des § 247 Satz 1 gegeben sein, wenn einem Verdeckten Ermittler die erforderliche **Aussagegenehmigung** (§ 54) nur mit der Einschränkung, in Abwesenheit des Angeklagten auszusagen, erteilt wurde. Die Entfernung des Angeklagten ist auch anzuordnen, wenn dies die einzige Möglichkeit ist, eine zulässige Sperrerklärung für einen Verdeckten Ermittler oder eine Vertrauensperson nach §§ 96 analog, 110b Abs. 3 zu überwinden (BGHSt 42, 175, 176 f.; 32, 32, 35 ff.; BGH NStZ 1996, 608; NStZ 1984, 36, 38 f.; NJW 1984, 1973 f.).

15 **II. Schutz des Zeugen (Satz 2)** Im Gegensatz zu § 247 Satz 1 dient Satz 2 nicht der Wahrheitsfindung, sondern allein – u.U. auch auf Kosten der Sachaufklärung – dem **Schutz des Zeugen** (*Laubenthal/Nevermann-Jaskolla* JA 2005, 294, 298; SK-StPO/*Frister* § 247 Rn. 33). Zwei Fallgruppen sind zu unterscheiden: Bei kindlichen/jugendlichen Zeugen unter achtzehn Jahren (1. Alt.) gelten andere Maßstäbe als bei anderen Personen (erwachsene Zeugen, 2. Alt.). Gemeinsam ist beiden Alternativen eine Verhältnismäßigkeitsprüfung, sodass die Entfernung des Angeklagten geeignet und erforderlich sein muss, den drohenden Nachteil abzuwenden oder zumindest abzuschwächen. Bei der Erforderlichkeit ist zu prüfen, ob nicht die audiovisuelle Vernehmung nach § 247a ein milderes, aber gleichwirksames Mittel darstellt, da eine solche Vernehmung den Angeklagten in deutlich geringerem Maße beeinträchtigt (KK-StPO/*Diemer* § 247 Rn. 11; SK-StPO/*Frister* § 247 Rn. 42; vgl. Rdn. 1).

16 **1. Kinder und Jugendliche (1. Alt.)** Der Ausschluss des Angeklagten während der Vernehmung von Personen **unter achtzehn Jahren** als Zeugen setzt die Gefahr eines erheblichen Nachteils für das Zeugenwohl voraus. Die Altersgrenze ist mit dem 2. OpferRRG v. 29.07.2009 (BGBl. I, S. 2280), das am 01.10.2009 in Kraft getreten ist, von 16 Jahren auf 18 Jahre angehoben worden. Das Wohl des Kindes umfasst sowohl das körperliche als auch seelische Wohlbefinden (SK-StPO/*Frister* § 247 Rn. 34; *Meyer-Goßner/Schmitt* § 247 Rn. 11), also auch Gefahren für die Entwicklung und das sittliche Wohl des Kindes (KK-StPO/*Diemer* § 247 Rn. 10; SK-StPO/*Frister* § 247 Rn. 34, 38). Erheblich ist der Nachteil, wenn er über die Vernehmung hinaus noch andauert (LR/*Becker* § 247 Rn. 20; *Meyer-Goßner/Schmitt* § 247 Rn. 11; KMR/*Hiebl* § 247 Rn. 17). Die Befürchtung muss auf konkrete Umstände gestützt werden (*Meyer-Goßner/Schmitt* § 247 Rn. 11), die den Eintritt des Nachteils wahrscheinlich erscheinen lassen. Das Gericht hat nach pflichtgemäßem Ermessen – unter Berücksichtigung des Einzelfalls (BGH NStZ 1987, 84, 85) – zu beurteilen, ob eine solche Wahrscheinlichkeit besteht (BGH NJW 2006, 1008, 1009). Maßgeblich ist hier die Sachlage im Zeitpunkt der Beschlussfassung über die Entfernung des Zeugen.

17 Im Gegensatz zum Erwachsenen (KK-StPO/*Diemer* § 247 Rn. 11) ist es beim Kind unerheblich, ob es den Ausschluss wünscht oder nicht (BGH NStZ 2010, 53; NJW 2006, 1008, 1009). Ausschlaggebend sind das Alter, die persönliche Entwicklung, das Verhältnis zum Angeklagten und Art und Schwere der Anklage (BGH NStZ 1987, 84, 85; *Laubertha/Nevermann-Jaskolla* JA 2005, 294, 298). Dem Schutz kindlicher und jugendlicher Zeugen dienen auch § 241a und § 172 Nr. 4 GVG.

2. Erwachsene (2. Alt.) Die Voraussetzungen für die Entfernung des Angeklagten während der Aussage **erwachsener Zeugen** sind deutlich strenger. Gefordert wird hier eine **dringende Gefahr** anstatt einer bloßen Befürchtung, ein schwerwiegender statt eines **erheblichen Nachteils** und anstelle des Wohls muss die Gesundheit betroffen sein. Diese Prognose muss durch konkrete Umstände begründet sein; bloße Unannehmlichkeiten allein, die mit jeder Vernehmung einhergehen, rechtfertigen keinen Ausschluss des Angeklagten. Der drohende Nachteil muss die Vernehmungssituation überdauern (Graf/*Berg* § 247 Rn. 5). Stets ist darauf zu achten, dass die Zeugenaussage in unmittelbarer Anwesenheit des Angeklagten der Sachaufklärung besser dient als jede Ersatzform. 18

Unter **Nachteilen** für die Gesundheit werden sowohl körperliche – z.B. Gefahr eines Herzinfarktes, Schlaganfalls (BGH GA 1970, 111 f.) oder Nervenzusammenbruchs (*Böttcher* JR 1987, 133, 140) – als auch seelische und geistige Beeinträchtigungen verstanden (LR/*Becker* § 247 Rn. 21; KK-StPO/*Diemer* § 247 Rn. 11). 19

Ein Nachteil ist **schwerwiegend**, wenn die Gesundheitsbeeinträchtigung wegen ihrer Auswirkung ein erhebliches Gewicht hat (LR/*Becker* § 247 Rn. 21; SK-StPO/*Frister* § 247 Rn. 38) und dem Zeugen bei Würdigung aller Umstände die Vernehmung unter Anwesenheit des Angeklagten nicht zugemutet werden kann (KK-StPO/*Diemer* § 247 Rn. 11). Ein schwerer gesundheitlicher Nachteil ist auch anzunehmen, wenn der Zeuge befürchtet, dass eine Leibes- oder Lebensgefahr für ihn besteht, wenn der Angeklagte Kenntnis von seiner Identität erlangt (*Rieß/Hilger* NStZ 1987, 145, 150). Dies kann insb. bei V-Leuten der Fall sein, sodass die Gefahr durch Entfernung des Angeklagten spürbar verringert werden kann (LR/*Becker* § 247 Rn. 22; *Meyer-Goßner/Schmitt* § 247 Rn. 12; AnwK-StPO/*Sommer* § 247 Rn. 4). Im Zusammenhang mit der Vernehmung von V-Leuten soll ein Ausschluss des Angeklagten bereits dann zulässig sein, wenn eine weitere Verwendung des Zeugen als V-Mann geplant ist (*Soiné* NStZ 2007, 247, 251; vertiefend zur Videovernehmung von V-Leuten gem. § 247a vgl. *Weider* StV 2000, 48; s. a. § 247a Rdn. 2). 20

Die **dringende Gefahr** des Eintritts eines solchen Nachteils wird in den Fällen angenommen, in denen aufgrund tatsächlicher konkreter Umstände die hohe Wahrscheinlichkeit besteht, dass der Nachteil im Fall der Vernehmung bei Anwesenheit des Angeklagten eintreten wird (*Hanack* JR 1989, 255). Somit ist die abstrakte Möglichkeit einer Beeinträchtigung nicht ausreichend (*Meyer-Goßner/Schmitt* § 247 Rn. 12). 21

Wenn der erwachsene Zeuge sich bereit erklärt, in Gegenwart des Angeklagten auszusagen, darf das Gericht den Zeugen nicht bevormunden. Auch der Zeuge hat eine grundrechtliche Subjektstellung. Ein Zeugenbeistand nach § 68b mag hier helfen. 22

III. Selbstschutz (Satz 3) Die Vorschrift des § 247 Satz 3 gestattet eine Entfernung des Angeklagten zu seinem **eigenen Schutz**. Der Ausschluss darf für die Dauer der Erörterung über den Zustand des Angeklagten und seine Behandlungsaussichten bei der Beweisaufnahme oder in den Schlussvorträgen angeordnet werden, wenn sonst ein erheblicher Nachteil für seine Gesundheit zu befürchten ist (*Meyer-Goßner/Schmitt* § 247 Rn. 13). Dem Angeklagten muss es somit unzumutbar sein, den Ausführungen über seinen Zustand und seine Behandlungsaussichten beizuwohnen. Beruht die Befürchtung eines drohenden Nachteils für den Angeklagten darauf, dass sein Zustand auch der Öffentlichkeit bekannt wird, so ist diese – evtl. auch neben der Entfernung des Angeklagten (*Tzschaschel* NJW 1990, 749, 750) – nach § 171b Abs. 1 Satz 1 GVG auszuschließen (SK-StPO/*Frister* § 247 Rn. 48; *Meyer-Goßner/Schmitt* § 247 Rn. 13; KMR/*Hiebl* § 247 Rn. 18). Dieser Ausschlussgrund schützt die grundrechtliche Subjektstellung des Angeklagten. 23

Der **drohende Nachteil** für die Gesundheit des Angeklagten kann sowohl physischer als auch psychischer Natur sein, muss aber in beiden Fällen erheblich sein (LR/*Becker* § 247 Rn. 25; SK-StPO/*Frister* § 247 Rn. 49; AnwK-StPO/*Sommer* § 247 Rn. 8). Das Gericht kann hierüber im Freibeweis entscheiden (KMR/*Hiebl* Rn. 59). Hierzu ist regelmäßig ein anwesender Sachverständiger zu hören (LR/*Becker* Rn. 39). Jedenfalls ist die Ausschließung dann gerechtfertigt, wenn Suizidgefahr besteht, der Heilungserfolg des Angeklagten nicht nur kurzfristig nachteilig beeinflusst wird und sich dessen Zustand insgesamt nicht nur unerheblich verschlechtern könnte (LR/*Becker* § 247 Rn. 25; Radtke/Hohmann/*Kelnhofer* § 247 Rn. 15). Der bloße Wunsch des Angeklagten, eine Erörterung nicht mit anhören zu müssen, ist hingegen nicht ausreichend (BGH StV 1993, 285, 286). Unter »**Erörterungen**« i.S.d. Satz 3 sind alle Verhandlungen und Beweiserhebungen zu verstehen, die den Zustand oder Be- 24 handlungsaussichten des Angeklagten betreffen (LR/*Becker* § 247 Rn. 39; KK-StPO/*Diemer* § 247 Rn. 12; *Pfeiffer* § 247 Rn. 6).

25 Die Entfernung nach Satz 3 muss überdies **verhältnismäßig** sein, insb. geeignet, die aus der Erörterung resultierende Gefahr wenigstens zu vermindern. Zu berücksichtigen ist dabei, dass der Angeklagte in jedem Fall durch den Vorsitzenden über den wesentlichen Inhalt nach Satz 4 zu unterrichten ist. Geeignet ist der Ausschluss somit nur, wenn die direkte Konfrontation mit der Erörterung den Angeklagten mehr beeinträchtigt als die bloße anschließende Unterrichtung darüber. Ist dies nicht der Fall, hat der Ausschluss zu unterbleiben (SK-StPO/*Frister* § 247 Rn. 51; *Meyer-Goßner/Schmitt* § 247 Rn. 13).

26 **D. Dauer und Umfang des Ausschlusses. I. Vernehmung.** Der Angeklagte kann für die **ganze Dauer einer Vernehmung** (BGH MDR [D] 1972, 199; BGH GA 1970, 111 f.) oder nur für einen Teil – bspw. die Beantwortung einzelner Fragen – ausgeschlossen werden (BGH MDR [D] 1975, 544). Unter Vernehmung eines Zeugen ist die gesamte Anhörung zur Person und Sache (Radtke/Hohmann/ *Kelnhofer* § 247 Rn. 6) einschließlich der Befragung nach § 68 (BGH MDR [D] 1972, 199) sowie alle damit zusammenhängenden Verfahrensvorgänge – wie z.B. Belehrungen oder sonstige die Einvernahme betreffende Anordnungen des Vorsitzenden sowie die Entscheidung des Gerichts hierüber oder über die Zulässigkeit von Fragen i.S.v. § 238 Abs. 2, § 242 – zu verstehen. Um dem Ausnahmecharakter des § 247 zu entsprechen, sollte der Vernehmungsbegriff allerdings so eng wie möglich ausgelegt werden, ggf. auch differenziert nach den unterschiedlichen Regelungszwecken der Sätze 1 bis 3.

27 Dagegen darf der Angeklagte nicht von Verfahrensvorgängen ausgeschlossen werden, die über die Vernehmung hinausgehen bzw. eine **selbstständige Bedeutung** haben (LR/*Becker* § 247 Rn. 34; Graf/*Berg* § 247 Rn. 10). Jedoch gilt für die Entfernung des Angeklagten – anders als für den Ausschluss der Öffentlichkeit nach §§ 171b, 172 GVG – nicht die weiter reichende sog. Zusammenhangsformel (BGH NStZ 1994, 354; vgl. auch § 171b GVG und § 172 GVG), wonach sich der Ausschluss auf sämtliche Vorgänge erstreckt, die mit der Vernehmung in enger Verbindung stehen oder sich aus ihr entwickeln (BGH NJW 2003, 597; NStZ 2002, 384; *Gössel* JR 2003, 262; *Gollwitzer* JR 1979, 434; *Meyer-Goßner/Schmitt* § 247 Rn. 6; KMR/*Hiebl* § 247 Rn. 76 ff.; LR/*Becker* § 247 Rn. 34; KK-StPO/*Diemer* § 247 Rn. 6; SK-StPO/*Frister* § 247 Rn. 27; a. A. BGH StV 2009, 226, 227 f.; StV 2009, 342 Anfrage mit der Absicht, die Zusammenhangsformel auf § 247 zu übertragen).

28 Das **Fragerecht** des Angeklagten ggü. Zeugen darf nie eingeschränkt werden (§ 240 Abs. 2 Satz 1).

29 Nicht zur Vernehmung zählen die **Vereidigung** (BGH StV 2005, 7; StV 2000, 653 f.; NStZ 1999, 522) und die **Entlassung des Zeugen** (BGH NStZ 2015, 104, BGH, 10.1.2013 – 1 StR 11/13; BGH NStZ 2010, 227, 228; *Eisenberg* StV 2009, 344, 345; *Wölky* StraFo 2009, 397, 398). Letzteres hat der Große Senat des BGH in einem Beschluss verdeutlicht (BGH NJW 2010, 2450, 2451; vorausgegangen war dem eine Anfrage des 5. Senats, NJW 2010, 1012, der die Entscheidung über die Entlassung des Zeugens nicht als Teil der Vernehmung einordnen wollte; vgl. auch BGH, NStZ 2011, 534 und BGH, NStZ-RR 2011, 151 f.). Der Ausschluss des Angeklagten ist aus Gründen der Verhältnismäßigkeit auf solche Verfahrenshandlungen zu beschränken, bei denen der jeweilige Schutzzweck den Ausschluss unbedingt erfordert (so schon BGHSt 3, 384, 386; vgl. ferner EGMR NJW 2003, 2893, 2894). Der Normzweck des § 247 Satz 1 und Satz 2 verlangt nicht, den Ausschluss des Angeklagten auf die Verhandlung über die Entlassung des Zeugen zu erstrecken. Stattdessen kann dem Zeugen gestattet werden, sich aus dem Gerichtssaal zu entfernen, während der Angeklagte über den Inhalt der Zeugenaussage unterrichtet wird und die Entlassung des Zeugen diskutiert wird (BGH NJW 2010, 2450, 2451). Wird der Zeuge im Anschluss über seine Entlassung unterrichtet oder wird er weiter befragt, so kann der Angeklagte abermals ausgeschlossen werden. Diese Umständlichkeiten, die durch die wechselseitige Abwesenheit des Angeklagten bzw. Zeugen während des Prozesses, entstehen, »sind vor dem Hintergrund der in Ausgleich zu bringenden Schutzgüter hinzunehmen« (BGH NJW 2010, 2450, 2451; NStZ 2000, 440, 441; *Hanack* JR 1989, 255, 256).

30 Auch darf die **Beweisaufnahme in Abwesenheit** des Angeklagten **nicht** auf die **Augenscheinseinnahme** oder **Urkundenverlesungen** ausgedehnt werden (BGH NStZ 2014, 223 f.; NStZ 2011, 51; NStZ-RR 2006, 3; NJW 2003, 597; NStZ 2001, 262, 263; NStZ 1997, 402; OLG Dresden StV 1999, 637, 638 f.). Dem Richter ist es jedoch möglich, dem Zeugen während des Ausschlusses des Angeklagten, Vorhalte aus Urkunden – gleiches gilt für Lichtbilder (BGH NJW 2003, 597; NStZ-RR 2003, 3; NStZ 2001, 262, 263; NStZ 1987, 471 f.; NStZ 1986, 564; StV 1981, 57) – zu machen. Der Ange-

klagte darf bei der Inaugenscheinnahme am Körper des Zeugen nicht ausgeschlossen werden (SK-StPO/*Frister* § 247 Rn. 29; *Meyer-Goßner/Schmitt* § 247 Rn. 7; AnwK-StPO/*Sommer* § 247 Rn. 12). Etwas anderes gilt nur, wenn die Voraussetzungen des § 247 Satz 2 gegeben sind. Im Fall des Satz 2 kann die Inaugenscheinnahme in Abwesenheit des Angeklagten durchgeführt werden, wenn dessen Gegenwart der Schutzwirkung des Ausschlusses zuwiderlaufen würde (BGH StV 2008, 230 f.; SK-StPO/ *Frister* § 247 Rn. 45). Des Weiteren zählen weder die Diskussionen zwischen den Beteiligten über die Abladungen von Zeugen (BGH StV 1983, 52 f.), noch die Bestellung eines Pflichtverteidigers, die Stellung eines Beweisantrages und die Diskussion über den Ausschluss der Öffentlichkeit zur Verhandlung (BGH NStZ-RR 1996, 139 f.; *Stein* StV 1995, 251; Graf/*Berg* § 247 Rn. 10.1; KK-StPO/*Diemer* § 247 Rn. 9; AnwK-StPO/*Sommer* § 247 Rn. 12; a.A. BGH NStZ 1994, 354; NJW 1994, 271; NJW 1979, 276).

II. Erörterung. Nach § 247 Satz 3 kann der Angeklagte für die Dauer von **Erörterungen** über seinen Zustand und seine Behandlungsaussichten ausgeschlossen werden. »Erörterung« ist wesentlich weiter zu verstehen als »Vernehmung« i.S.d. Satz 1 und Satz 2. Im Gegensatz hierzu ist der Ausschluss des Angeklagten nach Satz 3 nicht auf die Vernehmung einer bestimmten Person beschränkt, sondern thematisch auf Erörterungen bzgl. des Zustandes des Angeklagten und seiner Behandlungsaussichten begrenzt. Unter Erörterungen sind somit alle Erklärungen, Verhandlungen, Anträge und Beweiserhebungen einschließlich etwaiger Ausführungen in den Schlussvorträgen zu verstehen, die den Zustand des Angeklagten und die Behandlungsaussichten zum Gegenstand haben (Graf/*Berg* § 247 Rn. 11). Hauptanwendungsgebiet des Satz 3 ist die Vernehmung medizinischer, psychologischer oder psychiatrischer Sachverständiger, jedoch ist der Anwendungsbereich hierauf nicht beschränkt und gilt demnach auch für andere Beweismittel wie etwa den Zeugen- oder Urkundsbeweis (LR/*Becker* § 247 Rn. 39; SK-StPO/*Frister* § 247 Rn. 52). Für den Ausschluss ist es ausreichend, dass ein Sachverständiger ihn für erforderlich hält und in Abwesenheit des Angeklagten näher begründet (KK-StPO/*Diemer* § 247 Rn. 12).

E. Verfahren. I. Gerichtsbeschluss. Der zeitweise Ausschluss des Angeklagten ist durch **förmlichen Gerichtsbeschluss** – nicht durch Verfügung des Vorsitzenden allein (BGH StV 1993, 285, 286; aber nicht bei nur informatorischer Anhörung eines Zeugen BGH NStZ 2002, 46; KK-StPO/ *Diemer* § 247 Rn. 13) – anzuordnen (BGHSt 22, 18, 20; 15, 194, 196; 1, 346, 350; Radtke/Hohmann/*Kelnhofer* § 247 Rn. 17). Vor dem Beschluss sind die Beteiligten zu hören (§ 33). Der Gerichtsbeschluss ist zu begründen (§ 34) und in Anwesenheit des Angeklagten (BGH NStZ-RR 2015, 51 f.; NStZ-RR 1998, 51; KK-StPO/*Diemer* § 247 Rn. 13; SK-StPO/*Frister* § 247 Rn. 55; *Meyer-Goßner/Schmitt* § 247 Rn. 14) zu verkünden (§ 35) (BGHSt 15, 194, 196; 1, 346, 350; BGH StV 2005, 8 f.; StV 2002, 8 f.; NStZ 2002, 44, 45; NStZ 1987, 84, 85; OLG Kiel, StV 2011, 351 (352); KK-StPO/*Diemer* § 247 Rn. 9). Aus der **Begründung** muss sich ergeben, für welchen Teil der Hauptverhandlung die Entfernung vorgesehen ist (LR/*Becker* § 247 Rn. 29; *Meyer-Goßner/Schmitt* § 247 Rn. 14), welche Alternative des § 247 das Gericht für gegeben erachtet und welche konkreten Anhaltspunkte für die entsprechende Befürchtung bestehen (BGH NStZ-RR 2004, 118, 119; NStZ 1999, 419, 420; OLG Oldenburg StraFo 2010, 115 f.; OLG Hamm NStZ 2005, 467; OLG Koblenz MDR 1977, 777; *Eisenberg/Schlüter* JR 2001, 341, 342; *Meyer-Goßner/Schmitt* § 247 Rn. 14). Dem Angeklagten und ggf. später dem Revisionsgericht muss es möglich sein, zu überprüfen, ob das Tatgericht zutreffende Erwägungen angestellt hat. Die bloße Wiedergabe des Gesetzestextes (BGH NStZ 1999, 419, 420; LR/*Becker* § 247 Rn. 29) oder ein Hinweis auf § 247 (BGHSt 22, 18, 20) genügt nie. Weil das Anwesenheitsrecht nicht disponibel ist (vgl. Rdn. 1), lässt auch ein Einverständnis des Angeklagten das Beschlusserfordernis nicht entfallen (BGH NStZ-RR 2015, 51 f.; BGHSt 22, 18, 20; BGH NStZ 2002, 44, 45; StV 2002, 8 f.; KK-StPO/*Becker* § 247 Rn. 13; *Meyer-Goßner/Schmitt* § 247 Rn. 14; KMR/*Hiebl* § 247 Rn. 62; AnwK-StPO/*Sommer* § 247 Rn. 9; a.A. BGH NStZ 2001, 48 f. soweit die Voraussetzungen für eine Abwesenheitsverhandlung ohne Zweifel vorliegen; ähnlich auch *Basdorf* StV 1997, 488, 492, der beim Ausschluss der Öffentlichkeit ein Beschlusserfordernis ablehnt). Allein der die Entfernung des Angeklagten ablehnende Beschluss bedarf keiner Begründung. Ausreichend ist der Vermerk, dass für eine Anordnung nach § 247 kein Anlass besteht (RGSt 56, 377; LR/*Becker* Rn. 31; SK-StPO/*Frister* § 247 Rn. 57).

33 **II. Unterrichtung des Angeklagten.** Der zeitweise abwesende Angeklagte ist nach seiner Rückkehr in den Gerichtssaal **über die Beweisaufnahme** in seiner Abwesenheit **vollumfänglich** zu unterrichten. Sein Informationsdefizit muss ausgeglichen werden. So gut es geht muss er so gestellt werden, wie er ohne seine Entfernung gestanden hätte (BGHSt 3, 384, 385; BGH NStZ 2010, 465). In seinem Bericht darf sich der Richter zwar auf das Wesentliche beschränken – die Bewertung folgt allerdings der Sicht des Angeklagten. Bestehen Zweifel, ist der Bericht umfassend zu gestalten. Der Angeklagte – und auch seine Verteidigung – darf durch Nachfrage beim Richter Ergänzungen einfordern. Es ist ihm gestattet, ergänzende Fragen an einen Zeugen zu stellen oder stellen zu lassen (BGHSt 26, 218, 220; AnwK-StPO/*Sommer* § 247 Rn. 15). Für die Antwort des Zeugen muss der Angeklagte, sofern die Voraussetzungen des § 247 noch vorliegen, den Saal wieder verlassen. Der Angeklagte ist **vor** der Fortsetzung der Beweisaufnahme zu unterrichten (BGHSt 26, 218, 220) – bei Unterbrechung der Vernehmung eines Zeugen unverzüglich und bevor eine neue Beweisaufnahme beginnt (BGH NStZ 2010, 465, 466; StraFo 2007, 118 f.).

34 Die Unterrichtung ist als wesentliche Förmlichkeit zu **protokollieren** (BGHSt 1, 346, 350; BGH NStZ 2010, 465, 466; *Meyer-Goßner/Schmitt* § 247 Rn. 17); dies gilt nur für die Unterrichtung selbst, nicht für deren Inhalt (LR/*Becker* § 247 Rn. 50; SK-StPO/*Frister* § 247 Rn. 75). Das Protokoll hat folglich keine Beweiskraft dafür, ob die Unterrichtung umfassend war; dies wäre im Freibeweisverfahren zu prüfen (BGH MDR [D] 1957, 267 f.; SK-StPO/*Frister* § 247 Rn. 75; Radtke/Hohmann/*Kelnhofer* § 247 Rn. 23).

35 Der Angeklagte kann auf die Unterrichtung **nicht verzichten** (LR/*Becker* § 247 Rn. 42). Das gilt auch für den verteidigten Angeklagten. Die Unterrichtung durch den Verteidiger entlässt das Gericht nicht aus seiner Pflicht.

36 Die **Form der Unterrichtung** ist gesetzlich nicht bestimmt und kann vom Vorsitzenden **nach pflichtgemäßem Ermessen** gewählt werden (BGHSt 51, 180, 181; LR/*Becker* § 247 Rn. 43; KK-StPO/*Diemer* § 247 Rn. 15). Der Bericht kann auch in der Form vorgenommen werden, dass es dem Angeklagten von einem Nebenraum aus durch eine Bild-Ton-Übertragung möglich war, der Verhandlung und Vernehmung des Zeugen zeitgleich beizuwohnen (BGH JR 2007, 256, 257 f. m. Anm. *Kretschmer*; zustimmend ebenso *Rieck* JZ 2007, 745). In diesem Fall bedarf es keiner weiteren Unterrichtung (BGH JR 2007, 256, 257 m. zust. Anm. *Kretschmer*; grundsätzlich zustimmen: LR/*Becker* § 247 Rn. 48) Die angedeutete Gegenansicht (BGH NStZ 2006, 116; *Meyer-Goßner/Schmitt* § 247 Rn. 14a) führt zu keinem Mehrwert. Das unmittelbare Erleben einer Aussage durch Videoübertragung wird regelmäßig sogar eindrücklicher sein, als ein späterer verbaler Bericht.

37 **III. Heilung.** Etwaige Verfahrensfehler können **nach Wiedereintritt des Angeklagten** geheilt werden, indem der fehlerhafte Verfahrensvorgang **in einwandfreier Form vollständig wiederholt** wird. Dann beruht das Urteil nicht mehr gem. § 337 Abs. 1 auf dem Verfahrensfehler (*Bung* HRRS 2010, 50, 54; *Meyer-Goßner/Schmitt* § 337 Rn. 39). Erfolgte bspw. die Verhandlung über die Entlassung des Zeugen fehlerhaft noch während des Ausschlusses des Angeklagten, so kann dieser Verstoß – vorausgesetzt der Angeklagte hat noch weitere Fragen an den Zeugen – durch erneute Ladung des Zeugen und ergänzende Befragung geheilt werden (BGH NJW 2010, 2450, 2452; bzgl. Entscheidung über Vereidigung des Zeugen vgl. BGH NJW 2003, 2107, 2109 f.). Die fehlerhaft durchgeführte förmliche Augenscheinseinnahme während der Abwesenheit des ausgeschlossenen Angeklagten soll bereits dadurch geheilt werden, dass ihm das Augenscheinsobjekt bei seiner Unterrichtung gem. § 247 Satz 4 gezeigt wird (BGH NStZ 2014, 223; NStZ 2010, 162, 163; vgl. näher Rdn. 15). Allein die nach Satz 4 vorgesehene Unterrichtung des Angeklagten über das in seiner Abwesenheit Ausgesagte genügt für eine Heilung nicht (BGHSt 30, 74, 76 f.; BGH StV 1997, 511 f.; Graf/*Berg* § 247 Rn. 12; *Müller* JR 2007, 79, 80).

38 **IV. Notwendige Verteidigung.** Nach der wohl herrschenden Meinung soll bei Ausschluss des Angeklagten von einem Teil der Hauptverhandlung kein Regelfall einer notwendigen Verteidigung i.S.d. § 140 Abs. 2 Satz 1 vorliegen. Der Bedarf soll sich nach den Umständen des Einzelfalls richten (OLG Zweibrücken NStZ 1987, 89; LR/*Becker* § 247 Rn. 3). Richtigerweise ist dem Angeklagten aber bei Anwendung des § 247 stets ein Pflichtverteidiger gem. § 140 Abs. 2 Satz 1 beizuordnen (*Basdorf* in: FS für Salger, S. 203, 214; HK-StPO/*Julius* § 247 Rn. 11), da das Merkmal der »Schwierigkeit der Sach- und Rechtslage« erfüllt ist (*Moltekin* NStZ 1987, 89, 90; KK-StPO/*Laufhütte* § 140 Rn. 24 sieht in einem Fall des Ausschlusses des Angeklagten hingegen das Merkmal der »Unfähigkeit zur Selbst-

verteidigung« als einschlägig an). Denn rechtliche Schwierigkeiten können bei Ausschluss des Angeklagten v.a. die Feststellung eines der Ausschlussgründe, die Begründung und Protokollierung des erforderlichen Beschlusses, die anschließende Unterrichtung des Angeklagten, etwaige Fragen an den jeweiligen Zeugen und die eventuelle Verhandlung und Entscheidung über dessen Vereidigung bereiten (*Moltekin* NStZ 1987, 89, 90). Weiterhin trägt allein die Bestellung eines Pflichtverteidigers dem Fragerecht des Angeklagten aus Art. 6 Abs. 3 Buchst. d) EMRK angemessen Rechnung. Nur durch die ununterbrochene Gegenwart eines Verteidigers kann sichergestellt werden, dass der Angeklagte die Möglichkeit hat, dem Belastungszeugen Fragen zu stellen oder stellen zu lassen (SK-StPO *Frister* § 247 Rn. 18). Dies hat der BGH im Zusammenhang mit dem Ausschluss des Angeklagten von der Vernehmung eines Belastungszeugen durch den Ermittlungsrichter anerkannt, da andernfalls die Gefahr bestünde, dass das Fragerecht des Angeklagten beschnitten würde (BGHSt 51, 150, 154; 46, 93, 97).

F. Rechtsmittel. I. Beschwerde. Die Entscheidung des Gerichts, den Angeklagten von der Verhandlung zeitweise auszuschließen, ist nicht mit der Beschwerde gem. § 304 angreifbar; dies ergibt sich bereits aus § 305 Satz 1 (LR/*Becker* § 247 Rn. 52; HK-StPO/*Julius* § 247 Rn. 14). Zeugen hingegen steht als Drittbetroffenen i.S.d. § 305 Satz 2 gegen die Ablehnung der Ausschließung des Angeklagten nach § 247 Satz 2 die Beschwerde zu (LR/*Becker* § 247 Rn. 52). 39

II. Revision. Revisionsrechtlich kommt der absolute Revisionsgrund des § 338 Nr. 5 in Betracht, bei dem das Beruhen des Urteils auf dem Verfahrensfehler gem. § 337 unwiderlegbar vermutet wird. Daneben sind weitere revisible Verfahrensverstöße denkbar; eine Verletzung von Verfahrensrecht begründen die Revision jedoch dann nur, wenn das Urteil auf ihr beruht (vgl. näher § 337). 40

1. Absoluter Revisionsgrund, § 338 Nr. 5. Der absolute Revisionsgrund des § 338 Nr. 5 ist gegeben, wenn die Entfernung des Angeklagten **rechtsfehlerhaft angeordnet** worden ist. Dies ist der Fall, wenn es an einem die Entfernung anordnenden Gerichtsbeschluss fehlt, allein der Vorsitzende – ohne Gerichtsbeschluss – den Angeklagten entfernen ließ (BGH NJW 1976, 1108 f.; NJW 1953, 1925, 1926; BayObLG NJW 1974, 249), ein förmlicher Gerichtsbeschluss ergangen ist, aber das Gericht fälschlicherweise die Voraussetzungen eines Ausschlussgrundes nach § 247 Satz 1 bis Satz 3 angenommen hat oder wegen fehlender oder unzureichender Begründung des Beschlusses (BGH NStZ 2002, 44, 45) zweifelhaft bleibt, ob das Gericht die sachlichen Voraussetzungen zu Recht bejaht hat (BGHSt 22, 18, 20; 15, 194; OLG Koblenz MDR 1977, 777). Hierzu gehört auch der Fall, dass die Entfernung unverhältnismäßig war, weil weniger einschränkende Mittel (z.B. die audiovisuelle Vernehmung nach § 247a) zur Verfügung gestanden hätten (SK-StPO/*Frister* § 247 Rn. 80). Darüber hinaus wird ein Verstoß angenommen, wenn der Angeklagte länger als nach Satz 1 bis Satz 3 (BGH NJW 2010, 2450, 2452; NJW 1976, 1108 f.) zulässig oder im Beschluss angeordnet entfernt wurde. Wurde der Angeklagte auch bei der Entscheidung über die Entlassung des während seiner Abwesenheit vernommenen Zeugen ausgeschlossen, so scheitert die Zulässigkeit der Revisionsrüge anders als bei einem Verstoß gegen § 247 Satz 4 (vgl. Rdn. 16) nicht an der mangelnden Beanstandung der Entlassungsentscheidung des Vorsitzenden nach § 238 Abs. 2 (BGH StV 2010, 562). Denn die Entfernung des Angeklagten ist gerade keine auf die Sachleitung bezügliche Anordnung des Vorsitzenden i.S.d. § 238 Abs. 2, weil sie nicht diesem zusteht, sondern von vornherein eines Gerichtsbeschlusses bedarf (BGH NJW 1953, 1925, 1926; OLG Hamm StV 2010, 65, 66; vgl. Rdn. 13). 41

Ferner liegt der absolute Revisionsgrund des § 338 Nr. 5 vor, wenn **Beweisergebnisse** verwertet wurden, die während einer **unstatthaften Abwesenheit** des Angeklagten (BGH NStZ-RR 2006, 3; NStZ 2001, 262 f.; OLG Karlsruhe NStZ-RR 2008, 315 f.; OLG Hamm NStZ 2005, 467 f.) gewonnen und nicht durch Wiederholung der Beweisaufnahme geheilt wurden (BGHSt 9, 243, 244 f.; OLG Hamburg NJW 1975, 1573 f.). Die Abwesenheit des Angeklagten während eines Teils der Hauptverhandlung, ohne dass eine vom Gesetz statuierte Ausnahme vorliegt, ist auch dann, wenn es im Einverständnis aller Prozessbeteiligten geschieht – Anwesenheitsrecht und die – pflicht des Angeklagten sind nicht disponibel –, ein Verstoß gegen § 230 und stellt einen absoluten Revisionsgrund nach § 338 Nr. 5 dar (BGH StV 1993, 285, 286). Der Angeklagte kann die Unzulässigkeit seiner Entfernung sogar dann rügen, wenn er den Gerichtssaal freiwillig und mit ausdrücklicher Billigung seines Verteidigers verlassen hat (OLG Hamm StV 2010, 65, 66). 42

§ 247 StPO   Entfernung d. Angeklagten bei Vernehmung v. Mitangeklagten u. Zeugen

43 Zu beachten ist, dass die Praxis nur die Abwesenheit bei einem **wesentlichen Teil der Hauptverhandlung** als Revisionsgrund anerkennt (LR/*Becker* § 247 Rn. 55; *Meyer-Goßner/Schmitt* § 338 Rn. 36 ff.): Jedenfalls aber für den Augenschein und den Urkundenbeweis, die über die Zeugenvernehmung hinausgehen (BGH NStZ 2011, 51; Radtke/Hohmann/*Kelnhofer* § 247 Rn. 26). Eine förmliche Augenscheinseinnahme in Abwesenheit des Angeklagten soll nach neuerer Rechtsprechung des 4. und 5. Strafsenats des BGH dann nicht den absoluten Revisionsgrund des § 338 Nr. 5 erfüllen, wenn dem Angeklagten das in seiner Abwesenheit in Augenschein genommene Objekt bei seiner Unterrichtung gem. § 247 Satz 4 gezeigt wird (BGH NStZ 2014, 223; NStZ 2010, 162, 163; a. A. 3. Strafsenat, BGH StRR 2009, 362). Diese Einordnung läuft darauf hinaus, das Tatgericht von den Formen des Strengbeweises zu entbinden. Das wird in der Literatur zu Recht kritisiert: Die gesetzlich vorgeschriebene Form wird allein gewahrt, wenn die fehlerhafte Beweiserhebung in einer Weise wiederholt wird, die ihrerseits den jeweiligen Anforderungen genügt (*Bung* HRRS 2010, 50, 54; *Erb* NStZ 2010, 347, 348; *Schlothauer* StV 2009, 228, 229).

44 Die **Vereidigung** des Zeugen wird ebenfalls nicht vom Vernehmungsausschluss erfasst. Dabei ist die Neuregelung des § 59 zu beachten. Entscheidet der Vorsitzende, dass ein Zeuge entsprechend dem neuen Regelfall des § 59 nicht verteidigt werden soll, und wird diese Frage weder kontrovers erörtert noch zum Gegenstand einer gerichtlichen Entscheidung nach § 238 Abs. 2, so ist, wenn der für die Vernehmung nach § 247 ausgeschlossene Angeklagte dabei nicht anwesend war, dieser Verfahrensvorgang kein wesentlicher Teil der Hauptverhandlung und § 338 Nr. 5 liegt nicht vor (BGH NStZ 2006, 715, 716; LR/*Becker* § 247 Rn. 55; a. A. *Peglau/Wilke* NStZ 2005, 186, 188 und *Schuster* StV 2005, 628, 630 f.). Offen gelassen hat der BGH die Frage, ob das auch für den Fall einer Erörterung des § 60 gilt (verneinend LR/*Becker* § 247 Rn. 55; *Meyer-Goßner/Schmitt* § 247 Rn. 20b).

45 Hat das Gericht nach Entfernung des Angeklagten während der Vernehmung der Nebenklägerin in seiner Abwesenheit ein mündliches Gutachten des anwesenden **Sachverständigen** zur Frage von deren weiterer Vernehmungsfähigkeit an diesem Tag eingeholt, liegt der absolute Revisionsgrund des § 338 Nr. 5 nicht vor. Die Frage der Vernehmungsfähigkeit eines Zeugen unterliegt dem **Freibeweisverfahren**, sodass die Klärung der Vernehmungsfähigkeit auch außerhalb der Hauptverhandlung hätte erfolgen können. Folglich erstreckt sich die Abwesenheit des Angeklagten in diesem Fall nicht auf einen wesentlichen Teil der Hauptverhandlung (BGH StraFo 2010, 493).

46 Schließlich führt selbst die Abwesenheit des Angeklagten während der **Urteilsverkündung** nicht zum absoluten Revisionsgrund des § 338 Nr. 5 (BGHSt 15, 263, 264 f.).

47 **2. Relativer Revisionsgrund, § 337.** Ein relativer Revisionsgrund nach § 337 liegt vor, wenn der Beschluss nach § 247 **ohne Anhörung** (§ 33 Abs. 1) des Angeklagten ergangen ist (BGH NJW 1979, 276; JZ 1955, 386). Des Weiteren stellt auch der Verstoß gegen die Unterrichtungspflicht nach Satz 4 einen relativen Revisionsgrund dar (BGH NJW 2010, 2450, 2452). Ein Verstoß wird angenommen, wenn die Unterrichtung des Angeklagten gar nicht oder verspätet erfolgt (BVerfG NJW 2002, 814 f.; BGH NStZ-RR 2003, 3; NStZ-RR 2002, 70; NStZ 1995, 557 f.). Denn dem Angeklagten muss es trotz vorübergehender Abwesenheit möglich sein, sich bestmöglich zu verteidigen. Entscheidend für das Vorliegen des Revisionsgrundes nach § 337 ist somit, inwieweit die zu wahrende Rechtsposition, den weiteren Gang der Verhandlung sofort beeinflussen zu können, durch den Informationsmangel beeinträchtigt wurde (BGH NStZ-RR 2002, 70). I.d.R. wird nicht auszuschließen sein, dass das Urteil auf dem Fehler beruht (BGHSt 1, 346, 350). Wurde der Angeklagte durch seinen Verteidiger unterrichtet, ist dies bei der Prüfung, ob das Urteil auf dem Verstoß beruht, zu berücksichtigen (BGH 18.08.1976 – 3 StR 236/76; BGH NJW 1957, 1326, 1327). Wird gerügt, der Angeklagte sei nicht vollumfänglich unterrichtet worden, ist der Inhalt der Unterrichtung durch Freibeweis zu ermitteln (BGH MDR [D] 1957, 267 f.). Der Verstoß kann nicht durch eine nachträgliche Beschlussfassung, sondern nur durch die vollständige Wiederholung des fehlerhaften Teils der Verhandlung in Gegenwart des Angeklagten geheilt werden (BGH StV 1986, 418; KK-StPO/*Diemer* § 247 Rn. 17).

48 Die Rechtsprechung (BGH NStZ-RR 2008, 66; der Rügepräklusion zustimmend LR/*Becker* § 247 Rn. 56; krit. *Meyer-Goßner/Schmitt* § 247 Rn. 22) verlangt, dass die inhaltlich unzulängliche Unterrichtung des Angeklagten nach § 247 Satz 4 von seinem Verteidiger mit dem – bedenklichen – **Zwischenrechtsbehelf** des § 238 Abs. 2 (vgl. § 238) belangt wird und der Verteidiger einen Gerichts-

beschluss herbeiführt. Das verkennt jedoch, dass die Unterrichtung des Angeklagten von Amts wegen vorgenommen werden muss.

G. Jugendstrafverfahren. Die Vorschrift des § 247, die auch im Jugendstrafverfahren gilt, wird durch § 51 JGG ergänzt. Abs. 1 gibt dem Vorsitzenden die Möglichkeit, den jugendlichen Angeklagten für die Dauer von Erörterungen (»Erörterung« anstatt »Vernehmung« wie bei § 247), aus denen Nachteile für die Erziehung entstehen können, von der Verhandlung auszuschließen (BGH NStZ 2002, 216, 217). Gem. § 51 Abs. 2 bis 5 JGG können darüber hinaus die Erziehungsberechtigten und gesetzlichen Vertreter des Angeklagten von der Verhandlung ausgeschlossen werden. 49

§ 247a StPO Anordnung einer audiovisuellen Vernehmung von Zeugen.

(1) ¹Besteht die dringende Gefahr eines schwerwiegenden Nachteils für das Wohl des Zeugen, wenn er in Gegenwart der in der Hauptverhandlung Anwesenden vernommen wird, so kann das Gericht anordnen, dass der Zeuge sich während der Vernehmung an einem anderen Ort aufhält; eine solche Anordnung ist auch unter den Voraussetzungen des § 251 Abs. 2 zulässig, soweit dies zur Erforschung der Wahrheit erforderlich ist. ²Die Entscheidung ist unanfechtbar. ³Die Aussage wird zeitgleich in Bild und Ton in das Sitzungszimmer übertragen. ⁴Sie soll aufgezeichnet werden, wenn zu besorgen ist, dass der Zeuge in einer weiteren Hauptverhandlung nicht vernommen werden kann und die Aufzeichnung zur Erforschung der Wahrheit erforderlich ist. ⁵§ 58 Abs. 2 findet entsprechend Anwendung.
(2) ¹Das Gericht kann anordnen, dass die Vernehmung eines Sachverständigen in der Weise erfolgt, dass dieser sich an einem anderen Ort als das Gericht aufhält und die Vernehmung zeitgleich in Bild und Ton an den Ort, an dem sich der Sachverständige aufhält, und in das Sitzungszimmer übertragen wird. ²Dies gilt nicht in den Fällen des § 246a. ³Die Entscheidung nach Satz 1 ist unanfechtbar.

Übersicht	Rdn.		Rdn.
A. Allgemeines	1	4. Beschluss	20
I. Regelungszweck	1	II. Durchführung der Vernehmung (Abs. 1 Satz 3)	21
II. Entstehungsgeschichte	3		
B. Regelungsgehalt	4	III. Optionale Aufzeichnung, Abs. 1 Satz 4 u. Satz 5	25
I. Anordnungsvoraussetzungen	4		
1. Schutz des Zeugen, Abs. 1 Satz 1 Halbs. 1	4	IV. Akteneinsicht, Verwendung und Löschung der Aufzeichnung (Abs. 1 Satz 5) . . .	29
2. Verhinderung von Zeugen oder Einverständnis der Verfahrensbeteiligten, § 251 Abs. 2 (Abs. 1 Satz 1 Halbs. 2)	10	V. Audiovisuelle Vernehmung von Sachverständigen (Abs. 2)	32
		C. Revision	33
3. Ermessensentscheidung	16	D. Praktische Hinweise	36

S.a. RiStBV Nr. 222

A. Allgemeines. I. Regelungszweck. § 247a eröffnet die Möglichkeit einer **audiovisuellen Konfrontationsvernehmung** in der Hauptverhandlung (BGH NJW 1999, 3780; *Pfeiffer* § 247a Rn. 1). Gem. Abs. 1 kann sie zum Schutz des Zeugen angeordnet werden (Satz 1 Halbs. 1), wenn dem Zeugen ein Erscheinen nicht möglich ist oder ein entsprechendes Einvernehmen zwischen den Verfahrensbeteiligten besteht (Satz 1 Halbs. 2). Die Norm statuiert eine Ausnahme zur sonst geltenden Anwesenheitspflicht eines Zeugen in der Hauptverhandlung (vgl. BVerfG NJW 1988, 898; NJW 1979, 32; *Meyer-Goßner/Schmitt* § 247a Rn. 1a) und ist eng auszulegen. Sie gestattet es dem Zeugen, an einem **anderen Ort** als dem Verhandlungssaal auszusagen. Abs. 2 eröffnet außer in den Fällen des § 246a StPO aus verfahrensökonomischen Gründen die Möglichkeit, die Vernehmung eines Sachverständigen audiovisuell vorzunehmen. 1

Die audiovisuelle Vernehmung gem. Abs. 1 ist nicht auf bestimmte Zeugen oder Delikte beschränkt; denn anders als z.B. bei § 255a Abs. 2 wird ein **umfassender Zeugenschutz** bezweckt (*Diemer* NJW 1999, 1667, 1668): Die Vorschrift ist daher nicht nur auf jugendliche Zeugen oder auf Opfer von Sexualstraftaten anwendbar, sondern gilt unter den gegebenen Voraussetzungen für **alle schutzbedürftigen** 2

§ 247a StPO Anordnung einer audiovisuellen Vernehmung von Zeugen

Zeugen, wie bspw. gefährdete **Ermittlungsbeamte**, **V-Leute**, sofern der Vernehmung keine Sperrerklärung nach § 96 entgegensteht (*Weider/Staechelin* StV 1999, 51; vgl. zur Unwirksamkeit von Sperrerklärungen nach § 96: BVerwG, StraFo 2013, 330 ff.), **alte**, **kranke** und **gebrechliche** Zeugen (*Kretschmer* JR 2006, 453, 455), **Opfer** von Sexualstraftaten, und u.U. auch für Personen, die in ein Zeugenschutzprogramm aufgenommen wurden (BGH NJW 2006, 785; hierzu krit. *Hohnel* NJW 2004, 1356), aber ggf. auch für **Auslandszeugen** (*Norouzi* Die audiovisuelle Vernehmung von Auslandszeugen, 2010; *Schöch* in: FS für Meyer-Goßner S. 365, 366).

3 **II. Entstehungsgeschichte.** Die Vorschrift wurde durch das **Zeugenschutzgesetz** v. 30.04.1998 (BGBl. I, S. 820) in die StPO eingefügt (vgl. zum **ZSchG** auch § 58a Rdn. 5). Geändert wurde § 247a durch das 1. OpferRRG v. 24.06.2004 (BGBl. I, S. 1354), indem die ursprüngliche bestehende Subsidiaritätsklausel gestrichen wurde (zu den inhaltlichen Konsequenzen vgl. Rdn. 18). Das 1. Justizmodernisierungsgesetz v. 24.08.2004 (BGBl. I, S. 2198) regelte eine Anpassung des Verweises auf § 251. Durch Gesetz vom 01.11.2013 (BGBl. I S. 935) wurde die bisherige Norm unverändert als erster Absatz verwertet. Hinzugefügt wurde ein neuer Abs. 2, der § 247a für die Vernehmung von Sachverständigen erweitert.

4 **B. Regelungsgehalt. I. Anordnungsvoraussetzungen. 1. Schutz des Zeugen, Abs. 1 Satz 1 Halbs. 1.** Nach § 247a Abs. 1 Satz 1 Halbs. 1 **kann** die audiovisuelle Vernehmung eines Zeugen angeordnet werden, wenn bei einer Vernehmung des Zeugen in Gegenwart der in der Hauptverhandlung Anwesenden **die dringende Gefahr eines schwerwiegenden Nachteils für das Wohl** des Zeugen besteht. Die Vorschrift dient dem sog. Opferschutz (die Gesetzesmaterialien betonen den überragenden Schutz des kindlichen Zeugen; ausdrücklich einbezogen sind aber alle weiteren gefährdeten Zeugen, BT-Drucks. 13/7165, S. 9).

5 Ein **schwerwiegender Nachteil für das Wohl** des Zeugen umfasst nicht nur Gefahren für Leib, Leben und Gesundheit, sondern dessen gesamtes seelisches, körperliches und geistiges Wohlergehen (*Diemer* NJW 1999, 1667; *Meyer-Goßner/Schmitt* § 247a Rn. 3; SK-StPO/*Frister* § 247a Rn. 25; vgl. hierzu auch § 247 Rdn. 9). Die Beeinträchtigung muss massiv sein: Die bloße Unannehmlichkeit einer Vernehmung reicht keinesfalls. Vielmehr muss die körperliche oder seelische Belastung über das hinausgehen, was typischerweise mit der Zeugenpflicht im Strafverfahren einhergeht. Es bedarf eines **objektiv schwerwiegenden** Nachteils (LR/*Becker* § 247a Rn. 6; SK-StPO/*Frister* § 247a Rn. 26).

6 Eine **dringende Gefahr** wird angenommen, wenn aufgrund bestimmter Tatsachen positiv feststeht, dass solche Folgen im konkreten Einzelfall mit hoher Wahrscheinlichkeit bei einer Vernehmung im Gerichtssaal eintreten werden (KK-StPO/*Diemer* § 247a Rn. 11). Hierfür müssen unter Würdigung aller im Einzelfall vorliegenden Gegebenheiten konkrete Anhaltspunkte vorliegen (SK-StPO/*Frister* § 247a Rn. 7). Die mögliche Gefahr muss aus der Vernehmungssituation in der Hauptverhandlung, der Atmosphäre im Sitzungssaal und der Anwesenheit anderer Verfahrensbeteiligter und nicht wie bei § 247 allein durch die Anwesenheit des Angeklagten hervorgerufen werden (*Seitz* JR 1998, 309, 311; KMR/*Lesch* § 247a Rn. 26; AnwK-StPO/*Sommer* § 247a Rn. 5; SK-StPO/*Frister* § 247a Rn. 24; Graf/*Berg* § 247a Rn. 5).

7 Die Vorschrift ist **eng auszulegen** und findet hauptsächlich – aber nicht ausschließlich (s. Rdn. 2) – ihre Anwendung bei kindlichen, jugendlichen oder in erheblichem Maß psychisch belasteten Zeugen (*Leitner* StraFo 1999, 45, 47). Auch bei einem im Zeugenschutzprogramm befindlichen Zeugen ist eine Videovernehmung nicht grds. auszuschließen (BGH NJW 2006, 785, 788; Graf/*Berg* § 247a Rn. 4; *Meyer-Goßner/Schmitt* § 247a Rn. 3; a. A. *Hohnel* NJW 2004, 1356).

8 Die Vernehmung eines Zeugen durch Videoübertragung führt zu **Spannungen** mit dem Unmittelbarkeitsgrundsatz (vgl. hierzu und zur »Audio-Visualisierung« des Prozesses *Jung* GA 1998, 313, 325), dem Mündlichkeitsprinzip, dem Grundsatz der Verhandlungseinheit nach § 226 und dem Recht auf Konfrontation gem. Art. 6 Abs. 3 Buchst. d) EMRK. Letztlich ist die Vorschrift mit dem prozessualen Gesamtgefüge vereinbar. Allerdings werden die bezeichneten Spannungsfelder bei der Ermessensentscheidung (s. Rdn. 16 ff.), ob eine audiovisuelle Vernehmung des Zeugen angeordnet wird, zu berücksichtigen sein. Die grundsätzliche Berechtigung dieses Instruments steht heute außer Frage (vgl. näher SK-StPO/*Frister* § 247a Rn. 14 ff.; zu Recht krit. allerdings zur fehlenden Harmonisierung mit §§ 247 und 255a Abs. 2 in Rn. 18 f.).

Unzureichend erforscht ist bislang, wie eine Videodirektschaltung das **Aussageverhalten** eines Zeugen 9
oder Kronzeugen beeinflusst im Gegensatz zu einer gerichtsüblichen Aussage im Sitzungssaal (*Hohnel*
NJW 2004, 1356, 1357). Wie kritisch die Vorschrift mit Blick auf die Wahrheitsfindung gesehen wird,
hängt davon ab, in welchem Maß die Qualität von solchen Vernehmungen infrage steht. Schon von daher dürfte hier ein Forschungsbedarf bestehen. Nicht vergessen werden darf dabei, dass es im Gesetzgebungsverfahren einen »Kampf der Modelle« audiovisueller Vernehmungen gab. Gegen das sog. Mainzer Modell (s. *Kretschmer* JR 2006, 453), setzte sich schließlich das sog. **Englische Modell** durch (vgl.
Schöch in: FS für Meyer-Goßner, S. 365, 366). Hierzu gibt es Erfahrungen im angelsächsischen Rechtskreis (vgl. hierzu *Bohlander* ZStW 107, 1995, 82), die ggf. nutzbar gemacht werden könnten.

2. Verhinderung von Zeugen oder Einverständnis der Verfahrensbeteiligten, § 251 Abs. 2 10
(Abs. 1 Satz 1 Halbs. 2) § 247a Abs. 1 Satz 1 Halbs. 2 ermöglicht durch den **Verweis auf § 251**
Abs. 2 Nr. 1 bis 3 die audiovisuelle Vernehmung unter den gleichen Voraussetzungen wie bei einer Verlesung richterlicher Vernehmungsprotokolle, soweit dies zur **Erforschung der Wahrheit** erforderlich ist.
Eine Kritik an dieser Vorschrift kann nicht an einem Qualitätsvergleich der unmittelbaren Vernehmung
mit der audiovisuellen erfolgen. Vergleichsparameter muss die Verlesung des richterlichen Protokolls
oder anderer zulässiger Beweissurrogate sein. I.d.R. dürfte die Videodirektübertragung danach vorzugswürdig sein. Sie ist zwar ein »Weniger« ggü. der unmittelbaren Vernehmung eines physisch anwesenden
Zeugen, aber ein »Mehr« im Vergleich zur Verlesung eines Vernehmungsprotokolls oder einer kommissarischen Vernehmung gem. § 223 (*Krapf* Kriminalistik 2002, 309).

Die audiovisuelle Vernehmung kann nach Abs. 1 Satz 1 Halbs. 2. angeordnet werden, wenn der persön- 11
lichen Vernehmung des Zeugen in der Hauptverhandlung entweder eine **Krankheit** von **längerer oder**
ungewisser Dauer, **Gebrechlichkeit** oder **andere** nicht zu beseitigende **Hindernisse** entgegen stehen
(§ 251 Abs. 2 Nr. 1) oder dem Zeugen das Erscheinen wegen **großer Entfernung nicht zumutbar** ist
(§ 251 Abs. 2 Nr. 2). Bei der Beurteilung und **Abwägung**, ob die Voraussetzungen des § 251 Abs. 2
Nr. 1 und 2 vorliegen, ist immer zu berücksichtigen, dass der audiovisuellen Vernehmung eine bessere
Beweisqualität zukommt als der Vernehmung durch einen beauftragten oder ersuchten Richter
(BGHSt 45, 188, 195; 45, 354, 361; *Albrecht* StV 2001, 364, 366; *Schlothauer* StV 2000, 182; SK-StPO/*Frister* § 247a Rn. 20).

Weiter kann das Gericht eine audiovisuelle Vernehmung anordnen, wenn der Staatsanwalt, der Vertei- 12
diger, der Angeklagte und alle anderen Verfahrensbeteiligten einverstanden sind (§ 251 Abs. 2 Nr. 3).
Zu beachten ist jedoch, dass die **Zustimmung** aller Verfahrensbeteiligten eine unverzichtbare Voraussetzung darstellt, das Gericht dadurch aber trotzdem nicht zu diesem Vorgehen gezwungen werden
kann (LR/*Becker* § 247a Rn. 11). Prinzipiell ermöglicht es das Gesetz jedoch, jeden Zeugen audiovisuell zu vernehmen, solange zwischen den Verfahrensbeteiligten Einigkeit über dieses Vorgehen besteht
(SK-StPO/*Frister* § 247a Rn. 36; AnwK-StPO/*Sommer* § 247a Rn. 9; krit. *Rieß* StraFo 1999, 1, 7;
Rieß NJW 1998, 3240, 3242).

Abs. 1 Satz 1 Halbs. 2 wird meist bei **Auslandszeugen** (zum Auslandszeugen vgl. umfassend *Norouzi*, 13
Die audiovisuelle Vernehmung von Auslandszeugen, 2010) oder **Kindern** angewendet (AnwK-StPO/
Sommer § 247a Rn. 7), wenn die unmittelbare Einvernahme im Sitzungssaal durch die gesetzlichen
Vertreter verweigert wird (*Swoboda* Videotechnik im Strafverfahren, 2002, S. 246 ff.) – ferner bei »**ge**
sperrten Zeugen«, soweit dem nicht die Videosimultanübertragung nach Abs. 1 Satz 3 entgegensteht
(Graf/*Berg* § 247a Rn. 5, 5.1). Bei »gesperrten Zeugen« handelt es sich um Personen, die aufgrund
einer konkreten Gefahr für ihr Leib und Leben für eine unmittelbare Anhörung in der Hauptverhandlung nach §§ 96 analog, 110b Abs. 3 gesperrt sind (BGHSt 36, 159; *Griesbaum* NStZ 1998, 433, 440;
Meyer-Goßner/Schmitt § 247a Rn. 1a). Darin kann ein »unüberwindbares Hindernis« nach §§ 247a
Abs. 1 Satz 1 Halbs. 2, 251 Abs. 2 Nr. 1 gesehen werden (*Rieß* StraFo 1999, 1, 6; LR/*Becker* § 247a
Rn. 10; *Meyer-Goßner/Schmitt* § 247a Rn. 6; AnwK-StPO/*Sommer* § 247a Rn. 10; krit. SK-StPO/
Frister § 247a Rn. 32 m.w.N.; a. A. KMR/*Lesch* § 247a Rn. 30). Allerdings ermöglicht die optische
und/oder akustische Abschirmung bzw. Verfremdung manchmal eine ansonsten nicht genehmigte Vernehmung von Verdeckten Ermittlern oder Vertrauenspersonen (BGHSt 51, 232; BVerfG NJW 2010,
925; BGH NJW 2007, 1475, BGH NJW 2003, 74; *Norouzi* JuS 2003, 434; BGH NStZ 2006, 648;
Kolz in: FS für G. Schäfer S. 35; Graf/*Berg* § 247a Rn. 5, 5.1; a. A. *Valerius* GA 2005, 459; SK-StPO/
Frister § 247a Rn. 59 ff.; vgl. zur Problematik auch *Norouzi* Die audiovisuelle Vernehmung von Aus-

landszeugen, S. 212 ff. m.w.N.). Notfalls können Teilbeschränkungen der Aussagegenehmigung i.S.d. § 54 Abs. 1 die Gefährdung weiter minimieren (BGH NStZ 2005, 43 f.). Inwieweit dann noch eine durchgreifende Beweiswürdigung gelingen kann, dürfte eine Frage des Einzelfalls bleiben. Jedenfalls muss das Gericht verfremdete Aussagen vorsichtig würdigen und durch andere Beweisanzeichen absichern. Macht die »sperrende« Behörde keinen vertretbaren Grund für die Verfremdung oder Abschirmung geltend, kann nach menschenrechtskonformer Auslegung ein Verwertungsverbot angenommen werden (vgl. *Walter* StraFo 2004, 224, 228).

14 § 247a Abs. 1 gilt nur für Zeugen und erstreckt sich auch durch den Verweis auf § 251 Abs. 2 **nicht** auf **Sachverständige** und **Mitbeschuldigte** (*Diemer* NJW 1999, 1667, 1670; KK/*Diemer* § 247a Rn. 12 f.). Beurteilungszeitpunkt ist ihre Anhörung in der Hauptverhandlung (*Meyer-Goßner/Schmitt* § 247a Rn. 6).

15 Durch die explizite Nennung »zur Erforschung der Wahrheit« im Gesetzestext (*Seitz* JR 1998, 309, 312 hält diese für überflüssig) geht die Rechtsprechung davon aus, dass die Anordnung der audiovisuellen Vernehmung nur notwendig ist, wenn von ihr eine bessere Aufklärung erwartet werden kann als durch das Verlesen eines richterlichen Vernehmungsprotokolls (BGHSt 46, 73; *Rose* JR 2001, 345; *Sinn* JZ 2001, 51; *Diemer* NStZ 2001, 393, 396; a. A. *Albrecht* StV 2001, 364, 366; *Schwaben* NStZ 2002, 288, 289, *Beulke* ZStW 113, 2001, 709, 724; *Gleß* JR 2002, 97).

16 **3. Ermessensentscheidung.** Die Anordnung liegt im pflichtgemäßen Ermessen des Gerichts (BGHSt 45, 188; BGH NJW 1999, 3788; *Pfeiffer* § 247a Rn. 1; KK/*Diemer* § 247a Rn. 4; KMR/*Lesch* § 247a Rn. 23; Graf/*Berg* § 247a Rn. 8). Hierbei ist zu beachten, dass die **persönliche Vernehmung** des Zeugen den **Grundsatz** (§ 250) darstellt und **§ 247a eine Ausnahme**, die an enge Voraussetzungen geknüpft ist (KK-StPO/*Diemer* § 247a Rn. 4). Das Ermessen des Gerichts setzt erst bei Vorliegen aller Voraussetzungen ein. Das Gericht muss bei Ausübung seines Ermessens einerseits die **Interessen des Zeugen** und das Recht des Angeklagten auf ein **faires Verfahren** andererseits gewichten und gegeneinander abwägen.

17 Ein faires Verfahren kann dem Angeklagten nur geboten werden, wenn seine **Verfahrensrechte**, insb. die Rechte aus Art. 6 EMRK, und die Belange der Verteidigung in angemessenem Maße berücksichtigt werden. Bei der Abwägung muss weiter das Prinzip des **Vorrangs der unmittelbaren Zeugenvernehmung** in der Hauptverhandlung (§ 250) ins Gewicht fallen (*Fischer* JZ 1998, 820; *Meurer* JuS 1999, 939). Darüber hinaus ist das Gebot des **bestmöglichen Beweises** (§ 244 Abs. 2) zu beachten. § 247a ist als Ergänzung der Rechtslage zur Erhebung des bestmöglichen Beweises zu verstehen (hierzu *Rebmann* NStZ 1982, 315; *Herdegen* NStZ 1984, 200; KK-StPO/*Diemer* § 247a Rn. 6), denn einerseits wird durch die Verwendung eines technischen Mediums die Kommunikation der Verfahrenbeteiligten beeinträchtigt, andererseits wird aber auch verhindert, dass das Gericht auf weniger sachnahe Beweismittel wie die Vernehmung eines Zeugen vom Hörensagen oder die Verlesung von Protokollen angewiesen ist (*Meyer-Goßner/Schmitt* § 247a Rn. 7; KMR/*Lesch* § 247a Rn. 23; KK-StPO/*Diemer* § 247a Rn. 6). In den Fällen des Abs. 1 Satz 1 Halbs. 2 müssen die Aspekte der **Prozessökonomie** und der **Verfahrensbeschleunigung** in die Abwägung mit einbezogen werden. Aufseiten des Zeugen ist im Anwendungsfall des Abs. 1 **Satz 1 Halbs. 1** das **Schutzinteresse des Zeugen** als hohes Gut anzusehen.

18 Die Videovernehmung setzte früher voraus, dass die drohenden schwerwiegenden Nachteile für den Zeugen nicht in anderer Weise abgewendet werden können (vgl. Rdn. 3). Die Entfernung des Angeklagten und der Ausschluss der Öffentlichkeit waren namentlich genannt, aber keineswegs die einzigen zu berücksichtigenden Optionen. Damit hatte sich der Gesetzgeber für einen Vorrang der unmittelbaren persönlichen Vernehmung entschieden. Dieser Wertung ist der Boden entzogen; durch das Streichen der Klausel (krit. zur Streichung *Ferber* NJW 2004, 2562, 2564) ist § 247a **nicht mehr subsidiär** (*Meyer-Goßner/Schmitt* § 247a Rn. 4; KK-StPO/*Diemer* § 247a Rn. 8). Jedoch stellen der **Ausschluss der Öffentlichkeit** und die **Entfernung des Angeklagten** nach § 247 Satz 2 im Einzelfall dennoch denkbare Alternativen dar. Das Gericht muss **abwägen**, mit welcher Maßnahme es zum einem den Zeugen in höchst möglichem Maße schützt, zum anderen aber auch der Aufklärungspflicht und dem Verteidigungsinteresse des Angeklagten gerecht wird (SK-StPO/*Frister* § 247a Rn. 29; KK-StPO/*Diemer* § 247a Rn. 8; *Meyer-Goßner/Schmitt* § 247a Rn. 4). Bei dieser Verhältnismäßigkeitsprüfung dürfte die Entfernung des Angeklagten immer nur *ultima ratio* sein. Schon in der Begründung des Gesetzentwurfes wurde darauf hingewiesen, dass sich das Gericht zukünftig – bevor es den Angeklagten aus-

schließt – mit der Möglichkeit des § 247a auseinandersetzen muss, anderenfalls riskiert es einen absoluten Revisionsgrund (*Ferber* NJW 2004, 2562, 2564; vgl. auch § 247 Rdn. 41 ff.).

In der Grundsatzentscheidung BGHSt 45, 188 aus 1999 heißt es im Zusammenhang mit Auslandszeugen zur vorzunehmenden Abwägung: »Bei der Entscheidung, ob das Gericht von der Möglichkeit des § 247a StPO Gebrauch machen will oder nicht, ist insbesondere die durch das technische Medium und die fehlende körperliche Anwesenheit des Zeugen (Fischer, JZ 1998, 816, 820) eingeschränkte Unmittelbarkeit der Beweisaufnahme (§ 250 S. 1 StPO) zu beachten. Zu berücksichtigen wird auch sein, daß sich eine auf Distanz befragte Person dem durch Frage und Antwort entstehenden Spannungsverhältnis eher wird entziehen können als in direktem Kontakt in ein und demselben Raum. Durch die technisch bedingte Distanz wird es zudem schwieriger sein, im Vorfeld der Aussage Hemmungen abzubauen, Vertrauen zu erwecken und sich selbst einen hinreichenden Eindruck von der individuellen Eigenart der Auskunftsperson und ihrem non-verbalen Aussageverhalten zu verschaffen (Bender–Nack, Tatsachenfeststellungen vor Gericht I, 2. Aufl., Rn. 205 ff.; krit. zur Ausgestaltung der Vernehmungssituation »aus dem off« schon für den Kernbereich des § 247a StPO, die Vernehmung kindlicher Opferzeugen: Caesar, NJW 1998, 2313, 2315). Solange die Frage der strafrechtlichen Verantwortlichkeit für eine Falsch- oder pflichtwidrige Nichtaussage im konkreten zwischenstaatlichen Verhältnis nicht im Sinne einer effektiven Sanktionierbarkeit geklärt ist, ist auch dieses Defizit in Bedacht zu nehmen. Ergebnis einer solchen dem Tatrichter auferlegten Abwägung kann durchaus sein, daß eine audiovisuelle Vernehmung wegen ihrer dargelegten Defizite gegenüber einem präsenten Zeugen im Einzelfall für die Wahrheitsfindung wertlos, der Zeuge mithin auch unter Beachtung der Möglichkeiten des § 247a StPO ein ungeeignetes Beweismittel ist.«

4. Beschluss. Die Videovernehmung wird durch **Gerichtsbeschluss**, nicht durch Verfügung des Vorsitzenden, nach Anhörung aller Beteiligten (§ 33) angeordnet (*Leitner* StraFo 1999, 48; HK-GS/*Schork* § 247a Rn. 9). Der Beschluss, der nach § 273 Abs. 1 in der Sitzungsniederschrift beurkundet wird, ist zu begründen (§ 34) und zu verkünden (§ 35). Die Begründung darf nicht floskelhaft sein und muss erkennen lassen, auf welche Zulässigkeitsvoraussetzungen das Gericht seinen Beschluss stützt. Einer tiefergehenden Begründung bedarf es aufgrund des Rechtsmittelausschlusses nach Abs. 1 Satz 2 i.V.m. § 336 Satz 2 nicht (*Radtke/Hohmann/Kelnhofer* § 247a Rn. 16; *Diemer* StraFo 2000, 217, 220; *Meyer-Goßner/Schmitt* § 247a Rn. 8; a. A. KK-StPO/*Diemer* § 247a Rn. 15; LR/*Becker* § 247a Rn. 15; HK-StPO/*Julius* § 247a Rn. 10; HK-GS/*Schork* § 247a Rn. 9). Die Ablehnung eines Antrages auf Videovernehmung bedarf dagegen keiner Begründung.

II. Durchführung der Vernehmung (Abs. 1 Satz 3) Die Ausgestaltung der **Bild-Ton-Übertragung** ist im Gesetz **nicht detailliert festgelegt** (*Rieck* StraFo 2000, 400). § 247a Abs. 1 Satz 3 bestimmt allein, dass die Aussage **zeitgleich in Bild und Ton** in das Sitzungszimmer übertragen wird. Da die Übertragung die persönliche Vernehmung ersetzen soll, müssen die Verfahrensbeteiligten ihre **prozessualen Befugnisse uneingeschränkt** ausüben (Graf/*Berg* § 247a Rn. 11; SK-StPO/*Frister* § 247a Rn. 52) und die verbalen und nonverbalen Äußerungen der Zeugen wahrnehmen können (*Schlothauer* StV 1999, 50; KK-StPO/*Diemer* § 247a Rn. 17; *Meyer-Goßner/Schmitt* § 247a Rn. 10; krit. *Fischer* JZ 1998, 816, 820). Umgekehrt sollte es auch dem Zeugen, obwohl der Gesetzeswortlaut nur von der Übertragung der Zeugenaussage spricht, möglich sein, die Vorgänge im Sitzungssaal mitverfolgen zu können (*Rieß* StraFo 1999, 1, 6). Es bedarf somit **einer Übertragung in beide Richtungen** (BGHSt 45, 188, 196; *Kretschmer* JR 2006, 453; KMR/*Lesch* § 247a Rn. 6; LR/*Becker* § 247a Rn. 19; *Meyer-Goßner/Schmitt* § 247a Rn. 10; *Swoboda* Videotechnik, S. 179; *Hinterhofer* Zeugenschutz und zum »two way closed circuit television-Modell«, S. 94; *Rieck* Substitut oder Komplement?, S. 96 ff.; *ders.* StraFo 2000, 400, 402; *Krapf* Kriminalistik 2002, 309, 310). Nur so kann eine der normalen Vernehmungssituation entsprechende Atmosphäre geschaffen werden, die es ermöglicht, eine **Glaubwürdigkeitsbeurteilung** und **effektive Ausübung der Verteidigungsrechte** zu gewährleisten (*Krapf* Kriminalistik 2002, 309, 310; SK-StPO/*Frister* § 247a Rn. 53). Um eine in Ansätzen normale Vernehmungssituation zu schaffen sollte die Übertragung so stattfinden, dass der Zeuge sowohl den Vorsitzenden sehen als auch den **gesamten Vernehmungsraum** überblicken kann. Anders soll nur vorgegangen werden, wenn die audiovisuelle Vernehmung gerade gewählt wurde, um die **Konfrontation** des Zeugen mit den anderen Verfahrensbeteiligten, insb. dem Angeklagten, zu **vermeiden** (SK-StPO/*Frister* § 247a Rn. 54). Dies ist insb. bei **kindlichen Opferzeugen** der Fall (KMR/*Lesch* § 247a Rn. 6 nur in Bezug auf Kinder). Die

§ 247a StPO Anordnung einer audiovisuellen Vernehmung von Zeugen

Öffentlichkeit im Sitzungssaal muss die Aussage nur akustisch mitverfolgen können, denn auch bei einer herkömmlichen Vernehmung ist es ihnen nur möglich, den Zeugen von hinten wahrzunehmen (Graf/*Berg* § 247a Rn. 11).

22 Der **organisatorische Ablauf** der audiovisuellen Vernehmung wird dem Vorsitzenden überlassen (SK-StPO/*Frister* § 247a Rn. 49 f.). Er bestimmt den genauen Ort der Vernehmung und nimmt ihn gem. § 214 Abs. 1 Satz 1 in die Ladung auf (KMR/*Lesch* § 247a Rn. 22). Ein Zeuge, der sich im Zeugenschutzprogramm befindet, ist über die zuständige Polizeidienststelle zu laden (KMR/*Lesch* § 247a Rn. 22).

23 Der Begriff der **Vernehmung** erfasst vorliegend, anders als bei § 247 (vgl. § 247 Rdn. 10), alle Verfahrensvorgänge, die mit der Befragung in enger Verbindung stehen, sich aus ihr entwickeln, oder Verfahrensvorgänge mit selbstständiger verfahrensrechtlicher Bedeutung darstellen.

24 I.Ü. gelten die **Bestimmungen über die Zeugenvernehmung**, insb. §§ 238, 241a, 247 (KMR/*Lesch* § 247a Rn. 7). Die Öffentlichkeit kann auch gem. §§ 171b, 172 GVG von einer audiovisuellen Vernehmung ausgeschlossen werden (*Meyer-Goßner/Schmitt* § 247a Rn. 10). Der Zeuge kann am Vernehmungsort, wenn er Nebenkläger ist, von seinem **Beistand** nach § 68b oder § 397a und als Verletzter auch von einer zugelassenen **Vertrauensperson** nach § 406f Abs. 2 begleitet werden (*Rieß* NJW 1998, 3241).

25 **III. Optionale Aufzeichnung, Abs. 1 Satz 4 u. Satz 5.** Die Aufzeichnung ist an die strengen Voraussetzungen der Abs. 1 Satz 4 und 5 gebunden, da sie einen Eingriff in das Persönlichkeitsrecht des Zeugen darstellt, ohne dass es auf seine Einwilligung ankäme (OLG Bremen NStZ 2007, 481). Die Voraussetzungen sind gegeben, wenn zu befürchten steht, dass der Zeuge in einer **weiteren Hauptverhandlung nicht vernommen werden kann** und die Aufzeichnung somit **zur Erforschung der Wahrheit erforderlich** ist (KK-StPO/*Diemer* § 247a Rn. 18; KMR/*Lesch* § 247a Rn. 34). In Betracht kommen **Hindernisse tatsächlicher und rechtlicher Art** (*Meyer-Goßner/Schmitt* § 247a Rn. 11; KK-StPO/*Diemer* § 247a Rn. 18 bis 21; LR/*Becker* § 247a Rn. 25; *Diemer* NJW 1999, 1672), z.B. **Gründe des Zeugenschutzes**, insb. die in § 255a Abs. 2 und die in § 251 Abs. 1 Nr. 2, Abs. 2 Nr. 1 und 2 genannten **Hindernisse** (KK-StPO/*Diemer* § 247a Rn. 18 bis 21). Die Frage, ob es überhaupt zu einer weiteren Hauptverhandlung kommt, muss nicht in die Prognose einbezogen werden (*Meyer-Goßner/Schmitt* § 247a Rn. 11). Unter **weitere Hauptverhandlung** sind die Hauptverhandlungen in der Berufungsinstanz oder eine erneute Hauptverhandlung bei Aufhebung und Zurückweisung der Sache durch das Revisionsgericht zu verstehen (KMR/*Lesch* § 247a Rn. 33).

26 **Zur Erforschung der Wahrheit** ist die Aufzeichnung nötig, wenn Gegenstand der Vernehmung ein komplexes Tatgeschehen ist, die Aussage sehr umfangreich oder die Einvernahme von besonderer Schwierigkeit ist (*Meyer-Goßner/Schmitt* § 247a Rn. 11). Die Aufzeichnung allein zur Gedächtnisstütze soll nicht möglich sein (KK/*Diemer* § 247a Rn. 19; KMR/*Lesch* § 247a Rn. 34).

27 Die Aufzeichnung wird nach Anhörung der Verfahrensbeteiligten (§ 33) **durch Beschluss des Gerichts** angeordnet, der zu begründen (§ 34), zu verkünden (§ 35) und gem. § 273 Abs. 1 zu protokollieren ist (*Meyer-Goßner/Schmitt* § 247a Rn. 12; KMR/*Lesch* § 247a Rn. 35; SK-StPO/*Frister* § 247a Rn. 74; KK-StPO/*Diemer* § 247a Rn. 20; a. A. LR/*Becker* § 247a Rn. 27 sowie Berg/*Graf* § 247a Rn. 13 bis 15 vertreten die Ansicht, dass die Anordnung allein dem Vorsitzenden obliegt).

28 Das Gericht entscheidet nach seinem **pflichtgemäßen Ermessen**, wobei die Anordnung bei Vorliegen der gesetzlichen Voraussetzungen regelmäßig der Fall sein wird.

29 **IV. Akteneinsicht, Verwendung und Löschung der Aufzeichnung (Abs. 1 Satz 5)** Für die **Akteneinsicht** und **Löschung** der Aufzeichnung verweist Abs. 1 Satz 5 auf § 58a Abs. 2 (vgl. dort Rdn. 18 ff.).

30 Die **Verwendung der Bild-Ton-Aufzeichnung** dient nur dem Zweck der **Strafverfolgung**. Wird die Aufzeichnung nicht mehr zur Strafverfolgung benötigt, ist sie entsprechend § 100b Abs. 6 von der StA **zu vernichten** (Abs. 1 Satz 5 i.V.m. § 58a Abs. 2, § 100b Abs. 6).

31 Gegen die Entscheidung über die Aufzeichnung kann der Zeuge – anders als gegen die Anordnung der audiovisuellen Vernehmung – **Beschwerde** gem. §§ 304, 305 einlegen (KK-StPO/*Diemer* § 247a Rn. 20; KMR/*Lesch* § 247a Rn. 35).

32 **V. Audiovisuelle Vernehmung von Sachverständigen (Abs. 2)** Abs. 2 eröffnet seit dem 01.11.2013 die Möglichkeit, Sachverständige audiovisuell zu vernehmen. Die Norm ist verfahrensöko-

nomisch motiviert und soll vor allem Reisekosten sparen und das Verfahren beschleunigen (BT-Drs. 17/12418, S. 15 f.). Der XXX noch im Bundesratsentwurf für erforderlich gehaltene Verzicht der Verfahrensbeteiligten auf die persönliche Anwesenheit des Sachverständigen als Voraussetzung für seine audiovisuelle Vernehmung wurde dann im Gesetzgebungsverfahrens seinerseits verzichtet (BT-Drs. 17/12418, S. 8, 15). Die Videokonferenz bleibt aber ausgeschlossen, wenn die Wahrheitsfindung einen unmittelbaren persönlichen Eindruck erfordert. Dies soll nach der Gesetzesbegründung dann nicht der Fall sein, wenn ein isoliertes Beweisthema beurteilt werden soll, für das keine in der Hauptverhandlung wahrzunehmenden Anknüpfungstatsachen notwendig sind (BT-Drs. 17/12418, S. 16). Dem trägt zudem Abs. 2 Satz 2 Rechnung, der auf § 246a StPO verweist und damit die Fälle für eine audiovisuelle Vernehmungstechnik des Sachverständigen ausschließt, in denen die Anordnung oder der Vorbehalt einer Unterbringung des Angeklagten in ein psychiatrisches Krankenhaus oder die Sicherungsverwahrung in Betracht kommen (Meyer-Goßner/Schmitt § 247a Rn. 16).

C. Revision. Nach § 247a Abs. 1 Satz 2 bzw. Abs. 2 Satz 3 ist die Entscheidung über die audiovisuelle Vernehmung eines Zeugen bzw. Sachverständigen **unanfechtbar** und somit gem. **§ 336 Satz 2 nicht** im Wege der **Revision** überprüfbar. Die Ausnahmeregelung des Satz 2 findet jedoch dort ihre Grenzen, wo zugleich **allgemeine Verfahrensgrundsätze** bzw. andere Verfahrensvorschriften **verletzt** worden sind (*Schlothauer* StV 2000, 183; *Rieß* StraFo 1999, 7) oder sich **absolute Revisionsgründe** ergeben haben, z.B. wenn durch den Beschluss die Verteidigung in unzulässiger Weise beschränkt wird, § 338 Nr. 8 (KK-StPO/*Diemer* § 247a Rn. 22 bis 25; s. a. LR/*Becker* 247a Rn. 32; KMR/*Lesch* § 247a Rn. 36; SK-StPO/*Frister* § 247a Rn. 80). 33

Revisibel ist zum einen das **Fehlen** eines die audiovisuellen Vernehmung anordnenden **Beschlusses** (*Schöch* in: FS für Meyer-Goßner, S. 365, 382) oder eine Anordnung die **allein** durch den **Vorsitzenden** getroffen wurde (BGH NStZ 2008, 421; *Diemer* NStZ 2001, 393). Zum anderen steht § 336 Satz 2 auch dann nicht entgegen, wenn über eine Anwendung des § 247a **gar nicht entschieden** wurde (BGHSt 45, 188, 197; NJW 1999, 3788; BGH NStZ 2008, 421; LR/*Becker* § 247a Rn. 33; *Meyer-Goßner/Schmitt* § 247a Rn. 13). Denn der Ausschluss der Revision setzt voraus, dass überhaupt eine Entscheidung i.S.d. § 247a Abs. 1 Satz 2 bzw. Abs. 2 Satz 3 getroffen worden ist (SK-StPO/*Frister* § 247a Rn. 78). Ist also eine Entscheidung nach § 247a überhaupt nicht in Erwägung gezogen worden, obwohl sich bei den Umständen des Einzelfalls eine solche Entscheidung aufgedrängt hätte, liegen die Voraussetzungen des § 336 Satz 2 nicht vor. 34

Ferner ist die Revision durch § 336 Satz 2 immer dann nicht ausgeschlossen, wenn die **tatbestandlichen Voraussetzungen** des § 247a Abs. 1 Satz 1 bzw. Abs. 2 Satz 1, 2 verkannt und **zu Unrecht bejaht** oder **verneint** wurden, und dadurch in **den Regelungsgehalt anderer Vorschriften** eingegriffen wurde, für die der Rechtsmittelausschluss nach Abs. 1 Satz 2 bzw. Abs. 2 Satz 3 nicht gilt (KK-StPO/*Diemer* § 247a Rn. 22 bis 25). Hat das Gericht bspw. den Beweisantrag auf Vernehmung eines Zeugen gem. § 244 Abs. 3 Satz 2 wegen Unerreichbarkeit abgelehnt (BGH StV 1999, 580; *Diemer* StraFo 2000, 219) oder wegen Unerreichbarkeit des Zeugen gem. § 251 Abs. 1 Nr. 2 ein richterliches Vernehmungsprotokoll verlesen (BGH StV 2000, 345) ist die Revision zulässig, da eine Videovernehmung nach § 247a Abs. 1 möglich gewesen wäre. Dies gilt auch, wenn **nicht kenntlich** gemacht wurde, **welchen Ausnahmetatbestand** des § 247a das Gericht für gegeben hält (KK-StPO/*Diemer* § 247a Rn. 24) oder die audiovisuelle Vernehmung auf einen **anderen als die in § 247a genannten Gründe** gestützt wurde und die Entscheidung über die Vernehmung als **objektiv willkürlich** zu beurteilen ist (LR/*Becker* § 247a Rn. 33). So liegt auch der Fall, wenn eine Vernehmung nach Abs. 1 Satz 3 der Vorschrift unzulässigerweise simultan übertragen wurde, denn hier liegt ein Verstoß gegen **§ 244 Abs. 2** vor, der eine Verfahrensrüge begründen kann. 35

D. Praktische Hinweise. Die Ton- und Bildübertragung einer **Kommissarischen Vernehmung** (§ 223) *direkt* in die Hauptverhandlung ist nach der Gesetzeskonzeption nicht erlaubt, da die kommissarische Vernehmung der Hauptverhandlung vorgreift (vgl. § 223; *Beulke* ZStW 113, 2001, 709, 721 f.; KK-StPO/*Tolksdorf* § 223 Rn. 23a; KK-StPO/*Diemer* § 247a Rn. 3; *Meyer-Goßner/Schmitt* § 223 Rn. 20; LR/*Becker* § 247a Rn. 3; *Rieß* NJW 1998, 3242; *ders.* StraFo 1999, 1; a. A. Plenarprotokoll des Deutschland Bundestages, 221. Sitzung am 04.03.1998, S. 20, 206; *Schlüchter/Greff* Kriminalistik 1998, 532; *Weigend* Gutachten zum 62. DJT, C 56). 36

37 § 247a Abs. 1 ermöglicht dem Richter darüber hinaus, einen **Zeugen**, der sich im **Ausland** aufhält, durch zeitgleiche Bild- und Tonübertragung zu vernehmen (umfassend *Norouzi* Die audiovisuelle Vernehmung von Auslandszeugen, 2010). In einem solchen Fall erhält der sich im Ausland befindliche Zeuge eine Ladung zum dort zuständigen Gericht. Dazu bedarf es weder einer speziellen Ladung noch eines gesonderten Antrages (BGH NStZ 2000, 385). Das im Ausland befindliche Prozessgericht muss jedoch die für die deutsche Hauptverhandlung geltenden wesentlichen Verfahrensgarantien gewährleisten (BGHSt 45, 188; BGH NStZ 2008, 232; NJW 1999, 3788; SK-StPO/*Frister* § 247a Rn. 64; LR/*Becker* § 247a Rn. 4). Die erforderliche Rechtshilfevorschrift für den Rechtsverkehr innerhalb der EU findet sich in Art. 10 des Übereinkommens über die Rechtshilfe in Strafsachen zwischen den Mitgliedstaaten der EU v. 29.05.2000 (ABl. EG Nr. C 197, S. 1), in der BRD am 28.07.2005 in Kraft getreten (BGBl. II, S. 650).

38 Zu ersten Erfahrungen mit der Videovernehmung nach dem Zeugenschutzgesetz vgl. die empirische Untersuchung von *Schöch* in: FS für Meyer-Goßner, S. 365.

§ 248 StPO Entlassung der Zeugen und Sachverständigen.

¹Die vernommenen Zeugen und Sachverständigen dürfen sich nur mit Genehmigung oder auf Anweisung des Vorsitzenden von der Gerichtsstelle entfernen. ²Die Staatsanwaltschaft und der Angeklagte sind vorher zu hören.

1 A. Grundsätzliches und Regelungsgehalt. Satz 1 der Vorschrift will einerseits verhindern, dass sich eine vernommene Beweisperson zu früh von der Gerichtsstelle entfernt, sodass sie erneut – etwa nach Widerspruch gegen ihre Entlassung vor Schluss der Beweisaufnahme oder weil ein Prozessbeteiligter noch Fragen stellen will – herbeigeschafft werden muss und dadurch der Prozess unnötig verzögert wird (LR/*Becker* § 248 Rn. 1). Die Bestimmung zählt daher zu den Vorschriften über die allgemeinen Zeugenpflichten und erstreckt sich gem. § 72 auch auf Sachverständige (KK-StPO/*Diemer* § 248 Rn. 1). Sie ist zum anderen Ausdruck der dem Vorsitzenden obliegenden Pflicht zur Fürsorge für die jeweilige Beweisperson. Bei seiner nach pflichtgemäßem Ermessen zu treffenden Entscheidung (Rdn. 4) soll er deren Interesse im Auge haben, vom Gericht zeitlich nicht länger als nötig in Anspruch genommen zu werden (LR/*Becker* § 248 Rn. 1). **Satz 2** schreibt die vorherige Anhörung der Prozessbeteiligten vor (Rdn. 5).

2 B. Anwendungsbereich. I. Gerichtsstelle. Die Pflicht zur Anwesenheit bezieht sich auf die **Gerichtsstelle**. Gemeint ist damit der Ort, an dem die Hauptverhandlung stattfindet (*Meyer-Goßner/Schmitt* § 248 Rn. 1; KK-StPO/*Diemer* § 248 Rn. 1), nicht, wie in § 224 Abs. 2, das Gerichtsgebäude als solches. Damit trägt das Gesetz dem Umstand Rechnung, dass Gerichtsort und Ort der Hauptverhandlung, etwa bei auswärtiger Augenscheinseinnahme, auseinanderfallen können (LR/*Becker* 248 Rn. 4).

3 II. Entfernung. Eine Beweisperson hat sich dann i.S.d. Vorschrift entfernt, wenn sie sich nach ihrer Vernehmung von der Gerichtsstelle so weit wegbegeben hat, dass sie für das Gericht **nicht mehr zur Verfügung steht** (LR/*Becker* § 248 Rn. 4). Ist dies eigenmächtig geschehen, wird die Entfernung dem Nichterscheinen gleichzustellen sein und kann daher auch die Ungehorsamsfolgen des § 51 Abs. 1 auslösen (LR/*Becker* § 248 Rn. 4). Ist der Zeuge oder Sachverständige vom Vorsitzenden **entlassen** worden, hat die Beweiserhebung ihr endgültiges Ende gefunden: Die Beweisperson erhält damit die Erlaubnis, sich zu entfernen; sie kann aber auch an der weiteren Hauptverhandlung als Zuhörer teilnehmen, es sei denn, dies wurde ihr vom Vorsitzenden untersagt. Schon nach Sinn und Zweck der Vorschrift kann die vorläufige Beurlaubung eines noch nicht abschließend vernommenen Zeugen oder Sachverständigen nicht in den Anwendungsbereich der Vorschrift fallen (allg. M.; vgl. *Meyer-Goßner/Schmitt* § 248 Rn. 2; KK-SPO/*Diemer* § 248 Rn. 2; LR/*Becker* § 248 Rn. 6). Aus Anlass einer solchen Anordnung besteht für den Vorsitzenden keine Verpflichtung zur vorherigen Anhörung der Verfahrensbeteiligten (OLG Stuttgart NStZ 1994, 600; HK-StPO/*Julius* § 248 Rn. 2). Das Recht der Beanstandung nach § 238 Abs. 2 bleibt davon unberührt (LR/*Becker* § 248 Rn. 6).

C. Verfahren.

I. Entscheidung. Die Entscheidung nach Abs. 1 liegt im **pflichtgemäßen Ermessen des Vorsitzenden**. Ermessensleitende Gesichtspunkte enthält Nr. 135 Abs. 2 RiStBV. Ein Anspruch darauf, dass der Vorsitzende nach Abs. 1 verfährt, besteht demnach nicht (*Meyer-Goßner/ Schmitt* § 248 Rn. 1). Der Zeuge oder Sachverständige ist indes nicht gehindert, beim Vorsitzenden durch eine Anregung oder einen Antrag auf eine entsprechende Genehmigung unter Darlegung der dafür sprechenden Gründe anzutragen. Aus Gründen der prozessualen Fürsorgepflicht wird der Vorsitzende über einen solchen Antrag zeitnah zu entscheiden haben (i.E. ebenso LR/*Becker* § 248 Rn. 3). 4

II. Anhörung. Die nach Satz 2 vorgeschriebene Anhörung bedarf keiner bestimmten Form. Sie soll den Verfahrensbeteiligten die Möglichkeit geben zum Ausdruck zu bringen, ob sie noch weitere Fragen an den Zeugen oder Sachverständigen haben. Nur dann kann der Vorsitzende das ihm eingeräumte Ermessen sachgerecht ausüben. Im Interesse einer möglichst breiten Beurteilungsgrundlage ist daher die **Anhörung** über den Wortlaut der Vorschrift hinaus **auf alle Verfahrensbeteiligten zu erstrecken**, soweit ihnen ein Fragerecht zusteht (allg. M.; vgl. nur LR/*Becker* § 248 Rn. 8; zum nach § 231c beurlaubten Angeklagten vgl. BGH StV 1988, 370). Anhörungsberechtigt sind daher insb. der Verteidiger (OLG Stuttgart NStZ 1994, 600), der Privat- und Nebenkläger, der Vertreter der Finanzbehörde (§ 407 Abs. 1 Satz 4, § 5 AO), Nebenbeteiligte, Erziehungsberechtigte und gesetzliche Vertreter (§§ 67 Abs. 1, 104 Abs. 1 Nr. 9 JGG). Wegen des unterschiedlichen Zwecks kann eine **Erklärung i.S.d.** § 257 die Anhörung nach Satz 2 nicht ersetzen (KK-StPO/*Diemer* § 248 Rn. 3; teilw. a. A. LR/*Becker* § 248 Rn. 10). 5

D. Revision.

Mit der Revision kann die Ermessensfehlerhaftigkeit der Entscheidung nach Satz 1 ebenso beanstandet werden wie eine unterbliebene Anhörung nach Satz 2. Um sich die Rüge der Verletzung des Satzes 1 zu erhalten, muss der betreffende Verfahrensbeteiligte der Entlassung widersprochen, die Entscheidung nach § 238 Abs. 2 (Ermessensentscheidung!) herbeigeführt haben (BGH StV 1985, 355; *Meyer-Goßner/Schmitt* § 248 Rn. 4; KK-StPO/*Diemer* § 248 Rn. 4; LR/*Becker* § 248 Rn. 13). Dass das Urteil darauf beruht, dass bestimmte Fragen und Vorhalte an die Beweisperson durch die verfahrensfehlerhafte Entlassung verhindert wurden (§ 337), wird der Angeklagte im Revisionsverfahren nur selten mit Erfolg darlegen können (§ 344 Abs. 2 Satz 2; vgl. OLG Stuttgart NStZ 1994, 600 [601]). 6

§ 249 StPO Führung des Urkundenbeweises durch Verlesung; Selbstleseverfahren.

(1) ¹Urkunden und andere als Beweismittel dienende Schriftstücke werden in der Hauptverhandlung verlesen. ²Dies gilt insbesondere von früher ergangenen Strafurteilen, von Straflisten und von Auszügen aus Kirchenbüchern und Personenstandsregistern und findet auch Anwendung auf Protokolle über die Einnahme des richterlichen Augenscheins.

(2) ¹Von der Verlesung kann, außer in den Fällen der §§ 253 und 254, abgesehen werden, wenn die Richter und Schöffen vom Wortlaut der Urkunde oder des Schriftstücks Kenntnis genommen haben und die übrigen Beteiligten hierzu Gelegenheit hatten. ²Widerspricht der Staatsanwalt, der Angeklagte oder der Verteidiger unverzüglich der Anordnung des Vorsitzenden, nach Satz 1 zu verfahren, so entscheidet das Gericht. ³Die Anordnung des Vorsitzenden, die Feststellungen über die Kenntnisnahme und die Gelegenheit hierzu und der Widerspruch sind in das Protokoll aufzunehmen.

Übersicht	Rdn.		Rdn.
A. Grundsätzliches und Regelungsgehalt	1	C. Einbeziehung von Urkunden in die Hauptverhandlung	25
I. Gegenstand des Urkundsbeweises	1	I. Verlesen als Regelfall (Abs. 1)	25
II. Verhältnis zu anderen Beweismitteln	3	II. Alternativen außerhalb des § 249	28
III. Zulässigkeit, Notwendigkeit und Verfahren	7	1. Bekanntgabe des wesentlichen Inhalts	28
B. Urkunde	11	2. Vernehmung der Verhörsperson (Zeugenbeweis)	29
I. Begriff	11	3. Formfreier Vorhalt	31
II. Fremdsprachen	15	III. Selbstleseverfahren (Abs. 2)	34
III. Gesetzlich benannte Beispiele (Abs. 1 Satz 2)	16	1. Zweck der Regelung und Überblick	34
IV. Einzelfälle	23	2. Voraussetzungen und Ablauf	36

§ 249 StPO Führung des Urkundenbeweises durch Verlesung; Selbstleseverfahren

	Rdn.		Rdn.
3. Protokollierung (Abs. 2 Satz 3)	39	E. Revision	43
D. Verwertungsverbote	40		

1 **A. Grundsätzliches und Regelungsgehalt. I. Gegenstand des Urkundsbeweises.** Die §§ 249 bis 256 betreffen (bis auf § 255a) den **Urkundsbeweis** als eines der vier Beweismittel des Strengbeweisverfahrens. Er ist (wie der Augenschein) Sachbeweis; Beweismittel ist die Urkunde als physischer Gegenstand. Gleichwohl dient der Urkundsbeweis dazu, den **gedanklichen Inhalt der Urkunde** (ähnlich einer Aussage) in die Hauptverhandlung einzuführen (*Beulke* Rn. 203; *Kindhäuser* § 21 Rn. 100; KMR/*Paulus* § 249 Rn. 2, 7).

2 Während Zeuge, Sachverständiger und Augenschein in den §§ 48 ff. selbstständig behandelt sind, stellt die StPO Urkunden erst in den Zusammenhang der Hauptverhandlung. Die **allgemeinen Vorschriften** zu Urkunden sind über verschiedene Kontexte verteilt: Zur Herstellung von Urkunden insb. §§ 82, 83 (schriftliche Gutachten), zur Ermittlung von Echtheit und Urheber § 93. Sicherstellung und dazu erforderliche Durchsuchung unterliegen den §§ 94 ff., wobei insb. die §§ 96 ff., 99 f., 110 und 111m f. Urkunden betreffen. In Verfahren wegen **Ordnungswidrigkeiten** sind Besonderheiten hinsichtlich des erforderlichen Umfangs der Beweisaufnahme (§ 77 OWiG), der vereinfachten Art der Beweisaufnahme (§ 77a OWiG) sowie weitere Verfahrensvereinfachungen (§ 78 OWiG) zu beachten. Zum beschleunigten Verfahren und Verfahren nach Einspruch gegen einen Strafbefehl s. § 250 Rdn. 14. Auf die Verlesung des Anklagesatzes ist allein § 243 Abs. 3 anzuwenden (BGHSt 56, 109, Rn. 15 und 17, dazu auch BGH bei *Cierniak/Zimmermann* NStZ-RR 2014, 129 Nr. 34).

3 **II. Verhältnis zu anderen Beweismitteln.** Kommt es nicht auf den Inhalt, sondern allein auf den Zustand oder die Existenz der Urkunde an, ist nur **Augenscheinsbeweis** (§ 86) zu erheben (BGH NStZ-RR [K] 1999, 37; StV 2012, 584; *Meyer-Goßner/Schmitt* § 249 Rn. 7; HK-GS/*König* § 249 Rn. 5). Das Gleiche gilt für Darstellungen mit bloßen Beschriftungen sowie Pläne und Skizzen (BGHSt 18, 51, 53; SK-StPO/*Frister* § 249 Rn. 40). Die in Lichtbilder aus Geschwindigkeitsmessungen eingeblendeten schriftlichen Aufzeichnungen über Geschwindigkeit, Datum und Uhrzeit sind hingegen als Urkunde zu verlesen (OLG Hamm NStZ-RR 2009, 151, 152; OLG Saarbrücken NStZ-RR 2011, 319; a. A. BayObLG JR 2003, 76 m. Anm. *Keiser*).

4 Kommt es neben dem Inhalt auf die äußere Gestalt der Urkunde an (z.B. zur Feststellung ihrer Echtheit), ist sie **zusätzlich zum Urkundsbeweis** in **Augenschein** zu nehmen (BGH NStZ 1991, 143, 144; *Pfeiffer* § 249 Rn. 1). Das ist der Fall, wenn nicht nur das Ohr Text hören, sondern auch das Auge etwas sehen (oder etwas beschrieben werden) muss (OLG Hamm NJW 1953, 839). Hierzu gehören Unterstreichungen, Schriftbild (RGSt 65, 294, 295 f., richterlicher Schriftvergleich), Durchstreichungen und Anzeichen nachträglicher Veränderung. Systemwidrig hat der BGH (NStZ 2000, 307, 309) obiter die Auffassung geäußert, bei engem Zusammenhang von Wort und Bild wie in Comics erfasse ein Urkundsbeweis im Selbstleseverfahren (Abs. 2) auch die bildliche Gestaltung. Der strengen Differenzierung zwischen Inaugenscheinnahme und Verlesung (BGH StV 1999, 359) soll nach StV 2015, 78 dort eine Grenze zu ziehen sein, wo auch der gedankliche Inhalt einer Urkunde durch einen (flüchtigen) Blick auf sie erfasst werden kann, und dann eine protokollierte Inaugenscheinnahme genügen. Im Grundsatz ist das überzeugend. Ob diese Voraussetzungen im entschiedenen Fall, in dem es um eine Email mit anhängender Rechnung ging, allerdings tatsächlich erfüllt waren, darf bezweifelt werden.

5 Durch einen Urkundsbeweis darf der **Zeugen- oder Sachverständigenbeweis** nur unter besonderen Voraussetzungen ersetzt werden (§§ 250 bis 256). Umgekehrt dürfen (insb. wenn die Urkunde selbst nicht zur Verfügung steht oder aus sich heraus nicht verständlich ist) Inhalt und die Existenz der Urkunde aber durch Zeugenaussagen oder Sachverständigengutachten bewiesen werden (*Pfeiffer* § 249 Rn. 1). Der Vorhalt (Rdn. 31 ff.) ist Teil des Personalbeweises, nicht Urkundsbeweis.

6 Der Grundsatz der **freien richterlichen Beweiswürdigung** (§ 261 Rdn. 13 ff.) gilt für alle Urkunden. Auch für öffentliche Urkunden kennt die StPO (anders als §§ 415 ff. ZPO) keine besondere Beweiskraft (LR/*Gollwitzer* § 261 Rn. 98; beachte aber § 274 für das Hauptverhandlungsprotokoll sowie § 190 StGB). Regelmäßig liefert die Urkunde ein hohes Maß an Gewissheit über ihre Existenz und (bis auf Interpretationsschwierigkeiten) darüber, welchen Inhalt sie hat. Für die Richtigkeit des Inhalts

Führung des Urkundenbeweises durch Verlesung; Selbstleseverfahren § 249 StPO

ist ihr **Beweiswert** – insb. auch im Verhältnis zu Zeugen oder Sachverständigen – sehr unterschiedlich (vgl. § 250 Rdn. 5), zumal auch strafrechtlich über § 267 StGB nur die Echtheit und über § 274 StGB die Verfügbarkeit der Urkunde geschützt werden, ihre inhaltliche Richtigkeit hingegen nur in den Sonderfällen der §§ 348, 271 StGB (sowie indirekt über § 263 StGB). Die Glaubwürdigkeit des Ausstellers ist daher entsprechend zu würdigen. Eine zeitnah zum Tatgeschehen erstellte Urkunde kann Eindrücke ungetrübt festhalten. Der persönliche Eindruck vom Aussteller fehlt aber, und die Herstellung der Urkunde dient dem Aussteller oft zur Verfolgung eines Eigeninteresses. Bestehen Zweifel an der Richtigkeit des Inhalts, gebietet die Aufklärungspflicht (und ggf. Beweisanträge) weitere Beweismittel heranzuziehen (BGHSt 15, 253, 255; KK-StPO/*Diemer* § 249 Rn. 13). Zur gleichwohl bestehenden relativen »**Revisionsfreundlichkeit**« des Urkundsbeweises s. Rdn. 44 und § 250 Rdn. 4.

III. Zulässigkeit, Notwendigkeit und Verfahren. Der Urkundsbeweis ist nicht an nähere materielle Voraussetzungen geknüpft, sondern i.d.R. **zulässig** soweit das Gesetz ihn nicht verbietet (BGHSt 20, 160, 161 f.; 27, 135, 136; 39, 305, 306; *Beulke* Rn. 203; *Kindhäuser* § 21 Rn. 102). Wesentliche Schranke der Zulässigkeit sind die §§ 250, 252, die ihrerseits in den §§ 251, 253 bis 256 eingeschränkt werden. Weitere Beweisverbote ergeben sich unmittelbar aus Verfassungsrecht (s. ferner Rdn. 40 ff.). Zu Alternativen bei unzulässigem Urkundsbeweis s. Rdn. 29 ff. Eine unzulässige Verlesung kann nach § 238 Abs. 2 **beanstandet** werden (HK-StPO/*Julius* § 249 Rn. 26). 7

Alles zur Erfüllung der gerichtlichen Aufklärungspflicht Erforderliche, insb. jeder inhaltliche Aspekt der Feststellungen des späteren Urteils (§§ 244 Abs. 2, 267 Abs. 1), muss im Wege der Beweisaufnahme in die Hauptverhandlung eingeführt worden sein (§§ 244 Abs. 2 und 3, 245, 261; *Beulke* Rn. 203). Der Urkundenbeweis ist für den gedanklichen Inhalt von Schriftstücken **notwendig**, wenn er nicht bereits Gegenstand einer Aussage (ggf. auch nach Vorhalt, Rdn. 31 ff.) war (BGH NStZ 1985, 465). Es genügt nicht, dass eine Urkunde bei den Akten ist und alle Beteiligten sie kannten (s. aber Rdn. 34 ff.). Umgekehrt muss nicht jedes Schriftstück aus den Akten verlesen werden. »Herbeigeschafftes« Beweismittel nach § 245 Abs. 1 Satz 1 ist es nur, wenn das Gericht zu erkennen gab, von ihm in der Beweisaufnahme Gebrauch machen zu wollen (BGHSt 37, 168; näher auch zu den Problemen der h.M. § 245 Rdn. 11 f.). 8

§ 249 regelt die **Form** der Einführung in die Hauptverhandlung, sagt aber allein noch nichts über deren Zulässigkeit aus. Urkunden sind zu verlesen (Abs. 1; **Mündlichkeitsgrundsatz**, vgl. § 261 Rdn. 3 f.). In Ausnahmefällen kann die Verlesung durch Bericht des Vorsitzenden (Rdn. 28) oder das Selbstleseverfahren (Abs. 2) ersetzt werden. Auf diese Formen bezieht sich auch der Verweis in § 257a Satz 2 (zu Recht krit. HbStrVf/*Scheffler* VII Rn. 745 ff.). Etliche **Missverständnisse** zu § 249 beruhen darauf, dass nicht sorgfältig getrennt wird zwischen der Verlesung als einer Form des Urkundsbeweises und der Verlesbarkeit als seiner Zulässigkeit (unabhängig von der gewählten Form). Das gleiche gilt hinsichtlich der Eigenschaft eines Objekts, Urkunde zu sein, also grds. möglicher Gegenstand eines Urkundsbeweises (unabhängig von dessen Zulässigkeit; Rdn. 11 ff.); sie wird immer wieder unbedacht infrage gestellt, wenn die Urkunde lediglich nicht unter den Beispielen des § 249 Abs. 1 Satz 2 enthalten ist und auch nicht wie diese privilegiert wird (Rdn. 16). 9

Der Urkundsbeweis ist unter Bezeichnung des Schriftstücks (§ 273 Abs. 1 Satz 1) zu **protokollieren** (s. Rdn. 39, 43 und § 273 Rdn. 7). Es genügt nicht, lediglich zu vermerken, die Urkunde sei »zum Gegenstand der Hauptverhandlung« gemacht worden; das Verlesen ist explizit festzuhalten (RGSt 64, 78, 79; BGHSt 11, 29, 30 f.; LR/*Mosbacher* § 249 Rn. 51). Werden nur Teile der Urkunde verlesen, sind diese näher zu bezeichnen (BGH NStZ 2011, 110; OLG Saarbrücken NStZ-RR 2000, 48; OLG Hamburg StV 2012, 74 m. Anm. *Wilhelm*). In Zweifelsfällen ist die Angabe des Beweisthemas empfehlenswert (KMR/*Paulus* § 249 Rn. 33); in Fällen der §§ 253 und 254 ist § 255 zu beachten. Darüber hinaus muss aber keine Inhaltsangabe protokolliert werden (§ 273 Rdn. 13). Besteht bei der Vernehmung eines Zeugen der begründete Verdacht einer strafbaren Falschaussage, sieht Nr. 136 RiStBV die Beantragung der Protokollierung der Aussage zum Zwecke der späteren Verwendung als Vorhalt oder Urkunde vor. Ggf. ist **zusätzlich zum Urkundsbeweis** weiterer Beweis hinsichtlich der Echtheit (vgl. Rdn. 4) und Richtigkeit (vgl. Rdn. 6) der Urkunde zu erheben. 10

B. Urkunde. I. Begriff. Urkunden im prozessualen Sinne sind Schriftstücke (LR/*Mosbacher* § 249 Rn. 6; *Meyer-Goßner/Schmitt* § 249 Rn. 2 f.). Dass der Normtext von **Urkunden** und anderen 11 als Beweismitteln dienenden **Schriftstücken** spricht, stellt nur klar, dass alle beweisgeeigneten, verlesbaren und in natürlicher Sprache niedergelegten gedanklichen Inhalte Gegenstand des Urkundsbeweises sind (BGHSt 27, 135, 136; *Krause*, Urkundenbeweis, 1966, S. 113 ff.; KMR/*Paulus* § 249 Rn. 8; *Krey* Bd. 2 Rn. 969); sie alle werden als Urkunde bezeichnet.

12 Beweismittel werden nach der Art der Beweiserhebung klassifiziert; bei Urkunden ist die Verlesbarkeit entscheidendes Merkmal. Daher unterscheidet sich der prozessuale Urkundsbegriff vom materiellstrafrechtlichen: Einerseits muss der **Aussteller nicht erkennbar** sein (*Krause*, Urkundenbeweis, 1966, S. 105 f.; *Gramse* BB 1984, 371, 376 f.; *Roxin/Schünemann* § 28 Rn. 4; KMR/*Paulus* § 249 Rn. 8). Auch anonyme Schreiben und unechte (»gefälschte«) Urkunden werden erfasst (sind freilich vorsichtig zu würdigen), ebenso **technische Aufzeichnungen** mit verlesbarem Text (BayObLG, NStZ 2002, 388, 389; KK-StPO/*Diemer* § 249 Rn. 27). Ferner ist (bei Beweiseignung) die Beweisbestimmung unerheblich. Andererseits müssen **Sprache und Schrift** aber hinreichend **verständlich** sein. Nur für Eingeweihte verständliche Zeichen (sog. Beweiszeichen) werden nicht erfasst (Sch/Sch/*Cramer/Heine* § 267 Rn. 20), insb. nicht bloße Kennzeichen, Geheim- oder Kurzschrift (*Alsberg/Nüse/Meyer* S. 245; *Meyer-Goßner/Schmitt* § 249 Rn. 4; *Radtke/Hohmann/Pauly* § 249 Rn. 12; a. A. *Gramse* BB 1984, 371, 376). Bei ihnen gehört zum Beweis auch das Interpretationsverfahren, sodass Zeugen- oder Sachverständigenbeweis (LR/*Mosbacher* § 249 Rn. 36; *Volk* § 21 Rn. 38) und ggf. Augenscheinsbeweis (*Meyer-Goßner/Schmitt* § 249 Rn. 3 f.) zu erheben ist.

13 Auch der Inhalt der Urkunde muss aus sich heraus sprachlich verständlich sein (Rdn. 1). Daran dürfen aber keine überzogenen Anforderungen gestellt werden. Urkunden sind wie jeder Text auslegungsbedürftig. Diese **Auslegung** gehört zur Beweiswürdigung (§ 261 Rdn. 16) und betrifft nicht die Urkundseigenschaft (KK-StPO/*Diemer* § 249 Rn. 8; *Küpper* JZ 1990, 416, 417; *Ellbogen* NStZ 2001, 460, 464). Text, der **nicht schriftlich fixiert** ist, kommt nur als Augenscheinsobjekt in Betracht. Das gilt z.B. für Tonband- und Videoaufzeichnungen (§ 86 Rdn. 10, 12). Wird solcher Text allerdings transkribiert, kann er über die Niederschrift als Urkunde in die Hauptverhandlung eingeführt werden (BGHSt 27, 135, 136 m. Anm. *Gollwitzer* JR 1978, 119 f.; § 100a Rdn. 24). Zur Abgrenzung vom Augenscheinsobjekt (insb. hinsichtlich Zusatzmerkmalen des Textes wie Hervorhebungen) s. a. Rdn. 3 f.

14 **Kopien**, Durchschläge und andere Vervielfältigungen sind prozessual selbst Urkunde. Das Original ersetzen sie ohne Beglaubigung (KK-StPO/*Diemer* § 249 Rn. 12), wenn ihre Übereinstimmung mit demselben feststeht (BGHSt 15, 253; 27, 135, 137; 33, 196, 210; *Wömpner* MDR 1980, 889, 890). Auch insoweit gelten die Regeln des Strengbeweisverfahrens (SK-StPO/*Frister* § 249 Rn. 41) und der freien Beweiswürdigung (die Übereinstimmung muss nicht protokolliert und nur bei Anlass zu Zweifeln besonders gewürdigt werden, BGH NStZ-RR 1999, 176; *Gramse* BB 1984, 371, 377). Deshalb sind, wenn Anlass zu Zweifeln besteht, von der Verteidigung in die Hauptverhandlung mitgebrachte Kopien aber auch keine präsenten Beweismittel zum Nachweis der Existenz und des Inhalts der Originalurkunde (BGH NStZ 1994, 593). Gleiche Regeln gelten für Ausdrucke von E-Mails und ausgedruckte Dateien der EDV.

15 **II. Fremdsprachen.** Fremdsprachige (§ 184 GVG) Urkunden sind grds. **zu übersetzen** (ggf. auch von Art. 6 Abs. 3 Buchst. a EMRK geboten), dürfen aber unter ihrer Originalbezeichnung aufgeführt werden (BGH NStZ 2012, 523, Rn. 34 f.). Analog § 185 Abs. 2 GVG über die fremdsprachige Urkunde selbst Beweis zu erheben, wenn alle Beteiligten der fremden Sprache mächtig sind, rechtfertigt sich aber u.U. aus dem Gewinn an prozessualer Wahrheit und der Verbesserung der Beteiligungsmöglichkeiten des Angeklagten, die durch die Verwendung der Originalsprache und ggf. Muttersprache entstehen (ähnlich LR/*Mosbacher* § 249 Rn. 32; krit. *Meyer-Goßner/Schmitt* § 249 Rn. 5; *Armbrüster* NJW 2011, 812, 814) und schwerer wiegen als das Interesse einer etwaigen (der fremden Sprache nicht mächtigen) Gerichtsöffentlichkeit. Zur Wahrung des Öffentlichkeitsgrundsatzes ist dann aber i.d.R. zusätzlich zur Verlesung zumindest der wesentliche Inhalt in der Gerichtssprache mitzuteilen (vgl. KMR/*Paulus* § 249 Rn. 10). Steht die Richtigkeit der Übersetzung für das Gericht außer Zweifel (insb. wegen eigener Sprachkenntnis des Gerichts, § 244 Abs. 4 Satz 1), darf die schriftliche **Übersetzung als Urkunde verlesen werden**, ohne dass § 250 hiervon berührt wäre (BGHSt 27, 135, 137 m. Anm. *Gollwitzer* JR 1978, 119 f.; RGSt 36, 371, 372; 51, 93, 94; KK-StPO/*Diemer* § 249 Rn. 15). Der Übersetzer muss dann nicht vernommen werden (BGH NJW 1993, 3337). Wird der Übersetzer vernommen,

ist er Sachverständiger (nicht Dolmetscher i.S.v. § 185 GVG; BGHSt 1, 4, 7; *Meyer-Goßner/Schmitt* § 249 Rn. 5).

III. Gesetzlich benannte Beispiele (Abs. 1 Satz 2) In § 249 Abs. 1 Satz 2 nennt das Gesetz **exem-** **16** **plarisch** eine Reihe von Urkunden. Die Aufzählung ist nicht abschließend. Sie ist auch nicht klärend, denn die Urkundseigenschaft der Beispiele und ähnlicher Schriftstücke steht ohnehin außer Frage (*Alsberg/Nüse/Meyer* S. 251 ff.; *Wömpner* NStZ 1984, 481). Zweck der Aufzählung ist es, die Verlesbarkeit bestimmter Urkunden **unabhängig von den Beschränkungen des § 250 Satz 2** festzuschreiben (BGHSt 31, 323, 331 f.; BGH, Beschl. v. 02.12.2008 – 3 StR 203/08 – insow. n. abgedr. in NStZ 2009, 692; KK-StPO/*Diemer* § 249 Rn. 17). Soweit sich über § 250 Satz 2 hinausgehende Beschränkungen aus §§ 252, 254 ergeben (vgl. § 252 Rdn. 16 ff., § 254 Rdn. 10 ff.), gelten diese aber auch für die hier aufgezählten Urkunden (SK-StPO/*Frister* § 249 Rn. 23). Die Aufzählung wird extensiv interpretiert; hier ist mit Rücksicht auf den Schutzzweck von § 250 aber Vorsicht geboten. Verlesbarkeit bedeutet nicht, dass der Inhalt ungeprüft übernommen werden dürfte (BGHSt 31, 323, 332; OLG Düsseldorf StV 1982, 512; OLG Zweibrücken StV 1992, 565, 566). Erkennt man § 249 Abs. 1 Satz 2 nicht als Ausnahme zu § 250 Satz 2 an (so mit gewichtigen systematischen Gründen *Wömpner* NStZ 1984, 481, 482 m.w.N.), führt das (nur) zu anderen Ergebnissen, wenn die jeweilige Urkunde Protokoll oder Erklärung i.S.d. § 250 Satz 2 ist (vgl. § 250 Rdn. 7) und die Zulässigkeit einer Verlesung sich nicht aus den §§ 251, 253 bis 256 ergibt.

1. Strafurteile: Die Verlesung von Urteilen und anderer Gerichtsentscheidungen (BGH, Beschl. v. **17** 02.12.2008 – 3 StR 203/08 – insow. n. abgedr. in NStZ 2009, 692) dient der **Feststellung ihrer Existenz** sowie ihrer **Begründung** und gibt Auskunft über den **Gang und Stand des Verfahrens** (KK-StPO/ *Diemer* § 249 Rn. 17). Mit der Verlesung können ferner im Urteil dokumentierte Beweisergebnisse eingeführt werden (BGHSt 43, 106, 107 f.; StV 2001, 261, 262; *Meyer-Goßner/Schmitt* § 249 Rn. 9). Dies gilt auch für frühere **Aussagen** von Zeugen und Einlassungen des Angeklagten (BGHSt 6, 141, 142), ohne dass §§ 250 ff. entgegenstünden (Rdn. 16). Insoweit beurkundet das Urteil aber nur das **Ergebnis der Beratung** des seinerzeit erkennenden Gerichts und ist entsprechend zu würdigen (BGHSt 6, 141, 142; OLG Düsseldorf StV 1982, 512; KK-StPO/*Diemer* § 249 Rn. 17). Aufklärungspflicht und Beweisanträge können weitere Beweiserhebungen gebieten (BGHSt 43, 106, 108; BGH NStZ 2010, 529). § 51 BZRG und § 68a Abs. 2 sind zu beachten (BGHSt 1, 337, 341; HK-GS/*König* § 249 Rn. 18; s. auch Rdn. 20).

Typisch sind in der neuen Verhandlung nach einer **Revision** die Verlesung des Revisionsurteils (hin- **18** sichtlich der Bindungswirkung nach § 358 Abs. 1, BGHSt 7, 6, 7) sowie des vorhergehenden Urteils soweit dessen Feststellungen Bindungswirkung entfalten (BayObLG MDR 1982, 249). Die Verlesung der Entscheidungssätze kann genügen (BGH NJW 1962, 59, 60). Zu Beginn der **Berufungsverhandlung** wird das Urteil des ersten Rechtszugs vor der Beweisaufnahme verlesen, also nicht als Urkundsbeweis (OLG Stuttgart NStZ-RR 2003, 270; § 324 Rdn. 3). Dieser kann aber später zusätzlich erhoben werden (OLG Hamm NJW 1974, 1880).

Das Urteil muss nicht im selben Verfahren ergangen sein (KMR/*Paulus* § 249 Rn. 11). Entscheidun- **19** gen aus **anderen Verfahren** müssen regelmäßig zur Vorbereitung einer nachträglichen Gesamtstrafenbildung (§ 55 StGB) oder Einbeziehung des Urteils (§ 31 Abs. 2 JGG) in Teilen verlesen werden. Die Rechtsprechung hält es ferner für unerheblich, ob das Urteil gegen den Angeklagten oder **gegen Dritte** erging (BGHSt 1, 337, 341; BGH NStZ-RR 2001, 138) und ob es **rechtskräftig** ist (OLG Düsseldorf StV 1982, 512; OLG Zweibrücken StV 1992, 565, 566). Sie wendet die Vorschrift auch auf angegriffene und sogar aufgehobene Urteile in derselben Sache an (BGHSt 6, 141); deren Beweiseignung ist indes jeweils sorgfältig zu prüfen (für große Zurückhaltung *Wömpner* NStZ 1984, 481, 482 f.). Die Regelung wird über Strafurteile hinaus auf zahlreiche vergleichbare Urkunden erstreckt, so auf **Urteile aller Gerichte** (Zivil-, Arbeits-, Verwaltungs-, Sozial- und Finanzgerichte; BeckOK/*Ganter* § 249 Rn. 15; zur Aussetzung des Verfahrens, um eine Entscheidung abzuwarten, § 262 Rdn. 6 ff.), protokollierte **Gerichtsbeschlüsse** (BGHSt 31, 323, 331 f.) und **Einstellungsbescheide** der StA (RGSt 24, 263, 264 f.). Die Entscheidung lediglich vorbereitende Aufzeichnungen werden hingegen nicht erfasst (*Meyer-Goßner/Schmitt* § 249 Rn. 9).

2. Straflisten: Zur Feststellung von **Vorstrafen und sonstigen Vorbelastungen** können schriftliche Aus- **20** künfte aus dem Zentralregister (§ 41 BZRG), dem Erziehungsregister (§ 61 BZRG) und dem Verkehrszentralregister (§ 30 StVG) verlesen werden, wenn dies verhältnismäßig ist (RiStBV Nr. 134). Dabei führt das Verwertungsverbot des § 51 BZRG (§ 261 Rdn. 58 und 67) zur Unzulässigkeit der Verlesung, soweit der Angeklagte sich nicht selbst durch das frühere Urteil entlasten will (BGHSt 27, 108, 109; SK-StPO/*Frister* § 249 Rn. 19), und steht auch dann einer Verwertung zu seinem Nachteil entgegen (HK-GS/*König* § 249 Rn. 18). Bei Zeugen ist § 68a Abs. 2 Satz 2 zu beachten. Zweifel an der Richtigkeit der Registerauskunft oder des Registerinhalts sind durch weitere Beweisaufnahme zu klären (RGSt 56, 75, 76).

21 3. **Auszüge aus Kirchenbüchern und Personenstandsregistern**: Verlesen werden dürfen insb. Geburts-, Heirats- und Sterbeurkunden sowie Auszüge aus dem Familienbuch (§ 62, 55, 3, 77 PersonenstandsG).

22 4. **Richterliche Augenscheinsprotokolle**: Verlesbar sind Protokolle über die Einnahme eines Augenscheins durch einen Richter (§ 86) im Ermittlungsverfahren (§ 168d sowie § 87 Abs. 1, nicht aber Abs. 2; vgl. RGSt 53, 348), im Zwischenverfahren (§ 202) und zur Vorbereitung der Hauptverhandlung (§ 225) **im selben Verfahren** (LR/*Mosbacher* § 249 Rn. 24), wenn die Anforderungen der §§ 86, 186, 186a, 186c Abs. 5 (i.V.m. § 168d Abs. 1 Satz 2) bzw. § 224 (i.V.m. § 225) eingehalten wurden (KK-StPO/*Diemer* § 249 Rn. 20 f.). Für Protokolle aus anderen Verfahren und von Polizei oder StA gelten die §§ 250 ff., insb. § 256 Abs. 1 Nr. 5 (KK-StPO/*Diemer* § 249 Rn. 20; *Meyer-Goßner/Schmitt* § 249 Rn. 12; § 256 Rdn. 11). Im Protokoll enthaltene Erklärungen von Zeugen, Sachverständigen oder Beschuldigten werden durch die Verlesung nicht Gegenstand der Hauptverhandlung (BGHSt 33, 217, 221 m. Anm. *Danckert* NStZ 1985, 469).

23 **IV. Einzelfälle. Weitere Beispiele** verlesbarer Urkunden sind (soweit §§ 250 ff. nicht entgegenstehen) Auszüge aus Geschäftsbüchern und Buchungsstreifen (KK-StPO/*Diemer* § 249 Rn. 13), Prüfberichte (auch wenn sie überwiegend in Tabellenform vorliegen, BGH StV 2010, 226), Verträge, Notizen, Geheimdienstberichte (KG StV 1997, 11), gerichtliche Protokolle strafbarer Falschaussagen (RGSt 17, 15; 65, 420, 421; vgl. auch Rdn. 10), selbst einen Straftatbestand (z.B. §§ 184, 185 ff., 240 f., 267, 271 StGB) erfüllende »Konstitutivurkunden« (BGHSt 11, 29; KMR/*Paulus* § 249 Rn. 14) und Niederschriften von Tonbandaufzeichnungen (Rdn. 13). Briefe sind grds. verlesbar, auch wenn sie bei der Kontrolle des Schriftverkehrs eines Inhaftierten beschlagnahmt wurden (BGH GA 67, 282), ebenso Berichte der Gerichtshilfe (BGH StV 2008, 338, 339). Auch die §§ 251 Abs. 1 und 2, 253 Abs. 1, 254 Abs. 1 und § 256 nennen weitere Beispiele.

24 **Schriftliche Einlassungen aus dem aktuellen Verfahren**, deren Urheber allein der **Beschuldigte** ist (BGHSt 39, 305, 306), dürfen als Urkunde verlesen werden (RGSt 18, 23; 35, 234; OLG Zweibrücken StV 1986, 290 f.; *Meyer-Goßner/Schmitt* § 249 Rn. 13; *Krey* Bd. 2 Rn. 1000 f.; nach Auffassung des BGH StV 2002, 182 sogar dann, wenn der Angeklagte in der Hauptverhandlung zur Sache gänzlich schweigt, a. A. insoweit HK-StPO/*Julius* § 249 Rn. 7). Anders als bei Schriftstücken, die aus Vernehmungen herrühren, stehen die §§ 250, 254 dem nicht entgegen (vgl. § 250 Rdn. 8, § 254 Rdn. 3); das gilt auch, wenn man die Rechtsfolgen des § 254 an § 252 anlehnt (vgl. § 254 Rdn. 10 ff.), denn frei verfasste Einlassungen wären beim Zeugen ebenfalls nicht Teil der vom Beweisverbot erfassten Aussage (§ 252 Rdn. 7, 9). Die Sacheinlassung des Angeklagten gehört zwar zur Beweisaufnahme im materiellen Sinn, ist aber kein förmliches Beweismittel und muss daher (außer in Fällen des § 233 Abs. 3 Satz 2) nur verlesen werden, wenn das Gericht sein Urteil gerade auf ihren Inhalt stützen will (BGHSt 52, 175, Rn. 13 ff. m. Anm. *Bosch* JA 2008, 825 ff.). Die Pflicht des Gerichts, sie zur Kenntnis zu nehmen und ggf. sich aus der Aufklärungspflicht ergebende Konsequenzen zu ziehen, besteht unabhängig von der Verlesung. Soweit Schriftsätze eines **Verteidigers** eine Sachdarstellung enthalten, sind sie wegen § 250 Satz 2 nicht als Urkunde verlesbar, es sei denn, der Beschuldigte hat sich des Verteidigers lediglich »als Schreibhilfe« bedient (BGH NStZ 1994, 184; 2002, 556; noch offen gelassen in BGHSt 39, 305, 307). Der Verteidiger kann sich aber als Zeuge vernehmen lassen (*Park* StV 2001, 589, 594). Das gleiche gilt für von Dritten in eigener Regie niedergeschriebene Äußerungen des Beschuldigten (BeckOK/*Ganter* § 249 Rn. 14).

25 **C. Einbeziehung von Urkunden in die Hauptverhandlung. I. Verlesen als Regelfall (Abs. 1)** Die Verlesung der Urkunde ist der Regelfall ihrer Einführung in die Hauptverhandlung. Wie der Urkundsbeweis selbst muss auch seine Form weder angeordnet noch beschlossen werden (*Meyer-Goßner/Schmitt* § 249 Rn. 15), üblich ist aber die **Anordnung** der Verlesung durch den Vorsitzenden

(§ 238 Abs. 1). Einen entsprechenden Beschluss kann auch das Gericht auf Beanstandung nach § 238 Abs. 2 (*Göbel* Rn. 190) oder von vornherein (BGH StV 1985, 402 m. Anm. *Fezer*) fassen. Zur Verlesung auch anderer Schriftstücke als Urteile i.R.d. Berichterstattung am Anfang der Berufungsverhandlung gilt das unter Rdn. 18 Gesagte (§ 325 Halbs. 1).

Verlesen bedeutet, den Text **im Wortlaut** mündlich (BGHSt 11, 29, 30 f.) so wiederzugeben, dass er für 26 alle Anwesenden verständlich ist (LR/*Mosbacher* § 249 Rn. 38). Das kann der Vorsitzende selbst machen oder ein anderes Mitglied des Gerichts (inkl. Ersatzrichter) oder den Protokollführer damit beauftragen (*Meyer-Goßner/Schmitt* § 249 Rn. 15 m.w.N.).

Das Verlesen der für die Entscheidung **bedeutsamen Teile** genügt (BGHSt 11, 29, 31), bei zahlreichen 27 gleichartigen Urkunden reicht oft eine repräsentative Auswahl aus (*Meyer-Goßner/Schmitt* § 249 Rn. 15). Maßstab ist dabei die Aufklärungspflicht des Gerichts. Nur der tatsächlich verlesene Text wird Gegenstand der Hauptverhandlung. Auf Antrag eines Verfahrensbeteiligten ist die Urkunde i.d.R. vollständig zu verlesen (§§ 244 Abs. 3 Satz 2, 245 Abs. 1 und Abs. 2 Satz 3; BGH NStZ [Pf/M] 1984, 211; KMR/*Paulus* § 249 Rn. 19). Die Verlesung muss unter Bezeichnung des Schriftstücks sowie ggf. des verlesenen Teils **protokolliert** werden (vgl. Rdn. 10).

II. Alternativen außerhalb des § 249. 1. Bekanntgabe des wesentlichen Inhalts. Wenn es auf 28 den Wortlaut des Textes nicht ankommt, keiner der Beteiligten eine Verlesung beantragt und auch die gerichtliche Aufklärungspflicht die Verlesung nicht gebietet, kann der Vorsitzende den wesentlichen Inhalt der Urkunde mit eigenen Worten zusammengefasst bekannt geben (BGHSt 1, 94, 96; 11, 29; *Krey* Bd. 2 Rn. 971 f.). Es handelt sich dabei um eine **außerhalb des Gesetzes** stehende, in der Rechtsprechung schon lange anerkannte (RGSt 3, 141, 142; 3, 282; 26, 32; 35, 198, 199), in der Literatur aber durchaus kritisierte (statt vieler LR/*Mosbacher* § 249 Rn. 45 m.w.N.; HbStrVf/*Scheffler* VII Rn. 727 ff. m.w.N.) eigene Form des Urkundsbeweises. Sie darf nicht mit dem Selbstleseverfahren (dazu Rdn. 34 ff.) verwechselt werden, auch wenn alte Gesetzesfassungen (Rdn. 37) Mischformen kannten und sich Rechtsprechung und Literatur teils darauf beziehen. Die Form ändert nichts an den Zulässigkeitsvoraussetzungen des Urkundsbeweises (insb. § 250 Satz 2). Sie ist prozessökonomisch und hat den Vorteil, dass die Beteiligten erfahren, wie der Vorsitzende den Text wahrnimmt. Gegenstand der Hauptverhandlung wird nur das vom Vorsitzenden Gesagte, nicht der Wortlaut der Urkunde (BGHSt 11, 159, 160). Wurde die Verlesung nicht ordnungsgemäß protokolliert, darf nicht einfach unterstellt werden, dass der Vorsitzende den Inhalt des Schriftstücks bekannt gab; auch die Bekanntgabe durch Bericht ist als solche zu protokollieren (vgl. Rdn. 10; § 273 Rdn. 8; LR/*Mosbacher* § 249 Rn. 44, 50 m.w.N.; *Meyer-Goßner/Schmitt* § 249 Rn. 27).

2. Vernehmung der Verhörsperson (Zeugenbeweis) Ist die Erhebung eines Urkundsbeweises nach 29 § 250 Satz 2, § 252 oder wegen § 254 (Umkehrschluss) unzulässig (§ 250 Rdn. 12 ff.; § 252 Rdn. 16 ff.; § 254 Rdn. 10 ff.), kann die **Vernehmung des Verfassers der Urkunde** über ihren Gegenstand (insb. die Vernehmung einer Verhörsperson) gleichwohl zulässig sein (BGHSt 3, 149, 150; 14, 310, 312). Zwar liegt den §§ 250, 254 die Vorstellung zugrunde, primär solle der Zeuge bzw. Angeklagte selbst gehört werden. Gleichwohl richtet sich die Zulässigkeit der Vernehmung desjenigen, der über ein früheres Gespräch oder eine frühere Vernehmung Aufzeichnungen machte, nach den allgemeinen Regeln über den Zeugenbeweis und die gerichtliche Aufklärungspflicht (§ 244 Rdn. 42 ff.; zum Zeugen vom Hörensagen § 250 Rdn. 15 ff.). In den Fällen des § 252 sind indes Besonderheiten zu beachten (§ 252 Rdn. 16 ff.); zur Frage, inwieweit diese auch i.R.d. § 254 gelten, vgl. § 254 Rdn. 10 ff. Wird diese Person über die frühere Vernehmung als Zeuge befragt, wird damit **nur die jetzige Aussage** 30 Gegenstand der Verhandlung, nicht die Aufzeichnungen von damals. Der unzulässige Urkundsbeweis wird auch nicht über § 253 zulässig (§ 253 Rdn. 2). Die Verlesung der Urkunde neben der Vernehmung des primären Zeugen (um dessen ursprüngliche Aussage es in der Urkunde geht), kann aber von vornherein zulässig sein (§ 250 Rdn. 13). Ein Vorhalt (Rdn. 31 ff.) ist auch bei der Vernehmung der Verhörsperson zulässig.

3. Formfreier Vorhalt. Urkunden können nicht nur im Urkunds- und Augenscheinsbeweis verwendet werden, sondern auch als **Vernehmungsbehelf** ggü. Zeugen, Sachverständigen und Angeklagten 31 (BGHSt 1, 4, 8; 1, 337, 339; krit. *Hanack* JZ 1972, 202 f. m.w.N.). Sie werden dem Aussagenden durch (auszugsweise) Verlesung vorgehalten. Den Vorhalt macht der Vernehmende (meist der Vorsitzende).

§ 249 StPO Führung des Urkundenbeweises durch Verlesung; Selbstleseverfahren

Der Vorhalt kann auch in der Einnahme eines Augenscheins bestehen (BGHSt 14, 339, 340). Verwertungsverbote führen zur Unzulässigkeit des Vorhalts (§ 252 Rdn. 16 f.; s. a. § 254 Rdn. 12 f.), nicht aber schon einfache Verfahrensfehler (BGHSt 34, 231, 235). § 69 ist als wesentliche Verfahrensvorschrift uneingeschränkt zu befolgen (BGH JZ 1953, 121, 122), d.h. vor einem Vorhalt muss in einer zusammenhängenden Vernehmung festgestellt werden, inwieweit die Beweisperson so aussagt wie früher (BGHSt 3, 281, 283). Ein Teil der Literatur sieht in § 253 eine Regelung des Vorhalts (dann förmlicher Vorhalt; vgl. HbStrVf/*Scheffler* VII Rn. 706 ff. m.w.N.; § 253 Rdn. 3).

32 Gegenstand der Hauptverhandlung und damit im Urteil verwertbar wird **nur die Aussage**, nicht der Wortlaut der Urkunde (RGSt 72, 221, 223; BGHSt 5, 278; 11, 159, 160; NStZ 2001, 161). Dabei kann sich die Aussage aber auf das Vorgelesene beziehen, wenn es aus eigener **Erinnerung** bestätigt wird (BGHSt 3, 199, 201; KK-StPO/*Diemer* § 249 Rn. 42) bzw. durch den Vorhalt in die Erinnerung der Verhörsperson zurückkehrt (BGHSt 11, 338, 341; 14, 310, 312; 21, 149, 150). Ist der Text länger, schwer zu verstehen oder kommt es auf seinen Wortlaut an, muss Urkundsbeweis erhoben werden (BGHSt 11, 159, 160; NJW 2006, 1529, 1531; StV 2010, 225, 226; 2012, 584 f.; 2012, 706, 707). Bei fehlender Erinnerung ergibt sich das schon aus § 253. Ob der Umstand, dass ein Vorhalt notwendig war, den Wert der Aussage schmälert, ist Frage der Beweiswürdigung (BGHSt 1, 4, 8).

33 Der BGH verlangt **keine Protokollierung** des Vorhalts (BGHSt 21, 285, 286; StV 2000, 655; § 273 Rdn. 6), denn er ist nur Mittel und kein Ergebnis der Beweiserhebung. Diese Handhabung führt aber dazu, dass Revisionsgerichte sich immer wieder zu Spekulationen über Vorhalte veranlasst sehen. Es ist daher gute Praxis, den Vorhalt im Protokoll zu vermerken, wenn im Urteil auf den Text des Schriftstücks Bezug genommen werden soll. Auch eine Änderung der Rechtsprechung in diesem Sinne wäre von Vorteil.

34 **III. Selbstleseverfahren (Abs. 2) 1. Zweck der Regelung und Überblick.** Das Prinzip der Verlesung (Rdn. 25) ist Ausdruck des **Mündlichkeitsgrundsatzes** (vgl. Einl. Rdn. 58). Zur **Verfahrensbeschleunigung** ermöglicht Abs. 2 davon (und damit auch vom **Öffentlichkeitsgrundsatz**, vgl. § 261 Rdn. 3) eine **Ausnahme** (vgl. Radtke/Hohmann/*Pauly* § 249 Rn. 31, OLG Stuttgart NJW-Spezial 2015, 89). Das Selbstleseverfahren reduziert die Mündlichkeit auf die Anordnung des Vorsitzenden bzw. die Entscheidung des Gerichts. Diese sind zu verkünden (§ 35 Abs. 1 Satz 1), bezeichnen die Urkunde aber lediglich und geben ihren Inhalt nicht, auch nicht zusammengefasst (Rdn. 28), wieder. Gleichwohl wird der gesamte Inhalt des bezeichneten Texts Gegenstand der Beweisaufnahme (zu einem kritischen Blick auf neuere Rechtsprechungsentwicklungen *Ventzke* StV 2014, 114). Besprochen werden kann der Inhalt freilich vor der Anordnung im Rahmen einer Anhörung (§ 33 Abs. 1) sowie bei der Erörterung des Ergebnisses der Beweiserhebung (§§ 257, 257b; a. A. MAH/*Krause* § 7 Rn. 313).

35 Der formelle Akt der Beweisaufnahme besteht beim Selbstleseverfahren darin, dass **der Vorsitzende** erstens **anordnet**, auf die Verlesung der Urkunde zu verzichten (Abs. 2 Satz 2 Halbs. 1, Satz 3), und zweitens die zu protokollierende Feststellung (dazu Rdn. 39) trifft. Dies bezeichnet man üblicherweise als »Anordnung des Selbstleseverfahrens«. In dieser Sprechweise wird die gesetzliche Formulierung etwas verzerrt. Das darf weder zu Fehlschlüssen bzgl. der heute nötigen zeitlichen Reihenfolge von Kenntnisnahme des Wortlauts und Anordnung führen (dazu Rdn. 37), noch darf die Anordnung mit der zuvor nötigen (im Gesetz nicht explizit genannten) Ankündigung, nach Abs. 2 vorzugehen, verwechselt werden (dazu Rdn. 36). Staatsanwalt, Angeklagter und Verteidiger sowie diejenigen, denen das Gesetz gleiche Rechte gewährt (KK-StPO/*Diemer* § 249 Rn. 35), haben lediglich die Möglichkeit, durch **Widerspruch** eine Entscheidung des Gerichts herbeizuführen (Abs. 2 Satz 2 Halbs. 2). Der Widerspruch muss (entgegen der Regel bei § 238 Abs. 2) unverzüglich erfolgen (differenzierend SK-StPO/*Frister* § 249 Rn. 71). Das Gericht hat dann Zulässigkeit und Zweckmäßigkeit zu prüfen (HK-StPO/*Julius* § 249 Rn. 28). Es entscheidet durch Beschluss, der nicht mit Beschwerde anfechtbar ist (§ 305 Satz 1).

36 **2. Voraussetzungen und Ablauf.** Es darf kein Fall der §§ 253, 254 vorliegen (§ 253 Rdn. 4, § 254 Rdn. 4; krit. zur Streichung der §§ 251, 256 aus dieser Liste *Schlüchter* GA 1994, 397, 426; *Scheffler* NJW 1994, 2191, 2194; *Dahs* NJW 1995, 553, 555). Die Richter und Schöffen müssen den Inhalt und **Wortlaut** (BGH NStZ-RR [B] 2004, 225, 227) der Urkunde bereits zuvor tatsächlich zur **Kenntnis** genommen haben (vgl. auch BGH StV 2012, 585, 586 m. zum Ablauf eingehender Anm. *A.H. Albrecht* ZIS 2012, 163). Weiß der Vorsitzende, dass sie hierzu die Möglichkeit hatten, darf er ohne weitere

Prüfung die Kenntnisnahme annehmen, solange ihm keine Gegenanzeigen bekannt werden (KK-StPO/*Diemer* § 249 Rn. 39); hat er begründete Zweifel, muss er die Urkunde nach Abs. 1 verlesen (*Meyer-Goßner/Schmitt* § 249 Rn. 22a). Für die übrigen Beteiligten genügt, dass sie **Gelegenheit zur Kenntnisnahme** des Wortlauts hatten. Diese Gelegenheit muss konkret bestanden haben, als sich die Beweiserhebung im Selbstleseverfahren bereits abzeichnete. Regelmäßig ist dafür erforderlich, dass der Vorsitzende die Anwendung des Selbstleseverfahrens **zuvor angekündigt** hat (vgl. BGHSt 58, 59, Rn. 11). Die Ankündigung muss die Kenntnis des Wortlauts im Zeitpunkt der Anordnung nach Abs. 2 ermöglicht haben. Dazu muss die Hauptverhandlung zwischen der Ankündigung und der Anordnung hinreichend lange unterbrochen gewesen sein. Oft bietet sich an, das Verfahren nach Abs. 2 schon bei der Terminsvorbereitung mit den Beteiligten abzusprechen. Als Informationsquelle genügt es meist, dass die Beteiligten vor und bei der Anordnung tatsächlich über Kopien der einschlägigen Aktenteile verfügen (BGH StV 2004, 521). Dass Akteneinsicht gewährt wurde, ist regelmäßig nicht allein ausreichend (HK-StPO/*Julius* § 249 Rn. 10, 12; eingehend *Knierim/Rettenmaier* StV 2006, 155 ff.). Die Gelegenheit zur Kenntnisnahme muss stets für alle Beteiligten bestanden haben (*Gollwitzer* FS Sarstedt, S. 15, 30). Anhaltspunkte für **mangelnde Sprachkenntnisse und Analphabetismus** eines Beteiligten schließen das Selbstleseverfahren nicht von vornherein aus. Sie sind aber einerseits bei der Ermessensentscheidung über die Anordnung zu berücksichtigen. Andererseits ist bei Richtern und Schöffen sicherzustellen, dass sie den Wortlaut der Urkunde gleichwohl tatsächlich zur Kenntnis genommen haben. Bei den übrigen Beteiligten ist sicherzustellen, dass sie entweder auf die Kenntnisnahme freiwillig verzichtet oder die zur Kenntnisnahme nötige Hilfe zur Verfügung hatten (BGH StV 2011, 458 f. m. krit. Anm. *Lindemann*).

Zur alten Rechtslage ließ der BGH Kenntnisnahme bis zum Ende der Beweisaufnahme ausreichen (BGHSt 30, 10, 11). Damals sollte der wesentliche Inhalt aber auch noch mitgeteilt werden (§ 249 Abs. 2 Satz 2 StPO 1975). Heute gebietet der Wortlaut **vor der Anordnung**, nach Abs. 2 Satz 1 auf die Verlesung zu verzichten, **Kenntnis** der Richter und Schöffen und die Gelegenheit dazu für die übrigen Beteiligten. Das ist auch sachlich gut begründet, denn die Betreffenden können der Beweisaufnahme nur dann inhaltlich folgen und sich beteiligen (so bereits zur alten Rechtslage KMR/*Paulus* § 249 Rn. 27; a. A. *Meyer-Goßner/Schmitt* § 249 Rn. 22). Daher muss es heute auch zulässig sein, Schöffen schon zur Vorbereitung auf die Hauptverhandlung Kopien der Schriftstücke auszuhändigen (*Meyer-Goßner/Schmitt* § 249 Rn. 22; a. A. Radtke/Hohmann/*Pauly* § 249 Rn. 34; gegen weiter reichende Schlüsse aus § 249 Abs. 2 für die Diskussion um das Akteneinsichtsrecht der Schöffen auch *Krüger*, Unmittelbarkeit und materielles Recht [Habil 2009], Teil 3, Kap. 8 I 2a). Die Schriftstücke sind stets außerhalb der Hauptverhandlung zu lesen; soweit erforderlich, ist diese zu unterbrechen (vgl. Rdn. 45). 37

Weitere Voraussetzungen der Ermessensentscheidung nennt das Gesetz nicht explizit. Insb. sind weder eine Zustimmung noch ein Verzicht der Beteiligten erforderlich (*Meyer-Goßner/Schmitt* § 249 Rn. 18). Gleichwohl muss die Verlesung der Urkunde auch praktisch Regelfall, ein Vorgehen nach Abs. 2 die **Ausnahme bleiben**. Nur wenn es in langen Schriftstücken auf den genauen Wortlaut ankommt, sodass sowohl eine Verlesung als auch eine Bekanntgabe des wesentlichen Inhalts (Rdn. 28) untunlich sind, ist nach Abs. 2 vorzugehen (BGHSt 30, 10, 14; a. A. AK/*Meier* § 249 Rn. 26; SK-StPO/*Frister* § 249 Rn. 59). Das Selbstleseverfahren ist unzulässig, wo ohne Mitteilung zumindest des wesentlichen Inhalts die Öffentlichkeit oder die **Fairness des Verfahrens** in einer das **Rechtsstaatsprinzip** (Art. 20 Abs. 3 GG) oder Art. 6 Abs. 1 Satz 1 **EMRK** verletzenden Weise beeinträchtigt wird (noch weiter gehend *Krahl* GA 1998, 329, 333 ff.). Ebenso wird das Vorgehen unzulässig, wo die **Aufklärungspflicht** des Gerichts (§ 244 Rdn. 24 ff.) eine Erörterung mit den Beteiligten gebietet und diese ohne Verlesung oder Mitteilung des wesentlichen Inhalts nicht ausreichend erfolgen kann (vgl. *Ulsenheimer* AnwBl. 1983, 373, 380). 38

3. Protokollierung (Abs. 2 Satz 3) Abs. 2 Satz 3 ordnet die Protokollierung explizit an. Sie gehört hier zur Beweiserhebung; die Befragung nach § 257 Abs. 1 und Erklärungen nach § 257 Abs. 2 haben ihr nachzufolgen. **Über § 273 Abs. 1 hinaus** ist nicht nur das Schriftstück sowie ggf. sein beweisgegenständlicher Teil (BGH NStZ-RR 2007, 52) zu bezeichnen (§ 273 Rdn. 7). Es ist auch zu vermerken, dass das Selbstleseverfahren angeordnet wurde und dass die Kenntnisnahme des Wortlauts (nicht nur des Inhalts, BGH NStZ 2001, 161) durch alle (BGH NStZ 2006, 512) Richter und Schöffen (nicht 39 nur durch die Schöffen, BGH NStZ-RR 2014, 185) sowie die Gelegenheit der Beteiligten zur Kenntnisnahme des Wortlauts festgestellt wurden. Die **Feststellung** ist Teil des formalen Akts der Beweisaufnahme (Rdn. 35) und **von ihrer Protokollierung zu unterscheiden**; sie kann insb. nicht im Wege der Protokollberichtigung nachgeholt werden (BGHSt 54, 37 m. Anm. *Schroeder* JR 2010, 135; BGH JR 2010, 538, 539 m. insow. zust. Anm. *Güntge*). Weil die tatsächliche Kenntnisnahme des Wortlauts gerade außerhalb der Hauptverhandlung erfolgt, kann das Protokoll sie (bzw. ihr Fehlen) weder positiv noch negativ beweisen (BGH NStZ-RR [B] 2004, 225, 227; KK-StPO/*Diemer* § 249 Rn. 39). Es beweist nur die Feststellung des Vorsitzenden als formalem Akt des Abschlusses des Selbstleseverfahrens (vgl. BGH NStZ 2014, 224 m. Anm. *Hoffmann*), kraft dessen der »externe« Beweisstoff doch als Inbegriff der Hauptverhandlung (§ 261) der Überzeugungsbildung des Gerichts zugrunde gelegt werden darf (BGH NStZ-RR 2011, 20 f.; StV 2011, 266, 267). Nur insoweit hat es positive und negative Beweiskraft und verwehrt freibeweisliche Ermittlungen des Revisionsgerichts (BGH StV 2010, 225, 226); beachte aber Rdn. 45. Gleichwohl gebietet das Gesetz bzgl. Richtern und Schöffen die Kenntnisnahme vom Inhalt der Urkunden festzustellen; die Feststellung bloßer Gelegenheit hierzu genügt für sie nicht (BGH StV 2011, 462, 463; 2012, 585, 586; NStZ-RR 2014, 185; zur Auslegungsfähigkeit des Protokolls NStZ-RR 2013, 255, 256). Wird vor dem Abschluss der Hauptverhandlung bekannt, dass eine Voraussetzung irrig festgestellt (und protokolliert) wurde, ist der Irrtum im Protokoll zu vermerken, eine fehlerfreie Beweisaufnahme nachzuholen und ggf. von ihr abhängige Vorgänge sind zu wiederholen. Ein Widerspruch muss ebenfalls zu Protokoll genommen werden. Für die Protokollierung des Gerichtsbeschlusses (auch in Fällen der Beanstandung nach § 238 Abs. 2) gilt allein § 273 Abs. 1.

40 **D. Verwertungsverbote.** Beweiserhebungs- und -verwertungsverbote können die Einführung der Urkunde (in jedweder Form) in die Hauptverhandlung unzulässig machen oder eine Beschränkung der Verlesung auf den nicht vom Verbot erfassten Teil gebieten (KMR/*Paulus* § 249 Rn. 19). Dies ist insb. der Fall bei Verstößen gegen §§ **250, 252**, soweit §§ 251, 253 bis 256 keine Ausnahmen gestatten (vgl. auch Rdn. 24) und § 51 BZRG (vgl. Rdn. 20).

41 Auch rein private Notizen mit höchstpersönlichem Inhalt, insb. **Tagebücher**, dürfen nicht eingeführt werden, denn der Bereich rein privater Lebensgestaltung ist von staatlichen Eingriffen weitgehend freizuhalten (vgl. Einl. Rdn. 302 ff.). Im Einzelfall kann der Persönlichkeitsschutz außerhalb des unantastbaren Kerns privater Lebensgestaltung aber zurücktreten, wenn es darum geht, den Beschuldigten zu entlasten, oder bei schwerstem Tatunrecht Beweisnot herrscht (BVerfGE 80, 367, 373 ff. m.w.N. und Anm. *Wolter* StV 1990, 175 ff.; *Störmer* NStZ 1990, 397, 398; *Amelung* NJW 1990, 1753 ff.; *Geis* JZ 1991, 112 ff.; BGHSt 19, 325, 332 f.; 34, 397, m. Anm. *Plagemann* NStZ 1987, 570 f.; *Amelung* NJW 1988, 1002 ff.; *Geppert* JR 1988, 471 ff.; BGH NJW 1995, 269; HK-GS/*König* § 249 Rn. 8 ff.; HK-StPO/*Julius* § 249 Rn. 7 m.w.N.).

42 Ferner führen auch **unselbstständige Beweisverwertungsverbote** (vgl. Einl. Rdn. 263) zur Unzulässigkeit der Einführung entstandener oder erlangter Urkunden. Beispiele sind die Verletzung eines Beschlagnahmeverbots (§ 94 Rdn. 32, 45 f., § 97 Rdn. 56 ff.), Verstöße gegen § 136a (§ 136a Rdn. 55), rechtswidrige Überwachungsmaßnahmen (§ 100a Rdn. 25 ff., § 100c Rdn. 33 f.), nicht aber bereits jeder Fehler bei einer Durchsuchung (§ 102).

43 **E. Revision.** § 261 wird verletzt, wenn sich das Urteil auf eine Urkunde stützt, die **nicht ordnungsgemäß** in die Hauptverhandlung **eingeführt** wurde (BGHSt 6, 141, 143; 14, 310, 314; StV 2000, 655; 2012, 584; StraFo 2014, 23; § 261 Rdn. 66), so insbesondere auch, wenn es an der Feststellung nach § 249 Abs. 2 S. 3 fehlt (Inbegriffsrüge, vgl. BGH NStZ-RR 2011, 20 f.). Das ist auch der Fall, wenn die Urkunde textlich falsch wiedergegeben wurde, während die gerichtliche Interpretation ihres Inhalts grds. nicht durch das Revisionsgericht überprüfbar ist (BGH NStZ [M] 1988, 212; NStZ 2000, 215, 216; NStZ-RR 2003, 52). Ob eine Urkunde verlesen (Abs. 1), nach Abs. 2 eingeführt oder vom Vorsitzenden zusammengefasst (Rdn. 28) wurde, beweist das Protokoll positiv (BGH NStZ 2012, 584, 585) ebenso wie negativ (BGH wistra 1992, 30; s. a. Rdn. 10, § 273 Rdn. 4 ff.). Fehlt in Fällen des **Selbstleseverfahrens** im Protokoll der Hinweis auf die **Feststellung der Kenntnisnahme** der Richter und Schöffen (vgl. Rdn. 39) und damit auf den Abschluss des Selbstleseverfahrens (BGH NStZ 2014, 224), stellt der BGH das einem Beweis ihrer Unkenntnis praktisch gleich (BGH StV 2004, 521 m. Anm. *Kudlich* JuS 2005, 381; BGH StV 2010, 225, 226; krit. LR/*Mosbacher* § 249 Rn. 111; KK-

StPO/*Diemer* § 249 Rn. 39), versteht im Zweifel aber auch die Feststellung der Kenntnisnahme »von den Urkunden« als auf den Wortlaut bezogen (BGH StV 2011, 266 f.). Weil nicht nur die Kenntnisnahme bzw. Gelegenheit zur Kenntnisnahme zu protokollieren ist, sondern deren Feststellung (Rdn. 39), ist auch nach neuer Rechtsprechung eine Rügeverkümmerung mittels Protokollberichtigung nur dann möglich, wenn der Vorsitzende sowie der Protokollführer sich auch an diese Feststellung sicher erinnern (trotz kontroverser Formulierungen streiten die Strafsenate des BGH darüber inhaltlich nicht; BGHSt 54, 37 m. Anm. *Schroeder* JR 2010, 135; BGHSt 55, 31, Rn. 4 ff.; BGH JR 2010, 538 f. m. Anm. *Güntge*; BGH StV 2011, 267 f.). Dass die Feststellung nicht protokolliert wurde, steht regelmäßig auch nicht in – sonst Freibeweiserhebung durch das Revisionsgericht ermöglichendem – Widerspruch zu Inhalten des Protokolls (BGH JR 2010, 538 f. m. insow. krit. Anm. *Güntge*; StV 2011, 267 f.). Das Fehlen der Feststellung kann auch ohne Widerspruch in der Hauptverhandlung mit der Revision gerügt werden (BGH StV 2011, 462, 463). In der Revisionsbegründung ist darzulegen, dass sie weder so noch auf andere Weise eingeführt wurde (z.B. nach Vorhalt durch Aussage eines Zeugen oder Sachverständigen, OLG Hamm NJW 2004, 381; offen gelassen in BGH NStZ 2007, 235, 236); im OWiG-Verfahren ist dabei auch an die Möglichkeiten des § 78 Abs. 1 OWiG zu denken (OLG Koblenz NStZ-RR 2011, 352). Das Revisionsgericht erhebt hierüber ggf. Freibeweis (BGHSt 22, 26, 29). Ebenso ist darzulegen, dass die Beweiserhebung nicht notwendig war (BGH NJW 2003, 150, 152), was bei unzweifelhaftem und unbestrittenem Sachverhalt nicht der Fall ist (BGH NJW 1958, 559). Bei entspr. Anlass ist darzulegen, dass die betreffende Tatsache nicht durch andere Beweismittel eingeführt wurde (vgl. OLG Hamm NZV 2010, 215 f.). Ferner verlangt der BGH (übertrieben streng, aber in der Praxis zu beachten) zum Beruhen (§ 337 Rdn. 35 ff.) die Darstellung, dass die Voraussetzungen des § 249 Abs. 2 nicht vorlagen, selbst wenn von diesem ausweislich des Protokolls gar nicht Gebrauch gemacht wurde (BGH wistra 1990, 197). Ein Vortrag gegen das Beruhen sprechender Umstände ist nicht Zulässigkeitsvoraussetzung (BGH StV 2011, 462, 463).

§ 261 kann auch verletzt sein, wenn eine korrekt eingeführte Urkunde im Urteil **nicht oder nur unvollständig erörtert** wurde (BGH NJW 2007, 92, 95; OLG Stuttgart StV 2005, 379, 380; § 261 Rdn. 66). Wie das Gericht einen durch Urkundsbeweis in die Hauptverhandlung eingeführten Inhalt erfasst und im Urteil würdigt, kann in der Revision auf Rüge einer Verletzung von § 261 hin regelmäßig umfassender nachgeprüft werden als mündliche Aussagen und Einlassungen (vgl. BGHSt 52, 175, Rn. 21; NStZ-RR 2011, 214, 215; StV 2012, 67 f.; 2012, 587; s. a. § 250 Rdn. 4, § 261 Rdn. 65). Wurde die Urkunde weder eingeführt noch im Urteil erörtert, können **§ 244 Abs. 2 oder § 245 Abs. 1 Satz 1** verletzt sein. In diesem Fall ist regelmäßig der Wortlaut der Urkunde mitzuteilen (BGH NStZ 2011, 471, 472). Dass im Urteil eine Urkunde verwertet wurde, hinsichtlich derer ein Beweisverwertungsverbot (Rdn. 40 ff.) bestand, kann mit der **Sachrüge** geltend gemacht werden (*Meyer-Goßner/Schmitt* § 261 Rn. 38). 44

Verstöße gegen § 249 Abs. 2 S. 1 und 2 (zu S. 3 siehe Rdn. 43) können nur nach rechtzeitigem Widerspruch eine Revision begründen (*Kindhäuser* NStZ 1987, 529, 531; a. A. KMR/*Paulus* § 249 Rn. 39). Dieser richtet sich nach § 249 Abs. 2 Satz 2 (»unverzüglich«), wenn er die Anordnung als solche betrifft; geht es dagegen nur um die ebenfalls zunächst vom Vorsitzenden zu bestimmende Art und Weise der Durchführung, ist der Zwischenrechtsbehelf nach § 238 Abs. 2 einschlägig (BGH StV 2011, 458 f. m. krit. Anm. *Lindemann*); ebenso wenn die inhaltliche Richtigkeit der Feststellung der Kenntnisnahme bestritten wird (BGH NStZ 2012, 584, 585). Wird diese Hürde genommen, kann zugleich ein Fall des § 338 Nr. 8 vorliegen (KMR/*Paulus* § 249 Rn. 39; beachte aber § 338 Rdn. 72 f.). Unterbleibt der Gerichtsbeschluss trotz Widerspruch, ist das bereits für sich genommen ein revisibler Verfahrensfehler, auf dem die Entscheidung beruht, wenn ein anderes Beweisergebnis bei Verlesung mit anschließender Aussprache nicht im Einzelfall auszuschließen ist; eines erneuten Widerspruchs bedarf es nicht (BGHSt 57, 306, Rn. 6 ff. m. krit. Bespr. *Mosbacher* NStZ 2013, 199, zust. *Kudlich* JA 2012, 954, aus and. Gründen krit. *Gössel* JR 2013, 382). Die Möglichkeit einer Umdeutung des fehlerhaften Vorgehens nach Abs. 2 in eine Bekanntgabe des wesentlichen Inhalts (so noch BGHSt 30, 10, 14) besteht nach aktueller Gesetzesfassung praktisch nicht mehr (Rdn. 37; *Meyer-Goßner/Schmitt* § 249 Rn. 31). Konzentriert sich ein Richter oder der Staatsanwalt während der Hauptverhandlung auf das Lesen eines umfangreichen Schriftstücks, kann **§ 338 Nr. 5** verletzt sein (KMR/*Paulus* § 249 Rn. 27). 45

§ 250 StPO Grundsatz der persönlichen Vernehmung. ¹Beruht der Beweis einer Tatsache auf der Wahrnehmung einer Person, so ist diese in der Hauptverhandlung zu vernehmen. ²Die Vernehmung darf nicht durch Verlesung des über eine frühere Vernehmung aufgenommenen Protokolls oder einer schriftlichen Erklärung ersetzt werden.

Übersicht	Rdn.			Rdn.
A. Grundsätzliches und Regelungsgehalt	1	II.	Rechtsfolge: Vernehmung und Surrogationsverbot	12
I. Der Unmittelbarkeitsgrundsatz	2	C.	Zeuge vom Hörensagen	15
II. Regelungsgehalt des § 250	6	I.	Grundsatz	15
B. Gebot der persönlichen Vernehmung	9	II.	Einführung der Aussage anonymer Zeugen	17
I. Wahrnehmung von Tatsachen durch eine Person	9	D.	Unverwertbarkeit, Heilung und Revision	21

1 **A. Grundsätzliches und Regelungsgehalt.** § 250 regelt einige Ausprägungen des **materiellen Unmittelbarkeitsgrundsatzes** für den Personalbeweis.

2 **I. Der Unmittelbarkeitsgrundsatz.** Der strafprozessuale Unmittelbarkeitsgrundsatz fordert **materiell** die Verwendung unmittelbarer Beweismittel im Gegensatz zu mittelbaren (abgeleiteten, indirekten; *Klesczewski* Rn. 420 f.). **Formell** fordert er die Beweisaufnahme vor genau den Richtern, die später das Urteil fällen (*Beulke* Rn. 24). Die formelle und die materielle Fassung wenden sich gegen dasselbe: Formell mittelbar erhobene Beweise werden ihrerseits als materiell mittelbares Beweismittel (Zeugenaussage oder Protokoll des Dritten, der den Beweis aufnahm) in die Hauptverhandlung eingeführt. Umgekehrt bedeutet die Verwendung eines mittelbaren Beweismittels, dass das Gericht sich nur aus der Wiedergabe der Wahrnehmung eines Dritten unterrichtet. Der Unmittelbarkeitsgrundsatz **dient der Trennung von Vor- und Hauptverfahren** (mit Wiederholung bereits erhobener Beweise; eingehend zum Transferverbot SK-StPO/*Velten* Vor § 250 Rn. 7 ff., 15 ff., § 250 Rn. 3), der Sicherstellung der **Konfrontation des Angeklagten** mit belastenden Beweisen (insb. Art. 6 Abs. 3 Buchst. d EMRK; *Radtke* GA 2012, 187, 198 ff.) und der **Fragerechte** (§§ 240, 241a Abs. 2) sowie der Herstellung einer **verlässlichen Erkenntnisgrundlage** des Gerichts (KMR/*Paulus* § 250 Rn. 2; HK-StPO/*Julius* Vor §§ 250 ff. Rn. 2); ferner flankiert er den Öffentlichkeitsgrundsatz (§ 169 Satz 1 GVG) und das Mündlichkeitsprinzip (Einl. Rdn. 58, 75; zu den mit der Unmittelbarkeit als Verfahrensmaxime verfolgten Zwecken eingehend auch *Krüger*, Unmittelbarkeit und materielles Recht [Habil 2009], Teil 1, Kap. 3). Im deutschen Strafprozessrecht gilt der Unmittelbarkeitsgrundsatz **nicht strikt** (weder materiell noch formell). Das Gesetz enthält auch **keine allgemeine Regelung** zur Unmittelbarkeit (vgl. BGHSt 6, 209, 210; eingehend insb. auch historisch und rechtsvergleichend *Stüber*, Unmittelbarkeit, 2005) und manche andere Rechtsordnung kommt gut ohne diesen Grundsatz aus. Auch ein »**Mittelbarkeitsgrundsatz**« (regelmäßiger Rückgriff auf Vernehmungsniederschriften; persönliche Befragung des Zeugen nur, soweit zur Klärung von Zweifeln an Inhalt oder Glaubwürdigkeit oder zur Wahrung der Rechte des Angeklagten erforderlich) hat viel für sich, denn er führt dazu, dass die Beteiligten sich wesentlich besser auf das Verfahren vorbereiten können, die Belastung der Zeugen erheblich sinkt, die Hauptverhandlung beschleunigt wird und inhaltliche Missverständnisse des erkennenden Gerichts (die oft erst im Urteil offenbar werden) sich in der Revision zumindest eher aufgreifen lassen (vgl. Rdn. 4 sowie ergänzend auch § 249 Rdn. 44 zur Situation nach einem Selbstleseverfahren).

3 Der **formelle Unmittelbarkeitsgrundsatz** untersagt die Beweisaufnahme durch Dritte. Damit sind Richter von der Entscheidung ausgeschlossen, die an irgendeinem Teil der Beweisaufnahme nicht beteiligt waren. Dieser Grundsatz ist Leitidee des § 226 Abs. 1. Das Gesetz lässt unter den Voraussetzungen des § 223 aber die kommissarische Vernehmung von Zeugen und nach § 251 meist die spätere Verlesung des Protokolls zu. Sogar ohne gesetzliche Einschränkung kann das Gericht sich eines sog. Augenscheinsgehilfen (gerufener Zeuge; näher dazu § 86 Rdn. 5) bedienen. Die Einnahme eines richterlichen Augenscheins ist nach § 86 (sowie ggf. §§ 87 Abs. 1, 168d, 202, 225) schon vor der Hauptverhandlung möglich und das Protokoll darüber nach § 249 Abs. 1 Satz 2 verlesbar (s. § 249 Rdn. 16, 22).

4 Der **materielle Unmittelbarkeitsgrundsatz** ist im deutschen Strafverfahrensrecht nicht als Verbot indirekter Beweismittel umgesetzt. Gefordert wird höchstens, dass **auch** das **unmittelbare Beweismittel** (ggf. neben mittelbaren) herangezogen wird (*Krey* Bd. 2 Rn. 997), sofern es mit hinnehmbarem Auf-

wand verfügbar ist. Eine **gesetzliche Regelung** besteht nur für den unmittelbaren Personalbeweis und auch für diesen nur teilweise (§§ 250 ff.; *Volk* § 18 Rn. 26). Der Grundsatz hat in der Revision eine Kehrseite: Im Gegensatz zu anderen Beweisen kann das Revisionsgericht das Ergebnis eines korrekten Urkundsbeweises selbst nachvollziehen und seine Verwertung im Urteil daher weit umfänglicher kontrollieren (vgl. § 249 Rdn. 43 f.; eingehend MAH/*Widmaier* § 9 Rn. 104 ff., 125 ff.).

Soweit keine nähere Regelung (wie z.B. § 250) besteht, sind die Vorschriften über die **Aufklärungspflicht des Gerichts** (§§ 244 Abs. 2, 261) sowie die Regeln über die Ablehnung von Beweisanträgen (§ 244 Abs. 3 und 5) und § 261 als gesetzliche Verankerung des Unmittelbarkeitsgrundsatzes zu lesen (*Beulke* JA 2008, 758). Das systematische Verhältnis ist umgekehrt: Der Unmittelbarkeitsgrundsatz dient der Konkretisierung der Aufklärungspflicht. Die pflichtgemäße Auswahl der Beweismittel lässt sich in folgende zwei Stufen gliedern. Die erste ist zugleich für die Beweiswürdigung relevant, und vor allem, auf sie bezieht sich der Unmittelbarkeitsgrundsatz. **1. Stufe** (Beurteilung der Qualität): Das Gericht muss nicht immer das tatnächste (*Meyer-Goßner/Schmitt* § 250 Rn. 3) Beweismittel verwenden. Die Unmittelbarkeit bzw. der Grad der Mittelbarkeit muss indes neben anderen Aspekten (wie der durch Zeitablauf eingetretenen Trübung des Beweismittels) bei der **Beurteilung der Qualität** des Beweismittels berücksichtigt werden (§ 249 Rdn. 6, § 261 Rdn. 15 ff.). Dass das Gesetz den Unmittelbarkeitsgrundsatz in §§ 226 Abs. 1, 250 aufgegriffen hat, ist dabei als Wertung zu verstehen, **im Zweifel** der Unmittelbarkeit größeres Gewicht bei der Qualitätsbeurteilung zuzumessen als anderen Aspekten (ähnlich BGH StV 2002, 635, 636; NStZ 2004, 50; *Meyer-Goßner/Schmitt* § 250 Rn. 4). **2. Stufe** (Abwägung für Auswahl): Es ist nicht immer die Erhebung des bestmöglichen Beweises geboten. Die Qualität des Beweismittels darf gegen andere Aspekte (z.B. Verfügbarkeit, aus bereits erhobenen Beweisen erreichtes Maß an Gewissheit, Schwere des Tatvorwurfs) abgewogen werden (§ 244 Rdn. 42 ff.; BGHSt 1, 4, 8; 17, 382, 385). Sie muss ausreichen, um die Überzeugungsbildung des Gerichts zu rechtfertigen (dazu Rdn. 16). § 250 sagt in diesem Zusammenhang speziell: Hält eine Urkunde oder Aufzeichnung Wahrnehmungen einer Person fest, muss die Person – soweit möglich – zum Inhalt und ggf. Zustandekommen der Urkunde gehört werden (beachte Rdn. 13). Damit soll eine Fehlerquelle reduziert werden, denn die inhaltliche Richtigkeit bzw. Glaubwürdigkeit eines Textes darf nicht einfach unterstellt werden. Der Zeugenbeweis ist aber weder generell zuverlässiger noch vom Gesetz grds. höher geachtet als der Urkundsbeweis (*Volk* § 18 Rn. 26; HbStrVf/*Scheffler* VII Rn. 678; vgl. § 249 Rdn. 5 f.).

II. Regelungsgehalt des § 250. Ist das Beweisthema die Wahrnehmung einer Person, verlangt § 250 Satz 1 die Erhebung des unmittelbaren Personalbeweises (Zeugen- oder Sachverständigenbeweis), wenn dieser möglich ist (*Krause*, Urkundenbeweis, 1966, S. 155; *Löhr*, Unmittelbarkeit, 1972, S. 120). **Satz 2** stellt klar, dass diese Beweiserhebung auch **nicht** durch bestimmte mittelbare Sachbeweise **ersetzt** werden darf (sog. Surrogationsverbot; *Krey* Bd. 1 Rn. 471 f.; Radtke/Hohmann/*Pauly* § 250 Rn. 18). Das fügt der Aussage von Satz 1 inhaltlich zwar nichts hinzu, umreißt aber den Aspekt, zu dem die folgenden §§ 251, 253 bis 256 zahlreiche Ausnahmen machen. Zu diesen und anderen Ausnahmen s. Rdn. 14. Auch durch die Vorführung einer Bild-Ton-Aufzeichnung (Augenscheinsbeweis über den Inhalt der Aussage) darf die Zeugenvernehmung nur im Rahmen von § 255a ersetzt werden (BGHSt 52, 148, Rn. 8; beachte Rdn. 13).

Anknüpfend an obiter dicta des BGH (BGHSt 6, 141, 143; 20, 160, 161) wird oft behauptet, nur **von vornherein zu Beweiszwecken hergestellte** Schriftstücke dürften nicht verlesen werden (*Alsberg/Nüse/Meyer* S. 462; *Volk* § 27 Rn. 2; KK-StPO/*Diemer* § 250 Rn. 8; *Meyer-Goßner/Schmitt* § 250 Rn. 8; noch enger SK-StPO/*Velten* Vor § 250 Rn. 28 f., § 250 Rn. 18 [nur Beweisergebnisse aus einem Ermittlungsverfahren]; a. A. Radtke/Hohmann/*Pauly* § 250 Rn. 12). Richtig (und vom BGH entschieden) ist daran, dass die **Verlesung neben der Vernehmung** des Zeugen zulässig ist (Rdn. 13) und zwar auch für von vornherein zu Beweiszwecken erstellte Dokumente. § 250 ist ferner nur anwendbar, wenn zumindest auch die inhaltliche Aussage des Textes Beweisthema ist, § 250 steht dem bloßen Beweis der Existenz des Dokuments also nicht entgegen (*Löhr*, Unmittelbarkeit, 1972, S. 119). Ohne die Durchführung einer möglichen Vernehmung lässt § 250 Satz 1 aber keinen mittelbaren Sachbeweis zu und knüpft das nicht an eine ursprüngliche Beweisbestimmung des Schriftstücks, sondern allein daran, dass dieses persönliche Wahrnehmungen von Tatsachen enthält (RGSt 26, 138, 141; 71, 10; *Krause*, Urkundenbeweis, 1966, S. 154 ff., 159; *Löhr*, Unmittelbarkeit, 1972, S. 120 ff.; *Eisenberg*, Beweisrecht

Rn. 2086; beachte aber Rdn. 14). Es wäre auch nicht einzusehen, wenn ein nicht einmal im Hinblick auf eine spätere Beweisführung erstellter und daher evtl. weniger zuverlässiger Text bevorzugt verlesen werden dürfte (vgl. auch BGHSt 20, 160, 161).

8 Zum **Zweck der Vorschrift** gilt das unter Rdn. 2 und 5 Gesagte. § 250 sichert zugleich den für die Einschätzung der Glaubwürdigkeit des Zeugen bei der Beweiswürdigung wesentlichen persönlichen Eindruck. Soweit der BGH obiter dictum gemeint hat, § 250 S. 2 sei auf **Angeklagte und Mitangeklagte** nicht anzuwenden (BGH StV 2012, 406, 407), verkürzt dies die Gesetzeslage, ist im Ergebnis aber unschädlich: § 250 ist eine Vorschrift zur Beweisaufnahme und der Angeklagte nicht im strengen Sinne Beweisperson, § 250 regelt das Verhältnis des Urkundsbeweises zur persönlichen Vernehmung aber umfassend. Eine Einschränkung seines **persönlichen Anwendungsbereichs** besteht nicht; nur auf Urkunden ohne persönliche Tatsachenbekundung (Rdn. 9 ff.) findet § 250 keine Anwendung. Einer Verlesung schriftlicher Tatsachenbekundungen der Angeklagten steht § 250 indes deshalb nicht entgegen, weil sie im Verfahren stets zu hören sind (§§ 243 Abs. 5, 250, 257 Abs. 1, 258) und die Verlesung ihre Vernehmung deshalb – selbst wenn sie schweigen – nicht ersetzt (vgl. Rdn. 13). Die Sonderregelung für Vernehmungsprotokolle in § 254 findet ihren systematischen Grund darin, dass diese zugleich Wahrnehmungen der Vernehmungsperson wiedergeben (§ 254 Rdn. 3). Ob § 254 eine darüber hinausgehende Sperrwirkung entfaltet, ist umstritten (§ 254 Rdn. 10 ff.).

9 **B. Gebot der persönlichen Vernehmung. I. Wahrnehmung von Tatsachen durch eine Person.** Bzgl. **äußerer Tatsachen** ist die Vorschrift nur einschlägig, soweit eine Person diese Tatsachen mit einem ihrer fünf Sinne wahrgenommen hat (BGHSt 15, 253, 254 f.; 27, 135, 137). Das ist insb. bei Protokollen und Sachberichten (*Meyer-Goßner/Schmitt* § 250 Rn. 9) einschließlich dienstlicher Erklärungen (BGHSt 47, 270, 272) der Fall. Für **innere Tatsachen** ist die Vorschrift einschlägig, wenn sie unmittelbar an äußere Tatsachen anknüpfen (z.B. darauf bezogene Gedanken und Überlegungen) oder von äußeren Tatsachen ausgelöst wurden (z.B. Gefühle). Nicht erfasst werden nach diesen Kriterien z.B. Weisungen, aufgezeichnete Planungen, schriftliche Mahnungen, Schriftstücke, durch die selbst ein Straftatbestand verwirklicht wird, sowie persönliche Werturteile (KK-StPO/*Diemer* § 250 Rn. 5; BGHSt 6, 209, 212). Ebenfalls nicht erfasst wird der bloße Existenzbeweis der Urkunde (*Wömpner* NStZ 1983, 293, 294; dazu Rdn. 7 und § 249 Rdn. 3, 5 f.).

10 **Sachverständigengutachten** erfüllen diese Voraussetzungen (BGHSt 1, 4, 7; 22, 268, 270; *Wömpner* NStZ 1983, 293, 294). Das gilt auch, wenn das Gutachten nur Fachwissen vermittelt, ohne sich dabei auf einzelne Befundtatsachen zu stützen (*Alsberg/Nüse/Meyer* S. 463; *Meyer-Goßner/Schmitt* § 250 Rn. 11; a. A. OLG Stuttgart JR 1977, 205 m. Anm. *Gollwitzer; Gössel* DRiZ 1980, 363, 370). Die Ergebnisse eines Sachverständigen dürfen daher auch nicht über einen anderen eingebracht werden (BayObLG DAR [R] 1965, 285, 286). § 256 erlaubt indes in vielen Fällen die Verlesung von Sachverständigengutachten. Zum verstorbenen Sachverständigen s. § 251 Rdn. 17.

11 Bloß **mittelbare Wahrnehmungen** (z.B. eines Übersetzers oder einer Schreibkraft) werden von der Vorschrift nicht erfasst (zum Übersetzer vgl. § 249 Rdn. 15), ebenso wenig Wahrnehmungen bei rein mechanischen Verrichtungen, die typischerweise nicht in der Erinnerung haften bleiben. Hierzu gehören u.a. das Kopieren und Übertragen von Text (BGHSt 27, 135, 137 m. Anm. *Gollwitzer* JR 1978, 119 f.), tabellarisches Zusammenfassen, die Herstellung von Buchungs- und Abrechnungsstreifen (BGHSt 15, 253, 254; *Hanack* JZ 1972, 203), das Herstellen von Ausdrucken (BGH NStZ 2005, 526) und Fertigen von Niederschriften eines Tonträgers (z.B. einer Telekommunikationsüberwachung, BGH NStZ 2009, 280 f.).

12 **II. Rechtsfolge: Vernehmung und Surrogationsverbot.** Die betreffende Person ist über ihre Wahrnehmung **als Zeuge** (bzw. Mitangeklagter; vgl. Rdn. 8) **zu hören.** Bzgl. des Angeklagten selbst s. § 249 Rdn. 24 und § 254 Rdn. 1 f. Eine Ersetzung durch Urkundenbeweis ist grds. unzulässig. Das gilt insb. (nicht nur, vgl. Rdn. 7) für frühere Protokolle (z.B. polizeiliche Vernehmungsprotokolle) und sonstige Schriftstücke (z.B. Ermittlungsberichte und Briefe an die Ermittlungsbehörden), die von vornherein zu Beweiszwecken abgefasst worden sind (sog. Surrogationsverbot des Satzes 2).

13 **Nur die Ersetzung ist unzulässig.** Die Nutzung eigener Aufzeichnungen durch den Vernommenen selbst wird nicht eingeschränkt; dazu ist er ggf. sogar verpflichtet (BGHSt 1, 4, 8). Einer zusätzlichen Beweiserhebung über die Urkunde sowie der Nutzung der Urkunde zum Vorhalt an den Zeugen (§ 249

Rdn. 31 ff.) steht § 250 ebenfalls nicht entgegen (BGHSt 1, 4, 5 f.; 20, 160, 161 m. Anm. *Hanack* JZ 1972, 203 sowie krit. Anm. *Peters* JZ 1965, 650; BGH NStZ 1995, 609; StV 2008, 123; StV 2015, 205; *Volk* § 27 Rn. 2; a. A. *Schünemann* FS Meyer-Goßner, S. 385, 404 f.; *Gubitz/Bock* NJW 2008, 958, 960; SK-StPO/*Velten* § 250 Rn. 20). Gleiches gilt für Bild-Ton-Aufzeichnungen, auch ohne dass § 255a anwendbar wäre (BGHSt 49, 68, 70 f.). Die unterstützende Verlesung kann auch der Überprüfung der Richtigkeit der Aussage dienen (BGH bei *Cierniak/Zimmermann* NStZ-RR 2014, 129 Nr. 35; *Peters* JZ 1965, 650; *Wömpner* NStZ 1983, 293, 296). Urkundsbeweis und Vorhalt sind aber nur zulässig, wenn kein anderes Beweisverbot, insb. nicht die Unverwertbarkeit des Beweismittels, entgegensteht (vgl. § 249 Rdn. 40 ff.). Beachte auch § 253 Rdn. 6. Nach Ansicht des BGH hindert eine teilweise Verweigerung der Auskunft nach § 55 die Zulässigkeit nicht (BGH JR 1987, 522, 523 m. krit. Anm. *Meyer* und zust. Anm. *Dölling* NStZ 1988, 6 ff.), zur vollständigen Auskunftsverweigerung s. § 251 Rdn. 10. Hinsichtlich §§ 52 ff. beachte aber § 252. Gibt der Zeuge an, sich nicht mehr zu erinnern, aber seinerzeit korrekte Angaben gemacht zu haben, genügt das, um den Weg für die Verlesung der Urkunde und ihre freie Würdigung zu eröffnen (BGHSt 23, 213, 220; OLG Hamm NStZ 2007, 542). Erinnert er sich gar nicht mehr, ist § 253 anzuwenden (ebenso darüber hinaus für Protokolle der Vernehmung der Auskunftsperson – im Gegensatz zu solchen der Vernehmungsperson, wenn diese als Zeuge befragt wird – *Mosbacher* NStZ 2014, 1, 4 ff.).

Die Beschränkungen des § 250 gelten nur im Strengbeweisverfahren (§ 251 Rdn. 39). Die bei § 249 Rdn. 16 und 24 dargestellten Fälle erfasst § 250 nicht (s. dort). **Ausnahmen** machen die §§ 251 und 256 (zu §§ 252 bis 254 s. Rdn. 12 f.) und für die Berufungsverhandlung §§ 323 Abs. 2, 325 soweit im ersten Rechtszug Zeugenaussagen aufgezeichnet wurden und ihre Zuverlässigkeit außer Zweifel steht (OLG Düsseldorf StV 2008, 346, 347). Im beschleunigten Verfahren erweitern § 420 Abs. 1 und Abs. 2 die Verlesbarkeit erheblich. Entsprechendes gilt gem. § 411 Abs. 2 Satz 1 nach Einspruch gegen einen Strafbefehl. Im Bußgeldverfahren erweitert § 77a OWiG die Verlesbarkeit. Weitere Ausnahmen ergeben sich für die Vernehmung des Bundespräsidenten und von Mitgliedern der obersten Staatsorgane aus §§ 49 Satz 3, 50 Abs. 4 Satz 2 (vgl. zu Ausnahmen auch eingehend *Krüger*, Unmittelbarkeit und materielles Recht [Habil 2009], Teil 2, Kap. 5). Ein **Verzicht** durch die Verfahrensbeteiligten oder die Beweisperson ist nicht möglich, da die Vorschrift öffentliche Interessen sichert (RGSt 9, 49; KMR/*Paulus* § 250 Rn. 3). Liest das Gericht im Rahmen eines zulässigen Augenscheinsbeweises über eine Tonbandaufnahme die bei den Akten befindliche Transkription mit, verstößt Letzteres schon deshalb nicht gegen § 250, weil es kein Urkundsbeweis ist und keinen Personalbeweis ersetzt (BGHSt 43, 36).

C. Zeuge vom Hörensagen. I. Grundsatz. Ein Zeuge darf über seine Wahrnehmung von der Wiedergabe fremder Wahrnehmungen befragt werden (sog. Zeuge vom Hörensagen). Solche **mittelbaren Wahrnehmungen** sind Indiz für die jeweilige Tatsache. § 250 schließt eine Vernehmung des Zeugen vom Hörensagen nicht aus, denn der Zeuge berichtet über eigene Wahrnehmungen und sagt selbst aus (BGHSt 1, 373, 375; 22, 269, 270; *Löhr*, Unmittelbarkeit, 1972, S. 50 ff., 89, 191 ff.; *Geppert*, Unmittelbarkeit, 1979, S. 130 ff.; *Stüber*, Unmittelbarkeit, 2005, S. 136 ff., 148; *Fahl* JA 2006, 34, 36; *Beulke* JA 2008, 758, 762; *Kindhäuser* § 21 Rn. 121). Auch Art. 103 Abs. 1 GG, das Recht auf ein faires Verfahren (Art. 2 Abs. 2 i.V.m. Art. 20 Abs. 3 GG, Art. 6 Abs. 3 Buchst. d EMRK) und § 244 Abs. 2 StPO enthalten kein generelles Verbot indirekter Beweisführung (BVerfGE 1, 418, 429; 57, 250, 292 ff.; BVerfG NJW 2001, 2245 ff. m.w.N.; BGHSt 6, 209, 210; 17, 382, 387 f.; NJW 1991, 646 f.). Auch zufällige oder im Auftrag von Polizei oder Gericht (sog. gerufener Zeuge) gemachte Wahrnehmungen dürfen auf diese Weise in die Hauptverhandlung eingeführt werden (BGHSt 27, 135, 136; 33, 178, 181; NStZ 2002, 493 f.). V.a. in der Literatur wird bisweilen aber auch eine weiter gehende Befolgung des Unmittelbarkeitsgrundsatzes gefordert (soweit verfügbar grds. für die Vernehmung des unmittelbaren Zeugen OGHSt 1, 133, 134 f.; BayObLG StV 1982, 412, 413; *Grünwald* JZ 1966, 489, 493; *Hanack* JZ 1972, 236 f.; *Mehle* FS Grünwald, S. 351, 358 f.; *Schünemann* FS Meyer-Goßner, S. 385, 400).

Welches Ergebnis die Befragung des bloß mittelbaren Zeugen liefert und welches Maß an Verlässlichkeit hinsichtlich der fraglichen Tatsache erreicht wird, hat das Gericht in **freier Beweiswürdigung** unter »sorgfältigste[r] Überprüfung« (BGHSt 49, 112, 119; dazu *Wohlers* StV 2014, 563) zu beurteilen. Unter Beeinträchtigung der grds. vorgesehenen Verteidigungsrechte erhobene Beweise sind »mit extremer

§ 250 StPO Grundsatz der persönlichen Vernehmung

Vorsicht« (EGMR *Visser/Niederlande* StraFo 2002, 160 m.w.N., § 44; EGMR *S.N./Schweden* Reports 2002-V, § 53) zu behandeln. Stehen unmittelbare und mittelbare Beweismittel zur Verfügung, hat das Gericht die Auswahl am Maßstab seiner **Aufklärungspflicht** nach § 244 Abs. 2 zu treffen (BGHSt 1, 373, 376; 6, 209, 210; 17, 382, 384 f.; -GS- 32, 115, 123; aus jüngerer Zeit z.B. BGH NStZ-RR 2014, 152). S. dazu bereits Rdn. 5. Verwertungsverbote dürfen durch Verwendung eines indirekten Beweismittels nicht umgangen werden (KK-StPO/*Diemer* § 250 Rn. 12).

17 II. **Einführung der Aussage anonymer Zeugen.** Auch wenn der **Gewährsmann nicht genannt** wird, ist die Verwertung der mittelbaren Wahrnehmung grds. nach denselben Regeln zulässig (BGHSt 17, 382, 283 f. m. Anm. *Eb. Schmidt* JZ 1962, 761; BGHSt 29, 109, 110 f.; -GS- 32, 115, 122 f.; BVerfGE 57, 250, 292 ff.; BVerfG NJW 1992, 168; *Tiedemann* MDR 1963, 456 ff.; 1965, 870 ff.; *Tiedemann/Sieber* NJW 1984, 753, 760 ff.; *Rebmann* NStZ 1982, 315 ff.; *Stüber*, Unmittelbarkeit, 2005, S. 156 ff., 194; LR/*Sander/Cirener* § 250 Rn. 28 ff. m.w.N.), aber besonders sorgfältig zu prüfen und bedarf regelmäßig weiterer gewichtiger Beweisanzeichen (BGHSt 17, 382, 384; 33, 178, 181; 34, 15, 18; 51, 280, Rn. 21 f.; NStZ 1996, 291, 293 f.; *Nack*, Kriminalistik 1999, 171 ff.). Steigt die Zahl der Zwischenglieder, ist noch größere Vorsicht geboten (BGHSt 34, 15, 18). Das Gericht darf sich auf die Überzeugung eines Zeugen von der Zuverlässigkeit seiner Quelle nur stützen, wenn es die tatsächlichen Umstände, auf denen sie beruht, selbst nachvollzieht (BGHSt 34, 15, 20 f.).

18 Soweit der Verteidigung aus dem Rückgriff auf »anonyme Zeugen« Nachteile entstehen, erfordert **Art. 6 Abs. 1 EMRK** neben einem von der EMRK anerkannten Grund dafür im Verfahren insgesamt einen angemessenen Ausgleich (EGMR *Doorson/Niederlande* Reports 1996-II, §§ 72 ff.; EGMR *Sadak u.a./Türkei* [Nr. 1] Reports 2001-VIII, § 67; HbStrVf/*Scheffler* VII Rn. 560 ff.). Soll die Aussage gegen den Angeklagten verwendet werden, muss er nach **Art. 6 Abs. 3 Buchst. d EMRK** irgendwann im Verfahren Gelegenheit erhalten, dem Zeugen Fragen zu stellen oder durch seinen Verteidiger stellen zu lassen (EGMR *Kostovski/Niederlande* [GK] Serie A 166, § 41, StV 1990, 481, 282; EGMR *N.F.B./Deutschland* Reports 2001-XI, NJW 2003, 2297 f.; bzgl. Zeugnisverweigerungsrecht von Familienangehörigen EGMR *Hümmer/*Deutschland, NJW 2013, 3225). Daher muss das Gericht dem Gewährsmann in jedem Fall zumindest einen unter Mitwirkung des Angeklagten oder seines Verteidigers (BVerfG NJW 1996, 3408; BGH StV 1996, 471) vorbereiteten Fragenkatalog vorlegen lassen (BGH StV 1993, 171 f.; NStZ-RR [B] 2001, 268; EGMR *Lüdi/Schweiz* Serie A 238, § 49 f., StV 1992, 499, 500). Soll eine Verurteilung allein oder maßgeblich auf die Aussage eines Belastungszeugen gestützt werden, sind die Anforderungen höher: Der Angeklagte bzw. sein Verteidiger muss in oder vor der Hauptverhandlung Gelegenheit haben, Fragen an ihn zu richten, einen eigenen Eindruck von seiner Glaubwürdigkeit zu gewinnen und diese fundiert infrage zu stellen (eingehend nun EGMR *Al-Khawaja & Tahery/Großbritannien* [GK] Reports 2011, §§ 139 ff., HRRS 2012 Nr. 1; zuvor EGMR *Windisch/Österreich* Serie A 186, §§ 26 bis 32; EGMR *Van Mechelen u.a./Niederlande* Reports 1997-III, § 55, StV 1997, 617, 619 m. Anm. *Wattenberg/Violet* und Anm. *Renzikowski* JZ 1999, 605 ff.). Ist eine Befragung trotz eingehender Bemühungen des Gerichts nicht möglich (z.B. weil ein Staat, der kein Mitglied der EMRK ist, die Kooperation verweigert) und dies den Justizbehörden nicht zuzurechnen ist, ist die Verwertung einer belastenden Aussage ausnahmsweise zulässig, wenn ihr Inhalt durch andere Beweismittel gestützt wird und (BGHSt 55, 70, Rn. 28 ersetzt das »und« entgegen der Rechtsprechung des EGMR durch ein »oder«) im Verfahren ein insgesamt die Fairness sichernder Ausgleich erfolgt (EGMR *Haas/Deutschland* JR 2006, 289, 291 m. Anm. *Gaede* und Anm. *Esser* NStZ 2007, 106 ff.; zum Problem der Beweiswürdigung *Wohlers* StV 2014, 563). Wenn ein Mitgliedstaat der EMRK die Kooperation seinem Prozessrecht konform verweigert, will der BGH dies der deutschen Justiz nicht zurechnen (BGHSt 55, 70, Rn. 27). Die Einschränkung der Rechte der Verteidigung durch Rückgriff auf die Verlesung der Aussage eines anonymen Zeugen ist auch bei angemessener Kompensation nur zulässig, wenn die Menschenrechte des Zeugen, namentlich sein Recht auf Leben (Art. 2 EMRK), Freiheit und Sicherheit (Art. 5 EMRK), dies zwingend gebieten (EGMR *P.S./Deutschland* § 22 f., StV 2002, 289, 290 m. Anm. *Pauly*; vgl. zum Ganzen auch *Beulke* FS Rieß, S. 3, 6 ff.; *Gaede* StV 2006, 599 ff.; *Safferling* NStZ 2006, 75 ff.; *Widmaier* FS Nehm, S. 357 ff.; *Frowein/Peukert* Art. 6 Rn. 308 ff.; *Meyer-Ladewig* Art. 6 Rn. 93).

19 Praktisch bedeutsam sind hier die Fälle, in denen Polizei, Kriminalämter oder Verfassungsschutz **V-Leute oder verdeckte Ermittler** (§ 110a ff.) »sperren« (zu Aussagegenehmigung und Sperrerklärung

s. § 54 Rdn. 16 ff.; vgl. auch *Detter* StV 2006, 544 ff. m.w.N.). Sperrerklärungen oberster Dienstbehörden machen nicht nur nach § 96 Akten, sondern entsprechend auch Zeugen für das Gericht grds. unerreichbar (KK-StPO/*Diemer* § 250 Rn. 14). Entsprechendes gilt, wenn dem Gericht Kontaktdaten nur unter der Bedingung mitgeteilt wurden, dass der gesperrte Zeuge nicht in der Hauptverhandlung vernommen wird (§ 251 Rdn. 15, 26). Hat nur die StA Vertraulichkeit zugesichert, ist das Gericht daran nicht gebunden (BGHSt 35, 82, 85; BGH StV 2012, 5). Das »Gebot bestmöglicher Sachaufklärung« (BVerfG NJW 2003, 2444; BVerfGK 4, 72) richtet sich an Exekutive und Judikative insgesamt und begrenzt die Zulässigkeit von Sperrerklärungen (BVerfGE 57, 250, 287 f.; BGHSt -GS- 32, 115, 124 f.; VGH Kassel NJW 2014, 240). Bei Zweifeln an der Rechtmäßigkeit der Sperrerklärung können nicht nur die Beteiligten, sondern muss ggf. auch das Gericht auf deren Überprüfung hinwirken (BGHSt 36, 159, 161; 42, 175, 176 f.). Liefern die Akten oder die Hauptverhandlung Hinweise auf die Identität des Gewährsmanns, muss das Gericht selbst Ermittlungen mit dem Ziel seiner Vernehmung veranlassen bzw. führen (BGHSt 39, 141, 144; StV 1983, 443; 1993, 113); bei Gefahr für Leib oder Leben des Zeugen beachte aber § 251 Rdn. 26.

Die **prozessualen Möglichkeiten** zur Einführung »anonymer Aussagen« sind nach dem Grad des Geheimhaltungsinteresse **abzustufen** (vgl. z.B. *Kindhäuser* § 21 Rn. 129 ff.; *Hellmann* Rn. 677 ff.; *Volk* § 27 Rn. 32 ff.; *Engländer* Rn. 228 ff.): Muss der Gewährsmann geschützt werden, liefert ein Vorgehen nach § 247a ggf. unter Wahrung der Anonymität mit optischer und/oder akustischer Abschirmung (§ 68 Rdn. 14 ff.) oder/und Ausschluss der Öffentlichkeit nach § 172 GVG i.d.R. den gewichtigsten Beweis und die beste Wahrung des Fragerechts (zu weiteren zulässigen und unzulässigen Maßnahmen *Kühne* Rn. 920 ff.). Regelmäßig nächstbestes Vorgehen ist eine nach § 251 Abs. 1 zulässige Verlesung des Protokolls einer kommissarischen Vernehmung des Gewährsmanns (BGHSt -GS- 32, 115, 126 f.; s. dazu § 251 Rdn. 15, 26); eine Verlesung als richterliches Protokoll kommt nur bei Wahrung von § 68 in Betracht (§ 251 Rdn. 30). Notfalls kann auf die Verlesung des Protokolls einer umfassenden polizeilichen Vernehmung (BGHSt 33, 83, 85 m. Anm. *Fezer* JZ 1985, 496 und *Arloth* NStZ 1985, 280 f.; zu grds. Bedenken gegen eine solche Verlesung s. *Engels* NJW 1983, 1530 ff.; *Tiedemann/Sieber* NJW 1984, 753, 761; *Taschke* StV 1985, 269 ff.) oder die Vernehmung bloß des Verbindungsbeamten bzw. gar nur der Verhörsperson zurückgegriffen werden (vgl. BGHSt 34, 15, 17; 36, 159, 162). Ein im Verwaltungsprozess mögliches »in camera«-Verfahren, bei dem nur die Richter bestimmte Informationen zur Kenntnis nehmen und verwerten, kann es in Strafsachen nicht geben (BVerfGE 101, 106, 129 f.; BGH NJW 2000, 1661, 1662).

D. Unverwertbarkeit, Heilung und Revision.

Unter Verstoß gegen § 250 eingeführte Erklärungen sind im Urteil **unverwertbar**. Wird eine unzulässige Verlesung noch während der Beweisaufnahme zulässig (nach § 251 oder bei nach § 252 Rdn. 15 verfrühter Verlesung durch Zustimmung), **heilt** das den Verfahrensfehler, sodass keine neuerliche Verlesung erforderlich ist (KK-StPO/*Diemer* § 250 Rn. 17).

Auf die **Verletzung von § 250** kann eine Verfahrensrüge gestützt werden. Dabei sind das unzulässig verlesene Schriftstück zu bezeichnen sowie sein Inhalt (zur Prüfung von §§ 249, 256) und Urheber anzugeben. Es ist vorzutragen, dass Letzterer in der Hauptverhandlung nicht vernommen wurde (OLG Düsseldorf StV 1995, 458). Wurde die betreffende Feststellung im Urteil neben der Urkunde auch auf die Aussage eines anderen Zeugen gestützt, ist vorzutragen, weshalb die Feststellung durch Vernehmung des zur Urkunde vorrangigen weiteren Zeugen in Frage gestellt worden wäre (BGH bei *Cirener* NStZ-RR 2015, 1, 7). Die zeitweise hohen Anforderungen an den Vortrag, dass die Verlesung nicht aus anderen Gründen zulässig war (z.B. aufgrund eines Einverständnisses nach § 251, BGH StV 1990, 345, oder als Ergänzung einer Aussage, BGH NStZ 1995, 609) lockert der BGH in jüngerer Zeit wieder (BGH StV 2013, 5 m. Anm. *Ventzke*; bereits erwogen in BGH StV 2000, 185). Bei entsprechenden Anhaltspunkten verlangt der BGH Klarheit darüber, dass ein Beruhen des Urteils auf dem Fehler nicht ausgeschlossen ist (z.B. wegen inhaltlicher Übereinstimmung mit einer nach § 256 verlesbaren Urkunde, BGH StraFo 2009, 425). Auch eine Klarstellung, in welcher Weise der Inhalt im Urteil verwendet wurde und dass kein Fall des § 251 vorlag, ist anzuraten. Die Zulässigkeit der Rüge hängt nicht von einem Antrag nach § 238 Abs. 2 ab (BGH StV 2012, 202 f.).

§ 244 Abs. 2 ist verletzt, wenn das Gericht seiner **Sachaufklärungspflicht** nicht gerecht wurde, indem es ein sachferneres statt eines verfügbaren sachnäheren Beweismittels verwendete. Zur Erhebung dieser

Verfahrensrüge ist konkret anzugeben, welches sachnähere Beweismittel sich dem Gericht aufdrängte, und darzulegen, was die Beweisaufnahme ergeben hätte (BGH StV 1988, 91, 92 m. krit. Anm. *Strate*). Eine Verletzung des allgemeinen (materiellen oder formellen) **Unmittelbarkeitsgrundsatzes** ist als solche nicht revisibel (KK-StPO/*Diemer* § 250 Rn. 19), denn dieser gilt weder strikt noch ist er allgemein geregelt (Rdn. 2).

§ 251 StPO Urkundenbeweis durch Verlesung von Protokollen.

(1) Die Vernehmung eines Zeugen, Sachverständigen oder Mitbeschuldigten kann durch die Verlesung einer Niederschrift über eine Vernehmung oder einer Urkunde, die eine von ihm stammende schriftliche Erklärung enthält, ersetzt werden,
1. wenn der Angeklagte einen Verteidiger hat und der Staatsanwalt, der Verteidiger und der Angeklagte damit einverstanden sind;
2. wenn der Zeuge, Sachverständige oder Mitbeschuldigte verstorben ist oder aus einem anderen Grunde in absehbarer Zeit gerichtlich nicht vernommen werden kann;
3. soweit die Niederschrift oder Urkunde das Vorliegen oder die Höhe eines Vermögensschadens betrifft.

(2) Die Vernehmung eines Zeugen, Sachverständigen oder Mitbeschuldigten darf durch die Verlesung der Niederschrift über seine frühere richterliche Vernehmung auch ersetzt werden, wenn
1. dem Erscheinen des Zeugen, Sachverständigen oder Mitbeschuldigten in der Hauptverhandlung für eine längere oder ungewisse Zeit Krankheit, Gebrechlichkeit oder andere nicht zu beseitigende Hindernisse entgegenstehen;
2. dem Zeugen oder Sachverständigen das Erscheinen in der Hauptverhandlung wegen großer Entfernung unter Berücksichtigung der Bedeutung seiner Aussage nicht zugemutet werden kann;
3. der Staatsanwalt, der Verteidiger und der Angeklagte mit der Verlesung einverstanden sind.

(3) Soll die Verlesung anderen Zwecken als unmittelbar der Urteilsfindung, insbesondere zur Vorbereitung der Entscheidung darüber dienen, ob die Ladung und Vernehmung einer Person erfolgen sollen, so dürfen Vernehmungsniederschriften, Urkunden und andere als Beweismittel dienende Schriftstücke auch sonst verlesen werden.

(4) ¹In den Fällen der Absätze 1 und 2 beschließt das Gericht, ob die Verlesung angeordnet wird. ²Der Grund der Verlesung wird bekanntgegeben. ³Wird die Niederschrift über eine richterliche Vernehmung verlesen, so wird festgestellt, ob der Vernommene vereidigt worden ist. ⁴Die Vereidigung wird nachgeholt, wenn sie dem Gericht notwendig erscheint und noch ausführbar ist.

Übersicht	Rdn.		Rdn.
A. Grundsätzliches und Regelungsgehalt	1	c) Vermögensschaden (Abs. 1 Nr. 3)	28
B. Betroffene Personen und Verlesungshindernisse	5	II. Richterliche Protokolle (Abs. 2)	30
I. Beweispersonen	5	1. Einordnung und erfasste Urkunden	30
II. Zeugnisverweigerungsrechte	7	2. Voraussetzungen der (erweiterten) Verlesbarkeit	33
III. Auskunftsverweigerungsrecht	10	a) Nicht zu beseitigende Hindernisse (Abs. 2 Nr. 1)	34
C. Zulässigkeit der vernehmungsersetzenden Verlesung	11	b) Unzumutbarkeit des Erscheinens bei großer Entfernung (Abs. 2 Nr. 2)	36
I. Allgemeine Regelung (auch nicht-richterliche Vernehmung), Abs. 1	14	c) Einverständnis (Abs. 2 Nr. 3)	38
1. Erfasste Urkunden	14	D. Verlesung zu der Urteilsfindung vorgelagerten Zwecken (Abs. 3)	39
2. Voraussetzungen	18	E. Verfahrensfragen (Abs. 4)	40
a) Einverständnis (Abs. 1 Nr. 1)	19	F. Revision	43
b) Unerreichbarkeit (Abs. 1 Nr. 2)	23		

1 **A. Grundsätzliches und Regelungsgehalt.** § 251 ist die wichtigste **Ausnahmevorschrift** zu § 250. Zur systematischen Stellung und weiteren Ausnahmen s. § 250 Rdn. 14. Auch wenn die Voraussetzungen des § 251 erfüllt sind, kann die Verlesung nach § 252 unzulässig sein.

2 Die Vorschrift betrifft nur die grundsätzliche Zulässigkeit der Beweiserhebung unter dem Gesichtspunkt der Unmittelbarkeit, ändert aber nichts an den Erfordernissen der Beweiswürdigung und einer sich ggf. aus der gerichtlichen **Aufklärungspflicht** ergebenden Verpflichtung, auf das sachnähere Beweismittel zurückzugreifen (§ 244 Rdn. 42 ff.) bzw. sich einen persönlichen Eindruck vom Zeugen oder Sachverständigen zu verschaffen (BGHSt 9, 230, 233; 10, 186, 191 f.; NStZ 1988, 37, 38; OLG Celle StV 1991, 294; OLG Düsseldorf StV 2000, 8, 9; *Rieß/Hilger* NStZ 1987, 145, 151; vgl. auch § 250 Rdn. 5). Dabei sind insb. die Anforderungen des **Art. 6 Abs. 1 und Abs. 3 Buchst. d EMRK** (sowie Art. VII Abs. 9 Buchst. c NATO-TS) zu wahren (BGHSt 26, 18, 19 f.; NStZ 1985, 376, 377; SK-StPO/*Velten* § 251 Rn. 13; vgl. Rdn. 30, 37, 43).

Der Wortlaut der Vorschrift spricht nur von **Erklärungs-Urkunden** (einschließlich Niederschriften). 3
Soweit Urkunden einen anderen Inhalt haben als **eigene Erklärungen** der Beweisperson, gestattet § 251 die Verlesbarkeit nicht (s. zu diesen § 250 Rdn. 14, § 256). Die Norm ist nach § 255a Abs. 1 auch auf **Video-Aufzeichnungen** als Augenscheinsobjekte anzuwenden (eingehend *Swoboda*, Videotechnik, 2002, S. 399 ff.). Sie gilt in Ermangelung einer gesetzlichen Regelung erst recht auch für **Audio-Aufzeichnungen** entsprechend (*Mildenberger*, Schutz kindlicher Zeugen, 1995, S. 228 f., 260 f.; LR/*Sander/Cirener* § 251 Rn. 12; *Meyer-Goßner/Schmitt* § 251 Rn. 2).

Die Struktur der Vorschrift beruht auch nach ihrer Umgestaltung 2004 durch das 1. JuMoG (BGBl. I 4
2004, S. 2198, 2202) auf der **Unterscheidung zwischen richterlicher und nichtrichterlicher Vernehmungsniederschrift**. Abs. 1 betrifft nun Protokolle richterlicher wie nichtrichterlicher Vernehmungen, Abs. 2 nur solche richterlicher Vernehmungen. Der neue Abs. 3 sowie Abs. 4 betreffen Verfahrensfragen. Treten die Voraussetzungen einer Verlesung nachträglich ein, bewirkt das die **Heilung** einer zuvor erfolgten unzulässigen Verlesung (§ 250 Rdn. 21).

B. Betroffene Personen und Verlesungshindernisse. I. Beweispersonen. § 251 gilt 5
nur für die Aussagen von **Zeugen** und **Sachverständigen**. Mit »Mitbeschuldigten« sind lediglich frühere Mitbeschuldigte (auch verstorbene) gemeint, die wie Zeugen behandelt werden, da die Rolle der Person im Verfahren sich nach dem Zeitpunkt der Entscheidung über die Verlesung (beachte aber § 250 Rdn. 21), nicht nach dem der Herstellung der Urkunde bestimmt (BGHSt 10, 186, 190; KK-StPO/*Diemer* § 251 Rn. 10). Aktuelle **Mitangeklagte** sind dagegen nicht gemeint (*Krey* Bd. 2 Rn. 1022; vgl. auch BGH NStZ 1984, 464 f.). Für sie gilt ebenso wie für frühere Aussagen des Beschuldigten nicht § 251 sondern § 254 (vgl. aber auch § 249 Rdn. 16 und 24 sowie § 233 Abs. 3 Satz 2). Soweit die Voraussetzungen der Verlesung von einer bestimmten Beweisperson abhängen, muss die Urkunde eine Erklärung gerade von dieser Person beinhalten (BGH, Beschl. v. 20.02.2008 – 2 StR 9/08).

Für den Beweiswert und die Verwertbarkeit kommt es maßgeblich auf die Situation bei Herstellung der 6
Urkunde an. Fehlte es damals an einer **Belehrung** nach § 136 Abs. 1 Satz 2, ist die Verwertung auch im aktuellen Verfahren unzulässig (*Eb. Schmidt* NJW 1968, 1209, 1218; *Meyer-Goßner/Schmitt* § 251 Rn. 4; § 136 Rdn. 125 f.).

II. Zeugnisverweigerungsrechte. Bei anderen **Urkunden** als Vernehmungsniederschriften 7
(Rdn. 17) können § 97 (§ 97 Rdn. 56 ff.) und § 160a (§ 160a Rdn. 2 f., 7 f.) der Einbringung entgegenstehen. S. daneben auch § 252 Rdn. 10. Der Einführung einer **Vernehmungsniederschrift** in die Hauptverhandlung kann ein **Zeugnisverweigerungsrecht** (§§ 52 ff., 161a Abs. 1 Satz 2, 163a Abs. 5; nicht § 55, s. dazu Rdn. 10, 27) der Beweisperson entgegenstehen.

Fehlte bei einer Vernehmung die ordnungsgemäße **Belehrung**, dürfen **Niederschriften** grds. nicht ein- 8
gebracht werden. Zulässig sind Einbringung und Verwertung hier nur, wenn feststeht, dass die Person ihre Rechte kannte – was auch das Erkennen der Möglichkeit einer Verwendung gegen den konkreten Angeklagten voraussetzt –, oder nach qualifizierter Belehrung der Verwertung zugestimmt hat (vgl. BGH StV 1995, 563 f.); im Einzelnen dazu § 52 Rdn. 63 ff. Frühere Mitbeschuldigte sind stets so zu behandeln, als wären sie nicht nach §§ 52 bis 53a belehrt worden (BGHSt 10, 186, 190; vgl. auch BGHSt 1, 149, 151). Wurde bei einer ausländischen Vernehmung fehlerfrei nicht belehrt, weil das fremde Recht für die betreffende Person kein der deutschen Rechtslage entsprechendes Zeugnisverweigerungsrecht anerkennt, ist die Niederschrift gleichwohl nicht verlesbar (BGH StV 1992, 403).

Auch eine **ordnungsgemäß belehrte** Person kann die Einbringung einer Vernehmungsniederschrift in 9
den Fällen des § 252 ggü. dem Gericht noch während der Hauptverhandlung untersagen (vgl. § 252 Rdn. 1, 15 f.). Die bloße Möglichkeit einer Berufung auf § 252 steht einer Verwendung der Urkunde aber nicht entgegen (*Hanack* JR 1977, 434, 436), denn die Person hat mit ihrer Aussage die Vorausset-

zung für eine spätere Verwendung im Verfahren bewusst selbst geschaffen. Diese Begründung versagt, wenn die Aussage aus einem anderen Verfahren stammt oder konkrete Anhaltspunkte dafür vorliegen, dass die Person von ihrem Recht nach § 252 Gebrauch machen wollte. In diesen Fällen muss **freibeweislich gesichert** werden, dass die Person einer Einbringung und **Verwertung der Urkunde nicht entgegentritt** (BGHSt 7, 194, 196; 25, 176, 177; vgl. auch § 252 Rdn. 15). Verweigert z.B. der Erziehungsberechtigte das Auftreten des Kindes in der Hauptverhandlung, muss das Gericht sich vergewissern, dass nicht zugleich das Zeugnis verweigert werden sollte (BGH StV 1995, 563 f.). Selbst wenn ein Zeuge seine ggü. dem Gericht angekündigte Weigerung auszusagen ggü. Ermittlungsbehörden widerruft, bleibt es bei den Rechtsfolgen des § 252 (a. A. OLG Köln StraFo 2004, 382, 383 m. abl. Anm. *Foth*; abl. auch *Meyer-Goßner/Schmitt* § 252 Rn. 2). Die Rechtsprechung lässt die Verwertung früherer Aussagen indes ohne die genannten Einschränkungen zu, wenn der Zeuge verstorben ist (BGHSt 22, 35, 36 ff. m. Anm. *Hanack* JZ 1972, 236 ff.) oder sein Aufenthalt nicht ermittelt werden kann (BGHSt 25, 176 f.; 27, 139, 140 f.). Gute Gründe hat sie dafür nicht (krit. auch SK-StPO/*Velten* § 252 Rn. 25), sondern argumentiert mit einem zu engen Begriff des Familienfriedens und der rhetorischen Übertreibung, der unerreichbare Zeuge würde sonst zum Herrn des Verfahrens (krit. auch *Geppert* Jura 1988, 305, 310 f. m.w.N.).

10 **III. Auskunftsverweigerungsrecht.** Wurde eine **Belehrung** nach § 55 Abs. 2 unterlassen, steht das einer Verlesung grds. nicht entgegen, denn die Vorschrift schützt nur den Zeugen (eingehend und krit. § 55 Rdn. 29 ff.). Macht ein Zeuge hingegen **in der Hauptverhandlung** von einem Auskunftsverweigerungsrecht nach § 55 Gebrauch, nehmen der 4. und 5. Senat des BGH an, dies sei bereits Teil einer Vernehmung, sodass diese nicht mehr ersetzt werden und daher § 251 nicht angewendet werden könne, die Verlesung sei daher unzulässig (BGH NStZ 1982, 342; StV 1996, 191). Diese Begründung versteckt eine Sachfrage hinter bloßer Begrifflichkeit und überzeugt nicht, zumal der Zeuge seine Absicht auch bereits **vor der Hauptverhandlung** mitteilen kann. Vom 2. Senat des BGH wird ähnliche Kritik geäußert (BGH NJW 2002, 309 f.). Maßgeblich sollten folgende Gesichtspunkte sein: Bzgl. § 55 gibt es keine § 252 entsprechende Vorschrift (vgl. § 252 Rdn. 11). Von § 55 geschützte Interessen des Zeugen werden nicht beeinträchtigt. Ein richterliches Protokoll dürfte nach § 254 sogar in einem gegen ihn selbst geführten Verfahren verlesen werden. Die Verhörsperson darf ohne Einschränkungen vernommen werden. Ergänzende Verlesungen bei nur teilweiser Auskunftsverweigerung würde § 250 ohnehin nicht untersagen (§ 250 Rdn. 13). Gleichwohl wäre es falsch, ohne Weiteres eine Aussage in die Hauptverhandlung einzuführen, hinter der die Beweisperson selbst erklärtermaßen nicht mehr steht, ohne dass die Gründe dafür näher beleuchtet werden können. Zustimmung verdient daher die neuere Linie des 2. Senats: Wird unter Berufung auf § 55 in der Hauptverhandlung keine inhaltliche Aussage gemacht, wäre die Verlesung eine Ersetzung; es liegt aber kein Fall der Abs. 1 Nr. 2, Abs. 2 Nr. 1 oder 2 vor. Die Verlesung richterlicher Protokolle steht nur zur einmütigen Disposition der Parteien nach Abs. 2 Nr. 3 (BGHSt 51, 325, Rn. 11 ff. m. krit. Anm. *Hecker* JR 2008, 121; NJW 2002, 309 f.; vgl. auch *Cornelius* NStZ 2008, 244 und *Murmann* StV 2008, 339 ff.). Nach neuer Rechtslage hat Gleiches für Abs. 1 Nr. 1 zu gelten (KK-StPO/*Diemer* § 251 Rn. 7, 12, 29). Andere Nr. sind tatbestandlich nicht erfüllt (s. Rdn. 27). Liegt ein von der Auskunftsverweigerung unabhängiger Fall des § 251 vor, ist die Verlesung zulässig (BGH NStZ 2010, 466).

11 **C. Zulässigkeit der vernehmungsersetzenden Verlesung.** Rechtsfolge von Abs. 1 und 2 ist die »**Verlesbarkeit**« der Urkunde. Gemeint ist damit zwar die Zulässigkeit des Urkundsbeweises unabhängig von seiner Form. Es kommt nach den allgemeinen Grundsätzen (§ 249 Rdn. 25 ff.) aber praktisch nur eine förmliche Verlesung in Betracht (LR/*Sander/Cirener* § 251 Rn. 83), denn auch die ersetzte Aussage der Beweisperson wäre in der Hauptverhandlung vollständig mündlich zu machen gewesen. Durch das Vorgehen nach § 251 dürfen keine **Beweisverwertungsverbote** hinsichtlich der ersetzten Aussage umgangen werden. Bestehen solche (insb. nach § 252 oder § 136a), bleibt die Verlesung unzulässig. Liegen Anhaltspunkte für die Besorgnis einer solchen Situation vor, sind sie vor der Erhebung des Urkundsbeweises freibeweislich auszuräumen.

12 Soweit die Verlesung eines Protokolls oder einer anderen Erklärung zulässig ist, dürfen auch darin in Bezug genommene frühere Aussagen derselben Beweisperson **mitverlesen** werden. Gleiches gilt für in der Urkunde enthaltene Vermerke bzgl. des Verfahrens oder Beobachtungen des Vernehmenden,

die sich i.R.d. §§ 223, 225 halten (RGSt 37, 212, 213). Die Schuldfrage auch nur mittelbar betreffende Wahrnehmungen der Verhörsperson sind hingegen durch deren Vernehmung einzuführen, auch wenn dies beim beauftragten Richter zum Ausschluss nach § 22 Nr. 5 führt (BGHSt 2, 1, 4). Insb. die Glaubwürdigkeit betreffende persönliche Eindrücke unterliegen den Regeln des Strengbeweises und dürfen weder durch dienstliche Erklärung eingeführt noch als gerichtsbekannt angesehen werden (BGHSt 45, 354, 357 m. Anm. *Rose* wistra 2000, 231 ff. und Anm. *Goeckenjan/Eisenberg* JR 2001, 123 ff.; a. A. *Foth* MDR 1983, 716, 718). Sie dürfen wegen § 261 anderen Richtern bei der Beratung nicht mitgeteilt (BGHSt 2, 1, 4; StV 1983, 92) und, selbst wenn alle Richter bei der Vernehmung außerhalb der Hauptverhandlung anwesend waren, nicht verwertet werden, ohne förmlich über sie Beweis zu erheben (BGH NStZ 1989, 382 f. m. krit. Anm. *Itzel*).

Maßgeblicher Zeitpunkt für das Vorliegen der Voraussetzungen ist der Abschluss der Verlesung als Teil der Beweisaufnahme (BGHSt 1, 103, 104; 9, 297, 300). Insb. nach späterem Wegfall der Voraussetzungen kann aber die gerichtliche Aufklärungspflicht eine weiter gehende Beweiserhebung gebieten. 13

14

I. Allgemeine Regelung (auch nicht-richterliche Vernehmung), Abs. 1. 1. Erfasste Urkunden. Abs. 1 erlaubt in bestimmten Fällen die Ersetzung der Vernehmung von Zeugen und Sachverständigen (zum erfassten Personenkreis Rdn. 5) durch Erklärungs-Urkunden (Rn. 3). Dies betrifft **Niederschriften** aus richterlichen (Rdn. 30 ff.) und nicht-richterlichen Vernehmungen gleichermaßen. Für erstere enthält Abs. 2 nur Zusatzregelungen (»auch«). Nur Protokolle aus staatlich durchgeführten förmlichen Verfahren sind gemeint. Niederschriften richterlicher Vernehmungen genießen nicht unbedingt Vorrang (BGHSt 19, 354 f.; NStZ 1986, 469, 470). Protokolle fehlerhafter richterlicher Vernehmungen (Rdn. 30) können wie nicht-richterliche verwertet werden (BGHSt 22, 118, 120; 34, 231, 235; StV 1997, 512, 513; 2005, 255; *Franzheim* NStZ 1983, 230, 231; *Park* StV 2000, 218, 219 f.; a. A. *Krause* StV 1984, 169, 173; krit. *Velten* StV 2007, 97), wenn darauf entsprechend § 265 Abs. 1 hingewiesen wird (BGH NStZ 1998, 312, 313 m. Anm. *Wönne*; a. A. *Velten* StV 2007, 97, 102 Fn. 66) und der Fehler sie nicht unverwertbar macht (Rdn. 7 ff., 10, 16). Sie haben dem Fehler entsprechend geringeren Beweiswert (*Meyer-Goßner/Schmitt* § 251 Rn. 15).

Weitere Beispiele erfasster Niederschriften sind solche polizeilicher, staatsanwaltschaftlicher sowie anderer behördlicher Vernehmungen und Niederschriften von Vernehmungen aus anderen Verfahren und aus anderen Staaten (BGH MDR [H] 1978, 806), soweit diese Rechtshilfe nicht berechtigt verweigern (BGHSt 34, 334, 341). Die Niederschrift muss keine bestimmte Form erfüllen, insb. nicht notwendig unterschrieben sein (BGHSt 5, 214, 215; OLG Düsseldorf StV 1984, 107). Anonymität oder die Verwendung eines falschen Namens schließt – soweit die Verlesbarkeit i.Ü. feststeht – die Verlesung nicht aus (dazu Rdn. 26, § 250 Rdn. 17 ff.; AK-StPO/*Dölling* § 251 Rn. 40; einschränkend OLG Frankfurt am Main NJW 1973, 2074, 2075 m. Anm. *Fischer* NJW 1974, 68). Die protokollierte Vernehmung kann auch vom erkennenden Gericht selbst veranlasst worden sein (vgl. z.B. Rdn. 32). 15

Nicht erfasst werden ohne Einverständnis der Beweisperson erstellte Aktennotizen (BGH NJW 1992, 326). Soweit anwendbar müssen Belehrungsgebote nach §§ 52 Abs. 3 Satz 1, 136 Abs. 1 Satz 2, 161a Abs. 1 Satz 2, 163a Abs. 5 eingehalten (s. aber Rdn. 9) und die Grundsätze rechtsstaatlicher Verfahrensweise wie § 136a dürfen nicht verletzt worden sein (OLG Hamburg NJW 2005, 2326, 2327). Zusammenfassungen von Aussagen werden nur erfasst, wenn sie noch eine eigene Erklärung des Zeugen darstellen (krit. *Meyer-Goßner/Schmitt* § 251 Rn. 6). Soweit es um die Einführung entlastender Tatsachen geht, sind diese Restriktionen jedoch weniger streng zu handhaben (OLG Hamburg NJW 2005, 2326, 2327; KK-StPO/*Diemer* § 251 Rn. 10). 16

Mit sonstigen Urkunden, die eine von der Beweisperson stammende schriftliche Erklärung enthalten, sind nur Schriftstücke gemeint, für die das Ersetzungsverbot des § 250 gilt. Sonst könnten sie allein nach § 249 in die Hauptverhandlung eingeführt werden (*Meyer-Goßner/Schmitt* § 251 Rn. 16). **Beispiele** erfasster Urkunden sind dienstliche Äußerungen (OLG Saarbrücken NJW 1971, 1904) und Gutachten verstorbener Sachverständiger (RGSt 71, 10, 11). Zu weiteren Beispielen s. § 250 Rdn. 9 ff. 17

2. Voraussetzungen. Abs. 1 nennt drei **alternative** Voraussetzungen. **Zweck** der Nr. 1 und 3 sind die Vereinfachung und Beschleunigung des Verfahrens. Nr. 2 soll Beweisverlust vermeiden (BGHSt 10, 186, 189; 26, 18, 20; vgl. auch BVerfGE 57, 250, 277). Die Aufklärungspflicht wird nicht gelockert (Rdn. 2). Als Ausnahmevorschrift (Rdn. 1) ist § 251 eher eng zu handhaben (*Beulke* JA 2008, 758, 759; SK-StPO/*Velten* § 251 Rn. 2). 18

§ 251 StPO Urkundenbeweis durch Verlesung von Protokollen

19 **a) Einverständnis (Abs. 1 Nr. 1)** Nur wenn alle betroffenen Angeklagten bei Abgabe der Einverständniserklärungen **verteidigt** werden und die Verteidiger anwesend sind und mitwirken, stellt Abs. 1 Nr. 1 eine Durchbrechung des Unmittelbarkeisgrundsatzes zur Disposition der Beteiligten (*Meyer-Goßner/Schmitt* § 251 Rn. 7). Das Einverständnis wirkt nicht weiter als die Dispositionsbefugnis der Beteiligten geht (BGHSt 42, 73, 78; Grenzen: Rdn. 2, 7 ff., 12; § 252 Rn. 19). Zur Wirkung des Einverständnisses, wenn ein Zeuge erst in der Hauptverhandlung die Auskunft nach § 55 verweigert, s. Rdn. 10.

20 Betroffen sind alle Angeklagten, denen Mitwirkung an der Tat zur Last gelegt wird, auf welche sich die Urkunde bzw. ihr eingeführter Teil wenigstens mittelbar bezieht. Erforderlich ist das **Einverständnis des** Staatsanwalts, aller betroffenen Angeklagten sowie aller ihrer Verteidiger, auch wenn ein Angeklagter mehrere Verteidiger besitzt. Ebenfalls erforderlich ist das Einverständnis aller den betroffenen Angeklagten gleichstehenden Nebenbeteiligten und ihrer Verteidiger (§§ 433 Abs. 1 Satz 1, 434 ggf. i.V.m. § 442 oder § 444). Im Privatklageverfahren ist entsprechend § 385 Abs. 1 das Einverständnis des Privatklägers nötig. Des Einverständnisses eines evtl. Nebenklägers bedarf es hingegen nicht (§ 397 Abs. 1). Im Jugendstrafverfahren müssen weder der gesetzliche Vertreter noch der Erziehungsberechtigte zustimmen, aber der Beistand nach § 69 JGG.

21 Das Einverständnis des Verteidigers ersetzt das des Angeklagten nur dann, wenn zulässig in seiner **Abwesenheit** verhandelt wird (§ 234a Halbs. 2). Vorübergehende Entfernung des Angeklagten (§ 247) genügt dafür nicht. In Anbetracht dieser Spezialregelung geht es zu weit, wenn angenommen wird (so zumindest für richterliche Protokolle mit dem Gedanken der Verwirkung *Meyer-Goßner/Schmitt* § 251 Rn. 26), in Fällen der §§ 231 Abs. 2, 231a und 231b sei die Zustimmung eines nicht verteidigten Angeklagten entbehrlich.

22 Das Einverständnis kann **konkludent** erklärt werden (BGH StV 1983, 319 m. krit. Anm. *Schlothauer*). Dann muss aber zumindest der Grund der Verlesung protokolliert sein (BGH StV 2010, 289, 290). Bloßes Schweigen hat höchstens beim Angeklagten Erklärungsgehalt und dies nur dann, wenn sein Verteidiger das Einverständnis ausdrücklich erklärte und kein Zweifel besteht, dass diese Erklärung auch den Willen des von ihm verteidigten Angeklagten wiedergibt und der Angeklagte sich seiner Einflussmöglichkeit bewusst ist. Die zu Abs. 2 Nr. 3 insoweit großzügigere Rechtsprechung ist nicht auf den zum Schutz des Angeklagten restriktiver gefassten Abs. 1 Nr. 1 zu übertragen (a. A. *Meyer-Goßner/Schmitt* § 251 Rn. 7). Ausdrückliche Einverständniserklärungen sind zu **protokollieren** (§ 273 Rdn. 5 f.; KMR/*Paulus* § 251 Rn. 38). Sie können bereits vor der Hauptverhandlung abgegeben (*Alsberg/Nüse/Meyer* S. 264) und bis zur Verlesung des Protokolls wirksam widerrufen werden (BayObLG DAR [R] 1971, 206; *Meyer-Goßner/Schmitt* § 251 Rn. 28; offen gelassen [mindestens bis zur Anordnung] in BGH NStZ 2012, 404).

23 **b) Unerreichbarkeit (Abs. 1 Nr. 2)** Der Urkundsbeweis ist zulässig, wenn die Beweisperson (Rdn. 5) nicht in absehbarer Zeit gerichtlich vernommen werden kann, die Aufklärungspflicht aber das Einbringen seiner Aussage verlangt. Auch eine **kommissarische Vernehmung** ist gerichtlich. Ist eine solche möglich, muss nach §§ 223, 251 Abs. 2 Nr. 1 vorgegangen werden (BGH StV 1992, 548). Wäre sie nutzlos, weil ein persönlicher Eindruck erforderlich ist, scheitert daran regelmäßig auch die Verlesung einer älteren Aussage (BGHSt 13, 300, 302; StV 1993, 232). Abs. 1 Nr. 2 ist hinsichtlich verbliebener Aufklärungslücken auch anwendbar, wenn seine Voraussetzungen erst **nach begonnener Vernehmung** in der Hauptverhandlung eintreten (BGHSt 51, 280, Rn. 20).

24 Im Sinne dieser Bestimmung **absehbar** ist der Zeitraum, der unter Wahrung des **Beschleunigungsgebots** für die Beweisaufnahme und damit die Erfüllung der Pflicht zur erschöpfenden Sachaufklärung (§ 244 Abs. 2) zur Verfügung gestellt werden kann (BGHSt 22, 118, 120; 32, 68, 73; NStZ 1993, 144 f.). Dies ist keine feste und grds. keine kurze Zeitspanne. Sie ist im Einzelfall unter Abwägung aller Umstände – insb. der Schwere der Straftat und der Bedeutung der Aussage für die Beweisführung – zu bestimmen (BGHSt 32, 68, 73; NStZ-RR 1997, 268; OLG München StV 2006, 464). Letztere darf nicht auf die Bedeutung des persönlichen Eindrucks verkürzt werden, auch wenn gerade dieser bei der Verlesung verloren geht, denn sonst würde das Regel-Ausnahmeverhältnis der §§ 250, 251 missachtet. Das Verstreichen der Fristen des § 229, die bisherige Terminplanung oder künftige Terminschwierigkeiten sind nicht berücksichtigungsfähig, denn sie liegen im Verantwortungsbereich der Justiz (LR/*Jäger* § 223 Rn. 15). Grds. sind die gleichen Kriterien anzulegen wie an die **Unerreichbarkeit** i.S.d.

§ 251 StPO

§ 244 Abs. 3 Satz 2 (vgl. § 244 Rdn. 203 ff.; BGHSt -GS- 32, 115, 126 f.; NStZ 2003, 562; StV 1992, 548). Ob ein **Beweisantrag** gestellt wurde, darf aber in die Abwägung eingehen, sodass ohne Beweisantrag etwas weniger strenge Anforderungen als bei § 244 Abs. 3 Satz 2 zu stellen sein können (BGHSt 32, 68, 73; *Swoboda*, Videotechnik, 2002, S. 239 f.; noch größere Bedeutung gibt dem Antrag SK-StPO/*Velten* § 251 Rn. 7).

Trotz des Wortlauts ist nicht zu verlangen, dass eine persönliche Vernehmung innerhalb des Zeitraums sicher **unmöglich** wäre (BGH NStZ 2003, 562), denn auch durch langes Warten auf ganz unwahrscheinliche Beweismittel würde das Beschleunigungsgebot verletzt. Soweit überhaupt die Möglichkeit besteht, die Beweisperson zu erreichen, ist dies ernsthaft zu versuchen. Ob danach weitere Versuche Aussichten auf Erfolg hätten bzw. die Person innerhalb des Zeitraums verfügbar werden wird, hat das Gericht per Wahrscheinlichkeitsprognose zu beurteilen, wobei das nötige Maß an Wahrscheinlichkeit wiederum von der Schwere der Straftat und der Bedeutung der Aussage für die Beweisführung abhängt. Rechtliche Hindernisse, die dem Schutz des Angeklagten oder des Zeugen dienen, dürfen regelmäßig nicht durch die Verlesung umgangen werden (*Meyer-Goßner/Schmitt* § 251 Rn. 11). Nötige Ermittlungen erfolgen freibeweislich (vgl. § 244 Rdn. 192). 25

Der **Tod** der betroffenen Person (Rdn. 5) ist im Gesetz angeführter Spezialfall. Er unterstreicht, dass die Vorschrift als Ausnahme eng auszulegen ist. Eine Todeserklärung begründet wie im Zivilprozess nur eine widerlegliche Vermutung (§ 9 Abs. 1 VerschG, § 292 Satz 1 ZPO). Typische **Beispiele** für sonstige Unerreichbarkeit sind Krankheit, Gebrechlichkeit (wie in Abs. 2 Nr. 1) und die Unermittelbarkeit des Aufenthaltsorts, wenn keine Ermittlungsansätze mehr offen sind (vgl. BGH StV 1983, 443 f.). Unerreichbarkeit liegt regelmäßig auch dann vor, wenn ein im **Ausland** lebender Zeuge das Erscheinen verweigert, obwohl er – ggf. auch auf diplomatischem Wege und unter Hinweis auf ihm nach Art. 12 EuRhÜbk zustehendes freies Geleit – geladen und ihm dabei die Bedeutung der Tat und seiner Aussage dargestellt wurde und ein Rechtshilfeersuchen zur kommissarischen Vernehmung (dann Abs. 2 Nr. 2) scheitert (BGHSt 22, 118, 121; eingehend *Hoffmann*, Der unerreichbare Zeuge, 1991, S. 107 ff.). Nur in besonderen Ausnahmefällen kann von diesen Voraussetzungen abgesehen werden (BGHSt 32, 68, 74; StV 1992, 216; näher zu Beweisanträgen auf Vernehmung von Auslandszeugen *Rose* NStZ 2012, 18; vgl. auch Rdn. 27). Unerreichbarkeit kann sich ferner aus der zulässigen Verweigerung einer nach § 54 erforderlichen **Aussagegenehmigung** ergeben oder dadurch entstehen, dass eine Behörde die Mitteilung der Kontaktdaten eines V-Manns oder verdeckten Ermittlers nach § 96 berechtigt verweigert (BGHSt 29, 109, 111; 33, 70, 72 m. Anm. *Fezer* JZ 1985, 496 ff.; *Bruns* JR 1985, 215 ff. und *Meyer* NStZ 1986, 132 f.; NStZ 1981, 270 m. Anm. *Fröhlich*; a. A. *Hoffmann*, Der unerreichbare Zeuge, 1991, S. 132 ff., 202 m.w.N.; s. a. Rdn. 15 und § 250 Rdn. 18 ff.). Hat das Gericht die Anschrift des Zeugen nur gegen die Zusicherung erhalten, dass dieser nicht in der Hauptverhandlung vernommen wird, ist er kommissarisch zu vernehmen (Rdn. 32) und das Protokoll nach Abs. 2 Nr. 1 zu verlesen (BGHSt -GS- 32, 115, 126 f.; 33, 70, 72). **Unzumutbarkeit** des Erscheinens begründet nur dann einen Fall des Abs. 1 Nr. 2, wenn sie eine Ladung aufgrund gesicherter tatsächlicher Grundlagen rechtlich unzulässig macht, z.B. weil sie wegen konkreter **Gefahr für Leib oder Leben**, die auch vom Angeklagten oder Dritten herrühren kann, im Maße einer Verfassungswidrigkeit unverhältnismäßig wäre (BGH StV 1993, 233; vgl. auch BGHSt 39, 141, 145; OLG Köln, Beschl. v. 06.03.2009 – 2 Ws 87/09 sowie *Großkopf*, Beweissurrogate, 2007, S. 64 ff.; *Swoboda*, Videotechnik, 2002, S. 46 ff.). Kann die Gefährdung durch Ausschluss der Öffentlichkeit (§ 172 Nr. 1a GVG) oder durch örtliche Verlagerung der Hauptverhandlung beseitigt werden, ist so zu verfahren (BGHSt 22, 311, 313). Entsprechendes muss für eine audiovisuelle Vernehmung nach § 247a Abs. 1 Satz 1 gelten (*Swoboda*, Videotechnik, 2002, S. 263 ff.; SK-StPO/*Velten* § 251 Rn. 16; beachte aber Rdn. 34). 26

Macht ein Zeuge hingegen von seinem Recht nach § 55 Gebrauch, begründet das auch dann **keine Unerreichbarkeit**, wenn er daraufhin gar nicht mehr geladen wird (BGHSt 51, 325, Rn. 10 ff.; s. a. Rdn. 10; anders BGH wistra 2010, 232, wenn ein sich im Ausland aufhaltender Zeuge zusätzlich erklärt hat, er habe nicht die Absicht, in absehbarer Zeit nach Deutschland zu kommen). Stehen ihm die Rechte aus § 55 und §§ 52 ff., 252 (Rdn. 7 ff.) gleichzeitig zu, sind beide zu beachten, ohne dass das Gericht auf eine Entscheidung zwischen ihnen hinwirken oder auf eine solche schließen dürfte (BGH StV 1983, 353). Persönliche oder berufliche Verhinderung können regelmäßig keine Unerreichbarkeit begründen (KK-StPO/*Diemer* § 251 Rn. 14). Auch die Weite der Entfernung begründet keine Unerreichbarkeit (*Meyer-Goßner/Schmitt* § 251 Rn. 9), evtl. aber Unzumutbarkeit i.S.d. Abs. 2 Nr. 2. 27

§ 251 StPO Urkundenbeweis durch Verlesung von Protokollen

28 c) **Vermögensschaden (Abs. 1 Nr. 3)** Die Vernehmung einer Beweisperson (Rdn. 5) darf durch die Einführung einer den Beweis erbringenden Urkunde ersetzt werden, soweit die Person zur Aufklärung des Sachverhalts nichts beitragen kann, außer den **Eintritt** oder die **Höhe** eines Vermögensschadens zu konstatieren. Zu verlesen ist der betreffende Teil des Schriftstücks (HK-GS/*Schork* § 251 Rn. 10). V.a. Massenverfahren zum Verkehrsstrafrecht, Sachbeschädigungen und Serienbetrug sollen entlastet und Geschädigten, die vom Tathergang nichts wissen (z.B. bei Pkw-Aufbrüchen), entbehrliche Mehrfachvernehmungen erspart werden (BT-Drucks. 15/1508, S. 13, 26). Zu Tatsachen, die den Vermögensnachteil tatbestandsmäßig machen, und bei schwereren Straftaten wird die Aufklärungspflicht aber oft eine persönliche Vernehmung gebieten (*Knauer/Wolf* NJW 2004, 2932, 2935 f.; *Neuhaus* StV 2005, 47, 52; *Meyer-Goßner/Schmitt* § 251 Rn. 12).

29 Vermögensschaden ist nur der aus Tatsachen beweisbar auf dem schädigenden Ereignis beruhende wirtschaftliche Nachteil. **Nicht dazu gehören** auf Ermessen beruhende Ersatzansprüche wie immaterielle Schäden (§ 253 BGB), fingierter Verlust wie die Enttäuschung unsicherer Erwartungen (z.B. entgangener Gewinn, § 252 BGB), pauschalierte und normative Ersatzansprüche (vgl. Prütting/Wegen/Weinreich/*Medicus* § 249 Rn. 4, 33 ff.). Ob mittelbare sowie bloß mitverschuldete Schäden erfasst werden, ist Frage des Straftatbestandes. Die zum Grad der mittelbaren Verantwortung und des Mitverschuldens relevanten Tatsachen werden von Abs. 1 Nr. 3 jedenfalls nicht erfasst; das gilt auch soweit sie indirekt die Schadenshöhe beeinflussen.

30 **II. Richterliche Protokolle (Abs. 2) 1. Einordnung und erfasste Urkunden.** Abs. 2 erweitert die Zulässigkeit der Verlesung für **Niederschriften richterlicher Vernehmungen** (§§ 168, 168a; 223, 224; 273 Abs. 2 Satz 1 und Abs. 3). Grund sind einerseits die gesetzlich gelegentlich vorausgesetzte besondere Qualität solcher festen Verfahrensregeln folgender Vernehmungen und Niederschriften (vgl. § 254 sowie die materiell strafrechtliche Absicherung in §§ 153, 154 StGB), andererseits aber auch die dabei vorgesehenen Beteiligungsrechte. Der Anwendung von Abs. 2 – nicht aber einer Verlesung nach Abs. 1 (s. Rdn. 14) – stehen daher insb. Verletzungen der folgenden Vorschriften entgegen: § 22 (RGSt 30, 70, 72), § 68 (BGHSt 33, 83, 85; StV 1984, 231), § 69 Abs. 1 Satz 1 (BGH NJW 1953, 35; MDR [H] 1981, 632), §§ 168a Abs. 4, 271 Abs. 1 Satz 1 (außer bei beauftragtem Richter, BGHSt 9, 297, 301; OLG Stuttgart NStZ 1986, 41), §§ 168c Abs. 5, 224 Abs. 1 (BGHSt 9, 24; 26, 332; StV 1997, 512, 513; HbStrVf/*Scheffler* VII Rn. 544 ff.; beachte aber § 254 Rdn. 7) sowie § 153 Abs. 5 GVG (BGH NStZ 1984, 564) und § 189 GVG (BGHSt 22, 118, 119). Erklärtes Einverständnis (Abs. 2 Nr. 3) kann über solche Fehler aber hinweghelfen, soweit die Norm den Angeklagten schützt (*Meyer-Goßner/Schmitt* § 251 Rn. 32). Fehlt ein in § 168a Abs. 3 vorgesehener Vermerk oder eine solche Unterschrift, kann das Protokoll verlesen werden (RGSt 53, 106; BGHSt 5, 214, 215) solange feststeht, dass es eine vom Zeugen stammende Äußerung und nicht nur Vermerke der Vernehmungspersonen enthält (OLG Düsseldorf StV 1984, 107), es ist aber entsprechend vorsichtig zu würdigen. Erhielten der Angeklagte und/oder sein Verteidiger zulässigerweise keine Gelegenheit, sich an der Vernehmung zu beteiligen (§§ 168c Abs. 3 und Abs. 5 Satz 2, 224 Abs. 1 Satz 2), untersagt Art. 6 Abs. 3 Buchst. d EMRK es bei Belastungszeugen i.d.R. gleichwohl, eine Verurteilung allein oder maßgeblich auf ihre Aussage zu stützen, wenn auch in der Hauptverhandlung keine Fragen an sie gerichtet werden können (§ 250 Rdn. 18, sowie ergänzend *Schramm* HRRS 2011, 156; *Gless* FS Wolter 2013, S. 1357 ff.). Ein Fall des § 168c Abs. 5 Satz 2 darf nicht aus bloßem Schweigen des Ermittlungsrichters geschlossen werden (OLG Schleswig StV 2008, 401). Das nachträglich erstellte Protokoll des Mitschnitts einer richterlichen Vernehmung (z.B. § 323 Abs. 2 Satz 2) ist nicht nach Abs. 2 verlesbar (sondern nur unter den Voraussetzungen des § 325), der Mitschnitt wg. § 255a aber bei Vorliegen der sonstigen Voraussetzungen entspr. Abs. 2 abspielbar (Augenschein), und auf das im Vor- und Zwischenverfahren auch bei oder unverzüglich nach mitgeschnittenen Vernehmungen zu erstellende richterliche Protokoll (§ 168 Abs. 2 Satz 2) ist Abs. 2 unmittelbar anwendbar. Zu den erfassten Beweispersonen s. Rdn. 5.

31 **Beispiele** erfasster richterlicher Protokolle sind solche des Ermittlungsrichters im Ermittlungsverfahren (BGHSt 10, 186, 188), aus kommissarischen Vernehmungen und Wortlautprotokolle früherer Verfahren. Auch ein Ergebnisprotokoll nach § 273 Abs. 2 genügt (BGHSt 24, 183, 184 m. Anm. *Hanack* JR 1971, 512 ff.; *Meyer-Goßner/Schmitt* § 251 Rn. 30; Radtke/Hohmann/*Pauly* § 251 Rn. 35). Das Verfahren muss nicht in der gleichen Sache, nicht gegen denselben Angeklagten geführt und kein Strafver-

fahren gewesen sein. Bei Zivil-, Verwaltungs-, Disziplinarverfahren etc. müssen deren Förmlichkeiten eingehalten worden sein (RGSt 56, 257, 258 f.). Niederschriften aus Vernehmungen durch deutsche Konsularbeamte stehen richterlichen gleich (§ 15 Abs. 4 KonsG). Niederschriften aus **ausländischen** Vernehmungen werden nach der namentlich auf Art. 3 Abs. 1 Eu-RhÜbk ausgerichteten Rechtsprechung erfasst, wenn sie eine vergleichbare Beweisfunktion besitzen, die dortigen Vorschriften eingehalten wurden und Letztere ein vergleichbares Schutzniveau für den Angeklagten gewährleisten (krit. *Böse* ZStW 114 (2002), 148, 151; eingehend *Schuster*, Verwertbarkeit im Ausland gewonnener Beweise, 2006, S. 180 ff.; vgl. auch *Daamen*, Verwertbarkeit ausländischer Vernehmungsniederschriften, 2004, S. 19 ff.). Die Vernehmung im Ausland entspricht einer »richterlichen«, wenn das Protokoll oder zumindest das Übersendungsschreiben vom Vernehmenden selbst unterschrieben ist (BGH MDR [H] 1979, 637) und die am Vernehmungsort für die Rechtshilfesache geltenden Zuständigkeits- und Verfahrensvorschriften beachtet wurden (BGHSt 1, 219, 221; 2, 300, 304; 42, 86, 90); so genügt im Kanton Basel-Stadt z.B. die Vernehmung durch einen staatsanwaltschaftlich beauftragten Kriminalkommissär (BGHSt 7, 15, 16). Leitet ein Mitglied des Gerichts die Vernehmung im Ausland selbst, ist die StPO anzuwenden (BGH StV 1997, 397). Nach Art. 4 Abs. 1 EU-RhÜbk kann in Rechtshilfeersuchen an Mitgliedstaaten der EU nunmehr ausdrücklich angegeben werden, welche Formvorschriften und Verfahren einzuhalten sind (vgl. auch BGH StV 2007, 627). Zumindest für zum Zeitpunkt des Ersuchens absehbare nach deutschem Recht erforderliche Belehrungen des Zeugen und Mitteilungen an den Angeklagten bzw. seinen Verteidiger wird man eine derartige Angabe im Ersuchen und Beachtung künftig verlangen müssen (KK-StPO/*Gmel* § 223 Rn. 25), da nicht realistischer Weise zu erwarten ist und von Art. 4 Abs. 1 EU-RhÜbk auch nicht verlangt wird, dass ein ausländisches Gericht deutsches Recht von sich aus beachtet. Auch außerhalb des Anwendungsbereichs von EU-RhÜbk muss das ersuchende Gericht nach Möglichkeit auf eine Benachrichtigung der Verteidigung hinwirken und diese ggf. selbst bewirken, damit das Protokoll als richterliches verlesbar wird (BGHSt 35, 82, 84; zur Verwertbarkeit ausländischer Beweismittel grds. BGHSt 58, 32, Rn. 21 ff.). Zu den Anforderungen an Belehrungen s. Rdn. 6, 8, 10.

Abs. 2 Nr. 1 und 2 wiederholen die Voraussetzungen der **kommissarischen Vernehmung** (vgl. Rdn. 23, 31) nach § 223. Die Anforderungen beider Vorschriften müssen übereinstimmen und gleich gehandhabt werden, denn die Aussage vor dem beauftragten oder ersuchten Richter (zu den Begriffen § 63 Rdn. 1) ist durch Verlesung der Niederschrift zum Gegenstand der Beweisaufnahme zu machen (vgl. § 223 Rdn. 1, 3; HbStrVf/*Heghmanns* VI Rn. 438; *Schroeder* Rn. 202; *Volk* § 17 Rn. 6). Freilich müssen die Voraussetzungen zum Zeitpunkt der Verlesung noch vorliegen (Rdn. 13). 32

2. Voraussetzungen der (erweiterten) Verlesbarkeit. Abs. 2 enthält drei **alternative** Gründe, die wiederum alternativ zu denen des Abs. 1 hinzutreten. Nr. 2 und 3 dienen der Beschleunigung, Nr. 1 eher der Beweissicherung. Jeder dieser Gründe ist so zu verstehen, dass er die Möglichkeiten der Verlesung über Abs. 1 hinaus erweitert. Auf diese Gründe verweist auch § 247a Satz 1 Halbs. 2, und die Aufklärungspflicht (§ 244 Abs. 2, erst recht Abs. 3 Satz 2) kann ein Vorgehen nach § 247a statt § 251 gebieten (Rdn. 34, ferner § 250 Rdn. 20; *Swoboda*, Videotechnik, 2002, S. 237 ff.). 33

a) Nicht zu beseitigende Hindernisse (Abs. 2 Nr. 1) Krankheit, Gebrechlichkeit, andere nicht zu beseitigende Hindernisse ebenso wie die längere oder ungewisse Zeit und das dem Erscheinen Entgegenstehen sind genau so zu verstehen wie in **§ 223 Abs. 1** (Rdn. 32; vgl. § 223 Rdn. 5 ff.). Im Unterschied zu Abs. 1 Nr. 2 genügt hier ein Hindernis, das einer physischen Anwesenheit (bzw. Vernehmbarkeit) in der Hauptverhandlung entgegensteht; es muss nicht jedwede gerichtliche Vernehmung ausschließen (*Hoffmann*, Der unerreichbare Zeuge, 1991, S. 101). Die Möglichkeit einer audiovisuellen Vernehmung nach § 247a beseitigt daher kein ansonsten vorliegendes Hindernis nach Abs. 2 Nr. 1 (BGHSt 46, 73, 77 m. Anm. *Sinn* JZ 2001, 51 f.; *Albrecht* StV 2001, 364 f.; krit. MAH/*Krause* § 7 Rn. 324), der Zeuge ist aber i.S.d. § 244 erreichbar und eine Vernehmung mittels Simultanübertragung daher ggf. geboten (BGHSt 45, 188, 191 ff.). I.Ü. haben die Voraussetzungen hier trotz der etwas anderen Formulierung dieselbe Struktur wie **Abs. 1 Nr. 2** (Rdn. 23 ff.; *Krey* Bd. 2 Rn. 1006), da auch ungewisse Hindernisse nur ausreichen, wenn feststeht, dass sie nicht nur kurzfristig sind. Die Beweisperson muss daher auch hier über die Zeitspanne hinaus unerreichbar sein, die man ohne Verstoß gegen den Beschleunigungsgrundsatz längstens auf sie warten könnte. In die erforderliche Abwägung (Rdn. 24) sind hier die regelmäßig hohe Qualität der Urkunde und die Beteiligungsrechte bei ihrem 34

Zustandekommen (Rdn. 30) einzustellen, sodass der Beschleunigungsaspekt ggü. Abs. 1 Nr. 2 an Gewicht gewinnt und im Regelfall bereits etwas kürzere Zeitspannen als dort genügen (ähnlich *Knauer/ Wolf* NJW 2004, 2932, 2935; *Meyer-Goßner/Schmitt* § 251 Rn. 20; MAH/*Krause* § 7 Rn. 322).

35 Die Voraussetzungen sind z.B. erfüllt, wenn der Erziehungsberechtigte eines kindlichen oder jugendlichen Zeugen sich trotz der gebotenen Bemühungen des Gerichts und ggf. unter Vorlage eines Attests weigert, diesen in der Hauptverhandlung auftreten zu lassen (OLG Saarbrücken NJW 1974, 1959, 1960; *Laubenthal/Nevermann-Jaskolla* JA 2005, 294, 295). Würde der Gesundheitszustand der Beweisperson unmittelbar durch die Vernehmung in der Hauptverhandlung ernstlich gefährdet, ist Abs. 2 Nr. 1 entsprechend anzuwenden (BGHSt 9, 297, 300). Zu weiten Einzelfällen s. Rdn. 26 f.

36 **b) Unzumutbarkeit des Erscheinens bei großer Entfernung (Abs. 2 Nr. 2)** Die Voraussetzungen der Unzumutbarkeit stimmen mit denen in § 223 Abs. 2 überein (Rdn. 32). Sie muss auf großer Entfernung beruhen (krit. *Krey* Bd. 2 Rn. 1007). Eine feste Grenze ist hier nicht anzugeben. Trotz aktueller Inhaftierung in Übersee kann dem Zeugen ein Erscheinen zumutbar sein (BGH NStZ 1981, 271; ähnlich BGHSt 9, 230). Das Gericht hat eine die maßgeblichen Umstände des Einzelfalls berücksichtigende **Abwägung** zu treffen, bei der die Zumutung ggü. der Beweisperson (Rdn. 5) und das Interesse an einer Beschleunigung des Verfahrens auf der einen Seite stehen, auf der anderen die Bedeutung seiner Aussage, die auch von der Schwere des Tatvorwurfs abhängt, sowie die Wichtigkeit eines persönlichen Eindrucks (BGH StV 1989, 468). Vgl. auch § 223 Rdn. 11 f.

37 Abs. 2 Nr. 2 steht in deutlichem Gegensatz zu den Fällen des Abs. 1, denn hier werden **Interessen der Beweisperson** geschützt und nicht nur innerprozessuale Abwägungen getroffen. Letztere behalten aber auch hier erhebliche Bedeutung: Die Pflicht des Gerichts zur bestmöglichen Aufklärung des Sachverhalts wird in keiner Weise eingeschränkt (Rdn. 2). Der Verzicht auf die persönliche Vernehmung kommt also insb. nur dann in Betracht, wenn feststeht, dass ein persönlicher Eindruck, Rückfragen und der erhöhte Beweiswert nicht erforderlich sind (OLG Düsseldorf NJW 1991, 2781, 2782). Ggf. sind Zumutungen für den Zeugen durch Änderung der Terminierung abzumildern (BGH StV 1983, 444). Auch ein Vorgehen nach § 247a kommt in Betracht (Rdn. 33). Ebenfalls nicht beeinträchtigt werden dürfen die Rechte des Angeklagten aus Art. 6 EMRK, insb. sein Recht, Fragen an Belastungszeugen zu richten (Art. 6 EMRK Rdn. 58 ff.). Solange das Erscheinen in der Hauptverhandlung keine Menschenrechte der Beweisperson beeinträchtigt, sind die Maßstäbe hier höher anzusetzen als in den unter § 250 Rdn. 18 erörterten Fällen.

38 **c) Einverständnis (Abs. 2 Nr. 3)** Die Verlesung ist mit Einverständnis der Beteiligten nach grds. gleichen Regeln wie bei Abs. 1 Nr. 1 (Rdn. 19 ff.) zulässig, es bestehen aber einzelne Unterschiede: Der Angeklagte muss **nicht notwendig verteidigt** sein. Hat er einen Verteidiger, muss aber auch dieser zustimmen. In Fällen des § 234a Halbs. 2 genügt die Zustimmung des Verteidigers ohne die des Angeklagten; das setzt aber einen Verteidiger voraus. Teilweise wird vertreten, wegen der höheren Beweiskraft richterlicher Protokolle sei die Aufzählung von StA, Verteidiger und Angeklagtem abschließend (KK-StPO/*Diemer* § 251 Rn. 29). Soweit damit Rechte der Nebenbeteiligten oder des Beistandes nach § 69 JGG beschnitten werden, geht das zu weit. Der Zustimmung des Privatklägers bedarf es hier aber richtigerweise nicht (*Meyer-Goßner/Schmitt* § 251 Rn. 26). Zur Heilung von Verfahrensfehlern s. Rdn. 30.

39 **D. Verlesung zu der Urteilsfindung vorgelagerten Zwecken (Abs. 3)** Die Beschränkungen des § 250 gelten nicht für das **Freibeweisverfahren** (Einl. Rdn. 89, 258; dazu auch *Dahs* Rn. 628); das besagt Abs. 3. Insb. bei Entscheidungen nach § 244 ist der gesamte Akteninhalt zu berücksichtigen (§ 244 Rdn. 38; OLG Düsseldorf DAR 1979, 340, 341). Die Verlesung ordnet der Vorsitzende hier im Rahmen seiner Sachleitungsbefugnis (§ 238 Abs. 1) an und stellt dabei klar, dass sie nicht Teil der Beweisaufnahme ist (KK-StPO/*Diemer* § 251 Rn. 30). Auf Beanstandung entscheidet das Gericht (§ 238 Abs. 2). Unter Anwendung von Abs. 3 getroffene Feststellungen dürfen auch später nicht in die Beurteilung der Schuld- oder Rechtsfolgenfrage eingehen, es sei denn, sie beruhen ebenso auf einem erhobenen Strengbeweis (BGH StV 1991, 148, 149).

40 **E. Verfahrensfragen (Abs. 4)** Über die Verlesung **beschließt das Gericht** (Satz 1). Der Beschluss dient nicht nur der Unterrichtung der Verfahrensbeteiligten über die Gründe der Verlesung

und der Überprüfung dieser Gründe durch das Gericht (dazu BGH NStZ-RR 2007, 52, 53), sondern soll gerade sicherstellen, dass der gesamte Spruchkörper die Verantwortung dafür übernimmt, dass die Qualität der Beweisaufnahme im konkreten Fall nicht unter der Durchbrechung des Unmittelbarkeitsgrundsatzes leidet (BGH StV 2010, 617 m. Anm. *Krüger* NStZ 2011, 594; BGH NStZ 2011, 356, 357). Daher ist auch das Einverständnis (Abs. 1 Nr. 1, Abs. 2 Nr. 3) lediglich Voraussetzung, macht die Beschlussfassung durch den gesamten Spruchkörper aber nicht entbehrlich. Bei einem Verstoß gegen dieses Erfordernis ist nur im Ausnahmefall anzunehmen, dass das Urteil nicht auf dem Fehler beruht (BGH StV 2010, 617 f.; angenommen in BGH NStZ-RR 2007, 52 und NStZ 2011, 356 f.). Nur das Absehen von einer Verlesung kann der Vorsitzende im Rahmen seiner Sachleitungsbefugnis allein anordnen (*Meyer-Goßner/Schmitt* § 251 Rn. 40). Der Beschluss ist stets zu **begründen** (Satz 2). Die Wiedergabe des abstrakten Gesetzestextes genügt dazu nicht (BGH NStZ 2010, 403); die zugrunde liegenden Tatsachen und maßgeblichen Erwägungen sind so anzugeben, dass der Beschluss rechtlich nachprüfbar ist (BGH StV 1984, 324, 325; 1989, 468; *Schellenberg* S. 133). Bei Verlesung der Niederschrift einer kommissarischen Vernehmung (Abs. 2 Nr. 1 oder 2) ist klarzustellen, dass deren Voraussetzungen weiterhin vorliegen (OLG Düsseldorf StV 2000, 8, 9; vgl. auch BGH StV 1983, 232; Rdn. 32). Sowohl der Beschluss als auch seine Begründung müssen **protokolliert** werden (BGHSt 1, 103, 104; s. a. Rdn. 22). Der Gerichtsbeschluss, seine Begründung und beider Protokollierung werden durch die Zustimmung der Beteiligten nicht entbehrlich (BGH NJW 1952, 1305). Der Beschluss ist nicht isoliert anfechtbar (§ 305).

Zur **Form des Urkundenbeweises** s. Rdn. 11. Mit Ausnahme der Fälle des Abs. 1 Nr. 3 ist das Protokoll **41** bzw. die Urkunde **vollständig** zu verlesen, es sei denn, die Beteiligten stimmen einer auszugsweisen Verlesung zu (BGH StV 1988, 286; SK-StPO/*Velten* § 251 Rn. 12, 26). Dann ist der zu verlesende Teil im Gerichtsbeschluss zu bezeichnen.

Ob die Beweisperson **vereidigt** wurde, ist grds. festzustellen (Satz 3) und zu protokollieren. Beides ist **42** bis zum Ende der Hauptverhandlung nachholbar (LR/*Sander/Cirener* § 251 Rn. 86). Es genügt, wenn ein entsprechender Vermerk mit verlesen wurde oder die Beweisperson offenkundig nicht vereidigt werden durfte (*Meyer-Goßner/Schmitt* § 251 Rn. 43). Eine eidliche richterliche Vernehmung liegt nur vor, wenn der Richter bei der Vereidigung das Verfahren selbst geleitet hat und die Aussage zuvor vor ihm selbst gemacht oder zumindest in seiner Gegenwart verlesen wurde (BGHSt 12, 92, 94). Die Notwendigkeit einer Vereidigung bestimmt sich nach §§ 59 ff., 79 (BGHSt 1, 269, 272 f.; NStZ 1984, 179, 180). Sie ist ggf. **nachzuholen** (Satz 4), was eine nochmalige Vernehmung und Verlesung (LR/*Sander/Cirener* § 251 Rn. 91) und entsprechend (wie bei Satz 1 und § 223) einen Gerichtsbeschluss erfordert. Ob überhaupt eine Entscheidung über die Nachholung erforderlich ist, richtet sich nach den allgemeinen Regeln (§ 59 Rdn. 8; BGH NStZ 1984, 179, 180). Schon vor Abschaffung der Regelvereidigung war ein Beschluss entbehrlich, wenn der ersuchte Richter (beachte § 223 Rdn. 29; § 63) auf Absehen von der Vereidigung entschieden hatte und die Beteiligten dies nicht nach § 238 Abs. 2 beanstandeten (BGH, Beschl. v. 07.02.1989 – 5 StR 26/89 – insoweit nicht abgedr. in wistra 1989, 181).

F. Revision. § 251 (bzw. § 250, wenn man darauf abstellt, dass dessen Ersetzungsverbot durch die **43** Verlesung verletzt wird, wenn es an einer Rechtfertigung durch § 251 fehlt, vgl. Radtke/Hohmann/*Pauly* § 251 Rn. 65) ist verletzt, wenn der Verlesungsbeschluss bzw. seine Begründung Rechtsfehler enthalten (BGH StV 1989, 468) und keine Heilung eingetreten ist (§ 250 Rdn. 21). Dabei sind u.a. auch die Vorgaben von Art. 103 Abs. 1 GG und Art. 6 EMRK zu berücksichtigen (BGHSt 26, 332, 335); mangelnde Bemühungen um eine unmittelbare Vernehmung können den Verlesungsbeschluss fehlerhaft machen (BGHSt 22, 118, 120; StV 1999, 196). Hierauf **beruht** das Urteil, **wenn** der Beschluss nicht in einen rechtmäßigen umgedeutet werden kann (BGH NStZ 1993, 144, 145) und die verlesene Aussage Eingang ins Urteil gefunden hat. Auch das Fehlen des Gerichtsbeschlusses oder seiner Begründung verletzt § 251 (BGH StV 1988, 286; NStZ 1993, 144, 145). Das Urteil **beruht aber nicht** auf diesem Fehler, wenn der Grund der Verlesung sich allen Beteiligten auch so erschlossen hat und mit Sicherheit davon auszugehen ist, dass das Gericht bei ordnungsgemäßem Vorgehen nicht anders über die Verlesung entschieden hätte (BGH StV 1986, 284; NStZ-RR 2007, 52; NStZ 2011, 356 f.). Das Beruhen kann auch zu verneinen sein, wenn das Gericht der Aussage besonders geringe Bedeutung beimaß (BGH StV 1986, 284). Das Fehlen der Begründung des Beschlusses hindert seine Umdeutung (BGH NStZ 1993, 144, 145). Für das Beruhen auf einem Verstoß gegen § 251 Abs. 4 Satz 3 oder 4 ist entscheidend, ob ein ordnungsgemäß durchgeführtes Verfahren zu demselben Ergebnis geführt hätte (BGH StV 2000, 654, 655). Das kann nur in Ausnahmefällen angenommen werden (Rdn. 40). In der **Revisionsbegründung** sind die maßgeblichen gerichtlichen Entscheidungen einschließlich der in Bezug genommenen Begründungselemente mitzuteilen (BGH StV 1983, 232, 233). Auch weitere zur Prüfung der konkreten Rüge nötige Umstände sind umfassend anzugeben, ggf. z.B. der Inhalt der Vernehmungsniederschrift und die Entfernung der Beweisperson vom Ort der Hauptverhandlung (BGH NStZ 2000, 215, 216; OLG Saarbrücken MDR 1974, 421).

44 Mängel der (insb. kommissarischen) Vernehmung, deren Niederschrift verlesen wurde (dazu BGHSt 26, 332, 335; 29, 1, 2), können mit der Revision nur dann erfolgreich gerügt werden, wenn der Verlesung zuvor **widersprochen** worden war (BGHSt 1, 284, 286; 9, 24, 26). Hinsichtlich des Verfahrens vor dem erkennenden Gericht (insb. bzgl. Gerichtsbeschluss und Begründung) kommt es hingegen nicht darauf an, ob widersprochen wurde (BGH StV 1986, 284; 1999, 196 f.). Die Rüge, die Beweisperson hätte trotz Vorliegens der Voraussetzungen des § 251 persönlich vernommen werden müssen, ist, ebenso wie die Rüge, eine unberücksichtigte Aussage wäre nach § 251 zu verlesen gewesen, auf **§ 244** zu stützen (*Pfeiffer* § 251 Rn. 10). Lehnt das Gericht es ab, einen Zeugen kommissarisch vernehmen zu lassen, weil ein persönlicher Eindruck nötig sei, verliest aber dessen frühere Aussage, liegt darin ein Verstoß gegen § 244 oder § 261 (BGH StV 1984, 324, 325).

§ 252 StPO Verbot der Protokollverlesung nach Zeugnisverweigerung.

Die Aussage eines vor der Hauptverhandlung vernommenen Zeugen, der erst in der Hauptverhandlung von seinem Recht, das Zeugnis zu verweigern, Gebrauch macht, darf nicht verlesen werden.

Übersicht

		Rdn.			Rdn.
A.	Grundsätzliches und Regelungsgehalt	1	1.	Zeugnisverweigerungsrecht	11
B.	Persönlicher und sachlicher Anwendungsbereich	4	2.	Gebrauchmachen	15
			C.	Rechtsfolge: Verlesungs- und Verwertungsverbot	16
I.	Beweisperson	5			
II.	Aussage vor der Hauptverhandlung	7	I.	Grundsätzliches	16
III.	Gebrauchmachen vom Zeugnisverweigerungsrecht	11	II.	Ausnahme bei richterlicher Vernehmung?	20
			D.	Revision	25

1 **A. Grundsätzliches und Regelungsgehalt.** § 252 flankiert den mit §§ 52 ff. bezweckten **Schutz des Zeugen** in typischen Interessenkonfliktsituationen (§ 52 Rdn. 1, 48; vgl. aber Rdn. 17). Er ermöglicht in der Hauptverhandlung eine neue Entscheidung über die Zeugnisverweigerung. Dies gilt auch für Personen, die ein Zeugnisverweigerungsrecht nach § 52 (z.B. durch Verlobung mit dem Angeklagten) erst nach der Vernehmung im Vorverfahren erworben haben (näher Rdn. 11 ff.). § 252 schützt nicht den Rechtskreis des Angeklagten. Eine Kammer des BVerfG (NStZ-RR 2004, 18) möchte § 252 daher sogar auf be- und entlastende Tatsachen gleichermaßen anwenden (entspr. *Meyer-Goßner/Schmitt* § 252 Rn. 1; mit guten Gründen a. A. *Roxin/Schäfer/Widmaier* StV 2006, 655, 660).

2 Würde man Fälle des § 252 als auf Rechtsgründen (§§ 52 ff.) beruhende Unerreichbarkeit der Beweisperson unter § 251 subsumieren, müsste man § 252 als **Gegenausnahme zu § 251** (zu dessen systematischer Stellung s. § 250 Rdn. 14; zu § 256 s. hier Rdn. 6) deuten, die § 251 (insb. Abs. 1 Nr. 2 und Abs. 2 Nr. 1) sperrt. Das erklärt aber nur einen Teil der Wirkung des § 252, die **über § 250** (und damit auch über den Anwendungsbereich des § 251) **hinaus geht** (BGHSt 2, 99, 102 ff.):

3 § 252 statuiert ein **selbstständiges Beweiserhebungs- und -verwertungsverbot** auch für uneingeschränkt rechtmäßig erlangte Aussagen (*Kudlich/Roy* JA 2003, 565, 571 m.w.N.). Bei fehlerhaft erlangten Aussagen können weitere (ggf. auch den Angeklagten schützende) Beweisverbote aus anderen Vorschriften hinzutreten. Nach ihrem Wortlaut untersagt die Vorschrift nur die Verlesung einer Vernehmungsniederschrift. Ihr wird darüber hinaus aber ein **umfassenderes Verbot** auch einer indirekten Einführung der früheren Aussage entnommen (dazu Rdn. 16 ff.). Wie umfassend diese erweiternde Anwendung zu geschehen hat, ist umstritten (Rdn. 20 ff.). Das Verbot wird von § 255a Abs. 1 über Urkunden hinaus auch auf Bild-Ton-Aufzeichnungen erstreckt.

§ 252 StPO

B. Persönlicher und sachlicher Anwendungsbereich. Das Vorliegen der Voraussetzun- 4
gen des § 252 ist im Freibeweisverfahren zu prüfen (BGH NStZ 1996, 295). Liegen die Voraussetzungen
nicht vor (insb. wenn der in der Hauptverhandlung ordnungsgemäß belehrte Zeuge zur Sache aussagt),
ergeben sich aus § 252 auch hinsichtlich Vernehmungen aus früheren Verfahrensstadien, bei denen gegen Belehrungspflichten verstoßen wurde, keine Rechtsfolgen (BGH StraFo 2006, 492, 493).

I. Beweisperson. § 252 spricht nur von **Zeugen** i.S.d. §§ 48 ff. Bzgl. der Rolle als Beweisperson ist 5
allein die **aktuelle Stellung** im aktuellen Verfahren maßgeblich (BGHSt 20, 384, 386; 27, 139, 141).
Daher können keine aktuellen, aber **frühere (Mit-)Beschuldigte** zu den Zeugen zählen (BGHSt 20,
384, 385; 42, 391, 397; *Mitsch* FS Lenckner, S. 721 ff.; beachte Rdn. 22; vgl. auch § 251 Rdn. 5).
Wer früher trotz Zeugnisverweigerungsrechts als Zeuge aussagte und nunmehr mit angeklagt ist,
kann die Verlesung der früheren Aussage nicht nach § 252 verhindern; für ihn gilt § 254 (BGHSt 3,
149, 150 ff.; 45, 342, 350; vgl. § 254 Rdn. 7, 10 ff.).

Die Vorschrift ist auch auf Fälle des § 76, also auf einen zur Zeugnisverweigerung berechtigten **Sach-** 6
verständigen als Beweisperson und sein zuvor schriftlich oder mündlich erstattetes Gutachten anzuwenden (*Alsberg/Nüse/Meyer* S. 467; *Meyer-Goßner/Schmitt* § 252 Rn. 6; SK-StPO/*Velten* § 252 Rn. 11;
a. A. KMR/*Neubeck* § 72 Rn. 1). Sie ist insofern zugleich Gegenausnahme zu § 256. Den Rückgriff
anderer Sachverständiger auf Zwischenergebnisse, die in einem standardisierten und automatisierten
Verfahren gewonnen wurden, schließt dies nicht aus (*Cramer* NStZ 1998, 498, 499 f.). Zu Äußerungen
eines zur Zeugnisverweigerung berechtigten Zeugen ggü. einem Sachverständigen s. Rdn. 8.

II. Aussage vor der Hauptverhandlung. § 252 betrifft – wie §§ 52 ff. – Aussagen aus einer **formel-** 7
len Vernehmung (§ 52 Rdn. 3 ff., § 136 Rdn. 21 f.). Es kommt nicht darauf an, in welcher Sache und in
welcher Art Gerichts- oder Verwaltungsverfahren die Vernehmung stattfand (BGHSt 17, 324 ff.; 20,
384 ff.; 36, 384 ff.; StV 2005, 536; a. A. KMR/*Paulus* § 252 Rn. 23). Auch auf räumliche Nähe und
das Kommunikationsmedium kommt es nicht an; die Befragung kann z.B. brieflich oder telefonisch
durchgeführt worden sein (BayObLG DAR [R] 1986, 247; OLG Stuttgart VRS 63, 52, 53).

Typische Fälle sind Vernehmungen durch **Ermittlungsrichter**, **StA** oder **Polizei** in offen amtlicher Funk- 8
tion. Auch Äußerungen ggü. ihren Hilfspersonen können erfasst werden, insb. solche ggü. der Jugendgerichtshilfe (BGH NJW 2005, 765 ff.). Äußerungen ggü. **Sachverständigen** werden erfasst, soweit sie
Zusatztatsachen (dazu § 79 Rdn. 6, § 261 Rdn. 8; BGHSt 11, 97, 99) liefern und nicht nur Befundtatsachen stützen (BGHSt 36, 384, 386; 46, 189, 192 ff.; StV 1996, 522, 523; 2007, 68, 69; a. A. *Geppert* Jura 1988, 363, 365; *Wohlers* StV 1996, 192, 193 f.; *Cramer* NStZ 1996, 209, 231 f.; SK-StPO/*Velten* § 252 Rn. 20). Ändert die untersuchte Person in den Fällen des § 81c Abs. 3 später ihre Haltung, ist
§ 252 daher nicht anwendbar (BGHSt 12, 235, 242; a. A. *Rengier* Jura 1981, 299, 304; KMR/*Paulus*
§ 252 Rn. 5; SK-StPO/*Velten* § 252 Rn. 11, 20). Ebenso dürfen in einer **nach richterlicher Belehrung**
erfolgten sachverständigen Befragung eines Zeugen festgestellte Befundtatsachen dem späteren Gutachten über seine Glaubwürdigkeit oder die Schuldfähigkeit des Angeklagten weiterhin zugrunde gelegt
werden, auch wenn der Zeuge in der Hauptverhandlung die Aussage verweigert und die frühere Befragung in einem anderen Verfahrensabschnitt erfolgte (BGHSt 11, 97, 100; NJW 1998, 838; zur ggf. zusätzlich bestehenden Belehrungspflicht durch den Sachverständigen selbst *Foerster/Foerster* FS Schöch
[2010], 1007 ff.).

Die Initiative muss von einer in **amtlicher Funktion** handelnden Person ausgegangen sein. Dazu gehö- 9
ren auch **informatorische Befragungen** (§ 136 Rdn. 15 f., § 163a Rdn. 5; BGHSt 29, 230, 232; OLG
Bamberg NStZ-RR 2012, 83, 84; *Geppert* FS Oehler, S. 323, 330 ff.; krit. *Haubrich* NJW 1981, 803 f.),
da sie in offen hoheitlicher Weise erfolgen und es für § 252 nicht darauf ankommt, ab wann zu belehren
war. Wegen ihrer amtsähnlichen Funktion wendet die Rechtsprechung § 252 sogar auf von **Verteidigern** durchgeführte Vernehmungen an (BGHSt 46, 1, 4 m. krit. Anm. *Schittenhelm* NStZ 2001, 50 f.;
zust. *Volk* JuS 2001, 130, 132; a. A. *Freund* GS Meurer [2002], S. 369 ff.; *Roxin* FS Rieß, S. 451, 459 ff.;
Beulke Rn. 420a). Nicht erfasst werden hingegen **Spontanäußerungen** (§ 136 Rdn. 18), denn bei ihnen
handelt die Beweisperson aus eigenen Stücken (BGHSt 1, 373, 374; 29, 230, 232; StV 2007, 401; gegenüber Therapeuten BGH NStZ 1992, 247; gegenüber Notruf OLG Hamm NStZ 2012, 53 m. Anm.
Jahn JuS 2012, 369 und krit. Anm. *Putzke* ZJS 2012, 838; einschränkend *Rengier* Jura 1981, 299, 301 f.;
Joachim NStZ 1990, 95 f.; a. A. *Mitsch* NStZ 2009, 287). Ebenso wenig betrifft § 252 im Alltags- oder
Tatgeschehen gefallene Äußerungen ggü. Dritten (BGHSt 1, 373, 374). Dazu gehören grds. auch

§ 252 StPO Verbot der Protokollverlesung nach Zeugnisverweigerung

V-Leute, selbst wenn sie von der Polizei straff geführt wurden; werden sie aber gezielt zur Umgehung eines Zeugnisverweigerungsrechts eingesetzt, verstößt das zumindest mangels gesetzlicher Grundlage gegen das Gebot eines fairen Verfahrens (BVerfG StV 2000, 466 f. m. krit. Anm. *Wesslau* StV 2000, 468 ff.; *Rogall* NStZ 2000, 490 und *Lesch* JR 2000, 334 ff.; krit. auch *Lüderssen* FG BGH, S. 883, 907 f.), woran der BGH aber kein Verwertungsverbot knüpfen will (BGHSt 40, 211 ff. m. Anm. *Gollwitzer* JR 1995, 469 ff.; *Gusy* StV 1995, 449 ff.; *Sternberg-Lieben* JZ 1995, 844 ff.; differenzierend *Schlüchter/Radbruch* NStZ 1995, 354 f.; *Widmaier* StV 1995, 621 f.; a. A. *Wolter* FG BGH, S. 962, 969; vertiefend *Weiler* GA 1996, 101 ff.).

10 **Schriftstücke**, die Bestandteil der Aussage wurden, insb. weil der Zeuge sie bei seiner Vernehmung übergab und sich dann auf sie bezogen hat, gehören zur Vernehmungsniederschrift i.S.d. § 252 (BGHSt 22, 219, 221; StV 1996, 196, 197; 2001, 108, 110; krit. und für Beschlagnahmegrundsätze *Böse* GA 2014, 266). Gleiches gilt für übergebene Ton- oder Bildaufzeichnungen (vgl. BGH StV 2013, 135 f.). Die Rechtsprechung versagt die Anwendung von § 252 auf **andere Urkunden** als Vernehmungsniederschriften. Nicht erfasst werden sollen daher schriftliche Äußerungen im gegenständlichen Verfahren ebenso wie aus anderen Verfahren (BGH NStZ [K] 1998, 25, 26; a. A. BayObLG DAR [R] 1985, 245). Das Gleiche gelte für Briefe an Beschuldigte und Dritte (RGSt 22, 51, 52 f.), wobei aber § 97 und § 160a zu beachten sind. Der Grundsatz der Rechtsprechung reißt zwei Lücken auf (krit. auch *Ranft* StV 2000, 520 ff.), die richtigerweise durch eine Einbeziehung der entspr. Schriftstücke in das Verlesungs- und Verwertungsverbot des § 252 geschlossen werden müssen: Zum einen könnte der Zeuge, der unter § 97 fallende Schriftstücke widerspruchslos an offizielle Ermittlungspersonen herausgibt, später, auch wenn er sie zurückverlangt, evtl. nicht mehr verhindern, dass ein Ermittler als Zeuge über ihren Inhalt vernommen wird. Es ist aber schwerlich plausibel, dass § 252 bei mündlichen Äußerungen, die nach ordnungsgemäßer Belehrung gemacht wurden, ein späteres Umdenken ermöglicht, während es im Fall der evtl. schnell und als Teil einer unübersichtlichen Menge erfolgten Sicherstellung schriftlicher Mitteilungen, deren Inhalt der Beweisperson oft weniger gegenwärtig ist, keine entsprechende Handhabe geben soll. Zum anderen gilt § 97 nicht für eigene unadressierte bzw. noch nicht abgesendete Aufzeichnungen des Zeugen (*Kudlich/Roy* JA 2003, 565, 573). Selbst wenn § 250 deren Verlesung sperrt (vgl. § 250 Rdn. 7), greift er wegen § 251 möglicherweise nicht durch. Der zeugnisverweigerungsberechtigte Zeuge würde damit gegen die Verlesung rein privater Notizen weniger Schutz genießen als nach § 97, nämlich nur wenn die Tagebuch-Rechtsprechung (§ 249 Rdn. 41) eingreift.

11 **III. Gebrauchmachen vom Zeugnisverweigerungsrecht. 1. Zeugnisverweigerungsrecht.** § 252 setzt ein bei der Hauptverhandlung bestehendes Zeugnisverweigerungsrecht nach §§ 52, 53 oder 53a voraus. Ein **Auskunftsverweigerungsrecht** nach § 55 genügt auch dann nicht, wenn es alle in der Beweisaufnahme interessierenden Umstände erfasst (BGHSt 6, 209, 211; 17, 245, 247; 17, 337, 350; *Mitsch* JZ 1992, 174, 183; *Kudlich/Roy* JA 2003, 565, 572; *Volk* § 27 Rn. 14; *Kindhäuser* § 21 Rn. 60; a. A. *Eisenberg*, Beweisrecht Rn. 1127 ff., 1284; *Hanack* JZ 1972, 236, 238; *Rogall* NJW 1978, 2535, 2538; *Geppert* Jura 1988, 305, 312 f.; Radtke/Hohmann/*Pauly* § 252 Rn. 8; KMR/ *Paulus* § 252 Rn. 5; SK-StPO/*Velten* § 252 Rn. 10); die Verlesung eines Protokolls wird aber regelmäßig wegen § 250 Satz 2 unzulässig sein (*Klesczewski* Rn. 432), und in einem evtl. späteren Verfahren gegen den jetzigen Zeugen gilt § 254 (beachte § 254 Rdn. 7, 10 ff.). Die gesetzgeberische Entscheidung, in §§ 52 ff. vielfach an formale, von den Beteiligten selbst änderbare Verhältnisse anzuknüpfen und auch im Laufe des Verfahrens eintretende Änderungen zu berücksichtigen, ist zu respektieren; **rechtsmissbräuchlich** herbeigeführte Zeugnisverweigerungsrechte können nur in Extremfällen unberücksichtigt bleiben (BGHSt 45, 342, 350 m. Anm. *Gollwitzer* JR 2001, 253 ff.; krit. *Kretschmer* Jura 2000, 461 ff.; *Beulke* JA 2008, 758, 761; vgl. auch § 52 Rdn. 9).

12 In Fällen des § 52 ist es unerheblich, ob das Zeugnisverweigerungsrecht bereits bei der früheren Aussage bestanden hat oder erst **nachträglich entstanden** ist (BGHSt 22, 219, 220; 27, 231 f.). Zu Missbrauchsfällen s. § 52 Rdn. 9.

13 Die Rechte nach §§ **53, 53a** knüpfen an Rechtsverhältnisse im Zeitpunkt der Kenntniserlangung durch die Beweisperson, also noch vor der früheren Aussage, an. Nachträgliche Änderungen können sich nur durch Entbindung nach §§ 53 Abs. 2 Satz 1, 53a Abs. 2 und deren **Widerruf** ergeben. Der BGH versagt nach einem Widerruf der Entbindung von der Schweigepflicht die Anwendung von § 252 mit dem Argument, der entbundene Geheimnisträger habe aussagen müssen und daher nicht in eine Zwangslage

geraten können (BGHSt 18, 146, 150; StV 1997, 233; 2012, 195 f. m. abl. Anm. *Mitsch* JR 2012, 432 und *Geppert* NStZ 2012, 282; krit. auch *Jäger* JA 2012, 472, 474). Darin liegt aber kein Unterschied zu Fällen eines nachträglich entstandenen Rechts aus § 52. Das weitere Argument, die §§ 53, 53a würden nur den Geheimnisträger schützen und zwar vor Kollisionen mit § 203 StGB und Standespflichten, wird dem Sinn der Geheimhaltungspflichten, den der Gesetzgeber auch über §§ 53, 53a strafprozessual realisieren will, nicht gerecht. I.Ü. kann z.B. ein Psychotherapeut bei Trauma-Patienten die Verwertung seiner Aussage als Gefahr für den Behandlungserfolg sehen und so in eine den Fällen des § 52 noch ähnlichere Zwangslage geraten. Die Auffassung des BGH ist vom Wortlaut nicht geboten und in der Sache nicht überzeugend. Richtigerweise müssen nachträglich wieder aufgelebte Zeugnisverweigerungsrechte nach §§ 53, 53a ebenso behandelt werden wie neu oder erneut entstandene nach § 52 (einschränkend auch OLG Dresden NStZ-RR 1997, 238; *Geppert* Jura 1988, 305, 311).

In Fällen des »Beweisverfahrensverbots« nach § 54 hält die wohl herrschende Meinung eine Beweiserhebung über die frühere Aussage eines Zeugen in gleichem Umfang wie bei § 252 für unzulässig, wenn der Zeuge seine Pflicht zu schweigen irrig verkannt hatte (OLG Celle MDR 1959, 414; *Meyer-Goßner/ Schmitt* § 252 Rn. 4; LR/*Gollwitzer*, 25. Aufl. 1999, § 252 Rn. 1; a.A. LR/*Sander/Cirener* § 251 Rn. 5; KK-StPO/*Diemer* § 252 Rn. 8). Weder aus dem Wortlaut des § 252 noch aus einem Vergleich der betreffenden Situationen lässt sich hierzu etwas Eindeutiges ableiten. Es kommt nur eine Rechtsfolgenanalogie in Betracht, die ihre Begründung allein in § 54 finden kann. Zum Widerruf der Aussagegenehmigung s. § 54 Rdn. 23, 26. 14

2. Gebrauchmachen. Die Beweisperson (Rdn. 5 f.) muss sich grds. **in der Hauptverhandlung** auf ihr Zeugnisverweigerungsrecht berufen. Die Rechtsfolgen des § 252 treten aber auch ein, wenn ein Zeuge **vor der Hauptverhandlung** erklärt hat, dort nicht aussagen zu wollen, und gar nicht erst geladen wird (*Meyer-Goßner/Schmitt* § 252 Rn. 1). Solange die Beweisperson in der Hauptverhandlung noch nicht ausgesagt hat und kein Fall des § 251 vorliegt, dürfen keine Beweise erhoben werden, die möglicherweise dem Beweisverbot des § 252 unterfallen (BGHSt 2, 110, 111; StV 2000, 236). Zu den Grenzen des § 251 und möglichen Ausnahmen im Fall des Todes der Beweisperson und nicht ermittelbarem Aufenthalt s. insb. § 251 Rdn. 9. 15

C. Rechtsfolge: Verlesungs- und Verwertungsverbot. I. Grundsätzliches. § 252 verbietet – unabhängig von einer früheren Belehrung – die Verlesung der früheren Aussage (zum Umfang Rdn. 7 ff.). Um ein Unterlaufen der Regelung zu verhindern, erstreckt die ganz herrschende Meinung das **Beweis- und Verwertungsverbot** auch auf indirekte Methoden, den Inhalt der Aussage einzuführen (BGHSt 2, 99, 104 ff.; 29, 230, 232; 32, 25, 29 ff.; StV 2007, 68; a.A. *Rogall* FS Otto, S. 973, 989 ff.). So dürfen zu diesem Zweck keine Vorhalte (BGHSt 7, 194, 195) gemacht, keine früheren Urteile (BGHSt 20, 384 ff.; StV 2003, 5) verlesen und bei der (früheren) Vernehmung anwesende weitere Personen nicht vernommen (BGHSt 13, 394, 398) werden. Das gilt grds. (Ausnahme Rdn. 20 ff.) auch für die Verhörsperson selbst (BGHSt 2, 99, 104 ff.; 21, 218 f. m. krit. Anm. *Peters* JR 1967, 467 f.; BGHSt 29, 230, 232; *Bosch* Jura 2012, 33, 35), die nicht einmal über ihre Eindrücke bei der Vernehmung oder andere mittelbar die Aussage der Beweisperson betreffenden Umstände befragt werden darf (BGH NJW 1979, 1722). Soweit es um Zusatztatsachen geht, darf nicht nur das Gutachten nicht verlesen werden, sondern auch eine Vernehmung des Sachverständigen scheidet aus (vgl. Rdn. 8). Dazu, dass die herrschende Meinung § 252 damit grds. andere Rechtsfolgen zuschreibt als § 254, vgl. § 254 Rdn. 10 ff. 16

Die Beweisperson kann mit der Berufung auf ihr Zeugnisverweigerungsrecht zugleich erklären, dass sie **die Verwertung ihrer früheren Aussage zulässt** (BGHSt 45, 203, 205 m. kontrov. Anm. [zust.] *Ranft* Jura 2000, 628 ff.; NJW 2001, 1305, 1307 f. sowie 2001, 3761 f.; LR/*Saner/Cirener* § 252 Rn. 22 und [abl.] *Wollweber* NJW 2000, 1702 f.; 2001, 3760 f.; *Radtke/Hohmann/Pauly* § 252 Rn. 31 sowie krit. *Fezer* JR 2000, 341 f.; 2004, 32 f. und differenzierend *Vogel* StV 2003, 598 ff.; BGH NJW 2000, 596; *Hellmann* Rn. 671). Eine Beweiserhebung unmittelbar über die frühere Aussage als Urkunde bleibt zwar (soweit sie die Befragung ersetzen würde) wegen § 250 unzulässig (BGHSt 52, 148, Rn. 7; *El-Ghazi/Merold* JA 2012, 44, 47). Die Verhörsperson darf dann aber vernommen und ihr Vorhalte gemacht werden (*Mosbacher* JuS 2008, 688, 689; a.A. *Beulke* JA 2008, 758, 761 m.w.N.). Ebenso kann der Zeuge einem Sachverständigen einen Bericht über diesem ggü. gemachte Äußerungen erlau- 17 ben (BGH NJW 2000, 596, 597). Dies gilt auch im Fall mangelnder Belehrung vor der früheren Aussage, wenn nunmehr qualifiziert belehrt worden ist (BGH NJW 2000, 596, 597). Im Ergebnis kann **der Zeuge** also genau die über den Wortlaut des § 252 hinausgehenden Beweis- und Verwertungsverbote beseitigen. Dogmatisch unzutreffend wird dies meist »**Verzicht auf die Rechtsfolgen** des § 252« genannt; der Zeuge gibt aber kein eigenes Recht auf, und die Rechtsfolgen der Erklärung betreffen eher den Unmittelbarkeitsgrundsatz als § 252. Die Befugnis des Zeugen lässt sich auch nicht mit einem möglichen Interessenkonflikt erklären, sondern dient (i.d.R. emotionalen) Eigeninteressen des Zeugen, birgt Manipulationsgefahr und greift insb. in das Fragerecht des Angeklagten ein (*Keiser* NStZ 2000, 458, 460; *Lammer* FS Rieß, S. 289, 301 f.; *Kett-Straub* ZStW 117 (2005), 354, 375 ff.; *Schmitt* NStZ 2013, 213). Das Urteil darf auf diesem Wege eingeführte Aussagen daher nur dann zulasten des Angeklagten verwerten, wenn ein ihrem Beweiswert angemessener Ausgleich für die Schwächung der Verteidigungsmöglichkeiten in der Hauptverhandlung tatsächlich erfolgt ist (Art. 6 Abs. 3 Buchst. d EMRK; EGMR *Hummer/Deutschland* v. 19.7.2012 – 26171/07; vgl. dazu § 250 Rdn. 18; weiter gehend *Roxin* FS Rieß, S. 451, 457 f.; *Vogel* StV 2003, 598, 601) und es den erheblich geringeren Beweiswert berücksichtigt (BGHSt 45, 203, 208). Die zunächst variierenden näheren **Anforderungen** werden vom BGH sukzessive konkretisiert: Dem 1. Senat genügte noch eine schriftliche Erklärung des Zeugen (StV 2008, 57, 58). Der 4. Senat fordert eine in der Hauptverhandlung abgegebene Erklärung des Zeugen nach vorheriger protokollierter Belehrung über die Folgen und, wenn der Zeuge die Wahrheit seiner früheren Aussage bekräftigte, Anwesenheit des Angeklagten zumindest bei der Verhandlung über die Entlassung (StV 2007, 22, 23 unter Verweis auf BGHSt 45, 203, 208; vgl. auch *Fezer* HRRS 2007, 284 f.). Auch der 2. Senat verlangt nun eine ausdrückliche Erklärung nach protokollierter qualifizierte Belehrung (BGHSt 57, 254, Rn. 8 ff. m. Anm. *Kudlich* JA 2012, 873).

18 Die Regel des § 252 lässt sich nicht umkehren: Das Zeugnisverweigerungsrecht ist – außer in Fällen von § 252 unabhängiger Beweisverwertungsverbote – **nicht** in der Weise **teilbar**, dass die Beweisperson die Berücksichtigung ihrer früheren Aussage verbietet, nunmehr aber aussagt; selbst wenn sie früher nicht ordnungsgemäß belehrt worden war, nun aber ihrer früheren Aussage inhaltlich widerspricht, macht sie diese indirekt zum Gegenstand ihrer aktuellen Aussage und insoweit verwertbar (BGHSt 48, 294, 297 ff.; *Kraatz* Jura 2011, 170, 177).

19 Die anderen **Beteiligten** des Verfahrens können auf die Rechtsfolgen des § 252 **nicht verzichten** (BGHSt 10, 77, 78; 57, 254, Rn. 10; StV 1996, 522, 523; *Hamm* StraFo 1998, 361, 364), denn die Vorschrift schützt nur den Zeugen (Rdn. 1, 17, 19; zu entlastenden Tatsachen vgl. Rdn. 1 und § 254 Rdn. 7 a.E.). Erst recht hängt das Beweis- und Verwertungsverbot **nicht** von einem **Widerspruch** des Angeklagten oder seines Verteidigers ab (Nachw. Rdn. 25). Seine Wirkungen erstrecken sich auf alle Personen, die in irgendeiner Phase des förmlichen Verfahrens unter einem sachlich nicht trennbaren Tatvorwurf mitbeschuldigt waren (BGHSt 7, 194, 196; 27, 139, 141; eingehend § 52 Rdn. 19 ff.).

20 **II. Ausnahme bei richterlicher Vernehmung?** Nach durchaus **bestrittener ständiger Rechtsprechung** dürfen **Straf- oder Zivilrichter**, die einen ordnungsgemäß belehrten (Rdn. 22) Zeugen selbst richterlich vernehmen, **über den Inhalt der Aussage vernommen** werden (BGHSt 2, 99, 104 ff.; 49, 72, 77 m. krit. Anm. *Degener* StV 2006, 509; BGHSt 57, 255 Rn. 7; *Krey* GS Meyer [1990], S. 239, 243; *Schroeder* Rn. 257; de lege ferenda zustimmend *Frister* FS Fezer, 211, 224). Diese Auffassung ist ein Relikt der Rechtsprechung des Reichsgerichts, das § 252 nur das wörtlich statuierte Verlesungsverbot entnahm (differenzierte Nachweise in BGHSt 2, 99, 100 f., 103). Im Schrifttum überwog damals schon die Ansicht, dass jede Verwertung der früheren Aussage gegen den Willen des Zeugen unzulässig sei (Nachw. a.a.O.). Der OGH für die Britische Zone konnte sich nur zu der Zwischenlösung mit Ausnahme für richterliche Vernehmungen entschließen (OGHSt 1, 299). Auf diesem Stand verharrt nun auch der BGH. Er begründet die Ausnahme mit einer Abwägung zwischen den Rechten des Zeugen und dem Grundsatz der Wahrheitserforschung (BGHSt 2, 99, 105 f.). Das dabei ursprünglich betonte Argument, nur der Richter müsse nach § 52 Abs. 3 Satz 1 belehren, hat § 163a Abs. 5 beseitigt. Es wurde durch die eher in Urteilen und Kommentaren als im Gesetz zu findende Behauptung einer besonderen Vertrauenswürdigkeit richterlicher Vernehmungen ersetzt (BGHSt 21, 218, 219; 49, 72, 77; krit. z.B. *Eisenberg* NStZ 1988, 488 f.; *Beulke* JA 2008, 758, 761; *Kraatz* Jura 2011, 170, 176). Dem BGH ist zuzugeben, dass die von ihm postulierte Ausnahme die Möglichkeiten des Zeugen begrenzt, sein Recht zu unlauterer Beeinflussung der Wahrheitsfindung zu missbrauchen (BGHSt 2,

99, 109). Wie im Einzelfall bestehende Missbrauchsmöglichkeiten eine generelle Einschränkung der Regelung begründen können und weshalb die Rechtsfolge überhaupt Gegenstand einer Abwägung sein soll, bleibt aber letztlich offen. Indes kann auch die eine Ausnahme ablehnende Gegenansicht (wohl h.L., u.a. *Hanack* JZ 1972, 236, 238; *Fezer* JZ 1990, 875, 876; *Welp* JR 1996, 76, 78; *El-Ghazi/Merold* StV 2012, 250; *Grünwald*, Beweisrecht 1993, S. 130; *Roxin/Schünemann* § 46 Rn. 29; *Kindhäuser* § 21 Rn. 66; *Hellmann* Rn. 670; *Klesczewski* Rn. 425; Radtke/Hohmann/*Pauly* § 252 Rn. 25; LR/ *Sander/Cirener* § 252 Rn. 10; SK-StPO/ *Velten* § 252 Rn. 3 f.; AK/ *Meier* § 252 Rn. 11; HK-GS/ *König* § 252 Rn. 4 und 27) keine zwingenden Gründe für sich anführen (vgl. *Kudlich/Roy* JA 2003, 565, 572 f.). S. ergänzend § 254 Rdn. 11 a.E.

Zur Beweisgrundlage darf **nur die Bekundung des Richters**, nicht die frühere Zeugenaussage und nicht 21 der Inhalt der Niederschrift gemacht werden (BGHSt 21, 149, 150). Das Vernehmungsprotokoll darf dem Richter zur Gedächtnisauffrischung vorgehalten werden (BGHSt 11, 338, 340 ff.; 21, 149, 150; krit. *Fezer* JuS 1977, 669, 672 f.; *Riegner* NJW 1961, 63). Es genügt aber nicht, wenn der Richter lediglich erklärt, er habe die Aussage richtig aufgenommen; verwertbar ist vielmehr nur, was zumindest in die Erinnerung des Richters zurückkehrt (BGH StV 2010, 613; NStZ 2012, 521, 522; vgl. zum Vorhalt § 249 Rdn. 31 ff.). Erst recht genügt nicht eine erst nachfolgende Verlesung (BGH StV 2012, 706). Eine Bild-Ton-Aufzeichnung der Vernehmung ist außer in Fällen des § 255a Abs. 2 ebenfalls unverwertbar (§ 255a Abs. 1; BGHSt 49, 72 m. Anm. *Norouzi* JA 2004, 599; *Mitsch* JuS 2005, 102, 104 f.). Alle richterlichen Mitglieder eines Kollegialgerichts, auch die Laienrichter, dürfen über die Aussage vernommen werden (BGHSt 13, 394, 398).

Damit der Richter vernommen werden darf, muss das Zeugnisverweigerungsrecht bei der früheren Aus- 22 sage wie in der aktuellen Verfahrenslage bestanden haben und die Beweisperson darüber vor der früheren Aussage ordnungsgemäß und durch das Gericht selbst belehrt worden sein (BGH NJW 1996, 206). Dies ist freibeweislich unter Berücksichtigung der Beweiskraft von Hauptverhandlungsprotokollen festzustellen (BGHSt 26, 281, 284; *Meyer-Goßner/Schmitt* § 252 Rn. 14). Wenn das **Zeugnisverweigerungsrecht** bei der früheren Aussage **noch nicht bestand**, bleibt die Vernehmung des Richters nach bisheriger Rechtsprechung unzulässig (BGHSt 27, 231 f.); um den Ermittlungsbehörden die Möglichkeit der Beweissicherung zu geben, erwägt der 5. Senat für diese Fälle aber eine weitere Ausnahme (BGHSt 45, 342, 346 f.). War der Zeuge bei der früheren Aussage **Beschuldigter**, kam es auf sein Zeugnisverweigerungsrecht nicht an, weshalb der Richter – unabhängig von einer Belehrung – ebenfalls nicht vernommen werden darf (BGHSt 20, 384, 385; 42, 391, 397), denn insb. soll der Beschuldigte sich nicht aus Sorge um prozessuale Nachteile für seine Angehörigen gehindert sehen, die strafrechtliche Verantwortung für sein Verhalten zu übernehmen. Wurde **nicht oder fehlerhaft belehrt**, greift die Ausnahme jedenfalls nicht ein, und evtl. besteht zusätzlich zu § 252 sogar ein weiteres Beweisverwertungsverbot aus §§ 52 ff. (dazu § 52 Rdn. 64 ff., § 53 40 ff.). Ggf. musste dem (z.B. jugendlichen) Zeugen klargestellt werden, dass er trotz Zustimmung seines gesetzlichen Vertreters nicht zur Aussage verpflichtet ist (BGH StV 1983, 494). Nach Ansicht des 2. Strafsenats soll der Richter nur dann über die frühere Zeugenaussage vernommen werden dürfen, wenn er den Zeugen schon vor dieser darüber belehrt hatte, dass dessen Aussage auch im Falle einer späteren Zeugnisverweigerung verwertbar bleibe (BGH StV 2014, 717 m. zust. Anm. *Henckel* HRRS 2014, 482). Die anderen Strafsenate (1. und – wenngleich ohne entgegenstehende Rspr. – 3. Sen.: NJW-Spezial 2015, 153, 4. Sen.: BGH NStZ-RR 2015, 48, 5. Sen.: NStZ-RR 2015, 118) hingegen halten eine solchermaßen qualifizierte Belehrung in Übereinstimmung mit der früheren Rechtsprechung (BGHSt 32, 25, 31) weiterhin nicht für notwendig (auch nicht später in der Hauptverhandlung, BGH NStZ 2015, 232). Qualifizierte Belehrungen sind grundsätzlich dort erforderlich, wo ein Verfahrensfehler begangen wurde und im Wege der Wiederholung des betreffenden Verfahrensschrittes (z.B. durch erneute Vernehmung) geheilt werden soll. Damit sich dies als verantwortliche Verfahrenshandlung (bzw. beim Zeugen als verantwortete Mitteilung) darstellt, ist der Betreffende qualifiziert zu belehren, um sicherzustellen, dass er sein Verhalten nicht irrig für eine bedeutungslose Wiederholung hält, sondern deren konstitutive Wirkung erkennt. Um einen solchen Fall geht es hier aber nicht, und es ist zweifelhaft, ob die qualifizierte Belehrung hier dem ja über sein Zeugnisverweigerungsrecht belehrten und aussagewilligen Zeugen wirklich zu selbstbestimmtem vorausschauendem Handeln verhelfen würde. Letztlich läuft der Vorstoß des 2. Strafsenats daher auf die Zementierung einer zweifelhaften Ausnahme (die Vernehmbarkeit des Richters) durch ein bloß for-

§ 253 StPO Protokollverlesung zur Gedächtnisunterstützung

males und selbst zweifelhaftes Zusatzerfordernis hinaus (in diese Richtung auch BGH v. 14.1.2015 – 1 ARs 21/14, Rn. 23 ff.).

23 Wurde der Zeuge ordnungsgemäß belehrt, schadet es nicht, wenn er die Verwandtschaftsbeziehung bewusst **wahrheitswidrig abgestritten** hat und das Bestehen des Rechts dem vernehmenden Richter daher letztlich verborgen blieb (BGHSt 32, 25, 29 ff.). Im Einzelfall kommt sogar dann eine Vernehmung des Richters in Betracht, wenn dieser den Zeugen nicht ordnungsgemäß belehrt hatte, weil der Zeuge auf Nachfrage die das Zeugnisverweigerungsrecht begründende Beziehung zum Beschuldigten wahrheitswidrig abgestritten hatte, um danach die Wahrheitsfindung im Verfahren gezielt zu manipulieren (BGHSt 48, 294, 299; krit. dazu *Eisenberg/Zötsch* NJW 2003, 3676). Haben der Angeklagte bzw. sein Verteidiger keine Gelegenheit erhalten, Fragen an den Zeugen zu richten, gilt auch hier das bei § 251 Rdn. 30 Gesagte.

24 Weil bei Begründung der Ausnahme wesentlich auf die Freiwilligkeit der Aussage abgestellt wird, dürfen insb. im Insolvenzverfahren unter **Aussagezwang** gemachte Angaben nicht ohne Einverständnis der im Strafverfahren zur Verweigerung der Aussage berechtigten Beweisperson eingeführt werden (vgl. auch BVerfG NJW 1981, 1431). Auch ob Aussagen aus Verfahren der **freiwilligen Gerichtsbarkeit** (früher FGG, nunmehr FamFG) durch Einvernahme des Richters eingeführt werden dürfen, ist zweifelhaft (offen gelassen in BGHSt 36, 384, 388; StV 1998, 360, 361).

25 **D. Revision.** Wird ein Protokoll, eine andere Urkunde, eine Bild-Ton-Aufzeichnung (§ 255a Abs. 1) oder die Aussage einer Verhörsperson oder eines Dritten entgegen § 252 im Urteil verwertet, begründet das die Revision (BGHSt 49, 72, 74). In der Hauptverhandlung muss **weder widersprochen worden noch** eine **Beanstandung** nach § 238 Abs. 2 erfolgt sein (BGHSt 42, 73, 77 m. Anm. *Welp* JR 1997, 35 ff.; BGHSt 45, 203, 205; StV 1998, 470; StV 2007, 68; StV 2012, 706; OLG Hamm StV 2002, 592, 593; *Ranft* NJW 2001, 1305, 1306; vgl. auch Rdn. 19; anders aber wenn § 252 nicht angewendet wird, weil der Vorsitzende die behauptete Verlobtenstellung nicht anerkennen will, vgl. BGHSt 55, 65, Rn. 7 ff.), gleichwohl kann sich ein solches Vorgehen empfehlen. Im Fall der Vernehmung des Richters ist die Revision insb. begründet, wenn das Revisionsgericht sich nicht von einer ordnungsgemäßen Belehrung bei der früheren Vernehmung überzeugen kann; deshalb ist im Urteil klarzustellen, ob und wie das Gericht sich von der damaligen Belehrung überzeugt hat (BGH JR 1980, 123, 124 m. Anm. *Foth*; KK-StPO/*Diemer* § 252 Rn. 32). Zur Begründung der Rüge müssen alle das Beweisverwertungsverbot begründenden Tatsachen **vorgetragen** und dargetan werden, dass keine diesem entgegenstehenden bzw. eine Ausnahme begründenden Tatsachen vorlagen, soweit solche vernünftigerweise in Betracht zu ziehen sind. Dazu kann z.B. gehören, dass eine Handy-Videoaufnahme im Rahmen einer polizeilichen Vernehmung übergeben wurde (NStZ 2013, 725 m. Anm. *Britz*), ferner in Fällen des § 53, dass der Berufsträger nicht von seiner Schweigepflicht entbunden war (BGH StV 1997, 233). Hinsichtlich einem Sachverständigen mitgeteilter Befundtatsachen kann vorzutragen sein, dass der Zeuge nicht zuvor bereits richterlich belehrt worden war (BGH StV 1995, 564, 565). Ohne besonderen Anlass muss hingegen nicht vorgetragen werden, dass die Verlesung nicht nach qualifizierter Belehrung vom Zeugen gestattet wurde (BGHSt 57, 254, Rn. 7 m. Anm. *Kudlich* JA 2012, 873, 874).

26 Wird umgekehrt eine Beweisperson nicht vernommen, weil das Gericht irrig von einem Fall des § 252 ausging, oder unterbleibt die Einvernahme eines Richters, der über eine frühere Aussage der Beweisperson hätte vernommen werden dürfen (Rdn. 20 ff.), kann das eine **Aufklärungsrüge** (§ 244 Rdn. 73 ff.) begründen (BGH StV 1998, 360 ff.). Bleibt ihre Aussage wegen irriger Annahme eines Falls des § 252 unberücksichtigt oder missachtet das Gericht das Verbot, Schlüsse aus der Ausübung der Rechte aus § 252 zu ziehen, kann das die **Sachrüge** begründen (KMR/*Paulus* § 252 Rn. 34).

§ 253 StPO Protokollverlesung zur Gedächtnisunterstützung.

(1) Erklärt ein Zeuge oder Sachverständiger, daß er sich einer Tatsache nicht mehr erinnere, so kann der hierauf bezügliche Teil des Protokolls über seine frühere Vernehmung zur Unterstützung seines Gedächtnisses verlesen werden.

(2) Dasselbe kann geschehen, wenn ein in der Vernehmung hervortretender Widerspruch mit der früheren Aussage nicht auf andere Weise ohne Unterbrechung der Hauptverhandlung festgestellt oder behoben werden kann.

A. Allgemeine Voraussetzungen, Regelungsgehalt und Verfahren.
§ 253 setzt die Vernehmung eines anwesenden **Zeugen oder Sachverständigen** i.R.d. Beweisaufnahme während der Hauptverhandlung voraus (BGH MDR [D] 1970, 198; *Wömpner* NStZ 1983, 293, 296; differenzierend LR/*Mosbacher* § 253 Rn. 21). Für Bild-Ton-Aufzeichnungen ordnet § 255a Abs. 1 entsprechende Anwendung an. Für Beschuldigte gilt nur § 254 (BGH StV 1994, 637). 1

§ 253 setzt weiter voraus, dass die Beweisperson **bereits früher vernommen** worden war. Dies muss nicht notwendig richterlich (BayObLG NJW 1954, 363), aber unter Einhaltung der Formvorschriften geschehen sein (*Meyer-Goßner/Schmitt* § 253 Rn. 7). Ob die Beweisperson zuvor als Beschuldigte vernommen worden war (RGSt 55, 223, 224), in welcher Sache und ob in einem Straf-, Zivil- oder Verwaltungsverfahren, betrifft nur die Beweiswürdigung (vgl. *Meyer-Goßner/Schmitt* § 253 Rn. 7). § 253 betrifft nur die **Vernehmung dieser Beweisperson** in der Hauptverhandlung, gestattet aber insb. **nicht** die Protokollverlesung im Rahmen einer evtl. Vernehmung **der Verhörsperson** (Wortlaut: »seine«; BGHSt 1, 337, 339; 3, 281, 283; StV 1983, 232: zulässig aber Vorhalt; StV 2013, 545). Der Urkundsbeweis kann gleichwohl zulässig sein nach § 251 oder – wenn auch die Beweisperson vernommen wurde – nach § 250 Rdn. 13, ebenso ein Vorhalt (§ 249 Rdn. 31 ff.). 2

Ggü. der früheren Vernehmung müssen Erinnerungslücken (Rdn. 5) oder Widersprüche (Rdn. 6) bestehen. Dann lässt § 253 die förmliche Verlesung der Niederschrift über die frühere Vernehmung zur Beweisaufnahme **im Wege des Urkundenbeweises** zu (BGHSt 11, 338, 340; Radtke/Hohmann/*Pauly* § 253 Rn. 1; a. A. [nur Vorhalt] *Eb. Schmidt* JZ 1964, 537, 540 Fn. 21; *Grünwald* JZ 1966, 489, 493; *Hanack* FS Schmidt-Leichner, S. 83, 87; SK-StPO/*Frister* § 249 Rn. 98 und *Velten* § 253 Rn. 5; HbStrVf/*Scheffler* VII Rn. 706 ff.; vgl. auch *Artkämper/Sotelsek* Jura 2008, 579 ff.); eine Abschrift genügt (RGSt 50, 129, 130). Der gesamte Inhalt dieser Niederschrift ist (auch) Wahrnehmung der Vernehmungsperson. Wäre darauf § 250 Satz 1 anzuwenden, müsste diese immer vernommen werden. § 253 erlaubt aber **ausnahmsweise** die Ersetzung durch die Verlesung der Niederschrift (BGHSt 3, 199, 201; *Wömpner* NStZ 1983, 293, 296). Noch stärker mittelbare Urkunden wie Niederschriften einer Aussage der Verhörsperson dürfen hingegen nicht verlesen werden (BGH MDR [H] 1983, 624). 3

Die Beweisperson muss zuvor **vollständig vernommen** worden sein (BGH NStZ 2011, 422: das Erfordernis bezieht sich nur auf die jeweilige prozessuale Tat). Dabei muss versucht worden sein, ihre Erinnerung durch **Vorhalt** des Protokolls über die frühere Vernehmung aufzufrischen (BGHSt 20, 160, 162; StV 2002, 11, 12; *Dahs* Rn. 629; HK-GS/*Schork* § 253 Rn. 2). Hierbei wird das Protokoll nicht selbst Gegenstand der Beweisaufnahme, sondern nur das von der Beweisperson selbst Ausgesagte (zum Vorhalt s. § 249 Rdn. 31 ff.). Die Zulässigkeit eines Vorhalts wird durch § 253 weder beschränkt noch erweitert (BGHSt 3, 199, 201). Bleiben danach die Diskrepanzen bestehen, darf der Teil des Protokolls, der die der Aussage entgegenstehenden Tatsachen schildert, nach § 253 selbst zum Gegenstand der Beweisaufnahme gemacht werden. Das ist vom Vorsitzenden in einer Weise, die den Einschub eines Urkundenbeweises in die Erhebung des Personalbeweises klarstellt, anzuordnen (§ 238 Abs. 1) sowie zu **protokollieren** (vgl. § 255 Rdn. 1) und unterliegt der Beanstandung nach § 238 Abs. 2 (*Meyer-Goßner/Schmitt* § 253 Rn. 2). Auch im Fall eines vorhergehenden Vorhalts ist der einschlägige Teil der Niederschrift – einschließlich anderer für den Zusammenhang und die Würdigung erforderlicher Teile (RGSt 57, 377, 378; LR/*Mosbacher* § 253 Rn. 20) und ggf. dort in Bezug genommener weiterer Schriftstücke (*Alsberg/Nüse/Meyer* S. 280) – **(erneut) zu verlesen** (OLG Köln NJW 1965, 830). Andere Formen des Urkundsbeweises sind nicht statthaft (§ 249 Abs. 2 Satz 1). Abschließend ist der Beweisperson Gelegenheit zu geben, sich zum Inhalt erneut zu äußern; erst danach darf ihre Vernehmung beendet werden (*Meyer-Goßner/Schmitt* § 253 Rn. 3). Diese wird also nicht durch die Verlesung ersetzt, sondern nur ergänzt, sodass **zwei nebeneinander stehende Beweise** im Urteil verwendet werden können und insoweit keine Kollision mit § 250 entsteht (§ 250 Rdn. 13; a. A. *Hellmann* Rn. 673; krit. auch *Kühne* Rn. 935). Eine Gliederung der Vernehmung in selbständige, abgeschlossene thematische Abschnitte ist zulässig; in diesem Fall darf jeweils am Ende eines Abschnitts nach § 253 vorgegangen und die Ver- 4 nehmung danach mit dem nächsten Abschnitt fortgesetzt werden (BGH NStZ 2011, 442 f.). § 253 enthält keine Beweisregel; es bleibt beim Grundsatz der freien Beweiswürdigung (§ 261 Rdn. 13 ff.).

5 **B. Spezielle Voraussetzungen.** Abs. 1 ist anwendbar bei **Erinnerungslücken**, die eine beweiserhebliche Tatsache betreffen, nicht nur die Frage, was früher ausgesagt wurde. Die Lücke kann einzelne Tatsachen oder einen ganzen beweisgegenständlichen Vorgang betreffen (LR/*Gollwitzer* § 255 Rn. 11). Die Rechtsfolgen des § 253 hängen nicht davon ab, ob der Zeuge sich tatsächlich nicht mehr erinnert und ob das Gericht ihm glaubt (RGSt 59, 248, 249 f.; *Alsberg/Nüse/Meyer* S. 278 f.).

6 Abs. 2 ist anwendbar bei **Widersprüchen** der jetzigen Aussage zum Protokoll der früheren Vernehmung, nicht bei Widersprüchen allein innerhalb der jetzigen und/oder innerhalb der früheren Aussage bzw. des Protokolls (*Meyer-Goßner/Schmitt* § 253 Rn. 6). Die Verlesung als Urkunde ist nach Abs. 2 ggü. der Vernehmung der Verhörsperson als Zeuge subsidiär: Die Verlesung darf nur erfolgen, wenn die Vernehmung zu einer Unterbrechung der Hauptverhandlung führen würde (RGSt 55, 223, 224). Ist der Widerspruch im Voraus absehbar, ist die Verhörsperson i.d.R. vorsorglich als Zeuge zu laden. Bestreitet die Beweisperson die Richtigkeit des Protokolls, kann die Aufklärungspflicht die Vernehmung der Verhörsperson unabhängig von § 253 gebieten (*Meyer-Goßner/Schmitt* § 253 Rn. 6; § 244 Rdn. 40, 61 ff.).

7 **C. Revision.** Wird die Verlesung auf § 253 gestützt, ohne dass dessen Voraussetzungen vorliegen, begründet das die Revision. Vorzutragen ist dabei auch, ob und wie die Zeugenvernehmung thematisch gegliedert war und an welcher Stelle die Verlesung erfolgte (BGH NStZ 2011, 442 f.). Rechtzeitige Beanstandung oder Widerspruch sind grds. nicht erforderlich (HK-StPO/*Julius* § 253 Rn. 16, 21), aber anzuraten (offen gelassen in BGH NStZ 2011, 442, 443). Auf dem Fehler beruht das Urteil aber nur dann, wenn die Verlesung nicht aus anderen Gründen zulässig war und der Inhalt der Urkunde im Urteil verwertet wurde (BGHSt 11, 338, 340). § 261 ist verletzt, wenn der Inhalt der Urkunde im Urteil verwertet wurde, ohne zuvor ordnungsgemäß in die Hauptverhandlung eingeführt worden zu sein, insb. wenn sie nur vorgehalten und vom Zeugen nicht entsprechend ausgesagt wurde (vgl. § 249 Rdn. 43). Die **Aufklärungsrüge** ist begründet, wenn eine zulässige und den Umständen nach notwendige Verlesung oder Vernehmung der Verhörsperson unterbleibt (BGH StV 2002, 11; HK-StPO/*Julius* § 253 Rn. 19) oder sich nach der Verlesung aufdrängende weitere Beweiserhebungen unterbleiben (entspr. *Meyer-Goßner/Schmitt* § 254 Rn. 9).

§ 254 StPO Verlesung eines richterlichen Protokolls bei Geständnis oder Widersprüchen.

(1) Erklärungen des Angeklagten, die in einem richterlichen Protokoll enthalten sind, können zum Zweck der Beweisaufnahme über ein Geständnis verlesen werden.
(2) Dasselbe kann geschehen, wenn ein in der Vernehmung hervortretender Widerspruch mit der früheren Aussage nicht auf andere Weise ohne Unterbrechung der Hauptverhandlung festgestellt oder behoben werden kann.

1 **A. Regelungsgehalt und Verfahren.** Die Vorschrift gestattet die Verlesung bestimmter Geständnisprotokolle **als Urkunde** (BGHSt 1, 337, 338; 14, 310, 313; OGHSt 1, 110; LR/*Mosbacher* § 254 Rn. 1; a. A. [Vorhalt] *Kuckuck*, Zulässigkeit von Vorhalten, 1977, S. 154 ff., 166 f.; differenzierend SK-StPO/*Velten* § 254 Rn. 4). Auch wenn der Urkundsbeweis zulässig ist, kann die **Aufklärungspflicht** eine Vernehmung z.B. des Vernehmungsrichters als Zeugen gebieten (*Eichel* JA 2008, 631, 634; § 244 Rdn. 42 ff.). Das ist insb. regelmäßig dann der Fall, wenn der Angeklagte die Richtigkeit der Niederschrift bestreitet (BGH NJW 1966, 1524). Umstritten ist, in welchem Umfang der Vorschrift stillschweigende Verbote zu entnehmen sind (Rdn. 10 ff.).

2 **Sonderregelungen** enthalten §§ 232 Abs. 3, 233 Abs. 3 Satz 2 und 415 Abs. 4. Zur Verlesung schriftlicher Einlassungen des Angeklagten s. § 249 Rdn. 24. Der nur für den Angeklagten formulierte § 254 findet **entsprechende Anwendung** auf Nebenbeteiligte, soweit im Verfahren über eine diese belastende Maßnahme zu entscheiden ist (§§ 433 Abs. 1 Satz 1, 442 Abs. 1 und 2 Satz 1, 444 Abs. 2 Satz 2;

KMR/*Paulus* § 254 Rn. 4). Ob § 254 auch auf **Ton- und Bild-Ton-Aufzeichnungen** anzuwenden ist, regelt § 255a nicht, denn dort wird nur der Zeugenbeweis behandelt (*Kühne* Rn. 841; *Meyer-Goßner/ Schmitt* § 254 Rn. 1). Auch die gesetzlichen Ermächtigungen zum Mitschneiden von Vernehmungen in §§ 58a, 168e Satz 4, 247a Satz 4 und 5 betreffen nur Zeugen. Die Frage einer Anwendbarkeit von § 254 stellt sich daher nur bei Mitschnitten nach § 273 Abs. 2 Satz 2, der aber auf ein Vorgehen nach §§ 323 Abs. 2 Satz 2, 325 zugeschnitten ist, bei Wechseln in der Prozessrolle, wenn der jetzige Angeklagte früher (im gleichen oder anderen Verfahren) als Zeuge vernommen wurde, sowie bei einverständlich oder rechtswidrig erstellten Mitschnitten. In all diesen gesetzlich nicht explizit behandelten Fällen ist es nicht einzusehen, den Augenscheinsbeweis über die Aufzeichnung in weiteren Fällen zuzulassen, als § 254 einen Urkundsbeweis mit entspr. Protokoll gestatten würde (so aber LR/*Mosbacher* § 254 Rn. 10). Richtigerweise sind solche Aufzeichnungen sowohl hinsichtlich der Zulässigkeit eines selbstständigen Augenscheinsbeweises als auch hinsichtlich der Zulässigkeit eines Vorhalts einem nicht-richterlichen Protokoll gleichzustellen (BGHSt 14, 339, 340; *Hanack* JZ 1972, 275); einem richterlichen Protokoll sind sie gleichzustellen, wenn die Vernehmung dessen Anforderungen erfüllt und die Vollständigkeit und Verständlichkeit der Wiedergabe außer Frage steht (*Hanack* FS Schmidt-Leichner, S. 83, 96 f.; SK-StPO/*Schlüchter*, 1992, § 254 Rn. 5; ähnlich SK-StPO/*Frister* § 249 Rn. 101).

§ 254 **ergänzt die Regelung des** § 253, der nur für Beweispersonen (im Gegensatz zum Angeklagten) gilt, um eine den **Angeklagten** (Rdn. 7, § 252 Rdn. 5) betreffende, **strukturell ähnliche Vorschrift:** Wegen §§ 243 Abs. 5, 250, 257 Abs. 1, 258 darf auch dessen Vernehmung nicht durch Sachbeweis ersetzt werden, soweit er bereit ist, sich zur Sache zu äußern (vgl. § 250 Rdn. 8). Hiervon macht § 254 keinerlei Ausnahme (ebenso wie § 253 die Vernehmung des Gewährszeugen gerade voraussetzt und insoweit keine Ausnahme zu § 250 darstellt, vgl. § 253 Rdn. 4); der Angeklagte muss Gelegenheit erhalten, sich zur Beweisfrage zu äußern. Dieser Grundsatz steht einem Urkundsbeweis aber weder entgegen, wenn er nur ergänzend erfolgt (vgl. § 250 Rdn. 13), noch soweit der Angeklagte die Aussage verweigert. Der gesamte Inhalt der Vernehmungsniederschrift ist indes **auch Wahrnehmung der Vernehmungsperson.** Nach § 250 Satz 1 darf die Vernehmung der Verhörsperson grds. nicht durch die Verlesung der Niederschrift ersetzt werden. § 254 erlaubt dies aber für richterliche Protokolle, was man (ähnlich § 253 Rdn. 3) als Ausnahme zu § 250 auffassen kann. In der Beschränkung auf richterliche Protokolle (dazu *Schneidewin* JR 1951, 485; vgl. auch Rdn. 5), unterscheidet sich § 254 aber von § 253. Umstritten ist, ob § 254 wegen **Ähnlichkeiten zu § 252** dem Angeklagten zusätzlich die Möglichkeit bietet, die Vernehmung der Verhörsperson und andere Rückgriffe auf seine früheren Aussagen in nicht-richterlichen Vernehmungen zu verhindern, wenn er erst in der Hauptverhandlung von seinem Schweigerecht Gebrauch macht (dazu Rdn. 10 ff.).

Die **Verlesung** muss während der Beweisaufnahme (also nicht während der Vernehmung des Angeklagten zur Anklage nach § 243 Abs. 5) als Urkundsbeweis erfolgen (vgl. Rdn. 1). Für Anordnung und Beanstandung gilt § 238 (*Meyer-Goßner/Schmitt* § 254 Rn. 1). Zur Protokollierung s. § 255 Rdn. 1, zum Verfahren ergänzend § 253 Rdn. 4. Die Verlesung kann durch die Bekanntgabe seines wesentlichen Inhalts (§ 249 Rdn. 28) ersetzt werden, wenn alle Beteiligten damit einverstanden sind (BGH VRS 32, 352, 353). Das Selbstleseverfahren ist hingegen ausdrücklich nicht statthaft (§ 249 Abs. 2, dort Rdn. 36).

B. Voraussetzungen. Weil es dem Angeklagten jederzeit freisteht, sich zur Sache zu äußern oder nicht zu äußern, ist die Ausnahme nach § 254 **Abs. 1** (anders als § 253 Abs. 1) nicht auf Gedächtnislücken beschränkt. Auch wenn der Angeklagte in der Hauptverhandlung zur Sache schweigt, ist die Verlesung eines richterlich protokollierten Geständnisses zulässig. § 254 **Abs. 2** setzt hingegen voraus, dass der Angeklagte sich zur Sache einlässt und dabei ein Widerspruch zu einer früheren Aussage von ihm hervortritt. Die Verlesung des richterlichen Protokolls ist hier ebenso wie bei § 253 Abs. 2 subsidiär (näher § 253 Rdn. 6).

Beweisziel müssen Feststellungen über ein **Geständnis** sein. Gemeint ist damit nicht nur ein vollumfängliches Zugestehen der Tat, sondern auch einzelner Tatsachen, die für die Schuld- oder Rechtsfolgenfrage erheblich sind (RGSt 54, 126, 127 f.; *Dencker* ZStW 102 (1990), 51, 62, 68; *Eichel* JA 2008, 631, 632). Dazu können auch Erklärungen zur Person und persönliche Verhältnisse gehören (BGH MDR [H] 1977, 984; *Meyer-Goßner/Schmitt* § 254 Rn. 2). **Auch entlastende Tatsachen** fallen unter den Begriff (BGH MDR [H] 1977, 984; vgl. auch Rdn. 7). Es muss kein vollständiger Nachweis erwar-

§ 254 StPO   Verlesung eines richterl. Protokolls bei Geständnis oder Widersprüchen

tet werden; die Erwartung von Indizien genügt (RGSt 45, 196, 197). Ziel dürfen Feststellungen dazu sein, dass das Geständnis **abgegeben**, nicht abgegeben oder widerrufen wurde, dass es einen bestimmten **Inhalt** hatte bzw. nicht hatte und dass es **wahr** bzw. unwahr war (RGSt 45, 196, 197; 54, 126, 128; *Schroth* ZStW 87 (1975), 103, 110; *Alsberg/Nüse/Meyer* S. 283). Zu Verwertungsfragen nach einer **missglückten Verständigung** siehe § 257c Rdn. 87, 107 ff. Zum bloßen Beweis der Existenz eines Schriftstücks ist dieses unabhängig von § 254 stets verlesbar (BGHSt 3, 149, 150), denn insoweit geht es nicht um Wahrnehmungen i.S.d. § 250.

7   Das Geständnis muss die **zu entscheidende Strafsache**, nicht eine andere betreffen (RGSt 54, 126, 128; KG StV 1999, 197; OLG Hamburg StV 1997, 11, 12). Es ist aber **unerheblich**, in welchem Verfahrensabschnitt es abgegeben wurde (BGHSt 3, 149, 150) und ob im selben oder einem anderen Verfahren (*Alsberg/Nüse/Meyer* S. 284). Grds. ist ebenfalls unerheblich, ob der Angeklagte bereits **als Beschuldigter oder als Zeuge** vernommen wurde (KMR/*Paulus* § 254 Rn. 4; *Meyer-Goßner/Schmitt* § 254 Rn. 4; a. A. KK-StPO/*Diemer* § 254 Rn. 3; Radtke/Hohmann/*Pauly* § 254 Rn. 3), ob in einem Straf-, Zivil- oder Verwaltungsgerichtsverfahren (RGSt 56, 257, 358; *Alsberg/Nüse/Meyer* S. 284 f.) und ob in einem inländischen oder ausländischen Verfahren (vgl. § 251 Rdn. 8 und 31; BGH StV 1995, 231 m. abl. Anm. *Dencker*; differenzierend *Hauser* JR 1995, 253 ff.; *Wohlers* NStZ 1995, 45 f. und *Britz* NStZ 1995, 607 f.; vgl. auch *Keller* FS Fezer, S. 227 ff.). Er muss aber inhaltlich im von **§§ 136, 115 Abs. 3 bzw. 243 Abs. 5** (ggf. i.V.m. §§ 163a Abs. 3 bzw. 4) angeordneten Umfang **belehrt** worden sein (entspr. BGH NStZ 1996, 612 unter Verweis auf BGHSt 38, 214 ff.), auch wenn die z.Zt. der Vernehmung anwendbaren Vorschriften das nicht vorsahen. Ausnahmen von diesem Erfordernis macht die herrschende Meinung für Fälle, in denen der Angeklagte seine Rechte auch ohne Belehrung kannte (vgl. § 136 Rdn. 66). Solche Ausnahmen sind zweifelhaft, weil dabei letztlich immer ein staatlicher Fehler mit einer Unterstellung zulasten des Angeklagten ausgeglichen wird. Wurde der Verteidiger entgegen § 168c Abs. 5 Satz 1 nicht vom Vernehmungstermin benachrichtigt, führt auch das zu einem Verwertungsverbot (entspr. Ausnahmen erwägend BGHSt 53, 191, Rn. 11). Unter Rückgriff auf die Rechtskreistheorie will der BGH die Verwertungsverbote aber nicht auf Mitbeschuldigte erstrecken (BGHSt 53, 191, Rn. 12 ff. m. krit. Anm. *Kudlich* JR 2009, 303, krit. Anm. *Fezer* NStZ 2009, 524 und eher zust. Anm. *Weßlau* StV 2010, 41; entspr. *Nack* StraFo 1998, 366, 373; a. A. OLG Hamm NJW 1996, 2185, 2189; *Dencker* StV 1995, 232 ff.; *Meyer-Goßner/Schmitt* Einl. Rn. 57b; eingehend *Schwaben*, Personelle Reichweite, 2005, S. 67 ff.). Für entlastende Tatsachen gilt grds. kein striktes Verwertungsverbot (*Rogall* ZStW 91 (1979), 1, 38; *Nack* StraFo 1998, 366, 373; *Amelung* StraFo 1999, 181 ff.; *Roxin/Schäfer/Widmaier* StV 2006, 655 ff.; *Güntge* StV 2005, 403 a. A. *Kleinknecht* NJW 1966, 1537, 1543; *Meyer-Goßner/Schmitt* Einl. Rn. 55a m.w.N.; vgl. auch Einl. Rdn. 259).

8   Als Urkunde verlesen werden dürfen nur **richterliche Protokolle** (§ 251 Rdn. 30 ff.). Sie müssen ordnungsgemäß zustande gekommen sein (BGH StV 1985, 314, 315; NJW 1994, 596, 600). In Fällen des § 273 Abs. 2 genügt ein Protokoll der wesentlichen Vernehmungsergebnisse (§ 251 Rdn. 31). Zu dem richterlichen Protokoll gehören alle Schriftstücke – auch Protokolle nicht-richterlicher Vernehmungen –, auf die die protokollierte Aussage ausdrücklich affirmativ Bezug nimmt und die i.R.d. Vernehmung vollständig verlesen wurden (BGHSt 6, 279, 281; 7, 73, 74; StV 1987, 49; 1989, 90; 1991, 340). Eine in der Hauptverhandlung vom Verteidiger verlesene und als Anlage zum Protokoll genommene Erklärung ist indes nicht Bestandteil des Protokolls (BGH StV 2009, 454), sondern ihr Inhalt im Urteil festzustellen (zu dessen Verlesbarkeit § 249 Rdn. 16).

9   Die protokollierte Erklärung muss vom **jetzigen Angeklagten** stammen (BGHSt 27, 13, 17). Es genügt, wenn sich der Verteidiger für den Angeklagten erklärte (OLG Hamm StV 2005, 122). Auch **ggü. Mitangeklagten** ist der Beweis verwertbar, soweit es um einen einheitlichen Lebenssachverhalt geht (BGHSt 3, 149, 153; 22, 372, 374; KK-StPO/*Diemer* § 254 Rn. 8; a. A. *Schneidewin* JR 1951, 481, 486).

10   **C. Rechtsfolgen.** **Explizit gestattet** § 254 nur die Verlesung richterlicher Protokolle unter obigen Voraussetzungen. Ob und in welchem Umfang damit zugleich die Verwendung anderer Protokolle und weiterer Beweismittel i.R.d. Beweisaufnahme verboten wird, ist nicht ausdrücklich normiert. Weil Situationen der Aussageverweigerung wichtiger Anwendungsfall von § 254 sind, besteht Ähnlichkeit zu § 252. Diese veranlasst die Frage, ob § 254 ein ebenso umfassendes Beweis- und Verwertungsverbot zu entnehmen ist wie § 252 (vgl. § 252 Rdn. 16 ff.). **Rspr. und h.L.** verneinen dies und lassen insb. die

Verlesung eines richterl. Protokolls bei Geständnis oder Widersprüchen § 254 StPO

Vernehmung von Verhörspersonen auch über nicht-richterliche Vernehmungen uneingeschränkt zu (BGHSt 3, 149, 150; 14, 310, 312; 22, 170, 171; *Beulke* Rn. 416; *Krey* Bd. 2 Rn. 1024; *Volk* § 27 Rn. 22; *Schellenberg* S. 99). Ein **Beweis- und Verwertungsverbot** ergebe sich aus § 254 **nur bzgl. des nicht-richterlichen Protokolls** (BGHSt 1, 337 ff.; 3, 149, 150; 6, 141, 143; 14, 310, 311; OLG Frankfurt am Main StV 1996, 202; *Wömpner* NStZ 1983, 293, 298; a. A. [verlesbar bei Einverständnis] *Bohlander* NStZ 1998, 396, 397). Für diese Ansicht sprechen vordergründig die Strukturgleichheit zu § 253 Rdn. 3 (näher Rdn. 3) und die positive Formulierung, während § 252 negativ gefasst ist. Beides sind aber keine zwingenden Gründe: Die Frage der Wirkung des erst in der Hauptverhandlung geltend gemachten Rechts, zum Beweisthema nicht Stellung zu nehmen, stellt sich bei § 253 gar nicht, sodass die Strukturgleichheit hier kein Argument liefert. Nur zu § 252 besteht insoweit Ähnlichkeit, und es wäre zu begründen, weshalb die Rechtsfolgen anders sein sollten als dort. Dass § 254 ausdrücklich eine eng gefasste Erlaubnis beinhaltet, liefert erst recht keinen Grund dafür, dass viel mehr erlaubt sein soll, als diese Erlaubnis ausspricht und als nach dem fragmentarisch formulierten Verbot des § 252 für zulässig erachtet wird. In der Sache geht es bei § 254 um den *nemo tenetur*-Grundsatz als Ausfluss der Menschenwürde (Einl. Rdn. 150) des Angeklagten und damit jedenfalls um kein geringeres Rechtsgut als den von § 252 geschützten Familienfrieden. Praktisch konzentriert sich der durch die herrschende Meinung entstehende Vorteil für die Strafverfolgungsbehörden auf rechtsunkundige Personen, die zu spät rechtlichen Beistand erhalten, und beruht damit auf einer Ungleichheit, die nach dem gesetzgeberischen Willen, der insb. in den Belehrungspflichten zum Ausdruck kommt, gerade nicht den Ausgang des Strafverfahrens entscheiden soll. Die zu § 252 entwickelten – über den Gesetzesinhalt hinausgehenden – Grundsätze sollten daher erst recht angewendet werden, wenn der Angeklagte erst in der Hauptverhandlung die Einlassung zur Sache verweigert (ähnlich *Riegner* NJW 1961, 63; *Schroth* ZStW 87 (1975), 103, 130; *Frister* FS Fezer, S. 211, 224; *Dahs/Dahs* Rn. 301; SK-StPO/*Velten* § 254 Rn. 2, 12; mit einem Vorschlag de lege ferenda *Jahn* FS Wolter 2013, 963, 964 ff.). Hinsichtlich seiner früheren Aussage (beachte § 249 Rdn. 24) sollte ein **umfassendes Beweis- und Verwertungsverbot** (§ 252 Rdn. 16 ff.) mit Ausnahme nur für Niederschriften richterlicher Vernehmungen (Wortlaut des § 254) angenommen werden. Auch die von der herrschenden Meinung zu § 252 postulierte Ausnahme für richterliche Protokolle (vgl. § 252 Rdn. 20) lässt sich nur rechtfertigen, wenn beiden Vorschriften die gleichen Rechtsfolgen zugesprochen werden und man die Ausnahme bei § 252 auf die Formulierung des § 254 stützt. 11

Soweit der Angeklagte bereit ist, zur Sache auszusagen, dürfen ihm – **auch nicht-richterliche** – **Protokolle** nach allgemeinen Regeln (§ 249 Rdn. 31 ff.) **vorgehalten** werden (RGSt 23, 58 f.; BGHSt 3, 149, 150; 14, 310, 311). § 254 beschränkt dies nicht. Soweit der Angeklagte bestätigt, früher entsprechend ausgesagt zu haben, kann dies dem Urteil auch dann zugrunde gelegt werden, wenn der Angeklagte sein früheres Geständnis in der Hauptverhandlung widerruft. In diesen Fällen bedarf es daher keines Urkundsbeweises nach § 254 (RGSt 23, 58 ff.; 52, 243 f.; *Meyer-Goßner/Schmitt* § 254 Rn. 2). 12

Der Vorhalt ggü. anderen Personen ist nach der Rechtsprechung statthaft (BGHSt 1, 337, 339; 14, 310, 312; 22, 170, 172), darf es aber nach den in Rdn. 11 angestellten Überlegungen nicht sein, wenn der Angeklagte insoweit die Aussage in der Hauptverhandlung verweigert hat. Der zur Sache aussagende Angeklagte kann die Verwertung seines früheren Geständnisses aber jedenfalls nicht isoliert verhindern (vgl. entspr. § 252 Rdn. 18), es sei denn, er war damals nicht ordnungsgemäß belehrt (§ 136 Rdn. 42 ff.). Auch nach herrschender Meinung darf dem Urteil nur zugrunde gelegt werden, was die Beweisperson zumindest nach Vorhalt aus eigener Erinnerung bestätigt (§ 249 Rdn. 32). Die bloße Beteuerung, korrekt protokolliert zu haben, genügt nicht (BGHSt 23, 213, 220; a. A. *Wömpner* NStZ 1983, 293, 299), und auch eine ergänzende Verlesung des Protokolls ist nicht zulässig (vgl. § 253 Rdn. 2; *Langkeit/Cramer* StV 1996, 230, 231). 13

D. Revision. Wird ein nach § 254 unzulässiger Beweis erhoben (Rdn. 10 ff.), insb. ein nicht-richterliches Geständnisprotokoll verlesen, ist diese Vorschrift verletzt (OLG Frankfurt am Main StV 1996, 202; LR/*Mosbacher* § 254 Rn. 26). Das Urteil beruht aber nur dann auf dem Fehler, wenn es den Beweis verwertete und nicht ausnahmsweise sicher davon auszugehen ist, dass das Gericht auch ohne ihn zum selben Ergebnis gelangt wäre (BGHSt 27, 13, 17 f.; StV 1994, 58, 62). Dass ein Protokoll letztlich kein Geständnis enthielt, begründet eine auf § 254 gestützte Revision nicht (RGSt 45, 196, 197; BGH MDR [D] 1975, 369; oben Rdn. 6). Zu Verstößen gegen **§§ 136 und 136a Abs. 2 Satz 2** und resultie- 14

§ 255a StPO Vorführung einer aufgezeichneten Zeugenvernehmung

renden Verwertungsverboten s. § 136 Rdn. 79 ff. und § 136a Rdn. 64 f. Zu inhaltlich falschen Feststellungen s. § 249 Rdn. 43. Zu Verstößen gegen § 261 und Verletzungen der Aufklärungspflicht vgl. § 253 Rdn. 7.

§ 255 StPO Protokollierung der Verlesung.
In den Fällen der §§ 253 und 254 ist die Verlesung und ihr Grund auf Antrag der Staatsanwaltschaft oder des Angeklagten im Protokoll zu erwähnen.

1 Die Verlesung einer Urkunde ist – unabhängig von §§ 253, 254 und Anträgen nach § 255 – schon nach § 273 Abs. 1 stets unter Bezeichnung des Schriftstücks und ggf. Angabe des verlesenen Teils zu protokollieren (BGH StV 1986, 92, 93 m. Anm. *Gollwitzer* JR 1986, 525 f.; vgl. auch § 249 Rdn. 10 und 39 sowie § 273 Rdn. 7). Auf Antrag ist nach § 255 zusätzlich der Grund der Verlesung zu protokollieren. Der Antrag selbst ist nach § 273 Abs. 1 zu protokollieren (LR/*Mosbacher* § 255 Rn. 5). § 274 gilt nicht für die nach § 255 gemachten Einträge im Protokoll (§ 274 Rdn. 5 f.), sodass der Verlesungsgrund vom Revisionsgericht freibeweislich nachgeprüft (KMR/*Paulus* § 255 Rn. 3) und ggf. sogar ausgetauscht werden kann.

2 **Antragsberechtigt** sind StA und Angeklagter, ebenso sein Verteidiger (BGHSt 12, 367, 371), Nebenbeteiligte soweit die Verlesung sie betrifft (§ 433 Rdn. 1) und Privatkläger, hingegen nicht Nebenkläger (§ 397 Rdn. 9). Eine Verletzung von § 255 begründet keine **Revision**, da das Urteil nicht auf einer Fehlerhaftigkeit des Protokolls beruhen kann (vgl. nur Radtke/Hohmann/*Pauly* § 255 Rn. 3, sowie § 337 Rdn. 17 und § 344 Rdn. 38).

§ 255a StPO Vorführung einer aufgezeichneten Zeugenvernehmung.
(1) Für die Vorführung der Bild-Ton-Aufzeichnung einer Zeugenvernehmung gelten die Vorschriften zur Verlesung einer Niederschrift über eine Vernehmung gemäß §§ 251, 252, 253 und 255 entsprechend.
(2) ¹In Verfahren wegen Straftaten gegen die sexuelle Selbstbestimmung (§§ 174 bis 184h des Strafgesetzbuches) oder gegen das Leben (§§ 211 bis 212 des Strafgesetzbuches), wegen Misshandlung von Schutzbefohlenen (§ 225 des Strafgesetzbuches) oder wegen Straftaten gegen die persönliche Freiheit nach den §§ 232 bis 233a des Strafgesetzbuches kann die Vernehmung eines Zeugen unter 18 Jahren durch die Vorführung der Bild-Ton-Aufzeichnung seiner früheren richterlichen Vernehmung ersetzt werden, wenn der Angeklagte und sein Verteidiger Gelegenheit hatten, an dieser mitzuwirken. ²Dies gilt auch für Zeugen, die Verletzte einer dieser Straftaten sind und zur Zeit der Tat unter 18 Jahre alt waren. ³Das Gericht hat bei seiner Entscheidung auch die schutzwürdigen Interessen des Zeugen zu berücksichtigen. ⁴Eine ergänzende Vernehmung des Zeugen ist zulässig.

1 **A. Allgemeines. I. Regelungszweck.** Während § 58a die Ermächtigungsgrundlage für die Videoaufzeichnung einer Zeugenvernehmung im Ermittlungsverfahren schafft, regelt § 255a die **Verwertung** der Aufnahmen in der Hauptverhandlung. Abs. 1 eröffnet die entsprechende Anwendung der §§ 251 bis 253 sowie 255 und billigt damit eine weitere Ausnahme zu § 250. Zielsetzung ist die optimale Sachaufklärung und die Beschleunigung des Verfahrens (*Meyer-Goßner/Schmitt* § 255a Rn. 1; Graf/*Berg* § 255a Rn. 1). Abs. 2 stellt eine (gravierende) Durchbrechung des Unmittelbarkeitsgrundsatzes dar (*Vogel/Norouzi* JR 2004, 215) und ermöglicht es, die gebotene persönliche Vernehmung des Zeugen durch die Vorführung einer früheren richterlichen Vernehmung zu **ersetzen** (*Pfeiffer* § 255a Rn. 1; SK-StPO/*Velten* § 255a Rn. 1). Als eigenständige Rechtsgrundlage stellt Abs. 2 den Zeugenschutz – insb. den Schutz jugendlicher und kindlicher Opferzeugen – in den Vordergrund, wodurch eine sog. sekundäre Viktimisierung vermieden werden soll (BGHSt 48, 268, 271; *Kretschmer* JR 2006, 453, 457; *Vogel/Norouzi* JR 2004, 215, 216).

2 **II. Entstehungsgeschichte.** Eingeführt wurde die Vorschrift gemeinsam mit § 58a durch das **Zeugenschutzgesetz** v. 30.4.1998 mit Wirkung zum 1.12.1998 (Gesetz zum Schutz von Zeugen bei Vernehmungen im Strafverfahren und zur Verbesserung des Opferschutzes, BGBl. I, S. 820). Der Straftatka-

talog des Abs. 2 Satz 1 wurde danach noch zweimal geändert, zuletzt mit Wirkung zum 5.11.2008 durch das Gesetz zur Umsetzung des Rahmenbeschlusses des Rates der EU zur Bekämpfung der sexuellen Ausbeutung von Kindern und der Kinderpornographie vom 31.10.2008 (BGBl. I, S. 2149). Mit dem Gesetz zur Stärkung der Rechte von Opfern sexuellen Missbrauchs (StORMG) vom 26.6.2013 (Inkrafttreten am 1.9.2013) wurden die Sätze 2 und 3 im Absatz 2 eingefügt und § 255a erheblich erweitert (vgl. unten Rdn. 9 ff.).

B. Regelungsgehalt. I. Vorführung der Bild- und Tonaufzeichnung (Abs. 1) Die Vorführung der Bild- und Tonaufzeichnung wird in Abs. 1 der **Verlesung** einer schriftlich fixierten Zeugenaussage nach den §§ 251, 252, 253, 255 **gleichgestellt**: eine bereits erstellte Aufzeichnung darf dann nach Maßgabe des § 251 an die Stelle der Zeugenvernehmung in der Hauptverhandlung treten. Die Aufzeichnung selbst kann nach § 58a im Ermittlungsverfahren oder nach 247a Abs. 1 Satz 4 in einer anderen Hauptverhandlung entstanden sein (*Pfeiffer* § 255a Rn. 2). Ist eine Videoaufnahme vorhanden, so ist sie wegen ihres besseren Beweiswerts (vgl. § 58a Rdn. 7) ggü. der Protokollverlesung vorzuziehen (s. a. § 58a Rdn. 12; *Leitner* StraFo 1999, 45, 48; *Weider/Staechelin* StV 1999, 51, 53; HK-GS/*Trüg* § 255a Rn. 7; a. A. BGH StV 1999, 580; KK-StPO/*Diemer* § 255a Rn. 4).

Der Verweis auf die §§ 251, 253 ermöglicht die Vorführung von Bild- und Tonaufzeichnungen einer **richterlichen** und ausnahmsweise auch nichtrichterlichen Vernehmung und ersetzt die gerichtliche Einvernahme des Zeugen (BGHSt 48, 269, 271). Für die Vorführung – insb. bei der richterlichen Vernehmung – gelten dieselben Voraussetzungen und Einschränkungen wie für die Protokollverlesung, sodass nur in diesen Grenzen eine Ausnahme vom Grundsatz der Unmittelbarkeit möglich ist (*Meyer-Goßner/Schmitt* § 255a Rn. 2).

Abs. 1 erfasst jede Zeugenvernehmung und beschränkt sich nicht – anders als Abs. 2 – auf bestimmte Straftaten oder Zeugen (*Meyer-Goßner/Schmitt* § 255a Rn. 1). Handelt es sich bei der vorliegenden Aufzeichnung um die frühere Vernehmung eines Mitbeschuldigten, ist die Vorführung möglich, wenn sich dessen Stellung im Verfahren – z.B. durch Erledigung oder Abtrennung – hin zum Zeugen geändert hat (LR/*Mosbacher* § 255a Rn. 5; SK-StPO/*Velten* § 255a Rn. 8). Auf **Sachverständige** ist die Vorschrift schon nach dem Wortlaut nicht anwendbar. Und weil wegen des abschließenden Charakters der Vorschrift keine Regelungslücke besteht, ist auch eine analoge Anwendung nicht zulässig (SK-StPO/*Velten* § 255a Rn. 15).

Unzulässig ist die Vorführung der Bild- und Tonaufzeichnung zum Zwecke der Beweisaufnahme über ein Geständnis oder bei Widersprüchen nach der Vorschrift des § 254. Hier fehlt es an einer Verweisung durch Abs. 1, weil es an einem direkten Bezug zum Zeugenschutz fehlt. Die Beweisaufnahme über ein Geständnis mittels der Vorführung einer aufgezeichneten Vernehmung des Beschuldigten würde eine erhebliche Einschränkung seiner prozessualen Rechte darstellen, die mit dem Opfer- und Zeugenschutz allein nicht zu rechtfertigen wären (KK-StPO/*Diemer* § 255a Rn. 5; SK-StPO/*Velten* § 255a Rn. 14).

Frühere Aufzeichnungen einer Vernehmung des Beschuldigten können – unabhängig von den Voraussetzungen des § 255a – als **Vorhalt** genutzt werden. Auch als **Augenscheinsobjekt** zum Beweis von Umständen, die nicht den Aussageinhalt betreffen, darf die Videoaufzeichnung ohne die Beschränkungen des § 255a verwendet werden (BGH NJW 2004, 1468; LK/*Mosbacher* § 255a Rn. 23; krit. *Rieß* StraFo 1999, 1, 4; a. A. SK-StPO/*Velten* § 255a Rn. 13).

Anders als bei § 247a Abs. 1 oder die Beweisaufnahme nach Abs. 2, wird die Beweiserhebung nach Abs. 1 nicht dadurch eingeschränkt, dass sie zur **Erforschung der Wahrheit** erforderlich sein müsste (*Schwaben* NStZ 2002, 288, 289; KK-StPO/*Diemer* § 255a Rn. 4; SK-StPO/*Velten* § 255a Rn. 11; a. A. *Meyer-Goßner/Schmitt* § 255a Rn. 5). Dies wird beim Anfertigen der Aufzeichnung nach Maßgabe der §§ 58a, 247a Abs. 1 Satz 4 geprüft und nicht erneut im Zuge der Vorführung nach § 255a. Allerdings dürfte die Amtsaufklärungspflicht eine solche Vorführung kaum erfordern.

II. Vorführung der Bild- und Tonaufzeichnung bei jugendlichen Zeugen (Abs. 2) 1. Ersetzung der Vernehmung in der Hauptverhandlung. Abs. 2 ist eine eigenständige und von den Vorschriften der §§ 251, 253 unabhängige Rechtsgrundlage und wird nur angewendet, soweit eine der in Satz 1 genannten Katalogstraftaten in Rede steht (*Kretschmer* JR 2006, 453, 457; KK-StPO/*Diemer* § 255a Rn. 7). Durch die Vorführung einer früheren richterlichen Vernehmung des Zeugen kann seine

§ 255a StPO Vorführung einer aufgezeichneten Zeugenvernehmung

persönliche Vernehmung in der Hauptverhandlung **ersetzt** werden. Sie soll mit dem nun durch das StORMG eingeführten Satz 2 nicht nur für Zeugen gelten, die zum Zeitpunkt der Vorführung noch **keine 18 Jahre alt** waren (LR/*Mosbacher* § 255a Rn. 8; SK-StPO/*Velten* § 255a Rn. 16), sondern auch bei Erwachsenen Zeugen möglich sein, die **als Minderjährige durch eine dem Katalog des Satzes zu entnehmende Straftaten verletzt** worden sind (Meyer-Goßner/*Schmitt* § 255a Rn. 6a).

10 Da durch die Vorführung eine sekundäre Viktimisierung vermieden werden soll (BGHSt 48, 268, 271; vgl. auch Rdn. 1), bezieht sich die Vorschrift grds. nur auf »Opferzeugen« (SK-StPO/*Velten* § 255a Rn. 16). Durch die Aufnahme der Tötungsdelikte in den Straftatkatalog zeigt sich aber, dass Abs. 2 **nicht allein auf das unmittelbare Tatopfer** beschränkt sein kann. Vielmehr sind z.B. auch solche Fälle erfasst, in denen z.B. ein Kind Zeuge einer Straftat zum Nachteil eines Dritten geworden ist (KK-StPO/*Diemer* § 255a Rn. 7). Das gilt jedenfalls dann, wenn das Kind durch die Wahrnehmung einer Straftat und einer späteren Aussage über die Geschehnisse, in einer vergleichbaren Weise gefährdet und schutzwürdig ist, wie das Opfer selbst (LR/*Mosbacher* § 255a Rn. 8; AnwK-StPO/*Martis* § 255a Rn. 4). Konsequenterweise muss eine konkrete Gefahr einer sekundären Viktimisierung des Zeugen durch eine Mehrfachbefragung bestehen (SK-StPO/*Velten* § 255a Rn. 16).

11 Nach Abs. 2 kann nur eine **richterliche Vernehmung** vorgeführt werden, bei der die Verfahrensvorschriften gewahrt wurden (*Meyer-Goßner/Schmitt* § 255a Rn. 8a; *Pfeiffer* § 255a Rn. 4: die *wesentlichen* Verfahrensvorschriften). Die Vorführung einer polizeilichen oder staatsanwaltlichen Vernehmung ist nicht gestattet. Diese Beschränkung ergibt sich aus den – für die richterliche Vernehmung vorgesehenen – Schutzrechten des Beschuldigten. Aufdeckungsgespräche oder andere nichtrichterliche Vernehmungen ersetzen die persönliche Einvernahme des Zeugen in der Hauptverhandlung nicht und können somit nicht als Beweis über den Inhalt einer Aussage herangezogen werden. Lediglich die Verwertung als Augenscheinsobjekt oder als Vorhalt ist möglich (KK-StPO/*Diemer* § 255a Rn. 9; AnwK-StPO/*Martis* § 255a Rn. 4).

12 Die Vorführung der Videoaufzeichnung ist auch zulässig, wenn sich der Anklagevorwurf auf eine **tateinheitlich** begangene und in diesem **Katalog nicht enthaltene Straftat** bezieht (BGH NJW 2004, 1605, 1607; LR/*Mosbacher* § 255a Rn. 11; SK-StPO/*Velten* § 255a Rn. 17; *Meyer-Goßner/Schmitt* § 255a Rn. 8). Gleiches gilt auch, wenn eine tatbestandlich verwirklichte Katalogtat auf dem Wege der Gesetzeskonkurrenz durch die angeklagte Straftat verdrängt wird. Eine andere Auffassung würde dem mit der Regelung verfolgten Zweck zuwider laufen, da die Schutzwürdigkeit des Zeugen nicht allein dadurch entfällt, dass der Verdacht einer weiteren Straftat hinzutritt.

13 Liegen alle Voraussetzungen des § 255a vor und wird die unmittelbare Vernehmung des Zeugen durch die Vorführung der Aufzeichnung ersetzt, muss – die durch das Vorspielen in die Hauptverhandlung eingeführte – Vernehmung so gewertet werden, als sei der Zeuge in der Hauptverhandlung persönlich gehört worden (AnwK-StPO/*Martis* § 255a Rn. 5). Die Vorführung wird – anders als in den Fällen des Abs. 1 – durch den **Vorsitzenden** angeordnet (*Meyer-Goßner/Schmitt* § 255a Rn. 11; Graf/*Berg* § 255a Rn. 15; a. A. KK-StPO/*Diemer* § 255a Rn. 14).

14 § 255a Abs. 2 räumt dem Gericht als sog. *Kann*-Vorschrift **Ermessen** ein. Die Entscheidung muss sich wegen der Durchbrechung des Unmittelbarkeitsgrundsatzes an den Beschuldigtenrechten orientieren: prozessökonomische Interessen oder Gesichtspunkte der Verfahrensbeschleunigung dürfen die Entscheidung nicht beeinflussen (BGH NStZ-RR 2005, 45; *Kretschmer* JR 2006, 453, 458; LR/*Mosbacher* § 255a Rn. 19; *Meyer-Goßner/Schmitt* § 255a Rn. 9). Auch das Alter des Zeugen ist in die Ermessensausübung einzubeziehen: Die Durchbrechung des Unmittelbarkeitsgrundsatzes ist mit steigendem Alter schwerer zu rechtfertigen (*Deckers* NJW 1999, 1365, 1370 f.; AnwK-StPO/*Martis* § 255a Rn. 5; SK-StPO/*Velten* § 255a Rn. 16). Allein der Umstand, dass der Zeuge noch keine 18 Jahre alt ist oder bei der Begehung der Tat diese Altersgrenze noch nicht erreicht hat, rechtfertigt eine vernehmungsersetzende Videovorführung ohne eine weitere Interessenabwägung nicht. Satz 3 hebt den opferschützenden Charakter der Vorschrift hervor (BT-Drucks. 17/6261. S. 12) und soll der Transparenz und dem fairen Verfahren dienen (vgl. BT-Drucks. 17/12735, S. 17). Die Prüfung wird im Freibeweis vorgenommen (*Pfeiffer* § 255a Rn. 4.; KK-StPO/*Diemer* § 255a Rn. 12).

15 **2. Mitwirkungsmöglichkeit des Angeklagten und seines Verteidigers.** Nur wenn der Angeklagte und sein Verteidiger Gelegenheit hatten, an der aufgezeichneten Vernehmung **mitzuwirken**, darf der unmittelbare Zeugenbeweis durch die Vorführung ersetzt werden. Dies gilt auch für die Aufzeichnung

der Vernehmung eines minderjährigen Zeugen zum Tatzeitpunkt (vgl. BT-Drucks. 17/6261, S. 12). Es genügt die **tatsächliche Möglichkeit** zur **effektiven Teilhabe**. Die tatsächliche Wahrnehmung des Mitwirkungsrechtes ist hingegen nicht erforderlich (*Kretschmer* JR 2006, 453, 458; KK-StPO/*Diemer* § 255a Rn. 11). Die Gelegenheit zur Mitwirkung umfasst das Recht auf Anwesenheit über die gesamte Dauer der Vernehmung genauso wie das Recht, Fragen an den Zeugen zu richten und ihm Vorhalte zu machen (AnwK-StPO/*Martis* § 255a Rn. 6; LR/*Mosbacher* § 255a Rn. 12; *Meyer-Goßner/Schmitt* § 255a Rn. 8a). Das Konfrontationsrecht aus Art. 6 Abs. 3 Buchst. d) EMRK und als konkretisierter Ausschnitt des fairen Verfahrens muss gewahrt werden (BGHSt 46, 93; LR/*Mosbacher* § 255a Rn. 12). Denn mit der Vorführung der alten Aussage entfällt zunächst die Möglichkeit, durch Fragen eine belastende Aussage anzugreifen, die Glaubwürdigkeit des Zeugen infrage zu stellen oder etwaige Widersprüche und Ungenauigkeiten der Aussage aufzuzeigen (AG Hamburg StV 2004, 11, 12, m. Anm. *Meyer-Lohkamp*). Zur Wahrung des Mitwirkungsrechtes genügt es, wenn die Vernehmung – nach der Vorschrift des § 168e – zeitgleich in Bild und Ton in einen anderen Raum übertragen wird und so die Möglichkeit geschaffen ist, über den Richter Fragen an den Zeugen zu richten (BGH NJW 2004, 1605, 1608; KK-StPO/*Diemer* § 255a Rn. 10).

Das Recht an der Vernehmung mitzuwirken, steht dem Verteidiger und dem Beschuldigten kumulativ zu (AnwK-StPO/*Martis* § 255a Rn. 6; KK-StPO/*Diemer* § 255a Rn. 10). Die Möglichkeit der Mitwirkung ist nicht gegeben, wenn der kurzfristig geladene Verteidiger aufgrund sonstiger beruflicher Verpflichtungen nicht in der Lage war, den Termin wahrzunehmen und sein Antrag auf Verlegung ohne ersichtliche Gründe erfolglos blieb (OLG München StV 2000, 352). Ist der Beschuldigte zum Zeitpunkt der Vernehmung noch nicht verteidigt, genügt seine Mitwirkung dem Mitwirkungsvorbehalt nur dann, wenn kein Fall der notwendigen Verteidigung vorliegt (AnwK-StPO/*Martis* § 255a Rn. 6). Wird der Beschuldigte von der Vernehmung nach § 168c Abs. 3 ausgeschlossen oder unterbleibt eine Unterrichtung über den Vernehmungstermin nach § 168c Abs. 5, ist eine spätere Verwertung der Aufzeichnung unzulässig. Unbeachtlich ist hierbei, ob der Ausschluss des Beschuldigten rechtmäßig war oder nicht (*Meyer-Goßner/Schmitt* § 255a Rn. 8a; AnwK-StPO/*Martis* § 255a Rn. 6). 16

Die vorherige **Akteneinsicht** ist keine Zulässigkeitsvoraussetzung für die spätere Vorführung der Videoaufzeichnung (BGH NJW 2003, 2761, 2763; a. A. SK-StPO/*Velten* § 255a Rn. 24 m.w.N.). Das Fragerecht nach Art. 6 Abs. 3 Buchst. d) EMRK ist u.U. auch dann gewahrt, wenn die Gelegenheit zur Teilnahme an der Vernehmung auch ohne die Kenntnis des aktuellen Standes des Verfahrens besteht. Allerdings sind die Verteidigungsrechte in einem mit den in Art. 6 EMRK vorgesehenen Garantien unvereinbaren Maß eingeschränkt, wenn dann eine Verurteilung *allein* oder *maßgeblich* auf die Aussage dieses Zeugen gestützt wird (vgl. u.a. EGMR NJW 2003, 2893 – P.S./Deutschland). Die Gewährung der Akteneinsicht wird ohnehin geboten sein, um eine spätere ergänzende Zeugenvernehmung zu vermeiden und um der Verteidigung die Möglichkeit zu eröffnen, verteidigungsrelevante Fragen an den Zeugen zu stellen und Vorhalte anzubringen (KK-StPO/*Diemer* § 255a Rn. 10; AnwK-StPO/*Martis* § 255a Rn. 7; vgl. a. Rdn. 22). 17

Verteidiger und Beschuldigter sind rechtzeitig vor dem Termin der Vernehmung zu laden. Erfolgt die Ladung zu kurzfristig, sodass der Verteidiger keine Gelegenheit hat der Vernehmung beizuwohnen, muss der Termin verlegt werden (OLG München StV 2000, 352). 18

Die Vorführung der Bild-Ton-Aufzeichnung nach § 255a Abs. 2 scheidet aus, wenn der Beschuldigte gem. § 168c Abs. 3 bei der ermittlungsrichterlichen Vernehmung ausgeschlossen war und daher keine Gelegenheit zur Mitwirkung hatte. Dies gilt auch dann, wenn sein Verteidiger an dieser Vernehmung teilgenommen hat (BGH NJW 2004, 1605). 19

3. Ergänzende Zeugenvernehmung. Abs. 2 stellt zwar den Opfer- und Zeugenschutz in den Vordergrund, dem durch die vernehmungsersetzende Videovorführung Rechnung getragen werden soll; dennoch kann sich aus der richterlichen **Aufklärungspflicht** die Notwendigkeit einer ergänzenden Zeugenvernehmung ergeben (BGH NJW 2003, 2761; *Schlothauer* StV 2003, 652, 654). Abs. 2 Satz 4 gestattet ausdrücklich eine ergänzende Zeugenvernehmung und bringt damit das Schutzinteresse des Zeugen auf der einen Seite und das Aufklärungsinteresse auf der anderen Seite in praktische Konkordanz. Von der Möglichkeit der ergänzenden Vernehmung soll – mit Rücksicht auf den Opferschutz – nur in Ausnahmen Gebrauch gemacht werden (KK-StPO/*Diemer* § 255a Rn. 13). Hieran hat sich auch durch die Einführung der Sätze 2 und 3 nichts geändert (vgl. HK-GS/*Schork* § 255a Rn. 5). 20

§ 255a StPO Vorführung einer aufgezeichneten Zeugenvernehmung

21 Der Antrag auf ergänzende Vernehmung des Zeugen in der Hauptverhandlung ist nach den Grundsätzen des **Beweisantragsrechts** zu behandeln, wenn der Zeuge zum Beweis einer neuen Behauptung benannt ist, zu der er bei der aufgezeichneten und vorgeführten Vernehmung noch nicht gehört werden konnte (BGH NJW 2003, 2761). Hat der Zeuge bereits zu einer Behauptung ausgesagt, richtet sich der Antrag lediglich auf die Wiederholung der Beweisaufnahme und konstituiert daher nur einen Aufklärungsantrag (BGH NJW 2003, 2761, 2763; OLG Karlsruhe StraFo 2010, 71).

22 Ob der Zeuge ergänzend zu vernehmen ist, entscheidet das Gericht auch danach, ob bei der aufgezeichneten Vernehmung wesentliche Punkte, die der Aufklärung bedürfen, unterblieben sind (AnwK-StPO/ *Martis* § 255a Rn. 8). Dies ist regelmäßig dann der Fall, wenn die Verteidigung vor der Videovernehmung **keine Gelegenheit zur Akteneinsicht** hatte oder wenn im Verlauf Beweisfragen auftreten, die mit den Zeugenaussagen nicht in Einklang zu bringen sind oder weitere klärungsbedürftige Fragen aufgeworfen werden, die der Klärung bedürfen (*Schlüchter/Greff* Kriminalistik 1998, 530, 534; AnwK-StPO/*Martis* § 255a Rn. 8).

23 **III. Verwertung nach Geltendmachen von Zeugnisverweigerungsrechten.** Steht dem Zeugen ein **Zeugnisverweigerungsrecht** nach § 52 zu, ist er hierüber zu belehren (Graf/*Berg* § 255a Rn. 8). Macht ein Zeuge nachträglich von seinem Zeugnisverweigerungsrecht Gebrauch, darf die Bild-Ton-Aufzeichnung seiner früheren richterlichen Vernehmung nach § 255a Abs. 1 nicht zu Beweiszwecken vorgeführt werden, obgleich auf das weniger zuverlässige Beweismittel der Vernehmung des Richters zurückgegriffen werden kann (BGH NJW 2004, 1605; LR/*Mosbacher* § 255a Rn. 20). Jede andere Auslegung ist wegen der eindeutigen Verweisung auf § 252 unvertretbar (vgl. aber Rdn. 30).

24 Sind die Voraussetzungen des § 255a Abs. 2 erfüllt, kann der Zeuge durch nachträgliche Ausübung seines Zeugnisverweigerungsrechts die Verwertung der Bild-Ton-Aufzeichnung seiner früheren richterlichen Vernehmung nicht verhindern (BGH NJW 2004, 1605 – *obiter dictum*; KK-StPO/*Diemer* Rn. 9a; *Kretschmer* JR 453, 457; a. A. *Degener* StV 2006, 509; *Mitsch* JuS 2005, 102, 105; differenzierend KMR/*Neubeck* § 58a Rn. 10, die Aufzeichnung könne in diesem Fall aber Gegenstand des Augenscheins sein). Die wenig überzeugende Differenzierung zu Abs. 1 (vgl. LR/*Mosbacher* § 255a Rn. 21) ergibt sich aus dem in Abs. 2 fehlenden Verweis auf § 252 (vgl. auch Rdn. 31).

25 **IV. Keine Beschwerde.** Der Beschluss über die Vorführung der Bild- und Tonaufzeichnung einer früheren Aussage des Zeugen ist der Beschwerde gem. § 305 Abs. 1 Satz 1 nicht zugänglich, da dieser als Entscheidung des erkennenden Gerichts der Urteilsfällung vorausgeht. Der Zeuge ist auch in keinem seiner subjektiven Rechte verletzt, ihm ist kein beschwerdefähiger Anspruch auf die Vorführung der Aufzeichnung gegeben (LR/*Mosbacher* § 255a Rn. 25).

26 **C. Revision.** Die Vorschrift des § 255a stellt eine Durchbrechung des Unmittelbarkeitsgrundsatzes dar, nach dem der Personalbeweis nicht durch den reinen Sachbeweis ersetzt werden soll (*Kretschmer* JR 2006, 453, 457; AnwK-StPO/*Martis* § 255a Rn. 12). Bleibt es aber bei der bloßen Vorführung der Videoaufzeichnung, obwohl es die Umstände nahe legen, den Zeugen – ggf. ergänzend – in der Hauptverhandlung persönlich zu vernehmen, kann dies mit der **Aufklärungsrüge** beanstandet werden (LR/ *Mosbacher* § 255a Rn. 27; Graf/*Berg* § 255a Rn. 16). Auch die unterlassene Vorführung der Videoaufzeichnung kann eine Aufklärungsrüge begründen (*Meyer-Goßner/Schmitt* § 255a Rn. 13).

27 Eine auf § 261 gestützte Rüge ist begründet, wenn das Ergebnis der Vorführung im späteren Urteil unrichtig wiedergegeben wurde und es für diese Feststellung keiner Rekonstruktion bedarf, sondern sich unmittelbar aus der Akte – und damit auch aus der Aufzeichnung als Bestandteil der Akte – ergibt (KK-StPO/*Diemer* § 255a Rn. 15; *Meyer-Goßner/Schmitt* § 255a Rn. 13).

28 Ein weiterer Revisionsgrund kann sich in Ausnahmefällen wegen der Verletzung des Fragerechts aus **Art. 6 Abs. 3 Buchst. d)** EMRK nach § 338 Nr. 8 ergeben (BGHSt 46, 93; AnwK-StPO/*Martis* § 255a Rn. 12).

29 Vertreten wird, mit der Revision könne angegriffen werden, bei der früheren richterlichen Vernehmung seien dem Zeugen bestimmte Fragen nicht gestellt bzw. von diesem nicht erschöpfend beantwortet worden, sodass bei unterbliebener ergänzender Vernehmung des Zeugen in der Hauptverhandlung die Aufklärungspflicht verletzt sei (*Schlothauer* StV 2003, 652, 655; a. A. BGH NJW 2003, 2761).

D. Praktische Hinweise. Der Verweis in Abs. 1 auf die Vorschrift des § 252 verbietet die Verwertung einer früheren Aussage des Zeugen, wenn dieser von seinem **Zeugnisverweigerungsrecht** Gebrauch macht oder zumindest noch Ungewissheit hierüber besteht (AnwK-StPO/*Martis* § 255a Rn. 9). Die Verwertung der Aufzeichnung und des damit qualitativ höherwertigen Beweismittels ist damit nicht mehr möglich; wohl aber der Rückgriff auf Erinnerung des Vernehmungsrichters. Dieser kann in der Hauptverhandlung über den Inhalt der Aussage befragt werden (BGHSt 2, 99; 21, 218, 219), wobei ihm zur Gedächtnisstütze die Aufzeichnung als Vorhalt vorgespielt werden kann (BGH NJW 2004, 1605; hierzu zu Recht krit. *Rieß* StraFo 1999, 1, 3 f.; vgl. auch Rdn. 23). Eine qualifizierte Belehrung des Zeugen über eine spätere mögliche Vernehmung des Vernehmungsrichters ist nach bisheriger Rechtsprechung zwar nicht erforderlich. Der 2. Strafsenat beabsichtigt jedoch, von dieser Rechtsprechung zugunsten der Pflicht einer qualifizierten Belehrung des Zeugen abzuweichen (BGH NStZ 2014, 596). Der 1. Strafsenat hat sich dieser Auffassung nicht angeschlossen (BGH, Beschl. vom 14.01.2015 – 1 Ars 21/14). Eine Klärung – ggf. durch den Großen Senat für Strafsachen – steht aus. 30

Abs. 2 nimmt hingegen keinen Bezug auf die Vorschrift des § 252, sodass – um eine Mehrfachbefragung des Zeugen zu vermeiden – die richterliche Vernehmung als Teil der Hauptverhandlung in das Ermittlungsverfahren vorverlagert wird (AnwK-StPO/*Martis* § 255a Rn. 9). Das hat zur Folge, dass die Aussage vor dem Vernehmungsrichter – auch durch ein nachträglich ausgeübtes Zeugnisverweigerungsrecht – einer Verwertung durch das Gericht in der Hauptverhandlung nicht mehr entzogen werden kann (BGH NJW 2004, 1605; *Kretschmer* JR 2006, 453, 458; a. A. *Degener* StV 2006, 509, 514; vgl. auch Rdn. 24). 31

Einer **ergänzenden Inaugenscheinnahme** steht die Vorschrift des § 255a nicht entgegen, da hier lediglich vernehmungsersetzende Vorführung geregelt ist (BGH NJW 2004, 1468; NStZ-RR 2005, 45). Eine **ergänzende Vorführung** kommt gerade zur Überprüfung der Aussagekonstanz in Betracht. Wegen der Authentizität der Videoaufzeichnung muss die Verhörsperson nicht gesondert befragt werden (BGH NJW 2004, 1468, 1469). 32

Für die Vorführung der Aufzeichnung nach Abs. 1 ist – entsprechend der Verweisung auf die Vorschrift des § 251 Abs. 4 – ein **Gerichtsbeschluss** notwendig (LR/*Mosbacher* § 255a Rn. 17; AnwK-StPO/*Martis* § 255a Rn. 11). Uneinigkeit herrscht indes darüber, ob ein solcher Gerichtsbeschluss auch für die vernehmungsersetzende Videovorführung nach Abs. 2 notwendig sein soll (zust. *Eisenberg* § 255a Rn. 1317; KK-StPO/*Diemer* § 255a Rn. 14; HK-GS/*Schork* § 255a Rn. 6; abl. *Meyer-Goßner/Schmitt* § 255a Rn. 11; LR/*Mosbacher* § 255a Rn. 17; offen gelassen BGH NJW 2004, 1605). 33

§ 256 StPO Verlesung der Erklärungen von Behörden und Sachverständigen.

(1) Verlesen werden können
1. die ein Zeugnis oder ein Gutachten enthaltenden Erklärungen
    a) öffentlicher Behörden,
    b) der Sachverständigen, die für die Erstellung von Gutachten der betreffenden Art allgemein vereidigt sind, sowie
    c) der Ärzte eines gerichtsärztlichen Dienstes mit Ausschluss von Leumundszeugnissen,
2. ärztliche Atteste über Körperverletzungen, die nicht zu den schweren gehören,
3. ärztliche Berichte zur Entnahme von Blutproben,
4. Gutachten über die Auswertung eines Fahrtschreibers, die Bestimmung der Blutgruppe oder des Blutalkoholgehalts einschließlich seiner Rückrechnung und
5. Protokolle sowie in einer Urkunde enthaltene Erklärungen der Strafverfolgungsbehörden über Ermittlungshandlungen, soweit diese nicht eine Vernehmung zum Gegenstand haben.

(2) Ist das Gutachten einer kollegialen Fachbehörde eingeholt worden, so kann das Gericht die Behörde ersuchen, eines ihrer Mitglieder mit der Vertretung des Gutachtens in der Hauptverhandlung zu beauftragen und dem Gericht zu bezeichnen.

A. Grundsätzliches und Regelungsgehalt. I. Allgemeines.
Die Vorschrift stellt eine Durchbrechung des Unmittelbarkeitsgrundsatzes (§ 250) dar, indem sie über die in § 251 geregelten Fälle hinaus für bestimmte Schriftstücke den Urkundenbeweis zulässt (eingehend dazu *Krüger*, FS 1

§ 256 StPO Verlesung der Erklärungen von Behörden und Sachverständigen

Imme Roxin, 601 ff.; ders., Unmittelbarkeit und materielles Recht, 108 ff.). Das dient der Vereinfachung und der Verfahrensbeschleunigung insb. bei der Einführung von behördlichen Zeugnissen, Gutachten, Attesten u.Ä. in die Hauptverhandlung. Das Gesetz misst den Stellen, von denen die Urkunden herrühren, eine so hohe Autorität zu, dass die persönliche Vernehmung von Bediensteten dieser Einrichtungen regelmäßig als entbehrlich angesehen wird (*Meyer-Goßner/Schmitt* § 256 Rn. 1; a. A. HK-StPO/*Julius* § 256 Rn. 1). Die Verlesung kann nach § 249 Abs. 1 oder auch im Selbstleseverfahren nach § 249 Abs. 2 erfolgen (KK-StPO/*Diemer* § 256 Rn. 1).

2 **II. Verhältnis zur Aufklärungspflicht.** Die Vorschrift lässt die gerichtliche Aufklärungspflicht (§ 244 Abs. 2) unberührt (LR/*Stuckenberg* § 256 Rn. 3). Lässt sich wegen der besonderen Umstände des Falles der mit der Verlesung eines Gutachtens verbundene Aufklärungsverlust nicht rechtfertigen, bleibt es beim Grundsatz der persönlichen Vernehmung (vgl. HK-StPO/*Julius* § 256 Rn. 1). Ob diese erforderlich ist oder gem. § 256 verfahren werden kann, liegt im pflichtgemäßen Ermessen des Gerichts (BGHSt 1, 93 [94]; BGH NStZ 1993, 397 [398]).

3 **III. Verfahren.** Die Verlesung erfolgt auf der Grundlage einer Anordnung des Vorsitzenden i.R.d. Sachleitungsbefugnis. Bei einem Widerspruch gegen die Verlesung entscheidet gem. § 238 Abs. 2 das Gericht. Im Hinblick auf § 274 ist eine genaue Bezeichnung der verlesenen Urkunden im Hauptverhandlungsprotokoll erforderlich (KK-StPO/*Diemer* § 256 Rn. 11).

4 **B. Verlesbare Schriftstücke nach Abs. 1. I. Zeugnisse oder Gutachten (Abs. 1 Nr. 1) 1. Allgemeines.** Ein Zeugnis gibt Auskunft über amtliches Wissen oder in amtlicher Eigenschaft wahrgenommene oder festgestellte Tatsachen; demgegenüber enthalten **Gutachten** sachverständige Äußerungen in Form von wissenschaftlich begründeten Schlussfolgerungen aus Tatsachen (KK-StPO/ *Diemer* § 256 Rn. 2; OK-StPO/*Ganter* § 256 Rn. 4, 5). Die Verlesbarkeit polizeilicher Ermittlungsberichte richtet sich nach Abs. 1 Nr. 5 (KK-StPO/*Diemer* § 256 Rn. 2); darüber hinaus sind interne Schriftstücke öffentlicher Behörden, etwa Aktenvermerke der Polizei oder der StA, nicht verlesbar (BGH NStZ 1982, 79; NStZ 1995, 143; HK-StPO/*Julius* § 256 Rn. 4). Der Beweis über den Leumund einer Beweisperson kann nur durch eine Zeugenvernehmung erhoben werden; die – in der Praxis wenig bedeutsame – Verlesung von **Leumundszeugnissen** (zur weiten Auslegung des Begriffs *Meyer-Goßner/Schmitt* § 256 Rn. 8) ist daher schlechthin (nicht nur in der Fallgruppe von Nr. 1c; *Meyer-Goßner/Schmitt* § 256 Rn. 7) unstatthaft. Damit soll verhindert werden, dass die Mitglieder des erkennenden Gerichts durch entsprechende Werturteile anderer beeinflusst werden (KK-StPO/*Diemer* § 256 Rn. 7 a.E.; vgl. auch HK-StPO/*Julius* § 256 Rn. 4). Da insoweit nicht nur ein Verlesungs-, sondern auch ein Verwertungsverbot besteht, können entsprechende Zeugnisse auch nicht durch einen Vorhalt eingeführt werden (*Meyer-Goßner/Schmitt* § 256 Rn. 10).

5 **2. Behördengutachten (Nr. 1a)** Verlesbar sind nach Nr. 1a **Gutachten öffentlicher Behörden**. Teilweise abweichend von der Definition in § 1 Abs. 4 BVwVfG sind darunter in die Staatsgewalt eingegliederte, mit der Erfüllung öffentlicher Aufgaben betraute und mit eigenen Wahrnehmungszuständigkeiten ausgestattete Stellen von Trägern öffentlicher Verwaltung zu verstehen, die in ihrem Bestand von dem oder den sie leitenden Beamten unabhängig sind (h.A.; vgl. nur BVerfGE 10, 20 [48]; *Meyer-Goßner/Schmitt* § 256 Rn. 12; SSW-StGB/*Satzger* § 11 Rn. 43). Ein von einem privatrechtlich organisierten Krankenhaus herrührender Arztbrief ist daher nicht nach Nr. 1a verlesbar (vgl. BGH NStZ-RR 2015, 146; BGH, Beschluss vom 13. April 2015 – 5 StR 110/15). Notwendig sind zwar **keine hoheitlichen *Eingriffs*befugnisse** (BGHZ 25, 168 [188]); erforderlich ist jedoch, dass die bei der Einrichtung Beschäftigten **in einem öffentlich-rechtlichen Dienstverhältnis** als Beamter oder Angestellter stehen (*Meyer-Goßner/Schmitt* § 256 Rn. 12 ff.; zur Kasuistik LK/*Hilgendorf* § 11 Rn. 93 ff.) und die betreffende Person nicht lediglich als Privatperson tätig geworden ist (vgl. BGHZ 200, 253 [262]). Für das Strafprozessrecht von Bedeutung sind in erster Linie das Bundeskriminalamt und die Landeskriminalämter (BGH NJW 1986, 206), die Zoll- und Steuerbehörden, die Institute deutscher Universitäten (BGHSt 34, 344; 48, 209) sowie die staatlichen oder in öffentlich-rechtlicher Selbstverwaltung geführten Kliniken (BGH NStZ 1984, 231; regelmäßig nicht konfessionelle Krankenhäuser; vgl. BGH NStZ 2010, 585) sowie der Bundesnachrichtendienst und die Ämter für Verfassungsschutz (KK-StPO/*Diemer* § 256 Rn. 4). Die Vorschrift gilt auch für Erklärungen ausländischer Behörden (BGH NJW 1992,

58 [59]; KK-StPO/*Diemer* § 256 Rn. 4). Voraussetzung für die Verlesbarkeit ist, dass aus dem jeweiligen Schriftstück die Zugehörigkeit des Verfassers zu der Behörde erkennbar wird, etwa durch einen Vertretungszusatz im Zusammenhang mit der Unterschrift (BGH NStZ 2010, 585; zu den Anforderungen i.E. instruktiv BGH, Beschluss vom 13. August 2014 – 5 StR 336/14).

3. Sachverständigengutachten (Nr. 1b) Gutachten von Sachverständigen können nach Nr. 1b nur 6
verlesen werden, wenn der Sachverständige **für die Erstellung von Gutachten der betreffenden Art allgemein vereidigt** ist. Die durch Gesetz v. 24.08.2004 (BGBl. I S. 2198) eingeführte Vorschrift dient der Verfahrensbeschleunigung und geht davon aus, dass das Gutachten eines allgemein vereidigten Sachverständigen, was dessen sachliche Autorität anbelangt, regelmäßig einem Behördengutachten gleichgestellt werden kann (BT-Drucks. 15/1508 S. 26; *Krüger*, FS Imme Roxin, 601 [606 f.]krit. *Neuhaus* StV 2005, 47 [52]). Der Vereinfachungseffekt wird nicht selten verfehlt, weil das Gericht den Sachverständigen von Amts wegen lädt oder ein Prozessbeteiligter durch Anträge auf die persönliche Vernehmung des Sachverständigen dringt und der Tatrichter dem zur Vermeidung einer Urteilsaufhebung (§ 244 Abs. 2) folgt (vgl. auch *Knauer/Wolf* NJW 2004, 2936; *Sommer* StraFo 2004, 297).

4. Gerichtsärztlicher Dienst (Nr. 1c) Die Einrichtung und die Organisation eines gerichtsärzt- 7
lichen Dienstes ist Sache der Länder (KK-StPO/Diemer § 256 Rn. 6). Die Vorschrift hat insb. Bedeutung für den Freistaat Bayern, in dem ein gerichtsärztlicher Dienst bei den jeweiligen Landgerichten besteht (*Meyer-Goßner/Schmitt* § 256 Rn. 17). Der jeweilige Arzt muss nicht Beamter im statusrechtlichen Sinne sein (KK-StPO/*Diemer* § 256 Rn. 6). Die Verlesbarkeit der Atteste und Gutachten anderer Ärzte im öffentlichen Dienst richtet sind nach Nr. 1a.

II. Atteste über Körperverletzungen (Nr. 2) **Praktisch bedeutsam**, weil verfahrensbeschleunigend 8
(vgl. dazu BGHSt 33, 389 [391]), aber auch fehlerträchtig, ist die nach Nr. 2 zulässige **Verlesung des Attestes eines approbierten** (RGSt 19, 364) **Arztes** über eine Körperverletzung, die nicht zu den schweren gehört, also alle Straftaten nach den §§ 223, 224 (BGHSt 33, 389 [391]) und 229 StGB ohne Rücksicht auf die Schwere der Verletzungsfolgen (BGHSt 4, 155 [156]). Maßgebend für die Einstufung der Tat ist **allein die Anklage**, und zwar auch dann, wenn der Inhalt des Attestes Gegenteiliges besagt (*Meyer-Goßner/Schmitt* § 256 Rn. 20). **Die Möglichkeit der Verlesung in Nr. 2 ist in mehrfacher Hinsicht eingeschränkt**: Die Verlesung darf nur erfolgen, wenn der **Nachweis des Vorhandenseins** der Körperverletzung geführt werden soll und es im Strafverfahren auf nichts weiter ankommt; gutachterliche Äußerungen über deren Schwere, die Verletzungsfolgen (bspw. Minderung der Erwerbsfähigkeit) können nur im Wege des Zeugen- oder Sachverständigenbeweises in die Hauptverhandlung eingeführt werden (BGHSt 4, 155 [156]; BGH StraFo 2011, 95; *Meyer-Goßner/Schmitt* § 256 Rn. 19). Auch Tatsachen, die der Arzt bei Gelegenheit der Untersuchung festgestellt hat, dürfen, wenn sie in dem Attest ihren Niederschlag gefunden haben, nicht verlesen werden (BGH StV 1984, 142; OLG Hamburg StV 2000, 9 [10]; KK-StPO/*Diemer* § 256 Rn. 8). Entsprechendes gilt für Äußerungen des Angeklagten oder eines Zeugen, die in ein Attest Aufnahme gefunden haben, sofern diese als Indiz für oder gegen dessen Glaubwürdigkeit herangezogen werden (BGH StraFo 2011, 95; KK-StPO/*Diemer* § 256 Rn. 8). Beim tateinheitlichen Zusammentreffen einer Körperverletzung i.S.v. Nr. 2 mit einem anderen Delikt ist eine Verlesung nicht schlechthin ausgeschlossen (BGHSt 33, 389 [391 f.]). Die ärztliche Bescheinigung darf jedoch für die Schuld- und Straffrage des tateinheitlich angeklagten Delikte keinerlei Bedeutung haben (BGHSt 33, 389, [393]; BGHSt 57, 24 [26] m. zust. Anm. Gössel JR 2012, 219 [220]; BGH NStZ 1997, 199; krit. HK-StPO/*Julius* § 256 Rn. 6). Besondere Sorgfalt bei der Feststellung der Zulässigkeit der Verlesung ist danach insb. beim Zusammentreffen mit Tötungsdelikten oder Straftaten gegen die sexuelle Selbstbestimmung geboten (BGHSt 57, 24 [26 f.] m. zust. Anm. Gössel JR 2012, 219 [220]; BGH NStZ 2010, 585; StV 2007, 569; NJW 1980, 651; BGHR StPO § 256 Abs. 1 Nr. 5 Ermittlungsmaßnahmen 1). So kann im Einzelfall auch eine nur teilweise Verlesung zulässig sein (KK-StPO/*Diemer* § 256 Rn. 8). Die Einführung des Attestes im Wege des Vorhaltes oder durch Verlesung zur Klärung von Verfahrensvorgängen im Freibeweis bleibt von Nr. 2 unberührt (BGH NStZ 2010, 466; NStZ-RR 1997, 304; StraFo 2009, 152; KK-StPO/*Diemer* § 256 Rn. 8; a. A. bzgl. Vorhalt wohl *Meyer-Goßner/Schmitt* § 256 Rn. 21).

III. Berichte zur Blutprobenentnahme (Nr. 3) Berichte i.S.v. Nr. 3 sind nur verlesbar, wenn sie er- 9
kennen lassen, von wem sie stammen (BayObLG StV 1989, 6; *Meyer-Goßner/Schmitt* § 256 Rn. 22).

Ihnen können Informationen zu Ort, Zeit und Datum der Blutentnahme entnommen werden, ferner solche zum Erscheinungsbild und zum Zustand des Betroffenen sowie die Ergebnisse der bei der Entnahme durchgeführten klinischen Tests (KK-StPO/*Diemer* § 256 Rn. 9; *Meyer-Goßner/Schmitt* § 256 Rn. 22).

10 **IV. Gutachten zur Auswertung von Fahrtschreibern u.Ä. (Nr. 4)** Der Verlesbarkeit der in Nr. 4 genannten Schriftstücke steht nicht entgegen, dass sie nicht von einer öffentlichen Behörde oder einem Vertreter des gerichtsärztlichen Dienstes herrühren. Entsprechendes gilt für **Gutachten zur Auswertung von Blutproben** (*Meyer-Goßner/Schmitt* § 256 Rn. 23, 25; OK-StPO/*Ganter* § 256 Rn. 20). Den Urkunden i.S.d. Nr. 4 ist gemeinsam, dass nur die auf der Grundlage standardisierter Untersuchungsmethoden gewonnenen Befunde und Auswertungsergebnisse verlesbar sind (KK-StPO/*Diemer* § 256 Rn. 9). Beim Fahrtschreiber sind dies die abgelesenen und ausgewerteten Zeichen samt Ergebnis und Aussage über das ordnungsgemäße Funktionieren des Gerätes, bei einer Blutprobe werden die Informationen zur Blutgruppenbestimmung und zur Bestimmung der Blutalkoholkonzentration erfasst (vgl. BGHSt 28, 235 [236]; *Meyer-Goßner/Schmitt* § 256 Rn. 24 f.).

11 **V. Protokolle und Erklärungen (Nr. 5)** Vernehmungen von Polizeibeamten und anderen Angehörigen der Strafverfolgungsbehörden als Zeugen vermitteln regelmäßig dann **keinen zusätzlichen Erkenntnisgewinn**, wenn Gegenstand der Bekundungen nur das sein kann, was sich ohnehin schon aus der jeweiligen Urkunde ergibt (*Meyer-Goßner/Schmitt* § 256 Rn. 26; skeptisch *Neuhaus* StV 2005, 47 [52]). Nr. 5 erlaubt daher die Verlesung von Protokollen sowie Ermittlungsberichten und -vermerken über Routinevorgänge wie Festnahmen, Durchsuchungen, Sicherstellungen und Beschlagnahmen (vgl. BGHR StPO § 56 Abs. 1 Nr. 5 Ermittlungsmaßnahmen 1; weiter gehend unter Bezunahme auf BT-Drucks. 15/1508, S. 26: OLG Celle StraFo 2013, 426 [427]; enger OLG Düsseldorf StV 2007, 518 [519]; vgl. auch LR/*Stuckenberg* § 256 Rn. 56 f.; *Radtke/Hohmann/Pauly/Forkert-Hosser* § 256 Rn. 23), **nicht aber von Vernehmungsprotokollen oder bloßen Aktennotizen** (BGH NJW 2010, 3383; KK-StPO/*Diemer* § 256 Rn. 9a; HK-StPO/*Julius* § 256 Rn. 9). Insoweit kann eine Verlesung nach § 251 Abs. 4 Satz 1 i.V.m. § 252 Abs. 1 Nr. 1 in Betracht kommen (BGH NJW 2010, 3383; LR/*Stuckenberg* § 256 Rn. 58). Nach zutreffender Ansicht entnimmt die Rechtsprechung weder dem Wortlaut noch dem Zweck der Vorschrift eine Einschränkung dahin, dass in ihren Anwendungsbereich nur Urkunden aus dem anhängigen Verfahren fallen (BGH, Beschluss vom 13. April 2015 – 5 StR 110/15 unter Hinweis auf BT-Drucks. 15/1508, S. 26 f.; ebenso KK-StPO/*Diemer* § 256 Rn. 9a; a. A. SK-StPO/*Velten*, § 256 Rn. 33). Ob Nr. 5 die Verteidigungsrechte des Angeklagten und das Gebot der Sachaufklärung massiv einschränkt (so HK-StPO/*Julius* § 256 Rn. 9), mag dahinstehen; im Einzelfall wird der Tatrichter dem Vorrang der Amtsaufklärungspflicht i.V.m. § 250 besondere Beachtung schenken müssen. So ist etwa die Verlesung eines Vermerks über den Inhalt einer Videoaufzeichnung über einen Vorgang, den der Tatrichter bei der Urteilsfindung zu beurteilen hat, statt der Inaugenscheinnahme der Aufzeichnung rechtsfehlerhaft (OLG Düsseldorf StV 2007, 518).

12 **C. Kollegiale Fachbehörde (Abs. 2)** Die Bestimmung stellt eine **Ergänzung von § 83 Abs. 3** dar und soll eine **Verfahrensvereinfachung** bewirken, wenn das eingeholte Gutachten von einer kollegialen Fachbehörde stammt, die regelmäßig nicht von ihrem Leiter oder einem von ihm Beauftragten nach außen vertreten wird, sondern von dem Kollegium insgesamt. Die Verlesung des Gutachtens wird druch eine Vernehmung des Behördenmitglieds nur ergänzt, nicht aber ersetzt (LR/*Stuckenberg* § 256 Rn. 64). Zu den kollegialen Fachbehörden gehören insb. die Gutachterausschüsse (KK-StPO/*Diemer* § 256 Rn. 12). In solchen Fällen wäre es kaum zweckdienlich, sämtliche Mitglieder des Kollegiums zur Hauptverhandlung zu laden. Das Gericht kann die betreffende Behörde in einem solchen Fall ersuchen, ein Mitglied des Kollegiums mit der Vertretung des Gutachtens zu beauftragen. Erfasst wird die Gutachtenerstattung als solche wie auch die Erläuterung eines verlesenen Gutachtens (*Meyer-Goßner/Schmitt* § 256 Rn. 28). Die ersuchte Behörde ist nicht verpflichtet, dem Ersuchen des Gerichts zu entsprechen, was jedoch kaum denkbar ist. Monokratisch organisierte Behörden wie beispielsweise ein Landeskriminalamt fallen regelmäßig nicht unter diese Bestimmung (vgl. BGH NJW 1968, 206).

13 **D. Revision.** Haben die Voraussetzungen für die Verlesung einer Urkunde nach § 256 nicht vorgelegen, kann im Revisionsverfahren eine **Verletzung von § 250** gerügt werden, auch wenn zuvor kein

Gerichtsbeschluss gem. § 238 Abs. 2 herbeigeführt wurde (BGH NJW 1980, 651; *Meyer-Goßner/ Schmitt* § 256 Rn. 30; LR/*Stuckenberg* § 256 Rn. 71; KK-StPO/*Diemer* § 256 Rn. 13). Um der Rüge zum Erfolg zu verhelfen, muss der Beschwerdeführer darlegen, dass das verlesene Schriftstück bei der Urteilsfindung verwertet wurde und nicht nur i.R.d. Hauptverhandlung als Vernehmungsbehelf bei einer Zeugenvernehmung gedient hat und dass die Verlesung von keiner Vorschrift des Verfahrensrechts gedeckt war (BGH StraFo 2009, 152; BGH NStZ-RR 1997, 304). Die Verlesung einer Urkunde statt einer persönlichen Vernehmung kann auch eine **Verletzung der Aufklärungspflicht** begründen (s.o. Rdn. 2; vgl. HK-StPO/*Julius* § 256 Rn. 22). Bei der Frage, ob sich die Vernehmung aufgedrängt hat, berücksichtigen die Revisionsgerichte, ob der Beschwerdeführer einen entsprechenden Antrag gestellt oder der Verlesung zugestimmt hat; schon deshalb empfiehlt sich die Herbeiführung eines Gerichtsbeschlusses (HK-StPO/*Julius* § 256 Rn. 22, 23). **§ 261 kann verletzt sein**, wenn dem Urteil zu entnehmen ist, dass der Inhalt einer Urkunde oder Teile davon zu Beweiszwecken verwertet worden ist, sich dies aber nicht aus dem Hauptverhandlungsprotokoll ergibt (LR/*Stuckenberg* § 256 Rn. 72). Wird im Revisionsverfahren in Zweifel gezogen, dass ein verlesenes Schriftstück von einer der in Abs. 1 genannten Stellen oder Einrichtungen stammt, wird dies **im Freibeweisverfahren** geklärt (BGH VRS 44, 32 [39]; OLG Köln NStZ-RR 1997, 367 [368]).

§ 257 StPO Befragung des Angeklagten und Erklärungsrechte nach einer Beweiserhebung.

(1) Nach der Vernehmung eines jeden Mitangeklagten und nach jeder einzelnen Beweiserhebung soll der Angeklagte befragt werden, ob er dazu etwas zu erklären habe.
(2) Auf Verlangen ist auch dem Staatsanwalt und dem Verteidiger nach der Vernehmung des Angeklagten und nach jeder einzelnen Beweiserhebung Gelegenheit zu geben, sich dazu zu erklären.
(3) Die Erklärungen dürfen den Schlussvortrag nicht vorwegnehmen.

A. Grundsätzliches und Regelungsgehalt. Die Vorschrift dient der **Verwirklichung des rechtlichen Gehörs des Angeklagten und weiterer Prozessbeteiligter** sowie der **Sachaufklärung** (Einzelheiten bei *Schlothauer* StV 1994, 469). Die im Schrifttum vertretene Ansicht, die Bestimmung ermögliche es der Verteidigung, über das jeweilige Beweisergebnis in einen Dialog mit dem Gericht einzutreten und bestimmte Ergebnisse »protokollfest zu fixieren« (so HK-StPO/*Julius* § 257 Rn. 2 m.w.N.), dürfte die Bedeutung der Regelung deutlich überschätzen. Der BGH lehnt in ständiger Rechtsprechung eine Verpflichtung des Tatrichters ab, mit den Prozessbeteiligten ein Rechtsgespräch zu führen (BGHSt 43, 212 [214 f.]; BGH StV 2001, 387). Der Verteidigung bleibt jedoch die Möglichkeit, durch Wahrnehmung ihres Erklärungsrechts auf die Würdigung einzelner Beweise durch das Gericht Einfluss zu nehmen (BGHSt 43, 212, [215]). 1

B. Erklärungsrecht nach Abs. 1. I. Befragung. Das durch eine entsprechende Frage des Vorsitzenden aktualisierte **Erklärungsrecht des Angeklagten**, dass **vom Gesetz als gegeben vorausgesetzt** wird, besteht erst nach endgültiger Beendigung der einzelnen Beweiserhebung und bezieht sich auch nur auf diese (*Meyer-Goßner/Schmitt* § 257 Rn. 8; LR/*Stuckenberg* § 257 Rn. 11). Anderenfalls würde die Struktur der tatrichterlichen Beweisaufnahme Schaden nehmen. Die Vorschrift ist als Sollbestimmung ausgestaltet, ohne besonderen Grund kann der Vorsitzende von der Befragung nicht absehen (*Meyer-Goßner/Schmitt* § 257 Rn. 2). Was der Angeklagte auf die Befragung hin erklärt, gehört wie dessen Äußerungen nach § 258 Abs. 1, 3 zum **Inbegriff der Hauptverhandlung** und darf folglich bei der Urteilsfindung berücksichtigt werden (BGHSt 11, 74 [75] zu § 258 Abs. 1). 2

II. Anwendungsbereich. Neben dem Angeklagten sind auch **die Nebenbeteiligten** zu befragen, denen die Befugnisse des Angeklagten zustehen (§§ 433 Abs. 2 Satz 1, 442 Abs. 1, 2, 444 Abs. 2 Satz 2), jedoch nur im Rahmen ihrer jeweiligen Beteiligung (*Meyer-Goßner/Schmitt* § 257 Rn. 3). Im **Jugendstrafverfahren** sollen auch die Erziehungsberechtigten und gesetzlichen Vertreter befragt werden, wegen § 109 Abs. 1 JGG aber nicht im Verfahren gegen Heranwachsende (str.; wie hier HK-StPO/*Julius* § 257 Rn. 13; HK-JGG/*Schatz* 67 Rn. 23 unter zutr. Hinweis auf BVerfGE 107, 104; LR/*Stuckenberg* § 257 Rn. 7; a. A. *Meyer-Goßner/Schmitt* § 257 Rn. 3; KK-StPO/*Diemer* § 257 Rn. 2). 3

§ 257 StPO Befragung d. Angeklagten u. Erklärungsrechte nach einer Beweiserhebung

4 **C. Erklärungsrecht nach Abs. 2. I. Erklärungsrecht auf Verlangen.** Inhaltlich ergeben sich für das Erklärungsrecht nach Abs. 2 im Vergleich zu dem des Angeklagten keine Besonderheiten oder Abweichungen. Der Vorsitzende hat lediglich **keine Fragepflicht** (LR/*Stuckenberg* § 257 Rn. 14).

5 **II. Anwendungsbereich.** Neben dem Staatsanwalt und dem Verteidiger haben das Erklärungsrecht auch der Privatkläger (§ 385 Abs. 1 Satz 1), der Nebenkläger (§ 397 Abs. 1 Satz 3) sowie der Bevollmächtigte eines Nebenbeteiligten (§ 434). Mehrere Verteidiger bzw. Staatsanwälte haben das Recht jeder für sich, ebenso eine Mehrheit anderer Berechtigter (LR/*Stuckenberg* § 257 Rn. 12).

6 **D. Grenzen des Erklärungsrechts (Abs. 3)** Nach Abschluss einer Beweiserhebung ist insb. die Verteidigung, seltener der Staatsanwalt, versucht, umfangreich zu deren Bedeutung unter Berücksichtigung des Beweisergebnisses i.Ü. Stellung zu nehmen. Dem wirkt Abs. 3 entgegen, wonach die Erklärungen nach Abs. 1 und 2 den **Schlussvortrag nicht vorwegnehmen** dürfen. Die Erklärung nach jeder Beweiserhebung ist also regelmäßig auf eine kurze, thematische begrenzte Äußerung dazu beschränkt, was der soeben vernommene Zeuge bekundet hat (*Meyer-Goßner/Schmitt* § 257 Rn. 8). Schon deshalb ergeben sich daraus, dass dem Gesetzeswortlaut eine zeitliche Begrenzung für die jeweilige Erklärung nicht entnommen werden kann (so zutr. HK-StPO/*Julius* § 257 Rn. 5), nur in Ausnahmefällen Schwierigkeiten, den zügigen Fortgang der Beweisaufnahme zu gewährleisten. Entsprechend dem Zweck der Vorschrift ist eine zusammenfassende Würdigung des bisherigen Verhandlungsergebnisses nicht zulässig (*Meyer-Goßner/Schmitt* § 257 Rn. 8; KK-StPO/*Diemer* § 257 Rn. 4; ähnlich OK-StPO/*Eschelbach* § 257 Rn. 17 [unnötig]; a. A. SK-StPO/*Velten* § 257 Rn. 7). Das **Recht zur Stellung von Anträgen** wird durch Abs. 3 nicht eingeschränkt (*Meyer-Goßner/Schmitt* § 257 Rn. 8).

7 **E. Hauptverhandlungsprotokoll.** Die Beachtung des Erklärungsrechts nach Abs. 1 ist eine **wesentliche Förmlichkeit** i.S.d. § 273 (LR/*Stuckenberg* § 257 Rn. 34). Die Form der Protokollierung ist nicht vorgeschrieben; in der Praxis häufig vorkommen und auch ausreichend ist der Vermerk, § 257 sei stets beachtet worden, der nicht im Anschluss an jede einzelne Beweiserhebung erfolgen muss (BGH MDR [D] 1967, 175; anders nur dann, wenn die Erklärung erstmals eine Einlassung enthält: BGH StV 2000, 123 entgegen BGH StV 1994, 468 m. abl. Anm. *Schlothauer*). Erklärungen nach Abs. 2 sind ebenso wie deren Zurückweisung zu protokollieren (*Meyer-Goßner/Schmitt* § 257 Rn. 7; HK-StPO/*Julius* § 257 Rn. 8).

8 **F. § 257 und die »Widerspruchslösung«.** Bezieht sich das Erklärungsrecht nach dem erkennbaren Willen des Gesetzgebers allenfalls auf die **Bewertung** des zuvor erlangten Beweisergebnisses, verlangt der BGH in inzwischen ständiger Rechtsprechung, dass der Angeklagte und sein Verteidiger spätestens bis zu dem Zeitpunkt, zu dem das Erklärungsrecht wahrgenommen werden kann, auch der **Verwertung** des Beweisstoffs aus der vorhergehenden Beweiserhebung widersprechen (BGHSt 38, 214 [225 f.]; 42, 15, [22 ff.]; zuletzt BGHSt 52, 38 [41 f.]; dazu *Fezer* JR 1992, 385; *Widmaier* NStZ 1992, 519; vgl. auch LR/*Stuckenberg* § 257 Rn. 39). Dies gilt insb. für den Fall des Verstoßes gegen Belehrungspflichten während des Ermittlungsverfahrens (BGHSt 50, 272 [274]).

9 **G. Revision.** Ungeachtet des im Schrifttum umstrittenen Rechtscharakters der Vorschrift (bloße Ordnungsvorschrift: KK-StPO/*Diemer* § 257 Rn. 5; a.A. *Meyer-Goßner/Schmitt* § 257 Rn. 9; SK-StPO/*Velten* § 257 Rn. 15; OK-StPO/*Eschelbach* § 257 Rn. 23) dürfte die Rüge der Verletzung von § 257 nur in Ausnahmefällen zum Erfolg führen, nämlich dann, wenn der Beschwerdeführer den Anforderungen des § 344 Abs. 2 Satz 2 entsprechend darlegen kann, das Gericht habe seine Aufklärungspflicht (§ 244 Abs. 2) verletzt oder er sei durch die Verweigerung oder Beschneidung seines Erklärungsrechts oder desjenigen seines Verteidigers in seiner Verteidigung unzulässig beschränkt worden (§ 338 Nr. 8; vgl. HK-StPO/*Julius* § 257 Rn. 11, 12). Letztlich wird die Rüge in den meisten Fällen auch am Beruhen scheitern (LR/*Stuckenberg* § 257 Rn. 40; HK-StPO/*Julius* § 257 Rn. 11). In allen Fällen ist die vorherige Anrufung des Gerichts (§ 238 Abs. 2) erforderlich (KK-StPO/*Diemer* § 257 Rn. 5).

§ 257a StPO Form von Anträgen und Anregungen zu Verfahrensfragen.
¹Das Gericht kann den Verfahrensbeteiligten aufgeben, Anträge und Anregungen zu Verfahrensfragen schriftlich zu stellen. ²Dies gilt nicht für die in § 258 bezeichneten Anträge. ³§ 249 findet entsprechende Anwendung.

A. Grundsätzliches und Regelungsgehalt. I. Gesetzeszweck. Die Vorschrift wurde im Jahr 1994 durch das **Verbrechensbekämpfungsgesetz** (BGBl. I S. 3158) in die StPO aufgenommen und soll der Prozessbeschleunigung v.a. in umfangreicheren Verfahren mit komplexem Prozessstoff dienen, in denen die mündliche Verlesung von Anträgen in der Hauptverhandlung nicht selten viel Zeit beansprucht; davon soll die Hauptverhandlung entlastet werden (vgl. BT-Drucks. 12/6853, S. 19; vgl. auch BGH, Beschl. v. 16.03.2005 – 5 StR 514/04). Ihre Wirksamkeit entfaltet die Bestimmung insb. durch den in Satz 3 enthaltenen Verweis auf § 249, wodurch für Anträge von Verfahrensbeteiligten die Anordnung des Selbstleseverfahrens ermöglicht wird. Sie stellt eine **Ausnahme vom** in der Hauptverhandlung geltenden **Mündlichkeitsgrundsatz** dar (KK-StPO/*Diemer* § 257a Rn. 2).   1

II. Kritik. Die von Teilen des Schrifttums **heftig kritisierte Vorschrift** (OK-StPO/*Eschelbach* § 257a Rn. 1 [eines Rechtsstaats kaum würdiges Disziplinierungsinstrument; ebenso HK-StPO/*Julius* § 257a Rn. 1; SK-StPO/*Velten* § 257a Rn. 1; vgl. auch *Bandisch* StV 1994, 153; *Hamm* StV 1994, 456; *Wesemann* StV 1995, 220; *Krahl* GA 1998, 334; a. A. *Senge* NStZ 2002, 225 [231 f.]; *Nehm/Senge* NStZ 1998, 384 [385]; KK-StPO/*Diemer* § 257a Rn. 2) überschätzt zum einen deren praktische Relevanz. Eine ausufernde Anwendung durch die Tatgerichte lässt sich bislang nicht feststellen, was auch an ihrer schwierigen Handhabbarkeit liegen mag (an der Zweckmäßigkeit zweifelnd auch *Meyer-Goßner/Schmitt* § 257a Rn. 1; *Münchhalffen* StraFo 1995, 20). Auch die sich an einer Anordnung der schriftlichen Antragstellung möglicherweise anschließenden Konflikte zwischen Verteidigung und Gericht können – bis hin zu Ablehnungsanträgen (OK-StPO/*Eschelbach* § 257a Rn. 1) – zu unwillkommenen Verfahrensverzögerungen führen (*Dahs* NJW 1995, 556). Zum anderen kann den Bedenken gegen die Vereinbarkeit der durch § 257a zugelassenen Verfahrensweise mit der Rechtsstellung etwa der Verteidigung durch eine auf extreme Ausnahmefälle beschränkten Anwendung Rechnung getragen werden; einer generellen, teleologischen Reduktion wird es deswegen aber nicht bedürfen (so aber bspw. *Meyer-Goßner/Schmitt* § 257a Rn. 2).   2

B. Regelfall (Satz 1) I. Anträge und Anregungen. Die Vorschrift erstreckt sich auf **alle Arten von Anträgen**. Ausgeschlossen ist die Anordnung bei Anträgen gem. § 258; gemeint ist hier der gesamte Schlussvortrag (*Meyer-Goßner/Schmitt* § 257a Rn. 7). Nicht erfasst werden auch weitere Äußerungs- und Erklärungsrechte von Verfahrensbeteiligten (vgl. etwa § 248 Satz 2), Zustimmungs- oder Verzichtserklärungen sowie die Verlesung der Anklage (vgl. aber hier BGH [GS] NJW 2011, 1687) und die Erklärung des Angeklagten hierzu (§ 243 Abs. 5), ferner Ablehnungsgesuche, für die § 26 Abs. 1 Halbs. 2 gilt. Die Vorschrift zielt insb. auf Beweisanträge, Beweisanregungen und Beweisermittlungsersuchen ab. Gerade bei diesen Anträgen und Anregungen kann es im Einzelfall zu einer langatmigen Verlesung von Erklärungen kommen, die der Antragsteller in Verfolgung verfahrensfremder Zwecke bloß in die Form eines Beweisantrages gebracht hat (vgl. dazu KK-StPO/*Diemer* § 257a Rn. 5).   3

II. Verfahrensfragen. **Äußerungen zur materiellen Rechtslage** werden nicht von der Vorschrift erfasst; sie sind unter den Voraussetzungen des § 257 uneingeschränkt in mündlicher Form zulässig, desgleichen Äußerungen nach § 243 Abs. 3 und 4 sowie Erklärungen der Verfahrensbeteiligten nach § 251 Abs. 2 Nr. 3 (*Meyer-Goßner/Schmitt* § 257a Rn. 8).   4

III. Gerichtsbeschluss. 1. Verfahren. Zu der Anordnung ist **nur das erkennende Gericht** unter Einschluss der Schöffen befugt. Sie kann allen Prozessbeteiligten ggü. ergehen und sollte zweckmäßigerweise vorher durch den Vorsitzenden, ggf. unter Darlegung der maßgeblichen Erwägungen, mit den Beteiligten erörtert werden (vgl. *Meyer-Goßner/Schmitt* § 257a Rn. 5). Die Anordnung kann sich auf einzelne Anträge oder Anregungen beziehen, sie kann zeitlich beschränkt werden (OK-StPO/*Eschelbach* § 257a Rn. 5) oder sich – in Extremfällen – über die Dauer der gesamten Hauptverhandlung erstrecken (KK-StPO/*Diemer* § 257a Rn. 4). Eine Begründung der Anordnung wird vom Gesetz nicht   5

§ 257a StPO Form von Anträgen und Anregungen zu Verfahrensfragen

gefordert, ist aber nach zutr. herrschender Meinung geboten, um eine ausreichende Überprüfung im Revisionsverfahren zu ermöglichen (OK-StPO/*Eschelbach* § 257a Rn. 6), zumal die Anordnung im Ermessen des Gerichts steht.

6 **2. Ermessen.** Ob, in welchem zeitlichen oder sachlichen Umfang und welchem Prozessbeteiligten ggü. eine solche Anordnung erlassen werden muss, steht **im Ermessen des Gerichts**. Es wird dabei regelmäßig in Betracht ziehen müssen, dass es sich um eine Ausnahmevorschrift handelt, die das Mündlichkeitsprinzip durchbricht. Ferner ist bei der Entscheidung zu bedenken, dass allein die Förderung und Beschleunigung des noch durchzuführenden Teils der Hauptverhandlung Anlass für die Anordnung sein kann, nicht aber die Sanktionierung dysfunktionalen Prozessverhaltens in der Vergangenheit (KK-StPO/*Diemer* § 257a Rn. 5).

7 **IV. Rechtsfolgen.** Diejenigen Prozessbeteiligten, an die sich die Anordnung richtet, dürfen **Anträge und Anregungen zu Verfahrensfragen nur noch schriftlich** einreichen, was im Hauptverhandlungsprotokoll zu vermerken ist. Handschriftlich abgefasste Erklärungen reichen aus, sofern sie lesbar sind (*Meyer-Goßner/Schmitt* § 257a Rn. 9). Nicht selten wird dem Antragsteller eine **Unterbrechung der Hauptverhandlung** zur schriftlichen Antragstellung zu gewähren sein (*Dahs* NJW 1995, 556). Mündlich gestellte Anträge muss das Gericht nicht mehr beachten (LR/*Stuckenberg* § 257a Rn. 23; KK-StPO/*Diemer* § 257a Rn. 4). An den einmal gefassten Beschluss ist das Gericht nicht gebunden; es kann daher eine mündliche Antragstellung zulassen, wenn dies sachgemäß ist (*Meyer-Goßner/Schmitt* § 257a Rn. 9).

8 **C. Ausnahmen (Satz 2)** Während Satz 1 die Anwendbarkeit der Bestimmung auf Anträge und Anregungen zu Verfahrensfragen beschränkt (Rdn. 4), nimmt **Satz 2** zusätzlich die Schlussvorträge und das letzte Wort des Angeklagten vom Anwendungsbereich der Vorschrift aus.

9 **D. Satz 3.** Die schriftlich eingereichten Anträge sind **Urkunden i.S.d. § 249**. Die Einführung in die Hauptverhandlung im Wege der Verlesung würde indes dem mit Satz 1 verfolgten Zweck der Verfahrensbeschleunigung zuwiderlaufen. Die unbeschränkte Verweisung auf § 249 ermöglicht daher nach zutreffender herrschender Meinung die Anwendung des Selbstleseverfahrens gem. § 249 Abs. 2 (vgl. nur KK-StPO/*Diemer* § 257a Rn. 6; einschränkend SK-StPO/*Velten* § 257a Rn. 4). Nach zutreffender Ansicht genügt in geeigneten Fällen auch der zusammenfassende Bericht des Vorsitzenden über den Inhalt des betreffenden Schriftsatzes (LR/*Stuckenberg* § 257a Rn. 22; Meyer-Goßner/Schmitt § 257a Rn. 10).

10 **E. Hauptverhandlungsprotokoll.** Als **wesentliche Förmlichkeit i.S.d.** § 273 ist der Beschluss über die Anordnung der schriftlichen Antragstellung sowie jede Aufhebung oder Änderung dieser Entscheidung in das Hauptverhandlungsprotokoll aufzunehmen (OK-StPO/*Eschelbach* § 257a Rn. 8). Auch die Einreichung schriftlicher Anträge nach Erlass der Anordnung und deren Bescheidung sind wesentliche Förmlichkeiten (*Meyer-Goßner/Schmitt* § 257a Rn. 9), ebenso die anordnungswidrig gestellten mündlichen Anträge sowie deren Zurückweisung (LR/*Stuckenberg* § 257a Rn. 25 zu Satz 3 i.V.m. § 249 Abs. 2 LR/*Mosbacher* § 249 Rn. 88 ff.).

11 **F. Rechtsbehelfe.** Eine **Beschwerde** gegen die Anordnung nach Satz 1 ist gem. § 305 Satz 1 ausgeschlossen (SK-StPO/*Velten* § 257a Rn. 6). Der von der Anordnung Betroffene kann allenfalls **Gegenvorstellung** erheben (KK-StPO/*Diemer* § 257a Rn. 7). Mit der Revision kann geltend gemacht werden, dass die Anordnung nach Satz 1 **sachlich nicht gerechtfertigt** war oder gar **willkürlich** ergangen ist (*Meyer-Goßner/Schmitt* § 257a Rn. 13). In Betracht kommt auch eine Behinderung der Verteidigung in einem wesentlichen Punkt (§ 338 Nr. 8). Dass wegen der fehlerhaften Handhabung von Satz 1 ein Beweisantrag nicht gestellt werden konnte, weshalb die Aufklärungspflicht (§ 244 Abs. 2) verletzt sein könnte (so *Meyer-Goßner/Schmitt* § 257a Rn. 13; KK-StPO/*Diemer* § 257a Rn. 7), dürfte in der Praxis nur selten vorkommen.

§ 257b StPO Erörterung des Verfahrensstands mit den Verfahrensbeteiligten.
Das Gericht kann in der Hauptverhandlung den Stand des Verfahrens mit den Verfahrensbeteiligten erörtern, soweit dies geeignet erscheint, das Verfahren zu fördern.

A. Grundsätzliches.
I. Normhistorie. Die Vorschrift wurde durch das **Gesetz zur Regelung** 1 **der Verständigung im Strafverfahren** in die StPO eingefügt (dazu näher § 257c). Die Forderung nach einer Formalisierung und gesetzlichen Verankerung der offenen Kommunikation in der Hauptverhandlung war im Vorfeld insb. vom Deutschen Anwaltverein erhoben worden (vgl. dessen Positionspapier, abgedruckt in StraFo 2006, 89, 98 f. sowie die Stellungnahme Nr. 46/2006, S. 11 f., abrufbar unter www.anwaltverein.de). Eine ähnliche Norm enthielt bereits der »Diskussionsentwurf für eine Reform des Strafverfahrens« (abgedruckt in StV 2004, 228, 231).

Die Vorschrift eröffnet erstmals in der Geschichte der StPO die **Möglichkeit einer offenen Kommuni-** 2 **kation** zwischen dem Gericht und den Verfahrensbeteiligten **in der Hauptverhandlung**. Dies bedeutet einen Einbruch in die traditionell inquisitorisch geprägte Struktur der Hauptverhandlung, die den Verfahrensbeteiligten bisher zwar Mitwirkungsrechte, aber keine Kommunikationsmöglichkeiten mit dem Gericht einräumte. Dem Bedürfnis der Praxis entsprechend fanden Erörterungen daher früher vorwiegend informell außerhalb der Hauptverhandlung statt. Die gesetzliche Institutionalisierung der Erörterungsmöglichkeit ist i.S.d. anzustrebenden Offenheit und Transparenz der Hauptverhandlung (dazu näher *Ignor/Matt* StV 2002, 102) zu begrüßen (so auch KMR/*Heintschel-Heinegg* § 257b Rn. 1; wohl auch *Meyer-Goßner/Schmitt* § 257b Rn. 3; a. A. Graf/*Eschelbach* § 257b Rn. 2; AnwK-StPO/*Püschel* § 257b Rn. 8, die befürchten, dass die Gerichte nunmehr die Hauptverhandlung ohne vorherige genaue Lektüre der Akten beginnen werden; ferner LR/*Stuckenberg* § 257b Rn. 2, der durch die Norm die Tendenz zur Entwertung der Hauptverhandlung gefördert sieht; krit. auch *Altenhain/Hagemeier/Haimerl* NStZ 2007, 71, 74, die dadurch den Sinn des § 257c Abs. 2 für konterkariert erachten, sowie *Burhoff* HV Rn. 483b, der die Regelung für überflüssig erachtet).

II. Normzweck. Die Regelung ist im **Zusammenhang mit den §§ 160b, 202a sowie 212 StPO** zu 3 sehen, die insgesamt eine **Stärkung der Kommunikation im Strafverfahren** anstreben (vgl. BT-Drucks. 16/12310, S. 2), dazu näher § 160b. § 257b StPO sieht die Möglichkeit einer Erörterung mit dem Gericht i.R.d. Hauptverhandlung vor, § 212 StPO demgegenüber die Erörterung im gerichtlichen Verfahren nach der Eröffnung des Hauptverfahrens, aber außerhalb der Hauptverhandlung.

Der Zweck der neu geschaffenen Erörterungsmöglichkeit in der Hauptverhandlung lässt sich den Ma- 4 terialien nicht ganz eindeutig entnehmen (krit. daher *Altenhain/Haimerl* JZ 2010, 327, 334). Während i.R.d. allgemeinen Erwägungen darauf hingewiesen wird, dass § 257b StPO dazu dienen könne, eine Verständigung vorzubereiten (vgl. BT-Drucks. 16/12310, S. 2), heißt es an anderer Stelle, der Erörterungstermin sei nicht als Vorstufe für eine mögliche Verständigung gedacht, vielmehr sei diese in § 257c StPO gesondert geregelt (BT-Drucks. 16/12310, S. 13).

Auf jeden Fall dient § 257b StPO der **Transparenz** und damit nicht zuletzt der **Verfahrensförderung** in 5 der Hauptverhandlung. Vernünftig angewendet, d.h. nicht als Forum gegenseitiger Einschüchterungsversuche, kann sie dazu beitragen, den Blick des Gerichts und der Verfahrensbeteiligten auf die wirklich problematischen Punkte einer Hauptverhandlung auszurichten und die jeweiligen Aktivitäten darauf zu konzentrieren (vgl. SK-StPO/*Velten* § 257b Rn. 3). Insb. können Unsicherheiten aufseiten des Beschuldigten über die Sichtweise und »Marschrichtung« des Gerichts, die häufig Ursache »dysfunktionalen«, zumindest umständlich auslotenden Verteidigungsverhaltens sind (z.B. durch Beweisanträge), ebenso beseitigt werden wie das Unverständnis aufseiten des Gerichts für die Zielrichtung von Verteidigungsaktivitäten. Das prozessuale Instrumentarium der StPO vor dem VerstG war hierfür ersichtlich unzureichend (vgl. SK-StPO/*Velten* § 257b Rn. 3 unter Hw. auf *König* StV 1988, 113 sowie *dens.* FG Friebertshäuser [1997], S. 211 ff.). Die Vorschrift ähnelt der Erörterung des Sach- und Streitstandes im Zivilprozess (vgl. §§ 139 Abs. 1 S. 1, 279 Abs. 3 S. 1 ZPO). Von ihr sollte nicht zuletzt im Interesse der Verfahrensförderung großzügig Gebrauch gemacht werden (vgl. *Föhrig*, Kleines Strafrichter-Brevier, 2008, S. 22: »Je bedeckter ein Vorsitzender gegenüber den Beteiligten, insbesondere der Verteidigung agiert, desto zeitaufwändiger wird er agieren dürfen.«).

6 Die Vorschrift stellt klar, dass durch die Bekanntgabe der Einschätzung des Verfahrensstandes durch das Gericht allein kein Befangenheitsgrund geschaffen wird (BT-Drucks. 16/12310, S. 13; zur Besorgnis der Befangenheit s.u. Rdn. 14).

7 **B. Regelungsgehalt. I. Gericht/Verfahrensbeteiligte.** Der Begriff des **Gerichts** ist i.S.d. allgemeinen Regelungen der StPO zu verstehen und umfasst die Gesamtheit der Richter einschl. der Schöffen. Der Vorsitzende leitet die Erörterung nach Maßgabe des § 238 Abs. 1 StPO (BT-Drucks. 16/12310, S. 13).

8 Die Materialien definieren die **Verfahrensbeteiligten** als die Personen und Stellen, die hinsichtlich des in der Anklage enthaltenen Vorwurfs in der Hauptverhandlung mit eigenen Verfahrensrechten ausgestattet sind und verweist auf die Erläuterungen zu § 160b StPO (BT-Drucks. 16/12310, S. 12). Näher dazu § 160b; § 202a.

9 **II. Verfahren, Inhalt und Grenzen der Erörterung. 1. Verfahren.** Dem Wortlaut nach geht § 257b StPO von einem Initiativrecht des **Gerichts** aus, das als solches in einem gewissen Spannungsverhältnis zum Gebot richterlicher Neutralität steht (so zu Recht *Jahn/Müller* NJW 2009, 2625, 2627; Graf/*Eschelbach* § 257b Rn. 5). Zum Teil wird daher dazu geraten, dass das Gericht einen Vorstoß seitens der Verfahrensbeteiligten abwartet (*Jahn/Müller* NJW 2009, 2625, 2627; ähnlich N/Sch/W/*Schlothauer* Teil B § 257b Rn. 7). Dies würde jedoch die Anwendung der Norm zu sehr einschränken. Einer Verletzung der Neutralitätspflicht wird dadurch vorgebeugt, dass das Gericht die Bekanntgabe der Einschätzung der Sach- und Rechtslage als vorläufig sowohl deklariert (vgl. LG Verden StV 2010, 234), als auch praktiziert, indem es den Verfahrensbeteiligten ausreichend Gelegenheit zur Stellungnahme und zum Austausch von Argumenten und Sichtweisen gibt und sich selbst daran erkennbar ergebnisoffen beteiligt (vgl. SK-StPO/*Velten* § 257b Rn. 5, 8).

10 Wie bei den §§ 160b, 202a, 212 StPO bestehen auch bei § 257b StPO gegen eine Initiative zu einer Erörterung seitens der **Verfahrensbeteiligten** keine Bedenken (so auch *Jahn/Müller* NJW 2009, 2625, 2627; Beispiel für einen entsprechenden Antrag seitens der Verteidigung bei *Ignor/Sättele* Beck'sches Formularbuch f. d. Strafverteidiger S. 505). Hierfür spricht bereits der Standort der Norm im Kontext des § 257 StPO, der Erklärungsrechte des Angeklagten, der Staatsanwaltschaft und der Verteidigung vorsieht.

11 Die Vorschrift eröffnet den Verfahrensbeteiligten zwar keinen Anspruch auf ein Rechtsgespräch (*Burhoff* HV Rn. 483c; KMR/*von Heintschel-Heinegg* § 257b Rn. 10; *Meyer-Goßner/Schmitt* § 257b Rn. 3; N/Sch/W/*Schlothauer* Teil B § 257b Rn. 7; krit. dazu Graf/*Eschelbach* § 257b Rn. 12), sondern lediglich einen **Anspruch auf eine ermessensfehlerfreie Entscheidung**. Unter Umständen ist jedoch eine Ermessensreduzierung »auf Null« denkbar (dazu SK-StPO/*Velten* § 257b Rn. 2; *König* AnwBl. 2010, 386). Aus § 257b StPO i.V.m. Art. 103 Abs. 1 GG folgt zudem ein **Anspruch** der Verfahrensbeteiligten **auf die Begründung der Entscheidung des Gerichts** (SK-StPO/*Velten* § 257b Rn. 2; bereits vor Inkrafttreten des Verständigungsgesetzes *Salditt* FS DAV, S. 794, 799 f.) um z.B. zu prüfen, ob sachwidrige Erwägungen zur Ablehnung führten oder sogar ein Fall einer willkürlichen Ungleichbehandlung vorlag.

12 Gem. **§ 273 Abs. 1 S. 2 StPO** ist der wesentliche Ablauf und Inhalt einer Erörterung nach § 257b StPO in das **Hauptverhandlungsprotokoll** aufzunehmen.

13 **2. Inhalt. a) Eignung zur Verfahrensförderung.** Die Norm setzt – wie §§ 160b, 202a StPO – voraus, dass die Erörterung geeignet erscheint, das Verfahren zu fördern. Das bedeutet, dass nicht nur der momentane Stand der Sach- und Rechtslage, sondern auch der weitere Verfahrensgang zum Gegenstand der Erörterung gemacht werden kann (BT-Drucks. 16/12310, S. 12). Die Formulierung ist mithin als **Zielbeschreibung**, nicht etwa als Einschränkung des Anwendungsbereichs der Norm anzusehen, vgl. § 160b StPO Rdn. 3, § 202a StPO Rdn. 3.

14 **b) Inhalt der Erörterung.** Der Gesetzgeber wollte mit der Vorschrift außer Gesprächen über **die weitere Gestaltung des Verfahrens** ausdrücklich auch solche über eine **einstweilige Bewertung von Beweiserhebungen** ermöglichen (BT-Drucks. 16/12310, S. 13; krit. dazu Graf/*Eschelbach* § 257b Rn. 6 f.), was aus den oben unter Rdn. 5 ausgeführten Gründen zu begrüßen ist; problematisch daher KG Beschl. v. 17.12.2012 – (4) 161 Ss 191/12 (262/12), wonach das erkennende Gericht unter keinem rechtlichen Gesichtspunkt verpflichtet sei, die Prozessbeteiligten in einem »Zwischenverfahren« über

die vorläufige Bewertung von Beweismitteln zu informieren. Ferner soll die **Angabe einer Ober- und Untergrenze der** nach dem gegenwärtigen Verfahrensstand **zu erwartenden Strafe** durch das Gericht möglich sein (BT-Drucks. 16/12310, S. 12 f.; vgl. BGH Urt. v. 14.04.2011 – 4 StR 571/10, wonach Gegenstand einer Erörterung auch das Strafmaß sein kann). Das ist, solange das Gericht die Vorläufigkeit seiner Beurteilung deutlich macht und diese transparent begründet, unbedenklich und sinnvoll, weil es dem Angeklagten ermöglicht, seine Verteidigung darauf einzustellen. Auch die Voraussetzungen des § 257c Abs. 2 StPO werden dadurch nicht unterlaufen (Bedenken bei *Altenhain/Hagemeier/Haimerl* NStZ 2007, 71, 74), weil eine Verständigung einen konkreten Vorschlag voraussetzt (näher § 257b StPO). Eine Besorgnis der Befangenheit folgt daraus nicht (BGH Beschl. v. 20.10.2010 – 1 StR 166/11 = ZWH 2012, 69 f. m. Anm. *Spatschek/Beckschäfer*). Nicht zuletzt ermöglicht § 257b StPO auch die Erörterung von **Rechtsfragen**, auf die es im Verfahren ankommt. Die Abgabe einer Einschätzung der Sach- und Rechtslage durch den Vorsitzenden ist nicht als Vorbereitung einer Verständigung zu werten (BGH Beschl. v. 03.09.2013 – 1 StR 237/13).

§ 257c StPO Verständigung zwischen Gericht und Verfahrensbeteiligten.

(1) ¹Das Gericht kann sich in geeigneten Fällen mit den Verfahrensbeteiligten nach Maßgabe der folgenden Absätze über den weiteren Fortgang und das Ergebnis des Verfahrens verständigen. ²§ 244 Absatz 2 bleibt unberührt.
(2) ¹Gegenstand dieser Verständigung dürfen nur die Rechtsfolgen sein, die Inhalt des Urteils und der dazugehörigen Beschlüsse sein können, sonstige verfahrensbezogene Maßnahmen im zugrundeliegenden Erkenntnisverfahren sowie das Prozessverhalten der Verfahrensbeteiligten. ²Bestandteil jeder Verständigung soll ein Geständnis sein. ³Der Schuldspruch sowie Maßregeln der Besserung und Sicherung dürfen nicht Gegenstand einer Verständigung sein.
(3) ¹Das Gericht gibt bekannt, welchen Inhalt die Verständigung haben könnte. ²Es kann dabei unter freier Würdigung aller Umstände des Falles sowie der allgemeinen Strafzumessungserwägungen auch eine Ober- und Untergrenze der Strafe angeben. ³Die Verfahrensbeteiligten erhalten Gelegenheit zur Stellungnahme. ⁴Die Verständigung kommt zustande, wenn Angeklagter und Staatsanwaltschaft dem Vorschlag des Gerichtes zustimmen.
(4) ¹Die Bindung des Gerichtes an eine Verständigung entfällt, wenn rechtlich oder tatsächlich bedeutsame Umstände übersehen worden sind oder sich neu ergeben haben und das Gericht deswegen zu der Überzeugung gelangt, dass der in Aussicht gestellte Strafrahmen nicht mehr tat- oder schuldangemessen ist. ²Gleiches gilt, wenn das weitere Prozessverhalten des Angeklagten nicht dem Verhalten entspricht, das der Prognose des Gerichtes zugrunde gelegt worden ist. ³Das Geständnis des Angeklagten darf in diesen Fällen nicht verwertet werden. ⁴Das Gericht hat eine Abweichung unverzüglich mitzuteilen.
(5) Der Angeklagte ist über die Voraussetzungen und Folgen einer Abweichung des Gerichtes von dem in Aussicht gestellten Ergebnis nach Absatz 4 zu belehren.

Übersicht	Rdn.			Rdn.
A. Grundsätzliches zum Verständigungsgesetz	1		a) Keine Einführung eines Konsensprinzips	23
I. Normhistorie	4		b) Regelungsgehalt	26
1. Vorgaben durch die Rechtsprechung	5		3. Notwendige Verteidigung	32
2. Gang des Gesetzgebungsverfahrens	7	II.	Gegenstand von Verständigungen (Abs. 2)	33
3. Bewertung des VerstG und der Entwicklung der Rechtsprechung	9		1. Möglicher Inhalt	34
			a) »Rechtsfolgen, die Inhalt des Urteils und der dazugehörigen Beschlüsse sein können«	37
II. Regelungszweck des Verständigungsgesetzes	11			
III. Verfassungsmäßigkeit der Norm	12		aa) Allgemeines	37
B. Regelungsgehalt des § 257c StPO	16		bb) Einzelfragen	40
I. Anwendungsbereich (Abs. 1)	16		cc) Dazugehörige Beschlüsse	44
1. Geeignete Fälle (Abs. 1 S. 1)	17		b) »Sonstige verfahrensbezogene Maßnahmen«	45
2. Verständigung und gerichtliche Aufklärungspflicht (Abs. 1 S. 2)	22		c) »Das Prozessverhalten der Verfahrensbeteiligten«	46

§ 257c StPO Verständigung zwischen Gericht und Verfahrensbeteiligten

		Rdn.			Rdn.
	aa) Allgemeines	46	3.	Folgen des Wegfalls der Bindungswirkung	99
	bb) Geständnis (Abs. 2 S. 2)	50		a) Folgen für das erkennende Gericht	99
2.	Verbote (Abs. 2 S. 3)	56		b) Folgen für die Staatsanwaltschaft	102
III.	Verfahren der Verständigung (Abs. 3)	63		c) Folgen für den Angeklagten	103
1.	Bekanntgabe des möglichen Inhalts (S. 1)	64		aa) Erbrachte Geldleistungen	103
2.	Angabe einer Strafober- und Strafuntergrenze (S. 2)	66		bb) Vorgenommene Prozesshandlungen	105
3.	Gelegenheit zur Stellungnahme (S. 3)	75		cc) Insb.: Das Geständnis	107
4.	Zustimmung des Angeklagten und der Staatsanwaltschaft (S. 4)	76	V.	Belehrungspflicht über den möglichen Wegfall der Bindungswirkung nach Abs. 4 (Abs. 5)	115
IV.	Bindungswirkung und Entfallen der Bindungswirkung (Abs. 4)	81	VI.	Die rechtswidrige Verständigung	119
1.	Bindungswirkung	81	**C.**	**Revision**	125
	a) Dogmatische Entwicklung der Bindungswirkung	82	I.	Allgemeines	125
	b) Anwendungsbereich	88	II.	Verstoß gegen Abs. 1	131
2.	Gesetzliche Fallgruppen des Wegfalls der Bindungswirkung (Abs. 4)	91	III.	Verstoß gegen Abs. 2 (Gegenstände einer Verständigung)	132
	a) S. 1 (Übersehen oder nachträgliches Eintreten tatsächlich bedeutsamer Umstände)	91	IV.	Verstoß gegen Abs. 3 (Verständigungsverfahren)	136
	b) S. 2 (weiteres Prozessverhalten des Angeklagten)	97	V.	Verstoß gegen Abs. 4 (Wegfall der Bindungswirkung der Verständigung)	140
			VI.	Verstoß gegen Abs. 5 (Belehrungspflicht)	141

1 **A. Grundsätzliches zum Verständigungsgesetz.** Die Vorschrift bildet die **zentrale Norm** des am 04.08.2009 in Kraft getretenen »Gesetzes zur Verständigung im Strafverfahren«, das erstmals die bis dahin informelle Absprachenpraxis gesetzlich regelt und damit eine der größten Veränderungen der StPO seit 1877 darstellt (vgl. *Fezer* NStZ 2010, 177, 182; *Altenhain/Haimerl* JZ 2010, 327; *Gieg* GA 2007, 469, 482).

2 Mit dem **Verständigungsgesetz** (VerstG) hat der Gesetzgeber einer seit Jahrzehnten zu beobachtenden (vgl. schon *Deal* [alias *Weider*] StV 1982, 545 ff.; *Schmidt-Hieber* NJW 1982, 1017) und von der höchstrichterlichen Rspr. beförderten (Rdn. 5 f.) Realität in deutschen Gerichtssälen Rechnung getragen. Bspw. erledigte einer empirischen Studie zufolge im Jahr 2004 die Mehrheit der befragten Richter, Staatsanwälte und Verteidiger mehr als 50 % ihrer Verfahren in Wirtschaftsstrafsachen im Wege der Verständigung (*Altenhain/Hagemeier/Heimerl/Stammen* Die Praxis der Absprachen in Wirtschaftsstrafverfahren [2007], S. 53, 331). Auch in anderen Strafsachen, selbst in Schwurgerichtsverfahren, sind Verständigungen, d.h. konsensuale Verfahrensweisen verbreitet (s. *Jahn/Kett-Straub* StV 2010, 271; *Widmaier* NJW 2005, 1985; ausführlich zu empirischen Untersuchungen SK-StPO/*Velten* Vor § 257b Rn. 10).

3 Die **Ursachen für Verständigungen** sind vielfältig (Übersicht m.w.N. bei MAH/*Ignor/Matt/Weider* § 13 Rn. 9 ff.; *Schlothauer* StraFo 2011, 488; vgl. BVerfG Urt. v. 19.03.2013 – 2 BvR 2628/10 Rn. 3). Sie liegen u.a. in der Expansion des materiellen Strafrechts (speziell des Wirtschaftsstrafrechts, dazu *Theile* MschrKrim 2010, 147), der Intensivierung der Strafverfolgung in bestimmten Bereichen und der Erschwerung der Rechtsanwendung bspw. durch die Zunahme unbestimmter Tatbestandsmerkmale, die allesamt vermehrte Belastungen für die Strafjustiz ohne entsprechende Erweiterung ihrer Ressourcen mit sich bringen. Das Subsidiaritätsprinzip und der Ultima-Ratio-Grundsatz werden kontinuierlich missachtet. Allerdings dürften Absprachen auch wegen ihrer Entlastungseffekte an sich beliebt sein. Ferner wird die Entwicklung einer zunehmend professionellen und konfliktbereiten, aber auch durch eine restriktive und schwer kalkulierbare Revisionsrechtsprechung verunsicherten Strafverteidigung hieran ihren Anteil haben. Schließlich spiegelt die Verständigungspraxis eine Neubestimmung des Verhältnisses von Staat und Bürger wider, das – anstelle früherer Über- und Unterordnung – zunehmend auch durch Aushandlungsprozesse und Übereinkünfte bestimmt wird (*Herrmann* Archivum Iuridicum Cracoviense 31–32 [1998–1999] 55, 78 ff.).

§ 257c StPO

I. Normhistorie. Anders als manche Äußerungen vermuten lassen (vgl. z.B. *Burhoff* StRR 2009, 324; 4 *Meyer-Goßner/Schmitt*, Ergänzungsheft Vorbem. Rn. 2; ders. NJW-aktuell 36/2009, S. XIV; ders. ZRP 2009, 107; N/Sch/W/*Niemöller* Teil A Rn. 26; KMR/*Plöd* § 160b Rn. 1; *Schünemann* ZRP 2009, 104, 105) ist das **VerstG** nicht Ausdruck einer »Torschlusspanik« der Gesetzgebungsorgane kurz vor der Bundestagswahl im September 2009, sondern **Ergebnis einer jahrelangen Diskussion** über die Zulässigkeit von Verständigungen (näher Rdn. 12), deren Vorteile und Gefahren (ausf. MAH/ *Ignor/Matt/Weider* § 13 Rn. 31 ff.) sowie der Frage, ob und wenn ja, auf welche Weise die Materie einer gesetzlichen Regelung zugeführt werden kann bzw. soll (vgl. *Rieß* StraFo 2010, 10). Bereits auf dem Deutschen Juristentag im Jahr 1990 fand sich für den Vorschlag, Verständigungen gesetzlich zu regeln, eine deutliche Mehrheit (vgl. NJW 1990, 2991, 2994). Speziell die Argumente für die Zulässigkeit von Urteilsabsprachen – auch im Hinblick auf die traditionellen Prinzipen des deutschen Strafverfahrens (dazu *Ignor* FS Strauda, S. 321, 332; *Weichbrodt*, Das Konsensprinzip strafprozessualer Absprachen [2006], S. 152 f.) – sowie gegen ihre Zulässigkeit (vgl. statt Vieler *Fischer* StraFo 2009, 177 ff.) wurden eingehend erörtert (s. *Rieß* StraFo 2010, 10). Bei der heftigen Kritik am Gesetzgeber (Rdn. 9) wird vielfach außer Acht gelassen, dass insb. die **höchstrichterliche Rspr.** unter Inanspruchnahme ihrer Befugnis zur Rechtsfortbildung zur Etablierung und rechtlichen Konturierung von Verständigungen maßgeblich beigetragen hat.

1. Vorgaben durch die Rechtsprechung. Der BGH äußerte sich erstmals im Jahr 1997 ausführlich 5 zur Zulässigkeit von Absprachen im Strafprozess. In **BGHSt 43, 195 ff.** hielt der 4. Strafsenat – wie bereits zuvor eine Kammer des BVerfG im Jahr 1987 (NJW 1987, 2662) – Verständigungen im Strafprozess für »nicht generell unzulässig«, stellte aber Maßgaben auf, wie sie mit den Prinzipien des Strafprozesses in Übereinstimmung gebracht werden könnten. Danach müssten Absprachen dem Rechtsstaatsprinzip genügen, was eine Übereinkunft über den Schuldspruch ebenso ausschließe wie einen Rechtsmittelverzicht vor der Urteilsverkündung. Wegen der Pflicht zur Ermittlung der materiellen Wahrheit sei das Gericht verpflichtet, ein i.R.d. Verständigung abgelegtes Geständnis auf seine Glaubhaftigkeit zu überprüfen; eine unreflektierte Übernahme sei unzulässig. Zudem müsse die Willensfreiheit des Beschuldigten gewahrt bleiben, vor allem dürfe weder gegen § 136a StPO, noch gegen den Nemo-tenetur-Grundsatz verstoßen werden. Der Grundsatz der Öffentlichkeit gebiete, dass die Verständigung in der öffentlichen Hauptverhandlung stattfinde; dies schließe zwar informelle Vorgespräche nicht aus, setze aber voraus, dass derartige Abreden ihrem wesentlichen Inhalt und Ergebnis nach in der Hauptverhandlung offengelegt würden. Unzulässig sei die Zusage einer konkreten Strafe (sog. Punktstrafe), zulässig hingegen das In-Aussicht-Stellen einer Strafobergrenze für den Fall eines glaubhaften Geständnisses. Die ausgeurteilte Strafe dürfe »den Boden schuldangemessenen Strafens« nicht verlassen.

In einer Reihe weiterer höchstrichterlicher Entscheidungen, die insb. unzulässige Verständigungen und 6 die Folgen von »geplatzten« Absprachen betrafen, versuchte der BGH sodann, die Verständigung auf der Grundlage der geltenden StPO zu begrenzen und näher zu regulieren (s. MAH/*Ignor/Matt/Weider* § 13 Rn. 119 ff.). Schlusspunkt dieser Bemühungen bildete die Entscheidung des Großen Senats für Strafsachen vom 03.03.2005 (BGHSt 50, 40 ff.) zur Frage der Zulässigkeit des Rechtsmittelverzichts bei Verständigungen (vgl. dazu *Fahl* ZStW 117 [2005] 605, 614), die das – erkennbar gespaltene – Gericht unter der Voraussetzung einer »qualifizierten Belehrung« bejahte. Die Entscheidung endet mit einem Appell an den Gesetzgeber, »die Zulässigkeit und, bejahendenfalls, die wesentlichen rechtlichen Voraussetzungen und Begrenzungen von Urteilsabsprachen gesetzlich zu regeln«. Zutreffend sah es der Große Senat primär als Aufgabe des Gesetzgebers an, die grundsätzlichen Fragen der Gestaltung des Strafverfahrens und damit auch die Rechtsregeln festzulegen, denen die Urteilsabsprache unterworfen sein soll.

2. Gang des Gesetzgebungsverfahrens. Infolge der Entscheidung wurden von vielen Seiten Vor- 7 schläge für eine mögliche Regelung unterbreitet (dazu *Huttenlocher*, Dealen wird Gesetz – die Urteilsabsprache im Strafprozess und ihre Kodifizierung [2007] Rn. 806 ff.; *Matt/Vogel* FS Strauda, S. 391, 395; *Meyer-Goßner* NStZ 2007, 425; *Nack*, abgedruckt bei *Huttenlocher* Rn. 714 ff.; *Niemöller* GA 2009, 172; FA Strafrecht/*Satzger* Rn. 83). So präsentierte bereits im September 2005 der **Strafrechtsausschuss der BRAK** einen detaillierten Vorschlag (abgedruckt als Anhang 1 bei N/Sch/W sowie in Auszügen in ZRP 2005, 235; dazu *Landau/Bünger* ZRP 2005, 268; krit. zu dem Entwurf das Positionspapier des Strafrechtsausschusses des Deutschen Anwaltvereins vom März 2006, abgedruckt als Anhang 3 bei N/Sch/W sowie in StraFo 2006, 89), im November 2005 formulierten die Generalstaatsanwältinnen und Generalstaatsanwälte Eckpunkte für eine gesetzliche Regelung (abgedruckt als Anhang 2 bei N/Sch/W). Im März 2006 brachte das Land **Niedersachsen** einen Entwurf in den Bundesrat ein (BR-Drucks. 235/06; hierzu *Heister-Neumann* ZRP 2006, 137), und im Mai 2006 legte das Bundesjustizministerium einen **RefE** vor (abgedruckt als Anhang 4 bei N/Sch/W; vgl. hierzu die Stellungnahme des Deutschen Richterbundes vom September 2006, abgedruckt als Anhang 5 bei N/Sch/W). Im Januar 2007 folgte ein **Gesetzentwurf des Bundesrates** (BT-Drucks. 16/4197, abgedruckt als Anhang 6 bei N/Sch/W), der sich weitgehend an dem niedersächsischen Entwurf orientierte.

8   Im Januar 2009 beschloss das **Bundeskabinett** einen weitgehend dem RefE entsprechenden, allerdings insb. um ein Beweisverwertungsverbot im Fall einer gescheiterten Verständigung und den Ausschluss der Möglichkeit des Rechtsmittelverzichts ergänzten **Gesetzentwurf** (BT-Drucks. 16/12310). Nach einer Expertenanhörung im Rechtsausschuss des Bundesrates im März 2009 verabschiedete der **Bundestag** das Verständigungsgesetz am 28.05.2009. Nachdem der Bundesrat trotz eines eigenen Gesetzentwurfs in seiner Sitzung am 04.08.2009 auf die Anrufung des Vermittlungsausschusses verzichtet hatte, trat das Gesetz am 04.08.2009 in Kraft (näher zum Gesetzgebungsverfahren N/Sch/W/*Niemöller* Teil A Rn. 20 ff.).

9   **3. Bewertung des VerstG und der Entwicklung der Rechtsprechung.** Das Verständigungsgesetz hat bereits im Verlauf seiner Entstehung sowie nach seinem Inkrafttreten von vielen Seiten **Kritik** erfahren, sowohl hinsichtlich einzelner Regelungen als auch wegen grundsätzlicher Bedenken (vgl. *Altenhain/Haimerl* JZ 2010, 327; *Bittmann* wistra 2009, 414; *Fischer* StraFo 2009, 177; *Kempf* StV 2009, 269; *Küpper* HFR 2007, 138 ff.; *Leipold* NJW-Spezial 2009, 520 f.; *Meyer-Goßner* NJW-aktuell, Heft 36/2009, XIV ff.; *ders.* ZRP 2009, 107; *Murmann* ZIS 2009, 526; *Schünemann* ZRP 2009, 104; *ders.* NJW-Editorial Heft 36/2009; *ders.* ZStW 119 [2007], 945, 954 f.; *Sommer* AnwBl. 2010, 197 ff.; *Hettinger* JZ 2011, 292; LR/*Stuckenberg* § 257c Rn. 1 ff.). Andererseits hat es auch **Zustimmung** bekommen (bspw. *Jahn* JZ 2011, 340, 341 m.w.N.; *Ignor* in: Die Reform des Haupt-und Rechtsmittelverfahrens, Schriftenreihe des Bundesministeriums für Justiz [2011], 53 ff.). Während die Kritiker vor allem befürchteten, dass die Legalisierung die Praxis der Absprachen weiter befördern und so zu einer zunehmenden Auflösung der rechtsstaatlichen Formen des Strafverfahrens beitragen werde, versprachen sich die Befürworter von einer Regulierung gerade eine Einschränkung der ausufernden Praxis (*Schlothauer* StraFo 2011, 487, 488 m. Hinweis auf *Fischer* StraFo 2009, 177, 187). Die z.T. sehr heftige Kritik am VerstG ist schwer verständlich, weil damit die Anforderungen an eine zulässige Verständigung ggü. der früheren Rechtslage in formaler und materieller Hinsicht gestiegen sind, insb. wegen der als »schützende Formen« gedachten aufwendigen Mitteilungs- und Protokollierungspflichten (§§ 243 Abs. 4, § 257c Abs. 4 und 5, § 273a Abs. 1 StPO), nicht zuletzt auch wegen der Beibehaltung der gerichtlichen Aufklärungspflicht (§ 357c Abs. 1 S. 1 i.V.m. § 244 Abs. 2). Näher zum Meinungsstand vor und nach dem 68. DJT (2010), der die geltenden Regelungen als »grundsätzlich akzeptabel« bewertet hat, *Jahn* StV 2011, 497; s. ferner *Fischer* ZRP 2010, 249; *v. Frankenberg* MschrKrim 94 [2011] 228.

10 Die bis zur Entscheidung des BVerfG v. 19.03.2013 – 2 BvR 2628/10 zu den gesetzlichen Regelungen ergangene **revisionsrechtliche Rspr.** ließ insgesamt die Tendenz erkennen, im Interesse der Entlastung der Strafjustiz die Handlungsspielräume des Tatrichters durch die – bewusst – geschaffenen Formalisierungen nicht allzu sehr einzuschränken (*Schlothauer* StraFo 2011, 487, 497). So duldete sie die Umgehung des Verbot des Rechtsmittelverzichts (Rdn. 126), begrenzte (z.T.) die Revisibilität von Verstößen gegen die inhaltlichen Beschränkungen von Verständigungen in § 257c Abs. 2 und Abs. 3 StPO (Rdn. 134, 138) und marginalisierte die Belehrungspflichten nach § 257c Abs. 5 (Rdn. 141). Insb. neigte die Rspr. dazu, bei Verstößen gegen die formellen Voraussetzungen einer Verständigung, namentlich die Dokumentations-, Mitteilungs- und Belehrungspflichten, ein Beruhen des Urteils auszuschließen (*Jahn* StV 2011 497, 502 m. Hinweis auf BGH, Beschl. v. 20.10.2010 – 1 StR 400/10, StV 2011, 202 m. abl. Anm. *Schlothauer* zu § 243 Abs, 4 S. 1 StPO und BGH, Beschl. v. 19.08.2010 – 3 StR 226/10, StV 2011, 76 zu § 267 Abs. 3 S. 5 StPO; s.a. *Schlothauer* StraFo 2011, 487, 491 f.). Der vom Gesetzgeber angestrebten Rechtssicherheit sowie Transparenz und Dokumentation des mit einer Verständigung verbundenen Geschehens (BT-Drucks. 16/12310) war das nicht förderlich. Die Ein-

dämmung informeller Absprachen wurde dadurch erschwert. Seit dem Urteil des BVerfG scheint sich eine gewisse Änderung abzuzeichnen.

II. Regelungszweck des Verständigungsgesetzes. Der Gesetzgeber wollte mit der Regulierung der Verständigung diese weder fördern noch eindämmen, sondern Vorgaben schaffen, die der **Rechtssicherheit** und der **gleichmäßigen Rechtsanwendung** dienen (BT-Drucks. 16/12310, S. 1). Hierbei hat er sich im Wesentlichen an den von der Rechtsprechung aufgestellten Grundsätzen orientiert, sodass diese Rechtsprechung, soweit keine abweichenden Regelungen getroffen wurden, bei der Gesetzesauslegung herangezogen werden kann (so auch *Beulke* Strafverfahrensrecht, Rn. 395). Ob der Gesetzgeber sein explizites Ziel erreicht hat, die Verständigung so zu regeln, dass sie mit den tradierten Grundsätzen des Strafverfahrens übereinstimmt, wird insb. mit Blick auf die Vorschrift des § 257c Abs. 1 S. 2 StPO bezweifelt (Rdn. 22). 11

III. Verfassungsmäßigkeit der Norm. Die Vorschrift des § 257c StPO ist verfassungsgemäß (vgl. BVerfG Urt. v. 19.03.2013 – 2 BvR 2628/10 = BVerfGE 133, 168–241 = StV 2013, 353: (noch) verfassungsgemäß; Lit. zu dieser Entscheidung s. bei *Beulke* Vor § 1, Rdn. 238, dort auch eine Übersicht über die gesetzliche Regelung der Verständigung unter Berücksichtigung der Entscheidung des BVerfG; zur Verfassungsmäßigkeit des § 257c StPO s. ferner BRAK-Stellungn. Nr. 41/2012). Bedenken, die Regelung verletze **Art. 3 Abs. 1 GG** (dazu *Altenhain/Hagemeier/Haimerl* NStZ 2007, 71, 72; *Altenhain/Haimerl* JZ 2010, 327, 330; *Murmann* ZIS 2009, 526, 535), weil sie den verteidigten ggü. dem nicht verteidigten Angeklagten, dem die Möglichkeit einer Verständigung regelmäßig versagt bleibe, ohne sachlichen Grund bevorzuge, ist entgegenzuhalten, dass der Gesetzgeber bewusst nicht zwischen verteidigtem und nicht verteidigtem Angeklagten unterschieden hat, um gerade diesem Einwand vorzubeugen (BT-Drucks. 16/12310, S. 2). Die Annahme, ein Gericht werde sich nicht direkt mit einem Angeklagten verständigen, erscheint zweifelhaft. Dagegen spricht die Praxis bei der Verfahrensbeendigung nach § 153a StPO, die ebenso die Frage der Gleichbehandlung aufwirft. Schließlich ist jedenfalls in schwierigen Fällen, die der Angeklagte nicht selbst »überblicken« kann, ohnehin eine Verteidigung notwendig, § 140 Abs. 2 StPO (vgl. § 140 StPO sowie Rdn. 32; zur Rolle der Verteidigung als nötigem »Gegengewicht« auch *Jahn/Müller* NJW 2009, 2625, 2627; AnwK-StPO/*Püschel* § 257b StPO, Rn. 3; *Schünemann* ZRP 2009, 104, 106). Zweifel an der Verfassungsmäßigkeit im Hinblick auf das **Schuldprinzip** oder das **Prinzip des fairen Verfahrens** (*Fischer* StraFo 2009, 177, 182; Graf/ *Eschelbach* § 257c Rn. 1.5) stützen sich häufig auf die Kritik an Missbräuchen, bspw. Fälle der »Sanktionsschere« (vgl. *Putzke/Scheinfeld* Rn. 576), die als solche rechtswidrig sind (Rdn. 70 ff.; 119 ff.). Das Schuldprinzip ist gewahrt, wenn und solange das Prinzip der (rechtsförmigen) materiellen Wahrheitsfindung gewahrt ist, was gerade im Hinblick auf den vielfach kritisierten § 257c Abs. 1 S. 2 StPO der Fall ist (näher Rdn. 17; vgl. BVerfG Urt. v. 19.03.2013 – 2 BvR 2628/10, Rdn. 68 ff.; ausführlich zum Schuldprinzip und weiteren grundlegenden Verfahrensprinzipien BVerfG edb. Rdn. 53). 12

Auch die Besorgnis einer Verletzung des **Rechts auf den gesetzlichen Richter (Art. 101 Abs. 1 S. 2 GG)** im Hinblick darauf, dass bei einer im Vorfeld der Hauptverhandlung vorbereiteten Verständigung die Laienrichter fast vollständig verdrängt würden (*Putzke/Scheinfeld* Rn. 580; *Fischer* § 46 Rn. 118; *ders.* StraFo 2009, 177, 183; AnwK-StPO/*Püschel* § 257b Rn. 5), zielt eher auf die praktische Rechtsanwendung als auf Unzulänglichkeiten der gesetzlichen Regelung an sich, die i.V.m. den Mitteilungspflichten des § 243 Abs. 4 StPO gerade eine hinreichende Information der Schöffen gewährleisten will (für eine Pflicht, den Laienrichtern Aktenkenntnis zu ermöglichen, SK-StPO/*Velten* § 257c Rn. 19). 13

Die **Art. 92 GG und Art. 97 GG** werden nicht schon dadurch verletzt, dass gem. § 257c Abs. 3 S. 4 StPO das Zustandekommen der Verständigung von der Zustimmung von Staatsanwaltschaft abhängig ist (so aber KMR/*von Heintschel-Heinegg* § 257c Rn. 76; *Leipold* NJW-Spezial 2009, 520 f.; *Meyer-Goßner/Schmitt* § 257c Rn. 5; *ders.* NJW-aktuell 2009, XIV f.; *ders.* NStZ 2007, 425, 428; AnwK-StPO/*Püschel* § 257c Rn. 35); ungeachtet der Zustimmungspflicht verbleibt die Spruchhoheit bei den Gerichten (*Jahn* ZStW 118 [2006] 427, 438, Fn. 47; *Jahn/Müller* NJW 2009, 2625, 2631; *Jahn* StV 2011, 497, 498 f.; N/Sch/W/*Niemöller* Teil B § 257c Rn. 18). Auch vor Inkrafttreten des Verständigungsgesetzes wurde eine Einbindung der Staatsanwaltschaft für nötig erachtet (*Rosenau* in Rosenau/ Kim, S. 45, 50 f. m.w.N.). 14

Dem Bedenken, § 257c StPO stelle die **Neutralitätspflicht** des Gerichts (**Art. 92 GG und Art. 6 Abs. 1 S. 1 EMRK**) infrage, weil die Richter sich vorzeitig festlegten (so Graf/*Eschelbach* § 257b Rn. 1.5 15 m.w.N.; *Meyer-Goßner* NStZ 2007, 425, 428; *Schünemann* NJW-Editorial 36/2009; *ders.* ZRP 2009, 104, 105, 107), ist entgegenzuhalten, dass § 257c StPO dem Gericht keine vorzeitige Festlegung, sondern lediglich eine Beweisantizipation im Hinblick auf seine Überzeugungsbildung ermöglicht, die vom Gelingen der Verständigung abhängig ist, vgl. § 257c Abs. 4 StPO.

16 **B. Regelungsgehalt des § 257c StPO. I. Anwendungsbereich (Abs. 1)** Entgegen seinem Standort bei den Regelungen zu den Schlussvorträgen setzt eine Verständigung nicht voraus, dass bereits eine Beweisaufnahme erfolgt ist (kritisch zum Standort der Norm Graf/*Eschelbach* § 257c Rn. 2; *Meyer-Goßner/Schmitt* § 257c Rn. 1; N/Sch/W/*Niemöller* Teil B § 257c Rn. 6; SK-StPO/*Velten* § 257c Rn. 19). Dies folgt bereits aus § 257c Abs. 1 S. 1 StPO, der ausdrücklich eine Vereinbarung über den weiteren Fortgang des Verfahrens für zulässig erklärt.

17 **1. Geeignete Fälle (Abs. 1 S. 1)** § 257c Abs. 1 S. 1 StPO setzt voraus, dass sich der betreffende Fall für eine Verständigung eignet. Dieses Erfordernis wird zu Unrecht als funktionslos kritisiert. Richtig verstanden, kann es zu einer sinnvollen Begrenzung des Anwendungsbereichs der Verständigung beitragen. Zwar ist die in den Materialien enthaltene Erläuterung, es hänge »von den konkreten Umständen« ab, welche Fälle verständigungsgeeignet seien (BT-Drucks. 16/12310, S. 13), für sich genommen nicht weiterführend (Graf/*Eschelbach* § 257c Rn. 7; *Meyer-Goßner/Schmitt* § 257c Rn. 6; *Murmann* ZIS 2009, 526, 534 f.), andererseits in der Sache zutreffend. Die Frage der **Geeignetheit** ist fallbezogen **anhand der gesetzlichen Voraussetzungen der Verständigung zu beurteilen**. Danach kommt eine Verständigung nur in Betracht, wenn sich das Gericht im konkreten Fall in der Lage sieht, unter Verzicht auf die förmliche Erhebung sämtlich relevanter (§ 244 StPO) Beweise in der Hauptverhandlung bereits auf der Grundlage des Inhalts der Akten (»unter freier Würdigung«, Abs. 3 S. 2), der Zustimmung des Angeklagten (Abs. 3 S. 4) und regelmäßig auch eines Geständnisses (Abs. 2 S. 2) sowie ggf. einzelner Beweiserhebungen zur Überzeugung (§ 261 StPO) von der Wahrheit (§ 244 Abs. 2 StPO), insb. der Schuld des Angeklagten, zu gelangen (näher Rdn. 26 ff.). Erscheint dies nicht möglich, ist ein Fall für eine Verständigung ungeeignet. Bei der Beurteilung des Falles kommt dem Gericht sicherlich ein weiter, jedoch nicht grenzenloser **Beurteilungsspielraum** zu. Fehler können mit der Aufklärungsrüge beanstandet werden (Rdn. 131).

18 In den Materialien wird angenommen, **Bußgeldverfahren** seien i.d.R. nicht geeignet, im Verständigungswege erledigt zu werden, weil hierbei nur selten schwierige und langwierige Beweiserhebungen erforderlich seien (BT-Drucks. 16/12310, S. 15). Verhält es sich anders, namentlich in Wirtschaftsstrafverfahren, können auch in Bußgeldverfahren Verständigungen angezeigt sein.

19 Diskutiert wird vor allem, ob **Jugendstrafverfahren** von vornherein als ungeeignete Fälle anzusehen sind (i.d.S. *Beulke* Rn. 395 f. [»regelmäßig ungeeignet«]; *Fahl* NStZ 2009, 613, 615; *Gieg* GA 2007, 469, 477; KMR/*von Heintschel-Heinegg* § 257c Rn. 20; SK-StPO/*Velten* § 257c Rn. 9; a. A. Graf/*Eschelbach* § 257c Rn. 7; *Nowak* JR 2010, 248, 252 f.). Vor dem Inkrafttreten des VerstG hatte die Rechtsprechung wegen des in §§ 2 Abs. 1 S. 2, 18 Abs. 2 JGG verankerten Erziehungsgedankens, der auf eine Einsicht in die Schuld abzielt, Verständigungen zwar nicht beanstandet, aber zumindest »Bedenken« geäußert (vgl. BGHSt 52, 165, 169 m. insoweit zust. Anm. *Eisenberg* NStZ 2008, 698; BGH NStZ 2001, 555, 556 m. Anm. *Eisenberg*). Dementsprechend hat der Gesetzgeber Verständigungen im Jugendstrafverfahren zwar für regelmäßig, aber nicht grds. ausgeschlossen erachtet. Werde eine Verständigung im Jugendstrafverfahren vorgenommen, begründe dies vor allem im Zusammenhang mit jugendlichen Angeklagten regelmäßig einen Fall notwendiger Verteidigung (BT-Drucks. 16/12310, S. 10, 13; insoweit zust. *Meyer-Goßner/Schmitt* § 257c Rn. 7; ein ausdrückliches Verbot der Anwendung der Verständigungsnormen sah der Gesetzentwurf des Landes Niedersachsen vor; vgl. BR-Drucks. 235/06, S. 3). Zur Folgefrage, ob die Anwendung von Jugendstrafrecht Gegenstand einer Verständigung sein darf, s. Rdn. 40.

20 Umstritten ist ferner, ob **Schwurgerichtsfälle** von vornherein als ungeeignete Fälle anzusehen sind (dafür Graf/*Eschelbach* § 257c Rn. 7.1; KMR/*v. Heintschel-Heinegg* § 257c Rn. 20; dagegen *Jahn/Kett-Straub* StV 2010, 271, 274; *Meyer-Goßner/Schmitt* § 257c Rn. 6).

21 Die Formulierung, dass sich die Verfahrensbeteiligten **nach Maßgabe der folgenden Absätze** verständigen können, stellt klar, dass **informelle Absprachen** außerhalb der gesetzlichen Vorschriften **unzulässig** sind und (grds.) keine Bindungswirkung entfalten können, also auch **nichtig** sind (näher Rdn. 119).

2. Verständigung und gerichtliche Aufklärungspflicht (Abs. 1 S. 2) Abs. 1 S. 2 StPO bestimmt, 22
dass die in § 244 Abs. 2 StPO vorgeschriebene Amtsaufklärungspflicht »unberührt« bleibt. Diese Regelung stellt die wohl am meisten und heftigsten kritisierte Norm des gesamten Verständigungsgesetzes dar (vgl. z.B. *Altenhain/Haimerl* JZ 2010, 327, 329: »widersinnig«; Graf/ *Eschelbach* § 257c Rn. 2: »Inkonsequenz des Gesetzgebers«; *Fischer* § 46 Rn. 120: »Augenwischerei«; *ders.* StraFo 2009, 177, 183: »bloße Worthülsen«; KMR/ *von Heintschel-Heinegg* § 257c Rn. 24; *Jahn/Müller* NJW 2009, 2625, 2631: »nichts weniger als unrealistisch und in sich widersprüchlich«; *Meyer-Goßner/Schmitt* § 257c Rn. 3: »wenig mehr als ein bloßes Lippenbekenntnis«; *Murmann* ZIS 2009, 526, 534: »eine die Wirklichkeit verfehlende Heuchelei«; AnwK-StPO/*Püschel* § 257c Rn. 7: »wenig realistisches Desiderat«; *Putzke/Scheinfeld* Rn. 569; *Schünemann* ZRP 2009, 104, 106). In der Tat scheint es auf den ersten Blick widersprüchlich zu sein, dass der Gesetzgeber mit dem Institut der Verständigung einerseits Strafverfahren fördern, d.h. beschleunigen, also die Beweisaufnahme verkürzen möchte, andererseits dem Gericht uneingeschränkt die »Erforschung der Wahrheit« (§ 244 Abs. 2 StPO) auferlegt (vgl. *Jahn* StV 2011, 497, 504). Genau besehen löst sich dieser Widerspruch allerdings auf (Rdn. 26 ff.).

a) Keine Einführung eines Konsensprinzips. Der Gesetzgeber hat sich in den Materialien ausdrücklich gegen die Einführung eines Konsensprinzips ausgesprochen (BT-Drucks. 16/12310, S. 8), 23
wie es namentlich der Strafrechtsausschuss der BRAK seinem Gesetzesvorschlag zugrunde gelegt hatte (abgedruckt als Anhang 1 in N/Sch/W; dagegen das Positionspapier des DAV, abgedruckt in StraFo 2006, 89, 92: »juristische Kitschrhethorik«; *Geuenich/Höwer* DStR 2009, 2320; *Jahn* ZStW 118 [2006], 427, 441; zust. »zumindest in der Praxis« Graf/*Eschelbach* § 257c Rn. 2; *Rosenau* in Rosenau/Kim, S. 45, 58 f.; a. A. *Kirsch* StraFo 2010, 96, 98, Fn. 11; *Schünemann* ZRP 2009, 104, 106). Der Strafrechtsausschuss erblickte in einem Konsensprinzip, d.h. in der nach gesetzlichen Regeln herbeigeführten Übereinstimmung der Verfahrensbeteiligten und des Gerichts über bestimmte Verfahrensweisen und Urteilsinhalte, die mögliche Legitimation für eine begrenzte Relativierung des Aufklärungsgrundsatzes (näher *Ignor* FS Strauda, S. 321, 329 ff.; zust. *Rosenau* in Rosenau/Kim, S. 45, 59 f.). Demgegenüber ist der Gesetzgeber der höchstrichterlichen Rechtsprechung gefolgt, die stets die ungeschmälerte Fortgeltung des Aufklärungsgrundsatzes betont hat (vgl. aus der Rspr. vor Inkrafttreten des Verständigungsgesetzes BGHSt 50, 40, 49 f.; BGH NStZ-RR 2007, 307, 309; NStZ 2009, 467, danach BGH 5 StR 171/09). Nach dem Willen des Gesetzgebers soll **Grundlage des Urteils** nicht die Verständigung selbst, sondern die **Überzeugung des Gerichts** von dem ungeachtet der Verständigung festzustellenden Sachverhalt sein (BT-Drucks. 16/12310, S. 13). Der Verweis auf § 244 Abs. 2 StPO in § 257c Abs. 1 S. 2 StPO ist somit folgerichtig und bindet die Rechtsprechung (vgl. N/Sch/W/*Niemöller* Teil B Rn. 71 ff.). Bemühungen, entgegen der Entscheidung des Gesetzgebers das Konsensprinzip für die Gesetzesauslegung dogmatisch fruchtbar zu machen (s. *Jahn* StV 2011, 497, 504 f.), stecken noch in den Anfängen.

Die Absage an ein Konsensprinzip hat weitreichende **Konsequenzen**. Der Zustimmung des Angeklag- 24
ten bedeutet (lediglich), dass er die vom Gericht vorgeschlagene Verständigung (faktisch) akzeptiert und insoweit auf förmliche Beweiserhebungen verzichtet. Insb. vermag sie nicht das Urteil zu rechtfertigen. Die Legitimation des Verständigungsurteils resultiert allein aus der Anwendung und Beachtung der einschlägigen strafprozessualen und materiell-rechtlichen Vorschriften durch das erkennende Gericht, das für die Rechtmäßigkeit des Urteils und des zugrunde liegenden Verfahrens die alleinige Verantwortung trägt. Folgerichtig hat der Gesetzgeber von einer Einschränkung des Rechtsmittelrechts (vorgeschlagen z.B. vom Strafrechtsausschuss der BRAK auf der Grundlage eines Konsensprinzips) abgesehen. **Die Rechtsmittelbefugnis bei Verständigungsurteilen** besteht **uneingeschränkt** (Rdn. 125 ff.). Daher ist bei einer Verständigung bspw. weder die Rüge der Nichtverbescheidung eines Antrags auf Auswechselung des Pflichtverteidigers im Zwischenverfahren (so aber BGH StV 2010, 470; krit. dazu *Wattenberg* StV 2010, 471, 472; offen gelassen von **5 StR 23/10**), noch die Rüge der fehlerhaften Zurückweisung eines Befangenheitsantrags (so aber BGH StV 2009, 169 = NJW 2009, 690, 691 m. Anm. *Beulke/Witzigmann* StV 2009, 394 ff.) von vornherein unzulässig (abl. auch BGH, Urt. v. 13.09.2011 – 3 StR 196/11, Rn. 8: »Die Zustimmung des Angeklagten zu einer Verständigung nach § 257c StPO führt als solche [...] nicht zum Verlust einzelner prozessualer Rechte«; vgl. ferner Graf/*Eschelbach* § 257c Rn. 7.1: »Die Zustimmung zum Verständigungsangebot ist kein Vertrauensbeweis für den Richter«). Eine Verständigung begründet auch **keine Einschränkung des Grundsatzes**

des rechtlichen Gehörs (Art. 103 Abs. 2 GG). Dementsprechend haben die sich aus einer Verständigung ergebenden Bindungen des Gerichts nicht die Kraft, die Hinweispflichten des § 265 StPO zu relativieren oder gar zu verdrängen (BGH, Urt. v. 11.05.2011 – 2 StR 590/10, NStZ 2012, 46 m. abl. Anm. *Jahn/Rückert*).

25 Schließlich hat die alleinige Verantwortung des Gerichts für die Verständigung auch Bedeutung für die Anwendung des **Fairness-Prinzips**. Der Angeklagte darf grds. auf die Rechtmäßigkeit und den Bestand einer vom Gericht vorgeschlagenen Verständigung vertrauen. Die Risiken einer fehlerhaften oder fehlgeschlagenen Verständigung dürfen ihn nicht ohne Weiteres treffen (näher Rdn. 119 ff.).

26 **b) Regelungsgehalt.** Da Abs. 1 S. 2 die Entscheidung des Gesetzgebers gegen ein Konsensprinzip manifestiert (s.o.), bemisst sich das **Ausmaß der Aufklärungspflicht** des Gerichts auch im Fall einer Verständigung grds. nach den traditionellen Regeln. Die zu erforschende »Wahrheit« (§ 244 Abs. 2 StPO) ist Sache der – rechtmäßig gebildeten und begründeten – »Überzeugung« des Gerichts (§ 261 StPO). Als nicht bloß urteilende, sondern auch ermittelnde Instanz bemisst das Gericht den Umfang seiner Aufklärungspflicht nach »**verständiger Würdigung der Sachlage**« (vgl. BGHR § 244 Abs. 2 StPO Umfang 1) bis an die Grenze, jenseits derer eine Aufklärungsrüge begründet wäre. Die **Eigentümlichkeit des Verständigungsverfahrens** besteht darin, dass das Gericht die förmliche Beweiserhebung in der Hauptverhandlung abkürzen kann, sofern es sich – redlicher Weise (vgl. *Fischer* StraFo 2009, 177; vgl. *Ignor* in: Die Reform des Haupt- und Rechtsmittelverfahrens, Schriftenreihe des Bundesministeriums für Justiz [2011] 53, 66 f.) – in der Lage sieht, »unter freier Würdigung aller Umstände des Falles« (Abs. 3 S. 2), d.h. insb. des Akteninhalts (der einen hinreichenden Tatverdacht begründen muss, § 203 StPO), ggf. einzelner Beweiserhebungen, ferner der Zustimmung des Angeklagten (Abs. 3 S. 4) und regelmäßig eines Geständnisses (Abs. 2 S. 2) zur Überzeugung von der Schuld zu gelangen sowie unter freier Würdigung der allgemeinen Strafzumessungserwägungen (Abs. 3 S. 2) zu einer tat- und schuldangemessenen Strafe (Abs. 4 S. 1); vgl. Rdn. 30 f. In der Möglichkeit, die Sachlage aufgrund der Akten zu würdigen, liegt eine **Durchbrechung der Grundsätze der Unmittelbarkeit und Mündlichkeit** und eine Modifizierung der **Aufklärungspflicht** insofern, als das Gericht die Beweismittel nicht in der »bestmöglichen Form« (vgl. BGHSt 46, 73, 79) verwenden muss (vgl. Graf/*Eschelbach* § 257c Rn. 8), ein Gebot, das freilich auch sonst nicht uneingeschränkt gilt (vgl. BGH ebd.), bspw. bei Erlass eines Strafbefehls, vgl. § 407 Abs. 1 S. 1 StPO.

27 Der **Qualität der Ermittlungen** der Staatsanwaltschaft kommt mithin bei der Verständigung eine besondere Bedeutung zu. Sind die Ermittlungen unvollständig oder sonst dergestalt, sodass sie eine »verständige Würdigung der Sachlage« nicht zulassen, ist der Fall für eine Verständigung nicht geeignet (Abs. 1 S. 1), und das Gericht darf keine Verständigung vorschlagen, sondern muss in den »normalen« Formen der StPO verhandeln, bis die Sache ggf. für eine Verständigung geeignet ist.

28 Die Einschränkung der genannten Verfahrensgrundsätze findet ihre **Rechtfertigung** zum einen in den von der Rechtsprechung permanent aufgewerteten und sogar mit Verfassungsrang ausgestatteten Grundsätzen der Verfahrensbeschleunigung und der Funktionstüchtigkeit der Strafrechtspflege, die man mit guten Gründen kritisch sehen kann, was aber nichts an ihrer Geltung ändert, zum anderen in der Zustimmung des Angeklagten und der Staatsanwaltschaft. Ein Verzicht auf Beweiserhebungen in der Hauptverhandlung unter dieser Voraussetzung ist der StPO auch sonst nicht fremd, vgl. § 245 Abs. 1 S. 2 StPO.

29 Die **Zustimmung des Angeklagten** unterfällt – als weitere Besonderheit – zudem der Würdigung des Gerichts bei seiner Überzeugungsbildung. Sie vermag zwar nicht die richterliche Überzeugung von der Schuld des Angeklagten zu ersetzen, vgl. oben. Das Gericht darf jedoch in seine Überzeugungsbildung einbeziehen, dass der Angeklagte die Verständigung akzeptiert. Das Verständigungsverfahren ist (auch) insofern dem Strafbefehlsverfahren vergleichbar, bei dem das Gericht (nur) auf der Grundlage eines hinreichenden Tatverdachts (§ 408 Abs. 2 StPO) mit dem Strafbefehl quasi einen Urteilsvorschlag unter Antizipation einer möglichen Zustimmung des Beschuldigten erlässt. Verzichtet der Beschuldigte auf einen Einspruch, liegt darin seine konkludente Zustimmung.

30 **Fraglich** ist der Umfang der Aufklärungspflicht des Gerichts zusätzlich zur Zustimmung des Angeklagten und der Sachlage aufgrund des Akteninhalts. Insoweit lassen sich keine allgemeinen Regeln aufstellen. Es hängt vielmehr vom jeweiligen **Einzelfall** ab, inwieweit das Gericht für seine Überzeugungsbildung zusätzlich eines Geständnisses des Angeklagten und/oder weiterer Beweiserhebungen bedarf (vgl.

N/Sch/W/*Niemöller* Teil B § 257c Rn. 76; SK-StPO/*Velten* § 257c Rn. 35 ff.). Sofern das Gericht für seine Überzeugungsbildung ein Geständnis für notwendig erachtet, muss es dieses verlangen und auf seine Plausibilität hin überprüfen. Das wird regelmäßig der Fall sein (Rdn. 50 ff.). Sofern tatsächliche Anhaltspunkte gegen eine Schuld des Angeklagten sprechen, hat es diesen nachzugehen. **Entscheidend** ist, dass das »Verständigungsurteil« wie jedes Urteil formellem und sachlichem Recht entsprechen (vgl. §§ 337, 344 Abs. 2 StPO), anders ausgedrückt: rechtsrichtig sein muss. Es bedarf also tragfähiger Feststellungen (vgl. BGH, Beschl. v. 28.10.2009 – 5 StR 171/09, StV 2010, 60; BGH, Beschl. v. 10.02.2011 – 5 StR 594/10; BGH, Beschl. v. 09.03.2011 – 2 StR 428/10, StV 2011, 608; OLGCelle StV, 341; dazu *Schlothauer* StraFo 2011, 487, 490), einer richtigen Anwendung der materiellen Strafvorschriften sowie einer fehlerfreien Beweiswürdigung und Strafzumessung (vgl. Graf/*Eschelbach* § 257c Rn. 48) und muss in einem rechtmäßigem Verfahren zustande gekommen sein. Der Verweis auf die Zustimmung des Angeklagten vermag erkennbare Aufklärungsmängel nicht zu ersetzen, Widersprüche nicht aufzulösen und Verfahrensmängel nicht zu heilen. Verständigungsurteile sind uneingeschränkt revisibel.

Die gelegentliche Bemerkung des **BGH**, dass die Urteilsgründe auch im Fall einer Verständigung (nur) 31 »einem Mindestmaß an Sorgfalt« genügen müssten (BGH, Beschl. v. 23.06.2010 – 2 StR 222/10, NStZ-RR 2010, 336; Beschl. v. 19.08.2010 – 3 StR 226/10, NStZ-RR 2011, 52) dürfte ironisch gemeint sein. Ausreichend sind auch nicht nur »Mindestanforderungen [...] an die richterliche Überzeugungsbildung« (so aber BGH, Beschl. v. 22.09.2011 – 2 StR 383/11, NStZ-RR 2012, 52 anlässlich eines Falles gänzlich fehlender Beweiswürdigung). Die Urteilsbegründung (und nicht etwa die Intuition des Tatgerichts bzw. des Revisionsgerichts) ist der Prüfstein der Rationalität und Richtigkeit der richterlichen Überzeugungsbildung. Revisionsrechtliche Zurückhaltung ist unangebracht und befördert die beklagte Entformalisierung des Strafverfahrens mehr als, wie oft beklagt wird, das Gesetz.

3. Notwendige Verteidigung. Bereits die Tragweite einer Zustimmung des Angeklagten zu einer 32 Verständigung begründet regelmäßig die **Notwendigkeit der Verteidigung** wegen der Schwierigkeit der Sach- und Rechtslage (§ 140 Abs. 2 S. 1 StPO), sobald das Gericht in ein Verständigungsverfahren (Abs. 3) einzutreten beabsichtigt (vgl. OLG Naumburg, Beschl. v. 04.12.2013 – 2 Ss 151/13 = NStZ 2014, 116 m. Anm. *Wenske*; krit. *Wenske* ebd., *Schneider* NStZ 2014, 252, 260). Hinzu kommt das Erfordernis einer Kontrolle der Beachtung der ebenso strengen wie komplizierten gesetzlichen Voraussetzungen für das Zustandekommen (Abs. 2 und 3) und das etwaige Abrücken von einer Verständigung (Abs. 4), die der Angeklagte regelmäßig nicht leisten kann. Schließlich sprechen hierfür auch die zu beachtenden möglichen außerstrafrechtlichen Folgen von Verständigungen (hierzu instruktiv *Sauer/ Münkel* Absprachen im Strafprozess 2. Aufl. 2014, 211 ff.). Fraglich ist, ob bei einem **Strafprozess gegen mehrere Angeklagte** der Verteidiger des einen die Teilnahme an den (allein) mit den anderen geführten Verständigungsgesprächen aus Gründen fairer Verfahrensgestaltung i.S.d. Art. 6 Abs. 1 EMRK verlangen kann (verneinend, aber für eine Mitteilungspflicht BGH, Beschl. v. 02.10.2013 – 1 StR 386/13 = NStZ 2014, 168; BGH, Beschl. v. 05.10.2010 – 3 StR 287/10 = StV 2001, 72; näher dazu *Schneider* NStZ 2014, 252, 261).

II. Gegenstand von Verständigungen (Abs. 2) Abs. 2 regelt dem Wortlaut nach (»nur«) **abschlie-** 33 **ßend** (*Jahn/Müller* NJW 2009, 2625, 2628) den möglichen Inhalt von Verständigungen, ist allerdings auslegungsfähig und -bedürftig (*Jahn* StV 2011, 497, 499 f.).

1. Möglicher Inhalt. Gemäß Abs. 2 S. 1 sind Verständigungen möglich über die Rechtsfolgen, die 34 Inhalt des Urteils und der dazugehörigen Beschlüsse sein können, sonstige verfahrensbezogene Maßnahmen im Erkenntnisverfahren sowie das Prozessverhalten der Verfahrensbeteiligten. Diese müssen sämtlich das **gegenwärtige** Erkenntnisverfahren betreffen und **in die Zuständigkeit der an der Verständigung Beteiligten fallen** (BT-Drucks. 16/12310, S. 13). Daraus ergibt sich die Unzulässigkeit sog. Gesamtlösungen (»Packagedeals«) unter Einbeziehung anderer Verfahren und nicht in der Kompetenz des Gerichts liegender Zusagen z.B. gem. § 154 Abs. 1 StPO (vgl. BVerfG Urt. v. 19.03.2013 – 2 BvR 2628/10 Rn. 79; N/Sch/W/*Niemöller* Teil B § 257c Rn. 32: »Wo die Zuständigkeit endet, hört die Verständigung auf«; *Schneider* NStZ 2014, 192). Näher dazu unten Rdn. 59.

Daher **unzulässig** sind insb. – in der Praxis »beliebte« – Vereinbarungen über die **Strafvollstreckung** 35 (BT-Drucks. 16/1 2310, S. 13), weil diese nicht der Disposition des erkennenden Gerichts unterliegen,

§ 257c StPO Verständigung zwischen Gericht und Verfahrensbeteiligten

z.B. eine »Halbstrafen-Aussetzung« gem. § 57 Abs. 2 StGB (BGH, Beschl. v. 06.10.2010 – 2 StR 354/10, teilw. abgedruckt in StV 2011, 75) oder die Zusage, den Angeklagten zum Halbstrafenzeitpunkt abzuschieben, § 456a StPO (BGH, 17.02.2011 – 3 StR 426/10, StV 2011, 338). Näher zu verbotenen Inhalten von Verständigungen Rdn. 37 ff., 56 ff.

36 **Zusagen der Staatsanwaltschaft** (z.B. einer Verfahrenseinstellung gem. § 154 StPO) sind zwar nicht unzulässig (vgl. N/Sch/W/*Niemöller* Teil B § 257c Rn. 38), fraglich ist aber, ob und ggf. inwieweit sie bindend sind. Überwiegend wird eine Teilhabe an Bindungswirkung des § 257c Abs. 4 StPO verneint (vgl. BT-Drucks. 16/12310, S. 13; *Schlothauer* StraFo 2011, 487, 491; so wohl auch BVerfG, Urt. v. 19.03.2013 – 2 BvR 2628/10, Rdn. 79), das schließt jedoch eine Bindung nach allgemeinen Vertrauensgrundsätzen nicht aus (*Ignor* in: Jahn/Nack, Rechtsprechung in Strafsachen [2013], S. 71, 73; unten Rdn. 90; vgl. *Schneider* NStZ 2014, 192, 197 unter Hinweis auf das Fairnessprinzip; a.A. *Brocke* StraFo 2013, 441, 443). Zu § 154a Abs. 2 StPO Rn. 58.

37 a) »**Rechtsfolgen, die Inhalt des Urteils und der dazugehörigen Beschlüsse sein können**«. **aa) Allgemeines.** Abs. 2 S. 1 StPO ist in Bezug auf Rechtsfolgen als möglichem Verständigungsgegenstand zunächst im Zusammenhang mit dem S. 3 zu lesen, der eine Verständigung über den Schuldspruch ebenso für unzulässig erklärt wie eine solche über Maßregeln der Besserung und Sicherung (näher Rdn. 56 ff.).

38 Zudem ergibt sich aus **Abs. 3 S. 2**, der die Angabe einer Ober- und Untergrenze der Strafe durch das Gericht für zulässig erklärt, dass die Vereinbarung einer sog. **Punktstrafe**, also eines verbindlichen Strafmaßes, nicht zulässig ist, sondern lediglich ein **Strafrahmen** in Aussicht gestellt werden darf, näher Rdn. 66 ff. (BGH, Urt. v. 17.02.2011 – 3 StR 426/10, StV 2011, 338; krit. *Meyer-Goßner/Schmitt* § 257c Rn. 20; vgl. zum Verbot der Punktstrafe auch bereits BGHSt 43, 195, 206 f.). Der angebotene Strafrahmen muss sich (selbstverständlich) **i.R.d. gesetzlich vorgesehenen Strafrahmens** bewegen (N/Sch/W/*Niemöller* Teil B § 257c Rn. 52) und die **Grundsätze der Strafzumessung** beachten (vgl. bereits BGHSt 43, 195, 208 f.; BGH, Beschl. v. 15.04.2010 – StB 9/10). Näher zu Abs. 3 S. 2 Rdn. 66 ff.

39 Sofern ein Strafrahmen überhaupt nicht existiert, wie in den Fällen des § 211 Abs. 1 StGB, ist eine Verständigung über die Strafhöhe unmöglich (Graf/*Eschelbach* § 257 Rn. 7.2.).

40 **bb) Einzelfragen.** Unterschiedlich beurteilt wird die Frage, ob die **Anwendung des Jugendstrafrechts auf Heranwachsende** dem Begriff »Rechtsfolgen« zuzuordnen und somit einer Verständigung zugänglich ist. Der BGH hat dies bislang verneint (vgl. BGH NStZ-RR 2006, 187 f.; NStZ 2001, 555, 556; BGHSt 52, 165, 169). Ein Teil der Literatur bejaht die Verständigungsmöglichkeit im Wege eines Umkehrschlusses aus § 257c Abs. 2 S. 3 StPO (*Meyer-Goßner/Schmitt* § 257c Rn. 7; *ders.* ZRP 2009, 107 f.; *Kirsch* StraFo 2010, 96 f.; AnwK-StPO/*Püschel* § 257c Rn. 6, 10). Den Materialien zu dieser Vorschrift lässt sich jedoch ein abschließender Regelungscharakter nicht entnehmen; § 302 Abs. 1 S. 2 StPO bspw. bestimmt ein weiteres Inhaltsverbot. Zudem handelt es sich bei der Frage der Anwendbarkeit von Jugendstrafrecht um eine in § 105 JGG an zwingende Voraussetzungen geknüpfte Entscheidung, die nicht zur Disposition der Verfahrensbeteiligten stehen (vgl. *Beulke* Rn. 395 f.; Graf/*Eschelbach* § 257c Rn. 7; *Fahl/Geraats* JA 2009, 791, 796; *Nowack* JR 2010, 248, 252; N/Sch/W/*Niemöller* § 257c Rn. 82; LR/*Stuckenberg* § 257c Rn. 28). Möglich sind jedoch bei Vorliegen der Voraussetzungen Vereinbarungen über den **Umfang einer Jugendstrafe** (näher dazu *Nowak* JR 2010, 248, 252 ff.).

41 Entsprechend beantwortet sich die Frage, ob eine **Strafaussetzung zur Bewährung** Inhalt einer Verständigung sein darf. Die Verfahrensbeteiligten können die Höhe einer solchen Strafe vereinbaren, sofern die gesetzlich normierten Voraussetzungen für eine Bewährung (§ 56 StGB) erfüllt sind. Insoweit kommt dem Gericht ein weiter nur in Grenzen überprüfbarer Beurteilungsspielraum zu (so auch *Bittmann* wistra 2009, 414, 415, Fn. 12; N/Sch/W/*Niemöller* Teil B § 257c Rn. 57; zust. *Beulke* Strafverfahrensrecht Rn. 395a; gegen eine Verhandelbarkeit *Engländer* Rn. 263; für eine generelle Disponibilität *Burhoff* HV, Rn. 66; Graf/*Eschelbach* § 257c Rn. 15; KMR/*v. Heintschel-Heinegg* § 257c Rn. 17, 27; *Kirsch* StraFo 2010, 96 f.; *Leipold* NJW-Spezial 2009, 520; *Meyer-Goßner/Schmitt* § 257c Rn. 12; AnwK-StPO/*Püschel* § 257c Rn. 10). Der Grundsatz des fairen Verfahrens gebietet es, den Angeklagten rechtzeitig konkret auf eventuelle Bewährungsauflagen gem. § 56b Abs. 1 S. 1 StGB hinzuweisen (BGH, Beschl. v. 29.01.2014 – StR 254/13 = NJW 2014, 1831 = StV 2014, 393; Beschl. v. 11.09.2014

– 4 StR 148/14 = NStZ = NJW 3173, 3174 = StV 2015, 50 m.w.N; s. aber auch BGH, Urt. v. 07.10.2014 – 1 StR 182/14 = StV 2015, 277, insb. zum erforderlichen Tatsachenvortrag bei Verfahrensfehlern, die die Autonomie des Angeklagten beeinträchtigen). Nach BGH, Beschl. v. 07.10.2014 – 1 StR 426/14 = StV 2015, 151 soll das nicht für Bewährungsweisungen gem. § 56c Abs. 1 S. StGB bzw. solchen gleichzustellenden Anweisungen gelten.

Dementsprechend gilt für die Frage, ob der **Verzicht auf die Feststellung der besonderen Schwere der Schuld i.S.d. § 57a Abs. 1 Nr. 2 StGB** einen tauglichen Verständigungsgegenstand darstellt, folgendes: Zwar handelt es sich hierbei um eine »verlagerte Strafzumessungsentscheidung« (*Jahn/Kett-Straub* StV 2010, 271, 274). Jedoch muss das Gericht die Schwere der Schuld i.S.d. § 57a StGB feststellen, wenn sie, was das Gericht zu beurteilen hat, vorliegt. Damit fehlt es an einer disponiblen Rechtsfolge (a. A. *Jahn/Kett-Straub* StV 2010, 271, 275: »aber ein Grenzfall der Absprachen im Strafverfahren«). 42

Von § 257c Abs. 2 StPO nicht gedeckt ist das »Angebot«, eine rechtsstaatswidrige Verfahrensverzögerung feststellen und durch **Vollstreckungserklärung** kompensieren zu wollen (BGH StV 2011, 74). 43

cc) **Dazugehörige Beschlüsse.** Mit den in Abs. 2 S. 1 genannten dazugehörigen Beschlüssen sind Beschlüsse gemeint, die **zugleich mit dem Urteil** ergehen, insb. Bewährungsbeschlüsse gem. § 268a StPO und Entscheidungen über die Fortdauer der Untersuchungshaft (*Schneider* NStZ 2014, 252, 261) oder der einstweiligen Unterbringung gem. § 268b StPO sowie solche Beschlüsse über Verfahrenseinstellungen oder -beschränkungen gem. §§ 153 Abs. 2 S. 1, 154 Abs. 2, 154a Abs. 2 StPO (dazu OLG Frankfurt am Main NStZ-RR 2011, 49 f.; näher zur Einstellungsmöglichkeit nach § 154a Abs. 2 StPO Rdn. 10), die den nicht vom Urteil erfassten Teil des Anklagevorwurfs erledigen und zusammen mit dem Urteil verkündet werden (näher dazu N/Sch/W/*Niemöller* Teil B § 257c Rn. 66 ff.). Soweit letztere vorher ergehen, können sie als »sonstige verfahrensbezogene Maßnahmen« Gegenstand einer Verständigung sein. 44

b) **»Sonstige verfahrensbezogene Maßnahmen«.** Als mögliche sonstige verfahrensbezogene Maßnahmen nennen die Materialien Maßnahmen, die das erkennende **Gericht** verfügen kann, wie Einstellungsentscheidungen und Beweiserhebungen (BT-Drucks. 16/12310, S. 13; KG, Beschl. V. 9.12.2014 – 2 Ws 7/15 = NStZ 2015, 236, 238). Generell kommt eine Verständigung in Betracht »überall dort, wo das Gesetz dem Gericht mit einem ›kann‹ die Befugnis zuspricht, eine bestimmte Maßnahme zu treffen«. Wo es hingegen »mit einem ›hat‹ oder ›ist zu‹ eine Rechtspflicht zum Handeln begründet, ist sie ausgeschlossen« (so treffend N/Sch/W/*Niemöller* Teil B § 257c Rn. 34 mit vielen Beispielen). 45

c) **»Das Prozessverhalten der Verfahrensbeteiligten«. aa) Allgemeines.** Mit dem Prozessverhalten der Verfahrensbeteiligten sind sowohl Handlungen gemeint, die in der Sphäre des **Angeklagten** liegen, als auch Handlungen von **Staatsanwaltschaft** und **Nebenklage** (BT-Drucks. 16/12310, S. 13). Generell geht es um (den Verzicht auf) die Geltendmachung prozessualer Rechte (*Meyer-Goßner/Schmitt* § 257c Rn. 14). Das denkbare Spektrum möglicher »Verzichtsleistungen« ist weit (ausf. N/Sch/W/*Niemöller* Teil B § 27c Rn. 36 ff.), im Einzelnen freilich umstritten (s. *Meyer-Goßner/Schmitt* § 257c Rn. 14a). 46

In Betracht kommen z.B. – namentlich seitens des Angeklagten – einerseits der (teilw.) Verzicht auf Beanstandungen, sonstige Erklärungen oder das Fragerecht, andererseits Zustimmungen zu Verlesungen oder dem Absehen von der Erhebung einzelner Beweise (ausf. N/Sch/W/*Niemöller* Teil B § 257c Rn. 37; teilw. a. A. Graf/*Eschelbach* § 257c Rn. 17; *Meyer-Goßner/Schmitt* § 257c Rn. 14a m.w.N.), ferner die Bereitschaft des Angeklagten zur Schadenswiedergutmachung oder zum Verzicht auf eigene Entschädigung nach dem StrEG (*Eschelbach* a.a.O.). Nach KG Beschl. v. 9.12.2014 – 2 Ws 7/15 = NStZ 2015, 236 ist die Rücknahme der Berufung in einem Parallelverfahren ein zulässiger Verständigungsgegenstand (a. A. *Knauer/Pretsch* Urteilsanm. NStZ 2015, 238). Dass eine solche Rücknahme auch im Falle der Berufung gegen das Verständigungsurteil wirksam bleibt (so KG a.a.O.), ist indes wegen § 302 Abs. 1 S. 2 StPO zweifelhaft (*Knauer/Pretsch* a.a.O.). Näher zu den Auswirkungen einer Verständigung vor dem Amtsgericht in der Berufungsinstanz unten Rdn. 88). 47

Die Begründung einer Strafmilderung mit einem bestimmten Prozessverhalten insb. des Angeklagten wird z.T. als unvereinbar mit dem Schuldgrundsatz angesehen (vgl. Graf/*Eschelbach* § 257c Rn. 17). Besonders kritisch erscheint der »Kauf« einer Strafmilderung durch den Verzicht auf Beweisanträge seitens des Angeklagten, worauf im Gesetzgebungsverfahren bereits der Bundesrat hingewiesen hat (vgl. 48

§ 257c StPO Verständigung zwischen Gericht und Verfahrensbeteiligten

BT-Drucks. 16/12310, S. 18, 21; krit. auch *Meyer-Goßner/Schmitt* § 257c Rn. 14). Nach dem Willen des Gesetzgebers soll eine **unsachgemäße Verknüpfung** des jeweils angesonnenen oder in Aussicht gestelltem Verhalten ausgeschlossen sein (vgl. dazu bereits grundlegend BGHSt 49, 84; hierzu *Beulke/Soboda* JZ 2005, 67, 72; *Schöch* NJW 2004, 3462), speziell die Verknüpfung einer Strafrahmenzusage des Gerichts mit dem Verzicht des Angeklagten auf weitere Beweisanträge (BT-Drucks. 16/12310, S. 13). Entgegen *Meyer-Goßner/Schmitt* (§ 257c Rn. 14) lässt sich dies auch dem Gesetzestext selbst entnehmen, nämlich § 257c Abs. 1 S. 2 StPO. Sofern nämlich ein möglicher Beweisantrag, dessen Inhalt dem Gericht im Rahmen von Erörterungen über eine mögliche Verständigung zur Kenntnis gebracht wird, das Gericht zur **Aufklärung von Amts wegen** (§ 244 Abs. 2 StPO) zwingt, muss es seiner Aufklärungspflicht nachkommen (vgl. oben Rdn. 26). Das wird regelmäßig bei Beweisanträgen der Fall sein, die Haupttatsachen betreffen.

49 Generell dürfen dem Angeklagten keine Leistungen abgefordert werden, die mit der verfahrensgegenständlichen Tat nichts zu tun haben (Gedanke der **Konnexität**). So ist bspw. die Verständigung unzulässig, bei der dem Angeklagten aufgegeben wird, Steuerschulden aus einem anderen Verfahren zu begleichen (BGHSt 49, 84, 88; dazu *Nistler* JuS 2009, 916, 917).

50 **bb) Geständnis (Abs. 2 S. 2)** Begibt sich der Angeklagte seines Rechts zu schweigen oder sich nicht selbst zu belasten und legt er ein Geständnis ab, so kann dieses Teil einer »Leistung« im Rahmen einer Verständigung sein.

51 Vor dem Inkrafttreten des § 257c StPO verlangte die höchstrichterliche Rspr. »in der Regel« ein qualifiziertes Geständnis (BGHSt 50, 40, 49). Gemäß Abs. 2 S. 2 **soll** nunmehr eine Verständigung ein Geständnis beinhalten. Der Bundesrat hatte diese Formulierung im Gesetzgebungsverfahren ebenso beanstandet wie den Umstand, dass die Anforderungen an die Qualität des Geständnisses nicht aus dem Gesetzestext hervorgehen (BT-Drucks. 16/12310, S. 18 f.). Die Bundesregierung hatte diesen Bedenken widersprochen (BT-Drucks. 16/12310, S. 21) und dies mit der Mannigfaltigkeit der denkbaren Fallgestaltungen und u.a. auch mit dem Opferschutz begründet, dem die Nachprüfung eines Geständnisses evtl. zuwiderlaufen könnte (krit. hierzu *Graf/Eschelbach* § 257c Rn. 22; *Fischer* StraFo 2009, 177, 182). Zum Teil wird gleichwohl vertreten, die Soll- sei als Muss-Regelung zu lesen (*Bittmann* wistra 2009, 414, 415; ähnlich *Meyer-Goßner/Schmitt* § 257c Rn. 16 f.: »idR«). Streitig ist zudem, welche **Qualität** ein Geständnis haben muss, um als solches eine strafmildernde Wirkung entfalten zu können. Während z.T. unter Rekurs auf die bisherige Rspr. vertreten wird, ein »inhaltsleeres Formalgeständnis« (BGHSt 50, 40, 49) reiche nicht, vielmehr müsse das Geständnis »qualifiziert« sein (*Graf/Eschelbach* § 257c Rn. 21; *Meyer-Goßner/Schmitt* § 257c Rn. 17), lassen andere bereits ein »schlankes« Geständnis genügen (AnwK-StPO/*Püschel* § 257c Rn. 18; *Jahn/Müller* NJW 2009, 2625, 2628; *Rosenau* in Rosenau/Kim, S. 45, 66).

52 Nach Auffassung des OLGHamm (Beschl. v. 26.09.2011 – II-3 RVS 69/11 = StraFo 2011, 515) ist nicht ausreichend ein bloßes Nicht-Bestreiten, das nicht erkennen lässt, ob die Angeklagten zu den konkreten Tatsachen eine geständige Einlassung abgegeben haben oder ob sie keine Angaben gemacht haben und das Gericht insoweit Schlüsse aus dem (Teil-) Schweigen der Angeklagten gezogen und seine diesbezügliche Überzeugungsbildung ggf. auch auf weitere Beweismittel gestützt hat. Nach BGH (Beschl. v.22.09.2011 – 2 StR 383/11 = NStZ-RR 2012, 52) genügt es für eine Verurteilung im Wege einer Verständigung nicht, wenn die Feststellungen zur Sache allein auf der Anklageschrift beruhen, denen der Angeklagte »nicht entgegengetreten« ist. In diesem Fall fehle es überhaupt an einer Beweiswürdigung i.S.d. § 261 StPO (so auch BGH, Beschl. v. 09.04.2013 – 5 StR 58/13 = StraFo 2013, 250).

53 Das Ob und Wie eines Geständnisses ist eine Frage der **Aufklärungspflicht** (BT-Drucks. 16/12310, S. 14) und, damit zusammenhängend, der **Überzeugungsbildung** des zuständigen Gerichts (oben Rdn. 26 ff.). Das Gericht muss sich bei Erwägung einer Verständigung klar darüber werden, ob und in welchem Umfang es zusätzlich zu dem aufgrund der Aktenlage bestehenden Tatverdacht – der mindestens hinreichend sein muss (203 StPO) – der etwaigen Zustimmung des Angeklagten sowie ggf. einzelner Beweiserhebungen eines Geständnisses bedarf, um zur Überzeugung von der Schuld des Angeklagten zu gelangen und diese im Urteil fehlerfrei – also auch unter ausreichender Darlegung seiner Überzeugungsbildung – zu begründen. Im Regelfall wird hierfür ein Geständnis erforderlich sein, häufig auch ein sog. qualifiziertes, und ein bloßes Nicht-Bestreiten nicht ausreichen (vgl. bereits BGH

3 StR 415/02), allenfalls in atypischen Konstellationen (dazu *Jahn/Müller* NJW 2009, 2625, 2628; ferner *Schlothauer/Weider* StV 2009, 600, 603: bei Angeklagten aus Kulturkreisen, in denen ein Geständnis eine soziale Ächtung zur Folge hat; a. A. *Weimar/Mann* StraFo 2010, 12, 16). Eines qualifizierten Geständnisses wird es regelmäßig schon deswegen bedürfen, um die Zuverlässigkeit des Geständnisses überprüfen zu können (dazu Graf/*Eschelbach* § 257c Rn. 24 f.; vgl. BGHSt 50, 40, 49), was nach dem Urteil des BVerfG zwingend ist (BVerfG, Urt. v- 19.03.2013 – 2 BvR 2628/10, Rdn. 71) Streitig ist, ob der bloße Abgleich mit der Aktenlage genügt (verneinend BVerfG ebda.) oder zusätzliche Beweiserhebungen erforderlich sind, z.B. Vorhalte oder das Selbstleseverfahren (so BVerfG ebd.; vgl. BGH, Beschl. v. 05.11.2013 – 2 StR 265/13 = NStZ 2014; *Ignor* in: Jahn/Nack Rechtsprechung in Strafsachen [2013], S. 53, 57 ff.; *Schneider*, NStZ 2014, 192, 193 f.; a. A. *Sander* in: Jahn/Nack Rechtsprechung in Strafsachen [2013], S. 53, 57 ff.). Schließlich ist das Geständnis für die **Strafzumessung** von Bedeutung (näher *Rosenau* in Rosenau/Kim, S. 45, 66). Hierbei ist dem Gericht eine strafmildernde Berücksichtigung auch dann nicht versagt, wenn der Angeklagte das Geständnis weniger aus Schuldeinsicht und Reue, denn aus verfahrenstaktischen Gründen ein Geständnis abgibt bzw. abzugeben scheint, denn auch dies ist ein Beitrag zur Sachaufklärung und Verfahrensabkürzung (vgl. BGH, Urt. v. 12.12.2013 – 5 StR 444/13 = NStZ 2014, 169).

Besondere Vorsicht ist **in Fällen mehrerer Angeklagter** geboten, wenn der Verdacht naheliegt, dass ein Geständnis vornehmlich der eigenen Entlastung und der Belastung nichtgeständiger Mitangeklagter dient, was insb. im Bereich des § 31 BtMG und sonstiger Kronzeugenregelungen in Betracht kommt (N/Sch/W/*Niemöller* Teil B § 257c Rn. 91; vgl. Graf/*Eschelbach* § 257c Rn. 10: Problem der »**Absprachen zu Lasten Dritter**«). Das Gericht muss tatsächlichen Anhaltspunkten für solchermaßen motivationsgeleitete Geständnisse nachgehen. Maßstab der Prüfungsintensität sind die revisionsrechtlichen Anforderungen an die Fehlerfreiheit der Beweiswürdigung im Urteil. Die Rspr. verlangt bei drittbelastenden Geständnissen i. Erg. eine besonders aufwendige Prüfung. Das Urteil muss nicht nur die Inhalte der Geständnisse darlegen, sondern sie einer gründlichen nachvollziehbaren Glaubhaftigkeitsprüfung unterziehen, wozu die Darstellung der Entstehungs- und Entwicklungsgeschichte der Geständnisse gehört sowie die Einbeziehung ggf. entgegenstehender Gesichtspunkte in die Gesamtwürdigung (vgl. BGHSt 48, 161, 168; BGHSt 52, 78, 83 m. Anm. *Schmitz* NJW 2008, 1751, 1752; vgl. auch OLGFrankfurt am Main StV 2011, 12; ferner Graf/*Eschelbach* § 257c Rn. 10 ff. m.w.N.). Insbesondere muss sich das Gericht in der Urteilsbegründung bei der Würdigung des Geständnisses des Mitangeklagten auch mit dem Gesichtspunkt auseinandersetzen, dass diesem Verständigungsgespräche vorausgegangen sind (BGH Beschl. v. 06.03.2013 – 5 StR 423//12 – = StV 2013, 376; vgl. BGH Beschl. v. 06.03.2012 – 1 StR 17/12 – = NStZ 2012, 465; BGH Beschl. v. 22.02.2012 – 1 StR 349/11 – = NStZ 2013, 353 m. Anm. *Kudlich*). 54

Zum Schicksal des Geständnisses bei Entfallen der Bindungswirkung (§ 257c Abs. 4 S. 3 StPO) unten Rdn. 107 ff. 55

2. Verbote (Abs. 2 S. 3) Abs. 2 S. 3 StPO schließt zunächst ausdrücklich **Vereinbarungen über den Schuldspruch** aus, vgl. BGH, Beschl. v. 28.09.2010 – 3 StR 359/10, StV 2011, 78; BGH, Beschl. v. 01.03.2011 – 1 StR 52/11, StV 2011, 335; BGH, Beschl. v. 16.03.2011 – 1 StR 60/11 (zu diesen Entscheidungen *Schlothauer* StraFo 2011, 487, 489). Solche Vereinbarungen waren nach der Rechtsprechung auch schon vor dem Inkrafttreten des Verständigungsgesetzes unzulässig (vgl. BGHSt 43, 195, 204; 50, 40, 50). 56

Entgegen Äußerungen in der Literatur (s. Graf/*Eschelbach* § 257c Rn. 11.1) steht dieses Verbot zugleich Abreden über die zu beurteilende **Tatsachenbasis** (sog. **fact bargaining**, dazu *Altenhain/Haimerl* JZ 2010, 327, 331; *Jahn* StV 2011, 497, 505) entgegen (vgl. BGH, Beschl. v.09.03.2011 – 2 StR 428/10, NStZ 2011, 213; BGH, Beschl. v. 22.06.2011 – 5 StR 226/11, StV 2011, 647 m. Anm. *Schlothauer*). 57

Das Verbot des § 257c Abs. 2 S. 3 StPO steht in einem **Spannungsverhältnis zu § 154a Abs. 2 StPO**, der die Möglichkeit einer Beschränkung der Aufklärungspflicht aus Beschleunigungsgründen eröffnet. Der Gesetzentwurf des Bundesrates hatte eine Regelung enthalten, wonach die §§ 154 ff. StPO von einer Verständigung unberührt bleiben (abgedruckt als Anhang 6 bei N/Sch/W VerstG). Zwar ist dieser Vorschlag nicht umgesetzt worden. Jedoch enthalten die Materialien keine Aussage darüber, dass § 154a StPO im Fall einer Verständigung nicht anwendbar sein soll (*Schlothauer/Weider* StV 2009, 58

600, 602). Es dürfte daher Frage einer **Gesamtwürdigung** sein, ob die Beschränkung der Strafverfolgung allein der Umgehung des Verbots der Verständigung über den Schuldspruch dienen soll (*Kirsch* StraFo 2010, 96, 100).

59 Fraglich ist, ob vom Verbot der Absprache über den Schuldspruch auch **Regelbeispiele** besonders schwerer Fälle (etwa § 243 Abs. 1 S. 2 StGB) erfasst sind (dagegen *Rieß* StraFo 2010, 10, 11). Zwar werden diese nicht in die Urteilsformel mit aufgenommen (*Meyer-Goßner/Schmitt* § 260 Rn. 25), was gegen ein Verbot sprechen könnte. Jedoch ist Abs. 4 S. 1 StPO zu entnehmen, dass es nicht um die – formale – Frage geht, ob eine Norm in der Urteilsformel steht, sondern ob die beurteilte Tat schuldangemessen abgeurteilt wird. Daher ist eine Verständigung über das (Nicht-) Vorliegen eines Regelbeispiels im Ergebnis als unzulässig zu erachten (*Meyer-Goßner/Schmitt* § 257c Rn. 10; so auch ausdrücklich BVerfG Urt. v. 19.03.2013 – 2 BvR 2628/10, Rdn. 74, vgl. auch Rdn. 109, 130. Allerdings ist es dem Gericht nur versagt, die Verneinung eines verwirklichten Regelbeispiels zuzusagen, nicht hingegen, dass bei der Gesamtwürdigung aller zumessungserheblichen Umstände ein Geständnis als besonderer Milderungsgrund ggf. zur Anwendung des Normal- statt des Sonderstrafrahmens führen kann (vgl. BGH Beschl. v. 25.04.2013 – 5 StR 139/13 = NStZ 2013, 540 = StV 2013, 485; *Sander* in Jahn/Nack Rechtsprechung in Strafsachen [2013], S. 53, 56). Entsprechendes gilt für **unbenannte minder schwere Fälle**. Sinnvollerweise kann nur eine Bewertung als minder schwerer Fall untersagt sein, die keine materielle Grundlage hat, aber nicht schon die Bezeichnung eines minder schweren Falles als solchen in der Verständigung (*Kudlich* NStZ 2014, 285 f.; vgl. BGH wie zuvor; *Schneider* NStZ 2014, 192, 195).

60 Des Weiteren erklärt Abs. 2 S. 3 Verständigungen über **sämtliche Maßregeln der Besserung und Sicherung** (§ 61 StGB) für unzulässig. Dieses Verbot stellt eine Verengung des »Verständigungskanons« ggü. der Rechtslage vor dem VerstG dar, wonach der Rspr. zufolge lediglich Abreden über die Nichtanordnung der Sicherungsverwahrung untersagt waren (vgl. BGH NStZ-RR 2005, 39; NStZ 2005, 526; NStZ 2008, 620). Nunmehr sind auch Vereinbarungen über einen Entzug der Fahrerlaubnis (§ 69 StGB) oder über ein Berufsverbot (§ 70 StGB) der Disposition der Verfahrensbeteiligten entzogen. Das Verbot umfasst nicht nur die Frage der Anordnung, sondern auch des **Umfangs** einer Maßregel (a. A. zur Frage der Länge der Sperrfrist bei Entziehung der Fahrerlaubnis *Burhoff* HV Rn. 65j; *ders.* StRR 2009, 324, 327; dagegen zu Recht *Meyer-Goßner/Schmitt* § 257c Rn. 9). Ob bei zweifelhafter Schuldfähigkeit und einer damit im Raum stehenden Maßregel nach § 63 StGB jedwede Verständigung ausscheidet (so wohl BGH, Beschl. v. 22.06.2011 – 5 StR 226/11, StV 2011, 647 m. Anm. *Schlothauer*), ist zw. (s. *Schlothauer* a.a.O. und StraFo 2011, 487, 489).

61 Umstritten ist, ob die im Siebenten Titel des Dritten Abschnitts des StGB bestimmten Maßnahmen (**Verfall und Einziehung**) Gegenstand einer Verständigung sein dürfen. Dagegen spricht, dass davon nur abgesehen werden kann, wenn die gesetzlichen Voraussetzungen nicht erfüllt sind; anderes gilt lediglich für den Fall des § 73c Abs. 1 StGB, der dem Gericht einen Beurteilungsspielraum eröffnet (*Kirsch* StraFo 2010, 96 f.; N/Sch/W/*Niemöller* Teil B § 257c Rn. 63; a. A. *Meyer-Goßner/Schmitt* § 257c Rn. 10; für eine generelle Disponibilität auch *Schlothauer/Weider* StV 2009, 600, 602). Ungeachtet dessen kann sich der Angeklagte formlos mit der Einziehung der ihm gehörenden Gegenstände einverstanden erklären (so auch *Meyer-Goßner/Schmitt* § 257c Rn. 10; N/Sch/W/*Niemöller* Teil B § 257c Rn. 65; a. A. *Hüls/Reichling* StraFo 2009, 198, 199).

62 Im Zusammenhang mit Abs. 2 steht **§ 302 Abs. 1 S. 2 StPO**, der einen **Rechtsmittelverzicht** im Fall vorangegangener Verständigungen ausschließt und damit indirekt ebenfalls den möglichen Inhalt von Verständigungen begrenzt (noch im RegE war das Verbot in § 257c Abs. 2 S. 3 StPO enthalten; vgl. BT-Drucks. 16/12310, S. 5; zur Entstehungsgeschichte näher *Fahl/Geraats* JA 2009, 791, 796 f.). Näher zum Rechtsmittelverzicht unten Rdn. 126.

63 **III. Verfahren der Verständigung (Abs. 3)** Abs. 3 bestimmt den Ablauf einer Verständigung (vgl. BGH Urt. v. 21.06.2012 – 4 StR 623/11 –). Ausführliche Darstellung eines ordnungsgemäßen Verständigungsverfahrens, auch unter Berücksichtigung der Mitteilungs- und Protokollierungspflichten (§§ 243 Abs. 4 StPO, 373 Abs. Ia StPO) in MAH Strafverteidigung/*Ignor* § 13 Rn. 40 ff.

64 **1. Bekanntgabe des möglichen Inhalts (S. 1)** Gemäß S. 1 gibt das Gericht bekannt, welchen Inhalt die Verständigung haben könnte. Diese Bekanntgabe setzt einen **Beschluss des Gerichts** voraus, vor dessen Erlass die Verfahrensbeteiligten gem. § 33 Abs. 1 StPO zu hören sind (vgl. BGHSt 38, 102, 104 f.;

N/Sch/W/*Niemöller* Teil B § 257c Rn. 23; a. A. LR/*Stuckenberg* § 257c Rn. 48). Die **Anhörung** wird regelmäßig in Form einer Erörterung i.S.d. § 257b StPO erfolgen. Der Beschluss erfordert wegen der Bindungswirkung (arg. e contrario zu § 257c Abs. 4 StPO) gem. § 263 Abs. 1 StPO eine Zwei-Drittel-Mehrheit (*Meyer-Goßner/Schmitt* § 257c Rn. 23; N/Sch/W/*Niemöller* Teil B § 257c Rn. 24). Da der Beschluss der Verurteilung vorausgeht, ist er gem. § 305 Abs. 1 S. 1 StPO nicht anfechtbar und bedarf gem. § 34 StPO keiner Begründung (N/Sch/W/*Niemöller* Teil B § 257c Rn. 26). Freilich wird sich letzteres empfehlen, um die Verfahrensbeteiligten zu überzeugen. Der Beschluss ist zu protokollieren, § 273 Abs. 1a StPO (zu den Folgen unterbliebener Protokollierung OLG Nürnberg, Bschl. v. 25.2.2015 – 1 OLG 8 Ss 1/15 = StV 2015, 282).

S. 1 schließt nicht aus, dass die **Initiative** zu einer Verständigung von dem Angeklagten, seinem Verteidiger oder der Staatsanwaltschaft ausgeht (so auch *Meyer-Goßner/Schmitt* § 257c Rn. 23; AnwK-StPO/ *Püschel* § 257c Rn. 4; *Nistler* JuS 2009, 916: »auch praxisgerecht«; *Rosenau* in Rosenau/Kim, S. 45, 49). 65

2. Angabe einer Strafober- und Strafuntergrenze (S. 2) Gemäß Abs. 3 S. 2 kann das Gericht unter 66 freier Würdigung aller Umstände des Falles sowie der allgemeinen Strafzumessungserwägungen eine mögliche Ober- und Untergrenze der Strafe angeben und damit seine gegenwärtige Einschätzung des Falls zum Ausdruck bringen.

Zu den zu würdigenden **Umständen des Falles** zählen insb. der Inhalt der Aktenlage und der Hauptverhandlung, wie er sich dem Gericht bei Erwägung einer Verständigung darstellt. Zulässig ist insoweit eine antizipierte Beweiswürdigung (SK-StPO/*Velten* § 257c Rn. 19). Ferner hat das Gericht die etwaige Zustimmung des Angeklagten sowie ein etwaiges Geständnis zu berücksichtigen, über dessen Ob und Wie es sich im Klaren sein muss (oben Rdn. 53). Maßstab ist die Erforderlichkeit im Hinblick auf die Überzeugungsbildung (oben Rdn. 53, vgl. SK-StPO/*Velten* § 257c Rn. 19). 67

Das Gericht soll eine mögliche **Ober- und Untergrenze der Strafe**, also einen Strafrahmen, angeben. 68 Die Angabe der Strafuntergrenze wurde auf Betreiben der Generalstaatsanwältinnen und Generalstaatsanwälte als eine Absicherung des gerechten Schuldausgleichs »nach unten« in das Gesetz eingefügt (Eckpunktepapier abgedruckt als Anhang 2 bei N/Sch/W; *Meyer-Goßner* NStZ 2007, 425, 427). Ob sie (stets) erforderlich ist, wird insb. im Hinblick auf den Wortlaut von Abs. 3 S. 2 StPO (»kann«), verneint (*Bittmann* wistra 2009, 414, 415; SK-StPO/*Velten* § 257c Rn. 21; AnwK-StPO/*Püschel* § 257c Rn. 22 will die Angabe von einem expliziten Antrag der Staatsanwaltschaft abhängig machen; a. A. *Meyer-Goßner/Schmitt* § 257c Rn. 20 unter Hinweis auf den Begriff des Strafrahmens in Abs. 4 S. 1). Die **Rspr.** »neigt« zu der Verpflichtung, stets Strafober- und Untergrenze anzugeben (s. BGH, Beschl. v. 01.03.2011 – 1 StR 52/11, StV 2011, 337), schränkt aber die Revisibilität eines Verstoßes dagegen mittels des Erfordernisses des »Beruhens« (§ 337 Abs. 1 StPO) i. Erg. ein; näher dazu unten Rdn. 138. **Unzulässig** ist das Angebot einer **Punktstrafe**, dementsprechend auch eine Verständigung darüber (BGH, Beschl. v. 28.09.2010 – 3 StR 359/10, NStZ 2011, 231 = StV 2011, 78; Beschl. v. 27.07.2010 – 1 StR 345/10; Beschl. v. 08.10.2010 – 1 StR 347/10, StV 2011, 75 = wistra 2011, 75; Urt. v. 17.02.2011 – 3 StR 426/10, StV 2011, 338; vgl. bereits KG NStZ-RR 2004, 175; BGHSt 51, 84, 86; ferner *Beulke/Witzigmann* StV 2009, 397). In der bloßen Angabe einer Strafobergrenze liegt keine unzulässige Punktstrafe (BGH, Beschl. v. 11.10.2010 – 1 StR 359/10, NStZ 2011, 170).

Entgegen *Meyer-Goßner/Schmitt* (§ 257c Rn. 20 ff.; ZRP 2009, 107, 109) ist das Gericht bei Angabe 69 einer Ober- und Untergrenze nicht gehalten, nur die **Strafuntergrenze** als Strafe festzusetzen, weil die Entscheidung über die konkrete Strafe der abschließenden Beratung durch das Gericht vorbehalten bleibt (BGH, Beschl. v. 27.07.2010 – 1 StR 345/10, StV 2010, 673; vgl. auch Beschl. v. 28.09.2010 – 3 StR 359/10, NStZ 2011, 231 = StV 2011, 78; ferner BGH Beschl. v. 21.02.2013 – 1 StR 633/12 – StV 2013, 484). Der Angeklagte kann nur darauf vertrauen, dass die Strafe innerhalb des angegebenen Strafrahmens liegt (*Goeck* NJ 2010, 436; *Schlothauer* StraFo 2011, 487, 491 a. A. *Bockemühl/Staudinger* StraFo 2011, 423).

Umstritten ist, ob bei der Erörterung einer möglichen Verständigung das Gericht eine »**Alternativstra-** 70 **fe**« für den Fall in Aussicht stellen darf, dass eine Verständigung nicht infrage kommt (vgl. *Schlothauer* StV 2011, 205, 207; StraFo 2011, 487, 492; Problematik der sog. **Sanktionsschere**).

Nach der bisherigen Rechtsprechung war dies nicht verboten (so ausdrücklich BGH NStZ 2008, 170), 71 allerdings mit der Maßgabe, das Gericht dürfe keinesfalls zur Erlangung eines Geständnisses eine (alternative) Strafhöhe bestimmen, die nicht dem Unrechtsgehalt der Tat gerecht wird (BGHSt 43, 195;

§ 257c StPO Verständigung zwischen Gericht und Verfahrensbeteiligten

50, 40, 51 GrSen); eine »überhöhte Strafe« beeinträchtige den Angeklagten in seiner Willensfreiheit (bspw. BGH StV 2005, 201; NStZ 2008, 170; *Meyer-Goßner/Schmitt* § 257c Rn. 19) und potenziere die Gefahr materiell falscher Entscheidungen (BGHSt 43, 195, 204; 50, 40, 50 GrSen; BGH NStZ 2008, 170; vgl. dazu *König* StraFo 2006, 170 f.). Im Hinblick auf den Wortlaut des § 257c Abs. 3 S. 2 StPO lässt sich mit guten Gründen die Zulässigkeit der Nennung einer Alternativstrafe bezweifeln (SK-StPO/*Velten* § 257c Rn. 21; *Schlothauer* StV 2011, 205, 207; a. A. LR/*Stuckenberg* § 257c Rn. 49). Jedenfalls ist die Angabe einer Strafobergrenze für den Fall des Bestreitens nicht geboten (BGH Urt. v. 03.09.2013 – 5 StR 318/13). Ggf. darf eine solche »das vertretbare Maß« nicht überschreiten und den Angeklagten »**inakzeptablem Druck**« aussetzen (vgl. BGH StV 2011, 202, 204), bzw. das Fehlen des strafmildernden Aspekts des Geständnisses nicht in unverhältnismäßiger Weise in Ansatz bringen. Andernfalls begründet dies die **Besorgnis der Befangenheit des Gerichts**. Zur Frage, ob der Angeklagte – zur Vermeidung einer Rügepräklusion im Revisionsverfahren – in der Hauptverhandlung einen entsprechenden Ablehnungsantrag stellen (so BGH NStZ 2009, 168) oder sogleich **Widerspruch** erheben muss (so BGH, Beschl. v. 02.02.2010 – 4 StR 620/09 = StV 2010, 225), unten Rdn. 137.

72 Fraglich ist, wann ein in Aussicht gestellter **Strafnachlass** als **unvertretbar** anzusehen ist. Während in der **Literatur** z.T. vertreten wird, der »Rabatt« solle im Fall einer Verständigung nicht mehr als 15 % betragen (so *Putzke/Scheinfeld* Rn. 576), meinen andere, dass er höchstens ein Drittel der Strafe betragen dürfe (so *Meyer-Goßner/Schmitt* Ergänzungsheft § 257c Rn. 19 m.w.N. in der Folgeauflage: »idR zwischen 20 und 30 %«; ebenso *Bittmann* wistra 2009, 414, 415; AnwK-StPO/*Püschel* § 257c Rn. 22; *Rosenau* in Rosenau/Kim, S. 45, 66: »Ein Drittel [...], im Einzelfall aber auch höher«; *Sommer* AnwBl. 2010, 197, 199; Graf/*Eschelbach* § 257c Rn. 14 zufolge werden in der Praxis Nachlässe von 20 bis 50 % diskutiert).

73 Auch die **Rechtsprechung** hat sich bislang auf die Beurteilung von Einzelfällen beschränkt und nicht generell zum möglichen Umfang eines Strafnachlasses im Fall einer Verständigung (vgl. BGH StV 2004, 470: Differenz zwischen 2 Jahren Freiheitsstrafe mit Bewährung und 6 Jahren Freiheitsstrafe unzulässig; BGH NStZ 2008, 170: Differenz zwischen 3 1/2 Jahren und 7 bis 8 Jahren Freiheitsstrafe unzulässig; BGH NStZ 2007, 655, 657: Differenz zwischen über 7 Jahren Freiheitsstrafe und 4 Jahren und 6 Monaten zulässig; weitere Beispiele bei *Kempf* StV 2009, 269, 271). Ausdrücklich gegen eine »mathematische Betrachtung« nach Inkrafttreten des Verständigungsgesetzes der 1. Strafsenat in einem Obiter dictum BGH, Beschl. v. 20.10.2010 – 1 StR 400/10 = StV 2011, 202 m. Anm. *Schlothauer*). Der bloße Hinweis, im Verurteilungsfall sei nur unter der Voraussetzung eines Geständnisses der Strafrahmen des § 250 Abs. 3 StGB eröffnet, stellt keine Drohung mit einer willkürlich bemessenen Sanktionsschere dar (BGH, Urt. v. 29.08.2011 – 5 StR 287/11 = StV 2012, 5).

74 Dem Gericht obliegt bereits im Zusammenhang mit der Angabe des möglichen Inhalts einer Verständigung die **Belehrungspflicht gem. § 257c Abs. 5 StPO** (so auch *Meyer-Goßner/Schmitt* § 257c Rn. 30). Nur wenn dem Angeklagten bereits in dieser Phase der Umfang der Bindungswirkung der Verständigung (§ 257c Abs. 4 StPO; dazu näher Rdn. 81 ff.) bewusst ist, entfaltet die Belehrung die ihr zugrunde gelegte Warn- und Informationsfunktion (i.d.S. auch *Beulke* Strafverfahrensrecht Rn. 396b) und ermöglicht dem Angeklagten eine autonome Entscheidung darüber, ob er sich auf eine Verständigung einlässt (BVerfG, Urt. v. 19.03.2013, Rn. 125 = BVerfGE 133, 168 = StV 2013, 353). Näher zur Belehrung unten Rdn. 115 ff.

75 **3. Gelegenheit zur Stellungnahme (S. 3)** Gemäß S. 3 erhalten nach Angabe des Verständigungsvorschlags die Verfahrensbeteiligten Gelegenheit zur Stellungnahme. Der Begriff des Verfahrensbeteiligten ist im Wesentlichen wie bei § 257b StPO zu verstehen (dort Rdn. 7). Auch dem **Nebenkläger** ist die Möglichkeit zu geben, sich zu äußern (so auch *Meyer-Goßner/Schmitt* § 257c Rn. 24). Der Bundesrat hatte i.R.d. Gesetzgebungsverfahrens vorgeschlagen, bei Bedenken der Nebenklage hinsichtlich des vorgeschlagenen Strafrahmens eine diesbezügliche Äußerungspflicht der Staatsanwaltschaft einzufügen (BT-Drucks. 16/12310, S. 19), was die Bundesregierung für überflüssig erachtet hat (BT-Drucks. 16/12310, S. 21).

76 **4. Zustimmung des Angeklagten und der Staatsanwaltschaft (S. 4)** Die Verständigung kommt gem. § 257c Abs. 3 S. 4 StPO zustande, wenn der **Angeklagte** und die **Staatsanwaltschaft** dem Vorschlag des Gerichts zustimmen. Vor dem VerstG war unklar, ob die Verständigung zu ihrer Wirksamkeit der Zustimmung der Staatsanwaltschaft bedarf (offen gelassen durch BGH NStZ 2006, 708; dafür:

BGH StV 2003, 481 m. krit. Anm. *Schlothauer*; wohl auch BVerfG 2 BvR 2628/10 v. 19.03.2013 Rn. 91 ff.). Trotz der nunmehrigen Regelung – zur Frage der Verfassungsmäßigkeit oben Rdn. 14 – soll es nach BGH, Urt. v. 10.11.2010 – 5 StR 424/10, BeckRS 2010, 30800 keinen Rechtsfehler begründen, wenn das Urteil einem Verständigungsvorschlag der Strafkammer entspricht, dem die Staatsanwaltschaft nicht zugestimmt hat.

Bei den Zustimmungserklärungen handelt es sich um **unwiderrufliche rechtsgestaltende Prozesshandlungen** (N/Sch/W/*Niemöller* Teil B § 257c Rn. 28; vgl. zur Zustimmung der Staatsanwaltschaft BGH Urt. v. 21.06.2012 – 4 StR 623/11 = NStZ 2013, 51; Anm. *Kudlich* NStZ 2013, 119). Eine besondere **Form** ist nicht vorgesehen (*Burhoff* HV Rn. 67e). Es empfiehlt sich aber ungeachtet der **Protokollierungspflicht gem. § 273 Abs. 1a StPO** seitens des Angeklagten zur Vermeidung von Missverständnissen eine schriftliche Erklärung, die eine Darstellung des Verständigungsvorschlags des Gerichts enthält (Beispiel bei *Ignor/Sättele* Beck'sches Prozessformularbuch, S. 507). 77

Die Zustimmung des **Verteidigers** ist nicht erforderlich. Auch nicht diejenige des **Nebenklägers**, weil dessen Rechte akzessorisch an die Anklageerhebung durch der Staatsanwaltschaft anknüpfen (BT-Drucks. 16/12310, S. 14). 78

Die Gewährung einer **Überlegungsfrist** ist zwar nicht ausdrücklich vorgesehen (anders der Entwurf des Strafrechtsausschusses der BRAK), aber sachgerecht (vgl. N/Sch/W/*Niemöller* Teil B § 257c Rn. 26; krit. Graf/*Eschelbach* § 257c Rn. 29, der eine Verstärkung des Drucks auf den Angeklagten befürchtet). Wenn die Verfahrensbeteiligten vom Vorschlag des Gerichts überrascht werden, gebietet es der Grundsatz des fairen Verfahrens, dass sie Gelegenheit erhalten, sich auf die Stellungnahme vorzubereiten. Sie können dann jedenfalls eine **Unterbrechung** des Verfahrens, in Ausnahmefällen auch dessen **Aussetzung** nach § 265 Abs. 4 StPO verlangen (N/Sch/W/*Niemöller* Teil B § 257c Rn. 26). 79

Wird das in Abs. 3 geregelte **Verständigungsverfahren nicht eingehalten**, kommt eine Verständigung nicht zustande. Aus einer bloß informellen, also nicht gesetzeskonformen Abrede können grds. keine Rechtsfolgen hergeleitet werden (vgl. Rdn. 119). An einer Verständigung fehlt es, wenn das Gericht zwar im **Zwischenverfahren** Erörterungen über eine Verständigung führt, aber der Vorsitzende in der Hauptverhandlung zu Protokoll gibt, dass die Kammer nach Beratung von einem Verständigungsvorschlag absehen möchte (BGH, Beschl. v. 04.10.2010 – 2 StR 205/10). Ob in einem solchen Fall gleichwohl ein schutzwürdiger Vertrauenstatbestand erwachsen kann, ist umstritten (näher unten Rdn. 120). 80

IV. Bindungswirkung und Entfallen der Bindungswirkung (Abs. 4) 1. Bindungswirkung. Gemäß Abs. 4 entfaltet die Verständigung grds. eine Bindungswirkung für das an der Verständigung beteiligte Gericht (BT-Drucks. 16/12310, S. 14). Unabhängig von der Annahme eines Konsensprinzips, ist dies ein Aspekt von **Verfahrensfairness**. Das Gericht, das einen förmlichen Verständigungsvorschlag macht, schafft damit einen Vertrauenstatbestand beim Angeklagten. Dieser schließt ein, dass sich das Gericht nicht zu seiner eigenen Erklärung in Widerspruch setzt (vgl. BGHSt 43, 195, 210). Die Bindung des Gerichts steht in einem gewissen **Spannungsverhältnis zu den** in § 46 Abs. 1 S. 1, Abs. 2 S. 1 StGB bestimmten **Grundsätzen der Strafzumessung**, weil das Gericht danach nicht mehr frei ist, bei veränderter Sachlage die Strafhöhe nach der Schuld des Täters frei zu bestimmen (vgl. BGHSt 43, 195, 207). Die Behandlung dieses Dilemmas begleitet die Entwicklung der Verständigung von Anbeginn. 81

a) Dogmatische Entwicklung der Bindungswirkung. Die Rechtsprechung ging zunächst davon aus, dass die Verständigung das Gericht in keiner Weise binden könne (BGH NStZ 1994, 196), was im Hinblick auf die Entscheidung des BVerfG aus dem Jahr 1987 damit begründet wurde, dass »ein ›Vergleich‹ im Gewande des Urteils« unzulässig sei. 82

Dies änderte sich mit der **Grundsatzentscheidung aus dem Jahr 1997** (BGHSt 43, 195, 207, 210). Wenn sich der Angeklagte infolge des Geständnisses seiner Verteidigungsmöglichkeiten begebe, so der BGH, sei es nicht unbillig, wenn das Gericht im Gegenzug einen Strafrahmen bekannt gebe. Dies folge aus dem Grundsatz des fairen Verfahrens. Eine solche Bindungswirkung entfalle jedoch, wenn sich schwerwiegende neue Umstände ergeben, die dem Gericht bislang unbekannt gewesen sind und die Einfluss auf das Urteil haben können. In diesem Fall müsse das Gericht auf das Entfallen der Bindungswirkung hinweisen (BGHSt 43, 195, 210). 83

84 Der **Große Senat für Strafsachen** äußerte in seinem Beschluss aus dem Jahr 2005 in Ausweitung der in BGHSt 43, 195 entwickelten Grundsätze, eine Bindung des Gerichts entfalle bereits dann, *«wenn schon bei der Urteilsabsprache vorhandene relevante tatsächliche oder rechtliche Aspekte übersehen worden seien. Es wäre unvertretbar, das Gericht bei der Urteilsfindung entgegen § 261 StPO an einen maßgeblichen Irrtum allein aufgrund des im Rahmen einer Verständigung gesetzten Vertrauenstatbestandes zu binden [...]»* (BGHSt [GrSen] 50, 40, 50).

85 Der **RefE** schlug vor, dass das Gericht von der Verständigung abweichen könne, wenn sich seine Bewertung der Sach- oder Rechtslage im Verlauf der Hauptverhandlung ändere oder das weitere Prozessverhalten des Angeklagten nicht der Prognose des Gerichts beim Zustandekommen der Verständigung entspreche (abgedruckt als Anhang 4 bei N/Sch/W). Das Risiko eines Scheiterns der Verständigung hätte danach allein beim Angeklagte gelegen (krit. hierzu *Ignor* FS Strauda, S. 321, 333).

86 Demgegenüber sollte dem **RegE** zufolge die Bindungswirkung entfallen, wenn das Gericht zu der Überzeugung gelangt, dass der in Aussicht gestellte Strafrahmen nicht mehr tat- oder schuldangemessen ist oder wenn sich der Angeklagte prognosewidrig verhält (BT-Drucks. 16/12310, S. 5). Der **Rechtsausschuss** des Bundestages änderte die Formulierung dahin gehend ab, dass die Überzeugung des Gerichts allein nicht genügt, sondern zusätzlich vom Übersehen tatsächlicher oder rechtlicher Gesichtspunkte abhängig ist (BT-Drucks. 16/13095, S. 14). In der **Literatur** wird kritisiert, dass (selbst) diese Regelung es dem Tatgericht zu leicht mache, sich von der Verständigung zu lösen (*Meyer-Goßner/Schmitt* § 257c Rn. 26; *Murmann* ZIS 2009, 538; LR/*Stuckenberg* § 257c Rn. 60).

87 Bei der Bewertung und Auslegung der Regelung darf nicht übersehen werden, dass **bei einem Wegfall der Bindungswirkung** nach Abs. 3 S. 1 und 2 gemäß S. 3 das vom Angeklagten in Vollziehung der Verständigung abgegebene **Geständnis nicht verwertet** werden darf. Zwischen der Bindung des Gerichts und dem Geständnis besteht eine **Wechselbeziehung** (BT-Drucks. 16/12319, 21; *Meyer-Goßner/Schmitt* § 257c Rn. 28), näher unten Rdn. 107.

88 **b) Anwendungsbereich.** Den Materialien zufolge bindet die Verständigung nach wohl überwiegender Auffassung lediglich das **Tatsachengericht**, welches die Zusage abgegeben hat, nicht jedoch das Berufungs- oder Revisionsgericht oder das Gericht nach Zurückverweisung (BT-Drucks. 16/12310, S. 15; Graf/*Eschelbach* § 257c Rn. 30; krit. dazu N/Sch/W/*Weider* Teil C Rn. 71; a. A. *Kuhn* StV 2012, 10; SK-StPO/*Velten* § 257c Rn. 29 für das Revisionsgericht im Fall rechtmäßiger Verständigungen). Die **Rechtsmittelgerichte** sind jedoch mittelbar durch das Verbot der *reformatio in peius* in ihrer Entscheidungsfindung beschränkt (BGH, Beschl. v. 24.02.2010 – 5 StR 38/10; *Meyer-Goßner/Schmitt* § 257c Rn. 25). Die Bundesregierung hat den Vorschlag des Bundesrates, dieses Verbot im Fall vorangegangener Verständigungen abzuschaffen (BT-Drucks. 16/12310, S. 20), ausdrücklich abgelehnt (BT-Drucks. 16/12310, S. 22). Nach Auffassung des BGH, Beschl. v. 28.02.2013 – 4 StR 537/12 = StV 2013, 612 [LS] besteht nach Aufhebung und Zurückverweisung durch das Revisionsgericht auf die Revision der Staatsanwaltschaft eine Bindungswirkung an die im Rahmen der Verständigung zugesagte Strafobergrenze nicht mehr. Die Auswirkungen einer vor dem Amtsgericht getroffenen Verständigung auf die **Berufungsinstanz** sind rechtlich kompliziert. Grundsätzlich ist das Berufungsgericht an eine erstinstanzlich erzielte Verständigung nicht gebunden. Anderes muss jedoch gelten, wenn das Berufungsgericht die Verwertung des im Rahmen der Verständigung abgegebenen Geständnisses in Betracht zieht, weil zwischen der Verwertung des Geständnisses und den weiteren Bedingungen der Verfahrensabsprache eine Wechselwirkung besteht. Näher OLG Düsseldorf, Beschl v. 06.10.2010 – III-4 RVs 60/10 = StV 2011, 80, dazu *Moldenhauer/Wenske* NStZ 2012, 184; *El-Ghazi* JR 2012, 406; OLG Nürnberg StV 2012, 590; OLG Karlsruhe, Beschl. v. 7.3.2014 – 3 (6) Ss 642/13 = StV 2014, 659 m. Anm. *Norouzi*; *Schneider* NZWiSt 2015, 1; *Wenske* NStZ 2015, 137.

89 Der **Angeklagte** wird an die Verständigung nicht im rechtlichen Sinne gebunden. Die Erfüllung der von ihm zugesagten Handlungen oder Unterlassungen stellt eine Obliegenheit dar (SK-StPO/*Velten* § 257c Rn. 31; N/Sch/W/*Niemöller* Teil B § 257c Rn. 112: »Option«), die er im eigenen Interesse erfüllt, um hierdurch die Bindung des Gerichts herbeizuführen, die aber nicht zwangsweise vollstreckt werden kann.

90 Auch die **Staatsanwaltschaft** ist zwar nicht an die Verständigung als solche gebunden (Graf/*Eschelbach* § 257c Rn. 35; N/Sch/W/*Niemöller* Teil B § 257c Rn. 111; oben Rdn. 36), jedoch aus Gründen des **Vertrauensschutzes** an ihre im Rahmen einer Verständigung abgegebenen **Zusagen** (vgl. BGHSt 52,

165, 172; SK-StPO/*Velten* § 257c Rn. 30 mit Hinweis auch auf die Aufwertung der Position der Staatsanwaltschaft durch das eingeführte Vetorecht; a. A. BVerfG 2 BvR 2628/10 v. 19.03.2013 Rn. 79). **Fraglich** ist insoweit, welche Folgen es hat, **wenn die Staatsanwaltschaft ihre Zusagen nicht einhält.** Hierbei ist zu unterscheiden. Halten sich Gericht und Angeklagter an die Verständigung, so kommt in Bezug auf Zusagen der Staatsanwaltschaft betreffend das **anhängige Verfahren**, bspw. Anträge oder Zustimmungen i.S.d. §§ 154 Abs. 2, 154a Abs. 2 StPO, bei Weigerung der Staatsanwaltschaft, ihre Zusage zu erfüllen, eine Ersetzung durch gerichtliche Entscheidung in Betracht (SK-StPO/*Velten* § 257c Rn. 30). Die nicht eingehaltene Zusage betreffend **andere Verfahren** (insb. eine Einstellung gem. § 154 StPO) begründet nach bisheriger Rspr. regelmäßig (lediglich) einen **wesentlichen Strafmilderungsgrund** im anhängigen Verfahren (BGHSt 37, 10, 13 f.; 52, 165, 172). Dieser kompensiert das enttäuschte schutzwürdige Vertrauen des Angeklagten jedoch nur unzureichend, weil die Verletzung des Grundsatzes des fairen Verfahrens in diesen Fällen gerade in der Durchführung des Verfahrens selbst liegt (so zu Recht *Graumann* FS Fezer, S. 53, 69 f.). Daher ist in derartigen Fällen stets von einem **Verfahrenshindernis** auszugehen (i.d.S. auch Graf/*Eschelbach* § 257c Rn. 35, der zusätzlich die Möglichkeit einer Vollstreckungslösung diskutiert; *Graumann* FS Fezer, S. 53, 72, geht von einem Anspruch auf Einstellung aus und interpretiert § 154 StPO verfassungskonform im Lichte des Fairness-Prinzips). Wird hingegen eine Verständigung vom Gericht zu Recht gemäß Abs. 4 widerrufen, so entfallen grds. auch Zusagen der Staatsanwaltschaft (N/Sch/W/*Niemöller* Teil B § 257c Rn. 140), unten Rdn. 102.

2. Gesetzliche Fallgruppen des Wegfalls der Bindungswirkung (Abs. 4) a) S. 1 (Übersehen oder nachträgliches Eintreten tatsächlich bedeutsamer Umstände) Nach § 257c Abs. 4 S. 1 StPO entfällt die Bindungswirkung für das Gericht, wenn entweder zum Zeitpunkt der Verständigung **rechtlich oder tatsächlich bedeutsame Umstände** übersehen worden sind (SK-StPO/*Velten* § 257c Rn. 25: »Inhaltsirrtum«) oder wenn diese sich nachträglich ergeben haben und das Gericht deswegen zu der Überzeugung gelangt, dass der in Aussicht gestellte Strafrahmen nicht mehr tat- oder schuldangemessen ist. Das Entfallen der Bindungswirkung tritt nicht kraft Gesetzes ein, sondern fordert eine dahin gehende **gerichtliche Entscheidung** (BGH, Urt. v. 21.06.2012 – 4 StR 623/11 = NStZ 2013, 51, vgl. Rn. 94). 91

Der Gesetzgeber hat die Regelung damit begründet, dass »das Ergebnis eines Prozesses stets ein richtiges und gerechtes Urteil sein muss« (BT-Drucks. 16/12310, S. 14), wobei die alleinige Verantwortung hierfür nach dem Grundverständnis des Gesetzgebers beim Gericht liegt (oben Rdn. 24). Dennoch bedürfen die Tatbestandsvoraussetzungen für die Lösung des Gerichtes von der Verständigung einer Konkretisierung durch die höchstrichterliche Rechtsprechung. 92

Generell gilt, dass eine **bloße Änderung der Meinung des Gerichts nicht ausreichend** ist (*Jahn* StV 2011, 497, 501 m.w.N.). Vielmehr sind objektive tatsächliche Anknüpfungspunkte vonnöten. Zahlreiche **Beispiele** für rechtlich oder tatsächlich bedeutsame Umstände bei N/Sch/W/*Niemöller* § 257c Rn. 115 ff. **Problematisch** ist insb. der Fall, dass der Meinungsumschwung des Gerichts auf einem ursprünglich unzulänglichen Studium der Ermittlungsakten beruht (vgl. AnwK-StPO/*Püschel* § 257c Rn. 26). 93

Angesichts der Vielzahl relevanter Strafzumessungstatsachen kommt der **Einschränkung**, dass infolge der übersehenen oder neu eingetretenen Umstände der in Aussicht gestellte **Strafrahmen** nach der Überzeugung des Gerichts **nicht mehr tat- oder schuldangemessen** ist, wesentliche Bedeutung zu (vgl. BGH Beschl. v. 25.10.2012 – 1 StR 421/12 = StV 2013, 193 = NZWist 2013, 277 m. Anm. *Gehm*: eine bloß abweichende rechtliche Einstufung ist nicht ausreichend). Nach der Rechtsprechung des BGH steht die Frage der Bindung bzw. des Wegfalls der Bindungswirkung im Ermessen des Gerichts bzw. unterliegt seinem Beurteilungsspielraum (s. BGH Urt. v. 21.06.2012 – 4 StR 623/11; a. A. SK-StPO/*Velten* § 257c Rn. 41: im Interesse des Angeklagten)eng auszulegen). Das Gericht hat seine Überzeugung in der Hauptverhandlung zu begründen und die Verfahrensbeteiligten dazu anzuhören, bevor es den Wegfall der Bindungswirkung beschließt (Rdn. 99). Die Mitteilungspflicht gem. § 267 Abs. 3 S. 5 StPO bleibt von der Loslösung nach wohl h.M. unberührt, str. ist ihr Umfang (s. BGH Beschl. v. 25.10.2012 – 4 StR 170/12 = StV 2013, 193 m. Anm. *Schlothauer* m.w.N.). 94

Die Rechtsprechung wird zu klären haben, ob bei identischem Strafrahmen ein »**Auswechseln**« der **Straftatbestände** zulässig ist (verneinend N/Sch/W/*Niemöller* § 257c Rn. 123), wofür eine Art »ergänzende Vertragsauslegung« sprechen könnte. 95

96 Abs. 4 S. 1 StPO erschwert dem **Verteidiger** des Angeklagten (oben Rdn. 32) die ohnehin schwierige Entscheidung, ob er seinem Mandanten zu einer Verständigung raten kann. Die Norm bringt ihn in eine Konfliktlage, weil er einerseits als Beistand des Angeklagten eine möglichst günstige Rechtsfolge herbeiführen soll und aus den Akten erkennbare Erschwernisgründe auch nicht vortragen darf, andererseits durch deren Verschweigen ggf. zu einer nichtigen Abrede beiträgt, die wegen der Vorleistung des Angeklagten erhebliche Risiken für diesen birgt (i.d.S. auch *Jahn/Müller* NJW 2009, 2625, 2629: »im Einzelfall schwierige Konfliktsituation«; KMR/*von Heintschel-Heinegg* § 257c Rn. 51; *Rieß* StraFo 2010, 10, 11).

97 b) **S. 2 (weiteres Prozessverhalten des Angeklagten)** Abs. 4 S. 2 dehnt das Entfallen der Bindungswirkung auf die Konstellation aus, in der das weitere Prozessverhalten des Angeklagten von der Prognose des Gerichts abweicht. Damit ist gemeint, dass der Angeklagte **die zugesagte Handlung (z.B. ein Geständnis) nicht oder nicht vollständig erbringt.** Die Regelung ist § 326 Abs. 1 S. 1 BGB vergleichbar und enthält eine selbstverständliche Folge gegenseitiger Vereinbarungen (vgl. *Huttenlocher*, Dealen wird Gesetz, Rn. 594; eine ähnliche Regelung hatte auch der Strafrechtsausschuss der BRAK vorgesehen, abgedruckt als Anhang 1 bei N/Sch/W). Wenn der Angeklagte die zugesagte Leistung (z.B. ein Geständnis) nicht erbringt, ist die Verständigung gescheitert. Wie auch in den Fällen des Abs. 4 S. 1 entfällt die Bindung nicht schon dadurch, dass das Prozessverhalten des Angeklagten nicht dem der Prognose zugrunde gelegten Verhalten entspricht (Rdn. 94), sondern setzt darüber hinaus voraus, dass das Gericht zu der **Überzeugung** gelangt, **der in Aussicht gestellte Strafrahmen sei nicht mehr tat- oder schuldangemessen** (BGH Beschl. v. 21.02.2013 – 1 StR 633/12 = StV 2013, 484); ferner ist ein Gerichtsbeschluss erforderlich, damit es dem Angeklagten möglich ist, sein Verteidigungsverhalten anzupassen (BGH ebd.).

98 Die Vorschrift darf nicht dahin gehend missverstanden werden, dass das Gericht zu einer indirekten Einflussnahme auf das weitere Verteidigungsverhalten des Angeklagten berechtigt wäre. Dies widerspräche dem Grundsatz des fairen Verfahrens, in dessen Lichte die Norm auszulegen ist (für ein restriktives Normverständnis auch AnwK-StPO/*Püschel* § 257c Rn. 26). Vielmehr ist das Abweichen von der »Prognose« des Gerichts nur auf die (rechtlich nicht verbindliche und daher nicht so bezeichnete) »Leistung« des Angeklagten zu beziehen (so auch N/Sch/W/*Niemöller* Teil B § 257c Rn. 128). Für die **Praxis der Strafverteidigung** empfiehlt es sich zur Vermeidung von Missverständnissen, größte Sorgfalt darauf zu legen, dass die Erwartungen des Gerichts an die vom Angeklagten geforderten Leistungen, insb. an den Inhalt eines Geständnisses, festgeschrieben werden. Dies kann in der Weise geschehen, dass dem Gericht i.R.d. Erörterungen der Entwurf eines Geständnisses zugänglich gemacht wird, der dann als Anlage dem Beschluss, in dem das Gericht den Inhalt einer Verständigung festschreibt, beigefügt wird (*Schlothauer* StraFo 487, 493).

99 **3. Folgen des Wegfalls der Bindungswirkung. a) Folgen für das erkennende Gericht.** Fraglich ist, ob die Bindungswirkung in den Fällen der § 257c Abs. 4 S. 1 und 2 StPO automatisch entfällt, wofür der Wortlaut spricht, oder ob es – nach der Art eines *actus contrarius* – eines entsprechenden Beschlusses bedarf (N/Sch/W/*Niemöller* § 257c Rn. 113: »Widerruf«; für einen Beschluss auch *Beulke* Rn. 396b; so auch BGH Urt. v. 21.06.2012 – 4 StR 623/11 = StV 2012, 712). Entscheidend für einen (deklaratorischen) **Gerichtsbeschluss** spricht der Grundsatz des fairen Verfahrens, der durch die Mitteilungspflicht nach Abs. 4 S. 4 allein nicht hinreichend gewährleistet wäre, weil diese eine vorangegangene Entscheidung voraussetzt: Vor dem Beschluss darüber, ob ein Fall des Entfallens der Bindungswirkung vorliegt, hat das Gericht die Verfahrensbeteiligten gem. § 33 Abs. 1 StPO zu hören; danach hat es – wegen des die Verständigung herbeiführenden Beschlusses (s.o. Rdn. 64) – mit der erforderlichen Zwei-Drittel-Mehrheit hierüber zu entscheiden (so auch N/Sch/W/*Niemöller* § 257c Rn. 113; *Meyer-Goßner/Schmitt* § 257c Rn. 29).

100 Unverzüglich, d.h. sogleich dann, wenn sich das Gericht für eine Abweichung entschieden hat (BT-Drucks. 16/12310, S. 15), muss die **Mitteilung nach Abs. 4 S. 4** erfolgen, damit sich die Verfahrensbeteiligten auf die neue Lage einstellen können. Die Entscheidung bedarf einer **Begründung**, um dem Angeklagten die Nachprüfung der Entscheidung zu ermöglichen (*Burhoff* HV Rn. 68h), eventuelle Missverständnisse zu beseitigen und ggf. eine »Nachbesserung« der Leistung zu ermöglichen (*Schlothauer/Weider* StV 2009, 600, 604). Zudem hat das Gericht dem Angeklagten auf Antrag zumindest eine **Unterbrechung**, in umfangreichen Verfahren u.U. auch eine **Aussetzung analog § 265 Abs. 4**

StPO zu gewähren, damit dieser seine Verteidigungsstrategie hinreichend überdenken kann (so auch *Burhoff* HV Rn. 68h; AnwK-StPO/*Püschel* § 257c Rn. 29; N/Sch/W/*Weider* Teil C Rn. 83).
In den **Urteilsgründen** hat das Gericht ein Abgehen von der Verständigung zu begründen und dabei im 101
Ergebnis eine zweifache Strafzumessung vorzunehmen, um die Notwendigkeit des Abweichens zu verdeutlichen (SK-StPO/*Velten* § 257c Rn. 41).

b) Folgen für die Staatsanwaltschaft. Die Staatsanwaltschaft unterliegt zwar nicht der Bindungs- 102
wirkung der Verständigung, jedoch ist das Vertrauen des Angeklagten in den Bestand von Zusagen
der Staatsanwaltschaft im Zusammenhang mit einer Verständigung nach Maßgabe des Fairness-Prinzips geschützt (Rdn. 90). Entfällt aber die Verständigung, so entfallen grds. auch damit im Zusammenhang erfolgte Zusagen der Staatsanwaltschaft (vgl. in N/Sch/W/*Niemöller* Teil B Rn. 140).

c) Folgen für den Angeklagten. aa) Erbrachte Geldleistungen. Für den Angeklagten ist im Fall 103
des Wegfalls der Bindungswirkung von Interesse, ob und ggf. wie er bereits erbrachte Leistungen rückerstattet erhält, z.B. Zahlungen, die er im Rahmen eines Täter-Opfer-Ausgleichs geleistet hat. Die Gesetzesmaterialien enthalten dazu keine Ausführungen.
Hatte der Empfänger keinen Anspruch auf die Geldleistung, so liegt es nahe, diese nach Art der 104
§§ 812 ff. BGB rückabzuwickeln, weil mit der Verständigung der Rechtsgrund für die Zahlung entfallen ist (vgl. N/Sch/W/*Niemöller* Teil B § 257c Rn. 138 f.).

bb) Vorgenommene Prozesshandlungen. Geht man davon aus, dass die im Hinblick auf eine Ver- 105
ständigung erbrachten Prozesshandlungen an die (konkludente) innerprozessuale Bedingung des Bestands der Bindungswirkung geknüpft sind, so sind sie im Fall der gescheiterten Verständigung automatisch wirkungslos (so i. Erg. auch der Entwurf des Strafrechtsausschusses der BRAK, abgedruckt bei N/Sch/W Anhang 1; gegen eine derartige Verknüpfung von Prozesshandlung und Bindungswirkung N/Sch/W/*Niemöller* Teil B § 257c Rn. 137).
Die Gesetzesmaterialien sind insoweit nicht eindeutig, sondern führen nur aus, dass das Gericht bei der 106
Bescheidung von Beweisanträgen die infolge seiner Abweichung geänderte Sachlage »zu berücksichtigen« habe (BT-Drucks. 16/12310, S. 15). Diese sybillinische Äußerung wird unterschiedlich beurteilt.
Zum Teil wird hieraus abgeleitet, das Verfahren werde nicht in den *status quo ante* zurückversetzt; vielmehr sei es vom Einzelfall abhängig, ob und inwieweit Teile der Beweisaufnahme aus Gründen der Verfahrensfairness zu wiederholen sind (so N/Sch/W/*Niemöller* Teil B § 257c Rn. 135 f.). Eine Gegenansicht folgert aus dem in Abs. 4 S. 3 geregelten Beweisverwertungsverbot, dass eine Regelung zu
den sonstigen Prozesshandlungen des Angeklagten schlicht übersehen wurde, und vertritt das Gegenteil (vgl. *Kirsch* StraFo 2010, 96, 99; N/Sch/W/ *Weider* Teil C Rn. 78; der Entwurf des Strafrechtsausschusses der BRAK hatte vorgesehen, dass Prozesshandlungen des Angeklagten »wirkungslos« seien). Der
letztgenannten Ansicht ist zuzustimmen, weil nur sie das Risiko für den Angeklagten im Fall des Scheiterns der Verständigung überschaubar hält, der Rechtsklarheit dient und dem Grundsatz des fairen Verfahrens in hinreichender Weise Rechnung trägt.

cc) Insb.: Das Geständnis. Abs. 4 S. 3 bestimmt, dass beim Wegfall der Bindungswirkung der Ver- 107
ständigung für das Gericht ein Geständnis des Angeklagten **nicht verwertet** werden darf (daher problematisch BGH Urt. v. 25.10.2012 – 4 StR 170/12 = StV 2013, 194 m. Anm. *Schlothauer*). Der Gesetzgeber wollte hiermit dem **Grundsatz eines auf Fairness angelegten Verfahrens** Rechnung tragen.
Zwischen der Bindung des Gerichts an eine zustande gekommene Verständigung und der Verwertbarkeit des Geständnisses, das der Angeklagte im Vertrauen auf den Bestand einer Verständigung abgibt,
bestehe eine **Wechselbeziehung**, die nicht einseitig aufgelöst werden dürfe. Bei einem Entfallen der Bindung verlange der Schutz des Angeklagten die Unverwertbarkeit des Geständnisses (BT-Drucks. 16/12310, S. 14, 21; vgl. oben Rdn. 87).
Vor dem Inkrafttreten des Verständigungsgesetzes war ungeklärt, ob das im Vertrauen auf eine Abspra- 108
che abgegebene Geständnis auch bei deren Scheitern verwertet werden konnte (hierzu näher MAH/
Ignor/Matt/Weider § 13 Rn. 121 f. m.w.N.). Der RefE enthielt die Formulierung, dass eine Abweichung des Gerichts der Verwertung »nicht grundsätzlich« entgegenstehe (abgedruckt als Anhang 4
bei N/Sch/W). Erst mit dem RegE wurde das Verwertungsverbot eingeführt (krit. hierzu Bundesrat,
BT-Drucks. 16/12310, S. 19). Die Gesetz gewordene Regelung wird überwiegend – auch von Kriti-

§ 257c StPO Verständigung zwischen Gericht und Verfahrensbeteiligten

kern des Gesetzes – begrüßt (*Geuenich/Höwer* DStR 2009, 2320, 2324; *Meyer-Goßner/Schmitt* § 257c Rn. 28; krit. Graf/*Eschelbach* § 257c Rn. 36; *Bittmann* wistra 2009, 414, 416).

109 Das Verwertungsverbot tritt **kraft Gesetzes** ein und setzt keinen Widerspruch des Angeklagten voraus (Graf/*Eschelbach* § 257c Rn. 36; SK-StPO/*Velten* § 257c Rn. 51; a. A. wohl *Burhoff* HV Rn. 68g, der einen Widerspruch empfiehlt).

110 Ungeklärt ist zum einen, welche **sachliche Reichweite** dem Verbot zukommt. Die höchstrichterliche Rechtsprechung hat es bislang abgelehnt, derartigen Verboten eine Fernwirkung beizumessen. Sie vertritt den sog. **Spurenansatz**, wonach selbst im Fall der Unverwertbarkeit eines Geständnisses die aus diesem zu folgernden weiteren Beweismittel nicht von dem Verbot erfasst werden (BGHSt 35, 32, 34; 51, 1, 8). Ob dies auch für das Verbot des Abs. 4 S. 3 gilt, ist derzeit noch nicht abzusehen. Jedenfalls in den Fällen, in denen die Bindungswirkung aufgrund von Versäumnissen scheitert, die der Sphäre des Gerichts zuzuordnen sind (vgl. oben Rdn. 91), kann nur die **Fernwirkung** ein faires Verfahren gewährleisten (so auch AnwK-StPO/*Püschel* § 257c Rn. 28; *Beulke* Rn. 396c; *Murmann* ZIS 2009, 526, 538; *Jahn/Müller* NJW 2009, 2625, 2629; *Schlothauer/Weider* StV 2009, 600, 605; wohl auch *Meyer-Goßner* NStZ 2007, 425, 428; N/Sch/W/ *Weider* Teil C Rn. 61; SK-StPO/*Velten* § 257c Rn. 51; a. A. *Bittmann* wistra 2009, 414, 416; N/Sch/W/*Niemöller* Teil B Rn. 150).

111 Zum anderen ist ungeklärt, inwieweit sich **Mitangeklagte** auf das Beweisverwertungsverbot berufen können, die sich nicht an der Verständigung beteiligt haben bzw. nicht von dem Wegfall der Bindungswirkung betroffen sind. Gegen die Auffassung, eine Erstreckung des Verwertungsverbots sei aus Gründen der Verfahrensfairness angezeigt (Graf/*Eschelbach* § 257c Rn. 38), wird eingewendet, dass insoweit kein schutzwürdiges Vertrauen des Mitangeklagten bestehe (KMR/*von Heintschel-Heinegg* § 257c Rn. 52). Für die Erstreckung spricht jedoch, dass anderenfalls Verfahren mit mehreren Angeklagten wegen der damit verbundenen Risiken von vornherein für eine Verständigung nicht mehr geeignet wären (vgl. LR/*Stuckenberg* § 257c Rn. 68). Eine »gespaltene Beweiswürdigung« erscheint weder realistisch, noch wünschenswert (vgl. Graf/*Eschelbach* § 257c Rn. 38; SK-StPO/*Velten* § 257c Rn. 49, jeweils m. Hinweis auf *Schwaben*, Die personelle Reichweite von Beweisverwertungsverboten [2005], S. 164 ff.).

112 Des Weiteren nicht geklärt sind die Folgen einer Verständigung, die an unterschiedlichen inhaltlichen Vorstellungen der Verfahrensbeteiligten scheitert, was sich jedoch erst nach Leistung des zugesagten Verhaltens des Angeklagten herausstellt (**versteckter Dissens**). Ungeachtet der strengen Protokollierungsvorschriften (§ 273 Abs. 1a S. 1 StPO), die sorgfältig zu beachten und zu nutzen sind (vgl. oben Rdn. 10), ist dieses Risiko nicht völlig ausgeschlossen. In diesem Fall spricht ein Erst-Recht-Schluss dafür, aus Gründen des fairen Verfahrens das enttäuschte Vertrauen des Angeklagten durch ein Beweisverwertungsverbot zu kompensieren (i.E. ebenso schon vor dem Inkrafttreten des Verständigungsgesetzes die Vorinstanz in dem der Entscheidung BGHSt 42, 191 zugrunde liegenden Fall; insoweit zust. Anm. *Beulke/Satzger* JuS 1997, 1072, 1076).

113 Nach BGH Beschl. v. 22.02.2012 – 1 StR 349/11 = NStZ 2013, 353 m. Anm. *Kudlich* besteht das Verwertungsverbot des Abs. 4 S. 3 nur in den Fällen des **Abs. 4 S. 1 und S. 2**, also nur in den Konstellationen, in denen sich das Gericht von der Verständigung lösen will. Ungeklärt ist die Frage, ob das Beweisverwertungsverbot in einer **neuen Tatsacheninstanz** – infolge Aussetzung des Verfahrens, Einlegung der Berufung oder Aufhebung des Verständigungsurteils durch das Revisionsgericht – Bestand hat (vgl. Graf/*Eschelbach* § 257c Rn. 30; s. dazu BGH Urt. v. 25.10.2012 – 4 StR 170/12 = StV 2013, 194 m. Anm. *Schlothauer*; OLG Nürnberg Beschl. v. 29.02.2012 – 1 StR OLG Ss 292/11 = StV 2012, 590: kein instanzübergreifendes Verwertungsverbot). Die Frage stellt sich insbes., wenn man eine Bindung der neuen Tatsacheninstanz an die Verständigung grds. verneint, was umstritten ist, oben Rdn. 88. Jedenfalls an eine **rechtswidrige Verständigung** kann die neue Instanz nicht gebunden sein. Die Frage der Verwertung des Geständnisses ist dann nach Maßgabe des **Fairness-Prinzips** zu beantworten, sofern nicht ohnehin das rechtsmittelrechtliche Verschlechterungsverbot greift (näher *Graumann* HRRS 2008, 122, 133 f.). Ausführlich zum »Schicksal« des Geständnisses im Falles einer rechtswidrigen Verständigung unten ausführlichen unten Rdn. 122 ff.

114 Schließlich lässt sich der gesetzlichen Regelung zum Beweisverwertungsverbot nicht entnehmen, ob das **unverwertbare Geständnis strafmildernd** vom Gericht berücksichtigt werden muss. Der BGH hat dies in der Vergangenheit bejaht (BGHSt 42, 191, 194 f. m. insoweit abl. Anm. *Beulke/Satzger* JuS 1997, 1072, 1079).

V. Belehrungspflicht über den möglichen Wegfall der Bindungswirkung nach Abs. 4 (Abs. 5) 115
Abs. 5 verpflichtet das Gericht, den Angeklagten anlässlich einer Verständigung über die Möglichkeiten des Wegfalls der Bindungswirkung und die damit verbundenen Folgen nach Abs. 4 zu belehren. Die Belehrungspflichten dienen nach dem Willen des Gesetzgebers dem **Schutz des Angeklagten** und sollen seine autonome Einschätzung des mit seiner Mitwirkung verbundenen Risikos gewährleisten (BT-Drucks. 16/12310, S. 15; BVerfG, Urt. v. 19.03.2013 – 2 BvR 2628/10 = BVerfGE 133, 168 = StV 2013, 353 Rn. 125).

Die Belehrung muss zusammen mit der Bekanntgabe des gerichtlichen Verständigungsvorschlags 116 (Abs. 3 S. 1) erfolgen, oben Rdn. 74. Das Gericht hat den Angeklagten sowohl über die verschiedenen Voraussetzungen, bei denen die Bindung des Gerichts an eine Verständigung entfällt, zu belehren, als auch darüber, dass sein Geständnis bei Lösung des Gerichts einem Verwertungsverbot unterliegt (BGH, Beschl. v. 19.08.2010 – 3 StR 226/10 = StV 2011, 76). Nach *Weider* muss das Gericht darüber hinaus aus Gründen der Fürsorgepflicht auch über ggf. weitere Konsequenzen eines Wegfalls der Bindung belehren (sog. **erweiterte Belehrung**, dazu N/Sch/W/*Weider* Teil C Rn. 67).

Ein **Verzicht** auf die Belehrungspflicht ist, auch bei einem verteidigten Angeklagten, unzulässig, weil er 117 dem Zweck der Vorschrift, eine »autonome« Einschätzung des Angeklagten zu gewährleisten, eindeutig zuwiderlaufen würde (so auch SK-StPO/*Velten* § 257c Rn. 53; a. A. *Meyer-Goßner/Schmitt* § 257c Rn. 30). BGH, Beschl. v. 27.04.2010 – 5 StR 129/10 erachtet einen Verzicht zwar nicht als unwirksam, aber im Allgemeinen kaum als angemessen.

Ein **Verstoß gegen die Belehrungspflichten** soll für sich genommen nicht zur Unwirksamkeit der Ver- 118 ständigung, weil das Gesetz den Wegfall der Bindung (erst) an das Vorliegen der Voraussetzungen von Abs. 4 knüpft (vgl. BGH, Beschl. v. 19.08.2010 – 3 StR 226/10, wistra 2011, 73 = StV 2011, 76), begründet aber die Revision, sofern das Urteil darauf beruht (näher Rdn. 141).

VI. Die rechtswidrige Verständigung. Die **Rechtswidrigkeit** einer Verständigung kann sich **im** 119 **Hinblick auf § 257c StPO** (zur Rechtswidrigkeit infolge einer »Sanktionsschere« oder der Ausübung von unzulässigem Druck oben Rdn. 70 ff.) daraus ergeben, dass entweder die Voraussetzungen für eine Verständigung nicht vorlagen (Abs. 1), die inhaltlichen Vorgaben an eine Verständigung (Abs. 2) nicht beachtet werden oder gegen die Verfahrensvorschriften der Verständigung (Abs. 3) verstoßen wird. In diesen Fällen ist die Verständigung nicht i.S.d. § 257c Abs. 1 S. 1 StPO »nach Maßgabe der folgenden Absätze« zustande gekommen. Infolgedessen wird sie i.d.R. **nichtig** sein (oben Rdn. 21; zu den Strafbarkeitsrisiken der an derartigen Absprachen Beteiligten N/Sch/W/*Schlothauer* Teil D Rn. 47 ff.; *Dießner* StV 2011, 43), und es können hieraus keine Rechte hergeleitet werden (*Kirsch* StraFo 2010, 96, 100; *Meyer-Goßner/Schmitt* § 257c Rn. 4). Entsprechendes gilt für vom Gericht eingegangene »einseitige Verpflichtungen«, ohne dass es zu einer Verständigung kommt (vgl. OLG München, Urt. v. 09.01.2014 – 4 StRR 261/13 = BeckRS 2014, 01583). Allerdings kann sich im Einzelfall aus dem **Grundsatzes des fairen Verfahrens** etwas anderes ergeben. Verletzungen des § 257c StPO können uneingeschränkt mit der **Revision** gerügt werden, führen jedoch nicht ohne Weiteres zur Aufhebung des Urteils; näher Rdn. 125. Ob gravierende Verstöße ausnahmsweise sogar zur Nichtigkeit des Urteils führen können (so OLG München Beschl. v. 17.05.2013 – 2 Ws 1149, 1150/12 = StV 2013, 495) erscheint zw.

Nach der **Rspr.** ist eine Verständigung unwirksam, wenn (bewusst) eine nur **informelle Vereinbarung** 120 über mögliche Rechtsfolgen getroffen wurde (s. insb. BVerfG 2 BvR 2628/10 v. 19.03.2013, Rn. 115). Daraus soll weder eine Bindung gem. § 257c StPO, noch ein durch das Fair-Trial-Gebot geschützter Vertrauenstatbestand entstehen; die Äußerung des Gerichts, dass man ihm »vertrauen« dürfe, sei unbeachtlich (BGH, Beschl. v. 06.10.2010 – 2 StR 354/10, StV 2011, 72). Ein **Verstoß gegen den Grundsatz des fairen Verfahrens** soll bei informellen Absprachen nur dann vorliegen, wenn sich das erkennende Gericht in einer Weise unklar oder irreführend verhält, die den Angeklagten über Bedeutung und Folgen seines eigenen Prozessverhaltens im Unklaren lässt oder zu letztlich nachteiligem Verhalten veranlasst. Dies erfordere den Beweis, das Gericht habe sich stets so verhalten als fühle es sich an eine zuvor geschlossene informelle Vereinbarung gebunden und als könne der Angeklagte hierauf vertrauen (BGH, Beschl. v. 04.08.2010 – 2 StR 205/10, NStZ 2011, 107 f. = StV 2010, 673; krit. dazu *Meyer* HRRS 2011, 18).

121 Diese Rechtsprechung erscheint als zu eng. Grds. ist zu bedenken, dass es dem Angeklagten regelmäßig an der Rechtskenntnis fehlen wird, eine rechtmäßige Verständigung von einer unrechtmäßigen zu unterscheiden. Ein rechtswidriges Verhalten seines Verteidigers darf ihm nicht zugerechnet werden (*Schlothauer* StraFo 2011, 487, 496). I.Ü.: Auch ohne eine (korrekte) Verständigung kann das Verhalten des Gerichts in der Hauptverhandlung in vielfältiger Weise einen Vertrauenstatbestand schaffen, infolgedessen der Angeklagte Prozesshandlungen vornimmt bzw. unterlässt. Wird sein Vertrauen verletzt, indem sich das Gericht zu seinem eigenen Vertrauen schaffenden Verhalten in Widerspruch setzt, so erwächst dem Angeklagten daraus ein Anspruch auf prozessuale »Folgenbeseitigung«, etwa in Form eines Verwertungsverbots oder einer Aufhebung des Urteils wegen Verletzung des Fair-Trial-Grundsatzes (ausführlich *Meyer* HRRS 2011, 18, der in dem der o.g. BGH-Entscheidung zugrunde liegenden Sachverhalt zutreffend einen Fall »unfairer Kommunikation« erblickt).

122 **Fraglich** ist insb. die **Verwertbarkeit eines Geständnisses** bei einer fehlerhaften Verständigung. Der **BGH** hat im Fall einer unzulässigen Verständigung über den Schuldspruch (Verneinung der bandenmäßigen Begehung) unter Hinweis auf den abschließenden Charakter des § 257c Abs. 4 S. 1 und 2 StPO ein Verwertungsverbot verneint (BGH, Beschl. v. 01.03.2011 – 1 StR 52/11 = StV 2011, 337; vgl. BGH, Beschl. v. 19.08.2010 – 3 StR 226/10 = StV 2011, 76; ferner BGH Beschl. v. 22.02.2012 – 1 StR 349/11 = NStZ 2013, 353 m. Anm. *Kudlich*).

123 Demgegenüber hat das **OLG Düsseldorf** die Verwertung eines in 1. Instanz anlässlich einer den »Formalien des § 275c StPO« nicht entsprechenden Absprache abgelegten Geständnisses in der **Berufungsinstanz** für unzulässig erachtet. Es widerspräche dem Fair-trial-Grundsatz, wenn das Gericht, Staatsanwaltschaft und Angeklagter sich auf einen bestimmten Strafrahmen verständigt haben, der Angeklagte mit Rücksicht darauf ein Geständnis abgibt, das Gericht absprachegemäß verurteilt, die Staatsanwaltschaft sodann aber gegen das Urteil Rechtsmittel mit dem Ziel einer höheren Bestrafung einlegt, welche dann – letztlich auf der Grundlage des erstinstanzlichen Geständnisses – erfolgt. Dementsprechend sei eine Beschränkung der (staatsanwaltschaftlichen) Berufung unwirksam, wenn die Feststellungen des angefochtenen Urteils auf einem unverwertbaren Geständnis beruhen. Auf die Unverwertbarkeit des erstinstanzlichen Geständnisses habe das Berufungsgericht vor einem erneuten Geständnis hinzuweisen (OLG Düsseldorf, Beschl. v. 06.10.2010 – III-4 RVs 60/10, StV 2011, 80; m. zust. Anm. *Kuhn* StV 2012, 10; tw. zust. *Jahn* StV 2011, 497: analoge Anwendung von Abs. 4 S. 3, wenn eine gesetzeskonforme Verständigung durch wirksame Rechtsmitteleinlegung entfällt).

124 In der **Literatur** wird ein **Beweisverwertungsverbot** z.T. aus dem Fair-Trial-Grundsatz hergeleitet (*Jahn/Müller* NJW 2009, 2625, 2629; *Schlothauer/Weider* StV 2009, 600, 605) oder gem. § 257c Abs. 4 S. 3 analog begründet (so SK-StPO/*Velten* § 257c Rn. 32, 49; *Meyer-Goßner/Schmitt* § 257c Rn. 31; *ders.* StraFo 2003, 401, 403). Dafür spricht, dass die im Gesetz geregelte Wechselwirkung zwischen einer vom Gericht geschaffenen Vertrauenslage und dem Geständnis des Angeklagten auch im Fall einer informellen Absprache besteht. Zwar ist im Fall einer rechtswidrigen Verständigung nicht das »Erfüllungsinteresse« an der Verständigung geschützt, des ungeachtet aber – durch das Fairness-Prinzip, das auch § 257c Abs. 4 zugrunde liegt (oben Rdn. 119) – das »Vertrauensinteresse« (SK-StPO/*Velten* § 257c Rn. 32). Etwas anderes mag gelten, wenn das Vertrauen des Angeklagten aus bestimmten Gründen nicht schutzwürdig ist.

125 **C. Revision. I. Allgemeines.** Die **Befugnis aller Verfahrensbeteiligten**, nach einer vorausgegangenen Verständigung das Rechtsmittel der **Revision einzulegen**, unterliegt **keinen Beschränkungen** (BGH, Beschl. v. 13.09.2011 – 3 StR 196/11; Beschl. v. 13.01.2010 – 3 StR 156/09; Beschl. v. 10.06.2010 – 4 StR 73/10, NStZ-RR 2010, 383). Der Gesetzgeber hat für Urteile, denen eine Verständigung vorausgegangen ist, bewusst auf die Beschränkung bzw. den Ausschluss von Rechtsmitteln verzichtet, was er zum einen mit der Integration der Verständigung in das System der StPO, zum anderen mit einer »sichernde(n) Kontrolle« durch die Rechtsmittelgerichte begründet hat (BT-Drucks. 16/12310, S. 9). Er wollte damit anderslautenden Vorschlägen sowie Tendenzen in der Rechtsprechung (oben Rdn. 23 f.) entgegengetreten (ausführlich hierzu N/Sch/W/*Weider* Teil C Rn. 1 m.w.N.). Dafür hat er sowohl Zustimmung (*Jahn/Müller* NJW 2009, 2625, 2630; *Kirsch* StraFo 2010, 96, 100; *Weider* a.a.O.) als auch Kritik (*Bittmann* wistra 2009, 414, 417; Graf/*Eschelbach* § 257c Rn. 44) erhalten. Die Kritik überzeugt nicht. Die uneingeschränkte Rechtsmittelfähigkeit von Verständigungsurteilen ist eine **Konsequenz der Absage an ein Konsensprinzip** (vgl. Rdn. 23 f.). Da das

Gericht uneingeschränkt die Verantwortung für die Rechtmäßigkeit des Verständigungsurteils trägt, müssen dessen Inhalt und das zugrunde liegende Verfahren ihrerseits der uneingeschränkten Kontrolle der Rechtsmittelgerichte unterliegen (vgl. BVerfG Urt. v. 19.03.2013 – 2 BvR 2628/10, Rdn. 94). Der Gedanke des »Volenti non fit iniuria« hat insofern keinen Platz; die Zustimmung des Angeklagten zu einer Verständigung führt als solche nicht zum Verlust prozessualer Rechte (BGH, Beschl. v. 13.09.2011 – 3 StR 196/11). Zusammenfassender Überblick über die Rechtsprechung der Revisionsgerichte zur Verständigung bis 2012 bei *Schmitt* StraFo 2012, 386; *Knauer/Lickleder* NStZ 2012, 366; *Bittmann* ZWH 2013, 260.

Die uneingeschränkte Überprüfungsmöglichkeit des Urteils durch das Rechtsmittelgericht bildet eine wichtige Richtigkeitsgewähr des fehleranfälligen Verständigungsverfahrens, die das Gericht und die Verfahrensbeteiligten zu sorgfältiger Beachtung der Vorschriften anhält. Sie wird unterstrichen durch das **Verbot des Rechtsmittelverzichts** (§ 302 Abs. 1 S. 2 StPO). Damit ist der Gesetzgeber über die Vorgaben der Rspr. hinausgegangen, die einen Rechtsmittelverzicht im Fall einer »qualifizierten« Belehrung für zulässig erachtet hatte (oben Rdn. 6). In der Literatur wurde vorausgesagt, dass dieses Verbot durch die informelle Abrede, die Rechtsmittelfrist ungenutzt verstreichen zu lassen, umgangen werden könne (so *Fahl/Geraats* JA 2009, 791, 796; *Fischer* § 46 Rn. 116a). Zwar hat BGH StV 2010, 346 (m. abl. Anm. *Niemöller* StV 2010, 474) ein derartiges **Umgehungsverhalten** unter Beteiligung des Gerichts zu Recht für unzulässig erachtet, es jedoch (in nicht nachvollziehbarer Weise, vgl. *Niemöller* StV 2010, 597; dazu *Meyer-Goßner* StV 2011, 53; dazu *Niemöller* StV 2011, 54) abgelehnt, die unabhängig von einer Abrede mit dem Gericht erfolgte, von vornherein geplante Einlegung und umgehende Rücknahme eines Rechtsmittels zum Zweck der Erzeugung von Rechtskraft für unzulässig zu erklären (s. dazu auch *Beulke* Rn. 395e; der Gesetzentwurf des Strafrechtsausschusses der BRAK hatte zur Vermeidung dieses Umgehungsverhaltens ein Verbot der Rücknahme von Rechtsmitteln vor Fristablauf bei vorangegangener Verständigung vorgesehen). Die Vorschrift des § 302 Abs. 1 S. 2 StPO erfasst nicht nur das Verbot der Abrede des Rechtsmittelverzichts, sondern auch die **Ankündigung, kein Rechtsmittel einzulegen** (BT-Drucks. 16/12310, S. 14).

126

Generell gilt, dass mit der **Revision** all das gerügt werden kann, was den durch § 257c StPO geschaffenen Rahmen einer zulässigen Verständigung überschreitet (*Meyer-Goßner/Schmitt* § 257c Rn. 32). Da es sich bei **§ 257c StPO** (überwiegend) um eine **Verfahrensvorschrift** handelt, bedarf es hierfür regelmäßig der Erhebung einer formgerechten (§ 344 Abs. 2 S. 2 StPO) **Verfahrensrüge** (BGH, Beschl. v. 01.03.2011 – 1 StR 52/11, StV 2011, 337). Allerdings stellen die Abs. 1 und 2 inhaltliche Anforderungen an eine Verständigung auf, sodass bei Verstößen insoweit (auch) eine **Sachrüge** des Verständigungsurteils in Betracht kommt, unten Rdn. 133. Fraglich kann im Einzelfall das **Beruhen** i.S.d. § 337 Abs. 1 StPO sein, vgl. unten Rdn. 134, 138, 141.

127

Eine Verletzung von § 257c StPO kommt nur in Betracht, wenn eine Verständigung beabsichtigt war (vgl. BGH, Beschl. v. 13.01.2010 – 3 StR 528/09; Beschl. v. 11.10.2010 – 1 StR 359/10). Der **Nachweis der Verständigung** – oder ihr Fehlen (BGH, Beschl. v. 31.03.2010 – 2 StR 31/10) – wird durch das **Protokoll** geführt. Das Fehlen des sog. Negativattests nach § 273 Abs. 1a S. 3 StPO besagt indes nichts, wenn auch eine Verständigung nicht protokolliert worden ist (BGH, Beschl. v. 27.10.2010 – 5 StR 419/10). Enthält das Protokoll weder den nach § 273 Abs. 1 S. 2, Abs. 1a S. 1 und 2 StPO vorgeschriebenen Vermerk, dass eine Verständigung stattgefunden hat, noch ein Negativattest (sog. versteckter Dissens, N/Sch/W/*Niemöller* Teil B § 273 Rn. 30), so ist das Protokoll widersprüchlich bzw. lückenhaft und verliert insofern seine Beweiskraft. Das Revisionsgericht kann dann im Wege des Freibeweisverfahrens klären, ob dem Urteil eine Verständigung vorausgegangen ist (**BGH**, Beschl. v. 29.09.2010 – 2 StR 371/10, StV 2011, 79; OLG Frankfurt am Main, Beschl. v. 23.02.2010 – 3 Ws 141/10, NStZ-RR 2010, 213). Das hierbei vom Angeklagten grds. zu tragende Risiko der Unaufklärbarkeit des Sachverhalts findet dort seine Grenze, wo die Unaufklärbarkeit des Sachverhalts und dadurch entstehende Zweifel des Gerichts ihre Ursache in einem Verstoß gegen die gesetzlich angeordnete Dokumentationspflicht gem. § 273 Abs. 1a StPO und die fehlende Protokollierung einer Verständigung nach § 257c StPO haben (BVerfG Beschl. v. 05.03.2012 – 2 BvR 1461/11 –, ZWH 2012 298 m. Anm. *Knauer/Lickleder*). Der bloße Hinweis in der Revision, das Hauptverhandlungsprotokoll ergebe entgegen § 257c Abs. 3 S. 4 StPO nicht, ob eine Verständigung zustande gekommen sei, behauptet kein prozessordnungswidriges Geschehen, sondern nur, dass das Protokoll nicht den Anforderungen des § 273 Abs. 1a StPO genüge, und ist als »Protokollrüge« unbehelflich (BGH, Beschl. v. 11.10.2010 – 1 StR 359/10,

128

NStZ 2011, 1). Zur Rspr. s. näher *Ventzke* StraFo 2012, 212, 215 ff. mit Hinweisen auch auf weitere »Revisionsunterlagen«.

129 War von vornherein keine förmliche Verständigung (i.S.d. § 257c StPO) beabsichtigt, sondern bloß eine **informelle Vereinbarung**, so entsteht daraus grds. weder eine Bindung noch ein Vertrauenstatbestand, dessen Verletzung gerügt werden kann. Ob und inwieweit **ausnahmsweise** damit im Zusammenhang stehende Verfahrensweisen des Gerichts, bspw. die Verwertung eines Geständnisses, als **Verstoß gegen den Grundsatz eines fairen Verfahrens** gerügt werden können, ist umstritten (oben Rdn. 120 f.). Näher zur Revision bei nicht zustande gekommener Verständigung N/Sch/W/*Weider* Teil C Rn. 94 ff.

130 Auch **Erörterungen** vor der Hauptverhandlung **zur Vorbereitung einer Verständigung** lösen nach der Rspr. weder eine Bindung des Gerichts, noch einen durch den Fair-trial-Grundsatz geschützten Vertrauenstatbestand aus (BGH, Beschl. v. 12.07.2011 – 1 StR 274/11, StV 2011, 645), vgl. § 202a StPO.

131 **II. Verstoß gegen Abs. 1.** Die Rüge, die angeklagte Tat sei kein für eine Verständigung »geeigneter Fall« i.S.d. Abs. 1 S. 1, dürfte für sich genommen selten in Betracht kommen, sondern eher im Zusammenhang mit weiteren daraus resultierenden Rechtsverletzungen, insb. der Verletzung der Aufklärungspflicht (Abs. 1 S. 2 i.V.m. § 244 Abs. 2 StPO). Dies kann mit der **Aufklärungsrüge** angegriffen werden. Die Zustimmung zum gerichtlichen Verständigungsvorschlag rechtfertigt nicht die Unterlassung gebotener Beweiserhebungen (N/Sch/W/*Weider* Teil C Rn. 42; näher zur Aufklärungsrüge bei einer Verständigung ebd. Rdn. 19 ff.). Ggf. kommt auch eine Beweiswürdigungsrüge (Verletzung des § 261 StPO) in Betracht, vgl. BGH, Beschl. v. 22.09.2011 – 2 StR 383/11, NStZ-RR 2012, 52 zu einem Fall gänzlich fehlender Beweiswürdigung.

132 **III. Verstoß gegen Abs. 2 (Gegenstände einer Verständigung)** Abs. 2 bestimmt die zulässigen **Gegenstände von Verständigungen**: Rechtsfolgen, sonstige verfahrensbezogene Maßnahmen, das Prozessverhalten der Verfahrensbeteiligten. Erfolgt eine Verständigung über einen Gegenstand, der von Rechts wegen einer Verständigung nicht zugänglich ist (oben Rdn. 34 ff., 56 ff.), so ist die Verständigung zumindest insoweit, i.d.R. auch insgesamt nichtig (s. Rdn. 34 ff., 56 ff.) und das Urteil dementsprechend fehlerhaft. Das Urteil muss allerdings nur eine vorausgegangene Verständigung feststellen (§ 267 Abs. 3 S. 5 StPO), nicht auch ihren Inhalt angeben (BGH, Beschl. v. 11.10.2010 – 1 StR 359/10, NStZ 2011, 170); diesbezüglich genügt die Bezugnahme auf das Protokoll (BGH, Beschl. v. 13.01.2010 – 3 StR 52/09, NStZ 2010, 384 = NStZ-RR 2010, 151).

133 Ergibt sich bereits aus dem Urteil ein rechtswidriger Inhalt, bspw. eine unzulässige **Schuldspruch- oder Maßregelabrede**, kann dies mit der **Sachrüge** beanstandet werden, weil das Urteil inhaltlich fehlerhaft ist (*Meyer-Goßner/Schmitt* § 258 Rn. 33a), möglicherweise auch mit der **Verfahrensrüge** (unklar BGH, Beschl. v. 22.06.2011 – 5 StR 226/11, StV 2011, 647 zur Verständigung bei im Raum stehender Maßregelanordnung). Ferner kommt eine Verfahrensrüge bspw. wegen der Verwertung des Geständnisses (vgl. unten Rdn. 107 ff.) sowie des unzulässigen Versprechens eines nach § 136a StPO verbotenen Vorteils in Betracht (*Schlothauer* StraFo 2011, 487, 489).

134 Das **Beruhen** des Urteils auf einem solchen Rechtsfehler wird regelmäßig nicht auszuschließen sein, weil Verständigungen üblicherweise Gebäude sind, aus denen man nicht einen Baustein herausnehmen kann, ohne dass das Gebäude insgesamt zusammenbricht (so plastisch N/Sch/W/*Weider* Teil C Rn. 43). Die Aufhebung des gesamten Urteils ist die Folge. Allerdings kann es nach der Rspr. an der **Beschwer** des Angeklagten fehlen (so schon vor dem VerstG z.B. BGH StV 2008, 561 m.w.N.; seither BGH, Urt. v. 01.03.2011 – 1 StR 52/11, StV 2011, 337; BGH, Urt. v. 16.03.2011 – 1 StR 60/11; offen gelassen von BGH, Beschl. v. 28.09.2010 – 3 StR 359/10, StV 2011, 78; kritisch zum Gesichtspunkt der fehlenden Beschwer *Schlothauer* StraFo 2011, 487, 489).

135 Durch die unzulässige Vereinbarung einer **Punktstrafe** (oben Rdn. 68) wird der Angeklagte trotz seiner Zustimmung **beschwert**, weil die Selbstbindung der Gerichts eine Verletzung von § 46 StGB darstellt (BGH, Urt. v. 17.02.2011 – 3 StR 426/10, StV 2011, 338).

136 **IV. Verstoß gegen Abs. 3 (Verständigungsverfahren)** Abs. 3 regelt das **Verständigungsverfahren**. Ob die gesetzlichen Anforderungen eingehalten worden ist, prüft das Revisionsgericht nicht von Amts wegen, sondern nur aufgrund einer **Verfahrensrüge** mit Tatsachenvortrag, § 344 Abs. 2 S. 2 StPO (BGH, Beschl. v. 13.01.2010 – 3 StR 528/09; Beschl. v. 11.10.2010 – 1 StR 359/10). Es emp-

fiehlt sich, in den Tatsachenvortrag ggf. auch die Vermerke nach §§ 202a, 212 sowie die protokollierte Mitteilung des Vorsitzenden gem. § 243 Abs. 4 StPO aufzunehmen (vgl. N/Sch/W/ *Weider* Teil C Rn. 46). Ggf. können Verfahrensfehler mit der **Sachrüge** gerügt werden, wenn sie sich unmittelbar aus dem Urteil ergeben (N/Sch/W/*Weider* Teil C Rn. 46).

Wird der Angeklagte mit **unerlaubten Mitteln** zu einer Verständigung gedrängt, insb. mittels einer »**Sanktionsschere**« (oben Rdn. 70 ff.), so kann dies als Verletzung des § 257c StPO gerügt werden (BGH, Beschl. v. 29.08.2011 – 5 StR 287/11, StV 2012, 5; *Schlothauer* StraFo 2011, 487, 492); ferner kann die Unverwertbarkeit der geständigen Einlassung des Angeklagten wegen Verstoßes gegen **§ 136a StPO** gerügt werden (BGH NStZ-RR 2010, 181; N/Sch/W/ *Weider* Teil C Rn. 28 ff.; Graf/*Eschelbach* § 257c Rn. 52). Erforderlich ist (zumindest) die Darlegung, wer von den Verfahrensbeteiligten an dem »Verständigungsgespräch« teilgenommen hat und welche Alternativrechtsfolgen in Aussicht gestellt wurden. Nach Auffassung des 4. Senats ist es dem Angeklagten regelmäßig zuzumuten, als unzulässig empfundenen Inhalten der Verständigung sogleich zu **widersprechen**, auf ihre Protokollierung hinzuwirken und solche Umstände zum Gegenstand eines **Ablehnungsgesuchs** zu machen (BGH, Beschl. v. 04.08.2010 – 4 StR 620/09, StV 2010, 225; vgl. BGH NStZ 2009, 168; abl. *Schlothauer* StraFo 2011, 487, 496). Das Erfordernis eines rechtzeitigen Widerspruchs in der Hauptverhandlung ist wegen § 136a Abs. 3 S. 2 StPO zweifelhaft (abl. LR/*Stuckenberg* § 257c Rn. 75), beugt allerdings Beweisproblemen im Revisionsverfahren vor (vgl. BGH, Beschl. v. 22.01.2008 – 1 StR 607/07; *Ventzke* StraFo 2012, 218 f.). Das Erfordernis eines Befangenheitsantrags (dazu Rdn. 71) ist abzulehnen. Es ist grds. Sache des Angeklagten, ob er einen Richter wegen Besorgnis der Befangenheit ablehnt oder nicht. Fraglich kann im Einzelfall das **Beruhen** des Verständigungsurteils auf dem Verfahrensfehler sein. So begründet nach Auffassung des BGH (BGH, Beschl. v. 08.10.2010 – 1 StR 347/10, StV 2011, 75; vgl. auch BGH, Beschl. v. 01.03.2011 – 1 StR 52/11, StV 2011, 337; Beschl. v. 11.10.2010 – 1 StR 359/10) die entgegen Abs. 3 S. 2 **fehlende Angabe einer Strafuntergrenze** jedenfalls dann nicht die Revision des Angeklagten, wenn nicht ersichtlich ist, wie sich dies zu seinem Nachteil ausgewirkt haben könnte; i.d.R. könne die fehlende Angabe einer Strafuntergrenze, deren Benennung vordringlich den Interessen der Staatsanwaltschaft Rechnung trage, überhaupt nur von der Staatsanwaltschaft im Rahmen einer Revision zum Nachteil des Angeklagten gerügt werden; a. A. wegen der Informationsfunktion der Angabe einer Strafuntergrenze *Schlothauer* StraFo 2011, 487, 491; krit. auch *Jahn* StV 2011, 497, 49.

Das Fehlen der Zustimmung der Staatsanwaltschaft begründet für sich genommen keinen revisiblen Rechtsfehler (BGH, Beschl. v. 10.11.2010 – 5 StR 424/10; s. aber BVerfG 2 BvR 2628/10 v. 19.03.2013 Rn. 91 ff.), oben Rdn. 76.

V. Verstoß gegen Abs. 4 (Wegfall der Bindungswirkung der Verständigung) Abs. 4 regelt die Voraussetzungen des Wegfalls der Bindungswirkung einer Verständigung (S. 1 und S. 2) sowie dessen Rechtsfolgen (S. 3 und S. 4). Dementsprechend kann im Hinblick auf die gesetzlichen Voraussetzungen mit der **Verfahrensrüge** beanstandet werden (vgl. N/Sch/W/ *Weider* Teil C Rn. 49 ff.),
– dass es an einem Beschluss des Gerichts über den Wegfall der Bindung – der der Mitteilung gem. Abs. 4 S. 4 vorauszugehen hat (oben Rdn. 99) – fehlt,
– dass die gesetzlichen Voraussetzungen für einen Wegfall (Übersehen oder nachträgliches Eintreten rechtlich oder tatsächlich bedeutsamer Umstände; Divergenz des Prozessverhaltens des Angeklagten von der Prognose des Gerichts) nicht vorgelegen haben (oben Rdn. 91 ff.),
– dass entgegen S. 4 keine Mitteilung über den Wegfall erfolgte (zur Rechtslage vor dem VerständigungsG vgl. BGHSt 43, 210; BGH StraFo 2009, 154; zur Rechtslage danach s. BGH Urt. v. 21.06.2012 – 4 StR 623/11, Rdn. 91 -; BGH Beschl. v. 21.02.2013 – 1 StR 633/12 – Rdn. 97), hingegen wohl nicht, dass die Mitteilung nicht »unverzüglich« erfolgte (N/Sch/W/ *Weider* Teil C Rn. 66; s. a. *Schlothauer/Weider* StV 2009, 600, 605),
– dass die Mitteilung gem. Abs. 4 S. 4 nicht die gebotene Begründung (oben Rdn. 100) enthalten hat,
– dass entgegen Abs. 4 S. 3 das Geständnis des Angeklagten trotz Wegfalls der Bindungswirkung der Verständigung verwertet wurde (oben Rdn. 107).

VI. Verstoß gegen Abs. 5 (Belehrungspflicht) Eine Verletzung der Belehrungspflicht nach Abs. 5 (zu dem hierfür erforderlichen Tatsachenvortrag und zur Frage des Beruhens bei Protokollfehlern s. BGH, Urt. v. 10.07.2013 – 2 StR 195/12 = BGHSt 58, 310 sowie BGH, Beschl. v. 12.12.2013 – 3 StR 210/13 = NStZ 2014, 284 m. Anm. *Kudlich*) begründet grds. die Revision, weil sie die freie Willensentschließung des Angeklagten für eine Verständigung tangiert (N/Sch/W/ *Weider* Teil C Rn. 67). Nach der Rspr. des BGH bis zur Entscheidung des BVerfG v. 19.03.2013 (dazu mit Recht krit. *Jahn* StV 2011, 497, 501 f.; *Schlothauer* StraFo 2011, 487, 493) konnte das **Beruhen** des Urteils auf einer unterlassenen Belehrung in weitem Umfang entfallen, wenn eine der von Abs. 4 erfassten Fallgestaltungen nicht vorlag und eine Auswirkung des Verfahrensmangels auf das Prozessverhalten des Angeklagten weder vorgetragen noch sonst ersichtlich war (BGH, Beschl. v. 03.11.2010 – 1 StR 449/10; 1 StR 469/10) bzw. ausgeschlossen erschien; s. dazu im Einzelnen BGH, Beschl. v. 17.08.2010 – 4 StR 228/10, StV 2010, 657 für den Fall einer »günstigen« Verständigung; BGH, Beschl. v. 19.08.2010 – 3 StR 226/10, StV 2011, 76 für den Fall der Bereitschaft der Mitangeklagten zu Geständnissen, die zu einer Verurteilung des Angeklagten auch ohne sein Geständnis hätten führen können (nach *Jahn* StV 2010, 497, 501 f. degradierte der BGH mit dieser Entscheidung die Vorschrift zu einer regelmäßig folgenlosen Ordnungsvorschrift); ferner BGH, Beschl. v. 08.10.2010 – 1 StR 443/10; BGH, Beschl. v. 08.10.2010 – 1 StR 347/10, StV 2011, 75). Nach der Entscheidung des BVerfG hingegen ist bei einem Verstoß gegen die Belehrungspflicht regelmäßig davon auszugehen, dass das Geständnis und damit auch das Urteil auf dem Unterlassen der Belehrung beruht. Ein Beruhen kann nur dann verneint werden, wenn sich konkret feststellen lässt, dass der Angeklagte das Geständnis auch bei ordnungsgemäßer Belehrung abgegeben hätte (BVerfG Urt. v. 19.03.2013 – 2 BvR 2628/10 = BVerfGE 133, 168 = StV 2013, 353, Rn. 99; vgl. BVerfG Beschl. v. 02.07.2013 – 2 BvR 2392/12 zu den Anforderungen an diesbezgl. Feststellungen, ferner BGH Beschl. v. 11.04.2013 – 1 StR 563/12, StraFo 2013, 286 = StV 2013, 611; OLG München Beschl. v. 28.08.2013 – 4 StRR 174/13). Die generalisierende Annahme, dass ein anwaltlich verteidigter Angeklagter, dem gegenüber die Belehrung nach § 257c Abs. 5 StPO (erst) unmittelbar nach Zustandekommen der Verständigung erfolgt, bei Ablegung des Geständnisses nach einer Überlegungsfrist von einer Woche jedenfalls dann nicht mehr unter dem Eindruck der zunächst ohne Belehrung geschlossenen Verständigung stehe, wenn das Geständnis unter Mitwirkung seines Verteidigers entstanden ist und dieser die Verständigung selbst initiiert hat (so BGH Urt. v. 07.08.2013 – 5 StR 253/13), ist mit dem Ausnahmecharakter des Beruhensausschlusses nicht in Einklang zu bringen. Eine solchermaßen vom Einzelfall losgelöste Beruhensprüfung würde es erlauben, Verstöße gegen die Belehrungspflicht des § 257c Abs. 5 StPO im Ergebnis unbeanstandet zu lassen, ohne dass konkrete, auf den tatsächlichen Informationsstand des jeweiligen Angeklagten und seine Motivation zur Abgabe des Geständnisses bezogene Feststellungen getroffen werden müssten (BVerfG, 2. Kammer des 2. Senats, Beschl. v. 25.08.2014 – 2 BvR 2048/13 = StV 2015, 73). Insgesamt hat das BVerfG Verstöße gegen die Belehrungspflicht wie auch solche gegen Transparenz- und Dokumentationspflichten nach eigenen Worten »in die Nähe absoluter Revisionsgründe gerückt«. Daraus ergibt sich allerdings nicht, dass eine insoweit fehlerhafte Verfahrensverständigung, die allein Mitangeklagte betrifft, einen Angeklagten in eigenen Grundrechten, insbesondere in seinem Recht auf ein faires Verfahren verletzt (BVerfG, 3. Kammer des 2. Senats, Beschl. v. 01.07.2014 – 2 BvR 989/14 = StV 2014, 649).

142 Nimmt man eine sog. **erweiterte Belehrungspflicht** vor Abschluss der Verständigung an (oben Rdn. 116), so sind auch diesbezügliche Verletzungen revisibel. Ebenso kommt die Rüge der **Verletzung gebotener rechtlicher Hinweise** nach Widerruf der Verständigung durch das Gericht in Betracht.

§ 258 StPO Schlussvorträge; Recht des letzten Wortes.

(1) Nach dem Schluss der Beweisaufnahme erhalten der Staatsanwalt und sodann der Angeklagte zu ihren Ausführungen und Anträgen das Wort.
(2) Dem Staatsanwalt steht das Recht der Erwiderung zu; dem Angeklagten gebührt das letzte Wort.
(3) Der Angeklagte ist, auch wenn ein Verteidiger für ihn gesprochen hat, zu befragen, ob er selbst noch etwas zu seiner Verteidigung anzuführen habe.

1 **A. Grundsätzliches und Regelungsgehalt.** Der **Zweck der Vorschrift** wird von der herrschenden Ansicht im Schrifttum in der **Wahrung des rechtlichen Gehörs der Verfahrensbeteiligten** nach Schluss der Beweisaufnahme gesehen (vgl. nur LR/*Stuckenberg* § 258 Rn. 1; KK-StPO/*Ott* § 258 Rn. 1; *Meyer-Goßner/Schmitt* § 258 Rn. 1). Das ist im Hinblick auf die Organstellung der Staatsanwalt-

schaft und ihre fehlende Grundrechtsträger-Eigenschaft zumindest ungenau (OK-StPO/*Eschelbach* § 258 Rn. 1). Man wird den Regelungsgehalt der Vorschrift daher allgemein darin sehen können, dass sie allen Verfahrensbeteiligten – insoweit ist die Bestimmung lex imperfecta (*Meyer-Goßner/ Schmitt* § 258 Rn. 4; KK-StPO/*Ott* § 258 Rn. 3) – das Recht verleiht, nach Schluss der Beweisaufnahme **zu deren Ergebnis insgesamt und umfassend** aus der jeweiligen Sicht mit tatsächlichen und rechtlichen Erwägungen Stellung zu nehmen und Anträge zu stellen (BVerfGE 54, 140). Dabei erwächst die besondere Bedeutung dieser Befugnis nicht zuletzt aus dem unmittelbaren zeitlichen Zusammenhang zwischen den Schlussvorträgen und der Urteilsfällung (vgl. LR/*Stuckenberg* § 258 Rn. 2). Die Pflicht zur Gewährung des letzten Wortes betont die Subjektstellung des Angeklagten, indem sie diesem das höchstpersönliche Recht einräumt, zusätzlich zu den Ausführungen seines Verteidigers im Schlussvortrag und unabhängig von dem aus § 257 erwachsenden Erklärungsrecht seinen Standpunkt unmittelbar vor der Urteilsberatung verdeutlichen zu können (BGH NStZ 1993, 551; OK-StPO/*Eschelbach* § 258 Rn. 19).

B. Schlussvorträge (Abs. 1) **I. Kreis der Berechtigten.** Zum Schlussvortrag berechtigt sind 2 die Staatsanwaltschaft, der Nebenkläger (§ 397 Abs. 1 Satz 3), der Privatkläger (§ 385 Abs. 1 Satz 1), die jeweiligen Vertreter der beiden Letztgenannten, der Angeklagte und sein(e) Verteidiger. Ferner können die Nebenbeteiligten (§ 433 Abs. 1, § 444 Abs. 2) sowie bei jugendlichen Angeklagten der Erziehungsberechtigte und der gesetzliche Vertreter (§§ 67, 104 Abs. 1 Nr. 9 JGG) einen Schlussvortrag halten. Den dazu Berechtigten ist das Wort zu ihren Ausführungen **von Amts wegen** vom Vorsitzenden zu erteilen (KK-StPO/*Ott* § 258 Rn. 4); das gilt auch für den Erziehungsberechtigten und den gesetzlichen Vertreter im Jugendstrafverfahren (BGH NStZ 1996, 216; StV 2001, 172; OLG Köln StV 2008, 119; HK-JGG/*Schatz* § 67 Rn. 21).

II. Reihenfolge. Von der im Gesetz vorgesehenen Reihenfolge kann **aus Gründen der Zweckmäßig-** 3 **keit abgewichen** werden; nach der Intention des Gesetzes sollte der Nebenkläger seinen Schlussvortrag indes vor dem Verteidiger halten (*Meyer-Goßner/Schmitt* § 258 Rn. 8). Auch beim Auftreten mehrerer Verteidiger oder Sitzungsvertreter der Staatsanwaltschaft entscheidet der Vorsitzende nach pflichtgemäßem Ermessen (LR/*Stuckenberg* § 258 Rn. 20).

III. Inhalt. Eine **thematische Begrenzung** für den Inhalt der Schlussvorträge **enthält das Gesetz nicht** 4 (HK-StPO/*Julius* § 258 Rn. 6). Was Inhalt des Schlussvortrags ist, ergibt sich aus seiner Funktion als abschließender Bewertung des Ergebnisses der Hauptverhandlung aus der Sicht des jeweiligen Prozessbeteiligten. Dass sich der Inhalt des Schlussvortrags etwa des Verteidigers von dem des Nebenklägervertreters oder des Staatsanwalts (§ 160 Abs. 2; Nr. 138, 139 RiStBV) thematisch und vom Ansatz her unterscheidet, liegt in der Natur der Sache. Bei der Art des Vortrags und dessen Ausgestaltung ist der jeweils Vortragende im Wesentlichen frei; er kann ablesen, frei vortragen und sich auch technischer Hilfsmittel (Skizzen; Power-Point etc.) bedienen (SK-StPO/*Velten* § 258 Rn. 24; KK-StPO/*Ott* § 258 Rn. 9; vgl. auch BGHSt 3, 368 [369]; 9, 77 [78]).

IV. Pflicht zum Schlussvortrag? Eine **gesetzliche Pflicht zum Schlussvortrag** erwächst aus § 258 5 **nicht** (LR/*Stuckenberg* § 258 Rn. 22; *Meyer-Goßner/Schmitt* § 258 Rn. 9). Unbeschadet der Tatsache, dass der Sitzungsvertreter der Staatsanwaltschaft innerdienstlich verpflichtet ist, einen Schlussvortrag zu halten und einen entsprechenden Antrag zu stellen – Nrn. 138, 139 RiStBV enthalten dafür teilweise detaillierte Vorgaben – ergibt sich eine solche Verpflichtung schon aus der **Stellung der Anklagebehörde im Offizialverfahren** und der daraus erwachsenden **Mitverantwortung** des Sitzungsstaatsanwalts für das Zustandekommen eines gerechten Urteils (BGH NStZ 1984, 468; LR/*Stuckenberg* § 258 Rn. 23; vgl. auch SK-StPO/*Velten* § 258 Rn. 20). Auch für den Verteidiger besteht keine Pflicht zum Schlussvortrag, nicht einmal im Fall der Pflichtverteidigung (BGH NStZ 1981, 295; BGH bei *Holtz* MDR 1980, 274; LR/*Stuckenberg* § 258 Rn. 24). Für den Fall der Wahlverteidigung kommt bei Verweigerung des Schlussvortrags eine positive Vertragsverletzung des mit dem Mandanten geschlossenen Geschäftsbesorgungsvertrags in Betracht.

C. Recht zur Erwiderung (Abs. 2 Halbs. 1) Das **Recht zur Erwiderung** steht wegen des 6 Verweises in § 397 Abs. 1 Satz 3 **auch dem Nebenkläger** zu (BGHSt 28, 272 [274]; BGH NJW 2001,

3137), ebenso dem **Privatkläger** (*Meyer-Goßner/Schmitt* § 258 Rn. 18). Dem Angeklagten (letztes Wort!) und seinem Verteidiger ist das Wort immer dann noch einmal zu erteilen, wenn einer der anderen Verfahrensbeteiligten sein Recht zur Erwiderung ausgeübt hat (BGH NJW 1976, 1951). Ein Anspruch auf mehrmalige Erwiderung besteht nicht; der Vorsitzende kann aber nach Zweckmäßigkeit und pflichtgemäßem Ermessen dazu das Wort erteilen (h.A.; RGSt 11, 135b [136]; LR/*Stuckenberg* § 258 Rn. 35).

7 **D. Letztes Wort (Abs. 2 Halbs. 2) I. Rechtsnatur.** Das Recht auf das letzte Wort im Sinne von Abs. 2 Halbs. 2 ist **höchstpersönlich und nicht übertragbar**, auch nicht – anders als beim Schlussvortrag (HK-StPO/*Julius* § 258 Rn. 9) – auf den Verteidiger (KK-StPO/*Ott* § 258 Rn. 14); es besteht **unabhängig von seinem Erklärungsrecht nach § 257** (OK-StPO/*Eschelbach* § 258 Rn. 19). Die Vorschrift hat den Zweck, dem Gericht den eigenen Standpunkt unmittelbar vor der Verkündung des Urteils nahezubringen und so noch Einfluss auf die zu treffende Entscheidung zu nehmen (BGH StraFo 2009, 109). Das Recht auf das letzte Wort verwirkt der Angeklagte auch nicht etwa dadurch, dass er sich während der vorangegangenen Hauptverhandlungstage eigenmächtig entfernt hat, sofern er nur rechtzeitig vor Verkündung des Urteils wieder erscheint (BGH NStZ 1986, 372; NStZ 1990, 291).

8 **II. Inhalt.** Auch für den Inhalt des letzten Wortes macht das Gesetz keine Vorgaben. Nach weitaus herrschender Ansicht ist ihm dabei weitestgehende Verteidigungsfreiheit einzuräumen (BGHSt 9, 77 [79]; BGH StV 1985, 355; KK-StPO/*Ott* § 258 Rn. 21 m.w.N.). Dies gilt auch für die Form seines Vortrags; er kann schriftliche Aufzeichnungen verwenden, Skizzen heranziehen u.Ä. Ausführungen zu tatsächlichen Vorgängen und Sachverhalten sind ebenso zulässig wie Rechtsausführungen, auch wenn sein Verteidiger solche schon gemacht hat (LR/*Stuckenberg* § 258 Rn. 47). Welchen Raum der Vorsitzende dem Angeklagten lässt, wenn es um aus Sicht des Gerichts nicht entscheidungserhebliche Punkte geht, bleibt im Wesentlichen seinem Fingerspitzengefühl überlassen; im Hinblick auf die Bedeutung der Gewährleistung des rechtlichen Gehörs (Art. 103 Abs. 1 GG) sollte das Gericht regelmäßig keine Ungeduld zeigen. Redezeitbegrenzungen sind unzulässig (LR/*Stuckenberg* § 258 Rn. 48; *Meyer-Goßner/Schmitt* § 258 Rn. 25).

9 **III. Zeitpunkt, Verhältnis zu Abs. 3.** Die Vorschrift soll sicherstellen, **dass der Angeklagte** unabhängig von der Reihenfolge der Schlussvorträge und der Zahl der Erwiderungen im Einzelfall **immer als letzter sprechen kann** und ihm dies in fasslicher Sprache vom Vorsitzenden deutlich gemacht wird (BGHSt 18, 84; HansOLG Hamburg StV 2005, 280; HK-StPO/*Julius* § 258 Rn. 10). Die gesonderte Befragung nach Abs. 3, die ebenfalls ein höchstpersönliches Recht darstellt, soll dem Angeklagten auch dann sein Recht auf abschließende Ausführungen gewährleisten, wenn sein Verteidiger bereits für ihn gesprochen hat (LR/*Stuckenberg* § 258 Rn. 44; KK-StPO/*Ott* § 258 Rn. 14). Folglich läuft Abs. 3 leer, wenn der Angeklagte keinen Verteidiger hat (LR/*Stuckenberg* § 258 Rn. 46). Eine Befragung nach Abs. 3 ist nicht geboten, wenn der Angeklagte erkennbar die Bedeutung der abschließenden Worterteilung kennt (OK-StPO/*Eschelbach* § 258 Rn. 20). Umgekehrt ist zwischen dem letzten Wort und der Gelegenheit zu Ausführungen streng zu differenzieren (OK-StPO/*Eschelbach* § 258 Rn. 21).

10 **E. Rechtsmissbrauch.** Wegen des Fehlens gesetzlicher Einschränkungen bei der Wahrnehmung des Rechts auf das letzte Wort und der verfassungsrechtlichen Gewährleistung des rechtlichen Gehörs (Art. 103 Abs. 2 GG) erweist sich diese Befugnis als grds. missbrauchsanfällig. Mit gewissen Einschränkungen gilt dieser Befund auch für die Befugnis der Prozessbeteiligten, Schlussvorträge zu halten (vgl. HK-StPO/*Julius* § 258 Rn. 1). Zwar besteht im Wesentlichen Einigkeit darüber, dass das Gericht im Interesse der Wahrheitsfindung und wegen des Beschleunigungsgrundsatzes in der Lage sein muss, jede dieser Befugnisse im Falle ihres Missbrauchs entziehen zu können (LR/*Stuckenberg* § 258 Rn. 50 ff.; *Meyer-Goßner/Schmitt* § 258 Rn. 26; enger KK-StPO/*Ott* § 258 Rn. 21; OK-StPO/*Eschelbach* 15). Die Schwierigkeit liegt in der Einzelfallabwägung, die zunächst der Vorsitzende im Rahmen seiner Sachleitungsbefugnis vorzunehmen hat. Dabei wird er zu bedenken haben, dass dem Rederecht professioneller Verfahrensbeteiligter i.R.d. Schlussvorträge regelmäßig engere Grenzen gezogen sind als den Ausführungen des Angeklagten i.R.d. letzten Wortes. Dies gilt vor allem für die Entscheidung der Frage, wann noch zum Verhandlungsgegenstand gesprochen wird, der annähernd vom historischen Vorgang

im Sinne von § 264 umrissen wird. Beim Angeklagten wird man hier einen deutlich großzügigeren Maßstab anlegen müssen. Aber auch demjenigen Verteidiger, der etwa in einem Prozess wegen einer Straftat mit politischem Hintergrund den Gerichtssaal zu einer politischen Bühne für seine Ausführungen umzufunktionieren beabsichtigt, steht der Tatrichter nicht wehrlos gegenüber; entsprechendes gilt für ständige Wiederholungen oder offensichtlich unnütze Weitschweifigkeiten (vgl. BGHSt 3, 368 [369]; BGH StV 1985, 355 [356]). Jedweder inhaltlichen Kontrolle des Vorgetragenen sollte sich das Gericht schon im Hinblick auf den Anschein der Befangenheit enthalten. Schon deshalb ist die Beschneidung des letzten Wortes mit der Begründung, der Angeklagte bleibe nicht bei der Wahrheit, schlechthin ausgeschlossen (BGH JR 1965, 348). Dass der Vorsitzende dabei dem Grundsatz der Verhältnismäßigkeit Rechnung tragen und das Wort erst nach einmaliger oder mehrmaliger Abmahnung entziehen sollte, versteht sich von selbst (vgl. dazu LR/*Stuckenberg* § 258 Rn. 52). Zu bedenken bleibt letztlich auch, dass der Inhalt eines Schlussvortrages auch der strafrechtlichen Beurteilung unterliegen kann (BGHSt 18, 204 f.; 31, 16 [17]; LR/*Stuckenberg* § 258 Rn. 51).

F. Beratung. Die Erforderlichkeit der Beratung des Gerichts nach Entgegennahme der Schlussausführungen und des letzten Wortes ergibt sich aus dem Umstand, dass **die Ausführungen der Prozessbeteiligten nach § 258 zum Inbegriff der Verhandlung i.S.d. § 261 gehören** und daher regelmäßig bei der Urteilsfindung zu berücksichtigen sind (allg. M.; vgl. nur KK-StPO/*Ott* § 258 Rn. 28 m.w.N.). Wird der Fall einer sofortigen Urteilsverkündung nach Entgegennahme der abschließenden Ausführungen der Beteiligten und des letzten Wortes ohne vorgeschaltete Beratung vor allem bei einem Kollegialgericht praktisch nicht vorkommen, kann die Frage relevant werden, wenn das Gericht nach einer Urteilsberatung erneut in die Beweisaufnahme eintritt und daraufhin das Urteil zu verkünden beabsichtigt. Zwar kann die (unzureichende) Dauer einer Urteilsberatung nicht Gegenstand revisionsgerichtlicher Überprüfung sein (BGHSt 37, 141), dass die vom Gesetz geforderte abschließende Beratung *erkennbar* stattzufinden hat, wird von Rechtsprechung und herrschender Auffassung im Schrifttum zu Recht gefordert (BGHSt 24, 170; BGH NJW 1987, 3210; BGH NStZ 1988, 470; 2001, 106; LR/*Stuckenberg* § 258 Rn. 14 f.; zur Zulässigkeit der sog. Tischberatung, wenn sich nach Wiedereintritt kein wesentlicher neuer Prozessstoff ergeben hat, vgl. BGHSt 24, 170; BGH StV 1992, 552; *Schlothauer/Weider*, Verteidigung im Revisionsverfahren Rn. 1706). Die Beratung – unter Einschluss der Schöffen – muss jedenfalls nach außen erkennbar sein (BGHR StPO § 260 Abs. 1 Beratung 1, 4).

Da sich der **Strafrichter am AG** regelmäßig nicht zur Beratung zurückziehen muss (KK-StPO/*Ott* § 258 Rn. 29), seine Beratung demnach formlos und unauffällig erfolgen kann (OK-StPO/*Eschelbach* § 260 Rn. 6), ist der Strafrichter in besonderer Weise gehalten den Anschein zu vermeiden, er nehme die Schlussausführungen nicht zu Kenntnis. Die Niederschrift der Urteilsformel noch während der Plädoyers sollte daher in jedem Fall unterbleiben (LR/*Stuckenberg* § 258 Rn. 15).

G. Wiedereintritt in die Beweisaufnahme. I. Voraussetzung. Wann ein **Wiedereintritt in die Beweisaufnahme** angenommen werden muss, ist **nach den Umständen des Einzelfalles zu bestimmen**. Es muss der Wille des Gerichts erkennbar werden, im Zusammenwirken mit den Prozessbeteiligten in der Beweisaufnahme fortzufahren oder Anträge mit ihnen zu erörtern (BGH NStZ 2004, 505 [507]; BGH NStZ-RR 2010, 152; KK-StPO/*Ott* § 258 Rn. 24; kritisch i.H.a. die Rspr. SK-StPO/*Velten* § 258 Rn. 47 ff.). Der Wille des Gerichts muss sich dabei nicht in einem förmlichen Beschluss über die Wiedereröffnung der Hauptverhandlung niederschlagen; er liegt regelmäßig in der jeweiligen, vom Gericht durchgeführten oder veranlassten Prozesshandlung selbst (*Meyer-Goßner/Schmitt* § 258 Rn. 28); die Unterscheidung zwischen einem ausdrücklichen und einem stillschweigenden Wiedereintritt führt in diesem Zusammenhang kaum weiter (so aber LR/*Stuckenberg* § 258 Rn. 5 f. unter missverständlicher Bezugnahme auf BGHSt 22, 278 [279]). Der Wiedereintritt kann von Amts wegen oder auf Antrag erfolgen; auf Umfang und Bedeutung des nach Wiedereintritt Erörterten kommt es nicht an, ebenso wenig auf die Frage, ob die Weiterverhandlung den Tatvorwurf insgesamt oder nur Teile desselben betrifft (BGHSt 20, 273 [275]).

II. Einzelfälle. Danach ist ein **Wiedereintritt zu bejahen**, wenn sich aus dem Schlussvortrag eines Prozessbeteiligten die Notwendigkeit ergibt, einen Beweisantrag abzulehnen oder über eine Teileinstellung zu befinden (BGH StraFo 2014, 251; BGHR StPO § 258 Abs. 3 Wiedereintritt 6), bei einem Hinweis auf die Veränderung des rechtlichen Gesichtspunkts (BGHSt 22, 279 [279]; vgl. auch BGH, Beschl. v. 04.06.2013 – 1 StR 193/13), wenn der Angeklagte sein Einverständnis mit einer formlosen Einziehung erklärt (BGH NStZ-RR 2010, 152), wenn über die Aufrechterhaltung eines Haftbefehls entschieden und diese Entscheidung verkündet wird (BGH NStZ 1984, 376; vgl. auch BGH StV 2002, 234), wenn der Erlass eines Haftbefehls beantragt wird (BGHR StPO § 258 Abs. 3 letztes Wort 6; anders noch BGH NStZ 1986, 182), bei Wiederinvollzugsetzung eines Haftbefehls und der Anordnung von Maßnahmen nach § 116 (BGH NStZ 1986, 470; BGHR StPO § 258 Abs. 3 Wiedereintritt 3); bei Aufhebung des Haftbefehls ohne Begründung nach den Schlussanträgen auf der Grundlage einer Verständigung (BGH wistra 2011, 118), bei einer Verfahrensabtrennung (BGHR StPO § 258 Abs. 3 Wiedereintritt 4) und bei der Rücknahmeerklärung in Bezug auf ein in einem anderen Verfahren eingelegtes Rechtsmittel mit Zustimmungserklärung der anderen Prozessbeteiligten (BGH NStZ 1984, 51). Entsprechendes gilt etwas bei der Übergabe einer Entschädigungssumme in bar vor Urteilsverkündung nach Vergleichsabschluss im Adhäsionsverfahren in einem vorherigen Hauptverhandlungstermin (BGH, Beschluss vom 24. Juni 2014 – 3 StR 185/14) und bei Gewährung von Prozesskostenhilfe für die Neben- und Adhäsionsklägerin im Beschlusswege (BGH NStZ-RR 2014, 15).

15 **Verneint worden ist ein Wiedereintritt** hingegen bei der bloßen Verkündung einer Teileinstellung/-beschränkung nach §§ 154, 154a (BGH NStZ 2001, 218; abw. wohl BGH NStZ 1999, 244), bei der Verwerfung eines Ablehnungsantrags nach dem letzten Wort des Angeklagten als unzulässig (BGHR StPO § 258 Abs. 3 Wiedereintritt 5), im Fall der Verweigerung der Zustimmung der Staatsanwaltschaft zu einer Teileinstellung, bei Zwischenrufen und der bloßen Entgegennahme nicht eingeforderter Erklärungen oder Anträge (BGH NStZ 2004, 505).

16 **III. Rechtsfolge.** Durch den Wiedereintritt in die Beweisaufnahme verlieren die vorher gem. § 258 gemachten Ausführungen einschließlich des letzten Wortes des Angeklagten ihre rechtlichen Wirkungen; das **Verfahren wird insoweit gleichsam »auf Null gestellt«**. Sämtliche Worterteilungen müssen wiederholt werden; Umfang und Inhalt der Weiterverhandlung sind dafür unerheblich (*Meyer-Goßner/Schmitt* § 258 Rn. 27).

17 **H. Hauptverhandlungsprotokoll.** Dass die Prozessbeteiligten Gelegenheit zu ihren Schlussvorträgen hatten, der Angeklagte im Sinne von Abs. 3 befragt und ihm Gelegenheit zu seinem letzten Wort gegeben wurde, sind **wesentliche Förmlichkeiten** der Hauptverhandlung i.S.d. § 273 Abs. 1 (BGHSt 22, 278 [280]; BGHR StPO § 258 Abs. 3 letztes Wort 1; KK-StPO/*Ott* § 258 Rn. 31). Auch die Verweigerung des Schlussvortrags und die Wortentziehung müssen im Hauptverhandlungsprotokoll vermerkt werden (LR/*Stuckenberg* § 258 Rn. 54; *Meyer-Goßner/Schmitt* § 258 Rn. 31). Die Einhaltung dieser Förmlichkeiten kann demnach regelmäßig auch **nur durch die Sitzungsniederschrift bewiesen** werden (BGHSt 13, 53 [59]; 22, 278 [280]; zum Wegfall der Beweiskraft BGH StV 2002, 530; zur nachträglichen Protokollberichtigung BGHSt [GS] 51, 298; BGH StraFo 2011, 356 f. und die Erl. zu § 271).

18 **I. Revision.** Gem. § 337 zwingt ein Verstoß gegen § 258 nur dann zur Aufhebung des tatrichterlichen Urteils, wenn der Angeklagte **durch den Verfahrensfehler beschwert** ist (LR/*Stuckenberg* § 258 Rn. 66) und **wenn das Urteil auf dem Verfahrensfehler beruht** (vgl. nur BGHR StPO § 258 Abs. 3 letztes Wort 6).

19 An einer Beschwer fehlt es etwa dann, wenn der Revisionsführer geltend macht, das Recht zum Schlussvortrag eines **Mitangeklagten** oder seines Verteidigers sei übergangen oder unzulässig beschnitten worden (*Stuckenberg* a.a.O.). Dass der **Staatsanwalt** keine Gelegenheit zum Schlussvortrag hatte, schließt die Beschwer des Angeklagten dagegen nicht aus, wohl aber, dass dieser keine Stellungnahme abgegeben hat (BGH, Beschl. v. 09.08.2012 – 1 StR 323/12; OLG Stuttgart NStZ 1992, 92; OLG Zweibrücken StV 1986, 51; a. A. LR/*Stuckenberg* § 258 Rn. 23, 66). Anders verhält es sich, wenn der Verteidiger des das Rechtsmittel führenden Angeklagten **von sich aus auf einen Schlussvortrag verzichtet**; in einem solchen Fall fehlt es an einem dem erkennenden Gericht anzulastenden Fehlverhalten (str.; vgl. LR/*Stuckenberg* § 258 Rn. 59; zur Verletzung des Rechts auf Erwiderung BGH NJW 2001, 3137). Einem in der Hauptverhandlung nicht anwesenden, weil erkrankten Verteidiger kann keine Gelegenheit zum Schlussvortrag gegeben werden; ein Verstoß gegen Abs. 1 scheidet daher aus (BGH, Beschl. v. 12.01.2012 – 1 StR 373/11).

Nach im Schrifttum vertretener (älterer) Ansicht ist bei einer Verletzung von § 258 ein Beruhen der 20
Entscheidung auf dem Rechtsfehler regelmäßig anzunehmen, da der Tatrichter den Inhalt der unterbliebenen abschließenden Äußerung niemals vorhersehen könne (*Hanack* JZ 1972 276; *Eb. Schmidt* JR 1969, 235; ähnlich wohl BayObLGSt 1957, 89; vgl. auch LR/*Stuckenberg* § 258 Rn. 68). Dem ist die **Rechtsprechung** zu Recht nicht gefolgt; sie **stellt auf die Umstände des einzelnen Falles ab**, was aber – in Übereinstimmung mit dem neueren Schrifttum – nicht selten und insb. bei dem nicht geständigen Angeklagten zu demselben Ergebnis führt (BGHSt 21, 288 [290]; 22, 278 [280]; BGH NStZ 2009, 50 [51]; *Meyer-Goßner/Schmitt* § 258 Rn. 34; KK-StPO/*Ott* § 258 Rn. 35 f.). Dabei wird in den Fällen eines umfassenden und durch weitere Beweismittel bestätigten Geständnisses zumindest ein **Beruhen des Schuldspruchs** auf der Verletzung der Vorschrift ausgeschlossen werden können (BGH NStZ-RR 2010, 152; BGH, Beschl. v. 04.06.2013 – 1 StR 193/13 *Meyer-Goßner/Schmitt* § 258 Rn. 34; LR/*Stuckenberg* § 258 Rn. 69; weitere Einzelfälle bei *Stuckenberg* a.a.O.). Verstöße gegen § 258 sind bis zum Schluss der Urteilsverkündung **heilbar** (HK-StPO/*Julius* § 258 Rn. 32).

Besonders zu beachten sind **die nach § 344 Abs. 2 Satz 2 bestehenden Anforderungen an den Revisionsvortrag** im Fall der Nichterteilung des letzten Wortes: Es ist darzulegen, dass die Beweisaufnahme geschlossen wurde, Staatsanwaltschaft und Verteidiger ihre Ausführungen machten und die Anträge stellten, der Angeklagte nicht gem. Abs. 3 befragt wurde, ihm das letzte Wort nicht erteilt wurde und er es auch nicht hatte, und daraufhin das Urteil verkündet wurde (vgl. BGH StV 1995, 176 m. Anm. *Ventzke*). Liegt ein Fall des Wiedereintritts vor, bedarf es **der umfassenden Darlegung des gesamten Verfahrensablaufs vom ersten Schluss der Beweisaufnahme an** (Einzelheiten dazu bei *Schlothauer/Weider*, Verteidigung im Revisionsverfahren Rn. 1697). 21

Ist ein Prozessbeteiligter bei den Schlussvorträgen vollständig übergangen worden, hat der Tatrichter 22
Abs. 3 missachtet oder dem Angeklagten das letzte Wort nicht gewährt, bedarf es **keiner Anrufung des Gerichts i.S.d. § 238 Abs. 2** (KK-StPO/*Ott* § 258 Rn. 33; ebenso *Radtke/Hohmann/Forkert-Hosser* § 258 Rn. 34). Entgegen a. A. (OK-StPO/*Eschelbach* § 258 Rn. 28; KK-StPO/*Ott* § 258 Rn. 33 m.w.N.) gilt dies wegen des zwingenden Charakters der Vorschrift und der Gesamtverantwortung des Gerichts für deren Einhaltung auch in Fällen anderweitiger gesetzwidriger Beschränkung der den Prozessbeteiligten nach § 258 zustehenden Rechte (LR/*Stuckenberg* § 258 Rn. 64 f.). Eine Ausnahme (vorherige Anrufung des Gerichts) ist nur dann zu machen, wenn einer der Prozessbeteiligten im Revisionsverfahren rügt, er habe keine ausreichende Zeit zur Vorbereitung seines Schlussvortrags gehabt (vgl. BGH NStZ 2005, 650).

§ 259 StPO Dolmetscher. (1) Einem der Gerichtssprache nicht mächtigen Angeklagten müssen aus den Schlussvorträgen mindestens die Anträge des Staatsanwalts und des Verteidigers durch den Dolmetscher bekannt gemacht werden.
(2) Dasselbe gilt nach Maßgabe des § 168 des Gerichtsverfassungsgesetzes für einen hör- oder sprachbehinderten Angeklagten.

A. Grundsätzliches und Regelungsgehalt. Gem. § 185 GVG müssen in der Hauptverhandlung **alle wesentlichen Verhandlungsteile**, insb. alle unter dem Gesichtspunkt des Verteidigungsinteresses des Angeklagten bedeutsamen Vorgänge, möglichst in die Muttersprache des der deutschen Sprache nicht mächtigen Angeklagten übertragen werden (BVerfGE 64, 148; Einzelheiten bei LR/*Wickern* § 185 GVG Rn. 16; *Kissel/Mayer* § 185 GVG Rn. 10). Entsprechendes gilt gem. § 186 GVG für hör- oder sprachbehinderte Personen. Für den Umfang der Übersetzung der Schlussvorträge macht 1
§ 259 davon eine Ausnahme (*Meyer-Goßner/Schmitt* § 259 Rn. 1). Eine Übersetzung des gesamten Inhalts der Plädoyers wird vom Gesetz nicht gefordert; ausreichend ist die Bekanntmachung der jeweiligen Anträge.

Die im Schrifttum **gegen diese Vorschrift erhobenen Bedenken** sind nicht gänzlich von der Hand zu 2
weisen (vgl. *Katholnigg* § 185 GVG Rn. 3; HK-StPO/*Julius* § 259 Rn. 1; OK-StPO/*Eschelbach* § 259 Rn. 1; *Sommer* StraFo 1999, 45; einschränkend LR/*Stuckenberg* § 259 Rn. 5). Wenn dem sprachunkundigen Angeklagten lediglich die Anträge übersetzt werden, wird er kaum in der Lage sein, die aus dem Ergebnis der Beweisaufnahme gezogenen Folgerungen hinreichend zu überprüfen und dazu

§ 260 StPO   Urteil

im letzten Wort Stellung zu nehmen (HK-StPO/*Julius* § 259 Rn. 1). Mit Art. 6 Abs. 3 Buchst. e) EMRK dürfte die Bestimmung nur deshalb noch vereinbar sein, weil sie mit der Verwendung des Wortes »mindestens« zum Ausdruck bringt, dass der Vorsitzende auch eine weiter gehende Übersetzung anordnen kann, was in der Praxis auch häufig geschieht.

3   **B. Anwendungsbereich. I. Schlussvorträge.** Die Vorschrift bezieht sich ausschließlich auf die von den Prozessbeteiligten gehaltenen **Schlussvorträge**, nicht auf den Inhalt der Hauptverhandlung i.Ü., für den, wie auch für die mündliche Urteilsbegründung (BGH GA 1963, 148), die §§ 185, 186 GVG uneingeschränkt gelten. Sie entfaltet nur insoweit Wirkung, als der jeweilige Verfahrensbeteiligte auch einen Antrag stellt; nach dem Normzweck wird man ihren Anwendungsbereich jedoch nicht auf die Schlussvorträge von Staatsanwalt und Verteidiger beschränken können, sondern auf entsprechende Anträge weiterer Prozessbeteiligter ausdehnen müssen (OK-StPO/*Eschelbach* § 259 Rn. 2). **Erwiderungen und Entgegnungen**, die mit Ausnahme von § 258 Abs. 2 Satz 1 im Gesetz nicht erwähnt werden, aber in der Praxis nicht selten vorkommen, werden von der Vorschrift ebenfalls erfasst (OK-StPO/*Eschelbach* § 259 Rn. 3).

4   **II. Sprachunkundigkeit.** Wann die fehlenden deutschen Sprachkenntnisse eines Angeklagten i.S.d. Abs. 1 gegeben sind, lässt sich nicht allgemein beantworten. Nach der Rechtsprechung des BVerfG ist **die Zuziehung eines Dolmetschers** gem. § 185 GVG schon dann **erforderlich**, wenn der Angeklagte die deutsche Sprache nicht so weit beherrscht oder sich in ihr nicht so ausdrücken kann, dass er in der Lage ist, der Verhandlung zu folgen und seine Verteidigung zweckentsprechend zu führen (BVerfG NJW 1983, 2763). Ergänzend wird auf die Erläuterungen zu § 185 GVG verwiesen.

5   **III. Hör- und Sprachbehinderung.** Der **Anwendungsbereich des Abs. 2** wurde durch Art. 20 Abs. 3 des OLGVertrÄndG v. 23.07.2002 (BGBl. I S. 2580) **erweitert**. War bis dahin lediglich der schlechthin taube bzw. stumme Angeklagte erfasst, bezieht sich die Bestimmung nach der Neufassung auch auf jeden sprach- oder hörbehinderten Angeklagten, also auch auf denjenigen mit einer bloßen Schwerhörigkeit oder einer Sprachbeeinträchtigung, mag diese auch nur vorübergehender Natur sein (LR/*Wickern* § 186 GVG Rn. 2; *Kissel/Mayer* § 186 Rn. 3). Ergänzend wird auf die Erläuterungen zu § 186 GVG verwiesen.

6   **C. Ermessen.** Anders als § 185 GVG formuliert § 259 **rechtsstaatliche Mindestanforderungen**, von denen nicht nach Ermessen abgewichen werden kann. Daher ist es auch bedenklich, in das Ermessen des Vorsitzenden zu stellen, ob die Anträge wörtlich übersetzt oder dem Angeklagten in einer Zusammenfassung ihres wesentlichen Inhalts vermittelt werden. Im Hinblick auf die gegen die Vorschrift nicht zu Unrecht erhobenen Bedenken (s.o. Rdn. 2) ist ein Ermessensspielraum allenfalls dahin eröffnet, über die Mindestanforderungen der Vorschrift hinauszugehen und weitere Teile der Schlussvorträge vom Dolmetscher wörtlich oder zumindest in einer gedrängten Zusammenfassung übersetzen zu lassen (LR/*Stuckenberg* § 259 Rn. 5; ähnlich OK-StPO/*Eschelbach* § 259 Rn. 4 f.).

7   **D. Revision.** Die **Nichtbeachtung der Mindestanforderungen** der Vorschrift kann die Revision begründen. Das ist etwa dann der Fall, wenn entgegen § 185 GVG kein Dolmetscher tätig gewesen ist, wenn dieser die Schlussanträge entgegen § 259 nicht übersetzt hat oder wenn der anwesende Dolmetscher völlig ungeeignet war. Insoweit wird auf die Erläuterungen zu § 185 GVG verwiesen. Da es sich bei der Übersetzung der Anträge gem. § 259 nicht um eine wesentliche Förmlichkeit i.S.d. § 273 handelt, gelten für den Nachweis eines Verfahrensverstoßes die Grundsätze des Freibeweises (*Meyer-Goßner/Schmitt* § 259 Rn. 2, 3).

§ 260 StPO   Urteil. (1) Die Hauptverhandlung schließt mit der auf die Beratung folgenden Verkündung des Urteils.
(2) Wird ein Berufsverbot angeordnet, so ist im Urteil der Beruf, der Berufszweig, das Gewerbe oder der Gewerbezweig, dessen Ausübung verboten wird, genau zu bezeichnen.
(3) Die Einstellung des Verfahrens ist im Urteil auszusprechen, wenn ein Verfahrenshindernis besteht.

(4) ¹Die Urteilsformel gibt die rechtliche Bezeichnung der Tat an, deren der Angeklagte schuldig gesprochen wird. ²Hat ein Straftatbestand eine gesetzliche Überschrift, so soll diese zur rechtlichen Bezeichnung der Tat verwendet werden. ³Wird eine Geldstrafe verhängt, so sind Zahl und Höhe der Tagessätze in die Urteilsformel aufzunehmen. ⁴Wird die Entscheidung über die Sicherungsverwahrung vorbehalten, die Strafe oder Maßregel der Besserung und Sicherung zur Bewährung ausgesetzt, der Angeklagte mit Strafvorbehalt verwarnt oder von Strafe abgesehen, so ist dies in der Urteilsformel zum Ausdruck zu bringen. ⁵Im Übrigen unterliegt die Fassung der Urteilsformel dem Ermessen des Gerichts.

(5) ¹Nach der Urteilsformel werden die angewendeten Vorschriften nach Paragraph, Absatz, Nummer, Buchstabe und mit der Bezeichnung des Gesetzes aufgeführt. ²Ist bei einer Verurteilung, durch die auf Freiheitsstrafe oder Gesamtfreiheitsstrafe von nicht mehr als zwei Jahren erkannt wird, die Tat oder der ihrer Bedeutung nach überwiegende Teil der Taten auf Grund einer Betäubungsmittelabhängigkeit begangen worden, so ist außerdem § 17 Abs. 2 des Bundeszentralregistergesetzes anzuführen.

Übersicht	Rdn.		Rdn.
A. Grundsätzliches und Regelungsgehalt	1	1. Allgemeines	9
B. Urteilsverkündung (Abs. 1)	2	2. Essentialia	10
I. Zeitpunkt	2	a) Tatbezeichnung (Abs. 4 Sätze 1, 2)	10
II. Inhalt	3	b) Geldstrafe (Abs. 4 Satz 3)	11
1. Urteilsformel	3	c) Vorbehalt und Aussetzung (Abs. 4 Satz 4)	13
2. Urteilsgründe	4		
III. Wirkungen der Verkündung	5	D. Vorschriftenliste (§ 17 Abs. 2 BZRG, Abs. 5)	14
C. Urteilsformel	6		
I. Allgemeines	6	I. Liste der angewendeten Vorschriften (Abs. 5 Satz 1)	14
II. Einstellung (Abs. 3)	7		
III. Freispruch	8	II. § 17 Abs. 2 BZRG (Abs. 5 Satz 2)	15
IV. Verurteilung	9	E. Revision	16

A. Grundsätzliches und Regelungsgehalt. Die Vorschrift enthält **zwei Regelungskomplexe**: Zum einen legt sie in Abs. 1 fest, dass die **Urteilsverkündung als Teil der Hauptverhandlung** deren Abschluss darstellt. Zum anderen enthält sie in den Abs. 2 bis 4 **Anforderungen an den Inhalt der Urteilsformel**; Abs. 5 befasst sich mit der Liste der angewendeten Vorschriften. Nicht geregelt wird in § 260 die Form der **mündlichen Urteilsverkündung**; insoweit gilt § 268. Wie die **Gründe des schriftlichen Urteils** abzufassen sind, regelt § 267. Ein Vergleich der Urteilsformel mit der Anklage bzw. dem Eröffnungsbeschluss beantwortet zwar grds. die Frage danach, ob das Urteil diese erschöpfend erledigt (vgl. *Meyer-Goßner/Schmitt* § 260 Rn. 9ff.; OK-StPO/*Eschelbach* § 260 Rn. 39). Insoweit richtet sich die Beurteilung der verfahrens- und sachlich-rechtlichen Einzelheiten aber in erster Linie nach § 264 (LR/*Stuckenberg* § 264 Rn. 37 ff.; KK-StPO/*Kuckein* § 264 Rn. 3). Ob der Urteilsspruch auf einer **rechtsfehlerfreien Beweiswürdigung** beruht, richtet sich nach § 261. § 260 Abs. 4 und 5 gelten regelmäßig auch im Verfahren gegen Jugendliche und Heranwachsende; § 54 JGG enthält zusätzliche Sonderregelungen (vgl. HK-JGG/*Schatz* § 54 Rn. 5 ff.). 1

B. Urteilsverkündung (Abs. 1) I. Zeitpunkt. Die – als **Akt der Verhandlungsleitung** regelmäßig vom Vorsitzenden vorzunehmende (KK-StPO/*Ott* § 260 Rn. 7) – Urteilsverkündung folgt der Beratung und Abstimmung unmittelbar (vgl. aber § 268 Abs. 3 Satz 2); es darf also kein anderer Verhandlungsteil dazwischen treten (BGH NStZ 1988, 470). Ein solches Dazwischentreten stellt u.a. jeder **Wiedereintritt in die Hauptverhandlung** dar, und zwar ohne Rücksicht darauf, ob neuer Prozessstoff angefallen ist oder nicht (KK-StPO/*Ott* § 260 Rn. 2). Insoweit wird auf die Erläuterungen zu § 258 Bezug genommen. Einzelheiten des Beratungsablaufs werden in den §§ 192 ff. GVG geregelt (vgl. die dortigen Erläuterungen; zu den Einzelheiten vgl. auch LR/*Wickern* § 193 GVG Rn. 3 ff.). Vom Vorsitzenden erteilte Rechtsmittelbelehrungen gehören ebenso wenig wie die Verkündung von Beschlüssen nach den §§ 268a, 268b noch zur Urteilsverkündung (BGHSt 25, 333 [336]; BGH NStZ 1984, 279; LR/*Stuckenberg* § 260 Rn. 24; *Radtke/Hohmann/Gorka* § 260 Rn. 25). 2

Franke

§ 260 StPO   Urteil

3   **II. Inhalt. 1. Urteilsformel.** Nach der **in § 268 Abs. 2 Satz 1, 3 zwingend festgelegten Reihenfolge** hat die Verlesung der Urteilsformel der Bekanntgabe des wesentlichen Inhalts der Gründe vorauszugehen. Die Verlesung setzt eine **vorherige schriftliche Fixierung** denknotwendig voraus (KK-StPO/*Kuckein* § 268 Rn. 3). Da ohne deren Verlesung kein Urteil im Rechtssinne vorliegt und demzufolge auch die Urteilswirkungen (s.u. Rdn. 5) nicht eintreten und die Formel den Umfang der Rechtskraft bestimmt, kommt ihr entscheidende Bedeutung zu. Sie ist wesentlicher Teil der Hauptverhandlung mit der Folge, dass die notwendigen Prozessbeteiligten anwesend sein müssen, da sonst ein absoluter Revisionsgrund (§ 338 Nr. 3) gegeben sein kann, sofern der Verfahrensmangel nicht bemerkt und durch erneute vollständige Verlesung **geheilt** wurde (BGHSt 10, 304 [305]; 15, 263 [264]; KK-StPO/*Ott* § 260 Rn. 8). **Mit Ausnahme offensichtlicher Fassungsversehen** kann die Urteilsformel nach Urteilsverkündung **nicht mehr geändert** werden (vgl. BGHSt 25, 333 [335 f.]; BGHR StPO § 260 Urteilstenor 4); kommt es während der Verkündung zu einer Korrektur wegen eines erst dann bemerkten Fehlers, hat die Verkündung insgesamt erneut zu erfolgen (KK-StPO/*Ott* § 268 Rn. 8).

4   **2. Urteilsgründe.** Die Mitteilung der Urteilsgründe hat sich i.R.d. mündlichen Urteilsverkündung gem. § 268 **auf deren wesentlichen Inhalt zu beschränken** (Einzelheiten bei § 268). Sie dient der vorläufigen Unterrichtung der Verfahrensbeteiligten über die Gründe, die das Gericht zu seiner Entscheidung bewogen haben (BGHSt 17, 263 [264]. Die anfechtungsberechtigen Verfahrensbeteiligten müssen in der Lage sein zu entscheiden, ob sie **Rechtsmittel einlegen** wollen. Im **Verfahren gegen Jugendliche** gilt die Ausnahmevorschrift des § 54 Abs. 2 JGG (vgl. HK-JGG/*Schatz* § 54 Rn. 5 ff.).

5   **III. Wirkungen der Verkündung.** An die Urteilsverkündung, die immer öffentlich stattfinden muss (§ 173 Abs. 1 GVG), knüpfen sich **unterschiedliche rechtliche Wirkungen**. Mit dem Beginn der Verlesung der Urteilsformel verlieren die Verfahrensbeteiligten das **Recht zur Stellung von Beweisanträgen** (LR/*Becker* § 246 Rn. 2). Sie können jedoch nicht daran gehindert werden, solche Anträge nach Beratung und (noch unmittelbar) vor Urteilsverkündung zu stellen; dann ist **der Wiedereintritt in die Hauptverhandlung** erforderlich (BGH StV 2007, 17; StV 1992, 218, beide unter Bezugnahme auf BGH NJW 1967, 2019; vgl. *Schlothauer/Weider*, Verteidigung im Revisionsverfahren, Rn. 1550). Das durch die (vollständige) Urteilsverkündung herbeigeführte Ende der Hauptverhandlung bewirkt gem. § 78b Abs. 3 StGB ohne Rücksicht auf den Inhalt der Urteilsformel (BGHSt 32, 209 [210]; 46, 159 [167]; BGH NStZ-RR 2001, 328; s. dazu BVerfG NJW 1995, 1145), dass der **Ablauf der Strafverfolgungsverjährung gehemmt** wird (SSW-StGB/*Rosenau* § 78b Rn. 10). Ist die mündliche Bekanntgabe der Gründe beendet, tritt außerdem eine **Bindung des Gerichts an seine eigene Entscheidung** ein (BGHSt 25, 333 [335 f.]; BGHR StPO § 260 Abs. 1 Urteilsverkündung 1 für den Fall nochmaliger Verkündung nach Wiedereintritt wegen Nichtgewährung des letzten Wortes). Ein Urteil im Rechtssinne liegt indes schon dann vor, wenn die Urteilsformel verkündet worden ist (RGSt 71, 377 [379]; BGHSt 8, 41 [42]).

6   **C. Urteilsformel. I. Allgemeines.** Da die StPO ein Teilurteil mit Ausnahme von § 406 Abs. 1 Satz 2 nicht kennt (OK-StPO/*Eschelbach* § 260 Rn. 12), der Verfahrensgegenstand im Urteil, so wie er sich aus der Anklage i.V.m. dem Eröffnungsbeschluss, Nachtragsanklagen, Teileinstellungen oder Beschränkungen ergibt, also vollständige »abgehandelt« werden muss, hat dies auch die Urteilsformel zum Ausdruck zu bringen. Sie allein erwächst in **Rechtskraft** und ist regelmäßig **Grundlage der Vollstreckung** (KK-StPO/*Ott* § 260 Rn. 8; OK-StPO/*Eschelbach* § 260 Rn. 13). Bei Widersprüchen zwischen der Urteilsformel und den Gründen ist eine nachträgliche Berichtigung daher auch nur zulässig, wenn das Versehen auf der Hand liegt und das wirklich Beschlossene ohne vernünftigen Zweifel aus der Urteilsurkunde hervorgeht (KK-StPO/*Ott* § 260 Rn. 13 m.w.N.; Einzelheiten bei § 267).

7   **II. Einstellung (Abs. 3)** Der Fall der Einstellung durch Urteil wegen eines Prozesshindernisses wird vom Gesetz gesondert erwähnt. Es handelt sich dann um ein **Prozessurteil** mit regelmäßig nur **formeller Rechtskraftwirkung** (OK-StPO/*Eschelbach* § 260 Rn. 15). Der Freispruch des Angeklagten aus tatsächlichen Gründen geht der Einstellung wegen eines Verfahrenshindernisses nach ständiger Rechtsprechung regelmäßig vor (BGHSt 13, 268 [273]; 20, 333 [335]; 44, 209 [218 f.]; Ausnahme bei Entscheidung über eine nicht angeklagte Tat; BGHSt 46, 130 [136]), weshalb das Einstellungsurteil in der Praxis nur untergeordnete Bedeutung hat. Es ist jedoch zu berücksichtigen, dass immer der schwerere

Tatvorwurf den Urteilsausspruch bestimmt (eingehend BGHSt 50, 16 [30]; vgl. auch BGH NJW 2013, 1174 [1175]). Da das Einstellungsurteil das Verfahren beendet (HK-StPO/*Julius* § 260 Rn. 20), können **vorläufige Einstellungen**, etwa gem. § 205, nur **durch Beschluss** nach Aussetzung der Hauptverhandlung erfolgen (BGH NStZ 1996, 242 [243]).

III. Freispruch. Der Freispruch kann **aus tatsächlichen oder aus Rechtsgründen** erfolgen. Dies wird in die Urteilsformel indes ebenso wenig aufgenommen wie der angeklagte Tatvorwurf (*Meyer-Goßner/ Schmitt* § 260 Rn. 17). Zusätze wie »mangels Beweises« o.ä. verstoßen gegen die Unschuldsvermutung (Art. 6 Abs. 2 EMRK) und sind schlechthin unzulässig (BGHSt 16, 374 [384]; KK-StPO/*Ott* § 260 Rn. 25). Die Tenorierung lautet für gewöhnlich »Der Angeklagte wird freigesprochen«, bei einem Teilfreispruch »Im Übrigen wird der Angeklagte freigesprochen«. Kein Raum für einen Teilfreispruch ist beim Wegfall eines tateinheitlichen Deliktes (BGHR StPO § 260 Abs. 1 Teilfreispruch 5) und dann, wenn ein in Tatmehrheit angeklagtes Delikt in einer Bewertungs- oder Handlungseinheit aufgeht (BGH NStZ 1997, 90 [91]; OK-StPO/*Eschelbach* § 260 Rn. 18). 8

IV. Verurteilung. 1. Allgemeines. Abs. 4 enthält Mindestanforderungen an die Abfassung der Urteilsformel in dem praktisch wichtigsten Fall der (teilweisen) Verurteilung des Angeklagten. Wenngleich sich im Laufe der Zeit für bestimmte Fallgruppen allgemeine Grundsätze herausgebildet haben, um dem Gebot der sprachlichen Klarheit des Tenors Rechnung zu tragen und ihn von allem Überflüssigen frei zu halten (vgl. BGHSt 27, 287 [289]), richtet sich dessen Abfassung nach den Umständen des Einzelfalles und steht grds. im Ermessen des Tatrichters (Abs. 4 Satz 5), sofern das Gesetz in Abs. 4 Satz 1 bis 4 (weitere Anforderungen in § 464 Abs. 1 und in § 200 StGB) nichts anderes bestimmt (Essentialia; s. Rdn. 10 ff.). Danach besteht die Urteilsformel zwingend aus der Bezeichnung der abgeurteilten Tat(en) und dem Rechtsfolgenausspruch unter Einschluss der Maßregeln und Nebenfolgen (OK-StPO/*Eschelbach* § 260 Rn. 21). 9

2. Essentialia. a) Tatbezeichnung (Abs. 4 Sätze 1, 2) Die rechtliche Bezeichnung der Tat ergibt sich regelmäßig aus der gesetzlichen Überschrift und muss von tatsächlichen Merkmalen i.S.e. historischen Begebenheit frei gehalten werden (*Meyer-Goßner/Schmitt* § 260 Rn. 22; KK-StPO/*Ott* § 260 Rn. 29; Einzelheiten bei *Meyer-Goßner/Schmitt* NStZ 1988, 529). Auch die Einstufung als Verbrechen oder Vergehen gehört nicht in die Urteilsformel (BGH NJW 1986, 1116). Bestandteil des Urteilsausspruchs ist aber die **Schuldform bei Fahrlässigkeit** (BGHR StPO § 260 Abs. 4 Satz 1 Urteilsformel 2), die **Teilnahmeform** ohne Kennzeichnung als Alleintäter oder mittelbarer Täter (BGH NStZ 1999, 205; BGH NStZ-RR 2002, 259; KK-StPO/*Ott* § 260 Rn. 30 m.w.N.) und der **Versuch** (HK-StPO/*Julius* § 260 Rn. 14). Bei der Verabredung eines Verbrechens ist das **jeweilige Verbrechen in die Urteilsformel aufzunehmen** (BGHR StPO § 260 Abs. 4 Satz 1 Tatbezeichnung 1 und 4). Zum Schuldspruch gehören ferner **Qualifikationen** (vgl. BGH NStZ-RR 2007, 173 [174]; BGH wistra 1986, 217) und **Privilegierungen**, nicht aber Strafzumessungsregeln oder unbenannte Strafschärfungs- oder -milderungsgründe; Entsprechendes gilt für minder schwere oder besonders schwere Fälle (BGH NStZ 1998, 27; BGHR StPO § 260 Abs. 4 Satz 1 Tatbezeichnung 2 und 3). Besonders bei der – regelmäßig notwendigen (BGHR StPO § 260 Abs. 4 Satz 1 Tatbezeichnung 8; BGH NJW 1986, 1116 [1117]) – **Aufnahme des Konkurrenzverhältnisses** in die Urteilsformel, ist auf deren Klarheit und Übersichtlichkeit zu achten (BGH NStZ 1996, 493 [494]). 10

b) Geldstrafe (Abs. 4 Satz 3) Der **gesamte Rechtsfolgenausspruch** ist für die Urteilsformel **konstitutiv** (OK-StPO/*Eschelbach* § 260 Rn. 25). Ausdrückliche Regelungen finden sich in Abs. 2 (für die Anordnung eines Berufsverbotes) sowie in Abs. 3 Satz 3 und 4 (für die Verhängung einer Geldstrafe, die Aussetzung von Maßregeln zur Bewährung, die Verwarnung mit Strafvorbehalt und das Absehen von Strafe. Allen Einzelregelungen ist das Ziel gemeinsam, eine Vollstreckung des Urteils möglichst auf der Grundlage eines vollständig und klar abgefassten Urteilstenors zu gewährleisten. In Fällen der vorbehaltenen Sicherungsverwahrung wird der Tenor regelmäßig wie folgt gefasst: »Die Anordnung der Sicherungsverwahrung bleibt vorbehalten« (*Meyer-Goßner/Schmitt* § 260 Rn. 30a). 11

Bestandteil der Urteilsformel, soweit sie den Rechtsfolgenausspruch betrifft, sind neben den oben genannten Elementen (Rdn. 11) die **Gesamtstrafe** (nach Jahren, Monaten und Wochen; § 39 StGB), die **Strafaussetzung zur Bewährung**, die Feststellung der **besonderen Schwere der Schuld**, der Ausspruch über den als vollstreckt geltenden Teil der Strafe i.R.d. **Vollstreckungslösung** (vgl. BGHSt 12

52, 124), die Bestimmung über den **Umrechnungsmaßstab** bei einem ausländischen Freiheitsentzug (§ 51 Abs. 4 Satz 2 StGB), der **Maßregelausspruch** hinsichtlich aller Maßregeln (BGHSt 34, 138), die **Entscheidung über Einziehung und Verfall** unter Einschluss der genauen Bezeichnung des jeweiligen Gegenstandes (BGH NStZ 1993, 95) sowie die **Entscheidung gem. § 111i** (BGHSt 55, 62, **auch zur Tenorierung**; dazu ausf. *Meyer-Goßner/Schmitt* § 111i Rn. 9 ff. m.w.N.). **Zwingend vorgesehene Anrechnungsentscheidungen** wie jene nach § 51 Abs. 1 Satz 1 werden in die Urteilsformel nicht aufgenommen (BGHSt 27, 287 [290]; KK-StPO/*Ott* § 260 Rn. 41; zur **Bekanntmachung einer Verurteilung** KK-StPO/*Ott* § 260 Rn. 44).

13 c) **Vorbehalt und Aussetzung (Abs. 4 Satz 4)** Entscheidungen nach den **§§ 56 ff.** StGB (Strafaussetzung zur Bewährung), nach **§ 67b StGB** (Aussetzung einer Maßregel der Besserung und Sicherung zur Bewährung) und nach **§ 70a StGB** (Aussetzung bei Berufsverbot) sowie die Verwarnung mit Strafvorbehalt (**§ 59 StGB**) und das Absehen von Strafe i.S.v. **§ 60 StGB** müssen ebenfalls in die Urteilsformel aufgenommen werden (zum Rechtsfolgenausspruch i.Ü. Rdn. 11 ff.).

14 **D. Vorschriftenliste (§ 17 Abs. 2 BZRG, Abs. 5)** I. **Liste der angewendeten Vorschriften (Abs. 5 Satz 1)** Die Liste der angewendeten Vorschriften gehört **nicht zur Urteilsformel**; sie soll diese gerade entlasten und muss deswegen auch nicht verkündet werden (BGH NStZ-RR 1997, 166). Die betreffenden Vorschriften sind möglichst genau zu bezeichnen, da die Liste als **Grundlage für die Eintragung der Verurteilung in das Bundeszentralregister** dient (OK-StPO/*Eschelbach* § 260 Rn. 29). Für jeden Angeklagten ist eine eigene Liste erforderlich; für alle Angeklagten zutreffende Vorschriften »vor die Klammer zu ziehen«, ist zulässig und kann der Übersichtlichkeit dienen. Mit den angewendeten Vorschriften sind – unter Einschluss des Allgemeinen Teils – gleichermaßen jene zum Schuld- wie auch jene zum (gesamten) Rechtsfolgenausspruch gemeint, es sei denn, sie beinhalten, wie etwa § 46 StGB, nur allgemeine Grundsätze (LR/*Stuckenberg* § 260 Rn. 131 ff.). Die Liste hat ihrer Funktion nach nahezu ausschließlich nur dann Bedeutung, **wenn der Angeklagte verurteilt** oder das **Verfahren eingestellt** wird, da bei einem Freispruch keine Vorschriften »angewendet« werden (LR/*Stuckenberg* § 260 Rn. 135; **Ausnahme:** Freispruch auf der Grundlage von § 20 StGB; vgl. KK-StPO/*Ott* § 260 Rn. 54). Die Vorschriften, aus denen sich Nebenentscheidungen wie die über Kosten und Auslagen ergeben, sind nicht in die Liste aufzunehmen (*Meyer-Goßner/Schmitt* § 260 Rn. 59). Eine **Berichtigung** der Liste ist auch **noch im Revisionsverfahren** möglich (LR/*Stuckenberg* § 260 Rn. 141).

15 II. **§ 17 Abs. 2 BZRG (Abs. 5 Satz 2)** Werden die abgeurteilten Taten ganz oder zumindest überwiegend **aufgrund einer Betäubungsmittelabhängigkeit begangen** und wird eine (Gesamt-)Freiheitsstrafe von nicht mehr als 2 Jahren verhängt, ist in die Liste der angewendeten Vorschriften § 17 Abs. 2 BZRG aufzunehmen.

16 **E. Revision.** Soweit § 260 die formalen Anforderungen an die Urteilsformel beschreibt und die Abfassung der Liste der angewendeten Vorschriften bestimmt, kann bei einem Verstoß das Urteil regelmäßig nicht auf dem Verfahrensfehler beruhen. Das gilt insb. für einen Verstoß gegen Abs. 5 Satz 1 (BGH NStZ-RR 1997, 166; KK-StPO/*Ott* § 260 Rn. 52). I.Ü. ist **wie folgt zu unterscheiden:**

17 Was dem **Beratungsgeheimnis** unterliegt, ist **nicht revisibel.** Der Gang der Beratung ist daher ebenso wenig auf Rechtsfehler überprüfbar wie das Procedere der Abstimmung im Spruchkörper (§§ 192 ff. GVG). Ebenso unterliegt die **Dauer der Beratung** nicht der Überprüfung durch das Revisionsgericht (BGHSt 37, 141 [143 f.]; BGH NStZ 2009, 105 [106]; *Kissel/Mayer* GVG § 194 Rn. 7). Ist die Beratung insgesamt unterblieben, und sei es auch nur in Form einer kurzen Verständigung der Mitglieder des Spruchkörpers, etwa nach Wiedereintritt und vorheriger ausführlicher Beratung (vgl. OK-StPO/*Eschelbach* § 260 Rn. 36), liegt hingegen ein revisibler Verfahrensverstoß i.S.d. § 337 vor, auf dem das Urteil regelmäßig auch beruhen wird (LR/*Wickern* § 193 GVG Rn. 26). Der Streit um die Frage, ob ein absoluter Revisionsgrund gegeben ist (so *Kissel/Mayer* GVG § 193 Rn. 33 m.w.N.), ist daher nur von akademischer Bedeutung.

18 **Mängel** der mündlichen Urteils**begründung** sind nicht revisibel (BGHSt 8, 41 [42]; 15, 263 [264 f.]), Mängel in der Verlesung des Tenors revisionsrechtlich kaum nachweisbar (§ 274; vgl. OK-StPO/*Eschelbach* § 260 Rn. 37). Auch hier gilt i.Ü., dass das Beruhen des Urteils auf dem Verstoß gegen Abs. 1 regelmäßig ausgeschlossen ist.

Erschöpft der Urteilsspruch die Anklage nicht, kann zwar ein **Verstoß gegen § 264** vorliegen. Eine Anfechtung durch den Angeklagten scheidet schon mangels Beschwer aus; in Betracht kommt ein Rechtsmittel des Nebenklägers bzw. der StA. 19

Der Angeklagte kann rügen, dass **statt einer Einstellung nach Abs. 3 ein Freispruch hätte erfolgen müssen** (BGH NJW 2007, 2310 [2311] m. Anm. *Wohlers* JR 2008, 127), in anderen Fällen der fehlerhaften Einstellung wird es regelmäßig an der Beschwer fehlen (HK-StPO/*Julius* § 260 Rn. 27; vgl. aber BGH StraFo 2011, 235 für die Rüge, es liege nicht nur ein behebbares, sondern auch ein endgültiges Verfahrenshindernis vor). In Fällen der Verbindung eines **Freispruchs** mit einer **Unterbringungsanordnung gem. § 63 StGB** kann die Revision auf Letztere beschränkt werden (HK-StPO/*Julius* § 260 Rn. 27). 20

§ 261 StPO Grundsatz der freien richterlichen Beweiswürdigung.

Über das Ergebnis der Beweisaufnahme entscheidet das Gericht nach seiner freien, aus dem Inbegriff der Verhandlung geschöpften Überzeugung.

Übersicht

	Rdn.			Rdn.
A. Allgemeines	1	d)	Grundsätze der Aussagebewertung (Glaubhaftigkeitsprüfung)	39
B. Ergebnis der Beweisaufnahme, Gericht	2	e)	Wiedererkennen	43
C. Inbegriff der Verhandlung	3	f)	Gesperrte Beweismittel	46
I. Bedeutung	3	g)	Zum Sachverständigenbeweis	47
II. Einzelheiten	4	h)	Zweifelssatz	51
1. Zum Gang der Hauptverhandlung	5	aa)	Grundsätze	51
2. Die Beweisaufnahme	8	bb)	Unmittelbar entscheidungserhebliche Tatsachen	52
3. Allgemeinbekanntes/Gerichtskundiges	9			
D. Freie Überzeugung	13	cc)	Prognosen	53
I. Bedeutung	13	dd)	Verfahrensrechtlich erhebliche Tatsachen	54
II. Maßstäbe und Grenzen	15			
1. Tragfähige Tatsachengrundlage	15	i)	Wahlfeststellung	55
2. Denkgesetze, wissenschaftliche und allgemeine Erfahrungssätze	19	j)	Wahrunterstellung von Beweisbehauptungen	56
3. Weitere Besonderheiten	22	4.	Beweisverbote	57
a) Erklärungen des Angeklagten	22	E.	Revision	64
b) Alibibeweis	30	I.	Grundsätze	64
c) Schweigen oder Teilschweigen eines Zeugen	37	II.	Ansätze für Revisionsrügen	66

A. Allgemeines. Die Vorschrift ist – trotz ihrer erfrischenden Kürze von nur einem Satz – eine der grundlegenden Normen für die Ausgestaltung des Strafprozesses. Sie begrenzt die Erkenntnisgrundlage für das Urteil auf den Inhalt der Hauptverhandlung, flankiert so auch das Unmittelbarkeits- und das Mündlichkeitsprinzip und erweist sich zudem als gesetzliche Ausgestaltung der Gewährung rechtlichen Gehörs. Sie erteilt gesetzlichen Beweisregeln weitgehend eine Absage und unterstreicht die Bedeutung der richterlichen Unabhängigkeit, in dem sie dem Richter für die Urteilsfindung aufgibt, sich auf das Ergebnis der Beweisaufnahme gestützt eine »freie Überzeugung« zu bilden. Diese muss allerdings in ihren Grundlagen und im Ergebnis rational nachvollziehbar sein und bestimmten Mindestanforderungen genügen, die die Rechtsprechung zur Beweiswürdigung und zur Überzeugungsfindung herausgebildet hat. 1

Die Kopplung der Überzeugungsbildung an den Inbegriff der Hauptverhandlung hat zwei kehrseitige Konsequenzen: Nur das, was zum Inbegriff gehört, ist verwertbar. Wird eine Erkenntnis für die Urteilsfindung herangezogen, die sich nicht auf die Hauptverhandlung zurückführen lässt, so ist dies verfahrensfehlerhaft und kann die Revision begründen (sog. Inbegriffsrüge, s.u. Rdn. 66).

B. Ergebnis der Beweisaufnahme, Gericht. Aufgabe des Gerichts ist die Urteilsfindung zu Schuld und Rechtsfolge. Das setzt die Entscheidung über das **Ergebnis der Beweisaufnahme** und 2

§ 261 StPO Grundsatz der freien richterlichen Beweiswürdigung

damit die Tatsachengrundlage für das Urteil voraus. Das Gericht hat den Sachverhalt auf der Grundlage der Würdigung einer etwaigen Einlassung des Angeklagten und der erhobenen Beweise festzustellen. Dieser festgestellte Sachverhalt ist der rechtlichen Würdigung zum Schuldspruch und zum Rechtsfolgenausspruch zugrunde zu legen. Das ist in den Urteilsgründen zu dokumentieren. Dabei sind die zum Zeitpunkt der Urteilsfällung wesentlichen beweiserheblichen Umstände zu erörtern (vgl. § 267; BGH NStZ 1992, 506; NStZ 1995, 27 [29]). Mit »Gericht« ist bei Kollegialgerichten der Spruchkörper als Ganzes in seiner nach der Gerichtsverfassung und der in concreto zugrunde zu legenden Geschäftsverteilungsregelung bestimmten Besetzung gemeint, aber auch jeder einzelne zur Mitwirkung berufene Richter selbst; gerade seine Rolle wird mit der zugestandenen »freien Überzeugungsbildung« gestärkt und damit die Garantie der richterlichen Unabhängigkeit flankiert (zu den Abstimmungsanforderungen im Spruchkörper vgl. § 263).

3   **C. Inbegriff der Verhandlung. I. Bedeutung.** Die Würdigung des Ergebnisses der Beweisaufnahme und die richterliche Überzeugungsbildung haben sich auf den »Inbegriff der Hauptverhandlung« zu stützen. Dies ist ein Oberbegriff, der noch nichts darüber aussagt, ob etwa – wie für die Schuld- und Rechtsfolgenfrage – die Regeln des Strengbeweises gelten oder die des Freibeweises (vgl. dazu *Sättele* bei § 244 Rdn. 12). Der Inbegriff der Hauptverhandlung erfasst grds. alles, was sich beginnend mit dem Aufruf der Sache bis zum Schluss der Verhandlung in der Verhandlung ereignet. Die Vorschrift begrenzt räumlich, zeitlich und – i.V.m. dem Mündlichkeitsprinzip – auch medial die Erkenntnisgrundlage für die Überzeugungsbildung. Sie entspricht damit dem System, auch ehrenamtlichen Richtern in den erst- oder zweitinstanzlichen Kollegialgerichten eine klar abgrenzbare, überschaubare Entscheidungsgrundlage zu vermitteln. Der »Inbegriff« reicht über die Beweisaufnahme im engeren Sinne und die Erhebung der Beweise deutlich hinaus (vgl. LR/*Sander* Rn. 15). Die Entscheidung über das Ergebnis der Beweisaufnahme, die mit deren Schließung endet (vgl. § 258 Abs. 1), erfolgt im Lichte all dessen, was sich während der gesamten Hauptverhandlung ergeben hat, insb. also auch unter Berücksichtigung der Schlussvorträge und des letzten Wortes des Angeklagten (BGHSt 11, 74 [75]). Die Regelung sichert in gewisser Weise vor überraschender Verwertung von nicht in die Verhandlung eingeführten Tatsachen. Die durch sie bedingte Konzentration des Verfahrensstoffes und alldessen, was für die Überzeugungsbildung bedeutsam werden kann, entspricht überdies dem Sinn des Grundsatzes der Öffentlichkeit der Hauptverhandlung. Die »schützende Öffentlichkeit« wird auch dadurch gewährleistet, dass der dem Urteil zugrunde gelegte Verfahrensstoff schon um des Verständnisses und der Nachvollziehbarkeit willen grds. unter den Augen der Verhandlungsöffentlichkeit erhoben wird.

4   **II. Einzelheiten.** Der Inbegriff der Verhandlung wird in der StPO durch mehrere Vorschriften näher ausgestaltet. Die Verhandlung ist in verschiedene Abschnitte gegliedert. Für die Beweisaufnahme gibt es Bestimmungen, die sich jeweils mit den Besonderheiten der unterschiedlichen Beweismittel befassen und auch gewisse Ausnahmen vom Mündlichkeitsprinzip zulassen (etwa durch das Selbstleseverfahren für Urkunden, § 249 Abs. 2). Schließlich gilt es, außerhalb der Verhandlung erworbenes Wissen, das eine Beweisaufnahme entbehrlich erscheinen lässt, in besonderen Fällen unter das Dach des Inbegriffs der Verhandlung zu führen. Solche Fragen stellen sich etwa bei privat erworbenem Wissen eines Richters, bei Wissen aus anderen Verfahren oder bei allgemeinkundigen bzw. offenkundigen Tatsachen.

5   **1. Zum Gang der Hauptverhandlung.** Der **Gang der Hauptverhandlung** ist in den §§ 243 ff. strukturiert. Sie erstreckt sich regelhaft auf den Aufruf der Sache, die Feststellung der Anwesenheit, die Vernehmung des Angeklagten zu seinen persönlichen Verhältnissen, die Verlesung der Anklage, ggf. Hinweise auf geführte Verständigungsgespräche bis zur Vernehmung des Angeklagten zur Sache. Dem folgt das Herzstück der Verhandlung, die Beweisaufnahme. Hinzu kommen etwaige Erklärungen Verfahrensbeteiligter zur Anklage und zu einzelnen Beweiserhebungen sowie gestellte Anträge, auch zum Verfahren. Nach Schluss der Beweisaufnahme folgen die Schlussvorträge und das letzte Wort des Angeklagten. Dieser so beschriebene Gang macht einschließlich aller näheren Einzelheiten den Inbegriff der Hauptverhandlung aus. Auch Erklärungen des Verteidigers können also grds. gewürdigt werden. Im Zuge der Beweisführung für und gegen den Angeklagten lassen sie sich aber nur dann verwerten, wenn der Verteidiger sie als dessen Einlassung mit dessen ausdrücklicher oder stillschweigender Billigung vorgetragen hat (BGH NStZ 2006, 408; LR/*Sander* Rn. 15 a.E.; s. a. Rdn. 23, 25; *Franke* bei § 243 Rdn. 20 ff.). Ebenso können Äußerungen des Nebenklägers oder anderer Aussagepersonen

in der Verhandlung berücksichtigt werden, auch wenn diese jenseits ihrer förmlichen Vernehmung erfolgt sind.

Besonderheiten ergeben sich bei der **Verbindung und Trennung** von Verfahren, die gegen mehr als einen Angeklagten geführt werden. Wird gegen mehrere Angeklagte in derselben Hauptverhandlung verhandelt, so ist zu beachten, dass bei der Urteilsfindung alles für und gegen jeden von ihnen verwendet werden darf. Werden die Verfahren getrennt oder wird nach Beginn einer Hauptverhandlung ein weiteres zu verhandelndes Verfahren hinzuverbunden, so ist dies verfahrensfehleranfällig. Berücksichtigt werden darf für die Überzeugungsbildung und Urteilsfindung hinsichtlich eines jeden Angeklagten nur das, was sich in der gerade auch gegen ihn (mit-)geführten Verhandlung ergeben hat. Anderenfalls würde ein Revisionsgrund geschaffen (»Inbegriffsrüge«). Sollen **nach § 154 eingestellte Tatvorwürfe** im Urteil berücksichtigt werden, für die grds. keine Dokumentationspflicht in den Urteilsgründen vorgesehen ist (§ 267), so kann sich die Notwendigkeit ergeben, hierauf bei der Beweiswürdigung doch näher einzugehen (und auch einen vorherigen Hinweis zu erteilen; BGH NStZ 2009, 228).

Zum Inbegriff gehören auch **non-verbale Reaktionen** der Teilnehmer der Hauptverhandlung, ebenso Besonderheiten im Erscheinungsbild (Statur oder Aussehen) von Personen sowie in deren Auftreten und Sprachverhalten (Nervositätsanzeichen, Sprechen eines Dialekts, Lispeln, usw.). Geht es um **Reaktionen im Zuschauerraum**, die der Richter beobachtet, kann es eines Hinweises und einer Erklärung bedürfen, schon um das rechtliche Gehör zu gewährleisten. § 261 ermöglicht also nicht nur die Würdigung der in der Beweisaufnahme förmlich erhobenen Beweise, sondern lässt grds. die Berücksichtigung sämtlicher sonstiger Erkenntnisquellen aus der Hauptverhandlung zu, wobei indessen die weiteren prozessualen Rechte zu wahren sind, namentlich das rechtliche Gehör einen ausdrücklichen vorherigen Hinweis erfordern kann (vgl. LR/*Sander* Rn. 15).

2. Die Beweisaufnahme. Die Beweisaufnahme folgt den besonderen Regeln zu den verschiedenen Beweismitteln. Die Einlassung des Angeklagten, ggf. auch i.V.m. einer vom Verteidiger vorgetragenen Erklärung (vgl. dazu Rdn. 23, 25; *Franke* bei § 243 Rdn. 20 ff.) gehört dazu ebenso wie beim Urkundenbeweis das Selbstleseverfahren, beim Zeugenbeweis die per Bild-Ton-Übertragung vermittelte Zeugenvernehmung (audiovisuelle Vernehmung), beim Sachverständigenbeweis die Erhebung der Befund- und Zusatztatsachen (etwa im Wege der ergänzenden Zeugenvernehmung des Sachverständigen) sowie erforderlichenfalls auch die Darlegung und Erläuterung der vom Sachverständigen angewendeten wissenschaftlichen Methoden, wobei neue, gar noch umstrittene Methoden zu erläutern sind, gängige, allgemein anerkannte nur knapp kenntlich gemacht werden müssen (vgl. dazu unten Rdn. 47 f.). Auch Erklärungen zu einzelnen Beweiserhebungen (§ 257 Abs. 2) gehören hierher. Werden informatorisch bestimmte Dinge bekannt gegeben, etwa der Inhalt einer früheren Vernehmung, um die Notwendigkeit einer weiteren Beweiserhebung zu erörtern und zu klären, kann dies allerdings die Beweiserhebung im Strengbeweisverfahren nicht ersetzen (BGHR StPO § 261 Inbegriff der Verhandlung 33).

3. Allgemeinbekanntes/Gerichtskundiges. Was offenkundig ist, bedarf keines Beweises (§ 244 Abs. 3 Satz 2). Dazu zählen zunächst **allgemeinkundige Tatsachen** und auch **allgemeine, wissenschaftlich gesicherte Erfahrungssätze.** Das sind solche, von denen verständige und erfahrene Menschen regelmäßig ohne Weiteres Kenntnis haben oder von denen sie sich durch Benutzung allgemein zugänglicher, zuverlässiger Quellen ohne besondere Fachkunde unschwer überzeugen können (BVerfGE 10, 177 [183]; BGHSt 6, 292 ff.; 26, 56 [59]). Die Allgemeinkundigkeit kann durch allgemein zugängliche Zeitungsberichterstattung, allgemein anerkannte Nachschlagewerke, bei geographischen Verhältnissen durch einen seriösen Atlas belegbar sein. In Betracht kommen in dieser Kategorie auch geschichtlich erwiesene Tatsachen wie etwa der Holocaust an der jüdischen Bevölkerung während der NS-Herrschaft (BGHSt 40, 97 [99] m.w.N.). Unbestreitbare Selbstverständlichkeiten bedürfen auch keiner ausdrücklichen Einführung in die Verhandlung (die Farben der Bundesflagge, der Himmel ist bei Sonnenschein blau, 10 mal 10 ist 100, die Quadratwurzel aus 81 ist = 9; Wasser gefriert bei weniger als Null Grad Celsius); bei anderen allgemeinkundigen Tatsachen bedarf es – ohne Beweiserhebung – schon zur Gewährleistung des rechtlichen Gehörs der Einführung in die mündliche Verhandlung, etwa durch Erklärung des Vorsitzenden. Bei komplexeren Vorgängen kommt auch eine begleitende schriftliche Dokumentation zu Protokoll in Betracht, etwa ein Hinweisbeschluss, demzufolge das Gericht hinsichtlich eines bestimmten Rahmengeschehens von einem näher beschriebenen, als allgemeinkundig geltenden Sachverhalt ausgehe. Beispielhaft kann so etwas in Betracht kommen, wenn bei einer Straftat wegen eines Organisationsdelikts die dafür aufscheinenden Beweggründe auch in politischen oder ethnischen Auseinandersetzungen in einem anderen Land wurzeln.

10 Als weiterer Fall offenkundiger Tatsachen gelten sog. **gerichtskundige Umstände**, von denen die zur Entscheidung berufenen Richter durch ihre richterliche Tätigkeit v.a. aus anderen Verfahren Kenntnis erlangt haben. Darunter können ebenfalls Erfahrungssätze fallen, sofern sie in der besonderen Sachkunde des Gerichts feststehen (BGHSt 26, 56 [59]). Solche Tatsachen – allgemeinkundige wie gerichtskundige – können jedoch regelmäßig nicht unmittelbar für das Vorliegen oder Nichtvorliegen von Merkmalen des äußeren oder inneren Tatbestandes herangezogen werden (BGHSt 45, 354 [359]; 47, 270 [274]; BGH StV 2006, 118 [119]; *Meyer-Goßner/Schmitt* § 244 Rn. 52). Auch ein »privater Augenschein« des Gerichts während laufender Hauptverhandlung vermag die Gerichtskundigkeit der dadurch erlangten Erkenntnisse selbst dann nicht zu begründen, wenn die Verfahrensbeteiligten in der Verhandlung hiervon unterrichtet werden (BGH NStZ 2013, 357). In der Praxis dienen allgemein- oder gerichtskundige Tatsachen der vereinfachten Feststellung von Hintergrund- oder Rahmengeschehen (BGHSt 6, 292 [295]).

11 Die Allgemeinkundigkeit kann auch eine beschränkte sein, d.h. sie kann sich auch nur auf bestimmte Ortschaften oder einen begrenzten Personenkreis beschränken (BGHSt 6, 292 [293]). Da neue Erkenntnisse oder Erfahrungen anfallen können, kann auch eine Situation entstehen, die eine abweichende Beurteilung rechtfertigt: Sind entsprechende Gesichtspunkte erkennbar, vorgetragen oder unter Beweis gestellt, kann eine förmliche Beweiserhebung geboten sein (BGHSt 6, 292 [295]). Das folgt bereits aus der Aufklärungspflicht (§ 244 Abs. 2).

12 Sonstige außerhalb der Hauptverhandlung erworbene Kenntnisse der Richter, etwa sonstiges dienstliches oder privat erworbenes Wissen, der Inhalt der Akten, außerhalb der Verhandlung gegebene Antworten anderer Verfahrensbeteiligter auf bestimmte Fragen, entspringen nicht dem Inbegriff der Hauptverhandlung. Sie können allenfalls zum Gegenstand eines Vorhalts des Richters oder eines sonst Frageberechtigten gemacht werden. Verwertbar ist dann aber lediglich die von der Aussageperson gegebene Antwort auf den Vorhalt. Die Erörterung gerichtskundiger Tatsachen in der Hauptverhandlung gehört nicht zu den wesentlichen, protokollierungsbedürftigen Förmlichkeiten (BGHSt 36, 354 [359]).

13 **D. Freie Überzeugung. I. Bedeutung.** Der Richter ist grds. nicht an Beweisregeln gebunden. Das Gesetz enthält keine Vorgabe hinsichtlich des Wertes eines Beweismittels oder eines Beweismaßes, regelt also nicht, unter welchen Voraussetzungen ein Beweis als geführt erachtet werden darf (BGH NJW 1982, 2882 f.; KK/*Ott* Rn. 28; *S. Maier* NStZ 2005, 246 [250] Fn. 62). Indessen hat die höchstrichterliche Rechtsprechung Grundsätze für die Beweiswürdigung aufgestellt. Die Beweiswürdigung, die in den Urteilsgründen zu dokumentieren ist, ist damit in Grenzen durchaus überprüfbar. Auch absolute oder relative Beweisverbote können die Überzeugungsbildung einschränken (dazu unten Rn. 55 bis 61).

14 Die Beweiswürdigung und die Feststellung des Sachverhalts ist grds. ureigene Aufgabe des Tatrichters. Daraus, v.a. aber aus der Erkenntnis, dass eine Verhandlung schwerlich in jeder Hinsicht rekonstruiert werden kann, ergibt sich, dass die Beweiswürdigung nur in Grenzen rechtlicher Nachprüfung zugänglich ist. Die Überzeugungsbildung als komplexer Vorgang muss jedoch durch einen objektivierbaren rationalen Erkenntnisvorgang unterlegt sein (LR/*Sander* Rn. 7). Dessen Ergebnis erfordert keine gleichsam mathematische, jede theoretische Möglichkeit des Gegenteils ausschließende objektive Gewissheit (vgl. BGH NJW 1951, 325; NJW 1957, 1643; NJW 1967, 360; NStZ 1983, 277 [278]; NStZ-RR 1988, 102 und 275; LR/*Sander* Rn. 8). Voraussetzung für die Überzeugung des Tatrichters von einem bestimmten Sachverhalt ist also nicht eine absolute, das Gegenteil oder andere Möglichkeiten denknotwendig ausschließende Gewissheit. Vielmehr genügt ein nach der Lebenserfahrung ausreichendes Maß an Sicherheit, das vernünftige Zweifel nicht aufkommen lässt. Der Tatrichter ist also nicht gehindert, an sich mögliche, wenn auch nicht zwingende Folgerungen aus bestimmten Tatsachen zu ziehen, wenn diese tragfähig sind (st. BGH-Rspr., vgl. BGHR StPO § 261 Beweiswürdigung 22, 25; BGH NStZ-RR 2004, 238 f.; NStZ 2012, 110 [111]). Grenzen der Überzeugungsbildung ergeben sich daraus, dass der Richter seine Befugnis nicht willkürlich ausüben darf und dass er die Beweise erschöpfend würdigen muss. Er muss ferner gesicherte wissenschaftliche Erkenntnisse, die Gesetze der Logik und Erfahrungssätze des täglichen Lebens beachten. Dies kann dazu führen, dass der Tatrichter als gesichert geltende Erkenntnisse als richtig hinnehmen muss, weil ihnen eine unbedingte, jeden Ge-

genbeweis mit anderen Mitteln ausschließende Beweiskraft zukommt. Wo eine Tatsache aufgrund wissenschaftlicher Erkenntnisse feststeht, ist für eine richterliche Würdigung und Überzeugungsbildung kein Raum mehr (BGHSt 10, 208 [211]; 17, 382 [385]; 29, 18 [20 f.]).

II. Maßstäbe und Grenzen. 1. Tragfähige Tatsachengrundlage. Die festzustellenden Tatsachen und die Beweiswürdigung, also letztlich die richterliche Überzeugungsbildung, bedürfen einer hinreichend tragfähigen Tatsachengrundlage. Es bedarf eines nach der Lebenserfahrung ausreichenden Maßes an Sicherheit, demgegenüber vernünftige Zweifel nicht mehr laut werden können. Deshalb haben solche Zweifel außer Betracht zu bleiben, die realer Anknüpfungspunkte entbehren und sich lediglich auf die Annahme einer bloß gedanklichen, abstrakt-theoretischen Möglichkeit gründen (BGH bei *Pfeiffer* NStZ 1985, 13, [15]). Erforderlich ist die Erlangung der persönlichen Gewissheit, nicht der Ausschluss jeglicher objektiv möglicher Zweifel (BGH NStZ-RR 2004, 238, [240]). Kurzum: Die Würdigung muss auf einer **tragfähigen, verstandesmäßig einsehbaren Tatsachengrundlage** beruhen. Vom Gericht gezogene Schlussfolgerungen dürfen sich nicht etwa nur als Annahme oder als bloße Vermutung erweisen, die letztlich nicht mehr als einen Verdacht zu begründen vermag (BGH StV 2000, 67 [68]; NStZ-RR 2012, 381, 382). Andererseits dürfen an das Zustandekommen der richterlichen Überzeugung keine überspannten Anforderungen gestellt werden (BGHSt 51, 324 [325]). 15

Schließlich hat die der Verurteilung zugrunde liegende Beweiswürdigung lückenlos zu sein. Der Richter muss sich also bei der Begründung seines Urteils und seiner Überzeugung mit allen wesentlichen Gesichtspunkten auseinandersetzen, die geeignet sind, das Beweisergebnis zu beeinflussen (BGHSt 25, 365 [367]). Seine Würdigung muss alle sich als beweisbedeutsam aufdrängenden Umstände und Tatsachen erfassen. Bleibt ein Beweismittel in den Urteilsgründen unerwähnt, so ist eine Beweiswürdigung nur dann lückenhaft, wenn es nach Lage des Einzelfalls die Möglichkeit eines anderen Tathergangs nahe legt (BGH NStZ 2012, 49). Das Erfordernis einer **erschöpfenden Beweiswürdigung** korrespondiert auch mit der richterlichen Aufklärungspflicht (§ 244 Abs. 2). Zu den aus der Verfassung folgenden Mindestanforderungen an die Widerlegung der Unschuldsvermutung vgl. BVerfGK 1, 145 [151 f.]; BVerfG [Kammer] NJW 2008, 3346. 16

Beim **Indizien- oder Anzeichenbeweis** müssen die Tatsachen, von denen ausgegangen wird, als solche zweifelsfrei feststehen (BGHSt 36, 286 [290]). Bei mehreren Beweisanzeichen sind diese im Blick auf die zu beweisende entscheidungserhebliche Tatsache in eine Gesamtwürdigung einzubeziehen. Die Schlüsse, die der Richter zieht, müssen denkgesetzlich möglich sein, zwingend müssen sie nicht sein (BGHR StPO § 261 Überzeugungsbildung 26; BGH StV 1998, 116; NStZ 2012, 110 [111]). Je schwächer die Indizien, desto eher ist verpflichtend zu erwägen, ob sie auch noch andere Deutungsmöglichkeiten zulassen. 17

Bei der Feststellung des **Schuldumfangs bei Serienstraftaten**, namentlich der Zahl der Einzelakte strafbaren Verhaltens, ist grds. auch eine **Schätzung** statthaft. Dabei ist der Zweifelssatz (s.u. Rdn. 12 f.) zu beachten, d.h. der Richter darf die Mindestzahl der Einzelakte feststellen, von deren Verwirklichung er überzeugt ist (BGHR StGB vor § 1/Serienstraftaten Betrug 1, Steuerhinterziehung 2). Ein solches Verfahren ist zulässig, wenn sich Feststellungen auf andere Weise nicht treffen lassen (BGH NStZ-RR 2007, 343). Ähnliches gilt für die Feststellung von **Schadenshöhen** oder **Erlösen** aus der Tat. Hier sind die Schätzungsgrundlagen aufgrund einer Wahrscheinlichkeitsbetrachtung zu ermitteln. Der Zweifelssatz gebietet es nicht, hinsichtlich der Schätzungsgrundlage jeweils die für den Betroffenen günstigste Variante zu unterstellen. Berechnungsunsicherheiten müssen jedoch durch einen Sicherheitsabschlag berücksichtigt werden. Dieser muss umso höher ausfallen, je mehr die einzelnen Berechnungsgrundlagen in ihrer Gesamtschau mit Unsicherheiten behaftet sind (vgl. BGHSt 52, 1 [10] = NJW 2007, 3792 [3795]; zur Schätzung der Nettolohnquote bei Schwarzarbeit BGH NStZ 2010, 635). 18

2. Denkgesetze, wissenschaftliche und allgemeine Erfahrungssätze. Das Erfordernis einer rationalen, tragfähigen Tatsachengrundlage für die Überzeugungsbildung bringt es mit sich, das die Denkgesetze und die Regeln der Logik zu beachten sind. Es bedarf einer klaren, folgerichtigen und von Lücken wie Widersprüchen freien Beweisführung (BGHR StPO § 261 Beweiswürdigung, widersprüchliche 3; BGH StV 1994, 360; 1995, 341 [342]). Das betrifft etwa auch Rechenfehler, Begriffsverwechslungen und sog. Zirkelschlüsse, also den Beweis einer Behauptung durch sie selbst (BGHR StPO § 261 Beweiswürdigung 32 = StV 2005, 487 f.). Hierher gehören weiter Schlussfolgerungen, 19 die als einzig möglich und zwingend dargestellt werden, obgleich nicht fernliegende Alternativen bestehen, die verkannt werden (vgl. KK/*Ott* Rn. 46).

20 Zu beachten sind weiter **gesicherte wissenschaftliche Erkenntnisse**. Hierüber darf sich der Richter bei Überzeugungsbildung und Beweiswürdigung nicht hinwegsetzen (BGHR § 261 Erfahrungssätze 1 bis 5). Voraussetzung ist allerdings, dass die wissenschaftliche Erkenntnis unangefochten und gesichert ist, sodass ihr eine unbedingte, jeden Gegenbeweis mit anderen Beweismitteln ausschließende Beweiskraft zukommt (BGHSt 29, 18 [21]). Das gilt heute etwa für Methoden zur Blutalkoholwertbestimmung, zur Blutgruppenbestimmung und zum Vaterschaftsnachweis sowie zur Fahrgeschwindigkeitsbestimmung (Radar- und Laserpistolenmessungen; s. a. unten Rdn. 47 f.). An solche gesicherten wissenschaftlichen Erkenntnisse hat sich die Überzeugungsbildung zu halten, auch wenn sie nicht eigenständig in vollem Umfang nachgeprüft werden können. Sind allerdings in der wissenschaftlichen Methodik nur Wahrscheinlichkeitsaussagen möglich, muss dem Umstand Rechnung getragen werden, dass solcherart wissenschaftlich begründete Aussagen nicht als gesichert gelten. Solche Wahrscheinlichkeitsaussagen müssen dann in den Gesamtkontext der Beweiswürdigung einbezogen werden. Kann eine Feststellung allein mithilfe naturwissenschaftlicher Methoden getroffen werden, darf sich der Tatrichter nicht von wissenschaftlichen Standards lösen (BGHSt 41, 206 [214 f.]).

21 Hiervon zu unterscheiden sind **allgemeine Erfahrungssätze**, die sich auf die Beobachtung vergleichbarer oder ähnlicher Fallgestaltungen und deren Verallgemeinerung stützen. Im weitesten Sinne geht es hier um die Lebenserfahrung (sog. »Erfahrungssatz des täglichen Lebens« oder »Erfahrungssatz mit Wahrscheinlichkeitsaussage«, vgl. etwa BGHR StPO § 261 Erfahrungssatz 2). Zu beachten ist, dass solche allgemeinen Erfahrungssätze regelmäßig nicht zwingend sind; sie dürfen daher auch bei der Überzeugungsbildung nicht als zwingend behandelt werden. Das Maß ihrer Allgemeingültigkeit ist oft beschränkt und mitunter zweifelhaft. In der Praxis wird man von einem Stufenverhältnis auszugehen haben, angefangen von dem mit Gewissheit geltenden Erfahrungssatz über den mit Ausnahmen geltenden, bis hin zur immer weniger sicheren Erfahrung (vgl. dazu *Schweling* ZStW 83 [1971] 447 ff.; LR/*Sander* Rn. 46 ff.). Da es um Wahrscheinlichkeitsaussagen geht, ist Vorsicht am Platze; dies sollte stets bedacht und in der Beweiswürdigung verdeutlicht werden.

22 **3. Weitere Besonderheiten. a) Erklärungen des Angeklagten.** Lässt sich der Angeklagte zur Sache ein, sind seine Angaben – ähnlich einer Zeugenaussage, aber eben auch im Blick auf sein Verteidigungsinteresse – einer Bewertung zu unterziehen. Sie sind an den erhobenen Beweisen zu messen. Ihre Entstehung und Entwicklung ist zu bewerten; ebenso wie Zeugenaussagen sind sie auf sogen. Realkennzeichen hin zu untersuchen (vgl. unten Rdn. 41). Sagt der Angeklagte nachweisbar die Unwahrheit, so ist das *nicht ohne Weiteres* zu seinen Lasten zu werten, vielmehr im Gesamtzusammenhang zu würdigen. Dabei ist zu bedenken, dass er auch deshalb Zuflucht zur Lüge nehmen kann, weil er meint, dadurch – auch als Unschuldiger – seine Verteidigungsaussichten verbessern zu können. Der Satz »Wer einmal lügt, dem glaubt man nicht!« gilt im Strafprozess nicht. Entlastende Angaben eines Angeklagten, für die ansonsten keine zureichenden Anhaltspunkte bestehen und deren Wahrheitsgehalt fraglich ist, darf der Tatrichter nicht ohne Weiteres seiner Entscheidung nur deshalb zugrunde legen, weil es für das Gegenteil keine unmittelbaren Beweise gibt. Die Zurückweisung einer Einlassung erfordert auch nicht, dass sich ihr Gegenteil positiv feststellen lässt. Vielmehr muss sich der Tatrichter aufgrund einer Gesamtwürdigung des Ergebnisses der Beweisaufnahme seine Überzeugung von der Richtigkeit oder Unrichtigkeit der Einlassung bilden. Das gilt umso mehr, wenn objektive Beweisanzeichen mit Gewicht gegen die Richtigkeit der Einlassung sprechen (BGHR StPO § 261 Einlassung 6; BGHSt 51, 324, 325; 53, 145, 163; BGH NStZ-RR 2014, 152 f.; 2014, 344, 345). Auch bei einem Geständnis ist stets zu untersuchen, ob es den Aufklärungsbedarf für die erforderlichen Feststellungen zur Tat erfüllt, ob es in sich stimmig ist und auch im Hinblick auf sonstige Erkenntnisse keinen Glaubhaftigkeitsbedenken unterliegt (BGH NStZ 2014, 53; 2014, 170 = StV 2014, 723 m. Anm. *Jahn* NStZ 2014, 170).

23 Als sog. Einlassungssurrogate kommen auch **Erklärungen des Verteidigers** in Betracht. Sollen diese als Äußerung des Angeklagten zur Sache gewertet werden, bedarf es der zweifelsfreien Bestätigung durch den Angeklagten (BGHSt 39, 305 [306]; BGH NStZ 2002, 556; NStZ 2006, 408). Diese soll auch konkludent erfolgen können. Möglich ist schließlich auch die Berücksichtigung äußerer Eindrücke vom Angeklagten während der Hauptverhandlung bis hin zu seiner Äußerung im letzten Wort. Beweisbehauptungen, die in einem vom Verteidiger gestellten Beweisantrag enthalten sind, dürfen nicht in

eine Einlassung des Angeklagten umgedeutet werden, sofern sich dieser dazu nicht erklärt (BGH StraFo 2014, 513).

Bei einer **schriftlichen Einlassung** hat der Angeklagte grds. keinen Anspruch darauf, dass das Gericht diese in der Hauptverhandlung verliest (BGH NJW 1994, 2904 [2906]; NStZ 2000, 439; NStZ 2004, 163 [164]; StV 2007, 622; BGHSt 52, 175 [177]). Ein in schriftlicher Form abgelegtes Geständnis ist indessen durch Verlesung im formellen Urkundsbeweis einzuführen, wenn es als Grundlage des Urteils herangezogen werden soll (vgl. zu diesem schwierigen Feld: BGHSt 52, 175 [178 f.] = NStZ 2008, 527 [527 f.]). 24

Ein vom Verteidiger **vorformuliertes Geständnis**, das der Angeklagte nur summarisch bestätigt, oder eine vom Angeklagten lediglich pauschal übernommene Erklärung (sog. Formalgeständnis) bedarf generell besonders kritischer Betrachtung hinsichtlich der Substanz, der Übereinstimmung mit dem Beweisergebnis sowie dahin gehend, ob sie wirklich als von dem Angeklagten stammend, also von ihm akzeptiert angesehen werden kann (BGHSt 52, 78 [82]; 59, 21; vgl. zu der Variante »das Tatgeschehen wird eingeräumt« BGH NStZ-RR 2007, 245 f.). Die bloße Erklärung, der Anklage werde nicht entgegengetreten, kann nicht als Geständnis gewertet werden (BGH NStZ 2006, 408). Zur prozessualen Verwertbarkeit verschiedener Formen der Beschuldigteneinlassung s. a. *Park* StV 2001, 589. 25

Ein **Geständnis** oder eine sonstige Sachdarstellung eines Angeklagten einschließlich etwaiger Belastungen von Mitangeklagten kann nach der deutschen Strafprozessordnung durch einen **Widerruf** nicht beseitigt werden, sondern der Beweiswürdigung in vollem Umfang zugrunde gelegt werden. Allerdings ist es unter Einbeziehung der Umstände und Gründe eines Widerrufs auf seine Richtigkeit hin zu überprüfen, also unter Berücksichtigung der Entstehungsgeschichte von Geständnis und Widerruf umfassend zu bewerten und anhand der sonstigen erhobenen Beweise erschöpfend zu würdigen (BGHR StPO § 261 Aussageverhalten 23, Rn. 15). Gleiches gilt auch für **wechselndes Einlassungsverhalten**. Für ein im Rahmen einer **verfahrensbeendenden Absprache** abgelegtes Geständnis gilt: Schon wegen der Gesetzesbindung des Richters (Art. 20 Abs. 3 GG) ist es unzulässig, dem Urteil einen Sachverhalt zugrunde zu legen, der nicht auf einer Überzeugungsbildung unter Ausschöpfung des Beweismaterials beruht. Es ist deshalb stets zu untersuchen, ob das abgelegte Geständnis mit dem Ermittlungsergebnis vereinbar ist, ob es in sich stimmig ist und ob es die getroffenen Feststellungen trägt (vgl. BGHSt 50, 40 [49]; BGH NStZ 2009, 467; StV 2013, 197; zur beanstandeten belastenden Verwertung einer Einlassung zur Vorsatzfrage, die hinsichtlich einer behaupteten Notwehrlage als widerlegt erachtet wurde vgl. BGH StV 2013, 198). Liegt dem Geständnis eine Verständigung zugrunde, bedarf es zu dessen Würdigung und ihrer Nachprüfung auch der Mitteilung von Einzelheiten zum Inhalt der Absprache (BGH NStZ-RR 2013, 52, 53). Bei einem »**Geständnis zu Lasten Dritter**«, das im Rahmen einer verfahrensbeendenden Absprache abgegeben worden ist, setzt dessen Verwertung zulasten anderer Angeklagter voraus, dass die Glaubhaftigkeit der Einlassung unter Einbeziehung ihres Zustandekommens und des Inhalts der Absprache in einer für das Revisionsgericht nachprüfbaren Weise – und damit vollständig – gewürdigt wird (BGHSt 48, 161 [167 f.]; 52, 78; 58, 184, 189 f.; BGH NStZ-RR 2007, 245 f.; NStZ 2014, 287 = StV 2014, 392; NJW 2014, 2132 f. = StV 2014, 676). Hat sich ein Angeklagter auf der Grundlage einer Absprache geständig eingelassen, so sind an die Überprüfung dieser Einlassung und deren Darlegung im Urteil regelmäßig keine strengeren Anforderungen zu stellen als bei einem in herkömmlicher Verfahrensweise abgegebenen Geständnis. Es gibt keine forensische Erfahrung dahin, dass bei einem Geständnis im Rahmen einer Verständigung regelmäßig mit einer wahrheitswidrigen Selbst- oder Fremdbelastung zu rechnen ist (BGH NJW 2014, 2132 [2133]). Dennoch muss die Glaubhaftigkeit eines Geständnisses, das Gegenstand einer verfahrensbeendenden Absprache war und Grundlage der Verurteilung eines Mitangeklagten sein soll, in nachprüfbarer Weise und unter Berücksichtigung seiner Entstehungs- und Entwicklungsgeschichte »kritisch gewürdigt werden; denn es besteht die Gefahr, dass der Geständige sich davon für die eigene Verteidigung Vorteile verspricht (potentielles Falschbelastungsmotiv; BGHSt 58, 184 [189 f.]). Zur Nichtverwertbarkeit eines **Geständnisses bei gescheiterter Verständigung** s. § 257c Abs. 4 Satz 3. Grundlegend zur Behandlung eines Geständnisses bei einer Verständigung: BVerfG NJW 2013, 1058, 1069, 1071 – »Deal«. 26

Der Angeklagte hat das **Schweigerecht**. Im Strafverfahren muss niemand gegen sich selbst aussagen. Dies ist Ausdruck der Menschenwürde, des Persönlichkeitsrechts des Schweigeberechtigten und eines fairen Verfahrens. Dem trägt die Strafprozessordnung dadurch Rechnung, dass sie ein umfassendes Schweigerecht des Beschuldigten *voraussetzt* (vgl. § 136 Abs. 1 Satz 2, § 163a Abs. 3 Satz 2, Abs. 4 27

Satz 2, § 243 Abs. 5). Macht der Beschuldigte von diesem Schweigerecht Gebrauch, darf dies nicht zu seinem Nachteil verwertet werden. Das gilt auch dann, wenn der Beschuldigte in einer früheren Vernehmung geschwiegen und sich erst in späterer Situation zur Sache eingelassen hat. In diesen Fällen darf aus dem anfänglichen Schweigen kein Schluss zum Nachteil des Beschuldigten gezogen werden (BGHSt 38, 302 [305] m.w. Rsprnachweisen; s. a. BGHSt 20, 281 [282 f.]). Eine andere Betrachtung würde das Schweigerecht in nicht vertretbarer Weise beschränken. Schweigt der Angeklagte, kann auch aus einem von ihm oder seinem Verteidiger gestellten Beweisantrag nicht der Schluss auf eine der Würdigung zugängliche Teileinlassung gezogen werden (BGH NStZ 1990, 447 f.). Andererseits müssen bei einem Schweigen des Angeklagten nicht etwa alle theoretisch denkbaren entlastenden Umstände zu seinen Gunsten unterstellt werden, für die sich sonst keinerlei Anhalt bietet (BGHSt 51, 324 [325]). Für den Angeklagten vorteilhafte Geschehensabläufe sind vielmehr erst dann bedeutsam, wenn für ihr Vorliegen reale Anhaltspunkte erbracht sind und sie deshalb nach den gesamten Umständen als möglich in Betracht kommen (BGH NStZ–RR 2014, 283). Dem Schweigen des Angeklagten steht es gleich, wenn er seine Täterschaft lediglich allgemein bestreitet, sich sonst aber nicht äußert (BGHSt 38, 302 [307]), oder wenn er die Beweisaufnahme mimisch und gestisch lebhaft und ausdruckskräftig begleitet, ohne sich zur Sache zu erklären. Auch dann sollen aus solchen Reaktionen keine Schlüsse gezogen werden dürfen (BGH StV 1993, 458 [459]; krit. dazu *Miebach* NStZ 2000, 235).

28 Bei einem **teilweisen Schweigen** des Angeklagten ist die **Teileinlassung** grds. der Beweiswürdigung zugänglich. Dabei ist allerdings zu beachten: Äußert er sich zu einem einheitlichen Verfahrenskomplex nicht, wohl aber zu einem anderen, so dürfen auch daraus keine nachteiligen Folgerungen gezogen werden (BGHSt 32, 140 [144 f.]; BGH NStZ 2000, 494 [495]). Auch wenn er sich in bestimmten Verfahrensabschnitten auf sein Schweigerecht berufen hat, sich in anderen aber zur Sache einlässt, ist dies grds. nicht als Beweisanzeichen verwertbar. So kann es liegen, wenn er sich bei der Polizei nicht geäußert hat, sich aber in der Hauptverhandlung oder dort erst sehr spät erklärt (BGHSt 20, 281 [282 f.]; 38, 302 [305]). Wird das sog. Teilschweigen einer Würdigung unterzogen, ist zu berücksichtigen, ob es in verschiedener Weise gedeutet werden kann (vgl. BGH NJW 2002, 2260 = NStZ 2003, 45 m. Anm. *Widmaier* JR 2004, 85 f.). Deutungsmöglichkeiten, die nebeneinander stehen und sich aufdrängen, sind zu bewerten (*Meyer-Goßner/Schmitt* Rn. 17 a.E.). Äußerungen des Angeklagten außerhalb der Hauptverhandlung sind grds. ebenso verwertbar wie »außerprozessuales« Schweigen in bestimmten Situationen, etwa auf eine private Frage hin (OLG Karlsruhe NStZ 1989, 287). Sie müssen aber prozessordnungsgemäß eingeführt werden, etwa durch eine Zeugenaussage. Als Beweismittel verwertbar sind auch Angaben eines Angeklagten, die er in einem Bericht für seinen Versicherer niedergelegt hat, und zwar auch dann, wenn er im Strafverfahren zur Sache schweigt. Eine besondere Situation besteht lediglich dann, wenn er solche Angaben ggü. Dritten aufgrund einer außerhalb des Strafprozessrechts verankerten gesetzlichen Auskunftspflicht gemacht hat, deren Verletzung ihrerseits strafbewehrt ist. Diese können nicht gegen seinen Willen verwertet werden (BVerfGE 56, 37 [50] – Gemeinschuldnererklärung; anders zu den Angaben eines Asylbewerbers zu seinen Einreisemodalitäten: BGHSt 36, 328 [334 ff.]).

29 Aus dem **Verbot jedes Zwanges zur Selbstbezichtigung** folgt auch, dass aus der Verweigerung der Mitwirkung bei der Beschaffung von Beweisen zur eigenen Überführung keine nachteiligen Schlüsse gezogen werden dürfen. Das gilt etwa, wenn der Angeklagte einen früher behandelnden Arzt nicht von der Schweigepflicht entbindet (BGHSt 45, 36, [364 f.]). Die grundsätzliche Freiheit des Beschuldigten, selbst darüber zu befinden, ob er an der Aufklärung des Sachverhalts aktiv mitwirken will oder nicht, bedingt, dass er zu einer derartigen Mitwirkung – etwa zu Tests, Tatrekonstruktionen, Schriftproben oder zur Schaffung ähnlicher, z.B. für seine Identifizierung notwendiger Anknüpfungstatsachen – nicht gezwungen werden darf. Die Strafverfolgungsbehörden dürfen dieses Verbot auch nicht dadurch umgehen, dass sie ihn durch ausdrückliche oder konkludente Täuschung zu einer solchen Mitwirkung veranlassen (Grundsatz der Selbstbezichtigungsfreiheit, BGHSt 34, 39 [46]; 40, 66 [71 f.]). Auch bei einem Angeklagten, der sich zur Sache eingelassen hat, darf aus der Verweigerung der aktiven Mitwirkung an der Sachaufklärung jedenfalls dann kein ihm nachteiliger Schluss gezogen werden, wenn dieses Prozessverhalten nicht in einem engen und in einem einer isolierten Bewertung unzugänglichen Sachzusammenhang mit dem Inhalt seiner Einlassung steht. Erscheint eine Person zu einem Speicheltest für eine molekulargenetische Untersuchung im Beistand eines Anwalts, so darf dies in einem späteren Strafverfahren gegen sie nicht als belastendes Indiz verwertet werden (BGHSt 45, 367 [371 f.]).

b) Alibibeweis. Die Grundsätze des Alibibeweises folgen den allgemein geltenden rechtlichen Grundsätzen für die Beweiswürdigung. Sie spielen indessen eine besondere Rolle und verdienen besondere Hervorhebung. Beweiserwägungen wie *die*, es sei kein plausibler Grund erkennbar, warum der Angeklagte – wenn er denn die Tat nicht begangen haben sollte – für die Tatzeit ein falsches Alibi angebe, sind bekanntlich rechtsfehlerhaft (BGHR StPO § 261 Überzeugungsbildung 30, Rn. 5). Denn auch ein Unschuldiger kann Zuflucht zur Lüge nehmen. Deshalb gestattet ein solches Verhalten für sich gesehen nicht ohne Weiteres tragfähige Rückschlüsse darauf, was sich in Wirklichkeit ereignet hat (BGH StV 1997, 293).

Für die Bewertung lassen sich die Alibibehauptungen in verschiedene Kategorien einteilen:
1. Es gibt die erwiesen wahre Alibibehauptung, also das erwiesene Alibi,
2. das objektiv widerlegte oder gar nachweislich erlogene Alibi,
3. das nicht sicher feststehende Alibi (Fall des non liquet),
4. den nicht angetretenen Alibibeweis trotz sich aufdrängender Möglichkeit dazu, also den »fehlenden, aber naheliegenden Alibibeweis«,
5. den späten Alibibeweisantritt, bei dem der Zeitpunkt zum Nachteil des Angeklagten bewertet werden könnte.

Alle Konstellationen sind zu lösen mit den allgemeinen Regeln für die Beweisführung. Für den Alibibeweis gelten grds. keine besonderen Maßstäbe. Er ist im Prinzip als »Woanders-Beweis« kein anderer Beweis als jeder Beweis. Folgende allgemeine Regeln sind für die einzelnen Fallgruppen im Blick zu behalten:

1. Das **Alibi steht fest**, es ist erwiesen. Dann führt das – selbstverständlich – zum Freispruch. In prozeduraler Hinsicht ist eine Gesamtwürdigung aller be- und entlastenden Umstände in diesem Fall aber nur dann verzichtbar, wenn das Alibi mit so zwingender, jeden denkbaren Zweifel ausschließender Sicherheit feststeht, dass es schon für sich allein etwaigen Belastungsindizien jeden Beweiswert nimmt (BGHR StPO § 261 Beweiswürdigung, unzureichende 10, Rn. 15). In der Praxis wird es sich stets empfehlen, auch bei einem »bombensicheren« Alibi dieses bei der Beweiswürdigung ins Verhältnis zu setzen zu etwaigen anderen, belastenden Indizien. Denn die Frage, wann ein Alibi zwingend und jeder vernünftige Zweifel an ihm ausgeschlossen erscheint, ist mitunter nicht sicher zu beantworten. Beispiel: Drei »Honoratioren« geben einem Tatverdächtigen unabhängig voneinander ein Alibi, darunter ein Priester.

2. Der **gescheiterte Alibibeweis**, insb. **die objektiv widerlegte** und auch die **nachweislich erlogene Alibibehauptung** ist für sich allein und ohne Rücksicht auf Gründe und Begleitumstände ihres Vorbringens kein Beweisanzeichen für die Täterschaft des Angeklagten. Der Angeklagte ist nicht gehalten, sein Alibi zu beweisen; er hat aber das Recht, einen Alibibeweis anzutreten. Misslingt dieser Beweis, so fällt damit eine ihm zustehende Verteidigungsmöglichkeit weg. Dies bedeutet, dass ggf. eine schon anderweit gewonnene Überzeugung des Tatrichters nicht erschüttert wird. Der Fehlschlag kann jedoch für sich allein, d.h. ohne Rücksicht auf seine Gründe und Begleitumstände, noch kein Beweisanzeichen dafür sein, dass der Angeklagte der Täter ist (BGHSt 41, 153 [154]). Ihm kommt nur ein sehr begrenzter Beweiswert zu; unwahre Alibiangaben – wie unwahre Einlassungen schlechthin – lassen sich nur mit Vorsicht als Beweisanzeichen für die Schuld des Angeklagten werten, weil auch ein Unschuldiger meinen kann, seine Aussichten auf einen Freispruch seien besser, wenn er nicht nur auf die Wahrheit setze, sondern überdies versuche, auf ein unwahres, konstruiertes Alibi zu bauen, wenn er also mit dem Mittel der Lüge ein Übriges tut, um seinen Freispruch abzusichern. Hier gilt das gleiche, wie in anderen Fällen der Lüge eines Angeklagten zu beweisbedeutsamen Umständen (BGH NStZ 1986, 325; StV 1985, 356 [357]). Danach versteht sich von selbst, dass der schlicht gescheiterte Alibibeweis – bei dem die Lüge nicht erwiesen ist – für sich allein ebenso wenig ein Beweisindiz für die Täterschaft ist. Der Angeklagte ist nicht gehalten, sein Alibi zu beweisen. Er hat das Recht, den Alibibeweis anzutreten. Dass er dies versucht hat, wenn auch im Ergebnis erfolglos, darf ihm nicht zum Nachteil gereichen.

Ein widerlegtes Alibi *muss* deshalb nicht stets außer Betracht bleiben. Treten besondere Umstände hinzu, so darf *sehr wohl* berücksichtigt werden, dass sich der Angeklagte bewusst wahrheitswidrig auf ein Alibi berufen hat (BGHR StPO § 261 Überzeugungsbildung 11, 30). Die Anforderungen an die Würdigung sind dann indessen sehr hoch. Gründe und Begleitumstände der Alibibehauptung sind zu bewerten (BGHSt 41, 153 [156]; BGH StV 1982, 158; zu dem Sonderfall der Verschaffung eines später widerlegten Alibis: BGH NStZ-RR 2011, 184, 185 – »Vorwegverteidigung mit Täterwissen«). Wird eine erlogene Entlastungsbehauptung als zusätzliches Belastungsindiz gewertet, so muss sich der Richter bewusst sein und das auch zum Ausdruck bringen, dass eine wissentlich falsche Einlassung ihren Grund nicht darin haben *muss*, dass der Angeklagte die Tat begangen hat, vielmehr auch eine andere Erklärung finden kann. Deshalb ist in solchen Fällen darzutun, dass eben eine solche andere, nicht auf die Täterschaft hindeutende Erklärung in concreto nicht in Betracht kommt oder – obgleich denkbar – nach den Umständen jedenfalls so fern liegt, dass sie ausscheidet (BGHR StPO § 261 Aussageverhalten 13). Das gilt selbst dann, wenn *mehrere* vom Angeklagten vorgebrachte, unterschiedliche Alibibehauptungen sich als falsch erwiesen haben, er also bspw. einmal geltend gemacht hatte, zur Tatzeit in Italien gewesen zu sein, sich dann aber – gleichermaßen widerlegt – darauf beruft, in Brasilien Urlaub verbracht zu haben (zum Grundsatz s. BGHR StPO § 261 Aussageverhalten 13).

Zu dieser Rechtsprechung stellt sich allerdings die Frage, ob es in Ordnung geht, so konsequent an die Disponibilität der Wahrnehmung prozessualer Rechte anzuknüpfen. Vorstellbar erscheint für solche Fälle auch, stärker auf die Grundsätze für die zulässige Würdigung des teilweisen Schweigens eines Angeklagten abzuheben.

34 3. Das **nicht sicher feststehende Alibi** hat Gewicht i.R.d. Würdigung aller Beweise, also der Gesamtwürdigung am Ende der Beweisaufnahme. Besteht hinsichtlich einer solchen Alibibehauptung ein *non liquet*, so hat das nicht zur Folge, dass diese zugunsten des Angeklagten als bewiesen anzusehen wäre. Vielmehr ist sie mit der ihr zukommenden Ungewissheit in die Gesamtwürdigung des insgesamt gewonnenen Beweisergebnisses einzubeziehen. Welches Gewicht ihr dabei im Verhältnis aller beweiskräftigen Indizien beizumessen ist, ist grds. Frage tatrichterlicher Überzeugungsbildung (BGH NStZ 1999, 523). Der Zweifelssatz greift erst dann, wenn der Richter auch nach dieser Gesamtwürdigung Zweifel an einem Ergebnis zulasten des Angeklagten nicht zu überwinden vermag. In diesem Sinne ist der – für sich gesehen missverständliche – LS von BGHSt 25, 285 [287] zu verstehen, der Zweifelssatz gelte für den Alibibeweis nicht (dazu *Foth* NJW 1974, 1572).

35 4. Unternimmt es der Angeklagte gar nicht erst, einen Alibibeweis zu erbringen, beschränkt er sich etwa auf die Erklärung, er wisse nicht, wo er zur Tatzeit gewesen sei, obwohl es sich förmlich aufdrängt, dass es für seine Einlassung einen Alibizeugen geben muss (**Nichtantritt eines sich aufdrängenden Alibibeweises**), so darf auch dieser Umstand an sich nicht zu seinem Nachteil verwertet werden. Letztlich folgt dies aus dem Grundsatz, dass der Angeklagte, der das Recht zum Schweigen hat, auch auf den Antritt eines Entlastungsbeweises verzichten kann (BGHR StPO § 261 Aussageverhalten 13, Rn. 14). Beispiel: Wer zur Tatzeit bei einer Freundin war, kann Gründe haben, diese nicht zu benennen oder gar erst ins Spiel zu bringen. Der Fall, den der BGH hierzu – zugunsten des zunächst verurteilten Angeklagten – entschieden hat, lag prekär: Der Angeklagte war tags nach der Raubtat von einem Bekannten darauf angesprochen und gefragt worden, ob *er* der Täter sei. Das LG war davon ausgegangen, dass der Angeklagte damit allen Anlass gehabt habe, sich zeitnah Gedanken über seinen Aufenthalt zur Tatzeit zu machen und sich dies zu merken. Die Berufung auf ein Nicht-mehr-Wissen nahm es ihm nicht ab. Diese Argumentation scheint einleuchtend. Eine Würdigung solchen Verhaltens zulasten des Angeklagten ist aber allenfalls dann statthaft, wenn naheliegende Erklärungsmöglichkeiten für den unterbliebenen Antritt des Alibibeweises erörtert und ausgeräumt werden.

36 5. Bringt ein zur Sache schweigender Angeklagter einen **Alibibeweisantrag** ohne einsichtigen Grund **erst zu einem späten Zeitpunkt** – etwa im weiteren Verlaufe oder gar gegen Ende der Beweisaufnahme – vor, so darf auch dieser Umstand als solcher – der späte Zeitpunkt – nicht ohne Weiteres zu seinem Nachteil berücksichtigt werden. Denn er nimmt damit zunächst lediglich seine prozessualen Rechte wahr (BGHSt 45, 367 [370]; BGH NStZ 2014, 666 [667]). Bei der *Würdigung des* auf den späten Beweisantritt hin *erhobenen Beweises* darf allerdings durchaus in Rechnung gestellt werden, dass die etwa entlastende Alibiaussage erst während des Verlaufs des Verfahrens oder der Hauptverhandlung zustande gekommen ist und es dem Alibizeugen mithin möglich war, seine Aussage auf das bisherige Beweisergebnis abzustimmen (BGHR StPO § 261 Aussageverhalten 21, Rn. 4; BGHR StPO § 261 Beweiswürdigung 25).

37 c) **Schweigen oder Teilschweigen eines Zeugen.** Schweigt ein Zeuge, ist für die Frage, ob dieser Umstand auch zulasten des Angeklagten verwertet werden darf zu differenzieren. Kommt dem Zeugen kein Zeugnisverweigerungsrecht zu, ist das Aussageverhalten uneingeschränkt zu würdigen. Bei Vorliegen eines Zeugnisverweigerungsrechts kommt es darauf an, ob dieses den Schutz des Verhältnisses des Zeugen zum Angeklagten bezweckt, wie das etwa bei den Zeugnisverweigerungsrechten aus persön-

lichen Gründen (§ 52) und aus beruflichen Gründen (§ 53, § 53a) der Fall ist. Bei berechtigtem Schweigen des Zeugen, gleichviel ob es sich um ein vollständiges oder teilweises Schweigen handelt, verbietet es der Schutz der Entschließungsfreiheit des Zeugen, aus der Zeugnisverweigerung nachteilige Schlüsse für den Angeklagten zu ziehen (BGHSt 22, 113 [114]; 32, 140 [141]; BGH NStZ 2014, 415; anders noch BGHSt 2, 351 [353 f.]; s. a. BGHSt 34, 324 [327]; vgl. weiter KK/*Ott* Rn. 42). Das gilt i.Ü. auch, wenn der Zeuge im Ermittlungsverfahren oder in den verschiedenen Instanzen ein unterschiedliches Aussageverhalten an den Tag legt, also einmal vom Zeugnisweigerungsrecht Gebrauch macht, dann aber wieder nicht. Zum Vorteil des Angeklagten dürfen indessen aus einem solchen Aussageverhalten sehr wohl Schlüsse gezogen werden (BGH NStZ 1988, 561 [562]).

Bei einer vollständigen oder teilweisen Zeugnisverweigerung, deren Berechtigung sich aus den §§ 54, 55 ergibt, die nicht dem Schutz des Rechtskreises des Angeklagten dienen, kann der Richter auch den Umstand der Zeugnisverweigerung zum Nachteil des Angeklagten berücksichtigen. Dies setzt allerdings voraus, dass sich eine entsprechende Deutung i.R.d. gesamten Beweiswürdigung tragfähig begründen lässt (KK/*Ott* Rn. 43; LR/*Sander* Rn. 88). 38

d) Grundsätze der Aussagebewertung (Glaubhaftigkeitsprüfung) Zeugenaussagen, aber auch die Einlassung des Angeklagten sind vom Tatrichter zu bewerten. In einfachen und klaren Fällen kann dies in den Urteilsgründen knapp geschehen. Kompliziert wird es hingegen, wenn objektive Beweismittel zum zentralen Geschehen fehlen oder nur spärlich vorhanden sind und gar eine »Aussage gegen Aussage-Situation« besteht. Zunächst kommt es auch dann auf die **Wahrnehmungsfähigkeit** und **Erinnerungsfähigkeit** der Aussageperson an (**Zeugentüchtigkeit**). Problematisch kann dies etwa sein, wenn geistige oder körperliche Gebrechen oder sonst aussagerelevante Besonderheiten in der Persönlichkeit vorliegen. Beispielhaft bedarf die **Aussagetüchtigkeit** bei Zeugen, die zum Vorfallszeitpunkt alkoholbedingt handlungsunfähig waren, besonderer Prüfung (BGH NStZ 2011, 473 f.). Bei **ungenauer Gedächtnisleistung** ist zu bewerten, ob diese derart schwer wiegt, dass sie Rückschlüsse auf den Wirklichkeitsgehalt der Aussage erlaubt; denn nicht jede Inkonsistenz ist bereits ein Hinweis auf mangelnde Glaubhaftigkeit der Angaben insgesamt (BGHSt 45, 164 [172]; BGH NStZ 2012, 110 [111]). Bei einem sog. **Zeugen vom Hörensagen** ist große Vorsicht geboten, wenngleich dessen Aussagen nicht unverwertbar sind (BGHSt 49, 112 [119]). Persönliche Nähe zum Angeklagten, ein zum Zeitpunkt der Wahrnehmung nicht vorhandenes Problembewusstsein (Routinevorgang) oder ein lange zurückliegendes Geschehen können den Beweiswert einer Aussage mindern. Werden bei einer »**Aussage gegen Aussage-Situation**« die Angaben des einzigen Belastungszeugen hinsichtlich einzelner Taten oder Tatmodalitäten widerlegt, kann seinen übrigen Angaben nur gefolgt werden, wenn außerhalb der Aussage Gründe von Gewicht für ihre Glaubhaftigkeit vorliegen. Dies ist in den Urteilsgründen darzulegen (BGHSt 44, 153 [159]). In Fällen, in denen Aussage gegen Aussage steht und der einzige Belastungszeuge in der Hauptverhandlung in einem wesentlichen Punkt von seiner früheren Tatschilderung abweicht, muss der Tatrichter regelmäßig darlegen, dass insoweit keine *bewusst* falschen Angaben vorgelegen haben. Nach der ständigen Rechtsprechung des BGH bedarf es in solchen Fällen einer lückenlosen Gesamtwürdigung aller Indizien. Allein auf Angaben des einzigen Belastungszeugen, dessen Aussage in einem wesentlichen Detail als *bewusst* falsch anzusehen ist, kann eine Verurteilung nicht gestützt werden (BGHSt 44, 256 [257]). Die Unwahrheit eines Aussageteils zum Kerngeschehen kann auch die übrigen Angaben in schwerwiegender Weise in Zweifel ziehen (BGH NStZ-RR 2008, 180 [181]). Bei Würdigung einer entscheidungserheblichen Aussage eines Tatbeteiligten, bei dem eine Verständigung wegen seiner Beteiligung im selben Tatkomplex – ggf. auch in einem eigenständigen Verfahren – vorangegangen ist oder im Raume steht, ist dieser Umstand einzubeziehen. Es ist nachvollziehbar zu behandeln, ob der Tatbeteiligte im Blick auf die Verständigung irrig glauben könnte, eine Falschaussage zulasten des Angeklagten sei für ihn besser als eine wahre Aussage zu dessen Gunsten (BGH NStZ 2012, 465). 39

Obgleich die Würdigung der Aussagen ureigene Aufgabe des Richters ist und er dazu grds. keiner sachverständigen Hilfe bedarf, kann es in Ausnahmesituationen die Aufklärungspflicht gebieten, ein **aussagepsychologisches oder psychiatrisches Gutachten** einzuholen. Der Hinzuziehung eines Sachverständigen bedarf es, wenn die Eigenart und besondere Gestaltung des Einzelfalles eine Sachkunde erfordert, die ein Richter normalerweise nicht hat (BGH NStZ 2000, 156 [157]). So kann der Fall etwa liegen, wenn ein Zeuge an einer paranoid-halluzinatorische Psychose leidet, wenn es bei einer »Aussage gegen 40

Aussage-Konstellation« um Angaben von Kindern oder Jugendlichen zu Sexualdelikten geht, aber auch bei Aussagen von schwierigen Persönlichkeiten oder bei schwierigen Beziehungssituationen.

41 Für die Erstellung von aussagepsychologischen Gutachten hat der BGH im Zusammenwirken mit der Wissenschaft aussagepsychologische Standards vorgegebenen (grundlegend BGHSt 45, 164 [166 ff.]). Diese Grundsätze können auch für den Richter hilfreich sein, wenn er ohne sachverständige Hilfe **Aussagen bewertet** und eine **Qualitätsanalyse der Aussage** vornimmt. So kommt es etwa auf sog. **Realkennzeichen** in der Aussage an. Anzeichen für die Glaubhaftigkeit der Angaben können sein: die inhaltliche Konsistenz der Angaben, die Schilderung nebensächlicher Details, etwa abgebrochene Handlungsketten, unerwartete Komplikationen, phänomenangemessene Schilderungen und aussageimmanente Qualitätsmerkmale wie quantitativer Detailreichtum, raum-zeitliche Verknüpfungen, die Schilderung ausgefallener Einzelheiten und psychischer Vorgänge, die Entlastung des Beschuldigten in bestimmten Punkten, deliktsspezifische Aussageelemente; darüber hinaus ist auch die Entstehung der Aussage in Betracht zu ziehen und eine sog. Motivationsanalyse vorzunehmen (Prüfung der sog. Rachehypothese; vgl. ausführlich BGHSt 45, 164 [167 ff.]). Gerade der Entstehungsgeschichte einer beschuldigenden Aussage kommt großes Gewicht bei ihrer Würdigung zu (BGH StV 1998, 250; NStZ 1999, 45; NStZ 2002, 656 [657]; NStZ-RR 2014, 219). Grundlegende Beiträge: *Nack* StV 1994, 555; *Maier* NStZ 2005, 246; *Brause* NStZ 2007, 505; 2013, 129 ff. Die aussagepsychologische Begutachtung eines Zeugen bedarf nicht notwendig dessen Exploration unter seiner Mitwirkung. Vielmehr ist es je nach Fallgestaltung regelmäßig möglich, dem Sachverständigen auf anderem Wege die erforderlichen Anknüpfungstatsachen für die Beurteilung der Glaubhaftigkeit der Angaben des Zeugen zu verschaffen (BGH NStZ 2015, 299).

42 Um gehaltvolle, aufklärende Aussagen zu erhalten, sind auch in der Hauptverhandlung die Grundsätze der **Vernehmungspsychologie** zu beachten: Der Richter sollte die Aussageperson zunächst »aufschließen«, also einfühlsam zu einer zusammenhängenden Sachverhaltsschilderung anhalten, aufmerksam zuhören, möglichst nicht unterbrechen und zu einer detaillierten Beschreibung des Geschehens auffordern. Er sollte auch versuchen, sie auf bestimmte, markante Details festzulegen, die einem Abgleich mit anderen Erkenntnissen zugänglich sind (vgl. zur Aussage- und Vernehmungspsychologie weiter: *Arntzen*, Vernehmungspsychologie, 2. Aufl. 1989; *Arntzen*, Psychologie der Zeugenaussage, 3. Aufl. 1993; *Häcker/Bender/Treuer/Nack*, Tatsachenfeststellung vor Gericht, 4. Aufl. 2014).

43 **e) Wiedererkennen.** Das Wiedererkennen eines Angeklagten durch einen Zeugen ist auch in der Hauptverhandlung in seinem Beweiswert strengen Anforderungen unterworfen. I.d.R. hat die Wiedererkennung bereits im Ermittlungsverfahren stattgefunden und wird später in die Hauptverhandlung durch Zeugenaussagen und Inaugenscheinnahme einer Bilddokumentation eingeführt. Die Beweiskraft einer solchen Wiedererkennung im Ermittlungsverfahren hängt davon ab, dass bestimmte Grundregeln und qualitative Anforderungen beachtet werden. Grds. sind Lichtbildvorlagen und Gegenüberstellungen deshalb als **Wahllichtbildvorlagen** und **Wahlgegenüberstellungen** (»visuelle Gegenüberstellung«) zu gestalten (vgl. BGHR StPO § 261 Identifizierung 13, 17; zur sequentiellen Wahllichtbildvorlage vgl. BGH NStZ 2011, 648; NStZ 2012, 172). Dem Zeugen sind nicht nur der Beschuldigte, sondern zugleich eine Reihe anderer Personen gleichen Geschlechts, ähnlichen Alters und ähnlichen Erscheinungsbildes gegenüberzustellen. Der Beweiswert eines Wiedererkennens ist von vornherein fragwürdig, wenn für den Zeugen keine Wahlmöglichkeit bestand. Die Aussagekraft einer Wiedererkennung ist umso größer, je geringere Unterschiede zwischen den Auswahlpersonen bestehen. Das Ergebnis einer Einzelgegenüberstellung ist zwar nicht unverwertbar. Ihm kommt aber regelmäßig ein wesentlich geringerer Beweiswert zu als dem einer vorschriftsmäßig durchgeführten Wahlgegenüberstellung. Daher müssen die Urteilsgründe im Fall einer Verurteilung erkennen lassen, dass sich das Gericht der Mängel und des eingeschränkten Beweiswertes des Ergebnisses einer Einzelgegenüberstellung bewusst war (BGHSt 40, 66 [68] = NJW 1994, 1807 [1808]; BGH NStZ-RR 2012, 381). Auch sollte sich den Urteilsgründen entnehmen lassen, anhand welcher Merkmale der Zeuge den Angeklagten wiedererkannt haben will und ob er ihn auch in der Hauptverhandlung wiedererkannt hat. Das gilt jedenfalls dann, wenn dem Zeugen bei einer Wahllichtbildvorlage eine sichere Täteridentifizierung nicht möglich war und er lediglich Gewissheitsgrade (z.B. 50 bis 60 % oder 80 bis 90 %) angegeben hat (BGH NStZ 2009, 283 f. = StV 2008, 622 [623]). Bei der Würdigung ist der Umstand einzubeziehen, dass **wiederholtes Wiedererkennen** von geringerem Beweiswert ist. Denn der Zeuge

läuft unbewusst Gefahr, sich durch die erste Wiedererkennung in seiner Erinnerung und Wahrnehmung beeinflussen zu lassen (suggestive Wirkung; vgl. *Brause* NStZ 2007, 505, [509] m.w.N.). Das gilt insb. bei kindlichen Zeugen. Deshalb bedarf solcherlei besonders sorgfältiger Prüfung durch den Richter, die sich in den Urteilsgründen niederschlagen muss (vgl. grundlegend *Köhnken/Sporer*, Identifizierung von Tatverdächtigen durch Augenzeugen, 1990; vgl. weiter BGHSt 16, 204 [205 f.]; BGH StV 1998, 249 f.; NStZ 2000, 156 [157]; 2010, 53 [54] m. Anm. *Schneider*; NStZ 2011, 648 [650]). Die eingehende Beweiswürdigung, die bei problematischen Lichtbildvorlagen, Gegenüberstellungen und wiederholtem Wiedererkennen notwendig ist, erfordert grds. kein Spezialwissen; der Tatrichter bedarf also – wenn keine Besonderheiten vorliegen – keiner sachverständigen Hilfe (BGH NStZ 2000, 156 [157]).

Diese Grundsätze gelten für die Identifizierung eines Tatverdächtigen aufgrund eines **Stimmvergleichs** 44 (»akustische Gegenüberstellung«) entsprechend (BGHSt 40, 66 [69] = NJW 1994, 1807 [1808]; BGH NStZ 1994, 597 [598] m. Anm. *Eisenberg*). Es ist sicherzustellen, dass der Zeuge die Stimme des Verdächtigen nicht isoliert, sondern im Vergleich zu anderen Stimmen anhört. Die Vergleichsstimmen müssen eine gewisse Klangähnlichkeit aufweisen. Es dürfen dem Zeugen auch nicht etwa neben dem mit einem fremdländischen Akzent oder einem Dialekt sprechenden Verdächtigen Stimmen einer anderen Sprachheimat vorgestellt werden (vgl. *Odenthal*, Rechtsprobleme des Wiedererkennens S. 17, in: *Köhnken/Sporer*, a.a.O.; *Hammersley/Read*, Das Wiedererkennen von Stimmen S. 113 [130 ff.], in: *Köhnken/Sporer*, a.a.O.). Auch Mängel der Stimmvergleichsidentifizierung nehmen dieser nicht notwendig jeden Beweiswert. Der Richter muss sich aber des besonderen Risikos einer Falschidentifizierung bewusst sein und sie in der Beweiswürdigung mit einbeziehen (BGHSt 40, 66 [69]).

Nimmt der erkennende Richter selbst eine **Identifizierung des Angeklagten etwa anhand eines Fotos** 45 als Augenscheinsobjekt vor, das bspw. im Straßenverkehr bei einer Geschwindigkeitskontrolle (Radarkontrolle) oder von einer Überwachungskamera aufgenommen wurde, so muss er die charakteristischen übereinstimmenden Merkmale in den Urteilsgründen angeben (vgl. LR/*Sander*, Rn. 101). Auf das Bild kann insoweit Bezug genommen werden (§ 267 Abs. 1 Satz 3). In den Urteilsgründen bedarf es dann dazu im Regelfall keiner näheren Ausführungen mehr. Bestehen allerdings nach Inhalt oder Qualität des Fotos Zweifel an seiner Eignung als Grundlage für eine Identifizierung, so muss der Tatrichter angeben, aufgrund welcher – auf dem Foto erkennbarer – Identifizierungsmerkmale er die Überzeugung von der Identität des Betroffenen mit dem Abgebildeten gewonnen hat. Verweist er nicht auf das Beweisfoto, so muss das Urteil sich zur Bildqualität verhalten und die abgebildete Person oder jedenfalls mehrere charakteristische Identifizierungsmerkmale so präzise beschreiben, das dem Rechtsmittelgericht anhand der Beschreibung in gleicher Weise wie bei Betrachtung des Fotos die Prüfung ermöglicht wird, ob dieses zur Identifizierung generell geeignet ist (BGHSt 41, 376 [382 ff.]).

f) **Gesperrte Beweismittel.** Kann ein Beweis, der potenziell zur Entlastung des Angeklagten hätte 46 beitragen können, aufgrund von Maßnahmen der Exekutive nicht in die Hauptverhandlung eingeführt werden (z.B. Sperrerklärung bzgl. einer V-Person oder eines Verdeckten Ermittlers), obwohl seine Erhebung ein Gebot der Aufklärungspflicht gewesen wäre, ist die hierdurch bedingte Verkürzung der Beweisgrundlage und der Verteidigungsmöglichkeiten des Angeklagten zur Sicherung einer fairen Verfahrensgestaltung durch eine besonders vorsichtige Beweiswürdigung und ggf. die Anwendung des Zweifelssatzes auszugleichen (BGHSt 49, 112 [118 ff.]). Ähnliches gilt, wenn eine Aussageperson aufgrund einer beschränkten Aussagegenehmigung bestimmte Fragen nicht beantworten darf (vgl. § 54).

g) **Zum Sachverständigenbeweis.** Der Sachverständige ist »Gehilfe« des Richters. Er vermittelt ihm 47 dasjenige Fachwissen, über das dieser nicht selbst verfügt (vgl. §§ 72 ff., § 244 Abs. 4). Wenn der Richter sich **dem Ergebnis der Beurteilung eines Sachverständigengutachtens anschließt**, so ist er grds. verpflichtet, wenigstens die wesentlichen Anknüpfungstatsachen und Darlegungen des Sachverständigen im Urteil wiederzugeben. Der Umfang dieser Darlegung richtet sich nach der jeweiligen Beweislage, nicht zuletzt nach der Bedeutung, die der Beweisfrage unter Berücksichtigung von Inhalt und Richtung der Verteidigung und der Anklage für die Wahrheitsfindung zukommt (BGHSt 12, 311 [314 f.]). Folgt der Richter dem Gutachten eines Sachverständigen, hat er die wesentlichen Anknüpfungstatsachen und Ausführungen des Gutachters so darzulegen, dass auch das Rechtsmittelgericht nachprüfen kann, ob die Beweisführung auf einer tragfähigen Tatsachengrundlage beruht und ob die Schlussfolgerungen nach den Gesetzen der Logik, den Erfahrungssätzen des täglichen Lebens und den Erkenntnissen der

Wissenschaft möglich sind (BGH NStZ 2013, 420, 422). Ist ihm mangels Sachkunde eine weitergehende Auseinandersetzung mit dem Gutachten eines Sachverständigen nicht möglich, genügt es, dass er sich von der Sachkunde des Gutachters überzeugt (BGH NStZ 2013, 177, 178). Nichts anderes ist hinsichtlich der Darlegungsanforderungen anzunehmen, wenn die Überzeugung des Tatrichters auf Messergebnissen beruht, die mit anerkannten Geräten in einem weithin standardisierten und tagtäglich praktizierten Verfahren gewonnen werden. Zwar dürfen die Gerichte vor möglichen Gerätemängeln, Bedienungsfehlern und systemimmanenten Messungenauigkeiten nicht die Augen verschließen. Die Anforderungen, die von Rechts wegen an Messgeräte und Messmethoden gestellt werden müssen, um die grundsätzliche Anerkennung ihrer Ergebnisse im gerichtlichen Verfahren rechtfertigen zu können, dürfen jedoch nicht den sachlichrechtlichen Anforderungen an den Inhalt der Urteilsgründe gleichgesetzt werden. Allgemein gilt: Sollte der Tatrichter Zweifel an der Richtigkeit mitgeteilter Untersuchungsergebnisse haben, hat er diese zu klären. Der Verteidigung ist es unbenommen, durch entsprechende Anträge auf weitere Aufklärung zu dringen (BGHSt 39, 291 [298]; 43, 277 [282 ff.]). Auch sonst richten sich die Anforderungen an die Darlegung der Grundlagen einer technischen oder wissenschaftlichen Auswertung, die einem Gutachten zugrunde gelegt wird, danach, inwieweit diese anerkanntermaßen standardisiert sind (vgl. etwa zur DNA-Analyse: BGH NJW 2014, 2454 ff. m. Anm. *Allgayer* NStZ 2014, 480; weiter BGH NJW 2009, 1159; NStZ 2013, 177, 178; 2013, 179; 2013, 420; s. a. BGHSt 38, 320, [322 ff.]). Eine vom Gutachten eines Sachverständigen **abweichende eigene Beurteilung des Gerichts** setzt eine ausgiebige Auseinandersetzung mit den Ausführungen des Sachverständigen voraus (BGH NStZ 2000, 550 [551]; NStZ-RR 2009, 181). Der Tatrichter muss dann die Darlegungen des Sachverständigen im Urteil wiedergeben und seine Gegenansicht unter Auseinandersetzung mit diesen begründen, damit ersichtlich wird, dass er mit Recht das bessere Fachwissen für sich in Anspruch nimmt (BGH NStZ 2013, 180). Liegen sich **widersprechende Gutachten** vor, sind deren wesentliche Erwägungen anzuführen; das Gericht hat darzulegen, aus welchen Gründen es einem bestimmten Gutachten folgt (BGH NStZ 1990, 244; 2006, 296; NJW 1995, 2932).

48 Gängige **Fallgruppen**: Zu den Voraussetzungen für die Anerkennung einer Blutalkoholanalyse als einem standardisierten Verfahren gehört es unter diesen Umständen, dass das untersuchende Institut die Gewähr bietet, die von der Rechtsprechung eingeräumten Toleranzen nicht zu überschreiten (BGHSt 39, 291 [298]; BGH NJW 1990, 2393; 1999, 3058; zur Atemluftmessung allerdings BGH StV 1995, 58 f.). Bei anderen standardisierten Verfahren gilt entsprechendes. Hier müssen nicht mögliche Fehlerquellen, für die sich kein konkreter Anhalt bietet, abgehandelt werden (BGH NStZ 2013, 420, 422 mwN) und die verwendeten Geräte und Methoden auch nicht detailliert erläutert werden: z.B. bei Fahrtschreiber-Untersuchungen, gängigen chemischen Untersuchungen, Blutgruppenuntersuchungen, Fingerspurenvergleichen (vgl. BGH NStZ 1993, 95), Kfz-Geschwindigkeitsmessungen mit herkömmlichen Methoden (BGHSt 39, 291; BGH NJW 1993, 3083; 1998, 521; BayObLG NStZ-RR 1998, 316), auch mit dem Laser-Messverfahren (BGHSt 43, 277 [282 ff.]). Zu den Voraussetzungen der Annahme eines standardisierten Messverfahrens für Geschwindigkeits- und Abstandsmessungen im Straßenverkehr vgl. OLG Jena, DAR 2011, 413. Höhere Anforderungen an die Beweiswürdigung sind regelhaft bei Sachverständigengutachten zu stellen, die zu Stimm- und Sprachvergleichung sowie zu Schriftvergleichung oder Textanalyse erstattet werden (vgl. BGH NJW 1982, 2882; OLG Frankfurt am Main, StV 1994, 9). Siehe zu Faserspurengutachten BGH StV 1989, 331; 1993, 340 f.; 1996, 251; zu Blut- und Urin-Auswertungen im Blick auf BtM-Konsum OLG Hamm StV 1999, 420; NStZ 2005, 709; zum Vergleich von Werkzeugspuren an Einbruchstatorten BGH NStZ 2011, 171; zur DNA-Analyse BGH NJW 2014, 2454; s. a. BGH StV 2010, 172; 2010, 175 m. Anm. *Baur/Fimmers/Schneider*; zu einem anthropologischen Gutachten BGH NStR-RR 2014, 115; weiter unten Rn. 48a, 48b.

49 Der Beweiswert eines **DNA-Vergleichsgutachtens** hängt davon ab, mit welcher Wahrscheinlichkeit eine DNA-Spur einer bestimmten Person zugeordnet werden kann. Dafür ist maßgeblich, wie häufig die Kombination der übereinstimmenden Merkmale statistisch zu erwarten ist (Verbreitungswahrscheinlichkeit; BGHSt 58, 212 [214 ff.] = BGH NStZ 2013, 420 [421]; *Allgayer* NStZ 2014, 480, Anmerkung zu BGH NStZ 2014, 477 = NJW 2014, 2454). Die DNA-Analyse selbst als **Untersuchungsmethode** ist inzwischen anerkanntermaßen soweit standardisiert, dass es in den Urteilsgründen hierzu keiner näheren Darlegung mehr bedarf (BGH NStZ 2013, 179). Bislang wurde zur Nachvollziehbarkeit der **Wahrscheinlichkeitsberechnung** in den Urteilsgründen auch die Mitteilung verlangt, wie viele

Systeme untersucht worden sind, ob diese unabhängig voneinander vererbbar sind – was Voraussetzung für die Anwendung der Produktregel ist –, ob und inwieweit sich Übereinstimmungen in den untersuchten Systemen ergeben haben und mit welcher Wahrscheinlichkeit die festgestellte Merkmalskombination zu erwarten ist (so BGHSt 58, 212 [214 f.] = NStZ 2013, 420 [421]; *Allgayer* NStZ 2014, 480). Aufgrund der jüngeren Rechtsprechung des Bundesgerichtshofs bedarf es in den Entscheidungsgründen zur unabhängigen Vererblichkeit der untersuchten Merkmalssysteme für die in der Praxis vorkommenden Regelfälle der DNA-Vergleichsuntersuchungen, die keine Besonderheiten in der forensischen Fragestellung aufweisen, keiner ausdrücklichen Darlegungen mehr. Denn die im Bereich der forensischen DNA-Analytik tätigen öffentlichen und privaten Einrichtungen wenden bei molekulargenetischen Vergleichsuntersuchungen routinemäßig bis zu 16 Merkmalsysteme an, die unabhängig voneinander vererbbar sind (BGH NJW 2014, 2454; *Allgayer* NStZ 2014, 480). Kein solcher Regelfall liegt indessen vor, wenn über die 16 routinemäßig angewendeten Systeme hinaus weitere autosomale Markersysteme oder geschlechtsgebundene vererbliche DNA-Merkmale untersucht werden. Das kann der Fall sein, wenn es um Mischspuren oder um Spuren geht, die durch Alterung oder thermische oder chemische Einwirkungen beeinträchtigt sind. In solchen Fällen sind in den Urteilsgründen die Grundlagen der Wahrscheinlichkeitsberechnung näher mitzuteilen, die eine Überprüfung auf ihre Plausibilität hin ermöglichen. Gehört der Beschuldigte einer **fremden Ethnie** an, so ist eine hinreichend deutliche Umschreibung der zum Vergleich herangezogenen Bevölkerungsgruppe geboten (BGH NStZ 2013, 177; 2013, 420). Hierzu und zu weiteren Besonderheiten: *Schneider/Anzlinger/Eckert/Fimmers/Schneider* NStZ 2013, 693 [695f]; *de Vries* Kriminalistik 2013, 680 ff.). Von den sachlich-rechtlichen Anforderungen an den Inhalt der Urteilsgründe zu unterscheiden sind indessen die Anforderungen, welche das Tatgericht an das DNA–Gutachten zu stellen hat. Möglichen Fehlerquellen und beweiswertmindernden Umständen ist nachzugehen (BGHSt 58, 212 = NStZ 2013, 420; zu den Anforderungen an DNA-Gutachten: *Schneider/Anslinger/Eckert/Fimmers/Schneider* NStZ 2013, 693 ff.).

Je höher die **Zuordnungswahrscheinlichkeit** einer DNA-Spur ist, desto größer ist auch der **Beweiswert**. 50 Das kann so weit gehen, dass sich das Tatgericht allein aufgrund von Merkmalsübereinstimmungen mit einer entsprechenden Wahrscheinlichkeit von der Täterschaft zu überzeugen vermag (BGHSt 58, 212 [218] = NStZ 2013, 420 [422]). Allerdings ist stets unabhängig von der Zuordnungswahrscheinlichkeit zu prüfen, welche tragfähigen Schlüsse aus einer aufgefundenen, einer bestimmten Person zuzuordnenden Spur gezogen werden können und ob ein **Tatzusammenhang** besteht. Dabei kann sich die Frage stellen, ob eine Spur nur durch unmittelbaren Körperkontakt oder auch durch Weiterübertragung verursacht worden sein kann (BGH NStZ–RR 2013, 20) oder ob der Spurenträger auf andere Weise an den Auffindungsort gelangt sein kann (BGH NStZ 2013, 179; vergleiche den instruktiven Überblick bei *Allgayer* NStZ 2014, 480).

h) Zweifelssatz. aa) Grundsätze. Der Grundsatz »im Zweifel für den Angeklagten« ist keine Beweis-, sondern eine Entscheidungsregel, die es zu befolgen gilt, wenn nach abgeschlossener Beweiswürdigung nicht die volle Überzeugung vom Vorliegen einer für den Schuld- oder Rechtsfolgenausspruch unmittelbar entscheidungserheblichen Tatsache zu gewinnen ist; auf einzelne Elemente der Beweiswürdigung ist er grds. nicht anzuwenden (BGH NStZ-RR 2009, 90 [91]; NStZ 2011, 171 f.). Der Zweifelssatz greift erst dann, wenn auch nach einer alle Umstände erfassenden Gesamtwürdigung Zweifel an einem Ergebnis zulasten des Angeklagten nicht zu überwinden sind (vgl. BGH NStZ 1999, 205 [206.). Er wurzelt letztlich in der Unschuldsvermutung. Zu deren Widerlegung ist die volle richterliche Überzeugung erforderlich, die vernünftigen Zweifeln Schweigen gebietet. Der Zweifelssatz ist nicht etwa dann verletzt, wenn der Richter nach Auffassung eines Verfahrensbeteiligten Zweifel hätte haben sollen, sondern lediglich dann, wenn die Urteilsgründe erkennen lassen, dass er tatsächlich Zweifel hatte, aber gleichwohl verurteilt hat (BVerfG, Kammer, NJW 1988, 477; 2002, 3015; NStZ-RR 2007, 381 f.). Dies kann dann die Revision begründen. Die Anwendung des Zweifelssatzes soll es indessen nicht gebieten, zugunsten des Angeklagten von dessen Behauptungen oder sonst von Annahmen auszugehen, für deren Vorliegen das Beweisergebnis keine konkreten tatsächlichen Anhaltspunkte erbracht hat. Unterstellungen zugunsten des Angeklagten sind also nur dann rechtsfehlerfrei, wenn hierfür reale Anknüpfungspunkte bestehen (vgl. BGH NJW 2002, 2188 [2189] m.w.N.; NStZ-RR 2002, 243; NStZ 2004, 35 [36]; NStZ 2008, 508; s. a. BGHSt 50, 80 [85]; BGH NStZ 2009, 401 [403]).

52 **bb) Unmittelbar entscheidungserhebliche Tatsachen.** Der Zweifelssatz gilt grds. für die Feststellung von Tatsachen, nicht für die Klärung von Rechtsfragen (BGHSt 14, 68 [73]; *Meyer-Goßner/Schmitt* Rn. 37). Anzuwenden ist er auf alle unmittelbar entscheidungserheblichen Tatsachen. Er gilt also für diejenigen tatsächlichen Umstände, die die Merkmale des Tatbestandes ausfüllen, nicht aber für entlastende Indizien (BGH NStZ-RR 2009, 90 [91]), die nur eine Folgerung auf eine unmittelbar entscheidungsrelevante Tatsache zulassen (BGH NStZ 2001, 609). Der Grundsatz »in dubio pro reo« beansprucht damit auch Geltung für die sich aus der Anwendung des allgemeinen Teils des Strafrechts ergebenden Fragen: Etwa die tatsächlichen Voraussetzungen des Täter- oder des Gehilfenvorsatzes (BGHSt 23, 203 [206 ff.]), eines Irrtums, der erheblich verminderten Schuldfähigkeit, von Rechtfertigungs- oder Entschuldigungsgründen, der Anwendung von Jugendstrafrecht (BGHSt 5, 366 [368 ff.]; 12, 116 [118 f.]; 36, 37 [40]), für das Vorliegen von Tateinheit anstatt Tatmehrheit und – im Hinblick auf die Tatzeiten – auch für die Gesamtstrafenbildung (§ 55 StGB) sowie insgesamt für die tatsächlichen Voraussetzungen der Strafzumessung (BGH NStZ-RR 2004, 41 [42] m.w.N.). Bedeutung erlangen kann er also auch für die tatsächlichen Voraussetzungen bei der Annahme eines minderschweren Falles (etwa nach § 213 StGB; vgl. zu alldem KK/*Ott* Rn. 58; *Meyer-Goßner/Schmitt* Rn. 29 ff.). Zur Möglichkeit der Schätzung unter Wahrung des Zweifelssatzes hinsichtlich der Zahl der Einzelakte bei Serienstraftaten und zum Schadensumfang oder Taterlös vgl. oben Rdn. 18.

53 **cc) Prognosen.** Keine Geltung hat der Zweifelssatz bei Anwendung solcher gesetzlicher Vorschriften, die nach ihrer systematischen Anlage Prognosen und Wahrscheinlichkeitsaussagen verlangen, wie dies etwa im Zusammenhang mit dem Ausspruch von Maßregeln oder bei der Strafaussetzung zur Bewährung (§ 56 StGB) der Fall ist. Hier geht es nicht um die Feststellung von Tatsachen. Zudem ist jede Prognose ihrer Natur nach, weil sie in die Zukunft zielt, mit letzten Unwägbarkeiten behaftet.

54 **dd) Verfahrensrechtlich erhebliche Tatsachen.** Bei verfahrensrechtlich erheblichen Tatsachen ist zu differenzieren: Nach wohl überwiegender Auffassung in Literatur und Rechtsprechung findet der Zweifelssatz im Verfahrensrecht grds. keine Anwendung, weil er dem Bereich des sachlichen Rechts zuzuordnen sei (vgl. KK/*Ott* Rn. 62). Das soll etwa gelten für die Frage ob ein Beweisverbot eingreift, ein Zeugnisverweigerungsrecht vorliegt, ob ein Rechtsmittelverzicht als wirksam zu behandeln ist, etwa im Blick auf eine bezweifelte Verhandlungsfähigkeit des Verzichtenden oder einen Widerruf der entsprechenden Ermächtigung des Verteidigers (dazu BGHSt 10, 245 [247]), oder ob ein Rechtsbehelf fristgerecht eingelegt oder begründet worden ist. Allerdings gibt es in der Rechtsprechung eine Reihe von Ausnahmen: So schlagen Zweifel an der Verjährung einer Tat zugunsten des Angeklagten aus, wenn der Tatbegehungszeitpunkt nicht sicher festgestellt werden kann (BGHSt 18, 274 [278 f.]; BGH NJW 1995, 1297 [1299]), beim Strafklageverbrauch, wenn dessen tatsächliche Voraussetzungen im Randbereich zweifelhaft sind (BayObLG NJW 1968, 2118 f.), bei Zweifeln, ob ein Strafantrag rechtzeitig gestellt worden ist (RGSt 47, 238 [239]) oder ob ein behauptetes Verlöbnis als Voraussetzung für einen Strafantrag oder ein Zeugnisverweigerungsrecht besteht, ferner bei Zweifeln an der Verhandlungsfähigkeit des Angeklagten (BGH NStZ 1984, 520 [521]).

Hingegen greift der Zweifelssatz nicht, wenn es um die Frage geht, ob dem Richter ein Verfahrensfehler unterlaufen ist. Das spielt insb. in der Revisionsinstanz bei erhobenen Verfahrensrügen eine Rolle. Hier gilt vielmehr der Grundsatz, dass Verfahrensverstöße nachgewiesen sein müssen (BGHSt 16, 164 [167]; KK/*Ott* Rn. 63 m.w.N.).

55 **i) Wahlfeststellung.** Kann sich der Tatrichter nicht von einem bestimmten Tatgeschehen überzeugen, wohl aber davon, dass gewiss einer von zwei alternativen Geschehensabläufen vom Täter realisiert worden ist und jeder für sich den Tatbestand eines anderen Strafgesetzes verletzt und darüber hinaus eine weitere Aufklärung trotz Ausschöpfung aller Beweismittel und Erkenntnisquellen nicht möglich erscheint, so kommt eine Verurteilung auf wahldeutiger Tatsachengrundlage in Betracht (sog. Wahlfeststellung). Erforderlich ist allerdings, dass die beiden Geschehensabläufe in Alternativität zueinander stehen und keine Zweifel daran bestehen, dass einer von beiden verwirklicht worden ist. Insoweit gilt der Zweifelssatz. Auch darf nicht für einen der beiden Tatbestände ein sog. Auffangtatbestand gegeben sein (BGHSt 25, 182 [183]; 31, 136 [137]). Weiter ist erforderlich, dass die verschiedenen Geschehensabläufe in rechtsethischer und psychologischer Hinsicht gleichwertig sind (BGHSt 1, 275 [276]; 9, 390

[393]; 22, 154 [156]; 23, 203 [204]; 23, 360 f.). Darüber hinaus müssen die alternativen Geschehensverläufe von der zugelassenen Anklage erfasst sein (vgl. § 264; BGHSt 32, 146 [150 f.]).

j) Wahrunterstellung von Beweisbehauptungen. Die auf einen Beweisantrag hin erfolgte Wahrunterstellung der Beweisbehauptung (vgl. § 244 Abs. 3 Satz 2) vermag die richterliche Überzeugungsbildung nicht einzuschränken. Ergibt sich bei der Urteilsberatung und Überzeugungsbildung, dass der aufgrund der Beweiserhebung festzustellende Sachverhalt mit der Wahrunterstellung nicht in Einklang gebracht werden kann, die als wahr unterstellte Tatsache also beweisbedeutsam ist, so muss – ggf. durch Wiedereintritt in die Verhandlung – die Zusage der Wahrunterstellung kassiert und der Beweisantrag anderweit beschieden werden (vgl. LR/*Sander* Rn. 70). 56

4. Beweisverbote. § 261 beschränkt die Verwertung von Beweisen nicht auf solche, die im Ermittlungsverfahren in jeder Hinsicht rechtmäßig erhoben worden sind; auch in verfahrensfehlerhafter Weise gewonnene Beweismittel können grundsätzlich zur Urteilsfindung herangezogen werden, wenn nicht im Einzelfall ein Beweisverwertungsverbot entgegensteht. Ein solches kann sich aus gesetzlichen Vorschriften ergeben. Es kann aber auch – etwa mit Blick auf die verfassungsrechtliche Gewährleistung eines fairen Verfahrens – von Verfassungs wegen geboten sein (BGH NJW 2013, 1827, 1830 mwN). Die StPO kennt verschiedene Arten von Beweisverboten (vgl. dazu im Einzelnen *Beulke* bei Einleitung Rdn. 258 ff.). Hier soll auf sie nur kurz hingewiesen; werden; sie beschränken die freie richterliche Überzeugungsbildung aus höherrangigen Erwägungen. 57
Ein **absolutes Verwertungsverbot** enthält § 136a, der Aussagen, die mit den dort **verbotenen Vernehmungsmethoden** zustande gekommen sind, flankierend mit einem Verwertungsverbot belegt, das auch mit Zustimmung des Beschuldigten nicht durchbrochen werden kann (u.a. Verbot der Misshandlung, Ermüdung, Quälerei, Täuschung oder sonst ungesetzlichen Zwangsanwendung). Schließlich sind Erkenntnisse, die mittels technischer Überwachungsmaßnahmen aus dem **unantastbaren Kernbereich privater Lebensgestaltung** gewonnen werden unverwertbar (vgl. § 100a Abs. 4 zur Telekommunikationsüberwachung, § 100c Abs. 5 Satz 3 zur akustischen Wohnraumüberwachung; zu letzterer: BVerfGE 130, 1, 22 ff. = NJW 2012, 907, 908 ff.). Unzulässig ist weiter eine sog. Rundumüberwachung, die sich über einen längeren Zeitraum erstreckt und derart umfassend ist, dass nahezu lückenlos alle Bewegungen und Lebensäußerungen des Betroffenen registriert werden und Grundlage eines Persönlichkeitsprofils werden können (BVerfG NJW 2012, 907, 909). Auch darüber hinaus kommt unmittelbar von Verfassungs wegen ein Beweisverwertungsverbot etwa bei höchst intimen Aufzeichnungen aus Art. 2 Abs. 1 i.V.m. Art. 1 Abs. 1 GG in Betracht (vgl. die sog. Tagebuchentscheidung BVerfGE 80, 367 [373 ff.]; verneinend zu tagebuchartigen Aufzeichnungen BVerfGK 14, 20 und zu einem Abschiedsbrief BGH NJW 1995, 269 = BGHR StPO § 261 Verwertungsverbot 9). Ob ein Sachverhalt dem unantastbaren Kernbereich privater Lebensgestaltung zuzuordnen ist, hängt neben dem subjektiven Willen des Betroffenen zur Geheimhaltung davon ab, ob er seinem Inhalt nach höchstpersönlichen Charakters ist und in welcher Art und Intensität er aus sich heraus die Sphäre anderer oder die Belange der Gemeinschaft berührt (BVerfGK 14, 20 [24]).
Zu nennen ist weiter das selbstständige, in der Praxis mitunter wegen nicht-aktueller Registerauszüge übersehene Verwertungsverbot für **tilgungsreife Eintragungen im Bundeszentralregister** (§ 51 BZRG), für das es indessen auch Ausnahmen gibt (§ 52 BZRG). Dieses Verwertungsverbot – namentlich für Vorverurteilungen – gründet letztlich darin, dass der Gesetzgeber nach einem bestimmten Zeitablauf der Resozialisierung des Verurteilten Vorrang eingeräumt hat. Das Verbot hat zur Folge, dass die frühere Eintragung, typischerweise eine Verurteilung, weder als Indiz für die Schuldfrage herangezogen werden kann noch bei der Bemessung des Rechtsfolgenausspruches (BGH NStZ 2006, 587). Für hier eingetragene, aber nach deutschem Recht tilgungsreife ausländische Verurteilungen gilt entsprechendes (§§ 58, 54 BZRG; BGH StV 2012, 149). Beruft sich der Angeklagte auf eine frühere, tilgungsreife Verurteilung, ist diese auch dann und insoweit nicht verwertbar, wie sich der Angeklagte darauf bezieht (BGH NStZ-RR 2012, 143, 144; *Meyer-Goßner/Schmitt* Rn. 14; anders noch BGHSt 27, 108 [109 f.]). Die Regelung des Verwertungsverbotes ist auf einen im Register eingetragenen Freispruch oder eine Einstellung wohl nicht analog anwendbar (vgl. *Meyer-Goßner/Schmitt* Rn. 14). Zur entsprechenden Regelung für das Verkehrszentralregister s. § 29 Abs. 8 Satz 1 StVG (vgl. dazu OLG München DAR 2008, 398). 58

§ 261 StPO   Grundsatz der freien richterlichen Beweiswürdigung

59 Ein einfachrechtliches Verwertungsverbot – neben einem Erhebungsverbot – sieht überdies § 160a für Erkenntnisse vor, die bei **zeugnisverweigerungsberechtigten Berufsgeheimnisträgern** erlangt worden sind. Selbstständige Beweisverwertungsverbote ergeben sich zudem aus **§ 81c Abs. 3 Satz 5** (Verwertung von Untersuchungsergebnissen bei Minderjährigen und Betreuten nur mit Genehmigung des gesetzlichen Vertreters), aus **§ 252** (Verbot der Protokollverlesung nach Zeugnisverweigerung; s. aber OLG Hamm NStZ 2012, 53), **§ 393 Abs. 2 AO** (begrenzter Schutz des Steuergeheimnisses i.V.m. § 30 Abs. 4 Nr. 5 AO), **§ 4 Abs. 6, § 7 Abs. 6 G 10-Gesetz** sowie für insolvenzrechtliche Pflichtangaben aus **§ 97 Abs. 1 InsO** (zur früheren Rechtslage – § 100 KO – s. BVerfGE 56, 37 [41 ff.]; BVerfG, Kammer, wistra 2004, 19). **Maut-Daten**, die bei der Kontrolle der Einhaltung der Mautpflicht auf Bundesfernstraßen gewonnen werden, dürfen nicht zu anderweiten Zwecken genutzt werden (§ 7 Abs. 2 S. 2, 3 BFStrMG). Zum Verbot der Geständnisverwertung nach gescheiterter Verständigung s. **§ 257c Abs. 4**.

60 Soweit **relative Beweisverbote** in Rede stehen, etwa aufgrund von Verfahrensfehlern im Ermittlungsverfahren, verlangt die Rechtsprechung i.d.R. eine Abwägungsentscheidung (vgl. BVerfGK 14, 20 [23, 25]). Je nach deren Ausgang wird der Erkenntnisstoff für die Überzeugungsbildung begrenzt. Bei Verstößen gegen strafprozessuale Verfahrensvorschriften namentlich bei der Beweisgewinnung ist allerdings zu beachten, dass es keinen Rechtssatz des Inhalts gibt, die Verwertung der fehlerhaft gewonnenen Beweise sei stets unzulässig (BVerfGK 9, 174, [196]; BVerfG, Kammer, NJW 2009, 3225 f. m.w.N.). Dem Strafverfahrensrecht ist ein allgemein geltender Grundsatz, dass jeder Verstoß gegen Beweiserhebungsvorschriften ein strafprozessuales Verwertungsverbot nach sich zöge, fremd. Die Frage ist jeweils nach den Umständen des Einzelfalls, insb. nach der Art des Verbots und dem Gewicht des Verstoßes unter Abwägung der widerstreitenden Interessen zu entscheiden (BVerfG, Kammer, NJW 2008, 3053 [3054]; BGHSt 38, 214 [219 f.]; 44, 243 [249]; 51, 285 [289 f.]; BGH NJW 2011, 1377 [1380] – »Vorratsdatenspeicherung«; BGH NJW 2013, 1827, 1830 – zur verfahrensfehlerhaften verdachtsbegründenden Verwendung von DNA-Identifizierungsmustern nach Reihenuntersuchung, m. Anm. *Busch* NJW 2013, 1771, *Löffelmann* JR 2013, 277, *Swoboda* StV 2013, 461). Auch wenn die Strafprozessordnung nicht auf Wahrheitserforschung »um jeden Preis« angelegt ist, schränkt die Annahme eines Verwertungsverbots eines der wesentlichen Prinzipien des Strafverfahrensrechts ein, nämlich den Grundsatz, dass das Gericht die Wahrheit zu erforschen und dazu die Beweisaufnahme von Amts wegen auf alle Tatsachen und Beweismittel zu erstrecken hat, die von Bedeutung sind. Das Rechtsstaatsprinzip gestattet und verlangt die Berücksichtigung der Belange einer funktionstüchtigen Strafrechtspflege, ohne die der Gerechtigkeit nicht zum Durchbruch verholfen werden kann (BVerfGE 33, 367 [383]; 46, 214 [222]; 109, 279 [336]; BVerfGK 14, 20 [25]). Demgemäß bedeutet ein Beweisverwertungsverbot eine begründungsbedürftige Ausnahme, die nur nach ausdrücklicher gesetzlicher Vorschrift oder aus übergeordneten wichtigen Gründen im Einzelfall anzuerkennen ist. In Betracht kommen insoweit Verfahrensverstöße, die schwerwiegend waren oder bewusst oder willkürlich begangen wurden (BVerfGE 113, 29 [61]; 125, 260 [340]; BVerfG, Kammer, NJW 1999, 273 [274]; 2006, 2684 [2686]; 2008, 3053 [3054]; BGH NJW 2013, 1827, 1830). Bei alledem ist zu berücksichtigen, dass sog. schlichte Verfahrensfehler weder einen unmittelbaren Bezug zur etwaigen Schuld des Angeklagten noch zum geschädigten Rechtsgut, bei Individualgeschädigten auch nicht zum Opfer und seinen Angehörigen haben. Die Befriedungsfunktion der Strafrechtspflege würde grundlegend infrage gestellt, wenn Fehler der Ermittlungsbehörden grds. dadurch »geregelt« würden, dass sie ohne Weiteres dem Angeklagten zugutekämen, zulasten der Wahrheitsfindung gingen und damit gleichsam auf dem Rücken der Opfer oder ihrer Angehörigen ausgetragen würden. Dem Auftrag des Rechtsstaats, Gerechtigkeit walten zu lassen und Rechtsfrieden herzustellen, kann bei der Aufklärung und Ahndung von Straftaten gegen Rechtsgüter des Einzelnen oder der Gemeinschaft mittels eines relativen Beweisverwertungsverbots nur in besonders gelagerten Fällen Rechnung getragen werden. Dabei muss auch das Gewicht der in Rede stehenden Straftat mit in den Blick genommen werden. Eine regelhafte »Ahndung« von Verfahrensfehlern der Polizei, der StA oder des Ermittlungsrichters bei der Beweisgewinnung, die schon bei nicht gravierendem Gewicht des Verfahrensfehlers die etwaige Schuld des Angeklagten ausblenden würde und keine Rücksicht auf die rechtsfriedenstiftende Wirkung der Aufklärung und auf die Geschädigtenseite nähme, würde an der falschen Stelle ansetzen und die Grundaufgabe der Strafrechtspflege und damit des Rechtsstaats infrage stellen. Solchen Verfahrensfehlern muss anders beigekommen werden. Etwa auf der Ebene der dienstrechtlichen und der letztlich politischen Verantwortlichkeit, durch

Feststellungsaussprüche und ggf. die Zuerkennung von Entschädigung oder Schadensersatzansprüchen (vgl. BVerfGE 125, 260 [340]).

Regelverletzungen, bei denen ein relatives Verwertungsverbot in entsprechend gewichtigen Fällen in Betracht gezogen und erörtert werden kann, können sich auf **folgende Einzelvorschriften der StPO** beziehen: die Kompetenzüberschreitung bei der Anordnung körperlicher Untersuchung (§ 81a Abs. 2), unterbliebene oder unvollständige Belehrungen (§ 52, § 136 Abs. 1 Satz 2, § 243 Abs. 5 Satz 1; vgl. etwa BGH StV 2013, 485, 486 ff.; zur Belehrung eines ausländischen Beschuldigten über die Möglichkeit konsularischer Betreuung n. Art. 36 Abs. 1b Satz 3 Wiener Konsularrechtsübereinkommen – WÜK – v. 24.04.1963, BGBl. 1969 II, Nr. 59, S. 1585 f. s. BVerfG, Kammer, StV 2008, 1 und StV 2011, 329 m. Anm. *Gless/Peters* StV 2011, 369; BGH StV 2011, 603) und Benachrichtigungen von Vernehmungsterminen (§ 168c Abs. 5, § 224; vgl. OLG München NStZ 2015, 300). Zu nennen sind ferner – neben weiteren Ermittlungsbefugnisgrundlagen – die Durchsuchungs- und Beschlagnahmeanordnungen (§§ 94 ff., §§ 102 ff.; BGH StV 2012, 1 – Fall grober Missachtung des Richtervorbehalts) ebenso wie die Anordnung der Überwachung von Telekommunikation (§§ 100a ff.; dazu u.a. BGH NJW 2006, 1361), der akustischen Wohnraumüberwachung (§ 100c) und der Observation (§ 163 f.), aber auch der Einsatz Verdeckter Ermittler (§§ 110a ff.). Dazu hat sich eine jeweils auf die Besonderheiten eingehende Rechtsprechungslinie entwickelt (vgl. im Einzelnen die Erläuterungen bei den genannten Vorschriften). Zu einem Beweisverwertungsverbot wegen unzulässiger Tatprovokation eines bislang Unverdächtigen durch einen verdeckten Ermittler vgl. EGMR NStZ 2015, 412. **61**

Bei Beweisen, die **von Privaten rechtswidrig »erhoben«** worden, ist zu differenzieren: Grds. ist ein Verwertungsverbot dann anzunehmen, wenn der Tatrichter mit der Verwertung selbst das Grundrecht des Betroffenen verletzen würde. Es gelten insoweit die oben genannten Abwägungsgrundsätze. D.h., das Gewicht des Grundrechtseingriffes ist im Einzelfall mit dem Strafverfolgungsinteresse ins Verhältnis zu setzen (vgl. unter anderen EGMR NJW 1989, 654; BGH NJW 1989, 2760; BayObLG NJW 1990, 197; 1997, 3454). **62**

Eine **Fernwirkung von Beweisverboten** auf solche Beweise, die in der Folge der rechtswidrigen Gewinnung des Ausgangsbeweises angefallen sind, wird in der Literatur gefordert (s. zur Telefonüberwachung unter anderen LR/*Schäfer* § 100a Rn. 116 m.w.N.), von der Rechtsprechung indessen weitgehend abgelehnt (vgl. BGH NJW 1987, 2526; weiter BGHSt 32, 68 [71]; BGH NJW 1988, 1224; grundlegend zur »Ketten–Telefonüberwachung« m.w.N. BGH NJW 2006, 1361 [1363]; anders zu einer G-10-Maßnahme BGH NJW 1980, 1700). Dabei wird z.T. auch auf den Gedanken des »hypothetischen rechtmäßigen Ersatzeingriffs« abgehoben, also darauf, dass der Beweis auch ohne die voraufgegangene verfahrensrechtswidrige Maßnahme hätte gewonnen werden können, weil in der Rückschau die Voraussetzungen für seine rechtmäßige Erhebung objektiv vorlagen (vgl. nur *Meyer-Goßner/Schmitt* Einl. Rn. 57c m.w.N.; s. a. BGH NJW 2003, 2034 m. Anm. *Weßlau* StV 2003, 483). **63**

E. Revision. I. Grundsätze. Die Feststellung des Ergebnisses der Beweisaufnahme nach der »freien Überzeugung« des Gerichts ist, abgesehen von Verfahrensfehlern, sachlich-rechtlich nur eingeschränkt überprüfbar. Grds. ist es allein Sache des Tatrichters, das Ergebnis der Beweisaufnahme zu würdigen. Es ist seine für die Schuldfrage entscheidende, ihm allein übertragene Aufgabe, ohne Bindung an gesetzliche Beweisregeln und nur seinem Gewissen verantwortlich zu prüfen, ob er an sich mögliche Zweifel überwinden und sich von einem bestimmten Sachverhalt überzeugen kann oder nicht. Der Tatrichter kann von Rechts wegen nicht gehindert werden, an sich mögliche, wenn auch nicht zwingende Folgerungen aus bestimmten Tatsachen zu ziehen. Ebenso wenig kann ihm vorgeschrieben werden, unter welchen Voraussetzungen er zu einer bestimmten Folgerung und einer bestimmten Überzeugung kommen muss. Dem Revisionsgericht steht daher nur eine begrenzte Möglichkeit zu, die Überzeugungsbildung des Tatrichters nachzuprüfen. Diese ist für das Revisionsgericht grds. bindend. Insb. ist es diesem verwehrt, die Beweiswürdigung des Tatrichters durch seine eigene zu ersetzen (vgl. BGHSt 53, 6, [20 f.] = NJW 2008, 3580 [3584]). Es darf zu ihrer sachlich-rechtlichen Überprüfung weder das Protokoll noch die Aufzeichnungen anderer Prozessbeteiligter über den Inhalt einer Aussage heranziehen. Eine Teilwiederholung der Beweisaufnahme im Wege des Freibeweises ist nicht zulässig. Würde das Revisionsgericht aufgrund mitgeteilter Beweisanzeichen seine Wertung an die Stelle derjenigen des Tatrichters setzen, so würde es die Grenzen seiner Aufgabe überschreiten und **64**

sich mit einer Verantwortung belasten, die es nach der gesetzlichen Ausgestaltung des Revisionsverfahrens nicht übernehmen darf und nicht übernehmen kann (vgl. Rdn. 14).

65 Allerdings sind dem Tatgericht bei der ihm nach § 261 eingeräumten Freiheit in der Überzeugungsbildung Grenzen gesetzt. Es darf seine Befugnis nicht willkürlich ausüben und muss die Beweise erschöpfend würdigen, d.h. sich mit allen nahe liegenden, sich aufdrängenden Deutungsmöglichkeiten der Beweisergebnisse auseinandersetzen. Es muss gesicherte wissenschaftliche Erkenntnisse, die Gesetze der Logik und Erfahrungssätze der Wissenschaft sowie des täglichen Lebens beachten. Eine Rüge der Verletzung des § 261 ist nach allem dann Erfolg versprechend, wenn ohne Rekonstruktion der Beweisaufnahme der Nachweis geführt werden kann, dass die im Urteil getroffenen Feststellungen nicht durch die in der Hauptverhandlung verwendeten Beweismittel oder sonst nicht aus den zum Inbegriff der Hauptverhandlung gehörenden Vorgängen gewonnen worden sind. Keinen Erfolg kann die Revisionsrüge dagegen mit der Behauptung haben, ein Zeuge habe anders ausgesagt oder die Aussage sei anders zu verstehen als im Urteil ausgeführt, oder eine Urkunde sei nicht richtig ausgelegt worden. Möglich ist jedoch die Beanstandung, das Urteil gebe die Aussage eines kommissarisch vernommenen Zeugen, die in der Hauptverhandlung verlesen wurde, oder den Wortlaut einer verlesenen oder im Selbstleseverfahren eingeführten Urkunde falsch wieder oder die Urkunde habe entgegen den Urteilsfeststellungen einen eindeutig anderen Inhalt. In diesen Fällen ist es offensichtlich, dass das Gericht eine nicht gemachte Aussage oder eine Urkunde mit anderem Wortlaut gewürdigt hat. Dem inneren Vorgang der Überzeugungsbildung fehlt dann die notwendige äußere Grundlage (so grundlegend BGHSt 29, 18 [19 ff.]; s.a. BGHSt 41, 376 [380]; zu einer im Selbstleseverfahren eingeführten Urkunde BGH NStZ-RR 2011, 214).

66 **II. Ansätze für Revisionsrügen.** § 261 bietet für das Rechtsmittel der Revision vielfältige verfahrensrechtliche Angriffsmöglichkeiten (s. näher unten *Widmaier/Momsen* zu den §§ 333 ff., insb. zu § 344). Mit der sog. »Inbegriffsrüge« kann beanstandet werden, dass das Urteil auf einen Beweis gestützt wird, der nicht prozessordnungsgemäß in die Hauptverhandlung eingeführt worden ist. Der Nachweis eines solchen Verfahrensfehlers kann allerdings nicht durch eine Rekonstruktion der Beweisaufnahme – etwa durch dienstliche oder anwaltliche Versicherungen – geführt werden. Zu bedenken ist hier auch, dass oft bestimmte Umstände *durch Vorhalt* ggü. einem Zeugen Gegenstand der Verhandlung gewesen können und dann über die Aussage dieser Beweisperson eingeführt sind. Eine solche Einführung über einen Vorhalt und eine Aussage wird bei Urkunden jedoch nur bei knappen und markanten Inhalten in Betracht kommen. Längere Texte, die nicht im Wege des Urkundsbeweises eingeführt, aber in den Urteilsgründen im Einzelnen wiedergegeben sind, werden kaum auf eine zeugenschaftliche Erklärung nach Vorhalt zurückgeführt werden können. Solche Verfahrensmängel lassen sich oft nur i.V.m. dem Protokoll oder einer eingeführten Urkunde beweisen, etwa wenn diese einen anderen Inhalt hat, als im Urteil festgestellt (vgl. BGH, Urt. v. 20.02.1986, 4 StR 684/85, zitiert nach *Pfeiffer/Miebach* NStZ 1987, 16 [18]; StV 1993, 115 und 459). Schließlich kann beanstandet werden, dass gegen ein Beweisverbot verstoßen wurde. Die unterbliebene Aufklärung der Voraussetzungen eines Beweisverbots kann die Aufklärungspflicht verletzen (BGH StV 2012, 3). Ein sachlich-rechtlicher Mangel im Zusammenhang mit der Vorschrift über die richterliche Überzeugungsbildung kann vorliegen, wenn die Urteilsgründe erkennen lassen, dass der Richter bestehende Zweifel nicht wirklich überwunden hat (Verstoß gegen den Grundsatz in dubio pro reo), wenn sich die gezogenen Schlüsse so sehr von einer festen Tatsachengrundlage entfernen, dass sie sich letztlich als bloße Vermutungen erweisen (BGH NStZ 1981, 33; 1986, 373), dass sie gegen Denkgesetze oder wissenschaftliche Erfahrungssätze verstoßen, etwa einen Zirkelschluss enthalten, aber auch, dass die Beweiswürdigung lückenhaft ist, weil sie eine sich aufdrängende Frage nicht erörtert (BGH NStZ-RR 2014, 344 [345]). Die **lückenhafte Beweiswürdigung** ist gängiger Ansatz für Revisionen, wenn erhobene Beweise zu wesentlichen Punkten der getroffenen Feststellungen nicht erschöpfend, alle nahe liegenden Folgerungen erfassend gewürdigt werden (BGH NStZ 2012, 49; zu Beweiswürdigungslücken bei der Glaubhaftigkeitsbewertung von Aussagen vgl. die Übersicht bei *Brause* NStZ 2013, 129, 132 ff. mwN). Umgekehrt kann im Fall eines Freispruchs auf die Rüge der Verletzung sachlichen Rechts hin geprüft werden, ob der Tatrichter überspannte Anforderungen an die für eine Verurteilung erforderliche Gewissheit gestellt hat, etwa meinte, aus einzelnen Indiztatsachen keine »zwingenden Schlüsse« auf die Täterschaft ziehen zu können und die gebotene Gesamtschau der Beweisergebnisse unterlassen hat (BGH NStZ 2012, 110 [111]).

Schließlich kann beanstandet werden, die Überzeugung sei nicht aus dem Inbegriff der Verhandlung 67
geschöpft worden, weil ein Richter während eines wesentlichen Vorgangs der Beweisaufnahme geschlafen habe und mithin nicht aufnahmefähig gewesen sei. Ist dann während der noch laufenden Hauptverhandlung die entsprechende Phase der Beweisaufnahme nicht wiederholt worden und gelingt später der Nachweis, dass der Richter tatsächlich geschlafen hat, kann dies zur Aufhebung der angegriffenen Entscheidung führen.
Anknüpfungspunkte für eine erfolgreiche Revisionsrüge bietet auch die Verbindung und Trennung von Verfahren, wenn Beweisstoff aus einer hinzuverbundenen Verhandlung verwertet wird, der nicht erneut erhoben worden ist. Schließlich birgt auch das Verwertungsverbot nach § 51 BZRG seine Tücken: Ist der in die Hauptverhandlung eingeführte Bundeszentralregisterauszug schon älteren Datums, wird oft übersehen, dass zwischenzeitlich bei der ein oder anderen zurückliegenden Verurteilung Tilgungsreife eingetreten sein kann.
Unergiebig für sachlich-rechtliche Revisionsrügen ist es indessen regelmäßig, auf wirkliche oder vermeintliche Widersprüche zwischen dem Inhalt des Urteils und den Akten zu verweisen (»Aktenwidrigkeit der Urteilsfeststellungen«), wenn diese nicht mit den Urteilsgründen selbst belegbar sind. Die Revision kann auch nicht alternativ darauf gestützt werden, entweder habe der Tatrichter einen solchen Widerspruch unter Verletzung seiner Aufklärungspflicht nicht in die Hauptverhandlung eingeführt, oder aber er habe es unterlassen, ihn in den Urteilsgründen zu erörtern (sog. Alternativrüge: entweder Verletzung von § 244 Abs. 2 oder von § 261; vgl. BGH NJW 1992, 2840 [2841]). Schließlich kann aus dem Schweigen der Urteilsgründe i.d.R. noch nicht geschlossen werden, das Gericht habe seine Aufklärungspflicht verletzt, indem es einen Zeugen nicht zu bestimmten Punkten befragt habe oder bestimmte Fragen oder Vorhalte unterlassen habe (BGH NJW 1992, 2838 [2840]).

§ 262 StPO Entscheidung zivilrechtlicher Vorfragen. (1) Hängt die Strafbarkeit einer Handlung von der Beurteilung eines bürgerlichen Rechtsverhältnisses ab, so entscheidet das Strafgericht auch über dieses nach den für das Verfahren und den Beweis in Strafsachen geltenden Vorschriften.
(2) Das Gericht ist jedoch befugt, die Untersuchung auszusetzen und einem der Beteiligten zur Erhebung der Zivilklage eine Frist zu bestimmen oder das Urteil des Zivilgerichts abzuwarten.

A. Grundsätzliches und Regelungsgehalt.
Die Vorschrift stellt zunächst klar, dass sich das 1
Recht und die Pflicht des Strafrichters zur freien richterlichen Beweiswürdigung i.S.v. § 261 auch auf die Beurteilung von Vorfragen aus anderen Rechtsgebieten erstreckt. Er wird auch insoweit zum gesetzlichen Richter i.S.d. Art. 101 Abs. 1 Satz 1 GG (LR/*Stuckenberg* § 262 Rn. 5). Zwar werden in **Abs. 1** nur die bürgerlichen (zivilrechtlichen) Rechtsverhältnisse erwähnt, nach einhelliger Auffassung ist der Strafrichter aber auch bei der Entscheidung über Vorfragen aus anderen Rechtsgebieten grds. frei (RGSt 39, 62 [64]; 43, 373 [377]; *Meyer-Goßner/Schmitt* § 262 Rn. 5; KK-StPO/*Kuckein* § 262 Rn. 2; LR/*Stuckenberg* § 262 Rn. 1). Das ist verfassungsrechtlich unbedenklich (dazu und zu Ausnahmen von Abs. 1 Rn. 4). **Abs. 2** dient der Prozessökonomie. Die Bestimmung einer Frist zur Erhebung einer Klage vor dem Zivilgericht soll es dem Strafrichter ermöglichen, sich einer missbräuchlichen Inanspruchnahme seiner Arbeitskapazität durch die Entscheidung möglicherweise verwickelter Rechtsprobleme außerstrafrechtlicher Natur in Fällen zu erwehren, in denen Verfahrensbeteiligte über den Umweg eines Strafprozesses die schnellere und kostengünstigere Durchsetzung zivilrechtlicher Ansprüche beabsichtigen (LR/*Stuckenberg* § 262 Rn. 2). Eine Sonderregelung besteht für das Steuerrecht (§ 396 AO).

B. Umfang der Entscheidungsbefugnis (Abs. 1)
I. **Entscheidung über bürgerliche** 2
Rechtsverhältnisse. Während der **Zivilprozess** im Unterschied zum Strafprozess von der **Dispositionsmaxime** beherrscht wird, es für die Entscheidung des Rechtsstreits also nur auf die **formelle Wahrheit** ankommt, der Strafprozess aber der Erforschung der **materiellen Wahrheit** dient, ist der Strafrichter grds. verpflichtet, eine entscheidungserhebliche zivilrechtliche Rechtsfrage in eigener Verantwortung selbst zu entscheiden. Er kann etwa das Tatbestandsmerkmal der Fremdheit der Sache i.S.d. § 242 StGB abweichend von einem Zivilurteil entscheiden und ist bei der Beurteilung der Vorausset-

zungen einer Unterhaltspflichtverletzung (§ 170 StGB) auch nicht an die rechtskräftige Verurteilung des Angeklagten zur Zahlung von Unterhalt gebunden (KK-StPO/*Kuckein* § 262 Rn. 3). Er kann jedoch nach pflichtgemäßem Ermessen das zivilgerichtliche Urteil seiner Entscheidung zugrunde legen, wenn er es für sachlich zutreffend hält. Maßstab dafür ist die Aufklärungspflicht (BayObLGSt 1952, 224; OLG Oldenburg NJW 1952, 118; KK-StPO/*Kuckein* § 262 Rn. 3; LR/*Stuckenberg* § 262 Rn. 36).

3 **II. Urteile anderer Gerichtszweige und Verwaltungsakte.** Eine Bindung an die **Urteile anderer Gerichtszweige** besteht für den Strafrichter ebenfalls regelmäßig nicht. Das gilt auch dann, wenn die Verfahrensordnung, auf deren Grundlage die betreffende Entscheidung zustande gekommen ist, wie etwa im verwaltungsgerichtlichen Verfahren (§ 86 Abs. 1 Satz 1 VwGO) vom Grundsatz der Amtsaufklärung beherrscht wird (Meyer-Goßner/Schmitt § 262 Rn. 5; SK-StPO/*Schlüchter/Velten* § 262 Rn. 2; zu – teilw. streitigen – Ausnahmen *Knöpfle* BayVBl. 1982, 225).

4 **III. Ausnahmsweise Bindung des Strafrichters.** Der Strafrichter ist ausnahmsweise an Urteile anderer Gerichtszweige gebunden, sofern diese rechtsgestaltend wirken. In der Zivilgerichtsbarkeit gilt dies insb. für Ehescheidungsurteile (RGSt 14, 364 [374 ff.]). Eine Bindung besteht ferner an Urteile mit Wirkung intra omnes, etwa für solche über die Feststellung einer Vaterschaft (§ 1600a BGB; §§ 640 ff. ZPO; vgl. dazu BGHSt 26, 111; OLG Stuttgart NJW 1973, 2305). Eine Bindung wird auch an rechtsgestaltende Verwaltungsakte bejaht, bspw. die Ernennung zum Beamten im staatsrechtlichen Sinne (KK-StPO/*Kuckein* § 262 Rn. 6; Ausnahme: Nichtigkeit des Verwaltungsaktes gem. § 44 Abs. 1 VwVfG). Entsprechendes gilt für rechtsgestaltende Entscheidungen im patentrechtlichen Verfahren (vgl. RGSt 48, 389 [391]). Die sog. Tatbestandswirkung eines Verwaltungsaktes vermag zwar ebenfalls eine Bindungswirkung zu erzeugen, deren Umfang im Einzelfall durch Auslegung des jeweiligen Straftatbestandes zu ermitteln ist (Einzelheiten bei LR/*Stuckenberg* § 262 Rn. 24 m.w.N.). Es handelt sich hier jedoch entgegen a. A. (Meyer-Goßner/Schmitt § 262 Rn. 7) nicht um einen Anwendungsfall des § 262.

5 Schreibt eine gesetzliche Vorschrift oder eine solche, die ihr gleichsteht, vor, dass eine entscheidungserhebliche Vorfrage für den Strafprozess nur von einem anderen Gericht mit verbindlicher Wirkung entscheiden werden kann, ist es dem Strafrichter verwehrt, nach den Grundsätzen des Abs. 1 zu verfahren. Tut er dies doch, kommt eine Verletzung der verfassungsrechtlichen Gewährleistung des gesetzlichen Richters (Art. 101 Abs. 1 Satz 2 GG) in Betracht (vgl. nur BVerfGE 80, 244 [256] LR/*Stuckenberg* § 262 Rn. 3). Es handelt sich hier im Wesentlichen um die Fälle der Verletzung der Pflicht zur Vorlage an das BVerfG in Fällen der abstrakten Normenkontrolle (Art. 100 Abs. 1 GG) oder an den EuGH zu Vorabentscheidung (Art. 267 AEUV; vgl. BVerfG StraFo 2011, 498 [499]) und zur Vorlage nach Art. 100 Abs. 2 GG (SK-StPO/*Schlüchter/Velten* § 262 Rn. 10). Zu diesen Fällen gehört auch die Beachtung der Bindungswirkung gem. § 32 BVerfGG. Eine analoge Anwendung der Vorschrift kann im Hinblick auf die Garantie des gesetzlichen Richters geboten sein, wenn die Vorlegung in einem anderen Verfahren erfolgt ist und die Entscheidung des Rechtsstreits von der Beantwortung der dort aufgeworfenen, entscheidungserheblichen Frage abhängt (BGH RIW 2012, 405 [406]).

6 **C. Aussetzung des Verfahrens. I. Anwendungsbereich.** Die Regelung des Abs. 2 enthält keine allgemeine Befugnis des Strafgerichts, die Entscheidung eines anderen Gerichts über eine strafrechtliche Frage abzuwarten; sie dient auch nicht der Vermeidung divergierender Entscheidungen oder der besseren Sachaufklärung (KK-StPO/*Kuckein* § 262 Rn. 7). Anwendung findet die Bestimmung nur dann, wenn die Entscheidung des Strafrichters von der Beurteilung eines außerstrafrechtlichen Rechtsverhältnisses abhängt, dieses also für die strafgerichtliche Entscheidung vorgreiflich ist (LR/*Stuckenberg* § 262 Rn. 4). Über dieses Rechtsverhältnis darf noch n.rk. entschieden worden sein.

7 **II. Entscheidung des Strafgerichts.** Die Entscheidung des Strafgerichts steht in dessen **pflichtgemäßem Ermessen**. Bei der Entscheidung sind die Bedeutung der Strafsache, die Schwierigkeit der zu beurteilenden Vorfrage und deren Bedeutung für das anhängige Verfahren mit dem Grundsatz der Verfahrensbeschleunigung abzuwägen (Meyer-Goßner/Schmitt § 262 Rn. 11). Die Aussetzung kann schon vor Erlass des Eröffnungsbeschlusses erfolgen (Meyer-Goßner/Schmitt § 262 Rn. 9). Aus § 332 ergibt sich, dass sie auch noch im Berufungsverfahren angeordnet werden kann. Ob auch im Re-

visionsverfahren nach Abs. 2 verfahren werden kann, ist umstritten (BayObLGSt 1994, 74; LR/ *Stuckenberg* § 262 Rn. 40 m.w.N.). Für eine Ermessensausübung ist **kein Raum**, wenn nur ein anderes Gericht mit – den Strafrichter bindender – Wirkung über eine entscheidungserhebliche Vorfrage entscheiden kann (Rn. 4).

III. Verfahren. Das Gericht entscheidet über die Aussetzung durch **Beschluss**; wird sie abgelehnt, ist   8
dieser gem. § 34 zu begründen (KK-StPO/*Kuckein* § 262 Rn. 9; LR/*Stuckenberg* § 262 Rn. 49; a. A. *Meyer-Goßner/Schmitt* § 262 Rn. 13 unter Bezugnahme auf RGSt 57, 44; noch weiter gehend SK-StPO/*Schlüchter/Velten* § 262 Rn. 19). Vor der Entscheidung sind die Verfahrensbeteiligten zu hören (§ 33 Abs. 1, Abs. 2 i.V.m. Abs. 3). Enthält der Beschluss die Aufforderung zur Klageerhebung, ist er im Hinblick auf die Fristbestimmung gem. § 35 Abs. 2 Satz 1 bekannt zu machen (a. A. zur Zustellung LR/*Stuckenberg* § 262 Rn. 50). Die Fristsetzung kann ggü. jeder an dem Verfahren beteiligten Person erfolgen (*Meyer-Goßner/Schmitt* § 262 Rn. 12). Eine Verpflichtung zur Erhebung der Klage wird dadurch nicht begründet; der Betroffene muss jedoch möglicherweise Nachteile in dem strafgerichtlichen Verfahren in Kauf nehmen (KK/*Kuckein* Rn. 10). Mit der Aussetzung ist regelmäßig nicht das Ruhen der Strafverfolgungsverjährung verbunden, es sei denn, es besteht eine Pflicht zur Aussetzung (vgl. etwa § 396 Abs. 3 AO; zu Art. 100 Abs. 1 GG vgl. BGHSt 24, 6; s. auch *Radtke/Hohmann/Britz* § 262 Rn. 15; SK-StPO/*Schlüchter/Velten* § 262 Rn. 26).

D. Rechtsmittel. I. Beschwerde. Die **Beschwerde** gegen den eine Aussetzung anordnenden   9
Beschluss ist gem. § 305 Satz 1 ebenso wenig statthaft wie eine solche gegen einen Beschluss, die die Aussetzung ablehnt (RGSt 43, 179 [181]; *Meyer-Goßner/Schmitt* § 262 Rn. 16; LR/*Stuckenberg* § 262 Rn. 57). Eine Beschwerde nach § 304 wird jedoch dann für statthaft gehalten, wenn zur Begründung geltend gemacht wird, die rechtlichen und tatsächlichen Voraussetzungen des Abs. 2 seien nicht gegeben (OLG Düsseldorf MDR 1992, 989; *Meyer-Goßner/Schmitt* § 262 Rn. 16; LR/*Stuckenberg* § 248 Rn. 58). Dieser Ansicht ist zuzustimmen; führt die Entscheidung nach Abs. 2 zu einer Verfahrensverzögerung, fehlt es dieser an dem für den Ausschluss der Beschwerde nach § 305 Satz 1 erforderlichen inneren Zusammenhang mit der Urteilsfindung (vgl. dazu LR/*Matt* § 305 Rn. 2; wie hier *Meyer-Goßner/Schmitt* und *Stuckenberg*, jeweils a.a.O.). Die **Anfechtung der Fristsetzung** zur Klageerhebung ist mangels Beschwer ausgeschlossen (RGSt 42, 179 [181]; OLG Hamm NJW 1978, 283; *Meyer-Goßner/Schmitt* a.a.O.).

II. Revision. Da dem Strafrichter bei seiner Entscheidung über die Aussetzung vom Gesetz ein weites   10
Ermessen eingeräumt ist, wird die Beanstandung, er sei fehlerhaft nicht nach Abs. 2 verfahren, kaum Erfolg haben (BGH NStZ 1985, 125; OLG Düsseldorf StV 1995, 459; allg. M.). Fälle, in denen eine solche Rüge unter dem Gesichtspunkt einer **Verletzung der Aufklärungspflicht** (§ 244 Abs. 2) Erfolg haben kann, dürften ebenfalls auf seltene Ausnahmen beschränkt sein (BGH NStZ 1985, 125; SK-StPO/*Schlüchter/Velten* § 262 Rn. 28; LR/*Stuckenberg* § 262 Rn. 61; anders wohl KK-StPO/*Kuckein* § 262 Rn. 13 unter Hinweis auf OLG Saarbrücken JBl. Saar 1964, 208). Als Verfahrensfehler kann jedoch gerügt werden, dass der Strafrichter **zu Unrecht eine Bindung an ein anderes Urteil angenommen** und dieses seiner Entscheidung zugrunde gelegt hat (*Meyer-Goßner/Schmitt* § 262 Rn. 17; KK-StPO/ *Kuckein* § 262 Rn. 13).

§ 263 StPO Abstimmung.

(1) Zu jeder dem Angeklagten nachteiligen Entscheidung über die Schuldfrage und die Rechtsfolgen der Tat ist eine Mehrheit von zwei Dritteln der Stimmen erforderlich.
(2) Die Schuldfrage umfasst auch solche vom Strafgesetz besonders vorgesehene Umstände, welche die Strafbarkeit ausschließen, vermindern oder erhöhen.
(3) Die Schuldfrage umfasst nicht die Voraussetzungen der Verjährung.

A. Grundsätzliches und Regelungsgehalt. I. Allgemeines. Gerichtliche Entscheidun-   1
gen ergehen gem. § 196 Abs. 1 GVG mit der absoluten Mehrheit der Stimmen, **soweit das Gesetz nicht ein anderes bestimmt.** Indem § 263 eine Zweidrittelmehrheit der Stimmen für jede dem Angeklagten

§ 263 StPO Abstimmung

nachteilige Entscheidung über die Schuldfrage und die Rechtsfolgen der Tat fordert, ist diese Vorschrift eine andere Bestimmung i.S.d. § 196 GVG. Zwei weitere, im strafrechtlichen Revisionsverfahren bedeutsame »andere« Bestimmungen in diesem Sinne sind § 349 Abs. 2 für eine dem Angeklagten nachteilige, § 349 Abs. 4 für eine ihn begünstigende Entscheidung.

2 **II. Erforderliche Mehrheiten.** Die Mehrheit von zwei Dritteln der Stimmen erfordert beim Schöffengericht, beim Jugendschöffengericht und in der kleinen Strafkammer zwei, im erweiterten Schöffengericht, in der erweiterten keinen Strafkammer (§ 76 Abs. 3 Satz 1 GVG) und in der gem. § 76 Abs. 2 GVG bzw. § 33b JGG besetzten (Jugend-)Strafkammer drei und in der mit drei Berufsrichtern und zwei Schöffen besetzten großen Strafkammer sowie in einem erstinstanzlich tätigen Senat des OLG vier Stimmen. Eine Verurteilung liegt gem. § 465 Abs. 1 Satz 2 auch vor bei Absehen von Strafe oder einer Verwarnung mit Strafvorbehalt (LR/*Wickern* § 196 GVG Rn. 1).

3 **III. Verhältnis zu § 196 GVG.** Im Verhältnis zu § 196 GVG ist die Bestimmung **lex specialis**, jedoch nur für den in § den in § 263 Abs. 1 und 2 aufgeführten Katalog von Entscheidungen. § 196 Abs. 2 hat also auch in Strafsachen Bedeutung, etwa dann, wenn im Adhäsionsverfahren oder im Verfahren nach dem StrEG über Geldsummen zu befinden ist (LR/*Wickern* § 196 GVG Rn. 5). § 196 Abs. 3 bleibt im Strafverfahren ebenfalls ein, wenn auch kaum bedeutsamer und auf »die Straffrage« begrenzter, Anwendungsbereich in Fällen der Stimmenverschiedenheit.

4 **B. Anwendungsbereich. I. Schuldfrage. 1. Allgemeines.** Im Unterschied zur Straffrage ist die Entscheidung über die Schuldfrage nicht teilbar; es gilt der Grundsatz der sog. **Totalabstimmung** (LR/*Stuckenberg* § 263 Rn. 11). Eine Abstimmung nach einzelnen Tat- oder Rechtsfragen ist nicht zulässig (BGH DRiZ 1976, 319). Abzustimmen ist deshalb – ungeachtet der im Einzelfall zulässigen Klärung von Teilfragen durch nicht bindende Einzelabstimmungen (BGH bei *Holtz* MDR 1976, 989; vgl. auch *Meyer-Goßner/Schmitt* § 263 Rn. 2; LR/*Stuckenberg* § 263 Rn. 11) – darüber, ob der Angeklagte die ihm vorgeworfene, bestimmten Straftat tatbestandsmäßig, rechtswidrig und schuldhaft begangen hat (KK-StPO/*Kuckein* § 263 Rn. 3). Bei mehreren Straftaten ist auch im Fall von Tateinheit über jede Tat einzeln abzustimmen (LR/*Stuckenberg* § 263 Rn. 11).

5 **2. Umstände nach Abs. 2.** Zu den **Umständen, die die Strafbarkeit ausschließen**, gehören zum einen alle gesetzlichen Rechtfertigungsgründe unter Einschluss derjenigen außerhalb des StGB, zum anderen alle Strafaufhebungs- und Schuldausschließungsgründe sowie der Tatbestandsirrtum (*Meyer-Goßner/Schmitt* § 263 Rn. 4; KK-StPO/*Kuckein* § 262 Rn. 4). **Umstände, die die Strafbarkeit vermindern**, sind die gesetzlich normierten Privilegierungen wie etwa §§ 213 Fall 1, 216, 248a, 263 Abs. 4 StGB. Unter den **Umständen, die die Strafbarkeit erhöhen**, versteht das Gesetz die Strafschärfungsgründe, in denen die betreffenden tatsächlichen Voraussetzungen für die Strafschärfung umschrieben sind (sog. **benannte Strafschärfungsgründe**). Über das Vorliegen eines unbenannten Regelbeispiels bzw. eines unbenannten besonders schweren Falles ist i.R.d. Entscheidung zur Straffrage abzustimmen (LR/*Stuckenberg* § 263 Rn. 9). Zu den straferhöhenden Umstände i.S.d. Abs. 2 sind auch die durch den Erfolg qualifizierten Deliktstatbestände zu rechnen, ebenso die personenbezogenen Strafschärfungsgründe wie etwa die Amtsträgereigenschaft (*Meyer-Goßner/Schmitt* § 263 Rn. 6).

6 **II. Rechtsfolgen der Tat. Entscheidungen zum Rechtsfolgenausspruch**, die einer **Mehrheit von zwei Dritteln** bedürfen, sind solche zur Anwendung von Erwachsenen- oder Jugendrecht (BGHSt 5, 207 [209]), zu den einzelnen Sanktionen nach den Vorschriften des StGB, des JGG sowie der strafrechtlichen Nebengesetze und deren Höhe im Einzelfall, zum Vorliegen unbenannter Strafschärfungsgründe bzw. eines minder schweren Falles, zur Anwendung des § 47 StGB, zur Strafaussetzung zur Bewährung und zur Straffreierklärung (§ 199 StGB). Ferner rechnen dazu die Entscheidungen über die Anordnung von Maßregeln der Besserung und Sicherung (allg. M.; vgl. nur *Meyer-Goßner/Schmitt* § 263 Rn. 8). Nicht zum Strafausspruch, aber zu den Rechtsfolgen der Tat im weiteren Sinne gehört auch die **Entscheidung über die Kompensation für eine konventionswidrige Verfahrensverzögerung** nach den Grundsätzen der sog. Vollstreckungslösung (BGHSt 54, 135 [137 f.]). Auch insoweit bedarf es also einer Mehrheit von zwei Dritteln der Stimmen.

III. Absolute Stimmenmehrheit. Bei allen weiteren vom erkennenden Gericht zu entscheidenden 7
Fragen reicht die absolute Stimmenmehrheit aus, verbleibt es also bei der Regelung des **§ 196 Abs. 1
GVG**. Dies betrifft abgesehen von der Frage der **Verjährung** das Vorliegen aller anderen **Verfahrensvoraussetzungen** und die Entscheidung über die **objektiven Bedingungen der Strafbarkeit** (*Meyer-Goßner/Schmitt* § 263 Rn. 1; KK-StPO/*Kuckein* § 263 Rn. 8; str.; a. A. für objektive Bedingungen der Strafbarkeit LR/*Stuckenberg* § 263 Rn. 6 m.w.N.). In den Anwendungsbereich fallen ferner die Entscheidungen im Rahmen eines Adhäsionsantrags oder über die Entschädigung für erlittene Strafverfolgungsmaßnahmen nach dem StrEG, ebenso Kosten- und Auslagenentscheidungen (RGSt 39, 293; KK-StPO/*Kuckein* § 263 Rn. 8; LR/*Stuckenberg* § 263 Rn. 17). Sind i.R.d. Urteilsberatung Entscheidungen über Verfahrensfragen erforderlich, genügt auch hier die einfache Stimmenmehrheit (LR/*Stuckenberg* § 263 Rn. 16).

C. Abs. 3. Die Bestimmung stellt ausdrücklich klar, dass die Schuldfrage nicht die **Voraussetzungen der Verjährung** umfasst. Diese gesonderte Erwähnung hat lediglich historische Gründe (SK-StPO/*Schlüchter/Velten* § 263 Rn. 14). 8

D. Revision. I. Allgemeines. Revisionsrechtlich hat die Rüge der Verletzung von § 263 nur geringe praktische Bedeutung. Zwar können Verfahrensfehler (vgl. insoweit RGZ 38, 412 zu § 196 GVG) bei der Abstimmung (bspw. unrichtige Auszählung der Stimmen oder nicht ausreichende Mehrheit) im Revisionsverfahren gem. § 337 gerügt werden; der insoweit nach § 344 Abs. 2 Satz 2 erforderliche konkrete, mit Tatsachen belegte Rügevortrag scheitert jedoch regelmäßig schon im Ansatz am **Beratungsgeheimnis gem. § 43 DRiG**. Die bloße Behauptung, die Abstimmung innerhalb des Spruchkörpers sei fehlerhaft erfolgt, genügt nicht (RGSt 26, 202; 61, 218; KK-StPO/*Kuckein* § 263 Rn. 9). Die Mitglieder des erkennenden Gerichts können unter keinem denkbaren rechtlichen Gesichtspunkt gezwungen werden, etwa im Revisionsverfahren auf eine entsprechende Verfahrensrüge hin ihr Abstimmungsverhalten offenzulegen (RGSt 26, 202; BGH DRiZ 1976, 319; KK-StPO/*Kuckein* § 263 Rn. 9). Es bleibt die Möglichkeit der **Abgabe einer dienstlichen Äußerung in eigener Verantwortung**, etwa nach Anheimgabe seitens des Revisionsgerichts (LR/*Stuckenberg* § 263 Rn. 19; zu weitgehend *Kissel/Mayer* GVG § 193 Rn. 12 ff.). Davon sollte jedoch nur mit größter Zurückhaltung und deshalb **nur in Ausnahmefällen** Gebrauch gemacht werden, etwa dann, wenn die Art der Abstimmung Gegenstand von Meinungsverschiedenheiten unter den Mitgliedern des erkennenden Gerichts ist (LR/*Wickern* § 194 GVG Rn. 48). Denkbar ist dies auch bei einem offensichtlichen Gesetzesverstoß, der möglicherweise den Vorwurf einer Rechtsbeugung (§ 339 StGB) beinhaltet (OLG Naumburg NJW 2008, 3585) oder in Fällen, in denen der Tatrichter Abstimmungsfehler selbst entdeckt hat (*Meyer-Goßner/Schmitt* § 263 Rn. 9; LR/*Wickern* § 193 GVG Rn. 49; KK-StPO/*Kuckein* § 263 Rn. 9). 9

II. Abgrenzung. Die Rüge, es habe keine Beratung stattgefunden, dürfte regelmäßig auf die Beanstandung hinauslaufen, das Gericht habe § 260 Abs. 1 verletzt (BGHSt 19, 156 [157]; BGH NJW 1987, 3210; unklar LR/*Stuckenberg* § 263 Rn. 19). Behauptet der Beschwerdeführer, die Urteilsgründe stünden in Widerspruch zum Beratungsergebnis, kommt (auch) eine Verletzung von § 267 in Betracht. 10

§ 264 StPO Gegenstand des Urteils.
(1) Gegenstand der Urteilsfindung ist die in der Anklage bezeichnete Tat, wie sie sich nach dem Ergebnis der Verhandlung darstellt.
(2) Das Gericht ist an die Beurteilung der Tat, die dem Beschluß über die Eröffnung des Hauptverfahrens zugrunde liegt, nicht gebunden.

A. Grundsätzliches. § 264 regelt den **Prozessgegenstand** (oder gleichbedeutend den **Verfahrensgegenstand**). In Konsequenz des Akkusationsprinzips darf nur die in der Anklage bezeichnete Tat Gegenstand des Hauptverfahrens sein. Damit wird mit dem Tatbegriff zum einen der Umfang der Rechtshängigkeit, zum anderen der Umfang der Rechtskraft bestimmt (KMR/*Stuckenberg* § 264 Rn. 3). 1

§ 264 StPO   Gegenstand des Urteils

2   **I. Eingrenzung der Urteilsgrundlage.** Nur die in der Anklage bezeichnete Tat in der Gestalt, die sie nach dem Ergebnis der Hauptverhandlung erhalten hat, ist **die Grundlage der Urteilsfindung** des Gerichts (*Kühne* Rn. 991). Dies dient der klaren Eingrenzung des Prozessstoffes und damit der **Kognitionspflicht und -macht** des Gerichts (AnwK-StPO/*Martis* § 264 Rn. 1; LR/*Stuckenberg* § 264 Rn. 37). Zugleich wird dem Angeklagten eine effektive Verteidigung ermöglicht, weil der Umfang des Tatvorwurfs feststeht. Die Norm ist damit Ausdruck des **fair trial**-Gebotes des Art. 6 EMRK (*Roxin/Schünemann* § 20 Rn. 2). Entsprechend kann es notwendig sein, die Hauptverhandlung auszusetzen oder zu unterbrechen, um eine sachgerechte Vorbereitung der Verteidigung zu gewährleisten, § 265 Abs. 4 (BGHSt 19, 88 [89]).

3   **II. Bestimmung der Reichweite des Strafklageverbrauchs.** Daneben ist die prozessuale Tat auch Grundlage zur Bestimmung der Grenzen des Strafklageverbrauchs. Der Tatbegriff des Abs. 1 ist dabei sowohl für beide Zwecke **einheitlich** zu sehen als auch identisch mit dem des Art. 103 Abs. 3 GG (st. Rspr. seit RGSt 21, 78 [80]; BVerfGE 45, 434 [435]; KMR/*Stuckenberg* § 264 Rn. 6). Dabei kommt es nicht darauf an, welche Handlungen das Gericht tatsächlich abgeurteilt hat, sondern lediglich darauf, was es im Rahmen seiner Kognitionspflicht hätte berücksichtigen können und müssen (BayObLG NJW 1965, 2211 [2213]); denn Art. 103 Abs. 3 GG bezieht das Doppelbestrafungsverbot auf die Tat und nicht auf das Urteil (*Fezer* Strafprozeßrecht Rn. 18/49). Aspekte der materiellen Gerechtigkeit, die eine Urteilskorrektur verlangen könnten, hat der Gesetzgeber systematisch auf die Wiederaufnahme nach den §§ 359 ff. verwiesen. Deswegen ist Versuchen der Rechtsprechung, im Bereich terroristischer Straftaten **ausnahmsweise** die Identität des Tatbegriffs aufzuweichen und für die Rechtskraft dessen weiteren Umfang zu behaupten (BVerfGE 56, 22 [35 f.]; BGHSt 29, 288 [297]), zu widersprechen (*Roxin/Schünemann* § 20 Rn. 2).

4   **B. Die prozessuale Tat. I. Definition.** Der prozessuale Tatbegriff stellt bereits seit den Anfängen des Preußischen Obertribunals nicht auf die rechtliche Bewertung einer bestimmten Tat ab, sondern auf die äußeren Umstände der Tat, also das **tatsächliche Geschehen** (PreußObTrib GA 1 [1853], 114 [115]). Das Verständnis ist um eine normative Komponente erweitert worden, wonach bei Übereinstimmung der »wesentlichen Momente [des] historischen Vorkommnisses« Tatidentität anzunehmen ist (RGSt 5, 249 [250]). Die prozessuale Tat bezeichnet demnach einen **einheitlichen geschichtlichen Vorgang**, der nach der Auffassung des Lebens eine Einheit bildet (BGHSt 32, 215 [216]; 35, 14 [17]). Dies ist dann der Fall, wenn zwischen den verschiedenen tatsächlichen Elementen ein innerer Zusammenhang dergestalt besteht, dass eine getrennte Aburteilung in verschiedenen erstinstanzlichen Verfahren den gesamten Vorgang unnatürlich aufspalten würde (BVerfGE 45, 434 [436]; BGHSt 49, 359 [362]; 59, 4 [8]; Graf/*Eschelbach* § 264 Rn. 5; *Meyer-Goßner/Schmitt* § 264 Rn. 3).

5   Das verlangt eine **Einzelfallbetrachtung** (BGH NStZ-RR 2012, 355 [356]). Eine allgemeine Bestimmung der »Tat« ist insofern nicht möglich; eine pauschale Betrachtung verbietet sich (BGHSt 13, 21 [25]). Das bloße Vorliegen örtlichen oder zeitlichen Zusammenhangs genügt für sich genommen nicht (BGHSt 23, 270 [273]). So sind verschiedene sexuelle Übergriffe zu verschiedenen Zeiten in verschiedenen Zimmern des gleichen Hauses selbständige Taten (BGH NStZ-RR 2009, 146 [147]). Gleiches gilt bei sexuellen Übergriffen in der Wohnung des Opfers und einem weiteren Übergriff in einem Wohnwagen auf einem Campingplatz (BGH StraFo 2009, 71). Auch ein logischer Zusammenhang mehrerer Vorgänge allein reicht nicht aus, um eine einheitliche Tat anzunehmen. Umgekehrt können auch sachlich-rechtlich selbständige Taten prozessual eine Tat i.S.d. § 264 darstellen.

6   Der Tatbegriff entspricht demjenigen des § 200 Abs. 1 Satz 1 (BGH -GS- 56, 109 [114]; NStZ 2012, 85). S. dazu § 200 Rdn. 5.

7   Im **europäischen** Kontext wird der Tatbegriff ebenso beim Strafklageverbrauch relevant. Der **EuGH** hat ihn i.R.d. europäischen ne bis in idem des **Art. 54 SDÜ** in ähnlicher Weise wie die deutsche Rechtsprechung faktenorientiert verstanden. Gleiches hat für den als Primärrecht vorrangigen Art. 50 GrCh zu gelten (*Radtke* NStZ 2012, 479 [482]). Da das europäische ne bis in idem primär dem Schutz der Freizügigkeit und des Bürgerfriedens dient und nicht zuerst die Effektivität der Strafrechtspflege im Blick hat, ist der Tatbegriff weit und subjektiv-individualistisch zu sehen. Die Tat ist demnach ein Komplex von Tatsachen, welche in zeitlicher und räumlicher Hinsicht sowie nach ihrem Zweck unlösbar miteinander verbunden sind (EuGH NJW 2006, 1781 [1782]; BGHSt 59, 120 [125]). In wertender

Rechtsvergleichung ist nun auch der **EGMR** auf diese Linie eingeschwenkt und sieht in der Tat i.S.d. Art. 4 des 7. Zusatzprotokolls zur EMRK nicht mehr die juristische Bewertung als entscheidend an, sondern die Umstände des Lebenssachverhalts (EGMR, Urt. v. 10.02.2009 – 14939/03 – Zolotukhin; *Jung* GA 2010, 472 [474 f.]).

II. Verhältnis zum materiell-rechtlichen Tatbegriff. Vom materiell-rechtlichen Tatbegriff der 8
§§ 52, 53 StGB ist der prozessuale grds. unabhängig. Natürliche Handlungseinheit indiziert jedoch regelmäßig das Vorliegen einer einheitlichen prozessualen Tat (BGHSt 57, 175 [179]; 59, 120 [124]; stets für Tatidentität BGHSt 59, 4 [9]; SK-StPO/*Velten* § 264 Rn. 14; HK-GS/*Brehmeier-Metz* § 264 Rn. 1; *Meyer-Goßner/Schmitt* § 264 Rn. 6, anders dann *ders.* Rn. 6a). Andererseits ist bei Vorliegen materiell-rechtlicher Tatmehrheit nicht zwingend von mehreren prozessualen Taten auszugehen. Entscheidend ist vielmehr der sachliche und innere Zusammenhang der Vorgänge zueinander. Eine allgemeingültige Faustformel verbietet sich.

1. Materiell-rechtliche Tateinheit. Das Vorliegen einer materiell-rechtlichen **natürlichen Hand-** 9
lungseinheit ist ein starkes Indiz für die Annahme einer einheitlichen prozessualen Tat (BVerfGE 56, 22 [32 f.]). Bei Vorliegen von Organisationsdelikten und damit zusammentreffenden Kapitalverbrechen kann das anders zu bewerten sein (vgl. Rdn. 11).

U.a. im Bereich der Betäubungsmittel-Kriminalität werden alle Betätigungen, die sich auf den Absatz 10
einer in einem Akt erworbenen Menge Betäubungsmittel beziehen, als **Bewertungseinheit** zusammengefasst und bilden danach eine Tat (BGH NJW 2002, 1810 [1811]; bei funktionsbezogener Einheit BGHSt 46, 6 [11 ff.]). Hinsichtlich der Taten, die in die Bewertungseinheit fallen, wird daher die Strafklage auch dann verbraucht, wenn das Gericht von den einzelnen Absatzhandlungen bei seinem Urteil keine Kenntnis hatte.

Dauerdelikte bilden eine einheitliche Tat (BGH StV 1999, 643). Andere Taten, die in den zeitlichen 11
Bereich des Dauerdeliktes fallen und die hierzu in materieller Tateinheit stehen, bilden mit dem Dauerdelikt i.d.R. auch eine einheitliche prozessuale Tat. Ausnahmsweise sollen jedoch zwei verschiedene prozessuale Taten dann anzunehmen sein, wenn zwischen Dauerdelikt und der weiteren Tat so gewichtige Unterschiede in Tatmodalität und angegriffenem Rechtsgut bestehen, dass sich eine einheitliche Betrachtung verbietet, bspw. bei der Mitgliedschaft in einer terroristischen Vereinigung und eines in den Zeitraum der Mitgliedschaft fallenden Mordes (BGHSt 29, 288 [293]). Richtiger sollte hier schon materiell-rechtlich die tatbestandliche Handlungseinheit verneint werden (SSW-StGB/*Eschelbach* § 52 Rn. 44). Entsprechendes gilt bei unerlaubtem Waffenbesitz und Tötung unter Nutzung der illegalen Waffe (BGHSt 36, 151 [153]). Entscheidend ist, ob das Dauerdelikt den natürlichen Lebensvorgang prägt und dadurch die verklammerten Taten als Elemente eines Gesamtvorgangs erscheinen lässt. Jedenfalls ist die Möglichkeit der Verklammerung dann ausgeschlossen, wenn eines der zu verklammernden Delikte schwerer wiegt als die Dauerstraftat (BGH NStZ 1997, 508; *Meyer-Goßner/Schmitt* § 264 Rn. 6b).

Umfasst der in der Anklage geschilderte tatsächliche Sachverhalt eine **mitbestrafte Vor- oder Nachtat**, 12
ist es unerheblich, ob es sich um eine einheitliche oder mehrere unabhängige prozessuale Taten handelt. Dem Gericht ist dann der gesamte Sachverhalt zur Entscheidung unterbreitet. Ist dem Gericht jedoch nur der Sachverhalt bzgl. eines der Delikte unterbreitet und ist der Angeklagte deswegen nicht strafbar, kommt eine Verurteilung aufgrund der Vor- oder Nachtat nur dann in Betracht, wenn beide Delikte eine einheitliche prozessuale Tat bilden. Ob dies der Fall ist, bestimmt sich nach den allgemeinen Grundsätzen. Kommen danach nur zwei selbständige Taten in Betracht, muss das Gericht freisprechen, wenn nicht wegen der anderen Tat Nachtragsanklage erhoben wird.

2. Einzelfälle. Die falsche uneidliche Aussage, die mehrere falsche Angaben enthält, ist eine prozes- 13
suale Tat (BGHSt 15, 274 [276]). In Tateinheit begangene **Tötungshandlungen** bzgl. verschiedener Opfer sind mehrere prozessuale Taten, weil sich jede Tötungshandlung von der anderen bereits durch die Identität der Opfer stark unterscheidet, auch wenn ein enger zeitlicher und räumlicher Zusammenhang vorliegt (BGH StraFo 2008, 383 [384]). Etwas anderes kann nur gelten, wo ein enger situativer Zusammenhang besteht und der Täter seine Angriffe nicht gegen einzelne individualisierte Personen, sondern wie zufällig gegen eine Personenmehrzahl richtet (BGH StraFo 2008, 383 [384]). Der Genuss

von Betäubungsmitteln bildet mit dem Führen von Kraftfahrzeugen keine prozessuale Tat, wenn es an einem inneren Beziehungszusammenhang fehlt (KG NStZ-RR 2012, 155 [156]).

14 **3. Materiell-rechtliche Tatmehrheit.** Von materiell-rechtlicher Tatmehrheit darf nicht ohne Weiteres auf das Vorliegen mehrerer prozessualer Taten geschlossen werden. Es gelten vielmehr die dargestellten Grundsätze. Zu fragen ist somit nach dem inneren Zusammenhang der Delikte. Lässt sich ein solcher nicht bejahen, liegen mehrere prozessuale Taten vor, wovon i.d.R. auszugehen ist (BGHSt 35, 14 [18]; 59, 4 [9]; Radtke/Hohmann/*Radtke* § 264 Rn. 47).

15 **4. Einzelfälle.** Körperverletzung und unterlassene Hilfeleistung bzgl. des Angegriffenen bilden eine einheitliche prozessuale Tat. Ebenso der durch Trunkenheitsfahrt verursachte **Verkehrsunfall** und das anschließende Entfernen vom Unfallort (BGHSt 23, 141 [150]; 24, 185 [186]), obgleich materiell-rechtlich Tatmehrheit vorliegen soll. Eine weitere prozessuale Tat kann jedoch vorliegen, wenn nach der Unfallflucht eine weitere selbständige Straßenverkehrsgefährdung eintritt (BGHSt 23, 141 [151]). Versuchte Anstiftung zur Tötung und späterer eigenhändiger Mord der Ehefrau sind verschiedene Taten (BGH NStZ 2000, 216). Eine Körperverletzung, die das Opfer zur Flucht aus der Wohnung veranlasst, und späterer Diebstahl eines Handys aus der Wohnung sind zwei selbständige Taten (BGH, Beschl. v. 09.04.2008 – 3 StR 86/08). Keine einheitliche, sondern zwei unabhängige Taten bilden der unerlaubte Besitz von explosionsgefährdeten Stoffen sowie von Betäubungsmitteln, selbst wenn die Besitzzeiträume teilidentisch sind (KG NStZ-RR 2008, 48 [49]).

16 **C. Konsequenzen der prozessualen Tat.** Eine einheitliche Tat kann nur **vollständig abgeurteilt** werden, Teilurteile sind nicht möglich; auch nicht durch Verweisung des übrig bleibenden Teils an ein anderes Gericht (RGSt 61, 225 [226]). Der Verbrauch der Strafklage tritt auch ein, wenn das Gericht über einen Teil der ihm zur Entscheidung unterbreiteten Tat nicht entscheidet oder sich eine spätere Aburteilung eines Teils der Tat rechtsirrig vorbehält. Eine dahin gehende Erklärung des Gerichts ist ohne rechtliche Wirkung (BGHSt 18, 381 [386]).

17 Demgemäß muss sich auch der Verfolgungswille der **StA** immer auf die gesamte prozessuale Tat beziehen, eine Beschränkung innerhalb einer Tat ist nicht möglich (BGHSt 16, 200 [202]; *Meyer-Goßner/ Schmitt* § 264 Rn. 7a). Eine vorläufige Beschränkung innerhalb einer prozessualen Tat kann die StA einzig im Wege von § 154a Abs. 1 vornehmen, das Gericht kann die ausgeschiedenen Teile jedoch jederzeit – auch ohne Zustimmung der StA – wieder einbeziehen, § 154a Abs. 3. Eine Verfolgungsbeschränkung nach § 154 Abs. 1 bezieht sich hingegen immer auf eine vollständige andere prozessuale Tat. In diesem Fall hat das Gericht nicht die Möglichkeit, die eingestellte Tat selbständig wieder einzubeziehen und zur Grundlage seines Urteils zu machen. Das Recht zur Erhebung der Klage bzw. Nachtragsanklage ist der StA vorbehalten. Ein gleichwohl über eine solche Tat gefälltes Urteil leidet an der Prozessvoraussetzung der Anklageerhebung und ist aufzuheben; das Verfahren ist einzustellen.

18 Außerhalb der angeklagten Tat liegende Umstände können insoweit Eingang in das Urteil finden, als sie zur Beurteilung von Tat oder Täter hilfreich sind, etwa i.R.d. Strafzumessung (BGH NStZ-RR 1997, 130; a. A. HK-StPO/*Julius* § 264 Rn. 3).

19 Im **Berufungsverfahren** ist die Grundlage der Urteilsfindung die zur Anklage zugelassene prozessuale Tat und nicht etwa die Feststellungen des angegriffenen Urteils der ersten Instanz selbst (RGSt 62, 130).

20 **D. Umgestaltung der Strafklage, Abs. 2. I. Grundsatz.** Das Gericht ist grds. nicht gehindert, die Tat **abweichend von der rechtlichen Bewertung** der StA zu beurteilen, solange es dabei die Grenzen der angeklagten prozessualen Tat nicht verlässt (vgl. § 206 Rdn. 1). Es ist auch nicht an die vorläufige Bewertung im Eröffnungsbeschluss gebunden (BGHSt 23, 270 [275]; Graf/*Eschelbach* § 264 Rn 17). Deshalb sind im Laufe der Hauptverhandlung gewonnene Erkenntnisse zu berücksichtigen, sofern sich dadurch nicht die Identität der Tat verändert. Will das Gericht von der bisherigen rechtlichen Beurteilung der Tat abweichen, ist die Hinweispflicht nach § 265 zu beachten.

21 Das Gericht ist im Gegenteil sogar dazu verpflichtet, auch ohne Antrag der StA und ohne Bindung an die Einschätzung der Anklagebehörde den Unrechtsgehalt des Sachverhalts **vollständig auszuschöpfen** (BGH NStZ 2006, 350 [351]; NStZ 2014, 599 [600]). Ggf. hat ein Hinweis nach § 265 Abs. 1 zu erfolgen. Wird das gesamte strafrechtlich relevante Verhalten rechtsfehlerhaft nicht umfassend geprüft und abgeurteilt, verbraucht das Urteil gleichwohl die Strafklage hinsichtlich aller in die prozessuale

Tat fallenden Delikte (BGH NStZ 1991, 548 [549]). Dies gilt selbst dann, wenn das infrage stehende Verhalten per Strafbefehl geahndet wird (BVerfG NJW 1984, 604 [605]).

Stehen einer Aburteilung der Tat **Prozesshindernisse** entgegen, kann dieser Mangel nicht durch die 22 Umgestaltung der Strafklage überwunden werden. Gleiches gilt, wenn im Laufe des Verfahrens ein Prozesshindernis auftritt. Wird bspw. im Rahmen der prozessualen Tat eine strafbare Handlung offenbar, für die es an einem erforderlichen Strafantrag fehlt, kann die Verurteilung nicht auf diese Handlung erstreckt werden (BGHSt 17, 157 [158]).

Andere als die von der prozessualen Tat umfassten Verhaltensweisen des Angeklagten können nur nach 23 § 266 im Wege der **Nachtragsanklage** zum Gegenstand der Hauptverhandlung gemacht werden. Hierzu bedarf es der Zustimmung des Angeklagten (vgl. § 266 Rdn. 15). So kann bei einer Anklage wegen nicht nachweisbarer Brandstiftung nicht ohne Nachtragsanklage wegen unterlassener Hilfeleistung verurteilt werden, wenn der Angeklagte zum brennenden Haus zurückkehrt und es unterlässt, die gefährdeten Personen zu warnen (BGH NStZ 2009, 286).

II. Einzelfälle. Diebstahl oder Betrug bzgl. desselben Gegenstandes sind eine einheitliche Tat, Straf- 24 klageverbrauch tritt ein (PreußObTrib GA 6 [1858] 557 [558]). Ebenso Diebstahl oder Hehlerei am selben Gegenstand (RGSt 5, 249 [251]), Betrug statt Unterschlagung oder umgekehrt, sofern das Tatobjekt identisch ist (RGSt 46, 218 [220]).

E. Revision. Ob sich das Gericht bei der Urteilsfindung im Rahmen der angeklagten Tat bewegt 25 hat, ist von Amts wegen zu überprüfen und muss daher nicht eigens gerügt werden (*Meyer-Goßner/ Schmitt* Einl. Rn. 150). Gründet die Verurteilung auf einer Tat, die nicht Gegenstand der Anklage war, liegt ein Verfahrenshindernis vor, wenn es sich dabei um die einzige Tat handelt. Liegen mehrere Taten vor, und ist eine davon nicht angeklagt, wird bei einem Freispruch i.Ü. das Verfahren bzgl. der nicht angeklagten Tat eingestellt (BGH NJW 2000, 3293 [3294]). Die gegenteilige Ansicht (BayObLG NJW 1994, 2303 [2305]) hält eine Einstellung nicht für erforderlich, weil die anderen Taten nie Gegenstand eines Verfahrens geworden seien. Dies verharmlost das Vorliegen eines Verfahrenshindernisses. Hat eine Verurteilung neben einer nicht angeklagten und damit unzulässigen Verurteilung Bestand, ändert das Revisionsgericht lediglich den Schuldspruch ab. Eine Zurückverweisung findet nicht statt.

Ebenfalls von Amts wegen ist das Verbot der **Doppelbestrafung** oder die entgegenstehende **Rechtshän-** 26 **gigkeit** der gleichen Tat bei einem anderen Gericht zu berücksichtigen. Ist der Angeklagte wegen einer Tat bereits rechtskräftig verurteilt (z.B. durch rechtskräftigen Strafbefehl; BGH NStZ 2012, 709 [710]), steht dies einem erneuten Urteil in der gleichen Sache entgegen, Art. 103 Abs. 3 GG. Für die Frage entgegenstehender Rechtskraft oder Rechtshängigkeit gilt der Grundsatz **in dubio pro reo** (BGH StV 1996, 472 [473]; *Jähnke* GA 1989, 376 [390]). Eine dennoch erfolgte Verurteilung ist aufzuheben, das Verfahren einzustellen.

Hat das Gericht die ihm zur Entscheidung unterbreitete Tat nicht **vollumfänglich** abgeurteilt, ist in 27 aller Regel nur die StA beschwert, der Angeklagte kann eine Revision hierauf nicht stützen (BayObLGSt 1986, 100 [102]). Die nicht erschöpfende Aburteilung ist mit der Sachrüge geltend zu machen (BGH StV 1981, 128; NStZ-RR 2014, 57; Radtke/Hohman/*Radtke* § 264 Rn. 84). Hat das Gericht freigesprochen, ohne zuvor ausgeschiedene Teile der Tat vorher wieder mit einzubeziehen, ist die Verfahrensrüge einschlägig (BGH NStZ 1996, 241; a. A. BGH NStZ 1995, 540: Sachrüge). Zugleich kann ein Verstoß gegen § 261 vorliegen, der zur Aufklärungsrüge berechtigt.

Ein **Freispruch** von einer nicht angeklagten Tat ist aufzuheben, das Verfahren gem. § 206a oder 260 28 Abs. 3 einzustellen (AnwK-StPO/*Martis* § 264 Rn 10); ausnahmsweise gilt hier nicht der Vorrang des Freispruchs vor der Einstellung (BGHSt 46, 130 [136]). Fehlt es bzgl. einer kompletten Tat an einem Urteilsausspruch, was sich durch Vergleich von zugelassener Anklage und dem Schuldspruch ergibt, ist das Verfahren weiterhin beim Ausgangsgericht anhängig; dem Revisionsgericht fehlt daher die Entscheidungsbefugnis in der Sache (BGH NStZ 1993, 551 [552], NStZ 2001, 32 [33]; Graf/*Eschelbach* § 264 Rn. 22).

Wird in zwei Verfahren sukzessive wegen zweier Taten verurteilt, die sich materiell-rechtlich ausschlie- 29 ßen (etwa wegen Hehlerei und der dazu gehörigen Vortat), bedarf es einer **nachträglichen Korrektur**. Diese kann durch Aufhebung des ersten Urteils im Wiederaufnahmeverfahren (LG Saarbrücken NStZ 1989, 546) oder dadurch erfolgen, dass die alte Strafe auf die neue angerechnet wird (BGHSt

35, 60 [66]). Eine Kombination dieser beiden Lösungen wird ebenfalls vertreten (*Meyer-Goßner* FS Salger, S. 345 [353]). Die erste Lösung überzeugt nicht, weil sie nicht zu einer adäquaten Entlastung des Angeklagten führen kann, wenn dessen Strafe bereits vollstreckt worden ist.

§ 265 StPO Veränderung des rechtlichen Gesichtspunktes.

(1) Der Angeklagte darf nicht auf Grund eines anderen als des in der gerichtlich zugelassenen Anklage angeführten Strafgesetzes verurteilt werden, ohne daß er zuvor auf die Veränderung des rechtlichen Gesichtspunktes besonders hingewiesen und ihm Gelegenheit zur Verteidigung gegeben worden ist.
(2) Ebenso ist zu verfahren, wenn sich erst in der Verhandlung vom Strafgesetz besonders vorgesehene Umstände ergeben, welche die Strafbarkeit erhöhen oder die Anordnung einer Maßregel der Besserung und Sicherung rechtfertigen.
(3) Bestreitet der Angeklagte unter der Behauptung, auf die Verteidigung nicht genügend vorbereitet zu sein, neu hervorgetretene Umstände, welche die Anwendung eines schwereren Strafgesetzes gegen den Angeklagten zulassen als des in der gerichtlich zugelassenen Anklage angeführten oder die zu den im zweiten Absatz bezeichneten gehören, so ist auf seinen Antrag die Hauptverhandlung auszusetzen.
(4) Auch sonst hat das Gericht auf Antrag oder von Amts wegen die Hauptverhandlung auszusetzen, falls dies infolge der veränderten Sachlage zur genügenden Vorbereitung der Anklage oder der Verteidigung angemessen erscheint.

Übersicht	Rdn.			Rdn.
A. Grundsätzliches	1	IV.	Hinweispflichten nach § 265 analog	27
B. Hinweispflicht nach Abs. 1 und Abs. 2	3	1.	Bloße Änderung der Sachlage	27
I. Allgemeines	3	2.	Hinweis auf Nebenstrafen und Nebenfolgen	31
1. Erfordernis eines Hinweises bei Verurteilung	3	C.	Aussetzung der Verhandlung	32
2. Anklage als Ausgangspunkt der Veränderung	4	I.	Aussetzung bei veränderter Sach- und Rechtslage, Abs. 3	32
3. Form und Adressat	6	1.	Allgemeines	32
4. Inhalt	11	2.	Voraussetzungen	33
5. Wirkung	13	3.	Entscheidung	36
II. Veränderungen hinsichtlich des angeklagten Strafgesetzes, Abs. 1	17	II.	Aussetzung nach Ermessen bei veränderter Sachlage, Abs. 4	38
III. Straferhöhung oder Maßregelanordnung, Abs. 2	23	1.	Allgemeines	38
1. Hervortreten straferhöhender Umstände	23	2.	Veränderte Sachlage	40
		3.	Entscheidung	45
2. Möglichkeit der Anordnung einer Maßregel der Besserung und Sicherung	25	D.	Rechtsbehelfe	46
		I.	Beschwerde	46
		II.	Revision	47

1 **A. Grundsätzliches.** Da nach § 264 das Gericht die angeklagte Tat umfassend zu beurteilen hat, kann es zu einer von der Anklage abweichenden rechtlichen Beurteilung kommen. § 265 soll deshalb die **effektive Verteidigung des Angeklagten** sichern und ihn vor überraschenden Entscheidungen schützen (BGHSt 2, 371 [373]; 48, 221 [227]; 56, 121 [123]). Das erfolgt durch rechtlichen Hinweis (Abs. 1 und Abs. 2), der ggf. die Aussetzung der Hauptverhandlung nach sich ziehen muss (Abs. 3) oder kann (Abs. 4).

2 § 265 ist somit eine Schutzvorschrift zugunsten des Angeklagten und Ausdruck mehrerer Verfahrensgrundsätze: Die Vorschrift ist ein **gesetzlich normierter Fall der gerichtlichen Fürsorgepflicht**. In ihr finden die Grundsätze des **fair trial** (*Küpper* NStZ 1986, 249) und des **rechtlichen Gehörs** Niederschlag (BGHSt 16, 47 [49]; 29, 274 [278]; KK-StPO/Kuckein § 265 Rn. 1).

3 **B. Hinweispflicht nach Abs. 1 und Abs. 2. I. Allgemeines. 1. Erfordernis eines Hinweises bei Verurteilung.** Ein Hinweis ist nur im Fall einer späteren Verurteilung erforderlich. Das Absehen von Strafe ist nach § 260 Abs. 4 Satz 4 gleichgestellt. Dagegen ist bei einem **Freispruch**

ein Hinweis entbehrlich (LR/*Stuckenberg* § 265 Rn. 7). Dasselbe gilt grds. auch für die **Verfahrenseinstellung** (HK-GS/*Brehmeier-Metz* § 265 Rn. 1).

2. Anklage als Ausgangspunkt der Veränderung. Die rechtliche Beurteilung der Tat muss sich ggü. 4 der **Anklage in der Form des Eröffnungsbeschlusses** gem. §§ 203, 207 verändert haben (SK-StPO/*Velten* § 265 Rn. 12), und zwar grds. unabhängig davon, ob sich auch die tatsächlichen Umstände geändert haben (BGHSt 18, 288 [289]). Ob ein Hinweis erforderlich ist, entscheidet der Inhalt der Anklageschrift, zu dem auch die wesentlichen Ergebnisse der Ermittlungen gem. § 200 Abs. 2 gehören (BGH NStZ 2001, 162). Enthält die Anklage lediglich einen Schreibfehler, ist zur Korrektur kein Hinweis erforderlich, sofern die Tat als solche präzise mit ihren gesetzlichen Merkmalen bezeichnet ist (RGSt 6, 169 [170]; 53, 185 [186]; KMR/*Stuckenberg* § 265 Rn. 14). Verfahrensrechtlich stellt sich der Hinweis als Ergänzung der vom Gericht zugelassenen Anklage dar (BGHSt 13, 320 [324]).
Der Anklage gleichzustellen sind der Strafbefehl nach Einspruch, der Vermerk im Sitzungsprotokoll 5 über die mündlich erhobene Anklage im beschleunigten Verfahren nach § 418 Abs. 3, die Nachtragsanklage und der Einbeziehungsbeschluss nach § 266 (*Meyer-Goßner/Schmitt* § 265 Rn. 6) sowie der Verweisungsbeschluss gem. § 270 (BGHSt 22, 29 [31]).

3. Form und Adressat. Zuständig für die Erteilung des Hinweises ist der **Vorsitzende**; ggf. entschei- 6 det das Gericht durch Gerichtsbeschluss. Die Erteilung eines Hinweises durch das Gericht ist auch dann erforderlich, wenn der rechtliche Aspekt bereits zuvor zwischen den **Verfahrensbeteiligten erörtert** wurde (BGH NStZ 2009, 227; s. Rdn. 9). Die Erteilung eines Hinweises wird auch nicht dadurch ersetzt, dass Staatsanwalt und Verteidiger in ihren Plädoyers die von der Anklage abweichende rechtliche Beurteilung zugrunde legen (BGH StraFo 2005, 468).
Im Rahmen der Hauptverhandlung erfolgt der Hinweis durch eine an den Angeklagten gerichtete **aus-** 7 **drückliche und förmliche Erklärung** (KMR/*Stuckenberg* § 265 Rn. 39; *Pfeiffer* § 265 Rn. 9). Adressat ist daneben auch der Verteidiger (BGH NStZ 1993, 200). Sind **mehrere Angeklagte** betroffen, muss das Gericht **alle Angeklagten einzeln** auf die jeweils für sie in Betracht kommenden Veränderungen hinweisen (RG GA 43 [1895], 393 [394]; LR/*Stuckenberg* § 265 Rn. 49). Ausnahmsweise genügt ein gemeinschaftlicher Hinweis, wenn für alle Angeklagten eindeutig zu erkennen ist, was ihnen jeweils zur Last gelegt wird (LR/*Gollwitzer* § 265 Rn. 62). Das ist nicht der Fall, wenn bei einem von zwei **Mittätern** der Hinweis erfolgt, er könne wegen Beihilfe verurteilt werden. Die implizite Erklärung, bei dem anderen komme eine Verurteilung als Alleintäter in Betracht, ist angesichts von Zweck und Wortlaut des § 265 (»besonders hingewiesen«) nicht ausreichend (RG GA 43 [1895], 343 [394]; HK-StPO/*Julius* § 265 Rn. 24; *Berz* NStZ 1986, 86 [87]; a. A. BGH NStZ 1983, 569 f.; 1986, 85; *Meyer-Goßner/ Schmitt* § 265 Rn. 31).
Bei **Abwesenheit des Angeklagten** ist ihm der Hinweis in geeigneter Form, i. d. R. schriftlich (*Meyer-* 8 *Goßner/Schmitt* § 265 Rn. 30), zu erteilen, ggf. mit der neuen Ladung zur Hauptverhandlung (LR/*Stuckenberg* § 265 Rn. 50). In den Fällen der §§ 231 ff. kann der Hinweis nach § 234a dem Verteidiger erteilt werden. Bei zeitweiligem Ausschluss des Angeklagten von der Teilnahme an einzelnen Teilen der Hauptverhandlung gem. § 247 ist ihm der persönliche Hinweis nach seiner Wiederzulassung zu erteilen (LR/*Stuckenberg* § 265 Rn. 51).
Der Hinweis ist **förmlich** zum Gegenstand der Hauptverhandlung zu machen (BGH NStZ-RR 2004, 9 297). Andere Entscheidungen ersetzen ihn nicht, wie etwa ein Beschluss über die Haftfortdauer (BGHSt 22, 29 [31]) oder über die Ablehnung eines Beweisantrages (KMR/*Stuckenberg* § 265 Rn. 16). Die **Anordnung eines Sachverständigengutachtens** kann jedoch nach der Rechtsprechung des BGH einen Hinweis jedenfalls dann ersetzen, wenn der die Anordnung enthaltende Beschluss dem Angeklagten eindeutig die rechtliche Auffassung des Gerichts zu erkennen gibt (BGH NStZ 1992, 249; NStZ-RR 2009, 378 [379]). Im Hinblick auf den Schutzzweck des § 265 ist diese systemwidrige Ausnahme abzulehnen. Der Beschluss ist als wesentliche Förmlichkeit **der Hauptverhandlung** gem. § 273 Abs. 1 **im Sitzungsprotokoll** festzuhalten, und zwar mit seinem wesentlichen Inhalt (BGHSt 2, 371 [373]; OLG München NJW 2010, 1826 [1827]), ohne dass es dabei jedoch auf den exakten Wortlaut ankäme. Ein Vermerk in den Urteilsgründen ist nicht ausreichend (LR/*Stuckenberg* § 265 Rn. 69; KMR/*Stuckenberg* § 265 Rn. 51).
Der Hinweis darf nicht während der Dauer des Ausschlusses der Öffentlichkeit erteilt werden (BGH 10 StV 2003, 271). Um eine sachgemäße Verteidigung zu ermöglichen, ist er **frühestmöglich** zu geben

§ 265 StPO Veränderung des rechtlichen Gesichtspunktes

(KK-StPO/*Kuckein* § 265 Rn. 18), **spätestens bis zum Ende der Beweisaufnahme** (SK-StPO/*Velten* § 265 Rn. 34). Kommt das Gericht erst danach zu einer veränderten Beurteilung, ist erneut in die Beweisaufnahme einzutreten und sodann der Hinweis zu erteilen (BGHR StPO § 265 Abs. 1 Hinweis 1).

11 **4. Inhalt.** Aus dem Sinn und Zweck des Hinweises ergibt sich, dass eindeutig erkennbar sein muss, auf **welche Tat** er bezogen ist, **welches Strafgesetz** das Gericht in Betracht zieht (BGHSt 13, 320 [324]), insb. welche von verschiedenartigen **Begehungsweisen** nach Ansicht des Gerichts vorliegt (BGHSt 2, 371 [373]; BGH NStZ 2007, 116 [117]) und in welchen Tatsachen das Gericht die Grundlage für seine rechtliche Beurteilung findet (BGHSt 13, 320 [324]; BGH NStZ 2005, 111 [112]).

12 Zu einem Hinweis, in welchem sich das Gericht zum Inhalt einer **Beweiserhebung** und seiner (vorläufigen) **Beweiswürdigung** erklärt, besteht keine Verpflichtung (BGHSt 43, 212 [214 ff.]; *Roxin/Schünemann* § 44 Rn. 27; *Herdegen* JZ 1998, 54 [55]; a. A. *König* StV 1998, 113 [114]). Eine Pflicht zum Rechtsgespräch statuieren Abs. 1 u. 2 nicht, wenngleich dieses zulässig und häufig förderlich ist (BGHR StPO § 265 Abs. 1 Hinweis 2; vgl. BVerfGE 86, 133 [144 f.]).

13 **5. Wirkung.** Der erteilte Hinweis wirkt im gesamten weiteren Verfahren fort (KK-StPO/*Kuckein* § 265 Rn. 20). Das Gericht kann dennoch seine Entscheidung auch auf die **ursprüngliche Rechtsauffassung** stützen, ohne dass eine Rücknahme des Hinweises bzw. ein erneuter Hinweis erforderlich wären (BGH NJW 1998, 3654 [3655]). Etwas anderes gilt freilich, wenn der Angeklagte seine Verteidigung nicht mehr auf die ursprüngliche Rechtsauffassung ausrichtet, weil das Gericht zuvor eindeutig zu erkennen gegeben hat, dieser nicht mehr zu folgen. Dann gebietet die gerichtliche Fürsorgepflicht, erneut einen Hinweis zu erteilen (BGH MDR [D] 1972, 925; LR/*Stuckenberg* § 265 Rn. 68).

14 Der Hinweis gilt auch in der **Berufungsverhandlung** fort (RGSt 59, 423 f.; a. A. AK-StPO/*Loos* § 265 Rn. 32). Eine Wiederholung des Hinweises ist nur dann erforderlich, wenn der Angeklagte nicht mit einem Rückgriff auf die frühere rechtliche Beurteilung rechnen muss (vgl. LR/*Stuckenberg* § 265 Rn. 14).

15 Das **Revisionsverfahren** verweist, anders als die Berufung über § 332, nicht auf § 265, so dass eine Hinweispflicht des Revisionsgerichts selbst abzulehnen ist, und zwar auch in Hinblick auf den Regelungszweck, eine sachgemäße Verteidigung des Angeklagten auch in tatsächlicher Hinsicht zu ermöglichen (vgl. LR/*Franke* § 354 Rn. 20; i.E. auch AK-StPO/*Maiwald* § 354 Rn. 17). Für die **Entscheidung des Revisionsgerichts** gilt Folgendes: Die Möglichkeit einer Schuldspruchberichtigung besteht auch in Fällen, in denen ein an sich erforderlicher Hinweis durch den Tatrichter unterblieben ist, es aber ausgeschlossen erscheint, dass sich der Angeklagte anders verteidigt hätte; Abs. 1 steht einer Schuldspruchberichtigung dann nicht entgegen (BGHSt 10, 272 [276]; 33, 44 [49]; BGH NStZ-RR 1996, 141; LR/*Franke* § 354 Rn. 21; *Meyer-Goßner/Schmitt* § 354 Rn. 16).

16 Nach Aufhebung des Urteils und **Zurückverweisung** der Sache gem. § 354 Abs. 2 ist ein Hinweis des anschließend zur Entscheidung berufenen Tatrichters i.d.R. dann entbehrlich, wenn der Gesichtspunkt bereits im Urteil erörtert wurde (BGH StV 2008, 342 [343]; *Meyer-Goßner/Schmitt* § 265 Rn. 25; a. A. *EbSchmidt* II § 265 Rn. 20; LR/*Stuckenberg* § 265 Rn. 15).

17 **II. Veränderungen hinsichtlich des angeklagten Strafgesetzes, Abs. 1.** Das Urteil beruht auf einem anderen Strafgesetz, wenn ein nicht in der Anklage enthaltener Straftatbestand für den **Schuldspruch** von Bedeutung sein kann (BGHSt 22, 336 [338]; 29, 274 [276 f.]; *Schlothauer* StV 1986, 213 [216]). Das ist etwa bei **wahlweiser Verurteilung** der Fall (BGH NStZ 1990, 449). Dem steht die Erhöhung der Zahl der Verstöße gegen dasselbe Strafgesetz gleich (BGH NStZ 1985, 563). Abgesehen von den Fällen des Abs. 2 ist ein Hinweis auf **Nebenstrafen oder andere Rechtsfolgen** des tatbestandsmäßigen Handelns grds. nicht erforderlich (RGSt 5, 137 [138]; BGHSt 22, 336 [337 f.]).

18 Nach Sinn und Zweck des Abs. 1 ist ein Hinweis an sich entbehrlich, wenn sich die Änderung **zugunsten** des Täters auswirkt (LR/*Stuckenberg* § 265 Rn. 33). Das gilt nicht, wenn es sich bei dem anderen Strafgesetz um ein **milderes Gesetz** handelt, weil es dem Angeklagten möglich sein muss zu zeigen, dass er auch dieses nicht verletzt hat (BGH NStZ-RR 1996, 10; LR/*Stuckenberg* § 265 Rn. 28). Das ist bspw. der Fall bei § 224 StGB statt § 212 StGB (BGH StV 1997, 237) oder bei der Annahme eines **Versuchs** der als Vollendung angeklagten Tat (BGHSt 2, 250). Etwas anderes gilt nur, wenn die Verteidigungsmöglichkeiten des Angeklagten durch die veränderte rechtliche Beurteilung nicht berührt wer-

den (vgl. RGSt 53, 100 f.), insb. beim bloßen Wegfall eines erschwerenden Umstandes (BGH NJW 1970, 904 [905]; StV 2002, 588 [589]).

Nimmt das Gericht im Laufe des Verfahrens eine Vorsatztat anstelle der angeklagten Fahrlässigkeitstat an, muss es einen entsprechenden Hinweis erteilen (BGH VRS 49, 184 f.; OLG Koblenz VRS 63, 50), und zwar auch dann, wenn beide **Schuldformen** im selben Straftatbestand geregelt sind (OLG Braunschweig NStZ-RR 2002, 179). Gleiches gilt beim Wechsel vom **Tun zum Unterlassen** oder umgekehrt (BGH StV 2002, 183) oder bei einer abweichenden Beurteilung der **Konkurrenzen** (BGH StV 1991, 102; NStZ 2004, 329). 19

Bei jeder Form des Wechsels der **Beteiligungsform** ist ein Hinweis erforderlich (BGHSt 11, 18 [19]; BGH NStZ 2002, 236). Der Hinweis auf die Möglichkeit der Verurteilung wegen Beihilfe deckt nicht den Schuldspruch wegen Mittäterschaft ab (BGH NJW 1985, 2488; *Meyer-Goßner/Schmitt* § 265 Rn. 31). Ändert sich die Person des vermeintlichen Haupttäters, ohne dass damit eine andere rechtliche Beurteilung der Beteiligung einhergeht, ist ein Hinweis entbehrlich, ebenso bei Änderung der Person des Mittäters (BGH NStZ-RR [B] 2002, 98 f.) oder des Vortäters etwa einer Hehlerei (BGH wistra 2010, 154). 20

Kommt eine von mehreren ihrem Wesen nach verschiedenen **Begehungsformen** derselben Strafnorm in Betracht, ist ein Hinweis erforderlich (BGHSt 23, 95 [96]; BGH StV 1997, 237), so z.B. bei einem Wechsel der inneren Einstellung des Täters (BGHSt 25, 287 [290]). Er ist nachzuholen, wenn Angaben zur Begehungsform in der Anklage gänzlich fehlen (BGHSt 40, 44 [47 f.]; BGH NStZ 1996, 295 [296]). 21

Nach zutreffender Ansicht bedarf es im Fall der Feststellung **besonderer Schuldschwere** nach § 57a Abs. 1 Nr. 2 StGB grds. keines vorherigen Hinweises, weil bei jeder Verurteilung zu lebenslanger Freiheitsstrafe deren Prüfung erforderlich ist und der Angeklagte schon aufgrund des angeklagten Tatbestandes damit rechnen muss (BGH StV 2006, 60 [61]; *Meyer-Goßner/Schmitt* § 265 Rn. 15a). 22

III. Straferhöhung oder Maßregelanordnung, Abs. 2. 1. Hervortreten straferhöhender Umstände. Straferhöhende Umstände sind Tatsachen, die zur Anwendung einer nach Art oder Umfang **schwereren oder** zu einer **zusätzlichen Strafsanktion** führen können (BGHSt 29, 274 [279]; LR/*Stuckenberg* § 265 Rn. 40). Es werden alle gesetzlich benannten Straferhöhungsgründe, also Qualifikationstatbestände erfasst (RGSt 70, 357 [358 f.]; OLG Jena StV 2007, 230 [231]). Nach enger Wortlautinterpretation ist erforderlich, dass neue Tatsachen in der Hauptverhandlung festgestellt, also bekannt werden müssen (so BGHSt 29, 274 [279]; KK-StPO/*Kuckein* § 265 Rn. 13). Nach der ratio genügt es indes, wenn die Umstände zur Zeit der Anklageerhebung bereits bekannt waren, jedoch ihre straferhöhende Bedeutung erst während der Hauptverhandlung **erkannt** wird (KMR/*Stuckenberg* § 265 Rn. 32; AK-StPO/*Loos* § 265 Rn. 7; SK-StPO/*Velten* § 265 Rn. 24). Dies ist für den Fall der möglichen Maßregelanordnung auch durch die Rechtsprechung anerkannt (s. Rdn. 25). Ausweislich des Wortlautes bedarf es keines Hinweises beim **Wegfall straferhöhender Umstände** (RGSt 53, 100; OLG Düsseldorf NStZ-RR 1999, 310 [311]; *Meyer-Goßner/Schmitt* § 265 Rn. 17) bzw. beim Hinzutreten strafmildernder Gesichtspunkte (BGH NJW 1956, 1246; LR/*Stuckenberg* § 265 Rn. 40). 23

Die Hinweispflicht gilt auch bei **benannten besonders schweren Fällen**, unabhängig davon, ob sie zu einer zwingenden Strafschärfung führen oder in Form von Regelbeispielen beschrieben sind. Auch hinsichtlich der **Regelbeispiele** ist eine zielgerichtete Verteidigung möglich, so dass für den Angeklagten eine Neuausrichtung seiner Verteidigungsstrategie erforderlich werden kann (BGH NJW 1988, 501; 1980, 714; *Wessels* FS Maurach, S. 295 [308]). Etwas anderes gilt daher für die **unbenannten besonders schweren Fälle** sowie für die **atypischen besonders schweren Fälle**. Hier könnte ein Hinweis seinen Zweck, den Angeklagten vor Überraschungen zu schützen, nicht erfüllen (BGHSt 29, 274 [279]; BGH NJW 1956, 996 f.; KK-StPO/*Kuckein* § 265 Rn. 14; *Meyer-Goßner/Schmitt* § 265 Rn. 19). Gewöhnliche Aspekte der Strafzumessung führen nicht zur Hinweispflicht (OLG Hamm NJW 1980, 1587; KMR/*Stuckenberg* § 265 Rn. 36). 24

2. Möglichkeit der Anordnung einer Maßregel der Besserung und Sicherung. Nach ganz h.M. ist ohne Belang, ob die zugrunde liegenden Tatsachen erst in der Hauptverhandlung bekannt, oder ob deren Bedeutung erst während der Hauptverhandlung vom Gericht erkannt wird (BGHSt 2, 85 [87]; 18, 288 [289]; BGH StV 1988, 329; KMR/*Stuckenberg* § 265 Rn. 37). 25

26 Der Hinweis wird nicht dadurch entbehrlich, dass sich die Verfahrensbeteiligten – insb. ein Sachverständiger – zu möglichen Maßregeln geäußert haben (s. Rdn. 6; BGH NStZ-RR 2014, 153), doch bedarf es keines Hinweises mehr, wenn der Angeklagte durch eine vorläufige Sicherungsmaßnahme (z.B. nach § 111a Abs. 1 u. 3) auf die bevorstehende Anordnung einer Maßregel vorbereitet wird (BayObLG DAR [R] 1974, 182; HK-StPO/*Julius* § 265 Rn. 7). S. aber Rdn. 9.

27 **IV. Hinweispflichten nach § 265 analog. 1. Bloße Änderung der Sachlage.** § 265 regelt nur Fälle, in denen sich die rechtliche Beurteilung ändert. Die **bloße Änderung der Sachlage** wird hingegen ausdrücklich nur von Abs. 4 erfasst. Unstreitig ist, dass der Angeklagte auch hinsichtlich der entscheidungserheblichen Tatsachen stets unterrichtet sein muss und ihm Gelegenheit zu geben ist, sich diesbezüglich zu erklären (BGHSt 11, 88 [91]; BGH NStZ 2011, 304; KK-StPO/*Kuckein* § 265 Rn. 24). Das lässt sich aus einer **analogen Anwendung der Abs. 1 u. 2** herleiten, da sich der Angeklagte auch dann häufig gezwungen sehen wird, seine Verteidigung umzustellen (vgl. LR/*Stuckenberg* § 265 Rn. 73). Die Rechtsprechung stützt sich in einer **uneinheitlichen Kasuistik** zumeist auf eine analoge Anwendung von Abs. 4 oder den Rechtsgedanken des § 243 Abs. 4 Satz 2.

28 Umstritten ist die Frage, wann ein **förmlicher Hinweis** nötig ist. Diese Frage hat wegen der Protokollierungsobliegenheit und der Beweiskraft des Protokolls Relevanz (BGHSt 28, 196 [197 f.]; KK-StPO/*Kuckein* § 265 Rn. 24). Stützt man den Hinweis auf die analoge Anwendung von Abs. 1 und 2, ergibt sich bereits aus der konsequenten Anwendung des Gesetzes das Förmlichkeitserfordernis (AK-StPO/*Loos* § 265 Rn. 21; *Schlothauer* StV 1986, 213 [223]). Die Rechtsprechung verlangt grds. keinen förmlichen Hinweis, wenngleich er teils für zweckmäßig gehalten wird (BGHSt 48, 221 [227 f.]; BGH NStZ-RR 1998, 270 [271]; a. A. BGHSt 44, 153 [157]; BGH NStZ 1999, 42 [43]). Demnach soll bereits genügen, dass der Angeklagte auf andere Weise erfährt, auch lediglich durch den Gang der Hauptverhandlung, welche tatsächliche Sachlage das Gericht in Erwägung zieht (BGH StV 1996, 297 f.; *Meyer-Goßner/Schmitt* § 265 Rn. 23). Für den Fall des unverteidigten Angeklagten ist diese Praxis problematisch (Graf/*Eschelbach* § 265 Rn. 14), außerdem können sich dadurch erhebliche Beweisprobleme im Revisionsverfahren ergeben (*Hamm* Rn. 1175). Immerhin muss auch nach herrschender Meinung für den Angeklagten **eindeutig und unmissverständlich** sein, von welcher tatsächlichen Grundlage das Gericht ausgeht (BGH NStZ-RR 1998, 270 [271]; *Meyer-Goßner/Schmitt* § 265 Rn. 23). Die Unterrichtung des Angeklagten wird im Wege des Freibeweises nachgewiesen (BGH NJW 1999, 802 [803]), die Nichterwähnung im Protokoll hat daher keine absolute Beweiskraft (BGHSt 28, 196 [197 f.]; KMR/*Stuckenberg* § 265 Rn. 64).

29 Ein **förmlicher Hinweis** soll dagegen nur **in Ausnahmefällen** geboten sein, insb. dann, wenn die veränderte Sachlage Tatsachen betrifft, in denen die Merkmale des gesetzlichen Tatbestandes gefunden werden (BGH NStZ 2000, 48). Das gilt im Hinblick auf die Alibi-Verteidigung auch, wenn das Gericht eine andere als die sich aus der Anklage ergebende **Tatzeit** feststellen will (BGHSt 19, 88 [89]; BGH NStZ-RR 2006, 213 [214]; a. A. BGH StV 1997, 237 [238]) oder von einem wesentlich erweiterten Tatzeitraum ausgehen möchte (BGH NStZ-RR 2006, 316 [317]). Ein Hinweis ist nötig beim Wechsel der Bezugstat bei Verdeckungsabsicht (BGHSt 56, 121 [123]). Auch bei der Auswechslung von **Tatbeteiligten** oder der **Tatopfer** hat die Rechtsprechung die Pflicht zur Erteilung eines förmlichen Hinweises angenommen (BGH NStZ [M] 1989, 220), nicht aber bei Änderung des **Tatgegenstandes**, etwa einer anderen Betäubungsmittelmenge (BGH StV 1991, 502). Wird erkennbar, dass der Angeklagte die **Konkretisierung** von Tatzeit, Tatort oder wesentlichen Einzelheiten des Tatablaufs nicht erfasst hat, ist ein Hinweis zu geben (BGHSt 48, 221 [228 f.]; *Maier* NStZ 2003, 674 [675]).

30 Eine veränderte Sachlage ist auch in **Veränderungen der Verfahrenslage** zu sehen. In Fällen, in denen zuvor ein **Vertrauenstatbestand** geschaffen wurde, ist daher eine Pflicht zur Erteilung eines förmlichen Hinweises anzunehmen, insb. wenn das Gericht beabsichtigt, von einer zugesagten und im Protokoll festgehaltenen Strafobergrenze zulasten des Angeklagten abzuweichen (BGH NStZ 2005, 87 f.; NStZ 2002, 219 [220]) oder von der Zusage abweichen möchte, bestimmte in der Hauptverhandlung erörterte Vorkommnisse bei der Beweiswürdigung nicht zum Nachteil des Angeklagten zu werten (BGH StV 2001, 387). Durch die Hinweispflicht des **§ 257c Abs. 4 Satz 4** im Rahmen der Absprachen wird § 265 weder relativiert noch verdrängt (BGHSt 56, 235 [237]).

31 **2. Hinweis auf Nebenstrafen und Nebenfolgen.** Der Regelung des Abs. 2 lässt sich im Umkehrschluss entnehmen, dass der Angeklagte über Rechtsfolgen, die außerhalb der Hauptstrafe und den Si-

cherungsmaßregeln liegen, grds. nicht durch einen gerichtlichen Hinweis informiert werden muss (BGHSt 29, 274 [279]), wie über die **Einziehung** gem. § 74 StGB (BGHSt 16, 47 [48]; a. A. BGH StV 1984, 453) oder die Anordnung des **Verfalls** gem. § 73 StGB (*Meyer-Goßner/Schmitt* § 265 Rn. 24). Anderes gilt in analoger Anwendung des Abs. 2 aber für die Fälle, in denen die mögliche Verhängung der Nebenstrafe bzw. Nebenfolge an besondere Umstände geknüpft ist, die zum Tatbestand hinzutreten müssen (BGHSt 29, 274 [279]; *Meyer-Goßner/Schmitt* § 265 Rn. 24). Beispiel ist die Anordnung eines **Fahrverbots** nach § 25 StVG (BGHSt 29, 274 [278]), anders als beim Fahrverbot nach § 44 StGB (BGHSt 24, 348 [350]; OLG Koblenz NJW 1971, 1472 [1473]).

C. Aussetzung der Verhandlung. I. Aussetzung bei veränderter Sach- und Rechtslage, Abs. 3. 1. Allgemeines.
Abs. 3 gewährt dem Angeklagten auf dessen Antrag einen **Rechtsanspruch auf Aussetzung** der Verhandlung (§ 228 Abs. 1 Satz 1), um ihm genügend Zeit zu geben, seine Verteidigungsstrategie neu auszurichten. Liegen die Voraussetzungen nur in der Person eines Mitangeklagten vor, kommt für den anderen Mitangeklagten lediglich eine Aussetzung nach Abs. 4 in Betracht (*Gollwitzer* FS Sarstedt, S. 15 [32]). Das Gericht hat nach dem fair-trial-Prinzip über das Antragsrecht zu belehren, wenn der Angeklagte den Antrag nicht stellt, obwohl dies im Rahmen einer angemessenen Verteidigung zu erwarten wäre (RGSt 57, 147 [148]; 65, 246 [248]; KK-StPO/*Kuckein* § 265 Rn. 28; KMR/*Stuckenberg* § 265 Rn. 73). Praktikabler indes erscheint in diesem Fall der Weg einer Aussetzung von Amts wegen nach Abs. 4 (LR/*Stuckenberg* § 265 Rn. 89; a. A. SK-StPO/*Velten* § 265 Rn. 55). Gem. § 384 Abs. 4 gilt Abs. 3 nicht im Privatklageverfahren. 32

2. Voraussetzungen. Der Angeklagte muss einen **Aussetzungsantrag** stellen. Von Amts wegen kommt allenfalls eine Aussetzung nach Abs. 4 in Betracht (Graf/*Eschelbach* § 265 Rn. 42). Der Aussetzungsantrag ist als wesentliche Förmlichkeit des Verfahrens im Verhandlungsprotokoll zu vermerken (KMR/*Stuckenberg* § 265 Rn. 68). 33

Die Sachlage muss sich durch **neue Umstände** verändert haben, also durch Tatsachen, die der Angeklagte nicht aus der Anklageschrift, dem Eröffnungsbeschluss oder einer früheren Hauptverhandlung entnehmen konnte (RGSt 52, 249 [250]; BGHSt 48, 183 [184]; *Meyer-Goßner/Schmitt* § 265 Rn. 36). Diese müssen entweder die Anwendung eines schwereren Strafgesetzes ermöglichen oder – entsprechend Abs. 2 – die Strafbarkeit erhöhen bzw. die Anordnung einer Sicherungsmaßregel ermöglichen. Da der Wegfall fakultativer Strafmilderungsgründe potentiell die Strafe erhöht, kommt auch dann eine Aussetzung in Betracht (a. A. BGH NStZ 2013, 358). Nicht darunter fallen dagegen neue Beweismittel (RGSt 52, 249 [251]; KK-StPO/*Kuckein* § 265 Rn. 26); in diesem Fall greift ggf. § 246 Abs. 2 (LR/*Stuckenberg* § 265 Rn. 91) oder § 265 Abs. 4. Abs. 3 setzt somit die **Veränderung von Sach- und Rechtslage** voraus (*Meyer-Goßner/Schmitt* § 265 Rn. 34). 34

Der Angeklagte muss **in der Hauptverhandlung** die neu hervorgetretenen Umstände **bestreiten** und nicht lediglich der rechtlichen Beurteilung widersprechen (BGH wistra 2006, 191; LR/*Stuckenberg* § 265 Rn. 93). Zudem muss er wenigstens konkludent **behaupten**, auf die Verteidigung bzgl. der neu hervorgetretenen Umstände **nicht genügend vorbereitet zu sein** (BGHSt 48, 183 [185]; KK-StPO/*Kuckein* § 265 Rn. 27). 35

3. Entscheidung. Das Gericht hat über den Aussetzungsantrag **unverzüglich zu entscheiden** (SK-StPO/*Velten* § 265 Rn. 59). Besonders im Fall einer Ablehnung ist eine Entscheidung **noch in der Hauptverhandlung** erforderlich (KK-StPO/*Kuckein* § 265 Rn. 28; LR/*Stuckenberg* § 265 Rn. 96). 36

Bei Vorliegen aller Voraussetzungen hat das Gericht die Hauptverhandlung auszusetzen (vgl. § 228 Abs. 1 Satz 1). Lediglich eine Unterbrechung nach § 229 kommt aufgrund des eindeutigen Wortlauts nicht in Betracht, so dass mit der Hauptverhandlung neu zu beginnen ist (BGHSt 48, 183 [188]). Die Entscheidung über den Aussetzungsantrag ergeht durch **Beschluss** (*Meyer-Goßner/Schmitt* § 265 Rn. 37). 37

II. Aussetzung nach Ermessen bei veränderter Sachlage, Abs. 4. 1. Allgemeines. Abs. 4 erfasst alle sonstigen Fälle der veränderten Sachlage, die eine Aussetzung zur besseren Vorbereitung von Anklage oder Verteidigung erforderlich macht. Als besondere Ausprägung des fair-trial-Grundsatzes dient Abs. 4 der Wahrung der Verteidigungsinteressen des Angeklagten (LR/*Stuckenberg* § 265 Rn. 99). Daraus wurde bislang abgeleitet, dass die Voraussetzung der »veränderten Sachlage« **nicht eng ausgelegt** 38

§ 265 StPO Veränderung des rechtlichen Gesichtspunktes

werden dürfe (BGH NJW 1958, 1736 [1737]; OLG Zweibrücken StV 1984, 148; Graf/*Eschelbach* § 265 Rn. 44; KMR/*Stuckenberg* § 265 Rn. 76; a. A. *Meyer-Goßner/Schmitt* § 265 Rn. 39). Die weite Auslegung findet jedoch ihre **Grenzen im Beschleunigungsgebot**, weswegen statt der Aussetzung auch eine **Unterbrechung** in Betracht kommt (*Meyer-Goßner/Schmitt* § 265 Rn. 39; *Schmitt* StraFo 2008, 313 [319]). Allerdings kann es i.S.d. Effektivität der Strafrechtspflege geboten sein, eine Entscheidung in anderer Sache abzuwarten (a. A. KK-StPO/*Kuckein* § 265 Rn. 29). Dasselbe gilt grds. auch für die Unterbrechung zur Ermöglichung der Schadenswiedergutmachung durch den Angeklagten (vgl. BGH StraFo 2007, 243 f.).

39 Das Gericht kann entweder **auf Antrag oder von Amts wegen** tätig werden. Der Aussetzungsantrag ist als wesentliche Förmlichkeit im Verhandlungsprotokoll festzuhalten.

40 **2. Veränderte Sachlage.** Eine **Veränderung des Sachverhalts** liegt vor, wenn eine weder in der Anklage noch dem Eröffnungsbeschluss erwähnte, für den Schuld- oder Strafausspruch bzw. die Maßregelanordnung entscheidungserhebliche Handlung oder Tatsache zum Gegenstand des Urteils gemacht werden soll (RGSt 76, 82 [85]; BGHSt 11, 88 [91]; BGH NStZ 2011, 304). Das ist nach den Umständen des Einzelfalls zu bestimmen (LR/*Stuckenberg* § 265 Rn. 103).

41 Eine **Veränderung der Verfahrenslage** kann ebenfalls die Aussetzung erforderlich machen, wenn dadurch eine veränderte Strategie in Anklage oder Verteidigung nötig wird, insb. bei Veränderungen infolge von Verfahrensfehlern. **Beispiele** sind die Nachholung der Übersetzung der Anklageschrift ggü. einem der deutschen Sprache nicht mächtigen Angeklagten (a. A. OLG Celle StraFo 2005, 30), der fehlende Eingang der Anklageschrift beim Angeklagten (BGH MDR [H] 1978, 111), die unzureichende Akteneinsicht (OLG Hamburg NJW 1966, 843 [844]) oder die zu Unrecht verweigerte Akteneinsicht (BGH VRS 31, 188 [189]; OLG Köln VRS 85, 443 [445]).

42 Besondere Bedeutung erlangt Abs. 4 in Fällen, in denen der **Verteidiger** für den Angeklagten unvorhersehbar verhindert ist oder ein **Wechsel des Verteidigers** nötig wird. Im Fall der Verhinderung des Verteidigers ist i.d.R. dann auszusetzen, wenn ein Fall der **notwendigen Verteidigung** vorliegt (RGSt 71, 353 [354]), ansonsten nur, wenn es dadurch zu einer Verschlechterung der Verteidigungsmöglichkeiten kommt, die **nicht vom Angeklagten verschuldet** ist (vgl. BGH NStZ-RR 2007, 81 [82]) und für ihn **unvorhersehbar** war (OLG Zweibrücken StV 1984, 148). Für die Einzelfallabwägung sind folgende Aspekte maßgebend: Bedeutung der Sache, Schwierigkeit der Sach- und Rechtslage, Lage des Verfahrens bei Eintritt des Verhinderungsfalles, Anlass der Verhinderung, Voraussehbarkeit und voraussichtliche Dauer der Verhinderung, Fähigkeit des Angeklagten, sich selbst zu verteidigen (KG NZV 1993, 411 mit Verweis auf BVerfG NJW 1984, 862 [863]; *Meyer-Goßner/Schmitt* § 265 Rn. 43). **Beispiele** sind das Nichterscheinen des Verteidigers zur Hauptverhandlung wegen plötzlicher Erkrankung (BGHSt 58, 296 ff.) oder dessen Tod (BayObLG StV 1983, 270), die überraschende Niederlegung des Mandats (BGH NJW 2000, 1350), die plötzliche Verhinderung aufgrund einer Fahrzeugpanne (BayObLG StV 1989, 94 [95]) oder die vorangegangene Ablehnung einer Terminverlegung durch den Vorsitzenden (OLG Stuttgart MDR 1976, 510).

43 Im Fall der **Notwendigkeit eines Verteidigerwechsels** genügt, wie sich e contrario § 145 Abs. 3 ergibt, grds. die Fortsetzung der Hauptverhandlung mit dem neu bestellten Verteidiger. Ggf. sind dann bestimmte Verfahrensschritte zu wiederholen (BGH NStZ-RR 2002, 270). Eine Aussetzung ist erforderlich, wenn ein neuer Verteidiger nicht rechtzeitig beauftragt werden kann, z.B. weil das Gericht den Antrag auf Bestellung eines Pflichtverteidigers unerwartet kurz vor der Hauptverhandlung ablehnt (OLG Hamm NJW 1973, 381). Entscheidend ist dabei, ob die Verteidigung durch den Wechsel beeinträchtigt ist (BGH NStZ 2009, 650).

44 § 145 Abs. 3 und § 228 Abs. 2 sind **keine abschließenden Sonderregelungen** und stehen daher einer Aussetzung nach Abs. 4 nicht entgegen, insb. in Fällen, in denen eine Aussetzung von Amts wegen nötig ist, um die sachgemäße Verteidigung des Angeklagten sicherzustellen (BGH NJW 1965, 2164 [2165]; NStZ 2009, 650). Das ist objektiv zu bestimmen; eine fehlerhafte Einschätzung des Ersatzverteidigers ist irrelevant (BGHSt 58, 296 [299]).

45 **3. Entscheidung.** Die Entscheidung steht im Fall des Abs. 4 im **pflichtgemäßen Ermessen** des Gerichts. Hinsichtlich der Dauer der Aussetzung hat das Gericht zu berücksichtigen, wie viel Zeit der Angeklagte oder sein Verteidiger bzw. die StA oder Nebenbeteiligte für die sachgemäße Wahrnehmung ihrer Rechte benötigen, und diese mit dem Beschleunigungsgrundsatz abzuwägen (BGH NStZ-RR

2006, 272 [273 f.]; *Meyer-Goßner/Schmitt* § 265 Rn. 45). Über den Aussetzungsantrag hat das Gericht **in der Hauptverhandlung** im Beschlusswege zu entscheiden, um den Verfahrensbeteiligten eine Reaktion auf die Entscheidung zu ermöglichen (KMR/*Stuckenberg* § 265 Rn. 85).

D. Rechtsbehelfe. I. Beschwerde. Entscheidungen über die Erteilung oder Unterlassung eines Hinweises stehen im inneren Zusammenhang mit der Urteilsfällung und sind folglich gem. § 305 Abs. 1 der Beschwerde entzogen (KG StV 1989, 8 [9]). Dasselbe gilt grds. für Entscheidungen über die Aussetzung des Verfahrens (OLG Dresden JR 2008, 304 f.). 46

II. Revision. Mit der **Verfahrensrüge** kann ein Verstoß gegen Abs. 1 bis 4 gerügt werden. Eine Verletzung der Hinweispflicht gem. **Abs. 1 oder Abs. 2** liegt vor, wenn ein notwendiger Hinweis nicht, in unzureichender Form oder mit unzureichendem Inhalt erteilt wurde. Ist ein Aussetzungsantrag nach **Abs. 3 oder Abs. 4** abgelehnt worden, kommt auch **der absolute Revisionsgrund** des § 338 Nr. 8 in Betracht (BGH NJW 2000, 1350; NStZ 2009, 650 f.; KK-StPO/*Kuckein* § 265 Rn. 32). Steht eine Verletzung des Abs. 4 im Raum, kommt es für einen revisiblen Verstoß darauf an, ob das Gericht die Voraussetzungen oder Rechtsbegriffe falsch angewendet oder ermessensfehlerhaft gehandelt hat (BGHSt 8, 92 [96]; BGH NJW 1958, 1736 [1737]; *Meyer-Goßner/Schmitt* § 265 Rn. 46). Sofern das Revisionsgericht feststellt, dass die Aussetzung zu Unrecht abgelehnt worden ist, **beruht das Urteil** i.d.R. auf diesem Fehler (BGHSt 8, 92 [96]; AK-StPO/*Loos* § 265 Rn. 52). 47

Dient die Maßnahme allein der Verteidigung des Angeklagten, können StA, Privat- und Nebenkläger die Verletzung des § 265 nicht zuungunsten des Angeklagten rügen (RGSt 5, 218 [220 f.]; SK-StPO/*Velten* § 265 Rn. 66). 48

§ 265a StPO Befragung des Angeklagten vor Erteilung von Auflagen oder Weisungen.

Kommen Auflagen oder Weisungen (§§ 56b, 56c, 59a Abs. 2 des Strafgesetzbuches) in Betracht, so ist der Angeklagte in geeigneten Fällen zu befragen, ob er sich zu Leistungen erbietet, die der Genugtuung für das begangene Unrecht dienen, oder Zusagen für seine künftige Lebensführung macht. Kommt die Weisung in Betracht, sich einer Heilbehandlung oder einer Entziehungskur zu unterziehen oder in einem geeigneten Heim oder einer geeigneten Anstalt Aufenthalt zu nehmen, so ist er zu befragen, ob er hierzu seine Einwilligung gibt.

A. Grundsätzliches. § 265a ist im Kontext mit den Regelungen zur Strafaussetzung zur Bewährung (§§ 56 ff. StGB) zu sehen: Das Gericht hat nach Satz 1 dem Angeklagten Gelegenheit zu geben, freiwillige Leistungen anzubieten (§ 56b Abs. 3 StGB) bzw. Zusagen für die künftige Lebensführung zu machen (§ 56c Abs. 4 StGB, ggf. i.V.m. § 59a Abs. 2 Satz 3 StGB), um auf diese Weise ansonsten in Betracht kommende Auflagen oder Weisungen abzuwenden. Insofern wird der Angeklagte aufgeklärt und erhält **rechtliches Gehör** (Radtke/Hohmann/*Radtke* § 265a Rn. 1). Er soll zugleich **Anreize** erhalten, sich aktiv um **Wiedergutmachung** zu bemühen und seine **Resozialisierung** voranzutreiben (LR/*Stuckenberg* § 265a Rn. 2). Außerdem soll die vom Gericht zu treffende Entscheidung vorbereitet und zugleich geklärt werden, welche Auflagen bzw. Weisungen im Fall einer gerichtlichen Erteilung dem Angeklagten zumutbar sind (*Meyer-Goßner/Schmitt* § 265a Rn. 2; vgl. §§ 56b Abs. 1 Satz 2, 56c Abs. 1 Satz 2 StGB). Satz 2 ergänzt § 56c Abs. 3 StGB (ggf. i.V.m. § 59a Abs. 2 Satz 3 StGB), welcher für die Erteilung von Weisungen die **Einwilligung** des Angeklagten verlangt. Im Fall der Anwendung von **Jugendstrafrecht** gilt anstelle von § 265a die Sonderregelung des § 57 Abs. 3 JGG. 1

B. Verfahrensfragen. Zuständig für die Befragung des Angeklagten ist der **Vorsitzende** (§ 238 Abs. 1), nachdem sich dieser mit den anderen Mitgliedern des Gerichts verständigt hat (SK-StPO/*Velten* § 265a Rn. 4; Radtke/Hohmann/*Radtke* § 265a Rn. 7). Da über die Schuld des Angeklagten zu diesem Zeitpunkt noch nicht entschieden wurde, hat der Vorsitzende darauf zu achten, dass durch die Befragung nicht der gegenteilige Eindruck beim Angeklagten entsteht (LR/*Stuckenberg* § 265a Rn. 9). 2

Adressat der Befragung ist der **Angeklagte**. Ist dieser befugt abwesend, kann der ihn vertretende Verteidiger Erklärungen für den Angeklagten abgeben (vgl. § 234). 3

§ 265a StPO   Befragung des Angeklagten vor Erteilung von Auflagen oder Weisungen

4   Der Angeklagte ist nicht verpflichtet zu antworten. Daher darf auch die verweigerte Einlassung nicht zu seinen Lasten verwertet werden (KMR/*Stuckenberg* § 265a Rn. 7). Willigt er i.S.d. Satz 2 ein, kann er seine Einwilligung **bis zur Erteilung der Weisung widerrufen** (BGHSt 36, 97 [99]). Dasselbe gilt für eine Erklärung des Angeklagten nach Satz 1 (KMR/*Stuckenberg* § 265a Rn. 9). Erfolgt der Widerruf erst nach Verkündung des Beschlusses nach § 268a, wird über diesen als Antrag auf nachträgliche Änderung gem. § 56e StGB im Verfahren nach § 453 entschieden (LR/*Stuckenberg* § 265a Rn. 12).

5   Das Gesetz lässt den **Zeitpunkt der Befragung** offen. I.d.R. wird dieser vor dem letzten Wort des Angeklagten (§ 258 Abs. 3) liegen, um nicht den Eindruck der Voreingenommenheit des Gerichts zu erwecken (vgl. BT-Drucks. 5/4094, S. 42). Sofern jedoch der Angeklagte voll geständig ist, kann es sinnvoll sein, ihn schon bei der Vernehmung zur Sache zu befragen; im Fall der Einwilligung i.S.d. Satz 2 kann die Befragung im Anschluss an die Vernehmung eines Sachverständigen zweckmäßig sein (LR/*Stuckenberg* § 265a Rn. 13). Sofern das Gericht erst in der Urteilsberatung die Erteilung von Auflagen oder Weisungen in Betracht zieht, **kann die Befragung nachgeholt werden**, und zwar nach erneutem Eintreten in die Hauptverhandlung (Meyer-Goßner/Schmitt § 265a Rn. 10). Aber auch nach der Urteilsverkündung kann die Befragung noch stattfinden, jedoch längstens bis zur Beschlussfassung nach § 268a (KK-StPO/*Kuckein* § 265a Rn. 3).

6   Als **wesentliche Förmlichkeiten des Verfahrens** i.S.d. § 273 Abs. 1 sind Befragung und Erklärungen des Angeklagten mit ihrem Inhalt in das **Sitzungsprotokoll** aufzunehmen (LR/*Stuckenberg* § 265a Rn. 16).

7   **C. Voraussetzungen der Befragung.** Selbstredend müssen **Auflagen oder Weisungen in Betracht kommen**. Es ist also erforderlich, dass es mit einiger Wahrscheinlichkeit zu einem Schuldspruch und zur **Strafaussetzung zur Bewährung** kommt und das Gericht in Betracht zieht, diese mit einer Auflage oder einer Weisung zu verbinden (LR/*Stuckenberg* § 265a Rn. 5).

8   Satz 1 sieht die Befragung nur in **geeigneten Fällen** vor. Das sind solche, bei denen die Persönlichkeit des Angeklagten erwarten lässt, dass er seine Zusagen einhält (AnwK-StPO/*Martis* § 265a Rn. 1). Die Befragung unterbleibt insb., wenn der Angeklagte seine Schuld mit dem Ziel eines Freispruchs bestreitet, weil er sich in diesem Fall mit etwaigen Zusagen in Widerspruch zu seinem sonstigen Vorbringen setzen würde (AK-StPO/*Loos* § 265a Rn. 4; *Wulf* JZ 1970, 160 [161]). Insgesamt ist die Beurteilung über das Vorliegen eines geeigneten Falls jedoch stets **im Einzelfall** zu treffen (LR/*Stuckenberg* § 265a Rn. 6).

9   Dagegen ist die **Befragung des Angeklagten zwingend**, wenn eine **Weisung nach Satz 2** im Raum steht, weil die jeweilige Weisung wegen § 56c Abs. 3 StGB ohne Einwilligung nicht erteilt werden darf. Etwas anderes gilt freilich, wenn der Angeklagte schon vorher seine Einwilligung mitgeteilt hat (Meyer-Goßner/Schmitt § 265a Rn. 7). Die Einwilligung des Angeklagten setzt voraus, dass dieser zuvor über die in Betracht kommende Maßnahme aufgeklärt wurde (KK-StPO/*Kuckein* § 265a Rn. 1), die Belehrung nach § 268a Abs. 3 reicht insofern nicht aus, als zu diesem Zeitpunkt bereits der Beschluss über die Erteilung der Weisung gefasst worden ist (LR/*Stuckenberg* § 265a Rn. 8).

10 **D. Rechtsbehelfe.** Ist eine Auflage oder Weisung in gesetzeswidriger Weise erteilt worden, kann der anordnende Beschluss nach § 268a mit der **Beschwerde** angegriffen werden (§ 305a Abs. 1 Satz 2). Gesetzeswidrig ist die Auflage oder Weisung, wenn diese **unzumutbar** (vgl. §§ 56b Abs. 1 Satz 2, 56c Abs. 1 Satz 2 StGB) oder, im Fall der Weisung nach § 56c Abs. 3 StGB, **ohne Einwilligung** erteilt worden ist. Die Anordnung ist aber nicht deshalb gesetzeswidrig, weil die Befragung nach Satz 1 unterlassen wurde (OLG Köln NJW 2005, 1671 [1673]). Gegen die Befragung als solche ist die Beschwerde nicht zulässig, weil der Angeklagte durch sie nicht beschwert ist (SK-StPO/*Velten* § 265a Rn. 6).

11 Während mit der **Aufklärungsrüge** beanstandet werden kann, dass die **Befragung nach § 265a unterblieben** ist, obwohl sie sich im konkreten Verfahren aufgedrängt hätte (LR/*Stuckenberg* § 265a Rn. 18; HK-StPO/*Julius* § 265a Rn. 7), ist die **Revision** hinsichtlich eines Verstoßes gegen § 265a im Übrigen schon deshalb **nicht möglich**, weil die Auflagen und Weisungen nicht Teil des Urteils, sondern des Beschlusses nach § 268a sind, so dass nur dieser auf dem geltend gemachten Verstoß beruhen könnte (KK-StPO/*Kuckein* § 265a Rn. 4; Graf/*Eschelbach* § 265a Rn. 4). Werden Auflagen und Weisungen aus Versehen in das Urteil aufgenommen, wird dieser Teil des Urteils als Beschluss nach § 268a, eine hiergegen gerichtete Revision als Beschwerde behandelt (vgl. § 300; Meyer-Goßner/Schmitt § 265a Rn. 13).

§ 266 StPO Nachtragsanklage.
(1) Erstreckt der Staatsanwalt in der Hauptverhandlung die Anklage auf weitere Straftaten des Angeklagten, so kann das Gericht sie durch Beschluß in das Verfahren einbeziehen, wenn es für sie zuständig ist und der Angeklagte zustimmt.
(2) Die Nachtragsanklage kann mündlich erhoben werden. Ihr Inhalt entspricht dem § 200 Abs. 1. Sie wird in die Sitzungsniederschrift aufgenommen. Der Vorsitzende gibt dem Angeklagten Gelegenheit, sich zu verteidigen.
(3) Die Verhandlung wird unterbrochen, wenn es der Vorsitzende für erforderlich hält oder wenn der Angeklagte es beantragt und sein Antrag nicht offenbar mutwillig oder nur zur Verzögerung des Verfahrens gestellt ist. Auf das Recht, die Unterbrechung zu beantragen, wird der Angeklagte hingewiesen.

A. Grundsätzliches. § 266 ermöglicht es, in der Hauptverhandlung neu hervortretende Straftaten, die nicht vom Eröffnungsbeschluss erfasst sind, als neue prozessuale Taten in das Verfahren einzubeziehen. Dabei ersetzt die Nachtragsanklage (Abs. 2) die Prozessvoraussetzung der öffentlichen Klage, der Einbeziehungsbeschluss (Abs. 1) tritt an die Stelle des Eröffnungsbeschlusses (BGHSt 9, 243 [245]). Insofern findet sich der **Anklagegrundsatz** in der Norm wieder (KMR/*Stuckenberg* § 266 Rn. 2; krit. SK-StPO/*Velten* § 266 Rn. 3). § 266 steht in engem Zusammenhang mit § 264 und flankiert § 265: Betrifft die sich innerhalb der Hauptverhandlung ergebende Änderung nur die rechtliche Beurteilung derselben prozessualen Tat, findet § 265 Anwendung, während für eine neu hinzutretende prozessuale Tat die Nachtragsanklage erforderlich ist (AK-StPO/*Loos* § 265 Rn. 5; *Kudlich/Kraemer* JA 2004, 108 [109]). 1

Die Vorschrift regelt in gewisser Weise eine strafprozessuale Form der »Klageerweiterung« (KMR/*Stuckenberg* § 266 Rn. 1) und dient dem **Beschleunigungsgrundsatz** und der **Effektivität der Strafrechtspflege**, indem die neu hervorgetretenen Straftaten zügig abgeurteilt werden können. Regelmäßig wird die Sachlage eindeutig bzw. der Angeklagte geständig oder aber der Sachverhalt mit den bereits verfügbaren Beweismitteln problemlos aufklärbar sein (LR/*Stuckenberg* § 266 Rn. 1). Damit ist häufig auch den Interessen des Angeklagten gedient, dem ein weiteres Verfahren erspart bleibt (*Gollwitzer* JR 1985, 126). Damit der Angeklagte nicht überrumpelt wird und sich hinreichend auf die Verteidigung gegen die neu einbezogene Tat vorbereiten kann, kann er nach Abs. 3 Unterbrechung der Hauptverhandlung (§ 229) beantragen. Durch die Verweigerung seiner **Zustimmung** hat er es im Übrigen in der Hand, ob die Nachtragsanklage überhaupt erfolgen kann, Abs. 1. 2

B. Erhebung der Nachtragsanklage, Abs. 2. I. Gegenstand der Nachtragsanklage. 3
Die StA kann die Anklage auf weitere **prozessuale Taten** erstrecken, d.h. andere geschichtliche Ereignisse als die von der Anklage erfassten (BGH NStZ 2009, 286; LR/*Stuckenberg* § 266 Rn. 2; KK-StPO/*Kuckein* § 266 Rn. 2). Diese Auslegung ist systematisch zwingend; denn wären Straftaten im materiellrechtlichen Sinne gemeint, wäre die Regelung des § 266 überflüssig, weil solche Straftaten ohnehin der Kognitionspflicht des Gerichts aus § 264 unterliegen (s. § 264 Rdn. 21; BGH NJW 1970, 904; *EbSchmidt* II § 266 Rn. 3); eine dennoch erhobene Nachtragsanklage wäre vom Gericht als unzulässig zurückzuweisen (*Kleinknecht* JZ 1971, 106). Typischer Anwendungsfall des § 266 ist eine in der Hauptverhandlung festgestellte Tat eines historischen Geschehens, welches der Eröffnungsbeschluss nicht erfasst hat. Hingegen werden weitere Einzelakte einer **Dauerstraftat** nicht von § 266 erfasst; es sei denn, es ist noch kein einziger Einzelakt vom Eröffnungsbeschluss erfasst (*Meyer-Goßner/Schmitt* § 266 Rn. 2; vgl. BGHSt 27, 115 [116 f.]). Einer Nachtragsanklage bedarf es auch, wenn die in der Anklage bezeichnete Tat ausschließlich einen von mehreren Mitangeklagten betrifft, nunmehr aber die Allein- oder Mittäterschaft eines anderen **Mitangeklagten** im Raum steht (HK-StPO/*Julius* § 266 Rn. 13). Der bloße Hinweis nach § 265 Abs. 1 reicht nicht aus, weil hinsichtlich des nunmehr betroffenen Angeklagten dem Anklagevorwurf ein neues historisches Geschehen zugrunde liegt (BGH StV 1985, 488). Als tauglicher Gegenstand einer Nachtragsanklage kommt außerdem die zuvor nicht angeklagte alternative Tat im Rahmen der **Wahlfeststellung** in Betracht (*Greff*, S. 89 ff.).

Zwischen der angeklagten und der »weiteren« Tat muss **kein sachlicher Zusammenhang** i.S.d. § 3 bestehen (LR/*Stuckenberg* § 266 Rn. 6). Auch die Möglichkeit der Gesamtstrafenbildung ist nicht erforderlich (*Meyer-Goßner/Schmitt* § 266 Rn. 3). Die Deliktkategorie ist innerhalb der sachlichen 4

Zuständigkeit des Gerichts ohne Belang (*EbSchmidt* II § 266 Rn. 8). Ebenso belanglos für die Nachtragsanklage ist der Ausgang des Verfahrens hinsichtlich der in der zugelassenen Anklage bezeichneten Tat (LR/*Stuckenberg* § 266 Rn. 6).

5 Wegen einer **Ordnungswidrigkeit** kann der Staatsanwalt nur im Fall der Übernahme im Strafverfahren gem. §§ 42, 64 OWiG Nachtragsanklage erheben (BayObLG NJW 1994, 2303 [2304 f.]; Göhler/*Seitz* OWiG § 71 Rn. 52). § 266 findet aber keine analoge Anwendung im Einspruchsverfahren nach einem Bußgeldbescheid (BayObLGSt 1970, 29 [31]).

6 **II. Zeitpunkt, Inhalt und Form der Nachtragsanklage.** Die StA kann Nachtragsanklage erheben (Abs. 2 S. 1), sie entscheidet also nach **pflichtgemäßem Ermessen** und unter Abwägung zwischen dem mit der Einbeziehung verbundenen Zeitgewinn einerseits und der möglichen Verlängerung der bereits anhängigen Hauptverhandlung andererseits (LR/*Stuckenberg* § 266 Rn. 8; *Gollwitzer* JR 1996, 474 [476]). Entscheidet sich die StA für ein neues Verfahren, kann dieses im Hinblick auf § 266 als lex specialis nicht anschließend gem. § 4 mit dem anhängigen Verfahren verbunden werden (*Meyer-Goßner/Schmitt* § 266 Rn. 4). Um später doch noch die Verfahren zu verbinden, bedarf es vielmehr eines Neubeginns der Hauptverhandlung (BGHSt 53, 108 [111 f.]). Voraussetzung für die Erhebung der Nachtragsanklage ist in jedem Fall das Vorliegen eines hinreichenden Tatverdachts (KMR/*Stuckenberg* § 266 Rn. 9; *Hilger* JR 1983, 441 [442]; *Lüttger* GA 1957, 193 [206]).

7 Die Erhebung der Nachtragsanklage erfolgt in der **Hauptverhandlung**, frühestens nach Verlesung des Anklagesatzes gem. § 243 Abs. 3 S. 1 (*Pfeiffer* § 266 Rn. 2). Umstritten ist dagegen, bis wann die Nachtragsanklage erhoben werden kann. Teilweise wird als spätester Zeitpunkt der Abschluss der Urteilsverkündung (§ 268) genannt, weil erst dieser den Schluss der Hauptverhandlung markiert (LR/*Stuckenberg* § 266 Rn. 9; KMR/*Stuckenberg* § 266 Rn. 11). Jedoch dürfte die Unterbrechung der Urteilsverkündung zum Zwecke der Erhebung der Nachtragsanklage gleichermaßen unstatthaft sein wie die Unterbrechung zum Zwecke der Stellung eines Beweisantrages (*EbSchmidt* II § 266 Rn. 7), so dass nach zutreffender Ansicht letzter Zeitpunkt für die Erhebung der Nachtragsanklage der Beginn der Urteilsverkündung ist (*Meyer-Goßner/Schmitt* § 266 Rn. 4; SK-StPO/*Velten* § 266 Rn. 12; AK-StPO/*Loos* § 266 Rn. 7; HK-StPO/*Julius* § 266 Rn. 3; KK-StPO/*Kuckein* § 266 Rn. 4). Letztlich hat der Streit jedoch nur geringe praktische Relevanz, weil das Gericht im Hinblick auf den Beschleunigungsgrundsatz i.d.R. nicht geneigt sein wird, die Nachtragsanklage zu diesem Zeitpunkt noch in das Verfahren einzubeziehen (LR/*Stuckenberg* § 266 Rn. 9).

8 Der **Inhalt** der Nachtragsanklage hat gem. § 266 Abs. 2 S. 2 den Vorgaben des § 200 Abs. 1 zu entsprechen, also die dem Anklagten zur Last gelegte Tat, Zeit und Ort der Tatbegehung sowie die anzuwendenden Strafvorschriften zu benennen. Da Abs. 2 S. 2 nicht auf § 200 Abs. 2 verweist, ist das wesentliche Ergebnis der Ermittlungen nicht notwendiger Bestandteil der Nachtragsanklage. Das Gericht prüft die Einhaltung der Mindestvoraussetzungen von Amts wegen als Prozessvoraussetzung (BGH NStZ [Pf/M] 1986, 207).

9 Die Nachtragsanklage wird zwingend **mündlich** erhoben, um wirksam erhoben zu sein. Das Ermessen der StA bezieht sich nur auf das Ob, nicht das Wie der Nachtragsanklage. Die Formulierung ist insofern ungenau (HK-StPO/*Julius* § 266 Rn. 4). Häufig wird es zweckmäßig sein, die Nachtragsanklage dem Gericht schriftlich vorzulegen. In diesem Fall muss jedoch der Inhalt mündlich in der Hauptverhandlung vorgetragen werden, bevor das Gericht das Verfahren auch auf die weitere Tat erstrecken kann; dabei ist eine Bezugnahme auf die vorgelegte Schrift möglich (BayObLG DAR [R] 1985, 245 f.; *Meyer-Goßner/Schmitt* § 266 Rn. 5).

10 Gem. Abs. 2 S. 3 wird die Nachtragsanklage in das **Sitzungsprotokoll** aufgenommen. Eine etwaige schriftliche Vorlage kann als Anlage zum Bestandteil des Protokolls gemacht werden (LR/*Stuckenberg* § 266 Rn. 10).

11 **C. Einbeziehung der weiteren Straftat, Abs. 1. I. Voraussetzungen der Einbeziehung.** Neben einer zulässigen Nachtragsanklage (s. Rdn. 3 ff.) setzt die Einbeziehung ausweislich des Wortlautes des Abs. 1 die Zuständigkeit des Gerichts (Rdn. 12 ff.) und die Zustimmung des Angeklagten (Rdn. 15 ff.) voraus. Außerdem muss weiterhin dringender Tatverdacht vorliegen (Rdn. 20).

12 **1. Zuständigkeit des Gerichts.** Über die Einbeziehung entscheidet das zuständige Gericht. Da die örtliche Zuständigkeit gem. § 13 ohnehin durchgängig vorliegt, ist die **sachliche** Zuständigkeit gemeint

(Radtke/Hohmann/*Radtke* § 266 Rn. 22). Im Hinblick auf § 269 steht die Zuständigkeit eines niederen Gerichts einer wirksamen Einbeziehung nicht entgegen, wogegen ein niederes Gericht bei Zuständigkeit eines höheren Gerichts die weitere Tat selbst dann nicht einbeziehen darf, wenn es damit bezweckt, die einbezogene Tat alleine oder zusammen mit der bereits anhängigen Sache nach § 270 an das zuständige Gericht höherer Ordnung zu verweisen (AK-StPO/*Loos* § 266 Rn. 13; SK-StPO/*Velten* § 266 Rn. 13). Ergibt sich hingegen erst nach erfolgter Einbeziehung die Notwendigkeit einer Verweisung, muss das Gericht nach § 270 verfahren, weil die Figur einer Klagerücknahme in § 266 nicht vorgesehen und nach § 156 nicht möglich ist (*EbSchmidt* II § 266 Rn. 10; KMR/*Stuckenberg* § 266 Rn. 8).

§ 266 gilt nicht in der **Berufungsinstanz**, weil es – mit Ausnahme der großen Jugendkammer – an der funktionalen Zuständigkeit für Verhandlungen über die Anklage in erster Instanz fehlt (OLG Stuttgart NStZ 1995, 51 f.; LR/*Stuckenberg* § 266 Rn. 13; *Palder* JR 1986, 94 [96]). Bezweckt die Nachtragsanklage nur die Heilung der fehlenden Prozessvoraussetzung einer zugelassenen Anklage hinsichtlich der im Verfahren behandelten Tat, ist sie unzulässig, weil die Nachtragsanklage nach dem Wortlaut des § 266 nur die Einbeziehung einer weiteren Tat ermöglichen soll (BGHSt 33, 167 [168]). 13

Mangels tatrichterlicher Zuständigkeit des Revisionsgerichts kommt die Einbeziehung einer Nachtragsanklage in der **Revisionsinstanz** nicht in Betracht (*EbSchmidt* II § 266 Rn. 5). 14

2. Zustimmung des Angeklagten. Zur wirksamen Einbeziehung bedarf es der **Zustimmung des Angeklagten**, und zwar ausnahmslos (*Jahn/Schmitz* wistra 2001, 328 [333]), auch für den Fall von Serienstraftaten zum Nachteil desselben Opfers innerhalb des Gesamtzeitraums der angeklagten Tat (BGH NStZ-RR 1999, 303). Der Angeklagte muss sich ausdrücklich und eindeutig erklären (BGH NJW 1984, 2172). Unterlässt er also lediglich einen Widerspruch, beantragt er eine Unterbrechung oder lässt er sich sachlich auf die Nachtragsanklage ein, so ist hierin keine Zustimmung zu sehen (BGH NJW 1984, 2172; OLG Hamm StV 1996, 532 f.; KK-StPO/*Kuckein* § 266 Rn. 7). Der Angeklagte muss seine Zustimmung grds. persönlich erteilen (*Meyer-Goßner/Schmitt* § 266 Rn. 12). Gibt der Verteidiger für den Angeklagten die Zustimmung ab, ist zu differenzieren: bei Anwesenheit des Angeklagten wird die Zustimmung dadurch wirksam, dass der Angeklagte nicht widerspricht (*Pfeiffer* § 266 Rn. 3; HK-StPO/*Julius* § 266 Rn. 5; a. A. KMR/*Stuckenberg* § 266 Rn. 16; AK-StPO/*Loos* § 266 Rn. 9; SK-StPO/*Velten* § 266 Rn. 15); findet dagegen die Verhandlung in Abwesenheit des Angeklagten statt, genügt die zustimmende Erklärung des Verteidigers nicht, weil § 234a hier nicht gilt (*Meyer-Goßner/Schmitt* § 266 Rn. 12). Ein etwaiger Widerspruch des Verteidigers gegen die vom Angeklagten geäußerte Zustimmung ist insofern unbeachtlich, als es um die persönliche Entscheidung des Angeklagten geht (LR/*Stuckenberg* § 266 Rn. 19; KMR/*Stuckenberg* § 266 Rn. 16 unter Verweis auf den Rechtsgedanken des § 297). 15

Die Zustimmung des Angeklagten ist als verfahrensgestaltende Erklärung **unwiderruflich** (*Meyer-Goßner/Schmitt* § 266 Rn. 13). Jedoch kann ein »Widerruf«, der noch vor der gerichtlichen Entscheidung geäußert wird, im Rahmen der Ermessensausübung dahin gehend berücksichtigt werden, die neue Tat nicht in das Verfahren einzubeziehen (LR/*Stuckenberg* § 266 Rn. 18; *EbSchmidt* II § 266 Rn. 11). 16

Fehlt die Zustimmung des Angeklagten, soll nach herrschender Meinung kein Prozesshindernis vorliegen, sondern lediglich ein **Verfahrensverstoß**, der nur aufgrund einer entsprechenden **Rüge** zur Einstellung des Verfahrens führen soll (BGH NStZ-RR 1999, 303 [304]; OLG Karlsruhe StV 2002, 183; OLG Hamm StV 1996, 532 [533]; AnwK-StPO/*Martis* § 266 Rn. 9). Diese Auffassung widerspricht jedoch der Systematik der StPO, die eine Verfahrenseinstellung, sofern sie nicht aus Opportunitätsgründen erfolgt (§§ 153 ff.), ohne Vorliegen eines Prozesshindernisses nicht kennt (Radtke/Hohmann/*Radtke* § 266 Rn. 20 u. 38; *Meyer-Goßner* FS Eser, S. 373 [381 f.]). Somit ist in der fehlenden Zustimmung ein Verfahrenshindernis zu sehen, das dann jederzeit **von Amts wegen** zu beachten ist (LG München I MDR 1978, 161 f.; *Meyer-Goßner/Schmitt* § 266 Rn. 14; KMR/*Stuckenberg* § 266 Rn. 19; Graf/*Eschelbach* § 266 Rn. 17; *Jahn/Schmitz* wistra 2001, 328 [333]). Eine nachträgliche Zustimmung kann nicht mehr zur **Heilung** des Verfahrensfehlers führen (LG München I MDR 1978, 161 f.; KMR/*Stuckenberg* § 266 Rn. 19; a. A. Graf/*Eschelbach* § 266 Rn. 17). 17

Im Fall mehrerer Mitangeklagter richtet sich das Zustimmungserfordernis nach der jeweiligen Betroffenheit durch die Nachtragsanklage. Geht diese gegen alle Mitangeklagte, muss jeder von ihnen zustimmen (KMR/*Stuckenberg* § 266 Rn. 17). 18

§ 266 StPO Nachtragsanklage

19 Als wesentliche Förmlichkeit des Verfahrens ist die Zustimmung im Sitzungsprotokoll festzuhalten (§§ 273, 274; BGH NJW 1984, 2172).

20 **3. Bestehen eines hinreichenden Tatverdachts.** In Parallele zum Eröffnungsbeschluss (§ 203) ist sowohl für die Erhebung der Nachtragsanklage als auch für den Einbeziehungsbeschluss ein hinreichender Tatverdacht erforderlich (LR/*Stuckenberg* § 266 Rn. 16; AK-StPO/*Loos* § 266 Rn. 14). Das Vorliegen eines hinreichenden Tatverdachts berührt jedoch das Ermessen des Gerichts hinsichtlich der Einbeziehung nicht (*Meyer-Goßner/Schmitt* § 266 Rn. 16; dazu Rdn. 21).

21 **II. Einbeziehungsbeschluss.** Gem. § 266 Abs. 1 entscheidet das **Gericht**, also nicht der Vorsitzende, nach **pflichtgemäßem Ermessen** über die Einbeziehung der weiteren Tat (BGH StV 1995, 342; 2002, 183 [184]). Dabei legt es wie die StA seiner Entscheidung eine Abwägung über den prozessökonomischen Nutzen zugrunde (AK-StPO/*Loos* § 266 Rn. 15; s. Rdn. 6). Der Einbeziehungsbeschluss ersetzt für die weitere Tat den **Eröffnungsbeschluss** (BGHSt 9, 243 [245]). Indes gelten für ihn die Anforderungen des § 207 nicht (OLG Oldenburg MDR 1970, 946; KK-StPO/*Kuckein* § 266 Rn. 8), er kann auch auf die protokollierte Nachtragsanklage Bezug nehmen, sofern er nicht von ihr abweicht (*Meyer-Goßner/Schmitt* § 266 Rn. 15). Vom Gericht ist dabei deutlich zu machen, dass und in welchem Umfang das anhängige Verfahren um die weitere Tat ergänzt wird (OLG Hamburg VRS 107, 449 [451]; OLG Oldenburg JR 1963, 109). Es muss für den Angeklagten verständlich werden, welche weitere Handlung ihm zur Last gelegt wird und welcher gesetzliche Tatbestand dadurch erfüllt ist (BayObLGSt 1953, 1; KMR/*Stuckenberg* § 266 Rn. 21).

22 Der Einbeziehungsbeschluss ist gem. § 35 Abs. 1 ausdrücklich durch **Verkündung** bekannt zu geben, die an die Stelle der Verlesung der Anklageschrift nach § 243 Abs. 3 S. 1 tritt (BGH StV 2002, 183 [184]; NJW 1956, 1366 [1367]). Ausnahmsweise soll es nach weit verbreiteter Auffassung möglich sein, auf die ausdrückliche Verkündung zu verzichten, sofern die Prozessbeteiligten bereits über die weitere Tat verhandeln und der Angeklagte dadurch den nunmehr erweiterten Anklagevorwurf der Sache nach, aber auch rechtlich genügend kennt (BGH NJW 1990, 1055 [1056]; *Meyer-Goßner/Schmitt* § 266 Rn. 15). Eine solche Ausnahme ist kritisch zu sehen, weil eine nicht verkündete Entscheidung in der Hauptverhandlung keine Wirksamkeit entfalten kann (so zu Recht KMR/*Stuckenberg* § 266 Rn. 22). Erst infolge der Verkündung des Einbeziehungsbeschlusses wird die weitere Tat rechtshängig, so dass sie der Verfügung durch die StA entzogen ist (LR/*Stuckenberg* § 266 Rn. 24; vgl. § 156). Darüber hinaus ist nicht ersichtlich, wie eine nicht verkündete Entscheidung Eingang in das Protokoll finden soll (Rdn. 23).

23 Als wesentliche Förmlichkeit des Verfahrens ist der Einbeziehungsbeschluss im **Sitzungsprotokoll** niederzuschreiben (§§ 273, 274; BGH StV 1995, 342). Im Hinblick auf § 305 ist der Beschluss nicht anfechtbar, so dass er gem. § 34, 1. Alt. **keiner Begründung** bedarf.

24 Anders beim **ablehnenden Beschluss**: dieser bedarf insofern einer **Begründung**, als er den Antrag der StA auf Einbeziehung einer weiteren Tat zurückweist (§ 34, 2. Alt.; Graf/*Eschelbach* § 266 Rn. 26). Die Gegenmeinung, die eine Begründungspflicht im Hinblick auf die Ermessensentscheidung ablehnt (AK-StPO/*Loos* § 266 Rn. 15; *Meyer-Goßner/Schmitt* § 266 Rn. 18), verkennt, dass nicht jeder ablehnende Beschluss das Ergebnis einer Ermessensentscheidung sein muss, z.B. im Fall der Ablehnung wegen Unzulässigkeit (LR/*Stuckenberg* § 266 Rn. 27). Außerdem hat das Gericht auch im Fall von Ermessensentscheidungen schon zur Selbstkontrolle die wesentlichen Gründe für seine Entscheidung zu benennen (KMR/*Stuckenberg* § 266 Rn. 25). Weitgehende Einhelligkeit besteht jedoch darin, dass der ablehnende Beschluss keine Sperrwirkung nach § 211 auslöst (LR/*Stuckenberg* § 266 Rn. 28). Die Nachtragsanklage verliert infolge der Ablehnung ihre Anhängigkeit, sie wird somit gegenstandslos; einer Rücknahme nach § 156 bedarf es daher nicht.

25 Erhebt die StA eine Nachtragsanklage, die im Hinblick auf § 264 überflüssig ist, weil sie keine weitere Tat zum Gegenstand hat, weist das Gericht die Nachtragsanklage durch Beschluss als **unzulässig** zurück (KMR/*Stuckenberg* § 266 Rn. 24; vgl. AK-StPO/*Loos* § 266 Rn. 2; a. A. *Meyer-Goßner/Schmitt* § 266 Rn. 19). Liegt dagegen kein hinreichender Tatverdacht vor, lehnt das Gericht die Einbeziehung wegen **Unbegründetheit** ab (KMR/*Stuckenberg* § 266 Rn. 24).

26 Fehlt der Einbeziehungsbeschluss, stellt dies wie das Fehlen des Eröffnungsbeschlusses ein von Amts wegen zu beachtendes **Prozesshindernis** dar, das i.d.R. zur Verfahrenseinstellung führt (BGH StV 1996, 5 [6]; 2002, 183).

D. Weiteres Verfahren. I. Verfahren nach Ablehnung der Einbeziehung. Im Fall eines die 27
Einbeziehung ablehnenden Beschlusses ist die Nachtragsanklage endgültig erledigt, d.h. das Gericht
kann auch nicht außerhalb der Hauptverhandlung einen Eröffnungsbeschluss hinsichtlich der weiteren
Tat fassen (BGH StraFo 2005, 203; OLG Karlsruhe StV 2002, 184 [185]). Scheitert die Einbeziehung
aber nur an der verweigerten Zustimmung durch den Angeklagten, steht es dem Tatrichter frei, nach
Rücksprache mit der StA hinsichtlich der weiteren Taten den Verfahrensgegenstand durch Eröffnungsbeschluss und Verbindung der Strafsachen zu erweitern (BGH StV 2008, 226 [227]). Allerdings muss
dann die laufende Hauptverhandlung neu begonnen werden (s. Rdn. 6; BGHSt 53, 108 [111 f.]; BGH
StraFo 2010, 337).

II. Verfahren nach Einbeziehungsbeschluss. Durch den Einbeziehungsbeschluss wird die weitere 28
Tat **rechtshängig**, d.h. sie wird unter die Entscheidungsgewalt des Gerichts gestellt. Gem. Abs. 2 S. 4
muss der Angeklagte als Folge ausreichend Gelegenheit erhalten, sich zu verteidigen. Dem Schutz des
Angeklagten dienen letztlich auch die Verfahrensvorschriften der §§ 243, 244 Abs. 1, deren Einhaltung
im Rahmen der Nachtragsanklage regelmäßig nicht möglich sein wird (BGH MDR [D] 1955, 397), so
dass der Angeklagte hinsichtlich der neuen Tat förmlich gem. § 243 Abs. 4 S. 2 zu vernehmen ist
(BGHSt 9, 243 [245]; *Meyer-Goßner/Schmitt* § 266 Rn. 21), und zwar auch dann, wenn er sich zuvor
bereits zur Tat geäußert hat. Ob es dazu einer erneuten Belehrung nach § 243 Abs. 4 S. 1 bedarf, ist
umstritten. Während dies eine Ansicht verneint (AnwK-StPO/*Martis* § 266 Rn. 7; KK-StPO/*Kuckein*
§ 266 Rn. 9; *Meyer-Goßner/Schmitt* § 266 Rn. 21), spricht der Schutzgedanke des Abs. 2 S. 4 und die
Bedeutung des nemo-tenetur-Grundsatzes für eine **nochmalige Belehrung**, schon um dem Angeklagten deutlich zu machen, dass er sich trotz seiner Zustimmung zur Einbeziehung zu dieser weiteren Tat
nicht äußern muss (KMR/*Stuckenberg* § 266 Rn. 28; Radtke/Hohmann/*Radtke* § 266 Rn. 27; HK-
StPO/*Julius* § 266 Rn. 10; Graf/*Eschelbach* § 266 Rn. 28: einschränkend AK-StPO/*Loos* § 266
Rn. 18). Einer Wiederholung der kompletten, vor Erhebung der Nachtragsanklage stattgefundenen Beweisaufnahme bedarf es dagegen nicht (BGH NJW 1984, 2172; HK-GS/*Brehmeier-Metz* § 266 Rn. 3).

Abs. 3 S. 1 sieht die Möglichkeit der **Unterbrechung** der Hauptverhandlung vor, und zwar entweder 29
nach pflichtgemäßem Ermessen **von Amts wegen** oder **auf Antrag** des Angeklagten bzw. dessen Verteidigers. Damit konkretisiert Abs. 3 das allgemeine Postulat aus Abs. 2 S. 4, dem Angeklagten Gelegenheit zur Verteidigung zu geben. Anders als im Rahmen des § 265 Abs. 3 und 4 sieht Abs. 3 lediglich die
Unterbrechung mit der in § 229 festgesetzten Höchstdauer vor. Eine **Aussetzung** kommt schon im Hinblick auf den Sinn und Zweck der Norm, das Verfahren zu beschleunigen, nicht in Betracht (AK-StPO/
Loos § 266 Rn. 19; KK-StPO/*Kuckein* § 266 Rn. 10). Die Anordnung kürzerer Unterbrechungen geschieht durch den Vorsitzenden (§§ 228 Abs. 1 S. 2, 238 Abs. 1), ansonsten entscheidet das Gericht
(§ 228 Abs. 1 S. 1). Soweit der Angeklagte Unterbrechung beantragt, darf der Antrag nur in den Grenzen des Abs. 3 S. 1 Alt. 2 abgelehnt werden, also nur im Fall offenbaren **Mutwillens**, d.h. bei Fehlen
eines nachvollziehbaren Grundes (AK-StPO/*Loos* § 266 Rn. 22; LR/*Stuckenberg* § 266 Rn. 36) oder
bei intendierter Verfahrensverzögerung. Im Übrigen besteht ein Anspruch des Angeklagten auf Unterbrechung. Auf diesen Anspruch ist er gem. Abs. 3 S. 2 hinzuweisen, und zwar möglichst bei der Frage
nach seiner Zustimmung, spätestens aber nach Erlass des Einbeziehungsbeschlusses (KMR/*Stuckenberg* § 266 Rn. 31 m.w.N.).

E. Rechtsbehelfe. Die **Beschwerde** gegen den Einbeziehungsbeschluss, dessen Ablehnung oder 30
gegen die Verfügung des Vorsitzenden zur Anordnung oder Ablehnung der Unterbrechung nach Abs. 3
S. 1 ist im Hinblick auf § 305 unzulässig. Gegen die ablehnende Entscheidung des Vorsitzenden kann
gem. **§ 238 Abs. 2** die Entscheidung des Gerichts nachgesucht werden (KK-StPO/*Kuckein* § 266
Rn. 10).

Im Rahmen der **Revision** prüft das Revisionsgericht von Amts wegen das Vorliegen von Nachtrags- 31
anklage und Einbeziehungsbeschluss als Verfahrensvoraussetzungen (BGH NJW 1970, 904 [905];
StV 1996, 5 [6]). Andere Verletzungen, z.B. die fehlende Zustimmung des Angeklagten, werden nur
aufgrund einer Verfahrensrüge nach § 344 Abs. 2 S. 2 geprüft (BGH StV 2002, 183 [184]; OLG
Hamm StV 1996, 532 [533]; *Meyer-Goßner/Schmitt* § 266 Rn. 24). Diese Ansicht ist freilich systematisch höchst zweifelhaft, weil in der Zustimmung eine Prozessvoraussetzung zu sehen ist (s. Rdn. 17;
Radtke/Hohmann/*Radtke* § 266 Rn. 38).

§ 267 StPO Urteilsgründe.

(1) Wird der Angeklagte verurteilt, so müssen die Urteilsgründe die für erwiesen erachteten Tatsachen angeben, in denen die gesetzlichen Merkmale der Straftat gefunden werden. Soweit der Beweis aus anderen Tatsachen gefolgert wird, sollen auch diese Tatsachen angegeben werden. Auf Abbildungen, die sich bei den Akten befinden, kann hierbei wegen der Einzelheiten verwiesen werden.

(2) Waren in der Verhandlung vom Strafgesetz besonders vorgesehene Umstände behauptet worden, welche die Strafbarkeit ausschließen, vermindern oder erhöhen, so müssen die Urteilsgründe sich darüber aussprechen, ob diese Umstände für festgestellt oder für nicht festgestellt erachtet werden.

(3) Die Gründe des Strafurteils müssen ferner das zur Anwendung gebrachte Strafgesetz bezeichnen und die Umstände anführen, die für die Zumessung der Strafe bestimmend gewesen sind. Macht das Strafgesetz Milderungen von dem Vorliegen minder schwerer Fälle abhängig, so müssen die Urteilsgründe ergeben, weshalb diese Umstände angenommen oder einem in der Verhandlung gestellten Antrag entgegen verneint werden; dies gilt entsprechend für die Verhängung einer Freiheitsstrafe in den Fällen des § 47 des Strafgesetzbuches. Die Urteilsgründe müssen auch ergeben, weshalb ein besonders schwerer Fall nicht angenommen wird, wenn die Voraussetzungen erfüllt sind, unter denen nach dem Strafgesetz in der Regel ein solcher Fall vorliegt; liegen diese Voraussetzungen nicht vor, wird aber gleichwohl ein besonders schwerer Fall angenommen, so gilt Satz 2 entsprechend. Die Urteilsgründe müssen ferner ergeben, weshalb die Strafe zur Bewährung ausgesetzt oder einem in der Verhandlung gestellten Antrag entgegen nicht ausgesetzt worden ist; dies gilt entsprechend für die Verwarnung mit Strafvorbehalt und das Absehen von Strafe. Ist dem Urteil eine Verständigung (§ 257c) vorausgegangen, ist auch dies in den Urteilsgründen anzugeben.

(4) Verzichten alle zur Anfechtung Berechtigten auf Rechtsmittel oder wird innerhalb der Frist kein Rechtsmittel eingelegt, so müssen die erwiesenen Tatsachen, in denen die gesetzlichen Merkmale der Straftat gefunden werden, und das angewendete Strafgesetz angegeben werden; bei Urteilen, die nur auf Geldstrafe lauten oder neben einer Geldstrafe ein Fahrverbot oder die Entziehung der Fahrerlaubnis und damit zusammen die Einziehung des Führerscheins anordnen oder bei Verwarnungen mit Strafvorbehalt, kann hierbei auf den zugelassenen Anklagesatz, auf die Anklage gemäß § 418 Abs. 3 Satz 2 oder den Strafbefehl sowie den Strafbefehlsantrag verwiesen werden. Absatz 3 Satz 5 gilt entsprechend. Den weiteren Inhalt der Urteilsgründe bestimmt das Gericht unter Berücksichtigung der Umstände des Einzelfalls nach seinem Ermessen. Die Urteilsgründe können innerhalb der in § 275 Abs. 1 Satz 2 vorgesehenen Frist ergänzt werden, wenn gegen die Versäumung der Frist zur Einlegung des Rechtsmittels Wiedereinsetzung in den vorigen Stand gewährt wird.

(5) Wird der Angeklagte freigesprochen, so müssen die Urteilsgründe ergeben, ob der Angeklagte für nicht überführt oder ob und aus welchen Gründen die für erwiesen angenommene Tat für nicht strafbar erachtet worden ist. Verzichten alle zur Anfechtung Berechtigten auf Rechtsmittel oder wird innerhalb der Frist kein Rechtsmittel eingelegt, so braucht nur angegeben zu werden, ob die dem Angeklagten zur Last gelegte Straftat aus tatsächlichen oder rechtlichen Gründen nicht festgestellt worden ist. Absatz 4 Satz 4 ist anzuwenden.

(6) Die Urteilsgründe müssen auch ergeben, weshalb eine Maßregel der Besserung und Sicherung angeordnet, eine Entscheidung über die Sicherungsverwahrung vorbehalten oder einem in der Verhandlung gestellten Antrag entgegen nicht angeordnet oder nicht vorbehalten worden ist. Ist die Fahrerlaubnis nicht entzogen oder eine Sperre nach § 69a Abs. 1 Satz 3 des Strafgesetzbuches nicht angeordnet worden, obwohl dies nach der Art der Straftat in Betracht kam, so müssen die Urteilsgründe stets ergeben, weshalb die Maßregel nicht angeordnet worden ist.

Übersicht

		Rdn.
A.	Grundsätzliches	1
B.	Tatbestand	5
I.	Urteilsgründe im Fall der Verurteilung	5
	1. Darstellungsumfang und grundsätzliches Verweisungsverbot	5
	2. Bezugnahme auf Abbildungen	8
	3. Darstellungsinhalt	11
	a) Persönliche Verhältnisse	12
	b) Die Straftat	13
	c) Indizien	16
	d) Beweiswürdigung	17
	e) Vom Strafgesetz besonders vorgesehene Umstände, Abs. 2	21
	f) Das Strafgesetz	23
	g) Die Rechtsfolgenentscheidung	24
	aa) Die Strafzumessung	24
	bb) Die Strafaussetzung zur Bewährung	35

		Rdn.			Rdn.
	cc) Verwarnung mit Strafvorbehalt und Absehen von Strafe	36	2.	Freispruch aus Rechtsgründen	49
			3.	Nebenfolgen und Maßregeln	50
	h) Die Verständigung	37	4.	Das abgekürzte Urteil	51
	i) Gesetzliche Nebenfolgen der Straftat	38	III.	Die Behandlung von Maßregeln, Abs. 6	52
			IV.	Das Einstellungsurteil	53
	j) Das abgekürzte Urteil, Abs. 4	39	V.	Änderung der Urteilsgründe	54
II.	Das freisprechende Urteil	47	C.	Revision	55
	1. Freispruch aus tatsächlichen Gründen	48			

A. Grundsätzliches. Die Vorschrift befasst sich mit den schriftlichen Gründen des Urteils. In 1 den schriftlichen Urteilsgründen soll sich das Ergebnis der Hauptverhandlung, wie es sich nach der Beratung herauskristallisiert hat, wiederfinden (BGHR StPO § 267 Darstellung 1; BGH, NStZ 1998, 475). Eine Darstellung des Ganges der Hauptverhandlung enthalten die Urteilsgründe demgegenüber nicht. Der Ablauf der Hauptverhandlung wird im Protokoll, §§ 271 ff., wiedergegeben (SK-StPO/*Velten* § 267 Rn. 3). Da die Urteilsgründe »lediglich« das Beratungs- und Abstimmungsergebnis abbilden, findet sich in ihnen auch keine Reproduktion des »Inbegriffs der Hauptverhandlung« i.S.d. § 261 (vgl. dazu § 261 Rdn. 1 ff.). Verfahrenshandlungen erfahren im Regelfall keine Erwähnung. Eine Ausnahme stellen die Hilfsbeweisanträge dar, deren Wiedergabe und Bescheidung aufgrund ihrer prozessualen Natur dem Urteil vorbehalten sind (vgl. KK-StPO/*Kuckein*, § 267 Rn. 2). Zudem ist das Gericht verpflichtet, sich zu Prozessvoraussetzungen zu verhalten, soweit deren Vorhandensein in Zweifel steht (*Meyer-Goßner/Schmitt* § 267 Rn. 1).

Im Wesentlichen drei Funktionen haben die schriftlichen Urteilsgründe zu erfüllen. Im Vordergrund 2 steht die **Kontrollfunktion**. Die Urteilsgründe dienen der Eigenkontrolle des Gerichts und der Rechtfertigung der Entscheidung nach außen, insb. der Rechtfertigung ggü. den Verfahrensbeteiligten (SK-StPO/*Velten* § 267 Rn. 3). Die Eigenkontrolle wird dadurch erreicht, dass das Gericht gezwungen ist, sein Ergebnis argumentativ abzusichern (*Schlüchter*, GA 1994, 397, 435). Insoweit ist zwar nicht zu verkennen, dass das Ergebnis dieser Eigenkontrolle nur für die Zukunft wirkt, weil es dem Gericht verwehrt ist, einen etwa bei Niederlegung der Gründe erkannten Fehler in der Beweiswürdigung in die Entscheidungsformel zu übernehmen. Die damit auftretende Diskrepanz zwischen Tenor und Gründen hilft in einem solchen Fall jedoch den weiteren Aspekt der Kontrollfunktion zu erfüllen, der aus der Verpflichtung zur schriftlichen Dokumentation der Urteilsgründe folgt: Ein – rechtsmittelbefugter – Verfahrensbeteiligter kann anhand der Urteilsniederschrift die (Un-) Richtigkeit des Erkenntnisses einschätzen und sein zukünftiges Prozessverhalten (Entscheidung über eine Rechtsmitteleinlegung) daran ausrichten (KK-StPO/*Kuckein*, § 267 Rn. 2).

Neben die Kontrollfunktion tritt die **Definitionsfunktion** des § 267. Die schriftlichen Urteilsgründe 3 umreißen den Gegenstand des Verfahrens und zeigen damit auf, welcher Lebenssachverhalt i.S.d. § 264 in Rechtskraft erwachsen ist (SK-StPO/*Velten* § 267 Rn. 3).

Letztlich darf auch nicht die **Informationsfunktion** schriftlicher Urteilsgründe außer Acht gelassen wer- 4 den. Bei Mehrfachtätern liefern die Gründe von Vorverurteilungen häufig nicht zu unterschätzende Informationen für das laufende Verfahren. Auch Vollstreckungsbehörden und Vollstreckungseinrichtungen – Maßregeleinrichtungen, Justizvollzugsanstalten – können für ihren Umgang mit dem Verurteilten gewinnbringend aus Urteilsgründen schöpfen (SK-StPO/*Schlüchter/Frister*, 34. Aufbau-Lfg., § 267 Rn. 4).

B. Tatbestand. I. Urteilsgründe im Fall der Verurteilung. 1. Darstellungsumfang und 5 **grundsätzliches Verweisungsverbot.** Die Anforderungen an ein verurteilendes Erkenntnis formulieren **Abs. 1 bis 4** des § 267. Gem. **Abs. 1 Satz 1** sind in den Gründen die vom Gericht für erwiesen erachteten Tatsachen anzugeben, die die Tatbestandsmerkmale eines Strafgesetzes verwirklichen. Es muss sich dabei um eine vollständige, d.h. geschlossene, Sachverhaltsdarstellung handeln. Der BGH spricht in ständiger Rechtsprechung davon, dass jedes Urteil in Strafsachen aus sich heraus verständlich sein muss (vgl. bereits BGHSt 30, 225, 227). Bezugnahmen auf Informationsquellen jenseits der Urteilsurkunde – seien es andere Schriftstücke, wie die Anklageschrift (KK-StPO/*Kuckein*, § 267 Rn. 3), der Eröffnungsbeschluss (vgl. RGSt 4, 382 384) oder das Hauptverhandlungsprotokoll oder seien es gra-

§ 267 StPO Urteilsgründe

fische Darstellungen in den Akten – sind generell unzulässig (*Meyer-Goßner/Schmitt* § 267 Rn. 2). Dies ergibt sich nicht zuletzt im Umkehrschluss aus Abs. 1 Satz 3, der wegen »Einzelheiten« der bildlichen Wiedergabe eine den Verweis erlaubende Ausnahme für bei den Akten befindliche Abbildungen zulässt. Selbstverständlich gilt das Verbot der Bezugnahme auch für andere Urteile, auch wenn sie aus der Feder desselben Gerichts stammen und die Tat des Mittäters betreffen sollten. Dies gilt selbst dann, wenn die in Bezug genommene Entscheidung als Urteilsanlage geführt wird (BGH, NStZ-RR 2007, 22). Hiervon zu unterscheiden ist der Fall, dass etwa in komplexen Wirtschaftsstrafsachen Berechnungen zur vorgeworfenen Steuerverkürzung als Anlage zum Urteil genommen werden. Sofern die Anlagen mit dem sonstigen Erkenntnis ein einheitliches Ganzes bilden, soll eine unzulässige Bezugnahme nicht vorliegen (BGH, NStZ 1987, 374 f.).

6 Erstreckt sich das Verbot der Bezugnahme auf bestandskräftige Urteile, gilt es erst recht für Entscheidungen, die auf die Revision hin aufgehoben wurden (*Meyer-Goßner/Schmitt* § 267 Rn. 2a). Eine Bezugnahme kommt auch in Jugendstrafsachen nicht in Betracht, wenn es um die Einbeziehung bereits verhängter Strafen in eine einheitliche Jugendstrafe nach § 31 Abs. 2 JGG geht. Die der neuen Einheitsjugendstrafe zugrunde liegenden Taten müssen sämtlich in dem die Strafe aussprechenden Urteil aufgeführt werden (vgl. BGHSt 16, 335, 337).

7 Eine Bezugnahme auf ein früheres Urteil ist ausnahmsweise in der Berufungsinstanz erlaubt. Bestätigt die Beweisaufnahme vor dem Berufungsgericht die von der Vorinstanz getroffenen Feststellungen, kann die zweite Instanz insoweit auf das erstinstanzliche Erkenntnis Bezug nehmen (KK-StPO/*Kuckein*, § 267 Rn. 5). Dabei muss die Bezugnahme eindeutig sein, was sich am einfachsten durch Seitenzahlangaben sowie Benennung von Absätzen oder sogar Zeilen bewerkstelligen lässt (OLG Hamm, NStZ-RR 1997, 369; *Meyer-Goßner/Schmitt* § 267 Rn. 2a). Die Bezugnahme darf sich auch nur auf Feststellungen zum Schuldspruch (KK-StPO/*Kuckein*, § 267 Rn. 5) oder auf Feststellungen zu den persönlichen und wirtschaftlichen Verhältnissen des Angeklagten beziehen (OLG Stuttgart, NStZ-RR 2003, 83, 84; abweichend *Meyer-Goßner/Schmitt* § 267 Rn. 2a: Nur bei Berufungsverwerfung; a. A. OLG Hamm, NStZ-RR 1997, 369). Die Möglichkeit der Bezugnahme entfällt, wenn das Berufungsgericht den Schuldspruch oder die Beweiswürdigung ändern muss (*Meyer-Goßner/Schmitt* § 267 Rn. 2). Strikt ausgenommen von einer Bezugnahme sind die Strafzumessungserwägungen des erstinstanzlichen Richters (OLG München wistra 2006, 160).

8 **2. Bezugnahme auf Abbildungen.** Die in **Abs. 1 Satz 3** normierte Ausnahme vom Verbot der Bezugnahme für **Einzelheiten von Abbildungen** dient der Vereinfachung der Abfassung von Urteilsgründen. Dem Urteilsverfasser soll eine den Rahmen des Erkenntnisses sprengende »Bildbeschreibung« erspart bleiben. Abbildung ist jede Darstellung der Außenwelt, die durch den Gesichts- oder Tastsinn wahrgenommen werden kann (KK-StPO/*Kuckein*, § 267 Rn. 6). Hierzu zählen Lichtbilder, Gemälde, Tatort- und Unfallskizzen (SK-StPO/*Velten* § 267 Rn. 19), nicht aber Tonträger, die akustisch wahrgenommen werden müssen (KK-StPO/*Engelhardt*, 6. Auflage, § 267 Rn. 6). Umstritten ist, ob auf Videofilme Bezug genommen werden kann. Die obergerichtliche Rechtsprechung hat dies in der Vergangenheit teilweise bejaht (u.a. OLG Dresden NZV 2009, 520; OLG Zweibrücken VRS 102, 103). Der 5. Strafsenat des BGH hat die Frage für auf CD gespeicherte Videosequenzen in einem Beschluss v. 14.09.2011 noch offen gelassen (BGHR StPO § 267 Abs. 1 Satz 3 Verweisung 3). Der 2. Strafsenat des BGH verneint demgegenüber nunmehr die Verweismöglichkeit, wenn sich das Video auf einem elektronischen Speichermedium befindet und erst durch Einsatz technischer Hilfsmittel sichtbar gemacht werden kann (BGHSt 57, 53 ff.). Da nur auf die Einzelheiten von Abbildungen Bezug genommen werden kann, besteht grds. die Pflicht für den Richter, den wesentlichen wahrzunehmenden Inhalt der Darstellung in gebotener Kürze wiederzugeben, da nur so gewährleistet wird, dass die Urteilsgründe aus sich selbst heraus verständlich bleiben (vgl. BGHR StPO § 267 Abs. 1 Satz 3 Verweisung 1). Geringere Anforderungen gelten allerdings im Bußgeldverfahren, wenn dort die Identifizierung des Betroffenen anhand eines (anlässlich einer Geschwindigkeitsmessung) entstandenen Lichtbilds zu erfolgen hat. Nach der Rechtsprechung des BGH soll in diesem Fall sogar die knappe Darstellung des Bildinhalts unterbleiben können. Für ausreichend wird angesehen, dass die Qualität des Fotos grds. die Identifizierung der abgebildeten Person zulässt (BGHSt 41, 376, 383: keine Verweismöglichkeit bei fehlender Eignung des Lichtbildes zur Identifizierung; OLG Bamberg NZV 2008, 166, 167). Diese vom Gesetzeswortlaut des § 267 abweichende Judikatur lässt sich nur damit rechtfertigen, dass im Bußgeldverfahren – wo es um sog. Verwaltungsunrecht geht – grds. geringere Maßstäbe an die Komplexität der Urteilsgründe zur Dokumentation der Entscheidung angelegt werden können. Es reicht das »rechtsstaatlich unverzichtbare Maß« der Darstellung (*Göhler* § 71 Rn. 42).

Mit der Bezugnahme nach Abs. 1 Satz 3, die ausdrücklich zu erfolgen hat (»wegen der Einzelheiten wird gemäß §§ 267 Abs. 1 Satz 3 Bezug genommen«), wird die Abbildung in ihrer Gänze Bestandteil der Urteilsgründe (BGH NStZ 2000, 307, 309; *Meyer-Goßner/Schmitt* § 267 Rn. 10). Das Revisionsgericht kann sie in Augenschein nehmen und eigenständig würdigen (KK-StPO/*Kuckein* § 267 Rn. 6). 9

Kein Fall der verweisenden Bezugnahme nach Abs. 1 Satz 3 ist es, wenn die Abbildung im Original oder in Ablichtung in die Urteilsgründe aufgenommen wird. Eine schriftliche Darstellung des Inhalts der Abbildung, wie sie das Gesetz für den Fall der Bezugnahme – wenn auch in eingeschränkter Form – fordert, wird damit entbehrlich (BGH NStZ-RR 1996, 211; *Meyer-Goßner/Schmitt* § 267 Rn. 10). Von der Aufnahme pornografischer Ablichtungen in die Urteilsniederschrift ist abzusehen (BGH NJW 2006, 1890, 1891). 10

3. Darstellungsinhalt. Der Forderung aus Abs. 1 Satz 1, eine **geschlossene Darstellung** der für erwiesen erachteten Tatsachen abzugeben, kommt der Richter nach, wenn er alle äußeren und inneren Umstände im Verbund wiedergibt, die nach seiner Auffassung den Tatbestand des Strafgesetzes erfüllen (BGH wistra 1989, 264, 265; KK-StPO/*Kuckein* § 267 Rn. 8). Fehlt es am Verbund, ist dies im Allgemeinen unschädlich, da Feststellungen auch dann zu berücksichtigen sind, wenn sie i.R.d. Beweiswürdigung oder der rechtlichen Würdigung wiedergegeben werden (BGHR StPO § 267 Abs. 1 Satz 1 Feststellungen 1). Der Bestand des Urteils ist erst dann gefährdet, wenn bei Berücksichtigung sämtlicher Urteilsteile nicht zu erkennen ist, welche Tatsachen unter den vom Gericht angenommenen Straftatbestand subsumiert wurden (vgl. bereits RGSt 73, 246, 248). Die Verpflichtung des Tatgerichts in das Urteil eine geschlossene Darstellung des strafbaren Verhaltens aufzunehmen, besteht auch dann, wenn die Entscheidung auf einer Verständigung beruht (BGH NStZ-RR 2011, 213). 11

a) Persönliche Verhältnisse. Zweckmäßigerweise beginnen die Feststellungen mit einer **Darstellung der persönlichen Verhältnisse** des Angeklagten. Dabei ist darauf zu achten, dass für das Urteil nicht bedeutsame Tatsachen unerwähnt bleiben (BGH NStZ-RR 2007 [B], 129, 131; *Meyer-Goßner/Schmitt* § 267 Rn. 4). 12

b) Die Straftat. Bei der Wiedergabe der Tatsachen, die den **objektiven Tatbestand der Straftat** erfüllen, ist besonderes Augenmerk auf die Informationsfunktion der Urteilsgründe zu verwenden (vgl. Rdn. 4). Ort und Zeit der Tat sollten angegeben werden (BGH StV 2010, 60, 61). Dies gilt insb. dann, wenn dem Angeklagten mehrere in der Begehung gleichartige Straftaten vorgeworfen werden (*Meyer-Goßner/Schmitt* § 267 Rn. 5). Bei jahrelang zurückliegenden Serienstraftaten dürfen an die Individualisierung der einzelnen Unrechtshandlungen aber keine überspannten Anforderungen gestellt werden (sexueller Missbrauch eines Kindes: BGH NStZ 1994, 352, 353). Die Grenze des Möglichen ist dort zu ziehen, wo Mängel in der Konkretisierung dem Angeklagten eine sachgemäße Verteidigung gegen die erhobenen Vorwürfe nicht mehr erlauben (BGHSt 42, 107, 109; KK-StPO/*Engelhardt*, 6. Auflage, § 267 Rn. 9). In diesem Fall kann der Zweifelsgrundsatz dazu führen, dass, obwohl von einer mehrfachen Tatbegehung auszugehen ist, dem Angeklagten nur eine Tat angelastet wird (*Meyer-Goßner/Schmitt* § 267 Rn. 6a). Zur Zuordnung eines wirtschaftlichen Gesamtschadens auf Einzeltaten im Wege der Schätzung vgl. BGHSt 40, 374, 377. 13

Der spezifische Gehalt der Straftat muss aus der Tatsachendarstellung deutlich werden. Wiederholungen des Gesetzeswortlauts sind ebenso unzulässig wie bloße Eigenumschreibungen des tatbestandsmäßigen Verhaltens (BGH NStZ 2000, 607 608: Unzureichend für die Darstellung einer Hehlerei ist die Umschreibung, »der Angeklagte habe sich bemüht, aus Straftaten stammende Gegenstände an dritte Personen abzusetzen«). Hier wird der Unrechtsgehalt der Strafvorschrift nicht in tatsächliche Vorgänge aufgelöst (KK-StPO/*Kuckein* § 267 Rn. 9). Das Gebot, rechtliche Termini bei der Abfassung der Feststellungen nicht zu verwenden, gilt nur für allgemein bekannte und verständliche Rechtsbegriffe – Kauf, Verlöbnis – nicht (LR/*Stuckenberg* § 267 Rn. 385). 14

Grds. ist in den Urteilsgründen auch die Wiedergabe der Tatsachen erforderlich, aus denen auf die **innere Tatseite** geschlossen werden kann. Lediglich dann, wenn die Schilderung des objektiven Geschehens einen eindeutigen Rückschluss auf das subjektive Element zulässt, sind entsprechende Darlegun- 15 gen entbehrlich (LR/*Stuckenberg* § 267 Rn. 44). Auch Irrtumsfragen (§ 16 StGB) sind zu behandeln (*Meyer-Goßner/Schmitt* § 267 Rn. 7). Ausführungen zum Vorliegen des Unrechtsbewusstseins i.S.d. § 17 StGB können ebenfalls erforderlich sein (OLG Braunschweig NJW 1957, 639, 640; LR/*Stuckenberg* § 267 Rn. 46). Insgesamt gilt: Je mehr Zweifel am Vorliegen eines bestimmten Kriteriums der inneren Tatseite bestehen, umso mehr haben die Urteilsgründe diese Problematik zu thematisieren. Deshalb bedürfen bestimmte vom Tatbestand vorausgesetzte Vorsatzformen – Absicht 1. oder 2. Grades – im Regelfall einer ausführlichen Begründung. Entsprechendes gilt, wenn eine bedingt vorsätzliche Tatbegehung in Abgrenzung zu einer bewusst fahrlässigen Deliktsverwirklichung im Raum steht (BGH NStZ 1987, 362 m. Anm. *Puppe*; KK-StPO/*Kuckein* § 267 Rn. 10). Auch bei der Darstellung der Tatsachen zur inneren Tatsache ist das Verbot der Verwendung von Rechtsbegriffen zu beachten. Die Begriffe »Vorsatz« und »Fahrlässigkeit« müssen in tatsächliche Bestandteile aufgelöst werden (OLG Oldenburg VRS 32, 274, 276; *Meyer-Goßner/Schmitt* § 267 Rn. 7).

16 c) **Indizien.** Andere Tatsachen, aus denen der Beweis der Straftat gefolgert wird und die nach dem Gesetz, wie sich aus **Abs. 1 Satz 2** ergibt, ebenfalls in den Urteilsgründen genannt werden sollen, sind die sog. **Indizien** (*Meyer-Goßner/Schmitt* § 267 Rn. 11), also die Tatsachen, aus denen – als »Anzeichen« – der Beweis der Tat gefolgert wird (LR/*Stuckenberg* § 267 Rn. 50). Der Gesetzeswortlaut stellt die Benennung der Indizien zwar grds. in das Ermessen des Richters. In der Ermessensausübung ist dieser jedoch nicht frei. Sind die Indizien und ihre Würdigung tragend für die Entscheidung, müssen sie in den Urteilsgründen ihren Niederschlag finden. Anderenfalls würde die Darstellung des Urteils wegen eklatanter Lückenhaftigkeit eine Überprüfung auf Rechtsfehler durch das Revisionsgericht nicht ermöglichen (KK-StPO/*Kuckein* § 267 Rn. 18 m.w.N.).

17 d) **Beweiswürdigung.** Eine Pflicht, die **Würdigung der Beweise und Beweistatsachen** in den schriftlichen Urteilsgründen mitzuteilen, enthält § 267 für das Gericht nicht. Diese Pflicht ergibt sich allerdings aus § 261. Aus dem dort aufgestellten Gebot, das Ergebnis der Beweisaufnahme umfassend zu würdigen, folgt zugleich die Pflicht, diese Würdigung in den Urteilsgründen transparent zu machen (BGH NStZ 2007, 538; SK-StPO/*Velten* § 267 Rn. 33), ohne dass dies aber erfordern würde, sämtliche Umstände aufzuführen, die zur Überzeugungsbildung des Gerichts beigetragen haben. Die Beweiswürdigung erfordert nämlich keine Dokumentation der Beweisaufnahme und soll nicht die Funktion eines Protokolls über den Inhalt von Angeklagten- und Zeugenäußerungen erfüllen (BGH NStZ 2009, 403). Die bloße Darstellung von Aussageinhalten beschwört vielmehr eine Gefahr für den Bestand des Urteils herauf, weil ihr das würdigende Element fehlt und dem Revisionsgericht dadurch die Möglichkeit genommen wird, den Gang der tatrichterlichen Überzeugungsbildung nachzuvollziehen (BGH NStZ 2007, 720). Gleichwohl bedarf es natürlich im Regelfall einer auf das Wesentliche beschränkten Wiedergabe der **Einlassung des Angeklagten** und der **Aussage von Zeugen** (BGH NStZ 2015, 299 f.; StraFo 2015, 121 f.; StV 1984, 64; *Pfeiffer* § 267 Rn. 9). Nur sind diese Angaben entweder gegeneinander oder mit Erkenntnissen aus anderen Beweismitteln abzuwägen. Einer besonders detaillierten Darstellung und Würdigung bedarf es bei der sog. »Aussage gegen Aussage-Konstellation«, also dann, wenn der bestreitenden Einlassung des Angeklagten die belastende Aussage eines einzigen Zeugen gegenübersteht. Um die Beweiswürdigung hinreichend transparent zu machen, muss das Urteil bei einer solchen Verfahrenssituation grds. auch Ausführungen zur Glaubwürdigkeit des Angeklagten und des Zeugen enthalten. Generell dürfte es für das Gericht unverzichtbar sein, seine Wertung von der Richtigkeit getätigter Angaben mitzuteilen (OLG Düsseldorf VRS 66, 36, 37; *Meyer-Goßner/Schmitt* § 267 Rn. 12a). Denn das Revisionsgericht muss stets die Möglichkeit besitzen, sich durch die Lektüre der Gründe einen Eindruck von der Fehlerfreiheit der tatrichterlichen Überzeugungsbildung zu verschaffen. Erhöhter Begründungsaufwand bei der Abfassung der Urteilsgründe besteht nicht nur bei den schon erwähnten sich widersprechenden Angaben (BGH StV 1995, 340), sondern auch bei widersprüchlichen Aussagen derselben Auskunftsperson (BGH StraFo 2003, 274, 275; KK-StPO/*Kuckein* § 267 Rn. 15) oder einem schweigenden Angeklagten (OLG Köln VRS 80, 34, 36), bei Zeugen vom Hörensagen (BGH NStZ 1988, 144) oder Zeugen, die auf Grundlage von § 247a audiovisuell unter gleichzeitiger technischer Verfremdung von Aussehen und Stimme vernommen wurden.

18 Hat ein **Sachverständiger** im Termin ein Gutachten erstattet, darf das Gericht dessen Aussagen und das Ergebnis des Gutachtens nicht ungeprüft übernehmen (BGHSt 8, 113, 118). Neben die Darstellung der wesentlichen Anknüpfungstatsachen und der Erwägungen des Sachverständigen, die eine Revisibilität

des Urteils erst ermöglichen (BGHSt 34, 29, 31) muss eine eigene Stellungnahme des Gerichts zu der im Gutachten thematisierten Fachfrage treten, auch wenn dieses dem Sachverständigen im Ergebnis folgen will. Denn nur so zeigt das Gericht, dass es dem Gebot zur freien Beweiswürdigung aus § 261 Folge geleistet und eine eigene Sachentscheidung getroffen hat (LR/*Stuckenberg* § 267 Rn. 66). Will sich das Gericht dem Gutachten nicht anschließen, ist eine Darstellung des Gutachteninhalts in den Gründen ebenfalls erforderlich. Denn nur bei Kenntnis des Gutachtens kann das Revisionsgericht eine Entscheidung darüber treffen, ob die gerichtliche Überzeugung nachvollziehbar und fehlerfrei ist (BGH NStZ 2009, 571; StraFo 2009, 71). Deutlich werden muss auch, warum das Gericht glaubt, die Fachfrage aufgrund eigenen Wissens beantworten zu können (BGHSt 12, 18, 20; LR/*Suckenberg* § 267 Rn. 66). Liegen dem Sachverständigengutachten neuere, unerprobte oder wissenschaftlich umstrittene Methoden zugrunde, bedarf dies der Erwähnung und Diskussion im Urteil. Das Gericht muss erkennen lassen, dass es sich der Umstände, die Zweifel an dem Gutachtenergebnis aufkommen lassen könnten, bewusst gewesen ist (BGH NStZ 2000, 106, 107). Ein dem entscheidungsrelevanten Gutachten widersprechendes Gegengutachten darf nicht unerwähnt bleiben (BGH NStZ 2006, 296 f.). Weicht das mündliche Gutachten des Sachverständigen im Termin von seinen vor der Hauptverhandlung erstellten schriftlichen Aufzeichnungen ab, muss das Gericht dartun, warum es der mündlichen oder schriftlichen Darstellung folgt (BGH StV 2005, 653, 654; *Meyer-Goßner/Schmitt* § 267 Rn. 13). Liegt dem Gutachten ein anerkanntes, weithin standardisiertes Verfahren zugrunde – wie etwa bei Blutalkoholgutachten –, bedarf es im Allgemeinen keiner besonderen Befassung mit der Untersuchungsmethode im Urteil. Ausreichend ist die Wiedergabe des Untersuchungsergebnisses (BGHSt 28, 235, 237; BGH NStZ 1993, 95).

Beruht das Urteil im Wesentlichen auf dem Ergebnis einer **Augenscheinseinnahme**, müssen dessen 19 Gründe erkennen lassen, auf welche festgestellten Einzelheiten und welchen daran anknüpfenden Erwägungen sich die Beweiswürdigung des Gerichts stützt (LR/Stuckenberg § 267 Rn. 67). Besonderer Begründungsaufwand ist erforderlich, wenn die Identifizierung des Angeklagten anhand von Bildmaterial erfolgt ist. Liegt sog. »wiederholtes Wiedererkennen« vor, muss das Gericht zum Ausdruck bringen, dass es sich dessen eingeschränkten Beweiswerts bewusst gewesen ist (BGH NStZ 2010, 53 f. m. Anm. *Schneider*; OLG Zweibrücken StV 2004, 65, 66). Beruht die Identifikation auf einer Wahllichtbildvorlage, muss sich das Urteil darüber aussprechen, ob diese ordnungsgemäß war und welcher Beweiswert ihr beigemessen werden kann (BGH NStZ-RR 2008, 148, 149 f.; *Meyer-Goßner/Schmitt* § 267 Rn. 12a).

Im Zuge der Bescheidung von Beweisanträgen als **erwiesen** oder **unerheblich** behandelte oder als **wahr** 20 **unterstellte Tatsachen** müssen erwähnt werden, wenn sie für erwiesen erachtete Tatsachen i.S.v. Abs. 1 Satz 1 sind (KK-StPO/*Kuckein* § 267 Rn. 17). Darüber hinaus bedürfen sie der Erörterung nur, wenn eine solche Erörterung für eine rechtliche Überprüfung der Entscheidung unabdingbar ist (BGHSt 28, 309, 311), insb. also dann, wenn die Urteilsgründe ohne Tatsachendarstellung lückenhaft wären (vgl. BGH StV 1984, 142; KK-StPO/*Kuckein* § 267 Rn. 17).

e) **Vom Strafgesetz besonders vorgesehene Umstände, Abs. 2.** Abs. 2 fordert Erörterungen in den 21 Urteilsgründen zu vom »Strafgesetz **besonders vorgesehenen Umständen**, die die Strafbarkeit ausschließen, vermindern oder erhöhen«, sofern diese Umstände in der Hauptverhandlung thematisiert wurden. Die von der Vorschrift in Bezug genommenen Umstände sind die im StGB ausdrücklich genannten Fälle, die zu einer Änderung der Rechtsfolge führen können (KK-StPO/*Kuckein* § 267 Rn. 19). Es fallen darunter die im materiellen Strafrecht normierten Rechtfertigungs-, Schuld- und Strafausschließungs- sowie Strafaufhebungsgründe (*Meyer-Goßner/Schmitt* § 267 Rn. 15). Letztlich sind auch alle Vorschriften gemeint, die, wie § 21 StGB (OLG Hamm NJW 1972, 1149) oder § 23 Abs. 2, auf § 49 StGB verweisen (*Meyer-Goßner/Schmitt* § 267 Rn. 15). Besondere Umstände i.S.v. Abs. 2 sind aber auch Regelbeispiele des Besonderen Teils, wie etwa § 243 StGB, und Qualifikationstatbestände, wie § 224 StGB (KK-StPO/*Kuckein* § 267 Rn. 19).

Voraussetzung der Erwähnung ist, dass die besonderen Umstände während der Hauptverhandlung von 22 einem Prozessbeteiligten behauptet wurden (LR/Stuckenberg § 267 Rn. 72). Ob eine Behauptung stattgefunden hat, schöpft das Revisionsgericht allein aus den Urteilsgründen (KK-StPO/*Kuckein* § 267 Rn. 20). Eine Beweiserhebung über die Behauptung findet nicht statt, da eine solche auf eine unzulässige Reproduktion eines Teils der Beweisaufnahme hinauslaufen würde (BGHSt 31, 139 f.; a. A.

§ 267 StPO Urteilsgründe

Sieg NJW 1983, 2014 f.). Ergibt sich aus den Gründen, dass besondere, den Rechtsfolgenausspruch betreffende Umstände Gegenstand der Verhandlung waren, muss das Gericht nachvollziehbar begründen, warum es deren Existenz angenommen oder verneint hat.

23 f) **Das Strafgesetz.** Abs. 3 Satz 1 zwingt zunächst dazu, in den Gründen das **Strafgesetz** zu benennen, von dessen Verwirklichung das Gericht ausgeht. Dazu zählen auch Begehungsstadien (Versuch/Vollendung) und Beteiligungsformen (Beihilfe, Anstiftung, Täterschaft; vgl. RGSt 32, 351; KK-StPO/*Kuckein* § 267 Rn. 21). Zur Bestimmung des angewendeten Strafgesetzes können ggf. die Urteilsformel und der Zusammenhang der Urteilsgründe herangezogen werden. Nur wenn auch danach unklar bleibt, welchen strafrechtlichen Vorwurf das Gericht erhebt, ist die Verfahrensvorschrift verletzt.

24 g) **Die Rechtsfolgenentscheidung. aa) Die Strafzumessung.** Besondere Bedeutung besitzt **Abs. 3 Satz 1 Halbs. 2.** Dem Gericht obliegt die Verpflichtung, die Umstände anzuführen, die für die **Zumessung der Strafe** bestimmend waren. Anzugeben sind deshalb zuvörderst die tragenden Strafzumessungsgründe (nicht sämtliche, wie sich aus der eindeutigen Formulierung des Gesetzes ergibt; vgl. BGHSt 24, 268). Da nur die tragenden Umstände zu dokumentieren sind, gefährdet es den Bestand des Urteils nicht, wenn sich aus seinem Sachverhalt ein Hinweis auf einen ggf. für die Festlegung der Strafe relevant seienden Umstand ergibt, das Gericht sich mit diesem aber nicht ausdrücklich auseinandergesetzt hat. Denn aus der Nichterwähnung kann nicht geschlossen werden, dass er bei der Festsetzung der Strafe keine Rolle gespielt hat (OLG Karlsruhe NJW 1980, 133, 134). Erforderlich ist auch, dass das Gericht begründet, warum es die verhängte und keine andere Strafe gewählt hat (BGH NJW 1976, 2220). Bestimmen Vorstrafen über die Rechtsfolge mit, ist ihr Gegenstand mitzuteilen, wobei eine kurze Zusammenfassung ausreicht und von einer wörtlichen Zitierung der früheren Urteile abgesehen werden kann (BGH NJW 1999, 2533, 2535). Erwähnung haben weiterhin das Datum des früheren Erkenntnisses und natürlich die dort ausgesprochene Sanktion zu finden. Auch Angaben zum Stand der Vollstreckung sind zu machen (*Meyer-Goßner/Schmitt* § 267 Rn. 18).

25 Kommt es zur Verhängung von Geldstrafe, sind die Anzahl der Tagessätze und die Höhe des einzelnen Tagessatzes zu begründen (KK-StPO/*Kuckein* § 267 Rn. 27). Abweichungen von den Bemessungsgrundlagen des § 40 Abs. 2 StGB sind ebenso zu begründen wie das Festhalten an diesen Kriterien, wenn besondere Umstände ein solches Festhalten infrage stellen (BayObLG MDR 1975, 1038). Kommt es zu einer Schätzung nach § 40 Abs. 3 StGB, sind die Maßstäbe, nach denen das Gericht die Schätzung vorgenommen hat, mitzuteilen (OLG Frankfurt am Main StV 1984, 157).

26 Verfährt das Gericht nicht nach § 53 Abs. 2 Satz 2 StGB, hat es dieses Vorgehen zu rechtfertigen, wenn die Umstände nahe legen, dass im Fall einer gesonderten Festsetzung von Freiheits- und Geldstrafe Erstere hätte zur Bewährung ausgesetzt werden können (BGH StV 1986, 58).

27 Bestimmt das Gericht eine Strafe, die sich am Ober- oder Unterrand des vom Gesetz vorgegebenen Strafrahmens bewegt, bedarf dies einer besonders detaillierten Begründung, weil deutlich gemacht werden muss, dass Gegenstand der Verurteilung eine erheblich vom Durchschnitt abweichende Tat gewesen ist (BGH GA 1974, 78).

28 Hinsichtlich der Strafhöhe fordert das Gesetz lediglich eine Begründung des Ergebnisses des Strafzumessungsvorgangs. Keiner näheren Darlegung bedarf der Spielraum, aus dem diese Strafe geschöpft wurde. Es ist für den Bestand des Urteils daher unschädlich, wenn der Richter sich nicht zu der »bereits schuldangemessenen« und der »nicht mehr schuldangemessenen« Strafe verhält (*Meyer-Goßner/Schmitt* § 267 Rn. 19).

29 Einer besonderen Begründung bedarf auch die Bemessung der Gesamtstrafe, da es sich bei der Gesamtstrafenbildung um einen eigenständigen Strafzumessungsvorgang handelt (BGHSt 24, 268, 271). Für eine solche Begründung kann jedoch auf die Begründung der Einzelstrafen Bezug genommen werden, wenn diese auch Bedeutung für die Bildung der Strafe nach § 54 oder § 55 StGB besitzt (KK-StPO/*Kuckein* § 267 Rn. 28).

30 Kommt es zur Verhängung der lebenslangen Freiheitsstrafe, bedarf es im Urteil der Erörterung der Frage, ob eine besondere Schwere der Schuld nach § 57a Abs. 1 Satz 1 Nr. 2 StGB vorliegt (*Meyer-Goßner/Schmitt* § 267 Rn. 20a). Die für oder gegen die Bejahung der Schuldschwere sprechenden Argumente sind für das Revisionsgericht transparent zu machen. Dies gilt für die Fälle, in denen die lebenslange Freiheitsstrafe vom Gesetz als absolute Strafe vorgesehen wird (u.a. § 211 StGB) und die Fälle, in denen

die lebenslange Freiheitstrafe Ergebnis eines Strafzumessungsvorgang ist (u.a. § 212 Abs. 2 StGB), gleichermaßen (BGH NStZ-RR 1996, 321).

Auch zu den Voraussetzungen des § 47 StGB haben sich die Urteilsgründe zu verhalten. **Abs. 3 Satz 2 Halbs. 2** fordert eine Begründung, wenn – entgegen der gesetzlichen Regelung – **Freiheitsstrafen von einer kürzeren Dauer als 6 Monaten** verhängt werden sollen oder ein Antrag auf Verhängung einer kurzzeitigen Freiheitsstrafe abgelehnt wird. Spricht das Gericht eine kurzzeitige Freiheitsstrafe aus, darf es sich zur Begründung dieser Entscheidung nicht auf eine Zitierung der gesetzlichen Merkmale des § 47 StGB beschränken. Auch schematische, an der Oberfläche bleibende Begründungen sind zu vermeiden. So reicht es nicht aus, die kurze Freiheitsstrafe allein auf das Vorliegen einschlägiger Vorverurteilungen zu stützen. Erforderlich ist vielmehr auch bei Vorstrafen eine Würdigung der besonderen Umstände des Einzelfalls (OLG Stuttgart StraFo 2009, 118 f.). Über den Gesetzeswortlaut hinaus wird man aus Gründen der sachlichrechtlichen Nachprüfbarkeit der gerichtlichen Entscheidung Erörterungen in den Urteilsgründen aber auch dann verlangen müssen, wenn für eine Tat, die im Regelfall eine Freiheitsstrafe nach sich zieht, eine Geldstrafe verhängt wird (KK-StPO/*Kuckein* § 267 Rn. 32). 31

Die in **Abs. 3 Satz 2 Halbs. 1** genannten **minder schweren Fälle**, sind die ungeschriebenen. Die gesetzlich normierten werden bereits von Abs. 2 erfasst (KK-StPO/*Kuckein* § 267 Rn. 29). Der Begründungszwang für den minder schweren Fall ergibt sich, wenn das Gericht dessen Voraussetzungen angenommen hat. Der Grund für die Begründungspflicht ist der Umstand, dass der minder schwere Fall die gesetzliche Ausnahme bei der Strafzumessung darstellt und Ausnahmen von der Regel der Begründung bedürfen (*Meyer-Goßner/Schmitt* § 267 Rn. 21). Als weiteren Grund für eine Auseinandersetzung mit einem (ungeschriebenen) minder schweren Fall nennt § 267 zudem die Ablehnung des Antrags eines Verfahrensbeteiligten auf Annahme des Strafmilderungsgrundes in der Hauptverhandlung. Hier folgt die Begründungspflicht aus dem Erfordernis, sich mit prozessualem Vorbringen der Verfahrensbeteiligten in einer das rechtliche Gehör wahrenden Weise auseinanderzusetzen. Der Antrag ist eine protokollierungsbedürftige wesentliche Förmlichkeit des Verfahrens i.S.d. §§ 273, 274 (LR/*Stuckenberg* § 267 Rn. 103). Er kann sich konkludent daraus ergeben, dass eine Strafe beantragt wird, die nur bei Zugrundelegung eines minder schweren Falls möglich ist (BGH MDR 1967 [D], 12, 15). Über die von Abs. 3 Satz 2 genannten Konstellationen hinaus, muss das Gericht aber auch begründen, warum es keinen minder schweren Fall angenommen hat, obwohl der Sachverhalt hierzu grds. Anlass gegeben hat (BGH StV 1981, 542; für Begründungszwang bei Besitz von Betäubungsmitteln, wenn der Täter abhängig ist BGH NStZ-RR 2015, 16). Ohne einen solchen Anlass besteht – ausgehend von dem Grundsatz, dass nur die Ausnahme von der Regel zu begründen ist (KK-StPO/*Kuckein* § 267 Rn. 29) – demgegenüber keine Verpflichtung des Gerichts zur Auseinandersetzung mit einer durch einen minder schweren Fall angezeigten Strafrahmenverschiebung. Zur Begründungspflicht des Gerichts im Zusammenhang mit § 47 StGB vgl. oben Rdn. 31. 32

Anders als für den minder schweren Fall hat der Gesetzgeber in **Abs. 3 Satz 3** für den besonders schweren Fall die Verpflichtung des Gerichts zur Begründung im Urteil ausdrücklich geregelt, wenn ein solcher Erschwerungsfall nicht angenommen wird, obwohl die Voraussetzungen für ihn der Regel nach erfüllt sind. Auch hier liegt der Grund für den Begründungszwang in der Abweichung vom »Normalfall« juristischer Entscheidung (*Meyer-Goßner/Schmitt* § 267 Rn. 21). Das Gericht muss darlegen, warum es der gesetzlichen Vorgabe, den Strafrahmen zulasten des Angeklagten zu verschieben, nicht Folge geleistet hat. Zur Begründung ist das Gericht aber auch verpflichtet, wenn es einen besonders schweren Fall annimmt, obwohl dessen Voraussetzungen nicht vorliegen. Es gilt Abs. 3 Satz 2 entsprechend, d.h. die Urteilsgründe müssen ergeben, weshalb das Gericht zur Annahme der Voraussetzungen des besonders schweren Falles gelangt ist. Über den Gesetzeswortlaut hinaus wird man eine Pflicht des Gerichts, sich mit den Voraussetzungen des besonders schweren Falls auseinanderzusetzen, auch dann annehmen müssen, wenn – entsprechend der Regelung in Abs. 3 Satz 2 für den minder schweren Fall – ein Antrag auf eine Verurteilung auf Grundlage des Erschwerungsgrundes gestellt wurde (KK-StPO/*Kuckein* § 267 Rn. 29; *Meyer-Goßner/Schmitt* § 267 Rn. 21). 33

Über die im Gesetz genannten Begründungszwänge zur Erörterung von Strafen hinaus, gilt es für den Richter auch, das Begründungserfordernis nach § 54 Abs. 1 JGG zu beachten, wenn auf den Verurteilten Jugendstrafrecht zur Anwendung kommt. Steht eine Jugendstrafe im Raum, darf nicht offenbleiben, inwieweit der im Jugendstrafrecht geltende Erziehungsgedanke Einfluss auf die Strafhöhe genommen hat (BGHSt 15, 224, 225). 34

35 **bb) Die Strafaussetzung zur Bewährung.** Abs. 3 Satz 4 normiert die Pflicht, darzulegen, warum eine **Strafaussetzung zur Bewährung** erfolgt ist bzw. warum einem darauf gerichteten Antrag nicht stattgegeben wurde. Auch diese Aufzählung ist nicht abschließend. Aus der Funktion der Urteilsgründe, die gerichtliche Entscheidung nachvollziehbar und für ein Rechtsmittelgericht überprüfbar zu machen, folgt auch im Zusammenhang mit der Strafaussetzung für das Gericht ein umfassender Erörterungszwang (KK-StPO/*Kuckein* § 267 Rn. 33). Stets dann, wenn die besonderen Umstände des Einzelfalls die Möglichkeit einer Strafaussetzung zur Bewährung aufwerfen, hat sich das Urteil zu dieser Möglichkeit zu verhalten (BGH NStZ 1986, 374). Dies gilt insb. dann, wenn die Feststellungen den Hinweis ermöglichen, dass der Angeklagte auf die Stellung eines Antrags auf Strafaussetzung bewusst und aus verständlichen Gründen verzichtet hat, etwa, um sich nicht in Widerspruch zu seiner bestreitenden Einlassung zu setzen, es im Fall des Nichtbestreitens aber nahe gelegen hätte, sich auf die Vergünstigung aus § 56 StGB zu berufen (OLG Köln VRS 67, 119 f.; *Meyer-Goßner/Schmitt* § 267 Rn. 23). Der im Gesetz genannte Antrag ist eine wesentliche Förmlichkeit des Verfahrens gem. § 274 (KK-StPO/*Kuckein* § 267 Rn. 33). Er kann konkludent (LR/Stuckenberg § 267 Rn. 108) oder auch nur hilfsweise gestellt werden (OLG Düsseldorf StV 1997, 123). Streitig ist, ob ein Antrag auf Strafaussetzung in einem Antrag auf milde Bestrafung enthalten ist (befürwortend: OLG Braunschweig NJW 1954, 284, 285; *Meyer-Goßner/Schmitt* § 267 Rn. 23; a. A. KK-StPO/*Kuckein* § 267 Rn. 33). Bei Versagung der Strafaussetzung zur Bewährung sind Eventualbegründungen zu vermeiden (»wäre die Strafaussetzung nicht bereits aus dem Grund X heraus zu versagen gewesen, hätte der Grund Y zur Versagung geführt«; vgl. BGHSt 7, 359 f.). Erfolgt die Strafaussetzung, sind Ausführungen zu § 56 Abs. 3 StGB jedenfalls dann erforderlich, wenn die sonstigen Feststellungen eine Beschäftigung des Gerichts mit der Frage der Notwendigkeit einer zu vollstreckenden Strafe zur Verteidigung der Rechtsordnung nahe gelegt hätten (KK-StPO/*Kuckein* § 267 Rn. 33). Eine ausnahmslose Pflicht zur Erörterung dürfte demgegenüber zu verneinen sein (BGH NStZ 1989, 527; *Meyer-Goßner/Schmitt* § 267 Rn. 23).

36 **cc) Verwarnung mit Strafvorbehalt und Absehen von Strafe.** Der dem Gericht im Zusammenhang mit der Strafaussetzung zur Bewährung obliegende Begründungszwang gilt auch für die Institute der **Verwarnung mit Strafvorbehalt** und des **Absehens von Strafe**, Abs. 3 Satz 4 Halbs. 2. Von Gesetzes wegen zu begründen sind also die Gewährung dieser Vergünstigungen und die Ablehnung auf sie abzielender Anträge. Daneben besteht auch hier aufgrund der Informationsfunktion der Urteilsgründe und zu Zwecken der revisionsrechtlichen Nachprüfung des Urteils die Verpflichtung, Ausführungen zur Verwarnung mit Strafvorbehalt und dem Absehen von Strafe zu machen, wenn die Umstände des Einzelfalls derartige Darlegungen nahe legen (OLG Zweibrücken VRS 66, 196, 197; KK-StPO/*Kuckein* § 267 Rn. 34).

37 **h) Die Verständigung.** Durch das Gesetz zur Regelung der Verständigung im Strafverfahren v. 29.07.2009 (BGBl. I S. 2353) ist **Abs. 3 Satz 5** eingeführt worden, wonach in den Urteilsgründen mitzuteilen ist, ob dem Urteil eine **Verständigung nach § 257c** vorausgegangen ist. Es reicht die Angabe, dass eine Verständigung stattgefunden hat. Deren Inhalt muss nicht mitgeteilt werden (BGH NStZ-RR 2010, 151). Dem Revisionsgericht wird damit die Prüfung ermöglicht, ob das Verständigungsverfahren ordnungsgemäß eingehalten wurde (*Meyer-Goßner/Schmitt* § 267 Rn. 23a). Die Mitteilung in den Gründen ist aber auch für nachfolgende Strafverfahren von Bedeutung. So ist in einem Verfahren gegen einen Mittäter von Interesse, ob ein anlässlich einer Verständigung abgelegtes Geständnis des Verurteilten verwertet werden kann (BGHSt 52, 78, 83; *Kölbel/Selter* JR 2009, 447, 450). Anzugeben ist in den Urteilsgründen auch das Abrücken des Gerichts von einer zunächst getroffenen Verständigung. Anhand dieser Mitteilung kann das Rechtsmittelgericht die Beachtung des Beweisverwertungsverbots nach § 257c Abs. 4 Satz 3 prüfen (*Meyer-Goßner/Schmitt* § 267 Rn. 23a).

38 **i) Gesetzliche Nebenfolgen der Straftat.** Keine Erwähnung in § 267 finden gesetzliche Nebenfolgen der Straftat, wie Verfall, Einziehung, die Verhängung einer Geldbuße gegen eine juristische Person oder Personenvereinigung nach § 444 oder Geldbußen nach §§ 42, 64, 82 und § 83 OWiG. Auch die öffentliche Bekanntmachung der Verurteilung nach § 200 StGB und der Kosten- und Entschädigungsausspruch sind nicht genannt. Dass das Urteil die tatsächlichen und rechtlichen Grundlagen dieser Nebenentscheidungen aufzeigen muss, ergibt sich damit allein aus dem sachlichen Recht, d.h. der Informations- und Kontrollfunktion der Urteilsgründe (KK-StPO/*Kuckein* § 267 Rn. 36; *Meyer-Goßner/*

Schmitt § 267 Rn. 38). Insoweit wird die Auseinandersetzung mit der Nebenfolge auch dann erforderlich, wenn sie nicht angeordnet wurde, obwohl die Umstände des Einzelfalls eine solche Anordnung nahe legten.

j) **Das abgekürzte Urteil, Abs. 4.** Abs. 4 behandelt den Inhalt des sog. **abgekürzten Urteils**. Unter der Voraussetzung, dass sämtliche zur Anfechtung des Erkenntnisses berechtigten Verfahrensbeteiligten auf die Einlegung eines Rechtsmittels verzichtet haben oder dass innerhalb der dafür vorgesehenen Fristen kein Rechtsmittel eingelegt wurde, kann sich der Richter bei der Abfassung der Urteilsgründe auf die Wiedergabe der erwiesenen Tatsachen, in denen die gesetzlichen Merkmale der Straftat gefunden wurden und die Angabe des angewendeten Strafgesetzes beschränken, **Abs. 4 Satz 1**. Das entspricht den Begründungserfordernissen von Abs. 1 Satz 1. In Fortfall geraten jedoch die Darlegungsanforderungen aus Abs. 1 Satz 2, Abs. 2 und 3 sowie 6 (KK-StPO/*Kuckein* § 267 Rn. 38). Keine Befreiung tritt demgegenüber hinsichtlich des Gebots ein, die Rechtsfolgen und die sie tragenden Bestimmungen zu erörtern (*Meyer-Goßner/Schmitt* § 267 Rn. 25). Besonderheiten gelten für Urteile, die nur auf Geldstrafe lauten oder neben einer Geldstrafe ein Fahrverbot oder die Entziehung der Fahrerlaubnis und damit im Verbund die Einziehung des Führerscheins anordnen sowie bei Verwarnungen mit Strafvorbehalt. Hier kann das Gericht auf den zugelassenen Anklagesatz, den protokollierten Inhalt der im beschleunigten Verfahren mündlich erhobenen Anklage (§ 418 Abs. 3 Satz 2) oder den Strafbefehl sowie den Strafbefehlsantrag verweisen, **Abs. 4 Satz 1 Halbs. 2**. Der Strafbefehl ist Gegenstand der Verweisung, wenn es nach seinem Erlass aufgrund Einspruchs zur Hauptverhandlung gekommen ist. Der Strafbefehlsantrag ist maßgeblich im Fall des § 408 Abs. 3 Satz 2, das Gericht also dem Antrag der StA u.a. aus rechtlichen Bedenken nicht folgen will oder die Durchführung einer Hauptverhandlung für unerlässlich hält.

Der Verzicht der Rechtsmittelberechtigten auf Einlegung von Berufung oder Revision, der Voraussetzung dafür ist, die Gründe des Urteils abzukürzen, muss sich sowohl auf den Schuld- als auch den Rechtsfolgenausspruch beziehen (LR/*Stuckenberg* § 267 Rn. 132; *Meyer-Goßner/Schmitt* § 267 Rn. 24; a. A. *Niehaus* NZV 2003, 409, 413: Bei beschränkter Anfechtung des Rechtsfolgenausspruchs kann hinsichtlich des rechtskräftig gewordenen Schuldspruchs auf die Darlegung der Beweiswürdigung verzichtet werden). Die Einlegung einer Beschwerde gegen die Kostenentscheidung nach § 464 Abs. 3, einer sofortigen Beschwerde nach § 8 Abs. 3 StrEG gegen die Entscheidung des Strafgerichts über die Entschädigungspflicht oder die Anfechtung eines zugleich mit dem Urteil erlassenen Beschlusses (Bewährungsbeschluss) berühren die Rechtskraft der Entscheidung und damit die Möglichkeit, die Gründe gekürzt abzufassen, nicht (*Meyer-Goßner/Schmitt* § 267 Rn. 24). Der Fall, dass ein Rechtsmittel gegen ein Urteil nicht statthaft ist – z.B. Unstatthaftigkeit der Revision bei Berufungseinlegung im Jugendstrafrecht nach § 55 Abs. 2 JGG – steht der Unanfechtbarkeit eines Urteils durch Verstreichenlassen der Anfechtungsfrist nicht gleich (BVerfG NJW 2004, 209, 210).

Liegen die Voraussetzungen für eine Verkürzung der Urteilsgründe vor und kommt das Gericht seinen Darlegungsverpflichtungen nach Abs. 4 Satz 1 nach, liegt der weitere Inhalt der Urteilsgründe in seinem Ermessen. Aufgenommen werden sollte alles, was für Nachtragsentscheidungen über die Rechtsfolgen (Bewährungswiderruf, Reststrafenaussetzung und Resozialisierung des Verurteilten) von Bedeutung sein könnte (KK-StPO/*Kuckein* § 267 Rn. 38) und sich in dieser Form nicht aus den Akten ergibt (*Rieß* NJW 1975, 81, 87).

Abs. 4 Satz 2 verweist auf Abs. 3 Satz 5, woraus sich ergibt, dass auch bei Rechtskraft des Urteils der Umstand, dass eine Verständigung im Strafverfahren nach § 257c stattgefunden hat, in den Gründen Erwähnung finden muss. Bedeutung hat die Erwähnung im abgekürzten Urteil für ein Wiederaufnahmeverfahren oder für Folgeverfahren gegen Mittäter (*Meyer-Goßner/Schmitt* § 267 Rn. 27a).

Die Möglichkeit, die abgekürzten Gründe des Urteils zu ergänzen, eröffnet **Abs. 4 Satz 3**. Binnen der Frist des § 275 Abs. 1 Satz 2 kann das Urteil nach Maßgabe von Abs. 1 bis 3 begründet werden, wenn gegen die Versäumung der Rechtsmitteleinlegungsfrist Wiedereinsetzung in den vorigen Stand gewährt wird. Dabei ist streitig, ab welchem Zeitpunkt die auf 5 Wochen bemessene Frist des § 275 Abs. 1 Satz 2 zu laufen beginnt. Während früher vorwiegend auf den Zeitpunkt abgestellt wurde, zu dem der die Wiedereinsetzung gewährende Beschluss in den Geschäftsgang des Gerichtes gegeben wird (BayObLG MDR 1980, 336; vgl. näher LR/*Stuckenberg* § 267 Rn. 155), hat der BGH in einer Entscheidung aus dem Jahr 2008 (BGHSt 52, 349 ff. = NStZ 2009, 228, 229 m. Anm. *Rieß*) als maßgeblich den Zeitpunkt angesehen, zu dem die Akten bei dem für die Ergänzung zuständigen Gericht eingehen (s. a. BGH NStZ-RR 2012, 49). Grund dafür soll sein, dass diesem Gericht die vollständige Frist aus § 275 Abs. 1 Satz 2 zur Verfügung stehen soll. Höchstrichterlich noch nicht entschieden ist die Frage, ob der Fristbeginn bei Einlegung eines unbestimmten Rechtsmittels (oder eines zulässigen Wechsels von der Berufung zur Revision) noch weiter nach hinten, nämlich auf den Zeitpunkt der wirksamen Bestimmung des Anfechtungsbegehrens, zu verschieben ist (befürwortend OLG München NJW 2007, 96, 97 und *Meyer-Goßner/Schmitt* § 267 Rn. 30; zu Recht ablehnend demgegenüber *Rieß* NStZ 2009, 229, 230: Unzulässige Besserstellung des zur Begründung verpflichteten Gerichts bei Wiedereinsetzung in den vorigen Stand. Auch bei einer fristgerechten vollständigen Urteilsabsetzung weiß das Gericht nicht, ob der Rechtsmittelführer nach Urteilszustellung noch zur Revision wechselt).

44 Die aus § 275 Abs. 1 Satz 4 resultierende Möglichkeit, die Frist von 5 Wochen zur (ergänzenden) Begründung des Urteils zu überschreiten, steht dem Gericht im Verfahren nach Abs. 4 Satz 3 nicht zur Verfügung (OLG Hamburg MDR 1978, 247).

45 Umstritten ist die Frage, ob die Möglichkeit der nachträglichen Ergänzung der Urteilsgründe in entsprechender Anwendung des Abs. 4 Satz 4 gegeben ist, wenn die verkürzte Abfassung der Gründe einem Irrtum des Gerichts über die Rechtskraft zu schulden ist (dafür: BGH NStZ-RR 2002 [B], 257, 261; LR/*Stuckenberg* § 267 Rn. 156). Dies wird man grds. verneinen müssen, wenn der Irrtum über die Rechtskraft dem Gericht anzulasten ist (in diesem Sinne wohl auch *Meyer-Goßner/Schmitt* § 267 Rn. 30). Etwas anderes gilt, wenn die Fehlvorstellung nicht auf gerichtlichem Verschulden beruht, etwa wenn der Verteidiger, ohne hierzu gem. § 302 Abs. 2 ermächtigt gewesen zu sein, das Rechtsmittel zurückgenommen hat und dem Angeklagten deshalb die Möglichkeit der Urteilsanfechtung zugestanden werden muss (BGH NStZ 2008, 646 f.; zur Möglichkeit der nachträglichen Urteilsbegründung im Bußgeldverfahren bei versehentlicher Nichtbeachtung eines Antrags der StA auf schriftliche Urteilsbegründung vgl. BGHSt 43, 22, 26).

46 In der Darstellung empfiehlt es sich für das Gericht, den Umstand, dass es nach Abs. 4 vorgeht, durch die Formulierung »abgekürzte Gründe gemäß § 267 Abs. 4« zu kennzeichnen. Wenn auch eine verkürzte Wiedergabe der Gründe nach herrschender Meinung bei horizontaler Rechtskraft nicht möglich sein soll, so gilt Entsprechendes nicht, wenn Gegenstand des Urteils mehr als eine Tat i.S.d. § 264 ist. In diesem Fall kann, wenn eine Tat vom Rechtsmittelangriff ausgenommen und damit rechtskräftig wird, diese verkürzt dargestellt werden, während für die verbliebenen, der Anfechtung unterliegenden Taten das Begründungserfordernis nach Abs. 1 bis 3 besteht (*Meyer-Goßner/Schmitt* § 267 Rn. 24).

47 **II. Das freisprechende Urteil.** Abs. 5 behandelt das **freisprechende Urteil.** Dieses muss erkennen lassen, ob das Unterbleiben der Verurteilung auf tatsächlichen Gründen (»mangelnde Überführung«) oder rechtlichen Gründen (»für nicht strafbar erachtet«) beruht (KK-StPO/*Kuckein* § 267 Rn. 40). Folgende Anforderungen werden in Rechtsprechung und Literatur an die Begründung eines freisprechenden Urteils gestellt:

48 **1. Freispruch aus tatsächlichen Gründen.** Erfolgt der Freispruch aus tatsächlichen Gründen, muss das Gericht die für erwiesen und die für nicht erwiesen erachteten Tatsachen auflisten (vgl. BGH NStZ-RR 2005 [B], 65, 67; LR/*Stuckenberg* § 267 Rn. 159). Im Anschluss daran ist auszuführen, weshalb diese Sachverhaltskonstellation nicht ausgereicht hat, den Tatvorwurf zu belegen (BGH NJW 1980, 2423). Die Gesamtdarstellung muss es dem Revisionsgericht ermöglichen, den Freispruch in rechtlicher Weise nachzuvollziehen (vgl. bereits BGH NJW 1959, 780, 781; KMR/*Paulus* § 267 Rn. 104). Im Regelfall wird dies ohne Zusammenfassung der wesentlichen Ergebnisse der durchgeführten Hauptverhandlung (BGH NStZ 1990, 448, 449) und ohne Mitteilung der entscheidenden Gesichtspunkte der Beweiswürdigung (BGH NStZ 2009, 401, 402; SK-StPO/*Schlüchter* 14. Aufbau/Erg. Lfg. § 267 Rn. 72; ablehnend nunmehr aber SK-StPO/*Velten* § 267 Rn. 55) nicht möglich sein. Die Beweiswürdigung muss erkennen lassen, dass das Gericht sämtliche für eine Tatbegehung sprechenden Feststellungen in die Überlegungen zur Schuldfrage mit einfließen lassen, also »erschöpfend« gegen die entlastenden Tatsachen abgewogen hat (BGH NJW 1962, 549; *Meyer-Goßner/Schmitt* § 267 Rn. 33). Hinsichtlich dieser Würdigung dürfen allerdings überspannte Anforderungen an die richterliche Überzeugungsbildung nicht gestellt werden. Soweit vernünftige Zweifel an der Täterschaft des Angeklagten vorliegen, liegt eine tragfähige Grundlage für den Freispruch vor (SK-StPO/*Schlüchter* 14. Aufbau/Erg. Lfg. § 267 Rn. 72). Scheitert die Verurteilung des Angeklagten aus subjektiven Grün-

den, fehlt es also am Vorsatz, darf im Regelfall auf die Dokumentation des äußeren Tatgeschehens nicht verzichtet werden, da dieses in der Mehrzahl der Fälle Rückschlüsse auf den subjektiven Tatbestand zulässt (BGH NStZ-RR 2005, 211; NJW 1991, 2094; *Meyer-Goßner/Schmitt* § 267 Rn. 33a).

2. Freispruch aus Rechtsgründen. Beim Freispruch aus Rechtsgründen hat das Tatgericht die Pflicht, die für erwiesen erachteten Tatsachen aufzuführen und anschließend die Rechtsgründe dafür anzugeben, weshalb in den festgestellten Tatsachen eine Straftat nicht gefunden werden konnte (OLG Oldenburg VRS 57, 62, 63; SK-StPO/*Velten* § 267 Rn. 56). **49**

3. Nebenfolgen und Maßregeln. Tritt neben den Freispruch die **Anordnung von Nebenfolgen** (§ 76a StGB) oder **Maßregeln der Besserung und Sicherung** (§§ 63 ff. StGB), sind diese Tatfolgen nach den Maßstäben eines verurteilenden Erkenntnisses – Darstellung der Anknüpfungstat sowie der tatsächlichen und rechtlichen Grundlagen von Nebenfolge und Maßregel – zu begründen (*Meyer-Goßner/Schmitt* § 267 Rn. 35). **50**

4. Das abgekürzte Urteil. Abs. 5 Satz 2 und 3 umschreiben den notwendigen Inhalt eines freisprechenden Urteils, gegen das Rechtsmittel nicht oder nicht rechtzeitig eingelegt wird. Von Gesetzes wegen allein erforderlich ist die Angabe, ob der Freispruch aus tatsächlichen oder rechtlichen Gründen heraus erfolgt ist. Die dem Verfahren zugrunde liegende Tat muss nicht geschildert werden, obwohl sich dies empfiehlt (*Meyer-Goßner/Schmitt* § 267 Rn. 36). Die Möglichkeit der Verweisung auf den Anklagesatz besteht wie bei Abs. 4 Satz 2 (KK-StPO/*Kuckein* § 267 Rn. 44). Kommt es durch Wiedereinsetzung in den vorigen Stand gegen die Versäumung der Rechtsmitteleinlegungsfrist zu einem Wegfall der Rechtskraft des freisprechenden Urteils, besteht, wie beim verurteilenden Erkenntnis, für das Gericht die Möglichkeit, die Urteilsgründe zu ergänzen. Dies folgt aus Abs. 5 Satz 3 (LR/*Stuckenberg* § 267 Rn. 167; *Meyer-Goßner/Schmitt* § 267 Rn. 36), der, wie die Gesetzeshistorie belegt, entgegen seinem Wortlaut nicht auf Abs. 4 Satz 3, sondern eigentlich Abs. 4 Satz 4 Bezug nimmt. Der frühere fehlerhafte Verweis auf Abs. 4 Satz 3 (vgl. Vorauflage) wurde durch das Gesetz zur Stärkung des Rechts des Angeklagten und Vertretung in der Berufungsverhandlung und über die Anerkennung von Abwesenheitsentscheidungen in der Rechtshilfe vom 17.7.2015 (BGBl. I, S. 1332) berichtigt. **51**

III. Die Behandlung von Maßregeln, Abs. 6. Abs. 6 enthält die gesetzlichen Anforderungen für die Begründung der **Anordnung oder Nichtanordnung einer Maßregel der Besserung und Sicherung** im Urteil. Kommt es zur Anordnung, sind die hierfür maßgeblichen Tatsachen inklusive der Prognosetatsachen sowie die Rechtsgrundlagen anzugeben (*Meyer-Goßner/Schmitt* § 267 Rn. 37). Das Gericht muss zudem erkennen lassen, dass es sich vorhandener Ermessensspielräume bewusst gewesen ist (SK-StPO/*Velten* § 267 Rn. 67). Einer Begründung bedarf auch die Ablehnung eines Antrags auf Anordnung einer Maßregel oder der Fall der Nichtanordnung, wenn sich eine Anordnung aufgrund des Sachverhalts aufdrängte (BGH JR 2000, 207, 208 m. Anm. *Schöch*). Besondere Erwähnung hat die – nunmehr durch Urteil des BVerfG v. 04.05.2011 (BVerfGE 128, 326 ff.) für unvereinbar mit der Verfassung erachteten – Sicherungsverwahrung im Gesetz gefunden. Es bedarf der Begründung, warum eine Entscheidung über die Sicherungsverwahrung gem. § 66a StGB vorbehalten wurde oder entgegen einem in der Verhandlung gestellten Antrag nicht angeordnet oder vorbehalten worden ist. Ebenfalls der Begründung bedürfen gem. Abs. 3 Satz 2 die Nichtentziehung der Fahrerlaubnis und die Nichtanordnung einer Sperrfrist nach § 69a StGB, wenn die dem Urteil zugrunde liegende Straftat eine solche Entziehung oder Anordnung hätte nach sich ziehen können. Dass § 267 Fahrerlaubnis und Sperrfrist ausdrücklich in Abs. 6 nennt, erklärt sich daraus, dass hinsichtlich der Entziehung der Fahrerlaubnis dem Strafverfahren der Vorrang vor dem Entziehungsverfahren der Verwaltungsbehörde zukommt, die – über § 4 Abs. 3 StVG – an ein strafrechtliches Urteil gebunden ist (OLG Hamm DAR 1972, 131, 132). **52**

IV. Das Einstellungsurteil. Das Einstellungsurteil, § 260 Abs. 3, ist in § 267 nicht erwähnt. Gleichwohl ist es zu begründen. Dies folgt aus § 34 (KK-StPO/*Kuckein* § 267 Rn. 45). Dem Revisionsgericht muss die Möglichkeit eröffnet werden, nachzuvollziehen, aufgrund welcher tatsächlichen und rechtlichen Voraussetzungen das Tatgericht ein Verfahrenshindernis angenommen hat (RGSt 6, 157, 159). **53**

V. Änderung der Urteilsgründe. Hat das Urteil den internen Geschäftsbereich des Gerichts noch nicht verlassen und ist die Frist zur Absetzung der Entscheidung nach § 275 Abs. 1 Satz 2 noch nicht **54**

abgelaufen, kann es geändert werden (BGH NJW 1997, 1862, 1863; SK-StPO/*Velten* § 267 Rn. 70), ohne dass dies revisionsrechtlich relevant wäre. Anschließend ist eine Korrektur nur noch möglich, wenn damit Schreibversehen oder ähnliche für alle Beteiligten klar zu ersehende offenkundige Fehlbezeichnungen oder Unstimmigkeiten behoben werden können (BGH StraFo 2008, 163). Die Korrektur erfolgt durch Beschluss, an dem die Richter beteiligt sind, die die Urteilsurkunde unterschrieben haben (SK-StPO/*Velten* § 267 Rn. 71). Bei Verhinderung eines Richters bestimmt die Mehrheit, und es ist ein Verhinderungsvermerk nach § 275 Abs. 2 Satz 2 zu erstellen (*Meyer-Goßner/Schmitt* § 267 Rn. 39). Ein Richter, der an der Verhandlung nicht teilgenommen hat, ist grds. nicht befugt, an einer Urteilsberichtigung mitzuwirken (OLG Karlsruhe NStZ 2009, 587, 566 m. Anm. *Beukelmann*). Zum Richterwechsel aufgrund Änderung des Geschäftsverteilungsplans s. aber SK-StPO/*Schlüchter* 14. Aufbau/Erg. Lfg. § 267 Rn. 84 unter Verweis auf RGSt 61, 388, 392, wo die Urteilsberichtigung durch das Revisionsgericht für zulässig erachtet wurde. Die Beseitigung eines Widerspruchs zwischen Urteilstenor und Urteilsgründen kann durch die Berichtigung in aller Regel nicht erfolgen, da dadurch die gedankliche Einheit des Urteils aufgehoben wird (BGH NStZ 2008, 710, 711; *Meyer-Goßner/Schmitt* § 267 Rn. 39a). Generell darf eine Berichtigung nicht den Anschein erwecken, dass mit ihr die sachliche Änderung eines so nicht beschlossenen Urteils einhergeht (BGHR StPO § 267 Berichtigung 2; KK-StPO/*Engelhardt* § 267 Rn. 46). Mit der Zustellung des Berichtigungsbeschlusses beginnt der Lauf der Frist zur Begründung eines Rechtsmittels erneut (BGHSt 12, 374, 375). Der Berichtigungsbeschluss ist mit der Beschwerde anfechtbar, wenn gegen das Urteil ein Rechtsmittel nicht mehr gegeben ist. Dies gilt nicht, wenn das Urteil mit der Revision angegriffen ist. Denn die Überprüfung des Urteils auf Rechtsfehler erstreckt sich auch auf die Überprüfung des Berichtigungsbeschlusses (BayObLG StraFo 1999, 52, 53; *Meyer-Goßner/Schmitt* § 267 Rn. 39b).

55 **C. Revision.** Die Bedeutung des § 267 liegt insb. darin, dass die Urteilsgründe, deren Inhalt durch die Vorschrift bestimmt wird, allein maßgebliche Grundlage für die Prüfung der Sachrüge sind (LR/*Stuckenberg* § 267 Rn. 172). Gleichwohl kann auch eine Verletzung des Verfahrens im Zusammenhang mit § 267 gerügt werden. Fehlen die Urteilsgründe vollständig oder werden diese außerhalb des durch § 275 vorgegebenen Zeitraums zu den Akten gebracht, liegt der absolute Revisionsgrund des § 338 Nr. 7 vor. Ebenfalls mit der Verfahrensrüge angreifbar ist das Fehlen von Ausführungen zu einem erfolgten Antrag auf Strafaussetzung zur Bewährung i.S.d. Abs. 3 Satz 4 (BGH StV 2008, 345). Auch die weiteren Fälle des § 267, in denen Erörterungspflichten Folge einer Antragstellung sind – Abs. 3 Satz 2 und 3, Abs. 6 Satz 1 – können, wenn dieser Pflicht nicht nachgekommen wird, mit der Verfahrensrüge beanstandet werden. Dabei obliegt es dem Revisionsführer, die Stellung des Antrages i.S.d. § 344 Abs. 2 Satz 2 vorzutragen (LR/*Stuckenberg* § 267 Rn. 184). Ebenfalls die Verfahrensrüge ist einschlägig, wenn ein Hilfsbeweisantrag in den Urteilsgründen nicht beschieden wird (*Meyer-Goßner/Schmitt* § 267 Rn. 41).
Die Sachrüge hat Erfolg, wenn die Urteilsgründe keine geschlossene Tatsachendarstellung enthalten, die eine Rechtsprüfung ermögliche (BGH MDR 1971 [D], 895, 898; KK-StPO/*Kuckein* § 267 Rn. 47). Hierzu gehört auch der Fall der unzureichenden Verweisung auf Abbildungen nach Abs. 1 Satz 3. Wird in unzulässiger Weise auf eine Abbildung Bezug genommen, wird diese nicht Bestandteil des Urteils. In der Folge wird das Urteil lückenhaft und ist deshalb aufzuheben ist, es sei denn, die übrigen Feststellungen reichen noch aus, das Urteil zu tragen (LR/*Stuckenberg* § 267 Rn. 174). Fehlen Ausführungen zu Umständen nach Abs. 2, obwohl deren Annahme naheliegt, stellt dies einen auf die Sachrüge hin zu berücksichtigenden Rechtsfehler dar (LR/*Stuckenberg* § 267 Rn. 167). Auch ein verurteilendes Erkenntnis ohne oder mit unzureichender Beweiswürdigung fällt der Aufhebung anheim (BGH NStZ-RR 1999, 45; *Meyer-Goßner/Schmitt* § 267 Rn. 42). Zu weiteren Fehlern im Zusammenhang mit § 267, die den Bestand des Urteils gefährden, vgl. die Kommentierung zu den Rdn. 5 ff. Zum Erfordernis, regelmäßig Ausführungen zu den persönlichen Verhältnissen des Angeklagten zu machen, s. *Meyer-Goßner/Schmitt* § 267 Rn. 42 mit ausführlichen Verweisen auf die Rechtsprechung. Wenn sich der Angeklagte diesbezüglich nicht äußert, ist das Gericht verpflichtet, eine Aufklärung auf andere Weise – etwa durch Zeugenvernehmungen – herbeizuführen (BGH NStZ 1991, 231; s. aber auch BGH StV 1998, 636, wonach ein entsprechender Verstoß nicht mit der Sach-, sondern der Verfahrensrüge angreifbar sein soll). Nicht gerügt werden kann, dass die schriftlichen Urteilsgründe mit den mündlich verkündeten Gründen nicht übereinstimmen, da Gegenstand der Revision lediglich

die schriftlichen Urteilsgründe sind (BGHSt 7, 363, 370; KK-StPO/*Kuckein* § 267 Rn. 47). Keinen Erfolg hat auch die Revision, mit der geltend gemacht wird, die Urteilsfeststellungen entsprächen nicht dem in der Beratung festgestellten Ergebnis der Hauptverhandlung (LR/*Stuckenberg* § 267 Rn. 165) oder die sich darauf stützt, dass der Inhalt einer Zeugenaussage im Urteil unzutreffend wiedergegeben ist (BGHSt 15, 347, 349). Darstellungsmängel im Rechtsfolgenausspruch können zur Aufhebung des Urteils führen. Dies ist etwa der Fall, wenn entgegen Abs. 3 Satz 1 nicht die für das Gericht bestimmenden Strafzumessungsgründe im Urteil genannt werden (BGH MDR 1970 [D], 897, 899). Dabei steht es dem vollständigen Fehlen solcher Ausführungen gleich, wenn sich das Gericht mit allgemeinen und nichtssagenden Wendungen begnügt (LR/*Stuckenberg* § 267 Rn. 171). Ohne Erfolg bleibt i.d.R. die Beanstandung, das Gericht habe entgegen Abs. 3 Satz 1 das angewandte Strafgesetz nicht angeführt. Denn diese Rüge greift nur dann durch, wenn auch unter Heranziehung der Urteilsformel offenbleibt, auf welche Strafvorschrift das Gericht seine Entscheidung gestützt hat (LR/*Stuckenberg* § 267 Rn. 169).

Gelangt ein Urteil in abgekürzter Form zu den Akten, obwohl die Voraussetzungen nach Abs. 4 oder 5 hierfür nicht vorgelegen haben, kann hierin ein Mangel erforderlicher tatsächlicher Feststellungen liegen, der der Revision über die Sachrüge zum Erfolg verhilft (LR/*Stuckenberg* § 267 Rn. 173).

§ 268 StPO Urteilsverkündung.

(1) Das Urteil ergeht im Namen des Volkes.
(2) Das Urteil wird durch Verlesung der Urteilsformel und Eröffnung der Urteilsgründe verkündet. Die Eröffnung der Urteilsgründe geschieht durch Verlesung oder durch mündliche Mitteilung ihres wesentlichen Inhalts. Bei der Entscheidung, ob die Urteilsgründe verlesen werden oder ihr wesentlicher Inhalt mündlich mitgeteilt wird, sowie im Fall der mündlichen Mitteilung des wesentlichen Inhalts der Urteilsgründe soll auf die schutzwürdigen Interessen von Prozessbeteiligten, Zeugen oder Verletzten Rücksicht genommen werden. Die Verlesung der Urteilsformel hat in jedem Falle der Mitteilung der Urteilsgründe voranzugehen.
(3) Das Urteil soll am Schluß der Verhandlung verkündet werden. Es muß spätestens am elften Tage danach verkündet werden, anderenfalls mit der Hauptverhandlung von neuem zu beginnen ist. § 229 Abs. 3 und Abs. 4 Satz 2 gilt entsprechend.
(4) War die Verkündung des Urteils ausgesetzt, so sind die Urteilsgründe tunlichst vorher schriftlich festzuhalten.

S.a. RiStBV Nr. 142, 143

A. Grundsätzliches und Tatbestand. Die Vorschrift regelt das Prozedere der Urteilsverkündung. Dass die Verkündung im Namen des Volkes erfolgt, **Abs. 1**, offenbart durch die Bezugnahme auf Art. 20 Abs. 2 Satz 1 GG (»alle Staatsgewalt geht vom Volke aus«) die demokratische Legitimation der Rechtsprechung, ist aber zugleich Mahnung an den Richter, sein Wirken und seine Entscheidung als Bestandteil des Gemeinwesens zu begreifen (KK-StPO/*Kuckein* § 268 Rn. 1). Unterbleibt die Verwendung der Formel, führt dies nicht zur Nichtigkeit des Urteils (LR/*Stuckenberg* § 268 Rn. 16). 1

Abs. 2 Satz 1 nennt die **Bestandteile der Urteilsverkündung.** Diese besteht aus der Verlesung der Urteilsformel und der Eröffnung der Urteilsgründe. Es ist Aufgabe des Vorsitzenden, das Urteil zu verkünden. Jedoch kann er diese Aufgabe aufgrund seiner Sachleitungsbefugnis jedenfalls teilweise auf ein anderes Mitglied des Gerichts übertragen (*Meyer-Goßner/Schmitt* § 268 Rn. 3). Eine teilweise Übertragung wird vorrangig bei umfangreichen Urteilen unter dem Gesichtspunkt einer »Arbeitsteilung« in Betracht kommen. Gesundheitliche Gründe (Stimmprobleme) werden i.d.R. der Grund sein, dass die Aufgabe der Verkündung in Gänze einem anderen Mitglied des Gerichts zufällt (LR/*Stuckenberg* § 268 Rn. 17). Die Urteilsverkündung durch einen Referendar soll unzulässig sein (OLG Oldenburg NJW 1952, 1310). Die Verkündung des Urteils erfolgt in Erwachsenensachen öffentlich, § 173 Abs. 1 GVG. Etwas anderes gilt über § 48 Abs. 1 JGG im Jugendstrafverfahren. Beschlüsse, die die Strafaussetzung zur Bewährung oder die Fortdauer von Untersuchungshaft oder einstweiliger Unterbringung betreffen – §§ 268a und b – gehören nicht zur Urteilsverkündung (BGHSt 25, 333, 336). Entsprechendes gilt für die mündliche Rechtsmittelbelehrung vor dem Schließen der Sitzung (BGH NStZ 1984, 279). 2

§ 268 StPO Urteilsverkündung

3   Die **Urteilsformel** wird durch Verlesung bekannt gegeben. Daraus folgt, dass sie vor der Verkündung aufgeschrieben werden muss, wobei ausreichend die schriftliche Fixierung außerhalb des Protokolls (»Zettel«) ist (vgl. bereits RGSt 60, 270; *Meyer-Goßner/Schmitt* § 268 Rn. 4). Nach ihrer Verlesung sollte sie allerdings in das Sitzungsprotokoll übernommen werden, damit sie an dessen Beweiskraft teilnimmt (BGH NStZ-RR 2002 [B], 97, 100), denn der authentische Wortlaut der Urteilsformel ergibt sich allein aus der nach § 274 maßgeblichen Sitzungsniederschrift (BGHSt 34, 11, 12; BGHR StPO § 274 Beweiskraft 10). Die Verschriftlichung verfolgt den Zweck, sicherzustellen, dass die später im schriftlichen Urteil festgehaltene Formel der tatsächlich verkündeten entspricht (RGSt 3, 131). Bis zum Beginn der Verkündung kann die schriftliche Urteilsformel geändert werden (*Meyer-Goßner/Schmitt* § 268 Rn. 4). Dies liegt daran, dass bis zur Verkündung der Urteilsformel ein Urteil noch gar nicht vorliegt, sondern allenfalls ein Urteilsentwurf (RGSt 71, 377, 379)

4   **Satz 2** gestattet zwei Möglichkeiten der Bekanntgabe der **Urteilsgründe**. Möglich ist, wie bei der Urteilsformel, die Verlesung, was die Verwendung eines Urteilsentwurfs, den das Gericht sich aufgrund der Beratung zueigen gemacht hat, mit einschließt (BGH wistra 2005, 110 f.). Daneben kann der wesentliche Inhalt der Gründe durch »mündliche Mitteilung« erfolgen. Damit ist die Wiedergabe in freier Rede, wenn auch ggf. unter Heranziehung von Aufzeichnungen, gemeint (*Meyer-Goßner/Schmitt* § 268 Rn. 6). Die Eröffnung der Urteilsgründe ist – anders als die Verlesung der Urteilsformel – keine wesentliche Voraussetzung für die Existenz des Urteils (*Meyer-Goßner/Schmitt* § 268 Rn. 6). So liegt etwa ein wirksames Urteil vor, wenn der Vorsitzende nach Verlesung der Formel verstirbt (BGHSt 8, 41) oder der Angeklagte bei Eröffnung der Gründe abwesend ist, weil er zuvor wegen Störung der Verhandlung aus dem Sitzungszimmer entfernt wurde (BGH NStZ 2000, 498). Da die Mitteilung der Gründe nach dem Gesetz aber gleichwohl Mitbestandteil der Verkündung ist, ist diese Verkündung bis zum Abschluss der Bekanntgabe der Urteilsgründe nicht abgeschlossen, was zur Folge hat, dass die Urteilsformel zu diesem Zeitpunkt noch geändert werden kann (BGHSt 25, 333, 336; KK-StPO/*Kuckein* § 268 Rn. 4). Welche Form der Bekanntgabe der Urteilsgründe gewählt wird, liegt nicht (mehr) im freien Ermessen des Vorsitzenden. Die durch das Gesetz zur Stärkung der Rechte von Opfern sexuellen Missbrauchs vom 30.06.2013 (BGBl. I S. 1805) eingeführte Regelung des Abs. 2 **Satz 3** zwingt dazu, bei der Entscheidung schutzwürdige Interessen von Prozessbeteiligten, Zeugen oder Verletzten zu berücksichtigen. Die schutzwürdigen Interessen nehmen auch Einfluss auf den Inhalt und das Ausmaß einer mündlichen Mitteilung des wesentlichen Inhalts der Urteilsgründe.

5   Die Urteilsformel ist vor den Urteilsgründen bekannt zu geben, **Satz 4**. Die gesetzlich vorgegebene Reihenfolge dient der »Schonung« des Angeklagten, der das Ergebnis der ihn betreffenden strafgerichtlichen Verhandlung nicht erst im Anschluss an die Erwägungen des Gerichts zur Beweislage und rechtlichen Würdigung erfahren soll (*Meyer-Goßner/Schmitt* § 268 Rn. 7). Bedeutung gewinnt Satz 4 auch dann, wenn das Gericht mit der Mitteilung der Gründe inne hält, um die Urteilsformel zu ändern. Dann ist diese neue Urteilsformel zu verlesen (OLG Koblenz VRS 49, 194 196) und sodann mit der Bekanntgabe der Gründe von vorne zu beginnen (KK-StPO/*Kuckein* § 268 Rn. 5). Mit dem letzten Wort der mündlichen Bekanntgabe der Urteilsgründe ist die Urteilsverkündung abgeschlossen (BGHSt 5, 5, 9; 25, 333, 335). Von nun an entfällt die **Möglichkeit einer inhaltlichen Änderung der Urteilsformel**. Nur noch offensichtliche Schreibversehen und Unrichtigkeiten können ab diesem Zeitpunkt berichtigt werden (BGHSt 25, 333, 336), wobei neben der Korrektur zugunsten auch die Korrektur zulasten des Angeklagten möglich ist (RGSt 61, 388, 392; *Meyer-Goßner/Schmitt* § 268 Rn. 10). Offensichtlich ist ein Fehler, dessen Existenz – wenn auch nicht für jedermann (so aber u.a. LR/*Stuckenberg* § 268 Rn. 46), so doch für die Verfahrensbeteiligten (BGH NJW 1991, 1900, 1901) – klar ersichtlich ist und dessen Beseitigung nicht den Verdacht einer unzulässigen späteren Veränderung des Urteilsinhalts hervorruft (BGH NStZ-RR 2007, 236, 237; *Vent* JR 1980, 400, 403). Daher ist es im Regelfall nicht möglich, die Schuldform in der Urteilsformel auszuwechseln (OLG Zweibrücken NStZ-RR 2008, 381, 382) oder eine falsch berechnete Gesamtstrafe zu verbessern (BGH NJW 1953, 155, 156). Die Verbesserung offensichtlicher Schreibversehen und Unrichtigkeiten erfolgt durch Gerichtsbeschluss außerhalb der Hauptverhandlung (BGHSt 3, 245, 246; BGH NJW 1953, 155, 156). Der Beschluss ist mit der Beschwerde nach § 304 Abs. 1 anfechtbar, es sei denn, das Urteil ist mit einem Rechtsmittel angegriffen worden oder die Einlegung eines Rechtsmittels ist noch möglich (*Meyer-Goßner/Schmitt* § 268 Rn. 12; für unbeschränkte Anfechtbarkeit mit der Beschwerde hingegen LR/*Stuckenberg* § 268 Rn. 61). Die Korrektur der Urteilsformel durch Beschluss außerhalb der Hauptverhand-

lung ist nicht allein dem Ausgangsgericht, sondern auch dem Revisionsgericht möglich (BGH, Beschl. v. 27.10.2009 – 1 StR 515/09). Unzulässige Berichtigungsbeschlüsse sind unwirksam (BGH NJW 1991, 1900, 1901).

Abs. 3 Satz 1 verdeutlicht, dass die Verkündung des Urteils zur Hauptverhandlung gehört (LR/*Stuckenberg* § 268 Rn. 1). Es gilt daher nicht nur der Öffentlichkeitsgrundsatz (vgl. oben Rdn. 2). Es müssen auch die Personen anwesend sein, deren Anwesenheit durch das Gesetz – §§ 226, 145, 230 Abs. 1 – vorgeschrieben ist (KK-StPO/*Kuckein* § 268 Rn. 7). Eine Ausnahme gilt für die Person des Angeklagten, wenn aufgrund eines gesetzlichen Ausnahmetatbestandes – § 231 Abs. 2 – in dessen Abwesenheit verhandelt werden kann (*Meyer-Goßner/Schmitt* § 268 Rn. 14). In diesem Fall steht das Fehlen des Angeklagten einer Verlesung der Urteilsformel nicht entgegen (BGHSt 16, 178, 180). Zur Unbeachtlichkeit der Abwesenheit des Angeklagten bei Eröffnung der Urteilsgründe vgl. bereits oben Rdn. 4 und BGHSt 15, 263, 165.

Aus der Zugehörigkeit der Urteilsverkündung zur Hauptverhandlung folgt, dass das Gericht bis zum Abschluss der Verkündung in andere Teile dieser Verhandlung – etwa die Beweisaufnahme – wieder eintreten kann (*Meyer-Goßner/Schmitt* § 268 Rn. 15). Es besteht aber grds. keine Pflicht, auf einen solchen Wiedereintritt abzielende Anträge der Verfahrensbeteiligten entgegenzunehmen oder gar zu bescheiden (BGHSt 15, 263, 264). Erfolgt die Entgegennahme des Antrags, liegt deshalb hierin keine konkludente Wiedereröffnung der Verhandlung (BGH NStZ 1986, 182). Hierzu bedarf es vielmehr einer ausdrücklichen Entscheidung des Vorsitzenden. Gegen dessen Weigerung, in die Verhandlung wieder einzutreten, ist ein Antrag auf gerichtliche Entscheidung gem. § 238 Abs. 2 nicht statthaft (KK-StPO/*Kuckein* § 268 Rn. 14). Grenzen setzt dem Ermessen des Vorsitzenden bei der Entscheidung, ob einem Antrag auf Wiedereröffnung der Verhandlung Folge geleistet werden soll, die gerichtliche Aufklärungspflicht aus § 244 Abs. 2 (BGH MDR 1975 [D], 21, 24).

Grds. soll die Urteilsverkündung am Schluss der Hauptverhandlung erfolgen. Damit ist der Zeitpunkt nach der Beratung gemeint (*Meyer-Goßner/Schmitt* § 268 Rn. 14). Möglich ist aber auch die Verkündung in einem gesonderten späteren Termin, der allerdings nicht später als 11 Tage nach dem Schluss der (sonstigen) Verhandlung stattfinden darf. Auch dieser gesonderte Verkündungstermin ist Teil der Hauptverhandlung, zu dem geladen werden muss (BayObLG NZV 1999, 306). Eine Fristverlängerung nach § 229 Abs. 2 ist nicht möglich (*Meyer-Goßner/Schmitt* § 168 Rn. 16), da Abs. 3 Satz 3 auf diese Vorschrift nicht verweist (BGH StV 2003, 373). Es gelten aber § 229 Abs. 3 und 4 Satz 2 entsprechend. D.h. die Frist ist gehemmt, wenn der Angeklagte, ein Richter oder ein Schöffe erkranken. Fällt der Ablauf der Frist auf einen Sonntag, einen Sonnabend oder einen allgemeinen Feiertag, muss die Verkündung des Urteils erst am nächsten Werktag stattfinden. Ansonsten ist bei Nichteinhaltung der 11-Tages-Frist der Neubeginn der Hauptverhandlung die Folge (BGHR StPO § 268 Abs. 3 Verkündung 1). Mit der vom Gesetz eingeräumten Möglichkeit, die Verkündung des Urteils auszusetzen, soll eine dem Verfahrensstoff angemessene ausführliche Beratung in umfangreichen oder schwierigen Sachen gewährleistet werden. Die Entscheidung über die Aussetzung trifft der Vorsitzende (KK-StPO/*Kuckein* § 268 Rn. 9).

Kommt es zur Aussetzung, sollen gem. **Abs. 4** die Urteilsgründe möglichst vorher schriftlich niedergelegt werden, was auch die Unterzeichnung des Urteils durch die Berufsrichter mitumfasst (RGSt 73, 217, 219). Zweckdienlich ist ihre Mitteilung im Verkündungstermin durch Verlesung. Zwangsläufig ist diese Form der Bekanntgabe aber nicht. Auch die mündliche Mitteilung des wesentlichen Inhalts der Gründe ist statthaft (LR/*Stuckenberg* § 268 Rn. 26), was daraus folgt, dass es sich bei der Forderung der schriftlichen Fixierung der Urteilsgründe um eine Soll-Vorschrift und keine bindende Verpflichtung handelt. Aus der fehlenden Verpflichtung, die Urteilsgründe vor Verkündung schriftlich niederzulegen, folgt zugleich die Möglichkeit, diese in dem durch § 275 vorgegebenen Rahmen zu verändern (a. A. RGSt 44, 308 f.; LR/*Gollwitzer*, 25. Aufl., § 268 Rn. 12; hiergegen wiederum KK-StPO/*Engelhardt*, 6. Aufl., § 268 Rn. 12, der zutreffend darauf hinweist, dass die Judikatur des Reichsgerichts auf § 267 Abs. 2 a. F. beruhte, der die bindende gesetzliche Verpflichtung des Gerichts zur schriftlichen Feststellung der Urteilsgründe enthielt).

B. Revision. Unterbleibt die Verwendung der Formel »im Namen des Volkes«, liegt nicht nur ein wirksames Urteil vor (vgl. oben Rdn. 1). Es fehlt auch an einem Rechtsfehler, der die Revision begründen würde (KK-StPO/*Kuckein* § 268 Rn. 15). Anders verhält es sich, wenn es nicht zur Verkündung der

Urteilsformel gekommen ist. Dann liegt kein Urteil im Rechtssinne vor (vgl. oben Rdn. 3), was selbstverständlich mit der Revision gerügt werden kann (LR/*Stuckenberg* § 268 Rn. 67). Demgegenüber kann die Revision nicht darauf gestützt werden, dass die Urteilsformel nicht durch Verlesen der vorher niedergelegten Entscheidung verkündet wurde, sofern eine andere Art der Verkündung stattgefunden hat (RGSt 3, 131 f.; 71, 377, 379; *Meyer-Goßner/Schmitt* § 268 Rn. 20). Erfolg hat andererseits die Rüge, die plausibel machen kann, dass die verkündete Urteilsformel nicht der im schriftlichen Urteil enthaltenen Formel entspricht. Es ist gerade der Sinn der von § 268 vorausgesetzten schriftlichen Niederlegung der Entscheidungsformel, die Übereinstimmung der verkündeten mit der schriftlichen Urteilsformel zu sichern (RGSt 3, 131). Dabei gilt als verkündet die Urteilsformel, die im Protokoll enthalten ist (BGHSt 34, 11, 12). Der Widerspruch zwischen Urteilsformel und den schriftlichen Urteilsgründen kann auf die Sachrüge hin zur Urteilsaufhebung führen, da Formel und Gründe eine Einheit bilden (*Meyer-Goßner/Schmitt* § 268 Rn. 18).

11 Wird in unzulässiger Weise gegen die Öffentlichkeit der Urteilsverkündung verstoßen, liegt der absolute Revisionsgrund aus § 338 Nr. 6 vor (BGHSt 4, 279; KK-StPO/*Kuckein* § 268 Rn. 17).
Der Verstoß gegen Abs. 3 Satz 2 begründet im Regelfall auch die Revision (BGH NStZ 2007, 235). Lediglich in Ausnahmefällen kann ein Beruhen des Urteils auf dem Verstoß ausgeschlossen werden (BGH NStZ 2004, 52).
Unterbleibt bei der Aussetzung der Verkündung die schriftliche Feststellung der Urteilsgründe vor dem Verkündungstermin, ist dies nicht revisibel, da Abs. 4 hierzu keine Verpflichtung begründet (vgl. oben Rdn. 9).

12 Zu beachten ist, dass die Frist zur Einlegung der Revision aus § 341 erst mit Zustellung des Urteils zu laufen beginnt, wenn der Angeklagte bei Verkündung nicht anwesend war. Dies gilt auch für den Fall eines Entfernens nach Verlesung der Urteilsformel und vor Eröffnung der Urteilsgründe (BGH NStZ 2000, 498).

§ 268a StPO Aussetzung der Vollstreckung von Strafen oder Maßregeln zur Bewährung.

(1) Wird in dem Urteil die Strafe zur Bewährung ausgesetzt oder der Angeklagte mit Strafvorbehalt verwarnt, so trifft das Gericht die in den §§ 56a bis 56d und 59a des Strafgesetzbuches bezeichneten Entscheidungen durch Beschluss; dieser ist mit dem Urteil zu verkünden.
(2) Absatz 1 gilt entsprechend, wenn in dem Urteil eine Maßregel der Besserung und Sicherung zur Bewährung ausgesetzt oder neben der Strafe Führungsaufsicht angeordnet wird und das Gericht Entscheidungen nach den §§ 68a bis 68c des Strafgesetzbuches trifft.
(3) Der Vorsitzende belehrt den Angeklagten über die Bedeutung der Aussetzung der Strafe oder Maßregel zur Bewährung, der Verwarnung mit Strafvorbehalt oder der Führungsaufsicht, über die Dauer der Bewährungszeit oder der Führungsaufsicht, über die Auflagen und Weisungen sowie über die Möglichkeit des Widerrufs der Aussetzung oder der Verurteilung zu der vorbehaltenen Strafe (§ 56f Abs. 1, §§ 59b, 67g Abs. 1 des Strafgesetzbuches). Erteilt das Gericht dem Angeklagten Weisungen nach § 68b Abs. 1 des Strafgesetzbuches, so belehrt der Vorsitzende ihn auch über die Möglichkeit einer Bestrafung nach § 145a des Strafgesetzbuches. Die Belehrung ist in der Regel im Anschluss an die Verkündung des Beschlusses nach den Absätzen 1 oder 2 zu erteilen. Wird die Unterbringung in einem psychiatrischen Krankenhaus zur Bewährung ausgesetzt, so kann der Vorsitzende von der Belehrung über die Möglichkeit des Widerrufs der Aussetzung absehen.

S.a. RiStBV Nr. 140

1 **A. Grundsätzliches und Tatbestand.** Die Vorschrift regelt die **Folgeentscheidungen**, die zu treffen sind, wenn in einem Strafurteil die Strafe oder eine Maßregel der Besserung und Sicherung zur Bewährung ausgesetzt wird, Gegenstand des Urteils eine Verwarnung mit Strafvorbehalt ist oder eine Führungsaufsicht neben die Strafe tritt. Die Festlegung dieser Folgeentscheidungen (Weisungen etc.) erfolgt nicht im Urteil, sondern durch gesonderten Beschluss, **Abs. 1 und 2**. Der Beschluss wird in der Hauptverhandlung im Anschluss an das Urteil verkündet (*Meyer-Goßner/Schmitt* § 268a Rn. 5). Dem Richter, der zu verkünden hat, steht es frei, den Beschluss sofort nach Bekanntgabe der Urteils-

formel mitzuteilen oder zuvor die Urteilsgründe bekannt zu geben. Trotz dieses engen Zusammenhangs der Bekanntgabe von Beschluss und Urteil ist die Beschlussverkündung nicht Bestandteil der Urteilsverkündung (BGHSt 25, 333, 335). Ist der Angeklagte bei der Verkündung des Beschlusses nicht anwesend, wird ihm eine Ausfertigung gem. § 35 Abs. 2 zugestellt. Der anwesende Angeklagte enthält gem. Nr. 140 Satz 1 RiStBV eine Abschrift der Entscheidung (*Meyer-Goßner/Schmitt* § 268a Rn. 6). Eine Verkündung des Beschlusses außerhalb des Hauptverfahrens im Wege eines schriftlichen Nachverfahrens ist unzulässig (a. A. LR/*Stuckenberg* § 268a Rn. 22). Grds. ist eine Begründung des Beschlusses nicht erforderlich. Aus dem Grundsatz des fairen Verfahrens folgt etwas anderes, wenn das Gericht den Angeklagten gem. § 265a über die Möglichkeit von freiwilligen Bewährungsleistungen befragt hat, auf die daraufhin geäußerte Bereitschaft des Angeklagten, solche Leistungen zu erbringen, aber nicht weiter eingegangen ist. Stets erforderlich ist es, im Beschluss die Rechtsgrundlagen für die getroffenen Anordnungen mitzuteilen (LR/*Stuckenberg* § 268a Rn. 5).

Einen **Beschluss** nach § 268a muss jedes Tatgericht erlassen, das eine positive Entscheidung über eine Aussetzung der Vollstreckung von Strafe oder Maßregel oder eine der anderen in der Vorschrift genannten Urteilsfolgen verhängt. An der Beschlussfassung wirken sämtliche Mitglieder des Gerichts – auch die Schöffen – mit (*Meyer-Goßner/Schmitt* § 268a Rn. 6). Dies gilt auch für das Berufungsgericht, für das über § 332 die Vorschriften über die Hauptverhandlung im 6. Abschnitt des Zweiten Buches Anwendung finden. Trifft das Berufungsgericht in Abweichung von der Vorinstanz erstmals eine der in § 268a genannten Entscheidungen, muss es daher einen eigenen Beschluss fassen und verkünden (OLG Köln JR 1991, 473, 474 m. Anm. *Horn*; LG Osnabrück NStZ 1985, 378, 379). Bestätigt das Berufungsgericht das Urteil erster Instanz kann es auch mit einer Bestätigung des Beschlusses dieses Gerichts über die Folgeentscheidungen sein Bewenden haben (OLG Celle MDR 1970, 68). Streitig ist, ob das Berufungsgericht bei Bestätigung des Urteils der Vorinstanz die Möglichkeit besitzt, den Beschluss nach § 268a zum Nachteil des Angeklagten abzuändern. Die in der Rechtsprechung vorherrschende Ansicht bejaht dies (BGH NStZ 1995 [K], 218, 220; OLG Oldenburg NStZ-RR 1997, 9 f.). Dies soll unabhängig davon gelten, ob auch die §§ 56e, 59a Abs. 2 und 68d StGB eine Änderung zulassen (OLG Hamburg NJW 1981, 470; einschränkend BGH JR 1982, 338 m. Anm. *Meyer*; gegen eine Verschlechterung demgegenüber OLG Frankfurt am Main NJW 1978, 959 f.).

Das Revisionsgericht kann einen Beschluss nach § 268a grds. nicht fällen, da eine solche Entscheidung aus dem Inbegriff der Hauptverhandlung heraus geschöpft werden muss. Möglich ist in analoger Anwendung des § 354 allenfalls die Festsetzung der Mindestdauer der Bewährungszeit (*Meyer-Goßner/Schmitt* § 268a Rn. 4).

Streitig ist, wie verfahren werden muss, wenn der Beschluss nach § 268a versehentlich unterblieben ist. Teilweise wird eine analoge Anwendung des Nachtragsverfahrens aus § 453 für zulässig erachtet (KK-StPO/*Appl* § 453 Rn. 3). Hiergegen spricht jedoch der insoweit eindeutige Wortlaut des Abs. 1 (in diesem Sinne auch OLG Düsseldorf StV 2008, 512 f.; nach zustimmungswürdiger Ansicht des LG Mönchengladbach, NStZ-RR 2014, 284 f., muss auch im Strafbefehlsverfahren der Bewährungsbeschluss zugleich mit der Verurteilung ergehen). Dass es nicht möglich ist, den Beschluss über die Folgeentscheidungen nachzuholen, bedeutet aber nicht, dass die im Urteil ausgesprochene Strafaussetzung zur Bewährung für den Verurteilten folgenlos wäre. Dass er sich etwa straffrei zu führen hat, folgt unmittelbar aus der Aussetzungsentscheidung (*Meyer-Goßner/Schmitt* § 268a Rn. 8). Darüber hinaus folgt aus § 56a Abs. 1 Satz 2 StGB, dass eine Bewährungszeit die Dauer von 2 Jahren nicht unterschreiten darf (OLG Hamm NStZ-RR 2000, 126 f.). Zum Erfordernis, eine nachträgliche Belehrung gem. § 453a zu erteilen, s. sogleich Rdn. 3.

Die **Belehrung** nach Abs. 3 über die Bedeutung der im Urteil getroffenen Aussetzungsentscheidung bzw. der Verwarnung mit Strafvorbehalt und der Führungsaufsicht sowie den Inhalt des Beschlusses nach Abs. 1 und 2 ist – wie auch der Beschluss selbst (KK-StPO/*Kuckein* § 268a Rn. 15) – eine wesentliche Förmlichkeit des Verfahrens gem. § 273 Abs. 1 (*Meyer-Goßner/Schmitt* § 268a Rn. 9) und – lässt man die Ausnahmeregelung des Abs. 3 Satz 4 außer Betracht – zwingend vorgeschrieben (KK-StPO/*Kuckein* § 268a Rn. 11) sowie protokollierungsbedürftig (LR/*Stuckenberg* § 268a Rn. 18). Die Belehrung ist mündlich zu erteilen, was die Aushändigung eines Merkblatts nicht ausschließt (*Meyer-Goßner/Schmitt* § 268a Rn. 9). Zweckmäßigerweise erfolgt sie im Anschluss an die Beschlussverkündung. Erforderlich ist dies allerdings nicht. Dies zeigt die Möglichkeit, dass die Belehrung gem. § 453a nachgeholt werden kann (KK-StPO/*Kuckein* § 268a Rn. 14).

§ 268b StPO Beschluss über die Fortdauer der Untersuchungshaft

4 **B. Anfechtung und Revision.** Gegen den Beschluss nach Abs. 1 und 2 ist gem. § 305a die Beschwerde nach § 304 statthaft, die darauf gestützt werden kann, dass eine der im Beschluss getroffenen Anordnungen gesetzeswidrig ist. Ein gegen das Urteil eingelegtes Rechtsmittel – Berufung oder Revision – erfasst nicht zugleich den Beschluss nach § 268a (*Meyer-Goßner/Schmitt* § 268a Rn. 10). Dies schließt eine mittelbare Wirkung der gegen das Urteil gerichteten Rechtsmittel jedoch nicht aus. Das Berufungsgericht muss stets – auch wenn es den Beschluss der Vorinstanz lediglich bestätigt (vgl. oben Rdn. 2) – eine eigene Entscheidung über die Nebenentscheidungen treffen, die den zunächst erlassenen Beschluss ersetzt. Im Fall einer Urteilsaufhebung durch die Revision wird auch der Beschluss über die dem Urteil nachfolgenden Entscheidungen gegenstandslos (KK-StPO/*Kuckein* § 268a Rn. 16).

§ 268b StPO Beschluss über die Fortdauer der Untersuchungshaft.
Bei der Urteilsfällung ist zugleich von Amts wegen über die Fortdauer der Untersuchungshaft oder einstweiligen Unterbringung zu entscheiden. Der Beschluß ist mit dem Urteil zu verkünden.

1 **A. Grundsätzliches und Tatbestand.** Ab Rechtshängigkeit hat das Gericht von Amts wegen zu prüfen, ob die Voraussetzungen für eine **Fortdauer von Untersuchungshaft und einstweiliger Unterbringung** vorliegen. Diese Prüfungspflicht besteht auch während der andauernden Hauptverhandlung und kann nicht bis zu deren Ende aufgeschoben werden (*Meyer-Goßner/Schmitt* § 268b Rn. 1). Mit dem Urteil endet die Verpflichtung zur Prüfung nicht. Dies stellt § 268b klar. Dabei hat die Vorschrift nur Bedeutung für Erkenntnisse, die mit einer Verurteilung des Angeklagten zu Strafe enden oder zur Anordnung der Unterbringung in einem psychiatrischen Krankenhaus oder einer Entziehungsanstalt führen. Kommt es nicht zur Verhängung einer Strafe oder der Unterbringungsanordnung, ist der Haftbefehl bzw. Unterbringungsbefehl bereits gem. §§ 120 Abs. 1 Satz 2, 126a Abs. 3 Satz 1 aufzuheben (*Meyer-Goßner/Schmitt* § 268b Rn. 2). Kommt es zur Anordnung der Fortdauer von Haft oder Unterbringung, muss das Gericht die Gründe dafür in seiner Entscheidung mitteilen. Insoweit ist auch der Umstand eines etwaigen Auswechselns des Haftgrunds zu eröffnen. Legt das Urteil dem Inhaftierten bzw. Untergebrachten eine andere Tat zur Last als Haft- und Unterbringungsbefehl, sind Letztere anzugleichen (OLG Stuttgart Justiz 2007, 238). Streitig ist, ob ein Beschluss nach § 268b auch dann ergehen muss, wenn der Vollzug eines Haftbefehls nach § 116 ausgesetzt ist (befürwortend u.a. LR/*Stuckenberg* § 268b Rn. 2; ablehnend *Meyer-Goßner/Schmitt* § 268b Rn. 2). Mit Blick auf das Gebot, dem Angeklagten ein faires Verfahren gewähren zu müssen, wird man dies bejahen müssen. Auch ein außer Vollzug gesetzter Haftbefehl ist existent und droht für den Angeklagten jederzeit wieder in Kraft gesetzt werden. Dies erfordert es, dem Angeklagten diese Situation durch eine Fortdauerentscheidung über den Haftbefehl deutlich vor Augen zu führen.

2 Der Beschluss wird vom erkennenden Gericht unter Beteiligung der Schöffen erlassen und ist gem. § 34 zu begründen (*Meyer-Goßner/Schmitt* § 268b Rn. 3). Dabei erstreckt sich das Begründungserfordernis weniger auf das Merkmal des dringenden Tatverdachts. Die Tatsachen, die zu dessen Annahme führen, lassen sich im Regelfall den Gründen des Urteils entnehmen (BGH NStZ 2006, 297; a. A.u.a. OLG Hamm NStZ-RR 2010, 55). Als **wesentliche Förmlichkeit ist der Beschluss** in das Hauptverhandlungsprotokoll aufzunehmen (*Meyer-Goßner/Schmitt* § 268b Rn. 3).

3 Vergisst das Gericht, eine Entscheidung über die Fortdauer von Untersuchungshaft und einstweiliger Unterbringung zu treffen, ist dies unschädlich. Es kann dieses Versäumnis jederzeit auch von Amts wegen nachholen (LR/*Stuckenberg* § 268 Rn. 8). Der Bestand von Haft und Unterbringung wird hierdurch nicht gefährdet (*Meyer-Goßner/Schmitt* § 268b Rn. 4). Ist die Verkündung des Beschlusses unterblieben, ist dieser zuzustellen (SK-StPO/*Velten* § 268b Rn. 9).

4 Satz 2 bestimmt, dass der Beschluss mit dem Urteil zu verkünden ist. Dies ist insoweit missverständlich, als ein zeitgleiches Offenbaren von Erkenntnis und Entscheidung über Haft bzw. einstweilige Unterbringung natürlich nicht möglich ist. Man wird die Regelung dahin gehend zu verstehen haben, dass es zunächst zur Verkündung der Urteilsformel als wesentlichem Teil des Urteils kommen muss, da die Fortdauerentscheidung inhaltlich an den Urteilsausspruch anknüpft. Dann liegt es im freien Er-

messen des Gerichts, ob es im Anschluss an die Mitteilung der Formel erst die Gründe des Urteils oder den Beschluss nach § 268b bekannt gibt (*Meyer-Goßner/Schmitt* § 268b Rn. 3).

B. Anfechtung. Der Beschluss nach § 268b kann entweder mit der **Beschwerde nach § 304** angegriffen oder es kann **Antrag auf Haftprüfung gem. § 117 Abs. 1** gestellt werden. Für den Fall der Haftprüfung besteht ein Anspruch auf mündliche Verhandlung nicht, § 118 Abs. 4. Eine auf die Beschwerde ergangene Entscheidung kann ggf. mit der weiteren Beschwerde gem. § 310 angefochten werden (KMR/*Voll* § 268b Rn. 7). Wird mit dem Urteil ein neuer Haftbefehl erlassen, ist der Verurteilte über seine Rechtsschutzmöglichkeiten gem. § 115 Abs. 4 zu belehren (LR/*Stuckenberg* § 268b Rn. 10; a. A. *Meyer-Goßner/Schmitt* § 268b Rn. 5). Aus Gründen einer fairen Verfahrensführung sollte die Belehrung auch bei Erlass eines »bloßen« Haftfortdauerbeschlusses erfolgen (ebenso SK-StPO/*Velten* § 268b Rn. 11; a. A. KK/*Engelhardt*, 6. Aufl., § 268b Rn. 6). 5

Im Beschwerdeverfahren hat das Beschwerdegericht hinsichtlich des dringenden Tatverdachts nur eine eingeschränkte Überprüfungskompetenz, da es grds. Sache des erkennenden Gerichts ist, die Beweisaufnahme in der Hauptverhandlung zu würdigen (KMR/*Voll* § 268b Rn. 8). Das Beschwerdegericht prüft allein, ob sich das erkennende Gericht mit den Verhandlungsergebnissen auseinandergesetzt hat und zu einer vertretbaren Bewertung der Schuldfrage gelangt ist (KG StV 2001, 689). Ist allein die Revision gegen das Urteil statthaft, wird der Beurteilungsspielraum des Beschwerdegerichts noch weiter eingeengt. Allein wenn erkennbar ist, dass der Beweiswürdigung des erkennenden Gerichts eklatante, die Revision begründende Rechtsfehler (BGH NStZ 2004, 276, 277) zugrunde liegen, darf von dessen Würdigung abgewichen werden (BGH NStZ 2006, 297; KMR/*Voll* § 268b Rn. 8). Wird nach Urteilsverkündung ein neues Beweismittel bekannt, das für den Verurteilten entlastend wirken kann, muss – wenn die Berufung ein statthaftes Rechtsmittel gegen das Urteil ist – spätestens das Beschwerdegericht dieses neue Beweismittel bei der Bewertung des dringenden Tatverdachts berücksichtigen. Dies liegt daran, dass das neue Beweismittel im Berufungsverfahren uneingeschränkt verwertet werden kann, § 323 Abs. 3 (BGH NStZ 2004, 276, 277). Ist allein die Revision statthaft, darf auf das neue Beweismittel nur dann abgestellt werden, wenn nach den Grundzügen des Wiederaufnahmerechts eine Freisprechung des Verurteilten oder jedenfalls aber eine Verurteilung aus einem milderen Strafgesetz als wahrscheinlich erscheint, § 359 Nr. 5 (BGH NStZ 2004, 276, 277; KMR/*Voll* § 268b Rn. 8). 6

§ 268c StPO Belehrung bei Anordnung eines Fahrverbots.

Wird in dem Urteil ein Fahrverbot angeordnet, so belehrt der Vorsitzende den Angeklagten über den Beginn der Verbotsfrist (§ 44 Abs. 3 Satz 1 des Strafgesetzbuches). Die Belehrung wird im Anschluß an die Urteilsverkündung erteilt. Ergeht das Urteil in Abwesenheit des Angeklagten, so ist er schriftlich zu belehren.

A. Grundsätzliches und Tatbestand. Zweck der Belehrungspflicht ist es, dem Verurteilten vor Augen zu führen, dass es sinnvoll wäre, einen nicht beschlagnahmten Führerschein möglichst umgehend in amtliche Verwahrung zu geben, da erst dann der Lauf der Fahrverbotsfrist beginnt, § 44 Abs. 3 Satz 1 StGB, § 59a Abs. 5 StVollstrO (KMR/*Voll* § 268c Rn. 1). 1

Die Pflicht zur Belehrung nach Satz 1 obliegt auch dem Berufungsrichter. Dies gilt auch dann, wenn bereits der Richter der Vorinstanz belehrt hatte (*Meyer-Goßner/Schmitt* § 268c Rn. 1). Zur Belehrung im Strafbefehlsverfahren vgl. § 409 Abs. 1 Satz 2. 2

Zuständig für die Belehrung ist der Vorsitzende (SK-StPO/*Velten* § 268c Rn. 5). Sie hat mündlich zu erfolgen, was die Verwendung eines Merkblattes nicht ausschließt. Andererseits darf die Austeilung des Merkblatts die mündliche Belehrung nicht ersetzen (*Meyer-Goßner/Schmitt* § 268c Rn. 2). Notwendiger Inhalt der Belehrung ist der Hinweis auf den Beginn der Verbotsfrist, sie sollte sich aber auch auf den Umstand erstrecken, dass das Fahrverbot bereits gem. § 44 Abs. 2 Satz 1 StGB mit Urteilsverkündung wirksam wird (OLG Celle VRS 54, 128, 129). Es empfiehlt sich auch der Hinweis auf die Zuständigkeit für die amtliche Ingewahrsamnahme, § 59a Abs. 1, 5 StVollstrO (KMR/*Voll* § 268c Rn. 1). Nicht erforderlich demgegenüber sind Angaben dazu, wie die Frist berechnet wird (LR/*Stuckenberg* § 268c Rn. 6). 3

§ 268d StPO   Belehrung bei vorbehaltener Sicherungsverwahrung

4 Gemäß Satz 2 erfolgt die Belehrung im Anschluss an die Urteilsverkündung. Sie ist noch Teil der Hauptverhandlung (KMR/*Voll* § 268c Rn. 2). Da die Beschlüsse nach § 268a und § 268b »mit dem Urteil verkündet« werden, gehen sie der Belehrung nach § 268c vor (SK-StPO/*Schlüchter* 14. Aufbau/Erg. Lfg. § 268c Rn. 6). Dass die Belehrung über das Fahrverbot vor der Rechtsmittelbelehrung hinsichtlich des Urteils erfolgt, ist zwar tunlich, aber nicht erforderlich. So können etwa beide Belehrungen zusammengefasst werden (KMR/*Voll* § 268c Rn. 2). Möglich ist es aber auch, die Belehrung über das Rechtsmittel der Belehrung nach § 268c voranzustellen (*Meyer-Goßner/Schmitt* § 268c Rn. 4).

5 Eine **Protokollierung der Belehrung** ist zwar zweckmäßig, aber nicht erforderlich. Die Belehrung ist keine wesentliche Förmlichkeit des Verfahrens, da ihr Unterbleiben keine prozessualen Rechtsfolgen nach sich zieht (KK-StPO/*Kuckein* § 268c Rn. 8). Das Fehlen prozessualer Folgen bei Unterlassen erklärt auch, warum eine unterbliebene Belehrung durch das Gericht nicht nachzuholen ist. Die Nachholung erfolgt dann jedoch durch die Vollstreckungsbehörde, wenn sie auf Grundlage des § 59a Abs. 4 Satz 1 StVollstrO den Führerschein einfordert (*Meyer-Goßner/Schmitt* § 268c Rn. 6).

6 Der bei Urteilsverkündung abwesende Angeklagte wird schriftlich belehrt. Dies erfolgt durch ein Merkblatt, welches ihm zusammen mit dem Urteil zugestellt wird (SK-StPO/*Schlüchter* § 268c Rn. 7).

7 **B. Anfechtbarkeit und Revision.** Da Verstöße gegen § 268c in prozessualer Hinsicht bedeutungslos sind, sind sie mit der Beschwerde nicht anfechtbar. Auch die Revision kann auf eine Verletzung der Vorschrift nicht gestützt werden. Es ist ausgeschlossen, dass das Urteil auf einer solchen Verletzung beruhen kann (LR/*Stuckenberg* § 268c Rn. 11).

§ 268d StPO Belehrung bei vorbehaltener Sicherungsverwahrung.

Ist in dem Urteil die Anordnung der Sicherungsverwahrung nach § 66a Absatz 1 oder 2 des Strafgesetzbuches vorbehalten, so belehrt der Vorsitzende den Angeklagten über die Bedeutung des Vorbehalts sowie über den Zeitraum, auf den sich der Vorbehalt erstreckt.

Bis zum 31.12.2010 geltende Fassung:

§ 268d
Wird in dem Urteil die Entscheidung über die Anordnung der Sicherungsverwahrung nach § 66a Abs. 1 des Strafgesetzbuches einer weiteren gerichtlichen Entscheidung vorbehalten, so belehrt der Vorsitzende den Angeklagten über den Gegenstand der weiteren Entscheidungen sowie über den Zeitraum, auf den sich der Vorbehalt erstreckt.

1 **A. Grundsätzliches und Tatbestand.** Durch das »Gesetz zur Neuordnung des Rechts der Sicherungsverwahrung und zu begleitenden Regelungen vom 22.12.2010« (BGBl. I S. 2300) ist das Recht der Sicherungsverwahrung in formeller und materieller Hinsicht reformiert worden. Zu den Änderungen im StGB und in der StPO sowie der Entscheidung des BVerfG v. 04.05.2011 (BVerfGE 128, 326 ff.), durch welche das Recht der Sicherungsverwahrung insgesamt für nicht verfassungskonform erklärt wurde, vgl. die Kommentierung zu § 275a. Wegen § 316e EGStGB gilt die Vorschrift nur, wenn die Tat oder wenigstens eine der Taten, wegen derer Sicherungsverwahrung angeordnet wurde, nach dem 31.12.2010 begangen wurde. Für davor begangene Taten gilt die oben abgedruckte bis zum 31.12.2010 geltende Fassung (SK-StPO/*Velten* § 268d Rn. 1).

Im Zuge der Gesetzesreform ist auch § 268d neu gefasst worden. Die Vorschrift enthält die Pflicht des Vorsitzenden eines Gerichts, das in seinem Urteil die Sicherungsverwahrung vorbehalten hat, den Verurteilten über die Bedeutung dieses Vorbehalts und den Zeitraum, über den sich der Vorbehalt erstreckt, aufzuklären. Der Verurteilte wird mündlich darüber belehrt, dass das Gericht des ersten Rechtszugs spätestens 6 Monate vor dem Zeitpunkt, in dem die verhängte Freiheitsstrafe vollstreckt ist, in einer neuen Hauptverhandlung gem. § 275a darüber befinden wird, ob Sicherungsverwahrung anzuordnen ist und dass dies auch dann gilt, wenn ein Strafrest vollstreckt wird (*Meyer-Goßner/Schmitt* § 268d Rn. 1). Weiterhin ist darauf hinzuweisen, unter welchen Voraussetzungen materiell-rechtlicher Art eine solche Anordnung erfolgen wird (KMR/*Voll* § 268d Rn. 2). Es ist also zu verdeutlichen, dass es zur Anordnung kommt, wenn die Gesamtwürdigung des Verurteilten (wozu auch seine Entwicklung im Strafvollzug gehört) und seiner Taten zum Zeitpunkt der Entscheidung ergibt, dass von ihm erhebliche Delikte zu erwarten sind, durch welche die Opfer seelisch oder körperlich schwer geschädigt werden (*Meyer-Goßner/Schmitt* § 268d Rn. 1). Aufgrund der Entscheidung des Bundesverfassungsgerichts, nach der die Regelung der vorbehaltenen Sicherungsverwahrung in § 66a StGB gegen Art. 2 Abs. 2 Satz 2 GG i.Vm. Art. 104 Abs. 1 GG verstößt (BVerfGE 128, 326 ff.), werden als solche Delikte in der Regel nur schwere Gewalt- und Sexualstraftaten in Betracht kommen. Weiterhin erfolgt die Belehrung über das verfahrensrechtliche Erfordernis, für die Entscheidung über die Sicherungsverwahrung gem. § 275a Abs. 4 einen Sachverständigen hinzuziehen, der bislang mit der Behandlung des Verurteilten nicht befasst gewesen ist (KMR/*Voll* § 268d Rn. 2).

Die mündliche Belehrung, die im Anschluss an die Urteilsverkündung vor der Rechtsmittelbelehrung stattfindet (*Meyer-Goßner/Schmitt* § 268d Rn. 2) und mit der Austeilung eines Formblatts verbunden sein kann (KMR/*Voll* § 268d Rn. 3), ist keine wesentliche Förmlichkeit des Verfahrens i.S.d. § 273 Abs. 1 (SK-StPO/*Velten* § 268d Rn. 6). Gleichwohl sollte sie protokolliert werden (*Meyer-Goßner/Schmitt* § 268d Rn. 2). Ist eine Belehrung versehentlich unterblieben, ist sie in entsprechender Anwendung des § 453a Abs. 1 durch den Vorsitzenden oder einen beauftragten oder ersuchten Richter unverzüglich nachzuholen (SK-StPO/*Frister* 34. Aufbau-Lfg. § 268d Rn. 4). Kommt es hierzu nicht, unterbleibt also die Belehrung vollständig, hindert dies die Anordnung der vorbehaltenen Sicherungsverwahrung grds. nicht (KMR/*Voll* § 268d Rn. 3). Es fragt sich jedoch, in welchem Umfang dann das Verhalten des Verurteilten im Strafvollzug eine tragende Rolle bei dieser Entscheidung spielen kann (*Meyer-Goßner/Schmitt* § 268d Rn. 3). 2

B. Revision. Ein Verstoß gegen die Belehrungspflicht aus § 268d ist nicht revisibel (KMR/*Voll* § 268d Rn. 3), da das Urteil nicht auf ihr beruhen kann. 3

§ 269 StPO Verbot der Verweisung bei Zuständigkeit eines Gerichts niederer Ordnung. Das Gericht darf sich nicht für unzuständig erklären, weil die Sache vor ein Gericht niederer Ordnung gehöre.

A. Grundsätzliches und Tatbestand. Die Vorschrift enthält eine – systematisch unglücklich in den Abschnitt der Verfahrensordnung über die gerichtliche Hauptverhandlung integrierte – **Ausnahmeregelung zu § 6** (*Meyer-Goßner/Schmitt* § 269 Rn. 1). Sie verbietet es einem an sich sachlich unzuständigen Gericht höherer Ordnung, das Verfahren an das eigentlich zuständige Gericht niederer Ordnung selbst dann abzugeben, wenn die Prozessbeteiligten mit einem solchen Vorgehen einverstanden sind (*Meyer-Goßner/Schmitt* § 269 Rn. 5). Das Gesetz arbeitet insoweit mit der Fiktion, dass die sachliche Zuständigkeit des Gerichts höherer Ordnung die sachliche Zuständigkeit des Gerichts niederer Ordnung mit einschließt und dem Angeklagten dadurch, dass seine Sache vor einem Gericht höherer Ordnung – und damit einem Gericht von möglicherweise größerer Kompetenz – verhandelt wird, kein Nachteil entsteht (RGSt 62, 265, 271). Mit seiner Aussage dient § 269 der Prozesswirtschaftlichkeit und Verfahrensbeschleunigung (BGHSt 46, 238, 240; *Meyer-Goßner/Schmitt* § 269 Rn. 1). Das Verbot der Verfahrensabgabe an das Gericht niederer Ordnung gilt erst dann, wenn die Zuständigkeit des Gerichts höherer Ordnung prozessordnungsgemäß begründet wurde (BGH NStZ 2011, 46). 1

Die Vorschrift ist eng auszulegen. Dass das Gericht höherer Ordnung ein bei ihm anhängig gemachtes Strafverfahren nicht an das Gericht niederer Ordnung abgeben darf, bedeutet im Umkehrschluss nicht, dass das Gericht höherer Ordnung die Befugnis hätte, ein bei einem Gericht niederer Ordnung anhängig gemachtes Verfahren an sich zu ziehen (BGHSt 37, 15, 20; st. Rspr.). § 269 gilt nicht nur für die Hauptverhandlung, sondern für das gesamte Hauptverfahren. Allein im Eröffnungsverfahren selbst ermöglicht es die Vorschrift des § 209, das Verfahren vom Gericht höherer Ordnung an das Gericht niederer Ordnung zu bringen (LR/*Stuckenberg* § 269 Rn. 3). Mit Erlass des Eröffnungsbeschlusses endet diese Möglichkeit. Das Verbot des § 269 gilt also auch dann, wenn sich eine Zuständigkeit des Gerichts niederer Ordnung erstmalig aus dem Eröffnungsbeschluss ergibt oder sich das Verfahren allein deshalb beim Gericht höherer Ordnung befindet, weil es durch das Gericht niederer Ordnung zu Unrecht auf Grundlage des § 270 an dieses verwiesen wurde (so bereits RGSt 44, 392, 395; s. a. *Meyer-Goßner/Schmitt* § 269 Rn. 3). Zur Einstellung eines Verfahrens beim Gericht höherer Ordnung kommt es, 2

§ 269 StPO Verbot der Verweisung bei Zuständigkeit eines Gerichts niederer Ordnung

wenn die Sache bereits bei einem Gericht niederer Ordnung anhängig ist. Das Verbot mehrfacher Rechtshängigkeit geht der Zuständigkeitsregelung des § 269 insoweit vor (BGHSt 22, 232, 235; *Meyer-Goßner/Schmitt* § 269 Rn. 4).

3 Aber auch andere **höherrangige Rechtsgrundsätze** verdrängen die Vorschrift des § 269 (KMR/*Voll* § 269 Rn. 7; SK-StPO/*Velten* § 269 Rn. 7). So darf das Verfahrensgrundrecht auf den gesetzlichen Richter aus Art. 101 Abs. 1 GG nicht durch das Verbot, sich bei sachlicher Zuständigkeit eines Gerichts niederer Ordnung selbst für unzuständig zu erklären, ausgehöhlt werden. Erkennt das Gericht höherer Ordnung, dass das Verfahren durch die StA aufgrund (objektiv) willkürlicher Erwägungen bei ihm anhängig gemacht wurde, muss es dieses auch nach Eröffnung des Hauptverfahrens vor das Gericht niederer Ordnung bringen. Hierzu bietet sich eine analoge Anwendung des § 209 Abs. 1 an (BGH NStZ 2001, 265, 266; KMR/*Voll* § 269 Rn. 7). Nach der Rechtsprechung des BGH soll die Korrektur willkürlicher Anhängigkeiten unter Umgehung des Normbefehls des § 269 allerdings nur dann möglich sein, wenn die sachfremde Begründung der Zuständigkeit zu einem Wechsel der Gerichtszweige geführt hat. Demnach ist eine willkürliche Anklageerhebung zum LG unter Umgehung des AG korrekturbedürftig (BGHSt 38, 172, 178; BGH StV, 1999, 585, 586; *Meyer-Goßner/Schmitt* § 269 Rn. 8; *Rieß* NStZ 1992, 548, 549) wie umgekehrt die sachfremde Anklage zum AG statt zum LG (OLG Brandenburg NStZ 2001, 611 m. Anm. *Meyer-Goßner*). Gleiches gilt, wenn statt zum LG zum OLG angeklagt wird (BGHSt 46, 238, 241). Die Rechtsprechung einiger OLG, die das Verbot aus § 269 auch dann für unbeachtlich gehalten haben, wenn eine willkürliche Annahme der Zuständigkeit des Schöffengerichts zulasten der Zuständigkeit des Strafrichters erfolgt ist (u.a. OLG Hamm NStZ-RR 1996, 308; OLG Köln NStZ-RR 1996, 178), hat der BGH auf Vorlage des OLG Celle (NdsRpfl 1995, 273 f.) zumindest relativiert. Während die OLG den Zuständigkeitsverstoß als von Amts wegen zu beachten ansahen, will der BGH die Verletzung des § 328 Abs. 2, also die Pflicht des Berufungsgerichts, das Urteil der Vorinstanz aufzuheben und zurückzuverweisen, wenn diese ihre Zuständigkeit zu Unrecht angenommen hat, nur bei Erhebung einer entsprechenden Unzuständigkeitsrüge durchgreifen lassen (BGHSt 42, 205, 212; zustimmend KMR/*Voll* § 269 Rn. 9). Dies vermag angesichts des Wortlauts des § 328 Abs. 2 nicht zu überzeugen. Nach diesem hat das Berufungsgericht das Fehlen der sachlichen Zuständigkeit von Amts wegen zu beachten und das Verfahren an das zuständige Gericht zu verweisen. Kommt es dieser Verpflichtung nicht nach, ist es Aufgabe des Revisionsgerichts, das Versäumte nachzuholen. Auf die Erhebung einer entsprechenden Verfahrensrüge, die für das Berufungsverfahren nicht gefordert ist, kann es nunmehr nicht plötzlich ankommen (*Meyer-Goßner/Schmitt* § 269 Rn. 8; *ders.* NStZ 2001, 612).

4 **Höheres Gericht** i.S.d. Vorschrift ist jedes Gericht, das im Instanzenzug über einem anderen Gericht steht. Ggü. dem AG ist mithin das LG Gericht höherer Ordnung. Darüber hinaus ist aber auch das Schöffengericht ein höheres Gericht als der Strafrichter. Gleiches gilt für die Große Strafkammer ggü. der Kleinen Strafkammer des LG. Demgegenüber ist das erweiterte Schöffengericht ggü. dem Schöffengericht nicht Gericht höherer Ordnung (*Meyer-Goßner/Schmitt* § 269 Rn. 5), und es besteht auch kein Vorrang der Schwurgerichtskammer ggü. der Großen Strafkammer (BGHSt 27, 99, 101). Das Erwachsenengericht ist nicht automatisch höheres Gericht als das Jugendgericht. Für das Rangverhältnis kommt es auch hier auf die Stellung der Spruchkörper im Instanzenzug an. Insoweit gilt etwa das Verbot des § 269, wenn das für Erwachsenenstrafsachen zuständige Schöffengericht beabsichtigt, ein Verfahren an den Jugendrichter abzugeben. In diesem Fall besteht allein die Möglichkeit der Abgabe an das Jugendschöffengericht (BGHSt 18, 173, 176). Zum Verhältnis der Jugendgerichte untereinander vgl. § 47a JGG.

5 Nicht erfasst von § 269 wird die Abgabe zwischen **gleichrangigen Spruchkörpern** (BGHSt 27, 99, 102). Um gleichrangige Spruchkörper handelt es sich auch bei den nach §§ 74 bis 74d GVG zuständigen Strafkammern. Der in § 74e GVG geregelte »Vorrang« führt nicht zu einer Abstufung der Kammern nach Gerichten höherer oder niederer Ordnung (LR/*Stuckenberg* § 269 Rn. 4). Die Abgabe eines Verfahrens an ein Gericht höherer Ordnung durch ein Gericht niederer Ordnung wird durch § 269 ebenfalls nicht verboten (*Meyer-Goßner/Schmitt* § 269 Rn. 6).

6 Werden nach § 4 **verbundene Strafsachen**, die beim Gericht höherer Ordnung anhängig sind, getrennt, fällt eine abgetrennte Strafsache, die vor ein Gericht niederer Ordnung gehören müsste, nicht automatisch an dieses zurück (BGHSt 47, 116, 119; KMR/*Voll* § 269 Rn. 3; *Mutzbauer* NStZ 1995, 213, 214; a. A. LR/*Wendisch* § 2 Rn. 50). Kommt es zur Trennung von Strafsachen, die nach § 237

miteinander verbunden sind, wird die Frage eines Rückfalls einer getrennten Strafsache nicht relevant (*Meyer-Goßner/Schmitt* § 269 Rn. 7), da eine Verbindung nach § 237 zur Grundvoraussetzung hat, dass die zu verbindenden Verfahren beim selben Gericht anhängig sind.

B. Revision. Entsprechend dem Regelungsgehalt der Vorschrift des § 269 kann der Umstand, dass statt eines Gerichts höherer Ordnung ein Gericht niederer Ordnung zuständig gewesen wäre, die Revision grds. nicht begründen (BGH NStZ 2009, 579). Etwas anderes gilt bei willkürlicher Entziehung des gesetzlichen Richters (BGH StV 1999, 585 f.). In diesem Fall muss das Revisionsgericht das Fehlen der sachlichen Zuständigkeit als Fehlen einer Prozessvoraussetzung von Amts wegen beachten (BGHSt 45, 58, 59; KMR/*Voll* § 269 Rn. 9). Zur Revisibilität des Verstoßes des Berufungsgerichts gegen § 328 Abs. 2 nur bei entsprechender Verfahrensrüge vgl. BGHSt 42, 205, 210 ff. und oben Rdn. 3. Ob eine solche Verfahrensrüge auch im Fall einer Sprungrevision erhoben werden muss, wenn das Schöffengericht seine Zuständigkeit willkürlich angenommen hat, hat der BGH zwar nicht ausdrücklich entschieden, im Ergebnis aber befürwortet (BGHSt 42, 205, 212 ff.). Für eine Prüfung der sachlichen Zuständigkeit von Amts wegen in diesem Fall dagegen OLG Düsseldorf NStZ 1996, 206 f. m. Anm. *Bachem* und *Meyer-Goßner/Schmitt* § 269 Rn. 8.

§ 270 StPO Verweisung bei Zuständigkeit eines Gerichts höherer Ordnung.

(1) Hält ein Gericht nach Beginn einer Hauptverhandlung die sachliche Zuständigkeit eines Gerichts höherer Ordnung für begründet, so verweist es die Sache durch Beschluß an das zuständige Gericht, § 209a Nr. 2 Buchstabe a gilt entsprechend. Ebenso ist zu verfahren, wenn das Gericht einen rechtzeitig geltend gemachten Einwand des Angeklagten nach § 6a für begründet hält.
(2) In dem Beschluß bezeichnet das Gericht den Angeklagten und die Tat gemäß § 200 Abs. 1 Satz 1.
(3) Der Beschluß hat die Wirkung eines das Hauptverfahren eröffnenden Beschlusses. Seine Anfechtbarkeit bestimmt sich nach § 210.
(4) Ist der Verweisungsbeschluss von einem Strafrichter oder einem Schöffengericht ergangen, so kann der Angeklagte innerhalb einer bei der Bekanntmachung des Beschlusses zu bestimmenden Frist die Vornahme einzelner Beweiserhebungen vor der Hauptverhandlung beantragen. Über den Antrag entscheidet der Vorsitzende des Gerichts, an das die Sache verwiesen worden ist.

A. Grundsätzliches. Wie § 269 eröffnet § 270 die Möglichkeit, auf **Veränderungen der sachlichen Zuständigkeit** als von Amts wegen zu berücksichtigender Prozessvoraussetzung pragmatisch und prozessökonomisch zu reagieren. Durch die Befugnis des Gerichts, die Sache an ein Gericht höherer Ordnung, dessen Zuständigkeit es für gegeben hält, zu verweisen, werden Verfahrenseinstellungen und sich daran anschließende Neuanklagen vermieden (LR/*Stuckenberg* § 270 Rn. 1). Das StVÄG 1979 v. 05.10.1978 (BGBl. I, S. 1645; III 312–10) hat diesen Rechtsgedanken durch Verweis auf die Vorschrift des § 209a Nr. 2 Buchst. a) und durch die Regelung in Abs. 1 Satz 2 auch auf Zuständigkeitsfragen im Zusammenhang mit den Jugendgerichten und besonderen Strafkammern ausgedehnt (*Rieß* NJW 1978, 2265, 2267).

Eine **analoge Anwendung** der Vorschrift erfolgt, wenn nach § 154a Abs. 3 zuvor aus dem Verfahrensstoff ausgegliederte Delikte, die grds. die Zuständigkeit eines Gerichtes höherer Ordnung begründet hätten, wieder einbezogen werden (BGHSt 29, 341, 344 ff.; *Meyer-Goßner/Schmitt* § 270 Rn. 2). Der BGH hält § 270 auch für den Fall für entsprechend anwendbar, dass ein Kartellsenat eines OLG, der über eine OWi zu befinden hat, einen Straftatbestand für erfüllt ansieht. In diesem Fall soll die Möglichkeit bestehen, die Sache an die Wirtschaftsstrafkammer des LG zu verweisen (BGHSt 39, 202, 204 ff.). Die Literatur folgt diesem Lösungsansatz größtenteils nicht (zustimmend aber *Odersky* FS Salger, S. 357), sondern bevorzugt entweder Analogien zu § 209 (so *Rieß* NStZ 1993, 513, 515) oder zu §§ 17a Abs. 2, 4 und 17b GVG (so *Meyer-Goßner/Schmitt* § 270 Rn. 2). Wieder andere belassen es bei einer Zuständigkeit des OLG (LR/*Franke* § 121 GVG Rn. 23a) oder sprechen sich für den in Strafsachen durch § 270 versperrten Weg einer Verfahrenseinstellung (durch das OLG) und sich daran anschließende Anklageerhebung beim Strafgericht aus (*Bauer* wistra 1994, 132, 134).

§ 270 StPO   Verweisung bei Zuständigkeit eines Gerichts höherer Ordnung

3   Für die **örtliche Zuständigkeit** gilt § 270 nicht. Sie ist keine von Amts wegen während des gesamten Verfahrens zu prüfende Prozessvoraussetzung. Ihre Prüfung unterliegt der Regelung des § 16 (KMR/ *Voll* § 270 Rn. 3). Der Verweis nach Beginn der Hauptverhandlung an das zuständige Gericht ist damit nicht möglich. Allein für den Fall, dass neben das Fehlen der örtlichen Zuständigkeit auch das Fehlen der sachlichen Zuständigkeit des Gerichts tritt, besteht die Möglichkeit einer Verweisung. Insoweit erfolgt die Korrektur der örtlichen als Annex zu der Korrektur der sachlichen Unzuständigkeit (KK-StPO/*Greger* § 270 Rn. 6). Korrekturen von Zuständigkeiten gleichrangiger Spruchkörper nach dem Geschäftsverteilungsplan, § 21e GVG, können ebenfalls nicht über § 270 vorgenommen werden. Hier ist eine formlose Verfahrensabgabe an den zuständigen Spruchkörper möglich (BGHSt 27, 99, 102; *Meyer-Goßner/Schmitt* § 270 Rn. 3).

4   **B. Tatbestand.** Abs. 1 umschreibt die **Voraussetzungen und die Art und Weise der Verweisung.** Das Gesetz bringt bereits durch die Nichterwähnung eines Antragserfordernisses erkennbar zum Ausdruck, dass die Verweisung von Amts wegen zu erfolgen hat (OLG Stuttgart Justiz 1995, 99 f.; *Meyer-Goßner/Schmitt* § 270 Rn. 5). Daneben folgt die Verpflichtung zu selbstständigem Handeln des Gerichts natürlich aus dem Umstand, dass es sich bei der sachlichen Zuständigkeit (§ 6) um eine in jeder Lage des Verfahrens vom Gericht von Amts wegen zu prüfende Prozessvoraussetzung handelt. Ausschlaggebend für die Prüfung der sachlichen Zuständigkeit sind die §§ 24 ff. (AG), 74 und 120 GVG (LG und OLG). Unberücksichtigt bleiben dabei die §§ 25 Nr. 2, 24 Abs. 1 Nr. 3, 74 Abs. 1 GVG. Die Prüfung dieser für die gerichtliche Zuständigkeit bedeutsamen Vorschriften endet mit der Eröffnung des Hauptverfahrens und kann damit nicht mehr Gegenstand einer Verweisungsentscheidung nach § 270, die den Beginn der Hauptverhandlung voraussetzt, (*Meyer-Goßner/Schmitt* § 270 Rn. 5), sein. Insoweit ist zu berücksichtigen, dass das Gericht, bei dem auf Grundlage dieser Normen ein Verfahren anhängig gemacht wurde, durchaus die rechtlichen Möglichkeiten besitzt, zu einem Urteil zu gelangen. Der Strafrichter soll zwar gem. § 25 Nr. 2 nur über solche Vergehen befinden, die keine höhere als eine Strafe von 2 Jahren nach sich ziehen. Ihm steht aber durchaus die gesamte Strafgewalt des AG – 4 Jahre – zur Verfügung (BGHSt 42, 205, 213; BGH NStZ 2009, 579, 580). Die Rechtsfolgenerwartung ist daneben überhaupt nicht berührt, wenn die unterbliebene Zuweisung eines Verfahrens an ein höheres Gericht auf der Verneinung einer besonderen Bedeutung der Sache fußt.

5   § 270 bestimmt, dass die Verweisung nur in der Hauptverhandlung, gemeint ist die Hauptverhandlung des ersten Rechtszugs, erfolgen darf. Unerheblich ist, ob es sich dabei um eine Folgehauptverhandlung nach Aussetzung oder fehlgeschlagener Unterbrechung auf Grundlage des § 229 Abs. 4 Satz 1 handelt oder das Gericht nur deshalb mit der Sache befasst ist, weil es zur Aufhebung eines ersten Urteils in der Revisionsinstanz mit gleichzeitiger Zurückverweisung auf Grundlage des § 354 Abs. 2 gekommen ist (*Meyer-Goßner/Schmitt* § 270 Rn. 6).

6   Mit der Hauptverhandlung muss begonnen worden sein (BGH NStZ 2012, 46). Was sich hinter dieser Gesetzesformulierung verbirgt, ist streitig. Grds. beginnt die Hauptverhandlung gem. § 243 Abs. 1 Satz 1 bereits mit dem Aufruf der Sache und müsste eine Verweisung deshalb schon im Anschluss an diese Verfahrenshandlung möglich sein (so auch ausdrücklich *Meyer-Goßner/Schmitt* § 270 Rn. 7). Nicht von der Hand zu weisen ist jedoch das Argument, ein Verweisungsbeschluss bedürfe einer für die Verfahrensbeteiligten nachvollziehbaren Grundlage. Vor einer Entscheidung über die Verweisung sollte daher die Verlesung des Anklagesatzes nach § 243 Abs. 3 Satz 1 abgewartet werden, mit der die Tat, die Gegenstand des Verweisungsbeschlusses sein soll, in das Verfahren eingeführt wird (KMR/*Voll* § 270 Rn. 10). Demgegenüber braucht die Vernehmung des Angeklagten gem. § 243 Abs. 5 Satz 2 genauso wenig abgewartet zu werden wie die Durchführung der Beweisaufnahme (LR/*Stuckenberg* § 270 Rn. 9).

Hat die Hauptverhandlung noch nicht begonnen oder ist sie ausgesetzt, kann nicht nach § 270 verfahren werden. Eine Verlagerung der Zuständigkeit erfolgt dann auf Grundlage des § 225a (*Meyer-Goßner/Schmitt* § 270 Rn. 7).

Eine Verweisung nach § 270 ist nicht mehr möglich, wenn das Gericht ein Urteil bereits vollständig verkündet hat (KMR/*Voll* § 270 Rn. 10). Dann liegt eine Entscheidung in der Sache vor, die der Befassung mit dem Verfahren durch ein anderes Gericht entgegensteht.

7   Innerhalb des gesteckten Rahmens – Beginn der Hauptverhandlung/Urteilsverkündung – hat das Gericht den Zeitpunkt für die Verweisung nach eigenem Ermessen zu bestimmen. Dabei muss es berück-

Verweisung bei Zuständigkeit eines Gerichts höherer Ordnung § 270 StPO

sichtigen, dass eine Verweisung aufgrund von Umständen, die erst nach dem Eröffnungsbeschluss hervorgetreten sind und eine andere rechtliche Bewertung der Tat zur Folge haben, nur dann möglich ist, wenn bzgl. dieser Umstände ein hinreichender Tatverdacht gegeben ist (BGHSt 29, 216, 219). Werden diese Umstände erst in der Hauptverhandlung offenbar, muss das Gericht also abwarten, bis ein Verdachtsgrad erreicht ist, der die Annahme rechtfertigt, dass im Verlauf einer weiteren Verhandlung der Verdacht nicht wieder entfällt (OLG Frankfurt am Main NStZ-RR 1997, 311, 312). Andererseits darf das Gericht bei Vorliegen eines hinreichenden Tatverdachts auch nicht weiter verhandeln, denn wenn ein solcher Tatverdacht vorliegt, geht seine Entscheidungskompetenz unmittelbar auf das Gericht höherer Ordnung über (BGH MDR 1972 [D], 16, 18; *Meyer-Goßner/Schmitt* § 270 Rn. 9; *Rieß* GA 1976, 1, 17). Will das AG an das LG verweisen, weil es seine Strafgewalt nicht für ausreichend hält, gilt Entsprechendes. Es muss eine Tatsachengrundlage durch die Verhandlung geschaffen sein, die den Rückschluss zulässt, dass eine mildere Bewertung der Tat, die mit der Strafgewalt des AG noch korrespondieren würde, ausgeschlossen erscheint (BGHSt 45, 58, 60; *Meyer-Goßner/Schmitt* § 270 Rn. 10). Bloße Vermutungen hinsichtlich einer in die Kompetenz des LG fallenden Strafhöhe reichen nicht aus (OLG Frankfurt am Main StV 1996, 533, 534; LG Berlin StV 1996, 16, 17). Liegen andererseits Tatsachen vor, wonach die Ahndung der Tat die Strafgewalt des LG voraussetzt, ist die Verweisung zum Zeitpunkt der Manifestierung dieser Tatsachen zwingend vorzunehmen (»verfestigte Straferwartung« OLG Köln NStZ-RR 2009, 117, 118). Allerdings muss zu diesem Zeitpunkt der Schuldspruch bereits feststehen (OLG Düsseldorf NStZ 1986, 496, 427; 1990, 100). Dessen Feststellung wird im Fall einer wegen der Rechtsfolgen vorgenommenen Verweisung noch von der sachlichen Zuständigkeit des Gerichts niederer Ordnung erfasst (KMR/*Voll* § 270 Rn. 16).

In Satz 1 Halbs. 2 von Abs. 1 enthält § 270 einen **Verweis auf § 209a Nr. 2 Buchst. a)**. Durch den Verweis, der die entsprechende Anwendung dieser Vorschrift vorsieht, werden die Jugendgerichte den Gerichten höherer Ordnung gleichgestellt (*Meyer-Goßner/Schmitt* § 270 Rn. 11). Dies bedeutet, dass Verfahren vom Erwachsenengericht auch dann an das Jugendgericht verwiesen werden müssen, wenn beide Gerichte gleichrangig sind. An ein Jugendgericht niederer Ordnung darf demgegenüber nicht verwiesen werden (KMR/*Voll* § 270 Rn. 17). Eine Verweisung an ein Jugendgericht gleicher Ordnung unterbleibt allerdings, wenn es sich bei dem abzugebenden Verfahren um eine Jugendschutzsache handelt. § 209a Nr. 2 Buchst. b) hat – anders als die ihm voranstehende Regelung des § 209a Nr. 2 Buchst. a) – in § 270 keine Erwähnung gefunden (*Meyer-Goßner/Schmitt* § 270 Rn. 11). Miterfasst von einer Verweisung an das Jugendgericht werden auch Verfahren gegen Erwachsene, die auf Grundlage von § 103 Abs. 1 JGG zum Jugendverfahren hinzuverbunden wurden (LG Berlin NStZ-RR 1999, 154 f.).

Die von § 270 erfasste Verweisung an das zuständige Gericht in der Hauptverhandlung betrifft über Abs. 1 Satz 2 auch die Fälle der Verweisung an den **funktionell zuständigen Spruchkörper**. Es geht mithin um die Zuweisung der Sache an das gem. §§ 74 Abs. 1 und 2, 74 a bzw. 74c GVG zuständige Gericht (KMR/*Voll* § 270 Rn. 18). Dabei kommt eine Verweisung nicht nur an eine i.S.d. § 74e GVG vorrangige Strafkammer in Betracht. Auch an eine nachrangige oder sogar die allgemeine Strafkammer kann verwiesen werden. Der Rechtsgedanke des § 269 gilt insoweit nicht (KK-StPO/*Greger* § 270 Rn. 16; LR/*Stuckenberg* § 270 Rn. 21). Ist über die Zuständigkeit der Wirtschaftsstrafkammer zu befinden, soll das normative Kriterium der »besonderen Kenntnisse des Wirtschaftslebens« außer Betracht bleiben (*Meyer-Goßner/Schmitt* § 270 Rn. 12; *Rieß* NJW 1979, 1536).

Die Verweisung ist nur möglich, wenn der Angeklagte die funktionelle Unzuständigkeit des mit der Sache befassten Gerichts rechtzeitig i.S.d. § 6a gerügt hat (*Meyer-Goßner/Schmitt* § 270 Rn. 12). Ist dieser Zeitpunkt verstrichen, hat also die Vernehmung des Angeklagten begonnen – § 6a Satz 3 – kann eine Verweisung nicht mehr vorgenommen werden. Dies gilt selbst dann, wenn die Umstände, aus denen auf die funktionelle Zuständigkeit eines anderen Spruchkörpers geschlossen werden kann, erst nach Vernehmungsbeginn bekannt geworden sind (BGH StV 2009, 509, 511). Demgegenüber muss verwiesen werden, sobald ein berechtigter Einwand i.S.d. § 6a erhoben wurde. Dem Gericht, das aufgrund der zeitlichen Begrenzung des Rügerechts gem. § 6a Satz 3 lediglich die Zuständigkeitsbestimmung im Eröffnungsbeschluss nachprüfen darf, ist es verwehrt, die gesamte Beweisaufnahme abzuwarten, um eine Entscheidung über die Zuständigkeit zu treffen. Allerdings ist es ihm erlaubt – über den Inhalt von Eröffnungsbeschluss und Anklage hinaus – bei seiner Entscheidung den gesamten bis zur Vernehmung des Angeklagten angefallenen Prozessstoff zu verwerten. Berücksichtigung können des-

§ 270 StPO Verweisung bei Zuständigkeit eines Gerichts höherer Ordnung

halb insb. Vernehmungen von Mitangeklagten finden (KMR/*Voll* § 270 Rn. 20). Als wesentliche Förmlichkeit des Verfahrens ist der Einwand nach § 6a Satz 3 in die Verhandlungsniederschrift aufzunehmen.

10 Der **Verweisungsbeschluss** gem. **Abs. 2** wird durch das Gericht in der für die Hauptverhandlung vorgesehenen Besetzung – also unter Mitwirkung der Schöffen – erlassen (*Meyer-Goßner/Schmitt* § 270 Rn. 14). Die Schöffen wirken auch dann mit, wenn der Beschluss während einer Unterbrechung der Verhandlung ergeht (KK-StPO/*Greger* § 270 Rn. 17). Die Bekanntmachung des Beschlusses erfolgt nach § 35. Der Regelfall ist die Verkündung in der Hauptverhandlung, § 35 Abs. 1. Ist der Beschluss während einer Verhandlungsunterbrechung ergangenen, erfolgt die Verkündung im Fortsetzungstermin (KK-StPO/*Greger* § 270 Rn. 22). Dem nicht anwesenden Angeklagten wird der Beschluss formlos gem. § 35 Abs. 2 mitgeteilt. Eine förmliche Zustellung ist erforderlich, wenn mit dem Beschluss eine Fristsetzung nach Abs. 4 Satz 1 verbunden ist (KMR/*Voll* § 270 Rn. 23).
Der Beschluss muss das Gericht bezeichnen, an das die Sache verwiesen wird (*Meyer-Goßner/Schmitt* § 270 Rn. 15). In ihm sind die zur Kennzeichnung der Tat gem. § 200 Abs. 1 Satz 1 erforderlichen Tatsachen aufzuführen, wobei zugleich deutlich gemacht werden muss, warum nunmehr die Zuständigkeit eines anderen Gerichts gegeben ist (KMR/*Voll* § 270 Rn. 22). Solche erklärenden Angaben sollen entbehrlich sein, wenn die Verweisung (an das LG) lediglich auf der fehlenden Rechtsfolgenkompetenz des AG (§ 24 Abs. 2 GVG) beruht (BGH MDR 1966 [D], 892, 894); zweifelhaft. Eine Begründung des Verweisungsbeschlusses wird durch das Gesetz nicht vorgeschrieben, kann aber zweckmäßig sein und ist insb. zu empfehlen, wenn bei einer Mehrzahl prozessualer Taten nur ein Teil von diesen an ein anderes Gericht verwiesen wird (KMR/*Voll* § 270 Rn. 22).

11 Der Verweisungsbeschluss in der Form des Abs. 2 fungiert vor dem Gericht, an das verwiesen worden ist, als Anklagesatz und wird daher in der Hauptverhandlung gem. § 243 Abs. 3 Satz 1 verlesen (KMR/*Voll* § 270 Rn. 23).
Ist der Inhalt eines Verweisungsbeschlusses unvollständig, kann er durch das verweisende Gericht ergänzt werden. Diese Möglichkeit tritt neben die Befugnis des durch den Beschluss nunmehr zuständig gewordenen Gerichts, seinerseits zu ergänzen und zu berichtigen (KMR/*Voll* § 270 Rn. 23; LR/*Stuckenberg* § 270 Rn. 28; a. A. SK-StPO/*Frister* § 270 Rn. 29: Vervollständigungen des Beschlusses sind allein Aufgabe des nach Verweisung zuständigen Gerichts). An dieses Gericht sind mit dem Beschluss zugleich die Verfahrensakten zusenden (KMR/*Voll* § 270 Rn. 23).

12 Lehnt das mit der Sache befasste Gericht den Antrag eines Verfahrensbeteiligten auf Verweisung ab, hat dies durch einen »Zurückweisungsbeschluss« zu geschehen (KMR/*Voll* § 270 Rn. 23), der wegen § 34 zwingend mit Gründen zu versehen ist (*Meyer-Goßner/Schmitt* § 270 Rn. 16).

13 Der Verweisungsbeschluss steht in seiner Wirkung einem Eröffnungsbeschluss gleich, **Abs. 3 Satz 1**. Er kann jedoch eine fehlende Anklage (BGH NStZ-RR 2007 [B], 1, 4) oder einen fehlenden Eröffnungsbeschluss (BGH NStZ 1988, 236) nicht ersetzen (*Meyer-Goßner/Schmitt* § 270 Rn. 18). Sein Erlass macht nach herrschender Meinung die Strafsache bei dem Gericht, an das verwiesen wurde, unmittelbar anhängig (OLG Karlsruhe MDR 1980, 599; KK-StPO/*Greger* § 270 Rn. 23). Nach abweichender Ansicht soll dies erst dann der Fall sein, wenn bei dem neuen Gericht die Akten eingehen (vgl. LR/*Stuckenberg* § 270 Rn. 33).

14 Das Verfahren geht in der Lage, in der es sich zum Zeitpunkt der Verweisung befindet, auf das neue Gericht über (*Meyer-Goßner/Schmitt* § 270 Rn. 18), das an den Verweisungsbeschluss gebunden ist (BGHSt 27, 99, 103; st. Rspr.). Die Bindungswirkung entfällt nicht deshalb, weil der Verweisungsbeschluss formelle oder inhaltliche Fehler enthält (BGHSt 29, 216, 219; OLG Schleswig NStZ 1981, 491 f.). Die Bindungswirkung hindert das neue Gericht an einer Zurückverweisung. Demgegenüber ist es ihm erlaubt – sofern die Voraussetzungen dafür vorliegen – das Verfahren an ein noch höheres Gericht weiterzuverweisen (BGHSt 21, 268, 270).

15 Ausnahmsweise **entfällt die Bindungswirkung** des Verweisungsbeschlusses. Dies ist dann der Fall, wenn er den Grundsätzen eines rechtsstaatlichen Verfahrens widerspricht (OLG Nürnberg StraFo 2013, 514 f.; OLG Köln NStZ-RR 2011, 288; *Meyer-Goßner/Schmitt* § 270 Rn. 20). Zum Fortfall der Bindung kommt es demnach bei willkürlicher Verweisung (BGHSt 29, 216, 219; OLG Zweibrücken MDR 1992, 178), die – ohne dass es auf ein Verschulden ankäme – bereits bei objektiv eklatanter Rechtswidrigkeit des Beschlusses vorliegt (BGH NStZ 2009, 404, 405; SK-StPO/*Frister* § 270 Rn. 27). Die hieraus resultierende Verletzung des Anspruchs des Angeklagten auf seinen gesetzlichen

Richter (Art. 101 Abs. 1 Satz 2 GG) ist nicht tolerierbar (KMR/*Voll* § 270 Rn. 27; vgl. aber auch *Weidemann* wistra 2000, 48, 50). So entfällt eine Bindungswirkung des Verweisungsbeschlusses auf Grundlage von § 270 Abs. 1 Satz 2, wenn der Angeklagte gar keinen Zuständigkeitseinwand nach § 6a erhoben hat (BGH StV 2009, 509, 511). Auch die Verweisung an ein Gericht, das kein Gericht höherer Ordnung ist, dürfte hierher gehören (BGH NStZ 2009, 579, 580). Entfällt die Bindungswirkung, ist das Verfahren nach der Rechtsprechung – durch Beschluss – zurückzuverweisen (BGHSt 45, 58, 62; OLG Bamberg, NStZ-RR 2005, 377 f.; so auch *Meyer-Goßner/Schmitt* § 270 Rn. 20). Nach a. A. ist ein förmlicher Zurückweisungsbeschluss unnötig (KK-StPO/*Engelhardt*, 6. Aufl., § 270 Rn. 26; *Pfeiffer* § 270 Rn. 9). Namentlich der willkürliche Verweisungsbeschluss sei nichtig und mache das Verfahren bei dem Gericht, an das verwiesen worden sei, nicht anhängig, was einem (deklaratorischen) Zurückweisungsbeschluss nicht entgegenstehe, diesen aber auch nicht erforderlich mache (KMR/*Voll* § 270 Rn. 31; LR/*Stuckenberg* § 270 Rn. 37). Der Unterschied beider Auffassungen liegt in der Beurteilung der Frage, ob es dem Gericht, an das verwiesen wurde, bei Wegfall der Bindungswirkung unmöglich wird, seinerseits das Verfahren gem. § 270 an ein noch höheres Gericht zu verweisen oder sich auf andere Weise mit der Sache zu befassen. Wer von der Nichtigkeit des (ersten) Überweisungsbeschlusses ausgeht, muss dies verneinen. Rechtliche Folge einer Nichtigkeit der Verweisung kann nur sein, dass das Verfahren bei dem Gericht, das Adressat der Verweisung war, nicht anhängig geworden ist. Fehlt es aber an der Rechtshängigkeit, kann dieses Gericht auch nicht weiter über das Verfahren verfügen (vgl. OLG Zweibrücken NStZ-RR 1998, 280). Nach der Gegenauffassung bleibt demgegenüber die »Transportwirkung« des nicht bindenden Verweisungsbeschlusses erhalten. Das Gericht höherer Ordnung ist an einer eigenen Verweisung nicht gehindert und kann auch selbst in der Sache entscheiden, wenn trotz willkürlicher Verweisung die eigene Zuständigkeit tatsächlich gegeben ist (BGHSt 45, 58, 63; *Meyer-Goßner/Schmitt* § 270 Rn. 20). Für diese Auffassung sprechen – wie auch ihre Gegner durchaus zugeben (KMR/*Voll* § 270 Rn. 31) – Gründe der Prozessökonomie. Ist die Zuständigkeit des Gerichts, an das verwiesen wurde, tatsächlich gegeben, erscheint es durchaus sinnvoll, diesem Gericht die Befassung mit der Sache unmittelbar zu ermöglichen, ohne auf den weiteren Schritt einer nunmehr korrekten, zweiten Verweisung zu warten. Andererseits wird die damit propagierte Trennung von Bindungs- und Transportwirkung dem Umstand nicht gerecht, dass der (erste) Verweisungsbeschluss an erheblichen Mängeln leidet. Erhebliche Mängel gefährden aber den Bestand der Entscheidung in Gänze. Eine Trennung in der Behandlung der rechtlichen Folgen – Verlust der Bindungswirkung aber Erhalt der Transportwirkung – ist nicht angängig.

16 Vertreten das verweisende Gericht und das Gericht, an das verwiesen wurde, hinsichtlich der Bindungswirkung des Verweisungsbeschlusses unterschiedliche Auffassungen, ist dieser Zuständigkeitskonflikt durch eine Entscheidung des gemeinsamen oberen Gerichts analog §§ 14 und 19 zu lösen (BGH NJW 1999, 1876 m. Anm. *Franke* NStZ 1999, 524; KMR/*Voll* § 270 Rn. 32). Nach einer weiter gehenden Ansicht soll in einem solchen Fall die Auffassung des Gerichts höherer Ordnung maßgeblich sein (OLG Karlsruhe NStZ 1990, 100).

17 Bei wirksamer Verweisung – also bei Eintritt der Bindungswirkung – verliert das verweisende Gericht seine Verfahrensherrschaft vollständig. Dies betrifft auch die Zuständigkeit für verfahrensrechtliche Entscheidungen (*Meyer-Goßner/Schmitt* § 270 Rn. 21). Erfasst werden hiervon insb. auch Entscheidungen über die Fortdauer von Untersuchungshaft. Eine analoge Anwendung des § 207 Abs. 4 kommt nicht in Betracht (KK-StPO/*Greger* § 270 Rn. 21; a. A. KMR/*Voll* § 270 Rn. 25; LR/*Stuckenberg* § 270 Rn. 31 unter Hinweis auf die Prozessökonomie). Dies entbindet das verweisende Gericht allerdings nicht von der Aufgabe, bei ihm noch befindliche Verfahrensakten nach § 122 dem OLG vorzulegen, wenn der Ablauf der Frist aus § 121 Abs. 1 droht (OLG Karlsruhe Justiz 1984, 429; SK-StPO/*Frister* § 270 Rn. 29).

18 Abs. 3 Satz 2 bestimmt, dass ein Verweisungsbeschluss nur nach Maßgabe des § 210 angefochten werden kann. Dies bedeutet, dass der Verweisungsbeschluss für den Angeklagten unanfechtbar ist, § 210 Abs. 1 (*Meyer-Goßner/Schmitt* § 270 Rn. 22). Für die StA – § 210 Abs. 2 – ist der Beschluss nur dann anfechtbar, wenn sie Verweisung beantragt hatte, diese aber nicht an das im Antrag bezeichnete, sondern an ein anderes Gericht erfolgt ist, das ggü. dem im Antrag bezeichneten Gericht von niederer Ordnung ist (KK-StPO/*Greger* § 270 Rn. 25). Darüber hinaus ist eine Anfechtung grds. ausgeschlossen. Dies gilt selbst dann, wenn mit dem Rechtsmittel geltend gemacht werden soll, der Verweisungsbeschluss sei wegen schwerwiegender Mängel unwirksam (BGH NJW 1999, 1876). Das OLG Schles-

§ 270 StPO Verweisung bei Zuständigkeit eines Gerichts höherer Ordnung

wig hat die Anfechtbarkeit für den Fall eines Zuständigkeitsstreits zwischen verweisendem und von der Verweisung betroffenem Gericht bejaht (SchlHA 1985, 119). Führe dieser Konflikt zu einem faktischen Ruhen des Verfahrens, müsse die StA die Möglichkeit der Anfechtung besitzen, um hierdurch der Sache Fortgang geben zu können. Diese Auffassung ist abzulehnen. Die Lösung der Kompetenzstreitigkeit ist über das Verfahren analog §§ 14, 19 zu suchen (vgl. oben Rdn. 16). Die Entscheidung des gemeinschaftlichen oberen Gerichts kann dabei auch durch Antrag der StA herbeigeführt werden (*Meyer-Goßner/Schmitt* § 14 Rn. 3).

Das OLG Hamm hat einen »Verweisungsbeschluss« für anfechtbar erachtet, mit dem ein AG ein bei ihm anhängiges Verfahren wegen örtlicher Unzuständigkeit an ein anderes AG in analoger Anwendung des § 270 verwiesen hatte (NJW 1961, 232 f.). Dieser Auffassung wird man zustimmen können, da der Anwendungsbereich des § 270, der die Anfechtbarkeit von den Voraussetzungen des § 210 abhängig macht, nicht berührt ist. Der insoweit mangels gesetzlicher Grundlage rechtswidrige Verweisungsbeschluss muss auf die Beschwerde nach § 304 aufgehoben werden können (so auch KMR/*Voll* § 270 Rn. 33; SK-StPO/*Frister* § 270 Rn. 34).

Wird ein Verweisungsantrag durch das Gericht abgelehnt, kann mit Blick auf § 305 Satz 1 eine Anfechtung nicht erfolgen (OLG Braunschweig NJW 1958, 1550 f.; KMR/*Voll* § 270 Rn. 33).

19 **Abs. 4 enthält eine Vorschrift zum Schutz der prozessualen Rechte des Angeklagten.** Durch die Verkündung der Frist zur Vornahme einzelner Beweiserhebungen vor der (neuen) Hauptverhandlung soll der Angeklagte, der im Verfahren vor dem Strafrichter oder dem Schöffengericht häufig nicht den Beistand eines Verteidigers in Anspruch nimmt, auf Möglichkeiten einer besseren Verteidigung hingewiesen werden (LR/*Stuckenberg* § 270 Rn. 40). Sie ist nicht dahin gehend zu lesen, dass Angeklagten, die von einer Verweisung durch das LG betroffen sind, nicht das Recht hätten, Beweiserhebungen vor der neuen Hauptverhandlung zu beantragen (KMR/*Voll* § 270 Rn. 34). Die Vorschrift gilt wegen des Verweises auf § 209a Nr. 2 Buchst. a) in Abs. 1 auch für die Verweisung vom Strafrichter oder Schöffengericht an den Jugendrichter oder das Jugendschöffengericht (KMR/*Voll* § 270 Rn. 34; a. A. SK-StPO/*Schlüchter* 7. Aufbau-Lfg. § 270 Rn. 31 mit dem Argument, dass vor den Jugendgerichten die Belange des Angeklagten im Vergleich zu den Erwachsenengerichten eher besser als schlechter wahrgenommen würden).

20 Die Frist zur Anbringung von Beweisanträgen ist als Akt der Verhandlungsleitung vom Vorsitzenden des verweisenden Gerichts zu bestimmen (*Meyer-Goßner/Schmitt* § 270 Rn. 24). Sie muss so bemessen sein, dass das Recht des Angeklagten auf ein faires Verfahren gewahrt ist. Dem Angeklagten muss es auch in umfangreichen und schwierigen Sachen möglich sein, die Frage der Einreichung von Beweisanträgen ausreichend zu prüfen (KMR/*Voll* § 270 Rn. 35). Die Bestimmung der Frist erfolgt zeitgleich mit der Bekanntmachung des Verweisungsbeschlusses, in den sie zweckmäßigerweise aufgenommen wird (*Meyer-Goßner/Schmitt* § 270 Rn. 24). Sie kann von Amts wegen oder auf Antrag verlängert werden (KMR/*Voll* § 270 Rn. 35). Die Fristbestimmung ist wegen § 305 Satz 1 nicht anfechtbar (LR/*Stuckenberg* § 270 Rn. 50). Bei Bekanntgabe der Frist bietet sich der Hinweis an, dass die Anträge auf Beweiserhebung an das Gericht zu richten sind, an welches verwiesen wird. Eine gesetzliche Pflicht zu dieser Belehrung besteht jedoch nicht (*Meyer-Goßner/Schmitt* § 270 Rn. 24).

»Beweisantrag« i.S.d. Abs. 4 meint nicht den förmlichen Antrag, der von § 244 Abs. 3 bis 5 vorausgesetzt wird. Er ist an keine besondere Form gebunden, muss aber die Beweistatsache und ein Beweismittel bezeichnen (LR/*Stuckenberg* § 270 Rn. 44). Er kann sich auch auf die Vorbereitung der eigentlichen Beweisaufnahme durch Herbeischaffung von Beweismitteln oder die Beauftragung von Sachverständigen beziehen (KK-StPO/*Greger* § 270 Rn. 28).

Die Entscheidung über den Antrag obliegt gem. Abs. 4 Satz 2 dem Vorsitzenden des Gerichts, an welches das Verfahren verwiesen wurde (*Meyer-Goßner/Schmitt* § 270 Rn. 26). Eine Ausnahme gilt für die Anordnung einer Vernehmung durch den beauftragten oder ersuchten Richter. Solche Vernehmungen – wie auch die Einnahme des Augenscheins nach § 225 – ordnet das Gericht an (LR/*Stuckenberg* § 270 Rn. 44). Einem Antrag auf Beweiserhebung ist stattzugeben, wenn die unter Beweis gestellte Tatsache für die Entscheidung erheblich und die vorweggenommene Beweiserhebung, etwa weil Beweisverlust droht, erforderlich ist (KK-StPO/*Greger* § 270 Rn. 29). Für die Entscheidung ist die gerichtliche Sachaufklärungspflicht aus § 244 Abs. 2 maßgeblich. Ist weitere Sachaufklärung nach pflichtgemäßem Ermessen nicht erforderlich, kann der Beweisantrag ohne Bindung an die Voraussetzungen des § 244 Abs. 3 bis 5 abgelehnt werden (*Meyer-Goßner/Schmitt* § 270 Rn. 26). Dies schließt einen Rückgriff auf die Ablehnungsgründe dieser Vorschrift aber grds. nicht aus. Jedoch soll eine Zurückweisung des Antrags mit der Ankündigung der Wahrunterstellung der Beweisbehauptung unzulässig sein (KMR/ *Voll* § 270 Rn. 36; SK-StPO/*Schlüchter* 7. Aufbau-Lfg. § 270 Rn. 33; a. A. *Pfeiffer* § 270 Rn. 7). Wird ein Beweisantrag abgelehnt, ist die Entscheidung zu begründen, § 34 (*Meyer-Goßner/Schmitt* § 270 Rn. 26). Eine entsprechende Verpflichtung besteht für die stattgebende Entscheidung nicht (SK-StPO/*Frister* § 270 Rn. 41). Die Ablehnung eines Beweisantrags muss so rechtzeitig geschehen, dass der Angeklagte weitere Anträge nach § 219 stellen oder von seinem Selbstladungsrecht nach § 220 Gebrauch machen kann (*ANM*, S. 369). Die Entscheidung über den Beweisantrag ist unanfechtbar (*Meyer-Goßner/Schmitt* § 270 Rn. 26).

C. Revision. Unterbleibt eine notwendige Verweisung an das sachlich zuständige Gericht, verfällt das Urteil des erkennenden Gerichts wegen Vorliegens eines Prozesshindernisses der Aufhebung (KMR/*Voll* § 270 Rn. 37). Das Fehlen der Prozessvoraussetzungen hat das Revisionsgericht von Amts wegen zu berücksichtigen (BGHSt 10, 74, 76). Etwas anderes gilt im Fall des Freispruchs oder wenn das erkennende Gericht nur wegen einer Straftat verurteilt hat, für deren Aburteilung es sachlich zuständig war. In einem solchen Fall ist der Angeklagte nicht beschwert (BGHSt 1, 346, 347). Unterbleibt eine notwendige Verweisung an das Jugendgericht, ist dies gem. § 338 Nr. 4 relevant (*Meyer-Goßner/Schmitt* § 270 Rn. 27). Entsprechendes gilt, wenn ein rechtzeitig erhobener Einwand i.S.d. § 6a Satz 2, 3 zu Unrecht verworfen wurde (SK-StPO/*Frister* § 270 Rn. 46). Bestimmt der Vorsitzende des verweisenden Gerichts entgegen Abs. 4 Satz 1 keine Frist zur Anbringung von Beweisanträgen, kann dies die Revision begründen, wenn der Fehler in der sich anschließenden Hauptverhandlung gerügt und einem Aussetzungsantrag im Widerspruch zu § 265 Abs. 4 nicht stattgegeben wurde (KMR/ *Voll* § 270 Rn. 40). Die fehlerhafte Ablehnung eines auf Grundlage von Abs. 4 gestellten Beweisantrags kann mit der Aufklärungsrüge angegriffen werden (LR/*Stuckenberg* § 270 Rn. 56). 21

Ein fehlerhafter Verweisungsbeschluss, der eine Bindungswirkung entfaltet, kann nicht Gegenstand einer Revision sein. Aufgrund der Bindungswirkung des Beschlusses ist das Gericht höherer Ordnung das zuständige Gericht geworden (KMR/*Voll* § 270 Rn. 38). Fehlt es demgegenüber an einer Bindungswirkung aufgrund willkürlicher Verweisung oder eklatanter Rechtswidrigkeit des Verweisungsbeschlusses, kann dies der Revision zum Erfolg verhelfen. Auch wenn man – entgegen gewichtigen Stimmen in Rechtsprechung und Literatur (vgl. hierzu oben Rdn. 15) – hieraus nicht die Folge der Nichtigkeit des Verweisungsbeschlusses zieht, fehlt es dem Gericht, an das gem. § 270 Abs. 1 Satz 1 verwiesen wurde, zumeist an der sachlichen Zuständigkeit, was das Revisionsgericht auch ohne entsprechende Verfahrensbeanstandung von Amts wegen festzustellen hat (BGHSt 45, 58, 59; KMR/*Voll* § 270 Rn. 39). Etwas anderes gilt für die fehlerhafte Verweisung nach Abs. 1 Satz 2. Hier ist die auf das Vorliegen des Revisionsgrundes des § 338 Nr. 4 gestützte Verfahrensrüge zu erheben (BGH StV 2009, 509, 510).

§ 271 StPO Hauptverhandlungsprotokoll.
(1) Über die Hauptverhandlung ist ein Protokoll aufzunehmen und von dem Vorsitzenden und dem Urkundsbeamten der Geschäftsstelle, soweit dieser in der Hauptverhandlung anwesend war, zu unterschreiben. Der Tag der Fertigstellung ist darin anzugeben.
(2) Ist der Vorsitzende verhindert, so unterschreibt für ihn der älteste beisitzende Richter. Ist der Vorsitzende das einzige richterliche Mitglied des Gerichts, so genügt bei seiner Verhinderung die Unterschrift des Urkundsbeamten der Geschäftsstelle.

S.a. Nr. 144, 161 RiStBV

A. Grundsätzliches und Tatbestand. Abs. 1 Satz 1 statuiert die Pflicht zur Erstellung eines Protokolls über die Sitzung des Gerichts. Das Protokoll dient dem Nachweis, dass der Ablauf der Hauptverhandlung den gesetzlichen Vorschriften entsprochen hat (KK-StPO/*Greger* § 271 Rn. 1). Im Protokoll wird die gesamte Hauptverhandlung wiedergegeben, auch wenn sie mehrere Sitzungstage angedauert hat. Deshalb bildet die Niederschrift über den Verlauf der Hauptverhandlung eine in sich geschlossene Einheit (BVerfG StV 2002, 521; BGHSt 16, 306, 307; *Meyer-Goßner/Schmitt* § 271 Rn. 2). 1

§ 271 StPO Hauptverhandlungsprotokoll

Allerdings bietet es sich bei mehrtägigen Hauptverhandlungen an, sog. »Abschnittsprotokolle« zu erstellen (LR/*Stuckenberg* § 271 Rn. 11). Ein Anspruch der Verfahrensbeteiligten auf Anfertigung solcher Teilprotokolle besteht allerdings nicht (BGH NStZ 1993, 141).

2 **I. Form.** § 271 enthält keine ausdrücklichen Vorgaben zur **Form des Protokolls**. Aus dem Erfordernis, dass dieses zu unterschreiben ist, ergibt sich jedoch mittelbar die Verpflichtung zur schriftlichen Abfassung. Darunter ist seit RGSt 55, 1, 4 die Erstellung »unter Anwendung der im gewöhnlichen Leben für die schriftliche Wiedergabe von Worten in deutscher Sprache gebräuchlichen Schriftzeichen« zu verstehen. »Gebräuchliche Schriftzeichen« können in Hand- oder Maschinenschrift gehalten sein. Eine Abfassung des Protokolls in Kurzschrift ist demgegenüber unzulässig (LR/*Stuckenberg* § 271 Rn. 2). Dies schließt es nicht aus, während der Hauptverhandlung über den Gang der Sitzung gefertigte stenografische Notizen als Gedächtnisstütze zur Erstellung eines Protokolls in Langschrift nach Beendigung des Termins zu verwenden (*Meyer-Goßner/Schmitt* § 271 Rn. 9), da § 271 nicht dazu zwingt, die endgültige Fassung des Protokolls während der Hauptverhandlung anzufertigen (BGH GA 1960, 61). In entsprechender Weise, d.h. als Gedächtnisstütze, können auch Tonbandaufnahmen verwendet werden (vgl. OLG Koblenz NStZ 1988, 42), sofern solche Aufnahmen durch den Vorsitzenden zugelassen werden (KK-StPO/*Greger* § 271 Rn. 5). Durch ihre Verwendung als Hilfsmittel bei der Protokollerstellung werden Tonaufnahmen und vorläufige (stenografische) Notizen nicht Bestandteil des Protokolls oder zu Anlagen der Niederschrift. Sie werden noch nicht einmal Bestandteil der Akten, weshalb keine Pflicht besteht, sie aufzubewahren oder den Verfahrensbeteiligten zugänglich zu machen (BGHSt 29, 394, 395; *Meyer-Goßner/Schmitt* § 271 Rn. 10).

3 Vordrucke dürfen zur Erstellung des Protokolls benutzt werden. Dabei sollte man sich allerdings der Fehlerträchtigkeit dieser Vorgehensweise bewusst sein. Vordrucke müssen, wenn sie eine sinnvolle Arbeitserleichterung darstellen sollen, Einträge enthalten, die auf möglichst viele Prozesskonstellationen zutreffen. Es muss daher äußerste Sorgfalt darauf verwandt werden, die Einträge zu streichen, die für das aktuelle Verfahren ohne Bedeutung sind (LR/*Stuckenberg* § 271 Rn. 7). Solche Streichungen im Protokoll sind ebenso möglich wie Überschreibungen oder Rasuren, sollten aber (zumindest jenseits der Verwendung von Vordrucken) – ebenso wie diese – möglichst vermieden werden, um den Eindruck einer Fälschung zu vermeiden (*Meyer-Goßner/Schmitt* § 271 Rn. 11). Unzulässig ist das Überkleben oder Ausschaben von Textpassagen. Diese Eingriffe lassen sich mit der Bedeutung der Niederschrift als Beweisquelle für die wesentlichen Förmlichkeiten des Verfahrens (§ 274) nicht vereinbaren (*Meyer-Goßner/Schmitt* § 271 Rn. 11).

4 **II. Zuständigkeiten.** Die Erstellung des Protokolls liegt in den Händen des Urkundsbeamten der Geschäftsstelle, es sei denn, der Strafrichter hat gem. § 226 Abs. 2 StPO davon abgesehen, diesen hinzuzuziehen (KK-StPO/*Greger* § 271 Rn. 5). In diesem Fall obliegt die Aufgabe zur Anfertigung der Niederschrift allein dem Vorsitzenden. Der Urkundsbeamte muss kein Beamter im beamtenrechtlichen Sinne sein (OLG Celle NJW 1968, 2072). Er kann während der Verhandlung ausgewechselt werden (*Meyer-Goßner/Schmitt* § 271 Rn. 3). Streitig ist, ob der Urkundsbeamte Weisungen des Vorsitzenden unterworfen ist (in diesem Sinne OLG Köln NJW 1955, 843; ablehnend demgegenüber LR/*Stuckenberg* § 271 Rn. 13; *Meyer-Goßner/Schmitt* § 271 Rn. 3). Jedenfalls aber überwacht der Vorsitzende die ordnungsgemäße Beurkundung und überprüft die Niederschrift, die bis zur Unterzeichnung durch beide Urkundspersonen lediglich ein Entwurf ist, auf Vollständigkeit und Richtigkeit. Mit dem Prüfungsrecht geht die Befugnis einher, **in dem Entwurf Änderungen oder Ergänzungen** vorzunehmen (BGH GA 1954, 119). Über solche Veränderungen des Protokollinhalts muss sich der Vorsitzende aber mit dem Urkundsbeamten ins Einvernehmen setzen. Dieser kann einer Abänderung oder Ergänzung nur dann zustimmen, wenn er sich an den Vorgang, der protokolliert werden soll, noch oder wieder erinnern kann (LR/*Stuckenberg* § 271 Rn. 16). Insoweit ist die Niederschrift, wenn der Vorsitzende die Abänderungen eigenständig vorgenommen haben sollte, dem Urkundsbeamten erneut vorzulegen (BGH NStZ 1996 [K], 21, 22). Zur Klarstellung empfiehlt es sich, im Protokoll (z.B. durch Abzeichnung der Änderungen am Rand) deutlich zu machen, dass die vorgenommenen Veränderungen von beiden Urkundsbeamten getragen werden (LR/*Stuckenberg* § 271 Rn. 16). Erforderlich ist eine solche Kenntlichmachung von Rechts wegen aber nicht (BGH GA 1992, 319).

5 **Meinungsverschiedenheiten** zwischen den Urkundspersonen über tatsächliche Vorgänge sollten einvernehmlich beigelegt werden. Teilt man den Standpunkt des OLG Köln nicht, wonach der Vor-

sitzende ggü. dem Urkundsbeamten umfassend weisungsbefugt ist (vgl. oben Rdn. 4), besteht für den Vorsitzenden, wenn es nicht zu einer Verständigung kommt, keine Möglichkeit, seine Auffassung durchzusetzen (KK-StPO/*Greger* § 271 Rn. 7). In diesem Fall ist der Dissens im Protokoll zu vermerken, was zum Verlust von dessen Beweiskraft in diesem Punkt führt (*Meyer-Goßner/Schmitt* § 271 Rn. 4). Betreffen die Meinungsverschiedenheiten eine Rechtsfrage, wird demgegenüber dem Vorsitzenden das Recht zugestanden, seine Meinung auch gegen den Willen des Urkundsbeamten durchzusetzen. So ist es einhellige Auffassung, dass der Vorsitzende die Protokollierung von Geschehnissen anordnen kann, die der Urkundsbeamte für nicht protokollierungsbedürftig hält (*Meyer-Goßner/Schmitt* § 271 Rn. 4). Ob eine solche Anordnungsbefugnis auch dann besteht, wenn der Urkundsbeamte von einem Protokollierungsbedarf ausgeht, der Vorsitzende die Beurkundung aber nicht für notwendig erachtet, ist wiederum umstritten (zw. u.a. LR/Stuckenberg § 271 Rn. 17; ablehnend SK-StPO/*Frister* § 271 Rn. 9), dürfte aber zu bejahen sein. Gesteht man dem Vorsitzenden in Rechtsfragen ein Weisungsrecht zu, sollte dies umfassend sein und nicht auf bestimmte Fallkonstellationen beschränkt werden (so auch KK-StPO/*Engelhardt*, 6. Aufl., § 271 Rn. 7).

Der Vorsitzende seinerseits ist in seiner Entscheidung, was in das Protokoll aufgenommen werden soll, **6** autonom. Kein Prozessbeteiligter kann ihn zwingen, einen bestimmten Vorgang in die Niederschrift aufzunehmen (OLG Köln NJW 1955, 843). Entsprechend hat der Vorsitzende die Verpflichtung zum Einschreiten, wenn ein Prozessbeteiligter versucht, seine eigene Bewertung von Verfahrensvorgängen in das Protokoll zu diktieren (BGH NJW 2005, 3434, 3435; *Meyer-Goßner/Schmitt* § 271 Rn. 4).

III. Protokollinhalt. Inhalt des Protokolls ist die Beurkundung der Hauptverhandlung i.S.d. § 273. **7** Die protokollierungsbedürftigen Vorgänge sind in ihrer chronologischen Abfolge festzuhalten (*Meyer-Goßner/Schmitt* § 271 Rn. 12). Eine Zusammenfassung sich wiederholender Vorgänge ist möglich. So kann die Gewährung des Erklärungsrechts nach § 257 StPO im Anschluss an sämtliche Beweiserhebungen durch die Feststellung dokumentiert werden, dass der Angeklagte nach jedem Beweismittel gem. § 257 befragt wurde (LR/Stuckenberg § 271 Rn. 3). Der Inhalt des Protokolls unterliegt in vollem Umfang der Auslegung durch das Revisionsgericht (KK-StPO/*Greger* § 271 Rn. 14), das hierzu sämtliche Erkenntnisquellen – auch die Urteilsgründe – heranziehen kann (BGH NStZ 1991, 143, 144). Enthält das Urteil etwa Angaben eines Zeugen zum Sachverhalt, ist der Eintrag im Protokoll, der Zeuge sei vernommen worden, so zu verstehen, dass eine Vernehmung zur Sache erfolgt ist (vgl. auch KK-StPO/*Engelhardt*, 6. Aufl., § 271 Rn. 14 unter Hinweis auf RG JW 1926, 2761: Ein entsprechender Eintrag im Protokoll ist ohne Weiteres als Dokumentation einer Vernehmung des Zeugen zur Sache auszulegen).

IV. Unterzeichnung. Die in der Verhandlung anwesenden Urkundspersonen haben das Protokoll zu **8** **unterschreiben.** Die Unterschriftsleistung markiert den Zeitpunkt seiner Fertigstellung (BGH NStZ 1984, 89; SK-StPO/*Frister* § 271 Rn. 15). Kommt es während der Hauptverhandlung zu einer Auswechslung des Urkundsbeamten, unterschreibt jeder von ihnen den von ihm beurkundeten Protokollteil (*Meyer-Goßner/Schmitt* § 271 Rn. 13). Anlagen zum Protokoll müssen nicht, sollten aber ggf. unterzeichnet werden (OLG Düsseldorf MDR 1986, 166). Finden sich allein auf den Anlagen Unterschriften, können diese eine fehlende Unterzeichnung des eigentlichen Protokolls nicht ersetzen (OLG Hamm NStZ 2001, 220; *Meyer-Goßner/Schmitt* § 271 Rn. 13). Unterzeichnung bedeutet Leistung der eigenhändigen Unterschrift (LR/*Stuckenberg* § 271 Rn. 20). Die Verwendung eines Namensstempels ist unzulässig (SK-StPO/*Frister* § 271 Rn. 16).

Eine unterbliebene Unterschriftsleistung kann jederzeit nachholt werden, da das Gesetz keinen Zeitpunkt vorschreibt, bis zu dem die Unterzeichnung des Protokolls spätestens zu geschehen hätte (LR/ *Stuckenberg* § 271 Rn. 21). Möglich ist die Nachholung damit auch noch im Revisionsverfahren (BGHSt 12, 270, 271 f.). Dies gilt selbst dann, wenn dadurch einer erhobenen Verfahrensrüge der Boden entzogen wird (vgl. bereits RGSt 13, 351, 353 f.; krit. *Hanack* JZ 1972, 488, 490). Die Nachholung der Unterschrift kommt lediglich dann nicht mehr in Betracht, wenn sich die Urkundspersonen aufgrund des Zeitablaufs nicht mehr an die Richtigkeit des Protokollinhalts erinnern können (LR/*Stuckenberg* § 271 Rn. 21). Im Fall der seltenen Konstellation, dass das begründete Urteil nicht gesondert zu den Akten gebracht, sondern in die Sitzungsniederschrift aufgenommen wird (§ 275 Abs. 1 Satz 1), ist darauf zu achten, dass der Vorsitzende, nachdem er – ggf. mit seinen Beisitzern – das Urteil unterschrieben hat, gemeinsam mit dem Urkundsbeamten eine weitere Unterzeichnung des Protokolls vornimmt.

Unterbleibt diese zweite Unterschrift, liegt ein Mangel des Protokolls vor, der allerdings nicht revisibel ist (RGSt 64, 214 f.).

9 Ist der Vorsitzende an der **Unterschriftsleistung gehindert**, wird er gem. Abs. 2 Satz 1 vom ältesten Beisitzer vertreten. Wer der älteste Beisitzer ist, bestimmt sich nach dem Dienst- nicht aber nach dem Lebensalter (SK-StPO/*Frister* § 271 Rn. 22). In entsprechender Anwendung des § 21h GVG ist das Lebensalter erst dann von Bedeutung, wenn bei mehreren Beisitzern alle das gleiche Dienstalter aufweisen (KMR/*Gemählich* § 271 Rn. 11). In diesem akademischen Fall entscheidet der Richter mit dem höchsten Lebensalter (LR/*Stuckenberg* § 271 Rn. 24).

Bei Verhinderung eines Vorsitzenden, der einziger Berufsrichter im Spruchkörper ist, genügt zur Fertigung eines beweiskräftigen Protokolls die Unterschrift des Urkundsbeamten, **Abs. 2 Satz 2**.

10 Wie zu verfahren ist, wenn eine Verhinderung des Urkundsbeamten an der Unterschriftsleistung vorliegt, wird durch das Gesetz nicht vorgegeben. In diesem Fall wird man die Unterschriftsleistung des Vorsitzenden – oder falls dieser verhindert ist, die des (dienst-)ältesten Richters – ausreichen lassen müssen (KMR/*Gemählich* § 271 Rn. 12). Die Ersetzung der Unterschrift des Urkundsbeamten durch die Unterschrift des Vorsitzenden bzw. dessen Beisitzers kommt jedoch nur dann in Betracht, wenn bereits ein Protokollentwurf vorliegt oder aus vorhandenen Notizen bzw. anderen Unterlagen zuverlässig erstellt werden kann (LR/*Stuckenberg* § 271 Rn. 26; SK-StPO/*Frister* § 271 Rn. 20).

11 Von einem **Hindernis i.S.d. Abs. 2** ist auszugehen, wenn tatsächliche oder rechtliche Gründe der Leistung der Unterschrift entweder dauernd oder jedenfalls so lange entgegenstehen, dass ein Zuwarten auf den Wegfall des Hindernisses zu einer unangemessenen Verfahrensverzögerung führen würde (KMR/*Gemählich* § 271 Rn. 13). Hindernisse tatsächlicher Art sind u.a. der Tod, ein länger währender Urlaub oder eine Erkrankung, deren Ende sich nicht absehen lässt (SK-StPO/*Frister* § 271 Rn. 21). Ein rechtliches Hindernis liegt vor, wenn die Urkundsperson aus dem aktiven Justizdienst ausgeschieden ist (LR/*Stuckenberg* § 271 Rn. 24 ff.). Keine Hindernisse sind demgegenüber die dienstliche Überlastung (*Meyer-Goßner/Schmitt* § 271 Rn. 16) oder das Ausscheiden aus dem Spruchkörper (KK/*Greger* § 271 Rn. 10). Auch Erinnerungslücken fallen nicht unter die Hindernisse. Diese sind entweder durch Nachschau in den Unterlagen oder durch Rückfragen bei den Verfahrensbeteiligten zu schließen oder als solche im Protokoll kenntlich zu machen (SK-StPO/*Frister* § 271 Rn. 21). Ebenfalls nicht als Hindernis gilt die Weigerung einer Urkundsperson, die Niederschrift zu unterzeichnen. Auch hier liegt – wie bei der Erinnerungslücke – vielmehr ein Umstand vor, der im Protokoll zu vermerken ist. Die Erklärung über die Verweigerung muss aktenkundig gemacht werden (LR/*Stuckenberg* § 271 Rn. 31). Folge der Weigerung ist der Verlust der Beweiskraft des Protokolls nach § 274 (SK-StPO/*Frister* § 271 Rn. 21).

12 **V. Der Fertigstellungsvermerk.** Gemäß Abs. 1 Satz 2 ist im Protokoll der **Tag seiner Fertigstellung zu vermerken**. Dies ist der Tag, an dem die letzte Unterschrift der beteiligten Urkundspersonen geleistet wird (BGHSt 27, 80, 81). Der eigentliche Fertigstellungsvermerk (»Das Protokoll wurde fertig gestellt am ...«) wird am Ende der Niederschrift durch den zuletzt Unterzeichnenden – im Regelfall also den Vorsitzenden (*Meyer-Goßner/Schmitt* § 271 Rn. 20) – angebracht, mit Datum versehen und unterschrieben (LR/*Stuckenberg* § 271 Rn. 37). Eine Unterschrift beider Urkundspersonen ist nicht verlangt (a. A. *Koffka* JR 1971, 209). Der Fertigstellungsvermerk ist im Revisionsverfahren ein bedeutsames Beweismittel für das Vorliegen eines ordnungsgemäßen Protokolls (KK-StPO/*Greger* § 271 Rn. 8). Er ist aber kein Bestandteil des Protokolls (*Börtzler* MDR 1972, 185, 186), weshalb sein Fehlen dessen Fertigstellung nicht nur nicht hindert (BGHSt 23, 115, 118), sondern auch kein Beleg für eine fehlende Fertigstellung ist (OLG Düsseldorf MDR 1991, 557; *Meyer-Goßner/Schmitt* § 271 Rn. 20).

13 Folge der Fertigstellung des Protokolls ist zum einen, dass es nunmehr der Einsichtnahme durch den Verteidiger unterliegt (BGHSt 29, 394, 395). Zum anderen kann erst jetzt das Urteil zugestellt werden, § 273 Abs. 4.

14 **VI. Änderungen und Berichtigungen.** Der einmal niedergelegte Inhalt des Protokolls ist nicht umstößlich, sondern kann durch Abänderungen modifiziert werden. Dabei unterscheidet man zwischen Änderungen und Berichtigungen. Ist das Protokoll noch nicht fertiggestellt, kann und muss es geändert und/oder ergänzt werden, wenn die Urkundspersonen dies übereinstimmend für erforderlich halten (*Meyer-Goßner/Schmitt* § 271 Rn. 22). Solche übereinstimmenden **Änderungen** sind uneingeschränkt möglich, da es sich bei der Niederschrift bis zur Unterschriftsleistung der Urkundspersonen lediglich um einen Entwurf handelt (vgl. oben Rdn. 4). Auch eine eingelegte Revision oder eine gar be-

reits angebrachte Verfahrensrüge, der durch die Änderung der Boden entzogen wird, hindert die Umgestaltung des Protokollinhalts nicht (SK-StPO/*Frister* § 271 Rn. 17). Dies folgt mittelbar aus der Regelung des § 273 Abs. 4. Die Frist zur Begründung der Revision knüpft an die Zustellung des Urteils an. Die Zustellung darf aber nach § 273 Abs. 4 nicht vor Fertigstellung des Protokolls erfolgen, um dem Revisionsführer so die Möglichkeit zu geben, die Erfolgsaussichten seines Rechtsmittels abschließend beurteilen zu können, sofern dessen Gegenstand Verfahrensvorgänge sind, die allein durch das Protokoll bewiesen werden. Wartet der Revisionsführer diesen Zeitpunkt nicht ab, ist er hinsichtlich eines möglichen Fortfalls seines Rechtsmittels nicht schutzbedürftig (BGH NStZ 2002, 160, 161; LR/*Stuckenberg* § 271 Rn. 41).

Die inhaltliche Änderung des Protokolls nach seiner Fertigstellung ist die **Berichtigung** (KK-StPO/*Greger* § 271 Rn. 15). Die Korrektur bloßer Schreibfehler (Namens- oder Datumsverwechslungen) fällt nicht unter diesen Begriff (BGH NStZ 2000, 216 f.). Eine solche Korrektur ist zwanglos möglich. Bei ihrer Vornahme sollte man gleichwohl Vorsicht walten lassen. Der Eindruck, dass über die Korrektur eines Abfassungsversehens zugleich eine inhaltliche Änderung vorgenommen wird, ist tunlichst zu vermeiden (KK-StPO/*Greger* § 271 Rn. 15). Gleichwohl ist auch eine solche sachliche Änderung – wenn auch nur unter bestimmten Voraussetzungen – für alle in das Protokoll aufgenommenen Ereignisse, also auch solche, die nicht die Förmlichkeiten des Verfahrens bezeugen (KMR/*Gemählich* § 271 Rn. 17), grds. möglich. Eine Ausnahme gilt für Protokollinhalte, die nach Maßgabe des § 273 Abs. 3 erstellt, verlesen und genehmigt wurden (OLG Nürnberg MDR 1984, 74 f.; *Meyer-Goßner/Schmitt* § 271 Rn. 23) sowie für die Urteilsformel. Mit Abschluss der Urteilsverkündung ist sie nicht mehr abänderbar oder ergänzbar. Dies gilt selbst dann, wenn das Urteil vollständig in das Protokoll aufgenommen wurde (SK-StPO/*Frister* § 271 Rn. 26). 15

Das Berichtigungsverfahren wird durch den Antrag eines Verfahrensbeteiligten oder von Amts wegen in Gang gesetzt. Die Pflicht zur Einleitung des Berichtigungsverfahrens von Amts wegen folgt dabei aus dem aus §§ 271 ff. deutlich werdenden Gebot an die Urkundspersonen, für eine wahrheitsgemäße und vollständige Protokollierung der Hauptverhandlung zu sorgen (BGHSt 10, 145, 146; KMR/*Gemählich* § 271 Rn. 20). 16

Ist das Berichtigungsverfahren eingeleitet, kommt es zur Berichtigung der Niederschrift nur dann, wenn beide Urkundspersonen darin übereinstimmen, dass das Protokoll unrichtig ist und Einverständnis darüber erzielen, in welcher Weise das Protokoll geändert werden soll (BGH JZ 1952, 281). Kann eine Übereinstimmung der Urkundspersonen nicht hergestellt werden, weil sich diese nicht mehr an Vorgänge des Verfahrens erinnern können, obliegt es zunächst dem Vorsitzenden durch Anordnung entsprechender Ermittlungen (Einholung von Stellungnahmen der anderen Verfahrensbeteiligten usw.), diese Erinnerungslücken zu schließen (OLG Hamburg NJW 1971, 1326, 1327). Schlägt dies fehl, kann eine Berichtigung des Protokolls nicht erfolgen (OLG Schleswig MDR 1960, 521 f.). Die Urkundsperson, die eine Berichtigung des Protokolls für erforderlich gehalten hat, hat die Niederschrift sodann mit einem Vermerk zu versehen, aus dem deutlich werden muss, welche Passagen des Protokolls sie für unrichtig hält (SK-StPO/*Frister* § 271 Rn. 29). Den genannten Passagen nimmt der Vermerk die Beweiskraft nach § 274 (BGH MDR 1953 [D], 270, 273 und bereits oben Rdn. 5). Kommt es zur Berichtigung des Protokolls, geschieht diese zweckmäßigerweise in einer eigenen, vom Protokoll deutlich abgegrenzten, diesem aber anzugliedernden Niederschrift, die von beiden Urkundspersonen zu unterschreiben ist (SK-StPO/*Frister* § 271 Rn. 31). Dies schließt aber eine Korrektur in Form eines Randvermerks zum Protokoll nicht aus (*Meyer-Goßner/Schmitt* § 271 Rn. 23). In beiden Fällen muss aber aus der Korrektur das Datum der Änderung der Niederschrift unmissverständlich deutlich werden (KMR/*Gemählich* § 271 Rn. 23). 17

Ist eine der Urkundspersonen an der Mitwirkung bei der Berichtigung verhindert, kann sie nach herrschender Meinung vertreten werden. Es gelten die gleichen Grundsätze wie bei der Unterzeichnung des Protokolls (OLG Düsseldorf MDR 1985, 783 f.; KMR/*Gemählich* § 271 Rn. 22). Dies bedeutet: Ist der Vorsitzende verhindert, handelt für ihn zunächst der dienstälteste Richter (OLG Hamburg NJW 1965, 1342, 1343). Gehörte dem Spruchkörper kein weiterer Berufsrichter an, handelt in analoger Anwendung des Abs. 2 Satz 2 der Urkundsbeamte allein (LR/*Stuckenberg* § 271 Rn. 51). Nach a. A. ist eine Vertretung im Verhinderungsfall nicht möglich. Die Berichtigung unterläge höheren Anforderungen als die Unterschriftsleistung bei Fertigstellung des Protokolls. Durch die Berichtigung werde beseitigt, was gem. § 274 als bewiesen gelte (SK-StPO/*Frister* § 271 Rn. 31; *Busch* JZ 1964, 746, 747). Diese

§ 271 StPO Hauptverhandlungsprotokoll

Differenzierung zwischen Schaffung und Beseitigung der Beweiskraft vermag nicht zu überzeugen, zumal in beiden Fällen die Vertretung der verhinderten Urkundsperson von Personen übernommen wird, deren Anwesenheit im Verfahren ebenfalls notwendig war und die deshalb über eine umfassende Kenntnis vom Inhalt der Hauptverhandlung verfügen.

18 Die **Berichtigung des Protokolls** ist auch **nach rechtskräftigem Abschluss des Verfahrens** noch möglich und geboten, wenn zwischen den Urkundspersonen Einvernehmen darüber besteht, dass das unrichtige Protokoll geändert werden muss (BGHSt 2, 125, 126; OLG Düsseldorf MDR 1990, 359; *Busch* JZ 1964, 746, 749). Möglich ist sie deshalb auch im Revisionsverfahren. Dieser Grundsatz gilt nunmehr uneingeschränkt. Mit Beschluss des Großen Senats für Strafsachen v. 23.04.2007 hat der BGH seine Rechtsprechung aufgegeben, wonach eine Protokollberichtigung während laufenden Revisionsverfahrens nicht in Betracht kam, wenn durch sie einer bereits erhobenen Verfahrensrüge die Grundlage entzogen wurde (vgl. nur BGHSt 34, 11, 12). Für die nunmehr mögliche Protokollberichtigung hält der BGH aber ein bestimmtes einzuhaltendes Berichtigungsverfahren für erforderlich. Sind sich die Urkundspersonen darüber einig, dass ein zu korrigierender Fehler im Protokoll enthalten ist, haben sie den Revisionsführer über ihre Absicht, die Verhandlungsniederschrift zu ändern, in Kenntnis zu setzen. Dem Revisionsführer steht die Möglichkeit des Widerspruchs zu. Trägt er substantiiert gegen die Änderung vor, müssen die Urkundspersonen, um ihre Auffassung von der Korrekturbedürftigkeit zu stützen, ggf. weitere Verfahrensbeteiligte zum Ablauf der Hauptverhandlung befragen. Soll es dann bei der Korrektur verbleiben, ist angesichts des existenten Widerspruchs des Revisionsführers über die Änderung des Protokolls ein formeller Beschluss zu fassen, der mit Gründen zu versehen ist. Der Beschluss muss nicht nur die Tatsachen enthalten, aus denen die Urkundspersonen ihre Erinnerung an den vom Protokoll so nicht dokumentierten Verfahrensablauf ableiten. Sie haben sich darüber hinaus auch mit dem Vorbringen des Revisionsführers und ggf. vorhandenen Erklärungen anderer Prozessbeteiligter auseinanderzusetzen (BGHSt 51, 298, 304 ff.). Erfolgt eine Berichtigung des Protokolls ohne vorherige Anhörung des Revisionsführers, ist sie nach bisher wohl herrschender Auffassung unbeachtlich (OLG Hamm StV 2009, 349, 350). Eine nachträgliche Anhörung des Revisionsführers und eine neuerliche Entscheidung über die Protokollberichtigung würden – so *Meyer-Goßner/Schmitt* § 271 Rn. 26a – das Recht des Angeklagten auf ein faires Verfahren verletzen. Diese Auffassung erscheint nicht unzweifelhaft. Betrachtet man die formwidrige Protokollberichtigung als rechtliches »Nullum«, sprechen eigentlich keine Argumente dagegen, ein formgerechtes Berichtigungsverfahren, in dem die Rechte des Revisionsführers in der vom Großen Senat für Strafsachen vorgegebenen Weise berücksichtigt werden, sich anschließen zu lassen. In diesem Sinne hat nunmehr auch der 3. Strafsenat des Bundesgerichtshofs entschieden (BGH StraFo 2011, 356 ff.).
Gewichtiger sind da schon andere Bedenken, die gegen das vom BGH ins Leben gerufene, formalisierte Protokollierungsverfahren sprechen. Es fragt sich, ob der BGH mit diesem richterrechtlichen Institut nicht in unzulässiger Weise in Kompetenzen des Strafgesetzgebers eingegriffen hat. In dieser Weise haben sich jedenfalls drei Richter des BVerfG, deren Senat die Verfassungsgemäßheit des durch den BGH neu eingeführten Berichtigungsverfahrens zu überprüfen hatte, in ihren dissidierenden Voten ausgesprochen (vgl. BVerfGE 122, 248, 282 ff.). Dessen ungeachtet hat die Senatsmehrheit – entgegen der Vielzahl kritischer Stimmen in der Literatur (vgl. nur *Beulke* FS Böttcher, S. 17 ff.; *Hamm* NJW 2007, 3166 ff.; *Schumann* JZ 2007, 927, 934), die teilweise die Entwertung der absoluten Beweiskraft des Protokolls beklagten, teilweise in Zweifel zogen, dass eine zuverlässige Rekonstruktion einer lange zurückliegenden Prozesssituation möglich sei – die Entscheidung des Großen Senats für Strafsachen für verfassungskonform erklärt (BVerfGE 122, 248 ff.).

19 Das zulässig und formgerecht geänderte Protokoll entfaltet für das Revisionsverfahren verbindliche Wirkung. Es ist der Rechtsprüfung durch das Revisionsgericht zugrunde zu legen. Allerdings gilt diese erst dann, wenn sich das Revisionsgericht anlässlich seiner Befassung mit der Verfahrensbeanstandung vom ordnungsgemäßen Gang des Berichtigungsverfahrens – ggf. im Wege des Freibeweises (KMR/*Gemählich* § 271 Rn. 32) – überzeugt hat (BGH NStZ 2008, 580, 581) Die Wirkung der Protokollberichtigung im Revisionsverfahren geht sogar soweit, dass Verfahrensfehler, die erst aus der Änderung offenbar werden, nunmehr Gegenstand neuer Verfahrensrügen werden können (*Meyer-Goßner/Schmitt* § 271 Rn. 26c; a. A. *Schlothauer* FS Hamm, S. 655, 667). Den Beginn der Frist zur Anbringung und Begründung dieser Rügen wird man auf den Zeitpunkt der Zustellung des Berichtigungsbeschlusses festsetzen müssen. Anderenfalls wird man dem Revisionsführer die Möglichkeit einer Wiedereinset-

zung in den vorigen Stand zur Nachholung der Verfahrensrüge zubilligen müssen (*Meyer-Goßner/ Schmitt*, § 271 Rn. 26c).

Gerät ein Hauptverhandlungsprotokoll in Verlust, kann es wieder hergestellt werden (vgl. VO über die Ersetzung zerstörter oder abhandengekommener gerichtlicher oder notarischer Urkunden v. 18.06.1942 – RGBl. I S. 395 = BGBl. III S. 315–4). Es gelten dabei die Grundsätze der Protokollberichtigung (KG NStZ 1990, 405 f.). Um seine Erinnerung und die des Urkundsbeamten aufzufrischen, hat der Vorsitzende die dafür erforderlichen Nachforschungen und ggf. Beweiserhebungen anzuordnen (LR/*Stuckenberg*, § 271 Rn. 69). 20

B. Anfechtbarkeit und Revision. Kommt es zur Berichtigung des Protokolls, ist hiergegen grds. die Möglichkeit der Beschwerde nach § 304 eröffnet (*Meyer-Goßner/Schmitt* § 271 Rn. 28). Etwas anderes gilt für den im Revisionsverfahren ergangenen Berichtigungsbeschluss. Dieser unterliegt i.R.d. Bearbeitung der Verfahrensrüge, die sich auf den von der Berichtigung betroffenen prozessualen Akt bezieht, der Überprüfung durch das Revisionsgericht (vgl. oben Rdn. 19). Ebenfalls mit der Beschwerde kann die Ablehnung der Protokollberichtigung angegriffen werden (*Meyer-Goßner/Schmitt* § 271 Rn. 28). Dies gilt jedoch – wie auch im Fall der Berichtigung – nur dann, wenn das Protokoll bereits fertiggestellt ist. Weigern sich die Urkundsbeamten demgegenüber, den Inhalt einer noch nicht fertiggestellten Hauptverhandlungsniederschrift zu korrigieren oder ändern sie diese ab, ist eine Anfechtung nicht möglich (OLG Brandenburg NStZ-RR 1998, 308, 309). Dienen kann die Beschwerde allein der Korrektur von Rechtsfehlern im Verfahren. So kann mit der Beschwerde geltend gemacht werden, der Vorsitzende habe zu Unrecht ohne vorherige Anhörung des Urkundsbeamten die Niederschrift geändert (LG Köln StV 2011, 405). Auch rechtsfehlerhafte Beurteilungen bei der Zurückverweisung eines Berichtigungsantrags können Gegenstand der Beschwerde sein (OLG Schleswig NJW 1959, 162). Nicht beschwerdefähig ist demgegenüber der Inhalt des Protokolls. Unzulässig ist daher die Beschwerde, mit der eine inhaltliche Überprüfung bzw. Änderung der Sitzungsniederschrift begehrt wird (OLG Frankfurt am Main StV 1993, 463; *Meyer-Goßner/Schmitt* § 271 Rn. 29; SK-StPO/*Frister* § 271 Rn. 56). 21

Auf Mängel des Protokolls kann die Revision nicht gestützt werden, da das Urteil auf dem Protokollfehler nicht i.S.d. § 337 beruhen kann (LR/*Stuckenberg*, § 271 Rn. 76). Selbst das vollständige Fehlen des Protokolls ist aus diesem Grund unbeachtlich (SK-StPO/*Frister* § 271 Rn. 57; zweifelnd demgegenüber *Ranft* JuS 1994, 785, 787 f., der das Fehlen des Protokolls mit dem Fehlen des Protokollführers gleichsetzt und daher einen Verstoß nach § 338 Nr. 5 annimmt). Das Fehlen hat nur zur Folge, dass insoweit die absolute Beweiskraft nach § 274 entfällt (LR/*Stuckenberg*, § 271 Rn. 78). Etwaige Verfahrensverstöße müssen durch das Revisionsgericht dann im Freibeweisverfahren ermittelt werden (*Schmid* FS Lange, S. 781, 798 f.). 22

Erfolglos bleibt auch die sog. **Protokollrüge**, mit der geltend gemacht wird, ein Verfahrensvorgang sei im Protokoll undeutlich, unvollständig oder gar nicht beurkundet worden (st. Rspr. seit RGSt 2, 33, 39; LR/*Stuckenberg*, § 271 Rn. 76). Eine solche Rüge vermag allein die Fehlerhaftigkeit des Protokolls aufzuzeigen, belegt aber nicht, dass ein Verfahrensfehler sich in der Hauptverhandlung ereignet hat. Die Sitzungsniederschrift kann insoweit – aufgrund der ihr innewohnenden Beweiskraft nach § 274 – allein zum Beleg eines Verfahrensverstoßes dienen, nicht aber selbst Gegenstand einer Verfahrensbeanstandung sein (SK-StPO/*Frister* § 271 Rn. 58).

§ 272 StPO Inhalt des Hauptverhandlungsprotokolls.

Das Protokoll über die Hauptverhandlung enthält
1. den Ort und den Tag der Verhandlung;
2. die Namen der Richter und Schöffen, des Beamten der Staatsanwaltschaft, des Urkundsbeamten der Geschäftsstelle und des zugezogenen Dolmetschers;
3. die Bezeichnung der Straftat nach der Anklage;
4. die Namen der Angeklagten, ihrer Verteidiger, des Privatklägers, Nebenklägers, Verletzten, die Ansprüche aus der Straftat geltend machen, der sonstigen Nebenbeteiligten, gesetzlichen Vertreter, Bevollmächtigten und Beistände;
5. die Angabe, daß öffentlich verhandelt oder die Öffentlichkeit ausgeschlossen ist.

§ 272 StPO   Inhalt des Hauptverhandlungsprotokolls

1   Die in § 272 genannten Angaben werden grds. in den Kopf des Sitzungsprotokolls aufgenommen (*Meyer-Goßner/Schmitt* § 272 Rn. 1). Dies gilt allerdings nicht, wenn während der Hauptverhandlung Änderungen bei den zu protokollierenden Tatsachen eintreten. Kommt es etwa während des Verfahrens zu einem personellen Wechsel bei StA und Verteidigung oder wird ein neuer Verhandlungsort bestimmt, sind diese dann wiederum nach § 272 protokollierungsbedürftigen Angaben an der Stelle des Protokolls zu vermerken, an der sie im Verfahrensgang stattgefunden haben (exemplarisch SK-StPO/*Frister* § 272 Rn. 13). Fortsetzungen der Hauptverhandlung erzwingen eine Wiederholung der gem. Nr. 2 und 4 zu machenden Angaben nicht (BGH NStZ 1985 [P/M], 13, 16 f.; NStZ-RR 2011, 253, 254; *Meyer-Goßner/Schmitt* § 272 Rn. 1).

2   Gemäß **Nr. 1** sind Ort und Tag der Verhandlung anzugeben. Unter Ort ist nicht der Name der politischen Gemeinde zu verstehen (KK-StPO/*Engelhardt*, 6. Aufl., § 272 Rn. 1), sondern die Bekanntgabe des Platzes, an dem tatsächlich verhandelt wird (SK-StPO/*Frister* § 272 Rn. 3). Jedoch wird sich die notwendige Angabe im Regelfall bereits aus dem Namen des Gerichts ergeben, das mit der genauen Bezeichnung des Spruchkörpers im Kopf des Protokolls vermerkt wird (LR/*Stuckenberg*, § 272 Rn. 5). Die Angabe des Verhandlungstages erfolgt unter Nennung des kalendermäßigen Datums (KMR/*Gemählich*, § 272 Rn. 3). Die Uhrzeit des Beginns oder die Dauer der Sitzung braucht nicht dokumentiert werden (BGH NStZ 2009, 105, 106). Erstreckt sich die Verhandlung über mehrere Tage, sind sämtliche Verhandlungstermine aufzuführen (KK-StPO/*Greger*, § 272 Rn. 2). Zumindest empfehlenswert ist es, Stunde und Minute einer Unterbrechung und des sich daran anschließenden Wiederbeginns der Sitzung in der Niederschrift zu vermerken (*Meyer-Goßner/Schmitt* § 272 Rn. 3; weiter gehend die h.L.: zeitliche Dokumentation ist geboten; vgl. nur KMR/*Gemählich*, § 272 Rn. 4; SK-StPO/*Frister*, § 272 Rn. 4). Kürzere Verhandlungspausen während eines Sitzungstages müssen demgegenüber nicht zwingend Eingang in das Protokoll finden (BGH VRS 32, 143 f.). Solche Unterbrechungen sind keine wesentlichen Förmlichkeiten i.S.v. § 273 Abs. 1 (KMR/*Gemählich* § 272 Rn. 4).

3   **Nr. 2** fordert die Protokollierung der Namen der Richter und Schöffen, der Staatsanwälte, der Urkundsbeamten der Geschäftsstelle und der zugezogenen Dolmetscher. Auch Ergänzungsrichter und Ergänzungsschöffen sind anzuführen (*Meyer-Goßner/Schmitt* § 272 Rn. 4). Hinsichtlich der Richter sind Dienstbezeichnung und Funktion (Vorsitzender/Beisitzer) anzugeben (SK-StPO/*Frister* § 272 Rn. 5). Die Individualisierung der Schöffen erfolgt über ihren Namen. Der Vorname, der Beruf und Wohnort können vermerkt werden. Eine Pflicht hierzu besteht nicht (LR/*Stuckenberg* § 272 Rn. 10). Ein Hinweis auf die Vereidigung der Schöffen ist nicht erforderlich (*Meyer-Goßner/Schmitt* § 272 Rn. 4), da es sich hierbei nicht um eine Förmlichkeit der Hauptverhandlung handelt (BGH MDR 1973 [D], 369, 372).

Ist die StA im Termin durch mehrere Beamte vertreten, ist dies im Protokoll durch Nennung sämtlicher Namen deutlich zu machen (SK-StPO/*Frister* § 272 Rn. 6). Findet während der Verhandlung ein Wechsel der Sitzungsvertreter statt, bietet es sich an, diesen Umstand an der Stelle im Protokoll zu vermerken, die sich auf den entsprechenden Verhandlungsabschnitt bezieht (LR/*Stuckenberg* § 272 Rn. 11; vgl. oben Rdn. 1). Jedenfalls muss das Protokoll erkennen lassen, welcher Staatsanwalt an welchen Sitzungsteilen mitgewirkt und wer welche Anträge gestellt hat (KMR/*Gemählich* § 272 Rn. 6).

4   **Dolmetscher** ist der Sprachkundige, der gem. § 184 GVG das Gespräch zwischen dem Gericht und einem des Deutschen nicht mächtigen Prozessbeteiligten vermittelt (BGHSt 1, 4, 6; KK-StPO/*Greger* § 272 Rn. 5). Nicht aufzuführen ist der Sprachkundige, der zu anderen Zwecken – etwa zur Übersetzung außerhalb des Prozesses abgegebener fremdsprachlicher Äußerungen – herbeigezogen wird (*Meyer-Goßner/Schmitt* § 272 Rn. 4). Er ist Sachverständiger (KK-StPO/*Greger* § 272 Rn. 5) und wird deshalb nicht im Kopf des Protokolls, sondern dort bei der Präsenzfeststellung nach § 243 Abs. 1 Satz 2 genannt (BGHSt 1, 4, 7; SK-StPO//*Frister* § 272 Rn. 7).

5   **Nr. 3** gebietet die Bezeichnung der Straftat nach der Anklage. Gemeint ist die zugelassene Anklage (KMR/*Gemählich* § 272 Rn. 10), der der Strafbefehl oder im Fall des § 418 die schriftliche oder mündliche Anklage gleichstehen (*Meyer-Goßner/Schmitt* § 272 Rn. 5). Enthält sie mehrere Taten, genügt es nach einer Auffassung, den schwerwiegendsten Tatvorwurf zu nennen und das Vorhandensein weiterer Vorwürfe lediglich – z.B. durch den Zusatz u.a. – deutlich zu machen (so etwa SK-StPO//*Frister* § 272 Rn. 8). Nach a. A. ist ein Abstellen auf den schwersten Tatvorwurf nicht zwingend erforderlich. Anzugeben sei eine »Schwerpunkttat« (so KK-StPO/*Greger* § 272 Rn. 6). Dem späteren Urteil darf die recht-

liche Bezeichnung der Tat nicht entnommen werden (LR/*Stuckenberg* § 272 Rn. 14; *Meyer-Goßner/ Schmitt* § 272 Rn. 5).

Gemäß **Nr.** 4 sind die Namen der sonstigen Prozessbeteiligten in einem für die Identifizierung erforderlichen Umfang anzugeben (KMR/*Gemählich* § 272 Rn. 11). Der Angeklagte wird – selbst bei Nichterscheinen – mit Namen, Vornamen, Geburtstag und Geburtsort sowie seiner Anschrift angegeben (SK-StPO/*Frister* § 272 Rn. 9). Auch Angaben zu Untersuchungshaft oder Strafhaft in anderer Sache sind erforderlich (LR/*Gollwitzer* 25. Aufl., § 272 Rn. 16; *Meyer-Goßner/Schmitt* § 272 Rn. 6; a. A. SK-StPO/*Frister* § 272 Rn. 9 mit Fn. 31). Soweit der Ausnahmefall eintritt, dass das Urteil gem. § 275 Abs. 1 Satz 1 vollständig in das Protokoll aufgenommen wird, müssen in diesem auch die weiteren nach Nr. 110 Abs. 2 Buchst. a, 141 Abs. 1 RiStBV für den Urteilskopf erforderlichen Angaben in der Niederschrift dokumentiert werden (KMR/*Gemählich* § 272 Rn. 12; LR/*Gollwitzer* 25. Aufl., § 272 Rn. 8). Wird gegen mehrere Angeklagte verhandelt, bietet es sich an, die sie betreffenden Angaben in der Reihenfolge der Anklageschrift in das Protokoll aufzunehmen (KMR/*Gemählich* § 272 Rn. 13). Die Angaben zu den sonstigen Verfahrensbeteiligten werden in das Protokoll nur dann aufgenommen, wenn diese erschienen und zumindest an einem Teil der Hauptverhandlung teilgenommen haben (*Meyer-Goßner/Schmitt* § 272 Rn. 6; a. A. KK-StPO/*Greger* § 272 Rn. 7). 6

Nach **Nr.** 5 ist die Öffentlichkeit oder Nichtöffentlichkeit der Verhandlung im Kopf der Sitzungsniederschrift zu vermerken. Hierbei hat es sein Bewenden auch dann, wenn die Hauptverhandlung über mehrere Tage geführt wird (LR/*Stuckenberg* § 272 Rn. 21). Etwas anderes gilt, wenn hinsichtlich der Öffentlichkeit während des Verfahrens eine Änderung eintritt. Wird die Öffentlichkeit während des Verfahrens ausgeschlossen, muss der Verfahrensabschnitt, in dem nicht öffentlich verhandelt worden ist, genau bezeichnet werden (BGH StV 1994, 471, 472). Das Protokoll muss auch erkennen lassen, ob die Frage des Ausschlusses öffentlich oder nicht öffentlich verhandelt wurde und ob der zur Ausschließung der Öffentlichkeit führende Beschluss öffentlich verkündet wurde (RGSt 10, 92, 93; KMR/ *Gemählich* § 272 Rn. 16). 7

Zu den Namen anderer Personen als den in Nr. 2 und 4 genannten muss sich das Protokoll grds. nicht verhalten. So müssen etwa die Namen der Vertreter von Finanzbehörden nach § 407 AO oder die Namen von anderen in amtlicher Eigenschaft an der Hauptverhandlung teilnehmenden Behördenvertretern nicht aufgeführt werden (SK-StPO/*Frister* § 272 Rn. 12). Entsprechendes gilt für Studenten und Referendare, die zu Ausbildungszwecken zur Teilnahme an der Hauptverhandlung zugelassen werden (KMR/*Gemählich* § 272 Rn. 18). Auch die Namen der gem. § 175 Abs. 2 GVG oder § 48 Abs. 2 JGG zur Teilnahme zugelassenen Personen ist nicht zu protokollieren (SK-StPO/*Frister* § 272 Rn. 12). Ob und inwieweit die Namen von Beweispersonen zu dokumentieren sind, richtet sich nach § 273 Abs. 1 (LR/*Stuckenberg* § 272 Rn. 22). 8

§ 273 StPO Beurkundung der Hauptverhandlung. (1) Das Protokoll muß den Gang und die Ergebnisse der Hauptverhandlung im Wesentlichen wiedergeben und die Beachtung aller wesentlichen Förmlichkeiten ersichtlich machen, auch die Bezeichnung der verlesenen Schriftstücke oder derjenigen, von deren Verlesung nach § 249 Abs. 2 abgesehen worden ist, sowie die im Laufe der Verhandlung gestellten Anträge, die ergangenen Entscheidungen und die Urteilsformel enthalten. In das Protokoll muss auch der wesentliche Ablauf und Inhalt einer Erörterung nach § 257b aufgenommen werden.
(1a) Das Protokoll muss auch den wesentlichen Ablauf und Inhalt sowie das Ergebnis einer Verständigung nach § 257c wiedergeben. Gleiches gilt für die Beachtung der in § 243 Absatz 4, 257c Absatz 4 und Absatz 5 vorgeschriebenen Mitteilungen und Belehrungen. Hat eine Verständigung nicht stattgefunden, ist auch dies im Protokoll zu vermerken.
(2) Aus der Hauptverhandlung vor dem Strafrichter und dem Schöffengericht sind außerdem die wesentlichen Ergebnisse der Vernehmungen in das Protokoll aufzunehmen; dies gilt nicht, wenn alle zur Anfechtung Berechtigten auf Rechtsmittel verzichten oder innerhalb der Frist kein Rechtsmittel eingelegt wird. Der Vorsitzende kann anordnen, dass anstelle der Aufnahme der wesentlichen Vernehmungsergebnisse in das Protokoll einzelne Vernehmungen im Zusammenhang auf Tonträger aufgezeichnet werden. Der Tonträger ist zu den Akten zu nehmen oder bei der Geschäftsstelle mit den Akten aufzubewahren. § 58a Abs. 2 Satz 1 und 3 bis 6 gilt entsprechend.

§ 273 StPO   Beurkundung der Hauptverhandlung

(3) Kommt es auf die Feststellung eines Vorgangs in der Hauptverhandlung oder des Wortlauts einer Aussage oder einer Äußerung an, so hat der Vorsitzende von Amts wegen oder auf Antrag einer an der Verhandlung beteiligten Person die vollständige Niederschreibung und Verlesung anzuordnen. Lehnt der Vorsitzende die Anordnung ab, so entscheidet auf Antrag einer an der Verhandlung beteiligten Person das Gericht. In dem Protokoll ist zu vermerken, dass die Verlesung geschehen und die Genehmigung erfolgt ist oder welche Einwendungen erhoben worden sind.
(4) Bevor das Protokoll fertig gestellt ist, darf das Urteil nicht zugestellt werden.

S.a. Nr. 136, 143, 144, 161 RiStBV

1 **A. Grundsätzliches.** Der Zweck der Vorschrift liegt hauptsächlich darin, dem Rechtsmittelgericht eine Nachprüfung der Hauptverhandlung auf Rechtsfehler hin zu ermöglichen (*Meyer-Goßner/Schmitt* § 273 Rn. 1). Die wesentlichen Förmlichkeiten des Verfahrens werden allein durch die Sitzungsniederschrift bewiesen, § 274 (KMR/*Gemählich* § 273 Rn. 1). Nur ausnahmsweise hat das Protokoll auch Bedeutung für Vorgänge, die außerhalb des Verfahrens liegen. So kann es gem. Nr. 144 Abs. 2 RiStBV Bedeutung für ein Ermittlungsverfahren wegen eines Aussagedeliktes gewinnen, weswegen eine für falsch erachtete Aussage möglichst wortgetreu in die Niederschrift aufgenommen werden soll. Auch für disziplinarrechtliche und zivilrechtliche Verfahren kann das Protokoll einer strafgerichtlichen Hauptverhandlung Bedeutung erlangen (*Meyer-Goßner/Schmitt* § 273 Rn. 23).

2 Über die Verweisvorschriften der §§ 118a Abs. 3 Satz 3 und 138d Abs. 4 Satz 3 findet § 273 auch Anwendung im Verfahren über die mündliche Haftprüfung und das Verfahren über den Verteidigerausschluss. Die Protokollierung von Vorgängen außerhalb der Verhandlung richtet sich nach §§ 168 bis 168b.

3 **B. Tatbestand.** **Gang und Ergebnis der Verhandlung** sind gem. **Abs. 1 Satz 1** zu protokollieren. Was zum Gang der Verhandlung gehört, ergibt sich aus §§ 243, 244, 257, 258 und 260 (KMR/*Gemählich* § 273 Rn. 4). Insoweit muss dem Protokoll die zeitliche Reihenfolge der Verfahrensabschnitte zu entnehmen sein (KK-StPO/*Greger* § 273 Rn. 2; SK-StPO/*Frister* § 273 Rn. 5). Kommt es zu Abweichungen von dem vom Gesetz vorgesehenen Verfahrensablauf, ist auch dies zu dokumentieren (LR/*Stuckenberg* § 273 Rn. 3). Dem gesetzlichen Merkmal »Ergebnis der Hauptverhandlung« kommt keine Bedeutung zu. Die Ergebnisse von Beweiserhebungen können damit nicht gemeint sein. Anderenfalls wären die Sonderregelungen in Abs. 2 und 3 überflüssig (KK-StPO/*Greger* § 273 Rn. 3; KMR/*Gemählich* § 273 Rn. 4). Auch werden die in der Hauptverhandlung ergangenen Entscheidungen nicht in Bezug genommen. Diese haben in Abs. 1 eigenständig Erwähnung gefunden (*Meyer-Goßner/Schmitt* § 273 Rn. 5).

4 Besondere Bedeutung für das Protokollierungsverfahren haben die **wesentlichen Förmlichkeiten des Verfahrens**. Diese sind in der Verhandlungsniederschrift kundig zu machen. Wesentliche Förmlichkeiten des Verfahrens sind alle Vorgänge der Hauptverhandlung, die für die Gesetzmäßigkeit des Verfahrens von Bedeutung sind (KK-StPO/*Greger* § 273 Rn. 4; LR/*Stuckenberg* § 273 Rn. 6). Es sind dies die Formvorschriften, deren Missachtung den Bestand des Urteils gefährden kann (KMR/*Gemählich* § 273 Rn. 4). Die Frage der Wesentlichkeit ist für das konkrete Verfahren zu beantworten. Dass der Vorgang für ein anderes Verfahren von Bedeutung ist, mag zwar dafür sprechen, ihn zu protokollieren (LR/*Stuckenberg* § 263 Rn. 6). Es macht ihn jedoch nicht zu einer wesentlichen Förmlichkeit (*Meyer-Goßner/Schmitt* § 273 Rn. 6; a. A. BayObLG JZ 1965, 291 m. Anm. *Sarstedt*; wohl auch SK-StPO/*Frister* § 273 Rn. 6).

5 **Wesentliche Förmlichkeiten sind** insb.:
– Die Angaben über die Öffentlichkeit der Verhandlung, die Verhandlung über ihren Ausschluss, der die Ausschließung herbeiführende Beschluss (*Meyer-Goßner/Schmitt* § 273 Rn. 7), die Durchführung des Beschlusses sowie die Wiederherstellung der Öffentlichkeit (BGHSt 4, 279 f.; BGH NStZ-RR 2001 [B], 257, 264);
– die Angaben über die Anwesenheit der nach § 226 zur Anwesenheit verpflichteten Personen bzw. die Anwesenheit des notwendigen Verteidigers (BGHSt 24, 280, 281) einschließlich der Angaben zur zeitweiligen Entfernung dieser Personen (BGH NStZ 1983, 375);

- die Angaben zur Abwesenheit des Angeklagten in der Verhandlung – §§ 231 Abs. 2, 231a bis 233, 247 – (KMR/*Gemählich* § 273 Rn. 6);
- die Angaben zur Hinzuziehung eines Dolmetschers und zu deren Anlass, § 185 GVG, zur Vereidigung des Dolmetschers oder dessen Berufung auf den früher geleisteten Eid (BGH NStZ 1983 [P], 354, 359);
- die Angaben zu den Vorgängen nach § 243 Abs. 2 Satz 2 bis Abs. 4 Satz 2, also zur Verlesung des Anklagesatzes (BGH NStZ 1984, 521), zur Vernehmung des Angeklagten (OLG Köln NStZ 1989, 44), zur Einlassung des Angeklagten, wenn diese erst im Verlauf der weiteren Hauptverhandlung erfolgt (BGH NStZ 1995, 560);
- die Angaben zu den gesetzlich vorgeschriebenen Belehrungen (u.a. §§ 52 Abs. 3 Satz 1, 55 Abs. 2), zu den auf Grundlage von § 265 gegebenen Hinweisen oder zu Aufforderungen zur Stellungnahme nach § 257 (*Meyer-Goßner/Schmitt* § 273 Rn. 7);
- die Angaben zu prozessualen Einverständniserklärungen, etwa der Zustimmung des Angeklagten zur Zulassung einer Nachtragsanklage (BGH NJW 1984, 2172);
- die Angaben zur Vereidigung oder Nichtvereidigung von Zeugen und Sachverständigen (*Meyer-Goßner/Schmitt* § 273 Rn. 7);
- die Angaben zu jeder Beweiserhebung im Strengbeweisverfahren (LR/*Stuckenberg* § 273 Rn. 14);
- die Angaben über die Ablehnung eines Beweisantrags durch Beschluss gem. § 244 Abs. 6 (BGH StV 1994, 635 m. Anm. *Müller*);
- die Angaben über die Heilung von Verfahrensfehlern (RGSt 72, 219, 221), etwa die Angaben über die Wiederholung eines Teils der Beweisaufnahme zwecks Heilung eines Verstoßes nach § 296 (OLG Köln NStZ 1987, 244);
- die Angaben zur Beanstandung von Anordnungen des Vorsitzenden gem. § 238 Abs. 2 (BGHSt 3, 199, 202);
- die Angaben zu einer getroffenen Absprache, insb. zu einer vom Gericht zugesagten Strafobergrenze für den Fall eines Geständnisses (BGHSt 50, 40, 61); ggf. der Hinweis des Gerichts, sich wegen neu bekannt gewordener Umstände nicht mehr an die Absprache gebunden zu fühlen (BGH NJW 2003, 1404);
- die Angaben über den wesentlichen Ablauf und den Inhalt einer Erörterung nach § 257b, Abs. 1 Satz 2 (krit. *Meyer-Goßner/Schmitt* § 273 Rn. 7a: Da die Erörterung keine unmittelbaren Rechtsfolgen nach sich ziehe, liege in der gesetzlichen Anordnung eine überflüssige Überfrachtung des Protokolls);
- die Angaben zur Erörterung gerichtskundiger Tatsachen (OLG Frankfurt am Main StV 1989, 97, 98; *Meyer-Goßner/Schmitt* § 273 Rn. 7; a. A. BGHSt 36, 354, 357 ff.);
- die Angaben zur Gewährung des letzten Wortes nach § 258 Abs. 2 (BGH NStZ 1987, 36);
- die Angaben zur Rechtsmittelbelehrung auf Grundlage von § 35a (KMR/*Gemählich* § 273 Rn. 6);
- die Angaben zu einem Rechtsmittelverzicht nach Urteilsbegründung, wenn nach § 273 Abs. 3 verfahren wurde (BGHSt 18, 257, 258);
- die Zustimmung des Rechtsmittelgegners zur Zurücknahme des Rechtsmittels nach Beginn der Hauptverhandlung gem. § 303 (KMR/*Gemählich* § 273 Rn. 6; a. A. OLG Hamm NJW 1969, 151; *Meyer-Goßner/Schmitt* § 263 Rn. 8).

Keine wesentlichen Förmlichkeiten sind: 6
- Die Angaben zur Präsenzfeststellung nach § 243 Abs. 1 Satz 2, insb. zur Anwesenheit von Zeugen und nicht notwendigen Verteidigern (BGHSt 24, 280 f.) sowie zur Anwesenheit von Sachverständigen (BGH NStZ 1985 [P], 204, 207);
- die Angaben zur Vereidigung von Schöffen (BGH MDR 1973 [D], 369, 372);
- die Angaben zur Beratung des Gerichts (BGHSt 37, 141, 143; a. A. *Kahlo* FS Meyer-Goßner, S. 447, 468);
- Angaben zum Inhalt der Bekundungen von Zeugen und Sachverständigen (RGSt 43, 437, 438);
- die Angaben zur Verwendung von Augenscheinsobjekten (BGH NStZ 2003, 320, 321) und Urkunden (BGHSt 22, 26, 28) zum Zwecke des Vorhalts;
- Angaben zu Befragung des Angeklagten nach § 265a (KMR/*Gemählich* § 273 Rn. 8);
- Angaben zur Einführung allgemeinkundiger Tatsachen in die Hauptverhandlung; die Fertigung eines entsprechenden Protokollvermerks empfiehlt sich jedoch (BGH NJW 1963, 598);

§ 273 StPO Beurkundung der Hauptverhandlung

- Angaben zu stillschweigenden Einverständniserklärungen nach § 251 Abs. 1 Nr. 1, Abs. 2 Nr. 3 (OLG Köln NStZ 1988, 31, 32);
- Angaben zu Maßnahmen der Sitzungspolizei; hier gilt § 182 GVG (*Meyer-Goßner/Schmitt* § 273 Rn. 8):
- Angaben zu Verhandlungspausen und kurzen Unterbrechungen der Hauptverhandlung (BGH VRS 32, 143, 144).

7 Im Protokoll zu bezeichnen sind die **verlesenen Schriftstücke** und die Schriftstücke, von deren Verlesung unter Anwendung des **Selbstleseverfahrens** nach § 249 Abs. 2 abgesehen wurde. »Bezeichnung« ist nicht gleichzusetzen mit Inhaltsangabe (*Meyer-Goßner/Schmitt* § 273 Rn. 9). Vielmehr geht es um das Identifizierbarmachen des Schriftstücks (KK-StPO/*Engelhardt*, 6. Aufl., § 273 Rn. 6). Kommt es nur zur teilweisen Verlesung, sind die Teile, die verlesen wurden, genau zu bezeichnen und sollte der Verlesungszweck dokumentiert werden (BGH NStZ-RR 2007, 52). Nicht nur die Anordnung, auch die Ausführung der Verlesung ist im Protokoll zu vermerken (BGH NStZ 1993 [K], 27, 30). Hierfür reicht die Formulierung nicht aus, die Urkunde sei »zum Gegenstand der Verhandlung« gemacht worden (BGHSt 11, 29, 30). Diese Formulierung lässt nicht erkennen, ob es statt zu einer Verlesung nicht lediglich zu einem Vorhalt des Schriftstücks gekommen ist oder dieses gar nur in Augenschein genommen wurde (OLG Saarbrücken NStZ-RR 2000, 48 f.). Kommt es zum Selbstleseverfahren, ist nicht nur dessen Anordnung zu protokollieren (KMR/*Gemählich* § 273 Rn. 10). Protokollierungsbedürftig ist auch der Umstand, dass Richter und Schöffen das Schriftstück gelesen haben und für die sonstigen Verfahrensbeteiligten die Möglichkeit bestand, von dessen Inhalt Kenntnis zu nehmen (BGHSt 55, 31, 32).

8 Kommt es in der Hauptverhandlung zu der nach der Rechtsprechung des BGH zulässigen (BGHSt 1, 94, 96) Ersetzung der Verlesung der Urkunde durch einen **Bericht des Vorsitzenden** über deren Inhalt, wenn der genaue Wortlaut des Schriftstücks nicht Urteilsinhalt werden soll, ist der Umstand der Berichterstattung zu protokollieren (LR/*Gollwitzer* 25. Aufl., § 273 Rn. 16). Erfolgt lediglich ein Vorhalt der Urkunde, bedarf diese Verfahrenshandlung einer Dokumentierung in der Verhandlungsniederschrift nicht (BGHSt 22, 26, 28; vgl. bereits oben Rdn. 6).

9 Sämtliche im Laufe der Verhandlung gestellten **Anträge** sind zu protokollieren (KMR/*Gemählich* § 273 Rn. 13). Dies gilt auch für Hilfsanträge (BGH MDR 1975 [D], 365, 368 f.). Der Protokollierungspflicht unterliegen Anträge selbst dann, wenn sie unzulässig sind (*Meyer-Goßner/Schmitt* § 273 Rn. 10). Zu protokollieren (möglichst wörtlich) sind die Person des Antragstellers und der Antragsinhalt (LR/*Stuckenberg* § 273 Rn. 23). Einer Aufnahme der Antragsbegründung in das Protokoll bedarf es demgegenüber nicht (RGSt 32, 239, 241) und kann deshalb auch nicht verlangt werden (BGH GA 1960, 315). Dem Gericht bleibt es jedoch unbenommen, schriftlich angebrachte Anträge samt ihrer Begründung als Anlage zum Protokoll zu nehmen (LR/*Stuckenberg* § 273 Rn. 25). Jedoch muss das Protokoll dann unzweifelhaft auf diese Anlage verweisen (KK-StPO/*Engelhardt*, 6. Aufl., § 273 Rn. 16). Werden Beweisanträge gestellt, sind die Beweisbehauptung und das Beweismittel zu protokollieren (vgl. bereits RGSt 1, 32, 33). Auch unvollständige oder fehlerhafte Beweisanträge sind in die Sitzungsniederschrift aufzunehmen (SK-StPO/*Frister* § 273 Rn. 11). Die Beantwortung der Frage, ob es sich bei dem Antrag um einen Beweisantrag oder – aufgrund fehlerhafter Anbringung – lediglich um einen Beweisermittlungsantrag handelt, wird i.d.R. nämlich erst anhand der wörtlichen Protokollierung des Antrags erfolgen können (LR/*Stuckenberg* § 273 Rn. 24).

10 In das Protokoll aufzunehmen sind auch die im Laufe der Hauptverhandlung **ergangenen Entscheidungen**. Dies sind die Beschlüsse des Gerichts und die Verfügungen des Vorsitzenden (*Meyer-Goßner/Schmitt* § 273 Rn. 11). Die Entscheidungen sind mit ihrem vollen Wortlaut, was etwaige Begründungen nach § 34 mit einschließt, in das Protokoll aufzunehmen (KMR/*Gemählich* § 273 Rn. 17). Erfolgt eine gesonderte Abfassung des Beschlusses, ist es für die Protokollierung ausreichend, diesen als Anlage zum Protokoll zu nehmen und seine mündliche Bekanntmachung unter Bezugnahme auf die Anlage in der Niederschrift zu vermerken (BGH MDR 1991 [H], 293, 297). Fehlt dem als Anlage zu Protokoll genommenen Beschluss die Unterschrift der entscheidenden Richter, ist dies unschädlich (LR/*Stuckenberg* § 273 Rn. 26).

11 Das durch das Verfahren **abschließende Urteil** wird durch die Aufnahme der Urteilsformel gem. § 268 Abs. 2 Satz 1 in der Sitzungsniederschrift protokolliert. Dafür ist die wörtliche Aufnahme der Urteilsformel vonnöten. Unzureichend ist der Vermerk, »das anliegende Urteil wurde verkündet« (RGSt 58, 143). Weicht die Fassung der Formel im Protokoll von der Fassung in der Urteilsurkunde ab, ist die Fassung

in der Sitzungsniederschrift maßgebend (BGH NJW 1986, 1820; SK-StPO/*Frister* § 273 Rn. 14). Hinsichtlich der Urteilsgründe reicht der Vermerk, sie seien mündlich verkündet worden (*Meyer-Goßner/Schmitt* § 273 Rn. 12). Allerdings sind sie vollständig zu dokumentieren, wenn das gesamte Urteil nach § 275 Abs. 1 Satz 1 in das Protokoll aufgenommen wird (KMR/*Gemählich* § 273 Rn. 19). Ebenfalls in das Protokoll aufzunehmen sind die im Zusammenhang mit dem Urteil zu verkündenden Entscheidungen über eine Aussetzung der Strafvollstreckung zur Bewährung, § 268a, oder zur Fortdauer von Untersuchungshaft, § 268b (KMR/*Gemählich* § 273 Rn. 20). Entsprechendes gilt für die für solche Entscheidungen vorgesehenen Belehrungen (LR/*Stuckenberg* § 273 Rn. 30).

Abs. 1a enthält Protokollierungsregelungen im Zusammenhang mit einer Verständigung nach § 257c. Satz 1 fordert, dass der wesentliche Ablauf und der Inhalt sowie das Ergebnis einer Verständigung protokolliert werden, was i.R.d. Verständigung abzugebende oder abgegebene Prozesserklärungen mit einschließt (*Meyer-Goßner/Schmitt* § 273 Rn. 12a; *Schlothauer/Weider* StV 2009, 600, 604). Die Vorschrift dient dazu, dem Revisionsgericht die getroffene Verständigung transparent und überprüfbar zu machen. Unterlässt der Vorsitzende notwendige Anordnungen zur Protokollierung, ist hiergegen das Gericht nach § 238 Abs. 2 anzurufen (BVerfG StV 2000, 3). Im Protokoll müssen sich auch Hinweise auf sich auf eine Verständigung beziehende Mitteilungen und Belehrungen nach § 243 Abs. 4 und § 257c Abs. 4 und 5 finden. Fehlen solche Angaben, gelten sie als nicht abgegeben bzw. nicht erfolgt (*Meyer-Goßner/Schmitt* § 273 Rn. 12b). 12

Auch dass eine Verständigung nach § 257c nicht stattgefunden hat, ist zu protokollieren, wobei sich der Beweiswert eines entsprechenden Vermerks nur auf die Hauptverhandlung bezieht. Ob es möglicherweise außerhalb der Hauptverhandlung zu einer Verständigung gekommen ist, wird dadurch nicht ausgeschlossen (*Meyer-Goßner/Schmitt* § 273 Rn. 12c; a. A. *Jahn/Müller* NJW 2009, 2625, 2630). Zu Recht wird diese Vorschrift als systemwidrig und überflüssig angesehen (*Meyer-Goßner/Schmitt* § 273 Rn. 12c). Die Sitzungsniederschrift kann nur der Dokumentation von Vorgängen in der Hauptverhandlung dienen. Findet dort eine Verständigung keine Erwähnung, hat sie wegen der negativen Beweiskraft des Protokolls als nicht geschehen zu gelten (so auch BGHSt 58, 315 ff.; dagegen BVerfG StV 2014, 713 ff. Das Urteil beruht auf dem nicht dokumentierten Negativattest aber nicht, wenn ausgeschlossen werden kann, dass Gespräche über eine Verständigung stattgefunden haben; BGHR StPO § 243 Abs. 4 Negativmitteilung 1). Für Vorgänge, die außerhalb der Hauptverhandlung stattgefunden haben, kann das Protokoll demgegenüber keinen Beweis erbringen. Entsprechend ist es auch nicht angängig, aus Abs. 1a Satz 3 die Verpflichtung zu ziehen, den Protokollvermerk aufzunehmen, dass eine Verständigung im gesamten bisherigen Strafverfahren nicht erwogen wurde (so aber *Brand/Petermann* NJW 2010, 268, 270).

Fehlt in der Niederschrift sowohl der Vermerk nach Abs. 1a Satz 1 und 2 als auch der Vermerk nach Abs. 1 Satz 3, soll nach der Rechtsprechung hierdurch das Protokoll widersprüchlich werden und seine Beweiskraft verlieren (BGHSt 56, 3, 6 = NJW 2011, 321 f.; OLG Celle NStZ-RR 2012, 20).

Abs. 2 Satz 1 Halbs. 1 statuiert die Pflicht, die **wesentlichen Ergebnisse von Zeugen- und Sachverständigenvernehmungen** in das Protokoll aufzunehmen, sofern die Verhandlung vor dem Strafrichter oder dem Schöffengericht stattgefunden hat. Damit dient die Vorschrift allein dazu, dem Berufungsgericht die Beweisaufnahme zu erleichtern (KMR/*Gemählich* § 273 Rn. 21). Diesem ist gem. § 325 zu Beweiszwecken die Verlesung des Protokolls erster Instanz erlaubt (*Meyer-Goßner/Schmitt* § 325 Rn. 2). Allerdings ist der Beweiswert des in der Sitzungsniederschrift dokumentierten Vernehmungsergebnisses eher gering, da der Inhalt des Protokollvermerks der vernommenen Person nicht vorgelesen und von dieser nicht genehmigt worden ist (*Meyer-Goßner/Schmitt* § 273 Rn. 14). Für den Augenscheins- und Urkundsbeweis hält Abs. 2 Satz 1 Halbs. 1 keine Regelung vor (*Meyer-Goßner/Schmitt* § 273 Rn. 13). Dies liegt daran, dass Inhaltsangaben zu Beweiserhebungen, die Urkunden und Augenscheinsobjekte betreffen, entbehrlich sind, weil sich die Beweismittel bei den Akten befinden und – anders als Zeugen – für eine Beweiserhebung des Berufungsgerichts jederzeit zur Verfügung stehen (LR/*Stuckenberg* § 273 Rn. 32). 13

Die Protokollierung ist Sache des Urkundsbeamten, der dabei hinsichtlich der Wesentlichkeit von Aussageinhalten den Weisungen des Vorsitzenden unterworfen ist (KMR/*Gemählich* § 273 Rn. 24). Dieser kann dem Urkundsbeamten auch eine Zusammenfassung der Aussage zur Aufnahme in das Protokoll diktieren (*Meyer-Goßner/Schmitt* § 273 Rn. 14; krit. LR/*Gollwitzer* 25. Aufl., § 273 Rn. 24: Diktat nicht angebracht). Die Prozessbeteiligten können auf den Inhalt der Protokollierung keinen Einfluss 14

§ 273 StPO Beurkundung der Hauptverhandlung

nehmen, der über Anregungen hinausgeht (KMR/*Gemählich* § 273 Rn. 24). Sie haben sich des Antragsrechts nach Abs. 3 zu bedienen (KK-StPO/*Greger* § 273 Rn. 17).

15 Die wesentlichen Ergebnisse einer Vernehmung sind in einem knappen Inhaltsprotokoll zusammenzufassen (*Meyer-Goßner/Schmitt* § 273 Rn. 15). Es ist zulässig, auf Niederschriften früherer amtlicher Vernehmungen Bezug zu nehmen, wenn die Aussage in der Hauptverhandlung vom Inhalt solcher Niederschriften nicht oder nur unwesentlich abweicht, Nr. 144 Abs. 2 Satz 1 RiStBV. Bei wesentlichen Abweichungen ist es demgegenüber i.d.R. geboten, die Aussage vollständig – in den entscheidenden Punkten u.U. sogar wörtlich – in das Protokoll aufzunehmen. Dies dient nicht zuletzt der Vorbereitung eines späteren Ermittlungsverfahrens wegen einer Falschaussage, Nr. 144 Abs. 2 Satz 2 RiStBV. Auch auf ein schriftliches Sachverständigengutachten, das sich bei den Akten befindet, kann im Protokoll verwiesen werden (BGH GA 1964, 275).

16 Durch das 1. Opferrechtsreformgesetz v. 24.06.2004 (BGBl. I, S. 1354) ist in **Abs. 2 Satz 2** die Möglichkeit aufgenommen worden, die Wiedergabe der wesentlichen Vernehmungsergebnisse in das Protokoll durch die **Aufzeichnung einzelner Vernehmungen auf Tonträger** zu ersetzen. Diese Regelung soll den Urkundsbeamten nicht überflüssig machen – sieht man einmal von der Möglichkeit ab, vor dem Strafrichter auf seine Hinzuziehung gem. § 226 Abs. 2 zu verzichten. Der Urkundsbeamte soll in seiner Tätigkeit jedoch entlastet werden (*Meyer-Goßner/Schmitt* § 273 Rn. 14). Insb. soll die Vorschrift aber der erneuten Vernehmung von Zeugen oder der Vernehmung des Richters oder Protokollführers erster Instanz über den Inhalt solcher Vernehmungen entgegenwirken, weil nach § 323 Abs. 1 Satz 6 gem. Abs. 2 Satz 2 aufgezeichnete Vernehmungen nach ihrer Übertragung in ein schriftliches Protokoll (§ 323 Abs. 2 Satz 2) verlesen werden können (KMR/*Gemählich* § 273 Rn. 26). Der Tonträger ist gem. Abs. 2 Satz 3 zu den Akten zu nehmen oder mit den Akten auf der Geschäftsstelle aufzubewahren. Einsichtsrecht und Datenschutz werden durch den in Abs. 2 Satz 4 enthaltenen Verweis auf § 58a Abs. 2 Satz 1 und 3 bis 6 gewahrt (*Meyer-Goßner/Schmitt* § 273 Rn. 14a). § 58a Abs. 3 gilt nicht entsprechend, sodass der Überlassung einer Kopie der Aufzeichnung keine rechtlichen Hindernisse entgegenstehen (*Neuhaus* StV 2004, 620, 624). Die Vernichtungsregelung des § 58a Abs. 2 Satz 2 i.V.m. § 101 Abs. 8 gilt gleichfalls nicht. Grund hierfür ist die Möglichkeit einer Wiederaufnahme des Strafverfahrens nach §§ 359 ff. (*Meyer-Goßner/Schmitt* § 273 Rn. 14a).

17 Einer Protokollierung gem. Abs. 2 bedarf es nicht, wenn allseitig Rechtsmittelverzicht erklärt wird oder eine Anfechtung des Urteils binnen der Rechtsmittelfrist nicht erfolgt, Satz 2 Halbs. 2. Die Vorschrift gilt entsprechend, wenn der Einspruch gegen einen Strafbefehl zurückgenommen wird (*Meyer-Goßner/Schmitt* § 273 Rn. 16).

18 Die absolute Beweiskraft des Protokolls gem. § 274 erstreckt sich allein auf die Tatsache der Einvernahme des Zeugen oder Sachverständigen, nicht aber auf den nach Abs. 2 in die Sitzungsniederschrift aufgenommenen wesentlichen Inhalt der Vernehmungen. Insoweit gilt der Grundsatz der freien Beweiswürdigung (LR/*Stuckenberg* § 273 Rn. 44). Hierin erschöpft sich der Beweiswert für spätere Hauptverhandlungen in der Tatsacheninstanz (RGSt 31, 69, 71; KMR/*Gemählich* § 273 Rn. 29).

19 **Abs. 3** ermöglicht die **vollständige Niederschreibung von Vorgängen, Aussagen und Äußerungen im Protokoll**. Protokollierungsfähig sind allein Vorgänge in der Hauptverhandlung. Geschehnisse vor Beginn der Verhandlung, während einer Sitzungspause oder außerhalb des Sitzungssaals, sofern dort die Sitzung nicht stattfindet (KMR/*Gemählich* § 273 Rn. 30), zählen nicht dazu (*Meyer-Goßner/Schmitt* § 273 Rn. 19). Andererseits ist nicht erforderlich, dass die Vorgänge eine Prozesshandlung oder gar eine wesentliche Förmlichkeit des Verfahrens i.S.d. Abs. 1 darstellen. Auch das Stottern oder Erröten eines Zeugen bzw. das Schlafen eines Richters sind protokollierungsfähig (SK-StPO/*Frister* § 273 Rn. 33).

Aussagen i.S.v. Abs. 3 sind nicht nur Bekundungen von Zeugen i.S.d. § 57 Satz 1 (so aber KK-StPO/*Engelhardt*, 6. Aufl., § 273 Rn. 22), sondern auch die Angaben von Sachverständigen und die Einlassung des Angeklagten (*Meyer-Goßner/Schmitt* § 273 Rn. 20).

Die in Abs. 3 ebenfalls erwähnten Äußerungen sind Erklärungen anderer im Sitzungssaal anwesender Personen (SK-StPO/*Frister* § 273 Rn. 35).

Eine Wortlautprotokollierung kommt nur dann in Betracht, wenn es auf die Feststellung eines Vorgangs, einer Aussage oder einer Äußerung ankommt (*Meyer-Goßner/Schmitt* § 273 Rn. 21). Dies wiederum setzt ein rechtliches Interesse an der Dokumentierung voraus (LR/*Stuckenberg* § 273 Rn. 48). Das Interesse kann sich auf das gegenwärtige aber auch ein anderes – ggf. sogar künftiges – Verfahren beziehen (KK-StPO/*Greger* § 273 Rn. 23). Für das laufende Verfahren wird sich das rechtliche Interesse insb. daraus herleiten, dass zu protokollierende Abläufe der Hauptverhandlung Verfahrensfehler enthalten, die Grundlage einer Revision sein können (SK-StPO/*Frister* § 263 Rn. 33). Auch wenn die Vorgänge und Äußerungen Anlass bieten, Beweisanträge zu stellen oder das Gericht zu weiterer Sachverhaltsaufklärung zu drängen, kann ein rechtliches Interesse an wörtlicher Protokollierung bestehen (*Meyer-Goßner/Schmitt* § 263 Rn. 23). Daneben kann das besondere Gewicht eines Umstands für die Beweiswürdigung des Gerichts (etwa das Ergebnis einer Augenscheinseinnahme anlässlich eines Ortstermins) die Protokollierung rechtfertigen (OLG Bremen NJW 1981, 2827). Dieses besondere Gewicht des Ergebnisses einer Beweiserhebung liegt nach herrschender Meinung aber nicht bereits bei Entscheidungserheblichkeit vor. So wird eine Aussage nicht deshalb wörtlich protokolliert, weil sie Einfluss auf den Ausgang des Verfahrens haben kann (*Sieß* NJW 1982, 1625, 1626; SK-StPO/*Frister* § 273 Rn. 36; a. A. *Krekeler* AnwBl. 1984, 417, 418; *Ulsenheimer* NJW 1980, 2273, 2276). Die herrschende Meinung verdient im Ergebnis Zustimmung, wenn auch ihre Differenzierung zwischen »besonderer Beweisbedeutung« und »bloßer Entscheidungserheblichkeit« arg gekünstelt erscheint. Jedoch hat sie das durchaus anzuerkennende Anliegen im Blick, einem Ausufern der Hauptverhandlung durch beantragte Wortlautprotokollierung entgegenzuwirken (LR/*Stuckenberg* § 273 Rn. 42 mit Fn. 131; s. auch SK-StPO/*Frister* § 273 Rn. 36). Infolgedessen ist eine Aussage nur dann gem. Abs. 3 Satz 1 zu protokollieren, wenn es auf ihren exakten Wortlaut ankommt (OLG Schleswig SchlHA 1976, 172; *Schmid* NJW 1981, 1353, 1354). Auf den Wortlaut einer Aussage kommt es insb. dann an, wenn ihr Inhalt unterschiedlich gedeutet werden kann (LR/*Stuckenberg* § 273 Rn. 50; SK-StPO/*Frister* § 273 Rn. 36). Für andere Verfahren liegt ein rechtliches Interesse an einer wörtlichen Protokollierung vor, wenn der protokollierte Vorgang bzw. die protokollierte Äußerung Ausgangspunkt für strafrechtliche Ermittlungen – Nr. 144 Abs. 2 Satz 2 RiStBV (vgl. oben Rdn. 15) – oder eine disziplinarrechtliche Verfolgung sein soll (SK-StPO/*Frister* § 273 Rn. 34). Auch der nicht unerhebliche Einfluss auf ein zivilrechtliches Verfahren kann Anlass für eine wörtliche Protokollierung sein (*Meyer-Goßner/Schmitt* § 273 Rn. 23). Die wörtliche Protokollierung wird von Amts wegen oder auf Antrag angeordnet. Die Anordnung erfolgt durch den Vorsitzenden. Er veranlasst sie von Amts wegen, wenn nach seinem pflichtgemäßen Ermessen die Voraussetzungen des Abs. 3 Satz 1 vorliegen (*Meyer-Goßner/Schmitt* § 273 Rn. 25). Einer Begründung bedarf die Anordnung nicht (KMR/*Gemählich* § 273 Rn. 24).

Wer einen **Antrag auf Protokollierung** stellen kann, ist umstritten. Während noch überwiegend Einigkeit darüber besteht, dass der Nebenkläger nicht zum Kreis der Antragsberechtigten gehört, da die Antragsbefugnis nach Abs. 3 in § 397 Abs. 1 nicht erwähnt wird (LR/*Stuckenberg* § 273 Rn. 56; SK-StPO/*Frister* § 273 Rn. 39; a. A. KK-StPO/*Engelhardt*, 6. Aufl., § 273 Rn. 24), ist sich die juristische Literatur darin uneins, ob beisitzende Richter und Schöffen das Recht zur Antragstellung innehaben (befürwortend u.a. KK-StPO/*Engelhardt*, 6. Aufl., § 273 Rn. 24; LR/*Stuckenberg* § 273 Rn. 56; verneinend KMR/*Gemählich* § 273 Rn. 36; *Meyer-Goßner/Schmitt* § 273 Rn. 26). Richtigerweise wird man eine Antragsbefugnis dieser Prozesssubjekte ablehnen müssen. Beisitzer und Schöffen sind Mitglieder des Gerichts, die nach Abs. 3 Satz 2 zu entscheiden haben, wenn der Vorsitzende einen Antrag auf wörtliche Protokollierung abgelehnt hat. Gäbe man ihnen das Antragsrecht, müssten sie über die Ablehnung ihrer eigenen Anträge befinden, was eine objektive Kontrolle der Sachleitung des Vorsitzenden ausschließen dürfte. Man wird beisitzenden Richtern und Schöffen deshalb lediglich die Befugnis zugestehen können, im Rahmen eines internen Meinungsbildungsprozesses die Möglichkeit zu besitzen, wörtliche Protokollierungen anzuregen (KMR/*Gemählich* § 273 Rn. 36). Auch Zeugen und Sachverständige wird man aus dem Kreis der Antragsberechtigten herausnehmen müssen (LR/*Stuckenberg* § 273 Rn. 56; *Meyer-Goßner/Schmitt* § 273 Rn. 26; a. A. *W. Schmid* GA 1962, 353, 362; *Ulsenheimer* NJW 1980, 2273, 2274). Ihnen fehlt es grds. an einem rechtlichen Interesse an der wörtlichen Protokollierung ihrer Aussagen bzw. Äußerungen.

In seinem Antrag muss der Antragsteller den zu protokollierenden Vorgang genau bezeichnen und substantiiert und nachvollziehbar darlegen, worin sein rechtliches Interesse an der Protokollierung besteht (OLG Bremen NStZ 1986, 183; KMR/*Gemählich* § 273 Rn. 35). Der Antrag ist in der Sitzungsniederschrift zu dokumentieren (*Meyer-Goßner/Schmitt* § 273 Rn. 28). Leistet der Vorsitzende dem Antrag Folge, wird zudem festgehalten, dass eine wörtliche Protokollierung erfolgte (LR/*Gollwitzer* 25. Aufl., § 273 Rn. 54). Wird der Antrag hingegen abgelehnt, sind der Inhalt des Antrags, seine Ablehnung und die Begründung der Ablehnung in der Niederschrift festzuhalten (*Meyer-Goßner/Schmitt* § 273 Rn. 25).

Das Antragsrecht der Verfahrensbeteiligten gibt diesen noch keinen Beurkundungsanspruch. Ob die Voraussetzungen für eine wörtliche Protokollierung vorliegen, entscheidet nach tradierter höchstrichterlicher Rechtsprechung auch in diesem Fall allein der Vorsitzende nach seinem pflichtgemäßen Ermessen (RGSt 5, 352 f.; BGH, NJW 1966, 63; s. a. *Meyer-Goßner/Schmitt* § 273 Rn. 29). Nach der Gegenauffassung (u.a. OLG Bremen JR 1982, 252, 253; LR/*Stuckenberg* § 273 Rn. 57) besteht demgegenüber ein Anspruch auf Protokollierung bei Vorliegen eines anzuerkennenden rechtlichen Interesses an der vollständigen Fixierung eines Vorgangs im Hauptverhandlungsprotokoll. Wie *Meyer-Goßner/Schmitt* zu Recht bemerkt (§ 273 Rn. 29), kommt diesem Anspruch aber keine Bedeutung zu, weil auf der Ablehnung eines Antrags auf wörtliche Protokollierung das Urteil nicht beruhen kann und die Zurückweisung des Begehrens auf Beurkundung revisionsrechtlich keine Bedeutung besitzt (BGH NStZ 1994 [K], 23, 25).

21 Abs. 3 Satz 2 gibt den Prozessbeteiligten die Möglichkeit, gegen die Ablehnung eines Antrags auf Protokollierung auf gerichtliche Entscheidung anzutragen. Hierbei handelt es sich um eine den Rechtsbehelf aus § 238 Abs. 2 verdrängende Sondervorschrift (*Meyer-Goßner/Schmitt* § 273 Rn. 30). Die Entscheidung des Gerichts ergeht durch Beschluss, der zu begründen und in der Hauptverhandlung zu verkünden ist (LR/*Stuckenberg* § 263 Rn. 60). An den Beschluss ist der Vorsitzende nur gebunden, soweit durch diesen die Pflicht zur Protokollierung ausgesprochen wird (*Meyer-Goßner/Schmitt* § 273 Rn. 30). Wortlaut und Inhalt der Niederschreibung werden von ihm dabei mit dem Urkundsbeamten abgestimmt (KMR/*Gemählich* § 273 Rn. 37). Bestätigt das Gericht eine ablehnende Entscheidung des Vorsitzenden, steht es diesem frei, im Fall einer Meinungsänderung gleichwohl eine Beurkundung zu veranlassen (KK-StPO/*Greger* § 273 Rn. 27).

22 Die vollständige Niederschrift eines Vorgangs oder einer Äußerung bzw. einer Aussage erfolgt entweder durch Diktat des Vorsitzenden oder dessen Aufforderung an den Urkundsbeamten, mitzuschreiben (*Meyer-Goßner/Schmitt* § 273 Rn. 31). Der Antragsteller besitzt nicht das Recht, den Wortlaut in das Protokoll zu diktieren (LR/*Stuckenberg* § 273 Rn. 53). Die Protokollierung muss nicht zwangsläufig in der Hauptverhandlung erfolgen. Dies ist auch in einer Sitzungspause möglich (LR/*Stuckenberg* § 273 Rn. 54), setzt aber eine Abstimmung des Vorsitzenden mit dem Urkundsbeamten voraus (*Meyer-Goßner/Schmitt* § 273 Rn. 31). Eine Beurkundung, die für außerhalb des anhängigen Verfahrens liegende Zwecke vorgenommen wird, kann auch als Anlage zur Sitzungsniederschrift aufgenommen werden (KK-StPO/*Greger* § 273 Rn. 29). Die Anlage muss dann aber allen Erfordernissen des Protokolls entsprechen (LR/*Stuckenberg* § 273 Rn. 54).

23 Die Niederschrift muss in der Verhandlung vollständig verlesen werden. Der Vorsitzende bestimmt, ob dies durch ihn oder den Urkundsbeamten erfolgt (*Meyer-Goßner/Schmitt* § 273 Rn. 32). Die Verlesung geschieht, damit Einwendungen gegen die Art der Protokollierung erhoben werden können (SK-StPO/*Frister* § 273 Rn. 43).

24 Weiterhin erforderlich ist die Genehmigung durch die Prozessbeteiligten, die grds. ausdrücklich zu erteilen ist (*Meyer-Goßner/Schmitt* § 273 Rn. 32). Sie gilt aber auch dann als abgegeben, wenn sich die Prozessbeteiligten auf allgemeines Befragen mit der Art der Protokollierung einverstanden erklären (LR/*Stuckenberg* § 273 Rn. 55).

25 Gemäß Abs. 3 Satz 3 ist die Verlesung im Sitzungsprotokoll zu vermerken. Entsprechendes gilt für die erteilte Genehmigung und etwaig erhobene Einwendungen. Fehlen Einträge über die Verlesung und Genehmigung in der Niederschrift, kommt dem Protokollvermerk keine absolute Beweiskraft zu (SK-StPO/*Frister* § 273 Rn. 42).

26 Abs. 4 bestimmt, dass das **Urteil nicht zugestellt** werden kann, bevor das Protokoll fertiggestellt ist. Dies bedeutet, dass vor Fertigstellung des Protokolls die von der Urteilszustellung abhängigen Fristen nicht in Lauf gesetzt werden. Dies betrifft insb. die Revisionsbegründungsfrist aus § 345 Abs. 1 Satz 2 (BGHSt 27, 80). Fertig gestellt ist das Protokoll mit der letzten, seinen Inhalt deckenden Unterschrift (KMR/*Gemählich* § 273 Rn. 41; vgl. auch § 271 Rdn. 12). Formelle Mängel der Niederschrift stellen ihre Fertigstellung nicht infrage (BGH NStZ 1984, 89).

27 **C. Anfechtbarkeit und Revision.** Lehnt das Gericht im Beschlusswege eine vollständige Protokollierung nach Abs. 3 Satz 1 ab, kann hiergegen keine Beschwerde erhoben werden, wenn die Pro-

tokollierung Zwecken des anhängigen Verfahrens dienen sollte. Die Beschwerdemöglichkeit wird durch § 305 Satz 1 versperrt (*Meyer-Goßner/Schmitt* § 273 Rn. 35). Demgegenüber ist die Beschwerde möglich, wenn die Protokollierung zu außerhalb des anhängigen Verfahrens liegenden Zwecken beantragt wurde (KK-StPO/*Greger* § 273 Rn. 36). Mit der Beschwerde kann jedoch nur geltend gemacht werden, dass die Protokollierung rechtsfehlerhaft verweigert wurde, nicht aber, dass der Vorgang inhaltlich falsch oder wegen tatsächlicher Zweifel nicht in das Protokoll aufgenommen wurde (LR/*Stuckenberg* § 273 Rn. 66).

Die Revision kann auf Mängel des Protokolls nicht gestützt werden, weil das Urteil nicht auf ihnen beruht (KMR/*Gemählich* § 273 Rn. 47). Dies gilt auch dann, wenn ein Antrag auf vollständige Niederschreibung gem. Abs. 3 abgelehnt wurde (KK-StPO/*Greger* § 273 Rn. 35; vgl. auch oben Rdn. 20). Auch inhaltliche Widersprüche einer nach Abs. 2 protokollierten Aussage und deren Wiedergabe in den Urteilsgründen vermögen die Revision nicht zu begründen (OLG Brandenburg NStZ-RR 2009, 247). Etwas anderes gilt, wenn statt eines Inhaltsprotokolls eine Aufnahme der Vernehmung auf Tonträger erfolgte. Mit dieser Original-Dokumentation oder einer wörtlichen Niederschrift nach Abs. 3 lässt sich der Gegenbeweis gegen die Urteilsfeststellungen führen (*Meyer-Goßner/Schmitt* § 273 Rn. 36; vgl. dazu auch § 274 Rdn. 6). 28

§ 274 StPO Beweiskraft des Protokolls.
Die Beobachtung der für die Hauptverhandlung vorgeschriebenen Förmlichkeiten kann nur durch das Protokoll bewiesen werden. Gegen den diese Förmlichkeiten betreffenden Inhalt des Protokolls ist nur der Nachweis der Fälschung zulässig.

S.a. Nr. 144 RiStBV

A. Grundsätzliches und Tatbestand. I. Gesetzgeberische Zielvorgabe. Die Vorschrift dient der **Vereinfachung des Revisionsverfahrens**. Sie soll dem Revisionsgericht die Prüfung von Verfahrensrügen erleichtern (BGH NJW 1976, 977, 978), indem sie als einziges Beweismittel für die für die strafgerichtliche Hautverhandlung vorgeschriebenen Förmlichkeiten die Sitzungsniederschrift benennt und damit andere Informationsquellen, die hierüber Auskunft geben könnten, explizit ausschließt. Damit wird zwar der Grundsatz der freien Beweisermittlung und Beweiswürdigung des Revisionsgerichts beschränkt (BGHSt 26, 281, 283). Jedoch ist dies der ausdrückliche Wille des Gesetzgebers, der die Förmlichkeiten des Hauptverfahrens nicht zum Gegenstand von Beweiserhebungen im Rechtsmittelzug machen wollte (*Meyer-Goßner/Schmitt* § 274 Rn. 1). Die dem Protokoll zugedachte Monopolstellung beim Nachweis für die Förmlichkeiten des Hauptverfahrens hat zugleich zur Folge, dass die Niederschrift durch andere Beweise nicht ergänzt, ersetzt oder widerlegt werden kann (BGHSt 2, 125, 126; st. Rspr.). So können weder dienstliche Äußerungen der Mitglieder des Gerichts oder der sonstigen Prozessbeteiligten (BGHSt 22, 278, 280) noch die Urteilsgründe (*Alsberg/Güntge* Rn. 1637) die Beweiskraft des Protokolls beseitigen. Dies gilt selbst für den Fall, dass sich sämtliche am Verfahren beteiligten Personen darüber einig sind, dass das Protokoll inhaltlich unrichtig ist (LR/Gollwitzer § 274 Rn. 92; *Meyer-Goßner/Schmitt* § 274 Rn. 3). 1

Dass dem Sitzungsprotokoll die ausschließliche Beweiskraft für die (wesentlichen) Förmlichkeiten des Verfahrens zukommt, schließt die Auslegung seines Inhalts nicht aus (BGHSt 13, 53, 59). Vielmehr ist eine solche Auslegung sogar geboten, wenn der Inhalt des Protokolls in Zweifel steht (*Meyer-Goßner/Schmitt* § 274 Rn. 5). Für die Auslegung kann das Gericht dann sämtliche, ihm tauglich erscheinenden Erkenntnisquellen heranziehen (BayObLG NJW 1995, 976), also auch diejenigen, die – wie Akteninhalt oder Urteilsgründe (BGH NStZ 1991, 143, 144) – ansonsten nicht geeignet sind, den Protokollinhalt zu widerlegen. 2

Die Beweiskraftregelung des § 274 gilt nur für die Protokolle der strafgerichtlichen Hauptverhandlung. Auf Niederschriften über richterliche Untersuchungshandlungen, die außerhalb der Hauptverhandlung stattgefunden haben, findet sie keine Anwendung (*Meyer-Goßner/Schmitt* § 274 Rn. 4). 3

II. Reichweite der Beweiskraft. Seine **ausschließliche Beweiskraft** besitzt das Sitzungsprotokoll allerdings nur in einem Rechtsmittelverfahren, in dem die Gesetzmäßigkeit einer tatrichterlichen Verhandlung zu überprüfen ist (BGHSt 26, 281, 282). In anderen Verfahren kommt dem Hauptverhand- 4 lungsprotokoll demgegenüber keine Beweiskraft zu (LR/*Gollwitzer* 25. Aufl., § 274 Rn. 2; *Meyer-Goßner/Schmitt* § 274 Rn. 7). Dies gilt insb. auch für Strafverfahren, die später aufgrund einer Eintragung im Protokoll gegen Prozessbeteiligte oder sonstige Prozesssubjekte geführt werden. Geht es etwa in einem solchen Strafverfahren um den Meineid einer als Zeuge vernommenen Person, muss das mit dieser Straftat befasste Gericht prüfen, ob die durch das Protokoll der früheren Strafverhandlung belegte Vereidigung der Aussageperson tatsächlich stattgefunden hat (*Meyer-Goßner/Schmitt* § 274 Rn. 7).

5 Die Beweiskraft der Sitzungsniederschrift bezieht sich auch nicht auf alle protokollierten Verfahrensvorgänge. Obwohl dies im Gesetzeswortlaut keine ausdrückliche Erwähnung findet, wird aus dem systematischen Zusammenhang der Beweiskraftregel des § 274 mit der den Inhalt des Protokolls beschreibenden Vorschrift des § 273 deutlich, dass nur die **wesentlichen Förmlichkeiten des Verfahrens** durch das Protokoll belegt werden (OLG Bremen NJW 1975, 1793; LR/*Stuckenberg* § 274 Rn. 14; *Meyer-Goßner/Schmitt* § 274 Rn. 8; a. A. KK-StPO/*Greger* § 274 Rn. 4). Nicht wesentliche Förmlichkeiten sind als prozessuale Vorgänge im Freibeweis zu klären (BGHSt 22, 26, 27; *Meyer-Goßner/Schmitt* § 274 Rn. 8). Als ein solches Mittel des Freibeweises kommt auch das Protokoll in Betracht (RGSt 43, 437, 438). Nur kann es, da ihm insoweit keine absolute Beweiskraft innewohnt, durch andere Beweismittel widerlegt oder zumindest in Zweifel gezogen werden. Dieses Umstands einer lediglich **relativen Beweiskraft** muss man sich bei der Deutung von Protokolleinträgen bewusst sein. So lässt sich aus dem Umstand, dass ein Sachverständiger im Protokoll nicht erwähnt wird, nicht schließen, dass er nicht anwesend war (OLG Hamm NStZ 2009, 44, 45). Denn der Sachverständige ist keine Person deren Anwesenheit nach § 226 vorgeschrieben ist, weshalb diese Anwesenheit auch nicht protokolliert werden muss (*Meyer-Goßner/Schmitt* § 274 Rn. 8).

6 An der absoluten Beweiskraft des § 274 nehmen auch keine Vorgänge des Verfahrens teil, die vor oder nach der Hauptverhandlung stattgefunden haben (OLG Hamburg NJW 1955, 1201; vgl. auch oben Rdn. 3) oder die in Sitzungspausen gefallen sind (*Meyer-Goßner/Schmitt* § 274 Rn. 9). Ebenfalls durch das Protokoll nicht bewiesen werden Vorgänge, die die Beratung oder Abstimmung betreffen, weil diese richterlichen Tätigkeiten nicht Bestandteil der Hauptverhandlung sind (BGH NStZ 2009, 105, 106). Unterschiedlich behandelt werden nach § 273 protokollierte Aussagen. Während die Inhaltswiedergaben nach § 273 Abs. 2 an der Beweiskraft des § 274 nicht teilhaben (BGH StV 1997, 455), gilt nach herrschender Meinung etwas anderes für die Wortlautprotokolle nach § 273 Abs. 3. Mit ihnen kann gegen die Urteilsfeststellungen der Beweis der Unrichtigkeit geführt werden (so schon RGSt 42, 157, 160; 43, 437, 438; KK-StPO/*Engelhardt*, 6. Aufl., § 274 Rn. 5; a.A.u.a. KMR/*Gemählich* § 274 Rn. 11; SK-StPO/*Frister* § 274 Rn. 10: Der Inhalt einer Aussage ist keine wesentliche Förmlichkeit des Verfahrens. Gleichwohl könne der protokollierte Aussageinhalt Grundlage einer Revisionsrüge sein, weil eine hiervon abweichende Wiedergabe der Aussage im Urteil nicht auf dem Inbegriff der Hauptverhandlung beruhe). Auch ein im Anschluss an die Urteilsverkündung erklärter Rechtsmittelverzicht wird durch das Protokoll bewiesen, wenn er nach § 273 Abs. 3 protokolliert und beurkundet wurde (BGHSt 18, 257, 258; *Meyer-Goßner/Schmitt* § 274 Rn. 11; a. A. LR/*Gollwitzer* 25. Aufl., § 273 Rn. 21). Fehlt es demgegenüber an der Beurkundung des Verzichts nach Abs. 3 Satz 3, soll allerdings etwas anderes gelten. Die Rechtsprechung (BGHSt 19, 101, 105; OLG Köln NStZ-RR 2006, 83 f.) misst dem dann verbliebenen Vermerk über die abgegebene Verzichtserklärung lediglich den Gehalt eines Beweisanzeichens bei, was zur Folge hat, dass das Gegenteil des protokollierten Inhalts der Niederschrift im Freibeweisverfahren festgestellt werden könnte. Erklärungen eines Verfahrensbeteiligten im Rechtsmittelzug über das von ihm verfolgte Rechtsmittel (Beschränkung; Zurücknahme) werden demgegenüber ausnahmslos durch das Protokoll bewiesen (RGSt 66, 417, 418 f.; *Meyer-Goßner/Schmitt* § 274 Rn. 11).

7 Hinsichtlich der Form der Beweiskraft unterscheidet man zwischen **positiver und negativer Beweiskraft**. An der positiven Beweiskraft nehmen sämtliche im Hauptverhandlungsprotokoll beurkundeten wesentlichen Förmlichkeiten teil. Sie gelten durch ihre Erwähnung als stattgefunden und damit bewiesen (BGH JR 1961, 508). Finden sich Vermerke im Protokoll über Angaben des Angeklagten zur Sache, beweist dies, dass er sich eingelassen hat. Folgen diese Angaben in der Sitzungsniederschrift nicht unmittelbar an die Belehrung über das Schweigerecht in § 243 Abs. 5 Satz 1, ist bewiesen, dass trotz zunächst anfänglicher Wahrnehmung dieses Rechts eine spätere Einlassung erfolgt ist (BGH NStZ 92, 49).

Andererseits belegt umgekehrt das Fehlen eines Vermerks über Angaben des Angeklagten, dass dieser sich nicht geäußert hat (BGH StV 2002, 531). Diese Schlussfolgerung kann aufgrund der negativen Beweiskraft des Protokolls gezogen werden. Negative Beweiskraft besagt nämlich, dass das, was als wesentliche Förmlichkeit des Verfahrens nicht beurkundet wurde, auch nicht stattgefunden hat (BGHSt 22, 278, 280). Wird ein Beweisantrag im Protokoll nicht erwähnt, gilt er als nicht gestellt (*ANM/Alsberg/Güntge* Rn. 1636). Wird nicht vermerkt, dass dem Angeklagten das letzte Wort erteilt wurde, gilt dieses als nicht gewährt (BGHSt 22, 278, 280). Ein vereidigter Zeuge gilt durch das Protokoll als uneidlich vernommen, wenn der Umstand der Vereidigung der Sitzungsniederschrift nicht zu entnehmen ist (BGH NStZ 86, 323; *Meyer-Goßner/Schmitt* § 274 Rn. 14).

III. Wegfall der Beweiskraft. Die absolute Beweiskraft des Protokolls – sei sie positiver oder negativer Natur – kann jedoch in Fortfall geraten. 8

Diesbezüglich sind in der Vergangenheit insb. von der Rechtsprechung – aber auch von der Literatur – Fallkonstellationen herausgearbeitet worden, bei denen der **Verlust der Beweiskraft** die Konsequenz sein soll. Dabei ist Ausgangspunkt sämtlicher Überlegungen, dass ein Hauptverhandlungsprotokoll nur insoweit beweiskräftig ist, als es **ordnungsgemäß errichtet** und vom Urkundsbeamten und dem Vorsitzenden unterzeichnet wurde, § 271 Abs. 1 Satz 1 (BGH GA 1962, 305; *Meyer-Goßner/Schmitt* § 274 Rn. 15). Durch ihre Unterschriften dokumentieren beide Urkundspersonen, dass sie den Inhalt der Sitzungsniederschrift als richtig anerkennen. Von einer solchen Übereinstimmung kann – so die bisher einhellige Auffassung – nicht mehr die Rede sein, wenn aus dem Protokoll selbst Meinungsverschiedenheiten zwischen den Urkundspersonen hinsichtlich der in der Hauptverhandlung geschehenen (oder nicht geschehenen) Vorgänge deutlich werden. Folge davon war bisher, dass die Abschnitte des Protokolls, die solche Meinungsverschiedenheiten erkennen ließen, an der absoluten Beweiskraft nicht teilnahmen (RGSt 57, 394, 396; KMR/*Gemählich* § 274 Rn. 15). Die Beweiskraft entfiel nach tradierter Auffassung auch dann, wenn die Urkundspersonen das Protokoll nachträglich für unrichtig erklärten, sodass es von ihren Unterschriften nicht mehr gedeckt war (BGHSt 4, 363, 364; *Alsberg/Güntge* Rn. 1643) oder sie sich zumindest vom Protokollinhalt distanzierten (OLG Jena NStZ-RR 1997, 10). Dabei reichte das Abrücken einer Urkundsperson vom beurkundeten Inhalt aus, um den Verlust der formellen Beweiskraft herbeizuführen (BGHR StPO § 274 Beweiskraft 35; *Meyer-Goßner/Schmitt* § 274 Rn. 16). Lediglich für den Fall, dass durch die alleinige Distanzierung einer der Urkundspersonen einer bereits erhobenen Verfahrensrüge der Boden entzogen worden wäre, machte die Rechtsprechung des BGH von dieser Regel eine Ausnahme und ließ die Beweiskraft der Sitzungsniederschrift nicht entfallen (BGH NStZ-RR 2007, 245).

Dem Protokoll wurde weiterhin die Beweiskraft abgesprochen, wenn es erkennbare Fehler, wie **offensichtliche Lücken, Unklarheiten oder Widersprüche,** enthielt (BGHSt 16, 306, 308; LR/*Stuckenberg* § 274 Rn. 29 ff.; vgl. zum Ganzen auch ausführlich *Schäfer* FS BGH, S. 707, 712 ff.). Als Widersprüchlichkeit wurde u.a. der Umstand gewertet, dass das Protokoll nicht eindeutig erkennen ließ, ob die Eidesleistung eines Dolmetschers auf § 189 Abs. 1 oder § 189 Abs. 2 GVG beruhte (BGH NStZ 2000, 49); ebenfalls der Umstand, dass sich Zeitangaben zu Vorgängen in der Hauptverhandlung im Protokoll nicht in Übereinstimmung bringen ließen (BGH NStZ 2006, 714, 715). Eine Lücke wurde darin gesehen, dass die Sitzungsniederschrift die (wiederhergestellte) Öffentlichkeit der Urteilsverkündung erwähnte, aber keinen Eintrag über deren vorherigen Ausschluss enthielt (BGHSt 17, 220, 221 f.) oder in ihr der Inhalt eines angebrachten Beweisantrags nicht mitgeteilt wurde (OLG Hamm NStZ-RR 2008, 382). Die Offensichtlichkeit und damit Erheblichkeit für den Wegfall der Beweiskraft wurde damit begründet, dass durch einen protokollierten Vorgang bewiesen wurde, dass ein anderer geschehen war, über den das Protokoll nichts aussagte (*Meyer-Goßner/Schmitt* § 274 Rn. 17). 9

Der Umstand einer Protokollberichtigung (vgl. dazu § 271 Rdn. 15 ff.) wurde demgegenüber nie als Grund für einen Wegfall der Beweiskraft genommen (KMR/*Gemählich* § 274 Rn. 20). Begründet wurde dies damit, dass die Berichtigung nicht die Beweiskraft des Protokolls angreife, sondern lediglich dessen Inhalt abändere (*ANM*, S. 885; *Meyer-Goßner/Schmitt* § 274 Rn. 16). 10

Als Konsequenz des Wegfalls der Beweiskraft des Protokolls wurde die Verpflichtung des Rechtsmittelgerichts angesehen, den insoweit unbewiesenen und im Streit stehenden Verfahrensablauf im Wege des Freibeweises unter Heranziehung des Grundsatzes der freien Beweiswürdigung zu klären (u.a. BGHSt 16, 306, 308; *ANM*, S. 893; s. a. BVerfG StV 2002, 521). Keinesfalls führte der Verlust der Beweiskraft 11 dazu, das Vorbringen des Revisionsführers zum Gang der Hauptverhandlung als wahr zu unterstellen (BGHSt 17, 220, 222; *Meyer-Goßner/Schmitt* § 274 Rn. 18). Vielmehr blieb dessen Rechtsmittel erfolglos, wenn es dem Revisionsgericht unter Heranziehung sämtlicher verfügbaren Beweismittel (BGH NJW 1976, 977, 978) – insb. unter Heranziehung der Urteilsgründe (RGSt 48, 419) und der dienstlichen Äußerungen der Gerichtsmitglieder, der Prozessbeteiligten sowie des Urkundsbeamten (*Meyer-Goßner/Schmitt* § 274 Rn. 18) – nicht gelang, eine Klärung über den Verfahrensvorgang herbeizuführen (BVerfG StV 2002, 521). Krit. zu der gegebenen Begründung, nur erwiesene Verfahrensfehler könnten die Revision begründen, aber SK-StPO/*Schlüchter/Frister* 43. Lfg. § 274 Rn. 21.

12 Die Auffassung, offensichtliche Lücken und Widersprüche würden die Beweiskraft des Protokolls nachhaltig erschüttern, ist jedoch durch eine Entscheidung des 5. Strafsenats des BGH v. 28.01.2010 ins Wanken geraten (BGHSt 55, 31 ff. = JR 2010, 538 m. Anm. *Güntge*). Der Senat sieht nach der richterrechtlichen Einführung eines **standardisierten Protokollberichtigungsverfahrens** durch die Entscheidung des Großen Senats für Strafsachen v. 23.04.2007 (BGHSt 51, 298 ff.; vgl. dazu § 271 Rdn. 18) kaum noch Raum mehr für eine Feststellung wesentlicher Förmlichkeiten im Wege des Freibeweisverfahrens (bei Vorliegen eines Widerspruchs oder einer offensichtlichen Lücke im Protokoll). Die Existenz des Widerspruchs oder der Lücke gebe Anlass dazu, das formalisierte Protokollberichtigungsverfahren zu initiieren. Dieses führe entweder zu einer beweiskräftigen Änderung des Protokollinhalts oder aber es verbleibe bei dessen Scheitern – etwa weil sich keiner der Urkundspersonen nicht mehr an den streitigen Vorgang in der Hauptverhandlung erinnern könne – bei der Lückenhaftigoder Widersprüchlichkeit des Protokolls. Der vermisste Verfahrensvorgang habe als nicht geschehen zu gelten. Lediglich in Fällen krasser Widersprüchlichkeit dürfe das Freibeweisverfahren zur Aufklärung des Prozessgeschehens herangezogen werden (BGHSt 55, 31, 34).
Der 5. Strafsenat des BGH kann für sich in Anspruch nehmen, mit seiner Kritik an der Auffassung, Widersprüche und offensichtliche Lücken führten zu einem Wegfall der Beweiskraft der Sitzungsniederschrift, an die Entscheidung des Großen Senats für Strafsachen v. 23.04.2007 anzuknüpfen. Auch dort wurde die entsprechende Rechtsprechung bereits als konturenlos bezeichnet (BGHSt 51, 298, 314). Andererseits diente diese – in der Literatur mehrheitlich anerkannte (vgl. nur LR/*Gollwitzer* 25. Aufl., § 274 Rn. 23 ff.; SK-StPO/*Schlüchter/Frister* 43. Lfg. § 274 Rn. 17 ff.) – Judikatur dem Ziel, über die Aufklärung des Verfahrensgeschehens im Freibeweisverfahren materiell richtige Strafgerichtsentscheidungen zu erlangen (*Güntge* JR 2010 540, 542). Es wird abzuwarten bleiben, ob sich die Rechtsprechung des 5. Strafsenats in Zukunft auch bei den anderen Spruchkörpern des BGH durchsetzen wird.

13 Kann gem. **Satz 2** die **Fälschung des Protokolls** bewiesen werden, hebt dies dessen Beweiskraft auf (*Meyer-Goßner/Schmitt* § 274 Rn. 19). Eine Fälschung liegt vor, wenn das Protokoll eine unechte oder verfälschte Urkunde ist, weil es ganz oder teilweise von einem Unbefugten hergestellt oder inhaltlich verändert wurde (OLG Düsseldorf StV 1984, 108; KMR/*Gemählich* § 274 Rn. 21). Eine Fälschung liegt aber auch dann vor, wenn die Sitzungsniederschrift zwar von den Urkundspersonen stammt, ihr Inhalt aber bewusst falsch beurkundet wurde (*Meyer-Goßner/Schmitt* § 274 Rn. 19). Sind Unrichtigkeiten im Protokoll auf bloße Missverständnisse oder Nachlässigkeiten der Urkundspersonen zurückzuführen, liegt eine Fälschung nicht vor (BGH StV 1997, 455).
Den Nachweis der Fälschung hat der Verfahrensbeteiligte zu erbringen, der sich auf sie beruft (KMR/*Gemählich* § 274 Rn. 23). Dafür reicht es aus, dem Gericht die Beweismittel zu bezeichnen, aus denen auf die Fälschung geschlossen werden kann (*Meyer-Goßner/Schmitt* § 274 Rn. 20). Das Rechtsmittelgericht ermittelt dann im Wege des Freibeweisverfahrens, ob die behauptete Fälschung vorliegt (SK-StPO/*Schlüchter/Frister* 43. Lfg. § 274 Rn. 23).

14 **B. Revision.** Hinsichtlich der Revision ist fraglich, ob sie auch dann erhoben werden kann, wenn sie sich auf eine unrichtige Protokollierung stützt. Überwiegend wird in der Literatur vertreten, dass eine solche (Angeklagten-)Revision möglich sei, auch wenn der Verteidiger glaube, der seine Verfahrensrüge stützende Protokolleintrag sei unrichtig (u.a. *Beulke* FS Roxin, S. 1173, 1193; *Park* StraFo 2004, 335, 337 f.; vgl. demgegenüber aber BGH StV 1999, 582 f.). Für den Fall des sicheren Wissens der Unrichtigkeit des Protokolls hat der BGH diese Frage nunmehr ausdrücklich verneint. Das »vorsätzliche« Begründen einer Verfahrensrüge mit einem unrichtigen Protokoll sei rechtsmissbräuchlich und lasse die Verfahrensbeanstandung unzulässig werden (BGHSt 51, 88 ff.; ablehnend *Beulke* FS Amelung, S. 543, 558; *Wagner* StraFo 2007, 496, 499).

§ 275 StPO Absetzungsfrist und Form des Urteils.

(1) Ist das Urteil mit den Gründen nicht bereits vollständig in das Protokoll aufgenommen worden, so ist es unverzüglich zu den Akten zu bringen. Dies muß spätestens fünf Wochen nach der Verkündung geschehen; diese Frist verlängert sich, wenn die Hauptverhandlung länger als drei Tage gedauert hat, um zwei Wochen, und wenn die Hauptverhandlung länger als zehn Tage gedauert hat, für jeden begonnenen Abschnitt von zehn Hauptverhandlungstagen um weitere zwei Wochen. Nach Ablauf der Frist dürfen die Urteilsgründe nicht mehr geändert werden. Die Frist darf nur überschritten werden, wenn und solange das Gericht durch einen im Einzelfall nicht voraussehbaren unabwendbaren Umstand an ihrer Einhaltung gehindert worden ist. Der Zeitpunkt des Eingangs und einer Änderung der Gründe ist von der Geschäftsstelle zu vermerken.
(2) Das Urteil ist von den Richtern, die bei der Entscheidung mitgewirkt haben, zu unterschreiben. Ist ein Richter verhindert, seine Unterschrift beizufügen, so wird dies unter der Angabe des Verhinderungsgrundes von dem Vorsitzenden und bei dessen Verhinderung von dem ältesten beisitzenden Richter unter dem Urteil vermerkt. Der Unterschrift der Schöffen bedarf es nicht.
(3) Die Bezeichnung des Tages der Sitzung sowie die Namen der Richter, der Schöffen, des Beamten der Staatsanwaltschaft, des Verteidigers und des Urkundsbeamten der Geschäftsstelle, die an der Sitzung teilgenommen haben, sind in das Urteil aufzunehmen.
(4) Die Ausfertigungen und Auszüge der Urteile sind von dem Urkundsbeamten der Geschäftsstelle zu unterschreiben und mit dem Gerichtssiegel zu versehen.

Übersicht	Rdn.			Rdn.
A. Grundsätzliches und Tatbestand	1		4. Eingangs- und Änderungsvermerk der Geschäftsstelle	12
I. Das protokollierte Urteil	1			
II. Die Urteilsurkunde	2	III.	Urteilsunterzeichnung und Verhinderungsvermerk	13
1. Form und Unterzeichnung	2			
2. »Zu den Akten gebracht«	5		1. Erfordernis von Unterschrift und Vermerkerstellung	13
3. Die Urteilsabsetzungsfrist	6			
a) Fristberechnung	6		2. Verhinderungsgründe	14
b) Fristwirkung	9		3. Unterzeichnung durch Schöffen	15
c) Zulässigkeit der Fristüberschreitung	10	IV.	Der Urteilskopf	16
		V.	Ausfertigungen und Auszüge	18
		B.	Revision	19

S.a. Nr. 141 RiStBV

A. Grundsätzliches und Tatbestand. I. Das protokollierte Urteil. § 275 eröffnet zwei 1
Wege, das schriftliche Urteil aktenkundig zu machen. Gem. **Abs. 1 Satz 1** kann es entweder **vollständig in das Protokoll aufgenommen** werden. Möglich ist es aber auch – und dies ist die Regel –, das jenseits der Sitzungsniederschrift verfasste Judikat zu den Akten zu nehmen. Welcher Weg genommen wird, steht im Ermessen des Vorsitzenden (*Meyer-Goßner/Schmitt* § 275 Rn. 1). Entscheidet er sich für die Aufnahme in die Sitzungsniederschrift, ist darauf zu achten, dass sämtliche Formalien eingehalten werden, die allgemein, also auch für das später zu den Akten zu bringende Urteil gelten. Jedoch kann auf die Fertigung eines gesonderten Urteilskopfes verzichtet werden, wenn die dort gem. Abs. 3 zu machenden Angaben, wie von § 272 gefordert, bereits an anderer Stelle des Protokolls enthalten sind, (*Meyer-Goßner/Schmitt* § 275 Rn. 1 unter Verweis auf Nr. 141 Abs. 1 Satz 2 RiStBV). Entsprechendes gilt für die Urteilsformel; auch auf deren Fixierung im Urteil kann verzichtet werden, da sie ohnehin im Protokoll enthalten sein muss, § 273 Abs. 1 (KMR/*Gemählich* § 275 Rn. 2). Nicht verzichtbar ist demgegenüber die Unterzeichnung des protokollierten Urteils durch sämtliche Berufsrichter (KK-StPO/*Greger* § 275 Rn. 4). Anschließend muss das Protokoll (erneut) vom Vorsitzenden und vom Urkundsbeamten unterzeichneten werden (RGSt 64, 215 f.; SK-StPO/*Frister* § 275 Rn. 5; OLG Celle StraFo 2012, 21 f. lässt diese Unterzeichnung nach § 271 Abs. 1 Satz 1 auch als Urteilsunterschrift ausreichen, wenn der Vorsitzende zugleich der einzige für das Urteil verantwortliche Berufsrichter ist). Für das protokollierte Urteil gelten die in Abs. 1 genannten Fristen nicht. Eine Folge davon ist, dass das Urteil, das in die Sitzungsniederschrift aufgenommen wurde, nachträglich auch nicht mehr ergänzt oder geändert werden kann (OLG Düsseldorf MDR 1982, 249, 250; KMR/*Gemählich* § 275 Rn. 5 und *Meyer-Goßner/Schmitt*

§ 275 Rn. 1 unter Verweis auf BayObLG NStZ-RR 2000, 87, das diese Frage jedoch ausdrücklich offen gelassen hat; a. A. LR/*Stuckenberg* § 275 Rn. 21, wonach eine Änderung vor Ablauf der Fristen des Abs. 1 möglich sein soll, wenn das Protokoll noch nicht aus dem inneren Dienstbetrieb des Gerichts herausgegeben wurde; ebenso SK-StPO/*Frister* § 275 Rn. 6).

2 **II. Die Urteilsurkunde. 1. Form und Unterzeichnung.** Das **nicht protokollierte Urteil** ist als besondere Urkunde auszufertigen. Hierfür gelten die Fristen des **Abs. 1 Satz 2**. Zum Urteil gehören die nach Abs. 3 erforderlichen Angaben des Rubrums (OLG Köln NJW 1980, 1405; KMR/*Gemählich* § 275 Rn. 7), auch wenn sie keine das Revisionsgericht bindenden Feststellungen enthalten (BGH NJW 1987, 1776; *Meyer-Goßner/Schmitt* § 275 Rn. 3). Weiterhin zählen zum vollständigen Urteil die Urteilsformel nach § 268 Abs. 2 und die schriftlichen Urteilsgründe (KMR/*Gemählich* § 275 Rn. 7). Ein vollständiges Urteil liegt nicht vor, wenn es sich bei dem Schriftstück, das zu den Akten gebracht wird, lediglich um den Entscheidungsentwurf des Berichterstatters oder dessen Diktat auf Tonträger handelt (OLG Hamm NStZ 2011, 238; OLG Karlsruhe Justiz 1976, 442 f.). Für die Urteilsurkunde ist Schriftform erforderlich. Das zu den Akten gebrachte Urteil muss aber nicht die Reinschrift sein (OLG Rostock StV 1996, 253, 254; *Meyer-Goßner/Schmitt* § 275 Rn. 3). Ein Urteil liegt auch erst dann vor, wenn sämtliche an der Entscheidung beteiligten Berufsrichter deren Verschriftlichung unterzeichnet haben. Vor Leistung der letzten **Unterschrift** gilt diese lediglich als Entscheidungsentwurf, der zudem nicht Bestandteil der Akten ist (LR/*Stuckenberg* § 275 Rn. 3). Die Pflicht zum Unterschreiben trifft auch die Richter, die bei der Urteilsberatung oder bei Meinungsverschiedenheiten über seine schriftliche Fassung überstimmt worden sind (BGHSt 26, 92, 93; KK-StPO/*Greger* § 275 Rn. 23). Die Unterschriften müssen innerhalb der Fristen des Abs. 1 Satz 2 geleistet werden (BGH StV 2000, 184, 185). Gem. Abs. 2 Satz 2 ist es zulässig, die Unterschrift eines an der Unterschriftsleistung gehinderten Richters durch einen Verhinderungsvermerk zu ersetzen (BGHSt 26, 247, 248; *Meyer-Goßner/Schmitt* § 275 Rn. 4; vgl. dazu auch Rdn. 13). Die Unterschrift erfolgt handschriftlich durch Zeichnung mit dem vollständig ausgeschriebenen Familiennamen. Lesbarkeit ist nicht erforderlich. Jedoch muss die Zeichnung individualisierbar sein (BGHR StPO § 275 Abs. 2 Satz 1 Unterschrift 1). Der Zusatz der Amtsbezeichnung des Richters ist nicht erforderlich (KK-StPO/*Greger* § 275 Rn. 25). Versieht der Richter seine Unterschrift mit dem Zusatz, dass er entgegen der Mehrheit im Spruchkörper mit der Fassung der Urteilsgründe nicht einverstanden sei, soll dies – anders als der Zusatz, die Urteilsfassung sei nicht ordnungsgemäß beschlossen worden (KK-StPO/*Greger* § 275 Rn. 26) – die Unterschrift nicht unwirksam machen (BGHSt 26, 92, 93).

3 Die Unterschriften müssen auch die **Änderungen und Ergänzungen der Urteilsfassung** decken (BGH NStZ 1984, 378; KMR/*Gemählich* § 275 Rn. 8). Kommt es zu Änderungen oder Ergänzungen, muss für diese die Zustimmung sämtlicher Richter durch den Vorsitzenden herbeigeführt werden (BGH StV 1984, 144). Eine im Vorfeld eingeholte Blankett-Zustimmung ist unzureichend (BGHSt 27, 334, 335 f.; *Meyer-Goßner/Schmitt* § 275 Rn. 5). Urteilsergänzungen, die sich nicht auf den Inhalt der Entscheidung auswirken – Verbesserung von Schreibversehen, stilistische Korrekturen, Angabe von Rechtsprechungsverweisen und Literaturfundstellen – bedürfen nicht der Zustimmung sämtlicher Richter (BGH MDR 1979 [H], 634, 638; »KK-StPO/*Greger* § 275 Rn. 27).

4 Fehlt es an einer **fristgerechten Unterzeichnung des Urteils**, kann dieser Mangel im Nachhinein nicht mehr geheilt werden (*Meyer-Goßner/Schmitt* § 275 Rn. 6). Die nicht fristgerechte nachträgliche Unterzeichnung ist unwirksam (BGHSt 28, 194, 195; a. A. LR/*Gollwitzer* 25. Aufl., § 275 Rn. 37). Die fehlende Unterschrift eines Beisitzers wird auch nicht dadurch kompensiert, dass dessen Urteilsentwurf vom Vorsitzenden ohne inhaltliche Änderungen unterzeichnet wird (OLG Düsseldorf VRS 72, 117, 118). Auch die Unterzeichnung einer Urteilszustellungsverfügung ersetzt die fehlende Unterschrift nicht (BGH StV 2010, 618). Enthält das Urteil statt der Unterschrift eines Richters einen Verhinderungsvermerk und ist dieser unvollständig, so kann er ebenfalls nach Ablauf der Höchstfristen des Abs. 1 Satz 2 nicht mehr ergänzt werden (BGH StV 2000, 184; *Meyer-Goßner/Schmitt* § 275 Rn. 6; *Rieß* NStZ 1982, 441, 443; a. A. LR/*Gollwitzer* 25. Aufl., § 275 Rn. 5).

5 **2. »Zu den Akten gebracht«.** Das Urteil ist nicht erst dann **zu den Akten gebracht**, wenn es zu diesem geheftet (s. hierzu auch OLG Bremen StV 1998, 641) oder jedenfalls auf der Geschäftsstelle niedergelegt wurde (KMR/*Gemählich* § 275 Rn. 9). Ausreichend ist es, wenn der Richter, der die letzte Unterschrift geleistet hat, es auf den Weg zur Geschäftsstelle gebracht hat, was etwa der Fall ist, wenn es im

Dienstzimmer des Richters in das Aktenausgangsfach gelegt wird (BGHSt 29, 43, 45). In diesem Fall ist es auch unschädlich, dass das Urteil erst nach Fristablauf bei der Geschäftsstelle eingeht (BGH StV 1985, 135; SK-StPO/*Frister* § 275 Rn. 9). Auf den Weg zur Geschäftsstelle ist ein Urteil jedoch noch nicht gebracht, wenn der Richter es in seiner Wohnung nach Unterschrift zur Mitnahme in das Gerichtsgebäude bereitgelegt hat (KK-StPO/*Greger* § 275 Rn. 40; LR/*Stuckenberg* § 275 Rn. 6). Ein Vermerk des zuletzt unterschreibenden Richters, wann die Unterschriftsleistung erfolgt ist, wird vom Gesetz nicht gefordert, ist aber empfehlenswert, wenn die Unterschrift erst kurz vor Ablauf der dafür vorgesehenen Höchstfrist geleistet wird (BGHSt 29, 43, 47). Jedoch reicht zum Nachweis der Fristwahrung auch eine nachträgliche dienstliche Äußerung des Richters aus (*Meyer-Goßner/Schmitt* § 275 Rn. 9). Kann nicht festgestellt werden, ob die Unterschriftsleistung fristgerecht erfolgte, gilt die Frist als verstrichen (KMR/*Gemählich* § 275 Rn. 10).

3. Die Urteilsabsetzungsfrist. a) Fristberechnung. Für die Berechnung der **gestaffelten Fristen** des **Abs. 1 Satz 2** ist § 43 heranzuziehen (BGH MDR 1980 [H], 812, 815; *Meyer-Goßner/Schmitt* § 275 Rn. 8). Die Mindestfrist beträgt 5 Wochen. Hat die Hauptverhandlung 4 – 10 Verhandlungstage umfasst, erhöht sich die Frist auf 7 Wochen. Diese siebenwöchige Frist erhöht sich für jeden folgenden Zeitraum von zehn Hauptverhandlungstagen um 2 weitere Wochen. Insoweit steht bei einer Hauptverhandlung, die 11 – 20 Terminstage umfasst hat, eine Frist von 9 Wochen zur Verfügung (BGHSt 35, 259 f.). Dauerte die Hauptverhandlung 21 – 30 Tage an, beträgt die Frist nach Abs. 1 Satz 2 11 Wochen usw. (SK-StPO/*Frister* § 275 Rn. 12). 6

Die in Abs. 1 Satz 2 genannten Fristen sind Höchstfristen, d.h. sie markieren den Zeitpunkt, zu dem es letztmalig möglich ist, das Urteil zu den Akten zu bringen. Sie sollten grds. nur dann ausgeschöpft werden, wenn die Absetzung des Urteils zu einem früheren Zeitpunkt nicht erfolgen kann (*Meyer-Goßner/Schmitt* § 275 Rn. 8). Denn grds. sollen Urteile, wie es Abs. 1 Satz 1 bestimmt, unverzüglich zu den Akten gebracht werden (BVerfG StV 2006, 81, 85). Insoweit müssen Verzögerungen, wenn möglich, vermieden werden (*Rieß* NStZ 1982, 441, 442). Allerdings hat lediglich die Überschreitung der Höchstfristen des Abs. 1 Satz 2 verfahrensrechtliche Konsequenzen, weil insoweit die Revision begründet sein kann (vgl. dazu Rdn. 19; s. aber auch *Keller/Meyer-Mews* StraFo 2005, 353, 357).

Zu beachten ist, dass der Beschluss des Gemeinsamen Senats der obersten Gerichtshöfe des Bundes v. 24.07.1993 (NJW 1993, 2603 ff.), nach dem Urteile innerhalb einer Höchstfrist von 5 Monaten abzusetzen sind, wegen der ausdrücklichen gesetzlichen Fristenregelung in Abs. 1 Satz 2 nicht in Verfahren gelten, in denen die Strafprozessordnung anzuwenden ist (BGH NStZ 1994, 46 f.; KMR/*Gemählich* § 275 Rn. 11). 7

Die Berechnung der Anzahl der Verhandlungstage erfolgt abstrakt (*Meyer-Goßner/Schmitt* § 275 Rn. 9). Auf den »sachlichen Gehalt« des Verhandlungstages kommt es nicht an. Als Verhandlungstag gilt deshalb auch der Sitzungstag, an dem es lediglich zum Aufruf der Sache gekommen ist, weil eine Person, deren Mitwirkung an der Verhandlung unerlässlich ist, nicht anwesend war. Selbst der Termin, an dem unter Verstoß gegen § 231 Abs. 2 zur Sache verhandelt wurde, zählt als Verhandlungstag (BGH NStZ 1984, 466). Als Verhandlungstag zählt auch der Tag der Urteilsverkündung, nicht aber ein Tag, den das Gericht allein zur Beratung genutzt hat (KK-StPO/*Engelhardt* § 275 Rn. 44). Sind an dem Verfahren mehrere Angeklagte beteiligt, gilt für das abzusetzende Urteil eine einheitliche Höchstfrist. Sollte ein Angeklagter an einigen Verhandlungstagen – etwa wegen Beurlaubung nach § 231c – nicht anwesend gewesen sein, hat dies keinen Einfluss auf die Fristberechnung (BGH MDR 1980 [H], 628, 631; *Meyer-Goßner/Schmitt* § 275 Rn. 10). Etwas anderes gilt natürlich, wenn gegen Tatbeteiligte getrennte Urteile ergehen (*Rieß* NStZ 1982, 441, 442). 8

b) Fristwirkung. Abs. 1 Satz 3 bestimmt, dass nach Ablauf der Fristen zur Absetzung des Urteils die Urteilsgründe nicht mehr geändert werden können. Dies gilt auch dann, wenn sie den Geschäftsbereich des Gerichts noch nicht verlassen haben (*Meyer-Goßner/Schmitt* § 275 Rn. 11). Werden gleichwohl Änderungen oder Ergänzungen vorgenommen, entfalten diese keine Wirkung (BGH NStZ 1993, 200). Andererseits steht es vor Ablauf der Höchstfrist aus Abs. 1 Satz 2 einer Änderung oder Ergänzung der Entscheidung nicht entgegen, dass sich diese bereits bei den Akten befindet. Solange die Frist des Abs. 1 Satz 2 nicht abgelaufen und das Urteil nicht zugestellt ist, kann es im Einverständnis aller mitwirkenden Berufsrichter auch nach seiner Fertigstellung geändert oder ergänzt werden (KK-StPO/*Greger* § 275 Rn. 55; LR/*Stuckenberg* § 275 Rn. 56). Vom Verbot der Änderung der Urteilsgründe 9 nach Fristablauf sind lediglich Korrekturen ausgenommen, die zu keiner sachlichen Änderung führen (*Meyer-Goßner/Schmitt* § 275 Rn. 11).

10 c) **Zulässigkeit der Fristüberschreitung.** Treten **nicht vorhersehbare unabwendbare Umstände** ein, kann im konkreten Einzelfall gem. **Abs. 1 Satz 4** die Frist aus Abs. 1 Satz 2 ausnahmsweise überschritten werden, ohne dass dies Folgen für den Bestand des Urteils hätte.
Unvorhersehbar ist etwa die Erkrankung des einzigen Berufsrichters eines Spruchkörpers (OLG Koblenz GA 1976, 251, 252; *Rieß* NStZ 1982, 441, 444), nicht aber grds. die Erkrankung des Mitglieds eines Kollegialgerichts (BGH StraFo 2008, 163, 164); zur Erkrankung des Berichterstatters vgl. aber sogleich . Nicht vorherzusehen ist das plötzliche Versterben des Berichterstatters (BGH NStZ-RR 2007, 88; *Meyer-Goßner/Schmitt* § 275 Rn. 13). Vorhersehbar demgegenüber sind der schlechte Gesundheitszustand eines überlasteten Richters (OLG Hamm MDR 1977, 1039) oder der Antritt einer geplanten Urlaubsreise (OLG Koblenz StV 2009, 11, 12).
Umstände, die ihre Ursache in der Organisation der Justiz haben, sind grds. nicht geeignet, eine Fristüberschreitung zu rechtfertigen (BGH NJW 1988, 1094; LR/*Stuckenberg* § 275 Rn. 15). Insb. eine allgemeine Arbeitsüberlastung von Gericht (BGH NStZ 1992, 398, 399) oder Schreibdienst (OLG Hamm VRS 50, 121 f.; OLG Köln MDR 1978, 864, 865) können nicht als unvorhersehbare und unabwendbare Umstände gelten, obwohl nach der Rechtsprechung des BGH an das Vorliegen dieser Kriterien keine »überstrengen Anforderungen« gestellt werden dürfen (BGHSt 26, 247, 249). Als justizinternes Verschulden gelten auch die Abordnung eines Richters an die StA (OLG Hamm NJW 1977, 1303), eine zeitweilige Versendung der Akten (BGH StV 1989, 469), der kurzzeitige Aktenverlust (OLG Celle NJW 1982, 397), die Falschberechnung der Absetzungsfrist (BGH StV 2012, 5 f.) sowie die Teilnahme des Gerichts an einem Behördenausflug, selbst wenn es sich dabei beamtenrechtlich um ein Dienstgeschäft handeln sollte (KK-StPO/*Engelhardt*, 6. Aufl., § 275 Rn. 50; a. A. BGHSt 31, 212, 215).
Hinsichtlich des **Ausfalls des Berichterstatters eines Kollegialgerichts** ist zu differenzieren. Ist er etwa überraschend am Tag vor dem Fristablauf an der Urteilsabfassung gehindert, liegt ein unvorhersehbares und unabwendbares Ereignis, das die Überschreitung der Höchstfrist aus Abs. 1 Satz 2 rechtfertigt, vor (BGH NStZ 1986, 564, 565). Etwas anderes gilt, wenn zu diesem Zeitpunkt bereits ein Urteilsentwurf vorliegt, den die anderen Gerichtsmitglieder ohne besondere Mühe fertigstellen könnten (LR/*Stuckenberg* § 275 Rn. 14; s. auch BGH StV 2015, 96: »Alle berufsrichterlichen Mitglieder des Spruchkörpers sind für die Einhaltung der Frist nach § 275 Abs. 1 StPO verantwortlich.«). Ob eine Urteilsabfassung durch den Vorsitzenden oder den etwaigen weiteren Beisitzer möglich ist, ist stets eine Frage des Einzelfalls (BGH StV 2011, 211). Stehen ihnen keine Aufzeichnungen zur Verfügung, wird man die Abfassung der Entscheidung als nicht möglich ansehen müssen. Ob demgegenüber eine starke Belastung durch sonstige richterliche Tätigkeiten die Nichtübernahme der Aufgabe der Urteilsfertigung rechtfertigt (so aber *Meyer-Goßner/Schmitt* § 275 Rn. 15), erscheint doch sehr fraglich und allenfalls in Ausnahmefällen – anstehende Hauptverhandlungen in komplexen Haftsachen – denkbar.

11 Fällt das Hindernis, das die Einhaltung der Frist aus Abs. 1 Satz 2 unmöglich gemacht hat, weg, ist das Urteil mit größtmöglicher Beschleunigung zu den Akten zu bringen (BGH StV 1995, 514; KMR/*Gemählich* § 275 Rn. 27). Denn nur so lange die in Abs. 1 Satz 4 genannten Umstände andauern, ist die Fristüberschreitung gerechtfertigt (BayObLG MDR 1983, 340, 341). Der Eintritt des Hindernisses hemmt oder unterbricht den Lauf der Frist nach Abs. 1 Satz 2 nicht (OLG Düsseldorf NStZ-RR 2008, 117).
Die Gründe für eine Überschreitung der Frist zur Absetzung des Urteils müssen zwar von Gesetzes wegen nicht aktenkundig gemacht werden. Mit Blick auf eine auf § 338 Nr. 7 gestützte Revision ist dies jedoch im Regelfall geboten, was auch in Nr. 141 Abs. 3 RiStBV zum Ausdruck kommt (BGH NStZ 1991, 297; KK-StPO/*Greger* § 275 Rn. 52; SK-StPO/*Frister* § 275 Rn. 22).

12 **4. Eingangs- und Änderungsvermerk der Geschäftsstelle.** Abs. 1 Satz 5 sieht vor, dass die Geschäftsstelle den Zeitpunkt des Eingangs des Urteils und eine Änderung der Urteilsgründe vermerkt. Die Erstellung des Vermerks ist nicht an die Frist aus Absatz ein Satz 2 gebunden (*Meyer-Goßner/Schmitt* § 275 Rn. 18). Der Vermerk kann auf der Urschrift des Urteils aber auch einem gesonderten Blatt angebracht werden (KMR/*Gemählich* § 275 Rn. 28), ist aber in keinem Fall Bestandteil des Urteils (KK-StPO/*Greger* § 275 Rn. 42). Obwohl er dem Nachweis dienen soll, dass das Urteil frist-

gerecht zu den Akten gelangt ist, kommt ihm nicht die Beweiskraft des § 274 zu. Damit wird der anderweitige Nachweis, dass die Frist des Abs. 1 Satz 2 eingehalten wurde, nicht ausgeschlossen (BGHSt 29, 43, 46; LR/*Stuckenberg* § 275 Rn. 53; *Meyer-Goßner/Schmitt* NZV 2002, 470). Für einen solchen anderweitigen Nachweis kann das Revisionsgericht das Freibeweisverfahren bemühen. Insb. bietet sich die Einholung dienstlicher Erklärungen der Richter an (*Meyer-Goßner/Schmitt* § 275 Rn. 18).

III. Urteilsunterzeichnung und Verhinderungsvermerk. 1. Erfordernis von Unterschrift und Vermerkerstellung. Zu dem Erfordernis der **Unterschriftsleistung der Richter** nach Abs. 2 Satz 1 und der Erstellung eines Verhinderungsvermerks, wenn die Unterschrift eines Richters nicht eingeholt werden kann, vgl. bereits oben Rdn. 2. Der Verhinderungsvermerk muss zum Ausdruck bringen, dass ein Verhinderungsfall vorliegt und die Gründe (Urlaub, Krankheit etc.) anführen, die den Richter an der Leistung der Unterschrift hindern (BGHSt 31, 212, 214). Der Vermerk darf in keinem Fall dadurch ersetzt werden, dass ein anderes Mitglied des Gerichts anstelle des verhinderten Richters –»für den Verhinderten« oder »in Vertretung« – unterschreibt (BGH NStZ-RR 2006 [B], 257, 260; OLG Düsseldorf VRS 1999, 456, 457; *Meyer-Goßner/Schmitt* § 275 Rn. 20). Der Verhinderungsvermerk ist durch seinen Verfasser gesondert zu unterschreiben. Dass dieser als Mitglied des Gerichts das Urteil ohnehin unterschreibt, ist insoweit ohne Belang (BGH NStZ 1990 [M], 226, 229). Die Beurkundung der Verhinderung ist nicht daran gebunden, dass die Majorität der Gerichtsmitglieder das Urteil unterzeichnen kann. Auch wenn sämtliche Richter eines Spruchkörpers bis auf einen verhindert sind, kann der Verhinderungsfall – durch den verbliebenen Richter – beurkundet werden (BGHSt 26, 247, 248; LR/ *Stuckenberg* § 275 Rn. 48; *Meyer-Goßner/Schmitt* § 275 Rn. 20). Voraussetzung hierfür – wie für jede Feststellung des Verhinderungsfalls – ist aber, dass der beurkundende Richter an der Hauptverhandlung auch teilgenommen hat (BGH NStZ 1993, 448). Darüber hinaus sind Fehler in der Person des Vermerkverfassers unbeachtlich. Wird der Verhinderungsfall statt durch den dienstälteren durch den dienstjüngeren Beisitzer festgestellt, hindert dies die Wirksamkeit der Feststellung nicht (BGH MDR 1980 [H], 453, 456; *Meyer-Goßner/Schmitt* § 275 Rn. 20).

Liegt der Fall einer Verhinderung vor, steht es nach wohl herrschender Meinung im Ermessen des zur Vermerkerstellung berufenen Richters, ob er die Verhinderung beurkunden oder deren Wegfall abwarten will (BGH NStZ 1993, 96; *Meyer-Goßner/Schmitt* § 275 Rn. 21), wobei ermessensreduzierend das in Strafsachen stets zu beachtende Beschleunigungsgebot wirken kann (*Peglau* JR 2007, 146, 147 f.). Nach abweichender Auffassung soll demgegenüber dem Warten auf den Wegfall des Hindernisses stets der Vorrang vor der Erstellung eines Verhinderungsvermerks eingeräumt werden. Allein die Unterschrift sämtlicher Richter dokumentiere, dass der Spruchkörper die Entscheidung einverständlich trage und Bedenken der einzelnen Mitglieder des Gerichts gegen die Urteilsfassung nicht vorlägen (OLG Zweibrücken StV 1990, 14 f.; SK-StPO/*Frister* § 275 Rn. 28).

2. Verhinderungsgründe. Die Gründe für eine Verhinderung an der Unterschriftsleistung können tatsächlicher oder rechtlicher Natur sein. Urlaub (BGH StV 1998, 477 f.), Tod (SK-StPO/*Frister* § 275 Rn. 30), Krankheit und andere Dienstgeschäfte (*Meyer-Goßner/Schmitt* § 275 Rn. 23) stellen häufige tatsächliche Verhinderungsgründe dar. Kein Verhinderungsgrund ist der Umstand, dass der Richter am letzten Tag der Frist aus Abs. 1 Satz 2 nicht im Gericht angetroffen werden kann (BGHSt 28, 194, 195; KG StV 1986, 144 f.).

Aus Rechtsgründen ist an der Unterschrift gehindert, wer aus dem Justizdienst ausgeschieden ist (BayObLG NJW 1967, 1578) oder innerhalb der Justiz einen dauerhaften Laufbahnwechsel, mit dem der Verlust des Richteramts einhergeht, vorgenommen hat. So steht die Ernennung zum beamteten Staatsanwalt oder zum Beamten in der Justizverwaltung einer Unterschriftsleistung des ehemaligen Richters entgegen (BGH MDR 1994 [H], 1069, 1072; KMR/*Gemählich* § 275 Rn. 33). Anders verhält es sich bei Abordnungen an StA oder Ministerien (BGH NStZ 2006, 586). Durch die Abordnung wird der Status des Richters nicht verändert. Liegen der durch die Abordnung begründete neue Dienstort und der Sitz des Gerichts, wo die Unterschrift zu leisten ist, weit voneinander entfernt, kann jedoch eine tatsächliche Verhinderung an der Unterschriftsleistung vorliegen (BGH NJW 2003, 836). Die Versetzung eines Richters auf Probe zur StA hindert, da sie nicht mit einem Verlust des Richteramts verbunden ist, ebenfalls nicht an der Unterschriftsleistung (BGH StV 1992, 557). Erst recht keine Hinderungsgründe stellen der Wechsel des Spruchkörpers (BayObLG JR 1983, 261, 262 m. Anm. *Foth*)

§ 275 StPO   Absetzungsfrist und Form des Urteils

und der Wechsel zu einem anderen Gericht (BGH NStZ 1993, 96; OLG Zweibrücken StV 1990, 14 f.) dar.

Streitig ist, ob die Weigerung eines Richters, das Urteil zu unterschreiben, einen Verhinderungsfall begründet. Nach einer Auffassung muss Abs. 2 Satz 2 jedenfalls analog herangezogen werden können, um zu verhindern, dass durch pflichtwidriges Verhalten eines Richters ein einwandfreies Urteil gegen den Willen der Majorität der Berufsrichter nach § 338 Nr. 7 revisibel wird (KK-StPO/*Engelhardt*, 6. Aufl., § 275 Rn. 33). Trotz dieser nachvollziehbaren Argumentation ist der Gegenansicht (u.a. KMR/*Gemählich* § 275 Rn. 35; LR/*Stuckenberg* § 275 Rn. 45) der Vorzug zu geben. Dem Wort »Verhinderung« wohnt der Begriff der »Unmöglichkeit« inne. Einem Richter, der sich schlichtweg weigert, zu unterschreiben, ist die Unterschriftsleistung aber nicht unmöglich.

15 **3. Unterzeichnung durch Schöffen.** Gemäß Abs. 2 Satz 3 bedarf es der Unterschrift der Schöffen unter dem Urteil nicht. Andererseits ist eine geleistete Unterschrift eines ehrenamtlichen Richters nicht nur nicht »unschädlich« (so aber KK-StPO/*Greger* § 275 Rn. 24; LR/*Stuckenberg* § 275 Rn. 37). Vielmehr erlaubt der insoweit eindeutige Gesetzestext eine Unterschriftsleistung ausdrücklich (so auch BGHSt 39, 281, 285).

16 **IV. Der Urteilskopf.** In **Abs. 3** ist – wenn auch unvollständig (KK-StPO/*Greger* § 275 Rn. 13) – aufgeführt, welche Angaben der Urteilskopf, das sog. Rubrum, zu enthalten hat (Meyer-Goßner/*Schmitt* § 275 Rn. 24). Damit komplettiert die Vorschrift die Regelungen über den Inhalt des Urteils in § 260 – Urteilsformel – und § 267 – Urteilsgründe – (KK-StPO/*Greger* § 275 Rn. 5). Anzugeben ist nach Abs. 3 der Tag der Sitzung. Auch bei Hauptverhandlungen, die sich über einen längeren Zeitraum erstrecken, sind möglichst sämtliche Sitzungstage anzugeben (Meyer-Goßner/*Schmitt* § 275 Rn. 25). Möglich ist allerdings auch die Angabe des Zeitraums, innerhalb dessen die Verhandlungen stattgefunden haben (SK-StPO/*Frister* § 275 Rn. 34). Unerlässlich ist aber die Angabe des Tages der Urteilsverkündung, da er allein für den Lauf diverser Fristen (Rechtsmittelfristen und der Frist nach Abs. 1 Satz 2) von Bedeutung ist (LR/*Stuckenberg* § 275 Rn. 23). Weiterhin fordert Abs. 3 die Mitteilung der Namen von Richtern und Schöffen. Notwendig ist allein die Angabe des Familiennamens. Träger desselben Namens sind durch Anführung des Vornamens identifizierbar zu machen (KMR/*Gemählich* § 275 Rn. 37). Aus dem Rubrum muss deutlich werden, wer an der Verhandlung als Berufsrichter in welcher Funktion (Vorsitzender oder Beisitzer) oder als Schöffe teilgenommen hat (KK-StPO/*Greger* § 275 Rn. 8). Ergänzungsrichter und Ergänzungsschöffen finden nur Erwähnung, wenn sie tatsächlich am Urteil mitgewirkt haben (SK-StPO/*Frister* § 275 Rn. 36). Auch die Namen des Beamten der StA, des Verteidigers und des Urkundsbeamten der Geschäftsstelle sind mitzuteilen. Haben mehrere Staatsanwälte oder Verteidiger gemeinsam oder nacheinander mitgewirkt, müssen alle Namen aufgeführt werden (Meyer-Goßner/*Schmitt* § 275 Rn. 26). Die Mitteilung, ob der Verteidiger bei der Verkündung des Urteils anwesend war, ist ebenso unerheblich wie die Mitteilung, ob er als Wahl- oder Pflichtverteidiger aufgetreten ist (KK-StPO/*Greger* § 275 Rn. 11). Waren an der Sitzung mehrere Protokollführer beteiligt, braucht nur der Urkundsbeamte angegeben werden, der an der Urteilsverkündung teilgenommen hat (KMR/*Gemählich* § 275 Rn. 40). Dies liegt daran, dass der Urkundsbeamte der Geschäftsstelle als Protokollführer nur für den von ihm aufgenommenen Teil der Niederschrift verantwortlich ist (KK-StPO/*Greger* § 275 Rn. 12).

17 Weitere Angaben im Urteilskopf als die in Abs. 3 genannten sind zumindest empfehlenswert, wenn nicht sogar geboten. Anzugeben ist in jedem Fall die Bezeichnung von Gericht und Spruchkörper (KMR/*Gemählich* § 275 Rn. 42; SK-StPO/*Frister* § 275 Rn. 34). Sinnvoll ist die Mitteilung des Aktenzeichens (KK-StPO/*Engelhardt*, 6. Aufl., § 275 Rn. 20). Die Person des Angeklagten muss sich aus dem Urteil ergeben. Möglich ist seine Nennung in der Urteilsformel, üblich aber die Mitteilung der ihn betreffenden Daten im Urteilskopf (LR/*Stuckenberg* § 275 Rn. 31). Anzugeben sind Vor- und Familienname, der Wohn- oder ständige Aufenthaltsort sowie Tag und Ort der Geburt (KK-StPO/*Greger* § 275 Rn. 15). Die Mitteilung der Religionszugehörigkeit und der Vorstrafen ist entbehrlich (SK-StPO/*Frister* § 275 Rn. 35). Mit Blick auf Nr. 141 Abs. 1 Satz 1, 110 Abs. 2a RiStBV sollten auch Beruf und Familienstand des Angeklagten sowie der Umstand angegeben werden, dass sich der Angeklagte bei Urteilsverkündung in Untersuchungshaft oder in anderer Sache in Strafhaft befunden hat (KMR/*Gemählich* § 275 Rn. 43 f.; LR/*Stuckenberg* § 275 Rn. 30;; a. A. KK-StPO/*Engelhardt*, 6. Aufl., § 275 Rn. 15; SK-StPO/*Frister* § 275 Rn. 35). Mehrere Angeklagte werden im Urteilskopf

in der Reihenfolge der Anklageschrift aufgeführt (KMR/*Gemählich* § 275 Rn. 45). Auch der Einziehungsbeteiligte gem. § 431 wird im Urteil genannt (LR/*Stuckenberg*, § 275 Rn. 33). Dies gilt auch dann, wenn er an der Sitzung nicht teilgenommen hat (KK-StPO/*Greger* § 275 Rn. 19). Entsprechendes gilt für den Privatkläger (KMR/*Gemählich* § 275 Rn. 47). Kommt es im Rahmen eines Adhäsionsverfahrens zu einer Entscheidung über zivilrechtliche Ansprüche des Verletzten, sind auch dessen Personalien in den Urteilskopf mitaufzunehmen (LR/*Stuckenberg* § 275 Rn. 34). Erwähnung finden auch der Nebenkläger und sein Prozessvertreter (BGH NStZ-RR 1999 [K], 33, 38; *Meyer-Goßner/Schmitt* § 275 Rn. 26).

V. Ausfertigungen und Auszüge. Abs. 4 regelt die Herstellung der Ausfertigungen und Auszüge des Urteils. Ausfertigungen des Urteils sind amtliche Abschriften, die vom Urkundsbeamten in besonderer Form (Ausfertigungsvermerk, Unterschrift, Siegel) erteilt werden (KMR/*Gemählich* § 275 Rn. 52) und im Rechtsverkehr die Urschrift ersetzen (LR/*Stuckenberg* § 275 Rn. 67; SK-StPO/*Frister* § 275 Rn. 40). Der Ausfertigungsvermerk bezeugt die Übereinstimmung mit der Urschrift, die sich grds. auf alle Bestandteile der Urteilsurkunden zu erstrecken hat (KK-StPO/*Greger* § 275 Rn. 63). Urteilsausfertigungen kann jeder Urkundsbeamte des erkennenden Gerichts herstellen. Er muss in der Hauptverhandlung nicht mitgewirkt haben (*Meyer-Goßner/Schmitt* § 275 Rn. 27). Die Urschrift des Urteils verbleibt bei den Akten (BGHR § 275 Abs. 1 Satz 1 Akten 2). Gerät sie in Verlust, ist dies unschädlich, wenn bereits eine Ausfertigung vorliegt (KK-StPO/*Greger* § 275 Rn. 60). I.Ü. kann eine neue vollwertige Urschrift von den mitwirkenden Richtern hergestellt werden, wenn sie deren Übereinstimmung mit der in Verlust geratenen bescheinigen (BGH NJW 1980, 1007; KMR/*Gemählich* § 275 Rn. 51; *Meyer-Goßner/Schmitt* § 275 Rn. 27). Nach a. A. reicht die Bestätigung der inhaltlichen Übereinstimmung aus (KK-StPO/*Greger* § 275 Rn. 60; LR/*Gollwitzer*, 25. Aufl., § 275 Rn. 67). 18

B. Revision. Die Revision kann auf eine Verletzung des Unverzüglichkeitsgebot aus Abs. 1 Satz 1 Halbs. 2 nicht gestützt werden, da ausgeschlossen ist, dass das Urteil auf ihr beruht (BGH NStZ 2006, 463, 464 mit der weiter gehenden Erwägung, dass in extremen Fällen der dadurch entstehenden Verfahrensverzögerung eine Kompensation durch das Revisionsgericht angezeigt sein könnte; *Meyer-Goßner/Schmitt* § 275 Rn. 28). Die ungerechtfertigte Überschreitung der Höchstfrist nach Abs. 1 Satz 2 ist demgegenüber ein absoluter Revisionsgrund nach § 338 Nr. 7 (BGHSt 26, 247, 249). Die entsprechende Verfahrensrüge kann auch von der StA erhoben werden (KK-StPO/*Engelhardt*, 6. Aufl., § 275 Rn. 72). Den Zeitpunkt, zu dem das Urteil zu den Akten gelangt ist, hat das Revisionsgericht im Freibeweisverfahren zu klären (KK-StPO/*Greger* § 275 Rn. 74). Gelangen nur Tenor oder Rubrum verspätet zu den Akten, liegt, da diese Urteilsbestandteile in § 338 Nr. 7 nicht genannt sind, lediglich ein relativer Revisionsgrund nach § 337 vor (OLG Köln VRS 64, 282 f.); doch wird es im Regelfall an einem Beruhen des Urteils auf dem Verfahrensverstoß fehlen (SK-StPO/*Frister* § 275 Rn. 50). Unrichtigkeiten und Unvollständigkeiten im Urteilskopf können die Revision nicht begründen. Der Verstoß gegen Abs. 3 ist nicht revisibel, weil er sich nicht auf den Inhalt des Urteils auswirken kann (BGH NStZ 1994, 47 f.; KMR/*Gemählich* § 275 Rn. 62). Ebenfalls unschädlich für den Bestand des Urteils ist ein zu Unrecht angebrachter Verhinderungsvermerk. Wird ein Richter irrtümlich als an der Unterschriftsleistung gehindert bezeichnet, obwohl er an der Hauptverhandlung gar nicht teilgenommen hat, wird das Urteil dadurch nicht unrichtig, wenn die Entscheidung neben dem Vorsitzenden auch von dem Beisitzer unterschrieben wurde, der in der Sitzung anwesend war (BGH NStZ 1999, 154; *Meyer-Goßner/Schmitt* § 275 Rn. 28). Demgegenüber begründet der unberechtigte Verhinderungsvermerk, also der Vermerk, der einem in Wahrheit nicht verhinderten Richter die Verhinderung attestiert, die Revision (BGHR StPO § 338 Nr. 7 Entscheidungsgründe 1; SK-StPO/*Frister* § 275 Rn. 47). 19

Siebenter Abschnitt. Entscheidung über die im Urteil vorbehaltene oder die nachträgliche Anordnung der Sicherungsverwahrung

§ 275a StPO Einleitung des Verfahrens; Hauptverhandlung; Unterbringungsbefehl. (1) Ist im Urteil die Anordnung der Sicherungsverwahrung vorbehalten (§ 66a des Strafgesetzbuches), übersendet die Vollstreckungsbehörde die Akten rechtzeitig an die Staatsanwaltschaft des zuständigen Gerichts. Diese übergibt die Akten so rechtzeitig dem Vorsitzenden des Gerichts, dass eine Entscheidung bis zu dem in Absatz 5 genannten Zeitpunkt ergehen kann. Ist die Unterbringung in einem psychiatrischen Krankenhaus gemäß § 67d Absatz 6 Satz 1 des Strafgesetzbuches für erledigt erklärt worden, übersendet die Vollstreckungsbehörde die Akten unverzüglich an die Staatsanwaltschaft des Gerichts, das für eine nachträgliche Anordnung der Sicherungsverwahrung (§ 66b des Strafgesetzbuches) zuständig ist. Beabsichtigt diese, eine nachträgliche Anordnung der Sicherungsverwahrung zu beantragen, teilte dies der betroffenen Person mit. Die Staatsanwaltschaft soll den Antrag auf nachträgliche Anordnung der Sicherungsverwahrung unverzüglich stellen und ihn zusammen mit den Akten dem Vorsitzenden des Gerichts übergeben.
(2) Für die Vorbereitung und die Durchführung der Hauptverhandlung gelten die §§ 213 bis 275 entsprechend, soweit nachfolgend nichts anderes geregelt ist.
(3) Nachdem die Hauptverhandlung nach Maßgabe des § 243 Abs. 1 begonnen hat, hält ein Berichterstatter in Abwesenheit der Zeugen einen Vortrag über die Ergebnisse des bisherigen Verfahrens. Der Vorsitzende verliest das frühere Urteil, soweit es für die Entscheidung über die vorbehaltene oder die nachträgliche Anordnung der Sicherungsverwahrung von Bedeutung ist. Sodann erfolgt die Vernehmung des Verurteilten und die Beweisaufnahme.
(4) Das Gericht holt vor der Entscheidung das Gutachten eines Sachverständigen ein. Ist über die nachträgliche Anordnung der Sicherungsverwahrung zu entscheiden, müssen die Gutachten von zwei Sachverständigen eingeholt werden. Die Gutachter dürfen im Rahmen des Strafvollzugs oder des Vollzugs der Unterbringung nicht mit der Behandlung des Verurteilten befasst gewesen sein.
(5) Das Gericht soll über die vorbehaltene Anordnung der Sicherungsverwahrung spätestens sechs Monate vor der vollständigen Vollstreckung der Freiheitsstrafe entscheiden.
(6) Sind dringende Gründe für die Annahme vorhanden, dass die nachträgliche Sicherungsverwahrung angeordnet wird, so kann das Gericht bis zur Rechtskraft des Urteils einen Unterbringungsbefehl erlassen. Für den Erlass des Unterbringungsbefehls ist das für die Entscheidung nach § 67d Absatz 6 des Strafgesetzbuches zuständige Gericht solange zuständig, bis der Antrag auf Anordnung der nachträglichen Sicherungsverwahrung bei dem für diese Entscheidung zuständigen Gericht eingeht. In den Fällen des § 66a des Strafgesetzbuches kann das Gericht bis zur Rechtskraft des Urteils einen Unterbringungsbefehl erlassen, wenn es im ersten Rechtszug bis zu dem in § 66a Absatz 3 Satz 1 des Strafgesetzbuches bestimmten Zeitpunkt die vorbehaltene Sicherungsverwahrung angeordnet hat. Die §§ 114 bis 115a, 117 bis 119a und 126a Abs. 3 gelten entsprechend.

S.a. Gesetz zur Therapierung und Unterbringung psychisch gestörter Gewalttäter – ThUG

1 **A. Grundsätzliches.** Die Vorschrift regelt das einzuhaltende Verfahren bei der Anordnung einer vorbehaltenen oder nachträglichen Sicherungsverwahrung nach § 66a und 66b StGB. Sie ist zuletzt mit der grundlegenden Reform des Rechts der Sicherungsverwahrung durch das »Gesetz zur Neuordnung des Rechts der Sicherungsverwahrung und zu begleitenden Regelungen vom 22.12.2010« (BGBl. I S. 2300) geändert worden. Durch dieses Gesetz ist im Anschluss an eine Entscheidung des EGMR v. 17.12.2009 (NJW 2010, 2495 m. Anm. *Eschelbach*) insb. der Anwendungsbereich der nachträglichen Sicherungsverwahrung eingeschränkt worden. Der EGMR hat in seiner Entscheidung die BRD wegen einer Verletzung von Art. 5 Abs. 1 Buchst. a) und Art. 7 EMRK verurteilt. Beschwerdeführer war ein auf Grundlage des bis zum 31.01.1998 geltenden Rechts zu einer 10-jährigen Sicherungsverwahrung verurteilter Straftäter, dessen Unterbringung in der Maßregel durch die Änderung des § 67d StGB durch das »Gesetz zur Bekämpfung von Sexualdelikten und anderen gefährlichen Strafta-

ten«(BGBl. I 1998 S. 160) unbefristet wurde. Insb. dem aus Sicht des EGMR damit vorliegendem Verstoß gegen das Rückwirkungsverbot kam für die Entscheidung Bedeutung zu. Als Reaktion hierauf hat der Gesetzgeber die nachträgliche Anordnung der Sicherungsverwahrung auf den Fall beschränkt, dass eine Unterbringung in einem psychiatrischen Krankenhaus für erledigt erklärt wird, der Täter hochgefährlich ist und bereits wegen Begehung von in § 66 Abs. 3 Satz 1 StGB genannten Delikten in Erscheinung getreten ist, § 66b StGB. Zugleich wurde im Zuge der Reform des Rechts der Sicherungsverwahrung das »Gesetz zur Therapie und Unterbringung psychisch gestörter Gewalttäter« – ThUG – (BGBl. 2010 I S. 2305) geschaffen. Dieses Gesetz ermöglicht die Unterbringung von psychisch gestörten Straftätern, die bei Beachtung der vom EGMR in seiner Entscheidung vom Dezember 2009 aufgestellten Rechtsgrundsätze aus der Sicherungsverwahrung entlassen werden müssen. Die Anwendung sämtlicher Neuregelungen v. 22.12.2010 hat der Gesetzgeber aber davon abhängig gemacht, dass zumindest eine der Taten, die Anlass zur Anordnung der Maßregel geben, nach dem 31.12.2010 begangen wurde. Für vor diesem Zeitpunkt begangene Taten soll das alte Recht weitergelten, Art. 316e EGStGB. Zu der gegenüber dem neuen Recht abweichenden Entscheidungsfrist bei der vorbehaltenen Sicherungsverwahrung nach §§ 66a StGB a. F. und 106 Abs. 3 Satz 2 JGG a. F. sowie den Zeitpunkt der Antragstellung bei der nachträglichen Sicherungsverwahrung nach altem Recht s. SK-StPO/*Frister* § 275a Rn. 20 ff., 33 ff.

Das erst zum 01.01.2011 in Kraft getretene neue Recht der Sicherungsverwahrung ist jedoch nicht mit 2
der Verfassung vereinbar. Durch Urt. v. 04.05.2011 (BVerfGE 128, 326 ff.) hat das BVerfG für sämtliche Vorschriften der Sicherungsverwahrung einen Verstoß gegen das Abstandsgebot (Trennung von Strafvollzug und Maßregelvollzug) festgestellt. Das Institut der nachträglichen Sicherungsverwahrung sei darüber hinaus mit dem Rückwirkungsverbot nicht vereinbar und verletze den Vertrauensschutz der von der Maßregel betroffenen Personen. Gleichwohl hat das Gericht die Vorschriften der Sicherungsverwahrung nicht für nichtig erklärt, sondern den Gesetzgeber aufgefordert, spätestens bis zum 31.05.2013 ein neues Recht zu schaffen. Gleichzeitig hat es die Kriterien genannt, nach denen das nunmehr als Übergangsrecht anzusehende Recht der Sicherungsverwahrung fortan zu handhaben ist. Danach kann eine Maßregel auf § 66b Abs. 2 StGB i.d.F. des »Gesetzes zur Reform der Führungsaufsicht und zur Änderung der Vorschriften über die nachträgliche Sicherungsverwahrung« v. 13.04.2007 (BGBl. I S. 513) nur noch dann gestützt werden, wenn von dem Betroffenen die konkrete Gefahr der Begehung schwerster Sexual- oder Gewaltstraftaten ausgeht und er zugleich an einer psychischen Störung i.S.d. § 1 Abs. 1 Nr. 1 ThUG leidet.

Auch wenn das BVerfG insb. auch die Möglichkeit einer nachträglichen Anordnung von Sicherungsverwahrung durch die Schaffung einer Übergangsfrist bis zum Inkrafttreten einer neuen rechtlichen Situation im Ergebnis erhalten hat, dürfte von diesem Institut zukünftig kaum noch Gebrauch gemacht werden. Es ist letztlich nicht angängig, Freiheitsentziehungen auf Grundlage eines verfassungswidrigen Rechts neu anzuordnen. Insoweit wird auch die Bedeutung der Vorschrift des § 275a für die juristische Praxis erheblich schwinden. 3

B. Das Nachverfahren über die Sicherungsverwahrung.

§ 275a enthält die Regelung 4
über ein sog. Nachverfahren. Die Entscheidung über die Maßregel wird nicht in dem Erkenntnisverfahren getroffen, das im Erlass des Strafurteils mündet. Vielmehr erfolgt diese Entscheidung in einem neuen, weiteren Erkenntnisverfahren, dem auch eine neuerliche Hauptverhandlung zugrunde liegt.

Das Verfahren bei **vorbehaltener Sicherungsverwahrung** beginnt gem. Abs. 1 Satz 1 mit der Übersendung der Akten durch die Vollstreckungsbehörde an die StA bei dem für das Verfahren nach § 275a zuständigen Gericht. Diese leitet die Vorgänge gem. Abs. 1 Satz 2 an den Vorsitzenden des zuständigen Gerichts weiter. Die Aktenübersendungen müssen rechtzeitig erfolgen. Dies ist der Fall, wenn sie es dem Gericht ermöglichen, spätestens 6 Monate vor der vollständigen Vollstreckung der verbliebenen Reststrafe über die Anordnung von Sicherungsverwahrung zu entscheiden (vgl. Abs. 6). Gemeint ist damit die tatrichterliche Entscheidung. Ein etwaiges Rechtsmittelverfahren wird durch die Fristvorgabe nicht erfasst (*Meyer-Goßner/Schmitt* § 275a Rn. 5). 5

Das Verfahren über die **nachträgliche Anordnung der Sicherungsverwahrung** ist in Abs. 1 Satz 3 bis 5 6
geregelt. Ob es initiiert wird, steht allein im Ermessen der StA. Nur wenn sie es beantragt, kommt es zu einer gerichtlichen Entscheidung über die Maßregel. Abs. 1 Satz 4 sieht vor, dass vor Antragstellung dem Betroffenen rechtliches Gehör gewährt wird. Das Erfordernis einer Gehörsgewährung besteht

§ 275a StPO   Einleitung des Verfahrens; Hauptverhandlung; Unterbringungsbefehl

nicht, wenn die StA von der Stellung eines entsprechenden Antrages absehen will (*Meyer-Goßner/ Schmitt* § 275a Rn. 6). Da das Nachverfahren nach § 275a ein zweites strafrechtliches Erkenntnisverfahren ist, sollte der Antrag der StA inhaltlich einer Anklageschrift oder einer Antragsschrift nach § 414 Abs. 2 entsprechen (OLG Rostock StV 2005, 279, 280). Aus dem Antrag muss deutlich werden, dass die StA die Voraussetzungen für eine nachträgliche Anordnung der Sicherungsverwahrung für gegeben hält. Hierzu gehört die Aussage, dass es mit sachverständiger Hilfe gelingen wird, die besondere Gefährlichkeit des Probanden zu belegen (BGH NJW 2006, 852, 854). Enthält der Antrag keine solche Begründung, so ist er unzulässig (BGHSt 50, 284, 292; *Folkers* NStZ 2006, 426, 432). Nach herrschender Meinung muss die Entscheidung, mit der die Unzulässigkeit des Antrags festgestellt wird, durch Urteil ergehen (*Meyer-Goßner/Schmitt* § 275a Rn. 6a; a. A. *Römer* JR 2006, 5, 7). Auf die Heranziehung von Sachverständigen kann, da eine Gesamtwürdigung der Person des Betroffenen nicht erfolgen muss, verzichtet werden (BGH NJW 2006, 852, 853). Ihren Antrag kann die StA jederzeit bis zur Entscheidung des Gerichts zurücknehmen (*Meyer-Goßner/Schmitt* § 275a Rn. 6b). Hat die Hauptverhandlung allerdings bereits begonnen, ist in analoger Anwendung der §§ 411 Abs. 3 Satz 2, 303 die Rücknahme von der Zustimmung des Betroffenen abhängig (BGH NJW 2006, 852, 853; KMR/*Voll* § 275a Rn. 31). Ist der Antrag zurückgenommen, fehlt eine Verfahrensvoraussetzung, weshalb das Gerichtsverfahren einzustellen ist, §§ 275a Abs. 2, 260 Abs. 3 (KMR/*Voll* § 275a Rn. 31). Gem. Abs. 1 Satz 5 soll der Antrag der StA unverzüglich gestellt werden. Dies bedeutet Antragstellung ohne schuldhaftes Zögern (*Meyer-Goßner/Schmitt* § 275a Rn. 7). Mit dem Antrag sind die Akten dem Vorsitzenden des zuständigen Gerichts zuzuleiten, wobei den Akten auch eine von der StA eingeholte Stellungnahme des Betroffenen gehört (*Meyer-Goßner/Schmitt* § 275a Rn. 7).

7 **Zuständig für die Entscheidung** über die Sicherungsverwahrung ist die Große Strafkammer gem. § 74 Abs. 1 GVG. Sonderzuständigkeiten der Kammern für Schwurgerichtssachen, Wirtschafts- oder Jugendsachen bleiben davon unberührt. Auch das OLG kann zur Entscheidung berufen sein. Hat im Fall des § 66b StGB a. F. im ersten Rechtszug ausschließlich ein AG als Tatgericht entschieden, ist gem. § 74f Abs. 2 GVG im ersten Rechtszug eine Strafkammer des ihm übergeordneten LG für die Verhandlung und Entscheidung über die nachträgliche Anordnung von Sicherungsverwahrung zuständig. Mit der Zuständigkeit des LG und OLG für das gerichtliche Verfahren geht einher, dass dem Betroffenen gem. § 140 Abs. 1 Nr. 1 ein Pflichtverteidiger zu bestellen ist (*Meyer-Goßner/Schmitt* § 275a Rn. 8).

8 Für das **gerichtliche Verfahren** gelten, soweit § 275a keine abweichenden Regelungen trifft, die Vorschriften die Vorschriften der §§ 213 bis 275 gem. Abs. 2 entsprechend. Dabei geht der Verweis auf § 215 allerdings fehl, weil es ein Zwischenverfahren und damit einen Beschluss über die Eröffnung des Hauptverfahrens nicht gibt (KMR/*Voll* § 275a Rn. 33). Das Gerichtsverfahren beginnt damit, dass der Vorsitzende des Gerichts den Schriftsatz der StA, mit welchem diese die Akten übersandt hat, dem Betroffenen unverzüglich zwecks Gewährung rechtlichen Gehörs zustellt (KMR/*Voll* § 275a Rn. 33). Gem. Abs. 3 erfolgt in der Hauptverhandlung der Vortrag des Berichterstatters über die Ergebnisse des bisherigen Verfahrens. Der Vorsitzende verliest das frühere Urteil, soweit es für die anstehende Entscheidung über die Maßregel von Bedeutung sein kann. Die Verlesung dient der Information der Schöffen, die mit dem Akteninhalt nicht vertraut sind (*Meyer-Goßner/Schmitt* § 275a Rn. 9). Anschließend erfolgen die Vernehmung des Verurteilten und die Beweisaufnahme. Der Verurteilte ist über sein Recht, sich nicht äußern zu müssen, gem. §§ 275a Abs. 2, 243 Abs. 4 Satz 1 zu belehren (KMR/*Voll* § 275a Rn. 37). Die Beweisaufnahme richtet sich nach den §§ 244 ff. Sie erfolgt – bedingt durch den begrenzten Verfahrensgegenstand – lediglich eingeschränkt (*Meyer-Goßner/Schmitt* § 275a Rn. 9). Beweisanträge, die die Begrenzung des Verfahrensstoffs nicht beachten und etwa die Schuldfrage betreffen, sind als unzulässig zurückzuweisen (KMR/*Voll* § 275a Rn. 37).

9 Im Verfahren sind, wie sich aus Abs. 4 ergibt, **Sachverständige** zu hören. Diese werden nicht durch die StA, sondern das Gericht bestellt. Geht es um die Anordnung vorbehaltener Sicherungsverwahrung, genügt die Bestellung eines Sachverständigen. Hat die StA einen Antrag auf Anordnung der nachträglichen Sicherungsverwahrung gestellt, sind zwei Sachverständige mit einem Gutachtenauftrag zu versehen. Abs. 4 Satz 3 bestimmt, dass diese Sachverständigen i.R.d. Strafvollzugs oder des Vollzugs der Unterbringung noch nicht mit der Behandlung des Verurteilten befasst gewesen sein dürfen, was allerdings nicht ausschließt, dass sie vorliegende Gutachten solcher »interner« Sachverständige berücksichtigen dürfen (*Meyer-Goßner/Schmitt* § 275a Rn. 10). Als Gutachter kommen Psychiater, Psychologen

1656   *Güntge*

und Kriminologen in Betracht (*Kinzig* NStZ 2004, 655, 659). Die Beauftragung zweier Fachärzte mit psychiatrischer Ausbildung ist nicht verlangt (BGHSt 50, 121, 129 f.; *Meyer-Goßner/Schmitt* § 275a Rn. 10).

Bei der **Entscheidung über die vorbehaltene Sicherungsverwahrung** ist das Gericht an die Feststellungen des ersten Urteils gebunden (KMR/*Voll* § 275a Rn. 48). Neue Feststellungen sind nur im Hinblick auf die Entwicklung der Persönlichkeit des Verurteilten, die für die Gefährlichkeitsprognose ausschlaggebend sind, möglich (*Meyer-Goßner/Schmitt* § 275a Rn. 12).

Die **Entscheidung über die nachträgliche Sicherungsverwahrung** ergeht auch im Fall der Zurückweisung des entsprechenden Antrags der StA durch Urteil, wenn eine Hauptverhandlung durchgeführt wurde (BGHSt 50, 180, 186; BGH NJW 2006, 852, 853). Eine Entscheidung kann auch dann noch ergehen, wenn sich der Verurteilte nicht mehr im Vollzug befindet. Auch gegen aus der Haft bereits entlassene Straftäter kann die nachträgliche Sicherungsverwahrung angeordnet werden (KMR/*Voll* § 275a Rn. 52). Voraussetzung für eine solche Anordnung ist aber, dass der Antrag der StA vor Entlassung gestellt und dem Verurteilten mitgeteilt wurde (BGHSt 50, 180, 184; BGH StV 2010, 509, 510; a. A. *Folkerts* NStZ 2006, 426, 431). Wird der Antrag der StA auf Anordnung der nachträglichen Sicherungsverwahrung abgelehnt, werden hierdurch die zur Antragstellung herangezogenen Tatsachen »verbraucht«. Das frühere Strafurteil darf nicht erneut für ein nachträgliches Sicherungsverfahren herangezogen werden (*Meyer-Goßner/Schmitt* § 275a Rn. 13).

Im Urteil, mit dem über die Sicherungsverwahrung befunden wird, darf auf das erste Strafurteil Bezug genommen werden. In jedem Fall muss aber deutlich gemacht werden, ob und in welchem Umfang im ersten Urteil Ausführungen zur Sicherungsverwahrung oder vorbehaltenen Sicherungsverwahrung enthalten sind (BGHSt 50, 121, 131). Daneben müssen die Urteilsgründe die Tatsachen aufführen, von denen die Anordnung der Maßregel abhängt (BGHSt 51, 185, 189; *Meyer-Goßner/Schmitt* § 275a Rn. 13a).

C. Revision. Das Urteil über die vorbehaltene und die nachträgliche Sicherungsverwahrung kann nach den allgemeinen Regeln mit der Revision angegriffen werden. Dies gilt auch dann, wenn das Gericht seine Entscheidung als »Beschluss« bezeichnet und auf mündliche Verhandlung und öffentliche Verkündung verzichtet hat (BGHSt 50, 180, 188). Die Revision eines Nebenklägers ist stets ausgeschlossen. Im Verfahren über die nachträgliche Anordnung der Sicherungsverwahrung ist eine Nebenklage nicht zulässig (BGH NStZ-RR 2008 [B], 65, 68). Dies ist im Verfahren über die Entscheidung über die vorbehaltene Sicherungsverwahrung zwar anders. Die Nichtanordnung der Sicherungsverwahrung kann der Nebenkläger aber mit Blick auf § 400 Abs. 1 nicht anfechten (*Meyer-Goßner/Schmitt* § 275a Rn. 14).

D. Der Unterbringungsbefehl. Abs. 6 ermöglicht sowohl im Fall der Anordnung der nachträglichen Sicherungsverwahrung als auch im Fall der Entscheidung über die vorbehaltene Sicherungsverwahrung den Erlass eines Unterbringungsbefehls. Im Verfahren über die nachträgliche Sicherungsverwahrung kann dieser bis zur Rechtskraft des Urteils gelten, mit dem die Sicherungsverwahrung angeordnet wird. Durch den Unterbringungsbefehl soll vermieden werden, dass Straftäter, deren Unterbringung nach § 63 StGB gem. § 67d StGB für erledigt erklärt worden ist, die aber weiterhin für die Allgemeinheit gefährlich sind, auf freien Fuß gelangen (*Meyer-Goßner/Schmitt* § 275aRn. 16). Die dringenden Gründe, die diese Gefährlichkeit belegen und die Annahme rechtfertigen, dass die nachträgliche Sicherungsverwahrung angeordnet wird, werden sich im Regelfall aus den nach Abs. 4 einzuholenden Sachverständigengutachten ergeben. Zwingend ist dies aber nicht. Das Vorliegen der Gutachten ist nicht Voraussetzung für den Erlass eines Unterbringungsbefehls (OLG München NStZ 2005, 573, 574). Unzulässig ist der Erlass eines Unterbringungsbefehls, wenn dieser allein dazu dienen soll, sich der Person des Betroffenen zu versichern, um die Voraussetzungen für eine Anordnung der nachträglichen Sicherungsverwahrung feststellen zu können (OLG Koblenz NStZ 2005, 97, 100).

Auch im Verfahren über die Anordnung der vorbehaltenen Sicherungsverwahrung ist der Erlass eines Unterbringungsbefehls möglich. Er ist jedoch an andere Voraussetzungen geknüpft. Er kann nur dann ergehen, wenn das Gericht bis zu dem durch § 66a Abs. 3 Satz 1 StGB vorgegebenen Zeitpunkt, d.h. bis zum Ende der Strafvollstreckung, die Sicherungsverwahrung angeordnet hat. Er gilt somit allein für ein sich an dieses Urteil anschließendes Revisionsverfahren. Er kann nicht ergehen, wenn Sicherungsverwahrung nicht angeordnet oder die Frist aus § 66a Abs. 3 Satz 1 StGB nicht eingehalten wurde (*Meyer-Goßner/Schmitt* § 275a Rn. 17).

16 Durch Abs. 6 Satz 4 wird hinsichtlich der Anordnung des Unterbringungsbefehls auf Regelungen aus dem Recht der Untersuchungshaft und auf die Vorschrift des § 126a Abs. 3 Bezug genommen. In entsprechender Anwendung des § 114 Abs. 2 sind im Verfahren über die nachträgliche Anordnung der Sicherungsverwahrung die Tatsachen darzulegen, aus denen auf die spätere Verurteilung in die Maßregel geschlossen wird (vgl. oben Rdn. 6). Im Verfahren über die vorbehaltene Sicherungsverwahrung dürfte es genügen, hierzu auf das bereits ergangene anordnende Urteil zu verweisen (*Meyer-Goßner/Schmitt* § 275a Rn. 18).

17 Zuständig für den Erlass des Unterbringungsbefehls ist im Verfahren über die Anordnung der vorbehaltenen Sicherungsverwahrung das Gericht, das die Hauptverhandlung führt. Den Unterbringungsbefehl im Verfahren über die Anordnung der nachträglichen Sicherungsverwahrung kann zum einen das Gericht erlassen, das die Maßregel nach § 63 für erledigt erklärt. Dessen Zuständigkeit endet aber und geht auf das für die Durchführung des Hauptverfahrens zuständige Gericht über, wenn bei diesem der Antrag der StA auf Anordnung der nachträglichen Sicherungsverwahrung eingeht (*Meyer-Goßner/Schmitt* § 275a Rn. 19).

18 Der Betroffene kann gegen den Unterbringungsbefehl Beschwerde einlegen. Vor Beginn der Verhandlung ist über Abs. 6 Satz 4 in entsprechender Anwendung der §§ 117, 118 auch eine mündliche Prüfung über die Fortdauer der Unterbringung möglich. Ein Haftprüfungsverfahren nach §§ 121 ff. findet mangels Verweises in § 275a nicht statt (OLG München NStZ-RR 2009, 20).

19 Fallen während des Verfahrens die für eine Anordnung der nachträglichen Sicherungsverwahrung sprechenden dringenden Gründe weg, ist der Unterbringungsbefehl gem. Abs. 6 Satz 4 i.V.m. § 126a Abs. 3 aufzuheben. Entsprechendes gilt, wenn die StA die Aufhebung des Unterbringungsbefehls beantragt, weil sie keinen Antrag auf nachträgliche Sicherungsverwahrung stellen will. Im Verfahren über die vorbehaltene Sicherungsverwahrung kommt eine Aufhebung des Unterbringungsbefehls nur durch das Revisionsgericht in Betracht, da der Befehl erst nach Erlass des die Sicherungsverwahrung anordnenden Urteils ergangen sein kann (*Meyer-Goßner/Schmitt* § 275a Rn. 21).

Achter Abschnitt. Verfahren gegen Abwesende

Vorbemerkung zu §§ 276 ff. StPO

1 Abgesehen von den zu § 230 Abs. 1 bestehenden Ausnahmen (zu deren Bedeutung für die §§ 276 bis 295 vgl. Rn. 4 ff. zu § 285) lässt die StPO **keine Hauptverhandlung gegen abwesende Beschuldigte** zu. Durch die Normen des achten Abschnitts wird dieser Grundsatz nicht durchbrochen, sondern in § 285 Abs. 1 Satz 1 sogar bekräftigt. Die **bis 1975** in **§§ 277 bis 284 a.F.** enthaltene Ausnahme für Taten von geringer Bedeutung wurde durch Art. 21 Nr. 74 bis 78 EGStGB im Zusammenhang mit der Abschaffung der Deliktskategorie der Übertretungen gestrichen (vgl. zur bis 1975 geltenden Fassung Art. 3 Nr. 131 bis 133 VereinhG v. 12.09.1950, BGBl. I, S. 455, 493 ff.). Die rechtsstaatliche Problematik einer Verurteilung ohne Anhörung des Angeklagten stand bei der Abschaffung nicht im Vordergrund (instruktiv *Dünnebier*, in: FS für Heinitz, S. 669, 678). Zur Regelungsgeschichte vgl. ferner *Riess*, JZ 1975, 265; LR/*Stuckenberg*, vor § 276 Rn. 1 bis 7.

2 In ihrer heutigen Fassung bilden die §§ 276 bis 295 den Rahmen für jene prozessualen Maßnahmen, welche die StPO gegen einen Abwesenden trotz bzw. wegen der Unzulässigkeit der Hauptverhandlung ermöglicht. Dies ist zum einen die **Sicherung der Beweise** (§§ 285 bis 289) einschließlich deren Erhebung, zum anderen sind es Mittel, die eine **Gestellung** des Abwesenden bewirken oder erleichtern sollen, nämlich die Vermögensbeschlagnahme (§§ 290 bis 294) sowie die Erteilung sicheren Geleits (§ 295).

§ 276 StPO Begriff der Abwesenheit.
Ein Beschuldigter gilt als abwesend, wenn sein Aufenthalt unbekannt ist oder wenn er sich im Ausland aufhält und seine Gestellung vor das zuständige Gericht nicht ausführbar oder nicht angemessen erscheint.

A. Allgemeines. Mit dem Begriff der Abwesenheit des Beschuldigten umschreibt das Gesetz eine **Fiktion**, die auch erfüllt sein kann, wenn der Beschuldigte sich unerkannt am Gerichtsort aufhält (LR/ *Stuckenberg*, § 276 Rn. 1). Die Legaldefinition gilt für den achten Abschnitt des zweiten Buchs sowie für § 205 (vgl. BGHSt 37, 145, 146) und § 154 f. Dagegen wird der Begriff insb. in den §§ 231 Abs. 2, 231a, 231b Abs. 1 und 232 Abs. 1 in einem abweichenden Sinn verwendet, vgl. § 285 Rn. 4 ff. Der Begriff der Abwesenheit vereint **zwei Alternativen**: Er ist zum einen erfüllt, wenn den Strafverfolgungsbehörden der Aufenthalt des Beschuldigten unbekannt ist, und kann zum anderen erfüllt sein, wenn der Beschuldigte sich im Ausland aufhält. 1

B. Unbekannter Aufenthalt. Der Aufenthalt des Beschuldigten ist für das Gericht bzw. die Ermittlungsbehörden nur dann unbekannt, wenn sie ihn weder mit sachentsprechendem Aufwand ermitteln können noch sonst zu erwarten ist, dass er ihnen demnächst bekannt werden wird (allg. Auffassung, vgl. z.B. KK-StPO/*Engelhardt*, § 276 Rn. 3; LR/*Stuckenberg*, § 276 Rn. 4). 2

C. Aufenthalt im Ausland. Ein Aufenthalt im Ausland begründet Abwesenheit nur dann, wenn keine ausreichende Möglichkeit der Gestellung besteht. **Gestellung** bedeutet das tatsächliche Bewirken des Erscheinens durch Ladung (allg. M., z.B. AK/*Achenbach*, § 276 Rn. 5), wobei dieses auf Freiwilligkeit des Beschuldigten beruhen kann (OLG Frankfurt am Main, NJW 1972, 1875) oder auf Zwangsmitteln i.R.d. Möglichkeiten internationaler Rechtshilfe (BGHSt 37, 145, 146; *Meyer-Goßner/Schmitt*, § 276 Rn. 3). Die Ladung bedarf dabei nicht der nach § 216 Abs. 1 Satz 1 vorgesehenen Androhung von Zwangsmitteln (OLG Frankfurt am Main, NJW 1972, 1875; LR/*Stuckenberg*, § 276 Rn. 5; näher *Oppe*, NJW 1966, 2237, 2238), nachdem solche im Ausland nicht unmittelbar vollstreckt werden können, worauf ansonsten nach Nr. 116 (1) RiVASt hinzuweisen ist (z.B. OLG Brandenburg NStZ 2015, 235). 3

Als **Ausland** ist jedes Gebiet anzusehen, bei dem die Mittel zur Gestellung versagen können, weil sie außerhalb des deutschen Hoheitsbereichs (Landgebiet samt Eigen- und Küstengewässer) liegen. Dazu zählt das Hoheitsgebiet fremder Staaten, aber auch die offene See (näher LR/*Stuckenberg*, § 276 Rn. 12). 4

Der Begriff »**erscheint**« macht deutlich, dass für die Beurteilung der Gestellungschancen eine Prognose der zu überwindenden Schwierigkeiten notwendig, aber auch ausreichend ist. Eine Auslieferung muss nicht erst erfolglos versucht worden sein (BGHSt 37, 145, 146; AK-StPO/*Achenbach*, § 276 Rn. 6; a. A. *Oppe*, NJW 1966, 2237, 2238; KMR/*Haizmann*, § 276 Rn. 7; de lege ferenda *Oppe*, ZRP 1972, 56, 57). Vielmehr erscheint eine Gestellung schon dann **nicht ausführbar**, wenn bei Würdigung aller bekannter Umstände zu erwarten ist, dass sich der Beschuldigte weder freiwillig dem Verfahren stellen wird, noch sein Erscheinen erzwungen werden kann (LR/*Stuckenberg*, § 276 Rn. 6, 7). Letzteres hängt vom Zuschnitt des zum betreffenden Staat bestehenden Rechtshilfeverkehrs ab (näher hierzu BGHSt 18, 283, 287). 5

Um eine Gestellung als **nicht angemessen** beurteilen zu können, muss zur Prognose der zu erwartenden Probleme und Auswirkungen deren Bewertung anhand des Verhältnismäßigkeitsgrundsatzes hinzutreten. Relevant sind hier nicht nur Kosten und Verwaltungsaufwand, sondern auch die für den Beschuldigten bewirkten Nachteile, insb. die Dauer des Auslieferungsverfahrens und die Haftverhältnisse im ausländischen Staat. Von diesen Kriterien geht auch Nr. 88 (1) c) RiVASt aus; vgl. ferner SK-StPO/*Frister* § 276 Rn. 8; LR/*Stuckenberg*, § 276 Rn. 9). 6

§§ 277 bis 284 StPO *(weggefallen)*

§ 285 StPO Beweissicherungszweck. (1) ¹Gegen einen Abwesenden findet keine Hauptverhandlung statt. ²Das gegen einen Abwesenden eingeleitete Verfahren hat die Aufgabe, für den Fall seiner künftigen Gestellung die Beweise zu sichern.
(2) Für dieses Verfahren gelten die Vorschriften der §§ 286 bis 294.

1 **A. Ausschluss der Hauptverhandlung gegen Abwesende (§ 285 Abs. 1 Satz 1) I. Grundsatz.** Die Norm formuliert in ihrem ersten Satz in Parallele zu § 230 Abs. 1 einen **rechtsstaatlichen Grundsatz:** Regelmäßig vermag sich nur der in der Hauptverhandlung anwesende Angeklagte effektiv zu verteidigen und umfassend **rechtliches Gehör** zu verschaffen. Eine Verhandlung in seiner Abwesenheit berührt daher seinen Anspruch aus Art. 103 Abs. 1 GG (vgl. LR/*Stuckenberg*, § 285 Rn. 1). Das gilt jedenfalls dann, wenn der Angeklagte unfreiwillig abwesend ist, weil er vom Verfahren keine Kenntnis erlangt oder gegen seinen Willen am Erscheinen gehindert ist. Jedoch verbietet die StPO eine Hauptverhandlung gegen Abwesende mit engen Ausnahmen (s. Rdn. 4 ff.) auch dann, wenn der Angeklagte sich dem Verfahren willentlich entzieht und damit gegen seine aus § 231 Abs. 1 folgende Anwesenheitspflicht verstößt. Nachdem Art. 103 Abs. 1 GG nur die Gelegenheit zu rechtlichem Gehör garantiert (vgl. BGHSt 13, 123; *Roxin/Schünemann*, § 18 Rn. 12), beruht dies primär auf dem **Gebot der Sachaufklärung:** Der Gesetzgeber bewertet den potenziellen Beitrag des anwesenden Angeklagten hierzu höher als das Interesse an einem zügigen, durch den Angeklagten nicht konterkarierten Verfahrensabschluss (vgl. zur Entstehungsgeschichte *Dünnebier*, in: FS für Heinitz, S. 669, 678).

2 **II. Verhältnis zu den Regelungen für »ausbleibende« Angeklagte (§§ 230 ff.) 1. § 285 Abs. 1 Satz 1 als Spezialfall des § 230 Abs. 1.** § 285 Abs. 1 Satz 1 ist eine in der Rechtsfolge identische Sonderregelung zu § 230 Abs. 1; der dortige Grundsatz wird hier wiederholt für die Fälle, in denen ein **»Ausbleiben«** in der Hauptverhandlung i.S.d. des § 230 Abs. 1 auf einer **Abwesenheit** i.S.d. § 276 beruht. Beide Begriffe sind nicht deckungsgleich: Selbst wo in den §§ 231 ff. von der »Abwesenheit« des Angeklagten die Rede ist, wird dies wie das »Ausbleiben« lediglich auf eine konkrete Hauptverhandlung bezogen und damit in einem allgemeineren Sinn als in § 276 verstanden. Regelmäßig wird der Angeklagte in den Fällen der §§ 231 ff. erreichbar sein, sodass man ihn zur Anwesenheit zwingen könnte (LR/*Stuckenberg*, § 276 Rn. 3). Er ist dann nicht abwesend i.S.d. § 276.

3 Für diese Fälle der Erreichbarkeit legen die **§§ 231 ff.** einen rechtsstaatlichen Rahmen für die zweckmäßige Auswahl aus zwei Alternativen fest: Im Regelfall muss der Angeklagte herbeigeschafft werden. Nur ausnahmsweise darf darauf verzichtet und gegen einen ausbleibenden Angeklagten verhandelt werden. In den Fällen des **§ 285 Abs. 1 Satz 1** besteht die Alternative des Herbeischaffens nicht, was zugleich die **Funktion der Norm** verdeutlicht: Indem der Gesetzgeber hier das schon aus § 230 Abs. 1 folgende Verbot der Hauptverhandlung wiederholt, stellt er klar, dass dieser Grundsatz selbst dann gilt, wenn eine Anwesenheit des Angeklagten nicht erzwungen werden kann. Auch dann dürfen die Organe der Strafrechtspflege ihre Ohnmacht nicht durch eine Hauptverhandlung in Abwesenheit des Angeklagten kompensieren. Zudem unterstreicht der Gesetzgeber mit der heutigen apodiktischen Fassung der Norm die 1975 zugleich erfolgte Abschaffung des eigentlichen Abwesenheitsverfahrens durch das EGStGB (vgl. Vorbem. zu §§ 276 bis 295).

4 **2. Anwendbarkeit der zu § 230 Abs. 1 bestehenden Ausnahmen.** So wenig § 285 Abs. 1 Satz 1 den durch die §§ 230 ff. gezogenen Rahmen erweitert, so wenig zielt die Norm darauf, ihn zu verengen: Die zu § 230 Abs. 1 bestehenden **Ausnahmen** sind auch hier **anwendbar.** Dass § 285 Abs. 1 Satz 1 speziell die Fälle des auf Abwesenheit i.S.d. § 276 beruhenden Ausbleibens betrifft, steht nicht entgegen: Die Beeinträchtigung der prozessualen Stellung des Angeklagten und die Qualitätseinbuße für die Sachaufklärung einerseits sowie die Beschleunigung des Verfahrensabschlusses andererseits zeichnen eine Verhandlung in Abwesenheit unabhängig davon aus, ob der Angeklagte zwangsweise hätte herbeigeschafft werden können. Zudem besteht kein Anlass, einen Flüchtigen ggü. dem ausbleibenden, aber im Inland erreichbaren Angeklagten besserzustellen (so zutreffend LR/*Stuckenberg*, § 285 Rn. 2).

5 So kann eine Hauptverhandlung auch dann nach § 231 Abs. 2 zu Ende geführt werden, wenn der sich entfernende Angeklagte nun unbekannten Aufenthalts oder ins Ausland geflohen ist (BGHSt 27, 216, 217). Wenn der Aufenthalt des Beschuldigten bekannt ist und nur deshalb die Abwesenheit i.S.d. § 276

begründet, weil er im Ausland liegt, so kann nach § 232 verfahren werden, wenn die dort vorgesehene Ladung erfolgt. Die gegenteilige frühere Auffassung des BGH zu § 232 (NJW 1957, 472) ist durch die Aufhebung der §§ 277 bis 284 a. F. überholt (näher KK-StPO/*Engelhardt*, § 285 Rn. 3). Es besteht auch kein Anlass, § 232 nur dann anzuwenden, wenn sich die Abwesenheit erst nach Ladung herausstellt (so wohl auch trotz gegenteiliger Erwägung KK-StPO/*Engelhardt*, § 285 Rn. 3). Jedoch hindert auch ein unbekannt gewordener Aufenthalt ein Vorgehen nach § 232 nicht, wenn zuvor noch eine ordnungsgemäße Ladung erfolgen konnte. Auch der im Ausland wohnende Angeklagte kann nach § 233 vom Erscheinen entbunden werden (OLG Hamburg, MDR 1968, 345). Ferner kann im Berufungsverfahren nach § 329, bei Einspruch im Strafbefehlsverfahren nach § 412 verfahren werden (vgl. KG, NJW 1969, 475), soweit diese Verfahrensabschnitte vor bzw. trotz Abwesenheit des Angeklagten erreicht werden konnten bzw. können. Regelmäßig ist es also unschädlich, wenn der ausbleibende Angeklagte zugleich abwesend i.S.d. § 276 ist (ebenso bzgl. der genannten Ausnahmen LR/*Stuckenberg*, § 285 Rn. 2; AK-StPO/*Achenbach*, § 285 Rn. 2; SK-StPO/*Frister*, § 285 Rn. 7 ff.; Meyer-Goßner/*Schmitt*, § 285 Rn. 1).

Im **Schrifttum** wird allerdings teilweise eine Anwendung der §§ 232 und 412 auf Abwesende aus der Sorge heraus **abgelehnt**, dass man bei ihnen ein unfreiwilliges Ausbleiben nicht sicher genug ausschließen könne (KMR/*Haizmann*, § 285 Rn. 9; SK-StPO/*Frister*, § 285 Rn. 8 – dort unter Aufgabe der Ansicht der Vorauflage nur bzgl. § 412 und nur für den Fall, dass dem Angeklagten ein Erscheinen nicht möglich ist). Jedoch scheidet § 412 zumindest bei genügender Entschuldigung aus, während § 232 durch das Ladungserfordernis immerhin eine auf Unkenntnis beruhende Unfreiwilligkeit regelmäßig ausschließt. Hinzu kommt die Möglichkeit der Wiedereinsetzung in den vorigen Stand nach § 235 bzw. §§ 412, 329 Abs. 3. Es besteht daher kein Grund, § 232 oder § 412 pauschal in allen Fällen des § 285 auszuschließen. Abwesenheit i.S.d. § 276 wird durch staatliche Ohnmacht definiert. Im Einzelfall mag zwar auch der Angeklagte gehindert sein, rechtliches Gehör in Anspruch zu nehmen. Angesichts heutiger Kommunikations- wie Reisemöglichkeiten ist aber nicht ersichtlich, dass sein Risiko allein durch einen für die Verfolgungsbehörden unbekannten Aufenthalt oder einen Auslandsaufenthalt signifikant gesteigert würde. 6

III. Abweichung im Bereich internationaler Rechtshilfe. Der wesentliche Kern der Gewährleistung rechtlichen Gehörs im Strafverfahren gehört zum nach Art. 25 GG in der BRD verbindlichen **völkerrechtlichen Mindeststandard**. Eine Auslieferung in das Ausland zur Vollstreckung eines Abwesenheitsurteils setzt daher zumindest voraus, dass der Verfolgte über die Tatsache der Durchführung und des Abschlusses des betreffenden Verfahrens unterrichtet war oder ihm eine tatsächlich wirksame Möglichkeit eröffnet ist, sich nach Erlangung dieser Kenntnis nachträglich rechtliches Gehör zu verschaffen und sich wirksam zu verteidigen (BVerfG, NStZ 2006, 102; BVerfGE 63, 332). Eine Auslieferung ist damit aber auch für Verfahren möglich, in denen einer Verurteilung nach deutschem Recht § 285 Abs. 1 Satz 1 entgegengestanden hätte (krit. *Roxin*/*Schünemann*, § 62 Rn. 2). 7

Auf dieser Basis hat der **Rahmenbeschluss 2009/299/IJ** v. 26.02.2009 (EuABl. L 81 v. 27.03.2009, S. 24) für den Bereich der EU die Voraussetzungen der gegenseitigen Anerkennung von Abwesenheitsverurteilungen vereinheitlicht, u.a. durch Änderung des Rahmenbeschlusses 2002/584/JI über den Europäischen Haftbefehl (krit. hierzu *Ahlbrecht*, in: FS für AG Strafrecht, S. 1055; *Klitsch*, ZIS 2009, 11). 8

B. Beweissicherungsverfahren (§ 285 Abs. 1 Satz 2, Abs. 2)

§ 285 Abs. 1 Satz 1 bewirkt **kein Verfahrenshindernis** (h.M., vgl. z.B. LR/*Stuckenberg*, § 285 Rn. 3; wohl ohne Unterschied in der Sache SK-StPO/*Frister*, § 285 Rn. 4: auf das Hauptverfahren beschränktes Verfahrenshindernis; a. A. wohl *Roxin*/*Schünemann*, § 21 Rn. 18). Der in § 285 Abs. 1 Satz 2 angegebene Zweck des Abwesenheitsverfahrens charakterisiert zudem nur die §§ 286–289. Die §§ 290 bis 294 bieten dagegen mit Vermögensbeschlagnahme und sicherem Geleit zwei Hilfsmittel, um eine Gestellung zu bewirken. § 285 Abs. 1 Satz 2 und Abs. 2 haben dabei den **Verfahrensabschnitt ab Anklageerhebung** im Blick (vgl. SK-StPO Loseblattausgabe 43. EL 2005/*Schlüchter*/*Frister*, § 285 Rn. 5), denn einerseits bezieht § 289 im Umkehrschluss den Zeitraum vor Eröffnung des Hauptverfahrens mit ein, andererseits ist die StA im **Vorverfahren** nicht auf ein Vorgehen nach §§ 286 bis 289 angewiesen: Sie kann auch gegen Abwesende ermitteln und Beweise sichern, wobei gleichwohl auf richterliche Untersuchungshandlungen die §§ 286, 287 Anwendung finden (LR/*Stuckenberg*, § 285 Rn. 7, 8; SK-StPO/*Frister*, § 285 Rn. 12). 9

§ 288 StPO Öffentliche Aufforderung zum Erscheinen oder zur Aufenthaltsortsanzeige

Eine Anklageerhebung gegen einen Abwesenden ist jedoch erforderlich, wenn eine Vermögensbeschlagnahme nach § 290 erfolgen soll.

10 Soweit aus § 285 Abs. 1 Satz 1 ein Verbot der Hauptverhandlung folgt, wird vor Anklageerhebung über § 154f, danach über § 205 die Möglichkeit eröffnet, dem – ggf. nach Maßnahmen i.S.d. §§ 286 ff. – mit einer vorläufigen Einstellung des Verfahrens Rechnung zu tragen (vgl. *Meyer-Goßner/Schmitt*, § 285 Rn. 2); diesen Normen liegt der Abwesenheitsbegriff nach § 276 zugrunde (vgl. BGHSt 37, 145, 146). Eine bereits erfolgte Einstellung gem. § 154f bzw. § 205 schließt ihrerseits beweissichernde Maßnahmen nach den §§ 286 ff. nicht aus (LR/*Stuckenberg*, § 205 Rn. 15). Anordnungen zur Beweissicherung und Aufenthaltsermittlung im Rahmen eines Verfahrens gegen Abwesende haben nach § 78c Abs. 1 Satz 1 Nr. 10 StGB eine **Unterbrechung der Verfolgungsverjährung** zur Folge (hierzu BGHSt 37, 145 = NStZ 1990, 584 m. Anm. *Temming*).

§ 286 StPO Vertretung von Abwesenden.
¹Für den Angeklagten kann ein Verteidiger auftreten. ²Auch Angehörige des Angeklagten sind, auch ohne Vollmacht, als Vertreter zuzulassen.

1 Die Abwesenheit ändert nichts am Recht, sich der Unterstützung eines **Verteidigers** zu bedienen. Satz 1 der Norm betont daher nur die unveränderte Geltung des Grundsatzes aus § 137, ist dabei aber durch ein Redaktionsversehen zu eng geraten: Angesprochen ist nicht erst der Angeklagte i.S.d. § 157, sondern allgemein der Beschuldigte (allg. M., näher LR/*Stuckenberg*, § 285 Rn. 6). Umgekehrt begründet Abwesenheit nicht per se einen Fall notwendiger Verteidigung, wird jedoch häufig die Voraussetzungen nach § 140 Abs. 2 Satz 1, 3. Alt. erfüllen (SK-StPO/*Frister*, § 286 Rn. 2).

2 Die Zulassung **Angehöriger** erlaubt über § 149 hinausgehend deren Interessenwahrnehmung für den Beschuldigten, was nach dem Sinn des Abwesenheitsverfahrens v.a. Anregungen und Hinweise ermöglichen soll (LR/*Stuckenberg*, § 288 bis 288 Rn. 6), aber insb. auch die Mitwirkungsrechte nach §§ 168c, 168d beinhaltet und dem Angehörigen insoweit die Rechte eines Verteidigers verleiht. Eine Vertretungsbefugnis i.S.d. § 234 erlangt der Angehörige dagegen trotz des Wortlauts nur durch Bevollmächtigung; da keine Hauptverhandlung stattfindet, besteht hierfür aber auch nur reduzierter Bedarf (vgl. LR/*Stuckenberg*, § 288 bis 288 Rn. 6). Der Kreis berechtigter Angehöriger unterliegt nach dem Normzweck nicht der Limitierung durch § 52 Abs. 1 StPO oder § 11 Abs. 1 Nr. 1 StGB (h.M., vgl. z.B. SK-StPO/*Frister*, § 286 Rn. 4 m.w.N.; a. A. HK-StPO/*Julius*, § 286 Rn. 1; KMR/*Haizmann*, § 286 Rn. 4), ein Ehegatte kommt als Vertreter aber nur bei noch bestehender Ehe in Betracht (allg. M., z.B. KK-StPO/*Engelhardt*, § 286 Rn. 3; LR/*Stuckenberg*, § 286 bis 288 Rn. 5).

§ 287 StPO Benachrichtigung von Abwesenden.
(1) Dem abwesenden Beschuldigten steht ein Anspruch auf Benachrichtigung über den Fortgang des Verfahrens nicht zu. (2) Der Richter ist jedoch befugt, einem Abwesenden, dessen Aufenthalt bekannt ist, Benachrichtigungen zugehen zu lassen.

1 Benachrichtigungspflichten ggü. dem abwesenden Beschuldigten bestehen auch dann nicht, wenn sein Aufenthaltsort im Ausland bekannt ist oder er einen **Zustellungsbevollmächtigten** benannt hat (allg. M., vgl. z.B. KK-StPO/*Engelhardt*, § 287 Rn. 1, 2). Ggü. dem **Verteidiger** gelten jedoch die üblichen Informationspflichten (z.B. § 168c Abs. 5, § 224); ebenso ggü. den nach § 286 Satz 2 zugelassenen Angehörigen (allg. M., vgl. z.B. SK-StPO/*Frister*, § 287 Rn. 3).

§ 288 StPO Öffentliche Aufforderung zum Erscheinen oder zur Aufenthaltsortsanzeige.
Der Abwesende, dessen Aufenthalt unbekannt ist, kann in einem oder mehreren öffentlichen Blättern zum Erscheinen vor Gericht oder zur Anzeige seines Aufenthaltsortes aufgefordert werden.

1 Die Maßnahme steht im Ermessen des Gerichts, das dabei über den Wortlaut der Norm hinaus auf alle geeigneten Mittel zurückgreifen kann, etwa den Rundfunk oder das Internet. Rechtswirkungen besitzt

die Aufforderung nicht, insb. nicht diejenigen einer Ladung oder öffentlichen Zustellung (LR/*Stuckenberg*, §§ 286 bis 288 Rn. 12).

§ 289 StPO Beweisaufnahme durch beauftragte oder ersuchte Richter. Stellt sich erst nach Eröffnung des Hauptverfahrens die Abwesenheit des Angeklagten heraus, so erfolgen die noch erforderlichen Beweisaufnahmen durch einen beauftragten oder ersuchten Richter.

Die Vorschrift dient der Prozessökonomie. Während die Beweissicherung im Ermittlungsverfahren ohnehin der StA obliegt (mit der Möglichkeit des Vorgehens nach § 162) und im Zwischenverfahren die Möglichkeit einer kommissarischen Beweiserhebung in den Fällen der §§ 202, 205 Satz 2 allgemein anerkannt ist (vgl. *Meyer-Goßner/Schmitt*, § 202 Rn. 3; LR/*Stuckenberg*, § 205 Rn. 51), eröffnet § 289 diesen Weg auch für das Hauptverfahren: Ohne dem erkennenden Gericht die Kompetenz zur Anordnung der erforderlichen Maßnahmen zu nehmen, wird es bei deren Durchführung entlastet. Für Zeugenvernehmungen und Augenscheinsnahme gelten die §§ 223 bis 225 (näher SK-StPO/*Frister*, § 289 Rn. 1). Zu der Benachrichtigungspflicht nach § 224 vgl. § 287 Rn. 1; eine Benachrichtigung des abwesenden Angeklagten ist nach § 287 entbehrlich (allg. M., z.B. LR/*Stuckenberg*, § 289 Rn. 3). 1

§ 290 StPO Vermögensbeschlagnahme. (1) Liegen gegen den Abwesenden, gegen den die öffentliche Klage erhoben ist, Verdachtsgründe vor, die den Erlaß eines Haftbefehls rechtfertigen würden, so kann sein im Geltungsbereich dieses Bundesgesetzes befindliches Vermögen durch Beschluß des Gerichts mit Beschlag belegt werden.
(2) Wegen Straftaten, die nur mit Freiheitsstrafe bis zu sechs Monaten oder mit Geldstrafe bis zu einhundertachtzig Tagessätzen bedroht sind, findet keine Vermögensbeschlagnahme statt.

A. Bedeutung der Vorschrift. Die Vermögensbeschlagnahme belegt den Abwesenden mit einem absoluten Verfügungsverbot (zur Wirkung vgl. § 292) und ermöglicht damit einen **weitreichenden Eingriff** in seine Rechtsstellung. Im Gesetzgebungsverfahren der RStPO wurde dies mit Sorge gesehen und die bis 1975 existente Möglichkeit einer Verurteilung in Abwesenheit wohl nur zugelassen, um den Anwendungsbereich der Vermögensbeschlagnahme zu begrenzen. Ein Unterbleiben rechtlichen Gehörs wurde bei geringem Schuldvorwurf als weniger gravierend empfunden als der »bürgerliche Tod« in Form des Verfügungsverbots (vgl. *Dünnebier*, in: FS für Heinitz, S. 669, 672). § 290 Abs. 2 trägt dem heute noch Rechnung. Kann eine zwangsweise Gestellung des Abwesenden bewirkt werden, so wird das gegenüber der Vermögensbeschlagnahme häufig das mildere Mittel sein, vgl. LR/*Stuckenberg*, § 276 Rn. 10; vgl. aber auch SK-StPO/*Frister*, § 290 Rn. 4: Prüfung im Einzelfall). 1

Im Kontrast zum Potenzial der Maßnahme steht ihre offenbar **seltene Anwendung**, auf die ihre nur vereinzelte Behandlung in der Rechtsprechung schließen lässt (vgl. *Börner*, NStZ 2005, 547). Die Begrenzung auf inländische Güter reduziert die Praktikabilität der Norm (so bereits *Dünnebier*, in: FS für Heinitz, S. 669, 679 f.), zumal eine rechtzeitige Vermögensverlagerung durch das Erfordernis der Anklageerhebung erleichtert wird (AK-StPO/*Achenbach*, § 290 Rn. 2). Den erwägenswerten Verzicht auf Letzteres sah ein RefE des BMJ vor, der jedoch nicht umgesetzt wurde (vgl. StV 1982, 600, 602; ferner *Hilger*, NStZ 1982, 374, 375). 2

B. Zweck der Vermögensbeschlagnahme. Die Beschlagnahme soll die **Gestellung** bewirken, indem sie dem Abwesenden einen Anreiz hierzu schafft und ihm zugleich die Mittel für ein weiteres Fernbleiben nimmt (allg. M., KG, 14.03.2005 – 5 Ws 585/04; BayObLG, NJW 1964, 301; LR/*Stuckenberg*, § 290 Rn. 1). Eine ausdrückliche Regelung in diesem Sinne sah bereits ein RefE des BMJ vor, vgl. StV 1982, 600, 602. Die rechtliche Wirkung der Vermögensbeschlagnahme ergibt sich näher aus § 292. 3

Eine Anwendung zu **weiteren Zwecken** gestattet § 290 nicht. Zwar kann die Beschlagnahme faktisch auch Opfern der Straftat den Zugriff auf das Vermögen des Beschuldigten erleichtern (*Hilger*, NStZ 1982, 374; AK-StPO/*Achenbach*, § 290 Rn. 1). Dies ist jedoch Nebeneffekt; hierzu angeordnet werden 4

§ 291 StPO Bekanntmachung der Beschlagnahme

kann die Maßnahme nicht (KMR/*Haizmann*, § 290 Rn. 2; SK-StPO/*Frister*, § 290 Rn. 1). Ein gezieltes Vorgehen gestattet hier nur § 111b Abs. 5. Genauso wenig dient die Beschlagnahme der Sicherung der Verfahrenskosten, einer zu erwartenden Geldstrafe oder der Vollstreckungskosten (a. A. AK-StPO/ *Achenbach*, § 290 Rn. 1. Hierfür spricht nicht nur der Umkehrschluss zu § 111d Abs. 1 Satz 2, 3, sondern auch der Umstand, dass zugleich mit der Schaffung dieser Norm durch das EGStGB 1975 § 284 a. F. (Vermögensbeschlagnahme zur Sicherung der den Angeschuldigten möglicherweise treffenden Geldstrafe und der Verfahrenskosten) ersatzlos aufgehoben wurde.

5 Erweitert wird der Anwendungsbereich aber durch § 457 Abs. 3 um die Fälle, in denen die Gestellung zur **Vollstreckung einer Freiheitsstrafe** zu bewirken ist. Zwar hat in diesen Fällen die Hauptverhandlung bereits stattgefunden, die § 290 ermöglichen will. Wenn § 457 Abs. 3 jedoch unstreitig Fahndungsmaßnahmen erlaubt, die ihren originären Anwendungsbereich mit dem Abschluss der Hauptverhandlung ebenso verlieren, so gibt es keinen Grund, die Vermögensbeschlagnahme auszunehmen (KG NStZ-RR 2014, 231; OLG Düsseldorf, NStZ 1997, 103; KK-StPO/*Engelhardt*, § 290 Rn. 3; SK-StPO/*Frister*, § 290 Rn. 1; a. A. KMR/*Haizmann*, § 290 Rn. 2).

6 **C. Voraussetzungen der Vermögensbeschlagnahme.** Die Beschlagnahme setzt die Erhebung der **Anklage** voraus, was bei einem bereits Abwesenden auch eigens zu diesem Zweck geschehen kann (allg. M., vgl. z.B. AK-StPO/*Achenbach*, § 290 Rn. 4). Über Abs. 2 wird die Beschlagnahme bei Bagatelldelikten ausgeschlossen, wobei hier der gesetzliche Strafrahmen des Tatbestands, nicht die konkrete Strafverwartung maßgeblich ist (LR/*Stuckenberg*, § 290 Rn. 4). Das **Verhältnismäßigkeitsgebot** ist auch darüber hinaus zu beachten. So ist die Beschlagnahme als Druckmittel ungeeignet, wo sie bei kleinem Vermögen keinen ausreichenden Druck erzeugen kann oder wo die Abwesenheit unfreiwillig besteht (allg. M., vgl. z.B. SK-StPO/*Frister*, § 290 Rn. 5). Andererseits reicht es aus, wenn die Chancen einer Gestellung erhöht werden. Dass dem stets die Abschreckungswirkung der zu erwartenden Strafe gegenüber steht, liegt in der Natur der Sache und tangiert die Eignung regelmäßig nicht (KG, 14.03.2005 – Ws 585/04; *Börner*, NStZ 2005, 547, 550). Nachdem mit Abs. 2 ohnehin eine der Wahrung der Verhältnismäßigkeit dienende Regelung zur mindestens erforderlichen Strafdrohung besteht, hätte es bei einem anderweitigen Willen des Gesetzgebers für diesen nahegelegen, dort neben einer Untergrenze zugleich auch eine Obergrenze zu normieren.

7 Erforderlich ist ferner ein **dringender Tatverdacht** i.S.d. § 112 Abs. 1. Ein Haftgrund muss dagegen nicht vorliegen (SK-StPO/*Frister*, § 290 Rn. 4; KK-StPO/*Engelhardt*, § 290 Rn. 4; a. A. KMR/*Haizmann*, § 290 Rn. 6). Dafür spricht, dass die Haftgründe der Verdunkelungs- oder Wiederholungsgefahr in keinem Bezug zur Wirkung der Beschlagnahme stehen, während § 112 Abs. 2 Nr. 1 meist erfüllt sein wird. Der Frage kommt daher wenig praktische Bedeutung zu (AK-StPO/*Achenbach*, § 290 Rn. 5).

8 **D. Verfahren.** Die Anordnung erfolgt durch **Beschluss** des Gerichts (Muster bei KMR/*Haizmann*, § 290 Rn. 9), der gem. § 291 bekannt zu machen ist. Ein Antrag der StA ist nicht erforderlich. Eine schon erfolgte Einstellung nach § **205** steht nicht entgegen (KG, 14.03.2005 – 5 Ws 585/04; LR/ *Stuckenberg*, § 290 Rn. 6). Erlass wie Ablehnung der Beschlagnahme unterliegen der Beschwerde nach § 304.

§ 291 StPO Bekanntmachung der Beschlagnahme. Der die Beschlagnahme verhängende Beschluß ist im Bundesanzeiger bekanntzumachen und kann nach dem Ermessen des Gerichts auch auf andere geeignete Weise veröffentlicht werden.

1 Die **Wirksamkeit** der Beschlagnahme hängt nach § 292 Abs. 1 von der Bekanntmachung im Bundesanzeiger ab. Sinnvoll ist ihre Anordnung direkt im Beschlagnahmebeschluss. Möglich ist aber auch die nachträgliche Anordnung des Vorsitzenden (h.M., z.B. SK-StPO/*Frister*, § 291 Rn. 3; KK-StPO/*Engelhardt*, § 291 Rn. 1; a. A. *Meyer-Goßner/Schmitt*, § 291 Rn. 1). Für die Durchführung gilt § 36 Abs. 1 Satz 2.

2 Die Veröffentlichung in **anderer Weise** ist fakultativ und bedarf daher unstreitig eines – ggf. auch erst nach dem Beschlagnahmebeschluss erfolgenden – Gerichtsbeschlusses. Sie dient auch dem Schutz Drit-

ter und trägt zugleich zur intendierten Wirkung der Beschlagnahme bei, indem Geschäfte mit dem Abwesenden unterbleiben (vgl. LR/*Stuckenberg*, § 291 Rn. 1). Da ein gutgläubiger Erwerb nicht in Betracht kommt (vgl. § 292 Rdn. 1), scheidet allerdings eine Eintragung im Grundbuch aus (BayObLGZ 12, 31; SK-StPO/*Frister*, § 291 Rn. 2 m.w.N.).

§ 292 StPO Wirkung der Bekanntmachung.

(1) Mit dem Zeitpunkt der ersten Bekanntmachung im Bundesanzeiger verliert der Angeschuldigte das Recht, über das in Beschlag genommene Vermögen unter Lebenden zu verfügen.
(2) ¹Der die Beschlagnahme verhängende Beschluß ist der Behörde mitzuteilen, die für die Einleitung einer Pflegschaft über Abwesende zuständig ist. ²Diese Behörde hat eine Pflegschaft einzuleiten.

Die Beschlagnahme bewirkt für den Abwesenden ein **absolutes Verfügungsverbot** bzgl. seines gegenwärtigen und zukünftigen inländischen Vermögens. Dennoch erfolgende Verfügungen sind nach § 134 BGB ohne Rücksicht auf die Gutgläubigkeit Dritter nichtig. Überträgt der Abwesende Vermögenswerte, so ist auch das Kausalgeschäft nichtig (KMR/*Haizmann*, § 292 Rn. 1; allgemein z.B. MüKo-BGB/*Armbrüster*, § 134 Rn. 9). Er kann aber solche schuldrechtliche Verpflichtungen eingehen, die ihm keine unmittelbare Gegenleistung einbringen (Abschluss eines Versicherungsvertrags, OLG Düsseldorf, NJW-RR 2004, 468). 1

Für die über Abs. 2 herbeizuführende **Pflegschaft** gelten die §§ 1911, 1915 BGB, soweit dies mit dem Beschlagnahmezweck vereinbar ist. Der Pfleger ist insb. berechtigt, **Verbindlichkeiten** des Abwesenden zu erfüllen, was z.B. im Interesse Unterhaltsberechtigter angezeigt sein wird (BayObLG, NJW 1964, 301; a. A. KMR/*Haizmann*, § 292 Rn. 2). Gläubiger des Abwesenden können zudem in das beschlagnahmte Vermögen vollstrecken (allg. M., z.B. SK-StPO/*Frister*, § 292 Rn. 3; *Hilger*, NStZ 1982, 374, 375). 2

§ 293 StPO Aufhebung der Beschlagnahme.

(1) Die Beschlagnahme ist aufzuheben, wenn ihre Gründe weggefallen sind.
(2) ¹Die Aufhebung der Beschlagnahme ist auf dieselbe Weise bekannt zu machen, wie die Bekanntmachung der Beschlagnahme. ²Ist die Veröffentlichung nach § 291 im Bundesanzeiger erfolgt, ist zudem deren Löschung zu veranlassen; die Veröffentlichung der Aufhebung der Beschlagnahme im Bundesanzeiger ist nach Ablauf von einem Monat zu löschen.

Zwingend aufzuheben ist die Beschlagnahme, wenn und sobald sie nicht mehr angeordnet werden könnte. Dies ist anhand des Zwecks der Beschlagnahme zu bestimmen und anzunehmen, wenn die **Gestellung** erfolgt ist, wenn sie faktisch nicht mehr möglich ist (Tod/Reiseunfähigkeit des Abwesenden), wenn sie rechtlich nicht mehr in verhältnismäßiger Weise erzwingbar ist (z.B. bei Wegfall des dringenden Tatverdachts oder deutlicher Reduzierung der Straferwartung) oder wenn sie nicht mehr notwendig ist (z.B. bei Verfahrenshindernis, Rücknahme der Anklage, Ablehnung der Eröffnung). Vorsicht geboten ist bei der Annahme einer entfallenen Eignung der Beschlagnahme als Druckmittel, vgl. KG, 14.03.2005 – 5 Ws 585/04; KK-StPO/*Engelhardt*, § 293 Rn. 2. Ob jenseits dieser zwingenden Fälle eine Aufhebung kraft bloßer abweichender Ermessensausübung möglich ist, ist zweifelhaft, vgl. SK-StPO Loseblattausgabe 43. EL 2005/*Schlüchter/Frister*, § 293 Rn. 3. Das Gericht hat jedenfalls den Fortbestand der Voraussetzungen der Vermögensbeschlagnahme in angemessenen Abständen von Amts wegen zu **überprüfen** (vgl. z.B. SK-StPO/*Frister*, § 293 Rn. 2). 1

Der Zeitpunkt der Wirkung der Aufhebung ist umstritten; nach herrschender Meinung tritt sie erst mit der **Bekanntmachung** im Bundesanzeiger (§ 293 Abs. 2) ein, näher *Meyer-Goßner/Schmitt*, § 293 Rn. 2; SK-StPO/*Frister*, § 293 Rn. 3, 4. Von ihr unabhängig bedarf es der Mitteilung an das Vormundschaftsgericht zwecks Aufhebung der Pflegschaft (vgl. § 292 Abs. 2). 2

§ 294 StPO Verfahren nach Anklageerhebung. (1) Für das nach Erhebung der öffentlichen Klage eintretende Verfahren gelten im übrigen die Vorschriften über die Eröffnung des Hauptverfahrens entsprechend.
(2) In dem nach Beendigung dieses Verfahrens ergehenden Beschluß (§ 199) ist zugleich über die Fortdauer oder Aufhebung der Beschlagnahme zu entscheiden.

1 Der **Zweck** der Norm knüpft daran an, dass § 290 die Erhebung der Anklage voraussetzt und auch die §§ 286 bis 289 diesen Abschnitt im Blick haben: Das Zwischenverfahren ist nach den hierfür geltenden Normen zu beenden, sobald eine Hauptverhandlung nicht mehr weiter gefördert werden kann. Zuvor sind jedoch die Möglichkeiten der Sachaufklärung auszuschöpfen (LR/*Stuckenberg*, § 294 Rn. 2), was schon aus dem Beschleunigungsgrundsatz folgt, der ein stetes Bemühen um eine verfahrensbeendende Sachentscheidung gebietet (vgl. allgemein LR/*Stuckenberg*, § 205 Rn. 4).

2 Von den **Vorschriften** zum Zwischenverfahren ist § 202 anwendbar (LR/*Stuckenberg*, § 294 Rn. 1; SK-StPO/*Frister*, § 294 Rn. 2). Auf Benachrichtigungen nach §§ 201, 204 Abs. 2 kann das Gericht verzichten (§ 287). Ein Eröffnungsbeschluss (§ 203) scheidet aus, solange der Angeschuldigte abwesend ist. Je nach Ergebnis der Sachaufklärung ist die Eröffnung abzulehnen (§ 204) oder das Verfahren – soweit nicht bereits geschehen – nach § 205 einzustellen (näher zum Verfahren SK-StPO/*Frister*, § 294 Rn. 3). Im Fall einer Vermögensbeschlagnahme ist gem. § 294 Abs. 2 zugleich über deren Fortdauer zu befinden. Für ihre Aufhebung gilt § 293 Abs. 2 (KK-StPO/*Engelhardt*, § 294 Rn. 2).

§ 295 StPO Sicheres Geleit. (1) Das Gericht kann einem abwesenden Beschuldigten sicheres Geleit erteilen; es kann diese Erteilung an Bedingungen knüpfen.
(2) Das sichere Geleit gewährt Befreiung von der Untersuchungshaft, jedoch nur wegen der Straftat, für die es erteilt ist.
(3) Es erlischt, wenn ein auf Freiheitsstrafe lautendes Urteil ergeht oder wenn der Beschuldigte Anstalten zur Flucht trifft oder wenn er die Bedingungen nicht erfüllt, unter denen ihm das sichere Geleit erteilt worden ist.

1 **A. Zweck und Voraussetzungen des sicheren Geleits.** Wie die Vermögensbeschlagnahme nach § 290 ist auch das sichere Geleit ein **Instrument**, um die **Gestellung** des Abwesenden zu bewirken. Während die Beschlagnahme hierzu ein Zwangsmittel bereitstellt, eröffnet § 295 den umgekehrten Weg: Der Beschuldigte soll von Zwang, nämlich vom Vollzug der Untersuchungshaft, verschont werden, damit er sich freiwillig dem Verfahren stellt. Attraktiv wird dies für ihn sein, soweit er die Chance sieht, zumindest nicht zu einer Freiheitsstrafe verurteilt zu werden (vgl. § 295 Abs. 3, 1. Alt.). Zudem kann dem Beschuldigten durch Befristung oder Beschränkung des Geleits die Möglichkeit gewährt werden, vor seiner Verurteilung wieder auszureisen (s. Rn. 7), wenn an seiner Anwesenheit bei einem bestimmten Verfahrensabschnitt vorrangiges Interesse besteht (LR/*Stuckenberg*, § 295 Rn. 8). Denn das Instrument zielt nicht allein auf eine Verurteilung des Abwesenden, sondern dient allgemein der Rechtspflege (vgl. KMR/*Haizmann*, § 295 Rn. 2; enger Meyer-Goßner/*Schmitt*, § 295 Rn. 1: nur Durchführung des Strafverfahrens). Möglich ist daher sein Einsatz, um eine Verhandlungsteilnahme des Abwesenden im Verfahren gegen Mitbeschuldigte, als Zeuge (BGHSt 35, 216 m. Anm. *Lagodny*, StV 1989, 92) oder als Partei eines Zivilprozesses (BGH, NJW 1991, 2500) zu ermöglichen.

2 Stets ist jedoch **Voraussetzung**, dass der Abwesende in einem Strafverfahren Beschuldigter ist, wobei § 295 in allen Verfahrensabschnitten anwendbar ist. Der Beschuldigte muss zum Zeitpunkt der Gewährung abwesend i.S.d. § 276 sein; der spätere Wegfall der Abwesenheit ist Zweck des Geleits und berührt daher nicht seinen Bestand (OLG Köln, NJW 1954, 1856; LR/*Stuckenberg*, § 295 Rn. 3). Sicheres Geleit kann trotz eines bereits bestehenden Haftbefehls gewährt werden (OLG Köln, NStZ-RR 2007, 243).

3 **B. Inhalt.** Die Erteilung ist eine **vertragsähnliche Zusicherung** (LR/*Stuckenberg*, § 295 Rn. 1), die im Unterschied zu § 116 die Organe der Rechtspflege bindet. Ein Widerruf des Geleits scheidet aus, solange der Abwesende von dem Geleit Gebrauch macht (vgl. OLG Zweibrücken, NJW 1966, 1722) und nicht seinen Zweck vereitelt (allg. M., z.B. Meyer-Goßner/*Schmitt*, § 295 Rn. 4). An **Bedingungen**

(§ 295 Abs. 1 Halbs. 2) kann das Geleit geknüpft werden, soweit diese seinem Zweck dienen. So kann etwa über die in § 116 vorgesehenen Anweisungen ein Äquivalent zur Untersuchungshaft erreicht werden (LR/*Stuckenberg*, § 295 Rn. 10 f.).

Entsprechend seines Zwecks befreit das sichere Geleit nicht nur vom Vollzug der **Untersuchungshaft** (§ 295 Abs. 2), sondern auch von einer Freiheitsentziehung nach §§ 230 Abs. 2, 236 (allg. M., z.B. LR/ *Stuckenberg*, § 295 Rn. 5). Begrenzt ist dies jedoch auf die Tat im prozessualen Sinn (§ 264), für die das Geleit erteilt wurde. Von einer Unterbringung nach § 126a kann wegen ihrer Funktion nicht befreit werden. 4

Unabhängig von dem nach § 295 erteilten Geleit kann sich ein Schutz vor Verfolgung aufgrund der Regelungen zur **internationalen Rechtshilfe** ergeben. Das ist zwar nicht automatisch der Fall, sobald ein Zeuge oder Sachverständiger aus dem Ausland der Ladung eines deutschen Gerichts Folge leistet (BGHSt 35, 216), ergibt sich aber im europäischen Bereich aus Art. 12 des Europäischen Übereinkommens über die Rechtshilfe in Strafsachen v. 20.04.1959 (BGBl. II 1964, S. 1386; vgl. z.B. LG Regensburg StV 2013, 167). Eine Erteilung sicheren Geleits nach § 295 ist hierdurch nicht gehindert (näher SK-StPO/*Frister*, § 295 Rn. 21). 5

C. Verfahren. Die Erteilung und Ausgestaltung steht im pflichtgemäßen Ermessen des Gerichts; der Beschuldigte hat hierauf keinen Anspruch (OLG Köln, NStZ-RR 2007, 243; OLG Düsseldorf, NStZ-RR 1999, 245). Erforderlich ist eine Abwägung des Strafverfolgungsinteresses mit den Interessen der Verfahrensbeteiligten (BGH, NStZ 1991, 501); bei Vorliegen eines Haftgrunds nach § 112a sind zudem Sicherheitsbelange zu beachten. Die Entscheidung erfolgt durch Gerichtsbeschluss (sog. **Geleitbrief**), der etwaige Bedingungen genau zu beschreiben hat. Es entscheidet das für das Strafverfahren gegen den Abwesenden zuständige Gericht. Der Ermittlungsrichter ist nur zuständig, soweit das Geleit allein für das Vorverfahren erteilt werden soll (näher SK-StPO/*Frister*, § 295 Rn. 7). Erteilung wie Versagung des Geleits unterliegen der Beschwerde (§ 304); zur Beschwer des Beschuldigten vgl. OLG Köln, NStZ-RR 2007, 243. 6

D. Erlöschen des sicheren Geleits. Das sichere Geleit erlischt kraft Gesetzes, wenn einer der in Abs. 3 abschließend normierten Gründe eintritt. Ein klarstellender Gerichtsbeschluss kann sich anbieten, insb. wenn der Beschuldigte Bedingungen nicht erfüllt hat (LR/*Stuckenberg*, § 295 Rn. 20). Ein parallel bestehender Schutz aufgrund der Regelungen zur internationalen Rechtshilfe wird durch das Erlöschen des nach § 295 gewährten Geleits nicht berührt (SK-StPO/*Frister*, § 295 Rn. 21). Zudem kommt Abs. 3 nur zur Anwendung, soweit die Dauer im Geleitbrief nicht abweichend bestimmt wird. Möglich ist eine **Beschränkung** auf bestimmte Verfahrensteile oder eine **Befristung**. In diesen Fällen kann der Beschuldigte mit dem Ablauf des Geleits unbehelligt ausreisen (allg. M., vgl. z.B. KK-StPO/ *Engelhardt*, § 295 Rn. 6). 7

Vor §§ 296 ff. StPO

Drittes Buch. Rechtsmittel

Erster Abschnitt. Allgemeine Vorschriften

Vorbemerkung zu §§ 296 ff. StPO

Übersicht
		Rdn.			Rdn.
A.	**Rechtsmittel**	1		b) Anfechtbarkeit trotz Erledigung oder Überholung	27
I.	Grundsätzliches	1		9. Verwirkung	31
	1. Funktion der Rechtsmittel	1		10. Rechtsmissbräuchliche Rechtsmittel	32
	2. Spannungsverhältnis zum Beschleunigungsgebot	3	III.	Begründetheit	33
	3. Arten und Wirkung der Rechtsmittel der StPO	4	**B.**	**Sonstige förmliche Rechtsbehelfe**	34
II.	Zulässigkeit	7	I.	Überblick	34
	1. Übersicht	7	II.	Nachholung rechtlichen Gehörs	35
	2. Rechtsmittelerklärungen als Prozesshandlungen	8	III.	Anfechtung von Justizverwaltungsakten	36
	3. »Vorsorgliche« Einlegung von Rechtsmitteln	9	IV.	Verfassungsbeschwerde	37
	4. Rechtsmitteleinlegung vor Erlass der Entscheidung	10	**C.**	**Formlose Rechtsbehelfe**	38
	5. Statthaftigkeit	12	I.	Gegenvorstellung	39
	6. Form, Frist	14		1. Wesen und Begriff	39
	a) Beschwerde und sofortige Beschwerde	14		2. Gegenvorstellungen gegen Entscheidungen, die nicht in Rechtskraft erwachsen	40
	b) Berufung und Revision	15		3. Gegenvorstellungen gegen unanfechtbare strafprozessuale Entscheidungen	41
	7. Beschwer	16		a) Ausgangslage	42
	a) Allgemeines	16		b) Wandel der Rechtsprechung	44
	b) Beschwer der StA	20		c) Bescheidung unzulässiger Gegenvorstellungen	46
	c) Untätigkeitsbeschwerde	21	II.	Dienstaufsichtsbeschwerde	48
	d) Beschwer von Privat- und Nebenklägern	22	**D.**	**Rechtskraft**	49
	8. Erledigung oder prozessuale Überholung der angefochtenen Maßnahme	24	I.	Begriff	49
			II.	Formelle Rechtskraft	50
	a) Grundsätzliche Unanfechtbarkeit	24	III.	Materielle Rechtskraft	51
			IV.	Absolute/relative Rechtskraft	54

1 A. Rechtsmittel. I. Grundsätzliches. 1. Funktion der Rechtsmittel. In dem Bewusstsein, dass den Gerichten sowohl bei der Feststellung des Sachverhalts, als auch bei der Anwendung des Rechts Fehler unterlaufen können, hat der Gesetzgeber ein diffiziles Rechtsmittelsystem geschaffen, das auf die Abänderung fehlerhafter und die Herbeiführung richtiger Entscheidungen zielt. Mit der Überprüfung gerichtlicher Entscheidungen in tatsächlicher und rechtlicher Hinsicht sollen die verschiedenartigen Rechtsmittel der StPO die **materielle Gerechtigkeit im Einzelfall**, die **Justizförmigkeit des Verfahrens** und die **Einheitlichkeit der Rechtsanwendung** zur Verwirklichung der Gleichheit vor dem Gesetz sicherstellen.

2 Neben der weitreichenden **Korrekturfunktion** kommt den Rechtsmitteln auch eine auf den entscheidenden Richter zielende **Warnfunktion** zu. Dieser soll vor voreiligen Schlussfolgerungen und Entscheidungen gewarnt und im stetigen Bewusstsein der möglichen Kontrolle seiner Entscheidungen zur besonderen Gründlichkeit und Sorgfalt angehalten werden. Den in der Praxis immer wieder zu beobachtenden Tendenzen, diese Kontrolle durch Verfahrensabsprachen (sog. Deal) zu unterlaufen, ist die höchstrichterliche Rechtsprechung schon lange vor der gesetzlichen Regelung in §§ 257c Abs. 2, 302 Abs. 1 Satz 2 entgegengetreten, indem sie jegliche Vereinbarungen über einen Rechtsmittelverzicht als

Vor §§ 296 ff. StPO

unzulässig und unwirksam angesehen hat (vgl. BGHSt 50, 40, NStZ 1998, 86; grundlegend zu Verfahrensabsprachen schon BVerfG NJW 1987, 2662).

2. Spannungsverhältnis zum Beschleunigungsgebot. Ein ausgedehntes und kompliziertes Rechtsmittelsystem kann selbst zur Quelle von Fehlern werden und kollidiert zwangsläufig mit den Zielen der **Verfahrensbeschleunigung** und der schnellen **Rechtssicherheit** durch zügige Rechtskraft, die durch (wiederholte) Überprüfung richterlicher Entscheidungen hinausgezögert werden. Die Durchsetzung spezial- und generalpräventiver Strafzwecke erfordert den beschleunigten Abschluss des Strafverfahrens; die Wirksamkeit einer auf dem Fuße folgenden Strafe ist nicht nur im Bereich der Bekämpfung von jugendlicher Delinquenz sprichwörtlich. Das Erfordernis einer gründlichen, gleichwohl raschen Strafjustiz spricht insb. gegen das wiederholte Verhandeln in derselben Sache in umfangreichen Fällen und damit gegen jegliche Ausdehnung der Möglichkeiten, Urteile mit der Berufung, die zur vollständigen Wiederholung der Beweisaufnahme führt, anzufechten. Zudem setzt die drohende Verschlechterung der Beweislage, etwa durch Erinnerungstrübung oder -verlust nach längerer Zeit oder durch suggestive Beeinflussung im Zuge wiederholter Befragung von Zeugen dem Rechtsmittelsystem Grenzen. Wiederholt wurde daher die Abschaffung der gegen Urteile des AG möglichen Berufung gefordert (etwa vom Deutschen Richterbund, vgl. DRiZ 1985, 229, 443; 1986, 394; 1987, 284; zu Reformbestrebungen s. insb. auch *Kintzi*, DRiZ 2000, 187 m.w.N. sowie den Gesetzentwurf des Bundesrates zur Einführung eines Wahlrechtsmittels, BT-Drucks. 16/6969 v. 07.11.2007). 3

3. Arten und Wirkung der Rechtsmittel der StPO. Zur Anfechtung gerichtlicher Entscheidungen sieht die Strafprozessordnung im 3. Buch die einfache (§ 304), die sofortige (§ 311) und die weitere **Beschwerde** (§ 310), die **Berufung** (§§ 312 ff.) und die **Revision** (§§ 333 ff.) vor. Mit den Beschwerden können Beschlüsse und richterliche Verfügungen angegriffen werden (§ 304 Abs. 1); Berufung und Revision richten sich gegen Urteile. 4

Alle vorgenannten Rechtsmittel führen zur Überprüfung der angegriffenen Entscheidung durch ein Gericht höherer Ordnung (sog. **Devolutiveffekt**). Berufung und Revision hemmen darüber hinaus den Eintritt der Rechtskraft des Urteils (§§ 316 Abs. 1, 343 Abs. 1) und seine Vollstreckbarkeit (sog. **Suspensiveffekt**), da im Strafverfahren eine vorläufige Vollstreckbarkeit nicht vorgesehen ist (§ 449). Der Beschwerde fehlt diese Wirkung. Durch ihre Einlegung wird der Vollzug der angefochtenen Entscheidung nicht gehindert (§ 307 Abs. 1), sofern nicht das Gericht die Vollziehung aussetzt (§ 307 Abs. 2) oder dies ausnahmsweise ausdrücklich normiert ist (vgl. §§ 81 Abs. 4 Satz 2, 231a Abs. 3 Satz 3, 454 Abs. 2 Satz 2, 462 Abs. 3 Satz 2). 5

Auch außerhalb des 3. Buches finden sich diverse Vorschriften über Rechtsmittel und Rechtsbehelfe, bspw. in den §§ 28, 81 Abs. 4, 98 Abs. 2, 101 Abs. 7, 117, 138d Abs. 6, 161a Abs. 3, 172, 210, 238 Abs. 2, 390, 400, 401, 406a, 462. 6

II. Zulässigkeit. 1. Übersicht. Ein Rechtsmittel ist zulässig, wenn es **statthaft** und von einem Beteiligten, der durch die Entscheidung **beschwert** ist, **form- und fristgerecht** eingelegt worden ist. Da Rechtsmittel auf die Änderung oder Aufhebung gerichtlicher Entscheidungen abzielen, können sie nicht schon vorsorglich, sondern nur gegen bereits **ergangene Entscheidungen** eingelegt werden. Allerdings ist es nicht erforderlich, dass der Anfechtende bei Einlegung des Rechtsmittels bereits **Kenntnis** von der (existierenden) Entscheidung hat (vgl. BGHSt 25, 187 für den Fall des Einspruchs gegen einen erlassenen, aber noch nicht zugestellten Strafbefehl). 7

2. Rechtsmittelerklärungen als Prozesshandlungen. Erklärungen über die Einlegung eines Rechtsmittels oder Rechtsbehelfs sind grds. **bedingungsfeindliche Prozesshandlungen** (vgl. BVerfGE 40, 272, 274; BGHSt 5, 183 für die Revisionseinlegung; *Meyer-Goßner/Schmitt* Einl. Rn. 118). Dadurch sollen Unklarheiten über den Eintritt der Rechtskraft vermieden werden. Unzulässig ist es daher, ein Rechtsmittel von einem **künftigen** ungewissen Ereignis abhängig zu machen, etwa dass ein anderer Verfahrensbeteiligter die Entscheidung angreift. 8

Demgegenüber sind solche Bedingungen unschädlich, die auf etwas Gegebenes, insb. auf eine bestimmte Rechtslage abstellen. Die Verknüpfung mit einer derartigen Voraussetzung oder einer reinen Rechtsbedingung ist zulässig (vgl. BGHSt 25, 187 f.; *Meyer-Goßner/Schmitt* Einl. Rn. 118.).

Vor §§ 296 ff. StPO

9 3. »**Vorsorgliche**« **Einlegung von Rechtsmitteln.** Die Erklärung, dass lediglich »**vorsorglich Rechtsmittel eingelegt**« werden (vgl. RiStBV Nr. 148), ist unschädlich, wenn sich das Rechtsmittel gegen eine bereits ergangene und konkret bezeichnete Entscheidung richtet. Die Formulierung enthält nämlich keine Bedingung, sondern nur eine Erläuterung des Beweggrundes der Rechtsmitteleinlegung. Daher bringt sie einen unbedingten Anfechtungswillen zum Ausdruck, der lediglich mit der Ankündigung einer eventuellen Rücknahme verbunden ist (LR/*Hanack* Vor § 296 Rn. 24).

10 4. **Rechtsmitteleinlegung vor Erlass der Entscheidung.** Streitig ist, ob ein schon vor Erlass der Entscheidung eingelegtes Rechtsmittel mit dem Erlass der Entscheidung zulässig wird. Dies ist für einen **versehentlich zugestellten Beschlussentwurf**, der erst nach Zustellung unterzeichnet wurde, bejaht worden; der Betroffene brauche in diesem Fall nicht erneut Rechtsmittel gegen die Entscheidung einzulegen (LG Hildesheim NStZ 91, 401 m. zust. Anm. *Laubenthal* NStZ 91, 402, der die Anfechtung eines Entscheidungsentwurfes schon zur Beseitigung des von ihm ausgehenden Rechtsscheins für zulässig hält). Das ursprünglich nicht statthafte Rechtsmittel richte sich nach Erlass der Entscheidung »automatisch« gegen die erst jetzt rechtlich existent gewordene Entscheidung und führe zu deren sachlicher Überprüfung (vgl. OLG Düsseldorf, NJW 1970, 1937 für den Einspruch gegen einen Bußgeldbescheid).

11 Diese Sichtweise ist abzulehnen. Rechtsmittel, die vor Erlass einer Entscheidung eingelegt werden, sind unzulässig (KMR/*Plöd* Vor § 296 Rn. 11). Es folgt bereits aus allgemeinen Regeln der Denklogik, dass eine noch gar nicht existente Entscheidung nicht angefochten werden kann (vgl. BGHSt 25, 187, 189; KK/*Fischer* § 409 Rn. 17 und § 410 Rn. 5), und zwar auch nicht zur Beseitigung des Rechtsscheins einer nicht existierenden Entscheidung (zutreffend *Meyer-Goßner/Schmitt* Vor § 296 Rn. 4). Ein Entwurf kann keinerlei Rechtswirkung entfalten, die aufzuheben wäre. So geht auch der **Einspruch gegen einen noch nicht erlassenen Strafbefehl** ins Leere und wird nicht mit dem späteren Erlass wirksam (vgl. *Meyer-Goßner/Schmitt* § 410 Rn. 1). Auch im Fall der nachträglichen Unterzeichnung des zugestellten Entwurfes ist es aus Gründen der Rechtssicherheit und -klarheit erforderlich, diese Entscheidung bekannt zu geben und anzufechten, wobei auf die Unzulässigkeit des gegen den Entwurf eingelegten Rechtsmittels hingewiesen werden sollte.

12 5. **Statthaftigkeit.** Statthaft ist ein Rechtsmittel dann, wenn die angefochtene Entscheidung nach ihrer Art mit dem gewählten Rechtsbehelf angegriffen werden kann. Dies setzt voraus, dass das gewählte Rechtsmittel gesetzlich überhaupt vorgesehen ist und das Rechtsmittel vom Berechtigten gegen den richtigen Gegner eingelegt wurde. Die Statthaftigkeit eines Rechtsmittels bestimmt sich **nicht nach der Bezeichnung** der angefochtenen Entscheidung, sondern nach ihrem **sachlichen Gehalt** (BGH NJW 1974, 154: Umdeutung eines rechtsirrig erlassenen Urteils in einen Beschluss). Gegen ein fehlerhaft als Beschluss bezeichnetes Urteil ist daher die Berufung oder Revision, nicht aber die Beschwerde statthaft.

13 Die Statthaftigkeit kann fehlen, wenn das Gesetz für einen Verfahrensbeteiligten die gerichtliche Entscheidung der Anfechtung entzieht (§§ 210 Abs. 1, 464 Abs. 3 Satz 1 Halbs. 3) oder der Instanzenzug erschöpft ist. Ein mehrstufiger strafprozessualer Instanzenzug wird weder von Art. 19 Abs. 4 GG, noch durch das allgemeine Rechtsstaatsprinzip gewährleistet (vgl. BVerfGE 11, 232, 233; 28, 21, 36; 35, 263, 271; BGHSt 28, 57, 58).

14 6. **Form, Frist. a) Beschwerde und sofortige Beschwerde.** Die **einfache Beschwerde** ist an **keine Frist** gebunden (§ 304). In Ausnahmefällen kann sie durch Zeitablauf **verwirkt** und damit unzulässig werden, wenn der Betroffene untätig geblieben ist, obwohl ihm die Anrufung des Gerichts möglich, zumutbar und von ihm zu erwarten war (BVerfG NJW 1972, 675; im Einzelnen dazu unten 5.).
Die **sofortige Beschwerde** muss **binnen einer Woche** ab Bekanntmachung der Entscheidung eingelegt werden (§ 311 Abs. 2).
Für beide gilt, dass sie schriftlich oder zu Protokoll der Geschäftsstelle bei dem Gericht, dessen Entscheidung angefochten wird, einzulegen sind (§ 306).

15 b) **Berufung und Revision.** Berufung und Revision sind **binnen einer Woche** nach Verkündung des Urteils (§§ 314 Abs. 1, 341 Abs. 1; zum Fristbeginn bei Verkündung in Abwesenheit des Angeklagten s. §§ 314 Abs. 2, 341 Abs. 2) schriftlich oder zu Protokoll der Geschäftsstelle des erkennenden Gerichts einzulegen. Die Berufung kann (§ 317), die Revision muss begründet werden (§§ 337, 344; zur Begründungsfrist s. § 345).

7. Beschwer. a) Allgemeines. Die Rechtsmittel der StPO dienen der Beseitigung einer **gegenwärtigen, fortdauernden Beschwer** (vgl. *Meyer-Goßner/Schmitt* Vor § 296 Rn. 17). Beschwert ist der Rechtsmittelführer, wenn seine Rechte und geschützten Interessen durch die angegriffene Entscheidung **unmittelbar beeinträchtigt** sind (vgl. BGH NJW 1962, 404); es genügt nicht, dass sich der Rechtsmittelführer nur beeinträchtigt fühlt (BGH NJW 1986, 1820). Die Beschwer kann sich nur aus dem Entscheidungssatz (Tenor), nicht aber aus der Begründung ergeben. 16

Allerdings ist es gelegentlich erforderlich, zur Auslegung des Tenors auf die Entscheidungsgründe zurückzugreifen. Die Beschwer muss im Zeitpunkt der Entscheidung des Rechtsmittelgerichts noch vorliegen.

Die Beschwer entfällt nicht, wenn die angefochtene Entscheidung dem Antrag des Rechtsmittelführers entsprach; eine falsche Entscheidung wird nicht dadurch richtig, dass sie antragsgemäß erfolgte. So kann etwa die StA, wenn sie Freispruch beantragt und das Gericht antragsgemäß entschieden hat, gleichwohl Berufung oder Revision einlegen.

Ein **Freispruch wegen Schuldunfähigkeit** (§ 20 StGB) ist nach heute ganz vorherrschender Ansicht für den die Tat bestreitenden Angeklagten mangels Beschwer nicht anfechtbar, auch wenn er gem. § 11 BZRG im Zentralregister einzutragen ist (BGHSt 5, 267, 268; 16, 374, 381; KG, Beschl. v. 28.08.2000 – 4 Ws 150/00). Das wurde im Hinblick darauf, dass die Etikettierung als »Geisteskranker« den Menschen in seinem Wesenskern berühren kann, in der früheren Rechtsprechung teilweise anders gesehen (vgl. OLG Stuttgart NJW 1959, 1840). Die herrschende Meinung hat ihre Grundlage darin, dass eine Beschwer allein im Entscheidungssatz (der auch im Fall der Anwendung des § 20 StGB »Der Angeklagte wird freigesprochen« lautet), nicht aber in der Begründung des Urteils liegen und nur der Urteilsspruch, nicht aber dessen Begründung angefochten werden kann. 17

Das **Absehen von der Unterbringung** gem. § 64 StGB, über die allein noch zu befinden ist, beschwert den Angeklagten nicht (BGH NStZ 2007, 213). Auch wenn das Verfahren wegen Verjährung durch Urteil gem. § 260 Abs. 3 eingestellt wird, fehlt es an einer objektiv feststellbaren Beschwer (HK/*Rautenberg* § 296 Rn. 12). 18

Auch die **Abtrennung** des Verfahrens gegen einen Mitangeklagten begründet i.d.R. keine Beschwer für den Angeklagten (vgl. RGSt 38, 272, 274; KG, Beschl. v. 20.04.2000 – 3 Ws 169/00). 19

b) Beschwer der StA. Die StA kann jederzeit nach pflichtgemäßem Ermessen eine gerichtliche Entscheidung anfechten, ohne dass es eine besondere Beschwer vorliegen muss. Denn sie hat zu überwachen, dass gesetzmäßige Entscheidungen ergehen. Ein Rechtsmittel der StA, das ausschließlich zugunsten des Angeklagten eingelegt wird (§ 296 Abs. 2), bedarf allerdings der Beschwer des Angeklagten (OLG Koblenz NJW 1982, 1770). 20

c) Untätigkeitsbeschwerde. Einen Sonderfall stellt die überwiegend unter engen Voraussetzungen für zulässig erachtete **Untätigkeitsbeschwerde** dar (vgl. BGH NJW 1993, 1279), die erhoben werden kann, wenn das Unterlassen einer rechtlich gebotenen Entscheidung einer ablehnenden Entscheidung gleich zu achten ist. Sie kann etwa durch die StA erhoben werden, wenn das Gericht nach Anklageerhebung nicht über die Eröffnung entscheidet und die Verjährung einzutreten droht (vgl. OLG Dresden NJW 2005, 279 m.w.N.; *Hoffmann* NStZ 2006, 256). Nach Inkrafttreten des Gesetzes über den Rechtsschutz bei überlangen Gerichtsverfahren und strafrechtlichen Ermittlungsverfahren vom 24.11.2011 (BGBl. I S. 2302) wird angenommen, dass für die Untätigkeitsbeschwerde kein Anwendungsbereich mehr bleibt (vgl. OLG Hamburg Beschl. v. 19.3.2012 – 3 Vollz (Ws) 9/12; a. A. *Burhoff/Kotz* Handbuch für die strafrechtlichen Hilfsmittel und Rechtsbehelfe 2013, 192 ff; KG Beschl. v. 26.5.2015 – ZWs 104/15). 21

d) Beschwer von Privat- und Nebenklägern. Der **Nebenkläger** kann ein Rechtsmittel nur dann einlegen, wenn er durch die Entscheidung in seiner Stellung als Nebenkläger beschwert ist (BGHSt 29, 216, 218; 33, 114). Dies ist etwa bei Haftentlassung des Angeklagten oder Entscheidungen über die vorläufige Unterbringung nicht der Fall (KMR/*Plöd* Vor § 296 Rn. 18). Auch kann der Nebenkläger das Urteil nicht mit dem Ziel der zusätzlichen Anordnung der Sicherungsverwahrung anfechten (BGH StV 1997, 624). 22

23 Auch das Rechtsmittel des **Privatklägers** ist nach herrschender Meinung nur zulässig, wenn dieser beschwert ist (vgl. KK/*Senge* § 390 Rn. 4; *Meyer-Goßner/Schmitt* § 390 Rn. 3 – jeweils m.w.N.; a. A. HK/ *Kurth* § 390 Rn. 4), obwohl der Wortlaut des § 390 mit seinem Verweis auf die Rechtsmittel der StA im Offizialverfahren zu anderer Deutung Anlass geben könnte. Da seine Stellung nicht mit der zur objektiven und unparteiischen Mitwirkung verpflichteten StA vergleichbar ist, kann der unbeschwerte Privatkläger weder zur Klärung einer Rechtsfrage, noch zugunsten des Angeklagten Rechtsmittel einlegen.

24 **8. Erledigung oder prozessuale Überholung der angefochtenen Maßnahme. a) Grundsätzliche Unanfechtbarkeit.** Das BVerfG betont in ständiger Rechtsprechung, dass es mit dem aus Art. 19 Abs. 4 GG folgenden Gebot effektiven und möglichst lückenlosen richterlichen Rechtsschutzes gegen Akte der öffentlichen Gewalt (vgl. BVerfGE 8, 274, 326; 67, 43, 58; 104, 220, 231) vereinbar ist, die Rechtsschutzgewährung von einem vorhandenen und fortbestehenden **Rechtsschutzbedürfnis** abhängig zu machen (BVerfGE 96, 27, 39; 104, 220, 232; BVerfG NStZ 2009, 166 f.; BVerfGE 61, 126, 135: allgemein anerkanntes Rechtsprinzip). Grds. können daher Maßnahmen, die aus rechtlichen oder tatsächlichen Gründen nicht mehr rückgängig gemacht werden können (BGH NJW 1973, 2035), zurückgenommene Anordnungen (LG Koblenz NStZ 2003, 330) oder Maßnahmen, die gegenstandslos geworden und damit prozessual überholt sind, nicht angefochten werden. Ein dem § 113 Abs. 1 Satz 4 VwGO vergleichbares **Fortsetzungsfeststellungsverfahren** ist der StPO fremd. Mit der am 01.01.2008 in Kraft getretenen Neuregelung des § 101 Abs. 7 Satz 2 (BGBl. I S. 3198) hat der Gesetzgeber zwar einheitlich für alle erledigten **verdeckten Ermittlungsmaßnahmen** die Möglichkeit des nachträglichen Rechtsschutzes eingeführt. Davon abgesehen entfällt weiterhin grds. bei Erledigung oder prozessualer Überholung einer Maßnahme die andauernde Beschwer als Zulässigkeitsvoraussetzung aller Rechtsmittel.

25 **Beispiele danach unzulässiger Rechtsmittel:** Beschwerde gegen den Haftbefehl, der gegenstandslos geworden ist, nachdem wegen Rechtskraft des Urteils die Untersuchungshaft unmittelbar in Strafhaft übergegangen ist (vgl. OLG Hamm NStZ 2008, 582 m.w.N.); Beschwerde gegen einen die Beschlagnahme anordnenden Beschluss, wenn zwischenzeitlich eine richterliche Bestätigung nach § 98 Abs. 2 ergangen ist (BGH NStZ 2000, 154); Beschwerde gegen das Anhalten eines Briefes an einen früheren Untersuchungsgefangenen (OLG Stuttgart Justiz 2001, 114); Beschwerde gegen die Ablehnung der Entlassung nach § 57 Abs. 2 StGB nach vollständiger Strafverbüßung (OLG Hamm NStZ 1998, 638).

26 **Folgen:** War das Rechtsmittel schon im Zeitpunkt der Einlegung prozessual überholt, wird es als **unzulässig** verworfen. Eine Verwerfung als unzulässig kommt dann nicht in Betracht, wenn sich das Rechtsmittel erst nach Einlegung überholt hat, in diesem Fall wird es mit Beschluss, der keine Kostenentscheidung enthält, für »gegenstandslos« (vgl. OLG Hamm NStZ 2008, 582; NStZ 1998, 638) oder »erledigt« (vgl. *Meyer-Goßner/Schmitt* Vor § 296 Rn. 17) erklärt.

27 **b) Anfechtbarkeit trotz Erledigung oder Überholung.** Mit seiner Entscheidung v. 30.04.1997 (BVerfGE 96, 27 – 44) hat das BVerfG seine frühere Rechtsprechung (vgl. BVerfGE 49, 329) aufgegeben, wonach die Beschwerde gegen eine richterliche Durchsuchungsanordnung mangels Rechtsschutzbedürfnisses grds. dann unzulässig sei, wenn die Durchsuchung bereits abgeschlossen ist (sog. prozessuale Überholung). Es vertritt seither den Standpunkt, dass das Gebot des effektiven Rechtsschutzes es auch bei beendeten und nicht mehr fortwirkenden Grundrechtseingriffen gebieten kann, deren Berechtigung gerichtlich klären zu lassen und ein fortbestehendes Rechtsschutzbedürfnis anzunehmen.

28 Dies ist zum einen der Fall, wenn **Wiederholungsgefahr** besteht oder eine **fortwirkende Beeinträchtigung** durch einen an sich beendeten Eingriff zu beseitigen ist (vgl. BVerfG NJW 2006, 40). Das gleiche gilt, wenn sich die Wirkung der belastenden Maßnahme nach dem typischen Verfahrensablauf auf eine so kurze Zeitspanne beschränkt, dass der Betroffene die gerichtliche Entscheidung im Beschwerdeverfahren regelmäßig nicht mehr erlangen kann.

29 Auch in **Fällen tief greifender Grundrechtseingriffe** durch Maßnahmen, die das Grundgesetz unter Richtervorbehalt gestellt hat, kommt nachträglicher Rechtsschutz in Betracht. Dazu gehört gem. Art. 104 Abs. 2 und Abs. 3 GG die Anordnung von **Untersuchungshaft**, bei der im Hinblick auf die Unschuldsvermutung ein **Feststellungsinteresse** auch dann zu bejahen ist, wenn die angeordnete Maßnahme inzwischen durchgeführt und beendet worden ist, nachdem der Haftbefehl auf Antrag der StA gem. § 120 Abs. 3 Satz 1 aufgehoben worden ist (BVerfG wistra 2006, 59; NJW 2006, 40). Ein solches Rehabilitierungsinteresse besteht jedoch dann nicht, wenn die Beendigung der Untersuchungshaft da-

rauf beruht, dass die Untersuchungshaft mit Rechtskraft des Urteils in Strafhaft übergegangen ist und die erlittene Untersuchungshaft auf die zu vollstreckende Freiheitsstrafe gem. § 51 Abs. 1 StGB, § 450 Abs. 1 angerechnet wird (vgl. OLG Hamm NStZ 2008, 582). Da sich die Vollstreckung von Untersuchungshaft in ihren Auswirkungen auf das Freiheitsrecht einer Person nicht von der Vollstreckung einer Freiheitsstrafe unterscheidet, besteht im Hinblick auf die rechtskräftig verhängte Freiheitsstrafe und die darauf anzurechnende Untersuchungshaft – anders als bei einer Aufhebung eines Haftbefehls – kein Anspruch auf nachträgliche gerichtliche Prüfung der Rechtmäßigkeit der Haftanordnung.

Weitere **Beispiele** der Anfechtbarkeit trotz prozessualer Überholung: Wohnungsdurchsuchung (vgl. BVerfG 1998, 2131; 1997, 2163 m. Anm. *Amelung*), Beschlagnahmeanordnung (BVerfG NJW 1999, 273), schwerwiegende Beeinträchtigung der Pressefreiheit (BVerfG NJW 2007, 1117), Eingriff in die körperliche Unversehrtheit (BVerfG NJW 2007, 1345); Entzug der persönliche Freiheit (BVerfG NStZ-RR 2004, 252 Vollstreckungshaftbefehl; BVerfG StraFo 2006, 20 Untersuchungshaft; BVerfG StV 1999, 295 Freiheitsentziehung im Zusammenhang mit Platzverweis); Beschwerde nach Vollstreckung des Ordnungsmittels gegen den Zeugen (KG NStZ-RR 2000, 145); Ordnungshaft nach § 70 Abs. 2 (BVerfG NJW 2006, 40). 30

9. Verwirkung. Unbefristete Rechtsmittel können ausnahmsweise durch **Verwirkung** unzulässig werden, wenn der Rechtsmittelführer längere Zeit untätig geblieben ist, obwohl ihm die Rechtslage bekannt war oder er sie in zumutbarer Weise hätte kennen müssen und dadurch eine Situation geschaffen hat, auf die der jeweilige Gegner vertrauen, sich einstellen und einrichten darf (BVerfGE 32, 305; vgl. OLG Koblenz MDR 1985, 344 für die Gegenvorstellung sowie wistra 1987, 357 – 358 für die Verwirkung des Antragsrechts auf Nachholung rechtlichen Gehörs nach § 31a; zur Kritik an der Ansicht des BVerfG s. *Dütz* NJW 1972, 1025). Es besteht ein öffentliches Interesse an der Erhaltung des Rechtsfriedens, welches die Anrufung des Gerichts nach längerer Zeit und insb. dann, wenn sie gegen Treu und Glauben verstößt, unzulässig werden lässt. Dabei lässt sich eine pauschale Frist nicht festlegen, vielmehr ist nach den Umständen des Einzelfalls zu klären, ob Verwirkung eingetreten ist. So soll die Rüge der Verletzung rechtlichen Gehörs nach zwei Jahren und drei Monaten unzulässig sein (OLG Koblenz wistra 87, 357; LG Potsdam NJW 2004, 696: nach vier Jahren), die Beschwerde der StA nach mehr als einem Jahr (OLG Hamm NStZ-RR 2004, 144); die Beschwerde gegen die Durchsuchung nach zwei Jahren (BVerfG NJW 2003, 1514; BVerfGE NStZ 2009, 166: nicht schon nach einem Jahr nach Mitteilung über die Erhebung der Telekommunikationsdaten). Allerdings darf der Weg zu den Gerichten durch die Annahme einer Verwirkung nicht in unzumutbarer, aus Sachgründen nicht mehr zu rechtfertigender Weise erschwert werden (vgl. BVerfGE 10, 264, 267 ff.; 11, 232, 233). 31

10. Rechtsmissbräuchliche Rechtsmittel. Ergibt sich aus dem Inhalt eines an sich statthaften Rechtsmittels, dass dieses keinerlei sachliches Vorbringen enthält, sondern als bloße **Schmähschrift** ausschließlich der **groben Verunglimpfung** des Gerichts oder anderer Beteiligter dienen soll, ist es als rechtsmissbräuchlich und damit unzulässig zu verwerfen (vgl. BVerfGE 2, 225, 229 und StV 2001, 697; KG NJW 1969, 151 und NStZ 1998, 399; OLG Düsseldorf wistra 1992, 200; *Meyer-Goßner/ Schmitt* Vorbem. § 33 Rn. 11, 12; *Kockel/Vossen-Kempkens* NStZ 2001, 178). In einem solchen Fall genügt es, wenn dem Antragsteller formlos oder durch Beschluss mitgeteilt wird, dass das Gericht eine Entscheidung über die Eingabe ablehnt (vgl. BVerfG NStZ 2001, 616; BGH NStZ 2007, 283). Allerdings ist Zurückhaltung geboten, damit die Versagung einer inhaltlichen Prüfung nicht zu einer Sanktion für ungehöriges Verhalten führt. Insb. dann, wenn der Antragsteller dadurch sein Rechtsmittel verliert, sollte unter Hinweis auf die Ungehörigkeit in der Sache entschieden werden (so z.B. BGH NStZ 2004, 690). 32

III. Begründetheit. Über die Begründetheit eines Rechtsmittels ist nur und erst zu entschieden, wenn seine **Zulässigkeit** bejaht worden ist. Abgesehen vom Fall der Berufung, die zu einer neuen Verhandlung und Entscheidung auf der Grundlage von Anklage und Eröffnungsbeschluss führt (vgl. Vorbem. zu §§ 312 ff. Rdn. 1, 2), ist ein Rechtsmittel **begründet**, wenn und soweit die angefochtene Entscheidung fehlerhaft ist (vgl. §§ 309 Abs. 2, 337). Dabei gilt für die Berufung und die Revision das Verschlechterungsverbot (§§ 331, 358 Abs. 2). So verschieden die anfechtbaren Entscheidungen sind, so unterschiedlich sind auch die jeweiligen Inhalte dessen, was zu den Erfordernissen der Begrün- 33 detheitsprüfung zählt. Daher wird wegen der Einzelheiten auf die Kommentierung der jeweiligen Rechtsmittel verwiesen.

34 **B. Sonstige förmliche Rechtsbehelfe. I. Überblick.** Zu den sonstigen förmlichen Rechtsbehelfen der StPO zählen die **Anklageerzwingung** (§ 172), die **Beanstandung** von Verfügungen in der Hauptverhandlung (§ 238 Abs. 2), der **Antrag auf Wiedereinsetzung in den vorigen Stand** (§§ 44, 235, 329 Abs. 3, 356a, 412), der **Antrag auf Entscheidung des Rechtsmittelgerichts** (§§ 319 Abs. 2, 346 Abs. 2), der **Antrag auf Wiederaufnahme** des Verfahrens (§§ 359 ff.), der **Einspruch gegen den Strafbefehl** (§ 410), der **Antrag auf gerichtliche Entscheidung** (§§ 98 Abs. 2, 111l Abs. 6, 161a Abs. 3, 163 Abs. 3 Satz 2, 171 Abs. 2, 458) sowie der **Antrag auf ein Nachverfahren** (§ 439). Alle diese Rechtsbehelfe sind keine Rechtsmittel im engeren Sinne; zu ihren Besonderheiten wird auf die Kommentierung der entsprechenden Vorschriften verwiesen.

35 **II. Nachholung rechtlichen Gehörs.** Eine Änderung unanfechtbarer gerichtlicher Entscheidungen kann mit dem **Antrag auf Nachholung rechtlichen Gehörs** (§§ 33a, 311a, 356a) herbeigeführt werden, wenn das rechtliche Gehör in entscheidungserheblicher Weise verletzt worden ist. Die Anhörungsrüge dient nicht dazu, die angegriffene Entscheidung in vollem Umfang nochmals zu überprüfen, sondern nur dazu, dem Gericht Gelegenheit zu geben, eine vorherige entscheidungserhebliche Verletzung des rechtlichen Gehörs auszugleichen; ebenso wenig kann mit ihr eine Begründungsergänzung herbeigeführt werden (vgl. BGH, Beschl. v. 06.11.2006 – 1 StR 50/06 = NStZ-RR 2007, 57 [Ls]; BFH NJW 2005, 2639, 2640; *Meyer-Goßner/Schmitt* § 356a Rn. 1; KK/*Kuckein* § 356a Rn. 6 m.w.N.).

36 **III. Anfechtung von Justizverwaltungsakten.** Von praktischer Bedeutung ist daneben das in §§ 23 ff. EGGVG geregelte Verfahren zur Anfechtung von **Justizverwaltungsakten**. Mit diesen Vorschriften wird unter Ausschluss der Verwaltungsgerichtsbarkeit der ordentliche Rechtsweg eröffnet (vgl. BVerfG NJW 1976, 305; BGHSt 16, 225) und Art. 19 Abs. 4 GG konkretisiert (BGH NJW 1994, 1950). §§ 23 ff. EGGVG gelten nur für Justizverwaltungsakte, **nicht für Akte der Rechtsprechung**, die in richterlicher Unabhängigkeit ausgeübt wird (vgl. KK/*Schoreit* § 23 Rn. 5). Für alle Maßnahmen, die nach der Prozessordnung vor einem ordentlichen Gericht angefochten werden können, ist der Rechtsweg nach §§ 23 ff. EGGVG ausgeschlossen (OLG Köln NJW 1985, 336). Soweit der Antrag eine Angelegenheit der Strafrechtspflege oder des Strafvollzugs betrifft, ist ein Strafsenat des OLG zur Entscheidung berufen (§ 25 EGGVG). Ist der eingeschlagene Rechtsweg nach §§ 23 ff. EGGVG unzulässig, so wird die Sache gem. § 17a Abs. 2 Satz 1 GVG an das zuständige Gericht des zulässigen Rechtsweges verwiesen (vgl. BVerfG NJW 1981, 1154; KG GA 1985, 271; OLG Braunschweig NStZ 1991, 551).
Umstritten ist, ob eine Verweisung innerhalb der ordentlichen Gerichtsbarkeit zulässig ist (vgl. *Meyer-Goßner/Schmitt* § 25 EGGVG Rn. 2; KK/*Schoreit* § 28 EGGVG Rn. 25; KG StV 1996, 326; OLG Hamburg NStZ 1995, 252; a. A. OLG Oldenburg NStZ 1990, 504).

37 **IV. Verfassungsbeschwerde.** Die **Verfassungsbeschwerde** ist kein Rechtsmittel, sondern ein zusätzlicher **subsidiärer Rechtsbehelf**, der nach Erschöpfung des Rechtsweges binnen eines Monats eingelegt (§§ 90 ff. BVerfGG) und nur auf die Behauptung gestützt werden kann, dass der Beschwerdeführer durch die öffentliche Gewalt in seinen Grundrechten oder seinen in Art. 20 Abs. 4, 33, 38, 101, 103 und 104 GG geschützten Rechten verletzt worden sei (Art. 93 Abs. 1 Nr. 4a GG i.V.m. § 13 Nr. 8a BVerfGG).
Sie kann sich gegen verfahrensabschließende Urteile und Beschlüsse sowie ausnahmsweise gegen Entscheidungen in selbstständigen Zwischenverfahren richten, welche über eine wesentliche Rechtsfrage abschließend befinden und in weiteren Instanzen nicht mehr nachgeprüft werden können (vgl. BVerfGE 58, 1, 23; 53, 109). Derart **angreifbare Zwischenentscheidungen** sind z.B. Haftentscheidungen (BVerfGE 53, 152), Durchsuchungsanordnungen (BVerfGE 44, 353) oder Entscheidungen über Richterablehnungen (BVerfGE 24, 56), nicht aber Entscheidungen über die Eröffnung des Hauptverfahrens (BVerfGE 25, 336 und NJW 1989, 2464).

38 **C. Formlose Rechtsbehelfe.** Die formlosen Rechtsbehelfe **Gegenvorstellung** und **Dienstaufsichtsbeschwerde** sind nicht in der StPO verankert.

Vor §§ 296 ff. StPO

I. Gegenvorstellung. 1. Wesen und Begriff. Die **Gegenvorstellung** wird als Erscheinungsform des Petitionsrechts nach Art. 17 GG auch gegen richterliche Entscheidungen als zulässig angesehen (vgl. BVerfGE 9, 89, 107; *Matt* MDR 1992, 820; *Weis* NJW 1987, 1314). Sie richtet sich nicht an eine übergeordnete Instanz und stellt eine formlose Aufforderung an das Gericht dar, die eigene Entscheidung nachträglich abzuändern oder aufzuheben, sei es aus besserer Einsicht oder wegen erkannter Fehler. Die Gegenvorstellung kann formlos und ohne Bindung an eine Frist oder eine persönliche Beschwer (OLG Schleswig NJW 1978, 1016) erhoben werden (vgl. *Meyer-Goßner/Schmitt* § 296 Rn. 23 m.w.N.). Sie ist im Hinblick auf die vom Bundesverfassungsgericht geforderte **Rechtsbehelfsklarheit**, die nur dann gegeben ist, wenn ein Rechtsbehelf im geschriebenen Recht steht und in seinen Voraussetzungen für den Bürger klar erkennbar ist (vgl. BVerfGE 107, 395, 416), grundsätzlich bedenklich und kann im Strafverfahren nur dann zugelassen werden, wenn das angerufene Gericht befugt ist, seine Entscheidung selbst wieder aufzuheben oder abzuändern. Dies ist insbes. bei Entscheidungen und Anordnungen der Fall, die nicht in Rechtskraft erwachsen. 39

2. Gegenvorstellungen gegen Entscheidungen, die nicht in Rechtskraft erwachsen. Zulässig ist die Gegenvorstellung dann, wenn das angerufene Gericht seine Entscheidung **selbst wieder aufheben darf** (*Wölfl* StraFo 2003, 222), etwa weil sie mit einfacher Beschwerde angefochten werden kann und damit die Abhilfemöglichkeit des § 306 Abs. 2 eröffnet ist. Auch Haftentscheidungen von Oberlandesgerichten und Entscheidungen der erkennenden Gerichte, die der Urteilsfällung vorangehen (§ 305), werden üblicherweise als Beispiele für Entscheigungen, die mit der Gegenvorstellung angegriffen werden können, genannt (vgl. KK/*Paul*, Vor § 296 Rn. 4). Demgegenüber ist eine Abänderung bei Entscheidungen, die mit der sofortigen Beschwerde angefochten werden können, gem. § 311 Abs. 3 Satz 1 ausgeschlossen, es sei denn, dass eine Verletzung des rechtlichen Gehörs vorliegt (§ 311 Abs. 3 Satz 2). Erstrebt der Antragsteller nur eine wiederholte Befassung des Gerichts mit seinem Vorbringen, macht er gerade keine Verletzung des rechtlichen Gehörs geltend (vgl. BGH, Beschl. v. 04.03.2008 – 4 StR 514/07). 40

3. Gegenvorstellungen gegen unanfechtbare strafprozessuale Entscheidungen. Problematisch ist, ob Gegenvorstellungen gegen unanfechtbare Entscheidungen zulässig sind. Dies kann nach bisher h.M. dann der Fall sein, wenn die Verletzung eines Verfahrensgrundrechts im Raum steht. Nach neuerer Rechtsprechung des BVerfG ist diese Sichtweise jedoch in Frage zu stellen. 41

a) Ausgangslage. Das Reichsgericht hatte angenommen, dass selbst das Revisionsgericht seinen Beschluss, mit dem es eine Revision als unzulässig verworfen hatte, zurücknehmen könne, wenn er auf einer **unzutreffenden tatsächlichen Grundlage** beruhe, (vgl. RGSt 59, 419). Dagegen hat der BGH klargestellt, dass das Revisionsgericht eine Entscheidung, mit der es die Rechtskraft des tatrichterlichen Urteils herbeigeführt hat, weder aufheben noch abändern kann; dies gilt unabhängig davon, ob es sich um ein verfahrensbeendendes Urteil oder einen Beschluss handelt (vgl. BGHSt 17, 94, 97; BGH 5 StR 539/03 und BGH 2 StR 462/03). 42

Das BVerfG hatte sich zunächst auf den Standpunkt gestellt, dass die Fachgerichte **zur Beseitigung von Grundrechtsverletzungen** nach Maßgabe des jeweiligen Verfahrensrechts auch bei unanfechtbaren Entscheidungen Möglichkeiten der **Abhilfe eines groben prozessualen Unrechts** zu prüfen hätten; lasse die fachgerichtliche Rechtsprechung eine Gegenvorstellung zu, so entspreche es rechtsstaatlicher Auslegung des Verfahrensrechts, diese auch sachlich zu bescheiden und ggf. selbst abzuhelfen (BVerfGE 73, 322 ff.). Verbreitet wird die Ansicht vertreten, dass eine Entscheidung des angerufenen Gerichts auf eine Gegenvorstellung jedenfalls dann ergehen müsse, wenn die **Verletzung eines Verfahrensgrundrechts** geltend gemacht wird (vgl. KK/*Paul* Vor § 296 Rn. 4). Teilweise wird auch sonst eine Entscheidung für erforderlich erachtet (so *Meyer-Goßner/Schmitt* Vor § 296 Rn. 26; LR/*Hanack* vor § 296 Rn. 85 ff.; dagegen KK/*Paul* Vor § 296 Rn. 4). Ergeht eine Entscheidung, ist eine Begründung und die Einhaltung einer bestimmten Form allerdings nicht erforderlich, es genügt vielmehr, wenn der Vorsitzende die ablehnende Entscheidung formlos mitteilt (BGH NStZ-RR 2002, 100[B]).

Eine Besonderheit gilt im **Klageerzwingungsverfahren**: Hier ist die Gegenvorstellung nach Verwerfung des Antrages als unbegründet bereits gem. § 174 Abs. 2 ausgeschlossen, da diese Vorschrift die einzigen Voraussetzungen nennt, unter denen die öffentliche Klage nach einer abweisenden rechtskräftigen Sach- 43

Vor §§ 296 ff. StPO

entscheidung noch erhoben werden kann (KG, Beschl. v. 18.05.2010 – 1 Ws 51/10; OLG Nürnberg MDR 1966, 351).

44 **b) Wandel der Rechtsprechung.** Inzwischen hat sich nach Einführung der sog. Gehörsrüge, die bei Verletzung des rechtlichen Gehörs eine Änderung unanfechtbarer gerichtlicher Beschlüsse ermöglicht (§§ 33a, 311a, 356a), in der Rechtsprechung die Einsicht durchgesetzt, dass Rechtsbehelfe im Hinblick auf die erforderliche **Rechtsbehelfsklarheit** in der geschriebenen Rechtsordnung geregelt sein müssen, weswegen es den Gerichten untersagt ist, tatsächliche oder vermeintliche Lücken im Rechtsschutzsystem eigenmächtig zu schließen (vgl. BVerfGE 107, 395 = NJW 2003, 1924; BVerfG NJW 2007, 2538; BVerwG, Beschl. v. 01.06.2007 – 7 B 14/07; OVG Niedersachsen NJW 2006, 2506; vgl. auch BGHSt 45, 37 = NJW 1999, 2290; BGH NJW 2002, 765; KG, Beschl. v. 14.11.2007 – 2 Ws 665/07). Der Zulässigkeit einer Verfassungsbeschwerde steht nicht entgegen, dass über eine erhobene Gegenvorstellung nicht entschieden worden ist, da diese (anders als die Rüge der Verletzung rechtlichen Gehörs) nicht zum Rechtsweg nach § 90 Abs. 2 Satz 1 BVerfGG gehört (BVerfG NStZ 2009, 166 f.). Nach dieser zutreffenden Sichtweise sollten m.E. jegliche Gegenvorstellungen gegen unanfechtbare strafprozessuale Entscheidungen als **unzulässig** zurückgewiesen werden. Es bleibt abzuwarten, ob das Bundesverfassungsgericht die Abkehr von seiner früheren Linie, die generell bei Verletzung eines Verfahrensgrundrechts eine Korrektur der Entscheidung auf die Gegenvorstellung hin auch nach Eintritt der formellen Rechtskraft zugelassen hatte (vgl. BVerfGE 63, 77, 79; 87, 334, 338; 91, 125, 133), konsequent verfolgt.

45 Unstatthaft ist auch die dem Strafprozessrecht fremde **außerordentliche Beschwerde** (vgl. Vor §§ 304 ff. Rdn. 2).

46 **c) Bescheidung unzulässiger Gegenvorstellungen.** Fraglich ist weiter, ob ein **Anspruch auf eine Bescheidung** der (unzulässigen) Gegenvorstellung besteht. Dies ist abzulehnen. Es besteht weder ein Anspruch auf Überprüfung der mit der Gegenvorstellung angegriffenen Entscheidung, noch auf die Bescheidung der Gegenvorstellung (so zutreffend KMR/*Plöd* Vor § 296 Rn. 4), weil sich aus dem System der gesetzlichen Vorschriften kein Anspruch auf wiederholte Entscheidung über eine rechtskräftig abgeschlossene Sache herleiten lässt. Wiederholte oder weitere Erläuterungen in der Sache bergen die Gefahr, die Autorität der rechtskräftigen Entscheidung zu relativieren oder gar zu untergraben. Angesichts der knappen Ressourcen der Justiz ist die **wiederholte Befassung** desselben Spruchkörpers mit derselben Sache ebenso wenig sinnvoll wie die Bescheidung unzulässiger Einwände, zumal ein einsichtiger Beteiligter nach Ausschöpfung der Rechtsbehelfe nicht mehr ernsthaft mit der erneuten Befassung des Gerichts mit seiner Sache rechnen kann.

47 Aus Gründen der Höflichkeit kann es angebracht sein, dem Antragsteller kurz und bündig formlos mitzuteilen, dass keine weitere Entscheidung ergeht. Bei den in der Praxis häufigen wiederholten oder querulatorischen Eingaben empfiehlt sich ein Hinweis an den Antragsteller, dass auf weitere gleichförmige Eingaben seitens des Gerichts nicht mehr reagiert wird.

48 **II. Dienstaufsichtsbeschwerde.** Die form- und fristlos als Petition i.S.d. Art. 17 GG zulässige (BVerwG NJW 1977, 118) Dienstaufsichtsbeschwerde richtet sich gegen das persönliche dienstliche Verhalten eines Beamten (**persönliche Dienstaufsichtsbeschwerde**) oder gegen seine Sachbehandlung (**sachliche Dienstaufsichtsbeschwerde**). Mit ihr wird eine Entscheidung des die Dienstaufsicht führenden Vorgesetzten (vgl. § 147 GVG für die StA, § 108 Abs. 3 StVollzG im Strafvollzug; die Dienstaufsicht über richterliche Tätigkeiten ist nach § 26 Abs. 1 DRiG nur in engen Grenzen möglich, soweit die richterliche Unabhängigkeit nicht beeinträchtigt wird). Die zur Entscheidung berufene Behörde hat einen mit Gründen versehenen Bescheid zu erteilen, aus dem erkennbar sein muss, dass die Eingabe geprüft und was darauf veranlasst worden ist (*Meyer-Goßner/Schmitt* Vor § 296 Rn. 22).

49 **D. Rechtskraft. I. Begriff.** Der Begriff der Rechtskraft beschreibt und umfasst die **Dauerwirkungen** von Sachurteilen und anderen rechtskraftfähigen Entscheidungen. Üblicherweise wird zwischen formeller und materieller Rechtskraft unterschieden, wobei das Wesen der materiellen Rechtskraft umstritten ist.

50 **II. Formelle Rechtskraft.** Formelle Rechtskraft bedeutet Unanfechtbarkeit des Urteils im anhängigen Verfahren (**Beendigungswirkung**). Sie tritt ein, wenn gegen die Entscheidung kein ordentliches

Rechtsmittel mehr eingelegt werden kann, weil der Instanzenzug ausgeschöpft, die vorgesehene Rechtsmittelfrist abgelaufen oder ein Rechtsmittelverzicht (§ 302) erklärt worden ist. Damit wird die Entscheidung unabänderlich; die Rechtshängigkeit der Sache endet und die Entscheidung ist nun vollstreckbar (**Vollstreckungswirkung**, § 449). Nur in gesetzlich vorgesehenen Ausnahmefällen (z.B. bei Wiederaufnahme gem. §§ 359 ff., Wiedereinsetzung in den vorigen Stand gem. §§ 44 ff., Revisionserstreckung auf Nichtrevidenten gem. § 357 oder bei erfolgreicher Verfassungsbeschwerde, §§ 79 Abs. 1, 95 Abs. 2 BVerfGG) kann die Rechtskraft durchbrochen werden und das Verfahren wiederaufleben. Urteile (vgl. BGH NStZ-RR 2011, 183) und Beschlüsse, die mit der sofortigen Beschwerde anfechtbar sind (vgl. *Meyer-Goßner/Schmitt* Einl Rn. 166), können formell rechtskräftig werden. Demgegenüber sind Beschlüsse, die mit der einfachen Beschwerde angefochten werden können, nicht rechtskraftfähig (arg. § 306 Abs. 2); dasselbe gilt für Verfügungen oder sonstige Entscheidungen, die das Gericht selbst abändern kann.

III. Materielle Rechtskraft. Der Begriff der **materiellen Rechtskraft** ist umstritten (ausführlich dazu 51 Roxin/*Schünemann*, § 52 Rn. 9); sie setzt jedenfalls den Eintritt der formellen Rechtskraft voraus. Die Frage, ob ein nicht mehr anfechtbares Fehlurteil materielles Recht schaffen und einen materiellen Strafanspruch gegen die zu Unrecht Verurteilten begründen kann (so die **materiellrechtliche Rechtskrafttheorie**), wird von der heute vorherrschenden **prozessualen Gestaltungstheorie** verneint. Nach dieser zutreffenden Sicht bleibt die Vollstreckung aus dem rechtskräftigen Fehlurteil zwar materiell rechtswidrig, prozessual ist die Vollstreckung jedoch, da sie nicht mehr als ein rechtskräftiges prozessual unanfechtbares Urteil voraussetzt (§ 449), zulässig. Damit wird dem unschuldig Verurteilten ein Notwehrrecht (§ 32 StGB) gegen die Vollstreckung verwehrt, die keinen »rechtswidrigen Angriff« darstellt; sodass er nur mit ordentlichen oder außerordentlichen Rechtsbehelfen dagegen vorgehen kann (vgl. Roxin/*Schünemann* a.a.O.).

Aus der **Sicht der Rechtsprechung** beschreibt der Begriff der materiellen Rechtskraft die Wirkung des 52 in Art. 103 Abs. 3 GG zum Verfassungssatz erhobenen Grundsatzes **ne bis in idem**, wonach die rechtskräftig abgeurteilte Sache nicht noch einmal den Gegenstand eines anderen Verfahrens bilden kann und das Strafklagerecht für die abgeurteilte Tat verbraucht ist (**Sperrwirkung**). Der mit der materiellen Rechtskraft einhergehende Strafklageverbrauch bewirkt ein umfassendes Verfahrenshindernis (vgl. BVerfGE 3, 251; 56, 22; BGHSt 5, 328 und 38, 54), welches ein neues Verfahren wegen derselben Tat unzulässig macht und ein neues Sachurteil ausschließt. Zudem gewährt sie ein subjektives Recht, nicht wegen derselben Straftat wiederholt oder mehrfach in parallelen Verfahren verfolgt und bestraft zu werden (BGHSt 5, 323, 328; BVerfGE 23, 191, 203).

Vereinzelt wird der Rechtskraft eine (m.E. rein theoretische) **Sanktionsfunktion** zugeschrieben: Sie 53 halte die Strafverfolgungsorgane zu sorgfältiger Aufklärung und rechtlicher Würdigung an, da bei unzulänglichen Ermittlungen das Risiko des Ausschlusses späterer Ermittlungen bestehe (vgl. Roxin/*Schünemann* a.a.O. Rn. 8 m.w.N.).

IV. Absolute/relative Rechtskraft. Hinsichtlich des Umfangs der Rechtskraft wird zwischen **absoluter** 54 und **relativer Rechtskraft** unterschieden. Bei absoluter Rechtskraft ist die Entscheidung von keinem Beteiligten in keinem Teil mehr anfechtbar. Von **subjektiv relativer Rechtskraft** spricht man, wenn von einem bestimmten Beteiligten das Urteil nicht mehr angefochten werden kann (z.B. bei einseitigem Rechtsmittelverzicht des Angeklagten). **Objektiv relative Rechtskraft** (Teilrechtskraft) liegt vor, wenn nur ein Teil der Entscheidung in Rechtskraft erwachsen ist, etwa bei tatmehrheitlichen Vorwürfen wegen einzelner Taten (sog. **vertikale Teilrechtskraft**) oder wenn nur der Rechtsfolgenausspruch angefochten wurde, während der Schuldspruch in Rechtskraft erwachsen ist (sog. **horizontale Teilrechtskraft**; vgl. zu den Begriffen BayObLG MDR 1977, 421 – 422). Sowohl die subjektiv relative Rechtskraft, als auch eine im Laufe des Verfahrens eintretende (objektive oder subjektive) vertikale oder horizontale Rechtskraft, mit der aus prozessökonomischen Gründen abtrennbare Teile der Tat oder einzelne Taten von weiterer Überprüfung ausgenommen werden, lösen verfahrensinterne Bindungswirkungen, nicht aber die eigentlichen Beendigungs-, Vollstreckungs- und Sperrwirkungen der formellen und materiellen Rechtskraft aus.

Die Rechtskraft erstreckt sich auf die gesamte prozessuale Tat (i.S.d. §§ 155, 264, Art. 103 Abs. 3 GG) 55 unter jeglichem rechtlichen Gesichtspunkt und umfasst auch die Nebenstrafen und Nebenfolgen. Nur der **Entscheidungssatz** (Tenor), nicht aber die Urteilsgründe erwachsen in Rechtskraft. Eine Feststellungswirkung kommt den in den Gründen geschilderten Tatsachen nicht zu, sodass etwa der Freispruch des Haupttäters aus tatsächlichen Gründen der Verurteilung des Gehilfen zu der Tat in einem anderen Verfahren nicht zwingend entgegensteht. Offensichtliche Schreib- oder Rechenfehler können auch im Tenor nicht in Rechtskraft erwachsen und dürfen daher korrigiert werden (vgl. BGHSt 3, 245; 5, 5).

§ 296 StPO Rechtsmittelberechtigte. (1) Die zulässigen Rechtsmittel gegen gerichtliche Entscheidungen stehen sowohl der Staatsanwaltschaft als dem Beschuldigten zu. (2) Die Staatsanwaltschaft kann von ihnen auch zugunsten des Beschuldigten Gebrauch machen.

1 **A. Grundsätzliches.** § 296 Abs. 1 enthält **keine abschließende Aufzählung** der Rechtsmittelberechtigten. Rechtsmittel können vielmehr alle Verfahrensbeteiligten, einlegen, denen das Gesetz eine **ausdrückliche Befugnis** dazu gewährt. Neben den in Abs. 1 genannten gehören dazu insb. Verteidiger (§ 297), gesetzliche Vertreter des Beschuldigten (§ 298), Nebenkläger (§§ 400, 401), Privatkläger (§ 390), Einziehungsbeteiligte (§ 433), juristische Personen oder Personenvereinigungen im Verfahren nach § 444 und Erziehungsberechtigte (§ 67 Abs. 3 JGG). Außerdem sind alle Personen, die durch eine gerichtliche Maßnahme unmittelbar beeinträchtigt sind, **beschwerdeberechtigt**, sofern nicht ausschließlich die Berufung oder Revision zulässig ist (vgl. im Einzelnen dazu die Kommentierung zu § 304). Eine Verständigung i.S.d. § 257c schränkt die Rechtsmittelbefugnis nicht ein (vgl. § 302 Abs. 1 S. 2). Von früheren Anträgen ist die Rechtsmittelbefugnis nicht abhängig; auch antragsgemäße Entscheidungen können von allen Berechtigten angefochten werden (vgl. LR/Jesse, Rn. 13 zu § 296 m.w.N.).

2 Von der **Art der angegriffenen Entscheidung** hängt es ab, welche Rechtsmittel i.S.d. Abs. 1 zulässig sind. Dabei kommt es nicht auf die Bezeichnung, sondern auf den sachlichen Gehalt der angefochtenen Entscheidung an (BGHSt 8, 383) und darauf, welches Rechtsmittel das Gesetz für die Anfechtung dieser Entscheidung vorsieht.

3 Jedes Rechtsmittel eines Verfahrensbeteiligten ist **selbstständig und unabhängig** von denjenigen anderer Verfahrensbeteiligter. Dies gilt sowohl hinsichtlich Einhaltung der Form- und Fristvorschriften, die für jedes Rechtsmittel gesondert zu prüfen sind, als auch für die Statthaftigkeit des Rechtsmittels, die für einzelne Verfahrensbeteiligte beschränkt sein kann (z.B. § 210 Abs. 1). Auch hindert der Rechtsmittelverzicht des Beschuldigten die StA nicht, zu seinen Gunsten oder zu seinen Ungunsten ein Rechtsmittel einzulegen.

4 Sind gegen ein Urteil **mehrere zulässige Rechtsmittel** eingelegt worden (z.B. Berufung oder Revision sowohl seitens der StA, als auch des Angeklagten), so ist in einer **einheitlichen Hauptverhandlung** über alle Rechtsmittel zu entscheiden (OLG Düsseldorf NStZ-RR 2001, 246; vgl. auch OLG Köln NStZ-RR 2008, 207 für den Fall der Sprungrevision nach § 335 Abs. 3 Satz 1 neben der Berufung). Für den Fall, dass verschiedene Rechtsmittel möglich sind und zunächst ein **unbestimmtes** Rechtsmittel eingelegt wird, vgl. BayObLG wistra 2001, 279; zu Fragen der Ausübung des **Wahlrechts** zwischen Berufung und (Sprung-) Revision vgl. BGHSt 33, 182.

5 **Anschlussrechtsmittel** (vgl. etwa §§ 524, 554, 567 Abs. 3, 574 Abs. 4 ZPO, §§ 127, 141 VwGO) sind der StPO fremd, allerdings schadet die fälschliche Bezeichnung nicht (§ 300).

6 **B. Rechtsmittelberechtigte. I. Nach Abs. 1: 1. StA.** Nach Abs. 1 ist die **StA** zur Rechtsmitteleinlegung grds. ebenso wie der Beschuldigte befugt. Zuständig ist die örtlich zuständige StA (oder Amtsanwaltschaft, § 145 Abs. 2 GVG) bei dem Gericht, dessen Entscheidung angefochten werden soll (zur Ersetzungsbefugnis vgl. § 145 Abs. 1 GVG sowie BGH NStZ 1995, 204; 1998, 309). Dabei ist die Erklärung eines Staatsanwalts unabhängig von behördeninternen Zuständigkeitsregelungen und auch dann wirksam, wenn sie gegen interne Anweisungen verstoßen hat oder vom Willen des Behördenleiters nicht gedeckt war (vgl. BGHSt 19, 377, 382).

7 Hinsichtlich des Rechtsmittels der Berufung kann auch ein **Amtsanwalt**, der die StA vor dem Strafrichter oder Jugendrichter (in Berlin im Einzelfall auch vor dem Schöffengericht, vgl. die aufgrund des § 8 AVGVG erlassene OrgStA Nr. 23 Abs. 2) vertritt, zur Einlegung befugt sein, da dieses Rechtsmittel

gem. § 314 Abs. 1 noch an das AG zu richten ist (zu einzelnen landesrechtlichen Regelungen vgl. *Meyer-Goßner/Schmitt* § 296 Rn. 3).

Die StA kann jederzeit auch ohne besondere Beschwer (vgl. Vor § 296 Rdn. 18) nach pflichtgemäßem Ermessen eine gerichtliche Entscheidung anfechten, wenn nach ihrer Auffassung ein Rechtsfehler vorliegt, da sie zu überwachen hat, dass gesetzmäßige Entscheidungen ergehen (vgl. auch Nr. 147, 148 RiStBV). Da die StA im Strafverfahren nicht Partei, sondern objektiver Hüter des Rechts ist, kann sie auch ausschließlich **zugunsten des Beschuldigten** Rechtsmittel einlegen (Abs. 2). In diesem Fall bedarf es allerdings der Beschwer des Angeklagten (OLG Koblenz NJW 1982, 1770). 8

Jedes Rechtsmittel der StA bewirkt, dass die Entscheidung **auch zugunsten** des Beschuldigten abgeändert werden kann (§ 301). Hat die StA zuungunsten des Angeklagten Berufung eingelegt und diese auf den Strafausspruch beschränkt, der Angeklagte dagegen das Urteil des ersten Richters im vollen Umfang mit der Berufung angefochten, dann kann die StA mit der Revision das Urteil 2. Instanz auch im vollen Umfang anfechten (OLG Koblenz NJW 1982, 1770). 9

2. Beschuldigter. Der Beschuldigte kann unbeschadet seines Alters oder seiner **Geschäftsfähigkeit** Rechtsmittel jedenfalls dann einlegen, wenn er **verhandlungsfähig** ist (vgl. OLG Hamburg NJW 1978, 602; KK/*Paul* § 296 Rn. 3). Darüber hinaus steht m.E. auch dem **nicht verhandlungsfähigen** Beschuldigten uneingeschränkt die Einlegung von Rechtsmitteln zu, da die Verhandlungsunfähigkeit (die vorliegt, wenn konkrete Anhaltspunkte für die Befürchtung bestehen, dass der Beschuldigte bei Durchführung der Hauptverhandlung sein Leben einbüßen oder schwerwiegende Dauerschäden für seine Gesundheit erleiden würde, vgl. BVerfG 51, 324, 346 = NJW 79, 2349) nur die Frage der Durchführung des Rechtsmittels betrifft, indes nichts über die Frage der Fähigkeit oder Befugnis zur Einlegung besagt. Zutreffend wird daher auch für das Sicherungsverfahren nach § 413 für den verhandlungsunfähigen Beschuldigten, gegen den verhandelt worden ist, die Rechtsmittelbefugnis bejaht (*Meyer-Goßner/Schmitt* § 296 Rn. 5). Zur Frage, ob die Erben des vor Rechtskraft verstorbenen Angeklagten die Auslagenentscheidung anfechten können, s.u. Rdn. 18. 10

II. Weitere Rechtsmittelberechtigte: 1. Verteidiger. Zur Rechtsmittelbefugnis des Verteidigers vgl. die Kommentierung zu § 297. 11

2. Gesetzliche Vertreter. Vgl. hierzu die Kommentierung zu § 298. Für Erziehungsberechtigte gilt § 67 Abs. 3 JGG. 12

3. Privatkläger. Privatklägern stehen nach § 390 Abs. 1 die **gleichen** Rechtsmittel zu, die im Offizialverfahren der **StA** eröffnet sind. Allerdings kann der Privatkläger (ebenso wie der Nebenkläger) mit seinem Rechtsmittel nur eigene Zwecke verfolgen und eine Entscheidung **nicht zugunsten des Beschuldigten** anfechten, da Privat- und Nebenkläger nicht die Amtsstellung des Staatsanwalts haben und kein Rechtspflegeorgan sind (BGHSt 37, 136). Gegen den Einstellungsbeschluss wegen Geringfügigkeit kann der Privatkläger auch dann, wenn der Beschluss in der Hauptverhandlung ergangen ist, mit der sofortigen Beschwerde vorgehen (vgl. auch §§ 383 Abs. 2 Satz 2 und 3). 13

4. Nebenkläger. Die aus § 395 Abs. 4 Satz 2, 401 Abs. 1 Satz 1 folgende Rechtsmittelberechtigung des **Nebenklägers** ist nach § 400 begrenzt: Er kann das Urteil nur wegen des Nebenklagedelikts und nicht mit dem Ziel, dass eine andere Rechtsfolge verhängt wird, anfechten. Auch er kann eine Entscheidung nicht zugunsten des Beschuldigten anfechten (BGHSt 37, 136). 14

5. Antragsteller im Adhäsionsverfahren. Diese können gem. § 406a Abs. 1 Satz 1 sofortige Beschwerde einlegen, nach Satz 2 dieser Vorschrift sind sie darüber hinaus nicht rechtsmittelbefugt. 15

6. Insolvenzverwalter. Zur Anfechtungsbefugnis des Insolvenzverwalters, der auch im Straf- oder Bußgeldverfahren Partei kraft Amtes ist, vgl. BGH NStZ 1999, 573; (a. A. *Meyer-Goßner/Schmitt* § 296 Rn. 5: nicht rechtsmittelberechtigt). 16

7. Zeugen, Sachverständige, sonstige Betroffene. Zeugen, Sachverständige und sonstige von einem Beschluss oder einer Verfügung betroffene Personen sind nach § 304 Abs. 2 beschwerdebefugt; andere Rechtsmittel stehen ihnen nicht zu. 17

§ 296 StPO Rechtsmittelberechtigte

18 **8. Nicht zur Anfechtung Berechtigte. Beistände** gem. § 149 Abs. 1 und § 69 Abs. 1 JGG und **Bewährungshelfer** (OLG Koblenz NStZ-RR 96, 300) sind nicht anfechtungsberechtigt. Der **Bezirksrevisor** kann die Kostenentscheidung eines Urteils nicht anfechten (OLG Köln NJW 1970, 874). Ob die Erben eines vor Rechtskraft verstorbenen Angeklagten die ungünstige Auslagenentscheidung anfechten können, ist streitig (verneinend BGHSt 34, 184; vgl. a. LR/Jesse Rn. 4 zu § 296 m.w.N.). Zur Zulässigkeit der Revision des Konkursverwalters im Verfahren nach § 30 OWiG, wenn eine Geldbuße gegen die Gemeinschuldnerin festgesetzt worden ist, vgl. BGH 2 StR 366/98 = wistra 1999, 347).

19 **C. Rechtsmittel der StA zugunsten des Beschuldigten (Abs. 2)** Die StA kann nach dieser Vorschrift unabhängig und sogar gegen den Willen des Beschuldigten zu seinen Gunsten Rechtsmittel einlegen (vgl. zur Ausübung des Ermessens der StA Nr. 147 Abs. 3 RiStBV). Dies setzt allerdings voraus, dass dieser durch die Entscheidung **beschwert** ist (KK/*Paul* § 296 Rn. 5 m.w.N.). Daher ist der StA etwa ein Rechtsmittel gegen ein endgültiges Einstellungsurteil nach § 260 Abs. 3 mit dem Ziel des Freispruchs des Angeklagten verwehrt.

20 Die Rechtsmitteleinlegung zugunsten des Beschuldigten enthält eine **Beschränkung** dahin, dass das Rechtsmittelgericht nicht zuungunsten des Beschuldigten entscheiden darf (§§ 331, 358 Abs. 2). Daher muss der Wille zur Einlegung zugunsten des Beschuldigten **eindeutig**, spätestens bis zum Ablauf der Begründungsfrist zum Ausdruck gebracht werden (vgl. Nr. 147 Abs. 3 S. 2 RiStBV). Bei Zweifeln ist die Erklärung der StA auszulegen und anzunehmen, dass das Rechtsmittel zuungunsten eingelegt worden ist (OLG Koblenz MDR 1974, 331). Greift die Staatsanwaltschaft mit ihrer Revision eine Strafmilderung nach §§ 21, 49 StGB und zugleich die Anordnung der Unterbringung in einer Entziehungsanstalt gem. § 64 StGB an, wirkt das Rechtsmittel hinsichtlich der Unterbringungsanordnung auch ohne ausdrückliche Erklärung zugunsten des Angeklagten (vgl. BGH StraFo 2008, 170).

21 Über den Wortlaut hinaus ist ein Rechtsmittel der StA auch zugunsten von Einziehungsbeteiligten und anderen **Nebenbeteiligten**, etwa Zeugen, Sachverständigen und anderen Personen, die durch Beschlüsse und Verfügungen betroffen sind (vgl. § 304 Abs. 2) oder etwa als Antragsteller mit Kosten belastet werden können (§ 470), zulässig (vgl. LR/Jesse § 296 Rn. 20).

22 Streitig ist, ob die StA auch **Rechtsmittel zugunsten des Nebenklägers** einlegen darf. Dies wird unter Hinweis auf dessen Verfahrensposition, die von seinem persönlichen Interesse auf Genugtuung geprägt ist, unter Hinweis auf BGHSt 37, 136 verneint (vgl. *Meyer-Goßner/Schmitt* § 296 Rn. 15; LG Dresden NStZ 1994, 251). Unabhängig davon, dass die vorgenannte Entscheidung sich zur Frage der Rechtsmitteleinlegung der StA zugunsten des Nebenklägers nicht explizit verhält, ist die verbreitete Gegenansicht (vgl. KG NStZ 2012, 112 – die unterbliebene Auslagenentscheidung betreffend; OLG Dresden NStZ-RR 2000, 115; KK/*Paul* § 296 Rn. 7; *Pfeiffer* § 296 Rn. 5; *Rautenberg* HK § 296 Rn. 24) vorzugswürdig, weil die StA als unparteiische, zur Wahrung des Rechts verpflichtete Behörde darüber zu wachen hat, dass die ergehenden Entscheidungen den Gesetzen entsprechen (OLG Dresden a.a.O.).

23 **Neben- und Privatkläger** können nicht zugunsten des Beschuldigten Rechtsmittel einlegen. Es entspricht inzwischen (entgegen KG JR 1956, 472) der nahezu einhelligen Ansicht in Rechtsprechung und Schrifttum, dass § 296 Abs. 2 auf Neben- und Privatkläger nicht anwendbar ist (BGHSt 37, 136 m.w.N.), da diese zwar die Partei-, nicht aber die Amtsstellung des Staatsanwalts haben und keine Rechtspflegeorgane sind. Da sie durch eine Verurteilung des Beschuldigten nicht beschwert sind, kann ihnen eine Rechtsmittelbefugnis zugunsten des Beschuldigten nicht zukommen. Das von ihnen zuungunsten eingelegte Rechtsmittel wirkt gem. § 301 jedoch auch zugunsten des Beschuldigten (vgl. *Meyer-Goßner/Schmitt* § 400 Rn. 7; KK/*Senge* § 402 Rn. 10 m.w.N.).

24 Der StA ist es verwehrt, dass zugunsten des Beschuldigten eingelegte Rechtsmittel ohne dessen Zustimmung **zurückzunehmen** (§ 302 Abs. 1 Satz 3). Die Frage, ob das Rechtsmittel der Staatsanwaltschaft zugunsten eines Angeklagten eingelegt worden ist, lässt sich nur nach dem Gesamtinhalt der Rechtsmittelerklärungen, nicht aber nach Umständen außerhalb dieser Erklärungen beurteilen (BGHSt 2, 41); wird ein solcher Wille weder aus der Rechtsmittelschrift noch aus der Begründung erkennbar, gilt in der Regel ein von der Staatsanwaltschaft eingelegtes Rechtsmittel als zu dessen Ungunsten eingelegt (vgl. BGH 3 StR 426/12).

§ 297 StPO Einlegung durch den Verteidiger. Für den Beschuldigten kann der Verteidiger, jedoch nicht gegen dessen ausdrücklichen Willen, Rechtsmittel einlegen.

A. Grundsätzliches. § 297 bestimmt im Zusammenspiel mit § 302 Abs. 2 die (begrenzte) **1** Rechtsmittelbefugnis des gewählten (§ 137) oder gerichtlich bestellten (§ 141) Verteidigers und räumt ihm die Möglichkeit ein, **im eigenen Namen** für den Beschuldigten Rechtsmittel einzulegen. Solange keine gegenteilige Erklärung des Beschuldigten vorliegt, folgt daraus die Vermutung für die **Rechtsmittelbefugnis** des Verteidigers.

B. Anwendungsbereich. § 297 gilt als Ausnahmevorschrift **nur für Verteidiger**, nicht aber für **2** die Prozessbevollmächtigten anderer Prozessbeteiligter, etwa Zeugenbeistände (§ 68b) oder die anwaltlichen Vertreter der Privat- und Nebenkläger.
Die Vorschrift gilt nach ihrem Wortlaut nur für **Rechtsmittel**, nicht für andere Rechtsbehelfe. Für den **3** Antrag auf Haftprüfung (§ 118b), auf Wiederaufnahme (§ 365) und für den Einspruch gegen den Strafbefehl (§ 410 Abs. 1 Satz 2) gilt § 297 entsprechend. Eine entsprechende Anwendung auf andere Rechtsbehelfe kommt nicht in Betracht.

C. Verteidiger. I. Rechtsstellung des Verteidigers. 1. Handeln aus eigenem Recht im eige- 4 nen Namen. Der Verteidiger ist **kraft Gesetzes** auch ohne besondere Vertretungsvollmacht zur Einlegung von Rechtsmitteln für den Beschuldigten ermächtigt. Er handelt **aus eigenem Recht im eigenen Namen**, darf allerdings von diesem Recht nicht gegen den ausdrücklichen Willen des Beschuldigten Gebrauch machen (vgl. BGHSt 12, 367). Dies gilt auch für Verteidiger gem. § 138 Abs. 2 oder Referendare im Fall des § 139. Solange der Verteidiger Rechtsmittel nicht ausdrücklich im eigenen Namen einlegt, ist anzunehmen, dass es für für den Beschuldigten einlegt werden soll (vgl. OLG Köln, Beschl. vom 24.9.12 – III-2 Ws 678/12, 2 Ws 678/12 – juris; Thüringer OLG StraFo 2012, 139). Zweifelhaft ist jedoch die Ansicht, das mit der Formulierung »lege ich gegen den Beschluss ... Beschwerde ein« angebrachte Rechtsmittel des Verteidigers sei als für den Angeklagten eingelegt anzusehen (KG, Beschl. vom 14.7.10 – 4 Ws 77 – 78/10 – dort mit der Folge, dass der Angeklagte die Kosten des erfolglosen Rechtsmittels zu tragen hatte).

2. Vorrang des Willens des Beschuldigten. Die Rechtsmittelbefugnis des Verteidigers wird nur **5** durch den **ausdrücklich geäußerten** entgegenstehenden Willen des Beschuldigten begrenzt. Dieser kann die Ermächtigung zur Rechtsmitteleinlegung mit der Vollmacht oder später durch mündliche, schriftliche oder schlüssige Erklärung ggü. dem Gericht oder dem Verteidiger ausschließen oder beschränken (vgl. OLG Düsseldorf NStZ 1989, 289). Erklärt der Beschuldigte nach Rechtsmitteleinlegung durch den Verteidiger, dass er die Entscheidung nicht anfechten wolle, liegt darin eine Rechtsmittelrücknahme (BGHR StPO § 302 Abs. 1 Satz 1 Rechtsmittelverzicht 15). Solange der Beschuldigte sich nicht ausdrücklich dazu erklärt hat, bleibt die umfassende Befugnis des Verteidigers zur Einlegung von Rechtsmitteln bestehen (OLG Düsseldorf VRS 91, 191). Allein der erklärte Wille des Angeklagten ist maßgeblich und macht eine davon abweichende Rechtsmittelerklärung des Verteidigers prozessual unbeachtlich. Zweifel sind aufzuklären (vgl. KK/*Paul* § 297 Rn. 3) und führen als solche noch nicht zur Unzulässigkeit eines Rechtsmittels. Handelt der Verteidiger gegen den Willen des Beschuldigten oder verzichtet dieser auf die Einlegung von Rechtsmitteln, ist das Rechtsmittel des Verteidigers unwirksam.

3. Verschiedenartige Rechtsmittel von Verteidiger und Beschuldigtem. Der Vorrang des Willens **6** des Beschuldigten gilt auch bei **verschiedenartiger** Anfechtung durch Verteidiger und Beschuldigte (OLG Düsseldorf NStZ-RR 2000, 148: Revision des Verteidigers und Berufung des Angeklagten; vgl. auch NStZ-RR 2002, 177). Gegen den Willen des Beschuldigten darf der Verteidiger nicht von dessen Berufung zur (Sprung-)Revision übergehen (BayObLG VRs 53, 362).

4. Divergierende Erklärungen zum Umfang des Rechtsmittels. Gehen zum **Umfang** der Urteil- **7** sanfechtung verschieden weitgehende Erklärungen des Angeklagten (unbeschränkte Berufung) und seines Verteidigers (auf den Rechtsfolgenausspruch beschränkte Berufung) ein, hat die Erklärung des An-

§ 297 StPO   Einlegung durch den Verteidiger

geklagten stets Vorrang, auch wenn sich die Divergenz erst aus der zeitlich nachfolgenden Erklärung des Verteidigers ergibt (OLG Karlsruhe NStZ-RR 2004, 271).

8 **II. Voraussetzungen der Rechtsmitteleinlegung. 1. Keine Rechtskraft.** Voraussetzung für die Rechtsmitteleinlegung des Verteidigers ist, dass der Beschuldigte noch Rechtsmittel einlegen kann. Mit Eintritt der **Rechtskraft** – etwa aufgrund Ablaufs der Rechtsmittelfrist oder wegen des erklärten Rechtsmittelverzichts des Beschuldigten – erlischt die Befugnis des Verteidigers zur Rechtsmitteleinlegung (BGH NJW 1978, 330). Die Zustellung der Entscheidung an den Beschuldigten setzt dabei die Rechtsmittelfrist auch für den Verteidiger in Lauf.

9 **2. Bevollmächtigung oder Bestellung im Zeitpunkt der Rechtsmitteleinlegung.** Der Verteidiger muss z.Zt. der Rechtsmitteleinlegung tatsächlich **bevollmächtigt** (oder gerichtlich bestellt) sein; es kommt nicht darauf an, ob die Vollmacht erst später und ggf. erst nach Ablauf der Rechtsmittelfrist nachgewiesen wird (BGHSt 36, 251, 261). In der Regel genügt die anwaltliche Versicherung der rechtzeitigen Bevollmächtigung; sie kann jedoch von Amts wegen im Freibeweisverfahren überprüft werden (vgl. LR/*Jesse* § 297 Rn. 7). Eine nachträgliche Genehmigung durch den Beschuldigten reicht nicht aus. Die Bestellung des Pflichtverteidigers erstreckt sich grundsätzlich auch auf das Rechtsmittelverfahren (vgl. *Meyer-Goßner/Schmitt*, § 140 Rn. 7, 8 m.w.N.); allerdings wird in den Fällen des § 140 Abs. 2 die Beschränkung der Bestellung auf die erste Instanz in der Praxis seit RGSt 62, 22 für zulässig erachtet (a. A. *Wasserburg* GA 1982, 312).

10 Tritt der Verteidiger in der Hauptverhandlung mit dem Willen des Angeklagten auf, kann darin eine **schlüssige Bevollmächtigung** zur Rechtsmitteleinlegung liegen. Auch ein RA, dem die Verteidigung nicht übertragen ist, kann Revision (und andere Rechtsmittel) einlegen, wenn er zum Zeitpunkt der Unterzeichnung der Erklärung zur Einlegung bzw. Begründung der Revision bevollmächtigt ist (vgl. BGH NStZ 2001, 52 für den Fall eines Verteidigers, der das Wahlmandat niedergelegt hatte, aber nicht zum Pflichtverteidiger bestellt worden war). Wer im ersten Rechtszug nicht Verteidiger war, kann nur dann wirksam ein Rechtsmittel einlegen, wenn er vor Ablauf der Rechtsmittelfrist zum Verteidiger gewählt oder bestellt wird. Hat der Verteidiger das Rechtsmittel ohne Bevollmächtigung oder gegen den Willen des Verurteilten eingelegt, hat er die Kosten des unzulässigen Rechtsmittels zu tragen (vgl. OLG Celle, Beschl. vom 2.4.1997 – 1 Ss 350/96; OLG Hamm, Beschl. vom 16.5.12 – III-3 Ws 52/12 – juris).

11 Der **Sozius** des bestellten Verteidigers ist nicht rechtsmittelbefugt und sein Rechtsmittel unzulässig (BayObLG NJW 1981, 1629).

12 **3. Unwirksamkeit nachträglicher Genehmigung.** War die Rechtsmitteleinlegung wegen fehlender Bevollmächtigung unwirksam, kann eine nachträgliche **Genehmigung** diesen Mangel **nicht** heilen (RGSt 66, 257, 267; zur Kostentragungspflicht vgl. OLG Hamm NStZ 2009, 232).

13 **4. Erlöschen der Rechtsmittelbefugnis.** Mit Entzug der Vollmacht oder Widerruf der Bestellung erlischt die Rechtsmittelbefugnis des Verteidigers; ein zuvor eingelegtes Rechtsmittel bleibt davon aber unberührt.

14 Verstirbt der Beschuldigte, ist eine Rechtsmitteleinlegung grds. auch durch den Verteidiger nicht mehr möglich, weil damit das Verfahren **gegenstandslos** wird (BGH NJW 1983, 463; BGHSt 34, 184; KK/*Paul*, § 298 Rn. 3). Allerdings wirkt die Vollmacht des Verteidigers über den Tod hinaus, wenn er für den Verstorbenen sofortige Beschwerde gegen die Kostenentscheidung in dem Beschluss nach § 206a einlegt (KG, Beschl. v. 11.01.2008 – 1 Ws 286/07 – und v. 09.07.2008 – 1 Ws 244/08).

15 **D. Rechtsmitteleinlegung durch andere Vertreter.** Die Rechtsmitteleinlegung durch einen anderen **Vertreter** ist nur **möglich**, wenn dieser mündlich oder schriftlich bevollmächtigt wurde (vgl. KK/*Paul* § 297 Rn. 4; *Meyer-Goßner/Schmitt* § 297 Rn. 7 jeweils m.w.N.) und der Vertreter verhandlungsfähig ist. Die Vollmacht muss bei Einlegung des Rechtsmittels erteilt sein; ihr Nachweis kann später erbracht werden.

16 Wegen der möglichen Interessenkollision kann der **Bewährungshelfer** des Beschuldigten ggü. dem aufgrund der Bestellung weisungsbefugten Gericht nicht zugleich als Bevollmächtigter des Beschuldigten fungieren (vgl. KK/*Paul* § 297 Rn. 4 m.w.N.).

§ 298 StPO Einlegung durch den gesetzlichen Vertreter.

(1) Der gesetzliche Vertreter eines Beschuldigten kann binnen der für den Beschuldigten laufenden Frist selbständig von den zulässigen Rechtsmitteln Gebrauch machen.
(2) Auf ein solches Rechtsmittel und auf das Verfahren sind die für die Rechtsmittel des Beschuldigten geltenden Vorschriften entsprechend anzuwenden.

A. Normzweck und Anwendungsbereich (Abs. 1) I. Eigenes Recht des gesetzlichen Vertreters auf Rechtsmitteleinlegung. § 298 Abs. 1 gewährt dem **gesetzlichen Vertreter** ein **eigenes selbstständiges Recht** zur Einlegung von Rechtsmitteln zugunsten des Beschuldigten. Der entgegenstehende Wille des Vertretenen hindert ihn nicht (anders § 297 für den Verteidiger). Auch der vom Beschuldigten allein oder in Übereinstimmung mit der Staatsanwaltschaft erklärte Rechtsmittelverzicht berührt das selbstständige Rechtsmittel des gesetzlichen Vertreters nicht (OLG Düsseldorf JMBlNRW 1987, 71). Dieser kann nach der eindeutigen Regelung des Gesetzes jedoch nur innerhalb der für den Beschuldigten laufenden Fristen tätig werden, obwohl ihm anfechtbare Entscheidungen nicht bekannt gemacht werden (BGHSt 18, 22; vgl. a. die Sollvorschrift des § 67 Abs. 2 JGG). 1

Der gesetzliche Vertreter kann allerdings auch als **Bevollmächtigter** des Beschuldigten auftreten und im Rahmen einer erteilten Vollmacht Rechtsmittel einlegen. Die Vollmacht muss bei Rechtsmitteleinlegung erteilt gewesen sein, kann aber später nachgewiesen werden; eine nachträgliche Genehmigung genügt jedoch nicht. 2

Auch der gesetzliche Vertreter kann sich **von einem RA vertreten** lassen, dessen Vollmacht bei Rechtsmitteleinlegung wirksam gewesen sein muss; der Nachweis der Vollmacht zum Zeitpunkt der Rechtsmitteleinlegung kann auch später erbracht werden.

II. Rechtsmittelbefugnis nur zugunsten des Beschuldigten. Der gesetzliche Vertreter kann Rechtsmittel **nur zugunsten** des Vertretenen einlegen, da er die Sache des Beschuldigten vertritt und keine weiter gehenden Befugnisse als dieser hat (vgl. BGHSt 19, 196, 198; OLG Hamm NStZ 2008, 119, 120; *Meyer-Goßner/Schmitt* § 298 Rn. 1 m.w.N.). 3

III. Gesetzlicher Vertreter. Die **Regeln des bürgerlichen Rechts** bestimmen, wer gesetzlicher Vertreter ist. Die Vertretung eines Volljährigen im Straf- oder Vollstreckungsverfahren setzt voraus, dass ein Betreuer bestellt ist, dessen Aufgabenbereich sich speziell oder nach dem allgemeinen Umfang der Bestellung auf eine Betreuung als Vertreter in dem Straf- oder Vollstreckungsverfahren bezieht (OLG Hamm NStZ 2008, 119). Dies folgt schon aus § 1902 BGB, wonach der Betreuer den Betreuten **in seinem Aufgabenkreis** gerichtlich und außergerichtlich vertritt. So umfasst die Bestellung eines Betreuers für den Aufgabenkreis »Gesundheitsfürsorge« nicht die Unterbringung in einem psychiatrischen Krankenhaus gem. § 63 StGB, da diese keine Behandlung ist, die dem rechtsgeschäftlichen Willen des Betreuten unterliegt, sondern unabhängig von seinem Willen im öffentlichen Interesse angeordnet werden kann (OLG Hamm a.a.O.). Der Abwesenheitspfleger nach § 1911 BGB (vgl. a. § 292 Abs. 2 S. 2) ist kein gesetzlicher Vertreter (OLG Karlsruhe Justiz 1984, 291). 4

IV. Erziehungsberechtigte. § 298 gilt auch für den **Erziehungsberechtigten**, der nicht mit dem gesetzlichen Vertreter identisch sein muss und nach § 67 Abs. 3 JGG Rechtsbehelfe einlegen kann. Erziehungsberechtigter ist, wer allein oder mit anderen die Fürsorgepflicht für den Jugendlichen hat. Sind mehrere Personen erziehungsberechtigt, kann jeder von ihnen diese Rechte ausüben (§ 67 Abs. 5 Satz 1 JGG). 5

V. Rechtsbehelfe, die der Vertreter einlegen kann. Der gesetzliche Vertreter des Beschuldigten kann aus eigenem Recht nach § 298 die nach dem jeweiligen Verfahrensstand statthaften **Rechtsmittel Beschwerde, Berufung** und **Revision** einlegen. Weitere Rechtsbehelfe kann er nur einlegen, wenn das Gesetz dafür eine entsprechende Regelung enthält: So ergibt sich aus der Verweisung in § 118b auf § 298, dass der gesetzliche Vertreter den **Antrag auf Haftprüfung** und mündliche Verhandlung stellen kann. § 410 Abs. 1 Satz 2 ermöglicht ihm den **Einspruch** gegen Strafbefehle. Da § 365 auf die allgemeinen Vorschriften über Rechtsmittel verweist, kann der gesetzliche Vertreter auch einen **Wiederaufnahmeantrag** anbringen. 6

7 **VI. Rechtsbehelfe, die der Vertreter nicht einlegen kann.** Anträge auf Wiedereinsetzung in den vorigen Stand gem. § 44, auf Entscheidung des Berufungsgerichts gem. § 319 Abs. 2 oder des Revisionsgerichts nach § 346 Abs. 2 kann der gesetzliche Vertreter zwar für sein eigenes Rechtsmittel, nicht aber für das des Beschuldigten einlegen (RG 38, 9; KK/*Paul* § 298 Rn. 2). Im Ordnungsmittelverfahren nach § 51 steht ihm kein eigenes Rechtsmittel zu (KG, Beschl. v. 27.04.1970 – 3 Ws 22/70).

8 **VII. Rücknahme des Rechtsmittels des gesetzlichen Vertreters.** Der gesetzliche Vertreter kann das zugunsten des Beschuldigten eingelegte Rechtsmittel (entsprechend § 302 Abs. 1 Satz 2; vgl. auch die ausdrückliche Regelung in § 55 Abs. 3 JGG) **nur mit dessen Zustimmung** zurücknehmen (BGHSt 19, 196, 198) oder beschränken (OLG Celle NJW 1964, 417), selbst wenn der Beschuldigte zuvor auf sein Rechtsmittel verzichtet hatte (OLG Düsseldorf NJW 1957, 840).

9 **B. Verfahren (Abs. 2) I. Mitteilungspflichten.** Dem Vertreter sind gem. § 149 Abs. 2 Ort und Zeit der Hauptverhandlung mitzuteilen; das Urteil muss ihm nicht zugestellt werden, wenn er in der Hauptverhandlung nicht anwesend war (*Meyer-Goßner/Schmitt* § 298 Rn. 5; zu den Besonderheiten i.R.d. § 67 Abs. 2 JGG s. *Eisenberg* JGG § 67 Rn. 22; BGHSt 18, 21). Der Vertreter kann einen Anspruch auf Wiedereinsetzung in Rechtsmittelfristen nicht daraus ableiten, dass ihm der Ausgang der Hauptverhandlung nicht mitgeteilt wurde (BGHSt 18, 22 für den gesetzlichen Vertreter des Jugendlichen oder Heranwachsenden).

10 **II. Befugnisse des Vertreters.** Nach Einlegung des Rechtsmittels hat der gesetzliche Vertreter im weiteren Verfahren **dieselben Befugnisse** wie der Beschuldigte. Er ist zur Hauptverhandlung zu laden (vgl. § 330) und kann Anträge stellen und Erklärungen abgeben. Befindet sich der Vertreter nicht auf freiem Fuß, kann er seine Vorführung zur Verhandlung beantragen, wenn diese am Haftort stattfindet (*Meyer-Goßner/Schmitt* § 298 Rn. 5). Da § 298 Abs. 2 auf die für den Beschuldigten geltenden Bestimmungen, also auch auf § 299 verweist, kann der Vertreter, wenn er auf behördliche Anordnung inhaftiert ist, Frist wahrend Erklärungen zu Protokoll der Geschäftsstelle des AG geben, in dessen Bezirk die Haftanstalt liegt. Entscheidungen sind auch dem Vertreter bekannt zu machen.

11 **III. Nichterscheinen des Vertreters in der Berufungsverhandlung.** Bei Nichterscheinen des gesetzlichen Vertreters in der **Berufungsverhandlung** ist gem. § 330 Abs. 1 ohne ihn gegen den Beschuldigten zu verhandeln; erscheinen weder der Vertreter noch der Beschuldigte, gilt nach § 330 Abs. 2 die Vorschrift des § 329 Abs. 1 entsprechend, wonach die Berufung ohne Verhandlung zur Sache zu verwerfen ist. Erscheint der Vertreter, nicht aber der Beschuldigte in der Berufungsverhandlung, kann unter den Voraussetzungen des § 329 Abs. 2 Satz 1 auch ohne diesen verhandelt werden (§ 330 Abs. 2 Satz 2 Halbs. 2).

12 **IV. Rechtsmittel des Angeklagten.** Der **Angeklagte** kann die auf das Rechtsmittel des gesetzlichen Vertreters ergangene Entscheidung, wenn er durch sie beschwert ist, **anfechten**, sofern ein weiteres Rechtsmittel statthaft ist; dies gilt auch dann, wenn der Angeklagte zuvor auf Rechtsmittel verzichtet hatte (OLG Hamm NJW 1973, 1850).

13 **V. Wechsel des Vertreters, Ende der Vertretung.** Bei einem **Wechsel** des gesetzlichen Vertreters tritt der neue Vertreter in die bestehende Verfahrenslage ein; ein vom früheren Vertreter beauftragter Verteidiger bleibt im Amt (LR/*Jesse*, § 298 Rn. 17). **Endet** – etwa mit der Volljährigkeit – die gesetzliche Vertretung, geht die Verfügungsbefugnis auf den Angeklagten über, der nunmehr entscheiden kann, ob er das Rechtsmittel zurücknehmen oder durchführen will (BGH NJW 1964, 1732; 1969, 887).

§ 299 StPO Abgabe von Erklärungen bei Freiheitsentzug. (1) Der nicht auf freiem Fuß befindliche Beschuldigte kann die Erklärungen, die sich auf Rechtsmittel beziehen, zu Protokoll der Geschäftsstelle des Amtsgerichts geben, in dessen Bezirk die Anstalt liegt, wo er auf behördliche Anordnung verwahrt wird.
(2) Zur Wahrung einer Frist genügt es, wenn innerhalb der Frist das Protokoll aufgenommen wird.

A. Grundsätzliches. Die Vorschrift dient dem Schutz des inhaftierten Beschuldigten vor Fristversäumung. Da Verfahrenserklärungen erst mit Eingang bei dem zuständigen Gericht wirksam werden, ist die ggü. einem unzuständigen Gericht abgegebene und protokollierte Erklärung grds. nur dann rechtzeitig, wenn das Protokoll fristgemäß bei dem zuständigen Gericht eingeht (*Meyer-Goßner/Schmitt* Vor § 42 Rn. 12). § 299 enthält eine **Ausnahmeregelung** für Rechtsmittel des Beschuldigten, dem aufgrund behördlicher Anordnung die Freiheit entzogen ist. Seine fristgebundene Erklärung wird bereits mit der Abgabe der Erklärung wirksam (Abs. 2). Damit soll eine mögliche Benachteiligung des nicht auf freiem Fuß befindlichen Beschuldigten verhindert werden. Die Regelung macht entbehrlich, dass der Urkundsbeamte den Inhaftierten aufsucht oder der Beschuldigten einem weit entfernten Gericht vorgeführt wird. Sie gilt jedoch auch dann, wenn sich der Beschuldigte am Ort des Gerichts, dessen Entscheidung angefochten werden soll, in Haft befindet (LR/Jesse, § 299 Rn. 1). § 299 eröffnet dem Beschuldigten eine zusätzliche Option, die seine sonstigen Möglichkeiten der Rechtsmitteleinlegung nicht beschränkt; wählt er einen anderen Weg, etwa die Schriftform, muss er die dafür geltenden Formen und Fristen einhalten (vgl. OLG Düsseldorf, Beschluss vom 23.11.1988 – 1 Ws 818–819/98).

B. Anwendungsbereich. Die Vorschrift gilt nur für strafprozessuale **Rechtsmittelerklärungen des Inhaftierten** und seines **gesetzlichen Vertreters** (§ 298 Abs. 2). Für andere Verfahrensbeteiligte, etwa den in Haft befindliche Nebenkläger, gilt sie nicht.
Die Art die Freiheitsentziehung ist unerheblich. **Nicht auf freiem Fuß** (vgl. § 35 Abs. 3) ist jeder Beschuldigte, dem auf Anordnung eines Richter oder einer Behörde die Freiheit entzogen und der dadurch in der Wahl seines Aufenthalts beschränkt ist (BGHSt 4, 308; 13, 209, 212). Dabei kommt es nicht darauf an, ob der Beschuldigte in der rechtsmittelbezogenen Sache oder in einem anderen Verfahren inhaftiert ist. In Betracht kommen etwa die Straf- und Untersuchungshaft, Auslieferungshaft, (einstweiliger) Maßregelvollzug in einem psychiatrischen Krankenhaus oder in einer Entziehungsanstalt, Polizeigewahrsam und die Unterbringung nach PsychKG.
Die **Erklärungen** müssen sich auf **strafprozessuale Rechtsmittel** beziehen, d.h. deren Einlegung, Begründung, Verzicht, Rücknahme oder eine Gegenerklärung zum Gegenstand haben. § 299 gilt gemäß ausdrücklicher Verweisung in §§ 118b, 126a, 365, 410 Abs. 2 auch für Anträge und Rechtsbehelfe nach §§ 117 und 118 (**Haftprüfung**), § 366 (**Wiederaufnahme**) und § 409 (**Einspruch gegen den Strafbefehl**). Zur entsprechenden Anwendbarkeit der Vorschrift vgl. auch §§ 46 Abs. 1, 67 Abs. 1 Satz 2 OWiG und § 120 StVollzG.
§ 299 ist **nicht** anwendbar, wenn der Inhaftierte **im Rahmen anderer Verfahren** tätig wird, etwa in einem Klageerzwingungsverfahren gegen einen anderen Beschuldigten (vgl. KG JR 1964, 28; OLG Düsseldorf MDR 1988, 165), wenn er als Privat- oder Nebenkläger tätig wird (OLG Hamm NJW 1971, 2181) oder in einem zivil- oder verwaltungsrechtlichen Verfahren (a. A. OLG Bremen NJW 1962, 169); ebenso wenn er Anträge beim BVerfG anbringen will, selbst wenn sich diese auf ein Strafverfahren beziehen (vgl. PLG Bremen, Rpfl 1958, 228). Die Vorschrift gilt auch nicht für die Einlegung der Verfassungsbeschwerde oder für Anträge auf PKH. Denn § 299 ist eine Sondervorschrift für das Rechtsmittelverfahren der StPO. Bei der Anfechtung von Justizverwaltungsakten nach den §§ 23 ff EGGVG wird nach dem Wegfall Verweisung (in § 29 Abs. 2 EGGVG a.F.) eine analoge Anwendung des § 299 erwogen (vgl. LR/Jesse, § 299 Rn. 6 und LR/Böttcher § 29 EGGVG Rn. 11; Radtke/Hohmann/Radtke, § 299 Rn. 7).
§ 299 gilt **nicht** für **schriftliche Rechtsmittelerklärungen** (BGH NStZ 1997, 560; OLG Düsseldorf NStZ-RR 99, 147).
Da § 299 die Möglichkeiten des in Haft befindlichen Beschuldigten nicht beschränken, sondern erweitern will, bleibt sein **Recht, Erklärungen** außerhalb der Regelung des § 299 **vor dem zuständigen Gericht abzugeben**, unberührt. Daher kann ein in Haft befindlicher Angeklagter seine Revisionsanträge

§ 300 StPO   Falschbezeichnung eines zulässigen Rechtsmittels

und ihre Begründung sowohl zu Protokoll der Geschäftsstelle des AG seines Haftortes (§ 299) wie auch des Gerichts, dessen Urteil angefochten ist (§ 345 Abs. 2), erklären. Jedenfalls dann, wenn dass zuständige Gericht sich am Haftort befindet, steht die **Kann-Regelung** des Abs. 1 einem Anspruch auf Vorführung vor das zuständige Gericht nach Sinn und Zweck der Vorschrift nicht entgegen (vgl. OLG Stuttgart, NStZ 1981, 492; a. A. *Meyer-Goßner/Schmitt* § 299 Rn. 6; *Meyer* JR 1982, 169), selbst wenn sich innerhalb der Verwahranstalt eine Geschäftsstelle des örtlich zuständigen AG befindet.

8   **C. Fristwahrung mit Protokollierung (Abs. 2)**   Die **Rechtsmittelfrist** wird entgegen der allgemeinen Regel schon mit der Protokollierung innerhalb der Frist gewahrt (Abs. 2); auf den Eingang des Protokolls bei dem zuständigen Gericht (vgl. etwa §§ 306 Abs. 1, 314 Abs. 1, 317, 341 Abs. 1, 345 Abs. 2) kommt es nicht an.

9   Schon mit der Protokollierung (und nicht erst mit Zugang beim zuständigen Gericht) soll nach h.M. auch der **Rechtsmittelverzicht**, der nur innerhalb der Rechtsmittelfrist erklärt werden kann (vgl. *Meyer-Goßner/Schmitt* § 302 Rn. 14) wirksam werden (BGH NJW 1958, 470; *Cirener* § 299 Rn. 4).

10   Dem ist zu widersprechen (vgl. mit überzeugenden Argumenten LR/Jesse, § 299 Rn. 7 und § 302 Rn. 38: § 299). Für **Rechtsmittelrücknahme und -verzicht** (§ 302) gilt Abs. 2 m.E. schon nach dem Wortlaut nicht, weil diese nicht an eine Frist gebunden sind. Die h.M. kann zu einer vom Gesetz nicht gewollten Schlechterstellung des Inhaftierten führen, falls dieser etwa die Erklärung widerrufen möchte. Rechtsmittelrücknahme- und Verzichtserklärungen können daher zwar gem. Abs. 1 ggü. dem AG, in dessen Bezirk die Anstalt liegt, abgegeben werden, sie werden aber erst mit Eingang bei dem zuständigen Gericht wirksam (str., BGH MDR [H] 1978, 281 stellt darauf ab, ob das Rechtsmittelgericht bereits mit der Sache befasst war).

11   **D. Wiedereinsetzung.**   Hat der Beschuldigte rechtzeitig um Vorführung zur Protokollierung seines Rechtsmittels ersucht, ist ihm bei verspäteter Vorführung Wiedereinsetzung von Amts wegen zu gewähren (OLG Stuttgart Justiz 1985, 321; KK/*Paul* § 299 Rn. 6; *Pfeiffer* Rn. 3; einschränkend KG NStZ-RR 2009, 19 für einen am letzten Tag der Rechtsmittelfrist gestellten Vorführungsantrag).

§ 300 StPO Falschbezeichnung eines zulässigen Rechtsmittels.
Ein Irrtum in der Bezeichnung des zulässigen Rechtsmittels ist unschädlich.

1   **A. Normzweck.** § 300 konkretisiert den aus Art. 19 Abs. 4 GG abzuleitenden **allgemeinen Rechtsgedanken**, nach dem der Bürger einen Anspruch auf eine **möglichst wirksame gerichtliche Kontrolle** haben soll (vgl. BVerfGE 35, 263, 274; 40, 272, 275). Daher darf ein bloßer Irrtum bei der Rechtsmittelbezeichnung nicht zu einer Verwerfung desselben führen. Als eingelegt gilt vielmehr der nach der Rechtslage gebotene Rechtsbehelf. Eine eindeutige, aber unrichtige Bezeichnung ist grds. unschädlich, wenn nur ein zulässiges Rechtsmittel in Betracht kommt, selbst wenn der Rechtsmittelführer das von ihm bezeichnete Rechtsmittel tatsächlich einlegen wollte. § 300 greift jedoch nicht ein, wenn ein bewusst und gewollt eingelegtes Rechtsmittel durch ein anderes ersetzt werden soll (vgl. LR/Jesse § 300 Rn. 1).

2   **B. Anwendungsbereich.**   Die Vorschrift gilt für alle Rechtsmittel, Rechtsbehelfe und Anträge im Straf- und Bußgeldverfahren (BGHSt 23, 233, 235). § 300 gilt grds. auch für **Rechtsmittel der StA**, bei der Auslegung ist aber zu bedenken, dass diese rechtskundig und eine Abweichung vom Wortlaut ihrer Erklärung daher nur begrenzt möglich ist. Unschädlich ist die Falschbezeichnung des Rechtsmittels durch die StA insb. dann, wenn das LG unter Verstoß gegen § 275a nicht durch Urteil, sondern ohne Hauptverhandlung durch Beschluss entschieden hat (BGHSt 50, 180, 185).

3   Auch die falsche Bezeichnung des Rechtsmittels durch den rechtskundigen **Verteidiger** ist unschädlich, wenn nur ein bestimmtes Rechtsmittel zulässig ist und der Anfechtungswille keinem Zweifel unterliegt bzw. offensichtlich ist (KG VRS 35, 287). So können etwa die unzulässige Beschwerde gegen ein Einstellungsurteil als Berufung (OLG Celle NJW 1960, 114), eine auf die Bewährungsauflage beschränkte Berufung als Beschwerde nach § 305a oder eine Berufung unter Beschränkung auf die Strafaussetzung

als sofortige Beschwerde nach § 59 Abs. 1 JGG ausgelegt werden (vgl. *Meyer-Goßner/Schmitt* § 300 Rn. 2 m.w.N.). Bei der Revision ist die irrtümliche Bezeichnung einer Rüge als Sach- oder Verfahrensrüge nach dem Rechtsgedanken des § 300 unschädlich. Ein unzulässiger Wiedereinsetzungsantrag gegen ein Berufungsurteil ist als Revision zu behandeln (OLG Hamm JMBlNW 65, 82). Allerdings ist das Rechtsmittel zu verwerfen, wenn der Rechtsmittelführer ausdrücklich auf die Durchführung des unzulässigen Rechtsmittels besteht (OLG Düsseldorf MDR 62, 328); dies gilt insb. dann, wenn er rechtskundig ist.

C. Anfechtungswille, Auslegung. Als Rechtsmittel kann eine Erklärung nur dann ausgelegt werden, wenn aus ihr ein **Anfechtungswille** hervorgeht. Bleibt der Anfechtungswille unklar, ist eine Nachfrage erforderlich, um Zweifel zu klären (BGHSt 2, 63, 67). Kommen mehrere statthafte Rechtsmittel in Betracht und bleibt unklar, welches eingelegt werden soll, ist die Erklärung nach dem gesamten Inhalt und den Umständen der Erklärung auszulegen (BGHSt 2, 41, 43; 19, 273, 275), wobei **im Zweifel** davon auszugehen ist, dass **dasjenige Rechtsmittel** gewollt ist, **welches die umfassendere Überprüfung ermöglicht** (OLG Düsseldorf NJW 1988, 153) bzw. mit dem der erstrebte Erfolg mit möglichst geringem Aufwand erreichbar ist (BGH NJW 1956, 756). Sind unterschiedliche Rechtsmittel gegen einzelne Teile der Entscheidung statthaft (z.B. die sofortige Beschwerde gemäß § 464 Abs. 3 gegen die Kostenentscheidung des im Übrigen mit der Revision anfechtbaren Urteils), muss das Rechtsmittel jedoch bereits innerhalb der Einlegungsfrist zweifelsfrei erkennen lassen, welche Entscheidungsteile angefochten werden sollen (vgl. BBGHSt 25, 77).

4

Eine Revision gegen das Urteil des AG »zum Zweck der Prüfung der Sachlage« ist als Berufung auszulegen. Beabsichtigt der Berufungs- oder Revisionsführer die Anfechtung des Urteils auch hinsichtlich einer Nebenentscheidung mit der sofortigen Beschwerde, so muss dies innerhalb der Wochenfrist (§ 311 Abs. 2 Satz 1) ausdrücklich erklärt werden (vgl. BGHSt 25, 77). Besteht zwischen den Rechtsmittelerklärungen des Verteidigers und des Beschuldigten ein nicht aufklärbarer Widerspruch, gilt die Erklärung, welche die weiter reichende Überprüfung ermöglicht. Lässt sich etwa nicht aufklären, ob der Angeklagte seinem Verteidiger, der von der Berufung zur Revision übergegangen ist, zuvor ausdrücklich erklärt hat, dass er keinen Rechtsmittelwechsel wolle, bleibt es bei der Berufung, weil diese eine umfassendere Nachprüfung des angegriffenen Urteils erlaubt (OLG Düsseldorf MDR 93, 676). Bei der Auslegung kann auch die Person des Erklärenden von Bedeutung sein; so ist bei Rechtskundigen eher auf den Wortlaut der Erklärung abzuheben als bei Rechtsunkundigen (KK/*Paul* § 300 Rn. 2).

5

Wird ein im Strafverfahren ergangenes Urteil wegen einer **Ordnungswidrigkeit** irrig mit der Rechtsbeschwerde oder einem Zulassungsantrag (§ 79 OWiG) angefochten, ist das Rechtsmittel als Berufung (und nicht als Revision) auszulegen (BayObLG JR 1969, 470; OLG Düsseldorf MDR 1976, 75).

6

Mangels **Anfechtungswillen** kann etwa die Einreichung eines **Kostenfestsetzungsantrages** eines RA **nicht als sofortige Beschwerde** gegen eine fehlerhafte Kostenentscheidung umgedeutet werden, wenn der Antragsteller nicht in irgendeiner Weise zugleich die Kostengrundentscheidung beanstandet hat. § 300 bietet in solchen Fällen keine Handhabe dafür, einen RA, der übersehen oder verkannt hat, dass die Einlegung eines Rechtsmittels geboten war, aus Billigkeitsgründen von den Folgen dieses Versäumnisses freizustellen (KG, Beschl. v. 14.08.2007 – 1 Ws 107/07 und 23.03.2009 – 1 Ws 20/09).

7

§ 301 StPO Wirkung eines Rechtsmittels der Staatsanwaltschaft.

Jedes von der Staatsanwaltschaft eingelegte Rechtsmittel hat die Wirkung, dass die angefochtene Entscheidung auch zugunsten des Beschuldigten abgeändert oder aufgehoben werden kann.

A. Grundsätzliches. § 301 ergänzt die Regelung des § 296 Abs. 2 nach der die StA ein Rechtsmittel auch zugunsten des Beschuldigten einlegen kann, und stellt klar, dass **jedes** Rechtsmittel der StA – in den durch §§ 327, 352 gezogenen Grenzen der Nachprüfung (vgl. BGH 1 StR 428/01) – auch zu einer **Überprüfung** der angefochtenen Entscheidung zugunsten des Beschuldigten führt (»favor defensionis«). Die Vorschrift beruht auf dem Gedanken, dass es mit Stellung und Funktion der Rechtsmittelgerichte in einem rechtsstaatlichen Verfahren nicht vereinbar wäre, wenn diese an der Abänderung erkannter Fehler zum Nachteil des Beschuldigten gehindert wären. Berechtigt ist die Kritik

1

§ 301 StPO Wirkung eines Rechtsmittels der Staatsanwaltschaft

(vgl. LR/*Jesse*, § 301 Rn. 1) an der dogmatisch zweifelhaften Sichtweise, durch die Regelung des § 301 würden gleichsam zwei staatsanwaltschaftliche Rechtsmittel eingelegt (vgl. OLG Düsseldorf NStZ-RR 2001, 246; HK/*Rautenberg*, § 301 Rn. 5), und zwar eines mit der erklärten Zielrichtung zuungunsten und das andere kraft gesetzlicher Vorschrift zugunsten des Beschuldigten.

2 **B. Anwendungsbereich.** Die Vorschrift gilt auch für Rechtsmittel des **Privatklägers** (§ 390 Abs. 1 Satz 3) und des **Nebenklägers** (§ 401 Abs. 3 Satz 1; BGH NStZ-RR 1996, 130). Auch auf die Revision des Nebenklägers, die nur zuungunsten des Angeklagten eingelegt wurde, ist das Urteil auch zu dessen Gunsten zu prüfen. Der Umstand, dass nur noch eine nicht zum Anschluss berechtigende Straftat zur Erörterung steht, ändert daran nichts (BGH NJW 1986, 2716).

3 Darüber hinaus gilt § 301 auch zugunsten des **Einziehungsbeteiligten** (§ 431 Abs. 1 Satz 1) und des **Verfallsbeteiligten** (§ 442 Abs. 1, 2 Satz 1), im **Wiederaufnahmeverfahren** (§ 365) und im **Rechtsbeschwerdeverfahren** (§ 79 Abs. 3 OWiG).

4 Der Wortlaut, wonach **jede Entscheidung** auf ein eingelegtes Rechtsmittel der StA zugunsten des Beschuldigten »aufgehoben« werden kann, bedarf einschränkender Interpretation. Wie § 327 zeigt, unterliegt das Urteil einer Prüfung **nur soweit, als es wirksam angefochten** ist. § 301 erlaubt **keine Durchbrechung der Rechtskraft**. Die Abänderung oder Aufhebung der angefochtenen Entscheidung zugunsten des Beschuldigten setzt daher voraus, dass die StA ein **zulässiges Rechtsmittel** form- und fristgerecht eingelegt hat.
Soweit infolge wirksamer Beschränkung des Rechtsmittels der StA ein Urteil in **(Teil-)Rechtskraft** erwachsen ist, kommt eine Abänderung nicht mehr in Betracht. Hat die StA ihre Berufung oder Revision auf den Rechtsfolgenausspruch beschränkt, kommt eine Abänderung des Schuldspruchs zugunsten des Angeklagten nicht mehr in Betracht. Trotz der Formulierung »kann« ist die Abänderung zugunsten oder zulasten des Beschuldigten **zwingend**, wenn das Rechtsmittelgericht Fehler feststellt.

5 **C. Wirkungen des Rechtsmittels der StA.** Legt die StA zugunsten des Beschuldigten Berufung oder Revision ein, gilt das Verschlechterungsverbot (sog. **reformatio in peius**, §§ 331, 338 Abs. 2, vgl. § 296 Rdn. 8), wonach das Urteil in Art und Höhe nicht zum Nachteil des Beschuldigten abgeändert werden darf. Auch wenn die zuungunsten des Beschuldigten eingelegte Revision der StA zu einer Aufhebung der angefochtenen Entscheidung führt, gilt das Verschlechterungsverbot (BGHSt 13, 41).
Führt die zuungunsten des Beschuldigten eingelegte Berufung der StA unter Anwendung des § 301 zu einer Besserstellung des Beschuldigten, kann dieser gleichwohl gegen das Berufungsurteil das Rechtsmittel der Revision einlegen, auch wenn er das erste Urteil nicht angefochten hatte. Greift die StA das Berufungsurteil mit der Revision nunmehr zuungunsten des Beschuldigten an, bleibt das Revisionsgericht an das Verschlechterungsverbot (§ 358 Abs. 2) gebunden. Dies gilt unabhängig davon, ob das Revisionsgericht nach § 354 Abs. 1 selbst entscheidet oder die Sache gem. § 354 Abs. 2 zurückverweist (vgl. HK/*Rautenberg* § 301 Rn. 5).
Dem Revisionsgericht eröffnet § 301 die Möglichkeit, über die Revision der Staatsanwaltschaft auch dann durch Beschluss gemäß § 349 Abs. 4 zu entscheiden, wenn sich das Rechtsmittel zugunsten des Beschuldigten auswirkt (BGH NStZ 1997, 376).

6 **D. Abfassung der Entscheidung.** Wird auf das zuungunsten des Beschuldigten eingelegte Rechtsmittel der StA das Urteil zu seinen Gunsten abgeändert, lautet der Tenor auf Aufhebung oder Abänderung der angefochtenen Entscheidung auf das Rechtsmittel der StA hin; eine Verwerfung des zuungunsten eingelegten Rechtsmittels unterbleibt (*Meyer-Goßner/Schmitt* § 301 Rn. 3). Sofern auch das vom Angeklagten eingelegte Rechtsmittel Erfolg hat, wird das Urteil auf beide Rechtsmittel hin abgeändert oder aufgehoben (Einzelheiten dazu bei *Meyer-Goßner/Cierniak* NStZ 2000, 611 – Anmerkung zu OLG Zweibrücken NStZ 2000, 610).

§ 302 StPO Zurücknahme und Verzicht.

(1) Die Zurücknahme eines Rechtsmittels sowie der Verzicht auf die Einlegung eines Rechtsmittels können auch vor Ablauf der Frist zu seiner Einlegung wirksam erfolgen. Ist dem Urteil eine Verständigung (§ 257c) vorausgegangen, ist ein Verzicht ausgeschlossen. Ein von der Staatsanwaltschaft zugunsten des Beschuldigten eingelegtes Rechtsmittel kann ohne dessen Zustimmung nicht zurückgenommen werden.
(2) Der Verteidiger bedarf zur Zurücknahme einer ausdrücklichen Ermächtigung.

Übersicht

	Rdn.
A. **Grundsätzliches**	1
I. Zweck der Regelung	1
II. Anwendungsbereich	4
III. Teilrücknahme und -verzicht	5
IV. Rechtsnatur und Wirkungen der Erklärung	6
B. **Wirksamkeitsvoraussetzungen**	10
I. Berechtigung zu Rücknahme und Verzicht	10
1. Allgemeines	10
2. Rücknahme durch die StA	12
a) Rechtsmittel der StA zuungunsten des Beschuldigten	13
b) Rechtsmittel der StA zugunsten des Beschuldigten (Abs. 1 Satz 3)	14
3. Rücknahme durch den Verteidiger (§ 302 Abs. 2)	16
a) Ausdrückliche, formlose Ermächtigung	17
b) Widerruf der Ermächtigung des Verteidigers	20
c) Erlöschen der Ermächtigung	22
II. Form der Erklärung	23
1. Schriftlich oder zu Protokoll der Geschäftsstelle	23
2. Adressat der Erklärung	25
3. Inhaltliche Anforderungen	27
4. Protokollierung des Rechtsmittelverzichts im Anschluss an die Urteilsverkündung	28
III. Zeitpunkt der Erklärung (§ 302 Abs. 1 Satz 1)	29
1. Rücknahme	30
2. Verzicht	31
IV. Eintritt der Wirksamkeit	33
1. Zugang beim mit der Sache befassten Gericht	33
2. Widerruf der Verzichts- oder Rücknahmeerklärung	34
V. Unwirksamkeit der Rücknahme- oder Verzichtserklärung	37
1. Verhandlungsunfähigkeit des Erklärenden	38
2. Unzulässige Willensbeeinflussung beim Zustandekommen	39
C. **Besonderheiten bei der Rücknahme der Berufung**	42
I. Rücknahme der Berufung nach Entscheidung in der Revisionsinstanz	42
II. Rücknahme der Berufung nach Eintritt eines Verfahrenshindernisses	44
III. Rücknahme der Berufung bei Teileinstellung oder Beschränkung	45
D. **Ausschluss des Rechtsmittelverzichts nach Verständigung i.S.d. § 257c (Abs. 1 Satz 2)**	46
I. Rechtsprechung zur Vereinbarung des Rechtsmittelverzichts	46
II. Neuregelung des § 302 Abs. 1 Satz 2	47
III. Voraussetzungen des § 302 Abs. 1 Satz 2	48
IV. Rechtsfolgen des § 302 Abs. 1 Satz 2	51
V. Vereinbarung der Rechtsmittelrücknahme i.R.d. Verständigung	53
E. **Kostenentscheidung**	56

A. Grundsätzliches.

I. Zweck der Regelung.

§ 302 Abs. 1 Satz 1 ermöglicht die **Beschleunigung des Eintritts der Rechtskraft** als Voraussetzung für die Vollstreckung, (§ 449) durch **unwiderrufliche Erklärung** der Rücknahme oder des Verzicht schon vor Ablauf der Rechtsmittelfrist. Im Hinblick auf die weitreichenden Konsequenzen der Erklärung enthalten Abs. 1 Satz 2, 3 und Abs. 2 der Vorschrift Sicherungen zugunsten des Beschuldigten. 1

Für den Beschuldigten kann der beschleunigte Rechtskrafteintritt etwa durch den Übergang von Untersuchungs- in Strafhaft (ggf. im offenen Vollzug) Vorteile bieten, etwa weil dann ein aussichtsreicher Antrag nach § 57 Abs. 1 oder 2 StGB gestellt werden kann. Auch kann er ein Interesse daran haben, wenn die StA im Gegenzug bereit ist, ihrerseits auf Rechtsmittel zu verzichten (vgl. BGHSt 55, 82). 2

Für den Richter ergibt sich regelmäßig eine **Erleichterung der Urteilsabsetzung**, da nach Rechtskrafteintritt eine abgekürzte Fassung (§ 267 Abs. 4, Abs. 5 Satz 2) gefertigt werden darf. Gerade im Bereich des AG wird so angesichts der großen Zahl abzusetzender Entscheidungen ein »Urteilsabsetzungsstau« (*Meyer-Goßner* StV 2006, 489) als Folge des Abwartens, ob ein Rechtsmittel eingelegt wird, vermieden. 3

II. Anwendungsbereich.

§ 302 gilt über den Wortlaut hinaus entsprechend für Anträge auf gerichtliche Entscheidung (z.B. §§ 98 Abs. 2 Satz 2, 161a Abs. 3), Wiederaufnahmeanträge (§ 365) und für 4 den Einspruch gegen den Strafbefehl (§ 410 Abs. 1 Satz 2). Bei Haftprüfungsanträgen kommt § 302 Abs. 2, nicht jedoch Abs. 1 dieser Vorschrift zur Anwendung (§ 118b). § 302 Abs. 2 gilt nicht für die Rücknahme eines Adhäsionsanspruches nach § 406, der allein den bürgerlich-rechtlichen Teil des Urteils betrifft (KG NStZ-RR 10, 115).

5 **III. Teilrücknahme und -verzicht.** Teilrücknahme und Teilverzicht sind im gleichen Umfang zulässig wie eine von vornherein erklärte Rechtsmittelbeschränkung (BGHSt 33, 59). Eine Erweiterung des zunächst beschränkt eingelegten Rechtsmittels ist bis zum Ablauf der Einlegungsfrist möglich (BGHSt 38, 366). Auch für die Teilrücknahme und den Teilverzicht benötigt der Verteidiger eine ausdrückliche Ermächtigung i.S.d. § 302 Abs. 2).

6 **IV. Rechtsnatur und Wirkungen der Erklärung.** Rechtsmittelrücknahme und **Rechtsmittelverzicht** sind grds. bedingungsfeindliche, **unwiderrufliche** und **unanfechtbare Prozesshandlungen**. Auch der in emotionaler Aufgewühltheit ohne Rücksprache mit dem Verteidiger in Form einer wütenden Spontanäußerung erklärte Rechtsmittelverzicht des Angeklagten ist wirksam, sofern der Erklärende verhandlungsfähig war (vgl. BGH 1 StR 40/14 = StraFo 2014, 162; siehe auch unten Rdn. 40). Schon der bloße Zweifel, ob die Erklärung mit einer Bedingung verbunden ist, macht das Rechtsmittel unzulässig (BGHSt 5, 183; wistra 2002, 108). Als Prozesshandlungen sind diese Erklärungen grds. **bedingungsfeindlich**; jedoch können sie von einer reinen Rechtsbedingung abhängig gemacht werden. So kann etwa die Rechtsmittelrücknahme an die Bedingung geknüpft werden, dass das Rechtsmittel überhaupt wirksam eingelegt wurde (BGH NStZ-RR 2002, 101).

7 Rücknahme und Verzicht führen für den Erklärenden zum endgültigen **Verlust des Rechtsmittels**. Selbst wenn die Rechtsmittelfrist noch läuft, kann ein zurückgenommenes Rechtsmittel nicht erneut eingelegt werden, da in der **Rücknahmeerklärung zugleich der Verzicht auf die Wiederholung** des Rechtsmittels gesehen wird (BGH NStZ-RR 2004, 341). Streitig ist, ob eine Ausnahme davon gilt, wenn bei der Rücknahme ein ausdrücklicher **Vorbehalt** erklärt wurde oder sich aus den Umständen ergibt, dass der Erklärende sich die Möglichkeit zur erneuten Einlegung offenhalten wollte (BayObLGSt 1974, 57; offengelassen in BGHSt 10, 245, 247). Die verneinende Auffassung (vgl. *Meyer-Goßner/Schmitt* § 302 Rn. 12) ist im Hinblick auf die anzustrebende Rechtsklarheit vorzugswürdig, zumal unter dem Etikett des Vorbehalts häufig eine nicht ausgesprochene (unzulässige) Bedingung Anlass für die ansonsten sinnlose Erklärung sein dürfte.

8 Nach einem Rechtsmittelverzicht oder der Rechtsmittelrücknahme kann ein **Antrag auf Wiedereinsetzung** in den vorigen Stand nicht mehr gestellt werden (BGH NStZ-RR 2007, 55).

9 Regelmäßig **umfasst** ein im Anschluss an die Verkündung des Urteils erklärter Rechtsmittelverzicht auch die (nach § 464 Abs. 3 StPO statthafte) **sofortige Beschwerde gegen die Kosten- und Auslagenentscheidung** (KG NStZ-RR 2007, 55). Auch die isolierte Kostenentscheidung des Berufungsgerichts nach Rücknahme der Revision ist mit der sofortigen Beschwerde nicht anfechtbar (OLG Jena NStZ-RR 1997, 287). Eine besondere Belehrung über das Rechtsmittel nach § 464 Abs. 3 StPO ist nicht Voraussetzung für die umfassende Verzichtswirkung (a. A. OLG Hamburg MDR 1993, 568: Auslegung der Reichweite der Verzichtserklärung anhand der Umstände des Einzelfalls).

10 **B. Wirksamkeitsvoraussetzungen. I. Berechtigung zu Rücknahme und Verzicht. 1. Allgemeines.** Wer Rechtsmittelbefugt ist (vgl. § 296 Rdn. 1), kann den **Verzicht** erklären.

11 Zur **Rücknahme** des Rechtsmittels und ist derjenige berechtigt, das Rechtsmittel eingelegt hat und verhandlungsfähig ist. Ein Jugendlicher benötigt dazu nicht die Zustimmung seines **gesetzlichen Vertreters** oder Erziehungsberechtigten. Allerdings kann der Angeklagte das vom gesetzlichen Vertreter oder Erziehungsberechtigten eingelegte Rechtsmittel nicht zurücknehmen, weil diesen ein selbstständiges Rechtsmittelrecht zusteht (§ 298 Abs. 1, § 67 Abs. 3 JGG). Nimmt der Angeklagte sein Rechtsmittel zurück, erstreckt sich seine Erklärung auch auf die vom Verteidiger eingelegte Rechtsmittelerklärung (BGH NStZ 1985, 207).

12 **2. Rücknahme durch die StA.** Im Fall der Rechtsmitteleinlegung durch die StA ist diese und der ihr vorgesetzte Generalstaatsanwalt zur Rücknahme berechtigt. Die aufsichtsführende Landesjustizverwaltung und der Generalbundesanwalt haben nicht die Befugnis, Rechtsmittel der Staatsanwaltschaften der Länder zurückzunehmen (§§ 145, 147 GVG; vgl. HK/*Rautenberg* § 302 Rn. 14); der Generalbun-

desanwalt kann allerdings entscheiden, ob er die Revisionen der Staatsanwaltschaften der Länder vor dem BGH vertreten will oder nicht.

a) **Rechtsmittel der StA zuungunsten des Beschuldigten.** Bei einem Rechtsmittel **zuungunsten** 13 des Beschuldigten kann die StA ihr Rechtsmittel bis zum Beginn der Hauptverhandlung ohne, danach nur mit **Zustimmung des Beschuldigten** zurücknehmen (§ 303 Satz 1).

b) **Rechtsmittel der StA zugunsten des Beschuldigten (Abs. 1 Satz 3)** Falls die StA das **Rechts-** 14 **mittel zugunsten** des Beschuldigten eingelegt hat, kann es nur mit dessen **Zustimmung** wirksam zurückgenommen werden. Damit wird verhindert, dass der Angeklagte, der im Hinblick auf die Rechtsmitteleinlegung der StA selbst auf Rechtsmittel verzichtet hat, benachteiligt wird. Die Zustimmung des Angeklagten bedarf keiner Form; bloßes Schweigen auf eine entsprechende Erklärung des Staatsanwalts in der Hauptverhandlung genügt allerdings nicht.

Hat die StA zugunsten eines Angeklagten **Berufung** eingelegt, so kann für den Fall, dass dieser in der 15 Berufungsverhandlung unentschuldigt nicht erscheint, das Rechtsmittel ohne Zustimmung des Angeklagten zurückgenommen werden (§ 329 Abs. 2 Satz 2).

3. **Rücknahme durch den Verteidiger (§ 302 Abs. 2)** Nach § 302 Abs. 2 braucht der Verteidiger 16 für die Zurücknahme von Rechtsmitteln eine **ausdrückliche Ermächtigung** des Beschuldigten. Die Vorschrift gilt auch für Teilrücknahmen. Sie ist sowohl für das von dem Verteidiger aus eigenem Recht eingelegte (§ 297), als auch für das von dem Beschuldigten eingelegte Rechtsmittel anzuwenden. Über den Wortlaut hinaus darf der Verteidiger auch beim Verzicht und Teilverzicht auf das Rechtsmittel nicht ohne ausdrückliche Genehmigung des Beschuldigten handeln (RGSt 64, 165). Für die Rücknahme eines Adhäsionsanspruches nach § 406 durch den Verteidiger gilt die Vorschrift nicht (KG NStZ-RR 10, 115).

a) **Ausdrückliche, formlose Ermächtigung.** Die ausdrückliche Ermächtigung des Verteidigers 17 muss sich auf ein **bestimmtes Rechtsmittel** gegen eine **bestimmte Entscheidung** beziehen. Eine bei Übernahme des Mandats i.R.d. Vollmachtserteilung erteilte **allgemeine Ermächtigung** zur Rücknahme von Rechtsmitteln **genügt nicht** (BGH NStZ 2000, 665).

Die Ermächtigung des Verteidigers bedarf keiner besonderen Form. Sie kann dem Verteidiger ggü. 18 **schriftlich, mündlich** (BGH NJW 1957, 1040) oder **fernmündlich** (BVerfGE NJW 1993, 456) erteilt werden. Auch die Rücknahme durch den Verteidiger in Anwesenheit des **zustimmend nickenden** Angeklagten ggü. dem Gericht reicht aus (BGH StV 2002, 354).

Die Ermächtigung muss **nachgewiesen** werden. Dies kann auch nach Abgabe der Erklärung erfolgen 19 (BGHSt 36, 259); die anwaltliche Versicherung kann zum Nachweis genügen (BGH NJW 1952, 273).

b) **Widerruf der Ermächtigung des Verteidigers.** Der **Widerruf** der Ermächtigung ist **formlos** 20 mündlich oder schriftlich möglich (BVerfG NJW 1993, 456; BGH NJW 1957, 1040). Er kann **ggü.** **dem Verteidiger** (OLG Düsseldorf NStZ 1983, 289) oder **ggü. dem Gericht** (BGH NJW 1967, 1047) erklärt werden. Ggf. ist durch Auslegung der Erklärung zu ermitteln, ob die erteilte Ermächtigung widerrufen werden sollte. Grds. kommt auch eine konkludente Widerrufserklärung in Betracht. In der Beauftragung eines weiteren Verteidigers mit der Begründung des Rechtsmittels liegt allerdings noch kein Widerruf der ausdrücklichen Ermächtigung des ersten Verteidigers (BGH NStZ 2000, 608). Geht die die **Widerrufserklärung vor der Rücknahmeerklärung** des Verteidigers bei Gericht ein, ent- 21 faltet die Verteidigerklärung keine Wirkung, da seine Berechtigung bereits erloschen war. Geht die **Widerrufserklärung nach Eingang der Rücknahmeerklärung** (des zunächst wirksam ermächtigten Verteidigers) ein, kann sie nichts mehr bewirken und die bereits eingetretene Rechtskraft nicht durchbrechen. Steht es fest, dass dem Verteidiger eine ausdrückliche Ermächtigung erteilt worden war, gehen **Zweifel**, ob der Widerruf rechtzeitig erfolgte, **zulasten des Beschuldigten** (BGH NStZ 1983, 469). Daher ist in dem Fall, dass nicht aufgeklärt werden kann, ob die Widerrufsschrift vor Eingang der Verteidigererklärung bei Gericht beim Verteidiger eingegangen und damit seine Ermächtigung bereits erloschen war, die auf das Rechtsmittel bezogene Rücknahmeerklärung des Verteidigers als wirksam an zusehen (vgl. BGHSt 10, 245).

c) **Erlöschen der Ermächtigung.** Mit der **Beendigung des Mandats** erlischt die ausdrückliche Er- 22 mächtigung. Dies gilt auch dann, wenn der Wahlverteidiger nach Niederlegung des Mandats zum

§ 302 StPO   Zurücknahme und Verzicht

Pflichtverteidiger bestellt wird (BGH NStZ 1991, 94). Wird die **Zulassung** des Verteidigers zur Rechtsanwaltschaft **widerrufen**, ist seine danach erklärte Rechtsmittelrücknahme unabhängig von einer ausdrücklichen Ermächtigung unwirksam, da er keine den Beschuldigten belastenden unwiderruflichen Prozesshandlungen mehr vornehmen kann (OLG Karlsruhe StraFo 1996, 169).

23 **II. Form der Erklärung. 1. Schriftlich oder zu Protokoll der Geschäftsstelle.** Da im Gesetz keine bestimmte Form für Rücknahme- und Verzichtserklärungen vorgesehen ist, gelten die **Bestimmungen für die Einlegung von Rechtsmitteln** entsprechend (BGHSt 18, 257, 260; 31, 109; OLG Düsseldorf NStZ 1982, 521 und JZ 1985, 300).

24 Rechtsmittelrücknahme und Verzicht können **schriftlich oder zu Protokoll der Geschäftsstelle** erklärt werden. Ein Telefonanruf, der in den Akten vermerkt wird, genügt nicht (OLG Stuttgart, NJW 1982, 1472; a. A. OLG Hamburg MDR 1981, 424). Rechtsmittelrücknahme und Verzicht sind wie die Einlegung des Rechtsmittels **bedingungsfeindlich** (BGHR § 302 Abs. 2 Rücknahme 2).

25 **2. Adressat der Erklärung.** Rechtsmittelverzicht und Rechtsmittelrücknahme sind ggü. dem **entscheidenden Gericht** (iudex a quo) zu erklären. Nach Vorlage der Akten an das **Rechtsmittelgericht** (§§ 306 Abs. 2, 321 Satz 2, 347 Abs. 2) sind die Erklärungen ihm ggü. abzugeben. Bleibt zweifelhaft, ob der die Rücknahme eines Rechtsmittels enthaltende Schriftsatz bei dem zuständigen Gericht eingegangen ist, so gilt der Grundsatz »in dubio pro reo« nicht (OLG Düsseldorf JZ 1985, 300).

26 Die Ausnahmevorschrift des § 299 gilt nicht für die schriftliche Einlegung von Rechtsmitteln (BGH NStZ 1997, 560).

27 **3. Inhaltliche Anforderungen.** Die Erklärung muss **eindeutig** sein. Dabei ist es nicht erforderlich, das Wort »Rücknahme« oder »Verzicht« zu verwenden. Ggf. ist die Erklärung auszulegen. Eine Rücknahmeerklärung kann nicht darin gesehen werden, dass die StA die Verwerfung ihres eigenen Rechtsmittels beantragt (OLG Koblenz NStZ 1994, 354).

28 **4. Protokollierung des Rechtsmittelverzichts im Anschluss an die Urteilsverkündung.** Der **Verzicht** kann im Anschluss an die Urteilsverkündung erklärt und **in der Sitzungsniederschrift protokolliert** werden (vgl. BGHSt 18, 257; BGH NStZ 1986, 277 und 1996, 297). Wenn dabei die Beurkundungsförmlichkeiten des § 273 Abs. 3 (wörtliche Protokollierung, Vorlesung und Genehmigung) beachtet werden, stellt diese Form der Erklärung einen **zu Protokoll der Geschäftsstelle** erklärten Verzicht dar (vgl. BGHSt 31, 109; BGH NStZ 1984, 181; 1996, 297), der von der Beweiskraft des Protokolls erfasst wird (vgl. BGH NJW 1963, 963; OLG Düsseldorf NStZ 1984, 44). Dass die Erklärung des Angeklagten nicht vorgelesen und genehmigt wurde, ist jedoch für die Wirksamkeit ohne Belang und betrifft nur die Frage des Nachweises (vgl. BGH NStZ 2000, 441 und StraFo 2014, 162). Wird nur die Abgabe der Erklärung im **Protokoll vermerkt**, kann dies allerdings dem Erfordernis der **Schriftform** genügen, da dazu nicht unbedingt die handschriftliche Unterzeichnung nötig ist (BGHSt 2, 77; BGH NJW 1984, 1974; NStZ-RR 1997, 305). Dann ist ggf. im Freibeweis zu klären, ob der im Protokoll enthaltene Vermerk, der lediglich Indizwirkung hat, zutreffend ist (BGH NStZ 1986, 277). Die Sprachunkundigkeit eines nicht deutsch sprechenden Angeklagten steht der Wirksamkeit einer Verzichtserklärung nicht entgegen, wenn ein Dolmetscher anwesend ist und dieser zuvor die Rechtsmittelbelehrung des Vorsitzenden übersetzt hat, denn dann weiß der Angeklagte, dass er über die Frage der Anfechtung des Urteils entscheidet (BGH NStZ-RR 2004, 214; NStZ 2000, 441 m.w.N.; BGH StraFo 2014, 162).

29 **III. Zeitpunkt der Erklärung (§ 302 Abs. 1 Satz 1)** § 302 Abs. 1 Satz 1 enthält über die Bestimmung hinaus, dass Rücknahme und Verzicht schon vor Ablauf der Rechtsmittelfrist erklärt werden können, keine Regelung über den frühesten und den spätesten Zeitpunkt, zu dem diese Erklärungen abgegeben werden können.

30 **1. Rücknahme.** Die **Rücknahme** setzt schon begrifflich voraus, dass zunächst ein Rechtsmittel eingelegt worden war; unmittelbar danach kann die Rücknahme erklärt werden. Auch unzulässige Rechtsmittel können zurückgenommen werden (BGH NStZ 1995, 356 f. und NStZ-RR 2000, 305). Rechtsmittel können **bis zur Rechtskraft** der Entscheidung des Rechtsmittelgerichts zurückgenommen werden (BGH NStZ 1998, 52; OLG Hamburg MDR 1983, 154); allerdings bedarf es für den Fall,

dass über das Rechtsmittel in mündlicher Verhandlung zu entscheiden ist, nach Beginn der mündlichen Verhandlung der Zustimmung des Gegners (§ 303).

2. Verzicht. Der **Rechtsmittelverzicht** kann erklärt werden, solange die Rechtsmitteleinlegung zulässig ist. Er ist im Gegensatz zur Rechtsmittelrücknahme vor Rechtsmitteleinlegung möglich. 31
Verbreitet ist der Rechtsmittelverzicht des Angeklagten im Anschluss an die mündliche Urteilsverkündung (dazu oben Rdn. 28). Eine vor der Entscheidung abgegebene Verzichtserklärung ist unwirksam; auch die Zusage eines späteren Verzichts ist unbeachtlich.
Im Fall der Verurteilung in Abwesenheit des Angeklagten ist der Rechtsmittelverzicht jedenfalls dann 32 schon vor Zustellung des Urteils und damit vor Beginn der Einlegungsfrist (§§ 314 Abs. 2, 341 Abs. 2) möglich, wenn der Angeklagte Gelegenheit hatte, sich über den Inhalt der Urteilsgründe zuverlässig zu unterrichten (BGHSt 25, 234).

IV. Eintritt der Wirksamkeit. 1. Zugang beim mit der Sache befassten Gericht. Die **Wirksamkeit** der Rücknahme- oder Verzichtserklärung tritt ein, wenn sie dem mit der Sache befassten Gericht zugeht. Wird die Wirksamkeit einer Rechtsmittelrücknahme oder des Verzichts **bestritten**, ist i.d.R. eine feststellende Klärung durch förmliche Entscheidung des Rechtsmittelgerichts erforderlich (KG, Beschl. v. 09.05.2008 – (1) 1 Ss 56/08 (7/08)). 33

2. Widerruf der Verzichts- oder Rücknahmeerklärung. Vor Eingang der Erklärung beim zuständigen Gericht ist ein **Widerruf** der Verzichts- oder Rücknahmeerklärung **formlos**, also etwa auch fernmündlich (vgl. OLG Hamburg NJW 1960, 1969) möglich. Mit Eingang des Rechtsmittelverzichts bei dem zuständigen Gericht tritt die **Rechtskraft** ein; damit sind alle zuvor eingelegten Rechtsmittel erledigt und später eingelegte Rechtsmittelerklärungen unzulässig. 34
Falls eine Rechtsmittelerklärung früher beim zuständigen Gericht eingeht als eine zuvor abgesendete Verzichtserklärung, gilt der Rechtsmittelverzicht durch die Rechtsmittelerklärung **überholt** und das Rechtsmittel als wirksam eingelegt (BGH GA 1973, 46). Bei gleichzeitigem Eingang von Rechtsmitteleinlegung und Rechtsmittel Verzicht innerhalb der Rechtsmittelfrist ist die Verzichtserklärung unbeachtlich (BGH NStZ 1992, 29; NJW 1960, 2202). Gleiches gilt, wenn nicht geklärt werden kann, welche Erklärung zuerst eingegangen ist. 35
Der Wirksamkeit eines Rechtsmittelverzichts steht nicht entgegen, dass eine **Rechtsmittelbelehrung unterblieben** ist. Denn Lauf der Rechtsmittelfristen ist von einer Belehrung nicht abhängig; auch kann auf die Erteilung einer Rechtsmittelbelehrung verzichtet werden (BGH NStZ 1984, 181; 1984, 329). 36

V. Unwirksamkeit der Rücknahme- oder Verzichtserklärung. Von der grundsätzlichen Unwiderruflichkeit und Unanfechtbarkeit von Rücknahme- und Verzichtserklärungen als **Prozesshandlungen** werden in folgenden Fallgruppen Ausnahmen zugelassen, die zur Unwirksamkeit der Erklärung führen: 37

1. Verhandlungsunfähigkeit des Erklärenden. Rechtsmittelrücknahme und Rechtsmittelverzicht setzen die **Verhandlungsfähigkeit** (zum Begriff vgl. BVerfG NJW 1995, 1951; BGHSt 41, 16, 18) des Erklärenden voraus (BGH NStZ 1999, 258; NStZ-RR 1999, 109). Der Erklärende muss bei Abgabe der Erklärung in der Lage sein, die Bedeutung der Prozesserklärung zu erkennen (BGH NStZ 1984, 181; BGHSt 46, 257; NStZ 1996, 242). Ob dies der Fall war, ist vom Revisionsgericht im Wege des Freibeweises zu prüfen (BGH, Urt. v. 19.02.1976 – 2 StR 585/73; KK/*Schneider* § 205 Rn. 9; BGH NStZ-RR 2002, 101), wobei der Grundsatz »in dubio pro reo« bei Zweifeln an der Verhandlungsfähigkeit nicht gilt (BGH MDR [D] 1973, 902) und **im Zweifel** von Verhandlungsfähigkeit auszugehen ist (BGH NStZ 84, 329; NStZ-RR 2004, 341). Bei fehlender Verhandlungsfähigkeit ist die Rücknahmeerklärung unwirksam. Die Geschäfts- oder Schuldunfähigkeit des Erklärenden schließt seine Verhandlungsfähigkeit nicht notwendig aus (BGH NStZ-RR 1999, 109; 2004, 341). 38
Zur Frage der Verhandlungsfähigkeit bei Rechtsmitteleinlegung s. § 296 Rdn. 10.

2. Unzulässige Willensbeeinflussung beim Zustandekommen. Der Rechtsmittelverzicht eines Angeklagten kann wegen unzulässiger Willensbeeinflussung unwirksam sein. Dies ist z.B. der Fall, wenn der Vorsitzende unzuständiger Weise eine **Zusage** gegeben hat, die **nicht eingehalten** worden ist (vgl. BGH NJW 1995, 2568). Gleiches gilt für eine objektiv **unrichtige Erklärung** oder Auskunft des Gerichts (vgl. BGH NStZ 2001, 493) oder die **Drohung des Vorsitzenden**, den Haftbefehl wieder 39

§ 302 StPO   Zurücknahme und Verzicht

in Vollzug zu setzen, falls sich der Angeklagte nicht geständig einlasse und auf Rechtsmittel verzichte (BGH StV 2004, 636). Kündigt der Sitzungsvertreter der StA einen **unsachgemäßen Haftantrag** für den Fall, dass der Angeklagte nicht auf Rechtsmittel verzichte, an, so muss das Gericht dem entgegentreten (BGH NJW 2004, 1885).

40 **Unwirksam** ist der Rechtsmittelverzicht, wenn der Angeklagte vor Abgabe der Erklärung keine Gelegenheit hatte, sich **mit dem Verteidiger darüber zu beraten** (BGH NStZ 2005, 114; OLG Köln StV 2005, 544). Ein bindender Rechtsmittelverzicht kann deshalb nicht angenommen werden, solange der Verteidiger oder der Angeklagte zu erkennen geben, dass sie die Frage des Verzichts noch miteinander erörtern wollen (vgl. BVerfG NStZ-RR 2008, 209). Dies steht der Wirksamkeit einer spontanen, in Wut geäußerten Verzichtserklärung des Angeklagten indes nicht im Wege (vgl. BGH 1 StR 40/14 = StraFo 2014, 162; s.o. Rdn. 6).

Unwirksam ist der Rechtsmittelverzicht auch dann, wenn er im Fall der notwendigen Verteidigung (§ 140) vom Angeklagten ohne Beistand eines Verteidigers erklärt worden ist (str., vgl. OLG Köln StV 2003, 65; OLG Koblenz NStZ 2007, 55; OLG Hamburg StV 2006, 176; KG StV 2006, 685).

41 Aus **enttäuschten Erwartungen** (vgl. BGH StV 2000, 542 m.w.N.) hingegen kann die Unwirksamkeit eines Rechtsmittelverzichts ebenso wenig hergeleitet werden wie aus einer **unrichtigen Auskunft** des Verteidigers (BGH NStZ 1983, 213 Pf/M). Auch ist keine unzulässige Beeinflussung gegeben, wenn die StA für den Fall des Rechtsmittelverzichts des Angeklagten ihrerseits **Rechtsmittelverzicht ankündigt** (BGH NStZ 1986, 278).

42 **C. Besonderheiten bei der Rücknahme der Berufung.** I. Rücknahme der Berufung nach Entscheidung in der Revisionsinstanz. Bei der Rücknahme der Berufung sind folgende Besonderheiten zu beachten: Die Rücknahme der Berufung ist auch noch **nach der Aufhebung des Berufungsurteils in der Revisionsinstanz** möglich (KK/*Paul* § 302 Rn. 4); jedoch kann die Berufung nicht mehr zurückgenommen werden, wenn ein Berufungsurteil nur im Strafausspruch aufgehoben wurde und im Schuldspruch in Rechtskraft erwachsen ist (OLG Stuttgart NJW 1982, 897; zur Beschränkung der Dispositionsmöglichkeiten des Rechtsmittelführers s.a. KG, Beschl. v. 17.06.2009 – [4] 1 Ss 170/09 [136/09]).

43 Nach der **Verweisung** der Sache an ein erstinstanzliches Gericht gem. § 328 Abs. 2 oder nach der durch § 4 Abs. 1 erfolgten **Verschmelzung** eines Berufungs- mit einem erstinstanzlichen Verfahren (die im Bereich des JGG noch in Betracht kommt, vgl. KK/*Fischer* § 4 Rn. 3 m.w.N.) kann die Berufung nicht mehr zurückgenommen werden (KK/Paul § 328 Rn. 14; vgl. a. BGHSt 34, 204, 208 und NJW 1992, 2644).

44 **II. Rücknahme der Berufung nach Eintritt eines Verfahrenshindernisses.** Fraglich ist die Möglichkeit der Rücknahme, wenn nach Erlass des angefochtenen Urteils ein **Verfahrenshindernis** eingetreten ist. Während vereinzelt die Wirkungslosigkeit der Rücknahmeerklärung angenommen wurde (BayObLGSt 1974, 8), geht herrschende Ansicht davon aus, dass die Rücknahme noch möglich ist (KK/*Paul* § 302 Rn. 3; *Meyer-Goßner/Schmitt* § 302 Rn. 6; LR/*Hanack* § 302 Rn. 12 jeweils m.w.N.). Letztere Auffassung ist zutreffend, weil das Bestehen eines Verfahrenshindernisses allein das Verfahren noch nicht beendet und die Rücknahmeerklärung die Rechtskraft herbeiführt, bevor eine Entscheidung darüber, ob ein Verfahrenshindernis vorliegt, ergehen kann.

45 **III. Rücknahme der Berufung bei Teileinstellung oder Beschränkung.** Die Berufungsrücknahme erstreckt sich nicht auf einzelne Taten oder Tatteile, die in der Berufungsinstanz nach § 154 Abs. 2 eingestellt oder nach § 154a Abs. 2 beschränkt worden sind (vgl. OLG Frankfurt am Main NStZ 88, 328; KG NStZ 1990, 250). Denn die (vorläufige) Einstellung beendet die gerichtliche Anhängigkeit des von ihr betroffenen Teils der Anklage. Wird ein Verfahren nach Einlegung der Berufung gem. § 154 Abs. 2 vorläufig eingestellt, so führt die nachfolgende Berufungsrücknahme daher nicht zur Rechtskraft des erstinstanzlichen Urteils.

46 **D. Ausschluss des Rechtsmittelverzichts nach Verständigung i.S.d. § 257c (Abs. 1 Satz 2).** I. Rechtsprechung zur Vereinbarung des Rechtsmittelverzichts. Da für die **Vereinbarung eines Rechtsmittelverzichts** im Rahmen einer Urteilsabsprache keine legitimen Interessen bestehen (BGH NJW 2008, 1753), wurde sie schon vor der gesetzlichen Regelung der Verständi-

gung im Strafverfahren als unzulässig angesehen (vgl. BGH NStZ 2000, 96 sowie NStZ 2003, 677 mit kritischer Anm. *Mosbacher* NStZ 2004, 52). Darüber hinaus wurde ein **Rechtsmittelverzicht nach einer vorangegangenen Urteilsabsprache** dann als unwirksam angesehen, wenn dem Angeklagten über die Belehrung gem. § 35a hinaus keine »qualifizierte« Belehrung erteilt wurde, die ihm verdeutliche, dass er ungeachtet der verfahrensbeendenden Absprache frei sei, ein Rechtsmittel einzulegen (BGH -GS- StV 2005, 311; zur Protokollierung dieser Belehrung als wesentliche Förmlichkeit vgl. KG StV 2008, 293).

II. Neuregelung des § 302 Abs. 1 Satz 2. Die durch das Gesetz zur Regelung der Verständigung im Strafverfahren v. 29.07.2009 (BGBl. I S. 2353) eingeführt **Neuregelung des § 302 Abs. 1 Satz 2 StPO schließt den Rechtsmittelverzicht aus**, wenn dem Urteil eine Verständigung nach § 257c StPO vorausgegangen ist. Die Vorschrift beseitigt die vor Inkrafttreten des Gesetzes (am 04.08.2009) eingetretene Rechtskraft von Urteilen jedoch nicht (vgl. BGH NJW 2010, 310), vielmehr bleibt für **ältere Urteile**, auch wenn sie nach einer Verständigung ergangen sind, ein erklärter Rechtsmittelverzicht, der die Rechtskraft unmittelbar herbeigeführt hat (vgl. BGH – GS – BGHSt 50, 40, 58), wirksam. 47

III. Voraussetzungen des § 302 Abs. 1 Satz 2. Voraussetzung des § 302 Abs. 1 Satz 2 ist nach seinem Wortlaut das **Zustandekommen einer Verständigung** im Sinne des § 257c. Daher reichen Gespräche zwischen StA und Verteidigung (BGH, Beschl. v. 27.10.2010 – 5 StR 419/10) oder die Protokollierung einer Unterbrechung für ein Rechtsgespräch (BGH, Beschl. v. 17.02.2010 – 2 StR 16/10) für den Ausschluss des Rechtsmittelverzichts nicht aus. 48
Allerdings führt auch eine »informelle Verständigung« außerhalb der Regeln nach § 257c in entsprechender Anwendung des § 302 Abs. 1 Satz 2 zur Unwirksamkeit des Rechtsmittelverzichts (OLG München StV 2013, 495 mit Anm. *Förschner*; siehe auch Anm. *Meyer-Goßner* StV 2013, 613, der sich zurecht kritisch mit der weitergehenden Ansicht des OLG München befasst, soweit es wegen der Verfahrensmängel sogar die Nichtigkeit des Urteils angenommen hatte). Dies ist sachlich geboten. Wenn schon die zulässige Verständigung zur Unwirksamkeit des Rechtsmittelverzichts führt, muss dies erst Recht für die informelle Verständigung gelten (vgl. OLG Celle, StV 2012, 141). Denn Verständigungen außerhalb des gesetzlichen Regelungskonzepts sind unzulässig (BVerfG StV 2013, 353) und die flankierenden Regelungen des Gesetzgebers, die auf Transparenz und Öffentlichkeit zielen, könnten anderenfalls die ihnen zugedachte Kontrollfunktion nicht erfüllen.
Ist das **Protokoll unklar**, weil weder eine Verständigung protokolliert, noch das Negativattest gem. § 273 Abs. 1a Satz 3 aufgenommen wurde, ist nach Erhebung einer formgerechten Rüge (BGH NJW 2011, 321) durch das Revisionsgericht im **Freibeweisverfahren** zu klären, ob eine Verständigung zustande gekommen ist, die dem Rechtsmittelverzicht entgegen steht (vgl. OLG Frankfurt am Main NStZ-RR 2010, 213). 49
Enthält das Protokoll den Vermerk, dass keine Verständigung i.S.d. § 257c StPO stattgefunden hat, ist diese **wesentliche Förmlichkeit** bewiesen und damit ein erklärter Rechtsmittelverzicht wirksam, sofern nicht der Nachweis der Protokollfälschung geführt wird (BGH NStZ-RR 2010, 213). 50

IV. Rechtsfolgen des § 302 Abs. 1 Satz 2. Nach einer **Verständigung** ist nach der Neuregelung des § 302 Abs. 1 Satz 2 **kein Rechtsmittelverzicht möglich**. Ein nach Verständigung gleichwohl erklärter Verzicht ist **unwirksam**, sodass ein auf Absprache beruhendes Urteil nur durch Ablauf der Rechtsmittelfrist (§§ 314, 341) oder durch Rücknahme eines eingelegten Rechtsmittels vor Ablauf der Rechtsmittelfristen (dazu unten Rdn. 53–55) rechtskräftig werden kann. 51
Damit geht die Vorschrift über das in BGHSt GrS 50, 40 aufgestellte Gebot einer qualifizierten Rechtsmittelbelehrung nach Verständigung hinaus, welches bei Wahrung der Subjektstellung des Beschuldigten m.E. einen wirksamen Interessenausgleich gewährleistet hatte. Zutreffend sieht *Meyer-Goßner/ Schmitt* (§ 302 Rn. 26d; *ders.* in StV 2006, 485, 489 zum Gesetzesentwurf) darin eine »**paradoxe Regelung**«, nach der demjenigen, der nach Verständigung antragsgemäß die vorhergesehene Strafe erhalte, ein Verzicht auf Rechtsmittel verwehrt sei, während derjenige, welcher das Urteil nicht vorhersehen konnte, den Verzicht erklären darf. Wenn sich die Verfahrensbeteiligten über das Ergebnis einig sind, liegt es nahe, den Konsens durch Rechtsmittelverzicht zu bestätigen, während es »geradezu als eine Art widersprüchlichen Verhaltens« erscheint, wenn sich ein Beteiligter »mit einem bestimmten Er- 52

gebnis oder einer bestimmten Verfahrensweise einverstanden erklärt, um anschließend das Abgesprochene durch Einlegung eines Rechtsmittels in Frage zu stellen« (*Mosbacher* NStZ 2004, 52).

53 **V. Vereinbarung der Rechtsmittelrücknahme i.R.d. Verständigung.** Der Wortlaut des § 302 Abs. 1 Satz 2 erfasst nur den **Rechtsmittelverzicht, nicht** aber die **Rücknahme.** Nach Ansicht der Rechtsprechung kann daher die Zurücknahme des Rechtsmittels grds. auch noch vor Ablauf der Frist zu seiner Einlegung wirksam erfolgen, wenn dem Urteil eine Verständigung (§ 257c) vorausgegangen ist (vgl. BGHSt 55, 82 für den Fall der am Tag der Urteilsverkündung eingelegten und binnen einer Std. wieder zurückgenommenen Revision). Anderenfalls würde die Subjektstellung des Angeklagten, die erfordert, dass er Einfluss auf das Verfahren und auch auf sein Ergebnis nehmen können muss (vgl. BVerfG NJW 2004, 2443; NStZ 2007, 274) beeinträchtigt (BGH a.a.O.).

54 Mit der **Vereinbarung** der Einlegung und **Rücknahme** eines Rechtsmittels im Rahmen einer Urteilsabsprache könnte danach theoretisch die Wirkung des Rechtsmittelverzichts erzielt werden, da in der Rücknahme zugleich er Verzicht auf künftige Rechtsmittel enthalten ist (BGH NStZ-RR 2004, 341) und die Rücknahme wirksam bleibt, auch wenn sie innerhalb der Rechtsmittelfrist erklärt wird (vgl. BGHSt 55, 82).

55 Diese (praxisfreundliche) Rechtsprechung des BGH ist auf Kritik gestoßen, da eine **Rücknahmevereinbarung** (oder Rücknahme**ankündigung** wie im Fall BGHSt 55, 82) auf eine **Umgehung** des gesetzlichen Verbots des Rechtsmittelverzichts hinausläuft (vgl. *Niemöller* StV 2010, 474; StV 2010, 597 und StV 2011, 54; krit. dazu die Erwiderung von *Meyer-Goßner* StV 2011, 53; vgl. a. *Malek* StraFo 10, 251; *Gericke* NStZ 2011, 110). M.E. ist zumindest die **Rücknahmevereinbarung unzulässig** und die darauf beruhende Rücknahme innerhalb der Rechtsmittelfrist unwirksam. Zustimmung verdient die Sichtweise von *Meyer-Goßner/Schmitt* (§ 302 Rn. 26 f.), dies auch für den Fall anzunehmen, dass Einlegung und Rücknahme erkennbar nur dem Zweck der Umgehung des § 302 Abs. 1 Satz 2 dienen. Nur so wird gewährleistet, dass der ersichtliche Wille des Gesetzes nicht unterlaufen wird, nach der Urteilsabsprache eine **Überlegungsfrist** sicherzustellen, die der Einlegungsfrist von einer Woche (§§ 314, 341) entspricht.

56 **E. Kostenentscheidung.** Über die Kosten eines wirksam zurückgenommenen Rechtsmittels ist gem. § 473 zu entscheiden. Die Frage, ob das **erkennende Gericht** oder das **Rechtsmittelgericht für die Kostenentscheidung zuständig** ist, ist danach zu beantworten, welches Gericht der **richtige Adressat** der Erklärung war (BGHSt 12, 217). Durch einen Rechtsmittelverzicht vor Einlegung eines Rechtsmittels können keine Kosten entstehen; missverständlich sind daher der Hinweis, dass »nach wirksam erklärter Rechtsmittelrücknahme oder erklärtem Rechtsmittelverzicht ... noch über die Kosten zu entscheiden ist« (KK/*Paul* § 302 Rn. 24).

§ 303 StPO Zustimmungserfordernis bei Zurücknahme.

Wenn die Entscheidung über das Rechtsmittel auf Grund mündlicher Verhandlung stattzufinden hat, so kann die Zurücknahme nach Beginn der Hauptverhandlung nur mit Zustimmung des Gegners erfolgen. Die Zurücknahme eines Rechtsmittels des Angeklagten bedarf jedoch nicht der Zustimmung des Nebenklägers.

1 **A. Normzweck und Anwendungsbereich.** § 303 soll der Durchsetzung der materiellen Gerechtigkeit dienen (vgl. BGHSt 23, 277, 279) und bezweckt nicht den Schutz des Rechtsmittelgegners (a. A. LR/*Jesse* § 303 Rn. 1) oder der Würde des Gerichts. Die Vorschrift gilt nur für Rechtsmittel, über die aufgrund **mündlicher Verhandlung** zu entscheiden ist. Sie betrifft daher nur die **Berufung** gegen den in der Hauptverhandlung anwesenden Angeklagten und die Fälle der **Revision**, in denen eine Hauptverhandlung durchgeführt wird. Im Strafbefehlsverfahren ist die Vorschrift entsprechend anwendbar (§ 411 Abs. 3 S. 2). Eine **Ausnahme** gilt für die **Berufungsverhandlung** gegen den abwesenden Angeklagten (§ 329 Abs. 2 Satz 2); dazu unten Rdn. 5.

Nach § 75 Abs. 2 OWiG ist für die Rücknahme des Einspruchs gegen den Bußgeldbescheid in der Hauptverhandlung die Zustimmung der StA nicht erforderlich, wenn sie nicht teilnimmt; dies gilt auch für eine Beschränkung (OLG Hamm ZfSch 2015, 170).

§ 303 entzieht dem Rechtsmittelführer die einseitige Möglichkeit zur Disposition über sein Rechtsmittel, sobald die mündliche Verhandlung begonnen hat. Vor diesem Zeitpunkt ist die einseitige Rücknahme des Rechtsmittels ohne weiteres möglich (BayObLG wistra 12994, 118), sofern es nicht seitens der StA zugunsten des Angeklagten eingelegt worden ist (§ 302 Abs. 1 S. 3). Die Norm gilt auch für **nachträgliche Beschränkungen** und **Teilrücknahmen** (RG 65, 231, 235; OLG Koblenz BA 86, 458, 459; OLG Frankfurt am Main VRS 50, 416; OLG Hamm, Beschl. vom 13.10.2009 – 3 Ss 422/09). 2

B. Beginn der Hauptverhandlung. Die Zustimmung des Gegners zur Rücknahme ist nach Beginn der Hauptverhandlung erforderlich, also mit dem **Aufruf** der Sache (§ 243 Abs. 1, 324 Abs. 1) bzw. mit dem **Vortrag des Berichterstatters** im Fall der Revisionsverhandlung (§ 351 Abs. 1). Unterbleibt ein förmlicher Aufruf, ist jedenfalls ab dem Zeitpunkt, in dem für die Beteiligten erkennbar über die Sache verhandelt wird, die Zustimmung erforderlich. 3

Das Zustimmungserfordernis gilt ab Beginn der **ersten Hauptverhandlung** endgültig **für das gesamte Verfahren** (OLG München NStZ 2008, 120). Setzt das Berufungsgericht eine begonnene Hauptverhandlung aus, kann die Berufung nicht mehr ohne Zustimmung des Gegners zurückgenommen werden, wobei es unerheblich ist, ob die Hauptverhandlung noch innerhalb der Frist der StPO § 229 fortgesetzt werden kann oder nicht (vgl. BGHSt 23, 277). 4

Eine **Ausnahme** gilt nach **§ 329 Abs. 2 Satz 2 StPO** nur für den Fall des unentschuldigten Fernbleibens des Angeklagten von der Berufungshauptverhandlung (vgl. OLG München NStZ 2008, 120). Die weiter gehende Auffassung des LG Dresden, wonach § 329 Abs. 2 Satz 2 StPO auch über die Berufungshauptverhandlung hinaus anzuwenden sei, weil im unentschuldigten Fernbleiben des Angeklagten von der Berufungshauptverhandlung ein konkludenter Verzicht auf das Zustimmungserfordernis für die Zukunft zu sehen sei (vgl. LG Dresden, NStZ 1999, 265), überzeugt auf Grundlage der derzeitigen gesetzlichen Regelung nicht. Sie übersieht, dass der **Ausnahmecharakter des § 329 Abs. 2 Satz 2 StPO** ggü. der **Grundregel des § 303 StPO** eine enge Auslegung gebietet, sodass sich eine Anwendung des § 329 Abs. 2 Satz 2 StPO auf Fälle der Berufungsrücknahme außerhalb der Hauptverhandlung verbietet. 5

Hat das Revisionsgericht die Sache an das Berufungsgericht zurückverwiesen, liegt bei der darauf stattfindenden Hauptverhandlung keine erste Hauptverhandlung mehr vor. Eine Rücknahme ist zwar noch möglich, aber nur mit Zustimmung des Gegners (vgl. BayObLG NJW 1985, 754, 755; KK/*Paul* § 303 Rn. 2). 6

C. Gegner. Hat der Angeklagte Rechtsmittel eingelegt, sind die StA, Privatkläger und Nebenkläger Gegner. Da der **gesetzliche Vertreter** des Angeklagten nicht sein Gegner ist, benötigt der Angeklagte seine Zustimmung zur Rücknahme nicht. 7

Wenn StA, Nebenkläger oder Privatkläger Rechtsmittel eingelegt haben, ist nur der Angeklagte Gegner i.S.d. § 303, da die Zustimmung ausschließlich ihm persönlich vorbehalten ist (vgl. OLG Hamm NJW 1969, 151). Der Angeklagte kann sich jedoch bei der Zustimmungserklärung durch seinen dazu ermächtigten Verteidiger vertreten lassen. Wird der abwesende Angeklagte in der Hauptverhandlung gem. § 234 von einem mit schriftlicher Vollmacht versehenen Verteidiger vertreten, kann dieser die Zustimmungserklärung abgeben. 8

Der **Zustimmung des Nebenklägers** bedarf es bei der Zurücknahme des Rechtsmittels durch den Angeklagten nach § 303 Satz 2 nicht. Über ihren Wortlaut hinaus gilt diese Vorschrift für alle – also auch etwa von der StA – zugunsten des Angeklagten eingelegte Rechtsmittel. 9

D. Zustimmungserklärung. I. Formfreiheit. Die Zustimmungserklärung stellt eine unwiderrufliche und unanfechtbare Prozesserklärung dar, die mit Eingang beim Gericht wirksam wird. Sie kann ohne Bindung an eine Form ggü. dem Gericht **ausdrücklich oder konkludent** erklärt werden (OLG Köln MDR 1954, 500; OLG Hamm, Beschl. vom 13.10.2009 – 3 Ss 422/09). Selbst bloßes Schweigen kann im Einzelfall als Zustimmung gewertet werden (OLG Düsseldorf NStZ 1998, 464; KG VRS 65, 59, 60), insb. wenn dem Gegner dadurch nur Vorteile entstehen (vgl. OLG Düsseldorf MDR 1976, 1040). Schweigt der Angeklagte zur Zustimmungserklärung seines Verteidigers, liegt darin regelmäßig seine eigene Zustimmung (BayObLG NJW 1985, 754, 755; anders für den Fall des Rechtsmittelverzichts BayObLG NStZ 1995, 142). Der Schlussantrag des Verteidigers in der Berufungsver- 10 handlung, auf eine Bewährungsstrafe zu erkennen, kann allerdings nicht als Rechtsmittelbeschränkung auf diesen Teil des Rechtsfolgenausspruches und Teilrücknahme im Übrigen ausgelegt werden (vgl. BayObLG, Urt. vom 12.11.93 – 1St RR 181/93 –, juris; KG Beschl. vom 20.8.99 – [4] 1 Ss 95/99 [41/99] m.w.N.).

11 **II. Überlegungsfrist.** Eine sofortige Reaktion des Gegners auf die Rücknahmeerklärung ist nicht erforderlich. Ihm ist vom Vorsitzenden eine **angemessene Überlegungsfrist** einzuräumen (vgl. LR/*Jesse*, § 303 Rn. 11; SK/*Frisch* § 303 Rn. 12), bei deren Bemessung die Interessen des Gegners und des Rechtsmittelführers unter Beachtung des Beschleunigungsgebotes abzuwägen sind, das einen längeren Schwebezustand verbietet. I.d.R. ist es ausreichend, eine kurze **Verhandlungspause** einzulegen und sodann den Gegner zur Erklärung aufzufordern. Wird bei einer mehrtägigen Hauptverhandlung die (Teil-) Rücknahme am Ende des Verhandlungstages erklärt, kann unabhängig von der Dauer der Unterbrechung noch zu Beginn des folgenden Verhandlungstages die Zustimmung erfolgen (vgl. für den Fall der Beschränkung des Rechtsmittels OLG Düsseldorf MDR 1983, 1045). Erklärt der Rechtsmittelführer nach Fristablauf vor Zustimmung des Gegners, dass er nicht mehr an der Rücknahme festhalten will, kann die Zustimmung nicht mehr wirksam erklärt werden (OLG Hamm NJW 1969, 151).

12 **III. Protokollierung.** Die ausdrücklich erklärte Zustimmung oder Verweigerung ist gem. § 273 Abs. 1 zu protokollieren (BayObLG NJW 1985, 754; KG Beschl. vom 17.6.98 – [4] 1 Ss 124/98 [60/98]). Fehlt ein solcher Protokollvermerk, hat das Protokoll (negative) Beweiskraft i.S.d. § 274 nur insoweit, als keine ausdrückliche Erklärung abgegeben wurde; über eine schlüssig erklärte Zustimmung besagt das Fehlen der Protokollierung nichts. Daher ist in diesem Fall im Wege des Freibeweises zu klären, ob eine wirksame Zustimmung vorliegt. (BayObLG NJW 1985, 754, 755; OLG Hamm NJW 1969, 151).

13 **IV. Entscheidung des Gerichts.** Hat sich das Rechtsmittel durch **wirksame Rücknahme** erledigt, ist eine Entscheidung in der Sache überflüssig; es wird nach Maßgabe der §§ 464, 473 durch Beschluss nur noch über die Kosten des Rechtsmittels und die dem Gegner dadurch entstandenen notwendigen Auslagen entschieden. Eine irrtümliche Sachentscheidung trotz wirksamer Zurücknahme ist gegenstandslos (BGH NStZ-RR 2006, 5 [B]).

14 Im Fall eines **Streits über die Wirksamkeit** der Rücknahmeerklärung bzw. der Zustimmung braucht das Gericht darüber nicht entscheiden, vielmehr kann es, wenn es die Rechtsmittelrücknahme für unwirksam erachtet, die Verhandlung fortsetzen und in der Sache entscheiden. Falls es die Rücknahme für wirksam hält, kann es das Rechtsmittel durch Urteil für erledigt zu erklären (RGSt 67, 281). Wurden die streitige Rücknahme- und Zustimmungserklärung außerhalb der Hauptverhandlung abgegeben, erfolgt die Erledigterklärung durch Beschluss. Dagegen ist die Beschwerde (§ 304) zulässig.

Zweiter Abschnitt. Beschwerde

Vorbemerkung zu §§ 304 ff. StPO

Übersicht

	Rdn.		Rdn.
A. Allgemeines	1	1. Eigene Sachprüfung und Entscheidung des Beschwerdegerichts	13
I. Arten der Beschwerde	1	2. Teilanfechtung	16
II. Gegenstand, Ziel, Einlegung und Wirkungen der Beschwerde	4	III. Schlechterstellung des Beschwerdeführers (reformatio in peius)	17
B. Prüfungsumfang	9	1. Grundsatz: Kein Verbot der »Verböserung«	17
I. Zulässigkeitsprüfung	9		
1. Allgemeines	9	2. Ausnahmen	18
2. Umdeutung bei Wechsel der Zuständigkeit des erkennenden Gerichts	10	C. Abänderung von Beschlüssen des Beschwerdegerichts	22
II. Begründetheitsprüfung	13		

A. Allgemeines. I. Arten der Beschwerde. Das Gesetz unterscheidet im 2. Abschnitt des 3. 1 Buches die unbefristete **einfache Beschwerde** (§ 304), die binnen einer Woche einzulegende **sofortige Beschwerde** (§ 311) und die nur in den Ausnahmefällen des § 310 Abs. 1 zulässige **weitere Beschwerde**. Die auf richterlicher Rechtsfortbildung beruhende und im Zivilprozessrecht (vgl. z.B. BGHZ 109, 41, 2 43; BGH NJW 1993, 135 und BGH NJW 1993, 1865 jeweils m.w.N.) anerkannte »**außerordentliche Beschwerde**« wegen »greifbarer Gesetzeswidrigkeit« der angefochtenen Entscheidung ist im Straf- und Bußgeldverfahren **nicht statthaft** (BGH NJW 1999, 2290; NStZ-RR 2004, 52).

Auch eine reine **Untätigkeitsbeschwerde**, die vereinzelt als zulässig angesehen wurde (vgl. OLG Braun- 3 schweig NStZ-RR 1996, 172 für den Fall der Beschwerde der Staatsanwaltschaft dagegen, dass das Gericht eine Strafsache mehr als 2 Jahre nicht terminiert hatte), ist der StPO fremd (RGSt 19, 332, 337 f.; BGH NStZ 1993, 296; LG Stuttgart NStZ 1991, 204). Seit Inkrafttreten des Gesetzes über den Rechtsschutz bei überlangen Gerichtsverfahren und strafrechtlichen Ermittlungsverfahren (BGBl. I S. 2302) am 3. Dezember 2011 ist sie nach h.M. nicht mehr statthaft (vgl. BGH NJW 2013, 385 f.; KG, Beschl. vom 7.11.13 – 2 Ws 516/13; OLG Hamburg NStZ 2012, 656; OVG Mecklenburg-Vorpommern, Beschl. vom 23.1.12 – 1 O 4/12; OLG München, Beschl. vom 21.3.13 – 4 VAs 5/13; OLG Düsseldorf NJW 2012, 1455 f.; OLG Rostock, Beschluss vom 25.7.12 – 1 Ws 176/12; OLG Brandenburg MDR 2012, 305; a.A. *Burhoff/Kotz*, Handbuch für die strafgerichtlichen Rechtsmittel und Rechtsbehelfe 2013, 192 ff.; s.a. Vor §§ 296 ff. Rdn. 21). Die aus Art. 13 und 6 Abs. 1 EMRK folgende Pflicht des nationalen Gesetzgebers, eine wirksamen Rechtsbehelf gegen überlange Verfahrensdauer zur Verfügung zu stellen, scheint mit der Einführung der Verzögerungsrüge und der Entschädigungsregelung in §§ 198–201 GVG jedoch allenfalls im Ansatz gelungen zu sein (vgl. LR/Matt, Vor § 304 Rn. 10). Anfechtbar ist daher weiterhin das Unterlassen einer (im Fall des Erlasses selbst anfechtbaren) gerichtlichen Entscheidung, wenn dem Unterlassen eine verfahrensabschließende Wirkung zukommt (dazu im Einzelnen § 304 Rdn. 3).

II. Gegenstand, Ziel, Einlegung und Wirkungen der Beschwerde. Mit der (einfachen, sofortigen 4 und weiteren) Beschwerde nach §§ 304 ff. können alle **richterlichen Maßnahmen**, die keine Justizverwaltungsakte (vgl. § 23 EGGVG) oder Urteile sind, angefochten werden, sofern die Beschwerde nicht in gesetzlich bestimmten Fällen ausdrücklich ausgeschlossen ist (vgl. dazu § 304 Abs. 4, 5). Damit richtet sich die Beschwerde in erster Linie gegen **Verfügungen** und **Beschlüsse**; ausnahmsweise sind aber auch **Nebenentscheidungen** des Urteils mit der Beschwerde anfechtbar (vgl. etwa § 464 Abs. 3 Satz 1, § 8 Abs. 3 Satz 1 StrEG; § 59 Abs. 1 JGG; zu den Einzelheiten s.u. § 304 Rdn. 1 ff.). Aus Art. 19 Abs. 4 GG folgt nach heutigem Verständnis, dass alle ausdrücklichen oder konkludenten Ausschlüsse einer Beschwerde gegen richterliche Entscheidungen verfassungsrechtlich am Maßstab der Justizgewährungspflicht überprüft werden können und einer Legitimation aus konkret nachweisbaren Gründen der Rechtssicherheit oder einer dringend nachweisbaren Ressourcenschonung bedürfen im Einzelnen dazu LR/Matt Vor § 304 Rn 77f m.w.N.). Die Vorstellung, dass die Verfassung Rechtsschutz durch den Richter, aber nicht gegen den Richter garantiert (vgl. BVerfG 49, 329, 340 Rz. 34), erscheint dadurch relativiert.

5 Die Beschwerde richtet sich gegen den **Inhalt der Entscheidung** und verfolgt das **Ziel**, die angefochtene Entscheidung aufzuheben oder abzuändern bzw. den Erlass der begehrten unterlassenen Entscheidung zu erzwingen. Sie richtet sich jedoch nicht gegen das **Verhalten des Richters**, dem nur mit einem Ablehnungsgesuch (§§ 24 ff.) oder der formlosen sachlichen oder persönlichen Dienstaufsichtsbeschwerde (vgl. Vorbem. § 296 Rdn. 48) begegnet werden kann.

6 Mit der Beschwerde gem. §§ 304 ff. kann die **Tatsachengrundlage** und die **Rechtsanwendung** angegriffen werden (**Tatsachen- und Rechtsbeschwerde**). Mit der Beschwerdebegründung können auch **neue Tatsachen** vorgebracht werden, die vom Beschwerdegericht berücksichtigt werden müssen. Abgesehen von den Fällen ausdrücklicher Beschränkung des Beschwerdeumfanges (etwa wenn das Gesetz anordnet, dass die Beschwerde nur auf die Gesetzwidrigkeit der Entscheidung gestützt werden kann, vgl. § 305a Abs. 1 Satz 2) kann neben der **Unrechtmäßigkeit** auch **Unzweckmäßigkeit** der angefochtenen Entscheidung beanstandet werden.

7 Die Beschwerde ist bei dem Gericht, welches die angefochtene Maßnahme getroffen hat (**iudex a quo**), **schriftlich** oder zur Niederschrift der Geschäftsstelle einzulegen; eine **Begründung** ist nicht erforderlich. Die einfache Beschwerde kann ohne Bindung an eine Frist (zum Ausnahmefall der Verwirkung vgl. Vorbem. § 296 Rdn. 14, 31), die sofortige Beschwerde nur binnen der Wochenfrist des § 311 Satz 2 eingelegt werden.

8 Die Beschwerde führt zur Überprüfung der angefochtenen Maßnahme durch ein Gericht höherer Ordnung (**Devolutiveffekt**), sofern nicht der iudex a quo von der **Abhilfemöglichkeit** des § 306 Abs. 2 (die nur im Fall der einfachen Beschwerde, nicht aber bei der sofortigen Beschwerde gegeben ist, vgl. § 311 Abs. 3 Satz 1) Gebrauch macht. Die Beschwerde hemmt den Vollzug der angefochtenen Entscheidung nicht (**kein Suspensiveffekt**, § 307 Abs. 1). Allerdings kann das Gericht, dessen Maßnahme angefochten wird, durch besondere Anordnung den Vollzug seiner Entscheidung suspendieren (§ 307 Abs. 2).

9 **B. Prüfungsumfang. I. Zulässigkeitsprüfung. 1. Allgemeines.** Grds. prüft das Beschwerdegericht zunächst die Zulässigkeit des Rechtsmittels (siehe dazu auch Vor § 296 Rn. 7 ff.), bevor es sich mit seiner Begründetheit befasst (vgl. LR/*Jesse* Vor § 304 Rn. 6). Die Beschwerde ist zulässig, wenn sie **nicht ausgeschlossen** (z.B. in §§ 28 Abs. 1, 68b Abs. 3 Satz 1, 117 Abs. 2 Satz 1, 210 Abs. 1) und **statthaft** (vgl. Vorbem. § 296 Rdn. 12, 13) sowie **formgemäß** (§ 306 Abs. 1 und im Fall des § 311 **fristgemäß** binnen einer Woche) eingelegt worden ist. Nur ausnahmsweise kann die an keine Frist gebundene einfache Beschwerde wegen Zeitablaufs **verwirkt** und damit unzulässig sein (vgl. Vorbem. § 296 Rdn. 14, 31). Zur Unzulässigkeit infolge **prozessualer Überholung** vgl. Vorbem. § 296 Rdn. 24–30. Zum Zulässigkeitserfordernis der Beschwer durch die angefochtene Entscheidung siehe Vor § 296 Rn. 16 ff.).

10 **2. Umdeutung bei Wechsel der Zuständigkeit des erkennenden Gerichts.** Bei einem Wechsel der Zuständigkeit des erkennenden Gerichts ist eine noch nicht erledigte Beschwerde in einen **Antrag auf Aufhebung der Entscheidung umzudeuten**, über den das nunmehr zuständige Gericht zu befinden hat.

11 § 126 Abs. 1 und Abs. 2 Satz 1 StPO regeln im Fall der Untersuchungshaft, dass der Übergang der Zuständigkeit mit Anklageerhebung den bisherigen Instanzenzug beendet und eine (auch weitere) Haftbeschwerde dann in einen Antrag auf Haftprüfung (§ 117 Abs. 1 StPO) umzudeuten ist, die nach § 117 Abs. 2 StPO Vorrang vor der Beschwerde hat (KK/*Schultheis* § 126 Rn. 8). Dabei kommt es nicht darauf an, ob die Beschwerde vor oder nach dem Übergang der Zuständigkeit eingegangen ist (vgl. auch OLG Stuttgart NStZ-RR 2003, 142). § 98 Abs. 2 Satz 3 StPO enthält eine vergleichbare Regelung für die Beschlagnahme; Ähnliches gilt auch bei vorläufiger Entziehung der Fahrerlaubnis (KG Blutalkohol 46, 341 [2009]; OLG Celle StraFo 2001, 134).

12 Aus alledem kann der **allgemeine Rechtsgedanke** abgeleitet werden, dass eine **noch nicht beschiedene Beschwerde** nach Wechsel der gerichtlichen Zuständigkeit stets in einen an das erkennende Gericht gerichteten **Antrag auf Aufhebung der beschwerenden Entscheidung** umzudeuten ist (OLG Jena wistra 2010, 80). Das Beschwerdegericht wird damit unzuständig, auch wenn ihm die Akten bereits vorgelegt worden waren.

Vor §§ 304 ff. StPO

II. Begründetheitsprüfung. 1. Eigene Sachprüfung und Entscheidung des Beschwerdegerichts. Die zulässige Beschwerde führt nicht zu einer Fehlerkontrolle durch das Beschwerdegericht, sondern nach § 309 Abs. 2 zu einer **eigenen sachlichen Prüfung und Entscheidung des Beschwerdegerichts** (vgl. *Meyer-Goßner/Schmitt* § 309 Rn. 4 m.w.N.). Dabei ist es nicht an die tatsächlichen Feststellungen des unteren Gerichts und die Anträge gebunden, sondern vielmehr zur umfassenden Prüfung der angefochtenen Entscheidung unter allen tatsächlichen und rechtlichen Gesichtspunkten verpflichtet, auch soweit das bisher nicht geschehen ist (vgl. BGH NJW 1964, 2119). Das Beschwerdegericht kann dabei zur Aufklärung des Sachverhalts ergänzende Ermittlungen anordnen oder selbst vornehmen (§ 308 Abs. 2). Ein auf der Rechtsfolgenseite ggf. eingeräumtes Ermessen muss das Beschwerdegericht selbst ausüben, sofern keine ausdrückliche gesetzliche Einschränkung bestimmt ist (etwa in §§ 305a Abs. 1 Satz 2, 453 Abs. 2 Satz 2). Eine zwar gesetzlich zulässige, aber unzweckmäßige Entscheidung hat es durch die zweckmäßige zu ersetzen. Vor der Entscheidung ist den Beteiligten rechtliches Gehör zu gewähren; auch die Staatsanwaltschaft ist anzuhören. Der Beschwerdegegner ist vor einer für ihn nachteiligen Entscheidung anzuhören (§ 308). Grundsätzlich entscheidet das Beschwerdegericht ohne mündliche Verhandlung nach Aktenlage (§ 309, zu den Ausnahmen siehe dort Rn. 1, 2). Die Sache an das erkennende Gericht **zurückzuverweisen**, kommt nach diesen Grundsätzen nur in eng umgrenzten **Ausnahmefällen** in Betracht (vgl. BGH NStZ 1992, 508, BGH NStZ 1992, 508; KG StV 86, 142 und vom 23.06.2009 – 1 Ws 64/09; OLG Karlsruhe NStZ 2011, 325; Näheres dazu unten zu § 309). 13

14

In Abweichung von dem Grundsatz, dass im Beschwerdeverfahren die Tatsachen neu geprüft werden, ist das Beschwerdegericht in **Kostensachen nach § 464 Abs. 3 Satz 2 StPO** an die tatsächlichen Feststellungen, auf denen die angefochtene Entscheidung beruht, gebunden. Die Grundsätze der Verfahrensbeschleunigung und Prozessökonomie verlangen, dass die Feststellungen der Vorinstanz nicht allein wegen eines Rechtsmittels gegen die Kosten-und Auslagenentscheidung erneut infrage gestellt werden (KG, Beschl. v. 02.12.2011 – 1 Ws 82/11). 15

2. Teilanfechtung. Der Prüfungsumfang kann durch eine zulässige Beschränkung der Beschwerde allerdings auf bestimmte Beschwerdepunkte (entsprechend §§ 318, 344 Abs. 1) eingeschränkt werden. Dies setzt voraus, dass sich die **Teilanfechtung** auf **selbstständige Entscheidungsteile** bezieht, die eine gesonderte Prüfung und Beurteilung erlauben; ist dies nicht der Fall, wird die angefochtene Entscheidung umfassend überprüft (vgl. KG JR 1982, 114; vgl. zur sog. **Trennbarkeitsformel** die Kommentierungen zu §§ 318, 344 Abs. 1). 16

III. Schlechterstellung des Beschwerdeführers (reformatio in peius) 1. Grundsatz: Kein Verbot der »Verböserung«. Das Verbot der Schlechterstellung des Rechtsmittelführers durch eine Rechtsmittelentscheidung ist keine zwingende Folge aus dem Rechtsstaatsprinzip (vgl. BGHSt 9, 324, 332). Da die StPO die »Rechtswohltat« des Verbots der reformatio in peius für die Rechtsmittel der Berufung und der Revision sowie in bestimmten Fällen dem Wiederaufnahmeverfahren bestimmt (§§ 331 Abs. 1, 358 Abs. 2, 373 Abs. 2), für die Beschwerde, weitere Beschwerde und sofortige Beschwerde eine vergleichbare Regelung jedoch nicht vorsieht, ist nach zutreffender Ansicht die **Schlechterstellung** des Beschwerdeführers durch die Beschwerdeentscheidung grds. **zulässig** (ganz h.M., vgl. KG JR 1981, 391; *Meyer-Goßner/Schmitt* Vorbem. § 304 Rn. 3; KK/*Zabeck* § 309 Rn. 12 jeweils m.w.N.; a. A. für den Sonderfall der Haftverschonung gem. § 116 BVerfG in StV 2006, 26). 17

2. Ausnahmen. Eine **Verschlechterung** ist jedoch **unzulässig** bei Beschlüssen, die durch eine endgültige Sachentscheidung einem Urteil vergleichbar die Rechtsfolgen festlegen und der **materiellen Rechtskraft** (zum Begriff vgl. Vorbem. § 296 Rdn. 51) fähig sind (vgl. KK/*Zabeck* § 309 Rn. 12). Dies betrifft z.B. Beschlüsse über die nachträgliche Gesamtstrafenbildung (BGHSt 8, 203; OLG Frankfurt am Main NStZ-RR 1996, 318; vgl. auch *Meyer-Goßner/Schmitt* Vorbem. § 304 Rn. 5 und § 460 Rn. 24; für die Berufungsentscheidung grundlegend BGHSt 35, 208) und Beschlüsse über Ordnungsmittel (OLG Hamm MDR 1960, 946). Auch für Beschlüsse nach § 57a StGB, mit denen die Strafvollstreckungsbehörde die Aussetzung der Vollstreckung des Restes einer lebenslangen Freiheitsstrafe ablehnt, aber gleichzeitig feststellt, dass die Schwere der Schuld des Verurteilten eine weitere Vollstreckung der Strafe nicht mehr gebiete, soll das Verschlechterungsgebot gelten (OLG Hamm NStZ 94, 53). 18

19

§ 304 StPO Zulässigkeit

20 Das Verbot der Schlechterstellung erstreckt sich auch auf die Entscheidung über die Beschwerde, mit welcher der haftverschonte Beschuldigte den Bestand des Haftbefehls mit dem Ziel seiner Aufhebung anstrebt; **bei unveränderter Sachlage** kommt ein **Widerruf der gewährten Haftverschonung** nicht in Betracht (BVerfG StV 2006, 139 und StV 2006, 26). Denn § 116 Abs. 4 gebietet, die Aussetzung des Vollzuges eines Haftbefehls nur dann zu widerrufen, wenn sich die Umstände im Vergleich zu der Beurteilungsgrundlage zur Zeit der Gewährung der Verschonung verändert haben (OLG Düsseldorf StV 2002, 207; StV 1993, 480 und StV 1988, 207; KG StraFo 1997, 27). Diese Regelung zählt das BVerfG (a.a.O.) zu den »bedeutsamsten (Verfahrens-) Garantien, deren Beachtung Art. 104 Abs. 1 Satz 1 GG fordert und mit grundrechtlichem Schutz versieht«.

21 Für den Widerruf der Aussetzung der Unterbringung nach § 67g StGB soll das Verschlechterungsverbot für endgültige Sachentscheidungen jedoch nicht gelten (OLG Hamburg NStZ-RR 2007, 250).

22 **C. Abänderung von Beschlüssen des Beschwerdegerichts.** Beschlüsse, die in formeller oder materieller Rechtskraft (vgl. Vorbem. §§ 296 Rdn. 49–53) erwachsen sind, können grds. nicht abgeändert werden. Formell rechtskräftig werden alle Beschlüsse, die nicht oder nur mit der sofortigen Beschwerde angefochten werden können, mithin auch die Entscheidung des Beschwerdegerichts, gegen die kein weiteres Rechtsmittel zulässig ist. In materieller Rechtskraft erwachsen dabei Beschlüsse, die eine das Verfahren abschließende Sachentscheidung enthalten, insb., wenn sie zur Grundlage der Vollstreckung werden oder (wie etwa der Eröffnungsbeschluss) eine Grundlage für das weitere Verfahren darstellen (vgl. KMR/*Plöd* Vor § 304 Rn. 6).

23 Eine Ausnahme gilt für die **Verletzung rechtlichen Gehörs**, bei deren Vorliegen §§ 33a, 311a eine Durchbrechung der Rechtskraft ermöglichen.

24 Beschlüsse, die in Rechtskraft erwachsen sind, können darüber hinaus ausnahmsweise (ggf. in analoger Anwendung der Wiederaufnahmevorschriften, §§ 359 ff.; vgl. KMR/*Plöd* Vor § 304 Rn. 10) abgeändert werden, wenn sie auf **irriger Tatsachengrundlage** ergangen sind oder **neue Tatsachen** vorliegen, die eine nachträgliche Abänderung geboten erscheinen lassen. So kann etwa in Verwerfungsbeschluss nach § 349 Abs. 1 trotz Rechtskraft vom Revisionsgericht zurückgenommen werden, wenn er auf einer unrichtigen tatsächlichen Grundlage ergangen war, nicht aber, wenn er allein auf einem Rechtsirrtum beruhte (BGH NJW 1951, 771). Bei einem Verwerfungsbeschluss nach § 349 Abs. 2 ist dies unzulässig; das Revisionsgericht kann einen solchen Beschluss, mit dem es die Rechtskraft des tatrichterlichen Urteils herbeigeführt hat, nicht aufheben oder ändern (BGH NJW 1962, 818).

§ 304 StPO Zulässigkeit.

(1) Die Beschwerde ist gegen alle von den Gerichten im ersten Rechtszug oder im Berufungsverfahren erlassenen Beschlüsse und gegen die Verfügungen des Vorsitzenden, des Richters im Vorverfahren und eines beauftragten oder ersuchten Richters zulässig, soweit das Gesetz sie nicht ausdrücklich einer Anfechtung entzieht.

(2) Auch Zeugen, Sachverständige und andere Personen können gegen Beschlüsse und Verfügungen, durch die sie betroffen werden, Beschwerde erheben.

(3) Gegen Entscheidungen über Kosten oder notwendige Auslagen ist die Beschwerde nur zulässig, wenn der Wert des Beschwerdegegenstands 200 Euro übersteigt.

(4) Gegen Beschlüsse und Verfügungen des Bundesgerichtshofes ist keine Beschwerde zulässig. Dasselbe gilt für Beschlüsse und Verfügungen der Oberlandesgerichte; in Sachen, in denen die Oberlandesgerichte im ersten Rechtszug zuständig sind, ist jedoch die Beschwerde zulässig gegen Beschlüsse und Verfügungen, welche
1. die Verhaftung, einstweilige Unterbringung, Unterbringung zur Beobachtung, Beschlagnahme, Durchsuchung oder die in § 101 Abs. 1 bezeichneten Maßnahmen betreffen,
2. die Eröffnung des Hauptverfahrens ablehnen oder das Verfahren wegen eines Verfahrenshindernisses einstellen,
3. die Hauptverhandlung in Abwesenheit des Angeklagten (§ 231a) anordnen oder die Verweisung an ein Gericht niederer Ordnung aussprechen,
4. die Akteneinsicht betreffen oder
5. den Widerruf der Strafaussetzung, den Widerruf des Straferlasses und die Verurteilung zu der vorbehaltenen Strafe (§ 453 Abs. 2 Satz 3), die Anordnung vorläufiger Maßnahmen zur Sicherung

des Widerrufs (§ 453c), die Aussetzung des Strafrestes und deren Widerruf (§ 454 Abs. 3 und 4), die Wiederaufnahme des Verfahrens (§ 372 Satz 1) oder den Verfall, die Einziehung oder die Unbrauchbarmachung nach den §§ 440, 441 Abs. 2 und § 442 betreffen; § 138d Abs. 6 bleibt unberührt.

(5) Gegen Verfügungen des Ermittlungsrichters des Bundesgerichtshofes und des Oberlandesgerichts (§ 169 Abs. 1) ist die Beschwerde nur zulässig, wenn sie die Verhaftung, einstweilige Unterbringung, Beschlagnahme, Durchsuchung oder die in § 101 Abs. 1 bezeichneten Maßnahmen betreffen.

Übersicht

		Rdn.
A.	Mit der Beschwerde anfechtbare Maßnahmen	1
I.	Gerichtliche Verfügungen und Beschlüsse	1
II.	Nebenentscheidungen in Urteilen	2
III.	Unterlassen einer gerichtlichen Entscheidung	3
IV.	Im ersten Rechtszug	4
V.	Maßnahmen, die von der Anfechtbarkeit mit der Beschwerde ausgenommen sind	5
VI.	Sondervorschiften	9
B.	Beschwerdeberechtigung (Abs. 2)	11
C.	Wertgrenze von 200 € (Abs. 3)	15
D.	Beschwerdegerichte	18
E.	Beschlüsse des BGH und des OLG	22
I.	Unanfechtbare Entscheidungen des BGH (Abs. 4 Satz 1)	22
II.	Unanfechtbare Entscheidungen des OLG (Abs. 4 Satz 2 Halbs. 1)	23
III.	Beschwerdefähige Entscheidungen des OLG (Abs. 4 Satz 2 Halbs. 2)	27

		Rdn.
1.	Anfechtbare Entscheidungen nach Nr. 1	28
a)	Verhaftung, einstweilige Unterbringung, Unterbringung zur Beobachtung	28
b)	Beschlagnahme und Durchsuchungen	33
c)	Maßnahmen nach § 101 Abs. 1	35
2.	Anfechtbare Entscheidungen nach Nr. 2	36
3.	Anfechtbare Entscheidungen nach Nr. 3	37
4.	Anfechtbare Entscheidungen nach Nr. 4	39
5.	Anfechtbare Entscheidungen nach Nr. 5	40
6.	Entscheidungen über den Verteidigerausschluss (Abs. 2 Satz 2 letzter Halbs.)	41
IV.	Verfügungen des Ermittlungsrichters des BGH und des OLG (Abs. 5)	42

A. Mit der Beschwerde anfechtbare Maßnahmen. I. Gerichtliche Verfügungen und **1** **Beschlüsse.** Die Beschwerde nach §§ 304 ff. kann sich gegen alle **richterlichen Maßnahmen**, die nicht Urteile sind, insb. gegen **Verfügungen** und **Beschlüsse** unabhängig von ihrer Bezeichnung richten, soweit sie nicht ausdrücklich der Anfechtung entzogen sind (vgl. § 304 Abs. 4, 5). Bloße Hinweise, Mitteilungen, Ermahnungen oder Belehrungen sind jedoch der Beschwerde nicht zugänglich, da sie keine Sachentscheidung enthalten und i.d.R. keine Beschwer bewirken.

II. Nebenentscheidungen in Urteilen. Ausnahmsweise sind auch **Nebenentscheidungen in einem** **2** **Urteil** mit der Beschwerde anfechtbar, so etwa die Kosten- und Auslagenentscheidung (§ 464 Abs. 3 Satz 1), die Entscheidung über eine Entschädigung für erlittene Strafverfolgungsmaßnahmen (§ 8 Abs. 3 Satz 1 StrEG) oder die Entscheidung über die Aussetzung der Jugendstrafe (§ 59 Abs. 1 JGG).

III. Unterlassen einer gerichtlichen Entscheidung. Auch das **Unterlassen** einer gerichtlichen Entscheidung kann ausnahmsweise mit der Beschwerde angefochten werden, wenn ihm die **Bedeutung** **3** **einer endgültigen Sachentscheidung** und nicht einer bloßen Verzögerung der Entscheidung zukommt und die unterlassene Entscheidung selbst anfechtbar wäre (BGH NJW 1993, 1279; OLG Nürnberg HESt 2, 152; OLG Hamm JMBl NW 1981, 69; OLG Düsseldorf MDR 1988, 164; KK/*Zabeck* § 304 Rn. 3, LR/*Matt* § 304 Rn. 8; s.a. Vorbem. § 296 Rdn. 21 und Vor §§ 304 ff. Rdn. 3 mit weiteren Nachweisen zur Frage, ob eine Untätigkeitsbeschwerde zulässig ist). Dies ist z.B. der Fall, wenn das Verzögern der Entscheidung zwangsläufig (etwa bei drohender Verjährung) ein Verfahrenshindernis bewirkt und einen endgültigen Verfahrensabschluss nach sich zieht. Auch wenn der grundlosen Missachtung eines Grundrechts das Gewicht der endgültigen Ablehnung einer Entscheidung zukommt, soll die Beschwerde möglich sein (BVerfG NStZ-RR 2005, 94). Im Unterlassen der Entscheidung über die Eröffnung des Hauptverfahrens kann ein Verstoß gegen das aus Art. 3 GG abgeleitete Willkürverbot liegen (KG, Beschl. v. 28.08.2008 – 3 Ws 229/08: nach 2 Jahren und 6 Monaten der Untätigkeit). Auch

§ 304 StPO Zulässigkeit

das Unterlassen der Entscheidung über die Entschädigungspflicht nach dem StrEG ist mit der (sofortigen) Beschwerde anfechtbar (OLG Düsseldorf, StraFo 1999, 286–288).

4 **IV. Im ersten Rechtszug.** Nach § 304 Abs. 1 richtet sich die Beschwerde gegen Entscheidungen, die **im ersten Rechtszug oder im Berufungsverfahren** ergangen sind. Maßgeblich ist dabei nicht allein, in welchem Rechtszug das Verfahren als Ganzes anhängig ist, sondern ob über den Gegenstand der Entscheidung erstmals entschieden worden ist. Wird also erstmals im Beschwerdeverfahren die Wiedereinsetzung in den vorigen Stand versagt, liegt ein Verfahren im ersten Rechtszug vor (vgl. KK/*Zabeck* § 304 Rn. 4). Zu den Entscheidungen im ersten Rechtszug zählen auch Beschlüsse im Wiederaufnahmeverfahren. Dagegen sind die Übertragung der Zuständigkeit nach § 12 Abs. 2 und die Bestimmung des zuständigen Gerichts nach § 14 keine Entscheidungen im ersten Rechtszug.
Bei Entscheidungen, die auf eine Beschwerde hin erlassen wurden, ist die Anfechtbarkeit durch § 310 Abs. 2 eingeschränkt. Für Entscheidungen, die dem Gericht des ersten Rechtszuges im Zusammenhang mit der Strafvollstreckung obliegen, gilt § 304 Abs. 1 nicht (OLG Hamm NStZ 89, 443; OLG Stuttgart NStZ 1989, 492f). Wann und wie derartige Entscheidungen angefochten werden können, ist in den §§ 453, 454, 462, 462a, 463 speziell und enumerativ geregelt; ein Rückgriff auf § 304 ist nicht zulässig (vgl. OLG Zweibrücken MDR 1983, 254).

5 **V. Maßnahmen, die von der Anfechtbarkeit mit der Beschwerde ausgenommen sind.** Urteile können mit der Berufung oder Revision, nicht aber mit der Beschwerde angefochten werden. **Ausgenommen** von der Anfechtbarkeit mit der Beschwerde sind weiter alle **Justizverwaltungsakte**, gegen die der Rechtsweg nach den §§ 23 ff. EGGVG eröffnet ist.

6 Sonderregelungen über Rechtsbehelfe können die Anwendung des § 304 ausschließen (vgl. BGHSt 10, 88, 91). Der **Ausschluss der Beschwerde** ist neben den in §§ 304 Abs. 4 und 5, 305 Satz 1 und 310 Abs. 2 geregelten Fällen etwa in den §§ 28 Abs. 1, 46 Abs. 2, 68b Satz 4, 81c Abs. 3 Satz 4, 100 Abs. 3 Satz 3, 138d Abs. 6 Satz 3, 147 Abs. 4 Satz 2, 153 Abs. 2 Satz 4, 161a Abs. 3 Satz 4, 163a Abs. 3 Satz 3, 168e Satz 5, 201 Abs. 2 Satz 2, 202 Abs. 2 Satz 2, 229 Abs. 3 Satz 2, 247a Satz 2, 322a Satz 2, 348 Abs. 2, 397a Abs. 3 Satz 3, 406 Abs. 2 Satz 3, 406e Abs. 3 Satz 2, 419 Abs. 2 Satz 2, 464 Abs. 3 Satz 1, 467a Abs. 3, 469 Abs. 3, 478 Abs. 3 Satz 2 geregelt.

7 **Maßnahmen der Ermittlungsbehörden** im Ermittlungsverfahren sind nicht mit der Beschwerde, sondern ggf. mit dem Antrag auf **gerichtliche Entscheidung** anfechtbar (§ 98 Abs. 2 Satz 2 in direkter oder analoger Anwendung). Gegen **Entscheidungen der Staatsanwaltschaft** ist, sofern keine besondere Regelung getroffen ist (vgl. etwa § 161a Abs. 3), ggf. der Rechtsweg nach den §§ 23 ff. EGGVG eröffnet.

8 Für das **Anklageerzwingungsverfahren** enthalten die §§ 172 ff. abschließende Regelungen. Für behördliche Maßnahmen oder Entscheidungen im **Untersuchungshaftvollzug** oder im Vollzug der **einstweiligen Unterbringung** besteht nach §§ 119a, 126a Abs. 2 die Möglichkeit, eine gerichtliche Entscheidung zu beantragen und ggf. diese mit der Beschwerde anzufechten (§ 119a Abs. 3).

9 **VI. Sondervorschiften.** Über den zweiten Abschnitt des dritten Buchs hinaus befassen sich eine Vielzahl von **Einzelnormen** der StPO und weiterer Gesetze mit der Zulässigkeit, dem Ausschluss und den Wirkungen der (sofortigen) Beschwerde, auf die an dieser Stelle nicht im Detail einzugehen ist. Neben den zuvor (Rdn. 6) genannten sind dies z.B. §§ 101 Abs. 7 Satz 3, 111i Abs. 6 Satz 3, 117 Abs. 2, 119a Abs. 3, 124 Abs. 2 Satz 2 und 3, 153a Abs. 2 Satz 4 und 5, 210 Abs. 1, 231a Abs. 3, 270 Abs. 3 Satz 2, 372 Satz 2, 379a Abs. 3 Satz 2, 400 Abs. 2, 404 Abs. 5 Satz 3, 406a, 406f Abs. 2 Satz 2, 411 Abs. 1 Satz 1 und 3, 431 Abs. 5, 441 Abs. 2, 453 Abs. 2, 454 Abs. 3, 462 **StPO**; §§ 41 Satz 4, 52 Abs. 4, 53 Abs. 2, 54 Abs. 3, 56 Abs. 2 Satz 3, 159 Abs. 1 Satz 2 und 3, 171b Abs. 3, 174 Abs. 3 Satz 3, 4; 181 **GVG**; §§ 59 Abs. 3, 63 Abs. 1, 73 Abs. 2, 88 Abs. 6 Satz 4 **JGG**; § 8 Abs. 3 **StrEG**, § 11 Abs. 2 Satz 4 **RPflG**.

10 Die in der Praxis nicht seltene **Verweigerung der gerichtlichen Zustimmung zur Zurückstellung der Strafvollstreckung** zum Zwecke einer Therapie der Betäubungsmittelabhängigkeit kann gem. § 35 Abs. 2 BtMG nur durch die Staatsanwaltschaft mit der Beschwerde angefochten werden. Der Verurteilte kann dagegen isoliert nicht vorgehen; er wird durch § 35 Abs. 2 Satz 2, 3 BtMG auf den Rechtsweg nach §§ 23 ff. EGGVG, in dem er die endgültige Entscheidung der Vollstreckungsbehörde (Staatsanwaltschaft) anfechten kann, verwiesen (weiterführend *Körner*, BtMG, 7. Aufl., § 35 Rn. 385 ff.).

B. Beschwerdeberechtigung (Abs. 2)

Beschwerdeberechtigt ist, wer durch die angefochtene Entscheidung **in seinen Rechten verletzt** ist (vgl. allgemein zur Beschwer Vorbem. § 296 Rdn. 16–23). Dazu zählen die zur Anfechtung berechtigten Verfahrensbeteiligten, also die Staatsanwaltschaft und der Beschuldigte (§ 296 Abs. 1), der Verteidiger (§ 297), gesetzliche Vertreter (§ 298), Privatkläger (§ 390), Nebenkläger (§ 401), Einziehungsbeteiligte (§§ 433, 439), Vertreter im Verfahren bei Festsetzung von Geldbuße gegen juristische Personen und Personenvereinigungen (§ 444) und Erziehungsberechtigte (§ 67 Abs. 3 JGG).

Andere **von der Entscheidung betroffene Personen** i.S.d. § 304 Abs. 2 sind z.B. Zeugen und Sachverständige, gegen die Ordnungsmittel nach den §§ 51, 77 oder 178 GVG angeordnet worden sind. Zu beachten ist in diesem Zusammenhang, dass der Antrag auf Aufhebung eines Ordnungsgeldbeschlusses, der nachträgliches Entschuldigungsvorbringen enthält, keine Beschwerde ist, sondern darüber nach § 51 Abs. 2 S. 3 StPO der erlassende Richter zu befinden hat; erst gegen diesen Beschluss wäre die Beschwerde zulässig (vgl. KG Beschl. vom 7.3.13 – 1 Ws 15/12). Betroffene Personen sind auch Eigentümer beschlagnahmter Sachen oder Personen, denen die Genehmigung des Gerichts gem. § 138 Abs. 2 verweigert worden ist. Die Jugendgerichtshilfe ist nicht betroffen (OLG Frankfurt am Main NStZ-RR 1996, 251). Ebenso sind Personen, die nicht Verfahrensbeteiligte sind und denen Auskünfte aus den Akten verweigert worden sind, nicht betroffen (BGH NStZ RR 2006, 261[B]). Der Verteidiger selbst ist beschwert, wenn seine eigenen Rechte beeinträchtigt sind, z.B. durch eine Zurückweisung nach § 146a, durch die Verweigerung eines ungehinderten Verkehrs mit dem Mandanten (§ 148 Abs. 1), durch die Ausschließung nach § 138a. Der Wahlverteidiger ist im Fall der Beiordnung eines zusätzlichen Pflichtverteidigers nicht beschwert.

Eine Unterscheidung zwischen **unmittelbar und mittelbar Betroffenen** ist nicht geboten, da sie ist dem Wortlaut des § 304 Abs. 2 nicht zu entnehmen ist und praktisch kaum durchführbar wäre (BGHSt 27, 175; KK/*Zabeck* § 304 Rn. 28; HK/*Rautenberg* § 304 Rn. 18).

Nicht beschwerdeberechtigt, weil nicht selbst beschwert, sind etwa der **Nebenkläger** bei Haftentscheidungen (OLG Frankfurt am Main StV 1995, 594) und der **Betreuer** eines Strafgefangenen (OLG Karlsruhe Justiz 1977, 316), **Angehörige** des Verurteilten hinsichtlich seiner bedingten Entlassung (vgl. OLG Schleswig SchlHA 1958, 288; BayObLG NJW 1953, 714). Auch die **Jugendgerichtshilfe** ist nicht beschwerdeberechtigt; sie kann nur anregen, dass die Staatsanwaltschaft Beschwerde einlegt (OLG Frankfurt am Main NStZ-RR 1996, 251). Der Absender einer zur Habe des Gefangenen genommenen Sendung (OLG Stuttgart Justiz 1976, 485) ist nicht beschwerdeberechtigt. Auch der **Konkursgläubiger** kann bei Einstellung des wegen Bankrotts geführten Verfahrens keine Beschwerde einlegen (OLG Kassel GA 1954, 99). Die **Erben** eines vor Prozessbeendigung Verstorbenen können die Auslagenentscheidung nicht anfechten (KG JR 1968, 432), allerdings wirkt die Vollmacht des Wahlverteidigers über den Tod hinaus, wenn dieser für den verstorbenen Angeklagten eine sofortige Beschwerde gegen die Kostenentscheidung in dem Beschluss nach § 206a Abs. 1 StPO einlegt (KG, Beschl. v. 11.01.2008 – 1 Ws 286/07 und vom 09.07.2008 – 1 Ws 244/08). Der **Bezirksrevisor** ist nur in den Fällen, in denen das Gesetz ausdrücklich eine Anfechtungsbefugnis der Staatskasse vorsieht, beschwerdeberechtigt (vgl. z.B. § 66 Abs. 1 GKG, § 56 Abs. 1 Satz 1 RVG). Dem von der Versagung der Besuchserlaubnis betroffenen **Besucher** steht die Beschwerde dagegen nicht zu (OLG Bremen, MDR 1976, 686). Der **Richter**, dessen Entscheidung abgeändert oder aufgehoben wird, ist niemals rechtsmittelberechtigt (vgl. OLG Hamm wistra 1988, 38).

C. Wertgrenze von 200 € (Abs. 3)

Wird nur die Kosten- und Auslagenentscheidung der Höhe oder dem Grunde nach angefochten, wird die Zulässigkeit der Beschwerde § 304 Abs. 3 beschränkt, der eine Beschwerde nur bei einem Beschwerdewert von **mehr als 200 €** gestattet. Vergleichbare Regelungen finden sich etwa in § 567 Abs. 2 ZPO, § 108 Abs. 1 Satz 2 OWiG, § 33 Abs. 3 RVG, § 4 Abs. 3 JVEG, §§ 66 Abs. 2, 68 Abs. 1, 69, 70 GKG und § 14 Abs. 3 KostenO. Entscheidend ist der Wert zum Zeitpunkt der Beschwerdeeinlegung.

Maßgebend ist dabei die **Differenz** zwischen dem mit der Beschwerde **erstrebten** und dem in der angefochtenen Entscheidung **zuerkannten** Betrag. Soweit die angefochtene Entscheidung nur den Grund des Anspruchs betrifft, ist entscheidend, ob seine Höhe 200 € wahrscheinlich übersteigen wird. Dabei ist auch die auf abgesetzte Auslagen entfallende USt zu berücksichtigen; sie erhöht die Beschwer (vgl. KG AnwBl. 1980, 467; OLG Bremen NJW 1956, 72).

§ 304 StPO Zulässigkeit

17 § 304 Abs. 3 findet nach zutreffender Ansicht im Fall der Beschwerde nach § 8 Abs. 3 StrEG keine Anwendung, da die Entscheidung über die Entschädigungspflicht keine solche über Kosten und Auslagen darstellt (vgl. KG JR 1981, 524; *Meyer-Goßner/Schmitt* § 8 StrEG Rn. 20 m.w.N.; a. A. OLG Düsseldorf JMBLNW 1978, 170).

18 **D. Beschwerdegerichte.** Die **große Strafkammer** beim LG (§§ 73 Abs. 1, 74a Abs. 3, 76 Satz 1 GVG) ist für die Entscheidung gegen **Beschlüsse und Verfügungen des AG** sachlich zuständig. Die kleine Strafkammer ist nur für Berufungen gegen Urteile des Strafrichters und des Schöffengerichts, nicht aber für die Entscheidung über Beschwerden zuständig (vgl. OLG Köln StV 1993, 464).

19 Bei Beschwerden gegen Maßnahmen der **Strafkammern** oder ihres Vorsitzenden ist der **Strafsenat des OLG** gem. § 121 Nr. 2 GVG zuständig.

20 Der **BGH** ist gem. §§ 135 Abs. 2, 139 Abs. 2 GVG in den in § 304 Abs. 4 Satz 2 und § 310 Abs. 1 genannten Fällen für die Entscheidung über Beschwerden gegen **Beschlüsse und Verfügungen des OLG** sowie bei Beschwerden gegen bestimmte **Maßnahmen des Ermittlungsrichters des BGH** und bei Beschwerden gegen den **Ausschluss eines Verteidigers** nach § 138d Abs. 6 Satz 1 sachlich zuständig.

21 Die **örtliche Zuständigkeit** des Beschwerdegerichts richtet sich stets nach dem Gericht, welches die angefochtene Entscheidung erlassen hat. Daher bleibt das Beschwerdegericht, in dessen Bezirk das Gericht gelegen ist, welches die angefochtene Maßnahme erlassen hat, auch dann zuständig, wenn das untere Gericht zu Unrecht seine örtliche Zuständigkeit angenommen hat (vgl. KMR/*Plöd* § 304 Rn. 6 m.w.N.). Die Unzuständigkeit des Beschwerdegerichts macht seine Entscheidung nicht unwirksam (vgl. *Meyer-Goßner/Schmitt* § 304 Rn. 8).

22 **E. Beschlüsse des BGH und des OLG. I. Unanfechtbare Entscheidungen des BGH (Abs. 4 Satz 1)** Entscheidungen des BGH als höchstes Fachgericht in Strafsachen sind, auch wenn sie vom Vorsitzenden eines Senats getroffen wurden (BGH NStZ 2001, 551), der Anfechtung durch die Beschwerde entzogen. Nur gegen bestimmte Entscheidungen des Ermittlungsrichters des BGH ist die Beschwerde zu einem Strafsenat des BGH möglich (§ 304 Abs. 5).

23 **II. Unanfechtbare Entscheidungen des OLG (Abs. 4 Satz 2 Halbs. 1)** Beschlüsse der OLG-Senate und die Verfügungen ihrer Vorsitzenden sind ebenfalls **grds. unanfechtbar**; die Ausnahmen sind in Abs. 4 Satz 2 Halbs. 2 abschließend aufgezählt. Auch Verfügungen und Entscheidungen der OLG, die in **Staatsschutzsachen** nach § 120 Abs. 1, 2 GVG im ersten Rechtszug ergangen sind, sind grds. unanfechtbar.

24 Nur solche Beschlüsse und Verfügungen, die besonders nachhaltig in die Rechte des Betroffenen eingreifen, wurden in den **Ausnahmenkatalog des § 304 Abs. 4 Satz 2 Halbs. 2** aufgenommen. Diese Vorschrift ist durch das Gesetz zur allgemeinen Einführung eines zweiten Rechtszuges in Staatsschutz Strafsachen vom 08.09.1969 (BGBl. I 1582) neu gefasst worden; um eine zu starke Belastung des BGH durch Beschwerden zu vermeiden; sie durchbricht den Grundsatz der Unanfechtbarkeit von OLG-Entscheidungen und ist restriktiv auszulegen (BGHSt 25, 120).

25 Daher sind etwa **Kosten- und Auslagenentscheidungen** nach § 464, die mit dem Urteil getroffen werden, der Beschwerde entzogen. Dies gilt auch für die Kosten- und Auslagenentscheidung in dem das Verfahren wegen eines Verfahrenshindernisses einstellenden Beschluss; sie ist nicht isoliert anfechtbar (BGH NStZ 2000, 330; kritisch dazu *Hilger* NStZ 2000, 332). Entscheidungen des in erster Instanz zuständigen OLG über die Entschädigungspflicht nach §§ 2 ff. StrEG sind ebenfalls nicht mit der (sofortigen) Beschwerde angreifbar (BGHSt 26, 250).

26 **Weitere Beispiele** unanfechtbarer Beschlüsse des OLG: Gegen den Beschluss, durch den das OLG als Beschwerdegericht einen Wiederaufnahmeantrag verwirft, ist eine (weitere) Beschwerde unzulässig (BGH NStZ 1981, 489; NJW 1976, 523); ebenso gegen Entscheidungen über die Richterablehnung (BGHSt 27, 96) und Verfahrensabtrennung (BGH NStZ 1993, 296).

27 **III. Beschwerdefähige Entscheidungen des OLG (Abs. 4 Satz 2 Halbs. 2)** Ist das OLG im ersten Rechtszug zuständig, bestimmt § 304 Abs. 4 Satz 2 Halbs. 2 eine **abschließende Aufzählung** der Fälle, in seine Entscheidungen mit der Beschwerde zum BGH angefochten werden können; die Vorschrift ist **eng auszulegen** (BGHSt 25, 120; 32, 365, 366; 34, 34, 35; 37, 347, 348, jeweils m.w.N.). Das schließt die Zulässigkeit einer Anfechtung in entsprechender Anwendung der Ausnahmeregelungen aber nicht

schlechthin aus; sie bleibt »im engsten Rahmen« möglich (BGHSt 27, 96, 97). So hat der BGH etwa den Begriff der Beschlagnahme in dem Ausnahmekatalog des § 304 Abs. 5 StPO auf die Anordnung eines dinglichen Arrestes nach § 111d StPO ausgedehnt (BGHSt 29, 13).

1. Anfechtbare Entscheidungen nach Nr. 1. a) Verhaftung, einstweilige Unterbringung, Unterbringung zur Beobachtung. Die **Verhaftung betreffen** nur solche Anordnungen, mit denen **unmittelbar** entschieden wird, ob der Beschuldigte in Haft (oder einstweilige Unterbringung) zu nehmen oder zu halten ist (BGHSt 26, 270). Entscheidungen, die nur die Art und Weise des Vollzuges betreffen, insb. solche, die Beschränkungen im Hinblick auf den Zweck der Untersuchungshaft oder die Ordnung in der Vollzugsanstalt auferlegen, sind von der Vorschrift nicht erfasst (BGH a.a.O.). Auch Entscheidungen des OLG über Auflagen bei der Haftverschonung (§ 116 Abs. 1 Satz 2) sind der Beschwerde entzogen (BGHSt 25, 120). Zulässig ist jedoch die Beschwerde gegen den Bestand des Haftbefehl, auch wenn dieser außer Vollzug gesetzt wurde (BGHSt 29, 200). 28

Auch die Anordnung der **Erzwingungshaft** gegen einen Zeugen (§ 70 Abs. 2) betrifft eine Verhaftung und kann daher mit der Beschwerde angefochten werden (BGHSt 36, 192); dies gilt jedoch nicht für die Ablehnung der Anordnung der Erzwingungshaft (BGHSt 43, 262). 29

Die bedingte **Anordnung der Ersatzordnungshaft** nach § 70 Abs. 1 Satz 2 ist nicht anfechtbar (vgl. BGH NStZ 1994, 198), denn sie wird nur ersatzweise für den Fall, dass das Ordnungsgeld nicht beigetrieben werden kann, zugleich mit dessen Anordnung festgesetzt. Die Anordnung betrifft daher nicht eine »Verhaftung«, sondern ist nur eine an die Bedingung, dass das Ordnungsgeld nicht beigetrieben werden kann, geknüpfte Folge der Ordnungsgeldfestsetzung (BGHSt 36, 192, 197). Jedoch kann die unbedingte Anordnung des Vollzuges der Ersatzordnungshaft mit der Beschwerde angegriffen werden. 30

Unzulässig ist eine Beschwerde, wenn sie zwar den vom OLG erlassenen Haftbefehl betrifft, jedoch weder den Erlass noch den Vollzug des Haftbefehls, sondern lediglich einen von mehreren der darin genannten **Haftgründe** beanstandet (BGH NStZ 1986, 374). Auch wenn nur die **Erweiterung des Tatvorwurfs** erstrebt wird (BGH NStZ 1991, 502) oder eine andere rechtliche Beurteilung erstrebt wird (vgl. OLG Hamburg NStZ 2001, 274), ist die Beschwerde zum BGH unzulässig. 31

Entscheidungen, welche die Freiheitsentziehung im Zusammenhang mit der **Unterbringung zur Beobachtung** (§ 81 Abs. 1) anordnen, sind anfechtbar. Dies muss nach Sinn und Zweck der Norm auch für längere **Freiheitsentziehungen nach § 81a**, bei denen eine entsprechende Anwendung des § 304 Abs. 4 Satz 2 Nr. 1 naheliegend ist, gelten (dazu neigt der BGH, vgl. StV 1995, 628, dort allerdings nicht entscheidungserheblich). 32

b) Beschlagnahme und Durchsuchungen. Unter »**Beschlagnahme**« ist auch der Arrest nach § 111d, soweit er der Sicherstellung der Einziehung und des Verfalls von Wertersatz dient, zu verstehen (BGHSt 29, 13; NStZ 82, 190 [Pf]). Die Telefonüberwachung nach § 100a fällt nicht unter den Begriff der **Durchsuchung** (BGH wistra 2005, 436; a. A. LR/*Matt* § 304 Rn. 7), ist allerdings eine Maßnahme i.S.d. § 101 Abs. 1, gegen welche die Beschwerde zulässig ist (s.u.). 33

Entscheidungen der OLGe in Zusammenhang mit der einstweilige Beschlagnahme von **Zufallsfunden** nach § 108 sind mit der Beschwerde nicht anfechtbar (BGHSt 28, 349; die Annahme eines generellen Ausschlusses der Beschwerde in den Fällen des § 108 – so KK/*Zabeck* § 309 Rn. 8 – findet mE in der genannten Entscheidung keine Stütze). Werden Gegenstände in Ausübung der Sitzungspolizei sichergestellt, ist die Beschwerde jedenfalls dann nicht möglich, wenn die Hauptverhandlung noch andauert (BGHSt 44, 23). Zu weiteren Einzelheiten siehe § 108 Rdn. 14. 34

c) Maßnahmen nach § 101 Abs. 1. Die Vorschrift stellt die Beschwerdemöglichkeit pauschal für alle in § 101 Abs. 1 genannten speziellen verdeckten Ermittlungsmaßnahmen (§§ 98a, 99, 100a, 100c bis 100i, 110a, 163d bis 163f) bereit. Sie gilt auch für die sofortige Beschwerde nach § 101 Abs. 7 Satz 3 und für die die Beschwerde von Telekommunikationsdienstleistern. 35

2. Anfechtbare Entscheidungen nach Nr. 2. Entscheidungen, die die **Eröffnung des Hauptverfahrens ablehnen**, sind nur in dem durch § 210 Abs. 2 zugelassenen Umfang von der Staatsanwaltschaft anfechtbar. Die Abtrennung des Verfahrens gegen einen Angeschuldigten und die Eröffnung nur gegen die Mitangeschuldigten ist nicht anfechtbar, auch wenn damit beabsichtigt ist, die Eröffnungsentscheidung im Trennverfahren zurückzustellen, sofern die Eröffnung möglich bleibt (BGH NStZ 1993, 296); 36

ob ein Fall der **willkürlichen** Verzögerung oder Aussetzung des Verfahrens die entsprechende Anfechtbarkeit nach § 304 Abs. 4 Satz 2 Nr. 2 StPO begründen könnte, hat der BGH in der vorgenannten Entscheidung offen gelassen.

37 **3. Anfechtbare Entscheidungen nach Nr. 3.** Entscheidungen nach § 231a Abs. 1, Abs. 3 Satz 2 und 3, welche die Verhandlung in Abwesenheit des Angeklagten wegen dessen herbeigeführter Verhandlungsunfähigkeit anordnen, sind anfechtbar. Dies gilt nicht für Entscheidungen nach § 231 Abs. 2, mit denen das Weiterverhandeln angeordnet wird, wenn sich der Angeklagte aus der Verhandlung entfernt oder am Fortsetzungstermin ausbleibt, selbst wenn der Beschluss auf § 231a Bezug nimmt (BGH NStZ 1981, 95 [Pf]).

38 Die (nach § 209 Abs. 1 StPO, 120 Abs. 2 Satz 2 GVG mögliche) **Verweisung** an ein Gericht niederer Ordnung ist anfechtbar (vgl. KK/*Zabeck* § 304 Rn. 11 m.w.N.).

39 **4. Anfechtbare Entscheidungen nach Nr. 4.** Entscheidungen über die Akteneinsicht (vgl. § 147) sind nur durch die Verfahrensbeteiligten anfechtbar (BGH – Kartellsenat – NStZ 1990, 240). Die Ablehnung des Antrages des Verteidigers auf Überlassung von Kopien (hier: einer als Verschlusssache eingestuften Unterlage) an den Angeklagten selbst kann nicht angefochten werden (BGHSt 27, 244). Das gilt auch für die Ablehnung der Überlassung von Aufzeichnungen des Protokollführers vor Fertigstellung des Protokolls, solange dies nur als Entwurf vorliegt (BGHSt 29, 394). Entscheidungen des Vorsitzenden eines Revisionsgerichts nach § 147 Abs. 5 sind nicht anfechtbar (BGHR StPO § 147 Abs 1 Verfahrensakten 4 [Gründe]).

40 **5. Anfechtbare Entscheidungen nach Nr. 5.** Die Vorschrift des § 304 Abs. 4 Satz 2 Nr. 5 gilt nicht für Bewährungsauflagen, Weisungen und die Dauer der Bewährungszeit (vgl. BGHSt 25, 120, 30, 32; NStZ 1981, 153). Auch Entscheidungen nach § 68f StGB (BGH NJW 1982, 115), die Ablehnung des Reststrafenerlasses (BGH NJW 1984, 1975; BGH NStZ 1985, 36) und die Zurückstellung der Entscheidung über den Widerruf der Strafaussetzung zur Bewährung können nicht angefochten werden.

41 **6. Entscheidungen über den Verteidigerausschluss (Abs. 2 Satz 2 letzter Halbs.)** Mit der Anordnung, dass Entscheidungen nach § 138d Abs. 6 unberührt bleiben, wird klargestellt, dass die Anfechtung des Verteidigerausschlusses mit der sofortigen Beschwerde auch dann besteht, wenn die Entscheidung vom OLG getroffen wurde. Nicht anfechtbar ist der erstinstanzliche Beschluss des OLG, mit dem die eine Verteidigung mehrerer Betroffener durch einen gemeinschaftlichen Verteidiger gem. §§§ 137 Abs. 1 Satz 2, 146 StPO, § 46 Abs 1 OWiG für unzulässig erklärt wird (BGH NJW 77, 156).

42 **IV. Verfügungen des Ermittlungsrichters des BGH und des OLG (Abs. 5)** Die Ermittlungsrichter des BGH und der OLG sind (neben dem Ermittlungsrichter des AG) zuständig, soweit es um eine Sache nach § 120 Abs. 1 GVG geht oder der Generalbundesanwalt sein Evokationsrecht ausgeübt und eine Sache, die gem. § 74a GVG vor der Staatsschutzkammer des LG angeklagt werden könnte, an sich gezogen hat (§§ 120 Abs. 2 GVG).

43 Die Beschränkung des Wortlauts auf Verfügungen schließt die Anfechtung von in Beschlussform ergangenen Entscheidungen nicht aus (BGHSt 29, 13). Die Entscheidungen des Ermittlungsrichters des BGH und des OLG sind i.Ü. nur in den ausdrücklich bestimmten Fällen des Abs. 5 anfechtbar. Auch diese Vorschrift ist **restriktiv auszulegen**; eine analoge Anwendung ist zwar nicht völlig ausgeschlossen, aber allenfalls in eng begrenzten Ausnahmefällen zulässig (vgl. BGHSt 29, 13; 30, 32; 37, 347; NJW 2002, 765). Die Ablehnung der Anordnung von Erzwingungshaft nach § 70 Abs 2 durch den Ermittlungsrichter des OLG oder des BGH unterliegt nicht der Anfechtung nach § 304 Abs 5 (BGHSt 43, 262). Auf Maßnahmen nach § 81g ist die Vorschrift nicht anwendbar (BGH NJW 2002, 765), ebenso kann die Anordnung des Ermittlungsrichters des BGH, einem Beschuldigten Körperzellen zur Bestimmung eines DNA-Identifizierungsmusters zu entnehmen, nicht angefochten werden (BGH NStZ 2002, 274). Auch die Anordnung, dem Gefangenen ein Schreiben auszuhändigen, kann nicht angefochten werden; sie betrifft weder eine Beschlagnahme noch eine Verhaftung i.S.d. § 304 Abs. 5 (BGH, Beschl. v. 06.12.2001 – StB 23–25/01; BGH NStZ-RR 2002, 190; vgl. a. BGHSt 26, 270).

§ 305 StPO Nicht der Beschwerde unterliegende Entscheidungen.
Entscheidungen der erkennenden Gerichte, die der Urteilsfällung vorausgehen, unterliegen nicht der Beschwerde. Ausgenommen sind Entscheidungen über Verhaftungen, die einstweilige Unterbringung, Beschlagnahmen, die vorläufige Entziehung der Fahrerlaubnis, das vorläufige Berufsverbot oder die Festsetzung von Ordnungs- oder Zwangsmitteln sowie alle Entscheidungen, durch die dritte Personen betroffen werden.

A. Allgemeines, Normzweck. Der grundsätzliche Ausschluss der Beschwerde nach § 305 Satz 1 soll die **Beschleunigung und Konzentration** des Hauptverfahrens gewährleisten und Verfahrensverzögerungen verhindern, die entstünden, wenn Entscheidungen der erkennenden Gerichte, die der Urteilsfällung vorausgehen, sowohl mit der Beschwerde, als auch mit dem gegen das Urteil zulässigen Rechtsmittel überprüft werden könnten. Zugleich verhindert die Norm, dass ein Eingriff des Beschwerdegerichts in die **Vorherrschaft des erkennenden Gerichts** das Verfahren der Urteilsfindung störend beeinflusst und eliminiert die Möglichkeit widersprechender Entscheidungen (vgl. KG, Beschl. v. 27.02.2008 – 1 Ws 24/08 m.w.N.). Den Verfahrensbeteiligten entsteht i.d.R. kein wesentlicher Nachteil dadurch, dass die Überprüfung bis zum Rechtsmittel gegen das Urteil aufgeschoben wird (vgl. OLG Stuttgart NJW 1976, 1647). 1

Dem Normzweck entsprechend ist § 305 Satz 1 – auch mit Blick auf die korrespondierende Vorschrift des § 336, der die dem Urteil vorausgehenden Entscheidungen der Revision unterwirft – **eng auszulegen**, damit keine Rechtsschutzlücken entstehen, die im Hinblick auf das Art. 19 Abs. 4 GG folgende Grundrecht auf effektiven Rechtsschutz (vgl. dazu BVerfG StV 2005, 251) problematisch sein könnten. Die Beschwerde ist daher nur dann ausgeschlossen, wenn die angefochtene Entscheidung mit dem Urteil derart in einem inneren Zusammenhang steht, dass sie mit dem Rechtsmittel gegen das Urteil durch die übergeordnete Instanz überprüft werden kann und dadurch ausreichender Rechtsschutz gewährleistet ist (vgl. OLG Hamm NStZ 1986, 328; OLG Hamburg NStZ 1985, 518; OLG Celle, NStZ 1985, 519 m. Anm. *Paulus*; *Meyer-Goßner/Schmitt* § 305 Rn. 1). 2

Die dem Urteil vorausgehenden Entscheidungen sind **vorläufiger Natur** und können – auch vor dem Urteilsspruch – abgeändert werden (RGSt 59, 241). Eine Verfassungsbeschwerde gegen nichtbeschwerdefähige gerichtliche Entscheidungen, die der Urteilsfällung vorausgehen, sind unzulässig, weil der Rechtsweg nicht erschöpft ist (BVerfGE 1, 9). Anders verhält es sich bei abschließenden **Zwischenentscheidungen**, gegen welche die Beschwerde (und ggf. die Verfassungsbeschwerde) zulässig ist (BVerfGE 7, 109; 9, 261). 3

B. Voraussetzungen des Beschwerdeausschlusses nach § 305 Satz 1. I. Erkennendes Gericht. Der Begriff des »erkennenden« Gerichts entspricht im Wesentlichen der Regelung des § 28 Abs. 2 Satz 2 für den erkennenden Richter; die Entscheidung, mit der seine Ablehnung zurückgewiesen wurde, kann ebenfalls nur zusammen mit dem Urteil angefochten werden. Die Eigenschaft als erkennendes Gericht beginnt mit der Rechtshängigkeit, im erstinstanzlichen Verfahren daher grds. mit der **Eröffnung des Hauptverfahrens** (BGH NJW 1952, 234 und 1952, 478; KG JR 1981, 168; OLG Stuttgart NStZ 1985, 524; OLG Hamm NStZ-RR 2002, 238; LR/*Siolek*, § 28 Rn. 12; KK/*Scheuten* § 28 Rn. 6 – jeweils m.w.N.). 4

Erkennendes **Gericht** kann nicht nur der **Kollegialspruchkörper**, sondern auch der funktional zuständige **Vorsitzende** oder der beauftragte **Richter** sein (vgl. OLG Hamm NStZ-RR 2009, 352; OLG Frankfurt am Main NStZ-RR 2001, 374; OLG Düsseldorf NStZ 1986, 138; OLG Stuttgart NJW 1976, 1647; KK/*Zabeck* § 305 Rn. 4). Bei sachleitenden Anordnungen des Vorsitzenden in der Hauptverhandlung ist zunächst gem. § 238 Abs. 2 die Entscheidung des Gerichts herbeizuführen, die ihrerseits nach Maßgabe des § 305 Satz 1 von der Anfechtung mit der Beschwerde ausgenommen sein kann. 5

In **Verfahrensarten ohne Eröffnungsbeschluss** beginnt die Eigenschaft als erkennender Richter mit jeder gerichtlichen Verfügung, die erkennen lässt, dass eine Hauptverhandlung stattfinden soll und vor welchem Gericht. So wird im beschleunigten Verfahren nach den §§ 417 ff. der Richter mit der Anberaumung des Termins oder der Anordnung, die Hauptverhandlung sofort durchzuführen, zum erkennenden Richter. Im Strafbefehlsverfahren nach §§ 407 ff. wird der Richter mit Erlass des Strafbefehls bzw. mit der Anberaumung der Hauptverhandlung (§§ 408 Abs. 3 Satz 2, 411 Abs. 1 Satz 2) zum 6

§ 305 StPO Nicht der Beschwerde unterliegende Entscheidungen

erkennenden Richter. Das Berufungsgericht wird mit Übergabe der Akten nach § 321 Satz 2, das Revisionsgericht mit Eingang der Akten nach § 347 Abs. 2 zum erkennenden Gericht. Das Gericht, an welches die Sache nach §§ 328 Abs. 2, 354 Abs. 2 und 3, 355 zurückverwiesen worden ist, wird mit Eingang der Akten zum erkennenden Gericht. Im Verfahren nach dem Strafvollzugsgesetz ist die Strafvollstreckungskammer ein erkennendes Gericht (KG NStZ 2001, 448).

7 Auch das **Beschwerdegericht** ist ein erkennendes Gericht, seine Entscheidungen sind jedoch nicht von § 305 Satz 1 erfasst, weil das Beschwerdeverfahren nicht mit einem Urteil endet. Sie sind nur in den Fällen der Eröffnung der weiteren Beschwerde (§ 310) anfechtbar.

8 **II. Der Urteilsfällung vorausgehende Entscheidungen. 1. Begriff.** Eine dem Urteil zeitlich und sachlich vorausgehende Entscheidung liegt bei der gebotenen engen Auslegung (s.o. Rdn. 2) vor, wenn sie in einem **inneren Zusammenhang** mit dem Urteil steht, **ausschließlich** seiner Vorbereitung dient, bei der Urteilsfällung selbst der nochmaligen Prüfung des Gerichts unterliegt und keine weiteren Verfahrenswirkungen erzeugt, die nicht mehr mit einem Rechtsmittel angefochten werden können (vgl. KG, Beschl. v. 21.07.2003 – 4 Ws 126/03; OLG Hamm NStZ-RR 2009, 352; *Meyer-Goßner/Schmitt* § 305 Rn. 4; jeweils m.W.N.). Damit sind insb. solche Entscheidungen, die die Beweisaufnahme vorbereiten oder den Fortgang und die Gestaltung des Verfahrens betreffen, von dieser Vorschrift erfasst.

9 Hat die Entscheidung auch in irgendeiner anderen Richtung selbstständige prozessuale Bedeutung, ist sie mit der Beschwerde anfechtbar. Dies gilt insb. bei abschließenden **Zwischenentscheidungen** (vgl. BVerfGE 7, 109; 9, 261). Der **Eröffnungsbeschluss** ist gem. § 305 nicht der Beschwerde unterworfen und kann daher auch mit der Verfassungsbeschwerde nicht angefochten werden (BVerfGE 1, 9).

10 **2. Beispiele. a) Entscheidungen, die der Beschwerde nach § 305 Satz 1 entzogen sind.** Entscheidungen über die **Beweisaufnahme**, soweit nicht Dritte betroffen sind, etwa zur Auswahl eines Sachverständigen (OLG Düsseldorf MDR 1986, 256); die Zurückweisung des Antrages auf **Beiziehung von Akten** bzw. eines **Beweisermittlungsantrages** (OLG Saarlouis NStZ 2005, 344); die Versagung der **Akteneinsicht** durch Entscheidung des Vorsitzenden nach Eröffnung des Hauptverfahrens (OLG Koblenz StV 2003, 608; OLG Hamm NStZ 2005, 226; OLG Frankfurt am Main NStZ-RR 2003, 177) und die Entscheidung über die **Ablehnung eines Sachverständigen** (OLG Düsseldorf NJW 1967, 692; OLG Celle NJW 1966, 415);

11 die **Aussetzung der Hauptverhandlung** nach § 228 Abs. 1 zum Zwecke der weiteren Sachaufklärung oder der besseren Vorbereitung der Verfahrensbeteiligten (OLG Köln, StV 1991, 551; OLG Braunschweig StV 1987, 332; OLG Düsseldorf MDR 1993, 461); die **Ablehnung der Aussetzung** des Verfahrens (OLG Hamm NJW 1978, 283); die Ablehnung des **Antrags auf Einstellung des Verfahrens** (BayObLGSt 21, 159); der Beschluss des Berufungsgerichts, durch den festgestellt wird, dass die Rücknahme der Berufung unwirksam, also über das Rechtsmittel zu verhandeln ist (OLG Frankfurt am Main NStZ-RR 2005, 46); die Ablehnung des Antrages auf **Entbindung von der Pflicht zum Erscheinen** gem. § 233 (BayObLGSt 1962, 116 f.); die **Anordnung des persönlichen Erscheinens** nach § 236 (BayObLGSt 1952, 116), die **Anordnung nach § 415 Abs. 1** (OLG Koblenz MDR 1976, 602).

12 Auch **Terminsverfügungen** des Vorsitzenden des erkennenden Gerichts sind nach zutreffender Ansicht grds. nicht mit der Beschwerde anfechtbar (vgl. KG StV 2009, 577; OLG Hamm StV 1990, 56 m.w.N. entgegen OLG Hamm MDR 1975, 245; OLG Hamburg StV 1995, 11), da sie das Urteil vorbereiten und im Hinblick auf die ansonsten gebotene Vorlage der Akten nach § 306 Abs. 2 Halbs. 2 die Möglichkeit der Prozessverschleppung eröffnen würde. Sollte der Beschuldigte durch die Terminierung in seiner Verteidigung beschränkt sein, kann er ggf. die Rüge des § 338 Nr. 8 StPO im Revisionsverfahren geltend machen. Auch die Ablehnung des Antrages auf Verlegung des Hauptverhandlungstermins ist daher nicht beschwerdefähig (OLG Stuttgart NJW 1976, 1647; NStZ 1984, 282; a. A. KG, Beschl. v. 19.01.1973 – 2 Ws 14/73: Überprüfung der Rechtmäßigkeit, nicht aber des Ermessens des Vorsitzenden zulässig). Allerdings herrscht darüber Streit: So soll die Ablehnung eines Terminsverlegungsantrags allein mit dem Hinweis, der Termin sei mit dem früheren Verteidiger abgesprochen, rechtswidrig und anfechtbar sein, wenn keine weitere Prüfung oder ein Versuch einer Terminsabsprache mit dem neuen Verteidiger stattgefunden hat (OLG München StV 2007, 518; vgl. auch LG Hildesheim NStZ 1988, 569; LG Köln StV 1988, 195 f.; s. im Einzelnen dazu die Erläuterungen zu § 213 Rdn. 27 ff.). Tendenziell ist zu beobachten, dass die Beschwerdegerichte mehr dazu neigen, die Terminierung einer Rechtskontrolle zu unterziehen; aus den angeführten Gründen, die dagegen sprechen, sollte ihr Eingreifen

m.E. auf Ausnahmefälle mit offensichtlichen und später nicht mehr korrigierbaren erheblichen Beeinträchtigungen des Antragstellers beschränkt bleiben.

b) Beschwerdefähige Entscheidungen. Unterbringung zur Beobachtung gem. § 81 Abs. 4 Satz 1; **Entnahme von Körpermaterial** zur Datenspeicherung nach § 81g (OLG Köln NStZ-RR 2005, 56); **Anordnungen nach § 81a**, die mit einem Eingriff in die körperliche Unversehrtheit oder mit einer Freiheitsbeschränkung einhergehen (OLG Hamm NJW 1970, 1985; OLG Celle NJW 1971, 256); **Abtrennungsbeschlüsse**, wenn sich die Abtrennung ausschließlich hemmend und verzögernd auf das Verfahren auswirkt (KG, Beschl. v. 19.05.2004 – 5 Ws 244/04, JurionRS 2004, 15891); **Verweisungen** nach § 270 (OLG Braunschweig GA 1959, 89; s. aber auch BGHSt 45, 26); **Zurückweisung eines Verteidigers**, der nicht in Amtstracht auftritt, nach § 176 GVG (OLG Karlsruhe NJW 1977, 309); **Verteidigerbestellung und -entpflichtung** (vgl. RGSt 67, 310; OLG Celle NStZ 1985, 519; OLG Hamm StV 1987, 478 und NStZ 1990, 143 unter Aufgabe früherer entgegenstehender Rechtsprechung; dagegen: OLG Zweibrücken NStZ 1987, 477; OLG Hamm NStZ 1987, 476); Ablehnung des **Akteneinsichtsantrages** des Verteidigers (KG JR 1965, 69); nicht aber bei Versagung der Akteneinsicht in der Zeit zwischen Eröffnung des Verfahrens und Urteilsfällung (OLG Frankfurt am Main StV 2004; 363 m. Anm. *Lüderssen*).

Gegen sitzungspolizeiliche Maßnahmen gem. § 176 GVG (im konkreten Fall: Verpixelungsanordnung für Presseberichterstattung) ist die Beschwerde gem. § 304 StPO statthaft; eine Unanfechtbarkeit der Verfügung folgt weder aus § 305 S. 1 StPO noch aus § 181 Abs 1 GVG (BVerfG Beschl. vom 17.4.2015 – 1 BvR 3276/08; gegenteilig noch BVerfG, 19.12.2007, 1 BvR 620/07, BVerfGE 119, 309 <317>, wonach gegen eine sitzungspolizeiliche Maßnahme der Rechtsweg nicht eröffnet ist).

C. Ausnahmen nach § 305 Satz 2. I. Grundsätzliches zum Anwendungsbereich der Vorschrift. § 305 Satz 2 lässt die Anfechtung von solchen Maßnahmen zu, die bei der Urteilsfällung nicht geprüft werden bzw. deren Beschwer nicht mehr beseitigt werden kann. Bei der gebotenen restriktiven Auslegung des § 305 Satz 1 wird die Anfechtbarkeit schon nach dieser Vorschrift nicht ausgeschlossen. Satz 2 enthält **keine abschließende Aufzählung**, sondern Beispielsfälle, die mit Grundrechtseingriffen einhergehen (BVerfG StV 2005, 251 unter Betonung des Grundrechts aus Art. 19 Abs. 4 GG auf effektiven und möglichst lückenlosen richterlichen Rechtsschutz gegen Akte der öffentlichen Gewalt.

Grds. ist nicht nur die Anordnung dieser Maßnahmen, sondern auch ihre Ablehnung anfechtbar. So kann sich die Staatsanwaltschaft etwa gegen die Ablehnung des Antrags auf Erlass eines Haftbefehls, eines Durchsuchungs- oder Beschlagnahmebeschlusses beschweren.

II. Entscheidungen über Verhaftungen und einstweilige Unterbringung. Unter **Verhaftungen** sind anders als in § 304 Satz 2 alle Entscheidungen im Zusammenhang mit der Untersuchungshaft zu verstehen (OLG Karlsruhe StV 1997, 312; KK/*Zabeck* § 305 Rn. 10). Unterbringung in nach § 81 bzw. § 81a sind nicht erfasst; gemeint ist vielmehr nur die Unterbringung nach § 126a (*Meyer-Goßner/Schmitt* § 305 Rn. 7) und § 76 Abs. 2 JGG (HK/*Rautenberg* § 305 Rn. 10) zu verstehen.

III. Entscheidungen über Beschlagnahmen, vorläufige Entziehung der Fahrerlaubnis, das vorläufiges Berufsverbot oder die Festsetzung von Ordnungs- oder Zwangsmitteln. S. zu den einzelnen Maßnahmen §§ 98, 99, 100, 111a, 132a StPO; §§ 177, 178, 181 GVG. Zu den Zwangsmitteln gehört auch die Vorführung des Beschuldigten (vgl. §§ 134, 230 Abs. 2).

IV. Entscheidungen, durch die dritte Personen betroffen sind. Dritte Personen sind durch eine Entscheidung getroffen, wenn sie beschwert sind (vgl. allgemein zur Beschwer Vorbem. § 296 Rdn. 16–23). In erster Linie stehen Entscheidungen nach §§ 70, 81c, 94 Abs. 2, 103 in Rede. Drittbetroffene sind auch dann beschwerdebefugt, wenn den Prozessbeteiligten die Beschwerde durch § 305 Satz 1 versperrt ist.

§ 305a StPO Beschwerde gegen Strafaussetzungsbeschluss.
(1) Gegen den Beschluss nach § 268a Abs. 1, 2 ist Beschwerde zulässig. Sie kann nur darauf gestützt werden, dass eine getroffene Anordnung gesetzwidrig ist.
(2) Wird gegen den Beschluss Beschwerde und gegen das Urteil eine zulässige Revision eingelegt, so ist das Revisionsgericht auch zur Entscheidung über die Beschwerde zuständig.

1 **A. Allgemeines.** § 305a Abs. 1 Satz 1 hat nur **deklaratorische** Bedeutung; für das Verfahren gelten grds. die allgemeinen Beschwerderegeln der einfachen, nicht fristgebundenen Beschwerde. Während die Strafaussetzung zur Bewährung im Urteil ausgesprochen wird und mit diesem anfechtbar ist, trifft das Gericht in dem **gesonderten Beschluss** nach § 268a Regelungen zur Dauer der Bewährungszeit, Bewährungsauflagen und Weisungen (vgl. §§ 56a bis 56d, 59a, 68a bis 68c StGB). Da die Rechtsmittel der Berufung und Revision sich nicht auf den Beschluss nach § 268a erstrecken, muss gegen diese Entscheidung ausdrücklich die Beschwerde (nach § 304 Abs. 1) eingelegt werden. Dies gilt auch dann, wenn die Anordnungen nach § 268a entgegen dessen eindeutigem Wortlaut nicht in einem besonderen Beschluss, sondern (versehentlich) im Urteil getroffen wurden.

2 § 305a Abs. 1 Satz 2 bestimmt eine **Beschränkung des Prüfungsumfanges** dahin, dass nur die Gesetzwidrigkeit der in dem Beschluss nach § 268a getroffenen Anordnung (und nicht etwa ihre Zweckmäßigkeit) angefochten werden kann. Obwohl der Wortlaut (»... kann nur darauf gestützt werden, dass ...«) ein besonderes Begründungserfordernis andeutet, gilt wie allgemein bei der Beschwerde, dass eine Begründung nicht verlangt wird (vgl. KK/*Zabeck* § 305a Rn. 6; *Meyer-Goßner/Schmitt* § 305a Rn. 3). Die Regelung enthält daher keine besondere Zulässigkeitsvoraussetzung, sondern lediglich eine **Nachprüfungsbeschränkung** für das Beschwerdegericht.

3 Diese Einschränkung gilt jedoch **nicht** für die (erforderliche) **Abhilfeentscheidung** des erkennenden Gerichts nach § 306 Abs. 2; dieses muss nicht nur bei erkannter Gesetzwidrigkeit abhelfen, sondern auch anhand des Beschwerdevorbringens prüfen, ob dieses Anlass zur Abänderung gibt. Es kann bei neuen tatsächlichen Gesichtspunkten die Entscheidung auch zum Nachteil des Beschwerdeführers abändern.

4 Für **nachträgliche Entscheidungen** über die Strafaussetzung zur Bewährung gilt § 305a nicht; für diese enthält § 453 Abs. 2 Satz 2 eine vergleichbare besondere Regelung.

5 **B. Beschwerdeberechtigte.** Beschwerdeberechtigt sind in der **Angeklagte**, sein **Verteidiger**, der **gesetzliche Vertreter** und die **Staatsanwaltschaft**. Die Rechtskraft des Urteils steht der Beschwerde nicht entgegen (KG NStZ-RR 2006, 137). Die Staatsanwaltschaft kann die Beschwerde mangels einschränkender ausdrücklicher Regelung (entgegen OLG Hamm NJW 1969, 890) auch **zuungunsten** des Beschuldigten einlegen.

6 Der **Nebenkläger** kann entsprechend § 400 Abs. 1 die Entscheidung nicht anfechten, dies gilt auch für sonst **Geschädigte** (OLG Düsseldorf StV 2001, 228). Der Angeklagte ist durch die Auswahl einer gemeinnützigen Institution, an die er einen Geldbetrag zu zahlen hat, i.d.R. nicht beschwert (OLG Köln NJW 2005, 1671).

7 **C. Entscheidung des Beschwerdegerichts.** I. **Einschränkung des Prüfungsumfanges** (§ 305a Abs. 1 Satz 2) Das Beschwerdegericht hat durch **Beschluss** in der Sache selbst zu entscheiden. § 305a Abs. 1 Satz 2 schränkt den Prüfungsumfang für das Beschwerdegericht ein. Sofern der angefochtene Beschluss nicht gesetzwidrig ist, wird die Beschwerde als unbegründet verworfen (OLG Nürnberg NJW 1959, 1451). Eine Zurückverweisung kommt auch im Fall der Gesetzwidrigkeit des angefochtenen Beschlusses nicht in Betracht; vielmehr hat das Beschwerdegericht trotz des beschränkten Prüfungsumfanges nach allgemeinen Beschwerdegrundsätzen eine eigene Sachentscheidung zu fällen, wenn der angefochtene Beschluss gesetzwidrig ist (§ 309 Abs. 2). Das Beschwerdegericht hat dann nach eigenem Ermessen über Auflagen und Weisungen zu befinden, wobei für etwa erforderliche Ermittlungen das Freibeweisverfahren gilt.

8 **Gesetzwidrig** ist eine Auflage oder Weisung dann, wenn sie gegen Verfahrensrecht oder **sachliches Recht** (vgl. §§ 56 ff., 59a, 68b, 68c StGB) verstößt. Dies ist etwa bei fehlender Einwilligung in eine zustimmungsbedürftige Weisung (§ 56c Abs. 3 StGB) oder bei Verknüpfung der Höhe der gem.

StGB § 56b Abs. 2 Nr. 2 erteilten Geldauflage mit den finanziellen Vorteilen, die der Angeklagte aus der Tat erhalten hat (unzulässige Gewinnabschöpfung, vgl. OLG Hamm StV 1992, 324), der Fall. Auch die Verletzung des **Verhältnismäßigkeitsgrundsatzes** begründet die materielle Rechtswidrigkeit.

Auch die Missachtung der **Schranken des Ermessens** kann einen Verstoß gegen sachliches Recht begründen. Zwar darf das Beschwerdegericht grds. das (nach §§ 56b Abs. 1 Satz 2, 56c Abs. 1 Satz 2 StGB eingeräumte) tatrichterliche Ermessen nicht nachprüfen (OLG Köln NJW 2005, 1671; OLG Hamburg, MDR 1971, 66), zumal das Vordergericht einen persönlichen Eindruck von dem Beschuldigten gewonnen hat und sein Erkenntnisvorsprung die Erwartung begründet, dass es am besten weiß, welche Auflagen und Weisungen Erfolg versprechen. Allerdings ist ein auf **Ermessensüberschreitung oder -fehlgebrauch** beruhender Beschluss gesetzwidrig; dies ist insb. dann der Fall, wenn der Beschluss einen einschneidenden **unzumutbaren Eingriff** in die Lebensführung des Verurteilten darstellt (BGH StV 1998, 658).

II. Zulässigkeit der reformatio in peius? Ob eine Schlechterstellung des Beschwerdeführers zulässig ist oder ob Auflagenbeschlüsse nach § 268a Abs. 1 StPO generell dem strafprozessualen **Verschlechterungsverbot** (§§ 331, 358 Abs. 2 StPO) unterliegen, ist **umstritten**.

Der BGH hat die Frage bisher – soweit ersichtlich – offen gelassen und eine nachträgliche Entscheidungen des Rechtsmittelgerichts jedenfalls dann nicht beanstandet, wenn nachträglich Umstände eingetreten sind, welche die Verschärfung der Auflage nach § 56e StGB rechtfertigen (vgl. BGH NJW 1982, 1544 = JR 1982, 338 m. Anm. *Meyer*).

Die Befürworter der **Ausdehnung** des nur für das Berufungs- und das Revisionsverfahren normierten Anwendungsbereichs der §§ 331, 358 Abs. 2 StPO verweisen auf den repressiven Charakter der Auflagen, die auch der Genugtuung für das begangene Unrecht dienen (vgl. MüKo-StGB/*Groß* § 56 b Rn. 38; Frisch in SK-StPO/*Frisch*, § 331 Rn. 16; Schönke/Schröder/*Stree*, StGB 26. Aufl., § 56 b Rn. 4; KK/*Zabeck* § 305a Rn. 12; HK/*Julius* § 268a Rn. 6).

Nach überwiegender Ansicht verbietet sich sowohl eine unmittelbare oder entsprechende Anwendung des Verschlechterungsverbots auf Beschlüsse nach § 268a (vgl. KG NStZ-RR 2006, 137; OLG Oldenburg NStZ-RR 1997, 9; OLG Düsseldorf NStZ 1994, 198; OLG Koblenz NStZ 1981, 154; OLG Hamburg NJW 1981, 470; OLG Hamm, VRS 37, 263; OLG Stuttgart NJW 1954, 611; LR/Matt § 305a Rn. 7 und LR/*Gössel* § 331 Rn. 83; KK/*Paul* § 331 Rn. 5; HK/*Rautenberg* § 331 Rn. 8). Diese Auffassung ist vorzugswürdig, weil sich die »Rechtswohltat« des Schlechterstellungsverbots, dem kein Verfassungsrang zukommt (vgl. BGHSt 29, 269, 270; 27, 178), ausdrücklich nur auf die **im Urteil** festgesetzten Rechtsfolgen bezieht und die in dem Strafaussetzungsbeschluss enthaltenen Maßnahmen unter dem (nicht ausdrücklich erwähnungsbedürftigem) Vorbehalt der gesetzlich vorgesehenen nachträglichen Abänderbarkeit stehen. Hinzu kommt, dass aufgrund der Verweisung in § 332 auch das Berufungsgericht, wenn es in seinem Urteil die Strafaussetzung aufrecht erhält, im Rahmen seines Ermessens einen **neuen** Beschluss nach § 268a StPO zu fassen hat und schon deshalb für die Annahme einer Bindung an das Verschlechterungsverbot des § 331 kein Raum ist. Bei einem Austausch von Weisungen oder Auflagen wäre eine Gewichtung und Bewertung als objektive Verschlechterung auch praktisch kaum möglich.

D. Zuständigkeit für die Beschwerdeentscheidung (§ 305a Abs. 2). Im Fall der Berufungseinlegung ist das Berufungsgericht für die Entscheidung über die Beschwerde zuständig; nach Urteilsrechtskraft ist das Beschwerdegericht dazu berufen. Wenn gegen das Urteil Revision eingelegt ist, entscheidet aus Gründen der Vereinfachung das Revisionsgericht auch über die Beschwerde (BGHR § 305a Abs. 1 Zuständigkeit 1). Wird die Beschwerde erst nach der Revisionsentscheidung oder Rücknahme der Revision eingelegt oder ist die Revision unzulässig, ist das Beschwerdegericht zuständig (vgl. BGHSt 10, 19; BayObLGSt 1960, 186). Auch nach Abschluss des Revisionsverfahrens bleibt das Revisionsgericht jedoch zuständig, wenn es über die entscheidungsreife Beschwerde versehentlich nicht zugleich mit der Revision entschieden hat (BGH NStZ 1986, 423 unter Hinweis auf die Bedeutung des gesetzlichen Richters nach Art. 101 Abs. 1 Satz 2 GG).

§ 306 StPO Einlegung; Abhilfeverfahren.

(1) Die Beschwerde wird bei dem Gericht, von dem oder von dessen Vorsitzenden die angefochtene Entscheidung erlassen ist, zu Protokoll der Geschäftsstelle oder schriftlich eingelegt.
(2) Erachtet das Gericht oder der Vorsitzende, dessen Entscheidung angefochten wird, die Beschwerde für begründet, so haben sie ihr abzuhelfen; andernfalls ist die Beschwerde sofort, spätestens vor Ablauf von drei Tagen, dem Beschwerdegericht vorzulegen.
(3) Diese Vorschriften gelten auch für die Entscheidungen des Richters im Vorverfahren und des beauftragten oder ersuchten Richters.

1 **A. Einlegung der Beschwerde (§ 306 Abs. 1).** Zu den allgemeinen Zulässigkeitsvoraussetzungen vgl. Vor § 296 Rdn. 7–32.

2 **I. Adressat.** Die Beschwerde ist bei dem **Gericht, welches die angefochtene Entscheidung erlassen hat** (iudex a quo) bzw. dem der Vorsitzende, der Beauftragte oder der ersuchten Richter oder Ermittlungsrichter angehören, einzulegen. Die Einlegung bei einem anderen Gericht genügt nicht (KG GA 1953, 125); wird die Beschwerde anderen Orts (etwa bei der Staatsanwaltschaft oder einem anderen Gericht) eingelegt, ist sie weiterzuleiten, wird aber erst mit Eingang beim zuständigen Gericht wirksam.

3 **II. Keine Fristbindung der (einfachen) Beschwerde.** Anders als die sofortige Beschwerde (§ 311 Abs. 2) ist die einfache Beschwerde nicht an eine Frist gebunden. Sie kann allerdings erst erhoben werden, nachdem die Entscheidung, die angefochten worden soll, erlassen wurde (vgl. Vor § 296 Rn. 10, 11). Ist die Beschwerde **verwirkt** oder **prozessual überholt**, etwa weil der Vollzug der angefochtenen Maßnahme beendet ist oder eine Änderung der angefochtenen Entscheidung nicht mehr möglich ist, wird die Beschwerde gegenstandslos (vgl. Vor § 296 Rdn. 24–31).

4 **III. Form der Beschwerde.** Die Beschwerde kann zu Protokoll der Geschäftsstelle oder schriftlich eingelegt werden. Bloße **Schmähschriften** oder Schreiben, die der groben Verunglimpfung des Gerichts dienen, werden sachlich nicht beschieden (vgl. Vor § 296 Rn. 32).

5 **1. Zu Protokoll der Geschäftsstelle.** Zuständig und zur Entgegennahme der Erklärung verpflichtet (§ 153 GVG) ist die Geschäftsstelle des **zuständigen Gerichts** (vgl. oben Rdn. 1). Zuständig ist der **Urkundsbeamte** der Geschäftsstelle. Dieser muss die Beschwerde als abgegeben **beurkunden** (zu den Einzelheiten s. Nr. 150 RiStBV) und darf die Entgegennahme nicht unter Hinweis darauf verweigern, dass die Beschwerde auch schriftlich eingelegt werden kann (OLG Bremen, Rechtspfleger 1956, 240).

6 Erklärt der Beschwerdeführer die Beschwerde in der Hauptverhandlung, so steht dies der Einlegung zu Protokoll der Geschäftsstelle gleich, wenn die Rechtsmitteleinlegung **Eingang in das Sitzungsprotokoll** gefunden hat (BGHSt 31, 109; a. A. noch der Vorlagebeschluss des BayObLG NStZ 1981, 445). Allerdings ist das Gericht **nicht verpflichtet**, die Einlegung von Rechtsmitteln in das Protokoll aufzunehmen, da weder § 168a, noch § 273 dies gebieten. Denn das Protokoll dient grds. nur der Nachprüfung der Hauptverhandlung durch das Berufungs- oder Revisionsgericht, nicht aber zu Zwecken, die außerhalb der Hauptverhandlung liegen (zu Ausnahmen s. §§ 182, 183 GVG sowie Nr. 144 Abs. 2 Satz 2 RiStBV; KK/*Greger* § 273 Rn. 21). Daher wird der Vorsitzende die Aufnahme von Rechtsmittelerklärungen in die Sitzungsniederschrift stets verweigern; nach erfolgloser Anrufung des Gerichts (§ 273 Abs. 3 Satz 2) ist gegen den abweisenden Beschluss die einfache Beschwerde (§ 304) zwar zulässig, weil kein Fall des § 305 Satz 1 vorliegt, aber selbstredend unbegründet.

7 **2. Schriftform.** Die Beschwerde kann **schriftlich**, **telegrafisch** oder als **Telefax** (OLG Düsseldorf StV 1995, 459) eingelegt werden. Dabei gelten die gleichen Grundsätze wie bei der Berufung (s. § 314) und der Revision (s. § 341). Es genügt nicht, wenn die Beschwerde nur **telefonisch** erhoben wird, da die entgegennehmende Stelle Identität und Berechtigung des Anrufers nicht überprüfen kann (BGHSt 30, 64). Da das Gesetz zwischen einer »unterzeichneten Schrift« und »schriftlich« differenziert (vgl. etwa §§ 345 Abs. 2 einerseits, §§ 341 Abs. 1, 306 Abs. 1 andererseits), ist nach nahezu einhelliger Ansicht die **Unterschrift** des Beschwerdeführers kein Wirksamkeitserfordernis für die Beschwerde. Zur Wahrung der Schriftform genügt es, dass aus dem Schriftstück unzweifelhaft (z.B. aus dem Briefkopf, vgl. OLG Oldenburg, NJW 1983, 1072) ersichtlich ist, von wem das Schriftstück herrührt (BVerfGE 15, 288; BGHSt 12, 317; 30, 183 und BGHSt 2, 78 für die Einreichung einer beglaubigten Abschrift

durch eine Behörde). Die Beschwerde kann auch durch nicht unterschriebenes Telefax formwirksam eingelegt werden, wenn der Urheber daraus zweifelsfrei hervorgeht und dessen Wille deutlich wird, Beschwerde einzulegen (OLG Frankfurt, Beschl. vom 2.8.06 – 3 Ws 699/06.) Die Einlegung per Email oder als elektronische Anlage zu einer Email genügt dem Schriftformerfordernis nicht (LG Gießen, Beschl. vom 20.5.15 – 802 Js 38909/14). Eine einfache Email ersetzt nicht die schriftliche Einlegung des Rechtsmittels. Soweit § 41a Abs. 1 StPO erlaubt, dass an das Gericht gerichtete Erklärungen, die schriftlich abzufassen oder zu unterzeichnen sind, auch als elektronisches Dokument eingereicht werden können, erfordert dieses eine qualifizierte elektronische Signatur nach dem Signaturgesetz (LG Zweibrücken, Beschl. vom 7.7.10 – Qs 47/10).

3. Unbedingter Anfechtungswille. Aus dem Schreiben muss sich – ggf. nach Auslegung – ergeben, 8 dass der Verfasser den unbedingten (vgl. Vor § 296 Rdn. 8, 9) Willen zur Einlegung der Beschwerde hatte.

IV. Fakultative Beschwerdebegründung. Eine **Beschwerdebegründung** ist **nicht erforderlich**, aber 9 üblich und im Interesse einer zweckmäßigen Rechtsverfolgung zu empfehlen. Kündigt der Beschwerdeführer an, dass er eine (weitere) Begründung nachreichen wird, ist das Gericht, welches die angefochtene Entscheidung erlassen hat, verpflichtet, eine der Sachlage **angemessene Frist** zu setzen oder eine angemessene Zeit zuzuwarten, bevor über die Abhilfe nach § 306 Abs. 2 entschieden und die Sache dem Beschwerdegericht vorgelegt wird.

Ist dies unterblieben, trifft das Beschwerdegericht dieselbe Pflicht (vgl. BVerfGE 8, 89; 17, 191; 18, 399, 10 406; 24, 23, 25). Bei der **Fristsetzung** ist der Umfang und die Schwierigkeit der Sach- und Rechtslage, die Notwendigkeit der Beschaffung von Unterlagen und etwaiger Besprechungen, aber auch das Beschleunigungsgebot zu beachten (BVerfGE 4, 192). Wenn die Begründung vor der Entscheidung des Beschwerdegerichts eingeht, muss sie berücksichtigt werden; geht sie nicht innerhalb der gesetzten Frist ein, kann ohne weiteres Zuwarten ohne Verstoß gegen den Grundsatz des rechtlichen Gehörs entschieden werden.

Gegen die Fristversäumnis ist eine Wiedereinsetzung nicht möglich, da es sich nicht um eine gesetzliche 11 Frist handelt; § 33a ist unanwendbar (OLG Bamberg MDR 1991, 665; *Meyer-Goßner/Schmitt* § 306 Rn. 6; KMR/*Plöd* § 306 Rn. 6). Geht die Beschwerdebegründung beim unteren Gericht ein, obwohl die Sache bereits dem Beschwerdegericht vorliegt, ist sie unverzüglich an dieses weiterzuleiten; geschieht dies nicht rechtzeitig, kann ein Verstoß gegen Art. 103 Abs. 1 GG unabhängig von einem etwaigen Verschulden der Gerichte vorliegen (vgl. BVerfGE 62, 347).

B. Abhilfeverfahren (§ 306 Abs. 2). I. Allgemeines. Bevor die **einfache Beschwerde** 12 dem Rechtsmittelgericht zur Entscheidung vorgelegt wird, hat der Richter, der die angefochtene Entscheidung getroffen hat (iudex a quo), zu prüfen, ob die (zulässige) Beschwerde Anlass bietet, die Entscheidung zu ändern. Damit sollen die Berichtigung der Entscheidung ermöglicht und dem Beschwerdegericht eine unnötige Befassung mit der Sache erspart werden (BGH NJW 1992, 2169). Auch können so Mängel des rechtlichen Gehörs behoben werden. Hilft das Gericht der Beschwerde ab, wird diese gegenstandslos; hilft es nicht oder nur teilweise ab, ist die Sache anschließend dem Beschwerdegericht zur Entscheidung vorzulegen.

Geht bei einer Beschwerde gem. StPO § 305a Abs. 1 Satz 1 nach dem Erlass der Nichtabhilfeentscheidung und vor der Weiterleitung der Akten an das Beschwerdegericht eine weitere Beschwerdebegründung mit neuem Tatsachenvortrag beim Erstgericht ein, ist erneut über die Abhilfe zu entscheiden (BGH NStZ 1992, 507).

Eine Abhilfeentscheidung ist bei Maßnahmen, die mit der **sofortigen Beschwerde** anzufechten sind, 13 regelmäßig ausgeschlossen (§ 311 Abs. 3 Satz 1; zu Ausnahmen s. § 311 Abs. 3 Satz 2).

II. Abhilfeentscheidung. 1. Form der Abhilfeentscheidung. Zur Abhilfeentscheidung ist das 14 Gericht verpflichtet, wenn die Beschwerde begründet ist. Sie ergeht in derselben Form wie die angefochtene Entscheidung und bildet mit dieser verfahrensrechtlich eine Einheit. Die Abhilfeentscheidung muss begründet werden (§ 34) und den Verfahrensbeteiligten bekannt gegeben werden (§ 35 Abs. 2).

2. Teilabhilfe. Eine **Teilabhilfe** ist möglich, soweit gegen einzelne abtrennbare Teile der Entschei- 15 dung nach allgemeinen Grundsätzen (§§ 318, 344 Abs. 1; vgl. KG JR 1982, 114; LG Stralsund

NStZ-RR 2008, 58) Beschwerde hätte erhoben werden können. Für die Teilanfechtung von Beschlüssen oder Verfügungen mit der Beschwerde gelten dabei die gleichen Grundsätze wie für die Rechtsmittelbeschränkung bei der Berufung und der Revision: Die Wirksamkeit der Beschränkung hängt davon ab, ob der angefochtene Teil der Entscheidung ggü. dem nicht angefochtenen derart selbstständig ist, dass er eine gesonderte (isolierte) Nachprüfung und Beurteilung erlaubt. Auch wenn das Gericht der Beschwerde teilweise abhilft, ist die Sache anschließend dem Beschwerdegericht zur Entscheidung vorzulegen.

16 **3. Rechtliches Gehör.** Sollen in der Abhilfeentscheidung **neue Tatsachen** oder Beweisergebnisse berücksichtigt werden, muss der **Beschwerdegegner** gehört werden (§ 33 Abs. 3). In jedem Fall ist ihm die Abhilfeentscheidung bekannt zu machen; er hat die Möglichkeit, die Abhilfeentscheidung, die ihn beschwert, anzufechten.

17 **III. Nichtabhilfeentscheidung.** Im Gegensatz zur Abhilfeentscheidung ist die Nichtabhilfeentscheidung nur eine **verfahrensinterne**, nicht **selbstständig anfechtbare Entscheidung**. Diese kann zwar in Beschlussform ergehen, es genügt jedoch, wenn lediglich das **Ergebnis** der Prüfung in den Akten dokumentiert wird, wobei es ausreicht, wenn der Vorsitzende für das **Kollegialgericht** einen entsprechenden **Vermerk** fertig. Grds. muss die Nichtabhilfeentscheidung weder bekannt gegeben (§ 35) noch begründet werden. Wenn allerdings der angefochtene Beschluss entgegen § 34 nicht begründet worden ist und mit der Beschwerde erhebliche **neue Tatsachen** vorgetragen wurden, ist eine Begründung der Nichtabhilfeentscheidung zwingend erforderlich (vgl. BGHSt 34, 392; OLG Hamm StV 96, 421).

18 **IV. »Zurückverweisung« zur Nachholung des Abhilfeverfahrens?** Die Durchführung des Abhilfeverfahrens ist nach einhelliger Ansicht keine notwendige Voraussetzung für die Entscheidung des Beschwerdegerichts (OLG Bremen MDR 1951, 56; LR/*Matt* § 306 Rn. 21; KMR/*Plöd* § 306 Rn. 10; *Meyer-Goßner/Schmitt* § 306 Rn. 10; HK/*Rautenberg* § 306 Rn. 11). Daher kommt m.E. im Fall der **unterbliebenen Abhilfeentscheidung** eine das Verfahren i.d.R. verzögernde **Zurückverweisung** an den Erstrichter zum Zwecke der Nachholung der Abhilfeentscheidung **grds. nicht** in Betracht, zumal das Beschwerdegericht befugt ist, eigene Ermittlungen durchzuführen (§ 308 Abs. 2) und auf neuer Tatsachengrundlage zu entscheiden. Darüber herrscht im Einzelnen jedoch Streit:

19 Z.T. wird die Ansicht vertreten, das Beschwerdegericht könne die Sache ohne Weiteres dem iudex a quo zur Nachholung der unterbliebenen Entscheidung **zuleiten**, weil dies gar keine »Zurückverweisung« sei, die eine Aufhebung einer erstinstanzlichen Entscheidung voraussetze (vgl. KK/*Zabeck* § 306 Rn. 19; KMR/*Plöd* § 306 Rn. 10). Andere meinen, dass das Beschwerdegericht unter Beachtung des Beschleunigungsgebotes nach **pflichtgemäßem Ermessen** darüber zu befinden habe, ob es selbst entscheiden oder dem Erstgericht Gelegenheit geben will, die unterbliebene Entscheidung ordnungsgemäß nachzuholen (vgl. LR/*Matt*, § 306 Rn. 21).

20 Demgegenüber ist nach wohl überwiegender und vorzugswürdiger Ansicht eine **Zurückverweisung nur ausnahmsweise** zulässig und angebracht, wenn dadurch das Verfahren beschleunigt wird, etwa weil notwendige Ermittlungen durch den ersten Richter leichter durchgeführt werden können, eine Abhilfe zu erwarten oder das Beschwerdegericht an einer sofortigen eigenen Entscheidung gehindert ist. Das Beschwerdegericht darf die Sache nicht allein deshalb zurückverweisen, weil es eigene Ermittlungen ersparen möchte. Auch bei offensichtlicher Unbegründetheit der Beschwerde, d.h. wenn für jeden Rechtskundigen ohne längere Prüfung erkennbar ist, dass das Beschwerdevorbringen das Rechtsmittel nicht zu begründen vermag, scheidet eine Zurückverweisung aus (vgl. OLG Hamm, VRS 104, 372; OLG München NJW 1973, 1143; *Kleinknecht/Meyer-Goßner* § 306 Rn. 10; HK/*Rautenberg* § 306 Rn. 11).

21 **C. Vorlage an das Beschwerdegericht. I. Keine Verwerfung der Beschwerde durch den Erstrichter.** Anders als im Fall der Berufung (§ 319 Abs. 1) und der Revision (§ 346 Abs. 1) ist der Erstrichter in keinem Fall befugt, eine Beschwerde zu verwerfen, auch wenn er sie für unzulässig hält. Er hat jede Beschwerde, der er nicht vollständig abhilft, dem Beschwerdegericht vorzulegen.

22 Allerdings wird es in der Praxis (z.B. des KG; Entscheidungen ergehen dazu allerdings naturgemäß nicht) zur Beschleunigung und aus prozessualen Fürsorgegründen durchaus als vertretbar angesehen,

wenn das Gericht, dessen Entscheidung angefochten wird, den Beschwerdeführer auf die offensichtliche Unzulässigkeit hinweist und eine Rücknahme nahelegt; wobei es verbreitet ist, dass ihm sogleich mitgeteilt wird, dass die Beschwerde als zurückgenommen betrachtet wird, falls der Beschwerdeführer nicht ausdrücklich auf der Vorlage an das Beschwerdegericht besteht (vgl. LR/*Matt* § 306 Rn. 22; s.a. *Meyer-Goßner/Schmitt* § 306 Rn. 12, der diese als Gegenvorstellung behandelt wissen will; vgl. dazu auch Vor § 296 Rdn. 40).

II. Vorlage über die Staatsanwaltschaft. Die Vorlage an das Beschwerdegericht erfolgt über die Staatsanwaltschaft; nur sofern diese ausnahmsweise nicht angehört wird (etwa bei Beschwerden gegen Maßnahmen nach § 148a, vgl. BayObLGSt 1979, 65), erfolgt die Vorlage direkt an das Beschwerdegericht. 23

III. Frist des § 306 Abs. 2 Halbs. 2. Bei der **Vorlagefrist** des § 306 Abs. 2 Halbs. 2, deren Lauf mit Eingang der Beschwerde beginnt, handelt es sich um eine **Sollvorschrift** zur Verfahrensbeschleunigung, deren Einhaltung nicht zwingend ist, die aber nach Möglichkeit eingehalten werden soll. Mit der Formulierung »vorgelegt« ist gemeint, dass die Vorlage der innerhalb der Frist **verfügt** werden soll (LR/*Matt* § 306 Rn. 21; *Meyer-Goßner/Schmitt* § 306 Rn. 11; KMR/*Plöd* § 306 Rn. 12). 24
Sind Ermittlungen geboten, die innerhalb dieser Frist nicht erledigt werden können, hat das Erstgericht diese dem Beschwerdegericht zu überlassen (KK/*Zabeck* § 306 Rn. 18; *Meyer-Goßner/Schmitt* § 306 Rn. 11; a. A. OLG München NJW 1973, 1143). 25
Unter besonderen Umständen kann eine Weiterleitung der Beschwerde schon vor Ablauf der 3-Tages-Frist erforderlich sein, etwa im Fall einer Beschwerde gegen einen Ordnungshaftbeschluss nach § 178 GVG, der sofort vollstreckt wird; zur Frage, ob in einer solchen Konstellation das Ausschöpfen der 3-Tages-Frist eine Rechtsbeugung (§ 339 StGB) darstellen kann, vgl. BGHSt 47, 105 (Fall »Schill«). 26

§ 307 StPO Keine Vollzugshemmung.
(1) Durch Einlegung der Beschwerde wird der Vollzug der angefochtenen Entscheidung nicht gehemmt.
(2) Jedoch kann das Gericht, der Vorsitzende oder der Richter, dessen Entscheidung angefochten wird, sowie auch das Beschwerdegericht anordnen, dass die Vollziehung der angefochtenen Entscheidung auszusetzen ist.

A. Keine aufschiebende Wirkung (Abs. 1). Nach dem **Grundsatz** des Abs. 1 hat die **Beschwerde keine aufschiebende Wirkung** (Suspensiveffekt), wenn nicht die Aussetzung des Vollzuges, also der Durchführung oder Vollstreckung der angefochtenen Maßnahme, besonders angeordnet wird (Abs. 2). 1
Die Regelung des Abs. 1 wird in diversen gesetzlichen **Ausnahmen** durchbrochen (vgl. etwa §§ 81 Abs. 4, 231a Abs. 3 Satz 3, 454 Abs. 3 Satz 2, 462 Abs. 3 Satz 2; § 181 Abs. 2 GVG; §§ 65 Abs. 2 Satz 3, 73 Abs. 2, 88 Abs. 6 Satz 4 JGG). Gelegentlich wird der Grundsatz des Abs. 1 im Zusammenhang mit speziellen Regelungen wiederholt, vgl. § 174 Abs. 3 Satz 3, 4 GVG. Zur Wirkung des Antrages auf gerichtliche Entscheidung vgl. §§ 119 Abs. 5 Satz 2, 3, 119a Abs. 2. 2
Darüber hinaus ist ausnahmsweise vor Vollstreckung (oder weiterer Vollstreckung) eines Urteils in **entsprechender Anwendung des** § 449 eine Beschwerdeentscheidung abzuwarten, wenn von ihr die Zulässigkeit der Vollstreckung abhängt (vgl. LR/*Matt* § 307 Rn. 2 m.w.N.), so etwa bei einer nachträglichen Gesamtstrafenbildung, bei der eine Strafaussetzung zur Bewährung entfällt (vgl. *Meyer-Goßner/Schmitt* § 460 Rn. 25, 27; KG NStZ-RR 2004, 286). 3

4

B. Aussetzung der Vollziehung (Abs. 2) I. Zulässigkeit der Aussetzungsentscheidung. Die **Aussetzung** der Vollziehung einer angefochtenen Maßnahme ist **ausnahmsweise unzulässig**, wenn sie – wie bei der Aufhebung des Haftbefehls, § 120 Abs. 2 (nicht jedoch bei der Aussetzung des Vollzuges gem. § 116) – ausdrücklich vom Gesetz untersagt wird.
Besondere Verfahrensvorschriften sind für die Aussetzungsentscheidung nicht vorgesehen. Ein **Antrag** ist nicht erforderlich; das Gericht kann auch **von Amts wegen** prüfen, ob die Aussetzung der Vollzie- 5

hung geboten ist. Es empfiehlt sich, die **Dauer der Aussetzung** mit nach den Umständen des Einzelfalls zu bemessenden Frist zu verbinden, die nachträglich verlängert oder verkürzt werden kann.

6 Ausnahmsweise kann auch **schon vor der Beschwerdeeinlegung** auf Antrag oder von Amts wegen die Aussetzung der Vollziehung angeordnet werden, wenn mit einer Beschwerde sicher zu rechnen ist (vgl. SK/*Frisch* § 307 Rn. 8;; HK/*Rautenberg* § 307 Rn. 6; *Schlicht/Leipold* StraFo 2005, 90; a. A. LR/*Matt* § 307 Rn. 1; *Meyer-Goßner/Schmitt* § 307 Rn. 2; KK/*Zabeck* § 307 Rn. 8). Der Wortlaut der Vorschrift (»dessen Entscheidung angefochten **wird**«, nicht »... ist«) steht dem nicht entgegen. In der Praxis bedeutsamsten ist der Fall der Außervollzugsetzung des Haftbefehls (nicht Aufhebung, § 120 Abs. 2) bei vorheriger Ankündigung der Staatsanwaltschaft, dagegen Rechtsmittel einzulegen; häufig wird bei Erfolgsaussichten des Rechtsmittels in dieser Konstellation § 307 Abs. 2 angewandt, um dem Beschuldigten die wiederholte Festnahme zu ersparen und den Eindruck einer widersprüchlichen Judikatur zu vermeiden (vgl. *Schlicht/Leipold* StraFo 2005, 90). Sinn und Zweck der Vorschrift, irreparable Schäden durch die Vollziehung zu vermeiden, gebieten darüber hinaus allgemein die Aussetzung auch ohne Antrag und Beschwerdeeinlegung, etwa wenn das Gericht einen Fehler noch vor Rechtsmitteleinlegung erkennt, aber an einer Abänderung der Entscheidung gehindert ist (§ 311 Abs. 3 Satz 1). Die Befristung der Dauer der Aussetzung ist dann allerdings erforderlich, um einen längeren Schwebezustand zu vermeiden.

7 **II. Zuständigkeit für die Aussetzungsentscheidung.** **Zuständig** für die Entscheidung über die Aussetzung der Vollstreckung sind das entscheidende **Gericht** (iudex ad quo), im Fall des Kollegialgerichts auch dessen **Vorsitzender** (str.) und das **Beschwerdegericht** (iudex ad quem).

8 **Umstritten** ist, ob für das erstentscheidende Kollegialgericht auch dessen **Vorsitzender** die Aussetzung der Entscheidung anordnen kann (bejahend *Meyer-Goßner/Schmitt* § 307 Rn. 3; KMR/*Plöd* § 307 Rn. 4; a. A. LR/*Matt* § 307 Rn. 1; KK/*Zabeck* § 307 Rn. 3). M.E. ergibt sich schon aus dem Wortlaut der Vorschrift die Zuständigkeit des Vorsitzenden, denn seine ausdrückliche Nennung wäre überflüssig, wenn er nur Entscheidungen, die er allein getroffen hat, aufheben dürfte. Auch Sinn und Zweck der Regelung sprechen für diese Sicht, da es um eine oft besonders eilbedürftige, aber nur vorläufige Regelung geht, deren baldige (§ 306 Abs. 2) Überprüfung durch das Beschwerdegericht ansteht. Allerdings ist Zurückhaltung des Vorsitzenden geboten: Kann er in vertretbarer Zeit eine Entscheidung des Spruchkörpers herbeiführen, hat er dessen vorrangige Zuständigkeit zu respektieren.

9 **Nach Abgabe** an das Beschwerdegericht ist nach zutreffender Ansicht – schon zur Vermeidung widersprüchlicher Entscheidungen – nur noch dieses für die Anordnung nach § 307 Abs. 2 zuständig (vgl. LR/*Matt* § 307 Rn. 1; *Meyer-Goßner/Schmitt* § 307 Rn. 3; a. A. KK/*Zabeck* § 307 Rn. 4).

10 **III. Anhörung des Beschwerdegegners.** Die Anhörung des Beschwerdegegners vor der Entscheidung über die Suspendierung ist nicht zwingend, allerdings i.d.R. dann geboten, wenn dies nicht dem Zweck der Vorschrift widerspricht, zur Vermeidung von Nachteilen und Härten eine schnelle vorläufige Regelung zu treffen (vgl. LR/*Matt* § 307 Rn. 7; *Meyer-Goßner/Schmitt* § 307 Rn. 2). Schon vor Mitteilung der Beschwerde an den Gegner des Beschwerdeführers kann insb. dann entschieden werden, wenn der Gegner flüchtig ist (OLG Düsseldorf, JurBüro 1986, 1216). Das **rechtliche Gehör** (Art. 103 Abs. 1 GG) ist ggf. nachzuholen, wenn das Gericht die Vollziehung vor Anhörung des Gegners ausgesetzt hat (vgl. KK/*Zabeck* § 307 Rn. 6; allg. zum rechtlichen Gehör BVerfGE 49, 329, 342).

11 **IV. Ermessensentscheidung.** Die Entscheidung über die Aussetzung der Vollziehung ist eine Ermessensentscheidung (OLG Karlsruhe NJW 1976, 2274), die nach Abwägung des öffentlichen Interesses an sofortiger Vollziehung gegen die dem Beschwerdeführer drohenden Nachteile ergeht (BGH NStZ 2010, 343; KG StraFo 2012, 62). Die Aussetzung ist insb. dann geboten, wenn das Gericht die Richtigkeit seiner Entscheidung in Zweifel zieht, jedoch an einer Abhilfe durch § 311 Abs. 3 gehindert ist.

12 **V. Beschwerde gegen die Ablehnung der Aussetzung des Vollzuges.** Gegen eine die Aussetzung der Vollziehung ablehnende Entscheidung des iudex ad quo ist die Beschwerde nach § 304 Abs. 1 zulässig (vgl. BGH NStZ 2010, 343; *Meyer-Goßner/Schmitt* § 307 Rn. 4). Dies gilt jedoch nur, solange noch nicht über die Beschwerde entschieden worden ist, denn damit wird die Anfechtung der vorläufigen Regelung gegenstandslos. Lehnt das Beschwerdegericht einer Aussetzung der Vollziehung nach Paragraf 307 Abs. 2 ab, ist dagegen nur i.R.d. § 310 Abs. 1 die Beschwerde möglich.

§ 308 StPO Befugnisse des Beschwerdegerichts.

(1) Das Beschwerdegericht darf die angefochtene Entscheidung nicht zum Nachteil des Gegners des Beschwerdeführers ändern, ohne dass diesem die Beschwerde zur Gegenerklärung mitgeteilt worden ist. Dies gilt nicht in den Fällen des § 33 Abs. 4 Satz 1.
(2) Das Beschwerdegericht kann Ermittlungen anordnen oder selbst vornehmen.

A. Allgemeines. Mit der Regelung des Abs. 1 Satz 1 soll der Verfassungsgrundsatz des **rechtlichen Gehörs** (Art. 103 Abs. 1 GG) im Beschwerdeverfahren verwirklicht werden (vgl. grundlegend BVerfGE 7, 109, 110 f.). Dabei geht die Vorschrift über verfassungsrechtliche Vorgaben noch hinaus, da sich die Gewährung rechtlichen Gehörs nicht nur auf neue Tatsachen und Beweisergebnisse bezieht, sondern auch geboten ist, wenn der Beschwerdeführer nur rechtliche Gesichtspunkte vorträgt (vgl. BVerfGE 17, 188, 190). Für das Beschwerdegericht erwächst aus Art. 103 Abs. 1 GG die Pflicht, vor dem Erlass seiner Entscheidung zu prüfen, ob dem Verfahrensbeteiligten das rechtliche Gehör gewährt wurde (vgl. BVerfGE 36, 85, 88).

B. Voraussetzungen der Anhörungspflicht. I. Beschwerdegegner. Jeder **Verfahrensbeteiligte** oder **Drittbetroffene**, der durch eine der Beschwerde stattgebende Entscheidung in seinen rechtlichen Interessen betroffen sein kann, ist »Gegner« i.S.d. § 308 Abs. 1 Satz 1.
So sind bei der Beschwerde **des Beschuldigten** etwa die Staatsanwaltschaft, ggf. auch der Privatkläger, der Nebenkläger und Drittbetroffene zuhören. Bei der Beschwerde **der Staatsanwaltschaft** sind der Beschuldigte, sein Verteidiger und sein gesetzlicher Vertreter ebenso wie ggf. Beschlagnahmebeteiligte oder Durchsuchungsbetroffene (§ 103) anzuhören. Beschwert sich ein **Drittbetroffener**, etwa der ausgebliebene Zeuge gegen die Auferlegung von Säumniskosten, so ist der Staatsanwaltschaft, dem Beschuldigten, seinem Verteidiger und seinem gesetzlichen Vertreter rechtliches Gehör zu gewähren.
Die Staatsanwaltschaft ist **kein Gegner** im Überwachungsverfahren nach §§ 148a, 148 Abs. 2, weil sie daran nicht beteiligt ist (vgl. BayObLG MDR 1979, 862). Wird die Entscheidung des Überwachungsrichters vom Beschuldigten oder seinem Verteidiger mit der Beschwerde angefochten, darf diese der Staatsanwaltschaft nicht mitgeteilt werden, weil außer dem Leserichter (und dem Beschwerdegericht) niemand vom Inhalt der Sendung Kenntnis nehmen darf, anderenfalls der Zweck der Vorschrift vereitelt würde.

II. Abänderung zum Nachteil des Gegners. Ein **Nachteil** ist dann gegeben, wenn durch die Beschwerdeentscheidung ein Eingriff in die Rechtssphäre des Betroffenen bewirkt oder verstärkt wird oder sein Interesse am Ausgang des Verfahrens beeinträchtigt werden kann (vgl. KK/*Zabeck* § 308 Rn. 4; *Meyer-Goßner/Schmitt* § 308 Rn. 3). In Betracht kommen insb. auch wirtschaftliche Interessen (etwa hinsichtlich der Kostenentscheidung) und die Erschwerung der Strafverfolgung für Staatsanwaltschaft, Neben- oder Privatkläger. Will das Beschwerdegericht die Entscheidung auf eine **neue Begründung** stützen, kann schon dies einen Nachteil für den Beschwerde Gegner darstellen (vgl. *Meyer-Goßner/Schmitt* § 308 Rn. 3; LR/*Matt* § 308 Rn. 6; einschränkend KK/*Zabeck* § 308 Rn. 6; a. A. HK/*Rautenberg* § 308 Rn. 3).
Eine Anhörung des Beschwerdegegners ist dann **nicht erforderlich**, wenn die Beschwerde vollständig verworfen (OLG Düsseldorf NStE StPO § 305 Nr. 1) oder ausschließlich zum Nachteil des Beschwerdeführers abgeändert wird, ohne dass die Interessen eines anderen betroffen sind. Auch eine nur teilweise Änderung der angefochtenen Entscheidung setzt eine Anhörung voraus, wenn sie einen Nachteil des Beschwerdegegners verursacht.

III. Ausnahmen von der Mitteilungspflicht. Eine **Ausnahme** von der Pflicht zur Anhörung des Gegners besteht nach **Abs. 1 Satz 2** dann, wenn der Zweck der Anordnung einer Maßnahme dadurch gefährdet würde (§ 33 Abs. 4 Satz 1; vgl. BVerfGE 49, 329, 342), etwa bei einer Beschwerde der Staatsanwaltschaft gegen die Ablehnung des Erlasses eines Haftbefehls. Die Entscheidung über das Absehen von der Anhörung steht im pflichtgemäßen Ermessen des Beschwerdegerichts.
Die Anhörung darf schließlich unterbleiben, wenn sie **unmöglich** ist, etwa weil der Gegner flüchtig ist (OLG Hamburg MDR 1979, 863).
Zum Überwachungsverfahren nach §§ 148a, 148 Abs. 2 s.o. Rdn. 4.

9 C. Mitteilung der Beschwerde. I. Umfang. Das Beschwerdegericht muss dem Beschwerdegegner den **gesamten Inhalt der Beschwerde** einschließlich der rechtlichen Erwägungen und auch nachgereichter Ergänzungen mitteilen (vgl. BVerfGE 11, 29 f.; 17, 188; LR/*Matt* § 308 Rn. 11). Allenfalls dann, wenn sich eine Ergänzung in einer bloßen Wiederholung des vorgetragenen erschöpft, kann auf ihrer Mitteilung verzichtet werden; im Zweifel ist der Gegner zu hören. Sofern das Beschwerdegericht **eigene Ermittlungen** anstellt, ist der Beschwerdegegner auch über ihr Ergebnis zu informieren und dazu zu hören. Allerdings müssen rechtliche Erwägungen des Beschwerdegerichts dem Beschwerdegegner grds. nicht mitgeteilt werden, soweit nicht prozessuale Fürsorgepflichten einen Hinweis gebieten.

10 In der Praxis wird gelegentlich bereits vom Erstgericht (welches dazu nicht verpflichtet ist) die dort eingegangene Beschwerde an den Gegner weitergeleitet, was durchaus zweckmäßig sein kann, wenn so das Verfahren beschleunigt oder eine Nichtabhilfeentscheidung vorbereitet werden kann. Eine nochmalige Mitteilung durch das Beschwerdegericht ist dann nicht erforderlich, da dem Zweck des § 308 Abs. 1 genüge getan ist.

11 Wenn das Beschwerdegericht die Beschwerde verwerfen oder ihr nur teilweise stattgeben will, muss es den **Beschwerdeführer** zum Vorbringen der anderen Verfahrensbeteiligten und zum Ergebnis seiner Ermittlungen anhören (BVerfGE 6, 12, 14).

12 II. Frist. Das Gericht muss den Beschwerdegegner eine **angemessene Frist** zur Gegenerklärung einräumen, die sinnvollerweise gleichzeitig mit der Mitteilung der Beschwerde zu bestimmen ist. Bei einer Entscheidung vor Ablauf der Frist ist das rechtliche Gehör (Art. 103 Abs. 1 GG) verletzt (BVerfGE 12, 110, 113). Ist die Fristsetzung unterblieben, muss das Gericht eine angemessene Zeit mit seiner Entscheidung zu warten (BVerfGE 24, 23, 25).

13 III. Form. Eine **Form** der Mitteilung ist nicht vorgeschrieben. Zwar ist die förmliche Zustellung nicht erforderlich. Da aber der **Nachweis des Zugangs** gesichert sein muss, weil anderenfalls dem Art. 103 Abs. 1 GG nicht genügt ist (BVerfGE 36, 85, 88), empfiehlt sich stets eine Übersendung in Kopie gegen Empfangsbekenntnis oder per Telefax. Von der (zulässigen) bloßen mündlichen Unterrichtung des Gegners sollte Abstand genommen werden, da diese für Missverständnisse anfällig ist und zudem in den Akten ausreichend dokumentiert werden müsste (etwa in Vermerkform).

14 D. Gegenerklärung des Beschwerdegegners. Die **Gegenerklärung** ist an keine Form gebunden; sie kann schriftlich oder zu Protokoll der Geschäftsstelle abgegeben werden. Sie ist dem **Beschwerdeführer** mitzuteilen, wenn dies zur Wahrung seines rechtlichen Gehörs erforderlich ist. Dies ist insb. dann der Fall, wenn das Gericht die Beschwerde verwerfen oder ihr nur teilweise stattgeben will und wenn entscheidungsrelevante neue Tatsachen oder Beweismittel vorgebracht werden. Eine substantiierte Gegenerklärung der Staatsanwaltschaft sollte stets mitgeteilt werden (vgl. LR/*Matt* § 308 Rn. 15).

15 E. Ergänzende Ermittlungen. Das Beschwerdegericht ist verpflichtet, die angefochtene Entscheidung ohne die Bindung an die Anträge der Beteiligten (BVerfG NStZ-RR 2008, 209) in tatsächlicher und rechtlicher Hinsicht vollständig zu prüfen (KG JR 1969, 194). Das Beschwerdegericht hat die Ermittlungen dabei so weit zu erstrecken, wie das erforderlich ist, um die Begründetheit der Beschwerde beurteilen zu können (BVerfG a.a.O.). Es muss i.R.d. **Beschwerdegegenstandes**, der die Ermittlungsbefugnisse begrenzt, die rechtlich relevanten Tatsachen auch aufdrängende Beweise im **Freibeweisverfahren** ohne Bindung an die Grundsätze der Beweiserhebung im Hauptverfahren erheben. In Ausnahmefällen sieht das Gesetz **Beschränkungen der Nachprüfung** vor (vgl. §§ 305a Abs. 1 Satz 2, 453 Abs. 2 Satz 2 und § 59 Abs. 2 Satz 2 JGG).

16 Der **Umfang der Ermittlungen** des Beschwerdegerichts bestimmt sich nach pflichtgemäßem Ermessen. Es sind dabei alle zur Aufklärung des Sachverhalts erforderlichen Ermittlungen von Amts wegen anzustellen (BayObLGSt 1952, 8). Das Beschwerdegericht kann Ermittlungen selbst durchführen oder durch einen beauftragten oder ersuchten Richter vornehmen lassen. Es kann auch die Staatsanwaltschaft oder direkt die Polizei darum ersuchen. Die **Staatsanwaltschaft** ist zwar nicht verpflichtet, Ermittlungsersuchen nachzukommen, weil es nicht um die Vollstreckung von Entscheidungen i.S.d. § 36 Abs. 2 Satz 1 geht; diese wird aber regelmäßig ebenso wie die ersuchte Polizei im Wege der Amtshilfe tätig werden und ggf. ihre Ermittlungspersonen (§ 152 GVG) einsetzen (vgl. LR/*Matt* § 308 Rn. 19; *Meyer-Goßner/Schmitt* § 308 Rn. 6). Die Staatsanwaltschaft kann auch von sich aus eigene Ermittlungen anstellen und das Beschwerdegericht von den Ergebnissen unterrichten. Das Beschwerdegericht muss die Verfahrensbeteiligten von den Ermittlungsergebnissen berichten, wenn und soweit es die ermittelten Tatsachen zu ihrem Nachteil verwerten will (§ 33 Abs. 3).

F. Rechtsbehelfe. Entscheidungen, die der Vorbereitung der Beschwerdeentscheidung dienen (z.B. die Anordnung weiterer Ermittlungen) sind analog § 305 nur zusammen mit der Beschwerdeentscheidung anfechtbar (vgl. KMR/*Plöd* § 308 Rn. 6). **17**

Die abschließende Entscheidung des Beschwerdegerichts ist wirksam, auch wenn die Anhörung des Gegners unterblieben ist. Falls eine weitere Beschwerde statthaft ist (vgl. § 310) kann sich der Betroffene durch diese rechtliches Gehör verschaffen; ist das nicht der Fall, ist das rechtliche Gehör nachzuholen (de BVerfGE 49, 329, 342). Wurde dem **Beschwerdegegner** die Beschwerde nicht oder nicht vollständig oder nicht mit angemessener Frist zur Gegenerklärung mitgeteilt, folgt dies bereits aus **§ 311a**. Wenn der Beschwerdegegner nicht zum Ergebnis weiterer Ermittlungen gehört worden oder dem Beschwerdeführer sonst das rechtliche Gehör versagt worden ist, ist seine Anhörungsrüge auf § 33a zu stützen. **18**

Die Anordnung weiterer Ermittlungen ist (mit der weiteren Beschwerde) nur **anfechtbar,** wenn das Verfahren eine Verhaftung oder die einstweilige Unterbringung betrifft (§ 310). Denn Ermittlungsanordnung ist eine Entscheidung, die »auf die Beschwerde« ergeht. **19**

§ 309 StPO Entscheidung.

(1) Die Entscheidung über die Beschwerde ergeht ohne mündliche Verhandlung, in geeigneten Fällen nach Anhörung der Staatsanwaltschaft.
(2) Wird die Beschwerde für begründet erachtet, so erlässt das Beschwerdegericht zugleich die in der Sache erforderliche Entscheidung.

Übersicht	Rdn.		Rdn.
A. Schriftliches Verfahren (Abs. 1). Ausnahmen	1	2. Beschwerde gegen Unterlassen	11
I. Entscheidung nach Aktenlage	1	3. Entscheidung bei beschränkter Nachprüfungsbefugnis	12
II. Anhörung der Staatsanwaltschaft	3	4. Entscheidungen bei Unzuständigkeit des Erstgerichts	13
B. Entscheidung des Beschwerdegerichts (Abs. 2)	5	5. Kein Verbot der »reformatio in peius«	19
I. Verwerfung der Beschwerde	5	III. Zurückverweisung	20
1. Verwerfung als unzulässig	6	1. Grundsatz der Unzulässigkeit der Zurückverweisung	20
2. Erledigungserklärung	7	2. Ausnahmen	22
3. Verwerfung als unbegründet	8	IV. Bindungswirkung von (zurückverweisenden) Beschlüssen	28
II. Erlass der in der Sache erforderlichen Entscheidung	9		
1. Pflicht zur eigenen umfassenden Sachprüfung und -entscheidung	9		

A. Schriftliches Verfahren (Abs. 1). Ausnahmen. I. Entscheidung nach Aktenlage. Die Entscheidung des Beschwerdegerichts ergeht **grds. im schriftlichen Verfahren** nach Aktenlage (BGHSt 13, 102, 108) durch Beschluss, der zu begründen ist (§ 34). Nur in den Fällen der Haftbeschwerde sieht § 118 Abs. 2 eine mündliche Verhandlung auf Antrag oder von Amts wegen vor; nach § 124 Abs. 2 Satz 3 ist dem Beschuldigten und der Staatsanwaltschaft vor der Beschwerdeentscheidung über den Verfall der Sicherheit Gelegenheit zur mündlichne Begründung der Anträge und zur Erörterung der Ermittlungen zu geben. **1**

Entgegen dem Wortlaut des Abs. 1 Halbs. 1, der vor dem Hintergrund der ausdrücklichen Ausnahmeregelungen in §§ 118 Abs. 2 und 124 Abs. 2 Satz 3 die Annahme der Unzulässigkeit der mündlichen Verhandlung nahelegt, ist es dem Beschwerdegericht jedoch nicht verwehrt, i.R.d. Ermittlungen (§ 308) aus besonderen Gründen, insb. aus Gründen der Zweckmäßigkeit und zur Beschleunigung des Verfahrens, **mündliche Erklärungen** entgegenzunehmen oder herbeizuführen oder Zeugen und **2**

§ 309 StPO Entscheidung

Sachverständige mündlich zu befragen (vgl. LR/*Matt* § 309 Rn. 2; SK/*Frisch* § 309 Rn. 2; vgl. aber BayObLGSt 1953, 202).

3 **II. Anhörung der Staatsanwaltschaft.** Die Staatsanwaltschaft bei dem Beschwerdegericht (Staatsanwaltschaft beim LG, Generalstaatsanwaltschaft bei dem OLG oder der Generalbundesanwalt) ist als Vertreterin des öffentlichen Interesses unabhängig von der **Anhörung der Staatsanwaltschaft als Gegner** gem. § 308 Abs. 1 Satz 1 nach dem Ermessen des Gerichts »in geeigneten Fällen« anzuhören. § 33 Abs. 2 wird insoweit eingeschränkt, allerdings hat dies in der Praxis kaum eine Bedeutung, weil die Staatsanwaltschaft bei dem Beschwerdegericht dadurch beteiligt wird, dass die Akten regelmäßig vom Erstgericht über sie dem Beschwerdegericht vorgelegt werden.

4 **Geeignete Fälle**, in denen von der Anhörung der Staatsanwaltschaft beim Beschwerdegericht abgesehen werden darf, sind nur solche, bei denen die Beschwerde der Staatsanwaltschaft vollen Erfolg hat oder die Beschwerde eines Verfahrensbeteiligten verworfen wird. Auf den Nebenkläger oder andere Verfahrensbeteiligte ist § 309 Abs. 1 nicht anwendbar.

5 **B. Entscheidung des Beschwerdegerichts (Abs. 2). I. Verwerfung der Beschwerde.** Der die Beschwerde verwerfende Beschluss ist zu begründen (§ 34) und bekannt zu machen (§ 35 Abs. 2).

6 **1. Verwerfung als unzulässig.** Als **unzulässig** ist die Beschwerde zu verwerfen, wenn die Voraussetzungen für eine Sachentscheidung fehlen. Dies ist der Fall, wenn die Beschwerde gesetzlich **ausgeschlossen**, nicht **statthaft**, nicht in der richtigen **Form** an den richtigen Adressaten gerichtet, mangels **Beschwer** durch die angefochtene Entscheidung oder **Aktivlegitimation** oder wegen **Rechtsmittelverzicht** oder -rücknahme an den formellen Voraussetzungen scheitert (vgl. im Einzelnen Vor § 296 Rdn. 7–29).

7 **2. Erledigungserklärung.** In Fällen **prozessualer Überholung** oder sonstiger Erledigung im Beschwerdeverfahren ist die Beschwerde grds. ohne Sachprüfung für erledigt zu erklären. Zu den aus Art. 19 Abs. 4 GG folgenden **Ausnahmen** einer gleichwohl erforderlichen Sachentscheidung bei tief greifenden, tatsächlich jedoch nicht mehr fortwirkenden Grundrechtseingriffen (vgl. BVerfGE StV 1997, 393) s. Vor § 296 Rdn. 24–30. In derartigen Fällen hat das Beschwerdegericht vor der Befassung mit der Sache das **Rechtsschutzinteresse** oder das Vorliegen staatlicher »**Willkür**« festzustellen (womit eine nicht nur fehlerhafte, sondern unter keinem denkbaren Aspekt mehr rechtlich vertretbar Maßnahme gemeint ist, bei sich der Schluss aufdrängt, dass die Entscheidung auf sachfremden Erwägungen beruht, ohne dass damit ein subjektiver Schuldvorwurf einhergeht, vgl. BVerfGE 62, 189; 80, 48).

8 **3. Verwerfung als unbegründet.** Als **unbegründet** ist die Beschwerde zu verwerfen, wenn die angefochtene Entscheidung nach Ansicht des Beschwerdegerichts sachlich richtig ist. Dies gilt auch dann, wenn sich die angefochtene Entscheidung nur im Ergebnis – aus anderen Gründen – als zutreffend erweist. Das Beschwerdegericht hat dabei alle für die Entscheidung wesentlichen Tatsachen zu überprüfen und aufzuklären. Auch ein schwerer Verfahrensfehler wie die Verletzung rechtlichen Gehörs steht der Verwerfung nicht entgegen, wenn dieser im Rechtsmittelverfahren geheilt werden kann (vgl. BVerfGE 5, 9; 22, 282, 286 f.; BGHSt 8, 194; KK/*Zabeck* § 309 Rn. 7, 8).

9 **II. Erlass der in der Sache erforderlichen Entscheidung. 1. Pflicht zur eigenen umfassenden Sachprüfung und -entscheidung.** Die Aufgabe des Beschwerdegerichts liegt nicht darin, Fehler des Erstgerichts aufzuzeigen. Wenn die Beschwerde als zulässig erachtet und nicht für erledigt erklärt wird, hat das Beschwerdegericht grds. die **Pflicht zur eigenen Sachentscheidung**. Es muss unter Abänderung oder Aufhebung der angefochtenen Entscheidung selbst eine neue, »in der Sache erforderliche« Entscheidung anstelle des Erstgerichts treffen. Dabei ist es ohne Bindung an die tatsächlichen Feststellungen des unteren Gerichts zur umfassenden Prüfung der angefochtenen Entscheidung unter tatsächlichen und rechtlichen Gesichtspunkten verpflichtet (s. aber die Ausnahmen in §§ 305a Abs. 1 Satz 2, 453 Abs. 2 Satz 2). Das Beschwerdegericht muss auch dann alle für die Entscheidung wesentlichen **Tatsachen aufklären und prüfen**, wenn das bisher vom Erstgericht versäumt worden ist (vgl. BGH NJW 1964, 2119; KG JR 1982, 114 und Beschl. v. 05.12.2011 – 1 Ws 82/11, JurionRS 2011, 36363). Die

nicht erforderliche (vgl. § 306 Rdn. 9 bis 11) **Beschwerdebegründung** schränkt den Prüfungsumfang nicht ein.

Seine umfassende Entscheidungskompetenz bedingt, dass das Beschwerdegericht nach **eigenem Ermessen** entscheiden muss, soweit ein solches eingeräumt ist. Es erlässt etwa den in der Sache erforderlichen Eröffnungsbeschluss und den unterbliebenen Haft- oder Vorführungsbefehl oder ordnet selbst die Beschlagnahme an (vgl. BGH MDR 1964, 1019 zur Abänderungsbefugnis bei einem nicht rechtskraftfähigen Beschluss, der auf einem ohne Weiteres erkennbaren Irrtum beruht). Fraglich ist, ob eine eigene Ermessensentscheidung des Beschwerdegerichts erst dann möglich ist, wenn sich die Beschwerde als begründet erweist (vgl. *Meyer-Goßner/Schmitt* § 309 Rn. 4). Für diese Sichtweise könnte man auf den Wortlaut des § 309 Abs. 2 StPO verweisen. Nach m.E. zutreffender Sicht eröffnet jedoch bereits eine zulässige Beschwerde die Pflicht des Beschwerdegerichts zur eigenen Sach- und Ermessensentscheidung (so auch KK/*Zabek* § 309 Rn. 6; OLG Schleswig NJW 1976, 1467). Auch eine rechtsfehlerfreie Entscheidung des Vorderrichters kann daher zu einer im Ergebnis abweichenden Ermessensentscheidung des Beschwerdegerichts führen.

2. Beschwerde gegen Unterlassen. Richtet sich die Beschwerde gegen ein **Unterlassen**, so kann, wenn im Untätigbleiben eine stillschweigende beschwerdefähige Entscheidung liegt (vgl. BGH NJW 93, 1279; s.a. Vor § 296 Rdn. 21 und Vor §§ 304 ff. Rdn. 3), die **Verpflichtung** des für die unterlassene Entscheidung zuständigen Richters zur Entscheidung ausgesprochen werden, falls die Sache entscheidungsreif ist (vgl. *Meyer-Goßner/Schmitt* § 309 Rn. 5).

3. Entscheidung bei beschränkter Nachprüfungsbefugnis. Erweist sich in den Fällen **beschränkter Nachprüfungsbefugnis** (s. § 305a Rdn. 2, 3 und 7 ff.) die Beschwerde als begründet und die angefochtene Entscheidung als gesetzwidrig, so ist das Beschwerdegericht bei der von ihm zu treffenden Sachentscheidung frei (vgl. LR/*Matt* § 309 Rn. 7).

4. Entscheidungen bei Unzuständigkeit des Erstgerichts. War das Erstgericht **örtlich unzuständig**, hat das Beschwerdegericht die Entscheidung grds. aufzuheben und eine Entscheidung über den gestellten Antrag abzulehnen; die Verweisung an das örtlich zuständige Gericht ist ausgeschlossen (KG StV 1998, 384 m.w.N.; a. A. *Fröhlich* NStZ 1999, 585; s.a. OLG Nürnberg StraFo 2000, 281: Zulässigkeit, falls das zuständige Gericht ebenfalls im Bezirk des Beschwerdegerichts liegt).

Hat das **sachlich unzuständige** LG statt des AG im ersten Rechtszug entschieden, kann das OLG die Sache an das AG verweisen (vgl. OLG Düsseldorf VRS 1996, 38; OLG Saarbrücken NStZ-RR 2004, 112).

Wenn das **Beschwerdegericht selbst** für die fehlerhaft vom AG oder LG entschiedene Sache **zuständig** war, hat es unter Aufhebung dessen Entscheidung selbst im ersten Rechtszug zu entscheiden.

Liegt ein Verstoß gegen die geschäftsplanmäßige Zuständigkeit vor, hebt das Beschwerdegericht den Beschluss auf und entscheidet in der Sache selbst (OLG Köln, StraFo 2011, 402; a. A. OLG München MDR 74, 332; OLG Rostock NStZ-RR 2000, 14). Dasselbe gilt, wenn statt des zuständigen Vorsitzenden das ganze Gericht entschieden hat oder statt der Strafvollstreckungskammer die Strafkammer (KG NStZ 2007, 422; OLG Düsseldorf NStZ-RR 2001, 111; vgl. *Meyer-Goßner/Schmitt* § 309 Rn. 6).

Hat im Fall des **§ 122 Abs. 2 Satz 1 GVG** das OLG mit drei Richtern (statt fünf) entschieden, ist eine Zurückverweisung **erforderlich** (BGHSt 38, 312; kritisch dazu *Graf/Cirener* § 309 Rn. 15.1: Zurückverweisung immer, wenn ein sachlich oder funktionell unzuständiges Gericht entschieden hat).

Hat der Ermittlungsrichter des BGH bei Erlass eines Haftbefehls **fehlerhaft seine Zuständigkeit angenommen**, obwohl kein dringender Verdacht für ein seine Zuständigkeit begründendes Staatsschutzdelikt (§§ 120 Abs. 2 Satz 1 Nr. 1, 74a Abs. 1 Nr. 5, 142a Abs. 1 Satz 1 GVG) vorliegt, führt die Haftbeschwerde zur Aufhebung des Haftbefehls und Freilassung des Beschuldigten (BGHR StGB § 234a Politische Verfolgung 1 Gründe). Die Entscheidung überzeugt nicht: Das Abstellen auf den Irrtum des Ermittlungsrichters ist schon deshalb fraglich, weil die Anklage bereits beim KG anhängig und damit seine Zuständigkeit überholt war (§ 126 Abs. 1 Satz 1). Nach BGHSt 38, 312 hätte Anlass zur Prüfung der Verweisung an das zuständige Gericht bestanden. Da sich der Senat als Beschwerdegericht jedoch (m.E. zu Recht) zu einer Entscheidung in der Sache selbst entschlossen hat, war gem. § 309 Abs. 2 eine **umfassende Sachentscheidung** über den Beschwerdegegenstand (nicht aber über den nun bedeutungslosen Fehler des Erstgerichts) geboten – also auch hinsichtlich der nicht erörterten Frage, ob der Tatverdacht für §§ 239 Abs. 1, 3 Nr. 1, 224 Abs. 1 Nr. 2, 3, 4 StGB die Haftentscheidung rechtfertigt. Auch der Rechtsgedanke des § 269 spricht für eine umfassende Prüfungskompetenz des allen beteiligten Gerichten übergeordneten BGH. In konsequenter Fortführung der Entscheidung müsste anderenfalls selbst ein wegen Mordes dringend Verdächtiger freigelassen werden, wenn er aufgrund fehlerhafter Annahme des dringenden Verdachts eines weiteren zuständigkeitsverschiebenden Delikts (z.B. § 129a Abs. 1 Nr. 1 StGB) auf Anordnung des unzuständigen Richters inhaftiert worden wäre.

19 **5. Kein Verbot der »reformatio in peius«.** Eine Verböserung zum Nachteil des Beschwerdeführers ist grds. möglich (KG JR 1981, 391, 392; *Meyer-Goßner/Schmitt* Vor § 304 Rn. 5 m.w.N.), da im Beschwerdeverfahren eine den §§ 331, 358, 373 entsprechende ausdrückliche Regelung fehlt (vgl. zu **Ausnahmen** Vor § 304 Rdn. 17 bis 21).

20 **III. Zurückverweisung. 1. Grundsatz der Unzulässigkeit der Zurückverweisung.** Liegt eine erstinstanzliche Sachentscheidung vor und ist die Sache entscheidungsreif, folgt aus § 309 Abs. 2 die **Befugnis und Pflicht** des Beschwerdegerichts, selbst in der Sache zu entscheiden. Die in den gesetzlichen Regelungen der Beschwerde (anders im Revisions- und Berufungsverfahren, vgl. §§ 353 Abs. 2, 328 Abs. 2) nicht vorgesehene **Zurückverweisung** der Sache an das erkennende oder zuständige Gericht kommt daher allenfalls in eng umgrenzten Ausnahmefällen in Betracht (vgl. BGH NJW 1964, 2119; OLG Düsseldorf NJW 2002, 2963; LR/*Matt* § 309 Rn. 13 ff.). Dies sind Fälle, in denen das Beschwerdegericht nicht selbst entscheiden kann oder nicht entscheiden darf.

21 Eine Zurückverweisung ist stets unzulässig, wenn der Antrag, über den das Erstgericht in entschieden hat, ohne Sachprüfung als unzulässig zu verwerfen ist (vgl. *Meyer-Goßner/Schmitt* § 309 Rn. 9). Die Zurückverweisung ist nicht schon deshalb gestattet, weil das untere Gericht bestimmte **Tatsachen oder Beweismittel nicht berücksichtigt** hat und das Beschwerdegericht daher weitgehend über einen anderen Sachverhalt entscheiden muss (OLG Karlsruhe NJW 1974, 709, 712). Auch eine Zurückverweisung an das Erstgericht zum Zwecke weiterer Ermittlungen ist unzulässig (KK/*Zabeck* § 309 Rn. 7). In **Haftsachen** steht der Grundsatz der Beschleunigung nach Art. 5 Abs. 4 MRK regelmäßig der Zurückverweisung entgegen (EGMR StV 2008, 475, 480).

22 **2. Ausnahmen.** Die **Einzelheiten** sind streitig (einen Überblick liefert OLG Düss. NJW 2002, 2663). Die Beschwerdegerichte tendieren (möglicherweise aus »pädagogischen« Gründen, so HK/*Rautenberg* § 309 Rn. 7) ggü. der eher kritischen Literatur zur Ausdehnung der Zurückverweisungsmöglichkeit.

23 a) In Betracht kommt eine Zurückverweisung nach überwiegender Ansicht dann, wenn ein **schwerwiegender**, durch das Beschwerdegericht **nicht heilbarer Verfahrensfehler** vorliegt (vgl. BGH NStZ 1992, 508), wenn die angefochtene Entscheidung **nicht von dem gesetzlich vorgesehenen Spruchkörper** getroffen worden ist (vgl. BGHSt 38, 312) oder eine verfahrensrechtlich gebotene mündliche **Anhörung unterblieben** ist (BGH NStZ 1995, 605; OLG Rostock NStZ-RR 2000, 14; OLG Frankfurt am Main NStZ-RR 1996, 91; s. zur Verletzung rechtlichen Gehörs aber auch oben Rdn. 10). Eine Zurückverweisung ist **möglich**, wenn eine den Sachverhalt ausschöpfende erstinstanzliche **Entscheidung zur Sache selbst fehlt**, weil es den Antrag rechtsirrig als unzulässig abgelehnt hat (vgl. OLG Stuttgart, NStZ 91, 291; OLG Frankfurt am Main NStZ 1983, 426) oder die **Entscheidungsreife** nicht gegeben ist. Denn Sinn und Zweck des Beschwerdeverfahrens bestehen in der Überprüfung einer Entscheidung, nicht aber im Erlass einer ersten Sachentscheidung oder in der Führung eigener Ermittlungen.

24 b) Gelegentlich wird die Zurückverweisung schon dann für zulässig erachtet, wenn die angefochtene Entscheidung entgegen der Vorgaben des § 34 StPO **keine Begründung** enthält (OLG Düsseldorf StV 1987, 257; 1995, 538) oder diese nur **floskelhaft** und nichtssagend sind (vgl. OLG Düsseldorf StV 1983, 333 und 1995, 539; OLG Karlsruhe NStZ 2011, 325; OLG Hamm, Beschl. v. 07.07.2011 – 1 Ws 247/11, JurionRS 2011, 22752).

25 Dies ist m.E. allenfalls dann richtig, wenn es dem Beschwerdegericht verwehrt ist, eigene Ermittlungen anzustellen, etwa weil ein Fall der Beschränkung der Überprüfbarkeit nach § 305a Abs. 1 Satz 2 oder § 453 Abs. 2 Satz 2 vorliegt oder das Beschwerdegericht nach § 464 Abs. 3 Satz 2 StPO an die tatsächlichen Feststellungen, auf denen die Auslagenentscheidung des Tatrichters beruht, gebunden ist (vgl. KG, Beschl. v. 23.06.2009 – 1 Ws 64/09, JurionRS 2009, 22659; OLG Celle, Beschl. v. 06.01.2009 – 1 Ws 629/08, JurionRS 2009, 12129: wenn das Beschwerdegericht aus Rechtsgründen nicht in der

Lage ist, den Fehler auszubessern). Gründe der **Verfahrensbeschleunigung und Prozessökonomie** sprechen ansonsten regelmäßig gegen eine Zurückverweisung, zumal zu erwarten ist, dass das Erstgericht nach Zurückverweisung seine mangelhaft begründete Entscheidung ohne Abänderung derselben auf eine ausführliche Begründung stützen und sodann das Beschwerdegericht lediglich zu einem späteren Zeitpunkt in die ihm obliegende umfassende Prüfung der Sach- und Rechtslage einsteigen muss.

c) Teilweise wird in der Rechtsprechung eine Durchbrechung des Grundsatzes der eigenen Sachentscheidung auch dann anerkannt, wenn dem Beschwerdeführer bei eigener Sachentscheidung des Beschwerdegerichts **eine Instanz verloren** ginge (vgl. OLG Düsseldorf StV 1995, 539; OLG Hamm StV 1995, 594, 595). Diese Auffassung widerspricht dem Gesetzeszweck und ist abzulehnen, weil der Gesetzgeber bewusst im Interesse der Verfahrensbeschleunigung und der Prozessökonomie die Möglichkeit eines Instanzverlustes bei einer Entscheidung nach § 309 Abs. 2 StPO in Kauf genommen hat (so zutreffend OLG Rostock NStZ-RR 2000, 14, 15 m.w.N.; vgl. auch OLG Düsseldorf MDR 1993, 375; OLG Brandenburg NStZ 1996, 405; KG NStZ 1994, 255) und weder Art. 19 Abs. 4 GG, noch das Rechtsstaatsprinzip einen strafprozessualen Instanzenzug gewährleisten (BVerfGE 11, 232, 233; 28, 21, 36; BGHSt 28, 23, 26).

d) Da es dem Beschwerdegericht **in Kostensachen** grds. verwehrt ist, seine eigenen tatsächlichen Feststellungen an die Stelle derjenigen der angefochtenen Entscheidung zu setzen (vgl. LR/*Hilger* § 464 Rn. 63), führt das Fehlen der für die Kosten- und Auslagenentscheidung maßgeblichen Sachverhaltsfeststellungen regelmäßig zur Aufhebung der Auslagenentscheidung und zur Zurückverweisung an die Vorinstanz (vgl. BGHSt 26, 29; KG, Beschl. v. 05.12.2011 – 1 Ws 82/11, JurionRS 2011, 36363; OLG Celle MDR 1973, 604; OLG Stuttgart NStZ-RR 2003, 60; OLG Stuttgart NStZ-RR 2003, 60).

IV. Bindungswirkung von (zurückverweisenden) Beschlüssen. Zu Recht wird überwiegend eine Bindung des Erstrichters an die Rechtsauffassung des Beschwerdegerichts **verneint** (so schon RGSt 59, 241, 242; vgl. *Meyer-Goßner/Schmitt* § 309 Rn. 10; LR/*Matt* § 309 Rn. 20; *Graf/Cirener* § 309 Rn. 18; *Pfeiffer* § 309 Rn. 4 a.E. jeweils m.w.N.), weil im Beschwerderecht eine Regelung wie § 358 Abs. 1 StPO fehlt und das Beschwerdegericht im Gegensatz zum Revisionsgericht die Sache in tatsächlicher und rechtlicher Hinsicht überprüfen kann. Da das Beschwerdegericht nach dem Willen des Gesetzes **anstelle** des iudex a quo endgültig entscheiden soll und eine Zurückverweisung prinzipiell nicht vorgesehen ist, kommt eine analoge Anwendung des § 358 Abs. 1 nicht in Betracht.

Dafür spricht auch folgende Überlegung: Eine Bindung des Erstrichters bedeutet in der Sache eine Einschränkung seiner **richterlichen Unabhängigkeit** (Art. 97 Abs. 1 GG), die eine ausdrückliche **gesetzliche** Regelung erfordert (vgl. *Mohrbotter* ZStW 84, 614, 624). Die Verneinung eines Eingriffs in Art. 97 GG unter Berufung auf BVerfGE 12, 67 (so OLG Düsseldorf NJW 2002, 2963 f. m.w.N.) überzeugt nicht, weil Richter in Ausführung der rechtsprechenden Gewalt nur dem Gesetz unterworfen sind und – wie das BVerfG a.a.O. ausführt – nur »ein Gesetz, das den Richter an die Entscheidungen eines anderen Gerichts bindet,« seine sachliche Unabhängigkeit nicht verletzt. Fehlt wie im Fall der Beschwerdezurückverweisungsentscheidung eine gesetzliche Bindung, ist der Richter nicht an die Auffassung des Beschwerdegerichts gebunden, zumal dieses die seiner Meinung nach richtige Sachentscheidung selbst treffen kann und muss.

Die **Gegenauffassung**, die eine Bindungswirkung bejaht (SK/*Frisch* § 309 Rn. 17, 27; OLG Düsseldorf NJW 2002, 2963 f.) kann selbst in Fallgestaltungen, in denen dem Beschwerdegericht aus zwingenden Sacherwägungen eine eigene abschließende Sachentscheidung verwehrt ist, nicht überzeugen. Wenn das Gesetz die Sachentscheidung – und sei es auch nur in einem Teilbereich – dem Erstgericht allein vorbehält, hat das Beschwerdegericht dies zu akzeptieren. Sofern dies zu vermeintlich inakzeptablen Ergebnissen führt – etwa weil wie im Fall des OLG Düsseldorf a.a.O., in dem das Erstgericht an einer irrigen Ansicht zum gesetzlichen Richter festgehalten hat –, bleibt dem Beschwerdeführer nur der Weg über die Verfassungsbeschwerde.

Hat das Beschwerdegericht unter Aufhebung der angefochtenen Entscheidung die Sache zurückverwiesen, so ist das Erstgericht verpflichtet, **erneut zu entscheiden**. Der Verweisungsbeschluss des Beschwerdegerichts erzwingt auch dann eine neue Entscheidung des Erstgerichts, wenn i.R.d. Beschwerdeverfahrens eine Sachentscheidung geboten gewesen wäre (BGH NStE Nr. 1 zu § 309 StPO); dass der Erstrichter nicht an die Rechtsansicht des Beschwerdegerichts gebunden ist, stellt die Wirksamkeit der Zurückverweisung und seine Verpflichtung zur neuen Sachentscheidung nicht infrage (vgl. BGH a.a.O.).

§ 310 StPO Weitere Beschwerde. (1) Beschlüsse, die von dem Landgericht oder von dem nach § 120 Abs. 3 des Gerichtsverfassungsgesetzes zuständigen Oberlandesgericht auf die Beschwerde hin erlassen worden sind, können durch weitere Beschwerde angefochten werden, wenn sie
1. eine Verhaftung,
2. eine einstweilige Unterbringung oder
3. eine Anordnung des dinglichen Arrestes nach § 111b Abs. 2 in Verbindung mit § 111d über Betrag von mehr als 20.000 Euro
betreffen.
(2) Im übrigen findet eine weitere Anfechtung der auf eine Beschwerde ergangenen Entscheidungen nicht statt.

1 **A. Grundsätzlicher Ausschluss der weiteren Beschwerde (§ 310 Abs. 2)** Im Beschwerdeverfahren gilt im Interesse der der Prozessbeschleunigung und Verfahrensökonomie der **Grundsatz der Unanfechtbarkeit der Entscheidungen des Beschwerdegerichts**. Abgesehen von den Ausnahmefällen des § 310 Abs. 1 Nr. 1 bis 3 sind die auf eine Beschwerde ergangenen Entscheidungen unanfechtbar.

2 **I. Weitere Beschwerde.** Eine **weitere Beschwerde** liegt nur vor, wenn bereits in zwei Instanzen über denselben Beschwerdegegenstand entschieden worden ist (vgl. OLG Hamm NJW 1970, 2127).

3 Eine Beschwerdeentscheidung liegt daher nicht vor, wenn eine Entscheidung getroffen wurde, obwohl tatsächlich gar keine Beschwerde vorlag (OLG Stuttgart Justiz 1971, 270; OLG Saarbrücken VRS 27, 453) oder wenn das Beschwerdegericht als erste Instanz zuständig gewesen wäre (OLG Düsseldorf MDR 1982, 518 und NStZ-RR 2001, 111; KG NStZ 2007, 422) oder wenn weder das AG, noch das LG zuständig waren (OLG Karlsruhe Justiz 2002, 23 für den Fall, dass erstinstanzliches und Beschwerdegericht anstelle der zuständigen Strafvollstreckungskammer über den Widerruf der Strafaussetzung entschieden haben). Hatte das AG eine Entscheidung getroffen, für die es sachlich oder funktionell nicht zuständig war, ist die darauf ergangene »Beschwerdeentscheidung« des LG als eine Entscheidung erster Instanz mit der Beschwerde anfechtbar (BayObLGSt 1957, 40; KK/*Zabeck* § 310 Rn. 4). Auch wenn das LG anstelledes zuständigen AG erstmals entschieden hat, handelt es sich nicht um eine Beschwerdeentscheidung des LG (OLG Hamm NJW 1972, 1725).

4 **II. Derselbe Beschwerdegegenstand.** **Derselbe Beschwerdegegenstand** liegt vor, wenn das Beschwerdegericht sich mit dem Gegenstand des Beschlusses befassen soll, der »auf die Beschwerde hin« ergangen ist. Ob dies der Fall ist, bestimmt sich nicht allein nach dem Tenor der Entscheidung, sondern nach der gesamten Prozesslage (vgl. KG Beschl. vom 5.10.2001 – 3 Ws 493/01; OLG Celle MDR 1977, 74; OLG Nürnberg NStZ-RR 1999, 53; OLG Frankfurt am Main NStZ-RR 2012, 54). Dabei kommt es auf die **wahre Prozesslage** und nicht auf eine irrtümlich angenommene an. Entscheidend ist, ob der Beschwerdegegenstand in den beiden Vorinstanzen **mitzuentscheiden gewesen wäre**, nicht, ob er tatsächlich geprüft worden ist (LR/*Matt* § 310 Rn. 10).

5 Entscheidungen, die erstmals im Beschwerdeverfahren zu treffen sind und einen selbstständigen Beschwerdegegenstand betreffen, fallen nicht unter die Regelung des § 310 Abs. 2 und können daher mit der **einfachen Beschwerde** angefochten werden. Dies ist etwa der Fall, wenn die Beiordnung eines Verteidigers (OLG Bamberg NStZ 1985, 39), Wiedereinsetzung gegen die Versäumung der Beschwerdefrist (BayObLGSt 1952, 8) oder die Gewährung von PKH neben der eigentlichen Beschwerde begehrt wird.

6 **Umstritten** ist die Identität des Beschwerdegegenstandes, wenn das LG nach Anklageerhebung (oder nach Vorlage der Akten gem. § 321 Satz 2) über die »Beschwerde« gegen die **vorläufige Entziehung der Fahrerlaubnis** entschieden hat. Nach herrschender Ansicht ist die darauf ergehende Entscheidung des LG mit der Beschwerde anfechtbar (vgl. OLG Karlsruhe MDR 1974, 159; OLG Düsseldorf VRS 72, 370; OLG Celle NJW 1961, 1417 und StraFo 2001, 134; KG VRS 117, 165; *Meyer-Goßner/ Schmitt* § 111a Rn. 19; LR/*Matt* § 310 Rn. 7; *Jagusch/Hentschel* Straßenverkehrsrecht, § 111a Rn. 7 StPO). Denn die unerledigte »Beschwerde« gegen die Entscheidung des AG ist nach Wechsel der Zuständigkeit in einen **Antrag auf Aufhebung der angefochtenen Entscheidung** durch das nunmehr erst-

mals zuständige Gericht umzudeuten, das in der Sache daher keine Beschwerdeentscheidung trifft. Diese m.E. zutreffende Sichtweise entspricht der herrschenden Meinung zum Zuständigkeitswechsel nach der Anfechtung eines Haftbefehls (vgl. oben die Kommentierung zu § 117 und § 126; *Meyer-Goßner/Schmitt* § 117 Rn. 12 und § 126 Rn. 7 m.w.N.). Dagegen hält das OLG Stuttgart (NStZ 1990, 141; zustimmend KMR/*Plöd* § 310 Rn. 2) eine weitere Beschwerde gegen den Beschluss des LG für unzulässig, wenn vorher bereits das AG die Fahrerlaubnis vorläufig entzogen hatte.

Unanfechtbar ist der Beschluss, mit dem das Beschwerdegericht nach **§ 308 Abs. 2** weitere Ermittlungen anordnet (KG JR 1969, 194). Hebt das Beschwerdegericht einen Einstellungsbeschluss nach § 206a auf und stellt es das Verfahren (vorläufig) nach **§ 205** ein, so liegt in der Anfechtung dieses Beschlusses keine weitere Beschwerde (OLG Hamburg MDR 1978, 864; a. A. KK/*Zabeck* § 310 Rn. 6). Die **Kostenentscheidung** des Beschwerdegerichts ist Teil der Beschwerdeentscheidung und daher nicht mit der weiteren Beschwerde anfechtbar (OLG Oldenburg NJW 1982, 2833). 7

B. Ausnahmeregelung des § 310 Abs. 1. Mit der weiteren Beschwerde können Verhaftung, einstweilige Unterbringung und dinglicher Arrest nach den §§ 111b, 111d über einen Betrag von mehr als 20.000 € angefochten werden. Die Ausnahmeregelung des § 310 Abs. 1 ist **keiner erweiternden Auslegung** fähig (BVerfGE 48, 367, 376; BGH 25, 120; KG NJW 1979, 2626). Sie soll nur wegen der schwerwiegenden Bedeutung der genannten Freiheitsentziehungen und Vermögensbeeinträchtigung im Hinblick auf die möglicherweise endgültigen Folgen in den ausdrücklich genannten Fällen eingreifen und dort besondere Härten vermeiden. 8

I. Weitere Beschwerde bei Verhaftung und einstweiliger Unterbringung. 1. Anfechtbare Entscheidungen. Beschlüsse **betreffen eine Verhaftung**, wenn sie anordnen oder ablehnen (vgl. unten Rdn. 13), dass der Beschuldigte in Haft zu nehmen oder zu halten ist. Die Vorschrift erfasst jede Maßnahme, die ohne weitere richterliche Entscheidung eine Freiheitsentziehung herbeiführt oder aufrecht erhält. Dies ist der Fall bei einem **Haftbefehl** nach den §§ 112 ff., 230 Abs. 2, 236 und 329 Abs. 4 Satz 1. 9

Im Fall eines Haftbefehls muss mit seiner Anfechtung nicht zugewartet werden, bis er tatsächlich vollstreckt wird. Vielmehr kann der **Bestand des Haftbefehls** auch dann, wenn er noch nicht oder nicht mehr vollzogen wird, mit der weiteren Beschwerde angegriffen werden (vgl. BGHSt 29, 200; NJW 1973, 664 und MDR 1973, 420; LR/*Matt* § 310 Rn. 32; KMR/*Plöd* § 310 Rn. 5; KK/*Zabeck* § 310 Rn. 10). Daher ist die weitere Beschwerde gegen den Haftbefehl auch dann zulässig, wenn nur **Überhaft** notiert ist (a. A. OLG Koblenz OLGSt Nr. 3, 4), der Vollzug des Haftbefehls nach § 116b **unterbrochen** (OLG Karlsruhe Justiz 1980, 208; *Meyer-Goßner/Schmitt* § 310 Rn. 7; a. A. OLG Koblenz MDR 1978, 33) oder der Haftbefehl nach § 116 **ausgesetzt** ist (KG NJW 1979, 2626; OLG Hamburg StV 94, 323; OLG Hamm StraFo 2002, 140 mit ausführlicher Begründung und w.N.; OLG Koblenz NStZ 1990, 102; OLG Köln StV 1994, 321; a. A. OLG Bremen StV 1982, 131; OLG Düsseldorf NStZ 1990, 248; OLG Zweibrücken StV 1991, 219; vgl. a. *Matt* NJW 1991, 1801). 10

Wird **Haftbefehl** aufgehoben oder hat sich ein Haftbefehl nach § 230 Abs. 2 mit der Freilassung erledigt, bleibt die **weitere Beschwerde** gegen diesen möglich (OLG Düsseldorf StV 2001, 332; a. A. *Meyer-Goßner/Schmitt* § 310 Rn. 7). Denn das Rechtsschutzbedürfnis für die Feststellung der Rechtswidrigkeit des Freiheitsentzuges entfällt dadurch nicht, vielmehr ist ein Feststellungsinteresse wegen des Eingriffs in das Freiheitsgrundrecht auch bei der unter Beachtung der Unschuldsvermutung vollzogenen Untersuchungshaft zu bejahen (vgl. BVerfGE 53, 152, 157 f.). Die (weitere) Beschwerde darf in solchen Fällen daher nicht wegen prozessualer Überholung als unzulässig verworfen werden; vielmehr ist die Rechtmäßigkeit der zwischenzeitlich erledigten Maßnahme zu prüfen und ggf. deren Rechtswidrigkeit festzustellen (vgl. BVerfGE 104, 220, 235 f.; BVerfG wistra 2006, 59–63). 11

Mit der **einstweiligen Unterbringung** (§ 310 Abs. 1 Nr. 2) ist die nach § 126a und § 71 Abs. 1 JGG gemeint, nicht aber die Freiheitsentziehung nach § 81 (s.u. Rdn. 16). 12

2. Anfechtung ablehnender Entscheidungen durch die StA. Der Staatsanwaltschaft steht gegen den Nichterlass oder die Aufhebung eines Haft oder Unterbringungsbefehls nach herrschender Meinung die weitere Beschwerde zu (BGHSt 36, 396, 398; 43, 262, 265 und NJW 1991, 2094; *Meyer-Goßner/Schmitt* § 310 Rn. 8; KMR/*Plöd* § 310 Rn. 7; HK/*Rautenberg* § 310 Rn. 8; a. A. OLG Braunschweig NJW 1965, 1288; LR/*Matt* § 310 Rn. 18 ff., 28). Obwohl die Begriffe »Verhaftung« und »einst- 13 weilige Unterbringung« isoliert betrachtet nahe legen könnten, dass die Voraussetzungen der weiteren Beschwerde nur vorliegen, wenn der Beschuldigte sich tatsächlich in Haft befindet oder einstweilig untergebracht ist, ist mit der herrschenden Meinung eine weitere Beschwerde dann zuzulassen, wenn es um den grundsätzlichen Bestand eines Haft- oder Unterbringungsbefehls geht. Denn auch eine negatorische Beschwerdeentscheidung »betrifft« die Anordnung der Haft oder Unterbringung und die Staatsanwaltschaft ist unzweifelhaft durch eine ablehnende Entscheidung beschwert (vgl. Vor § 296 Rdn. 20). Für die Annahme eines asymmetrischen Rechtsmittels, welches nur dem in seiner Freiheit Betroffenen zusteht, bietet der Wortlaut der Vorschrift keine Grundlage, zumal solche im Gesetz stets ausdrücklich gekennzeichnet werden (vgl. z.B. §§ 210 Abs. 1, 408 Abs. 1). Auch gegen die Haftverschonung nach § 116 steht der Staatsanwaltschaft die weitere Beschwerde zu.

14 Dem **Nebenkläger** stehen diese Befugnisse jedoch nicht zu, denn er ist bei Haftentlassung des Beschuldigten oder Entscheidungen über seine vorläufige Unterbringung nicht **beschwert** (vgl. Vor § 296 Rdn. 22).

15 **3. Nicht mit der weiteren Beschwerde anfechtbare Entscheidungen.** Nicht unter die Ausnahmeregelung fallen die Anordnung der bloßen **Vorführung** (§§ 134, 230, 236), des Festhaltens des Angeklagten in der Hauptverhandlung (§ 231), die Ablehnung sicheren Geleits (§ 295; vgl. OLG Frankfurt am Main NJW 1952, 908; OLG Köln MDR 1954, 1856) und auch nicht die Anordnung der Haft nach den §§ 51, 70 Abs. 2 sowie den §§ 95, 96 OWiG (vgl. BGHSt 30, 54; OLG Hamm NStZ 1992, 443).

16 Da die **Freiheitsentziehung** gem. § 81 keine »Verhaftung« darstellt, kann sie nicht mit der weiteren Beschwerde angefochten werden (vgl. OLG Hamburg JR 1956, 192; OLG Hamm MDR 1984, 602; LR/ *Matt* § 310 Rn. 46; a. A. KK/*Zabeck* § 310 Rn. 11).

17 Auch die Anordnung der **Verhaftung zum Zwecke der Strafvollstreckung** nach §§ 457, 453c fällt nicht unter § 310 Abs. 1 (OLG Düsseldorf NJW 1977, 968 und NStZ 1990, 251; OLG Karlsruhe NStZ 1983, 92; OLG Stuttgart MDR 1975, 951; sie ist daher nicht mit der weiteren Beschwerde anfechtbar (a. A. OLG Braunschweig StV 1993, 596).

18 Die **Unterbrechung** der Untersuchungshaft zwecks Strafvollstreckung in anderer Sache kann nicht mit der weiteren Beschwerde angefochten werden (KG GA 1973, 292; OLG Koblenz MDR 1978, 339; a. A. OLG Hamburg StV 1992, 237; NStZ 1992, 206; OLG Karlsruhe Justiz 1980, 208; *Meyer-Goßner/ Schmitt* § 310 Rn. 7). Ausgeschlossen ist die weitere Beschwerde auch gegen die Anordnung, Abänderung oder Aufhebung von **Auflagen** und Weisungen eines **Haftverschonungsbeschlusses** (vgl. KG NJW 1979, 2626; OLG Celle NStZ-RR 2006, 222; 29, 200; OLG Hamm StV 2002, 315 und StraFo 2002, 140; a. A. *Neuhaus* StV 1999, 341), denn sie betreffen allein die Ausgestaltung des Lebens des Beschuldigten in der Freiheit und nicht die »Verhaftung«. Unzulässig ist auch die Anfechtung der **Gestaltung der Haftverhältnisse** bei Vollzug des Haftbefehls (OLG Köln NStZ-RR 12, 93).

19 **II. Weitere Beschwerde bei dinglichem Arrest. 1. Gesetzeszweck.** Die Vorschrift des § 310 Abs. 1 Nr. 3 wurde durch das Gesetz vom 24.10.2006 (BGBl. I, S. 2350) zur Stärkung der Rückgewinnhilfe und der Vermögensabschöpfung bei Straftaten eingeführt. Mit dem Gesetz sollte der durch das BVerfG (NJW 2004, 2073) angemahnte verstärkte **Schutz der Rechte Tatgeschädigter** umgesetzt werden (vgl. Beschlussempfehlung des Rechtsausschusses vom 28.06.2006, BT-Drucks. 16/2021, dort zu A.). Zugleich sollte mit der erweiterten Anfechtungsmöglichkeit besonderen Härten bei der Arrestierung von erheblichen Vermögenswerten zu begegnet und insb. verhindert werden, dass durch unberechtigte Arrestierung von Firmenvermögen der Fortbestand des Unternehmens gefährdet und die wirtschaftliche Existenz der Firmenangehörigen (Arbeitnehmer) infrage gestellt wird.

20 **2. Wertgrenze.** Gegen die Anordnung des dinglichen Arrestes zur Vermögensabschöpfung oder Rückgewinnungshilfe gem. den §§ 111b Abs. 2, 5, 111d ist, wenn der Betrag **20.000 €** übersteigt, die weitere Beschwerde statthaft. Dabei bestimmt sich die **Wertgrenze** (die sich an § 26 Nr. 8 EGZPO anlehnt) nach dem in dem Arrestbeschluss bezifferten zu sichernden Anspruch. Die Lösungssumme (§ 111d Abs. 2, § 923 ZPO) oder bereits erfolgte Vollstreckungsmaßnahmen sind ohne Belang.

21 **3. Weitere Beschwerde der Staatsanwaltschaft gegen ablehnende Entscheidungen.** Umstritten ist, ob gegen die Aufhebung einer Arrestanordnung oder die Bestätigung der **Ablehnung des Arrestantrages** durch das Beschwerdegericht eine weitere Beschwerde der Staatsanwaltschaft möglich ist (dagegen OLG München NJW 2008, 389; OLG Oldenburg NStZ-RR 2011, 282; KMR/*Plöd* § 310 Rn. 8;

Pfordte StV 2008, 243; *Theile* StV 2009, 161; dafür KG Rpfleger 2010, 543 = wistra 2010, 317; OLG Jena NStZ-RR 2011, 278; OLG Celle StV 2009, 120 ff.; Thüringer OLG NStZ-RR 2011, 278; in diesem Sinne auch OLG Hamburg StV 2009, 122 mit ausführlichem obiter dictum).

Die ablehnende Ansicht überzeugt nicht. Der Gesetzeswortlaut steht der Zulässigkeit einer weiteren Beschwerde der Staatsanwaltschaft nicht entgegen (anders OLG München NStZ 2008, 389). Für eine unterschiedliche Behandlung der Nr. 3 ggü. Nr. 1 und 2 (dazu oben Rdn. 13) besteht kein Anlass, da sich das Wort »betrifft« auf alle drei Varianten bezieht. Eine negatorische Beschwerdeentscheidung betrifft aber die Anordnung des dinglichen Arrestes in gleicher Art und Weise, wie die Ablehnung des Erlasses oder die Aufhebung eines Haft- oder Unterbringungsbefehls die Verhaftung oder einstweilige Unterbringung (zur Auslegung der Nr. 1 und 2 vgl. BGHSt 26, 270). Die Genese des durch das Gesetz zur Stärkung der Rückgewinnhilfe und der Vermögensabschöpfung bei Straftaten eingeführten § 310 Abs. 1 Nr. 3 StPO bestätigt das Ergebnis der am Wortlaut orientierten Auslegung: Da der Einführung der weiteren Beschwerdemöglichkeit auch der **Gedanke des Opferschutzes** zugrunde lag (s.o. Rdn. 19), erscheint es geboten, auch die negative Entscheidung über den dinglichen Arrestes der Überprüfbarkeit durch die weitere Beschwerde zugänglich zu machen (vgl. KG Rpfleger 2010, 543 = wistra 2010, 317). I.Ü. widerspricht eine **asymmetrische Anfechtbarkeit** der grundlegenden Regelung des § 296 Abs. 1 StPO, wonach die zulässigen Rechtsmittel gegen gerichtliche Entscheidungen sowohl der Staatsanwaltschaft als (auch) dem Beschuldigten zustehen. Ausnahmen erfordern daher eine ausdrückliche Regelung, wie sie an einzelnen Stellen explizit Eingang in das Gesetz gefunden haben (§ 210 Abs. 1, 2 StPO; § 408 Abs. 1).

Die weitere Beschwerde eines **Drittbeteiligten**, die sich (lediglich) gegen eine aufgrund eines dinglichen Arrestes ausgebrachte **Pfändung** wendet, ist nicht gem. § 310 Abs. 2 StPO statthaft (OLG Hamburg NStZ 2008, 1830; OLG Köln, NStZ-RR 2011, 279).

III. Zuständigkeit. § 310 Abs. 1 bezieht sich in erster Linie auf Beschwerdeentscheidung des LG; für die Entscheidung über die weitere Beschwerde gegen dessen Entscheidung ist das OLG zuständig (§ 121 Abs. 1 Nr. 2 GVG). Hat das OLG als Beschwerdegericht über die Beschwerde gegen eine Entscheidung des LG entschieden, ist eine weitere Beschwerde nicht zulässig.

Für **Staatsschutzsachen** i.S.d. § 120 Abs. 1 und 2 GVG gelten Sonderregelungen. Hat eine Staatsschutzkammer des LG (§§ 74 Abs. 3, 73 Abs. 1 GVG) über die Beschwerde entschieden, hat über die weitere Beschwerde gem. §§ 120 Abs. 4, 120 Abs. 1 das **Landeshauptstadt-OLG** zu entscheiden.

Es besteht die Möglichkeit der weiteren Konzentration gem. § 120 Abs. 5 Satz 2 GVG, von der zuletzt Berlin, Brandenburg und Sachsen-Anhalt durch Übertragung dieser Aufgaben an das **KG** Gebrauch gemacht haben (vgl. Art. 1 Staatsvertrag vom 08.11.2010 zwischen den Ländern Berlin, Brandenburg und Sachsen-Anhalt über die Übertragung der Zuständigkeit in Staatsschutz-Strafsachen). Weitere Staatsverträge zur Konzentration bestehen zugunsten des **OLG Hamburg** zwischen Hamburg und Bremen und zugunsten des **OLG Koblenz** zwischen Rheinland-Pfalz und Saarland (vgl. *Meyer-Goßner/Schmitt* § 120 GVG Rn. 1 m.w.N.). Gem. **§ 135 Abs. 2 GVG** entscheidet (wie sich aus der Bezugnahme dieser Vorschrift auf § 304 Abs. 4 Satz 2 ergibt) über eine weitere Beschwerde gegen die Entscheidung der Landeshauptstadt-OLG der BGH. Auch in diesem Bereich ist die weitere Beschwerde nur nach Maßgabe des § 310 Abs. 1 zulässig, also in den Fällen, die Verhaftung und einstweilige Unterbringung betreffen.

IV. Verfahren. Hinsichtlich des Verfahrens gelten für die weitere Beschwerde im Wesentlichen die **allgemeinen Vorschriften** der §§ 304 ff.; insb. hinsichtlich der Einlegung (§ 306), der Nichthemmung des Vollzugs (§ 307), der Befugnisse des Beschwerdegerichts (§ 308) und der Entscheidung (§ 309). Eine **Besonderheit** gilt für die der Einlegung der weiteren Beschwerde zur Niederschrift der Geschäftsstelle: § 24 Abs. 1 Nr. 1a) RPflG überträgt insoweit die Aufgaben der Geschäftsstelle dem **Rechtspfleger**.

Über die **Abhilfe** der weiteren Beschwerde entscheidet das Beschwerdegericht als iudex a quo (§ 306 Abs. 2). Das zur Entscheidung über die weitere Beschwerde berufene **Rechtsmittelgericht** (OLG, Landeshauptstadt-OLG oder BGH) entscheidet als judex ad quem über die **Zulässigkeit und Begründetheit**, sofern nicht vollständig abgeholfen worden ist. Für die Nachholung rechtlichen Gehörs gelten §§ 33a, 311a. Zur Frage der Zulässigkeit von **Gegenvorstellung** gegen eine unanfechtbare Entscheidung des Rechtsmittelgerichts vgl. Vor § 296 Rdn. 38–47, insb. Rdn. 42 und 44.

§ 311 StPO Sofortige Beschwerde

29 Die Schlechterstellung des Beschwerdeführers (reformatio in peius) ist grundsätzlich nicht verboten, da es für die Beschwerde eine Regelung wie in §§ 331, 358, 373 nicht gibt (vgl. zu den Einzelheiten Vor § 304 Rdn. 17–21).

§ 311 StPO Sofortige Beschwerde. (1) Für die Fälle der sofortigen Beschwerde gelten die nachfolgenden besonderen Vorschriften.
(2) Die Beschwerde ist binnen einer Woche einzulegen; die Frist beginnt mit der Bekanntmachung (§ 35) der Entscheidung.
(3) Das Gericht ist zu einer Abänderung seiner durch Beschwerde angefochtenen Entscheidung nicht befugt. Es hilft jedoch der Beschwerde ab, wenn es zum Nachteil des Beschwerdeführers Tatsachen oder Beweisergebnisse verwertet hat, zu denen dieser noch nicht gehört worden ist, und es auf Grund des nachträglichen Vorbringens die Beschwerde für begründet erachtet.

1 **A. Normzweck, Allgemeines.** Unbefristete Rechtsmittel wie die einfache Beschwerde können einen Zustand der Rechtsunsicherheit bewirken, solange eine Aufhebung durch das nächsthöhere Gericht möglich bleibt (vgl. zur Verwirkung infolge Zeitablaufs Vor § 296 Rdn. 31). Daher bindet das Gesetz in Fällen erhöhten Interesses an Rechtssicherheit die Beschwerde an eine Frist und ermöglicht so, dass die Entscheidung nach Ablauf dieser Frist in **formelle Rechtskraft** erwächst (vgl. Vor § 296 Rdn. 50).

2 Die sofortige Beschwerde unterscheidet sich von der einfachen Beschwerde (§ 304) durch die Bindung an die **Wochenfrist** (§ 311 Abs. 2) und das **Abänderungsverbot** (§ 311 Abs. 3 Satz 1) des Erstgerichts. Sie ist auch gegen das Unterlassen einer Entscheidung möglich, wenn sie im Fall eines förmlichen Erlasses der Entscheidung statthaft wäre (s.o. § 304 Rdn. 3; so etwa im Fall unterbliebene Entscheidung über die Entschädigungspflicht nach StrEG, wobei eine gesetzliche Frist hierfür nicht läuft, vgl. LG Braunschweig NJW 1973, 210; OLG Karlsruhe StV 1984, 474; OLG Düsseldorf NJW 1973, 1660).

3 **B. Abschließende Regelung der Fälle der sofortigen Beschwerde.** Die Fälle, in denen die sofortige Beschwerde eröffnet ist, sind im Gesetz **abschließend** aufgezählt. Eine ausdehnende analoge Anwendung ist nicht möglich (BayObLGSt 1955, 154; OLG Köln NJW 1957, 1204; OLG Oldenburg NJW 1959, 2275).

4 Die sofortige Beschwerde ist nach folgenden Vorschriften der **StPO** statthaft: §§ 28 Abs. 2, 46 Abs. 3, 81 Abs. 4, 101 Abs. 7, 111g Abs. 2, 124 Abs. 2, 138d Abs. 6, 206a Abs. 2, 206b, 210 Abs. 2, 231a Abs. 3, 270 Abs. 3, 322 Abs. 2, 3; 172, 379a Abs. 3, 383 Abs. 2, 390 Abs. 4, 400 Abs. 2, 406a Abs. 1, 408 Abs. 1, 411 Abs. 1, 431 Abs. 5, 440 Abs. 3, 441 Abs. 2, 444 Abs. 2 und 3, 453 Abs. 2, 454 Abs. 3, 462 Abs. 3, 463, 463c Abs. 3 und 464 Abs. 3. Außerdem ist sie z.B. nach §§ 17a Abs. 4, 181 **GVG** und §§ 56 Abs. 2, 59 Abs. 1 und 3, 65 Abs. 2, 73 Abs. 2, 83 Abs. 3 und 99 Abs. 3 **JGG** eröffnet.

5 Umstritten ist, ob im Fall der Ablehnung des Widerrufs der Strafaussetzung zur Bewährung die Staatsanwaltschaft die einfache oder die sofortige Beschwerde erheben kann (vgl. KMR/*Plöd* § 311 Rn. 3 m.w.N.). Überwiegend wird angenommen, dass die einfache Beschwerde möglich sei, da § 453 Abs. 2 Satz 3 nur gegen den Widerruf der Strafaussetzung die sofortige Beschwerde vorsieht, nicht aber für die Ablehnung des Widerrufs (vgl. die Kommentierung zu § 453 Abs. 2 S. 3 Rdn. 6ff.).

6 Eine »weitere sofortige Beschwerde« sieht das Gesetz nicht vor; zur Frage der Behandlung einer solchen als unzulässige Gegenvorstellung vgl. Vor § 296 Rdn. 41–44.

7 **C. Zulässigkeit.** I. Allgemeine Zulässigkeitsvoraussetzungen. Für die sofortige Beschwerde gelten die **allgemeinen Zulässigkeitsvoraussetzungen** (Vor § 296 Rdn. 7–29 und Vor § 304 Rdn. 9–11).

8 Die sofortige Beschwerde kann **schriftlich oder zu Protokoll der Geschäftsstelle** des Gerichts, welches die angefochtene Entscheidung erlassen hat, eingelegt werden (§ 306 Abs. 1). Die Beschwerdeschrift muss in deutscher Sprache abgefasst sein; ein fremdsprachiger Text ohne beigefügte Übersetzung wahrt die Frist nicht (§ 184 GVG; OLG Düsseldorf StV 1982, 359). Allerdings genügt es, wenn ein in englischer Sprache gefasster Schriftsatz das Aktenzeichen enthält und durch die deutschen Einfügungen

»Beschluss« und »Beschwerde« erkennen läßt, dass ein identifizierbarer Beschluss angegriffen werden soll (KG Beschl. vom 23.4.80 – 5 Ws 63/80). Eine **Beschwerdebegründung** ist nicht erforderlich; wird sie abgegeben, kann dies auch noch nach Ablauf der Einlegungsfrist geschehen. Dem Beschwerdeführer ist auf Bitte eine angemessene Frist zur Begründung zu setzen (BayVerfGH Rpfleger 1964, 171).

II. Frist. Die sofortige Beschwerde muss **binnen einer Woche** eingelegt werden (§ 311 Abs. 2). Der 9 Lauf der **Wochenfrist beginnt**, wenn den angefochtene Entscheidung ordnungsgemäß bekannt gemacht worden ist durch Verkündung in Anwesenheit des Beschwerdeführers (§ 35 Abs. 1) oder durch Zustellung (§ 35 Abs. 2, 3). Der Zulässigkeit des Rechtsmittels steht die erneute Zustellung eines inhaltsgleichen Beschlusses nicht entgegen; maßgebend für den Lauf der Wochenfrist ist bei mehrfacher Zustellung an denselben Empfangsberechtigten nur die erste Zustellung (KG Beschl. vom 20.1.2004 – 5 Ws 25/04).

Die **Fristberechnung** erfolgt nach Maßgabe des § 43 (OLG München MDR 1957, 375; zu den Einzel- 10 heiten s. die Kommentierung zu § 43). Wird die Rechtsmittelbelehrung unterlassen oder unrichtig erteilt kommt ebenso wie bei nicht schuldhafter Fristversäumnis die **Wiedereinsetzung** in den vorigen Stand gegen die Versäumung der Einlegungsfrist in Betracht (§ 44; vgl. auch EGMR NJW 2008, 2320).

Wird die sofortige Beschwerde verspätet eingelegt, darf nur das Beschwerdegericht, nicht aber das Erst- 11 gericht (judex a quo) über die sofortige Beschwerde entscheiden; eine den Regelungen der §§ 319, 346 (die nicht analog angewendet werden können) entsprechende Vorschrift sieht das Beschwerderecht nicht vor.

D. Abänderungsverbot (Abs. 3) I. Grundsatz: Verbot der Abänderung. Dem Erst- 12 gericht (judex a quo) ist es in den Fällen der sofortigen Beschwerde nach § 311 Abs. 3 Satz 1 grds. nicht gestattet, seine eigene Entscheidung **abzuändern** (vgl. BGHSt 8, 194; OLG Köln NJW 1955, 314). Eine **Ergänzung** der angefochtenen Entscheidung ist ebenfalls nicht möglich (OLG München MDR 1987, 782; OLG Hamm NJW 1973, 1515).

II. Ausnahmen. 1. Abhilfe nach § 311 Abs. 3 Satz 2. Nach § 311 Abs. 3 Satz 2 ist die **Abhilfe** 13 einer zum Nachteil des Beschwerdeführers ergangenen Entscheidung ausnahmsweise dann möglich, wenn das Erstgericht zum Nachteil des Beschwerdeführers in entscheidungserheblicher Weise Tatsachen oder Beweisergebnisse verwertet hat, ohne ihm zuvor rechtliches Gehör zu gewähren (KK/*Zabeck* § 311 Rn. 6; *Meyer-Goßner/Schmitt* § 311 Rn. 6). Anders als bei § 33a ist auch dann die Entscheidung abzuändern, wenn das nachträgliche Vorbringen des Beschwerdeführers selbst keine neuen Tatsachen enthält und nur in einer (überzeugenden) rechtlichen Würdigung besteht, die sich auf Tatsachen oder Beweisergebnisse bezieht, zu denen er nicht gehört worden war.

Die Abänderung erfolgt durch **Beschluss**, der gem. § 35 bekannt zu machen ist und der wiederum mit 14 der sofortigen Beschwerde angefochten werden kann (*Meyer-Goßner/Schmitt* § 311 Rn. 6). Wenn die Voraussetzungen des § 311 Abs. 3 Satz 2 nicht gegeben sind, ist ein förmlicher Nichtabhilfebeschluss nicht erforderlich; sieht das Gericht trotz Verletzung des rechtlichen Gehörs die Beschwerde als unbegründet an, ist dies in den Akten zu vermerken, bevor die Sache dem Beschwerdegericht vorgelegt wird (*Meyer-Goßner/Schmitt* § 311 Rn. E).

Streitig ist, ob Voraussetzung für die Abhilfe ist, dass die sofortige Beschwerde zulässig und **fristgemäß** 15 eingelegt worden ist (so OLG Düsseldorf MDR 1986, 341; KK/*Zabeck* § 311 Rn. 7; *Katzenstein* StV 2003, 361 Fn 31). Diese nach dem Wortlaut der Vorschrift naheliegende Sichtweise ist nach Sinn und Zweck der Norm zu bejahen, da nur eine solche Auslegung dem Interesse alsbaldiger Rechtskraft (s.o. Rdn. 1) gerecht wird. Die Gegenansicht (LR/*Matt* § 311 Rn. 12; KMR/*Plöd* § 311 Rn. 6) will dagegen die Abänderung für den Fall der Unzulässigkeit der Beschwerde wegen Fristablaufs zulassen.

2. Entscheidung aufgrund nachträglicher Anhörung. Nach § 33a ist eine Entscheidung aufgrund 16 **nachträglicher Anhörung** möglich, wenn in entscheidungserheblicher Weise gegen den Grundsatz des rechtlichen Gehörs verstoßen worden und die Entscheidung sonst nicht anfechtbar ist (vgl. BGHSt 26, 127 für den Fall des Widerrufs der Strafaussetzung und öffentlicher Zustellung des Beschlusses). Hat der Betroffene allerdings die Rechtsmittelfrist **versäumt** oder **zurückgenommen**, soll § 33a nicht gelten (vgl. OLG Celle NJW 1968, 1391; OLG Stuttgart NJW 1974, 284).

§ 311a StPO Nachträgliche Anhörung des Gegners

17 **E. Wirkung der Einlegung der sofortigen Beschwerde.** Auch die sofortige Beschwerdehemmt die Vollstreckung der angefochtenen Entscheidung grds. nicht; nur in den gesetzlich bestimmten besonderen Fällen (§ 307 Abs. 1; vgl. dort Rdn. 1–3) hat die sofortige Beschwerde **aufschiebende Wirkung.** Das Erstgericht, sein Vorsitzender und das Beschwerdegericht (vgl. § 307 Rdn. 7–9) können aber gem. § 307 Abs. 2 Aussetzung der Vollziehung anordnen. Bis zum Ablauf der Wochenfrist ist der Eintritt der **formellen Rechtskraft gehemmt,** sofern nicht vorher der Rechtsmittelverzicht oder die Rücknahme erklärt wird (vgl. § 302); wird die sofortige Beschwerde eingelegt, bewirkt sie die Hemmung der Rechtskraft bis zur Entscheidung über das Rechtsmittel oder dessen Zurücknahme.

§ 311a StPO Nachträgliche Anhörung des Gegners.

(1) Hat das Beschwerdegericht einer Beschwerde ohne Anhörung des Gegners des Beschwerdeführers stattgegeben und kann seine Entscheidung nicht angefochten werden, so hat es diesen, sofern der ihm dadurch entstandene Nachteil noch besteht, von Amts wegen oder auf Antrag nachträglich zu hören und auf einen Antrag zu entscheiden. Das Beschwerdegericht kann seine Entscheidung auch ohne Antrag ändern. (2) Für das Verfahren gelten die §§ 307, 308 Abs. 2 und § 309 Abs. 2 entsprechend.

1 **A. Normzweck, Anwendungsbereich.** Die durch Art. 8 Nr. 6 StPÄG im Jahr 1964 eingeführte Vorschrift regelt die verfassungsrechtlich gebotene Nachholung rechtlichen Gehörs des Beschwerde**gegners,** wenn dieser vor der Beschwerdeentscheidung nicht gehört worden war. Dabei ist es unerheblich, ob das Beschwerdegericht absichtlich von der Anhörung aufgrund der §§ 308 Abs. 1 Satz 1, 33 Abs. 4 Satz 1 abgesehen hat oder diese aus sonstigen Gründen unterblieben ist (vgl. zur Subsidiarität der Verfassungsbeschwerde ggü. der Ausschöpfung der Möglichkeiten der §§ 33a, 311a BVerfGE 33, 192). Für andere Verfahrensbeteiligte gilt die Vorschrift nicht; eine entsprechende Anwendung kommt nicht in Betracht. Ggü. § 33a ist **§ 311a spezieller,** da die Vorschrift auch die Nachholung des rechtlichen Gehörs zu Rechtsfragen ermöglicht (BayObLG MDR 1983, 689). Im Revisionsverfahren gilt § 356a. § 311a enthält eine **abschließende Regelung** für die Nachholung der Anhörung; eine Wiedereröffnung des Beschwerdeweges gegen eine rechtskräftige Entscheidung, auch im Wege der Wiedereinsetzung in den vorigen Stand gegen die Versäumung der Beschwerdefrist, ist nicht statthaft (OLG Karlsruhe MDR 1974, 686; HK/*Rautenberg* § 311a Rn. 3).

2 Umstritten ist, ob die Vorschrift auch dann Anwendung findet, wenn die **Staatsanwaltschaft als Beschwerdegegner** in ihrem aus § 33 Abs. 2 folgenden Anhörungsrecht verletzt ist (dafür LR/*Matt* § 311a Rn. 5; HK/*Rautenberg* § 311a Rn. 4; KK/*Zabeck* § 311a Rn. 2; SK/*Frisch* § 311a Rn. 7; dagegen Meyer-Goßner/Schmitt § 311a Rn. 1; LR/*Graalmann-Scheerer* § 33a Rn. 8; KK/*Maul* § 33a Rn. 3). Zwar scheint es naheliegend, das Wort »Gegner« wie in § 308 zu verstehen und folglich auch der Staatsanwaltschaft die Möglichkeit der nachträglichen Anhörung zu verschaffen. Sinn und Zweck der Vorschrift sprechen jedoch dagegen: Da die Staatsanwaltschaft nicht Träger des Grundrechtes des Art. 103 Abs. 1 GG sein kann, dessen Durchsetzung die Vorschrift dient, ist die ablehnende Ansicht vorzugswürdig.

3 **B. Voraussetzungen und Verfahrensregeln des Nachverfahrens. I. Voraussetzungen.** Das Nachverfahren des § 311a ist an **keine Frist** gebunden. Es wird **auf Antrag** oder **von Amts wegen,** wenn das Gericht die Gehörsverletzung bemerkt, durchgeführt. Im letzteren Fall empfiehlt sich allerdings, sogleich mit dem Hinweis auf die Gehörsverletzung dem Beschwerdegegner eine angemessene Frist zu setzen, binnen derer er sich nachträglich zur Beschwerde äußern soll. Im Einzelnen müssen folgende Voraussetzungen gegeben sein:

4 **1. Unanfechtbarkeit der Entscheidung.** Die Entscheidung darf nicht weiter anfechtbar sein; insb. darf die weitere Beschwerde (§ 310) nicht gegeben sein. Denn das Nachverfahren ist subsidiär ist ggü. der Heilung des Gehörsverstoßes im Verfahren über die (weitere) Beschwerde. Der Rechtsweg muss daher i.S.d. § 90 Abs. 2 BVerfGG erschöpft sein (vgl. *Rautenberg* § 311a Rn. 5).

5 **2. Verletzung rechtlichen Gehörs.** Das Verfahren setzt weiter voraus, dass der Beschwerdegegner nicht gehört worden ist. Dabei ist es unerheblich, ob die Nichtanhörung nach § 308 Abs. 1 Satz 2,

33 Abs. 4 Satz 1 gestattet war oder aus sonstigen Gründen erfolgte, etwa weil der Angeklagte unbekannten Aufenthalts war.

3. (Teil-) Erfolg der Beschwerde. Wurde die Beschwerde verworfen, kann dem Gegner kein Nachteil erwachsen sein. Das Nachholverfahren setzt daher voraus, dass der Beschwerde (zumindest teilweise) stattgegeben worden ist. 6

4. Nachteil des Beschwerdeführers. Dem Beschwerdegegner muss durch den (Teil-) Erfolg ein Nachteil (vgl. § 308 Rdn. 5, 6) entstanden ist, der noch besteht. Das ist nicht mehr der Fall, wenn die Entscheidung prozessual überholt oder aus anderen Gründen zwischenzeitlich aufgehoben worden ist. 7

II. Verfahrensregeln. Nach **Abs. 2** gelten für das Nachverfahren gelten §§ 307 (keine Vollzugshemmung), 308 Abs. 2 (Ermittlungsbefugnis des Beschwerdegerichts) und 309 Abs. 2 (Berechtigung und Verpflichtung zur umfassenden Entscheidung über den Beschwerdegegenstand) entsprechend. Erfolgt eine vorläufige Regelung nach § 307 Abs. 2, so ist diese ausdrücklich aufzuheben, falls keine förmliche Sachentscheidung im Anhörungsverfahren ergeht. 8

C. Entscheidung. Nach Anhörung des Gegners und ggf. weiteren Ermittlungen (§ 308 Abs. 2), zu denen ggf. der Beschwerdeführer zu hören ist, entscheidet das Beschwerdegericht durch **Beschluss**, mit dem die Beschwerdeentscheidung bestätigt wird, falls sie sich als richtig erwiesen hat; wenn dies nicht der Fall ist, wird die Beschwerdeentscheidung abgeändert oder aufgehoben. Die Abänderung ist auch von Amts wegen möglich (§ 311a Abs. 1 Satz 2). 9

Eine formelle Entscheidung durch Beschluss ist jedoch nicht erforderlich, wenn kein ausdrücklicher Antrag auf Durchführung des Nachverfahrens gestellt worden ist und die Anhörung des Gegners und ggf. Nachermittlungen keinen Anlass zur Abänderung der Beschwerdeentscheidung geben. Hat das Beschwerdegericht jedoch zuvor im Nachverfahren die Aussetzung des Vollzuges (§ 307 Abs. 2) angeordnet, ist in jedem Fall ein förmlicher Beschluss erforderlich (KMR/*Plöd* § 311a Rn. 6). 10

D. Rechtsmittel. Der die Beschwerdeentscheidung bestätigende Beschluss ist **unanfechtbar** (KG NJW 1966, 991). 11

Gegen die **Ablehnung des Antrages auf Durchführung des Nachverfahrens** ist – unabhängig davon, in welcher Form die Ablehnung erfolgte – nach einhelliger Ansicht die **Beschwerde nach § 304** möglich (BVerfG NJW 2000, 650; KG NJW 1966, 991; OLG Braunschweig NJW 1971, 1710; OLG Hamburg NJW 1972, 219; *Meyer-Goßner/Schmitt* § 311a Rn. 3 m.w.N.; HK/*Rautenberg* § 311a Rn. 14). Zur Begründung wird angeführt, dass das Verfahren nach § 311a in zwei Teile zerfalle, nämlich als Erstes das Nachholverfahren, in dem das rechtliche Gehör gewährt werde, und als Zweites das Überprüfungsverfahren, in dem nach Anhörung des Gegners die Beschwerdeentscheidung überprüft und ggf. abgeändert werde. Nur der zweite Teil sei als Teil der Beschwerdeentscheidung unanfechtbar (§ 310); der erste Teil indes betreffe nur Verfahrensfragen im ersten Rechtszug, die zur Überprüfung mit der einfachen Beschwerde stünden (vgl. KG a.a.O.; s.a. § 304 Rdn. 4). Allerdings ist auch der erste Teil nicht anfechtbar, wenn die Beschwerde nach § 304 Abs. 4 Satz 1 (Beschlüsse des BGH) oder nach § 304 Abs. 4 Satz 2 (bestimmte Beschlüsse der OLGe) ausgeschlossen ist. 12

Streitig ist, ob im Nachholverfahren auch gegen die **Ablehnung der Aussetzung des Vollzuges** nach § 307 Abs. 2 die Beschwerde zulässig ist (bejahend KK/*Zabeck* § 311a Rn. 14 mit der Begründung, dass die Entscheidung nach § 307 »in jedem Fall als erstinstanzlich anzusehen« sei; verneinend OLG Celle MDR 1996, 1284; HK/*Rautenberg* § 311a Rn. 16; vgl. a. SK/*Frisch* § 311a Rn. 23). 13

Dies ist mit den Argumenten des OLG Celle a.a.O. abzulehnen. § 310 Abs. 2 steht im Beschwerderecht einer doppelte Überprüfung in der Sache entgegen, sofern nicht ausdrücklich anderes bestimmt ist (§ 310 Abs. 1). Wenn es um die Gewährung nachträglichen rechtlichen Gehörs durch das Beschwerdegericht nach § 311a Abs. 1 geht und zugleich ein Antrag nach § 307 Abs. 2 gestellt wird, ist die darauf ergehende Überprüfungsentscheidung ihrerseits als Teil der Beschwerdeentscheidung anzusehen und damit nicht anfechtbar. Vorläufige Entscheidungen nach § 307 Abs. 2 sind nur anfechtbar, wenn gegen die Entscheidung in der Sache selbst weitere Beschwerde zulässig ist (*Meyer-Goßner/Schmitt* § 307 Rn. 4; LR/*Matt* § 307 Rn. 9; KMR/*Plöd* § 307 Rn. 6); das ist hier aber gerade nicht der Fall, 14

§ 312 StPO Zulässigkeit

weil das Anhörungsverfahren nur dann stattfindet, wenn eine weitere Anfechtung ausgeschlossen ist. Wird daher mit dem Antrag nach §§ 311a Abs. 2 an das Beschwerdegericht zugleich ein Antrag nach § 307 Abs. 2 gestellt, ist die ablehnende Entscheidung über die vorläufige Aussetzung eine die sachliche Prüfung teilweise vorwegnehmende Entscheidung des Beschwerdegerichts, die der Anfechtung wegen der Wirkung des § 310 StPO entzogen ist.

Dritter Abschnitt. Berufung

Vorbemerkung zu §§ 312 ff. StPO

1 Die zulässige Berufung führt im Umfang der Anfechtung (§ 318) zu einer neuen und umfassenden Nachprüfung des durch den **Eröffnungsbeschluss** umgrenzten Prozessgegenstandes (§ 264) in tatsächlicher und rechtlicher Hinsicht aufgrund einer neuen Hauptverhandlung. Das Berufungsgericht entscheidet als zweite **Tatsacheninstanz** über sämtliche Tat- und Rechtsfragen nach seiner freien, aus dem Inbegriff der Verhandlung geschöpften Überzeugung (§ 261). Die Grundsätze der Mündlichkeit und Unmittelbarkeit der Beweisaufnahme gelten ebenso wie im erstinstanzlichen Verfahren, wobei der Grundsatz der Unmittelbarkeit der Beweisaufnahme durch § 325 eingeschränkt ist.

2 Im Gegensatz zur **Revision** wird in der Berufung nicht das Ersturteil und das ihm zugrunde liegende Verfahren auf Fehler überprüft, sodass grds. auch keine Zurückverweisung vorgesehen ist; eine Ausnahme lässt § 328 Abs. 2 bei örtlicher oder sachlicher Unzuständigkeit des Erstgerichts zu. Daher fehlt eine dem § 336 entsprechende Vorschrift.

3 **Berufungsurteile** sind nochmals mit der Revision anfechtbar (§ 333). Gegen Urteile des Strafrichters und Schöffengerichts stehen also nicht nur wahlweise (§ 335), sondern auch nacheinander zwei Rechtsmittel zur Verfügung. In Verfahren gegen Jugendliche und ihnen gleichstehende Heranwachsende sind die Rechtsmittel der Berufung und Revision nur wahlweise möglich (§ 55 Abs. 2 JGG).

4 Dass gegen **erstinstanzliche Urteile des LG und OLG keine 2. Tatsacheninstanz** stattfindet, ist angesichts der zahlenmäßig stärkeren Besetzung jener Spruchkörper und i.d.R. umfassenderen, sorgfältigeren Sachverhaltsaufklärung im Vergleich zum AG vertretbar. Dies gilt umso mehr, als schon wegen des verlängerten Zeitabstands zur Tat, der damit verbundenen Qualitätseinbußen von – insb. personalen – Beweismitteln und der Gefahr, dass im Hinblick auf eine ohnehin noch zur Verfügung stehende 2. Tatsacheninstanz die AG (auch in Verfahrensfragen) in Einzelfällen weniger exakt zu arbeiten geneigt sein können, im Berufungsverfahren die Wahrheitserforschung (§ 244 Abs. 2) unter ggü. der Erstinstanz i.d.R. erschwerten Voraussetzungen stattfinden muss.

§ 312 StPO Zulässigkeit. Gegen die Urteile des Strafrichters und des Schöffengerichts ist Berufung zulässig.

1 **A. Statthaftigkeit. I.** Gegen Urteile des Strafrichters (§ 25 GVG), des Schöffengerichts (§ 28 GVG), des Jugendrichters (§ 39 JGG) und des Jugendschöffengerichts (§ 40 JGG) ist die Berufung zulässig. Maßgebend ist nicht, dass die angefochtene Entscheidung als Urteil bezeichnet ist. Entscheidend kommt es vielmehr auf den sachlichen Inhalt an (BGHSt 18, 381 ff.; 25, 242). Werden nur **Nebenentscheidungen im Urteil** angegriffen, ist nicht die Berufung das statthafte Rechtsmittel, sondern die sofortige Beschwerde (z.B. die Kostenentscheidung, § 464 Abs. 3).

2 **II.** Bei Verurteilung wegen einer Ordnungswidrigkeit ist zu unterscheiden:

3 1. Handelt es sich um ein Bußgeldverfahren und hat deshalb das gerichtliche Verfahren ausschließlich Ordnungswidrigkeiten zum Gegenstand, ist gegen das Urteil nicht die Berufung, sondern die Rechtsbeschwerde statthaft (§§ 79, 80 OWiG).

2. Handelt es sich um ein Strafverfahren (auch wenn ein Bußgeldverfahren nach § 81 OWiG zum Strafverfahren übergeleitet worden ist), ist nur die Berufung statthaft, wenn nur wegen einer Ordnungswidrigkeit verurteilt worden ist.

3. Das Strafverfahren hat eine Straftat **und** eine Ordnungswidrigkeit zum Gegenstand; es handelt sich dabei um zwei **materiell-rechtlich** selbstständige Handlungen i.S.d. § 53 StGB, aber um eine **prozessuale** Tat gem § 264. In einem derartigen Verfahren ist die Verurteilung wegen der Ordnungswidrigkeit selbst dann mit der Berufung anfechtbar, wenn wegen der Straftat freigesprochen worden ist. Auch ein Freispruch wegen der Ordnungswidrigkeit kann nur mit der Berufung angegriffen werden. Erst recht ist nur die Berufung statthaft, wenn in vollem Umfang eine Verurteilung erfolgt ist.

4. Liegen dem Strafverfahren hingegen Straftaten und Ordnungswidrigkeiten zugrunde, die **mehrere** Taten im prozessualen Sinn bilden, ist die Entscheidung im Urteil über die Straftaten mit der Berufung, über die Ordnungswidrigkeiten mit der Rechtsbeschwerde anfechtbar (BayObLG NJW 1970, 1202). Wird gegen ein derartiges Urteil sowohl Berufung als auch form- und fristgerecht Rechtsbeschwerde eingelegt, ist die Rechtsbeschwerde so lange als Berufung zu behandeln wie die Berufung gegen den die Straftaten betreffenden Teil des Urteils nicht zurückgenommen oder als unzulässig verworfen worden ist; einer Zulassung der Rechtsbeschwerde bedarf es in diesem Fall gem. § 83 Abs. 2 OWiG nicht (HK/*Rautenberg* § 312 Rn. 5).

B. Berufungsgerichte. **I.** Zuständiges Gericht ist sowohl bei Berufungen gegen Urteile des Strafrichters als auch gegen Urteile des Schöffengerichts die kleine Strafkammer des LG (§§ 74 Abs. 3, 76 Abs. 1 Satz 1 GVG).

II. Im Jugendstrafverfahren entscheidet bei Berufungen gegen Urteile des Jugendrichters die **kleine** Jugendkammer des LG (§ 33b Abs. 1 JGG) und bei Berufungen gegen Urteile des Jugendschöffengerichts die **große** Jugendkammer des LG (§ 33b Abs. 1 JGG).

III. Die Zuständigkeit des Berufungsgerichts richtet sich nicht danach, welches Gericht in erster Instanz hätte entscheiden müssen, sondern danach, welches Gericht tatsächlich entschieden hat (OLG Celle NStZ 1994, 298; HK/*Rautenberg* § 312 Rn. 7).

§ 313 StPO Annahmeberufung bei geringen Geldstrafen und Geldbußen.

(1) Ist der Angeklagte zu einer Geldstrafe von nicht mehr als fünfzehn Tagessätzen verurteilt worden, beträgt im Falle einer Verwarnung die vorbehaltene Strafe nicht mehr als fünfzehn Tagessätze oder ist eine Verurteilung zu einer Geldbuße erfolgt, so ist die Berufung nur zulässig, wenn sie angenommen wird. Das gleiche gilt, wenn der Angeklagte freigesprochen oder das Verfahren eingestellt worden ist und die Staatsanwaltschaft eine Geldstrafe von nicht mehr als dreißig Tagessätzen beantragt hatte.
(2) Die Berufung wird angenommen, wenn sie nicht offensichtlich unbegründet ist. Andernfalls wird die Berufung als unzulässig verworfen.
(3) Die Berufung gegen ein auf Geldbuße, Freispruch oder Einstellung wegen einer Ordnungswidrigkeit lautendes Urteil ist stets anzunehmen, wenn die Rechtsbeschwerde nach § 79 Abs. 1 des Gesetzes über Ordnungswidrigkeiten zulässig oder nach § 80 Abs. 1 und 2 des Gesetzes über Ordnungswidrigkeiten zuzulassen wäre. Im Übrigen findet Absatz 2 Anwendung.

A. Annahmeberufung. Die Annahmeberufung wurde durch das Rechtspflegeentlastungsgesetz 1993 eingeführt. Sie verdankt ihre Existenz gesetzgeberischen Bemühungen, die Belastung der Justiz zu begrenzen und den Aufbau in den neuen Bundesländern zu unterstützen. Danach bedarf die Berufung im Strafprozess nach geltendem Recht dann einer gesonderten Annahmeentscheidung, wenn der Angeklagte zu einer Geldstrafe von nicht mehr als fünfzehn Tagessätzen verurteilt worden ist (§ 313 Abs. 1 Satz 1). Gleichgestellt werden Verwarnungen, bei denen die vorbehaltene Strafe ebenfalls nicht mehr als fünfzehn Tagessätze beträgt. Die besondere Zulässigkeitsvoraussetzung der Annahme der Berufung gilt weiter für Freisprüche oder Einstellungen, wenn die StA eine Geldstrafe

§ 313 StPO   Annahmeberufung bei geringen Geldstrafen und Geldbußen

von nicht mehr als dreißig Tagessätzen beantragt hatte (§ 313 Abs. 1 Satz 2). Angenommen wird die Berufung (§ 313 Abs. 2), wenn sie nicht offensichtlich unbegründet ist, andernfalls wird sie als unzulässig verworfen. Aus diesen gesetzlichen Regelungen ergibt sich, dass die Annahmeberufung auf Entscheidungen im Bereich der Bagatellkriminalität beschränkt ist (*Feuerhelm* StV 1997, 99 ff.).

2 **B. Reichweite des § 313 Abs. 1. I.** Die Regelung des § 313 Abs. 1 Satz 1 gilt nur, wenn ausschließlich die genannte Rechtsfolge verhängt worden ist. Ist daneben eine Maßregel (§ 61 StGB), Nebenstrafe (§ 44 StGB) oder sonstige Maßnahme (z.B. nach §§ 73 ff. StGB) verhängt worden oder von der StA gegen den nichtverurteilten Angeklagten beantragt worden, gilt § 313 Abs. 1 Satz 1 nicht; in diesen Fällen ist die Berufung stets ohne Annahme zulässig.

3 **II.** Bei der Verhängung einer Gesamtgeldstrafe ist allein auf deren Höhe und nicht auf die Summe der Einzelgeldstrafen abzustellen. Wurden mehrere Geldstrafen oder mehrere Gesamtgeldstrafen verhängt, die untereinander nicht gesamtstrafenfähig sind, sind die verhängten (oder bei Freispruch beantragten) Strafen zusammenzurechnen. Die Berufung bedarf also nicht der Annahme, wenn zwei nichtgesamtstrafenfähige Geldstrafen zu je 10 Tagessätzen ausgesprochen worden sind. Das folgt aus dem Wortlaut des § 313 Abs. 1 Satz 1 (»einer« Geldstrafe) und daraus, dass eine § 79 Abs. 2 OWiG entsprechende Vorschrift fehlt und zudem diese Vorschrift in § 313 Abs. 3 nicht für entsprechend anwendbar erklärt worden ist (*Meyer-Goßner/Schmitt* § 313 Rn. 5).

4 **III.** Die Berufung ist nicht nur im Fall einer Verurteilung zu einer Geldstrafe von bis zu 15 Tagessätzen von einer Annahme abhängig. Ergänzt wird diese Regelung durch § 313 Abs. 1 Satz 2, wonach im Fall eines Freispruchs des Angeklagten das Rechtsmittel eine Annahme dann erfordert, wenn die StA eine Geldstrafe von nicht mehr als 30 Tagessätzen beantragt hatte. Keine ausdrückliche Regelung enthält das Gesetz für den Fall, dass die StA in der Hauptverhandlung einen Freispruch beantragt hatte und das Gericht antragsgemäß entschieden hat. Während eine Berufung des Angeklagten in diesem Fall wegen fehlender Beschwer unzulässig ist, ist die Frage, ob eine Berufung der StA (und/oder des Nebenklägers) annahmepflichtig ist, umstritten. Die herrschende Meinung hält in einem solchen Fall § 313 Abs. 1 Satz 2 nicht für anwendbar, sodass die Berufung nicht der Annahme bedarf (OLG Karlsruhe StV 1997, 69; OLG Hamm StV 1997, 69 f.; OLG Koblenz NStZ 1994, 601; OLG Köln NStZ 1996, 150 f.; OLG Oldenburg NdsRpfl 1995, 135; OLG Celle NStZ-RR 1996, 43; OLG Zweibrücken MDR 1996, 732; HK/*Rautenberg* § 313 Rn. 6; KK/*Paul* § 313 Rn. 2c; *Pfeiffer/Fischer* § 313 Rn. 2; *Feuerhelm* StV 1997, 100). Für die herrschende Meinung spricht das Anliegen des Gesetzes: die Annahmeberufung wäre bei einem auf entsprechenden Antrag der StA erfolgenden Freispruch nicht mehr nur auf Bagatellfälle beschränkt. Der Antrag auf Freispruch ist insoweit nicht als ein Minus, sondern als aliud ggü. dem Antrag auf Verurteilung zu einer Geldstrafe von nicht mehr als 30 Tagessätzen aufzufassen (*Feuerhelm* StV 1997, 100). Die Gegenansicht, wonach es darauf ankommt, ob die StA für den Fall der Verurteilung eine höhere Strafe als Geldstrafe von 30 Tagessätzen beantragt hätte und demgemäß im Berufungsverfahren beantragen will (*Meyer-Goßner/Schmitt* § 313 Rn. 4b; OLG Hamm StV 1997, 69 f. bei vorausgegangenem Strafbefehlsverfahren) überzeugt aus Gründen der Rechtssicherheit und Klarheit des Rechtsmittelsystems nicht.

5 **IV.** Ist im Strafverfahren der Angeklagte nur wegen einer **OWi** verurteilt oder freigesprochen oder das Verfahren eingestellt worden, bedarf die Berufung stets der Annahme.

6 Wurde der Angeklagte hingegen sowohl zu einer Geldstrafe von nicht mehr als 15 Tagessätzen als auch zu einer Geldbuße wegen einer OWi verurteilt, ist die Frage, ob die Berufung gegen ein derartiges Urteil der Annahme bedarf, bei Vorliegen einer Tat im prozessualen Sinn (§ 264) umstritten. Die wohl herrschende Meinung geht zu Recht davon aus, dass in diesem Fall § 313 nicht anwendbar ist (OLG Celle StV 1995, 179 ff.; HK/*Rautenberg* § 313 Rn. 7; KK/*Paul* § 313 Rn. 2a). Begründet wird dies vor allem mit den gesetzgeberischen Motiven und dem Gesetzeswortlaut, der besagt, dass nur bei ausdrücklicher Annahme die Berufung gegen solche Urteile zulässig ist, die eine Geldstrafe von nicht mehr als 15 Tagessätzen, im Fall einer Verwarnung einen Strafvorbehalt von nicht mehr als 15 Tagessätzen **oder** eine Geldbuße enthalten. Es ist also ein »oder« und nicht ein »und« verwandt worden. Die gegenteilige Auffassung (*Meyer-Goßner/Schmitt* § 313 Rn. 7) widerspricht dem eindeutigen Gesetzeswortlaut. Dass die

Berufung auch in Bagatellfällen uneingeschränkt gestattet wird, was § 313 gerade verhindern will, muss im Interesse der größeren Klarheit und Rechtssicherheit hingenommen werden.

Liegen mehrere Taten im prozessualen Sinn (§ 264) vor und wurde der Angeklagte wegen der Straftat zu einer Geldstrafe von nicht mehr als 15 Tagessätzen und wegen der OWi zu einer Geldbuße verurteilt, gilt § 83 Abs. 2 OWiG. Das bedeutet, dass die gegen die Verurteilung wegen einer OWi zulässige Rechtsbeschwerde, wenn sie und die die Straftat betreffende Berufung angenommen werden, als Berufung behandelt wird. Wird die Berufung hinsichtlich der Straftat nicht angenommen, kann die Verurteilung wegen der OWi nur mit der Rechtsbeschwerde angefochten werden (*Meyer-Goßner/Schmitt* § 313 Rn. 7). 7

V. § 313 gilt für alle Anfechtungsberechtigten. Bei einer Berufung der StA ist es gleichgültig, ob die Berufung zugunsten oder zuungunsten des Angeklagten eingelegt wird (KK/*Paul* § 313 Rn. 2; *Meyer-Goßner/Schmitt* § 313 Rn. 3). 8

VI. Weiter hat § 313 Gültigkeit in Privatklageverfahren (*Meyer-Goßner/Schmitt* § 313 Rn. 2) und im beschleunigten Verfahren (OLG Frankfurt am Main NStZ-RR 1997, 273). 9

VII. Im Jugendstrafverfahren ist § 313 dagegen nicht anwendbar (*Schäfer* NStZ 1998, 334). Das gilt auch, wenn der Angeklagte neben der Geldstrafe im Adhäsionsverfahren zu einer Schadensersatzleistung verurteilt (KK/*Paul* § 313 Rn. 2a; a. A. OLG Jena NStZ-RR 1997, 274) oder neben der Verhängung einer Geldstrafe in einem weiteren Fall nach § 60 StGB von der Verhängung einer Strafe abgesehen wurde (KK/*Paul* § 313 Rn. 2a; OLG Oldenburg NStZ-RR 1998, 309). 10

C. Annahme der Berufung. I. Nach § 313 Abs. 2 wird die Berufung angenommen, wenn sie nicht offensichtlich unbegründet ist. In dieser Vorschrift hat der Gesetzgeber bewusst an die Regelung in § 349 Abs. 2 angeknüpft. Nach herrschender, verfassungsrechtlich nicht zu beanstandender Ansicht der Strafgerichte ist die Berufung offensichtlich unbegründet, wenn für jeden Sachkundigen anhand der Urteilsgründe und einer eventuell vorliegenden Berufungsbegründung sowie des Protokolls der Hauptverhandlung erster Instanz ohne längere Prüfung erkennbar ist, dass das Urteil sachlich-rechtlich nicht zu beanstanden ist und keine Revision begründen würden, die die Revision begründen würden (BVerfG NJW 1996, 2785 f.; *Meyer-Goßner/Schmitt* § 313 Rn. 9). Anders als bei der Revision, die bei der Sachrüge nur die Urteilsgründe zur Grundlage der Prüfung machen und Beweiswürdigung und Rechtsfolgenausspruch nur auf rechtliche Fehler überprüfen darf, ist dem Berufungsgericht eine weiter gehende Überprüfungsbefugnis zuzusprechen, weil die Berufungsverhandlung zu einer völligen Neuverhandlung der Sache führt. Daher ist die Berufung auch dann nicht offensichtlich unbegründet, wenn sich aus der Sicht des LG Bedenken gegen die Beweiswürdigung oder die Strafzumessung des AG ergeben. Das gilt auch dann, wenn der Angeklagte zur Entkräftung von Feststellungen, auf denen das erstinstanzliche Urteil beruht, neue Beweisanträge ankündigt. Diese dürfen regelmäßig nur dann unbeachtet bleiben, wenn ein Grund vorliegt, der gem. § 244 die Ablehnung eines Beweisantrags rechtfertigt (BVerfG NJW 1996, 2786). Das entspricht den verfassungsrechtlichen Anforderungen an das rechtliche Gehör. Nur ausnahmsweise wird es in Betracht kommen, einen neuen Beweisantrag als ungeeignet anzusehen, das bisherige Beweisergebnis zu entkräften; das Tatbestandsmerkmal der Offensichtlichkeit in § 313 Abs. 2 Satz 1 ist insoweit nur dann erfüllt, wenn an der Richtigkeit der tatsächlichen Feststellungen vernünftigerweise kein Zweifel bestehen kann. Für diese Lösung, in allen Zweifelsfällen die Berufung anzunehmen, spricht i.Ü. ein weiteres Argument. Über die Annahme der Berufung entscheidet der Vorsitzende der kleinen Strafkammer am LG alleine. Es fehlt hier das Erfordernis einer einstimmigen Kollegialentscheidung, die in Revisionsverfahren als Ausgleich für Probleme beim Umgang mit dem Begriff der offensichtlichen Unbegründetheit angesehen wird (*Feuerhelm* StV 1997, 103 f.). Im Ergebnis wird man somit nur selten zur Annahme kommen können, dass die Berufung offensichtlich unbegründet ist (z.B. wenn das erstinstanzliche Verfahren und Urteil fehlerfrei sind und eine Berufungsbegründung nicht vorhanden ist bzw. der Annahmeantrag nicht begründet ist). 11

II. Auch eine **Teilanfechtung** ist i.R.d. § 313 Abs. 1 zulässig. Voraussetzung ist aber, dass eine solche nach § 318 Satz 1 möglich ist. So kann der Berufungsführer bspw. sein Rechtsmittel auf eines von mehreren in Tatmehrheit (§ 53 StGB) stehenden Taten beschränken. In diesem Fall bedarf die Berufung der Annahme, wenn die Einzelstrafe für diese Tat innerhalb der Grenze des § 313 Abs. 1 liegt (KK/*Paul* 12

§ 313 Rn. 2a). Weiter kann der Berufungsführer, wenn er zu einer Geldstrafe von nicht mehr als 15 Tagessätzen verurteilt worden ist, die Berufung auf den Strafausspruch beschränken.

13 Liegt ein Fall des § 313 Abs. 1 vor, ist die Berufung aber nur bezüglich eines abtrennbaren Teils des angefochtenen Urteils offensichtlich unbegründet, muss sie insoweit als unzulässig verworfen und i.Ü. aber angenommen werden. Denn durch die Beschränkung der Annahme auf einen abtrennbaren Teil des Urteils wird eine möglicherweise zeitraubende Beweisaufnahme zur Frage des Schuldspruchs vermieden und die Berufungsverhandlung auf denjenigen Teil des Urteils beschränkt, bei dem nach Aktenlage eine Überprüfung erforderlich erscheint (LG Stuttgart NStZ 1995, 301). Begründet wird dies mit der rechtsähnlichen Ausgestaltung der Annahmeberufung nach § 313 Abs. 2 Satz 1 mit dem Revisionsverfahren (§ 349 Abs. 2) und dem Zweck des Gesetzes zur Entlastung der Rechtspflege vom 11.01.1993, nämlich der Verfahrensvereinfachung und -verbesserung u.a. durch Beschränkung der Rechtsmittel (HK/*Rautenberg* § 313 Rn. 11).

14 **III.** Nach § 313 Abs. 3 ist die Berufung gegen ein auf Geldbuße, Freispruch oder Einstellung wegen einer Ordnungswidrigkeit lautendes Urteil stets anzunehmen, wenn die Rechtsbeschwerde zulässig oder zuzulassen wäre. Das bedeutet, dass entsprechend § 79 Abs. 1 Nr. 1–3 OWiG bei einer Verurteilung zu einer Geldbuße von mehr als 250 € oder Anordnung einer Nebenfolge vermögensrechtlicher Art (Einziehung, Verfall) mit einem Wert über 250 € oder nicht – vermögensrechtlicher Art die Berufung angenommen werden muss. Bei Freispruch oder Einstellung muss eine Geldbuße von mehr als 600 € von der StA beantragt worden sein. Ist der Angeklagte zu einer Geldbuße von mehr als 250 € verurteilt worden, bedarf die zu seinen Ungunsten eingelegte Berufung der StA nicht der Annahme; die Grenze von 600 € ist insoweit ohne Belang (*Meyer-Goßner/Schmitt* § 313 Rn. 8). Bei Verurteilung wegen mehrerer Ordnungswidrigkeiten sind die Geldbußen zusammenzurechnen; übersteigen diese 250 €, muss die Berufung angenommen werden. Ferner ist die Berufung unter den Voraussetzungen des § 80 Abs. 1, Abs. 2 OWiG zuzulassen. Schließlich kann eine Berufung auch dann angenommen werden, wenn die Rechtsbeschwerde unzulässig wäre (§ 313 Abs. 3 Satz 2, Abs. 2).

15 **D. Entscheidung des Berufungsgerichts.** Das Berufungsgericht muss zunächst die allgemeinen Zulässigkeitsvoraussetzungen der Berufung prüfen. Liegen diese nicht vor, wird das Rechtsmittel als unzulässig gem § 322 Abs. 1 verworfen. Demnach setzt die Nichtannahmeentscheidung eine i.Ü. zulässig eingelegte Berufung voraus (KK/*Paul* § 313 Rn. 7). Zur Entscheidung über die Annahme der Berufung vgl. § 322a.

§ 314 StPO Form und Frist.
(1) Die Berufung muss bei dem Gericht des ersten Rechtszuges binnen einer Woche nach Verkündung des Urteils zu Protokoll der Geschäftsstelle oder schriftlich eingelegt werden.
(2) Hat die Verkündung des Urteils nicht in Anwesenheit des Angeklagten stattgefunden, so beginnt für diesen die Frist mit der Zustellung, sofern nicht in den Fällen der §§ 234, 387 Abs. 1, 411 Abs. 2 und 434 Abs. 1 Satz 1 die Verkündung in Anwesenheit des Verteidigers mit schriftlicher Vertretungsvollmacht stattgefunden hat.

Übersicht

		Rdn.			Rdn.
A.	Form der Berufungseinlegung	1	D.	Frist für die Berufungseinlegung	14
I.	Schriftform	1	I.	Grundsätze	14
II.	Berufungseinlegung zu Protokoll	5	II.	Urteilsverkündung in Anwesenheit bzw. Abwesenheit des Berufungsführers	20
B.	Adressat der Berufungseinlegung	8		1. An- oder Abwesenheit des Angeklagten	20
C.	Erklärung der Berufungseinlegung	10		2. An- oder Abwesenheit anderer Rechts-	
I.	Grundsätze	10		mittelberechtigter	25
II.	Auslegung und Umdeutung	12			
III.	Bedingungsfeindlichkeit	13	III.	Fristwahrung bei falscher Adressierung	26

1 **A. Form der Berufungseinlegung. I. Schriftform.** Für die Berufungseinlegung genügt nach § 314 Abs. 1 die Wahrung der einfachen Schriftform; Anwaltszwang besteht daher nicht.

Schriftform bedeutet, dass ein Text, also ein Gebilde aus Buchstaben in einer üblichen Schrift (vgl. 2
BGHSt 12, 317, 318), vorliegen muss, der zudem ohne besonderen Aufwand lesbar sein muss (vgl.
BGHSt 33, 44, 45 = StV 1985, 135 m. Anm. *Hamm*).

Zweck des Schriftformerfordernisses ist es zum einen, vor unüberlegten Entscheidungen zu schützen 3
(BGHSt 18, 257, 260). Zum anderen sollen im Interesse der Rechtssicherheit die Person des Erklärenden und der Inhalt der Erklärung eindeutig festgestellt werden können (BGHSt 14, 233, 239; BGH MDR 1983, 950). Für die Abgrenzung zum Entwurf genügt, wenn erkennbar ist, von welchem Verfasser das Schriftstück herrührt und dass es mit dessen Willen in den Rechtsverkehr gelangt ist (vgl. OLG Stuttgart NStZ 1997, 152; allgemein: BayObLG StV 1990, 395, 396 m. Anm. *Naucke*; OLG Zweibrücken NStZ-RR 1998, 75, 76).

Einzelfälle: 4
a) Berufungseinlegung mit Telefax und Computerfax ist ausreichend (BVerfG wistra 2002, 417)
b) Berufungseinlegung durch eine einfache, nicht signierte E-Mail ist unzulässig (OLG Oldenburg NJW 2009, 536; LG Zweibrücken VRS 119, 223; *Meyer-Goßner/Schmitt* Einl. 139 a; vgl. hierzu § 41a)
c) Berufungseinlegung per Telefon genügt nicht (*Meyer-Goßner/Schmitt* Einl. 140)
d) I.Ü. wird auf die auch im Berufungsverfahren sinngemäß geltenden Erläuterungen zu § 341 Rdn. 14 ff. verwiesen.

II. Berufungseinlegung zu Protokoll. Die Berufungseinlegung zu Protokoll hat im Hinblick darauf, dass einfache Schriftform ausreicht und kein Anwaltszwang besteht, nur eine geringe praktische Bedeutung. 5

Ausreichend ist die Erklärung in der Hauptverhandlung, sofern diese – was allerdings nicht erfolgen 6
muss und auch nicht sollte – in das Hauptverhandlungsprotokoll aufgenommen wird (*Meyer-Goßner/Schmitt* § 314 Rn. 5).

Der nicht auf freiem Fuß befindliche Angeklagte kann die Erklärung auch beim AG an seinem Aufenthaltsort zu Protokoll geben (§ 299 Abs. 1). 7

B. Adressat der Berufungseinlegung. Die Berufungseinlegung ist bei dem Gericht zu erklä- 8
ren bzw. einzureichen, dessen Urteil angefochten wird (§ 314 Abs. 1). Bei Verbindung mit einem Wiedereinsetzungsantrag kann die Einlegung mit diesem gemeinsam auch beim Berufungsgericht eingereicht werden (BGHSt 40, 395, 397).

Verfügt das Gericht über eine Zweigstelle, genügt die Einreichung der Berufungseinlegung beim 9
Stamm- oder Hauptgericht, selbst wenn die Entscheidung von der Zweigstelle getroffen wurde (vgl. BayObLG NJW 1975, 946; OLG Zweibrücken VRS 68, 54, 55; ebenso für auswärtige Gerichtstage SchlHOLG SchlHA 1953, 70). Die Berufungseinlegung ist aber beim Gericht, dessen Urteil angefochten wird, auch dann eingegangen, wenn die Entscheidung vom Stamm- oder Hauptgericht getroffen wurde, die Rechtsmittelerklärung aber bei der Zweigstelle eingereicht wird (BayObLGSt 1975, 9, 10; OLG Zweibrücken VRS 68, 54, 55). Dies gilt allerdings nicht, wenn die Außenstelle nur mit Zivilsachen befasst ist (OLG Karlsruhe Justiz 1980, 207).

C. Erklärung der Berufungseinlegung. I. Grundsätze. Die Berufungseinlegungschrift 10
muss in deutscher Sprache abgefasst sein (§ 184 GVG). Eingaben in fremder Sprache sind unbeachtlich (§ 341 Rdn. 43).

Es muss sich um eine ernsthafte Eingabe handeln. Beleidigungen des Gerichts machen die Einlegung 11
der Berufung nur dann unwirksam oder unbeachtlich, wenn deutlich wird, dass es dem Erklärenden lediglich um die Ehrverletzung geht, die Berufungseinlegung also tatsächlich gar nicht gewollt ist. Auch eine als solche eindeutig erkennbare bloße Unmutsäußerung erfüllt nicht die Voraussetzungen der Berufungseinlegung (vgl. § 341 Rdn. 44; *Meyer-Goßner/Schmitt* § 341 Rn. 1).

II. Auslegung und Umdeutung. Prozesshandlungen sind grds. der Auslegung fähig; daher genügt 12
es, wenn sich die Berufungseinlegung der Erklärung erst auf diesem Weg entnehmen lässt (vgl. BGHSt 2, 41, 43; BGH NJW 1960, 494). Für diese Auslegung gelten folgende Grundregeln:

Für die Frage, ob überhaupt Berufung eingelegt ist, ist entscheidend, ob sich der Erklärung entnehmen lässt, dass der Absender eine Überprüfung des Urteils in einer übergeordneten Instanz will. Grundlage der Aus-

§ 314 StPO Form und Frist

legung ist das an das Gericht gerichtete Schreiben. Ausgelegt werden kann aber nur eine mehrdeutige Erklärung; eindeutige Erklärungen können allenfalls umgedeutet werden. Bleibt unklar, ob Berufung eingelegt ist, geht dies zulasten des Erklärenden, da der Eintritt der Rechtskraft keinem Zweifel unterliegen darf (vgl. hierzu § 341 Rdn. 45 ff.).

13 **III. Bedingungsfeindlichkeit.** Bedingte Rechtsmitteleinlegungen sind – wie allgemein bedingte Prozesshandlungen – unwirksam; zulässig sind allerdings innerprozessuale Bedingungen als Rechtsbedingungen (BVerfGE 40, 272, 275; BGHSt 25, 187, 188). Dabei genügt für die Unwirksamkeit schon, dass Zweifel daran bestehen, ob die Berufungseinlegung unbedingt gewollt ist; denn darüber, ob Rechtskraft eingetreten ist, darf im Strafverfahren kein Zweifel bestehen. Zulässig ist eine »hilfsweise« eingelegte Berufung (BVerfGE 40, 272 ff.; § 341 Rdn. 54 ff.).

14 **D. Frist für die Berufungseinlegung. I. Grundsätze.** Die Berufung kann frühestens nach der Verkündung des Urteils – ausreichend ist hier die Verlesung der Urteilsformel (vgl. BGHSt 8, 41, 42) – eingelegt werden (vgl. BGHSt 25, 187, 189).

15 Die – nicht verlängerbare – einwöchige Berufungseinlegungsfrist läuft bei einem in Anwesenheit des Berufungsführers verkündeten Urteil ab der Verkündung (§ 314 Abs. 1), bei einem in seiner Abwesenheit verkündeten Urteil ab der Zustellung (§ 314 Abs. 2). Von der Erteilung einer Rechtsmittelbelehrung ist der Fristlauf nicht abhängig (BGH NJW 1974, 1335, 1336).

16 Die Fristberechnung erfolgt nach §§ 42, 43. Maßgeblich ist daher grds. der Wochentag der Verkündung oder Zustellung, sodass bspw. bei einem an einem Freitag in Anwesenheit des Angeklagten verkündeten Urteil die Berufung spätestens am Freitag der nächsten Woche, 24 Uhr, bei Gericht eingegangen sein muss.

17 Dieses Gericht ist das, dessen Urteil angefochten wird, wobei bei einem Rechtsmittel eines nicht auf freiem Fuß befindlichen Angeklagten die Frist gewahrt ist, wenn die Berufungseinlegung innerhalb einer Woche beim AG am Aufenthaltsort zu Protokoll erklärt wurde (§ 299 Abs. 2).

18 Maßgeblich für die Fristwahrung ist der rechtzeitige Eingang, wobei es bei einer schriftlichen Berufungseinlegung allein darauf ankommt, dass das Gericht innerhalb der Frist die tatsächliche Verfügungsgewalt über das Schriftstück erlangt; unerheblich ist dagegen, ob der Eingang nach dem Ende der Dienstzeit liegt oder ob das Schreiben von einem zuständigen Gerichtsbediensteten rechtzeitig entgegengenommen wird (BVerfGE 52, 203, 209; 57, 117, 120; 69, 381, 385 f.; BVerfG NJW 1991, 2076).

19 Die Rechtzeitigkeit des Eingangs ist ggf. im Freibeweisverfahren zu klären. Verbleiben insofern Zweifel, so ist zugunsten des Berufungsführers von der Wahrung der Frist auszugehen (BGH NJW 1960, 2202, 2203; OLG Karlsruhe NJW 1981, 138). Kann dagegen nicht geklärt werden, ob die Berufungsschrift überhaupt bei Gericht eingegangen ist, gehen diese Zweifel zulasten des Rechtsmittelführers (OLG Hamm NStZ 1982, 43, 44).

20 **II. Urteilsverkündung in Anwesenheit bzw. Abwesenheit des Berufungsführers. 1. An- oder Abwesenheit des Angeklagten.** In Anwesenheit des Angeklagten ist das Urteil verkündet, wenn er während der gesamten Urteilsverkündung, also während der Verlesung der Urteilsformel und der mündlichen Urteilsbegründung, zugegen war (BGHSt 15, 263, 265); nur dann ist nämlich gewährleistet, dass sich der Angeklagte zuverlässig über den Inhalt des Urteils und damit die Grundlage der Entscheidung, ob er Rechtsmittel einlegen soll, unterrichten konnte. Die Berufungseinlegungsfrist beginnt dann also mit der Verkündung des Urteils (§ 314 Abs. 1). War der Angeklagte während der Urteilsverkündung dagegen zumindest zeitweise nicht anwesend, beginnt die Berufungseinlegungsfrist erst mit der Zustellung des Urteils (§ 314 Abs. 2).

21 Durch das am 01.09.2004 in Kraft getretene 1. Justizmodernisierungsgesetz wurde § 314 Abs. 2 ergänzt. Danach beginnt für den Angeklagten die Berufungsfrist mit der Zustellung des Urteils, wenn die Verkündung des Urteils nicht in Anwesenheit des Angeklagten stattgefunden hat, sofern nicht in den dort genannten Fällen die Verkündung in Anwesenheit des Verteidigers mit schriftlicher Vertretungsvollmacht stattgefunden hat.

22 Grund für die Gesetzesänderung war, die Justiz von erheblichem Formulierungs- und Schreibaufwand zu entlasten, wenn in möglichst großem Umfang von der Abfassung von abgekürzten Urteilen gem. § 267 Abs. 4, 5 Gebrauch gemacht werden kann. Das ist aber nur möglich, wenn innerhalb der Frist

kein Rechtsmittel eingelegt wird, § 267 Abs. 4 Satz 1, 5 Satz 2. Die Frist für die Einlegung der Berufung läuft grds. ab Urteilsverkündung. Somit ist schnell klar, ob ein abgekürztes Urteil möglich ist. Ab Urteilszustellung läuft die Frist, wenn das Urteil in Abwesenheit des Angeklagten verkündet worden ist. Dies ist im Regelfall sachgerecht. Ist jedoch ein Verteidiger mit schriftlicher Vertretungsvollmacht bei der Urteilsverkündung anwesend, soll es nunmehr auf dessen Kenntnis ankommen. Vor allem wenn das Gericht den Angeklagten auf dessen Wunsch von der Pflicht zum Erscheinen in der Hauptverhandlung entbunden hat, kann dem Angeklagten zugemutet werden, kurzfristig mit dem von ihm mit einer schriftlichen Vertretungsvollmacht versehenen Verteidiger die Rechtsmitteleinlegung abzuklären.

Die Frist beginnt beim Abwesenheitsurteil erst mit der ordnungsgemäßen – wirksamen – Zustellung des vollständigen Urteils, also der mit den Gründen versehenen Fassung (BGHSt 25, 234). **23**

Zuzustellen ist das Urteil an den Angeklagten oder – unter den Voraussetzungen des § 145a – an dessen Verteidiger; i.Ü. gelten für die Zustellung die allgemeinen Regeln (§§ 36 f.). **24**

2. An- oder Abwesenheit anderer Rechtsmittelberechtigter. Für die StA gilt § 314 Abs. 2 in entsprechender Anwendung uneingeschränkt, falls sie bei der Urteilsverkündung nicht zugegen war. Für den **gesetzlichen Vertreter** oder den **Erziehungsberechtigten** des Angeklagten ist die Frist maßgeblich, die für den Angeklagten läuft (§ 298 Abs. 1, § 67 Abs. 3 JGG); es kommt daher nicht auf deren An- oder Abwesenheit bei der Urteilsverkündung an, sondern auf die des Angeklagten. Ebenso ist es unerheblich, ob und wann ihnen das Urteil zugestellt wurde. Für den **Nebenkläger** gilt, sowohl für den Fall seiner Anwesenheit als auch für den seiner Abwesenheit bei der Urteilsverkündung, § 401 Abs. 2. War der **Privatkläger** bei der Urteilsverkündung abwesend, kann es, da für ihn die Anwesenheit in der Hauptverhandlung verzichtbar ist, bei der Regelung des § 314 Abs. 1 verbleiben; war er dagegen abwesend, etwa weil es an einer ordnungsgemäßen Ladung gefehlt hat, findet § 314 Abs. 2 Anwendung (§ 341 Rdn. 74 ff.; Meyer-Goßner/Schmitt § 341 Rn. 10). **25**

III. Fristwahrung bei falscher Adressierung. Die Einreichung einer Rechtsmittelschrift ist eine einseitige Prozesshandlung des Erklärenden, die – anders als die Erklärung zu Protokoll – keiner Mitwirkung eines Gerichtsbediensteten bedarf (BVerfGE 69, 381, 385 f.; BVerfG NJW 1991, 2076); dementsprechend trägt grds. allein der Absender die Verantwortung für die Richtigkeit der Anschrift (vgl. BVerfGE 93, 99, 114). Ist das Gericht, an das die Rechtsmitteleinlegung gerichtet ist, falsch bezeichnet (z.B. Adressierung an das Berufungsgericht oder – bei Übersendung per Fax – durch Übermittlung an eine falsche Faxnummer) so entspricht es aber dem – zumindest mutmaßlichen – Willen des Absenders, wenn die Rechtsmittelschrift von dort an das richtige Gericht weitergeleitet wird. Eine Falschadressierung liegt jedoch nicht vor, wenn keine Anschrift angegeben ist, sich das richtige Gericht dem Schreiben aber entnehmen lässt (BGH NJW 1992, 1047). **26**

Auf dieser Grundlage geht eine falsch adressierte Berufungseinlegung beim richtigen Gericht (erst) ein, ist die Berufungseinlegungsfrist also nur gewahrt, wenn das Schriftstück innerhalb der Frist vom falschen an das richtige Gericht gelangt (BGH NJW 1994, 1354, 1355). Da es aber auf den Eingang des Schriftstücks ankommt, genügt auch hier die bloß telefonische Ankündigung der Weiterleitung vom falschen an das richtige Gericht selbst dann nicht, wenn hierüber ein Vermerk gefertigt wird (vgl. § 341 Rdn. 82 m.w.N.). **27**

§ 315 StPO Berufung und Wiedereinsetzungsantrag.

(1) Der Beginn der Frist zur Einlegung der Berufung wird dadurch nicht ausgeschlossen, dass gegen ein auf Ausbleiben des Angeklagten ergangenes Urteil eine Wiedereinsetzung in den vorigen Stand nachgesucht werden kann.

(2) Stellt der Angeklagte einen Antrag auf Wiedereinsetzung in den vorigen Stand, so wird die Berufung dadurch gewahrt, dass sie sofort für den Fall der Verwerfung jenes Antrags rechtzeitig eingelegt wird. Die weitere Verfügung in Bezug auf die Berufung bleibt dann bis zur Erledigung des Antrags auf Wiedereinsetzung in den vorigen Stand ausgesetzt.

(3) Die Einlegung der Berufung ohne Verbindung mit dem Antrag auf Wiedereinsetzung in den vorigen Stand gilt als Verzicht auf die letztere.

§ 316 StPO Hemmung der Rechtskraft

1 **A. Anwendungsbereich.** § 315, der sich inhaltlich im Wesentlichen mit § 342 deckt, regelt das Zusammentreffen von Berufung (bzw. Revision) und Wiedereinsetzung in den vorigen Stand in den Fällen, in denen ein Angeklagter gegen ein auf sein Ausbleiben ergangenes Urteil auch die Wiedereinsetzung in den vorigen Stand beantragen kann. Dieses Zusammentreffen ist in den Fällen der §§ 235 Satz 1, 412 Satz 1 möglich. In beiden Konstellationen kann der Angeklagte gegen das Ersturteil Berufung einlegen und Wiedereinsetzung in den vorigen Stand beantragen. Binnen einer Woche nach Zustellung des Ersturteils ist die Berufung einzulegen (§ 314 Abs. 2) und auch der Antrag auf Wiedereinsetzung in den vorigen Stand zu stellen (§§ 235 Satz 1, 412 Satz 1, 329 Abs. 3). § 315 Abs. 1 regelt nun, dass die Frist zur Berufungseinlegung nicht erst nach der Zurückweisung des Antrags auf Wiedereinsetzung in den vorigen Stand, sondern gem. § 314 Abs. 2 mit Zustellung des Ersturteils zu laufen beginnt. Damit fangen beide Fristen mit der Zustellung des Urteils an zu laufen, sodass sich der Angeklagte entscheiden muss, wie er sich verhalten will.

2 **B. Entscheidungsmöglichkeit des Angeklagten. I. Gleichzeitiger Antrag.** Stellt der Angeklagte den Antrag auf Wiedereinsetzung in den vorigen Stand gemeinsam mit der Rechtsmittelerklärung, sind beide wirksam (§ 315 Abs. 2). Das gilt auch, wenn er zunächst nur die Wiedereinsetzung beantragt und die Rechtsmitteleinlegung innerhalb der Frist des § 314 Abs. 1 bzw. § 341 Abs. 1 (= »sofort« i.S.v. § 315 Abs. 2 Satz 1) nachholt. In diesem in § 315 Abs. 2 geregelten Fall entscheidet das Erstgericht zunächst über den Antrag auf Wiedereinsetzung in den vorigen Stand. Ist dieser Antrag begründet, findet eine neue Hauptverhandlung vor dem Erstgericht statt und die eingelegte Berufung ist gegenstandslos (OLG Köln NJW 1963, 1073, 1074). Wird aber der Antrag auf Wiedereinsetzung in den vorigen Stand rechtskräftig verworfen (§ 46 Abs. 3), ist die Berufung bzw. Revision weiterzuverfolgen. Die Begründungsfristen der §§ 317, 345 Abs. 1 laufen deshalb erst ab jenem Zeitpunkt.

3 **II. Verzichtsvermutung.** Die zeitlich frühere Einlegung der Berufung/Revision bedeutet den gesetzlich unwiderleglich vermuteten Verzicht (§ 302) auf die Wiedereinsetzung (§ 315 Abs. 3). Die Wiedereinsetzung von Amts wegen nach § 45 Abs. 2 Satz 3 wird jedoch nicht dadurch ausgeschlossen, dass der Angeklagte das Rechtsmittel ohne gleichzeitigen Wiedereinsetzungsantrag einlegt (OLG Düsseldorf NJW 1980, 1704 = VRS 57, 438). Die Verzichtsvermutung nach § 315 Abs. 3 greift auch dann, wenn das eingelegte Rechtsmittel unzulässig war (OLG Stuttgart Justiz 1976, 265) oder später zurückgenommen wird (OLG Zweibrücken NJW 1965, 1033).

4 **III. Mehrdeutige Erklärungen.** Entstandene Zweifel sind bei unklaren Äußerungen des Angeklagten durch Nachfrage aufzuklären. Lassen sich diese Zweifel nicht beseitigen, ist die Erklärung des Angeklagten auszulegen. Dabei ist regelmäßig davon auszugehen, dass sowohl die Wiedereinsetzung als auch die Berufung durchzuführen sind (KK/*Paul* § 315 Rn. 4; *Meyer-Goßner/Schmitt* § 315 Rn. 1).

§ 316 StPO Hemmung der Rechtskraft.

(1) Durch rechtzeitige Einlegung der Berufung wird die Rechtskraft des Urteils, soweit es angefochten ist, gehemmt.
(2) Dem Beschwerdeführer, dem das Urteil mit den Gründen noch nicht zugestellt war, ist es nach Einlegung der Berufung sofort zuzustellen.

1 **A. Hemmung der Rechtskraft (§§ 316 Abs. 1, 343 Abs. 1) I.** Nur die rechtzeitige Berufungs- bzw. Revisionseinlegung (oder allgemeine Anfechtung) hemmt den Eintritt der Urteilsrechtskraft, diese aber stets, auch wenn das Rechtsmittel nicht statthaft – z.B. die Revision nach § 441 Abs. 3 Satz 2 StPO, § 55 Abs. 2 JGG (OLG Stuttgart MDR 1980, 518), die Rechtsbeschwerde ohne die Voraussetzungen des § 79 Abs. 1 OWiG (BGH 25, 260; BayObLGSt 1972, 169 = VRS 44, 50 unter Aufgabe von BayObLGSt 1969, 161 = DAR 1970, 51; a.m.: KG GA 70, 46; OLG Saarbrücken VRS 46, 152; OLG Hamm NJW 1973, 1517) oder aus sonstigen Gründen unzulässig ist. Nur wenn Rechtskraft bereits eingetreten ist, darf der iudex a quo (§§ 319 Abs. 1, 346 Abs. 1) – mit nur deklaratorischer Wirkung – das Rechtsmittel als unzulässig verwerfen; in allen anderen Fällen führt – konstitutiv – erst die Entscheidung des Rechtsmittelgerichts (§§ 322, 349) die Urteilsrechtskraft herbei.

II. Die wirksame Rechtsmittelbeschränkung nach §§ 318, 344 hemmt den Rechtskrafteintritt nur im Umfang der Urteilsanfechtung; der übrige Teil wird – freilich nur in Fällen »vertikaler« Teilrechtskraft – rechtskräftig und vollstreckbar (§ 449). 2

III. Auch noch nach **Urteilserlass** hat durch das erstinstanzliche Gericht, selbst im Fall erfolgter Berufungseinlegung, Einstellung nach § 206a zu erfolgen, sofern 3
1. (vollständige) Rechtskraft des Urteils durch Fristablauf, Rechtsmittelverzicht oder Rücknahme des Rechtsmittels noch nicht eingetreten ist; ein trotz eingetretener Rechtskraft ergangener Beschluss nach § 206a ist prozessual unbeachtlich (OLG Hamm VRS 41, 286, 287) **und**
2. das Verfahren trotz erfolgter Berufungseinlegung und noch nicht geschehener Aktenversendung beim Erstgericht noch anhängig ist **und**
3. das Verfahrenshindernis erst nach Urteilserlass entstanden ist. Lag es bereits vorher vor und wurde es nur vom Erstgericht übersehen, ist jedenfalls § 206a für das Erstgericht nicht anwendbar (*Meyer-Goßner/Schmitt* § 206a Rn. 6).

IV. Die Rechtskrafthemmung dauert bis zur endgültigen Entscheidung nach §§ 322, 349 oder rechtskräftigen Sachentscheidung des Rechtsmittelgerichts (auch dann, wenn es nicht über alle angefochtenen Urteilsteile entschieden hat, BayObLGSt 1968, 33). 4

B. **Urteilszustellung an den Beschwerdeführer (§§ 316 Abs. 2, 343 Abs. 2)** Die 5
Urteilszustellung soll dem Beschwerdeführer ermöglichen, die Aussichten seines Rechtsmittels zu beurteilen und dieses zu begründen (§§ 317; 344, 345). Sie ist auch dann notwendig, wenn eine Rechtsmittelbegründung schon vorliegt, da sie noch ergänzt oder geändert werden kann. Der Verzicht des Beschwerdeführers auf Zustellung ist prozessual unbeachtlich, da ohne sie die Rechtsmittelbegründungsfrist nicht beginnt.

I. Die Urteilszustellung unterbleibt, wenn
1. das Urteil dem Beschwerdeführer mit Gründen bereits zugestellt worden ist (insb. nach §§ 314 6 Abs. 2, 341 Abs. 2),
2. das Rechtsmittel verspätet eingelegt worden ist (BayObLG NJW 1962, 1927; OLG Celle NJW 1956, 760; a.M.: *Kaiser* NJW 1977, 96; nicht bei sonstiger Unzulässigkeit, BGHSt 22, 213: hier ergeht sogleich Beschluss nach § 319 Abs. 1 bzw. § 346 Abs. 1); gibt jedoch das Rechtsmittelgericht einem Antrag nach § 319 Abs. 2 bzw. § 346 Abs. 2 statt oder setzt es den Beschwerdeführer in den vorigen Stand gegen die Versäumung der Einlegungsfrist ein, ist das Urteil nunmehr zuzustellen,
3. dem das Rechtsmittel Einlegenden offensichtlich die Aktivlegitimation fehlt, er also kein (möglicher) Beschwerdeführer sein kann.

II. Beschwerdeführer ist, wer das Rechtsmittel aus eigenem Recht eingelegt hat, also Angeklagter, StA, 7
Privat- und Nebenkläger (dieser aber erst nach Entscheidung über seine Anschlussberechtigung) sowie gesetzlicher Vertreter (§ 298), nicht der Verteidiger (§ 297).

III. Zugestellt wird eine Ausfertigung (§ 275 Abs. 4) des vollständigen Urteils. Die Rechtfertigungsfris- 8
ten der §§ 317, 345 Abs. 1 werden nicht in Lauf gesetzt, wenn die Ausfertigung keine Gründe enthält oder sie die Urteilsgründe abweichend von der Urschrift verstümmelt oder sonst unvollständig wiedergibt (OLG Neustadt GA 1955, 186).

IV. Zur Form der Zustellung vgl. § 36. 9

V. Zustellungsadressat ist stets der Beschwerdeführer, Zustellungsempfänger können – bei Ersatzzustel- 10
lungen (§§ 37 Abs. 1 StPO, §§ 178, 180, 181 ZPO, 145a Abs. 3) – auch Dritte sein. An einen Zustellungsbevollmächtigten kann (nicht muss) daher mit Wirkung für und gegen den Beschwerdeführer wirksam zugestellt werden, insb. für den Angeklagten an seinen Verteidiger (§ 145a Abs. 1; Nachreichung der Vollmacht heilt den Zustellungsmangel nicht, BayObLGSt 1971, 228, 229) oder Pflichtverteidiger (Nr. 154 Abs. 1 Satz 1 RiStBV). Hat der Angeklagte mehrere Verteidiger (§ 137 Abs. 1 Satz 2), wird nur einem davon zugestellt; die übrigen (sowie der Angeklagte) sind unter Beifügung einer Urteilsabschrift zu unterrichten (Nr. 154 Abs. 1 Satz 2, 3 RiStBV). Zur Urteilszustellung an die StA wird auf § 41 sowie Nr. 159 RiStBV verwiesen.

§ 317 StPO Berufungsbegründung

Hat der gesetzliche Vertreter (§ 298) des Angeklagten Rechtsmittel eingelegt, wird ihm das Urteil zugestellt; haben es beide eingelegt, ist es jedem von ihnen zuzustellen (Nr. 154 Abs. 2 RiStBV). Bei öffentlicher Zustellung (§ 40) werden die Urteilsgründe nicht ausgehängt und veröffentlicht (*Meyer-Goßner/Schmitt* § 40 Rn. 7).

11 Das Unterbleiben der Urteilszustellung begründet, auch für das Berufungsverfahren, kein Prozesshindernis (BGH NStZ 1985, 563), berechtigt den Beschwerdeführer aber, die Aussetzung der Berufungsverhandlung zu beantragen (OLG Köln NStZ 1984, 475).

12 **C. Verlust der Urteilsurkunde.** Bei Verlust der Urteilsurkunde ist das Urteil möglichst als Ganzes zu rekonstruieren, jedenfalls aber die Urteilsformel. Die VO vom 18.06.1942 (RGBl. I, S. 395, BGBl. III, S. 315–4) bestimmt das Verfahren bei Aktenverlust im Einzelnen. Das Vorhandensein der Akten ist aber nicht Verfahrensvoraussetzung des Berufungsverfahrens (OLG Saarbrücken NJW 1994, 2711; *Meyer-Goßner/Schmitt* § 316 Rn. 6).

§ 317 StPO Berufungsbegründung.
Die Berufung kann binnen einer weiteren Woche nach Ablauf der Frist zur Einlegung des Rechtsmittels oder, wenn zu dieser Zeit das Urteil noch nicht zugestellt war, nach dessen Zustellung bei dem Gericht des ersten Rechtszuges zu Protokoll der Geschäftsstelle oder in einer Beschwerdeschrift gerechtfertigt werden.

1 **A. Zweck.** Die fakultative Berufungsbegründung (für die StA vgl. jedoch Nr. 156 Abs. 1 RiStBV) dient der vorläufigen Unterrichtung des Gerichts und anderer Prozessbeteiligter über das Ziel der Berufung und damit einer sachgerechten Vorbereitung der Berufungshauptverhandlung. Sie kann zur Auslegung einer unklaren Berufungseinlegung herangezogen werden, eine bereits dort eindeutig erklärte Beschränkung des Rechtsmittels aber nicht mehr rückgängig machen.

2 **B. Frist.** I. Wird die Berufungseinlegungsfrist durch Urteilsverkündung in Lauf gesetzt (§ 314 Abs. 1), beginnt die Begründungsfrist frühestens nach Ablauf der Einlegungsfrist oder, wenn zu diesem Zeitpunkt das Urteil noch nicht zugestellt ist, mit der Zustellung gem. § 316 Abs. 2. Beginnt die Einlegungsfrist erst mit Urteilszustellung (§ 314 Abs. 2), schließt sich an diese Frist die Begründungsfrist ohne Weiteres an. Wurde die Berufung verspätet eingelegt, läuft die Begründungsfrist in beiden Fällen ab Bekanntgabe des die Wiedereinsetzung gegen die Versäumung der Einlegungsfrist gewährenden Beschlusses.

3 II. Die Berufungsbegründung kann schon vor Beginn der Frist des § 317 (z.B. zusammen mit der Rechtsmitteleinlegung) und noch nach ihrem Ablauf (etwa in der Berufungshauptverhandlung) abgegeben werden. Da die Versäumung der Begründungsfrist keine Rechtsverluste bewirkt, kommt Wiedereinsetzung oder Fristverlängerung nicht in Betracht.
Wer allerdings die Frist zur Begründung der Berufung gem § 317 ungenutzt verstreichen lässt, ohne dem Berufungsgericht auch nur eine Stellungnahme anzukündigen, muss damit rechnen, dass das Gericht ohne weitere Nachfrage entscheidet. Einen Verstoß gegen Art. 103 Abs. 1 GG kann jedenfalls nicht geltend machen, wer es selbst versäumt hat, sich vor Gericht Gehör zu verschaffen (BVerfG NJW 2002, 2940).

4 **C. Form.** Die Berufung kann schriftlich oder zu Protokoll der Geschäftsstelle des iudex a quo begründet werden. Unter Umständen kann auch ein Aktenvermerk der StA eine – dem Angeklagten bekannt zu gebende – Berufungsbegründung sein.

§ 318 StPO Berufungsbeschränkung.

Die Berufung kann auf bestimmte Beschwerdepunkte beschränkt werden. Ist dies nicht geschehen oder eine Rechtfertigung überhaupt nicht erfolgt, so gilt der ganze Inhalt des Urteils als angefochten.

Übersicht	Rdn.		Rdn.
A. Teilrechtskraft und innerprozessuale Bindungswirkung	1	bei Anfechtungsbeschränkung innerhalb einer Tat im prozessualen Sinn	21
B. Formelle Voraussetzungen wirksamer Rechtsmittelbeschränkung	7	IV. Anfechtungsbeschränkung auf den Strafausspruch und innerhalb des Strafausspruchs	30
C. Sachliche Voraussetzungen wirksamer Anfechtungsbeschränkung	14	V. Wirkungen zulässiger Rechtsmittelbeschränkung auf den Strafausspruch bzw. innerhalb des Strafausspruchs	47
I. Allgemeines	14	
II. Einzelfälle vertikaler Teilrechtskraft	19	
III. Einzelfälle horizontaler Bindungswirkung		

A. Teilrechtskraft und innerprozessuale Bindungswirkung.

I. Voraussetzungen und Wirkungen einer nur teilweisen Urteilsanfechtung sind für Berufung und Revision gleich. Eine wirksame Rechtsmittelbeschränkung begründet ein vom Rechtsmittelgericht von Amts wegen in jeder Verfahrenslage zu beachtendes Prozesshindernis (BGH NStZ 1984, 566; OLG Köln NStZ 1989, 24; BayObLGSt 1977, 80, 81): die unangefochten gebliebenen »Beschwerdepunkte« (= Teile der in der Urteilsformel enthaltenen Entscheidung, nicht einzelne Feststellungen zur Schuld- oder Straffrage) sind nicht mehr »Streitgegenstand« des Rechtsmittelverfahrens und sie schaffen insoweit ein Beweistatsachenverbot für die Berufungshauptverhandlung bzw. die neue tatgerichtliche Hauptverhandlung nach Zurückverweisung gem. § 354 Abs. 2. Ein nicht wirksam beschränktes Rechtsmittel ist nicht etwa unzulässig, sondern gilt i.d.R. als in vollem Umfang eingelegt (§ 318 Satz 2), stets aber zumindest insoweit, als die übrigen Urteilselemente in ihrem logischen Aufbau mitzuprüfen sind (BayObLG NJW 1971, 393; OLG Hamburg MDR 1958, 52; OLG Celle VRS 38, 261). Wird das Urteil z.B. von der StA und dem Angeklagten teilweise (etwa nur im Strafmaß), vom Nebenkläger aber unbeschränkt angefochten, ist es, sofern das Rechtsmittel des Nebenklägers nicht zurückgenommen wird oder sich anderweitig erledigt, im Rechtsmittelverfahren umfassend zu überprüfen. 1

II. Die gesetzlich zugelassene Teilanfechtung (und Teilaufhebung) eines Urteils dient der Prozessökonomie und Verfahrensbeschleunigung (BGHSt 19, 48; 24, 188; BGH NJW 1981, 590). Dabei sollen die grundsätzliche Freiheit Anfechtungsberechtigter zur Disposition über die ihnen zustehenden Rechtsmittel ggü. den prozesspraktischen Möglichkeiten, auch ohne erneute Überprüfung vom Berufungsführer nicht beanstandeter Elemente des Urteils dessen inhaltliche Einheit und Widerspruchsfreiheit auch im Fall abweichender Beurteilung nur seiner angefochtenen Teile durch das Rechtsmittelgericht zu wahren, abgewogen werden. 2

III. Die Folge einer wirksamen Rechtsmittelbeschränkung auf »bestimmte Beschwerdepunkte« für die unangefochtenen Urteilselemente wird allgemein mit »Teilrechtskraft« bezeichnet. Dieser Terminus umschreibt indessen begriffsinhaltlich Verschiedenes: in echte Rechtskraft im staatsrechtlichen Sinn (Art. 103 Abs. 3 GG) erwachsen nicht angegriffene Entscheidungsteile nur dann, wenn sie eine oder mehrere selbstständige Taten im prozessualen Sinn (§ 264) zum Gegenstand haben; beschränkt der Berufungsführer sein Rechtsmittel dagegen nur auf bestimmte Punkte im Rahmen derselben prozessualen Tat, tritt i.Ü., weil über einen »Prozessgegenstand« noch nicht endgültig entschieden ist, keine Rechtskraft i.S.v. Art. 103 Abs. 3 GG ein, sondern eine nur innerprozessuale Bindungswirkung für das Rechtsmittelgericht. 3

Deshalb sind inhaltlich am Maßstab des prozessualen Tatbegriffs zu unterscheiden: 4

1. Vertikale Teilrechtskraft liegt vor, wenn nur einer von mehreren Mitangeklagten oder ein Angeklagter lediglich in Bezug auf eine von mehreren Taten im prozessualen Sinn das Urteil anficht: hinsichtlich der übrigen Mitangeklagten bzw. prozessualen Taten entsteht echte Rechtskraft mit den Wirkungen des Art. 103 Abs. 3 GG. 5

§ 318 StPO Berufungsbeschränkung

6 2. Nur **horizontale Teilrechtskraft** ohne die spezifischen Rechtskraftwirkungen für das Rechtsmittelgericht tritt ein, wenn, was nur unter der Voraussetzung innerer Widerspruchsfreiheit statthaft ist, innerhalb derselben prozessualen Tat die Anfechtung beschränkt wird, z.B. auf eine von mehreren in Realkonkurrenz (§ 53 StGB) stehenden strafbaren Handlungen.

7 **B. Formelle Voraussetzungen wirksamer Rechtsmittelbeschränkung. I.** Die Rechtsmittelbeschränkung bedeutet bis zum Ablauf der Berufungsbegründungsfrist keinen Teilverzicht, danach Teilrücknahme des Rechtsmittels: Sie ist als prozessuale Bewirkungshandlung grds. bedingungsfeindlich, unwiderruflich und unanfechtbar, nur in Ausnahmefällen unwirksam und setzt nicht Geschäfts-, sondern nur Verhandlungsfähigkeit des Erklärenden voraus. In Fällen der notwendigen Verteidigung (§ 140) kann der Angeklagte sein Rechtsmittel auch dann wirksam beschränken, wenn er keinen Verteidiger hat (OLG Hamm JZ 1957, 759).

8 II. Grenzen der Befugnis, ein Rechtsmittel durch Teilrücknahme oder Teilverzicht zu beschränken, normieren die §§ 302 Abs. 1 Satz 2, Abs. 2, 303. Einer besonderen Ermächtigung bedarf der Verteidiger nicht zur Einlegung eines nur beschränkten Rechtsmittels, wohl aber zur nachträglichen Beschränkung durch Teilrücknahme (§ 302 Abs. 2): fehlt dem Verteidiger die nach § 302 Abs. 2 notwendige Vollmacht, bleibt das Rechtsmittel unbeschränkt eingelegt. Hat sowohl der Angeklagte als auch sein Verteidiger Rechtsmittel eingelegt, geht, falls nur einer von ihnen das Rechtsmittel beschränkt, die Erklärung des Angeklagten vor. Eine nachträgliche Erweiterung eines zunächst beschränkt eingelegten Rechtsmittels kommt nur innerhalb der Rechtsmitteleinlegungsfrist in Betracht (BGH NJW 1993, 476 m.w.N.).

9 III. Zur Auslegung von Rechtsmittelverzichts- und Rechtsmittelrücknahmeerklärung vgl. § 302 Rdn. 7 und Rdn. 13. Es gelten die zu § 300 entwickelten Grundsätze: die Erklärung ist nicht nur nach ihrem Wortlaut, sondern maßgeblich nach ihrem Sinn und Zusammenhang mit anderen Erklärungen und dem erkennbaren Ziel des Rechtsmittels zu deuten (BGH NJW 1981, 590; OLG Koblenz VRS 39, 379).

10 1. Die Beschränkung muss bestimmt und eindeutig sein. Sie kann aber auch schlüssig aus Rechtsmittelerklärungen, insb. Rechtsmittelbegründungen, hervorgehen, z.B. aus der Erhebung der Sachrüge (OLG Köln VRS 58, 40) oder der Beanstandung nur des Strafausspruchs (OLG Koblenz VRS 51, 122) bei ausdrücklicher Einräumung der Schuld (BGH VRS 34, 437). Die Rüge, die Strafe sei zu hoch, enthält nur bei Juristen, nicht auch bei rechtsunkundigen Angeklagten, eine Rechtsmittelbeschränkung auf das Strafmaß, weil hierfür die Schuldfeststellungen von Bedeutung sein können und deshalb grds. mit angegriffen sind (BayObLG DAR 87, 314). Bei der Erklärung des Berufungsführers, er strebe die Feststellung eines minderschweren Falles an, ist die Berufung i.d.R. auf das Strafmaß beschränkt (OLG Köln NStZ 1989, 339). Umgekehrt kann auch der Inhalt der Rechtsmittelbegründung zeigen, dass entgegen den scheinbar anderslautenden Rechtsmittelanträgen das Rechtsmittel unbeschränkt ist; so, wenn z.B. der Antrag auf eine höhere Strafe mit Angriffen gegen Schuldfeststellungen verbunden ist (BGH NJW 1956, 1845). Die Erklärung eines Verteidigers darf allerdings nicht entgegen ihrem eindeutigen Inhalt erweitert werden (BGHSt 2, 41; 3, 46). Die Strafmaßbeschränkung enthält zumeist auch eine Maßregelanfechtung. Grds. noch keine Rechtsmittelbeschränkung darf gesehen werden in begrenzten Schlussanträgen (OLG Frankfurt am Main VRS 50, 416) oder im Schweigen des Berufungsführers auf einen Hinweis des Vorsitzenden, das Gericht gehe davon aus, dass das Rechtsmittel beschränkt sei. Im Zweifel, den der Berufungsführer aber noch in der Berufungshauptverhandlung durch eindeutige Erklärung ausräumen kann, ist das Rechtsmittel als unbeschränkt anzusehen (BGHSt 29, 359; OLG Koblenz VRS 49, 379). Die Auslegung der Beschränkungserklärung durch das Berufungsgericht bindet das Revisionsgericht nicht.

11 2. Die Rechtsmittelbeschränkung bedeutet nicht ohne Weiteres zugleich einen Verzicht auf jede weiter gehende Anfechtung; anderes gilt nur, wenn zweifelsfrei der Wille zum Rechtsmittelverzicht hinsichtlich der nicht beanstandeten Urteilsteile aus den Rechtsmittelerklärungen des Berufungsführers erkennbar ist (BayObLG NJW 1968, 66). Ein zur (Teil-) Zurücknahme eines Rechtsmittels ermächtigter Verteidiger kann nur mit besonderer Vollmacht einen wirksamen Rechtsmittelverzicht i.Ü. erklären (BGHSt 10, 321).

IV. Soweit das Urteil nicht angefochten ist, tritt, falls auch ein weiter gehender Anfechtungsverzicht nicht vorliegt, Teilrechtskraft bzw. Bindungswirkung ein, und zwar nicht schon mit der Beschränkungserklärung, sondern erst mit Ablauf der Rechtsmittelbegründungsfrist; bis dahin kann unter jenen Voraussetzungen der Berufungsführer sein Rechtsmittel noch erweitern. 12

V. Zeitpunkt: Das Rechtsmittelgericht hat von Amts wegen die Wirksamkeit der Rechtsmittelbeschränkung zu prüfen in formeller Hinsicht in jeder Prozesslage, bei horizontaler Bindungswirkung dagegen in sachlicher Beziehung nur nach der Sach- und Rechtslage am Ende der letzten Tatsacheninstanz, wie sie sich in Wechselwirkung von Normen und Tatsachen konstituiert hat und nach dem Beratungsergebnis endgültig darstellt (BGHSt 21, 256; 27, 72, 244). 13

C. Sachliche Voraussetzungen wirksamer Anfechtungsbeschränkung. I. Allgemeines.
Wirksam ist ein Rechtsmittel beschränkbar nur auf solche »Beschwerdepunkte«, die das Rechtsmittelgericht losgelöst vom nicht angefochtenen Urteilsinhalt nach dem inneren Zusammenhang rechtlich und tatsächlich selbstständig für sich beurteilen kann. Weil diese grundlegende und unerlässliche Voraussetzung der Trennbarkeit aber – ähnlich der gängigen Umschreibung des prozessualen Tatbegriffs – ersichtlich nicht mehr als eine Leerformel ist, bedarf es dazu jeweils einer Einzelfallprüfung (BGH NJW 1981, 590, 591). Diese ist an zwei Erfordernissen auszurichten: zum einen dürfen die angefochtenen und die unbeanstandet gebliebenen Urteilsteile einander weder logisch vor- bzw. nachgeordnet sein noch zueinander in Wechselwirkung stehen (BGHSt 19, 48; NJW 1981, 590; *Schall* JuS 1977, 307, 308); zweitens dürfen sie im Interesse der inneren Einheitlichkeit des Urteils einander nicht widersprechen (BGHSt 7, 287; 10, 72; 24, 185 ff.; 28, 119, 121; NJW 1980, 1807; NJW 1981, 590; BayObLG JZ 1960, 31; VRS 43, 122). 14

Das Rechtsmittel ist auch auf die – vom Rechtsmittelgericht ohnehin von Amts wegen vorzunehmende – Nachprüfung eines Prozesshindernisses beschränkbar, wenn dieses unabhängig vom Schuld- und Rechtsfolgenausspruch beurteilt werden kann. Grds. ist das zu bejahen (mit der Folge, dass bei Verneinung des Prozesshindernisses keine weitere Urteilsnachprüfung stattfindet, OLG Köln VRS 49, 360) für Strafklageverbrauch (OLG Hamburg VRS 45, 31) und Strafantrag, jedoch zu verneinen (d.h. es gilt das Urteil als in vollem Umfang angefochten) für Verfolgungsverjährung (OLG Frankfurt am Main NStZ 1982, 35). 15

Stellt das Rechtsmittelgericht nach wirksamer Teilanfechtung ein Prozesshindernis fest, ist zu unterscheiden: 16

1. Bei vertikaler Teilrechtskraft bleibt die nicht angefochtene Verurteilung wegen selbstständiger Taten im prozessualen Sinn auch dann unberührt (Folge: Einstellung nur hinsichtlich des angefochtenen Urteilsteiles), wenn das Verfahrenshindernis sich auf sie erstreckt. 17

2. Im Fall horizontaler Bindungswirkung dagegen wirkt sich das vom Rechtsmittelgericht festgestellte Prozesshindernis stets (Folge: Einstellung auch bezüglich des nicht angegriffenen Teils des Urteils) auf den nicht angefochtenen Urteilsteil aus. Ob eine Prozessvoraussetzung fehlt, richtet sich bei horizontaler Bindungswirkung nach dem unangefochtenen, das Rechtsmittelgericht in der rechtlichen Tatbewertung insoweit bindenden Schuldspruch; ein Strafantrag ist daher nicht zu prüfen, wenn wegen einer ohne Antrag verfolgbaren Tat verurteilt worden ist. 18

II. Einzelfälle vertikaler Teilrechtskraft.
1. Ficht nur einer von zwei Mitangeklagten das Urteil an, wird es in Richtung gegen den anderen rechtskräftig. 19

2. Ein Angeklagter (oder sonstiger Anfechtungsberechtigter) kann das Rechtsmittel stets wirksam beschränken auf eine (oder mehrere) von verschiedenen selbstständigen prozessualen Taten, die Urteilsgegenstand sind. Dies gilt selbst dann, wenn ein Prozesshindernis auch die nicht angefochtenen prozessualen Taten ergreift, Widersprüche mit den rechtskräftigen Feststellungen auftreten können, mit der nicht angefochtenen Einzelstrafe eine Gesamtstrafe zu bilden ist, die verschiedenen prozessualen Taten durch eine Dauerstraftat miteinander verbunden sind, die Einzelstrafen in ihrer Höhe aufeinander abgestimmt sind oder alle Strafen zur Bewährung ausgesetzt worden sind. Eine auf mehrere Taten im prozessualen oder materiellen Sinn gestützte einheitliche Maßregel oder Nebenstrafe wird von der Anfechtung auch nur einer dieser Taten mit umfasst (BayObLG VRS 31, 186; NJW 1966, 2369). 20

§ 318 StPO Berufungsbeschränkung

21 **III. Einzelfälle horizontaler Bindungswirkung bei Anfechtungsbeschränkung innerhalb einer Tat im prozessualen Sinn.** 1. Die Anfechtung des Urteils hinsichtlich nur einer von mehreren materiellrechtlich selbstständigen Handlungen i.S.v. § 53 StGB, die nur eine Tat i.S.v. § 264 bilden, ist grds. zulässig (BGHSt 24, 185; OLG Köln VRS 62, 283; BayObLG 80, 115), sofern nicht entgegen der Auffassung des Erstgerichts in Wirklichkeit Idealkonkurrenz vorliegt oder wegen unzulänglicher Feststellungen des Ersturteils diese Konkurrenzfragen offen sind; ist in einem dieser Ausnahmefälle fehlerhaft Teilfreispruch ergangen, kann die StA ihr Rechtsmittel nicht wirksam auf diesen beschränken (OLG Hamm VRS 39, 191); andererseits führt die Verurteilungsanfechtung durch den Angeklagten auch zur Überprüfung des freisprechenden Teils des Urteils (BGHSt 21, 256; 26, 221).

22 2. Das Postulat der Widerspruchsfreiheit gilt auch bei einer Verurteilungsanfechtung nur hinsichtlich einer von mehreren Handlungen i.S.v. § 53 StGB (BGHSt 7, 283; 10, 71; 24, 185), die Feststellungen zum nicht angefochtenen Urteilsteil sind im weiteren Verfahren bindend (BGHSt 24, 185; 28, 121).

23 3. Speziell bei schuldhafter Unfallverursachung (z.B. § 229 StGB) und unerlaubtem Entfernen vom Unfallort (§§ 142 Abs. 1, 53 StGB) ist eine Rechtsmittelbeschränkung auf die Verurteilung nach § 142 StGB oder § 229 StGB zulässig. Dies gilt nicht (d.h keine Beschränkbarkeit), wenn infolge besonderer Umstände die Teilanfechtung zur Annahme einer einheitlichen, nicht mehr aufteilbaren Tat führen könnte, wie z.B. dann, wenn in Wirklichkeit eine einheitliche Rauschtat (§ 323a StGB) vorliegt oder der Angeklagte nach der Unfallverursachung (z.B. § 315c StGB) unerlaubt vom Unfallort weggefahren ist (§§ 142 Abs. 1, 316, 52, 53 StGB) und sein Verhalten als materiell-rechtlich einheitliche Handlung (§ 315c StGB) zu beurteilen wäre, falls der Schuldspruch nach § 142 StGB entfiele (BGHSt 25, 72, 75; BGH VRS 41, 26; 59, 336).

24 4. Ist der ein Konkurrenzverhältnis nach § 53 StGB begründende Tatvorsatz infolge Teilanfechtung bindend festgestellt, darf ihn das Berufungsgericht oder das Tatgericht nach Zurückverweisung gem. § 354 Abs. 2 nicht zeitlich oder inhaltlich abweichend ermitteln etwa mit der Folge, dass nunmehr Idealkonkurrenz (§ 52 StGB) anzunehmen wäre (BGHSt 28, 119, 121).

25 5. Anfechtungsbeschränkung auf Teile des Urteils über eine einheitliche Straftat im materiell-rechtlichen Sinn (§ 52 StGB):

26 a) **Allgemeines**: Wird das Rechtsmittel auf den Straf- bzw. Rechtsfolgenausspruch oder innerhalb des Rechtsfolgenausspruchs (z.B. auf die Frage der Strafaussetzung zur Bewährung) beschränkt, erwachsen die übrigen Urteilsteile nicht in echte Rechtskraft: Sie binden das Rechtsmittelgericht (und das neue Tatgericht nach Zurückverweisung gem. § 354 Abs. 2) nur insofern, als dieses sie weder durch neue Feststellungen hierzu korrigieren noch neue Tatsachen einführen darf, die den bereits feststehenden widersprechen; es ist ihm jedoch nicht verwehrt, auch nicht angefochtene Teile rechtlich abweichend zu würdigen, wenn und soweit dies möglich ist ohne darauf gerichtete besondere Wahrheitserforschungsmaßnahmen und ohne Zugrundelegung neuer tatsächlicher Umstände, die mit den bindenden Feststellungen unvereinbar sind. Daher gelten hier Grundsätze, die der revisionsgerichtlichen Überprüfungsbefugnis auf die allgemeine Sachrüge hin vergleichbar sind. Somit ist z.B. im Fall einer Strafmaßberufung das Berufungsgericht zwar grds. auch an einen rechtsfehlerhaften Schuldspruch gebunden (BGHSt 7, 283); im Ergebnis zutreffend wird jedoch z.T. das Rechtsmittelgericht für befugt gehalten, ohne Weiteres erkennbare bzw. offensichtliche Unrichtigkeiten zu beseitigen.

27 b) Keine Bindungswirkung trotz Teilanfechtung tritt deshalb ein, wenn dem nicht angegriffenen Schuldspruch keine Strafnorm (z.B. keine Strafbarkeit der nur versuchten oder lediglich fahrlässig begangenen Tat) oder ein nicht mehr gültiges Strafgesetz zugrunde liegt (BayObLG NJW 1962, 2213; OLG Stuttgart NJW 1962, 2118), insb. durch nachträgliche Gesetzesänderung (§ 354a) die Strafbarkeit entfallen oder die Bestimmung durch eine mildere Vorschrift ersetzt worden ist (BGHSt 7, 284; 20, 116; 26, 1; ausnahmsweise bleibt der Schuldspruch bindend, wenn die Rechtsänderung nur den Strafrahmen betrifft, wie i.d.R. bei Milderung der Strafandrohung für minderschwere Fälle): das Rechtsmittelgericht muss trotz Nichtanfechtung des Schuldspruchs prüfen, ob der vom Tatgericht festgestellte Sachverhalt die Merkmale einer von der Gesetzesänderung nicht betroffenen Begehungsweise der Tat enthält (BGHSt 24, 106; vgl. auch BayObLGSt 1975, 134 = VRS 50, 186: Wegfall der Versuchsstrafbarkeit, aber Erweiterung der eine vollendete Tat begründenden Verhaltensweisen) und ggf. frei-

sprechen, den Schuldspruch berichtigen oder die ungültige Vorschrift durch eine zutreffende ersetzen (BGHSt 19, 46; OLG Celle NJW 1962, 2073, 2363).
Weiter tritt keine Bindungswirkung ein, wenn das Urteil nicht erkennen lässt, welches Gesetz oder welche von mehreren alternativen Strafvorschriften angewendet, welche Schuldform (Vorsatz, Fahrlässigkeit) zugrunde gelegt worden oder ob die Tat vollendet oder nur versucht ist.
Schließlich ist auch keine Bindungswirkung gegeben, wenn bei Strafmaßanfechtung die erstgerichtlichen Feststellungen fehlerhaft, unklar, lückenhaft, widersprüchlich oder so dürftig sind, dass sie den Unrechts- und Schuldgehalt der Tat nicht einmal in groben Umrissen erkennen lassen und daher keine geeignete Grundlage für die Beurteilung der Rechtsfolgenfrage sind (OLG Hamm NStZ-RR 2001, 300; VRS 30, 203, 456; VRS 42, 197; VRS 45, 297; OLG Celle VRS 35, 208; 38, 261; OLG Koblenz VRS 75, 34, 35; 46, 47; NStZ-RR 2005, 178).

c) Schuldspruch: Seine nur teilweise Anfechtung ist bei einer einheitlichen Straftat i.S.d. § 52 StGB **28** grds. unzulässig. Das Rechtsmittel kann daher i.d.R. nicht wirksam beschränkt werden auf bestimmte Gesichtspunkte tatsächlicher oder rechtlicher Art (BGHSt 6, 230; VRS 14, 194; 33, 293), z.B. auf die Frage der Notwehr, auf einzelne Tatbestandsmerkmale oder Rechtsbegriffe, auf die Voraussetzungen einer actio libera in causa oder Volltrunkenheit i.S.v. § 323a StGB oder auf die Anwendung von § 52 oder § 53 StGB (BGH NStZ 1996, 203; BayObLG NStZ 1988, 576). Dieses Postulat einheitlicher Beurteilung des Schuldspruchs gilt auch in Fällen des § 52 StGB sowie der Gesetzeskonkurrenz, und zwar selbst dann, wenn nach richtiger Rechtsansicht z.B. Tatmehrheit (§ 53 StGB) vorlag. Nur ausnahmsweise kann bei Idealkonkurrenz (z.B. §§ 315c, 229, 52 StGB) die Entscheidung isoliert allein hinsichtlich einer Handlung i.S.v. § 52 StGB (hier: § 229 StGB) angefochten werden, falls insoweit ein Prozesshindernis (§ 230 StGB) geltend gemacht wird (BayObLG VRS 37, 54).

d) Was zum (nicht isoliert angreifbaren) Schuldspruch und was zur (getrennt anfechtbaren) Rechtsfol- **29** genfrage zählt, ist nicht nach allgemeinen Merkmalen, sondern mit Blick auf die Trennungsvoraussetzungen stets nach den jeweiligen Umständen des konkreten Falles zu entscheiden.
I.d.R. gehören zur Schuldfrage die Schuldfähigkeit (§ 20 StGB) und die verminderte Schuldfähigkeit jedenfalls dann, wenn sich im Einzelfall nicht ausschließen lässt, dass eine Anwendung des § 20 StGB in Betracht kommt. Zur Schuldfrage gehören auch der Verbotsirrtum (§ 17 StGB) sowie die Feststellungen zum gesetzlichen Regelbeispiel eines besonders schweren oder minderschweren Falles, sodass bei wirksamer Rechtsmittelbeschränkung auf den Strafausspruch das Rechtsmittelgericht an jene Feststellungen gebunden ist, sofern im Einzelfall sie »doppelrelevante«, d.h. auch den Schuldspruch tragende Tatsachen betreffen und der Beschwerdeführer sich auch dagegen wendet, dass das Erstgericht einen solchen Umstand angenommen oder nicht angenommen hat (BGH NJW 1981, 591).
Zur Straffrage gehören das Mitverschulden des Unfallopfers (BGH VRS 19, 110), es sei denn, diese Frage ist von entscheidender Bedeutung für die Beurteilung des eigenen Verschuldens des Angeklagten oder erforderte eine neue Beweisaufnahme mit der Möglichkeit abweichender Feststellungen zum Verschulden auch des Angeklagten und die (Nicht-) Anwendung der §§ 157, 158, 163 Abs. 2, 316a Abs. 2 StGB.

IV. Anfechtungsbeschränkung auf den Strafausspruch und innerhalb des Strafausspruchs. 1. **30** Das Rechtsmittel kann grds. wirksam auf den Strafausspruch beschränkt werden (BGHSt 24, 188; 33, 59; VRS 34, 438). Führt jedoch die umfassende Berufung des als Haupttäter verurteilten A zum Freispruch mangels Beweises, ist die Beschränkung der Berufung des nur wegen Beihilfe verurteilten B auf das Strafmaß prozessual unbeachtlich. Nicht beschränkbar ist das Rechtsmittel auch auf die Entscheidung, ob auf einen Heranwachsenden Jugendrecht oder allgemeines Strafrecht anzuwenden ist.

2. Anfechtungsbeschränkung innerhalb des Strafausspruchs Das Rechtsmittel kann i.d.R. beschränkt **31** werden auf die

a) Bemessung der Tagessatzhöhe (§ 40 Abs. 2, Abs. 3 StGB; BGHSt 27, 70; KG VRS 52, 113), es sei **32** denn, im angefochtenen Urteil fehlt eine Bemessung der Tagessatzhöhe völlig oder die (besonders große) Zahl der Tagessätze hat möglicherweise zu einer Senkung ihrer Höhe geführt;

b) Entscheidung nach § 42 StGB; **33**

§ 318 StPO   Berufungsbeschränkung

34 c) (Nicht-) Anrechnung von Freiheitsentzug nach § 51 Abs. 1 StGB, es sei denn, die Nichtanrechnung wird auf Gründe gestützt, die auch für die Strafzumessung bestimmend waren;

35 d) Gesamtstrafenbildung nach § 53 StGB oder § 55 StGB sowie die Gesamtstrafenhöhe gem. § 54 Abs. 1 Satz 2 StGB. Die in der Rechtsmittelbeschränkung auf eine von mehreren prozessualen Taten liegende Anfechtung zugleich der Gesamtstrafe lässt das Urteil auch i.Ü.rk., sondern nur bezüglich der nicht angegriffenen Schuldsprüche und Einzelstrafen bindend werden. Mit angefochten bei einer Rechtsmittelbeschränkung auf die Gesamtstrafe sind stets auch Entscheidungen über Nebenstrafen, Nebenfolgen und Maßnahmen (§ 11 Abs. 1 Satz 8 StGB), Anrechnung der Untersuchungshaft und Strafaussetzung zur Bewährung.

36 1. Grds. unzulässig wegen jeweils untrennbarer Verknüpfungen mit der Straffrage im engeren Sinne (§ 46 StGB) ist die Rechtsmittelbeschränkung auf die

37 a) Frage der Unerlässlichkeit einer Freiheitsstrafe nach § 47 StGB;

38 b) Anwendbarkeit des § 59 StGB (OLG Celle MDR 1976, 1041);

39 c) Verhängung von Geldstrafe neben Freiheitsstrafe gem. § 41 StGB.

40 2. Auf Nebenstrafen kann das Rechtsmittel wirksam beschränkt werden, sofern sie von Feststellungen und Erwägungen zur Hauptstrafe unabhängig sind (OLG Hamm NJW 1975, 67).

41 3. I.d.R. unzulässig ist die isolierte Anfechtung eines Fahrverbots nach § 44 StGB oder § 25 StVG, zumal eine Erhöhung der Geldstrafe/Geldbuße unter Aufhebung des Fahrverbots im Rechtsmittelverfahren die §§ 331, 358 Abs. 2 nicht verletzt (OLG Düsseldorf VRS 84, 336; OLG Hamm NStZ 2006, 592; OLG Schleswig NStZ 1984, 90).

42 4. Grds. wirksam ist dagegen die Anfechtungsbeschränkung auf Maßnahmen nach § 45 StGB.

43 5. Entscheidung über die Strafaussetzung zur Bewährung (§§ 56 StGB, 21 JGG)

44 a) Ob diese für sich, d.h. getrennt vom übrigen Strafausspruch, anfechtbar ist, lässt sich generell weder bejahen noch verneinen, und zwar auch dann nicht, wenn die für die Strafzumessungs- und -aussetzungsfrage bestimmenden Tatsachen sich überschneiden, also doppelrelevant sind. Entscheidend ist vielmehr stets die Einzelfallbeurteilung, ob bei isolierter Anfechtung der Strafaussetzungsentscheidung in concreto die hierzu neu zu treffenden Feststellungen sich mit den die Strafzumessung tragenden Tatsachen und Erwägungen widerspruchsfrei vereinbaren lassen oder nicht (BGH NStZ 1982, 285, 286; KG NZV 2002, 240; OLG Hamburg NStZ-RR 2006, 18; OLG Nürnberg NZV 2007, 642).

45 b) Nicht getrennt vom Strafausspruch kann die Entscheidung über die Strafaussetzung auch dann angefochten werden, wenn im Einzelfall z.B. die Begründung der Strafzumessung so unzulänglich ist, dass sie keine Grundlage für eine darauf aufbauende Aussetzungsentscheidung sein kann oder im Ersturteil Strafmaß- und Aussetzungsentscheidung unzulässig miteinander verknüpft sind.

46 c) Isoliert anfechtbar ist die Strafaussetzung auch unter dem Gesichtspunkt des § 56 Abs. 3 StGB, sofern Feststellungen dazu nicht im Einzelfall der Basis der Schuld- oder/und Straffrage unvereinbar widersprechen können.

47 **V. Wirkungen zulässiger Rechtsmittelbeschränkung auf den Strafausspruch bzw. innerhalb des Strafausspruchs.** 1. Die Wiedereinbeziehung vor der Beschränkung nach § 154a ausgeschiedener Gesetzesverletzungen bleibt zulässig (BayObLG NJW 1969, 1185)

48 2. Das Rechtsmittelgericht ist gebunden an die Urteilsfeststellungen zur Schuld, und zwar sowohl zu ihrer Form als auch ihrem Umfang, selbst wenn dabei die rechtliche Beurteilung nicht infrage gestellt wird (OLG Koblenz VRS 53, 337; OLG Karlsruhe VRS 55, 362). Das Rechtsmittelgericht darf nicht von einer die Schuldfeststellungen betreffenden Wahrunterstellung abweichen, den Sachverhalt durch einen anderen, den gleichen Schuldspruch ebenfalls tragenden ersetzen, auf die Mindeststrafe erkennen, weil es den Schuldspruch für verfehlt erachtet oder auf die Berufung der StA gegen die einem Heranwachsenden bewilligte Strafaussetzung nunmehr Jugendrecht anwenden. Ihm ist es nur erlaubt, ergänzende Feststellungen, die mit den aufrechterhaltenen Tatsachen vereinbar sind, zu treffen, wie z.B.

das eigentliche Tatgeschehen nicht betreffend verschuldete Auswirkungen der Tat (BGH bei Holtz MDR 1980, 275).

3. Stellt sich jedoch z.B. in der Hauptverhandlung über eine Strafmaßberufung ohne gezielte Feststellungen zur Schuldfrage die Schuldunfähigkeit des Angeklagten heraus, ist nicht auf das nach § 21 StGB mögliche Mindestmaß der Strafe zu erkennen, sondern freizusprechen. 49

4. Anfechtungsbeschränkung auf die Entscheidung über Maßregeln der Besserung und Sicherung (§ 61 StGB) 50

a) Allgemeines: Auch die Maßregelentscheidung ist vom Schuld- und/oder Strafausspruch getrennt anfechtbar, es sei denn, die Feststellungen zur Schuld- oder Straffrage sind lückenhaft oder widersprüchlich (OLG Koblenz VRS 48, 16). Trägt der Sachverhalt ein anderes als das vom Erstgericht angewendete Strafgesetz und rechtfertigt dieses die Maßregel, ist die Beschränkung jedoch wirksam. Umgekehrt kann unter gleichen Bedingungen auch die Rechtsmittelbeschränkung auf die Strafmaß- oder -aussetzungsentscheidung ohne gleichzeitige Anfechtung der Maßregel prozessual wirksam sein, z.B. in Fällen der §§ 69, 69a StGB jedenfalls dann, wenn der Fahrerlaubnisentzug nur wegen körperlicher oder geistiger Mängel des Angeklagten angeordnet oder abgelehnt wird. 51

b) Einzelfälle: 52

(1) Unterbringung in einem psychiatrischen Krankenhaus (**§ 63 StGB**) 53
Freispruch des Angeklagten wegen Schuldunfähigkeit (§ 20 StGB): Die StA kann die Nichtanordnung der Unterbringung isoliert anfechten. Beanstandet der Angeklagte nur die Anordnung seiner Unterbringung, so beschränkt sich das Rechtsmittel auf die Unterbringungsanordnung, da er durch den Freispruch nicht beschwert ist (*Meyer-Goßner/Schmitt* § 318 Rn. 24).
Verurteilung des Angeklagten (unter den Voraussetzungen des § 21 StGB): i.d.R. wirksam ist die Beschränkung des Rechtsmittels der StA auf die Ablehnung der Unterbringungsanordnung und des Angeklagten auf die Verhängung der Maßregel.

(2) Die Anordnung der Sicherungsverwahrung (**§ 66 StGB**) ist stets getrennt von der Schuldfrage anfechtbar und vom Strafausspruch dann, falls auszuschließen ist, dass die Strafe wegen Ablehnung der Sicherungsverwahrung besonders hoch oder angesichts ihrer Verhängung besonders niedrig bemessen worden ist. Zwischen Strafe und Nichtanordnung der Maßregel besteht grds. keine der Rechtsmittelbeschränkung entgegenstehende Wechselwirkung (BGH NStZ 2007, 212, 213; *Meyer-Goßner/Schmitt* § 318 Rn. 26). 54

(3) Die Rechtsmittelbeschränkung auf die Anordnung der Führungsaufsicht (§ 68 StGB) ist grds. zulässig. 55

(4) Anfechtungsbeschränkung auf die Entscheidung über Entzug der Fahrerlaubnis (§ 69 Abs. 1, Abs. 2 StGB), Einziehung des Führerscheins (§ 69 Abs. 3 Satz 2 StGB) und Fahrerlaubnissperre (§ 69a StGB). **Entziehung der Fahrerlaubnis (§ 69 StGB):** 56
Wird der Angeklagte freigesprochen, kann die StA ihr Rechtsmittel nicht wirksam auf die Ablehnung der Maßregel beschränken.
Bei einer Verurteilung des Angeklagten zu einer Strafe ist die Maßregelentscheidung grds. unabhängig vom Schuldspruch anfechtbar. Die Beschränkung ist allerdings unwirksam, wenn Charaktermängel des Angeklagten der Grund der Anordnung sind (OLG Düsseldorf VRS 81, 184; OLG Frankfurt am Main NZV 1996, 414), nicht aber bei Entziehung wegen körperlicher oder geistiger Ungeeignetheit. Entsprechendes gilt für die isolierte Sperre nach § 69a Abs. 1 Satz 3 StGB (KG VRS 109, 278; *Meyer-Goßner/Schmitt* § 318 Rn. 28). Unwirksam ist die Beschränkung auch, wenn die Strafe wegen des Fahrerlaubnisentzugs höher oder milder bemessen wurde, wenn sie auf doppelrelevanten Tatsachen beruht und i.d.R. auch, wenn die Freiheitsstrafe zur Bewährung ausgesetzt wurde (OLG Hamm VRS 32, 17; *Meyer-Goßner/Schmitt* § 318 Rn. 28).
Auf die Dauer der Fahrerlaubnissperre (§ 69a StGB) kann das Rechtsmittel nur in Ausnahmefällen beschränkt werden, wenn die dazu notwendigen Feststellungen sich von dem Fahrerlaubnisentzug zugrunde liegenden Sachverhalt trennen lassen (BGH DAR 1980, 202; OLG Jena VRS 118, 279; OLG Koblenz VRS 48, 16; VRS 50, 362; VRS 52, 432; OLG Karlsruhe VRS 48, 425).

§ 319 StPO Verspätete Einlegung

57 (5) Die Verhängung eines Berufsverbots (§ 70 StGB) ist i.d.R. isoliert von den Schuldfeststellungen anfechtbar, aber nur ausnahmsweise losgelöst von der Straffrage (BGH NJW 1975, 2249).

58 4. Im allgemeinen selbstständig anfechtbar ist die Entscheidung über Nebenfolgen, z.B. Verfall nach §§ 73, 73a StGB, Einziehung gem. §§ 74 ff. StGB, es sei denn, die Strafe wurde möglicherweise wegen Einziehung (bzw. Nichteinziehung) einer im Eigentum des Angeklagten stehenden Sache niedriger (bzw. höher) bemessen, und Bekanntmachungsbefugnis.

59 5. Revision: Das Revisionsgericht hat die Zulässigkeit der Rechtsmittelbeschränkung von Amts wegen und ohne Bindung an die Auffassung z.B. des Berufungsgerichts zu prüfen. Es muss jedoch § 358 Abs. 2 auch insoweit beachten, als das Berufungsgericht einen bereits »rechtskräftigen« Teil des Amtsgerichtsurteils zugunsten des Angeklagten abgeändert hat. Verwirft umgekehrt das Berufungsgericht das Rechtsmittel in der irrigen Annahme, es erstrecke sich nicht auf die Maßregelfrage, hindert das Verbot der reformatio in peius das Revisionsgericht nicht, die insoweit unterbliebene Entscheidung nachzuholen (BayObLG VRS 35, 260; OLG Hamburg VRS 27, 99). Hat das Berufungsgericht zu Unrecht eine Strafmaßanfechtung für wirksam erachtet und die Schuldfrage nicht mehr untersucht, kann auch die Revision gegen das Berufungsurteil nicht auf die Straffrage beschränkt werden; die Sache wird unter Urteilsaufhebung zwecks umfassender Nachprüfung zurückverwiesen. Wurde vom Berufungsgericht die Wirksamkeit einer Beschränkungserklärung erkannt, begründet dies zwar die Revision, macht das Urteil aber nicht prozessual unbeachtlich; bei Nichtanfechtung wird es rechtskräftig und vollstreckbar (OLG Bremen JZ 1958, 546).

§ 319 StPO Verspätete Einlegung.

(1) Ist die Berufung verspätet eingelegt, so hat das Gericht des ersten Rechtszuges das Rechtsmittel als unzulässig zu verwerfen.
(2) Der Beschwerdeführer kann binnen einer Woche nach Zustellung des Beschlusses auf die Entscheidung des Berufungsgerichts antragen. In diesem Falle sind die Akten an das Berufungsgericht einzusenden; die Vollstreckung des Urteils wird jedoch hierdurch nicht gehemmt. Die Vorschrift des § 35a gilt entsprechend.

1 **A. Verwerfung der Berufung durch das Erstgericht. I. Zweck.** § 319 Abs. 1 ergänzt die Zuständigkeitsvorschriften des GVG. Aus prozessökonomischen Gründen hat die Vorinstanz von Amts wegen zu untersuchen und entscheiden, was an sich dem Rechtsmittelgericht zukommt, aber nur formaler Natur ist; sie darf daher die Prüfung der Rechtzeitigkeit des Rechtsmittels nicht der Geschäftsstelle überlassen. Bei unbestimmter Anfechtung ist nach § 319, nicht gem. § 346 zu verfahren.

2 **II. Gegenstand der Prüfung des iudex a quo. 1.** Der Erstrichter hat nach § 319 Abs. 1 ausschließlich die Frage der Rechtzeitigkeit der Berufung zu prüfen. Bleibt unklärbar zweifelhaft, ob die Berufung fristgerecht eingelegt ist, wird sie als rechtzeitig behandelt.

3 2. Die sonstigen Zulässigkeitsvoraussetzungen der Berufung hat ausschließlich das Rechtsmittelgericht zu prüfen. Der iudex a quo hat daher ohne eigene Entscheidung sogleich nach § 320 zu verfahren.

4 3. Vorrangig hat das Rechtsmittelgericht über einen Wiedereinsetzungsantrag gegen die Versäumung der Berufungseinlegungsfrist (§ 314) oder nach Vorlage des iudex a quo von Amts wegen gem. § 45 Abs. 2 Satz 3 zu entscheiden. In diesen Fällen legt das Ausgangsgericht die Akten zunächst dem Berufungsgericht vor.

5 **III. Entscheidung des Erstrichters. 1.** Erachtet der Erstrichter die Berufung für zulässig, verfügt er die Aktenvorlage nach § 320. Einer ausdrücklichen Entscheidung bedarf es auch dann nicht, wenn z.B. die StA einen Verwerfungsbeschluss beantragt hat. Bejaht der iudex a quo gleichwohl beschlussförmig die Zulässigkeit der Berufung, ist diese Entscheidung weder beschwerdefähig noch für das Rechtsmittelgericht bindend.

6 2. Hält im Rahmen seiner Untersuchungsbefugnis das Gericht, dessen Urteil angefochten wurde, die Berufung für unzulässig, beschließt es nach Anhörung der StA (§ 33 Abs. 2) die kosten- und auslagenpflichtige Verwerfung der Berufung (§§ 464, 464a, 473 Abs. 1). Das gilt auch im Fall des § 313. Der

Verwerfungsbeschluss ist gem. § 34 zu begründen. Ist das Rechtsmittel nur eines von mehreren Beschwerdeführern aus den bezeichneten Gründen unzulässig, ist nur dieses zu verwerfen und i.Ü. nach § 320 zu verfahren. Unstatthaft ist dagegen ein Teilbeschluss hinsichtlich nur eines Beschwerdeführers, da hierdurch die Zwecke des § 319, die Rechtskraft früher eintreten zu lassen und dem Berufungsgericht die Befassung mit dem Rechtsmittel zu ersparen, nicht erreicht würden.

3. Wegen der Frist des § 319 Abs. 2 ist der Verwerfungsbeschluss dem Berufungsführer mit einer Belehrung (§ 319 Abs. 2 Satz 3) nach § 35a über Form, Frist und Adressat des Antrags förmlich zuzustellen (§ 35 Abs. 2 Satz 1) und den übrigen Beteiligten formlos mitzuteilen. Über die nach § 319 Abs. 2 Satz 3 vorgeschriebene Belehrung hinaus ist i.d.R. auch eine solche nach §§ 44, 45 zu empfehlen. Hat der gesetzliche Vertreter oder Erziehungsberechtigte des Angeklagten die Berufung eingelegt, ist der Beschluss auch dem Angeklagten förmlich zuzustellen (OLG Hamm NJW 1973, 1850). **7**

4. Wirkung des Verwerfungsbeschlusses. Der Beschluss nach § 319 Abs. 1 wird rechtskräftig entweder mit Ablauf der Antragsfrist nach § 319 Abs. 2 oder dem Erlass eines Verwerfungsbeschlusses gem. § 319 Abs. 2 nach Maßgabe des § 34a. **8**

Wirksam und rechtskräftig ist der Beschluss nach § 319 Abs. 1 auch dann, wenn die Berufung aus einem der unter Rdn. 3 genannten Gründe verworfen wurde (BayObLG NJW 1963, 63). **9**

5. Einen aus rechtlichen oder tatsächlichen Gründen fehlerhaften Verwerfungsbeschluss nach § 319 Abs. 1 kann der iudex a quo nicht wirksam aufheben (OLG Düsseldorf MDR 1984, 963; BayObLGSt 80, 36 = VRS 59, 214). Unstatthaft sind somit »Abhilfe« oder eine analoge Anwendung des § 311 Abs. 3 Satz 2. **10**

11

B. Der Antrag auf Entscheidung und die Entscheidung des Berufungsgerichts.

I. 1. Der Antrag nach § 319 Abs. 2 ist zwar ähnlich der sofortigen Beschwerde (§ 311) ausgestaltet, jedoch keine besondere Form davon, sondern als Rechtsbehelf eigener Art ein Teil des Berufungsverfahrens (BGH bei *Holtz* MDR 1977, 461 f.; BayObLG MDR 1976, 951). Eine Beschwerde (§ 304) ist neben dieser abschließenden Anfechtungsregelung unstatthaft, selbst wenn der Erstrichter z.B. seine Prüfungskompetenz überschritten oder das AG nach § 346 Abs. 1 eine Berufung irrig als Sprungrevision (§ 335 Abs. 1) oder Rechtsbeschwerde (§ 79 OWiG) behandelt und mangels form- und fristgerechter Begründung (§ 345) verworfen hat.

2. Der Antrag nach § 319 Abs. 2 ist nur dann zweckmäßig und angebracht, wenn die Voraussetzungen, unter denen das Erstgericht die Berufung nach § 319 Abs. 1 verworfen hat, nicht vorliegen. Bei Fristversäumnis kann die Wiedereinsetzung nach §§ 44, 45 beantragt werden; dieses Gesuch schließt i.d.R. einen Antrag nach § 319 Abs. 2 ein (OLG Bremen GA 1954, 279). I.Ü. gilt § 300: Wendet der Antragsteller sich nicht gegen die Begründung des Beschlusses nach § 319 Abs. 1, sondern macht er ausschließlich unverschuldete Fristversäumnis geltend, ist darin grds. kein Antrag nach § 319 Abs. 2 zu sehen. **12**

3. Zwar wird die Vollstreckung des Urteils durch den Antrag nach § 319 Abs. 2 nicht gehemmt (§ 319 Abs. 2 Satz 2 Halbs. 2) und auch ein gerichtlicher Vollstreckungsaufschub entsprechend § 307 Abs. 2 ist unzulässig. Abgesehen vom Fall des Übergangs der Untersuchungshaft in Strafhaft sollte jedoch die Vollstreckungsbehörde in aller Regel erst die Entscheidung nach § 319 Abs. 2 abwarten, bevor sie die Vollstreckung beginnt (*Meyer-Goßner/Schmitt* § 319 Rn. 6). **13**

II. Zulässigkeitsvoraussetzungen. 1. Der – schon vor Bekanntgabe (aber stets erst nach Erlass) des Verwerfungsbeschlusses nach § 319 Abs. 1 zulässige – Antrag nach § 319 Abs. 2 ist schriftlich zu stellen, bedarf aber sonst keiner besonderen Form. Er ist binnen Wochenfrist beim iudex a quo entsprechend § 306 Abs. 1 einzulegen; der Eingang beim Berufungsgericht genügt zur Fristwahrung nicht (BGH NJW 1977, 964; *Meyer-Goßner/Schmitt* § 319 Rn. 3). **14**

2. Antragsberechtigt nach § 319 Abs. 2 ist nur, wessen Berufung nach § 319 Abs. 1 verworfen wurde (Ausnahme: Antragsrecht auch des Angeklagten gegen Verwerfung des Rechtsmittels seines gesetzlichen Vertreters, § 298; OLG Hamm NJW 1973, 1850). War z.B. das Rechtsmittel des Angeklagten, sind weder die StA zu seinen Gunsten (§ 296 Abs. 2) noch sein gesetzlicher Vertreter oder Erziehungsberechtigter (§ 67 Abs. 3 JGG; § 298) antragsbefugt. **15**

16 III. Der iudex a quo darf weder eine Abhilfeentscheidung treffen noch einen verspäteten Antrag nach § 319 Abs. 2 als unzulässig verwerfen. Er hat in jedem Fall die Akten gem. § 319 Abs. 2 Satz 2 Halbs. 1 dem Rechtsmittelgericht vorzulegen, und zwar entgegen dem missverständlichen Wortlaut dieser Vorschrift auch dann, wenn der Antrag nicht rechtzeitig ist (OLG Hamm NJW 1956, 1168). Des Vorlageverfahrens nach § 320 bedarf es nicht, da nur die Zulässigkeit der Berufung zu prüfen ist.

17 IV. Entscheidung des Berufungsgerichts. 1. Entscheidungsmöglichkeiten. a) Einen verspäteten oder von einem Nichtberechtigten gestellten Antrag nach § 319 Abs. 2 verwirft das Berufungsgericht als unzulässig.

18 b) Auf einen zulässigen Antrag hin prüft das Rechtsmittelgericht umfassend die Zulässigkeitsvoraussetzungen der eingelegten Berufung. Hat der Antrag sachlich keinen Erfolg, weil der Verwerfungsbeschluss nach § 319 Abs. 1 zu Recht ergangen ist, wird er als unbegründet zurückgewiesen. Hat der iudex a quo das Rechtsmittel aus einem von ihm nicht zu prüfenden Grund verworfen, hebt der iudex ad quem diesen Beschluss auf und verwirft die Berufung nach § 322 Abs. 1.

19 c) Auf einen begründeten Antrag nach § 319 Abs. 2 hin hebt das Rechtsmittelgericht den nach § 319 Abs. 1 ergangenen Beschluss auf und leitet die Akten dem Ausgangsgericht zurück.

20 2. Eine Kosten- und Auslagenentscheidung unterbleibt, da der Antrag nach § 319 Abs. 2 keine Beschwerde ist und deshalb eine Gebühr nicht anfällt. § 473 Abs. 1 ist unanwendbar. Für Auslagen, die einem Beteiligten im Verfahren nach § 319 Abs. 2 zusätzlich erwachsen sind, gilt die im Beschluss nach § 319 Abs. 1 enthaltene Entscheidung gem. § 473 Abs. 1.

21 3. Aufheben – ggf. auf Gegenvorstellung hin – darf das Rechtsmittelgericht seinen Beschluss nach § 319 Abs. 2 nur bei unrichtiger Tatsachengrundlage, nicht im Fall lediglich eines Rechtsirrtums (OLG Nürnberg MDR 1966, 351; OLG Koblenz VRS 52, 42; OLG Hamburg MDR 1976, 511).

22 V. Verbindung des Antrags nach § 319 Abs. 2 mit einem Antrag auf Wiedereinsetzung. 1. Da der Antrag nach § 319 Abs. 2 gegenstandslos ist, wenn die Wiedereinsetzung gegen die Versäumung der Frist des § 314 bewilligt wird, ist vorrangig über den Wiedereinsetzungsantrag zu entscheiden. Wird der Wiedereinsetzungsantrag erst nach dem Verwerfungsbeschluss nach § 319 Abs. 1 gestellt, berührt das Wiedereinsetzungsgesuch den Lauf der Frist nach § 319 Abs. 2 nicht.

23 2. Über die Wiedereinsetzung entscheidet das Rechtsmittelgericht, ebenso bei unbestimmter Urteilsanfechtung.

24 C. Anfechtbarkeit. Nicht mehr anfechtbar ist die Entscheidung des Berufungsgerichts nach § 319 Abs. 2, da sie in der Sache bereits selbst der Entscheidung über eine sofortige Beschwerde (§ 311) ähnlich ist, gegen die eine weitere Beschwerde nicht stattfindet und außerdem § 319 Abs. 2 im Interesse der Rechtsklarheit hinsichtlich des Eintritts der Urteilsrechtskraft eine abschließende Sonderregelung enthält (OLG Koblenz VRS 64, 283; OLG Frankfurt am Main NStZ-RR 2003, 47, 48). Eine Ausnahme davon ist nur dann gegeben, wenn das AG die Berufung unzulässigerweise verworfen hat (z.B. wegen Rechtsmittelverzichts). In diesem Fall stellt nämlich die Entscheidung des LG der Sache nach die allein ihm zukommende Entscheidung nach § 322 Abs. 1 dar, gegen die dem Angeklagten das Rechtsmittel der sofortigen Beschwerde nach § 322 Abs. 2 zusteht (OLG Düsseldorf VRS 86, 129 ff.; OLG Frankfurt am Main NStZ-RR 2011, 49 ff.; *Meyer-Goßner/Schmitt* § 319 Rn. 5).

§ 320 StPO Aktenübermittlung an die Staatsanwaltschaft.
Ist die Berufung rechtzeitig eingelegt, so hat nach Ablauf der Frist zur Rechtfertigung die Geschäftsstelle ohne Rücksicht darauf, ob eine Rechtfertigung stattgefunden hat oder nicht, die Akten der Staatsanwaltschaft vorzulegen. Diese stellt, wenn die Berufung von ihr eingelegt ist, dem Angeklagten die Schriftstücke über Einlegung und Rechtfertigung der Berufung zu.

A. Die Aktenvorlage an die StA (§ 320 Satz 1) erfolgt erst nach Ablauf aller Rechtsmitteleinlegungs- (§ 314) und Rechtsmittelbegründungsfristen (§ 317) für die Berufungsberechtigten, es sei denn, über ein unzulässiges Rechtsmittel kann vorab entschieden werden. Sachlich ist über sämtliche Berufungen, sofern kein Verfahren abgetrennt wird (§§ 2, 4), einheitlich zu entscheiden. 1

B. Die Zustellung der Rechtsmittelschriften (§ 320 Satz 2) an den Angeklagten, soweit sie ihn betreffen, ist Aufgabe der StA (auch bei Anfechtung zu seinen Gunsten, § 296 Abs. 2), nicht des Gerichts. Dabei genügt die formlose Mitteilung nach § 35 Abs. 2 Satz 2. Die Bekanntgabe soll dem Angeklagten auch im Berufungsverfahren eine sachgerechte und umfassende Verteidigung ermöglichen. Mit der Zustellung der Berufungsschriften ist dem Gegner des Berufungsführers, falls noch nicht geschehen, eine Abschrift des Urteils mit Gründen zu übersenden (Nr. 157 RiStBV). Gegenerklärungen auf Rechtfertigungsschriften sind gesetzlich nicht vorgesehen, aber zulässig. Eine entgegen § 320 Satz 2 nicht zugestellte Rechtfertigungsschrift, deren Inhalt für die Verteidigung des Angeklagten von Bedeutung sein kann, muss der Vorsitzende dem Angeklagten bekannt geben (OLG Köln MDR 1974, 950). Hat ein Nebenkläger Berufung eingelegt, sind die Schriftstücke über Einlegung und Rechtfertigung dem Angeklagten durch das Erstgericht zuzustellen. Einer Zustellung an die StA bedarf es nicht, da die Akten gem. § 320 Satz 1 ohnehin vorgelegt werden müssen (KK/*Paul* § 320 Rn. 3) 2

C. Ein Verstoß gegen § 320 Satz 2 begründet nicht bereits die Revision, sondern erst eine weitere Beschränkung der Verteidigung (§ 338 Nr. 8), z.B. durch Ablehnung eines Antrags auf Aussetzung der Hauptverhandlung (OLG Koblenz VRS 51, 98; OLG Köln NStZ 1994, 475; *Meyer-Goßner/Schmitt* § 320 Rn. 2, 3). 3

§ 321 StPO Aktenübermittlung an das Berufungsgericht.
Die Staatsanwaltschaft übersendet die Akten an die Staatsanwaltschaft bei dem Berufungsgericht. Diese übergibt die Akten binnen einer Woche dem Vorsitzenden des Gerichts.

A. Die Vorschrift des § 321 Satz 1 ist ohne Bedeutung, weil die StA beim AG und beim LG dieselbe Behörde ist. 1

B.I. Die Wochenfrist des § 321 Satz 2 ist nur eine der Beschleunigung dienende Ordnungsvorschrift. Ihre Nichtbeachtung kann nur dienstaufsichtsrechtlich beanstandet werden. 2

II. Bei Aktenvorlage nach § 321 Satz 2 stellt nach aktenmäßiger Prüfung der Sach- und Rechtslage die StA ihre Anträge. Hält sie die Berufung eines anderen Berufungsführers für unzulässig, beantragt sie Verwerfung der Berufung nach § 322 Abs. 1. Andernfalls benennt sie die ihr zur Durchführung der Hauptverhandlung notwendig erscheinenden Beweismittel (Nr. 158 RiStBV) und stellt Antrag auf Anberaumung eines Termins zur Berufungshauptverhandlung. 3

C. Die Zuständigkeit des Berufungsgerichts (und seine Eigenschaft als erkennendes Gericht) für Entscheidungen i.R.d. Berufungs-Prozessgegenstands beginnt mit Akteneingang bei diesem Gericht (BayObLGSt 1974, 98). Bis dahin bleibt das Erstgericht für Rechtsmittelerklärungen (z.B. Zurücknahme des Rechtsmittels) und für Entscheidungen zuständig, z.B. über Haft und vorläufige Entziehung der Fahrerlaubnis, Bestellung eines Pflichtverteidigers (NStZ-RR 1998, 144; OLG Karlsruhe NJW 1975, 458 f.), Verfahrenseinstellung wegen eines nach Urteilserlass eingetretenen Prozesshindernisses (§ 316 Rn. 3) sowie über Kosten und Auslagen bei Zurücknahme des Rechtsmittels (§ 473 Abs. 1; BGHSt 12, 217; OLG Bremen NJW 1956, 72; OLG Stuttgart NJW 1958, 1935). 4

§ 322 StPO Verwerfung ohne Hauptverhandlung.

(1) Erachtet das Berufungsgericht die Vorschriften über die Einlegung der Berufung nicht für beobachtet, so kann es das Rechtsmittel durch Beschluss als unzulässig verwerfen. Andernfalls entscheidet es darüber durch Urteil; § 322a bleibt unberührt.
(2) Der Beschluss kann mit sofortiger Beschwerde angefochten werden.

1 **A. Zweck und Anwendungsbereich.** I. § 322 Abs. 1 Satz 1 (entsprechend § 349 Abs. 1 im Revisionsverfahren) dient der Prozessbeschleunigung und Verfahrenswirtschaftlichkeit durch Ersparung der Berufungshauptverhandlung, der es i.d.R. in ihrer spezifischen Funktion für die rein prozessuale Entscheidung über die Zulässigkeit des Rechtsmittels nicht bedarf. Das Berufungsgericht muss daher grds. außerhalb der Hauptverhandlung durch Beschluss entscheiden; es darf ohne Ermessensfehlgebrauch (»kann«) die Entscheidung (durch Urteil) dem erkennden Gericht in der Berufungshauptverhandlung (§ 322 Abs. 1 Satz 2) allenfalls dann überlassen, wenn die Hauptverhandlung bei zweifelhafter Sachlage eine zuverlässigere Klärung verspricht.

2 II. Nicht § 322 Abs. 1 Satz 1, sondern § 206a gilt, wenn die »Vorschriften über die Einlegung der Berufung« (= Rechtszugsvoraussetzungen) zwar beachtet sind, das Rechtsmittel also zulässig ist (daher Entscheidung nach § 322 Abs. 1 vorrangig!), aber ein das gesamte Verfahren betreffendes Prozesshindernis vorliegt (§ 206a Rn. 13; BGHSt 16, 115, 117; BGHSt 22, 213, 217; SK-StPO/*Paeffgen* § 206a Rn. 8; abw. KK/*Schneider* § 206a Rn. 4).

3 **B. Entscheidung über die Verwerfung der Berufung.** I. Als Rechtszugsvoraussetzungen sind insb. nachzuprüfen:

4 1. Form und Frist (§ 314: wenn das AG § 319 Abs. 1 nicht beachtet hat) der Berufung, die Rechtsmittelberechtigung (§§ 296 bis 298), die Beschwer des Rechtsmittelführers (vor § 296 Rdn. 13–17; BGHSt 17, 153; OLG Braunschweig MDR 1950, 629; OLG Schleswig SchlHA 1956, 184; a.M. KG GA 69, 187), die Wirksamkeit eines Rechtsmittelverzichts des Berufungsführers (§ 302) oder die Unstatthaftigkeit der Berufung nach § 55 Abs. 1 JGG.

5 2. Hat der Berufungsführer das Rechtsmittel wirksam zurückgenommen (§ 302), liegt eine prozessual noch beachtliche Rechtsmittelerklärung nicht vor. Eine Entscheidung des Berufungsgerichts hierüber ist nicht veranlasst; es gibt die Akten zurück. Ist die Wirksamkeit der Zurücknahme des Rechtsmittels zweifelhaft oder streitig, hat (nur) das Berufungsgericht entsprechend § 322 Abs. 1 das Rechtsmittel ggf. für erledigt zu erklären.

II. Entscheidung:

6 1. Einer Entscheidung nach § 322 Abs. 1 bedarf es nicht, wenn das Berufungsgericht das Rechtsmittel für wirksam erachtet oder falls die Zulässigkeit des Rechtsmittels in tatsächlicher Hinsicht unklärbar zweifelhaft bleibt und daher als zulässig zu behandeln ist. Ein – in oder außerhalb der Hauptverhandlung – gleichwohl ergehender Beschluss wäre unanfechtbar (§ 305).

7 2. Das Berufungsgericht entscheidet – notfalls nach eigenen Ermittlungen im Freibeweis – nach Anhörung der Beteiligten (§ 33). Liegen mehrere selbstständige Berufungen vor, kann (1) außerhalb der Hauptverhandlung eine unzulässige Berufung vorab verworfen (RG 67, 250), (2) in der Hauptverhandlung aber nur einheitlich durch Urteil entschieden werden, sofern die Berufungen dieselbe Tat im prozessualen Sinn betreffen (andernfalls ist Abtrennung und Prozessurteil hinsichtlich des unzulässigen Rechtsmittels statthaft).

8 3. In der Hauptverhandlung (§ 322 Abs. 1 Satz 2) ist das Berufungsgericht weder an seine eigene frühere Auffassung bei der Prüfung nach § 322 Abs. 1 Satz 1 noch an eine Beschwerdeentscheidung des OLG nach § 322 Abs. 2 gebunden (RG 59, 241); § 358 Abs. 1 gilt nicht analog.

9 4. Einen auf unrichtiger tatsächlicher Grundlage beruhenden Beschluss nach § 322 Abs. 1 Satz 1 kann das LG nachträglich zurücknehmen bzw. aufheben (OLG Hamburg MDR 1976, 511).

C. Rechtsmittel. Der Beschluss des Berufungsgerichts, der zu begründen ist, kann mit der sofortigen Beschwerde angefochten werden, § 322 Abs. 2. Er ist auch dem Angeklagten zuzustellen, wenn der gesetzliche Vertreter oder der Erziehungsberechtigte die Berufung eingelegt hat. Dies gilt selbst dann, wenn der Angeklagte nach Erlass des erstinstanzlichen Urteils auf Rechtsmittel verzichtet hatte (*Meyer-Goßner/Schmitt* § 322 Rn. 6; KK/*Paul* § 322 Rn. 4). Hebt das OLG den Verwerfungsbeschluss auf die sofortige Beschwerde hin auf, findet die Berufungshauptverhandlung statt. 10

§ 322a StPO Entscheidung über die Annahme der Berufung.

Über die Annahme einer Berufung (§ 313) entscheidet das Berufungsgericht durch Beschluss. Die Entscheidung ist unanfechtbar. Der Beschluss, mit dem die Berufung angenommen wird, bedarf keiner Begründung.

A. Allgemeines. Die durch das Gesetz zur Entlastung der Rechtspflege vom 11.01.1993 in die StPO eingefügte Vorschrift ergänzt den ebenfalls neu eingefügten § 313, wonach die Berufung in den in § 313 Abs. 1, 3 genannten Fällen der Annahme bedarf und bei Nichtannahme gem. § 313 Abs. 2 Satz 2 als unzulässig zu verwerfen ist. Die Annahmeentscheidung setzt eine i.Ü. zulässige Berufung voraus. Liegen die allgemeinen Zulässigkeitsvoraussetzungen der Berufung nicht vor, wird die Berufung als unzulässig gem. § 322 Abs. 1 verworfen (wenn nicht schon das Gericht des ersten Rechtszugs gem. § 319 Abs. 1 das Rechtsmittel als unzulässig verworfen hat); über die Annahme ist dann nicht zu entscheiden (§ 313 Rdn. 15). 1

B. Annahme. Die StPO sieht keine Frist vor, innerhalb derer die Annahmeentscheidung ergehen muss. Die Begründungsfrist (§ 317) muss aber immer abgewartet werden, um dem Berufungsführer die Möglichkeit zur Darlegung zu geben, dass die Berufung nicht offensichtlich unbegründet ist. Zu beachten ist aber, dass das LG noch vor Ablauf eines Monats nach Zustellung des amtsgerichtlichen Urteils mit Gründen entscheiden sollte, um dem Berufungsführer den Übergang zur Revision zu ermöglichen (*Meyer-Goßner/Schmitt* § 322a Rn. 4). Die Annahme der Berufung erfolgt durch Beschluss (§ 322a Satz 1). Zuständig für diese Entscheidung ist die kleine Strafkammer. Nach § 76 Abs. 1 Satz 2 GVG wirken bei Entscheidungen außerhalb der Hauptverhandlung die Schöffen nicht mit, sodass in diesem Fall der Vorsitzende alleine entscheidet. Der Beschluss, mit dem die Berufung angenommen wird, bedarf keiner Begründung (§ 322a Satz 3). Unzulässig ist aber eine Begründung nicht, sie kann sich sogar im Einzelfall empfehlen (z.B. um auf den Schwerpunkt der Berufungsverhandlung hinzuweisen). Eine Kostenentscheidung ist nicht veranlasst, die entstandenen Kosten gehören zu denjenigen des Berufungsverfahrens (*Meyer-Goßner/Schmitt* § 322a Rn. 9). Der Beschluss sollte zweckmäßigerweise mit der Terminsbestimmung und der Ladungsanordnung verbunden werden. Ergeht kein ausdrücklicher Annahmebeschluss, kann die stillschweigende Annahme der Berufung in der Anberaumung der Berufungsverhandlung und der Ladung gesehen werden (OLG Zweibrücken NStZ-RR 2002, 245, 246; *Meyer-Goßner/Schmitt* § 322a Rn. 3; HK-*Rautenberg* § 322a Rn. 6; *Pfeiffer/Fischer* § 322a Rn. 1; *Rieß* AnwBl. 1993, 56). Der Beschluss, mit dem die Berufung angenommen wird, ist unanfechtbar (§ 322a Satz 2). 2

Ist die Berufung nur bezüglich eines abtrennbaren Teils des amtsgerichtlichen Urteils nicht offensichtlich unbegründet, dann bedarf es nicht der Annahme der gesamten Berufung (LG Stuttgart NStZ 1995, 301).

C. Nichtannahme. I. Auch diese Entscheidung ergeht außerhalb der Berufungsverhandlung durch Beschluss. § 322a enthält keine ausdrückliche Regelung darüber, ob die Entscheidung über die Nichtannahme zu begründen ist. Der Umkehrschluss aus § 322a Satz 3 ergibt jedoch, dass die Verwerfung der Berufung eine Begründung enthalten muss. Mit dieser Auslegung ist die Anwendung des § 34, der gegen eine Begründungspflicht sprechen würde, ausgeschlossen (KK/*Paul* § 322a Rn. 1; *Meyer-Goßner/Schmitt* § 322a Rn. 7; HK-*Rautenberg* § 322a Rn. 7; *Feuerhelm* StV 1997, 104). Auch in diesem Fall ist die Berufungsbegründungsfrist des § 317 abzuwarten, bevor der Beschluss erlassen wird. Die Frage, ob das Berufungsgericht dem Berufungsführer vor Verwerfung der Berufung als unzulässig 3 wegen Nichtannahme ausdrücklich rechtliches Gehör zu gewähren hat, ist umstritten. Mit der herrschenden Meinung ist davon auszugehen, dass vor Erlass des die Annahme ablehnenden Beschlusses der Berufungsführer nicht nochmals gehört werden muss (*Meyer-Goßner/Schmitt* § 322a Rn. 7; KK/ *Paul* § 322a Rn. 1; OLG Koblenz StV 1995, 14; OLG Frankfurt am Main NStZ-RR 1997, 273; *Feuerhelm* StV 1997, 102; a. A. OLG München StV 1994, 237).

4 II. Die Entscheidung über die Nichtannahme ist unanfechtbar (§ 322a Satz 2). Das gilt aber nur für den Fall, dass tatsächlich ein Fall des § 313 Abs. 1 vorgelegen hat. Lagen dessen Voraussetzungen nicht vor, ist der Beschluss, mit dem die Annahme abgelehnt worden ist, mit der sofortigen Beschwerde gem. § 322 Abs. 2 anfechtbar (OLG Koblenz NStZ 1994, 601; OLG Köln NStZ 1996, 150; OLG Hamm NStZ 1996, 455; OLG Karlsruhe MDR 1996, 517; OLG Oldenburg Nds. Rpfl. 1995, 135; OLG Celle JR 1995, 322; KK/ *Paul* § 322a Rn. 1; *Pfeiffer/Fischer* § 322a Rn. 2; HK-*Rautenberg* § 322a Rn. 9; *Feuerhelm* StV 1997, 104; *Meyer-Goßner/Schmitt* § 322a Rn. 8). Um die Frist der sofortigen Beschwerde in Lauf zu setzen, ist es dann aber sinnvoll, den Verwerfungsbeschluss im Annahmeverfahren förmlich zuzustellen (*Feuerhelm* StV 1997, 104). Bei Nichtannahme der Berufung ergeht eine Kostenentscheidung nach §§ 464 Abs. 1, 473 Abs. 1, 2 (*Meyer-Goßner/Schmitt* § 322 Rn. 9).

§ 323 StPO Vorbereitung der Berufungshauptverhandlung.

(1) Für die Vorbereitung der Hauptverhandlung gelten die Vorschriften der §§ 214 und 216 bis 225. In der Ladung ist der Angeklagte auf die Folgen des Ausbleibens ausdrücklich hinzuweisen.
(2) Die Ladung der im ersten Rechtszug vernommenen Zeugen und Sachverständigen kann nur dann unterbleiben, wenn ihre wiederholte Vernehmung zur Aufklärung der Sache nicht erforderlich erscheint. Sofern es erforderlich erscheint, ordnet das Berufungsgericht die Übertragung eines Tonbandmitschnitts einer Vernehmung gemäß § 273 Abs. 2 Satz 2 in ein schriftliches Protokoll an. Wer die Übertragung hergestellt hat, versieht die eigene Unterschrift mit dem Zusatz, dass die Richtigkeit der Übertragung bestätigt wird. Der Staatsanwaltschaft, dem Verteidiger und dem Angeklagten ist eine Abschrift des schriftlichen Protokolls zu erteilen. Der Nachweis der Unrichtigkeit der Übertragung ist zulässig. Das schriftliche Protokoll kann nach Maßgabe des § 325 verlesen werden.
(3) Neue Beweismittel sind zulässig.
(4) Bei der Auswahl der zu ladenden Zeugen und Sachverständigen ist auf die von dem Angeklagten zur Rechtfertigung der Berufung benannten Personen Rücksicht zu nehmen.

1 A. Die Vorbereitung der Berufungshauptverhandlung (§ 323 Abs. 1 Satz 1) richtet sich nach der Aufgabe des Berufungsgerichts: Entscheidung nicht über das Ersturteil, sondern – im Rahmen wirksamer Anfechtung – über die angeklagte(n) Tat(en) im prozessualen Sinn. Art und Umfang der **Beweisaufnahme** bestimmt § 244 Abs. 2, modifiziert durch die Verlesungsmöglichkeit nach § 325 (Ausnahme von § 250). Neue Tatsachen und Beweismittel können bis zum Beginn der Urteilsverkündung in der Berufungshauptverhandlung vorgebracht bzw. benannt werden (§ 323 Abs. 3). Ist in der Berufungshauptverhandlung nur eine Prozessentscheidung – etwa nach § 322 Abs. 1 Satz 2 oder § 328 Abs. 2 – zu treffen, erübrigt sich i.d.R. eine Beweisaufnahme über die Tat(en) selbst.

2 B. Beweismittel: Mit Blick auf das – ggf. aus einer Berufungsbegründung (§ 317) erkennbare oder in geeigneten Fällen beim Berufungsführer zu erfragende – Ziel der Berufung (§ 323 Abs. 4) sind die heranzuziehenden, (noch) notwendigen Beweismittel am Maßstab des § 244 Abs. 2 auszuwählen. Ihr Kreis umfasst die in der ersten Hauptverhandlung vernommenen Beweispersonen, die in der Berufungsrechtfertigung benannten und auf andere Weise bekannt gewordenen Beweismittel. Anträge des Berufungsführers oder eines Prozessbeteiligten (z.B. des Nebenklägers; nicht der Staatsanwaltschaft, da sie selbst auswählt und lädt) verbescheidet der Vorsitzende nach § 219; lässt er erstinstanzlich vernommene Beweispersonen trotz Antrags des Angeklagten nicht laden, sind ihre Aussagen nach § 325 nur mit Zustimmung des Angeklagten und der Staatsanwaltschaft verlesbar.

3 C.I. Die Ladung des Angeklagten (§ 323 Abs. 1 Satz 2) kann auch seinem zur Empfangnahme ausdrücklich ermächtigten Verteidiger (§ 145a Abs. 2; *Meyer-Goßner/Schmitt* § 323 Rn. 3; KK/*Paul* § 323 Rn. 4) oder einem nach §§ 116a Abs. 3, 127a Abs. 2, 132 Abs. 1 Bevollmächtigten zugestellt wer-

den. Andernfalls erfolgt sie an den Angeklagten persönlich (§ 216). Die Ladungsfrist beträgt mindestens 1 Woche (§ 217 Abs. 1).

II. Der Hinweis auf die Folgen des Ausbleibens richtet sich bei Berufung (1) des Angeklagten nach § 329 Abs. 1 (dieser ersetzt nicht einen notwendigen Hinweis nach § 232, vgl. BayObLGSt 1960, 273 [275]; 1963, 29; NJW 1970, 1055; OLG Oldenburg NJW 1952, 1151; OLG Hamm NJW 1954, 1131), (2) seines gesetzlichen Vertreters nach §§ 329 Abs. 1, 330 und (3) der StA nach § 329 Abs. 2, 4. Auf die Zulässigkeit der Vertretung ist der Angeklagte nur dann hinzuweisen, wenn sie die Verwerfung seiner Berufung bzw. bei Berufung der Staatsanwaltschaft seine Vorführung und Verhaftung ausschließt. Die schriftliche Ladung zur Hauptverhandlung muss den Hinweis enthalten (BayObLGSt 1962, 99); es genügt nicht, wenn er nur in der früheren Ladung enthalten war (OLG Karlsruhe MDR 1974, 774; OLG Koblenz VRS 53, 205; OLG Hamm VRS 57, 299) oder die neue Ladung nur auf den Hinweis in der früheren Bezug nimmt (BayObLG MDR 1975, 683). 4

D. Auch der gesetzliche Vertreter, der Berufung eingelegt hat, ist unter Hinweis auf die Folgen seines Ausbleibens zu laden. Die Ladung des Verteidigers ist gem. § 218 erforderlich. Der gewählte Verteidiger, der in erster Instanz die Verteidigung geführt hat, ist ohne weitere Anzeige zu laden, da er durch seine bisherige Tätigkeit seine Wahl dem Gericht angezeigt hat und seine Prozessvollmacht, falls keine Sonderregelung getroffen ist, bis zur Urteilsrechtskraft gilt. Der bestellte Verteidiger ist zu laden, wenn er nicht für die erste Instanz bestellt war; war seine Bestellung darauf beschränkt, so ist (bei fortdauerndem Grund der notwendigen Verteidigung) er oder ein neuer Verteidiger zu bestellen und zu laden. 5

E. In der Hauptverhandlung vor dem Strafrichter und dem Schöffengericht kann der Vorsitzende gem. § 273 Abs. Satz 2 anordnen, dass anstelle der Aufnahme der wesentlichen Vernehmungsergebnisse in das Protokoll einzelne Vernehmungen im Zusammenhang auf Tonträger aufgezeichnet werden. Nach § 273 Abs. 2 Satz 3 ist der Tonträger zu den Akten zu nehmen oder bei der Geschäftsstelle mit den Akten aufzubewahren. Für das Berufungsverfahren regelt § 323 Abs. 2 Satz 2, dass das Berufungsgericht die Übertragung eines Tonbandmitschnitts einer Vernehmung gem. § 273 Abs. 2 Satz 2 in ein schriftliches Protokoll anordnet, sofern es erforderlich erscheint. Die Person, die die Übertragung herstellt, muss sie unterschreiben und die Richtigkeit der Übertragung bestätigen (§ 323 Abs. 2 Satz 3). Die Abschrift hat aber nicht die Beweiskraft des § 274; vielmehr bleibt der Nachweis der Unrichtigkeit der Übertragung zulässig. Die Abschrift ist nach § 323 Abs. 2 Satz 4 der Staatsanwaltschaft, dem Verteidiger und dem Angeklagten mitzuteilen. Das gilt aber auch, obwohl es im Gesetz nicht steht, für alle weiteren Beteiligten, wie z.B. Nebenkläger, um dem Gebot des rechtlichen Gehörs Rechnung zu tragen. Das schriftliche Protokoll kann gem. § 323 Abs. 2 Satz 6 nach Maßgabe des § 325 verlesen werden, falls nicht die erneute Vernehmung des Zeugen oder Sachverständigen rechtzeitig vor der HV beantragt wurde. Von der Verlesung wird aber abgesehen, wenn es auf den Inhalt der Aussage nach dem Gang des Berufungsverfahrens nicht mehr ankommt oder wenn die erneute persönliche Vernehmung der Aussageperson nach § 244 erforderlich erscheint (*Meyer-Goßner/Schmitt* § 323 Rn. 4). 6

§ 324 StPO Gang der Berufungshauptverhandlung.

(1) Nachdem die Hauptverhandlung nach Vorschrift des § 243 Abs. 1 begonnen hat, hält ein Berichterstatter in Abwesenheit der Zeugen einen Vortrag über die Ergebnisse des bisherigen Verfahrens. Das Urteil des ersten Rechtszuges ist zu verlesen, soweit es für die Berufung von Bedeutung ist; von der Verlesung der Urteilsgründe kann abgesehen werden, soweit die Staatsanwaltschaft, der Verteidiger und der Angeklagte darauf verzichten.
(2) Sodann erfolgt die Vernehmung des Angeklagten und die Beweisaufnahme.

A. Beginn der Berufungshauptverhandlung. **I.** Der in § 324 geregelte Ablauf der Hauptverhandlung ist insoweit zwingend, als andernfalls der gesetzliche Aufbau der Hauptverhandlung im Ganzen nicht mehr gewahrt wäre. 1

II. Auch die Berufungshauptverhandlung beginnt mit dem Aufruf der Sache (§ 243 Abs. 1 Satz 1) und der Präsenzfeststellung (§ 243 Abs. 1 Satz 2) i.d.R. verbunden mit der Ermahnung und Belehrung der 2

§ 324 StPO Gang der Berufungshauptverhandlung

Beweispersonen nach §§ 57, 72. Ihr folgen die Entlassung der Zeugen aus dem Sitzungssaal (§ 243 Abs. 2 Satz 1) und sodann die Vernehmung des Angeklagten zur Person (§ 243 Abs. 2 Satz 2).

3   **B. Berichterstattung.** I. Die Berichterstattung tritt als wesentlicher Teil der Berufungshauptverhandlung an die Stelle der Verlesung des Anklagesatzes in erster Instanz (§ 243 Abs. 3 Satz 1). Sie verfolgt den rein prozesstechnischen Zweck, die Beteiligten (und die Öffentlichkeit) über den bisherigen Stand des Verfahrens und das Ziel der Berufung (soweit bereits erkennbar) zu informieren (BayObLG MDR 1973, 1039; OLG Hamm NJW 1974, 1880; OLG Hamburg NStZ 1985, 379) und ihnen damit sachgemäßes, auf den Prozessgegenstand konzentriertes Mitwirken am Berufungsverfahren, insb. durch zweckdienliche Antragstellungen, zu ermöglichen. Die Berichterstattung für sich – einschließlich der Urteilsverlesung nach § 324 Abs. 1 Satz 2 – ist keine Beweisaufnahme i.S.v. § 324 Abs. 2 § 244 Abs. 1 und darf daher niemals Erkenntnisquelle des Berufungsgerichts auf dem Gebiet des Strengbeweises sein (BayObLGSt 1958, 88). Ist die Verlesung einer Urkunde bereits beim Vortrag des Berichterstatters notwendig, kann dies – auf Anordnung des Vorsitzenden (§ 238 Abs. 1) – zugleich zu Beweiszwecken (worüber die Beteiligten zu unterrichten und wobei §§ 257, 273 zu beachten sind) geschehen.

4   II. Berichterstatter ist in der stets zuständigen kleinen Strafkammer (§ 76 Abs. 1 Satz 1 GVG) der Vorsitzende. In Verfahren über Berufungen gegen ein Urteil des erweiterten Schöffengerichts (§ 29 Abs. 2 GVG) ist gem. § 76 Abs. 3 Satz 1 GVG ein zweiter Richter hinzuzuziehen. In diesem Fall und bei der als Berufungsgericht tätig werdenden großen Jugendkammer ist es der Berichterstatter. Den Vortrag nach § 324 Abs. 1 Satz 1 kann jedoch auch ein anderer Berufsrichter (insb. wiederum der Vorsitzende) halten.

5   III. Vorzutragen sind die Ergebnisse des bisherigen Verfahrens. Art und Umfang der Berichterstattung richten sich nach dem Zweck des § 324 Abs. 1 Satz 1, insb. der Klarstellung des Prozessgegenstands im Berufungsverfahren.

6   1. Zu referieren sind (1) i.d.R. der Inhalt des Anklagesatzes, nach §§ 154 Abs. 2, 154a Abs. 2 ausgeschiedene und ggf. wieder einbezogene Teile sowie der Gegenstand des angefochtenen Urteils, (2) der wesentliche Inhalt der nach § 324 Abs. 1 Satz 2 nicht verlesenen, für das Berufungsverfahren aber bedeutsamen Urteilsgründe, (3) u.U. auch Ergebnisse des Vorverfahrens und sonstiger Akteninhalt, z.B. frühere Aussagen eines Mitangeklagten oder Zeugen, (4) Aussagen von Beweispersonen, die StA nach Erlass des Ersturteils nochmals vernommen hat (OLG Köln MDR 1974, 950) und (5) die Beachtung der Zulässigkeitsvoraussetzungen der Berufung, ggf. auch ihre Begründung(en), Rechtsmittelbeschränkungen (§ 318), gestellte Anträge und dazu vom Berufungsführer vorgebrachte Tatsachen und Beweismittel (OLG Köln NJW 1961, 1127).

7   2. Wesentlicher Bestandteil des Vortrags über die Ergebnisse des bisherigen Verfahrens ist die Verlesung des erstinstanzlichen Urteils (§ 324 Abs. 1 Satz 2); ihrer bedarf es nur im Fall des § 322 Abs. 1 Satz 2 nicht. Auch sie ist keine förmliche Beweisaufnahme, § 249 Abs. 1, Abs. 2 gilt daher nicht (OLG Stuttgart NStZ-RR 2003, 270); soll jedoch die erstinstanzliche Einlassung des in der Berufungshauptverhandlung schweigenden Angeklagten zur Sache aufgrund des angefochtenen Urteils festgestellt werden, ist dieses zu Beweiszwecken gem. § 249 zu verlesen (BGHSt 5, 141, 142), selbst wenn es bereits nach § 324 Abs. 1 Satz 2 verlesen worden war (OLG Hamm NJW 1974, 1880). Ein versehentlich nicht unterschriebenes Urteil ist verlesbar (RGSt 61, 399, 400). Ist das Urteil weder in Urschrift noch eine Ausfertigung vorhanden, ersetzt die Feststellung dieser Tatsache die Verlesung (RGSt 65, 373, 374).

8   a) Der Tenor des angefochtenen Urteils ist stets insoweit zu verlesen, als er für die Entscheidung des Berufungsgerichts von Bedeutung ist. Ist das Urteil des AG nur durch einen von mehreren Mitangeklagten oder lediglich hinsichtlich einer von mehreren Taten im prozessualen Sinn angefochten, muss der Tenor, falls für das Verständnis des angefochtenen Teils der Urteilsformel unerlässlich, auch i.Ü. verlesen werden.

9   b) Die Urteilsgründe müssen nicht verlesen werden, soweit ihr Inhalt für das Berufungsverfahren bedeutungslos ist, so i.d.R. die erstgerichtliche Beweiswürdigung und Rechtsfolgeerwägungen einschließlich der Vorstrafenerörterungen, oder die StA, der Angeklagte und Verteidiger wirksam darauf verzich-

tet haben (§ 324 Abs. 1 Halbs. 2). Das Berufungsgericht bindende Feststellungen des Ersturteils sind auch bei allseitigem Verlesungsverzicht in die Hauptverhandlung einzuführen; das kann auch i.R.d. sonstigen Berichterstattung oder in anderer geeigneter Weise (Freibeweis) geschehen (BayObLG MDR 1973, 1039).

c) Nach pflichtgemäßem Ermessen (Maßstäbe: z.B. Beschleunigungsgebot, Verständlichkeit des Verlesenen, Vermeidung unnötiger Bloßstellungen des Angeklagten oder Dritter und Beeinflussungen der Schöffen) kann der Vorsitzende über den nach § 324 Abs. 1 Satz 2 notwendigen Mindestumfang hinaus weitere Teile des Urteils verlesen, sofern der Zweck des § 324 Abs. 1 Satz 2 dies nahelegt; denn der Verlesungsverzicht nach § 324 Abs. 1 Satz 2 begründet kein Verlesungsverbot. § 238 Abs. 2 gilt insoweit nicht, sondern nur dann, wenn der Vorsitzende die Verlesung des Tenors oder der Gründe des Urteils (ganz oder teilweise) trotz ihrer Bedeutung für das Berufungsverfahren ablehnt.

3. Nach Aufhebung des ersten Berufungsurteils durch das Revisionsgericht und Zurückverweisung nach § 354 Abs. 2 ist in der nunmehr stattfindenden Berufungshauptverhandlung die Verlesung des angefochtenen Urteils zulässig. Soweit das aufgehobene Urteil für die neue Verhandlung bindende Feststellungen enthält, ist dessen Verlesung erforderlich (BayObLG MDR 1973, 1039; MDR 1982, 249; *Meyer-Goßner/Schmitt* § 324 Rn. 7).

IV. Zu protokollieren sind die Tatsache der Berichterstattung, der Umfang der Verlesung des Urteils und die Verzichtserklärungen nach § 324 Abs. 1 Halbs. 2.

C. Weiterer Gang der Berufungshauptverhandlung. Den weiteren Gang der Berufungshauptverhandlung regelt § 324 Abs. 2. Der Angeklagte ist – nach erneuter Belehrung gem § 243 Abs. 4 Satz 1 – stets zur Sache zu vernehmen (§ 243 Abs. 4 Satz 2), auch dann, wenn er sein Rechtsmittel z.B. auf das Strafmaß beschränkt hat (OLG Köln NJW 1955, 1333). Schweigt der Angeklagte in der Berufungshauptverhandlung zur Sache, ist es zulässig und durch § 244 Abs. 2 regelmäßig geboten, über seine Einlassung in der erstinstanzlichen Hauptverhandlung Beweis zu erheben. Ist der Angeklagte vom Erscheinen in der Berufungshauptverhandlung befreit (§§ 232, 233), genügt die Verlesung seiner Aussage im ersten Rechtszug; hat er jedoch zum Ausdruck gebracht, er wolle seine Angaben ergänzen, darf ihm eine erneute Vernehmung nicht versagt werden (BayObLGSt 1956, 20).

D. Revision. Die Revision kann nicht auf eine unvollständige Berichterstattung nach § 324 Abs. 1 gestützt werden (*Meyer-Goßner/Schmitt* § 324 Rn. 9), wohl aber auf (1) § 338 Nr. 8, wenn ein Gerichtsbeschluss nach § 238 Abs. 2 über die Ablehnung einer nach § 324 Abs. 1 Satz 2 gebotenen Urteilsverlesung die Verteidigung beschränkt haben konnte oder (2) § 261, falls als Urteilsgrundlage Tatsachen verwertet sind, die nur auf dem Weg der Berichterstattung einschließlich Urteilsverlesung nach § 324 Abs. 1 (und damit nicht beweisförmig) in die Hauptverhandlung eingeführt worden waren. Auch das vollständige Unterlassen des Vortrags und der Urteilsverlesung kann die Revision begründen (OLG Hamburg NStZ 1985, 379).

§ 325 StPO Verlesung von Urkunden.
Bei der Berichterstattung und der Beweisaufnahme können Schriftstücke verlesen werden; Protokolle über Aussagen der in der Hauptverhandlung des ersten Rechtszuges vernommenen Zeugen und Sachverständigen dürfen, abgesehen von den Fällen der §§ 251 und 253, ohne die Zustimmung der Staatsanwaltschaft und des Angeklagten nicht verlesen werden, wenn die wiederholte Vorladung der Zeugen oder Sachverständigen erfolgt ist oder von dem Angeklagten rechtzeitig vor der Hauptverhandlung beantragt worden war.

A. Art und Umfang der Beweisaufnahme. **I.** Die allgemeine Aufklärungspflicht (§ 244 Abs. 2) bestimmt– nach Maßgabe der §§ 244 Abs. 3, Abs. 4, 245 – auch für die Berufungshauptverhandlung den Umfang der Beweisaufnahme und die Heranziehung bereits in 1. Instanz verwendeter Beweismittel (vgl. § 323 Abs. 2). Allein sie ist Maßstab dafür, ob das Berufungsgericht auf nochmalige Vernehmung schon in der Hauptverhandlung des 1. Rechtszugs gehörter Beweispersonen ausnahmsweise verzichten und sich damit begnügen darf, gem. § 325 die Niederschrift über ihre erstinstanzliche

§ 325 StPO Verlesung von Urkunden

Aussage zu verlesen. Weil also die der Prozessökonomie dienende Vorschrift des § 325 das Wahrheitserforschungsgebot nicht berührt, auch wenn ihre formellen Voraussetzungen erfüllt sind, darf das Berufungsgericht die Vernehmung einer Beweisperson durch Verlesung ihrer früheren Aussage nur dann ersetzen, wenn diese offensichtlich zuverlässig ist und eine erneute Vernehmung in der Berufungshauptverhandlung auch i.Ü. keine weitere Aufklärung verspricht: es fehlt i.d.R. (1) an ersterem z.B. bei Zweifeln, ob die frühere Aussage verlässlich oder richtig protokolliert ist (OLG Köln GA 1970, 248), ferner wenn das Berufungsgericht abweichend vom Erstgericht den Zeugen nicht für glaubwürdig hält (BayObLG MDR 1973, 244; BGH MDR 1964, 1001; VersR 1970, 619; VersR 1972, 951; StV 1992, 152) oder einander widersprechende Zeugenaussagen zu beurteilen hat (OLG Koblenz StV 1982, 65; OLG Frankfurt am Main StV 1987, 524), wenn Zeugenaussagen in der Vorinstanz mehrdeutig sind und das Berufungsgericht sie anders versteht als der Erstrichter (BGH NJW 1968, 1138), oder falls die Beweisperson vor der erstinstanzlichen Hauptverhandlung, in der das Urteil erging, anders ausgesagt hat als in ihr, und (2) an letzterem, sofern etwa die der früheren Aussage zugrunde liegenden Umstände sich verändert haben.

2 II. Die §§ 249 bis 256 gelten auch im Beweisaufnahmeverfahren der Berufungshauptverhandlung (§ 332). Verweigert eine Beweisperson erstmals in der Berufungshauptverhandlung nach § 252 das Zeugnis, gebietet § 244 Abs. 2 i.d.R. die Vernehmung des Erstrichters über ihre frühere Aussage. Hat der Zeuge in 1. Instanz auf sein Zeugnisverweigerungsrecht nach §§ 52 ff. verzichtet, ist die Verlesung der Aussage nach § 325 Halbs. 2 zulässig, es sei denn, der Zeuge widerlegt die Vermutung, dass die Voraussetzungen der Aussage unverändert sind, durch die Mitteilung, er wolle nunmehr von seinem Zeugnisverweigerungsrecht Gebrauch machen. Maßgebend für die Zulässigkeit der Verlesung nach §§ 252 bis 256 ist die Sach- und Rechtslage z.Zt. der Berufungshauptverhandlung: sie bleibt unzulässig, wenn die Verbotsgründe fortbestehen; sie wird unzulässig, falls die Gründe, die eine Verlesung in 1. Instanz gestatteten, inzwischen entfallen sind; sie wird zulässig, sofern solche Gründe erst nach der erstinstanzlichen Hauptverhandlung entstanden sind.

3 III. Da die Berichterstattung eine Art Freibeweis ist, normiert § 325 Halbs. 1 als etwas Selbstverständliches die – nur durch entgegenstehende Beweisverbote, nicht auch durch § 250 Satz 2 gehinderte – Verlesbarkeit von Schriftstücken. § 325 Halbs. 2 gilt daher nur für beweisförmige Urkundenverlesungen innerhalb des Vortrags nach § 324 Abs. 1.

4 **B. Formelle Voraussetzungen der Verlesung.** Fehlt eine der Voraussetzungen des § 325 Halbs. 2, ist die Niederschrift nur unter den weiteren Bedingungen des § 251 verlesbar (BayObLG NJW 1957, 1290).

5 I. Art und Qualität des Aussagenprotokolls. 1. Verlesbar nach § 325 Halbs. 2 sind nur Niederschriften über Aussagen in derjenigen erstinstanzlichen Hauptverhandlung, aufgrund derer das angefochtene Urteil ergangen ist. Aussagenprotokolle über eine frühere Vernehmung z.B. nach §§ 223, 224 (BayObLG NJW 1957, 1566; OLG Celle NJW 1961, 1490; StV 1990, 399) oder in einer früheren (ausgesetzten) Hauptverhandlung dürfen nur unter den Voraussetzungen des § 251 Vernehmungsersatz sein.

6 2. Unverlesbar ist eine substantiell mangelhafte oder unter Missachtung wesentlicher Verfahrensregeln zustande gekommene Vernehmungsniederschrift (OLG Stuttgart NJW 1970, 343).

7 II. Nichtladung der Beweisperson zur Berufungshauptverhandlung und fehlender oder verspäteter Ladungsantrag des Angeklagten. Der Angeklagte soll sich darauf verlassen dürfen, dass (1) die Vernehmung geladener Zeugen oder Sachverständiger nicht ohne seine Zustimmung durch Verlesung ihrer erstinstanzlichen Aussagen ersetzt wird und (2) er die Ladung der Beweisperson nicht beantragen muss, solange er davon ausgehen darf, dass sie bereits vom Gericht geladen worden ist (OLG Stuttgart MDR 1977, 513).

8 1. Der Ladung (§§ 214 Abs. 1, 3, 220) steht die Gestellung (§ 222 Abs. 2) gleich. Wird eine geladene Beweisperson nachträglich abgeladen, gilt § 325 Halbs. 2 nur dann, wenn der Angeklagte davon unterrichtet und in/der Lage war, durch rechtzeitigen Ladungsantrag ihre Vernehmung zu erzwingen (BayObLGSt 30, 57; NJW 1957, 1290). Unzulässig ist die Verlesung nach § 325 Halbs. 2, falls z.B. (1) die

geladene Beweisperson in der Hauptverhandlung nicht erscheint, (2) die angeordnete Ladung sie nicht erreicht hat oder (3) sie versehentlich nicht geladen wurde, obgleich eine Berufungshauptverhandlung zum Zweck ihrer Herbeischaffung ausgesetzt worden war.

2. Der die Vernehmung der Beweisperson gebietende Ladungsantrag des Angeklagten (bzw. seines Verteidigers für ihn), auch des Privat- oder Nebenklägers, ist rechtzeitig, falls die Ladung der Beweisperson noch ausgeführt werden kann oder konnte. Ein besonderer Hinweis an den Angeklagten, dass bestimmte Beweispersonen nicht geladen und ihre erstinstanzlichen Aussagen verlesen werden, ist unnötig; es genügt, dass er die Nichtladung aus der Mitteilung nach § 222 ersehen kann. 9

III. Zustimmung der Prozessbeteiligten. Mit Zustimmung des Angeklagten – ggf. auch von Nebenbeteiligten (wie Beistand nach § 69 Abs. 3 JGG, Erziehungsberechtigte und gesetzliche Vertreter) und der StA bzw. des Privatklägers ist die Verlesung nach § 325 Halbs. 2 auch dann zulässig, wenn sie an sich ausgeschlossen wäre. Nicht notwendig ist die Zustimmung des Verteidigers (KK/*Paul* § 325 Rn. 6; OLG Stuttgart MDR 1977, 513; a. A. *Meyer-Goßner/Schmitt* § 325 Rn. 4) und des Nebenklägers (*Meyer-Goßner/Schmitt* § 325 Rn. 4). Die Zustimmung kann auch in schlüssigem Verhalten gesehen werden, wenn daraus der Wille des Weigerungsberechtigten, dieses ihm bekannte Recht nicht auszuüben, zweifelsfrei hervortritt (BayObLGSt 1953, 220; 1957, 1566; 1978, 17; NJW 1954, 323). Ausdrückliche Zustimmungserklärungen sind nach § 273 zu protokollieren, für konkludentes Zustimmungsverhalten gilt der Freibeweis. Die Zustimmungserklärung ist unwiderruflich, hindert aber keinen Antrag auf nochmalige Vernehmung der Beweisperson in der Hauptverhandlung. 10

C. Verfahren der Beweisaufnahme. I. Die Verlesung nach § 325 Halbs. 1 ordnet der Vorsitzende (§ 238 Abs. 1) an; ein Beschluss des Gerichts ist nicht notwendig, aber unschädlich. 11

II. Ist die Verlesung nach § 325 Halbs. 1 zulässig, dürfen andere Schriftstücke mitverlesen werden, sofern sie Bestandteile der erstinstanzlichen Aussage geworden sind (OLG Celle DAR 1956, 166). Daran fehlt es, wenn z.B. das Protokoll der Hauptverhandlung 1. Instanz lediglich vermerkt, der Zeuge habe gleiche Angaben wie bei der Polizei gemacht (BayObLG bei *Rüth* DAR 1978, 211). Auch wenn zum Verständnis der Aussage die Kenntnis des Vorhalts notwendig ist, der dem Zeugen in 1. Instanz aus dem polizeilichen Protokoll gemacht wurde, darf dieser, wenn er nicht aus dem Protokoll der Hauptverhandlung hervorgeht, in der Berufungshauptverhandlung nicht verlesen werden. 12

III. Einer Beeidigungsfeststellung i.S.v. § 251 Abs. 4 Satz 3 bedarf es nach § 325 zwar nicht, doch hat das Berufungsgericht von Amts wegen zu prüfen, ob die Aussage in der – beeideten oder unbeeideten – Form, wie sie in der erstinstanzlichen Hauptverhandlung erfolgt ist, auch z.Zt. der Berufungshauptverhandlung noch zulässig wäre (OLG Hamm NJW 1965, 1344; MDR 1980, 953). Gelten die Gründe der Eidesentscheidung des Erstgerichts fort, bedarf es keiner (förmlichen) Entscheidung des Berufungsgerichts. Eine unzureichende Nichtvereidigungsbegründung des Erstgerichts muss das Berufungsgericht durch eine richtige ersetzen. 13

IV. Die nochmalige persönliche Vernehmung des Zeugen und/oder Sachverständigen kann jeder Prozessbeteiligte auch dann beantragen, wenn die Aussage verlesbar oder schon verlesen worden ist. Darüber ist nicht nach § 325 Halbs. 2, sondern gem. §§ 244 Abs. 2, 261 zu entscheiden (BayObLGSt 27, 212). 14

D. Revision. Die Revision kann gestützt werden auf die Verletzung (1) des § 261, wenn ein nur im Weg des Berichts nach § 324 Abs. 1 (d.h. nicht beweisförmig) in die Hauptverhandlung eingeführtes Schriftstück als Urteilsgrundlage verwertet wird, (2) des § 325 Halbs. 2 (bei Fehlen seiner förmlichen Voraussetzungen) i.V.m. §§ 250, 244 Abs. 2 (Vernehmungsgebot) oder (3) der allgemeinen Aufklärungspflicht. 15

§ 326 StPO Schlussvorträge.
Nach dem Schluss der Beweisaufnahme werden die Staatsanwaltschaft sowie der Angeklagte und sein Verteidiger mit ihren Ausführungen und Anträgen, und zwar der Beschwerdeführer zuerst, gehört. Dem Angeklagten gebührt das letzte Wort.

1 **A.** § 258 (auch § 258 Abs. 2) gilt in der Berufungshauptverhandlung mit der Maßgabe, dass der Berufungsführer zuerst das Wort zum Schlussvortrag erhält; bei Berufung des Angeklagten spricht i.d.R. sein Verteidiger für ihn. Haben StA und Angeklagter Berufung eingelegt, beginnt die StA mit dem Schlussvortrag; bei unterschiedlichem Umfang der Anfechtung wird jedoch grds. der das weiter gehende Rechtsmittel vertretende Berufungsführer vor dem/den anderen gehört. Die in erster Instanz erfolgte Wahl bzw. Bestellung des Verteidigers dauert, sofern nichts Gegenteiliges bestimmt ist, im Berufungsverfahren fort (OLG Bremen NJW 1955, 1529).

2 **B.** Dem Angeklagten gebührt stets das letzte Wort (§ 326 Satz 2), auch wenn er allein Berufungsführer ist. Das gilt auch, wenn sein Verteidiger einen Schlussvortrag gehalten hat; § 258 Abs. 3 ist dann anzuwenden (§ 332). Gleiches gilt für die Nebenbeteiligten im Rahmen ihrer Beteiligung; sie erhalten jedoch das letzte Wort vor dem Angeklagten (*Meyer-Goßner/Schmitt* § 326 Rn. 2).

3 **C.** Die Revision kann (1) i.d.R. nicht auf die Nichteinhaltung der Reihenfolge des § 326 Satz 1 gestützt werden, weil § 326 Satz 1 eine nicht revisible Ordnungsvorschrift ist (OLG Oldenburg NJW 1957, 839), (2) aber begründet sein bei Verstoß gegen die zwingende Vorschrift des § 326 Satz 2 oder wenn ein Berechtigter am Schlussvortrag gehindert wird (OLG Hamm StV 2000, 298; BayObLG wistra 2002, 39).

§ 327 StPO Umfang der Urteilsprüfung.
Der Prüfung des Gerichts unterliegt das Urteil nur, soweit es angefochten ist.

1 **A.** Prozessgegenstand der Berufungshauptverhandlung ist die prozessuale Tat i.S.v. §§ 155 Abs. 1, 264 Abs. 1, wie sie in der durch den Eröffnungsbeschluss zugelassenen Anklage (nicht durch das Ersturteil) umgrenzt wird (BayObLGSt 1969, 15; OLG Koblenz VRS 45, 289).

2 **I.** Das Berufungsgericht hat die prozessuale Tat – vorbehaltlich einer wirksamen Anfechtungsbeschränkung nach § 318 – ohne Bindung an den Inhalt des angefochtenen Urteils eigenverantwortlich in tatsächlicher und rechtlicher Hinsicht umfassend zu überprüfen und ggf. auch die Strafklage umzugestalten: Ist z.B. eine Dauerstraftat Prozessgegenstand, gehören dazu auch Teilakte, die nach Erlass des Ersturteils bis zur Verkündung des Berufungsurteils verwirklicht worden sind (BayObLG NJW 1955, 998; OLG Bremen NJW 1954, 1696; OLG Hamm NJW 1955, 313); auch eine vom Erstgericht unterlassene Gesamtstrafenbildung gem. § 55 StGB ist nachzuholen (OLG Hamm MDR 1977, 861).

3 **II.** Nur was prozessordnungsgemäß Gegenstand der Berufungshauptverhandlung geworden ist, darf Grundlage der Überzeugungsbildung und sonstiger Wertungen (rechtliche Würdigung, Strafzumessung, Maßregelanordnung) des Berufungsgerichts sein. Tatsächliche Umstände, die nicht beweisförmig, sondern nur im Wege des Berichts gem. § 324 Abs. 1 in die Hauptverhandlung eingeführt wurden, sind für den Schuld- und Rechtsfolgenausspruch unverwertbar. Auch in der 2. Instanz nicht mehr »streitige« Tatsachen darf das Berufungsgericht ohne Beweisaufnahme im engeren Sinne seinem Urteil nur dann zugrunde legen, wenn sie entweder zufolge Teilanfechtung bindend feststehen oder vom Angeklagten zugestanden worden sind (BayObLG MDR 1974, 250; OLG Hamm VRS 39, 378). Nur i.R.d. Begründung seiner getroffenen Feststellungen und daraus gezogenen Folgerungen darf das Berufungsgericht in bestimmten Grenzen auf die Gründe des Ersturteils Bezug nehmen.

4 **III.** Über mehrere Berufungen ist grds. in einer Hauptverhandlung zu verhandeln und zu entscheiden. Ist davon auch nur eine Berufung unbeschränkt eingelegt, ist der gesamte Prozessgegenstand in tatsächlicher und rechtlicher Hinsicht erneut auszuschöpfen. Eine vom Gericht nicht erledigte, weil übersehene Berufung (z.B. des Nebenklägers) wird gegenstandslos, wenn der betroffene Berufungsführer das Urteil nicht anficht (BayObLGSt 1949/51, 593; 1968, 31) oder den Mangel mit seiner Revision nicht beanstandet (BayObLGSt 18, 298).

B. Eine wirksame Berufungsbeschränkung verengt die Prüfungsbefugnis des Berufungsgerichts auf die angefochtenen Beschwerdepunkte (§ 318).

C. Verkennt das Berufungsgericht den Umfang seiner Untersuchungspflicht, können § 264 und § 318 verletzt sein. Revisionsbegründend gegen § 261 ist verstoßen, wenn das Gericht im Rahmen seiner Kognitionsbefugnis tatsächliche Umstände verwertet, die nicht beweisförmig (einschließlich der Angaben des Angeklagten) in die Berufungshauptverhandlung eingeführt worden sind. Hat das Berufungsgericht die wirksame Beschränkung der Berufung nicht erkannt und über die Schuldfrage neu entschieden, ist das Urteil auch ohne eine ausdrückliche Rüge auf die Revision hin aufzuheben (*Meyer-Goßner/Schmitt* § 327 Rn. 9; KK/*Paul* § 327 Rn. 11; a. A. OLG Hamm NStZ-RR 2010, 345).

§ 328 StPO Inhalt des Berufungsurteils.
(1) Soweit die Berufung für begründet befunden wird, hat das Berufungsgericht unter Aufhebung des Urteils in der Sache selbst zu erkennen.
(2) Hat das Gericht des ersten Rechtszuges mit Unrecht seine Zuständigkeit angenommen, so hat das Berufungsgericht unter Aufhebung des Urteils die Sache an das zuständige Gericht zu verweisen.

A. Entscheidungsmöglichkeiten des Berufungsgerichts.
I. Ohne Sachentscheidung. **1. Einstellung nach dem Opportunitätsprinzip**
Auch in der Berufungshauptverhandlung kann das Verfahren nach den §§ 153 Abs. 2, 153a Abs. 2, 154 Abs. 2 durch Beschluss eingestellt bzw. nach § 154a Abs. 2 die Beschränkung vorgenommen werden.

2. Einstellung wegen eines Prozesshindernisses
Liegt ein Prozesshindernis vor, hat das Berufungsgericht das Ersturteil aufzuheben und die Einstellung des Verfahrens im Urteil auszusprechen, § 260 Abs. 3.

3. Verwerfung der Berufung als unzulässig
Ist die Berufung verspätet eingelegt, hat das Gericht des 1. Rechtszugs das Rechtsmittel als unzulässig zu verwerfen, § 319 Abs. 1. Ebenso hat das Berufungsgericht die Berufung als unzulässig zu verwerfen, wenn die Vorschriften über die Einlegung der Berufung nicht beachtet wurden. Dies geschieht außerhalb der Hauptverhandlung durch Beschluss, innerhalb der Hauptverhandlung durch Urteil, § 322 Abs. 1.

4. Ausbleiben des Angeklagten
Ist bei Beginn einer Hauptverhandlung weder der Angeklagte noch in den Fällen, in denen dies zulässig ist, ein Vertreter des Angeklagten erschienen und das Ausbleiben nicht genügend entschuldigt, hat das Gericht eine Berufung des Angeklagten ohne Verhandlung zu Sache zu verwerfen, § 329 Abs. 1 Satz 1. Zu beachten ist, dass dies nicht gilt, wenn das Berufungsgericht erneut verhandelt, nachdem die Sache vom Revisionsgericht zurückverwiesen worden ist, § 329 Abs. 1 Satz 2.

II. Mit Sachentscheidung. **1. Unbegründete Berufung.** Ist die Berufung des Angeklagten oder der StA unbegründet, wird sie verworfen. Die StPO kennt die im Zivilprozess übliche Unterscheidung, wonach nur das unzulässige Rechtsmittel verworfen, das unbegründete aber zurückgewiesen wird, nicht.
Die Berufung der StA gegen das Urteil des AG Aschaffenburg vom ... wird kostenpflichtig verworfen.

2. Begründete Berufung. Ist die Berufung in vollem Umfang begründet, hat das Berufungsgericht unter Aufhebung des Urteils in der Sache selbst zu erkennen, § 328 Abs. 1.
I. Auf die Berufung des Angeklagten wird das Urteil des AG Aschaffenburg vom ... aufgehoben.
II. Der Angeklagte wird freigesprochen.
III. Die Kosten des Verfahrens und die notwendigen Auslagen des Angeklagten hat die Staatskasse zu tragen.
Zu beachten ist, dass ein voller Erfolg auch dann vorliegt, wenn der Angeklagte seine Berufung von Anfang an auf bestimmte Beschwerdepunkte beschränkt hatte und damit durchdringt; auch dann trägt die Staatskasse die Verfahrenskosten und die notwendigen Auslagen des Angeklagten, was sich aus § 473

Abs. 3 ergibt. Diese Vorschrift gilt aber nur für den Fall, dass die Beschränkung schon bei der Einlegung oder Begründung der Berufung erklärt wird.

Die beschränkte Berufung hat vollen Erfolg, wenn der Berufungsführer sein Ziel im Wesentlichen erreicht (OLG Düsseldorf NStZ 1985, 380). Bei der Beurteilung des Erfolgs einer Strafmaßberufung kommt es nicht auf den Schlussantrag des Berufungsführers, sondern nur auf den Vergleich zwischen den in 1. und 2. Instanz verhängten Rechtsfolgen an (OLG Köln StV 1993, 649). Ein voller Erfolg liegt daher stets vor, wenn die Strafe wesentlich, d.h. um mindestens ein Viertel herabgesetzt wird, bei Geldstrafe auch dann, wenn die Herabsetzung der Tagessatzhöhe nur auf der Veränderung der wirtschaftlichen Verhältnisse des Angeklagten beruht. Dies ist auch bei einer Strafmaßberufung gegeben, wenn statt der verhängten Freiheitsstrafe eine Geldstrafe oder eine Strafaussetzung zur Bewährung erstrebt und erreicht wird (*Meyer-Goßner/Schmitt* § 473 Rn. 21; OLG Düsseldorf StV 1988, 71; OLG Hamburg NJW 1970, 1467).

10 I. Auf die Berufung des Angeklagten wird das Urteil des AG Aschaffenburg vom ... im Rechtsfolgenausspruch aufgehoben.
II. Der Angeklagte wird zu einer Freiheitsstrafe von 5 Monaten verurteilt.
III. Die Kosten des Verfahrens und die notwendigen Auslagen des Angeklagten hat die Staatskasse zu tragen.

11 **3. Teilweise begründete Berufung.** Hat der Angeklagte mit seiner unbeschränkten Berufung nur teilweise Erfolg, muss die Berufung »im Übrigen« verworfen werden. Über die Kosten und notwendigen Auslagen kann dann nach Billigkeit gem. § 473 Abs. 4 entschieden werden; in welchem Umfang davon Gebrauch gemacht wird, ist eine Frage des Einzelfalles.

12 I. Auf die Berufung des Angeklagten wird das Urteil des AG Aschaffenburg vom ... im Rechtsfolgenausspruch aufgehoben.
II. Der Angeklagte wird zu einer Geldstrafe von 60 Tagessätzen zu 20 € verurteilt.
III. I.Ü. wird die Berufung des Angeklagten verworfen.
IV. Der Angeklagte hat die Kosten des Verfahrens zu tragen. Die Berufungsgebühr wird um ein Drittel ermäßigt. Im Umfang dieser Ermäßigung fallen die Kosten des Verfahrens und die notwendigen Auslagen des Angeklagten der Staatskasse zur Last.

13 Die zunächst unbeschränkt eingelegte Berufung, die erst nach dem Ablauf der Berufungsbegründungsfrist beschränkt wird, ist eine Teilrücknahme. In diesem Fall werden die Kosten der erfolgreichen Berufung und die dem Angeklagten erwachsenen notwendigen Auslagen der Staatskasse nur mit Ausnahme derjenigen auferlegt, die bei einer alsbald nach Urteilszustellung erklärten Berufungsbeschränkung vermeidbar gewesen wären; diese trägt der Angeklagte (OLG Bremen StV 1994, 495; OLG Hamm NStZ-RR 1998, 221; OLG München NStZ-RR 1997, 192; OLG Koblenz NStZ-RR 2011, 64). Ihre Höhe wird im Kostenansatzverfahren festgestellt (*Meyer-Goßner/Schmitt* § 473 Rn. 20).

14 **4. Mehrere Berufungen.** Über mehrere Berufungen ist, von den Fällen der §§ 322, 329 Abs. 1 abgesehen, durch ein und dasselbe Urteil zu entscheiden.

15 I. Auf die Berufung des Angeklagten wird das Urteil des AG Aschaffenburg vom ... aufgehoben.
II. Der Angeklagte wird freigesprochen.
III. Die Berufung der StA gegen das Urteil des AG Aschaffenburg vom ... wird verworfen.
IV. Die Kosten des Verfahrens und die notwendigen Auslagen des Angeklagten hat die Staatskasse zu tragen.

16 **III. Urteilsgründe.** Für die Abfassung der Urteilsgründe gilt § 267. Die Gründe des Berufungsurteils können in bestimmtem Umfang auf die des Ersturteils Bezug nehmen. Davon sollte allerdings nur zurückhaltend Gebrauch gemacht werden, damit die Urteilsgründe noch aus sich heraus verständlich sind. Sind die Gründe des Ersturteils nicht eindeutig und bleiben deshalb Zweifel darüber, ob im Berufungsurteil tatsächlich die rechtskräftig gewordenen Feststellungen übernommen sind, muss dies im Revisionsverfahren zur Aufhebung des Urteils führen. Insb. hinsichtlich der Strafzumessungsgründe ist der Vorschrift des § 267 Abs. 3 grds. nicht Genüge getan, wenn die Urteilsgründe lediglich auf ein anderes Urteil verweisen (KK/*Paul* § 328 Rn. 8; BGH NStZ-RR 1998, 204).

Das Berufungsgericht hat stets selbst die Liste der angewendeten Vorschriften nach §§ 332, 260 Abs. 5 zu erstellen.

IV. Zurückverweisung an das AG. Die Zurückverweisung der Sache an das AG zur neuen Verhandlung und Entscheidung nach Aufhebung des angefochtenen Urteils ist nicht mehr möglich, weil durch das Strafverfahrensänderungsgesetz 1987 der frühere Abs. 2 des § 328 gestrichen worden ist. An seine Stelle ist der frühere Abs. 3 getreten. Demnach muss das Berufungsgericht grds. selbst entscheiden, auch wenn absolute Revisionsgründe oder grobe Verfahrensfehler vorliegen. Ausnahmsweise gilt dies aber dann nicht, wenn das AG fehlerhaft keine Entscheidung in der Sache getroffen hat, weil es etwa zu Unrecht ein Verfahrenshindernis angenommen und deshalb eingestellt hat oder zu Unrecht den Einspruch gegen einen Strafbefehl wegen Ausbleibens des Angeklagten (§ 412) verworfen hat (OLG Hamm NStZ 2010, 295; OLG Koblenz NStZ 1990, 296; OLG Stuttgart NStZ 1995, 301; BGH NJW 1989, 1869; HK/*Rautenberg* § 328 Rn. 5; *Meyer-Goßner/Schmitt* § 328 Rn. 4; KK/*Paul* § 328 Rn. 7). 17

B. Verweisung an das zuständige Gericht. I. Anwendungsbereich. Allgemeine Voraussetzung für die obligatorische Verweisung nach § 328 Abs. 2 ist in Fällen der sachlichen Zuständigkeit (einschließlich der von Spezialstrafkammern), dass der Angeklagte der Tat hinreichend verdächtig ist (BayObLG NStZ-RR 2000, 177). Auch wenn das Verbot der reformatio in peius nach § 331 Abs. 1 eingreift und das neue Gericht die Rechtsfolgen nicht verschärfen darf, ist die Verweisung nach § 328 Abs. 2 geboten, da die Schuldfrage nachprüfbar bleibt. 18

II. § 328 Abs. 2 gilt nicht: 1. trotz Unzuständigkeit des Erstgerichts, wenn das Verfahren wegen feststehenden Prozesshindernisses einzustellen ist oder sein sachliches Ergebnis endgültig feststeht (BayObLG MDR 1962, 841); 19

2. wenn das erkennende Erstgericht geschäftsplanmäßig unrichtig besetzt war (*Meyer-Goßner/Schmitt* § 328 Rn. 5). 20

III. Unzuständigkeitsfälle des § 328 Abs. 2 sind: 1. Sachliche Unzuständigkeit des AG, wenn dessen – dem Strafrichter und dem Schöffengericht gleichermaßen zukommende – Rechtsfolgenkompetenz nach § 24 Abs. 2 GVG überschritten wurde (z.B. wegen Unterlassung einer nach § 270 gebotenen Verweisung) oder (in der Berufungsinstanz) würde; denn die sachliche Zuständigkeit ist nach der objektiven Sach- und Rechtslage z.Zt. der Entscheidung des Berufungsgerichts zu beurteilen. Da die Strafgewalt des AG auch die Strafkammer als Berufungsgericht bindet, verfährt sie nach § 328 Abs. 2 auch dann, wenn etwa die zunächst gegebene AG-Zuständigkeit (z.B. angeklagte Körperverletzung nach § 223 StGB) durch einen nach Erlass des angefochtenen Urteils aufgetretenen Umstand (z.B. das Tatopfer verstirbt, § 227 StGB) entfällt. Die Unterschreitung der sachlichen Zuständigkeit ist wegen § 269 kein Grund, die Sache an das Erstgericht zurückzuverweisen, es sei denn, dass die Annahme der Zuständigkeit willkürlich ist (OLG Koblenz StV 1996, 588). 21

2. Erscheint die Zuständigkeit einer Spezialstrafkammer (§ 74e GVG) gegeben und hat das AG einen rechtzeitigen und begründeten Einwand des Angeklagten nach § 6a Satz 2, 3 zurückgewiesen, verweist das Berufungsgericht unter Aufhebung des Ersturteils die Sache an die betreffende Sonderstrafkammer. Ergibt sich deren Kompetenz erst im Berufungsverfahren oder hat der Angeklagte den Unzuständigkeitseinwand nicht oder nicht rechtzeitig erhoben, bleibt das Berufungsgericht zur Sachentscheidung zuständig, sofern nicht zugleich die Voraussetzungen für eine Verweisung wegen sachlicher Unzuständigkeit vorliegen. 22

3. Ist das Jugendgericht zuständig, was tatgerichtlich in jeder Verfahrenslage von Amts wegen zu prüfen ist, erfolgt Urteilsaufhebung und Verweisung dorthin (OLG Oldenburg MDR 1981, 162). 23

4. Die örtliche Unzuständigkeit des Erstgerichts hat das Berufungsgericht ebenfalls nur zu beachten, wenn der rechtzeitige und begründete Einwand des Angeklagten nach § 16 Satz 2, 3 erfolglos war; andernfalls bleibt der fehlende Gerichtsstand unschädlich. Das Berufungsgericht hebt das Urteil des AG auf; für den weiteren Inhalt seiner Entscheidung ist angesichts des Gerichtsstandswahlrechts der StA zu differenzieren: 24
(1) Liegt das örtlich zuständige AG im Bezirk des Berufungsgerichts und beantragt die StA die Verweisung dorthin, ist nach § 328 Abs. 2 zu verfahren; (2) andernfalls stellt das Berufungsgericht das Verfahren nach § 260 Abs. 3 ein (a. A. *Meyer-Goßner/Schmitt* § 328 Rn. 6).

25 **C. Überleitung in das erstinstanzliche Verfahren. I.** Die Kompetenz oder Strafgewalt des Berufungsgerichts reicht nicht weiter als die des Erstgerichts (BGHSt 23, 283, 284; 31, 63, 66; 34, 159, 160; 34, 204, 206; BayObLG NStZ-RR 2000, 177). Stellt sich erst im Laufe des Berufungsverfahrens heraus, dass der Sachverhalt die Kompetenz des Erstgerichts übersteigt, und steht das Verschlechterungsverbot der Anordnung nicht entgegen, entfällt die Zuständigkeit des Berufungsgerichts zur weiteren sachlichen Behandlung des Falles als Berufungsgericht. Die Fortführung der Verhandlung käme nur dann in Betracht, wenn das Berufungsgericht die Sache als erstinstanzliches Gericht weiterführen könnte. Diese Möglichkeit der Überleitung in das erstinstanzliche Verfahren besteht aber **nicht**, wenn die Berufung gegen Urteile des Strafrichters, des Schöffengerichts oder des Jugendrichters eingelegt wurde. Sowohl die kleine Strafkammer (§ 76 Abs. 1 GVG) als auch die kleine Jugendkammer (§ 33b Abs. 1 JGG) entscheiden nämlich nur über Berufungen der genannten Gerichte, für erstinstanzliche Verfahren sind sie nicht zuständig. In diesen Fällen verbleibt daher nur die Verfahrensweise nach § 328 Abs. 2. Das gilt auch für die erweiterte kleine Strafkammer nach § 76 Abs. 3 GVG, die im Verfahren über Berufungen gegen ein Urteil des erweiterten Schöffengerichts (§ 29 Abs. 2) entscheidet; sie kann nicht als erstinstanzliche große Strafkammer weiterverhandeln (*Meyer-Goßner/Schmitt* § 328 Rn. 10). Ein Übergang vom Berufungsverfahren in das erstinstanzliche Verfahren ist in Strafverfahren gegen Erwachsene damit nicht möglich, weil die große Strafkammer nicht mehr als Berufungsgericht tätig ist.

26 **II.** Die Möglichkeit für das Berufungsgericht, selbst als Gericht des ersten Rechtszuges zu verhandeln, besteht jetzt nur noch bei Berufungen gegen Urteile des Jugendschöffengerichts, weil die hierfür zuständige große Jugendkammer gleichzeitig erstinstanzliches Gericht sein kann, § 33b Abs. 1 Satz 1 JGG. Regelmäßig entscheidet aber die große Jugendkammer als Berufungsgericht in der Besetzung mit nur zwei Berufsrichtern, sodass in allen in Betracht kommenden Fällen besser eine Verweisung an die große Jugendkammer als Gericht 1. Instanz erfolgen sollte, um die nach § 33b Abs. 2 JGG erforderliche Entscheidung über die Mitwirkung des 3. Richters nicht im Berufungsverfahren zu treffen (*Meyer-Goßner/Schmitt* § 328 Rn. 11).

27 **D. Folgen der Verweisung.** Nach Erlass des Verweisungsurteils nach § 328 Abs. 2 an eine erstinstanzliche Strafkammer ist eine Rücknahme der Berufung nicht mehr möglich, weil es sich nunmehr um ein erstinstanzliches Verfahren handelt (BGHSt 34, 204). Eine zuvor erklärte Berufungsbeschränkung wird gegenstandslos, weil sie im 1. Rechtszug nicht fortwirken kann. Das Verschlechterungsverbot besteht dagegen auch nach Verweisung an das zuständige Gericht fort. Das Gericht, an das das Verfahren verwiesen worden ist, ist an die Verweisung nicht gebunden.

28 **E. Anfechtung.** Alle nach § 328 ergehenden Urteile des Berufungsgerichts, auch solche nach § 328 Abs. 2, sind mit der Revision anfechtbar. Der Verstoß gegen § 328 Abs. 2 ist von Amts wegen zu beachten und führt zur Verweisung an das zuständige Gericht (OLG Brandenburg NStZ 2001, 611; *Meyer-Goßner/Schmitt* § 328 Rn. 14).

§ 329 StPO Ausbleiben des Angeklagten; Vertretung in der Berufungshauptverhandlung.

(1) Ist bei Beginn eines Hauptverhandlungstermins weder der Angeklagte noch ein Verteidiger mit schriftlicher Vertretungsvollmacht erschienen und das Ausbleiben nicht genügend entschuldigt, so hat das Gericht eine Berufung des Angeklagten ohne Verhandlung zur Sache zu verwerfen. Ebenso ist zu verfahren, wenn die Fortführung der Hauptverhandlung in dem Termin dadurch verhindert wird, dass
1. sich der Verteidiger ohne genügende Entschuldigung entfernt hat und eine Abwesenheit des Angeklagten nicht genügend entschuldigt ist oder der Verteidiger den ohne genügende Entschuldigung nicht anwesenden Angeklagten nicht weiter vertritt,
2. sich der Angeklagte ohne genügende Entschuldigung entfernt hat und kein Verteidiger mit schriftlicher Vertretungsvollmacht anwesend ist oder

3. sich der Angeklagte vorsätzlich und schuldhaft in einen seine Verhandlungsfähigkeit ausschließenden Zustand versetzt hat und kein Verteidiger mit schriftlicher Vertretungsvollmacht anwesend ist.

Über eine Verwerfung wegen Verhandlungsunfähigkeit nach diesem Absatz entscheidet das Gericht nach Anhörung eines Arztes als Sachverständigen. Die Sätze 1 bis 3 finden keine Anwendung, wenn das Berufungsgericht erneut verhandelt, nachdem die Sache vom Revisionsgericht zurückverwiesen worden ist.

(2) Soweit die Anwesenheit des Angeklagten nicht erforderlich ist, findet die Hauptverhandlung auch ohne ihn statt, wenn er durch einen Verteidiger mit schriftlicher Vertretungsvollmacht vertreten wird oder seine Abwesenheit im Fall der Verhandlung auf eine Berufung der Staatsanwaltschaft nicht genügend entschuldigt ist. § 231b bleibt unberührt.

(3) Kann die Hauptverhandlung auf eine Berufung der Staatsanwaltschaft hin nicht ohne den Angeklagten abgeschlossen werden oder ist eine Verwerfung der Berufung nach Absatz 1 Satz 4 nicht zulässig, ist die Vorführung oder Verhaftung des Angeklagten anzuordnen, soweit dies zur Durchführung der Hauptverhandlung geboten ist.

(4) Ist die Anwesenheit des Angeklagten in der auf seine Berufung hin durchgeführten Hauptverhandlung trotz der Vertretung durch einen Verteidiger erforderlich, hat das Gericht den Angeklagten zur Fortsetzung der Hauptverhandlung zu laden und sein persönliches Erscheinen anzuordnen. Erscheint der Angeklagte zu diesem Fortsetzungstermin ohne genügende Entschuldigung nicht und bleibt seine Anwesenheit weiterhin erforderlich, hat das Gericht die Berufung zu verwerfen. Über die Möglichkeit der Verwerfung ist der Angeklagte mit der Ladung zu belehren.

(5) Wurde auf eine Berufung der Staatsanwaltschaft hin nach Absatz 2 verfahren, ohne dass ein Verteidiger mit schriftlicher Vertretungsvollmacht anwesend war, hat der Vorsitzende, solange mit der Verkündung des Urteils noch nicht begonnen worden ist, einen erscheinenden Angeklagten oder Verteidiger mit schriftlicher Vertretungsvollmacht von dem wesentlichen Inhalt dessen zu unterrichten, was in seiner Abwesenheit verhandelt worden ist. Eine Berufung der Staatsanwaltschaft kann in den Fällen des Absatzes 1 Satz 1 und 2 auch ohne Zustimmung des Angeklagten zurückgenommen werden, es sei denn, dass die Voraussetzungen des Absatzes 1 Satz 4 vorliegen.

(6) Ist die Verurteilung wegen einzelner von mehreren Taten weggefallen, so ist bei der Verwerfung der Berufung der Inhalt des aufrechterhaltenen Urteils klarzustellen; die erkannten Strafen können vom Berufungsgericht auf eine neue Gesamtstrafe zurückgeführt werden.

(7) Der Angeklagte kann binnen einer Woche nach der Zustellung des Urteils die Wiedereinsetzung in den vorigen Stand unter den in den §§ 44 und 45 bezeichneten Voraussetzungen beanspruchen.

Übersicht	Rdn.		Rdn.
A. Neufassung des § 329	1	3. Wegfall der Verurteilung wegen einzelner Taten	36
B. **Verwerfung der Berufung des Angeklagten (Abs. 1)**	4	C. **Berufung der Staatsanwaltschaft (Abs. 2)**	37
I. Zweck und Anwendungsbereich des Abs. 1 S. 1	4	D. **Wiedereinsetzung in den vorigen Stand (Abs. 3)**	40
II. Unzulässigkeit der Verwerfung der Berufung	6	I. Zulässigkeit	40
III. Voraussetzungen der Berufungsverwerfung	15	II. Begründetheit	43
1. Ausbleiben des Angeklagten zu Beginn der Berufungshauptverhandlung	16	III. Entscheidung über die Wiedereinsetzung in den vorigen Stand	46
2. Fehlende oder ungenügende Entschuldigung für das Ausbleiben des Angeklagten	21	E. **Vorführung und Verhaftung des Angeklagten (Abs. 4)**	49
a) Allgemeines	21	F. **Revision**	53
b) Sinn und Zweck des § 329 Abs. 1 erweitern die Anwendbarkeit der Vorschrift in dreifacher Hinsicht	23	I. Statthaftigkeit	53
		II. Gegenstand und Umfang der Prüfung des Revisionsgerichts	54
IV. Entscheidung über die Verwerfung der Berufung	34	1. Art der Revisionsrüge	54
1. Form und Verfahren	34	a) Verfahrensrüge	54
2. Inhalt	35	b) Sachrüge	55
		2. Prüfungskompetenz des Revisionsgerichts	56
		3. Entscheidung	57

§ 329 StPO   Ausbleiben d. Angeklagten; Vertretung in der Berufungshauptverhandlung

1 **A. Neufassung des § 329.** Der EGMR hat in einer vielbeachteten Entscheidung vom 8.11.2012 die Vorschrift des bisherigen § 329 Abs. 1 teilweise für konventionswidrig erklärt, wonach die Berufung des Angeklagten im Falle seines Nichterscheinens ohne Verhandlung zur Sache verworfen wird und die Anwesenheit eines Verteidigers – von Ausnahmen abgesehen – eine Verwerfung nicht hindert (NStZ 2013, 350 f.). Es sei nämlich danach ein Verstoß gegen das in Art. 6 Abs. 3 lit. c EMRK gewährleistete Recht auf Verteidigung, wenn die Berufung eines unentschuldigt abwesenden Angeklagten ohne Verhandlung zur Sache sofort verworfen wird, obwohl für den Angeklagten ein von diesem beauftragter Verteidiger erschienen ist, der den Angeklagten verteidigen will. Durch ein solches Vorgehen werde der Angeklagte seines Rechts auf Verteidigung beraubt. Dass der Angeklagte unentschuldigt abwesend ist, sei ungeeignet, ihm dieses Recht zu nehmen; die dem widersprechende Praxis laufe auf eine Art Prozessstrafe hinaus (eingehend dazu Frisch NStZ 2015, 69 ff.).

2 Diese Entscheidung widerspricht der bisherigen Rechtsprechung des BVerfG (StraFo 2007, 190) und der OLGe (z.B. OLG Oldenburg NStZ 1999, 156; OLG Düsseldorf StV 2013, 299). Auch nach der Entscheidung des EGMR vom 8.11.2012 haben mehrere OLGe diese scharf kritisiert und entschieden, dass die gegenläufige Rechtsprechung des EGMR unbeachtlich ist (z.B. OLG München NStZ 2013, 358 f.; OLG Celle NStZ 2013, 615 f.; HansOLG Bremen StV 2014, 211 ff.; OLG Brandenburg StraFo 2015, 70). Als Argument wird vor allem darauf abgestellt, dass die Entscheidung nicht differenziert zwischen der Verteidigung des – anwesenden – Angeklagten durch einen Rechtsanwalt und der Vertretung – besser und deutlicher: Ersetzung – des – nicht anwesenden – Angeklagten durch seinen Verteidiger. Der deutsche Strafprozess sei von den Grundsätzen der Unmittelbarkeit und Mündlichkeit geprägt, die Anwesenheit des Angeklagten in der Hauptverhandlung sei kein Selbstzweck, sondern diene der Wahrheitsfindung. Über diese Verfahrensgrundsätze könne der Angeklagte nicht disponieren. Der EGMR verkenne somit in seiner Entscheidung, dass die Begriffe der Verteidigung und der Vertretung im deutschen Strafprozessrecht von unterschiedlicher Bedeutung sind. Zwar vertrete im deutschen Strafprozess der Rechtsanwalt die Interessen des Angeklagten, indem er ihn verteidigt. Dem deutschen Strafprozessrecht sei es indes fremd, dass der Verteidiger den Angeklagten in persona vertritt, also in der Hauptverhandlung ersetzt. Die Anwendung des (bisherigen) § 329 Abs. 1 S. 1 entziehe dem Angeklagten somit nicht das Recht, sich durch einen Rechtsanwalt verteidigen, sondern nur das Recht, sich in der Hauptverhandlung durch seinen Verteidiger ersetzen zu lassen. Dieses Recht werde indes von der Konvention nicht geschützt (vgl. hierzu Minderheitenvotum der Richterinnen Power-Forde und Nussberger zur Entscheidung des EGMR vom 8.11.2012).

3 Inzwischen hat der Gesetzgeber mit dem Gesetz zur Stärkung des Rechts des Angeklagten auf Vertretung in der Berufungshauptverhandlung vom 17.7.2015 reagiert und die Vorschrift des § 329 neu gefasst. Danach soll vor allem eine Berufung des Angeklagten künftig nicht mehr verworfen werden können, wenn zu Beginn der Berufungshauptverhandlung ein vom Angeklagten mit schriftlicher Vertretungsvollmacht versehener Verteidiger für diesen erscheint. Der neue § 329 setzt damit die maßgebliche Forderung des EGMR aus dessen Urteil vom 8.11.2012 um.

4 **B. Verwerfung der Berufung des Angeklagten (Abs. 1) I. Zweck und Anwendungsbereich des Abs. 1 S. 1. 1.** Die Vorschrift des § 329 soll einen Angeklagten, der Berufung eingelegt hat, daran hindern, die Entscheidung über sein Rechtsmittel dadurch zu verzögern, dass er sich der Verhandlung entzieht. Die Bestimmung dient also der Beschleunigung des Verfahrens. Sie nimmt dabei grds. die Möglichkeit in Kauf, dass ein sachlich unrichtiges Urteil allein darum rechtskräftig wird, weil der Angeklagte oder sein Verteidiger in der Berufungsverhandlung ohne genügende Gründe ausgeblieben sind. In § 329 Abs. 1 stoßen also zwei berechtigte Gedanken zusammen, nämlich das Bedürfnis nach einer Beschleunigung des Verfahrens und das Streben nach einer möglichst gerechten Entscheidung, das dem Strafverfahrensrecht im Ganzen eigen ist. Das rechte Verhältnis zwischen beiden muss auch bei der Auslegung dieser Vorschrift gewahrt bleiben. Als Ausnahme vom Grundsatz, dass gegen einen abwesenden Angeklagten kein Urteil ergehen darf, ist Abs. 1 »auf das engste« auszulegen (BGHSt 17, 189; 23, 333 f.; BayObLG VRS 59, 353; OLG Hamm NStZ-RR 1997, 368).

5 **2.** Ohne praktische Bedeutung ist die dogmatische Streitfrage, ob der Berufungsverwerfung nach Abs. 1 eine unwiderlegliche gesetzliche Vermutung, dass der Angeklagte auf eine sachliche Nachprüfung des angefochtenen Urteils verzichtet oder der Gedanke zugrunde liegt, dass der Angeklagte jenes

Recht verwirkt (BGHSt 15, 289; BayObLG bei *Rüth* DAR 1977, 207; *Schroeder* NJW 1973, 308 [309]).

II. Unzulässigkeit der Verwerfung der Berufung. 1. Die Berufung darf nicht verworfen werden, wenn das Ausbleiben des Angeklagten in der Berufungshauptverhandlung genügend entschuldigt, genauer: nicht nachweislich unentschuldigt ist.

2. Vorrangig ist die Verwerfung der Berufung wegen Unzulässigkeit (§ 322) oder wenn wegen eines allgemeinen Prozesshindernisses das Verfahren nach § 206a oder § 260 Abs. 3 einzustellen ist. Letzteres gilt allerdings nur, wenn das Verfahrenshindernis erst in der Berufungsinstanz eingetreten ist. Hatte das AG das Fehlen einer Prozessvoraussetzung übersehen, muss dies im Berufungsverfahren unberücksichtigt bleiben, da das Berufungsgericht nur bei Erscheinen des Angeklagten die Richtigkeit des Ersturteils überprüfen darf (KK/*Paul* § 329 Rn. 13; *Meyer-Goßner/Schmitt* § 329 Rn. 8).

3. Verhandelt das Berufungsgericht nach Zurückverweisung aufgrund einer Sachentscheidung des Revisionsgerichts erneut (Abs. 1 Satz 4), ist die Verwerfung der Berufung in der gesamten Berufungsinstanz unzulässig (KG StraFo 2013, 469). Hätte es nämlich infolge der Berufungsverwerfung wieder mit dem Urteil des AG sein Bewenden, könnte dieses in schwer erträglichem Widerspruch zur Rechtsauffassung des Revisionsgerichts stehen (BGHSt 27, 236 [239 f.]; *Küper* NJW 1977, 1275 [1276]); daher muss das Berufungsgericht auch bei Ausbleiben des Angeklagten zur Sache verhandeln und entscheiden. § 329 Abs. 1 Satz 4 gilt jedoch nicht (d.h. es ist nach Abs. 1 Satz 1 zu verfahren), wenn das Revisionsgericht nur ein Prozessurteil des Berufungsgerichts aufgehoben hat, ein möglicher Widerstreit zwischen dem Ergebnis des Revisionsverfahrens und einer späteren Verwerfung der Berufung also ausscheidet (BGHSt 27, 236 [241] m. Anm. *Küper* JZ 1978, 205).

4. Ist der Angeklagte nach §§ 233, 332 von der Pflicht zum Erscheinen in der Hauptverhandlung durch das Berufungsgericht entbunden worden, ist eine Verwerfung der Berufung nicht möglich.

5. Ist der Angeklagte in der Berufungshauptverhandlung wirksam durch einen bei Beginn der Hauptverhandlung mit schriftlicher Vertretungsvollmacht (§ 234) versehenen Verteidiger vertreten, ist die Verwerfung der Berufung unzulässig; fehlt diese, ist die Berufung nach § 329 Abs. 1 Satz 1 zu verwerfen (BGHSt 12, 367 ff.), es sei denn, der Angeklagte ist als entschuldigt anzusehen wegen seiner irrigen Annahme, die Vertretung sei zulässig.

6. War der Angeklagte oder sein Verteidiger zur Berufungshauptverhandlung nicht ordnungsgemäß geladen (§§ 323 Abs. 1, 214 Abs. 1, 216) und hat er auf förmliche Ladung auch nicht verzichtet, ist die Verwerfung der Berufung unzulässig.

a) Die Ladung muss den Hinweis auf die Folgen des Ausbleibens enthalten, § 323 Abs. 1 Satz 2. Der unrichtige Hinweis auf die Folgen des Ausbleibens macht eine Verwerfung nach § 329 Abs. 1 ebenfalls unzulässig (OLG Hamburg MDR 1976, 1041; BayObLG VRS 41, 281 ff.; OLG Karlsruhe MDR 1974, 774 f.). Die Belehrung muss dabei den Hinweis enthalten,

b) Trotz fehlerhafter Ladung des Angeklagten ist seine Berufung nach § 329 Abs. 1 Satz 1 zu verwerfen, wenn lediglich die Ladungsfrist nicht eingehalten ist und kein Aussetzungsantrag nach § 217 Abs. 2 gestellt wird (BGHSt 24, 143 [151]) oder trotz Ladungsmängeln der Schutzzweck der §§ 216, 323 Abs. 1, 329 Abs. 1 dem Angeklagten ggü. nicht verletzt ist, d.h. die Einhaltung der Ladungsvorschriften eine reine Formalität ohne sachlichen Gehalt wäre, weil der Angeklagte z.B. von vornherein in Kenntnis der gesetzlichen Folgen nur deshalb ausgeblieben ist, weil er aus anderen Gründen in der Hauptverhandlung nicht erscheinen wollte (BayObLG VRS 38, 292 f.).

c) Wird in Fällen des § 216 Abs. 2 der nicht auf freiem Fuß befindliche Angeklagte nicht vorgeführt, darf seine Berufung nicht gem. § 329 Abs. 1 verworfen werden, es sei denn, dem Berufungsgericht war die Verhaftung ohne Verletzung der Aufklärungspflicht unbekannt oder der Angeklagte lehnte es ab, sich vorführen zu lassen.

III. Voraussetzungen der Berufungsverwerfung. Zwingend ist nach § 329 Abs. 1 die Berufung des Angeklagten zu verwerfen, wenn er ohne genügende Entschuldigung bei der Berufungshauptverhand-

§ 329 StPO   Ausbleiben d. Angeklagten; Vertretung in der Berufungshauptverhandlung

lung ausbleibt und keiner der oben genannten Fälle vorliegt. Diese Voraussetzungen sind für jede Berufung selbstständig zu prüfen (OLG Stuttgart NJW 1961, 1687 f.).

16   **1. Ausbleiben des Angeklagten zu Beginn der Berufungshauptverhandlung. a)** Die Berufungshauptverhandlung beginnt mit dem Aufruf der Sache (§§ 324 Abs. 1 Satz 1; 243 Abs. 1 Satz 1), bei Zurückstellung mit dem erneuten Aufruf.

17   b) Das Gericht hat eine angemessene Zeit auf den Angeklagten zu warten (etwa 15 Minuten, u.U. auch etwas länger: BerlVerfGH NJW 2004, 1158; BayObLG DAR 1987, 315; OLG Koblenz DAR 1980, 280; KG NStZ-RR 2002, 218 f.), sofern der Angeklagte nicht erkennbar der Hauptverhandlung fernbleiben will. In ähnlichen Grenzen ist auf eine Verspätung des Verteidigers, zumal wenn sie angekündigt ist, Rücksicht zu nehmen; wie lange das Berufungsgericht zuwarten muss, hängt von den Umständen des Einzelfalles, insb. der anderweitigen Terminplanung, Bedeutung und Schwierigkeit der Sache, ab. Beginnt das Gericht die Hauptverhandlung, ohne pflichtgemäß zu warten, ist dieser Fehler unschädlich, wenn der später erscheinende Verteidiger den Verfahrensgang und die Entscheidung noch beeinflussen konnte (OLG Hamm VRS 55, 368 ff.). Hat sich der Terminsbeginn wegen längerer Dauer der zuvor verhandelten Sache um 1 – 2 Stunden verzögert, kann sich der zu diesem Zeitpunkt nicht mehr anwesende Angeklagte, dessen Berufung nach § 329 Abs. 1 verworfen wird, vorbehaltlich besonderer Umstände auch dann nicht darauf berufen, eine solche Wartezeit sei ihm unzumutbar, wenn sein Verteidiger sich entfernt hatte.

18   c) § 329 Abs. 1 Satz 1 gilt bei Beginn jeder neuen Berufungshauptverhandlung, d.h. auch nach Aussetzung einer früheren Hauptverhandlung oder Zurückverweisung, nicht aber im Fortsetzungstermin einer nur unterbrochenen Hauptverhandlung (BGHSt 15, 287 ff.); im letzten Fall kann das Gericht entweder gem. §§ 230 Abs. 2, 231 Abs. 2, 232, 236 verfahren oder die Hauptverhandlung aussetzen und im neuen Hauptverhandlungstermin, falls der Angeklagte wiederum ausbleibt, seine Berufung verwerfen.

19   d) Unanwendbar ist § 329 Abs. 1 Satz 1, wenn der Angeklagte sich vorzeitig aus der Hauptverhandlung entfernt (BGHSt 23, 331 ff.; BayObLGSt 26, 38; dann ist ggf. nach §§ 231 Abs. 2 bis 232, 236 vorzugehen) oder verspätet, aber noch vor Verkündung des Verwerfungsurteils in der Hauptverhandlung erscheint.

20   e) Ausgeblieben ist der Angeklagte, wenn er in der Zeit zwischen dem Aufruf der Sache und dem Beginn der Verkündung des Verwerfungsurteils im Sitzungssaal nicht anwesend ist oder sich nicht zu erkennen gibt. Das Gericht hat ggf. angemessene, den Verfahrensfortgang nicht wesentlich verzögernde Nachforschungen nach dem Angeklagten anzustellen, bevor es sein Rechtsmittel verwirft. Weiter ist der Angeklagte ausgeblieben, wenn er sich im Zustand schuldhaft und in Kenntnis seiner dadurch vereitelten Teilnahme an der Hauptverhandlung herbeigeführten Verhandlungsunfähigkeit befindet, z.B. infolge Genusses von Alkohol oder anderer berauschender Mittel, grds. aber nicht bei ernst gemeintem Selbstmordversuch. Ist dagegen der Angeklagte zwar verhandlungsunfähig, aber verhandlungswillig, gilt nicht § 329 Abs. 1 Satz 1; das Gericht muss vertagen, sofern es nicht nach §§ 231 Abs. 2, 232 verfahren darf (*Meyer-Goßner/Schmitt* § 329 Rn. 14).

21   **2. Fehlende oder ungenügende Entschuldigung für das Ausbleiben des Angeklagten. a) Allgemeines.** Das Berufungsgericht muss kraft seiner Aufklärungspflicht (§ 244 Abs. 2) ohne Beschränkung auf etwaige im Hauptverhandlungstermin vorgetragene Umstände von Amts wegen prüfen, ob Umstände erkennbar sind, die das Nichterscheinen des Angeklagten genügend entschuldigen können (OLG Celle StV 1987, 192; OLG Düsseldorf StV 1987, 9 f.). Es kommt nicht darauf an, ob der Angeklagte sich genügend entschuldigt »hat«, sondern ob er es tatsächlich »ist« (BGHSt 17, 391 ff.; OLG Frankfurt am Main NJW 1974, 1151 f.). Erst wenn zur Überzeugung des Berufungsgerichts feststeht, dass der Angeklagte ohne genügende Entschuldigung der Hauptverhandlung fern geblieben ist, gilt § 329 Abs. 1 Satz 1. Bleibt diese Voraussetzung trotz gerichtlicher Nachforschungen in tatsächlicher Hinsicht unklärbar zweifelhaft, ist das Rechtsmittel nicht zu verwerfen (OLG Koblenz NJW 1975, 322 f.; OLG Hamm NJW 1965, 410 f.). Der Angeklagte ist weder beweis- noch mitwirkungspflichtig. Bezweifelt das Gericht angesichts besonderer Umstände z.B. die Richtigkeit eines – als Entschuldigungsnachweis i.d.R. genügenden – privatärztlichen Attestes und folgt der Angeklagte nicht seiner Auf-

forderung, ein amtsärztliches Zeugnis nachzureichen, darf es nicht nach § 329 Abs. 1 Satz 1 verfahren. Anders ist es jedoch, wenn der Angeklagte den behandelnden Arzt nicht von seiner Schweigepflicht entbindet oder sich einer ihm zumutbaren, gerichtlich angeordneten amtsärztlichen Untersuchung verweigert.

b) Daher darf die Berufung nicht verworfen werden z.B. allein mit der Begründung, der Angeklagte habe Entschuldigungsgründe nicht »nachgewiesen« bzw. »glaubhaft gemacht« (OLG Köln NJW 1953, 1036 f.), es bestehe der »dringende« (BayObLG bei *Rüth* DAR 1974, 183) bzw. »naheliegende« Verdacht oder »Grund zur Annahme« (BGH NJW 1980, 950 f.), dass der behauptete Entschuldigungsgrund nicht existiere. Andererseits genügt für eine Entscheidung nach § 329 Abs. 1 Satz 1, dass das Berufungsgericht etwa eine allgemeine Behauptung des Angeklagten, er sei verhindert, nach seiner Überzeugung angesichts weiterer Umstände für widerlegt hält, z.B. wenn der Angeklagte trotz entsprechender gerichtlicher Aufforderung den Verhinderungsgrund nicht mehr dargetan hat (OLG Hamm VRS 39, 208 ff.).

b) Sinn und Zweck des § 329 Abs. 1 erweitern die Anwendbarkeit der Vorschrift in dreifacher Hinsicht. aa) Zum einen erstreckt sich die gerichtliche Pflicht zur Aufklärung, ob ein Entschuldigungsgrund vorliegt, zwar auf alle erkennbaren Umstände, die hierfür von Bedeutung sind, und die sich »aufdrängenden« Erkenntnisquellen; das Berufungsgericht muss daher z.B. die Akten durchsehen oder bei der Geschäftsstelle nachfragen, ob eine entsprechende Erklärung des Angeklagten (etwa ein Vertagungsantrag) vorliegt; u.U. sind auch in der Hauptverhandlung erschienene, geeignete Personen (insb. der Verteidiger oder Zeugen) nach dem Verbleib des Angeklagten zu fragen oder auf eine vorgelegte Bescheinigung nur über eine krankheitsbedingte Arbeitsunfähigkeit hin ist die nahe liegende Möglichkeit auch einer Reise- oder Verhandlungsunfähigkeit des Angeklagten zu überprüfen (BayObLG NJW 1966, 1981 ff.; bei *Rüth* DAR 1976, 177; OLG Frankfurt am Main NJW 1974, 1151 f.; OLG Brandenburg NStZ-RR 1997, 275 f.). Außer präsenten Beweismitteln muss aber das Gericht nur noch solche heranziehen, deren Auswertung ohne erhebliche Verzögerung der Entscheidung möglich ist, da andernfalls der Beschleunigungszweck des § 329 Abs. 1 Satz 1 vereitelt und eine sofortige Verwerfung gehindert wären (OLG Saarbrücken NJW 1975, 1613 ff.).

bb) Zweitens darf trotz eines tatsächlichen oder möglicherweise bestehenden Entschuldigungsgrundes das Rechtsmittel nach § 329 Abs. 1 Satz 1 verworfen werden, wenn zweifelsfrei feststeht, dass der Angeklagte unter keinen Umständen bereit gewesen wäre, zur Hauptverhandlung zu erscheinen (OLG Karlsruhe MDR 1978, 75).

cc) Schließlich ist Art. 103 Abs. 1 GG (§ 33 Abs. 1) nicht dadurch verletzt, dass das Entschuldigungsvorbringen des Angeklagten nachgeprüft und sein Rechtsmittel ohne seine nochmalige Anhörung zum Ermittlungsergebnis oder ohne ihm ein nachträgliches Erscheinen zu ermöglichen, verworfen wird (BayObLGSt 1966, 58 ff.; NJW 1966, 1981 ff.; OLG Hamm NJW 1965, 410 f.; NJW 1970, 1245 f.).

d) Der Begriff der »genügenden Entschuldigung« ist nicht zulasten des Angeklagten eng auszulegen: sie liegt vor, wenn dem Angeklagten angesichts der Gesamtumstände des Einzelfalls (insb. auch der Bedeutung der Sache) es unzumutbar ist, in der anberaumten Hauptverhandlung zu erscheinen (OLG Düsseldorf StV 1987, 9 f.; OLG Hamm VRS 93, 122 f.; NStZ-RR 1997, 240; NStZ-RR 1998, 281 ff.; NStZ-RR 2000, 84 f.).

Einzelfälle:

aa) Erkrankung: Krankheit des Angeklagten entschuldigt nicht erst dann, wenn er verhandlungunfähig ist; vielmehr reicht es aus, wenn sein Erscheinen vor Gericht wegen der Erkrankung unzumutbar ist (OLG Düsseldorf NStZ 1984, 331; StV 1987, 9 f.; OLG Hamm NStZ-RR 1998, 281 ff.; OLG Stuttgart NStZ-RR 2006, 313 ff.). Auch eine solche Erkrankung entschuldigt, die den Angeklagten zwar nicht am Erscheinen hindert, sich aber hierdurch wesentlich verschlimmern könnte (OLG Düsseldorf MDR 1982, 954). Eine Operation ist kein Entschuldigungsgrund, wenn sie aufschiebbar ist (BayObLGSt 99, 42 ff.). Ferner ist eine schwere Erkrankung eines Angehörigen oder einer Person, deren Pflege dem Angeklagten obliegt, ein Entschuldigungsgrund. Zur Glaubhaftmachung der Erkrankung genügt ein privatärztliches Attest mit konkreten Angaben über die Erkrankung (OLG Hamm NZV

§ 329 StPO   Ausbleiben d. Angeklagten; Vertretung in der Berufungshauptverhandlung

2009, 158; OLG Frankfurt am Main StV 1988, 100 f.). Von Amts wegen ist zu ermitteln, wenn Zweifel an der Richtigkeit des Attestes oder der Erheblichkeit der Erkrankung bestehen (BayObLG NJW 1999, 879 f.). Ein Urteil nach § 329 Abs. 1 darf jedoch nicht ergehen, wenn der Angeklagte ohne Verschulden annehmen durfte, der Inhalt des Attestes entschuldige sein Ausbleiben (OLG Düsseldorf NJW 1985, 2207 f.). Allein die Behauptung, der Angeklagte sei erkrankt, ohne dass konkrete Angaben zur Art der Erkrankung gemacht werden, verpflichtet das Gericht nicht zu weiterer Aufklärung (OLG Bamberg NJW 2009, 2151).

28 bb) **Selbstmordversuch**: Ein Selbstmordversuch des Angeklagten ist dann kein Entschuldigungsgrund, wenn er der Prozessverschleppung diente (OLG Koblenz NJW 1975, 322 f.).

29 cc) **Berufliche oder private Verpflichtungen**: Berufliche oder private Verpflichtungen werden nur dann als »genügende Entschuldigung« anerkannt, wenn sie unaufschiebbar und von derartiger Bedeutung sind, dass die i.d.R. vorgehende öffentlich-rechtliche Pflicht zum Erscheinen in der Hauptverhandlung bei der vorzunehmenden Abwägung zurückzutreten hat (OLG Karlsruhe VRS 89, 130 ff.), z.B. bei drohendem Arbeitsplatzverlust (BGH NJW 1980, 950 f.; OLG Hamm NJW 1995, 207), bei religiösen Verpflichtungen (OLG Köln NJW 1993, 1345 f.), bei drohenden wirtschaftlichen Verlusten (OLG Düsseldorf NJW 1960, 1921 f.), bei einer fest gebuchten Urlaubsreise (OLG Düsseldorf NJW 1973, 109 f.; OLG Saarbrücken NJW 1975, 1613 ff.; BayObLG NJW 1994, 1748 f.), bei der Beerdigung eines nahen Angehörigen (OLG Hamm MDR 1961, 168) oder bei der Niederkunft der Ehefrau (OLG Celle MDR 1966, 949).

30 dd) **Verspätete Ankunft**: Als genügend entschuldigt angesehen wird ein Angeklagter, der, durch Naturereignisse bedingt, verspätet am Gerichtsort ankommt, z.B. bei starkem Nebel (OLG Bremen DAR 1956, 133) oder überraschend heftigem Schneefall (KG NStZ-RR 2002, 218 f.). Das wird man aber nur dann anerkennen können, wenn der Angeklagte nicht mehr auf öffentliche Verkehrsmittel ausweichen konnte. Auch eine Kfz-Panne ist regelmäßig nicht vorauszusehen und daher zur Entschuldigung geeignet (OLG Karlsruhe NJW 1973, 1515; OLG Hamm VRS 97, 44 ff.); das gilt auch bei einem Unfall (OLG Karlsruhe MDR 1957, 760). Üblicherweise zu erwartende Verkehrsstauungen sind hingegen kein Entschuldigungsgrund (BVerfG StV 1994, 113). Ein Angeklagter, der mit öffentlichen Verkehrsmitteln verspätet ankommt, gilt als entschuldigt, falls er bei fahrplanmäßigem Eintreffen rechtzeitig erschienen wäre (OLG Köln MDR 1972, 166). Die Wahl des falschen Verkehrsmittels und die zu knapp bemessene Reisezeit lassen das Ausbleiben hingegen als unentschuldigt erscheinen, wobei die Anforderungen aber nicht überspannt werden dürfen (OLG Bamberg NJW 1995, 740; BerlVerfGH NJW 2004, 1158 f.). Entscheidend ist letztlich immer der Einzelfall und damit die Frage, ob der Angeklagte beim gewöhnlichen Lauf der Dinge auf ein rechtzeitiges Eintreffen vertrauen durfte.

31 ee) **Verhalten des Verteidigers**: Nennt der Verteidiger dem Angeklagten eine falsche Uhrzeit für den Verhandlungsbeginn oder erklärt er wahrheitswidrig, der Termin sei vom Gericht abgesetzt worden, gilt der Angeklagte als genügend entschuldigt (OLG Hamm VRS 42, 289 f.; NStZ-RR 1997, 113; OLG Köln NStZ-RR 1997, 208 f.). Die Zusage des Verteidigers, er werde verlässlich eine Terminsverlegung erwirken, entschuldigt den Angeklagten, wenn dieser vom Gericht nichts Gegenteiliges hört (LG Köln MDR 1982, 73; BayObLG NStZ-RR 2003, 85 f.; LG Berlin, NStZ 2005, 655 f.). Es entschuldigt auch nicht den Angeklagten, der sich nach längerem Warten auf den Verhandlungsbeginn entfernt, weil ihn sein Verteidiger hierzu aufgefordert hat (OLG Hamm VRS 55, 275 ff.).

32 ff) **Falsche Sachbehandlung des Gerichts**: Hat der Angeklagte rechtzeitig einen Antrag auf Vertagung oder auf Entbindung vom Erscheinen (§ 233) gestellt und das Gericht darüber nicht oder fehlerhaft entschieden, ist sein Ausbleiben entschuldigt (OLG Hamm NJW 1971, 108 f.; OLG Köln VRS 85, 443 ff.; OLG München NStZ-RR 2006, 20 ff.). Auch die unzutreffende Auskunft des Urkundsbeamten der Geschäftsstelle über den Hauptverhandlungstermin entschuldigt den Angeklagten (OLG Zweibrücken NStZ-RR 2000, 111 f.). Ebenso kann die Säumnis eines Angeklagten als genügend entschuldigt betrachtet werden, der fast ein Jahr vor der Hauptverhandlung geladen worden war (OLG Saarbrücken NStZ 1991, 147 f.; OLG Düsseldorf NStZ-RR 1996, 169).

33 gg) **Rechtsirrtum des Angeklagten**: Konnte der Angeklagte ohne Verschulden annehmen, dass ihn ein ärztliches Attest entschuldigen werde, obwohl dies objektiv nicht der Fall ist, gilt er als entschuldigt

Ausbleiben d. Angeklagten; Vertretung in der Berufungshauptverhandlung **§ 329 StPO**

(OLG Düsseldorf NJW 1985, 2207 f.). Das trifft auch dann zu, wenn der Angeklagte der unzutreffenden Auffassung war, sein Verteidiger könne ihn zulässig in der Berufungshauptverhandlung vertreten (BayObLG NJW 1956, 838 f.; OLG Zweibrücken NJW 1968, 1977 f.; OLG Hamm VRS 106, 294 ff.).

IV. Entscheidung über die Verwerfung der Berufung. 1. Form und Verfahren. Nach Anhörung der anwesenden Prozessbeteiligten (§ 33 Abs. 1), nicht jedoch des ausgebliebenen Angeklagten, muss das Berufungsgericht in der Hauptverhandlung die Berufung durch Urteil kosten- und auslagenpflichtig (§ 473 Abs. 1) verwerfen. Das Urteil ist gem. § 314 Abs. 2 dem Angeklagten nach allgemeinen Regeln mit Rechtsbehelfsbelehrung zuzustellen. Ersatzzustellung ist statthaft, § 232 Abs. 4 gilt nicht (BGHSt 11, 152 ff.; OLG Köln NJW 1980, 2720). 34

2. Inhalt. Das Urteil, das nicht nach § 267 (weil es nicht auf Verurteilung, Freispruch oder Einstellung lautet), sondern gem. § 34 zu begründen ist, muss, für das Revisionsgericht nachprüfbar, die sachlichen Voraussetzungen nachweisen, sich insb. mit allen von Amts wegen zu prüfenden Umständen, die eine »genügende Entschuldigung« i.S.v. § 329 Abs. 1 Satz 1 begründen könnten, auseinandersetzen und dartun, dass das Berufungsgericht von der Nichtexistenz eines Entschuldigungsgrundes überzeugt ist (OLG Hamm NStZ-RR 2000, 84; NStZ-RR 2003, 86; KG StV 1987, 11). Eine formularmäßige Begründung nur mit dem Wortlaut des § 329 Abs. 1 genügt nur ganz ausnahmsweise, wenn Entschuldigungsgründe weder behauptet noch sonst ersichtlich sind (OLG Celle VRS 26, 443 f.; OLG Karlsruhe NJW 1969, 476; OLG Frankfurt am Main NJW 1970, 959). 35

3. Wegfall der Verurteilung wegen einzelner Taten. Eine Verwerfung der Berufung nach § 329 Abs. 1 ist auch nach § 329 Abs. 1 Satz 3 dann möglich, wenn die Verurteilung wegen einzelner von mehreren Taten wegfällt. Diese nachträglichen Änderungen sind vom Berufungsgericht bei Erlass des Verwerfungsurteils zu berücksichtigen. In diesen Fällen ist die Berufung zu verwerfen »mit der Maßgabe, dass der Angeklagte wegen ... zu ... verurteilt ist«. Die Zulässigkeit einer Gesamtstrafenbildung (§ 329 Abs. 1 Satz 3 Halbs. 2) ohne Anhörung des Angeklagten ist mit Art. 103 Abs. 1 GG vereinbar (*Rieß* NJW 1975, 89). 36

C. Berufung der Staatsanwaltschaft (Abs. 2) I. Auf die Berufung nur der Staatsanwaltschaft hin kann unter den Voraussetzungen des § 329 Abs. 1 Satz 1 das Berufungsgericht über das Rechtsmittel der Staatsanwaltschaft verhandeln oder die Vorführung bzw. Verhaftung des Angeklagten anordnen: Letzteres ist dann erforderlich, wenn die Aufklärungspflicht (§ 244 Abs. 2) oder die Notwendigkeit eines Hinweises nach § 265 die Zuziehung des Angeklagten zur Hauptverhandlung gebietet; andernfalls verhandelt in Abwesenheit des Angeklagten das Berufungsgericht zur Sache, ohne an die Strafgrenze der §§ 232 Abs. 1, 233 Abs. 1 gebunden zu sein (BGHSt 17, 391 ff.). Die Begründung des auf die Berufung der Staatsanwaltschaft ergehenden Sachurteils muss zugleich dartun, dass die Hauptverhandlung in Abwesenheit des nicht genügend entschuldigten Angeklagten nach § 329 Abs. 1 Satz 1 zulässig war. Fehlen die Verwerfungsvoraussetzungen nach § 329 Abs. 1 Satz 1, richtet sich das Verfahren nach den Vorschriften der ersten Instanz: Bei Entbindung nach § 233 oder zulässiger Vertretung nach §§ 232, 234 kann verhandelt, aber auch nach § 231 Abs. 2 oder § 236 (§ 329 Abs. 4) verfahren werden. 37

II. Haben der Angeklagte und die Staatsanwaltschaft Berufung eingelegt, ist außerdem das Rechtsmittel des unentschuldigt ausgebliebenen Angeklagten nach § 329 Abs. 1 Satz 1 sofort zu verwerfen. Das geschieht i.d.R. vorweg, ist aber auch gemeinsam mit der Sachentscheidung über das Rechtsmittel der Staatsanwaltschaft statthaft (OLG Karlsruhe NJW 1972, 1871). Beide Urteile sind einheitlich zuzustellen. 38

III. § 329 Abs. 2 Satz 2 ist eine Ausnahme vom Grundsatz des § 303 Satz 1. Danach kann die Staatsanwaltschaft ihre Berufung in der Hauptverhandlung ohne Zustimmung des nicht erschienenen Angeklagten zurücknehmen oder beschränken (OLG München NStZ 2008, 120). Diese Ausnahme gilt jedoch nicht, wenn das Revisionsgericht die Sache zur Neuverhandlung zurückverwiesen hat; in diesem Fall bleibt es bei der Regelung des § 303 Satz 1. 39

§ 329 StPO   Ausbleiben d. Angeklagten; Vertretung in der Berufungshauptverhandlung

40   **D. Wiedereinsetzung in den vorigen Stand (Abs. 3)   I. Zulässigkeit.   1.** Statthaft ist die Wiedereinsetzung in den vorigen Stand, wenn nach § 329 Abs. 1 Satz 1 die Berufung des Angeklagten sofort verworfen oder nach § 329 Abs. 2 in seiner Abwesenheit auf die Berufung der Staatsanwaltschaft hin verhandelt wurde und ein Urteil erging, es sei denn, der Angeklagte wurde freigesprochen (dann keine Beschwer) oder er war nach § 233 vom Erscheinen entbunden bzw. gem. § 234 zulässig vertreten. Der Wiedereinsetzungsantrag ist anstelle oder neben der Revision statthaft. Ein nicht oder nicht eindeutig bezeichneter Rechtsbehelf ist gem. § 300 i.d.R. zunächst als Wiedereinsetzungsgesuch zu behandeln, da mit der Bewilligung der Wiedereinsetzung eine zugleich eingelegte Revision gegenstandslos wird (OLG Karlsruhe Justiz 1975, 78). Der Wiedereinsetzungsantrag nach § 329 Abs. 3 kann jedoch grds. nicht umgedeutet werden in eine Revision gegen das Verwerfungsurteil nach § 329 Abs. 1 Satz 1 (BayObLG bei *Rüth* DAR 1979, 240). Einlegung der Revision ohne Wiedereinsetzungsantrag gilt nach § 342 Abs. 3 als Verzicht auf Wiedereinsetzung in den vorigen Stand.

41   **2.** Die Frist des § 45 beginnt mit der Urteilszustellung, § 329 Abs. 3. Die Ablehnung eines Antrags auf Wiedereinsetzung in den vorigen Stand gegen die Versäumung der Berufungshauptverhandlung darf allerdings erst nach Ablauf einer Woche nach Zustellung des Urteils erfolgen, weil erst dann Entscheidungsreife vorliegt. Die Vorschrift des § 329 Abs. 3 setzt jedoch eine wirksame Zustellung des Urteils voraus. Nach § 273 Abs. 4 darf das Urteil erst nach Fertigstellung des Protokolls zugestellt werden. Die vorherige Zustellung ist unwirksam und setzt deshalb die von der Urteilszustellung abhängigen Fristen nicht in Lauf (OLG Düsseldorf NStZ 1998, 637; OLG Bamberg ZfS 2007, 408 [409]). Die Wiedereinsetzung in den vorigen Stand kann – insb. bei Verfahrensfehlern des AG – nach § 45 Abs. 2 Satz 2 auch von Amts wegen gewährt werden, da die Wendung »kann ... beanspruchen« in § 329 Abs. 3 nicht nur formelle Antragstellung, sondern auch materielle Rechtsgewährung bedeutet (BVerfG NJW 1976, 1839, 1840; OLG Düsseldorf NJW 1980, 1704 f.; OLG Hamm NStZ 1985, 568; OLG Köln NZV 2006, 47). Der Wiedereinsetzungsantrag kann nicht gestützt werden auf Tatsachen, die bereits im Urteil nach § 329 Abs. 1 Satz 1 oder § 329 Abs. 2 bei Prüfung der »genügenden Entschuldigung« berücksichtigt worden sind. Auch auf neue Beweismittel für schon gewürdigte Tatsachen kann der Antrag nicht gestützt werden; solche Umstände können nur mit der Revision geltend gemacht werden (OLG Düsseldorf NStZ 1992, 99 f.; OLG Hamm NStZ-RR 1997, 113; StV 1997, 346 f.; OLG Brandenburg NStZ-RR 1997, 275).

42   **3.** Schließlich ist die Glaubhaftmachung (§§ 329 Abs. 3, 45 Abs. 2) Zulässigkeitsvoraussetzung für den Antrag auf Wiedereinsetzung in den vorigen Stand (BGH NStZ 1991, 295). Eine Glaubhaftmachung ist aber dann nicht erforderlich, wenn die Begründungstatsachen gerichtsbekannt oder aktenkundig sind (*Meyer-Goßner/Schmitt* § 45 Rn. 6).

43   **II. Begründetheit.** Der Wiedereinsetzungsantrag ist begründet, wenn der Angeklagte ohne Verschulden verhindert war, in der Hauptverhandlung zu erscheinen.

44   **1.** Gleichgültig ist, ob der Angeklagte sein Fernbleiben rechtzeitig hätte entschuldigen oder das Gericht den Wiedereinsetzungsgrund hätte erkennen können (OLG Köln VRS 99, 270 ff.).

45   **2.** Unterbliebene oder fehlerhafte Ladung des Angeklagten zur Hauptverhandlung begründet die Wiedereinsetzung in den vorigen Stand. In einem solchen Fall ist der »Nichtsäumige« dem »Säumigen« gleich zu stellen (*Meyer-Goßner/Schmitt* § 329 Rn. 41; BGH NJW 1987, 1776 f.; OLG Hamburg StV 2001, 339 f.; OLG Köln NStZ-RR 2002, 142 ff.).

46   **III. Entscheidung über die Wiedereinsetzung in den vorigen Stand.   1.** Das Berufungsgericht entscheidet durch Beschluss außerhalb oder – bei verspätetem Erscheinen des Angeklagten – in der Hauptverhandlung über die Wiedereinsetzung in den vorigen Stand, sofern bereits ein Urteil nach § 329 Abs. 1 Satz 1 oder § 329 Abs. 2 verkündet worden ist. Andernfalls ist – ohne Entscheidung über die Wiedereinsetzung in den vorigen Stand – mit der Hauptverhandlung neu zu beginnen (bei unverschuldeter Verspätung) bzw. fortzufahren (bei schuldhafter Verspätung).

47   **2.** Die Gewährung der Wiedereinsetzung in den vorigen Stand macht das Urteil gegenstandslos, sodass sich eine formelle Aufhebung erübrigt. Bleibt der Angeklagte auch in der neuen Hauptverhandlung aus, ist wiederum nach § 329 Abs. 1 Satz 1 oder Abs. 2 zu verfahren (*Küper* NJW 1977, 1276).

3. Gegen den Beschluss, mit dem die Wiedereinsetzung in den vorigen Stand abgelehnt wurde, ist gem. § 46 Abs. 3 die sofortige Beschwerde zulässig. 48

E. Vorführung und Verhaftung des Angeklagten (Abs. 4). Durch Vorführungs- oder Haftbefehl darf und muss das Berufungsgericht die Anwesenheit des Angeklagten in der Hauptverhandlung nur dann erzwingen, wenn 49

1. eine grundsätzliche vorrangige Entscheidung nach § 329 Abs. 1 Satz 1 nicht zulässig oder gem. § 329 Abs. 2 nicht möglich ist, weil im Interesse weiterer Sachaufklärung das Erscheinen des Angeklagten in der Hauptverhandlung zwecks ergänzender Befragung, Gegenüberstellung mit Belastungszeugen oder Identifizierung auf einem Lichtbild als unerlässlich erscheint und 50

2. die mit der Anwesenheitserzwingung verbundenen Nachteile für den Angeklagten nicht außer Verhältnis stehen zur Bedeutung der Sache und dem zu erwartenden Aufklärungsgewinn. Dem Angeklagten muss also das Erscheinen zugemutet und dessen Zweck auch nicht durch eine kommissarische Vernehmung erreicht werden können (BVerfG NJW 2001, 1341 f.). 51

3. Sind die Voraussetzungen für die Anordnung der Zwangsmaßnahmen gegeben, entfällt diese Verpflichtung gleichwohl, wenn zu erwarten ist, dass der Angeklagte in der neu anzuberaumenden Hauptverhandlung ohne Zwangsmaßnahmen erscheinen wird (BVerfG NJW 2001, 1341 f.). 52

F. Revision. I. Statthaftigkeit. Gegen Verwerfungsurteile gem. § 329 Abs. 1 Satz 1 und Sachurteile nach § 329 Abs. 2 ist die Revision statthaft (§ 333). Das gilt auch dann, wenn die Entscheidung fehlerhaft in Beschlussform erging. Ist die Berufung eines im ersten Rechtszug unter Anwendung von Jugendstrafrecht verurteilten Heranwachsenden nach § 329 Abs. 1 Satz 1 verworfen worden, ist nach dem eindeutigen Wortlaut des § 55 Abs. 2 Satz 1 JGG nach einer Berufungsverwerfung gem. § 329 in einem Jugendgerichtsverfahren eine Revision des Berufungsführers nicht mehr statthaft (BGH NJW 1981, 2422 ff.; OLG Saarbrücken MDR 1974, 161 f.). 53

II. Gegenstand und Umfang der Prüfung des Revisionsgerichts. 1. Art der Revisionsrüge. a) Verfahrensrüge. Das Revisionsgericht prüft nicht von Amts wegen, sondern nur auf Verfahrensrüge (§ 344 Abs. 2 Satz 2) nach, ob die Berufungsverwerfung nach § 329 Abs. 1 Satz 1 rechtsfehlerhaft ist oder das Berufungsgericht die Voraussetzungen für ein Abwesenheitsurteil gem. § 329 Abs. 2 zu Unrecht bejaht hat (BGHSt 15, 287 ff.; 26, 84 f. zu § 230; 28, 384 ff.). Der Beschwerdeführer muss grds. die die geltend gemachte Gesetzesverletzung tragenden Tatsachen anführen, soweit sie nicht bereits im angefochtenen Urteil behandelt sind, und dartun, dass sie dem Berufungsgericht bekannt bzw. erkennbar waren (OLG Hamburg NJW 1965, 315 f.; OLG Saarbrücken VRS 44, 190 ff.). Beschränkt sich daher die Revisionsbegründung auf das Vorbringen, der Angeklagte sei entgegen der Annahme des Berufungsgerichts genügend entschuldigt gewesen, darf das Revisionsgericht dies nur aufgrund des Urteilsinhalts überprüfen (OLG Saarbrücken NJW 1975, 1613 ff.). Dass das Berufungsgericht seine Amtspflicht, ihm erkennbaren Entschuldigungsgründen nachzugehen, verletzt hat, ist im Wege der Aufklärungsrüge zu beanstanden. Erforderlich ist die Angabe, welche Anhaltspunkte das Gericht hätten drängen müssen, die eine ausreichende Entschuldigung begründenden Tatsachen durch welche Beweismittel festzustellen (KG NStZ-RR 2002, 218 f.; BGHSt 28, 384 ff.). Auch das Fehlen einer ordnungsgemäßen Ladung kann vom Beschwerdeführer im Revisionsverfahren nur mit der Verfahrensrüge geltend gemacht werden, wobei sämtliche hierfür maßgeblichen Umstände gem. § 344 Abs. 2 Satz 2 vorgetragen werden müssen (OLG Hamm NStZ-RR 2005, 114 f.). Ein Verwerfungsurteil gem. § 329 Abs. 1 kann auch auf der unterbliebenen Ladung des ordnungsgemäß bestellten Verteidigers beruhen. Eine ordnungsgemäße Verfahrensrüge setzt in derartigen Fällen voraus, dass der Beschwerdeführer Tatsachen vorträgt, aus denen sich ergibt, dass der Verteidiger im Fall seiner Ladung die gerichtliche Entscheidung zugunsten des Beschwerdeführers hätte beeinflussen können (BayObLG NStZ-RR 2001, 374 f.). 54

b) Sachrüge. Wird ausschließlich die allgemeine Sachrüge erhoben, darf das Revisionsgericht nur prüfen, ob wegen – vom Revisionsgericht von Amts wegen zu beachtenden – Prozesshindernisses das Verwerfungsurteil unzulässig war (BGHSt 21, 242 f.; BGH NStZ 2001, 440 ff.). Jedoch kann gem. 55

§ 300 die Anfechtung in Form der allgemeinen Sachrüge als Prozessrüge zu behandeln sein, wenn sie zugleich deren Voraussetzungen erfüllt; daran fehlt es, wenn die Revision nur mit sachlich-rechtlichen, auf den Inhalt des erstinstanzlichen Urteils bezogenen Erwägungen begründet ist (OLG Koblenz NJW 1975, 322 f.).

56 **2. Prüfungskompetenz des Revisionsgerichts.** Das Revisionsgericht ist an die tatsächlichen Feststellungen im Berufungsurteil gebunden und darf sie im Freibeweis (z.B. anhand des sonstigen Akteninhalts) weder nachprüfen noch ergänzen (BGHSt 28, 384 ff.; OLG Bremen StV 87, 11 f.; OLG Düsseldorf StV 83, 193; OLG Hamm VRS 68, 55 ff.; OLG Karlsruhe NStZ 1982, 433 f.; KG StV 87, 11); es darf nur untersuchen, ob das Berufungsgericht den Rechtsbegriff der »genügenden Entschuldigung« zutreffend ausgelegt, insb. an ihn keine zu strengen Anforderungen gestellt und ihn richtig angewendet hat (BGHSt 15, 287 ff.; 17, 391 ff.; OLG Karlsruhe NJW 1972, 1871; OLG Koblenz VRS 47, 359 ff.; OLG Saarbrücken NJW 1975, 1613 ff.). Dass dem Tatgericht dabei »ein gewisser Beurteilungsspielraum zur Verfügung steht, liegt in der Natur der Sache« (BGHSt 28, 384 ff.; OLG Frankfurt am Main NJW 1970, 959). Das Berufungsgericht muss auch seiner Aufklärungspflicht bezüglich aller ihm erkennbaren Entschuldigungsgründe nachgekommen sein (BayObLG NJW 2001, 1438 f.). Nichts Gegenteiliges folgt daraus, dass das § 329-Abs. 1-Urteil keine Feststellungen zur Schuld- und Straffrage enthält, weil andernfalls dies einem gesetzlich nicht vorgesehenen, weiteren Berufungsverfahren gleich käme, mit revisionsrechtlichen Grundsätzen unvereinbar wäre und § 329 Abs. 3 weitestgehend bedeutungslos würde (BGHSt 28, 384 ff.). Hat daher z.B. das Berufungsgericht die Behauptung plötzlicher Erkrankung des Angeklagten angesichts seiner vorausgegangenen wiederholten Verschleppungsversuche für unglaubhaft gehalten und – ohne Verletzung seiner Aufklärungspflicht – die Berufung nach § 329 Abs. 1 Satz 1 verworfen, darf das Revisionsgericht diese tatsächliche Würdigung selbst dann nicht korrigieren, wenn der Beschwerdeführer ihm nunmehr nachweist, dass er tatsächlich erkrankt war.

57 **3. Entscheidung.** Leidet das Verwerfungsurteil an einem Rechtsfehler und beruht es auch darauf, darf das Revisionsgericht die Entscheidung des Berufungsgerichts nicht durch eine eigene ersetzen, sondern muss die Sache unter Aufhebung des angefochtenen Urteils zu neuer Verhandlung und Entscheidung des Berufungsgerichts zurückverweisen (BGHSt 28, 384 ff.). Hebt das Revisionsgericht das Verwerfungsurteil (§ 329 Abs. 1) auf, entfällt zugleich das auf die Berufung der Staatsanwaltschaft (§ 329 Abs. 2) ergangene Sachurteil, sodass über beide Rechtsmittel erneut zu verhandeln und entscheiden ist (OLG Stuttgart NJW 1961, 1687 f.). Die Aufhebung des nach § 329 Abs. 2 ergangenen Urteils lässt hingegen das Verwerfungsurteil unberührt, es sei denn, das Urteil ist aufgehoben worden, weil die Voraussetzungen des § 329 Abs. 1 gefehlt haben (*Meyer-Goßner/Schmitt* § 329 Rn. 50).

§ 330 StPO Maßnahmen bei Berufung des gesetzlichen Vertreters.

(1) Ist von dem gesetzlichen Vertreter die Berufung eingelegt worden, so hat das Gericht auch den Angeklagten zu der Hauptverhandlung zu laden.

(2) Bleibt allein der gesetzliche Vertreter in der Hauptverhandlung aus, so ist ohne ihn zu verhandeln. Ist weder der gesetzliche Vertreter noch der Angeklagte noch ein Verteidiger mit schriftlicher Vertretungsvollmacht bei Beginn eines Hauptverhandlungstermins erschienen, so gilt § 329 Absatz 1 Satz 1 entsprechend; ist lediglich der Angeklagte nicht erschienen, so gilt § 329 Absatz 2 und 3 Satz 1 entsprechend.

1 A. Hat der gesetzliche Vertreter oder der Erziehungsberechtigte (§ 67 Abs. 3 JGG) des Angeklagten Berufung eingelegt, sind folgende Möglichkeiten zu unterscheiden:

2 I. Erscheinen der gesetzliche Vertreter und der Angeklagte in der Hauptverhandlung, wird verhandelt.

3 II. Bleiben sowohl der gesetzliche Vertreter als auch der Angeklagte der Hauptverhandlung unentschuldigt und auch nicht zulässig vertreten fern (zur Vertretung des gesetzlichen Vertreters durch einen RA vgl. OLG Bremen NJW 1960, 1171, 1172), wird unter den Voraussetzungen des § 329 Abs. 1 die Berufung durch Urteil verworfen.

III. Erscheint nur der Angeklagte in der Hauptverhandlung, nicht auch der ordnungsgemäß geladene 4
gesetzliche Vertreter und für diesen auch kein bevollmächtigter RA, ist gem. § 330 Abs. 2 Satz 1 ohne
den Berufungsführer zu verhandeln, weil der gesetzliche Vertreter nur im Interesse des Angeklagten Berufung eingelegt hat.

IV. Erscheint nur der gesetzliche Vertreter in der Hauptverhandlung, nicht auch der ordnungsgemäß 5
geladene Angeklagte, gelten nach § 330 Abs. 2 Satz 2 Halbs. 2 die Grundsätze des § 329 Abs. 2 Satz 1.
Das bedeutet, dass das Berufungsgericht ohne den Angeklagten verhandeln kann. Gebieten jedoch die
Aufklärungspflicht des Gerichts oder sonstige Gründe die Anwesenheit des Angeklagten, muss dieser
vorgeführt werden. Ausgeschlossen sind eine Berufungsverwerfung nach § 329 und ein Haftbefehl,
weil § 330 nicht auf § 329 Abs. 4 verweist.

B. Entfernt sich der Angeklagte nach dem Beginn der Hauptverhandlung oder kommt er zu einem 6
neuen Termin nicht, ist § 329 unanwendbar; das weitere Verfahren richtet sich nach den für die 1. Instanz geltenden Vorschriften (§ 332).

C. Dem in der Hauptverhandlung ausgebliebenen Angeklagten bzw. gesetzlichen Vertreter ist das Urteil zuzustellen. 7

§ 331 StPO Verbot der Verschlechterung.

(1) Das Urteil darf in Art und Höhe der Rechtsfolgen der Tat nicht zum Nachteil des Angeklagten geändert werden, wenn lediglich der Angeklagte, zu seinen Gunsten die Staatsanwaltschaft oder sein gesetzlicher Vertreter Berufung eingelegt hat.
(2) Diese Vorschrift steht der Anordnung der Unterbringung in einem psychiatrischen Krankenhaus oder einer Entziehungsanstalt nicht entgegen.

Übersicht	Rdn.			Rdn.
A. Zweck und Geltungsbereich des Verschlechterungsverbots	1	B.	Inhalt des Verschlechterungsverbots	14
I. Zweck und Wesen	1	I.	Allgemeines	14
1. Zweck	1		1. Die nachteilige Rechtsfolgenänderung	14
2. Wesen	8		2. Folgerungen	15
II. Geltungsbereich des Verschlechterungsverbots	9	II.	Einzelfälle	21
			1. Art der Rechtsfolgen	22
			2. Höhe der Rechtsfolgen	28
1. Verfahrensarten	9	C.	Revision	48

A. Zweck und Geltungsbereich des Verschlechterungsverbots. I. Zweck und Wesen. 1. Zweck. Die »Rechtswohltat« des inhaltsgleich in §§ 331, 358 Abs. 2, 373 Abs. 2 normierten 1
Verschlechterungsverbots soll verhindern, dass der Angeklagte in der Freiheit seiner Entscheidung, das
ihm gesetzlich offen stehende Rechtsmittel einzulegen, nicht durch die Besorgnis beeinträchtigt wird,
es könne ihm hierdurch ein Nachteil in Gestalt härterer Rechtsfolgen entstehen (BGHSt 11, 319 [323];
27, 176 ff.; OLG Hamburg NJW 1981, 470). Nur insoweit überwiegt dieser Grundsatz das Erfordernis
materieller Gerechtigkeit, den Angeklagten mit den nach dem Ergebnis des Rechtsmittelverfahrens »an
sich« verdienten Rechtsfolgen zu belasten. Daraus und aus der Pflicht auch des Rechtsmittelgerichts zur
allseitigen Kognition i.R.d. zulässigen Anfechtung folgt:

a) Der Schuldspruch darf stets ergänzt oder verschärft werden (BGHSt 21, 256 [259, 260]; 29, 63 [66]), 2
etwa von Beihilfe zur Mittäterschaft, auch von einer OWi zu einer Straftat (BayObLGSt 1955, 160
[165]). Das kann dazu führen, dass sogar Mindeststrafgrenzen, etwa die des § 40 Abs. 1 Satz 2
StGB oder des § 18 Abs. 1 Satz 1 JGG, zu unterschreiten sind (BayObLGSt 1970, 159 [163]; OLG
Düsseldorf NJW 1964, 216; LG Stuttgart NStZ-RR 1996, 292 f.) oder z.B. der Angeklagte wegen versuchten Mordes zu einer Geldstrafe von 10 Tagessätzen zu verurteilen ist. Da das Verschlechterungsverbot den (veränderten) Schuldspruch nicht betrifft, ist ohne Belang, ob er den Angeklagten später
stärker belasten kann, etwa weil die Verurteilung in das BZR eingetragen wird, die Annahme von Tatmehrheit anstelle von Tateinheit zu einer dem Angeklagten ungünstigeren Punktebewertung im VZR

§ 331 StPO Verbot der Verschlechterung

führt (OLG Hamm VRS 52, 131 [132]) oder die Verurteilung wegen einer vorsätzlichen statt fahrlässigen Straftat für beamten- bzw. versicherungsrechtliche Folgen Bedeutung gewinnt. Hat z.B. das Erstgericht unter irriger Annahme von Tatmehrheit (§ 53 StGB) teilweise freigesprochen, ist durch das Verschlechterungsverbot das Berufungsgericht nicht gehindert, unter tateinheitlicher (§ 52 StGB) Würdigung wegen beider Vorgänge zu verurteilen (BGHSt 21, 256 ff.; BayObLGSt 1969, 15 ff.); war in diesem Fall jedoch wegen beider Handlungen in getrennten Verfahren eine Verurteilung erfolgt, darf das die Verfahren verbindende Rechtsmittelgericht nur eine unter der Summe der Einzelstrafen liegende Strafe verhängen, weil ohne das Rechtsmittel des Angeklagten gem. § 460 eine Gesamtstrafe zu bilden gewesen wäre (BayObLG NJW 1961, 1685 [1686]). Zulässig ist auch die Feststellung lediglich eines größeren Tatumfangs, etwa einer Dauerstraftat.

3 **b)** Das Verschlechterungsverbot hinsichtlich der Rechtsfolgen bedeutet nicht ein Verbesserungsgebot (BGHSt 27, 176 [179]; OLG Hamm MDR 1974, 597). Die im angefochtenen Urteil erkannte Rechtsfolge muss daher auch dann nicht gemildert werden, wenn z.B. das Rechtsmittelgericht entgegen dem Erstgericht einen minder schweren Fall annimmt oder einen besonders schweren Fall verneint (BGH MDR 1974, 16), ein geringeres Ausmaß der Tat festgestellt wird, etwa eine oder mehrere einer Gesamtstrafe zugrunde liegende Einzelverurteilungen entfallen oder die unrichtig dem Beleidigten selbst zugesprochene Bekanntmachungsbefugnis nach § 200 StGB dessen Dienstvorgesetzten zuerkannt wird (BayObLG NJW 1963, 824). In diesen Fällen ist aber eine Begründung im Urteil erforderlich (OLG München NJW 2009, 160).

4 **c)** Das Verschlechterungsverbot bezieht sich nur auf die Strafe für denjenigen Teil der prozessualen Tat, der der Strafzumessung im angefochtenen Ersturteil zugrunde lag. Erweitert sich das ursprüngliche geschichtliche Vorkommnis nach Erlass dieses Urteils in strafrechtlich erheblicher Weise, erweitert sich auch insoweit die prozessuale Tat; für diesen neuen Geschehensablauf kann die ursprüngliche Strafe ohne Verstoß gegen das Verschlechterungsverbot erhöht werden. Hat etwa der wegen eines Dauerdelikts Verurteilte nach Erlass des Ersturteils weitere Teilakte seiner Tat verwirklicht, muss das Tatgericht (falls der Schuldspruch nicht teilrechtskräftig ist) diese neuen Teilakte in der Weise mit berücksichtigen, dass es für sie eine gedachte Einsatzstrafe annimmt und aus beiden Strafen analog § 53 StGB die für die Tat im Ganzen zu bemessende Strafe gewinnt (BGHSt 9, 324 ff.; BayObLG NStZ 1986, 319 [320]). Ähnlich ist die prozessuale Lage, wenn z.B. der nach §§ 223, 230 StGB Verurteilte oder die StA zu seinen Gunsten auch im Schuldspruch Rechtsmittel eingelegt hat und erst nach diesem Urteil, aber vor Erlass des neuen Urteils, eine vom Angeklagten fahrlässig verursachte schwere Folge nach §§ 226, 227 StGB eintritt. Allerdings kommt hier nicht ein nur rechtlich unselbstständiger, tatsächlich aber selbstständiger Geschehensteil hinzu, der die Annahme einer »gedachten Einsatzstrafe« gestattet, sondern die prozessuale Tat gerät infolge ihrer nachträglichen tatsächlichen Fortentwicklung nunmehr in eine andere Deliktskategorie. Für eine auch nur gedankliche Annahme einer Einzelstrafe nach § 226 StGB und ihre Vereinigung mit der aus § 223 StGB entsprechend § 53 StGB ist daher kein Raum. Vielmehr muss eine neue Straffestsetzung an die Stelle der alten treten: das verstößt nicht gegen den Sinn des Verschlechterungsverbots, weil dessen Voraussetzung hier fehlt; sie ist aber nur dann zulässig, wenn auch ein Angeklagter, dessen Verurteilung nach § 223 StGB vor Eintritt der schweren Folge rechtskräftig geworden ist, ihretwegen nachträglich noch verantwortlich gemacht werden kann.

5 **d)** Da Anfechtbarkeit und Verschlechterungsverbot einander korrespondieren, gilt das Verschlechterungsverbot auch für getrennt anfechtbare selbstständige Handlungen i.S.v. § 53 StGB (z.B. §§ 229, 230, 142 Abs. 1 Satz 1 StGB); daher ist bei gesonderten Tatfolgen aufgrund einer Verurteilung von selbstständiger Bedeutung nicht auf den Rechtsfolgenausspruch im Ganzen abzustellen. Spricht das Berufungsgericht im Beispielsfall etwa vom Vorwurf nach § 142 StGB frei, darf es die vom Erstgericht verhängte Maßregel nach §§ 69, 69a StGB bzw. das Fahrverbot gem. § 44 StGB nur dann aufrechterhalten, wenn das Erstgericht sie auch mit dem Schuldspruch nach §§ 229, 230 StGB begründet hatte (BayObLG bei *Rüth* DAR 1974, 183); andernfalls entfallen sie, selbst wenn das Berufungsgericht das zum Unfall führende Fahrverhalten nunmehr zugleich als Gefährdung des Straßenverkehrs (§ 315c StGB) würdigt, die an sich eine Anordnung nach §§ 69, 69a StGB oder § 44 StGB rechtfertigte (BayObLG VRS 59, 197 [198 f.]).

e) Das Verschlechterungsverbot gilt auch dann, wenn auf das Rechtsmittel des Angeklagten das Verfahren wegen eines Prozesshindernisses eingestellt und nach Behebung des prozessualen Mangels ein völlig neues Verfahren durchgeführt wird; denn andernfalls würde der die Amtsprüfung der Prozessvoraussetzungen tragende Gedanke des Schutzes des Angeklagten in sein Gegenteil verkehrt (BayObLG NJW 1961, 1487 ff.; OLG Hamburg NJW 1975, 1473 [1475]; LG Zweibrücken StV 1997, 13 [14]; **a.M.:** BGHSt 20, 77 [80]; *Meyer-Goßner/Schmitt* § 331 Rn. 4a). Dagegen ist das Verschlechterungsverbot zu beachten bei einer Sachentscheidung z.B. des AG trotz verspäteten Einspruchs (BGHSt 18, 127 ff.; BayObLGSt 1953, 34 ff.; OLG Hamm NJW 1970, 1092 [1093]) oder des LG auf eine unzulässige Berufung hin (BayObLG NJW 1953, 756; OLG Oldenburg NJW 1959, 1983 f.). 6

f) Auf das Verschlechterungsverbot kann der Angeklagte nicht wirksam verzichten (OLG Köln VRS 50, 97 [98]). Denn das Verschlechterungsverbot soll dem Angeklagten nur die Einleitung eines Rechtsmittelverfahrens erleichtern, gleichgültig, welches rechtsfolgenrelevante Ergebnis es haben und ob der Angeklagte es voraussichtlich akzeptieren wird oder nicht; das eine hat mit dem anderen nichts zu tun. 7

2. Wesen. Dem Verschlechterungsverbot liegt keinerlei Art von Teilrechtskraft der Strafe zugunsten des Angeklagten zugrunde (*Meyer-Goßner/Schmitt* § 331 Rn. 2; **a.M.:** BGHSt 11, 319 [322]; 14, 5 [7]; BayObLGSt 1952, 66; OLG Hamm MDR 1977, 861), nicht einmal eine der »horizontalen« Teilanfechtung ähnliche Bindungswirkung; denn das Verschlechterungsverbot verbietet weder die Änderung des Schuldspruchs noch der dem Strafausspruch zugrunde liegenden tatsächlichen Feststellungen, sondern nur dem Angeklagten ungünstigere Schlüsse daraus hinsichtlich der Rechtsfolgen. Mehr als diese Entscheidungsregel lässt sich in das Verschlechterungsverbot nicht hinein interpretieren. 8

II. Geltungsbereich des Verschlechterungsverbots. 1. Verfahrensarten. a) Ausdrücklich normiert ist das Verschlechterungsverbot nur für die Berufung (§ 331), Revision (§ 358 Abs. 2) und die Wiederaufnahme (373 Abs. 2). Analog gilt das Verschlechterungsverbot nach Übergang vom Sicherungs- (§ 413) in das Strafverfahren (BGHSt 11, 319 [322]), im Verfahren nach § 460, wenn im Urteil entweder infolge fehlerhafter Ermessensausübung oder Versehens eine dem Angeklagten nachteilige Gesamtstrafenbildung aus Freiheits- und Geldstrafe unterblieben ist (BayObLG MDR 1975, 161). Kein Verschlechterungsverbot besteht jedoch im erstinstanzlichen Verfahren nach Einspruch gegen einen Strafbefehl nach § 411 Abs. 4 (OLG Hamm VRS 41, 302 [303]; OLG Frankfurt am Main NJW 1976, 1327 [1328]) oder bei nachträglichen Entscheidungen gem. § 56e StGB (OLG Frankfurt am Main NJW 1971, 720; OLG Hamm NJW 1976, 527). 9

b) Innerhalb eines Verfahrens ist das Verschlechterungsverbot zu beachten auch nach Verweisung gem. § 328 Abs. 2 und § 354 Abs. 2. 10

2. Das Verschlechterungsverbot gilt bei jedem Rechtsmittel, das zugunsten des Angeklagten – von ihm selbst (§ 296 Abs. 1), seinem gesetzlichen Vertreter (§ 298), der StA (§ 296 Abs. 2) oder dem Verteidiger (§ 297) – eingelegt worden ist oder gem. § 301 sich ausgewirkt hat (BGHSt 13, 41 f.; BGH MDR [D] 1969, 904). 11

a) Kein Verschlechterungsverbot besteht, wenn das zuungunsten des Angeklagten eingelegte Rechtsmittel der StA unwirksam beschränkt war (OLG Hamm NJW 1969, 474 f.; OLG Hamburg VRS 44, 187 [188]) oder das Rechtsmittel des Nebenklägers nunmehr zum Schuldspruch aus einem nicht nebenklagefähigen Delikt führt (BGHSt 13, 143 ff.) oder das Berufungsgericht wegen Rechtsmittelbeschränkung auf das Strafmaß die Maßregelanordnung nach §§ 69, 69a StGB irrtümlich als bindend angesehen und unter Urteilsaufhebung insoweit die Sache vom Revisionsgericht zur Nachholung der Maßregelentscheidung zurückverwiesen wird (BayObLG VRS 35, 260 ff.; OLG Hamm VRS 21, 198 f.). 12

b) Legt der Angeklagte unbeschränkt und zu seinen Ungunsten die StA auf den Rechtsfolgenausspruch beschränkt Berufung ein, muss das Rechtsmittelgericht seinen Schuld- und Rechtsfolgenausspruch demjenigen Straftatbestand entnehmen, dessen Voraussetzungen es – möglicherweise abweichend vom Erstgericht – als erfüllt erachtet (BGH MDR 1978, 417 [418]). Weil aber ohne das Rechtsmittel des Angeklagten die neue – u.U. schärfere Sanktionen vorsehende – Strafnorm unanwendbar gewesen wäre, darf das Berufungsgericht die aus dem neuen Straftatbestand zu entnehmende Strafe nur bis zur 13

Obergrenze des vom Erstgericht angewendeten Strafgesetzes verhängen (BGH NJW 1986, 332 f.; BayObLGSt 2000, 99 ff. = NStZ-RR 2000, 379; OLG Celle NJW 1967, 2275 f.; a.M.: *Meyer-Goßner/ Schmitt* § 331 Rn. 9; die Rechtsmittel sind streng zu trennen, sodass hinsichtlich der StA – Berufung nach wie vor von dem durch diese nicht angefochtenen Schuldspruch auszugehen ist, der erhöhte Schuldumfang allerdings schärfend berücksichtigt werden kann).

14 **B. Inhalt des Verschlechterungsverbots. I. Allgemeines. 1. Die nachteilige Rechtsfolgenänderung.** Ob eine Änderung »in Art und Höhe der Rechtsfolgen« – dazu gehören alle Haupt- und Nebenstrafen, Maßregeln und Nebenfolgen, nicht aber Kosten (BGHSt 5, 52 [53]; LG Flensburg JurBüro 1982, 882 [883]) – zum Nachteil des Angeklagten vorliegt, ist methodisch zu ermitteln durch eine vergleichende Abwägung jeweils der Gesamtheit der vom Rechtsmittelgericht beabsichtigten Sanktionen mit den vom Erstgericht verhängten Unrechtsfolgen anhand des Maßstabs, welche der Reaktionsmittel objektiv unter Berücksichtigung aller insoweit relevanten konkreten Einzelfallumstände in der Gesamtschau dem Angeklagten nachteiliger ist (BGHSt 24, 11 [14]; 29, 269 [270]; BayObLG MDR 1970, 1028 [1029]; NJW 1980, 849; OLG Koblenz VRS 47, 416 ff.; OLG Celle MDR 1976, 156; OLG Hamburg MDR 1982, 776, 777; *Meyer-Goßner/Schmitt* § 331 Rn. 12). Auf das subjektive Empfinden des Angeklagten kommt es grds. nicht an; es ist nur insoweit von Bedeutung, als angesichts besonderer Gegebenheiten auch bei objektiver Betrachtung es den Nachteil verstärkt oder vermindert. Bleibt unklärbar zweifelhaft, ob die vom Rechtsmittelgericht ins Auge gefassten Rechtsfolgen den Angeklagten stärker belasten als die im angefochtenen Urteil angeordneten, sind jene unzulässig (BGHSt 25, 38 ff.; OLG Oldenburg MDR 1976, 162).

15 **2. Folgerungen.** Das Verschlechterungsverbot ist nicht verletzt, wenn jener Vergleich kein Mehr ggü. den in 1. Instanz verhängten Unrechtsfolgen ergibt; daher dürfen Rechtsfolgen gegen im wesentlich gleichartige Maßnahmen ausgetauscht oder durch minder schwere andersartige ersetzt werden. Es ist z.B. zulässig,

16 a) eine zur Bewährung ausgesetzte Freiheitsstrafe zu ersetzen durch Geldstrafe und Fahrverbot (§ 44 StGB), falls die Zahl der Tagessätze und die Dauer des Fahrverbots zusammen die Höhe der früheren Freiheitsstrafe nicht übersteigen (BayObLG VRS 54, 45 ff.).

17 b) einzelne von mehreren Strafen (z.B. Einzelstrafen einer Gesamtstrafe, BGH MDR 1980, 988) oder sonstige Rechtsfolgen zu verringern und andere zu erhöhen, sofern das Gesamtergebnis den Angeklagten nicht stärker belastet (OLG Oldenburg MDR 1976, 162: Ersetzung einer Freiheitsstrafe ohne Bewährung durch eine mit Bewährung unter Verlängerung der Frist des § 69a StGB),

18 c) eine einheitliche Strafe statt zweier selbstständiger auszusprechen, wenn sie deren Summe nicht überschreitet,

19 d) den Fahrerlaubnisentzug (§ 69 StGB) durch ein Fahrverbot (§ 44 StGB) zu ersetzen (BayObLG NJW 1970, 2258 [2259]; OLG Karlsruhe VRS 34, 192 ff.; OLG Stuttgart NJW 1968, 1792 [1793]; OLG Frankfurt am Main NJW 1968, 1793 ff.; OLG Düsseldorf VRS 81, 184),

20 e) anstelle eines Fahrverbots nach § 44 StGB bzw. § 25 StVG eine – den Angeklagten wirtschaftlich nicht schlechter stellende – höhere Gesamtsumme (angesichts § 43 StGB jedoch keine Anhebung der Zahl der Tagessätze, OLG Köln DAR 2005, 697 [698]) der Geldstrafe (BayObLG MDR 1976, 601 [602]; NJW 1980, 849; OLG Hamm NJW 1971, 1190 [1191]) oder Geldbuße (BGHSt 24, 11 ff.; BayObLG MDR 1973, 246; OLG Frankfurt am Main NJW 1970, 1334 [1335]; OLG Hamburg MDR 1971, 510; OLG Hamm VRS 38, 469 ff.; VRS 50, 50 [51]) festzusetzen oder eine vom Erstgericht vergessene Festsetzung einer Einzelstrafe bei Gesamtstrafe (OLG Frankfurt am Main NJW 1973, 1057) oder Einziehung eines Führerscheins bei Fahrerlaubnisentzug (BGH NJW 1954, 159 ff.) nachzuholen. Dagegen verbietet das Verschlechterungsverbot dem Rechtsmittelgericht, auf eine im Ersturteil nicht ausgesprochene Rechtsfolge (z.B. nach §§ 69, 69a StGB) schon deshalb zu erkennen, weil sie in einem verwaltungsbehördlichem Anschlussverfahren ohnehin angeordnet werden müsste.

21 **II. Einzelfälle.** Einzelfälle sind nicht anhand abstrakt-genereller Kriterien, sondern mittels konkreter Einzelfallabwägung zu lösen.

1. Art der Rechtsfolgen. Die Art der Rechtsfolgen darf nicht zum Nachteil des Angeklagten verändert werden. 22

a) Das Rechtsmittelgericht darf Geldstrafe nie durch Freiheitsstrafe ersetzen (OLG Hamm VRS 40, 23 22 ff.; OLG Hamburg MDR 1982, 776 [777]), d.h. auch dann nicht, wenn letztere niedriger wäre als die Ersatzfreiheitsstrafe (§ 43 StGB) der Geldstrafe, wohl aber kann Freiheitsstrafe durch Geldstrafe ersetzt werden, sofern deren Tagessatzzahl die ursprüngliche Freiheitsstrafe nicht übersteigt (OLG Düsseldorf NJW 1994, 1016; VRS 72, 202 [203]; OLG Hamm NStZ-RR 2008, 118). Ferner ist ersetzbar Geldstrafe durch Geldbuße oder Verwarnung mit Strafvorbehalt (§§ 59 ff. StGB), diese wiederum durch Absehen von Strafe (§ 60 StGB).

b) Jugendstrafe (§ 17 JGG) ist keine mildere Strafart als Freiheitsstrafe. An die Stelle z.B. einer 4-mo- 24 natigen Freiheitsstrafe darf daher eine – unter dem Mindestmaß des § 18 Abs. 1 Satz 1 JGG liegende – Jugendstrafe von ebenfalls höchstens 4 Monaten treten (BGHSt 5, 366 [370]; 10, 100 [103]; 27, 176 [179]; 29, 269 [271]). Hatte das Erstgericht für zwei Taten auf eine Gesamtfreiheitsstrafe erkannt, so darf, wenn in der Rechtsmittelinstanz wegen einer der Taten Jugendstrafe verhängt werden soll, die Summe aus dieser und der verbleibenden Freiheitsstrafe der Dauer der bisherigen Gesamtstrafe nicht überschreiten (BGHSt 8, 349 ff.). Umgekehrt verbietet das Verschlechterungsverbot, anstelle einer im Ersturteil ausgesprochenen Jugendstrafe zu einer gleich hohen Freiheitsstrafe zu verurteilen (BGH NJW 1980, 1967 [1968]). An die Stelle einer Jugendstrafe darf eine niedrigere Freiheitsstrafe treten (*Meyer-Goßner/Schmitt* § 331 Rn. 14).

c) Für Erziehungsmaßregeln (§ 9 JGG) und Zuchtmittel (§ 13 JGG) gilt: 25

aa) Sie sind i.d.R. (aber nicht stets) mildere Reaktionsmaßnahmen als Erwachsenenstrafen; da sie aber 26 andersartig als diese sind, ist auch hier keine abstrakt-generelle, sondern eine konkret-individuelle Bewertung vorzunehmen. Es kann deshalb ohne Verletzung des Verschlechterungsverbots zulässig sein, z.B. Jugendarrest (§ 13 Abs. 2 Nr. 3 JGG) durch Geldstrafe zu ersetzen (BayObLG MDR 1970, 1028 [1029]; OLG Köln NJW 1964, 1684 ff.) und umgekehrt (OLG Hamburg NJW 1963, 68) oder eine zur Bewährung ausgesetzte Freiheitsstrafe durch Jugendarrest von nicht höherer Dauer (OLG Düsseldorf NJW 1961, 891).

bb) Auch im Verhältnis sowohl zwischen Erziehungsmaßregeln und Zuchtmitteln als auch einzelnen 27 Erziehungsmaßregeln bzw. Zuchtmitteln untereinander bedarf es jeweiliger Einzelfallprüfung, welche Maßnahme schwerwiegender in die Rechtssphäre des Angeklagten eingreift (BGHSt 10, 198 [202]; OLG Düsseldorf NJW 1961, 891; OLG Köln NJW 1964, 1684 ff.), Grds. ist von folgender Rangordnung auszugehen: Verwarnung (§§ 13 Abs. 2 Nr. 1, 14 JGG) – Erziehungsbeistandschaft (§§ 9 Nr. 2, 12 JGG) – Erteilung von Auflagen (§§ 13 Abs. 2 Nr. 2, 15 JGG) – Weisungen (§§ 9 Nr. 1, 10, 11 JGG) – Jugendarrest (§§ 13 Abs. 2 Nr. 3, 16 JGG).

2. Höhe der Rechtsfolgen. Ferner darf die Höhe der Rechtsfolgen nicht zuungunsten des Angeklag- 28 ten geändert werden.

a) Weniger Untersuchungshaft als das Erstgericht darf das Rechtsmittelgericht nicht anrechnen (§ 51 29 StGB), selbst wenn es wegen eines Teils der einer Gesamtstrafe zugrunde liegenden Taten freispricht; rechnet es einen geringeren Teil an, muss es die Strafe zumindest um diese Differenz kürzen (BGH JZ 1956, 100). Nichtanrechnung seit dem Ersturteil weiter erlittener Untersuchungshaft verletzt dagegen nicht das Verschlechterungsverbot. Wurde in 1. Instanz Freiheits-, in zweiter Instanz Geldstrafe verhängt, ist wenigstens der Teil der Strafe als verbüßt zu erklären, der nach dem Rechnungsmaßstab der Ersatzfreiheitsstrafe (§ 43 StGB) der in 1. Instanz angerechneten Untersuchungshaft entspricht (BayObLGSt 1952, 66).

b) Hat das Erstgericht fehlerhaft auf Freiheitsstrafe unter 6 Monaten erkannt, muss das Berufungs- 30 gericht die Voraussetzungen des § 47 StGB prüfen und, falls diese nicht erfüllt sind, zu Geldstrafe verurteilen, auch wenn die Tat mit einer Mindeststrafe von 6 Monaten bedroht ist (OLG Köln MDR 1974, 774).

c) Beurteilt das Berufungsgericht das Konkurrenzverhältnis der Straftaten abweichend vom Erstgericht, 31 gilt der Grundsatz, dass die vom Erstgericht erkannte Strafe nicht erhöht werden darf (BayObLGSt

§ 331 StPO Verbot der Verschlechterung

1955, 160 [168]). Das Verschlechterungsverbot betrifft sowohl die Gesamtstrafe wie die Einzelstrafen (BGHSt 1, 252 ff.; 4, 345 ff.; 13, 41 f.; 27, 176 [178]), hindert das Rechtsmittelgericht aber nicht, eine vom Erstgericht unterlassene Einzelstrafenfestsetzung nachzuholen (BGHSt 4, 345 ff.; OLG Frankfurt am Main NJW 1973, 1057).

Einzelfälle:

32 **aa)** Hatte das Erstgericht (z.B. wegen Annahme von Idealkonkurrenz oder einer einheitlichen Tat) eine einheitliche Strafe verhängt, will aber das Berufungsgericht auf eine Gesamtstrafe erkennen, darf jede der neuen Einzelstrafen die frühere Strafe erreichen, die Gesamtstrafe aber die ehemalige Einheitsstrafe nicht überschreiten (OLG Hamm VRS 42, 99 ff.); hält das Berufungsgericht in diesem Fall bereits für eine der mehreren Taten die vom Erstgericht ausgesprochene Strafe für angemessen, darf es auf diese erkennen und muss die nicht zum Tragen kommende weitere Einzelstrafe nur in den Gründen festlegen (BayObLGSt 1955, 112 f.). War vom Erstgericht wegen dieser Einheitstat und weiterer Straftaten eine Gesamtstrafe gebildet worden und entfallen Einzelstrafen dieser weiteren Straftaten, darf die neue Gesamtstrafe auch die Summe der früheren Gesamtstrafe und der bestehen gebliebenen Einzelstrafen nicht erreichen (BGHSt 14, 5 ff.; BayObLGSt 1969, 15 ff.). Hatte das AG eine Gesamtstrafe festgesetzt und will das LG für denselben historischen Vorgang auf eine Einheitsstrafe erkennen, darf diese die frühere Gesamtstrafe nicht überschreiten, aber erreichen (BGH NJW 1963, 1260; BGH NStZ 1984, 262); Das LG darf eine vom AG entgegen § 54 Abs. 1 Satz 1 StGB niedriger als eine der Einzelstrafen festgesetzte Gesamtstrafe nicht erhöhen, sondern muss die betreffende Einzelstrafe so herabsetzen, dass die Gesamtstrafe der Vorschrift des § 54 StGB entspricht (BayObLG NJW 1971, 1193 f.; OLG Saarbrücken MDR 1970, 65). Hebt das Rechtsmittelgericht eine Gesamtstrafe auf und scheidet wegen zwischenzeitlicher Verbüßung einer Einzelstrafe deren Einbeziehung in eine Gesamtstrafe aus, darf die andere Einzelstrafe oder neue Gesamtstrafe nicht höher bemessen werden als die frühere Gesamtstrafe abzüglich der bereits verbüßten Strafe.

33 **bb)** Wird aus einer Gesamtfreiheitsstrafe (§ 53 Abs. 2 Satz 1 StGB) eine Geldstrafe ausgeschieden und selbstständig festgesetzt (§ 53 Abs. 2 Satz 2 StGB), darf die Summe der neuen Gesamtstrafe und Ersatzfreiheitsstrafe (§ 43 StGB) die frühere Gesamtstrafe nicht überschreiten (BayObLGSt 1952, 239 f.; MDR 1971, 860). Hatte das Erstgericht keine Gesamtstrafe aus einer Geld- und Freiheitsstrafe gebildet (§ 53 Abs. 2 Satz 2 StGB), hindert das Verschlechterungsverbot auch das Rechtsmittelgericht, nach § 53 Abs. 2 Satz 1 StGB zu verfahren, weil eine Erhöhung der Freiheitsstrafe den Angeklagten stärker belasten würde (BGH MDR [H] 1977, 109; BayObLG MDR 1975, 161). Gleiches gilt, wenn das Erstgericht die Anwendbarkeit des § 55 StGB rechtsirrig verneint hat (OLG Koblenz MDR 1975, 73); anders ist es jedoch, wenn im Fall des § 55 StGB die rechtskräftige frühere Verurteilung zu einer einbeziehungsfähigen Geldstrafe dem Erstgericht unbekannt war (BayObLG JZ 1979, 652 f.; OLG Hamm MDR 1977, 861; offen gelassen vom BayObLG MDR 1975, 161).

34 **d)** Bei der Geldstrafe verbietet das Verschlechterungsverbot die Erhöhung zwar der Zahl der Tagessätze (§ 40 Abs. 1 StGB) und/oder des Geldstrafenendbetrages, nicht aber des Geldbetrages der einzelnen Tagessätze (§ 40 Abs. 2 StGB; OLG Celle StV 2009, 403; BayObLG NJW 1980, 849; OLG Köln VRS 60, 46 f.; *Meyer-Goßner/Schmitt* § 331 Rn. 16). Hatte das Erstgericht entgegen § 40 Abs. 1 Satz 2 StGB auf Geldstrafe von weniger als 5 Tagessätzen erkannt, darf das Rechtsmittelgericht nicht von Strafe absehen, sondern muss die Geldstrafe aufrechterhalten (BGHSt 27, 176 ff.; OLG Celle NJW 1976, 121 f.). Eine vom Erstgericht unterlassene Festsetzung der Tagessatzhöhe nach § 40 Abs. 2 StGB darf das Berufungsgericht, ohne an das Verschlechterungsverbot gebunden und auf den Mindestbetrag von 1 € beschränkt zu sein, nachholen, da insoweit noch keine richterliche Entscheidung, die zum Nachteil des Angeklagten geändert werden könnte, vorlag (OLG Hamm JR 1979, 75).

35 **e)** Ohne Verletzung des Verschlechterungsverbots darf unter den Voraussetzungen des § 459a Abs. 2 Satz 2 das Rechtsmittelgericht vom Erstgericht gewährte Zahlungserleichterungen (§ 42 StGB) einschränken oder aufheben (OLG Schleswig NJW 1980, 1535 f.).

36 **f)** Auch Nebenstrafen und Nebenfolgen betrifft das Verbot der reformatio in peius.

37 **aa)** In den Fällen des § 45 StGB gilt das Verschlechterungsverbot nur für Anordnungen nach § 45 Abs. 2, 5 StGB, nicht auch für die Kraft Gesetzes eintretenden Rechtsfolgen. Nachträglich darf nicht

auf die Bekanntmachungsbefugnis erkannt, die Veröffentlichungsfrist verlängert oder, falls das Erstgericht die Art der Bekanntmachung nicht geregelt hat, die Publikation der Urteilsgründe zugelassen werden. (BayObLGSt 1954, 71 [72]).

bb) Ausnahmsweise darf auf Nebenfolgen ohne Strafcharakter trotz des Verschlechterungsverbots erkannt werden, falls sie sich nicht gegen den Angeklagten richten, sondern reine Sicherungsmaßnahmen sind, wie in entsprechenden Fällen des Verfalls nach § 73a StGB, der Einziehung gem. §§ 74 Abs. 2 Nr. 2, 74c StGB und Unbrauchbarmachung nach § 74d StGB (BGHSt 5, 168 [178]; OLG Düsseldorf NJW 1972, 1382 f.; OLG Karlsruhe NJW 1972, 1633 f.). 38

cc) Es ist zulässig, weil es keine Frage des Verschlechterungsverbots ist, wenn das Berufungsgericht die vom Erstgericht angeordnete Fahrerlaubnissperre (§ 69a StGB) nicht verkürzt, obwohl angesichts der Mindestsperrfrist des § 69a Abs. 4 Satz 2 StGB die zwischen Erst- und Berufungsurteil verstrichene Zeit des vorläufigen Entzugs der Fahrerlaubnis nicht mehr gem. § 69a Abs. 4 Satz 1 StGB voll auf die Dauer der Sperre nach § 69a Abs. 1 StGB anrechenbar ist und damit die Gesamtsperrfrist faktisch verlängert wird (BGH VRS 21, 335 ff.; BayObLG NJW 1966, 896 f.; OLG Celle VRS 39, 275 [276]; OLG Koblenz VRS 50, 361 ff.; OLG Karlsruhe VRS 51, 204 ff.; OLG München DAR 1975, 132 [133]; a.M. *Eickhoff* NJW 1975, 1007 [1008]). 39

g) Von den Maßregeln der Besserung und Sicherung (§ 61 StGB) sind durch §§ 331 Abs. 2, 358 Abs. 2 Satz 2, 373 Abs. 2 Satz 2 nur diejenigen nach §§ 63, 64 StGB vom Verschlechterungsverbot ausgenommen; auf sie darf das Rechtsmittelgericht sowohl anstelle der Strafe oder einer anderen Maßregel als auch neben einer Strafe erkennen. 40

Für andere Maßregeln gilt das Verschlechterungsverbot uneingeschränkt. 41

Beispiele:

aa) Hatte das Erstgericht den Angeklagten freigesprochen (§ 20 StGB) und seine Unterbringung nach § 63 StGB angeordnet, darf das Berufungsgericht die Unterbringung aufrechterhalten, aber nicht auf Strafe erkennen, wenn es nunmehr die Voraussetzungen nur des § 21 StGB bejaht (BGHSt 5, 267 ff.; 11, 319 [321]); erweist sich erst jetzt die volle Schuldfähigkeit des Angeklagten, darf er, obwohl die Unterbringung entfällt, nicht bestraft werden (RGSt 69, 12 [14]). Anstelle einer Unterbringungsanordnung nach § 63, 64 StGB darf grds. nicht die Sicherungsverwahrung (§ 66 StGB) verhängt werden (BGHSt 25, 38 ff.). Die Ersetzung der Sicherungsverwahrung durch eine Unterbringung (§§ 63, 64 StGB) ist dagegen zulässig. 42

bb) Das Berufungsgericht darf nicht eine im Ersturteil vergessene Anordnung des Fahrerlaubnisentzugs (§ 69 StGB; BGHSt 5, 168 ff.; VRS 20, 117 f.; BayObLG NJW 1957, 511 f.), einer Sperre nach § 69a Abs. 1 Satz 1, 2 StGB (OLG Koblenz VRS 51, 96, 98; OLG Bremen VRS 51, 278 [280 f.]) oder einer isolierten Sperre gem. § 69a Abs. 1 Satz 3 StGB (OLG Köln NJW 1965, 2309 f.; OLG Karlsruhe VRS 59, 111 f.) nachholen, eine Fahrerlaubnis – Sperrfrist verlängern (BayObLG NJW 1966, 896 f.; OLG Karlsruhe VRS 48, 425 ff.) oder eine vom Erstgericht vorgenommene Anrechnung einer anderen Sperrfrist streichen (OLG Stuttgart NJW 1967, 2071 f.), wohl aber nachträglich eine Einziehung nach § 69 Abs. 3 Satz 2 StGB anordnen. 43

h) Die Strafaussetzung zur Bewährung (§ 56 StGB, § 21 JGG) ist eine »Modifikation der Strafvollstreckung«, über die das Gericht erst dann sinnvoll entscheiden kann, wenn es sich schlüssig geworden ist, welche Freiheitsstrafe es für tat- und schuldangemessen hält (BGHSt 24, 40 [43]; OLG Köln VRS 50, 97 f.). 44

aa) Hat das Erstgericht Strafaussetzung gewährt, verbleibt es bei dieser Vergünstigung (BGHSt 9, 104 ff.; BayObLG NJW 1962, 1261 ff.), und zwar auch dann, wenn das Berufungsgericht abweichend vom Erstgericht auf Einzelstrafe bzw. eine Gesamtfreiheitsstrafe erkennt; hatte das Erstgericht dagegen Strafaussetzung zur Bewährung versagt, darf das Berufungsgericht sie bewilligen. Unstatthaft jedoch ist die Ersetzung sowohl einer längeren Freiheitsstrafe mit Bewährung durch eine kürzere ohne Bewährung (BayObLG NJW 1959, 1838 f.) als auch umgekehrt einer kürzeren Freiheitsstrafe ohne Bewährung durch eine längere mit Bewährung (OLG Brandenburg StV 2009, 89; BGH JR 1954, 227 [228]; OLG Frankfurt am Main NJW 1964, 368; OLG Köln VRS 50, 97 f.). Dagegen darf das Rechtsmittel- 45

Vor §§ 333 ff. StPO

gericht anstelle der im Ersturteil zur Bewährung ausgesetzten Freiheitsstrafe auf Geldstrafe erkennen, sofern die Zahl der Tagessätze jene nicht überschreitet.

46 **bb)** Wie das nach §§ 462, 462a Abs. 3 StPO zuständige Gericht im Fall des § 460 StPO, muss auch das Berufungsgericht neu, selbstständig und ohne Bindung an das Verschlechterungsverbot über die Frage der Strafaussetzung entscheiden, wenn es abweichend vom Erstgericht eine den Strafausspruch des Erstgerichts übersteigende Gesamtstrafe bilden muss: es darf aufgrund jetziger Gesamtbeurteilung aller Taten eine Strafaussetzung selbst dann versagen, wenn die Vollstreckung aller einbezogener Einzel- oder Gesamtstrafen vorher zur Bewährung ausgesetzt war (OLG Hamm MDR 1975, 948 [949]).

47 **dd)** Für Beschlüsse nach § 268a StPO gilt das Verbot der reformatio in peius nicht (OLG Hamburg NJW 1981, 470).

48 **C. Revision.** Verstöße gegen das Verschlechterungsverbot hat das Revisionsgericht von Amts wegen zu prüfen (BGHSt 14, 5, 7; 29, 269, 270; *Meyer-Goßner/Schmitt* § 331 Rn. 24; OLG Düsseldorf StV 1986, 146).

§ 332 StPO Anwendbarkeit der Vorschriften über die erstinstanzliche Hauptverhandlung.
Im Übrigen gelten die im sechsten Abschnitt des zweiten Buches über die Hauptverhandlung gegebenen Vorschriften.

1 **A.** Für das Verfahren des Berufungsgerichts verweisen bereits §§ 323 Abs. 1 Satz 1, 324 Abs. 2 auf Vorschriften für die 1. Instanz. § 332 erklärt grds. alle Bestimmungen über die Hauptverhandlung 1. Instanz auf die Berufungshauptverhandlung für anwendbar (nicht auch §§ 276 ff.), soweit diese Bezugnahme (»im Übrigen«) nicht bereits durch die Sonderregelungen der §§ 324 bis 331 ausgeschlossen wurde. Insb. gelten in der Berufungshauptverhandlung auch die §§ 231 Abs. 2 bis 233 (vorbehaltlich § 329), § 234 und §§ 244, 245.

2 **B.** Auch für das Berufungsurteil sind die §§ 260, 267, 268, 268a, 275 zu beachten. Im Berufungsurteil darf auf tatsächliche und rechtliche Ausführungen des Ersturteils in gewissem Umfang Bezug genommen werden.

Vierter Abschnitt. Revision

Vorbemerkung zu §§ 333 ff. StPO

1 **I.** Die Revision ist nach tradierter Auffassung im Vergleich zur Berufung kein »volkstümliches« Rechtsmittel (*Hamm* Rn. 1). Ein Grund hierfür liegt neben Anwaltszwang und weiteren, vielfältigen formalen Hürden auch darin, dass der Zweck der Revision jedenfalls nicht nur in der Herbeiführung einer einzelfallgerechten Entscheidung liegt, sondern daneben auch in der Herbeiführung von Rechtseinheit (s.u. Rdn. 5). Zudem kann eine Revision anders als eine Berufung niemals ohne Begründung eingelegt werden. Daher lässt weder die absolute Zahl eingelegter Revisionen noch deren Misserfolgsquote einen Rückschluss auf die Bedeutung des Rechtsmittels zu (vgl. *Barton* Die Revisionsrechtsprechung des BGH in Strafsachen, S. 65 ff.). Ob es angemessen ist, gerade bei komplexen Verfahren vor den großen Strafkammern auf eine zweite Tatsacheninstanz zu verzichten oder angesichts des Beschleunigungsgrundsatzes geradezu geboten, ist Gegenstand seit jeher angestellter Reformüberlegungen – wie auch die Frage, ob man die Rechtsmittel der Berufung und der Revision unabhängig von der Eingangsinstanz zu einem Einheitsrechtsmittel zusammenfassen sollte (KMR/*Momsen* Vor § 333 Rn. 7).

2 Für den Betroffenen ist häufig kaum verständlich, dass mit der Revision nicht vorgetragen werden kann, »wie es wirklich war«, und selbst erfahrene Verteidiger können nur zögernd akzeptieren, dass es kein rechtliches Mittel dagegen gibt, dass das Gericht laut Urteil Beweisergebnisse (etwa Zeugenaussagen)

konträr zu dem aufgefasst hat, was ihrem eigenen Erleben der Verhandlung entspricht. Hier liegt die Ursache der (von der Rechtsprechung grundsätzlich zurückgewiesenen) Versuche, das Gericht an bestimmte Beweisergebnisse der Hauptverhandlung zu binden (oder jedenfalls an die Einlassung des Angeklagten, wie er sie verstanden wissen wollte; aus revisionsrechtlicher Sicht *Ventzke* HRRS 2010, 461). Damit hängt auch zusammen, dass nicht wenige Revisionsbegründungen durch unzulässige Angriffe auf die tatrichterliche Beweiswürdigung geprägt sind, die die formelhafte Erwiderung des Generalbundesanwalts oder der Generalstaatsanwaltschaft auslösen, die vom Tatrichter gezogenen Schlüsse müssten nicht zwingend sein, es genüge, dass sie möglich sind (worauf häufig ein ebenfalls nur formelhaft begründeter Verwerfungsbeschluss nach § 349 Abs. 2 folgt). Die aktuelle Diskussion um die Reform der Dokumentation der Hauptverhandlung ist auch vor diesem Hintergrund zu sehen.

Auch wenn dem Urteil eine **Verständigung** (§ 257c) vorausgegangen ist, bleibt dem Angeklagten die Befugnis zur Einlegung eines Rechtsmittels und zur Erhebung von Verfahrensrügen uneingeschränkt erhalten (BGHSt 57, 3 [7]; BGH StV 2009, 680; NStZ 2010, 289 [290]; NStZ-RR 2010, 383; NJW 2011, 2377). Die vor dem Inkrafttreten des § 257c (eingeführt durch G.v. 29.07.2009) ergangenen gegenteiligen Entscheidungen BGH NJW 2009, 690 (§ 338 Nr. 3) und BGHR StPO § 338 Revisibilität 1 (zu § 338 Nr. 1 und 4) sind überholt (BGHSt 57, 3 [7]). 3

II. Die Zentralvorschrift des Revisionsrechts ist § 337. Die Norm beschreibt die relativen Revisionsgründe mit den Erfordernissen der Gesetzesverletzung sowie des Beruhens und bestimmt zugleich das **Wesen der Revision** und der ihr nachgebildeten Rechtsbeschwerde (§§ 79, 80 OWiG). Die zweite gleichermaßen zentrale Vorschrift ist § 344, welcher das Begründungserfordernis für beide möglichen Revisionsformen, Sach- oder Verfahrensrüge, enthält und zugleich klarstellt, dass nur Verletzungen von Rechtsnormen revisibel sind: Ziel der Revision ist die Feststellung im Rahmen der zulässigen Anfechtung (§§ 344, 352 Abs. 1), ob beim Zustandekommen des Urteils eine »Rechtsnorm nicht oder nicht richtig angewendet worden ist« (§ 337 Abs. 2) und ob ggf. das Urt. darauf »beruht« (§ 337 Abs. 1), mit anderen Worten: ob die Revision »begründet« (§ 353 Abs. 1) ist oder nicht. Aufgrund der Möglichkeit, § 244 »in materieller Hinsicht« zu rügen (HK/*Julius* § 244 Rn. 84 ff.; *Dahs* Rn. 409 ff.), ist das Revisionsgericht in seinen Mitteln zur Nachprüfung der Rechtsrichtigkeit der den Urteilstenor (§ 260) tragenden »Aussage« (§ 267) des Tatgerichts entgegen der allg. Auffassung weder i.d.R. noch typischerweise beschränkt auf Normauslegung und Nachvollzug rechtlicher Subsumtionsschlüsse: es hat ohne Bindung an Erkenntnisse des Tatgerichts 4
– nicht nur – im »Freibeweis« – die tatsächlichen Grundlagen der (allgemeinen) Prozess- und (speziellen) Rechtszugsvoraussetzungen, sowie von Verfahrensrügen (§ 344 Abs. 1 S. 2) zu ermitteln
– grds. auch im »Strengbeweis« getroffene Tatsachenfeststellung (zur Schuld- und Rechtsfolgenfrage) der Vorinstanz am Maßstab des § 261 zu überprüfen und, soweit – als unmittelbare Folge der Rechtskontrolle – ihm möglich, zu korrigieren. Grundsätzlich bleibt jedoch nach der derzeitigen Gesetzeskonzeption die Beweiswürdigung die Domäne des Tatgerichts.

III. Der Zweck der Revision ist mehrschichtig: 5

1. Die alte Streitfrage, ob die Revision (auf Sach- oder/und Verfahrensrüge hin) primär die Förderung der (generellen) Rechtseinheit (so z.B. *Schwinge* S. 32 [37]; *Jagusch* JZ 1955, 34; *Duske* S. 97 ff.; *Sellke* S. 36; *Dahs* Rn. 2) oder der (konkreten) Einzelfallgerechtigkeit (so z.B. *Mannheim* S. 29 [63]; v. *Hippel* S. 582; *Peters* ZStW 57 [66]; i.E. wohl auch: *Roxin* Gewährung eines realistischen Rechtsschutzes, § 54 B. 2) bezwecke (*Schünemann* JA 1982, 73 ff.), ist ohne praktische Bedeutung geblieben (vgl. auch *Sarstedt* S. 2; *EbSchmidt* II 39 Vor § 296; *Schmid* ZStW 85, 361 f.) und zudem, weil verschiedene rechtliche Ebenen betreffend, methodisch falsch gestellt (die wohl h.M. erachtet beide Zwecke für gleichrangig, vgl. *EbSchmidt* II 36 ff. Vor § 296; *Hamm* Rn. 1 ff.; LR/*Franke* Vor § 333 Rn. 7; *Meyer-Goßner*/ Schmitt Vor § 333 Rn. 4): abstrakt-generell ist die Revision als Rechtsmittel wie jedes andere und die gesamte Rspr. zunächst der materiellen Gerechtigkeit zu dienen bestimmt. Dies ergibt sich für die Revision auch daraus, dass ein Revisionsantrag eines Verfahrensbeteiligten erforderlich ist, um das Verfahren überhaupt in Gang zu bringen (§ 344); die besondere gesetzliche Ausgestaltung dieses Rechtsmittels als »Revision«, die im Interesse der Prozessökonomie und Arbeitsfähigkeit der Revisionsgerichte nur zu beschränkter Überprüfung des angefochtenen Urteils führt, kann sich dagegen dahin

auswirken, dass in concreto Einzelfallgerechtigkeit nicht erreicht wird und »Sekundärzwecke« der Revision in den Vordergrund treten.

6 2. Die **rechtspolitische Entscheidung**, dass für die große Menge der amtsgerichtlichen Strafsachen zwei Tatsacheninstanzen zur Verfügung stehen, für Strafsachen, die in 1. Instanz vor Gerichten höherer Ordnung verhandelt werden, dagegen nur eine, ist nicht prinzipiell korrekturbedürftig. Denn auch die tatsächlichen Feststellungen der Vorinstanz darf (ordnungsgemäßes Rügen nach § 344 vorausgesetzt) das Revisionsgericht nicht hinnehmen, wenn sie gesetzwidrig gewonnen sind oder Denkgesetzen, Erfahrungssätzen oder allg. kund. Tatsachen widersprechen. Dadurch verfügt die Revision über eine Fülle von Möglichkeiten zur Korrektur und Gestaltung des Prozessergebnisses und zur Durchsetzung der materiellen Gerechtigkeit; sie ist trotz der Beschränkung auf rechtliche Nachprüfung in allen Fällen eine letzte Garantie für die Richtigkeit des Urteils.

7 3. **Fortbildung des Rechts** und **Sicherung einer einheitlichen Rspr.** (BGHSt 4, 138) sind weitere Zwecke der Revision (vgl. § 137 GVG). Will ein OLG von der Rspr. eines anderen OLG oder einer BGH-Entscheidung abweichen (»Außendivergenz«), muss es die Sache dem BGH vorlegen (§ 121 Abs. 2 GVG). Um auch unter den Senaten des BGH die Rechtseinheit zu sichern, sieht § 136 GVG (»Innendivergenz«) Entscheidungen des Großen Senats für Strafsachen bzw. der Vereinigten Großen Senate vor.

§ 333 StPO Zulässigkeit.
Gegen die Urteile der Strafkammern und der Schwurgerichte sowie gegen die im ersten Rechtszug ergangenen Urteile der Oberlandesgerichte ist die Revision zulässig.

1 **A. Grundsätzliches.** § 333 bezeichnet die Gerichtsentscheidungen, welche mit der als Rechtsbeschwerde ausgestalteten Revision angegriffen werden können. Die Norm gibt allerdings keinen Aufschluss über die Zulässigkeitsvoraussetzungen einer als solchen möglichen Revision. Vielmehr meint die in § 333 angesprochene Zulässigkeit ein Element der **Statthaftigkeit**; statthaft ist ein Rechtsmittel nämlich, wenn das Gesetz es für einen Angriff gegen die betreffende Entscheidung zur Verfügung stellt und das Rechtsmittel von einem hierzu Berechtigten eingelegt wurde (BGH NStZ 1995, 248 [BGH 01.04.1995 – 3 StR 493/94]).

2 Nach § 333 und § 335 Abs. 1 können im Erwachsenenstrafrecht alle Urteile, die nicht selbst Revisionsurteile sind, mit der Revision angegriffen werden (Einzelheiten bei Rdn. 5 ff.; zu Urteilen in Jugendsachen: Rdn. 12 f.; zur Rechtsbeschwerde gegen Urteile in OWi-Sachen: Rdn. 14). Dazu gehören neben den Urteilen der Spruchkörper der Amtsgerichte, welche mit der »Sprungrevision« angegriffen werden können (§ 335), nach § 333 die Urteile der großen Strafkammern, die Berufungsurteile der kleinen Strafkammern sowie die erstinstanzlichen Urteile der OLGe. Werden von einem Beteiligten verschiedene Rechtsmittel eingelegt, geht grundsätzlich das umfassendere vor (Meistbegünstigungsprinzip; vgl. ausf. KMR/*Momsen* §§ 335 Rn. 37, 341 Rn. 52 und unten Rdn. 21 ff.); legen verschiedene Beteiligte unterschiedliche Rechtsmittel ein, gilt § 335 Abs. 3 (ausf. KMR/Momsen § 335 Rn. 35 ff.).

3 Ist die Revision nach dem Gesetz nicht statthaft, kann ein Urteil mit dieser auch nicht bei greifbarer Gesetzeswidrigkeit angefochten werden (BGH NJW 1989, 2758 [Zivilrecht]; zur von der Rechtsprechung im Strafrecht nicht anerkannten »außerordentlichen Beschwerde«: BGHSt 45, 37; vgl. auch [zu § 304 Abs. 4] BGH NJW 2000, 1427 [BGH 05.11.1999 – 3 StE 7/94 – 1 (2); StB 1/99] [1428]). Nicht statthaft ist die Revision im Einziehungsverfahren, sofern der Rechtsmittelführer bereits eine zulässige Berufung eingelegt hat (§ 441 Abs. 3 S. 2; vgl. SK-StPO/*Frisch* § 333 Rn. 2). Zu den nur mit der Beschwerde anfechtbaren Nebenentscheidungen vgl. Rdn. 25 ff.

4 Für die isolierte Anfechtung von **Nebenentscheidungen** ist die sofortige Beschwerde vorgesehen (§ 464 Abs. 3 Satz 1, § 59 Abs. 1 JGG, § 8 Abs. 3 StrEG).

5 **B. Urteile i.S.d. § 333. I. Urteil. 1. Definition.** Urteile i.S.d. § 333 sind in erster Linie die »normalen« Strafurteile (§§ 260 Abs. 1, 268 Abs. 2 S. 1). Nicht mit der Revision angreifbar sind demnach Beschlüsse (KK/*Gericke* § 333 Rn. 3).

Ob ein Urteil vorliegt, hängt nicht von seiner Bezeichnung ab, sondern davon, ob es mit diesem Inhalt, 6
vor allem dem Tenor, nur aufgrund einer Hauptverhandlung ergehen durfte und seine öffentliche Verkündung vorgeschrieben war (vgl. BGHSt 8, 383 [384]; 18, 381 [385]; 25, 242 [243]; BGH vom 1.7.2005, 2 StR 9/05; z.B. nicht bei Einstellungen nach §§ 153 ff.; vgl. §§ 153 Abs. 2 S. 3, 153a Abs. 2 S. 3; zu § 154 Abs. 2: BGHSt 10, 88 [90 ff.]; RGSt 66, 326 [327]; zum Meistbegünstigungsgrundsatz: unten Rdn. 21 ff.).). (Im Übrigen kommt es darauf an, in welcher Form die betreffende Entscheidung ergehen soll, nicht darauf, in welcher Form sie tatsächlich ergangen ist (vgl. AK-StPO/*Maiwald* § 333 Rn. 3).

Der Inhalt des Urteils im Übrigen und dessen Begründung ist für das generelle »Ob« der Revisibilität 7
dagegen nicht von Relevanz, insbesondere muss dort nicht über die Sache selbst entschieden worden sein (vgl. Die gesamten Materialien zur Strafprozessordnung/Hahn 1. Abteilung, 1885, S. 250 [zu § 299]); deshalb unterliegt beispielsweise auch ein solches Berufungsurteil der Revision, das nur eine Zurückverweisung nach § 328 Abs. 2 ausspricht (vgl. BGHSt 26, 106 [109]; 42, 205 [211]; BayObLG JR 1978, 474 m. Anm. *Gollwitzer*; a. A. KG Berlin JR 1972, 255; Foth NJW 1975, 1524; OLG Karlsruhe 22.2.2005, 2 Ss 236/04) oder das die Berufung nach § 329 Abs. 1 verworfen hat (BGHSt 17, 391 [397]; 28, 384 [386 f.]; BGH NJW 1987, 1776 [BGH 11.11.1986 – 1 StR 207/86]; BGH vom 13.12.2000, 2 StR 56/00; BGHSt 46, 230).

Zulässig ist die Revision ferner, wenn – obwohl das Verfahren bereits rechtskräftig abgeschlossen ist – in 8
Verkennung dieses Umstandes eine erneute Sachentscheidung in einem (weiteren) Urteil getroffen wurde (BGHSt 13, 306 [308 f.]; 26, 183 [184 f.]; OLG Zweibrücken MDR 1997, 87 [OLG Zweibrücken 06.05.1996 – 1 Ss 107/96]; zum Scheinurteil: unten Rdn. 11).

2. Verkündung, Kenntnis des Urteils, Scheinurteil. Die Anfechtung eines Urteils ist grundsätzlich 9
erst nach dessen **Verkündung** möglich (§ 268 Abs. 2 S. 1; ausreichend ist allerdings die Verkündung des Urteilstenors, vgl. BGHSt 8, 41 [42]; OLG Saarbrücken NJW 1994, 2711 [OLG Saarbrücken 21.06.1994 – 1 Ws 79/94]), weil erst dann ein Urteil i.S.d. § 333 vorliegt (BGHSt 8, 41 [42]; 25, 187 [189]; JR 1974, 295 m. Anm. *Hanack*). Das lediglich mündlich verkündete Urteil ist im Hinblick auf seine Begründung nicht revisibel, d.h. Fehler, welche nur bei der **mündlich verkündeten Urteilsbegründung** unterlaufen, sich aber nicht mehr in den schriftlichen Urteilsgründen wieder finden, können nicht gerügt werden (*Dahs* 4, 391).

Ohne Bedeutung für die Statthaftigkeit der Revision ist, ob der Rechtsmittelführer von dem Urteil bereits 10
Kenntnis hat (BGHSt 25, 187 [189]). Da es für die Beurteilung der Statthaftigkeit nicht auf die Einführung dem Prozessrecht »wesensfremder subjektiver Momente (z.B. Kenntnis einer Entscheidung) ankommt (BGHSt 25, 187 [190]), ist die Revision in den Fällen des § 341 Abs. 2 schon vor der Urteilszustellung zulässig (vgl. KMR *Momsen* § 341 Rn. 63 m.w.N.).

Auch gegen ein **Scheinurteil** ist die Revision statthaft, etwa wenn ein gar nicht bzw. ein nicht wirksam 11
verkündetes Urteil oder ein bloßer Entwurf zugestellt wurde; Voraussetzung hierfür ist jedoch, dass der geschaffene Rechtsschein auf ein hoheitliches Handeln zurückzuführen ist (vgl. BVerfG NJW 1985, 788; LG Hildesheim NStZ 1991, 401 m. Anm. *Laubenthal*; W. Schmid FS R. Lange, 1976, S. 786 m.w.N.; im Zivilrecht ständige Rechtsprechung, vgl. BGH NJW 1999, 1192 [BGH 04.02.1999 – IX ZR 7/98] m.w.N.; a. A. *Meyer-Goßner/*Schmitt Vor § 296 Rn. 4; zur [zulässigen] Anfechtung durch einen Betroffenen, gegen den sich das Urteil nur dem äußeren Anschein nach richtet: OLG Köln NJW 1983, 2400 [OLG Köln 16.03.1983 – 2 Ws 176/83]; vgl. auch BayObLG NStZ-RR 1996, 366). In einem solchen Fall hat der Rechtsmittelführer ein berechtigtes Interesse (Rechtssicherheit und Rechtsklarheit) an der Beseitigung des Rechtsscheins; das Revisionsgericht muss dann entweder dieses Urteil aufheben oder feststellen, dass ein wirksames Urteil (noch) nicht vorliegt (*W. Schmid* FS R. Lange, 1976, S. 786; vgl. auch BGHSt 13, 306 [308]; 26, 183 [184]). Das Gleiche gilt für nichtige Urteile (vgl. dazu BGHSt 29, 351 [352 f.]). Abgesehen von der uneinheitlichen Verwendung des Begriffs »Scheinurteil« (gemeint kann allein die äußerlich als Entscheidung in Urteilsform erscheinende »Nicht-Entscheidung« sein) bleibt es jedoch in den meisten Fällen bei dem Grundsatz, dass maßgebend stets die »Soll-Entscheidung« ist, nicht jedoch die »Ist-Entscheidung« (vgl. HK-GS/*Maiwald/Rackow* § 333 Rn. 6, AK-StPO/*Maiwald* § 333 Rn. 3). So ist also der irrtümlich als »Urteil« überschriebene Beschluss nicht mit der Revision, sondern mit der Beschwerde angreifbar, vorausgesetzt, dieses Rechtsmittel ist gegen die Entscheidung im materiellen Sinn gegeben.

12 **3. Urteile in Jugendsachen.** Die Statthaftigkeit von Rechtsmitteln gegen landgerichtliche Urteile bei Anwendung von **Jugendstrafrecht** ist in §§ 55 Abs. 2, 104 Abs. 1 Nr. 7 JGG besonders geregelt (zur Verfassungsmäßigkeit: BVerfG NJW 1988, 477; zu Urteilen von Amtsgerichten in Jugendsachen: KMR *Momsen* § 335 Rn. 1). Danach ist die Revision des Berufungsführers gegen das Berufungsurteil – auch bei einem Urteil nach § 329 Abs. 1 (BGHSt 30, 98) – ausgeschlossen, wobei dies für den Angeklagten, seinen Erziehungsberechtigen oder seinen gesetzlichen Vertreter selbst dann gilt, wenn jeweils eine andere dieser Personen die (zulässige) Berufung eingelegt hatte (§ 55 Abs. 2 S. 2 JGG). Der Rechtsmittelführer gegen ein berufungsfähiges Urteil muss sich daher grundsätzlich zwischen Berufung und Revision als echten Alternativen entscheiden – die Wahl des einen schließt das jeweils andere aus. Der Ausschluss der Revision tritt allerdings nicht ein, wenn die Berufung innerhalb der Revisionsbegründungsfrist zurückgenommen wurde (BGHSt 25, 321; a. A. OLG Celle MDR 1964, 527) oder unzulässig war (§ 55 Abs. 2 S. 1 JGG; BGHSt 30, 98 [99]); jedoch gilt § 55 Abs. 2 JGG auch nach einer nur beschränkt eingelegten Berufung (BayObLG NJW 1964, 1084 [1085]; *Schäfer* NStZ 1998, 330 [335]). Besonderheiten gelten bei Urteilen in Jugendsachen ferner für die Anfechtung einer Entscheidung über die Strafaussetzung zur Bewährung (§ 59 Abs. 1 S. 1, Abs. 5 JGG; vgl. dazu auch unten Rdn. 26.

13 Ist dagegen ein **Heranwachsender** im angefochtenen Urteil vom Jugendgericht nach Erwachsenenstrafrecht abgeurteilt worden, so gilt § 55 Abs. 2 JGG nicht (§ 109 Abs. 1 S. 1, Abs. 2 S. 1 JGG); die Revision ist dann unbeschränkt statthaft (vgl. BGHSt 30, 98 [100]; *Schäfer* NStZ 1998, 330 [335]). Wurde – was zulässig ist (§§ 109 Abs. 2 S. 1, 79 Abs. 2 JGG) – ein Heranwachsender im beschleunigten Verfahren abgeurteilt, so ist § 55 Abs. 2 JGG auch dann nicht anzuwenden, wenn dabei Jugendstrafrecht angewendet wurde (§ 109 Abs. 2 S. 3 JGG).

14 **4. Urteile in OWi-Sachen.** Im **OWi-Verfahren** ist die Revision grundsätzlich ausgeschlossen (§§ 67 Abs. 1 S. 1, 79 Abs. 1 OWiG). Die dort unter bestimmten Voraussetzungen zulässige Rechtsbeschwerde (OLG Thüringen v. 20.7.2005, 1 Ss 164/05 – Auslegung einer »Rechtsbeschwerde« als Berufung) ist allerdings in entscheidenden Punkten der Revision nachgebildet, es wird auf die Vorschriften der StPO und des GVG verwiesen, soweit nichts anderes bestimmt ist (§ 79 Abs. 3 OWiG). Abweichungen betr. insb. die Zulässigkeit (§§ 79, 80, 80a OWiG).

15 **5. Sonstige Urteile.** Nicht mit der Revision angreifbar sind nach eigener Berufungseinlegung die Berufungsurteile im Verfahren über die nachträgliche oder selbstständige Einziehung (§ 441 Abs. 3 S. 2), im selbstständigen Verfahren auf Festsetzung einer Geldbuße gegen eine juristische Person oder Personenvereinigung (§ 444 Abs. 3 S. 1) sowie in Schifffahrtssachen (§ 10 BinnenSchG).

16 Zur Revision gegen in einem Urteil ergangene **Nebenentscheidungen**: unten Rdn. 25 ff.

17 **II. Beschlüsse.** Beschlüsse unterliegen nicht der Revision (zur Falschbezeichnung und zur Anwendung des Meistbegünstigungsgrundsatzes: Rdn. 5, 20 ff.).

18 Haben die Beschlüsse urteilsähnliche Bedeutung (v.a. bei §§ 206a, 206b), so sind sie grundsätzlich mit der sofortigen Beschwerde anfechtbar; ansonsten können besonders geregelte Rechtsbehelfe statthaft sein (z.B. gegen die Verwerfung einer Revision als unzulässig durch den Tatrichter: § 346 Abs. 2).

19 **III. Sonstige Entscheidungen.** Sonstige Entscheidungen können nur dann mit der Revision angefochten werden, wenn es sich tatsächlich – in Bezug auf den Inhalt und das Zustandekommen – um ein Urteil handelt (vgl. Rdn. 5, 20 ff.); auch bei § 336 S. 1 richtet sich das Rechtsmittel nicht gegen die Vorentscheidung, sondern gegen das Urteil selbst (vgl. § 336 Rdn. 6). Nicht mit der Revision angreifbar – teilweise aber nach einer Revisionseinlegung mitüberprüfbar – sind ferner bestimmte, in einem Urteil ergangene Nebenentscheidungen (dazu unten Rdn. 25 ff.).

20 Ausgeschlossen ist die Revision schließlich auch unmittelbar gegen einen **Strafbefehl**. Gegen diesen ist als Rechtsbehelf der Einspruch zulässig (vgl. § 410 Abs. 1 S. 1). Gegen das auf den Einspruch ergehende Urteil (§ 411 Abs. 4) können nach den allg. Vorschriften Rechtsmittel, auch Revision, eingelegt werden (Ausnahme: Verwerfungsurteil gem. § 412, nur Berufung ohne die Einschränkungen des § 313, vgl. HK-GS/*Andrejtschitsch* § 412 Rn. 9).

21 **IV. Meistbegünstigungsgrundsatz.** Der **Meistbegünstigungsgrundsatz** findet im Strafverfahren anders als in anderen Verfahrensordnungen (vgl. BGH NJW 1997, 1448 [BGH 19.12.1996 – IX ZB 108/96] [Zivilprozess]; BVerwGE 26, 58; BAG NZA 1993, 789; BSG NZS 1994, 333; BFHE

134, 216) keine unmittelbare Anwendung dergestalt, dass bei einer falsch bezeichneten Entscheidung sowohl die gegen die intendierte wie auch die gegen die bezeichnete Entscheidungsform gegebenen Rechtsmittel eingelegt werden könnten und dem Rechtsmittelführer insoweit ein Wahlrecht für das Rechtsmittel zustünde, welches die weitest gehenden Anfechtungsmöglichkeiten erlaubt (vgl. BGHSt 25, 242 [243]; JR 1974, 522 m. Anm. *Kohlhaas* und m.w.N. [zur Anfechtung einer vorläufigen Verfahrenseinstellung durch Urteil – statt durch Beschluss]; vgl. auch die Nachweise bei KK/*Gericke* § 333 Rn. 3).

Im Rahmen des Regelungsbereichs von § 300 ist allerdings meistbegünstigend auszulegen, dass das Rechtsmittel gewollt ist, welches die umfassendste Überprüfung ermöglicht (HK-GS/*Momsen* § 300 Rn. 2; vgl. bereits BGHSt 2, 63). 22

Das Ziel der Anwendung des Meistbegünstigungsgrundsatzes, zunächst die **Hemmung des Eintritts der Rechtskraft**, wird im Strafverfahren u.a. bereits dadurch erreicht, dass die Fristen für die Einlegung der Revision (§ 341 Abs. 1) und für die – als »Alternative« in erster Linie in Betracht kommende – Einlegung der sofortigen Beschwerde (§ 311 Abs. 2) übereinstimmen. Bei beiden Rechtsbehelfen müssen ferner die Rechtsmittelschriften bei dem Gericht eingereicht werden, dessen Entscheidung angefochten wird (§§ 306 Abs. 1, 341 Abs. 1) und auch die Formvorschriften bezüglich der Einlegung entsprechen einander (§§ 306 Abs. 1, 341 Abs. 1). Da zudem eine Falschbezeichnung des Rechtsmittels nicht schadet (§ 300), wird der Rechtskrafteintritt auch ohne die Anwendung des Meistbegünstigungsgrundsatzes gehemmt, wenn es um die Alternative Revision – sofortige Beschwerde geht (für die Berufung gilt dies entsprechend). Auf die in der Sache nicht überzeugende Annahme, die Rechtskraft habe im Strafverfahren eine – gegenüber den anderen Verfahrensordnungen – »gewichtigere« Bedeutung (so OLG Celle NJW 1960, 114 [OLG Celle 25.09.1959 – 2 Ss 296/59]), kommt es daher unter dem Blickwinkel des Meistbegünstigungsprinzips nicht an (vgl. dazu auch BGHSt 45, 37 zur »außerordentlichen Beschwerde« im Strafverfahren). 23

Rechtskraftprobleme könnten sich daher nur dann ergeben, wenn die angefochtene Entscheidung nach Inhalt und Zustandekommen ein Urteil ist, sie aber ihrer Bezeichnung nach mit der einfachen Beschwerde anfechtbar wäre (der umgekehrte Fall bereitet keine Probleme, weil eine »Revision« gegen eine als Urteil bezeichnete Entscheidung die Voraussetzungen der an sich statthaften Beschwerde stets erfüllt). Dies ist im Strafverfahren jedoch ausgeschlossen, weil alle eine Instanz beendenden Entscheidungen, die diese Voraussetzungen erfüllen könnten, der sofortigen Beschwerde unterliegen (vgl. v.a. §§ 206a Abs. 2, 206b S. 2 sowie § 304 Abs. 4 Nr. 2).; zur »Auslegung« eines Einstellungsbeschlusses nach § 206a als Einstellungsurteil gem. § 260 Abs. 3: KG Berlin NJW 1993, 673 [675] mit kritischer Anm. *Jahntz* NStZ 1993, 297 (298); ähnlich KG Berlin DAR 2001, 175; vgl. dazu auch KK/*Schneider* § 206a Rn. 3 m.w.N.). 24

V. Anfechtung von Nebenentscheidungen. 1. Vom Anwendungsbereich des Meistbegünstigungsgrundsatzes zu unterscheiden sind die Fälle, in denen das Gericht (formell und inhaltlich) ein Urteil erlassen hat, dieses aber (zusätzliche) Entscheidungen enthält, für die das Gesetz einen anderen Rechtsbehelf zur Verfügung stellt, wie bspw. den Bewährungsbeschluss. In einem solchen Fall handelt es sich grundsätzlich um eine lediglich äußere Verbindung mehrerer an sich **selbstständiger Entscheidungen**, die dementsprechend regelmäßig nach den jeweils für sie geltenden Vorschriften anfechtbar sind (vgl. auch BGHSt 12, 1 [4]). Ist mit der Entscheidung des Revisionsgerichts aber (logisch zwingend) die Unrichtigkeit einer an sich selbstständig anfechtbaren Nebenentscheidung des Tatrichters verbunden, so wird auch diese von der Revision erfasst; deshalb wird mit der Urteilsaufhebung nach einer erfolgreichen Angeklagtenrevision beispielsweise der vom Tatgericht erlassene Bewährungsbeschluss von selbst gegenstandslos. In diesen Konstellationen trifft das Revisionsgericht u.U. materiell gesehen zugleich eine Beschwerdeentscheidung (vgl. z.B. § 59 Abs. 5 JGG; dazu BGHSt 6, 206 [208]). 25

2. Beispiele: 26
– Anfechtung der (positiven) Entscheidung im **Adhäsionsverfahren**: nur Revision (§ 406a Abs. 2 S. 1; vgl. auch BGH NStZ 2000, 388);
– Anfechtung nur der **Kostenentscheidung**: sofortige Beschwerde (§ 464 Abs. 3 S. 1); aber: Änderung der Kostenentscheidung ohne Kostenbeschwerde bei Erfolg der Revision möglich (BGHSt 25, 77 [79]; 26, 250 [253]; vgl. auch *Blaese/Wielop* Die Förmlichkeiten der Revision in Strafsachen, Rn. 280 f. m.w.N.), ansonsten nur bei ebenfalls eingelegter sofortiger Beschwerde (vgl. § 464 Abs. 3

§ 333 StPO Zulässigkeit

S. 3; BGHSt 25, 77; zu § 304 Abs. 4 in solchen Fällen: BGHSt 26, 250 [253 f.]; BGH NJW 2000, 1427 [BGH 05.11.1999 – 3 StE 7/94 – 1 (2); StB 1/99]; zur Umdeutung einer »Revision« in eine Kostenbeschwerde: BayObLG NJW 1974, 199; OLG Düsseldorf NStZ-RR 1999, 252);
- Anfechtung nur der Entscheidung nach dem **StrEG**: sofortige Beschwerde (§ 8 Abs. 3 StrEG).; aber: Änderung der Entscheidung ohne Beschwerde bei Erfolg der Revision möglich (BGHSt 26, 250 [252 f.]; vgl. auch *Blaese/Wielop* Die Förmlichkeiten der Revision in Strafsachen, Rn. 281c), ansonsten nur bei ebenfalls eingelegter sofortiger Beschwerde (vgl. § 8 Abs. 3 S. 2 StrEG; § 464 Abs. 3 S. 3; zu § 304 Abs. 4 in solchen Fällen: BGHSt 26, 250 [253 f.]);
- Anfechtung lediglich der **(Nicht-)Aussetzung** einer Jugendstrafe zur Bewährung: nur sofortige Beschwerde (§ 59 Abs. 1 S. 1 JGG; OLG Hamm MDR 1979, 253 [OLG Hamm 08.03.1978 – 4 Ss 927/77]);
- Anfechtung einer im Urteil angeordneten **vorläufigen Entziehung der Fahrerlaubnis** nach § 111a: nur Beschwerde (§ 304; OLG Karlsruhe DAR 1999, 86 [OLG Karlsruhe 26.10.1998 – 2 Ws 247/98]; OLG Koblenz NStZ-RR 1997, 206 [207]);
- Anfechtung einer im Urteil angeordneten **Beschlagnahme**: nur Beschwerde (§ 304; RGSt 54, 165 [166]);
- Anfechtung von im Urteil festgesetzten **Bewährungsauflagen** (Verstoß gegen § 268a): nur Beschwerde (§ 305a Abs. 1; *Meyer-Goßner/*Schmitt § 333 Rn. 3 m.w.N.; a. A. [Revision] Hamm Rn. 27);
- Anfechtung von (auch unterlassenen) Bewährungsauflagen, die – richtig – in einem **Beschluss gemäß § 268a** angeordnet wurden: nur Beschwerde (§ 305a Abs. 1; BayObLG VRS 66, 37 [38]; OLG Hamm NJW 1969, 890 [OLG Hamm 07.03.1969 – 3 Ss 1503/68]; zur Änderung im Instanzenzug bei gleichzeitig eingelegter Revision: § 305a Abs. 2, dazu auch BGHSt 34, 392);
- Anfechtung der im Urteil angeordneten Aussetzung der Vollziehung der Reststrafe nach §§ 57 ff. **StGB**: nur sofortige Beschwerde (§ 454 Abs. 3 S. 1; BGH StV 1982, 61);
- Anfechtung der Entscheidung über die Erstellung von **DNA-Identifizierungsmustern** nach § 81g: nur Beschwerde (BGH NStZ-RR [B] 2002, 67; *Meyer-Goßner/*Schmitt § 333 Rn. 3).

27 C. Gerichte. I. Strafkammern. Strafkammern im Sinn des § 333 sind – unabhängig davon, ob ihre Zuständigkeit tatsächlich gegeben war oder ist – alle im erst- und zweitinstanzlichen Rechtszug tätigen Spruchkörper der Landgerichte, wobei unerheblich ist, ob es sich um eine allgemeine (§ 74 Abs. 1 GVG) oder um eine besondere Strafkammer (§§ 74 Abs. 2, 74a GVG) oder um eine Berufungskammer (§ 74 Abs. 3 GVG) handelt (zu Urteilen in Jugendsachen: oben Rdn. 12 f.; zu Urteilen in OWi-Sachen: oben Rdn. 14 ff.; zu Urteilen in Einziehungsverfahren: oben Rdn. 15 f.; zu Urteilen in Schifffahrtssachen: oben Rdn. 15).

28 II. Schwurgerichte. Schwurgerichte sind ebenfalls Strafkammern (vgl. §§ 74 Abs. 2, 74e GVG), so dass ihre Hervorhebung in § 333 keine Bedeutung und keine Rechtfertigung mehr hat (vgl. auch LR/*Franke* § 333 Rn. 10).

29 III. OLG. Die Zuständigkeit der Oberlandesgerichte für erstinstanzliche Strafsachen ist in § 120 GVG geregelt (zum ehem. BayObLG: § 9 EGGVG, Art. 11 Abs. 2 Nr. 1 BayAGGVG; zu Schifffahrtssachen: oben Rdn. 15).

30 IV. Amtsgerichte. Gegen Strafurteile der Amtsgerichte ist die Sprungrevision statthaft (Einzelheiten bei § 335).

31 V. Zuständiges Revisionsgericht. Zum zuständigen Revisionsgericht: vgl. näher bei § 348 und bei § 335.

§ 334 StPO *(weggefallen)*

§ 335 StPO Sprungrevision. (1) Ein Urteil, gegen das Berufung zulässig ist, kann statt mit Berufung mit Revision angefochten werden.
(2) Über die Revision entscheidet das Gericht, das zur Entscheidung berufen wäre, wenn die Revision nach durchgeführter Berufung eingelegt worden wäre.
(3) ¹Legt gegen das Urteil ein Beteiligter Revision und ein anderer Berufung ein, so wird, solange die Berufung nicht zurückgenommen oder als unzulässig verworfen ist, die rechtzeitig und in der vorgeschriebenen Form eingelegte Revision als Berufung behandelt. ²Die Revisionsanträge und deren Begründung sind gleichwohl in der vorgeschriebenen Form und Frist anzubringen und dem Gegner zuzustellen (§§ 344 bis 347). ³Gegen das Berufungsurteil ist Revision nach den allgemein geltenden Vorschriften zulässig.

Übersicht	Rdn.		Rdn.
A. Grundsätzliches	1	einer unwirksamen oder mehrdeutigen Wahl des Rechtsmittels und von widersprüchlichen Erklärungen	15
B. Sprungrevision und Annahmeberufung	2		
I. Zuständiges Revisionsgericht	2		
II. Verfahren bei Annahmeberufung	3	V. Verschiedenartige Anfechtung durch mehrere Verfahrensbeteiligte	18
C. Unbestimmte Anfechtung und Übergang zum anderen Rechtsmittel	6	1. Verwerfung der Berufung des anderen Beteiligten als unzulässig	19
I. Bedeutung	6		
II. Adressat der Wahlerklärung	11	2. Verfahren über die »umgewandelte« Berufung	20
III. Wiedereinsetzung in den vorigen Stand	12		
IV. Folgen einer unterbliebenen Benennung		3. Wiederaufleben der Revision	22

A. Grundsätzliches. Die Frage, ob Berufung oder Revision eingelegt werden soll, wird der 1 Rechtsmittelführer danach entscheiden, ob er baldmöglichst die obergerichtliche Klärung nur von Rechtsfragen erreichen will (dann Revision), oder ob zumindest auch weitere Tatsachenfeststellungen getroffen werden sollen (dann Berufung; vgl. auch BGHSt 2, 63 [65]; 5, 338 [339]; 6, 206 [207]). Im Zweifel sollte bis zur Zustellung der schriftlichen Urteilsgründe und der Einsichtnahme in das Hauptverhandlungsprotokoll ein **unbenanntes Rechtsmittel** eingelegt werden (vgl. § 341 Rdn. 1 f. und unten Rdn. 6 ff; zur Zulässigkeit BGHSt 2, 63; 5, 338 [339]; 6, 206 [207]; vgl. auch SK-StPO/ *Frisch* § 335 Rn. 6 m.w.N.)).

B. Sprungrevision und Annahmeberufung. I. Zuständiges Revisonsgericht. Für die 2 **Sprungrevision** zuständiges Revisionsgericht ist nach § 335 Abs. 2 i.V.m. § 121 Abs. 1 Nr. 1b GVG das OLG.

II. Verfahren bei Annahmeberufung. Die besonderen **Zulässigkeitsvoraussetzungen für die An-** 3 **nahmeberufung** (§ 313) gelten nach inzwischen (fast) einhelliger Rechtsprechung der Oberlandesgerichte für die Sprungrevision **nicht**, dies schon im Hinblick auf die den Revisionsgerichten durch § 349 Abs. 2 eingeräumte Möglichkeit der Beschlussverwerfung (BGHSt 40, 395 [397]; BayObLG StV 1993, 572 [572/573]; OLG Zweibrücken StV 1994, 119 [120]; OLG Karlsruhe NStZ 1995, 562; OLG Hamm NStZ 2011, 42 [43]; abl. *Meyer-Goßner*/Schmitt 335 Rn. 21 m.w.N., der eine vorrangige Berufungseinlegung verlangt, nach deren Annahme erst zur Revision übergegangen werden könne. Dies lässt sich jedoch nicht mit der prozessökonomischen Intention des Gesetzgebers vereinbaren und widerspricht überdies dem sich aus § 335 Abs. 1 ergebenden Wahlrecht des Rechtsmittelführers zwischen der Berufung und der Revision; KK/*Gericke* § 335 Rn. 16). Auch in Fällen der Bagatellkriminalität kommt deshalb eine vorgängige Prüfung (durch das Berufungs- oder durch das Revisionsgericht), ob eine Berufung (etwa in tatsächlicher Hinsicht) offensichtlich unbegründet (§ 313 Abs. 2 Satz 1) und damit i.S.v. § 313 Abs. 2 Satz 2 unzulässig wäre, **nicht** in Betracht (OLG Karlsruhe NStZ 1995, 562), und ein »verfrühter« Nichtannahmebeschluss des Berufungsgerichts (§ 322a) hat keine Sperrwirkung gegenüber dem danach – aber noch innerhalb der Revisionsbegründungsfrist – erklärten Übergang zur Revision (KG NStZ-RR 1999, 146; unten Rdn. 9).

Zur Einlegung eines **unbestimmten Rechtsmittels** bei Annahmebedürftigkeit der Berufung: unten 4 Rdn. 6 ff.

5 Wie allgemein gilt auch für die Sprungrevision, dass ihre Einlegung nicht von **Bedingungen** abhängig gemacht werden darf (vgl. auch KMR/*Momsen* § 341 Rn. 54 ff.). So führt beispielsweise der Vorbehalt, dass die Revision nur für den Fall eingelegt ist, dass die Berufung nicht angenommen wird, zur Unzulässigkeit der Revision (OLG Frankfurt NStZ-RR 1996, 174 [175]; OLG Zweibrücken StV 1994, 119 [121]; KK/*Gericke* § 335 Rn. 16; *Meyer-Goßner/Schmitt* § 335 Rn. 22 m.w.N.; vgl. dazu auch Rdn. 9). Dagegen ist es bei der Einlegung eines unbenannten Rechtsmittels unschädlich, dass seine spätere Benennung vorbehalten wurde (BGHSt 2, 63 [66 f., 69]; 5, 338 [343]; 13, 388 [393]) oder dass das Rechtsmittel als »Berufung oder Revision« bezeichnet ist (vgl. unten Rdn. 6).

6 **C. Unbestimmte Anfechtung und Übergang zum anderen Rechtsmittel. I. Bedeutung.** Statthaft ist sowohl die **unbestimmte Anfechtung** (Einlegung »eines Rechtsmittels«) wie der nachträgliche **Übergang von der Berufung zur Revision oder umgekehrt** (BGHSt 2, 63 [65 f., 69 f.]; 5, 338 [339]; 13, 388 [390]; 33, 183 [187]; 40, 395 [398]). Das eröffnet dem Beschwerdeführer eine zusätzliche Überlegungsfrist von einem Monat ab Urteilszustellung (der Revisionsbegründungsfrist des § 345 Abs. 1). Innerhalb dieser Frist muss der Beschwerdeführer, wenn er die Revision wählt, dies durch Bezeichnung des Rechtsmittels als Revision oder durch Übergang von der Berufung auf die Revision erklären (BGHSt 2, 63 [66 ff.]; 5, 338 [339 ff.]; 13, 388 [391]; 17, 44 [46]; 25, 321 [324]; 40, 395 [398]; JR 1996, 37 [BGH 25.01.1995 – 2 StR 456/94] m. Anm. *Fezer*); vor allem muss er die Revision gemäß §§ 344, 345 form- und fristgerecht begründen (dazu unten Rdn. 7 ff.). Unterlässt er bei zunächst allgemein eingelegtem Rechtsmittel die Wahl, so wird das Rechtsmittel ohne weiteres als Berufung behandelt (BGHSt 33, 183 [189]; 40, 395 [399]). Hat er von Anfang an die Revision gewählt, so muss der Übergang zur Berufung innerhalb der genannten Frist ausdrücklich erfolgen; sonst wird seine Revision mangels Begründung unzulässig (OLG München NStZ-RR 2007, 56).

7 Die Frist beginnt mit der **Zustellung des amtsgerichtlichen Urteils** (§ 316 Abs. 2), weil der Beschwerdeführer erst mit Kenntnis der schriftlichen Urteilsgründe verbindlich entscheiden kann, welches Rechtsmittel er als sachgerecht ansieht. Entgegen der (insoweit überholten) Entscheidung BGHSt 13, 388 [392] besteht deshalb auch dann keine endgültige Bindung an eine zunächst (möglicherweise vorschnell) gewählte Revision, wenn der Beschwerdeführer schon in der Einlegungsschrift den Revisionsantrag stellt (unzutr. auch OLG Stuttgart NJW 1957, 641; OLG Düsseldorf MDR 1995, 1253 [1254]). Verbindlich (und einen nochmaligen Wechsel ausschließend) ist erst die nach (wirksamer; vgl. OLG Köln NStZ-RR 1996, 175) Urteilszustellung erfolgte ausdrückliche Bestimmung des Rechtsmittels (BGHSt 33, 185 [188/189]: »endgültige Wahl«).

8 Die Benennung oder auch die Wahl des Rechtsmittels sind grundsätzlich **endgültig** (BGHSt 13, 388 [392]; OLG Hamm NStZ 1991, 601 [602]; SK-StPO/*Frisch* § 335 Rn. 10; KK/*Gericke* § 335 Rn. 5; HK/*Temming* § 335 Rn. 5); ein (weiterer) Wechsel ist nur möglich, wenn das Urteil im Zeitpunkt der Benennung bzw. des Wechsels noch nicht zugestellt war (im Ergebnis ebenso [Wechselmöglichkeit, solange die Revisionsbegründungsfrist noch nicht zu laufen begonnen hat]: OLG Köln StV 1996, 369; OLG Zweibrücken MDR 1985, 517 [518]; *Meyer-Goßner/Schmitt* § 335 Rn. 3). Da der Anfechtende nach der Urteilszustellung seine Rechtsmittelwahl an der vermeintlichen Unrichtigkeit der Entscheidung ausrichten konnte (vgl. dazu den bei Rdn. 1,7 dargestellten Zweck) ist es – auch aus Gründen der Rechtssicherheit – nicht geboten, ihm eine weitere Wechselmöglichkeit bis zum Ablauf der Revisionsbegründungsfrist einzuräumen (LR/*Franke* § 335 Rn. 10; a. A. OLG Celle JR 1982, 38 m. Anm. *Meyer*; grds. für Endgültigkeit des Wechsels aber OLG Celle NdsRpfl 1953, 232; vgl. HK-GS/*Maiwald/Rackow* § 335 Rn. 8; a. A. für die Bestätigung des zunächst eingelegten Rechtsmittels während der Revisionsbegründungsfrist auch BayObLG VRS 77, 453 [454]).

9 **Ausgeschlossen** ist der Übergang von der Berufung zur Revision ferner, wenn die eingelegte Berufung bereits vor dem Wechsel zur Revision wegen Nicht-Annahme nach § 322a als unzulässig verworfen wurde (vgl. dazu BayObLGSt 1994, 86; *Tolksdorf* FS Salger (1995), 405; KK/*Gericke* § 335 Rn. 16; *Meyer-Goßner/Schmitt* § 335 Rn. 22 m.w.N.; a.A. Feuerhelm StV 1997, 99 [102]); denn dann ist das angefochtene Urteil mit dieser Verwerfung rechtskräftig geworden (§ 322a S. 2; zu einem zusätzlich von einem anderen Beteiligten eingelegten Rechtsmittel: unten Rdn. 18). Handelte es sich dagegen um ein unbestimmtes Rechtsmittel, darf das Berufungsgericht vor der Benennung als Berufung eine Nicht-Annahme nicht aussprechen, sofern die Revisionsbegründungsfrist noch läuft (vgl. auch *Fezer* JR 1996, 39); geschieht dies gleichwohl, kann die Nicht-Annahmeentscheidung trotz § 322a S. 2 entsprechend

§ 322 Abs. 2 mit der sofortigen Beschwerde beseitigt (vgl. KK/*Paul* § 322 Rn. 4; *Meyer-Goßner/ Schmitt* § 322a Rn. 8) und innerhalb der Revisionsbegründungsfrist zur Berufung übergegangen werden (KG Berlin JR 1999, 125 [OLG Jena 09.09.1997 – 1 Ss 228/97]; vgl. auch LR/*Franke* § 335 Rn. 2; vgl. aber OLG Frankfurt NStZ-RR 2003, 53 – zur Zulässigkeit des Übergangs zur Sprungrevision bei Verwerfung der Berufung nach verspäteter Bezeichnung des unbestimmten, als Berufung ausgelegten Rechtsmittels; hierin dürfte zugleich in concreto ein Verstoß gegen den insoweit geltenden Meistbegünstigungsgrundsatz zu sehen sein – vgl. Rdn. 6 und § 333 Rdn. 21 ff.).

Will der Beschwerdeführer nicht von vornherein zu erkennen geben, dass er die Durchführung der Revision erwägt, so legt er nicht »ein Rechtsmittel«, sondern ohne weiteren Hinweis Berufung ein und geht dann innerhalb der Revisionsbegründungsfrist auf die Revision über. 10

II. Adressat der Wahlerklärung. Die endgültige Wahl des Rechtsmittels ist gegenüber dem **Amtsgericht** zu erklären, ebenso wie die Begründung der Revision nach § 345 Abs. 1 dort einzureichen ist (BGHSt 40, 395 [398]; BGH JR 1996, 37 [BGH 25.01.1995 – 2 StR 456/94] m. Anm. *Fezer*; BayObLG NStZ-RR 1998, 51; Radtke/Hohmann/*Nagel* § 335 Rn. 8.). 11

III. Wiedereinsetzung in den vorigen Stand. Eine Wiedereinsetzung nach Versäumung dieser Revisionsbegründungsfrist ist – schon aus Gründen der Rechtssicherheit – grundsätzlich ausgeschlossen (BayObLGSt 1970, 158; 1983, 93 [94]; OLG Düsseldorf MDR 1985, 518; 1991, 78; OLG Köln NStZ 1994, 557; OLG Stuttgart Justiz 1991, 161; OLG Hamm NStZ 1991, 601; BayObLG Zeitschrift für Wirtschafts- und Steuerstrafrecht 2001, 279; KK/*Gericke* § 335 Rn. 6; SK-StPO/*Frisch* § 335 Rn. 17 m.w.N.; a. A. für den Wechsel zur Berufung: *Meyer-Goßner/Schmitt* § 335 Rn. 13; *Hamm* Rn. 29 ff.; zu den Folgen einer zu späten Benennung oder Wahl: unten Rdn. 15 ff.; BayObLG NStZ-RR 2003, 173). 12

Hat der Rechtsmittelführer jedoch nach (ausdrücklich) eingelegter Revision die Revisionsbegründungsfrist unverschuldet versäumt und erhält er Wiedereinsetzung, kann er innerhalb der Frist zur Nachholung der versäumten Revisionsbegründung den Wechsel zur Berufung erklären (OLG Köln NStZ 1994, 199 [200]; OLG Schleswig MDR 1981, 251; LR/*Franke* § 335 Rn. 15; wohl auch OLG Zweibrücken MDR 1985, 517 [518]; SK-StPO/*Frisch* § 335 Rn. 17 m.w.N.; BGH NJW-RR 2007, 1075 – Zivilsenat, Wiedereinsetzung in Sprungrevision bei fehlender Einwilligung der Gegenseite). 13

Wurde schon die Rechtsmitteleinlegungsfrist versäumt, so entscheidet über einen Wiedereinsetzungsantrag bei Einlegung eines unbestimmten Rechtsmittels oder einer Berufung das Berufungsgericht (BayObLGSt 1962, 156; LR/*Franke* § 335 Rn. 14), ansonsten entscheidet das Revisionsgericht (OLG Köln NStZ 1994, 199 [200]; OLG Schleswig MDR 1981, 251; KK/*Gericke* § 335 Rn. 6; *Meyer-Goßner/Schmitt* § 335 Rn. 13; LR/*Franke* § 335 Rn. 15; a. A. [Berufungsgericht] OLG Zweibrücken MDR 1985, 517). 14

IV. Folgen einer unterbliebenen Benennung, einer unwirksamen oder mehrdeutigen Wahl des Rechtsmittels und von widersprüchlichen Erklärungen. Wurde nach der Einlegung eines unbenannten Rechtsmittels und auch nach versuchter Auslegung der innerhalb der Revisionsbegründungsfrist eingegangenen Erklärungen des Rechtsmittelführers keine oder keine wirksame (auch eine verspätete) Wahl getroffen, so wird das Rechtsmittel als – die umfassendere – Berufung durchgeführt, sofern diese statthaft ist, ansonsten als Revision (BGHSt 2, 63 [71]; 5, 338 [339]; 33, 183 [189]; 40, 395 [399]; OLG Düsseldorf MDR 1993, 676; OLG Koblenz VRS 65, 45; BayObLG NStZ-RR 2003, 173; OLG Hamm NJW 2003, 1469; BayObLG wistra 2001, 279; *Meyer-Goßner/Schmitt* § 335 Rn. 5; KK/*Gericke* § 335 Rn. 6; LR/*Franke* § 335 Rn. 11 jeweils m.w.N.; a. A. [Verwerfung als unzulässig] OLG Düsseldorf MDR 1972, 343; OLG Köln NJW 1954, 692; vgl. aber OLG Frankfurt NStZ-RR 2003, 53, Rn. 13). 15

Ist der Wechsel eines Rechtsmittels **unwirksam** (z.B. verspätet) oder auch nach versuchter Auslegung der Erklärung nicht sicher feststellbar, verbleibt es bei dem zunächst eingelegten Rechtsmittel (vgl. BGHSt 40, 395 [399]; OLG Celle MDR 1960, 159; HK/*Temming* § 335 Rn. 4; zur Möglichkeit der Wiedereinsetzung: oben Rdn. 12 ff.). 16

Bei **widersprüchlichen Erklärungen** von Verteidiger und Angeklagtem geht – wegen § 297 – die Erklärung des Angeklagten vor (BayObLGSt 1977, 102; KK/*Gericke* § 335 Rn. 15; HK/*Temming* § 335 Rn. 8; *Meyer-Goßner/Schmitt* § 335 Rn. 16; vgl. auch BGH NJW 1978, 330; OLG Koblenz MDR 17

§ 335 StPO Sprungrevision

1975, 424; im Ergebnis ebenso OLG Düsseldorf MDR 1993, 676; für Behandlung als Berufung *Meyer-Goßner/Schmitt* § 335 Rn. 5, 14).

18 **V. Verschiedenartige Anfechtung durch mehrere Verfahrensbeteiligte.** In diesem Fall hat nach § 335 Abs. 3 grundsätzlich die von einem von mehreren Beteiligten eingelegte **Berufung den Vorrang** vor der Revision des anderen, sofern sie nicht **zurückgenommen** oder **als unzulässig verworfen** wird (aufschiebende Bedingung). Die Sprungrevision lebt wieder auf, wenn die Bedingung eintritt (BayObLG StV 1994, 238). **Beteiligt** i.d.S. Abs. 3 sind alle Verfahrensbeteiligten mit selbständigen Anfechtungsrecht, also Staatsanwaltschaft, Nebenklage, Mitangeklagte (RGSt 63, 194; BayObLGSt 1951, 398). Wählen der Angeklagte und sein Verteidiger unterschiedliche Rechtsmittel, so ist gemäß § 297 zunächst die Erklärung des Angeklagten maßgebend (OLG Hamm NZV 2006, 184; vgl auch oben Rdn. 17); die Wahl kann aber später nach den Grundsätzen von oben Rdn. 7 (mit eindeutiger Zustimmung des Angeklagten; OLG Düsseldorf NStZ-RR 2000, 248) wieder geändert werden.

19 **1. Verwerfung der Berufung des anderen Beteiligten als unzulässig.** § 335 Abs. 3 betrifft **nicht nur die Unzulässigkeit wegen Fristversäumung**, sondern – entgegen *Meyer-Goßner* NStZ 1998, 22 und NJW 2003, 1369 – auch die Fälle des § 329 Abs. 1 Satz 1 und der §§ 313 Abs. 2 Satz 2, 322a. Die zusätzliche Zulässigkeitsvoraussetzung des § 313 Abs. 2 Satz 1 bleibt auf die (originäre) Berufung des anderen Beteiligten beschränkt und hat keine Auswirkungen auf die Revision des Beschwerdeführers (OLG Stuttgart NJW 2002, 3487; BayObLG StV 1994, 238; a. A. OLG Karlsruhe NStZ 1995, 562); eine gleichwohl nach § 322a erfolgende Verwerfung der »umgewandelten Berufung« des Beschwerdeführers ist gegenstandslos (OLG Stuttgart NJW 2002, 3487).

20 **2. Verfahren über die »umgewandelte« Berufung.** So wenig wie die Sprungrevision selbst unterliegt die »umgewandelte« Berufung der Zulässigkeitsvoraussetzung des § 313 (*Meyer-Goßner* NJW 2003, 1370 [1371]; zust. OLG Schleswig VRR 2008, 150); sie kann aber **nach § 329 Abs. 1 verworfen** werden, was zugleich zum Verlust der (bedingten) Sprungrevision führt (OLG Köln NStZ-RR 2001, 87). § 329 Abs. 1 ist allerdings nicht anwendbar, wenn (selbst in der Berufungshauptverhandlung) vor Ergehen des Verwerfungsurteils die Berufung des anderen Beteiligten zurückgenommen wurde und damit die Sprungrevision wieder aufgelebt ist (OLG Köln NStZ-RR 2001, 86; OLG Bamberg NStZ 2006, 591).

21 Bleibt die Berufung des anderen Beteiligten aufrechterhalten, so gelten für das **Berufungsverfahren** keine Besonderheiten. Bedeutung kann hier die Vorschrift des § 303 erlangen, die den Angeklagten davor schützt, unerwartet günstiger Folgen einer zu seinem Nachteil eingelegten Berufung der StA oder der Nebenklage durch deren Rücknahme verlustig zu gehen (wenn seine eigene »umgewandelte« Berufung nur einen – etwa auf den Strafausspruch – beschränkten Wirkungsbereich hat). Die Vorschrift des Abs. 3 Satz 2, wonach die originär eingelegte Revision trotz ihrer Umwandlung in eine Berufung form- und fristgerecht begründet werden muss, erlangt Bedeutung nur, wenn die Bedingung (Rücknahme oder Verwerfung der Berufung des anderen Beteiligten als unzulässig) eintritt und damit die Sprungrevision wieder auflebt: fehlt es jetzt am Begründungserfordernis, so muss sie als unzulässig verworfen werden. Das Berufungsverfahren selbst wird auch dann durchgeführt, wenn die (bedingte) Revision nicht begründet wurde (RGSt 59 [63/64]; BayObLG NJW 1970, 1202 [für die Parallelvorschrift des § 83 Abs. 2 OWiG]). Ergeht ein Berufungsurteil, so gelten für das Revisionsverfahren die allgemeinen Vorschriften. Im Sinne des § 55 Abs. 2 Satz 1 JGG (Wahlrechtsmittel) kann die über § 335 Abs. 3 »zwangsweise umgewandelte« Berufung aber einer von Anfang an *gewählten* Berufung nicht gleichgestellt werden, so dass dem Beschwerdeführer das Rechtsmittel der Revision erhalten bleibt (BayObLG NStZ-RR 2001, 49 m.w.N.; OLG Koblenz NStZ 2008, 218 [LS]).

22 **3. Wiederaufleben der Revision.** Kommt es zur Verwerfung der (als solche eingelegten) Berufung als unzulässig oder zu deren (wirksamer) Rücknahme, so lebt die Revision wieder auf; es ist dann nach §§ 346 f. weiter zu verfahren (vgl. OLG Köln VRS 99, 276 [278] [keine Verwerfung nach § 329 Abs. 1]; OLG Bamberg NStZ 2006, 591 [OLG Bamberg 05.05.2006 – 3 Ss 154/05]). Zu einem Wiederaufleben der Revision kommt es auch dann, wenn der Rechtsmittelführer, welcher Berufung eingelegt hatte, der Hauptverhandlung unentschuldigt fernbleibt und sein Rechtsmittel deshalb gem. § 329 Abs. 1 S. 1 verworfen wird, obwohl die Berufung als solche zulässig war (BGHSt 46, 230 [235]; KK/*Gericke* § 335 Rn. 11; HK-GS/*Maiwald/Rackow* § 335 Rn. 15; *Schroeder* NJW 1973, 308; a. A. OLG

Bremen StV 1991, 150 [OLG Bremen 19.11.1990 – Ss 59/90]; RGSt 59, 63 [64], wohl auch noch *Meyer-Goßner/Schmitt* § 335 Rn. 17; näher LR/*Franke* § 335 Rn. 25).

Wegen der Möglichkeit, dass die Revision wieder auflebt, muss sie bereits von vornherein – wenn sie dann nach Wiederaufleben zulässig sein soll – form- und fristgerecht sowie entsprechend den sich aus § 344 ergebenden inhaltlichen Anforderungen begründet werden (ausschließliche Bedeutung von § 335 Abs. 3 S. 2), auch wenn die Revisionsbegründungsfrist in den Zeitraum fällt, in dem die Revision als Berufung behandelt wird; für die Zulässigkeit der (fiktiv) als Berufung behandelten Revision bedarf es dagegen dieser Begründung nicht (RGSt 59, 63 [64]; BayObLGSt 1970, 39 [41]; HK-GS/ *Maiwald/Rackow* § 335 Rn. 14). 23

§ 336 StPO Überprüfung der dem Urteil vorausgegangenen Entscheidungen.

¹Der Beurteilung des Revisionsgerichts unterliegen auch die Entscheidungen, die dem Urteil vorausgegangen sind, sofern es auf ihnen beruht. ²Dies gilt nicht für Entscheidungen, die ausdrücklich für unanfechtbar erklärt oder mit der sofortigen Beschwerde anfechtbar sind.

A. Zweck der Vorschrift. Der Regelungsgehalt von § 336 Satz 1 wird bereits von der Generalklausel des § 337 Abs. 1 erfasst. Die deshalb eigentlich entbehrliche (vgl. *Nelles* NStZ 1982, 97 [98]) Vorschrift stellt aber klar, dass die Revision auch Entscheidungen vor und außerhalb der Hauptverhandlung und (gem. § 305 Satz 1) nicht mit der einfachen Beschwerde angreifbare Entscheidungen während der Hauptverhandlung erfasst, sofern sie sich **im Urteil niedergeschlagen** haben. Erreicht werden soll damit, dass mehrfache Überprüfungen einer Entscheidung nach einer Beschwerde und in der Revision vermieden werden, um der Gefahr widersprüchlicher Entscheidungen sowie Verfahrensverzögerungen vorzubeugen; auch prozessökonomischen Erwägungen kann damit Rechnung getragen werden. 1

Die in Satz 2 in Bezug genommenen unanfechtbaren bzw. nur mit der sofortigen Beschwerde angreifbaren Vorentscheidungen sind von der revisionsgerichtlichen Überprüfung ausgeschlossen, da sie in Rechtskraft erwachsen sind (*Dünnebier* FS Dreher (1977), S. 673 m.w.N.; ähnlich »endgültige Klarheit« BT-Drs. 8/976 S. 59; LR/*Franke* § 336 Rn. 12; HK/*Temming* § 336 Rn. 5 a.E.). 2

B. Entscheidungen des erkennenden Gerichts, die dem Urteil vorausgehen. 3

Entscheidungen i.S.d. Vorschrift sind alle Entscheidungen des erkennenden Gerichts, auch diejenigen des Vorsitzenden (BGH NJW 1973, 1985; Radtke/Hohmann/*Nagel* § 336 Rn. 1; HK-GS/*Maiwald/ Rackow* § 336 Rn. 2; LR/*Franke* § 336 Rn. 2). Diese sind nach § 305 Satz 1 der Beschwerde entzogen, unterliegen aber nach § 336 Satz 1 der Prüfung des Revisionsgerichts Unter der Voraussetzung, dass sie sich auf das Urteil ausgewirkt haben, gilt das auch für frühere im selben Verfahren ergangene Entscheidungen, wobei es keinen Unterschied macht, ob im Ermittlungsverfahren unterlaufene Fehler solche des Ermittlungsrichters oder der Ermittlungsbehörden sind (dazu unten Rdn. 4). Das gilt vor allem für die Verletzung von Beschuldigtenrechten, soweit sie zu Verwertungsverboten oder zur Herabminderung des Beweiswerts davon betroffener Beweiserhebungen führt (etwa die unterbliebene Pflichtverteidigerbestellung vor einer ermittlungsrichterlichen Vernehmung: Beeinträchtigung des Befragungsrechts aus Art. 6 Abs. 3 Buchst. d EMRK; BGHSt 46, 93 [103]). Generell zum Fortwirken rechtlicher Mängel des Ermittlungsverfahrens *Landau/Sander* und *Schlothauer* StraFo 1998, 397 f., 402 f. Bei Fortwirken in das Urteil hinein steht § 336 auch der Revisibilität prozessualer Geschehnisse in einer vorangegangenen Instanz oder in einer früheren Hauptverhandlung in derselben Instanz nicht entgegen, so etwa bei Auswirkungen einer in einem abgetrennten Verfahrensteil erfolgten Urteilsabsprache zu Lasten des jetzigen Angeklagten (BGHSt 52, 78) oder beim fortbestehenden Verwertungsverbot des § 257c Abs. 4 Satz 3 nach gescheiterter Urteilsabsprache in einer früheren Hauptverhandlung). Aus § 336 ist deshalb auch keine »Heilung« früherer Rechtsmängel des Verfahrens abzuleiten, sofern sie im Verfahren vor dem erkennenden Gericht fortgewirkt haben und dieses sie nicht abgestellt hat (z.B. das Aufrechterhalten der Bestellung eines im konkreten Interessenwiderstreit befindlichen Verteidigers wie in der Sache BGHSt 48, 170).

Fehlerhafte Handlungen und Maßnahmen **nur** der Staatsanwaltschaft oder ihrer Ermittlungspersonen – aber auch solche des Ermittlungsrichters – können daher über § 336 nicht mit der Revision angegriffen 4 werden, zumal allein auf ihnen das Urteil nicht beruhen kann (vgl. BGHSt 6, 326 [328]; 15, 40 [44 f.]; BGH NJW 1967, 1869; BGHR StPO § 349 Abs. 1 Unzulässigkeit 1; LR/*Franke* § 336 Rn. 3; *Meyer-Goßner/Schmitt* § 336 Rn. 2 m.w.N.). Auch auf Mängel der Anklageschrift kann daher die Revision nur ausnahmsweise dann gestützt werden, wenn diese so durchgreifend sind, dass vom Nichtvorliegen einer Anklageschrift auszugehen ist (BGHSt 5, 225 [227]; 15, 40 [44]; HK-GS/*Maiwald/Rackow* § 336 Rn. 2; SK-StPO/*Frisch* § 336 Rn. 5).

5 Den der Prüfung durch das Revisionsgericht unterliegenden Entscheidungen steht das **Unterbleiben gesetzlich vorgeschriebener Entscheidungen** gleich (etwa das Unterbleiben eines Beschlusses nach § 251 Abs. 4 (vgl. dort). Gleichgestellt sind auch **Entscheidungen des Vorsitzenden**, sofern sie dem Gericht zugerechnet werden (vgl. hierzu § 238) oder sie mit dem gesetzwidrigen Unterbleiben einer Entscheidung des Gerichts einhergehen.

6 **C. Gesetzesverletzung und Beruhen. I. Allgemeines.** Da der Beurteilung durch das Revisionsgericht »auch« (§ 336 S. 1) die dem Urteil vorausgegangenen Entscheidungen des erkennenden Gerichts unterliegen, sofern das Beruhen gegeben ist, bezieht sich § 336 S. 1 auf § 337. Deshalb richtet sich die Revision stets gegen das Urteil, nicht die diesem vorausgegangene Entscheidung. Wie bei einem »normalen« relativen Revisionsgrund (vgl. *Gössel* NStZ 1982, 141 [142]) prüft das Revisionsgericht aber, ob diese Vorentscheidung eine Gesetzesverletzung aufweist und ob das Urteil ohne sie möglicherweise anders ausgefallen wäre (Einzelheiten dazu bei § 337 und unten bei Rdn. 7 ff.); dies wird – wegen § 261 – vor allem bei in der Hauptverhandlung getroffenen Entscheidungen in Betracht kommen.

7 **II. Besonderheiten beim Beruhen. 1. Entscheidungen vor Erlass des Eröffnungsbeschlusses.** Nach der Rechtsprechung ist bei Vorentscheidungen des erkennenden Gerichts ein Beruhen an sich ausgeschlossen, sofern sie vor dem Erlass des Eröffnungsbeschlusses getroffen wurden. Dies wird damit begründet, dass erst mit dem Eröffnungsbeschluss das Gericht zum erkennenden Gericht wird (BGHSt 2, 1 [2]; 31, 15) und nur er die Grundlage für das Verfahren vor diesem ist (BGHSt 6, 326 [328]; 15, 40 [44 f.]; LR/*Franke* § 336 Rn. 6; *Meyer-Goßner/*Schmitt § 336 Rn. 3).

8 Hiervon lässt die Rechtsprechung indes wiederum Ausnahmen zu, nimmt also eine Überprüfung von vor dem Eröffnungsbeschluss liegenden Entscheidungen in der Revision vor, wenn diese möglicherweise bis zum Urteil hin fortgewirkt haben (Beispiel: Fehler in Zusammenhang mit der Bestellung eines Pflichtverteidigers; weitere Beispiele bei *Dünnebier* FS Dreher (1977), S. 671 sowie *Meyer-Goßner/*Schmitt § 336 Rn. 3). Der Revision zugänglich ist jedoch, dass die Anklageschrift unter Verstoß gegen § 201 nicht mitgeteilt worden ist (HK-GS/*Maiwald/Rackow* § 336 Rn. 3; *W.Schmid* Die Verwirkung von Verfahrensrügen im Strafprozeß, 1967; RGSt 2, 406). Entgegen BGHSt 15, 40 [44] ist nicht erforderlich, dass der Angeklagte in der früheren Hauptverhandlung aus diesem Grund die Aussetzung der Hauptverhandlung beantragt hatte (ebenso HK-GS/*Maiwald/Rackow* § 336 Rn. 3).

9 **2. Entscheidungen in früheren Hauptverhandlungen.** Auf Entscheidungen in einer früheren – ausgesetzten – Hauptverhandlung kann das Urteil wegen § 261 grundsätzlich nicht beruhen (OLG Koblenz VRS 62, 287; OLG Saarbrücken VRS 46, 46 [48]; *Hilger* NStZ 1983, 428 f.), es sei denn, sie wirken auch noch auf die spätere Verhandlung und das Urteil ein (OLG Saarbrücken, VRS 46, 46 [48]; *Meyer-Goßner/Schmitt* § 336 Rn. 4). Dies gilt auch für die Zurückweisung eines Ablehnungsantrags wegen Befangenheit (BGH NJW 2006, 854, anders noch BGHSt 31, 15; vgl. *Meyer-Goßner/*Schmitt § 335 Rn. 4) und die Ablehnung eines Beiordnungsantrags (die scheinbar abw. Entscheidung BGHSt 43, 143 [145] hat zur Grundlage, dass derselbe Antrag in der erneuten Hauptverhandlung erneut abgelehnt worden ist; vgl. HK-GS/*Maiwald/Rackow* § 336 Rn. 3).

10 Dasselbe gilt bezüglich der Entscheidungen des Amtsgerichts, wenn die Revision gegen das landgerichtliche Berufungsurteil eingelegt wurde (RGSt 59, 299 [300]; 60, 111 [112 f.]; 61, 399 [400]).

11 **D. Verfahrensvoraussetzungen.** Die Revisibilität von (ohnehin in jeder Lage des Verfahrens von Amts wegen zu prüfenden) Verfahrensvoraussetzungen wird durch § 336 nicht eingeschränkt. Das gilt auch für Mängel des **Eröffnungsbeschlusses** (vgl. i.E. § 207 Rdn. 15 f.; *Nelles* NStZ 1982, 96). Einstellungsbeschlüsse nach §§ 153f unterliegen nicht der Prüfung durch das Revisionsgericht, es sei denn, dass wie bei § 154e (früher § 164 Abs. 6 StGB) Verfahrenshindernisse betroffen sind (auch vorübergehende; vgl. BGHSt 8, 133; 8, 151).

§ 337 StPO Revisionsgründe

E. Unanfechtbare Entscheidungen. Nach § 336 Satz 2 können vom Gesetz als **unanfechtbar** bezeichnete Entscheidungen auch revisionsgerichtlich nicht geprüft werden (Anwendungsfälle: §§ 28 Abs. 1, 201 Abs. 2, 210 Abs. 1, 225a, § 247a Satz 2, 322a Satz 2 und §§ 52f, 171a GVG), da sie in Rechtskraft erwachsen sind (*Dünnebier* FS Dreher (1977), S. 673 m.w.N.; ähnlich [»endgültige Klarheit«] BT-Drs. 8/976 S. 59; LR/*Franke* § 336 Rn. 11; HK/*Temming* § 336 Rn. 5 a.E.). Entsprechendes gilt für die mit der **sofortigen Beschwerde** anfechtbaren Entscheidungen nach §§ 138d Abs. 6 Satz 1, 231a Abs. 3 Satz 2. Für die Befangenheitsablehnung eines Richters gilt die Sonderregelung der §§ 28 Abs. 2 Satz 2, 338 Nr. 3, wonach die sofortige Beschwerde im Revisionsverfahren als Geltendmachung eines absoluten Revisionsgrundes ausgestaltet ist. 12

Die Wahrung des Anspruchs auf den **gesetzlichen Richter** aus Art. 101 Abs. 1 Satz 2 GG geht der Anwendung des § 336 Satz 2 vor (BGHSt 46, 238 [246]). Dies gilt auch bei objektiv willkürlichen Entscheidungen nach §§ 52 f. GVG. 13

§ 337 StPO Revisionsgründe.

(1) Die Revision kann nur darauf gestützt werden, dass das Urteil auf einer Verletzung des Gesetzes beruhe.
(2) Das Gesetz ist verletzt, wenn eine Rechtsnorm nicht oder nicht richtig angewendet worden ist.

Übersicht

	Rdn.
A. Grundsätzliches	1
B. Gesetze i.S.d. § 337	2
C. Verletzung des Gesetzes	5
I. Nichtanwendung eines Gesetzes	6
II. Falschanwendung eines Gesetzes	9
III. Übersicht und Abgrenzung zwischen Verfahrens- und sachlich-rechtlichem Fehler sowie zu den von Amts wegen zu beachtenden Verfahrenshindernissen	11
1. Allgemeines	11
2. Verfahrensfehler und Abgrenzung zum sachlich-rechtlichen Fehler	13
3. Sachlich-rechtlicher Fehler	18
4. Von Amts wegen zu beachtende Verfahrenshindernisse	21
5. Prüfung der Verfahrensvoraussetzung bei Teilrechtskraft	23
6. Prüfungsmaßstab	24
IV. Einzelheiten zu sachlich-rechtlichen Fehlern und Hinweise zum Auffinden solcher Fehler	25
1. Maßgeblicher Gesetzesstand	25
2. Grundlagen für die Sachprüfung (Bindung an die tatrichterlichen Feststellungen)	26
3. Hinweise zum Auffinden sachlich-rechtlicher Fehler	39
a) Fehler im Rubrum	40
b) Fehler im Urteilstenor, Widersprüche zwischen verkündetem Tenor und dem des schriftlichen Urteils, Widersprüche zwischen Tenor und Gründen	41
c) Fehler in der Liste der angewendeten Vorschriften	44
d) Fehler in der Sachverhaltsmitteilung	45
e) Fehler in der Beweiswürdigung	48
f) Fehler im Schuldspruch	51
g) Überprüfung der Strafzumessungserwägungen	53
V. Einzelheiten zu Verfahrensfehlern	63
1. Übersicht	63
2. Maßgeblicher Gesetzesstand	66
3. Grundlagen der revisionsgerichtlichen Überprüfung	67
a) Maßgeblicher Zeitpunkt	67
b) Bindung an die tatrichterlichen Feststellungen	68
c) Nachweis der Gesetzesverletzung und Beweiskraft des Hauptverhandlungsprotokolls	69
d) Erwiesenheit der Gesetzesverletzung	71
VI. Einzelheiten zu von Amts wegen zu beachtenden Verfahrenshindernissen	75
1. Maßgeblicher Zeitpunkt	75
2. Nachweis des Verfahrenshindernisses	76
VII. Besonderheiten	79
C. Zur Beruhensfrage	82
I. Grundsätzliches	82
II. Beruhen bei sachlich-rechtlichen Fehlern	85
III. Beruhen bei Verfahrensfehlern	88
E. Beschwer	89
F. Verlust von Verfahrensrechten und -rügen	93
I. Kein Rügeverlust im materiellen Recht	93
II. Rügeverlust bei zeitlich begrenzten Beanstandungsmöglichkeiten	97
III. Heilung	98

A. Grundsätzliches. Zum Wesen der Revision als rein **rechtlicher Überprüfung des Urteils und des Verfahrens** s. Vorb. Rdn. 1 f. vor § 333. Die Trennung zwischen Tat- und Rechtsfrage wird in der 1

Praxis der Rechtsprechung nicht strikt durchgehalten. Eine gewisse Handhabe hierzu geben verschiedene Prüfungsschemata für die »Tragfähigkeit« tatrichterlicher Sachverhaltsfeststellungen (unten Rdn. 26 ff.).

2 **B. Gesetze i.S.d. § 337.** Nach der Legaldefinition des § 7 EGStPO ist **Gesetz** i.S.d. StPO jede **Rechtsnorm** in Verfassungen, Gesetzen und Rechtsverordnungen des Bundes und der Länder. Hierzu gehören auch die allgemeinen Regeln des Völkerrechts (Art. 25 GG), formelle Gesetze zur Übernahme von Staatsverträgen, auch **ausländische** Rechtsvorschriften, soweit sie für die Anwendung inländischen Rechts von Bedeutung sind (etwa für § 7 StGB oder für den Bereich des Rechtshilferechts), ggf. auch aufgehobene Normen des DDR-Rechts.

3 **Keine Rechtsnormen** sind interne oder sich nur an einen beschränkten Personenkreis richtende Verwaltungsanordnungen (BGH MDR 1970, 210 [Zivilrecht]; BGH NStZ 1982, 321; OLG Hamburg NStZ 1984, 273 – sofern diese keinen Blanketttatbestand ausfüllen; Baumann NJW 1958, 2004; *Meyer-Goßner*/Schmitt § 337 Rn. 3; vgl. auch BGHSt 31, 314 [315] f. [Verwaltungsakt]; BayObLG NJW 1952, 235 [236] [Richtlinie] sowie OLG Köln NJW 1961, 1127; KK/*Gericke* § 337 Rn. 14; LR/*Franke* § 337 Rn. 9) Unfallverhütungsvorschriften, Dienstvorschriften der Bundesbahn (BGH VRS 16, 53; RGSt 53, 134; LG Mainz MDR 1982, 597 [598]), RiStBV und RiVASt (BGH bei Becker NStZ-RR 2002, 67 [zu § 136 Abs. 1 S. 2]; Radtke/Hohmann/*Nagel* § 337 Rn. 8), Vereinssatzungen, allgemeine Geschäftsbedingungen (BGHZ 112, 204 [210]; BGH NJW 1994, 1408 [BGH 22.02.1994 – VI ZR 309/93] [1409] [beide zum Zivilrecht]), auch nicht die Geschäftsverteilungspläne der Gerichte (RGSt 76, 233 [234]; BayObLGSt 1977, 141 [142]). Trotz fehlender Eigenschaft als Rechtsnorm kann die Verletzung solcher Regelungen für die Anwendungen von Rechtsnormen relevant sein (so der Verstoß gegen Unfallverhütungsvorschriften als Grundlage eines Fahrlässigkeitsvorwurfs oder der Verstoß gegen den Geschäftsverteilungsplan als Grundlage einer Besetzungsrüge).

4 Auch **Soll- und Ordnungsvorschriften** wie § 64 Abs. 4 (Erhebung der rechten Hand beim Eid), § 36 Abs. 2 GVG (Vorschlagsliste für die Schöffenwahl; BGHSt 30, 255 [257]) sind Rechtsnormen; ihre Verletzung bleibt aber i.d.R. folgenlos. Ohnehin bestimmen sich die rechtlichen Folgen der Verletzung einer Norm nicht nach deren begrifflicher Einordnung in solche Kategorien, sondern nach dem vom Gesetz mit der Vorschrift verfolgten Zweck (vgl. hierzu die Entwicklung der Rspr. zur Nichtbelehrung über die Beschuldigtenrechte BGHSt 22, 170; 25, 325; 31, 395[399], 38, 214). Näher zur Problematik LR/*Hanack*, 25. Aufl., Rn. 15, S. 20 f.; *Frisch* Symp. Rudolphi, S. 201; *Bohnert* NStZ 1982, 5; *Weber-Petras* Ordnungs- und Sollvorschriften im Strafprozessrecht, 1992.

5 **C. Verletzung des Gesetzes.** Nach der **Legaldefinition des § 337 Abs. 2** ist das Gesetz verletzt, wenn eine Rechtsnorm nicht oder nicht richtig angewendet worden ist. Die Zuordnung der Rechtsnorm zu den Verfahrensvoraussetzungen, zum Verfahrensrecht und zum sachlichen Recht hat Bedeutung für die Prüfungspflichten des Revisionsgerichts und für die Rügenotwendigkeit nach § 344.

6 **I. Nichtanwendung eines Gesetzes.** Die Nichtanwendung eines Gesetzes ist vorrangig darauf zurückzuführen, dass das Gericht die Rechtsnorm übersehen; dem stehen die Fälle gleich, in denen er zwar bemerkt, im Urteil jedoch unerörtert gelassen hat oder er sie irrtümlich für nicht einschlägig erachtet wurden (zur Nichtanwendung infolge fehlerhafter Interpretation oder Subsumtion: unten Rdn. 19 f.).

7 In einem solchen Fall betrifft die Gesetzesverletzung den Bereich des materiellen Rechts, wenn die Anwendung der Rechtsnorm nach den im Urteil getroffenen Feststellungen hinsichtlich des Schuldspruchs oder der Strafzumessungserwägungen geboten oder nahe liegend war, wobei im letzten Fall der Rechtsfehler in der unterlassenen Erörterung oder Prüfung liegt (vgl. BGH StraFo 2004, 356; zu § 64 StGB: BGHSt 37, 5 [6]; zu § 66 StGB: BGH NJW 1999, 2606 [BGH 09.06.1999 – 3 StR 89/99]; zum minder schweren Fall: BGHR StPO § 267 Abs. 3 S. 2 Strafrahmenwahl 1; BGH StV 1999, 137 [138]; KK/*Gericke* § 337 Rn. 22).

8 Im Bereich des Verfahrensrechts liegt in der Nichtanwendung einer Rechtsnorm jedenfalls dann eine Gesetzesverletzung, wenn die Handlung oder das Unterlassen gesetzlich vorgeschrieben war (vgl. BGH MDR 1981, 157 [BGH 22.10.1980 – 2 StR 612/80]). Bei einer nicht zwingenden Verfahrensvorschrift ist mit der Nichtanwendung dagegen regelmäßig nur dann eine Gesetzesverletzung verbunden, wenn in

der konkreten Verfahrenssituation ihr Anwendungsbereich eröffnet war und sich die Anwendung aufgedrängt hat, der Tatrichter sich mit ihr aber gleichwohl nicht befasst hat.

II. Falschanwendung eines Gesetzes. Hat das Tatgericht die in seinem Fall relevanten Rechtsnormen gesehen und erörtert, kann eine Gesetzesverletzung nur in deren Falschanwendung liegen; diese kann sowohl auf einem Interpretations- als auch auf einem Subsumtionsfehler beruhen. 9

Dabei ist ein Interpretationsfehler gegeben, wenn die abstrakten Tatbestandsmerkmale der Norm nicht (richtig) erkannt oder ausgelegt wurden. Ein Subsumtionsfehler liegt vor, wenn im konkreten Fall die Tatbestandsmerkmale der angewendeten Norm nicht gegeben waren oder die Tatbestandsmerkmale einer nicht angewendeten Norm gegeben gewesen sind (ähnlich LR/*Franke* § 337 Rn. 82, 84; *Meyer-Goßner/Schmitt* § 337 Rn. 33; vgl. auch Rdn. 19). 10

III. Übersicht und Abgrenzung zwischen Verfahrens- und sachlich-rechtlichem Fehler sowie zu den von Amts wegen zu beachtenden Verfahrenshindernissen. 1. Allgemeines. In § 344 Abs. 2 differenziert das Gesetz lediglich »Rechtsnormen über das Verfahren« und »andere Rechtsnormen«. Letztere Gruppe bezieht sich systematisch allein auf sog. »materielle Rechtsnormen«, so dass nur zwei Arten von Normverstößen differenziert werden. Gleichwohl können mit der Revisionsbegründung drei in der Sache zu unterscheidende Arten von Beanstandungen gegen das Urteil und sein Zustandekommen erhoben werden (ähnlich LR/*Franke* § 337 Rn. 25, 41, 73): die Verfahrensrüge, die Sachrüge und die davon zu unterscheidende Geltendmachung eines Verfahrenshindernisses. Die Missachtung eines Verfahrenshindernisses führt zwar an sich zu einem Verfahrens- bzw. einem materiell-rechtlichen Fehler; ihre Einordnung als eigene Gruppe ist aber gerechtfertigt, wenn und weil sie im Falle ihres Vorliegens auch der Durchführung des Revisionsverfahrens entgegensteht und sie deshalb dort von Amts wegen beachtet wird (ausführlich dazu unten Rdn. 21 f.). 11

Die Unterscheidung zwischen der Sach- und der Verfahrensrüge hat aus einer Vielzahl von Gründen Bedeutung. Hervorgehoben sei insofern, dass die Verfahrensrüge gemäß § 344 Abs. 2 S. 2 grundsätzlich näher ausgeführt werden muss, während bei der Sachrüge die allgemeine Erhebung – ohne spezifische Begründung einzelner Rechtsverletzungen – genügt; dass bei Verfahrensrügen – anders als bei der Überprüfung auf materiell-rechtliche Fehler – grundsätzlich keine Bindung an die tatrichterlichen Feststellungen besteht (Rdn. 68), dass § 339 nur bei Verfahrensfehlern anwendbar sein soll (vgl. die Kommentierung zu § 339 und *Momsen* Verfahrensfehler und Rügeberechtigung im Strafprozeß, S. 44 [49] m.w.N.), während § 357 bei bloßen Verfahrensfehlern gerade keine Anwendung findet (vgl. die Kommentierung zu § 357 und *Jähnke* FS Meyer-Goßner (2001), S. 559 [568]) und allein Verfahrensvorschriften der etwa zu einem Verzicht oder der Verwirkung führenden Disposition des Revisionsführers unterliegen können (vgl. Rdn. 93 ff. sowie *Jähnke* FS Meyer-Goßner (2001), S. 559 [568]). 12

2. Verfahrensfehler und Abgrenzung zum sachlich-rechtlichen Fehler. Die Notwendigkeit einer **Abgrenzung** zwischen einem Verfahrens- und einem sachlich-rechtlichen Fehler ergibt sich aus der Regelung in § 344 Abs. 2 S. 1, indem man bestimmt, wann eine Verfahrensrüge erhoben werden muss; alle anderen Gesetzesverstöße sind dann – sofern sie nicht zu von Amts wegen zu beachtenden Verfahrenshindernissen führen – als Sachrüge geltend zu machen (BGHSt 19, 273 [275]; 25, 100 [102]; LR/*Franke* § 337 Rn. 41; *Meyer-Goßner/Schmitt* § 337 Rn. 8). 13

Dabei ist für die Abgrenzung zwischen der Verfahrens- und der Sachrüge unerheblich, wie sie vom Revisionsführer bezeichnet wurde (vgl. BGHSt 19, 273 [275]; *Krause* StV 1984, 483 [485] f.; KK/*Gericke* § 344 Rn. 20; *Meyer-Goßner/Schmitt* § 344 Rn. 10). Erhebt der Revisionsführer dagegen ausdrücklich nur die Sachrüge, so ist das Revisionsgericht im Hinblick auf die bezüglich eines Verfahrensfehlers bestehende Dispositionsbefugnis des Revisionsführers (vgl. §§ 344 Abs. 2, 352) nicht befugt, diese als Verfahrensrüge zu behandeln, sofern sich dem Revisionsvorbringen – etwa mangels einer explizit auf einen Verfahrensfehler gerichteten und ausgeführten Begründung – hinreichend sicher entnehmen lässt, dass die Beanstandung nur als Rüge der Verletzung des sachlichen Rechts geltend gemacht wird (vgl. BGH NStZ 2000, 215 [216]). 14

Eine Verfahrensverletzung liegt grundsätzlich – unabhängig vom Standort der Rechtsnorm etwa in der StPO – vor, wenn gegen eine Rechtsnorm verstoßen wurde, die den Weg des Gerichts zur Urteilsfindung bestimmt hat (BGHSt 19, 273 [275]; 25, 100 [102]; OLG Köln NJW 2001, 1223 [OLG Köln 12.12.2000 – Ss 446/00 – 243 -] [1224]; *Schäfer* FS Rieß (2002), S. 475; KK/*Gericke* § 337 15

Rn. 26; LR/*Franke* § 337 Rn. 41; *Meyer-Goßner/Schmitt* § 337 Rn. 8), wenn das Gericht also eine vorgeschriebene oder gebotene prozessuale Handlung unterlassen oder eine nicht zulässige prozessuale Handlung vorgenommen hat (BGH MDR 1981, 157 [BGH 22.10.1980 – 2 StR 612/80]; KK/*Gericke* § 337 Rn. 10, 26; LR/*Franke* § 337 Rn. 44; *Meyer-Goßner/Schmitt* § 337 Rn. 9; weitere Nachweise bei *Jähnke* FS Meyer-Goßner (2001), S. 559). Die mit der Verfahrensrüge zu beanstandenden prozessualen Fehler betreffen daher solche Regelungen, die ein inhaltlich richtiges und rechtsstaatlich zustande gekommenes Urteil garantieren sollen, während ein sachlich-rechtlicher Fehler – liegt er vor – die inhaltliche Richtigkeit des Urteils selbst im Hinblick auf Schuld- oder Rechtsfolgenausspruch, deren Begründung sowie die zugehörigen Feststellungen betrifft (vgl. *Schäfer* FS Rieß (2002), S. 477 [479 f.]). Handelt es sich danach um einen Verfahrensfehler, so wird dieser nicht – zusätzlich – zu einem sachlich-rechtlichen Fehler, weil er sich auf die Anwendung des materiellen Rechts ausgewirkt hat; ein Verfahrensfehler ist also nicht deshalb (auch) dem materiellen Recht zuzuordnen, weil er sachlich-rechtlich zu erörtern ist (BGH StraFo 2004, 356) zu den seltenen Fällen der Doppelrüge: unten Rdn. 20.

16 Die Erforderlichkeit einer Verfahrensrüge kann »faustregelartig« auch aus folgender Überlegung hergeleitet werden (BGH StV 2001, 552 [BGH 30.05.2000 – 1 StR 183/00]; ähnlich: StV 1998, 636; NStZ-RR 1999, 46): Ist die Gesetzesverletzung mit den ihr zugrunde liegenden Tatsachen nicht allein aus dem Urteil zu ersehen, sondern bedarf es zu ihrer Feststellung eines Blicks in die Akten, vor allem in das Hauptverhandlungsprotokoll, muss eine Verfahrensrüge erhoben werden; andere Aktenteile als das Urteil nimmt das Revisionsgericht nämlich – abgesehen von Tatsachen zu Verfahrenshindernissen – grundsätzlich nur nach einer Verfahrensrüge zur Kenntnis (vgl. auch Rdn. 20, 45).

17 Genauer betrachtet kann diese »Faustregel«, die die Verfahrens- von der Sachrüge »funktionsbezogen« abgrenzen würde (vgl. *Rieß* FS Hanack (1999), S. 397 [410 f.] und OLG Dresden NJW 2000, 3295 [OLG Dresden 12.07.2000 – 1 Ss 166/00] [3296] [dagegen: OLG Köln NJW 2001, 1223]), indes nur dazu herangezogen werden, im Hinblick auf § 344 Abs. 2 S. 2 zu bestimmen, welche Ausführungen – bei gleichzeitig erhobener Sachrüge – zur Begründung einer Verfahrensrüge erforderlich und ausreichend sind; zu einer allgemein im Revisionsrecht gültigen Abgrenzung der Sach- von der Verfahrensrüge ist sie dagegen ebenso wenig geeignet wie eine Abgrenzung nach der Zumutbarkeit des Tatsachenvortrags (so aber BGH NStZ 2004, 639 [BGH 13.11.2003 – 5 StR 376/03] [642]; dagegen BGH StraFo 2004, 356; Beschluss v. 12.8.2004, 3 ARs 5/04; die in Rdn. 23 angesprochenen Probleme, in denen die Unterscheidung zwischen Sach- und Verfahrensrüge Bedeutung hat, ließen sich mit einer »funktionsbezogenen« oder auf die Zumutbarkeit abstellenden Abgrenzung nicht befriedigend lösen). Aus obiger »Faustregel« darf daher nicht der Schluss gezogen werden, dass Fehler, die sich aus dem Urteil selbst ergeben, nicht Verfahrensfehler sind, sondern mit der Sachrüge beanstandet werden können bzw. von dieser erfasst sind (missverständlich daher BGH StV 2000, 604 [BGH 19.07.2000 – 3 StR 245/00]; KK/*Gericke* § 337 Rn. 27). Lässt sich der Fehler aus dem Urteil selbst ersehen, betrifft er aber das Verfahren, so muss er vielmehr gleichwohl mit der Verfahrensrüge beanstandet werden; es bedarf dann bei einer zusätzlich erhobenen Sachrüge lediglich keiner (weiteren) Ausführungen gem. § 344 Abs. 2, soweit sich die danach erforderlichen Tatsachen aus dem Urteil ergeben (vgl. auch *Fezer* FS Hanack (1999), S. 331 [334 f.]; *Jähnke* FS Hanack (1999), S. 355 [365] und *Jähnke* FS Meyer-Goßner (2001), S. 559 [567]; *Paulus* FS Spendel (1992), S. 687 [712]; *Schäfer* FS Rieß (2002), S. 477 [482]).

18 **3. Sachlich-rechtlicher Fehler.** Mit der **Sachrüge** werden Verletzungen des materiellen Rechts beanstandet, also Gesetzesverstöße, die weder Verfahrensverstöße noch solche Prozesshindernisse betreffen, die im Verfahrensrecht wurzeln (vgl. Rdn. 13, 21).

19 Sie richtet sich nach den Vorstellungen des Gesetzgebers in erster Linie auf die Geltendmachung von Subsumtions- und Interpretationsfehlern im Bereich des materiellen Strafrechts (Einzelheiten unten Rdn. 51.), also auf Rechtsfehler, die die Entscheidungen zum Schuldspruch und zu den Rechtsfolgen (vgl. BGHSt -GS- 12, 1 [4]; BGH NStZ 1993, 592 [BGH 19.08.1993 – 4 StR 627/92] [594]; KK/*Gericke* § 337 Rn. 10) und daher die inhaltliche Richtigkeit des Urteils selbst betreffen (*Schäfer* FS Rieß (2002), S. 477 [479 f.]). In der Praxis stehen dagegen Angriffe gegen die Beweiswürdigung und die Strafzumessung im Vordergrund (*Barton* Die Revisionsrechtsprechung des BGH in Strafsachen, S. 118 ff.).

20 Einige Gesetzesverletzungen können sowohl als Sach- und als Verfahrensrüge geltend gemacht werden, z.B. das völlige Fehlen der Urteilsgründe (vgl. Rdn. 20, 45), bei anderen Gesetzesverletzungen richten

sich Sach- und Verfahrensrüge dagegen lediglich auf dasselbe Ziel (z.B. das Unterlassen der Prüfung eines minder schweren Falles, das bei Ablehnung eines entsprechenden Antrags als Verfahrensfehler [Verstoß gegen § 267 Abs. 3 S. 2] beanstandet werden kann, während ein sachlich-rechtlicher Fehler vorliegt, wenn aufgrund der Feststellungen die Prüfung des minder schweren Falles nahe lag; vgl. BGH StV 1999, 137 [138] und unten Rdn. 53 ff.; ähnlich zur Ablehnung eines Beweisantrags und einem sachlich-rechtlichen Fehler der Beweiswürdigung: OLG Koblenz VRS 72, 441 [442]). In diesen Fällen empfiehlt es sich, wegen des geringeren Begründungsaufwands in jedem Fall auch die Sachrüge neben der entsprechenden Verfahrensrüge zu erheben.

4. Von Amts wegen zu beachtende Verfahrenshindernisse. Eine in der Revision von Amts wegen zu beachtende Verfahrensvoraussetzung ist entweder im Gesetz ausdrücklich geregelt (z.B. § 19 StGB, §§ 18 ff. GVG; Straffreiheitsgesetz) oder sie betrifft einen Umstand, der für den Prozess – auch das Revisionsverfahren (was die Prüfungspflicht von Amts wegen zusätzlich rechtfertigt) – von so herausragender Bedeutung ist, dass von seinem Vorliegen oder Nichtvorliegen die Zulässigkeit des gesamten Verfahrens abhängig ist (BGHSt 32, 345 [350]; 33, 183 [186]; 35, 137 [140]; 37, 10 [13]; 41, 72 [75]; 43, 53 [56]; 46, 160 [168] f.; 230 [236]; *Dahs* Rn. 94 ff.; *Hamm* Rn. 1237; KK/*Gericke* § 337 Rn. 25; *Meyer-Goßner/Schmitt* Einl Rn. 141 ff. und NStZ 2003, 169 unterscheidet zwischen von Amts wegen zu beachtenden Befassungs- und nur bei erhobener Rüge zu berücksichtigenden Bestrafungsverboten). In der Revisionsbegründung kann (nur) das Fehlen einer solchen Verfahrensvoraussetzung oder – synonym (vgl. BGHSt 26, 84 [88]; *Hamm* Rn. 1237; kritisch *Meyer-Goßner/Schmitt* Einl. Rn. 142) – das Vorliegen eines Verfahrenshindernisses auch ohne Beachtung der Begründungserfordernisse für Verfahrensfehler geltend gemacht werden (vgl. BGHSt 46, 230 [236 f.]). Da die Verfahrensvoraussetzungen vom Revisionsgericht von Amts wegen geprüft werden müssen (BGHSt 6, 304 [305 f.]; 8, 269 [270]; 11, 393 [395]; 13, 128; 15, 203 [206 f.]; 20, 292 [293]; 21, 242 [243]; 22, 1 [2]; 213 [215] ff.; 29, 94; 46, 230 [236]), gilt § 344 Abs. 2 S. 2 auch dann nicht, wenn das Prozesshindernis das Verfahren – also den Weg zum Urteil – betrifft.

5. Prüfung der Verfahrensvoraussetzung bei Teilrechtskraft. Bei Teilrechtskraft des Urteils steht der Feststellung des Verfahrenshindernisses (und ggf. der Einstellung des Verfahrens nach § 260 Abs. 3) durch das Revisionsgericht **nicht** entgegen (allg. M.; BGHSt 11, 393 [395 m.N.]), so wenn bei teilrechtskräftigem Schuldspruch nur noch über die Strafhöhe (BGH [D.] MDR 1958, 566) oder die Strafaussetzung zur Bewährung (BGHSt 11, 393 [395] m.N.) oder über eine Nebenfolge zu befinden ist (BGHSt 6, 304 [305]; 13, 128), entgegen LR/*Hanack*, 25. Aufl., § 337 Rn. 30 m.w.N.) selbst dann, wenn nur noch die Gesamtstrafe offensteht, die Einzelstrafen also rechtskräftig sind (sie haben gleichwohl keine selbständige Bedeutung; so zutr. BGHSt 8, 269 [271]).

6. Prüfungsmaßstab. Ist zur Feststellung des Verfahrenshindernisses eine **Beweisaufnahme** erforderlich, so kann das Revisionsgericht grds. im **Freibeweisverfahren** vorgehen. Bei doppelrelevanten Tatsachen bleibt das Revisionsgericht jedoch auch insoweit an die Feststellungen des Tatgerichts zum Schuldspruch gebunden (BGHSt 5, 225; 14, 137 [139]; einschr. in Bezug auf die Tatzeit BGHSt 22, 90; vgl. KK/*Gericke* § 337 Rn. 25; *Meyer-Goßner/Schmitt* § 337 Rn. 6; LR/*Franke* § 337 Rn. 31.). Bloße **Zweifel** am Vorliegen einer Verfahrensvoraussetzung reichen grundsätzlich nicht aus; vgl. näher § 306.

IV. Einzelheiten zu sachlich-rechtlichen Fehlern und Hinweise zum Auffinden solcher Fehler. 1. Maßgeblicher Gesetzesstand. Der für die Prüfung des angewendeten sachlichen Rechts maßgebliche Gesetzesstand ergibt sich aus § 2 StGB sowie aus § 354a (vgl. auch [zum Zivilrecht] BGHZ 10, 367; 36, 348 [350]; kritisch zur Berücksichtigung von das sachliche Recht betreffenden Gesetzesänderungen nur bei erhobener Sachrüge: *Küper* FS Pfeiffer (1988), S. 425).

2. Grundlagen für die Sachprüfung (Bindung an die tatrichterlichen Feststellungen) Da das Revisionsgericht das Urteil auf die Sachrüge hin nur in rechtlicher, nicht aber in tatsächlicher Hinsicht überprüfen darf, ist es an die Tatsachenfeststellungen im angefochtenen Urteil gebunden (so schon die Materialien zur StPO; vgl. *Hahn* Die gesamten Materialien zur Strafprozessordnung, 1885, S. 250 f.; BGHSt 2, 248 [249]; 15, 347 [350]; 17, 351 [352]; 21, 149 [151]; 29, 18 [20] = JR 1980,

168 m. Anm. *Peters*; BGHSt 31, 139 [140] = NStZ 1983, 278 m. Anm. *Fezer*; BGHSt 38, 14 [15]; vgl. auch *Fezer* in: Ebert (Hrsg.), Aktuelle Probleme der Strafrechtspflege, S. 89 [104 f., 108]).

27 Dem Revisionsgericht ist daher im Rahmen der Sachprüfung auch eine Wiederholung oder Ergänzung der tatrichterlichen Beweisaufnahme verwehrt (BGHSt 28, 384 [387]; 29, 18 [20]; 44, 256 [258]; *Gössel* JR 1983, 120; *Rieß* FS Hanack (1999), S. 397 [403]; *W.Schmid* ZStrW 85, 893 [902] ff.; *Pelz* NStZ 1993, 361 [362]; *Meyer-Goßner/Schmitt* § 337 Rn. 1, 13, 24 m.w.N.; weitergehend [zu Lichtbildern] BGHSt 41, 376 [382]; *Herdegen* StV 1992, 594; dazu unten Rdn. 37 sowie zu Erfahrungssätzen unten Rdn. 47. Allerdings muss das Revisionsgericht prüfen, ob die vorgefundenen Feststellungen als solche überhaupt eine tragfähige Grundlage für die rechtlichen Wertungen der Urteilsbegründung bieten (BGHSt 14, 162 [165].).

28 Insbesondere neue Tatsachen dürfen dementsprechend nicht festgestellt werden; diese müssen gegebenenfalls vielmehr im Wiederaufnahmeverfahren geltend gemacht werden (BGHR BtMG § 29 Abs. 3 Nr. 4 Menge 9), sofern sie Auswirkungen auf den Schuld- und/oder den Rechtsfolgenausspruch haben können (vgl. BGHSt 21, 149 [151]).

29 Dabei versteht man unter **Tatsachen** das sich sowohl auf das objektive als auch das subjektive Geschehen beziehende Wahrnehmbare (Vorgänge, Zustände), das sich in der Wirklichkeit ereignet, ereignet hat oder ereignen wird, also dem Wissen aufgrund Wahrnehmung zugänglich ist. Die Tatsachenfeststellung ist daher eine objektiv beweisbare Wirklichkeitsaussage, die lediglich Gegenstand der Rechtsanwendung (naturales Subjekt), nicht aber diese selbst ist (ähnlich BGHSt 39, 75 [79 f.]; *Kuchinke* Grenzen der Nachprüfbarkeit tatrichterlicher Würdigung und Feststellungen in der Revisionsinstanz, S. 60 [64, 82 f., 99 f.]; *Gottwald* Die Revisionsinstanz als Tatsacheninstanz, S. 138 ff. jeweils m.w.N.; Beispiel für eine Tatfrage: Zuverlässigkeit eines bestimmten Messverfahrens zur Bestimmung der Atemalkoholkonzentration, vgl. BGHSt 46, 358 [361]). Die Beantwortung einer Rechtsfrage ist dagegen von der Gesetzesauslegung (Interpretation) und der Subsumtion geprägt (*Kuchinke* Grenzen der Nachprüfbarkeit tatrichterlicher Würdigung und Feststellungen in der Revisionsinstanz S. 61 [79 f.]; vgl. auch *Paulus* FS Spendel (1992), S. 687 [705 ff.]; instruktiv das Bsp. von HK-GS/*Maiwald/Rackow* § 337 Rn. 3 – nach OLG Celle, NJW 1967, 1921 [OLG Celle 16.03.1967 – 1 Ss 10/67]: Wird ein Täter wg. Diebstahls nach § 242 StGB verurteilt, weil er ein Buch in der Absicht mitgenommen hat, es zu lesen und danach zurückzugeben, so ist der Umstand, dass der Täter diese Absicht hatte, eine Tatfrage, welche vom Revisionsgericht unüberprüft vorauszusetzen ist. Ob eine derartige Absicht allerdings das Merkmal der Zueignungsabsicht erfüllt, ist eine vom Revisionsgericht zu überprüfende Rechtsfrage).

30 Da sachlich-rechtliche Fehler – abgesehen von wenigen, diesen zuzurechnenden Verfahrenshindernissen – stets zu relativen Revisionsgründen führen, hat die mit der Sachrüge begründete Revision nur dann Erfolg, wenn das Urteil ohne die Gesetzesverletzung möglicherweise anders ausgefallen wäre (vgl. Rdn. 82 ff.).

31 Der Revisionsführer muss die Gesetzesverletzung nicht nachweisen; es ist vielmehr Aufgabe des Revisionsgerichts, sich vom Vorliegen des Rechtsfehlers zu überzeugen.

32 Grundlage hierfür ist nur das Urteil. Die Gesetzesverletzung muss sich also aus dem schriftlich abgefassten Urteil selbst ergeben (BGHSt 35, 238 [241]; 38, 14 [15]; 44, 256 [258]; BGH NJW 1998, 3654 [BGH 12.03.1998 – 4 StR 633/97] [3655]; 2003, 2036 [2037]; StV 1999, 408 [BGH 12.03.1998 – 4 StR 633/97] [409]; 2001, 552; *Rieß* FS Hanack (1999), S. 397 [404]), das rechtzeitig und ordnungsgemäß i.S.d. § 275 zu den Akten gelangt ist (BayObLGSt 1977, 137 [138]; 1979, 148 [152]). Zum Urteil gehören indes auch die dort zulässig – aber nur diese (vgl. BGH NStZ-RR 1997, 204 [BGH 05.03.1997 – 3 StR 18/97] [205]; 2000, 304; NStZ 2000, 441) – in Bezug genommenen Abbildungen oder Schriftstücke (*Rieß* NJW 1978, 2265 [2270]; KK/*Gericke* § 337 Rn. 27; vgl. auch BGHSt 30, 225 [226]; 33, 59 [60]; 41, 376 [382 f.]; zur revisionsgerichtlichen Überprüfung der Bewertung von Ton- und Bildaufnahmen: unten Rdn. 37). Unerheblich sind dagegen die nur mündlich mitgeteilten Urteilsgründe (BGHSt 2, 63 [66]; 7, 363 [370 f.]; 15, 263 [265]; BGH bei *Kusch* NStZ 1996, 326 [Nr. 20]) oder unzulässige Berichtigungsbeschlüsse (BGHSt 2, 248 [249]; BGH GA 1969, 119; BGH [D] MDR 1973, 902 [zu § 268]).

33 War das Urteil gemäß § **267 Abs.** 4 abgekürzt, so müssen nachträgliche Ergänzungen berücksichtigt werden, wenn Wiedereinsetzung in die Revisionseinlegungsfrist gewährt wurde (§ 267 Abs. 4 S. 3; vgl. [auch zur Fristberechnung] BGH NStZ 2004, 508 [509]). Die Rechtsprechung hat diese Vorschrift zudem dann entsprechend angewendet, wenn das Urteil nach einem Rechtsmittelverzicht oder nach

einer Rechtsmittelrücknahme abgekürzt abgefasst wurde und dieser Rechtsmittelverzicht bzw. die Rücknahme »für unwirksam erklärt« wurde (vgl. BGH NStZ-RR [B] 2002, 261 [Nr. 14]). Ansonsten kann nur das – zu Unrecht – abgekürzte Urteil Grundlage der Sachprüfung sein (BGH Beschl. v. 5.10.2000, 4 StR 374/00; vgl. ferner BGHSt 43, 22 [26]; NStZ 2004, 508 [509]; BayObLGSt 1977, 137 [139]; 1979, 148 [152]; BayObLG wistra 1991, 275; OLG Düsseldorf VRS 85, 208).

Die »richtige« Fassung des Urteils zu finden, ist Sache des Revisionsgerichts; einer Verfahrensrüge bedarf es hierfür nicht (vgl. BayObLG wistra 1991, 275). Jedoch muss eine solche Verfahrensrüge erhoben werden, wenn formelle Mängel des Urteils, z.B. das Fehlen einer Unterschrift sowie eines Verhinderungsvermerks, geltend gemacht werden (BGHSt 46, 204 [206]). 34

Ist die Urschrift des Urteils nicht mehr vorhanden, genügt eine Abschrift (vgl. OLG Celle MDR 1970, 608). Fehlen die Urteilsgründe völlig, hat sowohl die Sachrüge als auch die Verfahrensrüge (§ 338 Nr. 7) Erfolg (BGHSt 46, 204 [206]; BGHR StPO § 338 Nr. 7 Entscheidungsgründe 2; KK/*Gericke* § 337 Rn. 28 jeweils m.w.N.). 35

Beachten darf das Revisionsgericht indes – vor allem im Rahmen der Überprüfung der Beweiswürdigung – vom Tatrichter übersehene oder falsch festgestellte allgemeinkundige Tatsachen (BGHSt 6, 292 [296]; BayObLGSt 1987, 171 [173]; OLG Düsseldorf NJW 1993, 2452; LR/*Franke* § 337 Rn. 77, 152; *Meyer-Goßner/Schmitt* § 337 Rn. 25; ebenso für die Gerichtskundigkeit beim Revisionsgericht: *Meyer-Goßner* FS Tröndle (1989), S. 563 ff.; *Meyer-Goßner/Cierniak* StV 2000, 696 [698 ff.]; einschränkend *Puppe* NStZ 1990, 434; a. A. [Bindung an solche Tatsachen als Teil der Feststellungen] KK/*Gericke* § 337 Rn. 3; zu Erfahrungssätzen KMR/*Momsen* § 337 Rn. 104 ff.). 36

Nicht berücksichtigt werden darf dagegen der (übrige) Akteninhalt (BGHSt 35, 238 [241]; BGH NJW 1998, 3654 [BGH 12.03.1998 – 4 StR 633/97]; NStZ 1993, 501; StV 2001, 552 [BGH 30.05.2000 – 1 StR 183/00]; *Wagner* ZStrW 106, 259 [299]; LR/*Franke* § 337 Rn. 78; *Meyer-Goßner/Schmitt* § 337 Rn. 23 m.w.N.), insbesondere das Hauptverhandlungsprotokoll (vgl. BGHSt 29, 18 [20]), auch wenn es dem Revisionsgericht aufgrund einer zulässig erhobenen Verfahrensrüge bekannt ist (BGH GA 1955, 269; *W. Schmid* ZStrW 85, 893 [905 f.]; *Pelz* NStZ 1993, 361 [362]; LR/*Franke* § 337 Rn. 78; *Meyer-Goßner/Schmitt* § 337 Rn. 23; a. A. BGHSt 22, 282 [289]; StV 1993, 176 [BGH 07.09.1992 – 3 StR 278/92] [177] m. Anm. *Schlothauer*; weitere Nachweise bei *Miebach* NStZ 2000, 234 [241]; vgl. auch *Peters* S. 647; *Rüping* Rn. 641). Dasselbe gilt für Anklage und Eröffnungsbeschluss (vgl. BGHR StPO § 344 Abs. 2 S. 2 Beweiswürdigung 5; HK/*Temming* § 352 Rn. 5; a. A. BGH NStZ 2004, 639 [BGH 13.11.2003 – 5 StR 376/03] [641]; KK/*Gericke* § 352 Rn. 16 m.w.N.) oder auch für Aufzeichnungen der Verfahrensbeteiligten (vgl. KMR/*Momsen* § 337 Rn. 148). Im Falle der Inaugenscheinnahme darf das Revisionsgericht bspw. die bei den Akten befindlichen Lichtbilder darauf überprüfen, ob diese generell geeignet waren, eine Identifikation zu ermöglichen (Radarfotos), sofern im tatrichterlichen Urteil eine entsprechende Verweisung (»wg. der Einzelheiten wird auf den Akteninhalt verwiesen«, § 267 Abs. 1 S. 3) enthalten ist. Die konkrete Feststellung der Identität ist demgegenüber nicht nachprüfbar (BGHSt 41, 376 [382]; HK-GS/*Maiwald/Rackow* § 337 Rn. 6 .; *Rieß* NJW 1978, 2271 – Abbildungen als Teil der Urteilsfeststellungen). Widersprüche zwischen Inhalt des Urteils und Akten, die sich nicht aus den Urteilsgründen selbst ergeben, sind demgegenüber revisionsrechtlich unerheblich (BGH NStZ 2007, 115; *Meyer-Goßner/Schmitt* § 337 Rn. 23); die Rüge der sog. »Aktenwidrigkeit« ist regelmäßig unbeachtlich (*Dahs* Rn. 92, 255). Jedoch neigt die Rspr. in letzter Zeit zu berechtigten Relativierungen, so etwa für den Fall einer nur vom Verteidiger – nicht vom Gericht – verlesenen Urkunde (BGH NStZ 2004, 392; *Dahs* Rn. 255). 37

Da der »Gegenbeweis« gegen die Urteilsfeststellungen nach der Rechtsprechung lediglich mittels einer Verfahrensrüge und auch dann grundsätzlich nur in den Fällen geführt werden kann, in denen er sich – ohne Rekonstruktion der Hauptverhandlung – entweder aus dem Sitzungsprotokoll (zur Protokollrüge vgl. *Momsen* FS Egon Müller (2008), S. 247 ff.; unten Rdn. 69) oder aus dem Urteil selbst ergibt, sich das Beweisergebnis also mit den Mitteln des Revisionsrechts vom Revisionsgericht feststellen lässt, kann die sog. Rüge der Aktenwidrigkeit des Urteils als Sachrüge keinen Erfolg haben (LR/*Franke* § 337 Rn. 79; zur entsprechenden Verfahrensrüge: unten Rdn. 74, dort auch weitere Nachweise). 38

3. Hinweise zum Auffinden sachlich-rechtlicher Fehler. Die Prüfung, ob eine Gesetzesverletzung vorliegt, die die Sachrüge begründet, soll – da sich ein sachlich-rechtlicher Fehler nur aus dem schriftlichen Urteil selbst ergeben kann (vgl. Rdn. 32 – im Folgenden anhand der einzelnen Abschnitte eines 39 mit einem Schuldspruch verbundenen Urteils vorgenommen werden (zu den Besonderheiten bei einem freisprechenden Urteil: KMR/*Momsen* § 337 Rn. 126 ff.).

40 **a) Fehler im Rubrum.** Auf Fehlern im Rubrum kann das Urteil nicht beruhen, sie sind daher (auch) für die Sachrüge ohne Bedeutung (BGH NStZ-RR 1996, 9; NStZ 1994, 47 [48]; 1995, 221; NStZ [M] 1995, 221 [Nr. 19]; KG Berlin NStZ-RR 2004, 240 [241]; *Meyer-Goßner/Schmitt* § 275 Rn. 28 m.w.N.); es kann allerdings eine Berichtigung offensichtlicher Versehen in Betracht kommen – § 354 (s. dort und *Dahs* Rn. 616). Es kommt dessen ungeachtet eine Revision in Betracht, wenn das Rubrum i.S.d. § 275 Abs. 1 verspätet zu den Akten gelangt; allerdings wird das Urteil i.d.R. nicht auf diesem Fehler beruhen können (OLG Köln NJW 1980, 1405 [OLG Köln 15.10.1979 – 1 Ss 598/79 Bz]; *Meyer-Goßner/Schmitt* § 275 Rn. 28).

41 **b) Fehler im Urteilstenor, Widersprüche zwischen verkündetem Tenor und dem des schriftlichen Urteils, Widersprüche zwischen Tenor und Gründen.** Die bloß fehlerhafte Fassung des Urteilstenors – etwa durch Aufnahme unnötiger Zusätze – kann die Revision grundsätzlich nicht rechtfertigen; solche Fehler werden vom Revisionsgericht gelegentlich aber korrigiert (vgl. z.B. BGHSt 27, 287 [289]; NStZ 1999, 205; NStZ 2002, 656; siehe dazu auch die Kommentierung bei § 354).

42 Bei Widersprüchen zwischen dem gemäß § 268 Abs. 2 S. 1 verkündeten und dem im vollständigen schriftlichen Urteil enthaltenen Tenor – die nach der Rechtsprechung (BGH, Beschl. v. 9.5.2001, 2 StR 42/01) auf die Verfahrensrüge hin beachtet werden – ist der verkündete Tenor maßgeblich, weil die verkündete Urteilsformel gerade deshalb schriftlich abgefasst sein muss, um das Ergebnis der Urteilsberatung zu dokumentieren (vgl. BGHSt 34, 11 [12]; BGHR StPO § 274 Beweiskraft 10; BGH NStZ-RR [B] 2002, 100 [Nr. 37]; *W. Schmid* FS Lange (1976), S. 785 f.). Bei Widersprüchen zwischen dem Tenor und den Gründen des (schriftlichen) Urteils – die auf die Sachrüge hin zu beachten sind – geht der Tenor vor, sofern er dem verkündeten entspricht (vgl. BGH NStZ-RR [K] 2000, 292 [Nr. 11]).

43 Ist der (verkündete) Tenor und/oder der des schriftlich abgefassten Urteils falsch, weil er von den getroffenen Feststellungen nicht getragen wird (etwa bei Zählfehlern), kann und muss er vom Revisionsgericht korrigiert werden (BGH NStZ 2000, 386; BGHR StPO § 267 Berichtigung 2; BayObLG NStZ-RR 2000, 311; Einzelheiten hierzu in der Kommentierung zu § 354) oder – falls eine solche Berichtigung mangels vollständiger bzw. fehlerfreier Feststellungen nicht möglich ist – das Urteil muss – ggf. teilweise – aufgehoben und die Sache zurückverwiesen werden (vgl. auch KK/*Gericke* § 354 Rn. 20 m.w.N.).Bei fehlender Entscheidung über einen Anklagevorwurf ist das Urteil insoweit noch beim Tatgericht anhängig, das Revisionsgericht darf sich mit dieser Tat nicht befassen (näher KMR/*Momsen* § 337 Rn. 52).

44 **c) Fehler in der Liste der angewendeten Vorschriften.** Auf Fehlern in der Liste der angewendeten Vorschriften kann das Urteil **nicht** beruhen, auch sie werden vom Revisionsgericht aber gelegentlich korrigiert (vgl. BGH NJW 1979, 1259 [BGH 04.10.1978 – 3 StR 232/78] [1260]; 1986, 1116 [1117]; NStZ-RR 1997, 166; KK/*Gericke* § 354 Rn. 22; jüngst BGH, Beschl. v. 18.7.2007, 2 StR 280/07).

45 **d) Fehler in der Sachverhaltsmitteilung.** Das völlige Fehlen tatrichterlicher Feststellungen stellt einen sachlich-rechtlichen Mangel des Urteils dar; zudem kann in solchen Fällen auch die Verfahrensrüge durchgreifen (vgl. oben Rdn. 20).

46 Ferner enthalten die Feststellungen des Tatrichters zum Sachverhalt einen materiell-rechtlichen Fehler, wenn sie in sich widersprüchlich oder derart abstrakt, floskelhaft oder unklar sind, dass nicht nachvollzogen werden kann, welches Geschehen festgestellt und die tatsächliche Grundlage der rechtlichen Würdigung ist bzw. sein soll (vgl. z.B. BGH NStZ 2000, 607 [608] sowie BGHSt 42, 107 [108 ff.]) und *Fezer* Möglichkeiten einer Reform der Revision in Strafsachen, S. 108 [130 ff.]; *Gottwald* Die Revisionsinstanz als Tatsacheninstanz, S. 143; LR/*Franke* § 337 Rn. 108 f., 114 f.; HK-GS/*Maiwald/Rackow* § 337 Rn. 9 ff.). Entsprechendes gilt, wenn sich die tatsächlichen Feststellungen erst aus einer unzulässigen Verweisung, etwa auf ein anderes Urteil oder Aktenbestandteile, oder aus eingefügten Fotokopien ergeben (BGH NStZ-RR 1999, 139; *Gottwald* Die Revisionsinstanz als Tatsacheninstanz, S. 143; LR/*Franke* § 337 Rn. 107). In diesem Sinne werden die Sachverhaltsfeststellungen nach Erhebung einer entsprechenden (auch allgemeinen) Sachrüge mithin daraufhin überprüft, ob sie eine tragfähige Grundlage für die Anwendung des materiellen Rechts bilden (BGH NJW 1978, 113 [BGH

09.09.1977 – 4 StR 230/77] [114 f.]; *Willms* JR 1975, 52 [54]; *Wittig* GA 2000, 267 [276]; KK/*Gericke* § 337 Rn. 28; *Meyer-Goßner/Schmitt* § 337 Rn. 21).

Die Sachverhaltsfeststellungen können auch dann einen Rechtsfehler aufweisen, wenn sie **lückenhaft** 47 sind oder gegen Denkgesetze oder Erfahrungssätze verstoßen (*Meyer-Goßner/Schmitt* § 337 Rn. 21; KK/*Gericke* § 337 Rn. 28). Der Grund für diese Einordnung liegt nicht darin, dass dem Urteil der notwendige Inhalt fehlt, um es auf die Einhaltung der Denkgesetze usw. zu überprüfen, sondern vielmehr folgt der materiell-rechtliche Mangel daraus, dass ein lückenhaftes Urteil einer rationalen Begründung ermangelt (KK/*Gericke* § 337 Rn. 4, 28 und für den Fall einer Verurteilung auch *Meyer-Goßner/Schmitt* § 337 Rn. 21; zutr. HK-GS/*Maiwald/Rackow* § 337 Rn. 11 »auf die Verwirklichung des materiellen Rechts zielender Gesichtspunkt«). Die davon zu unterscheidende Beanstandung, der Tatrichter hätte ausweislich bspw. laut Sitzungsprotokoll gestellter Beweisanregungen noch weitere Feststellungen treffen können und müssen, kann in der Revision nur mit einer Verfahrensrüge, in der Regel der Aufklärungsrüge, geltend gemacht werden (BGH, Urteil v. 8.8.2001, 5 StR 252/01; BayObLGSt 1988, 148). Ansonsten liegt bei lückenhaften Feststellungen der Rechtsfehler entweder in der rechtlichen Würdigung, weil diese von den Feststellungen nicht getragen wird (vgl. z.B. BGHSt 48, 108 [117] [fehlende Feststellungen zum Vorsatz], oder – wie auch bei Verstößen gegen Denkgesetze oder Erfahrungssätze – in der Beweiswürdigung (vgl. BGHSt 14, 162 [165]).

e) **Fehler in der Beweiswürdigung.** In der ständigen Rechtsprechung des BGH werden die Grund- 48 sätze zur revisionsgerichtlichen Überprüfung der tatrichterlichen Beweiswürdigung auf die Sachrüge hin wie folgt umschrieben: »*Die Aufgabe, sich zur angeklagten Tat auf der Grundlage der vorhandenen Beweismittel eine Überzeugung vom tatsächlichen Geschehensverlauf zu verschaffen, obliegt grundsätzlich allein dem Tatrichter. Seine freie Beweiswürdigung hat das Revisionsgericht regelmäßig hinzunehmen. Es ist ihm verwehrt, sie durch eine eigene zu ersetzen oder sie etwa nur deshalb zu beanstanden, weil aus seiner Sicht eine andere Bewertung der Beweise näher gelegen hätte. Die Prüfung des Revisionsgerichts ist vielmehr auf die Frage beschränkt, ob dem Tatrichter bei der Beweiswürdigung Rechtsfehler unterlaufen sind.*« (BGH NStZ-RR 1996, 73 [BGH 21.09.1995 – 5 StR 441/95]; 2000, 328; ähnlich: BGHSt 41, 376 [380]; weitere Nachweise bei *Detter* FS BGH (2000), S. 679 [685]; *Nack* StV 2002, 510 [511]). »*Das ist namentlich der Fall, wenn die Beweiswürdigung widersprüchlich, unklar oder lückenhaft ist oder gegen Denkgesetze oder gegen gesicherte Erfahrungssätze verstößt oder wenn an die zur Verurteilung erforderliche Gewissheit überspannte Anforderungen gestellt worden sind.*« (BGH NJW 2000, 370 [371]; ähnlich BGH NStZ-RR 1999, 301 [302]; 2000, 171; 2000, 328; weitere Nachweise bei *Nack* StV 2002, 510 [511]; KK/*Gericke* § 337 Rn. 29; *Meyer-Goßner/Schmitt* § 337 Rn. 27).

Die Überprüfbarkeit der tatrichterlichen Beweiswürdigung und die entsprechende Überprüfungs- 49 pflicht des Revisionsgerichts steht heute im Grundsatz außer Streit (vgl. BVerfG NJW 2003, 2444 [BVerfG 30.04.2003 – 2 BvR 2045/02] [2445]; LR/*Franke* § 337 Rn. 117 ff.; *Meyer-Goßner*/Schmitt § 337 Rn. 26; zur gewohnheits- oder richterlichen Verankerung einer solchen Überprüfung *Rieß* GA 1978, 257 [261, 277]; zur immer noch streitigen Einordnung einer entsprechenden Beanstandung als Sach- oder Verfahrensrüge: vgl. die Nachweise bei Rdn. 29 und BVerfG NJW 2003, 2444 [BVerfG 30.04.2003 – 2 BvR 2045/02] [2445] [»Sachrüge«]). Ihre Rechtfertigung findet sie darin, dass – auch wenn in diesem Bereich weitgehend Rechtsnormen im Sinn des § 337 fehlen – die Revision im Hinblick auf die auch von ihr herzustellende Einzelfallgerechtigkeit die Richtigkeit des zu überprüfenden Urteils mitzuverantworten hat (vgl. *Cramer* FS Salger (1995), S. 447 [450]; *Fezer* Möglichkeiten einer Reform der Revision in Strafsachen, S. 31; *Peters* FS Schäfer (1980), S. 145 ff.; *Rieß* FS Hanack (1999), S. 397 [399 f., 406]; KK/*Gericke* § 337 Rn. 1; LR/*Franke* § 337 Rn. 74; *Meyer-Goßner/Schmitt* Vor § 333 Rn. 4 jeweils m.w.N.), was in Grenzen – auch unter Berücksichtigung der Gesetzgebungsgeschichte (vgl. *Jähnke* FS Hanack (1999), S. 355 [357 ff.]; *Maul* FS Pfeiffer (1988), S. 409 ff., 419 ff.; *Paulus* FS Spendel (1992), S. 687 [702 f.]; *Peters* FS Schäfer (1980), S. 137 [145 ff.]; *Rieß* FS Hanack (1999), S. 397 [404 f.]) und des Bedürfnisses nach einer extensiven Überprüfung von der Berufung nicht zugänglichen Urteilen (vgl. *Rieß* FS Hanack (1999), S. 392 [401 f.]) – die Nachprüfung der Beweiswürdigung erfordert und ermöglicht.

Hingewiesen sei an dieser Stelle aber darauf, dass insbesondere bezüglich des Beweisgewinnungsprozes- 50 ses, also vor allem hinsichtlich des Umfangs der durchgeführten Beweisaufnahme und der Frage nach der Verwertbarkeit der dabei gewonnenen Erkenntnisse, zu beachten ist, dass dieser in der Revision grundsätzlich nicht auf die Sach-, sondern auf die Verfahrensrüge hin überprüft wird (KMR/*Momsen* § 337 Rn. 29 f.). Auch kann – schon im Hinblick darauf, dass Grundlage der sachlich-rechtlichen Prüfung allein das Urteil ist (KMR/*Momsen* § 337 Rn. 51) – allenfalls mit der Verfahrensrüge geltend gemacht werden, dass der Inhalt eines Beweismittels ein anderer war, als er im Urteil mitgeteilt wurde; sofern sich aus dem Sitzungsprotokoll oder in Bezug genommenen Beiakten Entsprechendes entnehmen lässt (vgl. hierzu auch KMR/*Momsen* § 337 Rn. 58, 91, 147 ff.).

51 **f) Fehler im Schuldspruch.** Bei Fehlern im Schuldspruch, also hinsichtlich der Anwendung des materiellen Strafrechts, geht es um das Übersehen eines nach den Urteilsfeststellungen in Betracht kommenden Tatbestandes oder um Interpretations- und Subsumtionsfehler (vgl. dazu oben Rdn. 5.; zu Ermessensvorschriften, Beurteilungsspielräumen und zu unbestimmten Rechtsbegriffen: unten Rdn. 79 f.).

52 Der Tatrichter ist zu einer ausführlichen rechtlichen Würdigung grundsätzlich allerdings nicht verpflichtet; es genügt grds. das nach der rechtlichen Komplexität des Falles Erforderliche, um die Anwendung der Vorschriften nachvollziehen zu können. Nach § 267 Abs. 3 S. 1 genügt regelmäßig die Angabe des angewendeten Strafgesetzes, gegebenenfalls in der richtigen Alternative (BGH NStZ-RR 2001, 19 [BGH 13.06.2000 – 4 StR 166/00]). Das Revisionsgericht muss dabei auf die Sachrüge hin – unter Beachtung einer etwaigen Beschränkung des Rechtsmittels (dazu § 318) – Fehler im Schuldspruch von sich aus aufspüren; an die (Rechts-) Auffassung des Tatrichters ist es nicht gebunden, wohl aber an die von diesem festgestellten Tatsachen (vgl. Rdn. 26 ff.).

53 **g) Überprüfung der Strafzumessungserwägungen.** Nach ständiger Rechtsprechung ist die Strafzumessung »grundsätzlich Sache des Tatgerichts. Es ist seine Aufgabe, auf der Grundlage des umfassenden Eindrucks, den es in der Hauptverhandlung von der Tat und der Persönlichkeit des Täters gewonnen hat, die wesentlichen entlastenden und belastenden Umstände festzustellen, sie zu bewerten und gegeneinander abzuwägen. Ein Eingriff des Revisionsgerichts in diese Einzelakte der Strafzumessung ist in der Regel nur möglich, wenn die Zumessungserwägungen in sich fehlerhaft sind, wenn das Tatgericht gegen rechtlich anerkannte Strafzwecke verstößt oder wenn sich die verhängte Strafe nach oben oder unten von ihrer Bestimmung löst, gerechter Schuldausgleich zu sein. Nur in diesem Rahmen kann eine »Verletzung des Gesetzes« (§ 337 Abs. 1 StPO) vorliegen. Dagegen ist eine ins Einzelne gehende Richtigkeitskontrolle ausgeschlossen.(BGHSt 34, 345 [349] [Großer Senat]; ähnlich BGH NJW 2003, 150 [BGH 09.10.2002 – 5 StR 42/02] [155]; zustimmend BVerfG NJW 2004, 1790; BGH, Urteil. V. 05.04.2007 – 4 StR 5/07). In Bezug auf die revisionsgerichtliche Überprüfung des Rechtsfolgenausspruchs bedeutet dies, dass – ähnlich wie bei der Beweiswürdigung – hinsichtlich des »Ergebnisses«, also insbesondere der konkret verhängten Strafe, eine »exakte Richtigkeitskontrolle« nicht stattfindet (BGHSt 27, 2 [3]), vielmehr ist entsprechend der vom BVerfG aufgezeigten Grundsätze im Zweifel das tatrichterliche Ergebnis zu akzeptieren (BGHSt 29, 319 [320]; BGH NStZ 1982, 114 [BGH 19.11.1981 – 3 StR 566/81]; BVerfG 08.05.1991 – 2 BvR 1380/90).

54 Das Revisionsgericht muss deshalb die Entscheidung des Tatrichters auch dann hinnehmen, **wenn** eine andere Bewertung möglich gewesen wäre und vielleicht sogar näher gelegen hätte (vgl. *Meyer-Goßner/Schmitt* § 337 Rn. 34; zur Gesamtstrafe: BGH wistra 1999, 297, 298; BGHR StGB § 54 Abs. 1 Bemessung 5, 11; zur Bewährung: BGH NStZ 1994, 336; 1998, 408 [409]; wistra 1999, 297 [300]; NStZ-RR 2007, 232; zum minder schweren Fall: BGHR StGB Vor § 1/minder schwerer Fall, Gesamtwürdigung, fehlerfreie 1; BGH NStZ-RR 2001, 215 [BGH 09.08.2000 – 3 StR 176/00] m.w.N.; zum besonders schweren Fall: BGH NStZ 1982, 464 [BGH 07.09.1982 – 5 StR 557/82] [465]; BGHSt 29, 319 [320 f.]; wistra 1994, 100; zur Tagessatzhöhe: BGH NStZ 2003, 657 [BGH 14.03.2003 – 2 StR 239/02] [658]). Hergeleitet wird die **beschränkte Prüfungsbefugnis** indes nicht nur daraus, dass für den Rechtsfolgenausspruch die aus dem Inbegriff der Hauptverhandlung gewonnenen Erkenntnisse, einschließlich des im schriftlichen Urteil nur unvollständig wiedergebbaren Eindrucks von der Person und der Persönlichkeit des Angeklagten, maßgeblich sind (BGHSt 27, 2 [3]; vgl. auch LR/*Franke* § 337 Rn. 168; *Theune* FS Pfeiffer (1988), S. 449 [456]). In Bezug auf die Strafhöhe ist die nur eingeschränkte Möglichkeit einer Kontrolle vielmehr auch eine Folge der sog. Spielraumtheorie, nach der dem Tatrichter ein Rahmen eröffnet ist, innerhalb dessen er auf der Grundlage der individuellen Schuld des Täters die konkrete Strafe zu bestimmen hat (vgl. BGHSt 27, 2 [3]; 29, 319 [320]; BGHR StGB § 46 Abs. 1

Beurteilungsrahmen 2, 5, 8; BGH NStZ-RR 2001, 215 [BGH 09.08.2000 – 3 StR 176/00] [216]; ferner LR/*Franke* § 337 Rn. 164, 168 f.).

55 Die Begründung des Rechtsfolgenausspruchs unterliegt dagegen schon im Hinblick auf § 267 Abs. 3 S. 1 einer strengeren revisionsgerichtlichen Kontrolle (vgl. auch *Zipf* Die Strafmaßrevision, S. 229 [überprüft werden die Wertungsgrundlage und der Wertungsvorgang, nicht aber das Wertungsergebnis]; siehe ferner *Nack* FS Rieß (2002), S. 361 [365]). Sie muss geeignet sein, das Ergebnis – insbesondere also den Strafausspruch – plausibel (nachvollziehbar) zu machen, wobei es vor allem dann, wenn sich die verhängte Strafe dem oberen oder unteren Rand des Strafrahmens nähert bzw. gerade nicht mehr bewährungsfähig ist, einer besonders eingehenden Begründung bedarf (vgl. BGH NStZ-RR 2003, 52 [53]; StV 2002, 190; *Detter* FS BGH (2000), S. 679 [693 f.]; *Goydke* FS Meyer-Goßner (2001), S. 541 [544 f.]; LR/*Franke* § 337 Rn. 159 f.; die entsprechende Beanstandung in der Revision wird auch hier als »**Darstellungsrüge**« bezeichnet).

56 Das bedeutet, dass der Tatrichter die wesentlichen – aber auch nur diese (BGHSt 3, 179; 24, 268; BGH NStZ 2002, 196 [BGH 05.12.2001 – 2 StR 273/01]; NStZ-RR 1997, 195; wistra 2000, 141 [BGH 14.07.1999 – 3 StR 66/99]; LR/*Franke* § 337 Rn. 157) – Strafzumessungserwägungen im Urteil mitteilen muss (§ 267 Abs. 3 S. 1; vgl. [auch zur Unzulässigkeit einer Bezugnahme] BGH NStZ 2000, 441; NStZ-RR 1998, 204 [205]). Diese müssen richtig bewertet sein und den anerkannten, insbesondere den in § 46 Abs. 1, Abs. 2 StGB aufgeführten Strafzwecken (vgl. BGHSt 17, 35 [36]; 27, 2 [4]; JR 1981, 334 m. Anm. *Bruns*; *Theune* FS Pfeiffer (1988), S. 449 [453 f.]; KK/*Gericke* § 337 Rn. 32) sowie den getroffenen Feststellungen entsprechen (vgl. zur Unzulässigkeit einer **hypothetischen** Strafzumessung: BGHSt 7, 359; BGH JR 1955, 228; zum in-dubio-Grundsatz: BGH StV 1986, 5 [BGH 15.05.1985 – 2 StR 149/85]; KK/*Gericke* § 337 Rn. 18 m.w.N.), sie dürfen keine Widersprüche enthalten (vgl. BGHSt 16, 360 [364]; LR/*Franke* § 337 Rn. 161) und nicht gegen **Denkgesetze** und **Erfahrungssätze** verstoßen (OLG Hamm VRS 21, 71 [72]; KK/*Gericke* § 337 Rn. 32; *Meyer-Goßner/Schmitt* § 337 Rn. 35 m.w.N.). Ferner muss der Tatrichter Verwertungsverbote beachten (z.B. § 51 BZRG, deren fehlerhafte Nichtbefolgung nach der Rechtsprechung auf die Sachrüge hin beachtet wird; dagegen zutreffend [Verfahrensrüge] *Schäfer* FS Rieß (2002), S. 477 [484]). Erfolgt die Strafzumessung auf der Grundlage eines nicht vollständig aufgeklärten Sachverhalts, so muss von der für den Angeklagten günstigsten Möglichkeit ausgegangen werden (BGHSt 1, 51; BGH StV 1986, 5 [BGH 15.05.1985 – 2 StR 149/85]; *Meyer-Goßner/Schmitt* § 337 Rn. 35).

57 In einem dritten Bereich der revisionsgerichtlichen Überprüfung des Rechtsfolgenausspruchs findet dagegen eine »normale« Kontrolle gemäß § 337 Abs. 1 statt; hier geht es um die (Nicht-) Anwendung von Rechtsnormen bzw. deren **Interpretation** und Subsumtion (vgl. dazu Rdn. 19 ff. und *Hamm* Rn. 1320 ff.; *Nack* FS Rieß (2002), S. 361 [365] spricht anschaulich von »technischen Urteilsfehlern« und »Absetzungsfehlern«). Rechtsfehler liegen insofern beispielsweise in der Nichtbeachtung des vorgegebenen Strafrahmens, d.h. im Über- oder Unterschreiten des gesetzlichen Strafrahmens (KK/*Gericke* § 337 Rn. 32 m.w.N.), in der Verwendung eines nicht einschlägigen Strafrahmens (*Meyer-Goßner/Schmitt* § 337 Rn. 35), in der Nichtbeachtung der Doppelverwertungsverbote gemäß §§ 46 Abs. 3, 50 StGB (vgl. BGHSt 37, 153 [154 ff.]; 44, 361 [366]) oder zu vertypten Milderungsgründen (etwa § 46a StGB: OLG Hamm StV 1999, 89) betreffen sowie in der Nichterörterung solcher Vorschriften liegen, deren Anwendung sich nach den vom Tatrichter getroffenen Feststellungen aufgedrängt oder zumindest nahe gelegen hat (vgl. z.B. zu § 157 StGB: BayObLGSt 1996, 50; zum minder schweren Fall: BGH StV 1999, 137 [138]).

58 Zu beachten ist insofern jedoch, dass solche Rechtsnormen dem Tatrichter häufig einen Beurteilungsspielraum oder ein **Ermessen** einräumen bzw. unbestimmte Rechtsbegriffe verwenden, die nach der Rechtsprechung in der Revision nur eingeschränkt überprüft werden können. Dies gilt etwa für den Ausspruch über die besondere Schuldschwere bei § 57a StGB (BGHSt 39, 208 [210] = JR 1994, 164 [BGH 22.04.1993 – 4 StR 153/93] m. Anm. *Stree*; BGHSt -GS- 40, 360 [370]; 41, 58 [62]; BGH NStZ 1998, 352 [BGH 12.02.1998 – 4 StR 617/97] [353]; 1999, 501; *Stree* NStZ 1992, 464 [465 f.]), die Strafaussetzung zur Bewährung (BGHSt 6, 391 [392]; BGH NStZ 1994, 336; 1998, 408 [409]) oder die Festlegung der Tagessatzhöhe (BGH NStZ 2003, 657 [BGH 14.03.2003 – 2 StR 239/02] [658]).

59 Auch die unvollständige Ermittlung der Strafzumessungstatsachen muss in der Revision mit einer Verfahrensrüge – regelmäßig der Aufklärungsrüge – geltend gemacht werden (vgl. BGH StraFo 2004, 356 sowie *Zipf* Die Strafmaßrevision, S. 211 [247]). Ergibt sich die Unvollständigkeit (Lücke) dagegen aus dem Urteil selbst, etwa weil ein wesentlicher Strafzumessungsgrund in den persönlichen Verhältnissen festgestellt, in der konkreten Strafzumessung aber nicht mehr berücksichtigt wurde, wird dieser Fehler auf die Sachrüge hin beachtet (die Nicht-Erörterung in der Strafzumessung kann aber auch darauf zurückzuführen sein, dass der Tatrichter den Umstand als für diese nicht wesentlich erachtet hat).

60 Schließlich ist auch der Verstoß gegen § 267 Abs. 3 S. 2 (Ablehnung eines Antrags zum Vorliegen eines minder oder besonders schweren Falles oder einer Strafrahmenverschiebung wegen eines vertypten Milderungsgrundes) in der Revision mit einer Verfahrensrüge zu beanstanden (vgl. BGH StV 1999, 137 [138]).

61 Fehlen Feststellungen zum Ausspruch der **besonderen Schwere der Schuld**, so beschwert dies den Angeklagten nicht, sofern im Urteil kein positiver Ausspruch erfolgte; eine Revisionseinlegung der StA ist jedoch möglich. Auch muss sich ein Urteil, das eine lebenslange Freiheitsstrafe ausspricht nicht notwendig zur besonderen Schwere der Schuld verhalten, sofern hierzu kein Anlass bestand (BGH NStZ 1993, 134). Dementsprechend ist aber grundsätzlich das Urteil daraufhin überprüfbar, ob der Tatrichter auf der Grundlage der Feststellungen die Tat zu Recht als besonders schwer (bzw. nicht) bewertet hat. Dabei ist die Rechtsanwendung als solche wie auch die Feststellungen in Bezug auf Widersprüchlichkeit, Lückenhaftigkeit, Verstoß gegen Denkgesetze usw. Gegenstand der revisionsgerichtlichen Kontrolle (BGHSt 39, 121, 39, 208).

62 Dem Revisionsgericht ist es i.R.d. § 354 Abs. 1–1b gestattet, eine **eigene Strafzumessungsentscheidung** zu treffen (vgl. BVerfG NJW 2007, 2977 ff.; *Berenbrink* GA 2008, 625 ff.; vgl. die Kommentierung zu § 354 Rdn. 11 ff.), es darf jedoch nicht grds. seine eigene Wertung an die Stelle der tatrichterlichen setzen (BGH StV 1993, 420 [BGH 04.05.1993 – 4 StR 168/93]; *Meyer-Goßner/Schmitt* § 335 Rn. 35a; beachtl. Kritik bei *Berenbrink* GA 2008, 636):

63 **V. Einzelheiten zu Verfahrensfehlern. 1. Übersicht.** Das Verfahrensrecht ist verletzt, wenn eine Verfahrenshandlung gesetzwidrig vorgenommen oder gesetzwidrig unterblieben ist. Für die Beurteilung ist die **wirkliche Sachlage** maßgebend, nicht das, was dem Tatrichter bekannt war (BGHSt 20, 98; 22, 266 für Vereidungshindernisse [heute nicht mehr praktisch]; BGH StV 1988, 89 für ein erst nachträglich bekannt gewordenes Angehörigenverhältnis [dies gilt allerdings nicht, wenn der Zeuge das Gericht hierüber getäuscht hat; vgl. BGHSt 45, 342 [347]; 48, 294 [299]). Umgekehrt wird eine begründete Verfahrensrüge nicht durch nachträgliche Geschehnisse hinfällig (etwa durch den späteren Tod eines Zeugen, dessen Vernehmung zu Unrecht abgelehnt worden war; *Widmaier* FS Hanack, S. 387 [396]).

64 **Die Prüfung** erfolgt grundsätzlich nicht von Amts wegen, vielmehr bedarf es einer **ausgeführten Verfahrensrüge** (§ 344 Abs. 2 S. 2, dazu die dortige Kommentierung). Dies gilt auch dann, wenn mit dem Verfahrensverstoß eine Verletzung von Grundrechten verbunden ist; sogar eine Missachtung des Grundsatzes des rechtlichen Gehörs (Art. 103 Abs. 1 GG) erfordert daher einen § 344 Abs. 2 S. 2 entsprechenden Tatsachenvortrag (vgl. BGHSt 22, 26 [29] = JZ 1968, 434 [BGH 13.12.1967 – 2 StR 544/67] m. Anm. *EbSchmidt*; BGHSt 35, 366 [373]; 42, 205 [211 f.]; 43, 53 [57 f.]; OLG Düsseldorf VRS 64, 128; *Hanack* JZ 1973, 727 [729]; KK/*Gericke* § 344 Rn. 64; ähnlich schon BGHSt 19, 141 [143 f.]; vgl. aber *Meyer-Goßner/Schmitt* § 337 Rn. 11). Auch die in § 338 gesondert aufgeführten Verfahrensverstöße unterliegen insoweit den allgemeinen Regeln, die Sonderstellung der absoluten Revisionsgründe bezieht sich lediglich auf die Entbehrlichkeit eines Vortrags zum Beruhen des Urteils auf dem Verfahrensfehler (vgl. die Kommentierung zu § 338 sowie *Meyer-Goßner/Schmitt* § 338 Rn. 1).

65 Die Tatsachen zu einer Verfahrensverletzung, die erwiesen sein müssen (unten Rdn. 71.), hat das Revisionsgericht grundsätzlich ohne Bindung an die tatrichterlichen Feststellungen selbst zu klären; sie ergeben sich aus dem Hauptverhandlungsprotokoll bzw. müssen vom Revisionsgericht im Freibeweisverfahren festgestellt werden. In einzelnen Fällen ist es jedoch zwingend notwendig, die Urteilsgründe zur Begründung der Verfahrensrüge mit heranzuziehen. So kann im Falle der Rüge eine Verletzung des § 244 Abs. 3 7. Alt. (Ablehnung eines Beweisantrags wg. Wahrunterstellung) nur dadurch bewiesen werden, dass aus den Urteilsgründen zu entnehmen ist, dass die zu beweisende Tatsache entweder gar nicht oder zum Nachteil des Angeklagten verwendet worden ist (vgl. BGH NStZ 2007, 349 zur Ablehnung der Vernehmung eines Auslandszeugen).

Revisionsgründe **§ 337 StPO**

2. Maßgeblicher Gesetzesstand. Der maßgebliche Gesetzesstand entspricht grundsätzlich dem Zeitpunkt der (Nicht-)Vornahme der Verfahrenshandlung, zumeist also dem der tatrichterlichen Hauptverhandlung; eine nachträgliche Gesetzesänderung muss indes beachtet werden und kann der Revision die Grundlage entziehen (BGH NJW 1995, 2170 [BGH 05.04.1995 – I ZR 67/93] [2171] [Zivilrecht]; LR/*Franke* § 354a Rn. 6; KK/*Gericke* § 337 Rn. 11; *Meyer-Goßner/Schmitt* § 354a Rn. 4; *Widmaier* FS Hanack (1999), S. 387 [394] jeweils m.w.N.; kritisch *Steinmetz* NStZ 2001, 344 [348]). 66

3. Grundlagen der revisionsgerichtlichen Überprüfung. a) Maßgeblicher Zeitpunkt. Bei der Prüfung, ob ein Verfahrensverstoß vorliegt, ist grundsätzlich auf die Kenntnisse im Zeitpunkt der Revisionsverhandlung bzw. -entscheidung abzustellen, da die »wahre Sachlage« maßgebend ist, also nicht nur das, was dem Richter oder Ermittlungsbeamten bei der (Nicht-)Vornahme der betreffenden Verfahrenshandlung bekannt war (BGHZ 10, 304 [305]; 16, 178 [180]; 20, 98 [99]; 22, 266 [267]; 47, 16 [21]; BGH NStZ 1985, 324 [325]; 1999, 418; NJW 1978, 113 [BGH 09.09.1977 – 4 StR 230/77] [114]; StV 1988, 89 [BGH 15.12.1987 – 5 StR 649/87] [90]; 2003, 3; LR/*Franke* § 337 Rn. 44; *Meyer-Goßner/Schmitt* § 337 Rn. 9; a. A. BGHSt 27, 22 [24] = JR 1977, 211 m. Anm. *Meyer*; weitere Nachweise bei *Widmaier* FS Hanack (1999), S. 387 [389 f.]; *Krüger* Überprüfung der tatsächlichen Grundlagen von Verfahrensentscheidungen durch das Revisionsgericht im Strafprozeß (Diss. Düsseldorf (1999), S. 18. Abgesehen von einer später erfolgten Heilung, einem wirksam erfolgten Verzicht oder einer eingetretenen Verwirkung dürfen jedoch vor allem die dem damals (Nicht-)Handelnden nicht bekannten Umstände vom Revisionsgericht nur berücksichtigt werden, soweit sie im Zeitpunkt der (Nicht-)Vornahme der Handlung bereits vorlagen (vgl. BGHSt 10, 358 [365]; 41, 30 [32 f.]; 48, 240 [249]; BGH NJW 2003, 3142 [BGH 24.07.2003 – 3 StR 212/02] [3144]; NStZ 2001, 604 [606]; MDR 1983, 949 [BGH 12.07.1983 – 1 StR 174/83]; *Widmaier* FS Hanack (1999), S. 387 [392 ff.]; *Meyer-Goßner/Schmitt* § 337 Rn. 9; vgl. auch *Krüger* Überprüfung der tatsächlichen Grundlagen von Verfahrensentscheidungen durch das Revisionsgericht im Strafprozeß (Diss. Düsseldorf, 1999), S. 113 ff.). Andere erst später eingetretene Umstände, die etwa zu einer überholenden Kausalität führen würden, müssen dagegen unberücksichtigt bleiben (Beispiel: ein vom Tatrichter zu Unrecht nicht vernommener Zeuge stirbt vor der Entscheidung des Revisionsgerichts). In solchen Fällen ist es (soweit eine Nachholung möglich ist) vielmehr – nach Aufhebung und Zurückverweisung – Sache des neuen Tatrichters, sich gegebenenfalls um Beweissurrogate zu bemühen (in obigem Beispiel etwa die Verlesung einer Vernehmungsniederschrift; vgl. *Widmaier* FS Hanack-FS (1999), S. 387 [394 ff.]). Berücksichtigen darf das Revisionsgericht dagegen im Rahmen der Beruhensprüfung ein rechtmäßiges Alternativverhalten, also dass die beanstandete Verhaltensweise wenigstens im Ergebnis rechtmäßig war (vgl. unten Rdn. 88 ff.), wobei auch später eingetretene Umstände zu beachten sind (vgl. BGH StV 2002, 3 sowie *Frisch* FS Rudolphi (2004), S. 609 [639 f.]). 67

b) Bindung an die tatrichterlichen Feststellungen. An die vom Tatrichter festgestellten oder die ansonsten vom Handelnden oder Entscheidenden angenommenen Tatsachen (nicht zu verwechseln mit den »Feststellungen« i.R.d. Urteilsgründe, welche Gegenstand der sachlich-rechtlichen Überprüfung sein können; vgl. ausf. KMR/*Momsen* § 337 Rn. 137) ist das Revisionsgericht im Rahmen der Prüfung des Erfolgs einer Verfahrensrüge grundsätzlich nicht gebunden, es muss ihr Vorliegen vielmehr mittels des Hauptverhandlungsprotokolls oder im Freibeweisverfahren selbst feststellen (*Fezer* in: Ebert (Hrsg.), Aktuelle Probleme der Strafrechtspflege, S. 89 [92 f., 104] [mit Hinweis auf die Gesetzesmaterialien]; *Herdegen* FS Kleinknecht (1985), S. 173 [188 f.]; *Herdegen* FS Salger (1995), S. 301 [303 f.]; KK/*Gericke* § 352 Rn. 13; *Meyer-Goßner/Schmitt* § 337 Rn. 9, 11; zudem ständige Rechtsprechung, vgl. BGHSt 15, 347 [349]; 16, 164 [167]; 19, 141 [143 f.]; 28, 384 [386]; 42, 15 [18]; vgl. auch *Krüger* Überprüfung der tatsächlichen Grundlagen von Verfahrensentscheidungen durch das Revisionsgericht im Strafprozeß (Diss. Düsseldorf, 1999), S. 19; *Pfitzner* Bindung der Revisionsgerichte an vorinstanzliche Feststellungen im Strafverfahren, S. 26 ff., 87 ff., 196 ff.; vgl. aber *Dahs* Rn. 532.). Auch eine Bindung an die vom damals Handelnden oder Entscheidenden vorgenommene rechtliche Bewertung besteht nicht (vgl. *Gottwald* Die Revisionsinstanz als Tatsacheninstanz, S. 185), jedoch ist gegebenenfalls dessen Ermessens- oder ein ihm eingeräumter Beurteilungsspielraum zu berücksichtigen (dazu ausf. KMR/*Momsen* § 337 Rn. 135, 162 ff.; so auch *Dahs* Rn. 532 in Bezug auf das Alter i.S. § 60 Nr. 1). 68

§ 337 StPO   Revisionsgründe

69 **c) Nachweis der Gesetzesverletzung und Beweiskraft des Hauptverhandlungsprotokolls.** Bezüglich des Nachweises von Verfahrensfehlern ist das Hauptverhandlungsprotokoll von besonderer Bedeutung. Zum einen, weil das Urteil nur auf dem beruhen darf, was Gegenstand der Hauptverhandlung war (§ 261); zum anderen, weil alle wesentlichen Verfahrensvorgänge in das Hauptverhandlungsprotokoll aufgenommen sein müssen (§ 273 Abs. 1) und grundsätzlich sowohl positiv – also bezüglich ihrer Vornahme – als auch negativ – also bezüglich ihrer Nicht-Vornahme – allein durch dieses bewiesen werden (§ 274; vgl. auch BGHSt 22, 278 [280]; 26, 281 [282 ff.]; 36, 354 [358 f.]; BGH NStZ 1992, 49; 1993, 51; 1995, 560; 2000, 47; 2000, 217; 2002, 219; StV 1999, 189 [BGH 10.12.1997 – 3 StR 441/97] m. Anm. *Ventzke*). Soweit die Beweiskraft des Protokolls reicht, kann es weder durch das Urteil (BGHSt 2, 125 [126]; BGH NJW 1976, 977 [978]; NStZ 1993, 51 [52]; 2000, 217; *Meyer-Goßner/ Schmitt* § 274 Rn. 3 m.w.N.; a. A. LR/*Franke* § 337 Rn. 48) noch durch dienstliche Erklärungen etwa der Richter oder durch anwaltliche Versicherungen (BGHSt 8, 283; 13, 53 [59]; 22, 278 [280]; BGH NStZ 1983, 375 [BGH 30.03.1983 – 2 StR 173/82]; 1984, 133; 1992, 49; 2000, 214; NStZ-RR 2004, 212 [BGH 01.03.2004 – 5 StR 53/04] [213]; StV 2002, 530; *Meyer-Goßner/Schmitt* § 274 Rn. 3 m.w.N.; BGH Urteil v. 9.11.2006, 1 StR 434 – negative Beweiskraft des Sitzungsprotokolls) oder durch anders lautende Aufzeichnungen der Prozessbeteiligten entkräftet werden. Mittels des Freibeweisverfahrens kann daher die – positive oder negative – Beweiskraft des Protokolls nicht beseitigt werden; entsprechende Beweiserhebungen sind dem Revisionsgericht verwehrt (BGH, Beschl. v. 14.2.2002, 4 StR 272/01). Zulässig ist allerdings eine Auslegung des Protokolls (BGHSt 4, 140 [141 f.]; 13, 53 [59]; 31, 39 [41]; BayObLGSt 1994, 89 [90]; KG Berlin VRS 43, 199; *Schäfer* FS BGH (2000), S. 707 [715 f.]). Dies galt bisher als Grundsatz der negativen Beweiskraft des Sitzungsprotokolls. Durch die Entscheidung des Großen Senats (GSSt 1/06 vom 23.4.2007) zur sog. »unwahren Verfahrensrüge« haben sich die Determinanten jedoch erheblich verschoben.

70 Ob sich der Verteidiger auch auf ein Protokoll berufen darf, wenn er weiß, dass es unrichtig ist, ist streitig (vgl. BGH NStZ 2000, 216 [217]; 2002, 219; StV 1999, 582 [BGH 14.04.1999 – 3 StR 70/99] m. Anm. *Docke/von Döllen/Momsen*; *Sarstedt/Hamm* Rn. 292; *Meyer-Goßner/Schmitt* § 274 Rn. 21; offen gelassen in BGH StV 1999, 585; NJW 2001, 3794 [BGH 08.08.2001 – 2 StR 504/00] [3796]; BGHR StPO § 274 Beweiskraft 24; vgl. auch die Nachweise bei *Detter* StraFo 2004, 329 [333]; *Park* StraFo 2004, 335 [336, 338 ff.]). Ebenso ist fragwürdig oder höchstrichterliche Praxis, dass eine Protokollberichtigung auch einer bereits erhobenen Verfahrensrüge den Boden entziehen darf, wenn der tatsächliche Verfahrensvorgang zweifelsfrei feststeht (sog. »Rügeverkümmerung« – so ersichtlich BGH NStZ 2000, 216 [217]; *Schäfer* FS BGH (2000), S. 707 [725 ff.]; ähnlich BGH NStZ 2002, 219; 270, 272 [hiergegen: BGH, Beschl. v. 11.8.2004, 3 StR 202/04]). Zu diskutieren wäre, ob in solchen Fällen das Protokoll ausnahmsweise nicht die Beweiskraft des § 274 hat (vgl. BGHR StPO § 274 Beweiskraft 25; ausführlich zur gesamten Problematik: *Trepperwien* FS Meyer-Goßner (2001), S. 595 [597 ff.]). Diese Frage war letztlich auch Ausgangspunkt der o.g. Entscheidung des Großen Senats (GSSt 1/06).

71 **d) Erwiesenheit der Gesetzesverletzung.** Erfolg kann eine Verfahrensrüge grundsätzlich nur haben, wenn die Gesetzesverletzung und die Tatsachen, aus denen der Verfahrensverstoß hergeleitet wird, feststehen (BGHSt 16, 164 [167]; 17, 351 [353]; 19, 141 [143 f.]; 21, 4 [10]; BGH NJW 1978, 1390 [BGH 22.02.1978 – 2 StR 334/77]; NStZ 1994, 196 [BGH 19.10.1993 – 1 StR 662/93]; NStZ-RR 2004, 237 [BGH 05.05.2004 – 2 StR 492/03] [238]; *Fezer* in: Ebert (Hrsg.), Aktuelle Probleme der Strafrechtspflege, S. 89 [93] [unter Hinweis auf die Materialien zur StPO]; KK/*Gericke* § 337 Rn. 5; *Meyer-Goßner/Schmitt* § 337 Rn. 10, 12 jeweils m.w.N.; kritisch LR/*Franke* § 337 Rn. 51 [anders Rn. 14]; *Roxin* NStZ 1989, 376 [378]). Zweifel am Vorliegen der Gesetzesverletzung wirken also zum Nachteil des Rechtsmittelführers, weil im Verfahrensrecht der in-dubio-Grundsatz (als eine das sachliche Recht betreffende Entscheidungsregel) nicht anwendbar ist, vielmehr die Ordnungsmäßigkeit des Verfahrens unterstellt wird (SK-StPO/*Frisch* § 337 Rn. 75 f.; LR/*Franke* § 337 Rn. 51; *Klemke* StV 2004, 589 ff. [OLG Hamburg 15.07.2003 – II-33/03 (1 Ss 42/03)]; *Meyer-Goßner/Schmitt* § 337 Rn. 12; zur Verfassungsmäßigkeit dieser Rechtsprechung: BVerfG DAR [Sp] 1983, 208; BVerfG StV 2002, 521). Auch insoweit ist die Relativierung der negativen Beweiskraft des Sitzungsprotokolls von erheblicher Bedeutung (vgl. Rdn. 69 ff.; *Dahs* Rn. 520 ff., 526 ff.).

Dies gilt sogar dann, wenn der Nachweis der Gesetzesverletzung – etwa wegen des Schutzes des Bera- 72
tungsgeheimnisses – unmöglich ist (vgl. BGHSt 5, 294; 37, 141 [144]; RGSt 61, 217 [220]; 67, 279;
OLG Celle MDR 1958, 182; *Meyer-Goßner/Schmitt* § 337 Rn. 10), sofern die Unmöglichkeit nicht auf
ein Verschulden der Justizbehörden zurückzuführen ist (OLG Celle StV 1998, 531 [zur Zustellung der
Anklage]; OLG Karlsruhe MDR 1974, 774 [Ladung]; vgl. auch *Meyer-Goßner/Schmitt* § 337 Rn. 12).
Ist der Beweis dagegen möglich, dem Revisionsführer aber nicht zugänglich, so genügt, dass er die ent- 73
sprechenden Tatsachen behauptet; es ist dann – wie stets bei Verfahrensrügen (vgl. KMR/*Momsen*
§ 337 Rn. 136, 143)) – Aufgabe des Revisionsgerichts, zu prüfen, ob die Gesetzesverletzung tatsächlich
vorliegt (vgl. z.B. BGHSt 28, 290 [291] für präsidiumsinterne Vorgänge; BGHSt 29, 162 [164] für kammerinterne Vorgänge).

Unter der Rüge der **Aktenwidrigkeit der Urteilsfeststellungen** versteht man die Beanstandung, die im 74
Urteil getroffenen Feststellungen seien nicht mit dem übrigen Akteninhalt (im weitesten Sinn) vereinbar, etwa weil ein Zeuge in der Hauptverhandlung tatsächlich anders ausgesagt haben soll, als dies im
Urteil mitgeteilt wird. Die Rüge ist nach der Rechtsprechung selbst in der Form der alternativen Verfahrensrüge, wonach das Gericht entweder seine Aufklärungspflicht oder aber die Pflicht verletzt haben
soll, sich im Urteil mit den erhobenen Beweisen auseinanderzusetzen, regelmäßig nicht Erfolg versprechend, weil sie auf eine unzulässige Rekonstruktion oder Ergänzung der tatrichterlichen Hauptverhandlung hinauslaufen würde (vgl. BGHSt 43, 212 [213] = JZ 1998, 53 [BGH 03.09.1997 – 5 StR 237/97]
m. Anm. Herdegen; BGHSt 48, 268 [273]; kritisch auch LR/*Franke* § 337 Rn. 60; KK/*Gericke* § 337
Rn. 26a) Erfolg kann eine solche Alternativrüge nach der Rechtsprechung nur in Ausnahmefällen haben, wenn es entweder um »essentielle« nicht geklärte Widersprüche zwischen Urteil und Akteninhalt
geht und der Tatrichter die eine oder die andere Vorschrift verletzt haben muss (vgl. BGHSt 43, 212
[216]) oder wenn der Akteninhalt ohne weiteres die Unrichtigkeit der Urteilsfeststellungen beweist,
etwa weil das im Urteil verwertete Protokoll einer polizeilichen Vernehmung den in den Entscheidungsgründen mitgeteilten Inhalt widerlegt (BGH NJW 2000, 1962 [BGH 19.01.2000 – 3 StR 531/99]
[1963]; NStZ 2007, 349). Regelmäßig kann der »Gegenbeweis« gegen die Urteilsfeststellungen in solchen Fällen nach der Rechtsprechung jedoch nur dann geführt werden, wenn sich die Gesetzesverletzung – ohne Rekonstruktion der Hauptverhandlung – entweder aus dem Sitzungsprotokoll oder aus
dem Urteil selbst ergibt, sich das Beweisergebnis also mit den Mitteln des Revisionsrechts vom Revisionsgericht feststellen lässt (*Schäfer* BGH StV 1991, 549; Tatsachenerfassung, Verteidigung und erweiterte Anwaltsaufgaben im Strafprozeß [18. Strafverteidigertag], S. 103 [118]). Dies ist insbesondere
dann möglich, wenn es um den Inhalt einer in der Hauptverhandlung verlesenen Urkunde (BGHSt
29, 18 [21]; 43, 212 [214] = JZ 1998, 53 [BGH 03.09.1997 – 5 StR 237/97] m. Anm. *Herdegen*;
BGH NStZ [M/Pf] 1987, 18 [Nr. 11]; [M/Pf] 1988, 212 [Nr. 17]; 2001, 333; NStZ-RR 2003, 52;
StV 1993, 115; 459; vgl. auch BVerfGE 82, 236 [259]) oder einer gem. § 273 Abs. 3 wörtlich protokollierten Zeugenaussage geht (BGHSt 38, 14 [15 f.] = JZ 1992, 106 [BGH 03.07.1991 – 2 StR 45/91. Für
sich genommen nicht ausreichend sind ferner insbesondere dem Urteil widersprechende Aufzeichnungen der Prozessparteien (BGHSt 15, 347 [349]; 29, 18 [20]; 43, 212 [214] = JZ 1998, 53 [BGH
03.09.1997 – 5 StR 237/97] m. Anm. Herdegen; BGH NStZ 1990, 35 [BGH 05.09.1989 – 1 StR
291/89]; 2004, 630 [631]) oder dienstliche Äußerungen der Richter (vgl. auch *Herdegen* FS Salger
(1995), S. 301 [313]; Schäfer Tatsachenerfassung, Verteidigung und erweiterte Anwaltsaufgaben im
Strafprozeß [18. Strafverteidigertag], S. 103 [118] m.w.N.; vgl. auch *Diemer* NStZ 2002, 19 ff.; *Hofmann* NStZ 2002, 569 ff.; *Hofmann* StraFo 2004, 303 ff.; *Leitner* StraFo 2002, 306; *Wasserburg* FS
Richter (2006), S. 557 ff., krit. *Schlothauer* Anm. zu BGH StV 2003, 650 [BGH 15.04.2003 – 1
StR 64/03]). Zur Reform vgl. das Materialheft des Strafverteidigertages 2015, Lübeck, sowie *v. Döllen/
Momsen*, Freispruch 2015, 4 ff.

VI. Einzelheiten zu von Amts wegen zu beachtenden Verfahrenshindernissen. 1. Maßgeb- 75
licher Zeitpunkt. Bei der Prüfung, ob ein Verfahrenshindernis vorliegt (vgl. dazu auch oben
Rdn. 21 ff.), ist auf den Zeitpunkt der Revisionsverhandlung bzw. -entscheidung abzustellen (BGHSt
21, 367 [369]; 45, 261 [267]; *Küper* FS Pfeiffer (1988), S. 425 [438] m.w.N.); ein Verfahrenshindernis
kann daher auch noch während des Revisionsverfahrens begründet oder beseitigt werden (BGHSt 20,
22 [27]; 21, 367 [369]; KK/*Gericke* § 354a Rn. 6; LR/*Franke* § 337 Rn. 25; *Meyer-Goßner/Schmitt*

§ 354a Rn. 3; einschränkend zur Frage der deutschen Gerichtsbarkeit: BGH NStZ 2001, 588 [BGH 12.07.2001 – 1 StR 171/01]).

76 **2. Nachweis des Verfahrenshindernisses.** Der Revisionsführer muss das Bestehen des Verfahrenshindernisses nicht nachweisen, es ist vielmehr Aufgabe des Revisionsgerichts, sich von dessen Vorliegen zu überzeugen (KK/*Gericke* § 352 Rn. 3; *Meyer-Goßner/Schmitt* § 337 Rn. 6), wobei die Nachprüfung grundsätzlich (vgl. diff. KMR/*Momsen* § 337 Rn. 144, 154) in tatsächlicher und rechtlicher Hinsicht und ohne Bindung an die Feststellungen oder Würdigungen des Tatrichters erfolgt (BGHSt 14, 137 [139]; BGH MDR [D] 1955, 143 [zu § 61]; OLG Düsseldorf VRS 71, 28 [29]; *Herdegen* FS Kleinknecht (1985), S. 173 [182 f.]; *Gottwald* Die Revisionsinstanz als Tatsacheninstanz, S. 32 ff., 55 f., 265; *Kuchinke* Grenzen der Nachprüfbarkeit tatrichterlicher Würdigung und Feststellungen in der Revisionsinstanz, S. 217; LR/*Franke* § 337 Rn. 29; *Meyer-Goßner/Schmitt* § 337 Rn. 6; *Alberts* Die Feststellung doppelt relevanter Tatsachen in der strafprozessualen Revisionsinstanz, S. 38 ff.).

77 Die Feststellung durch das Revisionsgericht erfolgt regelmäßig im Freibeweisverfahren (BGHSt 16, 164 [166]; 21, 81; 22, 90 [91]; 46, 349 [351] = JR 2002, 210 m. Anm. *Verrel*; BGH NStZ 2001, 656; *Gottwald* Die Revisionsinstanz als Tatsacheninstanz, S. 55; *Paeffgen* NStZ 2002, 281; *Rieß* JR 1985, 45 [48]; KK/*Gericke* § 337 Rn. 25, § 351 Rn. 14; LR/*Franke* § 337 Rn. 29; *Meyer-Goßner/ Schmitt* § 337 Rn. 6; *Dahs* Rn. 526 ff.; Radtke/Hohmann/*Nagel* § 337 Rn. 11; a. A. [Strengbeweis] *Roxin* § 21 C; *Többens* NStZ 1982, 184).

78 Kann das Vorliegen der Verfahrensvoraussetzungen im Freibeweisverfahren nicht sicher festgestellt werden und/oder erfordert dies – etwa bei doppelrelevanten Tatsachen – das Strengbeweisverfahren, kann das Revisionsgericht die Sache zur Durchführung einer solchen Beweisaufnahme an den Tatrichter zurückverweisen, sofern die Aussicht besteht, dass dort eine Klärung möglich ist (vgl. BGHSt 16, 399 [403]; 46, 307 [309 f.]; 349 [353] = JR 2002, 210 m. Anm. *Verrel*; BGH StV 2001, 460 [BGH 16.11.2000 – 3 StR 457/00]; OLG Celle MDR 1960, 334; OLG Düsseldorf MDR 1994, 716; OLG Karlsruhe GA 1985, 134; *Herdegen* FS Kleinknecht (1985), S. 173 [189]; LR/*Franke* § 337 Rn. 29; *Meyer-Goßner/Schmitt* § 337 Rn. 6).

79 **VII. Besonderheiten.** Anders als gelegentlich die Rechtsprechung, die auch bei Prognosen (vgl. etwa zu § 43 Abs. 2 GVG: BGH NJW 1974, 155 [BGH 09.10.1973 – 1 StR 327/73]; 1978, 1444 [1445]) oder bei Entscheidungen, bei denen ein Beurteilungsspielraum besteht (vgl. zu § 32 JGG: BGH, NStZ 2003, 493 [BGH 13.02.2003 – 3 StR 430/02] [494]; BGHR JGG § 32 Schwergewicht 1, 3) ein Ermessen annimmt, wird im Folgenden davon ausgegangen, dass eine Ermessensentscheidung nur dann vorliegt, wenn der Entscheidende bei der Festlegung der Folgen, die an einen bestimmten Tatbestand geknüpft sind, die Auswahl hat (ähnlich BGHSt 44, 328 [334]; ebenso *Cyper* Die Revisibilität der strafrichterlichen Beweiswürdigung (Diss. Bochum), S. 277 f.; *Krüger* Überprüfung der tatsächlichen Grundlagen von Verfahrensentscheidungen durch das Revisionsgericht im Strafprozeß (Diss. Düsseldorf, 1999), S. 22; vgl. auch *Kuchinke* Grenzen der Nachprüfbarkeit tatrichterlicher Würdigung und Feststellungen in der Revisionsinstanz, S. 142 ff.).

80 Bei solchen Ermessensvorschriften prüft das Revisionsgericht zunächst nach, ob der Entscheidende sich des ihm vom Gesetz eingeräumten Ermessens bewusst war (BGH NStZ 2003, 208 [KG Berlin 27.06.2001 – (5) 1 Ss 365/00 (3/01)] [209]; 2004, 438 [439]; NStZ-RR 1998, 207; JR 1956, 426; *Meyer-Goßner/Schmitt* § 337 Rn. 16; LR/*Franke* § 337 Rn. 63; vgl. auch die Nachweise bei *Herdegen* FS Kleinknecht (1985), S. 173 [184]). Dies muss aus der Entscheidung jedenfalls dann ersichtlich sein, wenn die formellen Voraussetzungen der Ermessensvorschrift festgestellt wurden und die Anwendung der Vorschrift nahe lag (vgl. z.B. BGHSt 42, 86 [87]; BGH NJW 1999, 2606 [BGH 09.06.1999 – 3 StR 89/99]) oder die Ermessensentscheidung eine Alternative zu einem anderen, vom Gesetz als Regelfall vorgesehenen Verhalten darstellt (vgl. BGHSt 22, 266 [267]; BGH NStZ 1984, 371 [372]; KG Berlin StV 2000, 189 [190]). Ferner darf der Entscheidende die anzuwendenden Rechtsbegriffe nicht verkannt haben (BGH JR 1956, 426) und aus der Entscheidung muss erkennbar sein, dass und aus welchen Gründen er von seiner Entscheidungsbefugnis in einer bestimmten Weise Gebrauch gemacht hat (BGHR StGB § 66 Abs. 2 Ermessensentscheidung 2, 4, 5; BGH NJW 1999, 2606 [BGH 09.06.1999 – 3 StR 89/99] [2607]; NStZ 1996, 331 [BGH 08.02.1996 – 4 StR 752/95] [332]; 2002, 536 [537]; 2004, 438 [439]; BGH NStZ-RR 1996, 196 [197]). Die vom ihm bei der Entscheidung angestellten Erwägungen müssen zudem vollständig und zulässig gewesen sein, sie müssen also insbesondere in Ein-

klang mit den Grundsätzen und Wertmaßstäben des betreffenden Gesetzes stehen (BGHSt 37, 324 [326 f.]; 48, 40 [41]; BGH NJW 1999, 2606 [BGH 09.06.1999 – 3 StR 89/99]; 2004, 3350 [3353], NStZ 2003, 438 [439]; 493 [494]; 657 [658]; 2004, 438 [439]; JR 1956, 426).

Ist diesen Anforderungen genügt, so wird die Entscheidung selbst vom Revisionsgericht inhaltlich nur dahingehend überprüft, ob die Grenzen des Ermessens eingehalten wurden, ob also – im konkreten Fall – das Ermessen auf Null reduziert war bzw. ob das Ergebnis noch innerhalb der Grenzen des Vertretbaren liegt oder willkürlich ist, ob also ein grober Ermessensmissbrauch vorliegt (vgl. BGHSt 6, 298 [300]; 10, 327 [329]; 18, 238 [239]; 43, 153 [155 f.]; 45, 342 [351]; BGH NStZ 2003, 657 [BGH 14.03.2003 – 2 StR 239/02] [658]; *Kuchinke* Grenzen der Nachprüfbarkeit tatrichterlicher Würdigung und Feststellungen in der Revisionsinstanz, S. 144; KK/*Gericke* § 337 Rn. 19; LR/*Franke* § 337 Rn. 63; *Meyer-Goßner/Schmitt* § 337 Rn. 16; HK/*Temming* § 337 Rn. 13; *Dahs* Rn. 88), was auch bei Widersprüchen oder Verstößen gegen Denkgesetze oder Erfahrungssätze der Fall ist (vgl. BGH NJW 2000, 443 [447]; NStZ 2004, 347 [BGH 26.08.2003 – 1 StR 282/03] [348]). 81

C. Zur Beruhensfrage. I. Grundsätzliches. Ein Gesetzesverstoß begründet nach § 337 Abs. 1 die Revision nur, wenn das Urteil auf dem Gesetzesverstoß beruht: wenn das Tatgericht ohne den Rechtsfehler mit Sicherheit oder möglicherweise zu einem anderen Urteil gekommen wäre (BGHSt 1, 346 [350]; 8, 155 [158]; 9, 77 [84]; 362 [364]; 20, 160 [164]; 21, 288 [290]; 22, 278 [280]; BGH NJW 1951, 206; BGHSt 51, 325 ff. sowie NStZ 2007, 163 – Zeuge wurde ausw. des Protokolls nicht gehört; KK/*Gericke* § 337 Rn. 33; *Meyer-Goßner/Schmitt* § 337 Rn. 37; weitere Nachweise bei *Herdegen* Grundprobleme des Revisionsverfahrens [Strafverteidiger-Frühjahrssymposium], 1990, S. 7 [24 f.]; ähnlich zur verfassungsgerichtlichen Beruhensprüfung: BVerfG NJW 2004, 1443 [BVerfG 02.10.2003 – 2 BvR 149/03] m.w.N.). Die Schwere der Gesetzesverletzung ist demgegenüber grds. nicht von Bedeutung (HK-GS/*Maiwald/Rackow* § 337 Rn. 19; stärker normativierend auf das Gewicht der schützenden Norm abstellend *Kraus* Die Beruhensfrage im strafprozessualen Revisionsrecht, S. 100 ff.). Dies gilt gleichermaßen für den Bereich des Verfahrens- wie den des sachlichen Rechts (wobei die Beruhensprüfung bei der Verfahrensrüge größere Bedeutung hat). Das Beruhen ist nicht gleichbedeutend mit schlichter Kausalität zwischen Rechtsfehler und Urteil zu verstehen; maßgebend ist ein normatives Verständnis, das an der Zielrichtung der verletzten Norm ausgerichtet ist (vgl. etwa BGHSt 18, 290 [295]; grdl. *Frisch* FS Rudolphi, S. 609 [629 f.]; *Herdegen* NStZ 1990, 513). 82

Zwischen der Gesetzesverletzung und der im Urteil getroffenen Entscheidung muss also ein ursächlicher Zusammenhang bestehen, der indes nicht erwiesen zu sein braucht (BGH NStZ 2007, 352 – Beruhen »denkgesetzlich nicht ausgeschlossen«; KK/*Gericke* § 337 Rn. 33; *Meyer-Goßner/Schmitt* § 337 Rn. 37; LR/*Franke* § 337 Rn. 178 f.; Radtke/Hohmann/*Nagel* § 337 Rn. 35; SK-StPO/*Frisch* § 337 Rn. 186 ff.; ausführlich zur »Kausalität« und zum »normativen Zusammenhang«: *Frisch* FS Rudolphi (2004), S. 609 [611 ff.]; *Momsen* Verfahrensfehler und Rügeberechtigung im Strafprozeß, S. 168 ff.). 83

Die bloß theoretische Möglichkeit, dass das Urteil ohne die Gesetzesverletzung anders ausgefallen wäre, genügt jedoch nicht (BGH NStZ 1985, 135; NJW 1988, 1223 [BGH 06.08.1987 – 4 StR 333/87] [1224]; *Herdegen* NStZ 1990, 513 [517]; *Meyer-Goßner/Schmitt* § 337 Rn. 37). Ferner fehlt es am Beruhen, wenn ein solcher Zusammenhang zwischen der Gesetzesverletzung und dem Urteil mit Sicherheit auszuschließen ist (vgl. BGHSt 14, 265 [268]; 23, 224 [225]; 30, 131 [135]; BGH NStZ 1985, 135; NStZ-RR 1998, 15; MDR [D] 1975, 369 [zu § 245]; NStZ 2006, 463 – kein Beruhen auf Verstoß gegen Unverzüglichkeitsgebot der Urteilsabsetzung; LR/*Franke* § 337 Rn. 179; KK/*Gericke* § 337 Rn. 33; *Meyer-Goßner/Schmitt* § 337 Rn. 37; Das Unterbleiben der Belehrung gem. § 257c Abs. 5 StPO verletzt bspw. grundsätzlich das Gebots des fairen Verfahrens (BVerfG NJW 2013, 1058 [1071]). Lediglich, wenn auf Grund konkreter Feststellungen ausgeschlossen werden kann, dass das Urteil auf der unterlassenen Belehrung beruht, bleibt dieser Fehler irrevisibel (BGH NStZ 2013, 728; BVerfG NJW 2013, 1058 [1071]). 84

II. Beruhen bei sachlich-rechtlichen Fehlern. Bei sachlich-rechtlichen Fehlern erfolgt die Beruhensprüfung grundsätzlich nach obigen Regeln; maßgeblich ist allein das schriftliche Urteil (vgl. Rdn. 32 und LR/*Franke* § 337 Rn. 188; *Meyer-Goßner/Schmitt* § 337 Rn. 40). Nähere Ausführungen 85 zum Beruhen sind in der Revisionsbegründung nicht erforderlich (vgl. die Kommentierung bei § 344 sowie *Kraus* Die Beruhensfrage im strafprozessualen Revisionsrecht, S. 100 ff.).

86 In der Regel beruht das Urteil auf materiell-rechtlichen Fehlern in der Beweiswürdigung. Da der Tatrichter in seiner Entscheidung ohnehin nur die für seine Überzeugungsbildung wesentlichen Umstände mitteilen muss (vgl. Rdn. 48), kann nämlich zumeist nicht ausgeschlossen werden, dass das Urteil bei rechtsfehlerfreier Beweiswürdigung anders ausgefallen wäre. Hinzu kommt, dass das Revisionsgericht ansonsten die allein dem Tatgericht überantwortete Beweiswürdigung selbst vornehmen müsste, was ihm jedoch die Aufgaben- und Kompetenzverteilung zwischen Tat- und Revisionsgericht untersagt (vgl. Rdn. 11 ff.; *Hamm* Rn. 521 f., 527 f.; *Schäfer* Tatsachenerfassung, Verteidigung und erweiterte Anwaltsaufgaben im Strafprozeß [18. Strafverteidigertag], S. 103 [115 f.]; ähnlich *Frisch* FS Rudolphi (2004), S. 609 [633 f.]; FS Hanack (1999), S. 397 [418 f.]). Etwas anderes kann nur gelten, wenn es sich bei der fehlerhaften Erwägung – schon aus dem tatrichterlichen Urteil erkennbar – um einen für die Überzeugungsbildung nicht wesentlichen Umstand gehandelt hat (vgl. etwa BGH Beschl. vom 5.1.2000, 3 StR 473/99; ähnlich BVerfG NJW 2002, 2859 [zu einem »logischen Fehlschluß«, der nur eine »Randerwägung« betraf]; LR/*Franke* § 337 Rn. 188; *Miebach* NStZ 2000, 234 [241 f.] m.w.N. [zur unzulässigen Verwertung des teilweisen Schweigens eines Angeklagten). Auch fehlerhafte Hilfserwägungen sind dementsprechend unschädlich (OLG Düsseldorf wistra 2007, 439 f.; *Meyer-Goßner/Schmitt* § 337 Rn. 40).

87 Bei Fehlern in der Strafzumessung schließt das Revisionsgericht ein Beruhen gelegentlich aus, wenn es annimmt, dass der Strafausspruch ohne den Rechtsfehler ebenso ausgefallen wäre (vgl. [auch zu den Grenzen solcher Annahmen] BVerfG NJW 2004, 1790 [BVerfG 07.01.2004 – 2 BvR 1704/01]; kritisch auch; *Goydke* FS Meyer-Goßner (2001), S. 541 [545]; LR/*Franke* § 337 Rn. 190; *Hamm* Rn. 531). Insofern hat das Revisionsgericht zudem durch die Neuregelung in § 354 erweiterte Möglichkeiten zur Änderung des Rechtsfolgenausspruchs (vgl. die dortige Kommentierung).

88 **III. Beruhen bei Verfahrensfehlern.** Bei einem Verfahrensfehler kommt es darauf an, ob das Gericht bei einem ordnungsgemäß durchgeführten Verfahren möglicherweise zu einem anderen Ergebnis gekommen wäre (vgl. BGH NJW 2000, 1661 [BGH 11.02.2000 – 3 StR 377/99] [1663]; RGSt 52, 305 [306]; 61, 353 [354]; 64, 379 [380]; BGH NStZ 2007, 417; StV 2007, 622 f. [BGH 20.06.2007 – 2 StR 84/07] – kein Beruhen bei unterlassenem Hinweis gem. § 265 Abs. 1; NStZ 2007, 235 – kein Beruhen bei Nicht-Verlesen eines Schriftstückes, dessen Inhalt unbestr. in der Hauptverhandlung erörtert worden ist; BGHSt 18, 290 ff. – kein Beruhen, wenn in der Hauptverhandlung anstelle des Eröffnungsbeschlusses ein weitgehend wortidentischer Verweisungsbeschluss verlesen wird, vgl. HK-GS/*Maiwald/Rackow* § 337 Rn. 20; LR/*Franke* § 337 Rn. 180;ausführlich: *Frisch* FS Rudolphi (2004), S. 609 [634 ff.]). Hierauf stellen schon die Gesetzesmaterialien ab, nach denen »die unrichtige Anwendung einer Rechtsnorm zur Begründung der Revision nicht geeignet [ist], wenn auch bei deren richtiger Anwendung das Gericht zu derselben Entscheidung gelangt sein würde.« (*Hahn* Die gesamten Materialien zur StPO, 1885, S. 251). Das Beruhen kann bei einem Verstoß gegen Frist des § 268 Abs. 3 S. 2 StPO allerdings nur ausnahmsweise ausgeschlossen werden (BGH NStZ-RR 2007, 279 f. [BGH 30.05.2007 – 2 StR 22/07]; NStZ-RR 2007, 278 f. [BGH 20.06.2007 – 1 StR 58/07]). Ein Beruhen kann indes nicht ausgeschlossen werden im Falle einer nicht ordnungsgemäßen Belehrung über ein Zeugnisverweigerungsrecht (BGH NStZ 2006, 647 [BGH 03.05.2006 – 4 StR 40/06]) oder eines fehlerhaften Beschlusses nach § 251 Abs. 4 (BGH NStZ-RR 2007, 52 – hier aber Unzulässigkeit der Rüge, da weder der Beschluss im Wortlaut noch in seinem wesentl. Inhalt mitgeteilt wurde). Die differenzierte Behandlung der – im Wortlaut des § 337 – identisch behandelten »Gesetzesverletzungen« findet ihren Grund in der Struktur des Verfahrensrechts, welche dazu führen kann, dass einerseits eine Verletzung einer Verfahrensnorm keinen unmittelbaren Einfluss auf das Urteil erlangt, andererseits aber auch eine vom Urteil unabhängige Rechtsverletzung sui generis bewirken kann (hierzu: *Momsen* Verfahrensfehler und Rügeberechtigung im Strafprozeß, S. 369 ff. – Verfahrensfehlerbeschwer). Dass ein Beruhen im Einzelfall auch bei absoluten Revisionsgründen ausgeschlossen können sein soll (BGH NStZ-RR 2003, 5 f.; BGHR StPO § 338 Beruhen 1), ist angesichts der insoweit eindeutigen Gesetzeskonstruktion abzulehnen (näher § 338 Rdn. 1 ff.).

Revisionsgründe § 337 StPO

E. Beschwer. Eine allgemein anerkannte Voraussetzung für den Erfolg der Revision ist, dass eine 89 Gesetzesverletzung nur von demjenigen beanstandet werden kann, der durch sie **beschwert** ist, den sie also zu seinem Nachteil betroffen hat (BGHSt 10, 119 [121]; 358 [362]; 11, 213 [214]; 12, 1 [2]; 31, 323 [331]; 47, 116 [119]; BGH MDR [D] 1973, 192 [zu § 243 Abs. 4]; 730 [zu § 338 Nr. 3]; BGH StV 1984, 493; *Kleinknecht* NJW 1966, 1537, 1539; LR/*Franke* § 337 Rn. 67; KK/*Gericke* § 337 Rn. 7, 21, 41; *Meyer*-Goßner/*Schmitt* § 337 Rn. 18; zur Rechtfertigung der Erforderlichkeit einer Beschwer insbesondere bei der Angeklagtenrevision: *Kaiser* Die Beschwer als Voraussetzung strafprozessualer Rechtsmittel, S. 175; *Momsen* Verfahrensfehler und Rügeberechtigung im Strafprozeß, S. 371 f. [404 ff., 413 ff.]; vgl. zur verfassungsrechtlichen Beruhensprüfung auch BVerfG NJW 2004, 1443 [BVerfG 02.10.2003 – 2 BvR 149/03] m.w.N.]).

Erforderlich ist eine solche Beschwer aber nicht nur bei einer Revision des Angeklagten, sondern – wie 90 § 339 belegt – auch bei Verfahrensfehler beanstandenden Rechtsmitteln der **Staatsanwaltschaft** (BayObLGSt 1950/1951, 135 [136 f.]; OLG Bremen NJW 1947/1948, 312; a. A. Hamm Rn. 78; KK/*Gericke* § 337 Rn. 42; differenzierend *Momsen* Verfahrensfehler und Rügeberechtigung im Strafprozeß, S. 138; siehe ferner die Kommentierung zu § 339) sowie beim **Nebenkläger** (vgl. BGHSt 41, 140 [144]; 43, 15 [16], bei beiden – Staatsanwaltschaft und Nebenkläger – ist zudem § 301 zu beachten).

Vorliegen muss diese Beschwer sowohl bei der Geltendmachung der Verletzung von Verfahrensvor- 91 schriften (vgl. RGSt 52, 188 [189]; BGHSt 10, 119 [121]) als auch bei einem materiell-rechtlichen Gesetzesverstoß (z.B. kann der Angeklagte mit der Rüge keinen Erfolg haben, das Gericht habe zu Unrecht einen Fall von § 243 StGB abgelehnt und »nur« wegen einfachen Diebstahls verurteilt, ebenso wenig kann er beanstanden, gegen ihn sei trotz Vorliegens der Voraussetzungen keine Sicherungsverwahrung angeordnet worden vgl. *Hamm* Rn. 66; weitere Beispiele bei KK/*Gericke* § 337 Rn. 41; BGH Urteil vom 19.7.2006, NStZ 2007, 213 [BGH 19.07.2006 – 2 StR 181/06] – Fehlende Beschwer bei Absehung von Unterbringung; siehe auch BGH, Urteil v. 02.19.2013 – 1 StR 75/13).

Ausreichend ist eine **mittelbare** Beschwer (KK/*Gericke* § 337 Rn. 41; HK/*Temming* § 337 Rn. 34; 92 *Meyer-Goßner*/*Schmitt* § 337 Rn. 18, einschränkend bei § 338 Rn. 4), wobei bei mehreren Angeklagten genügt, dass die Gesetzesverletzung unmittelbar nur einen der anderen Angeklagten betrifft, jedoch muss dann beim revisionsführenden Angeklagten zumindest dieselbe Tat abgeurteilt worden sein (vgl. BGHSt 38, 96 [99 ff.]; BGH MDR [D] 1973, 902; *Schöneborn* NJW 1974, 535 [alle zu § 52], ähnlich [zu §§ 53, 53a] BGHSt 33, 148 [153]; [zum fehlerhaft abgelehnten Beweisantrag] BGH NStZ 2004, 99 [BGH 28.01.2003 – 4 StR 540/02] [100]; [zu § 136 Abs. 1 S. 2 beim Mitbeschuldigten] NStZ 2002, 380 [BGH 05.02.2002 – 5 StR 588/01] [381] und [zum gem. § 136a Abs. 3 unverwertbaren Geständnis eines Mitangeklagten] BGH [D] MDR 1971, 18). An einer auch nur mittelbaren Betroffenheit fehlt es dagegen beispielsweise bei einem Verstoß gegen §§ 226, 230 Abs. 1, wenn die Abwesenheit eines Mitangeklagten (BGHSt 31, 323 [331]; BGH NStZ [Pf] 1981, 297) bzw. dessen Verteidigers geltend gemacht wird (BGHSt 31, 323 [331]; RGSt 52, 188 [189]; 57, 373) oder wenn beanstandet wird, die Öffentlichkeit sei zu Unrecht während einer Zeugenvernehmung ausgeschlossen worden, die lediglich die einem Mitangeklagten vorgeworfene Tat betraf (BGH NJW 1962, 261 [BGH 01.12.1961 – 3 StR 11/61]; zur mittelbaren Beschwer bei einem Verzicht des Angeklagten: Rdn. 93).

F. Verlust von Verfahrensrechten und -rügen. I. Kein Rügenverlust im materiellen 93 **Recht.** Richtigerweise ist im materiellen Recht ein Rügeverlust – auch infolge Verzichts oder Verwirkung – ausgeschlossen; der Revisionsführer kann jedoch sein Rechtsmittel (etwa auf den Strafausspruch) beschränken oder von der Erhebung der Sachrüge absehen und damit die Überprüfung der Anwendung des materiellen Rechts in der Revision einschränken oder verhindern HK-GS/*Maiwald*/ *Rackow* § 337 Rn. 22 f.; ausf. *W. Schmid* Die Verwirkung von Rügen im Strafprozeß; *H. Müller* Zum Problem der Verzichtbarkeit und Unverzichtbarkeit von Verfahrensnormen im Strafprozeß; *Momsen* Verfahrensfehler und Rügeberechtigung im Strafprozeß, S. 84 ff. [104 ff., 433 ff.]. Ansonsten kann – auch nicht mittels einer Absprache – keine »Bindung« geschaffen werden (vgl. BGHSt 43, 195 [204] = JR 1998, 245 [BGH 28.08.1997 – 4 StR 240/97] m. Anm. *Kintzi*; BGHSt – GS- 50, 40 ff.; *Momsen*/ *Moldenhauer* JA 2002, 415 ff. und ausf. *Altenhain*/*Hagemeier*/*Hemmerl* NStZ 2007, 72 ff. sowie § 257c Abs. 2 des BMJ-Entwurfs »Absprachen im Strafverfahren«).

Gleichwohl wird die Frage der Verwirkung nach wie vor kontrovers diskutiert, Eine Verwirkung führt 94 zu einem Rechtsverlust, der – anders als der Verzicht – unabhängig von einem entsprechenden Willen des Betroffenen eintritt und der keiner ausdrücklichen oder konkludenten Erklärung bedarf. Eine Verwirkung darf in allen Verfahrensordnungen – da das Gericht selbst für die Einhaltung der Verfahrensformen verantwortlich ist – nur mit größter Zurückhaltung angenommen werden, dies gilt insbesondere im durch den Fair-Trial Grundsatz geprägten Strafprozeß (HK-GS/*Maiwald/Rackow* § 337 Rn. 23; *Momsen* Verfahrensfehler und Rügeberechtigung im Strafprozeß, S. 104 ff., [119 f.]). Als Unterfall des rechtsmissbräuchlichen Verhaltens knüpft die Verwirkung an ein missbilligtes Verhalten an (*Schlüchter* FS Meyer (1990), S. 445 [449]) und rechtfertigt sich aus der Erwägung, dass ein solches Verhalten nicht schützenswert ist. Auf dieser Grundlage kann indes die Verwirkung weder als subsidiär gegenüber dem Verzicht angesehen werden, noch kann schon deshalb gefordert werden, auch die Verwirkung setze voraus, dass der Betreffende über das Verfahrensrecht disponieren können muss (vgl. aber *Schlüchter* FS Meyer (1990), S. 445 [463 f.]), zumal die Verwirkung Folge der Missbilligung ist, nicht – wie der Verlust eines Rechts infolge Verzichts – Folge des Verhaltens (der Verzichtserklärung) selbst (zur Unterscheidung von Verzicht und Verwirkung auch LR/*Franke* § 337 Rn. 194; *Heinrich* ZStW 112, 398 [404]; *Momsen* Verfahrensfehler und Rügeberechtigung im Strafprozeß, S. 84 [104] m.w.N.).

95 Die Verwirkung kann grds. selbst wichtigste Rechte betreffen (vgl. Art. 18 GG). Sie findet auf allen Rechtsgebieten – auch im Verfahrensrecht – Anwendung (vgl. etwa § 295 Abs. 1 ZPO; zum Verwaltungsrecht: BVerwGE 44, 294 [298]; BVerwG NVwZ 1988, 348; NVwZ-RR 2000, 259; zum Sozialrecht: BSGE 51, 260; BSG NJW 1972, 2103; zum Finanzverfahrensrecht: BFH BStBl. II, 1976 S. 194). Da sie als Teil eines übergeordneten Rechtsprinzips – nämlich des Verbots rechtsmissbräuchlichen Verhaltens (vgl. *Fahl* Rechtsmißbrauch im Strafprozeß, S. 15 ff. [68 ff.]; kritisch *Herdegen* NStZ 2000, 1) – keiner ausdrücklichen Normierung bedarf, kann auch im Strafverfahren eine Verwirkung eintreten; ist allerdings auf spezifische Formen arglistigen Verhaltens beschränkt (vgl. zum Rechtsmissbrauch etwa BGHSt 38, 111 [112 ff.]; *Meyer-Goßner/Schmitt* Einl. Rn. 111 jeweils m.w.N.; zur nicht überzeugenden Herleitung der Verwirkung im Strafprozess aus dem Grundsatz von Treu und Glauben: *Fahl* Rechtsmißbrauch im Strafprozeß, S. 624; *Herdegen* NStZ 2000, 1 [3 ff.]; LR/*Franke* § 337 Rn. 207; *Momsen* Verfahrensfehler und Rügeberechtigung im Strafprozeß, S. 108 ff. [111 ff.]). Nicht anzuwenden ist hingegen der Grundsatz »Treu und Glauben«, der im Zivilprozess zur Begründung der Verwirkung herangezogen wird (a. A. *W. Schmid* FS Maurach (1972), S. 303 ff.; *Fuhrmann* NJW 1963, 1232 f.; *Bohne* JZ 1957, 589 »fundamentaler Satz von Treu und Glauben verlangt im Strafprozessrecht...«) da es zwischen den Prozessbeteiligten an einem vergleichbaren Prozessverhältnis fehlt (*Momsen* Verfahrensfehler und Rügeberechtigung im Strafprozeß (1997), S. 108 ff. [115]) innerhalb dessen analog § 242 BGB die Verantwortung für die Einhaltung von Verfahrensvorschriften auf den Angeklagten übergehen könnte.

96 Nach Rechtsprechung und Schrifttum tritt eine – die **Revision betreffende** – **Rügeverwirkung** insbesondere dann ein, wenn feststeht, dass der Revisionsführer den Verfahrensfehler selbst und in der Absicht herbeigeführt hat, ihn mit der Revision zu rügen, und es sich hierbei zudem um eine verzichtbare Verfahrensvorschrift gehandelt hat (vgl. BGH NStZ 2002, 44 [BGH 15.08.2001 – 3 StR 225/01] [45]; OLG Frankfurt MDR 1986, 606; OLG Hamm NJW 1960, 1361; VRS 20, 68; *Jescheck* JZ 1952, 400 [403]; *Momsen* Verfahrensfehler und Rügeberechtigung im Strafprozeß (1997), S. 116 f.; LR/*Franke* § 337 Rn. 208; *Meyer-Goßner/Schmitt* § 337 Rn. 47; kritisch *Weber* GA 1975, 289 [303]). In neuerer Zeit neigt der BGH ersichtlich zu einer Ausweitung dieser Rechtsprechung, indem er andeutet, dass die Verwirkung des Rügerechts auch bei bloß widersprüchlichem Verhalten in Betracht kommt, etwa wenn der Revisionsführer in der Tatsacheninstanz eine Gesetzesverletzung erkannt und hingenommen hat, er diese dann aber zur Grundlage einer Revisionsrüge macht (vgl. z.B. BGH StV 1999, 189 [BGH 10.12.1997 – 3 StR 441/97] m. Anm. *Ventzke* [Abwesenheit des Wahlverteidigers]; ähnlich BGH NStZ 2000, 606 [BGH 06.07.2000 – 5 StR 613/99]). Diese Rechtsprechung vermag nicht zu überzeugen. Sie berücksichtigt nicht, dass ein widersprüchliches Verhalten allein die für eine Verwirkung erforderliche Missbilligung nicht zu begründen vermag (vgl. näher KMR/*Momsen* § 337 Rn. 233). Hinzu kommt, dass sie die Verantwortung des Gerichts für die ordnungsgemäße Durchführung des Strafverfahrens und vor allem für die Folgen eines Verfahrensverstoßes in einer Weise auf andere Verfahrensbeteiligte verlagert, die sich nicht mehr damit in Einklang befindet, dass der Staat für die rechtsstaatsgemäße Durchsetzung des hoheitlichen Strafanspruchs Sorge zu tragen hat und deshalb vor allem das Gericht für den gesetzeskonformen Verfahrensablauf verantwortlich ist (ähnlich *Momsen* Verfahrensrüge und Rügeberechtigung im Strafprozeß (1997), S. 117; noch weiter gehend *Meyer-Goßner/Schmitt* § 337 Rn. 47). Aus diesem Grund ist auch die »Widerspruchslösung« des BGH (BGHSt 38,

214 ff.), derzufolge der verteidigte Beschuldigte bei einer im Ermittlungsverfahren unterbliebenen Belehrung über das Schweigerecht der Verwertung bis zu dem in § 257 genannten Zeitpunkt widersprechen muss, abzulehnen. Es ist der Struktur des deutschen Strafprozessrechts, unabhängig von der Annahme einer »Organstellung« des Verteidigers, fremd, auf diese Weise die Verantwortung für die Einhaltung des Prozessrechts dem Verteidiger zuzuschieben (HK-GS/*Maiwald/Rackow* § 337 Rn. 23; *Heinrich* ZStW 112, 398 ff.). Dies erhellt namentlich für den Fall des vom Gericht bestimmten Pflichtverteidigers (ausf. zum Ganzen KMR/*Momsen* § 337 Rn. 230a ff., 236 ff.).

II. Rügeverlust bei zeitlich begrenzten Beanstandungsmöglichkeiten. An einigen Stellen schreibt das Gesetz ausdrücklich vor, dass ein Verfahrensfehler oder ein Verfahrenshindernis bis zu einem bestimmten Zeitpunkt schon beim Tatrichter beanstandet worden sein muss (vgl. z.B. §§ 6a S. 3, 16 S. 3 zur funktionellen und örtlichen Zuständigkeit; § 222b Abs. 1 S. 1 zur Besetzungsrüge; § 217 Abs. 2 Aussetzungsverlangen bei Nichteinhaltung der Ladungsfrist). Ist dies nicht geschehen, kann die Gesetzesverletzung in der Revision nicht mehr geltend gemacht werden (LR/*Franke* § 337 Rn. 192; *Meyer-Goßner/Schmitt* § 337 Rn. 42) In der Sache handelt es sich hierbei um eine **Verwirkung** (näher dazu KMR/*Momsen* § 337 Rn. 236 ff.).

97

III. Heilung. Verfahrensverstöße können – wegen fehlenden Beruhens (*Herdegen* Grundprobleme des Revisionsverfahrens [Strafverteidiger-Frühjahrssymposium], S. 7 [36]; *W. Schmid* JZ 1969, 757 [758]; LR/*Franke* § 337 Rn. 185) – in der Revision ferner dann nicht mit Erfolg beanstandet werden, wenn sie noch vom Tatrichter durch Heilung korrigiert wurden (vgl. BVerfG NJW 2002, 814 [BVerfG 10.10.2001 – 2 BvR 1620/01]; BGHSt 9, 243 [244]; 21, 332 [334]; 30, 74 [76] = JR 1982, 33 m. Anm. *Maiwald*; BGH MDR [H] 1979, 989 [zu § 231]; 1983, 450 [zu § 247]; KK/*Gericke* § 337 Rn. 35; *Meyer-Goßner/Schmitt* § 337 Rn. 39).

98

Die Heilung muss allerdings rechtzeitig erfolgt sein. Nach der Urteilsverkündung ist sie grundsätzlich ausgeschlossen (OLG Hamm JMBlNW 1955, 237; *W. Schmid* JZ 1969, 757 [764]; *Widmaier* FS Hanack (1999), S. 387 [392]; LR/*Franke* § 337 Rn. 187); dann können nur noch Mängel der Urteilsverkündung selbst geheilt werden (OLG Bremen StV 1985, 50 [BGH 30.01.1985 – 2 StR 704/84]; *Poppe* NJW 1954, 1914 [1915 f.]; 1955, 6 [7]; *Meyer-Goßner/Schmitt* § 337 Rn. 39; a. A. *W. Schmid* JZ 1969, 757 [764]).

99

Die Heilung kann grundsätzlich nur durch fehlerfreie Wiederholung oder Nachholung erfolgen (vgl. BGHSt 9, 243 [244]; 29, 224 [226 ff.]; 30, 74 [76]; 38, 260 [262]; BGH NJW 2003, 2107 [BGH 20.02.2003 – 3 StR 222/02] [2109]; NStZ 2002, 46; 2001, 261 [263] m. Anm. *van Gemmeren*; BayObLG NStZ 1990, 250; OLG Köln JR 1981, 213 m. Anm. *Meyer-Goßner*; OLG Köln NStZ 1987, 244; OLG Köln StV 2001, 330; OLG Zweibrücken StV 1986, 240 [241]; LR/*Franke* § 337 Rn. 186). Betrifft die Gesetzesverletzung eine bereits verkündete, nicht der Rechtskraft fähige Entscheidung, die nicht getroffen werden durfte, so tritt die Heilung durch deren ausdrückliche Rücknahme (BayObLGSt 1952, 270; 1953, 214; BayObLG MDR 1955, 56; *W. Schmid* JZ 1969, 757 [759 f.]) oder durch den – in der Entscheidung durchgehaltenen – Hinweis ein, dass sie im Urteil nicht berücksichtigt werden wird (BGHSt 4, 130 [131 f.]; LR/*Franke* § 337 Rn. 186; *Meyer-Goßner/Schmitt* § 337 Rn. 39; kritisch *W. Schmid* FS Maurach (1972), S. 535 [542, 545 f.]). Keine (ausreichende) Heilung ist dagegen bei einer Verletzung des Grundsatzes der Öffentlichkeit oder bei einem zu Unrecht erfolgten Ausschluss des Angeklagten die bloße Bekanntgabe des Inhalts des in Abwesenheit des Angeklagten bzw. der Öffentlichkeit vorgenommenen Verhandlungsteils durch den Vorsitzenden (BGHSt 30, 74 [76] = JR 1982, 33 m. Anm. *Maiwald*; BGH NStZ 1982, 42 [BGH 09.09.1981 – 2 StR 406/81]; BayObLG NStZ 1990, 250; OLG Köln NStZ 1987, 244; OLG Köln StV 2001, 330; OLG Zweibrücken StV 1986, 240 [241]; *W. Schmid* JZ 1969, 757 [760]).

100

Auf die Wiederholung kann – mit der Folge, dass die Gesetzesverletzung geheilt ist – grundsätzlich nur verzichtet werden, wenn auf die Einhaltung der verletzten Norm selbst verzichtet werden kann (vgl. dazu ausf. KMR/*Momsen* § 337 Rn. 207 ff. sowie BGHSt 42, 73 [78]; weitergehend [zulässiger Verzicht auf die Wiederholung einer bedeutungslosen, aber rechtsfehlerhaft durchgeführten Zeugenvernehmung] BGHSt 33, 99 [100] = NStZ 1985, 422 m. Anm. *Schöch* = StV 1985, 402 [BGH 19.12.1984 – 2 StR 438/84] m. Anm. *Fezer*; *Meyer-Goßner/Schmitt* § 338 Rn. 3).

101

§ 338 StPO Absolute Revisionsgründe.

Ein Urteil ist stets als auf einer Verletzung des Gesetzes beruhend anzusehen,

1. wenn das erkennende Gericht nicht vorschriftsmäßig besetzt war; war nach § 222a die Mitteilung der Besetzung vorgeschrieben, so kann die Revision auf die vorschriftswidrige Besetzung nur gestützt werden, soweit
   a) die Vorschriften über die Mitteilung verletzt worden sind,
   b) der rechtzeitig und in der vorgeschriebenen Form geltend gemachte Einwand der vorschriftswidrigen Besetzung übergangen oder zurückgewiesen worden ist,
   c) die Hauptverhandlung nicht nach § 222a Abs. 2 zur Prüfung der Besetzung unterbrochen worden ist oder
   d) das Gericht in einer Besetzung entschieden hat, deren Vorschriftswidrigkeit es nach § 222b Abs. 2 Satz 2 festgestellt hat;
2. wenn bei dem Urteil ein Richter oder Schöffe mitgewirkt hat, der von der Ausübung des Richteramtes kraft Gesetzes ausgeschlossen war;
3. wenn bei dem Urteil ein Richter oder Schöffe mitgewirkt hat, nachdem er wegen Besorgnis der Befangenheit abgelehnt war und das Ablehnungsgesuch entweder für begründet erklärt war oder mit Unrecht verworfen worden ist;
4. wenn das Gericht seine Zuständigkeit mit Unrecht angenommen hat;
5. wenn die Hauptverhandlung in Abwesenheit der Staatsanwaltschaft oder einer Person, deren Anwesenheit das Gesetz vorschreibt, stattgefunden hat;
6. wenn das Urteil auf Grund einer mündlichen Verhandlung ergangen ist, bei der die Vorschriften über die Öffentlichkeit des Verfahrens verletzt sind;
7. wenn das Urteil keine Entscheidungsgründe enthält oder diese nicht innerhalb des sich aus § 275 Abs. 1 Satz 2 und 4 ergebenden Zeitraums zu den Akten gebracht worden sind;
8. wenn die Verteidigung in einem für die Entscheidung wesentlichen Punkt durch einen Beschluss des Gerichts unzulässig beschränkt worden ist.

Übersicht

	Rdn.
A. Absolute Aufhebungsgründe	1
B. Die Revisionsgründe des § 338 im Einzelnen	5
I. Unvorschriftsmäßige Besetzung des erkennenden Gerichts (Nr. 1)	5
1. Allgemeines	5
2. Sachliche Voraussetzungen des § 338 Nr. 1 Hs. 1	7
3. Formelle Voraussetzungen der Besetzungsrüge	22
II. Gesetzlich ausgeschlossener Richter	24
III. Unrechtmäßige Mitwirkung eines als befangen abgelehnten Richters (§§ 24 Abs. 2, 25–28) oder Schöffen (§ 31) (Nr. 3)	25
1. Geltungsbereich	26
2. Voraussetzungen	27
3. Grundsätze der Überprüfung	29
IV. Unzuständigkeit des erkennenden Gerichts (Nr. 4)	32
1. Örtliche Zuständigkeit (§ 16):	32
2. Sachliche Zuständigkeit (§ 6)	34
3. Zuständigkeit des Jugendgerichts	38
V. Vorschriftswidrige Abwesenheit (Nr. 5)	39
VI. Unzulässiger Ausschluss der Öffentlichkeit (Nr. 6)	52
1. Zweck und Geltungsbereich	52
2. Gesetzeswidrige Beschränkung der Öffentlichkeit	55
a) Fehlen eines Ausschlussgrundes	56
b) Fehlerhaftes Verfahren	59
VII. Fehlende oder verspätete schriftliche Urteilsbegründung	62
1. Fehlen von Urteilsgründen (Nr. 7, Alt. 1 i.V.m. § 267)	63
2. Verspätete Verbringung der schriftlichen Urteilsgründe zu den Akten (Nr. 7 Alt. 2 i.V.m. § 275 Abs. 1 S. 2, 4)	67
VIII. Unzulässige Beschränkung der Verteidigung (Nr. 8)	72

1 **A. Absolute Aufhebungsgründe.** Prozessrechtsverstöße von besonderem Gewicht,
– die sich einerseits gegen »zentrale **Institutionen und Garantien des Strafverfahrensrechts** (richten), die vielfach mehr oder weniger eng mit den hergebrachten Prozessmaximen zusammenhängen« (*Kudlich* StV 2011, 214),

– und bei denen andererseits der **Beruhensnachweis**, wenn nicht unmöglich (Nr. 7), so doch jedenfalls zum Teil **kaum zu führen** ist (Nr. 6), sanktioniert § 338 in der Weise, dass das **Beruhen unwiderlegbar vermutet**, auf die Beruhensprüfung also verzichtet wird. Näher zu den absoluten Revisionsgründen s. *Barton* FS Mehle, S. 17; *Hilger* FS Widmaier, S. 277; *Kuckein* StraFo 2000 S. 397; *Kudlich* FS Fezer, S. 435; *Mehle*, Einschränkende Tendenzen, 1981; *Ventzke* StV 2000, 250; *Widmaier* Symp. Hanack, S. 77.

Die Geschichte der Auslegung der absoluten Revisionsgründe durch die Rechtsprechung ist zugleich eine Geschichte ihrer **Relativierung**. Symptomatisch hierfür sind etwa die (sei es auch einen Ausnahmefall betreffende) gesetzwidrige Preisgabe förmlicher Voraussetzungen des Öffentlichkeitsausschlusses (BGHSt 45, 117) oder die Argumentationsfigur des »**denkgesetzlich ausgeschlossenen**« Beruhens, das trotz Vorliegens der Voraussetzungen eines absoluten Revisionsgrundes die Aufhebung des Urteils entbehrlich mache (zuletzt BGH StV 2011, 211 m. Anm. *Kudlich*). Dem entspricht es, dass nach st. Rspr. (seit den frühen Jahren des RG; RGSt 44, 16 [19]) in den Fällen, in denen – was bei Nr. 5 und Nr. 6 in Betracht kommt – der den absoluten Revisionsgrund auslösende Verfahrensfehler nur einem bestimmten Abschnitt der Hauptverhandlung anhaftet, das Urteil auch nur in diesem Umfang aufgehoben wird (vgl. BGH NStZ 1996, 202 [nur in einem von mehreren Schuldsprüchen] oder BGH NStZ 1983, 375 [nur im Rechtsfolgenausspruch]). Allerdings entfällt eine derartige Trennbarkeit des Urteils nicht erst, wenn sich nach den Beruhensmaßstäben des § 337 die Ergebnisse des fehlerbehafteten Verhandlungsteils auch auf die übrige Bewertung ausgewirkt haben können (so im Fall BGHSt 46, 142 [146]); vielmehr kommt eine Trennung schon dann **nicht** in Betracht, wenn eine **abstrakt-generelle Beziehung zu dem anderen Verfahrensteil nicht ausgeschlossen** werden kann: wenn also der mit dem absoluten Revisionsgrund behaftete Verfahrensabschnitt die Verhandlung zum anderen Verfahrensteil »**mitbetroffen**« hat (BGH NStZ 2003, 218 als aufschlussreiches Beispiel einer solchen Konstellation). Auch eine Beschränkung der Aufhebung auf den Rechtsfolgenausspruch kommt nur in Betracht, wenn diese – dem Wesen des absoluten Revisionsgrundes entsprechenden – abstrakt-generellen Maßstäbe eingehalten werden (BGH NStZ 1983, 375).

Die **Beschränkung der Revision** auf den Strafausspruch oder auf einen von mehreren Schuldsprüchen ist auch bei Geltendmachung eines absoluten Revisionsgrundes wirksam; der Anfechtungswille des Beschwerdeführers hat den Vorrang vor der möglichen Reichweite des Verfahrensverstoßes (BGH NJW 1995, 1910; BGH StV 2002, 581 [582]).

Eine **Verständigung nach § 257c** schränkt die Berechtigung zur Geltendmachung absoluter Revisionsgründe **nicht** ein (BGHSt 57, 3 [5]).

B. Die Revisionsgründe des § 338 im Einzelnen. **I. Unvorschriftsmäßige Besetzung des erkennenden Gerichts (Nr. 1)** **1. Allgemeines.** Nr. 1–4 des § 338 sanktionieren das Verbot des Art. 101 Abs. 1 S. 2 GG (vgl. auch § 16 S. 2 GVG), dass niemand seinem **gesetzlichen Richter** entzogen werden darf (dazu § 1 Rdn. 16 ff., 27 ff.). Die von der Rechtsprechung gemachte Einschränkung, dass sachlich der betr. Verstoß auf »**Willkür**« beruht (z.B. auch bei Nichtbeachtung einer ständigen höchstrichterlichen Rspr., vgl. BGH GA 1980, 68 f.; BGHSt 12, 227 ff.; 12, 402 ff.; 25, 66 ff.; 26, 203 ff.; 34, 121 ff.; ausf. bei *Rieß* GA 1976, 133 ff., anscheinend a. A. BGH GA 1978, 120 f = JR 1978, 210 m. Anm. *Meyer*), ist problematisch. Die auch vom BVerfG unbeanstandet gelassene Differenzierung zwischen willkürlichen Verfahrensverstößen und bloßen Verfahrensirrtümern (BVerfGE 19, 38 ff. [BVerfG 11.05.1965 – 2 BvR 259/63]; 30, 165 ff. m.w.N., ähnlich auch die Vorauflage) findet im Gesetzeswortlaut keine Stütze. Die von den Obergerichten (vgl. BGHSt 12, 227 ff.) in Bezug genommene Rechtssicherheit, welche durch Aufhebung von noch in vertretbarer Besetzung zustande gekommenen Urteilen Schaden nehme, überzeugt nicht, da der Willkürbegriff seinerseits unscharf ist und trotz mittlerweile recht ausgefeilter Kasuistik nicht zur Rechtssicherheit beiträgt. Überdies wird sich anhand objektiver Kriterien schwer bestimmen lassen, wo die Grenze des »noch vertretbaren Irrtums« verläuft. Dass durch eine wortlautgetreue Anwendung der Vorschrift eine geordnete Rechtspflege stark erschwert würde, kann demgegenüber allenfalls ein Argument für eine Vereinfachung der Zuständigkeitsvorschriften de lege lata sein (vgl. LR/*Franke* § 338 Rn. 11; HK-GS/*Maiwald/Rackow* § 338 Rn. 7; differenzierend *Meyer-Goßner/Schmitt* § 338 Rn. 6 m.w.N.). Teilweise wird mit beachtlichen Argumenten in dieser Rechtsprechung auch ein Verstoß gegen § 337 erblickt (LR/*Franke* § 338 Rn. 11; *Mehle* FS Dahs, 2005, 398 ff. m.w.N.). In formeller Hinsicht folgt insbesondere aus §§ 222 a/b, die in einem engen systematischen Zusammenhang mit § 338 Nr. 1a zu sehen sind, dass der Beschwerdeführer den Besetzungseinwand erfolglos mit (rechtzeitigen) **Einwänden** nach §§ 222 a/b (Gerichtsbesetzung, Nr. 1), aber auch nach § 6a (Zuständigkeit bes. Spruchkörper, Nr. 4) bzw. § 16 (örtliche Zuständigkeit, Nr. 4) geltend gemacht hat. Zur Rügepräklusion vgl. *Dahs* Rn. 122 ff.; ausf. unten Rdn. 23 f.).

6 Grundsätzlich folgt aus dem Prinzip des gesetzlichen Richters, dass eine neu eingehende Sache ohne Ansehung der konkreten Tat oder des konkreten Beschuldigten (»blindlings« HK-GS/*Maiwald/Rackow* § 338 Rn. 5) einem Richter nach abstrakten Merkmalen zugewiesen wird. Turnus oder Buchstabensysteme sind gleichermaßen zulässig; Spezialzuweisungen (Wirtschaftsstrafsachen, Jugendschutzsachen u.a.) gesetzlich geregelt und durch die Konzentrationsmaxime geboten. Bei der Auslegung der Nr. 1–4 sind diese Grundsätze zu beachten. Nr. 2–4 enthalten Spezialvorschriften gegenüber Nr. 1; Nr. 1 wiederum ist lex specialis zu Nr. 5 (vgl. Rdn. 21.

7 **2. Sachliche Voraussetzungen des § 338 Nr. 1 Hs. 1. a) Erkennendes Gericht** ist – abweichend von §§ 28 Abs. 2 S. 2, 305 S. 1 – der Spruchkörper, der das angefochtene Urteil erlassen hat (RGSt 2, 322); es muss während der gesamten Dauer der Hauptverhandlung (BGH MDR [D] 1954, 154; OLG Oldenburg NJW 1952, 1310) ordnungsgemäß besetzt sein. Fehlerhafte Gerichtsbesetzung bei Entscheidungen vor der Hauptverhandlung können Revisionsgrund nach §§ 336, 337 sein.

8 **b)** Begründet kann die Rüge nach Nr. 1 sein, wenn gegen **Einzelvorschriften** über die Besetzung des erkennenden Spruchkörpers (vgl. Rdn. 22 ff.), die rechtliche Qualifikation und faktische Mitwirkungsfähigkeit seiner Mitglieder sowie deren Heranziehung im jeweiligen Einzelfall – nach Auffassung der Rechtsprechung – »**willkürlich**« (Rdn. 13 ff. m. Hinw.) verstoßen worden ist.

9 **aa)** Das erkennende Gericht muss mit der für die Hauptverhandlung vorgeschriebenen **Zahl von Richtern** entscheiden (§§ 25; 29 Abs. 1, Abs. 2; 76, 122 GVG). Zu keiner nach Nr. 1 revisiblen Fehlbesetzung führt jedoch die versehentliche Zuziehung eines zweiten RiAG ohne Antrag der StA gem. **§ 29 Abs. 2 GVG** (vgl. KK/*Barthe* § 29 GVG Rn. 5 f.; a.M.: BAG NJW 1961, 1945; OLG Bremen NJW 1958, 432; LR/*Schäfer* (24.Auflage) § 29 GVG Rn. 4; LR/*Gittermann* § 29 GVG Rn. 5), weil eine solche, über die Mindesterfordernisse des § 29 Abs. 1 GVG hinausgehende, »bessere« Besetzung der Schöffengerichte nicht »vorschriftswidrig« i.S.d. Nr. 1 sein kann (vgl. auch den Rechtsgedanken des § 269). Zu beachten ist allerdings grundsätzlich, dass die Überbesetzung nicht dazu führen darf, dass innerhalb des Spruchkörpers in zwei verschiedenen Gruppen Recht gesprochen werden könnte (BVerfGE 22, 285 m.w.N.; BGHSt 22, 94; siehe auch SK-StPO/*Frisch* § 338 Rn. 31 f.).

10 **bb)** Die Beanstandung (individueller) **Mängel in der Person des Richters** werden, auch wenn sie etwa bei Verhandlungsunfähigkeit i.S.d. Nr. 5 einschlägig wären, nur unter Nr. 1 berücksichtigt (BGH NJW 2001, 3062 [BGH 12.07.2001 – 4 StR 550/00]; *Meyer-Goßner/Schmitt* § 338 Rn. 10; Radtke/Hohmann/*Nagel* § 338 Rn. 24 ff.; HK/*Temming* § 338 Rn. 4).

11 **(1)** Für **Berufsrichter** gelten die Vorschriften des DRiG, insbes. über die Ernennung (§§ 10–12, 18, 19 DRiG). Das Verbot, dass in der Hauptverhandlung mehr als ein **Richter auf Probe** (§ 12 DRiG; §§ 22 Abs. 5, 59 Abs. 3 GVG) mitwirke (§ 29 DRiG), ist nicht verletzt, wenn sowohl ein Urteil des Strafrichters (§ 25 GVG) als auch eine ihm vorausgehende Entscheidung nach § 27 jeweils von einem Richter auf Probe gefällt worden ist (OLG Koblenz GA 1978, 208). Art. 101 Abs. 1 S. 2 GG verbietet aber, über mehrere Jahre hinweg dem feststehenden Bedarf an Richterkräften zu einem wesentlichen Teil und ständig mit Richtern auf Probe zu genügen (BVerfG NJW 1956, 137; 1962, 1495; DRiZ 1971, 27; BGHSt 8, 159; 9, 108; 14, 326; NJW 1955, 1805; OLG Karlsruhe NJW 1968, 2389). – Zur »**Selbstablehnung**« eines Richters vgl. § 30 Rdn. 4 ff.; – Verletzung des § 37 JGG begründet für sich allein nicht die Revision (BGH NJW 1958, 639 [BGH 21.01.1958 – 1 StR 602/57]; OLG Hamm JMBl. NRW 1962, 112). Dementsprechend liegt auch in der Mitwirkung eines Nichtrichters i.Ü. ein Verstoß (bspw. nach Zurücknahme der Ernennung oder Nichtvereidigung des Schöffen nach § 45 Abs. 1 DRiG – näher HK-GS/*Maiwald/Rackow* § 338 Rn. 5).

12 Die Mitwirkung eines **blinden Richters** wird im Strafverfahren überwiegend als problematisch beurteilt. Dies ist für die Augenscheineinnahme evident (BGHSt 4, 191; 18, 51; LR/*Franke* § 338 Rn. 39; KK/*Gericke* § 338 Rn. 50). Überwiegend wird auch die Mitwirkung als Vorsitzender in der Tatsachen-

instanz abgelehnt (BGHSt 35, 164 m. Anm. *Fezer* JZ 1989, 156 ff. [BGH 09.12.1988 – 3 StR 366/88]; SK-StPO/*Frisch* § 338 Rn. 52; a. A. OLG Hamburg NStZ 2000, 616 [OLG Hamburg 31.07.2000 – 3 Vollz 57/00] m. Anm. *Rotthaus* NStZ 2001, 280 [OLG Hamburg 31.07.2000 – 3 Vollz 57/00] in Bezug auf die Strafvollstreckungskammer). Eine Differenzierung dahingehend, dass der Vorsitz in der Berufungskammer möglich sein soll (OLG Zweibrücken NStZ 1992, 50 ff.), überzeugt angesichts des Charakters der Berufungsinstanz als voll ausgeprägter Tatsacheninstanz nicht (BVerfG NJW 1992, 2075 [BVerfG 10.01.1992 – 2 BvR 347/91] verneint insoweit lediglich verfassungsrechtliche Bedenken). Die Mitwirkung als Beisitzender in der Tatsacheninstanz (bejahend *Schulze* MDR 1995, 670 ff.; *Wolf* ZRP 1992, 15; dagegen BVerfG NJW 2004, 2150 [BVerfG 10.03.2004 – 2 BvR 577/01]; BGH 34, 236; *Roxin* § 44 B V 2) begegnet zwar im Hinblick auf die Sachleitung keinen Bedenken, erscheint i.Ü. jedoch gerade in komplexeren Verfahren angesichts der einhelligen Ansicht in Bezug auf Augenscheineinnahme nur mit besonderer Unterstützung durch die übrigen Kammermitglieder durchführbar. Die Ansicht, die Mitwirkung sei in Verfahren zu gestatten, in welchen es in concreto zu keiner Augenscheineinnahme komme (vgl. LR/*Franke* § 338 Rn. 39) scheint zumindest angesichts des zeitlichen Vorlaufs der Geschäftsverteilung nicht praktikabel (ausf. *Stüber* Die Entwicklung des Prinzips der Unmittelbarkeit im deutschen Strafverfahren, 2004, S. 60 ff.). Stumme oder taube Personen können als Richter in Strafverfahren wegen des Grundsatzes der Unmittelbarkeit nicht mitwirken (KK/*Gericke* § 338 Rn. 50; HK/*Temming* § 338 Rn. 4; *Meyer-Goßner/Schmitt* § 338 Rn. 12 f.; BGHSt 4, 191 ff.; Rdn. 34 f.).

(2) **Schöffen:** Ihre Eignung, Berufung, Auswahl und Heranziehung regeln §§ 31–57 (AG), 77 (LG) GVG, §§ 44, 45 DRiG, § 35 JGG. Die in umfangreicher Rechtsprechung entwickelten Kriterien für eine Revisibilität von Fehlern bei der Auswahl von Schöffen, die in einem komplexen mehrstufigen Verfahren geschieht (näher *Dahs* Rn. 146 ff.), lassen sich mit den Begriffen »Verantwortungssphäre des Gerichts«, »Schwere des Fehlers« und »willkürliche Fehlbesetzung« grob kennzeichnen. Zur Beachtlichkeit des Öffentlichkeitsgrundsatzes bei der Auslosung der Reihenfolge der Schöffen vgl. BGH NStZ 2006, 512.

Die Mitwirkung eines nach **§§ 31 S. 2, 32 GVG** ausgeschlossenen Schöffen kann die Revision begründen (RGSt 2, 241; 25, 415; 46, 77; BGHSt 35, 28 ff.; 33, 261 ff.; *Dahs* Rn. 146), und zwar – trotz § 52 Abs. 4 GVG i.V.m. § 336 S. 2 – auch dann, wenn seine Streichung von der Schöffenliste nach § 52 Abs. 3 GVG abgelehnt worden ist (*Meyer-Goßner/Schmitt* § 52 GVG Rn. 5). I.Ü. kann die Besetzungsrüge auf eine gesetzwidrige Entscheidung über die Streichung von der Schöffenliste nach § 52 GVG nicht gestützt werden, es sei denn, darin läge eine (»willkürliche«) Entziehung des gesetzlichen Richters (§ 336 Rdn. 13 vgl. *Dahs* Rn. 146). Die Nichtbeachtung der Sollvorschriften der **§§ 33, 34 GVG** kann die Besetzungsrüge nicht begründen (RG 39, 306; JW 1927, 793 m. Anm. *Mannheim*; BGH GA 1961, 206; MDR [D] 1971, 723; OLG Köln MDR 1970, 864). Das Unterlassen einer gebotenen Streichung von der Schöffenliste oder deren **willkürliche Ablehnung** begründen die Revision (*Meyer-Goßner/Schmitt* § 52 GVG Rn. 5; LR/*Franke* § 338 Rn. 34; irrevisibel dagegen ist die bloße Streichung von der Schöffenliste gem. § 52 Abs. 1 oder 2 GVG [vgl. § 52 Abs. 4 GVG sowie HK/*Temming* § 338 Rn. 8]).

Irrevisibel sind:
– Außerhalb der gerichtlichen Sphäre begangene Rechtsverstöße im Berufungsverfahren z.B. nach **§ 36 Abs. 1, Abs. 4 GVG** (BGH 22, 122; *Rieß* DRiZ 1977, 292 m.w.N.; vgl. auch §§ 65, 73 Abs. 2 ArbGG), da der RiAG nach § 39 S. 2 nur die Beachtung des § 36 Abs. 3 GVG zu prüfen hat HK-GS/*Maiwald/Rackow* § 338 Rn. 8; *Meyer-Goßner/Schmitt* § 338 Rn. 9).
– analog § 21b Abs. 4 S. 3 GVG eine unrichtige Besetzung des Schöffenwahlausschusses nach **§ 40 GVG** (BGHSt 26, 206; 29, 283 ff.) und
– eine objektiv unrichtige, aber sich im Rahmen vertretbarer Auslegung des **§ 43 Abs. 2 GVG** haltende Bestimmung der Zahl der Hauptschöffen nach § 43 GVG (BGH NJW 1974, 155 [BGH 09.10.1973 – 1 StR 327/73]; *Dahs* Rn. 147).

Dagegen kann die **Rüge** nach § 338 Nr. 1 **begründet** sein, wenn
– ein nicht gem. **§ 45 Abs. 2–4 DRiG** für die Dauer der laufenden Wahlperiode vereidigter Schöffe (RGSt 64, 308; 67, 363; JW 1930, 2573 m. Anm. *Doerr*; BGHSt 3, 176; 4, 158; 48, 290; NJW 1953, 1034, 1113, 1801; OLG Köln VRS 50, 444; OLG Celle StV 1999, 201) oder

§ 338 StPO Absolute Revisionsgründe

- im Jugendstrafverfahren entgegen § 35 Abs. 1 S. 1 JGG ein nicht auf Vorschlag des Jugendwohlfahrtsausschusses, sondern aus der Vorschlagsliste für Erwachsenenschöffen gewählter Schöffe (BGH 26, 393 = JR 1977, 299 m. Anm. *Rieß*; a.M. *Müller* JR 1978, 361 f.; *Meyer-Goßner/Schmitt* § 338 Rn. 9) mitgewirkt hat.

17 Fehlerhafte Schöffenauslosung (§§ 45, 46 GVG) stellt grundsätzlich einen Revisionsgrund nach § 338 Nr. 1 dar (BGHSt 3, 68; 16, 109; BGH MDR 1955, 564; OLG Hamm NJW 1956, 1937; OLG Koblenz NJW 1965, 546). Eine nach Spruchkörpern getrennte Schöffenwahl ist unzulässig (§ 45 Abs. 2; vgl. auch die unveröffentlichte BGH-Entscheidung bei *Katholnigg* NJW 1978, 2377 Fn. 19). Bei Bildung einer Hilfsstrafkammer können nicht willkürlich »freie« Hauptschöffen herangezogen werden, die nach Schöffenliste für einen anderen Spruchkörper eingetragen sind (BGH NStZ 2007, 537 [BGH 07.02.2007 – 2 StR 370/06]). Wird ein Hauptschöffe von der Schöffenliste gestrichen (§ 52 Abs. 2 GVG), nimmt gem. § 49 Abs. 2, 3 GVG der nächste Hilfsschöffe seine Stelle ein. Auch nach Übertragung eines Hilfsschöffen in die Hauptschöffenliste behalten seine Aufgaben Vorrang, zu denen er bereits als Hilfsschöffe herangezogen war (§ 52 Abs. 5 GVG).

18 cc) **Geschäftsverteilungsplanmäßige Zuständigkeit der Berufsrichter**

19 (1) **Formelle** Fragen zur Aufstellung und Anwendung des Geschäftsverteilungsplans (zu seiner Rechtsnatur vgl. § 337 Rdn. 3):
- **Irrevisibel** sind Wahlmängel nach § 21b GVG (vgl. § 21b Abs. 4 S. 3 GVG) und falsche Zusammensetzung des Präsidiums bei der Beschlussfassung über den Geschäftsverteilungsplan (BVerfGE 31, 47 [BVerfG 28.04.1971 – 2 BvL 27/71] [53] = DVBl 1971, 786 m. abl. Anm. *Bettermann*; BGH 26, 206, 208; *Meyer-Goßner/Schmitt* § 338 Rn. 7).
- Grds. **revisibel** dagegen sind sonstige Fehler bei der Aufstellung (z.B. Entscheidung des Präsidenten anstatt des Präsidiums, vgl. RGSt 23, 166; 37, 59, 301; 38, 416; 40, 85; BGHSt 3, 353; 15, 218), Anwendung und Abänderung des Geschäftsverteilungsplans nach § 21e GVG (vgl. RGSt 25, 299; BGHSt 3, 353; 11, 109; 12, 402; NJW 1958, 550). Revisibel ist auch das nicht gesetzmäßige Zustandekommen des Geschäftsverteilungsplans (BGHSt 7, 24; 11, 106; 19, 116; *Dahs* Rn. 125; HK-GS/*Maiwald/Rackow* § 338 Rn. 6 m.w.N.).

20 (2) **Inhaltlich** (§ 21e GVG) wird der Geschäftsverteilungsplan vom »Grundsatz der Stetigkeit« (BGH MDR [H] 1979, 108 f.) beherrscht, wonach, den Anforderungen des Art. 101 Abs. 1 S. 2 GG gemäß (BGHSt 28, 290 [291 f.]), die in den einzelnen Spruchkörpern mitwirkenden Berufsrichter im Voraus möglichst eindeutig nach allg. Merkmalen und grundsätzlich für ein Geschäftsjahr zu bestimmen sind. Das Präsidium muss die zugewiesenen Aufgaben erschöpfend (OLG Karlsruhe GA 1980, 476; *Rieß* JR 1978, 303; *Müller* MDR 1978, 337) und lückenlos (OLG Neustadt MDR 1965, 225; *Freiber* NJW 1975, 2205; *Heintzmann*, DRiZ 1975, 321) verteilen; »vertretbarer« (§ 1 Rdn. 11, 27) Irrtum hinsichtlich des zu erwartenden Geschäftsanfalls begründet jedoch nicht die Revision (BGH MDR [H] 1978, 626). Übersieht ein Richter, dass er nach dem Geschäftsverteilungsplan unzuständig ist, kann dies ein Revisionsgrund nach § 338 Nr. 1 sein (BayObLG VRS 59, 24).

21 dd) Der wegen körperlicher oder geistiger Mängel **verhandlungsunfähige** (vgl. auch § 205 Rdn. 4), d.h. zur Erfüllung seiner Aufgaben nicht fähige (BGHSt 4, 193) **Richter** (zur Unvereinbarkeit mit dem Grundsatz der **Mündlichkeit** vgl. KMR/*Eschelbach* Vor § 226 Rn. 144 ff.) steht zwar einem abwesenden Richter i.S.v. § 338 Nr. 5 gleich (RGSt 60, 64; BGHSt 18, 51 [55]), doch ist Nr. 1 insoweit lex specialis zu Nr. 5 (BGH NJW 2001, 3062 [BGH 12.07.2001 – 4 StR 550/00]; *Meyer-Goßner/Schmitt* § 338 Rn. 10; *Roxin* § 43 E I 3).

22 3. **Formelle Voraussetzungen der Besetzungsrüge.** a) Die Besetzungsrüge muss in einer den Erfordernissen des § 344 Abs. 2 S. 2 (dort Rdn. 35 ff. genügenden Weise erhoben werden (BGH 28, 290 [291]). Dazu bedarf es hinsichtlich jedes Richters, dessen Beteiligung an der Entscheidung beanstandet wird, der genauen Angaben der **Tatsachen**, die der Mitwirkung nach Meinung des Bf. entgegenstanden (BGHSt 12, 33; BGH NStZ [K] 1995, 221; GA 1962, 371; NJW 1968, 1684; OLG Koblenz VRS 56, 38), es sei denn, es handelt sich dabei um dem Bf. unzugängliche kammerinterne Vorgänge (BGH NJW 1980, 951 [BGH 13.12.1979 – 4 StR 632/79]). Mitzuteilen sind deshalb z.B.:
- die Namen des nicht mitwirkungsbefugten und (soweit zumutbar, ansonsten die zur seiner Individualisierbarkeit notwendigen Daten aus dem Geschäftsverteilungsplan; BGH, Beschl. vom 29.6.2006, 4 StR 146/06; vgl. *Meyer-Goßner/Schmitt* § 338 Rn. 21) des an seiner Stelle zur Teilnahme berufenen

Richters (BayObLG StV 1984, 4134) – entsprechendes gilt für Schöffen (BGHSt 36, 138 ff.; BGH NJW 1991, 50; 2001, 2963 m. Anm. *Katholnigg*; JR 2003, 29; BGH GA 1981, 382),
- die der Mitwirkung entgegenstehenden Gründe (BGH NStZ [K] 1995, 221; OLG Schleswig SchlHA 1974, 184) und
- der Umstand, dass der in der Hauptverhandlung beteiligte Richter auch nicht durch Anordnung nach § 21i Abs. 2 GVG zum Vertreter bestellt worden ist (BGHSt 22, 169; OLG Koblenz VRS 47, 271).

b) Die Revisionsbegründung nach § 344 Abs. 2 S. 2 muss ferner die Zulässigkeitsvoraussetzungen der Besetzungsrüge nach Nr. 1 Hs. 2 in tats. Hinsicht dartun (BGH JR 1981, 122; *Rieß* JR 1981, 91; vgl. zu §§ 16 S. 2, 6a S. 2 BGH 23, 298 = JR 1970, 426 m. Anm. *Göhler* zu § 79 Abs. 1 S. 5 OWiG), **namentlich** 23
- die ordnungsgemäße Erhebung des **Besetzungseinwands** nach § 222b (BGH NStZ 2007, 536 [BGH 25.10.2006 – 2 StR 104/06] (Präklusion der Rüge, die nicht in der vorgeschriebenen Form des § 222b Abs. 1 S. 2 erhoben wurde),
- ob er zurückgewiesen bzw. übergangen worden ist (*Rieß* JR 1981, 91; weitergehend BGH JR 1981, 122: auch Inhalt der den Einwand verwerfenden Entscheidung des Tatgerichts) **oder**
- aus welchen Gründen ein solcher Einwand nicht geboten war (ggf., ob die Mitteilungspflichten i.S.d. Nr. 1a verletzt worden sind bzw. ob ggf. nur unzureichender Einblick in die Besetzungsunterlagen gewährt worden ist (HK-GS/*Maiwald/Rackow* § 338 Rn. 10).

II. Gesetzlich ausgeschlossener Richter. Mitwirkung eines gesetzlich ausgeschlossenen Richters oder Schöffen (§ 31) am angefochtenen Urteil ist absoluter Revisionsgrund nach **Nr. 2**, auch wenn kein Ablehnungsantrag nach § 24 Abs. 1 gestellt war. Die **Revisionsrüge** (§ 344 Abs. 2 S. 2) muss den ausgeschlossenen Richter mit Namen bezeichnen (BGH NJW 1962, 550) und die seinen Ausschluss begründenden Tats. anführen. Nr. 2 ist lex specialis zu Nr. 1. 24
Die Ausschließungsgründe folgen aus §§ 22, 23, 31, 148a Abs. 2 S. 1 (vgl. BGH, Urteil vom 22.11.2007, 3 StR 417/07). Hat der betroffene Richter nicht am Urteil, sondern lediglich an Verfügungen zur Vorbereitung der HV mitgewirkt, liegt kein absoluter Revisionsgrund vor (vgl. nur *Meyer-Goßner/Schmitt* § 338 Rn. 22). Zur Mitwirkung eines Staatsanwalts, in dessen Person die Ausschließungsgründe der Sache nach vorliegen (vgl. *Dahs* Rn. 161). Aufgrund des eindeutigen Wortlauts ist § 338 Nr. 2 nicht anwendbar.

III. Unrechtmäßige Mitwirkung eines als befangen abgelehnten Richters (§§ 24 Abs. 2, 25–28) oder Schöffen (§ 31) (Nr. 3) Die Befangenheitsrüge hat die Rechtsnatur einer **sofortigen Beschwerde nach § 28 Abs. 2 im Gewand der Verfahrensrüge** (BGHSt 27, 96 [98]). Im Revisionsverfahren gegen das Urteil eines OLG ist die Befangenheitsrüge deshalb gem. § 304 Abs. 4 Satz 2 unzulässig (BGHSt 27, 96; BGH NStZ 2007, 417; BVerfGE 45, 363 = NJW 1977, 1815). 25

1. Geltungsbereich 26
- Nr. 3 betrifft dementsprechend nur »erkennende« Richter (Rdn. 7; d.h.z.B. bei Revision gegen ein Berufungsurteil nicht den Erstrichter (§ 28 Abs. 2).
- Nr. 3 ist unanwendbar, wenn kein **Ablehnungsantrag** (§ 24 Abs. 1, 2) gestellt worden ist.
- Zwar ist kaum denkbar, dass ein mit Erfolg abgelehnter Richter am Urteil mitwirkt; doch Nr. 3 gilt auch, wenn ein Ablehnungsgesuch zu Unrecht als unzulässig (§ 26a Abs. 1, 2) oder unbegründet (§ 27) zurückgewiesen worden ist.

2. Voraussetzungen. a) Die Revision muss § 344 Abs. 2 genügen (BGHSt 21, 334 ff.; 27, 96 ff.). Es ist wörtlich zumindest der volle Inhalt des Ablehnungsgesuchs und des ablehnenden Beschlusses mitzuteilen (BGH StV 1996, 2 ff.; OLG Düsseldorf NJW 1992, 585 [OLG Düsseldorf 15.10.1991 – 1 Ws (OWi) 901/91]; zu verfassungsmäßigen Bedenken vgl. KMR/*Momsen* § 344 Rn. 47). 27

b) Ungeachtet des Umstands, dass das Revisionsgericht nach Beschwerdegrundsätzen entscheidet (Rdn. 29), ist folglich als Teil der Revision (§ 28 Abs. 2 S. 2) materiell auch die Rüge nach Nr. 3 in der Form des **§ 344 Abs. 2 S. 2** zu erheben (RGSt 74, 296; BGHSt 21, 334 [340]; MDR [H] 1977, 109, [179 f.]; DAR [S] 1980, 209; BGHSt 27, 96). Im Fall des § 26a Abs. 1 S. 1 ist der Verfahrensablauf, aus dem sich die vom Bf. behauptete Rechtzeitigkeit seines Ablehnungsgesuchs ergibt, vollstän- 28 dig zu schildern (BGH MDR [D] 1977, 109). Zur Rüge einer Entscheidung nach §§ 24, 27 gehört hinreichend klare Angabe des Inhalts des Ablehnungsantrags, der den geltend gemachten Ablehnungsgrund tragenden Tatsachen sowie des Inhalts (nicht nur Wiedergabe einzelner Sätze, vgl. BGH MDR [D] 1972, 387; OLG Schleswig SchlHA 1976, 172) des Zurückweisungsbeschlusses nach § 27 (RG Recht 1931 Nr. 457; BayObLG VRS 42, 46; OLG Stuttgart NJW 1969, 1776; VRS 46, 145; OLG Karlsruhe MDR 1974, 418 LS).Dienstliche Äußerungen des abgelehnten Richters sind vorzubringen (BGH StV 1996, 2; 1993, 235; 1981, 163; *Meyer-Goßner/Schmitt* § 338 Rn. 29).

29 **3. Grundsätze der Überprüfung.** Das **Revisionsgericht** überprüft nach Beschwerdegrundsätzen den tatgerichtlichen Beschluss (§§ 26a, 27) unter Zugrundelegung der Sach- und Rechtslage z. Zt. seines Erlasses (BGH wistra 1984, 146; NStZ 1984, 230; StV 1988, 417; RGSt. 1977 – II ZR 165/75] – Nichtberücksichtigung der Aussage eines Zeugen, der zum relevanten Zeitpunkt die Aussage verweigert hatte), aber ohne Bindung an die tatgerichtliche Auslegung und Anwendung z.B. der konkretisierungsbedürftigen Rechtsbegriffe (KMR/*Momsen* § 337 Rn. 24) des § 24 Abs. 2 (RGSt 60, 44; 74, 297; BGHSt 21, 340; BayObLG VRS 42, 46; OLG Koblenz VRS 44, 292). Später hinzugetretener Tatsachenstoff darf demgemäß nicht berücksichtigt werden (BGHSt 21, 88; HK-GS/*Maiwald/Rackow* § 338 Rn. 15); ein Austausch des Verwerfungsgrundes i.S.d. § 26a durch das Revisionsgericht soll möglich sein (vgl. BGH wistra 2006, 431 [BGH 27.07.2006 – 5 StR 249/06] – fehlende Begründung vs. fehlende Glaubhaftmachung).

30 Zum Tatbestandsmerkmal »**mit Unrecht verworfen**« i.S.v. Nr. 3 vgl. KK/*Gericke* § 338 Rn. 59; KK/*Scheuten* § 28 Rn. 8; BeckOK-StPO/*Graf/Wiedner* § 338 Rn. 62 ff. Nach BVerfG NJW 2005, 3410, [BVerfG 02.06.2005 – 2 BvR 625/01] (anschl. BGH NStZ 2006, 51; BGHSt 50, 216) ist ein Ablehnungsgesuch nicht nur bei dessen sachlicher Begründetheit zu Unrecht verworfen, sondern auch, wenn die Mitwirkung eines abgelehnten Richters an dem Verwerfungsbeschluss (§ 26a) nicht nur rechtswidrig, sondern willkürlich und in einer die verfassungsmäßige Wertung des Art. 101 Abs. 1 S. 2 GG grob verkennenden Weise erfolgt (BVerfG NJW 2006, 3129 [BVerfG 24.02.2006 – 2 BvR 836/04]; NStZ-RR 2007, 275 [BVerfG 27.04.2007 – 2 BvR 1674/06]; OLG München NJW 2007, 449; BGH NStZ 2006, 705; NJW 2005, 3436; *Meyer-Goßner/Schmitt* § 338 Rn. 28). Diese Grundsätze dürften verallgemeinerbar sein, soweit es das Willkürmerkmal betrifft.

31 Eine **Zurückverweisung** zur Nachholung einer tatgerichtlichen Entscheidung über die Begründetheit des Ablehnungsantrags findet **nicht** statt *(Hanack* JZ 1973, 730; a.M.: BGHSt 23, 265 = JR 1970, 467 m. Anm. *Peters*; vgl. auch BGHSt 50, 216 – Verwerfung einer Richterablehnung nach Vorbefassung; Abkehr von BGHSt 23, 265)

32 **IV. Unzuständigkeit des erkennenden Gerichts (Nr. 4) 1. Örtliche Zuständigkeit (§ 16):** Maßgeblicher **Zeitpunkt** ist grundsätzlich der Eintritt der Rechtshängigkeit (RGSt 65, 267 [268] = JR 1931, 2503 m. Anm. *Beling*). Wird der Unzuständigkeitseinwand nach dem Zeitpunkt des § 16 erhoben, ist die Rüge präkludiert (HK-GS/*Maiwald/Rackow* § 338 Rn. 16).

33 Die Gerichtsstandsrüge muss die Tatsache, dass der Angeklagte den Einwand nach § 16 S. 2, 3 rechtzeitig erhoben hat, in der Form des **§ 344 Abs. 2 S. 2** anführen (BGH GA 1980, 255) und als einzig relevante Begründung dartun, dass der Einwand zu Unrecht zurückgewiesen wurde. Da die örtliche Zuständigkeit in der Revisionsinstanz keine Verfahrensvoraussetzung ist, wird sie nicht von Amts wegen geprüft, sondern nur auf formgerechte Verfahrensrüge.

34 **2. Sachliche Zuständigkeit (§ 6)** Die Rüge nach Nr. 4 hat insoweit keine Bedeutung mehr, als die sachliche Zuständigkeit eine von Amts wegen zu berücksichtigende Verfahrensvoraussetzung ist, die auch das Revisionsgericht zu prüfen hat. Das Revisionsgericht prüft von Amts wegen auch die Zuständigkeit des **Berufungsgerichts** (KMR/*Momsen* § 337 Rn. 26; *Meyer-Goßner/Schmitt*§ 338 Rn. 32 m.w.N.). Eine gesonderte Rüge ist daher nicht erforderlich (HK-GS/*Maiwald/Rackow* § 338 Rn. 17).

35 Nach dem **Zeitpunkt** des Erlasses des angefochtenen Urteils ist die Sach- und Rechtslage zu beurteilen (Vor § 1 Rdn. 74; RGSt 8, 252; OLG Celle JR 1950, 414; *Gössel* GA 1968, 357).

36 a) **Unschädlich** sind daher vorausgegangene Zuständigkeitsänderungen in den Fällen des § 6 wie auch dann, wenn das erkennende Gericht das Hauptverfahren wegen einer seine Strafgewalt übersteigenden Tat eröffnet, aber sodann wegen einer in **seine Kompetenz** fallenden Tat **verurteilt** hat (BGH 1, 346 = MDR 1952, 117 m. abl. Anm. *Dallinger;* 10, 64; MDR 1974, 54 [BGH 02.10.1973 – 1 StR 217/73]; –

a.M.: *EbSchmidt* Nachtr. I § 270 Rn. 7; zweifelnd *Rieß* GA 1976, 16 Fn. 88; vgl. BGH NStZ 1987, 132 [BGH 07.11.1986 – 2 StR 499/86]; 1991, 503).

b) Hat dagegen das Tatgericht wegen einer zur Kompetenz eines Gerichts **höherer Ordnung** gehörenden Tat **freigesprochen**, können StA und Nebenkläger (nicht auch der Angekl., da er nicht beschwert ist) ihre Revision auf **Nr. 4 stützen** (RGSt 9, 327; 45, 296; BGHSt 10, 65; GA 1962, 194; *EbSchmidt* Nachtr. I § 270 Rn. 11; i.E. auch LR/*Franke* § 338 Rn. 62, 63). Anders bei Willkür (BGHSt 38, 172 ff.; m. Anm. *Rieß* NStZ 1992, 548; OLG Celle NdsRPfl 1995, 25, BGH GA 1981, 321; *Rieß* NJW 1978, 2268).   37

3. Zuständigkeit des Jugengerichts. Grundsätzlich liegt ein besonderer Geschäftskreis vor, also keine Frage der Zuständigkeit, folglich wäre eine Verfahrensrüge nach § 337 zu erheben (BGH 26, 191 ff.; § 6a ist unanwendbar (BGH MDR [H] 1981, 269). Der Präklusionseinwand des § 61 greift daher insoweit nicht durch (BGHSt 30, 260 ff.; HK-GS/*Maiwald/Rackow* § 338 Rn. 19).   38

V. Vorschriftswidrige Abwesenheit (Nr. 5) 1. Unter »**Abwesenheit**« (Nachweis: §§ 273, 274) ist nicht nur die **körperliche**, sondern auch die **geistige** Absenz (insbes. bei Verhandlungsunfähigkeit, vgl. RGSt 1, 149; 29, 324; 57, 373; OGH 2, 377; BGH NJW 1970, 1981 [BGH 16.06.1970 – 1 StR 27/70]; OLG Oldenburg MDR 1963, 433) zu verstehen (insoweit bestehen Überschneidungen zu Nr. 1; dazu im einzelnen oben Rdn. 21; § 230 Rdn. 7; § 329 Rdn. 50 ff.; vgl. auch OLG Hamm OLGSt § 231 S. 3: der bei Ortsbesichtigung außer Hörweite des Gerichts befindliche Angeklagte kann der Hauptverhandlung nicht folgen).   39

Erforderlich ist ununterbrochene Anwesenheit während der gesamten **Hauptverhandlung** (§ 226), nach h.M. allerdings nur in ihren **wesentlichen Teilen** (RGSt 58, 180; 60, 179 [180 f.]; BGHSt 26, 84 ff.; 16, 178 ff.; 15, 263 ff.; BGH StV 1986, 465; GA 1963, 19; MDR [D] 1975, 23; MDR [H] 1978, 460; *Meyer-Goßner/Schmitt* § 338 Rn. 36; *Dahs* Rn. 175 ff.; für die StA vgl. OLG Kiel JW 1929, 2775 m. Anm. *Mamroth;* OLG Oldenburg NJW 1963, 443; *Seibert* NJW 1963, 1590; für den Verteidiger: RGSt 38, 217; OLG Hamm MDR 1970, 525 [OLG Hamm 07.08.1969 – 4 Ss 855/69]; a.M. *EbSchmidt* Nachtr. I 5).   40

Dazu **gehören** grundsätzlich: Vernehmung des Angeklagten zur Sache (§ 243 Rdn. 13–19; vgl. RGSt 38, 217; 53, 170; DR 1939, 627 m. Anm. *Hülle;* a.M. – Erscheinen des notwendigen Vertreters, vgl. aber Rdn. 47, erst nach Vernehmungsbeginn unschädlich: OLG Stuttgart NJW 1950, 359 [OLG Stuttgart 30.09.1949 – SS 118/49] m. Anm. *Roesen* = DRZ 1950, 373 m. Anm. *Ott),* Verlesung des Anklagesatzes (BGHSt 9, 244) bzw. des erstinstanzlichen Urteils (OLG Düsseldorf StraFo 1999, 125 [OLG Düsseldorf 27.01.1999 – 2 Ss 463/98]; OLG Zweibrücken StV 1986, 240 [OLG Zweibrücken 06.11.1985 – 2 Ss 198/85]; OLG Stuttgart Justiz 1964, 172; vgl. aber BGH NStZ 1987, 135 – ehrengerichtliches Verfahren; vgl. auch § 324 Rdn. 9–12) und Vortrag des BE nach § 324 (dort Rdn. 4–8; RG HRR 1930 Nr. 1178), Vorstrafenfeststellung (BGH NJW 1972, 2006; GA 1963, 19; nicht aber für den Mitangeklagten, sofern hieraus keine für diesen nachteiligen Folgen gezogen werden können; BGH NStZ 1993, 90), Vernehmung eines Mitangeklagten über die gleiche Tat (RGSt 55, 168; BGH StV 1986, 288), Beweisaufnahmen (BGH NStZ 1981, 449; 1985, 375; 1986, 564; BGHSt 9, 244; 15, 306; 21, 332 [334]; NJW 1973, 522 [BGH 30.01.1973 – 1 StR 560/72]; OLG Hamburg StV 1984, 111; OLG Köln, 1987, 244; BayObLG NJW 1974, 249; Sachverständigenvernehmung: RGSt 60, 180; 69, 256; gerichtliche Augenscheinseinnahmen: RGSt 42, 198; 66, 28; BGHSt 3, 187 [189]; 25, 317 [318]; OLG Celle GA 1954, 316; OLG Hamm NJW 1959, 1192; OLG Hamburg GA 1961, 177; OLG Braunschweig NJW 1963, 1322 m. Anm. *Kleinknecht;* OLG Oldenburg OLGSt S. 31; § 247) samt ihrer Vorbereitung (RGSt 44, 18; vgl. RG HRR 1937 Nr. 288: Entscheidung über Beweisantrag eines Mitangeklagten) und förmliche Beendigung (z.B. Zeugenvereidigung, vgl. OLG Köln NJW 1952, 758; JMBl. NRW 1961, 94 – neuere Rspr.: BGH, Beschl. vom 19.7.2007, 3 StR 163/07 Beweiserhebung in Abwesenheit des Angeklagten; sowie BGH NStZ 2007, 717 – Abwesenheit des ausgeschlossenen Angeklagten bei richterlichem Augenschein; BGH NStZ 2007, 352 – Abwesenheit des Angeklagten bei Verhandlung über die Entlassung des Zeugen; BGH NJW 2006, 2943 – Abwesenheit des Angeklagten bei der Vereidigung), Schlussvorträge auch des Verteidigers eines wegen derselben Tat Mitangeklagten (OLG Hamburg StV 1984, 111; RG JW 1930, 717 m. Anm. *Beling)* oder Prozessbevollmächtigten des Nebenklägers (RGSt 40, 230) sowie Verlesung der Urteilsformel (BGH NStZ 1989,   41

284; § 268 Abs. 2 S. 1, 3; vgl. § 260; RGSt 9, 270; 57, 265; 63, 249; 64, 311; JW 1930, 3858 m. Anm. *Alsberg;* BGH 8, 41; MDR [D] 1956, 11; 1957, 141; 1973, 372; OLG Hamburg StV 1984, 111; **nicht** auch Mitteilung der mündlichen Urteilsgründe nach § 268 Abs. 2 S. 2, vgl. BGH NStZ-RR 1998, 237; BGHSt 15, 264; 16, 180; a.M.: RG JW 1938, 1644 m. Anm. *Rilk; Poppe* NJW 1954, 1914; *Roxin* § 43 F II 3a u. § 48 A I).

42 **Ebenfalls nicht** beispielsweise: Feststellung der Identität des Angeklagten und seiner Verhandlungsfähigkeit (OLG Düsseldorf RPfl 1993, 460; BGH NStZ [K] 1994, 228), der Aufruf der Beweispersonen (§ 243 Abs. 1; vgl. RGSt 58, 180; 64, 309; BGHSt 15, 263; BGH NJW 1953, 1801), Befragung eines Zeugen, die ausschl. § 247 betr. (BGH NStZ 1998, 528), Ordnungsgeldbeschlüsse nach § 51 (BGH MDR [D] 1975, 23 f.), Verkündung von Beschlüssen nach §§ 268a, b (vgl. auch BGHSt 25, 333) oder Belehrungen gem. §§ 35a, 268a Abs. 3, 268c (*Poppe* NJW 1954, 1915); die Ladung von Zeugen (BGH, Beschl. vom 14.2.2006, 4 StR 543/05).
Dieser Beschränkung des absoluten Revisionsgrundes ist jedoch nicht zuzustimmen, schon allein da der Wortlaut der Norm keine entsprechenden Anhaltspunkte enthält (wie hier HK-GS/*Maiwald/Rackow* § 338 Rn. 21; *Maiwald* JR 1982, 35 ff.; *EbSchmidt* § 230 Rn. 5; *Mehle* FS Dahs (2005), S. 391; *Roxin* § 42 F II 3a; *Hamm* Rn. 404 ff.), sondern die ununterbrochene Anwesenheit formal rigoros festschreibt. Wenn zur Begründung der Beschränkung auf wesentliche Teile darauf hingewiesen wird, eine Revision sei auch nach § 338 dann ausgeschlossen, wenn es denkgesetzlich ausgeschlossen erscheine, dass das Urteil auf dem festgestellten Mangel beruhen könne (Rdn. 1 ff.; *Meyer-Goßner/Schmitt* § 338 Rn. 36), so ist die Begründung nicht nur zirkulär, da aus der StPO keinerlei unabhängige Hinweise darauf entnommen werden können, wann es außerhalb § 338 nicht auf ein Beruhen ankommt. Die Argumentation baut zu dem einer rein pragmatisch geleiteten Differenzierung zwischen wesentlichen und unwesentlichen Teilen einer HV auf. Nicht nachvollziehbar ist bspw. die Einordnung der mündlichen Verkündung der Urteilsgründe als »unwesentlich« (s.o.), da ihr gerade im Falle einer Verfahrensabsprache erhebliche Bedeutung zukommt (vgl. auch SK-StPO/*Frisch* § 338 Rn. 106; HK-GS/*Maiwald/ Rackow* § 338 Rn. 21). Systematisch ist insoweit auf Nr. 7 zu verweisen, demzufolge bei fehlender oder verspäteter Urteilsbegründung ein absoluter Revisionsgrund vorliegt, obwohl evident und unbestr. das Urteil hierauf nicht beruhen kann (näher *Effelsberg* Die absoluten Revisionsgründe in der Revisionsrechtsprechung des BGH in Strafsachen, 2003, 23 ff.). Zur Bedeutung des § 338 Nr. 5 für § 339 s. Rdn. 5.

43 **2. Nr. 5 betrifft nur die notwendige Anwesenheit**, nicht aber die nur **fakultative Anwesenheit** (vgl. 42 ff.).

a) Im Einzelnen sind **anwesenheitspflichtig**:

aa) Richter (vgl. HK-GS/*Maiwald/Rackow* § 338 Rn. 20; § 226; für sie ist jedoch Nr. 1 lex spec. zu Nr. 5; vgl. Rdn. 9; *Roxin* § 43 E I 3) und der Urkundsbeamte (BayObLG NStZ-RR 2002, 16 [BayObLG 31.07.2001 – 1 ObOWi 308/01]; *Meyer-Goßner/Schmitt* § 338 Rn. 39a; vgl. auch BayObLG bei *Durr* GS 95, 309; OLG Oldenburg NdsRpfl 1954, 34; Schleswig SchlHA 1973, 189; § 226).

44 **bb) StA** (§ 226; RGSt 9, 275; JW 1934, 2240 m. Anm. *Krille;* OLG Zweibrücken VRS 47, 352). Sie muss **sachlich** (§§ 141–142a GVG; § 226 Rdn. 9) – nicht notwendig auch örtlich (§ 143 GVG; vgl. RGSt 73, 86) – **zuständig** sein; Teilnahme eines anderen StA statt des JugStA (§ 36 JGG) in der Hauptverhandlung ist irrevisibel (BGH bei *Herlan* GA 1961, 358; *Meyer-Goßner/Schmitt* § 338 Rn. 39). Nicht auf Nr. 5 (u.U. aber auf § 337) kann die Revision gestützt werden, wenn der StA auch nach seiner Vernehmung als Zeuge (§ 227 Rdn. 3) oder in den zu § 48 (vgl. dort) bezeichneten Fällen weiter mitwirkt, da er in Bezug auf seine eigene Aussage keine unabhängige Beweiswürdigung mehr vornehmen kann und daher zugleich nicht zu einer abschließenden zusammenfassenden Beweiswürdigung in der Lage ist; vgl. ausf. *Dahs* Rn. 177 ff. Demgegenüber ist die neuere Rspr. abzulehnen (BGH StraFo 2008, 72), die über die bisherige Annahme lediglich eines relativen Revisionsgrundes nach § 337 hinausgeht: Soweit der Senat Bedenken an der bisherigen Rechtsprechung äußert, wonach ein als Zeuge vernommener Staatsanwalt auch für den Rest der HV an der Sitzungsvertretung gehindert sein kann (BGHSt 21, 85 [89]), da die StPO diesbezüglich im Gegensatz etwa zu Richtern und Schöffen keine Regelung enthalte und weiterhin die Gefahr des Rechtsmissbrauchs durch ausschließlich taktisch intendierte Zeugenbenennung bestehe (zu der zunehmenden Tendenz der Rechtsprechung, durch

das der Verfahrensordnung nicht inhärente Element des Rechtsmissbrauchs das Rügerecht zu beschränken, näher KMR/*Momsen* § 337 Rn. 245 m.w.N.).

cc) Angeklagter (§§ 230 Abs. 1, 231) 45

(1) Seine unzulässige Abwesenheit ist **nicht Prozesshindernis** (»[...] keine begriffliche Voraussetzung der Hauptverhandlung [...]«, BGH, Urteil v. 09.08.2007 – 3 StR 96/07; BGH, Urteil v. 16.01.2014 – 4 StR 370/13), sondern vom Revisionsgericht nur auf Rüge zu beachten; (vgl. BGHSt 26, 8; BGH NStZ 1983, 36 [BGH 19.10.1982 – 5 StR 670/82]; vgl. auch RGSt 29, 295; 40, 230; 54, 211; 58, 150; 62, 259; BGHSt 10, 306 = JZ 1957, 673 m. Anm. *EbSchmidt*; GA 1970, 281; *Meyer-Goßner/ Schmitt* § 230 Rn. 26; vgl. § 206a Rdn. 4 m.w.N. – a. A.: OLG Hamburg NJW 1969, 726 = JR 1969, 310 m. zust. Anm. *EbSchmidt*; *EbSchmidt* I 147, II 25). Ist der Angeklagte hingegen (dauerhaft) verhandlungsunfähig, so liegt kein Fall des § 338 Nr. 5, sondern ein Verfahrenshindernis vor (vgl. *Meyer-Goßner/Schmitt* § 338 Rn. 40 m.w.N.).

(2) Das Gericht kann den Angeklagten von seiner **Anwesenheitspflicht nicht** wirksam **entbinden** 46 (BGHSt 22, 18 [20]; 25, 317 [318]; NJW 1973, 522 [BGH 30.01.1973 – 1 StR 560/72]; KG Berlin StV 1985, 52). Die ununterbrochene Anwesenheit des Angeklagten dient nicht nur der uneingeschränkten Verteidigung des Angeklagten und seinem Anspruch auf rechtliches Gehör *(Rieß* Beiheft ZStW 90, 183 ff.; *Meyer-Goßner/Schmitt* § 230 Rn. 3) sondern steht auch im Interesse der Wahrheitsermittlung, da nur so dem Gericht ein unmittelbarer Eindruck von der Person des Angeklagten, seinem Verhalten und seinen Erklärungen entstehen kann (BVerfG NJW 2007, 2977). Zwar besteht in den gesetzlich vorgesehenen Fällen die Möglichkeit einer ausnahmsweisen Beurlaubung (§ 231c) ansonsten darf das Gericht den Angeklagten grundsätzlich auch **nicht** kurzfristig von der Hauptverhandlung **beurlauben** (RGSt 40, 230; 42, 197; 58, 150; 70, 68; – a.M.: OLG Neustadt DRZ 1949, 283 m. Anm. *Niethammer*; OLG Hessen JR 1949, 515), die Gewährung einer Beurlaubung ist jedoch in hohem Maße revisionsanfällig, da nur Vorgänge verhandelt werden dürfen, welche den Angeklagten weder im Hinblick auf den Schuldspruch, noch auf die Strafzumessung betreffen dürfen (BGH NStZ [M] 1989, 219). – Sowohl auf Nr. 5 i.V.m. § 230 (BGHSt 24, 257 [259]) als auch §§ 261, 337 kann die Revision gestützt werden, wenn während einer – an sich zulässigen (RGSt 69, 18, 360; 70, 67; BGHSt 21, 180; NJW 1953, 836) – vorübergehenden **Abtrennung** des Verfahrens gegen einen Mitangeklagten über Vorgänge verhandelt wird, die auch den gegen ihn selbst erhobenen Vorwurf berühren (BGHSt 24, 259 m. Anm. *Maiwald* JR 1982, 33; BGH StV 1986, 465). Ebenfalls begründet sein kann die Revision bei der Entfernung des Angeklagten gem. § 247, wenn der Angeklagte (freiwillig und im allg. Einverständnis) den Saal verlässt, ohne dass ein entsprechender Beschluss ergeht (BGH NStZ 2002, 44 [BGH 15.08.2001 – 3 StR 225/01]), oder wenn der Beschluss erst während der Abwesenheit verkündet wird (BGH StV 2000, 120); auch wenn der Beschluss fehlerhaft bzw. lückenhaft begründet ist und nicht mit Sicherheit feststellbar ist, dass das Gericht von zutr. Erwägungen ausgegangen ist (BGH NStZ 1983, 36 [BGH 19.10.1982 – 5 StR 670/82]; 1987, 84; 1991, 296; StV 1992, 455; 2000, 120).

cc) Verteidiger: 47

(1) Auf Nr. 5 kann die **Revision gestützt** werden, wenn der Verteidiger
– nach § 140 Abs. 1 notwendiger Verteidiger ist (RG 57, 265; 62, 22; BGHSt 15, 307; BGH MDR [D] 1956, 11; GA 1959, 178) und nicht ausschließlich über die Belange eines Mitangeklagten verhandelt wird (BGHSt 21, 180; BGH StV 1986, 288),
– gem. § 140 Abs. 2 bestellt worden ist (auch wenn die Voraussetzungen des § 140 Abs. 2 – z.B. infolge Berufungsbeschränkung – inzwischen entfallen waren, vgl. OLG Hamm JZ 1957, 759 m. Anm. *EbSchmidt*),
– ist die Bestellung entgegen § 140 Abs. 2 unterblieben, gilt Nr. 5 ebenso (BGH NStZ-RR 1997, 78; StraFo 2005, 270; BGHSt 15, 307; BGH LM § 140 Nr. 16; OLG Hamm NJW 1951, 614; 1957, 1530; OLG Düsseldorf NJW 1964, 877; OLG Köln MDR 1972, 798; OLG Nürnberg, Beschl. v. 16.01.2014 – 2 OLG 8 Ss 259/13; SK-StPO/*Frisch* § 338 Rn. 113; *Meyer-Goßner/Schmitt* § 338 Rn. 41) – für § 140 Abs. 1 oder Abs. 2 muss der Revisionsführer die betreffenden Voraussetzungen des die Notwendigkeit begründenden Sachverhalts darlegen – einschließlich der »Wesentlichkeit« des

betroffenen Verfahrensabschnitts (BGH StV 1986, 288; OLG Hamm NStZ-RR 2001, 373; OLG Brandenburg NStZ 1997, 612 [BGH 04.07.1997 – 2 ARs 164/97]),
- durch Wahrnehmung von Interessen Dritter nach den Umständen des konkreten Falles gehindert sein konnte (vgl. auch § 146), seine Aufgaben als notwendiger Verteidiger uneingeschränkt wahrzunehmen (OLG Koblenz NJW 1980, 1058 f.; LR/*Lüderssen/Jahn* § 146 Rn. 23 ff.; *Meyer* JR 1977, 213; a.M. evtl. BGH 27, 22 [24]). Es ist daher absoluter Revisionsgrund (Heilung: § 337 Rdn. 98), wenn in diesen Fällen die Hauptverhandlung ohne den Vertreter bzw. ohne Bestellung eines (anderen) Pflichtverteidigers (§§ 140 Abs. 2, 141 Abs. 2, 145) stattfindet, es sei denn, es ist über eine Tat verhandelt worden, von der der Angeklagte freigesprochen wurde (BGH 15, 308) oder die nur einem Mitangeklagten zur Last lag (BGHSt 15, 306 [308]; 21, 180). Demgegenüber begründet eine Verletzung des § 146a die Revision nach Nr. 5 i.d.R. nicht *(Meyer-Goßner/Schmitt* § 338 Rn. 41). Sind mehrere Pflichtverteidiger bestellt, genügt die Anwesenheit eines Verteidigers für den Angeklagten, so dass Nr. 5 nicht auf die Abwesenheit der anderen gestützt werden kann (BGH MDR [H] 1981, 457). Dass in Fällen des § 140 Abs. 1 S. 2, 3 (anders, wenn lediglich die StA im Schlussvortrag einen dahingehenden Antrag stellt, vgl. BGH MDR [D] 1957, 141) i.E. nur wegen eines Vergehens verurteilt oder das Berufsverbot nicht verhängt wird, schließt die Rüge gem. Nr. 5 nicht aus (RGSt 70, 318; HRR 1942 Nr. 256; BGH 4, 322),
- offenkundig verhandlungsunfähig ist (BGHR StPO § 338 Nr. 5 Verteidiger 1),
- als Pflichtverteidiger in der HV aussagt (und für diesen Zeitraum kein weiterer Verteidiger bestellt ist – LR/*Ignor/Bertheau* Vor § 48 Rn. 44 ff.; *Dahs* Rn. 190; BGHStV 1996, 469).

48 **(2) Nr. 5 gilt aber nicht,** wenn der Verteidiger
- unter den Voraussetzungen des § 137 Abs. 1 S. 2 tätig war,
- in der HV anwesend, aber z.B. infolge Krankheit zu einer zureichenden Verteidigung nicht imstande war (RGSt 57, 373; JW 1938, 1644; BGH MDR 1962, 428; NJW 1964, 1485 [BGH 16.06.1964 – 5 StR 183/64]; a.M.: RG HRR 1940 Nr. 344),
- die Verteidigung nicht ordnungsgemäß geführt wird (BGHSt 39, 310; *Neuhaus* StV 2002, 43; *Meyer-Goßner/Schmitt* § 338 Rn. 41),
- nicht zureichend vorbereitet ist (BGH NStZ 2000, 212 m. Anm. *Hammerstein;* NStZ 2000, 327 [BGH 24.11.1999 – 3 StR 390/99] und *Stern* StV 2000, 412 [OLG Düsseldorf 16.05.1997 – 1 Ws 388/97]),
- nicht Pflichtverteidiger ist und in der Hauptverhandlung als Zeuge ausgesagt hat (§ 48),
- der Hauptverhandlung ganz oder teilweise nur als Wahlverteidiger ferngeblieben ist, ohne dass die Voraussetzungen des § 140 Abs. 1, 2 gegeben waren (RGSt 28, 413; 44, 217; 61, 182; BayObLG JR 1960, 190; KG Berlin JW 1932, 1169) oder wenn nur einer von mehreren Verteidigern des Angeklagten anwesend war (RG JW 1930, 716 m. Anm. *Beling;* BGH MDR [D] 1966, 200).
- Die Abwesenheit des (nicht zugleich notwendigen) Wahlverteidigers kann aber im Einzelfall eine Revision nach § 337 begründen.

49 **(3)** In den Fällen der Verletzung des § 140 Abs. 1, 2 ist das **ganze Urteil aufzuheben,** selbst wenn z.B. nur eine von mehreren Taten
- dem Angeklagten als Verbrechen zur Last lag oder
- zu einem Berufsverbot führen konnte (RG 67, 12; 68, 398; BGH NJW 1956, 1767; GA 1959, 55).

50 **ee) Dolmetscher** (§ 185 GVG; BVerfGE 64, 135 [BVerfG 17.05.1983 – 2 BvR 731/80]; BGHSt 3, 285; RG GA 47, 384). Auf seine vorübergehende Abwesenheit kann die Revision aber nicht ohne weiteres gestützt werden, wenn der Angeklagte der dt. Sprache teilweise mächtig ist (BGH NStZ 2002, 275; BGHR § 338 Nr. 5 Dolmetscher 3; RG GA 50, 394; BGHSt 3, 285; LR/*Franke* § 338 Rn. 100; zum Freibeweis BGH StV 2002, 296 [BGH 22.11.2001 – 1 StR 471/01]).

51 **3. Die Rüge,** ein anwesenheitspflichtiger Prozessbeteiligter sei der Hauptverhandlung zeitweise ferngeblieben, muss in einer dem **§ 344 Abs. 2 S. 2** (näher KMR/*Momsen* Rn. 24–28) genügenden Weise angeben (Nachweis: §§ 273, 274), während welcher Verfahrensvorgänge er abwesend war (BGH 26, 84 [90 f.]), damit das Revisionsgericht prüfen kann, ob es sich um einen »wesentlichen« Teil der Hauptverhandlung (krit. Rdn. 42) handelte (BGHSt 10, 178; BGH NStZ-RR [M] 1998, 1, 5; GA 1963, 19).

Absolute Revisionsgründe § 338 StPO

VI. Unzulässiger Ausschluss der Öffentlichkeit (Nr. 6) 1. Zweck und Geltungsbereich. a) 52
Nr. 6 »soll die unverbrüchliche Beachtung des Öffentlichkeitsgrundsatzes verbürgen« (BGHSt 23, 82 [85]), wie er in § 169 S. 1 GVG, Art. 6 Abs. 1 EMRK statuiert ist (BGH NJW 1967, 687 [BGH 31.01.1967 – 5 StR 560/66]; HK-GS/*Maiwald/Rackow* § 338 Rn. 24; *Meyer-Goßner/Schmitt* § 338 Rn. 46; a.M.: *Roxin* FS K. Peters (1974), S. 400 ff.) Dieses Prinzip wiederum soll das Vertrauen der Allgemeinheit in die Objektivität der Strafrechtspflege absichern (BGHSt 21, 72 [74]; 22, 297 [301]; 28, 341 [374]), nicht aber das individuelle Interesse Einzelner, jeden Teil der Hauptverhandlung mitzuerleben (BGH MDR 1980, 771; BGH, Beschl. vom 18.7.2006, 4 StR 89/06 – Heilung eines Verstoßes durch Wiederholung, kein Schutz des Vertrauens in Terminankündigungen). Für die formellen Anforderungen an die Rüge gilt grds. § 344 (vgl. auch BGH StV 2008, 123 – Rügeverlust wegen widersprüchlichen Verhaltens der Verteidigung, die einem (unzulässigen) Öffentlichkeitsausschluss zugestimmt hatte). Die Vorschriften über die Öffentlichkeit sind **nicht verzichtbar**, so dass der Angeklagte grds. die Rüge nach Nr. 6 auch erheben kann, wenn er selbst den Ausschluss der Öffentlichkeit beantragt hatte (BGH NJW 1967, 687 [BGH 31.01.1967 – 5 StR 560/66]; HK-GS/*Maiwald/Rackow* § 338 Rn. 25); auch im Bereich der Nr. 6 zeigt sich aber zunehmend die Tendenz der Rechtsprechung, die Absolutheit des Revisionsgrundes contra legem nach den bereits mehrfach aufgezeigten Kriterien (Missbrauch; absolut ausgeschlossenes Beruhen u.a.; vgl. Rdn. 1 ff., 42) einzuschränken, um materiell »richtige« Entscheidungen zu erhalten (BGH StV 2008, 123; NJW 1999, 3060 [BGH 09.06.1999 – 1 StR 325/98] m. Anm. *Gössel;* NStZ 2000, 181 [BGH 09.06.1999 – 1 StR 325/98]; BGH StV 2000, 244 [BGH 09.06.1999 – 1 StR 325/98]; NStZ 2000, 248; 1999, 274 [371]; BGHSt 33, 99). Zu Recht wird kritisiert, dass zunehmend der Revisionsführer i.R.d. § 338 (Nr. 6) gezwungen werde, zur Beruhensfrage vorzutragen, da die Rüge anderenfalls als offensichtlich unbegründet verworfen zu werden droht *(Dahs* Rn. 211).

b) Nr. 6 gilt regelmäßig **nur** bei prozesswidriger **Einschränkung**, grundsätzlich **nicht** bei unzulässiger 53
Erweiterung – z.B. nach § 169 S. 2 GVG (BGHSt 36, 119; 23, 83; LR/*Franke* § 338 Rn. 106; HK/*Temming* § 338 Rn. 28; SK-StPO/*Frisch* § 338 Rn. 127; a.M.: *EbSchmidt* NJW 1968, 804 [BGH 13.02.1968 – 5 StR 706/67]; *Roxin* FS Peters (1974), S. 400 ff.; und JZ 1968, 803 [BGH 13.02.1968 – 5 StR 706/67]) oder durch Nichtausschluss (§ 172 GVG) – der Öffentlichkeit (RGSt 3, 297; 69, 402; 77, 186; OGH 2, 338; BGHSt 10, 206; BGH NStZ 2007, 328 m. Verweis auf BGHSt 10, 202; MDR 1952, 153; GA 1963, 84; OLG Karlsruhe NJW 1975, 2082). – Wenn allerdings in letzteren Fällen das Urteil auf der ungesetzlichen Erweiterung (bzw. Nichtbeschränkung) der Öffentlichkeit »beruht«, insbes. sie die Wahrheitsfindung beeinträchtigt haben konnte, kann nach § **337 gerügt werden, dass** z.B.

– ein ordnungsgemäß angeordneter Ausschluss der Öffentlichkeit nicht in vollem Umfang durchgeführt (BGH 23, 82; bei *Herlan* GA 1963, 102; MDR [H] 1979, 458) oder trotz Ausschlusses der Öffentlichkeit so vielen Personen der Zutritt gestattet wurde, dass die Hauptverhandlung tatsächlich als öffentlich erschien (RGSt 77, 186),
– einzelne Personen auch ohne Zulassung nach § 175 Abs. 2 GVG der Hauptverhandlung folgten (RG LZ 1921, 114; OGH 2, 338; OLG Stuttgart NJW 1969, 1776 [OLG Stuttgart 06.08.1969 – 2 Ss 86/69]),
– § 48 Abs. 1 JGG nicht beachtet (BGH 23, 176 [178]) oder
– ein Ausschließungsantrag des Angeklagten zu Unrecht abgelehnt wurde (RGSt HRR 1939 Nr. 278; BGH MDR [D] 1953, 149; KG Berlin JR 1950, 119; OLG Dresden JW 1932, 3657 m. Anm. *Mamroth;* die Rüge nach § 344 Abs. 2 S. 2 muss den Inhalt des Ausschließungsantrags und des Gerichtsbeschlusses mitteilen und ggf. darlegen, welche zusätzlichen Angaben der Angeklagte gemacht bzw. Beweisanträge er gestellt hätte nach Ausschluss der Öffentlichkeit, vgl. BGH MDR [H] 1979, 109; 1979, 458).

Auch die Verletzung des Grundsatzes der Öffentlichkeit während der **Urteilsverkündung** (§ 173 Abs. 1 54
GVG) einschl. der mündlichen Begründung (§ 268 Abs. 1 S. 2) fällt unter Nr. 6 (RGSt 1, 90; 20, 283; 35, 103; 57, 26; 60, 279; OGH SJZ 1950, 845; BGHSt 4, 279; MDR 1955, 246; OLG Oldenburg NJW 1959, 1506; OLG Hamburg GA 1964, 26; *Meyer-Goßner/Schmitt* § 338 Rn. 48; a. A. RGSt 69, 175; 69, 401; 71, 377; *Poppe* NJW 1955, 6), wenn kein Beschluss nach § 173 Abs. 2 ergangen ist.

§ 338 StPO Absolute Revisionsgründe

55 **2. Gesetzeswidrige Beschränkung der Öffentlichkeit.** Gesetzwidrige Beschränkung der Öffentlichkeit kann die Revision nach Nr. 6 aus **sachlichen** und **formellen** Gründen rechtfertigen.

56 **a) Fehlen eines Ausschlussgrundes. aa) Keinen abschließenden Katalog** von Ausschluss- bzw. Beschränkungsgründen, die sich auch aus sonstigen übergeordneten Verfahrensinteressen ergeben können, enthalten §§ 171a–173, 175, 177, 178 GVG; **§ 48 JGG** (RGSt 64, 385; BGHSt 3, 338; 17, 203; *Kern* JZ 1962, 564 [BGH 10.04.1962 – 1 StR 22/62]; *Willms* JZ 1972, 653; *Strassburg* MDR 1977, 712). **§ 169 S. 1 GVG** kann daher nach § 338 Nr. 6 revisionsbegründend auch dann verletzt sein, wenn z.B. gerichtl. **Kontrollmaßnahmen** nach Art oder Ausmaß den Zutritt zum Sitzungssaal unnötig erschweren oder vom Gericht nicht in der Weise berücksichtigt werden, dass es angesichts der durch ihren Vollzug bedingten zeitlichen Verzögerung mit der Hauptverhandlung erst beginnt, wenn den rechtzeitig erschienenen Zuhörern Zutritt zum Sitzungssaal ermöglicht worden ist (BGHSt 28, 341; das gilt nicht, wenn eine laufende Hauptverhandlung unterbrochen und nach Verhandlungspause fortgesetzt wird, BGH MDR 1980, 770 f. [BGH 23.04.1980 – 3 StR 434/79]) oder in sonst. Weise gesetzwidrig **Einzelpersonen** als »Repräsentanten der Öffentlichkeit« (OLG Karlsruhe NJW 1977, 311 [OLG Karlsruhe 04.08.1976 – 1 Ss 254/76]) am Zutritt gehindert oder aus dem Sitzungssaal entfernt werden (vgl. RGSt 30, 244; BGHSt 3, 388; 17, 205 m. Anm. *Kern*; JZ 1962, 564 [BGH 10.04.1962 – 1 StR 22/62]; BGHSt 24, 330 = JZ 1972, 663 m. Anm. *Stürner*; MDR [D] 1973, 730; BGHSt 18, 179; 24, 329; 28, 341; BGH NStZ 1982, 389; OLG Koblenz NJW 1975, 1333; OLG Karlsruhe NJW 1975, 2080 = JR 1976, 383 m. Anm. *Roxin*; differenzierend LR/*Franke* § 338 Rn. 109). Anderes soll bei gleicher Rechtslage gelten, wenn sich die Personen auf Aufforderung freiwillig entfernen (BGH NJW 1989, 465 [BGH 11.05.1988 – 3 StR 566/87]; 1999, 425 m. Anm. *Schneiders* StV 1990, 91); zumindest wird aber eine Belehrung über das Anwesenheitsrecht erfolgen müssen und sich die Bitte nicht an alle als Öffentlichkeit im Saal befindlichen Personen richten dürfen.

57 **bb)** Wird die Hauptverhandlung zwecks Augenscheinseinnahme am Tatort – **außerhalb des Gerichtsgebäudes** fortgesetzt, ist auf oder neben dem Sitzungsaushang bzw. an der Tür des Sitzungssaales ein entspr. Hinweis anzubringen (BGH DAR [S] 1977, 170 f.; BayObLG MDR 1980, 780 f.; OLG Oldenburg MDR 1979, 515; BGH NVZ 2006, 443); ein zusätzlicher Hinweis am neuen Verhandlungsort selbst ist nicht notwendig (BGH DAR [S] 1977, 170 f.), die nur mündliche Bekanntgabe von Zeit und Ort des (auswärtigen) Fortsetzungstermins in der Hauptverhandlung ist andererseits nicht genügend (BayObLG MDR 1980, 780 f.). Nr. 6 ist gegeben, wenn der Zugang zum Sitzungssaal nur in den Verhandlungspausen gewährt wird (BGH NStZ 204, 510).

58 **cc)** Nur auf einem **Verschulden des Gerichts** (Vorsitzenden) in tatsächlicher Hinsicht beruhende Beschränkungen der Öffentlichkeit kommen nach h.A. für Nr. 6 (bloßer Rechtsirrtum schließt Nr. 6 nie aus, OLG Hamm NJW 1974, 1781) in Betracht. Daran fehlt es, wenn der rein tatsächliche Ausschluss der Öffentlichkeit ihm nicht vorwerfbar unbemerkt und unbemerkbar geblieben ist (RGSt 2, 303; 43, 189; JW 1926, 2762 m. Anm. v. *Scanzoni*; BGHSt 21, 72 m. abl. Anm. *Beck* NJW 1966, 1976 [BGH 10.06.1966 – 4 StR 72/66]; OLG Neustadt MDR 1962, 1010; OLG Hamm NJW 1974, 1781; *Meyer-Goßner/Schmitt* § 338 Rn. 49; a. A. *Beling* GA 38, 619; *EbSchmidt* Nachtr. I 21; *Dahs* Rn. 199; HK-GS/*Maiwald/Rackow* § 338 Rn. 26). Aufgrund der von der Rechtsprechung entwickelten Aufsichtspflicht des Gerichts auch für nachgeordnete Beamte (BGHSt 22, 297; BayObLG GA 1970, 242; näher HK-GS/*Maiwald/Rackow* § 338 Rn. 26) ist ein »Verschulden« z.B. des Protokollführers bzw. Gerichtswachtmeisters oder Behördenleiters nicht ohne weiteres unschädlich (so noch RG DJZ 1912, 461; *Sarstedt* S. 151; vgl. LR/*Franke* § 338 Rn. 103; *Stürner* JZ 1972, 666, da einerseits das Öffentlichkeitsprinzip in seiner Substanz getroffen würde, wenn eine vermeidbar nachlässige Handhabung der Bestimmungen über die Öffentlichkeit ohne Nachteil bliebe, andererseits aber das Vertrauen in die Objektivität der Rechtspflege, die das Öffentlichkeitsprinzip zu sichern mithelfen wolle, bei unverschuldetem Ausschluss der Öffentlichkeit nicht gefährdet werde). Ob die daraus folgende Differenzierung zwischen verschuldeter Aufsichtspflichtverletzung und unabhängigem Verschulden der nachgeordneten Beamten (vgl. BGH NStZ 1995, 143; OLG Karlsruhe NZV 2004, 421) sachgerecht und praktikabel ist, muss bezweifelt werden; jedenfalls findet auch insoweit wiederum eine gesetzlich nicht vorgesehene Variante der Beruhensprüfung in die Rüge nach § 338 Eingang. Besonders deutlich wird dies für die Fälle zufälliger und außerhalb der Sphäre des Gerichts liegender Verstöße, da der Ausschluss

Absolute Revisionsgründe **§ 338 StPO**

einer Rüge, die darauf gründet, die Öffentlichkeit habe wegen einer Straßenblockade nicht zum Gericht gelangen können, nur überzeugt, soweit nicht dargetan wird, dass die Blockade bereits vor Verhandlungsbeginn und ohne entspr. Kenntnis des Gerichts bestand (vgl. aber HK-GS/*Maiwald/Rackow* § 338 Rn. 26). Dies gilt auch für das zufällige Zuschlagen einer – offenkundig unzureichend gesicherten – Außentür (kein Verstoß i.S.d. Nr. 6: BGHSt 21, 72; *Meyer-Goßner/Schmitt* § 338 Rn. 50) jedenfalls kein außerhalb der Sphäre des Gerichts liegender Verstoß ist.

b) Fehlerhaftes Verfahren. Fehlerhaftes Verfahren (§ 174 Abs. 1 GVG) beim Ausschluss der Öffentlichkeit ist **Revisionsgrund** nach 59

aa) § 338 Nr. 6, wenn z.B. 60
– nicht das Gericht, sondern nur der **Vorsitzende** den Ausschluss der Öffentlichkeit anordnet (BGHSt 117, 222; MDR [D] 1955, 653), Beschränkung nur durch Anordnung des Vorsitzenden anstelle des erforderlichen Beschlusses (BGH StV 2008, 123; BGHSt 17, 220; OLG Hamm StraFo 2000, 199),
– der Beschluss – ebenso eine Entscheidung, durch die die Öffentlichkeit nach vorübergehendem Ausschluss weiterhin (z.B. auch noch für die Vernehmung des nächsten Zeugen) von der Hauptverhandlung ausgeschlossen wird (BGH NJW 1980, 2088 [BGH 28.05.1980 – 3 StR 155/80 (L)]; MDR [D] 1966, 728) – entgegen § 172 Abs. 1 S. 2 GVG nicht in öffentlicher Sitzung (Nachweis: §§ 273, 274; vgl. BGH MDR [H] 1977, 810) verkündet wird (BGH NJW 1980, 2088 [BGH 28.05.1980 – 3 StR 155/80 (L)]; StV 1985, 223; RGSt 70, 109 [111 f.]; JW 1932, 204; BGH MDR 1980, 773 [BGH 28.05.1980 – 3 StR 155/80 (L)]; MDR [D] 1966, 728; 1972, 926; MDR [H] 1976, 988),
– der Gerichtsbeschluss entgegen § 174 Abs. 1 S. 3 GVG den Ausschließungsgrund nicht ausdrücklich – dass er sich den Beteiligten erkennbar aus dem Sachzusammenhang ohne weiteres ergibt, genügt nicht (BGHSt 27, 117; BGH GA 1975, 283 f.; *Kleinknecht* § 174 GVG Rn. 20; krit. *Miebach* DRiZ 1977, 271) – angibt (RGSt 25, 249; OGH 3, 81; BGHSt 2, 56 [57 f.]; MDR [H] 1976, 988; im Fall des § 172 Nr. 4 GVG genügt Hinweis auf diese Vorschrift, BGHSt 27, 119) bzw. nicht aus sich heraus verständlich ist (BGHSt 1, 334),
– **die Öffentlichkeit** nach Abschluss des Verfahrensvorgangs, für den sie ausgeschlossen war – er umfasst z.B. bei der Zeugenvernehmung alle Akte, die mit ihr in engem Zusammenhang stehen, sich aus ihr entwickeln und daher zu dem Prozessabschnitt gehören, für den sinngemäß die Öffentlichkeit ausgeschlossen werden sollte (RGSt 70, 109 [110]; BGH MDR 1975, 198 [199]; DAR [S] 1978, 153) –, **nicht wiederhergestellt** (Nachweis: §§ 273, 274; vgl. BGH MDR [H] 1977, 810) worden ist (BGHSt 7, 218; MDR [D] 1970, 562); wenn derselbe Zeuge in der laufenden Verhandlung nochmals unter Ausschluss der Öffentlichkeit vernommen werden soll und kein neuer Beschluss ergeht (BGH Beschl. vom 30.10.2007, 3 StR 410/07).

bb) § 337, 61
– wenn die Beteiligten vor Beschlussfassung **nicht gehört** worden sind (RG HRR 1939 Nr. 1567; BGH LM § 33 Nr. 2; bei *Herlan* GA 1963, 102; MDR [D] 1975, 199; BGH MDR 1988, 791 [BGH 11.05.1988 – 3 StR 566/87]; *Meyer-Goßner/Schmitt* § 338 Rn. 48; a. A. noch RGSt 1, 50; 10, 92; 20, 23; 35, 103; 57, 26; 264, 57, 60, 280; 69, 176; JW 1928, 2146 m. Anm. *Schreiber*; 1931, 1619, 2505 m. Anm. *Beling*), weil hierdurch nicht § 174 Abs. 1 S. 1 GVG, sondern nur § 33 verletzt wird, der dem Verfahren über den Ausschluss der Öffentlichkeit nicht eigentümlich ist (vgl. auch RGSt 69, 401 = JW 1936, 733 m. zust. Anm. *Siegert*; OGH 2, 113; BGH LM Nr. 1). Allerdings wird auch insoweit eine mittelbare Relativierung des absoluten Revisionsgrundes zu konstatieren sein, die in ihrer Bedeutung nicht unterschätzt werden darf, da das formelle Beschlussverfahren wesentlich für die Sicherung des Öffentlichkeitsgrundsatzes ist (*Dahs* Rn. 203 geht nachvollziehbar davon aus, dass eine erhebliche Anzahl von Verstößen deshalb nur noch unter § 337 und nicht mehr, wie vom Wortlaut vorgesehen, unter Nr. 6 fallen, weshalb die betreffenden Rügen mehrheitlich am fehlenden Beruhen scheitern und die Verstöße in großer Zahl ohne jede Sanktion blieben). Auf dieser Linie liegt, dass auch Nr. 6 nicht anwendbar sein soll, wenn das Beruhen denkgesetzlich ausgeschlossen werden kann (BGH NJW 1996, 138 [BGH 25.07.1995 – 1 StR 342/95] – § 154a; StV 2000, 248 [BGH 02.02.1999 – 1 StR 636/98] – § 154 Abs. 2 – m. abl. Anm. *Ventzke*; BGH NStZ-RR 2002, 261 – Terminsankündigung; BGH NJW 2004, 865 [BGH 02.12.2003 – 1 StR 102/03]; 2003, 2761 – Anordnung der Unterbrechung; BGH NStZ-RR 14, 381 mit abl. Anm. *Foth*: Ver-

§ 338 StPO Absolute Revisionsgründe

lesung der Aussagegenehmigung). Soweit die neuere Rspr. nunmehr auch zu diesen Punkten Ausführungen in der Begründungsschrift verlangen will (BGH StV 2008, 123), ist dies abzulehnen (so auch *Ventzke* StV 2008, 123 (Anm.); *Meyer-Goßner/Schmitt* § 338 Rn. 50b m.w.N.).
– Ein Verstoß gegen die Mitteilungspflicht gem. § 243 Abs. 4 S. 1 stellt keinen absoluten Revisionsgrund nach § 338 dar, begründet wohl aber regelmäßig ein Beruhen gem. § 337 (BVerfG NJW 2013, 1058 [1067]; BGH, Beschl. v. 29.11.2013 – 1 StR 200/13).

62 **VII. Fehlende oder verspätete schriftliche Urteilsbegründung (Nr. 7)** § 338 Nr. 7 gilt auch im Bußgeldverfahren, vgl. BayObLG NJW 1976, 2273.

63 **1. Fehlen von Urteilsgründen (Nr. 7, Alt. 1 i.V.m. § 267)** a) Da ein Urteil nie auf dem Fehlen der schriftlichen Begründung beruhen kann, zeigt Nr. 7, dass § 338 nicht ausschließlich auf dem Gesichtspunkt der unwiderleglichen Vermutung des Beruhens basiert. Als ratio von Nr. 7 ist die intersubjektive Überprüfbarkeit und die authentische Wiedergabe der »wahren« Urteilsgründe anzusehen (HK-GS/ *Maiwald/Rackow* § 338 Rn. 28). Nr. 7 ist zugl. ein **sachlich-rechtlicher** Fehler (§ 337; vgl. auch OLG Celle NJW 1959, 1648; *Meyer-Goßner/Schmitt* § 338 Rn. 52; *Kleinknecht* JR 1969, 469 f.; *Lintz* JR 1977, 128) und Unterfall des nach § 337 zu rügenden »lückenhaften Urteils« (§ 337 Rdn. 47), hindert aber weder Rechtskraftfähigkeit noch Vollstreckbarkeit des Urteils (RGSt 2, 207; BGHSt 8, 42). Da Nr. 7 Alt. 1 somit im Grunde nur einen Anwendungsfall der **allg. Sachrüge** darstellt, ist Nr. 7 als absoluter Revisionsgrund im Katalog des § 338 insoweit systematisch nicht erforderlich (so die Vorauflage mit Verweis auf *Cramer* FS K. Peters (1974), S. 241); führt aber dazu, dass die Formalien der Verfahrensrüge insoweit nicht eingehalten werden müssen (BGH NStZ [K] 1993, 30; differenzierend SK-StPO/*Frisch* § 338 Rn. 143).

64 b) **Voraussetzungen. aa)** Nr. 7 Alt. 1 gilt
– **nur dann,** wenn die schriftlichen Urteilsgründe **völlig** fehlen *(Meyer-Goßner/Schmitt* § 338 Rn. 53; BayObLG DAR 1985, 246; RG 40, 184), bspw. wegen Erkrankung oder Tod des erkennenden Richters (BGH NStZ 1993, 30; OLG Zweibrücken NStZ-RR 1997, 10; OLG Celle NJW 1959, 1648), und zwar **insgesamt** oder hinsichtlich einer **selbständigen Tat** i.S.v. §§ 155 Abs. 1, 264 Abs. 1 (RGSt 3, 149; JW 1935, 2981; dann Urteilsaufhebung nach Nr. 7 nur insoweit, vgl. LR/*Franke* § 338 Rn. 116; HK-GS/*Maiwald/Rackow* § 338 Rn. 29; RGSt 44, 29, sofern nicht der Zusammenhang dieses Teils mit anderen Taten, etwa bei der Rechtsfolgenbestimmung auf Sachrüge, eine weitergehende Aufhebung nach § 337 erfordert; näher *Rieß* NStZ 1982, 446);
– **nicht aber,** wenn sie **nur mangelhaft** (dann nur Revisionsgrund nach §§ 267, 337 oder/und sachlich-rechtliche Fehlerhaftigkeit) sind (RGSt 43, 297 [298]; 63, 186; BGH MDR [D] 1971, 548; OLG Schleswig SchlHA 1973, 173; *Meyer-Goßner/Schmitt* § 338 Rn. 53).

bb) Die Urteilsgründe **fehlen** auch dann, wenn die **Urteilsurkunde**

65 (1) **nicht** ordnungsgemäß **unterschrieben** (§ 275 Abs. 2; BGHSt 26, 247 [248]) und sie damit nur ein Entwurf ist, weil z.B. ein Berufsrichter seine Unterschrift verweigert hat (BGH MDR [D] 1954, 337), ein mitunterzeichnender Richter etwa infolge zwischenzeitlichen Ausscheidens aus dem Richteramt nicht mehr wirksam unterschreiben konnte (BayObLG NJW 1967, 1578; LR/*Franke* § 338 Rn. 116 ff.; a.A. *Kohlhaas* GA 1974, 147 ff.) oder ohne erneute Beratung sachl. Änderungen der Gründe (einseitig) vorgenommen und nicht ordnungsgemäß mitunterzeichnet sind (BGHSt 27, 334 [335 f.]; unschädl. und unbeachtl. sind jedoch solche Korrekturen oder Zusätze, wenn sie die Gründe nicht inhaltl. ändern oder ergänzen, BGH MDR [H] 1979, 638 – **nachträgliche Ergänzungen** von Unterschriften sind unzulässig, entsprechende Einwendungen werden nach neuerer Rspr. aber nur auf eine entsprechende Verfahrens- nicht auf Sachrüge hin überprüft – BGHSt 46, 204 – die Entscheidung dürfte auch für das Fehlen von Gründen Bedeutung haben, anders wenn gar keine Unterschrift vorhanden ist – OLG Schleswig SchlHA 2002, 172) oder

66 (2) **vorhanden war,** aber nicht zu den Akten gelangt ist (RGSt 40, 184; 63, 373 = JW 1932, 1561 m. Anm. *Löwenstein)* oder erst nach ihrer Verbringung zu den Akten verloren ging und auch weder die Beschaffung einer beglaubigten Abschrift (RGSt 54, 101; 65, 373; OLG Celle MDR 1970, 608; OLG Stuttgart MDR 1976, 510 f. = JR 1977, 126 m. Anm. *Lintz; R. Schmid* FS Lange (1976) S. 591

noch eine wortwörtliche Rekonstruktion mögl. ist (BGH NJW 1980, 1007 [BGH 18.12.1979 – 5 StR 697/79]; *Meyer-Goßner/Schmitt* § 338 Rn. 53).

2. Verspätete Verbringung der schriftlichen Urteilsgründe zu den Akten (Nr. 7 Alt. 2 i.V.m. 67
§ 275 Abs. 1 S. 2, 4) a) Zwar kann auf Verletzung des § 275 Abs. 1 S. 2, 4 das Urteil nicht »beruhen« (§ 337 Rdn. 82 ff.). Zweck dieser Vorschriften ist es jedoch, der mit zunehmendem Zeitabstand zwischen Urteilsverkündung und -absetzung wachsenden Gefahr zu begegnen, dass die schriftlichen Gründe mit den Beratungen nicht mehr übereinstimmen (Amtl. Begr. BT-Dr. 7/551 S. 49) und sicherzustellen, dass die revisionsgerichtlich zu überprüfenden schriftlichen Urteilsgründe mit größtmöglicher Zuverlässigkeit die entscheidungserheblichen Umstände wiedergeben *(Rieß* NJW 1975, 88). § 338 Nr. 7 Alt. 2 begründet daher die unwiderlegliche gesetzliche Vermutung, dass die schriftlichen Gründe nicht im Einklang stehen mit dem **Beratungsergebnis,** das dem Tenor tatsächlich zugrundeliegt (vgl. auch OLG Stuttgart MDR 1976, 510 f.).

b) Voraussetzungen. aa) Die **Frist des § 275 Abs. 1 S. 2** ist versäumt, wenn der zuletzt unterschrei- 68
bende Richter das Urteil bis Ablauf ihres letzten Tages nicht zumindest in die Akten einlegt und diese durch entspr. Ablage in seinem Dienstzimmer auf den Weg zur Geschäftsstelle bringt (BGHSt 29, 23 [45 f.]; a.M.: *Lintz* JR 1977, 129); nach Fristablauf kann eine fehlende Unterschrift nicht wirksam nachgeholt werden (BGH MDR [H] 1978, 988 unter Bezugnahme auf BGH DRiZ 1978, 186 [BGH 10.01.1978 – 2 StR 654/77]; offen gelassen in BGHSt 26, 247; vgl. auch BGH, Bschl. v. 26.09.2013 – 2 StR 271/13). Das gilt aber nur für die Gründe, nicht für sonst. Bestandteile des Urteils. – Für den **Nachweis** der Fristüberschreitung begründet der Eingangsvermerk nach § 275 Abs. 1 S. 5 keine unwiderlegliche Vermutung; er hat keine höhere Beweiskraft als z.B. eine nachträgliche dienstliche Äußerung (BGHSt 29, 45 [47]). Bleibt die Fristverwahrung unaufklärbar zweifelhaft, ist von Fristversäumung auszugehen, OLG Stuttgart GA 1977, 26). Das Revisionsgericht hat Zweifel im Freibeweis zu klären (HK-GS/*Maiwald/Rackow* § 338 Rdn. 34).

bb) Nachträgliche Urteilsergänzungen oder -änderungen sind unzulässig (**§ 275 Abs. 1 S. 3**; BGHSt 69
26, 247 [248]; 29, 43 [44], und prozessual unbeachtlich. Der das gesamte Urteil ergreifende Revisionsgrund des § 338 Nr. 7 Alt. 2 kann auch nicht dadurch umgangen werden, dass das Gericht innerhalb der Frist des § 275 Abs. 1 S. 2 einen Teil der Gründe zu den Akten bringt und den Rest nachliefert (LR/ *Franke* § 338 Rn. 123).

cc) Ob ein die **Überschreitung** der Frist des § 275 Abs. 1 S. 2 rechtfertigender Umstand i.S.v. **§ 275** 70
Abs. 1 S. 4 vorlag, hat das Revisionsgericht – ggf. im Freibeweis (Amtl. Begr., BT-Dr. 7/551 S. 88) – nachzuprüfen (BGHSt 26, 247 = JR 1976, 342 m. Anm. *Meyer;* OLG Hamm VRS 50, 121; OLG Karlsruhe Justiz 1976, 442; OLG Koblenz MDR 1976, 950; BGH, Beschl. vom 6.2.2008, 2 StR 492/07; NStZ 2008, 55 – keine Fristverlängerung bei nur kirchlichem, nicht aber gesetzlichem Feiertag).

c) Die **Revisionsrüge** nach § 344 Abs. 2 S. 2 muss die **Tatsachen** angeben (nicht, wenn nur die Sach- 71
rüge erhoben ist), die dem Revisionsgericht die Berechnung der Frist des § 275 Abs. 1 S. 2 ermöglichen (BGH NStZ-RR 2007, 53 [BGH 09.11.2006 – 1 StR 388/06]), d.h.
– zumindest die Tage, an denen das Urteil verkündet und mit Gründen zu den Akten gebracht wurde (BGHSt 29, 43 [44]; NJW 1980, 1292 = JR 1980, 520 m. abl. Anm. *Peters;* MDR [H] 1980, 256),
– ggf. die Tatsachen, welche begründen, dass der Verhinderungsvermerk auf willkürlichen, sachfremden oder rechtlich unzutreffenden Erwägungen beruht (BGHSt 31, 312; BGH NStZ 1993, 96),
– nicht aber notwendig im Regelfall des § 275 Abs. 1 S. 2 Hs. 1 auch die Zahl der Hauptverhandlungstage (BGHSt 29, 44) oder bei nur 1-tägiger Hauptverhandlung, dass die Hauptverhandlung nicht länger als 1 Tag gedauert habe (BGH NJW 1980, 1292 [BGH 06.02.1980 – 2 StR 729/79]),
– auch nicht, wann das Urteil auf den Weg zur Geschäftsstelle gebracht wurde (BGH StV 1999, 198).

VIII. Unzulässige Beschränkung der Verteidigung (Nr. 8) 1. Nr. 8 ist nicht selbst eine Rechts- 72
norm, die unmittelbar verletzt werden könnte, sondern eine durch Verteidigungsbeschränkung infolge Verletzung anderweit. **Verfahrensgesetze** oder **allg. Prozessprinzipien** konkretisierungsbedürftige **Blankettvorschrift** (dazu KMR/Momsen § 338 Rn. 3).
Sie normiert nach h.M. einen nur **relativen Revisionsgrund** i.S.d. § 337 (BGHSt 30, 131; BGH NStZ 73
1982, 158 [BGH 19.01.1982 – 5 StR 166/81; 5 StR 721/79]; a. A. *Gillmeister* NStZ 1997, 44; LR/

Franke § 338 Rn. 125; zutr. differenzierend KK/*Gericke* § 338 Rn. 99 ff.; *Kuckein* StraFo 2000, 399; *Mehle* FS Dahs (2005), S. 392 ff.; *Velten* FS Grünwald (1999), S. 767). Ihr kommt hauptsächlich rechtsethische und -politische Bedeutung zu, weil sie den Grundsatz der Unbeschränktheit der Verteidigung in wesentlichen Punkten, der sonst nur in einzelnen Bestimmungen oder Grundsätzen zum Ausdruck kommt, allg. aufstellt und damit in der Praxis eine größere Garantie für dessen Beachtung schafft, als wenn auch formal die Beschränkung der Verteidigung nur nach § 337 zu beurteilen wäre. In der Praxis wird die Rüge aber die formellen Voraussetzungen einer Rüge nach § 337 erfüllen müssen und jedenfalls auch auf diese Vorschrift in der Begründung Bezug zu nehmen haben.

74 Bei zutreffender Auslegung – wenn das Merkmal des »wesentlichen Punktes« als Hinweis auf ein allgemeines Beruhen gedeutet wird – ist die Vorschrift überflüssig (HK-GS/*Maiwald/Rackow* § 338 Rn. 31; SK-StPO/*Frisch* § 338 Rn. 153 ff.), da eine »unzulässige« Beschränkung bereits voraussetzt, dass eine Verfahrensnorm verletzt worden ist.

75 Allerdings besteht die Gefahr, dass bei dieser Sichtweise nicht ausreichend berücksichtigt wird, dass ein Verstoß i.S.d. Nr. 8 nicht nur dann gegeben sein kann, wenn eine Norm des deutschen Verfahrensrechts verletzt ist, sondern auch dann, wenn die durch die Rspr. (des BVerfG und des EGMR) konkretisierten Verteidigungsrechte aus Art. 6 Abs. 3 EMRK, die grds. als »wesentlich« zu verstehen sind, verletzt werden (ähnlich in Bezug auf die gerichtliche Fürsorgepflicht *Maiwald* FS Lange (1976), S. 745 ff.; *Plötz* Die gerichtliche Fürsorgepflicht im Strafverfahren, 1980).

76 Zumindest in Bezug auf das aus Art. 6 Abs. 3 lit. d EMRK folgende Recht der unmittelbaren **Konfrontation** des Beschuldigten mit wichtigen Belastungszeugen bestehen nicht in jeder Hinsicht vollständig kongruente Normen in der StPO, die dann jedenfalls ihrerseits im Lichte der EMRK auszulegen sind (vgl. zum Folgenden ausf. KK/*Schädler/Jakobs* Art. 6 EMRK Rn. 63 ff.; Meyer-Goßner/Schmitt Art. 6 MRK Rn. 22 ff.). Das originär aus der – auch angelsächsisch geprägten – EMRK in das dt. Verfahrensrecht übernommene Konfrontationsrecht wird für Verfahrensrügen immer bedeutsamer. Einerseits werden Revisionen immer häufiger auf die Verletzung der Gewährleistung des fairen Verfahrens gestützt, andererseits stellt das Konfrontationsrecht eine echte Ergänzung der StPO dar (KK/*Schädler/Jakobs* Art. 6 EMRK Rn. 24). Art. 6 Abs. 3 lit. d EMRK zufolge müssen alle Beweise in Gegenwart des Angeklagten in einer öffentlichen kontradiktorisch ausgeprägten Verhandlung erhoben werden (EGMR NJW 2003, 2893 [EGMR 20.12.2001 – 33900/96] Nr. 22 – P.S.). Dementsprechend sind die Gerichte nunmehr verpflichtet, die Anwesenheit des Zeugen mit zumutbaren Mitteln sicherzustellen und dem Beschuldigten damit die unmittelbare Befragung des Belastungszeugen zu ermöglichen (EGMR NStZ 2007, 104 – Haas). Es muss zu irgendeinem Verfahrenszeitpunkt vor dem Abschluss der Beweisaufnahme dem Beschuldigten die Gelegenheit gegeben werden, Belastungszeugen selbst zu befragen oder zumindest durch seinen Verteidiger befragen zu lassen (BGHSt 51, 150). Ggf. ist dem noch unverteidigten Beschuldigten eigens zur Ausübung des Konfrontationsrechts durch den Verteidiger ein Verteidiger zu bestellen (§ 141 Abs. 3 StPO ist im Lichte des von Art. 6 Abs. 3 lit. d EMRK so anzuwenden, dass dem unverteidigten Beschuldigten vor der ermittlungsrichterlichen Vernehmung eines zentralen Belastungszeugen zumindest dann ein Verteidiger zu bestellen ist, wenn der Beschuldigte von der Anwesenheit bei dieser Vernehmung ausgeschlossen ist – BGHSt 46, 93; 51, 150; KK/*Schädler/Jakobs* Art. 6 EMRK Rn. 24). Kein Verstoß liegt dann aber unter hier berechtigter Anwendung des Missbrauchsgedankens vor, wenn der Verteidiger des Angeklagten auf seine Teilnahme bzw. die Ausübung des Befragungsrechts nach Abs. 3 lit. d verzichtet hat (BGH StV 2005, 533 [BGH 27.01.2005 – 1 StR 396/04]). Das Konfrontationsrecht ist unmittelbarer Ausfluss des Fair-Trial-Grundsatzes, so dass das Verfahren in seiner Gesamtheit einschließlich der Art und Weise der Beweiserhebung und Beweiswürdigung auf seine Fairness gegenüber dem Angeklagten hin zu überprüfen ist. Dementsprechend kann auch eine punktuelle Verletzung des Konfrontationsrechts u.U. keinen Verstoß gegen § 338 Nr. 8 begründen, sofern das Recht zu einem anderen Zeitpunkt ausreichend gewährt wurde (st. Rspr.; vgl. nur EGMR NJW 2003, 2893 [EGMR 20.12.2001 – 33900/96] Nr. 19 – P.S.; NStZ 2007, 103 [EGMR 17.11.2005 – 73047/01] – Haas, m. Anm. *Esser*; JR 2006, 289 [EGMR 23.11.2005 – 73047/01] m. Anm. *Gaede*; EGMR StraFo 2007, 107 [EGMR 11.09.2006 – 22007/03] – *Sapunerescu*; BGHSt 46, 93; 51, 150; *Nack* FS Rieß (2002), S. 361; ausf. Auf dem Weg zu einem europäischen Strafverfahrensrecht/*Esser*, 2002, 641 ff.; KK/*Schädler/Jakobs* Art. 6 EMRK Rn. 24).

77 **Nr. 8 gilt nicht** für Privat- und Nebenkläger (RG JW 1931, 2821 m. Anm. *v. Scanzoni*) sowie Beteiligte nach § 433 Abs. 1 S. 1 *(Meyer-Goßner/Schmitt* § 338 Rn. 58).

2. Voraussetzungen (fehlt eine davon, kann die Revisionsrüge nach § 344 Abs. 2 S. 1 ggf. auf §§ 336, 78
337, die unberührt bleiben, gestützt werden):

a) Gerichtsbeschluss in der Hauptverhandlung, auf Grund derer das angefochtene Urteil ergangen
ist; dem steht gleich, wenn das Gericht z.B. einen gestellten Antrag stillschweigend ablehnt bzw. übergeht (BGH NStZ 1993, 31; BGH JR 1996, 473 [BGH 10.04.1996 – 3 StR 557/95] m. Anm. *Gollwitzer;* LR/*Franke* § 338 Rn. 129; HK-GS/*Maiwald/Rackow* § 338 Rn. 32; RGSt 57, 263; 58, 80; 61, 273; JW 1926, 1225 m. Anm. *Beling;* 1931, 1097 m. Anm. *Mannheim;* BGH VRS 35, 132; OLG Hamburg MDR 1964, 524; NJW 1967, 1577; OLG Zweibrücken MDR 1966, 528; OLG Saarbrücken NJW 1975, 1615) oder es schlechthin und von vornherein ablehnt, Anträge eines Vert. überhaupt entgegenzunehmen, wenn er seine Antragsrechte schon wiederholt missbraucht hat (BGH JR 1980, 218 m. Anm. *K. Meyer*). – Für Nr. 8 genügt daher **nicht** ein **vor** der betr. HV ergangener Beschluss (dazu § 336 Rdn. 6 f.; vgl. RG 20, 38 [39]; JW 1932, 3099 m. Anm. *Bohne;* OGH 2, 193 [198]; BGHSt 21, 334 [359]; BGH MDR (H) 1955, 530; OLG Hamburg NJW 1967, 1577; OLG Hamm NJW 1972, 1096; KK/*Gericke* § 338 Rn. 102; *Meyer-Goßner/Schmitt* § 338 Rn. 60), ebenso wenig eine (nicht gem. § 238 Abs. 2 beanstandete) **Anordnung des Vorsitzenden** nach § 238 Abs.1 (Unterlassen der Bescheidung des Antrags steht insoweit gleich – OLG Bremen NJW 1981, 2827 [OLG Bremen 25.07.1980 – Ss (Z) 106/80]; OLG Saarbrücken NJW 1975, 1615; RGSt 1, 109; 17, 46; RG JW 1926, 1225; 1931, 950; 1933, 520 m. Anm. *Henkel;* OLG Hamburg NJW 1953, 434 [OLG Hamburg 19.12.1952 – Ss 193/52]; OLG Koblenz VRS 45, 285; OLG Neustadt NJW 1964, 313) oder die Zurückweisung eines Hilfsbeweisantrags in den **Urteilsgründen** (BGH, Urteil vom 10.1.1955, 3 StR 596/54).

b) Beschränkung der Verteidigung in einem **wesentlichen** (vgl. krit. für § 338 i.Ü. Rdn. 42) **Punkt:** die 79
Entscheidung muss also auf der unzuläss. Beschränkung »beruhen« (BGHSt 30, 131; 44, 82; NStZ 2000, 212; BGH, Beschl. v. 11.02.2014 – 1 StR 355/13; a. A. *Berz* FS Meyer-Goßner (2001), S. 611 ff.; *Weiler* NStZ 1999, 106).

c) Die **unzulässige** Beschränkung setzt Gesetzwidrigkeit voraus. Sie fehlt bei Entscheidungen im Rah- 80
men pflichtgemäßen **Ermessens** (vgl. RGSt 64, 113), z.B. wenn das Tatgericht mehrere Verfahren verbindet oder trennt (§§ 4, 237), sofern nicht das Gericht die Ausübung des Ermessens unterlässt (zum revisiblen Ermessensfehlgebrauch näher vgl. KMR/*Momsen* § 337 Rn. 162 ff.).

§ 339 StPO Rechtsnormen zugunsten des Angeklagten.

Die Verletzung von Rechtsnormen, die lediglich zugunsten des Angeklagten gegeben sind, kann von der Staatsanwaltschaft nicht zu dem Zweck geltend gemacht werden, um eine Aufhebung des Urteils zum Nachteil des Angeklagten herbeizuführen.

A. Grundsätzliches. Die Existenz von § 337 belegt zunächst, dass die Staatsanwaltschaft, ohne 1
damit zu einer »Partei« im Sinne des anglo-amerikanischen kontradiktorischen Strafverfahrensverständnisses zu werden, ein eigenes Prozessinteresse hat, welches nicht mit dem Interesse des Angeklagten identisch ist und auch nicht lediglich mit der Einhaltung des Rechts beschrieben werden kann (näher *Momsen* Verfahrensfehler und Rügeberechtigung im Strafprozeß, 1997, S. 421 ff.). Die Staatsanwaltschaft ist demzufolge auch nicht durch die Verletzung jeglicher Verfahrensnorm beschwert. Den für § 337 zentralen Begriff der Beschwer (ausf. KMR/*Momsen* § 337 Rn. 191 ff.) konkretisiert § 339: Da die Staatsanwaltschaft grundsätzlich das öffentliche Interesse an der Verwirklichung des Rechts – namentlich des Verfahrensrechts (Rdn. 2) – wahrnimmt, ist sie in allen Verfahrensstadien auf Objektivität verpflichtet und wäre grds. berechtigt, jeden Verfahrensfehler zu rügen. Die Staatsanwaltschaft (ebenso Privat- und Nebenkläger; RGSt 59, 100 [101]; BGH MDR 1968, 18 [D]; *Krekeler* NStZ 1984, 182 [183]) kann mit einer zu Ungunsten des Angeklagten betriebenen Revision nicht die Verletzung von Verfahrensvorschriften geltend machen, die allein zu Gunsten des Angeklagten gegeben sind. Die Vorschrift ist zwar keine gesetzliche Ausprägung der sog. Rechtskreistheorie (BGHSt [GS] 11, 213; hierzu *Dencker* StV 1995, 232 [235]; LR/*Franke* § 337 Rn. 71); ihr ist aber nach überw. Ansicht der allgemeine Grundsatz zu entnehmen, dass kein Prozessbeteiligter ein Rechtsmittel zu Ungunsten seines Prozessgeg-

§ 339 StPO   Rechtsnormen zugunsten des Angeklagten

ners auf die Verletzung von Verfahrensvorschriften stützen kann, wenn deren rechtsfehlerfreie Anwendung diesem nur einen Vorteil hätte bringen können (LR/*Franke* Rn. 6; *Meyer-Goßner/Schmitt* § 339 Rn. 6). Diese Folgerung ist freilich aus der Perspektive des Angeklagten als Revisionsführer im Verhältnis zur Staatsanwaltschaft wenig aussagekräftig. Die Staatsanwaltschaft kann allerdings beanstanden, dass aus einer allein zugunsten des Angeklagten wirkenden Norm zu weit in diese Richtung gehende Folgen abgeleitet worden seien. Für staatsanwaltschaftliche Revisionen zugunsten des Angeklagten (§ 296 Abs. 2) gilt § 339 nicht (analog).

2   **B. Rechtsnormen »lediglich zugunsten des Angeklagten«.** Gemeint sind die Verfahrensvorschriften, die die Beschuldigten- und Verteidigungsrechte gewährleisten und verstärken. Zwar dienen gerade auch diese Vorschriften der Gewährleistung eines rechtsstaatlichen fairen Strafverfahrens. Der allgemein angewendete Satz, »die der Revisionsrüge der StA entzogene Gesetzesverletzung (i.S.d. § 337 Abs. 2) muss darin bestehen, dass die **lediglich zugunsten des Angeklagten erlassene** Rechtsnorm **zuungunsten des Angeklagten verletzt** worden ist« (BGH LM Nr. 1; dem folgend KK/*Gericke* § 339 Rn. 4; *Meyer-Goßner/Schmitt* § 339 Rn. 1 m.w.N.; krit. HK-GS/*Maiwald/Rackow* § 339 Rn. 3) muss folgendermaßen modifiziert werden: Die Gesetzesverletzung muss so gestaltet sein, dass die **zumindest auch im Interesse des Angeklagten erlassene** Rechtsnorm **lediglich zuungunsten des Angeklagten verletzt** worden ist. Zusammengefasst ist § 339 immer dann anwendbar, wenn sich die Verletzung einer Verfahrensnorm lediglich zuungunsten des Angeklagten ausgewirkt hat (*Momsen* Verfahrensfehler und Rügeberechtigung im Strafprozeß, 1997, S. 457).

3   Zu **Ungunsten** des Angeklagten kann also nicht gerügt werden die Verletzung folgender Normen (ebenso *Meyer-Goßner/Schmitt* § 339 Rn. 4; KK/*Gericke* § 339 Rn. 2 ff.; LR/*Franke* Rn. 4): §§ 136 Abs. 1, 163a Abs. 4, 243 Abs. 5 (Belehrungen über Aussageverhalten); §§ 140, 145 (notwendige Verteidigung), § 146 (Unzulässigkeit gemeinschaftlicher Verteidiger mehrerer Angeklagter), § 217 (Ladungsfrist), §§ 231a Abs. 2, 231b Abs. 2, 247 Satz 4 (Unterrichtung des abwesenden bzw. aus dem Sitzungssaal entfernten Angeklagten), § 244 Abs. 3 Satz 2 (allerdings nach h.M. nur hinsichtlich des Verbots der Wahrunterstellung zu Ungunsten des Angeklagten; hierzu BGH MDR [D.] 1968, 18 und NStZ 1984, 564), § 257 (hinsichtlich des Erklärungsrechts des Angeklagten und des Verteidigers; RGSt 59, 100 [101]), § 258 (letztes Wort), § 265 (Hinweis auf wesentliche Veränderung der Rechts- und Sachlage; RGSt 5, 218 [221]; BGH MDR [D.] 1968, 18), § 266 Abs. 1 (Zustimmung des Angeklagten zur Nachtragsanklage).

4   Nur **zugunsten** des Angeklagten sind gegeben z.B. §§ 140 Abs. 1, 2, 146, 217; das Verbot der Wahrunterstellung zu Lasten des Angeklagten (§ 244 Abs. 3 S. 2; vgl. BGH NStZ 1984, 564), die Zustimmung des Angeklagten nach § 266 Abs. 1 (*Amelunxen* S. 54); ferner alle Normen, die eine Belehrung des Angeklagten über seine Befugnisse vorsehen, z.B. §§ 136 Abs. 1, 243 Abs. 4 S. 1, 228 Abs. 3, 247 S. 4, 257 (RGSt 59, 101), 258 Abs. 2, 265. Allerdings ist diese Aufzählung nicht abschließend. Denn der legitime Normzweck liegt nicht im Schutz von »Rechtsnormen« sondern im Schutz der Rechtsposition des Angeklagten in concreto. § 339 ist daher entgegen der h.M. (vgl. *Meyer-Goßner/Schmitt* § 339 Rn. 5 m.w.N.) auch anzuwenden auf Vorschriften, die neben dem Interesse des Angeklagten auch dem Allgemeininteresse an der Rechtsstaatlichkeit des Verfahrens dienen, wie z.B. die §§ 52–53a, 136a, 145, Art. 6 Abs. 3 EMRK sowie die von § 338 Nr. 2, 3, 5, 6, 8 in Bezug genommenen Vorschriften, sofern diese im **Einzelfall** lediglich zuungunsten des Angeklagten verletzt worden sind (näher *Momsen* Verfahrensfehler und Rügeberechtigung im Strafprozeß, 1997, S. 153–314). Zu § 137 (Bevollmächtigung) vgl. BGH NStZ-RR 2002, 12 [BGH 22.08.2001 – 1 StR 354/01]; näher unten Rdn. 5 f.

5   **C. Nicht (nur) zugunsten des Angeklagten wirkende Rechtsnormen.** Hierher gehören nach überw. Ansicht alle Normen, die (auch) **dem öffentlichen Interesse und der Wahrheitsfindung** dienen. Dies wären zunächst die absoluten Revisionsgründe des §§ 338 Nr. 1 (Besetzungsrüge), Nr. 2 (Richterausschluss, auch im Fall von § 22 Nr. 4 [frühere Tätigkeit des Richters als Staatsanwalt], RGSt 59, 267), Nr. 4 (Zuständigkeitsrüge), Nr. 5 (Abwesenheitsrüge; zwar nicht in Bezug auf den Verteidiger, wohl aber in Bezug auf den Angeklagten, weil dessen Anwesenheit auch »einer möglichst umfassenden zuverlässigen Wahrheitsermittlung« dient; BGHSt 37, 249 [250]), Nr. 6 (Verfahrensöffentlichkeit; RGSt 1, 90 [91]), Nr. 7 (verspätete Urteilsbegründung; BGH NStZ 1985, 184), nicht dagegen

Nr. 8 (unzulässige Beschränkung der Verteidigung). Nicht nur zugunsten des Angeklagten gegeben sind nach dieser Auffassung insbesondere Normen, die (jedenfalls auch) der Wahrheitsfindung dienen, so § 244 Abs. 2 (Aufklärungspflicht, auch bei einer Aussicht der StA gegen § 244 Abs. 2 verstoßenden Wahrunterstellung zugunsten des Angeklagten; BGH NStZ 1982, 189 [P.]) und das Beweisantragsrecht im Hinblick auf Beweisanträge der StA (s. aber die Einschränkung in BGH NStZ 1984, 564; die fehlerhafte Ablehnung von Beweisanträgen des Angeklagten belastet den StA nicht). Auch § 246a (Zuziehung eines Sachverständigen im Fall der §§ 63, 64 und 66 ff. StGB; BGH NStZ 1994, 95 [96]) und § 264 (Gegenstand der Urteilsfindung) sind keine nur zugunsten des Angeklagten gegebenen Normen. Wie oben dargelegt, ist jedoch richtigerweise eine Betrachtung des konkreten Verfahrens vorzunehmen, um einen sachgerechten Interessenschutz zu erzielen (vgl. oben Rdn. 4).

§ 339 gilt entgegen der h.M. (RGSt 59, 101; BGH MDR [D] 1968, 18; OLG Stuttgart JR 1968, 151 m. Anm. *Koffka*; SK-StPO/*Frisch* § 339 Rn. 11; KK/*Gericke* § 339 Rn. 1; Radtke/Hohmann/*Nagel* § 339 Rn. 1; *Krekeler* NStZ 1984, 183; *Meyer-Goßner/Schmitt* § 339 Rn. 2) **nicht auch** für sonst. zur Einlegung eines Rechtsmittels zuungunsten des Angeklagten Berechtigte (Vor § 296 Rdn. 16 ff.), insbes. **nicht** für **Privat-** und **Nebenkläger**. Zwar müssen auch sie eine eigene »Gesetzesverletzungsbeschwer« (ausf. KMR/*Momsen* § 337 Rn. 191 ff.) bzw. Verfahrensfehlerbeschwer geltend machen können, um überhaupt eine Verfahrensrüge zu erheben, jedoch besteht im Hinblick auf die Verfahrensrolle keine vergleichbare Sachlage, welche einen Analogieschluss rechtfertigen würde. Die analoge Anwendung des § 339 ist zwar unschädlich, da sie sich nicht zum Nachteil des Angeklagten auswirken kann (*Momsen* Verfahrensfehler und Rügeberechtigung im Strafprozeß, 1997, S. 428), sie ist jedoch zugleich überflüssig, da bei genauerer Betrachtung in den betreffenden Situationen bereits keine Beschwer der genannten Verfahrensbeteiligten durch den konkreten Verfahrensfehler besteht. Namentlich Privat- und Nebenkläger werden nicht im öffentlichen Interesse an der Einhaltung und Durchsetzung des Rechts tätig, sie verfolgen ausschließlich subjektive Verfahrensinteressen.

§ 340 StPO Revision gegen Berufungsurteile bei Vertretung des Angeklagten.

Ist nach § 329 Absatz 2 verfahren worden, kann der Angeklagte die Revision gegen das auf seine Berufung hin ergangene Urteil nicht darauf stützen, dass seine Anwesenheit in der Berufungshauptverhandlung erforderlich gewesen wäre.

A. Die Norm wurde durch das »Gesetz zur Stärkung des Rechts des Angeklagten auf Vertretung in der Berufsverhandlung und über die Anerkennung von Abwesenheitsentscheidungen in der Rechtshilfe vom 17.7.2015 (BGBl. I S. 1332) neu gefasst.

B. Sie stellt formal die notwendige revisionsrechtliche Ergänzung zur Änderung des § 329, insb. des Abs. 2 (s. dort), dar. Der ursprüngliche Regelungsgehalt des Abs. 2 findet sich nunmehr tw. in Abs. 5, so dass revisionsrechtlichen Konsequenzen insoweit vergleichbar bleiben. Aus der an sich intendierten Stärkung des Vertretungsrechts resultiert für die revisionsrechtliche Perspektive gleichwohl eine Verringerung der Rügeoptionen.

Damit wird zunächst die Abwesenheitsentscheidung bei Berufungen der Staatsanwaltschaft in ihrer Geltung für die Revisionsinstanz bestätigt. Zugleich wird die Bedeutung der Verteidigung bei Abwesenheitsverhandlungen gestärkt. Der eigentliche Regelungsgehalt liegt jedoch in dem Verlust der auf das Merkmal der »erforderlichen Anwesenheit gestützten Rüge, soweit § 329 Abs. 2 einschlägig ist. D.h. die Rüge, dass die Anwesenheit, anders als vom Berufungsgericht angenommen, erforderlich gewesen wäre und aus diesem Grund keine Entscheidung über die staatsanwaltschaftliche in Abwesenheit hätte ergehen dürfen, wird abgeschnitten. Diese Regelung wird unter Berücksichtigung des Umstands zu interpretieren sein, dass eine Rüge der fehlenden Vertretung durch einen schriftlich legitimierten Verteidiger gleichwohl möglich bleiben muss.

§ 341 StPO Form und Frist.

§ 341 StPO Form und Frist. (1) Die Revision muss bei dem Gericht, dessen Urteil angefochten wird, binnen einer Woche nach Verkündung des Urteils zu Protokoll der Geschäftsstelle oder schriftlich eingelegt werden.
(2) Hat die Verkündung des Urteils nicht in Anwesenheit des Angeklagten stattgefunden, so beginnt für diesen die Frist mit der Zustellung, sofern nicht in den Fällen der §§ 234, 329 Absatz 2, § 387 Absatz 1, § 411 Absatz 2 und § 434 Absatz 1 Satz 1 die Verkündung in Anwesenheit des Verteidigers mit schriftlicher Vertretungsvollmacht stattgefunden hat.

1 **A. Grundsätzliches.** Für die **Einlegung der Revision** bestehen – anders als für ihre Begründung – abgesehen von der Schriftlichkeit **keine formalen Anforderungen**; insbesondere kann der Angeklagte selbst die Revision einlegen. Nach § 300 genügt jede Erklärung, die den Anfechtungswillen des Beschwerdeführers erkennen lässt. **Vertretung** ist **zulässig**, auch durch eine andere Person als den Verteidiger, sofern die Vollmacht zum Zeitpunkt der Revisionseinlegung besteht; nachgewiesen werden kann sie später.
Durch das »Gesetz zur Stärkung des Rechts des Angeklagten auf Vertretung in der Berufsverhandlung und über die Anerkennung von Abwesenheitsentscheidungen in der Rechtshilfe vom 17.7.2015 (BGBl. I S. 1332) wird klargestellt, dass der Verteidiger schriftlich wirksam zur Vertretung legitimiert sein muss. Die Regelung wird an den neugefassten § 329 (s. dort) angepasst.

2 Durch eine **Urteilsabsprache** wird die Einlegung der Revision **nicht eingeschränkt** (§ 302 Abs. 1 Satz 2). Bedauerlicherweise hat der 1. Strafsenat eine Umgehungsstrategie gebilligt (BGHSt 55, 82 m.abl.Anm. *Malek* StraFo 2010, 251; *Niemöller* StV 2010, 474 und 597; vgl. auch *Gericke* NStZ 2011, 110).

3 Zur wenig bedeutsamen, aber umstrittenen Frage der **vorsorglichen Revisionseinlegung** gegen ein erst bevorstehendes Urteil vgl. LR/*Franke* 26. Aufl. Rn. 3f und Rn. 30 vor § 296 m.umf.N.

4 **I. Revision des Angeklagten, seines gesetzlichen Vertreters oder seines Verteidigers.** Angeklagter, Verteidiger oder gesetzlicher Vertreter können vor der Entscheidung stehen, ob sie – soweit statthaft – gegen ein den Angeklagten beschwerendes, vermeintlich falsches Urteil Berufung oder Revision einlegen; hier ist regelmäßig zur Einlegung eines unbenannten, unbedingten und unbeschränkten Rechtsmittels zu raten, das nach Vorliegen der Urteilsgründe konkretisiert werden kann (vgl. bei § 335). Ist dagegen nur die Revision zulässig, wird sich die Entscheidung über die Einlegung dieses Rechtsmittels erst nach einer Prüfung der Richtigkeit des Urteils und der Erfolgsaussichten treffen lassen. Das ist in diesem Verfahrensstadium jedoch schwierig, da das schriftliche Urteil regelmäßig noch nicht vorliegt; die Entscheidung wird sich deshalb an den mündlich mitgeteilten Urteilsgründen sowie daran orientieren, ob in der Hauptverhandlung Verfahrensfehler vorgekommen sind. Deshalb werden vor allem Angeklagter und Verteidiger relativ häufig gegen ein vermeintlich falsches Urteil Revision einlegen; sie sollten aber – schon im Hinblick auf die mögliche Kostenbelastung bei einem Misserfolg der Revision – im Fall der später erkannten Aussichtslosigkeit des Rechtsmittels dieses zurücknehmen, auch wenn im Rechtsfolgenausspruch – wegen des Verschlechterungsverbots (§ 358 Abs. 2 S. 1) – regelmäßig keine ungünstigere Verurteilung herauskommen kann. Jedoch können auch die stets möglichen Schuldspruchänderungen den Angeklagten belasten; zudem ist gerade der BGH in den letzten Jahren dazu übergegangen, Urteile auf eine Angeklagtenrevision hin aufzuheben, um die Sache zur Prüfung der Anordnung einer Maßregel nach §§ 63, 64 StGB zurückzuverweisen (vgl. § 358 Abs. 2 S. 2). Rechtsmittel gegen den ausdrücklichen Willen des Angeklagten darf der Verteidiger im Hinblick auf § 297 ohnehin nicht einlegen. In der Praxis wird es sich jedoch häufig nicht empfehlen, nur pro forma ein Rechtsmittel gegen ein an sich zufrieden stellendes Urteil einzulegen, da dies in vielen Fällen der StA zur Kenntnis gegeben wird, die ggf. ihrerseits trotz Nr. 147 Abs. 1 S. 4, 148 RiStBV (vgl. Rdn. 6) ein Rechtsmittel einlegt, um in einem Rechtsmittelverfahren nicht an das Verbot der reformatio in peius gebunden zu sein. Wegen des auch für die StA ungeachtet von Nr. 156 (Begründungserfordernis für jedes Rechtsmittel), 162 (Gegenerklärung) RiStBV erhöhten Begründungsaufwands, ist diese Gefahr für das Rechtsmittel der Revision weniger ausgeprägt als bei der Berufungseinlegung. Gleichwohl ist sowohl in tatsächlicher, in rechtlicher als auch vor allem in kostenmäßiger Hinsicht vor der Revisionseinlegung eine Beratung durch den Verteidiger angezeigt

II. Revision des Staatsanwalts. Der Staatsanwalt, der nach § 296 Rechtsmittel sowohl zugunsten als 5 auch zu Lasten des Angeklagten einlegen kann, ist bei der Entscheidung, ob er gegen ein Urteil mit der Revision vorgehen soll, an Nr. 147 f. RiStBV gebunden. **Zugunsten** des Angeklagten soll der Staatsanwalt Revision einlegen, »wenn dieser durch einen Verfahrensverstoß oder durch einen offensichtlichen Irrtum des Gerichts benachteiligt worden ist oder wenn die Strafe unter Würdigung aller Umstände des Falles unangemessen hoch erscheint« (Nr. 147 Abs. 3 S. 1 RiStBV). Zur Problematik der uneingeschränkten Anfechtbarkeit von Berufungsurteilen, die dem Antrag der StA entsprechend ergehen vgl. § 317 i.V. Nr. 156 RisBV (HK-GS/*Momsen* § 296 Rn. 7). Für Rechtsmittel **zu Lasten** des Angeklagten gilt folgendes:

Nach Nr. 147 Abs. 1 S. 1 RiStBV soll der Staatsanwalt Revision nur dann einlegen, »wenn wesentliche 6 Belange der Allgemeinheit oder der am Verfahren beteiligten Personen es gebieten und wenn das Rechtsmittel aussichtsreich ist«. Die erste Voraussetzung wird bei einem Fehler im Schuldspruch nur gegeben sein, wenn ein Verbrechen oder ein schweres Vergehen nicht abgeurteilt wurde, nicht aber, wenn ein Straftatbestand lediglich durch einen in etwa gleichwertigen anderen ersetzt werden soll (vgl. auch Nr. 147 Abs. 1 S. 2 RiStBV). Bei Fehlern im Rechtsfolgenausspruch ist zum einen die beschränkte Revisibilität des Strafausspruchs zu beachten (vgl. bei § 337); zum anderen ist nach Nr. 147 Abs. 1 S. 3 RiStBV eine Strafmaßrevision nur dann einzulegen, »wenn die Strafe in einem offensichtlichen Missverhältnis zu der Schwere der Tat steht«; dagegen sollte bei dem Unterlassen der Anordnung einer gebotenen Maßregel der Besserung und Sicherung regelmäßig Revision eingelegt werden. Im Sinn der Nr. 147 Abs. 1 S. 1 RiStBV aussichtsreich ist eine Revision nur, wenn der Erfolg nicht nur in der Revisionsinstanz wahrscheinlich ist, sondern auch in der neuen Tatsacheninstanz nach der Aufhebung des Urteils (*Amelunxen* S. 21). Für Verfahrensfehler gilt entsprechend, dass grds. nur solche auf ihnen beruhende Urteile anzufechten sind, welche i.S.d. § 147 Abs. 1 der Tat nicht gerecht werden.

Nr. 147 Abs. 2 RiStBV lässt Rechtsmittel der Staatsanwaltschaft zu, wenn allgemeine Interessen der 7 Strafrechtspflege berührt sind, nämlich »wenn ein Gericht in einer häufig wiederkehrenden, bedeutsamen Rechtsfrage eine nach Ansicht der Staatsanwaltschaft unzutreffende Rechtsauffassung vertritt«. Hier kann es zum einen um die (erstmalige) höchstrichterliche Klärung von Rechtsfragen gehen, zum anderen kann die Staatsanwaltschaft auf diesem Weg aber auch versuchen, eine ihrer Ansicht nach unrichtige höchstrichterliche Rechtsprechung anzugreifen. Für Verfahrensfehler gilt entsprechendes (vgl. § 339 Rdn. 1 ff.).

Soweit Nr. 147 Abs. 2 RiStBV die Rechtsmitteleinlegung durch die Staatsanwaltschaft auch dann zu- 8 lässt, wenn das Gericht »im Strafmaß nicht nur vereinzelt, sondern allgemein den Aufgaben der Strafrechtspflege nicht gerecht wird«, hat dies für die Revision im Hinblick auf die nur beschränkte und allein auf die angegriffene Entscheidung bezogene Nachprüfung der Richtigkeit des Strafmaßes keine über Nr. 147 Abs. 1 RiStBV hinausgehende Bedeutung.

Kein ausreichender Grund für eine Revisionseinlegung durch die Staatsanwaltschaft ist, dass ein ande- 9 rer Beteiligter ein Rechtsmittel gegen das Urteil eingelegt hat (Nr. 147 Abs. 1 S. 4, 148 RiStBV).

III. Revision des Nebenklägers. Die Entscheidung des Nebenklägers, ob er gegen ein Urteil Revi- 10 sion einlegen soll, wird – außer von Kostenfragen – vor allem davon abhängen, ob er mit Aussicht auf Erfolg einen Angriff gegen den Schuldspruch wegen des Nebenklagedelikts führen kann (vgl. § 400 Abs. 1).

IV. Revisionen anderer Verfahrensbeteiligter. Andere Verfahrensbeteiligte, die Rechtsmittel ein- 11 legen können, wie etwa der Privatkläger (§ 390 Abs. 1 S. 1) oder Nebenbeteiligte (vgl. HK-GS/*Momsen* § 296 Rdn. 6), werden die Entscheidung, ob sie Revision einlegen, vor allem an der vermeintlichen Richtigkeit des Urteils orientieren; beachtet werden sollte aber auch hier insbesondere die auf Rechtsfehler beschränkte Prüfungsbefugnis des Revisionsgerichts und die im Fall der Erfolglosigkeit des Rechtsmittels hinzukommende Kostenbelastung.

B. Absender der Revisionseinlegung.
Absender bzw. Erklärender kann jeder zur Einlegung 12 der Revision Berechtigte sein (dazu § 296 Rdn. 1 ff.; allg. HK-GS/*Momsen* § 296 Rn. 12 ff.).

Der Angeklagte kann die Revisionseinlegung selbst vornehmen, auch wenn er verhandlungsunfähig ist. 13
Er kann sich bei der Rechtsmitteleinlegung aber auch eines beliebigen – ebenfalls nicht notwendig ge- 14 schäftsfähigen, aber verhandlungsfähigen (BayObLGSt 1964, 85 [86 f.]) – **Vertreters** bedienen (vgl.

§ 341 StPO Form und Frist

BGH NStZ 1996, 50; BayObLGSt 1964, 85 [86]; OLG Hamm GA 1981, 90; OLG Zweibrücken StV 1992, 360 [BGH 10.03.1992 – 1 StR 22/92]), sogar einer juristischen Person (OLG Hamm NJW 1952, 1150 [1151]; anderer Ansicht für die Rechtsmittelbegründung, die aber die Unterschrift eines Verteidigers erfordere: OLG Stuttgart Justiz 1977, 245); eine schriftliche Bevollmächtigung ist nicht erforderlich (RGSt 66, 209 [210]; BGHSt 36, 259 [260]). Fehlte die Vollmacht im Zeitpunkt der Rechtsmitteleinlegung, ist die Erklärung unwirksam (vgl. BGHSt 10, 320 [321]; 36, 259 [260 f.]; anders für die Prozessvollmacht im Zivilrecht: BGHZ 91, 111 [115]); eine nachträgliche Genehmigung ist nicht möglich, kann aber – wenn die Voraussetzungen im Übrigen gegeben sind (Form, Frist, Adressat) – als eigene Rechtsmitteleinlegung gewertet werden. Eine im Erklärungszeitpunkt vorhandene Vollmacht kann nach der Einlegung nachgewiesen werden (BGHSt 36, 259; *Meyer-Goßner/Schmitt* § 341 Rn. 3).

15 Der **Verteidiger** des Angeklagten hat eine eigene Rechtsmittelbefugnis (vgl. KMR/*Plöd* § 297 Rn. 2) zum Vertreter des Verteidigers: Rdn. 4, 17 f.); er kann daher im eigenen Namen – nicht als Vertreter des Angeklagten – Revision einlegen und muss nicht deutlich machen, dass er »namens und im Auftrag des Angeklagten« handelt. Legt der bisher tätige Verteidiger keine ausdrückliche Erklärung des Angeklagten vor, so wird seine Rechtsmitteleinlegungsbefugnis vermutet (KK/*Gericke* § 341 Rn. 13).

16 Die Revisionseinlegung ist auch dann wirksam, wenn gegen den Anwalt ein Berufsverbot verhängt wurde (§ 155 Abs. 5 S. 1 BRAO), wenn die Revision entgegen § 137 Abs. 1 S. 2 von mehr als drei Verteidigern eingelegt worden ist (BGHSt 27, 124 [128 f.]), wenn gegen das Verbot der gemeinschaftlichen Verteidigung mehrerer Tatbeschuldigter nach § 146 verstoßen wurde (BGHSt 26, 291 [292]; 27, 124 [130]; für eine Prüfung der Interessenkollision im Einzelfall KK/*Gericke* § 341 Rn. 13; Rebmann NStZ 1981, 41) oder wenn ein Ausschlussgrund, etwa nach §§ 138a, 138b, besteht. Für den Fall des Vorliegens eines Zurückweisungsgrundes ergibt sich dies eindeutig aus § 146a Abs. 2; aber auch der Ausschluss tritt nicht kraft Gesetzes ein, sondern erst mit Rechtskraft der entsprechenden Entscheidung. Eine Revisionseinlegung ist also nur dann unwirksam, wenn die Zurückweisung oder der Ausschluss schon vor der Rechtsmittelerklärung erfolgt war (mit der Einfügung von § 146a Abs. 2 ist der Streit, ob die Handlung wirksam ist, die den Anlass für die Zurückweisung oder den Ausschluss darstellt, obsolet geworden).

17 Ein **Wahlverteidiger**, der gemäß § 138 Abs. 2 nur zusammen mit einem anderen Verteidiger auftreten darf, kann die Revisionseinlegung allein nur als Vertreter erklären (vgl. BGHSt 32, 326 [328]).

18 Ein **Rechtsanwalt**, dem die Verteidigung nicht übertragen ist, kann die Revision einlegen, wenn er bevollmächtigt ist (BGH NStZ 2001, 52 [BGH 27.04.2001 – 3 StR 502/99]).

19 Der Anwalt des **Nebenklägers** bzw. des Privatklägers handelt als dessen Beistand oder Vertreter (vgl. §§ 378 S. 1, 397 Abs. 1 S. 2); er kann daher die Einlegungsschrift selbst fertigen, sollte aber ausdrücklich angeben, dass er »namens und im Auftrag des Nebenklägers [des Privatklägers] …« handelt.

20 Die Revisionseinlegung durch einen **Staatsanwalt** ist auch dann wirksam, wenn dieser aufgrund innerdienstlicher Weisungen zur Rechtsmitteleinlegung – allein – nicht befugt war (BGHSt 19, 377; vgl. § 144 GVG. Da der Amtsanwalt nur beim Amtsgericht postulationsfähig ist (§§ 145 Abs. 2, 142 Abs. 1 Nr. 3, Abs. 2 GVG), kann er auch nur dort wirksam eine Revision einlegen (BayObLGSt 1973, 202 [203 f.]; zur Einlegungsbefugnis des örtlichen Sitzungsvertreters: § 296 Rdn. 2; HK-GS/*Momsen* § 296 Rn. 13).

21 Eine Auslegung zur Ermittlung des Absenders ist zwar möglich, scheidet bei dessen eindeutiger Bezeichnung aber aus; eine Umdeutung (falsa demonstratio) ist schon im Hinblick auf die Fristgebundenheit der Revisionseinlegung grundsätzlich nicht möglich (BGH, Beschl. v. 02.05.1995, 1 StR 831/94; vgl. Rdn. 4).

22 **C. Adressat der Revisionseinlegung.** Einzulegen ist die Revision bei dem **Gericht, dessen Urteil angefochten** ist (»iudex a quo« § 341 Abs. 1), nicht beim BGH oder beim OLG. Eine Ausnahme folgt aus der Sonderregelung des § 45 Abs. 1 Satz 2; danach kann der Antrag auf Wiedereinsetzung gegen die Versäumung der Revisionseinlegungsfrist auch beim Revisionsgericht eingereicht und deshalb auch mit der Revisionseinlegung als der versäumten Rechtshandlung verbunden werden (BGHSt 40, 395 [397]; OLG Hamburg JR 1978, 430 m.zust.Anm. *Meyer*). Die Revision gegen das Urteil einer auswärtigen Strafkammer (oder der Zweigstelle eines Amtsgerichts) kann dort oder beim Stammgericht eingelegt werden (BGHSt 40, 395 [397]; BGH NJW 1967, 107; BayObLG NJW 1975, 946). Schließlich gilt nach § 299 Abs. 2 eine Ausnahme für nicht auf freiem Fuß befindliche Angeklagte, die die Re-

vision zu Protokoll des Amtsgerichts am Verwahrungsort einlegen; hier ist die Frist mit der Aufnahme des Protokolls gewahrt. Die Revisionseinlegung zu Protokoll kann bei nicht inhaftierten Angeklagten nur bei dem Gericht erfolgen, dessen Urteil angefochten wird.

Wird die Revision bei einer **unzuständigen Stelle**, wie bspw. dem Revisionsgericht oder der StA eingelegt, so ist für die Einhaltung der Frist entscheidend, wann sie bei der zuständigen Stelle eingeht (OLG Düsseldorf NStZ-RR 2002, 216; *Dahs* Rn. 22). Im Einzelfall kann eine Revision gleichwohl als rechtzeitig eingegangen behandelt werden, wenn der zuständigen Stelle telefonisch der Inhalt der Rechtsmittelschrift mitgeteilt wird und dort ein entspr. Aktenvermerk angelegt wird (OLG Celle GA 1970, 218; OLG Zweibrücken NJW 1982, 2008; vgl. *Dahs* Rn. 22 Fn. 14); dies im Einzelfall sicherzustellen, fällt jedoch in die Verantwortung des Erklärenden, zumal es sich hier um einzelne Entscheidungen handelt. 23

D. Form. Die Revision ist in **deutscher** Sprache (§ 184 GVG) schriftlich oder zu Protokoll der Geschäftsstelle einzulegen. Grundsätzlich reicht eine in fremdländischer Sprache abgegebene, unübersetzte Revisionseinlegungsschrift daher nicht aus. Aus einer Übersetzung resultierende Fristversäumnisse können ggf. im Wege der Wiedereinsetzung kompensiert werden (BGHSt 30, 182; BGH, Beschl. vom 27.03.1996, 2 StR 480/95; BVerfG JZ 1983, 659 [BVerfG 17.05.1983 – 2 BvR 731/80]; vgl. KK/*Gericke* § 341 Rn. 11; vgl. auch Rdn. 37). 24

I. Schriftform. Für die Revisionseinlegung genügt **einfache Schriftform**, für die – anders als nach § 345 Abs. 2 die Revisionsbegründung – die handschriftliche Unterzeichnung **nicht** erforderlich ist, sofern der Beschwerdeführer aus dem Schriftstück zweifelsfrei erkennbar ist (BGHSt 2, 77 [78]; 12, 317; BGH NStZ-RR 2000, 305; OLG Nürnberg NStZ-RR 2008, 316). Zweck des Schriftformerfordernisses ist es zum einen, vor unüberlegten Entscheidungen zu schützen (BGHSt 18, 257 [260]); zum anderen sollen im Interesse der Rechtssicherheit die Person des Erklärenden und der Inhalt der Erklärung eindeutig festgestellt werden können (BGHSt 14, 233 [239]; BGH MDR 1983, 950). Zudem muss sich das Schriftstück als »verbindlich« erkennen, also von einem Entwurf abgrenzen lassen. 25

Einzelfälle (teils problematisch, weil eine Abgrenzung zum Entwurf tatsächlich nicht möglich ist): 26
– Revisionseinlegung mit lediglich dem maschinengeschriebenen Namen des Absenders: nicht ausreichend (OLG Stuttgart NStZ 1997, 152 [OLG Stuttgart 27.09.1996 – 4 Ws 195/96]; vgl. aber BGHSt 2, 77 [78]);
– Revisionseinlegung mit nur maschinengeschriebener Wiedergabe des Namens des Absenders, aber mit einem dazugesetzten Beglaubigungsvermerk: ausreichend (OLG Stuttgart NStZ 1997, 152 [OLG Stuttgart 27.09.1996 – 4 Ws 195/96]);
– Revisionseinlegung durch Übersendung einer **beglaubigten Abschrift**: ausreichend (BGHSt 2, 77 [78]);
– Revisionseinlegung unter Verwendung eines **Namensstempels**: ausreichend (BGHSt 2, 77 [78]);
– Revisionseinlegung unter Verwendung des **Handzeichens** einer Person, die die Erklärung ersichtlich nicht selbst abgeben will: nicht ausreichend (BayObLG NJW 1962, 1527 für den nicht zeichnungsberechtigten Assessor);
– Revisionseinlegung per **Telefax**: ausreichend (BVerfG NJW 1996, 2857 [BVerfG 01.08.1996 – 1 BvR 121/95]; weitere Nachweise bei Pape/Notthoff NJW 1996, 417 [418]);
– Revisionseinlegung per **Telefon**: nicht ausreichend (BGHSt 30, 64 [66]; auch nicht als Revisionseinlegung zu Protokoll;
– Revisionseinlegung per **E-Mail** (beachte: hier gilt nicht automatisch § 41 a!): ausreichend, sofern die Gerichte – wie beim Telefax – den Ausdruck und Nachweis des Eingangszeitpunktes sicherstellen (vgl. BVerwG NJW 1995, 2121 [BVerwG 19.12.1994 – 5 B 79.94] [2122] [Klageerhebung per Btx-Mitteilung]; der BFH [BB 1996, 520, 521 m. Anm. Woerner] hat Bedenken nur hinsichtlich der hier nicht erforderlichen Unterschrift, ähnlich Melullis MDR 1994, 109; vgl. auch bei § 345);
– Einlegung durch **Computerfax**: zulässig (GmS OGB NJW 2000, 2340 [GmSOGB 05.04.2000 – GmS-OGB 1/98]; OLG München StraFo 2003, 429; Dahs Rn. 28 m.w.N.).

II. Revisionseinlegung zu Protokoll. Die Revisionseinlegung zu Protokoll hat im Hinblick darauf, dass einfache Schriftform ausreicht und kein Anwaltszwang besteht, nur eine geringe praktische Bedeutung. Ausreichend ist die Erklärung in der Hauptverhandlung, sofern diese – was allerdings nicht erfolgen muss – in das Hauptverhandlungsprotokoll aufgenommen wird (vgl. § 8 Abs. 1 RPflG; BGHSt 31, 27

109, [112 ff.] = JR 1983, 383 [BGH 19.08.1982 – 1 StR 595/81] m. Anm. Fezer; ein insoweit unwirksames Protokoll kann das Schriftformerfordernis erfüllen: BGH MDR 1983, 950). Der nicht **auf freiem Fuß** befindliche Angeklagte kann die Erklärung auch beim Amtsgericht an seinem Aufenthaltsort zu Protokoll geben (§ 299 Abs. 1).

28 **E. Frist. I. Fristbeginn mit Urteilsverkündung.** Dies betrifft den Regelfall der **Anwesenheit des Angeklagten bei der Urteilsverkündung.** Gleiches gilt nach der durch das 1. JuMoG vom 24.08.2004 angefügten Vorschrift des § 341 Abs. 2 Halbs. 2 (Vertretung des Angeklagten durch den mit schriftlicher Vollmacht versehenen Verteidiger), sofern der Verteidiger bei der Urteilsverkündung anwesend war (vgl. BT-Drucks. 15/3482, S. 21). Die **Wochenfrist** beginnt mit dem **Abschluss der Urteilsverkündung** (ausreichend ist hier die Verlesung der Urteilsformel, vgl. BGHSt 8, 41 [42]); . Sie gilt auch in den Fällen der durch das 1. JuMoG vom 24.08.2004 eingeführten Vorschrift des § 341 Abs. 2 Halbs. 2 (Vertretung des Angeklagten durch den mit schriftlicher Vollmacht versehenen Verteidiger, sofern der Verteidiger bei der Urteilsverkündung anwesend war). Von der Erteilung einer Rechtsmittelbelehrung ist der Fristlauf nicht abhängig (BGH NJW 1974, 1335 [BGH 02.05.1974 – IV ARZ (Vz) 26/73] [1336]; GA 1980, 469).

29 Die Fristberechnung erfolgt nach §§ 42, 43. Maßgeblich ist daher grundsätzlich der Wochentag der Verkündung oder Zustellung, so dass beispielsweise bei einem an einem Freitag in Anwesenheit des Angeklagten verkündeten Urteil die Revision spätestens am Freitag der nächsten Woche, 24 Uhr, bei Gericht eingegangen sein muss (näher *Blaese/Wielop* Die Förmlichkeiten der Revision in Strafsachen, 1991, Rn. 82).

30 **II. Abwesenheitsurteile.** Vom Ausnahmefall des § 341 Abs. 2 Halbs. 2 abgesehen, beginnt bei Urteilen, die in Abwesenheit des Angeklagten verkündet wurden, die Revisionseinlegungsfrist grds. erst mit der **Urteilszustellung** (Abs. 2). »Nicht in Anwesenheit des Angeklagten stattgefunden« hat die Urteilsverkündung auch dann, wenn der Angeklagte nur bei **Teilen der Verkündung** nicht anwesend war, so wenn er sich vor Ende der Urteilsverkündung eigenmächtig entfernt hat (BGHSt 15, 263 [265]; BGH NStZ 2000, 498) oder wenn das Gericht, nachdem er während der Urteilsverkündung verhandlungsunfähig wurde, die Urteilsverkündung ohne ihn zu Ende gebracht hat. Als nicht anwesend ist auch der infolge Trunkenheit verhandlungsunfähige Angeklagte anzusehen (BayObLG VRS 95, 258).

31 Um die Frist des § 341 Abs. 2 in Lauf zu setzen, ist die **Zustellung des vollständigen Urteils mit Gründen** erforderlich; lediglich im Bußgeldverfahren genügt die Zustellung der Urteilsformel allein (BGHSt 43, 22; 49, 230).

32 **III. Fristenlauf für andere Verfahrensbeteiligte.** Für die **Staatsanwaltschaft** gilt grds. Abs. 1 (KK/ *Gericke* § 341 Rn. 20). Sollte jemals ein Gericht auf die Idee kommen, entgegen § 226 ein Urteil in Abwesenheit der Staatsanwaltschaft zu verkünden, so wäre für die Frist Abs. 2 entsprechend anzuwenden (*Meyer-Goßner/Schmitt* § 341 Rn. 10 unter Hinweis auf eine 50 Jahre alte Entscheidung des schon vor Jahrzehnten aufgelösten OLG Neustadt; a. A. KK/ *Gericke* § 341 Rn. 20; *Pfeiffer* § 341 Rn. 6; HK/ *Temming* § 341 Rn. 13). Anders freilich in Bußgeldverfahren, in denen die Staatsanwaltschaft zur Teilnahme an der Hauptverhandlung nicht verpflichtet ist (§ 75 Abs. 1 Satz 1 OWiG); für diesen Fall ist die Frist für die Einlegung der Rechtsbeschwerde durch § 79 Abs. 4 OWiG entsprechend Abs. 2 gestaltet.

33 Für den **Privatkläger** bestimmt sich die Frist nach § 401 grds. in Parallele zu § 341 und unabhängig von der Staatsanwaltschaft (§ 401 Abs. 1 Satz 1). Schließt sich der Nebenkläger erst zur Einlegung der Revision an (was nach §§ 395 Abs. 4, 401 Abs. 1 Satz 2 zulässig), so kann er nach § 399 Abs. 2 Revisionen nur innerhalb der für die Staatsanwaltschaft laufenden Anfechtungsfrist einlegen (also nur innerhalb einer Woche seit Urteilsverkündung). Hat die Staatsanwaltschaft auf Rechtsmittel verzichtet oder ihre Revision zurückgenommen, so entfällt nach – anders als nach § 401 Abs. 1 Satz 1 bei bereits zuvor erfolgtem Abschluss – auch das Anfechtungsrecht des Nebenklägers (RGSt 66, 129; BGH NStZ 1984, 18 [P/M]).

34 **IV. Wahrung der Frist.** Die Revisionseinlegung muss innerhalb der Frist **bei Gericht eingegangen** sein; bei Zweifeln hinsichtlich der Fristwahrung s. § 261.

Die Frist beginnt, auch wenn er weder anwesend noch vertreten war, mit der Urteilsverkündung (entspr. **35**
§ 401 Abs. 2 Satz 1; OLG Frankfurt NStZ-RR 1996, 43); war ihm allerdings der Verkündungstermin
nicht bekannt gegeben worden, so gilt auch für ihn Abs. 2 (*Meyer-Goßner/Schmitt* § 341 Rn. 10; LR/
Franke Rn. 22). Der Fristenlauf für den **Nebenkläger** bestimmt sich nach § 401 (grds. in Parallele zu
§ 341; anders wenn der Anschluss als Nebenkläger er erst zur Einlegung der Revision geschieht (§ 401
Abs. 1 Satz 2 und Abs. 2 Satz 2).

Die Rechtzeitigkeit des Eingangs ist ggf. im Freibeweisverfahren zu klären. Verbleiben insofern **Zweifel**, **36**
so ist zugunsten des Revisionsführers von der Wahrung der Frist auszugehen (BGH NJW 1960, 2202
[BGH 02.09.1960 – 4 StR 311/60] [2203]; OLG Karlsruhe NJW 1981, 138; weitere Nachweise bei
OLG Hamm NStZ 1982, 43 [44]); dies ergibt sich daraus, dass eine Revision nur dann als unzulässig
verworfen werden darf, wenn das Gericht vom Vorliegen des zur Unzulässigkeit führenden Grundes
überzeugt ist (vgl. § 346 Abs. 1). Da der »in-dubio«-Grundsatz schon deshalb nicht gilt (a. A. OLG
Hamburg JR 1976, 254 m. Anm. *Foth*; wohl auch OLG Düsseldorf StV 1985, 316), ist nicht zugunsten
des Angeklagten, sondern zugunsten des Revisionsführers zu entscheiden. Kann dagegen nicht geklärt
werden, ob die Revisionsschrift überhaupt bei Gericht eingegangen ist, gehen diese Zweifel zu Lasten
des Rechtsmittelführers (OLG Hamm NStZ 1982, 43 [44]; zum Verlust der Rechtsmittelschrift: OLG
Zweibrücken VRS 68, 54; W. Schmid FS R. Lange (1976), S. 800 f.; vgl. auch KK/*Gericke* § 341
Rn. 21).

V. Wiedereinsetzung gegen die Versäumung der Einlegungsfrist. Es gelten die allgemeinen Re- **37**
geln nach §§ 44, 45 (vgl. BGHSt 40, 395 [397]). **Wiedereinsetzung** wird, wenn die Voraussetzungen
gegeben sind, auch dann gewährt, wenn das Tatgericht die Revision nach § 346 bereits als unzulässig
verworfen hat; der Verwerfungsbeschluss wird dadurch gegenstandslos (ohne dass es seiner gesonderten
Anfechtung bedarf). Die Revisionsbegründungsfrist beginnt mit Zustellung des die Wiedereinsetzung
gewährenden Beschlusses (BGHSt 30, 335). Zur Ergänzung der wegen (scheinbarer) Rechtskraft des
Urteils gem. § 267 Abs. 4 Satz 1 abgekürzten Urteilsgründe s. § 267 Abs. 4 Satz 3.

F. Rücknahme der Revision und Verzicht auf sie. Hierfür gelten die allgemeinen Regeln **38**
(§ 302). **Verzicht** ist nach Abs. 1 Satz 3 ausgeschlossen, wenn dem Urteil eine Verständigung (§ 257c)
vorausging (hierzu aber die von BGHSt 55, 82 leider gebilligte Umgehungsstrategie).

§ 342 StPO Revision und Wiedereinsetzungsantrag. (1) Der Beginn der Frist zur Einlegung der Revision wird dadurch nicht ausgeschlossen, dass gegen ein auf Ausbleiben des Angeklagten ergangenes Urteil eine Wiedereinsetzung in den vorigen Stand nachgesucht werden kann.
(2) ¹Stellt der Angeklagte einen Antrag auf Wiedereinsetzung in den vorigen Stand, so wird die Revision dadurch gewahrt, dass sie sofort für den Fall der Verwerfung jenes Antrags rechtzeitig eingelegt und begründet wird. ²Die weitere Verfügung in Bezug auf die Revision bleibt dann bis zur Erledigung des Antrags auf Wiedereinsetzung in den vorigen Stand ausgesetzt.
(3) Die Einlegung der Revision ohne Verbindung mit dem Antrag auf Wiedereinsetzung in den vorigen Stand gilt als Verzicht auf die letztere.

A. Gesetzeszweck. Die Vorschrift betrifft (in Parallele zu § 315) ausschließlich **Abwesenheits- 1
urteile** (§§ 235, 329 Abs. 3, 412 Satz 1), bei denen es zum Zusammentreffen von Wiedereinsetzungsantrag (wegen unverschuldeter Versäumung der Hauptverhandlung) und Revision (wegen Fehlens der
Voraussetzungen für das Ergehen des Verwerfungsurteils) kommen kann. Wiedereinsetzung wird
(durch den iudex a quo, § 46 Abs. 1) gewährt, wenn der Angeklagte (in tatsächlicher Hinsicht) glaubhaft machen kann, dass die Säumnis unverschuldet war. Dem entspricht der Vorrang des Wiedereinsetzungsantrags. Aufgabe der Revision ist – gewissermaßen sekundär – die rechtliche Überprüfung der
Voraussetzungen für das Ergehen des Abwesenheitsurteils. Gleichwohl muss die Revision von vornherein (gewissermaßen vorsorglich) eingelegt und auch begründet werden. Mit Gewährung der Wiedereinsetzung wird sie gegenstandslos; über die frist- und formgerecht eingelegte und begründete Revision ist dann nur zu entscheiden, wenn der Wiedereinsetzungsantrag rechtskräftig verworfen wurde

(Absatz 2 S. 2; BayObLG DAR 21984, 246; NJW 1972, 1724; OLG Düsseldorf NJW 1988, 1681). Die Vorschrift des Abs. 3 enthält einen gefährlichen Fallstrick (s. unten Rdn. 4 f.).

2 **B. Fristen.** Für die Stellung des Wiedereinsetzungsantrags wie für die Einlegung der Revision gilt die **Wochenfrist seit Urteilszustellung** (§§ 235 Satz 1, 329 Abs. 3 Satz 1 und § 341 Abs. 2). Auch vor Urteilszustellung, also vor Beginn der Frist kann Wiedereinsetzung beantragt oder Revision eingelegt werden (wobei auch hier Abs. 3 gilt; unten Rdn. 4 f.). Die Monatsfrist für die Revisionsbegründung beginnt mit Ablauf der einwöchigen Einlegungsfrist (vgl. § 345 Rdn. 3 f.). Wurde die Einlegungsfrist des § 341 unverschuldet versäumt, so läuft auch hier die Revisionsbegründungsfrist erst ab Zustellung des diese Wiedereinsetzung gewährenden Beschlusses (BGHSt 30, 335; BayObLG MDR 1972, 343).

3 **C. Weiteres Verfahren.** Mit Gewährung der Wiedereinsetzung entfällt das Abwesenheitsurteil; die Revision wird gegenstandslos (RGSt 65, 231 [233]; BayObLG NJW 1972, 1724), eine bisher noch nicht erfolgte Revisionsbegründung also entbehrlich. Mit rechtskräftiger Ablehnung der Wiedereinsetzung nimmt das Revisionsverfahren seinen Gang (OLG Düsseldorf NJW 1988, 1681[1682]).

4 **D. Fingierter Verzicht auf die Wiedereinsetzung (Abs. 3)** Die Vorschrift des Abs. 3 enthält die **unwiderlegbare** (OLG Stuttgart NJW 1984, 2900) gesetzliche **Vermutung des Verzichts auf die Wiedereinsetzung** für den Fall, dass die Revision **vor** der Stellung des Wiedereinsetzungsantrags eingelegt wird (wobei nach OLG Stuttgart a.a.O. schon ein zeitlicher Abstand von 1* Stunden – bei zwei mit Telefax übermittelten Schriftsätzen – genügt, um die Vermutung auszulösen). Auch von einer Rechtsbehelfsbelehrung (die man sich in den notleidenden Fällen – s. unten Rdn. 5 f. praktisch allerdings kaum vorstellen kann) soll die Vermutung nicht abhängen (OLG Neustadt NJW 1964, 1868; *Meyer-Goßner/Schmitt* § 342 Rn. 3, KK/*Gericke* § 342 Rn. 7). Nach h.M. gilt die Vermutung unabhängig davon, ob die Revision unzulässig ist (§ 55 Abs. 2 JGG) oder vor Beginn der Frist des § 341 eingelegt wurde (OLG Düsseldorf VRS 1989, 132; vgl. § 341 Rdn. 28 ff.) oder ob sie wirksam zurückgenommen und sogar ob sie darauf später in Verbindung mit einem Wiedereinsetzungsantrag erneut eingelegt wird (OLG Zweibrücken NJW 1965, 1033; OLG Stuttgart Justiz 1976, 265; *Meyer-Goßner/Schmitt* § 342 Rn. 4 m.w.N.). Dem ist jedoch mit Blick auf die gerichtliche Fürsorgepflicht bzw. den Grundsatz des »fair trial« zu widersprechen (zutr. *Maiwald* FS Lange (1976), S. 753; HK-GS/*Maiwald/Rackow* § 342 Rn. 5 m.w.N.).

5 Die Vorschrift ist **objektiv sinnlos** (nicht anders als die Parallelvorschrift des § 315 Abs. 3); es ist nicht erkennbar, inwieweit Abs. 3 zur Verfahrensbeschleunigung, der sie nach den Motiven (*Hahn* S. 34) dienen soll, beitragen könnte. Deshalb ist sie für den Angeklagten (wie für den Verteidiger, falls er sie nicht kennt) gänzlich **unvorhersehbar**. Zu nicht hinnehmbaren Folgen führt Abs. 3 insbesondere dann, wenn in der Berufungshauptverhandlung zwar der Verteidiger, nicht aber (aus einem dem Verteidiger unbekannten Grund) der Angeklagte erschienen ist und der Verteidiger, der an § 342 Abs. 3 nicht denkt, noch vor Abklärung der Situation mit dem Angeklagten routinemäßig zunächst einmal Revision einlegt. Auch wenn sich dann ergibt, dass die Säumigkeit des Angeklagten unverschuldet war (z.B. Krankheit oder Verkehrsunfall) und Wiedereinsetzung ohne weiteres zu gewähren wäre, wird sie doch wegen der zunächst isoliert eingelegten Revision nach § 342 Abs. 3 irreversibel ausgeschlossen.

6 Das ist weder mit Art. 103 Abs. 2 noch mit Art. 19 Abs. 4 GG vereinbar (*Widmaier* FS Rieß, S. 621, 624; krit. und für eine einschränkende Handhabung des Abs. 3 auch LR/*Franke* § 342 Rn. 9; a. A. *Meyer-Goßner/Schmitt* § 342 Rn. 3). Immerhin schieben OLG Düsseldorf NJW 1980, 1704 und OLG Hamburg StV 2001, 339 im Fall einer von Amts wegen gewährten Wiedereinsetzung die Sperre des § 342 Abs. 3 zur Seite. Als Minimallösung muss – solange die Vorschrift nicht aufgehoben ist – ihre Anwendung entweder von einer vorherigen Belehrung abhängig gemacht oder aber Wiedereinsetzung in den vorigen Stand gegen ihre Folgen gewährt werden (*Widmaier* a.a.O.). In erster Linie ist es Sache des Gesetzgebers, die Vorschriften der §§ 342 Abs. 3, 315 Abs. 3 aufzuheben.

§ 343 StPO Hemmung der Rechtskraft. (1) Durch rechtzeitige Einlegung der Revision wird die Rechtskraft des Urteils, soweit es angefochten ist, gehemmt.
(2) Dem Beschwerdeführer, dem das Urteil mit den Gründen noch nicht zugestellt war, ist es nach Einlegung der Revision zuzustellen.

A. Bedeutung. Die rechtzeitig angelegte Revision hemmt (wie die rechtzeitig eingelegte Berufung, § 316) die Rechtskraft des Urteils (vgl. HK-GS/*Maiwald/Rackow* § 343 Rn. 1). Es kann deshalb nicht vollstreckt werden (§ 449). Wird die Revision **beschränkt**, so wird die Rechtskraft des angegriffenen Urteils nur bzgl. des angegriffenen Teils (also etwa des Rechtsfolgenausspruchs) gehemmt (»soweit«). Die Hemmung wirkt fort bis zur endgültigen Entscheidung gem. §§ 346, 349 Abs. 1, 4 oder einer eigenen Sachentscheidung durch das Revisionsgericht (BayObLGSt 68, 33; *Meyer-Goßner/ Schmitt* § 343 Rn. 1). 1

Im Falle des Verjährungseintritts nach Revisionseinlegung und bis zum Ablauf der Frist des § 345 nicht eingegangener Begründung kommt neben der Einstellung des Verfahrens wegen des Verfahrenshindernisses der Verjährung auch die Verwerfung der Revision als unzulässig mangels Begründung in Betracht. Hier ist nach h.M. das Verfahren einzustellen, soweit das Verfahrenshindernis nach Erlass des Urteils entsteht, die Revision hingegen als unzulässig zu verwerfen, soweit das Verfahrenshindernis schon zuvor bestand (BGHSt 16, 115; 25, 259; näher: HK-GS/*Maiwald/Rackow* § 343 Rn. 2, die darauf hinweisen, dass die Konstellation durch die geltenden Fristen des § 78 StGB für das Strafrecht an Bedeutung verloren hat, i.R. der Rechtsbeschwerde nach § 79 OWiG jedoch praktische Relevanz besitze; vgl. auch *Stratenwerth* JZ 1961, 392; a. A. *Roxin* 53 J I 2): 2

B. Voraussetzungen der Hemmung der Rechtskraft. Umstritten ist, ob die Wirkung des § 341, insbesondere der Aufschub der Vollstreckbarkeit, auch dann eintritt, wenn die Revision von vornherein **unstatthaft** ist (§ 441 Abs. 3 S. 2, § 55 Abs. 2 JGG) bzw. ein **Unbefugter** die Revision eingelegt hat oder wirksam auf Rechtsmittel verzichtet wurde (dagegen die h.L.: SK-StPO/*Frisch* § 343 Rn. 4; KK/*Gericke* § 343 Rn. 3; LR/*Franke* § 343 Rn. 1; *Meyer-Goßner/Schmitt* § 343 Rn. 1). Dagegen spricht jedoch, dass zunächst eine Rechtsprüfung der zur Unzulässigkeit führenden Umstände vorgenommen werden muss, so dass eine Hemmung der Rechtskraft auch in diesen Fällen als sachgerecht erscheint (OLG Stuttgart MDR 1980, 518; GA 1980, 191; für § 79 OWiG BGHSt 25, 259; BayObLG VRS 44, 50) – abgesehen von dem Fall eines wirksamen Rechtsmittelverzichts, sofern nicht die Revision auf die Unwirksamkeit des Verzichts, etwa mangels qualifizierter Belehrung nach Absprache (HK-GS/*Momsen* § 302 Rn. 19 m.w.N.), gestützt wird (vgl. hierzu auch OLG Karlsruhe NStZ 1997, 301 [OLG Karlsruhe 08.01.1997 – 3 Ws 364/96]). 3

Weiteres Erfordernis ist allein ihre **rechtzeitige Einlegung**; sonstige mögliche Unzulässigkeitsgründe (etwa allseitiger Rechtsmittelverzicht) sind bei rechtzeitiger Revisionseinlegung bis zur Entscheidung des Revisionsgerichts (durch Beschluss nach § 349 Abs. 1 oder durch Urteil) irrelevant (a. A. OLG Karlsruhe NStZ 1997, 301 für eine nach allseitigem Rechtsmittelverzicht eingelegte Revision; indessen kann dessen Wirksamkeit bis zur abschließenden Entscheidung des Revisionsgerichts streitig sein). 4

Der Antrag auf Wiedereinsetzung gegen die Versäumung der Einlegungsfrist führt noch nicht zur Hemmung der Rechtskraft (§ 47 Abs. 1), wohl aber die Gewährung der Wiedereinsetzung (§ 47 Abs. 3). 5

C. Urteilszustellung (Abs. 2) Zugestellt (§§ 37, 41) werden muss dem Beschwerdeführer das Urteil mit den Gründen, soweit eine Revision zulässig und innerhalb der Frist des § 341 eingelegt worden ist (LR/*Franke* § 343 Rn. 5; HK-GS/*Maiwald/Rackow* § 343 Rn. 4). Das **Zustellungsverfahren** richtet sich nach §§ 36 ff i.V.m. § 145a. Es liegt im Ermessen des Vorsitzenden (§ 36 Abs. 1 Satz 1), an wen von mehreren in Betracht kommenden Zustellungsempfängern die förmliche Zustellung erfolgt; zwingend ist nur die Unterrichtung der übrigen potentiellen Zustellungsempfänger nach § 145a Abs. 3. Wurde das Urteil zulässigerweise berichtigt, so tritt die Wirkung der Zustellung erst ein, wenn der Berichtigungsbeschluss zugestellt wird (BGHSt 12, 374). Einem noch nicht zugelassenen Nebenkläger ist das Urteil nur dann zuzustellen, wenn seine Berechtigung zum Anschluss unzweifelhaft gege- 6 ben ist, es gilt i.ü. § 401 Abs. 1 und 2 (OLG Bremen OLGSt § 396, 41; *Meyer-Goßner/Schmitt* § 343 Rn. 2).

7 Eine nachträgliche Zustellung (möglicherweise – nach Urteilsergänzung gemäß § 267 Abs. 4 Satz 3 – ein zweites Mal) kann notwendig werden bei einem erfolgreichen Wiedereinsetzungsantrag oder einem Antrag auf Entscheidung des Revisionsgerichts nach § 346 Abs. 2 (SK-StPO/*Frisch* § 343 Rn. 17). Da die Benachrichtigungspflicht des § 145 Abs. 3 sich nicht auf die Mitteilung des Zustellungsdatums erstreckt, muss sich der revisionsführende Verteidiger, wenn das Urteil dem Angeklagten oder einem Mitverteidiger zugestellt wird, durch Nachfrage des für den Fristenlauf maßgeblichen Zustellungsdatums vergewissern.

§ 344 StPO Revisionsbegründung.

(1) Der Beschwerdeführer hat die Erklärung abzugeben, inwieweit er das Urteil anfechte und dessen Aufhebung beantrage (Revisionsanträge), und die Anträge zu begründen.

(2) ¹Aus der Begründung muss hervorgehen, ob das Urteil wegen Verletzung einer Rechtsnorm über das Verfahren oder wegen Verletzung einer anderen Rechtsnorm angefochten wird. ²Ersterenfalls müssen die den Mangel enthaltenden Tatsachen angegeben werden.

Übersicht

	Rdn.		Rdn.
A. Die Revisionsanträge (Abs. 1)	1	5. Auslegung der Revisionsbegründung	26
I. Allgemeines	1	II. Die Sachrüge (Abs. 2 Satz 1, 2. Alt.)	30
II. Zeitpunkt der Antragstellung und Inhalt des Antrags	2	1. Gegenstand	30
B. Beschränkung der Revisionsanträge	5	2. Inhalt der Sachrüge	31
I. Teilrechtskraftfähigkeit	6	a) Ausgeführte und unausgeführte Sachrüge	31
II. Beschränkung innerhalb des Rechtsfolgenausspruchs	7	b) Sonst unzulässige Sachrügen	34
III. Doppelrelevante Tatsachen	8	III. Die Verfahrensrüge (Abs. 2 Satz 1 – 1. Alt. – und Satz 2)	35
IV. Formulierung der Anträge	9	1. Allgemeine Anforderungen an die Zulässigkeit	35
C. Die Begründung der Revisionsanträge (Abs. 1, 2)	12	2. Bezeichnung der Tatsachen	36
I. Frist, Form, Erhebung und Auslegung der Rügen	13	3. Die Protokollrüge	38
1. Nachschieben von Rügen	13	4. Behauptung von Tatsachen	39
2. Bezugnahmen	18	5. Ausführungen zum Beruhen	40
3. Vorbehaltliche, hilfsweise und bedingte Rügen	24	6. Einzelfälle	41
		7. Verwirkung von Verfahrensrügen	48
4. Schlüssige Behauptung von Tatsachen	25	8. Verfassungsrechtliche Bedenken	63
		9. Formulierungsbeispiel	65

1 **A. Die Revisionsanträge (Abs. 1) I. Allgemeines.** § 344 ist Anknüpfungspunkt für die hohen formalen Voraussetzungen, die seitens der Revisionsgerichte an die Begründung gestellt werden (zutr. HK/*Temming* § 344 Rn. 1) und damit auch für einen beträchtlichen Anteil an der hohen Misserfolgsquote eingelegter Revisionen. Die Revisionsbegründung, die schon mit der Revisionseinlegung verbunden werden kann (i.d.R. nicht zweckmäßig: vgl. KMR/*Momsen* § 341 Rn. 58), ist eine von Amts wegen zu prüfende (KMR/*Momsen* §§ 346 Rn. 1 ff., 349 Abs. 1 Rn. 1 ff.) **Rechtszugsvoraussetzung**. Sie besteht aus den **Revisionsanträgen** (Rdn. 2–5) und deren **Begründung** (hier anders als bei der Berufung zwingend erforderlich) in Form (dazu allg. Rdn. 12–29) der **Sachrüge** (Rdn. 30–34) oder/und der **Verfahrensrüge** (Rdn. 35 ff.). Der Beschwerdeführer (HK-GS/*Momsen* § 296 Rn. 1 ff.) hat anzugeben, »**inwieweit**« er das Urteil – d.h. den Urteilssatz (ausf. KMR/*Momsen* § 337 Rn. 60 ff.), nicht die Gründe (RGSt 63, 184; Ausnahme: § 260 Abs. 4 Satz 5) – **anfechte**; schon daraus (vgl. erg. §§ 343 Abs. 1, 352 Abs. 1) ergibt sich die **Beschränkbarkeit** der Revision (Rdn. 5 ff.).

2 **II. Zeitpunkt der Antragstellung und Inhalt des Antrags.** 1. Die Anträge müssen **spätestens** (vgl. Rdn. 1) in der **Begründungsschrift** (Abs. 2; § 345) gestellt werden. Sie bestehen in der Erklärung des Rechtsmittelführers, **inwieweit** er das Urteil **anfechte** (Rdn. 4–5) und dessen **Aufhebung**, i.d.R. auch (jedoch nicht notwendig, vgl. LR/*Franke* § 344 Rn. 2; *Dahs* Rn. 503) die seiner Feststellungen (§ 353

Abs. 2), **beantrage** (§§ 352 Abs. 1, 353 Abs. 1); eines Antrags auch hinsichtlich der – von Amts wegen auszusprechenden – **Folgen** der Aufhebung (§§ 354 ff.) bedarf es nicht (KK/*Gericke* § 344 Rn. 2; RGSt 3, 45; KG Berlin JW 1921, 855; *Dahs* Rn. 69, 618 ff.). Der Revisionsantrag umgrenzt die vom Revisionsgericht vorzunehmende Prüfung und bestimmt damit, welcher Teil des Urteils ggf. in Teilrechtskraft erwächst (HK-GS/*Maiwald*/*Rackow* § 344 Rn. 1).

2. Ein **nicht ausdrücklich** gestellter Antrag ist wirksam, wenn sein Inhalt (die Grundsätze des § 300 sind zu beachten) sich in eindeutiger Weise zumindest **stillschweigend** aus dem Gesamtinhalt der Revisionsschriften, u.U.i.V.m. dem Gang des bisherigen Verfahrens ergibt (OLG Karlsruhe Justiz 1979, 68; OLG Zweibrücken VRS 46, 367; OLG Koblenz VRS 51, 96). Insbesondere muss klar werden, wodurch sich der Bf. beschwert fühlt und welches Ziel seine Revision verfolgt (BGH StV 1981, 393; NStZ-RR/K 2000, 38; OLG Hamm StV 1982, 170; RGSt 56, 225; OLG Hamm NJW 1976, 68 f. m. Anm. *Sarstedt*; Koblenz VRS 50, 447; a. A. KG Berlin JW 1921, 854 m. Anm. *Drucker*; OLG Dresden GA 54, 321). Wichtig ist, dass das angefochtene Urteil **beanstandet wird** (BGHSt 38, 4; *Dahs* Rn. 69); lediglich die Mitteilung, dass bspw. nach Urteilserlass ein Prozesshindernis eingetreten sei, reicht nicht aus (BayObLG bei *Rüth* DAR 1978, 212).

3

Beantragt der Beschwerdeführer die Urteilsaufhebung schlechthin, so kann sich doch aus der Begründung ergeben, dass die Revision **beschränkt** (Rdn. 5) eingelegt werden sollte (RGSt 62, 433; 66, 172; BGHSt 38, 4; BGH NStZ 1993, 96; dazu im Einzelnen KMR/*Brunner* § 318 Rn. 12). Die Revision ist jedoch unzulässig, wenn der Beschwerdeführer zwar erklärt, dass er seine Revision beschränken wolle, aber nicht angibt, worauf (OLG Zweibrücken MDR 1974, 421; BayObLG JR 1955, 28 m. zust. Anm. *Sarstedt*; *Dahs* Rn. 72). Das Rechtsmittel als solches wird daher auch als nicht zulässig angesehen, wenn eine gesetzliche Beschränkung vorliegt, sich den Revisionsanträgen oder der Begründung jedoch kein insoweit zulässiges Ziel der Anfechtung entnommen werden kann (*Meyer-Goßner*/*Schmitt* § 344 Rn. 3a). Eine **gesetzliche Beschränkung** stellt bspw. § 339 dar. Die Staatsanwaltschaft darf eine Revision zuungunsten des Angeklagten nicht allein auf die Verletzung von Verfahrensnormen stützen, die sich lediglich zugunsten des Angeklagten auswirken können (ausf. *Momsen*, Verfahrensfehler und Rügeberechtigung im Strafprozess, 1997, KMR/*Momsen* § 339 Rn. 1 ff. m.w.N.; vgl. auch LR/*Franke* § 344 Rn. 6). Zu einer Verwerfung der Revision wegen Unzulässigkeit kommt es, wenn sich keine wirksame Begründung entnehmen lässt, etwa wenn mehrere selbstständige Taten Gegenstand des Urteils sind und die beschränkende Begründung keinen Rückschluss darauf zulässt, in Hinblick auf welche Tat das Urteil angefochten werden soll. Ist die Begründung hingegen mehrdeutig, so ist nach dem Meistbegünstigungsprinzip zu verfahren und im Zweifel die Begründung im Sinne der weitestgehenden Anfechtung auszulegen (zum Ganzen ausf. LR/*Franke* § 344 Rn. 10). Abgesehen von den vorbezeichneten Konstellationen muss eine unwirksame Beschränkung daher meistbegünstigend die Überprüfung des Urteils im Ganzen zur Folge haben (so wohl auch Radtke/Hohmann/*Nagel* § 344 Rn. 6). Anlässlich der unwirksamen Beschränkung auf den vorherigen Vollzug der Unterbringung hat das BVerfG (NJW-Spezial 2009, 120) klargestellt, dass der Grundsatz des Fair Trial es gebieten kann, den Revisionsführer auf diese Konsequenz hinzuweisen, um ihm die Möglichkeit zur Rücknahme des Rechtsmittels zu geben (*Meyer-Goßner*/*Schmitt* § 344 Rn. 7c; Hohmann/Radtke/*Nagel* § 344 Rn. 6; zur Rücknahme HK-GS/*Momsen* § 302 Rn. 4 ff.).

4

B. Beschränkung der Revisionsanträge. Es gelten dieselben Prinzipien wie bei § 318 (s.a. die sinngemäß geltenden Erläuterungen zu § 318; vgl. auch *Meyer-Goßner*/*Schmitt* § 318 Rn. 5 ff.). Die Folge einer **unwirksamen** Beschränkung der Revision ist i.d.R. (Rdn. 4) die Unbeachtlichkeit der Beschränkung. D.h. das Urteil wird in vollem Umfang überprüft (LK/*Franke* § 344 Rn. 67 – bei gleichwohl **wirksamer** Beschränkung auf Verfahrensvoraussetzungen allg. Sachrüge). Bei wirksamer Beschränkung tritt i.Ü. Teilrechtskraft des Urteils ein. Hat das Urteil insoweit nur eine prozessuale Tat zum Gegenstand, so tritt eine **innerprozessuale Bindung** für das Rechtsmittelgericht ein. Gemeint ist hiermit keine teilweise Vollstreckbarkeit sondern lediglich eine Bindung an Feststellungen des nicht angefochtenen Teils. Richtigerweise dürfte allerdings u.U. für das Tatgericht in der Neuverhandlung die Bindung entfallen, sofern sich i.R. der erforderlichen Beweisaufnahme neue Tatsachen ergeben, welche in Widerspruch zu den in innerprozessualer Weise für die Revisionsinstanz als teilrechtskräftig anzusehenden Feststellungen treten. Als Beispiel kommt die Frage der Schuldunfähigkeit in Betracht (LK/*Franke* § 344 Rn. 66; *Meyer-Goßner*/*Schmitt* § 344 Rn. 7a; vgl. i.Ü. § 353 Rdn. 1 ff.).

5

6 I. Teilrechtskraftfähigkeit. Die Annahme einer Beschränkbarkeit der Revision beruht auf der Annahme der Teilrechtsfähigkeit des Urteils (HK-GS/*Maiwald/Rackow* § 344 Rn. 2; Radtke/Hohmann/ *Nagel* § 344 Rn. 6; HK/ *Temming* § 344 Rn. 5), da dieses so weit in Rechtskraft erwächst, wie es nicht angefochten (»inwieweit«) ist. Zu unterscheiden sind die sog. »vertikale« Teilrechtskraft (Trennung zwischen selbstständigen Prozessgegenständen) und die sog. »horizontale« Teilrechtskraft (Trennung innerhalb desselben Prozessgegenstands). Die Rspr. lässt eine Beschränkung auf solche Teile eines Urteils zu, die selbstständig bzw. losgelöst von dem nicht angefochtenen Rest geprüft und beurteilt werden können (st. Rspr., BGHSt 29, 359; 10, 100). Eine solche (**vertikale**) Selbstständigkeit liegt immer vor, wenn nur einer von mehreren Angeklagten Revision einlegt, sowie wenn nur eine von mehreren Taten im prozessualen Sinne (§ 264 Abs. 1 Satz 3) angegriffen werden soll (eine grobe Richtschnur bieten die Vorschriften über die Verbindung und Abtrennung von Verfahren nach sachlichen oder persönlichen Gesichtspunkten (Begriff des Zusammenhangs, § 3). Liegt zwar nur eine Tat im prozessualen Sinne vor, verbindet diese jedoch mehrere realkonkurrierende Delikte (§ 53 StGB) miteinander, so ist eine Beschränkung auf eine oder einzelne dieser Taten grds. möglich (BGHSt 24, 1985; vgl. aber BGHSt 25, 72; HK-GS/*Maiwald/Rackow* § 344 Rn. 2 f.). Die Erhebung von Rügen nach § 338 Nr. 1–7, welche grds. zur umfassenden Aufhebung führen können, steht einer i.Ü. zulässigen Beschränkung nicht entgegen (BGH NJW 1995, 1910). Innerhalb desselben Prozessgegenstands ist eine (**horizontale**) Beschränkung auf den Rechtsfolgenausspruch von erheblicher Bedeutung. Dies ist grds. möglich (BGHSt 19, 46), es sei denn die Prüfung des Strafausspruchs ist unmöglich ohne die Prüfung, ob der nicht angefochtene Schuldspruch Rechtsfehler aufweist (BGHSt 33, 59; BGH NStZ 1994, 47). Umgekehrt ist jedoch eine Beschränkung der Anfechtung auf den Schuldspruch nicht möglich, da dieser notwendigerweise die Basis des Strafausspruchs ist (vgl. nur *Dahs* Rn. 75). Erst auf Basis einer Orientierung anhand der Teilrechtskraftfähigkeit kann dann ggf. die durch die Rechtsprechung verwendete »**Trennbarkeitsformel**« (BGHSt 5, 252) angewendet werden (zutr. kritisch zur Formel LR/*Franke* § 344 Rn. 15 f.). Nicht abschließend geklärt ist allerdings, wie sich eine **Verfahrensabsprache** auf die Beschränkbarkeit der Revision auswirkt. Das Problem der Trennbarkeit besteht hier über den Bereich der Anwendung des § 154a (vgl. § 354 Rn. 6) hinaus und tritt in besonderer Schärfe bei der Beschränkung innerhalb des Rechtsfolgenausspruchs (Rdn. 7) zutage. Wären hier bspw. im Rahmen der Einbeziehung oder Gesamtstrafenbildung einzelne (Gesamt-) Strafen grds. teilrechtskraftfähig, so kann sich dies durch das Vorliegen einer Verfahrensabsprache insoweit verändern, als die Verständigung eben gerade auch das Verhältnis der Berücksichtigung der jeweiligen an sich teilrechtskraftfähigen Strafaussprüche zueinander erfassen kann (vgl. auch zur Berufungsinstanz OLG Düsseldorf, Beschl.v. 06.10.2010 -III- 4 RVs 60/10 m. Anm. *Moldenhauer/Wenske* NStZ 2012, 184)

7 II. Beschränkung innerhalb des Rechtsfolgenausspruchs. Im Einzelnen umstritten (ausf. HK-GS/*Maiwald/Rackow* § 344 Rn. 6) ist, ob auch eine Beschränkung **innerhalb des Rechtsfolgenausspruchs** zulässig ist. Nach h.M. ist eine Beschränkung auf die Feststellung der besonderen **Schwere der Schuld** (§ 57a Abs. 1 StGB – s.u.) denkbar, auch dann, wenn hierdurch die Annahme eines weiteren Mordmerkmals in Betracht kommt (BGHSt 39, 208; 41, 57; SK-StPO/*Frisch* § 344 Rn. 28; *Meyer-Goßner/Schmitt* § 344 Rn. 7a m.w.N.). Zulässig ist i.d.R. die Beschränkung auf die **Höhe des Tagessatzes** bei Verhängung einer Geldstrafe (BGHSt 27, 70). Gleiches gilt für die **Aussetzung** der Freiheitsstrafe zur Bewährung (BGH NJW 1993, 1624; BGHR § 318 Strafausspruch 2; vgl. aber BGH NStZ 1994, 449 zu Wechselwirkungen der Aussetzungsentscheidung mit § 64 StGB), sowie die Anordnung von **Sicherungsverwahrung** (BGH NStZ 1994, 280) oder die Anordnung des **Verfalls** (BGH NStZ-RR 1997, 270). Dagegen ist die Anordnung der **Einziehung** grds. nicht selbstständig anfechtbar (NStZ 1993, 400), da i.d.R. ein Zusammenhang mit den schuldspruchrelevanten Feststellungen, bspw. zur Höhe des Erlangten, besteht. Die **Entziehung der Fahrerlaubnis** (§ 69 StGB) kann nur dann separat angefochten werden, wenn sich die (ggf. unterbliebene) Maßregelverhängung ohne Rückgriff auf die Strafzumessungserwägungen i.Ü. prüfen lässt (BGH NStZ 1992, 586; OLG Frankfurt NStZ-RR 1997, 46; OLG Stuttgart MDR 1997, 382; LG Dresden NStZ-RR 2005, 385), entspr. die **isolierte Sperre** nach § 69a StGB (OLG Zweibrücken NJW 1982, 2007). Grds. möglich ist ebenfalls die isolierte Anfechtung der **Bemessung der Sperrfrist** nach § 69a StGB (LG Potsdam NStZ-RR 2003, 19); allerdings wird sich i.d.R. keine Trennung von den Gründen, die zur Anordnung geführt haben, durchführen lassen (vgl. OLG Düsseldorf VRS 66, 20; BayObLG NVZ 1991, 397; ausf.

zu Maßregeln LK/*Franke* § 344 Rn. 50–62). Eine isolierte Anfechtung des **Berufsverbots** (§ 70 StGB) kommt in Betracht (BGHSt 17, 38); nach früher h.M. nicht jedoch die von **Nebenfolgen und Nebenstrafen**, da die diesbezüglichen Erwägungen integraler Teil der Strafzumessungserwägungen insgesamt sind (umstr.: wie hier OLG Hamm NStZ 2006, 592; a. A. BayObLG DAR 1985, 239 – umfassend KK/*Gericke* § 344 Rn. 12). Richtigerweise ist zu **differenzieren**. Ist die Verhängung und Bemessung der Nebenstrafe **unabhängig** von der Hauptstrafe, so ist eine isolierte Anfechtung möglich. Stehen aber Haupt- und Nebenstrafe in einem gegenseitigen Abhängigkeitsverhältnis, so ist eine Beschränkung unwirksam, bspw. dann wenn das Gericht bei Wegfall des Fahrverbots die Geldstrafe erhöhen würde (zutr. LK/*Franke* § 344 Rn. 44 f.). Eine wirksame Beschränkung kommt daher auch bei Nebenfolgen in Betracht, ggf. bzgl. der Feststellung der besonderen Schwere der Schuld gem. § 57a StGB (zutr. unter Hinweis auf BVerfGE 86, 288 und BGHSt 39, 208; 41, 57 LK/*Franke* § 344 Rn. 47a).

III. Doppelrelevante Tatsachen. Von entscheidender Bedeutung ist jeweils die Bestimmung sog. »doppelrelevanter Tatsachen« (vgl. umfassend: *Kemper* Horizontale Teilrechtskraft des Schuldspruchs und Bindung im tatrichterlichen Verfahren nach der Zurückverweisung, 1993; *Grünwald* Die Teilrechtskraft im Strafverfahren, 1964, S. 110 ff. und passim; HK-GS/*Maiwald* § 344 Rn. 6). Eine Doppelrelevanz wird bspw. hinsichtlich der das Regelbeispiel des § 243 Abs. 1 Nr. 2 (bes. gesicherte Sache) StGB begründenden Umstände für die Feststellungen zum Schuldspruch und die Strafzumessungserwägungen angenommen (BGHSt 29, 359) sowie für die Art und Weise der Entstehung des Tatentschlusses, Motiv, Beweggründe und Ziele (BGHSt 30, 340) – was überzeugt, soweit diese für den Schuldspruch relevant sind. 8

IV. Formulierung der Anträge. Bei der Formulierung der Anträge sind daher folgende Grundsätze zu beachten: 9
Ist nur eine Straftat Gegenstand des Urteils, lässt sich aus der allg. Sachrüge schließen, dass es in vollem Umfang angegriffen werden soll (RGSt 5, 186; BGH StV 1981, 393; BGH MDR [H] 1978, 282; OLG Hamm NJW 1954, 613; 1965, 1193; OLG Koblenz NJW 1973, 189; VRS 41, 269); ebenso, wenn ohnehin nur eine unbeschränkte Anfechtung zulässig ist (OLG Saarbrücken VRS 44, 190).
Bei Verurteilung wegen mehrerer selbstständiger Taten wird die allgemein erhobene Sachrüge i.d.R. ausreichen (BGH NStZ-RR 2000, 38; NStZ 1990, 96), a. A. aber verschiedene Oberlandesgerichte, soweit der Umfang der begehrten Aufhebung unklar bleibt (OLG Oldenburg StraFo 2006, 245; BayObLG DAR 1985, 247; 1989, 370; RGR 3, 792; OLG Hamm VRS 33, 48; NJW 1976, 68 f. m. abl. Anm. *Sarstedt*; OLG Stuttgart Justiz 1971, 312; OLG Zweibrücken NJW 1974, 659; OLG Koblenz VRS 50, 447). Für Revisionen der StA wird eine Unzulässigkeit aber angenommen, wenn bei mehreren Angeklagten oder einer Vielzahl von Straftaten die allgemeine Sachrüge ohne jegliche Konkretisierung erhoben wird (BGH NStZ-RR 2010, 288; dazu *Meyer-Goßner/Schmitt* § 344 Rn. 3). 10
Besteht für das Rechtsmittel eine gesetzliche Beschränkung (§ 400 Abs. 1 für den Nebenkläger), so ist die Revision unzulässig, wenn die Begründung der Anträge nicht i.S. eines zulässigen Anfechtungsziels eindeutig ausgelegt werden kann (BVerfG NStZ-RR 2007, 385; für § 55 JGG: OLG Celle NdsRpfl 2001, 90; *Meyer-Goßner/Schmitt* § 344 Rn. 3a; vgl. Rdn. 4). 11

C. Die Begründung der Revisionsanträge (Abs. 1, 2) § 344 Abs. 2 unterscheidet zwischen der Revision wegen der Verletzung des materiellen (»anderen Rechtsnorm«) oder des Verfahrensrechts (»Rechtsnorm über das Verfahren«). Wird die Revision mit der Verletzung des materiellen Rechts begründet, so genügt eine allgemeine, unausgeführte Sachrüge für eine umfassende Überprüfung des angegriffenen Urteils in Schuld- und Strafausspruch. Kenntlich gemacht werden muss lediglich, dass die Verletzung materiellen Rechts Gegenstand der Rüge sein soll (bspw. »erhebe die allgemeine Sachrüge«, »rüge die Verletzung materiellen Rechts«; vgl. BGHSt 25, 272; für die StA Nr. 156 Abs. 2 RiStBV; *Hamm* Rn. 212). Für Revisionen der StA legt der BGH entsprechend Nr. 156 Abs. 2 RiStBV einen dezidierteren Maßstab an. Bereits aus dem Antrag soll i.d.R. auch für die Sachrüge ersichtlich sein, in welchem Umfang das Urteil angefochten wird (*Hamm* Rn. 212, s.a. Fn. 475; BGH, Urt.v. 07.05.2009 – 3 StR 122/09 Beschränkung auf die Höhe der Freiheitsstrafe sei erst aus der Begründung zu ermitteln) Soll hingegen eine Verfahrensrüge erhoben werden, so verlangt § 344 Abs. 2, dass »die den Mangel begründenden Tatsachen angegeben werden«, was bedeutet, dass sowohl der Verfahrensverstoß (i.d.R., aber nicht notwendig explizit, die verletzte Norm) als auch die diesen begründen- 12 den Verfahrenstatsachen (bspw. anhand des Sitzungsprotokolls) konkret dargelegt werden müssen (vgl. zum Ganzen *Nack* FS Egon Müller [2008], S. 519 ff.).

13 **I. Frist, Form, Erhebung und Auslegung der Rügen. 1. Nachschieben von Rügen.** Sind die Anträge (Abs. 1) nicht form- und fristgerecht (§ 345) mit der Verfahrens- oder/und Sachrüge (Abs. 2) begründet, wird die Revision als unzulässig verworfen (§§ 346, 349 Abs. 1). Die Revision kann mit nur einer dieser Rügearten, aber auch mit beiden begründet werden (erg. § 337 Rdn. 6).

14 **Nachschieben** von Revisionsrügen ist **während** der Begründungsfrist in der Form des § 345 Abs. 2 ohne Weiteres zulässig (§ 345 Rdn. 2). Ist sie **abgelaufen**, gilt, dass Ergänzungen unzulässig sind, soweit sie die Begründung in einem für die Entscheidung wesentlichen Punkt ändern oder überhaupt erst die formalen Voraussetzungen herstellen sollen (KK/*Gericke* § 344 Rn. 44). Im Einzelnen:

15 **Sachlich-rechtliche** Rügen können noch de facto bis zum Erlass der Entscheidung des Revisionsgerichts – dieses muss eine angekündigte weitere Begründung jedoch höchstens in Ausnahmefällen abwarten (vgl. auch *Röhl* NJW 1964, 277) – nachgeschoben werden (*Eb. Schmidt* II 10; *Seibert* DRZ 1948, 372), sofern nur innerhalb der Frist des § 345 Abs. 1 entweder die allg. Sachrüge erhoben oder die Verletzung des sachlichen Rechts in irgendeinem Punkt behauptet worden ist (Rdn. 18; dies gilt allerdings nicht für die Rücknahme einer zuvor wirksam erklärten Beschränkung, vgl. Rdn. 5 ff.).

16 Nachgeschobene **Verfahrensrügen** sind grds. unzulässig (näher KMR/*Momsen* § 345 Rn. 1; BGH DAR [S] 1978, 160). Insbesondere kommt ein Nachschieben weiterer Verfahrensrügen oder von Verfahrenstatsachen zur Ausführung bereits erhobener Rügen nicht in Betracht.

17 Möglich sind indes ergänzende Rechtsausführungen (BGHSt 18, 214). Diese führen jedoch nach Ablauf der Revisionsbegründungsfrist nicht mehr nachträglich zur bis dahin nicht gegebenen Zulässigkeit der Revision.

18 **2. Bezugnahmen.** Bezugnahmen sind bei **Verfahrensrügen unzulässig** und gelten als nicht geschrieben (*Hamm* Rn. 215; RGSt 14, 348; 29, 411; BGH LM § 345 Nr. 2; bei *Dallinger* MDR 1970, 900; Radtke/Hohmann/*Nagel* § 344 Rn. 21); denn Gegenstand der revisionsgerichtlichen Prüfung sind nur Tatsachen, die die Revisionsbegründung selbst bezeichnet (vgl. auch BGH VRS 3, 252; bei *Herlan* MDR 1955, 19; OLG Koblenz VRS 48, 121).

19 **Prozessual unwirksam** sind daher **Verweisungen** z.B. auf den Akteninhalt (BGH NJW 2007, 3010; NJW 2006, 457; OLG Bremen VRS 50, 36), namentlich das Hauptverhandlungsprotokoll (BGH NStZ [Pf/M] 1987, 221; 1985, 208; DAR [S] 1977, 179 f.; OLG Koblenz VRS 46, 275; a. A. KG VRS 11, 278; vgl. *Meyer-Goßner/Schmitt* § 344 Rn. 21 m.w.N.) oder schriftliche Erklärungen von Beweispersonen (RGSt GA 68, 364).

20 Ebenso unbeachtlich sind der Revisionsbegründung **beigefügte Urkunden** (RGSt 74, 297; BGHSt 3, 213). Dies gilt auch dann, wenn die in der Anlage enthaltenen Ausführungen ausdrücklich zum Inhalt der Revisionsbegründung erklärt werden (vgl. RGSt 54, 282; JW 1936, 2144; BayObLGSt 1955, 268; BayObLG NStZ-1996, 312). Abgesehen von dem Problem der ohnehin erschwerten Lesbarkeit der Revisionsbegründung, stellt sich (erst recht vor dem Hintergrund moderner Textverarbeitung) insoweit die Frage nach dem Sinn einer Praxis, die nur dazu zwingt, Schriftstücke einzuscannen und in die Begründung hineinzukopieren (zutr. *Hamm* Rn. 216; zum Ganzen LR/*Franke* § 344 Rn. 83; BGH NStZ 1987, 36). Zumal wenn dadurch materiell ggf. begründete Rügen unzulässig werden, scheint in dieser Betonung formalisierter Kunstfertigkeit kein zweckmäßiger Ansatz zur Begrenzung der Belastung der Revisionsgerichte zu liegen.

21 Ebenso unzulässig ist eine Bezugnahme auf die Begründung einer früheren Revision in ders. oder einer and. Sache (RGSt 18, 95; 20, 42; BGH MDR [D] 1951, 406; BayObLGSt 6, 201). Gleiches gilt für die Revisionsbegründung eines anderen Prozessbeteiligten, z.B. Mitangekl. (RG GA 47, 163; JW 1930, 3404 m. Anm. *Löwenstein* DR 1940, 108; *Schneidewin* JW 1923, 346; BGH NJW 2006, 1220); Bezugnahme auf die Antragsschrift der Staatsanwaltschaft (jüngst BGH, Beschl.v. 13.06.2007 – 1 StR 198/07: unzulässig. D.h. im Ergebnis hat der Revisionsführer eine andere Rüge komplett abzuschreiben, sofern er dieser in der Begründung vollumfänglich folgen will (LR/*Franke* Rn. 84). Der damit verbundene Arbeitsaufwand mag zu einer sorgfältigeren inhaltlichen Auseinandersetzung anhalten, faktisch aber wird wohl i.d.R. eine Schreibkraft mit diesem Vorgang betraut werden.

22 Zum Umfang des Vorbringens bei einer Rüge nach § 338 Nr. 7 vgl. BGH NStZ-RR 2007, 53.

Bei **Sachrügen** können Bezugnahmen **statthaft** sein (z.B. auf Rechtsausführungen in anderen Schriftstücken, Rechtsgutachten, Fachliteratur, Gerichtsentscheidungen), weil sie ohnehin zur vollen Nachprüfung in sachlich-rechtlicher Hinsicht führt, selbst wenn sie überhaupt nicht begründet worden ist (Rdn. 18 ff.; RGSt 40, 99). Allerdings wird es sich i.d.R. als zweckmäßig erweisen, die Revisionsbegründung selbst entsprechend zu konkretisieren, um die besondere Aufmerksamkeit der Nachprüfung auf den betreffenden Punkt zu lenken (i.E. Radtke/Hohmann/*Nagel* § 344 Rn. 22). 23

3. Vorbehaltliche, hilfsweise und bedingte Rügen. **Unzulässig** sind Rügen, die unter **Vorbehalt** erhoben werden, gleichermaßen **hilfsweise** (BGH, Beschl. v. 27.07.2006 – 1 StR 147/06; *Meyer-Goßner/ Schmitt* § 344 Rn. 12; OLG Köln MDR 1979, 77) oder **bedingt** ein gelegte Revisionen, wenn also eine Rüge nur für den Fall, dass andere Rügen nicht durchgreifen, erhoben werden soll (RG DR 1942, 1794; BGHSt 12, 33; 17, 253, m. Anm. *Eb. Schmidt* JR 1962, 387; OLG Koblenz VRS 47, 28; *Hamm* Rn. 220; *Sarstedt* FS H. Mayer [1966], S. 530; – a.M.: *H. Mayer* FS Eb. Schmidt [1961], S. 634 ff.; zum Ganzen bereits RGR 3, 490; RGSt 53, 51; HRR 1933 Nr. 1556; vgl. auch HK/*Temming* § 344 Rn. 6). 24

4. Schlüssige Behauptung von Tatsachen. Als **Tatsache**, nicht nur als **Möglichkeit**, muss der Beschwerdeführer die Verletzung des sachlichen Rechts (BGHSt 25, 274 [275] = JR 1974, 477 m. abl. Anm. *Meyer*; a. A. RG JW 1931, 1760 m. Anm. *Alsberg*; KG Berlin JR 1976, 255) bzw. den einen Verfahrensmangel begründenden Umstand (RGSt 53, 50; 189; BGHSt 7, 162 [169]; 19, 273 [276]; OLG Bremen GA 1953, 88; VRS 50, 35; OLG Hamm NJW 1972, 1096) schlüssig **behaupten** (vgl. HK-GS/*Maiwald/Rackow* § 344 Rn. 18). Wie »Beweisermittlungsanträge« keine Beweisanträge (§ 244 Rdn. 139 ff.), so sind »Rechtsfehler-Ermittlungsanträge« keine ordnungsgemäßen Revisionsrügen, wenn der Beschwerdeführer etwa beantragt, das Revisionsgericht möge prüfen, ob das Urteil sachl.-rechtl. Mängel enthalte oder ob ein Prozessverstoß unterlaufen sei (BGHSt 12, 33; 19, 276; OLG Hamm OLGSt § 79 OWiG Nr. 1; KG Berlin JR 1976, 255; *Schmid* Rpfleger 1962, 304). An einer schlüssigen Behauptung fehlt es auch, wenn die inhaltliche Richtigkeit des Urteils bzw. die Ordnungsmäßigkeit des Verfahrens nur **bezweifelt** wird (RGSt 48, 288; HRR 1940 Nr. 343; BGHSt 19, 276; NJW 1962, 500; LR/*Franke* § 344 Rn. 85). 25

5. Auslegung der Revisionsbegründung. Die Begründung der Revision ist grds. der Auslegung zugänglich (BGHSt 25, 272), ggf. auch zum Nachteil des Revisionsführers. Entscheidend für die Auslegung ist, wie die Revisionsbegründung **aus sich selbst heraus** zu verstehen ist; auf parallel eingelegte Revisionen von Mitangeklagten kommt es genau so wenig an wie auf Anlagen zur Begründung (BayObLG NStZ-RR 1996, 12; LR/*Franke* § 344 Rn. 71; *Meyer-Goßner/Schmitt* § 344 Rn, 11; s.o. Rdn. 21.). 26

Auslegungsmaßstab ist der **Sinn**, nicht der Wortlaut der Begründung (BGHSt 19, 273). Maßgebend ist, wie auch im Hinblick auf die Revisionsanträge (Rdn. 5–6) und sonstiger Prozesserklärungen (vgl. § 300; HK-GS/*Momsen* § 300 Rn. 2), wie die Rüge nach dem **Willen des Beschwerdeführers** bei Berücksichtigung aller Umstände, die mit dem den Rügegegenstand bildenden Verfahrensvorgang zusammen hängen, **vernünftigerweise** – d.h.u.U. (insb. bei Begr. zu Protokoll der Geschäftsstelle nach § 345 Abs. 2, vgl. OLG Koblenz NJW 1975, 322 m. Anm. *Krause* ebd. 1713) auch abw. von ihrer syntaktischen Bezeichnung durch den Beschwerdeführer (BGHSt 19, 275; BGH MDR [D] 1953, 723; OLG Hamm VRS 42, 141) – **zu verstehen** ist (§ 300 Rdn. 1; BGHSt 19, 275; JR 1956, 228; HK-GS/ *Momsen* § 300 Rn. 3), damit sie ihren **Zweck möglichst erreicht** (§ 300 Rdn. 2; RGSt 47, 236; 67, 125; BGH NJW 2007, 92; 1956, 756; OLG Karlsruhe Justiz 1997, 482; OLG Hamm NJW 1953, 839; VRS 42, 121). Jede Revisionsbegründung (z.B. des Angeklagten) ist unabhängig von denjenigen anderer selbstständig Rechtsmittelberechtigter (z.B. des gesetzlichen Vertreters § 298; vgl. HK-GS/*Momsen* § 298 Rn. 1, 3), also stets nur aus sich selbst heraus, zu interpretieren. Eine (richtige) Benennung und Bezeichnung des **verletzten Gesetzes** ist weder notwendig noch für sich allein ausreichend (RGSt 2, 241; BGHSt 19, 94; 276; 20, 95 [98]; KG Berlin VRS 26, 288; OLG Stuttgart DAR 1956, 247; HK-GS/*Maiwald/Rackow* § 344 Rn. 8; *Meyer-Goßner/Schmitt* § 334 Rn. 10; vgl. auch § 352 Abs. 2). Sie ist, sofern korrekt, zur Verdeutlichung zweckmäßig. Bei der Behandlung von Irrtümern neigt die Revisionsrechtsprechung tendenziell zur Großzügigkeit (LR/*Franke* § 344 Rn. 72; SK-StPO/*Frisch* § 344 Rn. 43). 27

§ 344 StPO Revisionsbegründung

28 Ob im **Einzelfall** eine **Sach- oder Prozessrüge** vorliegt (speziell zur Verletzung des § 261 vgl. KMR/*Paulus* § 244 Rn. 37–40), hängt nicht davon ab, wie der Beschwerdeführer sie bezeichnet hat oder ob die verletzte Rechtsnorm dem materiellen oder prozessualen Recht angehört; denn auch die Rüge der Verletzung einer Verfahrensnorm kann (etwa bei den »doppelfunktionellen Prozesshandlungen«) eine Sachrüge sein. Dies gilt auch für die Behauptung einer **Grundrechtsverletzung** (vgl. auch BGHSt 19, 273 für die). Wird eine grundrechtsverletzende Verletzung des Beschleunigungsgrundsatzes über Art. 6 Abs. 1 Satz 1 EMRK als rechtsstaatswidrige **Verfahrensverzögerung** geltend gemacht, so muss dies grds. im Wege der Verfahrensrüge geschehen. Eine Sachrüge soll aber dann hinreichend sein, wenn sich die Verfahrensverzögerung aus den Urteilsgründen ergibt (BGH NStZ 2005, 223; näher HK-GS/*Maiwald/Rackow* § 344 Rn. 15).
Maßgeblich ist richtigerweise, ob angesichts der behaupteten Gesetzesverletzung die **Entscheidung selbst unrichtig** (Sachrüge) oder das **Verfahren unzulässig** gewesen sein soll, das zu diesem Urteil geführt hat (Verfahrensrüge); also die »wirkliche rechtliche Bedeutung« der Rüge (*Meyer-Goßner/Schmitt* § 344 Rn. 10; BGH NJW 2007, 92; NStZ-RR 2009, 36 (Ciernak); BGHSt 19, 273). Behauptet bspw. der Beschwerdeführer zur Begründung der Verfahrensrüge nur auf Sachrüge zu prüfende Gesetzesverletzungen, ist das Urteil in materiellrechtlicher Hinsicht beanstandet (BGH DAR [S] 1977, 179; vgl. auch OLG Celle NJW 1987, 78; OLG Hamm Rpfleger 1998, 367 bei unterbliebener Bezeichnung). Dagegen liegt keine stillschweigend mit erhobene Sachrüge vor, wenn der Revisionsführer ausdrücklich nur Verfahrensrügen erhebt, ihretwegen Aufhebung und Zurückverweisung beantragt und (unzulässig) hilfsweise Freispruch begehrt; denn damit bringt er schlüssig zum Ausdruck, den Freispruch lediglich mittels neuer Tatsachenfeststellung erwirken zu wollen (OLG Köln MDR 1979, 77); anders wenn die Tat bestritten und (oder) Freispruch beantragt wird (s. *Meyer-Goßner/Schmitt* § 344 Rn. 14; LR/*Franke* § 344 Rn. 73). Ebenfalls überzeugt nicht, dass die Summe unzulässiger Einzelausführungen grds. als allg. Sachrüge anzusehen sein sollte (zw. auch LR/*Franke* § 344 Rn. 73). Dagegen wird eine **zulässige** allg. Sachrüge vorliegen, wenn die Verletzung des Satzes »in dubio pro reo« geltend gemacht wird. Ebenso bei der Rüge unvollständiger oder widersprüchlicher Urteilsfeststellungen (OLG Bamberg NZV 2011, 44 – zutr. bei *Meyer-Goßner/Schmitt* § 344 Rn. 14).

29 **Nicht ordnungsgemäß begründet** und damit unzulässig ist die Revisionsbegründung, wenn auch durch Auslegung nicht zu ermitteln ist, ob die Sach- oder Verfahrensrüge oder beide erhoben sind: so, wenn der Beschwerdeführer ohne weitere Angaben etwa formuliert, es werde das Urteil »nach allen Richtungen« (BayObLGSt 20, 333; OLG Hamm NJW 1964, 1736), »seinem ganzen Inhalt nach« (OLG Dresden LZ 1914, 1727) oder »in seinem ganzen Umfang« (RGSt 44, 263) angefochten. Ebenso, wenn ohne weitere Angaben die Verletzung des »Rechts« bzw. »Gesetzes« gerügt (KG Berlin GA 38, 231; OLG Düsseldorf DRiZ 1933 Nr. 274; *Beling* S. 416; *Hamm* Rn. 118; a.A. OLG Oldenburg NdsRpfl. 1949, 43) oder beantragt wird, »das Urteil aufzuheben und zur erneuten Hauptverhandlung zurückzuverweisen« (BGH DAR [S] 1980, 210). Die Beifügung einer »Begründungsskizze« reicht nicht aus (OLG Stuttgart Justiz 2003, 596), wie auch nicht die bloße Ankündigung, eine Begründung werde demnächst erfolgen (BGH NStZ 1986, 209) und nach h.M. auch nicht die Beschränkung der Begründung auf bestimmte Punkte (BGH NStZ 1981, 298; 85, 205; a. A. OLG Köln MDR 1979, 957), sofern diese nicht auslegungsfähig ist. Das ist unter dem Gesichtspunkt des »fair trial« nicht unbedenklich (zweifelnd auch LR/*Franke* § 344 Rn. 73 – »formalistisch«).

30 **II. Die Sachrüge (Abs. 2 Satz 1, 2. Alt.)** **1. Gegenstand.** Ihr Gegenstand ist die Frage der Verletzung des **sachlichen Rechts** durch das Urteil (dazu KMR/*Momsen* § 337 Rn. 38 ff., 43 ff.) mit Ausnahme – weil § 464 Abs. 3 Satz 1 StPO, § 8 Abs. 3 StrEG insoweit Sonderregelungen treffen (vgl. auch KMR/*Plöd* § 300 Rn. 2 m.N.) – der Entscheidung über Kosten und Auslagen sowie ggf. Entschädigung. Die Bezeichnung als »Sachrüge« ist nicht zwingend erforderlich, ihr Gegenstand muss sich jedoch durch die Begründung eindeutig ermitteln lassen (BGH NStZ-RR 2000, 294; NStZ 1993, 31; OLG Hamm wistra 2000, 39). Wird nur erklärt, die Revision werde auf das Strafmaß beschränkt, so soll hierin keine zulässige Erhebung der Sachrüge gesehen werden können (BGH, Urt.v. 27.07.2005 – 3 StR 201/05, NStZ-RR 2007, 132 [*Becker*]; Radtke/Hohmann/*Nagel* § 344 Rn. 17; *Meyer-Goßner/Schmitt* § 344 Rn. 14).

31 **2. Inhalt der Sachrüge. a) Ausgeführte und unausgeführte Sachrüge.** In aller Regel (abgesehen von einer zulässigen Beschränkung) hat auf die – »**ausgeführte**« – Rüge der Verletzung des sachlichen

Rechts bereits in nur **einem Punkt**, und sei er auch noch so unbedeutend und unbegründet, das Revisionsgericht das Urteil **in vollem Umfang sachlich-rechtlich nachzuprüfen**, soweit das Urteil angefochten ist (Rdn. 5; RGSt 33, 125; 49, 334; BGHSt 1, 44, [46]; HK-GS/*Maiwald* § 344 Rn. 9). So ist die Begründung im allg. als zulässig anzusehen z.B. bei Beanstandung, es sei der Satz »in dubio pro reo« missachtet (*Meyer-Goßner/Schmitt* § 344 Rn. 14; s.o. Rdn. 28) bzw. der Angeklagte zu Unrecht bestraft worden (OLG Hamm NJW 1964, 1736) oder die Urteilsfeststellungen seien widersprüchl. (RG JW 1931, 1618), u.U. auch bei Antrag auf Freisprechung durch das Revisionsgericht (BGHR § 338 Nr. 7 Entscheidungsgründe Nr. 2; OLG Hamm NJW 1964, 1736; NJW 1972, 2056; OLG Köln MDR 1979, 77; zum Ganzen Rdn. 28 f.).

Es genügt aber auch die – »unausgeführte« – **allgemeine Sachrüge** (Rdn. 1; BGHSt 25, 272; *Schneidewin* MDR 1951, 194). Die StA soll jedoch ihre Revision stets so rechtfertigen, dass klar ersichtlich ist, in welchen Urteilsausführungen sie die Rechtsverletzung erblickt und wie sie ihre eigene Rechtsauffassung begründet (Nr. 156 Abs. 2 RiStBV). Einzelausführungen des Revisionsführers dienen aber grds. nur dazu, die eigene Rechtsauffassung darzulegen. Deshalb ist die – insoweit inkonsequente – h.M. abzulehnen, der zufolge eine Rüge unzulässig ist, wenn eine allgemeine Sachrüge erhoben wird, die Begründung sich jedoch in Angriffen auf die Beweiswürdigung erschöpft (OLG Düsseldorf NStZ 1993, 99; OLG Hamm NStZ-RR 2001, 117; BGHSt 25, 272; *Gribbohm* NStZ 1983, 99; KK/*Gericke* § 344 Rn. 28; *Meyer-Goßner/Schmitt* § 344 Rn. 19). Richtigerweise ist die Revision als allg. Sachrüge zulässig erhoben und unbegründet, soweit sie lediglich zur Begründung einer Revision ungeeignete (»unqualifizierte« KK/*Kuckein* § 344 Rn. 28) Angriffe auf die tatgerichtliche Beweiswürdigung und die darauf aufbauenden Urteilsfeststellungen enthält; das Revisionsgericht hat jedoch die materielle Richtigkeit des Urteils i.Ü. zu überprüfen (OLG Koblenz MDR 1993, 166; SK-StPO/*Frisch* § 344 Rn. 78; HK-GS/*Maiwald/Rackow* § 344 Rn. 9; *Momsen* GA 1998, 488; zutr. auch HK-GS/*Maiwald/Rackow* § 344 Rn. 9).

32

In der **unwirksamen** Revisionsbeschränkung auf Nachprüfung eines **Prozesshindernisses** (vgl. KMR/*Brunner* § 318 Rn. 14–18 ist regelmäßig zugleich eine allg. Sachrüge zu sehen (RGSt 53, 40; 54, 8; 74, 190; BGHSt 2, 385; NJW 1951, 811; BayObLG JR 1956, 188; OLG Hamburg MDR 1958, 52; OLG Celle MDR 1966, 865; vgl. jedoch Rdn. 3 a.E.; so auch LR/*Franke* § 344 Rn. 74).

33

b) Sonst unzulässige Sachrügen. Unzulässig ist die Sachrüge, wenn ihr Inhalt erkennen lässt, dass sie **nicht vom festgestellten Sachverhalt ausgeht**, sondern ausschließlich unzulässige Beanstandungen (statthafte: § 337 Rdn. 41 ff.) gegen die tatsächlichen Feststellungen erhebt (RGSt 40, 99; 50, 253; 53, 235; RG JW 1921, 841 m. abl. Anm. *Stein*; 1923, 690 m. abl. Anm. *Löwenstein*; BGH NJW 1956, 1767; OLG Karlsruhe VRS 107, 376; BayObLG NJW 1953, 1403; KG Berlin GA 55, 235; VRS 6, 212; OLG Saarbrücken VRS 50, 448; – a.M.: OGH SJZ 1949, 60 m. abl. Anm. *Hartung*). Anders ist dies ggf. zu sehen, wenn ersichtlich ein weitergehender Revisionsangriff (z.B. bei der Formulierung »insbesondere«) gewollt ist (diff. OLG Saarbrücken VRS 50, 448). Führt der Beschwerdeführer erst aus, welchen Sachverhalt nach seiner Ansicht die HV ergeben hat und knüpft er daran seine rechtlichen Ausführungen, so läuft er Gefahr, dass das Revisionsgericht feststellt, er habe nur die Unrichtigkeit des Sachverhalts, aber nicht eine falsche Rechtsanwendung auf den Sachverhalt gerügt (RGSt 67, 197 [198]) und es handle sich somit nur scheinbar um eine Sachrüge. Rügt er z.B. einen angeblichen Widerspruch oder sonstige Denkfehler im Urteil in der Weise, dass er eine mit dessen Gründen nicht übereinstimmende Darstellung des Sachverhalts gibt, so ist die Rüge i.d.R. nicht unbegründet, sondern bereits unzulässig (BGH NJW 1956, 1767; BGH, Beschl.v. 07.09.1956 – 5 StR 338/56). Auch eine Revision wegen **Aktenwidrigkeit** der Tatsachenfeststellungen gibt es nicht. Jedoch deuten auffällige Widersprüche zwischen Urteilsfeststellungen und Akteninhalt zuweilen auf die Möglichkeit der **Aufklärungsrüge** hin (vgl. auch KMR/*Paulus* § 244 Rn. 595; s.u. Rdn. 41 ff.).

34

III. Die Verfahrensrüge (Abs. 2 Satz 1–1. Alt. – und Satz 2) 1. Allgemeine Anforderungen an die Zulässigkeit. Für die Verfahrensrevision gelten strengere Anforderungen. Deren Ratio ist zusammengefasst, dass das Revisionsgericht nicht gezwungen sein soll, den gesamten Akteninhalt auf etwaige Fehler durchzusehen. Daher muss die Begründung der Rüge aus sich heraus verständlich sein. Dem Revisionsgericht muss prinzipiell eine rechtliche Würdigung ohne Heranziehung weiterer Aktenbestandteile, insbes. des Sitzungsprotokolls, möglich sein (LR/*Franke* § 344 Rn. 3; zur Kritik allg. s. bspw. Rdn. 20, 29 m.w.N.). Sind die den behaupteten Verfahrensverstoß (Verletzungen des Verfahrens-

35

§ 344 StPO Revisionsbegründung

rechts i.e.S. einschl. der EMRK sowie Grundrechtsverletzungen, vgl. BGHSt 19, 277 = JZ 1965, 66 m. Anm. *Evers*; 21, 340; 26, 90; GA 1970, 25; BVerfG DAR 1976, 239; BayObLG NJW 1969, 808; OLG Celle NJW 1969, 1975; OLG Hamm NJW 1972, 1096) enthaltenden **Tatsachen nicht angegeben (Abs. 2 Satz 2)**, ist die prozessuale Rüge nicht wirksam erhoben, also **unzulässig**. Ebenso, wenn bei mehreren möglichen Verfahrensfehlern nicht dargelegt wird, welcher geltend gemacht wird (*Meyer-Goßner/Schmitt* § 344 Rn. 20; BGH NStZ 1999, 94; BGH, Beschl.v. 08.12.2011 – 4 StR 430/11; *Nurouzi* NJW 2011, 1526). Es ist nicht Aufgabe des Revisionsgerichts, nach etwaigen Verfahrensfehlern zu forschen (Ausnahme: von Amts wegen zu prüfende Prozesshindernisse (dazu im Einzelnen KMR/*Momsen* § 337 Rn. 4, 38 ff.). Die StA führt jedoch die Aktenstellen, auf die sich die Rügen beziehen (z.B. Teile des Hauptverhandlungsprotokolls) abschriftlich in der Revisionsrechtfertigung an (Nr. 156 Abs. 3 RiStBV; vgl. auch Nr. 162 Abs. 2 RiStBV zur Gegenerklärung). **Beweismittel** für den Prozessverstoß braucht der Beschwerdeführer jedoch nicht zu benennen; ist er in der Revisionsinstanz **nicht nachweisbar**, erweist sich die Rüge als unbegründet; anders aber im Fall der sog. »Aufklärungsrüge« (LR/*Franke* § 344 Rn. 77; s.u. Rdn. 41).

36 **2. Bezeichnung der Tatsachen.** Alle den behaupteten Mangel begründenden **Tatsachen** sind so **vollständig und genau** anzugeben, dass das Revisionsgericht allein aufgrund der Begründungsschrift prüfen kann, ob ein Verfahrensfehler vorliegt (BGH StV 84, 454; HK-GS/*Maiwald/Rackow* § 344 Rn. 10), wenn die bezeichneten Tatsachen erwiesen (KMR/*Momsen* § 337 Rn. 139 ff.) werden (BGH NStZ 1990, 29; BGHSt 3, 212 [213]; 21, 334 [340]; 22, 169 [170]; BGH NJW 1969, 2293; 1980, 951; 1292; DAR [S] 1977, 179 f.; 1980, 209; BayObLGSt 24, 59; OLG Bremen VRS 36, 181; 50, 35; OLG Hamm NJW 1972, 1096; OLG Koblenz VRS 48, 121; 49, 195; 278; OLG Saarbrücken MDR 1974, 421; KK/*Gericke* § 344 Rn. 39 m.w.N.). **Nicht ausreichend** ist, wie erwähnt, die bloße Bezugnahme auf den Akteninhalt (BGH NStZ-RR 2006, 48); es soll bereits dann an einer bestimmten Behauptung eines Verfahrensmangels fehlen, wenn der Verteidiger keine Verantwortung für die Begründung des Mangels übernimmt (BGH, Beschl. v. 22.01.2008 – 1 StR 607/07).

37 **Nicht ausreichend** sind daher z.B. lediglich **Folgerungen** aus einem nicht näher konkretisierten Geschehen (BGH MDR [D] 1974, 725), bloßer Vortrag einander **widersprechender** Tatsachen (BGH NStZ-RR 2006, 181) z.B. in Rechtfertigungsschriften mehrerer Verteidiger desselben Beschwerdeführers (RG Recht 1924 Nr. 1612). Ebenso zur Unzulässigkeit führen **wahlweise** (OLG Koblenz VRS 47, 28) oder **unbestimmte** Tatsachenbehauptungen etwa derart, »ein Teil der Schöffen« sei unfähig gewesen (BayObLGSt 1951, 112), »mindestens 1 Schöffe« habe der Hauptverhandlung nicht zu folgen vermocht (BGH MDR [D] 1971, 723), der Vorsitzende habe »erheblichen Druck« auf die Schöffen ausgeübt (OLG Koblenz MDR 1974, 421), »verschiedene Zeugen« seien gesetzwidrig unvereidigt geblieben (BGH MDR [D] 1951, 406) oder »in mehreren Fällen« seien Benachrichtigungen nach § 224 nicht erfolgt (BGHSt 2, 304). U.U. muss die Begründung auch Negativtatsachen behaupten, also bspw. darlegen, dass eine Heilung des Verstoßes nicht stattgefunden hat (BGH StV 2004, 30; BGHR Abwesenheit 2; zu Recht krit. SK-StPO/*Frisch* § 344 Rn. 61; *Dahs* FS Salger [1995], S. 225; *Widmaier* StraFo 2006, 437; diff. BGH NStZ 2000, 49; 2007, 717; OLG Köln NStZ-RR 2001, 140; zum Ganzen *Meyer-Goßner/Schmitt* § 344 Rn. 24). Auch insoweit bedenklich stimmt die Neigung zur Relativierung der (negativen) Beweiskraft des Sitzungsprotokolls i.R.d. Rspr. zur sog. »**Rügeverkümmerung**« (BGH GSSt, Urt.v. 23.04.2007 – GSSt 1/06, ausf. *Momsen* FS Egon Müller [2007], S. 457 ff.).

38 **3. Die Protokollrüge.** Die Rüge muss die Existenz der den Verfahrensverstoß begründenden Tatsachen behaupten. **Protokollmängel** sind als solche kein Revisionsgrund, mögen sie noch so gravierend und offensichtlich sein; es kommt nicht auf die Fehler an, die das Protokoll enthält und auf denen das Urteil nicht beruhen kann (BGH NStZ-RR 2007, 52; OLG Saarbrücken MDR 1986, 1050; *Hamm* Rn. 215; *Schmid* Rpfleger 1962, 304), sondern nur auf die Vorgänge, für die das Protokoll Beweis liefert (§ 274). Eine **Protokollrüge** – z.B. wenn der Beschwerdeführer nur den Mangel des Protokolls als solchen rügt oder einen Verfahrensverstoß nicht ernstlich behauptet, sondern lediglich darauf hinweist, dass dieser sich aus der Niederschrift ergebe (BGHSt 7, 162 [164]) – ist nicht nur unbegründet, sondern von vornherein **unzulässig** (§ 271 Rdn. 22; RGSt 13, 77; 42, 170; 47, 237; 48, 39; 288; 58, 144 = JW 1924, 1771 m.Anm. *Fränkel*; 64, 215; 68, 274; JW 1932, 2437 m.Anm. *Alsberg* BayObLGSt 1951, 32; OLG Hamm NJW 1953, 839; OLG Celle NJW 1956, 1167; OLG Koblenz VRS 42, 29; 45, 292; HK-GS/*Maiwald* § 344 Rn. 13; *Meyer-Goßner/Schmitt* § 344 Rn. 26); LR/

Franke § 344 Rn. 86. Daher ist z.B. **nicht** zu rügen: »Das Hauptverhandlungsprotokoll enthält keinen Vermerk über die Vereidigung des Zeugen Z.; Vereidigung wäre aber geboten gewesen«, sondern: »Gerügt wird die Verletzung des § 59. Eine Entscheidung über die Vereidigung des Zeugen Z ist nicht ergangen. Das Gericht hat auch ausweislich des Hauptverhandlungsprotokolls nicht über den Antrag des Verteidigers auf Vereidigung vom (wörtliche Wiedergabe, Blattzahl) entschieden, und ohne weitere Begründung von der Vereidigung abgesehen« (zum Antragserfordernis BGHSt 50, 282; zur abw. Ansicht *Meyer-Goßner/Schmitt* § 59 Rn. 13; Bsp. zur alten Rechtslage bei *Amelunxen* S. 57). Auch das Fehlen des Protokolls kann als solches nicht gerügt werden, da ein Urteil hierauf nicht beruhen kann (BGH NStZ 1991, 502). Ist ein tatsächlich unterlaufener Verfahrensverstoß vorschriftswidrig im Hauptverhandlungsprotokoll nicht enthalten, kann der Beschwerdeführer Protokollberichtigung beantragen (KMR/ *Gemählich* § 271 Rn. 16–33) und sich dadurch die Grundlage für eine Prozessrüge verschaffen (zur Protokollberichtigung nach erhobener Verfahrensrüge BGH NStZ 2005, 281 sowie zur daraus folgenden »Rügeverkümmerung« BGH, Urt. v. 23.04.2007 – GSSt 1/06, vgl. § 337 Rdn. 69; näher KMR/ *Momsen* § 337 Rn. 139 ff.).

4. Behauptung von Tatsachen. Als **Tatsache** ist der Verfahrensfehler zu behaupten. Daran – und an 39 der Form des § 345 Abs. 2 (§ 345 Rdn. 23 ff.) – fehlt es auch, wenn der RA nur Behauptungen des Angeklagten wiedergibt, ohne Klarstellung, dass er sie (zugl.) als seine eigenen vorträgt (BGH, Beschl. v. 22.01.2008 – 1 StR 607/07; OLG Hamm NJW 1961, 862; vgl. auch BGHSt 25, 274). Dementsprechend darf der Verfahrensverstoß **nicht** lediglich als möglich bezeichnet werden (BGHSt 19, 273) oder nur vermutet bzw. die Ordnungsmäßigkeit des Verfahrens angezweifelt werden (BGHSt 7, 162; 17, 337; NJW 1962, 500; *Meyer-Goßner/Schmitt* § 344 Rn. 25). Im Fall der gerügten Nichtverlesung einer Urkunde muss bspw. auch dargelegt werden, dass diese nicht auf andere ordnungsgemäße Weise in das Verfahren eingeführt worden ist (BVerfG NStZ 2005, 697; HK-GS/ *Maiwald/Rackow* § 344 Rn. 14). Für den erst in der Revisionsinstanz hinzutretenden Verteidiger steht der Umstand, dass er selbst keine Wahrnehmungen zum Verfahren in der Tatsacheninstanz gemacht hat, der Möglichkeit, Verstöße bestimmt behaupten zu können, nicht entgegen (BGHSt 7, 162); er soll sich jedoch nicht missbräuchlich auf ein als unrichtig erkanntes Protokoll berufen dürfen (vgl. KMR/ *Momsen* § 337 Rn. 139 ff.).

5. Ausführungen zum Beruhen. Ausführungen, weshalb das Urteil auf dem Mangel **beruhen** 40 (§ 337 Abs. 1) soll, sind **nicht erforderlich** (RGSt 9, 70; 66, 10; OLG Braunschweig NdsRpfl. 1956, 77; *Alsberg* Rn. 1671; a. A. OLG Oldenburg NdsRpfl. 1951, 191; OLG Hamm NJW 1953, 839; OLG Neustadt NJW 1964, 313), **jedoch u. U. zweckmäßig**, insbesondere wenn dem Revisionsgericht nicht ohne Weiteres erkennbar ist, inwiefern der Verfahrensfehler das Urteil beeinflusst haben konnte (*Herdegen* NStZ 1990, 517; *Dahs* Rn. 491; *Meyer-Goßner/Schmitt* § 344 Rn. 27). Es kann sich dementsprechend auch empfehlen, darzulegen, warum im Einzelfall das Urteil auch bei regelmäßig nicht gegebener Kausalität auf dem Fehler beruht (BGHSt 36, 119; BGH NStZ 1996, 400; 1998, 369; KG Berlin StV 2000, 198; BGH NStZ-RR 2003, 2), etwa bei unterlassenem Hinweis nach § 265 zur Möglichkeit anderer Verteidigung (LR/ *Franke* § 344 Rn. 87; *Hamm* Rn. 1178 ff.). Erforderlich ist in jedem Fall die Angabe der **Tatsachen**, auf deren Grundlage die Beruhensfrage überprüft werden kann (BGHSt 30, 131; vgl. auch *Dahs* Rn. 505).

6. Einzelfälle. Von erheblicher praktischer Bedeutung ist die sog. »**Aufklärungsrüge**« (vgl. KMR/ 41 *Paulus* § 244 Rn. 596–599). Diese Rüge der Verletzung des § 244 Abs. 2 zielt auf die Verletzung der Amtsermittlungspflicht wg. unterlassener Tataschenaufklärung bzw. Beweiserhebung.
Sie ist nur dann zureichend begründet, wenn die **Tatsachen**, die hätten aufgeklärt werden müssen, **ge-** 42 **nau bezeichnet** sind (BGH NStZ 1984, 329; NJW 1985, 1175), wenn die hierfür zur Verfügung gestandenen **Beweismittel** genau bezeichnet werden (BGH NStZ-RR 1998, 2) und dargelegt wird, dass sie zur Verfügung standen (BGHSt 43, 321). Ferner müssen diejenigen **Umstände** bezeichnet werden, welche es für den Tatrichter nahe gelegt hätten bzw. ihn dazu hätten gedrängt haben müssen, die Beweiserhebung durchzuführen (BGHR § 344 Abs. 2 Satz 2 Aufklärungsrüge 1, 3, 6) und schließlich ist darzulegen, dass die **Beweiserhebung nicht anderweitig** erfolgt ist (vgl. zum Ganzen BGH StV 1988, 91; BGH VRS 15, 338; BGHSt 2, 168; KK/ *Gericke* § 344 Rn. 51 f.; LR/ *Franke* § 344 Rn. 87; HK-GS/ *Maiwald/Rackow* § 344 Rn. 11; s.a. KMR/ *Momsen* § 338 Rn. 33–35, 36, 40, 48, 51a, 70, 73 a.E., 92).

§ 344 StPO Revisionsbegründung

43 Wird die **Ablehnung von Anträgen** – z.B. nach § 24 (KMR/*Momsen* § 338 Rn. 40), § 74 (BGH NJW 1969, 2293; VRS 35, 428), § 228 (OLG Koblenz VRS 49, 278), § 244 Abs. 3 Satz 2, Abs. 4 (KMR/*Paulus* § 244 Rn. 600–605) – mit der Revision beanstandet, ist in aller Regel der Inhalt des betreffenden Antrags und der Gerichtsentscheidung im Wortlaut mitzuteilen (BGH NStZ 2000, 328; vgl. ausf. *Dahs* Rn. 496 ff.). Jedenfalls in Bezug auf Beweisanträge ist zudem darzutun, worin der Mangel besteht (BGH NStZ-RR 2012, 178; HK-GS/*Maiwald/Rackow* § 344 Rn. 11).

44 Die Rüge, das **Fragerecht** (§§ 240, 241, 241a) sei unzulässig beschränkt worden, muss den Inhalt und Adressaten der Frage(n) sowie die Zurückweisungsbegründung(en) angeben (OLG Celle MDR 1969, 780; Stuttgart Justiz 1973, 399). Wird eine Verletzung des **§ 250 Satz 2** geltend gemacht, ist auch der Inhalt des verlesenen Schriftstücks anzugeben (BGH MDR [H] 1978, 988 f.).

45 Wird gerügt, einem Zeugen seien **unzulässige Vorhalte** (dazu KMR/*Paulus* § 238 Rn. 34; § 244 Rn. 103–109) gemacht worden, bedarf es der Anführung, welchen Inhalt der Vorhalt hatte und was der Zeuge im Zusammenhang damit ausgesagt hat (BGH MDR [H] 1979, 108).

46 Mit der Verfahrensrüge sind Fehler im Vorgang der **Beweiswürdigung**, mit der Sachrüge Mängel der **Sachverhaltsdarstellung** geltend zu machen (dazu KMR/*Paulus* § 244 Rn. 37–40).

47 Wird die Aufhebung eines **Verwerfungsurteils** nach §§ 329, 412 wegen Ausbleibens begehrt, so ist das Urteil, wenn es nur eine formelhafte Wendung enthält, auf die Sachrüge aufzuheben (str.: so OLG Bremen NJW 1962, 881; HK-GS/*Maiwald/Rackow* § 344 Rn. 12; a. A. OLG Hamm NJW 1963, 65). Führt die Begründung dagegen näher aus, warum der Angeklagte nicht ausreichend entschuldigt ist, so kann mit der Verfahrensrüge eine Verletzung der §§ 329, 412 wegen Verkennung des Rechtsbegriffs der »genügenden Entschuldigung« erhoben werden (OLG Hamburg JZ 1965, 315; *Laube* NJW 1974, 1366; HK-GS/*Maiwald/Rackow* § 344 Rn. 12).

48 **7. Verwirkung von Verfahrensrügen.** Der **Verlust von Verfahrensrügen** hat hohe praktische Bedeutung, nicht zuletzt für die insoweit in den letzten Jahren ausgeweitete **Haftung** des Verteidigers in der Tatsachen-, aber auch in der Revisionsinstanz. Grundsätzlich zu unterscheiden sind der (üblicherweise) auf einer entsprechenden prozessualen Willenserklärung basierende Verzicht und die Verwirkung einer Rüge infolge Passivität oder i.w.S. dysfunktionalen Verhaltens. (ausf. zur neueren Entwicklung vgl. § 337 Rdn. 93 ff. u. ausf. KMR/*Momsen* § 337 Rn. 230–244; *Momsen* Verfahrensfehler und Rügeberechtigung, 1997, S. 79 ff.).

49 **Rügepräklusionen:** Es gibt Verfahrensmängel, die nach dem Gesetz nur durch einen Antrag in der Hauptverhandlung vor dem Tatgericht abgewehrt, aber später nicht mehr geltend gemacht werden können. Man kann hier von (befristeten) Verfahrenseinreden sprechen: hat der Prozessbeteiligte von dieser Interventionsbefugnis nicht Gebrauch gemacht, kann er den Mangel mit der Revision nicht mehr rügen. Es handelt sich hier um eine Verwirkung von Revisionsrügen durch Unterlassen, ohne dass es darauf ankommt, ob die Verfahrenseinrede bewusst oder unabsichtlich nicht erhoben worden ist.

50 Zu gesetzlichen Rügepräklusionen kann es nach §§ 6a, 16, 222b; 25 Abs. 1 Satz 1, Abs. 2; 217 Abs. 2, 218, Satz 2 kommen. Die Nichterhebung von Prozessrügen innerhalb der Frist des § 345 Abs. 1 führt ebenfalls zur Präklusion, sodass Verfahrensmängel auch nach Urteilsaufhebung und Zurückverweisung (§ 354 Abs. 2) nicht mehr mit der Revision geltend gemacht werden können (BGHSt 10, 281 = JZ 1958, 93 m. Anm. *Kern*), selbst wenn der Beschwerdeführer den Fehler erst jetzt erkannt hat (*Meyer-Goßner/Schmitt* § 337 Rn. 41 ff.).

51 **Verzicht:** Wenn ein Prozessbeteiligter in der Tatsacheninstanz auf Einhaltung einer Verfahrensvorschrift in einem bestimmten Punkt verzichtet hat, kann die von ihm erhobene Prozessrüge verwirkt sein (davon zu unterscheiden sind gesetzliche Verzichtsregelungen – z.B. §§ 61 Nr. 5, 217 Abs. 3, 245 Abs. 1 Satz 3 –, die Zulässigkeitsbedingungen für gerichtliche Prozesshandlungen sind). Dieses Problem des Verzichts auf die Einhaltung des gesetzlich vorgeschriebenen Verfahrens ist in der StPO nicht gelöst. (1) Eine allgemeine entsprechende Anwendung des § 295 ZPO, wonach Verzicht oder Schweigen einer Partei zur Verwirkung führen kann, ist unstatthaft, da im Strafprozess die Dispositionsmaxime grds. nicht gilt. (2) Die Rspr. hat sich z.T. damit begnügt, das **Beruhen** des Urteils auf einem Verfahrensfehler (KMR/*Momsen* § 337 Rn. 24 ff., 130 ff., 185 ff.) **zu verneinen**, wenn der Angeklagte auf Einhaltung der gesetzlichen Verfahrensweise in dem betreffenden Punkt in der Hauptverhandlung vor dem Tatgericht verzichtet hatte (RGSt 58, 125; 61, 354). Dies umgeht jedoch die Frage, **ob der Verzicht überhaupt zulässig** ist: ihm sind enge Grenzen gesetzt, weil die Einhaltung eines rechtsstaat-

lich-gesetzmäßigen Verfahrens der Disposition der Beteiligten entzogen ist (BGHSt 17, 121; OLG Hamm NJW 1956, 1330; *Schmid* S. 96). Aber soweit der **Verzicht prozessual wirksam** ist, führt er zur Verwirkung der Revisionsrüge, macht sie also unzulässig. Unter dieser Voraussetzung stellt sich die Frage, ob das Urteil auf dem Mangel beruht, nicht mehr.

Unverzichtbar sind diverse Verfahrensvorschriften (auf Erhebung einer entspr. **Rüge** kann der Beschwerdeführer selbstverständlich stets verzichten, dazu *Schmid* S. 132–152; *Momsen* Verfahrensfehler und Rügeberechtigung, 1997, S. 79 ff., [149 ff.]), die der Dispositionsbefugnis der Beteiligten schlechthin entzogen sind. Dazu gehören insbes.: 52

(1) **Prozessvoraussetzungen** (bzw. -hindernisse), die von Amts wegen zu beachten (KMR/*Seidl* § 206a Rn. 1) sind (Einl. Rn. 203 ff.; § 206a Rn. 2 ff., 17 ff.; *Schmid* S. 97 ff.): z.B. sachliche Zuständigkeit (RGSt 18, 55), Auslieferungsbeschränkungen (RGSt 34, 191; 41, 274; 45, 280; 64, 190; 66, 177), Anklageschrift (RGSt 24, 201; 67, 62) und Eröffnungsbeschluss (RGSt 43, 219; 55, 159; 61, 353 = JW 1928, 2260 m. Anm. *Oetker*; BayObLG NJW 1960, 2014). 53

(2) **Grundlegende**, die Justizförmigkeit des Verfahrens gestaltende, rechtspolitisch unabdingbare **Verfahrensgrundsätze**, die von der Nachprüfbarkeit durch das Revisionsgericht nicht dadurch ausgeschlossen werden können, dass sich ein Prozessbeteiligter mit ihrer Nichtbeachtung einverstanden erklärt hat. Hierzu zählen vor allem solche Verfahrensvorschriften, deren Verletzung einen absoluten Revisionsgrund nach § 338 zur Folge hat (*Jescheck* GA 1953, 89; *Schmid* S. 99 ff.), wie z.B. über den **gesetzlichen Richter** bei fehlerhafter Gerichtsbesetzung (RGSt 14, 213; 17, 174; 26, 3; 64, 309; JW 1930, 2573 m. Anm. *Doerr*; BGH NJW 1953, 1801; OLG Hamm VRS 11, 225; – jedoch vorbehaltlich § 222b) oder Mitwirkung eines ausgeschlossenen Richters (RGSt 9, 522; *Wolff* NJW 1953, 1656), die **notwendige Anwesenheit** Prozessbeteiligter (vgl. RGSt 40, 230; 42, 198; 58, 150; 69, 20; BGH NJW 1973, 522; 1976, 1108; BayObLG NJW 1974, 249; OLG Braunschweig NJW 1963, 1322 m. Anm. *Kleinknecht*; OLG Hamburg GA 1967, 177; OLG Karlsruhe Justiz 1969, 127; – a.M.: OLG Bremen GA 1953, 87 m. abl. Anm. *Jescheck* für StA; OLG Neustadt NJW 1962, 1632 für Angekl. bei Urteilsverkündung) oder die **Öffentlichkeit der Hauptverhandlung** (RGSt 64, 388 = JW 1931, 221 m. Anm. *Mamroth*). 54 55

Dies gilt auch im Hinblick auf die gerichtliche **Aufklärungspflicht** (§ 244 Abs. 2, dort Rdn. 110; BGH VRS 4, 30) konkretisierende Regeln wie etwa das **Unmittelbarkeitsgebot** (§ 250 Rdn. 2 m. Hinw.; RGSt 40, 55; 44, 11; JW 1932, 1751; 1935, 2380; BGHSt 17, 121; DAR 1953, 57; OLG Düsseldorf NJW 1949, 917; OLG Celle GA 1954, 311; OLG Hamm VRS 26, 212; *Schmid* S. 106 ff.; zu § 256 vgl. OLG Schleswig DAR 1962, 215; OLG Hamm JMBlNRW 1964, 5), § 59 (RGSt 37, 195; 57, 263; 66, 115; Ausnahme: § 61 Nr. 5), § 69 Abs. 1 Satz 2 (RG JW 1934, 175; 1938, 658 m. Anm. *Riek*; OLG Braunschweig NJW 1952, 119), die **Unterbrechungsfristen** des § 229 (denn deren Zweck liegt in Sicherung der Zuverlässigkeit der Erinnerung und des Mündlichkeitsprinzips, RGSt 60, 113; 69, 23), **§ 244 Abs. 4** (KMR/*Paulus* § 244 Rn. 405 ff.; RGSt 75, 168; BGH MDR [D] 1957, 268) oder § 258 Abs. 3 (*Wolff* NJW 1953, 1656; *Eb. Schmidt* II § 337 Rn. 66; ein Verzicht auf Ausübung dieses Rechts ist jedoch zulässig. 56

Ein Verzicht auf die Einhaltung **sonstiger** die **Rechtsstaatlichkeit** des Verfahrens gewährleistender Bestimmungen z.B. über verbotene Vernehmungsmethoden nach § 136a (vgl. § 136 Abs. 3 Satz 2), die Zustellung der **Anklageschrift** (a. A. noch RGSt 58, 128; BGHSt 15, 45) oder anderer anzufechtender Entscheidungen, **§ 252** (BGHSt 10, 79 = JZ 1957, 98 m. Anm. *Eb. Schmidt*), sowie die **§§ 331, 358 Abs. 2, 373 Abs. 2** oder § 189 GVG (BGHSt 22, 120; OLG Hamm VRS 20, 68) kommt ebenfalls nicht in Betracht. 57

Verzichtbar dagegen ist die Beachtung z.B. der **§§ 35a** (dort Rdn. 1 ff.; OLG Hamm NJW 1956, 1330; *Schmid* S. 96), **215 Satz 1** (dort Rdn. 6), 216 (dort Rdn. 24; OLG Hamburg HESt 3, 28), **218**, 222, 223 (BGH MDR [H] 1955, 529), **224 Abs. 1 Satz 1** (vgl. RGSt 4, 301; 50, 364; 58, 100; BGHSt 1, 286; 9, 28; 25, 359; NJW 1952, 1068; OLG Koblenz VRS 50, 32). Auch der infolge Gerichtsverschuldens (vgl. i.Ü. § 398 Abs. 1) verspätet zugelassene Nebenkläger kann auf Wiederholung der in seiner Abwesenheit (KMR/*Momsen* § 338 Rn. 69) bereits erledigten Prozessabschnitte wirksam verzichten (BGH MDR [D] 1952, 660; OLG Koblenz VRS 44, 433). 58

Erklärt werden kann der Verzicht auch durch **stillschweigendes** bzw. durch **schlüssiges Verhalten** (Voraussetzungen: § 337 Rdn. 93 ff. u. ausf. KMR/*Momsen* § 337 Rn. 222 ff.). Einzelfälle z.B. § 61; § 201; § 219; § 244 (KMR/*Paulus* § 244 Rn. 403); § 245 (KMR/*Paulus* § 245 Rn. 24–26); § 249; 59

§ 251; § 302. Dass es einer bes. sorgfältigen Prüfung der zum Verzicht gehörenden inneren Seite bedarf, liegt in der Natur der Sache, weil vor allem das Verhalten des Angeklagten auf Gesetzesunkenntnis beruhen kann (KG Berlin NJW 1954, 124; vgl. BGHSt 9, 21; OLG Celle MDR 1962, 236). Insoweit gebietet der Grundsatz des fairen Verfahrens ggf. eine Nachfrage. Hat der Angeklagte einen **Verteidiger**, darf nicht ohne Weiteres davon ausgegangen werden, dass er durch diesen beraten worden ist und bewusst eine gegebene prozentuale Möglichkeit nicht genutzt hat (*Jescheck* JZ 1952, 400). U.U. muss der Verteidiger einen Antrag wiederholen, wenn er erkennt, dass das Gericht seinen Antrag übersehen hat (KG Berlin VRS 32, 138; OLG Hamm JR 1971, 516; a.M.: *Alsberg* Rn. 760) oder irrtümlich als überholt erachtet (BGH MDR [D] 1957, 268).

60 Eine **Verwirkung** (dazu eingehend KMR/*Momsen* § 337 Rn. 230 ff.): kommt richtigerweise nur bzgl. einer Rüge der Verletzung **verzichtbarer** Vorschriften in Betracht; die Rüge der Nichtbeachtung unverzichtbarer Bestimmungen hingegen selbst dann nicht, wenn sie auf einen Antrag des Beschwerdeführers zurückgeht (vgl. zu § 338 Nr. 6: RGSt 64, 388; BGH NJW 1967, 687; MDR [H] 1978, 461) bzw. von ihm arglistig provoziert worden ist (RGSt 38, 216; BGHSt 15, 308; 22, 85) oder der Beschwerdeführer auf ihre Einhaltung (unwirksam) »verzichtet« (BGHSt 10, 70 = JZ 1957, 98 m. Anm. *Eb. Schmidt*) bzw. zugesichert hat, er werde auf diesen Fehler die Revision nicht stützen (BGH NStZ-RR 2008, 85: rechtsmissbräuchliche Verfahrensrüge ist unzulässig; OLG Hamm VRS 11, 225).

61 Die Verwirkung setzt ferner spezifisch **arglistiges Verhalten** des betr. Prozessbeteiligten voraus. Eine Verfahrensrüge ist bspw. nach überwiegender Ansicht (zur Kritik vgl. KMR/*Momsen* § 337 Rn. 230 ff.) **missbräuchlich** (dazu *Weber* GA 1975, 302 f.) und daher als unzulässig anzusehen, wenn der Beschwerdeführer den Prozessverstoß durch eigenes Zutun allein in der Absicht mit herbeigeführt, verdeckt oder unbeanstandet aufrecht erhalten hat, auf ihn ggf. die Revision zu stützen (OLG für Hessen JR 1949, 515; OLG Hamm NJW 1960, 1361; *Jescheck* JZ 1952, 402; GA 1953, 87; *Schmid* S. 336 ff., 373; vgl. auch KMR/*Paulus* § 244 Rn. 425–433). Da die Verantwortung für prozessförmiges Verfahren bei Gericht und StA (Nr. 127 S. 1 RiStBV) liegt, verwirken jedoch andere Beteiligte ihr Rügerecht **nicht** schon dann, wenn sie zu dem – möglicherweise nur von ihnen erkannten – Verfahrensverstoß lediglich **schweigen** (OLG Frankfurt HESt 3, 39; OLG Hamm VRS 14, 370 [371]; *Jescheck* JZ 1952, 402; a. A. *Wolff* NJW 1953, 1658). Auch die Nichtanrufung des Gerichts nach **§ 238 Abs. 2** bewirkt grds. keinen Rügeverlust (im Einzelnen *Schmid* S. 248–296).

62 Arglistiges Verhalten des **Verteidigers** führt nur dann und ausnahmsweise zum Rügeverlust auch für den Angeklagten, wenn in dessen Person ebenfalls die objektiven und subjektiven Verwirkungsvoraussetzungen vorliegen (*Schmid* S. 369 ff., [373]); Gleiches gilt für den Privat- und Nebenkläger bei rechtsmissbräuchlichem Verhalten seines anwaltlichen Beistands (*Schmid* S. 371). Die **StA** kann sich demgegenüber nicht auf solche (verzichtbare) Verstöße berufen, die ihr in der Hauptverhandlung bekannt waren (davon sei i.d.R. nicht auszugehen, wenn auch das Gericht sie nicht bemerkt hatte, OLG Hamm JMBlNRW 1964, 6), es sei denn, die StA hat versucht, den Mangel durch entsprechenden Hinweis zu verhindern oder zu heilen (zum Ganzen *Schmid* S. 359, [361 ff., 373 f.]). Diese strenge Behandlung gilt nicht für **Privat-** und **Nebenkläger**, die keine derjenigen der StA vergleichbare Rechtspflicht zur Wahrung der Justizförmigkeit des Verfahrens trifft (*Schmid* S. 366 ff. [374]; weitere Beispiele bei *Schmid* S. 44–71; *Momsen* Verfahrensfehler und Rügeberechtigung, 1997, S. 79 ff. [104 ff., 440 ff.]).

63 **8. Verfassungsrechtliche Bedenken.** Verfassungsrechtliche Bedenken gegen die Regelung des § 344 Abs. 2 bestehen nicht (BVerfG NJW 1985, 125). Allerdings weist das BVerfG zutr. darauf hin, dass die formalen Anforderungen an die Begründung einer Verfahrensrüge nicht überspannt werden dürfen (BVerfG StV 2006, 57; krit auch LR/*Franke* § 344 Rn. 80 f.; vgl. auch *Hamm* Rn. 216 bspw. mit Hinweis auf die formalistische Praxis, bereits vor Inkrafttreten des ggw. § 146 auf wortgleichen Begründungsschriften von Mitangeklagten zu bestehen). Vor dem Hintergrund der Entscheidung des Bundesverfassungsgerichts zu den Grenzen der zulässigen Auslegung des § 344 (BVerfG NJW 2005, 1999 [2003]) muss die Revisionsbegründung in der Weise eine geschlossene und vollständige Darlegung der Verfahrenstatsachen beinhalten (vgl. BGH NStZ [Pf/M] 1986, 209; BGH NStZ 1999, 632 f.; 2000, 215 f.), dass das Revisionsgericht die Entscheidung ohne notwendige Hinzuziehung weiterer Aktenbestandteile treffen kann. Die Wiedergabe von Aktenteilen, welchen im konkreten Fall kein über den Revisionsvortrag hinausgehender Bedeutungsgehalt zukommt, wäre daher grds. nicht erforderlich (BVerfG NJW 2005, 1999 [2003 f.]).

Aus dem Revisionsvorbringen muss erkennbar sein, ob das Tatgericht gegen eine bestimmte Verfahrens- 64
norm verstoßen hat. Unter Berücksichtigung der Regelungsabsicht des historischen Gesetzgebers soll
§ 344 Abs. 2 Satz 2 ausschließen, dass das Revisionsgericht von Amts wegen die Akten zur Auffindung
etwaiger Verfahrensfehler zu durchsuchen habe (BVerfG NJW 2005, 1999 [2003] m. Anm. *Güntge*
JR 2005, 496) nicht jedoch den Revisionsführer zu einer i.Ü. zweckfreien lückenlosen Widergabe
des Sitzungsprotokolls nebst der ggf. in Betracht kommenden Beiakten zwingen. Gleichwohl kann
nach der langjährigen Auslegungspraxis der Revisionsgerichte nur dazu geraten werden, im Zweifel,
das Sitzungsprotokoll in allen Einzelheiten im Wortlaut in die Revisionsbegründung zu transkribieren,
soweit es für den behaupteten Verfahrensfehler in irgendeiner Weise relevant sein kann (vgl. auch
Hamm Rn. 215 ff.). Gegen eine Überspannung der Anforderungen auch *Kuckein* NStZ 2005, 697;
Meyer-Mews NJW 2005, 2820). Nach *Franke* (LR § 344 Rn. 81) »entspricht (es) dann nicht der Würde
des Revisionsgerichts, sondern bedeutet im Zweifel geradezu eine Verletzung des »fair trial«, wenn nicht
sogar eine Rechtsverweigerung, die Prüfung des behaupteten Verfahrensmangels allein mit dem Hinweis
auf die nicht vollständige »Ablesbarkeit« der Rügevoraussetzungen in der Revisionsbegründung
zu umgehen.« Aufschlussreich ist ein jüngerer Beschluss (BGH, Beschl.v. 18.11.2008 – 1 StR 568/08)
zur Verfahrensrüge bei der rechtsstaatswidrigen Verfahrensverzögerung und dem ggf. damit verbundenen
Vortrag von Negativtatsachen: »Zwar dürfen die Anforderungen an den Umfang der Darstellung
der den Mangel enthaltenden Tatsachen bei der Beanstandung einer konventionswidrigen Verzögerung
während eines wie hier mehrere Jahre währenden Verfahrens nicht überzogen werden. Von einem Beschwerdeführer
ist aber zu erwarten, dass er einen realistischen Überblick über den tatsächlichen Ablauf
des Strafverfahrens gibt (BGH NJW 2008, 2451 [2452]). Dieser Darstellung bedarf es deswegen, weil
für die Frage der Konventionswidrigkeit das Verfahren insgesamt zu beurteilen ist, regelmäßig beginnend
mit dem Zeitpunkt, in dem der Beschuldigte von der Einleitung des gegen ihn gerichteten Ermittlungsverfahrens
Kenntnis erlangt« (bei HRRS 2009 Nr. 75).

9. Formulierungsbeispiel. Als Formulierungsbeispiel für die Rüge der fehlerhaften Ablehnung eines 65
Aussetzungsantrags (§ 229) ist zunächst darzulegen, dass die Verteidigung einen entsprechenden Antrag
gestellt hat (»der Verteidiger hat in der Hauptverhandlung vom – Datum – folgenden Antrag gestellt«,
es ist die wörtliche Wiedergabe des Antrags erforderlich und Angabe der betr. Blattzahlen des
Hauptverhandlungs-Protokolls). Sodann ist darzulegen, dass und mit welcher Begründung dieser Antrag
abgelehnt wurde (»hat das Gericht diesen Antrag mit Beschluss vom – Datum – zurückgewiesen«:
wörtliche Wiedergabe des ablehnenden Gerichtsbeschlusses erforderlich! und Angabe der betr. Blattzahlen
des Protokolls). Schließlich muss dargelegt werden, warum der abl. Beschluss rechtsfehlerhaft
war (im Beispiel also die minutiöse Nachzeichnung des Sitzungsverlaufs bis zum betreffenden Verhandlungstag,
ggf. aber auch Darlegung, dass eine Verfahrensförderung nicht erfolgte, weil der Verhandlungsstoff
(Verlesung) bereits Gegenstand eines anderen Termins war, was mit entsprechender genauer
Begründung und Wiedergabe des Protokolls darzulegen wäre (vgl. zur parallelen **Abwesenheitsrüge**
nach § 338 Nr. 5 die dortige Kommentierung und KK/ *Gericke* § 344 Rn. 48; zur Rüge nach § 244
– **Beweisantrag** – vgl. HK-GS/*Maiwald*/*Rackow* § 344 Rn. 18; KK/*Gericke* § 344 Rn. 54). Nach neuerer
Rspr. (BGH NStZ-RR 2003, 334; 2007, 53; NStZ 2007, 235) ist eine Glaubhaftmachung der Tatsachen
durch die Angabe von Beweismitteln grds. nicht notwendig (BGH NStZ 2007, 235; zur Aufklärungsrüge
s.o. Rdn. 41 ff.), von daher sollen auch die Aktenstellen, aus welchen sich die behaupteten
Tatsachen ergeben, nicht mehr bezeichnet werden müssen (vgl. *Meyer-Goßner*/*Schmitt* § 344 Rn. 23;
BGH NStZ-RR 2010, 210 L). Im Zweifel sollte der Revisionsführer dessen ungeachtet ausführliche
Angaben und Nachweise aus dem Protokoll anbringen (vgl. detailliert *Dahs* Rn. 493 ff.). Für die
Rüge eines zu Unrecht zurückgewiesenen **Ablehnungsantrags** vgl. KK/*Gericke* § 344 Rn. 47). Für
den Antrag auf **Verlesung** gem. § 251 Abs. 4 vgl. BGH NStZ-RR 2007, 52: Unzulässigkeit der Rüge,
da der angegriffene Beschluss nach § 251 Abs. 4 weder im Wortlaut noch in seinem **wesentlichen Inhalt**
mitgeteilt wurde.

§ 345 StPO Revisionsbegründungsfrist.

(1) ¹Die Revisionsanträge und ihre Begründung sind spätestens binnen eines Monats nach Ablauf der Frist zur Einlegung des Rechtsmittels bei dem Gericht, dessen Urteil angefochten wird, anzubringen. ²War zu dieser Zeit das Urteil noch nicht zugestellt, so beginnt die Frist mit der Zustellung.
(2) Seitens des Angeklagten kann dies nur in einer von dem Verteidiger oder einem Rechtsanwalt unterzeichneten Schrift oder zu Protokoll der Geschäftsstelle geschehen.

Übersicht

	Rdn.
A. Begründungsfrist	1
I. Grundsätzliches	1
II. Fristberechnung	3
1. Berechnung der Monatsfrist	3
2. Fristbeginn im Regelfall	4
3. Fristablauf bei Abwesenheitsurteil	8
4. Wiedereinsetzung	9
III. Wirksamkeit der Zustellung	13
1. Nicht fertig gestelltes Protokoll	14
2. Nicht ordnungsgemäße Anordnung der Zustellung	15
3. Zustellungsmängel auf Empfängerseite	16
4. Mängel des zugestellten Urteilsexemplares	18
IV. Adressat der Revisionsbegründung	22
B. Form der Revisionsbegründung	23
I. Wirkungsbereich von Abs. 2	23
II. Zweck der Formerfordernisse	24
III. Schriftform	25
IV. Revisionsbegründung durch den Verteidiger oder einen Rechtsanwalt	26
V. Einheitliche Revisionsbegründung für mehrere Mitangeklagte	30
VI. Verantwortungsübernahme des Verteidigers	33
VII. Revisionsbegründung zu Protokoll der Geschäftsstelle	37
C. Folgen verspäteter oder nicht formgerechter Revisionsbegründung	39

1 **A. Begründungsfrist.** **I. Grundsätzliches.** Für die Revisionsbegründung (§ 344) bestimmt Abs. 1 eine **Monatsfrist**. Im Gegensatz zur Urteilsabsetzungsfrist des § 275 ist sie starr und kann (anders als in Zivilverfahren, § 551 Abs. 2 ZPO) auch in sehr umfangreichen und schwierigen Sachen **nicht verlängert** werden (BGH NStZ-RR 2003, 14). Der Österreichische VerfGH (NStZ 2000, 668) sieht darin für die Parallelvorschrift des österreichischen Strafprozessrechts einen Verstoß gegen Art. 6 Abs. 3 Buchst. b MRK. Die Vorschrift ist zwar (noch) nicht verfassungswidrig (BVerfG, Beschl. v. 19.02.1998 – 2 BvR 1888/97); sie sollte aber geändert werden, am ehesten i.S. einer Verlängerungsmöglichkeit auf Antrag (*Hillenkamp* NStZ 2000, 670), die einer – ihrerseits starren – Staffelung in Parallele zu § 275 (*Beulke* Rn. 562) vorzuziehen ist.

2 Nach der derzeitigen Regelung lässt sich in Verfahren besonderen Umfangs eine **faktische »Verlängerung«** der Revisionsbegründungsfrist dadurch erreichen, dass innerhalb der Monatsfrist des § 345 Abs. 1 allein die (gem. § 344 Abs. 2 Satz 2 nach Fristablauf nicht mehr durch weiteren Tatsachenvortrag ergänzbaren) verfahrensrechtlichen Beanstandungen ausgearbeitet werden und die Sachrüge nur allgemein erhoben wird; nähere Ausführungen zur Sachrüge (und ergänzende Rechtsausführungen zur Verfahrensrüge) können ohne unmittelbare fristenmäßige Begrenzung später eingereicht werden, sinnvollerweise innerhalb der Zeitspanne bis zur Übersendung der Akten an die Staatsanwaltschaft beim Revisionsgericht (damit sich deren Stellungnahme auch hierauf erstreckt); das setzt eine genaue Beobachtung des Aktenlaufs voraus.

3 **II. Fristberechnung. 1. Berechnung der Monatsfrist.** Sie wird nach § 43 Abs. 1 und 2 berechnet. **Allgemeine Feiertage** sind nur gesetzliche, nicht (allein) kirchliche Feiertage (BGH NStZ 2008, 55 für Buß- und Bettag), auch nicht sonstige Dienstfeiertage (BayObLG NStZ-RR 1999, 363 für Silvester). Bei unterschiedlichen landesrechtlichen Regelungen (z.B. Fronleichnam) ist der **Gerichtsort** maßgeblich, nicht der Kanzleisitz des Verteidigers (OLG Celle NdsRpfl 1996, 253).

4 **2. Fristbeginn im Regelfall.** Bei Urteilen, die (wie regelmäßig) in **Anwesenheit** des Angeklagten verkündet wurden, beginnt die Frist mit dem Tag der **Urteilszustellung** (Abs. 1 Satz 2). Nur eine **ordnungsgemäße Zustellung** des **vollständigen** Urteils (vgl. erg. 7 § 338 Rdn. 63 ff.) nach **Fertigstellung des Hauptverhandlungs-Protokolls** (Verstoß gegen § 271 Abs. 1 S. 2 ist jedoch unschädlich, vgl. BGHSt 23, 115; OLG Köln MDR 1972, 260 = Rpfleger 1970, 139 m. Anm. *Reiss*; ist das Hauptverhandlungsprotokoll nicht mehr herstellbar, beginnt die Revisionsbegründungsfrist mit Urteilszustellung, vgl. *Schmid* FS R. Lange (1976), S. 797; sehr krit. zur Praxis der Protokollerstellung und -versendung *Hamm* Rn. 170 ff. – diese dürfte sich allerdings angesichts der personellen Einsparungen auch im Bereich der Geschäftsstelle kaum verbessern; **an den Beschwerdeführer** setzt die Frist in Lauf. Unvollständigkeit des Rubrums (BGH NStZ 1989, 584) oder einer Ausfertigung (BGH NStZ 2007, 53) sind unschädlich (BGH, Urteil vom 5.9.2007, 2 StR 306/07: Revisionsbegründungsfrist beginnt mit Zustellung des unvollständigen Urteils).

Wird an **mehrere** berechtigte Zustellungsempfänger zugestellt (an mehrere Verteidiger oder an den Angeklagten und einen Verteidiger), so ist für den Fristenlauf nach § 37 Abs. 2 die **späteste** der Zustellungen maßgeblich (BGHSt 34, 371), auch wenn die mehreren Zustellungen auf verschiedenen Anordnungen beruhen (BGHSt 22, 221), nicht jedoch, wenn die durch die erste Zustellung in Gang gesetzte Frist bereits abgelaufen ist (BGHSt 22, 221 [223]). Ein Anspruch auf mehrfache Urteilszustellung besteht nicht (BGH StraFo 2008, 509). Unklarheiten über den Fristenlauf (etwa hinsichtlich des genauen Zeitpunkts einer nach § 145a Abs. 3 Satz 2 nur an den Angeklagten bewirkten Zustellung) sollte der Verteidiger – zur Vermeidung eines Wiedereinsetzungsgesuchs – rechtzeitig durch Nachfrage bei Gericht aufklären. 5

Ausnahmsweise beginnt die Revisionsbegründungsfrist mit **Zustellung** nicht schon des Urteils, sondern ggf. erst mit der Zustellung eines **Beschlusses** über eine 6
– **Urteilsberichtigung** (RG HRR 1939 Nr. 1010; BGH 12, 374; *Dahs* Rn. 51, 392; anders, wenn diese nur einen revisionsunerheblichen Nebenpunkt betraf, OLG Hamm NJW 1956, 923 [OLG Hamm 27.01.1956 – 3 Ss 1566/55]; BayObLG MDR 1982, 600: Datum der Sitzung unerh.), soweit die Berichtigung zulässig ist (BGHSt 1991, 195);
– Gewährung der **Wiedereinsetzung** (Rdn. 9–12) gegen die Versäumung der Revisionsbegründungsfrist (RGSt 52, 76 [77]; 76, 280 = DR 1943, 143 m. Anm. *Mittelbach*; BGH NJW 1982, 532; BGHSt 30, 335; BayObLG NJW 1972, 171 f. unter Aufgabe von MDR 1954, 499 m. Anm. *Lichti*; wistra 1994, 159; OLG Hamm NJW 1955, 564 [OLG Hamm 01.02.1954 – (1) 2 a Ss 1396/53]; VRS 49, 133; OLG Celle NJW 1956, 760; 1968, 809; OLG Koblenz MDR 1967, 857 unter Aufgabe von NJW 1952, 1229 m. abl. Anm. *Pusinelli*) oder
– Entscheidung des Revisionsgerichts nach § 346 Abs. 2 – Aufhebungsbeschluss (zutr. *Dahs* Rn. 53; KK/*Gericke* § 345 Rn. 3; BGH StraFo 1997, 248); entsch. ist die Zustellung des Beschlusses, in dem das Revisionsgericht die Rechtzeitigkeit des Rechtsmittels nach § 346 Abs. 1 feststellt und den Verwerfungsbeschluss des Tatgerichts (§ 346 Abs. 2) aufhebt (BayObLG JR 1988, 304 m. Anm. *Wendisch*; OLG Karlsruhe Justiz 1988, 314; LR/*Franke* § 345 Rn. 11; *Meyer-Goßner/Schmitt* § 345 Rn. 6.

Für den **Nebenkläger**, der sich dem Verf. erst durch Revisionseinlegung angeschlossen hat (§ 395 Abs. 1 S. 2), beginnt die Revisionsbegründungfrist nicht vor Zustellung des Zulassungsbeschlusses (str.: RGSt 77, 281; OLG Dresden JW 1931, 3580; *Beling* S. 462 und ZStW 36, 295; *Meyer-Goßner/Schmitt* § 345 Rn. 6; a. A. RGSt 48, 236; 66, 393; BayObLG LZ 1925, 379). – War das Urteil in diesen Fällen bereits zugestellt, bedarf es keiner nochmaligen Zustellung. 7

3. Fristablauf bei Abwesenheitsurteil. Was nach § 345 Abs. 1 Satz 1 als Regelfall erscheint, ist die (relativ seltene) Ausnahme: Beginn der Frist zur Begründung der Revision erst mit Ablauf der Frist zur Einlegung. Praktisch wird das nur in den Fällen des in **Abwesenheit des Angeklagten** verkündeten Urteils (hierzu § 341 Rdn. 30 ff.). Dieser Fristenlauf gilt auch dann, wenn die Revision routinemäßig bereits nach Verkündung des Abwesenheitsurteils eingelegt (und möglicherweise sogar – mit einem Satz – schon begründet) wurde, also noch vor dem Beginn der erst mit der Zustellung in Gang gesetzten Einlegungsfrist des § 341 Abs. 2 (BGHSt 25, 187 [189] m. Anm. *Hanack* JR 1974, 295). Die Monatsfrist für die Revisionsbegründung schließt an den Ablauf der Wochenfrist für die Einlegung an (BGHSt 36, 241; Beispiel: Urteilszustellung Dienstag, 07.07., Ablauf der Einlegungsfrist Tagesende Dienstag, 14.07., Beginn der Begründungsfrist Tagesanfang Mittwoch, 15.07., Ablauf der Begründungsfrist an sich 15.08., weil das aber (in diesem Beispiel) ein Samstag ist, nach § 43 Abs. 2 erst Montag, 17.08. – also fast sechs Wochen seit Urteilsverkündung). 8

4. Wiedereinsetzung. Die Wiedereinsetzung in den vorigen Stand (§§ 44 ff.) kann beantragt werden gegen die Versäumung der **Frist** des Abs. 1 für die **Revisionsbegründung überhaupt** (ebenso gegen eine zwar fristgerechte, aber der **Form** des Abs. 2 nicht genügende Erklärung; RG 67, 197, 198; BGHSt 9

26, 335; OLG Köln NZV 2006, 47; OLG Zweibrücken StV 1991, 500; vgl. aber OLG Braunschweig NStZ 1996, 298: Wiedereinsetzung nur für eine Sachrüge), solange das Verf. noch nicht rechtskräftig (z.B. durch Revisionsverwerfung nach § 349 Abs. 2) abgeschlossen ist (BGH 23, 102 [103]; MDR [D] 1966, 728; DAR [S] 1979, 190 f.). Zur Wiedereinsetzung in den vorigen Stand zwecks Wahl der Berufung statt der Revision vgl. § 335 Rdn. 11–12 (zuständig ist das Berufungsgericht, vgl. OLG Zweibrücken MDR 1979, 956 f.). Stellt sich nachträglich heraus, dass eine nach § 345 zulässige Revisionsbegründung bereits vor Erlass eines Beschlusses nach § 346 Abs. 1 vorlag, ist dieser aufzuheben und über die Revision neu zu entscheiden (OLG Köln MDR 1979, 603).

10 **Wiedereinsetzungsgrund** (BGH, Beschl. vom 13.11.2007, 3 StR 341/07; näher *Peglau* RPfl 2007, 633 ff.) kann insbes. auch ein dem Angeklagten nicht anzulastendes Verschulden (Säumnis) seines Verteidigers (§ 44 Rdn. 25–30) oder des **Urkundsbeamten** der Geschäftsstelle (RGSt 67, 199; 68, 300; JW 1925, 2779 m. Anm. *Alsberg*; 1933, 1417; BGH NJW 1952, 1386; BayObLG JW 1926, 1239 m. Anm. *Löwenstein*; OLG Hamm NJW 1956, 1572; OLG Schleswig SchlHA 2007, 291) – etwa wenn er unzuständig (Rdn. 18–19) war (OLG Hamm MDR 1960, 426), eine Erklärung des Beschwerdeführers zu Unrecht nicht protokolliert (OLG Bremen NJW 1954, 46 [OLG Bremen 14.10.1953 – Ws 140/53]); er die vom Angeklagten gewollte Sachrüge als dann unzulässige Verfahrensrüge erhoben (BayObLG NStZ-RR 1996, 312) oder ihn unrichtig belehrt (Rdn. 37) hat – sein. Nach BVerfG, NJOZ 2007, 4397 kommt eine Wiedereinsetzung bei grds. einem der Justiz zurechenbaren Fehler in Betracht. Ist es zweifelhaft, ob ein Schriftsatz überhaupt bei Gericht einging, geht dies zu Lasten des Rechtsmittelführers; eine Wiedereinsetzung in den vorigen Stand ist aber möglich, wenn der Angeklagte dies nicht zu vertreten hat (BGH, Beschl. vom 4.3.2008, 4 StR 60/08)

11 **Grundsätzlich keine Wiedereinsetzung in den vorigen Stand** findet gegen die Versäumung nur **einzelner Verfahrensrügen** statt, wenn i.Ü. die Revisionsbegründungfrist – z.B. durch Erhebung nur der allg. Sachrüge oder/und bestimmter Verfahrensrügen – gewahrt ist (dazu RG JW 1928, 2718; 1935, 1636; BGHSt 17, 95; 23, 102 [103]; OLG Oldenburg NJW 1968, 64; OLG Hamm, Urteil vom 8.11.1972, 4 Ss 1205/72). Denn hier ist nicht die Revisionsbegründungfrist versäumt, sondern nur die Gelegenheit, neben dem ordnungsgemäß vorgebrachten Revisionsangriff weitere Rügen geltend zu machen (BGH DAR [S] 1980, 210). Dies gilt nach Ansicht des BGH grds. uneingeschränkt, soweit sowohl der Beschwerdeführer als auch sein (damaliger) Verteidiger an der erstinstanzlichen Hauptverhandlung teilgenommen haben (BGH wistra 2006, 271; BGHR § 44 Verfahrensrüge 12). Gegen die Verspätung einzelner Sachrügen bedarf es i.Ü. keiner Wiedereinsetzung in den vorigen Stand, da der Beschwerdeführer sie bis zum Erlass der Entscheidung des Revisionsgerichts nachschieben kann (§ 344 Rdn. 8).

12 Nur **ausnahmsweise** kann in **Abwägung** des öffentlichen Interesses an Rechtsklarheit und geordnetem Verfahrensfortgang ggü. dem Anliegen des Beschwerdeführers, seine Rügen möglichst erschöpfend vorbringen zu können (vgl. BGHSt 1, 44 [46]; 17, 94; 23, 103; berechtigte Kritik bei *Dahs* Rn. 556 f.), die Wiedereinsetzung in den vorigen Stand auch gegen Versäumung einzelner Verfahrensrügen an sich **statthaft** sein (dazu de lege ferenda für Verlängerung der Frist des Absatzes 1 durch Anpassung an § 275 Abs. 1 S. 2 vgl. *Dencker* ZRP 1978, 5 ff.). So bspw. auch dann, wenn der Verteidiger an der Hauptverhandlung nicht teilgenommen hat und allein deshalb, weil er das Hauptverhandlungs-Protokoll – etwa trotz mehrfachen Antrags auf Akteneinsicht innerhalb der Frist des Abs. 1 (OLG Hamm MDR 1973, 691 [OLG Hamm 15.03.1973 – 3 Ss 213/73]) – nicht einsehen konnte (BGH wistra 2006, 271; vgl. Nr. 160 RiStBV), gehindert war, die Revisionsrüge(n) rechtzeitig anzubringen (BGHSt 1, 44 [45]; BGH, Beschl. vom 18.11.1975, 3 StR 154/75; DAR [S] 1980, 210). Einzelne Ausnahmen wurden gemacht für besondere Fallkonstellationen, wie schwere Erkrankung des Beschwerdeführers (BGH, Beschl. vom 25.5.1965, 3 StR 5/65 bei *Dahs* Rn. 556 Fn. 41) oder des Verteidigers (BGH NStZ 1985, 204), auch der Nichtgewährung rechtlichen Gehörs (grds. BVerfG NStZ 1991, 446) soweit dies i.R. des Revisionsverfahrens überhaupt von Bedeutung ist (*Dahs* Rn. 551 ff.). Begründet bei mehreren Verteidigern nur einer die Revision fristgerecht, kommt einer Wiedereinsetzung nicht in Betracht (BGH, Beschl. vom 7.5.2004, 2 StR 458/03); ein Verstoß gegen § 146 kann hingegen zur Wiedereinsetzung führen (BGHSt 26, 335).

13 **III. Wirksamkeit der Zustellung.** Nur eine ordnungsgemäße und wirksame Zustellung des Urteils setzt die Revisionsbegründungfrist in Gang. Zugestellt wird im Regelfall eine **Ausfertigung** des Urteils

(§ 275 Abs. 4); genügend ist aber auch die Zustellung einer vom Urkundsbeamten **beglaubigten Abschrift** (§ 169 Abs. 2 Satz 1 ZPO; BGHSt 26, 140 [141]). Nachfolgend **typische Zustellungsmängel**:

1. Nicht fertig gestelltes Protokoll. Nach § 273 Abs. 4 darf das Urteil vor Fertigstellung des Sitzungsprotokolls nicht zugestellt werden; ein Verstoß hiergegen macht die Zustellung **wirkungslos** (BGHSt 37, 287 [288] m.N.). Zur Fertigstellung des Sitzungsprotokolls gehört auch, dass der Urkundsbeamte sich zu den vom Vorsitzenden eingefügten sachlichen Ergänzungen erklärt hat (BGHSt 37, 287 [288] m.N.).

2. Nicht ordnungsgemäße Anordnung der Zustellung. Nach § 36 Abs. 1 Satz 2 muss die Zustellung **vom Vorsitzenden** in jedem Einzelfall unter ausdrücklicher Bezeichnung des Zustellungsempfängers angeordnet werden; die bloße Anordnung, dass zugestellt werden soll, genügt nicht (Nachw. bei § 36 Rdn. 4 ff.). Die »anordnungslos« von der Geschäftsstelle vorgenommene Zustellung ist unwirksam (BGH NStZ 1986, 230 [für Zustellung an die StA]). Die Art und Weise der Zustellung kann der Vorsitzende bestimmen, braucht das aber nicht zu tun, sondern kann dies der Geschäftsstelle überlassen (OLG Düsseldorf NStZ-RR 2000, 335), die die Zustellung ausführt.

3. Zustellungsmängel auf Empfängerseite. In der Praxis scheitert die wirksame Urteilszustellung mitunter daran, dass das EB nicht vom Verteidiger, sondern von einem anderen Rechtsanwalt, häufig dem Sozius des Verteidigers, unterschrieben worden ist. Bei Wahlverteidigung kann die Unwirksamkeit durch (nachträgliche) Bestätigung einer Unterbevollmächtigung des anderen Rechtsanwalts behoben werden; beim Pflichtverteidiger, der durch einen anderen Rechtsanwalt nicht wirksam vertreten werden kann, bleibt es bei der Unwirksamkeit der Zustellung (BGH NStZ 1988, 213 [M] m.N.), es sei denn, der andere Rechtsanwalt sei bestellter Vertreter nach § 53 BRAO. Durch ein nachträglich ausgestelltes Empfangsbekenntnis (das auf den Zeitpunkt des Empfangs des Urteils zurückweist) kann die Unwirksamkeit der Zustellung – auch noch nach Begründung der Revision – geheilt werden (BGH NStZ 1996, 149).

Zustellungsdatum ist bei der Zustellung gegen EB nicht der Eingang des Urteils in der Anwaltskanzlei, sondern dessen Annahme durch den Rechtsanwalt mit dem Willen, es als zugestellt anzusehen (BGH NStZ 1996, 149; BVerfG NJW 2001, 1563).

4. Mängel des zugestellten Urteilsexemplares. Die Ausfertigung oder beglaubigte Abschrift muss die **Urschrift vollständig wiedergeben**, und zwar gerade auch in ihren etwaigen Mängeln (wie Fehlen von Unterschriften oder Verhinderungsvermerke). Entscheidend ist, dass der Zustellungsempfänger »die für seine Rechtsmittelbegründung maßgebliche Fassung in Händen« hat (BGHSt 46, 204 [205]). Daran fehlt es, wenn die Ausfertigung oder beglaubigte Abschrift (etwa wegen einer Fehlfunktion des Schreibcomputers) **grobe Mängel** aufweist, die die Verständlichkeit gefährden (etwa beim Fehlen wichtiger Seiten oder bei der sinnstörenden Wiederholung von Sätzen und Absätzen; BGH NStZ 1983, 214 [P/M]). Nur geringfügige Mängel hindern die Wirksamkeit der Zustellung nicht, etwa das Fehlen einer Seite, die nur den Mitangeklagten betrifft (BGH NStZ 2007, 53) oder das Fehlen kurzer und nicht wesentlicher Textstellen (BGH NStZ-RR 2007, 261 [B]) oder das Fehlen der Namen der Schöffen (BGH NStZ 1989, 584 und 1994, 47 [jedenfalls wenn Angeklagter oder Verteidiger bei der Urteilsverkündung anwesend waren]).

Mängel der Urteilsurschrift, die in gleicher Weise in der zugestellten Ausfertigung oder beglaubigten Abschrift enthalten sind, machen demgegenüber die Zustellung **nicht unwirksam** (etwa das Fehlen eines nicht ganz unwesentlichen Teils des Tenors, sofern aus den Urteilsgründen eine Ergänzung möglich ist (BGH NJW 1978, 60; BGH NStZ 1989, 584; 1994, 47; BGHR StPO § 345 Abs. 1 Fristbeginn 7; vgl. auch BGH NJW 1999, 800; StraFo 2007, 502), sondern begründen ggf. die Revision, so beim Fehlen einer richterlichen Unterschrift bzw. des Verhinderungsvermerks (§ 275 Abs. 2 i.V.m. § 338 Nr. 7); eine entsprechende Rüge muss aber ausdrücklich erhoben werden (BGHSt 46, 204; BGH NStZ-RR 2003, 85).

Werden die Gründe eines Urteils durch einen zulässigen Berichtigungsbeschluss ergänzt, so wird (erst) durch die **Zustellung des Berichtigungsbeschlusses** in Lauf gesetzt (BGHSt 12, 374), dies allerdings nicht, wenn sich die Berichtigung lediglich auf Punkte bezieht, »die für die Frage der richtigen Rechtsanwendung unmaßgeblich sind« (BGHSt 12, 374 [376]). Die Zustellung eines Berichtigungsbeschlusses, der lediglich den Urteilstenor anhand des insoweit maßgeblichen Sitzungsprotokolls in das Urteil einfügt oder ihn ergänzt, ist für den Fristenlauf ohne Bedeutung (BGH StraFo 2007, 502).

21 Die Unübersichtlichkeit und Einzelfallbezogenheit dieser Rechtsprechung lassen es ratsam erscheinen, sich an die durch die erste Zustellung des Urteils in Gang gesetzte Revisionsbegründungsfrist zu halten und sich nicht darauf zu verlassen, dass die Frist durch die Zustellung eines Berichtigungsbeschlusses erneut eröffnet worden sein könnte.

22 **IV. Adressat der Revisionsbegründung.** Sie ist bei dem Gericht einzureichen, dessen **Urteil angefochten ist** (iudex a quo). Im Übrigen gelten dieselben Grundsätze wie bei § 341 (dort Rdn. 4, 22 f.).

23 **B. Form der Revisionsbegründung. I. Wirkungsbereich von Abs. 2.** Die Vorschrift betrifft die Revisionsbegründung des **Angeklagten**; für den **Privatkläger** enthält § 390 Abs. 2 eine inhaltsgleiche Regelung, die auf die Revisionsbegründung entsprechend anzuwenden ist (BGH NJW 1992, 1398; *Hilger* NStZ 1988, 441). Für die Revisionsbegründung der **Staatsanwaltschaft** reicht an sich – wie bei der Revisionseinlegung – einfache Schriftform aus. Es genügt, dass der in Maschinenschrift wiedergegebene Name des Staatsanwalts mit einem Beglaubigungsvermerk versehen wird (GmS-OGB NJW 1980, 172); auch beglaubigte Abschriften sind ausreichend (BGHSt 2, 77). Nr. 149 RiStBV ordnet allerdings die handschriftliche Unterzeichnung an.

24 **II. Zweck der Formerfordernisse.** Die Vorschrift soll zugunsten des Beschwerdeführers eine gesetzmäßige, sachgerechte und von sachkundiger Seite stammende Begründung gewährleisten (BGHSt 25, 272 [273] m. Anm. *Meyer* JR 1974, 478; BGH NStZ 1987, 336). Zugleich soll den Revisionsgerichten »die Prüfung grundloser oder unverständlicher Anträge erspart bleiben« (BGHSt 32, 326 [328]).

25 **III. Schriftform.** Schriftlichkeit setzt **Lesbarkeit** voraus; daran fehlt es, wenn die Revisionsbegründungsschrift auf weite Strecken aus praktisch unlesbaren hineinkopierten handschriftlichen Texten besteht (BGHSt 33, 44 m. Anm. *R. Hamm* StV 1985, 137; anders, wenn hineinkopierte Schriftstücke lediglich an manchen Stellen schwer lesbar sind oder einzelne Worte fehlen (OLG Hamm NStZ-RR 2001, 376). Generell empfiehlt sich, handschriftliche Texte, die in die Revisionsbegründungsschrift eingefügt werden, durch Leseabschriften zu ersetzen oder zu ergänzen, sofern sie ohnehin nicht leicht lesbar sind.

26 **IV. Revisionsbegründung durch den Verteidiger oder einen Rechtsanwalt.** Verteidiger ist der bisherige oder neu beauftragte Verteidiger aus dem Personenkreis des § 138 Abs. 1, bei Genehmigung durch das Gericht auch durch andere Personen (mit Einschränkung des § 138 Abs. 2 Satz 2; hierzu BGHSt 32, 326 [Unzulässigkeit der Revisionsbegründung durch einen Rechtsbeistand]). Zu Referendaren s. § 139. Die Bestellung zum Pflichtverteidiger vor dem Tatgericht umfasst auch die Begründung der Revision und das schriftliche Revisionsverfahren, nicht jedoch die Hauptverhandlung vor dem Revisionsgericht (§ 350 Abs. 3; s. dort Rdn. 2 ff.).

27 Begründet ein **Rechtsanwalt** die Revision, so wird ihm in der Regel zugleich auch die Verteidigung übertragen sein. Das ist aber – wie aus Nr. 2 folgt – nicht notwendig der Fall; ein Rechtsanwalt kann (auch ohne Erteilung einer umfassenden Verteidigungsvollmacht) lediglich für die Begründung der Revision bevollmächtigt werden (BGH NStZ 2001, 52). Dieser Rechtsanwalt wird deshalb im Rahmen des § 137 nicht »mitgezählt«. Auch an ihn kann die Zustellung des Urteils erfolgen, allerdings nicht nach der auf Verteidiger beschränkte Vorschrift des § 145a Abs. 1, sondern aufgrund einer rechtsgeschäftlichen Zustellungsvollmacht (vgl. BGH NStZ 1997, 293 und *Schnarr* NStZ 1997, 15 ff.). Nachgewiesen werden kann die Bevollmächtigung auch noch später (BGH NStZ 2001, 52; OLG Nürnberg NJW 2007, 1767).

28 Auch ein (vom Wahlverteidiger) **unterbevollmächtigter** Verteidiger bzw. Rechtsanwalt kann die Revision begründen und die Revisionsbegründungsschrift unterzeichnen. Der Pflichtverteidiger kann zwar durch seinen **amtlich bestellten Vertreter** wirksam vertreten werden (BGH NStZ-RR 2002, 12); Untervollmacht kann er aber **nicht** erteilen (BGH StV 1981, 393; NStZ 1996, 21 [K]).

29 Aus Abs. 2 folgt, dass ein **Rechtsanwalt als Angeklagter** die Revision selbst schriftlich begründen kann (RGRspr. 4, 695; RGSt 69, 377; BayObLGSt 1975, 154 = VRS 50, 298; allgem.Auff.). Streitig ist lediglich, ob dies auch gilt, wenn gegen ihn ein sofort wirksames Vertretungs- oder Berufsverbot verhängt worden ist. Für Zulässigkeit RGSt 69, 377; OLG Celle NStZ 1989, 41; a. A. LR/*Franke* § 345 Rn. 20;

Meyer-Goßner/Schmitt § 345 Rn. 13; SK-StPO/*Frisch § 345 Rn. 26; Feuerich* NStZ 1989, 339). Im Hinblick auf § 155 Abs. 5 BRAO ist der Auffassung der Rechtsprechung zuzustimmen.

V. Einheitliche Revisionsbegründung für mehrere Mitangeklagte. Im Grundsatz muss jeder Mitangeklagte »seinen eigenen« Revisionsverteidiger haben. Die Bezugnahme auf die Revisionsbegründung eines Mitangeklagten genügt nicht. Entsprechendes gilt bei mehreren Nebenklägern (BGH NStZ 2007, 166). 30

Damit es nicht zur Verdoppelung oder Verdreifachung des (möglicherweise umfangreichen) Revisionsvortrages bei gleichgelagerten Revisionsrügen (vor allem Verfahrensrügen) kommt, empfiehlt sich, dass **mehrere Verteidiger eine gemeinsame Revisionsbegründungsschrift** (unter gemeinsamem Briefkopf und unterzeichnet durch alle Verteidiger) einreichen. Diese vom Bundesgerichtshof schon wegen der Übersichtlichkeit des Revisionsvortrags geschätzte Form der Revisionsbegründung (BGH NStZ 1998, 99 m. Anm. *Widmaier*) setzt allerdings voraus, dass in den erhobenen Rügen nicht gegenläufige Interessen der mehreren Mitangeklagten zum Ausdruck kommen. 31

In Ausnahmesituationen – etwa wenn sich mehrere Mitangeklagte kurz vor Ablauf der Revisionsbegründungsfrist an einen Rechtsanwalt mit der Bitte um Begründung der Revision wenden – kann eine **durch einen Rechtsanwalt in Vollmacht mehrerer Mitangeklagter** gefertigte Revisionsbegründungsschrift in Betracht kommen. Dies verstößt zwar gegen § 146 StPO. Sofern nicht schon zuvor eine Zurückweisung nach § 146a Abs. 2 erfolgt ist, steht die Zulässigkeit und Wirksamkeit der Revisionsbegründungen für jeden der Mitangeklagten aber nicht in Frage. Der Verteidiger wird in einem derartigen Fall auf die Besonderheit der Situation hinweisen und alsbald nach Einreichung der Revisionsbegründung sein Mandat auf einen der Mitangeklagten beschränken (durch Niederlegung der weiteren Mandate), so dass es nicht zu einem Zurückweisungsbeschluss nach § 146a Abs. 2 StPO kommen kann. Für einen nur mit der Begründung der Revision beauftragten Rechtsanwalt gilt § 146 ohnehin nicht. 32

VI. Verantwortungsübernahme des Verteidigers. Der die Revision begründende und den Schriftsatz unterzeichnende Verteidiger oder Rechtsanwalt muss für ihren Inhalt **die Verantwortung übernehmen**. Das erscheint selbstverständlich – und trotzdem fehlte es hieran in nicht wenigen Fällen. Diese Feststellung ist vergangenheitsbezogen; bei heutigen Verteidigern (in der Mehrzahl Fachanwälte für Strafrecht) gibt es diese Schwäche des beruflichen Selbstbildes nicht mehr. Die fehlende Verantwortungsübernahme durch den Verteidiger tritt in **zwei Fallgruppen** in Erscheinung: 33

1. Der Verteidiger **distanziert** sich (mit Blick auf das Wohlwollen des Gerichts) von der Revision, indem er zum Ausdruck bringt, dass er selbst das Urteil zwar für richtig halte, der Angeklagte aber dessen revisionsrechtliche Überprüfung begehre. Das geschieht durch Formulierungen wie: »begehrt wird vom Angeklagten eine Überprüfung des angefochtenen Urteils« (BGH NStZ 1988, 214 [M.]) oder: »bin ich gehalten, entsprechend dem Wunsch des Angeklagten die Revision wie folgt zu begründen« (BGH NStZ-RR 2003, 292 [B.]) oder: »es wird auftragsgemäß die Verletzung materiellen Rechts gerügt« (BGH NStZ 2004, 166) oder: »der Verurteilte ist der Auffassung, dass durch das Urteil materielles Recht verletzt worden ist« (BGHSt 25, 272 [273]). Auch wenn der Verteidiger das Urteil für richtig hält und keine rechtlichen Mängel sieht, kann er doch in jedem Fall die allgemeine Sachrüge erheben (zumal letztlich nicht seine Auffassung hierzu, sondern allein die des Revisionsgerichts maßgeblich ist, das immer aufgrund der nicht ausgeführten allgemeinen Sachrüge ein Urteil wegen durchgreifender rechtlicher Mängel aufhebt). 34

Vereinzelt werden zu dieser Gruppe auch solche Fälle gerechnet, die weniger auf fehlender Verantwortungsübernahme als auf einem **Versehen des unterzeichnenden Verteidigers** beruhen. So hat OLG Hamm NStZ-RR 2009, 615 die Revision als unzulässig verworfen, weil der Sozius des Pflichtverteidigers die Begründungsschrift mit dem Vermerk »für den nach Diktat verreisten RA T.« unterzeichnet hatte. Mit Recht sieht BGH NStZ 2003, 615 (ähnlich OLG Köln NZV 2006, 321) darin eine bloße »Kanzleipanne«, die die **Wiedereinsetzung in den vorigen Stand** rechtfertigt in jener Sache, in der die Revision schon bei der Einlegung mit der allgemeinen Sachrüge begründet worden war, sogar zur Nachholung der in dem fraglichen Schriftsatz erhobenen Verfahrensrügen). 35

2. Unzulässig sind Revisionsbegründungen (oder Teile von Revisionsbegründungen), die erkennbar der **laienhafte Text des Angeklagten** sind, den der Verteidiger mit seinem Kopfbogen und seiner Unterschrift versehen oder neben eigenen (zulässigen) Ausführungen in den Schriftsatz einkopiert hat. Im 36

Extremfall (wenn das Schriftstück überhaupt keine eigenen Ausführungen des Verteidigers enthält), führt dies zur Unzulässigkeit der Revision insgesamt; unzulässig und unbeachtlich sind aber jedenfalls die vom Angeklagten stammenden Teile des Textes. Die Sachverhalte der hierzu veröffentlichten Entscheidungen wirken zum Teil fast grotesk: BGH NStZ 1984, 563 (9 Leitz-Ordner mit 2.938 Blatt eines vom Angeklagten verfassten weithin unsinnigen Textes, dem der Verteidiger lediglich seinen Kopfbogen mit einem einleitenden Satz und die letzte Seite mit seiner Unterschrift angefügt hat); BGH NStZ-RR 2007, 133 [B] (2 Leitz-Ordner mit bemühtem, aber völlig unzureichenden Text, den der Angeklagte »mit einer – nicht immer funktionstüchtigen – mechanischen Schreibmaschine zu Papier gebracht hat«); BGH NStZ-RR 2007, 132 [B] (nach einem kurzen einleitenden Text des Rechtsanwalts mit der allgemeinen Sachrüge folgen 353 Seiten Text des Angeklagten, dessen Inhalt »mit der ihm vom Sachverständigen attestierten Logorrhöe korrespondiert«); OLG Düsseldorf wistra 1992, 39 [40] (99 Blatt Verfahrensrügen schwer verständlichen Inhalts, erkennbar vom Angeklagten verfasst, die der auf den beiden ersten Seiten des Schriftsatzes vom Verteidiger zulässig erhobenen allgemeinen Sachrüge nachfolgen). Der Angeklagte darf dem die Revision begründenden Verteidiger zwar zuarbeiten; der Verteidiger muss aber dem Ansinnen des Angeklagten, dessen Text unmittelbar in die Revisionsbegründung aufzunehmen, widerstehen.

37 **VII. Revisionsbegründung zu Protokoll der Geschäftsstelle.** Dies ist die einzige Möglichkeit einer **eigenen Revisionsbegründung des Angeklagten.** In manchen Fällen haben solche Revisionsbegründungen (selbst bei Verfahrensrügen) schon zum Erfolg geführt. Eigene Schriftsätze, die der Angeklagte beim Tatgericht oder beim Revisionsgericht zur Begründung der Revision einreicht, sind dagegen rechtlich ohne Belang. Wenn sie nicht zu umfangreich sind, mag es sein, dass sie gelesen werden. Es lässt sich auch nicht ausschließen, dass sie im Einzelfall zur Überzeugungsbildung des Revisionsgerichts (»psychologisch unterstützend«) beigetragen haben.

38 Zuständig ist der **Rechtspfleger** des Gerichts, dessen Urteil angefochten wird (§ 306 Rdn. 4; RGR 3, 50; RG 7, 174; JW 1913, 164; BayObLGSt 1951, 350; BayObLG Rpfl 1996, 125; *Hamm* Rn. 191). Eine Ausnahme gilt für nicht auf freien Fuß befindliche Angeklagte nach § 299. Die vom Rechtspfleger eines unzuständigen Gerichts oder von einem unzuständigen Beamten aufgenommene Revisionsbegründung ist unwirksam (BGH NStZ 1994, 25 [K]; OLG Köln NZV 2006, 47; OLG Brandenburg NStZ 2010, 413 [414]); ggf. wird Wiedereinsetzung in den vorigen Stand zu gewähren sein. Der Rechtspfleger ist nicht gehalten, offenkundig unzulässige Verfahrensrügen des Angeklagten aufzunehmen (BGH NStZ-RR 2008, 18). Umgekehrt darf sich der Rechtspfleger den Inhalt der Revisionsbegründung auch nicht einfach vom Angeklagten diktieren lassen (OLG Hamm NStZ 1982, 257) oder lediglich den vom Angeklagten verfassten Text ohne nähere Prüfung »nur mit den üblichen Eingangs- und Schlussformeln eines Protokolls umkleiden« (BGH NStZ 1988, 449 [M]) oder sich auf die bloße Entgegennahme der Schrift des Angeklagten beschränken (BGH NStZ-RR 1999, 110).

39 **C. Folgen verspäteter oder nicht formgerechter Revisionsbegründung.** Versäumung der Frist oder Verfehlen der Formerfordernisse führt dazu, dass die Revision durch das Tatgericht (§ 346) oder jedenfalls durch das Revisionsgericht (§ 349 Abs. 1 und 5) als unzulässig verworfen wird (oder dass jedenfalls die nicht den Formerfordernis entsprechenden Teile – etwa Verfahrensrügen – als unzulässig behandelt werden).

40 **Wiedereinsetzung in den vorigen Stand** wird gewährt, wenn der Beschwerdeführer die Versäumung der Frist **nicht verschuldet** hat, wobei dem Angeklagten **Verteidigerverschulden nicht zugerechnet** wird (BGHSt 14, 306 [308]). Dagegen wird dem **Nebenkläger** das Verschulden seines anwaltlichen Vertreters zugerechnet (BGHSt 30, 309 [310]; BGH NStZ 2000, 34 [K]; 2003, 80). **Mitverschulden** des Angeklagten für die Fristversäumung schließt auch bei ihm die Wiedereinsetzung aus (BGH NStZ 1997, 560; 2004, 166 [keine Zusage des Verteidigers]). Zum Sonderproblem der **Wiedereinsetzung in einzelne Verfahrensrügen** vgl. § 344 Rdn. 35 ff.

§ 346 StPO Verspätete oder formwidrige Einlegung.

(1) Ist die Revision verspätet eingelegt oder sind die Revisionsanträge nicht rechtzeitig oder nicht in der in § 345 Abs. 2 vorgeschriebenen Form angebracht worden, so hat das Gericht, dessen Urteil angefochten wird, das Rechtsmittel durch Beschluss als unzulässig zu verwerfen.
(2) ¹Der Beschwerdeführer kann binnen einer Woche nach Zustellung des Beschlusses auf die Entscheidung des Revisionsgerichts antragen. ²In diesem Falle sind die Akten an das Revisionsgericht einzusenden; die Vollstreckung des Urteils wird jedoch hierdurch nicht gehemmt. ³Die Vorschrift des § 35a gilt entsprechend.

A. Zweck der Vorschrift. Die Verwerfungsbefugnis des Tatgerichts bezweckt (in Parallele zu § 319) die Vereinfachung und Beschleunigung des Verfahrens. Die Revisionsgerichte sollen von solchen Rügen entlastet werden, bei denen – für das iudex a quo – ersichtlich nicht einmal die grundlegenden Formvorschriften eingehalten wurden (HK-GS/*Maiwald/Rackow* § 346 Rn. 1). Deshalb ist die Verwerfungsbefugnis des Tatgerichts auf die rein formal definierten Fälle des Abs. 1 beschränkt: Versäumung der Revisionseinlegungsfrist (§ 341) oder der Revisionsbegründungsfrist (§ 345 Abs. 1) sowie die Nichteinhaltung der – rein äußerlichen – Formvorschriften des § 345 Abs. 2 bzw. des § 390 Abs. 2 für Privat- und Nebenkläger (BGH NJW 1992, 1398). Die verspätete Einreichung der Revisionsbegründung ist der verspäteten Stellung der Anträge gleichzustellen (KK/*Gericke* § 346 Rn. 7; *Meyer-Goßner/Schmitt* § 346 Rn. 1; BGH, Beschl. v. 03.12.2013 – 1 StR 412/13). Mit den sonst in Betracht kommenden Gründen der Unzulässigkeit hat sich das Tatgericht nicht zu befassen; dies ist Sache des Revisionsgerichts, das nach § 349 Abs. 1 die Zulässigkeit der Revision ohnehin umfassend zu prüfen hat (BGH NJW 2007, 165). Ausschließlich zuständig ist das Revisionsgericht auch dann, wenn ein solcher anderer Grund mit Mängeln der Form- und Fristeinhaltung zusammentrifft (BGH NStZ 2002, 217; NStZ-RR 2005, 150; NJW 2007, 165). Das gilt insbesondere für Fragen der Vollmacht bei Stellvertretung, der möglichen Unzulässigkeit nach wirksamem Rechtsmittelverzicht (BGH NStZ 1984, 181 [329]; 2000, 217; NStZ-RR 2005, 150) oder der Einhaltung der Zulässigkeitsanforderungen des § 344 Abs. 2. Ein zu Unrecht ergangener Verwerfungsbeschluss erlangt aber Rechtskraft, wenn er nicht angefochten wird (BGH bei Kusch NStZ-RR 1999, 33).

B. Umfang der Prüfungsbefugnis. Das Tatgericht hat nach Absatz 1 – abw. von § 319 Abs. 1 – auch die formelle Ordnungsmäßigkeit der Begründung des Rechtsmittels nach § 345 Abs. 2 zu prüfen. – Nach Absatz 1 verfährt das Tatgericht nicht nur bei verspäteter, sondern auch unterlassener Revisionsbegründung (KK/*Gericke* § 346 Rn. 7; HK-GS/*Maiwald/Rackow* § 346 Rn. 2; RGSt 44, 263; RG Recht 1912 Nr. 1571; BayObLGSt 20, 333; OLG Dresden GA 40, 62; LZ 1914, 1727).
Die Prüfung, ob die Revision formgerecht begründet ist, umfasst nicht die – dem Revisionsgericht vorbehaltene – Untersuchung, d.h. jede über Absatz 1 hinausgehende Untersuchung ist dem Tatgericht untersagt (BGH NJW 2007, 165 [BGH 05.10.2006 – 4 StR 375/06]), so bspw. ob
– der Verteidiger für den Inhalt der Revisionsbegründungsschrift die volle Verantwortung übernommen hat (BayObLG MDR 1976, 248; dazu § 345 Rdn. 33 ff.),
– der Inhalt der Revisionsbegründung den Anforderungen des § 344 genügt (RGR 9, 420; BayObLGSt 1951, 337; NJW 1954, 1417; MDR 1976, 248; OLG Hamm JMB1NW 1988, 33),
– die Protokollierung nach § 345 Abs. 2 ordnungsgemäß ist (§ 345 Rdn. 23–25) oder
– unter Ausschließung des Verteidigers nach § 137 Abs. 1 S. 2 oder § 146 die Revision verworfen werden muss (*Meyer-Goßner/Schmitt* § 346 Rn. 2; vgl. auch OLG Stuttgart Justiz 1984, 429; KG Berlin VRS 107, 126 f. zu § 138; OLG Schleswig SchlHA 1980, 177 sowie BGH NStZ-RR 2005, 352).
Weil die Prüfungskompetenz des iudex a quo auf reine Äußerlichkeiten der Fristen und der Form der Rechtfertigung beschränkt ist (§ 319 Rdn. 3; vgl. auch BGHSt 2, 70; BayObLGSt 1951, 338; NJW 1962, 207; MDR 1976, 248; vgl. BGH, Beschl. vom 20.9.2007, 4 StR 297/07; NStZ-RR 2005, 211), **gilt nicht § 346 Abs. 1** (entspr. auch nicht § 319 Abs. 1), **sondern § 349 Abs. 1** (entspr. § 322 Abs. 1) bei Fehlen sonst. Rechtszugsvoraussetzungen (Vor § 296 Rdn. 9 ff.) wie z.B. (vgl. erg. Rdn. 3)
– **Unstatthaftigkeit** der Revision nach § 441 Abs. 3 S. 2 StPO, § 55 Abs. 2 JGG, § 10 BinnSchG (vgl. OLG Düsseldorf JMB1NW 1988, 33; BayObLG DRiZ 1933 Nr. 131; NJW 1963, 63; LR/*Franke*

§ 346 Rn. 14 m.w.N.), sofern nicht zugl. ein Verwerfungsgrund i.S.v. Abs. 1 vorliegt (BayObLG VRS 44, 50; OLG Karlsruhe Justiz 1973, 400 zu § 79 Abs. 1, 2 OWiG),
- **Beschwer** des Beschwerdeführers (*Meyer-Goßner/Schmitt* § 346 Rn. 2; OLG Stuttgart Justiz 1984, 429: Verstoß gegen § 137 Abs. 1 S. 2; vgl. auch Vor § 296 Rdn. 14 ff.) bei (1) bei Zweifeln, ob eine Erklärung des Angeklagten als **RM-Einlegung** aufzufassen (§ 300 Rdn. 2, 6; OLG Hamburg MDR 1965, 1147), die Schriftform (§ 345 Rdn. 25) beachtet (RGR 1, 266), der Verteidiger bevollmächtigt (BGH NStZ-RR 2002,12 [BGH 22.08.2001 – 1 StR 354/01]; BayObLGSt 18, 113) oder ein Dritter zur RM-Einlegung ermächtigt ist (BGH MDR 1959, 507), (2) Zulässigkeit der **Nebenklage**, wenn z.B. der Anschluss durch RM-Einlegung erfolgt ist oder die Zulassung beantragt wird, nachdem ein anderer Prozessbeteiligter RM eingelegt hat oder (3) Wirksamkeit eines **RM-Verzichts** (BGH NStZ 1984, 181 [BGH 29.11.1983 – 4 StR 681/83]; 1984, 329; vgl. § 302; vgl. RGR 8, 469; RG Recht 1919 Nr. 527) BGH, Beschl. vom 2.5.2007, 1 StR 180/07 (wirksamer Rechtsmittelverzicht: Entscheidungskompetenz allein des Revisionsgerichts) bzw. einer **RM-Zurücknahme** (§ 302; OLG Düsseldorf VRS 85, 126; vgl. RG HRR 1941 Nr. 678; zum Ganzen auch BGH NStZ 2000, 217; NStZ-RR 2001, 265; 2004, 50; 2005, 150).

5 **C. Verwerfungsbeschluss.** Er darf erst nach Fristablauf getroffen werden, auch wenn ein vorher eingegangener Schriftsatz die Formen des § 345 Abs. 2 nicht einhält (OLG Frankfurt am Main NStZ-RR 2003, 204 [205]). Ein gegen die Fristversäumung gestellter Wiedereinsetzungsantrag sperrt den Verwerfungsbeschluss (unzutreffend OLG Frankfurt am Main NStZ-RR 2003, 47 [48]).

§ 347 StPO Zustellung; Gegenerklärung; Vorlage der Akten an das Revisionsgericht.

(1) ¹Ist die Revision rechtzeitig eingelegt und sind die Revisionsanträge rechtzeitig und in der vorgeschriebenen Form angebracht, so ist die Revisionsschrift dem Gegner des Beschwerdeführers zuzustellen. ²Diesem steht frei, binnen einer Woche eine schriftliche Gegenerklärung einzureichen. ³Der Angeklagte kann letztere auch zu Protokoll der Geschäftsstelle abgeben.
(2) Nach Eingang der Gegenerklärung oder nach Ablauf der Frist sendet die Staatsanwaltschaft die Akten an das Revisionsgericht.

1 **A. Zustellung der Revisionsschrift an den Gegner (Abs. 1 Satz 1)** I. § 347 sichert einerseits dem Revisionsgegner das rechtliche Gehör auf die vorgebrachte Rüge und bestimmt in Abs. 2 den Zeitpunkt der Anhängigkeit des Verfahrens beim Revisionsgericht (HK-GS/*Maiwald/Rackow* § 347 Rn. 1). Die Anhängigkeit tritt ein, wenn die Akten dem Revisionsgericht vorliegen (unabh. v.d. Zuständigkeit, vgl. Rdn. 4; *Meyer-Goßner/Schmitt* § 347 Rn. 5 m.w.N.; a. A. OLG Hamm NJW 1971, 1623; näher Rdn. 9, vgl. LR/*Franke* § 347 Rn. 9).

2 II. Nur bei rechtzeitig eingelegter (§ 341) sowie form- und fristgerecht begründeter (§ 345), d.h. nicht nach § 346 Abs. 1 zu verwerfender Revision ist die Revisionsschrift dem **Gegner** zuzustellen. Zur »**Revisionsschrift**«, die mit der Anfechtungserklärung verbunden werden kann (KMR/*Momsen* § 344 Rn. 1), gehören die **Revisionsanträge und deren Begründung** (§ 345; auch zu Protokoll der Geschäftsstelle), **nicht** hingegen eigene Schriftsätze des Angeklagten oder die Stellungnahme der StA beim Revisionsgericht (vgl. § 349 Abs. 3 Satz 1; KK/*Gericke* § 347 Rn. 3). Sind Anträge oder Teile der Revisionsbegründung sowohl in der Einlegungsschrift als auch in einer fristgemäß eingereichten Rechtfertigungsschrift enthalten, werden beide Schriftstücke als Revisionsschriften behandelt (LR/*Franke* § 347 Rn. 2; *Meyer-Goßner/Schmitt* § 347 Rn. 1).

3 III. Die – auch im Fall des § 296 Abs. 2 notwendige – **Zustellung** (§§ 35, 36–37, 41) muss förmlich gegen Nachweis erfolgen (an nicht auf freiem Fuß Befindliche: § 35 Abs. 3; an die StA: § 41). Rechtlich nicht notwendig, im Allg. aber zur Vermeidung weiterer Zustellungen zweckmäßig (LR/*Franke* § 347 Rn. 3) ist es, den Ablauf der Frist des § 345 Abs. 1 abzuwarten.

4 **Auszuführen** hat das **Gericht** die Zustellung, auch wenn die StA die Revision eingelegt hat (OLG Celle GA 60, 302; OLG Düsseldorf GA 58, 258); denn eine dem § 320 Satz 2 entsprechende Vorschrift fehlt

und § 36 ist unanwendbar, weil die Revisionsschrift keine »Entscheidung« ist (*Meyer-Goßner/Schmitt* § 347 Rn. 1; LR/*Franke* § 347 Rn. 4). Eine durch die **StA** oder ohne Anordnung des Vorsitzenden durch die **Geschäftsstelle** des Gerichts bewirkte (und i.Ü. ordnungsgemäße) Zustellung ist gleichwohl nach Abs. 1 Satz 1 wirksam. »Gegner« ist bei Revisionen der StA (auch wenn sie zugunsten des Angeklagten eingelegt wurde; LR/*Franke* § 347 Rn. 1; HK-GS/*Maiwald/Rackow* § 347 Rn. 2), des Neben- und des Privatklägers der Angeklagte. Bei Revisionen des Angeklagten (bzw. seines Erziehungsberechtigten oder gesetzlichen Vertreters) sind es die StA, Neben- und Privatkläger (KK/*Gericke* § 347 Rn. 4; *Meyer-Goßner/Schmitt* § 347 Rn. 1).

B. Gegenerklärung (Abs. 1 Satz 2, 3) I. **Frist, Form und Inhalt:** Die Gegenerklärung stellt 5 eine Konkretisierung des Grundsatzes auf rechtliches Gehör dar. Dementsprechend muss die Möglichkeit einer Gegenerklärung gewährleistet sein, es besteht aber keine Verpflichtung zu deren Abgabe (LR/ *Franke* § 347 Rn. 5; *Meyer-Goßner/Schmitt* § 347 Rn. 2). Die StA ist allerdings gem. § 162 RiStBV zur Gegenerklärung angehalten, soweit diese nur die Verfahrensrüge die Prüfung des Revisionsgerichts erleichtern würde (LR/*Franke* § 347 Rn. 6; hierzu im Einzelnen **Nr. 162 RiStBV**; vgl. auch *Drescher* NStZ 2003, 296; *Kalf* NStZ 2005, 190). Keine Ausschlussfrist ist die Wochenfrist des **Abs. 1 Satz 2** (*Meyer-Goßner/Schmitt* § 347 Rn. 2; *Dahs* Rn. 573), sie hat nur die Bedeutung, dass nach ihrem Ablauf über die Revision entschieden werden kann. Replik auf eine Gegenerklärung ist bis Erlass der Entscheidung des Revisionsgerichts zulässig (BGHSt 35, 137; *Dahs* Rn. 573). Für die Gegenerklärung genügt zwar einfache Schriftform, doch kann der Angeklagte (näher zu weiteren Berechtigten: KMR/*Momsen* § 345 Rn. 8, 20) sie auch zu Protokoll der Geschäftsstelle abgeben (**Abs. 1 Satz 3**). Haben Angeklagter und StA Revision eingelegt, darf die jeweilige Gegenerklärung **nicht** dazu benutzt werden, **Verfahrensrügen nachzuschieben** (§ 344 Rdn. 13 ff., 16 a.E.; KMR/*Momsen* § 345 Rn. 1).

II. **Bekanntmachung der Gegenerklärung:** Eine Mitteilung der Gegenerklärung an den Beschwerde- 6 führer schreibt die StPO zwar nicht vor (für die StA vgl. jedoch Nr. 162 Abs. 3 RiStBV). Sie ist aber **notwendig** angesichts **Art. 103 Abs. 1 GG** (dann förmliche Zustellung: Nr. 163 Abs. 3 Satz 2 RiStBV), falls sie neue **Tatsachen** oder/und **Beweisergebnisse** (z.B. dienstliche Äußerungen zu Verfahrensrügen) enthält (BVerfG JZ 1958, 433 m. Anm. *Peters*).

Im Hinblick auf das prozessuale **Fairnessgebot** dürfte die Mitteilung aber auch dann geboten sein, wenn 7 sie neue entscheidungsrelevante **rechtliche** Gesichtspunkte anführt (vgl. *Dahs* Rn. 575; BVerfG NJW 1978, 151 m. Bspr. *Dahs* NJW 1978, 140; wie hier HK-GS/*Maiwald/Rackow* § 347 Rn. 3; LR/ *Franke* § 347 Rn. 7 betont zutr., dass der h.M. mindestens im Fall entscheidungserheblicher Rechtsausführungen schon deswegen nicht zu folgen sei, weil sich die Bedeutung des Grundsatzes vom rechtlichen Gehör auch auf den Schutz vor Überraschungsentscheidungen erstreckt; a. A. die wohl h.M.: *Meyer-Goßner/Schmitt* § 347 Rn. 3; BayVerfGH JZ 1963, 63 m. Anm. *Arndt*; KK/*Gericke* § 347 Rn. 9). Die Bekanntgabe an den **Verteidiger** reicht aus (KK/*Gericke* § 347 Rn. 9).

C. Aktenübersendung an das Revisionsgericht (Abs. 2) I. Hat der Vors. nach Kennt- 8 nisnahme von der Gegenerklärung oder Ablauf der Frist des Abs. 1 Satz 2 die Akten der StA z.w.V. zugeleitet (Nr. 162 Abs. 4 RiStBV), hat die StA (auch im Privatklageverfahren § 390 Abs. 3 Satz 1) die Akten dem **Revisionsgericht zu übersenden** (dazu im Einzelnen **Nr. 163–166 RiStBV**; zur Überprüfung der Revision durch den Generalstaatsanwalt und **Rücknahme** der Revision vgl. **Nr. 168 RiStBV**).

II. Der **Übergang der Anhängigkeit** des Verfahrens vom **Tatgericht** auf das Revisionsgericht richtet 9 sich nach dem Zeitpunkt des Eingangs der Akten beim Revisionsgericht aufgrund einer **Vorlage** nach Abs. 2 zwecks **Entscheidung über die Revision** (nicht nur z.B. über einen Wiedereinsetzungsantrag nach § 46 Abs. 1; vgl. RGSt 67, 146; BGHSt 12, 218; BayObLG NJW 1954, 1417; MDR 1975, 71; JR 1977, 425 m. Anm. *Kunert*; OLG Stuttgart NJW 1958, 1935; OLG Karlsruhe NJW 1975, 1459). Dies gilt auch, wenn das Revisionsgericht zur Entscheidung über das Rechtsmittel (etwa weil es in Wirklichkeit eine Berufung war) nicht zuständig ist (*Meyer-Goßner/Schmitt* § 347 Rn. 5; *Geppert* GA 1972, 166; a. A. OLG Hamm NJW 1971, 1623 m. abl. Anm. *Jauernig* NJW 1971, 1819). – Hatte mangels wirksamer Zustellung die **Revisionsbegründungsfrist** noch **nicht begonnen** (KMR/*Momsen* § 345 Rn. 4, 7), gibt das Revisionsgericht die Akten dem Tatgericht zur Nachholung

§ 348 StPO Unzuständigkeit des Gerichts

der Zustellung und erneuten Vorlage nach Abs. 2 zurück (OLG Düsseldorf MDR 1994, 87; BayObLG NJW 1976, 157; zum Ganzen auch KK/*Gericke* § 347 Rn. 10).

10 **Zuständigkeiten des Tatgerichts und des Revisionsgerichts nach Übergang der Anhängigkeit**: Adressat von **Rechtsmittel-Erklärungen** (d.h. mit Einlegung der Revision) ist stets das Revisionsgericht (RG DJ 1944, 221; BayObLG MDR 1975, 424; OLG Hamm GA 1972, 86; speziell zur Rücknahme bzw. Beschränkung der Revision vgl. HK-GS/*Momsen* § 302 Rn. 4 ff.). Unwirksam ist die Erklärung, wenn sie erst nach Entscheidung des Revisionsgerichts dort eingeht (RGSt 77, 370; OLG Köln JR 1976, 514 m. Anm. *Meyer*); für gegenstandslos ist die Revisionsentscheidung zu erklären, falls vor ihrem Erlass eine beim zuständigen Gericht eingelaufene Rechtsmittel-Rücknahme übersehen worden ist (RGSt 55, 214).

11 Das **Tatgericht entscheidet ungeachtet** eines Übergangs der **Anhängigkeit** über U-Haft (§ 126 Abs. 2 Satz 2; Ausnahme: § 126 Abs. 3) und vorläufige Unterbringung (§ 126a Abs. 2), Beschlagnahme (RG 54, 165), vorläufiges Berufsverbot (§ 132a) und vorläufige Entziehung der Fahrerlaubnis (§ 111a; BGH NJW 1978, 386; bei *Hürxthal* DRiZ 1978, 86; OLG Hamm JZ 1961, 233; OLG Stuttgart Justiz 1969, 256; OLG Celle MDR 1976, 949; Ausnahme: Das Revisionsgericht ist zuständig, wenn es die im angefochtenen Urteil angeordnete Entziehung endgültig aufhebt, vgl. OLG Saarbrücken MDR 1972, 533; OLG Frankfurt bei *Kaiser* NJW 1973, 494) sowie über in die Kompetenz des Tatgerichts fallende Wiedereinsetzungsanträge (vgl. LR/*Franke* § 347 Rn. 11). Ebenso entscheidet das **Revisionsgericht** über die Anschlussbefugnis des Nebenklägers (RGSt 6, 139; 48, 235; 76, 180; BayObLGSt 1955, 19; 1970, 172) und die Prozesskostenhilfe für Privat- oder Nebenkläger (vgl. dazu diff. BGHSt 38, 307) sowie die Entscheidung über den Anschluss als Nebenkläger zwecks Revisionsbegründung (BayObLG JR 1975, 425 m. Anm. *Kunert* unter Aufgabe von NJW 1954, 1417; KG JW 1925, 2378 m. Anm. *Jonas*, GA 69, 448; OLG Hamburg MDR 1968, 781; HK-GS/*Maiwald/Rackow* § 347 Rn. 5; zum Ganzen LR/*Franke* § 347 Rn. 11; KK/*Gericke* § 347 Rn. 12; *Meyer-Goßner/Schmitt* § 347 Rn. 7).

12 Im Übrigen entscheidet jeweils das **Gericht**, bei dem das Verfahren **anhängig** ist. Mit dem Anhängigwerden wird das Revisionsgericht daher zuständig für Entscheidungen bzgl. der **Zulassung eines Verteidigers** nach § 138 Abs. 2; und zwar ungeachtet vorheriger versagender Entscheidungen der Tatsachen- oder Beschwerdeinstanz (*Meyer-Goßner/Schmitt* § 347 Rn. 8; BayObLG MDR 1978, 862). Ebenso entsteht die Zuständigkeit für eine **Zurückweisungsentscheidung** nach § 146a (OLG Stuttgart NStZ 1985, 39 L) sowie für Einstellungsentscheidungen wg. des Vorliegens von **Verfahrenshindernissen**, § 206a (BGHSt 22, 218; ausf. *Meyer-Goßner/Schmitt* § 347 Rn. 8; s. bereits RGSt 67, 145; BayObLG JW 1935, 1191; NJW 1953, 1403; OLG Köln NJW 1954, 1696; 1955, 396). Gleiches gilt für Entscheidungen über **Bestellung eines Pflichtverteidigers** nach § 141 (LR/*Franke* § 347 Rn. 12; RG HRR 1925 Nr. 1403), sowie über Kosten des Verfahrens und notwendige Auslagen Beteiligter (auch wenn in Wirklichkeit eine Berufung vorliegt, vgl. BayObLG MDR 1975, 424; vgl. auch BGHSt 12, 217; LR/*Franke* § 347 Rn. 12; KK/*Gericke* § 347 Rn. 11) nach § 473 Abs. 1 (BGHSt 12, 218; GA 1958, 151; OLG Bremen NJW 1956, 74; OLG Celle JZ 1959, 253 m. Anm. *Schaefer*;).

§ 348 StPO Unzuständigkeit des Gerichts.

(1) Findet das Gericht, an das die Akten gesandt sind, dass die Verhandlung und Entscheidung über das Rechtsmittel zur Zuständigkeit eines anderen Gerichts gehört, so hat es durch Beschluss seine Unzuständigkeit auszusprechen.
(2) Dieser Beschluss, in dem das zuständige Revisionsgericht zu bezeichnen ist, unterliegt keiner Anfechtung und ist für das in ihm bezeichnete Gericht bindend.
(3) Die Abgabe der Akten erfolgt durch die Staatsanwaltschaft.

1 **A. Zweck und Geltungsbereich.** Die Vorschrift dient der Vermeidung von negativen Kompetenzkonflikten zwischen den Revisionsgerichten im Bereich der **sachlichen** Zuständigkeit (HK-GS/*Maiwald/Rackow* § 348 Rn. 1; *Meyer-Goßner/Schmitt* § 348 Rn. 1; LR/*Franke* § 348 Rn. 1, weist darauf hin, dass vom Wortlaut auch die örtliche und funktionale Zuständigkeit erfasst sein können). Daher entscheidet das gem. § 347 Abs. 2 angegangene Revisionsgericht, da § 269 nicht entsprechend

anwendbar ist (vgl. *Meyer-Goßner/Schmitt* § 348 Rn. 1; *Meyer* JR 1983, 344); und zwar mit **bindender Wirkung** für das Revisionsgericht, an das die Sache verwiesen wird, selbst wenn die Verweisung unrichtig war (RGR 6, 298; RGSt 35, 157; 67, 59; *Geppert* GA 1972, 168; HK-GS/*Maiwald/Rackow* § 348 Rn. 1: eigentliche Bedeutung der Norm ist, dass der Beschluss des Gerichts, an welches die Akten gesandt sind, bindend und unanfechtbar ist). Überschreitet die StrK als BerufungsG die Strafgewalt des AG, kann ihr Urteil ausnahmsweise als erstinstanzliche Entscheidung umzudeuten sein (§ 6 Rdn. 6 ff.; § 328 Rdn. 18 ff.) mit der Folge, dass der BGH Revisionsgericht ist (RGSt 75, 304) und das OLG (BayObLG) dorthin zu verweisen hat (BGHSt 31, 63: Berufungsurteil als erstinstanzliche Entscheidung).

B. Verfahren. Das Revisionsgericht entscheidet durch **Verweisungsbeschluss**. Eine **Anhörung** anderer Verfahrensbeteiligter ist nach wohl h.M. nicht notwendig (str.: KK/*Gericke* § 348 Rn. 2; *Meyer-Goßner/Schmitt* § 348 Rn. 2). Richtigerweise ist die Anhörung jedoch nicht nur empfehlenswert sondern auch verfassungsrechtlich naheliegend (LR/*Franke* § 348 Rn. 2 mit Verweis auf BVerfGE 61, 37 = NJW 1982, 2367; *Pfeiffer/Fischer* § 348 Rn. 4; für die StA gilt § 33 Abs. 2) Der Verweisungsbeschluss ergeht ohne mündliche Verhandlung, u.U. auch noch in der Hauptverhandlung (*Eb. Schmidt* II 7; KK/*Gericke* § 348 Rn. 2), die Akten werden durch die StA übersandt (*Meyer-Goßner/Schmitt* § 348 Rn. 2). 2

C. Wirkung. Die bindende Wirkung bezieht sich allein auf die **sachliche Zuständigkeit** und erschöpft sich im **Verbot der Zurückverweisung**. Dagegen ist das Revisionsgericht, an das die Sache verwiesen worden ist, an die dem Verweisungsbeschluss zugrunde liegende Rechtsauffassung nicht gebunden (RGSt 35, 157), auch in Bezug auf § 355 (*Meyer-Goßner/Schmitt* § 348 Rn. 3). Eine **Zurücknahme** eines als fehlerhaft erkannten Verweisungsbeschlusses ist unzulässig, eine Ausnahme soll nur bei Willkür gelten (BGH, Beschl. v. 17.06.1999 – 4 StR 227/99: Bindungswirkung auch der – grob fehlerhaften – Zuständigkeitsverweisung). Dies erscheint im Hinblick auf Art. 101 Abs. 1 Satz 2 GG richtig (LR/*Franke* § 348 Rn. 3; KK/*Gericke* § 348 Rn. 3) 3

D. Unterbliebene Verweisung. Die Entscheidung des Revisionsgerichts (z.B. eines OLG) über die Zulässigkeit oder Begründetheit der Revision kann **nicht** mit der Begründung **angefochten** (z.B. zum BGH) werden, eine Verweisung nach § 348 sei zu Unrecht unterblieben (RGSt 22, 113; 32, 93; vgl. aber *Meyer-Goßner/Schmitt* § 348 Rn. 6; für entspr. Anwendung, wenn das Revisionsgericht das Rechtsmittel irrtümlich nicht als Revision bzw. als Rechtsbeschwerde ansieht, LR/*Franke* § 348 Rn. 5). 4

§ 349 StPO Verwerfung ohne Hauptverhandlung.

(1) Erachtet das Revisionsgericht die Vorschriften über die Einlegung der Revision oder die über die Anbringung der Revisionsanträge nicht für beobachtet, so kann es das Rechtsmittel durch Beschluss als unzulässig verwerfen.

(2) Das Revisionsgericht kann auf einen Antrag der Staatsanwaltschaft, der zu begründen ist, auch dann durch Beschluss entscheiden, wenn es die Revision einstimmig für offensichtlich unbegründet erachtet.

(3) ¹Die Staatsanwaltschaft teilt den Antrag nach Absatz 2 mit den Gründen dem Beschwerdeführer mit. ²Der Beschwerdeführer kann binnen zwei Wochen eine schriftliche Gegenerklärung beim Revisionsgericht einreichen.

(4) Erachtet das Revisionsgericht die zugunsten des Angeklagten eingelegte Revision einstimmig für begründet, so kann es das angefochtene Urteil durch Beschluss aufheben.

(5) Wendet das Revisionsgericht Absatz 1, 2 oder 4 nicht an, so entscheidet es über das Rechtsmittel durch Urteil.

Übersicht

	Rdn.			Rdn.
A. Grundzüge	1	II.	Vorschriften über die Einlegung Revision und Anbringung der Revisionsanträge	10
B. Verwerfung unzulässiger Revisionen (Abs. 1)	8	III.	Verfahren	12
I. Verwerfungsbeschluss	8	C.	Beschlussverwerfung nach Abs. 2	13
		I.	Anwendungsbereich	13

	Rdn.		Rdn.
II. Voraussetzungen der Entscheidung nach Absatz 2:	17	I. Unanfechtbarkeit	36
III. Entscheidung des Revisionsgerichts in Fällen des Abs. 2	22	II. Wiedereinsetzung	37
		III. Zurücknahme (Änderung)	38
		IV. Änderungsmöglichkeiten bei »revisionsspezifischen« Verfassungsverstößen	42
D. **Aufhebung des Urteils durch Beschluss (Absatz 4)**	29	F. **Revisionsentscheidung durch Urteil (Abs. 5)**	45
I. Voraussetzungen	29	I. Notwendige Revisionshauptverhandlung	45
II. Entscheidung	32	II. Fakultative Revisionshauptverhandlung	47
III. Koppelung von Verwerfungs- und Aufhebungsbeschluss (Abs. 2 u. Abs. 4)	33	III. Gespaltene Entscheidung durch Urteil und durch Beschluss nach Abs. 2	48
IV. Mitteilung des Antrags nach Abs. 4	34	G. **Teilentscheidungen über die Revision**	52
E. **Wirkung der Beschlüsse nach Absatz 1, 2 und 4**	36		

1 **A. Grundzüge.** Die heutige Praxis der Revisionsentscheidungen hat nicht nur mit der Vorstellung des Gesetzgebers, sondern auch mit der eigenen Praxis des Bundesgerichtshofs bis vor etwa zwanzig Jahren nicht mehr viel zu tun. Revisionshauptverhandlungen sind (abgesehen von Revisionen der Staatsanwaltschaft, über die grundsätzlich verhandelt werden *muss*) die Ausnahme geworden. Selbst in umfangreichsten und schwierigsten Revisionsfällen mit rechtsgrundsätzlicher Bedeutung wird heute weithin – kontra wie pro – im Beschlusswege entschieden.

2 Beispiele aus den jüngeren Bänden der Amtlichen Sammlung: BGHSt 55, 11 (3 StR: Milderes Gesetz und Verjährung, Auslandszeugen bei Auslandstaten, AWG-Ausfuhrliste); BGHSt 55, 138 (5 StR: Verwertungsverbot für verdecktes Verhör eines inhaftierten Beschuldigten); BGHSt 55, 288 (1 StR: Untreue bei rechtswidrigen Zahlungen [Siemens/AUB]); BGHSt 56, 11 (1 StR: Geiselerschießung in Italien im Jahr 1944); BGHSt 56, 203 (1 StR: Verstöße gegen ParteienG als Untreue); BGHSt 56, 196 (4 StR: Amtsanmaßung durch Vortäuschung der Zugehörigkeit zu den Feldjägern).

3 *Lobe* (JW 1925, 1612), auf den das im Jahr 1922 eingeführte Beschlussverfahren zurückgeht, hielt eine Revision für »offensichtlich unbegründet«, wenn sich »die Unbegründetheit dem Blick eines sachkundigen Beurteilers sofort aufdrängt«. Demgegenüber kann nach heute gültigem Verständnis des Begriffs »offensichtlich« von Abs. 2 Gebrauch gemacht werden, wenn der Revisionssenat (so die Formulierung von BGH StV 2005, 3) »einhellig die Auffassung vertritt, dass die von der Revision aufgeworfenen Rechtsfragen zweifelsfrei zu beantworten sind und dass auch die Durchführung der Hauptverhandlung keine neuen Erkenntnisse erwarten lässt, die Zweifel an dem gefundenen Ergebnis aufkommen lassen könnten«. Das BVerfG hat hiergegen keine grundsätzlichen Bedenken (BVerfG NStZ 2002, 487; umf. Nachw. der Rspr. des BVerfG bei KK/-*Kuckein* § 349 Rn. 16). Einwendungen des Schrifttums sind vergeblich geblieben (vgl. die Gesamtdarstellung bei *Rosenau* ZIS [zis-online.com] 2012, 195). Der GBA hat sich bei Angeklagtenrevisionen durch die fast ausnahmslose Stellung von Anträgen nach Abs. 2 (in seltenen und sehr eindeutigen erscheinenden Fällen auch nach Abs. 4) angepasst; Terminsanträge sind insoweit fast ausgestorben. Revisionshauptverhandlungen werden heute nur noch über staatsanwaltschaftliche Revisionen (und – seltener – über Revisionen der Nebenklage) und in Fällen herausragender (rechtlicher) Bedeutung durchgeführt wie etwa BGHSt 55, 191 (2 StR: Sterbehilfe durch Behandlungsabbruch) oder 56, 28 (3 StR: kriminelle Vereinigung bei inländischer Teilorganisation der PKK). Daneben stehen die (nicht häufigen, zahlenmäßig schwer abzuschätzenden) Fälle, in denen im Senat keine Einstimmigkeit (gleich in welche Richtung) erzielt wurde oder in denen der Senat einem Antrag des GBA nach Abs. 4 nicht folgen will.

4 Maßgeblich beruht diese Entwicklung auf den als unabweisbar empfundenen Bedürfnissen der Praxis. Seit der Wiedervereinigung bewältigt der BGH mit nach wie vor fünf Strafsenaten die Revisionen aus 16 Bundesländern; zuvor waren es 11 Bundesländer. Auch durch das verbreitete Institut der Urteilsabsprache hat sich die Zahl der Revisionen nicht entscheidend verringert. Es kommt hinzu, dass nicht nur Umfang und Komplexität der tatrichterlichen Urteile, sondern – mehr noch – der Revisionsbegründungen im Durchschnitt erheblich zugenommen haben. Im Urteilsverfahren, bei dem alle fünf Richter alle Unterlagen des Revisionsverfahrens gelesen haben müssen, ohne Vergrößerung der Zahl der Senate lässt sich das nicht bewältigen. Demgegenüber werden beim Beschlussverfahren die Unterlagen des Re-

visionsverfahrens grundsätzlich nur vom Vorsitzenden und vom Berichterstatter gelesen; die übrigen Senatsmitglieder werden über den Sachverhalt, die erhobenen Rügen und die rechtlichen Probleme ausschließlich durch den (mündlichen) Vortrag des Berichterstatters unterrichtet (informativ zur Praxis des Beschlussverfahrens *Fischer/Krehl* StV 2012, 550 ff.). In den Händen qualifizierter, erfahrener und verantwortungsbewusster Richter braucht diese Art der Entscheidungsfindung nicht zu einer Rechtsprechung minderer Qualität zu führen; die Anfälligkeit für Schwächen im Einzelfall ist aber deutlich größer.

Der Stil der Senate (und ihre Bereitschaft, doch nicht ganz so selten zu verhandeln) divergiert allerdings 5 erheblich. Das liegt an der Offenheit des Systems und der richterlichen Unabhängigkeit. Angesichts der in den letzten Jahrzehnten zu beobachtenden Pendelbewegungen bleibt nur darauf zu vertrauen, dass die Ausschläge nicht allzu groß werden.

Grundlegende Änderungen des jetzigen Entscheidungssystems – die wohl mit einer Vergrößerung der 6 Zahl der Strafsenate verbunden sein müssten – könnte nur ein Eingreifen des Gesetzgebers bewirken. Das ist nicht zu erwarten und auch nicht wünschenswert. Sinnvoll erscheint es, Abs. 2 durch eine geringe Änderung der Realität anzupassen und – wie *Dahs* NStZ 2001, 298 [299] vorschlägt – »in ein schriftliches Verfahren ohne diskriminierende Elemente um[zu]gestalten«, etwa dahin, dass das Revisionsgericht durch Beschluss entscheiden kann, »wenn es einstimmig die Revision für unbegründet erachtet und die Hauptverhandlung keine weiteren Erkenntnisse rechtlicher oder tatsächlicher Art erwarten lässt«. Dem trägt die heutige Praxis durch die (das Wort »offensichtlich«) vermeidende Fassung der Verwerfungsbeschlüsse ab (zur Praxis und Kritik näher unten).

§ 349 ermöglicht zusammengefass aus Gründen der **Prozessökonomie**, Verfahrensvereinfachung und 7 Entlastung der Revisionsgerichte (vgl. *Dahs* Rn. 577; LR/*Franke* § 349 Rn. 5) unter bestimmten Voraussetzungen (Rdn. 12–18, 26–28) **beschlussförmige** Entscheidungen über Revisionen, (zu Absatz 4 krit. *Seibert* NJW 1966, 1065; *EbSchmidt* Nachtr. I 20), wenn eine – auch in diesen Fällen stets mögl. **(Absatz 5)** – **Hauptverhandlung** (sie ist die proz. Regel, aber prakt. Ausnahme) mit ihren Sicherheitsgarantien **entbehrlich erscheint** (*Wimmer* NJW 1950, 201) und keine weitere Klärung verspricht. Insbesondere die Häufigkeit der Entscheidung nach Abs. 2 hat jedoch teilw. berechtigte Kritik an der Regelung herausgefordert (*Dahs* NStZ 2001, 298 [BGH 12.10.2000 – 5 StR 414/99]; *Fezer* StV 2007, 40; *Hamm* StV 1981, 315; *Krehl* GA 1987, 162; *Kruse* Die »offensichtlich« unbegründete Revision in Strafsachen, 1980; *Meyer* StV 1984, 222; *v. Stackelberg* FS Dünnebier (1982), S. 365; vgl. auch LR/*Franke* § 349 Rn. 5 f. sowie die ausf. Darstellung bei *Hamm* Rn. 1368 ff.). De facto ist die ursprüngliche gesetzgeberische Intention von Abs. 5 als Regel – und Abs. 2 als Ausnahmefall (HK-GS/*Maiwald/Rackow* § 349 Rn. 1) in der Entscheidungspraxis nachhaltig auf den Kopf gestellt, mehr als 3/4 aller Revisionen dürften gegenwärtig allein nach Abs. 2 verworfen werden (vgl. *Barton* Die Revisionsrechtsprechung des BGH in Strafsachen, 1999, S. 65). Die nachfolgende Erläuterung der Vorschrift beschränkt sich auf die Schilderung des Ist-Zustandes.

B. Verwerfung unzulässiger Revisionen (Abs. 1) I. Verwerfungsbeschluss. Der Ver- 8 werfungsbeschluss nach Abs. 1 ergeht (für das Berufungsverfahren vgl. die entspr. Vorschrift des § 322 Abs. 1 S. 1), wenn die Vorinstanz eine unzulässige Revision nach § 346 nicht verwerfen durfte (§ 346 Rdn. 5) oder zu Unrecht nicht verworfen hat (keine Zurückverweisung zur Nachholung der Entscheidung nach § 346 Abs. 1, vgl. RGSt 59, 241; BayObLG MDR 1975, 71). Insoweit ist Absatz 1 als Ergänzung zu § 346 zu sehen.

Während das Tatgericht nach § 346 Abs. 1 nur über die Unzulässigkeit wegen Versäumung der Fristen 9 zur Einlegung und Begründung der Revision und wegen Nichteinhaltung der Formvorschriften des § 345 Abs. 2 und des § 390 Abs. 2 zu befinden hat, obliegt dem Revisionsgericht eine umfassende Zulässigkeitsprüfung, die sämtliche Fälle der Unzulässigkeit erfasst. Allerdings müssen die Unzulässigkeitsgründe das Rechtsmittel insgesamt betreffen; die Unzulässigkeit von Verfahrensrügen nach § 344 Abs. 2 S.Satz 2 ist im Rahmen des § 349 Abs. 1 ist ohne Bedeutung, sofern sie sich nur auf einzelne Rügen bezieht oder daneben die (stets zulässige) Sachrüge erhoben ist.

II. Vorschriften über die Einlegung Revision und Anbringung der Revisionsanträge. Ist die Re- 10 vision offensichtlich nur **zum Schein** eingelegt oder aus einem anderen Grund **prozessual unbeachtlich** (vgl. zu zulässigen Rechtsmitteln HK-GS/*Momsen* § 296 Rn 1 ff. m.w.N, ausf. KMR/*Plöd* Vor § 296

§ 349 StPO   Verwerfung ohne Hauptverhandlung

Rn. 12), stellt das Revisionsgericht die Unwirksamkeit fest (§ 346 Rdn. 3). Ist das angefochtene **Urteil** selbst **unbeachtlich** (näher KMR/*Plöd* Vor § 296 Rn. 11), hat das Revisionsgericht dies (nach Absatz 1 oder 5) festzustellen und eine Entscheidung abzulehnen, weil die Revision gegenstandslos ist (RGSt 71, 378).

11 Gleiches gilt für zur Unzulässigkeit führende Begründungsmängel (vgl. BGH NStZ-RR 2007, 52: Unzulässigkeit der Rüge, da der angegriffene Beschluss nach § 251 Abs. 4 weder im Wortlaut noch in seinem wesentlichen Inhalt mitgeteilt wurde). Vgl. auch die **Einzelfälle** § 344 Rdn. 10, 12, 13, 16, 22, 24, 25. Hierher gehören auch »**verwirkte**« Revisionsrügen (dazu § 344 Rdn. 48 ff.).

12 **III. Verfahren.** Das Revisionsgericht muss dem Beschwerdeführer Gelegenheit zur Äußerung geben, wenn es über die Zulässigkeit der Revision noch (Frei-)Beweise erhoben hat (BVerfGE 9, 261 [BVerfG 14.04.1959 – 1 BvR 109/58] = BVerfG NJW 1959, 1315 [BVerfG 14.04.1959 – 1 BvR 109/58]; BVerfGE 10, 274 [BVerfG 28.01.1960 – 1 BvR 145/58] = BVerfG NJW 1960, 247; DAR 1976, 239 [BVerfG 12.07.1976 – 2 BvR 280/76];. – **Rechtskraft** des Verwerfungsbeschlusses: Rdn. 36. Der Verwerfungsbeschluss muss außerhalb der Hauptverhandlung erlassen werden, da in der Hauptverhandlung durch Urteil zu entscheiden ist (BayObLG NJW 1962, 118 [BayObLG 16.08.1961 – RReg. 1 St 282/61]; *Meyer-Goßner/Schmitt* § 349 Rn. 3); einfache Mehrheit ist gem. § 196 Abs. 1 GVG ausreichend.

13 **C. Beschlussverwerfung nach Abs. 2. I. Anwendungsbereich. 1.** Die – nach der ratio legis primär qualitativ, nicht quantitativ – zurückhaltend anzuwendende Vorschrift des **Absatzes 2 gilt auch** für die Revision (a) des **Privat-** (§ 385 Abs. 5; vgl. OLG Stuttgart NJW 1967, 792 [OLG Stuttgart 20.07.1966 – 3 Vs 3/66] m. zust. Anm. *Roxin*; OLG Frankfurt OLGSt S. 7) und **Nebenklägers** (OLG Köln NJW 1968, 561 f.) sowie (b) der **StA** (BGH StV 2005, 596; NStZ-RR 2005, 351 [BGH 13.07.2005 – 2 StR 504/04]: auch für die zu Gunsten eines Angeklagten eingelegte Revision; BGHR § 349 Abs. 2 Verwerfung 1; GA 1975, 333; *Roxin* § 54 G II 1 und NJW 1967, 792 [OLG Stuttgart 20.07.1966 – 3 Vs 3/66]; LR/*Franke* § 349 Rn. 14; *Dahs* Rn. 583 m.w.N.; a. A.: OLG Köln NJW 1968, 561 f.; *EbSchmidt* Nachtr. I 4; *Amelunxen* S. 76 f.), wenn bspw. die StA beim Revisionsgericht das Rechtsmittel nicht vertritt und die Revision nicht zurückgenommen wird oder (wegen Nichtzustimmung des Angeklagten nach § 302 Abs. 1 S. 2) werden kann (OLG Koblenz NJW 1966, 362 [OLG Koblenz 19.11.1965 – (2) Ss 390/65]).

14 Im Einzelfall – bspw. wegen besonderen Interesses an der Veröffentlichung der Gründe – kann auch eine offensichtlich unbegründete Revision nach Absatz 5 entschieden werden, ohne dass ein Anspruch auf eine mündliche Verhandlung bestehen würde (BVerfG NStZ 2002, 487 [BVerfG 21.01.2002 – 2 BvR 1225/01]; BGHSt 38, 177; *Hamm* Rn. 1386; auch bei besonderem Interesse der Öffentlichkeit am Verfahren, a. A. (insoweit) *Meyer-Goßner/Schmitt* § 349 Rn. 7).

15 **2. Teilentscheidungen**

a) **Unanwendbar** ist Absatz 2 (d.h. Urt. nach Absatz 5 notwendig), wenn die unbeschränkt eingelegte Revision **eines Beschwerdeführers** nur **teilweise** – z.B. nur wegen des Schuld-, nicht auch des Strafausspruchs – **offensichtlich unbegründet** ist (*EbSchmidt* Nachtr. I 11; KK/*Gericke* § 349 Rn. 33, 38; *Meyer-Goßner/Schmitt* § 349 Rn. 21; *Dahs* Rn. 582; str.: vgl. OLG Hamburg JR 1967, 31 m. abl. Anm. *Sarstedt*; BGH, Beschl. vom 30.10.1973, 3 StR 321/72). Ggf. kann durch sog. »kombinierten« Beschluss nach 2 und 4 entschieden werden (BGH wistra 1997, 312 [BGH 25.03.1997 – 1 StR 579/96]; in Ausnahmefällen kombiniert die Rspr. eine Verwerfung abtrennbarer Teile mit einer Hauptverhandlung über die Revision i.Ü. (BGH NStZ 2004, 638 [BGH 05.05.2004 – 2 StR 383/03]; KK/*Gericke* § 349 Rn. 33; näher unten Rdn. 52).

16 b) Haben **mehrere Beschwerdeführer** Revision eingelegt, kann zwar der Beschluss nach **Absatz 2** mit einer Entscheidung nach **Absatz 4 verbunden** werden (BGH wistra 1997, 312 [BGH 25.03.1997 – 1 StR 579/96]; OLG Hamburg JR 1967, 31; NJW 1965, 2417; *Seibert* NJW 1966, 1964), doch ist i.d.R. eine Hauptverhandlung nach Absatz 5 vorzuziehen (*Dahs* Rn. 582; Rdn. 7).

17 **II. Voraussetzungen der Entscheidung nach Absatz 2: 1. Offensichtlich unbegründet** ist eine Revision nur dann, wenn jedem Sachkundigen, also dem Revisionsrichter ohne längere Nachprüfung, je-

doch nicht notwendig aus präsentem Wissen (*Wimmer* NJW 1950, 203; *Jagusch* NJW 1960, 76; a.M.: *v. Stackelberg* NJW 1960, 505), erkennbar ist, dass die Revisionsrügen keinen Erfolg haben können (BVerfG NStZ 2002, 487 [BVerfG 21.01.2002 – 2 BvR 1225/01]; BGH NStZ- RR 2007, 119: Erhebung von Verfahrensrügen ohne jede Erfolgsaussicht; so i.E. auch *Lobe* JW 1925, 1615; *Seibert* DRZ 1948, 371; *Wimmer* NJW 1950, 203; *Peters* JZ 1958, 436; *EbSchmidt* Nachtr. I 9; LR/*Franke* § 349 Rn. 8 ff.; *Meyer-Goßner/Schmitt* § 349 Rn. 10 f.; *Dahs* Rn. 581; *Hamm* Rn. 1373 ff. mit berechtigten Hinweisen auf die Missbrauchsgefahren Rn. 1381 ff.). Weil stets Einzelfallwertung, ist keine begriffl. Definition, sondern allenfalls jener Versuch einer Umschreibung des damit Gemeinten möglich. Es müssen die Rechtsfragen einfach und der Entscheidungsstoff leicht überblickbar sein (BVerfG NStZ 2002, 487 [BVerfG 21.01.2002 – 2 BvR 1225/01]; *Wimmer* NJW 1950, 201); daran fehlt es auch dann, wenn zur Feststellung von Prozesshindernissen oder Verfahrensmängeln noch Ermittlungen des RevG notwendig sind (*Peters* JZ 1958, 436; *Geppert* GA 1972, 177).

Keine Kriterien sind für sich allein Ausführlichkeit der Revisionsbegründung oder die Anzahl der erhobenen Verfahrensrügen (BGH NStZ-RR/K 2000, 295), die Dauer des Revisionsverfahrens (*Meyer-Goßner/Schmitt* § 349 Rn. 10 f.; a. A. OLG Hamm StV 2001, 221 [OLG Hamm 02.06.1999 – 2 Ss 1002/98] m. zust. Anm. *Neuhaus*; vgl. auch *Gieg/Widmaier* NStZ 2001, 57 ff.).), die Sachbedeutung oder Strafhöhe (*Meyer-Goßner/Schmitt* § 349 Rn. 10; a.M.: *Wimmer* NJW 1950, 203). Problematisch wäre es, wenn aus der Stellungnahme und d. Antrag der GenStA auf eine offensichtliche Unbegründetheit geschlossen werden sollte (dazu *Hamm* Rn. 1373 f.; LR/*Franke* § 349 Rn. 14); Gleiches muss auch hinsichtlich einer »ständigen Rspr.« gelten (vgl. das instruktive Bsp. der Aufhebung des Fortsetzungszusammenhangs bei Antrag der GenStA/GBA nach Abs. 2 durch BGHSt 40, 138 ff.; *Hamm* Rn. 1375). Nicht unbedenklich ist auch die Formulierung, es könne nach Abs. 2 entschieden werden, wenn in der HV keine neuen Erkenntnisse tatsächlicher oder rechtlicher Art zu erwarten seien (BGH NJW 2001, 85 [BGH 12.10.2000 – 5 StR 414/99]; SK-StPO/*Wohlers* § 349 Rn. 20 ff.); dies kann auch nicht ohne weiteres durch den Hinweis auf die Natur der Revision als ein schriftliches Verfahren (*Meyer-Goßner/Schmitt* § 349 Rn. 11) kompensiert werden, vielmehr spricht dies lediglich dafür, eine Beschlussverwerfung überhaupt zuzulassen (vgl. auch *Fezer*, NStZ 2007, 47; *Rieß* FS Hanack (1999), S. 413; *Ventzke* NStZ 2003, 104). Sinnvoll erscheint eine Kategorienbildung, wie sie bei *Hamm* Rn. 1382 ff. vorgeschlagen wird in Fallgestaltungen, bei denen Abs. 2 angewendet werden kann (unausgef. Sachrügen ohne erkennbare Rechtsfehler des Urteils, Verfahrensrügen, die nicht durch das Sitzungsprotokoll belegbar sind, evidente Begründungsmängel) – nicht muss! Auch wenn festzustellen ist, dass der Begriff der »Offensichtlichkeit« in der Praxis an keine scharfen Konturen gebunden ist (HK-GS/*Maiwald/Rackow* § 349 Rn. 6; vgl. *Detter* StV 2004, 345; *Friemel* NStZ 2002, 73; SK-StPO/ *Wohlers* § 349 Rn. 20 ff.), dürfte angesichts der Dynamik der Überzeugungsbildung innerhalb des Richtergremiums (überzeugende Analyse bei *Hamm* Rn. 1370) bei einem Verzicht auf das Merkmal und der Konzentration allein auf das Erfordernis der Einstimmigkeit (vgl. dazu *Meyer-Goßner/Schmitt* § 349 Rn. 11 m.w.N.) eher zu einer fortschreitenden Entgrenzung beitragen. Die teilw. angeregte Erklärung der Entscheidung durch Beschluss zum Regelfall (dazu *Schlothauer* StV 2004, 340; *Detter* StV 2004, 345) würde allein der gängigen Praxis gerecht werden.

2. Gegenstand der **Einstimmigkeit** muss sowohl die **Unbegründetheit** als auch deren **Offensichtlichkeit** sein (*Jagusch* NJW 1960, 75; *Dahs* Rn. 584).

Das Erfordernis, dass **nur auf Antrag der StA** beim Revisionsgericht die Revision als unbegründet zurückgewiesen werden darf, trägt dem Umstand Rechnung, dass es in aller Regel an der Offensichtlichkeit fehlen wird, wenn Revisionsgericht und StA in dieser Hinsicht verschiedener Meinung sind (die Praxis, dass u.U. der Antrag auch erst nach entsprechender Anregung durch das Revisionsgericht erfolgen kann, vgl. *Kleinknecht* JZ 1965, 160 Fn. 1; ist daher krit. zu sehen, da, wenn aus Sicht der mit dem Revisionsrecht vertrauten Sachbearbeiter d. GenStA/GBA kein Antrag zu stellen ist, schwerlich von »Offensichtlichkeit« gesprochen werden kann; vgl. LR/*Franke* § 349 Rn. 13; *Hamm* Rn. 1374; vgl. auch BVerfG StV 2001, 151 m. zust. Anm. *Neuhaus*; *Gieg/Widmaier* NStZ 2001, 57; *Meyer-Goßner/ Schmitt* § 349 Rn. 12; unzutr. OLG Zweibrücken NJW 2001, 2110; *Friemel* NStZ 2002, 72, da verkannt wird, dass die ratio einer »einstimmig so gesehenen Offensichtlichkeit« nach einer unabhängigen Entschlussbildung der StA verlangt).

21 Die **Frist des Absatz 3 S. 2** (Verlängerung unzulässig BGH NStZ-RR 2008, 151; wistra 2007, 158, 231 [BGH 06.12.2006 – 1 StR 532/06]) ist keine Ausschlussfrist (BGH MDR [D] 1966, 728). Das Revisionsgericht muss bis zum Ablauf der Frist mit dem Zurückweisungsbeschluss **zuwarten**, sofern die Gegenerklärung nicht vorher eingeht oder eine Ergänzung angekündigt ist). Auch wenn der Beschwerdeführer eine Ergänzung in Aussicht stellt, darf das Revisionsgericht in jedem Fall nach Fristablauf entscheiden (BGH 23, 102) und es muss eine danach eingegangene Gegenerklärung nicht mehr berücksichtigen (BGH MDR [D] 1966, 728). Ist die Verspätung hingegen während des Laufs der Frist angekündigt, wartet das RevG i.d.R. eine angemessene Zeit zu, bevor es entscheidet (*Meyer-Goßner/ Schmitt* § 349 Rn. 17 m.w.N.; HK-GS/*Maiwald/Rackow* § 349 Rn. 8). Weitere Verfahrensrügen darf der Beschwerdeführer hingegen nicht mehr erheben (BGH wistra 10, 312).

22 **III. Entscheidung des Revisionsgerichts in Fällen des Abs. 2.** **Inhalt:** Mit der Entscheidung nach Abs. 2 können **verbunden** werden Entsch. nach Abs. 4, § 8 Absatz 3 StrEG oder über Beschwerden nach §§ 305a; 464 Abs. 3 S. 1.

23 **Sachliche Änderungen** des Urteils sind grds. nur **zugunsten** des Angeklagten **statthaft**. So kann die Revision z.B. mit der Maßgabe zurückgewiesen werden, dass ein vom Tatgericht übersehener Teilfreispruch nachgeholt wird (BGH, Urteil vom 6.8.1953, 4 StR 289/53; unter Abänderung der Kostenentscheidung: OLG Frankfurt, Beschl. vom 5.6.1978, 2 Ss 38/78 bei *Dahs* Rn. 587 Fn. 122), die Verurteilung wegen einer Handlung unter einem rechtlichen Gesichtspunkt entfällt (BGH, Urteil vom 22.7.1953, 4 StR 458/53) oder der Schuldspruch in einer dem Revisionsgericht ohne weiteres möglichen und den Rechtsfolgenausspruch nicht berührenden Weise berichtigt wird (BGH NStZ-RR 2004, 67; NStZ 1994, 25; BGHR § 349 Abs. 2 Verwerfung 4; BGH, Beschl. vom 16.9.1953, 4 StR 544/53; vgl. KK/*Gericke* § 349 Rn. 29). – Abänderung des Urteils **zuungunsten** des Angeklagten, indem ein Versehen des Tatgerichts beseitigt wird, ist dagegen **unzulässig**. Zwar steht § 358 Abs. 2 einer Schuldspruchergänzung nicht entgegen (§ 331 Rdn. 2), wohl aber ein unterlassener Hinweis nach § 265 sowie der Grundsatz, dass Schuld- und Straferkenntnisse grundsätzlich urteilsförmig ergehen müssen (allerdings soll die Ersetzung einer Alternative der angewendeten Norm durch eine andere zulässig sein: BGH NJW 1982, 190 [BGH 15.10.1981 – 4 StR 461/81]). Das Revisionsgericht ist nicht an den Antrag der StA gebunden und kann von einer entspr. Entscheidung absehen (BGH NStZ-RR 2004, 228; BGHR § 349 Abs. 2 Antrag 1 Verwerfung 4: keine nachtr. Gesamtstrafenbildung; BGHR § 349 Abs. 2 Verwerfung 3; BGH NStZ-RR 1998, 142: keine nachtr. Aufhebung d. Nichtanordnung der Sicherungsverwahrung; BGH NStZ 1996, 328: keine Beschränkung nach § 154a, keine Erstreckung nach § 357; weitere Nachweise bei *Meyer-Goßner/Schmitt* § 349 Rn. 22).

24 Einer **Begründung** bedarf der Beschluss nach Absatz 2 **nicht**, da § 34 unanwendbar ist (BVerfG StraFo 2007, 463 [BVerfG 17.07.2007 – 2 BvR 496/07]; EGMR EuGRZ 2008, 274 [276]; NStZ 2002, 487 [BVerfG 21.01.2002 – 2 BvR 1225/01]; NStZ-RR 2006, 244; BGH StraFo 2014, 121 [BGH 12.11.2013 – 3 StR 135/13]; *Meyer-Goßner/Schmitt* § 349 Rn. 20; KK/*Gericke* § 349 Rn. 27; *Dahs* Rn. 586; *Jagusch* NJW 1960, 76; *EbSchmidt* Nachtr. I 14; a. A.: i.d.R. erforderlich: *Eschelbach* GA 2004, 242; – de lege ferenda bedenkenswert –; stets erforderlich: v. *Döllen/Meyer-Mews* StV 2005, 5; in Bezug auf die Begründung des Antrags der StA: SK-StPO/*Wohlers* § 349 Rn. 35). In bestimmten Fällen – z.B. wenn das Revisionsgericht das Rechtsmittel aus anderen als von der StA in ihrem Antrag nach Absatz 3 S. 1 genannten Gründen zurückweist – kann jedoch ein kurzer Hinweis für den Beschwerdeführer zweckmäßig sein (BGH StraFo 2004, 212 [BGH 03.02.2004 – 5 StR 359/03]; 236; LR/*Franke* § 349 Rn. 17 ff.; *Krehl* GA 1987, 162; *Wimmer* NJW 1950, 204). Das Fehlen einer (ausdrückl.) Begründung verletzt auch weder Art. 103 Abs. 1 GG noch sonst. Grundrechte des Beschwerdeführers, da die Beschlussgründe sich aus den Gründen des bestätigten Urteils ergeben (BVerfG StraFo 2007, 463 [BVerfG 17.07.2007 – 2 BvR 496/07]; NJW 2006, 136; NStZ 2002, 487 [BVerfG 21.01.2002 – 2 BvR 1225/01]; BVerfG, Urteil vom 19.4.1977, 2 BvR 274/74 DAR [S] 1978, 161).

25 Die **Formulierung des Beschlusses** kann dahin gehen, dass die Revision »als offensichtlich unbegründet verworfen« wird; wegen der verstörenden Wirkung, die dies für den Angeklagten haben kann, sind heute abgemilderte Formulierungen üblich geworden: »wird nach § 349 Abs. 2 StPO verworfen« oder: »wird verworfen, da die Nachprüfung des Urteils aufgrund der Revisionsrechtfertigung keinen Rechtsfehler zu Lasten des Angeklagten ergeben hat«.

Nähere – und zum Teil sehr in die Breite (und in die Tiefe) gehende Begründungen sind mit dem Be- 26
deutungswandel des Abs. 2 sehr viel häufiger als in früheren Jahren geworden (vgl. oben Rdn. 3 f.). Zu
einer **näheren Begründung** ist das Revisionsgericht aber **nicht verpflichtet** (EGMR EuGRZ 2008, 274
[276]; BVerfG NStZ 2002, 487; StraFo 2007, 463); allerdings entspricht es einer Übung der BGH-
Strafsenate, beim Abweichen von der Antragsbegründung des GBA jedenfalls einen kurzen Hinweis
auf die vom Senat als maßgeblich erachtete Rechtslage zu geben (BGH StraFo 2004, 212 und 236).
Geht der Verwerfungsbeschluss auf die Gegenerklärung des Beschwerdeführers nicht ein, so besagt
dies nur, dass sie den Verwerfungsantrag nicht zu entkräften vermochte (und nicht etwa, dass sie nicht
zur Kenntnis genommen worden wäre; BGH wistra 2009, 283 und 483).

Ein signifikanter Anteil der hier zitierten Entscheidungen ist auf Anhörungsrügen (§ 356a) ergangen, 27
mit denen – ausnahmslos vergeblich – geltend gemacht wurde, das Revisionsgericht habe den Revisionsvortrag des Beschwerdeführers nicht zur Kenntnis genommen.

Zusammenfassend: Wenn eine Revision (um im Kernbereich des § 349 Abs. 2 zu bleiben) »**offensicht-** 28
lich« unbegründet ist, so bedarf dies, so umfänglich der Beschwerdeführer auch vorgetragen haben mag,
schon begrifflich keiner näheren Begründung, und die Fälle, in denen der Verwerfungsbeschluss vom
Revisionsgericht näher (oder gar umfänglich) begründet wird, sind im Regelfall solche des »erweiterten
Offensichtlichkeitsbereiches« (so. explizit die Vorauflage). Hier allerdings setzt durchaus berechtigte
Kritik an, welche letztlich Bedenken im Hinblick auf die Gewährleistung effektiven Rechtsschutzes
sowie transparenter Entscheidungspraxis geltend macht und auf eine Verkehrung des gesetzlich intendierten Regel-Ausnahme Verhältnisses hinweist. Mit Blick auf die o.g. Praxis einer extensiven Anwendung der Norm wäre daher unter dem Gesichtspunkt der rechtsfriedensstifenden Wirkung von verfahrensbeendenden Entscheidungen eine zumindest erläuternde Begründung wünschenswert.

D. Aufhebung des Urteils durch Beschluss (Absatz 4) I. Voraussetzungen. 1. Ab- 29
satz 4 gilt nur für eine **zugunsten** des Angeklagten – von ihm selbst, seinem Verteidiger (§ 297), gesetz-
lichen Vertreter bzw. Erziehungsberechtigten oder der StA (§ 296 Abs. 2; vgl. HK-GS/*Momsen* § 298
Rn. 1 ff.) – **eingelegte** Revision. **Wirkt** sich eine zu Ungunsten des Angeklagten von der StA eingelegte
Revision nur zu seinen Gunsten **aus**, muss das Gericht durch Urteil nach Absatz 5 entscheiden (*Dahs*
Rn. 590; *Meyer-Goßner/Schmitt* § 349 Rn. 28; *EbSchmidt* Nachtr. I 19; *Amelunxen* S. 78; a. A.: BGH
NStZ/K 1997, 379; NStZ-RR 1996, 130: keine Beschwer; HK-GS/*Maiwald/Rackow* § 349 Rn. 12);
denn eine Entscheidung nach § 301 ohne Entscheidung über die (unbegründete) Revision der StA ist
nicht möglich und diese kann durch Beschluss nach Abs. 2 nicht ergehen, wenn entweder die StA ihre
Revision auf Hinweis des Revisionsgerichts zurückgenommen hat oder aber ihr nach Absatz 2 notwendiger Antrag fehlt. Zudem wird dem Rechtsmittelführer die Gelegenheit zur Äußerung und zur Rücknahme des Rechtsmittels genommen (zutr. *Meyer-Goßner/Schmitt* § 349 Rn. 28).

2. Die – nicht notwendigerweise offensichtliche (HK-GS/*Maiwald* § 349 Rn. 11; *Meyer-Goßner/* 30
Schmitt § 349 Rn. 28; *Kleinknecht* JZ 1965, 161; *EbSchmidt* Nachtr. I 19; LR/*Franke* § 349 Rn. 33;
Dahs Rn. 590; a. A.: *Greifelds* JR 1965, 4) – **Begründetheit** muss das Revisionsgericht **einstimmig** bejahen. Nach dem Sinn dieser Ausnahmevorschrift sollte von ihr jedoch **zurückhaltend** und nur in eindeutigen Fällen – z.B. bei »unausgeführter« allg. Sachrüge (§ 344 Rdn. 31 ff.), höchstrichterlich geklärten Rechtsfragen (*Peters* JR 1977, 477; KK/*Gericke* § 349 Rn. 36; krit.: SK-StPO/*Wohlers* § 349
Rn. 26) oder offenkundigen und gravierenden Rechtsfehlern (*Amelunxen* S. 77), insbes. unzweifelhaft
gegebenen absoluten Revisionsgründen (§ 338) – **Gebrauch gemacht** werden (*Dahs* Rn. 591 mit Verw.
auf BGH, Beschl. v. 12.10.2000, 5 StR 414/99; vgl. auch NJW 2006, 1605 [BGH 07.03.2006 – 5 StR
547/05]).

3. Abs. 4 ist – nach Anhörung der StA (§ 33 Abs. 2) – auch dann anwendbar, wenn die **StA Hauptver-** 31
handlung nach Absatz 5 (*Seibert* NJW 1966, 1064; *EbSchmidt* Nachtr. I 18; *Meyer-Goßner/Schmitt*
§ 349 Rn. 30) oder **Verwerfung nach Absatz 2** (hier jedoch regelm. Hauptverhandlung nach Absatz
5 vorzuziehen, vgl. *Seibert* NJW 1966, 1064) **beantragt hat** (vgl. auch LR/*Franke* § 349 Rn. 37; KK/
Gericke § 349 Rn. 37; HK/*Temming* § 349 Rn. 9).

II. Entscheidung. 1. Sie richtet sich nach §§ 353, 354, 355; auch Freispruch (§ 267 Abs. 5 ist zu be- 32
achten; HK-GS/*Maiwald/Rackow* § 349 Rn. 14; vgl. erg. Rdn. 1) ist zulässig (OLG Köln NJW 1966,

§ 349 StPO Verwerfung ohne Hauptverhandlung

512; OLG Hamburg NJW 1966, 1277; OLG Hamm NJW 1977, 207; *Kleinknecht* JZ 1965, 161; *Meyer-Goßner/Schmitt* § 349 Rn. 29; a. A.: *Creifelds* JR 1965, 4; krit. auch *EbSchmidt* Nachtr. I 20). Eine **Begründung** ist jedenfalls dann notwendig (vgl. *Meyer-Goßner/Schmitt* § 349 Rn. 31; *Dahs* Rn. 592), wenn Bindungswirkung nach § 358 Abs. 1 eintritt (KK/*Gericke* § 349 Rn. 40; *EbSchmidt* Nachtr. I 20), das RevG nach § 354 Abs. 1 »durchentscheidet« oder sie zum Verständnis geboten erscheint. Da Absatz 4 insoweit keine Beschränkungen enthält, kann das Revisionsgericht auch wegen eines Prozesshindernisses aufheben (BGHSt 36, 175; *Dahs* Rn. 591), jedenfalls sofern dieses vor Eintritt ins Revisionsverfahren bestand und vom Tatgericht übersehen wurde. Entsteht es erst im Revisionsverfahren, ist § 349 Abs. 4 anzuwenden (HK-GS/*Maiwald/Rackow* § 349 Rn. 13; *Meyer-Goßner/Schmitt* § 349 Rn. 29; OLG Koblenz StraFo 2005, 129 [OLG Koblenz 22.12.2004 – 2 Ss 312/04]; a. A. OLG Celle MDR 1969, 503; *Bohnert* GA 1982, 173 führt zu der Konsequenz, dass bei einem im laufenden Verfahren eintr. Verfahrenshindernis nur in einem Fall – § 349 Abs. 4 – Einstimmigkeit nötig wäre, i.Ü. bei § 206a aber Mehrheit ausreichen würde, vgl. § 196 GVG). Dem steht nicht entgegen, dass auch eine Einstellung nach §§ 153, 154, 154a möglich ist (*Hamm* Rn. 1392), da insoweit eine verschiedenartige Verfahrenssituation besteht (näher *Meyer-Goßner/Schmitt* § 349 Rn. 29a).

33 **III. Koppelung von Verwerfungs- und Aufhebungsbeschluss (Abs. 2 u. Abs. 4)** Diese (zulässige; BGHSt 43, 31 m.abl.Anm. *Wattenberg* NStZ 1999, 95) Entscheidungsform ist – mit dem Zurückdrängen der Revisionshauptverhandlung zugunsten der Beschlussentscheidung – allgemein üblich geworden. Die Staatsanwaltschaft kann bereits einen entsprechenden Antrag »nach §§ 349 Abs. 2 bis 4« gestellt haben; häufig ergeht eine in diesem Sinne »gespaltene« Entscheidung aber auf der Grundlage eines umfassenden Verwerfungsantrags nach Abs. 2 (wenn das Revisionsgericht entgegen diesem Antrag der Revision teilweise stattgeben will).

34 **IV. Mitteilung des Antrags nach Abs. 4.** Anders als beim Verwerfungsantrag nach Abs. 2 ist beim Aufhebungsantrag die Mitteilung an den Beschwerdeführer nicht vorgeschrieben. Das führt dazu, dass der Beschwerdeführer relativ lange vom Schicksal seiner Revision nichts hört und dann durch einen Aufhebungsbeschluss überrascht wird. Darüber braucht er sich auch unter dem Aspekt des Art. 103 Abs. 1 GG an sich nicht zu beklagen. Mit Recht ist es seit einigen Jahren bei den Strafsenaten des Bundesgerichtshofs aber üblich, dass die Senate (anders als bei Abs. 2 nicht der GBA) den Beschwerdeführer über den Eingang eines Antrags nach Abs. 4 durch Übersendung einer Abschrift unterrichten. Einem »rechtsmittelfreundlichen« Verständnis des Art. 103 Abs. 1 GG entspricht dies deshalb, weil der Beschwerdeführer Gelegenheit haben sollte, die vom GBA für seinen Antrag angeführten Gründe argumentativ zu verstärken (oder Schwächen in der Argumentation des GBA auszugleichen), um dadurch eine rasche (und positive) Beschlussentscheidung nach Abs. 4 sicherzustellen. Zwar hätte der Beschwerdeführer auch in der Revisionshauptverhandlung (die durchzuführen ist, wenn der Senat dem Antrag nach Abs. 4 nicht einstimmig folgt) volles rechtliches Gehör; es muss ihm aber auch schon hinsichtlich der Weichenstellung zwischen einer Entscheidung durch Beschluss nach Abs. 4 oder durch Urteil aufgrund einer Hauptverhandlung gewährt werden. Jedenfalls bei einigen Oberlandesgerichten hat sich diese Praxis des BGH inzwischen ebenfalls durchgesetzt.

35 **Bekanntgabe:** § 35 Abs. 2 S. 2 Hs. 1. – **Zurücknahme** und **Widerruf** des Beschl. nach Abs. 4 sind unzulässig (BGH NStZ/K 1997, 379; *Rieß* JR 1978, 523; *EbSchmidt* Nachtr. I 21; *Dahs* Rn. 593; KK/*Gericke* § 349 Rn. 47; *Meyer-Goßner/Schmitt* § 349 Rn. 34).

36 **E. Wirkung der Beschlüsse nach Absatz 1, 2 und 4. I. Unanfechtbarkeit.** Sofern sie eine **Begründung** enthalten, vermögen auch Beschlüsse nach Abs. 2 einen Abweichungsfall i.S.v. § 132 Abs. 2 und § 121 Abs. 2 GVG auszulösen (BGHSt 34, 184 [190]; 35, 60 [65]; vgl. hierzu *Widmaier* NStZ 1998, 263. Sie sind nicht nur nach § 304 Abs. 4, sondern, weil im letzten Rechtszug verfahrensbeendend, ihrem Wesen nach unanfechtbar und führen, soweit die Revision nicht wegen verspäteter Einlegung (§ 341) nach Absatz 1 als unzulässig verworfen worden ist (dazu § 1341 Rdn. 28 ff.), gem. **§ 34a** (dort Rdn. 1 ff.), mit Ablauf des Tages der Beschlussfassung **formelle Rechtskraft** des angefochtenen Urteils herbei (Vor § 296 Rdn. 33; zum Ganzen KK/*Gericke* § 349 Rn. 41). Enthält das Urteil eine Sachentscheidung, wird es zugl. **materiell** rechtskräftig (Vor § 296 Rdn. 34).

II. Wiedereinsetzung. Wiedereinsetzung (§§ 44 ff.) ist **statthaft** gegen Beschlüsse sowohl nach Absatz 1 (vgl. d. Kommentierung zu § 44; vgl. auch § 319 Rdn. 11 ff.; zur WE gegen verspätete oder formwidrige Revisionsbegründung s. § 345 Rdn. 23 ff.) als auch – entgegen der h.M. (BGHSt 25, 89; 23, 102; 17, 94 m. abl. Anm. *Schaper* NJW 1962, 1357 [BGH 17.01.1962 – 4 StR 392/61]; NStZ 1983, 208; 1999, 41; StraFo 2003, 173 MDR [D] 1966, 728; OLG Stuttgart MDR 1957, 117 LS; OLG Hamburg JR 1964, 329 LS; OLG Köln OLGSt S. 9; *Dahs* Rn. 593; *Meyer-Goßner/Schmitt* § 349 Rn. 25; a. A.: *EbSchmidt* Nachtr. I 5; *Hanack* JZ 1971, 92; *Geppert* GA 1972, 175 ff.; LR/ *Franke* § 349 Rn. 29) – ggf. nach **Absatz 2**. Allerdings wird in vielen Fällen nur das Wiederaufnahmeverfahren offen stehen (vgl. *Geppert* GA 1972, 175 ff.; *Hanack* JZ 1971, 92; KK/ *Gericke* § 349 Rn. 48). Bspw. kann aber ein erneutes Wiedereinsetzungsgesuch Erfolg haben, wenn der Verwerfungsbeschluss auf einer unzutr. tatsächlichen Grundlage ergangen ist (KK/ *Gericke* § 349 Rn. 48 m. Verw. auf BGH NJW 1951, 771; Urteil vom 15.6.1977, 2 StR 186/77). **Keine WE** dagegen findet statt gegen Versäumung der Frist des **Absatz 3 S. 2** (*Dahs* Rn. 593; vgl. auch BGH DAR [S] 1979, 190 f.), da sie auch zur (weiteren) Begründung der Revision ausgeschlossen ist (§ 345 Rdn. 39 f.; BGHSt 17, 94; *R. Schmitt* JZ 1961, 16). 37

III. Zurücknahme (Änderung) **1.** Ob Zurücknahme (Abänderung) von Beschlüssen nach Absatz 1, 2 (zum Erlass in Unkenntnis des Revisionsgerichts vom Tod des Beschwerdeführers vgl. § 206a) zulässig sei (dazu erg. Vor § 304 Rdn. 6 ff.), wird uneinheitlich beantwortet: **Verneint** wird die Frage bei bloßer Rechtsfehlerhaftigkeit (zu Abs. 1: BGH NJW 1951, 771; OLG Tübingen DRZ 1948, 317; *R. Schmitt* JZ 1961, 15), für Beschlüsse nach Absatz 2 auch bei unrichtiger Tatsachengrundlage (BGHSt 17, 94 [96] m. Anm. *Schaper;* NJW 1962, 1357 [BGH 17.01.1962 – 4 StR 392/61]; NJW 1955, 1766; MDR [D] 1966, 728; KG Berlin JW 1937, 1835; OLG Hamburg MDR 1976, 511; Köln OLGSt S. 9; *Beling* S. 257; *EbSchmidt* II 15; *Woesner* NJW 1960, 2131; *R. Schmitt* JZ 1961, 16; *Dahs* Rn. 593; KK/ *Gericke* § 349 Rn. 47; *Meyer-Goßner/Schmitt* § 349 Rn. 24; *Hanack* JZ 1973, 778; a. A.: RG Recht 1928 Nr. 1492; 1930 Nr. 754; OLG Braunschweig MDR 1950, 500 [OLG Braunschweig 04.05.1950 – Ss 99/49]). Dagegen **bejaht**, wenn ein Beschluss nach Abs. 1 auf unzutr. Tatsachengrundlage beruht.(Vor § 304 Rdn. 10 a.E.). 38

2. Für **prozessual beachtliche** Beschlüsse nach Absatz 1, 2 gilt daher (vgl. zusammenfassend auch *R. Schmitt* JZ 1961, 15 ff.; *Geppert* GA 1972, 165 ff.): 39

a) Der **Zurückweisungsbeschluss nach Absatz 2 ist grds. unwiderruflich,** denn die ausschließlich rechtliche Begründung, die das Revisionsgericht vornimmt, kann nicht durch neue Tatsachen und Beweismittel ihrer Grundlage beraubt werden. Unrichtige Rechtsauffassungen und ebenso nachträgliche Änderungen der Rspr. können die Rücknahme nicht rechtfertigen (OLG Braunschweig MDR 1950, 500 [OLG Braunschweig 04.05.1950 – Ss 99/49]). Hinzu kommt, da der Beschluss nach Abs. 2 dem Wesen nach eine endgültige, einem Urteil gleichwertige Entscheidung über die Revision darstellt und daher den Rang eines Revisionsurteils genießt (BGH NStZ [K] 1997, 379; KK/ *Gericke* § 349 Rn. 47; *Meyer-Goßner/Schmitt* § 349 Rn. 24). Die Wiederaufnahme des durch Beschluss nach Abs. 2 abgeschlossenen Verfahrens richtet sich nach §§ 359 ff. (vgl. § 359 Rdn. 11 a.E.). 40

b) Trotzdem muss **ausnahmsweise** auch ein Beschluss nach Absatz 2 **rücknahmefähig** sein, wenn nur dadurch **prozessuales Unrecht beseitigt** werden kann (vgl. Vor § 304 Rdn. 6, 10). Ist etwa die Sachrüge als offensichtlich unbegründet zurückgewiesen und die gleichzeitige Verfahrensrüge, weil nicht rechtzeitig begründet, nicht berücksichtigt worden, so kann u.U. Wiedereinsetzung in die versäumte Revisionsbegründungsfrist mit der Folge gewährt werden, dass der Zurückweisungsbeschluss und damit die Rechtskraft des Urteils entfallen. Ist dagegen die Revisionsbegründungsfrist in Wahrheit noch gar nicht in Lauf gesetzt, also **nicht versäumt,** weil das angefochtene Urteil noch nicht wirksam zugestellt war, so muss die Aufhebung des Zurückweisungsbeschlusses **erst recht** zulässig sein; denn es wäre unerträglich, wenn der Verurteilte bei einer von ihm nicht verschuldeten Behandlung seiner Nichtsäumnis als Säumnis prozessual schlechter gestellt sein sollte als bei wirklicher Säumnis (so aber zu Unrecht BGHSt 17, 94 [96 f.]). Eine Rücknahme kommt i.Ü. auch in Betracht, wenn die Revision vor Erlass des Beschlusses wirksam zurück genommen wurde (BGH NStZ [K] 1998, 27; 1992, 225; *Meyer-Goßner/Schmitt* § 349 Rn. 24), das gem. § 335 Abs. 3 nur einer Entscheidung als Berufung zugänglich war (nur insoweit zutr. BGHSt 17, 94; vgl. § 335 Rdn. 18 ff.) oder wenn der Angeklagte während des Rechtsmittelverfahrens verstorben ist (OLG Schleswig NJW 1978, 1016 [OLG Schleswig 23.01.1978 – 1 Ss 534/77]). 41

§ 349 StPO Verwerfung ohne Hauptverhandlung

42   IV. **Änderungsmöglichkeiten bei »revisionsspezifischen« Verfassungsverstößen.** Die grundsätzliche Unabänderlichkeit findet ihre Grenze, wenn der Erlass des Beschlusses nach Abs. 2 (oder auch nach Abs. 4) gegen Verfassungsrecht verstößt.

43   a) Das gilt zum einen bei **Verletzung des rechtlichen Gehörs** (Art. 103 Abs. 2 GG) wurde etwa eine rechtzeitig eingereichte Gegenerklärung des Verteidigers (Abs. 3) wegen eines Versehens der Geschäftsstelle erst nach der Entscheidung vorgelegt, so ist die Anhörungsrüge nach § 356a gegeben; ebenso kann das Revisionsgericht aber **von Amts wegen** prüfen, ob die liegengebliebene Gegenerklärung die Entscheidung beeinflusst hätte. Hierzu wird ein weiterer Beschluss (der auch eine geänderte Sachentscheidung enthalten kann) zu treffen sein.

44   b) Verfassungswidrig im Sinne eines **Verstoßes gegen das Willkürverbot** (Art. 3 Abs. 1 GG) sind Beschlussentscheidungen nach Abs. 2 oder Abs. 4, wenn ihre formalen Voraussetzungen nicht vorlagen: wenn also entweder eine Revision des Angeklagten nach Abs. 2 verworfen wurde, obwohl die Staatsanwaltschaft keinen entsprechenden Antrag gestellt hatte (BVerfGE 59, 98 = NJW 1982, 324) oder wenn einer Revision zu Ungunsten des Angeklagten durch Beschluss nach Abs. 4 stattgegeben wurde. In beiden Fällen kann das Revisionsgericht den verfassungswidrigen Beschluss **von Amts wegen aufheben** (BGH NStZ 1995, 18 [K.] für den Fall einer Entscheidung zu Ungunsten nach Abs. 4). Da in diesen Fällen unmittelbar ein Verstoß gegen das Willkürverbot des Art. 3 Abs. 1 GG vorliegt und das rechtliche Gehör – das dem Angeklagten bei der richtigerweise anzuberaumenden Hauptverhandlung gewährt worden wäre – nur **sekundär betroffen** ist, kann die Verfassungsbeschwerde (falls das Revisionsgericht die Entscheidung nicht von sich aus richtig gestellt hat) von der vorausgehenden Erhebung einer Anhörungsrüge nach § 356a (im Sinne der Erschöpfung des Rechtsweges) nicht abhängig gemacht werden (and. aber BVerfG Beschl. v. 25.1.2010 – 2 BvR 827/09). In einem solchem Fall ist die Erhebung einer Anhörungsrüge also dringend anzuraten.

45   **F. Revisionsentscheidung durch Urteil (Abs. 5)** I. Notwendige Revisionshauptverhandlung. § 349 gewährt dem Angeklagten dadurch besonderen Schutz des rechtlichen Gehörs, dass Revisionsentscheidungen zu seinen **Ungunsten nur aufgrund einer Revisionshauptverhandlung** getroffen werden können. Bei zu Ungunsten des Angeklagten eingelegten Revisionen der Staatsanwaltschaft stellt die StA deshalb Antrag auf Durchführung einer Hauptverhandlung (sog. Terminsantrag; zur Antragspraxis des GBA s. BVerfG 112, 185 [200 ff.]; vgl. auch oben Rdn. 20). Eine Revisionshauptverhandlung ist auch dann erforderlich, wenn die Staatsanwaltschaft (was zum Teil bei Oberlandesgerichten üblich ist) die Sache dem Revisionssenat ohne ausdrücklichen Antrag vorlegt (und wenn dieses nicht – wozu es keines Antrags bedarf – nach Abs. 4 entscheiden will). Bei Revisionen der Nebenklage, die – da insoweit § 296 Abs. 2 nicht gilt – nur zu Ungunsten des Angeklagten statthaft sind (in ihrer Wirkung allerdings ebenfalls der Vorschrift des § 301 unterliegen), stellt die Staatsanwaltschaft Terminsantrag, wenn sie die Revision für begründet hält; ansonsten gilt auch für Revisionen der Nebenklage die Verwerfungsmöglichkeit nach Abs. 2. Schließlich ist die Durchführung einer Revisionshauptverhandlung auch dann zwingend geboten, wenn das Revisionsgericht einem Aufhebungsantrag der Staatsanwaltschaft nach Abs. 4 nicht oder nicht in vollem Umfang (einstimmig) nachkommen will. Anträge des GBA nach Abs. 4 sind bei den Strafsenaten des BGH unbeliebt, weil es relativ häufig vorkommt, dass der Senat sich dem Aufhebungsantrag jedenfalls nicht in vollem Umfang anschließt.

46   Eine Revisionshauptverhandlung muss im Übrigen stets dann durchgeführt werden, wenn sich trotz Antrags der StA auf Entscheidung im Beschlussverfahren (nach Abs. 2 oder Abs. 4) **keine Einstimmigkeit** ergibt.

47   **II. Fakultative Revisionshauptverhandlung.** Das Revisionsgericht **kann** stets (selbst wenn Einstimmigkeit für eine bestimmte Beschlussentscheidung gegeben wäre) die Durchführung einer Revisionshauptverhandlung für angezeigt erachten (etwa wegen besonderer und rechtsgrundsätzlicher Bedeutung der Sache). Umgekehrt kann der BGH auch bei einem Terminsantrag der StA eine allein zugunsten des Angeklagten wirkende Entscheidung auch durch einstimmigen Beschluss nach Abs. 4 treffen.

48   **III. Gespaltene Entscheidung durch Urteil und durch Beschluss nach Abs. 2.** Bei Revision sowohl des Angeklagten wie des Staatsanwalts (zu seinen Ungunsten) ist es in wachsendem Maße üblich geworden – vor allem nachdem das Bundesverfassungsgericht in dem (primär zu § 344 Abs. 2 S.Satz 2)

ergangenen Beschl. v. 25.01.2005 (BVerfGE 112, 185 [204 ff.]) diese Praxis gebilligt hat –, einen **Terminsantrag** (hinsichtlich der staatsanwaltschaftlichen Revision) **mit einem Verwerfungsantrag nach Abs. 2** (hinsichtlich der Revision des Angeklagten) zu **kombinieren.**

1. Unter der Voraussetzung, dass die beiden Entscheidungswege auf solche Teile des angefochtenen Urteils bezogen werden, »die **einer gesonderten Beurteilung zugänglich** sind« (BGHSt 43, 31 [33]), stehen dieser Aufspaltung rechtliche Gründe **nicht** entgegen (etwa wenn sich die staatsanwaltschaftliche Revision gegen den freisprechenden Teil des Urteils und die Revision des Angeklagten gegen den Schuldspruch wendet), oder wenn die Staatsanwaltschaft sich gegen die Verneinung besonderer Schuldschwere nach § 57a StGB und die Revision des Angeklagten sich gegen den Schuldspruch wendet. Insbesondere, wenn in solchen Konstellationen die Revision des Angeklagten eine Vielzahl offensichtlich vergeblicher Verfahrensrügen erhebt, während die Revision der Staatsanwaltschaft auf ein knapp umrissenes Thema begrenzt ist, bietet sich gespaltene Antragstellung an, um dem Senat die Zusatzbelastung durch eine nutzlose, aber möglicherweise sehr breite Revisionshauptverhandlung über die Verfahrensrügen des Angeklagten zu ersparen.

49

2. Rechtliche Grenzen der Aufspaltung ergeben sich allerdings aus § 301: Haben beide Revisionen (sei es auch mit unterschiedlicher Zielrichtung) hinsichtlich desselben Teils des Urteils die **Sachrüge** erhoben, so steht § 301 einer Trennung der Entscheidungswege entgegen. Denn in diesem Fall kann die Verteidigung auch in einer (vordergründig) nur die Revision der Staatsanwaltschaft betreffenden Hauptverhandlung über § 301 ohne Einschränkung die konträre sachlich-rechtliche Position des Angeklagten in der Diskussion und dem Plädoyer geltend machen. Deshalb ist es rechtlich ausgeschlossen, die Beschlussberatung und -entscheidung (nach Abs. 2) zeitlich von der Urteilsberatung zu trennen; die Revision des Angeklagten mit ihrer Sachrüge kann nicht im Beschlusswege verworfen werden, solange über § 301 dieselbe Sachrüge auch Gegenstand der Hauptverhandlung über die Revision der Staatsanwaltschaft und damit der Urteilsberatung ist. Dem könnte allenfalls durch eine einheitliche Beschluss- und Urteilsberatung ausgewichen werden (während es bei Trennbarkeit durchaus vorkommt, dass der die Revision des Angeklagten betreffende Beschluss nach Abs. 2 bereits vor der Hauptverhandlung über die Revision der Staatsanwaltschaft ergangen ist). Die Senate des Bundesgerichtshofs pflegen deshalb in solchen Fällen die Hauptverhandlung über die Revision der Staatsanwaltschaft von vornherein ausdrücklich auch auf die Revision des Angeklagten zu erstrecken.

50

3. Letztlich ist die Aufspaltung in ein Urteil und in einen Verwerfungsbeschluss weniger eine Rechtsfrage als eine Frage des **Stils der Entscheidung.** Denn jedenfalls der Angeklagte wird sich des Eindrucks einer ungerechten Unausgewogenheit des Verfahrens kaum erwehren können, wenn der Senat über die zu seinem Nachteil erhobene Revision der Staatsanwaltschaft eine Hauptverhandlung durchführt, in der zu seiner eigenen vom Verteidiger sorgfältig und engagiert begründeten Revision aber nichts gesagt werden darf, weil über diese im Verfahren nach Abs. 2 entschieden wird. Deshalb sind die Strafsenate des Bundesgerichtshofs in den letzten Jahren in wachsendem Maße geneigt, bei gespaltener Antragstellung des GBA jedenfalls dann die Revisionshauptverhandlung auch auf die Revision des Angeklagten zu erstrecken, wenn diese ernsthaft diskussionswürdig ist.

51

G. Teilentscheidungen über die Revision. Die StPO kennt – anders als andere Verfahrensordnungen (vgl. etwa §§ 301, 303, 304 ZPO) – grundsätzlich keine Teil- oder Zwischenurteile, durch die einzelne, denselben Prozessgegenstand betreffenden Fragen vorab entschieden oder einzelne Rechtsfolgen gesondert abgeurteilt werden. In Ausnahmefällen rechtfertigt aber der **Beschleunigungsgrundsatz** (Art. 2 Abs. 1 i.V.m. Art. 20 Abs. 3 GG und Art. 6 Abs. 1 S.Satz 1 MRK) eine Teilentscheidung, sei es durch »vertikale« Aufteilung (wie im Fall BGH wistra, 119 [226], in dem hinsichtlich eines von mehreren rechtlich selbständigen Tatvorwürfen ein Vorabentscheidungsverfahren beim EuGH durchgeführt werden musste), sei es durch »horizontale« Abschichtung (wie in der Sache BGHSt 48, 209 [213], in der über den Schuldspruch und den Strafausspruch vorab durch Verwerfung entschieden wurde, weil hinsichtlich der Entziehung der Fahrerlaubnis der Große Senat für Strafsachen angerufen wurde). Außerhalb solcher Sonderfälle kommt eine Teilentscheidung nicht in Betracht (vgl. oben Rdn. 15.).

52

§ 350 StPO Revisionshauptverhandlung.

(1) ¹Dem Angeklagten und dem Verteidiger sind Ort und Zeit der Hauptverhandlung mitzuteilen. ²Ist die Mitteilung an den Angeklagten nicht ausführbar, so genügt die Benachrichtigung des Verteidigers.
(2) ¹Der Angeklagte kann in der Hauptverhandlung erscheinen oder sich durch einen Verteidiger mit schriftlicher Vertretungsvollmacht vertreten lassen. ²Der Angeklagte, der nicht auf freiem Fuße ist, hat keinen Anspruch auf Anwesenheit.
(3) ¹Hat der Angeklagte, der nicht auf freiem Fuße ist, keinen Verteidiger gewählt, so wird ihm, falls er zu der Hauptverhandlung nicht vorgeführt wird, auf seinen Antrag vom Vorsitzenden ein Verteidiger für die Hauptverhandlung bestellt. ²Der Antrag ist binnen einer Woche zu stellen, nachdem dem Angeklagten der Termin für die Hauptverhandlung unter Hinweis auf sein Recht, die Bestellung eines Verteidigers zu beantragen, mitgeteilt worden ist.

1 **A. Terminsbenachrichtigung (Abs. 1)** Nach der Praxis des BGH und der meisten OLGs wird die Terminsnachricht dem Verteidiger gegen Empfangsbekenntnis (EB) förmlich **zugestellt**; der Angeklagte erhält die Terminsnachricht formlos. In der Praxis erfolgt die Terminsnachricht sehr frühzeitig, so dass sich die Frage nach der einwöchigen Ladungsfrist des § 217 nicht stellt. Die **Nachricht vom Hauptverhandlungstermin** ist über den Wortlaut des **Absatzes 1 S. 1** hinaus allen Prozessbeteiligten (etwa §§ 50 Abs. 2, 67 Abs. 2 JGG; § 407 AO). zu übermitteln. Regelmäßig genügt formlose Mitteilung (RG HRR 1931 Nr. 1401; OLG Braunschweig GA 1955, 219); nur wenn sie den Hinweis auf das Antragsrecht nach Absatz 3 S. 1 enthält, ist eine förmliche Zustellung (vgl. zu § 37 Rdn. 13 ff.) geboten, weil die Frist des Abs. 3 S. 2 in Lauf gesetzt wird (vgl. LR/*Franke* § 350 Rn. 3; HK-GS/*Maiwald/Rackow* § 350 Rn. 1; SK-StPO/*Wohlers* § 350 Rn. 8). §§ **217, 218** gelten zwar **nicht** (OLG Braunschweig GA 1955, 219); doch kann die Fürsorgepflicht gebieten, dem Beschwerdeführer eine ausreichende Vorbereitungszeit zu geben (*Meyer-Goßner/Schmitt* § 350 Rn. 1; näher *Dahs* Rn. 600 ff.).

2 In Fällen des **Absatzes 1 S. 2** und § 145a Abs. 1 (§ 145a Abs. 2 gilt nicht, vgl. *EbSchmidt* Nachtr. I 7; *Meyer-Goßner/Schmitt* § 350 Rn. 1 f.) genügt Benachrichtigung des **Verteidigers** (das Erfordernis einer schriftl. Zustellungsvollmacht i.S. § 145a Abs. 2 besteht nicht, da es sich um keine Ladung im formellen Sinne handelt; OLG Braunschweig GA 1955, 219; KK/*Gericke* § 350 Rn. 3). Ist die Mitteilung an einen unverteidigten Angeklagten nicht ausführbar, wird sie öffentlich (§ 40) zugestellt (RG 65, 417 [419]; BayObLG JZ 1953, 92; *EbSchmidt* NJW 1967, 857; LR/*Franke* § 350 Rn. 4), bei Revision der StA jedoch nur dann, wenn ihre Revisionsschrift dem Angeklagten nach § 347 Abs. 1 S. 1 zugestellt worden war (BayObLG JR 1962, 309).

3 **B. Anwesenheit des Angeklagten und des Verteidigers (Abs. 2 und 3)** I. Die Anwesenheit des Angeklagten (Abs. 2) ist, wenn er sich auf freiem Fuß befindet, möglich, aber weder notwendig noch üblich. Nur selten nimmt ein Angeklagter diese Prozessrolle in der Revisionshauptverhandlung wahr; erscheint er neben seinem Verteidiger zur Hauptverhandlung, dann regelmäßig als bloßer Zuhörer. Der **inhaftierte** Angeklagte hat nach Abs. 2 Satz 1 keinen Anspruch auf Anwesenheit (verfassungsrechtlich zulässige Einschränkung, vgl. BVerfG NJW 1980, 1943 [1945]), kann aber auf Antrag oder von Amts wegen vorgeführt werden. **Anwesenheitspflichtige** Beteiligte sind nur der StA und der bestellte Verteidiger (BGHSt 19, 258 [263]; *Seibert* NJW 1965, 1469; *EbSchmidt* Nachtr. I 6; *Meyer-Goßner/Schmitt* § 350 Rn. 5; *Hanack* FS Dünnebier [1978], S. 314). Anordnungen nach § 236 zur freibeweislichen Einvernahme zu Verfahrensfragen sind zulässig (OLG Koblenz NJW 1958, 2028). Durch das »Gesetz zur Stärkung des Rechts des Angeklagten auf Vertretung in der Berufsverhandlung und über die Anerkennung von Abwesenheitsentscheidungen in der Rechtshilfe vom 17.7.2015 (BGBl. I S. 1332) wird klargestellt, dass der Verteidiger schriftlich wirksam zur Vertretung legitimiert sein muss. Die Regelung wird an den neugefassten § 329 (s. dort) angepasst.

4 Der Durchführung der Revisionshauptverhandlung steht nicht entgegen, dass der Angeklagte unbekannten Aufenthalts ist oder es ihm (etwa weil er ausgewiesen und abgeschoben wurde) nicht möglich ist, nach Deutschland zu kommen (BVerfG NJW 1995, 651 [BVerfG 19.10.1994 – 2 BvR 435/87]; OLG Brandenburg NStZ-RR 2005, 49: Einstellung nach § 205 im Falle der Abschiebung vor Revisionsbegründung). Voraussetzung ist aber das Vorhandensein eines (Pflicht-)Verteidigers, der im Revisi-

onsverfahren sachgerecht wirken kann. Daran fehlt es, wenn der Angeklagte schon vor Begründung der Revision abgeschoben wurde und für den Verteidiger nicht mehr erreichbar ist; in diesem Fall ist Verfahrenseinstellung nach § 205 geboten (OLG Brandenburg NStZ-RR 2005, 49).

Auch **Verhandlungsunfähigkeit** (im Revisionsverfahren besser: Verteidigungsunfähigkeit) des Angeklagten hindert die Revisionshauptverhandlung nicht, sofern der Angeklagte verteidigt ist, sofern über die Revisionseinlegung verantwortlich entscheiden konnte und danach jedenfalls »zu einer Grundübereinkunft mit der Verteidigung über die Fortsetzung des Rechtsmittels in der Lage ist« (BGHSt 41, 16 m. Anm. *Rieß* JR 1995, 472 [Fall Mielke; bestätigt durch BVerfG NJW 1995, 1951 und EGMR EuGRZ 1947, 148; hierzu auch *Widmaier* NStZ 1995, 371). Der Eintritt völliger (dauernder) Verteidigungsunfähigkeit würde dagegen die Fortführung des Revisionsverfahrens hindern (*Widmaier* NStZ 1995, 361 [363]).

II. Die **Anwesenheit des Verteidigers** ist an sich ebenso entbehrlich wie die des Angeklagten oder anderer Verfahrensbeteiligter (außer der Staatsanwaltschaft). Dies gilt auch in Fällen der im instanzgerichtlichen Verfahren nach § 140 notwendigen Verteidigung (im Revisionsverfahren gilt diese Vorschrift nicht). Das wird bei Revisionen der Staatsanwaltschaft (wenn diese nicht weiter gewichtig sind) auch noch heute so praktiziert. Nach dem über Revisionen des Angeklagten heute im Grundsatz nur noch dann eine Revisionshauptverhandlung durchgeführt wird, wenn über bedeutsame Rechtsfragen zu entscheiden ist, stellt der BGH von Amts wegen die Mitwirkung eines Verteidigers sicher, sei es durch Hinweis an den Wahlverteidiger, dass seine Anwesenheit in der Revisionshauptverhandlung für erforderlich angesehen werde (ggf. verbunden mit telefonischer Vergewisserung, dass der Verteidiger den Termin wahrnimmt), sei es durch Bestellung eines Pflichtverteidigers (auch ohne Antrag des Angeklagten). Ohne Verteidiger darf in diesem Fall nicht verhandelt werden (BVerfGE 65, 171 = NStZ 1984, 82).

C. Bestellung eines Pflichtverteidigers (Abs. 3) I. Pflichtverteidigung im Instanzverfahren.
Die Bestellung des Pflichtverteidigers im Instanzverfahren nach § 140 erstreckt sich nicht auf die Revisionshauptverhandlung (BGHSt 19, 258 [259] = NJW 1964, 1035 [BGH 03.03.1964 – 5 StR 54/64] m. Anm. *Seydel*; BayObLG DRiZ 1920 Nr. 241; KG Berlin JR 1951, 217; OLG Breslau GA 70, 216; OLG Hamburg MDR 1951, 183; OLG Düsseldorf NJW 1956, 436 [OLG Düsseldorf 12.10.1955 – 1 Ws 344/55 (720)] m. abl. Anm. *Dahs*).). Die Bestellung eines notwendigen Verteidigers gilt daher **nicht mehr für die Revisionshauptverhandlung** (BGHSt 19, 258; BayObLG JW 1928, 1944 m. Anm. *Löwenstein*; NJW 1952, 716; 1953, 195; KG Berlin JW 1935, 3124; JR 1951, 220; 1953, 385; OLG Braunschweig NJW 1950, 79 m. Anm. *Cüppers*; OLG Hamm SJZ 1950, 218; NJW 1958, 1934; 1970, 440; OLG Karlsruhe NJW 1969, 2028; a. A.: OLG Hamburg MDR 1951, 183; NJW 1964, 418), sondern schließt **nur noch die Befugnis** ein, die Revision einzulegen, zu begründen (OLG Braunschweig NJW 1950, 79 [OLG Braunschweig 02.08.1949 – Ws 53/49]; OLG Hamburg NJW 1966, 2324) und Erklärungen nach §§ 347 Abs. 1 S. 2, 349 Abs. 3 abzugeben.

II. **Pflichtverteidigung in der Revisionshauptverhandlung.** Abgesehen von den unter Rdn. 1 a.E., 3, genannten Konstellationen hat der zur Anwesenheit in der Hauptverhandlung nicht verpflichtete Angeklagte (Rdn. 7) nur die Möglichkeit, sich eines **Wahlverteidigers** zu bedienen (§ 137; zum Sonderfall der stillschweigenden Bestellung eines Verteidigers: BGH NStZ 1997, 299 [BGH 19.12.1996 – 1 StR 76/96]; NJW 2000, 3222 [BGH 30.05.2000 – 4 StR 24/00]: zur Erstreckung der Bestellung eines Beistandes auf die Hauptverhandlung vor dem Revisionsgericht) oder sich ganz von ihm in der Hauptverhandlung vertreten zu lassen (Absatz 2 S. 1). – Dass ein Angeklagter, der die **Kosten** eines gewählten Verteidigers **nicht aufbringen** kann, u.U. in der Revisions-Hauptverhandlung ohne rechtskundigen Beistand ist, verstößt nach BVerfG NJW 1965, 147 [BVerfG 11.08.1964 – 2 BvR 456/64] (m. abl. Anm. *Arndt*) weder gegen Art. 3 noch 103 Abs. 1 GG, der nicht das rechtliche Gehör auch durch Vermittlung eines RA gewährleiste (vgl. auch BVerfG NJW 1959, 715 [BVerfG 22.01.1959 – 1 BvR 154/55]). Der Diskrepanz zwischen dieser Deutung des Art. 103 Abs. 1 GG (krit. auch *EbSchmidt* Nachtr. I 3) und den gesetzlichen Vorschriften, nach denen auch in der Revisionsinstanz eine mündliche Verhandlung notwendig ist (vgl. *Arndt* NJW 1965, 147 ff. [BVerfG 11.08.1964 – 2 BvR 456/64]; dazu auch BVerfG NJW 1980, 1945 [BVerfG 29.04.1980 – 2 BvR 1441/79]: die Verteidigung des Angeklagten in der Hauptverhandlung muss gewährleistet sein, auch wenn er nicht anwesenheitsberechtigt ist), trägt

§ 351 StPO   Gang der Revisionshauptverhandlung

BVerfG NJW 1978, 151 [BVerfG 19.10.1977 – 2 BvR 462/77] (m. krit. Bspr. *Dahs* ebd. 140) insoweit Rechnung, als in diesem Fall der Angeklagte jedenfalls dann regelmäßig **Anspruch auf Beiordnung eines Verteidigers** – er ist durch den **Vorsitzenden** des RevG zu bestellen (BGHSt 19, 261; KG Berlin JR 1951, 220; OLG Köln JMB1NRW 1964, 131; *EbSchmidt* NJW 1967, 854; vgl. § 347 Rdn. 12; BGH NStZ 1997, 299 [BGH 19.12.1996 – 1 StR 76/96]: in der Duldung des Auftretens des nicht weiterhin beigeordneten Pflichtverteidigers kann eine stillschw. Beiordnung liegen) – **hat,** wenn er befürchten muss, in der Revisionsinstanz unter Aufhebung des milderen tatrichterlichen Urteils zu lebenslanger Freiheitsstrafe verurteilt zu werden **und** die Beantwortung der in der Revisionshauptverhandlung zu erörternden Fragen rechtlicher oder tatsächlicher Art nicht auf der Hand liegt (BVerfGE 46, 202 [BVerfG 19.10.1977 – 2 BvR 462/77]). Auch dies ist noch zu eng: selbst wenn Art. 103 Abs. 1 GG das Gericht nicht zu einem »Rechtsgespräch« mit dem Angeklagten verpflichtet (BVerfGE 31, 364 [BVerfG 27.07.1971 – 2 BvR 443/70] [370]; NJW 1980, 1945 [BVerfG 29.04.1980 – 2 BvR 1441/79]), muss er doch Gelegenheit haben, die für die Entscheidung seines Falles vorgebrachten Rechtsansichten kennen zu lernen und dazu Stellung zu nehmen. Ist dem Angeklagten das **sinnvoll möglich** nur durch Vermittlung eines rechtskundigen Verteidigers (vgl. Vor § 33 Rdn. 60 ff.), fordern gerichtliche **Fürsorgepflicht** und **Fairnessgebot (fair trial)** (BVerfG NJW 1975, 1597 [BVerfG 10.06.1975 – 2 BvR 1074/74]; 1978, 151; 1980, 1945), einen **Verteidiger** von Gerichts wegen zu bestellen, bereits dann, wenn die Sache für den Angeklagten von überdurchschnittlicher Bedeutung ist (so i.d.R. bei z.B. ihm drohender Freiheitsstrafe – ohne Bewährung – von mehr als 1 Jahr, vgl. LR/*Hanack* § 350, 25. Auflage, Rn. 11; *Dahs* NJW 1978, 140; OLG Düsseldorf NStZ 1984, 43: Revision gegen freisprechendes Urteil wg. Verbrechens; einschr. *Meyer-Goßner*/Schmitt § 350 Rn. 8). Aufgrund der Ansprüche, die – bspw. im Zusammenhang mit § 349 Abs. 2 – an die rechtlichen Kenntnisse des Beschwerdeführers gestellt werden, liegt es jedoch nahe, die Revisionshauptverhandlung insgesamt als einen Verfahrensabschnitt zu begreifen, auf den die Grundsätze des § 140 zumindest im Hinblick auf die Schwierigkeit der Rechtslage anzuwenden sind. Daher spricht vieles dafür, in den Fällen des § 349 Abs. 5 grds. einen Fall notwendiger Verteidigung anzunehmen (so auch HK-GS/*Maiwald*/*Rackow* § 350 Rn. 5; FS BGH (2000), *Meyer-Goßner* S. 617; SK-StPO/*Wohlers* § 350 Rn. 20 ff.

9   **Absatz 3** trägt dieser Verpflichtung zur Gewährung eines »fair trial« (BVerfGE 65, 171 [BVerfG 18.10.1983 – 2 BvR 462/82]: Ausprägung des Rechts auf ein faires Verfahren) immerhin insoweit Rechnung, als dem **nicht auf freiem Fuß befindlichen Angeklagten** (vgl. § 35 Rdn. 28), damit er auf die Willensbildung des Revisionsgerichts in der Hauptverhandlung gleichwohl Einfluss nehmen kann (OLG Hamm NJW 1973, 259 [OLG Hamm 10.11.1972 – 3 Ws 61/72] [261]), das Recht auf einen **Pflichtverteidiger** zuerkannt ist, **wenn** er (1) zur Hauptverhandlung vorgeführt wird, (2) keinen Verteidiger gewählt und (3) dies binnen 1 Woche nach Mitteilung des Hauptverhandlungstermins beantragt hat.

10 Da die Fähigkeit des Angeklagten, sich in der Revisionshauptverhandlung selbst zu verteidigen, nur sehr gering anzusetzen ist, muss hieraus nach heutigem Verständnis eines fairen Revisionsverfahrens dem Angeklagten für die Revisionshauptverhandlung, ob er es beantragt oder nicht, faktisch **ausnahmslos ein Pflichtverteidiger bestellt** werden, wenn kein Wahlverteidiger für den Angeklagten auftritt (zutreffend *Ziegler* DAV-FS 934; *Meyer-Goßner* BGH-FS S. 617). Die Praxis des Bundesgerichtshofs verfährt heute mit den oben angesprochenen Ausnahmen weniger wichtiger Revisionen der Staatsanwaltschaft durchweg in dieser Weise.

§ 351 StPO Gang der Revisionshauptverhandlung.
(1) Die Hauptverhandlung beginnt mit dem Vortrag eines Berichterstatters.
(2) ¹Hierauf werden die Staatsanwaltschaft sowie der Angeklagte und sein Verteidiger mit ihren Ausführungen und Anträgen, und zwar der Beschwerdeführer zuerst, gehört. ²Dem Angeklagten gebührt das letzte Wort.

1   **A. Grundsätzliches.** Die **Revisionshauptverhandlung**, unterscheidet sich grundlegend von der Hauptverhandlung vor dem Tatgericht. Ihr Ablauf ist nur in § 351 geregelt (für das **Hauptverhandlungsprotokoll** gelten erg. §§ 271 ff. mit Ausnahme von § 271 Abs. 1 S. 2, vgl. LR/*Franke* § 351 Rn. 9;

KK/*Gericke* § 351 Rn. 9). Sie ist zwar eine mündliche und öffentliche (vgl. Rdn. 2) Verhandlung, jedoch wegen starker Elemente der Schriftlichkeit und des grundsätzlichen Verbots, noch tatsächliche Feststellungen zur Schuld- oder Rechtsfolgenfrage zu treffen (Vor § 333 Rdn. 3 ff.), von der **tatgerichtlichen Hauptverhandlung qualitativ verschieden** (zum **Ablauf der Hauptverhandlung** aus Verteidigersicht ausf. *Hamm* Rn. 1399–1412). Die Hauptverhandlung hat inhaltlich den Charakter eines »**Rechtsgesprächs**« (HK-GS/*Maiwald/Rackow* § 351 Rn. 1 f.), woraus jedoch nicht zu schließen ist, dass der Vorsitzende bei der Bestellung des Pflichtverteidigers sich erst nachrangig an dem Vertrauensverhältnis zum Angeklagten zu orientieren hätte und primär Gesichtspunkte wie revisionsrechtliche Erfahrung oder gar kurzfristige Terminsverfügbarkeit berücksichtigen dürfte (zutr. HK-GS/*Maiwald* § 351 Rn. 2; a. A. die h.M. vgl. BGHSt 19, 258; LR/*Franke* § 350 Rn. 9; *Meyer-Goßner/Schmitt* § 350 Rn. 10). Grds. ist auch hier **§ 143 Abs. 2 S. 3** anzuwenden (dazu BVerfGE 9, 36 [BVerfG 16.12.1958 – 1 BvR 449/55]; vgl. § 350 Rdn. 8 ff.).

Die Hauptverhandlung vor dem Revisionsgericht ist stets **öffentlich**. Das folgt schon daraus, dass das Revisionsgericht zur Überprüfung des nach § 173 Abs. 1 GVG »*in jedem Falle öffentlich*« verkündeten Urteils berufen ist. Unter besonderen Voraussetzungen kann – in Parallele zu § 173 Abs. 2 GVG – für Teile der Revisionshauptverhandlung die Öffentlichkeit gem. §§ 171b und 172 GVG ausgeschlossen werden. Öffentlich ist die Revisionshauptverhandlung auch in Verfahren gegen Jugendliche. Die in § 48 JGG angeordnete Nichtöffentlichkeit bezieht sich nach dem Aufbau des JGG allein auf die Hauptverhandlungen vor den Jugendgerichten; diese sind nach § 33 Abs. 2 JGG allein der Jugendrichter, das Jugendschöffengericht und die Jugendkammer (zutr. *Meyer-Goßner/Schmitt* § 169 GVG Rn. 2); and. BGH NStZ-RR 205, 293 [Bö.] unter Hinweis auf LR/*Wickern* § 169 GVG Rn. 1; indessen kommt es nicht darauf an, dass auch der BGH **erkennendes** Gericht ist (die von LR/*Wickern* a.a.O. in Bezug genommene Entscheidung RGSt 59, 375 betrifft allein das Berufungsgericht). Das Revisionsgericht kann aber soweit das geboten erscheint, in entsprechender Anwendung von § 48 JGG die Öffentlichkeit von der Hauptverhandlung ganz oder teilweise ausschließen. 2

B. Ablauf der Hauptverhandlung. I. Auch die Hauptverhandlung vor dem Revisionsgericht beginnt entspr. § 243 Abs. 1 mit dem Aufruf der Sache und der Feststellung der Präsenz. 3

Verhandlungsunfähigkeit des in der Revisionshauptverhandlung erschienenen Angeklagten hindert deren Durchführung (§ 205 Rdn. 2; *Dahs* Rn. 601; a. A. *Meyer-Goßner/Schmitt* § 350 Rn. 3a), es sei denn, der Angeklagte hat sie schuldhaft herbeigeführt oder er ist durch einen – ggf. beizuordnenden – Verteidiger vertreten und eine grds. Abstimmung ist gewährleistet. 4

Für den **Vortrag des Berichterstatters** (Absatz 1; vgl. auch § 324 Abs. 1 S. 1 Hs. 2) hat das Gesetz keine besonderen Regeln aufgestellt, da sie sich aus dem Zweck des Vortrags und der Aufgabe des Revisionsgerichts von selbst ergeben: zu referieren ist nur, was für die Revisionsentscheidung von Bedeutung sein kann (wobei der Berichterstatter nicht nur seine eigene Ansicht vertreten darf; vgl. LR/*Franke* § 351 Rn. 3; KK/*Gericke* § 351 Rn. 2; die Erfüllung der dem Berichterstatter gemäß § 351 Abs. 1 übertragenen Aufgabe begründet für den anwaltlich beratenen Angeklagten nicht die Besorgnis der Befangenheit, BGH, Beschl. v. 15.07.2008 – 1 StR 231/08). Vorzutragen sind daher insbesondere die Zulässigkeitsvoraussetzungen (Formalien) der Revision und die Rügen, namentlich die erhobenen Verfahrensrügen – Ausführungen zur Sachrüge werden jedoch i.d.R. dem – erschienenen – Beschwerdeführer überlassen (.*Dahs* Rn. 605) und eine evtl. Anfechtungsbeschränkung, ferner die wesentlichen Teile des Hauptverhandlungsprotokolls (§ 274!) und ggf. Ergebnisse freibeweislicher Ermittlungen des Revisionsgerichts. Ist allen Senatsmitgliedern die Sache bekannt, genügt ein abgekürzter Bericht (*Dahs* Rn. 604 ff.). 5

Die Verfahrensbeteiligten können eine **Ergänzung des Berichts** anregen oder auch Einwendungen erheben, wenn sie den Bericht in wichtigen Punkten für nicht vollständig oder nicht ganz zutreffend erachten. Solche Klärungen noch während der Verhandlung sind wichtig, weil der Sachbericht Teil des vom Berichterstatter erstellten (senatsinternen) Votums ist und damit in wesentlichem Maße Einfluss auf die Urteilsberatung hat. 6

II. (Frei-)**Beweis** (§ 244) darf das Revisionsgericht **nur erheben** über Rechtszugs- und Prozessvoraussetzungen (§ 337 Rdn. 4, 11, 21 f.), den Verfahrensrügen zugrunde liegende Tatsachen (§ 337 Rdn. 22 ff., 8 ff.; vgl. jedoch § 274!; hier obliegt jedoch die Beweislast dem Beschwerdeführer; vgl. BGHSt 21, 4 ff.) sowie den Inhalt von Abbildungen im Fall des § 267 Abs. 1 S. 3 (dort Rdn. 14–17), 7

§ 351 StPO Gang der Revisionshauptverhandlung

nicht auch sonst über die Schuld- und Rechtsfolgenfrage (§ 261 Rdn. 37 ff.; vgl. *Dahs* Rn. 608). Grundsätzlich ist es dem Senat möglich, auch weitere Beweismittel im Freibeweisverfahren einzuführen, etwa durch Urkundenverlesung, Sachverständigen- oder Zeugeneinvernahme (BGH NStZ 1993, 349 [BGH 03.03.1993 – 2 StR 328/92]; StV 2002, 123), bereits im Strengbeweis vernommene Zeugen sind der Beweisaufnahme des RevG jedoch entzogen (BayObLG JR 2001, 256 m. Anm. *Eisenberg*; *Meyer-Goßner/Schmitt* § 351 Rn. 3; HK-GS/*Maiwald/Rackow* § 351 Rn. 4). Zu **spezifischen** revisionsgerichtlichen **Beweisverboten** vgl. § 244.

8 III. Abs. 2 Satz 1 regelt die **Worterteilung** in derselben Weise wie § 326 für das Berufungsverfahren. Grundsätzlich wird der Beschwerdeführer zuerst gehört, bei mehreren und »gegenläufigen« Beschwerdeführern derjenige mit dem weitestgehenden Antrag. Hiervon kann, da Abs. 2 Satz 1 eine bloße Ordnungsvorschrift ist, nach Zweckmäßigkeitsgesichtspunkten (und nach Abklärung mit den Verfahrensbeteiligten) abgewichen werden. Werfen die Revisionen eine Mehrzahl von Rechtsfragen auf, so kann eine Gliederung nach Problemkomplexen sinnvoll sein.

9 Art. 103 Abs. 1 GG berechtigt den Angeklagten zwar auch zu Rechtsausführungen, verpflichtet das RevG aber **nicht**, in ein »**Rechtsgespräch**« mit dem Bf. einzutreten (BGHSt 22, 339; BayVerfGH NJW 1960, 1051; JZ 1963, 63 m. abl. Anm. *Arndt*; *Jagusch* NJW 1959, 269; *Meyer-Goßner/Schmitt* § 351 Rn. 5 m.w.N.; *Röhl* NJW 1964, 277; *Wolf* JR 1965, 89 ff.; *EbSchmidt* I 345; *Rüping* Vor § 33 Rn. 1, 156 ff.; a. A. *Arndt* NJW 1959, 6; *Croissant* NJW 1963, 1712; relativierend: *Dahs* Rn. 607 und Hdb. Rn. 980 ff.: Praxis; vgl. auch *Hamm* Rn. 1408.; vgl. auch BVerfG MDR 1987, 290). In Einzelfällen kann ein solcher Versuch gleichwohl zweckmäßig sein (*Jagusch* NJW 1959, 268; *Hamm* Rn. 1408) und bei Anregung des RevG an die Beteiligten, die Ausführungen auf die von ihm für wesentl. (bzw. erfolgversprechend) erachtete Rüge (§ 352 Rdn. 12) zu konzentrieren, auch der Prozessökonomie dienen. Auf seine **Absicht**, von seiner bisherigen Rspr. oder der h.M. **abzuweichen**, muss das Revisionsgericht gem. Art. 103 Abs. 1 GG den Bf. hinweisen und insoweit die Gelegenheit zur rechtlichen Erörterung einräumen (BVerwG NJW 1961, 891 [BVerwG 04.02.1961 – BVerwG I C 132.60] [1549]; *Dahs* Rn. 607; LR/*Franke* § 351 Rn. 7; *EbSchmidt* I 345; *Rüping* 158; SK-StPO/*Wohlers* § 351 Rn. 10; a. A. *Jagusch* NJW 1959, 268; KK/*Gericke* § 351 Rn. 4; *Meyer-Goßner/Schmitt* § 351 Rn. 5).

10 IV. Auch in der Revisionshauptverhandlung hat der Angeklagte zwingend das Recht des **letzten Wortes** (Abs. 2 Satz 2; RGSt 64, 134; HK-GS/*Maiwald/Rackow* § 351 Rn. 5: Verletzung kein Anfechtungsgrund; *Meyer-Goßner/Schmitt* § 351 Rn. 6; vgl. auch SK-StPO/*Wohlers* § 351 Rn. 11 f.). Die Gegenauffassung (LR/*Meyer* – bis 23. Aufl. – § 351 Rn. 8) ist nicht mit Hinweis auf § 350 Abs. 2 begründbar, da auch § 258 Abs. 3 in der tatgerichtlichen Hauptverhandlung nicht abdingbar ist wenn diese an sich in Abwesenheit des Angeklagten stattfinden dürfte. Sehr häufig ist der Angeklagte in der Revisionshauptverhandlung nicht anwesend. Dann wird in der Regel (als nobile officium, unabhängig von der Frage, ob es sich um ein nur dem Angeklagten zustehendes höchstpersönliches Recht handelt) das letzte Wort dem Verteidiger gewährt.

11 V. Der Hauptverhandlung schließt sich die **Urteilsberatung** an. Vorberatungen sind bei komplexen Rechtsfragen üblich. Bei der Abstimmung ist gem. § 263 Abs. 1 für dem Angeklagten ungünstige Entscheidungen zur Schuldfrage oder hinsichtlich der Rechtsfolgen (einschl. einer Entscheidung nach § 354 Nr. 1a; vgl. BGHSt 49, 371 [375]) Zweidrittelmehrheit erforderlich; für dem Angeklagten günstige Entscheidungen genügt die einfache Mehrheit (§ 196 Abs. 1 GVG). Bei den mit drei Richtern besetzten Strafsenaten hat dies keine Bedeutung, wohl aber bei den Fünfersenaten des BGH (4: 1 oder 3: 2).

12 **C. Unterbrechung und Aussetzung.** Die **Höchstgrenzen der Unterbrechung** nach §§ 229, 268 Abs. 3 Satz 2 gelten für die Revisionshauptverhandlung nicht, weil es hier **nicht** auf die Gegenwärtigkeit einer Beweisaufnahme ankommt. Deshalb kommt es immer wieder vor, dass das Revisionsurteil erst Wochen nach der Hauptverhandlung verkündet wird.

13 Zur **Aussetzung** der Revisionshauptverhandlung kommt es (von Fällen der Erkrankung eines Verfahrensbeteiligten abgesehen), wenn eine Vorabentscheidung des EuGH eingeholt oder das Anfrage- und Vorlegungsverfahren nach § 132 Abs. 2 bis 4 bzw. nach § 121 Abs. 3 GVG durchgeführt wird.

Nach Erledigung dieses Verfahrens kann das Revisionsverfahren – nach Anhörung der Beteiligten und ggf. entsprechender Antragstellung der StA – im Beschlusswege fortgesetzt werden.

Verschiedene beim Revisionsgericht anhängige Revisionsverfahren können (theoretisch sogar senatsübergreifend) zur **gemeinsamen Verhandlung** und Entscheidung verbunden werden, nach §§ 3, 4, wenn die Revisionen sich gegen mehrere Urteile richten, die aufgrund einer zunächst einheitlichen, dann aber durch Verfahrenstrennung »aufgespaltenen« Hauptverhandlung ergangen sind, oder nach § 237, wenn dies – etwa wegen der Identität der zu klärenden Rechtsfrage – zweckmäßig erscheint (vgl. *Meyer-Goßner/Cierniak* StV 2000, 696 [698]). 14

§ 352 StPO Umfang der Urteilsprüfung. (1) Der Prüfung des Revisionsgerichts unterliegen nur die gestellten Revisionsanträge und, soweit die Revision auf Mängel des Verfahrens gestützt wird, nur die Tatsachen, die bei Anbringung der Revisionsanträge bezeichnet worden sind.
(2) Eine weitere Begründung der Revisionsanträge als die in § 344 Abs. 2 vorgeschriebene ist nicht erforderlich und, wenn sie unrichtig ist, unschädlich.

A. Grundsätzliches zur Prüfung des Revisionsgerichts.
Gegenstand der Prüfung des Revisionsgerichts und damit Prozessstoff ist das vorinstanzliche **Urteil** (d.h. bei Revision gegen ein Berufungsurteil nicht das Ersturteil des AG), **soweit** (§ 344 Rdn. 1, 5) es zulässig (Vor § 333 Rdn. 2–4) **angefochten** und **nicht** schon vorher **rechtskräftig** geworden ist. Zum **Umfang** (im Einzelnen § 337 Rdn. 1 ff.) der Prüfung bei **Sachrüge(n)** vgl. § 337 Rdn. 18 ff., 25 ff. und § 344 Rdn. 30–34, bei **Verfahrensrüge(n)** vgl. § 337 Rdn. 63 ff.; § 344 Rdn. 35–37, bei Prozessvoraussetzungen vgl. § 337 Rdn. 21 ff., 75 ff. Die **Maßstäbe** der Prüfung enthalten §§ 337 (dort Rdn. 24 ff.), 338. Abs. 1 fasst dementsprechend hinsichtlich der Prüfungspflicht des Revisionsgerichts zusammen, was sich bereits aus §§ 337, 344 und 349 Abs. 1 folgt. Das Revisionsgericht entscheidet danach (im Urteils- wie im Beschlussverfahren) 1

– **von Amts wegen** über die **Zulässigkeit der Revision** (§ 349 Rdn. 10 ff.),
– **von Amts wegen** (wenn jedenfalls die Sachrüge erhoben ist) über das **Vorliegen der Verfahrensvoraussetzungen** (§ 337 Rdn. 21 ff., 75 ff.),
– **von Amts wegen** (wenn jedenfalls die Sachrüge erhoben ist) über die Zulässigkeit einer vorangegangenen **Berufung** und über die Einhaltung **innerprozessualer Bindungswirkungen** (§ 337 Rdn. 68 f.),
– **von Amts wegen umfassend** (aber im Umfang der Urteilsanfechtung) über eine erhobene **Sachrüge** (ohne Bindung an die Revisionsbegründung),
– über die erhobenen **Verfahrensrügen** nur auf der Grundlage der nach § 344 Abs. 2 **von der Revision vorgetragenen Verfahrenstatsachen** (§ 344 Rdn. 35 ff.).

Der bereits **rechtskräftige Teil** des Urteils unterliegt nicht mehr der »Prüfung« des Revisionsgerichts, ist aber **aufzuheben**, wenn ein das Gesamtverfahren betreffendes **Prozesshindernis** festgestellt wird (§ 318 Rdn. 20–22; § 337 Rdn. 21, 75 ff.; vgl. auch *Meyer-Goßner/Schmitt* § 352 Rn. 2) oder im Zuge der Überprüfung etwa des allein angefochtenen Strafausspruchs rechtliche Feststellungen getroffen werden (z.B. der Notwehr, der Schuldunfähigkeit), die auch dem »teilrechtskräftigen« Schuldspruch (§ 318 Rdn. 7, 42) die Grundlage entziehen (dazu § 318 Rdn. 32–36). 2

Auch eine **beschlussförmige Einstellung** des Verfahrens – bzw. Beschränkung des Prozessgegenstands – ist, ohne dass es (insoweit) einer ausdrücklichen Urteilsaufhebung bedarf (LR/*Franke* § 353 Rn. 2; KK/*Gericke* § 353 Rn. 6; a.A. *EbSchmidt* II 10), dem Revisionsgericht, das jedoch keine ergänzenden tatsächlichen Feststellungen treffen kann (BayObLG MDR 1952, 247; OLG Bremen NJW 1951, 326; *Naucke* FS StASchlH [1992], S. 466 ff.), nach §§ **153 Abs. 2** gestattet (RGSt 77, 75; OLG Neustadt JZ 1951, 594 m. Anm. (*Dehler*; – ebenso dem Rechtsbeschwerdegericht gem. § **47 Abs. 2 OWiG**, nach h.M. selbst ohne vorherige Zulassung der Rechtsbeschwerde, vgl. OLG Hamm NJW 1970, 622 [OLG Hamm 21.11.1969 – 4 Ws OWi 440/69]; VRS 40, 373; 54, 447; OLG Zweibrücken DAR 1976, 250), **383 Abs. 2** (OLG Neustadt MDR 1957, 410), **154 Abs. 2** (sofern sich der Tatrichter mit der betr. Tat befasst hat; OLG Celle, BGH NStZ 2008, 118 [OLG Celle 22.02.2007 – 32 Ss 20/07]; BGHSt 46, 130; BGH NStZ 1993, 551; RGSt 73, 400; OLG Bremen NJW 1951, 326), 3

154a Abs. 2 (MDR [D] 1966, 383 [559]), **154b Abs.** 4 (*Dahs* Rn. 624); ebenso Beschränkung der Rechtsfolgen nach § 430 (*Meyer-Goßner/Schmitt* § 353 Rn. 3; *Dahs* Rn. 624). Antrags- bzw. zustimmungsberechtigt ist der **GBA** (*Dallinger* JZ 1953, 439; umfassend *Hamm* Rn. 1391 f.; *EbSchmidt* Nachtr. I 2) bzw. **GenStA** – Das Urteil ist nur dann aufzuheben, wenn infolge Einstellung weggefallene Teil-Verurteilungen die Strafe beeinflusst haben konnten (RG ZAkDR 1940, 147; KG Berlin VRS 31, 275; 36, 203; MDR [D] 1966, 797 f. m.w.N.). § 354 Abs. 1a und b gehen vor (*Dahs* Rn. 624; *Meyer-Goßner/Schmitt* § 354 Rn. 24).

4 **B. Reihenfolge der Prüfung des Revisionsgerichts.** a) Regelablauf der Untersuchung: Das Revisionsgericht prüft, sofern keine prozessökonomischen Gesichtspunkte ein anderes Vorgehen nahe legen (vgl. Rdn. 7, 10 ff.), zunächst nur die Rechtszugsvoraussetzungen, von denen die Hemmung der Rechtskraft abhängt, also **Statthaftigkeit** und **Rechtzeitigkeit** (§ 341) der Revision. Fehlt es daran, ist das Urteil bereits rechtskräftig geworden, die Revision also als unzulässig zu verwerfen. Andernfalls sind bereits in diesem Stadium (mithin vor Prüfung der Zulässigkeit i.e.S.) **nach Urteilserlass** eingetretene **Prozesshindernisse** durch Einstellung des gesamten Verfahrens zu berücksichtigen.

5 **Verworfen** werden kann die Revision erst nach Prüfung sämtlicher Rügen. Bei Aufhebung des Urteils braucht das Revisionsgericht (i.S.d. »revisionsrechtlichen Minimums«) nur die Rüge zu prüfen, die die Aufhebung trägt (oder bei mehreren durchgreifenden Rügen nur eine). Führt die Sachrüge zum Freispruch aus Rechtsgründen (§ 354 Abs. 1), so ist diese Entscheidung auch dann geboten, wenn an sich wegen eines **Prozesshindernisses** einzustellen wäre (vgl. KG Berlin NStZ-RR 2006, 176: Insoweit kann sogar ein Rückgriff auf die Akten zulässig und geboten sein; *Dahs* Rn. 612) oder eine zugleich erhobene **Verfahrensrüge**, die (und sei es ein absoluter Revisionsgrund) zur Urteilsaufhebung und zur Zurückverweisung geführt hätte (BGHSt 17, 253 = JR 1962, 387 m. Anm. *EbSchmidt:* eine Entscheidung, durch die eine im Nachhinein kaum verständliche wissenschaftl. Auseinandersetzung zutreffend beendet wurde; *Jagusch* NJW 1962, 1418; *Sarstedt* FS H. Mayer [1966], S. 532; *Hanack* JZ 1973, 778; *Meyer-Goßner/Schmitt* § 352 Rn. 12; *LR/Franke* § 352 Rn. 12 ff.; *KK/Gericke* § 352 Rn. 19; *HK-GS/Maiwald/Rackow* § 352 Rn. 6; a. A. noch BGHSt 14, 243).

6 **C. Die Prüfung des Revisionsgerichts im Einzelnen.** I. Fehlt eine **Rechtszugsvoraussetzung** (Vor § 333 Rdn. 4, ist nicht das ganze Verfahren einzustellen, sondern nur das Revisionsverfahren abzulehnen (§§ 346 Abs. 1, 349 Abs. 1); das kann noch durch Urteil geschehen (§ 349 Abs. 5; vgl. *KK/Gericke* § 352 Rn. 2; *Meyer-Goßner/Schmitt* § 352 Rn. 1; *HK-GS/Maiwald/Rackow* § 352 Rn. 2). Eine Entscheidung ergeht, wenn ihr Vorliegen in tatsächlicher Hinsicht **zweifelhaft** bleibt. Hat der Tatrichter über eine selbständige Tat, die von einer zulässigen Anklage umfasst ist, nicht entschieden, so ist das Verfahren insoweit noch dort anhängig, eine Prüfungskompetenz des Revisionsgerichts ist nicht entstanden (BGH NStZ 2007, 476; *Meyer-Goßner/Schmitt* § 352 Rn. 1).

7 II. 1. Zu Prüfung und Entscheidung: vgl. § 337 Rdn. 11, 21, 75 ff. Ihr Mangel kann z.T. noch in der Revisionsinstanz **geheilt** – z.B. ein Strafantrag nachgeholt (BGHSt 3, 73) oder das besondere öffentliche Interesse nach § 232 Abs. 1 StGB erklärt (BGHSt 6, 282) werden – anderenfalls ist das Verfahren einzustellen (BGHSt 10, 137). Sofern sich die Revision gegen ein **Berufungsurteil** richtet, sind ebenfalls die bereits in der Berufungsinstanz beachtlichen Voraussetzungen zu prüfen (BGHSt 16, 114; OLG Frankfurt StV 1987, 289; *KK/Gericke* § 352 Rn. 22; *HK-GS/Maiwald/Rackow* § 352 Rn. 3; *Meyer-Goßner/Schmitt* § 352 Rn. 3; *SK-StPO/Wohlers* § 352 Rn. 5); ggf. ist das Berufungsurteil aufzuheben und die Berufung als unzulässig zu verwerfen (BayObLG DAR 1985, 246; str. wenn ein anderer Verfahrensbeteiligter das noch nicht rechtskräftige Urteil zulässig angefochten hat – RGSt 65, 250; *LR/Franke* § 352 Rn. 3; *KK/Gericke* § 352 Rn. 22; *Meyer-Goßner/Schmitt* § 352 Rn. 3: Verwerfung; a. A. BayObLG NStZ 1994, 48).

8 2. Ein **zeitweiliges Prozesshindernis**, das im Revisionsrechtszug noch Bedeutung hat, führt nur zur vorläufigen Einstellung nach § 205 (§ 337 Rdn. 21 ff.).

9 3. Beruht das Prozesshindernis auf einer **fehlenden oder fehlerhaften Prozesshandlung** während des vorangegangenen Verfahrens, wird das Verfahren so weit zurückgedreht, als es unzulässig war. Vgl. zur Entscheidung des Revisionsgerichts bei vom Tatgericht nicht erkannter **Unzulässigkeit eines Ein-**

spruchs oder der **Berufung**: Aufhebung des Berufungsurteils und Zurückweisung der Berufung (BayObLG NJW 1966, 1376; *Meyer-Goßner/Schmitt* § 352 Rn. 3; HK-GS/*Maiwald/Rackow* § 352 Rn. 3). Im Fall der **Unwirksamkeit der Berufungsbeschränkung** (§ 318) gilt: Das Revisionsgericht ist nicht an die Auffassung des Berufungsgerichts, es habe wegen einer wirksamen Berufungsbeschränkung Teile des erstinstanzlichen Urteils nicht überprüfen dürfen, gebunden. Das Revisionsgericht hat die Wirksamkeit der Beschränkung von Amts wegen zu prüfen und soweit die Auffassung des Berufungsgerichts unzutr. war, das Urteil aufzuheben. Das Berufungsgericht muss dann über alle nach Auffassung des Revisionsgerichts einzubeziehenden Teile neu verhandeln. Soweit die Beschränkung wirksam war, sind die betr. Teile des Urteils der revisionsgerichtlichen Prüfung entzogen (HK-GS/*Maiwald/Rackow* § 352 Rn. 8; *Meyer-Goßner/Schmitt* § 352 Rn. 4; KK/*Gericke* § 352 Rn. 23 f.; BayObLG NStZ 1988, 570; JR 1978, 248; OLG Karlsruhe Justiz 1988, 27; vgl. auch BGHSt 27, 70; OLG Hamm NJW 1973, 1141).

III. **Revisionsrügen: Ordnungsgemäße Erhebung.** Eine weitergehende Revisionsbegründung: (auch eine unrichtige) ist unschädlich (**Absatz 2; vgl.** unten Rdn. 18). 10

1. **Verfahrensrügen:** a) Dazu § 337 Rdn. 63 ff., 67 ff., § 344 Rdn. 35–65 Der **Nachweis** des Verfahrensfehlers obliegt dem Revisionsführer. Zwar prüft das Revisionsgericht die dem Fehler zugrunde liegenden Tatsachen ggf. im Wege des Freibeweises; die Entscheidung bei unklärbarem **Zweifel** über die Existenz des behaupteten Prozessfehlers fällt jedoch zulasten des Beschwerdeführers, d.h. die Revision ist unbegründet (BGHSt 16, 164; 17, 351; 21, 4; BGH NStZ 1985, 207; *Dahs* Rn. 611 i.V.m. 517 ff.; *Meyer-Goßner/Schmitt* § 337 Rn. 12; HK-GS/*Maiwald/Rackow* § 352 Rn. 4; krit. SK-StPO/*Frisch* § 337 Rn. 75 f.; LR/*Franke* § 337 Rn. 51; Ausnahmen gelten jedoch dann, wenn ein Nachweis wegen Verschuldens der Justizbehörden nicht erfolgen kann (OLG Celle StV 1998, 531: fehlende Zustellung der Anklageschrift). 11

b) Aus Gründen der Prozessökonomie kann das Revisionsgericht ihre Schlüssigkeit vor ihrer tatsächlichen **Richtigkeit** prüfen, dies ist jedoch im Einzelfall zu entscheiden, da auf eine Entscheidung nach § 349 verzichtet wurde, so dass die Rüge nicht offensichtlich unbegründet oder begründet ist (vgl. LR/*Franke* § 352 Rn. 5 f.; gegen eine grds. Vorprüfung der Schlüssigkeit auch *EbSchmidt* II 5). 12

c) Das Revisionsgericht darf andere als die zur Begründung einer Verfahrensrüge behaupteten Tatsachen (§ 344 Abs. 2 S. 2, dort Rdn. 35–37 nicht feststellen, um der Rüge zum Erfolg zu verhelfen (BGHSt 17, 337; 18, 214; BGH NJW 1951, 283; OLG Karlsruhe Justiz 1986, 308; OLG Hamm NJW 1972, 1096; OLG Bremen VRS 50, 36), u.U. aber eine unzulässige **Verfahrensrüge** (z.B. nach § 244 Abs. 3 S. 2, Abs. 4) in eine andere (z.B. Aufklärungsrüge nach § 244 Abs. 2) **umdeuten**, sofern im Vortrag zu der unzulässigen Rüge entsprechender Sachvortrag enthalten ist (BGH MDR 1978, 805; KK/*Gericke* § 352 Rn. 15 m.w.N.). 13

2. **Sachrüge(n):** Das Revisionsgericht muss bis zu seiner Entscheidung das gesamte Vorbringen des Beschwerdeführers auf die Sachrüge (§ 337 Rdn. 25 ff., § 344 Rdn. 30–34) berücksichtigen, jedoch angekündigten weiteren Vortrag grundsätzlich nicht abwarten (vgl. BGH NStZ 1988, 20; so wohl auch BGH, Urt. vom 21.11.2006, 3 StR 407/06; *Meyer-Goßner/Schmitt* § 352 Rn. 8). 14

D. **Beratung und Abstimmung des Revisionsgerichts.** I. Eine förmliche »Vorberatung« vor Abschluss der Revisionshauptverhandlung ist unzulässig (§ 260 Rdn. 2; *Hamm* Rn. 1399; *Hanack* JZ 1972, 313; *Peters* LB § 53 Abs. 1 S. 1a; auch OLG Hamburg VRS 10, 374; *Croissant* NJW 1963, 1711; a.A. BGHSt 11, 74; KK/*Gericke* § 351 Rn. 6; *Meyer-Goßner/Schmitt* § 351 Rn. 7; *Wimmer* NJW 1950, 202). Formlose Vorgespräche sind dagegen nicht zu beanstanden. 15

II. Nach seinem Ermessen kann das Revisionsgericht auch über eine Mehrzahl von Revisionsgründen (verfahrens- oder materiellrechtlicher Natur) befinden, die gleichermaßen Anlass zur Aufhebung des Urteils geben; tragend und damit verbindlich im Sinne des § 358 Abs. 1 (und des § 132 Abs. 2 GVG) sind dann die Ausführungen zu allen Aufhebungsgründen. 16

Die **Abstimmung** des Revisionsgerichts erfolgt daher nicht über die Revision schlechthin, sondern **stufenweise** (dazu Rdn. 5–12; vgl. *Meyer-Goßner/Schmitt* § 351 Rn. 7). Die jeweils notwendige **Stimmenmehrheit** ist entspr. § 263 2/3 bei für den Angeklagten ungünstigen Entscheidungen in der Schuld- und Rechtsfolgenentscheidung (§ 354 Abs. 1, 1a, 1b), i.Ü. gem. § 196 GVG mit einfacher Stimmen- 17

§ 353 StPO Inhalt des Revisionsurteils

mehrheit (BGHSt 49, 371; *Meyer-Goßner/Schmitt* § 351 Rn. 7). Nur in ersteren Fällen tritt das Revisionsgericht mit seiner Entscheidung an die Stelle des Tatgerichts, so dass § 263 anwendbar ist (a. A. LR/*Franke* § 351 Rn. 11; SK-StPO/*Wohlers* § 351 Rn. 16; *Spendel* GS Schlüchter, 2002, S. 647).

18 **III. Obiter dicta**, in denen der Senat entweder (1) seine Rechtsauffassung zu weiteren von der Sache aufgeworfenen Rechtsfragen andeutet, ohne sie verbindlich auszusprechen, oder (2) Kritik am Stil und an der Abfassung des tatrichterlichen Urteils oder am Stil der Revisionsbegründung Kritik übt, sind entgegen *Fezer* (FS Küper-FS, S. 45, 50) und *Meyer-Goßner* § 352 Rn. 13 (»Unsitte«) nicht schlechthin unzulässig. In begründeten Ausnahmefällen kann das Revisionsgericht (zu 1) in sinnvoller Weise eine Rechtsprechungsänderung vorbereiten (*Rissing-van Saan* Widmaier-FS, S. 505 [513, 514]; LR/-*Franke* § 132 GVG vor Rn. 1; *Jungmann* JZ 2009, 380 ff.) und (zu 2) in heilsamer Weise »pädagogisch« wirken (so *Widmaier* in der 1. Auflage). Nicht angebracht sind dagegen Bemerkungen, die bei Aufhebung des Schuldspruchs der Steuerung des tatrichterlichen Ermessens bei der (zukünftigen) Straffestsetzung dienen (etwa durch Hinweis auf die »durchaus angemessene« oder »auffällig milde« Strafe des Ersturteils), vor allem aber nicht auf einem ersten Eindruck beruhende (Vor-)Verurteilungen des Verteidigerverhaltens (so, aber wie von *Widmaier* in der 1. Auflage berichtet, in der Sache 1 StR, in der die Bemerkung des Senats der StA Augsburg Anlass zur Anklageerhebung gegen den Verteidiger wegen versuchter Strafvereitelung gab, und in der das LG Augsburg den Verteidiger freisprach, nachdem die Aussage der Sitzungsstaatsanwältin deutliche Hinweise auf die Richtigkeit seines Revisionsvortrags ergeben hatte).

19 **E. Unrichtiger und überflüssiger Begründungsvortrag (Abs. 2)** Die Vorschrift bildet eine gewisse Parallele zu § 300, wonach ein Irrtum in der Bezeichnung des zulässigen Rechtsmittels unschädlich ist. Allerdings findet die in Abs. 2 konzedierte Unschädlichkeit einer überflüssigen Begründung ihre Grenze in der aus § 344 Abs. 2 Satz 2 folgenden Notwendigkeit, dem Revisionsgericht nicht ein Übermaß an ungeordnetem Material, sondern einen der Angriffsrichtung der Verfahrensrüge exakt entsprechenden prozessualen Sachverhalt vorzutragen (vgl. § 344 Rdn. 35 ff.).

§ 353 StPO Inhalt des Revisionsurteils.

(1) Soweit die Revision für begründet erachtet wird, ist das angefochtene Urteil aufzuheben.
(2) Gleichzeitig sind die dem Urteil zugrunde liegenden Feststellungen aufzuheben, sofern sie durch die Gesetzesverletzung betroffen werden, wegen deren das Urteil aufgehoben wird.

1 **A.** Die Vorschrift betrifft die Entscheidung des Revisionsgerichts durch **Revisionsurteil** bei zumindest teilweise begründeter Revision (zur Teilrechtskraftfähigkeit und der damit korrespondierenden Beschränkungsmöglichkeit vgl. § 344 Rn. 6 ff.). Das instanzgerichtliche Urteil ist ganz oder teilweise **aufzuheben**, sofern und soweit die Rügen ganz oder teilw. begründet sind. Entscheidend ist, dass zugleich die **Feststellungen** aufzuheben sind, aber nur, soweit sie durch die Gesetzesverletzung »betroffen« werden. Die Abgrenzung kann hier im Einzelfall schwierig sein (vgl. § 344 Rn. 6 ff.). Ist die Revision unzulässig oder unbegründet, so wird sie verworfen (HK-GS/*Maiwald/Rackow* § 344 Rn. 1). Nicht näher gesetzlich geregelt ist die Verwerfung einer Revision durch Urteil (*Meyer-Goßner/Schmitt* § 353 Rn. 1).

2 Im Einzelnen gibt es verschiedene **Möglichkeiten** für das Revisionsgericht zu entscheiden: nach Hauptverhandlung (§§ 350, 351) durch **Urteil** (Verwerfung der Revision als unzulässig; Urteilsaufhebung und Verfahrenseinstellung; Zurückweisung der Revision als unbegründet; vollständig oder teilw. – unter Zurückweisung der Revision i.Ü. – Aufhebung des Urteils und Zurückverweisung oder eigene Sachentscheidung des Revisionsgerichts; vgl. KMR/*Momsen* § 352 Rn. 6–12) oder als verfahrensabschließende Entscheidung des RevG durch **Beschluss** (näher KMR/*Momsen* § 352 Rn. 4). Die in der Revisionsschrift zu beantragende (§ 344 Rn. 2) **Urteilsaufhebung**, erfolgt, wenn und soweit die Revision »begründet« ist, d.h. ein Revisionsgrund (vgl. aber die als Ausnahme anzusehende Entscheidung BGHSt 41, 72 [94] – zum Nachweis: KMR/*Momsen* § 352 Rn. 19) nach § 337 oder § 338 besteht. Zugleich entfallen, obwohl nicht Gegenstand der Revisionsanfechtung (*Meyer-Goßner/Schmitt* § 353 Rn. 4; § 344 Rn. 30 ff.), **Kosten-** (§§ 464 ff.) und ggf. **Entschädigungsentscheidungen** (§ 8 StrEG) im angefochtenen Urteil auch ohne dass es eines besonderen Ausspruchs bedürfte (BGHSt 25, 79; 26, 253; BayObLG VRS 43, 282; MDR 1972, 806; OLG Stuttgart VRS 52, 39; *Meyer-Goßner/Schmitt* § 353 Rn. 4). Eine Aufhebung kommt nicht in Betracht, soweit der Tatrichter fehlerhaft über eine kor-

rekt angeklagte selbstständige Tat nicht entschieden hat, da das Verfahren in diesem Umfang weiterhin beim Tatgericht anhängig ist (BGHSt 46, 130; NStZ-RR 2002, 98; vgl. auch 2006, 10).

Grundsätzlich kann das Revisionsgericht das Verfahren auch **nach §§ 153 ff. einstellen** und auch hinsichtlich der Ermessensausübung prüfen. Dies gilt **nicht**, wenn die Einstellungskompetenz allein bei der StA liegt, wie bspw. bei § 153c (LR/*Franke* § 353 Rn. 2; *Meyer-Goßner/Schmitt* § 353 Rn. 2). Liegt die **Einstellungsbefugnis** hingegen beim Gericht, bspw. in Fällen der §§ 153 Abs. 2 oder 383 Abs. 2, so kann das Revisionsgericht die Einstellung, ggf. mit Zustimmung der StA, selbst vornehmen, sofern und soweit das angegriffene Urteil die Voraussetzungen dafür bietet (LR/*Franke* § 353 Rn. 2). Allerdings sind für das Revisionsgericht keine eigenen Beweiserhebungen angezeigt, um festzustellen, ob die Einstellungsvoraussetzungen vorliegen (OLG Bremen NJW 1951, 326; *Meyer-Goßner/Schmitt* § 353 Rn. 2). Im Fall des **§ 154 Abs. 2** muss sich das Instanzgericht mit der betr. Tat befasst haben (OLG Celle NStZ 2008, 118; BGH NStZ 1993, 551; entspr. § 154a, vgl. LR/*Franke* § 353 Rn. 2). Angesichts der Rspr. zum Beschleunigungsgrundsatz ist eine Einstellung nach § 153 konsequenterweise auch »für an sich schwerwiegendere Taten« in Betracht zu ziehen, soweit es zu einer extremen Verletzung des Beschleunigungsgebots gekommen ist (vgl. BGHSt 54, 135; so LR/*Franke* § 353 Rn. 2; HK-GS/*Maiwald/Rackow* § 353 Rn. 4). Die Einstellung nach **§ 153a** ist dem Revisionsgericht gem. § 153a Abs. 2 Satz 1 verwehrt (Meyer-Goßner/Schmitt § 153a Rn. 47, § 353 Rn. 2). 3

B. Eine **Teilaufhebung des Urteils (Abs. 1) setzt voraus,** dass der aufgehobene Teil des Urteils einer **selbstständigen** Prüfung zugänglich ist, ohne ein erneutes Eingehen auf die übrigen Teile notwendig zu machen. Es gelten gleiche Grundsätze wie bei der Zulässigkeit der Beschränkung der Revision (§ 344 Rn. 6 ff.). Die Befugnis, das Urteil aufzuheben, besteht – vorbehaltlich § 357 – nur, soweit es noch **nicht rechtskräftig** ist: wurde etwa der Angeklagte wegen **derselben Handlung** (§ 52 StGB) gleichzeitig verurteilt und freigesprochen (z.B. wenn er zwei Zeugen durch dieselben Äußerungen zur Falschaussage angestiftet hat, aber vom Vorwurf des § 153 StGB hinsichtlich des einen Zeugen freigesprochen wurde), kann dieser Freispruch nicht in Rechtskraft erwachsen, solange die Entscheidung hinsichtlich des anderen Teils der Handlung nicht rechtskräftig ist; die Urteilsaufhebung erstreckt sich hier auch auf den freisprechenden Teil, obwohl der Beschwerdeführer diesen nicht angefochten hatte (BGH, Urt. v. 20.09.2005 – 1 StR 288/05; BGH, Urt. v. 02.11.1955 – 1 StR 384/55; *Meyer-Goßner/ Schmitt* § 353 Rn. 6a). Eine Vollaufhebung kann dementsprechend auch erfolgen, wenn zwei Taten zu einer rechtlichen **Bewertungseinheit** zusammenzufassen sind (BGH NStZ-RR 2003, 92). 4

Eine **Teilaufhebung** (vgl. BGH NStZ 1997, 296; München NZV 10, 212) kommt daher in Betracht, wenn (1) von mehreren Revisionen nur die hinsichtlich eines mehrerer Mitangeklagten Erfolg hat (§ 318 Rn. 24), (2) eine unbeschränkt erhobene Revision nur teilw. begründet ist oder (3) ein beschränkt eingelegtes Rechtsmittel (§ 344 Rn. 5) insoweit voll durchgreift. Für die Teilaufhebung gelten die Grundsätze der Abtrennbarkeit bzw. der beschränkten Anfechtbarkeit (vgl. § 344 Rn. 5 ff.).

Der **Schuldspruch** muss **ausnahmsweise** trotz Fehlerhaftigkeit **nicht aufgehoben** werden (es sei denn, auch die Feststellungen zum Schuldumfang sind mangelhaft, vgl. BayObLG VRS 17, 430), wenn auch andere als vom Tatgericht angenommene Erschwerungsgründe einen Qualifikationstatbestand tragen (BGH MDR [D] 1968, 201; KK/*Gericke* § 353 Rn. 16; *Meyer-Goßner/Schmitt* § 353 Rn. 7). So auch, wenn das Tatgericht bei **einheitlicher Handlung** zum Nachteil mehrerer Geschädigter das Fehlen eines oder mehrerer der notwendigen Strafanträge übersehen hat (BGH NStZ-RR 2007, 5; RG 75, 243; OLG für Hessen JR 1949, 512; a. A. BayObLG NJW 1973, 634; NStZ-RR 2000, 53; vgl. zu Tateinheit auch LR/*Franke* § 353 Rn. 8 f.; KK/*Gericke* § 353 Rn. 14). Auch wenn eine nicht wesentlich anders zu beurteilende **Rauschtat** als die vom Tatgericht bei Schuldspruch nach § 323a StGB angenommene vorliegt (RGSt 69, 189; BGH VRS 36, 37; OLG Oldenburg VRS 40, 29; KK/*Gericke* § 353 Rn. 16 m.w.N.; str. bei rechtsfehlerhafter Beurteilung der einzigen Rauschtat – dafür RGSt 69, 189; *Meyer-Goßner/Schmitt* § 353 Rn. 7, dagegen jedoch BGHSt 14, 114) kann der Schuldspruch Bestand haben. Ein insoweit fehlerhafter Schuldspruch kann ausw. auch dann erhalten bleiben, wenn einige Einzelakte einer **fortgesetzten Handlung** (soweit dieses Institut nach BGHSt-GS-40, 138 noch anwendbar ist; ausf. *Fischer* Vor § 52 StGB Rn. 47 ff.) nach Auffassung des Revisionsgerichts nicht strafbar sind bzw. wenn insoweit ein Prozesshindernis (z.B. fehlender Strafantrag) vorliegt (RGSt 70, 57; 75, 85; OLG Bremen NJW 1951, 85). Im Übrigen wird bei **Tateinheit** i.d.R. die Einheitlichkeit der teilweisen Aufrechterhaltung des Schuldspruchs entgegenstehen (so möglicherweise weitergehend, i.Ü. zutr. 5

BGH NJW 2012, 328; *Meyer-Goßner/Schmitt* § 353 Rn. 7a; dagegen BayObLG NStZ-RR 2000, 53). In diesen Fällen ist jedoch zumeist der **Strafausspruch** (Rn. 6), wenn seine Höhe durch die weggefallenen Teile beeinflusst sein konnte (daran fehlt es regelmäßig bei ganz unbedeutenden Teilakten, vgl. BGH, Urt. v. 03.06.1995 – 4 StR 471/55; vgl. auch BGH, Urt. v. 06.07.2004 – 4 StR 155/03 zur »horizontalen Teilentscheidung«), aufzuheben (vgl. noch für fortgesetzte Tat: RGSt 24, 369; 70, 57; BGH, Urt. v. 19.08.1954 – 1 StR 611/53; BGH, Urt. v. 16.12.1954 – 4 StR 556/54; BGH, Urt. v. 21.09.1956 – 2 StR 68/55; OLG Bremen NJW 1951, 85; dazu ausf. KK/*Gericke* § 353 Rn. 15 ff.). Zudem ist im Hinblick auf die Aufrechterhaltung der Feststellungen besondere Sorgfalt zu legen.

6 Im **Rechtsfolgenausspruch** kann das Urteil selbstständig angefochten werden. In im Hinblick auf die Verhängung von **Maßregeln** gelten die Grundsätze von Teilrechtskraftfähigkeit und Rechtsmittelbeschränkung (vgl. § 344 Rn. 6 ff.; BGH NStZ-RR 2009, 36, 39; *Meyer-Goßner/Schmitt* § 353 Rn. 8; LR/*Franke* § 353 Rn. 26; zu Maßregeln und Nebenfolgen vgl. BGH NJW 1984, 622; NStZ 1982, 483; DAR 1985, 191). Ist eine Anrechnung nach **§ 51 Abs. 1, 4, 5 StGB** rechtsfehlerhaft behandelt worden, wird nur dieser Teil der Entscheidung aufgehoben und zurückverwiesen, sofern nicht besondere Umstände im Einzelfall zur Aufhebung des gesamten Strafausspruchs zwingen (vgl. für U-Haft: BGHSt 7, 214 = JZ 1955, 383 m. Anm. *Würtenberger*; BGH NJW 1982, 1236; *Meyer-Goßner/Schmitt* § 353 Rn. 8; a. A. RG DJ 1939, 1665; OGHSt 1, 105; 152; 174). Auch wenn dies ursprünglich nach § 353 Abs. 2 zugrunde liegt, werden i.d.R. auch die den Rechtsfolgenausspruch tragenden **Feststellungen** der Aufhebung unterfallen (LR/*Franke* § 353 Rn. 26). Auf Doppelrelevanz ist zu achten (ausf. LR/*Franke* § 353 Rn. 30 .). Hat eine der **Gesamtstrafe** (§§ 53 bis 55 StGB) zugrunde liegende Einzelstrafe keinen Bestand, erfolgt Gesamtaufhebung, wenn der Mangel auch die anderen Strafen und/oder die Gesamtstrafe beeinflusst haben konnte (RGSt 25, 297 [310]; 35, 65; 54, 67; BGHSt 3, 277 [280]; VRS 50, 95; *Eb. Schmidt* II 22; *Dahs* Rn. 618; LR/*Franke* § 353 Rn. 14 f.; vgl. oben Rn. 5 a.E.). Hat das Tatgericht bei der Zumessung einer **Geldstrafe** ausschließlich die Bemessung der Höhe des Tagessatzes unterlassen, so kann, soweit keine Überschneidungen der Feststellungen vorliegen, u.U. auch die Aufhebung auf diesen Teil begrenzt werden (BGHSt 27, 70; 30, 93; *Meyer-Goßner/Schmitt* § 353 Rn. 8; HK-GS/*Maiwald/Rackow* § 353 Rn. 4).

7 **C. Eine Aufhebung der tatsächlichen Feststellungen (Abs. 2)** erfolgt – auch ohne Antrag des Beschwerdeführers (§ 344 Rn. 2) von Amts wegen – **nur insoweit** (auch in Fällen des § 338, vgl. RGSt 53, 202), als die (vom Revisionsgericht festgestellte) Verletzung des formellen oder sachlichen Rechts sie beeinflusst haben konnte (BGHSt 14, 34 f.; *Seibert* NJW 1958, 1076). Daran **fehlt es i.d.R.** bei Aufhebung nur wegen **Prozesshindernisses** (BGHSt 41, 305; 4, 290; RG 43, 367; KK/*Gericke* § 353 Rn. 27); anders jedoch u.U. bei Amnestie (dazu RG DStR 1936, 431; BGHSt 9, 105; weiterf. BVerfG, Beschl. v. 15.02.2006 – 2 BvR 2209/05; BVerfG, Beschl. v. 03.02.2006 – 2 BvR 1765/05); entscheidend ist, ob ein Bestrafungsverbot vorliegt. Dann können die Feststellungen ggf. bestehen bleiben (BGHSt 4, 287 f.). Ist hingegen ein Befassungsverbot gegeben – sind die Feststellungen aufzuheben (zutr. *Meyer-Goßner/Schmitt* § 353 Rn. 13; vgl. aber BGHSt 41, 308). Die Aufrechterhaltung ist nach bislang überw. Ansicht auch i.Ü. ausdr. **auszusprechen**, allerdings ist die Rspr. d. BGH derzeit nicht (mehr) einheitlich (dafür, dass die Feststellungen bestehen bleiben, soweit sie nicht ausdr. aufgehoben werden BGH NJW 2007, 1540; BGH, Urt. v. 25.06.2008 – 2 StR 176/06; dagegen BGH, Urt. v. 21.02.2008 – 3 StR 505/07; zutr. bei *Meyer-Goßner/Schmitt* § 353 Rn. 12).

8 Abs. 2 ist **keine absolute Mussvorschrift**. Hebt das Revisionsgericht den ganzen Schuldspruch auf, sind damit kraft Gesetzes auch die dem Urteil zugrunde liegenden Feststellungen aufgehoben, ohne dass ein entspr. ausdrücklicher Ausspruch unbedingt notwendig ist. Es muss nur erkennbar sein, dass das Revisionsgericht das Urteil aufgehoben hat, weil die Feststellungen fehlerhaft oder unvollkommen waren. Die Hauptbedeutung des Abs. 2 liegt darin, dass das Tatgericht davon befreit werden kann, bestimmte Tatsachenkomplexe nochmals überprüfen zu müssen. Der Schwerpunkt liegt also in der **Aufrechterhaltung** von tatsächlichen Feststellungen; dass deren **Änderung** in der neuen Hauptverhandlung schlechterdings ausgeschlossen sein soll (BGHSt 4, 290), geht zu weit: der Tatrichter muss die Feststellungen zugunsten des Angeklagten ändern dürfen, wenn sich durch die in der neuen Hauptverhandlung zulässige Beweisaufnahme ihre Unrichtigkeit ergibt (vgl. auch § 318 Rn. 26; Gleiches gilt für die ausnahmsweise Verwendung von aufgehobenen Feststellungen, sofern sich deren Zutreffen i.R.d. neuen Hauptverhandlung ergibt; dazu BGH NStZ-RR 2000, 39). Die Sichtweise, dass die Feststellungen, sofern sie

nicht ausdrücklich aufgehoben werden, als aufrechterhalten anzusehen sind (BGH NJW 2007, 1540), ergibt sich nicht aus § 353 dürfte ggü. der bisherigen Übung, die Aufrechterhaltung ausdrücklich auszusprechen ein Rückschritt an Klarheit sein (*Meyer-Goßner/Schmitt* § 353 Rn. 12).

Wird das **Urteil im Ganzen aufgehoben**, so ist der neue Tatrichter lediglich an die Aufhebungsentscheidung selbst gebunden (§ 358 Abs. 1). Zu differenzieren ist bei teilweiser Aufhebung. Im Grundsatz gilt, dass auch hier die sog. »innerprozessuale **Bindungswirkung**« eintritt, d. h. weder eine neue Beweisaufnahme stattfinden darf noch das festgestellte Tatgeschehen anders bewertet werden kann (so zu Recht *Meyer-Goßner/Schmitt* § 353 Rn. 21 unter Hinweis auf BGH NStZ-RR 2006, 317; zur **Bindung des Tatgerichts** an nicht aufgehobene Urteilsteile gem. Abs. 1 und aufrechterhaltene Feststellungen gem. Abs. 2 vgl. § 358 Rn. 1, 4 f., s.a. HK-GS/*Maiwald/Rackow* § 353 Rn. 7; *Meyer-Goßner/Schmitt* § 353 Rn. 17 ff.). Leitend die Bindung des neuen Tatgerichts müssen jedoch auch insoweit die Erwägungen zur **Teilrechtskraftfähigkeit** sein (vgl. § 344 Rn. 6 ff.). Konsequenterweise müssen daher **Ausnahmen** von der Bindung gemacht werden, soweit sich in der neuen Tatsacheninstanz erweist, dass der Angeklagte zum Tatzeitpunkt nicht schuldfähig war oder die Tat gar nicht begangen hat. In diesen Fällen muss es bei der innerprozessualen Bindung des Revisionsgerichts bleiben (zutr. LR/*Franke* § 353 Rn. 31 m.w.N.). 9

Verfahrensfehler führen zumeist zur Aufhebung aller Urteilsfeststellungen (KK/*Gericke* § 353 Rn. 27; *Meyer-Goßner/Schmitt* § 353 Rn. 14). Auch Rechtsfehler i.S.v. § 338 Nr. 6 können die Feststellungen berührt haben (dazu *Hamm* Rn. 459; *Schmid* JZ 1969, 765; LR/*Franke* § 353 Rn. 21; *Meyer-Goßner/ Schmitt* § 353 Rn. 14; vgl. aber SK-StPO/*Wohlers* § 353 Rn. 20;). In Ausnahmefällen können die Feststellungen aufrechterhalten bleiben, etwa wenn das Tatgericht lediglich die Wiedereinbeziehung einer nach § 154a ausgeschiedenen Gesetzesverletzung unterlassen hat (BGH JR 84, 478 m. Anm. *Maiwald*; *Meyer-Goßner/Schmitt* § 353 Rn. 14). 10

Auch bei **sachlich-rechtlichen Mängeln** des Urteils müssen die Feststellungen i.d.R. aufgehoben werden (*Seibert* NJW 1958, 1077; *Sarstedt* FS Dreher [1977], 681 [691]; LR/*Franke* § 353 Rn. 19; *Gössel* FS Rieß [2002], 631; *Dahs* Hanack-Symp., 1992, 89; a. A. *Meyer-Goßner/Schmitt* § 353 Rn. 15: »Grundsatz tunlichster Aufrechterhaltung« unter Verw. auf BGHSt 14, 30; zur Aufrechterhaltung von Feststellungen bei Rückwirkungen auf eine zweite Tat, hinsichtlich derer die Feststellungen aufzuheben sind vgl. BGH, Urt. v. 05.08.2005 – 2 StR 195/05). Ausnahmsweise bedarf es in Durchbrechung des Grundsatzes der Unteilbarkeit des Schuldspruchs u.U. **keiner Aufhebung** z.B. **von Feststellungen zur äußeren Tatseite**, wenn etwa das Urteil nur wegen Nichtprüfung des § 20 StGB (*Meyer-Goßner*/Schmitt § 353 Rn. 15; LR/*Franke* § 353 Rn. 23; BGH NStZ 1999, 154; BGH NJW 1990, 95; 1964, 2213; VRS 39, 101; *Roxin* § 54 J II 2a; *Dahs* Rn. 621; – a. A. *Seibert* NJW 1958, 1077), eines möglichen Verbotsirrtums (Celle LRE 2010, 288; OLG Hamburg NJW 1967, 213; LR/*Franke* § 353 Rn. 25), ggf. sogar der subjektiven Tatseite überhaupt (OLG Hamburg MDR 1973, 694) bzw. des bedingten Vorsatzes (BGH StV 1983, 360) aufgehoben wird oder falls wegen fehlenden Hinweises nach § 265 Abs. 1 das Revisionsgericht den Schuldspruch nicht berichtigen darf (BGHSt 14, 37; OLG Braunschweig NJW 1950, 656; OLG Hamm VRS 26, 297; OLG Stuttgart NJW 1973, 1387; krit. hierzu LR/*Franke* § 353 Rn. 22). Ebenso im Hinblick auf **§ 3 JGG**, wenn das JugG die Verantwortlichkeit nach § 3 Satz 1 JGG verneint hat und sein Urteil zwecks Prüfung, ob § 63 StGB i.V.m. § 7 JGG anwendbar ist, aufgehoben wird (BGHSt 26, 70; LR/*Franke* § 353 Rn. 23). Feststellungen **zum äußeren Tatbestand und zur Schuldfähigkeit** können ggf. bei fehlerhafter Beurteilung des Gesamtvorsatzes einer Fortsetzungstat erhalten bleiben (BGH NJW 1969, 2210; OLG Hamburg MDR 1970, 609; vgl. Rn. 5). 11

Wird das Urteil hingegen nur im **Strafausspruch** aufgehoben und die Sache insoweit zurückverwiesen, müssen die zugrunde liegenden Feststellungen, wozu u.U. auch solche »zur Person« des Angeklagten (BGH NJW 1984, 622; MDR [H] 1978, 460oder ggf. den Tatfolgen (BGH StV 2007, 23; dazu *Meyer-Goßner/Schmitt* § 353 Rn. 20) gehören, im Revisionsurteil nicht ausdrücklich aufgehoben werden (OLG Köln NJW 1953, 356; LR/*Franke* § 353 Rn. 26; *Dahs* Rn. 618 ff.), auch wenn dies üblicherweise geschieht. Denn auch ohne diese Aufhebung kann das Tatgericht zur Straffrage i.d.R. neue Feststellungen treffen. Aufrechterhalten können die Feststellungen ggf. bleiben, wenn lediglich ein Wertungsfehler vorliegt (*Meyer-Goßner/Schmitt* § 353 Rn. 16 m. Verw. auf BGH, Urt. v. 29.09.1993 – 2 StR 203/93; LR/*Franke* § 353 Rn. 26) und ggf. wenn nur § 59 StGB fehlerhaft angewendet wird 12

(OLG Zweibrücken VRS 66, 198), dies jedenfalls insoweit sich bzgl. der Nr. 1–3 die Feststellungen Angaben zu Person, Vorleben und Nachtatverhalten usw. erschöpfen.

§ 354 StPO Eigene Entscheidung in der Sache; Zurückverweisung.

(1) Erfolgt die Aufhebung des Urteils nur wegen Gesetzesverletzung bei Anwendung des Gesetzes auf die dem Urteil zugrunde liegenden Feststellungen, so hat das Revisionsgericht in der Sache selbst zu entscheiden, sofern ohne weitere tatsächliche Erörterungen nur auf Freisprechung oder auf Einstellung oder auf eine absolut bestimmte Strafe zu erkennen ist oder das Revisionsgericht in Übereinstimmung mit dem Antrag der Staatsanwaltschaft die gesetzlich niedrigste Strafe oder das Absehen von Strafe für angemessen erachtet.
(1a) ¹Wegen einer Gesetzesverletzung nur bei Zumessung der Rechtsfolgen kann das Revisionsgericht von der Aufhebung des angefochtenen Urteils absehen, sofern die verhängte Rechtsfolge angemessen ist. ²Auf Antrag der Staatsanwaltschaft kann es die Rechtsfolgen angemessen herabsetzen.
(1b) ¹Hebt das Revisionsgericht das Urteil nur wegen Gesetzesverletzung bei Bildung einer Gesamtstrafe (§§ 53, 54, 55 des Strafgesetzbuches) auf, kann dies mit der Maßgabe geschehen, dass eine nachträgliche gerichtliche Entscheidung über die Gesamtstrafe nach den §§ 460, 462 zu treffen ist. ²Entscheidet das Revisionsgericht nach Absatz 1 oder Absatz 1a hinsichtlich einer Einzelstrafe selbst, gilt Satz 1 entsprechend. ³Die Absätze 1 und 1a bleiben im Übrigen unberührt.
(2) ¹In anderen Fällen ist die Sache an eine andere Abteilung oder Kammer des Gerichtes, dessen Urteil aufgehoben wird, oder an ein zu demselben Land gehörendes anderes Gericht gleicher Ordnung zurückzuverweisen. ²In Verfahren, in denen ein Oberlandesgericht im ersten Rechtszug entschieden hat, ist die Sache an einen anderen Senat dieses Gerichts zurückzuverweisen.
(3) Die Zurückverweisung kann an ein Gericht niederer Ordnung erfolgen, wenn die noch in Frage kommende strafbare Handlung zu dessen Zuständigkeit gehört.

Übersicht	Rdn.		Rdn.
A. Entscheidung des Revisionsgerichts in der Sache selbst (Abs. 1)	1	B. Zurückverweisung an das Tatgericht (Abs. 2, 3)	54
I. Zweck und Voraussetzungen	1	I. Allgemeines	54
II. Die Entscheidungen nach Abs. 1	3	II. Einzelfälle der Zurückverweisung	56
III. Berichtigung des Schuld- und Rechtsfolgenausspruchs	11	III. Weiteres Verfahren nach Zurückverweisung	66
IV. Anwendbarkeit des § 357	53		

1 **A. Entscheidung des Revisionsgerichts in der Sache selbst (Abs. 1). I. Zweck und Voraussetzungen.** § 354 ist im Zusammenhang mit § 357 zu sehen, demzufolge das Revisionsgericht eine rein rechtliche Prüfung des Urteils vornehmen darf. **Sachentscheidungen** sind daher nur möglich, **soweit keine tatsächlichen Erörterungen erforderlich** sind. Dies ist gem. § 354 zulässig bei (1) Freispruch, (2) Einstellung des Verfahrens, (3) Erkennen auf eine absolute Strafe oder (4) auf die gesetzlich bestimmte niedrigste Strafe und beim (5) Absehen von Strafe. In den Fällen (4–5) ist ein Antrag der StA gem. Abs. 1 vorausgesetzt. Bei Verfahrensfehlern scheidet eine grds. Sachentscheidung des Revisionsgerichts aus, da die Feststellungen nicht auf rechtmäßiger Grundlage getroffen worden sind (HK-GS/*Maiwald/Rackow* § 354 Rn. 1; SK-StPO/*Wohlers* § 354 Rn. 4). Auf einer Analogie zu § 354 beruht die sog. »Schuldspruchberichtigung«, die weitgehend anerkannt ist (vgl. Rn. 11 ff.). Zu der prozentual kontinuierlich angewachsenen Zahl eigener Sachentscheidungen der Revisionsgerichte zu Recht krit. *Berenbrink* GA 2008, 625 ff. Die Abs. 1a und 1b wurden durch Art. 3 Nr. 15c des 1. JuMoG vom 24.08.2004 eingefügt. Bei der verfassungsmäßigen Anwendung von Abs. 1a sind die Gründe der Beschlüsse des BVerfG v. 14.06.2007 (2 BvR 1447/05) und v. 14.08.2007 (2 BvR 760/07) zu beachten (dazu LR/*Franke* § 354 Vor Rn. 1).

2 2. Dementsprechend nur **ausnahmsweise** darf das Revisionsgericht aus Gründen der **Prozessökonomie** (vgl. Rn. 11) in der Sache selbst entscheiden, wenn (1) die Aufhebung wegen **sachlich-rechtlicher** Mängel (oben § 344 Rdn. 30 ff.; näher KMR/*Momsen* § 337 Rn. 44 ff.) erfolgt. Ebenso, wenn (2) die zugrunde liegenden tatsächlichen **Feststellungen** von der Rechtsverletzung **nicht berührt** werden, sie voll-

ständig und widerspruchsfrei also nicht nach § 353 Abs. 2 aufzuheben sind und schließlich, wenn (3) nach den Urteilsgründen **weitere** tatsächliche Feststellungen, die eine andere Entscheidung tragen könnten, **ausgeschlossen** erscheinen (BGHSt 13, 268; 28, 162; BGH NStZ-RR 2004, 270; NJW 1999, 1562; vgl. auch RGSt 47, 332; RG JW 1932, 2160; OLG Köln VRS 50, 346; OLG Frankfurt VRS 51, 284; ebenso für die »Schuldspruchberichtigung« – Rn. 11 – RGSt 65, 285 [351]; OGHSt 1, 25 [251]; BGHSt 3, 64; 6, 257; NJW 1953, 835; 1954, 609; 1969, 1679; 1970, 820; 1973, 1512; KG Berlin JZ 1953, 644; OLG Hamburg NJW 1962, 755; OLG Bremen NJW 1964, 2262; OLG Celle VRS 50, 288). An letzterem fehlt es jedoch zumeist, wenn das Tatgericht infolge Nichtanwendung richtigen sachlichen Rechts die hierfür notwendigen tatsächlichen Umstände (vgl. KMR/ *Paulus* § 244 Rn. 113, 114) nicht aufgeklärt (*Jagusch* NJW 1962, 1417; *Meyer-Goßner/Schmitt* § 354 Rn. 3; *Batereau* Die Schuldspruchberichtigung, S. 37) oder Tatteile nach § 154a Abs. 2 ausgeschieden hat (BGHSt 32, 84 m. Anm. *Maiwald* JR 1984, 478; BGH StV 1986, 45; NStZ 1988, 322; OLG Stuttgart NJW 1973, 1386 m. Anm. *Kraemer/Ringwald* = JZ 1973, 741 m. Anm. *Lackner*).

II. Die Entscheidungen nach Abs. 1. Bei einem **Freispruch** kommt eine Sachentscheidung nur in 3 Betracht (Rn. 1), wenn die Tat unter keine andere Straf- oder OWi-Norm gebracht werden kann und weitere tatsächliche Feststellungen, die zu einer Verurteilung führen könnten, in einer Hauptverhandlung nicht zu erwarten sind (BGH NStZ-RR 2004, 270; KG Berlin NStZ-RR 2006, 276, bzgl. Verwertung des Akteninhalts keine Kompetenzüberschreitung). Über **Kosten** und **notw. Auslagen** nach §§ 464 ff., 473 entscheidet das **Revisionsgericht** (KG Berlin NJW 1966, 945), desgleichen über **Entschädigung** (§ 8 StrEG; KK/*Gericke* § 354 Rn. 23 ff., 26; *Meyer-Goßner/Schmitt* § 354 Rn. 5; KG Berlin JR 1973, 427; OLG Frankfurt DAR 1973, 161; *D. Meyer* MDR 1978, 284 f. m.w.N.). Zur Behandlung von nach § 154a ausgeschiedenen Tatteilen s.u. Rn. 6.

Ist ein **Teilfreispruch** zulässig (BGH NJW 1973, 474; RGSt 27, 394; 70, 349; OLG Hamm NJW 1966, 4 213; OLG Karlsruhe VRS 43, 266) so verweist das Revisionsgericht die Sache unter Aufhebung der Gesamtstrafe insoweit zurück (HK-GS/*Maiwald/Rackow* § 354 Rn. 5; *Bode* S. 36; LR/*Franke* § 354 Rn. 4; a. A. *Batereau* S. 116). Anders nur, sofern ausnw. die wegfallende Einzelstrafe keinen Einfluss auf die Gesamtstrafenhöhe hatte (RG HRR 1940 Nr. 1372; BGH bei *Batereau* S. 117; *Wimmer* MDR 1948, 72; vgl. auch § 353 Rn. 6 sowie unten Rn. 23) oder bei Tatmehrheit (§§ 53, 54 StGB) alle Verurteilungen bis auf eine entfallen würden (*Lüttger* DRZ 1950, 350).

Unter »Freisprechung« i.S.v. Abs. 1 ist auch die **Aufhebung** einer **Maßregel** (OLG Hamburg VRS 7, 5 303; NJW 1955, 1080) oder **sonst. Rechtsfolge**, die nicht Strafe ist, zu verstehen, wie z.B. (1) eines **Fahrerlaubnisentzugs** (§ 69 StGB), wenn das Tatgericht ihn etwa auf beide Schuldsprüche aus §§ 230, 142 Abs. 1; § 53 StGB gestützt hat und die Verurteilung nach § 142 Abs. 1 StGB aufgehoben wird (vgl. auch OLG Hamm NJW 1977, 208). Ebenso (2) im Fall einer etwa wegen Verstoßes gegen § 331 unzulässigen (BayObLG MDR 1952, 378) **Nebenstrafe** (BayObLG VRS 50, 339; OLG Hamburg VRS 13, 364), (3) einer **Einziehungsanordnung** (BGH NJW 1955, 71; OLG Hamm JZ 1952, 39) oder (4) sonstiger Maßnahmen i.S.d. § 11 Abs. 1 Nr. 8 StGB (vgl. noch zur sog. »Mehrerlösabführung« BGHSt 5, 100; näher KK/*Gericke* § 354 Rn. 6).

Wurden vom Tatgericht einzelne Gesetzesverletzungen gem. § 154a ausgeschieden, so ist zu prüfen, ob 6 diese angesichts des Freispruchs ggf. wieder einbezogen werden müssen und insoweit eine Verurteilung in Betracht kommt. Falls ja, erfolgt nach Einbeziehung durch das Revisionsgericht die Zurückverweisung (BGHSt 21, 326; BGHSt 32, 84; m. Anm. *Maiwald* JR 1984, 479; BGH NJW 1988, 2485). Alternativ kann das Revisionsgericht lediglich zurückverweisen, die Einbeziehung erfolgt dann in der erneuten Tatsacheninstanz (BGH NJW 1984, 1471; näher *Meyer-Goßner/Schmitt* § 354 Rn. 3). Dass auch die StA auf diese Weise ein insoweit unerwünschtes Urteil zu Fall bringen kann, auch wenn dieses i.Ü. mangels Rechtsfehlers nicht angreifbar wäre, ist im Einzelfall nicht zu vermeiden (HK-GS/*Maiwald/Rackow* § 354 Rn. 4; a. A. SK-StPO/*Wohlers* § 354 Rn. 11). Probleme können sich insoweit ergeben, wenn die Anwendung des § 154a Gegenstand einer **Verfahrensabsprache** war (vgl. § 344 Rn. 6 a.E.).

Grundsätzlich kann das Revisionsgericht auch eine **Einstellung** des Verfahrens vornehmen, soweit **Prozesshindernisse** vorliegen (§ 260 Abs. 3, KMR/*Stuckenberg* § 260 Rn. 77 ff.; näher KMR/*Momsen* § 352 Rn. 15–17). Eine teilweise Einstellung erfolgt entsprechend den Grundsätzen der Teilrechtskraftfähigkeit (§ 344 Rn. 6 ff.), wenn das Prozesshindernis auf einen selbstständigen Teil des Urteils

§ 354 StPO   Eigene Entscheidung in der Sache; Zurückverweisung

beschränkt ist (RGSt 52, 37; BGHSt 8, 269; NJW 1970, 905). Hingegen ist auf einen **vorrangigen Freispruch** zu erkennen, wenn neben den Gründen für eine Einstellung zugleich solche für einen Freispruch gegeben sind (BGHSt 20, 333; KG Berlin JR 1990, 124; HK-GS/*Maiwald/Rackow* § 354 Rn. 6; *Meyer-Goßner/Schmitt* § 354 Rn. 6; vgl. KMR/*Momsen* § 352 Rn. 11 m. Hinw.). Bei nicht mehr zu behebenden Verfahrenshindernissen (vgl. § 352 Rdn. 8) ist daher nach Abs. 1 zu verfahren, ggf. nach § 349 Abs. 4, nicht jedoch nach § 206a (*Meyer-Goßner/Schmitt* § 354 Rn. 6). Dagegen ist bei einem noch zu beseitigendem Prozesshindernis auf **Zurückverweisung** zu erkennen (BGHSt 8, 151; LR/*Franke* § 354 Rn. 8; *Meyer-Goßner/Schmitt* § 354 Rn. 6; vgl. aber BGH NJW 1983, 2270 – Einstellung bei fehlendem Strafantrag; näher KMR/*Momsen* § 352 Rn. 16 m. Hinw.). Im Fall eines nur **vorübergehenden** Verfahrenshindernisses wie der vorübergehenden Verhandlungsunfähigkeit (BGH NStZ 1996, 242) kann das Revisionsgericht selbst die vorläufige Einstellung nach § 205 vornehmen (*Meyer-Goßner/Schmitt* § 354 Rn. 6; HK/*Temming* § 354 Rn. 7; Radtke/Hohmann/*Nagel* § 354 Rn. 6).

8   Auch eine **absolut bestimmte Strafe**, § 211 StGB und einige Tatbestände des VStGB, darf das Revisionsgericht aussprechen, soweit die §§ 331, 358 Abs. 2 nicht entgegenstehen (BVerfGE 54, 100; BGH NJW 1977, 1544; BGHSt 35, 116 m. Anm. *Geis* NJW 1988, 2679; *Dahs* Rn. 625; KK/*Gericke* § 354 Rn. 8 f.; *Meyer-Goßner/Schmitt* § 354 Rn. 9a; krit. *Peters* JZ 1978, 230; *Geis* NJW 1990, 2735; vgl. auch HK-GS/*Maiwald/Rackow* § 354 Rn. 7). Das BVerfG hat in diesem Zusammenhang aufgrund des angesichts der Feststellungen rechtlich eindeutigen Vorliegens eines Mordmerkmals die Ersetzung einer zeitigen Freiheitsstrafe durch die lebenslange Freiheitsstrafe in der Revisionsinstanz für zulässig erklärt (BVerfGE 54, 100, 115) und auch der BGH hat die Ersetzung wiederholt vorgenommen: BGH NJW 77, 1544; BGH NJW 78, 1336; BGHSt 35, 116 m. Anm. *Geis* NJW 88, 26, 79). Diese vom Wortlaut der Norm her zulässige Praxis ist jedoch kritisch zu sehen im Hinblick auf die Annahme von nicht angeklagten Mordmerkmalen aber auch, sofern die Feststellung der besonderen Schwere der Schuld in Betracht kommt. Zudem kann die verfassungsrechtlich gebotene einschränkende Auslegung der Mordmerkmale hier zu Problemen führen (zutr. krit. LR/*Franke* § 354 Rn. 11; HK-GS/*Maiwald/Rackow* § 354 Rn. 7; *Peters* LB S. 665 und JZ 78, 230).
Gleiches gilt für sonstige **zwingende Rechtsfolgen**, wie z.B. (1) eine obligatorische Einziehung (RGSt 42, 30; 53, 248), (2). die richtige Festsetzung eines falsch berechneten Einziehungsbetrags (RGSt 57, 424 [429]; *Meyer-Goßner/Schmitt* § 354 Rn. 9a) oder (3) in (wohl entsprechender Anwendung für auch die Verwerfung der Berufung des Angeklagten (unter Aufhebung des Berufungsurteils) als unbegründet, wenn das LG auf Berufung des Angeklagten das Verwerfungsurteil des AG (§ 412) aufgehoben hat und die Revision ergibt, dass das AG-Urteil richtig war (BayObLG MDR 1975, 597; LR/*Franke* § 354 Rn. 12).

9   Die **gesetzliche Mindeststrafe** (BGHSt 39, 359 [371]; RG LZ 1918, 780; *Dahs* Rn. 628; KK/*Gericke* § 354 Rn. 10; *Meyer-Goßner/Schmitt* § 354 Rn. 10), das Absehen von Strafe (§ 60 StGB) oder die den Angeklagten am wenigsten beschwerende Bekanntmachungsform nach §§ 165, 200 StGB (BGHSt 3, 76; NJW 1955, 1119; OLG Hamm NJW 1974, 467) kann das Revisionsgericht auf **Antrag der StA** aussprechen mit Rücksicht darauf, dass eine alsbaldige Entscheidung dem Interesse des Verletzten und der Strafrechtspflege zuweilen besser entspricht als die durch Zurückverweisung bedingte Verzögerung, selbst wenn diese voraussichtlich zu einer strengeren Bestrafung führen würde. Zwar enthält diese Regelung eine Abweichung von dem Grundsatz, dass die Strafzumessung dem Tatgericht vorbehalten bleibt (HK-GS/*Maiwald/Rackow* § 354 Rn. 8), jedoch entspricht dies i.d.R. auch dem Interesse des Angeklagten an einer zügigen Erledigung. Das Revisionsgericht darf auch ausnahmsweise die unterlassene Festsetzung einer Einzelstrafe nachholen (BGHR § 354 Strafausspruch 10) sowie den vom Tatgericht unterlassenen Ausspruch einer lebenslangen Strafe als Gesamtstrafe (*Meyer-Goßner/Schmitt* § 354 Rn. 10 m. Verweis auf BGH, Urt. v. 25.06.1992 – 4 StR 251/91). Es darf jedoch **nicht** über das Vorliegen eines minderschweren Falles befinden (LR/*Franke* § 354 Rn. 13; HK-GS/*Maiwald/Rackow* § 354 Rn. 8; SK-StPO/*Wohlers* § 354 Rn. 47, 48 sowie *Bode* Die Entscheidung des Revisionsgerichts in der Sache selbst, S. 8), da insoweit Feststellungen des Tatgericht unumgänglich sind.

10   Ein **Absehen von Strafe** (z.B. § 60 StGB) ist dem Revisionsgericht möglich; entspr. gilt für die Straffreierklärung gem. § 199 StGB (LR/*Franke* § 354 Rn. 15; KK/*Gericke* § 354 Rn. 11; HK-GS/*Maiwald/Rackow* § 354 Rn. 9; *Meyer-Goßner/Schmitt* § 354 Rn. 11; HK/*Temming* § 354 Rn. 9; SK-StPO/*Wohlers* § 354 Rn. 47).

III. Berichtigung des Schuld- und Rechtsfolgenausspruchs.
Die Schuldspruchberichtigung ist ein gesetzlich nicht vorgesehenes, als Minus im Vergleich zur Entscheidung nach Abs. 1 bei reinen Rechtsanwendungsfehlern aber **analog § 354 Abs. 2** zulässiges (ganz h.M.; BVerfG wistra 2000, 216; BGHSt 46, 321; BGH NStZ 1995, 204; BayObLG NJW 1961, 743; *Wimmer* MDR 1948, 71; *Sarstedt* JZ 1957, 270 [272]; *Peters* JZ 1959, 103; *Eb. Schmidt* II 49; *Henkel* S. 382; *Meyer-Goßner/ Schmitt* § 354 Rn. 12; KK/*Gericke* § 354 Rn. 12, 15 ff.; a.A. *Geerds* JZ 1968, 393; *Paster/Sättele* NStZ 2007, 614; zu den Voraussetzungen unten Rn. 16–34) und **prozessökonomisch** (vgl. Rn. 1) wichtiges Mittel, angesichts §§ 353 Abs. 2, 358 Abs. 1, um Zeit vergeudende Zurückverweisungen zu vermeiden oder den Stoff der neuen Tatsachenverhandlung zu beschränken (LR/*Franke* § 354 Rn. 16). Auch eine **teilweise**, d.h. auf selbstständige Urteilsteile beschränkte Berichtigung ist statthaft (*Wimmer* MDR 1948, 72; *Bode* S. 12 ff.).

11

Keine Berichtigungen i.d.S. sind Fälle des § 83 Abs. 3 OWiG (OLG Bremen VRS 65, 36; *Göhler* § 83 OWiG Rn. 14), insoweit ist nicht § 354 sondern § 83 Abs. 3 OWiG entsprechend anzuwenden (*Meyer-Goßner/Schmitt* § 354 Rn. 12).

12

Ebenfalls keine Schuldspruchberichtigung ist die Berichtigung **offensichtlicher Versehen**, wenn im Tenor des Urteils dessen rechtsfehlerfreie **Begründung** unrichtig oder unvollständig Ausdruck findet (BGH, Urt. v. 29.04.1994 – 4 StR 481/94; bei KK/*Gericke* § 354 Rn. 20; RGSt 54, 205 [291] m. Anm. *Dohna*; BGH NJW 1953, 76; LR/*Franke* § 354 Rn. 47; vgl. auch BGH, Urt. v. 11.01.2006 – 2 StR 562/05: Zählfehler, Verkündungsversehen). Letztere ist dem Revisionsgericht bereits bei Verwerfung der Revision nach § 349 Abs. 4 und daher auch im Zusammenhang mit eigener Sachentscheidung ohne weiteres möglich (KK/*Gericke* § 354 Rn. 20). In Einzelfällen können die Grenzen zur Schuldspruch- und Rechtsfolgenberichtigung jedoch verschwimmen, was die z.T. analoge Anwendung des § 354 Abs. 1 (HK/*Temming* § 354 Rn. 10 f.; vgl. z.B. RGSt 4, 179; BGHSt 19, 219; JZ 1951, 655; OLG Karlsruhe NJW 1973, 1990; *Dohna* JW 1927, 1316) erklären dürfte.

13

Beispiele sind (1) die **Beseitigung** eines unzulässigen Teilfreispruchs bei Tateinheit (OLG Karlsruhe NJW 1973, 1990), (2) die **Nachholung** eines gebotenen Teilfreispruchs bei Tatmehrheit (OLG Celle GA 1959, 22), (3) der Ausspruch von **Tatmehrheit statt Tateinheit** (OLG Hamm VRS 54, 426) oder von § 315c StGB statt § 316 StGB (BGH VRS 46, 107), sowie (4) die Aufnahme der **Schuldform** (vgl. BGHSt 19, 219; NJW 1969, 1582; OLG Koblenz VRS 45, 176) oder (5) einer **übersehenen tateinheitlichen Verurteilung** (RGSt 4, 179; 54, 205; *Wimmer* MDR 1948, 70) in den Urteilsspruch, auch wenn der Schuldspruch bereits »rechtskräftig« ist (§ 318 Rn. 12, 26; BayObLG MDR 1972, 342; OLG Saarbrücken MDR 1975, 334; näher KK/*Gericke* § 354 Rn. 20).

14

Keine Schuldspruchberichtigung ist auch die Korrektur der – nicht zum Urteilsspruch gehörenden – Liste der angewendeten Vorschriften nach § 260 Abs. 5 (zum Ganzen ausf. KMR/*Stuckenberg* § 260 Rn. 85 ff.).

15

Zu den **Voraussetzungen der Berichtigung des Schuldspruchs** zählt zunächst eine ordnungsgemäß erhobene und begründete **Sachrüge** (daher keine Subsumtionsberichtigung bei Revision gegen Verwerfungsurteil nach § 329, vgl. OLG Frankfurt NJW 1963, 460; OLG Köln JMBlNRW 1963, 96; OLG Hamm MDR 1973, 694) sowie lückenlos und bedenkenfrei festgestellter Sachverhalt. Ebenso müssen **vollständiger und tragfähiger Urteilsfeststellungen** vorliegen, deren Ergänzung in einer neuen Verhandlung ausgeschlossen ist (BGHSt 32, 357 m. Anm. *Fezer* NStZ 1986, 27; BGHSt 6, 251; zum möglichen Einfluss der Feststellungen zum äußeren Tatverlauf auf die Strafzumessung im Verhältnis zu §§ 211, 212 StGB vgl. BGHSt 27, 322; 39, 353 [370]; BGH NStE Nr. 5; BGHR § 354 Abs. 1 Sachentscheidung 3; vgl. HK-GS/*Maiwald/Rackow* § 354 Rn. 11; *Meyer-Goßner/Schmitt* § 354 Rn. 15).

16

Ein **Hinweis** nach § 265 Abs. 1 darf **nicht** mehr erforderlich sein (BGH NJW 1981, 1744; BGHSt 10, 271; 28, 224; 33, 44; 163; *Meyer-Goßner/Schmitt* § 354 Rn. 16; dazu auch § 265 Rn. 10 m.w.N.). Dies bzw. ob dem Angeklagten eine veränderte Verteidigung überhaupt möglich ist, muss das Revisionsgericht selbst beurteilen können (BGH NJW 1987, 2384; NStZ 1985, 454; wistra 1984, 22; vgl. aber *Beulke* FS Schöch, S. 970).

17

Demnach ist eine **Schuldspruchberichtigung zum Nachteil des Angeklagten** ist nur zulässig, **wenn** (1) entweder eine **qualitativ** andere (aliud) als die vom Tatgericht angewendete Strafnorm in Betracht kommt (BGHSt 8, 37; OLG Hamm JZ 1958, 574 m. Anm. *Eb. Schmidt*; OLG Koblenz VRS 45, 367; OLG Frankfurt NJW 1973, 1806) **oder** (2) das Tatgericht nach einer **quantitativ** schwereren (vgl. ausf. KMR/*Paulus* § 244 Rn. 291, 293, 310–313) Vorschrift hätte verurteilen müssen **und** die Revision

18

§ 354 StPO Eigene Entscheidung in der Sache; Zurückverweisung

(auch) **zuungunsten** des Angeklagten eingelegt ist (vgl. auch BGHSt 10, 362; a. A. mit teilw. beachtl. Begr. OGHSt 1, 251; *Wimmer* MDR 1948, 70; *Bode* S. 10; *Batereau* S. 24 ff.; hier dürfte aber in aller Regel ein Hinweis nach § 265 unumgänglich sein).

19 Hat nur der Angeklagte das Rechtsmittel eingelegt, so **unterbleibt** daher eine **Schuldspruchberichtigung**, wenn in Wirklichkeit vorliegt: (1) Vorsatz statt Fahrlässigkeit (RGSt 66, 404), (2) Vollendung statt Versuch (RGSt 57, 29; BGHSt 9, 258; OLG Köln NJW 1973, 1807), (3) Mittäterschaft statt Beihilfe (vgl. auch RGSt 46, 420; BGHSt 8, 37), (4) eine weitere, in Tateinheit mit den angewendeten Bestimmungen stehende, Vorschrift (RGSt 39, 158; 46, 420; 47, 222; 53, 180) oder (5) Tatmehrheit statt einer fortgesetzten Handlung (soweit diese nach BGH GSSt 40, 140 noch in Betracht kommt; vgl. BGHSt 16, 319; NJW 1973, 475; OLG Karlsruhe GA 1976, 150; *A. Mayer* DRiZ 1972, 200).

20 Zur **Verurteilung anstelle des Freispruchs** bzw. der **Einstellung** durch das Tatgericht hat das Reichsgericht sich – mit Recht – nicht für befugt erachtet (vgl. *Hartung* DRZ 1950, 220). Demgegenüber hält die spätere Rspr. ein solches Verfahren für **ausnahmsweise zulässig** (den Ausnahmecharakter unterstreichen BayObLG JZ 1961, 506 m. Anm. *Peters*; KG Berlin JR 1979, 172; OLG Düsseldorf StV 1985, 361; OLG Oldenburg NJW 1983, 57; LR/*Hanack* § 354 Rn. 44; *Roxin* § 53 J III 1), wenn das angefochtene Urteil **erschöpfende Feststellungen** zur äußeren und inneren Tatseite enthält und für den Angeklagten **günstigere Feststellungen nicht zu erwarten** sind (OGH MDR 1948, 303 – dazu *Lüttger* DRZ 1950, 349; BGHSt 3, 73; NJW 1952, 1264; KG Berlin JZ 1953, 644; OLG Köln MDR 1948, 303; JMBlNRW 1952, 15; OLG Frankfurt NJW 1953, 1363; OLG Koblenz VRS 43, 288; Celle VRS 28, 32) oder der Angeklagte nur wegen eines **Subsumtionsfehlers** nicht verurteilt wurde (OLG Saarbrücken VRS 44, 448; OLG Hamburg NJW 1962, 754; JR 1979, 206 [207] m. abl. Anm. *Volk*).

21 Ebenso, wenn der Angeklagte nur **irrtümlich freigesprochen** und nicht bei Straffreierklärung verurteilt wurde (OLG Celle MDR 1989, 840; vgl. auch OLG Karlsruhe NJW 1976, 902 [904] und OLG Hamburg NJW 1980, 1009) und jedenfalls dann, wenn eine eingehende Beweisaufnahme erfolgt oder in sonstiger Weise den **Verteidigungsinteressen umfassend Rechnung** getragen worden ist (z.B. § 86a in Bezug auf Spielzeugmodelle – BGHSt 28, 294; unbefugt nachgeprägte i.Ü. gültige Münzen als Falschgeld i.S.d. §§ 146 ff. StGB – BGHSt 27, 255; näher und insoweit zust. HK-GS/*Maiwald/Rackow* § 354 Rn. 12 f.). Eine Verurteilung soll auch zulässig sein, wenn auf die Revision der StA das **freisprechende Berufungsurteil aufgehoben** und das vom Angeklagten angefochtene AG-Urteil aufrechterhalten wird (OLG Düsseldorf NJW 1991, 1123; JR 1994, 201 m. abl. Anm. *Laubenthal*; OLG Oldenburg JR 1990, 127; vgl. auch OLG Frankfurt NJW 1968, 265; OLG Karlsruhe NJW 1976, 902 [904]; OLG Hamburg NJW 1981, 138 LS; krit. *Batereau* S. 71).

22 Diese Rspr. (vgl. auch BGHSt 36, 277; OLG Düsseldorf NJW 1991, 186) ist grds. **abzulehnen** (vgl. auch BGH NStZ-RR 1998, 204 m. zust. Anm. *Pauly* StV 1999, 415; OLG Koblenz NStZ-RR 1998, 364; BayObLG NJW 1961, 742 = JZ 1961, 270 m. zust. Anm. *Peters*; KG Berlin JR 1957, 270 m. zust. Anm. *Sarstedt*; *Hartung* DRZ 1950, 220; *Lüttger* DRZ 1950, 349; *Hülle* NJW 1952, 411; *Eb. Schmidt* Nachtr. I 54a; *Peters* FS Stock [1966], S. 197 ff.; LR/*Franke* § 344 Rn. 43 ff.; *Meyer-Goßner/Schmitt* § 354 Rn. 23; *Roxin* § 54 J III 1; *Bode* S. 26 ff.; *Dahs* Rn. 627; *Batereau* S. 61 ff. sowie *Dölling* JR 1992, 165; *Rudolphi* JR 1983, 250). Denn das (zu Unrecht) freisprechende oder wegen (vermeintlichen) Prozesshindernisses einstellende Urteil des Tatgerichts bietet schon wegen des prinzipiellen Verbots »überschießender« Aufklärung (ausf. KMR/*Paulus* § 244 Rn. 115–118; vgl. *Roxin* § 54 J III 1) in aller Regel nicht die Gewähr einer erschöpfenden Beweisaufnahme. Das Revisionsgericht darf **keinesfalls** eigene »**ergänzende**« Feststellungen treffen (BVerfG NJW 1991, 2893).

23 Zudem würde der Angeklagte andernfalls der prozessualen **Möglichkeit** beraubt, die Feststellungen durch **Rechtsmittel**, namentlich mittels Verfahrensrüge(n) anzugreifen, die er **mangels Beschwer** wegen des Freispruchs **zuvor nicht erheben konnte** (s. BayObLG JZ 1961, 506). Im Ergebnis besteht ein relevantes Risiko, dass damit die Zuverlässigkeitsgarantien der Wahrheitserforschung (*Batereau* S. 64 ff.) entfallen könnten und daneben es wäre bedenklich, ggf. die Schöffen vom Schuldspruch, auch wenn er nur noch Rechtsfragen betrifft, auszuschließen (*Volk* JR 1979, 207; a. A. OLG Hamburg NJW 1980, 1009).

24 Im Hinblick auf die **Auswirkungen für den Rechtsfolgenausspruch** können die vor der Einführung der Abs. 1a und 1b durch das 1. JuMoG in der Rspr. entwickelten und angewendeten Konstellationen einer Veränderung des Rechtsfolgenausspruchs im Grundsatz auch heute noch Geltung beanspruchen. Än-

derungen des Rechtsfolgenausspruchs werden durch die neu eingefügten Absätze differenziert und präzisiert (zur alten Rechtslage ausf. KMR/*Momsen* § 354 Rn. 20a ff.). In Bezug auf die Auswirkungen einer Schuldspruchberichtigung auf den Rechtsfolgenausspruch sind die Abs. 1a und 1b nicht unmittelbar anzuwenden, diese gelten unmittelbar nur für Gesetzesverletzungen auf der Rechtsfolgenseite. Auch insoweit ist zu beachten, dass sich aus dem Umstand, dass das Urteil auf einer **Verfahrensabsprache** basiert, Einschränkungen für die Schuldspruchberichtigung in Bezug auf an sich selbstständige Teile ergeben können (Rn. 32 ff., Rn. 50; § 344 Rn. 6 a.E.).

Grundsätzlich gilt, dass die Schuldspruchberichtigung **nicht** voraussetzt, dass sie den Rechtsfolgenausspruch gar nicht berührt. Bleibt der anzuwendende **Strafrahmen** gleich (OLG Hamburg HESt 2, 19 [21]), verändert die Berichtigung die **Strafzumessungstatsachen** nicht, und scheidet eine weitere **Verteidigung** in tatsächlicher Hinsicht aus, erübrigt sich eine neue Strafzumessung; denn hier erscheint es ausgeschlossen, dass bei richtiger Subsumtion das Tatgericht eine andere Rechtsfolge verhängt hätte. In diesem Fall darf ausnahmsweise das **Revisionsgericht** in die Domäne des Tatgerichts, eine angemessene Strafe zu finden (§ 267 Rn. 55), einbrechen und eine **eigene Strafzumessungsentscheidung** fällen (BGH NStZ 1996, 507; KK/*Gericke* § 354 Rn. 18; *Sarstedt* JR 1959, 199; *Batereau* S. 87 [91]; krit. *Wimmer* MDR 1948, 72; *Bode* S. 25). Der weitergehenden Meinung, das Revisionsgericht dürfe stets »**durcherkennen**«, wenn das angefochtene Urteil die Strafzumessungsumstände vollständig anführe (*Bruns* S. 660; *Roxin* § 54 J III 2; *Batereau* S. 83 ff.), ist **nicht** zu folgen. 25

Folgende Konstellationen haben sich herausgebildet: Wird die irrig angewendete Norm durch eine **mildere** Vorschrift ersetzt, ist grds. unter **Aufhebung des Strafausspruchs** insoweit zurückzuverweisen (RGSt 63, 136; 68, 125; 75, 320; JW 1923, 399 m.Anm. *Merkel*; 1929, 257 m.Anm. *Oetker*; BGHSt 23, 39; NJW 1952, 1223; 1953, 835; 1955, 1328), **es sei denn**, (1) es wurde eine so geringe Strafe ausgesprochen, dass eine **weitere Herabsetzung ausscheidet** (BayObLG JW 1920, 56 m.Anm. *Kern*; OLG Hamm VRS 28, 138) – insoweit besteht ein begr. Ermessen des Revisionsgerichts (KK/*Gericke* § 354 Rn. 18). (2) Gleiches gilt, wenn die Strafandrohung der tatsächlich anzuwendenden Vorschrift **nicht wesentlich milder** ist als die der irrtümlich angewendeten (RGSt 76, 253; HRR 1934 Nr. 1259; OGHSt 1, 305; BGHSt 8, 37; MDR 1955, 52; BayObLGSt 1951, 379; OLG Koblenz NJW 1961, 2363; OLG Celle NJW 1964, 2328; VRS 36, 309; OLG Hamm VRS 36, 460; OLG Düsseldorf NJW 1965, 2312). Dabei ist allerdings vorauszusetzen, dass beide Tatbestände den **gleichen Unrechtsgehalt** aufweisen und ausgeschlossen werden kann, dass das Tatgericht bspw. einen minder schweren Fall bejaht hätte, KK/*Gericke* § 354 Rn. 18) oder sogar strenger (BGH NJW 1976, 381) als diejenige der vom Tatgericht angewendeten Norm. (3) **Ebenso wenig** darf die eliminierte Vorschrift in **Tateinheit mit einer schärferen Strafdrohung** gestanden haben, welcher das Tatgericht die Strafe entnommen hat (BGH NJW 1977, 540). (4) Die Berichtigung ist hingegen möglich bei **Wegfall** einer **tateinheitlichen** Verurteilung (RGSt 48, 17; 53, 191; 60, 59; 75, 29; OGHSt 2, 19; BGHSt 3, 64; 8, 191; 10, 405; NJW 1954, 609; 1964, 212). Allerdings nur unter der Voraussetzung, dass die eliminierte Vorschrift sich auf den Strafausspruch **offensichtlich nicht ausgewirkt hat**, darf er auch hier ausnahmsweise bestehen bleiben (RGSt 4, 182; 53, 191 [257, 279]; 60, 59; 74, 181; OGH 2, 19; BGHSt 8, 191; KG Berlin VRS 36, 227; OLG Saarbrücken VRS 36, 310; OLG Düsseldorf VRS 36, 314; OLG Hamburg VRS 36, 151). (5) Demgegenüber kommt die Berichtigung grds. jedoch **nicht in Betracht**, wenn die Verurteilung aus dem in concreto strengeren Tatbestand wegfällt (BGHSt 28, 11; *Meyer-Goßner/ Schmitt* § 354 Rn. 20). 26

Tritt an die Stelle der zu Unrecht angewendeten Vorschrift eine **strengere** Bestimmung, so ist zu unterscheiden: (1) Bei alleiniger Revision des **Angeklagten** bleibt der Strafausspruch bestehen, da eine höhere Bestrafung untersagt ist (§ 358 Abs. 2) und eine mildere ausscheidet. (2) Hatte hingegen (auch) die StA Revision eingelegt, ist regelmäßig Aufhebung und Zurückverweisung hinsichtlich des Strafausspruchs notwendig (RGSt 73, 346; OLG Braunschweig Nds. Rpfl. 1952, 141), es sei denn, das Revisionsgericht kann auf eine absolut bestimmte Strafe erkennen (Rn. 8). 27

Erkennt das Revisionsgericht auf **Tatmehrheit** anstelle von Tateinheit (BGHSt 2, 248), fortgesetzten Tat (nach Maßgabe von BGHGS St 40, 140) oder einheitlichen Handlung, so ist ebenso unter **Aufhebung des Strafausspruchs** zurückzuverweisen (ausnahmsweise kann das Revisionsgericht auch einen »Härteausgleich« vornehmen, wenn eine Gesamtstrafenbildung nicht mehr möglich ist – vgl. OLG Saarbrücken, Urt. v. 13.12.2007 – Ss 67-07 [74/07]; vgl. Rn. 34); das Tatgericht hat unter Berücksichtigung des § 358 Abs. 2 Einzelstrafen und eine Gesamtstrafe festzusetzen (BGH NJW 1952, 28

§ 354 StPO Eigene Entscheidung in der Sache; Zurückverweisung

274; *Meyer-Goßner/Schmitt* § 354 Rn. 22; a. A. Übernahme der bisherigen Einzelstrafe als neue Gesamtstrafe, *Kalf* NStZ 1997, 68; vgl. *Basdorf* NStZ 1997, 423; zur Aufrechterhaltung der Gesamtstrafe als Einzelstrafe durch das Revisionsgericht vgl. auch BVerfG, Beschl. v. 27.09.2006 – 2 BvR 1603/06).

29 Im umgekehrten Fall der Annahme von **Tateinheit** (RGSt 66, 120; 70, 387; 73, 341; 76, 358) bzw. einer **einheitlichen Handlung** (BGH MDR [H] 1981, 99) anstatt Tatmehrheit ist i.d.R. ebenfalls zurück zu verweisen (BGH NJW 1982, 2080; BGH NJW 1966, 1931; 1974, 960; VRS 66, 20 sowie RGSt 76, 258). Hier darf das Revisionsgericht die Gesamtstrafe als Einzelstrafe nur ausnahmsweise aufrechterhalten, wenn bei richtiger Subsumtion das Tatgericht zweifelsfrei ebenso erkannt hätte (BGH JR 1983, 210; vgl. auch BGH MDR [D] 1957, 266; MDR [H] 1978, 110; *Meyer-Goßner/Schmitt* § 354 Rn. 22 – wenn anzunehmen sei, dass das Tatgericht ebenso entschieden hätte; *Batereau* S. 121; a. A. *Lüttger* DRZ 1950, 350).

30 Erstreckt bei Revision zuungunsten des Angeklagten das Revisionsgericht den Schuldspruch auf eine **weitere tateinheitlich** verwirklichte Strafnorm (BGH NJW 1977, 1300; RGSt 4, 182; 47, 373; 71, 247), ist insoweit der Strafausspruch aufzuheben und die Sache zurückzuverweisen (OGH 1, 5; *Lüttger* DRZ 1950, 351), sofern nicht diese Unterlassung des Tatgerichts auf dessen Strafzumessung **offensichtlich ohne Einfluss** war (RGSt 71, 247; 72, 77; 74, 25; KG Berlin JR 1950, 407; *Meyer-Goßner/Schmitt* § 354 Rn. 21; a. A. *Bode* S. 44).

31 Hat das Tatgericht fälschlich Tateinheit statt **Gesetzeskonkurrenz** bejaht, bleibt der Strafausspruch regelmäßig bestehen, weil dafür auch Umstände herangezogen werden dürfen, die an sich nur für die zurücktretende Bestimmung relevant sind (RGSt 47, 373; 53, 257 [279]; 74, 167 [181, 311]; OGH 1, 114; 2, 19; BGHSt 1, 152; 8, 191; 21, 183; BGH NJW 1965, 2116; *Meyer-Goßner/Schmitt* § 354 Rn. 20).

32 Die Möglichkeit einer **Berichtigung des Rechtsfolgenausspruchs nach Abs. 1a und Abs. 1b)** wurde neu eingeführt durch JuMoG 01.09.2004 (vgl. *Peglau* JR 2005, 143). Durch die Einführung dieser beiden neuen Absätze stehen dem Revisionsgericht erheblich differenziertere Entscheidungsmöglichkeiten offen, als dies zuvor der Fall war (vgl. BayObLG NStZ-RR 2004, 22; *Meyer-Goßner/Schmitt* § 354 Rn. 24). Sofern das angegriffene Urteil (1) allein in Bezug auf die **Bemessung der Rechtsfolgen** rechtliche Fehler aufweist (**Abs. 1a**), steht dem Revisionsgericht eine zusätzliche **Sachentscheidungsmöglichkeit** offen. (2) Besteht die Möglichkeit, dass, wenn ein Urteil nur hinsichtlich des Rechtsfolgenausspruchs aufgehoben wird und sich der Rechtsfehler allein in Bezug auf die **Gesamtstrafenbildung** bei tatmehrheitlicher Verurteilung ausgewirkt hat (**Abs. 1b**), so kann eine Entscheidung im **Beschlussverfahren** ergehen (ausf. zum Beschlussverfahren bei Entscheidungen über die Gesamtstrafe: *Meyer-Goßner/Schmitt* § 354 Rn. 31 m.w.N.; vgl. HK-GS/*Maiwald/Rackow* § 354 Rn. 16; näher KMR/Momsen § 354 Rn. 34a ff.).

33 Eine **Veränderung** des fehlerbehafteten Rechtsfolgenausspruchs ist grds. nur in **engen Grenzen** denkbar, wenn ohne zusätzliche Tatsachenfeststellung oder -bewertung die Rechtsfolge **allein aufgrund rechtlicher** Beurteilung korrigiert werden kann (BGHSt 49, 371; BGH NJW 2005, 1813; OLG Nürnberg StraFo 2007, 205; BayObLG MDR 1952, 378; bei *Rüth* DAR 1974, 183; OLG Hamburg VRS 13, 364; *Dahs* Rn. 629; *Meyer-Goßner/Schmitt* § 354 Rn. 24 f., 28 – auch hinsichtlich Abs. 1a/b).

34 **Reduzieren** darf das Revisionsgericht bei Verstoß gegen zwingendes Recht, etwa im Fall einer unter Verstoß gegen **§§ 331, 358 Abs. 2** erhöhten Strafe (BayObLG NStZ-RR 2004, 22; JZ 1975, 538; OLG Düsseldorf VRS 72, 202; JR 2001, 477; OLG Köln DAR 1957, 109; OLG Hamburg NJW 1975, 1475) oder Maßregel (OLG Karlsruhe VRS 48, 425) auf das Maß des Ersturteils. Gleiches gilt für eine ihr **gesetzliche Höchstmaß** überschreitende Strafe (BGH NStZ 2000, 39; OLG Düsseldorf VRS 5, 2782; OLG Bremen NJW 1962, 1217; LR/*Franke* § 354 Rn. 36; *Meyer-Goßner* § 354 Rn. 25a; a.A. *Bode* S. 47; *Eb. Schmidt* II 44) oder Maßregel (OLG Karlsruhe GA 1979, 347; OLG Köln MDR 1956, 696) oder z.B. eine Sperre nach § 69a StGB auf ihr **Mindestmaß**, wenn das Tatgericht darauf erkennen wollte (OLG Köln VRS 52, 271; *Meyer-Goßner/Schmitt* § 354 Rn. 26 f.; vgl. auch Rn. 31).

35 Erlittene **U-Haft** darf das Revisionsgericht anrechnen (BGH StV 1994, 603; 1999, 312; OLG Köln NJW 1965, 2310; OLG Düsseldorf NJW 1969, 440), auch lediglich in der Höhe einer verhängten kürzeren Strafe, die damit abgegolten ist (LR/*Franke* § 354 Rn. 37; BGH MDR [D] 1974, 544). Die Anrechnung von im **Ausland** erlittener U-Haft ist ebenfalls möglich (vgl. BGH MDR [H] 1986, 271); der **Umrechnungsmaßstab** des § 51 Abs. 4 Satz 2 StGB ist zu beachten (vgl. BGH NStZ-RR 2009, 370;

BGH NJW 1986, 1555; zur Frage, auf **welche Strafe** anzurechnen ist, vgl. BGH NJW 1992, 123; zum Ganzen *Meyer-Goßner/Schmitt* § 354 Rn. 26c).

Hebt das Revisionsgericht eine **Verwarnung mit Strafvorbehalt** (§ 59 StGB) auf, kann es zu der vom Tatgericht bereits ordnungsgemäß bemessenen Geldstrafe verurteilen (OLG Celle StV 1988, 109) oder die Verurteilung mit der Maßgabe aufrechterhalten, dass die Verurteilung vorbehaltlos erfolgt (BGH NJW 1978, 503 m. abl. Anm. *Peters* JR 1978, 246; vgl. *Meyer-Goßner/Schmitt* § 354 Rn. 26a). 36

Das Revisionsgericht ist weiterhin befugt, eine zwingend vorgeschriebene **Einziehung** (BGHSt 14, 299; 16, 57; 26, 266) oder **Unbrauchbarmachung** (BGH, Urt. v. 24.09.1953 – 4 StR 227/53), namentlich die unterlassene **Einziehung des Führerscheins** gem. § 69 Abs. 3 Satz 2 StGB (BGH DAR 1979, 185) anzuordnen und eine **offensichtlich unverhältnismäßige** Einziehung (BGH, Beschl. v. 17.07.1992 – 2 StR 5/92, bei *Meyer-Goßner/Schmitt* § 354 Rn. 26e; OLG Hamm NJW 1975, 67) oder die Versagung der Entschädigung eines Dritten nach § 74 f. Abs. 2 StGB (BayObLG VRS 46, 275) aufzuheben. Es darf ebenfalls eine unvollständige Einziehungsanordnung im Tenor **ergänzen** (BGH wistra 2007, 427; BGH NStZ [K] 1992, 226). 37

In Bezug auf **Maßregeln** kann das Revisionsgericht auf Unterbringung (§ 63 StGB) erkennen, wenn das Tatgericht unter Nichtbeachtung des § 358 Abs. 2 die **Sicherungsverwahrung** (§ 66 StGB) angeordnet hat (BGH NJW 1973, 108; vgl. Rn. 26). Ist aus den Urteilsgründen ersichtlich, wie das Tatgericht rechtsirrtumsfrei erkannt hätte, darf das Revisionsgericht demgemäß eine **Sperre** nach § 69a StGB festsetzen (BGHSt 6, 402; OLG Frankfurt BA 1977, 122) oder erhöhen (OLG Oldenburg VRS 51, 283). Das **Berufsverbot** (§ 70 StGB) kann das Revisionsgericht in einer milderen Form verhängen (BGH MDR [H] 1954, 529). Ebenso kann eine Änderung der **Reihenfolge der Vollstreckung** erfolgen (vgl. BGH, Urt. v. 06.05.2008 – 1 StR 144/08 – Vorwegvollzug, Entscheidung analog § 354; BGH, Urt. v. 08.04.2008 – 4 StR 21/08, jeweils unter Hinweis auf BGH NJW 2008, 1173). Das Revisionsgericht kann darüber hinaus die **Anordnung** von Maßregeln nach §§ 63, 64, 66, 67 Abs. 2, 69 StGB **aufheben** (BGH StV 1985, 12; OLG Celle VRS 64, 366; BGH, Urt. v. 08.05.1990 – 1 StR 52/90 bei *Meyer-Goßner/Schmitt* § 354 Rn. 26 f.). 38

Mit Zustimmung der StA kann das Revisionsgericht die dem Angeklagten günstigste **Nebenfolge** anordnen (BGHSt 3, 73 [76]). 39

Im Rahmen der **Strafaussetzung zur Bewährung** darf das Revisionsgericht **nicht** die tatgerichtliche Prognose nach § 56 Abs. 1 StGB durch eine eigene ersetzen (OLG Köln VRS 42, 94; vgl. auch § 267 Rn. 93). Es sei denn, ihre Voraussetzungen ergeben sich eindeutig aus den Urteilsgründen (BGH NStZ [K] 1997, 377; NStZ-RR 12, 357; wistra 1922, 22; BGH MDR 1954, 309; OLG Bremen NJW 1962, 929; OLG Celle NJW 1968, 2255). Das Revisionsgericht hat dann auf Antrag der StA die gesetzliche Mindestdauer der Bewährungszeit anzuordnen (BGH NJW 1953, 1839; *Meyer-Goßner/Schmitt* § 354 Rn. 26d; *Dahs* Rn. 628), den Beschluss nach § 268a Abs. 1 und die Belehrung gem. § 268a Abs. 3 aber dem Tatgericht zu überlassen (BGH VRS 77, 349; *Meyer-Goßner/Schmitt* § 354 Rn. 26d; *Wagner* DRZ 1970, 279). Die Verletzung der **§ 56 Abs. 2 StGB, § 21 Abs. 2 JGG** darf das Revisionsgericht korrigieren (BGHSt 24, 365), ebenso Verstöße gegen **§ 56 Abs. 3 StGB** (erg. § 267 Rn. 93), wenn nach den Gesamtumständen eine andere richtige Entscheidung nicht möglich ist (BGH NJW 1972, 834; VRS 38, 334; zur umgekehrten Konstellation BayObLG NJW 2003, 3498). 40

I.Ü. ist dem Revisionsgericht eine **Rechtsfolgenberichtigung nicht erlaubt**, diese ist grundsätzl. Aufgabe des Tatgerichts. Das gilt auch z.B. für die Bemessung der Tagessatzhöhe nach § 40 StGB (OLG Köln DAR 1976, 47) oder die Gewährung von Zahlungserleichterungen gem. § 42 StGB (OLG Bremen NJW 1954, 523; a. A. *D. Meyer* MDR 1976, 714; allg. zur **Revisibilität** des Rechtsfolgenausspruchs vgl. § 267 Rn. 123 Buchst. d) m.w. Hinw.). Gleichwohl wird **§ 354 Abs. 1** in einer Reihe von Fällen **analog** angewandt (vgl. zu berechtigten Bedenken *Foth* NStZ 1992, 445 und zu verfassungsrechtlichen Beschränkungen BVerfG NStZ 2004, 273 – dazu krit. *Senge* FS Dahs, S. 479; vgl. aber OLG Stuttgart wistra 2004, 359; *Frisch* StV 2006, 431; *Ignor* FS Dahs, S. 299; ausf. *Junker* Die Ausdehnung der eigenen Sachentscheidung in der strafrechtlichen Rechtsprechung des Bundesgerichtshofs, 2002; *Berenbrink* GA 2008, 625 ff.). 41

Eine **entspr. Anwendung von Abs. 1** wird angenommen, wenn jedes Ermessen über Art und Höhe der Rechtsfolge ist ausgeschlossen ist (BGH NStZ-RR 2002, 103, 3 Entscheidungen), weil bspw. rechnerisch und nach den gesamten Umständen nur noch »eine« bestimmte Strafe möglich ist (BGH 42

§ 354 StPO   Eigene Entscheidung in der Sache; Zurückverweisung

NStZ 2003, 293; 1992, 78; 297; OLG Stuttgart NJW 2006, 1222) oder eine »bestimmte« Gesamtstrafe (BGH NJW 1991, 2715; NStZ [K] 1997, 380; zum Härteausgleich bei unterbliebener Gesamtstrafenbildung BGH 3 StR 246/14 v. 10.06.2014; BGH StV 196, 265; OLG Saarbrücken, Urt. v. 13.12.2007 – Ss 67–07 [74/07]). Da Abs. 1a/b insoweit nicht einschlägig sind, kommt auch eine Strafreduzierung wegen **Verfahrensverzögerung** gem. Art. 6 EMRK in entspr. Anwendung des § 354 Abs. 1 in Betracht (OLG Karlsruhe NJW 2004, 3724; BGH NJW 2005, 912; *Güntge* NStZ 2005, 208).

43 **Abs. 1a** ermöglicht eine **echte Sachentscheidung** des Revisionsgerichts, ohne dass Antragserfordernis für die StA bestünde, die Rechtsfolgenentscheidung des angegriffenen Urteils **aufrecht zu erhalten**, sofern die Rechtsfolge als solche angemessen ist (**Satz 1**) oder die Rechtsfolge angemessen **herabsetzen**, sofern die StA dies beantragt (**Satz 2**).

44 Wenn die Strafzumessungserwägungen zwar fehlerhaft sind, das Revisionsgericht jedoch unter Berücksichtigung aller vorhandenen Feststellungen, namentlich der für § 46 relevanten Gesichtspunkte, nach eigenem Ermessen die Rechtsfolge als solche für angemessen erachtet, kann das Revisionsgericht **»durchentscheiden«** und die **Rechtsfolge gem. Satz 1 aufrechterhalten** (BGHSt 49, 371; BGH NStZ 2006, 36; 587; vgl. *Berenbrink* GA 2008, 625 ff.). Ohne dass ein Antrag der StA notwendig wäre, ergibt sich damit eine im System des Revisionsrechts **sachwidrige Ersetzung** der tatrichterlichen Strafzumessungsentscheidung (HK-GS/*Maiwald/Rackow* § 354 Rn. 17; *Meyer-Goßner/Schmitt* § 354 Rn. 28; *Eisenberg/Haeseler* StraFo 2005, 221; *Franke* GA 2006, 265; *Jahn/Kudlich* NStZ 2006, 340; *Sommer* StraFo 2004, 298), die mit Beschleunigungsgesichtspunkten zu rechtfertigen sein soll. Demgegenüber ist aber gerade nicht auszuschließen, dass sich die rechtsfehlerhaften Strafzumessungserwägungen des Tatgerichts bestimmend auf die Festsetzung der Rechtsfolge ausgewirkt haben (zutr. *Ventzke* NStZ 2005, 461; SK-StPO/*Wohlers* § 354 Rn. 65; *Meyer-Goßner/Schmitt* § 354 Rn. 28).

45 Zutreffender Weise hat auch das BVerfG in mehreren Beschlüssen (NJW 2007, 2977; dazu *Berenbrink* GA 2008, 625 ff.; sowie BVerfG NStZ 2007, 710 und Beschl. v. 10.10.2007 – 2 BvR 1977/05, StV 2008, 233) unterstrichen, dass die Norm **verfassungskonform** auszulegen ist und eine Anwendung nur dann in Betracht zu ziehen ist, wenn ein korrekt ermittelter, vollständiger und aktueller Strafzumessungssachverhalt zur Verfügung steht (vgl. *Peglau* JR 2008, 73; *Paster/Sättele* NStZ 2007, 609; *Berenbrink* GA 2008, 625 ff.). Dies wird das Revisionsgericht aber i.d.R. nicht selbst feststellen können, da ihm der tatgerichtliche Eindruck insoweit fehlt. Daher ist das Revisionsgericht i.Ü. verpflichtet ist, den Angeklagten auf die konkreten, für eine Sachentscheidung sprechenden Gründe hinzuweisen, sofern kein entspr. Antrag der StA vorliegt. D.h. das Revisionsgericht wird den Hinweis zudem i,d,R, mit konkreten Ausführungen verbinden müssen, warum sich die verhängte Strafe trotz der im tatrichterlichen Urteil festgestellten Zumessungsfehler als angemessen darstellt. Dementsprechend müssen die Einwände, die der Angeklagte gegen die »Aktualität und Richtigkeit des Strafzumessungssachverhaltes erhebt«, auf ihre Plausibilität geprüft werden und soweit sich Zweifel ergeben, hat das Revisionsgericht zurückzuverweisen (so zutr. BeckOK-StPO/*Wiedner* § 354 Rn. 76 f.).

46 Mit diesen Beschränkungen wird die Norm auch aus Sicht des BVerfG (NJW 2007, 2977) **keine große praktische Bedeutung** entfalten können (vgl. *Peglau* JR 2008, 73); umso mehr, als die Annahme des BGH (NJW 2005, 912), Abs. 1 Satz 1 könne auch bei einer Schuldspruchberichtigung angewendet werden (dazu noch HK-GS/*Maiwald/Rackow* § 354 Rn. 17), ausdrücklich verworfen wird (zum Ganzen ausf.: *Meyer-Goßner/Schmitt* § 354 Rn. 28a).

47 Bei der Anwendung des § 354 Abs. 1a StPO ist namentlich darauf zu achten, »dass **kein die Gesamtheit der Strafzumessung betreffender Wertungsfehler** vorliegt, der einer Korrektur durch eine neue Gesamtabwägung mit Gewichtung aller in Betracht kommenden Strafzumessungsgründe bedarf« (BeckOK-StPO/*Wiedner* § 354 Rn. 79; vgl. BGH NStZ 2008, 233; BGH NStZ-RR 2008, 183). Dagegen stehen nach Ansicht der StrS **fehlende oder fehlerhafte einzelne Strafzumessungserwägungen** einer Entscheidung nach Abs. 1a soweit nicht im Wege, soweit kein »zentraler Gesichtspunkt betroffen« ist. Dies ist richtigerweise für jeden konkreten Erörterungsmangel zu berücksichtigen (BeckOK-StPO/ *Wiedner* § 354 Rn. 79; vgl. BGH, Beschl. v. 01.03.2011 – 3 StR 496/10 zu § 31 BtMG). Demnach soll auch bei Anwendung eines **fehlerhaften Strafrahmens** nach Abs. 1a verfahren werden können, wenn keine grundlegende Verkennung vorliege (vgl. BGH NStZ-RR 2008, 183). Die Abgrenzung ist freilich schwierig im muss im Zweifel zur Zurückverweisung führen.

Ist es zu einer gegen das Rechtsstaatsprinzip verstoßenden **Verfahrensverzögerung** gekommen, die im 48
tatrichterlichen Urteil nicht ausreichend berücksichtigt (BGH NStZ-RR 2008, 208; wistra 2008, 304;
Meyer-Goßner/Schmitt § 354 Rn. 29) wurde oder ist die Verzögerung erst im Revisionsverfahren eingetreten, so kann nach Ansicht der Rspr. ebenfalls nach Abs. 1a verfahren werden (vgl. BVerfG
NStZ 2007, 710; BGH NStZ 1997, 29), um weitere Verzögerung zu vermeiden. Die Vollstreckungslösung (BGHGS NJW 2008, 860) steht dem nicht im Wege (BeckOK-StPO/*Wiedner* § 354 Rn. 81).
Allerdings ist stets zu prüfen, ob sich nicht gerade infolge der Verzögerung Bedarf an weiteren Feststellungen zum strafzumessungsrelevanten Sachverhalt ergibt.

Nicht angewendet werden kann Abs. 1 Satz 1 demgemäß, wenn (1) tragfähige Zumessungserwägungen fehlen (BGH StV 2007, 489), (2) eine Vielzahl von strafzumessungsrechtlichen Fehlern vorliegen 49
(BGH StV 2007, 489), (3) die Rechtsfolge gegen zwingendes Recht verstößt (BGH DAR 2007, 252),
(4) bei unzulässiger Vereinbarung einer sog. »Punktstrafe« im Rahmen einer Absprache (*Meyer-Goßner/
Schmitt* § 354 Rn. 28b; a. A. BGHSt 51, 84 m. zust. Anm. *Streng* JZ 2007, 154), denn die Rechtsfolge
verstößt gegen den zwingenden § 261 und (5) i.d.R. auch bei unzutreffenden Erwägungen zur Bewährungsaussetzung, da die Prognose kaum vom Revisionsgericht wird rechtlich ersetzt werden können
(vgl. mit ähnlichem Ergebnis *Jung* StV 2006, 406 gegen OLG Schleswig StV 2006, 403; vgl. auch *Berenbrink* GA 2008, 625 ff.; diff. *Meyer-Goßner/Schmitt* § 354 Rn. 28b).

Nach Maßgabe der Beschlüsse des BVerfG (NStZ 2007, 710; StV 2008, 233) ist eine **angemessene Herabsetzung** der Rechtsfolgen (**Satz 2**) auf Antrag der StA, an den das Revisionsgericht bei seiner Entscheidung nicht gebunden ist, bspw. möglich im Fall einer gegen Art. 6 EMRK verstoßenden rechtsstaatswidrigen Verfahrensverzögerung (BGH NStZ-RR 2005, 320; 2008, 22; OLG Celle StV 2006, 50
402). Das Revisionsgericht hat auch insoweit nach pflichtgemäßem Ermessen ggf. durch Beschluss
(*Dahs* Rn. 629; BGH NJW 2006, 160; sofern das RevG dem Antrag der StA folgt oder unter diesem
verbleibt – BGH NStZ 2006, 36; *Meyer-Goßner/Schmitt* § 354 Rn. 29 m.w.N.) zu entscheiden. Bei
übersehender Strafrahmenverschiebung scheidet eine Anwendung von Satz 2 hingegen aus (OLG Bremen StV 2006, 206).

Abs. 1b dient der Verfahrensvereinfachung. Ist die **Gesamtstrafenbildung** bei tatmehrheitlicher Verurteilung im angegriffenen Urteil rechtsfehlerhaft erfolgt bzw. muss diese erstmals (nachträglich) vorgenommen werden, so kann das Revisionsgericht mit der Zurückverweisung aussprechen, dass die Gesamtstrafenbildung im Beschlussverfahren nach §§ 460, 462 erfolgen soll (HK-GS/*Maiwald/Rackow* 51
§ 354 Rn. 18). Das Revisionsgericht kann nach eigenem Ermessen die Entscheidung über die Gesamtstrafenbildung dem **Beschlussverfahren** überlassen und auf eine neue Hauptverhandlung in einer
(weiteren) Tatsacheninstanz verzichten (**Satz 1**). Voraussetzung ist, dass es lediglich um die Neubestimmung einer vom Tatgericht fehlerhaft gebildeten oder aber die erstmalige Festsetzung einer Gesamtstrafe geht (OLG Frankfurt NStZ-RR 2005, 81; OLG Köln NStZ 2005, 164; OLG Nürnberg
StV 2007, 415; *Meyer-Goßner/Schmitt* § 354 Rn. 31). Abs. 1b ist sowohl bei Rechtsmitteln zugunsten
des Angeklagten als auch bei **Revisionen der StA** zu seinen Lasten anwendbar (BGH NStZ-RR 2007,
107). Die Entscheidung nach Abs. 1b kann auch nach **§ 349 Abs. 4** getroffen werden (*Meyer-Goßner/
Schmitt* § 354 Rn. 31). Eine ausdr. Zurückweisung an das gem. § 462a zuständige Gericht ist nicht erforderlich (BGH NJW 2004, 3788; HK-GS/*Maiwald/Rackow* § 354 Rn. 19; *Senge* FS Dahs, S. 492).
Die **Kostenentscheidung** hinsichtlich des Revisionsverfahrens kann das Revisionsgericht mit der Entscheidung nach Abs. 1b treffen, anderenfalls ist ein Nachverfahren notwendig (BGH NJW 2004, 3788;
2005, 1205; OLG Köln VRS 108, 112; vgl. *Meyer-Goßner/Schmitt* § 354 Rn. 31). Liegen Fehler bei der
Zumessung i.e.S. vor, d.h. sind die Strafzumessungserwägungen auch in tatsächlicher Hinsicht unzutreffend, so werden i.d.R. neue Feststellungen notwendig sein und eine Zurückweisung nach Abs. 1b
Satz 1 wird **nicht** in Betracht kommen (BGH StV 2006, 402). Zwar führt die Regelung allein durch
den Ausschluss einer erneuten Hauptverhandlung zu einer Vereinfachung des weiteren Verfahrens
(*Frisch* StV 2006, 438; *Knauer/Wolf* NJW 2004, 2937; *Meyer-Goßner/Schmitt* § 354 Rn. 31), jedoch
geht dem Angeklagten eine unvoreingenommene Tatsacheninstanz verloren, da das für den Beschluss
zuständige Gericht nach Maßgabe des Revisionsgerichts zu entscheiden hat (vgl. *Wasserburg* GA 2006,
393; HK-GS/*Maiwald/Rackow* § 354 Rn. 18); ob dies im Einzelfall namentlich bei Entscheidungen
auf Revision der StA zum Nachteil des Angeklagten zu unerwünschten Folgen führen wird, bleibt abzuwarten (zum Ganzen ausf. auch LR/*Franke* § 354 Rn. 58 ff.).

52 Das Revisionsgericht kann jedoch auch in Fragen der Gesamtstrafe, die von Satz 1 erfasst sind, nach Abs. 1 oder Abs. 1a eine eigene **Sachentscheidung** treffen, also »durchentscheiden« (**Satz 2, 3**). Damit stehen dem Revisionsgericht insoweit alle von § 354 (ggf. i.V.m. § 349) eröffneten Entscheidungswege offen (BGH NJW 2007, 1475; *Frisch* StV 2006, HK-GS/*Maiwald/Rackow* § 354 Rn. 18; *Meyer-Goßner/Schmitt* § 354 Rn. 32; krit. *Berenbrink* GA 2008, 625 ff.). Abs. 1b ist auch anwendbar, wenn im Revisionsverfahren eine **Teileinstellung** gem. § 154 **Abs. 2** erfolgt, welche den Grund für die erforderlich werdende neue Bestimmung der Gesamtstrafe darstellt (BGH NJW 2005, 376; HK-GS/*Maiwald* § 354 Rn. 19; *Peglau* JR 2005, 145) sowie im Fall eines **Teilfreispruchs** (*Meyer-Goßner/Schmitt* § 354 Rn. 31 m. Verweis auf BGH, Urt. v. 10.10.2006 – 1 StR 377/06). Ggf. kann der eigenen Sachentscheidung entgegenstehen, dass die Gesamtstrafenbildung auf einer andere Teile mitumfassenden **Verfahrensabsprache** beruht (vgl. § 344 Rn. 6 a.E.).

53 IV. Anwendbarkeit des § 357. Auch zugunsten von früheren Mitangeklagten, die selbst keine Revision eingelegt haben, ist analog § 357 der Schuldspruch in den oben bezeichneten Grenzen abänderbar (BGH NJW 1952, 274; OLG Hamm NJW 1974, 467; *Haase* GA 1956, 275; *Eb. Schmidt* Nachtr I § 357 Rn. 2a), d.h. nur dann, wenn ausgeschlossen ist, dass diese ggü. dem veränderten Vorwurf irgendeine neue Verteidigung in tatsächlicher Hinsicht vorbringen könnten. Wirkt sich die Änderung auf den Strafausspruch nicht aus, hat es bei der Schuldspruchberichtigung sein Bewenden; andernfalls muss das Urteil im Strafausspruch aufgehoben und die Sache insoweit zurückverwiesen werden (OGH NJW 1949, 354; OLG Hamburg HESt 2, 19, 21).

54 B. Zurückverweisung an das Tatgericht (Abs. 2, 3) I. Allgemeines. Die **Zurückverweisung** zur erneuten Verhandlung und Entscheidung an die Vorinstanz ist notwendig, wenn und soweit das Revisionsgericht nicht gem. Abs. 1, 1a, 1b selbst in der Sache entscheiden oder den Rechtsfehler durch Berichtigung des Schuld- oder Rechtsfolgenausspruchs beheben kann, d.h. noch tatrichterliche Ermessensausübung in Betracht kommt. Soweit die Revision beschränkbar ist (§ 344 Rdn. 6 ff.), ist auch **teilweise** Zurückverweisung zulässig (KMR/*Momsen* § 353 Rn. 6); ebenso, wenn das Revisionsgericht nach § 154a Abs. 2 ausgeschiedene Tatteile wieder einbezogen hat (Rdn. 6). Zur Zurückverweisung bei noch **behebbarem Prozesshindernis** vgl. § 337 Rdn. 11 ff., 75 ff.; § 352 Rdn. 8. Die Zurückverweisung stellt nach der Beschlussverwerfung gem. § 349 die häufigste Entscheidungsform der Revisionsgerichte dar (HK-GS/*Maiwald/Rackow* § 354 Rn. 20; *Barton* Die Revisionsrechtsprechung des BGH in Strafsachen, 1999, S. 60 ff., kommt auf eine Quote von ungefähr 10–15 %). Zur Frage der Zurückverweisung bei Aufhebung eines Berufungsurteils nach § 328 **Abs. 2, 3** vgl. Rdn. 21.

55 3. Eine **Kosten-** und **Auslagenentscheidung** (vgl. KMR/*Momsen* § 353 Rn. 1 a.E.) unterbleibt, selbst wenn nur Teilaufhebung erfolgt. Sie hat – auch hinsichtlich der Kosten und Auslagen der Revision (§ 473) – das **neue Tatgericht** zu treffen, da erst nach der Neuverhandlung der Erfolg des Rechtsmittels beurteilt werden kann (HK-GS/*Maiwald/Rackow* § 354 Rn. 23; SK-StPO/*Wohlers* § 354 Rn. 62); das Revisionsgericht kann sie ihm auch ausdrücklich vorbehalten.

56 II. Einzelfälle der Zurückverweisung. Abs. 2 normiert für das **Strafverfahren** die unwiderlegliche gesetzliche Vermutung einer – der StPO sonst ohne Bezugnahme auf die konkrete Gerichtsperson nicht bekannten – »**Befangenheit**« des **Spruchkörpers**. Damit soll eine denkbare »Diffamierung« und »Desavouierung« des Richters, dessen Urteil aufgehoben wurde, verhindert und zugleich (wie im Fall des § 23 Abs. 2) dem denkbaren Misstrauen des Angeklagten (woran es bei Zurückverweisung nach Aufhebung eines freisprechenden Urteils auf Revision der StA freilich i.d.R. fehlen würde) in die Unvoreingenommenheit der mit seiner Sache befassten Richter von vornherein begegnet werden (vgl. Verhandlungen des BT, StenogrBer Bd. II 3141 f.; vgl. auch *Dahs* Rn. 631; KK/*Gericke* § 354 Rn. 29). Im Bußgeldverfahren kann nach § 79 **Abs. 6 OWiG** das Rechtsbeschwerdegericht ebenfalls an ein anderes AG, an eine andere Abteilung des AG (BayObLG NJW 1970, 2042 = JZ 1970, 353 m. zust. Anm. *Göhler*; KG Berlin VRS 39, 434; OLG Hamburg VRS 40, 38). Jedoch besteht hier – wegen der dort i.d.R. weniger bedeutsamen Rechtsfolgen (BayObLG VRS 57, 206) – auch die Möglichkeit, an den Ausgangsspruchkörper zurückverweisen (näher zu § 79 OWiG HK-GS/*Maiwald/Rackow* § 354 Rn. 27 ff.). Dies ist im Hinblick auf die Vermeidung bereits des abstrakten Eindrucks der Befangenheit weder überzeugend noch mit Blick auf die Bedeutung des Bußgeldverfahrens etwa in Wirtschaftssachen angemessen.

§ 354 StPO

Wird nur eine von mehreren **verbundenen Sachen** zurückverwiesen, hat das Revisionsgericht sie abzutrennen (§ 4) und an das Gericht zu verweisen, das ohne Verbindung auch in der Tatsacheninstanz für sie primär zuständig gewesen wäre. Spricht das Revisionsgericht die Verweisung aus, ohne diese noch anhängige Sache von der rechtskräftig werdenden anderen zu trennen, liegt darin eine stillschweigende Abtrennung. **57**

An eine **andere Abteilung** im geschäftsverteilungsplanmäßigen, nicht im organisatorischen Sinn (vgl. OLG Hamm NJW 1968, 1438; OLG Koblenz NJW 1968, 2393) bzw. **Kammer (Abs. 2 Satz 1, 1. Alt.)**, auch an eine gleichrangige (§ 74e GVG) SpezialStrK (§§ 74 Abs. 2, 74a, c GVG; vgl. BGH NJW 1975, 743) oder ein gleichrangiges JugG, oder an einen anderen **Senat** (§ 120 Abs. 1, 2, 5 Satz 2 GVG) des betreffenden OLG (Abs. 2 Satz 2) ist auch dann zurückzuverweisen, wenn diese(r) – z.B. infolge veränderter Geschäftsverteilung – ganz (vgl. für den StrafRi nach § 25 GVG: OLG Saarbrücken MDR 1970, 347; OLG Hamm GA 1971, 1185) oder teilweise (vgl. für SchwurGK: BGH 24, 336) wieder **mit dem (den) selben Richter(n) besetzt** ist. Denn die (erneute) Mitwirkung eines bereits am Erlass des vorangegangenen Urteils des Tatgerichts beteiligten Richters ist **weder ein Ausschluss-** (BVerfG NJW 1971, 1030; BGHSt 20, 252; 21, 144 m. Anm. *Hanack* NJW 1967, 580; 24, 226; HK-GS/*Maiwald/Rackow* § 354 Rn. 21) noch nach h.M. für sich allein **ein Befangenheitsgrund i.S.v. § 24** (vgl. BGHSt 20, 252; 21, 142; 24, 336; NStZ 1985, 298; OLG Bremen NStZ 1991, 95; OLG Stuttgart StV 1985, 492; diff.: *Meyer-Goßner/Schmitt* § 354 Rn. 39; KK/*Gericke* § 354 Rn. 30). **58**

Dies ist allerdings ungeachtet der vom Verfassungsgericht bescheinigten Unbedenklichkeit (BVerfG DRiZ 1968, 141) **problematisch**, da nach der ratio legis des § 24 in der Sache regelmäßig von einer Befangenheit des bereits mit der Sache befassten Richters auszugehen sein dürfte (vgl. *Arzt* JZ 1973, 35; *Dahs* Rn. 631; *Hanack* NJW 1967, 582; *Hannover* StV 1985, 493; HK-GS/*Maiwald/Rackow* § 354 Rn. 21; *Rieß* JR 1980, 385; SK-StPO/*Wohlers* § 354 Rn. 80, 93; vgl. auch LG Münster NJW 1966, 1723; AG Münster StV 1986, 429). Dies gilt erst recht, wenn derselbe Richter erneut als Berichterstatter mitwirkt (BGH NStZ 1985, 298 m. zutr. krit. Anm. *Godyke* FS Meyer-Goßner [2001], S. 547) und auch dann, wenn der vorbefasste Richter als StA an der neuen HV teilnimmt (keine Befangenheit: BGH NStZ 1991, 595). Die h.M. (BGHSt 24, 336; BGH NStZ 1987, 19; OLG Stuttgart StV 1985, 492; LG Bremen StV 1986, 470), der zufolge eine Ablehnung wegen Befangenheit nur unter den Voraussetzungen des § 24, namentlich im Hinblick auf die Urteilsgründe, bzw. nur dann möglich sein soll, wenn diese diffamierende Werturteile über den Angeklagten enthalten (BGHSt 24, 336), ist daher abzulehnen (so auch SK-StPO/*Wohlers* § 354 Rn. 92 f.; HK-GS/*Maiwald/Rackow* § 354 Rn. 21). Verweist der BGH zulässigerweise ohne weitere Angabe »an das LG X« zurück, hat sich wiederum ein gleichartiger Spruchkörper mit der Sache zu befassen (BGH bei MDR [H] 1977, 810 f.; OLG Karlsruhe Justiz 1980, 339; KK/*Gericke* § 354 Rn. 31). **Unzulässig** ist es aber in jedem Fall, wenn der Geschäftsverteilungsplan für die erstentscheidenden und die zurückverwiesenen Sachen dieselben Richter zuteilt (BGH NStZ-RR 2005, 212; ausf. u. differenzierende Analyse d. Rspr. zum Ganzen bei LR/*Franke* § 354 Rn. 67 ff., 70). **59**

Bei der Verweisung nach Abs. 2 Satz 1 (1. Alt.) und 2 beschränkt sich das Revisionsgericht auf den Ausspruch dieser Verweisung. Welche bestimmte Abteilung, Kammer oder welcher Senat dann zuständig ist (kein Vertretungsfall – vgl. OLG Karlsruhe MDR 1980, 691), muss sich aus dem **Geschäftsverteilungsplan** dieses Gerichts ergeben: er hat abstrakt-generell die (originäre) Kompetenz von Auffangspruchkörpern für Zurückverweisungsfälle nach Abs. 2 zu bestimmen; notfalls (z.B. wenn eine Sache zum wiederholten Mal zurückverwiesen wird) ist eine entspr. Regelung nachzuholen (allerdings muss sichergestellt werden, dass sich die Auffangkammer in der Bezeichnung eindeutig von sämtl. anderen Kammern unterscheidet: BGH NStZ-RR 2006, 65; NStZ 1981, 489; vgl. § 338 Rdn. 19 m.w.N.). Fehlt es daran, muss das Revisionsgericht gleichwohl nicht an ein anderes Gericht zurückverweisen (BGH NJW 1975, 743; NStZ 1982, 211: eindeutige und konkrete Regelung durch Gerichtspräsidium; OLG Saarbrücken MDR 1970, 34); dieser Umstand rechtfertigt auch noch kein Verfahren nach § 15 (OLG München MDR 1977, 1038 = JR 1978, 301 m. Anm. *Rieß*). Kann jedoch ein anderer Spruchkörper nicht eingerichtet werden, ist entweder das zuständige Gericht nach § 15 zu bestimmen oder an ein anderes Gericht gleicher Ordnung (Rdn. 54) zurückzuverweisen (OLG Oldenburg NStZ 1985, 473 m. Anm. *Rieß*; OLG Schleswig SchlHA 1975, 165; OLG München JR 1978, 301; *Kleinknecht* JZ 1965, 161; *Helle* DRZ 1974, 229; *Benz* MDR 1976, 806; zum Ganzen ausf.: *Meyer-Goßner/Schmitt* § 354 Rn. 37 ff.). **60**

§ 354 StPO   Eigene Entscheidung in der Sache; Zurückverweisung

61 Die Zurückverweisung an ein **anderes Gericht gleicher Ordnung** desselben Landes (**Abs. 2 Satz 1, 2. Alt.**), die zugl. die Zuständigkeit der StA (§ 142 GVG) ändert, liegt im pflichtgemäßen **Ermessen** des Revisionsgerichts und ist **mit Art. 101 Abs. 1 Satz 2 GG vereinbar** (BVerfGE 20, 336), sofern dies aus Sachgründen zweckmäßig ist und willkürfrei geschieht (zu möglichen Beschränkungen des Ermessens vgl. *Sowada*, Der gesetzliche Richter im Strafverfahren, 2002, S. 760 ff.: nur in Bezug auf das »Ob« der Verweisung Ermessen; Auswahlermessen nur hinsichtlich des »Wie« bzw. des zust. Gerichts; vgl. auch *Meyer-Goßner/Schmitt* § 354 Rn. 40; SK-StPO/*Wohlers* § 354 Rn. 82 f.). Sie kommt insbes. dann in Betracht, wenn die Einrichtung eines Spruchkörpers nicht möglich ist, das Verfahren aus einer vorurteilsbelasteten örtlichen Atmosphäre herausgenommen werden soll (*Seibert* MDR 1954, 721; NJW 1963, 431; *Eb. Schmidt* Nachtr. I 27; *Benz* MDR 1976, 805; KK/*Gericke* § 354 Rn. 37) oder sonstige Gesichtspunkte – z.B. Wohngebiet von Beweispersonen – (/*Dahs* Rn. 631) – dazu drängen.

62 Das »**andere Gericht**« muss dem früheren nicht benachbart sein (BGHSt 21, 191; *Seibert* MDR 1954, 722; *Kleinknecht* JZ 1965, 161; *Meyer-Goßner/Schmitt* § 354 Rn. 41; anders § 210 Abs. 3), auch nicht zum selben OLG-Bezirk gehören (*Seibert* NJW 1968, 1317; **Ausnahme:** ist – z.B. in einem Stadtstaat – dem OLG als RevG nur ein einziges LG nachgeordnet, darf das OLG nur dorthin zurückverweisen, so OLG Braunschweig JZ 1951, 235 m. Anm. *Schönke*; *Seibert* MDR 1954, 721, wohl aber im selben Bundesland liegen (BGH 21, 191). Ein »anderes Gericht« ist auch eine StrK am Sitz des LG im Verhältnis **zur auswärtigen StrK** nach § 78 GVG (RG 17, 230; 50, 160; BGH bei MDR [D] 1958, 566) und umgekehrt.

63 Die Zurückverweisung nach **Abs. 3** betrifft die **sachliche Zuständigkeit**, während die Verweisung nach Abs. 2 Satz 1, 2. Alt. nur den Gerichtsstand betrifft. Solange das Verfahren beim neuen Tatgericht nicht anhängig ist, § 269 daher (noch) **nicht eingreift**, soll mit der Sache ein höheres Gericht nicht erneut befasst werden, wenn auch ein Gericht niederer Ordnung sie erledigen kann (BGHSt 14, 68; KG Berlin JR 1965, 393). Das gilt auch **im Verhältnis** (1) des SchöffG (§ 29 GVG) zum Strafrichter (§ 25 GVG; vgl. RGSt 62, 270; KG Berlin JR 1965, 393), des JugSchöffG (§ 40 JGG) zum JugRi (§ 39 JGG; vgl. BGHSt 18, 176) und (2) der JugGe zu Erwachsenengerichten. Ebenfalls möglich ist (3) die Verweisung des OLG (Staatsschutzsenat) zur Staatsschutzkammer des LG, wenn ein zuständigkeitsbegründender Tatbestand weggefallen ist (BGH, Urt. v. 07.07.1996 – 3 StR 251/96 bei *Meyer-Goßner/Schmitt* § 354 Rn. 42). (4) Dies gilt zwar formal nicht im Verhältnis der SpezialStrKn (§§ 74 Abs. 2, 74a, 74c GVG) zur allg. StrK (a. A. aber zur Rechtslage vor dem StVÄG 1979: OLG Koblenz NJW 1975, 1298 m. abl. Anm. *Sieg* ebd. 1937; wie hier bereits BGHSt 26, 191 m. Anm. *Brunner* JR 1976, 264; BGHSt 27, 99 und *Sieg* NJW 1976, 301; vgl. auch LR/*Franke* § 354 Rn. 76; *Meyer-Goßner/Schmitt* § 354 Rn. 42). Für das Revisionsgericht besteht jedoch insoweit ein **Wahlrecht** (BGH NJW 1994, 3304), sodass hiernach sowohl an eine nachgeordnete StrK (§ 74e GVG) als auch nach Abs. 3 an das AG zurückverwiesen werden kann (LR/*Franke* § 354 Rn. 75). Das gewöhnliche SchöffG (§ 29 Abs. 1 GVG) und das erweiterte SchöffG (§ 29 Abs. 2 GVG) jedoch sind gleichrangig; Abs. 3 gilt insoweit nicht (RGSt 62, 270; OLG Hamburg GA 71, 184). Eine Verweisung an den StrafRi ist in Fällen des § 25 Nr. 3 GVG auch ohne entspr. Anklage dorthin zulässig (BGH MDR [D] 1953, 274; LR/*Franke* § 354 Rn. 77; zum Verhältnis des Abs. 3 zu § 355 s. dort Rdn. 2).

64 Im pflichtgemäßen **Ermessen** (schon wegen § 269, vgl. BGH GA [H] 1959, 338; NJW 1987, 1092) des Revisionsgerichts liegt die Entscheidung nach Abs. 3. Maßstäbe dafür können z.B. sein: Prozessökonomie, Verfahrensbeschleunigung, Schwierigkeit der Sach- und Rechtslage, Umfang der Sache; sogar die effektive Durchsetzung der Rechtsauffassung (§ 358 Abs. 1) des Revisionsgerichts soll ein zulässiges Ermessenskriterium sein (vgl. auch BVerfG NJW 1967, 99; BGH bei MDR [H] 1977, 810). Es besteht jedoch kein Zwang zu dieser Zurückverweisung (BGH NStZ-RR 12, 50).

65 Die **Zurückverweisung nach Abs. 3** kommt daher stets in Betracht, falls nunmehr Umstände, die in der Vorinstanz die Zuständigkeit eines Gerichts höherer Ordnung begründet hatten, ohne Bedeutung geworden sind: so z.B. dann, wenn (1) nur noch zu verhandeln ist über Taten eines Mitangeklagten oder einzelne selbstständige Taten, deren Aburteilung sämtlich in den Zuständigkeitsbereich eines Gerichts niederer Ordnung fällt (BGH VRS 35, 266; NJW 1974, 154; vgl. auch § 5 Rdn. 2 a.E.). Ebenso (2), wenn sich in einem verbundenen Verfahren gegen Jugendliche und Heranwachsende und Erwachsene das weitere Verfahren allein gegen Erwachsene richtet (BGH NJW 1988, 3216; HK-GS/*Maiwald/Rackow* § 354 Rn. 24). Abs. 3 ist auch anwendbar, wenn (3) das Revisionsgericht das Vorliegen eines normativen Zuständigkeitsmerkmals (52 vor § 1) verneint (BGH MDR [D] 1954, 152) oder

(4) § 358 Abs. 2 die Verhängung einer den Strafrahmen des § 24 Abs. 2 GVG übersteigenden Strafe verbietet (BGH GA [H] 1959, 338).

III. Weiteres Verfahren nach Zurückverweisung. In der neuen Hauptverhandlung ist das **Tatgericht gebunden** an die »teilrechtskräftig« (§ 318 Rdn. 1 ff.) gewordenen Entscheidungen (BGHSt 24, 106; 30, 225; bei MDR [H] 1977, 639; KK/*Gericke* § 354 Rn. 42; *Dahs* Rn. 635), an die gem. § 353 Abs. 2 (dort Rdn. 9) aufrechterhaltenen Feststellungen (§ 358 Rdn. 4 f.), an die rechtliche Aufhebungsansicht des Revisionsgerichts (§ 358 Abs. 1, dort Rdn. 6–9) sowie an das Verbot der reformatio in peius (§ 358 Abs. 2, dort Rdn. 18). I.Ü. ist das neue Tatgericht nach den Grundsätzen des § 264 wiederum zu umfassender »Kognition in **tatsächlicher und rechtlicher Hinsicht** verpflichtet« (RGSt 5, 134; LZ 1917, 210). Im Umfang der Bindung dürfen die neuen Feststellungen auf die früheren Bezug nehmen (BGH NStZ-RR 2002, 260; näher *Meyer-Goßner/Schmitt* § 354 Rn. 46). 66

Die das Tatgericht **bindenden Feststellungen** müssen – ähnlich der Berichterstattung nach § 324 Abs. 1 Satz 1 – **in die neue Hauptverhandlung eingeführt** werden (§ 261), wofür das Freibeweisverfahren – z.B. durch Mitteilung des Inhalts des **Revisionsurteils** (RGSt 21, 436; JW 1892, 358; Recht 1908 Nr. 2613) zweckmäßig ist. I.d.R. jedoch genügt eine Verlesung (vgl. *Dahs* Rn. 636; BGH NJW 1962, 60; bei MDR [D] 1958, 15). 67

3. Der Umfang der **Beweisaufnahme** ist unabhängig von dem des früheren Verfahrens. Nach § 273 Abs. 2 **protokollierten Aussagen** sind unter den Voraussetzungen der §§ 251, 254 Abs. 1, 256 beweisförmig verlesbar; i.Ü. dürfen sie nur vorgehalten werden. Das **aufgehobene Urteil** darf – nicht muss (vgl. BGH NStZ-RR 2002, 260; RG JW 1931, 1816 m. Anm. *Alsberg*; GA 1976, 368) – nach § 249 Abs. 1 Satz 2 verlesen werden (RG JW 1931, 2825 m. Anm. *Mannheim*; vgl. § 373 Rdn. 6 a.E.), auch z.B. zum Beweis dafür, wie das Gericht die früheren Aussagen verstanden hat (RGSt 60, 297; BGHSt 6, 142; BGH MDR 1955, 121; KK/*Gericke* § 354 Rn. 43; *Meyer-Goßner/Schmitt* § 354 Rn. 45). Findet die neue Hauptverhandlung im **Berufungsrechtszug** statt, gelten gleiche Grundsätze mit der Maßgabe, dass § 325 so anzuwenden ist, als sei es die erste Berufungshauptverhandlung in dieser Sache. 68

Die **neue Entscheidung** kann auch z.B. auf **Einstellung** nach §§ 153 ff., 206a (RGSt 66, 327) oder **Verweisung** nach § 270 (vgl. auch *Meyer-Goßner/Schmitt* § 354 Rn. 43 ff.) und § 416 (vgl. oben Rdn. 4 ff.) lauten. 69

Kommt das neue Tatgericht zur **gleichen Entscheidung** wie das frühere, darf das vom Revisionsgericht aufgehobene Urteil nicht aufrechterhalten oder bestätigt werden (RG GA 55, 331; HK-GS/*Maiwald/Rackow* § 354 Rn. 25; HK/*Temming* § 354 Rn. 36; SK-StPO/*Wohlers* § 354 Rn. 77); auch ein bereits »teilrechtskräftig« feststehender Schuldspruch ist zu wiederholen (vgl. auch BGH VRS 50, 342). 70

Bezugnahmen oder bloße Verweisungen in den Gründen des neuen Urteils auf aufgehobene Feststellungen der Vorinstanz sind **unzulässig** (RG JW 1934, 44; 1938, 1814 m. Anm. *Klee*; HRR 1942 Nr. 746; BGHSt 24, 275; BGH NJW 1951, 413; 1962, 60; JR 1956, 307; DAR [M] 1975, 121; BayObLGSt 1959, 71; OLG Bremen NJW 1964, 739; BGHSt 24, 274; BGH StV 1982, 103). Allerdings ist die – selbst wörtliche – Übernahme solcher Feststellungen statthaft, die in der neuen HV vollumfänglich **bestätigt** werden (BGH StrFo 2009, 73; BGH NStZ-RR 2009, 148; vgl. auch BGH bei MDR [D] 1957, 653; 1958, 15; *Meyer-Goßner/Schmitt* § 354 Rn. 46). Dies gilt auch bzgl. d. Lebenslaufs d. Ange (BGH NStZ-RR 2000, 39; 2002, 99) und der Vorstrafen (BGH StraFo 2004, 211) 71

Dieselbe StrK darf über die **Berufung** gegen ein SchöffG-Urteil entscheiden, wenn der **BGH** eine erstinstanzliche StrK-Sache an ein SchöffG zurückverwiesen hatte (OLG Celle NJW 1966, 1723) oder nach Zurückverweisung einer Berufungssache durch ein OLG als Revisionsgericht an eine andere BerufStrK diese die Sache gem. § 328 Abs. 2 (dort Rdn. 12, 22) an eine andere Abteilung des AG zurückverwiesen hatte (BayObLG, Urt. v. 12.01.1981 – 5 St 313/80). Sofern die befassten Richter personenidentisch sind, gelten jedoch die (unter Rdn. 58 f.) dargelegten Bedenken auch insoweit. 72

Die Entscheidungen **nach Rechtskraft** nach § 453 trifft bei **Zurückverweisung** an ein anderes **gleichrangiges** Gericht (Abs. 2 Satz 1, 2. Alt.) das Gericht, dessen Urteil aufgehoben worden war (OLG Düsseldorf MDR 1983, 154; OLG Celle Nds. Rpfl 1955, 39; 1958, 219; OLG Hamm Rpfleger 1956, 339; OLG München MDR 1957, 33; 1974, 332; OLG Düsseldorf MDR 1958, 941; OLG Köln NJW 1972, 1291; OLG Karlsruhe Justiz 1973, 98; a. A. OLG Frankfurt NJW 1972, 1065; *Raacke* NJW 1966, 1697). Zuständig für die Zurückverweisung an ein Gericht **niederer** Ordnung (Abs. 3 73 ist dieses **selbst** (LR/*Franke* § 354 Rn. 84; *Meyer-Goßner/Schmitt* § 354 Rn. 47; HK-GS/*Maiwald/Rackow* § 354 Rn. 26: Ausnahme insoweit bzgl. d. StrafVollstrK).

74 Im **Wiederaufnahmeverfahren** entscheidet das Gericht, das nach der gem. § 140a GVG getroffenen Regelung an die Stelle desjenigen Gerichts tritt, an das die Sache zurückverwiesen worden war.

§ 354a StPO Entscheidung bei Gesetzesänderung.
Das Revisionsgericht hat auch dann nach § 354 zu verfahren, wenn es das Urteil aufhebt, weil zur Zeit der Entscheidung des Revisionsgerichts ein anderes Gesetz gilt als zur Zeit des Erlasses der angefochtenen Entscheidung.

1 **A. Zweck und Geltungsbereich.** Die Vorschrift ist Ausdruck des Grundsatzes der **Rückwirkung des milderen Gesetzes** (HK-GS/*Maiwald/Rackow* § 354a Rn. 1). Die Anwendung dieses Prinzips im Revisionsrecht ist nicht selbstverständlich. Vor Erlass der Norm war der Prüfungsmaßstab der Revisionsgerichte grds. das zum Zeitpunkt des zu überprüfenden Urteils geltende Recht (ausf. LR/*Franke* § 354a Rn. 1; RGSt 51, 48; 61, 135). § 354a ist die prozessuale Konsequenz aus **§ 2 Abs. 3 StGB** (i.V.m. § 1 StGB, Art. 103 Abs. 2 GG; ebenso **§ 4 Abs. 3 OWiG**), wonach hinsichtlich der **Strafe** und ihrer **Nebenfolgen** das »mildeste« Gesetz anzuwenden ist, wenn das bei Tatbegehung geltende Gesetz »vor der Entscheidung« (= auch die des Revisionsgerichts, vgl. HK-GS/*Maiwald/Rackow* § 354a Rn. 1; *Meyer-Goßner/Schmitt* § 354a Rn. 1; *Roxin* § 54 J III; Sch/Sch/*Eser* § 2 StGB Rn. 19; *Fischer* § 2 StGB Rn. 12; ebenso bereits BGHSt 5, 208; 20, 116) geändert wird. Das Revisionsgericht ist demgemäß nicht nur dazu berufen, zu überprüfen, ob das Urteil des Tatgerichts mit dem zum Zeitpunkt seines Erlasses geltenden Recht vereinbar war, sondern zudem zur Beachtung der Rückwirkung des milderen Gesetzes verpflichtet (BGHSt 20, 77; HK-GS/*Maiwald/Rackow* § 354a Rn. 1). Lediglich bei **Maßregeln** (§§ 61 ff. StGB) war bislang, falls gesetzlich nichts anderes bestimmt ist, das – u.U. auch strengere (jedoch vorbehaltlich § 358 Abs. 2) – Gesetz anzuwenden, das z.Zt. der Entscheidung gilt (vgl. § 2 Abs. 4 StGB). Die neuere Rspr. wendet jedoch § 354a auch auf Sicherungsmaßregeln an (BGH NJW 2008, 1173; vgl. BGH, Urt. v. 15.11.2007 – 3 StR 390/07 bei *Meyer-Goßner/Schmitt* § 354a Rn. 1; KK/*Gericke* § 354a Rn. 1). Da § 354a auch auf **Nebengesetzen** angewendet wird, ist die Norm auch im Hinblick auf die Tilgungsreife einer **BZR-Eintragung** nach Erlass des tatrichterlichen Urteils anzuwenden, § 51 BZRG (*Meyer-Goßner/Schmitt* § 354a Rn. 1; vgl. BGH NStZ [K] 1994, 229: keine Berücksichtigung; OLG Celle NZV 1994, 332: Berücksichtigung, wenn Revisionsgericht in der Sache entscheidet). Das Revisionsgericht hat diese Prüfung umfassend vorzunehmen. So hat der BGH bspw. nach der Neubestimmung des Begriffs des **Arzneimittels** in § 2 Abs. 1 Nr. 2a AMG geprüft, ob diese Änderung mittelbar für die Angekl. zu einer günstigere Bewertung führen müsse (BGH PharmR 10, 30; zust. HK-GS/*Maiwald/Rackow* § 354a Rn. 1)

2 § 354a gilt auch dann, wenn das angefochtene Urteil bereits »**teilrechtskräftig**« geworden ist (§ 344 Rdn. 6ff.) z.B. infolge Anfechtungsbeschränkung auf den Strafausspruch (BGHSt 20, 116; BayObLG NJW 1961, 688 m. Anm. *Mittelbach*; VRS 50, 187; KG Berlin JR 1970, 277 m. Anm. *Dreher*; OLG Düsseldorf NJW 1991, 709; OLG Köln NJW 1971, 628; OLG Hamm GA 1975, 25) oder auf die Frage der Strafaussetzung (BGHSt 26, 1); der Angeklagte ist dann ggf. insgesamt freizusprechen (LR/*Franke* § 354a Rn. 10; HK-GS/*Maiwald/Rackow* § 354a Rn. 5; SK-StPO/*Wohlers* § 354a Rn. 13). Nach OLG Stuttgart (NJW 1970, 820) soll § 354a nicht anzuwenden sein, wenn nach Zurückverweisung nur noch die Gesamtstrafenbildung aussteht (so auch *Meyer-Goßner/Schmitt* § 354a Rn. 5); dies erscheint vor dem Hintergrund der Einführung der Abs. 1a/b des § 354 fragwürdig, da insoweit § 354a gelten muss und bei »einfacher« Zurückverweisung kein sachl. Grund für eine Andersbehandlung ersichtlich ist (krit. auch SK-StPO/*Wohlers* § 354a Rn. 14).

3 Wie Art. 103 Abs. 2 GG, so betrifft auch **§ 354a** Änderungen des **sachlichen Rechts** (vgl. LR/*Franke* § 354a Rn. 4; dazu Rdn. 3). Zum sachlichen Recht zählen auch – auch **Entscheidungen des BVerfG**, die einer materiellen Rechtsänderung im Umfang ihrer Verbindlichkeit gem. § 31 BVerfGG gleichkommen (LR/*Franke* § 354a Rn. 4). Dementsprechend kann § 354a **nicht bei Änderungen von Prozessvoraussetzungen** angewendet werden. Die Strafverfolgung wird nach überkommener Ansicht mit **Beseitigung** des Prozesshindernisses im Lauf des Verfahrens **zulässig** (vgl. auch RGSt 76, 64, 161; 77, 160 [183]; BGHSt 21, 369), z.B. bei Wegfall eines Antragserfordernisses (RGSt 76, 328; BGHSt 20,

27; 21, 367; OLG Hamm NJW 1961, 2030) oder rückwirkender Verlängerung der Verjährungsfrist (dazu *Fischer* § 1 StGB Rn. 16 m.w.N., § 2 Rn. 6). Dies erscheint jedoch zweifelhaft; insbesondere da die Rspr. in jüngerer Zeit sogar bei der Umwandlung eines absoluten in ein relatives Verfahrenshindernis – rückwirkender Verzicht auf das Antragserfordernis des § 299 StGB bei nachträglicher Bejahung des bes. öff. Interesses – eine Fortsetzbarkeit des Verfahrens annimmt (BGHSt 46, 310; *Meyer-Goßner/Schmitt* § 354a Rn. 3; dagegen zutr. *Jescheck/Weigand* AT, 5. Aufl. 1996, 139 f.; *Knauth* StV 2003, 418; HK-GS/*Maiwald/Rackow* § 354a Rn. 3; *Roxin* AT I, 4. Aufl. 2006, § 5/58 ff.; SK-StPO/*Wohlers* § 354a Rn. 7 plädiert für eine **Abwägung**; vgl. aber auch BGHSt 50, 138 für eine sog. Zwischenrechtslage, d.h. Eintritt der Verjährung möglich, obwohl milderes Gesetz nur zwischen den Entscheidungen galt). Richtig erscheint es in jedem Fall den Gedanken **schützenswerten Vertrauens** heranzuziehen (LR/*Franke* § 354a Rn. 5).

Mit **Entstehen** eines Prozesshindernisses (z.B. Amnestie, *Dreher* JZ 1971, 31) wird die Strafverfolgung **unzulässig** (BGHSt 21, 367; 45, 261; RGSt 46, 269; 75, 312 = DR 1941, 2181 m. Anm. *Bockelmann*; BayObLG NJW 1961, 2269; OLG Hamm NJW 1970, 578; OLG Frankfurt NJW 1973, 1514) auch dann, wenn das Urteil bereits »teilrechtskräftig« geworden ist (so auch LR/*Franke* § 354a Rn. 5). 4

Bzgl. **Verfahrensnormen** gilt, dass **anhängige** Verfahren in der Lage, in der sie sich beim Inkrafttreten 5
der neuen Verfahrensvorschrift befinden, von ihr ergriffen werden und nach ihr fortgeführt werden (RGSt 77, 324; BVerfGE 1, 6; 11, 146; 39, 156; BGHSt 22, 325; 26, 289; GA 1971, 86); **abgeschlossene** Verfahren berührt die neue Verfahrensrechtslage nicht (BayObLG NJW 2005, 1592; BayObLG MDR 1955, 123; OLG Hamm NJW 1975, 701; HK-GS/*Maiwald/Rackow* § 354a Rn. 2; *Meyer-Goßner/Schmitt* § 354a Rn. 4). War das Verfahren z.Zt. des angefochtenen Urteils fehlerhaft, bleibt der Verstoß gleichwohl unschädlich, wenn er nach dem z.Zt. der Revisionsentscheidung geltenden Recht keine Gesetzesverletzung mehr darstellt, es tritt also untechnisch gesehen eine »Heilung« des Verstoßes ein (RGSt 55, 180; 74, 373; OLG Saarbrücken DRZ 1948, 31 m. Anm. *Niethammer*; OLG Hamburg NJW 1975, 988). Der Wegfall einer **Rechtsmittelbefugnis** berührt das eingelegte Rechtsmittel im Zweifel nicht (BVerfGE 87, 48); die nach Ablauf der Rechtsmittel-Frist begründete Rechtsmittel-Befugnis gilt nicht nachträglich zu einem bereits abgeschlossenen Verfahren (OLG Frankfurt NStZ-RR 2007, 180; *Meyer-Goßner/Schmitt* § 354a Rn. 4; LR/*Franke* § 354a Rn. 6).

Eine **veränderte Auslegung**, namentlich die rückwirkende Änderung der Rspr. ist zu berücksichtigen. 6
Ändert sich die Rechtslage zwischen dem Urteil des Tatgerichts und der Entscheidung des Revisionsgerichts etwa dadurch, dass dieses von seiner bisherigen ständigen Rspr. abweicht, muss das Revisionsgericht seine Entscheidung auf die neue Auslegung stützen, gleichviel, ob sie milder oder schärfer geworden ist (BVerfG NJW 1990, 3140; 2000, 139; BGHSt 41, 111; LK/*Gribbohm* § 2 Rn. 38 ff.). Es spricht aber auch insoweit viel dafür, hier auf der Basis eines **Vertrauensschutzes zugunsten des Angeklagten** vorzugehen (vgl. Rdn. 3 a.E.; näher LR/*Franke* § 354a Rn. 5; vgl. Sch/Sch/*Eser* § 2 Rn. 8 f. m. umfangr. Nachw. für einen differenzierten; zum Ganzen *Tröndle* FS Dreher [1977], S. 117). Denn das Auslegungsrecht zu den Strafnormen ist zwar selbst materielles Recht (vgl. KMR/*Momsen* § 337 Rn. 108), doch bezieht sich das Rückwirkungsverbot (Art. 103 Abs. 2 GG, § 1 StGB) nur auf das gesetzliche materielle Strafrecht. Dem Schutz des Vertrauens des Angeklagten in die Richtigkeit der bisherigen Auslegung ist bei der Frage des Verbotsirrtums (§ 17 StGB) Rechnung zu tragen (OLG Karlsruhe NJW 1967, 2167). Grds. muss jedoch sicher gestellt sein, dass eine Rspr.-Änderung sich nicht rückwirkend belastend für den Angeklagten auswirkt (Sch/Sch/*Eser* § 2 Rn. 8 f.; MüKo/*Schmitz* § 1 Rn. 33) soweit der Änderung wie im Fall der BAK-Grenzwerte gesetzesergänzende Wirkung zukommt.

B. Formen der Gesetzesänderung. Nur Änderungen des sachlichen Rechts sind ein Rück- 7
wirkungsgebot begründende »andere Gesetze« i.S.d. § 354a (vgl. Rdn. 3), vorausgesetzt, dass der **Unrechtskern** der Tat im Wesentlichen **erhalten** geblieben und nicht ein völlig neuer Unrechtstyp geschaffen worden ist (RGSt 51, 154; BGH GSSt 26, 167, 172; KK/*Gericke* § 354a Rn. 2); denn andernfalls wären beide Vorschriften unanwendbar: die frühere, weil sie ersatzlos entfallen ist, die spätere (auch wenn sie milder wäre) wegen § 1 StGB (BGHSt-GS-26, 167 [172]; vgl. zum Ganzen *Fischer* § 2 StGB Rn. 5; *Tiedemann* JZ 1975, 692; *Tiedemann* FS Peters [1974], S. 193 ff.; *Blei* JA 1976, 27; das »mildeste Gesetz« i.S.d. § 2 Abs. 3 StGB; StGB/*Sommer* 1979, 143 ff.).

§ 354a StPO Entscheidung bei Gesetzesänderung

8   II. Das »**mildeste Gesetz**« (§ 2 Abs. 3 StGB) ist nicht durch abstrakten Vergleich der Vorschriften, sondern danach zu bestimmen, welches nach den **konkreten Einzelfallumständen** dem Angeklagten am günstigsten ist (BGH NStZ 1983, 80, 416; RGSt 61, 76; 135, 324; BGHSt 20, 25 [75]; NJW 1953, 1437; 1955, 1406; MDR 1964, 160; BayObLG MDR 1972, 884; 1976, 330; OLG München wistra 2007, 34). Zu vergleichen ist also »der gesamte Rechtsstand« zur Tatzeit mit dem z.Zt. der Aburteilung (RGSt 77, 221; *Fischer* § 2 Rn. 9). Ist das neue Recht teils strenger und teils milder, so ist es nur anwendbar, wenn es dem Angeklagten in concreto vorteilhafter ist; teilweise Anwendung des einen oder anderen Gesetzes ist unstatthaft (*Fischer* § 2 StGB Rn. 9 f.; RGSt 58, 238; 61, 77; 75, 57; BGHSt 20, 30; 24, 94; NJW 1965, 1723; BGH NStZ 1983, 80; OLG Karlsruhe NJW 1970, 2077; OLG Koblenz NJW 1973, 1759; a. A. *Schröder* JR 1966, 68). Insbesondere ist eine **die Strafbarkeit** völlig **aufhebende** Vorschrift (RGSt 61, 135) auch dann zu berücksichtigen, wenn der Schuldspruch bereits »teilrechtskräftig« (Rdn. 2) geworden ist (BGHSt 20, 116 [119]; BayObLG JR 1961, 351 m. Anm. *Mittelbach*); ebenso bei Umwandlung einer bisherigen Straf- in eine **OWi-Norm** (damit zugl. Übergang vom Straf- ins Bußgeldverfahren, vgl. Art. 317 EGStGB, Art. 158 Abs. 1 Satz 3 EGOWiG; vgl. BGHSt 12, 148; BayObLG JR 1969, 350 m. Anm. *Kohlhaas*; NJW 1971, 1816; OLG Oldenburg MDR 1972, 346; OLG Düsseldorf MDR 1976, 75; *Meyer-Goßner/Schmitt* § 354a Rn. 2; a. A. OLG Köln NJW 1953, 1156).

9   III. **Einzelfälle:** § 354a gilt auch für Rechtsänderungen, die nur den **Strafausspruch** betreffen (BGHSt 5, 208; 6, 192, 258; NJW 1953, 1800 [1839]; 1955, 1406; 1976, 526; BGH VRS 38, 107; 39, 96; KG Berlin JR 1970, 227 m. Anm. *Dreher*), wozu i.w.S. auch § 49 BZRG (vgl. BGH 24, 378; 25, 85) zählt (erst nach dem angefochtenen Urteil eintretende Tilgungsreife darf das Revisionsgericht jedoch nicht berücksichtigen, vgl. KK/*Gericke* § 354a Rn. 8; BayObLG GA 1973, 344; OLG Hamm VRS 46, 382). Desgleichen für das **Strafanwendungsrecht** nach §§ 3 ff. StGB (BVerfG wistra 2003, 255; BGHSt 20, 25; 27, 8; OLG Düsseldorf NJW 1979, 61; *Oehler* FS Bockelmann [1979], S. 771) oder (jedenfalls i.d.R.) für **Blankettnormen** (BGHSt 20, 177; BayObLGSt 1959, 46; 1961, 150; 1966, 96; KG Berlin JR 1950, 404; anders bei Änderung einer das Unrecht der Tat nicht berührenden bloßen Bezugsnorm, vgl. BGH MDR [H] 1978, 280; *K. Meyer* JR 1975, 69; *Wenner* MDR 1975, 162 gegen BayObLG MDR 1974, 685; *Fischer* § 2 StGB Rn. 13b; zu den verfassungsr. Anforderungen vgl. BVerfGE 105, 135; BVerfG NJW 2005, 374; *Fischer* § 1 StGB Rn. 5 m.w.N.).

10 C. **Entscheidung des Revisionsgerichts.** Umstr. ist, ob das **Revisionsgericht** § 354a **nur bei zulässiger Sachrüge** zu beachten hat. Entgegen der Rspr. (BGHSt 26, 94; so auch KK/*Gericke* § 354a Rn. 9; *Meyer-Goßner/Schmitt* § 354a Rn. 2; *Schlüchter* Rn. 755) ist § 354a **auch dann anwendbar, wenn keine wirksame Sachrüge** erhoben worden ist (so auch *Eisenberg* JR 1991, 348; *Küper* FS Pfeiffer [1988], S. 425; LR/*Franke* § 354a Rn. 9 m.w.N.; SK-StPO/*Wohlers* § 354a Rn. 12). Hierfür spricht, dass § **206b** auch im Revisionsverfahren anwendbar ist. Denn im Zusammenhang mit § 354a geht es nicht um die Übereinstimmung des angefochtenen Urteils mit der bei seinem Erlass geltenden Rechtslage, sondern um das zum Zeitpunkt der Entscheidung des Revisionsgerichts geltende Recht (so zutr. HK-GS/*Maiwald/Rackow* § 354a Rn. 4).

11 Aufgehoben wird das Urteil, wenn und soweit es auf der Nichtanwendung des (späteren) milderen Gesetzes »**beruht**« (§ 337 Rdn. 82 ff. u. ausf. KMR/*Momsen* § 337 Rn. 177 ff.). Das Revisionsgericht ist nicht nur berechtigt, sondern **verpflichtet**, das mildere Gesetz anzuwenden (BGH NJW 1965, 52). Bei einer zwischenzeitlichen Herabsetzung der gesetzl. Höchststrafe ist regelmäßig die Aufhebung des Rechtsfolgenausspruchs notwendig (LR/*Franke* § 354a Rn. 11). Auch Schuldspruchberichtigung ist unter den Voraussetzungen des § 354 ggf. zulässig (s. dort, LR/*Franke* § 354a Rn. 12; vgl. BGHSt 20, 116; BayObLG NJW 1998, 3366).

12 Zur Frage der **Revisionserstreckung** nach § 357 im Fall des § 354a vgl. § 357 Rdn. 23 ff.

§ 355 StPO Verweisung an das zuständige Gericht. Wird ein Urteil aufgehoben, weil das Gericht des vorangehenden Rechtszuges sich mit Unrecht für zuständig erachtet hat, so verweist das Revisionsgericht gleichzeitig die Sache an das zuständige Gericht.

A. Allgemeines/Geltungsbereich. Die Norm betrifft die **sachliche und örtliche Zuständigkeit**. Insoweit gilt nicht § 354 Abs. 2 (BGH NStZ 2009, 405; *Meyer-Goßner/Schmitt* § 355 Rn. 2). § 355 ist Konsequenz des § **338** Nr. 4 (RGSt 40, 359; HK/*Temming* § 354 Rn. 1; näher KMR/*Momsen* § 338 Rn. 45). Im Berufungsverfahren gilt die Parallelvorschrift des § 328 Abs. 3. **Analog** ist § 355 anzuwenden, wenn das Urteil nicht wegen Unzuständigkeit der Vorinstanz, sondern aus einem anderen Grund der Verletzung des sachlichen oder formellen Rechts aufgehoben wird und nunmehr ein Gericht höherer Ordnung zuständig ist (RGSt 10, 195; 14, 28; BGHSt 13, 378; OLG Stuttgart Justiz 1995, 99; HK-GS/*Maiwald/Rackow* § 355 Rn. 2; SK-StPO/*Wohlers* § 355 Rn. 4) sowie auch dann, wenn sich ein zuständiges Gericht fehlerhaft für unzuständig erklärt hat (BGHSt 42, 39). § 269 ist zu beachten. Zu § **354 Abs. 2 und 3** ist § 355 **lex specialis**. In den Fällen des § 354 Abs. 2, 3 war die **Vorinstanz zuständig**: die Zurückverweisung erfolgt nach § **354 Abs. 2** an ein geschäftsverteilungsplanmäßig bzw. örtlich vorher unzuständiges Gericht, nach § **354 Abs. 3** an ein nunmehr – auch (§ 269) – sachlich zuständiges Gericht niederer Ordnung. § 355 dagegen betrifft grds. den Fall, dass die **Vorinstanz** – bei objektiver Betrachtung (RGSt 6, 315; 74, 140; *Gössel* GA 1968, 357) z.Zt. des Erlasses des angefochtenen Urteils (vgl. § 338 Rdn. 32 ff.) – **unzuständig war** (BGHSt 47, 16; BGH NStZ-RR 2007, 5: objektive Sachlage zum Zeitpunkt des Eröffnungsbeschlusses; vgl. *Meyer-Goßner/Schmitt* § 355 Rn. 3). Daher gilt § **354**, wenn z.B. das an sich zuständige Tatgericht rechtsfehlerhaft seine Strafgewalt überschritten hat (OLG Celle JR 1950, 414; MDR [D] 1952, 118), jedoch § **355**, falls etwa die allgemeine StrK verkannt hat, dass ein die Zuständigkeit der SchwGK (§ 74 Abs. 2 GVG) begründender Sachverhalt vorlag (RG HRR 1939 Nr. 1285). Die Anwendbarkeit kann auch aus unwirksamen Verbindungsbeschlüssen folgen (vgl. BGH NStZ-RR 2007, 269; 2006, 85; Radtke/Hohmann/*Nagel* § 355 Rn. 5 und u. Rdn. 8).

B. Die Unzuständigkeitsfälle nach § 355 im Einzelnen. Sachliche Unzuständigkeit ist bspw. gegeben, wenn eine nach **Geschäftsverteilungsplan** unzuständige Kammer entschieden hat (BGHSt 38, 376), **nicht** aber im Fall einer **unbegründeten Revision** der StA, weil das Tatgericht das Verfahren zutreffend wegen sachlicher Unzuständigkeit eingestellt hat (so aber BGHSt 26, 191; dagegen zutr. LR/*Franke* § 355 Rn. 3; *Meyer-Goßner/Schmitt* § 355 Rn. 1; SK-StPO/*Wohlers* § 355 Rn. 5; vgl. auch BayObLG VRS 57, 38; vgl. KMR/*Momsen* § 338 Rn. 48 ff.).
Bzgl. der **örtlichen** Unzuständigkeit ist die **Präklusionsregelung** des § 16 zu beachten (HK-GS/*Maiwald/Rackow* § 355 Rn. 1; vgl. § 338 Rdn. 33 u. näher KMR/*Momsen* § 338 Rn. 46 f.). Im Hinblick auf **SpezialStrK** ist die Präklusionsregelung des § 6a zu beachten (§§ 74 Abs. 2, 74a, c GVG; dazu auch BGHSt 13, 382; *Wagner* GA 1957, 167; vgl. ausf. KMR/*Momsen* § 338 Rn. 51a).
Wurde bei Verbindung einer **Jugend-** (bzw. Heranwachsenden-) mit einer **Erwachsenensache** (§ 103 JGG) Revision gegen ein erstinstanzliches Urteil eingelegt, so ist die noch anhängige Sache an das für den **betreffenden Beschwerdeführer zuständige** JugG (BGHSt 8, 349 m. Anm. *Peters* NJW 1956, 492; BGHSt 21, 291; zu unzulässiger Verbindung vgl. i.Ü. BGH NStZ-RR 2007, 269; 2006, 85) bzw. Erwachsenengericht zu verweisen (vgl. §§ 103, 112 Satz 1 JGG; s.a. LR/*Franke* § 355 Rn. 5). Richtet sich das Verfahren nur noch (wg. Rechtsmittelverzicht des Nichterwachsenen) gegen den Erwachsenen, so ist der allg. Spruchkörper zuständig, da keinerlei Notwendigkeit einer spezifischen erzieherischen Einwirkung (§§ 35, 37 JGG) mehr besteht (BGHSt 35, 267; BGH NJW 2003, 836; HK-GS/*Maiwald/Rackow* § 355 Rn. 3; *Meyer-Goßner/Schmitt* § 355 Rn. 8). Allerdings soll auch die Verweisung an ein Jugendgericht nicht unzulässig sein (BGH StV 1994, 415 m. krit. Anm. *Schneider*). Dafür spricht, dass jedenfalls im Fall Revision gegen ein Berufungsurteil der großen JugStrK die Zurückverweisung an eine kleine JugStrK nachteilig sein kann (zutr. *Meyer-Goßner/Schmitt* § 355 Rn. 8). I.Ü. ist bei der Rechtsfolgenwahl das Alter des Angeklagten zu beachten. Hat ein JugG seine Zuständigkeit rechtsfehlerhaft bejaht, so spricht § 47a JGG dafür, dass es bei der Zuständigkeit verbleibt (*Brunner/Dölling* § 47a JGG Rn. 2; *Eisenberg* § 47a JGG Rn. 5; *Rieß* NJW 1978, 2267; a.A. BGH MDR [H] 1984, 444).

§ 356 StPO Urteilsverkündung

6   Richtet sich jedoch die Revision gegen ein **Berufungsurteil**, so hat das Revisionsgericht grds. die Kompetenz, bei einer Aufhebung des Urteils die Sache direkt an das erstinstanzlich zuständige Gericht zu verweisen (LR/*Franke* § 355 Rn. 10; HK-GS/*Maiwald/Rackow* § 355 Rn. 4), allerdings spricht die nach §§ 74 Abs. 3 GVG, 41 Abs. 2 Satz 1 JGG zu beurteilende Kompetenz des Berufungsgerichts dafür, dass in diesen Fällen maßgebend sein soll, ob im 1. Rechtszug ein Jugendgericht (dann stets Verweisung an die JugK, vgl. OLG Koblenz VRS 49, 268) oder Erwachsenengericht (dann stets Verweisung an die allgemeine StrK) entschieden hatte (BGHSt 22, 48 unter Aufgabe von BGHSt 13, 157; vgl. auch Radtke/Hohmann/*Nagel* § 355 Rn. 13).

7   **C. Inhalt, Form und Wirkung der Verweisung.** An ein außerhalb seines Bezirks liegendes örtlich zuständiges Gericht darf das Revisionsgericht nur verweisen, wenn es an einem Gerichtsstand innerhalb seines Bezirks fehlt. Die Auswahl zwischen mehreren örtlich zuständigen Gerichten trifft es nach Anhörung (§ 33) der StA (LR/*Franke* § 355 Rn. 8; KK/*Gericke* § 355 Rn. 5).

8   Die Verweisung nach § 355 wird als Teil des **Revisionsurteils** ausgesprochen (LR/*Franke* § 355 Rn. 11). Sein Inhalt muss den Anforderungen des § 270 Abs. 2 genügen (BGHSt 26, 109; RGSt 10, 195; 61, 326; 69, 157). Bleibt jedoch der tatsächliche und rechtliche Inhalt der Anschuldigung wie im Eröffnungsbeschluss, ist es nicht notwendig, ihn nochmals anzugeben (BGHSt 7, 27 [288] = MDR 1955, 180 m. Anm. *Dallinger*; NJW 1957, 391; BayObLGSt 1959, 210; vgl. i.Ü. KK-/*Gericke* § 355 Rn. 7: unterlassene Verweisung kann durch Beschluss nachgeholt werden).

9   Die Verweisung **bewirkt**, dass das Verfahren bei dem im Revisionsurteil bezeichneten Gericht anhängig wird. Dieses ist – rebus sic stantibus (§ 358 Rdn. 16 a.E.) – an die Rechtsauffassung des Revisionsgerichts gebunden (§ 358 Abs. 1). Das Urteil hat die Wirkung eines eröffnenden Beschlusses (LR/*Franke* § 355 Rn. 11; KK/*Gericke* § 355 Rn. 8).

§ 356 StPO Urteilsverkündung. Die Verkündung des Urteils erfolgt nach Maßgabe des § 268.

1   Für die **Urteilsverkündung** durch das Revisionsgericht gelten § 268 Abs. 1 und 2. Grds. gilt auch Abs. 3, sodass das Urteil am elften Tag nach der Verhandlung zu verkünden ist (HK-GS/*Maiwald/Rackow* § 356 Rn. 1; SK-StPO/*Wohlers* § 356 Rn. 2; KK/*Kuckein* § 268 Rn. 10; HK/*Temming* § 356 Rn. 1; a. A. KK/*Gericke* § 356 Rn. 2; *Meyer-Goßner/Schmitt* § 356 Rn. 1; nicht ganz eindeutig LR/*Franke* § 356 Rn. 1 »wohl kein zwingender Anlass … für verbindlich zu halten«); sofern nicht § 268 Abs. 3 Satz 3 i.V.m. § 299 Abs. 3, 4 Satz 2 zu gelten. Da Verstöße gegen diese Fristen nicht zur Urteilsaufhebung führen, ist die praktische Auswirkung der Frage freilich beschränkt. Die **Verkündung** erfolgt i.d.R. am Ende der Revisionshauptverhandlung (§ 351) und stets in Gegenwart der dort **Anwesenheitspflichtigen**. Allerdings ist die Anwesenheit des (notwendigen) **Verteidigers** auch dann entbehrlich, wenn er für das Revisionshauptverfahren bestellt war (Radtke/Hohmann/*Nagel* § 356 Rn. 2; HK/*Temming* § 356 Rn. 2; LR/*Franke* § 356 Rn. 1).

2   **Rechtskräftig** wird das Urteil mit Ende der Verkündung (nicht erst mit Zustellung an den abwesenden Beschwerdeführer; Rdn. 4), wenn das Revisionsgericht in der Sache selbst entschieden (§ 354 Abs. 1) oder die Revision als unzulässig (§ 349 Abs. 1, 5) oder unbegründet verworfen hat. Nur deklaratorische Wirkung hat das Revisionsurteil jedoch bei Verwerfung einer **verspäteten** Revision, da dort die Rechtskraft gem. § 343 Abs. 1 nicht gehemmt ist (vgl. § 343 Rn. 1) zum Rechtskrafteintritt in diesem Fall vgl. § 34a (näher LR/*Franke* § 356 Rn. 2).

3   Die **Urteilsurkunde** wird gem. § 275 zu den Akten gebracht mit der Maßgabe, dass § 275 Abs. 1 Satz 2–5 nicht gilt (LR/*Franke* § 356 Rn. 3; *Meyer-Goßner/Schmitt* § 356 Rn. 3; *Eb. Schmidt* II 5).

4   Eine förmliche **Zustellung** des Revisionsurteils an die Prozessbeteiligten ist nach dem Wegfall von § 35 Abs. 2 Satz 1 Halbs. 2 nicht mehr erforderlich. Gleichwohl ist sie zu **empfehlen**, da sich an die Rechtskraft des Urteils – welche i.d.R. durch Zustellungsnachweis zu belegen ist – verschiedene Pflichten anknüpfen wie bspw. §§ 145a, 145c StGB (vgl. *Rieß/Hilger* NStZ 1987, 153; LR/*Franke* § 356 Rn. 4). § 145a Abs. 1, 2 ist anzuwenden, nicht aber § 232 Abs. 4 (*Meyer-Goßner/Schmitt* § 356 Rn. 3).

§ 356a StPO Verletzung des Anspruchs auf rechtliches Gehör bei einer Revisionsentscheidung.
¹Hat das Gericht bei einer Revisionsentscheidung den Anspruch eines Beteiligten auf rechtliches Gehör in entscheidungserheblicher Weise verletzt, versetzt es insoweit auf Antrag das Verfahren durch Beschluss in die Lage zurück, die vor dem Erlass der Entscheidung bestand. ²Der Antrag ist binnen einer Woche nach Kenntnis von der Verletzung des rechtlichen Gehörs schriftlich oder zu Protokoll der Geschäftsstelle beim Revisionsgericht zu stellen und zu begründen. ³Der Zeitpunkt der Kenntniserlangung ist glaubhaft zu machen. ⁴§ 47 gilt entsprechend.

§ 356a beinhaltet eine gegenüber § 33a **speziellere** Regelung hinsichtlich der **Verletzung des rechtlichen Gehörs** für das Revisionsverfahren (BGH NStZ 2007, 236). In Verfahren nach dem JGG ist § 55 Abs. 4 JGG entspr. anzuwenden (HK-GS/*Maiwald/Rackow* § 356a Rn. 1; *Meyer-Goßner/Schmitt* § 356a Rn. 1; krit. aber KMR/*Eschelbach* Einl. Rn. 149; HK/*Temming* § 356a Rn. 2 »unverständliche Verweisung«). Auch im **Rechtsbeschwerdeverfahren** nach OWiG ist § 356a entsprechend anwendbar (OLG Frankfurt am Main NStZ 2007, 211; HK/*Temming* § 356a Rn. 2). Die Norm wird als systemwidrig (*Widmaier* FS Böttcher, S. 223 ff.) und wenig effizient **kritisiert**. Letzteres, da es (praktisch) keine Fälle erfolgreicher Anhörungsrügen gebe (*Eschelbach/Geipel/Weiler* StV 2010, 325; *Lohse* StraFo 2010, 433). 1

Da Verletzungen des rechtlichen Gehörs in vorangegangen Verfahrensstadien spätestens im Revisionsverfahren geheilt werden (*Meyer-Goßner/Schmitt* § 356a Rn. 1), regelt § 356a den Fall, dass das **Revisionsgericht selbst** den Anspruch eines Verfahrensbeteiligten auf rechtliches **Gehör verletzt**. In diesem Fall kann der Betroffene innerhalb 1 Woche **schriftlich** oder zu **Protokoll** der Geschäftsstelle beantragen, das Verfahren in die Lage zurücksetzen zu lassen, welche vor dem Erlass der Entscheidung, die das rechtliche Gehör verletzt hat, bestand. Der zu begründende **Antrag** muss eine **Glaubhaftmachung** hinsichtlich des Zeitpunkts der Kenntniserlangung von der Verletzung beinhalten (HK-GS/*Maiwald/Rackow* § 356a Rn. 2). Durch den Verweis auf § 47 ist klargestellt, dass durch die Anbringung des Antrags nicht die Vollstreckung der Entscheidung gehemmt wird, es jedoch im Ermessen des Revisionsgerichts steht einen **Vollstreckungsaufschub** anzuordnen. Gibt das Revisionsgericht dem Antrag statt, so entfällt durch die Zurücksetzung des Verfahrens die Rechtskraft und damit auch die Vollstreckbarkeit des Urteils (*Meyer-Goßner/Schmitt* § 356a Rn. 10). **Antragsberechtigt** sind alle Verfahrensbeteiligten mit Ausnahme der StA. Art. 103 Abs. 1 GG gewährt ein grundrechtsgleiches subjektives Recht, welches der StA institutionell nicht zukommt. Insoweit »ist die StA hier ebenso wie sonst als Verfahrensbeteiligte nicht antragsberechtigt« (so LR/*Franke* § 356a Rn. 7; wie hier auch *Meyer-Goßner/Schmitt* § 356a Rn. 5; Radtke/Hohmann/*Nagel* § 356a Rn. 8; a. A. HK/*Temming* § 356a Rn. 6). 2

Im **Einzelnen** führt § 356a nicht dazu, dass Form- oder Fristerfordernisse, namentlich für Verfahrensrügen umgangen werden können (BGH StV 2005, 655; NStZ 2007, 416; OLG Nürnberg NStZ-RR 2007, 1013 – kein Nachschieben von Rügen bei Rspr.-Änderung: *Meyer-Goßner/Schmitt* § 356a Rn. 1 m. Verw. auf BGH, Urt. v. 14.02.2007 – 1 StR 91/03), keine Befangenheitsanträge angebracht werden (BGH JR 2007, 712 m. Anm. *Kretschmer*: Sofern nicht gerade wg. Begründetheit des Antrags nach § 356a über den Befangenheitsantrag zu entscheiden ist) und keine vollständige erneute Überprüfung der Sache herbeigeführt (BGH NStZ-RR 2007, 57) werden. 3

Der Antrag muss binnen einer **Frist** von 1 Woche ab **Kenntniserlangung** des Antragstellers von den tatsächlichen Umständen der Verletzung des rechtlichen Gehörs angebracht werden (BGH StraFo 2006, 375; NStZ 2005, 462; OLG Hamm VRS 109, 43). Die Wochenfrist wird durch Kenntniserlangung von der Verletzung rechtlichen Gehörs ausgelöst (BGH StV 10. 297 L); die Pflicht zur Glaubhaftmachung erstreckt sich lediglich auf den Zeitpunkt der Kenntniserlangung, nicht jedoch auf die Umstände, die in der Begründung anzugeben sind, i.Ü. (*Meyer-Goßner/Schmitt* § 356a Rn. 6). Eine **Wiedereinsetzung** entspr. § 44 bei Versäumung der Frist ist möglich (BGH, Urt. v. 05.03.2008 – 2 StR 485/06, bei *Meyer-Goßner/Schmitt* § 356a Rn. 6; SK-StPO/*Wohlers* § 356a Rn. 9; zur analogen Anwendung der Fristenregelung auf die Geltendmachung der Verletzung anderer grundrechtsgleicher prozessualer Rechte vgl. BGH NStZ-RR 2007, 292). Die Überschreitung der Antragsfrist kann durch nachträgliche Gegenvorstellungen nicht mehr kompensiert werden (BGH wistra 2010, 109; HKGS/*Maiwald/Rackow* § 356a Rn. 1). 4

§ 357 StPO Revisionserstreckung auf Mitverurteilte

5 Entscheidet das Revisionsgericht auf Hauptverhandlung durch Urteil, so wird eine Verletzung des rechtlichen Gehörs **bei** einer **Entscheidung** des Revisionsgerichts vor allem dann in Betracht kommen, wenn einem der Beteiligten der **Zeitpunkt der Hauptverhandlung** nicht (rechtzeitig) mitgeteilt wurde oder insbes. der Angeklagte oder sein Verteidiger aus sonstigen Gründen **verhindert** waren (BGH JR 2007, 172 m. Anm. *Kretschmer*; *Meyer-Goßner/Schmitt* § 356a Rn. 2). In der Regel wird bei einer Entscheidung durch Urteil rechtliches Gehör gewährt worden sein (BGH NStZ-RR 10, 117). § 356a kommt nicht zur Anwendung, wenn ein nach Ablauf der Revisionsbegründungsfrist eingereichter Schriftsatz erst **nach** der **Entscheidung** des Revisionsgerichts dort eingeht, da das Vorbringen dann nicht bei der Entscheidung des Revisionsgerichts unberücksichtigt blieb (BGH NStZ 1993, 552; HK-GS/*Maiwald/Rackow* § 356a Rn. 3).

6 Für den Erfolg des Antrags muss sich die glaubhaft gemachte Gehörsverletzung »**in entscheidungserheblicher Weise**« auf die Entscheidung des Revisionsgerichts ausgewirkt haben. Dem »Beruhen« vergleichbar muss das Revisionsgericht ein tatsächliches Vorbringen entweder gar nicht zur Kenntnis genommen haben oder zumindest bei der Entscheidung nicht berücksichtigt haben (BGH NStZ-RR 2009, 36 [C]). Weiterhin muss jedenfalls möglich erscheinen, dass sich der Antragsteller entweder hätte anders verteidigen können oder zumindest das Gericht bei ordnungsgemäßer Berücksichtigung des Vorbringens hätte anders entscheiden können (BT-Drucks. 15/3706 S. 18; BGH StraFo 2011, 55; BGH, Urt. v. 31.07.2006 – 1 StR 240/06 bei *Meyer-Goßner/Schmitt* § 356a Rn. 3; HK-GS/*Maiwald/Rackow* § 356a Rn. 4).

7 Die **Entscheidung** des Revisionsgerichts über den Antrag ergeht i.d.R. in Beschlussform und ist gem. § 304 Abs. 4 unanfechtbar und keiner verfassungsgerichtlichen Überprüfung zugänglich (BVerfG NJW 2007, 3563; StraFo 2007, 148). An ihr müssen nicht diejenigen Richter mitwirken, welche an der angegriffenen Entscheidung mitgewirkt haben (BGH NStZ-RR 2002, 100; HK-GS/*Maiwald/Rackow* § 356a Rn. 5; *Meyer-Goßner/Schmitt* § 356a Rn. 8; a. A. AnwK/*Lohse* § 356a Rn. 8).

8 Ist der **Antrag erfolgreich**, also zulässig und begründet, so entspricht die Wirkung der Zurücksetzung des Verfahrens einer Wiedereinsetzung in den vorigen Stand. Dies hat zur Folge, dass **Rechtskraft** und **Vollstreckbarkeit** entfallen aber auch U-Haft und sonstige Anordnungen wieder aufleben (BT-Drucks. 15/3706, S. 18; HK-GS/*Maiwald/Rackow* § 356a Rn. 5; *Meyer-Goßner/Schmitt* § 356a Rn. 10; zur Anordnung des Vollstreckungsaufschubs Rdn. 2). Ggf. ist ganz oder teilw. zugleich mit dem Beschluss oder nach vorheriger Anhörung der anderen Beteiligten nach § 33 Abs. 2, 3 **neu über die Revision zu entscheiden**; abtrennbare Teile könne aufrechterhalten bzw. abgeändert werden (SK-StPO/*Wohlers* § 356a Rn. 13; *Meyer-Goßner/Schmitt* § 356a Rn. 11). Verfahrensrügen dürfen jedoch auch hier **nicht nachgeschoben** werden (HK-GS/*Maiwald/Rackow* § 356a Rn. 5). § 357 ist anwendbar (*Meyer-Goßner/Schmitt* § 356a Rn. 10; vgl. aber *Treber* NJW 2005, 100; zu **Kostenregelungen** vgl. OLG Köln NStZ 2006, 181; OLG Nürnberg NJW 2007, 1013 sowie Nr. 3900 KVGKG.).

§ 357 StPO Revisionserstreckung auf Mitverurteilte.

¹Erfolgt zugunsten eines Angeklagten die Aufhebung des Urteils wegen Gesetzesverletzung bei Anwendung des Strafgesetzes und erstreckt sich das Urteil, soweit es aufgehoben wird, noch auf andere Angeklagte, die nicht Revision eingelegt haben, so ist zu erkennen, als ob sie gleichfalls Revision eingelegt hätten. ²§ 47 Abs. 3 gilt entsprechend.

Übersicht

	Rdn.
A. Zweck und Anwendungsbereich	1
I. Begriff, Reichweite und Sinngehalt der Revisionserstreckung	1
II. Anwendungsbereich	5
B. Die Voraussetzungen der Revisionserstreckung im Einzelnen	9
I. Aufhebung des angefochtenen Urteils	9
II. Urteilsaufhebung zugunsten des Revidenten und des Nichtrevidenten	10
III. Zusammenhang der Verurteilungen	15
IV. Gesetzesverletzung bei Anwendung des Strafrechts	21
1. Gesetzesänderungen	23
2. Verfahrensfehler	26
C. Die Entscheidung des Revisionsgerichts	27
I. Zwingende Anwendung	27
II. Aufhebungswirkung	29
III. Prozessuale Rechte im neuen Verfahren	31
IV. Wiederaufleben sonstiger Anordnungen (Satz 2 i.V.m. § 47 Abs. 3)	32

A. Zweck und Anwendungsbereich. I. Begriff, Reichweite und Sinngehalt der Revisionserstreckung. § 357 ist dem Gedanken der materiellen Gerechtigkeit verpflichtet und steht im Spannungsverhältnis zur Rechtssicherheit (HK-GS/*Maiwald/Rackow* § 357 Rn. 1). Die sog. »Revisionserstreckung« trägt **Ausnahmecharakter**, denn sie führt im Ergebnis zu einer Durchbrechung der Rechtskraft zugunsten der materiellen Gerechtigkeit. § 357 (früher § 397) wurde erst während der parlamentarischen Beratungen in den StPO-Entwurf eingefügt (dazu *Haase* GA 1956, 273; näher auch LR/*Franke* § 357 Rn. 1). Die Vorschrift begrenzt die Wirksamkeit der Teilrechtskraft in beachtlicher Weise, und zwar gerade bei der »**vertikalen**« Teilrechtskraft (Urteil gegen einen Mitangeklagten rechtskräftig, gegen den andern noch rechtshängig), wo das die einzelnen Urteilsbestandteile zusammenhaltende Merkmal am schwächsten ist. Solange die Teilrechtshängigkeit besteht, ist auch der nicht mehr rechtshängige Teil nicht endgültig erledigt, sondern noch in loser Weise »**anhängig**« (RGSt 68, 426; 71, 252). Daher ist die Teilrechtskraft soweit § 357 anwendbar ist, auflösend bedingt (vgl. *Meyer-Goßner/Schmitt* § 357 Rn. 1). 1

2. Die **Reichweite** der auflösenden Bedingtheit der Teilrechtskraft ist eine Frage der Auslegung des § 357. Über sie herrscht in vieler Hinsicht Uneinigkeit, nicht zuletzt deshalb, weil man die zunächst einmal systematische Ausnahme unter Vorwegnahme des Ergebnisses vielfach von vornherein verkürzt, indem man § 357 als im konkreten Fall eng auszulegende Ausnahmevorschrift deklariert (vgl. BGH NJW 1955, 1935; JR 1964, 271; OLG Hamm NJW 1957, 392; OLG Oldenburg NJW 1957, 1450; OLG Stuttgart NJW 1970, 66; *Meyer-Goßner/Schmitt* § 357 Rn. 1), obgleich der Ausnahmecharakter in Bezug auf die Anwendung einer Rechtsnorm immer erst das Ergebnis einer Auslegung sein kann. Der für die Auslegung maßgebliche Gesichtspunkt ist insoweit neben der Einbuße an Rechtssicherheit der Umstand, dass »über den Kopf des Mittäters« hinweg (BGHSt 20, 77) die Rechtskraft beseitigt werden kann, was jedenfalls theoretisch mit der Subjektstellung des Angeklagten kollidiert (vgl. SK-StPO/*Wohlers* § 357 Rn. 7 ff.). Da sich eine Rechtskraftdurchbrechung verfahrenstheoretisch nur zugunsten des Mitangeklagten auswirken kann, dürfte der insoweit maßgebliche Gesichtspunkt die mögliche Verfahrensverlängerung sein. Reformvorschläge setzen daher berechtigterweise einerseits an einem Zustimmungserfordernis, zumindest aber an einer Anhörung des Nichtrevidenten an (*Bayer* FS Meyer-Goßner [2001], S. 665; *Wohlers/Gaede* NStZ 2004, 9) oder der Schaffung einer Wiederaufnahmemöglichkeit für den Nichtrevidenten im Fall des Freispruchs für die mitbeteiligten Rechtsmittelführer an (*Benninghoven* Revisionserstreckung auf Mitverurteilte, 2002; *Meyer-Goßner/Schmitt* § 357 Rn. 1 m.w.N.) – insoweit wäre allerdings bei tateinheitlicher wie auch bei tatmehrheitlicher Verurteilung auf die Reduzierung des Strafmaßes durch die weggefallene Vorschrift abzustellen. Mit Blick auf das moderne Verständnis der Subjektstellung des Angeklagten beachtenswert erscheint daher auch und nicht zuletzt vor dem Hintergrund weiterer Verfahrenskosten die Erwägung, dass einem verurteilten Mitangeklagten nicht die Möglichkeit genommen werden solle, »sich mit einem Urteil zufriedenzugeben« (so LR/*Franke* § 357 Rn. 1, 2). 2

Der **Sinngehalt** des § 357 ist zu vage festgelegt, wenn man als sein Ziel die Durchsetzung der »wirklichen Gerechtigkeit« durch Vermeidung das Rechtsgefühl verletzender Ungleichheiten bestimmt (so aber RGSt 6, 259; 16, 420; 68, 20; 71, 252; OGH 2, 61; BGH 12, 335 [341]; 24, 210; NJW 1958, 560; bei MDR [H] 1979, 108; *Roxin* § 54 K 2b). Denn (zum Folgenden vgl. KMR/*Sax* [vorh. Auflage Rn. 1] und folgend in der Vorauf. KMR/*Paulus* Rn. 4) der Gerechtigkeitsverletzungen durch Verschiedenbeurteilung derselben Vorgänge in verschiedenen Verfahren verschiedener Gerichte sind viele möglich, ohne dass § 357 sie auch bei weitester Auslegung alle erfassen könnte und sollte; sie beruhen auf allgemein-menschlicher Unzulänglichkeit und sind um der Rechtssicherheit willen hinzunehmen, soweit nicht im Einzelfall allgemeine oder besondere Abhilfemöglichkeiten bestehen und erfolgreich ergriffen werden können (KG Berlin JR 1956, 308 [309]). § 357 kann daher nur bestimmte Gerechtigkeitsverletzungen meinen. Aber das **Auswahlprinzip** ist nicht die Gerechtigkeit selbst, da sie unteilbar, nicht qualitativ oder quantitativ abstufbar ist; es liegt vielmehr in dem **Ärgernis**, dem »peinlichen Eindruck« (Beratungen der Gesetzgebungskommission, vgl. RGSt 6, 259), das bzw. der entstände, wenn die Revisionswirkung auf den Nichtrevidenten nicht erstreckt würde. Dafür kann nicht genügen, dass die Nichterstreckung ein Gerechtigkeitsverstoß wäre, der stets einen »schlechten Eindruck« macht. »Peinlich« i.d.S., d.h. unvertretbar, wird er erst, wenn die Berücksichtigung der Belange des Nichtrevidenten von Amts wegen angesichts ihrer äußeren und inneren Verknüpfung mit den Belangen 3

§ 357 StPO Revisionserstreckung auf Mitverurteilte

des Revidenten sich äußerlich greifbar geradezu aufdrängt und diese Berücksichtigung sich auch nach den Formen der Verfahrensgestaltung mühelos bewerkstelligen lässt. Es erweist sich insoweit, dass das tradierte Argument des zu vermeidenden »peinlichen« Eindrucks nicht nur einem in gewisser Weise patriarchalischen Justizverständnis entspringt, sondern v.a. eine Chiffre darstellt für die eigentlichen Gründe (klarstellend LR/*Franke* § 357 Rn. 2).

4 § 357 **dient** daher gar **nicht** in erster Linie dem **Nichtrevidenten** durch gerechte Korrektur der ihm schädlichen Folgen unterlassener Revisionseinlegung, was die vielfach formulierten Bedenken in Bezug auf die »Wohltat von recht zweifelhafter Art« nur deutlich machen (*Meyer-Goßner/Schmitt* § 357 Rn. 1; LR/*Franke* § 357 Rn. 2 f.). Der Mitangeklagte wird die Erstreckungswirkung des § 357 gar nicht immer als Gunst empfinden (vgl. BGHSt 20, 77). Die Norm dient vielmehr **sondern der Rechtspflege insgesamt** (vgl. KK/*Gericke* § 357 Rn. 1). Im Vordergrund steht in abstracto die Idee der materiellen Gerechtigkeit, aber auch das in der Herstellung von Rechtseinheitlichkeit liegende Ziel der Revisionsrechtsprechung. Das, was als »peinlicher Eindruck« in der Sache die Aufrechterhaltung einer äußerlich greifbaren, mühelos vermeidbaren Gerechtigkeitsverletzung nur aus formalem Grund ist, kann überhaupt nur dann korrekturbedürftig sein, wenn der Nichtrevident ggü. dem Beschwerdeführer unter den gegebenen Voraussetzungen schlechter behandelt wird; insoweit begünstigt § 357 ihn natürlich zugleich (vgl. Rdn. 12). Andererseits gilt § 357 formal unabdingbar auch dann, wenn der Nichtrevident mit dem tatgerichtlichen Urteil sich zufriedengeben wollte (BGHSt 20, 77; Rdn. 12, 29). § 357 kann, da er nur Verletzungen des materiellen Rechts erfasst, auch nicht als Kompensation zu den extrem hohen formalen Anforderungen an die Erhebung und Begründung einer Verfahrensrüge angesehen werden. Diese Sinngrenzen des § 357, die ihn, wie jetzt feststeht, in der Tat zu einer systematischen »Ausnahmevorschrift« machen, bestimmen die Lösung seiner Einzelprobleme. Dies dürfte im Bereich der Strafzumessung am deutlichsten werden. Denn hier ist der individuelle Mitangeklagte maßgeblicher Bezugspunkt (zutr. LR/*Franke* § 357 Rn. 3). Richtig erscheint i.Ü. der vom 5. Senat eingeschlagene Weg (BGH NJW 2005, 374; BGH JR 2008, 339). Demnach sei aus Art. 103 Abs. 1, Art. 20 Abs. 3 GG i.V.m. Art. 6 Abs. 1 Satz 1 EMRK eine Pflicht zur Anhörung des Nichtrevidenten ableitbar. So könnte dieser im Ergebnis eine Erstreckungsentscheidung gegebenenfalls durch seinen Widerspruch verhindern (näher LR/*Franke* § 357 Rn. 3; vgl. auch *Basdorf* FS Meyer-Goßner, S. 674; *Wohlers/Gaede* NStZ 2004, 9; *Meyer-Goßner/Schmitt* § 357 Rn. 1a).

5 **II. Anwendungsbereich.** Eine **Erstreckung scheidet daher aus**, wenn der wegen **mehrerer** selbstständiger **Taten** verurteilte **einzige Angeklagte** (oder nur ein Angeklagter) nur gegen die Verurteilung wegen einer oder einiger Taten Revision eingelegt hat und die nunmehr feststehende Gesetzesverletzung auch bei der nicht angegriffenen Verurteilung unterlaufen ist. Die gegenteilige Ansicht (OLG Neustadt GA 1954, 252) **überdehnt § 357 zu einer allgemeinen Gerechtigkeitsnorm**, die er nicht ist (s. Rdn. 3). Denn die Vorschrift soll keineswegs schlechthin ermöglichen, aus Anlass eines beschränkten Rechtsmittels des Angeklagten umfassende Gerechtigkeitskorrekturen von Amts wegen vorzunehmen, insbesondere etwa die dem Angeklagten schädlichen Folgen unterlassener oder ungeschickter Urteilsanfechtung von Amts wegen auszugleichen. Gleiches gilt im **Beschwerdeverfahren** (LR/*Franke* § 357 Rn. 4; Radtke/Hohmann/*Nagel* § 357 Rn. 2; OLG Hamm MDR 1973, 1042 zu § 464 Abs. 3 Satz 1; vgl. auch KK/*Gericke* § 357 Rn. 23; *Meyer-Goßner/Schmitt* § 357 Rn. 2; a. A. HK/*Temming* § 357 Rn. 2; OLG Bremen NJW 1958, 432 = JR 1958, 189 m. Anm. *Eb. Schmidt* für die Beschwerde gegen Berichtigung eines Eröffnungsbeschlusses); und im **ehrengerichtlichen** Verfahren (BGHSt 37, 361).

6 Nach ganz h.M. ist § 357 im **Berufungsverfahren** nicht entspr. anwendbar (KG Berlin JR 1956, 308 m. zust. Anm. *Sarstedt*; OLG Oldenburg DAR 1955, 170; OLG Hamm NJW 1957, 392; OLG Düsseldorf OLGSt § 318 Satz 27 [29]; *Haase* NJW 1956, 1003; *Schmidt* SchlHA 1962, 287; *Eb. Schmidt* II 12; LR/*Franke* § 357 Rn. 4; KK/*Gericke* § 357 Rn. 23; *Meyer-Goßner/Schmitt* § 357 Rn. 2; Radtke/Hohmann/*Nagel* § 357 Rn. 2; HK/*Temming* § 357 Rn. 2; vgl. OLG Stuttgart NJW 1970, 66). Dafür streitet zunächst die systematische Stellung des § 357. Dies erscheint im Hinblick auf Verfahrenshindernisse jedoch zu eng, da insoweit der Gedanke materieller Gerechtigkeit als allgemeiner Rechtsgrundsatz leitend sein soll (vgl. Rdn. 3; zu weit aber LG Bonn MDR 1947, 36; LG Essen NJW 1956, 602).

7 Soweit § 357 nach neuerer Auslegung die Revisionserstreckung auch bei nachträglicher Feststellung von **Prozesshindernissen** gebietet (Rdn. 24–25), überträgt er auf den Fall der gemeinsamen, teils rechtskräftigen, teils angefochtenen Verurteilung **mehrerer** Angeklagter einen für die teilrechtskräftige Ver-

urteilung **eines** Angeklagten entwickelten Prozessgrundsatz (vgl. Rdn. 21), der auch im Berufungsverfahren gelten muss (zur h.M. dagegen LR/*Franke* § 357 Rn. 4, 14). Es wäre unverständlich, wenn zwar das Revisionsgericht, nicht aber das Berufungsgericht bei der von Amts wegen erfolgten Feststellung eines für alle Angeklagten gleichen Prozesshindernisses das Urteil (das Verfahren), auch soweit es den Nichtanfechtenden betrifft, aufheben (einstellen) könnte. Es wäre auch unerträglich, weil die Schlechterbehandlung des Mitangeklagten, der nicht Berufung eingelegt hat, ohne prozessuale Schwierigkeiten **vermeidbar** ist. Denn anders als bei materiell-rechtlichen Verstößen (Rdn. 8) ist hier auch für das Berufungsgericht das Rechtsmittel des einen Mitangeklagten **nur der Anlass** für eine von Amts wegen durchzuführende Prüfung der Prozessvoraussetzungen und Entscheidung über die Zulässigkeit des ganzen Verfahrens, auch soweit es den anderen Mitangeklagten angeht. Das Gesetz selbst konnte der Gleichheit dieser prozessualen Lagen im Berufungs- und Revisionsverfahren durch entspr. Vorsorge auch für das Berufungsverfahren nicht Rechnung tragen, da die Lehre von den Prozessvoraussetzungen z.Zt. seines Erlasses noch nicht entwickelt war (vgl. RGSt 68, 18). In seiner modernen Ausdehnung auf Gesetzesverletzung durch Nichtbeachtung von Prozesshindernissen sollte daher § 357 auch im Berufungsverfahren entspr. **anwendbar** sein. Allerdings fragt sich, ob dieser Begründung in Bezug auf die Berufung entgegengehalten werden könnte, dass der zunehmend als Prozesssubjekt verstandene Angeklagte (vgl. SK-StPO/*Wohlers* § 357 Rn. 8 ff.) nicht gehindert ist, sein prozessuales Gestaltungsrecht durch Einlegung eines weiteren Rechtsmittels – der Revision – auszuüben, sofern er selbst das Berufungsurteil als i.S.d. § 357 fehlerhaft ansieht. Dem ist durch eine stärkere Betonung des Subjektbezuges Rechnung zu tragen, bspw. durch eine Zustimmung (vgl. Rdn. 4). Damit relativiert sich die Bedeutung des Streits in praktischer Hinsicht.

Eine Erstreckung kommt demgegenüber auf keinen Fall in Betracht, wenn das Urteil auf Berufung nur **8** eines Mitangeklagten wegen Verletzung des **materiellen Rechts** aufgehoben wird: unterbleibt hier eine Erstreckung der Aufhebungswirkung auf den anderen Mitangeklagten, so ist die Entscheidung zwar widersprüchlich, aber nicht unerträglich, da sie **nicht ohne Weiteres vermeidbar** ist. Das Berufungsgericht kann sich nicht auf die Nachprüfung der Gesetzesanwendung durch das Erstgericht beschränken, sondern seine Tätigkeit ist, wenn auch mehrfach abgeschwächt, durch das Prinzip der **Neuverhandlung** bestimmt. Jede sachliche Entscheidung des Berufungsgerichts setzt die Bildung einer neuen, eigenen Überzeugung über die Schuld oder Nichtschuld des Angeklagten voraus, auch wenn der Sachverhalt i.E. derselbe bleibt. Eine solche Überzeugung aber in Bezug auf einen Angeklagten zu bilden, der mangels Berufungseinlegung als Prozesssubjekt nicht anwesend sein kann und darf, verstieße gegen Mündlichkeitsprinzip und Unmittelbarkeitsgebot. Die Feststellung, ob und wieweit gerade im Hinblick auf die hier erörterte Prozesslage eine Ausnahme – etwa in Anlehnung an § 371 – möglich wäre, ist Aufgabe des Gesetzgebers. Im Fall des Verstoßes gegen das **materielle Strafrecht** ist daher § 357 **im Berufungsverfahren nicht** analog **anwendbar** (vgl. zu diesem Punkt OLG Frankfurt a.M. NStZ-RR 2004, 74).

B. Die Voraussetzungen der Revisionserstreckung im Einzelnen. I. Aufhebung des angefochtenen Urteils.

9 Voraussetzung ist eine Aufhebung des (angefochtenen) Urteils (§ 353 Abs. 1) durch Urteil (§ 349 Abs. 5) oder Beschluss (§ 349 Abs. 4) des Revisionsgerichts (BGHSt 24, 208 [213]; OLG Celle NJW 1969, 1977; OLG Düsseldorf NJW 1986, 2266). Dabei kann es sich auch um eine **Teilaufhebung** handeln, z.B. im Strafausspruch (BGHSt 21, 66; BGH NStZ 1981, 298; BGH, Urt. v. 17.12.1953 – 3 StR 370/53) oder zur Nachholung einer Entscheidung nach § 51 oder § 55 StGB (BGH MDR [D] 1973, 730). Ebenso kommt eine zur Teilaufhebung führende **Schuldspruchberichtigung** (BVerfG NStZ 2004, 273; § 354 Rdn. 53) oder eine **Einstellung** nach § 206a in Betracht (RGSt 68, 18 = JW 1934, 773 m. Anm. *Schwinge*; RGSt 71, 252; 72, 25; BGHSt 10, 141; 24, 208; HK/*Temming* § 357 Rn. 5; LR/*Franke* § 357 Rn. 6 ff.; vgl. Rdn. 21, 24 ff.). **Nicht anwendbar** ist § 357 auf die Einstellung nach § 154 und die Beschränkung nach § 154a (BGH NStZ-RR 2002, 103)

II. Urteilsaufhebung zugunsten des Revidenten und des Nichtrevidenten.

10 Die Urteilsaufhebung erfolgt **zugunsten** (= zumindest teilweise, vgl. BGH, Urt. v. 29.10.1996 – 4 StR 414/96 bei *Meyer-Goßner/Schmitt* § 357 Rn. 6; noch »zumindest überwiegend« vgl. RGSt 71, 215; HRR 1939 Nr. 536; KG Berlin JW 1937, 54) des **Revidenten**, auch wenn dieser nicht selbst, sondern z.B. zu seinen Ungunsten die StA (RG 16, 418; 33, 378 [380]) oder der Privat- bzw. Nebenkläger (BGH LM Nr. 2; *Haase*

GA 1956, 274) Revision eingelegt hat und das RM sich zu seinen Gunsten **auswirkt** (§ 301; vgl. KK/ *Gericke* § 357 Rn. 3; HK-GS/*Maiwald*/*Rackow* § 357 Rn. 7).

11 Ebenso erfolgt die Aufhebung zugunsten der **Nichtrevidenten**. Dazu **gehören** auch **Mitangeklagte** deren rechtzeitige Revision (§ 341) wegen Nichtbeachtung der §§ 344, 345 nach § 346 oder § 349 Abs. 1 **verworfen** worden ist (BGHR § 338 Nr. 7 Entscheidungsgründe 2; RGR 6, 557; RG 40, 220; BGH, Urt. v. 23.09.1952 – 1 StR 398/52, insoweit nicht in MDR 1953, 54; BayObLG DRiZ 1928 Nr. 601; OLG Zweibrücken wistra 1987, 268; OLG Düsseldorf JR 1983, 479), sowie diejenigen Mitangeklagten, die auf Revision **verzichtet** (OLG Hamburg JW 1937, 3152; vgl. zu Revision nach § 55 JGG OLG Koblenz StV 2009, 90), sie **zurückgenommen** (BGH NJW 1958, 560; OLG Stuttgart Justiz 1996, 186 f. Sprungrevision) oder auf bestimmte Beschwerdepunkte **beschränkt** haben (§ 344 Rdn. 5; BGH NJW 1954, 441; differenzierend aber insoweit ebenso LR/*Franke* § 357 Rn. 11).

12 Nimmt man den Gedanken der materiellen Gerechtigkeit ernst, so muss dies auch für solche Mitangeklagten gelten, die deshalb »nicht Revision eingelegt« haben, weil sie keine Revision einlegen konnten (a. A. die h.M. BGHSt 51, 34; KG Berlin JW 1937, 54, 769; LR/*Franke* § 357 Rn. 11, 13; HK-GS/ *Maiwald*/*Rackow* § 357 Rn. 8; *Meyer-Goßner*/*Schmitt* § 357 Rn. 7; SK-StPO/*Wohlers* § 357 Rn. 8 ff., 23 ff.; HK/*Temming* § 357 Rn. 3), wie z.B. ein zusammen mit einem Erwachsenen verurteilter Jugendlicher nach § 55 **Abs. 2** JGG (so auch *Altenhain* NStZ 2007, 283; *Prittwitz* StV 2007, 52; *Swoboda* HRRS 2006, 376; *Bender* § 55 JGG Anm. 57; *Brunner*/*Dölling* § 55 JGG Rn. 16; MDR [D] 1963, 539; *Eisenberg* § 55 JGG Rn. 69; *Mohr* JR 2006, 500; *Prittwitz* StV 2007, 52; *Swoboda* HRRS 2006, 376; zur Reform des § 55 JGG vgl. *Momsen* ZJJ 2004, 49). Dies bedeutet eine unter dem Topos materieller Gerechtigkeit schwer begründbare Schlechterbehandlung eines Jugendlichen und läuft zudem dem Schutzzweck des § 357 zuwider. Normlogisch spricht der Charakter des § 357 als Ausnahmeregelung weder für noch gegen eine Einbeziehung der bspw. nach § 55 Abs. 2 von der Revisionseinlegung ausgeschlossenen Angeklagten. Systematisch besteht indes insoweit eine Vergleichbarkeit zu dem von § 357 direkt umfassten Personenkreis, in beiden Fällen – anders als bei den durch Berufungsurteil beschwerten – nicht die Möglichkeit der Einlegung eines weiteren ordentlichen Rechtsbehelfs gegeben ist, sodass eine Korrektur von Amts wegen unter den materiellen Voraussetzungen des § 357 gleichermaßen geboten erscheint. Auch insoweit sollte allerdings die Subjektstellung des Angeklagten entscheidend berücksichtigt werden.

13 Die Wirkung des § 357 kommt nur dem Angeklagten zugute, der mit der **Revision Erfolg gehabt hätte**, wenn er sie mit ders. Begründung wie der Beschwerdeführer **form- und fristgerecht** eingelegt hätte.

14 **Unanwendbar** ist § 357, wenn das Verfahren schon **vor Erlass** des mit der Revision angefochtenen Urteils – z.B. wegen verspäteter Einlegung des Einspruchs gegen einen Strafbefehl bzw. Bußgeldbescheid oder der Berufung gegen ein AG-Urteil – **rechtskräftig** abgeschlossen war (OLG Celle NJW 1954, 1498; OLG Schleswig SchlHA 1988, 118; OLG Frankfurt NStZ-RR 2004, 13; BayObLGSt 1953, 34; *Haase* GA 1956, 279; vgl. auch Rdn. 15), oder **zweifelhaft** ist, ob die Urteilsaufhebung sich (überwiegend) zugunsten des Angeklagten auswirkt (BGH, Urt. v. 07.11.1953 – 5 StR 453/53; *Haase* GA 1956, 274 [288]; a. A. LR/*Meyer* [23. Aufl.] § 357 Rn. 24); allerdings muss ein Zweifel, ob gegen den Nichtrevidenten eine mildere Strafe verhängt werden wird, dabei außer Betracht bleiben, weil Erwägungen tatsächlicher Art dem Revisionsgericht nicht zustehen (*Eb. Schmidt* II 4 gegen RGSt 3, 283; vgl. auch *Meyer-Goßner*/*Schmitt* § 357 Rn. 6).

15 **III. Zusammenhang der Verurteilungen.** Zwischen den Verurteilungen muss ein **äußerer Zusammenhang** bestehen. Die mehreren Angeklagten müssen durch **dasselbe Urteil**, das Gegenstand der Revision ist, verurteilt sein (*Roxin* § 54 K 1b). Denn nur dann besteht ein äußerer Zusammenhang zwischen den Verurteilungen, der ihre vermeidbaren Verschiedenbehandlung bzw. das Gerechtigkeitsdefizit äußerlich greifbar macht. **Daran fehlt es** wenn der **Nichtrevident** bei der Revision eines Mitangeklagten gegen ein Berufungsurteil bereits das AG-Urteil **nicht mit Berufung angefochten** hatte (RG Recht 1910 Nr. 822; JR Rspr. 1926 Nr. 1799; OLG Celle NJW 1954, 1498; OLG Oldenburg DAR 1955, 171; OLG Stuttgart NJW 1970, 66; a. A. OLG Hamburg JW 1931, 2525 m. abl. Anm. *Oetker*) oder eine nach **§ 329 Abs. 1 verworfene Berufung** eingelegt hat (OLG Schleswig SchlHA 1988, 118; RG JW 1926, 1219 m. abl. Anm. *Stern*). Denn insoweit ist die erneute Tatsacheninstanz ein ausreichender Differenzierungsgrund. Dies gilt auch, wenn der Nichtrevident seine erfolglose Berufung schon auf das Strafmaß **beschränkt** hatte und das Revisionsgericht nur den Schuldspruch des Beru-

fungsurteils aufhebt (OLG Frankfurt NStZ-RR 2004, 13; RG JW 1930, 2573; OLG Oldenburg DAR 1955, 171; *Haase* GA 1956, 279; vgl. auch HK-GS/*Maiwald/Rackow* § 357 Rn. 4; *Meyer-Goßner/Schmitt* § 357 Rn. 12; SK-StPO/*Wohlers* § 357 Rn. 26).

§ 357 verlangt daneben einen **inneren Zusammenhang**. Gemeint ist, dass sich das Urteil, soweit es aufgehoben wird, auf andere Angeklagte »erstreckt«, d.h. die **Verurteilungen** auch in einem **inneren** Zusammenhang stehen. Leitendes Kriterium ist die Frage, ob abtrennbare Teile der Tat betroffen sind (HK-GS/*Maiwald/Rackow* § 357 Rn. 5) auf der Grundlage des Tatbegriffs aus § 264 (KK/*Gericke* § 357 Rn. 8). Wann das der Fall ist, bestimmt die h.M. nach prozessualen Gesichtspunkten außerhalb von § 357. Nach ganz überw. Ansicht soll dafür eine Verbindung nur nach § 237 noch **nicht** genügen (RGSt 6, 256 [260]; BGHSt 12, 335 [342]; BayObLGSt 1953, 85; *Eb. Schmidt* Nachtr. I 3; LR/*Franke* § 357 Rn. 18; KK/*Gericke* § 357 Rn. 8 ff.; a. A. *Henkel* JZ 1959, 692), **wohl aber** ein Zusammenhang i.S.d. **§ 3** (RGSt 6, 260; 71 [251]; 72, 25; JW 1928, 2265 m. Anm. *Mannheim*; 1929, 2730 m. Anm. *Heimberger*; BayObLGSt 1953, 86; ausreichend, aber nicht erforderlich: BGHSt 12, 342; OLG Köln VRS 21, 449; *Henkel* JZ 1959, 691; *Eb. Schmidt* Nachtr. I 4; *Tappe* S. 41). Schon in RGSt 6, 260; 71 [352] angedeutet, hat sich (insb. seit BGH NJW 1955, 1566; NJW 1983, 2079) jedoch, das sich entscheidende Gewicht auf die **Nämlichkeit der Tat** (§ 264 Abs. 1) verlagert (vgl. BGHSt 12, 341; NJW 1966, 1824; NJW 1983, 2079; BayObLGSt 1953, 86; *Haase* GA 1956, 281; *Henkel* JZ 1959, 692; *Eb. Schmidt* Nachtr. I 5; HK-GS/*Maiwald/Rackow* § 357 Rn. 5; *Meyer-Goßner/Schmitt* § 357 Rn. 13; *Roxin* § 54 K 1b; a. A. *Tappe* S. 46 ff.). Für diese Nämlichkeit könne ein Zusammenhang nach § 3 nur ein Anhalt sein. Sie liege vor, wenn die Beteiligung des einen von der des anderen nicht gelöst werden kann, ohne dass ihr Sinnzusammenhang oder der des Gesamtgeschehens wesentlich gestört wird, und werde gewöhnliche durch Zusammenhänge in der Ausführung der Tathandlungen durch ihren gemeinsamen Erfolg oder durch beides zugleich begründet. Ferner soll genügen beiderseits **fahrlässiges** oder teils vorsätzliches, teils fahrlässiges Zusammenwirken nicht nur **mit-**, sondern auch **neben-** (RGSt 71, 252; HRR 1938 Nr. 497; BayObLGSt 1953, 86) und sogar **gegeneinander**, wie z.B. bei wechselseitigen Beleidigungen (LR/*Franke* § 357 Rn. 19; a.A. OLG Hamm NJW 1957, 392; *Haase* NJW 1956, 1004) oder Unfallverursachung infolge beiderseitiger Fahrlässigkeit zweier Kraftfahrer (BGHSt 12, 335, 343; bei MDR [H] 1979, 108; OLG Köln VRS 21, 449; *Roxin* § 54 K 1b: LR/*Hanack* § 357 Rn. 19; *Fincke* GA 1975, 176; a. A. BayObLGSt 1951, 366; 1953, 88; *Hanack* JZ 1973, 799). Die Auslegung des Begriffs »Nämlichkeit der Tat« dürfe im Bereich des § 357 keine formale sein, da er »aus dem eigenen Sinn des § 357« selbst bestimmt werden müsse (BGHSt 12, 342); der innere Zusammenhang werde daher (entgegen BayObLGSt 1953, 85) auch durch den gemeinsamen Erfolg entgegengesetzt wirkender und daher rechtlich verschieden zu wertender Handlungen der mehreren Angeklagten hergestellt. Allerdings dürfe es sich in keinem Fall um prozessual selbstständige Taten handeln (BGH NStZ 1996, 327; BGHR § 357 Erstreckung 6).

Richtig ist, dass es der Rückwendung zum »eigenen Sinn des § 357« bedarf. Dann ist aber das **Erfordernis der »Nämlichkeit der Tat« zu präzisieren**, da es weder aus Wortlaut noch Sinn des § 357 unmittelbar folgt. Entscheidend ist auf die Unerträglichkeit der vermeidbaren Schlechtbehandlung des mitverurteilten Nichtrevidenten (Rdn. 3) abzustellen.

Der geforderte innere Zusammenhang ist aufgrund des zuvor Ausgeführten einmal gegeben, wenn das ganze Verfahren wegen **Fehlens einer Prozessvoraussetzung** unzulässig ist (vgl. Rdn. 7). Denn für die von Amts wegen zu treffende Feststellung der Verfahrensunzulässigkeit war das Rechtsmittel des Rechtsmittelführers nur Auslösemoment. Für die Erstreckung dieser prozessual gegründeten Urteilsaufhebungswirkung genügt aber die Verurteilung auch des Nichtrevidenten im gleichen fehlerhaften Verfahren, d.h. auch die prozessuale **Verbindung nach § 237** schafft für den Fall dieser Verletzung einer Verfahrensvoraussetzung den für § 357 nötigen inneren Zusammenhang (so auch *Henkel* JZ 1959, 692). § 357 gibt insoweit im Fall einer gemeinschaftlichen Verurteilung **mehrerer** Angeklagter von Gesetzes wegen die gleiche prozessuale Möglichkeit, wie sie Rspr. und Lehre für den Fall der teilrechtskräftigen Verurteilung eines Angeklagten entwickelt haben. Die Einstellung des ganzen Verfahrens, auch soweit es bereits teilrechtskräftig ist, bei Feststellung einer die **Zulässigkeit des ganzen Verfahren bedingenden Prozessvoraussetzung** (näher KMR/*Momsen* § 354 Rn. 18). Entscheidend ist, dass der Anknüpfungspunkt für die Rechtswirkungen des § 357 bei den genannten Prozessvoraussetzungen nicht der prozessuale Verstoß im Verhältnis zu einem Beteiligten ist – dann würde § 357 keine Anwendung finden können –, sondern das insgesamt unzulässige Verfahren (vgl. Rdn. 24).

§ 357 StPO Revisionserstreckung auf Mitverurteilte

19 Bei Aufhebung des Urteils wegen **Verletzung des materiellen Strafrechts** (vgl. Rdn. 21) genügt es dementsprechend für den inneren Zusammenhang der Verurteilungen und damit die Erstreckung der Aufhebungswirkung auf den Nichtrevidenten allerdings **nicht**, dass die Verurteilungen, etwa aufgrund einer Verfahrensverbindung nach § 237, lediglich im gleichen Verfahren ergangen sind. Denn die Erstreckung der prozessualen Wirkung eines **sachlichen** Mangels setzt einen **sachlichen** inneren **Zusammenhang** der prozessual verbundenen Verfahren voraus. Er ist nur gegeben, wenn durch die Aufhebung der Verurteilung des einen Angeklagten aufgrund seiner Rüge der Verletzung des materiellen Strafrechts **auch der Verurteilung des Nichtrevidenten die Grundlage entzogen wird**. Dies ist angesichts des rechtlichen Zusammenhangs der beiden Verurteilungen zu bejahen, weil etwa der Nichtrevident nunmehr als Mittäter ohne Tat, als Teilnehmer ohne Haupttat, als Hehler oder Begünstiger ohne Vortat verurteilt wäre. Ebenso hinsichtlich des tatsächlichen Zusammenhangs, wenn etwa im Fall der Verurteilung wegen gemeinschaftlicher fahrlässiger Tötung auf Rüge des einen Angeklagten das Urteil wegen rechtsfehlerhafter Würdigung des bei beiden gleichartigen Verhaltens als Todesverursachung aufgehoben würde. Dabei ist es gleichgültig, ob die tatsächlich oder rechtlich zusammenhängenden Verurteilungen auf Verletzung desselben Strafgesetzes gestützt sind (BGH NJW 1955, 1566; erg. Rdn. 24 f.). Der Zusammenhang ist aber auch dann zu bejahen, wenn die Mitangeklagten an ein und **derselben Tat** zusammengewirkt haben – wenn auch als **Täter und Gehilfe**, oder bei Verurteilung wegen Bestechung und Bestechlichkeit (RG HRR 1938, 497), wegen fahrl. Herbeiführung eines Verkehrsunfalls für beide Unfallgegner (BGHSt 12, 335; OLG Köln VRS 21, 447) bei **Mord und Nichtanzeige** eines Verbrechens (KK/*Gericke* § 357 Rn. 8; SK-StPO/*Wohlers* § 357 Rn. 34) und u.U. sogar bei **Diebstahl und Hehlerei** oder ähnlichen Konstellationen verschiedener Verletzungshandlungen, die auf dieselbe Gefahrenlage ausgerichtet sind (vgl. BGHSt 31, 348, 357 = NJW 1983, 2097; HK-GS/*Maiwald/Rackow* § 357 Rn. 5; *Meyer-Goßner/Schmitt* § 357 Rn. 13; KK/*Gericke* § 357 Rn. 8). Auch in diesen Fällen würde eine Ungleichbehandlung beider Mittäter der Verurteilung des Nichtrevidenten die Grundlage entziehen, da die der Verurteilung inhärenten Bezüge auf die Verurteilung des Revidenten »ins Leere« laufen würden und damit das Urteil gegen den Nichtrevidenten in vergleichbarer Weise äußerlich unhaltbar werden lassen.

20 Für die Bestimmung des inneren Zusammenhangs gilt daher, dass es neben dem Tatbegriff des § 264 auch darauf ankommt, ob das Urteil gegen den Nichtrevidenten innere Bezüge zu dem aufgehobenen Urteil des Revidenten aufweist, aufgrund derer es – auch in der »Außendarstellung« – keinen selbstständigen Bestand haben kann. Auch diese Auslegung umgrenzt den Anwendungsbereich des § 357 immer noch enger als das Abstellen auf die »Nämlichkeit der Tat«, die die h.M. ausreichen lässt und für deren Abgrenzung sie die §§ 3, 60 Nr. 2 als Anhalte heranzieht (BGH NJW 1955, 1566). Denn die h.M. vermag damit in weiterem Umfang die Fälle in § 357 einzubeziehen, in denen die Verurteilung des Nichtrevidenten trotz Aufhebung der Verurteilung des Mitangeklagten tatsächlich und rechtlich selbstständig fortbestehen kann, aber an demselben oder gleichartigen (vgl. Rdn. 21) sachlichen Rechtsmangel leidet. Der h.M. ist jedoch in Bezug auf die Einbeziehung der Rechtsfolgenseite im Einzelfall zuzustimmen, wenn hier aufgrund der individuellen Zumessungserwägungen eine Forderung nach strenger »Identität« des Fehlers in unzuträglicher Weise dazu führen würde, dass identische Gesetzesverletzungen nicht unter § 357 fallen würden (Rdn. 21 f.). Die notwendige Restriktion ist daher mit den o.g. Erweiterungen in Richtung der von der h.M. vertretenen »Gleichartigkeit« des Fehlers oder dem nahestehenden Kriterium des »spezifischen Zusammenhangs« (LR/*Franke* § 357 Rn. 19) zu orientieren.

21 **IV. Gesetzesverletzung bei Anwendung des Strafrechts.** Die Urteilsaufhebung kommt zunächst gegeben bei jeder Verletzung des **materiellen Strafrechts** (§ 344 Rdn. 30 ff.) in Betracht. Sie muss die Grundlagen des Schuldspruchs betreffen und muss eine für Revidenten und Nichtrevidenten gemeinsame Rechtsbeschwer begründen. Strittig ist, ob diese **denselben Rechtsfehler** (so z.B. RGSt 6, 259; HRR 1934, 1178; *Tappe* S. 29 ff. [39]; w.N. bei *Haase* GA 1956, 296) voraussetzt oder eine für beide nur **gleichartige** (vgl. BayObLG JZ 1963, 565: wenn z.B. für beide Angeklagte die Schuldfähigkeit aus gleichem Grund fehlerhaft bejaht worden ist) **Gesetzesverletzung** (h.M., vgl. RGSt 16, 417 [419]; JW 1935, 125; OGH NJW 1949, 596; BGH 11, 18; LM Nr. 3; BayObLG JZ 1963, 565; OLG Oldenburg NdsRpfl 1947, 133; 1955, 58; OLG Düsseldorf NJW 1986, 2266). Teils lehnt die Rspr. auch bei gleichartigen Rechtsfehlern – etwa infolge Nichtbeachtung des § 56 StGB – die Anwendung von § 357 ab, wenn das Vorliegen der persönlichkeitsbedingten Anwendungsvoraussetzungen die-

ser Vorschrift auch beim Nichtrevidenten zweifelhaft war (BGH NJW 1955, 997 m. Hinw. auf die RG-Rspr. zu § 27b StGB a.F.; vgl. dazu auch die Erwägungen bei BGH, Urt. v. 10.01.2008 – 5 StR 365/07; sowie Rdn. 23).

Die Frage ist falsch gestellt, weil isoliert nicht zu beantworten. Nur ein solcher Rechtsfehler, ob er nun »derselbe« oder der »gleiche« ist, kann für § 357 ausreichen, dessen prozessuale Folge der Urteilsaufhebung **auch der Verurteilung des Nichtrevidenten die Grundlage entzieht**. Das kann bei Urteilsaufhebung wegen Nichtbeachtung von §§ 40 Abs. 2, 56 StGB, sowie bei einer solchen wegen fehlerhaften Rechtsfolgenausspruchs der Fall sein (vgl. *Meyer-Goßner/Schmitt* § 357 Rn. 15 m.w.N.). Entscheidend ist, dass die (unterlassenen) Entscheidungsgründe **nicht nur** auf je unterschiedlichen **persönlichen** Umständen fußen, sondern auch den **sachlichen** Bedingungszusammenhang der Verurteilungen (Rdn. 21) berühren (BGH NJW 1955, 997; vgl. BGH StV 1992, 417, Bewährung; BGHSt 21, 66; BGH NStZ 1981, 298, Einziehung; vgl. auch BGH NStZ-RR 2010, 27 für die Festsetzung des Anrechnungsmaßstabs für erlittene **Auslieferungshaft** auf eine Jugendstrafe; BGH NStZ-RR 2010, 118 für den **Vorwegvollzug** der Strafe vor der Unterbringung gem. § 67 Abs. 2 Satz 3). **§ 357 ist ebenfalls anwendbar**, wenn dem Revisionsgericht wegen fehlender oder mangelhafter Urteilsfeststellungen eine Prüfung nicht möglich ist (OLG Celle NJW 1959, 1648; OLG Köln VRS 21, 447; KG Berlin NStZ 1998, 55: nicht bei gem. § 267 Abs. 4 Satz 3 ergänzungsbed. Urteil; so auch LR/*Franke* § 357 Rn. 21 f.). Dagegen **keine Anwendung** des § 357 bei Nichtprüfung der nur individuell zu bemessenden **Schuldfähigkeit** (§§ 20, 21 StGB) i.d.R. in Betracht kommen (BGH, Urt. v. 09.01.1991 – 4 StR 615/91 bei *Meyer-Goßner/Schmitt* § 357 Rn. 14), es sei denn, eine Strafmilderung allein aufgrund des rechtlichen Fehlers ist ausnahmsweise nicht auszuschließen, da weitgehend parallele Erwägungen anzustellen sind (vgl. BGH NStZ-RR 2003, 204). **Keine Erstreckung** daher mit den vorgenannten Maßgaben im Fall des § 64 StGB (BGH NStZ-RR 2004, 229), des § 67 Abs. 2 StGB (BGH JR 1992, 475 m. abl. Anm. *Funck*) oder bei § 73 StGB (BGH, Urt. v. 10.01.2008 – 5 StR 365/07).

1. Gesetzesänderungen. Eine nach Erlass des angefochtenen Urteils eingetretene **Gesetzesänderung** (§ 354a) steht einer Gesetzesverletzung i.S.d. § 357 in der Sache gleich (OLG Schleswig SchlHA 1950, 196; vgl. auch *Peters* S. 585; *Hanack* JZ 1973, 779; *Roxin* § 54 K 2c; a. A. aber BGH NStZ-RR 2003, 335; BGHSt 41, 6; 20, 77 [78] auf Vorl. von BayObLG 1964, 127; JR 1954, 271; *Haase* GA 1956, 277; *Eb. Schmidt* Nachtr I 2a; *Meyer-Goßner/Schmitt* § 357 Rn. 9; LR/*Franke* § 357 Rn. 14). Denn bei der Frage der materiellen Rechtsanwendung kommt es nicht allein darauf an, ob das TatG das Recht – schuldhaft oder nicht schuldhaft – richtig angewendet hat, sondern auch darauf, ob die abschließende Entscheidung des TatG durch das Revisionsgericht aus Rechtsgründen bestätigt werden kann. Solange und soweit das Verfahren noch irgendwie anhängig ist, muss das Revisionsgericht eine inzwischen eingetretene Rechtsänderung – auch zugunsten des Nichtrevidenten – berücksichtigen. Dasselbe gilt für neues Auslegungsrecht (§ 354a Rdn. 6), für gesicherte neue (natur-) wissenschaftliche Erkenntnisse und neue allgemeinkundige Tatsachen (vgl. § 358 Rdn. 15) sowie für die Nichtigerklärung von Gesetzesnormen durch das BVerfG (*Hamm* FS Hanack [1999], S. 382 dagegen die h.M., vgl. BGHSt 41, 6; HK/*Temming* § 357 Rn. 8).

Rspr. und Lehre (vgl. Rdn. 18) dehnen die Anwendung des § 357 zutr. (dazu überzeugend RGSt 68, 18) auf den Fall aus, dass ein **Prozesshindernis** übersehen worden ist und das Verfahren daher aus Anlass der Revisionsrüge eines Angeklagten eingestellt werden muss. Damit wird das prozessuale Grundprinzip, dass Verfahrenshindernisse in jeder Prozesslage von Amts wegen zu berücksichtigen sind (§ 206a Rdn. 1) und auch bei teilrechtskräftiger Verurteilung **eines** Angeklagten noch zur Einstellung des ganzen Verfahrens führen müssen, von Gesetzes wegen auch auf den Fall der teils rechtskräftigen, teils angefochtene Verurteilung **mehrerer** Angeklagter durch ein- und dasselbe Urteil anwendbar gemacht (Rdn. 18). Entscheidend ist, dass das Prozesshindernis über den Revidenten hinaus auf das gesamte Verfahren Einfluss hat (vgl. dazu BayObLG wistra 1998, 275; BGH StV 2004, 61: Anklage u. Eröffnungsbeschluss; BGH NStZ 1998, 477, Antrag im Verfahren nach §§ 403 ff.).

§ 357 gilt aber auch dann, wenn das Prozesshindernis (z.B. Amnestie, Strafantragszurücknahme) erst **nach** Eintritt der **Rechtskraft** des Urteils gegen den Nichtrevidenten entstanden ist (RGSt 68, 427; LR/*Franke* § 357 Rn. 15; a. A. BGH NJW 1952, 247; OLG Hamburg JW 1937, 3152 m. zust. Anm. *Schafheutle*; *Haase* GA 1956, 277; HK-GS/*Maiwald/Rackow* § 357 Rn. 3; *Meyer-Goßner/Schmitt* § 357 Rn. 10). Denn wie die materiell-rechtliche Grundlage (§ 354a; vgl. oben Rdn. 23), so hat das Revisionsgericht auch die Zulässigkeit des **ganzen** Verfahrens nach Rechtslage z.Zt. seiner Entscheidung zu beurteilen. Die Urteilsrechtskraft gegen den Nichtrevidenten hindert nicht, die Aufhebungswirkung auf ihn zu erstrecken, da sie ja im Rahmen des § 357 »auflösend bedingt« ist (Rdn. 1 a.E.) ist.

26 2. **Verfahrensfehler.** Dagegen ist § 357 **nicht anwendbar** bei Urteilsaufhebung wegen eines sonstigen (d.h. nicht von Amts wegen zu prüfenden), auch den Nichtrevidenten berührenden **Verfahrensfehlers**, selbst wenn er ein absoluter Revisionsgrund nach § 338 ist (BGH NStZ-RR 2009, 366; RGSt 20, 93; 68, 18 = JW 1934, 773 m. abl. Anm. *Schwinge*; BGHSt 17, 1179; BGH JR 1954, 271; OLG Hessen JR 1949, 514; *Henkel* JZ 1959, 691; *Eb. Schmidt* Nachtr. I 2; LR/*Franke* § 357 Rn. 16; HK-GS/*Maiwald/Rackow* § 357 Rn. 3; *Roxin* § 54 K 2a; *Dahs* Rn. 634; a. A. RG JW 1926, 2259 m. abl. Anm. *Oetker*). Verfahrensverstöße sind **nur auf Rüge** zu berücksichtigen.

27 **C. Die Entscheidung des Revisionsgerichts. I. Zwingende Anwendung.** Das Revisionsgericht hat **von Amts wegen** die Voraussetzungen des § 357 zu prüfen und ggf. die Vorschrift auch gegen den Willen des de lege lata – weder am Verfahren zu beteiligenden noch anzuhörenden (zu Reformvorschlägen vgl. Rdn. 1 ff.) – Nichtrevidenten anzuwenden. Eine versehentlich unterlassene Entscheidung gem. § 357 ist nachzuholen (BGH StV 2002, 12; RG LZ 1924, 42; *Meyer-Goßner/Schmitt* § 357 Rn. 16). Zur Entscheidung bei **Zweifeln**, ob die Aufhebung sich **zugunsten** des Angeklagten auswirkt (vgl. Rdn. 14).

28 Bei seiner Prüfung hat das Revisionsgericht die zwingende Anwendung des § 357 dahin gehend zu berücksichtigen, dass es, sofern verschiedene Rügen durchgreifen, nicht nach dem i.Ü. geltenden prozessökonomischen Prinzip zu verfahren und die Aufhebung allein auf diejenige Rüge zu stützen hat, welche offensichtlich begründet ist. Vielmehr muss es auf die Belange des Nichtrevidenten in der Weise Rücksicht nehmen, dass jedenfalls alle Rügen, die diesen i.S.d. § 357 mit betreffen, erörtert werden (*Basdorf* FS Meyer-Goßner [2001], S. 670; *Benninghoven* Die Revisionserstreckung auf Mitverurteilte, 2002, S. 58 ff.; *Haase* GA 1956, 278; HK-GS/*Maiwald/Rackow* § 357 Rn. 10).

29 II. **Aufhebungswirkung.** Obgleich zu erkennen ist, als ob der Nichtrevident »gleichfalls Revision eingelegt hätte«, kann er dieser Wirkung **nicht** etwa durch **Rechtsmittel-Zurücknahme** (§ 302) vor Beginn der neuen Hauptverhandlung (und zwar ohne Zustimmung des Gegners, da es für ihn die 1. Hauptverhandlung im Rechtsmittelverfahren wäre, vgl. § 303 Rdn. 4; HK-GS/*Momsen* § 303 Rn. 3) entgehen, selbst wenn er eine Neuverhandlung angesichts ihrer Unannehmlichkeiten, ihres unsicheren oder geringen zu erwartenden Erfolgs, der neuen Kosten usw. lieber vermeiden sähe; denn es ist nicht sein Rechtsmittel. Wie dargestellt dient nach tradierter Auffassung § 357 nicht ausschließlich oder auch nur in 1. Linie den Belangen des Nichtrevidenten, sondern zugleich abstrakten Gerechtigkeit und auch der Bewährung der Rechtspflege (Rdn. 3). Das Bemühen um Verwirklichung der »wahren Gerechtigkeit« muss der Betroffene demnach hinnehmen, selbst wenn es ihm unangenehm ist (vgl. BGH NStZ-RR 2005, 53), tritt aber in einen problematischen Konflikt zur Subjektstellung des Angeklagten (näher Rdn. 3 f.).

30 Auch für den Nichtrevidenten gilt **§ 358 Abs. 2** (RGSt 70, 231; 72, 26). Im Fall seiner erneuten Verurteilung wird eine bereits **verbüßte Strafe** angerechnet (RGSt 40, 220; JW 1929, 1007). Im Fall einer erneuten Verurteilung hat er nach (insoweit probl. – vgl. Rdn. 1) h.M. auch die Verfahrenskosten zu tragen, § 465 (KK/*Gericke* § 357 Rn. 19; SK-StPO/*Wohlers* § 357 Rn. 40; *Meyer-Goßner/Schmitt* § 357 Rn. 17).

31 III. **Prozessuale Rechte im neuen Verfahren.** Da nach Aufhebung und Zurückverweisung der Sache auch zugunsten des Nichtrevidenten das Verfahren für ihn uneingeschränkt wieder anhängig ist, stehen ihm alle prozessualen Möglichkeiten, auch die der **Anfechtung des neuen Urteils**, erneut zur Verfügung.

32 IV. **Wiederaufleben sonstiger Anordnungen (Satz 2 i.V.m. § 47 Abs. 3)** Nach dem durch das 1. JuMoG eingeführten Satz 2 i.V.m. § 47 ist der Nichtrevident nicht nur verpflichtet, an der HV teilzunehmen, es leben auch U-Haft-Befehle und sonstige gegen ihn gerichtete Anordnungen wieder auf; die tatsächlichen Voraussetzungen sind in der aktuellen Verfahrenslage jedoch zu überprüfen (*Meyer-Goßner/Schmitt* § 357 Rn. 17).

§ 358 StPO Bindung des Tatgerichts; Verbot der Schlechterstellung.

(1) Das Gericht, an das die Sache zur anderweiten Verhandlung und Entscheidung verwiesen ist, hat die rechtliche Beurteilung, die der Aufhebung des Urteils zugrunde gelegt ist, auch seiner Entscheidung zugrunde zu legen.

(2) ¹Das angefochtene Urteil darf in Art und Höhe der Rechtsfolgen der Tat nicht zum Nachteil des Angeklagten geändert werden, wenn lediglich der Angeklagte, zu seinen Gunsten die Staatsanwaltschaft oder sein gesetzlicher Vertreter Revision eingelegt hat. ²Wird die Anordnung der Unterbringung in einem psychiatrischen Krankenhaus aufgehoben, hindert diese Vorschrift nicht, an Stelle der Unterbringung eine Strafe zu verhängen. ³Satz 1 steht auch nicht der Anordnung der Unterbringung in einem psychiatrischen Krankenhaus oder einer Entziehungsanstalt entgegen.

Übersicht	Rdn.		Rdn.
A. Bindungswirkung des Revisionsurteils (§§ 353, 358 Abs. 1)	1	III. Inhalt und Grenzen der Bindungswirkung nach § 358 Abs. 1	10
I. Zweck und Anwendungsbereich	1	B. Verbot der reformatio in peius – Abs. 2 .	18
II. Gegenstand der Bindungswirkung (§§ 353, 358 Abs. 1)	4		

A. Bindungswirkung des Revisionsurteils (§§ 353, 358 Abs. 1) I. Zweck und 1
Anwendungsbereich. Um die **Effizienz** der Revision als Rechtsmittel und **Einheitlichkeit** der Rspr. zu gewährleisten (vgl. Vor § 333 Rdn. 5; GmS-OGB NJW 1973, 1273 f.; *Mohrbotter* ZStW 84, 614; *Tiedtke* Die innerprozessuale Bindungswirkung von Urteilen der obersten Bundesgerichte, S. 99; *Roxin* § 54 J II 2c; *Sommerlad* Bindung an vorangegangene Urteile, S. 46 ff.), entsteht nach Zurückverweisung (§ 354 Abs. 2) hinsichtl. der nach § 353 Abs. 2 aufrecht erhaltenen Feststellungen (Rdn. 5) und der der Urteilsaufhebung zugrunde liegenden rechtlichen Beurteilung (= »Aufhebungsansicht«; § 358 Abs. 1) des Revisionsgerichts (Rdn. 6–8) eine **innerprozessuale Bindungswirkung** für die mit der Sache künftig befassten Gerichte (Rdn. 2). Das bedeutet keinen unzulässigen Eingriff in deren nach Art. 97 Abs. 1 GG gewährleistete Unabhängigkeit (BVerfG NJW 1961, 655; BGH JZ 1952, 111; KK/*Gericke* § 358 Rn. 2; *Meyer-Goßner/Schmitt* § 358 Rn. 2; *Eb. Schmidt* I 477; *Tiedtke* 100; a. A. *Mohrbotter* ZStW 84, 614 ff.) und rechtfertigt kein Ausscheiden eines hierdurch möglicherweise einem Gewissenskonflikt unterliegenden neuen Richters aus dem Verfahren (LR/*Franke* § 358 Rn. 2; a. A. *Peters* S. 101). Schließlich kommt bei **Teilaufhebung** nach § 353 Abs. 1 die Bindungswirkung auch den Feststellungen zu, die dem »teilrechtskräftigen« Urteilsteil zugrunde liegen (Rn. 4).
Die Bindungswirkung gilt **für alle Gerichte**, die im weiteren Verfahren mit der Sache befasst werden, 2
also auch nach Zurückverweisung an ein AG (§ 354 Abs. 1) das **BerufungsG** (OLG Koblenz NJW 1983, 1921) sowie bei erneuter Revision das **Revisionsgericht** (»Selbstbindung«; vgl. BVerfGE 4, 1; RGSt 59, 34; OGHSt 1, 212; BVerfG NJW 1954, 1153; GmS-OGB NJW 1973, 1274; BGHSt-GS- 33, 356; 51, 202; *Beling* S. 430; *Hanack* Der Ausgleich divergierender Entscheidungen in der oberen Gerichtsbarkeit, 1962, S. 343 ff.; HK-GS/*Maiwald/Rackow* § 358 Rn. 5; *Meyer-Goßner/Schmitt* § 358 Rn. 10; *Roxin* § 54 J II 2c; a. A. *Tiedtke* Die innerprozessuale Bindungswirkung von Urteilen der obersten Bundesgerichte, 1976, S. 246 ff.; *Bettermann* DVBl, 1955, 22 ff.; *Mohrbotter* ZStW 84, 624 ff.). Dies gilt selbst wenn über die 2. Revision ein **anderer Senat** entscheidet (RGSt 59, 34; RG GA 69, 223) oder das erste Revisionsgericht ein **OLG** (bzw. das BayObLG), war, das zweite aber der **BGH** ist (RGSt 6, 357; 22, 156; OGHSt 1, 36; BGH NJW 1951, 970; 1952, 35; 1953, 1880; KG Berlin JR 1958, 269 m. Anm. *Sarstedt*).
Nicht analog anwendbar ist § 358 Abs. 1 in Fällen des **§ 328 Abs. 2, 3** (vgl. RG JW 1932, 60; LR/ 3
Franke § 358 Rn. 3; *Meyer-Goßner/Schmitt* § 358 Rn. 2; *Mohrbotter* ZStW 84, 615; a. A. *Schröder* FS Nikisch [1958], S. 221 f.; *Sommerlad* S. 134 ff.; SK-StPO/*Wohlers* § 358 Rn. 4). Denn bei der Bindung handelt es sich nicht um einen allgemeinen materiellen Grundsatz wie die materielle Gerechtigkeit, sondern um prozessökonomische Erwägungen.

II. Gegenstand der Bindungswirkung (§§ 353, 358 Abs. 1) Nach § 353 (dort Rdn. 8 ff.) aufrecht- 4
erhaltene Feststellungen unterliegen der Bindung. Soweit infolge nur **teilweiser Urteilsaufhebung**

§ 358 StPO Bindung des Tatgerichts; Verbot der Schlechterstellung

durch das Revisionsgericht nach § 353 Abs. 1 echte **Teilrechtskraft** oder **innerprozessuale Bindungswirkung** eintritt, entsteht für das neue Tatgericht ein »**Beweistatsachenverbot**« (§ 244 Abs. 3 Satz 1) in zweifacher Hinsicht. Das neue Tatgericht darf in keinem Fall die den teilrechtskräftig bzw. bindend feststehenden Urteilsteil tragenden und damit **feststehenden Tatsachen** durch andere **ersetzen**. In Fällen einer nur innerprozessualen Bindungswirkung darf es auch keine den »bindenden« Tatsachen (auch »doppelrelevanten« Tatsachen, vgl. BGHSt 26, 275; DAR [Sp] 1979, 151) **widersprechende neue Tatsachen** feststellen (anders bei echter Teilrechtskraft; vgl. i.Ü. RG JW 1923, 14 m. Anm. *Stein*; BGHSt 25, 274 [275]; MDR [H] 1977, 639 f. für den Zeitpunkt des Tatentschlusses; DAR [Sp]; *Gietl* NJW 1959, 928; vgl. auch BGH NStZ 1999, 259).

5 Gleiches gilt für die vom Revisionsgericht nach § 353 Abs. 2 nicht aufgehobenen Feststellungen (§ 353 Rn. 10): auch sie entfalten eine innerprozessuale **Bindungswirkung** (RGSt 20, 412; RG GA 55, 115; BGHSt 4, 290; 14, 38; *Bruns* FS Eb. Schmidt [1961], S. 619; *Kleinknecht* JR 1968, 468; KK/*Gericke* § 358 Rn. 14; *Willms* Heusinger-EG, 1968, S. 407) und begründen ein **Beweistatsachenverbot** für Feststellungen mit dem Ziel ihrer Aufhebung (RGSt 7, 177; 20, 412; 43, 360; BGHSt 14, 38) oder solchen, die mit ihnen kein einheitliches widerspruchsfreies Ganzes mehr bildeten (vgl. auch RGSt 7, 176; BGHSt 10, 33; 14, 36; OLG Hamburg NJW 1976, 682), **es sei denn**, die in der neuen Hauptverhandlung über andere Tatsachen zulässige Beweisaufnahme ergibt als gleichsam zufälliges »Abfallprodukt« ohne Weiteres ihre **Unrichtigkeit** und die neuen Umstände wirken sich **zugunsten** des Angeklagten aus. Die Bindungswirkung entfällt insoweit dann, wenn die erneute Hauptverhandlung zu einer wesentlichen Änderung der Entscheidungsgrundlage führt (KG NStZ-RR 2010, 346; so auch HK-GS/*Maiwald/Rackow* § 358 Rn. 2).

6 Die **Bindungswirkung nach § 358 Abs. 1** hat die Rechtsauffassung des Revisionsgerichts nur in den Punkten (vgl. auch § 565 Abs. 2 ZPO), **deretwegen das Urteil aufgehoben** worden ist (BGHSt 3, 357; 18, 376; BGH NStZ 1999, 154; JR 1956, 420; *Meyer-Goßner/Schmitt* § 358 Rn. 3; *Tiedtke* S. 116). Sie erstreckt sich also **nicht auf obit**er dicta (HK-GS/*Maiwald/Rackow* § 358 Rn. 2).

7 Bei Aufhebung nur wegen **Verfahrensfehlers** – insbesondere im Fall eines Verwerfungsurteils nach § 329 Abs. 1 (RG JW 1931, 1604 m. Anm. *Oppenheimer*; LR/*Franke* § 358 Rn. 6) – ist das Tatgericht in der sachlichen und rechtlichen Beurteilung der Schuld- und Rechtsfolgenfrage frei (BGH VRS 34, 356), selbst wenn das Revisionsgericht zusätzlich darauf hingewiesen hätte, dass i.Ü. auch die Sachrüge begründet bzw. unbegründet erschiene (BGHSt 33, 172; LR/*Franke* § 358 Rn. 6; *Dahs* Rn. 635; *Meyer-Goßner/Schmitt* § 358 Rn. 6). Hat das Revisionsgericht aber – ggf. zusammen mit der Aufhebung wegen Verfahrensfehlern (vgl. BGHSt 37, 350) – auf eine **Sachrüge** das Urteil z.B. aufgehoben, weil die festgestellten Tatsachen den Schuldspruch nicht tragen, so bindet diese Rechtsauffassung das Tatgericht (BGH NJW 1953, 1880). Aus dem Revisionsurteil ergibt sich, wie weit die Bindungswirkung besteht (BGH NStZ 1999, 154; 1999, 259); erfasst sind **Erfahrungssätze** (BGH VRS 12, 208), die Bewertung der tatgerichtlichen Feststellungen als unzureichend (BGH NStZ 1999, 552), **nicht** jedoch Rechtsausführungen, welche die Ansicht des Tatgerichts billigen (BGHSt 3, 357) und nicht die Verwerfung der Revision eines Mitangeklagten (BGH MDR [H] 1985, 982; *Meyer-Goßner/Schmitt* § 358 Rn. 6).

8 Zur »Aufhebungsansicht« gehört auch die Beurteilung der mit ihr notwendig verbundenen – und vom Revisionsgericht daher u.U. stillschweigend bejahten – **rechtlichen Vorfragen** (BGH NStZ-RR 13, 157; BGH NStZ-RR 2003, 101 bzgl. der Tatentstehung und Beweggründen; *Dahs* Rn. 635) z.B. der **Verfassungsmäßigkeit** der angewendeten Vorschrift. Daher ist eine Vorlage nach § 100 Abs. 1 GG unzulässig (vgl. BVerfGE 2, 406 = BVerfG NJW 1953, 1385; 1957, 627; *Meyer-Goßner/Schmitt* § 358 Rn. 4; *Schröder* FS Nikisch [1958], S. 627; a. A. *Tiedtke* S. 134; *Mohrbotter* ZStW 84, 634). Auch bzgl. des **Fehlens von Prozesshindernissen** erfolgt keine Einstellung durch das Tatgericht nach §§ 206a, 260 Abs. 3 (BGH StraFo 2010, 203; vgl. LR/*Franke* § 358 Rn. 4; KK/*Gericke* § 358 Rn. 7; *Meyer-Goßner/Schmitt* § 358 Rn. 4; a. A. *Kaiser* NJW 1974, 2080), sofern diese nicht erst nach Erlass des Revisionsurteils eingetreten sind.

9 **Keine Bindungswirkung** nach § 358 Abs. 1 haben dementsprechend Rechtsausführungen bei Erörterung **unbegründeter** Rügen (BGHSt 3, 367; BGH VRS 11, 195; *Tiedtke* S. 62, 99), **obiter dicta** (*Dahs* Rn. 635; KK/*Gericke* § 358 Rn. 6; dazu *Schneider* MDR 1973, 821) oder bloße empfehlende rechtliche **Hinweise** (Ratschläge) des Revisionsgerichts für die weitere Sachbehandlung (BGHSt 3, 235; 33, 172;

JR 1956, 430 m. Anm. *Eb. Schmidt*; OLG Oldenburg NdsRpfl. 1949, 96), auch Hinweise auf die Rspr. zu anderen Vorschriften (BGH NJW 1997, 1455).

III. Inhalt und Grenzen der Bindungswirkung nach § 358 Abs. 1. § 358 Abs. 1 **gilt** (für die unter Rn. 2 bezeichneten Gerichte) **auch dann,** wenn das Revisionsgericht unter Verletzung seiner **Vorlegungspflicht** nach §§ 121 Abs. 2, 136 GVG entschieden hat. Denn auch die rechtliche Vorfrage (Rn. 8) der Vorlagepflicht muss das spätere Gericht angesichts der Urteilsaufhebung und Zurückverweisung als verneinend entschieden hinnehmen (KG Berlin JR 1958, 269 m. Anm. *Sarstedt*; *Sarstedt* NJW 1955, 1629; *Schröder* FS Nikisch [1958], S. 224; *Hanack* Der Ausgleich divergierender Entscheidungen in der oberen Gerichtsbarkeit, S. 352 Anm. 172; HK-GS/*Maiwald/Rackow* § 358 Rn. 4; *Meyer-Goßner/Schmitt* § 358 Rn. 3; *Tiedtke* S. 167; *Mohrbotter* ZStW 84, 640; *Sommerlad* S. 115; a. A. *Becker* NJW 1955, 1262). Das erneut bzw. neu angegangene OLG kann auch nicht die übersehene **Vorlage** an den BGH nach § 121 Abs. 2 GVG jetzt nachholen oder sie wegen einer nach der 1. Urteilsaufhebung ergangenen abweichenden Entscheidung eines anderen OLG nunmehr durchführen und dadurch der Bindung an die Aufhebungsansicht entgehen (RGZ 124; 322; BGHZ NJW 1954, 1445; vgl. grds. *Hanack* Der Ausgleich divergierender Entscheidungen in der oberen Gerichtsbarkeit, S. 339 ff., 351); Dementsprechend wird die Bindungswirkung nicht dadurch ausgeschlossen, dass das Revisionsgericht seine **Rechtsauffassung** inzwischen **geändert** (BGHSt 33, 353; HK-GS/*Maiwald/Rackow* § 358 Rn. 4; *Mohrbotter* ZStW 84, 624; *Kaiser* NJW 1974, 2080; *Sommerlad* NJW 1974, 123; a. A. GmS-OGB, Beschl. v. 06.02.1973 – GmS-OGB 1/72 = BGHZ 60, 392, 397; Radtke/Hohmann/*Nagel* § 358 Rn. 11) oder ein **anderer** mit der Sache befasster **Senat eine abweichende Meinung** hat. Denn andernfalls müsste es eine Rechtsverletzung in der Befolgung der Aufhebungsansicht durch das Tatgericht sehen, obgleich dieses nach § 358 Abs. 1 zu deren Befolgung gesetzlich verpflichtet war (RGSt 6, 359; KG Berlin JW 1926, 1002; *Bettermann* DVBl, 1955, 22; *Götz* JZ 1959, 683; *Schmitt* JZ 1959, 222; vgl. BVerwG JZ 1960, 228). Unschlüssig ist der Einwand der Gegenauffassung (*Dahs* Rn. 597), eine objektiv unrichtige Rechtsanwendung sei ebenfalls eine Rechtsverletzung (*Hanack* S. 348) und es müsse das jetzt für richtig erkannte Recht verwirklicht werden (GmS-OGB NJW 1973, 1273; KK/*Gericke* § 358 Rn. 13); denn die nach Abs. 1 pflichtgemäße Rechtsanwendung ist keine nur objektiv unrichtige Rechtsanwendung. Berechtigten Praktikabilitätserwägungen steht der Verfahrensgrundsatz der Selbstbindung gegenüber (vgl. auch LR/*Franke* § 358 Rn. 13). Zu bedenken ist der modifizierende Ansatz (*Schröder* FS Nikisch [1958], S. 219 ff.) demzufolge eine Selbstbindung entfallen könne, wenn die »materielle Gerechtigkeit« zugunsten des Angeklagten wirke.

Entsprechend steht der Bindungswirkung auch nicht eine **zwischen** der 1. Urteilsaufhebung und der erneuten Befassung des Revisionsgerichts mit der Sache infolge nochmaliger Revision ergangene dieser Ansicht entgegengesetzte **Entscheidung eines übergeordneten Gerichts** bzw. eine **Plenarentscheidung** entgegen (OLG Düsseldorf StV 1985, 274; RFH 7, 29; BFH BStBl. 1954 III 72; KG Berlin JW 1926, 1002; KK/*Gericke* § 358 Rn. 17; *Meyer-Goßner/Schmitt* § 358 Rn. 8; *Schröder* FS Nikisch [1958], S. 220; *Tiedtke* S. 167; *Sommerlad* S. 115 ff.; HK-GS/*Maiwald/Rackow* § 358 Rn. 4). Die Gegenmeinung (BVerwG JZ 1959, 220 m. abl. Anm. *Schmitt*; *Hanack* Der Ausgleich divergierender Entscheidungen in der oberen Gerichtsbarkeit, S. 351 f.) stützt sich auf allg. Erwägungen (»Zweckmäßigkeit«, Achtung des »Anliegens der Rechtseinheit«), die zur Begründung nicht ausreichen, so vor allem der Hinweis auf die in ihrem Sinn durch § 354a entschiedene gleiche Problemlage bei zwischenzeitlicher **Gesetzesänderung,** denn sie übergeht den Wesensunterschied zwischen einem allgemein verbindlichen Gesetz und dem nur in der betreffenden Sache bindenden Präjudiz eines oberen Gerichts (ausf. KMR/*Momsen* § 358 Rn. 12).

Die – auflösend bedingte – **Bindungswirkung** nach § 358 Abs. 1 **entfällt, wenn** das der Aufhebungsansicht zugrunde liegende **Gesetz** (i.S.d. § 337, dort Rn. 3 ff.) seit dem 1. Revisionsurteil **sich geändert** hat (§§ 206b, 354a) oder vom BVerfG **für verfassungswidrig erklärt** worden ist (zum Ganzen LR/*Hanack* (25. Auflage) § 358 Rn. 10; HK-GS/*Maiwald/Rackow* § 358 Rn. 3; LR/*Franke* § 358 Rn. 10, 16; *Tiedtke* S. 165 f.; *Mohrbotter* ZStW 84, 632 f.).

Keine Bindung entsteht auch, wenn die Aufhebungsansicht wenn gar **nicht existente Strafnormen** angewandt wurden (HKGS/*Maiwald/Rackow* § 358 Rn. 4; vgl. OLG Neustadt NJW 1964, 311, das entgegen der seinerzeitigen Rechtslage den Versuch der gefährlichen Körperverletzung für strafbar angesehen hatte) offensichtlich **Grundrechtsnormen** – insbes. Art. 103 Abs. 2 GG – **verletzt** (*Meyer-Goß-*

§ 358 StPO Bindung des Tatgerichts; Verbot der Schlechterstellung

ner/Schmitt § 358 Rn. 8; *Pauli* NJW 1964, 735; *Mohrbotter* ZStW 84, 636; unzutr. jedoch LG Duisburg StV 1986, 99, wenn es seine eigene Grundrechtsauslegung derjenigen des Revisionsgerichts gegenüberstellt).

15 Die Bindung entfällt auch, wenn sich der entscheidungserhebliche **Sachverhalt durch zulässige neue Tatsachenfeststellungen** ändert (RGSt 31, 437; BGHSt 9, 324; 26, 106; BayObLGSt 1951, 135; OLG Düsseldorf StV 1985, 274; *Eisenberg* StraFo 1997, 130; KK/*Gericke* § 358 Rn. 16; *Tiedtke* S. 163; *Mohrbotter* ZStW 84, 630). Das neue Tatgericht ist frei in der Feststellung und Würdigung der Tatsachen (RGSt 59, 242; *Mohrbotter* ZStW 84, 631). Es darf neue Tatsachen feststellen, auch wenn diese für andere anzuwendende Vorschriften »von Bedeutung« (§ 244 Abs. 2) sind. Das neue Tatgericht ist auch an eine Zurückverweisungsentscheidung nach § 355 (dort Rdn. 9) nicht etwa unverbrüchlich gebunden, sondern sogar verpflichtet, die Sache gem. § 270 weiter zu verweisen, wenn es infolge nachträglich eingetretener Tatsachen die Zuständigkeit eines Gerichts höherer Ordnung für zuständig hält (BGH, Urt. v. 05.05.1965 – 2 StR 66/65). Bei einer Aufhebung wegen **Verfahrensfehlern** besteht keine Bindung an die diesbezügliche Rechtsansicht des Revisionsgerichts, sofern der Ablauf der erneuten Hauptverhandlung das Problem nicht berührt (KK/*Gericke* § 358 Rn. 16; *Meyer-Goßner/Schmitt* § 358 Rn. 9; vgl. auch KG NStZ-RR 2010, 346).

16 **IV.** Das **Tatgericht stellt** die »Aufhebungsansicht« des Revisionsgerichts i.d.R. durch **Verlesung des Revisionsurteils** in der neuen Hauptverhandlung **fest** (vgl. auch § 354 Rn. 65 f.). Die Bindungswirkung des § 358 Abs. 1 besteht jedoch unabhängig davon (RGSt 21, 436; *Dahs* Rn. 636; KK/*Gericke* § 358 Rn. 11).

17 **V. Bei erneuter Revision** prüft das Revisionsgericht, ob das Tatgericht die »Aufhebungsansicht« beachtet hat, in **sachlich-rechtlicher** Hinsicht auf Sachrüge, auch ohne dahin gehende ausdrückliche Beanstandung (vgl. BGH NStZ 2000, 551; OLG Düsseldorf StV 1985, 274; BayObLG DRiZ 1929 Nr. 313; KG Berlin GA 74, 307; JR 1958, 260 m. Anm. *Sarstedt*), auf **verfahrensrechtlichem** Gebiet aber nur auf entspr. Prozessrüge hin (§ 344 Abs. 2 Satz 2). Bedenkenswert aber die neuere Rspr., die jedenfalls im Hinblick auf die Strafobergrenze eine nur zugunsten des Angeklagten wirkende eingeschränkte Rechtskraft bejaht, mit der Folge, dass der Verstoß als **Verfahrenshindernis** in diesem Fall von Amts wegen zu berücksichtigen ist (so erneut BGH wistra 2000, 475; vgl. *Meyer-Goßner/Schmitt* § 358 Rn. 13; LR/*Franke* § 358 Rn. 23).

18 **B. Verbot der reformatio in peius – Abs. 2.** Die Beachtung des Verschlechterungsverbots prüft das Revisionsgericht **auf Sachrüge von Amts wegen** auch ohne diesbezügliche Verfahrensrüge. Abs. 2 Satz 1 bewirkt eine nur **zugunsten des Angeklagten** eintretende **Rechtskraft**; das damit entstehende **Verfahrenshindernis** ist von Amts wegen zu berücksichtigen (BGHSt 11, 319; 12, 94; 14, 5; BGH wistra 2000, 475; vgl. insoweit auch NStZ-RR 2008, 168; vgl. auch § 331 Rn. 9, 51; *Meyer-Goßner/Schmitt* § 358 Rn. 13; SK-StPO/*Wohlers* § 358 Rn. 33; a. A. HK-GS/*Maiwald/Rackow* § 358 Rn. 8 f., wegen Vergleichbarkeit zur Überschreitung eines gesetzlichen Strafrahmens ist entsprechende Rüge notwendig, die dann allerdings wegen der bestehenden materiell-prozessualen »Gemengelage« sowohl als Sach- als auch als Verfahrensrüge zulässig sein soll).

19 Das Verschlechterungsverbot i.S.d. Abs. 1 Satz 1 betrifft sowohl das **Revisionsgericht**, sofern es nach § 354 Abs. 1 eine eigene Sachentscheidung trifft als auch das **Tatgericht** nach Zurückverweisung durch das Revisionsgericht (OLG Saarbrücken JBlSaar 1962, 108; HK-GS/*Maiwald/Rackow* § 358 Rn. 7). Es ist auch anzuwenden, wenn eine zuungunsten des Angeklagten eingelegte Revision der StA sich nur zugunsten des Angeklagten ausgewirkt hat (§ 301; vgl. BGHSt 38, 66; LR/*Franke* § 358 Rn. 19). Hat das LG ein Rechtsmittel zu Unrecht als Berufung und nicht als Revision angesehen und mit seiner Entscheidung die Strafe herabgesetzt, so ist das Revisionsgericht hieran gebunden (*Meyer-Goßner/Schmitt* § 358 Rn. 11).

20 Nach Ansicht der Rspr. kann das Revisionsgericht eine fehlende Einzelstrafe festsetzen (BGH NStZ-RR 2010, 384; BGHR § 358 Einzelstrafe fehlende 2) und eine rechtsfehlerhaft gebildete Gesamtstrafe aufheben um eine Doppelbestrafung zu vermeiden (BGH NJW 1998, 1874). Nicht zulässig ist jedoch eine nachholende Feststellung der besonderen Schwere der Schuld i.S.d. § 57a Abs. 1 Satz 1 Nr. 2 StGB (BVerfGE 86, 288), weder durch den BGH (BGH NStZ 2000, 194; 1994, 34) noch durch das LG nach Zurückverweisung (vgl. *Meyer-Goßner/Schmitt* § 358 Rn. 11 m.w.N.). Anders ist der Fall

zu beurteilen, wenn durch das LG als Berufungsgericht eine nachträgliche Gesamtstrafenbildung nach § 55 StGB vorgenommen wurde, welche sich zum Nachteil des Angeklagten auswirkt. Hier liegt ein auch vom Revisionsgericht zu berücksichtigender Verstoß gegen das Verbot der reformatio in peius vor, sofern der Erstrichter faktisch keine Möglichkeit hatte, die einbezogene Strafe zu berücksichtigen (zutr. HK-GS/*Maiwald/Rackow* § 358 Rn. 6; a. A. OLG Hamm MDR 1977, 861; BayObLG JR 1980, 378).

Das Verbot der Schlechterstellung steht nach **Abs. 2 Satz 3** einer Anordnung nach §§ 63, 64 StGB nicht entgegen, eine mögliche Beschwer durch die damit verbundene Nichtanwendung von § 67 Abs. 2 Satz 2 ist unerheblich (BGH NStZ 2009, 261; StraFo 2010, 117; BGH, Urt. v. 22.01.2008 – 5 StR 624/07 bei *Meyer-Goßner/Schmitt* § 358 Rn. 12). Infolge der Einfügung von **Abs. 2 Satz 2** durch das JuMoG v. 16.07.2007 ist es des Weiteren möglich, eine Strafe zu verhängen, wenn die vorher angeordnete Unterbringung bspw. in der Revisionsinstanz auf Rüge des Angeklagten aufgehoben wird, weil die Feststellung der Schuldunfähigkeit nach § 20 StGB rechtsfehlerhaft war (BGH, Urt. v. 20.11.2007 – 1 StR 518/07 bei *Meyer-Goßner/Schmitt* § 358 Rn. 12; näher *Schneider* NStZ 2008, 73; zu den damit verbundenen Problemen vgl. *Kretschmer* StV 2010, 161). Somit löst Abs. 2 Satz 3 den generellen Konflikt zwischen den Sicherheitsinteressen der Allgemeinheit und dem Verbot der reformatio in peius eindeutig zugunsten des Sicherheitsinteresses (so HK-GS/*Maiwald/Rackow* § 358 Rn. 10). In entsprechender Anwendung der Regelung müsste eine Unterbringung auch dann durch das Revisionsgericht angeordnet werden können, wenn der Angeklagte seine Revision im Hinblick auf die nicht erfolgte Anordnung der Unterbringung wirksam beschränkt hat und sich erst in der Revisionsinstanz seine Schuldunfähigkeit ergibt (so *Meyer-Goßner/Schmitt* § 358 Rn. 12) bzw. es wäre ggf. die Rechtsmittel-Beschränkung insoweit als unwirksam anzusehen. Dies erscheint allerdings im Hinblick auf die Wirksamkeit der Rechtsmittelbeschränkung nicht unbedenklich (krit. LR/*Franke* § 358 Rn. 22).

Vor §§ 359 ff. StPO

Viertes Buch. Wiederaufnahme eines durch rechtskräftiges Urteil abgeschlossenen Verfahrens

Vorbemerkung zu §§ 359 ff. StPO

Übersicht	Rdn.		Rdn.
A. Grundsätzliches	1	C. Überblick über das Verfahren und seine	
B. Verfassungsrechtlicher Hintergrund	5	Voraussetzungen	18
I. Rechtsfriede	7	I. Verfahrensabschnitte	18
II. Rechtssicherheit	8	II. Antrag	20
III. »Gerechtigkeit« und Beeinträchtigung von Grundrechten	10	III. Form und Frist	22
		IV. Statthaftigkeit	23
IV. Konsequenzen für die Auslegung und Anwendung der §§ 359 ff.	14	V. Beschwer	26
		VI. Zuständiges Gericht	27

1 **A. Grundsätzliches.** Die in §§ 359 ff. geregelte **Wiederaufnahme des Verfahrens** eröffnet die Möglichkeit, rechtskräftige strafrechtliche Urteile überprüfen zu lassen. Zur Korrektur von Urteilen, die auf gesetzlich genau festgelegten Fehlerquellen beruhen, wird hier ausnahmsweise (zur Relativierung des strikten Ausnahmecharakters s. aber unten Rdn. 14 ff.) eine **Durchbrechung der materiellen Rechtskraft** zugelassen. Diese Korrekturfunktion des Wiederaufnahmeverfahrens bleibt auch dann unverzichtbar, wenn dem Urteil eine Verständigung vorausgegangen ist (*Eschelbach* FS Stöckel, S. 213); Konsens allein ist kein Garant für inhaltliche Richtigkeit.

2 Ihrem **Wesen** nach ist die Wiederaufnahme ein **Rechtsbehelf eigener Art** und kein Rechtsmittel. Dafür spricht, dass der Antrag auf Wiederaufnahme keinen Devolutiveffekt i.S.d. Entscheidung eines Gerichts höherer Ordnung entfaltet. Auch einen Suspensiveffekt bewirkt der Antrag nicht, das Urteil bleibt vorerst rechtskräftig und wird regelmäßig weiter vollstreckt (vgl. § 360 Abs. 1). Die **Systematik** der gesetzlichen Regelung ist von den zwei denkbaren Wiederaufnahmekonstellationen geprägt: die §§ 359 bis 361 enthalten Vorschriften über die Wiederaufnahme **zugunsten des Verurteilten**, während in § 362 die Gründe einer Wiederaufnahme **zuungunsten des Verurteilten** geregelt sind. Die allgemeinen Vorschriften der §§ 363 bis 373a gelten für beide Formen der Wiederaufnahme.

3 Ob neben den Wiederaufnahmeregelungen Raum für eine (gesetzlich nicht geregelte) **Nichtigerklärung** von Urteilen ist, wird uneinheitlich beurteilt. Die wohl h. Lit. betrachtet die §§ 359 ff. als abschließend (*Leitmeier* NStZ 2014, 690, 692). Nach Ansicht des OLG München kann ein Urteil dagegen auch außerhalb der Wiederaufnahmevorschriften für nichtig erklärt werden, wenn es durch eine »schlechthin unerträgliche Rechtsentscheidung« (im konkreten Fall: eine rechtswidrige Verständigung) zustande kam (OLG München NJW 2013, 2371; dazu krit. *Kudlich* NJW 2013, 3216).

4 Eine **spezielle Regelung** eines Wiederaufnahmegrundes zugunsten des Verurteilten enthält § 79 **BVerfGG**. Danach ist eine Wiederaufnahme von rechtskräftigen Strafurteilen möglich, die auf einer mit dem Grundgesetz für unvereinbar oder gem. § 78 BVerfGG für nichtig erklärten Norm beruhen oder auf einer Auslegung, die das BVerfG für verfassungswidrig erklärt hat (s. näher *Marxen/Tiemann* Rn. 517 ff.; KG Berlin NStZ 2013, 125; LG Fulda StV 2012, 401). Nach Ansicht der Rechtsprechung ist § 79 Abs. 1 BVerfGG dahingehend einschränkend auszulegen, dass eine Anwendung in Fällen der vom BVerfG ausgesprochenen Verfassungswidrigkeit dann nicht in Frage kommt, wenn zugleich nach § 35 **BVerfGG** die (befristete) Weitergeltung der entsprechenden Norm angeordnet wurde (OLG München BeckRS 2014, 19636).

5 **B. Verfassungsrechtlicher Hintergrund.** Die Frage, inwieweit eine Wiederaufname des Verfahrens trotz rechtskräftiger Verurteilung zulässig ist oder sein soll, lässt sich in einen **verfassungsrechtlichen Rahmen** einordnen. Dieser wird oft auf einen Konflikt eher abstrakter Prinzipien reduziert. Für eine Aufrechterhaltung auch möglicherweise fehlerhafter Urteile werden die **Rechtssicherheit** und der **Rechtsfriede** ins Feld geführt, während als Argument für eine Korrekturmöglichkeit die **Gerechtig-**

keit (*Meyer-Goßner/Schmitt* Vorbemerkung, Rn. 1), teilweise ergänzend auch das Prozessziel der **Wahrheit** (*Volk/Engländer* § 38 Rn. 1) genannt werden. Zugleich wird oft betont, dass nur ausnahmsweise und nur bei unerträglichen Fehlentscheidungen der Aspekt der Rechtssicherheit hinter den Aspekt der materiellen Gerechtigkeit zurücktreten soll (BGHSt 11, 361, 364; *Beulke* StPR, § 31 Rn. 585). Dass aber dem einen Prinzip ggü. dem anderen so eindeutig der Vorrang gebühren soll, ist nicht ohne Weiteres einzusehen, insb., wenn man bedenkt, dass sowohl die Rechtssicherheit als auch die materielle Gerechtigkeit gleichermaßen Elemente des Rechtsstaates sind (BVerfGE 22, 322, 329; *Meyer-Goßner/Schmitt* Vorbemerkung, Rn. 1). Eine genauere verfassungsrechtliche Analyse unter Einbezug der betroffenen **grundrechtlichen Positionen** ergibt, dass die These vom absoluten Ausnahmecharakter im Hinblick auf die günstige Wiederaufnahme gem. § 359 kritisch zu hinterfragen ist. Dafür sprechen die folgenden Erwägungen:

I. Rechtsfriede. Zunächst kann **Rechtsfriede** nicht beliebig als Argument für die Aufrechterhaltung eines Fehlurteils herangezogen werden. Ein objektiv falsches Urteil ist jedenfalls für Eingeweihte nicht geeignet, echten Rechtsfrieden zu schaffen (vgl. *Eisenberg* JR 2007, 360; *Schwenn* StV 2010, 705, 711). Wahrer Rechtsfriede in einem nicht nur formell verstandenen Sinn setzt voraus, dass auch der Aspekt der »Richtigkeit« des Urteils zur Geltung kommt. Geht man davon aus, stellt sich der Aspekt des Rechtsfriedens nicht nur als Argument pro Rechtskraft bzw. contra Wiederaufnahme dar (vgl. LR/*Gössel* vor § 359 Rn. 25). Er betont lediglich den Auftrag, Rechtssicherheit und »Gerechtigkeit« in ein ausgewogenes Verhältnis zu bringen (vgl. *Roxin/Schünemann* § 57 Rn. 1).

II. Rechtssicherheit. Es bleibt beim Aspekt der **Rechtssicherheit** als Argument für die materielle **Rechtskraft**, die für eine funktionierende Justiz unverzichtbar ist. Der Angeklagte ist gehalten, Fehler i.R.d. vorgesehenen Rechtsweges geltend zu machen. Es ist zumutbar und aus faktischen Gründen zugleich unumgänglich, ab einem gewissen Zeitpunkt auch bei möglicherweise fehlerhaften Urteilen eine weitere Anfechtungsmöglichkeit zu versagen. Stets ist dabei auch an die Gefahr missbräuchlicher oder jedenfalls offensichtlich nicht Erfolg versprechender Wiederaufnahmeanträge ggü. völlig fehlerfreien Urteilen zu denken. Vor diesem Hintergrund ist die Annahme einer **Vermutung der Richtigkeit** rechtskräftiger Urteile (vgl. nur *Marxen/Tiemann* Rn. 9) nicht zu beanstanden. Je gravierender und je leichter nachweisbar ex post ein Fehler aber ist, desto eher tritt der Aspekt der Rechtssicherheit in den Hintergrund, soweit es um Fehler geht, die sich zulasten des Verurteilten ausgewirkt haben (vgl. *Bock u.a.* GA 2013, 328, 339). Der Fall »Mollath«, der eine fehlerhafte Unterbringung im psychischen Krankenhaus gem. § 63 StGB betraf, hat die Öffentlichkeit für dieses Problem zusätzlich sensibilisiert (s. dazu *Kaspar* in Dudeck u.a., S. 103 ff.)

Die Problematik stellt sich im Bereich der ungünstigen Wiederaufnahme allerdings nicht in gleicher Weise. Denn hier wird der Aspekt der Rechtssicherheit verfassungsrechtlich verstärkt durch das **Verbot der Doppelbestrafung in Art. 103 Abs. 3 GG**, das über den Wortlaut hinaus einen umfassenden Schutz vor erneuter Strafverfolgung in derselben Sache umfasst (BVerfGE 3, 248; *Roxin/Schünemann* § 52 Rn. 7). Da § 362 ohnehin eine legitimationsbedürftige Ausnahme von diesem Prinzip des »**ne bis in idem**« ist (s. näher *Neumann* FS Jung S. 655), hat das Anliegen einer zurückhaltenden Handhabung hier deutlich mehr Gewicht (vgl. nur AK-StPO/*Loos* § 362 Rn. 1 f.). Nur in diesem Bereich hat die in der Praxis zu beobachtende restriktive Anwendung des Wiederaufnahmerechts (dazu kritisch *Schwenn* StV 2010, 705 ff.; *Bock u.a.* GA 2013, 328 ff.) ihre Berechtigung.

III. »Gerechtigkeit« und Beeinträchtigung von Grundrechten. Erst recht gilt dieses **Gebot der differenzierten Betrachtungsweise**, wenn man sich dem Aspekt der **Gerechtigkeit** zuwendet und diesen mit grundrechtlichen Überlegungen ergänzt. »Gerechtigkeit« allein bleibt als Argument für die Beseitigung von Fehlurteilen zunächst recht blass; natürlich kann man sowohl die Verurteilung eines Unschuldigen als auch den Freispruch eines Schuldigen als Verstoß gegen die »Gerechtigkeit« bezeichnen; bei anderen Fehlerquellen ist dies allerdings schon schwieriger: Nicht jeder formale Fehler ist als Gerechtigkeitsproblem darstellbar. Zugleich gerät durch den Rekurs auf die (offenbar in einem eher objektiven Sinn verstandene) »Gerechtigkeit« die Tatsache aus dem Blick, dass zugleich bei der günstigen Wiederaufnahme greifbare Beeinträchtigungen **subjektiver Grundrechte** im Raum stehen.

Bei der **Verurteilung eines an sich Unschuldigen** ist dies am deutlichsten. Hier wird im Fall der Freiheitsstrafe in Art. 2 Abs. 2 GG eingegriffen. Dieser Eingriff wäre als solcher – wenn man von der Legitimationswirkung der materiellen Rechtskraft absieht – nicht anhand der anerkannten Strafzwecke als verhältnismäßig zu rechtfertigen (vgl. *Kato* ZIS 2006, 354: »untragbarer Eingriff in Menschenrechte«). Das Verfassungsrecht gebietet daher eine Ausgestaltung und Auslegung des einfachen Rechts, die keinen starren Vorrang der Rechtskraft enthält, sondern die Belange des Grundrechtsschutzes einerseits sowie der hinter der Rechtskraft stehenden öffentlichen Interessen andererseits zu einem schonenden Ausgleich bringt. Jedenfalls bei offensichtlichen und ex post vergleichsweise leicht feststellbaren Fehlurteilen muss eine Abwägung hier tendenziell **zugunsten des Verurteilten** ausgehen.

12 Im umgekehrten Fall des **Freispruchs eines an sich schuldigen Täters** stellt sich die grundrechtliche Situation anders dar. Denn die Abwehrfunktion der Grundrechte wird in diesem Fall mangels Beeinträchtigung eines Grundrechts des Täters nicht relevant. Durch die Aufrechterhaltung eines zu Unrecht erfolgten Freispruchs wird zwar für diejenigen, die von der tatsächlichen Schuld des Täters wissen, das Vertrauen in die Rechtsordnung erschüttert. Dabei handelt es sich aber nicht um einen unmittelbaren Eingriff in grundrechtlich garantierte Freiheitsrechte (ähnlich *Neumann* FS Jung, S. 655, 663). Erst recht gilt dies für eine zu milde Bestrafung eines Täters aufgrund fehlerhafter tatsächlicher oder rechtlicher Erwägungen.

13 Davon unberührt bleibt, dass der Staat die Aufgabe hat, durch gleichmäßige und angemessene Bestrafung die **präventiven Strafzwecke** zu verwirklichen. Er darf aus diesem Grunde auch die Rechtskraft des Freispruchs in engen Grenzen durchbrechen, wie es § 362 ermöglicht. Er ist dazu verfassungsrechtlich aber eben nicht verpflichtet, wie sich auch am Institut der Verjährung zeigen lässt: Hier wird nach Ablauf einer gewissen Zeit auf eine Bestrafung an sich schuldiger Täter verzichtet, ohne, dass man hieraus einen Verstoß gegen Grundrechte oder die »Gerechtigkeit« ableiten könnte. Auch dies spricht (neben Art. 103 Abs. 3 GG) für eine eher restriktive Handhabung der Wiederaufnahme zuungunsten des Verurteilten.

14 **IV. Konsequenzen für die Auslegung und Anwendung der §§ 359 ff.** Vor dem Hintergrund der aufgezeigten **Asymmetrie verfassungsrechtlicher Belange** in den zwei Wiederaufnahmekonstellationen lassen sich für das Verständnis und die Auslegung der §§ 359 ff. folgende **leitende Gesichtspunkte** formulieren:

15 – Die günstige Wiederaufnahme ist großzügiger zu handhaben als diejenige zuungunsten des Verurteilten, da nur im ersten Fall unmittelbare Grundrechtseingriffe inmitten stehen. Diese verfassungsrechtliche Wertung bedingt ein deutliches **Stufenverhältnis** der beiden Wiederaufnahmeformen (vgl. auch *Fezer* Rn. 60), das sich bereits de lege lata anhand der unterschiedlich ausgestalteten Wiederaufnahmegründe nachweisen lässt. Zugleich ist das oben erwähnte Dogma des »absoluten Ausnahmecharakters« der Wiederaufnahme im Bereich des § 359 zu hinterfragen. Die verfassungsrechtlichen Überlegungen sprechen dort eher für eine **extensive Auslegung**.

16 – Auch die z.T. pauschal abgelehnte **Analogiefähigkeit** der Regelungen muss vor diesem Hintergrund im Hinblick auf die günstige Wiederaufnahme überdacht werden. Nach allgemeinen Grundsätzen ist die »planwidrige Regelungslücke« als Voraussetzung der Analogie nur dann abzulehnen, wenn sich ein entgegenstehender Wille des Gesetzgebers ermitteln lässt. Dies ist in Bezug auf die abschließend formulierten Wiederaufnahmegründe als solche der Fall, bleibt aber in Bezug auf Ergänzungen innerhalb der gesetzlichen Gründe sowie auf die sonstigen Antragsvoraussetzungen jeweils im Einzelfall zu diskutieren.

17 – Endgültig zweifelhaft ist die Auffassung, wonach die gesetzliche Regelung der Wiederaufnahmegründe in dem Sinne **abschließend** sei, dass sie selbst der Gesetzgeber nicht ohne Weiteres ausdehnen dürfe (so andeutungsweise BVerfGE 2, 380, 403). Bei der ungünstigen Wiederaufnahme ist das konsequent und entspricht dem oben erwähnten Stufenverhältnis (s. aber auch § 362 Rdn. 13). Bei der Wiederaufnahme zugunsten des Verurteilten muss man dagegen von einem deutlich größeren **Gestaltungsspielraum des Gesetzgebers** ausgehen (vgl. *Grünewald* ZStW 120, 2008, 545, 566). Es wäre ihm also unbenommen, der Gefahr von Fehlurteilen in noch größerem Ausmaß entgegenzuwirken, indem er neue Wiederaufnahmegründe anerkennt oder bestehende ausdehnt.

18 **C. Überblick über das Verfahren und seine Voraussetzungen. I. Verfahrensabschnitte.** Beim **Ablauf des Verfahrens** sind mehrere Abschnitte zu unterscheiden. Zunächst wird i.R.d. sog. **Aditionsverfahrens** die Zulässigkeit und Schlüssigkeit des Antrags geprüft (§§ 366 bis 368).

Bejahendenfalls erfolgt das sog. **Probationsverfahren** (§§ 369, 370), in dem die Begründetheit des Antrags geklärt wird. Im Erfolgsfall wird regelmäßig (zur Ausnahme s. § 371) eine **neue Hauptverhandlung** angeordnet. Diese ist entgegen einer gängigen Formulierung (vgl. *Fezer* Rn. 71) kein »dritter Abschnitt« des Wiederaufnahmeverfahrens: Wie bei der Rückverweisung nach erfolgreicher Revision erfolgt hier eine ganz neue und eigenständige Hauptverhandlung (*Meyer-Goßner/Schmitt* Vorbemerkungen, Rn. 3). Eine Zusammenlegung des Probationsverfahrens und der neuen Hauptverhandlung auf denselben Termin ist zwar ungewöhnlich, aber nicht unzulässig (LG Dresden, Beschl. v. 26.6.2012, 3 Qs 62/12).

Um dem **Beschleunigungsgebot** auch im Wiederaufnahmeverfahren Genüge zu tun ist innerhalb von drei Monaten nach der Eröffnung des Hauptverfahrens mit der Hauptverhandlung zu beginnen, sofern keine besonderen Umstände vorliegen. Als Eröffnungsbeschluss ist insoweit die Wiederaufnahmeentscheidung anzusehen (BVerfG NJW 2012, 513; s. zum Beschleunigungsgebot auch *Kotz/Rahlf* NStZ-RR 2013, 199, 201). 19

II. Antrag. Das Verfahren setzt stets einen **Antrag** voraus. Der Kreis der **Antragsberechtigten** ergibt sich zunächst aus §§ 296 ff. i.V.m. § 365 (vgl. dort). Die Antragsberechtigung des **Privatklägers** folgt aus § 390 Abs. 1 Satz 2, während für eine Antragsberechtigung des **Nebenklägers** seit der Änderung von § 397 Abs. 1 durch das Opferschutzgesetz von 1986 keine gesetzliche Grundlage mehr existiert (LG Münster NStZ 1989, 588). Auch ein Anschluss des Nebenklägers im Rahmen eines von anderer Seite eingeleiteten Wiederaufnahmeverfahrens ist nicht zulässig (*Marxen/Tiemann* Rn. 46; a.A. OLG Stuttgart NStZ 1988, 42). **Einziehungsbeteiligte** sind nach Maßgabe der §§ 433 Abs. 1 Satz 1, 437, 439 antragsberechtigt. 20

Der Antrag ist erst **nach vollständiger Rechtskraft des Urteils** möglich, was auch dann der Fall ist, wenn das Urteil nur hinsichtlich eines von mehreren Angeklagten oder einer von mehreren selbstständigen Taten in Rechtskraft erwachsen ist, sog. **vertikale Teilrechtskraft** (BGHSt 14, 85, 88). Aber auch bei **horizontaler Teilrechtskraft**, wenn etwa nur über den Schuldspruch, aber noch nicht über die Rechtsfolge rechtskräftig entschieden ist, sprechen die besseren Gründe dafür, i.S.e. möglichst frühzeitigen Korrektur eines potenziellen Fehlurteils die Wiederaufnahme zuzulassen (OLG Hamm NStZ-RR 1997, 372; a.A. HK-StPO/*Temming* Vor §§ 359 ff. Rn. 4). Der Wortlaut steht einer solchen Auslegung nicht entgegen; der Gefahr widersprechender Entscheidungen (*Gössel* NStZ 1983, 291) kann durch eine sinnvolle Verfahrensgestaltung entgegengewirkt werden (KK-StPO/*Schmidt* Vorbemerkungen, Rn. 13). 21

III. Form und Frist. Für die bei der Antragsstellung zu beachtende **Form** gilt § 366, vgl. dort. Eine **Frist** für die Stellung des Antrags ist nach strafrechtlichen Verurteilungen – anders als im Zivilrecht, s. § 586 ZPO – nicht vorgesehen. Auch die **eingetretene Verfolgungsverjährung** steht einer Wiederaufnahme zugunsten des Verurteilten nicht entgegen, da auch in diesem Fall ein Interesse an Rehabilitierung besteht (*Marxen/Tiemann* Rn. 17). Allerdings ist zur Vermeidung von Wertungswidersprüchen die ungünstige Wiederaufnahme nur innerhalb der gesetzlichen Verjährungsfrist möglich; ansonsten stünde der bislang gar nicht verfolgte Täter besser als derjenige, bei dem durch den rechtskräftigen Freispruch sogar ein zusätzlicher Vertrauenstatbestand für das Ausbleiben strafrechtlicher Verfolgung geschaffen wurde (OLG Nürnberg NStZ 1988, 555; *Roxin/Schünemann* § 57 Rn. 11; a.A. BGH MDR 1979, 1311; *Gössel* NStZ 1988, 537). Dabei ist davon auszugehen, dass der Lauf der Verjährungsfrist durch die zwischenzeitliche Freisprechung nicht beendet wird (so aber BGH MDR 1973, 190) und auch nicht ruht (vgl. OLG Nürnberg NStZ 1988, 555). 22

IV. Statthaftigkeit. Statthaft ist der Antrag jedenfalls gegen jedes strafrechtliche **Sachurteil**. Gleiches gilt für eine Erledigung durch **Strafbefehl** (vgl. § 373a), die gem. § 410 Abs. 3 einem Urteil gleichsteht. Auch im Fall einer rechtskräftigen Bußgeldentscheidung nach einer **Ordnungswidrigkeit** ist die Wiederaufnahme gem. § 85 OWiG möglich. **Prozessurteile** sind nur dann wiederaufnahmefähig, wenn sie eine endgültige Verfahrensbeendigung herbeiführen wie Einstellungsurteile wegen unbehebbarer Verfahrenshindernisse (*Marxen/Tiemann* Rn. 22 f., a.A. *Meyer-Goßner/Schmitt* Vorbemerkungen, Rn. 4). In Verfahren nach **§§ 109 ff. StVollzG** ist ein Wiederaufnahmeverfahren nicht statthaft (OLG Rostock NStZ-RR 2012, 359). 23

24 Im Hinblick auf **Beschlüsse** gelten zunächst die Sonderregeln der §§ 174 Abs. 2, 211. I.Ü. ist eine **analoge Anwendung der §§ 359 ff.** umstritten. Sie ist zu bejahen im Hinblick auf Beschlüsse, die anstelle eines Urteils ergehen, s. §§ 206b, 349 Abs. 2, 349 Abs. 4 (BGH, NStZ 1985, 486) sowie 371. Bei der nachträglichen Gesamtstrafenbildung besteht hierfür allerdings kein Bedürfnis, da Aspekte der Wiederaufnahme auch i.R.d. Verfahrens gem. § 462 geltend gemacht werden können (*Marxen/Tiemann* Rn. 33). Auch soweit lediglich **einzelne Rechtsfolgen** wie der Widerruf einer Aussetzung zur Bewährung betroffen sind, sind mangels Vergleichbarkeit mit einem Urteil die Voraussetzungen einer Analogie abzulehnen (OLG Hamburg StV 2000, 568 m. abl. Anm. *Kunz*).

25 Sehr umstritten ist dies im Hinblick auf **Verfahrenseinstellungen gem. § 153a**. Gegen eine Analogie spricht die Tatsache, dass sie nur mit Zustimmung des Angeklagten erfolgen dürfen, i.d.R. weniger belastend sind als eine Verurteilung und zugleich kein vergleichbares Rehabilitationsinteresse nach sich ziehen. Richtigerweise wird man hier also weder die Möglichkeit noch das Bedürfnis nach einer analogen Anwendung der §§ 359 ff. bejahen können (OLG Zweibrücken NJW 1996, 2246; a. A. *Hellmann* MDR 1989, 952). Gleiches gilt für eine Einstellung gem. § 47 JGG (LG Baden-Baden NStZ 2004, 513).

26 V. Beschwer. Stellt der Verurteilte den Wiederaufnahmeantrag, ist nach allgemeinen Grundsätzen seine **Beschwer** erforderlich. In den Fällen des **Absehens von Strafe** (§§ 46a, 46b, 60 StGB), die zumindest einen Schuldspruch enthalten, ist von einer Beschwer ebenso auszugehen wie im Fall der Straffreierklärung nach § 199 StGB und der Anordnung jugendstrafrechtlicher Rechtsfolgen nach §§ 9, 13 und 27 JGG (*Meyer-Goßner/Schmitt* Vorbem., Rn. 6). Die Beschwer muss sich aus dem **Urteilstenor** ergeben. Daher kann ein Freigesprochener i.d.R. keine Wiederaufnahme beantragen, etwa mit dem Ziel eines »Freispruchs erster Klasse« wegen erwiesener Unschuld. Durch ein **Einstellungsurteil gem. § 260 Abs. 3** ist der Verurteilte nicht beschwert, sodass für ihn eine Wiederaufnahme nicht in Betracht kommt (LR/*Gössel* Vorbem., Rn. 127).

27 VI. Zuständiges Gericht. Die Zuständigkeit für die Entscheidung über die Zulässigkeit und Begründetheit des Wiederaufnahmeantrags folgt in sachlicher wie örtlicher Hinsicht aus § 367 Abs. 1 Satz 1 i.V.m. **§ 140a GVG**. Die **örtlich zuständigen Gerichte** für Wiederaufnahmeverfahren werden gem. § 140a Abs. 2 GVG vom Präsidium des OLG vor Beginn des Geschäftsjahres festgelegt. Zuständig ist stets ein **anderes Gericht** als dasjenige, gegen dessen Urteil sich der Wiederaufnahmeantrag richtet. Weiterhin gilt gem. § 140a Abs. 1 Satz 1 GVG das Prinzip der **gleichen sachlichen Zuständigkeit**, d.h. über den Antrag, der sich gegen ein **erstinstanzliches Urteil** richtet, entscheidet grds. ein anderes erstinstanzliches Gericht mit gleicher sachlicher Zuständigkeit. In den in § 140a Abs. 3 bis 6 GVG näher geregelten Ausnahmefällen liegt die Zuständigkeit bei einem anderen Spruchkörper desselben Gerichts.

28 Gegen **Berufungsurteile** entscheidet über die Wiederaufnahme grds. ein LG, da sich das Berufungsurteil regelmäßig mit der Schuldfrage auseinandersetzt. Ist dies ausnahmsweise nicht der Fall, etwa wenn die Berufung gem. § 322 Abs. 1 Satz 2 als unzulässig oder gem. § 329 Abs. 1 wegen des Ausbleibens des Angeklagten verworfen wird, ist das AG zuständig (OLG Frankfurt am Main NStZ-RR 2006, 275). Über die Wiederaufnahme ggü. einer **revisionsgerichtlichen Entscheidung** entscheidet gem. Abs. 1 Satz 2 grds. ein anderes Gericht gleicher Ordnung wie das Gericht, gegen dessen Urteil Revision eingelegt worden war, und zwar auch dann, wenn sich das Wiederaufnahmebegehren lediglich auf Mängel des Revisionsverfahrens stützt (BGH NStZ-RR 1999, 176).

§ 359 StPO Wiederaufnahme zugunsten des Verurteilten.

Die Wiederaufnahme eines durch rechtskräftiges Urteil abgeschlossenen Verfahrens zugunsten des Verurteilten ist zulässig,

1. wenn eine in der Hauptverhandlung zu seinen Ungunsten als echt vorgebrachte Urkunde unecht oder verfälscht war;
2. wenn der Zeuge oder Sachverständige sich bei einem zuungunsten des Verurteilten abgelegten Zeugnis oder abgegebenen Gutachten einer vorsätzlichen oder fahrlässigen Verletzung der Eidespflicht oder einer vorsätzlichen falschen uneidlichen Aussage schuldig gemacht hat;
3. wenn bei dem Urteil ein Richter oder Schöffe mitgewirkt hat, der sich in Beziehung auf die Sache einer strafbaren Verletzung seiner Amtspflichten schuldig gemacht hat, sofern die Verletzung nicht vom Verurteilten selbst veranlasst ist;
4. wenn ein zivilgerichtliches Urteil, auf welches das Strafurteil gegründet ist, durch ein anderes rechtskräftig gewordenes Urteil aufgehoben ist;
5. wenn neue Tatsachen oder Beweismittel beigebracht sind, die allein oder in Verbindung mit den früher erhobenen Beweisen die Freisprechung des Angeklagten oder in Anwendung eines milderen Strafgesetzes eine geringere Bestrafung oder eine wesentlich andere Entscheidung über eine Maßregel der Besserung und Sicherung zu begründen geeignet sind;
6. wenn der Europäische Gerichtshof für Menschenrechte eine Verletzung der Europäischen Konvention zum Schutze der Menschenrechte und Grundfreiheiten oder ihrer Protokolle festgestellt hat und das Urteil auf dieser Verletzung beruht.

Übersicht

	Rdn.		Rdn.
A. Grundsätzliches	1	III. Amtspflichtverletzung (Nr. 3)	16
B. Antragsziele	2	IV. Aufhebung eines zivilgerichtlichen Urteils (Nr. 4)	19
I. Freispruch und ähnliche Entscheidungen	3	V. Neue Tatsachen oder Beweismittel (Nr. 5)	22
II. Geringere Bestrafung in Anwendung eines milderen Strafgesetzes	5	1. Neue Tatsachen	23
III. Wesentlich andere Entscheidung über Maßregel der Besserung und Sicherung	7	2. Neue Beweismittel	27
		3. Geeignetheit	32
IV. Schuldspruchänderung	9	4. Antragsbegründung	35
C. Die Wiederaufnahmegründe im Einzelnen	10	VI. Verletzung der Europäischen Menschenrechtskonvention (Nr. 6)	39
I. Unechte oder verfälschte Urkunden (Nr. 1)	10	1. Grundsätzliches	39
II. Falsche Aussage oder Gutachten (Nr. 2)	13	2. Voraussetzungen	40

A. Grundsätzliches. § 359 enthält die **Gründe**, auf die ein Wiederaufnahmeantrag **zugunsten** 1 **des Verurteilten** gestützt werden kann. Sind **mehrere Gründe** gleichzeitig erfüllt (etwa §§ 359 Nr. 2 oder Nr. 3 und zugleich Nr. 5), hat der Antragsteller grds. eine **Wahlmöglichkeit**, welchen Grund bzw. welche Gründe er geltend machen will. Umgekehrt ist das Gericht durch die Wahl des Antragsgrundes nicht auf diesen beschränkt, es kann daher die Wiederaufnahme auch dann wegen Nr. 5 zulassen, wenn der Antragsteller sich allein auf Nr. 2 oder 3 beruft (s. LR/*Gössel* § 364 Rn. 7, a. A. OLG Hamburg NStZ-RR 2000, 241 f.).

B. Antragsziele. Aus dem Antrag muss sich zumindest im Wege der Auslegung (vgl. *Marxen/Tie-* 2 *mann* Rn. 67) entnehmen lassen, welches der **zulässigen Antragsziele** verfolgt wird. In Betracht kommen zunächst ein Freispruch, eine geringere Bestrafung aufgrund eines milderen Strafgesetzes oder eine wesentlich andere Entscheidung über eine Maßregel der Besserung und Sicherung. Diese sind zwar nur in § 359 Nr. 5 ausdrücklich normiert, können aber allgemein als zulässige Antragsziele gelten (*Marxen/ Tiemann* Rn. 69). Umgekehrt ist die Regelung zugunsten des Verurteilten nicht als für alle Wiederaufnahmegründe abschließend zu verstehen, sodass im Rahmen von § 359 Nr. 1 bis 4 und 6 auch Schuldspruchänderungen in Betracht kommen (s.u. Rdn. 9).

I. Freispruch und ähnliche Entscheidungen. Zulässiges Antragsziel ist zunächst ein **Freispruch**, un- 3 abhängig davon, worauf dieser gestützt wird. Ob nach einem Freispruch wegen Schuldunfähigkeit gem.

§ 359 StPO Wiederaufnahme zugunsten des Verurteilten

§ 20 StGB möglicherweise eine Maßregel der Besserung und Sicherung verhängt wird, ist unerheblich (*Marxen/Tiemann* Rn. 75). Gesteht der Verurteilte eine andere Tat im prozessualen Sinn, ist dies unschädlich. Das kann z.B. bei Einräumung eines falschen Geständnisses der Fall sein trotz der dann drohenden anderweitigen Strafbarkeit gem. §§ 145d, 164 und 258 StGB. Ein **Teilfreispruch** in Bezug auf einzelne gem. § 53 StGB abgeurteilte Straftaten ist möglich, auch wenn Tatidentität gem. § 264 besteht (*Meyer-Goßner/Schmitt* § 359 Rn. 3).

4 Weiterhin kommt eine **Einstellung** des Verfahrens als Antragsziel in Betracht, sofern sie ähnlich wie ein Freispruch wirkt. Das ist der Fall, wenn das Verfahren **dauerhaft beendet** wird (OLG Bamberg NJW 1955, 1121; LG Berlin NStZ 2012, 352), etwa bei Verjährung, fehlendem Strafantrag oder nicht nur vorübergehender Strafunmündigkeit, nicht dagegen bei Einstellungen gem. §§ **153, 153a StPO**, die keine bzw. nur beschränkte Rechtskraft entfalten (*Marxen/Tiemann* Rn. 84).

5 **II. Geringere Bestrafung in Anwendung eines milderen Strafgesetzes.** Das Antragsziel bezieht sich nach herrschender Meinung nur auf **Hauptstrafen**, nicht auf Nebenstrafen und Nebenfolgen (LR/*Gössel* § 359 Rn. 144). Das ist jedenfalls im Hinblick auf Nebenstrafen, die eben auch »Strafen« sind, im Wortlaut der Norm nicht angelegt. Es widerspricht der hier gebotenen großzügigen Auslegung, zumal es Fälle gibt, in denen gerade die Nebenstrafe (z.B. das Fahrverbot gem. § 44 StGB) eine gravierende Belastung bedeutet (vgl. KMR/*Eschelbach* § 359 Rn. 188). Die **geringere Bestrafung** muss weiterhin auf ein **milderes Gesetz** gestützt werden, das nicht »dasselbe« Gesetz sein darf, wie sich aus § 363 ergibt. Wann ein solches anderes Gesetz außerhalb der klaren Fälle (z.B. selbstständige Privilegierung im Vergleich zum Grundtatbestand; Wegfall eines Qualifikationstatbestandes) anzunehmen ist, ist sehr umstritten, s. dazu näher die Erläuterungen zu § 363. Die reine Äußerlichkeit der Zusammenfassung mehrerer Regelungen in einem Paragrafen ist hierfür irrelevant (*Meyer-Goßner/Schmitt* § 363 Rn. 3).

6 Kein zulässiges Antragsziel ist nach OLG Celle NStZ-RR 2010, 251 die **Anrechnung** eines Teils der Strafe nach überlanger Verfahrensdauer auf der Grundlage der sog. »**Vollstreckungslösung**« (BGHSt 52, 124). Dabei wird allerdings zu formal auf die fehlende Zuordnung zur »Strafbemessung« abgestellt. Letztlich erfolgt auch hier eine geringere Bestrafung, die zumindest auf dem Rechtsgedanken des § 51 StGB (BGHSt 52, 135) und daher auf einem anderen Strafgesetz beruht. I.S.d. hier befürworteten extensiven Auslegung sollte daher von einem zulässigen Antragsziel ausgegangen werden. Dafür spricht auch die Entscheidung des OLG Stuttgart (NJW 1968, 2206), nach der die (damals auf § 7 StGB, heute auf § 51 Abs. 3 StGB gestützte) Anrechnung von im Ausland erlittener Untersuchungshaft zulässiges Antragsziel ist.

7 **III. Wesentlich andere Entscheidung über Maßregel der Besserung und Sicherung.** Die **Maßregeln** der Besserung und Sicherung sind der abschließenden Aufzählung in § 61 StGB zu entnehmen. Die erstrebte andere Entscheidung kann auch auf **demselben Strafgesetz** beruhen, wie der systematische Vergleich zum Antragsziel der geringeren Bestrafung ergibt; § 363 gilt hier nicht (LR/*Gössel* § 359 Rn. 150; a. A. KK-StPO/*Schmidt* § 363 Rn. 3). Ob die Maßregel **neben einer Strafe** oder **isoliert** (ggf. i.R.d. Sicherungsverfahrens gem. §§ 413 ff. StPO) verhängt wurde, ist für die Wiederaufnahme unerheblich.

8 Der Antrag muss auf eine **wesentlich andere Entscheidung** über die Maßregel gerichtet sein. Das kann das vollständige **Entfallen** der Maßregel sein. In Betracht kommt aber auch die **Ersetzung** durch eine andere, weniger eingriffsintensive Maßregel. Für die Beurteilung der Eingriffsintensität lassen sich als Faustformel objektive Maßstäbe benennen: Die ambulante Maßregel dürfte stets milder als die stationäre sein. § 64 StGB ist den §§ 63, 66 StGB schon aufgrund der gesetzlichen Höchstfrist in § 67d Abs. 1 StGB vorzuziehen. Im Verhältnis von § 63 StGB zu § 66 StGB lässt sich kein klares Stufenverhältnis feststellen; dass die Belastung durch die Sicherungsverwahrung stets am stärksten sei (*Marxen/Tiemann* Rn. 105), ist schon wegen des Fehlens jeglicher Höchstfrist bei § 63 StGB fraglich. Letztlich ist eine Würdigung der Umstände des Einzelfalls vorzunehmen (vgl. AK-StPO/*Loos* § 359 Rn. 19). I.Ü. ist auch eine **erhebliche Verkürzung** der Dauer derselben Maßregel als wesentlich andere Entscheidung denkbar. Bei den stationären Maßregeln wird dies allerdings nicht relevant, da deren Dauer im Urteil nicht festgelegt wird. Die **erstmalige Anordnung** einer Maßregel ist kein zulässiges Antragsziel (OLG Köln NStZ-RR 2011, 382).

IV. Schuldspruchänderung. Zulässiges Antragsziel ist – außerhalb von § 359 Nr. 5 – weiterhin eine 9
bloße **Schuldspruchänderung**, auch wenn diese keine Auswirkungen auf die Rechtsfolgenseite hat wie
bei mehrfachem Mord. § 363 steht dem nicht entgegen, da dort nur eine Strafmilderung ausgeschlossen ist (BGH NStZ 2003, 678 f.). Die Anerkennung des Antragsziels der Schuldspruchänderung macht
aber den Ausschluss reiner Strafmaßänderungen, die eine mindestens genauso spürbare Entlastungswirkung entfalten, umso fragwürdiger (s. § 363 Rdn. 6).

C. Die Wiederaufnahmegründe im Einzelnen. I. Unechte oder verfälschte Urkunden (Nr. 1)

Vorausgesetzt ist, dass eine zuungunsten des Verurteilten vorgebrachte Urkunde unecht 10
oder **verfälscht** war. Dabei ist von einem Vorbringen der Urkunde **zuungunsten des Verurteilten** auszugehen, wenn nicht ausgeschlossen werden kann, dass sie das Urteil zu dessen Nachteil beeinflusst hat
(LR/*Gössel* § 359 Rn. 25). **Als echt vorgebracht** gilt die Urkunde, wenn sie in den Prozess als Beweismittel eingeführt worden ist; eine Verwendung als bloßer Vorhalt genügt nicht (s. *Meyer-Goßner/Schmitt* § 359 Rn. 7; a. A. KMR/*Eschelbach* § 359 Rn. 53). Dabei ist der **materielle Urkundenbegriff**
des § 267 StGB heranzuziehen, der jede verkörperte Gedankenerklärung mit Beweisfunktion erfasst,
die den Aussteller erkennen lässt (h.M., s. nur LR/*Gössel* § 359 Rn. 15; a. A. *Marxen/Tiemann* Rn. 137,
die einen engeren, an § 249 angelehnten prozessualen Begriff vertreten). Zugleich ist eine zumindest
analoge Anwendung auf **technische Aufzeichnungen** i.S.v. § 268 StGB zu befürworten (KK-StPO/
Schmidt § 359 Rn. 6).

Die **Begehung einer Straftat** wird **nicht vorausgesetzt** (so aber KK-StPO/*Schmidt* § 359 Rn. 9; wie hier 11
BGH NStZ 2003, 679; *Meyer-Goßner/Schmitt* § 359 Rn. 6). Soweit die Gegenansicht sich auf § 364
beruft (s. *Marxen/Tiemann* Rn. 140), liegt darin eine unzulässige petitio principii, denn ob § 359 Nr. 1
die Begehung einer Straftat voraussetzt, ist ja gerade die Frage. Die Tatsache, dass im Unterschied zu
§ 359 Nr. 2 und Nr. 3 nicht ausdrücklich eine Strafbarkeit verlangt wird, spricht e contrario für die hier
vertretene Ansicht.

Die **Antragsbegründung** setzt die genaue Bezeichnung der Urkunde sowie der Tatsachen voraus, aus 12
denen sich ihre Unechtheit ergibt; weiterhin muss sich aus dem Antrag ergeben, inwiefern das Urteil
durch die Urkunde zuungunsten des Angeklagten beeinflusst wurde; dies wird gem. § 370 Abs. 1 (widerlegbar) vermutet (OLG Brandenburg NStZ-RR 2010, 22). Wird quasi »überschießend« sogar ein
strafbares Verhalten behauptet, führt dies dennoch nicht zur Anwendbarkeit von § 364 in dem Sinne,
dass eine entsprechende Verurteilung vorgetragen und bewiesen werden müsste (a. A. BeckOK/*Singelnstein* § 359 Rn. 9) – denn auch in diesem Fall wird der Antrag im Kern auf den letztlich allein ausschlaggebenden Grund des § 359 Nr. 1 gestützt und nicht auf eine »Straftat« i.S.v. § 364 (so im Ergebnis auch
KMR/*Eschelbach* § 359 Rn. 58, der insoweit aber eine »teleologische Reduktion« für erforderlich hält).

II. Falsche Aussage oder Gutachten (Nr. 2)

Die Wiederaufnahme kann weiterhin darauf gestützt 13
werden, dass ein Zeuge sich bei einer Aussage zuungunsten des Verurteilten oder ein Sachverständiger
sich bei einem zuungunsten des Verurteilten erstellten Gutachten einer vorsätzlichen oder fahrlässigen
Verletzung der Eidespflicht oder einer vorsätzlichen falschen uneidlichen Aussage »schuldig« gemacht
hat. Dabei müssen nach dem Wortlaut die Voraussetzungen einer **schuldhaften Tatbegehung** erfüllt
sein (*Wasserburg* 1983, 279; a. A. AK-StPO/*Loos* § 359, 23, 29, der ein schuldhaftes Verhalten nicht
für zwingend erforderlich hält). Wie im Rahmen von § 359 Nr. 1 (s.o. Rdn. 10) ist eine Wirkung **zuungunsten des Verurteilten** gegeben, wenn ein nachteiliger Einfluss der Aussage oder des Gutachtens
auf das Urteil nicht ausgeschlossen werden kann. Nicht verlangt ist, dass das Urteil gerade auf dem Teil
der Aussage beruht, der sich als falsch erwiesen hat (*Meyer-Goßner/Schmitt* § 359 Rn. 12; a. A. BGHSt
31, 365, 371; SK-StPO/*Frister* § 359 Rn. 25).

Als **Zeuge** sind alle Personen anzusehen, die i.R.d. Erkenntnisverfahrens, nicht notwendigerweise inner- 14
halb der Hauptverhandlung, vernommen wurden. Die Wiederaufnahme kommt daher auch in den Fällen in Betracht, in denen die Niederschrift über eine frühere Vernehmung gem. § 251 verlesen wurde
(*Wasserburg* 1983, 280) oder der Zeuge gem. § 247a audiovisuell vernommen wurde (*Marxen/Tiemann*
Rn. 147). Den ebenfalls erfassten **Sachverständigen** stehen gem. § 191 GVG die **Dolmetscher** gleich
(*Meyer-Goßner/Schmitt* § 359 Rn. 10; a. A. SK-StPO/*Frister* § 359 Rn. 23).

15 Für die **Antragsbegründung** muss vorgetragen werden, dass die genauer zu bezeichnende Falschaussage das Urteil nachteilig beeinflusst hat, wobei der ursächliche Zusammenhang gem. § 370 Abs. 1 gesetzlich vermutet wird. Weiterhin ist § 364 zu beachten (vgl. dort Rdn. 2 f.).

16 **III. Amtspflichtverletzung (Nr. 3)** Weiterhin in Betracht kommt die Wiederaufnahme wegen einer **strafbaren Amtspflichtverletzung** der an der Urteilsfällung beteiligten Richter oder Schöffen in dieser Sache (dazu – vor dem Hintergrund der teilweise rechtswidrigen Verständigungspraxis – *Bock u.a.* GA 2013, 328, 341 ff.). In Betracht kommen v.a. Rechtsbeugung (§ 339 StGB), aber auch Bestechungsdelikte (§§ 331, 332 StGB) sowie Freiheitsberaubung und Nötigung (§§ 239, 240 StGB). Die Straftat muss »in dieser Sache«, also i.R.d. Tätigkeit als Richter oder Schöffe begangen worden sein. Eine bloße Begehung »bei Gelegenheit« der Tätigkeit, etwa eine Körperverletzung des Richters ggü. einem anderen Verfahrensbeteiligten, genügt hierfür nicht.

17 **Ausgeschlossen** ist die Wiederaufnahme, wenn die Amtspflichtverletzung **vom Verurteilten selbst veranlasst** war, er also etwa selbst den Richter bestochen hat. Es erscheint sachgerecht, hier die Wiederaufnahme zu versagen, da sie nicht der Aufrechterhaltung des Ansehens der Justiz durch objektive Fehlerkorrektur, sondern der Rehabilitierung des Verurteilten dient. Dieser erscheint aber bei eigener Veranlassung der Amtspflichtverletzung jedenfalls dann nicht schutzwürdig, wenn man richtigerweise eine **schuldhafte** Veranlassung voraussetzt (vgl. AK-StPO/*Loos* § 359 Rn. 33).

18 Die **Antragsbegründung** muss Angaben über die Person des Richters oder Schöffen sowie der Pflichtverletzung enthalten. Ein über den oben erwähnten Sachbezug hinausgehender Nachweis, dass sich die Amtspflichtverletzung zuungunsten des Verurteilten ausgewirkt hat, ist nicht erforderlich, sondern wird unwiderleglich vermutet. Er wäre dem Antragsteller angesichts des Beratungsgeheimnisses auch gar nicht möglich (KK-StPO/*Schmidt* § 359 Rn. 13). Es handelt sich daher um den einzigen **absoluten Wiederaufnahmegrund**, der ganz unabhängig von der Frage des Einflusses auf das Urteil zu beachten ist (Radtke/Hohmann-*Hohmann* § 359 Rn. 2). Eine Ausnahme ist nur dort anzuerkennen, wo der Fehler in der Rechtsmittelinstanz korrigiert wurde (BGHSt 31, 365, 372). I.Ü. ist § 364 zu beachten (vgl. dort Rdn. 2 f.).

19 **IV. Aufhebung eines zivilgerichtlichen Urteils (Nr. 4)** Die Wiederaufnahme ist weiterhin eröffnet, wenn ein **zivilgerichtliches Urteil**, das der strafrechtlichen Verurteilung zugrunde lag, durch ein anderes rechtskräftiges Urteil **aufgehoben** wurde. Erforderlich ist dafür eine Ersetzung der ursprünglichen Entscheidung durch eine inhaltlich abweichende neue Entscheidung, die in Rechtskraft erwachsen ist. Die strafrechtliche Verurteilung muss auf der früheren Entscheidung »**gegründet**« sein. Das ist der Fall, wenn es sich um ein zivilgerichtliches Gestaltungsurteil handelte, an das das Strafgericht gebunden war oder wenn das Urteil als urkundliche Beweisgrundlage verwendet wurde.

20 Über den Wortlaut hinaus ist nach zutreffender herrschender Meinung auch eine Anwendung auf **Urteile aus anderen Gerichtszweigen**, etwa der Arbeits- oder Sozialgerichtsbarkeit, zu bejahen (Meyer-Goßner/*Schmitt* § 359 Rn. 17; a. A. KMR/*Eschelbach* § 359 Rn. 115). I.S.d. hier befürworteten extensiven Auslegung gilt dies auch für entscheidungserhebliche **Strafurteile** (so auch SK-StPO/*Frister* § 359 Rn. 33; a. A. die h.M., vgl. nur Meyer-Goßner/*Schmitt* § 359 Rn. 17) sowie die Aufhebung **rechtswidriger Verwaltungsakte** (BVerfGE 22, 21, 27; a. A. die h.M., vgl. nur BGHSt 23, 86, 94).

21 Zur **Antragsbegründung** muss die aufgehobene Entscheidung benannt werden sowie dargelegt werden, inwiefern sie Grundlage der Verurteilung war. Eine Kausalitätsvermutung wie im Rahmen von § 359 Nr. 1 bis 3 existiert hier nicht (LR/*Gössel* § 359 Rn. 50). Weiterhin ist das aufhebende Urteil einschließlich dessen Rechtskraft darzulegen.

22 **V. Neue Tatsachen oder Beweismittel (Nr. 5)** § 359 Nr. 5 enthält den praktisch besonders bedeutsamen Wiederaufnahmegrund der **neuen Tatsachen oder Beweismittel**. Diese müssen zugleich **geeignet** sein, eines der genannten zulässigen Antragsziele herbeizuführen, was von der Frage der Neuheit zu trennen ist (a. A. LR/*Gössel* § 359 Rn. 57).

23 **1. Neue Tatsachen.** Unter **Tatsachen** sind wie im materiellen Strafrecht alle gegenwärtigen oder vergangenen Verhältnisse, Zustände oder Geschehnisse zu verstehen, die prinzipiell dem Beweis zugänglich sind (vgl. BVerfG StV 2003, 225). Sie müssen sich nicht auf den Sachverhalt der abgeurteilten Tat beziehen; auch das Alter des zu Unrecht als Erwachsenen behandelten Angeklagten ist z.B. eine relevante Tatsache (LG Landau NStZ-RR 2003, 28). In Betracht kommt auch der Widerruf eines Ge-

ständnisses, auch nach einer Absprache (OLG Stuttgart NJW 1999, 375); zur erweiterten Darlegungslast in diesen Fällen s.u. Rdn. 36 f.).

Nicht erfasst sind »**Rechtstatsachen**« wie der Wegfall eines Gesetzes oder eine Rechtsprechungsänderung (OLG Zweibrücken wistra 2009, 488; LR/*Gössel* § 359 Rn. 78). Der Antrag kann auch weder auf Verfahrensfehler (s. *Meyer-Goßner/Schmitt* § 359 Rn. 22) noch auf sachlich-rechtliche Fehler gestützt werden (BGHSt 39, 272, 275). Andernfalls würde man die Wiederaufnahme entgegen der Absicht des Gesetzgebers zu einer »zeitlich unbefristeten Revision« umfunktionieren (*Brauns* JZ 1995, 494; *Bajohr* S. 142; s.u. BVerfG NStZ-RR 2007, 29, 30; für eine Erweiterung auf offensichtliche Rechtsfehler de lege ferenda *Waßmer* Jura 2002, 460 im Anschluss an *Peters* S. 674). 24

Die vorgebrachten Tatsachen sind **neu**, wenn sie vom erkennenden Gericht bei seiner Entscheidung nicht berücksichtigt wurden (BVerfG StV 2003, 225), was v.a. dann der Fall ist, wenn sie **nicht bekannt** waren. Auch dem Gericht **bekannte Tatsachen** können neu sein, wenn sie – warum auch immer – letztlich der Entscheidung nicht zugrunde gelegt wurden, was aus dem Gesamtzusammenhang des Protokolls und der Urteilsgründe ermittelt werden muss. Ob die Tatsache dem Verurteilten bekannt war oder von ihm sogar bewusst dem Gericht vorenthalten wurde, ist für die Neuheit irrelevant (*Meyer-Goßner/Schmitt* § 359 Rn. 30). Auch eine Vermutung, dass dem Verurteilten bereits damals bekannte Tatsachen von ihm auch vorgebracht wurden, ist richtigerweise nicht zulässig (LR/*Gössel* § 368 Rn. 16; a. A. BeckOK/*Singelnstein* § 368 Rn. 5). Relevant für die Frage der Neuheit ist stets der **Zeitpunkt**, in dem die Entscheidung gefällt wurde. Bei Urteilen ist dies der Abschluss der Beratung und nicht der Abschluss der mündlichen Verhandlung, da (ungeachtet eines möglichen Verstoßes gegen § 261) letztlich die Beratung die tatsächliche Grundlage der Entscheidung darstellt (s. *Marxen/Tiemann* Rn. 178; a. A. LR/*Gössel* § 359 Rn. 88). 25

Die Neuheit der Tatsache ist dann ausgeschlossen, wenn vom Gericht das **unmittelbare denknotwendige Gegenteil** festgestellt und berücksichtigt wurde. Dies ist nicht der Fall, wenn die neu vorgetragene Tatsache erst durch eine weitere Schlussfolgerung zum Gegenteil einer festgestellten Tatsache hinführt (BGH NStZ 2000, 218). 26

2. Neue Beweismittel. Beweismittel i.S.d. § 359 Nr. 5 sind alle förmlichen Beweismittel der StPO, also Sachverständige, Zeugen, Urkunden und Augenschein. Der Verurteilte ist kein Beweismittel (*Pfeiffer* § 359 Rn. 7). Für die Frage der **Neuheit** gelten sinngemäß die Ausführungen von oben (Rdn. 25). Relevant ist, ob das Beweismittel vom Gericht bei seiner Entscheidung berücksichtigt wurde. Daran kann es trotz vorhandener Kenntnis fehlen: Den unbekannten Beweismitteln stehen die unbenutzten gleich (*Meyer-Goßner/Schmitt* § 359 Rn. 32). 27

Dass ein Beweismittel unter **Verstoß gegen § 261 StPO** verwertet wurde, führt nicht dazu, dass es neu i.S.v. § 359 Nr. 5 ist; entscheidend ist lediglich, dass das Beweismittel überhaupt bei der Entscheidungsfindung vom Gericht berücksichtigt wurde, nicht dagegen, dass dies in prozessordnungsgemäßer Weise erfolgte (OLG Stuttgart NStZ-RR 2012, 290). 28

Der **Sachverständigenbeweis** ist neu, wenn der vorgeschlagene Sachverständige im Verfahren nicht gehört wurde, unabhängig davon, ob ein anderer Sachverständiger beteiligt war oder ob der nun vorgeschlagene Sachverständige sein Gutachten auf einer neuen Tatsachengrundlage erstatten soll – das sind Fragen der Geeignetheit (s. LR/*Gössel* § 359 Rn. 113; a.A.z.T. die Rspr., s. OLG Hamm StV 2003, 231). Nicht um ein neues Beweismittel, sondern um eine neue Tatsache handelt es sich, wenn der bereits gehörte Sachverständige nunmehr zu anderen Ergebnissen gelangt (*Marxen/Tiemann* Rn. 193). 29

Von der **Neuheit des Zeugenbeweises** ist stets auszugehen, wenn der Zeuge in der Hauptverhandlung nicht gehört wurde. Soll ein bereits gehörter Zeuge nunmehr zu anderen Beweisinhalten Stellung nehmen, ist er nicht als neues Beweismittel einzuordnen (so aber die h.M., vgl. *Meyer-Goßner/Schmitt* § 359 Rn. 33). Es handelt sich beim Inhalt der Aussage dann aber um eine neue Tatsache (*Marxen/Tiemann* Rn. 188). Da ein Angeklagter kein förmliches Beweismittel ist, ist bei einem früheren Mitangeklagten, der nun als Zeuge aussagen soll, konsequenterweise von einem neuen Beweismittel auszugehen (s. nur LR/*Gössel* § 359 Rn. 111; a. A. *Meyer-Goßner/Schmitt* § 359 Rn. 33). 30

Ein **neuer Urkundenbeweis** kommt in Betracht, wenn die Urkunde nicht als Beweismittel vom Gericht berücksichtigt wurde (LG Erfurt JZ 2012, 439), was auch dann anzunehmen ist, wenn sie lediglich vorgehalten wurde (KMR/*Eschelbach* § 359 Rn. 176). Ob die Urkunde ordnungsgemäß in die Hauptverhandlung eingeführt wurde, ist dagegen irrelevant, es kommt allein auf die tatsächliche Berücksichti- 31

§ 359 StPO Wiederaufnahme zugunsten des Verurteilten

gung durch das Gericht an (OLG Stuttgart NStZ-RR, 2012, 290). Die Urkunde ist neu, wenn ihr Inhalt vom Gericht falsch wahrgenommen wurde, nicht dagegen, wenn der korrekt erfasste Inhalt rechtlich fehlerhaft gewürdigt wurde. Entsprechend ist der **Augenscheinsbeweis** neu, wenn im Ausgangsverfahren kein Augenschein eingenommen wurde oder das Objekt falsch wahrgenommen wurde. Ein neues Beweismittel liegt auch dann vor, wenn das erkennende Gericht bei der Inaugenscheinnahme einer Fehlwahrnehmung unterlegen war, sofern dies der Verurteilte darlegen und beweisen kann (OLG Düsseldorf Beschl. v. 30.9.2013 – III – 2 Ws 456–457/13 in NStZ-RR 2014, 22).

32 **3. Geeignetheit.** Die neuen Tatsachen oder Beweismittel müssen weiterhin **geeignet** sein. Es bietet sich an, dabei zwischen der Erheblichkeit des Vorbringens und den hinreichenden Erfolgsaussichten als Teilelemente der Geeignetheit zu differenzieren (so *Marxen/Tiemann* Rn. 198 ff.; Radtke/Hohmann-*Hohmann* § 359 Rn. 40).

33 **Erheblich** ist das Vorbringen, wenn es sich – seine Richtigkeit zunächst unterstellt – überhaupt i.S.d. Antragstellers auf die Rechtsfolge auswirken kann. Die Anforderungen an ein erhebliches Vorbringen richten sich nach dem **Antragsziel**. Wird ein Freispruch angestrebt, muss sich aus den vorgebrachten Tatsachen oder Beweismitteln ergeben, dass der Betroffene unter keinem Gesichtspunkt als Täter der abgeurteilten Tat i.S.v. § 264 anzusehen ist. Geht es um die Strafmilderung, müssen die vorgebrachten Tatsachen oder Beweismittel geeignet sein, einen vom Gericht angenommenen Strafschärfungsgrund (etwa eine Qualifikation) zu Fall zu bringen oder eine Privilegierung bzw. einen benannten oder unbenannten Strafmilderungsgrund zu eröffnen (vgl. § 363 Rdn. 3 ff.). Bei der erstrebten wesentlich anderen Maßregelentscheidung müssen Tatsachen oder Beweismittel vorgebracht werden, aus denen sich der Wegfall, die Ersetzung durch eine mildere Maßregel oder die erhebliche Verkürzung ergeben kann.

34 Weiterhin ist eine **hinreichende Erfolgsaussicht** erforderlich; daran fehlt es z.B., wenn das Vorbringen **denkgesetzlich unmöglich** und damit offensichtlich unrichtig ist (vgl. *Meyer-Goßner/Schmitt* § 368 Rn. 8). Erforderlich ist eine Beurteilung der Richtigkeit und Beweiskraft des Vorbringens, dem Charakter des Wiederaufnahmeverfahrens entsprechend aber nur anhand einer vorläufigen Einschätzung. Eine endgültige Klärung ist ggf. der erneuerten Hauptverhandlung vorbehalten (*Marxen/Tiemann* Rn. 218). In welchem Umfang eine Prüfung der Erfolgsaussichten bereits i.R.d. Zulässigkeitsprüfung vorgenommen werden darf und welche Maßstäbe dabei gelten, ist im Hinblick auf § 359 Nr. 5 äußerst umstritten, s. dazu § 368 Rdn. 4 ff.

35 **4. Antragsbegründung.** **Tatsachen** müssen mit Bestimmtheit behauptet werden; bloße Vermutungen genügen nicht (*Meyer-Goßner/Schmitt* § 359 Rn. 45). Sofern es sich um neue Tatsachen handelt, können diese mit neuen, aber auch mit bereits früher verwendeten Beweismitteln belegt werden, solange diese i.S.d. § 368 Abs. 1 geeignet sind. Neue **Beweismittel** müssen möglichst genau bezeichnet werden, damit das Gericht sie seiner Entscheidung zugrunde legen kann.

36 Werden Beweismittel oder Tatsachen, die bereits der ursprünglichen Entscheidung zugrunde gelegt wurden, mit neuer Beweisrichtung vorgebracht, besteht eine **erweiterte Darlegungslast** des Antragstellers. Inhaltlich folgt dies aus dem nur eingeschränkten Beweiswert einer solchen »Wiederverwendung« von Tatsachen oder Beweismitteln, die eine gewisse »verfahrensinterne Widersprüchlichkeit« enthält (*Marxen/Tiemann* Rn. 242 ff.; gebilligt in BVerfG NJW 1994, 510; krit. *Wasserburg/Eschelbach* GA 2003, 346 f.). Wichtigstes Beispiel ist der **Geständniswiderruf**, bei dem über die Tatsache des Widerrufs hinaus eine einleuchtende Erklärung erforderlich ist, um die hinreichende Erfolgsaussicht zu begründen (s. nur BGH NJW 1977, 59; LG Landau StV 2009, 237). Das soll auch dann gelten, wenn das Geständnis Teil einer Verständigung war (BayVerfGH NStZ 2004, 447); allerdings sind die Anforderungen an das zusätzliche Vorbringen hier weniger streng anzusetzen, da ein nur taktisch abgegebenes Geständnis zur Sicherung der Strafmilderung nicht fern liegt (KG NStZ 2006, 468; GS/*Weiler* § 359 Rn. 12).

37 Gleiches gilt für die Behauptung, ein damaliger **Zeuge** oder ein **früherer Mitangeklagter** werde nun anders, d.h. zugunsten des Verurteilten aussagen: diese Kehrtwende des Zeugen oder Mitangeklagten darf nicht nur behauptet werden, sondern muss (v.a. dann, wenn er nunmehr für längere Zeit unerreichbar ist, s. OLG Karlsruhe NStZ-RR 2005, 179) auch begründet werden, wobei hier weniger strenge Maßstäbe als beim Geständniswiderruf gelten (OLG Rostock NStZ 2007, 357). Schließlich ist der Fall zu nennen, dass ein **Beweismittel** benannt wird, auf dessen Erhebung der Antragsteller ursprünglich ausdrücklich

verzichtet hatte oder das er bewusst zurückgehalten hat. Hierfür muss dargelegt werden, warum nunmehr davon ausgegangen wird, dass das Beweismittel zu einer Entlastung führen könnte (OLG Stuttgart NStZ-RR 2003, 210; OLG Hamm NStZ-RR 2000, 85).
Keine erweiterte Darlegungslast besteht in den Fällen, in denen der Verurteilte im Ausgangsverfahren 38 geschwiegen oder der Zeuge von seinem Zeugnisverweigerungsrecht Gebrauch gemacht hat, nun aber eine Aussage erfolgen soll. Zulässiges Prozessverhalten darf nicht zum Nachteil des Antragstellers gereichen (OLG Jena NStZ-RR 2010, 251). Zu beachten ist überdies, dass auch in Bezug auf den Widerruf einer belastenden Zeugenaussage andere Maßstäbe gelten müssen, da der Antragsteller andernfalls auf die Mitwirkung des Zeugen angewiesen wäre, dieses Verhalten jedoch nicht erzwingen kann. Demzufolge muss es in diesem Rahmen genügen, wenn der Antragsteller darlegt, unter welchen Umständen der Zeuge von seiner Aussage abgerückt ist, er kann gerade nicht dazu verpflichtet sein die Motive für die ursprüngliche Falschaussage auszuführen (KG NStZ 2014, 670).

VI. Verletzung der Europäischen Menschenrechtskonvention (Nr. 6) 1. Grundsätzliches. 39
Der 1998 eingeführte Wiederaufnahmegrund des § 359 Nr. 6 ermöglicht eine Wiederaufnahme auch bei einer vom Europäischen Gerichtshof für Menschenrechte (EGMR) festgestellten **Verletzung der Europäischen Menschenrechtskonvention (EMRK)**, sofern das Urteil auf dieser Verletzung beruht. Eine solche Verletzung kann zwar vom EGMR i.R.d. Entscheidung über eine Individualbeschwerde gem. Art. 34 EMRK festgestellt und dem Antragsteller ggf. eine Entschädigung zugesprochen werden. Darüber hinaus besteht aber keine unmittelbare kassatorische Wirkung der Entscheidung (BVerfG NJW 1986, 1425 f.). Die Vorschrift des § 359 Nr. 6 eröffnet vor diesem Hintergrund nach dem Willen des Gesetzgebers die Möglichkeit, konventionswidrige Rechtsakte aufzuheben, um so dem Grundsatz der konventionsfreundlichen Ausgestaltung des innerstaatlichen Rechts Rechnung zu tragen (BT-Drucks. 13/10333, S. 4). Ausnahmsweise kann die Wiederaufnahme hier also (wie bei § 79 BVerfGG) auf **reine Rechtsfehler** gestützt werden.

2. Voraussetzungen. Erforderlich ist nach dem Wortlaut des Gesetzes wie auch dem Willen des Ge- 40
setzgebers (BT-Drucks. 13/10333, S. 3 f.) eine **ausdrückliche Feststellung** der Konventionswidrigkeit durch den EGMR. Die Wiederaufnahme darüber hinaus auch bei »offensichtlicher« Konventionsverletzung ohne eine entsprechende Feststellung zuzulassen, sprengt daher die Grenzen der zulässigen Analogie (s. SK-StPO/*Frister* § 359 Rn. 75; a. A. LG Ravensburg NStZ-RR 2001, 115). Auch bei **Verstößen gegen sonstiges Gemeinschaftsrecht** kommt eine analoge Anwendung nicht in Betracht (*Meyer-Goßner/Schmitt* § 359 Rn. 52; für eine analoge Anwendung von § 79 BVerfGG bei Gemeinschaftsrechtswidrigkeit *Satzger* S. 677 ff.; a. A. *Bajohr* S. 105 ff.).
Weiterhin verlangt das Gesetz, dass das angefochtene Urteil auf der festgestellten Konventionswidrig- 41
keit **beruht**. Hierfür ist der Maßstab des § 337 anzulegen (BT-Drucks. 13/10333, S. 5; *Weigend* StV 2000, 388; OLG Bamberg, Beschl. v. 5.3.2013, 1 Ws 98/13). Festzuhalten ist dabei, dass eine Wiederaufnahme dann ausgeschlossen ist, wenn die Konventionswidrigkeit schon im Verlauf des Verfahrens korrigiert wurde bzw. keine Verwertung stattfand und somit keinen Niederschlag in der Entscheidung fand (*Marxen/Tiemann* Rn. 281; OLG Frankfurt Beschl. v. 29.6.2012 – 1 Ws 3/12). Maßgeblich ist, ob die Entscheidung ohne die festgestellte Verletzung für den Antragsteller möglicherweise günstiger ausgefallen wäre. Dies kann ausgeschlossen sein, wenn eine **Kompensation** für den Konventionsverstoß erfolgt ist (vgl. OLG Celle NStZ-RR 2010, 251). War dies nicht der Fall, muss allerdings ein Beruhen im oben genannten Sinn angenommen werden, da stets eine wesentliche Strafmilderung im Raum stehen wird. § 363 ist richtigerweise nicht anwendbar (vgl. *Meyer-Goßner/Schmitt* § 359 Rn. 52), zumal der Wiederaufnahmegrund ansonsten praktisch leer laufen würde. Hat bereits der EGMR festgestellt, dass das Urteil nicht auf dem Konventionsverstoß beruht, so muss das deutsche Strafgericht dies nicht noch einmal selbst überprüfen (str., OLG Frankfurt a.M., Beschl. 29.6.2012, 1 Ws 3/12; *Jahn* Jus 2013, 273).

De lege lata steht eine Wiederaufnahme gem. § 359 Nr. 6 nur demjenigen offen, der das Urteil des 42
EGMR **in eigener Person** erstritten hat (*Meyer-Goßner/Schmitt* § 359 Rn. 52). Dies findet im Wortlaut der Norm zwar keine klare Stütze und steht im Widerspruch zur (wesensverwandten) Vorschrift des § 79 BVerfGG, ergibt sich aber aus dem in der Gesetzesbegründung dokumentierten eindeutigen Willen des Gesetzgebers (vgl. BT-Drucks. 13/10333, S. 3 f.; so auch SK-StPO/*Frister* § 359 Rn. 75; a. A. *Marxen/Tiemann* Rn. 285; Radtke/Hohmann-*Hohmann* § 359 Rn. 54). Das erscheint aber nicht sach-

gerecht und insb. dann als unzumutbare Verzögerung der Wiederaufnahmemöglichkeit, wenn die strafrechtliche Verurteilung auf einem **materiellen Strafgesetz** beruht, dessen **Konventionswidrigkeit** anderweitig vom EGMR festgestellt wurde (vgl. *Weigend* StV 2000, 39, 45). Die Problematik wird weiter verschärft in den Fällen der »Piloturteilsstrategie«, die bei einer Vielzahl von Betroffenen zum Ausschluss der Möglichkeit führen kann, ein eigenes Urteil zu erstreiten (vgl. *Swoboda* HRRS 2009, 188, 192). De lege ferenda sollte man daher die i.R.d. »Beruhensprüfung« ohnehin festzustellende Relevanz der Konventionsverletzung auch für die Verurteilung des Antragstellers genügen lassen (krit. auch *Gerst* NStZ 2013, 310, 312).

43 In der **Begründung** des Antrags ist die konkrete Entscheidung des EGMR zu nennen sowie darzulegen, inwiefern die Verurteilung auf der dort festgestellten Verletzung der EMRK beruht. Dafür ist (vergleichbar den Anforderungen an die Begründung der Revision) eine geschlossene und aus sich heraus verständliche Sachverhaltsdarstellung erforderlich (OLG Stuttgart NStZ-RR 2000, 243).

§ 360 StPO Keine Hemmung der Vollstreckung.
(1) Durch den Antrag auf Wiederaufnahme des Verfahrens wird die Vollstreckung des Urteils nicht gehemmt.
(2) Das Gericht kann jedoch einen Aufschub sowie eine Unterbrechung der Vollstreckung anordnen.

1 **A. Grundsätzlicher Ausschluss der Hemmung der Vollstreckung.** Abs. 1 stellt als Regelfall klar, dass durch den Wiederaufnahmeantrag die Vollstreckung des Urteils grds. **nicht gehemmt** wird. Gleiches gilt für den Beschluss über die Zulassung nach § 368. Aufschiebende Wirkung entfaltet vielmehr erst die Anordnung der Wiederaufnahme des Verfahrens gem. § 370 Abs. 2 (*Meyer-Goßner/Schmitt* § 360 Rn. 1).

2 **B. Aufschub oder Unterbrechung der Vollstreckung (Abs. 2)** Als Ausnahme vom Grundsatz des Abs. 1 erlaubt die Regelung in Abs. 2 dem Gericht, nach seinem Ermessen einen **Aufschub oder eine Unterbrechung der Vollstreckung** anzuordnen. Ein Antrag ist hierfür nicht erforderlich, das Gericht entscheidet von Amts wegen. Aufschub und Unterbrechung der Vollstreckung sind v.a. bei erstrebten Freisprüchen denkbar, aber auch dann nicht ausgeschlossen, wenn der Verurteilte mit seinem Antrag eine mildere Bestrafung erreichen will, etwa bei der Herabstufung von einem Verbrechen zu einem Vergehen (LG Aschaffenburg StV 2003, 238).

3 **I. Maßnahmen.** In erster Linie betroffen sind Aufschub oder Unterbrechung der Vollstreckung von **Freiheitsstrafen**. Das kann sich auch auf eine Einzelstrafe innerhalb einer Gesamtstrafe beziehen, sodass deren Vollstreckung insgesamt entfällt und über die Vollstreckung der anderen Einzelstrafen sodann gem. §§ 449 ff. zu entscheiden ist (*Meyer-Goßner/Schmitt* § 360 Rn. 2). Die Vorschrift erfasst ohne Weiteres auch die Vollstreckung von **Maßregeln der Besserung und Sicherung.** Vollstreckungsaufschub oder -unterbrechung sind bei der Entziehung der Fahrerlaubnis gem. § 69 StGB zwar nicht ausdrücklich ausgeschlossen, gehen dort aber ins Leere, da mit dem rechtskräftigen Urteil die Erlaubnis entzogen ist und die Möglichkeit einer bedingten Wiedererteilung der Erlaubnis de lege lata nicht vorgesehen ist (vgl. die Forderung von *Marxen/Tiemann* Rn. 496). Bei Entscheidungen über **Verfall und Einziehung** ist § 68 Abs. 1 StrVollstrO zu beachten.

4 **II. Maßstäbe der Entscheidung.** Aufschub oder Unterbrechung der Vollstreckung setzen voraus, dass der Antrag **erhöhte Erfolgsaussichten** hat, sodass eine weitere Vollstreckung des Urteils bedenklich wäre. Die aus der Systematik des Gesetzes folgende Stellung von Abs. 2 als Ausnahmevorschrift verbietet es zwar, bereits die Zulässigkeit des Antrags oder gar allein dessen fehlende Mutwilligkeit hierfür genügen zu lassen (*Meyer-Goßner/Schmitt* § 360 Rn. 3). Jedoch sollten die Anforderungen auch nicht überspannt werden; es muss genügen, dass die vorgebrachten Tatsachen und Beweise einen Erfolg des Antrags als **überwiegend wahrscheinlich** erscheinen lassen. Ein quasi sicherer Erfolg ist nicht vorausgesetzt.

5 **III. Verfahrensfragen.** Die Entscheidung ergeht durch **Beschluss.** Die StA ist gem. § 33 anzuhören, sofern sie den Antrag nicht selbst gestellt hat. Die Entscheidung kann bei späterem Wegfall der Voraussetzungen **aufgehoben** werden (a. A. KMR/*Eschelbach* § 360 Rn. 30 ff.); andernfalls gilt sie bis zur

rechtskräftigen Entscheidung über die Wiederaufnahme fort (LR/*Gössel* § 360 Rn. 5). Die **Zuständigkeit** des Gerichts ergibt sich aus § 140a GVG und geht im Fall der sofortigen Beschwerde gem. § 372 Satz 1 gegen Beschlüsse nach §§ 368 Abs. 1, 370 Abs. 1 auf das Beschwerdegericht über. § 360 Abs. 2 schließt die Möglichkeit des **Aufschubs durch die Vollstreckungsbehörde** nicht aus (*Meyer-Goßner/ Schmitt* § 360 Rn. 4; a. A. SK-StPO/*Frister* § 360 Rn. 2). Gegen die positive Entscheidung über den Aufschub oder die Unterbrechung der Vollstreckung kann die StA, nicht aber der Nebenkläger (s. OLG Oldenburg StraFo 2007, 336) **sofortige Beschwerde** gem. § 372 Satz 1 einlegen; dem Verurteilten steht die Beschwerde im Hinblick auf den ablehnenden Beschluss zu.

§ 361 StPO Wiederaufnahme nach Vollstreckung oder Tod des Verurteilten.

(1) Der Antrag auf Wiederaufnahme des Verfahrens wird weder durch die erfolgte Strafvollstreckung noch durch den Tod des Verurteilten ausgeschlossen.
(2) Im Falle des Todes sind der Ehegatte, der Lebenspartner, die Verwandten auf- und absteigender Linie sowie die Geschwister des Verstorbenen zu dem Antrag befugt.

A. Grundsätzliches. Die Vorschrift stellt klar, dass weder die bereits erfolgte Strafvollstreckung 1 noch der Tod des Verurteilten einem Wiederaufnahmeantrag entgegenstehen. Sie bringt den Gedanken der **Rehabilitierung** zum Ausdruck; aus dieser ratio der Norm ergibt sich zugleich, dass eine Wiederaufnahme hier **nur zugunsten des Verurteilten** möglich ist (*Meyer-Goßner/Schmitt* § 361 Rn. 2). § 361 ist auf Fälle von fehlender Verhandlungsfähigkeit des Verurteilten (LR/*Gössel*, vor § 359 Rn. 112; a. A. OLG Frankfurt am Main NJW 1983, 2398 zu § 371), Vollstreckungsverjährung, Begnadigung oder Amnestie **analog** anzuwenden (s. *Meyer-Goßner/Schmitt* § 361 Rn. 1). Erst recht steht die Tilgung der Verurteilung aus dem Bundeszentralregister gem. §§ 45 ff. BZRG einem Wiederaufnahmeantrag nicht entgegen, da sie keine vergleichbare Rehabilitierung bewirkt.

B. Wiederaufnahme bei Tod des Verurteilten. I. Antragsrecht. Anstelle des Verstor- 2 benen (bzw. des gem. § 2 VerschollenheitsG für tot Erklärten, AnwK-StPO/*Rotsch* § 361 Rn. 1) sind gem. Abs. 2 der Ehegatte, der Lebenspartner, die Verwandten auf- und absteigender Linie sowie die Geschwister des Verstorbenen **antragsberechtigt**. Bei Ehegatten ist auf den Zeitpunkt des Todes abzustellen, sodass eine spätere Wiederverheiratung dem Antrag nicht entgegensteht. Im Umkehrschluss aus Abs. 2 ergibt sich, dass weder gesetzliche Vertreter und Erziehungsberechtigte außerhalb des Kreises der Angehörigen noch geschiedene Ehegatten oder ehemalige Lebenspartner gem. §§ 1, 15 LPartG antragsbefugt sind. Über § 361 Abs. 2 hinaus ist die **StA** gem. §§ 365, 296 Abs. 2 antragsbefugt, allerdings lediglich zugunsten des Verurteilten, s.o. Rdn. 1. Stirbt der Verurteilte schon **vor Rechtskraft des Urteils**, gilt § 361 Abs. 2 analog (LR/*Gössel* § 361 Rn. 9; de lege ferenda befürwortend *Laubenthal* GA 1989, 20, 29; a. A. BGH NStZ 1983, 179). Ein berechtigtes Rehabilitationsinteresse besteht auch hier; allein die nicht widerlegte Unschuldsvermutung genügt dafür nicht (a. A. BeckOK/ *Singelnstein* § 361 Rn. 1).

II. Eintrittsrecht. Im Wege eines erst-recht-Schlusses lässt sich der Regelung in Abs. 2 weiter entneh- 3 men, dass die dort genannten Personen (wie auch die StA) ein **Eintrittsrecht** haben, wenn der Wiederaufnahmeantrag zugunsten des Verurteilten noch zu dessen Lebzeiten gestellt wurde, dieser dann aber vor der Entscheidung über den Antrag verstorben ist (BGHSt 43, 169). Vorausgesetzt ist die **Erklärung**, das Verfahren i.S.d. Verstorbenen fortzusetzen. Ein solches Eintrittsrecht ist (erst recht) auch dann anzunehmen, wenn der Antragsteller verstirbt, nachdem das Gericht gem. § 370 Abs. 2 die Wiederaufnahme bereits angeordnet hat. Dabei kann die Situation entstehen, dass ein bereits für begründet erachteter Antrag aufgrund des Todes des Verurteilten doch nach § 371 Abs. 1 abgelehnt werden muss (BGHSt 21, 373, 375). Wird vom Eintrittsrecht **kein Gebrauch** gemacht, ist der Antrag gem. § 368 Abs. 2 als unzulässig zu verwerfen oder, sofern die Wiederaufnahme bereits gem. § 370 Abs. 2 angeordnet wurde, das Verfahren einzustellen (*Marxen/Tiemann* Rn. 507; BGH NJW 1997, 2762).

§ 362 StPO Wiederaufnahme zuungunsten des Verurteilten. Die Wiederaufnahme eines durch rechtskräftiges Urteil abgeschlossenen Verfahrens zuungunsten des Angeklagten ist zulässig,
1. wenn eine in der Hauptverhandlung zu seinen Gunsten als echt vorgebrachte Urkunde unecht oder verfälscht war;
2. wenn der Zeuge oder Sachverständige sich bei einem zugunsten des Angeklagten abgelegten Zeugnis oder abgegebenen Gutachten einer vorsätzlichen oder fahrlässigen Verletzung der Eidespflicht oder einer vorsätzlichen falschen uneidlichen Aussage schuldig gemacht hat;
3. wenn bei dem Urteil ein Richter oder Schöffe mitgewirkt hat, der sich in Beziehung auf die Sache einer strafbaren Verletzung seiner Amtspflichten schuldig gemacht hat;
4. wenn von dem Freigesprochenen vor Gericht oder außergerichtlich ein glaubwürdiges Geständnis der Straftat abgelegt wird.

1 **A. Grundsätzliches.** Die Vorschrift enthält eine Aufzählung der **Gründe**, die eine **Wiederaufnahme zuungunsten des Angeklagten** ermöglichen (zur Erweiterung nach rechtskräftigem Strafbefehl s. § 373a). Es handelt sich um eine Ausnahme vom Verbot der Doppelbestrafung (Art. 103 Abs. 3 GG), die restriktiv zu handhaben ist (vgl. Vorbemerkungen, Rdn. 9). Der Wiederaufnahmegrund des **§ 79 BVerfGG** ist richtigerweise nach historischer und teleologischer Auslegung nur zugunsten des Verurteilten anzuwenden (vgl. BVerfGE 11, 263, 265). Nach Ansicht des BGH kann aber die Durchbrechung der Rechtskraft eines vom Angeklagten mittels Täuschung erschlichenen Einstellungsbeschlusses gem. § 206a auf den Rechtsgedanken des § 362 gestützt werden (BGH, NStZ 2008, 296).

2 **Antragsberechtigt** sind die StA und der Privatkläger, nicht dagegen der Nebenkläger (vgl. oben Vorbemerkungen, Rdn. 20). Eine **Antragspflicht** der StA aufgrund des Legalitätsprinzips (vgl. nur AK-StPO/*Loos* § 362 Rn. 3) ist richtigerweise abzulehnen (vgl. *Meyer-Goßner/Schmitt* § 362 Rn. 1); das Prinzip entfaltet nach rechtskräftiger Verurteilung keine unmittelbare Wirkung.

3 Anders als bei der Wiederaufnahme zugunsten des Angeklagten sind zulässige **Antragsziele** in § 362 nicht explizit benannt. In Parallele zur Regelung in § 359 Nr. 5 muss eine für den Verurteilten im Tenor nachteilig abweichende Entscheidung angestrebt werden in Form einer Verurteilung nach einem Freispruch, einer Schärfung im Vergleich zu einer verhängten Strafe (die gem. § 363 nicht auf demselben Gesetz beruhen darf) oder einer wesentlich anderen (nachteiligen) Entscheidung über eine Maßregel der Besserung und Sicherung. Die bislang soweit ersichtlich nicht diskutierte Frage, ob auch bei der ungünstigen Wiederaufnahme die bloße **Schuldspruchänderung** ohne denkbare Auswirkung auf die Rechtsfolge (vgl. oben § 359 Rdn. 9) angestrebt werden kann, dürfte angesichts der nicht vergleichbaren Interessenlage zu verneinen sein. Auch erscheint hier (anders als bei der günstigen Wiederaufnahme, s. § 359 Rdn. 5) die Beschränkung auf eine Abänderung der **Hauptstrafen** i.S.e. restriktiven Handhabung sachgerecht.

4 **B. Die Wiederaufnahmegründe im Einzelnen. I. Die Wiederaufnahmegründe in § 362 Nr. 1 bis 3.** Die in Nr. 1 bis 3 genannten Gründe entsprechen im Wesentlichen denjenigen in § 359 Nr. 1 bis 3; auf die dortigen Ausführungen kann daher verwiesen werden. Zu beachten ist allerdings, dass die im Rahmen von § 359 vorgenommenen Erweiterungen im Wege der **Analogie** hier aufgrund von Art. 103 Abs. 3 GG, der Bestimmtheit und restriktive Auslegung erforderlich macht, **nicht zulässig** sind. So kommt bspw. eine analoge Anwendung von § 362 Nr. 1 auf gefälschte technische Aufzeichnungen gem. § 268 StGB (vgl. oben § 359 Rdn. 10) nicht in Betracht.

5 Erwähnenswert ist weiterhin die Abweichung, dass es bei der strafbaren **Amtspflichtverletzung gem. § 362 Nr. 3** nicht darauf ankommt, ob diese vom Verurteilten veranlasst wurde (krit. *Grünewald* ZStW 120, 2008, 545, 574 ff.). Aufgrund der ausdrücklichen Regelung dieses Aspekts in der Parallelvorschrift des § 359 Nr. 3 kann e contrario von einer bewussten Entscheidung des Gesetzgebers ausgegangen werden. Daher verbietet es sich de lege lata auch, die Wiederaufnahme gem. § 362 Nr. 1 bis 3 generell davon abhängig zu machen, dass die dort genannten Handlungen dem Verurteilten zurechenbar sind (so AK-StPO/*Loos* § 362 Rn. 9; wie hier *Marxen/Tiemann* Rn. 305), auch wenn dies de lege ferenda zu begrüßen wäre.

Wie bei § 359 Nr. 2 verlangt auch der Wiederaufnahmegrund des § 362 Nr. 2, dass sich der Zeuge oder **6**
Sachverständige »**schuldig**« gemacht hat. **Entschuldigungsgründe**, einschließlich eines vom Verurteilten selbst durch Drohungen ausgehenden Nötigungsnotstandes gem. § 35 StGB, schließen daher nach dem klaren Wortlaut der Norm die Wiederaufnahme aus (h.M., vgl. nur KG JZ 1997, 629 m. Anm. *Marxen*; a. A. *Loos* FS Schreiber, S. 277). De lege ferenda wäre zu erwägen, die Wiederaufnahme auch dann zuzulassen, wenn die Bestrafung des Täters allein aufgrund von Umständen ausscheidet, die der Verurteilte in vorwerfbarer Weise herbeigeführt hat (vgl. *Marxen* JZ 1997, 630, 632, der aber gewichtige Bedenken hinsichtlich der wegen Art. 103 Abs. 3 GG erforderlichen Bestimmtheit einer solchen Regelung äußert).

II. Geständnis des Verurteilten (§ 362 Nr. 4) Der Wiederaufnahmegrund setzt voraus, dass ein **7**
Freigesprochener vor Gericht oder außergerichtlich ein **glaubwürdiges Geständnis** der Straftat ablegt. Gedacht ist an Fälle, in denen sich ein Freigesprochener im Anschluss an das Urteil seiner Tat öffentlich rühmt und damit den Rechtsstaat geradezu düpiert (vgl. SK-StPO/*Frister* § 362 Rn. 1). Hier kann auch eine Ausnahme vom Verbot der Doppelbestrafung (Art. 103 Abs. 3 GG) grds. gerechtfertigt werden, da das Vertrauen in den Fortbestand des Freispruchs unter diesen Umständen weniger schutzwürdig erscheint. Dies setzt allerdings einen gewissen **Öffentlichkeitsbezug** der Äußerung voraus, was bei der Auslegung der Norm berücksichtigt werden muss (s. Rdn. 11).

1. Freispruch. Der Verurteilte muss freigesprochen worden sein; ein **Teilfreispruch** genügt, sodass in **8**
diesem Umfang die Wiederaufnahme zulässig ist. Nicht ausreichend ist jedoch angesichts des klaren Wortlauts eine vermeintlich **zu milde Bestrafung**, auch wenn sie noch so unangemessen niedrig erscheint (*Meyer-Goßner/Schmitt* § 362 Rn. 4; a. A. *Peters* S. 678). Die hier gebotene restriktive Handhabung verbietet es zugleich, Fälle des **Absehens von Strafe** oder der **Straffreierklärung** einem Freispruch gleichzustellen (AK-StPO/*Loos* § 362 Rn. 14; a. A. *Marxen/Tiemann* Rn. 312 f.). Das liefe auf eine unzulässige Analogie zulasten des Verurteilten hinaus. Aus diesem Grund ist auch die Gleichstellung einer **Einstellung**, die das Verfahren dauerhaft beendet, mit einem Freispruch im Ergebnis abzulehnen (so aber *Meyer-Goßner/Schmitt* § 362 Rn. 4; wie hier KMR/*Eschelbach* § 362 Rn. 94). Das gilt auch für die Anordnung **jugendstrafrechtlicher Zuchtmittel**; dass diese nicht die Rechtswirkungen einer Strafe haben (§ 13 Abs. 3 JGG) macht ihre Anordnung einem Freispruch nicht vergleichbar.
Soweit mit dem Freispruch zugleich eine **Maßregel der Besserung und Sicherung** ergeht, ist eine Wie- **9**
deraufnahme unproblematisch möglich. Entgegen der ganz herrschenden Meinung ist dies dagegen unzulässig im Fall eines **Sicherungsverfahrens gem. §§ 413 ff.**, in dessen Rahmen gerade kein Freispruch ergeht (so auch KMR/*Eschelbach* § 362 Rn. 93; zur Gegenansicht s. nur LR/*Gössel* § 362 Rn. 10). Sachlich gerechtfertigt ist die Unterscheidung freilich nicht, dies kann jedoch nur vom Gesetzgeber beseitigt werden.

2. Glaubhaftes Geständnis. Zugleich muss der Verurteilte selbst (nicht nur ein Mittäter) ein »Ge- **10**
ständnis der Straftat« abgelegt haben. Beim **Inhalt** des Geständnisses begnügt sich die herrschende Meinung mit dem Einräumen des äußeren Tatbestandes, sofern der Freispruch auf fehlender Erfüllung des Tatbestands beruhte; dass der Täter sich auf Rechtfertigungs- oder Entschuldigungsgründe beruft, sei in diesem Fall unerheblich (*Meyer-Goßner/Schmitt* § 362 Rn. 5). Das legen weder der Wortlaut noch die ratio der Norm nahe: Eine gravierende Störung des Rechtsfriedens setzt voraus, dass sich das Geständnis auf eine (ungeahndet gebliebene) **strafbare Handlung** bezieht, einschließlich rechtswidrigen und schuldhaften Handelns (AK-StPO/*Loos* § 362 Rn. 18; differenzierend nach Glaubwürdigkeit des Vorbringens *Marxen/Tiemann* Rn. 317 ff.). Das Geständnis muss nach dem **Zeitpunkt** des Freispruchs durch das letzte tatrichterliche Urteil erfolgt sein, jedoch nicht zwingend vor dessen Rechtskraft (vgl. *Meyer-Goßner/Schmitt* § 362 Rn. 5). Ein bereits früher abgelegtes, dem Tatgericht lediglich unbekannt gebliebenes Geständnis genügt hingegen nicht; dessen Bekanntwerden stellt lediglich eine (hier grds. nicht genügende, s. aber unten Rdn. 13) neue Tatsache dar (*Marxen/Tiemann* Rn. 314).
Das Geständnis kann **gerichtlich** erfolgen, es genügt aber auch das **außergerichtliche Gestehen der Tat** **11**
ggü. einer Privatperson. Mangels ausreichenden Öffentlichkeitsbezugs sind aber Äußerungen ggü. Geheimnisträgern i.S.d. § 203 StGB ausgeschlossen (*Wasserburg* 1983, 288; a. A. die h.M., s. nur *Meyer-Goßner/Schmitt* § 362 Rn. 6). Aufgrund dieses teleologischen Aspekts sind zugleich Aussagen im Kreis enger Familienangehöriger und vergleichbarer Vertrauenspersonen auszunehmen, die von vornherein

§ 363 StPO   Unzulässigkeit der Wiederaufnahme

dazu bestimmt sind, diesen Kreis nicht zu verlassen (vgl. *Marxen/Tiemann* Rn. 323; a. A. LR/*Gössel* § 362 Rn. 18). Das Geständnis muss weiterhin **glaubhaft** sein, was als Mindestanforderung voraussetzt, dass es denkgesetzlich mögliche und nach der Lebenserfahrung nachvollziehbare Aussagen enthält. Ein späterer Widerruf führt nicht automatisch zum Ausschluss der Glaubhaftigkeit (*Meyer-Goßner/Schmitt* § 362 Rn. 7).

12 In der **Antragsbegründung** muss vorgetragen werden, bei welcher Gelegenheit das Geständnis mit welchem Inhalt abgegeben wurde. Auch die Umstände, die es als glaubhaft erscheinen lassen, sind darzulegen. Soweit das Geständnis in schriftlicher Form vorliegt, ist es dem Antrag beizufügen (*Meyer-Goßner/Schmitt* § 362 Rn. 8).

13 **III. Wiederaufnahme aufgrund neuer Tatsachen und Beweismittel.** Außerhalb von § 373a ist eine Wiederaufnahme zuungunsten des Verurteilten allein wegen **neuer Tatsachen oder Beweismittel** nicht möglich. Das ist als Ausdruck des von Art. 103 Abs. 3 GG gewährten Schutzes überzeugend. Problematisch erscheinen allerdings Fälle, in denen sich nach schwersten Verbrechen durch neue Möglichkeiten der Wissenschaft ex post klare Belege für eine Täterschaft des Freigesprochenen ergeben, etwa durch Analyse der am Tatort aufgefundenen DNA-Spuren. Als normativer Anknüpfungspunkt für die Bestimmung der Taten, bei denen das Ausbleiben von Strafe von der Allgemeinheit als unerträglicher Verstoß gegen die Gerechtigkeit empfunden werden muss, bietet sich das Verjährungsrecht an, das bei Taten wie Mord und Völkermord keine Verjährung vorsieht (§ 78 Abs. 2 StGB; § 5 VStGB).

14 Eine **Erweiterung des Katalogs des** § 362 um diese Fälle (vgl. den Gesetzesentwurf des Bundesrates, BT-Drucks. 16/7957) wäre daher als weitere eng begrenzte Ausnahme von Art. 103 Abs. 3 GG zu erwägen (vgl. *Schöch* FS Maiwald, S. 769; ähnlich bereits *Peters* S. 671; ablehnend *Grünewald* ZStW 120, 2008, 545, 578; *Marxen/Tiemann* ZIS 2008, 188; *Pabst* ZIS 2010, 126). Eine verfassungsrechtliche Rechtfertigung ist möglich, wenn man unerträgliche Verstöße gegen die »materielle Gerechtigkeit« (die letztlich auch der positiv-generalpräventiven Befriedungsfunktion des Strafrechts in gravierender Weise zuwiderlaufen) als immanente Schranke des grundrechtsgleichen Rechts aus Art. 103 Abs. 3 GG anerkennt (vgl. KMR/*Eschelbach* § 362 Rn. 53 ff., der im Ergebnis aber große Bedenken äußert; letztlich ablehnend auch *Neumann* FS Jung, S. 662 ff.).

§ 363 StPO Unzulässigkeit.

(1) Eine Wiederaufnahme des Verfahrens zu dem Zweck, eine andere Strafbemessung auf Grund desselben Strafgesetzes herbeizuführen, ist nicht zulässig.
(2) Eine Wiederaufnahme des Verfahrens zu dem Zweck, eine Milderung der Strafe wegen verminderter Schuldfähigkeit (§ 21 des Strafgesetzbuches) herbeizuführen, ist gleichfalls ausgeschlossen.

1 **A. Grundsätzliches.** Die Regelung enthält zwei **unzulässige Antragsziele**, die »andere Strafbemessung auf Grund desselben Strafgesetzes« (Abs. 1) sowie die Strafmilderung wegen verminderter Schuldfähigkeit gem. § 21 StGB (Abs. 2). Die Beschränkung in Abs. 1 bezieht sich auf beide Formen der Wiederaufnahme und kann sich daher auch zugunsten des Verurteilten auswirken. **Nicht anwendbar** ist § 363 in den Fällen, in denen die Wiederaufnahme ausnahmsweise gem. § 359 Nr. 6 und § 79 BVerfGG auf reine Rechtsfehler gestützt werden kann (*Marxen/Tiemann* Rn. 283; a. A. für § 79 BVerfGG: LG Berlin NJW 2001, 2271 f.). Ebenfalls unanwendbar ist die Vorschrift in den Fällen des Antragsziels der bloßen Schuldspruchänderung (BGH NStZ 2003, 679; vgl. oben § 359 Rdn. 9).

2 **B. Einschränkung der »Strafmaß«-Wiederaufnahme. I. »Dasselbe Strafgesetz«.** Ausgeschlossen ist das Antragsziel, eine **andere Strafbemessung aufgrund »desselben Strafgesetzes«** herbeizuführen. Ein anderes Strafgesetz, das der Wiederaufnahme nicht entgegensteht, ist stets dann anzunehmen, wenn es sich um **selbstständige Tatbestände** einschließlich von Qualifikationen oder Privilegierungen handelt (vgl. bereits oben § 359 Rdn. 5 f.), die die Möglichkeit einer geringeren oder härteren Strafe eröffnen. Ein milderes anderes Strafgesetz wird auch bei Anwendung von **Jugendstrafrecht** statt allgemeinem Strafrecht (OLG Hamburg NJW 1952, 1150) angenommen. Bei **Tateinheit** soll es darauf ankommen, ob sich die Wiederaufnahme auf eine Straftat bezieht, die nach § 52 StGB ausschlaggebend für die Strafe war bzw. (im Fall der ungünstigen Wiederaufnahme) für die neue Verurtei-

lung wäre (*Meyer-Goßner/Schmitt* § 363 Rn. 3). Weisen die Straftaten denselben Strafrahmen auf, steht § 363 einer Wiederaufnahme nach BGH NStZ 2003, 678 f. entgegen (a. A. LR/*Gössel* § 363 Rn. 7). Umstritten ist, inwiefern **sonstige Strafänderungsgründe** eine zulässige Wiederaufnahme begründen 3 können. Die herrschende Meinung differenziert hier zwischen **benannten und unbenannten Gründen**. Die erstrebte Anwendung (oder der Wegfall) von tatbestandlich vertypten Strafmilderungsgründen aus dem Allgemeinen Teil des StGB soll zulässig sein, und zwar auch dann, wenn die Milderung (wie bei § 23 Abs. 2 oder § 17 Satz 2) nur fakultativ ist (s. KK-StPO/*Schmidt* § 363 Rn. 6). Entsprechend soll die Wiederaufnahme im Hinblick auf § 213 1. Alt. StGB zulässig sein, bzgl. § 213, 2. Alt. StGB dagegen nicht (LR/*Gössel* § 363 Rn. 8 ff.). Uneinheitlich werden auch **Regelbeispiele** beurteilt. Teilweise wird ein darauf bezogener Antrag generell für unzulässig erachtet (OLG Düsseldorf NStZ 1984, 571; HK-StPO/*Temming* § 363 Rn. 2). Die herrschende Meinung differenziert auch hier nach benanntem Regelbeispiel, das die Wiederaufnahme eröffnet, und einem atypischen besonders schweren Fall, bei dem die Wiederaufaufnahme unzulässig sein soll (AK-StPO/*Loos* § 363 Rn. 9; *Rieß* FS Gössel, S. 657 ff.).

II. Differenzierung nach Form der Wiederaufnahme. Die Unterscheidung zwischen benannten 4 und unbenannten Strafänderungsgründen vermag nicht zu überzeugen. Sie macht die Frage der Zulässigkeit des Wiederaufnahmeantrags von der an ganz anderen Gesichtspunkten orientierten Entscheidung des Gesetzgebers über die Ausgestaltung der Norm abhängig. Das ist v.a. bei der günstigen Wiederaufnahme bedenklich; denn für den Verurteilten ist prinzipiell jede Reduzierung der Strafe spürbar und Ausdruck der Optimierung grundrechtlich geschützter Freiheiten – einen umgekehrten vergleichbaren Effekt gibt es bei einer Strafschärfung nicht (vgl. Vorbemerkungen, Rdn. 10 ff.). Es liegt daher nahe, die Frage, wann »dasselbe Strafgesetz« vorliegt, je nach Form der Wiederaufnahme **differenzierend** zu beurteilen (vgl. KMR/*Eschelbach* § 363 Rn. 33 ff.).

1. Wiederaufnahme zugunsten des Verurteilten. Bei der günstigen Wiederaufnahme ist eine **restriktive Auslegung** des Begriffs »desselben« Strafgesetzes angezeigt. Als Strafgesetz in diesem Sinne 5 kann daher die konkrete gesetzliche Regelung gelten, der bei der ursprünglichen Entscheidung der Strafrahmen entnommen wurde (vgl. SK-StPO/*Frister* § 363 Rn. 14 ff.). Daher ist die Wiederaufnahme auch bei der Geltendmachung **unbenannter Milderungsgründe** möglich. Auf diese Weise wird die vor dem Hintergrund von Art. 3 Abs. 1 GG schwer zu rechtfertigende ungleiche Behandlung verschiedener Konstellationen allein anhand der gesetzestechnischen Ausgestaltung (vgl. *Marxen/Tiemann* Rn. 90) zumindest abgemildert.

Selbst dann bleibt es aber beim problematischen Ausschluss der Wiederaufnahme etwa in den Fällen, in 6 denen der Antragsteller neue Tatsachen vorträgt, die keinen unbenannten Strafmilderungsgrund eröffnen, sich i.R.d. Strafzumessung gem. § 46 StGB aber aller Voraussicht nach i.S.e. **erheblichen Strafmilderung** auswirken würden. Ein vollständiger Ausschluss der Wiederaufnahme in dieser Konstellation erscheint nicht sachgerecht; die »Offenheit« des Strafzumessungsvorgangs ist kein überzeugendes Gegenargument, wie der Einbezug fakultativer Strafmilderungsgründe durch die herrschende Meinung zeigt (*Marxen/Tiemann* Rn. 88).

De lege ferenda wäre eine Erweiterung der zulässigen Antragsziele um dasjenige der »**wesentlichen** 7 **Strafmilderung**« zu erwägen (s. *Marxen/Tiemann* Rn. 88 ff.; vgl. auch den Entwurf der SPD-Fraktion aus dem Jahr 1996, BT-Drucks. 13/3594). Aufgrund der sonstigen durchaus anspruchsvollen Hürden für einen erfolgreichen Wiederaufnahmeantrag ist der Missbrauch der Wiederaufnahme i.S.e. »zweiten Revisionsinstanz« (vgl. *Kühne* Rn. 1116 sowie oben § 359 Rdn. 24) nicht zu befürchten.

2. Wiederaufnahme zuungunsten des Verurteilten. Anders ist dies zu beurteilen bei der ungünstigen Wiederaufnahme. Hier ist eine eher **restriktive Handhabung** angezeigt (vgl. Vorbemerkungen, 8 Rdn. 9). Man wird dabei zum Schutz des Verurteilten eine ausreichend typisierte Abweichung der nunmehr anvisierten rechtlichen Grundlage verlangen müssen. Das ist bei **Qualifikationstatbeständen** und **benannten Regelbeispielen** der Fall, nicht dagegen bei unbenannten Strafschärfungsgründen und erst recht nicht bei reinen Strafzumessungstatsachen, die sich nur innerhalb des unveränderten Strafrahmens auswirken könnten. Nur so ist auch die wegen Art. 103 Abs. 3 GG erforderliche Bestimmtheit der Voraussetzungen der Rechtskraftdurchbrechung zu gewährleisten.

9 **C. Ausschluss der Wiederaufnahme zur Herbeiführung einer Milderung gem. § 21 StGB.** Die Regelung in Abs. 2 bestimmt, dass eine auf **verminderte Schuldfähigkeit** (§ 21 StGB) gestützte Strafmilderung kein zulässiges Antragsziel ist. Das hat v.a. bei § 211 StGB weitreichende Folgen, wo § 21 StGB die Möglichkeit einer zeitigen Freiheitsstrafe eröffnet. Das BVerfG hat die Norm zwar für verfassungskonform erklärt (BVerfGE 5, 22). Abgesehen von den oben bereits formulierten generellen Bedenken gegen eine zu restriktive Handhabung der günstigen Wiederaufnahme (s.o. Rdn. 3 ff.) ist kein sachlicher Grund dafür ersichtlich, warum gerade dieser benannte (und zudem praktisch sehr relevante) Strafmilderungsgrund pauschal der Wiederaufnahmemöglichkeit entzogen werden sollte. Der Schutz vor der ohnehin nicht realistischen Gefahr einer »Flut von Anträgen« (HK-StPO/*Temming* § 363 Rn. 3) genügt hierfür nicht. Der Vorwurf des **Verstoßes gegen Art. 3 Abs. 1 GG** (KMR/*Eschelbach* § 363 Rn. 42; SK-StPO/*Frister* § 363 Rn. 21 f.) ist daher nicht von der Hand zu weisen.

§ 364 StPO Behauptung einer Straftat.
¹Ein Antrag auf Wiederaufnahme des Verfahrens, der auf die Behauptung einer Straftat gegründet werden soll, ist nur dann zulässig, wenn wegen dieser Tat eine rechtskräftige Verurteilung ergangen ist oder wenn die Einleitung oder Durchführung eines Strafverfahrens aus anderen Gründen als wegen Mangels an Beweis nicht erfolgen kann. ²Dies gilt nicht im Falle des § 359 Nr. 5.

1 **A. Grundsätzliches.** Die Vorschrift schränkt die Möglichkeit der Wiederaufnahme in den Fällen ein, in denen der Antrag auf die Behauptung einer Straftat gestützt wird. Der **Anwendungsbereich** der Norm bezieht sich unstreitig auf die Widerrufsgründe in § 359 Nr. 2 und Nr. 3 sowie § 362 Nr. 2 und Nr. 3. Nicht erfasst sind dagegen richtigerweise die §§ 359 Nr. 1 und 362 Nr. 1, da deren Wortlaut gerade keine Behauptung einer Straftat voraussetzt; selbst wenn »überschießend« eine Straftat vorgetragen wird, muss in diesem Fall keine Verurteilung ergangen sein (s. § 359 Rdn. 11 f.). Der praktisch bedeutsamste Wiederaufnahmegrund des **§ 359 Nr. 5** ist durch § 364 Satz 2 ausdrücklich **ausgenommen**. Damit wird die begrenzende Wirkung von § 364 im Bereich der günstigen Wiederaufnahme stark relativiert, da die behauptete Straftat regelmäßig auch als »neue Tatsache« i.S.v. § 359 Nr. 5 vorgebracht werden kann (OLG Rostock NStZ 2007, 357).

2 **B. Voraussetzungen der Zulässigkeit.** Denkbar ist zunächst eine **rechtskräftige Verurteilung** wegen der behaupteten Straftat, auf die in der **Antragsbegründung** dann Bezug zu nehmen ist. Verlangt wird regelmäßig ein **eindeutiger Schuldspruch**. Eine Verurteilung auf **wahldeutiger Grundlage** soll nicht genügen (vgl. LR/*Gössel* § 364 Rn. 1). Das ergibt sich allerdings nicht aus dem Wortlaut und widerspricht auch der Wertung des § 364 Satz 1 2. Alt. (so überzeugend *Wasserburg* 1983, 274). Jedenfalls ohne Belang sind die **Rechtsfolgen:** Auch eine Verwarnung mit Strafvorbehalt (§ 59 StGB) oder ein Absehen von Strafe (§§ 46a, 46b; 60 StGB) genügen, da ihnen ein Schuldspruch vorausgeht. Gleiches gilt für eine **Maßregelentscheidung**, die auf der Grundlage der Annahme verminderter Schuldfähigkeit gem. § 21 StGB beruht und daher neben dem strafrechtlichen Schuldspruch steht. Anders zu beurteilen ist dies bei einer reinen Maßregelanordnung aufgrund angenommener Schuldunfähigkeit gem. § 20 StGB. Auch diese kann man zwar ohne Verstoß gegen den Wortlaut als »rechtskräftige Verurteilung« i.S.v. § 364 gelten lassen (vgl. AK-StPO/*Loos* § 364 Rn. 4). Da die §§ 359 und 362 aber jeweils in Nr. 2 und 3 voraussetzen, dass sich der Täter »schuldig« gemacht hat (vgl. oben § 359 Rdn. 13), kommt aus diesem Grund eine Wiederaufnahme nicht in Betracht.

3 Die Zulässigkeit des Antrags ist gem. § 364 Abs. 1 Satz 2 auch dann gegeben, wenn die Einleitung oder Durchführung eines Strafverfahrens aufgrund bestimmter **Hindernisse** und nicht nur aus Mangel an Beweisen nicht möglich war, z.B. wegen des Eintritts der Verjährung, des Todes des Angeklagten, seiner Verhandlungsunfähigkeit, einer Amnestie (*Meyer-Goßner/Schmitt* § 364 Rn. 1) oder weil der Betreffende unbekannten Aufenthalts ist (BGHSt 48, 153, 155). Erfasst sind weiterhin **Einstellungen gem.** § 154 (s. OLG Düsseldorf GA 1980, 393; a. A. KG, Beschl. v. 31.07.2009 – 2 Ws 200/09) und § 153a (*Böse* JR 2005, 12). In der **Antragsbegründung** sind in diesem Fall neben dem Hindernis die Umstände zu benennen, die einen ausreichenden Tatverdacht im Hinblick auf konkrete Straftaten ergeben. Dabei genügt **bloßer Anfangsverdacht** gem. § 152 Abs. 2 (BGHSt 48, 135, 155; OLG Oldenburg StV 2003, 234; a. A. *Marxen/Tiemann* Rn. 291).

§ 364a StPO Bestellung eines Verteidigers für das Wiederaufnahmeverfahren.
Das für die Entscheidungen im Wiederaufnahmeverfahren zuständige Gericht bestellt dem Verurteilten, der keinen Verteidiger hat, auf Antrag einen Verteidiger für das Wiederaufnahmeverfahren, wenn wegen der Schwierigkeit der Sach- oder Rechtslage die Mitwirkung eines Verteidigers geboten erscheint.

A. Grundsätzliches. Die Vorschrift eröffnet die Möglichkeit, dem Verurteilten bei schwieriger Sach- oder Rechtslage einen Verteidiger zu bestellen (zu deren Tätigkeit bei der Wiederaufnahme s. *Strate* StV 1999, 228). Nach herrschender Meinung gilt § 364a nur für die **Wiederaufnahme zugunsten des Verurteilten** (*Marxen/Tiemann* Rn. 465), was sich aber dem Wortlaut so nicht eindeutig entnehmen lässt: Auch die ungünstige Wiederaufnahme kann einen »Verurteilten« treffen. Man sollte die Norm daher auch im Fall des § 362 (ggf. analog, sofern das Verfahren mit einem Freispruch endete), anwenden (vgl. auch SK-StPO/*Frister* § 364a Rn. 13). Damit wird auch der Rückgriff auf eine analoge Anwendung von § 140 Abs. 2 (OLG Düsseldorf NJW 1989, 676) entbehrlich, der ansonsten zu Recht als von den spezielleren Normen der §§ 364a und b verdrängt angesehen wird (OLG Stuttgart NStZ-RR 2003, 114). 1

Die Bestellung des Verteidigers kann bereits **für die Antragstellung** erfolgen (LR/*Gössel* § 364a Rn. 4). Möglich ist aber auch eine Bestellung erst für spätere Verfahrensabschnitte wie die **Beweisaufnahme** gem. § 369. Da auch die **Beschwerde** gegen die Verwerfung des Wiederaufnahmeantrags noch Teil des Verfahrens ist, ist eine Bestellung auch erst zu diesem Zeitpunkt möglich (OLG Karlsruhe NStZ-RR 2003, 116; a. A. OLG Rostock NStZ-RR 2004, 273). Die Bestellung **endet** mit der Rechtskraft der Entscheidung gem. §§ 368, 370 Abs. 1 bzw. der Anordnung gem. § 370 Abs. 2. 2

B. Voraussetzungen der Verteidigerbestellung. I. Kein Verteidiger. Da die Wirksamkeit einer erteilten Vollmacht bzw. einer Pflichtverteidigerbestellung grds. bis zur Rechtskraft des Beschlusses gem. § 370 Abs. 2 andauert (*Meyer-Goßner/Schmitt* § 364a Rn. 2; a. A. SK-StPO/*Frister* § 364a Rn. 5; s.a. OLG Oldenburg NStZ-RR 2009, 208, KG Berlin NJW 2013, 182), besteht in diesem Fall kein Bedarf für eine Bestellung gem. § 364a. Diese kommt nur in Betracht wenn der Antragsteller »keinen Verteidiger hat«. Dies ist unstreitig dann der Fall, wenn am Ausgangsverfahren **kein Verteidiger beteiligt** war. Richtigerweise sind aber auch die Fälle erfasst, in denen die ursprüngliche Vollmacht erloschen oder der Pflichtverteidiger nunmehr verhindert ist und auch keine neue Bevollmächtigung oder Bestellung gem. § 364b erfolgt ist. Es ist kein Grund ersichtlich, § 364a auf Fälle zu beschränken, in denen zum ersten Mal ein Verteidiger bestellt werden soll (LR/*Gössel* § 364a Rn. 1; a. A. *Wasserburg* GA 1982, 304). 3

II. Schwierigkeit der Sach- und Rechtslage. Ausschlaggebend ist allein, ob der Verurteilte mit seinen persönlichen Fähigkeiten selbst in der Lage ist, i.R.d. Antragstellung oder des weiteren Verfahrens (einschließlich der Beweisaufnahme gem. § 369) seine Interessen sachgerecht wahrzunehmen, oder ob er hierzu aufgrund sachlicher oder rechtlicher Schwierigkeiten außerstande ist. Unerheblich sind dabei Art und Schwere der Tat sowie der verhängten Rechtsfolgen (*Marxen/Tiemann* Rn. 472). Im Interesse des effektiven Rechtsschutzes sollte man an die Schwierigkeit der Sach- und Rechtslage keine zu hohen Anforderungen stellen (*Meyer-Goßner/Schmitt* § 364a Rn. 6). 4

III. Keine offensichtliche Aussichtslosigkeit. Bei ganz **offensichtlich aussichtslosen** und geradezu mutwillig gestellten Anträgen wird kein Verteidiger bestellt. Das kann auch dann der Fall sein, wenn der bisherige Verteidiger aus nachvollziehbaren Gründen die Antragstellung abgelehnt hat (*Meyer-Goßner/Schmitt* § 364a Rn. 5). Es muss sich allerdings um **eindeutige Fälle** handeln; unsichere Erfolgsaussichten allein genügen nicht, wie auch der systematische Vergleich zu § 364b zeigt, wo das Kriterium der hinreichenden Erfolgsaussichten explizit als Voraussetzung genannt wird (*Marxen/Tiemann* Rn. 474). 5

§ 364b StPO Bestellung e. Verteidigers f. d. Vorbereitung d. Wiederaufnahmeverf.

6   **C. Verfahrensfragen. I. Antrag.** Die Bestellung erfolgt nur **auf Antrag**, wobei die Fürsorgepflicht des Gerichts ggü. dem Verurteilten in offensichtlichen Fällen eine entsprechende Anregung gebietet (KK-StPO/*Schmidt* § 364a Rn. 5). Im Antrag sind der Grund der Wiederaufnahme sowie das Antragsziel anzugeben, damit das Gericht dessen Erfolgsaussichten sowie die Schwierigkeit der Sach- und Rechtslage prüfen kann. **Antragsberechtigt** sind neben dem Verurteilten selbst ggf. dessen Erziehungsberechtigte oder gesetzliche Vertreter sowie die StA. Auf **Antragsberechtigte gem. § 361 Abs. 2** ist die Norm analog anzuwenden (OLG Stuttgart NStZ 1999, 587; a. A. und nur de lege ferenda befürwortend SK-StPO/*Frister* § 364a Rn. 11). Wird die Beiordnung eines bestimmten Verteidigers gewünscht, sollte das Gericht dem möglichst entsprechen, auch wenn ein entsprechender Anspruch des Antragstellers nicht besteht (*Meyer-Goßner/Schmitt* § 364a Rn. 8).

7   **II. Zuständigkeit. Zuständig** für die Entscheidung über die Bestellung des Verteidigers ist das für das Wiederaufnahmeverfahren insgesamt zuständige Gericht, vgl. **§ 140a Abs. 6 GVG**. Der Antrag gem. § 364a kann – wie der Wiederaufnahmeantrag selbst – auch bei dem Gericht gestellt werden, dessen Urteil angegriffen wird (§ 367 Abs. 1 Satz 2). Über die Bestellung wird gem. § 367 Abs. 2 ohne mündliche Verhandlung nach Anhörung der StA (§ 33 Abs. 2) entschieden. In Abweichung zu § 141 Abs. 4 entscheidet über die Bestellung des Verteidigers nicht der Vorsitzende allein, sondern das Gericht. Ergeht die Beiordnung allein durch den Vorsitzenden, ist sie daher unwirksam (*Meyer-Goßner/Schmitt* § 364a Rn. 8; a. A. *Marxen-Tiemann* Rn. 480).

8   **III. Beschwerde.** Gegen den ablehnenden Beschluss kann nicht gem. § 372 Satz 1 vorgegangen werden (BGH NJW 1976, 431), vielmehr ist eine **Beschwerde gem. § 304** möglich, sofern kein OLG entschieden hat (§ 304 Abs. 4 Satz 4). Diese kann sich auch auf die Auswahl des Verteidigers beschränken (LR/*Gössel* § 364a Rn. 15). **Beschwerdeberechtigt** sind der Verurteilte (bzw. die anderen oben bei Rdn. 6 erwähnten Antragsberechtigten) sowie die StA (*Meyer-Goßner/Schmitt* § 364a Rn. 9).

§ 364b StPO Bestellung eines Verteidigers für die Vorbereitung des Wiederaufnahmeverfahrens.

(1) ¹Das für die Entscheidungen im Wiederaufnahmeverfahren zuständige Gericht bestellt dem Verurteilten, der keinen Verteidiger hat, auf Antrag einen Verteidiger schon für die Vorbereitung eines Wiederaufnahmeverfahrens, wenn
1. hinreichende tatsächliche Anhaltspunkte dafür vorliegen, dass bestimmte Nachforschungen zu Tatsachen oder Beweismitteln führen, welche die Zulässigkeit eines Antrags auf Wiederaufnahme des Verfahrens begründen können,
2. wegen der Schwierigkeit der Sach- oder Rechtslage die Mitwirkung eines Verteidigers geboten erscheint und
3. der Verurteilte außerstande ist, ohne Beeinträchtigung des für ihn und seine Familie notwendigen Unterhalts auf eigene Kosten einen Verteidiger zu beauftragen.

²Ist dem Verurteilten bereits ein Verteidiger bestellt, so stellt das Gericht auf Antrag durch Beschluss fest, dass die Voraussetzungen der Nummern 1 bis 3 des Satzes 1 vorliegen.
(2) Für das Verfahren zur Feststellung der Voraussetzungen des Absatzes 1 Satz 1 Nr. 3 gelten § 117 Abs. 2 bis 4 und § 118 Abs. 2 Satz 1, 2 und 4 der Zivilprozessordnung entsprechend.

1   **A. Grundsätzliches.** § 364b eröffnet die Möglichkeit der Bestellung eines Verteidigers bereits zur **Vorbereitung des Wiederaufnahmeantrags**. Dies gilt auch für die nach § 361 Abs. 2 Antragsberechtigten. V.a. für den inhaftierten Verurteilten ist anwaltliche Hilfe schon bei der Vorbereitung eines Wiederaufnahmeantrags von essentieller Bedeutung. Als **anwaltliche Ermittlungen** kommen z.B. die Befragung von Zeugen oder das Einholen von Auskünften und Sachverständigengutachten in Betracht (s. näher *Wasserburg* 1983, 71 ff.). Eine Pflicht der StA, das Verfahren selbst zu betreiben und eigene Ermittlungen anzustellen, besteht de lege lata nicht (*Marxen/Tiemann* Rn. 463; für eine aus § 160 Abs. 3 StPO abgeleitete Mitwirkungspflicht SK-StPO/*Frister* § 364b Rn. 9).

2   Wie bei § 364a ist die Bestellung auch hier nur auf **Antrag** möglich. Dieser muss insb. Tatsachen enthalten, die die hinreichende Erfolgsaussicht der geplanten Nachforschungen untermauern. Vor überzogenen Anforderungen ist aber zu warnen, ggf. ist i.R.d. gerichtlichen Fürsorgepflicht eine Ergänzung

des Antrags anzuregen. Zur **Zuständigkeit** des Gerichts und zur Anfechtung der Ablehnung der Bestellung mittels **Beschwerde** s.o. § 364a Rdn. 7 f.

B. Voraussetzungen der Verteidigerbestellung. Vorausgesetzt ist zunächst, dass der Verurteilte »**keinen Verteidiger**« hat (dazu § 364a Rdn. 3). Zusätzlich wird von § 364b Abs. 1 Satz 2 aber auch die Möglichkeit eröffnet, den bereits bestellten Verteidiger **nachträglich** als Verteidiger i.S.v. § 364b bestellen zu lassen; damit ist die Erstattung auch bereits bisher zur Vorbereitung des Antrags angefallener Gebühren und Auslagen gesichert (vgl. *Meyer-Goßner/Schmitt* § 364b Rn. 1, 9), und zwar gem. § 45 Abs. 4 RVG auch für den Fall, dass letztlich von einem Wiederaufnahmeantrag abgesehen wird.

Wie bei § 364a verlangt auch die Bestellung des Verteidigers gem. § 364b die Feststellung der **Schwierigkeit der Sach- und Rechtslage**. Allerdings ist bei der Feststellung der Schwierigkeit nicht auf das spätere Wiederaufnahmeverfahren abzustellen, sondern allein auf Art und Umfang der anzustellenden Ermittlungen (LG Köln MDR 1991, 666). In Parallele zum Anfangsverdacht gem. § 152 Abs. 2 wird weiterhin verlangt, dass **ausreichende Anhaltspunkte** dafür sprechen, dass durch die angestrebten Nachforschungen tatsächlich relevante Tatsachen und Beweise ermittelt werden können. Es genügt, wenn hierfür aufgrund tatsächlicher Umstände die **Möglichkeit** besteht (*Marxen/Tiemann* Rn. 487); reine Vermutungen reichen nicht aus (*Meyer-Goßner/Schmitt* § 364b Rn. 5).

Die Bestellung setzt weiter **Mittellosigkeit** des Verurteilten voraus, was bei ihm der Fall ist, wenn er die Verteidigungskosten nicht ohne Beeinträchtigung des für ihn oder seine Familie erforderlichen Unterhalts aufbringen kann. Für die **Feststellung** dieser Voraussetzung verweist Abs. 2 auf die Vorschriften der ZPO: Entsprechend § 117 Abs. 2 bis 4 ZPO muss der Antragsteller eine Erklärung über seine persönlichen und wirtschaftlichen Verhältnisse auf dem amtlichen Vordruck abgeben. Weiterhin kann das Gericht gem. § 118 Abs. 1 Satz 1, 2 und 4 ZPO die Glaubhaftmachung von Tatsachen verlangen, eigene Ermittlungen anstellen und dem Antragsteller für die Erklärung gem. § 117 Abs. 2 und die Beantwortung weiterer Fragen eine Frist setzen, nach deren erfolglosem Ablauf der Antrag abgelehnt werden kann.

§ 365 StPO Geltung der allgemeinen Vorschriften über Rechtsmittel für den Antrag.

Die allgemeinen Vorschriften über Rechtsmittel gelten auch für den Antrag auf Wiederaufnahme des Verfahrens.

A. Grundsätzliches. Die Vorschrift erklärt die »allgemeinen Vorschriften über Rechtsmittel«, also die §§ 296 bis 303, auch für das Wiederaufnahmeverfahren für anwendbar. § 303 ist i.R.d. Wiederaufnahmeverfahrens allerdings bedeutungslos, da die Entscheidung über Zulässigkeit und Begründetheit gem. §§ 367 Abs. 2, 370 Abs. 1 ohne mündliche Verhandlung ergeht und nach dem Beschluss gem. § 370 Abs. 2 keine Rücknahme mehr möglich ist (s.u. Rdn. 7). Nach BGHSt 11, 361, 363 gelten darüber hinaus die Vorschriften über die **Rechtsmittelbeschränkung** (§§ 318, 327, 344 Abs. 1, 352 Abs. 1) entsprechend.

B. Die anwendbaren Vorschriften im Einzelnen. I. Antragsberechtigung (§§ 296 bis 298) Die Wiederaufnahme kann zunächst gem. §§ 365, 296 Abs. 1 von jedem (auch minderjährigen oder schuldunfähigen) **Verurteilten** beantragt werden. Auch Verhandlungsfähigkeit des Verurteilten ist richtigerweise nicht erforderlich (SK-StPO/*Frister* § 361 Rn. 5; a. A. *Meyer-Goßner/Schmitt* § 365 Rn. 2). Im Fall des Todes ergibt sich die Antragsberechtigung aus der Sonderregelung des § 361 Abs. 2 (vgl. dort). Der Antrag kann auch vom entsprechend bevollmächtigten gesetzlichen Vertreter (unbeschadet dessen eigener Antragsberechtigung gem. § 298, s. Rdn. 4) gestellt werden. Weiterhin antragsberechtigt nach § 296 Abs. 1 ist die **StA**. Abs. 2 stellt klar, dass der Antrag auch zugunsten des Verurteilten gestellt werden kann.

Auch der **Verteidiger** des Verurteilten ist gem. §§ 365, 297 antragsberechtigt. Der Antrag darf nicht gegen den ausdrücklichen Willen des Verurteilten gestellt werden. Aus dieser ratio des § 297 folgt auch, dass der vom Verteidiger gestellte Antrag vom Verurteilten **zurückgenommen** werden kann (s. *Wasser-*

§ 366 StPO Inhalt und Form des Antrags

burg 1983, 236). Auch der Verteidiger selbst kann den Antrag zurücknehmen, allerdings gem. § 302 Abs. 2 nur mit ausdrücklicher Ermächtigung durch den Verurteilten.

4   Ein **selbstständiges** Antragsrecht hat gem. §§ 365, 298 Abs. 1 der **gesetzliche Vertreter**. Er darf den Antrag auch gegen den ausdrücklichen Willen des Vertretenen stellen. Im Jugendstrafverfahren sind **Erziehungsberechtigte**, solange der Verurteilte noch nicht volljährig ist, gem. § 67 Abs. 3 JGG antragsberechtigt. Endet die gesetzliche Vertretung bzw. tritt Volljährigkeit vor dem Beschluss gem. § 370 ein, so ist das Verfahren als unzulässig zu verwerfen, sofern kein Eintritt des Verurteilten erfolgt (LR/*Gössel* § 365 Rn. 6; a. A. *Meyer-Goßner/Schmitt* § 365 Rn. 4: Einstellung des Verfahrens). Bei einem Wechsel des gesetzlichen Vertreters tritt dieser in das Verfahren ein (LR/*Jesse* § 298 Rn. 17). Eine **Antragsfrist**, die gem. § 298 vom gesetzlichen Vertreter einzuhalten wäre, gibt es nicht (vgl. Vorbemerkungen, Rdn. 22).

5   **II. Erleichterungen der Antragstellung (§§ 299 bis 300)** Die Anwendbarkeit von § 299 Abs. 1 ermöglicht es dem **inhaftierten Verurteilten**, den Wiederaufnahmeantrag auch zu Protokoll der Geschäftsstelle des AG zu stellen, in dessen Bezirk sich die Anstalt befindet. Die Fristenregelung des § 299 Abs. 2 hat für das Wiederaufnahmeverfahren dagegen keine Bedeutung. Dem effektiven Rechtsschutz dient der ebenfalls für anwendbar erklärte § 300, wonach ein Irrtum des Antragstellers in der Bezeichnung des Rechtsmittels unschädlich ist. Entscheidend ist allein, dass sein Wille zum Ausdruck kommt, eine Überprüfung der Verurteilung anzustreben.

6   **III. Rechtsmittel der StA (§ 301)** Nach § 301 kann nach jedem von der StA eingelegten Rechtsmittel, selbst wenn dies ausdrücklich zuungunsten des Verurteilten geschah, auch zugunsten des Verurteilten entschieden werden. Die wohl herrschende Meinung bezieht diese Regelung allein auf eine **neue Hauptverhandlung** (*Meyer-Goßner/Schmitt* § 365 Rn. 5). Dabei wird aber übersehen, dass diese kein Abschnitt des Wiederaufnahmeverfahrens ist, § 301 aber gem. § 365 ausdrücklich für »den Antrag auf Wiederaufnahme des Verfahrens« gelten soll. Hinzu kommt, dass die Regelung ansonsten überflüssig wäre; denn dass in der neuen Hauptverhandlung ganz unabhängig von Antragsteller und Antragsziel eine neue und eigenständige Entscheidung sowohl zugunsten als auch zuungunsten des Verurteilten getroffen werden kann, ist selbstverständlich. Ein sinnvoller Anwendungsbereich der Verweisung ergibt sich daher erst dann, wenn man § 301 auf das **Wiederaufnahmeverfahren selbst** bezieht. Das bedeutet, dass ein Wiederaufnahmeantrag, der von der StA zuungunsten des Verurteilten eingelegt wurde, eine umfassende Überprüfung des Urteils eröffnet, auch im Hinblick auf möglicherweise bestehende Wiederaufnahmegründe gem. § 359 (vgl. BeckOK/*Singelnstein* § 365 Rn. 9).

7   **IV. Zurücknahme und Verzicht (§ 302)** Für die Zurücknahme und den Verzicht auf die Wiederaufnahme gilt grds. § 302 (vgl. dort). Allerdings sind gewisse Einschränkungen zu beachten, die den Besonderheiten des Wiederaufnahmeverfahrens geschuldet sind. So ist eine (auch nur teilweise) **Zurücknahme** des Wiederaufnahmeantrags zwar bis zur Entscheidung des Gerichts gem. § 370 oder § 371 möglich (KG JR 1984, 393); der Antrag kann in diesem Fall auch mit gleichem Inhalt wiederholt werden. Unwirksam ist dagegen ein **Verzicht** auf das Wiederaufnahmerecht als solches (LR/*Gössel* § 365 Rn. 10), zumal es auch überindividuellen Zielen wie Rechtsstaatlichkeit und Gerechtigkeit dient (s.o. Vorbemerkungen, Rdn. 7 ff.). Erst recht ist eine **Verwirkung** des Wiederaufnahmerechts nicht möglich (vgl. *Meyer-Goßner/Schmitt* § 365 Rn. 6).

§ 366 StPO Inhalt und Form des Antrags.
(1) In dem Antrag müssen der gesetzliche Grund der Wiederaufnahme des Verfahrens sowie die Beweismittel angegeben werden. (2) Von dem Angeklagten und den in § 361 Abs. 2 bezeichneten Personen kann der Antrag nur mittels einer von dem Verteidiger oder einem Rechtsanwalt unterzeichneten Schrift oder zu Protokoll der Geschäftsstelle angebracht werden.

1   **A. Notwendiger Inhalt des Antrags (Abs. 1) I. Gesetzlicher Wiederaufnahmegrund.** Der Antragsteller muss einen (oder mehrere, vgl. OLG Düsseldorf GA 1980, 393, 396 f.) der **gesetzlichen Wiederaufnahmegründe** benennen. Der Grund sollte (wie das Ziel des Antrags) möglichst ausdrücklich benannt werden, jedoch genügt es nach dem Rechtsgedanken der §§ 365, 300, wenn er sich

der Begründung entnehmen lässt. Eine Bindung des Gerichts im Hinblick auf den vorgebrachten Wiederaufnahmegrund gibt es nicht (vgl. § 359 Rdn. 1). Der Antrag muss (wie i.R.d. Revisionsbegründung) aus sich heraus verständlich sein (OLG Hamburg StraFo 2003, 430). Daher sind **Bezugnahmen und Verweisungen** auf andere Dokumente nach herrschender Ansicht grds. nicht zulässig (*Meyer-Goßner/Schmitt* § 366 Rn. 1). Man wird dem Gericht aber i.R.d. prozessualen Fürsorgepflicht aufgeben müssen, den Antragsteller auf leicht heilbare Mängel des Antrags hinzuweisen und ggf. deren Korrektur zu ermöglichen.

II. Beweismittel. Der Antragsteller muss weiterhin **Beweismittel** benennen. Erfasst werden die **förmlichen Beweismittel** der StPO, also Sachverständige, Zeugen, Augenschein sowie Urkunden (*Meyer-Goßner/Schmitt* § 359 Rn. 26). Entbehrlich ist die separate Angabe von Beweismitteln naturgemäß in den Fällen, in denen die **Wiederaufnahme gem. § 359 Nr. 5 2. Alt.** auf »neue Beweismittel« gestützt wird, da diese dann ohnehin i.R.d. schlüssigen Vorbringens zum Wiederaufnahmegrund genannt werden müssen. Der Antragsteller muss darüber hinaus darlegen, dass die Beweismittel **neu** sind, d.h. vom Gericht bei seiner Entscheidung nicht berücksichtigt wurden, und **geeignet** sind, d.h. den Wiederaufnahmegrund stützen (s. dazu näher § 368 Rdn. 4 ff.). Die Gerichte sollten auch bzgl. dieses Vorbringens aufgrund ihrer **Fürsorgepflicht** bei behebbaren Mängeln auf eine Ergänzung des Antrags hinwirken (*Marxen/Tiemann* Rn. 262). 2

B. Spezielle Formerfordernisse (Abs. 2) Für die Wiederaufnahme zuungunsten des Angeklagten hat die Vorschrift keine Bedeutung, da weder der Staatsanwalt noch der Privatkläger einbezogen sind. Während für den Antrag der **StA** daher nur das einfache Schriftformerfordernis gilt (vgl. *Meyer-Goßner/Schmitt* § 366 Rn. 4), ist für den Antrag des **Privatklägers** § 390 Abs. 2 zu beachten, wonach dieser den Antrag nur mittels einer von einem RA unterzeichneten Schrift anbringen kann. § 366 Abs. 2 gilt allein für Anträge des **Verurteilten** bzw. der nach § 361 Abs. 2 Antragsberechtigten sowie der gesetzlichen Vertreter (§ 298) und Erziehungsberechtigten. Zwei Möglichkeiten der Antragstellung sind dort geregelt: 3

Zum einen ist ein **schriftlicher Antrag** denkbar, der von einem **Verteidiger oder RA unterzeichnet** sein muss, was eine eigenhändige Unterschrift voraussetzt. Die gesonderte Nennung des RA ist ein Hinweis darauf, dass dieser auch allein mit der Stellung des Antrags beauftragt werden kann. Wie bei der Revision muss der Anwalt die volle **Verantwortung** für den Inhalt der Schrift übernehmen (LR/*Gössel* § 366 Rn. 13). Der Anwalt darf sich also nicht erkennbar vom Inhalt des Antrags distanzieren (*Marxen/Tiemann* Rn. 118). Verlangt wird darüber hinaus eine **gestaltende Mitwirkung**, um die Funktion der Unterzeichnungspflicht (Schutz der Gerichte vor grundlosen und unverständlichen Anträgen) zu sichern. Unter diesem teleologischen Gesichtspunkt wird man dann aber Anträge zulassen müssen, die zwar wesentlich vom Verurteilten stammen, der aber über eigene Sachkunde verfügt (*Marxen/Tiemann* Rn. 119). 4

Die **Erklärung zu Protokoll** hat bei der Geschäftsstelle des gem. § 140a GVG zuständigen Gerichts zu erfolgen. Bei Anträgen des Verurteilten ist dies gem. § 367 Abs. 1 auch bei der Geschäftsstelle des Gerichts, dessen Urteil angefochten wird, möglich; für inhaftierte Verurteilte gilt § 299 (HK-StPO/*Temming* § 366 Rn. 6). Dabei hat der Urkundsbeamte den Antragsteller zu beraten sowie die Erklärungen selbst zu formulieren und inhaltlich zu verantworten (OLG Düsseldorf JR 1992, 124 f.). Er darf die Entgegennahme des Antrags nicht verweigern (*Marxen/Tiemann* Rn. 121). 5

§ 367 StPO Zuständigkeit des Gerichts; Entscheidung ohne mündliche Verhandlung.

(1) ¹Die Zuständigkeit des Gerichts für die Entscheidungen im Wiederaufnahmeverfahren und über den Antrag zur Vorbereitung eines Wiederaufnahmeverfahrens richtet sich nach den besonderen Vorschriften des Gerichtsverfassungsgesetzes. ²Der Verurteilte kann Anträge nach den §§ 364a und 364b oder einen Antrag auf Zulassung der Wiederaufnahme des Verfahrens auch bei dem Gericht einreichen, dessen Urteil angefochten wird; dieses leitet den Antrag dem zuständigen Gericht zu.

(2) Die Entscheidungen über Anträge nach den §§ 364a und 364b und den Antrag auf Zulassung der Wiederaufnahme des Verfahrens ergehen ohne mündliche Verhandlung.

§ 368 StPO   Verwerfung wegen Unzulässigkeit

1 **A. Grundsätzliches.** § 367 enthält einige Verfahrensregelungen, insb. zur Zuständigkeit des Gerichts. Abs. 2 stellt klar, dass über die Zulässigkeit des Wiederaufnahmeantrags wie auch über Anträge auf Bestellung eines Verteidigers nach §§ 364a, b **ohne mündliche Verhandlung** beschlossen wird. Das LG entscheidet in der **Besetzung** des § 76 GVG; die Besetzung des OLG folgt aus § 122 Abs. 1 GVG.

2 **B. Zuständigkeitsfragen. I. Zuständigkeit von Gericht und StA.** Die **Zuständigkeit des Gerichts** für die Entscheidung über die Wiederaufnahme wie auch über Anträge nach §§ 364a, b ergibt sich aus § 140a GVG (vgl. näher Vorbemerkungen, Rdn. 27). Anträge zugunsten des Verurteilten können nach Abs. 1 Satz 2 wahlweise auch beim Gericht eingereicht werden, dessen Urteil angefochten wird. Die **Zuständigkeit der StA** ergibt sich aus § 143 Abs. 1 GVG; danach ist die StA beim Wiederaufnahmegericht zuständig. Auf die Zuständigkeit für die Vollstreckung des Urteils hat der Wiederaufnahmeantrag keine Auswirkung (LR/*Gössel* § 367 Rn. 5).

3 **II. Ausschluss wegen persönlicher Mitwirkung.** War ein Richter bereits an der angefochtenen Entscheidung (oder an einer Entscheidung im unteren Rechtszug, die der angefochtenen Entscheidung vorausging) beteiligt, ist er gem. § 23 Abs. 2 von der **Mitwirkung** an Entscheidungen im Wiederaufnahmeverfahren kraft Gesetzes **ausgeschlossen**. Eine vergleichbare Regelung für die frühere **persönliche Mitwirkung von Staatsanwälten** gibt es nicht, § 23 Abs. 2 ist auch nicht analog anwendbar (vgl. allgemein *Meyer-Goßner/Schmitt* vor § 22 Rn. 3 ff.). War ein Staatsanwalt früher mit der Sache befasst, ist er daher nicht ohne Weiteres vom Wiederaufnahmeverfahren ausgeschlossen (LR/*Gössel* § 365 Rn. 4); er soll aber gem. RiStBV Nr. 170 Abs. 1 möglichst nicht daran mitwirken und ggf. auf seine Ablösung gem. § 145 GVG hinwirken.

4 **III. Entscheidung eines unzuständigen Gerichts.** Eine Entscheidung des LG, die anstelle des an sich sachlich zuständigen AG ergeht, ist wirksam; das gilt auch für eine Verwerfung als unzulässig. Die sofortige Beschwerde hiergegen gem. § 372 ist daher vom OLG zu verwerfen (LR/*Gössel* § 367 Rn. 40; a. A. KMR/*Eschelbach* § 367 Rn. 23). Das LG muss die Sache allerdings an das AG abgeben, sobald es seine Unzuständigkeit erkennt (OLG Frankfurt am Main, NStZ-RR 2006, 275; a. A. LR/*Gössel* § 367 Rn. 36, 39: entsprechende Anwendung von § 269). Verkennt das LG bei einer Beschwerdeentscheidung, dass das AG trotz sachlicher Unzuständigkeit über den Antrag entschieden hat, ist dies als erstinstanzliche Entscheidung des LG anzusehen, die mit der Beschwerde zum OLG angefochten werden kann (KG NStZ 2009, 592). Lässt ein örtlich unzuständiges Gericht die Wiederaufnahme zu, muss es auch die Beweise erheben und über die Begründetheit entscheiden (LR/*Gössel* § 367 Rn. 41; a. A. SK-StPO/*Frister* § 367 Rn. 5: Abgabe an das zuständige Gericht).

§ 368 StPO Verwerfung wegen Unzulässigkeit.
(1) Ist der Antrag nicht in der vorgeschriebenen Form angebracht oder ist darin kein gesetzlicher Grund der Wiederaufnahme geltend gemacht oder kein geeignetes Beweismittel angeführt, so ist der Antrag als unzulässig zu verwerfen.
(2) Andernfalls ist er dem Gegner des Antragstellers unter Bestimmung einer Frist zur Erklärung zuzustellen.

1 **A. Grundsätzliches.** Die Vorschrift regelt in Abs. 1 die **Voraussetzungen der Zulässigkeit**, die das Gericht i.R.d. **Aditionsverfahrens** zu überprüfen hat. Die **Richtigkeit** des Vorbringens des Antragstellers sowie die Beweiskraft der angebotenen Beweismittel werden hier grds. (s. aber auch unten Rdn. 7) zunächst unterstellt und erst i.R.d. anschließenden Probationsverfahrens genauer untersucht (BGHSt 17, 303, 304). Ausgeschlossen ist nur Vorbringen, das »denkgesetzlich unmöglich« (nicht: nur unwahrscheinlich) ist (*Meyer-Goßner/Schmitt* § 368 Rn. 8). Die **gerichtliche Fürsorgepflicht** gebietet es, vor einer Verwerfung des Antrags zumindest bei einfachen und leicht heilbaren Mängeln auf eine Korrektur oder Ergänzung des Antrags hinzuwirken (*Meyer-Goßner/Schmitt* § 368 Rn. 1).

2 **B. Die Voraussetzungen der Zulässigkeit.** Geprüft werden zunächst die **formalen Zulässigkeitsvoraussetzungen**, d.h. die in Abs. 1 ausdrücklich erwähnte Einhaltung der vorgeschriebenen

Form gem. § 366 sowie die weiteren allgemeinen Zulässigkeitsvoraussetzungen wie die Zuständigkeit des Gerichts, die Statthaftigkeit des Antrags sowie die Antragsberechtigung und Beschwer des Antragstellers, s. Vorbemerkungen, Rdn. 20 ff. Bei wiederholter Antragstellung ist ein denkbarer Verbrauch des Vorbringens zu prüfen (s. § 368 Rdn. 11 sowie § 372 Rdn. 7). Als eher sachliche Voraussetzung der Zulässigkeit ist weiterhin die Angabe eines der gesetzlichen **Wiederaufnahmegründe** sowie »**geeigneter**« **Beweismittel** erforderlich. Die Maßstäbe dieser »Geeignetheitsprüfung« sind in Bezug auf § 359 Nr. 5 sehr umstritten, sodass eine separate Erläuterung angezeigt ist (s.u. Rdn. 4 ff.).

I. Wiederaufnahme gem. §§ 359 Nr. 1 bis 4, 362 Nr. 1 bis 4. In Bezug auf die klar konturierten 3
Wiederaufnahmegründe der §§ 359 Nr. 1 bis 4 sowie 362 Nr. 1 bis 4 ergeben sich in dieser Hinsicht keine besonderen Schwierigkeiten; das Gericht prüft, ob ein vollständiger und schlüssiger Antrag vorliegt, der die jeweils erforderlichen Tatsachen sowie entsprechende Beweismittel enthält. In den Fällen von §§ 359 Nr. 1 bis 3, 362 Nr. 1 bis 3 wird das i.d.R. ein entsprechendes Straf- oder Zivilurteil sein (zu den genaueren Anforderungen an die jeweilige Antragsbegründung s. § 359 Rdn. 12, 15, 18 und 21). Beim Geständnis gem. § 362 Nr. 4 kann Beweis durch Urkunden oder Zeugen geführt werden, u.U. auch durch die Einlassung des Angeklagten, die als »Beweismittel« i.S.d. § 368 zu gelten hat (AK-StPO/ *Loos* § 368 Rn. 13). Die Glaubhaftigkeit des Geständnisses wird erst im Probationsverfahren geprüft (*Meyer-Goßner/Schmitt* § 368 Rn. 2; s.a. unten Rdn. 7).

II. Wiederaufnahme gem. § 359 Nr. 5. Deutlich problematischer ist die Prüfung beim Wiederauf- 4
nahmegrund des § 359 Nr. 5, der offener gestaltet ist und neben der **Neuheit** (s. dazu § 359 Rdn. 23 ff.) explizit die **Geeignetheit der Tatsachen und Beweismittel** zur Unterstützung des Antragsziels enthält. Neben der **Erheblichkeit** des Vorbringens setzt dies nach herrschender Meinung bereits im Aditionsverfahren eine durch Beweise hinreichend gestützte **Prognose der hinreichenden Erfolgsaussichten** voraus (s. bereits oben § 359 Rdn. 32 ff.; krit. KMR/*Eschelbach* § 359 Rn. 204). Es handelt sich hierbei um die wohl umstrittenste Frage des Wiederaufnahmerechts. Sie ist zugleich praktisch sehr bedeutsam, da die geringe Erfolgsquote der günstigen Wiederaufnahme oft auf eine (zu) strenge Handhabung dieses Kriteriums zurückgeführt wird (*Marxen/Tiemann* Rn. 199). Man hat es hier gewissermaßen mit dem »**Nadelöhr**« **des Wiederaufnahmerechts** zu tun, an dem die meisten Anträge scheitern.

1. Bezugspunkt. Unklar ist bereits der genaue **Bezugspunkt der Prüfung**; z.T. wird allein vergangen- 5
heitsbezogen auf das **angefochtene Urteil** abgestellt (*Eisenberg* JR 2007, 364; so auch überwiegend die Rechtsprechung, vgl. nur BGHSt 17, 303, 304; BGH NStZ 2000, 218) und gefragt, ob das Vorbringen geeignet ist, dessen Grundlagen zu erschüttern. Teilweise wird die Frage der Geeignetheit des Vorbringens allein auf die **zukünftige Entscheidung** in der neuen Hauptverhandlung bezogen (AnwK-StPO/ *Rotsch* § 370 Rn. 3). Von anderer Seite wird eine Verbindung **retrospektiver und prospektiver Elemente** befürwortet (*Marxen/Tiemann* Rn. 229). Letztere Ansicht ist insofern zutreffend, als der Erfolg des Antrags zunächst nur durch das »Nahziel« der Erschütterung des früheren Urteils erreichbar ist, dann aber untrennbar mit einem möglichen Erfolg in der späteren Hauptverhandlung verbunden ist. Auch die Formulierung in § 359 Nr. 5 weist auf diesen Konnex von Geeignetheit und zukünftig neu zu treffender Entscheidung hin. Richtigerweise geht es um eine **originäre Beurteilung des Wiederaufnahmegerichts**, ob aufgrund der vorläufigen Tatsachen- und Beweisgrundlage aus seiner Sicht (str., s. Rdn. 6) die konkrete Möglichkeit (str., s. Rdn. 8) besteht, dass die neue Entscheidung i.S.d. Antragsziels ausfallen wird. Diese Erfolgsaussicht darf nicht verneint werden durch Annahme von den Schuldspruch tragenden Feststellungen, die nicht Gegenstand der früheren Beweisaufnahme waren. Ihre Feststellung ist der neuen Hauptverhandlung vorbehalten (BVerfG NJW 1995, 2024; s.a. unten Rdn. 7).

2. Perspektive. Die wohl **herrschende Meinung** verlangt, dass die Prüfung vom **Standpunkt des er-** 6
kennenden Gerichts zu erfolgen hat (BVerfG NJW 1993, 2735 f.; BGHSt 18, 225, 226). Das bedeutet aber eine Überforderung; ein so weitgehendes Nachvollziehen der damaligen Perspektive des Gerichts ist für das jetzt zur Entscheidung berufene Gericht nicht möglich. Weiterhin zeigen die Regelungen in § 23 Abs. 2 sowie § 140a GVG, dass über die Wiederaufnahme gerade unabhängig vom früheren Gericht entschieden werden soll. Richtigerweise ist daher allein der **Standpunkt des Wiederaufnahmegerichts** entscheidend (*Eisenberg* JR 2007, 367; KMR/*Eschelbach* § 359 Rn. 214; *Meyer* ZStW 84, 1972, 934). Der Unterschied zwischen beiden Ansichten wird relativiert, wenn man bedenkt, dass eine **Bindung** in Bezug auf die **rechtliche Würdigung** des erkennenden Gerichts besteht, von der

das Wiederaufnahmegericht grds. nicht abweichen darf, de lege lata auch nicht bei Unhaltbarkeit der rechtlichen Würdigung (*Marxen/Tiemann* Rn. 230; a. A. *Meyer-Goßner/Schmitt* § 368 Rn. 9). Eine Bindung an die **Beweiswürdigung** des erkennenden Gerichts ist dagegen abzulehnen (LR/*Gössel* § 359 Rn. 157 ff.; a. A. *Meyer-Goßner/Schmitt* § 368 Rn. 9).

7 **3. Zulässigkeit der vorweggenommenen Beweiswürdigung.** Inwiefern bereits im Aditionsverfahren eine **vorweggenommene Beweiswürdigung** zulässig ist, ist sehr umstritten. Die **herrschende Meinung** bejaht diese Möglichkeit. Danach darf das Gericht die Beweiskraft der vorgebrachten Beweismittel bewerten, soweit dies ohne Beweisaufnahme möglich ist, und den Antrag ggf. schon mangels hinreichender Erfolgsaussicht als unzulässig verwerfen (BGHSt 17, 303, 304; OLG Jena NStZ-RR 2005, 379; *Meyer-Goßner/Schmitt* § 368 Rn. 9 ff.) Das wird im Grundsatz vom BVerfG gebilligt, das zugleich aber eine Einschränkung dahingehend formuliert, dass »die Feststellung solcher Tatsachen, die den Schuldspruch wesentlich tragen, indem sie die abgeurteilte Tat in ihren entscheidenden Merkmalen umgrenzen, oder deren Bestätigung oder Widerlegung im Verteidigungskonzept des Angekl. eine hervorragende Rolle spielt, der Hauptverhandlung vorbehalten bleiben« muss (BVerfG NJW 1995, 2024; zur schwierigen Konkretisierung dieser Kriterien s. *Hellebrand* NStZ 2008, 374, 378). Die **Gegenansicht** lehnt eine antizipierte Beweiswürdigung zu Recht ab, da auf diese Weise gegen den Grundsatz verstoßen wird, dass ein Beweis erst gewürdigt werden kann, nachdem er erhoben wurde (*Eisenberg* JR 2007, 365; AK-StPO/*Loos* § 368 Rn. 27). Sachgerechte Maßstäbe bietet eine **entsprechende Anwendung von** §§ 244 Abs. 3 bis 5 (AK-StPO/*Loos* § 368 Rn. 28 ff.; *Eisenberg* JR 2007, 365). So kann Ungeeignetheit bejaht werden, wenn ein Beweismittel zur Sachaufklärung nichts beitragen kann. Für den neuen Sachverständigenbeweis gilt § 244 Abs. 4. Darüber hinaus ist eine erleichterte Ablehnung von Beweismitteln anzuerkennen, deren Beweiswert durch eine **verfahrensinterne Widersprüchlichkeit** gemindert ist, etwa im Fall des Geständniswiderrufs (s.o. § 359 Rdn. 36 ff.).

8 **4. Maßstab.** Der Antrag ist nach herrschender Meinung nur zulässig, wenn er mit hinreichender **Wahrscheinlichkeit** zum erstrebten Ziel führen wird (OLG Frankfurt am Main StV 1996, 138, 139; LR/*Gössel* § 359 Rn. 153). Sichere Gewissheit wird unstreitig nicht verlangt (*Hellebrand* NStZ 2008, 374, 378). Es soll genügen, wenn ernste Gründe für eine Abänderung der angefochtenen Entscheidung (OLG Stuttgart StV 1990, 539 f.) bzw. ernsthafte Zweifel an dessen Richtigkeit bestehen (OLG Düsseldorf NStZ 2004, 454; *Eisenberg* JR 2007, 368). Der Grundsatz »**in dubio pro reo**« soll hier nach herrschender Meinung **nicht unmittelbar** gelten, da es nicht um eine Sachverhaltsfeststellung gehe, sondern nur um einen vorläufigen Überzeugungsgrad des Richters (*Peters* S. 684; dagegen *Schünemann* ZStW 84, 1972, 889 ff.). Teilweise wird ihm aber **mittelbare Bedeutung** in der Weise beigemessen, dass das Wiederaufnahmegericht die Anwendung des Grundsatzes im Rahmen einer möglichen erneuten Hauptverhandlung in Rechnung zu stellen habe, um die Erfolgsaussichten des Antrags zu beurteilen (*Wasserburg* 1983, 191 ff.; *Marxen/Tiemann* Rn. 223). Eine Mm. lässt die konkrete **Möglichkeit** des Erfolgs des Antrags genügen (*Wasserburg* 1983, 323; s.a. *Schünemann* ZStW 84, 1972, 870, 889 ff.). Der letztgenannten Ansicht ist zuzustimmen: Sie lässt sich besser mit dem Wortlaut und der Entstehungsgeschichte der Norm vereinbaren und dient zugleich dem effektiven Rechtsschutz (KMR/*Eschelbach* § 359 Rn. 209 ff.).

9 **C. Entscheidung über die Zulässigkeit. I. Verfahren.** Die Entscheidung ergeht **ohne mündliche Verhandlung** (s. § 367 Abs. 2) durch **Beschluss.** Dieser kann gem. § 372 Satz 1 mit der **sofortigen Beschwerde** angefochten werden. Er ist daher gem. § 34 mit einer **Begründung** zu versehen (*Meyer-Goßner/Schmitt* § 368 Rn. 11). Vor der Entscheidung ist die **StA** gem. § 33 Abs. 2 **anzuhören**. Eine Anhörung des **Verurteilten** ist nicht ausdrücklich vorgesehen, folgt aber aus dem Rechtsgedanken des Art. 103 Abs. 1 GG (vgl. *Marxen/Tiemann* Rn. 331; Radtke/Hohmann-*Hohmann* § 368 Rn. 14) und zwar nicht nur dann, wenn das Gericht den Antrag zugunsten des Verurteilten als unzulässig verwerfen will, sondern auch bei der Wiederaufnahme zuungunsten des Verurteilten. Der Verurteilte hat schon i.R.d. Zulässigkeitsverfahrens ein berechtigtes Interesse, seinen Standpunkt darzulegen (*Marxen/Tiemann* Rn. 332; a. A. *Meyer-Goßner/Schmitt* § 368 Rn. 13). Soweit vorhanden müssen auch der **Verteidiger** sowie die **Erziehungsberechtigten** gem. § 67 Abs. 1 JGG angehört werden.

II. Entscheidungsmöglichkeiten des Gerichts. Das Wiederaufnahmegericht hat nur zwei Möglichkeiten der Entscheidung; entweder es verwirft den Antrag als unzulässig gem. Abs. 1 oder erklärt ihn für zulässig, was das weitere Verfahren in Gang setzt (Abs. 2). Für eine **Einstellung des Verfahrens** in entsprechender Anwendung von § 206a bei einem Verfahrenshindernis ist dagegen mangels Regelungslücke kein Raum (vgl. *Marxen/Tiemann* Rn. 339 m.w.N.; a. A. LR/*Gössel* § 368 Rn. 4): Tritt erst im Laufe des Aditionsverfahrens ein Verfahrenshindernis ein, ist der Antrag nach Abs. 1 als unzulässig zu verwerfen, es sei denn, dass das Rehabilitationsinteresse des Verurteilten überwiegt (vgl. dazu § 361 Rdn. 1). Wenn der Antragsteller das (zulässige) Antragsziel der Einstellung wegen eines ursprünglich bestehenden Verfahrenshindernisses verfolgt, kann dem durch Einstellung gem. § 371 Abs. 2 analog Rechnung getragen werden (s. dazu § 371 Rdn. 2). 10

1. Verwerfung als unzulässig (Abs. 1) Das Gericht kann den Antrag nach Abs. 1 als unzulässig verwerfen mit der Folge, dass das Vorbringen, sofern die Verwerfung nicht nur auf formalen Gründen beruht, **verbraucht** ist und ein erneuter Antrag nicht darauf gestützt werden kann. Es ist eine Entscheidung über die **Kosten** zu treffen, die gem. § 473 Abs. 6 vom Antragsteller getragen werden müssen. Die Entscheidung ist, wenn der Antrag vom Verurteilten gestellt wurde, diesem gem. § 35 Abs. 2 Satz 1 förmlich **zuzustellen**. Gleiches gilt für die StA, die auch in diesem Fall beschwerdeberechtigt ist. Ggü. dem Privatkläger genügt dagegen, da er durch die Entscheidung nicht beschwert wird, die formlose Bekanntmachung gem. § 35 Abs. 2 Satz 2. 11

2. Zulassungsbeschluss (Abs. 2) Der Beschluss über die **Zulassung des Antrags** ist stets erforderlich, auch wenn der Antrag offensichtlich begründet ist (*Meyer-Goßner/Schmitt* § 368 Rn. 12). Er ist Voraussetzung für das Begründetheitsverfahren und selbstständig anfechtbar. Ist die Beweiserhebung entbehrlich (vgl. § 369 Rdn. 2), kann der Beschluss aber mit demjenigen nach § 370 Abs. 2 verbunden (OLG Brandenburg NStZ-RR 2010, 22) und mit einer einheitlichen Begründung versehen werden (*Marxen/Tiemann* Rn. 361; a. A. LR/*Gössel* § 370 Rn. 4). Eine nur **teilweise Zulassung** ist möglich, z.B. in Bezug auf einzelne von mehreren Taten, die in Tatmehrheit begangen wurden oder nur in Bezug auf die Rechtsfolgen (BGHSt 11, 361). Auch die Zulassung nur einzelner von mehreren geltend gemachten Wiederaufnahmegründen kommt in Betracht (LR/*Gössel* § 368 Rn. 33; a. A. SK-StPO/*Frister* § 368 Rn. 14), nicht dagegen eine Beschränkung auf einzelne Tatsachen oder Beweismittel innerhalb des Wiederaufnahmegrundes des § 359 Nr. 5 (KK-StPO/*Schmidt* § 368 Rn. 17). 12

Die Entscheidung ist gem. § 368 Abs. 2 dem Antragsgegner förmlich **zuzustellen**. Das ist bei einem Antrag des Verurteilten (bzw. seines gesetzlichen Vertreters oder Erziehungsberechtigten) die StA sowie ggf. der Privatkläger. Bei einem Antrag der StA zugunsten des Verurteilten muss mangels Antragsgegner keine Zustellung erfolgen. Wurde der Antrag von Staatsanwalt oder Privatkläger zuungunsten des Verurteilten gestellt, ist letzterer Antragsgegner und damit Adressat der förmlichen Zustellung. Die Zustellung dient der Vorbereitung von Erklärungen des Antragsgegners, die nicht der Formvorschrift des § 366 Abs. 2 unterliegen. Es besteht keine **Pflicht zur Erklärung** (*Meyer-Goßner/Schmitt* § 368 Rn. 13). Eine **bindende Wirkung** entfaltet der Zulassungsbeschluss nicht; nur Formmängel gem. § 366 Abs. 2 werden nicht mehr geprüft (LR/*Gössel* § 370 Rn. 10; a. A. *Marxen/Tiemann* Rn. 388). Ansonsten kann aber auch i.R.d. anschließenden Begründetheitsprüfung noch eine Verwerfung als unzulässig erfolgen (OLG Koblenz NStZ-RR 2007, 317). 13

§ 369 StPO Beweisaufnahme. (1) Wird der Antrag für zulässig befunden, so beauftragt das Gericht mit der Aufnahme der angetretenen Beweise, soweit dies erforderlich ist, einen Richter.
(2) Dem Ermessen des Gerichts bleibt es überlassen, ob die Zeugen und Sachverständigen eidlich vernommen werden sollen.
(3) ¹Bei der Vernehmung eines Zeugen oder Sachverständigen und bei der Einnahme eines richterlichen Augenscheins ist der Staatsanwaltschaft, dem Angeklagten und dem Verteidiger die Anwesenheit zu gestatten. ²§ 168c Abs. 3, § 224 Abs. 1 und § 225 gelten entsprechend. ³Befindet sich der Angeklagte nicht auf freiem Fuß, so hat er keinen Anspruch auf Anwesenheit, wenn der Termin nicht an der Gerichtsstelle des Ortes abgehalten wird, wo er sich in Haft befindet, und seine Mitwirkung bei der mit der Beweiserhebung bezweckten Klärung nicht dienlich ist.

§ 369 StPO Beweisaufnahme

(4) Nach Schluss der Beweisaufnahme sind die Staatsanwaltschaft und der Angeklagte unter Bestimmung einer Frist zu weiterer Erklärung aufzufordern.

1 **A. Grundsätzliches.** Die in § 369 geregelte **Beweisaufnahme** dient allein der Vorbereitung der Entscheidung gem. § 370. Die Beweisaufnahme einer möglichen neuen Hauptverhandlung wird damit nicht vorweggenommen (BGHSt 17, 303). Zulässig sind alle **förmlichen Beweismittel**, die etwa mittels Durchsuchung und Beschlagnahme beschafft werden können (*Meyer-Goßner/Schmitt* § 369 Rn. 1). Ein **Haftbefehl** ggü. dem Freigesprochenen im Falle des § 362 kommt in diesem Stadium richtigerweise noch nicht in Betracht; dem steht die Rechtskraft des Freispruchs, die bis zur Entscheidung gem. § 370 Abs. 2 fortbesteht, entgegen (*Marxen/Tiemann* Rn. 371; a. A. AK-StPO/*Loos* § 369 Rn. 5).

2 Auf die vom Antragsteller benannten Beweismittel ist das Gericht nicht beschränkt; das Gericht hat vielmehr **von Amts wegen** über den Wortlaut von Abs. 1 hinaus und in entsprechender Anwendung von § 244 Abs. 2 (OLG Hamburg StV 2003, 225; KK-StPO/*Schmidt* § 369 Rn. 2) alle Beweise zu erheben, die für die Klärung der Richtigkeit des Vorbringens des Antragstellers benötigt werden (BVerfG StV 2003, 223; a. A. *Marxen/Tiemann* Rn. 369 ff.). Die Beweisaufnahme wird jedoch nur durchgeführt, soweit sie **erforderlich** ist. Sie kann vollständig **entbehrlich** sein, wenn das Wiederaufnahmegericht den Wiederaufnahmegrund schon wegen der vom Antragsteller vorgebrachten Tatsachen und Beweismittel als ausreichend bestätigt ansieht (vgl. *Marxen/Tiemann* Rn. 360). Das kann insb. der Fall sein, wenn die Tatsachen ohne Weiteres den Akten zu entnehmen bzw. offenkundig sind (KG JR 1984, 393) oder sich aus vorgelegten rechtskräftigen Urteilen oder anderen Urkunden ergeben.

3 **B. Einzelheiten der Beweisaufnahme. I. Richterliche Beweisaufnahme (Abs. 1)** Die Beweisaufnahme soll durch einen damit **beauftragten Richter** erfolgen. Das ist nicht technisch gemeint, sondern bringt nur zum Ausdruck, dass eine **richterliche Beweisaufnahme** erfolgen soll, sei es durch einen »beauftragten« einzelnen Richter, durch das gesamte Richterkollegium oder durch einen ersuchten Richter gem. §§ 156 ff. GVG (*Marxen/Tiemann* Rn. 364). Auch für den Fall, dass eine richterliche Vernehmung für längere Zeit ausgeschlossen ist, bleibt eine **nichtrichterliche Vernehmung** unverwertbar; ein Rückgriff auf § 251 Abs. 2 ist nicht zulässig (*Meyer-Goßner/Schmitt* § 369 Rn. 3; a. A. SK-StPO/*Frister* § 369 Rn. 6). Der »beauftragte« Richter darf nur in dem Rahmen tätig werden, der ihm vom Wiederaufnahmegericht vorgegeben wird. Seine weitere Mitwirkung im Wiederaufnahmeverfahren ist zulässig (BGH NJW 1954, 891; *Meyer-Goßner/Schmitt* § 373 Rn. 1).

4 Beweiserhebungen durch die **Polizei** oder **StA** sind dagegen ausgeschlossen und führen zur Unverwertbarkeit der erhobenen Beweise (OLG Celle MDR 1991, 1077; a. A. OLG Braunschweig NStZ 1987, 377 m. abl. Anm. *Gössel*). Dagegen kann sog. **technische Hilfe** der StA oder Polizei, z.B. bei der Fertigung von Lichtbildern und Skizzen, zulässigerweise in Anspruch genommen werden (*Meyer-Goßner/Schmitt* § 369 Rn. 7).

5 **II. Vernehmung von Zeugen oder Sachverständigen (Abs. 2)** Wegen der weitreichenden Folgen einer möglichen Aussage für den Ausgang des Verfahrens ist die **Vereidigung** vernommener Zeugen und Sachverständiger nach Abs. 2 ausdrücklich zulässig. Das Gericht hat darüber nach pflichtgemäßem **Ermessen** zu entscheiden. In den Fällen, in denen eine Entscheidung ohne erneute Hauptverhandlung gem. § 371 Abs. 2 ansteht, wird eine Vereidigung regelmäßig angezeigt sein (LR/*Gössel* § 369 Rn. 14).

6 **III. Anwesenheitsrechte (Abs. 3 Satz 1)** Die StA, der Verurteilte und der Verteidiger sind nach Abs. 3 Satz 1 bei Vernehmungen von Zeugen und Sachverständigen sowie bei der Einnahme eines Augenscheins zur **Anwesenheit berechtigt**. Gleiches gilt gem. § 385 Abs. 1 für den Privatkläger. Ebenfalls anwesenheitsberechtigt sind gesetzliche Vertreter und Erziehungsberechtigte gem. § 67 Abs. 1 JGG sowie Antragsberechtigte gem. § 361 Abs. 2 (*Meyer-Goßner/Schmitt* § 369 Rn. 9). **Kein Anwesenheitsrecht** hat der **Nebenkläger**; seine Interessen kann er ohne Weiteres i.R.d. neuen Hauptverhandlung geltend machen.

7 Der **Verurteilte** kann nach Abs. 3 Satz 2 i.V.m. § 168c Abs. 3 von der Beweiserhebung **ausgeschlossen** werden, wenn seine Anwesenheit den Untersuchungszweck gefährden würde, insb. wenn die Gefahr besteht, dass Zeugen in seiner Gegenwart nicht wahrheitsgemäß aussagen. Ein **inhaftierter Verurteilter** hat ausnahmsweise kein Recht auf Anwesenheit, wenn der Termin nicht an der Gerichtsstelle des Ortes

stattfindet, wo er sich in Haft befindet und seine Mitwirkung der mit der Beweiserhebung bezweckten Klärung nicht dienlich ist. Dabei ist der Begriff der **Dienlichkeit** weit auszulegen (OLG Frankfurt am Main, StV 1990, 538). Sie sollte nur verneint werden, wenn es ausgeschlossen erscheint, dass die Anwesenheit des Verurteilten zur Klärung der Beweisfrage beitragen kann. Allein die Anwesenheit seines Verteidigers genügt dafür nicht (KMR/*Eschelbach* § 369 Rn. 20). Abs. 3 begründet nur ein Anwesenheitsrecht, aber **keine Anwesenheitspflicht**.

IV. Benachrichtigungen und Vorlegung der Protokolle (Abs. 3 Satz 2) Gem. Abs. 3 Satz 2 i.V.m. §§ 224 Abs. 1, 225 sind die StA, der Verurteilte sowie der Verteidiger, darüber hinaus auch die weiteren Anwesenheitsberechtigten, rechtzeitig zu **benachrichtigen**, wenn ein Beweiserhebungstermin ansteht. Die Benachrichtigung sollte möglichst durch förmliche Zustellung erfolgen, auch wenn dies nicht zwingend ist (*Meyer-Goßner/Schmitt* § 369 Rn. 11). Auch der verteidigte Verurteilte ist separat zu benachrichtigen, wobei Zustellung gem. § 145a Abs. 1 an den Verteidiger möglich ist. Eine Benachrichtigung von Verurteiltem und Verteidiger **unterbleibt** gem. Abs. 3 Satz 2 i.V.m. § 224 Abs. 1 Satz 2, wenn ansonsten der **Zweck der Beweiserhebung gefährdet** wäre. Das ist nicht bei jeder zeitlichen Verzögerung der Fall, sondern nur, wenn diese zum Verlust oder zur Wertminderung des Beweismittels führen würde (BGH NJW 1980, 2088). Weiterhin sind Fälle denkbar, in denen Anhaltspunkte dafür bestehen, dass der Verurteilte oder sein Verteidiger die Benachrichtigung für Verdunkelungsmaßnahmen ausnützen könnten (BGHSt 29, 1, 3). **Ausgeschlossen** ist die Beschränkung des § 224 Abs. 1 Satz 2 in den Fällen des § 371 Abs. 1, da die Beweisaufnahme dort diejenige der späteren Hauptverhandlung vollständig ersetzt (*Meyer-Goßner/Schmitt* § 371 Rn. 1). 8

Die **Protokolle der Beweiserhebung** sind gem. Abs. 3 Satz 2 i.V.m. § 224 Abs. 1 Satz 3 dem Verteidiger und der StA **vorzulegen**, auch wenn beide bei der Beweiserhebung anwesend waren (BGHSt 25, 357). Ggü. dem Verteidiger geschieht dies durch Übersendung einer Abschrift bzw. Kopie oder durch Mitteilung, dass die Akten eingesehen werden können. Ist eine erforderliche Benachrichtigung zuvor unterblieben, muss dies alsbald nach Vorlage der Protokolle gerügt werden (OLG Celle NJW 1963, 2041). 9

V. Schlusserklärung (Abs. 4) Gem. Abs. 4 ist der StA und dem Verurteilten, darüber hinaus gem. Art. 103 Abs. 1 GG aber auch allen anderen anwesenheitsberechtigten Verfahrensbeteiligten, **zwingend** die Gelegenheit zur Äußerung zu geben, unabhängig davon, ob sie während der Beweiserhebung anwesend waren oder zu deren Ergebnis schon vorher Erklärungen abgegeben haben (OLG Düsseldorf NJW 1982, 839). Die Beteiligten werden aufgefordert, innerhalb einer vom Vorsitzenden bestimmten Frist zum Ergebnis der Beweisaufnahme **Stellung zu nehmen**. Eine bestimmte Form ist für diese Aufforderung nicht vorgesehen, förmliche Zustellung ist aber zum sicheren Nachweis des Erhalts empfehlenswert. Soweit den Beteiligten nicht ohnehin die Protokolle vorgelegt wurden, sind sie vom **Ergebnis der Beweisaufnahme** zu **unterrichten**, der Verurteilte aber nur, wenn er keinen Verteidiger hat (*Meyer-Goßner/Schmitt* § 369 Rn. 13). Werden dann auf Anregung eines der Beteiligten neue Beweise erhoben, muss diesbezüglich eine **erneute Möglichkeit zur Schlusserklärung** eingeräumt werden. 10

§ 370 StPO Entscheidung über die Begründetheit.

(1) Der Antrag auf Wiederaufnahme des Verfahrens wird ohne mündliche Verhandlung als unbegründet verworfen, wenn die darin aufgestellten Behauptungen keine genügende Bestätigung gefunden haben oder wenn in den Fällen des § 359 Nr. 1 und 2 oder des § 362 Nr. 1 und 2 nach Lage der Sache die Annahme ausgeschlossen ist, dass die in diesen Vorschriften bezeichnete Handlung auf die Entscheidung Einfluss gehabt hat.
(2) Andernfalls ordnet das Gericht die Wiederaufnahme des Verfahrens und die Erneuerung der Hauptverhandlung an.

A. Grundsätzliches. Die Vorschrift regelt die Entscheidungsmöglichkeiten des Gerichts am Ende des Probationsverfahrens. In dessen Rahmen wird erneut über die **hinreichenden Erfolgsaussichten** des Antrags entschieden, wobei dieselben inhaltlichen Maßstäbe wie i.R.d. Aditionsverfahrens gelten (s. dazu § 368 Rdn. 4 ff.). Der Unterschied liegt in der erweiterten Entscheidungsgrundlage durch 1

§ 370 StPO   Entscheidung über die Begründetheit

die zwischenzeitlich erfolgte Beweisaufnahme gem. § 369 (*Marxen/Tiemann* Rn. 222), soweit sie nicht entbehrlich war (s. § 369 Rdn. 2).

2 **B. Entscheidungsmöglichkeiten des Gerichts.** **I. Verwerfung des Antrags (Abs. 1)** Das Gericht kann den Antrag gem. Abs. 1 durch gem. § 34 zu begründenden und gem. § 35 bekannt zu machenden Beschluss als **unbegründet verwerfen**. Zur Verwerfung wegen Unzulässigkeit auch in diesem Verfahrensabschnitt s. § 368 Rdn. 13; für die auch hier mögliche nur teilweise Verwerfung vgl. oben § 368 Rdn. 12. Im Hinblick auf die Kostenentscheidung gilt § 473 Abs. 6 Nr. 1, die Anfechtbarkeit mittels Beschwerde ergibt sich aus § 372 Satz 1.

3 Der Antrag kann verworfen werden, wenn die Behauptungen keine genügende Bestätigung finden. Eine **genügende Bestätigung** der Tatsachen liegt vor, wenn aus der Perspektive des Wiederaufnahmegerichts (str., s.o. § 368 Rdn. 6) in einer neuen Hauptverhandlung (ggf. unter Anwendung des Grundsatzes »in dubio pro reo«, s. OLG Koblenz NStZ-RR 2007, 317) die konkrete Möglichkeit (nach h.M.: Wahrscheinlichkeit, s. § 368 Rdn. 8) einer für den Antragsteller günstigen Entscheidung bestünde.

4 Weiterhin kann die Verwerfung des Antrags als unbegründet darauf gestützt werden, dass in den Fällen der §§ 359 Nr. 1 und 2, 362 Nr. 1 und 2 die **Annahme ausgeschlossen** ist, dass die jeweils bezeichnete Handlung **Einfluss** auf die Entscheidung gehabt hat. Ein Einfluss wird **gesetzlich vermutet** und muss vom Gericht sicher widerlegt werden, will es den Antrag aus diesem Grunde als unbegründet verwerfen. Das ist beispielsweise dann der Fall, wenn feststeht, dass das Beweismittel im Urteil nicht berücksichtigt wurde; hypothetische Erwägungen, ob das Urteil möglicherweise auch bei Nichtberücksichtigung gleich ausgefallen wäre, sind nach dem Sinn und Zweck der Vermutungsregel nicht zulässig (*Marxen/Tiemann* Rn. 144; a. A. BGHSt 19, 365, 366).

5 **II. Anordnung der Wiederaufnahme (Abs. 2)** **1. Beschluss über die Anordnung der Wiederaufnahme.** Liegt keiner der genannten Gründe vor, ordnet das Gericht nach Abs. 2 durch **Beschluss die Wiederaufnahme des Verfahrens** und die **Erneuerung der Hauptverhandlung** an. Der Beschluss ist zwingend, da er eine Prozessvoraussetzung für das weitere Verfahren ist (BGHSt 18, 339, 341; LG Ravensburg NStZ-RR 1998, 112). **Verzichtbar** ist er nur in den Fällen, in denen gem. **§ 371 Abs. 2** ohne neue Hauptverhandlung in der Sache entschieden wird (LR/*Gössel* § 371 Rn. 5; a. A. KMR/*Eschelbach* § 370 Rn. 33). Der Beschluss wird gem. **§ 16 Abs. 1 BZRG** ins Bundeszentralregister eingetragen. Die Anordnung der Wiederaufnahme kann **beschränkt** werden auf eine von mehreren Taten (auch soweit diese eine Tat i.S.v. § 264 darstellen, *Meyer-Goßner/Schmitt* § 370 Rn. 8) oder auf den Rechtsfolgenausspruch (BGHSt 11, 361). Er kann gem. § 372 Satz 2 **nicht von der StA angefochten** werden. Seine **Rücknahme** ist nicht möglich, selbst wenn er vom Antragsteller durch Anstiftung eines Zeugen zur Falschaussage erschlichen wurde (OLG Köln NJW 1955, 314).

6 Wird die **Erneuerung der Hauptverhandlung** angeordnet, so ist für diese grds. das Gericht zuständig, das gem. § 140a GVG die Anordnung getroffen hat. Fällt die abzuurteilende Tat jedoch in den **Zuständigkeitsbereich eines Gerichts niederer Ordnung**, kann das Wiederaufnahmegericht im Beschluss bestimmen, dass die neue Hauptverhandlung vor diesem Gericht durchgeführt werden soll (§ 354 Abs. 3 analog). Entsprechend § 355 besteht auch die Möglichkeit, die Hauptverhandlung vor einem **Gericht höherer Ordnung** zu eröffnen, wenn im Rahmen von § 362 eine Verurteilung wegen einer schwereren Straftat angestrebt wird, die in den Zuständigkeitsbereich dieses Gerichts fällt (LR/*Gössel* § 370 Rn. 49).

7 **2. Wirkungen des Beschlusses.** Die **Wirkung** der Anordnung gem. Abs. 2 liegt zunächst in der **Beseitigung der Rechtskraft des Urteils** (BGHSt 14, 64, 66; LR/*Gössel* § 370 Rn. 31 ff.). Das Verfahren wird wieder **rechtshängig** und in den Zustand vor Erlass des Urteils zurückversetzt (*Meyer-Goßner/Schmitt* § 370 Rn. 10). Zugleich entfällt die **Vollstreckbarkeit des Urteils**. Der inhaftierte Verurteilte ist freizulassen. Das Eigentum an eingezogenen Gegenständen lebt auf, Rechte wie die gem. § 69 StGB entzogene Fahrerlaubnis stehen dem Betroffenen auch mit Wirkung für die Vergangenheit wieder zu; eine Strafbarkeit gem. § 21 StVG entfällt daher konsequenterweise rückwirkend (BayObLG NJW 1992, 1120; s. auch OLG Frankfurt am Main NStZ-RR 2000, 23; a. A. *Groß* NStZ 1993, 221). Bei Anordnung nur **teilweiser Wiederaufnahme** wird eine Gesamtstrafe gegenstandslos (BGHSt 14, 85, 89), die davon unberührten Einzelstrafen können weiter vollstreckt werden (LR/*Gössel* § 370 Rn. 38). **Haftbefehle** und andere einstweilige Anordnungen, die mit der Rechtskraft des Urteils gegenstandslos

geworden sind, leben nicht wieder auf; § 47 Abs. 3 gilt nicht (*Meyer-Goßner/Schmitt* § 370 Rn. 15). Sie können aber neu erlassen werden (*Mosbacher* NJW 2005, 3111). **Gnadenentscheidungen**, die im Hinblick auf die angefochtene Entscheidung ergangen sind, entfallen.

§ 371 StPO Freisprechung ohne erneute Hauptverhandlung.

(1) Ist der Verurteilte bereits verstorben, so hat ohne Erneuerung der Hauptverhandlung das Gericht nach Aufnahme des etwa noch erforderlichen Beweises entweder auf Freisprechung zu erkennen oder den Antrag auf Wiederaufnahme abzulehnen.
(2) Auch in anderen Fällen kann das Gericht, bei öffentlichen Klagen jedoch nur mit Zustimmung der Staatsanwaltschaft, den Verurteilten sofort freisprechen, wenn dazu genügende Beweise bereits vorliegen.
(3) ¹Mit der Freisprechung ist die Aufhebung des früheren Urteils zu verbinden. ²War lediglich auf eine Maßregel der Besserung und Sicherung erkannt, so tritt an die Stelle der Freisprechung die Aufhebung des früheren Urteils.
(4) Die Aufhebung ist auf Verlangen des Antragstellers im Bundesanzeiger bekannt zu machen und kann nach dem Ermessen des Gerichts auch auf andere geeignete Weise veröffentlicht werden.

A. Grundsätzliches. Die Vorschrift eröffnet die Möglichkeit des Wiederaufnahmegerichts, **ohne erneute Hauptverhandlung** in der Sache zu entscheiden. Dabei ist zwischen zwei Konstellationen zu differenzieren: die **Unzulässigkeit** der Hauptverhandlung aufgrund des Todes des Verurteilten (Abs. 1), die zum Freispruch oder zur Ablehnung des Antrags führt, sowie die **Entbehrlichkeit** der Hauptverhandlung aufgrund genügender Beweise (Abs. 2), die einen Freispruch möglich macht. 1

Das Gericht entscheidet stets durch (gem. § 372 Satz 2 anfechtbaren, s. aber auch § 372 Rdn. 4) **Beschluss** (BGHSt 14, 64, 66). Mit der (auch nur teilweise möglichen) Freisprechung verbunden ist die **Aufhebung des früheren Urteils** (Abs. 3 Satz 1). Wurden nur **Maßregeln der Besserung und Sicherung** verhängt, tritt an die Stelle des Freispruchs die Aufhebung des früheren Urteils (Abs. 3 Satz 2). Bei unbehebbaren Verfahrenshindernissen ist eine **Verfahrenseinstellung** gem. § 371 Abs. 2 analog denkbar (*Marxen/Tiemann* Rn. 450). Das gilt auch für die erst nach dem Beschluss gem. § 370 Abs. 2 eingetretene **dauerhafte Verhandlungsunfähigkeit** des Verurteilten (a. A. OLG Frankfurt am Main NJW 1983, 2398: Einstellung gem. §§ 206a, 260 Abs. 3; wiederum anders *Hassemer* NJW 1983, 2353: § 371 Abs. 1 analog). Eine bloße **Strafmilderung** gem. § 371 analog ist dagegen angesichts der eindeutigen Gesetzeslage mangels planwidriger Regelungslücke ausgeschlossen (*Meyer-Goßner/Schmitt* § 371 Rn. 3; a. A. offenbar *Wasserburg* 1983, 235). 2

B. Tod des Verurteilten (Abs. 1) Der Tod des Verurteilten steht, wie § 361 deutlich macht, einem Wiederaufnahmeantrag nicht entgegen. Die Durchführung einer Hauptverhandlung ist allerdings ausgeschlossen; das Gericht hat den Verurteilten **freizusprechen** oder den **Antrag zu verwerfen**. Die sofortige Freisprechung ist vorzunehmen, wenn nur sie bei Würdigung insb. des Antragsvorbringens und der ggf. nach § 369 erhobenen Beweise als Entscheidung infrage kommt. Der sichere Nachweis der Unschuld ist dafür aber nicht erforderlich; der Grundsatz **in dubio pro reo** gilt hier unmittelbar (*Meyer-Goßner/Schmitt* § 371 Rn. 4). Stirbt der Verurteilte **nach Antragstellung**, ist bei der ungünstigen Wiederaufnahme das Verfahren einzustellen; zur Fortsetzung der günstigen Wiederaufnahme bei Ausübung des Eintrittsrechts s. § 361 Rdn. 3. 3

C. Freisprechung in sonstigen Fällen (Abs. 2) Auch in sonstigen Fällen kommt eine sofortige Freisprechung gem. Abs. 2 in Betracht, wenn hierfür »**genügende Beweise**« vorliegen. Es gelten grds. dieselben Maßstäbe wie im Rahmen von Abs. 1 (s.o. Rdn. 3). Das Gericht entscheidet hier jedoch nach pflichtgemäßem **Ermessen**; zu berücksichtigen ist dabei in erster Linie das Rehabilitationsinteresse des Verurteilten, daneben auch die Prozessökonomie. Die Freisprechung setzt hier eine (widerrufliche) **Zustimmung der StA** voraus, soweit es sich nicht um ein Privatklageverfahren handelt (*Meyer-Goßner/Schmitt* § 371 Rn. 9). Die Zustimmung sollte (entgegen Nr. 171 Abs. 1 Satz 2 RiStBV) nicht nur ausnahmsweise erteilt, sondern stets am Rehabilitationsinteresse des Verurteilten orientiert werden. 4

§ 372 StPO Sofortige Beschwerde

Dieser ist vorher anzuhören (KK-StPO/*Schmidt* § 371 Rn. 5). Die Zustimmung des **Privatklägers** ist ebenso wenig erforderlich wie die des **Verurteilten** (OLG Frankfurt am Main NJW 1965, 341); gegen den Willen von Letzterem sollte jedoch nicht gem. Abs. 2 vorgegangen werden (vgl. OLG Koblenz NStZ-RR 1997, 111, das die verweigerte Zustimmung zumindest i.R.d. Ermessensentscheidung berücksichtigen will; a. A. HK-StPO/*Temming* § 371 Rn. 6), zumal er ein berechtigtes Interesse an der Rehabilitierung gerade im Rahmen einer öffentlichen Hauptverhandlung haben kann (so auch Nr. 171 Abs. 2 RiStBV).

5 **D. Bekanntmachung (Abs. 4)** Der freisprechende Beschluss ist auf Verlangen des Antragstellers **öffentlich bekannt zu machen.** Das bezieht sich nur auf den Tenor, nicht auf die Entscheidungsgründe (AK-StPO/*Loos* § 371 Rn. 24). Eine **Frist** für die Geltendmachung dieses Anspruchs besteht **nicht**; sie kann auch noch nach Eintritt der Rechtskraft des Beschlusses erfolgen (*Meyer-Goßner/Schmitt* § 371 Rn. 12). Die Bekanntmachung, die gem. § 36 Abs. 2 von der StA durchzuführen ist und deren Kosten von der Staatskasse getragen werden, hat stets im **Bundesanzeiger** zu erfolgen. I.Ü. ist nach dem Ermessen des Gerichts auch eine andere Form der Bekanntmachung denkbar, etwa über lokale Tageszeitungen.

§ 372 StPO Sofortige Beschwerde.

¹Alle Entscheidungen, die aus Anlass eines Antrags auf Wiederaufnahme des Verfahrens von dem Gericht im ersten Rechtszug erlassen werden, können mit sofortiger Beschwerde angefochten werden. ²Der Beschluss, durch den das Gericht die Wiederaufnahme des Verfahrens und die Erneuerung der Hauptverhandlung anordnet, kann von der Staatsanwaltschaft nicht angefochten werden.

1 **A. Grundsätzliches.** § 372 regelt die Möglichkeit der **sofortigen Beschwerde** gem. § 311 in Bezug auf Entscheidungen des gem. § 367 Abs. 1 zuständigen Gerichts über die Zulässigkeit oder Begründetheit des Verfahrens. Andere Entscheidungen, v.a. die Ablehnung der Bestellung eines Verteidigers gem. §§ 364a, b können ggf. mit **einfacher Beschwerde gem.** § 304 angefochten werden; dabei gilt § 305 Satz 2 entsprechend, sodass vorbereitende Entscheidungen wie Beschlüsse über Art und Umfang der Beweisaufnahme unanfechtbar sind (*Meyer-Goßner/Schmitt* § 372 Rn. 2). **Zuständiges Beschwerdegericht** ist grds. das dem Wiederaufnahmegericht übergeordnete Gericht (*Marxen/Tiemann* Rn. 349). Die Entscheidung, mit der die beantragte **Ablehnung eines Richters gem. §§ 23 ff.** zurückgewiesen wird, ist nach § 28 Abs. 2 Satz 1 isoliert anfechtbar; eine entsprechende Anwendung von § 28 Abs. 2 Satz 2 kommt nicht in Betracht (OLG Hamm NStZ-RR 2014, 215; so auch OLG Frankfurt am Main [2. Senat], NStZ-RR 2008, 378; HK-StPO/*Temming* § 371 Rn. 2; a. A. OLG Frankfurt am Main [1. Senat], NStZ-RR 2007, 148).

2 **B. Voraussetzungen der Beschwerde. I. Statthaftigkeit.** Die **sofortige Beschwerde** ist **statthaft** gegen alle Entscheidungen aus Anlass eines Antrags auf Wiederaufnahme des Verfahrens im ersten Rechtszug. Erfasst sind zunächst der Beschluss über die aufschiebende Wirkung gem. § 360 Abs. 2 sowie die Beschlüsse nach § 368 über die Zulassung oder Verwerfung des Antrags. Weiterhin ist die Beschwerde statthaft gegen die Verwerfung des Antrags als unbegründet gem. § 370 Abs. 1, die Anordnung der Wiederaufnahme des Verfahrens gem. § 370 Abs. 2 sowie die sofortige Freisprechung gem. § 371.

3 **II. Form und Frist.** Die Beschwerde muss gem. § 311 Abs. 2 innerhalb der **Frist von einer Woche** ab der Bekanntmachung der Entscheidung eingelegt werden. In Bezug auf die einzuhaltende **Form** gilt § 306 Abs. 1. Die Beschwerde kann danach **schriftlich** oder **zu Protokoll der Geschäftsstelle** beim Gericht, dessen Entscheidung angefochten wird, eingelegt werden. Abweichend von § 366 Abs. 2 bzw. § 390 Abs. 2 ist die Beteiligung eines Verteidigers bei Beschwerden des Verurteilten oder des Privatklägers nicht erforderlich. Die Beschwerde muss **nicht begründet** werden; macht der Beschwerdeführer dennoch Ausführungen, sind diese auch dann vom Beschwerdegericht zu berücksichtigen, wenn sie erst nach Ablauf der Frist des § 311 Abs. 2 vorgebracht werden (LR/*Gössel* § 372 Rn. 14).

III. Beschwerdeberechtigung. Die **StA** ist grds. beschwerdeberechtigt; eine **Ausnahme** ist in **Satz 2** geregelt: Die Anordnung der Wiederaufnahme des Verfahrens (auch zuungunsten des Verurteilten auf Antrag des Privatklägers) und die damit verbundene Erneuerung der Hauptverhandlung gem. § 370 Abs. 2 sind der Beschwerde durch die StA ausdrücklich entzogen. Dies gilt entsprechend für den **Privatkläger** (OLG Stuttgart MDR 1970, 165). Gegen die Freisprechung gem. § 371 Abs. 2 kann die StA nur Beschwerde einlegen, wenn die Entscheidung ohne ihre Zustimmung ergangen ist (LR/*Gössel* § 371 Rn. 30; zweifelnd AK-StPO/*Loos* § 371 Rn. 26). I.Ü. ist jeder **Antragsteller** oder **Antragsgegner** beschwerdeberechtigt, der durch die ergangene Entscheidung **beschwert** ist. Unterbleibt eine **Freisprechung gem. § 371 Abs. 2** mangels Zustimmung der StA und wird stattdessen die Erneuerung der Hauptverhandlung angeordnet, so ist der **Verurteilte** nicht beschwerdeberechtigt und seine Beschwerde daher unzulässig (OLG Frankfurt am Main NJW 1965, 314; a. A. KK-StPO/*Schmidt* § 371 Rn. 9: unbegründet). Wird dagegen trotz Zustimmung der StA die Freisprechung gem. § 371 Abs. 2 vom Gericht verweigert, ist eine Beschwerde des Verurteilten möglich (LR/*Gössel* § 371 Rn. 30; a. A. AK-StPO/*Loos* § 371 Rn. 25); er kann insoweit einen Anspruch auf fehlerfreie Ermessensausübung geltend machen.

C. Entscheidung über die Beschwerde. Grds. entscheidet das **Beschwerdegericht** gem. § 309 Abs. 2 in der Sache selbst. Eine Zurückverweisung an das Wiederaufnahmegericht ist nicht vorgesehen. Das gilt auch dann, wenn ein Beschluss über die Zulässigkeit nach § 368 unterblieben ist und zugleich die Beweisaufnahme gem. § 369 entbehrlich ist (OLG Brandenburg NStZ-RR 2010, 22). Als **Ausnahmen** sind die Fälle von gravierenden und vom Beschwerdegericht nicht behebbaren Verfahrensmängeln anerkannt. Das betrifft Fälle, in denen das Wiederaufnahmegericht den Antrag nach unvollständiger Prüfung aus rein formalen Gründen zu Unrecht als unzulässig gem. § 368 verworfen hat (OLG Frankfurt am Main NStZ 1983, 426, 427) oder Entscheidungen, bei denen keine Benachrichtigung gem. § 369 Abs. 3 i.V.m. § 224 Abs. 1 erfolgt ist oder keine Gelegenheit zur Schlusserklärung gem. § 369 Abs. 4 eingeräumt wurde. In diesen Fällen wird der Beschluss aufgehoben und zur erneuten Entscheidung an das Wiederaufnahmegericht zurückverwiesen (Meyer-Goßner/Schmitt § 372 Rn. 8).
Entscheidungsgrundlage des Beschwerdegerichts ist das gesamte Vorbringen im ursprünglichen Wiederaufnahmeverfahren, das vom Beschwerdeführer im Rahmen seiner Beschwerde nach herrschender Meinung aber noch ergänzt werden darf (HK-StPO/*Temming* § 372 Rn. 5; a. A. *Marxen/Tiemann* Rn. 347). Dagegen ist sog. **nachgeschobenes Vorbringen** unzulässig: Tatsachen oder Beweismittel, die erstmals i.R.d. Beschwerde angeführt werden, bleiben unberücksichtigt und können allenfalls Gegenstand eines neuen Wiederaufnahmeantrags sein (vgl. LR/*Gössel* § 372 Rn. 16 ff. m.w.N.).
Ordnet das Beschwerdegericht die **Wiederaufnahme des Verfahrens gem. § 370 Abs. 2** an, ist die Rechtmäßigkeit dieses Beschlusses in der erneuten Hauptverhandlung nicht zu prüfen; das Gericht ist an den Umfang der zugelassenen Wiederaufnahme gebunden (BGHSt 14, 85, 88). Auch das Revisionsgericht unterliegt bei seiner Überprüfung des Urteils den genannten Einschränkungen (*Meyer-Goßner/Schmitt* § 372 Rn. 10). Wurde der Antrag durch Sachentscheidung (also nicht nur wegen eines Formmangels) als unzulässig oder als unbegründet **verworfen**, steht die **Rechtskraft** der Beschwerdeentscheidung einer Wiederholung des Antrags entgegen. Das Vorbringen ist dann, soweit es entscheidungserheblich war (*Meyer-Goßner/Schmitt* § 372 Rn. 9), **verbraucht** (OLG Hamburg JR 2000, 380 m. Anm. *Gössel*). Eine **erneute Überprüfung** der Entscheidung des Beschwerdegerichts durch weitere Beschwerde gem. § 310 findet nicht statt.

§ 373 StPO Urteil nach erneuter Hauptverhandlung; Verbot der Schlechterstellung.

(1) In der erneuten Hauptverhandlung ist entweder das frühere Urteil aufrechtzuerhalten oder unter seiner Aufhebung anderweit in der Sache zu erkennen.
(2) ¹Das frühere Urteil darf in Art und Höhe der Rechtsfolgen der Tat nicht zum Nachteil des Verurteilten geändert werden, wenn lediglich der Verurteilte, zu seinen Gunsten die Staatsanwaltschaft oder sein gesetzlicher Vertreter die Wiederaufnahme des Verfahrens beantragt hat. ²Diese Vorschrift steht der Anordnung der Unterbringung in einem psychiatrischen Krankenhaus oder einer Entziehungsanstalt nicht entgegen.

§ 373 StPO   Urteil nach erneuter Hauptverhandlung; Verbot der Schlechterstellung

1 **A. Verfahren in der neuen Hauptverhandlung.** Es handelt sich um ein ganz neues und eigenständiges Verfahren, für das die **allgemeinen Vorschriften** (§§ 226 ff. für Verfahren im ersten Rechtszug, §§ 324 ff. für die Berufung und §§ 351 ff. für die Revision) gelten. Zur Zuständigkeit des Gerichts s. § 370 Rdn. 6. Bei Verfahren im ersten Rechtszug wird der **Anklagesatz** gem. § 243 Abs. 3 Satz 1 **verlesen**, bei Berufungsverfahren das **angefochtene Urteil** (§ 324 Abs. 1 Satz 2). Eine Verlesung des **Beschlusses nach § 370 Abs. 2** ist zulässig, sofern bei Teilnahme von Schöffen dort keine Beweiswürdigung enthalten ist (BGH MDR 1961, 250). Das **frühere Urteil** wird verlesen, sofern das Wiederaufnahmeverfahren sonst unverständlich bliebe; eine Verwertung der dort enthaltenen Feststellungen ist jedoch unzulässig (HK-StPO/*Temming* § 373 Rn. 2).

2 Es wird eine **neue Beweisaufnahme** nach Maßgabe von § 244 durchgeführt. Eine Beschränkung auf die im früheren Verfahren oder im Wiederaufnahmeverfahren verwendeten Beweise gibt es nicht (*Meyer-Goßner/Schmitt* § 373 Rn. 2). Zeugen sind neu zu vereidigen; **rechtliche Hinweise** gem. § 265 müssen wiederholt werden (*Meyer-Goßner/Schmitt* § 373 Rn. 2). Der **Verteidiger** des Verurteilten ist gem. § 140 neu zu bestellen. Der im ursprünglichen Verfahren beteiligte **Nebenkläger** muss sich nicht erneut der Klage anschließen, er ist ohne Weiteres zuzulassen (KMR/*Eschelbach* § 373 Rn. 7). Bei Berufungs- oder Revisionsurteilen, die durch die Wiederaufnahme angefochten wurden, besteht die Möglichkeit, durch **Rücknahme** gem. § 302 das Verfahren zu beenden. Entsprechend können bei vorangegangener Erledigung durch Strafbefehl Klage und Einspruch gem. § 411 Abs. 3 zurückgenommen werden (a. A. *Meyer-Goßner/Schmitt* § 373 Rn. 4).

3 **B. Entscheidung des Gerichts.** Es bestehen grds. alle Möglichkeiten, die einem Gericht im entsprechenden Verfahrensstadium zustehen. Das beinhaltet auch die **Verweisung** an das eigentlich zuständige Gericht gem. § 270 (*Marxen/Tiemann* Rn. 423). Aufgrund des übergeordneten Interesses an einer Urteilskorrektur ist allerdings eine Verwerfung im Berufungsverfahren gem. § 329 Abs. 1 auch bei unentschuldigtem Ausbleiben des Angeklagten **nicht zulässig** (SK-StPO/*Frister* § 373 Rn. 10; a. A. KK-StPO/*Schmidt* § 373 Rn. 11). Entsprechend ist ein Vorgehen gem. § 412 bei vorangegangenem Strafbefehl ausgeschlossen (*Kindhäuser* § 33 Rn. 17).

4 **I. Einstellung des Verfahrens.** Das Gericht hat die Möglichkeit, das Verfahren nach allgemeinen Regeln einzustellen, auch nur **vorläufig gem. § 205 StPO**. Möglich ist auch eine Einstellung aus Opportunitätsgründen gem. §§ 153 ff., die aber in keinem Fall gegen den Willen des Verurteilten erfolgen sollte (*Marxen/Tiemann* Rn. 432). Bei unbehebbaren Verfahrenshindernissen kommt eine **Einstellung gem. §§ 206a, 260 Abs. 3** in Betracht (LR/*Gössel* § 373 Rn. 17), sofern nicht bei der Wiederaufnahme zugunsten des Verurteilten gem. § 371 analog vorzugehen ist (vgl. oben § 371 Rdn. 2). Abgesehen von § 260 Abs. 3 ergehen die Einstellungen durch **Beschluss**. Das Gericht ist nicht verpflichtet, im Rahmen einer Hauptverhandlung zu entscheiden (LR/*Gössel* § 371 Rn. 18).

5 **II. Neues Sachurteil.** Es ergeht eine völlig **neue und unabhängige Sachentscheidung** (BGHSt 14, 64, 66). Eine Bindung an das frühere Urteil besteht nicht, mit Ausnahme der Teile, die wegen einer Beschränkung der Wiederaufnahme unberührt geblieben sind. Grds. ist aber eine ganz neue tatsächliche und rechtliche Würdigung vorzunehmen. Zwischenzeitliche **Gesetzesänderungen** sind entsprechend § 2 Abs. 3 StGB zu berücksichtigen (*Meyer-Goßner/Schmitt* § 373 Rn. 2). Zwei Vorgehensweisen des Gerichts sind zu unterscheiden. Es kann das alte Urteil in der Sache **aufrechterhalten** gem. § 373 Abs. 1, 1. Alt., wenn es in keinem Punkt von der früheren Entscheidung abweicht. Ansonsten ergeht eine **neue Entscheidung in der Sache** unter Aufhebung der früheren Verurteilung (BGH, Beschl. v. 10.5.2011, 4 StR 144/11). Für den Urteilsinhalt gilt § 267. Bezugnahmen auf die Feststellungen der früheren Entscheidung sind nicht zulässig (*Meyer-Goßner/Schmitt* § 373 Rn. 7).

6 Beim **Rechtsfolgenausspruch** ist das **Verbot der reformatio in peius** gem. Abs. 2 zu beachten. Übersehen wurde dabei vom Gesetzgeber offenbar die Konstellation, dass ursprünglich allein eine Maßregel gem. § 63 StGB verhängt wurde; stellt sich nach erfolgreicher Wiederaufnahme heraus, dass der Verurteilte in Wahrheit voll schuldfähig war, muss die Maßregel entfallen, ohne dass nunmehr eine Bestrafung möglich wäre. Denn eine § 358 Abs. 2 Satz 2 vergleichbare Regelung enthält § 373 Abs. 2 gerade nicht (vgl. HK-StPO/*Temming* § 373 Rn. 9). Eine **mildere Strafe** bei unverändertem Schuldspruch ist ohne Weiteres möglich, § 363 gilt hier nicht. Wird eine **Gesamtstrafe** gebildet, sind alle Verurteilungen einzubeziehen, die bis zum jetzigen Zeitpunkt ergangen und noch nicht erledigt sind. Wurde die Wie-

deraufnahme nur teilweise angeordnet, sind auch die davon unberührt gebliebenen Einzelstrafen einzubeziehen (*Marxen/Tiemann* Rn. 437).

Soweit die Strafe aus dem früheren Urteil bereits vollstreckt ist, ist dies auf die neue Verurteilung (ohne gesonderten Ausspruch) gem. § 51 Abs. 2 StGB **anzurechnen**. Beim Zusammentreffen von Geld- und Freiheitsstrafe gilt der Umrechnungsmaßstab des § 51 Abs. 4 Satz 1 (*Meyer-Goßner/Schmitt* § 373 Rn. 9). Ganz neu zu entscheiden ist über **Maßregeln der Besserung und Sicherung**. Wird die Fahrerlaubnis erneut gem. § 69 entzogen, ist ein bereits abgelaufener Teil der Sperrfrist auf die neu verhängte anzurechnen (LR/*Gössel* § 373 Rn. 25). Gleiches gilt für die zeitliche Dauer eines Berufsverbots gem. § 70. Bei der **Kostenentscheidung** ist 473 Abs. 6 Nr. 1 zu beachten; es ergeht eine Entscheidung über die Kosten und Auslagen des gesamten früheren und neuen Verfahrens (einschließlich der Kosten der Wiederaufnahme). 7

III. Sonstiges. Eingezogene Gegenstände sind nach einem Freispruch zurückzugeben; wenn dies nicht möglich ist, ist eine Entschädigung nach dem StrEG zu gewähren (KMR/*Eschelbach* § 373 Rn. 21). Auch sonst gelten für die **Entschädigung** des zu Unrecht Verurteilten die §§ 1 ff. StrEG (*Marxen/Tiemann* Rn. 560 ff.). Eine bereits vollstreckte Strafe kann in **entsprechender Anwendung von § 51 Abs. 2 StGB** auf Strafen für andere Taten angerechnet werden, sofern diese mit der früheren Verurteilung gesamtstrafenfähig sind (OLG Frankfurt am Main GA 1980, 262; *Kindhäuser* § 33 Rn. 15). Der Freispruch ist nur dann **bekannt zu machen**, wenn auch die frühere Verurteilung bekannt gemacht wurde (*Meyer-Goßner/Schmitt* § 373 Rn. 11). Die **Anfechtung** des Urteils ist nach allgemeinen Regeln mittels Berufung bzw. Revision möglich; nach Eintritt der Rechtskraft ist auch ein neuer Wiederaufnahmeantrag denkbar (LR/*Gössel* § 373 Rn. 38) 8

§ 373a StPO Verfahren bei Strafbefehl.

(1) Die Wiederaufnahme eines durch rechtskräftigen Strafbefehl abgeschlossenen Verfahrens zuungunsten des Verurteilten ist auch zulässig, wenn neue Tatsachen oder Beweismittel beigebracht sind, die allein oder in Verbindung mit den früheren Beweisen geeignet sind, die Verurteilung wegen eines Verbrechens zu begründen.
(2) Im Übrigen gelten für die Wiederaufnahme eines durch rechtskräftigen Strafbefehl abgeschlossenen Verfahrens die §§ 359 bis 373 entsprechend.

A. Grundsätzliches. Auch nach rechtskräftiger Erledigung durch **Strafbefehl** ist, wie § 373a klarstellt, eine Wiederaufnahme möglich. Die **allgemeinen Vorschriften** der §§ 359 bis 373 gelten dabei gem. Abs. 2 entsprechend, einschließlich der Wiederaufnahmegründe der §§ 359 und 362 (a. A. für § 362 Nr. 4 KK-StPO/*Schmidt* § 373a Rn. 2). Darüber hinaus eröffnet § 373a Abs. 1 in Erweiterung von § 362 einen **zusätzlichen Grund der Wiederaufnahme zuungunsten des Verurteilten**. Dies ist der Tatsache geschuldet, dass die Erledigung nur auf einer summarischen Prüfung des Tat- und Schuldvorwurfs beruht (*Meyer-Goßner/Schmitt* § 373a Rn. 3; krit. SK-StPO/*Frister* § 373a Rn. 5). 1

B. Zusätzlicher Wiederaufnahmegrund (Abs. 1) Die ungünstige Wiederaufnahme kann ausnahmsweise darauf gestützt werden, dass **neue Tatsachen oder Beweismittel** beigebracht sind, die allein oder i.V.m. den früheren Beweisen geeignet sind, die Verurteilung wegen eines **Verbrechens** i.S.v. § 12 Abs. 1 StGB zu begründen. Nicht erfasst ist der Fall der **fehlerhaften rechtlichen Würdigung**, bei der ein Verbrechen fälschlicherweise als Vergehen gewertet wurde (*Neumann* NJW 1984, 780). Ausgeschlossen ist die Wiederaufnahme auch hier (vgl. oben Vorbemerkungen, Rdn. 22), wenn in Bezug auf das Verbrechen die Verfolgungsverjährung eingetreten ist (AnwK-StPO/*Rotsch* § 373a Rn. 2). 2

Wie auch sonst gilt, dass Tatsachen oder Beweismittel nur dann **neu** sind, wenn sie vom Gericht bei der Entscheidung nicht berücksichtigt wurden. Dies ist grds. anhand des **Akteninhalts** zu bestimmen, sodass davon ausgegangen werden kann, dass in der Akte enthaltene Tatsachen auch berücksichtigt wurden. Allerdings ist hier zu differenzieren: Ist eine Tatsache nicht in der Akte enthalten, ist es zur Sicherung des Anspruchs auf rechtliches Gehör nicht zulässig, die Neuheit der vorgebrachten Tatsachen wegen einer vorherigen Berücksichtigung als »allgemein- oder gerichtskundig« abzulehnen (BVerfG NJW 2007, 207, 208). Auch ist im Interesse des Antragstellers Neuheit zu bejahen, wenn 3 eine in den Akten enthaltene Tatsache nachweislich bei Erlass des Strafbefehls nicht berücksichtigt wurde (*Eisenberg* JR 2007, 362). Ist die Akte nicht mehr vorhanden, so soll der Verurteilte die Darlegungs- und Beweislast dafür tragen, dass die von ihm als neu vorgebrachte Tatsache nicht bereits Gegenstand der Akte war (LG Karlsruhe NStZ-RR 2013, 55). Das ist angesichts des Gebots der extensiven Auslegung der günstigen Wiederaufnahme zweifelhaft, zumal sich die Aufbewahrung der Akten ohne Einflussmöglichkeit des Verurteilten innerhalb der staatlichen Sphäre vollzieht.

4 **C. Verfahren und Entscheidung des Gerichts.** Abgesehen von den Fällen des § 371 ist zwingend eine **Hauptverhandlung** durchzuführen. Dabei hat der rechtskräftige Beschluss gem. § 370 Abs. 2 die Funktion des Eröffnungsbeschlusses (KK-StPO/*Schmidt* § 373a Rn. 11). Die **Zuständigkeit** des Gerichts bestimmt sich auch hier grds. nach § 140a GVG. Soweit durch die nun angestrebte Verurteilung wegen eines Verbrechens ein **Gericht höherer Ordnung zuständig** ist, wird die Sache gem. § 225a Abs. 1 dorthin verwiesen; bei Ablehnung hat das Gericht niederer Ordnung die Sache zu verhandeln, kann dann aber ggf. nach § 270 Abs. 1 verfahren (näher *Meyer-Goßner/Schmitt* § 373a Rn. 5). Das Gericht **hält den Strafbefehl** entweder **aufrecht** oder hebt ihn auf und entscheidet anderweitig in der Sache (§ 373a Abs. 2 i.V.m. § 373). Das gilt allerdings nicht, wenn der Strafbefehl (etwa gegen einen Jugendlichen, vgl. § 79 JGG) überhaupt nicht in zulässiger Weise ergehen konnte. Hier hat eine Einstellung entsprechend § 371 Abs. 2 StPO sowie ggf. eine erneute Anklage im ordentlichen Verfahren zu erfolgen (*Meyer-Goßner/Schmitt* § 373a Rn. 5; Radtke/Hohmann-*Hohmann* § 373a Rn. 6; a. A. LG Landau NStZ-RR 2003, 28).

Fünftes Buch. Beteiligung des Verletzten am Verfahren

Erster Abschnitt. Privatklage

Vorbemerkung zu §§ 374 ff. StPO

Übersicht
		Rdn.			Rdn.
A.	Bedeutung und Entwicklung der Privatklage	1	C.	Zuständigkeit	8
B.	Unzulässigkeit der Privatklage	7	D.	Verfahrenserledigung im Vergleichswege	9

A. Bedeutung und Entwicklung der Privatklage. Die Privatklage hat in der heutigen Strafrechtspraxis kaum noch **Bedeutung**. Die Fallzahlen dieser Verfahren sind seit ihrer Einführung im Jahr 1924 kontinuierlich rückläufig. Gab es bis etwa 1930 noch um die 100.000 Privatklagen jährlich, so verringerte sich ihre Zahl auf ca. 10.000 zu Beginn der 1980er Jahre und etwa 2.000 Mitte der 1990er Jahre (Zahlen nach LR/*Hilger*, Vor § 374 Rn. 4) bis auf 581 im Jahr 2013 (aus: Statistisches Bundesamt, Fachserie 10 Reihe 2.3, Rechtspflege – Strafgerichte), bei insgesamt 678122 Verfahren was einem Anteil von ca. 0,08 % aller strafrechtlichen Verfahren an den AG entspricht. Seit längerem wird diskutiert, das Privatklageverfahren durch ein »Aussöhnungsverfahren« zwischen dem Privatkläger und -beklagten zu ersetzen (*Meyer-Goßner/Schmitt*, Vor § 347 Rn. 1 unter Hinweis auf *Lütz-Binder*, Rechtswirklichkeit der Privatklage und Umgestaltung zu einem Aussöhnungsverfahren, 2010, Diss. Mannheim 2009). Zum Sühneversuch siehe § 380. 1

Das **Wesen** der Privatklage besteht darin, dass bei bestimmten Straftaten, die enumerativ beschränkt sind und bei denen kein öffentliches Interesse an einer Verfolgung besteht (vgl. § 376), der Verletzte die Rolle des Staatsanwalts übernimmt, um den Beschuldigten eigeninitiativ einer Bestrafung zuzuführen. Eine Bindung an das Legalitätsprinzip besteht nicht. Allerdings dürfen die Delikte nicht in Tateinheit oder Tatmehrheit mit einem Offizialdelikt stehen, wenn es sich um eine einheitliche Tat i.S.d. § 264 handelt. Es ist die freie Entscheidung des Verletzten, ob und gegen welchen der Beschuldigten sowie in welchem Umfang er Klage erheben will. Allerdings ist das Privatklageverfahren kein Parteiprozess, da ihm ein formales Ermittlungsverfahren voraus geht und das Gericht zur Sachverhaltsaufklärung von Amts wegen verpflichtet bleibt. Erreicht werden sollte damit eine Entlastung der StA und Gerichte in den Bereichen der Bagatellkriminalität (*Rieß*, Gutachten C zum 55. DJT, Rn. 21). 2

Dass die Privatklage dennoch sehr selten erhoben wird, hat mehrere Gründe: StA bejahen auch bei Fällen, in denen der Privatklageweg eröffnet wäre, häufig das besondere öffentliche Interesse, da nach den RiStBV für die verschiedenen Deliktsarten keine hohen Hürden für die Bejahung existieren (vgl. RiStBV Nr. 86 f., 229, 232, 233 f., 243 Abs. 3; 260 f.), die Erledigung über eine Einstellung nach §§ 153 oder 153a verfahrensökonomischer ist und gleichzeitig ein öffentliches (Rest-)interesse beseitigt wird. 3

Dazu kommt, dass der Privatkläger – häufig anwaltlich vertreten (§ 378) – vorab Sicherheit zu leisten hat für die voraussichtlich entstehenden Kosten (§ 379) und vorher noch in einigen Fällen einen Sühneversuch als Klagevoraussetzung unternehmen muss (§ 380).

Dieser **finanzielle Einsatz** kann vergeblich sein, wenn das Gericht nach § 383 Abs. 2 in der Hauptverhandlung die Schuld des Täters als gering ansieht und das Verfahren einstellt. Die Neigung der Gerichte, Privatklageverfahren mit einer Verurteilung des Beschuldigten abzuschließen, ist gering: Schon in den 1980er Jahren führten nur 6 % der Privatklageverfahren zu einer Verurteilung des Angeklagten (*Schöch*, NStZ 1984, 385, 389). 4

Prozessual gerät der Privatkläger unter Umständen in **Probleme**: Bei einer Vielzahl der in § 374 aufgezählten Delikte handelt es sich um Konflikte zwischen zwei Parteien, bei denen kaum weitere Zeugen zur Verfügung stehen. Der Privatkläger scheidet als Zeuge im Strafprozess aus und kann so in Beweisnot 5 geraten. Ohne anwaltliche Unterstützung hat er nicht die Möglichkeit, Akteneinsicht zu erhalten (§ 385 Abs. 3) und wird auch Probleme haben, Zeugen fachgerecht zu befragen oder prozessual korrekte Beweisanträge zu stellen.

6   Als Konsequenz dieser Praxis wurde in den 1980er Jahren die Abschaffung des Privatklageverfahrens und Reduzierung auf ein einfaches Sühneverfahren diskutiert (*Schöch*, NStZ 1984, 385, 389). Mit Ausnahme einiger Ergänzungen der privatklagefähigen Delikte (z.B. Nachstellung, § 238 StGB oder Bestechlichkeit/Bestechung, § 299 StGB) wurden seit vielen Jahren an den Vorschriften zur Privatklage wegen faktischer Bedeutungslosigkeit keine Novellierungen mehr durchgeführt. Zu einer Abschaffung hat der Gesetzgeber sich bislang allerdings auch nicht durchringen können. Die neu eingeführten Täter-Opfer-Ausgleichsregelungen in §§ 155a, b oder die Erweiterungen und Verbesserungen der Möglichkeiten der Nebenklage bieten im Bereich des Opferschutzes alternative sinnvolle Regelungen an, sind aber mit dem Privatklageverfahren nicht vergleichbar.

7   **B. Unzulässigkeit der Privatklage.** Gegen **Jugendliche** kann nach § 80 Abs. 1 JGG keine Privatklage erhoben werden. Gegen Heranwachsende ist sie dagegen zulässig (§ 2 JGG, da § 109 JGG nicht auf § 80 Abs. 1 JGG verweist).

8   **C. Zuständigkeit.** Die **sachliche Zuständigkeit** des Strafrichters bestimmt sich aus § 25 Nr. 1 GVG. Privatklagen gegen Heranwachsende müssen vor dem Jugendrichter erhoben werden, §§ 108, 39 JGG. Durch Verbindung mit einer prozessual anderen Tat nach § 4 könnte eine Privatklage ausnahmsweise vor höheren Gerichten verhandelt werden, nicht jedoch vor einem Schwurgericht, vgl. § 384 Abs. 5.

Für die **örtliche Zuständigkeit** gelten die allgemeinen Gerichtsstandsvorschriften der §§ 7 ff. Bei Beleidigungen mit Druckschriften gilt die Besonderheit des § 7 Abs. 2 S. 2.

9   **D. Verfahrenserledigung im Vergleichswege.** Angesichts der praktischen Probleme, die sich bei der Erhebung einer Privatklage ergeben können, soll kurz auf alternative Formen der Streitbeilegung eingegangen werden.

Soweit es dem Kläger nicht primär um eine Bestrafung des Angeklagten geht, sondern finanzielle **Schadenswiedergutmachungsansprüche** im Vordergrund stehen, können Privatklagedelikte auch durch einen gerichtlichen oder außergerichtlichen Vergleich erledigt werden.

10 Auch wenn in der StPO der Vergleich als Variante der Verfahrenserledigung nicht kodifiziert wurde, kann dieser über die in § 391 geregelte Klagerücknahme (und ggf. Rücknahme des Strafantrags) in Kombination mit der Protokollierung eines gerichtlichen oder außergerichtlichen Vergleichs erreicht werden. Mit dem darauf folgenden Einstellungsbeschluss (*Meyer-Goßner/Schmitt*, Vor § 374 Rn. 12) wird das Privatklageverfahren beendet.

Typischerweise wird der gerichtliche Vergleich in Anwesenheit beider Parteien in der Hauptverhandlung geschlossen, wobei sich der Angeklagte zur Leistung von Schadenswiedergutmachung oder Erfüllung anderer, für den Privatkläger relevanter Pflichten, wie bspw. dem Unterlassen von Nachstellungshandlungen oder ehrenrühriger Äußerungen verpflichtet. Auch die Übernahme der Verfahrenskosten sollte zum Regelungsinhalt gehören.

11 Soweit der Angeklagte seinen Teil der Vereinbarung erst in der Zukunft zu erbringen hat, birgt eine sofortige unbedingte Klagerücknahme für den Privatkläger das **Risiko**, dass er mit seiner Rücknahme in Vorleistung ginge (*Meyer-Goßner/Schmitt*, Vor § 374 Rn. 11), wobei eine erneute Erhebung der Klage nach § 392 ausgeschlossen wäre. Die Praxis behilft sich hier so, dass der Vergleich unter dem **Vorbehalt des Widerrufs** binnen einer bestimmten Frist geschlossen wird (*Haas*, NJW 1988, 1345). Diese Form der Erledigung ist im Hinblick auf die grundsätzliche Unwiderruflichkeit bzw. Bedingungsfeindlichkeit einer Prozesshandlung nicht unbedenklich, wird aber von der herrschenden Ansicht hingenommen (vgl. LR/*Hilger*, § 391 Rn. 17 f.). Eine Wiedereinsetzung in die Widerrufsfrist scheidet jedenfalls aus (LG Würzburg, NJW 1954, 768).

Der gerichtliche Vergleich kann einen **Vollstreckungstitel** nach § 794 Abs. 1 Nr. 1 ZPO darstellen und sollte daher so formuliert sein, dass er vollstreckbare Verpflichtungen beinhaltet (*Meyer-Goßner/Schmitt*, Vor § 374 Rn. 13).

§ 374 StPO Zulässigkeit; Privatklageberechtigte.

(1) Im Wege der Privatklage können vom Verletzten verfolgt werden, ohne daß es einer vorgängigen Anrufung der Staatsanwaltschaft bedarf,
1. ein Hausfriedensbruch (§ 123 des Strafgesetzbuches),
2. eine Beleidigung (§§ 185 bis 189 des Strafgesetzbuches), wenn sie nicht gegen eine der in § 194 Abs. 4 des Strafgesetzbuches genannten politischen Körperschaften gerichtet ist,
2a. eine Verletzung des höchstpersönlichen Lebensbereichs durch Bildaufnahmen (§ 201a Absatz 1 und 2 des Strafgesetzbuches),
3. eine Verletzung des Briefgeheimnisses (§ 202 des Strafgesetzbuches),
4. eine Körperverletzung (§§ 223 und 229 des Strafgesetzbuches),
5. eine Nachstellung (§ 238 Abs. 1 des Strafgesetzbuches) oder eine Bedrohung (§ 241 des Strafgesetzbuches),
5a. eine Bestechlichkeit oder Bestechung im geschäftlichen Verkehr (§ 299 des Strafgesetzbuches),
6. eine Sachbeschädigung (§ 303 des Strafgesetzbuches),
6a. eine Straftat nach § 323a des Strafgesetzbuches, wenn die im Rausch begangene Tat ein in den Nummern 1 bis 6 genanntes Vergehen ist,
7. eine Straftat nach den §§ 16 bis 19 des Gesetzes gegen den unlauteren Wettbewerb,
8. eine Straftat nach § 142 Abs. 1 des Patentgesetzes, § 25 Abs. 1 des Gebrauchsmustergesetzes, § 10 Abs. 1 des Halbleiterschutzgesetzes, § 39 Abs. 1 des Sortenschutzgesetzes, § 143 Abs. 1, § 143a Abs. 1 und § 144 Abs. 1 und 2 des Markengesetzes, § 51 Abs. 1 und § 65 Abs. 1 des Designgesetzes, den §§ 106 bis 108 sowie § 108b Abs. 1 und 2 des Urheberrechtsgesetzes und § 33 des Gesetzes betreffend das Urheberrecht an Werken der bildenden Künste und der Photographie.

(2) ¹Die Privatklage kann auch erheben, wer neben dem Verletzten oder an seiner Stelle berechtigt ist, Strafantrag zu stellen. ²Die in § 77 Abs. 2 des Strafgesetzbuches genannten Personen können die Privatklage auch dann erheben, wenn der vor ihnen Berechtigte den Strafantrag gestellt hat.

(3) Hat der Verletzte einen gesetzlichen Vertreter, so wird die Befugnis zur Erhebung der Privatklage durch diesen und, wenn Körperschaften, Gesellschaften und andere Personenvereine, die als solche in bürgerlichen Rechtsstreitigkeiten klagen können, die Verletzten sind, durch dieselben Personen wahrgenommen, durch die sie in bürgerlichen Rechtsstreitigkeiten vertreten werden.

S.a. RiStBV Nr. 172

A. Privatklagedelikte. Das Gesetz zählt die **Delikte**, die im Wege einer Privatklage vom Verletzten verfolgt werden können, in Abs. 1 abschließend auf. Es handelt sich dabei ohne Ausnahme um leichtere Vergehen, bei denen kein gesteigertes öffentliches Interesse an einer strafrechtlichen Verfolgung des Täters besteht und einer Person oder einem Unternehmen als konkret Verletztem die Option eingeräumt wird, eine Straftat im eigenen Interesse zu verfolgen. Mit Einführung der Privatklagefähigkeit von Bestechungsdelikten in § 374 Abs. 1 Nr. 5a und wettbewerbsrechtlicher und geschäftlicher Schutzvorschriften nach § 374 Abs. 1 Nr. 8 (ausführlich hierzu LR/*Hilger*, § 374) wurde der Katalog der Privatklagedelikte in den Bereich der Wirtschaftskriminalität erweitert. Eine signifikante Entlastung der StA in diesen teilweise ermittlungsintensiven Deliktsfeldern hat sich allerdings nicht ergeben. 1

Die **Nachstellung** nach § 238 StGB, Nr. 5, 1. Alt. sowie die Verletzung des höchstpersönlichen Lebensbereichs durch Bildaufnahmen, § 201a Abs. 1 und 2 StGB, wurden jüngst zusätzlich als Privatklagedelikte qualifiziert (krit. *Mosbacher*, NStZ 2007, 665). Auch wenn bei vielen Privatklagedelikten ein Strafantragserfordernis besteht, sind nicht alle auch Antragsdelikte und umgekehrt nicht alle Antragsdelikte im Wege der Privatklage verfolgbar. Die Bedrohung nach § 241 StGB setzt keinen Strafantrag voraus; andererseits erfordern bspw. der Diebstahl oder die Unterschlagung geringwertiger Sachen nach § 248a StGB einen Strafantrag, sind aber keine Privatklagedelikte. 2

Treffen Privatklage- und **Offizialdelikte** in einer prozessualen Tat nach § 264 zusammen, ist der Privatklageweg verschlossen und nur die StA darf strafverfolgend tätig werden (*Meyer-Goßner/Schmitt*, §§ 374 Rn. 3; LR/*Hilger*, § 374 Rn. 17 bis 21). Hier erfasst die Rechtskraftwirkung eines Urteils über eines der beiden Delikte zwangsläufig auch das andere Delikt, sodass eine separate Privatklage dann ausscheiden muss (KK-StPO/*Senge*, § 374 Rn. 8). Liegen hingegen mehrere prozessuale Taten 3

§ 375 StPO   Mehrere Privatklageberechtigte

vor, bleibt der Privatklageweg hinsichtlich des jeweiligen Delikts nach Abs. 1 eröffnet, parallel zum Verfahren der StA wegen des Offizialdelikts.

4 **B. Privatklageberechtigung.** Neben dem Privatklagedelikt muss für die Beschreitung des Privatklagewegs auch eine **persönliche Berechtigung** vorliegen. Diese steht dem Verletzten, dem Strafantragsberechtigten und dem gesetzlichen Vertreter zu.

5 **I. Verletztenbegriff.** Nach § 374 Abs. 1 ist der **Verletzte** zur Beschreitung des Privatklageweges berechtigt. Wer Verletzter ist, richtet sich nach dem jeweiligen Privatklagedelikt. Allgemein ist erforderlich, dass die Straftat den Betroffenen unmittelbar in seinen Rechten beeinträchtigt (*Meyer-Goßner/ Schmitt*, § 374 Rn. 5) oder der Täter in seinen Rechtskreis durch eine verbotene Handlung eingegriffen hat (AK-StPO/*Rössner*, § 374 Rn. 7; KK-StPO/*Senge*, § 374 Rn. 2). Verletzter ist beim Hausfriedensbruch der Inhaber des Hausrechts oder der Verfügungsbefugte über die Räume (*Meyer-Goßner/Schmitt*, § 374 Rn. 5), bei der Beleidigung – auch Amtsbeleidigung – der Beleidigte (LR/*Hilger*, § 374 Rn. 5 f.), bei der Verletzung des Briefgeheimnisses bis zum Zugang beim Empfänger der Absender, nach Zugang der Empfänger (AnwK/*Schwätzler*, § 374 Rn. 7), bei der Körperverletzung nur der Verletzte, bei der Nachstellung und Bedrohung nur die Zielperson, der nachgestellt wird oder die bedroht wird, nicht also Dritte (LR/*Hilger*, § 374 Rn. 10), bei der Bestechlichkeit nach § 299 StGB der benachteiligte Mitbewerber sowie die in § 8 Abs. 3 Nr. 1, 2 und 4 UWG genannten Gewerbetreibenden, Verbände und Kammern (AnwK/*Schwätzler*, § 74 Rn. 7), bei der Sachbeschädigung der Eigentümer oder Besitzer, nicht der Versicherer (RG, JW 1935, 204), bei Verletzung von UWG-Vorschriften die jeweiligen Mitbewerber (KK-StPO/*Senge*, § 374 Rn. 6i) und bei Verletzungen des Patent- und Urheberrechts die jeweiligen Inhaber des entsprechenden Rechts.

6 **II. Strafantragsberechtigte.** Daneben gibt § 374 Abs. 2 dem Strafantragsberechtigten die Befugnis, Privatklage zu erheben. So können amtliche Dienstvorgesetze (§ 77a StGB) nach §§ 194 Abs. 3, 230 Abs. 2 StGB für ihre Mitarbeiter Privatklage erheben, wenn ein dienstlicher Bezug gegeben ist sowie bei Straftaten nach § §§ 4, 6c, 12 UWG andere Gewerbetreibende oder Interessenverbände (§ 22 Abs. 2 i.V.m. 13 Abs. 2 Nr. 1, 2, 4 Abs. 3 UWG).
Eine Strafantragsberechtigung »anstelle« des Verletzten nach § 374 Abs. 2 Satz 1, 2. Alt. steht bei Tod des Verletzten den in § 77 Abs. 2 StGB genannten **Angehörigen** zu, wenn das Gesetz einen Übergang des Strafantragsrechts vorsieht.

7 **III. Sonstige Personen.** § 374 Abs. 3 bestimmt, wer für prozessunfähige Verletzte (§§ 51, 52 ZPO) Privatklage erheben kann. Dies ist – soweit vorhanden – der gesetzliche Vertreter (1. Alt.), etwa bei Minderjährigen. Bei juristischen Personen, Personengesellschaften und Vereinen richtet sich die Vertretungsbefugnis (soweit diese Verletzte gem. § 374 Abs. 1 ZPO sein können, vgl. *Meyer-Goßner/Schmitt*, § 374 Rn. 10) nach der ZPO. Die Vertretung erfolgt durch die hierfür berufenen Organe bzw. die berechtigten Gesellschafter, § 51 Abs. 1 ZPO. Gleichwohl bleibt der Verletzte selbst Privatkläger und wird nicht durch dessen Vertreter ersetzt (KK-StPO/*Senge*, § 374 Rn. 13).

§ 375 StPO Mehrere Privatklageberechtigte.

(1) Sind wegen derselben Straftat mehrere Personen zur Privatklage berechtigt, so ist bei Ausübung dieses Rechts ein jeder von dem anderen unabhängig.
(2) Hat jedoch einer der Berechtigten die Privatklage erhoben, so steht den übrigen nur der Beitritt zu dem eingeleiteten Verfahren, und zwar in der Lage zu, in der es sich zur Zeit der Beitrittserklärung befindet.
(3) Jede in der Sache selbst ergangene Entscheidung äußert zugunsten des Beschuldigten ihre Wirkung auch gegenüber solchen Berechtigten, welche die Privatklage nicht erhoben haben.

1 **A. Allgemeines (Abs. 1)** § 375 regelt das **Nebeneinander mehrerer Privatklageberechtigter.** Klagen können also mehrere Verletzte, wie auch mehrere Privatklageberechtigte nach § 374 Abs. 2. Einen Vorrang einzelner Klageberechtigter normiert Abs. 1 nicht; die einzelnen Berechtigten können unabhängig voneinander Klage erheben, ohne auf die anderen Kläger Rücksicht nehmen zu müssen.

Eine gemeinsame Klageerhebung ist – ohne dass dies ausdrücklich gesetzlich geregelt ist – nach allgemeiner Meinung zulässig (*Meyer-Goßner/Schmitt*, § 375 Rn. 2).

B. Beschränkung der Unabhängigkeit nach erhobener Privatklage (Abs. 2)

Eine bereits wirksam erhobene Privatklage sperrt allerdings die selbstständige Klagemöglichkeit weiterer Berechtigter – insofern gilt ein **Prioritätsprinzip**. Damit sind diese allerdings nicht rechtlos gestellt: nach Abs. 2 können sie **akzessorisch** dem bereits eingeleiteten Verfahren beitreten. Neben prozessökonomischen Gründen trägt diese Vorschrift dem Grundsatz »ne bis in idem« Rechnung und soll mehrere Verfahren und damit mehrere Urteile über dieselbe prozessuale Tat verhindern (KK-StPO/ *Senge*, § 375 Rn. 3). Den anderen selbstständigen Privatklagen steht so der Einwand der Rechtshängigkeit der Klage entgegen.

Weitere zulässige Privatklagen werden nach dem Rechtsgedanken des § 300 als **Beitrittserklärungen** angesehen (KK-StPO/*Senge*, § 375 Rn. 4). Die Beitrittserklärung ist bis zum rechtskräftigen Abschluss des Verfahrens zulässig; sie kann schriftlich oder zu Protokoll der Geschäftsstelle erklärt werden, ohne dass die formalen Voraussetzungen der Privatklage nach §§ 380, 381 eingehalten werden müssen (*Meyer-Goßner/Schmitt*, § 375 Rn. 4). Das Gericht entscheidet über den Beitritt durch Beschluss, der nach § 304 Abs. 1 mit der Beschwerde anfechtbar ist (*Meyer-Goßner/Schmitt*, § 375 Rn. 5).

Im Fall eines wirksamen Beitritts wird der Beitretende zum selbstständigen Privatkläger und ist dann grds. unabhängig von der Zulässigkeit der ursprünglichen Privatklage. Eine Rücknahme der zuerst erklärten Privatklage wirkt nicht gegen den Beitretenden (*Meyer-Goßner/Schmitt*, § 375 Rn. 6), das Verfahren wird in diesen Fällen weiter betrieben.

C. Rechtskraftwirkung (Abs. 3)

Trifft das Gericht über das angeklagte Privatklagedelikt eine Entscheidung in der Sache, wirkt diese nach Abs. 3 zugleich ggü. anderen Privatklageberechtigten. Es tritt dann hinsichtlich dieser prozessualen Tat **Strafklageverbrauch** ein, der auch eine Verfolgung durch die StA im Offizialverfahren (KK-StPO/*Senge*, § 375 Rn. 7) sperrt. Auch hinter dieser Regelung steht der Grundsatz »ne bis in idem« gem. Art. 103 Abs. 3 GG (vgl. AK-StPO/*Rössner*, § 375 Rn. 7).

§ 376 StPO Anklageerhebung bei Privatklagedelikten.

Die öffentliche Klage wird wegen der in § 374 bezeichneten Straftaten von der Staatsanwaltschaft nur dann erhoben, wenn dies im öffentlichen Interesse liegt.

S.a. RiStBV Nr. 86 f., 172, 192 Abs. 4, 192b Abs. 5, 229 bis 235, 243, 260, 260a, 261 f.

A. Öffentliches Interesse.

Die StA kann ein in § 374 bezeichnetes Privatklagedelikt selbst verfolgen, wenn sie ein öffentliches Interesse bejaht. Sie hat insoweit ein **Verfolgungsermessen**. Der Begriff des öffentlichen Interesses ist ein unbestimmter Rechtsbegriff, dessen Auslegung analog dem gleichlautenden Begriff in § 153 Abs. 1 S. 1 vorzunehmen ist (*Meyer-Goßner/Schmitt*, § 376 Rn. 1). Eine gerichtliche Überprüfung der Ausübung dieses staatsanwaltlichen Ermessens ist gesetzlich nicht vorgesehen und nach der herrschenden Meinung nicht möglich (BGHSt 16, 225; KMR/*Stöckel*, § 376 Rn. 9 ff.; a. A. AK-StPO/*Rössner*, § 376 Rn. 6). Eine Richtschnur für die staatsanwaltschaftliche Entscheidung bilden die RiStBV Nr. 86 Abs. 2 sowie Nr. 229 ff. Bei einem Körperverletzungsdelikt muss die Tat »roh« gewesen sein oder erhebliche Misshandlungen vorgelegen haben (RiStBV Nr. 233). Nachdem bei Strafverfahren gegen Jugendliche die Privatklage ausgeschlossen ist (§ 80 Abs. 1 S. 1 JGG) spielen hier für die Entscheidung der StA Gründe der Erziehung oder ein berechtigtes Interesse des Verletzten eine Rolle.

Der Gesetzgeber differenziert zwischen dem öffentlichen Interesse und dem **besonderen öffentlichen Interesse**, welches schon dem Wortlaut nach enger ist. Letzteres gibt bei relativen Antragsdelikten (z.B. §§ 183 Abs. 2, 230 Abs. 1, 248a oder § 263 Abs. 4 StGB) der StA die Möglichkeit einer Strafverfolgung, auch wenn kein Strafantrag gestellt wurde – bspw. weil der Verletzte ausdrücklich keine Strafverfolgung möchte. Liegt ein solches besonders öffentliches Interesse vor, ist regelmäßig auch ein »einfaches« öffentliches Interesse nach § 376 gegeben.

Jofer

§ 376 StPO Anklageerhebung bei Privatklagedelikten

3 **B. Entscheidungsmöglichkeiten der StA.** Je nachdem, welche Delikte in welcher Intensität begangen wurden, sind verschiedene »Kombinationsmöglichkeiten« denkbar, bei denen jeweils anhand der genannten Kriterien über die Erhebung der öffentlichen Klage entschieden werden muss.

4 **I. Zusammentreffen zwischen Privatklage- und Offizialdelikten.** Stellt die prozessuale Tat sowohl ein Privatklage- als auch ein Offizialdelikt dar, ist vom **Vorrang des Offizialverfahrens** auszugehen (*Meyer-Goßner/Schmitt*, § 376 Rn. 10). Die StA wird dann das Privatklagedelikt i.R.d. Offizialdeliktes unabhängig vom Vorliegen eines öffentlichen Interesses mitverfolgen. Gehören die Delikte zu **unterschiedlichen prozessualen Taten** nach § 264, ist eine getrennte Beurteilung – und damit auch Verfolgung – von Privatklage- und Offizialdelikt möglich. Dabei spielt es keine Rolle, ob die Delikte in Tateinheit (§ 52 StGB) oder Tatmehrheit (§ 53 StGB) zueinander stehen.

5 Sieht die StA für beide Deliktsarten keine hinreichende Verurteilungswahrscheinlichkeit und stellt das Verfahren insgesamt nach § 170 Abs. 2 ein, hat der Verletzte ein Wahlrecht zwischen dem Klageerzwingungsverfahren nach § 172 und der Privatklage nach § 374. In Bezug auf das Offizialdelikt liegen alle Voraussetzungen des § 172 vor, und die Vorschrift des § 172 Abs. 2 S. 3 steht einem solchen Verfahren ausdrücklich nicht entgegen. Die Erhebung einer Privatklage wird durch die Einstellungsentscheidung ebenfalls nicht blockiert, da alle Voraussetzungen für eine Klageerhebung gegeben sind. Der Privatklageberechtigte wird daher prüfen, welcher Weg für ihn am erfolgversprechendsten erscheint und kann zwischen beiden Optionen wählen. Das jeweils »verfahrensfremde« Delikt wird – da es sich um eine einheitliche prozessuale Tat handelt – mit verhandelt.

6 Die Einstellung des Verfahrens aus Opportunitätsgründen nach §§ 153 ff. **StPO**, ist für den Verletzten die ungünstigste Lösung: In diesem Fall ist eine Privatklage unzulässig (*Meyer-Goßner/Schmitt*, § 376 Rn. 11; KMR/*Stöckel*, § 374 Rn. 17), da diese Form der Einstellung die gesamte prozessuale Tat einschließlich des Privatklagedelikts erfasst. Eine differenzierte Entscheidung, wonach das Offfizialdelikt nach § 153 eingestellt, das Privatklagedelikt aber auf den Privatklageweg verwiesen wird, ist nach allgemeiner Meinung nicht statthaft (*Meyer-Goßner/Schmitt*, § 153 Rn. 5). Im Fall des § 153a bezieht sich die Entscheidung auf die gesamte prozessuale Tat und es tritt Strafklageverbrauch ein.

7 **II. Reine Privatklagedelikte.** Liegen nur Privatklagedelikte vor, hat die StA ihre Entscheidung ausschließlich am Kriterium des öffentlichen Interesses zu orientieren. Ermittlungen zur Feststellung, ob ein öffentliches Interesses gegeben ist, sind zulässig (LR/*Hilger*, § 376 Rn. 6).

8 **Verneint** die StA das öffentliche Interesse an der Strafverfolgung, so stellt sie das Ermittlungsverfahren ein und verweist den Verletzten auf den Privatklageweg (KK-StPO/*Senge*, § 376 Rn. 2). Sie kann ein Ermittlungsverfahren wegen eines Privatklagedelikts, bei dem sie zunächst das öffentliche Interesse noch bejaht hatte, auch erst in dessen Lauf unter Verweisung auf den Privatklageweg einstellen (OLG Brandenburg, 12.11.2007 – 1 Ws 228/07) oder im Weiteren die öffentliche Klage nach § 156 **zurücknehmen**, solange diese noch nicht zur Hauptverhandlung zugelassen ist (*Meyer-Goßner/Schmitt*, § 376 Rn. 8). Wurde zuvor bereits die Privatklage erhoben, bleibt diese von dieser Entscheidung unberührt (KK-StPO/*Senge*, § 376 Rn. 4). Die StA kann in jeder Lage des Verfahrens – auch noch im Revisionsverfahren (BGHSt 19, 377, 381) – das öffentliche Interesse verneinen, was bei relativen Antragsdelikten und fehlendem Strafantrag wegen Fehlens einer Strafverfolgungsvoraussetzung zur Einstellung des Verfahrens führt.

9 Negiert die StA ein öffentliches Interesse, steht dem Verletzten wegen § 172 Abs. 2 S. 3 kein förmlicher Rechtsbehelf zu; das Klageerzwingungsverfahren ist ausgeschlossen. Der Verletzte ist dadurch nicht rechtlos gestellt: Neben einer Beschwerde im Dienstaufsichtswege nach § 172 Abs. 1 steht ihm für die Verfolgung seiner privaten Interessen gerade der Privatklageweg nach § 374 offen (*Meyer-Goßner/Schmitt*, § 376 Rn. 6).

10 Bejaht die StA das öffentliche Interesse nach § 376, so hat sie die öffentliche Klage zu erheben, der sich der Verletzte bei bestimmten Delikten als Nebenkläger anschließen kann, § 395 Abs. 1 und 2.

11 Die StA kann allerdings auch während des gesamten Verfahrens einschließlich der Revisionsinstanz das besondere öffentliche Interesse bejahen und so eine Verfahrenseinstellung verhindern, wenn sich herausstellt, dass kein wirksamer Strafantrag gestellt oder dieser zurückgenommen war (LR/*Hilger*, § 376 Rn. 22).

III. Zusammentreffen mit Ordnungswidrigkeiten. Besteht kein öffentliches Interesse an der Verfolgung der Privatklagedelikte, sind aber gleichzeitig Ordnungswidrigkeiten in einer prozessualen Tat verwirklicht, so stellt die StA das Ermittlungsverfahren wegen der Straftat ein und gibt das Verfahren an die zuständige Verwaltungsbehörde ab, § 43 OWiG (*Meyer-Goßner/Schmitt*, § 376 Rn. 12). Kommt es nach Einlegung eines Einspruchs gegen den Bußgeldbescheid zu einem gerichtlichen Verfahren, so wird das Bußgeldverfahren nach § 81 OWiG in ein Strafverfahren übergeleitet, wo das Privatklagedelikt mit verhandelt werden wird (BayObLG, MDR 77, 246). 12

§ 377 StPO Beteiligung der Staatsanwaltschaft; Übernahme der Verfolgung.

(1) ¹Im Privatklageverfahren ist der Staatsanwalt zu einer Mitwirkung nicht verpflichtet. ²Das Gericht legt ihm die Akten vor, wenn es die Übernahme der Verfolgung durch ihn für geboten hält.
(2) ¹Auch kann die Staatsanwaltschaft in jeder Lage der Sache bis zum Eintritt der Rechtskraft des Urteils durch eine ausdrückliche Erklärung die Verfolgung übernehmen. ²In der Einlegung eines Rechtsmittels ist die Übernahme der Verfolgung enthalten.

S.a. RiStBV Nr. 172, 192 Abs. 4

A. Allgemeines. Die Vorschrift regelt, dass die StA bei Privatklageverfahren in jeder Lage das Verfahren **übernehmen** kann. In aller Regel übernimmt der Privatkläger die Funktion der StA ohne deren Mitwirkung. Letztere wird weder zur Hauptverhandlung geladen noch sonst beteiligt – auch nicht durch Zustellung von Entscheidungen (*Meyer-Goßner/Schmitt*, § 377 Rn. 1). Eine Ausnahme gilt im Rechtsmittelverfahren, vgl. § 390 Abs. 3 S. 1. 1

Ob und welche **Mitwirkungsrechte der StA** vor der Übernahme des Verfahrens zustehen, ist nicht ausdrücklich geregelt. Mangels Beteiligung am Prozess werden ihr Eingriffe in die Prozessführung des Privatklägers oder die Stellung von Anträgen nicht zugestanden (*Meyer-Goßner/Schmitt*, § 377 Rn. 2). Allerdings kann in der Stellung von Anträgen in der Hauptverhandlung eine mündliche Erklärung der Übernahme gesehen werden. Diese ist dann aber im Sitzungsprotokoll zu beurkunden (AnwK/*Schwätzler*, § 377 Rn. 6). 2

Ein ausdrückliches Recht auf **Akteneinsicht** ist in § 377 nicht vorgesehen, allerdings wird der StA dieses Recht in jeder Lage des Verfahrens zuzugestehen sein, damit sie prüfen kann, ob die Voraussetzungen einer Übernahme vorliegen oder um ggf. weitere Ermittlungen zu veranlassen. Ein Antragsrecht der StA im Verfahren ohne formalen Beitritt, ist umstritten (vgl. KK-StPO/*Senge*, § 377 Rn. 2). Es ist abzulehnen, da die Übernahme begrifflich beinhaltet, dass der Privatkläger durch die StA ersetzt wird und ein nebeneinander von Privatkläger und StA nicht der Intention des Gesetzgebers entspricht. Hierfür ist das Institut der Nebenklage vorgesehen. 3

B. Mitwirkungsrecht der StA. I. Vorlage der Akten durch das Gericht. Nach Abs. 1 S. 2 wird das Gericht die Akten der StA vorlegen, wenn es davon ausgeht, dass eine Übernahme des Verfahrens **geboten** ist. Maßgeblich ist, ob das Gericht das Vorliegen eines Übernahmegrundes erkennt, wie bspw. ein öffentliches Interesse an der Strafverfolgung nach § 376. Die Vorlage der Akten bindet die StA in keiner Weise. Erforderlich ist auch hier, dass die Übernahme noch ausdrücklich erklärt wird. 4

II. Übernahmerecht. Der Gesetzgeber räumt der StA nach Abs. 2 S. 1 ein Recht zur Übernahme der Verfolgung und somit zur Mitwirkung im Verfahren ein. Dieser Fall kann eintreten, wenn im Lauf des Verfahrens erkennbar wird, dass **Offizialdelikte** betroffen sind oder Umstände erkennbar werden, die zu einer Bejahung des öffentlichen Interesses nach § 376 führen (*Meyer-Goßner/Schmitt*, § 377 Rn. 10). 5

Erst wenn die Privatklage anhängig ist, kann die StA das Verfahren wieder übernehmen (BGHSt 26, 214), davor wird sie selbst Anklage erheben (LR/*Hilger*, § 377 Rn. 4). § 377 Abs. 2 S. 1 verlangt eine ausdrückliche **Erklärung der Übernahme** durch die StA. Diese kann schriftlich oder nach Eröffnung des Hauptverfahrens in der Hauptverhandlung zu Protokoll erklärt werden (KK-StPO/*Senge*, § 377 Rn. 6). Wird erst nach Eröffnung des Hauptverfahrens die Übernahme erklärt, erfordert dies keinen neuen Eröffnungsbeschluss seitens des Gerichts (*Meyer-Goßner/Schmitt*, § 377 Rn. 8). Bei Übernahme wird das Verfahren in der prozessualen Lage fortgesetzt, in der es sich befindet. Erst mit Eintritt 6

§ 378 StPO Beistand und Vertreter des Privatklägers

der Rechtskraft des im Privatklageverfahren ergangenen Urteils (KK-StPO/*Senge*, § 377 Rn. 5) ist eine Übernahme ausgeschlossen. Die Zustimmung des Verletzten zur Übernahme ist nicht erforderlich, ihm stehen gegen die Übernahme auch keine Rechtsmittel zu (*Meyer-Goßner/Schmitt*, § 377 Rn. 5). Das Ziel der Übernahme muss nicht darin liegen, eine Verurteilung zu erreichen. Richtschnur ihres Handels bleibt § 160 Abs. 2 (LR/*Hilger*, § 377 Rn. 4). Nach herrschender Meinung scheidet aber eine Rücknahme der Klage nach § 156 (BayObLGSt 1962, 75) und auch eine Einstellung nach § 170 Abs. 2 aus (SK-StPO/*Velten*, § 377 Rn. 14; aA LR/*Hilger*, § 377 Rn. 27). Hierdurch wird gewährleistet, dass die StA dem Privatkläger das Verfahren nicht allein deswegen abnehmen darf, um das Verfahren umgehend zu beenden. Eine Einstellung nach §§ 153 ff. wird dadurch allerdings nicht ausgeschlossen (str.; vgl. LR/*Hilger*, § 377 Rn. 27).

7 Die schriftliche Übernahme wird insb. bei Vorliegen eines Offizialdelikts unter Beachtung der Formalien einer Anklageschrift nach § 200 (KMR/*Stöckel*, § 377 Rn. 10) erfolgen. Nach einer Entscheidung im Privatklageverfahren kann die StA auch durch die **Einlegung eines Rechtsmittels** das Verfahren an sich ziehen. Dabei hat die StA jedoch die für den Verletzten laufenden Fristen zu beachten. Ihre eigene Kenntnis ist für den Fristlauf ausnahmsweise nicht erheblich (LR/*Hilger*, § 377 Rn. 12).

Die Übernahmeerklärung darf wie jede **Prozesshandlung** nicht unter Bedingungen erfolgen und ist nach herrschender Meinung unwiderruflich (OLG Saarbrücken, NJW 1959, 163; a. A. KK-StPO/*Senge*, § 377 Rn. 11).

8 Durch die Übernahme wird das Privatklageverfahren als **Offizialverfahren** in der Lage weitergeführt, in der es sich im Zeitpunkt der Erklärung befindet, (BGHSt 11, 56, 61). Will der Privatkläger nun die Stellung eines Nebenklägers erlangen, muss er ausdrücklich seinen **Anschluss als Nebenkläger erklären**, sofern er hierzu nach §§ 396 Abs. 1 S. 1 i.V.m. 395 befugt ist. Andernfalls scheidet er aus dem Verfahren aus (SK-StPO/*Velten*, § 377 Rn. 10; *Meyer-Goßner/Schmitt*, § 377 Rn. 12). Auf seine Nebenklagebefugnis und die Kostenfolge hat ihn die StA nach Nr. 172 Abs. 2 S. 1 RiStBV hinzuweisen. Die Zuständigkeit des Strafrichters nach § 25 Nr. 1 GVG wird durch die Übernahme des Verfahrens durch die StA nicht berührt. Das Verfahren wird auch dann beim Strafrichter weiter geführt, wenn die Offizialklage in die Zuständigkeit des Schöffengerichts fällt (KK-StPO/*Senge*, § 377 Rn. 8).

§ 378 StPO Beistand und Vertreter des Privatklägers.
¹Der Privatkläger kann im Beistand eines Rechtsanwalts erscheinen oder sich durch einen Rechtsanwalt mit schriftlicher Vertretungsvollmacht vertreten lassen. ²Im letzteren Falle können die Zustellungen an den Privatkläger mit rechtlicher Wirkung an den Anwalt erfolgen.

1 **A. Anwaltliche Mitwirkung.** Der Privatkläger kann im Verfahren auf die Mitwirkung eines RA vollständig verzichten, das Verfahren alleine führen und in der Hauptverhandlung alleine auftreten; einen **Anwaltszwang** sieht die Vorschrift nicht vor (*Meyer-Goßner/Schmitt*, § 378 Rn. 2). Die Bevollmächtigung eines RA als Bevollmächtigten, der neben oder anstelle des Privatklägers auftritt, ist jederzeit möglich. Zur Vertretung sind auch befugt Rechtslehrer an deutschen Hochschulen oder andere Personen befugt – letztere aber nur mit Zustimmung des Gerichts, § 138 StPO. Erforderlich ist eine schriftliche Vollmacht, die einer Verteidigervollmacht entsprechen muss.

2 Für Wahrnehmung einzelner Rechte wie die Erlangung von Akteneinsicht (§ 385 Abs. 3) oder die Stellung von Revisions- bzw. Wiederaufnahmeanträgen (§ 390 Abs. 2) ist die Bevollmächtigung eines RA oder Rechtslehrers an einer deutschen Hochschule zwingend erforderlich. Auch wenn sich der Verletzte anwaltlicher Unterstützung bedient, behält er seine prozessualen Rechte als Privatkläger und kann an der Hauptverhandlung teilnehmen (KK-StPO/*Senge*, § 378 Rn. 1). Er ist zum Erscheinen nur verpflichtet, wenn das Gericht sein persönliches Erscheinen gem. § 387 Abs. 3 angeordnet hat. Im Fall der Verhinderung kann er die Aussetzung der Verhandlung verlangen (*Meyer-Goßner/Schmitt*, § 378 Rn. 2).

3 **B. Zustellungen an den RA.** Nach Vorlage einer schriftlichen **Vollmacht** ist das Gericht nach § 378 S. 2 befugt, an den Bevollmächtigten zuzustellen. Daneben ist die Zustellung an den Privatkläger weiterhin möglich und jedenfalls wirksam (KK-StPO/*Senge*, § 378 Rn. 3). Bei Zustellungen, die an

den Bevollmächtigten und an den Privatkläger erfolgen, wird jeweils zuletzt bewirkte Zustellung den Fristlauf in Gang setzen, § 37 Abs. 2.

§ 379 StPO Sicherheitsleistung; Prozesskostenhilfe.

(1) Der Privatkläger hat für die dem Beschuldigten voraussichtlich erwachsenden Kosten unter denselben Voraussetzungen Sicherheit zu leisten, unter denen in bürgerlichen Rechtsstreitigkeiten der Kläger auf Verlangen des Beklagten Sicherheit wegen der Prozesskosten zu leisten hat.
(2) ¹Die Sicherheitsleistung ist durch Hinterlegung in barem Geld oder in Wertpapieren zu bewirken. ²Davon abweichende Regelungen in einer auf Grund des Gesetzes über den Zahlungsverkehr mit Gerichten und Justizbehörden erlassenen Rechtsverordnung bleiben unberührt.
(3) Für die Höhe der Sicherheit und die Frist zu ihrer Leistung sowie für die Prozesskostenhilfe gelten dieselben Vorschriften wie in bürgerlichen Rechtsstreitigkeiten.

A. Allgemeines. Der Privatkläger agiert ähnlich einem Kläger im Zivilprozess und hat daher grds. 1 das **Kostenrisiko** für den vom ihm veranlassten Aufwand und das Risiko des u.U. zu Unrecht Beschuldigten zu tragen. Insofern verweist die Vorschrift systematisch richtig auf Vorschriften in der ZPO und gewährt dem Privatkläger unter bestimmten Umständen auch PKH. I.Ü. hat der Privatkläger einen Auslagenvorschuß nach § 17 Abs. 1, 4 GKG zu zahlen, es sei denn, ihm wurde PKH bewilligt (LR/*Hilger*, § 379 Rn. 1 bis 5, 18). Für den Gebührenvorschuß s. die Erläuterungen zu § 379a.

B. Erfordernis einer Sicherheitsleistung. § 379 Abs. 1 verweist auf die §§ 108 bis 113 2 ZPO. Hier ist insb. § 110 ZPO einschlägig, wonach auch Privatkläger, die ihren gewöhnlichen Aufenthalt nicht in einem Mitgliedstaat der EU oder einem Vertragsstaat des Abkommens über den Europäischen Wirtschaftsraum haben, auf Verlangen des Beschuldigten Sicherheit für die Prozesskosten zu leisten haben. In besonderen Fällen, wie bspw. bei Vorliegen völkerrechtlicher Vereinbarungen (§ 100 Abs. 2 ZPO) greift diese Verpflichtung nicht. Auch wenn dem Privatkläger PKH bewilligt wurde (§ 122 Abs. 1 Nr. 2 ZPO), ist er von der Sicherheitsleistung befreit.

C. Bewirken, Höhe und Frist der Sicherheitsleistung. Hinsichtlich der Art der Sicher- 3 heitsleistung bestimmt § 379 Abs. 2 Satz 1 in Abweichung von § 108 ZPO, dass die Sicherheit nicht durch eine Bankbürgschaft geleistet werden kann sondern nur durch Hinterlegung von barem Geld oder von Wertpapieren. Unbare Zahlungen können nach § 379 Abs. 2 Satz 2 gem. § 2 des Gesetzes über den Zahlungsverkehr mit Gerichten und Justizbehörden (ZahlVGJG v. 22.12.2006) unter den dort genannten Voraussetzungen geleistet werden und stehen dann der Barzahlung gleich.
Das Gericht bestimmt die **Höhe** der Sicherheitsleistung (§ 112 Abs. 1 ZPO) so, dass die voraussicht- 4 lichen Kosten des Beschuldigten unter Berücksichtigung aller dem Privatkläger offenstehenden Rechtszüge abgedeckt sind, § 379 Abs. 1 i.V.m. § 112 Abs. 2 ZPO. Das grds. freie Ermessen des Gerichts ist insoweit eingeschränkt. Erforderlichenfalls kann bei nicht ausreichender Sicherheit im Falle der Einlegung eines Rechtsmittels eine Aufstockung der Sicherheit verlangt werden (LR/*Hilger*, § 379 Rn. 11).
Das Gericht wird gem. § 379 Abs. 3 i.V.m. § 113 S. 1 ZPO dem Privatkläger eine **Frist zur Zahlung der** 5 **Sicherheit** bestimmen. Im Fall einer Fristversäumnis greifen nicht § 391 Abs. 1 oder § 379a Abs. 3 sondern § 113 S. 2 ZPO. Der Unterschied liegt darin, dass nach § 113 ZPO die Klage nur auf Antrag des Beschuldigten als zurückgenommen zu erklären ist, während bei § 391 die Klage schon bei Fristversäumnis als zurückgenommen gilt und auch nicht mehr von neuem erhoben werden kann (KK-StPO/ *Senge*, § 379 Rn. 3; vgl. § 392). Bei unverschuldetem Fristversäumnis besteht gem. §§ 44 ff. eine Wiedereinsetzungsmöglichkeit (LR/*Hilger*, § 379 Rn. 12).

D. PKH. Für die Sicherheitsleistung gelten nach Abs. 3 die §§ 114 ff. ZPO über die **PKH**. Den 6 Beschuldigten betreffen diese Vorschriften nur, wenn er nach § 388 Widerklage erhebt (OLG Düsseldorf, NStZ 1989, 92).
§ 114 Abs. 1 S. 1 setzt voraus, dass der Privatkläger nach seinen **persönlichen und wirtschaftlichen Verhältnissen** die Prozesskosten nicht, nur z.T. oder nur in Raten aufbringen kann. Hierzu muss er nach

§ 379a StPO   Gebührenvorschuss

§ 117 ZPO einen Antrag beim Prozessgericht stellen und eine Erklärung über seine persönlichen und wirtschaftlichen Verhältnisse nebst entsprechenden Belegen beifügen. Auf Basis dieser Informationen hat das Gericht eine Einzelfallprüfung vorzunehmen. Zu berücksichtigen ist die Honorierung eines RA, die bei der Entscheidung über die PKH Berücksichtigung finden kann (str., vgl. LR/*Hilger*, § 379 Rn. 15).

7 Weiterhin muss die Privatklage **hinreichend Aussicht auf Erfolg** bieten und darf **nicht mutwillig** erhoben sein. Fehlende Erfolgsaussichten sind nach § 115 ZPO anzunehmen, wenn bspw. bei wechselseitig begangenen Beleidigungen nach § 199 StGB verfahren wird oder aber wegen geringer Schuld eine Einstellung des Verfahrens nach § 383 Abs. 2 S. 1 wahrscheinlich erscheint (HK-StPO/*Kurth*, § 379 Rn. 10). Eine mutwillig erhobene Privatklage kann angenommen werden, wenn ein Verletzter, der seine Kosten selbst tragen muss, keine Privatklage erheben würde (*Meyer-Goßner/Schmitt*, § 379 Rn. 9).

8 Die grds. mögliche **Beiordnung eines RA** wird nach § 121 ZPO nur in Erwägung zu ziehen sein, wenn eine Revision oder ein Wiederaufnahmeverfahren initiiert werden sollen, § 390 Abs. 2. Allerdings ist nach § 385 Abs. 2 die Gewährung von Akteneinsicht nur durch einen RA möglich, sodass das Gericht gem. § 121 Abs. 2 S. 1, 1. Alt. diesen dann beiordnen wird, wenn die Führung des Privatklageverfahrens wegen besonderen Schwierigkeiten bei der Sach- und Rechtslage die Kenntnis der Prozessakten auch aus dem Fair-Trial Grundsatz heraus erforderlich ist (*Meyer-Goßner/Schmitt*, § 379 Rn. 10).

9 **E. Verfahrensfragen, Rechtsmittel.** Über den Antrag auf PKH entscheidet das Gericht des jeweiligen Rechtszuges (§ 119 Abs. 1 ZPO) durch **Beschluss**. Wird diese nicht gewährt, muss das Gericht den Beschluss nach § 34 mit Gründen versehen. Vor einer rechtskräftigen Entscheidung über den Prozesskostenhilfeantrag ist die Entscheidung über die Privatklage selbst nicht statthaft (LG Frankfurt am Main, NJW 1953, 798). Gegen einen Beschluss, mit dem der Antrag auf Gewährung von PKH zurückgewiesen wird, ist die **Beschwerde** nach § 304 Abs. 1 gegeben (BayObLG, NJW 1951, 164; OLG Düsseldorf, MDR 87, 79). Dies gilt auch gegen nachteilige Entscheidungen betreffend die **Sicherheitsleistung** (*Meyer-Goßner/Schmitt*, § 379 Rn. 16). Die Wertgrenze des § 304 Abs. 3 gilt nicht (*Meyer-Goßner/Schmitt*, § 379 Rn. 17); eine weitere Beschwerde nach § 310 Abs. 1 (*Meyer-Goßner/Schmitt*, § 379 Rn. 17) bzw. § 127 Abs. 2 S. 3 ZPO (KK-StPO/*Senge*, § 379 Rn. 6) ist ausgeschlossen. Dem Beschuldigten steht gegen einen Beschluss, der dem Privatkläger PKH gewährt, mangels Beschwer kein Rechtsmittel zu. § 127 Abs. 2 S. 1 ZPO steht dem entgegen.

§ 379a StPO   Gebührenvorschuss.

(1) Zur Zahlung des Gebührenvorschusses nach § 16 Abs. 1 des Gerichtskostengesetzes soll, sofern nicht dem Privatkläger die Prozesskostenhilfe bewilligt ist oder Gebührenfreiheit zusteht, vom Gericht eine Frist bestimmt werden; hierbei soll auf die nach Absatz 3 eintretenden Folgen hingewiesen werden.

(2) Vor Zahlung des Vorschusses soll keine gerichtliche Handlung vorgenommen werden, es sei denn, daß glaubhaft gemacht wird, daß die Verzögerung dem Privatkläger einen nicht oder nur schwer zu ersetzenden Nachteil bringen würde.

(3) ¹Nach fruchtlosem Ablauf der nach Absatz 1 gestellten Frist wird die Privatklage zurückgewiesen. ²Der Beschluß kann mit sofortiger Beschwerde angefochten werden. ³Er ist von dem Gericht, das ihn erlassen hat, von Amts wegen aufzuheben, wenn sich herausstellt, daß die Zahlung innerhalb der gesetzten Frist eingegangen ist.

1 **A. Vorschusspflicht.** Wie im Zivilprozess soll auch dem Privatkläger im Strafverfahren vor Erhebung seiner Klage, der Einlegung eines Rechtsmittels oder einem Antrag auf Wiederaufnahme des Verfahrens ein **Vorschuss auf die Gerichtsgebühren** nach § 16 Abs. 1 GKG auferlegt werden, um sicher zu stellen, dass die Gebührenforderung, die der Staatskasse nach Verfahrensabschluss u.U. gegen den Privatkläger zusteht, von vornherein gesichert ist. Für einen Widerkläger gilt dies nach § 16 Abs. 1 S. 2 GKG ausdrücklich nicht. Hinsichtlich der Höhe des Vorschusses verweist § 16 Abs. 1 S. 1 GKG auf die Nr. 3311, 3321, 3331, 3340, 3410, 3431, 3441 oder 3450 des KV zum GKG. Wird dem Kläger PKH nach § 379 Abs. 3 gewährt oder steht ihm Gebührenfreiheit zu, so ist er von der Zahlung des Gebühren-

vorschusses befreit. § 379a ist auf den Auslagenvorschuss für beantragte gerichtliche Handlungen gem. § 17 Abs. 1 GKG nicht anwendbar (*Meyer-Goßner/Schmitt*, § 379a Rn. 13).

B. Fristsetzung. Für die Vorschusszahlung soll das Gericht dem Verletzten nach § 379a Abs. 1 eine **Frist setzen**. Trotz der gesetzlichen Formulierung als »Soll-Vorschrift«, wird die Norm als zwingende Regelung zu interpretieren sein, da der Privatkläger das Verfahren ansonsten längere Zeit in der Schwebe halten könnte und Soll-Vorschriften für Behörden grds. wie ein »Muss« verbindlich sind (LR/*Hilger*, § 379a Rn. 6). Das Fristende muss durch das Gericht eindeutig festgelegt sein, i.Ü. darf die Frist nicht unangemessen kurz sein (jedenfalls länger als sechs Tage, OLG Celle, OLGSt S 1). Wird hiergegen verstossen, läuft keine Frist (KK-StPO/*Senge*, § 379a Rn. 2). Das Gericht muss darauf hinweisen, dass bei nicht rechtzeitiger Zahlung die Privatklage nach § 379a Abs. 3 zurückzuweisen ist. Dem Privatkläger ist auch die Höhe des Vorschusses zu nennen. Die Frist ist gewahrt, wenn der Überweisungsauftrag bei der Bank eingegangen ist (LR/*Hilger*, § 379a Rn. 9). Ein gesonderter Zahlungsnachweis ist zur Fristwahrung nicht erforderlich (OLG Saarbrücken, NStZ-RR 1996, 43).

Eine **Fristverlängerung** durch das Gericht ist auf Antrag des Verletzten oder von Amts wegen möglich (OLG Celle, NJW 1966, 1670; OLG Hamm, NJW 1973, 1206). Die gesetzte Frist wird gegenstandslos, wenn der Privatkläger noch innerhalb der Frist einen Antrag auf Gewährung von PKH stellt (*Meyer-Goßner/Schmitt*, § 379a Rn. 4), da bei Gewährung der PKH auch die Vorschusspflicht entfällt (Rn. 1). Das Gericht kann bei Versagung der PKH erneut eine Frist nach Abs. 1 setzen.

C. Gerichtliche Handlungen vor Zahlung (Abs. 2) Vor Zahlung des Vorschusses durch den Privatkläger sollen keine Handlungen des Gerichts vorgenommen werden. Eine Ausnahme gilt dann, wenn eine Verzögerung für den Privatkläger erhebliche Nachteile mit sich bringt – bspw. bei konkreter Gefahr der Wiederholung der Straftat (LR/*Hilger*, § 379a Rn. 11). Prozessual bleiben die gerichtlichen Handlungen allerdings wirksam (KK-StPO/*Senge*, § 379a Rn. 2), weil die Vorschrift fiskalischen Interessen dient (SK-StPO/*Velten*, § 379a Rn. 7).

D. Folgen einer Fristversäumnis (Abs. 3) Wird der Frist versäumt, ist die Privatklage **durch Beschluss zurückzuweisen**, § 379a Abs. 3 S. 1. Ob den Verletzten eine Schuld an dem Fristversäumnis trifft, spielt keine Rolle (*Meyer-Goßner/Schmitt*, § 379a Rn. 8). Der Privatkläger kann dann aber Wiedereinsetzung in den vorigen Stand nach §§ 44, 45 beantragen. Das Gericht kann von Amts wegen die Wiedereinsetzung gewähren, es ist aber von sich aus nicht zu Nachforschungen über etwaige Wiedereinsetzungsgründe verpflichtet (KMR/*Stöckel*, § 379a Rn. 8). Ob der Zurückweisungsbeschluss die erneute Erhebung der Privatklage sperrt, ist umstritten. Ausgangspunkt ist die Frage, ob die §§ 391 Abs. 2 letzter Fall i.V.m. 392 im vorliegenden Fall anwendbar sind. Während die Rechtsprechung (BayObLG, NJW 1956, 758) und Teile der Literatur (*Meyer-Goßner/Schmitt*, § 379a Rn. 11) die erneute Klageerhebung unter Hinweis auf das Bedürfnis des Beschuldigten nach Rechtssicherheit verneinen, lehnt die Gegenauffassung die analoge Anwendung der §§ 391 Abs. 2, 3. Alt., 392 ab (LR/*Hilger*, § 379a Rn. 14 ff.; KMR/*Stöckel*, § 379a Rn. 6), da § 379a primär die Bezahlung der im Verfahren anfallenden Gerichtskosten sicherstellen solle und aus fiskalischen Interessen heraus das Opfer einer Straftat nicht seinen prozessualen Schutzes verlieren dürfe (AK-StPO/*Rössner*, § 379a Rn. 8).

E. Rechtsmittel. Der Privatkläger kann gegen die Fristsetzung und die Zahlungsaufforderung eine (einfache) Beschwerde nach § 304 Abs. 1 StPO erheben (BayObLG, NJW 1955, 1199). Gegen den Zurückweisungsbeschluss ist nach § 379a Abs. 3 S. 2 die sofortige Beschwerde gem. § 311 statthaft. In Abweichung von § 311 Abs. 3 S. 1 eröffnet § 379a Abs. 3 S. 3 dem Ausgangsgericht die Möglichkeit, der Beschwerde selbst abzuhelfen, wenn sich nachträglich herausstellt, dass die Zahlungsfrist doch nicht versäumt wurde (*Meyer-Goßner/Schmitt*, § 379a Rn. 12). Dem Beschuldigten steht gegen die Nicht-Zurückweisung der Privatklage trotz Nichteinhaltung der Zahlungsfrist kein Rechtsmittel zu (KK-StPO/*Senge*, § 379a Rn. 5).

§ 380 StPO Erfolgloser Sühneversuch als Zulässigkeitsvoraussetzung.

(1) ¹Wegen Hausfriedensbruchs, Beleidigung, Verletzung des Briefgeheimnisses, Körperverletzung (§§ 223 und 229 des Strafgesetzbuches), Bedrohung und Sachbeschädigung ist die Erhebung der Klage erst zulässig, nachdem von einer durch die Landesjustizverwaltung zu bezeichnenden Vergleichsbehörde die Sühne erfolglos versucht worden ist. ²Gleiches gilt wegen einer Straftat nach § 323a des Strafgesetzbuches, wenn die im Rausch begangene Tat ein in Satz 1 genanntes Vergehen ist. ³Der Kläger hat die Bescheinigung hierüber mit der Klage einzureichen.
(2) Die Landesjustizverwaltung kann bestimmen, dass die Vergleichsbehörde ihre Tätigkeit von der Einzahlung eines angemessenen Kostenvorschusses abhängig machen darf.
(3) Die Vorschriften der Absätze 1 und 2 gelten nicht, wenn der amtliche Vorgesetzte nach § 194 Abs. 3 oder § 230 Abs. 2 des Strafgesetzbuches befugt ist, Strafantrag zu stellen.
(4) Wohnen die Parteien nicht in demselben Gemeindebezirk, so kann nach näherer Anordnung der Landesjustizverwaltung von einem Sühneversuch abgesehen werden.

1 **A. Allgemeines.** Bei einer Reihe von Delikten fordert der Gesetzgeber einen Sühneversuch als der Privatklage **vorgeschaltetes Verfahren**. War der Sühneversuch zu Beginn nur für Beleidigungen vorgesehen (zur Entstehungsgeschichte LR/*Hilger*, § 380 Rn. 1), ist nun bei den in Abs. 1 aufgezählten Delikten vom Verletzten zunächst der Versuch zu unternehmen, eine **außergerichtliche Einigung** mit dem Beschuldigten herbeizuführen. Die Regelung verfolgt mehrere Ziele: Zum einen sollen übereilte Privatklagen und streitige Verfahren verhindert werden und so eine Entlastung der Gerichte erreicht werden. Zum anderen soll durch einen Täter-Opfer-Ausgleich eine individuelle Wiedergutmachung erreicht und so der Rechtsfrieden wieder hergestellt werden (KMR/*Stöckel*, § 380 Rn. 1). Tatsächlich wird ein großer Teil der dafür vorgesehenen Delikte durch einen Vergleich im Sühneverfahren ohne spätere Klageerhebung erledigt. Das Sühneverfahren als formalisiertes Rechtsinstitut zur Schadenswiedergutmachung wird von der Wissenschaft grds. befürwortet. Die Substitution der Privatklage durch ein allgemeines Sühneverfahren wird schon seit Längerem diskutiert (*Schöch*, NStZ 1984, 385, 389).
Die erfolgreiche Durchführung eines Sühneverfahrens bewahrt den Täter nicht immer vor einem Strafverfahren: So ist die Bedrohung (§ 241 StGB) kein Amtsdelikt und es liegt daher nicht in der Hand des Verletzten, ob die StA das Delikt nicht von Amts wegen verfolgt.

2 **B. Vergleichsbehörde.** Wer für die Durchführung des Sühneverfahrens zuständig ist, bestimmen nach Abs. 1 Satz 1 die Landesjustizverwaltungen. Alle Bundesländer haben hierzu gesetzliche Regelungen getroffen und – traditionell bedingt – unterschiedliche Stellen als Vergleichsbehörden eingerichtet: In **Baden-Württemberg** (§ 37 Satz 1 BWAGGVG) und **Bayern** (Art. 49 Abs. 1 BayAGGVG) sind die Gemeinden zuständig. **Berlin** (§ 35 SchiedamtsG) kennt das Schiedsamt, **Brandenburg** (G.v. 13.09.1990 GBl. 1527) hat Schiedsstellen eingerichtet. **Bremen** (§ 2 AGStPO) hat das AG als Vergleichsbehörde bestimmt, **Hamburg** (§ 1 VO v. 04.02.1946, zuletzt geändert durch VO v. 08.12.1974) die öffentliche Rechtsauskunfts- und Vergleichsstelle. **Hessen** (§ 37 SchiedamtsG v. 23.03.1994), **Mecklenburg-Vorpommern** (G.v. 13.09.1990), **Niedersachsen** (§ 37 SchiedamtsG v. 01.02.1989), **Nordrhein-Westfalen** (§ 34 SchiedamtsG v. 16.12.1992), **Rheinland-Pfalz** (§§ 9 ff. SchiedamtsO i.d.F.v. 12.04.1991), das **Saarland** (§§ 30 ff. SchiedsO v. 06.09.1989), **Sachsen** und **Sachsen-Anhalt** (G.v. 13.09.1990), **Schleswig-Holstein** (§ 35 SchiedsO v. 10.04.1991) und **Thüringen** (G.v. 13.09.1990) haben Schiedsämter, Schiedsleute, Schiedsstellen oder Schiedspersonen eingerichtet, welche die Aufgaben der Vergleichsbehörde wahrnehmen (ausführlich hierzu LR/*Hilger*, § 380 Rn. 6 ff.). Mit dem Sühneverfahren wird das Strafverfahren noch nicht eingeleitet. Die Vergleichsbehörde ist auch kein Strafverfolgungsorgan und ggü. dem Beschuldigten nicht belehrungspflichtig nach § 136 Abs. 1 Satz 2 (LR/*Hilger*, § 380 Rn. 23).

3 **C. Erforderlichkeit des Sühneversuchs.** In § 380 Abs. 1 Satz 2 und 3 sind die Delikte abschließend aufgezählt, bei denen ein vorheriger Sühneversuch erforderlich ist. Bei den übrigen Straftaten wie bei dem Vorwurf der Bestechlichkeit bzw. Bestechung im geschäftlichen Verkehr (§ 374 Abs. 1 Nr. 5a), bei Straftaten nach §§ 16 ff. UWG (§ 374 Abs. 1 Nr. 7) oder bei den in § 374 Abs. 1 Nr. 8

aufgezählten Straftaten ist dieser entbehrlich. Der Sühneversuch ist eine **besondere Klagevoraussetzung** (OLG Hamburg, NJW 1956, 522; LG Neubrandenburg, NStZ 1995, 149), nicht aber Prozessvoraussetzung (Anwaltkommentar – *Schwätzler*, § 380 Rn. 4). Während Prozessvoraussetzungen in jeder Lage des Verfahrens zu berücksichtigen sind, gilt dies beim Sühneversuch nur bis zum Eröffnungsbeschluss, da ab diesem Zeitpunkt der Sühneversuch seinen gesetzgeberischen Zweck, nämlich ein Privatklageverfahren im Vorfeld nach Möglichkeit zu verhindern, nicht mehr erfüllen kann (LR/*Hilger*, § 380 Rn. 32 ff.). Der Eröffnungsbeschluss heilt also das Fehlen des Sühneversuchs (BayObLG, NJW 1958, 1149; *Meyer-Goßner/Schmitt*, § 380 Rn. 10). Die von der Vergleichsstelle erteilte Bescheinigung nach Abs. 1 Satz 3 kann aber nachgereicht werden (LG Stuttgart, NJW 1963, 1792).

Bei Zusammentreffen eines der in Abs. 1 genannten Delikte innerhalb einer prozessualen Tat nach § 264 Abs. 1 mit einem dort nicht genannten Privatklagedelikt, muss vor Klageerhebung kein Sühneverfahren durchgeführt werden (KK-StPO/*Senge*, § 380 Rn. 9). Dies gilt auch bei der Widerklage und dem Beitritt nach § 375 Abs. 2 (*Meyer-Goßner/Schmitt*, § 380 Rn. 6), da in diesen Fällen ein Privatklageverfahren bereits anhängig ist und ein gerichtliches Verfahren ohnehin nicht mehr vermieden werden kann. 4

Bei der Beleidigung oder Körperverletzung eines Amtsträgers ist nach Abs. 3 der Sühneversuch entbehrlich, wenn der **Dienstvorgesetzte zur** Stellung des Strafantrags berechtigt ist, weil bei Verletzungen der amtlichen Berufsehre ein Zwang zum Sühneversuch nicht angebracht ist und der Schutz vor übereilten Klagen nicht greift (zur historischen Begründung LR/*Hilger*, § 380 Rn. 1). Ob der Strafantrag vom Verletzten tatsächlich gestellt wurde, ist unerheblich (KK-StPO/*Senge*, § 380 Rn. 9). 5

Wohnen der Verletzte und der Beschuldigte in verschiedenen Gemeinden, eröffnet Abs. 4 den Landesjustizverwaltungen die Option, von einem Sühneversuch abzusehen. Die Befreiung vom Sühneversuch ist in den Bundesländern jeweils unterschiedlich normiert. Teilweise wird in diesen Fällen generell von einem Sühneversuch abgesehen (Bayern: Art. 49 Abs. 2 BayAGGVG; Baden-Württemberg, § 1 Abs. 2 VO). Teilweise ist für das Entfallen erforderlich, dass das Gericht dies auf Antrag bewilligt. I.Ü. kann das Gericht vor Erhebung der Privatklage über die Befreiung vom Sühneversuch entscheiden (KMR/*Stöckel*, § 380 Rn. 11). 6

D. Durchführung des Sühneverfahrens. Der Verletzte leitet das Sühneverfahren durch einen **schriftlichen Antrag** ein. Der weitere Ablauf ist je nach Bundesland unterschiedlich. Regelmäßig kommt es dann zu einem Gespräch zwischen dem Verletztem und dem Beschuldigten vor der Vergleichsstelle (AK-StPO/*Rössner*, § 380 Rn. 13). 7

Das Sühneverfahren endet erfolgreich, wenn es mit einem **Sühnevergleich** abgeschlossen wird, der sich nach § 339 Abs. 1 BGB richtet. Damit verbunden ist vonseiten des Verletzten der Verzicht auf ein Privatklageverfahren. Eine Rücknahme des Strafantrags kann vereinbart werden, ist aber nicht obligatorisch (*Meyer-Goßner/Schmitt*, § 380 Rn. 8). Eine Strafverfolgung im Offizialverfahren bleibt oft weiterhin möglich. 8

Einigen sich Verletzter und Beschuldigter außergerichtlich nicht, bleibt das Sühneverfahren erfolglos und die Vergleichsstelle hat dem Privatklageberechtigten eine **Bescheinigung** auszustellen, Abs. 1 Satz 3. Diese ist dann zusammen mit der Privatklage bei Gericht einzureichen. Die Strafantragsfrist ruht bis zur Ausstellung der Bescheinigung nach § 77b Abs. 5 StGB. 9

E. Auswirkungen auf das Privatklageverfahren. Der im Sühneverfahren wirksam erzielte Vergleich führt dazu, dass eine gleichwohl erhobene Privatklage durch den Verletzten unzulässig ist. Der vergleichsweise erklärte Verzicht auf das Privatklagerecht bedingt, dass die Privatklage nach § 383 Abs. 1 durch Beschluss zurückzuweisen ist (*Schroth* Rn. 393). 10

§ 381 StPO Erhebung der Privatklage.
¹Die Erhebung der Klage geschieht zu Protokoll der Geschäftsstelle oder durch Einreichung einer Anklageschrift. ²Die Klage muss den in § 200 Abs. 1 bezeichneten Erfordernissen entsprechen. ³Mit der Anklageschrift sind zwei Abschriften einzureichen.

1 **A. Allgemeines.** Eine Privatklage orientiert sich in Bezug auf Inhalt und Form an einer öffentlichen Anklageschrift nach § 200: Sie benennt den späteren Verhandlungsgegenstand, informiert den Beschuldigten über die gegen ihn erhobenen Vorwürfe und wahrt so den Anklagegrundsatz.

B. Erfordernisse der Klageerhebung. Die Erhebung der Privatklage ist in Schriftform und zu Protokoll der Geschäftsstelle des AG möglich, S. 1. Eine Bezugnahme auf andere Schriftstücke ist grds. möglich, diese Schriftstücke müssen dann aber beigefügt sein (AnwK/*Schwätzler*, § 381 Rn. 2). Die zwei geforderten Abschriften sind zur Zustellung an den Beschuldigten und die StA bestimmt. Da die Privatklage als Prozesshandlung bedingungsfeindlich ist, darf sie auch nicht bspw. an die Bedingung der Gewährung von PKH geknüpft werden (*Meyer-Goßner/Schmitt*, § 381 Rn. 2).

2 Die Bezugnahme auf den Inhalt einer **Anklageschrift** nach § 200 Abs. 1 in § 381 S. 2 erfordert, dass der Beschuldigte und die ihm zur Last gelegte Tat mit Tatort und Tatzeit genau bezeichnet sein muss. Eine Privatklage »gegen unbekannt« ist unzulässig (AK-StPO/*Rössner*, § 381 f. Rn. 2). Außerdem sind die gesetzlichen Merkmale der Straftat, die anzuwendenden Strafvorschriften und die für den Tatnachweis erforderlichen Beweismittel vom Privatkläger anzugeben (*Meyer-Goßner/Schmitt*, § 381 Rn. 3). Ein wesentliches Ergebnis der Ermittlungen ist nicht vorzutragen (KK-StPO/*Senge*, § 381 Rn. 3). Dies ist jedoch empfehlenswert, da anderenfalls für den Privatkläger die Gefahr der sofortigen Zurückweisung nach § 383 Abs. 1 besteht. Auf einen beigefügten Strafantrag kann in der Privatklageschrift Bezug genommen werden (HK-StPO/*Kurth*, § 381 Rn. 3), die Bescheinigung über einen erfolglosen Sühneversuch § 380 Abs. 1 S. 3 ist beizulegen, da sonst die Klage durch Beschluss zurückzuweisen ist.

§ 382 StPO Mitteilung der Privatklage an den Beschuldigten.
Ist die Klage vorschriftsmäßig erhoben, so teilt das Gericht sie dem Beschuldigten unter Bestimmung einer Frist zur Erklärung mit.

1 **A. Vorschriftsmäßige Privatklage.** Die Vorschrift stellt sicher, dass dem Beschuldigten **rechtliches Gehör** nach Art. 103 Abs. 1 GG gewährt wird. Dies setzt voraus, dass das Gericht prüft, ob die Privatklage den Anforderungen der §§ 379 bis 381 genügt. Somit müssen die inhaltlichen Anforderungen der §§ 381 S. 2, 200 Abs. 1 erfüllt sein und – soweit erforderlich – die Bescheinigung über den erfolglosen Sühneversuch nach § 380 Abs. 1 S. 3 beiliegen. Weitere Prozessvoraussetzungen, wie die Zulässigkeit der Privatklage, die Zuständigkeit des Gerichts und Anderes (*Meyer-Goßner/Schmitt*, § 382 Rn. 1), werden erst bei der Entscheidung über die Eröffnung nach § 383 geprüft.

2 Ist die Privatklage mit **Mängeln** behaftet, die behebbar sind, wird das Gericht dem Verletzten eine Frist zur Behebung des Hindernisses setzen. Verstreicht diese fruchtlos, kann sie das Gericht durch Beschluss zurückweisen (*Meyer-Goßner/Schmitt*, § 382 Rn. 3). Ist der Mangel nicht behebbar, bspw. bei einer Privatklage gegen einen Jugendlichen, wird die Privatklage zurückgewiesen. Eine Mitteilung an den Beschuldigten erfolgt dann nicht (KK-StPO/*Senge*, § 382 Rn. 4). Gegen den Zurückweisungsbeschluss ist die Beschwerde nach § 304 Abs. 1 statthaft.

3 **B. Mitteilung an den Beschuldigten.** Ist die Privatklage ordnungsgemäß erhoben, so setzt das Gericht den Beschuldigten und in Fällen des § 145a Abs. 1 den Verteidiger hiervon in Kenntnis. Damit wird dem Beschuldigten entsprechend § 201 das **rechtliche Gehör** gewährt. Die regelmäßige Beteiligung der StA ist gesetzlich nicht vorgesehen, sie erhält aber in den Fällen des § 377 Abs. 1 S. 2 Mitteilung, wenn das Gericht eine Übernahme des Verfahrens durch die StA für geboten erachtet.

§ 383 StPO Eröffnungs- oder Zurückweisungsbeschluss; Einstellung bei geringer Schuld.
(1) Nach Eingang der Erklärung des Beschuldigten oder Ablauf der Frist entscheidet das Gericht darüber, ob das Hauptverfahren zu eröffnen oder die Klage zurückzuweisen ist, nach Maßgabe der Vorschriften, die bei einer von der Staatsanwaltschaft unmittelbar erhobenen Anklage anzuwenden sind. In dem Beschluss, durch den das Hauptverfahren eröffnet wird, bezeichnet das Gericht den Angeklagten und die Tat gemäß § 200 Abs. 1 Satz 1.
(2) ¹Ist die Schuld des Täters gering, so kann das Gericht das Verfahren einstellen. Die Einstellung ist auch noch in der Hauptverhandlung zulässig. ²Der Beschluß kann mit sofortiger Beschwerde angefochten werden.

S.a. RiStBV Nr. 172

A. Allgemeines. Die wirksame **Erhebung der Privatklage** eröffnet das Zwischenverfahren. Im Rahmen dessen hat das Gericht zu entscheiden, ob es das Hauptverfahren eröffnet oder die Klage zurückweist. Während bei einem von der StA geführten Verfahren der Richter seine Entscheidung auf eine amtliche Ermittlungsakte stützen kann, muss er sich bei der Privatklage auf die vom Kläger vorgelegten Unterlagen stützen. Er wird deshalb bei der Privatklage nach § 202 S. 1 von Amts wegen ggf. beim Kläger die Vorlage weiterer Beweise anfordern oder die Durchführung weiterer »Ermittlungen« anstrengen (AK-StPO/*Rössner*, § 383 Rn. 4), um sich eine ausreichende Tatsachengrundlage für die Entscheidung zu verschaffen. Dies gilt insb. dann, wenn Anhaltspunkte gegeben sind, die den Verdacht eines Offizialdelikts begründen (HK-StPO/*Kurth*, § 383 Rn. 6). 1

Die Parteien haben im Zwischenverfahren bei der Privatklage dieselben Anwesenheitsrechte wie bei einem staatsanwaltschaftlich geführten Verfahren. So gelten das Anwesenheitsrecht bei richterlichen Vernehmungen nach § 168c und beim richterlichen Augenschein nach § 168d für beide Parteien, eingeschlossen deren anwaltliche Vertreter (LR/*Hilger*, § 383 Rn. 9). 2

Der Angeschuldigte kann sich innerhalb der nach § 382 gesetzten Frist zur Privatklage äußern. Läßt er sich nicht zur Sache ein, muss das Gericht nach Abs. 1 S. 1 über die Eröffnung des Hauptverfahrens entscheiden. Mit Zulassung der Privatklage endet das Zwischenverfahren und es beginnt das Hauptverfahren. 3

Der **Prüfungsmaßstab** des Gerichts für die Entscheidung über die Eröffnung des Hauptverfahrens entspricht demjenigen des § 203 (*Meyer-Goßner/Schmitt*, § 383 Rn. 5). Der Angeschuldigte muss also der Tat i.S.d. Anklage hinreichend verdächtig sein. Hierzu wird das Gericht auf Basis der Privatklage eine Schlüssigkeits- und Wahrscheinlichkeitsprüfung vornehmen (ausführlich hierzu LR/*Hilger*, § 383 Rn. 8). Das Gericht prüft weiterhin die allgemeinen Verfahrensvoraussetzungen (z.B. Gerichtsbarkeit, Prozessfähigkeit des Beschuldigten, Zuständigkeiten, Strafantrag, Verjährung) sowie die besonderen Voraussetzungen der Privatklage (Vorliegen eines privatklagefähigen Delikts sowie der Bescheinigung nach § 380 Abs. 1 S. 3). 4

B. Entscheidungsmöglichkeiten des Gerichts. Das Gericht wird im Beschlussweg das Hauptverfahren entweder eröffnen oder die Privatklage zurückweisen. 5

I. Eröffnungsbeschluss. Im Fall der **Eröffnung** wird das Gericht die Privatklage zulassen und den Anklagesatz nach § 200 Abs. 1 formulieren, wie ihn bei Offizialdelikten die StA verfassen würde; die Privatklage wird damit rechtshängig. Mit dem Eröffnungsbeschluss – nicht der Privatklage – wird die prozessuale Tat mit den materiellen Tatvorwürfen festgestellt, die dann Gegenstand der Hauptverhandlung sein werden (*Meyer-Goßner/Schmitt*, § 383 Rn. 6).

II. Zurückweisung der Privatklage. Fehlen die Voraussetzungen für die Eröffnung des Hauptverfahrens, weist das Gericht die Privatklage durch einen zu begründenden Beschluss zurück. Die Zurückweisung entspricht dem Nichteröffnungsbeschluss im Offizialverfahren nach § 204 Abs. 1 (LR/*Hilger*, § 383 Rn. 13). Wie der Nichteröffnungsbeschluss muss auch der Zurückweisungsbeschluss eine Kostenentscheidung enthalten, die zu Lasten des Privatklägers ergeht, § 471 Abs. 2, 1. Alt. Dem Privatkläger werden die Kosten einschließlich der notwendigen Auslagen auferlegt. 6

§ 383 StPO Eröffnungs- oder Zurückweisungsbeschluss; Einst. bei geringer Schuld

7 **III. Einstellung wegen Geringfügigkeit (Abs. 2) 1. Anwendungsbereich.** Die Einstellungsmöglichkeit in § 383 Abs. 2 ist ggü. den allgemeinen Einstellungsvorschriften der §§ 153, 153a lex specialis (LR/*Hilger*, § 383 Rn. 20). Voraussetzung hierfür bleibt aber eine – wenn auch geringe – Schuld, sodass die Zurückweisung nach Abs. 1 der Einstellung nach Abs. 2 grds. vorgeht (*Schroth* Rn. 411; LR/*Hilger*, § 383 Rn. 21). Ist die Schuld in der Hauptverhandlung nicht nachweisbar, kommt nur ein Freispruch in Betracht (*Meyer-Goßner/Schmitt*, § 383 Rn. 12). Die Anwendbarkeit des § 153a durch Verknüpfung mit bestimmten Auflagen ist bei der Privatklage umstritten (LR/*Hilger*, § 383 Rn. 20). Der Vergleich i.V.m. einer Klagerücknahme stellt im Privatklageverfahren die speziellere Lösung dar (*Meyer-Goßner/Schmitt*, § 383 Rn. 11). Auch eine Widerklage kann wegen geringer Schuld eingestellt werden.

8 **2. Geringe Schuld.** Unter der Voraussetzung, dass der Beschuldigte hinreichend der Tat verdächtig ist, kommt es für die Beurteilung der geringen Schuld darauf an, dass die Tat im Vergleich zu gleichartigen Vergehen **nicht unerheblich unter dem Durchschnitt** liegt (*Meyer-Goßner/Schmitt*, § 383 Rn. 13). Hier können die Entstehungsgeschichte der Tat, die Art der Tatausführung oder die Auswirkungen der Tat maßgebliche Bestimmungsgrößen (*Meyer-Goßner/Schmitt*, § 153 Rn. 4) sein. Das öffentliche Interesse ist bei der Feststellung des Grades der Schuld nicht relevant, weil dieses bereits nach § 376 Prüfungsgegenstand war. Auf Basis der verfassungsrechtlich garantierten Unschuldsvermutung kann bei einer Einstellung vor der Hauptverhandlung die Schuld wie bei § 153 zunächst nur hypothetisch festgestellt werden. In der Hauptverhandlung ist zunächst Schuldspruchreife herzustellen (BVerfGE 74, 358; *Krehl*, NJW 1988, 3254). Erweist sich die Tat dann als nicht so gravierend, kann nach § 383 Abs. 2 verfahren werden.

9 **3. Weitere Voraussetzungen.** Die Einstellung nach Abs. 2 ist nach Ablauf der Frist gem. § 382 im Zwischenverfahren in jeder weiteren Lage des Verfahrens, also auch im Berufungs- oder Revisionsverfahren möglich, § 390 Abs. 5 S. 1 (LR/*Hilger*, § 383 Rn. 28). Weiterhin ist eine Einstellung i.R.d. Beschwerde des Verletzten gegen die Zurückweisung seiner Privatklage nach Abs. 1 gem. Abs. 2 nicht ausgeschlossen (BayObLGSt 1952, 94). Die Einstellung erfolgt im Beschlusswege, § 383 Abs. 2 S. 3. Dies gilt auch bei Teileinstellungen (vgl. BGHSt 17, 194, 200; LR/*Hilger*, § 383 Rn. 27; a. A. KK-StPO/*Senge*, § 383 Rn. 12).

10 Die Einstellung nach § 383 Abs. 2 erfordert nicht die **Zustimmung** der Parteien (KK-StPO/*Senge*, § 383 Rn. 10), auch die StA wird nicht beteiligt. Anders als im Fall einer Einstellung nach § 153 Abs. 2 S. 1 wird dem Beschuldigten zugemutet, dass er mit der Feststellung der geringen Schuld nach Erhebung der Privatklage leben muss. Einen Anspruch auf Freispruch normiert die Vorschrift nicht. Erforderlich ist aber, dass die Partei, die durch die Einstellung einen Nachteil erleidet, angehört wird, §§ 385 Abs. 1 S. 1 i.V.m. 33 Abs. 3 (vgl. BVerfGE 8, 208). Dies ist nicht nur der Privatkläger, dessen Verfolgungsinteresse durch die Einstellung negiert wird, sondern auch der Beschuldigte, wenn eine ihm nachteilige Kostenentscheidung ergeht (BVerfGE 25, 40, 43). Die mögliche Kostentragungspflicht nach §§ 471 Abs. 2, Abs. 3 Nr. 2 kann ist im Hinblick auf die Unschuldsvermutung für den Beschuldigten sanktionsähnlichen Charakter haben. Insofern ist vor einer Anwendung von Abs. 3 Nr. 2 dessen Schuld festzustellen (BVerfGE 74, 358; krit. *Krehl*, NJW 1988, 3254).

11 **C. Rechtsmittel.** Dem Angeklagten stehen gegen den **Eröffnungsbeschluss** weder im Privatklageverfahren noch im Offizialverfahren nach § 207 Rechtsmittel zu, § 210 Abs. 1. Dies gilt aufgrund fehlender Beschwer erst recht für den Privatkläger (KK-StPO/*Senge*, § 383 Rn. 8). Gegen die **Zurückweisung** kann der Privatkläger die **sofortige Beschwerde** nach § 311 erheben, § 390 Abs. 1 S. 1 i.V.m. § 210 Abs. 2.

12 Der **Einstellungsbeschluss** ist für den Privatkläger mit der **sofortigen Beschwerde** nach § 311 anfechtbar, Abs. 2 S. 3. Der StA steht kein Beschwerderecht zu, da sie bislang nicht am Verfahren beteiligt ist. Will sie das Verfahren übernehmen, kann die sofortige Beschwerde gegen die Einstellung nach Abs. 2 zugleich als Übernahme des Verfahrens nach § 377 Abs. 2 S. 2 angesehen werden (*Meyer-Goßner/Schmitt*, § 383 Rn. 23). Die im Einstellungsbeschluss enthaltene Kostenentscheidung kann von beiden Parteien gesondert mit der sofortigen Beschwerde angegriffen werden, § 464 Abs. 3 S. 1 (KK-StPO/*Senge*, § 383 Rn. 14).

13 Mit der Zurückweisung der Privatklage entsteht eine **Sperrwirkung** für eine erneute Klageerhebung (KMR/*Stöckel*, § 383 Rn. 31). Eine **Wiederaufnahme** nach §§ 359 ff. ist hingegen bei Beschlüssen

nicht statthaft (str. OLG Bremen, NJW 1959, 353; OLG Neustadt, NJW 1961, 2363, LR/*Hilger*, § 383 Rn. 43).

§ 384 StPO Weiteres Verfahren.

(1) ¹Das weitere Verfahren richtet sich nach den Vorschriften, die für das Verfahren auf erhobene öffentliche Klage gegeben sind. ²Jedoch dürfen Maßregeln der Besserung und Sicherung nicht angeordnet werden.
(2) § 243 ist mit der Maßgabe anzuwenden, dass der Vorsitzende den Beschluss über die Eröffnung des Hauptverfahrens verliest.
(3) Das Gericht bestimmt unbeschadet des § 244 Abs. 2 den Umfang der Beweisaufnahme.
(4) Die Vorschrift des § 265 Abs. 3 über das Recht, die Aussetzung der Hauptverhandlung zu verlangen, ist nicht anzuwenden.
(5) Vor dem Schwurgericht kann eine Privatklagesache nicht gleichzeitig mit einer auf öffentliche Klage anhängig gemachten Sache verhandelt werden.

A. Allgemeines. Nach der allgemeinen Verweisung in Abs. 1 folgt das Verfahren im Weiteren den für **Offizialdelikte geltenden Regeln**, also im Wesentlichen den §§ 213 bis 275 sowie den Vorschriften über Rechtsmittel, Wiederaufnahme und Kosten. Abweichungen ergeben sich aus den Abs. 2 bis 4, aber auch aus dem Umstand, dass dem Privatklageverfahren kein Ermittlungsverfahren vorausgeht und der Privatkläger nicht vollumfänglich der StA gleichgestellt werden kann (LR/*Hilger*, § 384 Rn. 1). Schließlich ist zu berücksichtigen, dass ein Privatkläger als Partei auftritt und daher eine andere Motivlage hat, als ein Staatsanwalt, der nach § 160 Abs. 2 zur Objektivität verpflichtet ist (AK-StPO/ *Rössner*, § 384 Rn. 3).

So ergeben sich Besonderheiten bei **prozessualen Zwangsmaßnahmen**. Bspw. darf nach § 377 kein Haftbefehl erlassen werden, weil solche gravierenden Rechtseingriffe bei fehlendem öffentlichem Interesse nicht verhältnismäßig sind (*Meyer-Goßner/Schmitt*, § 384 Rn. 5). Unter besonderer Berücksichtigung des Verhältnismäßigkeitsgrundsatzes können prozessuale Zwangsmaßnahmen wie Beschlagnahmen und Durchsuchungen im Einzelfall zulässig sein (KMR/*Stöckel*, § 384 Rn. 2; LR/*Hilger*, § 384 Rn. 20 ff.)

B. Besonderheiten des Privatklageverfahren. I. Maßregeln der Besserung und Sicherung (Abs. 1 Satz 2) Maßregeln der Besserung und Sicherung gem. §§ 61 ff. StGB sind im Privatklageverfahren **nicht zulässig**. Hält das Gericht eine solche nach dem Lauf der Verhandlung für erforderlich, liegt insofern ein Verfahrenshindernis vor. Das Gericht muss im Hauptverfahren das Verfahren nach § 206a einstellen bzw. in der Hauptverhandlung ein Einstellungsurteil nach § 389 Abs. 1 erlassen (*Meyer-Goßner/Schmitt*, § 384 Rn. 11) und die StA informieren.

II. Verlesung des Eröffnungsbeschlusses (Abs. 2) Der Gang der **Hauptverhandlung** entspricht dem im Offizialverfahren, jedoch mit der Besonderheit, dass statt der Verlesung des Anklagesatzes durch die StA (§ 243 Abs. 3 S. 1) der Eröffnungsbeschluss durch den Vorsitzenden verlesen wird.

III. Weitere Beweisaufnahme (Abs. 3) Die weitere Beweisaufnahme wird i.R.d. gerichtlichen **Aufklärungspflicht** nach § 244 Abs. 2 vom Vorsitzenden bestimmt, der zwar das Strengbeweisverfahren der StPO anzuwenden hat (*Schroth* Rn. 417), jedoch keinen weiteren Vorgaben folgen muss. Es ist an die Ablehnungsgründe des § 244 Abs. 3, 4 nicht gebunden und hat daher einen größeren Ermessensspielraum (*Meyer-Goßner/Schmitt*, § 384 Rn. 14; AnwK/*Schwätzler*, § 384 Rn. 5). Zwar können die Parteien weiterhin **Beweisanträge** stellen, diese sind wegen der fehlenden Bindung des Gerichts an die Ablehnungsgründe der §§ 244 Abs. 2 bis 4 und 245 (KK-StPO/*Senge*, § 384 Rn. 3) aber lediglich als Beweisanregungen zu verstehen. Das Gericht ist in gewissen Grenzen sogar befugt, eine sonst grds. unzulässige Beweisantizipation vornehmen (zurückhaltend LR/*Hilger*, § 384 Rn. 7). Es kann bspw. die Sachlage gegeben sein, dass das Gericht einen konkreten Sachverhalt bereits für erwiesen hält und es als aussichtslos erscheint, dass durch das angebotene Beweismittel eine Änderung der richterlichen Überzeugungsbildung eintritt (vgl. *Schroth* Rn. 417).

§ 385 StPO Stellung des Privatklägers; Ladung; Akteneinsicht

6 Formal erfordert die Ablehnung eines Beweisantrags nach § 244 einen gerichtlichen Beschluss, der begründet werden muss, § 244 Abs. 6 (AK-StPO/*Rössner*, § 384 Rn. 9). Hieraus müssen die tragenden rechtlichen Gründe hervorgehen (BayObLGSt 1970, 41), da nur so eine wirksame Kontrolle des gerichtlichen Ermessens sichergestellt werden kann (LR/*Hilger*, § 384 Rn. 6). Stützt sich das Gericht auf einen der Ablehnungsgründe nach § 244 Abs. 2 bis 4 oder § 245 Abs. 2, hat es die im Offizialverfahren geltenden Voraussetzungen zu beachten (*Meyer-Goßner/Schmitt*, § 384 Rn. 15).

7 **IV. Veränderung des rechtlichen Gesichtspunkts und Nachtragsanklage (Abs. 4)** Das Gericht muss nach § 265 Abs. 1 auf die Veränderung des rechtlichen Gesichtspunktes ebenso wie im Offizialverfahren hinweisen. Abs. 4 beseitigt aber das nach § 265 Abs. 3 bestehende Recht, eine Aussetzung der Hauptverhandlung zu verlangen, um sich gegen den neuen Vorwurf umfassend verteidigen zu können. Ist der Angeklagte unverteidigt, kann gleichwohl eine Aussetzung geboten sein, wenn eine Verletzung des rechtlichen Gehörs (Art. 103 Abs. 1 GG) möglich ist.
Mit Zustimmung des Angeklagten kann – unter entsprechender Anwendung von § 266 – der Privatkläger Nachtragsanklage bzgl. weiterer Taten erheben (KK-StPO/*Senge*, § 384 Rn. 4).

8 **V. Verbindung mit Schwurgerichtsverfahren (Abs. 5)** Die Bestimmung des Abs. 5 hat heute keine praktische Bedeutung mehr. Sie stammt aus einer Zeit, als Pressevergehen noch vor den Schwurgerichten verhandelt wurden (LR/*Hilger*, § 384 Rn. 19). Die StA wird das Verfahren nach § 377 übernehmen, sollte sie tatsächlich eine Verbindung mit einer Schwurgerichtssache für sinnvoll erachten (*Meyer-Goßner/Schmitt*, § 384 Rn. 17).

§ 385 StPO Stellung des Privatklägers; Ladung; Akteneinsicht.

(1) ¹Soweit in dem Verfahren auf erhobene öffentliche Klage die Staatsanwaltschaft zuzuziehen und zu hören ist, wird in dem Verfahren auf erhobene Privatklage der Privatkläger zugezogen und gehört. ²Alle Entscheidungen, die dort der Staatsanwaltschaft bekannt gemacht werden, sind hier dem Privatkläger bekannt zu geben.
(2) Zwischen der Zustellung der Ladung des Privatklägers zur Hauptverhandlung und dem Tag der letzteren muss eine Frist von mindestens einer Woche liegen.
(3) ¹Das Recht der Akteneinsicht kann der Privatkläger nur durch einen Anwalt ausüben. ²§ 147 Abs. 4 und 7 sowie § 477 Abs. 5 gelten entsprechend.
(4) In den Fällen der §§ 154a und 430 ist deren Absatz 3 Satz 2 nicht anzuwenden.
(5) ¹Im Revisionsverfahren ist ein Antrag des Privatklägers nach § 349 Abs. 2 nicht erforderlich. ²§ 349 Abs. 3 ist nicht anzuwenden.

1 **A. Allgemeines.** Im Privatklageverfahren hat der Privatkläger im Wesentlichen dieselben Rechte wie der Staatsanwalt im Offizialverfahren. Abweichungen von diesem Grundsatz sind in den Abs. 2 bis 4 geregelt. Darüber hinaus stehen dem Privatkläger **keine staatsanwaltschaftlichen Befugnisse** zu, soweit diese mit deren hoheitlichen Aufgaben verknüpft sind (KMR/*Stöckel*, § 385 Rn. 1). Er hat bspw. das Recht auf Anwesenheit in der Hauptverhandlung, auf Stellung von Beweisanträgen, auf die Befragung von Zeugen und Sachverständigen (§ 240 Abs. 2) und auf das Halten eines Plädoyers gem. § 258 Abs. 1 (*Meyer-Goßner/Schmitt*, § 385 Rn. 3).

2 Umgekehrt treffen den Privatkläger auch verschiedene prozessuale Pflichten der StA nicht. So ist er anders als der Staatsanwalt nach § 160 Abs. 2 nicht gehalten, auch die zur Entlastung dienenden Tatsachen zu erforschen oder vorzutragen. Er ist insofern nicht zur Objektivität verpflichtet, sondern kann einseitig seine Parteiinteressen verfolgen (AK-StPO/*Rössner*, § 385 Rn. 3).

3 Bedingt durch seine hervorgehobene Stellung im Privatklageverfahren kann der Verletzte nach herrschender Meinung **nicht Zeuge sein** (BayObLG, NJW 1961, 2318; KK-StPO/*Senge*, § 384 Rn. 2). Er ist allerdings aus Abs. 1 S. 1 i.V.m. § 33 Abs. 1 und 2, sowie Art. 103 Abs. 1 GG (vgl. BVerfGE 14, 8) durch das Gericht zu hören. Seine Angaben dürfen – sofern sie vom Gericht für glaubhaft erachtet werden – der Entscheidung ebenso zugrunde gelegt werden, wie die des Angeklagten (BayObLG, MDR 1953, 377). Der Privatkläger unterliegt allerdings der Wahrheitspflicht, die ihn auch nicht vor

einer Verfolgung wegen falscher Verdächtigung (§ 164 StGB), Vortäuschens einer Straftat (§ 145d StGB) oder Verleumdung (§ 187 StGB) schützt (LR/*Hilger*, § 385 Rn. 2).

B. Bekanntgabe von Entscheidungen (Abs. 1 S. 2) Entscheidungen, welche dem Privatkläger nach Abs. 1 S. 2 bekannt zu geben sind, werden nach § 35 Abs. 2 S. 1 zugestellt. Bei fristgebundenen Rechtsbehelfen ist die Entscheidung mit einer Rechtsbehelfsbelehrung zu versehen, § 35a S. 1. Eine Zustellung an den Anwalt des Verletzten ist nach § 378 S. 2 möglich. Im Fall der Widerklage soll dies in entsprechender Anwendung von § 145a Abs. 2 nur gelten, wenn der RA ausdrücklich zur Verteidigung gegen die Widerklage bevollmächtigt ist (*Meyer-Goßner/Schmitt*, § 385 Rn. 5). 4

C. Ladung des Privatklägers (Abs. 2) Die Ladung des Privatklägers zur Hauptverhandlung hat unter Beachtung der Wochenfrist gem. § 217 Abs. 1 zu erfolgen. Bei Nichtbeachtung der Frist kann der Privatkläger die Aussetzung des Verfahrens nach § 217 Abs. 2 verlangen oder auf die Einhaltung der Frist verzichten, § 217 Abs. 3 (*Meyer-Goßner/Schmitt*, § 385 Rn. 8). In der Ladung ist auf die Nachteile hinzuweisen, die ihm im Fall des Ausbleibens drohen. Zu beachten ist hier die **Rücknahmefiktion nach § 391 Abs. 2 und 3**. 5

D. Akteneinsichtsrecht (Abs. 3) Der Privatkläger kann ebenso die Akten einsehen wie der Angeklagte. Nach Abs. 3 Satz 1 kann er dieses Recht allerdings nur über einen Anwalt ausüben, § 147 Abs. 1, und zwar auch dann, wenn der Privatkläger selbst RA ist (*Meyer-Goßner/Schmitt*, § 385 Rn. 9). Einem anwaltlich nicht vertretenen Privatkläger können nach Abs. 3 S. 2 i.V.m. § 147 Abs. 7 S. 1 unter den dort genannten Voraussetzungen lediglich Auskünfte und Abschriften aus den Akten erteilt werden. Die Beschränkungen des § 406e gelten nicht (LR/*Hilger*, § 385 Rn. 13). Eine Verwendung der Informationen aus der Akte zu verfahrensfremden Zwecken erfordert die Zustimmung der Akteneinsicht gewährenden Stelle, § 477 Abs. 5 (AnwK-StPO/*Schwätzler*, § 385 Rn. 7). 6

E. Beschränkung der Strafverfolgung (Abs. 4) Aufgrund der Verweisung in Abs. 4 auf die Vorschriften der §§ 154a, 430, kann auch im Privatklageverfahren eine Beschränkung der Verfolgung auf bestimmte Teile einer prozessualen Tat erfolgen. Hierzu muss der **Privatkläger** entsprechend § 154a Abs. 2 bzw. § 430 Abs. 2 seine **Zustimmung erklären** (AK-StPO-*Rössner*, § 385 Rn. 8). Solange die StA das Verfahren nicht nach § 377 Abs. 2 übernommen hat, kann sie keinen Einfluss auf die Verfolgungsbeschränkung nehmen. Allerdings hat sie die Möglichkeit, die Wiedereinbeziehung bereits ausgesonderter Teile einer Tat zu beantragen. Dies kann der Privatkläger ausdrücklich nicht, weil die Vorschriften der §§ 154a Abs. 3 S. 2, 430 Abs. 3 S. 2 im Privatklageverfahren für nicht anwendbar erklärt sind (KK-StPO/*Senge*, § 385 Rn. 9). Der Privatkläger ist aber sowohl bei einer Beschränkung der Verfolgung als auch bei einer Wiedereinbeziehung anzuhören (KMR/*Stöckel*, § 385 Rn. 9). § 154 ist im Privatklageverfahren nach wohl herrschender Meinung nicht anwendbar, (LG Regensburg, JR 1990, 255 m. Anm. *Hilger*; *Meyer-Goßner/Schmitt*, § 385 Rn. 10). 7

F. Revision (Abs. 5) Die Vorschriften über die Revision nach §§ 333 ff. sind mit einer Ausnahme uneingeschränkt anwendbar: Soweit das Gericht die Revision eines der Beteiligten für offensichtlich unbegründet hält, kann es von der Möglichkeit des § 349 Abs. 2 auch ohne Antrag des Privatklägers Gebrauch machen, Abs. 5 S. 1 (KK-StPO/*Senge*, § 385 Rn. 10). In der Konsequenz ist nach Abs. 5 S. 2 auch das weiter vorgesehene Verfahren nach § 349 Abs. 3 entbehrlich. 8

§ 386 StPO Ladung von Zeugen und Sachverständigen.

(1) Der Vorsitzende des Gerichts bestimmt, welche Personen als Zeugen oder Sachverständige zur Hauptverhandlung geladen werden sollen.
(2) Dem Privatkläger wie dem Angeklagten steht das Recht der unmittelbaren Ladung zu.

A. Allgemeines. Das Gericht hat auch bei der Privatklage seiner Amtsaufklärungspflicht nach § 244 Abs. 2 (*Meyer-Goßner/Schmitt*, § 386 Rn. 1) nachzukommen. Da im Privatklageverfahren die 1

StA nicht neben dem Privatkläger tätig wird, ist es Aufgabe des Vorsitzenden, die verfahrensrelevanten Zeugen und Sachverständigen zu laden und sonstige Beweismittel herbeizuschaffen. Eine Beschränkung auf die von den Parteien benannten Beweismittel sieht das Gesetz nicht vor; andererseits ist der Verfahrensstoff auf den Gegenstand der Privatklage beschränkt. Das Gericht hat jedenfalls den Beteiligten mitzuteilen, welche Personen geladen werden, § 222 Abs. 1 S. 1.

2   **B. Unmittelbare Ladung (Abs. 2)** Daneben steht dem Privatkläger und dem Angeklagten sowie deren RA (§§ 378, 387) das Recht zur **unmittelbaren Ladung** nach §§ 220, 38 zu. Das Gericht ist zu einer Vernehmung der unmittelbar geladenen Personen wiederum unter den Voraussetzungen der §§ 384 Abs. 3, 244 Abs. 2 verpflichtet (KK-StPO/*Senge*, § 386 Rn. 2).

3   **C. Berufungsverfahren.** Im Berufungsverfahren sind die Vorschriften der §§ 324, 325 anwendbar, jedoch ist anstelle der Zustimmung der StA nach §§ 324 Abs. 1 S. 2, 325 Abs. 1 diejenige des Privatklägers erforderlich (OLG Königsberg, JW 1928, 2293; KMR/*Stöckel*, § 386 Rn. 3).

§ 387 StPO Vertretung in der Hauptverhandlung.

(1) In der Hauptverhandlung kann auch der Angeklagte im Beistand eines Rechtsanwalts erscheinen oder sich auf Grund einer schriftlichen Vollmacht durch einen solchen vertreten lassen.
(2) Die Vorschrift des § 139 gilt für den Anwalt des Klägers und für den des Angeklagten.
(3) Das Gericht ist befugt, das persönliche Erscheinen des Klägers sowie des Angeklagten anzuordnen, auch den Angeklagten vorführen zu lassen.

1   **A. Allgemeines; Vertretung (Abs. 1 und 2)** Der Privatkläger und der Angeklagte sind **grds. zur Anwesenheit** in der Hauptverhandlung **verpflichtet**. Die Entbindung von der Anwesenheitspflicht ist nach § 233 auch im Privatklageverfahren möglich (*Meyer-Goßner/Schmitt*, § 387 Rn. 1).

2   Der Privatkläger kann sich nach § 378 eines **anwaltlichen Beistands** bedienen oder sich durch einen Anwalt vertreten lassen. Referendare können aufgrund des Abs. 2 i.V.m. § 139 unter den dort genannten Voraussetzungen auf beiden Seiten tätig werden, ebenso Hochschullehrer nach § 138 Abs. 3, sowie andere Personen, letztere allerdings nur mit Zustimmung des Gerichts. Im Fall der Vertretung muss eine schriftliche Vollmacht vorliegen (*Meyer-Goßner/Schmitt*, § 387 Rn. 4).

3   Für den Angeklagten gelten die allgemeinen Vorschriften des ersten und zweiten Buches. In seltenen Fällen kann bei besonderer Schwierigkeit der Sach- oder Rechtslage (vgl. KK-StPO/*Senge*, § 387 Rn. 5) dem Angeklagten ein Pflichtverteidiger nach § 140 Abs. 2 beigeordnet werden (LR/*Hilger*, § 387 Rn. 22).

4   **B. Anordnung der persönlichen Erscheinens (Abs. 3, 1. Alt.)** In der Praxis wird regelmäßig das persönliche **Erscheinen** beider Parteien nach Abs. 3, 1. Alt. angeordnet, da die Sachverhaltsaufklärung dadurch erheblich erleichtert wird und die Möglichkeit einer Verfahrenserledigung durch Vergleich geschaffen wird (*Meyer-Goßner/Schmitt*, § 387 Rn. 6). Die Anordnung kann wegen § 305 von beiden Parteien nicht mit der Beschwerde angegriffen werden (OLG Celle, NJW 1953, 1933). Eine solche Anordnung ist auch im Berufungsverfahren, nicht aber in der Revision möglich (AnwK/*Schwätzler*, § 387 Rn. 6).

5   **C. Folgen des Ausbleibens.** Erscheinen Privatkläger oder Angeklagter trotz Anordnung des persönlichen Erscheinens nicht, ergeben sich nach Ablauf einer gewissen Wartezeit (i.d.R. 15 Minuten, vgl. § 329 Rn. 14f) verschiedene Konsequenzen: Bleibt der Privatkläger der Hauptverhandlung fern, gilt nach § 391 Abs. 2 die Privatklage als zurückgenommen. Das Verfahren wird gem. § 260 Abs. 3 mit Urteil eingestellt; die Berufung des Privatklägers wird in diesem Fall nach § 391 Abs. 3 verworfen. Zwangsmaßnahmen gegen den Privatkläger sind gesetzlich nicht vorgesehen (KMR/*Stöckel*, § 387 Rn. 9).

6   Verletzt der Angeklagte seine Anwesenheitspflicht, ist eine Verhandlung auch ohne ihn nach § 232 möglich (*Meyer-Goßner/Schmitt*, § 387 Rn. 1). Liegen die Voraussetzungen nicht vor, ist die Hauptverhand-

lung ohne Anwesenheit des Angeklagten nicht möglich. Es kann dann nach Abs. 3, 2. Alt. der Angeklagte **vorgeführt** werden. Ein Haftbefehl nach § 230 Abs. 2, 2. Alt. ist in § 387 nicht zulässig. I.Ü. gelten die Vorschriften der §§ 230 bis 233. Eine Berufung des Angeklagten wird im Fall des Ausbleibens nach § 329 Abs. 1 verworfen (*Meyer-Goßner/Schmitt*, § 387 Rn. 8).

§ 388 StPO Widerklage. (1) Hat der Verletzte die Privatklage erhoben, so kann der Beschuldigte bis zur Beendigung des letzten Wortes (§ 258 Abs. 2 Halbsatz 2) im ersten Rechtszug mittels einer Widerklage die Bestrafung des Klägers beantragen, wenn er von diesem gleichfalls durch eine Straftat verletzt worden ist, die im Wege der Privatklage verfolgt werden kann und mit der den Gegenstand der Klage bildenden Straftat in Zusammenhang steht.
(2) ¹Ist der Kläger nicht der Verletzte (§ 374 Abs. 2), so kann der Beschuldigte die Widerklage gegen den Verletzten erheben. ²In diesem Falle bedarf es der Zustellung der Widerklage an den Verletzten und dessen Ladung zur Hauptverhandlung, sofern die Widerklage nicht in der Hauptverhandlung in Anwesenheit des Verletzten erhoben wird.
(3) Über Klage und Widerklage ist gleichzeitig zu erkennen.
(4) Die Zurücknahme der Klage ist auf das Verfahren über die Widerklage ohne Einfluss.

A. Allgemeines. Die Widerklage ist eine Spielart der Privatklage, ausgehend von der Grundannahme, dass private Konflikte selten klar erkennen lassen, wer Täter und wer Opfer ist. Gerade länger andauernde Auseinandersetzungen zwischen den Parteien führen regelmäßig zu wechselseitigen strafrechtlich relevanten Rechtsgutverletzungen (vgl. BVerfGE 74, 358; AK-StPO/*Rössner*, § 388 Rn. 1). Durch die Option einer Widerklage kann der Beschuldigte seine prozessuale Rolle verlassen, seine Interessen offensiv vertreten und ebenfalls einer gerichtlichen Entscheidung zuführen. Eine Gesamtlösung des komplexen Geschehens kann so verfahrensökonomischer erreicht werden als bei der Durchführung getrennter Verfahren. 1
Die Privatklage gegen einen jugendlichen Beschuldigten ist zwar gem. § 80 Abs. 2 JGG unzulässig, jedoch kann gegen einen Jugendlichen, der Privatklage erhoben hat, mit der Widerklage nach § 388 vorgegangen werden. Eine Jugendstrafe (§ 80 Abs. 2 S. 2 JGG) oder Erziehungsmaßregeln (§ 104 Abs. 4 S. 1 JGG) können auf diesem Weg aber nicht verhängt werden.
Der Beschuldigte hat auch die Option, gegen den Privatkläger eine **selbstständige Privatklage** zu erheben. Beide Privatklagen können nach § 237 durch das Gericht verbunden werden – auch wenn beide Verfahren in keinem Zusammenhang nach § 388 Abs. 1 a.E. stehen (KK-StPO-*Senge*, § 388 Rn. 8). Die Umdeutung in eine unselbstständige Widerklage ist regelmäßig nicht möglich (OLG Düsseldorf, NJW 1954, 123). 2
Die Widerklage folgt im Wesentlichen den Regelungen über die Privatklage. Besonderheiten ergeben sich bei den Vorschriften über die Sicherheitsleistung, den Gebührenvorschuss und den Sühneversuch (§§ 379 bis 380), die allesamt bei der Widerklage keine Anwendung finden. Hieraus kann sich für den Privatkläger ein gesteigertes Kostenrisiko ergeben, da der Widerkläger finanziell nicht in Vorleistung gehen muss.

B. Voraussetzungen. I. Zulässige Privatklage. Die Widerklage setzt voraus, dass bereits eine **zulässige Privatklage anhängig** ist; bei einer öffentlichen Klage ist sie nicht statthaft. War die Privatklage unzulässig, ist auch die Widerklage unzulässig (BayObLGSt 1952, 14). Wird die Privatklage erst im Lauf des Verfahrens unzulässig (so bspw. durch Rücknahme des Strafantrags oder Übernahme der Verfolgung durch die StA), so bleibt die Widerklage wirksam und wird als (abgetrennte) Privatklage fortgeführt (LR/*Hilger*, § 388 Rn. 3). 3

II. Zeitpunkt. Erst mit der Erhebung der Privatklage (§ 381) besteht die Möglichkeit zur Widerklage. Sie endet nach Abs. 1 mit der Beendigung des letzten Wortes vor dem Strafrichter in erster Instanz. Im Fall einer Aufhebung und Zurückverweisung des Verfahrens kann erneut Widerklage erhoben werden (LR/*Hilger*, § 388 Rn. 6). 4

5 **III. Privatklagedelikt.** Die Widerklage kann nur auf den Tatvorwurf eines Privatklagedelikts nach § 374 Abs. 1 gestützt werden. Dies bedeutet, dass auch der Widerkläger rechtzeitig Strafantrag gegen den Privatkläger stellen muss (KMR/*Stöckel*, § 388 Rn. 2). Ggf. hilft die Verlängerung der Antragsfrist nach § 77c StGB.

6 **IV. Zusammenhang.** Zwischen den mit Privat- und Widerklage verfolgten Taten muss nach Abs. 1 ein Zusammenhang bestehen. Eine bestimmte rechtliche Qualität dieses Zusammenhangs, etwa eine Wechselseitigkeit entsprechend § 77c StGB oder eine Erwiderung »auf der Stelle« (§ 199 StGB) innerhalb eines einheitlichen Geschehensablaufs wird nicht gefordert (LR-Hilger, § 388 Rn. 13). Ausreichend ist ein »**loser**« Zusammenhang (BGHSt 17, 194, 197), sodass eine gemeinsame Verhandlung der Taten zweckmäßig erscheint (*Meyer-Goßner/Schmitt*, § 388 Rn. 7).

7 **V. Parteienidentität (Abs. 2)** Regelmäßig wird der Privatkläger derjenige sein, gegen den die Widerklage geführt wird. Nachdem aber auch der Strafantragsberechtigte nach § 374 Abs. 2 die Privatklage erheben kann, können der Privatkläger und der Verletzte, gegen den die Widerklage geführt wird, auseinanderfallen. Diesem Umstand trägt Abs. 2 S. 1 Rechnung. Praktisch spielt die Regelung heute nur noch bei Privatklagen von Vorgesetzten, bestimmten Gewerbetreibenden und gewerblichen Interessenverbänden eine Rolle. Notwendig ist in diesen Fällen, dass die Widerklage dem Verletzten zugestellt wird (Abs. 2 S. 2), sofern dieser im Zeitpunkt der Erhebung der Widerklage nicht ohnehin in der Hauptverhandlung zugegen ist, weil er bspw. als Zeuge auftritt.

8 **VI. Gerichtsstand; Formvorschriften.** Unabhängig von der örtlichen Zuständigkeit für die Widerklage (KK-StPO-*Senge*, § 388 Rn. 9), ist das bereits mit der Privatklage befasste Gericht zuständig. Es bleibt auch zuständig, wenn die Privatklage später zurückgenommen wird oder sich sonst erledigt (LR/*Hilger*, § 388 Rn. 19)

Die Widerklage kann in der Hauptverhandlung oder auch außerhalb davon erhoben werden. **In der Hauptverhandlung** genügt gegen den anwesenden Verletzten als nunmehr Beschuldigten des Widerklagedelikts eine mündliche Erklärung (OLG Hamburg, NJW 1956, 1890), die ins Protokoll aufzunehmen ist. **Außerhalb der Hauptverhandlung** muss Bezug genommen werden auf das Privatklageverfahren, in dem sie erhoben werden soll. In beiden Fällen sind die Voraussetzungen des § 381 zu beachten (*Meyer-Goßner/Schmitt*, § 388 Rn. 11 f.).

9 **C. Verfahren und Entscheidung (Abs. 3)** Wie die Privatklage muss auch die Widerklage das Zwischenverfahren nach §§ 382, 383 durchlaufen. Dabei ist auch der Erlass eines **separaten Eröffnungsbeschlusses** für die Widerklage unerlässlich (AK-StPO/*Rössner*, § 388 Rn. 5; LR/*Hilger*, § 388 Rn. 23 ff.; a. A. BayObLG, NJW 1958, 1149: nur bei zwischenzeitiger Zurückweisung der Privatklage).

10 Nach Abs. 3 ist über Klage und Widerklage **gleichzeitig zu entscheiden**, um nach der gemeinsamen Verhandlung den privaten Konflikt einheitlich und umfassend abzuschließen. Trotz des eindeutigen Wortlauts kann von diesem Grundsatz abgewichen werden, wenn eine Fallgestaltung vorliegt, die eine Trennung geboten erscheinen lässt; so bspw., wenn bereits eine der Klagen entscheidungsreif ist oder eine gleichzeitige Entscheidung nicht möglich ist, weil eine der Klage durch Beschluss nach § 383 Abs. 1 zurückgewiesen werden muss (BayObLG, NJW 1958, 1149). Eine Verfahrenstrennung wird zwangsläufig auch dann vorzunehmen sein, wenn nur einer der Verfahrensbeteiligten Rechtsmittel einlegt.

11 **D. Zurücknahme der Privatklage (Abs. 4)** Nimmt der ursprüngliche Privatkläger nach § 391 Abs. 1 seine Klage zurück, wird die Verbindung von Privat- und Widerklage nach Abs. 4 aufgehoben und die Widerklage ab diesem Zeitpunkt als **selbstständige Privatklage** weitergeführt (*Meyer-Goßner/Schmitt*, § 388 Rn. 17). Abs. 4 ist auf sonstige Erledigungen der Privatklage wie die Einstellung nach § 383 Abs. 2 (KK-StPO/*Senge*, § 388 Rn. 12) entsprechend anwendbar, es sei denn, die Privatklage war von Anfang an unzulässig und wird deshalb nach § 383 Abs. 1 zurückgewiesen.

§ 389 StPO Einstellung durch Urteil bei Verdacht eines Offizialdelikts.

(1) Findet das Gericht nach verhandelter Sache, dass die für festgestellt zu erachtenden Tatsachen eine Straftat darstellen, auf die das in diesem Abschnitt vorgeschriebene Verfahren nicht anzuwenden ist, so hat es durch Urteil, das diese Tatsachen hervorheben muss, die Einstellung des Verfahrens auszusprechen.

(2) Die Verhandlungen sind in diesem Falle der Staatsanwaltschaft mitzuteilen.

A. Allgemeines. Das Gericht hat in jeder Verfahrenslage zu prüfen, ob die Voraussetzungen für ein Privatklagedelikt nach § 374 vorliegen. Stellt sich nach Zulassung der Anklage (§ 383) erst in der Hauptverhandlung heraus, dass eine Straftat vorliegt, bei der ein Privatklageverfahren nicht statthaft ist, weil ein Offizialdelikts erkennbar wird, ist eine Einstellung durch Beschluss nicht mehr möglich (vgl. § 260 Abs. 3). In diesem Fall kann das Gericht zunächst nach § 377 Abs. 1 S. 2 verfahren und der StA die Akten vorlegen. Im Fall der Übernahme kann das Verfahren unter Berücksichtigung des § 265 als Offizialverfahren mit einer Verurteilung wegen des Offizialdeliktes abgeschlossen werden. Alternativ ergeht ein Einstellungsurteil nach Abs. 1. Das Gericht muss nicht von der Begehung des Offizialdelikts durch den Angeklagten überzeugt sein, ausreichend ist ein hinreichender Tatverdacht (BayObLGSt 1953, 260).
Wird dieser Umstand nach Zulassung, aber noch vor der Hauptverhandlung deutlich, muss das Verfahren ebenfalls nach § 206a eingestellt werden (*Meyer-Goßner/Schmitt*, § 389 Rn. 2).
Das Gericht wird die Akten i.d.R. der StA nach § 377 Abs. 1 S. 2 zur Übernahme vorlegen, da es gem. Abs. 2 nach Erlass des Einstellungsurteils ohnehin die StA in **Kenntnis** zu setzen hat. 1

2

B. Rechtsfolgen. Ein Einstellungsurteil nach Abs. 1 entfaltet **Rechtskraftwirkung** lediglich in Bezug auf die erhobene Privatklage. Eine erneute Privatklage wegen desselben Sachverhalts ist unzulässig. Da das Urteil aber nichts darüber aussagt, ob tatsächlich wegen eines Offizialdelikts zu verurteilen ist, kann die StA Anklage bei Gericht wegen des Offizialdelikts erheben (LR/*Hilger*, § 389 Rn. 14). Lehnt die StA die Verfolgung der Tat als Offizialdelikt ab, kann der Verletzte das Klageerzwingungsverfahren nach § 172 beschreiten (KMR/*Stöckel*, § 389 Rn. 7).
Spricht das Gericht den Angeklagten umfassend frei, obwohl eigentlich ein Einstellungsurteil nach Abs. 1 hätte ergehen müssen, ist die StA an dieses Urteil gebunden, ein Offizialverfahren damit ausgeschlossen (LG Hamburg, NJW 1947/48, 353). 3

C. Rechtsmittel. Das Einstellungsurteil kann für den Privatkläger und den Angeklagten wie jedes amtsgerichtliche Urteil **mit Berufung und Revision** angefochten werden (§ 390 Abs. 1). Legt die StA Rechtsmittel ein, erklärt sie damit gleichzeitig die Übernahme des Verfahrens, nach § 377 Abs. 2 S. 2 (*Meyer-Goßner/Schmitt*, § 389 Rn. 4). Damit wird das Privatklageverfahren zum Offizialverfahren. Wird der Angeklagte im Privatklageverfahren zunächst verurteilt und erst in der Rechtsmittelinstanz ein Einstellungsurteil nach Abs. 1 erlassen, steht das Verschlechterungsverbot (§ 331) einer höheren Bestrafung im Offizialverfahren entgegen (str. BayObLG, NJW 1971, 148; a.A. *Meyer-Goßner/Schmitt*, § 389 Rn. 6). 4

§ 390 StPO Rechtsmittel des Privatklägers.

(1) ¹Dem Privatkläger stehen die Rechtsmittel zu, die in dem Verfahren auf erhobene öffentliche Klage der Staatsanwaltschaft zustehen. ²Dasselbe gilt von dem Antrag auf Wiederaufnahme des Verfahrens in den Fällen des § 362. ³Die Vorschrift des § 301 ist auf das Rechtsmittel des Privatklägers anzuwenden.
(2) Revisionsanträge und Anträge auf Wiederaufnahme des durch ein rechtskräftiges Urteil abgeschlossenen Verfahrens kann der Privatkläger nur mittels einer von einem Rechtsanwalt unterzeichneten Schrift anbringen.
(3) ¹Die in den §§ 320, 321 und 347 angeordnete Vorlage und Einsendung der Akten erfolgt wie im Verfahren auf erhobene öffentliche Klage an und durch die Staatsanwaltschaft. ²Die Zustellung der Berufungs- und Revisionsschriften an den Gegner des Beschwerdeführers wird durch die Geschäftsstelle bewirkt.

(4) Die Vorschrift des § 379a über die Zahlung des Gebührenvorschusses und die Folgen nicht rechtzeitiger Zahlung gilt entsprechend.
(5) ¹Die Vorschrift des § 383 Abs. 2 Satz 1 und 2 über die Einstellung wegen Geringfügigkeit gilt auch im Berufungsverfahren. ²Der Beschluss ist nicht anfechtbar.

A. Rechtsmittelbefugnis des Privatklägers (Abs. 1) Dem Privatkläger und dem nach § 375 Beigetretenen stehen dieselben Rechtsmittel offen wie sie auch der StA im Offizialverfahren zustehen. Im Fall der Widerklage ist der Privatkläger gestellt wie der Angeklagte (KK-StPO/*Senge*, § 390 Rn. 1). Gegen ein Urteil kann Berufung nach § 312 eingelegt werden, wobei das Berufungsurteil wiederum mit der Revision nach § 333 angegriffen werden kann; eine Sprungrevision nach § 335 ist möglich.
Privatklageberechtigte Personen nach § 374 Abs. 2 sind nur rechtsmittelbefugt, wenn sie selbst Privatklage erhoben haben; § 298 Abs. 1 gilt in Bezug auf den Privatkläger nicht (LR/*Hilger*, § 390 Rn. 2).
Weiterhin setzt die Rechtsmittelbefugnis eine **Beschwer** des Privatklägers voraus (KMR/*Stöckel*, § 390 Rn. 3). Diese ist gegeben, wenn die Entscheidung seinem Rehabilitierungsinteresse durch das Verfahren nicht entsprochen wird (AnwK/*Schwätzler*, § 390 Rn. 3). Das bloße Interesse, eine Rechtsfrage obergerichtlich klären zu lassen, reicht als Beschwer nicht aus; ein solches öffentliches Interesse wird nur der StA eingeräumt (*Meyer-Goßner/Schmitt*, § 390 Rn. 3). Auch wenn der Angeklagte entsprechend dem Antrag des Privatklägers verurteilt worden ist, steht dies der Beschwer nicht entgegen, da dieser im Wege des Rechtsmittelverfahrens eine Verschärfung des Urteils anstreben darf (LR/*Hilger*, § 390 Rn. 5).
Die **Rechtsmittelfrist** beginnt für den Privatkläger – sofern ihm der Verkündungstermin bekanntgegeben wurde – grds. mit der Urteilsverkündung gem. §§ 314 Abs. 1, 341 Abs. 1, unabhängig von seiner Anwesenheit oder Vertretung. Ansonsten mit der Urteilszustellung (vgl. OLG Frankfurt am Main, NStZ-RR 1996, 43; zum Fristbeginn bei Abwesenheit LR/*Hilger*, § 390 Rn. 8 ff.).
Eine **Wiederaufnahme** des Verfahrens kann der Privatkläger nach § 362 nur zuungunsten des Angeklagten anstrengen, S. 2.
Rechtsmittel des Privatklägers wirken nach Abs. 1 S. 3 i.V.m. § 301 regelmäßig auch **zugunsten des Angeklagten**. Anders als die StA kann er allerdings nicht nach § 296 Abs. 2 ausschließlich zugunsten des Angeklagten gegen ein Urteil vorgehen, da er kein Organ der Rechtspflege ist (vgl. LR/*Hilger*, § 390 Rn. 6; a. A. *Kühne* Rn. 252).

B. Revisions- und Wiederaufnahmeverfahren (Abs. 2) Die Stellung eines Revisions- oder Wiederaufnahmeantrages muss nach Abs. 2 durch einen bevollmächtigten **RA schriftlich** erfolgen, wenn nicht der Privatkläger selbst RA ist (KK-StPO/*Senge*, § 390 Rn. 5). Sie kann vom Privatkläger nicht selbst zu Protokoll der Geschäftsstelle (vgl. §§ 345 Abs. 2, 366 Abs. 2) erklärt werden. Der RA übernimmt damit die volle inhaltliche Verantwortung für den Schriftsatz (KMR/*Stöckel*, § 390 Rn. 7).

C. Mitwirkung der StA (Abs. 3) Die StA ist an diesem Verfahren nach Abs. 3 Satz 1 nur insoweit beteiligt, als sie **die Übersendung der Verfahrensakten** an das Rechtsmittelgericht übernimmt. Sie erlangt auf diese Weise Kenntnis von der Einlegung des Rechtsmittels, um eine mögliche Verfahrensübernahme nach § 377 Abs. 2 zu prüfen (*Meyer-Goßner/Schmitt*, § 390 Rn. 8). Die Zustellung der Rechtsmittelschriften bleibt nach Satz 2 Aufgabe der Geschäftsstelle.

D. Gebührenvorschuss (Abs. 4) Die Pflicht zur Zahlung eines Gebührenvorschusses nach § 379a ist als Besonderheit des Privatklageverfahrens nur auf die Rechtsmittel der »Angreifer«, also Privatkläger und Widerkläger, nicht aber auf den Angeklagten oder Widerbeklagten anwendbar (OLG Bamberg, NJW 1949, 835). Wird der dem Rechtsmittelführer auferlegte Vorschuss nicht innerhalb der gesetzten Frist (§ 379a Abs. 1) gezahlt, wird die Rechtsfolge des § 379a Abs. 3 S. 1 ausgelöst und das Rechtsmittel durch Beschluss zurückgewiesen. Hiergegen kann der Privatkläger nach § 379a Abs. 3 S. 2 sofortige Beschwerde einlegen (*Meyer-Goßner/Schmitt*, § 390 Rn. 10).

E. Einstellung wegen Geringfügigkeit im Berufungsverfahren (Abs. 5)
Nach Abs. 5 i.V.m. § 383 Abs. 2 hat das Gericht in jeder Lage des Verfahrens, ausdrücklich auch im Berufungsverfahren bis zum Abschluss des Revisionsverfahrens die Option, das Verfahren wegen Geringfügigkeit einzustellen. Die Einstellung i.R.d. Berufung kann jedoch, im Unterschied zur Einstellung in erster Instanz (§ 383 Abs. 2 S. 3), nicht mit der sofortigen Beschwerde angefochten werden, Abs. 5 Satz 2. Dabei spielt es keine Rolle, ob die Entscheidung irrtümlich als Urteil ergangen ist (BayObLGSt 1951, 302) oder ob die Einstellung Verfahrensmängel aufweist (OLG Celle, NJW 1957, 35). 7

§ 391 StPO Rücknahme der Privatklage; Verwerfung bei Versäumung; Wiedereinsetzung.

(1) ¹Die Privatklage kann in jeder Lage des Verfahrens zurückgenommen werden. ²Nach Beginn der Vernehmung des Angeklagten zur Sache in der Hauptverhandlung des ersten Rechtszuges bedarf die Zurücknahme der Zustimmung des Angeklagten.
(2) Als Zurücknahme gilt es im Verfahren des ersten Rechtszuges und, soweit der Angeklagte die Berufung eingelegt hat, im Verfahren des zweiten Rechtszuges, wenn der Privatkläger in der Hauptverhandlung weder erscheint noch durch einen Rechtsanwalt vertreten wird oder in der Hauptverhandlung oder einem anderen Termin ausbleibt, obwohl das Gericht sein persönliches Erscheinen angeordnet hatte, oder eine Frist nicht einhält, die ihm unter Androhung der Einstellung des Verfahrens gesetzt war.
(3) Soweit der Privatkläger die Berufung eingelegt hat, ist sie im Falle der vorbezeichneten Versäumungen unbeschadet der Vorschrift des § 301 sofort zu verwerfen.
(4) Der Privatkläger kann binnen einer Woche nach der Versäumung die Wiedereinsetzung in den vorigen Stand unter den in den §§ 44 und 45 bezeichneten Voraussetzungen beanspruchen.

A. Allgemeines.
In der Praxis bildet die Rücknahme der Privatklage eine häufig gewählte Variante der Verfahrenserledigung. Dies gilt insb. dann, wenn sie als Bestandteil eines Vergleichs zwischen Privatkläger und Beschuldigtem vereinbart wird. In Abweichung vom Grundsatz des Offizialverfahrens liegt es grds. in der Hand des Privatklägers, ob er das Verfahren weiter vorantreiben will. 1

I. Wirksame Rücknahme.
Die Zurücknahme ist ggü. dem Gericht zu erklären. Außerhalb der Hauptverhandlung kann dies schriftlich oder zu Protokoll der Geschäftsstelle geschehen. In der Hauptverhandlung kann die Rücknahme mündlich erfolgen, die Erklärung ist dann in der Sitzungsniederschrift zu protokollieren. Der beauftragte RA braucht für die Rücknahmeerklärung keine gesonderte Vollmacht (AnwK-StPO/*Schwätzler*, § 391 Rn. 3). Die Rücknahmeerklärung ist als verfahrensbeendende Handlung bedingungsfeindlich. Sie kann weder angefochten, noch widerrufen werden (vgl. OLG Neustadt, NJW 1961, 1984). Ob die Zurücknahme des Strafantrags nach § 77d StGB gleichzeitig als Rücknahme der Privatklage angesehen werden kann, ist ggf. durch das Gericht klarzustellen bzw. durch Auslegung der Erklärung zu ermitteln (LR/*Hilger*, § 391 Rn. 1; KK-StPO/*Senge*, § 391 Rn. 1). 2

Für die Rücknahme sieht das Gesetz keine zeitlichen Beschränkungen vor. Erst mit dem rechtskräftigen Verfahrensabschluss ist die Klagerücknahme ausgeschlossen (KMR/*Stöckel*, § 391 Rn. 1). Die Rücknahme nach ergangenem Urteil setzt dabei weder die Zulässigkeit des Rechtsmittels noch die Einlegung eines Rechtsmittels voraus (LR/*Hilger*, § 391 Rn. 4 f.). 3

Die **Zustimmung des Angeklagten** zur Rücknahme ist nach Abs. 1 S. 2 in erster Instanz nur ab Beginn der Vernehmung nach § 243 Abs. 4 S. 2 erforderlich. Die Regelung ist insofern vergleichbar zur Vorschrift des § 269 Abs. 1 ZPO. Allerdings kann der Privatkläger das Zustimmungserfordernis bei Antragsdelikten umgehen, indem er den gestellten Strafantrag nach § 77d StGB zurücknimmt und auf diese Weise eine Sachentscheidung verhindert (Meyer-Goßner/Schmitt, § 391 Rn. 6). 4

Die **Teilrücknahme** der Privatklage ist zulässig, soweit abtrennbare Teile der Tat existieren. So bspw. bei mehreren verbundenen Privatklagen (LR/*Hilger*, § 391 Rn. 7) oder bei tatmehrheitlichen Privatklagedelikten (§ 53 StGB) bzgl. einzelner materieller Taten (Meyer-Goßner/Schmitt, § 391 Rn. 4). 5

II. Folgen der Klagerücknahme.
Die wirksame Rücknahme der Privatklage hat zur Konsequenz, dass eine wesentliche Prozessvoraussetzung der Privatklage entfällt. Das Verfahren muss in der Folge außerhalb der Verhandlung durch Gerichtsbeschluss bzw. in der Hauptverhandlung durch Urteil 6

nach § 260 Abs. 3 **eingestellt** werden. So wird konstitutiv die Wirkung des gerichtlichen Eröffnungsbeschlusses beseitigt (KK-StPO/*Senge*, § 391 Rn. 10; a. A. KMR/*Stöckel*, § 391 Rn. 7: Beschluss wirkt nur deklaratorisch). Die Kostenentscheidung erfolgt gem. § 471 Abs. 2. Eine wirksam erhobene Widerklage bleibt von der Rücknahme unberührt, § 388 Abs. 4.

7 Die Rücknahme der Privatklage kann sich auf einen vom Privatkläger gestellten **Strafantrag** auswirken. Es ist im Wege der Auslegung der Rücknahmeerklärung des Privatklägers zu ermitteln, ob dieser auch den Strafantrag zurücknehmen will. Im Zweifel kann vermutet werden, **dass der Verletzte keine weitere Strafverfolgung mehr anstrebt und deshalb die Rücknahme des Strafantrages gewollt ist** (AK-StPO/ *Rössner*, § 391 Rn. 3; *Meyer-Goßner/Schmitt*, § 391 Rn. 2).

8 **B. Unterstellung der Rücknahme (Abs. 2)** Nachdem das Gesetz keine Zwangsmittel gegen den Kläger vorsieht und anders als im Offizialverfahren ein ordnungsgemäßer Verfahrensfortgang nicht immer sichergestellt ist, fingiert der Gesetzgeber unter bestimmten Voraussetzungen das Verhalten des Privatklägers nach Abs. 2 als Rücknahme. Dies ist der Fall, wenn er trotz ordnungsgemäßer Ladung gegen seine Anwesenheitspflicht in der Hauptverhandlung verstößt oder wenn er Fristen, die ihm vom Gericht unter Hinweis auf die Rechtsfolge des Abs. 2 gesetzt wurden, nicht einhält. Die Fiktion greift im Fall der Fristversäumung erst ab der Eröffnung des Hauptverfahrens nach § 383 Abs. 1 (OLG Düsseldorf, NJW 1959, 2080).

9 **Entfernt** sich der Privatkläger eigenmächtig vorzeitig aus der Hauptverhandlung, gilt dieses Verhalten aus Nichterscheinen (OLG Bremen, NJW 1957, 474). Eine Abwesenheit während der Urteilsverkündung ist unschädlich, da in diesem Fall eine Verfahrensverzögerung nicht mehr zu befürchten ist (h.M.; BayObLGSt 1962, 37; *Meyer-Goßner/Schmitt*, § 391 Rn. 12; a. A. LR/*Hilger*, § 391 Rn. 31 f.).

10 Ein **Fristversäumnis** ist nach dem Normzweck des Abs. 3 nur dann als Rücknahme zu sehen, wenn sie sich auf eine Handlung bezieht, die für den Fortgang des Verfahrens relevant ist (vgl. KK-StPO/*Senge*, § 391 Rn. 11). Bspw. kann dies bei der fehlenden Behebung von Prozesshindernissen durch den Privatkläger gegeben sein (SK-StPO/*Velten*, § 391 Rn. 24). Handlungen, zu denen der Privatkläger nicht verpflichtet ist, dürfen vom Gericht nicht unter Hinweis auf § 391 Abs. 2 erzwungen werden (KK-StPO/ *Senge*, § 391 Rn. 13). Im Fall der Unterstellung einer Rücknahme hat das Gericht das Verfahren durch Beschluss bzw. Urteil einzustellen. Soweit nach Abs. 1 S. 2 die **Zustimmung des Angeklagten** erforderlich ist, ist diese einzuholen (*Rieß*, NStZ 2000, 120).

11 **C. Fiktion der Berufungsrücknahme (Abs. 3)** Auch im Berufungsverfahren kann der Privatkläger seine Mitwirkungspflichten nach Abs. 2 verletzen. Hier ist die Fiktion des Abs. 2 grds. uneingeschränkt anwendbar. Da eine solche Vorgehensweise den Angeklagten unangemessen belasten würde, wenn ein für ihn günstigeres Urteil zu erwarten ist, gilt über § 390 Abs. 1 S. 3 die Vorschrift des **§ 301 und hat** bei einer nur vom Privatkläger eingereichten Berufung **Vorrang** (ausführlich hierzu mit weiteren Fallgestaltungen *Rieß*, NStZ 2000, 120; *Meyer-Goßner/Schmitt*, § 391 Rn. 17). Hat auch der Angeklagte Berufung eingelegt, ist das Privatklageverfahren nach Abs. 2 einzustellen (LR/*Hilger*, § 391 Rn. 38).

12 **D. Wiedereinsetzung in den vorigen Stand (Abs. 4)** Hat der Privatkläger für das Gericht erkennbar schuldlos Fristen versäumt oder i.Ü. die Voraussetzungen der Abs. 2 oder 3 erfüllt, darf die Berufungsrücknahme nicht unterstellt werden (BayObLGSt 1951, 471). Erkannte das Gericht dies nicht, kann der Privatkläger im Wege der Wiedereinsetzung nach Abs. 4 i.V.m. §§ 44, 45 seine Rechte sowohl für die Versäumung eines Hauptverhandlungstermins als auch einer dem Privatkläger gesetzten Frist (KK-StPO/*Senge*, § 391 Rn. 15) geltend machen.

13 **E. Rechtsmittel.** Gegen den Einstellungsbeschluss nach Abs. 1 und 2 kann mit der sofortigen Beschwerde nach § 311 vorgegangen werden; das Einstellungsurteil i.S.d. § 391 Abs. 2 kann nach § 260 Abs. 3 durch Berufung und Revision überprüft werden. Bei Nichteinstellung nach Abs. 1 oder 2 ist die einfache Beschwerde statthaft (LR/*Hilger*, § 391 Rn. 45).

§ 392 StPO Wirkung der Rücknahme.
Die zurückgenommene Privatklage kann nicht von neuem erhoben werden.

Die Rücknahme der Privatklage bewirkt den Verbrauch der Strafklagebefugnis. Dies gilt sowohl für die 1
erklärte als auch die fingierte Rücknahme nach § 391 Abs. 2 (KK-StPO/*Senge*, § 392 Rn. 1). Auch im
Gewand einer etwaigen Widerklage ist die Privatklage nicht mehr möglich (LR/*Hilger*, § 392 Rn. 1).
Hat der Kläger zunächst irrtümlich die falsche Person verklagt, ist er allerdings nicht gehindert, erneut
Privatklage gegen den richtigen Beschuldigten zu erheben (KK-StPO/*Senge*, § 392 Rn. 1).

Kein Strafklageverbrauch besteht für die StA, welche die prozessuale Tat nunmehr im Offizialverfahren 2
verfolgen kann. Bei absoluten Antragsdelikten wird es häufig an einem wirksamen Strafantrag des Verletzten
fehlen, soweit dieser zusammen mit der Privatklage zurückgenommen wurde (*Meyer-Goßner/
Schmitt*, § 392 Rn. 4). Wer nach § 374 Abs. 2 berechtigt wäre, Strafantrag zu stellen, ist von dem beschränkten
Strafklageverbrauch nicht betroffen (OLG Stuttgart, JR 1953, 349).

§ 393 StPO Tod des Privatklägers.
(1) Der Tod des Privatklägers hat die Einstellung des Verfahrens zur Folge.
(2) Die Privatklage kann jedoch nach dem Tode des Klägers von den nach § 374 Abs. 2 zur Erhebung der Privatklage Berechtigten fortgesetzt werden.
(3) Die Fortsetzung ist von dem Berechtigten bei Verlust des Rechts binnen zwei Monaten, vom Tode des Privatklägers an gerechnet, bei Gericht zu erklären.

A. Verfahrenseinstellung. Da die Privatklage als höchstpersönliches Verfahren **nicht vererb-** 1
lich ist und mit dem Tod des Klägers sich eine weitere strafrechtliche Verfolgung der Opferinteressen
erübrigt, wird das Verfahren außerhalb der Hauptverhandlung durch Beschluss (§ 206a), während laufender
Hauptverhandlung durch Urteil nach § 260 Abs. 3 eingestellt (LR/*Hilger*, § 393 Rn. 1). Die
Verfahrenskosten sind dann den Erben aufzuerlegen (OLG Celle, NJW 1971, 2182, eine analoge Anwendung
von § 471 Abs. 3 scheidet aus, BayObLG, NJW 1959, 2274).
Umstritten ist, ob der Einstellungsbeschluss das Verfahren konstitutiv beendet (KK-StPO/*Senge*, § 393
Rn. 1) oder lediglich das eingetretene Verfahrenshindernis deklaratorisch feststellt (AK-StPO/*Rössner*,
§ 393 Rn. 2; AnwK/*Schwätzler*, § 393 Rn. 2). Die Frage kann relevant werden, wenn nach dem Tod
des Privatklägers und vor Erlass des Einstellungsbeschlusses die StA das Verfahren nach § 377 Abs. 2
übernehmen will, bspw. weil die Einstellung – auch vor dem Hintergrund der Kostentragungspflicht
der Erben – grob unbillig wäre (*Hartung*, NJW 1950, 672). Soweit diese Fallgestaltung in Betracht
kommt, empfiehlt es sich für das Gericht, vor Erlass des Einstellungsbeschlusses die Zwei-Monats-Frist
des Abs. 3 abzuwarten. Bei fristgerecht erklärter Fortführung muss der Beschluss nach einer sofortigen
Beschwerde wieder aufgehoben werden (*Meyer-Goßner/Schmitt*, § 393 Rn. 1).

B. Fortsetzung der Privatklage (Abs. 2 und 3) Zur Fortsetzung des Privatklageverfah- 2
rens sind nach Abs. 2 nur die in § 374 Abs. 2 genannten Personen berechtigt, wie bspw. der Dienstvorgesetzte
oder nahe Angehörige (ausführlich KK-StPO/*Senge*, § 393 Rn. 2). Die **Absicht der Fortsetzung**
muss ggü. dem Gericht entweder schriftlich oder zu Protokoll der Geschäftsstelle erklärt werden
(*Meyer-Goßner/Schmitt*, § 393 Rn. 6). Die Beschwerde gegen den Einstellungsbeschluss kann als Fortsetzungserklärung
ausgelegt werden (vgl. LR/*Hilger*, § 393 Rn. 6).

Der **Lauf der Zwei-Monats-Frist** beginnt mit dem Tod des Privatklägers; er berechnet sich nach § 43. 3
Bei Versäumung der Frist ist eine Wiedereinsetzung nach § 44 ausgeschlossen. Hierfür spricht der
Wortlaut der Norm, die ausdrücklich vom »Verlust des Rechts« spricht, wie auch das Interesse des Angeklagten,
der Rechtssicherheit haben soll (LR/*Hilger*, § 393 Rn. 7).
Fortgesetzt wird das Verfahren in der Lage, in der es sich im Moment des Todes des Privatklägers befand.
Eine nachträgliche Erweiterung der Privatklage ist nicht möglich (KK-StPO/*Senge*, § 393 Rn. 3).

Vor §§ 395 ff. StPO

§ 394 StPO Bekanntmachung an den Beschuldigten. Die Zurücknahme der Privatklage und der Tod des Privatklägers sowie die Fortsetzung der Privatklage sind dem Beschuldigten bekanntzumachen.

1 Die Bekanntmachung ist in den Fällen der §§ 391 und 393 formlos möglich, da durch sie keine Frist in Gang gesetzt wird (*Meyer-Goßner/Schmitt*, § 394 Rn. 1). Im Fall einer Fortsetzung der Privatklage nach § 393 Abs. 3 oder in Fällen des § 391 Abs. 1 S. 2 empfiehlt sich jedoch förmliche Zustellung nach § 35 Abs. 2, da das Verhalten des Beschuldigten den weiteren Verfahrensgang bestimmt (LR/*Hilger*, § 394 Rn. 2).

Zweiter Abschnitt. Nebenklage

Vorbemerkung zu §§ 395 ff. StPO

Übersicht

		Rdn.			Rdn.
A.	Zweck und Funktion der Nebenklage	1	C.	Funktionswandel der Nebenklage	6
B.	Zulässigkeit der Nebenklage	3	D.	Rechtswirklichkeit der Nebenklage	7

1 **A. Zweck und Funktion der Nebenklage.** Die verfassungsrechtlich anerkannte Nebenklage (BVerfGE 26, 66) gewährleistet ab der Erhebung der öffentlichen Klage ein **umfassendes Beteiligungsrecht** für besonders schutzbedürftige Opfer einer Straftat. Der Nebenkläger ist nicht zur Wahrung des öffentlichen Interesses an der Strafverfolgung berufen, vielmehr soll die Nebenklage den Verletzten insb. durch Frage-, Beanstandungs- und Beweisantragsrechte vor ungerechtfertigten Schuldzuweisungen, Herabwürdigungen und gegen die Leugnung oder Verharmlosung seiner Verletzungen schützen (*Altenhain* JZ 2001, 796). Darüber hinaus kann seine Mitwirkung eine opferbezogene Verfahrensgestaltung fördern (HK-GS/*Rössner* § 395 Rn. 3). Das früher im Vordergrund stehende Genugtuungsinteresse des Verletzten ist seit der Umgestaltung der Nebenklage durch das OpferschutzG v. 18.12.1986, insb. durch Streichung der Rechtsmittelbefugnis bzgl. der Strafzumessung und der Rechtsfolgen gem. § 400 Abs. 1 StPO in den Hintergrund getreten (HK-GS/*Rössner* § 395 Rn. 3). Dem Nebenkläger sollte aber aus Gründender Wahrheitsermittlung und der Verfahrensfairness gleichwohl – zumindest auf Antrag – Gelegenheit gegeben werden, zum Tatgeschehen und zu den Folgen der Tat persönlich Stellung zu nehmen (vgl. seit 2013 § 69 Abs. 2 S. 2).

2 Die **Rechtsstellung** des Nebenklägers entspricht derjenigen eines mit »selbständigen Rechten ausgestatteten Prozessbeteiligten« (BT-Drucks. 10/5305, S. 13 f.). Er kann seit der Neufassung des § 397 Abs. 1 durch das OpferschutzG nicht (mehr) als Gehilfe der StA bezeichnet werden und ist nicht zur Objektivität verpflichtet (KK/*Senge* § 395 Rn. 1). Ihm sind zwar gewisse Rechte eingeräumt, die sonst nur die StA hat, er übt diese aber völlig unabhängig von dieser aus (*Meyer-Goßner/Schmitt* Vor § 395 Rn. 2).

3 **B. Zulässigkeit der Nebenklage.** Die Nebenklage ist im gewöhnlichen Strafverfahren und seit der Änderung des § 395 durch das 1. OpferRRG v. 24.06.2004 auch im **Sicherungsverfahren** zulässig, nachdem der Gesetzgeber der Aufgabe der anderweitigen früheren Rechtsprechung durch BGH 47, 202 (204) gefolgt ist.

4 Im Verfahren gegen **Jugendliche** ist die Nebenklage seit den Änderungen durch das 2. JuMoG v. 22.12.2006 **sachlich begrenzt zulässig** bei schweren Straftaten nach Maßgabe des § 80 Abs. 3, insb. also bei Verbrechen gegen das Leben, die körperliche Unversehrtheit oder die sexuelle Selbstbestimmung. Insoweit tritt der Erziehungsgedanke hinter den berechtigten Opferinteressen zurück. Seit der Neuregelung ist auch für die nahen Angehörigen eines durch eine rechtswidrige Tat Getöteten der Anschluss als Nebenkläger gem. §§ 80 Abs. 3 Satz 2 i.V.m. 395 Abs. 2 Nr. 1 möglich.

5 Im Verfahren gegen **Heranwachsende** ist die Nebenklage ohne die Beschränkungen des § 80 Abs. 3 zulässig (vgl. § 109 JGG) und zwar unabhängig davon, ob der Jugendrichter Jugendstrafrecht oder all-

gemeines Strafrecht anwendet. Dies gilt auch für die Nebenklage gegen den heranwachsenden oder erwachsenen Angeklagten in verbundenen Verfahren gegen Jugendliche und Heranwachsende bzw. Erwachsene (BGHSt 41, 288; OLG Düsseldorf 1994, 299; **a. A.** SK-StPO/*Velten* Vor §§ 395 Rn. 27). Werden im Jugendstrafverfahren Taten verhandelt, die der Angeklagte teils als Jugendlicher und teils als Heranwachsender oder Erwachsender begangen hat, so steht der Erziehungsgedanke einer teilweisen Zulassung der Nebenklage hinsichtlich der Taten, die der Angeklagte als Heranwachsender bzw. Erwachsener begangen hat, nicht entgegen (KK/*Senge* § 395 Rn. 18 m.w.N.; *Brocke* NStZ 2007, 8; **a. A.** OLG Hamburg StraFo 2007, 117; KG NStZ 2007, 44; SK-StPO/*Velten* Vor §§ 395 Rn. 26). Andernfalls würde der Serientäter, der bereits als Jugendlicher schwere Straftaten begangen hat, ggü. anderen Heranwachsenden oder Erwachsenen ohne Vortaten privilegiert.

C. Funktionswandel der Nebenklage. Das OpferschutzG 1986 hat die frühere dysfunktionale Verknüpfung der Anschlussbefugnisse und der prozessualen Rechte der Nebenklage mit der – hauptsächlich auf leichterer Delikte beschränkten – Privatklage, beseitigt und letztere in den §§ 395 bis 302 StPO neu geordnet. Die bis dahin dominante Genugtuungsfunktion der Nebenklage wurde weitgehend durch ihre **Schutzfunktion für besonders schutzbedürftige Verletzte** zur Abwehr von Schuldzuweisungen und unberechtigten Angriffen ersetzt (*Rieß* Gutachten, C 83 ff.; HK-GS/*Rössner* § 395 Rn. 1). Im 2.OpferRRG v. 29.07.2009 wurde diese Konzeption durch die Neuordnung der Anschlussbefugnisse (§ 395 StPO) und die – bereits mit dem ZeugenSchG v. 30.04.1998 eröffnete – Bestellung eines RA auf Antrag des Nebenklägers (§ 397a StPO) fortgesetzt. Die teilweise massive Kritik in der Literatur an diesem Ausbau der Verletztenrechte (z.B. *Roxin/Schünemann* Vor § 62 Rn. 2; *Bung* StV 2009, 430, 435; differenzierend Jahn/Bung StV 2012, 754 ff.; **a. A.** *Böttcher* FS Schöch, S. 929 ff.; *Celebi* ZRP 2009, 110; *Schöch*, in: Dölling/Jehle (Hrsg.), Taten, Täter Opfer 2013, 217 ff.; LR/*Hilger* Vor § 395 Rn. 11: »weitgehend ausgewogene Gestaltung«; skeptischer aber *Hilger* GA 2009, 656 [661]; differenzierend auch *Weigend* FS Schöch, S. 947 ff.) hat den Gesetzgeber nicht beeindruckt. Er hat bei allen Reformschritten darauf hingewiesen, dass aus seiner Sicht durch die gesetzlichen Verbesserungen der Rechtsstellung des Verletzten »*die historisch gewachsenen Verteidigungsbefugnisse des Beschuldigten*« nicht beeinträchtigt werden (E-OpferschutzG BT-Drucks. 10/5305, S. 8) und dass die »*im System des Strafverfahrens grundsätzlich angelegte Rollenverteilung dabei unberührt*« bleibe (BR-Drucks. 178/09, S. 8). Keine der gesetzlichen Reformen hat etwas daran geändert, dass der Beschuldigte sich weiterhin mit den ihm vom Prozessrecht eingeräumten Befugnissen verteidigen darf, selbst wenn dies für den Verletzten belastend ist. Es liegen keinerlei empirische Anhaltspunkte dafür vor, dass die Stärkung der Verletztenrechte die Wahrheitsfindung im Strafprozess beeinträchtigt hat (*Böttcher* FS Schöch S. 929, 941). Rein »*faktische Veränderungen der früheren Situation, die teilweise durch eine unzureichende Berücksichtigung der Verletzteninteressen gekennzeichnet war*«, sind »*in gewissem Umfang hinzunehmen*« (LR/*Rieß* 25. Aufl. Einl. I Rn. 118). Es gibt kein Recht des Beschuldigten, einem hilflosen, uninformierten oder verängstigten Verletzten gegenüberzutreten, der seine Interessen nicht in angemessener Form artikulieren kann. Der Gesetzgeber hat 2013 im Gesetz zur Stärkung der Rechte von Opfern sexuellen Missbrauchs (StORMG), das aus Beratungen des »Runden Tisches« hervorgegangen, ist, weitere Regelungen geschaffen, welche die Belastungen, die auf Opfer sexuellen Missbrauchs im Strafverfahren gegen den Täter zukommen, verringern und den Opfern die Entscheidung, Anzeige zu erstatten, erleichtern sollen. Im Bereich der Nebenklage wurden die Möglichkeiten der unentgeltlichen Beiordnung eines Opferanwalts auf Antrag des Verletzten bei sexuellem Missbrauch behutsam erweitert (§ 397a Abs. 1 Nr. 4 StPO).
All diese Neuerungen begründen kein Recht des Verletzten auf eine Vergeltungsstrafe oder oder gar auf einen neuen Strafzweck der Genugtuung unter Vernachlässigung der anerkannten Strafzwecke (a. A. Weigend, Rechtswissenschaft 2010, 39; Jahn/Bung StV 2012, 754 [760]; Volk/Engländer § 39 Rn. 18). Vielmehr dienen sie nur dazu, bei gravierenden Rechtsgutsverletzungen die angemessene Behandlung des Verletzten und die Berücksichtigung der »verschuldeten Auswirkungen der Tat« (§ 46 Abs. 2 Satz 2 StGB) im Strafverfahren sicherzustellen.

6

D. Rechtswirklichkeit der Nebenklage. Während es bis 1986 allein in den alten Bundesländern jährlich ca. 25.000 Verfahren mit Nebenklage (davon über 21.000 bei den AG, hauptsächlich wegen fahrlässiger Körperverletzung im Straßenverkehr) gab (*Rieß* Gutachten C 32 m.w.N.), ist die

7

§ 395 StPO Befugnis zum Anschluss als Nebenkläger

Zahl der Strafverfahren mit Nebenklagen in der Folgezeit wegen der Änderungen im Opferschutzgesetz zunächst deutlich zurückgegangen. Allerdings ist der Anteil dann kontinuierlich gestiegen. In den letzten Jahren bis zum 2. OpferRRG bewegten sich die Zahlen knapp unter dem Niveau des Jahres 2007. Im Jahr 2013, also 4 Jahre nach Inkrafttreten des 2. OpferRRG, war der Nebenklage-Anteil insgesamt nur geringfügig von 2,04% auf 2,27%, bei den Landgerichten 1. Instanz nur von 21,22% auf 22,64% gestiegen (also um 1,42 Prozentpunkte).

Hauptverhandlungen mit Nebenklägern						
Quelle: *Statistisches Bundesamt* Statistik über Straf- und Bußgeldverfahren 2007, 2013, jeweils Tab. 2.4, 4.4, 5.4, 7.4 (www.ec-destatis.de)						
Gericht	Hauptverhandlungen insgesamt		Nebenkläger		Nebenklage-Anteil %	
	2007	2013	2007	2013	2007	2013
AG	656.373	535.743	9.879	8.894	1,50	1,66
LG 1. Instanz	11.850	10.438	2.515	2.364	21,22	22,64
LG-Berufung	43.134	37.997	2.174	2.031	5,04	5,34
OLG 1. Instanz	27	23	–	1	–	4,34
Summe	711.384	584.201	14.568	13.990	2,04	2,27

Daraus wird ersichtlich, dass angesichts einer um ein Vielfaches größeren Anzahl von Hauptverhandlungen mit nebenklagefähigen Delikten maßvoll mit diesem Institut umgegangen wird und dass die vom Gesetzgeber intendierte Verlagerung auf die schwereren Delikte, die vor den Landgerichten verhandelt werden, wenigstens teilweise gelungen ist (2007: 32,19%; 2013: 33,07 % aller Nebenklagen beim LG 1. Instanz und Berufungsinstanz). Von einer »Entfesselung der Nebenklage« (*Bung* StV 2009, 434) kann also auch aus empirischer Sicht keine Rede sein.

8 Einzelheiten zu den Nebenklagevertretern und ihren Aktivitäten in der Hauptverhandlung finden sich in der empirischen Untersuchung von *Barton/Flotho* (2010) auf der Grundlage von 38 Interviews mit Nebenklage-Anwälten und einer Aktenauswertung von 200 Verfahren mit Nebenklage und 100 Verfahren ohne Nebenklage aber mit Nebenklageberechtigung im OLG-Bezirk Hamm. Soweit dort festgestellt wird, dass Verfahren mit Nebenklage länger dauern und zu höheren Strafen führen (*Barton/Flotho* S. 87 f., 94 f., 131 f., 239; s.a. *Barton* StraFo 2011, 164), kann nach dem Untersuchungsdesign nicht ausgeschlossen werden, dass dies darauf beruht, dass der Anschluss als Nebenkläger im Gesamtbereich der nebenklagefähigen Delikte überwiegend in komplexeren Verfahren und solchen mit schwereren Straftaten erfolgt (*Schöch*, Opferschutz im Strafverfahren, in: *Dölling/Jehle* (Hrsg.), Täter – Taten -Opfer, 2013, 217 [224]). Problematisch sind allerdings – insbesondere aus prozessökonomischne Gründen – mehrere Nebenkläger für einen Getöteten (besonders eklatatant im Münchener NSU-Prozess von 2013–2016); insoweit besteht Reformbedarf.

§ 395 StPO Befugnis zum Anschluss als Nebenkläger. (1) Der erhobenen öffentlichen Klage oder dem Antrag im Sicherungsverfahren kann sich mit der Nebenklage anschließen, wer verletzt ist durch eine rechtswidrige Tat nach

1. den §§ 174 bis 182 des Strafgesetzbuches,
2. den §§ 211 und 212 des Strafgesetzbuches, die versucht wurde,
3. den §§ 221, 223 bis 226 und 340 des Strafgesetzbuches,
4. den §§ 232 bis 238, 239 Abs. 3, §§ 239a, 239b und 240 Abs. 4 des Strafgesetzbuches,
5. § 4 des Gewaltschutzgesetzes,
6. § 142 des Patentgesetzes, § 25 des Gebrauchsmustergesetzes, § 10 des Halbleiterschutzgesetzes, § 39 des Sortenschutzgesetzes, den §§ 143 bis 144 des Markengesetzes, den §§ 51 und 65 des Geschmacksmustergesetzes, den §§ 106 bis 108b des Urheberrechtsgesetzes, § 33 des Gesetzes be-

treffend das Urheberrecht an Werken der bildenden Künste und der Photographie und den §§ 16 bis 19 des Gesetzes gegen den unlauteren Wettbewerb.
(2) Die gleiche Befugnis steht Personen zu
1. deren Kinder, Eltern, Geschwister, Ehegatten oder Lebenspartner durch eine rechtswidrige Tat getötet wurden oder
2. die durch einen Antrag auf gerichtliche Entscheidung (§ 172) die Erhebung der öffentlichen Klage herbeigeführt haben.
(3) Wer durch eine andere rechtswidrige Tat, insbesondere nach den §§ 185 bis 189, 229, 244 Abs. 1 Nr. 3, §§ 249 bis 255 und 316a des Strafgesetzbuches, verletzt ist, kann sich der erhobenen öffentlichen Klage mit der Nebenklage anschließen, wenn dies aus besonderen Gründen, insbesondere wegen der schweren Folgen der Tat, zur Wahrnehmung seiner Interessen geboten erscheint.
(4) ¹Der Anschluss ist in jeder Lage des Verfahrens zulässig. ²Er kann nach ergangenem Urteil auch zur Einlegung von Rechtsmitteln geschehen.
(5) ¹Wird die Verfolgung nach § 154a beschränkt, so berührt dies nicht das Recht, sich der erhobenen öffentlichen Klage als Nebenkläger anzuschließen. ²Wird der Nebenkläger zum Verfahren zugelassen, entfällt eine Beschränkung nach § 154a Abs. 1 oder 2, soweit sie die Nebenklage betrifft.

A. Befugnisse zum Anschluss als Nebenkläger (Abs. 1 bis 3) Der Straftatenkatalog 1 der nebenklagefähigen Delikte in § 395 ist durch das 2. OpferRRG v. 29.07.2009 **mit** der Zielrichtung neu geordnet worden, die Anschlussbefugnisse an der besonderen Schutzbedürftigkeit des Opfers und der Verletzung höchstpersönlicher Rechtsgüter zu orientieren. Dies ist bis auf die systemwidrige Beibehaltung der – noch im RegE zur Streichung vorgesehenen (BT-Drucks. 16/12098, S. 30) – Nebenklagebefugnis bei Straftaten gegen den gewerblichen Rechtsschutz und das Urheberrecht nach Abs. 1 Nr. 6, die von Interessenverbänden durchgesetzt worden ist, im Wesentlichen auch gelungen. Während der Straftatenkatalog für die stets nebenklageberechtigten Verletzten – neben der Streichung der Beleidigungsdelikte – geringfügig erweitert wurde (insb. in Abs. 1 Nr. 5 um Kinderhandel gem. § 236 StGB und besonders schwere Nötigung gem. § 240 Abs. 4 StGB), ist in Abs. 3 die Auffangklageberechtigung für sonstige erheblich verletzte Personen, die es früher nur bei fahrlässige Körperverletzung (§ 229 StGB) gab, beträchtlich ausgeweitet worden (s.u. Rdn. 9).

I. Unmittelbar Verletzte bestimmter Straftaten (Abs. 1) Im Mittelpunkt der nebenklagefähigen 2 Delikte stehen die gegen höchstpersönliche Rechtsgüter gerichteten Aggressionsdelikte gem. Abs. 1 Nr. 1 bis 5, durch die ein Opfer unmittelbar verletzt worden ist. Es handelt sich um schwere Sexualdelikte (Nr. 1), versuchte Tötungsdelikte (Nr. 2), vorsätzliche Körperverletzungsdelikte (Nr. 3), Straftaten gegen die persönliche Freiheit (Nr. 4) und Verstöße gegen gerichtliche Anordnungen zum Schutz vor Gewalt und Nachstellungen nach § 4 GewaltschG (Nr. 5). Die früher im Katalog enthaltenen Beleidigungsdelikte wurden in den Auffangtatbestand des Abs. 3 verwiesen. Zu Nr. 6 s.o. Rdn. 1.
Für die Nebenklage genügt die **Rechtswidrigkeit der Tat**, schuldhafte Begehung ist für die Anschluss- 3 befugnis unerheblich. Daher berechtigt auch die Tat eines Schuldunfähigen oder eine Straftat nach § 323a StGB, bei der eine Katalogtat nach Abs. 1 Nr. 1 bis 6 die Rauschtat ist, zur Nebenklage (BGH NStZ-RR 1998, 305). Der **Versuch** ist auch in den Fällen der Nr. 1, 3–5 ausreichend. Anstiftung und Beihilfe stehen der Täterschaft gleich. Unzureichend ist jedoch nach herrschender Meinung eine nach § 30 StGB strafbare Vorbereitungshandlung, da Abs. 1 Nr. 2 selbst bei Tötungsdelikten eine unmittelbare Rechtsgutsgefährdung durch Versuch verlangt. (OLG Stuttgart NStZ 1990, 298; dahingestellt von OLG Koblenz NStZ 2012, 653, das jedoch die Anschlussberechtigung nach § 395 Abs. 3 bejaht; a. A. SK-StPO/*Velten* § 395 Rn. 10). Prozesshindernisse stehen einer Anschlussberechtigung entgegen. Hinsichtlich des **Tatverdachts** genügt die **Möglichkeit** eines tatbestandsmäßigen und rechtswidrigen Angriffs auf das Opfer; hinreichender (§ 170 Abs. 1) oder gar dringender Tatverdacht (§ 112) sind nicht erforderlich (KK/*Senge* § 396 Rn. 5; BGH NStZ-RR 2008, 352). Deshalb ist die Nebenklage auch dann zuzulassen, wenn der angezeigte Sachverhalt Bestandteil der prozessualen Tat i.S.v. § 264 ist, von der StA aber wegen hinreichenden Verurteilungswahrscheinlichkeit nicht angeklagt wurde (OLG Brandenburg NStZ 2010, 554 f.). Eine Berechtigung zur Nebenklage besteht auch dann, wenn die Katalogtat in **Tateinheit oder Gesetzeskonkurrenz** mit einem anderen Delikt begangen worden ist, das zur Nebenklage nicht berechtigt (BGHSt 33, 114 [115]: gefährliche Körperverletzung für Angehörige des

Getöteten); dabei ist es unerheblich, ob die StA ihre rechtliche Beurteilung darauf stützt (BGHSt 29, 216 [218]: Verleumdung neben angeklagter falscher Verdächtigung).

4 Bei **Antragsdelikten** gilt, dass die zum Anschluss berechtigende Gesetzverletzung nur dann ohne den Strafantrag des Verletzten verfolgt werden kann, wenn der Dienstvorgesetzte Strafantrag gestellt hat (§§ 194 Abs. 3, 230 Abs. 2 StGB) oder wenn die StA das besondere öffentliche Interesse an der Strafverfolgung bejaht (§ 230 Abs. 1 StGB; BGH NStZ 1992, 452). Kann die Tat dagegen nur auf Antrag des Verletzten verfolgt werden (z.B. §§ 185, 194 Abs. 1 StGB) so ist er nur dann zur Nebenklage befugt, wenn er selbst einen Strafantrag gestellt hat (OLG Frankfurt am Main NJW 1991, 2036). Der Strafantrag kann jedoch in der Anschlusserklärung liegen (BGHSt 33, 114 [116] m.w.N.).

5 **II. Nahe Angehörige eines Getöteten (Abs. 2 Nr. 1)** Zu den rechtswidrigen Tötungsdelikten i.S.v. Abs. 2 Nr. 1 gehören neben den vorsätzlichen und fahrlässigen Straftaten gegen das Leben (§§ 211 bis 222 StGB, außer § 218) alle durch einen Todeserfolg qualifizierten Delikte (BGHSt 52, 153). Eine Anschlussberechtigung der in Abs. 2 Nr. 1 genannten Kinder, Eltern, Geschwister, Ehegatten oder Lebenspartner (§ 1 LPartG) besteht nur bei einem vollendeten Tötungsdelikt, dagegen nicht hinsichtlich einer (nur) versuchten Straftat gegen das Leben des Angehörigen, da die Nebenklagebefugnis des Tatopfers aus Abs. 1 Nr. 2 bei einer versuchten Straftat nach den §§ 211, 212 StGB mit dessen Tod nicht – wie das Strafantragsrecht gem. § 77 Abs. 2 StGB – auf die Angehörigen übergeht, sondern gem. § 402 erlischt (BGH NStZ 2006, 351; BGHSt 44, 97 [98 f.]; offenbar übersehen bei BGH NStZ 2008, 93 und Roxin/Schünemann § 64 Rn. 11). Die eigenständige Nebenklagebefugnis der Angehörigen richtet sich nach § 395 Abs. 2 Nr. 2 StPO und beschränkt sich – anders als für den Verletzten selbst – auf Straftaten gegen das Leben und die durch den Tötungserfolg qualifizierten Straftaten (BGHSt 44, 97 [98 f.]). Die Aufzählung der nebenklageberechtigten Personen ist **abschließend** und keiner Erweiterung z.B. auf Großeltern, Stiefeltern, Stiefkinder (BGH NStZ 2012, 587), Onkel und Tante sowie geschiedene Ehegatten (BGH NJW 2012, 3524) oder Lebenspartner (nach der Aufhebung gem. § 15 LPartG) zugänglich (*Meyer-Goßner/Schmitt* § 395 Rn. 8 m.w.N.). Jede der in Abs. 2 Nr. 1 bezeichneten Personen hat eine **selbstständige Nebenklagebefugnis** unabhängig von den anderen.

6 **III. Erfolgreiche Antragsteller im Klageerzwingungsverfahren (Abs. 2 Nr. 2)** Die Nebenklagebefugnis gem. Abs. 2 Nr. 2 ist stets zu bejahen, wenn die Anklage auf Anordnung des OLG nach § 175 erhoben worden ist. Ist eine Anordnung des OLG nicht erfolgt ist, weil der GStA während des Verfahrens vor dem OLG die Anklageerhebung angeordnet hat, so gilt Abs. 2 Nr. 2 ebenfalls, da auch in diesem Fall der Anzeigeerstatter »*durch einen Antrag auf gerichtliche Entscheidung die Erhebung der öffentlichen Klage herbeigeführt hat*« und die ratio legis greift, wonach der Gefahr entgegengewirkt werden soll, dass die StA das Verfahren nachlässig weiter betreibt (OLG München NStZ 1986, 376, str. a. A. *Meyer-Goßner/Schmitt* § 395 Rn. 9 m.w.N.). Erfolgt die Anklage aber bereits aufgrund der Vorschaltbeschwerde gem. § 172 Abs. 1 an den GStA, so liegt eine Selbstkorrektur der StA vor, die eine Nebenklage des Antragstellers entbehrlich macht (vgl. OLG Frankfurt am Main NJW 1979, 994).

7 **IV. Verletzte von gewerblichen Schutzrechten (Abs. 2 Nr. 2)** Diese Anschlussberechtigung gilt für diejenigen, die nach § 374 Abs. 1 Nr. 7, 8 wegen Verletzung von gewerblichen Schutzrechten und Urheberrechten zur Erhebung einer Privatklage berechtigt sind. Hier geht es also ausnahmsweise nicht um die Verletzung höchstpersönliche Rechtsgüter, sondern um die Durchsetzung wirtschaftlicher Interessen mithilfe des Strafrechts (krit. *Meyer-Goßner/Schmitt* § 395 Rn. 6; LR/*Hilger* Vor § 395 Rn. 9; *Weigend* FS Schöch, S. 956; *Bung* StV 2009, 434; für Abschaffung RegE BR-Drucks. 178/09, S. 48).

8 **V. Auffangtatbestand (Abs. 3)** Wie früher bei der fahrlässigen Körperverletzung gem. § 229 StGB ergibt sich bei dem durch das 2. OpferRRG v. 29.07.2009 eingeführten (exemplarischen) Deliktskatalog in Abs. 3 die Nebenklageberechtigung nicht bereits aus der formalen Verwirklichung der dort genannten Raub- und Beleidigungsdelikte sowie des Wohnungseinbruchsdiebstahls. Der Anschluss, der auch bei anderen Straftatbeständen in Betracht kommt, ist vielmehr an weitere **materielle Voraussetzungen** geknüpft. Er ist nur ausnahmsweise zulässig, wenn dies aus »**besonderen Gründen**«, insb. wegen der schweren Folgen der Tat zur Wahrnehmung der Interessen des Verletzten geboten erscheint. Trotz dieser hohen Hürden wird diese Ausweitung der Nebenklage – m.E. zu Unrecht – am heftigsten kritisiert (insb. *Bung* StV 2009, 434; *Jahn/Bung* StV 2012; 754 ff.; aber auch *Hilger* GA 2009, 657 f.;

Weigend FS Schöch, S. 956; *Barton* JA 2009, 755; *Bittmann* ZRP 2009, 214). Über diesen unbestimmten Rechtsbegriff entscheidet das Gericht nach Anhörung der StA und des Angeschuldigten (§ 396 Abs. 2) unter Berücksichtigung der Gesamtsituation des Betroffenen (BR-Drucks. 178/09, S. 48) nach pflichtgemäßem Ermessen mit konstitutiver Wirkung. Als Richtlinie für die besonderen Gründe bietet sich v.a. die **Schwere der verursachten Verletzung** und das Ausmaß der prozessualen Schutzbedürftigkeit an (ausnahmsweise sogar bei Untreue, BGH NStZ 2012, 466; zust. *Jahn/Bung* StV 2012, 754, [756]: »Umkehrung der Regelvermutung«). Zu berücksichtigen sind nicht nur körperliche Schädigungen, sondern auch psychische Traumatisierungen oder erhebliche Schockerlebnisse. Diese liegen besonders nahe bei den in Abs. 3 genannten Raubdelikten, kommen aber auch beim Wohnungseinbruchsdiebstahl in Betracht. Besondere Gründe können auch vorliegen, wenn das Opfer schwere Schuldzuweisungen abzuwehren hat (BR-Drucks. 178/09, S. 49, z.B. bei fahrlässiger Körperverletzung). Nicht zu berücksichtigen ist das Interesse des Verletzten an der Klärung zivilrechtlicher Haftungsfragen im Strafprozess, jedoch kann eine im Verfahren angestrebte Schadenswiedergutmachung oder ein Täter-Opfer-Ausgleich nach § 46a StGB den Nebenklägeranschluss mit Beteiligung eines RA zur Wahrnehmung der Interessen des Verletzten erforderlich machen (*Rieß/Hilger* NStZ 1987, 154; LR/*Hilger* § 395 Rn, 18; a. A. HK-GS/*Rössner* § 395 Rn. 20). In aller Regel ist die für die Zulassung der Nebenklage nach Abs. 3 notwendige besondere Schutzbedürftigkeit des Verletzten bei Taten nach den §§ 242, 263, 266 StGB zu verneinen (BGH NStZ 2012, 466 m. Anm. *Schiemann* JR 2012, 393) .Die nach § 395 Abs. 3 i.V.m. § 396 Abs. 2 Satz 1 durch das Tatgericht festgestellte Nebenklagebrechtigung hat konstitutive Wirkung (BGH NStZ 2012, 466). Die gerichtliche Ermessensentscheidung ist **unanfechtbar** (§ 396 Abs. 2 Satz 2) und deshalb gem. § 336 s. 2 auch für das Revisionsgericht **bindend** (BGH NStZ 2012, 466 [467]; anders aber für das Berufungsgericht, s. § 396 Rdn. 17).

B. Anschlusszeitpunkt (Abs. 4) Nach Abs. 4 ist der Anschluss ist in **jeder Lage des Verfahrens**, also auch vor der Erhebung der öffentlichen Klage (vgl. § 395 Abs. 1) bis zum Fristablauf von Rechtsmitteln nach ergangenem Urteil zulässig. Ein **vorzeitig erklärter Anschluss** wird mit Klageerhebung wirksam (§ 396 Abs. 1 Satz 2, 3). Bis zu diesem Zeitpunkt kann sich der nebenklageberechtigte Verletzte aber über einen **qualifizierten Verletztenbeistand** (§ 406 g) am Verfahren beteiligen. Eine Nebenklagebrechtigung besteht auch noch nach ergangenem Urteil bis zur Einlegung von Rechtsmitteln. Eine eigene Rechtsmittelfrist für den Nebenklageberechtigten läuft allerdings nicht. Der Anschluss kann damit nur erklärt werden, solange die StA noch eine Anfechtungsmöglichkeit hat. Versäumt der Nebenklageberechtigte die Rechtsmittelfrist der StA kann ihm auch keine Wiedereinsetzung in den vorigen Stand gewährt werden (*Schroth* Rn. 259). **Nach rechtskräftigem Verfahrensabschluss** kann sich ein Nebenklageberechtigter dem Verfahren nicht mehr anschließen (BGH StraFo 2005, 513; NStZ-RR 2008, 255). 9

§ 396 StPO Anschlusserklärung; Entscheidung über die Befugnis zum Anschluss.

(1) ¹Die Anschlusserklärung ist bei dem Gericht schriftlich einzureichen. ²Eine vor Erhebung der öffentlichen Klage bei der Staatsanwaltschaft oder dem Gericht eingegangene Anschlusserklärung wird mit der Erhebung der öffentlichen Klage wirksam. ³Im Verfahren bei Strafbefehlen wird der Anschluss wirksam, wenn Termin zur Hauptverhandlung anberaumt (§ 408 Abs. 3 Satz 2, § 411 Abs. 1) oder der Antrag auf Erlass eines Strafbefehls abgelehnt worden ist.
(2) ¹Das Gericht entscheidet über die Berechtigung zum Anschluss als Nebenkläger nach Anhörung der Staatsanwaltschaft. ²In den Fällen des § 395 Abs. 3 entscheidet es nach Anhörung auch des Angeschuldigten darüber, ob der Anschluss aus den dort genannten Gründen geboten ist; diese Entscheidung ist unanfechtbar.
(3) Erwägt das Gericht, das Verfahren nach § 153 Abs. 2, § 153a Abs. 2, § 153b Abs. 2 oder § 154 Abs. 2 einzustellen, so entscheidet es zunächst über die Berechtigung zum Anschluss.

A. Anschlusserklärung (Abs. 1) I. Form der Anschlusserklärung (Abs. 1 Satz 1) Nach Abs. 1 Satz 1 muss die Erklärung **schriftlich** abgegeben werden; ausreichend sind auch per Telefax, Telebrief oder Fernschreiben übermittelte Erklärungen (LR/*Hilger* § 396 Rn. 1 m.w.N.). Eine wirksame 1

§ 396 StPO   Anschlusserklärung; Entscheidung über die Befugnis zum Anschluss

Anschlusserklärung liegt auch dann vor, wenn die Erklärung zu Protokoll der Geschäftsstelle oder in das Hauptverhandlungsprotokoll (§ 271) aufgenommen wird (KK/*Senge* § 396 Rn. 1). Ein unklar formulierter Antrag ist ggf. auszulegen (§ 300), insb. ist der Antrag eines Nebenklageberechtigten, ihm PKH unter Beiordnung eines (bestimmten) RA zu gewähren, als Anschlusserklärung gem. Abs. 1 Satz 1 (i.V.m. einem Antrag auf Bestellung eines Beistandes gem. § 397a Abs. 1 Satz 1) zu deuten (BGH NStZ-RR 2008, 255 f.).

2 **Vertretung** bei der Abgabe der Erklärung ist zulässig. Erforderlich ist aber eine zweifelsfreie Erklärung. Die Anzeige eines RA, dass er den Nebenkläger vertrete, genügt insoweit nicht (*Meyer-Goßner/Schmitt* § 396 Rn. 3).

3 **II. Adressat der Erklärung (Abs. 1 Satz 1)** Die Erklärung hat grds. ggü. dem **Gericht** zu erfolgen und zwar ggü. demjenigen, das über die Anschlussberechtigung zu entscheiden hat oder das mit der Sache befasst ist.

4 **III. Wirksamkeit der Anschlusserklärung (Abs. 1 Satz 2, 3)** Die Wirksamkeit einer vor Erhebung der öffentlichen Klage erfolgten Anschlusserklärung tritt erst ein, wenn die Akten mit der öffentlichen Klage und der Erklärung bei Gericht eingegangen sind. Wird ein **Strafbefehl** beantragt und erlassen, so besteht eine Anschlussmöglichkeit nur noch, wenn Einspruch eingelegt und ein Hauptverhandlungstermin bestimmt wird. I.Ü. ist im Strafbefehlsverfahren kein Raum für einen Anschluss (HK-GS/*Rössner* § 396 Rn. 3).

5 **B. Die Entscheidung über die Anschlussbefugnis (Abs. 2)** **I. Zuständigkeit.** Der Zulassungsbeschluss erfolgt durch das zum Zeitpunkt der Antragstellung **mit dem Verfahren befasste Gericht**, im Fall des § 395 Abs. 4 Satz 2 das Rechtsmittelgericht (*Pfeiffer* § 396 Rn. 2). Die Entscheidung eines nicht befassten Gerichts ist wirkungslos und muss vom zuständigen Gericht neu getroffen werden (KMR/*Stöckel* § 396 Rn. 5). Entscheidet der Vorsitzende (des zuständigen Gerichts) allein, ist die Entscheidung zwar nicht nichtig, aber anfechtbar (LR/*Hilger* § 396 Rn. 7; *Meyer-Goßner/Schmitt* § 396 Rn. 9 m.w.N.).

6 **II. Umfang der gerichtlichen Prüfung.** Bei Anschlusserklärungen prüft das Gericht zunächst, ob der Antragsteller prozessfähig ist und zum gem. § 395 anschlussbefugten Personenkreis gehört. Sodann erfolgt die Prüfung der **Begründetheit** der Anschlusserklärung. Diese ist gegeben, wenn die Verurteilung des Angeklagten (zumindest auch) wegen einer Nebenklagestraftat wenigstens rechtlich **möglich** erscheint (BGH NStZ-RR 2002, 340; BGHSt 13, 143; AK/*Rössner* § 396 Rn. 13; KK/*Senge* § 396 Rn. 5). Im Fall der Anschlussbefugnis gem. § 395 Abs. 3 umfasst die gerichtliche Prüfung gem. Abs. 2 Satz 2 auch die **materiell-rechtlichen Voraussetzungen des § 395 Abs. 3** (vgl. § 395 Rdn. 7). Der Verletzte muss die relevanten Tatsachen insb. zur Schwere der Tatfolgen **glaubhaft** machen (KMR/*Stöckel* § 396 Rn. 8).

7 **III. Anhörung der Prozessbeteiligten (Abs. 2)** Über die Anschlussbefugnis wird nach **Anhörung** der StA entschieden (Satz 1). In den Fällen des § 395 Abs. 3 muss überdies der Angeschuldigte bzgl. der Gebotenheit des Anschlusses angehört werden (Satz 2). Eine auf Freispruch gerichtete Nebeklage ist nach dem Sinn und Zweck der Nebenklage unzulässig (OLG Rostock NStZ 2013, 126 [127]; a. A. Noack ZIS 2014, 189 [194]).

8 **IV. Der Zulassungsbeschluss.** Der nach Abs. 2 Satz 1 ergehende Zulassungsbeschluss hat lediglich **deklaratorische Bedeutung**, da (bereits) die Anschlusserklärung als Prozesshandlung eine zulässige Nebenklage unmittelbar bewirkt (BGH NStZ-RR 1999, 39; KG NStZ-RR 2008, 198; KK/*Senge* § 396 Rn. 7; HK-GS/*Rössner* § 396 Rn. 4). Ein nicht zur Nebenklage Berechtigter kann daher nicht durch (fehlerhafte) gerichtliche Zulassung zum Nebenkläger werden (BGH bei *Kusch* NStZ-RR 2001, 135). In den Fällen des § 395 Abs. 3 besitzt der Beschluss jedoch **konstitutive Wirkung**, da neben der Anschlusserklärung eine inhaltliche Prüfung durch das Gericht zu erfolgen hat (OLG Düsseldorf NStZ 1994, 49 m. Anm. *Rössner* NStZ 1994, 506 f.; BGH NStZ 2012, 466). Wird ein Nebenklageberechtigter nach erfolgter Anschlusserklärung in der Hauptverhandlung wie ein zugelassener Nebenkläger behandelt, liegt darin eine **stillschweigende Zulassung** (BayObLG GA 1971, 23).

V. Aufhebung des Zulassungsbeschlusses. Der Zulassungsbeschluss ist nicht rechtskräftig. Er kann 9
daher in jeder Lage des Verfahrens auf Antrag oder von Amts wegen aufgehoben werden, wenn sich
herausstellt, dass ihm von vornherein – und nicht erst im Laufe der Hauptverhandlung durch dort gewonnene Erkenntnisse – die verfahrensrechtlichen Grundlagen gefehlt haben (OLG Schleswig
NStZ-RR 2000, 270; *Meyer-Goßner/Schmitt* § 396 Rn. 16). Eine Aufhebung, die sich auf die mangelnde Nachweisbarkeit des Nebenklagedelikts stützt, ist daher unzulässig (OLG Düsseldorf NStZ
1997, 204).

Die **Nichtzulassung des Nebenklägers** und die Aufhebung eines zu Recht ergangenen Zulassungs- 10
beschlusses haben ebenfalls keine Bestandskraft (BGHSt 41, 288 [289]). Eine auf neues Vorbringen
gestützte Wiederholung der Anschlusserklärung ist jederzeit möglich (*Beulke* DAR 1988, 117).

C. Verfolgungsbeschränkungen (Abs. 5)
Eine Beschränkung der Strafverfolgung aus 11
Gründen der Prozessökonomie nach § 154a darf nach Abs. 3 nicht zulasten eines Nebenklagebefugten
gehen. Der Anschluss als Nebenkläger führt daher zum Wegfall der bereits eingetretenen Verfolgungsbeschränkung. Zwar ist hierfür ein Wiedereinbeziehungsantrag der StA nach § 154a Abs. 3 Satz 2 nicht
erforderlich (OLG Düsseldorf NStZ-RR 1999, 116), jedoch bedarf es eines deklaratorischen Beschlusses (*Meyer-Goßner/Schmitt* § 396 Rn. 9 m.N.).

Dies gilt nicht bei Einstellungen nach den §§ 153 ff., für die eine Zustimmung des Nebenklägers nicht 12
erforderlich ist (BGHSt 28, 273). Diese darf erst erfolgen, wenn über die Anschlussberechtigung
entschieden worden ist, um der Anhörungspflicht (gem. §§ 397 Abs. 1 Satz 4 i.V.m. Art. 103 Abs. 1
GG) bzgl. der Verfahrenseinstellung zu genügen (BVerfGE 14, 323; BVerfG NJW 1995, 317; LR/*Hilger* § 396 Rn. 26; SK-StPO/*Velten* § 396 Rn. 7).

D. Beschwerde.
Die einfache **Beschwerde** gem. § 304 ist der statthafte Rechtsbehelf gegen den 13
Nichtzulassungsbeschluss. Sie steht dem Antragsteller und der StA zu. Dies gilt auch für den Widerruf
der Zulassung (OLG Düsseldorf NStZ 1997, 204). Gegen die Zulassung steht die Beschwerde der StA
und dem Angeschuldigten zu; nach Rechtskraft des Urteils kommt sie aber nur dann in Betracht, wenn
erst nach diesem Zeitpunkt über die Anschlussbefugnis entschieden worden ist (OLG Hamm VRS 31,
121; KK/*Senge* § 396 Rn. 11). § 305 Satz 1 steht der Beschwerde nicht entgegen, da dem Anschluss
selbstständige prozessuale Bedeutung zukommt (allg.M., vgl. KG NStZ-RR 2008, 198; OLG Düsseldorf NStZ 1997, 204; *Schroth* Rn. 283 m.w.N.). Die Entscheidung nach Abs. 2 Satz 2 i.V.m. § 395
Abs. 3 ist unanfechtbar.

E. Revision und Berufung.
Die gesetzwidrige Zulassung bzw. Nichtzulassung als Nebenklä- 14
ger stellt eine fehlerhafte Anwendung des Verfahrensrechts i.S.v. § 337 dar und kann somit als relativer
Revisionsgrund im Wege des Rechtsmittels der Revision gerügt werden (BGH StV 1981, 535).

Hat der Nebenkläger selbst Revision eingelegt, ist seine Anschlussbefugnis von Amts wegen zu prüfen,
da sie eine Voraussetzung für das Revisionsverfahren ist (BGHSt 29, 216 [217]; KK/*Senge* § 396
Rn. 12).

Ist dagegen der **Angeklagte** Beschwerdeführer, so wird die Anschlussbefugnis nur bei Rüge der **rechts-** 15
widrigen Nebenklagezulassung geprüft (BGH bei *Dallinger* MDR 1969, 360). Auf dem Fehlen der
Anschlussbefugnis wird das Urteil jedoch regelmäßig nicht beruhen (BGH bei *Kusch* NStZ 1994,
26; BayObLG NJW 1953, 1116; *Meyer-Goßner/Schmitt* § 396 Rn. 21; a. A. KK/*Senge* § 396 Rn. 14;
KMR/*Stöckel* § 395 Rn. 19; HK-GS/*Rössner* § 396 Rn. 13, die eine Einzelfallprüfung fordern).

Stützt der **Nebenkläger** die Revision auf eine **rechtswidrige Nichtzulassung** der Nebenklage, so prüft 16
das Revisionsgericht die Anschlussbefugnis ebenfalls (vgl. aber unten Rdn. 17). Von einem Beruhen auf
der fehlerhaften Nichtzulassung wird aber nur dann auszugehen sein, wenn nicht auszuschließen ist,
dass der Nebenkläger Tatsachen hätte vorbringen oder Beweismittel hätte benennen können, die für
den Schuldspruch wesentliche Bedeutung haben können (BGH NStZ 1999, 259; *Volk* Grundkurs
StPO § 39 Rn. 27). Nebenkläger können ein Urteil nach ausdrücklicher gesetzlicher Regelung (§ 400
Abs. 1 StPO) nicht mit dem Ziel der Verhängung einer anderen Rechtsfolge einlegen. Es bedarf daher
bei der durch den Nebenkläger eingelegten Revision i.d.R. eines Revisionsantrages, der deutlich macht,
dass der Beschwerdeführer ein zulässiges Ziel verfolgt (BGH NStZ 1997, 97; *Kühne* Rn. 257).

§ 397 StPO Verfahrensrechte des Nebenklägers

17 Die nach Abs. 2 Satz 2 unanfechtbare Entscheidung über das Vorliegen der **materiellen Anschlussvoraussetzung** nach § 395 Abs. 3 ist einer Prüfung durch das Revisionsgericht nicht zugänglich (§ 336 Satz 2). Ein erneuter Antrag auf Nebenklagezulassung in der Revisionsinstanz bleibt aber zulässig, da Abs. 2 Satz 2 nur die Revisibilität eines Verfahrensverstoßes wegen fehlerhafter Zulassung oder Nichtzulassung ausschließt (LR/Hilger § 396 Rn. 24; KMR/*Stöckel* § 396 Rn. 20; SK/Velten § 396 Rn. 20; *Beulke* DAR 1988, 118; a. A. OLG Düsseldorf NStZ 1994, 49 f. m. zust. Anm. *Rössner* NStZ 1994, 506 f.; *Meyer-Goßner/Schmitt* § 396 Rn. 23); . Bindend ist für das Revisionsgericht auch eine fehlerhafte Zulassung der Nebenklage gem. § 395 Abs. 3 (BGH NStZ 2012, 466). Richtigerweise wird man aber eine erneute Prüfung in der Berufungsinstanz zulassen müssen, da es insoweit um eine neue Prüfung der tatsächlichen Zulassungsvoraussetzungen geht, während diese für die Revision kraft § 336 Satz 2 ausdrücklich ausgeschlossen ist.

§ 397 StPO Verfahrensrechte des Nebenklägers.

(1) ¹Der Nebenkläger ist, auch wenn er als Zeuge vernommen werden soll, zur Anwesenheit in der Hauptverhandlung berechtigt. ²Er ist zur Hauptverhandlung zu laden; § 145a Abs. 2 S. 1 und § 217 Abs. 1 und 3 gelten entsprechend. ³Die Befugnis zur Ablehnung eines Richters (§§ 24, 31) oder Sachverständigen (§ 74), das Fragerecht (§ 240 Abs. 2), das Recht zur Beanstandung von Anordnungen des Vorsitzenden (§ 238 Abs. 2) und von Fragen (§ 242), das Beweisantragsrecht (§ 244 Abs. 3 bis 6) sowie das Recht zur Abgabe von Erklärungen (§§ 257, 258) stehen auch dem Nebenkläger zu. ⁴Dieser ist, soweit gesetzlich nichts anderes bestimmt ist, im selben Umfang zuzuziehen und zu hören wie die Staatsanwaltschaft. ⁵Entscheidungen, die der Staatsanwaltschaft bekannt gemacht werden, sind auch dem Nebenkläger bekannt zu geben; § 145a Abs. 1 und 3 gilt entsprechend.
(2) ¹Der Nebenkläger kann sich des Beistands eines Rechtsanwalts bedienen oder sich durch einen solchen vertreten lassen. ²Der Rechtsanwalt ist zur Anwesenheit in der Hauptverhandlung berechtigt. ³Er ist vom Termin der Hauptverhandlung zu benachrichtigen, wenn seine Wahl dem Gericht angezeigt oder er als Beistand bestellt wurde.

1 **A. Die Rechte des Nebenklägers (Abs. 1)** Die Neufassung der Vorschrift durch das OpferschutzG v. 18.12.1986 hat die bis dahin geltende Pauschalverweisung auf die Befugnisse des Privatklägers aufgehoben und durch Einzelregelungen ersetzt. Die Neuregelung betont die **Rechtsstellung des Nebenklägers**, der im Gegensatz zum Privatkläger das Verfahren nicht selbst betreibt, sondern bloßer Zusatzbeteiligter am Verfahren ist. Der Nebenkläger ist in der Ausübung seiner Rechte unabhängig von der StA (BGHSt 28, 272) und von weiteren Nebenklägern.

2 **B. Anwesenheitsrecht in der Hauptverhandlung (Abs. 1 Satz 1)** Nach wirksamem Anschluss ist der Nebenkläger zur **ununterbrochenen Anwesenheit in der Hauptverhandlung** berechtigt und zwar auch dann, wenn er als Zeuge vernommen werden soll; die Nebenklägerrolle ist insoweit vorrangig (BGH MDR 1952, 352). Das Anwesenheitsrecht erstreckt sich auch auf vorweggenommene Teile der Hauptverhandlung (kommissarische Vernehmungen nach § 223 und Augenscheinseinnahmen nach § 225). §§ 58 Abs. 1, 243 Abs. 2 Satz 1 gelten für ihn nicht, ebenso wenig § 247 analog. Im Regelfall der anwaltlichen Vertretung des Nebenklägers empfiehlt es sich für den Nebenkläger, bis zu seiner Vernehmung als Zeuge nicht an der Hauptverhandlung teilzunehmen, um dem Gericht eine vom bisherigen Verfahrensgang unbeeinflusste Zeugenaussage präsentieren zu können.

3 Eine **Anwesenheitspflicht** hat der Nebenkläger demgegenüber grds. nicht (RG 31, 37); sein persönliches Erscheinen kann nur erzwungen werden, wenn er zugleich als Zeuge geladen ist (§§ 48, 51).

4 **C. Sonstige Rechte des Nebenklägers.** Im 2. OpferRRG v. 29.07.2009 wurde die frühere Verweisung auf die Rechte des Privatklägers in Abs. 1 Satz 2 aus systematischen Gründen und zur besseren Verständlichkeit durch entsprechende inhaltliche Regelungen in § 397 Abs. 1 und 2 ersetzt. Der Nebenkläger kann sich des **Beistands eines RA** bedienen oder sich durch einen schriftlich bevollmächtigten RA **vertreten** zu lassen (Abs. 2). Auch Hochschullehrer und andere qualifizierte Personen können gem. § 138 Abs. 1 bis 3 gewählt werden. Die Vertretung mehrerer Nebenkläger durch einen gemein-

schaftlichen RA ist – anders als beim Angeklagten (§ 146 StPO) grundsätzlich zulässig, da diese hier regelmäßig nicht mit Interessenskonflikten verbunden ist (OLG Hamburg NStZ-RR 2013,153). Der RA ist vom Termin zur Hauptverhandlung zu benachrichtigen, wenn seine Wahl dem Gericht angezeigt oder er als Beistand bestellt wurde (Abs. 2 Satz 3). Eine förmliche Ladung des RA sieht das Gesetz nicht vor, da es davon ausgeht, dass die Ladung des Nebenklägers selbst ausreicht (Abs. 1 Satz 2; BR-Drucks. 178/09, S. 51). Deshalb rechtfertigt das Unterlassen der zwingend vorgeschriebenen Ladung des Nebenklägers (Abs. 1 S. 2) i.d.R. dessen Revision, wenn auch die informelle Benachrichtigung des Beistands unterblieben ist.

Nach Abs. 1 Satz 4 ist der Nebenkläger im selben Umfang hinzuzuziehen und **anzuhören** wie der StA (vgl. § 33 Abs. 1, 2), insb. bedarf es einer Anhörung (aber keiner Zustimmung) vor der Einstellung des Verfahrens nach §§ 153 ff. (BGHSt 28, 272 [273]). 5

Die **Bekanntmachung von Entscheidungen** hat ebenfalls in demselben Umfang zu erfolgen, wie die Bekanntmachungen an die StA (Abs. 1 Satz 4). Bzgl. der Rechtsmittel des Nebenklägers (§§ 400, 401) muss ihm eine Rechtsmittelbelehrung gem. § 35a erteilt werden. 6

Das **Recht zur Akteneinsicht** kann der Nebenkläger – wie alle Verletzten – gem. § 406e nur durch einen RA ausüben, jedoch bedarf es der Darlegung eines berechtigten Interesses in den in § 395 genannten Fällen nicht (§ 406e Abs. 2, Satz 2). 7

D. Die Rechte in der Hauptverhandlung (Abs. 1 Satz 3) Nach Abs. 1 Satz 3 hat der 8 Nebenkläger die Befugnis zur Ablehnung von Richtern (§§ 24, 31) und Sachverständigen (§ 74). Er ist zur **Befragung** von Zeugen, Sachverständigen und des Angeklagten berechtigt (§ 240 Abs. 2). Anordnungen des Vorsitzenden und Fragen der Prozessbeteiligten (§ 240) kann der Nebenkläger beanstanden und auf diese Weise eine gerichtliche Entscheidung herbeiführen (§§ 238 Abs. 2, 242). Des Weiteren steht ihm auch das **Beweisantragsrecht** nach § 244 Abs. 3 bis 6 uneingeschränkt zu (BGH 3 StR 497/10, NStZ 2011, 713 f. gegen BGH 5 StR NStZ 2010, 714, wo eine weniger restriktive Handhabung des Ablehnungsrechts für möglich gehalten wird). Allerdings gilt dies nur im Rahmen seiner Anschlussberechtigung; bei Tatmehrheit ist das Recht auf das Nebenklagedelikt beschränkt, bei Tateinheit oder Gesetzeskonkurrenz bezieht es sich grds. auf den gesamten Tatkomplex (LR/*Hilger* § 397 Rn. 8; *Meyer-Goßner/Schmitt* § 397 Rn. 5). Der Nebenkläger hat das Recht zur Abgabe von Erklärungen zu einzelnen Prozessereignissen (§ 257) und zum Schlussvortrag (§ 258). Letzterer erfolgt i.d.R. zwischen dem des StA und dem des Angeklagten (*Widmaier/Kauder* MAH Strafverteidigung § 53 Rn. 73). Auf den Schlussvortrag des Angeklagten oder seines Verteidigers darf der Nebenkläger erwidern (BGH NJW 2001, 3137; § 258).

E. Weitere Rechte. Über die dem Nebenkläger durch Satz 3 grds. abschließend (BT-Drucks. 9 10/5305, S. 13) eingeräumten Rechte hinaus ist dieser befugt, auf einen prozessordnungsgemäßen Verlauf des Verfahrens und auf sachgerechte Ausübung der gerichtlichen Aufklärungspflicht (§ 244 Abs. 2) hinzuwirken (*Rieß/Hilger* NStZ 1987, 154). Folgende Befugnisse stehen dem Nebenkläger dagegen nicht mehr zu: das Stellen von Anträgen auf Protokollierung der Urkundenverlesung und ihres Grundes nach § 255, die besondere Beurkundung von Verfahrensvorgängen und vollständiges Niederschreiben von Aussagen und Äußerungen nach § 273 Abs. 3 und unter den Voraussetzungen der §§ 246 Abs. 2, 265 Abs. 4 auf Aussetzung der Hauptverhandlung (*Meyer-Goßner/Schmitt* § 397 Rn. 6 m.w.N.). Soweit die Rechtsprechung dem Nebenkläger insb. in BGHSt 28, 272 [273 f.] weitere dem StA in der Hauptverhandlung zustehende Rechte eingeräumt hat, ist dies mit Blick auf die Neuregelung des § 397 überholt. Zwar wird man in diesen Fällen (z.B. §§ 245 Abs. 1, 249 Abs. 2, 251 Abs. 2 Nr. 3, 324 Abs. 1 Satz 2, 325 Satz 2) den Nebenkläger weiterhin anhören müssen, der Zustimmung oder des Verzichts des in der Hauptverhandlung anwesenden Nebenklägers bedarf es jedoch insoweit nicht mehr (KK/*Senge* § 397 Rn. 7; *Beulke* DAR 1988, 118).

F. Reformabsicht. Durch das 3. Opferrechtsreformgesetz soll folgender Abs. 3 angefügt werden: 10 *(3) Ist der Nebenkläger der deutschen Sprache nicht mächtig, erhält er auf Antrag nach Maßgabe des § 187 Absatz 2 des Gerichtsverfassungsgesetzes eine Übersetzung schriftlicher Unterlagen, soweit dies zur Ausübung seiner strafprozessualen Rechte erforderlich ist.*

§ 397a StPO Bestellung eines Beistands; Prozesskostenhilfe

Diese Bestimmung dient der Umsetzung der Übersetzungspflicht gem. Art. 7 Abs. 3 der EU-Opferschutzrichtline vom 25.10.2012, wobei insbesondere der Umfang der schriftlichen Übersetzung schwer zu bestimmen ist. Nach der Begründung des RegE vom 15.4.2015 soll sich das Gericht dabei an den für den Beschuldigten in § 187 GVG niedergelegten Grundsätzen orientieren (BT-Drs. 18/4621, S. 27).

§ 397a StPO Bestellung eines Beistands; Prozesskostenhilfe. (1)
Dem Nebenkläger ist auf seinen Antrag ein Rechtsanwalt als Beistand zu bestellen, wenn er
1. durch ein Verbrechen nach den §§ 177, 179, 232 und 233 des Strafgesetzbuches verletzt ist,
2. durch eine versuchte rechtswidrige Tat nach den §§ 211 und 212 des Strafgesetzbuches verletzt oder Angehöriger eines durch eine rechtswidrige Tat Getöteten im Sinne des § 395 Abs. 2 Nr. 1 ist,
3. durch ein Verbrechen nach den §§ 226, 234 bis 235, 238 bis 239b, 249, 250, 252, 255 und 316a des Strafgesetzbuches verletzt ist, das bei ihm zu schweren körperlichen oder seelischen Schäden geführt hat oder voraussichtlich führen wird,
4. durch eine rechtswidrige Tat nach den §§ 174–182 und 225 des Strafgesetzbuchs verletzt ist und zur Zeit der Tat das 18. Lebensjahr noch nicht vollendet hatte oder seine Interessen selbst nicht ausreichend wahrnehmen kann, oder
5. durch eine rechtswidrige Tat nach den §§ 221, 226, 232 bis 235, 238 Abs. 2 und 3, §§ 239a, 239b, 240 Abs. 4, §§ 249, 250, 252, 255 und 316a des Strafgesetzbuches verletzt ist und er bei der Antragstellung das 18. Lebensjahr noch nicht vollendet hat oder seine Interessen selbst nicht ausreichend wahrnehmen kann.

(2) ¹Liegen die Voraussetzungen für eine Bestellung nach Absatz 1 nicht vor, so ist dem Nebenkläger für die Hinzuziehung eines Rechtsanwalts auf Antrag Prozesskostenhilfe nach denselben Vorschriften wie in bürgerlichen Rechtsstreitigkeiten zu bewilligen, wenn er seine Interessen selbst nicht ausreichend wahrnehmen kann oder ihm dies nicht zuzumuten ist. ²§ 114 S. 1 zweiter Halbsatz und § 121 Abs. 1 bis 3 der Zivilprozessordnung sind nicht anzuwenden.

(3) ¹Anträge nach den Absätzen 1 und 2 können schon vor der Erklärung des Anschlusses gestellt werden. ²Über die Bestellung des Rechtsanwalts, für die § 142 Abs. 1 entsprechend gilt, und die Bewilligung der Prozesskostenhilfe entscheidet der Vorsitzende des mit der Sache befassten Gerichts. ³In den Fällen des Absatzes 2 ist die Entscheidung unanfechtbar.

1 **A. Obligatorische Bestellung eines RA auf Antrag des Nebenklägers (Abs. 1)**
I. Bedeutung und Zweck der Vorschrift. Die durch das Zeugenschutzgesetz von 1998 (dazu *Rieß* NJW 1998, 3240) eingefügte Vorschrift realisiert die rechtspolitische Forderung nach einem »Opferanwalt« (BVerfG 38, 105 ff.). Durch das 2. OpferRRG (29.07.2009) wurde der Katalog der in Abs. 1 genannten privilegierten Opfer bestimmter schwerwiegender Nebenklagedelikte vorsichtig erweitert und transparenter gestaltet (BR-Drucks. 178/09, S. 13). Für diese besteht ein **Anspruch auf Bestellung eines RA als Beistand**. Besonders schützenswerten Verletzten wird damit unabhängig von deren wirtschaftlicher Situation das Kostenrisiko der Nebenklage abgenommen, da die Zahlungspflicht des Verurteilten (§ 472) oft an dessen Zahlungsunfähigkeit scheitert. § 406g Abs. 3 Satz 1 Nr. 1 erstreckt diese Privilegierung auf das Ermittlungsverfahren. Das Kostenrisiko trägt nunmehr der Staat (sog. »Opferanwalt auf Staatskosten«), allerdings bleibt Raum für die Kostenpflicht des Anzeigenden bei vorsätzlicher oder leichtfertig unwahrer Anzeige oder bei Zurücknahme des Strafantrags (§§ 469, 470). Im Fall der Beiordnung eines RA nach Abs. 1 ist die Bestellung eines Zeugenbeistands nach § 68b ausgeschlossen. Die Gewährung von **PKH** nach Abs. 2 ist ggü. Abs. 1 subsidiär (BGH StraFo 2005, 525). PKH ist bei allen nebenklagefähigen Delikten möglich, jedoch mit der besonderen Bedürfnisprüfung verbunden und auf die jeweilige Instanz beschränkt.

2 **II. Voraussetzungen und Verfahren.** Zu den durch Abs. 1 privilegierten fünf **Gruppen von Nebenklägern** gehören nach Abs. 1 folgende:
Nr. 1 betrifft die Verletzten von **Verbrechen gegen die sexuelle Selbstbestimmung** (i.S.v. § 12 Abs. 1 StGB; vgl. hierzu BGH NJW 1999, 1647) sowie die Opfer von **Menschenhandel**.

In Nr. 2 geht es um die Opfer der in § 395 Abs. 1 Nr. 2 genannten **versuchten Tötungsdelikte** gem. §§ 211, 212 StGB und die nach § 395 Abs. 2 Nr. 1 nebenklageberechtigten **Angehörigen eines rechtswidrig Getöteten.**

Die in Nr. 3 genannten Raubdelikte und Straftaten gegen die Gesundheit und die persönliche Freiheit sind nur insoweit relevant, als es sich um ein **Verbrechen** i.S.d. § 12 StGB handelt (z.B. §§ 238 Abs. 3, 239 Abs. 3), das bei den Verletzten zu **schweren körperlichen oder seelischen Schäden** geführt hat oder voraussichtlich führen wird. Dabei handelt es sich nach der Konzeption des Gesetzes um schwerwiegende Aggressionsdelikte, die typischerweise bei Opfern schwere Folgen auslösen und daher die Schutzbedürftigkeit dieser Verletzten erhöhen (BR-Drucks. 178/09, S. 52 f.). Die Anforderungen sind also wesentlich höher als bei der Zulassung der Nebenklage nach § 395 Abs. 3.

Nr. 4 wurde durch das STORMG 2013 eingefügt. Dabei wurden die Verletzten der nicht von Nr. 1 erfassten Vergehen gegen die sexuelle Selbstbestimmung gem. §§ 174–182 StGB und der Misshandlungs von Schutzbefohlenen gem. § 225 StGB aus der jetzigen Nr. 5 herausgenommen wurden, weil bei diesen hinsichtlich der Schutzaltersgrenze von 18 Jahren nicht mehr wie früher auf den Zeitpunkt der Antragstellung, sondern auf den Zeitpunkt der Tat abzustellen ist. Dies ist sachgerecht, weil u.a. die Beratungen des Runden Tisches zur Aufarbeitung der Fälle sexuellen Missbrauchs in kirchlichen und anderen Einrichtungen deutlich gemacht hatten, dass Kinder und Jugendliche, die Opfer von Misshandlung und sexuellem Missbrauch wurden, häufig erst nach vielen Jahren über die Tat sprechen und diese anzeigen können (BT-Drs. 17/6261, S. 12 f.). Auch in solchen Fällen benötigen sie zur Wahrnehmung ihrer Rechte anwaltlichen Beistand und es liegt im öffentlichen Interesse, ihnen diesen zu gewährleisten. Wenn Verletzte die Schutzaltersgrenze von 18 Jahren zum Zeitpunkt der Tat bereits überschritten haben, sieht die neue Nr. 5 entsprechend der bisherigen Regelung einen von der fehlenden Fähigkeit zu Interessenwahrnehmung abhängigen Anspruch vor (BT-Drs. 17/6261, S. 13).

Nr. 5 eröffnet einen erweiterten Anspruch auf einen kostenlosen Opferanwalt für die Verletzten, die zum Zeitpunkt der Antragstellung das 18. Lebensjahr noch nicht vollendet haben, also für **Kinder und Jugendliche** (das Schutzalter wurde im 2. OpferRRG generell von 16 auf bis zu 18 Jahren erhöht) sowie für Personen, die ihre Interessen selbst nicht ausreichend wahrnehmen können. Hier gilt ein erweiterter Deliktskatalog, der auch Vergehen wie besonders schwere Fälle der Nötigung (§ 240 Abs. 4, insb. bei Zwangsheirat) und Raubdelikte umfasst und bei dem es – anders als in Nr. 3 – nicht auf die Feststellung der besonderen Schwere der Verletzungen ankommt.

Der Anspruch setzt überdies voraus, dass die nach Abs. 1 privilegierten Nebenkläger einen **Antrag** bei 3 dem gem. § 396 für den Anschluss zuständigen Gericht (§ 396 Rdn. 1) stellen. Dies gilt auch dann, wenn sich bereits ein RA für ihn gemeldet hat und tätig geworden ist (KG StraFo 2008, 47). Der Antrag kann schon vor Erklärung des Anschlusses gestellt werden (Abs. 3 Satz 1) wird erst ab dem in § 396 Abs. 1 Satz 2, 3 bestimmten Zeitpunkt wirksam (*Meyer-Goßner/Schmitt* § 397a Rn. 12). Im Vorverfahren kann der Anwalt aber nach § 406g Abs. 3 Nr. 1 als qualifizierter Verletztenbeistand bestellt werden. Sofern sich das Nebenklagedelikt i.S.v. Abs. 1 nicht bereits aus der öffentlichen Klage ergibt, muss der Antrag auch diejenigen Tatsachen enthalten, die eine solche Straftat möglich erscheinen lassen. Die Bestellung eines RA als Beistand für den Nebenkläger als § 397a Abs. 1 Satz 1 StPO wirkt über die jeweilige Instanz hinaus bis zum rechtskräftigen Abschluss des Verfahrens und erstreckt sich somit auch auf die Revisionsinstanz (BGH StraFo 2008, 131).

B. Bewilligung von Prozesskostenhilfe (Abs. 2) I. Hinzuziehung eines RA.

Die Be- 4 willigung von PKH gem. Abs. 2 kommt nur dann in Betracht, wenn der Nebenkläger die Voraussetzungen für die Bestellung eines Beistands nach Abs. 1 nicht erfüllt (BGH NStZ 2000, 218). Ein auf PKH gerichteter Antrag des Nebenkägers ist daher zu seinen Gunsten als Antraf auf Beiordnung auszulegen, wenn die Vorausssetzungen des Abs. 1 erfüllt sind (OLG Celle 2 Ws 119/12 vom 8.5.2012). Die PKH ist auf die Hinzuziehung eines RA beschränkt, da dem Nebenkläger regelmäßig keine sonstigen Kosten entstehen, die so erheblich sind, dass sie die Bewilligung von PKH rechtfertigen können. Die Bewilligung bestimmt sich grds. nach den §§ 114 ff. ZPO (modifiziert durch Abs. 2, 3) und ist – im Gegensatz zur Beiordnung als Opferanwalt gem. § 397 Abs. 1 – für jeden Rechtszug gesondert zu gewähren (§ 119 Abs. 1 ZPO; LR/*Hilger* § 397a Rn. 16).

§ 397a StPO Bestellung eines Beistands; Prozesskostenhilfe

5 **II. Voraussetzungen der Bewilligung von PKH. 1. Persönliche Voraussetzungen.** Der Antragsteller muss bedürftig i.S.d. Abs. 2 i.V.m. §§ 114 Satz 1, 115 ZPO sein. Dies ist der Fall, wenn der Nebenkläger die Kosten für die Hinzuziehung eines RA nicht, nur z.T. oder lediglich in Raten aufbringen kann. Maßgeblich hinsichtlich der Belastungsgrenze sind die nach § 115 Abs. 1 Satz 4, 5 ZPO vom BMJ jährlich bekannt gemachten Beträge, für Ratenzahlungen gelten die in § 115 Abs. 2 ZPO tabellarisch ausgewiesenen Beträge. Bei Zumutbarkeit muss der Nebenkläger auf sein Vermögen zurückgreifen (§ 115 Abs. 3 Satz 1 ZPO).

6 **2. Sachliche Voraussetzungen.** Im Gegensatz zum Zivil-, Privatklage- und Adhäsionsverfahren kommt es bei der Nebenklage für die Bewilligung von PKH nicht auf eine hinreichende Erfolgsaussicht an. § 114 Halbs. 2 ist daher gem. Abs. 2 Satz 3 nicht anzuwenden. Die früher erforderliche schwierige Sach- und Rechtslage ist durch das 2. OpferRRG (2009) gestrichen worden. Die Bewilligung setzt jetzt nur noch voraus, dass der Nebenkläger nicht imstande ist, seine Interessen selbst hinreichend wahrzunehmen (mangelnde Eigenkompetenz, z.B. wegen gesundheitlicher Beeinträchtigung) oder ihm dies nicht zuzumuten ist. Die Unzumutbarkeit kann dabei insb. aus der psychischen Betroffenheit des Nebentäters durch die Tat resultieren (Vermeidung sekundärer Viktimisierung). Der alleinige Umstand, dass der Angeklagte einen Verteidiger hat, rechtfertigt dagegen noch keine Bewilligung von PKH; die entspr. Anwendung des § 121 Abs. 2, 2. Alt. ZPO, der das Prinzip der »Waffengleichheit« normiert, ist durch Abs. 2 Satz 3 gerade ausgeschlossen (*Meyer-Goßner/Schmitt* § 397a Rn. 9 m.w.N.; HK-GS/*Rössner* § 397a Rn. 8).

7 **III. Das Bewilligungsverfahren.** Die Bewilligung von PKH erfordert gem. Abs. 2 Satz 2 i.V.m. Abs. 1 Satz 3 einen **Antrag**, der bereits vor der Anschlusserklärung (§ 396 Abs. 1 Satz 1) gestellt werden kann. Er muss insb. die wirtschaftlichen Verhältnisse darlegen (§ 117 Abs. 2, 4 ZPO); hierbei ist der gem. § 117 Abs. 2 vorgesehene amtliche Vordruck zu verwenden. Das Gericht kann die Glaubhaftmachung der Angaben verlangen (§ 118 Abs. 2 ZPO). Erfolgt diese nicht fristgemäß oder unzureichend, so wird der Antrag auf Gewährung von PKH abgelehnt (§ 118 Abs. 2 Satz 4 ZPO).

8 **C. Gerichtliche Entscheidung über die Anträge (Abs. 3) I. Zuständigkeit und Verfahren.** Die **Entscheidung** über die Anträge nach Abs. 1 und 2 trifft das mit der Sache befasste Gericht (Abs. 3 Satz 1), also grds. das erstinstanzliche Gericht, bei dem die öffentliche Klage erhoben worden ist; das Berufungs- oder Revisionsgericht ist erst dann zuständig, wenn das Verfahren dort anhängig geworden ist, also mit Vorlage der Akten zur Entscheidung über das Rechtsmittel.

9 Der Entscheidung hat eine **Anhörung** der StA vorauszugehen (§ 33 Abs. 2); im Fall von Zweifeln über die Richtigkeit oder Vollständigkeit der Angaben des Antragstellers ist dieser ebenfalls zu hören (BVerfG NStZ 1999, 469). Dagegen findet eine Anhörung des Angeschuldigten nicht statt, auch nicht in den Fällen des Abs. 2, weil eine analoge Anwendung des § 118 Abs. 1 Satz 1 ZPO hier nicht in Betracht kommt. Wenn es noch nicht einmal hinsichtlich der Nebenklagezulassung eine Anhörungspflicht des Angeschuldigten gibt, dann erst recht nicht i.R.d. Beschlusses nach Abs. 2 (*Meyer-Goßner/Schmitt* § 397a Rn. 13; 396 Rn. 11; a. A. SK-StPO/*Velten* Rn. 16; LR/*Hilger* § 397a Rn. 13 m.w.N.; AK/*Rössner* § 397a Rn. 12).

10 Für die **Bestellung** eines RA gilt nach Abs. 3 Satz 2 die Vorschrift des § 142 Abs. 1 entsprechend. Dabei ordnet das Gericht den vom Vorsitzenden ausgewählten RA im Gerichtsbeschluss über dessen Bestellung als Beistand oder über die Bewilligung der PKH bei (*Meyer-Goßner/Schmitt* § 397a Rn. 14; KK/*Senge* § 397a Rn. 5). Der Vorsitzende hat dabei den auf der Grundlage des § 138 Abs. 1, 3 vom Nebenkläger gewählten Beistand, der RA oder Rechtslehrer an einer deutschen Hochschule mit Befähigung zum Richteramt sein kann, zu bestellen. Auch nach der Neufassung des § 142 Abs. 1 StPO gehört die Ortsnähe des Rechtsanwalts zu den durch den Vorsitzenden bei der Auswahl eines Rechtsbeistands zu berücksichtigenden Gesichtspunkten (OLG Köln NStZ-RR 2011, 153; OLG Hamburg NStZ-RR 2013, 193). In Fällen gleichartiger Interessen mehrerer Nebenkläger kann es im Rahmen des durch den Vorsitzenden auszuübenden Ermessens zulässig sein, die Wahrnehmung der Interessen der Nebenkläger – auch unter Berücksichtigung fiskalischer Aspekte – einem einzelnen Rechtsanwalt (gegen erhöhte Gebühr gem. VV Nr. 1008 der Anlage 1 zu §§ 2 Abs. 2 RVG) anzuvertrauen (OLG Hamburg NStZ-RR 2013, 193: »Gruppenvertretung«; ähnlich OLG Köln StV 2014, 277 f., 278 f.; zust. Pues StV

2014, 304 [309]). Die Bestellung des anwaltlichen Beistands wirkt bis zum rechtskräftigen Abschluss des Verfahrens, sofern sie nicht ausnahmsweise aufgehoben wird (Rdn. 12).

Eine **rückwirkende Kraft** kommt der Bestellung des RA und der Bewilligung der PKH grds. nicht zu, 11 vielmehr kommt es auf den Zugang des dem Antrag stattgebenden Beschlusses an (BGH NJW 1985, 921). Ist aber der Antrag nicht rechtzeitig beschieden worden und hat der Antragsteller mit der Antragstellung bereits alles für die Bestellung des Beistands (Abs. 1) oder die Bewilligung der PKH (Abs. 2) erforderliche getan, so ist eine auf den Zeitpunkt der Antragstellung rückwirkende Entscheidung zulässig (BVerfG NStZ-RR 1997, 69; BGH NStZ-RR 2008, 255 [256]). Gleiches gilt, wenn der Antrag zulässigerweise erst kurz vor Ablauf der Revisionsbegründungsfrist gestellt worden und eine rechtzeitige Bewilligung mithin nicht mehr möglich ist (KG JR 1988, 436).

Die **Aufhebung des stattgebenden Beschlusses** nach Abs. 2 kommt nur unter den Voraussetzungen des 12 § 124 ZPO in Betracht (OLG Frankfurt am Main NStZ 1986, 43 m. zust. Anm. *v. Stackelberg*), während die Bestellung nach Abs. 1 entspr. § 143 zurückgenommen werden kann (BGH bei *Becker* NStZ-RR 2002, 104).

II. Rechtsfolgen. Die Bestellung des RA als Beistand nach Abs. 1 erfolgt für das ganze weitere Ver- 13 fahren bis zum rechtskräftigen Abschluss des Verfahrens, sie hat also Instanzen übergreifende Wirkung (BGH NStZ 2010, 714). Dies gilt unabhängig davon, ob der Angeklagte wegen eines in Abs. 1 Satz 1 bezeichneten Delikts in 1. Instanz verurteilt wird (BGH bei *Becker* NStZ-RR 2003, 293). Demgegenüber gilt die Bewilligung der PKH nur für den jeweiligen Rechtszug, da Abs. 2 – im Gegensatz zu Abs. 1 – auf § 119 Abs. 1 Satz 1 ZPO verweist; sie wirkt aber nach Aufhebung des Urteils durch das Rechtsmittelgericht und Zurückverweisung an die Vorinstanz fort (*Meyer-Goßner/Schmitt* § 397a Rn. 17b m.w.N.).

Die dem Beistand zustehenden und aus der Staatskasse zu erstattenden Gebühren ergeben sich aus § 53 14 Abs. 2 RVG i.V.m. Vorb. 4 des VVRVG und richten sich nach den Gebühren des beigeordneten Verteidigers (§ 52 RVG). Ein Vergütungsanspruch gegen das Opfer kann nicht geltend gemacht werden (§ 53 Abs. 2 Satz 1 *»nur vom Verurteilten«*). Auch bei der Bewilligung von PKH gem. Abs. 2 entsteht für den beigeordneten RA ein Erstattungsanspruch gegen die Staatskasse; dessen Höhe sich nach den für den bestellten Verteidiger zu bemessenden Gebühren richtet (§ 48 RVG).

III. Rechtsmittel. 1. Entscheidung über die Bestellung eines RA als Beistand (Abs. 1) Die An- 15 fechtung der Bestellung eines RA als Beistand nach Abs. 1 richtet sich nach allgemeinen Grundsätzen (OLG Celle NStZ-RR 2012, 291). Gegen den ablehnenden Beschluss ist für die StA und den Antragsteller die **Beschwerde** statthaft. Gegen die Bestellung kann die StA Beschwerde einlegen, während der Angeschuldigte durch die Bestellung nicht unmittelbar beschwert ist (OLG Hamm NJW 2006, 2057 m.w.N.). Nach Rechtskraft des Urteils kommt eine Beschwerde nur noch in Betracht, wenn erst nach diesem Zeitpunkt über die Beiordnung entschieden worden ist (*Meyer-Goßner/Schmitt* § 397a Rn. 19). § 305 Satz 1 steht der Beschwerde nicht entgegen (OLG Köln NStZ-RR 2000, 285)

Der Nebenkläger kann die Ablehnung seines Antrags auf Bestellung eines RA als Beistand mit der **Re-** 16 **vision** rügen. Von einem Beruhen wird aber nur dann auszugehen sein, wenn sich im Einzelfall nicht ausschließen lässt, dass der Nebenkläger – hätte er im Beistand seines RA an der Hauptverhandlung teilgenommen – Tatsachen hätte vorbringen oder Beweismittel hätte benennen können, die für den Schuldspruch (arg. § 400) wesentliche Bedeutung haben können (vgl. § 396 Rdn. 16; *Meyer-Goßner/Schmitt* § 397a Rn. 20). Der Angeschuldigte kann die gesetzwidrige Bestellung mangels unmittelbarer Beschwer nicht mit der Revision angreifen (OLG Hamm NJW 2006, 2057).

2. Entscheidung über die Prozesskostenhilfe (Abs. 2. Die frühere Unanfechtbarkeit der Entschei- 17 dungen über die PKH ist durch STORMG vom 14.3.2013 beseitigt worden (Streichung von Abs. 3 Satz 2). Es bestehen jetzt also dieselben Anfechtungsmöglichkeiten wie nach Abs. 1.

§ 398 StPO Fortgang des Verfahrens bei Anschluss.
(1) Der Fortgang des Verfahrens wird durch den Anschluss nicht aufgehalten.
(2) Die bereits anberaumte Hauptverhandlung sowie andere Termine finden an den bestimmten Tagen statt, auch wenn der Nebenkläger wegen Kürze der Zeit nicht mehr geladen oder benachrichtigt werden konnte.

1 Die Vorschrift zeigt, dass die Durchführung und der Fortgang des öffentlichen Strafverfahrens in den Händen der StA und des Gerichts liegen und damit vom Anschluss des Nebenklägers **keine hemmende Wirkung** auf das Verfahren ausgeht (Abs. 1). Der Nebenkläger tritt dem Strafverfahren grds. in demjenigen Stadium bei, in dem es sich zum Zeitpunkt seines Anschlusses befindet (LR/*Hilger* § 398 Rn. 1). Insb. muss er die Prozess gestaltenden Maßnahmen der anderen Verfahrensbeteiligten – soweit sie bereits erfolgt sind – gegen sich gelten lassen und kann neue nicht verhindern, auch wenn sie sich zu seinen Lasten auswirken (OLG Stuttgart NJW 1970, 822).

2 Trotz Zulassung eines Nebenklägers ist dessen Mitwirkung am Verfahren freiwillig, insb. ist er zur Teilnahme an Gerichtsterminen berechtigt, aber nicht verpflichtet (vgl. § 397 Rdn. 3).

3 Abs. 2 bestimmt, dass anberaumte Termine, insb. Hauptverhandlungen – selbst im Fall begründeter Verhinderung des Nebenklägers – ohne ihn stattfinden können (BGHSt 28, 272 [273]). Ein Recht auf Vertagung besteht also nicht (LR/*Hilger* § 398 Rn. 3). Das Gericht ist jedoch nicht gehindert, nach seinem Ermessen auf den Nebenkläger Rücksicht zu nehmen und z.B. einen bereits anberaumten Termin zu verlegen, um die Ladung und Teilnahme des Nebenklägers zu ermöglichen.

4 Wurde die Ladung des Nebenklägers unterlassen, obwohl die Voraussetzungen des Abs. 2 nicht vorlagen, so ist das Urteil im Rahmen einer zulässigen **Revision** i.d.R. aufzuheben (*Meyer-Goßner/Schmitt* § 398 Rn. 3; OLG Düsseldorf StraFo 2001, 102).

§ 399 StPO Bekanntmachung und Anfechtbarkeit früherer Entscheidungen.
(1) Entscheidungen, die schon vor dem Anschluss ergangen und der Staatsanwaltschaft bekanntgemacht waren, bedürfen außer in den Fällen des § 401 Abs. 1 Satz 2 keiner Bekanntmachung an den Nebenkläger.
(2) Die Anfechtung solcher Entscheidungen steht auch dem Nebenkläger nicht mehr zu, wenn für die Staatsanwaltschaft die Frist zur Anfechtung abgelaufen ist.

1 Abs. 1 enthält eine Konkretisierung des Grundsatzes des § 398 Abs. 1 für gerichtliche Entscheidungen vor dem Anschluss. Diese müssen dem Nebenkläger – von dem Fall des § 401 Abs. 1 Satz 2 abgesehen – nicht bekannt gegeben werden, wenn bereits eine Bekanntmachung ggü. der StA erfolgt war. Dagegen müssen dem Nebenkläger sämtliche nach der Anschlusserklärung ergangenen Entscheidungen mitgeteilt werden und zwar selbst dann, wenn noch kein Zulassungsbeschluss nach § 396 erfolgt ist (*Meyer-Goßner/Schmitt* § 399 Rn. 1).

2 Abs. 2 bindet die Anfechtungsbefugnis des Nebenklägers, der den Anschluss erst nach ergangener Entscheidung (i.d.R. zusammen mit dem Rechtsmittel) erklärt (§§ 395 Abs. 4 Satz 2, 401 Abs. 1 Satz 2), an die Rechtsmacht der StA. Dies bedeutet insb., dass für den Nebenkläger keine eigene Rechtsmittelfrist läuft (BGH bei *Miebach* NStZ 1988, 214). Das Rechtsmittel kann daher nur innerhalb der für die StA laufenden Anfechtungsfrist eingelegt werden und ist somit unzulässig, wenn die Frist abgelaufen ist oder die StA Rechtsmittelverzicht erklärt oder ihr Rechtsmittel zurückgenommen hat (*Meyer-Goßner/Schmitt* § 399 Rn. 2 m.w.N.). Es besteht jedoch für den Nebenkläger die Möglichkeit, sich dem Verfahren auch noch nach Fristablauf anzuschließen, wenn der Angeklagte, die StA oder ein anderer Nebenkläger ein Rechtsmittel eingelegt hat.

3 Erfolgt die Anschlusserklärung rechtzeitig, nicht aber die spätere Einlegung des Rechtsmittels, so hat der Nebenkläger die Möglichkeit, einen Antrag auf **Wiedereinsetzung in den vorigen Stand** zu stellen (OLG Hamm NJW 1964, 265). Legt der Nebenkläger dagegen Anschlusserklärung und Rechtsmittel erst nach Fristablauf ein, ist das Urteil für ihn unanfechtbar; da gegen den Nebenkläger keine Frist läuft, kann er auch nicht gehindert sein, die Frist i.S.v. § 44 einzuhalten (BGHR StPO § 399 Fristablauf 1; KK/*Senge* § 399 Rn. 4; *Meyer-Goßner/Schmitt* § 399 Rn. 3). Sofern die StA oder ein anderer Nebenkläger die Entscheidung rechtzeitig angefochten hat, führt die Anschlusserklärung zur üblichen Verfah-

rensbeteiligung des Nebenklägers gem. § 396, da eine Anschlusserklärung nach § 395 Abs. 4 Satz 1 zu jeder Zeit möglich ist (HK-GS/*Rössner* § 399 Rn. 2).
Für die **Rechtsmittelbegründungsfrist** nach §§ 317, 345 Abs. 1 gilt Abs. 2 nicht, insoweit ist § 401 Abs. 1 Satz 2 maßgeblich. 4

§ 400 StPO Rechtsmittelbefugnis des Nebenklägers.
(1) Der Nebenkläger kann das Urteil nicht mit dem Ziel anfechten, dass eine andere Rechtsfolge der Tat verhängt wird oder dass der Angeklagte wegen einer Gesetzesverletzung verurteilt wird, die nicht zum Anschluss des Nebenklägers berechtigt.
(2) Dem Nebenkläger steht die sofortige Beschwerde gegen den Beschluss zu, durch den die Eröffnung des Hauptverfahrens abgelehnt oder das Verfahren nach den §§ 206a und 206b eingestellt wird, soweit er die Tat betrifft, aufgrund deren der Nebenkläger zum Anschluss befugt ist. Im Übrigen ist der Beschluss, durch den das Verfahren eingestellt wird, für den Nebenkläger unanfechtbar.

A. Zulässige Rechtsmittel des Nebenklägers. Aus §§ 395 Abs. 4 Satz 2, 401 Abs. 1 1 Satz 1 ergibt sich, dass der Nebenkläger grds. das Recht auf Einlegung von Rechtsmitteln hat. Erforderlich ist jedoch, dass er durch die angefochtene Entscheidung in seiner Rechtsstellung als Nebenkläger beschwert ist (BGHSt 29, 216 [218]; 33, 114 [115 ff.]).

B. Beschränkung der Urteilsanfechtung (Abs. 1) I. Rechtsfolgenausspruch. Abs. 1 2 beschränkt die nach früherem Recht (vgl. BGHSt 33, 114 [118]) weiter reichende Rechtsmittelbefugnis des Nebenklägers zunächst dahin gehend, dass dieser keine Möglichkeit mehr hat, das Urteil im **Rechtsfolgenausspruch** anzugreifen. Auch die Einlegung eines Rechtsmittels zugunsten des Angeklagten ist dem Nebenkläger verwehrt, insb. dann, wenn er einen **Freispruch** bewirken möchte (KK/*Senge* § 400 Rn. 1; OLG Schleswig NStZ-RR 2000, 270; a. A. *Altenhain* JZ 2001, 791 [799]). Allerdings kann, wie sich aus § 401 Abs. 3 ergibt, das Rechtsmittel gem. § 301 auch zugunsten des Angeklagten geändert oder aufgehoben werden (BGH NStZ-RR 1996, 130). Unzulässig sind des Weiteren solche Rechtsmittel, die lediglich gegen den **Schuldumfang** im Rahmen eines zur Verurteilung gelangten nebenklagefähigen Delikts gerichtet sind (BGHSt 41, 140 [144]), die sich darauf stützen, dass eine weitere Rechtsfolge nicht verhängt worden ist (BGH AnwBl. 1989, 688) oder die nur das Fehlen der Feststellung der besonderen Schwere der Schuld i.S.v. 57a Abs. 1 Satz 1 Nr. 2 StGB beanstanden (BGH StraFo 2007, 245). Gleiches gilt für Rechtsmittel, welche die Anwendung des § 105 Abs. 1 JGG (BGH StraFo 2007, 245), des 199 StGB (*Meyer-Goßner/Schmitt* § 400 Rn. 3 m.w.N.) oder des § 213 StGB (BGH bei *Kusch* NStZ-RR 2000, 40) rügen. Unzulässig ist auch ein Rechtsmittel, mit dem der Nebenkläger das Hinzutreten einer **weiteren Tatbestandsalternative** anstrebt (BGH NStZ-RR 1997, 371: weiteres Mordmerkmal i.S.v. § 211 StGB), die Nichtanwendung des § 177 Abs. 2 StGB bei einer Verurteilung nach § 177 Abs. 1 StGB rügt (BGH NStZ-RR 2003, 306; kritisch *Rieß* GA 2007, 387) oder sich gegen die Nichtverhängung von Sicherungsverwahrung wendet (BGH StV 1997, 624; StraFo 2010, 295). Sofern eine Verurteilung wegen eines Nebenklagedelikts erfolgte, ist i.d.R. auch die nicht näher begründete Berufung sowie die lediglich auf die allgemeine Sachrüge gestützte Revision unzulässig (BGH NStZ 1997, 97; KK/*Senge* § 400 Rn. 1 m.w.N.), sofern nicht erkennbar ist, dass sie nach § 400 zulässig ist (s.u. Rdn. 5).

Angegriffen werden kann jedoch der **Freispruch wegen Schuldunfähigkeit** und zwar auch dann, wenn 3 eine Maßregel nach § 63 StGB angeordnet worden ist (*Meyer-Goßner/Schmitt* § 400 Rn. 3) sowie die Nichtanordnung der Unterbringung gem. § 63 StGB bei Freispruch wegen Schuldunfähigkeit (BGH NStZ 1995, 609). Eine Rechtsmittelbefugnis des Nebenklägers ist auch dann gegeben, wenn dieser die Verurteilung wegen **Vollendung statt wegen Versuchs** (HK-GS/*Rössner* § 400 Rn. 4), die Anwendung einer Qualifikationsnorm (z.B. § 177 Abs. 3 statt Abs. 2 StGB: BGH NStZ 2001, 420) oder die Änderung des Konkurrenzverhältnisses (Tatmehrheit statt Tateinheit: BGH NStZ 2000, 219; StraFo 2014, 79) erstrebt.

II. Rechtsmittelbeschränkungen wegen Gesetzesverletzungen ohne Bezug zu einem Nebenkla- 4 **gedelikt.** Entscheidungen, die die Verletzung von Strafgesetzen betreffen, die nicht gem. § 395 zum

§ 400 StPO Rechtsmittelbefugnis des Nebenklägers

Anschluss berechtigen, beschweren den Nebenkläger nicht und können nach Abs. 1 ebenfalls nicht angegriffen werden (BGH VRS 103, 210). Das Rechtsmittel eines Nebenklägers ist vielmehr nur dann zulässig, wenn die Rechtsvorschrift über ein Nebenklagedelikt verletzt ist (BGH bei *Pfeiffer/Miebach* NStZ 1987, 221), d.h., dass der Angeklagte insoweit zu Unrecht freigesprochen bzw. das Nebenklagedelikt jedenfalls nicht in den Tenor aufgenommen worden ist (OLG Hamm VRS 59, 260 [261]), oder dass (bei Tatmehrheit oder Tateinheit) eine Verurteilung hinsichtlich des Nebenklagedelikts unterblieben ist. Dies muss der Nebenkläger aber in der Revisionsbegründung explizit zum Ausdruck bringen; das Erheben der allgemeinen Sachrüge genügt dafür nicht (BGH NStZ-RR 2014, 117).

5 Eine **Berufung** kann gem. §§ 317, 318 grds. generell und ohne Begründung eingelegt werden. Wenn jedoch ein Nebenkläger Berufung einlegt, so ist dieser gehalten, deren Ziel anzugeben, um dem Berufungsgericht die Prüfung der Zulässigkeit des Rechtsmittels nach § 400 zu ermöglichen (OLG Jena NStZ-RR 2007, 209). Unterlässt er dies, so ist die Berufung gem. § 322 Abs. 1 zu verwerfen, wenn der Angeklagte offenkundig wegen aller in Betracht kommender Nebenklagedelikte verurteilt worden ist. Kommt dagegen die Verurteilung wegen eines weiteren oder schwereren Nebenklagedelikts in Betracht, so ist i.d.R. zu unterstellen, dass sich das Rechtsmittel hierauf bezieht und damit (insoweit) zulässig ist (vgl. HK-GS/*Rössner* § 400 Rn. 5; *Meyer-Goßner/Schmitt* § 400 Rn. 5 m.w.N.).

6 Für die **Revision** gelten die vorstehend dargelegten Grundsätze (Rdn. 5) entsprechend. Der Nebenkläger kann die **Sachrüge** nur auf die unterlassene oder fehlerhafte Anwendung gerade desjenigen Strafgesetzes stützen, aus dem sich die Anschlussbefugnis ergibt (*Meyer-Goßner/Schmitt* § 400 Rn. 6 m.w.N.). Der Nebenkläger muss damit gem. §§ 344 Abs. 1, 400 das Ziel seiner Revision ausdrücklich, eindeutig und innerhalb der Revisionsbegründungsfrist angeben (BGHR StPO § 400 Abs. 1 Zulässigkeit 2, 3 und 5; BGH bei *Becker* NStZ-RR 2001, 266; NStZ-RR 2004, 67; NStZ-RR 2005, 262). Erhebt er dagegen lediglich die allgemeine Sachrüge (§§ 337, 344 Abs. 2 Satz 1, 2. Alt.), so ist sein Rechtsmittel unzulässig (BGHSt 13, 143 [145]; BGH NStZ-RR 2009, 57; a. A. SK-StPO/*Velten* § 400 Rn. 17). Eines ausdrücklichen Revisionsantrages bedarf es nur dann nicht, wenn sich der Umfang der Anfechtung aus der Begründung der Revision zweifelsfrei erkennen lässt (vgl. BGH bei *Pfeiffer/Miebach* NStZ 1983, 359 Nr. 43; RGSt 56, 225), also insb. dann, wenn die Revision einen eindeutigen Bezug zu einer für ein Nebenklagedelikt relevanten Rechtsverletzung (wie z.B. einem Freispruch) aufweist (HK-GS/*Rössner* § 400 Rn. 6). Rügt der Nebenkläger das Verfahren, so kann er nur solche Rügen erheben, die die Verurteilung wegen der zum Anschluss berechtigenden Straftaten betreffen (BGH NStZ-RR 1998, 305).

7 **III. Die Prüfung des Rechtsmittelgerichts.** Die Prüfung des Rechtsmittelgerichts ist bei zulässiger Berufung oder Revision lediglich auf die **richtige Anwendung der Vorschriften über das Nebenklagedelikt** (BGHSt 41, 140 [144]) beschränkt. Zu prüfen ist also nur, ob Nebenklagedelikte nicht, nicht zutreffend oder unvollständig gewürdigt worden sind (BGHSt 43, 15). Dieser Prüfungsumfang gilt nicht nur, wenn das Nebenklagedelikt einen abtrennbaren Teil der Tat betrifft, vielmehr bleiben nicht zum Anschluss berechtigende Delikte auch bei Tateinheit mit dem Nebenklagedelikt bei der Prüfung der Zulässigkeit des Rechtsmittelgerichts außer Betracht (vgl. BGH NStZ 1997, 402; StraFo 2008, 164; KK/*Senge* § 400 Rn. 2). Wenn die Berufung aber zulässig ist oder die Sache nach Aufhebung durch das Revisionsgericht an das Tatgericht zurückverwiesen worden ist, müssen alle mit dem Nebenklagedelikt in Tateinheit oder Gesetzeskonkurrenz stehenden Delikte erneut heprüft werden (BGHSt 39, 390 f.; *Meyer-Goßner/Schmitt* § 401 Rn. 7a).

8 **C. Rechtsbehelfe gegen verfahrensbeendigende Beschlüsse (Abs. 2)** Abs. 2 Satz 1 gewährt dem Nebenkläger die **sofortige Beschwerde** nach § 311 bei der Ablehnung der Eröffnung des Verfahrens gem. § 204, soweit der gerichtliche Beschluss die Tat betrifft, die den Nebenkläger zum Anschluss berechtigt. Der Ablehnung der Verfahrenseröffnung steht die Ablehnung des Erlasses eines Strafbefehls gleich (vgl. § 408 Abs. 2 Satz 2).

9 Mit derselben Einschränkung kann der Nebenkläger Einstellungsbeschlüsse nach den §§ 206a, 206b und Einstellungsurteile nach § 260 Abs. 3 angreifen. Gegen Einstellungsbeschlüsse nach §§ 153 ff. und 205 hat er dagegen gem. Abs. 2 Satz 2 kein Rechtsmittel und zwar auch dann nicht, wenn sie in verfahrensrechtlich fehlerhafter Weise zustande gekommen sind (BGH NJW 2002, 2401; *Meyer-Goß-*

ner/*Schmitt* § 400 Rn. 9; a. A. hinsichtlich Einstellungen nach § 205 LR/*Hilger* § 400 Rn. 25; *Rieß* NStZ 2001, 355).

§ 401 StPO Einlegung eines Rechtsmittels durch den Nebenkläger.

(1) ¹Der Rechtsmittel kann sich der Nebenkläger unabhängig von der Staatsanwaltschaft bedienen. ²Geschieht der Anschluss nach ergangenem Urteil zur Einlegung eines Rechtsmittels, so ist dem Nebenkläger das angefochtene Urteil sofort zuzustellen. ³Die Frist zur Begründung des Rechtsmittels beginnt mit Ablauf der für die Staatsanwaltschaft laufenden Frist zur Einlegung des Rechtsmittels oder, wenn das Urteil dem Nebenkläger noch nicht zugestellt war, mit der Zustellung des Urteils an ihn auch dann, wenn eine Entscheidung über die Berechtigung des Nebenklägers zum Anschluss noch nicht ergangen ist.

(2) ¹War der Nebenkläger in der Hauptverhandlung anwesend oder durch einen Anwalt vertreten, so beginnt für ihn die Frist zur Einlegung des Rechtsmittels auch dann mit der Verkündung des Urteils, wenn er bei dieser nicht mehr zugegen oder vertreten war; er kann die Wiedereinsetzung in den vorigen Stand gegen die Versäumung der Frist nicht wegen fehlender Rechtsmittelbelehrung beanspruchen. ²Ist der Nebenkläger in der Hauptverhandlung überhaupt nicht anwesend oder vertreten gewesen, so beginnt die Frist mit der Zustellung der Urteilsformel an ihn.

(3) ¹Hat allein der Nebenkläger Berufung eingelegt, so ist diese, wenn bei Beginn einer Hauptverhandlung weder der Nebenkläger noch für ihn ein Rechtsanwalt erschienen ist, unbeschadet der Vorschrift des § 301 sofort zu verwerfen. ²Der Nebenkläger kann binnen einer Woche nach der Versäumung unter den Voraussetzungen der §§ 44 und 45 die Wiedereinsetzung in den vorigen Stand beanspruchen.

(4) Wird auf ein nur von dem Nebenkläger eingelegtes Rechtsmittel die angefochtene Entscheidung aufgehoben, so liegt der Betrieb der Sache wiederum der Staatsanwaltschaft ob.

A. Rechtsmittelberechtigung des Nebenklägers (Abs. 1 Satz 1) Der prozessfähige und gem. §§ 395, 396 anschlussbefugte (BGHSt 33, 114 [115]) oder bereits mit Recht zugelassene Nebenkläger kann die Rechtsmittel der Beschwerde, sofortigen Beschwerde, Berufung und Revision in der gesetzlich vorgeschriebenen Form einlegen, soweit diese Rechtsmittel zulässig sind und er in seiner Stellung als Nebenkläger beschwert ist (BGHSt 29, 216 [217 f.]). Eine solche Beschwer liegt grds. immer dann vor, wenn das zum Anschluss berechtigende Delikt nicht in den Schuldspruch aufgenommen wurde oder beim Rechtsfolgenausspruch unberücksichtigt blieb (BGHSt 13, 145; BGH NJW 1970, 205). Zwar können diese Rechtsmittel nicht zugunsten des Angeklagten eingelegt werden (vgl. § 400 Rdn. 2), ein zu dessen Lasten erfolgtes Rechtsmittel kann aber letztlich auch zu seinen Gunsten wirken (§ 301).

Die **Revisionsanträge** müssen (analog § 390 Abs. 2) von einem RA unterzeichnet sein (BGH NJW 1992, 1398; LR/*Hilger* § 401 Rn. 4; *Meyer-Goßner/Schmitt* § 401 Rn. 2); bei Einlegung zu Protokoll der Geschäftsstelle kommt aber ggf. Wiedereinsetzung in den vorigen Stand in Betracht (OLG Hamm StraFo 2007, 467).

Der Nebenkläger hat eine **eigene Rechtsmittelbefugnis**, die er **unabhängig von der StA** ausüben kann; dies gilt insb. für die Einlegung, Begründung und Durchführung des Rechtsmittels (vgl. KK/*Senge* § 401 Rn. 1; *Pfeiffer* § 401 Rn. 2).

B. Fristwahrung bei Anschluss nach Urteilserlass (Abs. 1 Satz 2, 3) Der Nebenkläger hat auch nach Urteilserlass noch die Möglichkeit, sich dem Verfahren zum Zweck der Rechtsmitteleinlegung anzuschließen (§ 395 Abs. 4 Satz 2). Die Rechtsmitteleinlegung muss dann jedoch gem. § 399 Abs. 2 innerhalb der für die StA laufenden Rechtsmittelfrist erfolgen. Bei fristgemäßer Anfechtung wird dem Nebenkläger das Urteil sofort zugestellt (Abs. 1 Satz 2). Die Begründungsfrist (§§ 317, 345 Abs. 1) beginnt sodann mit dem Ablauf der Einlegungsfrist für den StA zu laufen, sofern bis dahin das Urteil (mit Gründen) zugestellt ist, ansonsten erst mit Urteilszustellung an den Nebenkläger.

C. Fristwahrung durch den zugelassenen Nebenkläger (Abs. 2) Für den bereits zugelassenen Nebenkläger beginnt die Rechtsmittelfrist mit der Urteilsverkündung, wenn er zumindest bei einem Teil der Hauptverhandlung anwesend oder vertreten war (Abs. 2 Satz 1 Halbs. 1). War er hingegen zu keinem Zeitpunkt in der Hauptverhandlung anwesend oder vertreten, beginnt seine Rechtsmittelfrist erst mit der Zustellung der Urteilsformel an ihn; der Zustellung des vollständigen Urteils bedarf es hingegen nicht (Abs. 2 Satz 2). Die Regelung des Abs. 2 Satz 2 gilt entsprechend, wenn er nur als Zeuge geladen war und nach der Vernehmung sofort wieder entlassen worden ist (OLG Karlsruhe NStZ-RR 2000, 16).

D. Verwerfung der Berufung bei nicht erschienenem Nebenkläger (Abs. 3) Ist weder der Nebenkläger selbst noch für ihn ein RA bei Beginn der Berufungsverhandlung (Aufruf der Sache) erschienen, so ist das Rechtsmittel zu verwerfen. Anders als in § 329 Abs. 1 Satz 1 bedeutet dies jedoch nicht, dass eine Verhandlung zur Sache ausgeschlossen ist, vielmehr hat das Gericht § 301 zu beachten und muss die Verhandlung auch ohne den Nebenkläger durchführen, wenn nach Aktenlage eine aus Sicht des Angeklagten günstige Entscheidung zu erwarten ist (vgl. *Rieß* NStZ 2000, 120 [122]). Rechtfertigt das Ergebnis der Verhandlung keine derartige Entscheidung, so ist die Berufung zu verwerfen, auch wenn der Nebenkläger nachträglich erschienen ist (KMR/*Stöckel* § 401 Rn. 8). Die Vorschrift des Abs. 3 begründet jedoch für den Nebenkläger keine Erscheinungspflicht in der Hauptverhandlung, sondern dient lediglich der Feststellung des fortbestehenden Interesses des Nebenklägers am Berufungsverfahren (HK-GS/*Rössner* § 401 Rn. 3, § 397 Rn. 3; LR/*Hilger* § 401 Rn. 15; a. A. KK/*Senge* § 401 Rn. 8). Die in Abs. 3 Satz 2 enthaltene Wiedereinsetzungsregelung entspricht der des § 329 Abs. 3.

Abs. 3 kommt grds. nicht zur Anwendung, wenn **auch der Angeklagte oder die StA Berufung eingelegt** hat; vielmehr wird dann auch über die Berufung des abwesenden Nebenklägers verhandelt und entschieden (KK/*Senge* § 401 Rn. 11), da seine Anschlusserklärung auch ohne Anwesenheit wirksam ist. Eine Verwerfung der Berufung erfolgt jedoch, wenn sachlich nur (noch) über sie allein zu entscheiden wäre, z.B. weil die übrigen Beschwerdeführer ihre Berufung zurückgenommen haben (*Meyer-Goßner/Schmitt* § 401 Rn. 7).

E. Weiterführung der Sache (Abs. 4) Die Vorschrift bestätigt den allgemeinen Grundsatz, dass das Betreiben eines Offizialdelikts stets der StA obliegt. Dies gilt auch dann, wenn die angefochtene Entscheidung nur auf das Rechtsmittel des Nebenklägers hin aufgehoben und die Strafsache an den erstinstanzlichen Richter zurückverwiesen wird.

§ 402 StPO Widerruf der Anschlusserklärung; Tod des Nebenklägers.

Die Anschlusserklärung verliert durch Widerruf sowie durch den Tod des Nebenklägers ihre Wirkung.

Der **Widerruf** der Anschlusserklärung ist jederzeit bis zum rechtskräftigen Abschluss des Verfahrens, also auch noch in der Revisionsinstanz statthaft (RGSt 67, 322). Er bedarf keiner Zustimmung der anderen Prozessbeteiligten und erfolgt durch formlose Erklärung ggü. dem Gericht (KK/*Senge* § 402 Rn. 1; *Meyer-Goßner/Schmitt* § 402 Rn. 1; a. A. LR/*Hilger* § 402 Rn. 1: schriftlich oder zu Protokoll der Geschäftsstelle oder in der Hauptverhandlung). Das bewusste Nichtausüben der Nebenklagerechte für längere Zeit reicht jedoch für einen wirksamen Widerruf nicht aus, da dieses Verhalten mehrere Deutungsmöglichkeiten zulässt. Es bedarf daher einer ausdrücklichen Erklärung (SK-StPO/*Velten* § 402 Rn. 1; HK-GS/*Rössner* § 402 Rn. 1; LR/*Hilger* § 402 Rn. 1; a. A. *Meyer-Goßner/Schmitt* § 402 Rn. 1; OLG Hamm GA 1971, 26).

Der Widerruf wirkt ex nunc, also nur für die Zukunft (RGSt 64, 60 [62]). Bereits ergangene Gerichtsentscheidungen bleiben bestandskräftig. Noch nicht beschiedene Anträge und Rechtsmittel werden gegenstandslos (SK-StPO/*Velten* § 402 Rn. 3). Der Nebenkläger verliert den erst bei rechtskräftiger Verurteilung des Angeklagten oder nach einer Einstellung entstehenden Anspruchs auf Auslagenerstattung nach § 472 Abs. 1, Abs. 2 (BayObLGSt 53, 156; LR/*Hilger* § 402 Rn. 10; *Meyer-Goßner/Schmitt* § 402 Rn. 2).

Der Widerruf beinhaltet im Zweifel keinen Verzicht auf die Anschlussbefugnis. Daher ist der Anschlussberechtigte regelmäßig nicht gehindert, sich dem laufenden Verfahren später erneut anzuschließen (RGSt 61, 99; OLG Hamm GA 1971, 26). Etwas anderes gilt nur dann, wenn mit dem Widerruf ein Verzicht auf das Nebenklagerecht (BayObLGSt 30, 142) verbunden ist, was jedoch eine eindeutige Erklärung voraussetzt, die die Kenntnis ihrer prozessualen Bedeutung und Tragweite erkennen lässt (BGH bei *Pfeiffer/Miebach* NStZ 1986, 209; KK/*Senge* § 402 Rn. 2 m.w.N.). Entsprechendes gilt auch für die Rücknahme des Strafantrages (*Meyer-Goßner/Schmitt* § 402 Rn. 3).

Beim **Tod des Nebenklägers** hat der Gesetzgeber anlässlich der Neuregelung der Nebenklage durch das Opferschutzgesetz von 1986 bewusst auf eine Fortsetzungs- oder Eintrittsklausel für Angehörige verzichtet (HK-GS/*Rössner* § 402 Rn. 3). Daher endet die Nebenklage automatisch mit dem Tod des Nebenklägers; § 393 Abs. 2 ist nicht entsprechend anwendbar (*Meyer-Goßner/Schmitt* § 402 Rn. 4). Das Verfahren gegen den Angeklagten wird also ohne Nebenklage fortgeführt. Hinsichtlich der Folgen der Beendigung der Nebenklage durch Tod des Nebenklägers gilt das unter Rdn. 2 ausgeführte entsprechend (vgl. BGH NStZ 1997, 49). 3

Anders als beim eigenverantwortlichen Widerruf entfällt beim Tod des Nebenklägers der Anspruch auf Erstattung der notwendigen Auslagen nicht. Vielmehr hat der Angeklagte nach einer Verurteilung die **Auslagen an den Nachlass** zu erstatten (OLG Karlsruhe MDR 1984, 250; KMR/*Stöckel* § 402 Rn. 7; HK-GS/*Rössner* § 402 Rn. 3 m.w.N.). Im Fall des § 473 Abs. 1 Satz 3 wird der verstorbene Nebenkläger mit den dem Beschuldigten erwachsenen notwendigen Auslagen belastet; sie sind mithin aus dem Nachlass zu erstatten (OLG Celle NJW 1953, 1726). Die nach §§ 302, 473 Abs. 1 Satz 3 zu treffende Kostenentscheidung obliegt vor der Aktenvorlage an das Revisionsgericht (§ 347 Abs. 2) dem Tatgericht, danach dem Revisionsgericht. 4

Dritter Abschnitt. Entschädigung des Verletzten

Vorbemerkung zu §§ 403 ff. StPO

Übersicht

	Rdn.			Rdn.
A.	Grundlagen	1	C. Anwendungspraxis	7
B.	Entstehungsgeschichte und Reformen . .	3		

A. Grundlagen. In den §§ 403 ff. ist das sog. **Adhäsionsverfahren** geregelt. Es gibt dem Verletzten einer Straftat oder dessen Erben die Möglichkeit, zivilrechtliche Ansprüche gegen den Beschuldigten bereits i.R.d. Strafverfahrens geltend zu machen. Die für Laien ohnehin schwer verständliche strikte Trennung von zivilrechtlicher und strafrechtlicher Erledigung wird auf diese Weise aufgelockert. Im Idealfall wird dem Geschädigten die zeit- und kostenintensive separate Verfolgung seiner Ansprüche vor den Zivilgerichten gänzlich erspart. Die Akzeptanz des Verfahrens bei den Geschädigten ist dementsprechend hoch (*Kaiser*, S. 275 f.; *Schöch* NStZ 1984, 385 [388]). Die mit dem Adhäsionsverfahren geförderte **Verfahrensökonomie** kommt nicht nur dem Geschädigten, sondern prinzipiell auch dem Angeklagten und der staatlichen Rechtspflege zugute (*Schroth* Rn. 317). Auch der Gedanke der **Rechtseinheit** kann als Vorteil ins Feld geführt werden, da auf diese Weise verhindert wird, dass in einer Sache verschiedene Gerichte zu abweichenden Entscheidungen gelangen. 1

Das Adhäsionsverfahren steht wie der Täter-Opfer-Ausgleich im Kontext der im internationalen Bereich als »Restorative Justice« bekannten Forderung nach Wiedergutmachung und Ausgleich der Tatfolgen. Es kann zugleich als Teilelement einer »**opferbezogenen Strafrechtspflege**« (grundlegend *Rössner/Wulf*) verstanden werden. Seine historischen Wurzeln reichen aber deutlich weiter zurück als die der vergleichsweise jungen, in Deutschland erst seit etwa 1980 einsetzenden Opferrechtsbewegung (s. Rdn. 3). Trotz dieser längeren Tradition und vergleichbarer Institute in den meisten europäischen 2

Vor §§ 403 ff. StPO

Rechtsordnungen (zur französischen »action civile« rechtsvergleichend *Spiess* 2007, 228 ff.) hat sich das Verfahren in der Rechtspraxis bis heute nicht nachhaltig durchsetzen können (s. Rdn. 7).

3 **B. Entstehungsgeschichte und Reformen.** Die Vorschriften über das Adhäsionsverfahren wurden erst durch die 3. VereinfachungsVO v. 29.05.1943 (RGBl. 1943, S. 342) in die StPO eingeführt und in einem neuen Abschnitt unter der Überschrift »Entschädigung des Verletzten« in den §§ 403 bis 406d geregelt. Dabei handelte es sich um das Ergebnis bereits länger andauernder Reformbemühungen, die unabhängig vom nationalsozialistischen Gedankengut entwickelt wurden (*Spiess*, S. 12).

4 Im Zuge mehrerer **Reformgesetze** wurde versucht, mögliche Hemmnisse für die nur zögerliche Akzeptanz in der Praxis zu beseitigen und für eine Belebung der als »totes Recht« (*Jescheck* JZ 1958, 591 [593]) bezeichneten Vorschriften über das Adhäsionsverfahren zu sorgen.

5 Zu nennen ist hier zunächst das **OpferschutzG** v. 18.12.1986, das folgende Änderungen brachte:
– Aufhebung der Streitwertgrenze in amtsgerichtlichen Verfahren (§ 403 Halbs. 2),
– Zulässigkeit von Grund- und Teilurteilen über den geltend gemachten Anspruch (§ 406 Abs. 1 Satz 2),
– Möglichkeit von PKH (§ 404 Abs. 5 i.V.m. §§ 114 ff. ZPO).

6 Der zweite Schritt war das 1. **OpferRRG** v. 24.06.2004, in dem u.a. folgende Punkte neu geregelt wurden:
– Zulässigkeit von Anerkenntnisurteilen (§ 406 Abs. 2) und Vergleichen (§ 405),
– Erschwerung der Möglichkeit, von einer Entscheidung abzusehen (§ 406 Abs. 2 Satz 4 bis 6),
– Hinweispflicht des Gerichts auf bevorstehendes Absehen von einer Entscheidung (§ 406 Abs. 5) und Rechtsmittel der sofortigen Beschwerde hiergegen (§ 406a),
– Hinweispflicht ggü. den Antragsberechtigten auf die Möglichkeit des Adhäsionsverfahrens in einem möglichst frühen Zeitpunkt des Verfahrens (§ 406h Abs. 2).

7 **C. Anwendungspraxis.** Von einer kurzen Blütezeit nach dem zweiten Weltkrieg abgesehen (*Rieß* Rn. 43), ist das Adhäsionsverfahren in der Praxis nur sehr zögerlich angenommen worden. Auch die oben beschriebenen Reformen haben keine nennenswerte Belebung erbracht (*Spiess*, S. 149 ff.). Nach 1995, als die neuen Bundesländer in die Statistik einbezogen wurden, wurden pro Jahr etwa 3.000 Adhäsionsverfahren durchgeführt wurden, etwa seit 2000 war ein leichter Anstieg zu verzeichnen, der seinen vorläufigen Höhepunkt im Jahr 2004 mit 6.182 Verfahren hatte (0,73 % aller Verfahren). Ohne erkennbaren Grund gingen die Adhäsionsverfahren im Jahr 2006, also 2 Jahre nach Inkrafttreten des 1. OpferrechtsRRG auf 2.998 (0,35 % aller Verfahren) wieder deutlich zurück. Seit 2008 sind auch die seit 2004 zulässigen gerichtlich protokollierten Vergleiche statistisch ausgewiesen. Seither ergaben sich folgende Zahlen:

Adhäsionsverfahren in den vor den AG und Landgerichten (1. Instanz) erledigten Strafverfahren
(Quelle: Stat. Bundesamt, Strafgerichte, www.destatis.de, jeweils Tabelle 2.1 und 4.1)

Gerichte	2008	2013
AG		
Endurteile	2875	3791
Grundurteile	360	463
Vergleiche	1707	1548
Summe	4942	5802
LG		
Endurteile	396	492
Grundurteile	57	42
Vergleiche	159	207
Summe	612	741
Insgesamt	5554	6543
Anteil an allen erledigten Verfahren	0,65 %	1,09 %

Betrachtet man die Entwicklung in den letzten 30 Jahren, so konnte man trotz der genannten Reformbemühungen lange Zeit nur von einer **Stagnation auf niedrigem Niveau** sprechen. Selbst die Einschränkung des Absehens von der Entscheidung und die Zulassung von Vergleichen hatten daran zunächst wenig geändert. Immerhin ist seit 2008 ein leichter Anstieg von 0.69 % auf 1,09 % Verfahren zu verzeichnen (s. Tab.), in den gravierenderen Verfahren bei den Landgerichten sogar etwas mehr (+ 21 %) als bei den Amtsgerichten (+ 17,4 %).

Allein mit einer mangelnden Eignung vieler Verfahren kann die immer noch seltene Anwendung kaum erklärt werden: bei 68% der von *Kaiser* (S. 263) untersuchten Strafverfahren kam auch die Durchführung eines Adhäsionsverfahrens in Betracht. Hier werden eher »**praxispsychologische Barrieren**« wirksam (AK/*Schöch* vor §§ 403 ff. Rn. 7). Zu nennen sind zunächst von Anwälten befürchtete gebührenrechtliche Nachteile. Diese Einschätzung ist zwar spätestens seit Einführung des RVG kaum mehr haltbar (s. *Ferber* in: *Weiner/Ferber* Rn. 8: »lukrative Gebührentatbestände«; s.a. *Kauder* Rn. 68; a. A. *Klein*, S. 187 f.), hat sich aber auch in einer neueren Untersuchung bestätigt (*Spiess*, S. 216 ff.). Auch praktische Erwägungen der Strafrichter wie die Nichtberücksichtigung des Adhäsionsverfahrens im Pensenschlüssel (SK-StPO/*Velten* vor § 403 Rn. 4; *Klein*, S. 279), die inzwischen ebenfalls korrigiert worden ist (eingehend dazu *Spiess*, S. 281 ff.) oder die Scheu vor komplexen zivilrechtlichen Fragestellungen (*Kühne* Rn. 1136) können dem berechtigten Anliegen der Geschädigten nicht überzeugend entgegengehalten werden (*Schöch* FS Rieß, S. 519). 8

Schwerer wiegt der Einwand, dass **Friktionen zwischen den zivil- und strafprozessualen Verfahrensgrundsätzen** nicht zu vermeiden sind (*Loos* GA 2006, 195; *Kühne* Rn. 1136). Das beinhaltet ein gewisses Ungleichgewicht zum Nachteil des Angeklagten, da dieser keine Widerklage erheben kann (krit. *Spiess*, S. 285, die eine entsprechende Gesetzesänderung vorschlägt) und auch im Vergleich zum Zivilprozess in einer schlechteren Beweislage ist: anders als dort trifft den Geschädigten wegen der gerichtlichen Aufklärungspflicht (§ 244 Abs. 2) keine Beweislast für die anspruchsbegründenden Tatsachen und seine Aussage als Zeuge ist grds. ein vollwertiges Beweismittel. Dem kann aber dadurch Rechnung getragen werden, dass der Richter bei der Beweiswürdigung den Rollenkonflikt des Geschädigten in seiner Stellung sowohl Zeuge als auch als Partei berücksichtigt (*Loos* GA 2006, 201). Zurückhaltung mit dem Adhäsionsantrag üben viele Opferanwälte auch in den Fällen, in denen der Tatvorwurf in der Hauptverhandlung nicht eindeutig durch ein Geständnis oder mehrere Zeugenaussagen abgesichert ist, also insb. bei den bekannten 1:1-Konstellationen, bei denen eine Aussage des Verletzten gegen eine andere des Beschuldigen steht. Denn in solchen Fällen muss der Verletzte mit Zweifeln des Gerichts bei der Beweiswürdigung rechnen, dass es ihm primär um die Durchsetzung materieller Interessen ginge, was seine Glaubwürdigkeit beeinträchtigen kann. 9

Trotz dieser Bedenken bleibt aber ein **sinnvoller Anwendungsbereich** für das Adhäsionsverfahren (vgl. *Grau/Blechschmidt/Frick* NStZ 2010, 662 ff.), jedenfalls in den Fällen, in denen zumindest die Haftung dem Grunde nach ohne Weiteres feststellbar ist. Gleiches gilt für die Bestimmung der Anspruchshöhe bei einfach gelagerten Sachverhalten sowie regelmäßig bei Schmerzensgeldansprüchen (*Kauder* Rn. 64). Es wäre daher zu wünschen, dass die seit 2004 in § 406h Abs. 2 normierte (zwingende!) Hinweispflicht in der Praxis ernst genommen wird; nach der Untersuchung von *Spiess* (S. 170) gaben nur gut 2 % der befragten Richter an, die Geschädigten stets über die Möglichkeit des Adhäsionsverfahrens zu informieren. 10

§ 403 StPO Geltendmachung eines Anspruchs im Adhäsionsverfahren.

Der Verletzte oder sein Erbe kann gegen den Beschuldigten einen aus der Straftat erwachsenen vermögensrechtlichen Anspruch, der zur Zuständigkeit der ordentlichen Gerichte gehört und noch nicht anderweitig gerichtlich anhängig gemacht ist, im Strafverfahren geltend machen, im Verfahren vor den Amtsgerichten ohne Rücksicht auf den Wert des Streitgegenstandes.

A. Antragsberechtigte. Antragsberechtigter **Verletzter** ist jede Person, die unmittelbar aus der Straftat einen Anspruch erworben hat. Auch der nach § 844 Abs. 2 BGB Unterhaltsberechtigte ist Verletzter in diesem weiten Sinn. Auf die prozessuale Stellung als Privatkläger, Nebenkläger oder sogar Mitangeklagter kommt es ebenso wenig an wie auf die vorangegangene Stellung eines Strafantrags. Auch 1 eine **juristische Person** kann Verletzter in diesem Sinn sein, da Entschädigung und nicht persönliche Genugtuung im Vordergrund steht.

2 Weiterhin antragsberechtigt ist der **Erbe** des Verletzten sowie – über den Gesetzeswortlaut hinaus – der Erbe des Erben, da es nach dem hier zugrunde liegenden weiten Verletztenbegriff nur auf die gesetzliche oder testamentarische Erbfolge ankommt. Von mehreren Miterben ist jeder antragsberechtigt, wobei gem. § 2039 Satz 1 BGB nur Leistung an alle Miterben verlangt werden kann (LR/*Hilger* § 403 Rn. 2).

3 Der abschließenden Nennung des Erben kann im Umkehrschluss entnommen werden, dass **weitere Rechtsnachfolger** (z.B. Haftpflichtversicherungen, Sozialversicherungsträger), die den Anspruch durch Abtretung oder gesetzlichen Forderungsübergang erworben haben, **nicht antragsberechtigt** sind. Das ist auch sachlich begründbar, weil diese Rechtsnachfolger weniger unmittelbar und persönlich von der Tat betroffen sind als der Erbe und zudem die oft schwierige Klärung der Rechtsnachfolge zu weiteren Verfahrensverzögerungen führen kann.

4 Nach wie vor umstritten ist die Antragsberechtigung des **Insolvenzverwalters.** Richtigerweise ist diese jedenfalls dann zu bejahen, wenn der Anspruch des Gemeinschuldners nach Eintritt der Insolvenz entstanden ist (LG Stuttgart NJW 1998, 322; OLG Jena NJW 2012, 547; AK/*Schöch* § 403 Rn. 5; *Meyer-Goßner/Schmitt* § 403 Rn. 5; noch weiter gehend für generelle Antragsberechtigung OLG Celle NJW 2007, 3795; 2008, 480; LR/*Hilger* § 403 Rn. 4; generell ablehnend OLG Frankfurt am Main NStZ 2007, 168). Denn in diesem Fall ist gem. §§ 80 ff. InsO, § 240 ZPO dem Verletzten selbst eine Antragstellung nicht möglich. Warum dann eine Geltendmachung des Anspruchs im Adhäsionsverfahren aber gänzlich ausgeschlossen sein soll, ist nicht ersichtlich, zumal der Insolvenzverwalter einen bereits vor Eröffnung des Insovenzverfahrens gestellten Adhäsionsantrag des Verletzten gemäß § 85 InsO aufnehmen kann (KMR/*Stöckel* § 403 Rn. 3).

5 Der Antragsteller muss nach allgemeinen zivilprozessualen Grundsätzen **prozessfähig** sein gem. § 52 ZPO. Andernfalls ist der Antrag vom gesetzlichen Vertreter zu stellen.

6 **B. Antragsgegner.** Antragsgegner kann nur der **Beschuldigte** selbst sein. Bei mehreren gem. § 830 BGB als Gesamtschuldner haftenden Mittätern kann jeder Antragsgegner sein.

7 Haften noch weitere Personen als Gesamtschuldner, ohne dass sie selbst Beschuldigte sind, ist ein Antrag diesen Personen ggü. nicht zulässig. Der praktisch wichtigste Fall sind **Schädigungen im Straßenverkehr,** bei denen die gem. § 115 VVG (früher: § 3 PflVG) mithaftende Kfz-Versicherung des Beschuldigten nicht i.R.d. Adhäsionsverfahrens in Anspruch genommen werden kann (*Beulke* Rn. 598). Bei der vergleichbaren »action civile« im französischen Recht ist dies dagegen möglich (vgl. *Spiess*, S. 235 und 278 f., die eine entsprechende Reform des Adhäsionsverfahrens vorschlägt).

8 Bei **jugendlichen Beschuldigten** ist gem. § 81 JGG die Anwendung der §§ 403 ff. ausdrücklich ausgeschlossen. Dahinter steht zum einen die lange Zeit vorherrschende Überzeugung, wonach eine Betonung der Opferbelange dem Erziehungsgedanken widerspreche (*Eisenberg* § 81 Rn. 4). Das leuchtet im Hinblick auf die Geltendmachung berechtigter zivilrechtlicher Ersatzansprüche kaum ein und wird auch durch die gleichzeitige Betonung der wichtigen erzieherischen Funktion von Schadenswiedergutmachung und Täter-Opfer-Ausgleich (§§ 10 Abs. 1 Satz 3 Nr. 7, 15 Abs. 1 Satz 1 Nr. 1, 45 Abs. 2 Satz 2 JGG) konterkariert. Gewichtiger ist dagegen die Überlegung, dass ein Adhäsionsverfahren ggü. Jugendlichen in manchen Fällen mangels zivilrechtlicher Haftung (§ 828 Abs. 3 BGB), häufiger aus tatsächlichen Gründen wegen Vermögenslosigkeit ins Leere laufen wird. De lege ferenda ist aber auch dies nicht überzeugend (im Ergebnis ebenso *Haller* NJW 2011, 970 [973]).

9 Bei den 18- unter 21-jährigen **Heranwachsenden** ist das Adhäsionsverfahren seit dem 2. Justizmodernisierungsgesetz v. 22.12.2006 (BGBl. I, S. 3416) generell zulässig ist, anders als früher also auch bei Verurteilung nach Jugendstrafrecht Dies ist zu begrüßen, da die in Rdn. 8 erwähnten Einwände bei volljährigen Angeklagten nicht durchgreifen. Gem. § 109 Abs. 2 Satz 4 JGG ist die Sonderregelung des § 74 JGG bei der Entscheidung über die **Kosten** nach § 472a nicht anzuwenden. Damit erhält der Verletzte, dessen Antrag stattgegeben wird, auch bei Anwendung des Jugendstrafrechts seine Auslagen ersetzt.

10 Der Beschuldigte als Antragsgegner muss lediglich **verhandlungsfähig** sein; Prozessfähigkeit ist nicht erforderlich (KMR/*Stöckel* § 403 Rn. 7). Um prozessual wirksam handeln zu können, insb. bei der Zustimmung zu einem Vergleich, ist aber zumindest **Geschäftsfähigkeit** des Antragsgegners oder die Mitwirkung eines gesetzlichen Vertreters erforderlich (*Pfeiffer* § 403 Rn. 2).

C. Vermögensrechtlicher Anspruch. Beantragt werden kann die Entscheidung über vermögensrechtliche Ansprüche, d.h. über Ansprüche, die aus Vermögensrechten abgeleitet oder auf vermögenswerte Leistungen gerichtet sind (*Meyer-Goßner/Schmitt* § 403 Rn. 10). Betroffen sind insb. **Schadensersatz- und Schmerzensgeldansprüche**, aber auch Ansprüche auf Herausgabe (z.B. der Beute), Unterlassung, Widerruf einer Behauptung oder Feststellung (z.B. der Unwirksamkeit eines durch Erpressung zustande gekommenen Vertrages) sind denkbar. 11

Die Ansprüche müssen »**aus einer Straftat**« erwachsen sein; eine Ordnungswidrigkeit genügt nicht (s.a. § 46 Abs. 3 Satz 4 OwiG). Die Reichweite der einbezogenen Ansprüche ist umstritten; nach einer engen Auslegung sind nur Schäden umfasst, vor denen das entsprechende Delikt schützen will. Das Opfer einer fahrlässigen Körperverletzung im Straßenverkehr könnte also lediglich Heilungskosten und Schmerzensgeld, nicht aber zugleich entstandene Sachschäden ersetzt bekommen (*Klein* S. 60 ff.). Dafür spricht aber weder der Wortlaut noch der Sinn und Zweck der Vorschrift. Auch der Hinweis auf mögliche Verfahrensverzögerungen kann den generellen Ausschluss nicht tragen, da dem ohne Weiteres durch ein (teilweises) Absehen von der Entscheidung Rechnung getragen werden kann (so im Ergebnis auch *Schirmer* DAR 1988, 121; LR/*Hilger* § 403 Rn. 10 Fn. 22). 12

Der Anspruch muss zur Zuständigkeit der **ordentlichen Gerichte** gehören. Damit sind Ansprüche ausgeschlossen, die gem. § 2 ArbGG in die Zuständigkeit der ArbG fallen (BGHSt 3, 210 [212]). Die noch im Entwurf zum 1. OpferRRG enthaltene Regelung, auch arbeitsrechtliche Ansprüche einzubeziehen, ist nicht Gesetz geworden (*Ferber* NJW 2004, 2564). 13

D. Zuständigkeit und Verfahren. Die **Streitwertgrenze** von 5.000,00 € für die Zuständigkeit des AG (§ 23 Nr. 1 GVG) gilt nach § 403 Halbs. 2 nicht. Im Adhäsionsverfahren können also ausnahmsweise auch höhere Ansprüche vor dem AG geltend gemacht werden. In den Fällen der **ausschließlichen Zuständigkeit des LG** gemäß der vorrangigen speziellen Regelungen in § 71 Abs. 2 und 3 GVG (betr. Amtshaftung und Ansprüche aus Kapitalgesellschaften) scheidet eine Geltendmachung i.R.d. Adhäsionsverfahrens vor dem AG aus (KMR/*Stöckel* § 403 Rn. 11). Das Gericht hat seine **Zuständigkeit von Amts wegen** zu prüfen, abweichend von § 529 Abs. 2 ZPO auch im Rechtsmittelverfahren. Fehler bei der Annahme der Zuständigkeit berühren aber nicht die Wirksamkeit des Urteils (BGHSt 3, 210 [212]). 14

Der Anspruch kann »im Strafverfahren« geltend gemacht werden, wozu auch das Privatklageverfahren zählt. Im **Strafbefehlsverfahren** ist ein Antrag nicht ausgeschlossen, allerdings kann über diesen richtigerweise nur dann entschieden werden, wenn es (nach Einspruch des Beschuldigten) zur Hauptverhandlung kommt (BGH NJW 1991, 1243; **a. A.** *Kuhn* JR 2004, 400; *Sommerfeld/Guhra* NStZ 2004, 420). Rechtspolitisch ist dies wenig sinnvoll und sollte deshalb geändert werden (ebenso *Sommerfeld* ZRP 2008, 258 ff.; *Haller* NJW 2011, 970 [973]). 15

Auch vor dem LG oder dem OLG besteht **kein Anwaltszwang** (*Meyer/Goßner/Schmitt* § 404 Rn. 8). 16

§ 404 StPO Antrag des Verletzten; Prozesskostenhilfe.

(1) ¹Der Antrag, durch den der Anspruch geltend gemacht wird, kann schriftlich oder mündlich zur Niederschrift des Urkundsbeamten, in der Hauptverhandlung auch mündlich bis zum Beginn der Schlußvorträge gestellt werden. ²Er muß den Gegenstand und Grund des Anspruchs bestimmt bezeichnen und soll die Beweismittel enthalten. ³Ist der Antrag außerhalb der Hauptverhandlung gestellt, so wird er dem Beschuldigten zugestellt.

(2) ¹Die Antragstellung hat dieselben Wirkungen wie die Erhebung der Klage im bürgerlichen Rechtsstreit. ²Sie treten mit Eingang des Antrages bei Gericht ein.

(3) ¹Ist der Antrag vor Beginn der Hauptverhandlung gestellt, so wird der Antragsteller von Ort und Zeit der Hauptverhandlung benachrichtigt. ²Der Antragsteller, sein gesetzlicher Vertreter und der Ehegatte oder Lebenspartner des Antragsberechtigten können an der Hauptverhandlung teilnehmen.

(4) Der Antrag kann bis zur Verkündung des Urteils zurückgenommen werden.

(5) ¹Dem Antragsteller und dem Angeschuldigten ist auf Antrag Prozesskostenhilfe nach denselben Vorschriften wie in bürgerlichen Rechtsstreitigkeiten zu bewilligen, sobald die Klage erhoben ist. ²§ 121 Abs. 2 der Zivilprozessordnung gilt mit der Maßgabe, dass dem Angeschuldigten, der einen Verteidiger hat, dieser beigeordnet werden soll; dem Antragsteller, der sich im Hauptverfahren des

§ 404 StPO   Antrag des Verletzten

Beistandes eines Rechtsanwaltes bedient, soll dieser beigeordnet werden. ³Zuständig für die Entscheidung ist das mit der Sache befasste Gericht; die Entscheidung ist nicht anfechtbar.

1 **A. Antragstellung (Abs. 1)**   Der Antrag ist eine **besondere Verfahrensvoraussetzung**, die vom Gericht von Amts wegen in allen Verfahrensstadien zu prüfen ist (BGH StV 2008, 127). Der bloße Antrag auf Bewilligung von PKH im Adhäsionsverfahren (Abs. 5) ist noch kein Antrag gem. § 404 Abs. 1 (BGH NStZ 1990, 230).

2 In **formaler Hinsicht** kann der Antrag wie eine zivilrechtliche Klage gem. §§ 253, 496 ff. ZPO schriftlich oder mündlich zur Niederschrift des Urkundsbeamten gestellt werden. Bei der ebenfalls zulässigen mündlicher Antragstellung in der Hauptverhandlung ist diese im Sitzungsprotokoll gem. § 273 Abs. 1 zu beurkunden (*Meyer-Goßner/Schmitt* § 404 Rn. 2).

3 **Inhaltlich** ist in Anlehnung an § 253 Abs. 2 Nr. 2 ZPO erforderlich, dass Gegenstand und Grund des Anspruchs hinreichend **bestimmt** bezeichnet werden. Hinsichtlich der Straftat genügt die Bezugnahme auf die in der Anklage erhobenen Tatvorwürfe. Geldforderungen sind i.d.R. zu beziffern. Davon kann abgewichen werden, wenn die Anspruchshöhe erst durch ein Sachverständigengutachten ermittelt werden kann oder wenn sie – wie bei Schmerzensgeldforderungen gem. § 253 BGB – zulässigerweise in das Ermessen des Gerichts gestellt werden darf (BGHR § 404 Antragstellung 2). Eine Mindesthöhe ist aber zur Bestimmung des Streitwertes und für die Kostenentscheidung anzugeben (HK-GS/Rössner § 404 Rn. 1). Kann der Anspruch noch nicht beziffert, kommt auch ein Antrag lediglich auf **Feststellung** der Haftung des Beschuldigten in Betracht, die in ihrer Wirkung einem zulässigen Grundurteil gleichkäme (LR/*Hilger* § 404 Rn. 1; zur generellen Zulässigkeit von Feststellungsurteilen s. BGHSt 47, 378; *Loos* GA 2006, 209); allerdings ist aufgrund des prinzipiellen Vorrangs des Leistungsantrags das berechtigte Interesse streng zu prüfen. **Zinsen** werden nur auf Antrag (und zwar ab Rechtshängigkeit, BGH StraFo 2004, 144) gewährt, da das Gericht entsprechend § 308 Abs. 1 ZPO dem Antragsteller nicht mehr zusprechen darf, als er beantragt hat (BGHR § 404 Entscheidung 2; BGH NStZ 2009, 109: gem. §§ 286 Abs. 2 Nr. 4, 288 Abs. 1 BGB fünf Prozentpunkte über dem Basiszinssatz).

4 Der Anspruch muss vom Antragsteller **schlüssig** dargetan werden. Auf fehlende Schlüssigkeit hat das Gericht den Antragsteller gem. § 139 ZPO analog hinzuweisen. Wird ein ausreichender Tatsachenvortrag nicht nachgeholt, sieht das Gericht wegen Unzulässigkeit gem. § 406 Abs. 1 Satz 3 von einer Entscheidung ab. Die **Beweismittel** »sollen« nach Abs. 1 vom Antragsteller benannt werden, ihr Fehlen ist aber unschädlich, da das Gericht gem. § 244 Abs. 2 ohnehin von Amts wegen zur Aufklärung verpflichtet ist.

5 Eine **förmliche Zustellung** des Antrags gem. § 35 Abs. 2 an den Beschuldigten erfolgt gem. Abs. 1 Satz 3 nur dann, wenn die Antragstellung außerhalb der Hauptverhandlung erfolgt ist (BGH StV 2008, 127).

6 Der Antrag kann schon **vor Anhängigkeit der Sache**, also etwa bereits verbunden mit der Strafanzeige, gestellt werden. Wirksam wird er dann allerdings erst mit Eingang bei Gericht (LR/*Hilger* § 404 Rn. 2), weshalb der Staatsanwalt nach Nr. 174 Abs. 2 RiStBV den Antrag dem Gericht »beschleunigt zuzuleiten« hat.

7 Der **letztmögliche Zeitpunkt** für die Antragstellung ist vor Beginn der dem Urteil vorausgehenden Schlussvorträge (BGH StV 1988, 515). Der Antrag kann auch erst in der **Berufungsinstanz**, nicht mehr jedoch in der Revisionsinstanz gestellt werden. Eine frühe Antragstellung ist zu empfehlen, da die Gefahr des Absehens von der Entscheidung wegen »erheblicher Verzögerung« des Verfahrens gem. § 406 Abs. 1 Satz 5 wächst, je später der Antrag gestellt wird.

8 **B. Wirkungen des Antrags (Abs. 2)**   Der Antrag hat nach Abs. 2 die Wirkungen einer Klageerhebung nach bürgerlichem Recht. Relevant sind v.a. die **Rechtshängigkeit** des Anspruchs, die eine anderweitige Geltendmachung gem. § 261 Abs. 3 Nr. 1 ZPO ausschließt sowie die **Hemmung der Verjährung** (§ 204 Abs. Nr. 1 BGB). Wie in Abs. 2 Satz 2 nunmehr klargestellt ist, treten diese Wirkungen nicht erst bei Zustellung der Klage, sondern bereits mit Eingang des Antrags bei Gericht bzw. mit der mündlichen Antragstellung in der Hauptverhandlung ein.

9 Das **weitere Verfahren** richtet sich nach den Vorschriften der StPO. So gilt insb. auch für den zivilrechtlichen Anspruch der Amtsermittlungsgrundsatz (§ 244 Abs. 2). Das kann für den Antragsteller, den

keine Beweislast trifft, von großem Vorteil sein (*Beulke* Rn. 599). Die Beweisaufnahme erfolgt gem. §§ 226 bis 276. Führt der strafprozessuale Strengbeweis zu Schwierigkeiten bei der Ermittlung komplexer Haftungsfragen, kann (nach neuer Rechtslage aber nur unter verschärften Voraussetzungen, s. § 406 Rdn. 15 ff.) von einer Entscheidung gem. § 406 Abs. 1 Satz 4 und 5 abgesehen werden.
Die Ermittlung der Höhe des zu ersetzenden Schadens wird durch eine Schätzung gem. § 287 ZPO 10 analog erleichtert. Hier kann sich eine Kollision mit dem **nemo-tenetur-Grundsatz** ergeben, wenn der schweigende Angeklagte sich durch die drohende Anwendung von § 287 ZPO genötigt sehen kann, doch Angaben zur Sache zu machen. Hier sollte sich das Gericht v.a. bei hohen Forderungen auf ein Grundurteil beschränken (*Loos* GA 2006, 207 f.). Das Verbot des § 308 ZPO, einer Partei zuzusprechen, was nicht beantragt ist, gilt auch im Adhäsionsverfahren (BGH NStZ-RR 2009, 319).
Eine **Anhörung des Angeklagten** zum geltend gemachten Anspruch ist zwingend erforderlich (BGHSt 11 37, 260). Eine Stellungnahme der StA zum geltend gemachten Anspruch ist dagegen nach Nr. 174 Abs. 1 RiStBV nur dann erforderlich, wenn dies nötig ist, um die Tat strafrechtlich zutreffend zu würdigen oder um einer Verzögerung des Strafverfahrens vorzubeugen (krit. LR/*Hilger* § 404 Rn. 10)

C. Teilnahme an der Hauptverhandlung und Rechtsstellung des Antragstellers (Abs. 3)

Der Antragsteller hat (wie auch sein gesetzlicher Vertreter, Ehegatte oder Lebenspartner gem. § 1 LPartG) das Recht, an der Hauptverhandlung **teilzunehmen** (Abs. 3 Satz 2). Ist der Antragsteller zugleich als Zeuge geladen, gilt § 58 Abs. 1 für ihn nicht, d.h. auch bei der Vernehmung anderer Zeugen ist ihm die Anwesenheit gestattet (*Meyer-Goßner/Schmitt* § 58 Rn. 3; a.A. *Meier/Dürre* JZ 2006, 18 [21]). Daher ist es zweckmäßig, den Antragsteller als ersten Zeugen zu vernehmen (AK/*Schöch* § 404 Rn. 15).

Um dieses **Anwesenheitsrecht** abzusichern, ist er gem. Abs. 3 Satz 1 von Ort und Zeit der Hauptver- 13 handlung zu benachrichtigen, wenn der Antrag außerhalb der Hauptverhandlung gestellt wurde. Die Einhaltung einer bestimmten Form oder Frist hierfür ist nicht vorgeschrieben. Der Antragsteller kann sich von einem RA oder einem anderen Bevollmächtigten vertreten lassen.

Vor einer Entscheidung über den Antrag muss der Antragsteller **angehört** werden. Er hat weiterhin das 14 Recht, Beweisanträge und Anträge nach § 238 Abs. 2 zu stellen sowie das Recht auf Schlussvortrag gem. § 258 Abs. 2, dessen Zeitpunkt vom Vorsitzenden bestimmt wird (BGH NJW 1956, 1767; *Meyer-Goßner/Schmitt* § 404 Rn. 9; a. A. *Stoffers/Möckel* NJW 2013, 830 [831]).

Ob dem Antragsteller ein Recht zusteht, einen Richter wegen **Befangenheit** gem. § 24 abzulehnen, war 15 lange umstritten (*Klein*, S. 87 ff. m.w.N.). Entgegen der früher herrschenden Meinung (*Hamm* NJW 1974, 682) hat das BVerfG (NJW 2007, 1670) dies aufgrund Art. 101 Abs. 1 Satz 2 GG bejaht und eine entsprechende verfassungskonforme erweiternde Auslegung von § 404 Abs. 2 verlangt. Dem ist zuzustimmen. Zwar findet sich anders als etwa in § 397 Abs. 1 Satz 3 für den Nebenkläger keine ausdrückliche Spezialregelung. Dabei dürfte es sich aber kaum um eine bewusste gesetzgeberische Entscheidung handeln. Die eigenständige prozessuale Stellung des Antragstellers, die durch das 1. OpferRRG von 2004 nochmals aufgewertet wurde, spricht dafür, auch diesen in den Kreis der Ablehnungsberechtigten einzubeziehen.

D. Rücknahme des Antrags (Abs. 4)

Nach Abs. 4 kann der Antrag bis zur Verkündung des 16 Urteils (§ 268 Abs. 2) zurückgenommen werden. Dies ist auch in der Berufungsinstanz, nicht jedoch in der Revisionsinstanz möglich. Einer Zustimmung des Angeklagten bedarf es dafür nicht. Die Rücknahme steht der **erneuten Antragstellung** im selben Verfahren oder bei einer zivilrechtlichen Klageerhebung nicht entgegen (*Meyer-Goßner/Schmitt* § 404 Rn. 13), wie man § 406 Abs. 3 Satz 3 entnehmen kann. Eine entsprechende Anwendung des in § 392 normierten Rücknahmeverbotes kann aufgrund der Unterschiede von Privatklage und Adhäsionsverfahren (als unselbstständigem Teil eines Strafverfahrens) nicht überzeugen (a. A. *Köckerbauer* NStZ 1994, 305 [307]).

E. Prozesskostenhilfe (Abs. 5)

Sowohl dem Antragsteller als auch dem Angeschuldigten 17 kann nach Abs. 5 auf Antrag **PKH** bewilligt werden. Maßgeblicher Zeitpunkt ist die Erhebung der öffentlichen Klage durch Einreichung der Anklageschrift, im Strafbefehlsverfahren die Anberaumung der Hauptverhandlung.

§ 405 StPO Vergleich

18 Die **Voraussetzungen** bestimmen sich nach § 114 Abs. 1 ZPO. Der Betroffene kann die Kosten der Prozessführung nicht aufbringen kann, die Rechtsverfolgung muss hinreichende Aussicht auf Erfolg bieten und darf nicht mutwillig erscheinen. Der Antrag muss gem. § 117 Abs. 2 ZPO eine Erklärung über die persönlichen und wirtschaftlichen Verhältnisse sowie entsprechende Belege enthalten. Amtliche Vordrucke sind (soweit vorhanden) zu verwenden, § 117 Abs. 5 ZPO. Die Bewilligung erfolgt gem. § 119 Abs. 1 Satz 1 ZPO für jeden Rechtszug gesondert (BGH NStZ-RR 2009, 253).

19 Auf Antrag ist auch die **Beiordnung eines RA** gem. § 121 Abs. 2 ZPO möglich, wenn die Vertretung durch einen RA (etwa aufgrund der Schwierigkeit der Rechtslage wie bei § 140 Abs. 2) erforderlich erscheint oder der Gegner durch einen RA vertreten ist. Die Beiordnung eines RA als Beistand für den Nebenkläger erstreckt sich also nicht automatisch auch auf das Adhäsionsverfahren (BGH NJW 2001, 2486; OLG Hamm NStZ-RR 2001, 351, ebensowenig die Beiordnung als Pflichtverteidiger für den Angeklagten (OLG Düsseldorf BeckRS 2012, 15651; OLG Hamm BeckRS 2013/00042; OLG Hamburg v. 15.4.13 – 1 Ws 6/13; KMR/*Stöckel* § 404 Rn. 22). Wird ein entsprechender Antrag gestellt und liegen die Voraussetzungen einer Beiordnung vor, so sind nach § 404 Abs. 5 Satz 2 aus verfahrensökonomischen Gründen – soweit vorhanden – die bereits am Verfahren beteiligten Anwälte sowohl auf Seiten des Angeschuldigten als auch auf Seiten des Antragstellers beizuordnen.

20 Die Bestellung eines Pflichtverteidigers nach § 140 erstreckt sich nicht ohne Weiteres auf die Vertretung im Adhäsionsverfahren, da ansonsten die engeren Beiordnungsvoraussetzungen der speziellen Regelung in § 404 Abs. 5 umgangen würden (überwieg. Rspr., OLG München StV 2004, 38; OLG Karlsruhe StraFo 2013, 84 m.w.N. **a. A.** OLG Köln StraFo 2005, 394; OLG Rostock StV 2011, 656). Dasselbe gilt für die Beiordnung eines Rechtsanwalts für den Nebenkläger gem. § 397a Abs. 1 StPO (BGH NJW 200, 2486).

21 **Zuständig** für die Bewilligung ist nach Abs. 5 Satz 3 das jeweils mit der Sache befasste Gericht, das Berufungsgericht allerdings erst nach Vorlage der Akten gem. § 321 Satz 2 (AK/*Schöch* § 404 Rn. 24). Abweichend von § 127 Abs. 2 ZPO ist die Entscheidung des Gerichts gem. Abs. 5 Satz 3 Halbs. 2 **nicht anfechtbar**.

§ 405 StPO Vergleich.

(1) ¹Auf Antrag des Verletzten oder seines Erben und des Angeklagten nimmt das Gericht einen Vergleich über die aus der Straftat erwachsenen Ansprüche in das Protokoll auf. ²Es soll auf übereinstimmenden Antrag der in Satz 1 Genannten einen Vergleichsvorschlag unterbreiten.

(2) Für die Entscheidung über Einwendungen gegen die Rechtswirksamkeit des Vergleichs ist das Gericht der bürgerlichen Rechtspflege zuständig, in dessen Bezirk das Strafgericht des ersten Rechtszuges seinen Sitz hat.

1 Die früher umstrittene Frage, ob i.R.d. Adhäsionsverfahrens auch gerichtliche Vergleiche möglich sind (offen gelassen in BGHSt 37, 263 [264]; dafür AK/*Schöch* vor § 403 Rn. 9 bis 11), wurde i.R.d. 1. OpferRRG von 2004 durch die Neufassung des § 405 positiv geklärt. **Voraussetzung** ist nach dieser Norm ein Antrag des Verletzten (bzw. seines Erben) und des Angeklagten. Der Vergleich ist in das Hauptverhandlungsprotokoll aufzunehmen. Der während des Gesetzgebungsverfahrens diskutierte Vorschlag, bereits vor Eröffnung der Hauptverhandlung einen gerichtlichen Vergleich zuzulassen, ist damit nicht Gesetz geworden (*Ferber* NJW 2004, 2564).

2 **Gegenstand** des Vergleichs können sämtliche Ansprüche der Parteien sein, die im Zusammenhang mit der betreffenden Straftat stehen, richtigerweise auch solche, die nicht der ordentlichen Gerichtsbarkeit zuzuordnen sind und Ansprüche nicht-vermögensrechtlicher Natur wie die Abgabe einer Ehrenerklärung ohne wirtschaftliche Relevanz (*Meyer-Goßner/Schmitt* § 405 Rn. 3). Diese Erweiterung ggü. § 403 ist sinnvoll, da sie den Parteien einen möglichst umfassenden Schlussstrich zur Wiederherstellung des Rechtsfriedens ermöglicht (BT-Drucks. 15/2536, S. 36). Leistungen, die der Angeklagte aufgrund des Vergleichs erbringt oder in Aussicht stellt, sind als **Wiedergutmachungsbemühungen gem. §§ 46 Abs. 2, 46a StGB** zu würdigen (*Schöch* FS Rieß, S. 517 f.).

3 Kommt der Vergleich wirksam zustande, ist er gem. § 794 Abs. 1 Nr. 1 ZPO Grundlage der **Vollstreckung** (vgl. auch § 406b). Aus dieser Funktion als Titel folgt, dass der zu vollstreckende Inhalt hinrei-

Ein **Vergleichsvorschlag** des Gerichts soll auf übereinstimmenden Antrag beider Parteien unterbreitet werden (Abs. 1 Satz 2). I.Ü. sollte sich das Gericht, schon um den Eindruck der Befangenheit zu vermeiden (*Hilger* GA 2004, 478 [485]), mit eigenen Vorschlägen i.R.d. Vergleichsverhandlungen zurückhalten und auch jeglichen Anschein von Druck ggü. dem Angeklagten zur Eingehung des Vergleichs vermeiden (BGHSt 37, 263 [264]). 4

Einwendungen gegen den Vergleich sind möglich, müssen aber in einem gesonderten Zivilverfahren geltend gemacht werden. Abs. 2 enthält schon seinem Wortlaut nach **allein** eine Regelung der **örtlichen Zuständigkeit** (a. A. *Meyer-Goßner/Schmitt* § 405 Rn. 6); zuständig ist danach das Gericht, in dessen Bezirk das Strafgericht des ersten Rechtszuges seinen Sitz hat. Im Hinblick auf die **sachliche Zuständigkeit** bleibt es bei den Regelungen der §§ 23, 71 GVG. Dafür spricht auch, dass kein Grund ersichtlich ist, warum die Vollstreckungsabwehrklage gegen ein Adhäsionsurteil oder einen Vergleich vor einem Gericht anderer Ordnung verhandelt werden sollte als diejenige gegen ein herkömmliches Zivilurteil (zutreffend *Havliza/Stang* in: *Weiner/Ferber* Rn. 126 f.). 5

§ 406 StPO Entscheidung über den Antrag im Strafurteil; Absehen von einer Entscheidung.

(1) ¹Das Gericht gibt dem Antrag in dem Urteil statt, mit dem der Angeklagte wegen einer Straftat schuldig gesprochen oder gegen ihn eine Maßregel der Besserung und Sicherung angeordnet wird, soweit der Antrag wegen dieser Straftat begründet ist. ²Die Entscheidung kann sich auf den Grund oder einen Teil des geltend gemachten Anspruchs beschränken; § 318 der Zivilprozessordnung gilt entsprechend. ³Das Gericht sieht von einer Entscheidung ab, wenn der Antrag unzulässig ist oder soweit er unbegründet erscheint. ⁴Im Übrigen kann das Gericht von einer Entscheidung nur absehen, wenn sich der Antrag auch unter Berücksichtigung der berechtigten Belange des Antragstellers zur Erledigung im Strafverfahren nicht eignet. ⁵Der Antrag ist insbesondere dann zur Erledigung im Strafverfahren nicht geeignet, wenn seine weitere Prüfung, auch soweit eine Entscheidung nur über den Grund oder einen Teil des Anspruchs in Betracht kommt, das Verfahren erheblich verzögern würde. ⁶Soweit der Antragsteller den Anspruch auf Zuerkennung eines Schmerzensgeldes (§ 253 Abs. 2 des Bürgerlichen Gesetzbuches) geltend macht, ist das Absehen von einer Entscheidung nur nach Satz 3 zulässig.
(2) Erkennt der Angeklagte den vom Antragsteller gegen ihn geltend gemachten Anspruch ganz oder teilweise an, ist er gemäß dem Anerkenntnis zu verurteilen.
(3) ¹Die Entscheidung über den Antrag steht einem im bürgerlichen Rechtsstreit ergangenen Urteil gleich. ²Das Gericht erklärt die Entscheidung für vorläufig vollstreckbar; die §§ 708 bis 712 sowie die § 714 und 716 der Zivilprozessordnung gelten entsprechend. ³Soweit der Anspruch nicht zuerkannt ist, kann er anderweit geltend gemacht werden. ⁴Ist über den Grund des Anspruchs rechtskräftig entschieden, so findet die Verhandlung über den Betrag nach § 304 Abs. 2 der Zivilprozessordnung vor dem zuständigen Zivilgericht statt.
(4) Der Antragsteller erhält eine Abschrift des Urteils mit Gründen oder einen Auszug daraus.
(5) ¹Erwägt das Gericht, von einer Entscheidung über den Antrag abzusehen, weist es die Verfahrensbeteiligten so früh wie möglich darauf hin. ²Sobald das Gericht nach Anhörung des Antragstellers die Voraussetzungen für eine Entscheidung über den Antrag für nicht gegeben erachtet, sieht es durch Beschluss von einer Entscheidung über den Antrag ab.

A. Stattgebende Entscheidung. I. Allgemeines.

Ist der Antrag nach dem Ergebnis der Hauptverhandlung zulässig und (zumindest teilweise) begründet und liegen auch keine Gründe für ein Absehen von einer Entscheidung (s.u. Rdn. 15 ff.) vor, so gibt das Gericht dem Antrag stets im Strafurteil statt. Durch die sprachliche Fassung des Abs. 1 wollte der Gesetzgeber betonen, dass die Entscheidung über den Antrag die Regel, das Absehen die Ausnahme sein soll (*Pfeiffer* § 406 Rn. 1; zur tatsächlichen Anwendungspraxis s. Vor § 403 Rdn. 7). Eine Klageabweisung kommt im Adhäsionsverfahren nicht in Betracht, sondern nur das Absehen von der Entscheidung gem. § 406 Abs. 1 Satz 3 (BGH NStZ-RR 2010, 23; s.u. Rdn. 15 ff.). 1

2 Vorausgesetzt ist, dass der Angeklagte wegen einer Straftat schuldig gesprochen wird oder gegen ihn eine Maßregel der Besserung und Sicherung angeordnet wird. Die **Rechtskraft** der stattgebenden Entscheidung tritt nach den Regeln der StPO ein, aufgrund des untrennbaren Zusammenhangs mit dem strafrechtlichen Teil des Urteils also erst mit Rechtskraft des Schuldspruchs.

3 Die Entscheidung über den Antrag ist mit **Gründen** zu versehen, andernfalls wäre das Urteil gem. § 338 Abs. 1 Nr. 7 in der Revision aufzuheben. Für den Umfang der Begründung gelten nicht ohne Weiteres die Maßstäbe der ZPO; um eine revisionsgerichtliche Kontrolle zu ermöglichen sollte aber eine Zusammenfassung der Erwägungen in tatsächlicher und auch rechtlicher Hinsicht entsprechend § 313 Abs. 3 ZPO erfolgen. Dabei sind auch gem. § 267 Abs. 3 analog die einschlägigen bürgerlich-rechtlichen Rechtsvorschriften zu nennen (SK-StPO/*Velten* § 406 Rn. 2; **a. A.** *Meyer-Goßner/Schmitt* § 406 Rn. 2). Beim Übergang von Ansprüchen auf Versicherungen ist die Adhäsionsentscheidung im Hinblick auf § 116 SGB X bzw. § 86 VVG unter den Vorbehalt zu stellen, dass eine Ersatzpflicht nur insoweit besteht, als die Ansprüche nicht auf Sozialversicherungsträger oder andere Versicherer übergegangen sind (BGH StV 2014, 269).

4 Bei der Entscheidung über **Schmerzensgeldansprüche** genügt der Hinweis auf die »Schwere der Verletzung« oder die »Schwere des Verschuldens« nicht, vielmehr ist auch die wirtschaftliche Leistungsfähigkeit des Schädigers und des Verletzten zu berücksichtigen (BGH NStZ-RR 2014, 350; NJW 2014, 1544). Gegen diese bisher h.M. richtet sich der Anfragebeschluss (gem. § 132 GVG) des 2. Strafsenats vom 8.10.2014 (2 StR 137/14 – ZfS 2015, 203) beim Großen Senat für Zivilsachen und den anderen Strafsenaten, mit dem im Hinblick auf die jedem Menschen in gleichem Maße zustehenden Grundrechte aus Art. 1 Abs. 1 und Art. 2 Abs. 2 GG angestrebt wird, weder die wirtschaftlichen Verhältnisse des Geschädigten noch die des Schädigers zu berücksichtigen. Aufgrund der Doppelfunktion des Schmerzensgeldes, das auch der Sühne und Genugtuung dient, war früher die Wirkung der strafrechtlichen Verurteilung zu berücksichtigen (BGH NStZ 1993, 1513); nach aktueller zivilrechtlicher Rechtsprechung (BGH NJW 1995, 781; 1996, 1591) gilt dies aber nicht mehr.

5 Gemäß Abs. 4 muss dem Antragsteller eine **Urteilsabschrift** oder zumindest der entsprechende Auszug aus dem Urteil mit den Gründen überlassen werden.

6 In ihren **Wirkungen** steht die stattgebende Entscheidung gem. Abs. 3 einem bürgerlichen Urteil gleich, was insb. die Eignung als **Vollstreckungstitel** gem. § 704 Abs. 1 ZPO betrifft. Um die Vollstreckbarkeit zu gewährleisten, muss das Urteil die in § 313 Abs. 1 Nr. 1 ZPO genannten Angaben über die Parteien enthalten. Die gem. § 724 ZPO (i.V.m. § 406b) erforderliche vollstreckbare Ausfertigung wird vom Urkundsbeamten des Strafgerichts erteilt (LR/*Hilger* § 406 Rn. 16). Die Frage der **vorläufigen Vollstreckbarkeit** steht nicht mehr wie nach früherer Rechtslage im Ermessen des Gerichts, sondern muss vom Gericht anhand der in Abs. 3 Satz 2 ausdrücklich für anwendbar erklärten §§ 708 bis 712 sowie 714 bis 716 ZPO entschieden werden. Die Entscheidung über die **Kosten** des Verfahrens ergeht gem. § 472a Abs. 1. Eine im Adhäsionsverfahren auf Antrag des Verletzten ergangene Verurteilung des Beschuldigten entfaltet keine Rechtskraft gegenüber dem Haftpflichtversicherer des Beschuldigten (BGH NJW 2012, 1163).

7 **II. Grund- und Teilurteil.** Seit dem Opferschutzgesetz von 1986 ist in Abs. 1 Satz 2 die Möglichkeit von **Grund- und Teilurteilen** ausdrücklich vorgesehen. Es soll auf diese Weise auch in den Fällen eine Entscheidung ermöglicht werden, bei denen sich die Höhe des zivilrechtlichen Anspruchs in angemessener Zeit gar nicht oder nur für Teile des Anspruchs ermitteln lässt. Bzgl. der Teile, über die nicht entschieden wird, wird (im Urteil) gem. Abs. 1 Satz 3 bzw. 4 von der Entscheidung abgesehen. Die Praxis macht von dieser Möglichkeit in zunehmendem Maß Gebrauch: der Anteil der Grundurteile an allen Adhäsionsentscheidungen ist von 4,8 % im Jahr 1995 auf 15,9 % im Jahr 2004 gestiegen, allerdings 2010 wieder auf 9,6 % zurückgegangen (berechnet nach *Stat. Bundesamt*, Strafgerichte, jeweils Tab. 2.1 und 4.1; absolute Zahlen vor § 403 Rdn. 6).

8 Ergeht ein **Grundurteil**, so entscheidet das Gericht lediglich über die grundsätzliche Haftung des Angeklagten und überlässt die Entscheidung über die Höhe des Anspruchs dem sog. Betragsverfahren, das – wie Abs. 3 Satz 4 klarstellt – gem. 304 Abs. 2 ZPO vor dem zuständigen Zivilgericht zu führen ist. Dieses ist gem. Abs. 1 Satz 2 Halbs. 2 i.V.m. § 318 ZPO an das Grundurteil gebunden. Die zivilprozessuale Voraussetzung der **fehlenden Spruchreife** wird im Adhäsionsverfahren in den Fällen modifiziert, in denen zwar Spruchreife vorliegt, der Richter jedoch aus anderen Gründen gänzlich von der Ent-

scheidung gem. § 406 absehen könnte. Hier muss erst recht ein Grundurteil als für den Antragsteller günstigere Variante möglich sein (BGHSt 47, 378 [380], bei Schmerzensgeldansprüchen aber durch den neuen Abs. 1 Satz 6 überholt).

Zum Grund des Anspruchs zählen die anspruchsbegründenden Tatsachen und das Nichtvorliegen rechtshindernder oder -vernichtender Einwendungen. Betroffen ist auch die Frage des **Mitverschuldensanteils** des Antragstellers, über den hier – anders als im Zivilprozess – bereits im Grundurteil zu entscheiden ist, weil die vom Strafgericht ohnehin vorzunehmende Würdigung hierfür die »optimale Tatsachengrundlage« bietet (BGHSt 47, 378 [382]; BGH BeckRS 2014, 07395, Rn. 10). 9

Ein **Teilurteil** ist gem. § 301 ZPO als Endurteil möglich, wenn nur einzelne von mehreren geltend gemachten Ansprüchen (z.B. nur der Schmerzensgeldanspruch neben dem ebenfalls erhobenen Schadensersatzanspruch) zur Entscheidung reif sind. Auch hier ist die Bindungswirkung gem. § 318 ZPO zu beachten. Soll auf diese Weise nur über den Teil eines einheitlichen Anspruchs entschieden werden, muss gem. § 301 Abs. 1 Satz 2 ZPO zugleich über den Rest des Anspruchs ein Grundurteil ergehen. 10

III. Anerkenntnisurteil (Abs. 2) Seit dem OpferRRG von 2004 ist in Abs. 2 die von der früher herrschenden Meinung (s. BGHSt 37, 263) abgelehnte Möglichkeit eines Anerkenntnisurteils gem. § 307 ZPO gesetzlich verankert worden. Dabei ergeben sich in der Praxis einige Schwierigkeiten bei der **Reichweite** eines solchen Anerkenntnisses. Richtigerweise ist es auf den zivilrechtlichen Anspruch beschränkt und kann nicht ohne Weiteres als Geständnis im Hinblick auf den strafrechtlichen Schuldvorwurf aufgefasst werden (*Schneckenberger* in: *Weiner/Ferber* Rn. 165; a. A. *Loos* GA 2006, 202). 11

Schwierigkeiten bereitet das Verhältnis von zivilrechtlicher **Dispositionsmaxime** einerseits und strafprozessualem **Offizialprinzip** andererseits. Unklar ist in diesem Zusammenhang auch das Verhältnis von Abs. 2 zu den in Abs. 1 und 3 genannten Voraussetzungen einer stattgebenden Entscheidung (*Hilger* GA 2004, 478 [485]). Es erscheint sachgerecht, hier zwischen den zivilrechtlichen und strafrechtlichen Voraussetzungen einer stattgebenden Entscheidung zu differenzieren. Das Gericht darf daher kein Anerkenntnisurteil erlassen, wenn es den Angeklagten vom strafrechtlichen Vorwurf freispricht und auch keine Maßregel anordnet (*Neuhaus* StV 2004, 626; *Meier/Dürre* JZ 2006, 23; a. A. *Schneckenberger* in: *Weiner/Ferber* Rn. 167; *Heger* 2007, 244 [247]). Für eine solche Bedeutung der **strafrechtlichen Grundlage** unabhängig von der Disposition des Angeklagten spricht auch die Regelung in § 406a Abs. 3, wonach die stattgebende Entscheidung nach Wegfall der strafrechtlichen Verurteilung in der Rechtsmittelinstanz aufzuheben ist, und zwar unabhängig davon, ob der Angeklagte auch diesen Teil des Urteils angefochten hat. Im Hinblick auf die **zivilrechtlichen Voraussetzungen** des Anspruchs bleibt es dagegen bei der allgemeinen Regel, dass die Begründetheit der Klage im Fall des Anerkenntnisses vom Richter nicht mehr zu prüfen ist. 12

Dem Einwand, wonach sich Angeklagte aufgrund ihrer prozessualen Zwangslage vorschnell auf ein Anerkenntnis einlassen könnten, um sich Vorteile bei der Strafzumessung zu verschaffen (BGHSt 37, 263 [264]), wird bei der hier vertretenen differenzierten Betrachtung zumindest teilweise Rechnung getragen. Konsequenterweise muss dann auch gem. § 406a Abs. 3 eine Aufhebung des Adhäsions-Anerkenntnisurteils erfolgen, sobald in der **Rechtsmittelinstanz** die strafrechtliche Verurteilung entfällt. 13

B. Absehen von einer Entscheidung. I. Gründe für ein Absehen. Das Gesetz zählt abschließend die Gründe auf, die allein ein Absehen von der Entscheidung rechtfertigen können. Das gilt zunächst für die **Unzulässigkeit** des Antrags (Abs. 1 Satz 3). Die Unzulässigkeit kann sich bspw. aus der fehlenden Antragsberechtigung (§ 403), aus Fehlern bei der Antragsstellung (§ 404) sowie aus dem Fehlen zivilrechtlicher Verfahrensvoraussetzungen ergeben (BGH StV 2008, 127). 14

Auch bei **Unbegründetheit** des Antrags (insb. bei Fehlen der materiellen Anspruchsvoraussetzungen) ist von der Entscheidung gem. Abs. 1 Satz 3 abzusehen (BGH NStZ 2010, 23). Dabei genügt es nach dem Wortlaut des Gesetzes, dass der Anspruch unbegründet »erscheint«. Eine endgültige Klärung der Begründetheit muss also nicht in jedem Fall erfolgen, es kann genügen, wenn die Unbegründetheit lediglich nicht ausgeschlossen werden kann und eine zeitnahe Klärung nicht möglich ist. Um in diesen Fällen eine Umgehung der ratio legis auszuschließen, ist dann aber zusätzlich eine ansonsten drohende »erhebliche Verzögerung« erforderlich. 15

Dass beim **Fehlen einer strafrechtlichen Verurteilung** bzw. Maßregelanordnung (auch im Fall eines Anerkenntnisses, s.o. Rdn. 13) von einer Entscheidung abgesehen werden muss, versteht sich aufgrund der 16

§ 406 StPO Entscheidung über d. Antrag im Strafurteil; Absehen v. einer Entscheidung

in Abs. 1 Satz 1 sowie § 406a Abs. 3 vorausgesetzten Konnexität beider Urteilselemente von selbst (zur Frage des erforderlichen Zusammenhangs von Tat und Anspruch s. näher BGH NStZ 2003, 321; *Ferber* in: *Weiner/Ferber* Rn. 131 ff.; str. bei Freispruch des Angeklagten wegen in dubio pro reo nicht auszuschließender Schuldunfähigkeit; für Anspruch LG Berlin NStZ 2006, 720; dagegen *Meyer/Goßner/Schmitt* § 406, Rn. 11).

17 Der praktisch wichtigste Grund ist die **Nichteignung** des Antrags für eine Erledigung im Strafverfahren (Abs. 1 Satz 4). Hier wurde nach früherem Recht (§ 405 Satz 2 a.F.) die »Hauptschwachstelle« des Adhäsionsverfahrens gesehen, die zur äußerst geringen Anwendung beigetragen hat (*Schroth* Rn. 363). Seit der Neufassung 2004 darf nach der Intention des Gesetzgebers die Nichteignung nicht vorschnell angenommen werden; bei der hier vorzunehmenden Ermessensentscheidung müssen stets die **berechtigten Belange des Antragstellers** in Rechnung gestellt werden (OLG Hamburg NStZ-RR 2006, 347).

18 Als Beispiel für die Nichteignung wird in Abs. 1 Satz 5 die drohende **Verfahrensverzögerung** genannt. Deren Voraussetzungen wurden 2004 verschärft, indem zum einen nur »erhebliche« Verzögerungen ausreichen sollen und zum anderen ausdrücklich auf die Möglichkeit von Grund- und Teilurteil als schnellere Erledigungsvarianten hingewiesen wird. Eine Nichteignung kommt auch aus weiteren Gründen in Betracht, z.B. wenn über besonders komplexe zivilrechtliche Fragen einschließlich des internationalen Privatrechts (BGH StV 2004, 61) zu entscheiden ist oder wenn das in Haftsachen besonders wichtige Beschleunigungsgebot entgegen steht (OLG Celle StV 2007, 293). Eine Ablehnung der Entscheidung über den Antrag allein aufgrund einer **außergewöhnlichen Höhe des Anspruchs** (so LG Mainz StV 1997, 627; *Meyer-Goßner/Schmitt* § 403 Rn. 11) kann nach der Neufassung der Ablehnungsgründe in § 406 Abs. 1 nicht schematisch, sondern i.d.R. nur bei sorgfältiger Begründung einer dadurch drohenden »erheblichen Verzögerung« erfolgen. Nur in ganz außergewöhnlichen Fällen, in denen die Höhe des geltend gemachten Anspruchs existenzbedrohend wirkt und eine Konzentration auf die Strafverteidigung deutlich erschwert, kommt dies als selbstständiger Ablehnungsgrund in Betracht (OLG Hamburg, NStZ-RR 2006, 347; *Ferber* in: *Weiner/Ferber* Rn. 139).

19 Macht der Antragsteller **Schmerzensgeldansprüche** (§ 253 Abs. 2 BGB) geltend, soll nach dem Willen des Gesetzgebers ein Absehen von der Entscheidung nur wegen Unzulässigkeit und Unbegründetheit möglich sein (Abs. 1 Satz 6). Es wird also eine generelle Eignung dieser Ansprüche unwiderleglich vermutet; im Einzelfall dennoch drohende selbst erhebliche Verfahrensverzögerungen sollen hingenommen werden. Trotz dieser Bedenken ist die Regelung zu begrüßen, da die Haftung dem Grunde nach regelmäßig ohne größere Schwierigkeiten feststellbar sein wird und zudem die in der Praxis geläufigen Schmerzensgeldtabellen die Bestimmung der Anspruchshöhe erleichtern. Jedenfalls ein Grundurteil wird hier i.d.R. ergehen müssen (*Ferber* NJW 2004, 2565); ein Ausschluss von Grundurteilen und ein zwingender Erlass von Endurteilen bei Schmerzensgeldansprüchen lässt sich der Systematik des Gesetzes dagegen nicht entnehmen (zweifelnd *Loos* GA 2006, 195 [208]). Dafür spricht schon, dass das Gesetz in Abs. 1 Satz 5 zwischen dem Erlass eines Grundurteils und dem Absehen von der Entscheidung differenziert, in Satz 6 aber nur Letzteres eingeschränkt wird.

20 **II. Grundsätze der Entscheidung.** Die Entscheidung über das Absehen von der Entscheidung (nicht: über die »Unzulässigkeit« oder »Unbegründetheit« des Anspruchs, BGH NStZ-RR 2006, 261) ergeht gem. Abs. 5 Satz 2 nicht im Urteil, sondern durch **Beschluss**. Nur wenn bis zum Zeitpunkt des Urteils über das Absehen noch nicht entschieden wurde, oder wenn das Gericht nur teilweise von der Entscheidung absehen will, erfolgt dies im Urteil (BGH NStZ 2003, 565). Der Beschluss ist gem. § 34 mit Gründen zu versehen; auch über die Kosten ist gem. § 472a Abs. 2 zu entscheiden (Einzelheiten bei *Schneckenberger* in: *Weiner/Ferber* Rn. 182 ff.).

21 Der Beschluss über das Absehen von der Entscheidung hindert den Antragsteller gem. Abs. 3 Satz 3 nicht daran, den Anspruch anderweitig, d.h. insb. in einem Zivilprozess, geltend zu machen. Eine **negative Rechtskraft** der Entscheidung hat der Gesetzgeber damit ausdrücklich **ausgeschlossen**.

22 Das Gericht soll die Verfahrensbeteiligten nach Abs. 5 Satz 1 so früh wie möglich auf eine bevorstehende Absehensentscheidung **hinweisen**. Zuvor hat eine Anhörung des Antragstellers zu erfolgen.

§ 406a StPO Rechtsmittel.

(1) ¹Gegen den Beschluss, mit dem nach § 406 Abs. 5 Satz 2 von einer Entscheidung über den Antrag abgesehen wird, ist sofortige Beschwerde zulässig, wenn der Antrag vor Beginn der Hauptverhandlung gestellt worden und solange keine den Rechtszug abschließende Entscheidung ergangen ist. ²Im Übrigen steht dem Antragsteller ein Rechtsmittel nicht zu.

(2) ¹Soweit das Gericht dem Antrag stattgibt, kann der Angeklagte die Entscheidung auch ohne den strafrechtlichen Teil des Urteils mit dem sonst zulässigen Rechtsmittel anfechten. ²In diesem Falle kann über das Rechtsmittel durch Beschluss in nichtöffentlicher Sitzung entschieden werden. ³Ist das zulässige Rechtsmittel die Berufung, findet auf Antrag des Angeklagten oder des Antragstellers eine mündliche Anhörung der Beteiligten statt.

(3) ¹Die dem Antrag stattgebende Entscheidung ist aufzuheben, wenn der Angeklagte unter Aufhebung der Verurteilung wegen der Straftat, auf welche die Entscheidung über den Antrag gestützt worden ist, weder schuldig gesprochen noch gegen ihn eine Maßregel der Besserung und Sicherung angeordnet wird. ²Dies gilt auch, wenn das Urteil insoweit nicht angefochten ist.

A. Rechtsmittel des Antragstellers (Abs. 1) Nach Abs. 1 Satz 1 kann der Antragsteller gegen den Beschluss, mit dem gem. § 406 Abs. 5 Satz 2 von einer Entscheidung abgesehen wird, das Rechtsmittel der **sofortigen Beschwerde** (§ 311) erheben. Die Beschwerde wird in Abs. 1 von zwei **Voraussetzungen** abhängig gemacht: zum einen muss der Antrag vor Beginn der Hauptverhandlung gestellt worden sein; zum anderen darf keine den Rechtszug abschließende Entscheidung ergangen sein. Mit Erlass eines Urteils in der Sache wird die Beschwerde daher (nachträglich) unzulässig. Die 2004 zur Verbesserung der Rechtsstellung des Antragstellers neu geschaffene Beschwerdemöglichkeit droht in der Praxis weitgehend leer zu laufen, da die Gerichte Beschlüsse nach § 406 Abs. 5 Satz 2 erst zu einem späten Zeitpunkt des Verfahrens erlassen (*Hilger* GA 2004, 485).

I.Ü. steht dem Antragsteller ein Rechtsmittel nicht zu (Abs. 1 Satz 2). Bei stattgebender Entscheidung fehlt es schon an der Beschwer, aber auch beim Absehen von der Entscheidung (die keine negative Rechtskraft entfaltet, s.o. § 406 Rdn. 22) entstehen ihm abgesehen von der möglichen Kostentragung gem. § 472a Abs. 2 keine Nachteile. Abweichend von diesem Grundsatz werden dem Antragsteller bei **fehlerhaften Gerichtsentscheidungen**, die etwa contra legem eine »Klageabweisung« enthalten und auch nicht in eine Absehensentscheidung umgedeutet werden können, die ansonsten zulässigen Rechtsmittel einschließlich der Gehörsrüge gem. § 321a ZPO zugestanden s. *Ferber/Weiner* in: *Weiner/Ferber* Rn. 202.

B. Rechtsmittel des Angeklagten (Abs. 2) Der Angeklagte kann die stattgebende Entscheidung des Gerichts nach Abs. 2 Satz 1 mit dem sonst zulässigen Rechtsmittel, d.h. entweder **Berufung oder Revision**, anfechten, und zwar ausdrücklich auch ohne gleichzeitige Anfechtung des strafrechtlichen Teils des Urteils.

Wird nur der zivilrechtliche Teil angefochten, erwächst der strafrechtliche Teil des Urteils in Rechtskraft, sofern nicht StA oder Nebenkläger ein Rechtsmittel einlegen. Über den zivilrechtlichen Teil des Urteils kann das Gericht ohne mündliche Verhandlung durch **Beschluss** entscheiden (Abs. 2 Satz 2; BGH NStZ-RR 2014, 350)). Im Fall der Berufung findet jedoch gem. Abs. 2 Satz 3 auf Antrag einer der Parteien eine **mündliche Anhörung** statt.

In der **Revisionsinstanz** erfolgt nach BGH NStZ 1988, 237 allein wegen der Fehlerhaftigkeit des zivilrechtlichen Teils des Urteils keine Zurückverweisung an den Tatrichter, sondern es soll von der Entscheidung abgesehen werden, was allerdings nach neuer Rechtslage bei Schmerzensgeldansprüchen nur noch eingeschränkt möglich ist. Stets ist zumindest an eine Aufrechterhaltung dem Grunde nach zu denken (vgl. BGHSt 44, 202).

C. Rechtsmittel weiterer Verfahrensbeteiligter. Der StA sowie Privat- oder Nebenklägern steht ein Rechtsmittel gegen den zivilrechtlichen Teil des Urteils nicht zu (BGHSt 3, 210 [211]). Sie können die strafrechtliche Verurteilung anfechten, was dann aber gem. Abs. 3 mittelbar (wenn das ursprüngliche Urteil aufgehoben und keine erneute strafrechtliche Verurteilung erfolgt ist) auch zur Aufhebung des zivilrechtlichen Teils führen kann (s. Rdn. 7).

7 **D. Aufhebung der strafrechtlichen Verurteilung.** Entfällt die strafrechtliche Verurteilung nach Einlegung eines Rechtsmittels endgültig (d.h. bei Zurückverweisung durch das Revisionsgericht erst, wenn das erneute Sachurteil nicht zu einer Verurteilung führt, BGHSt 3, 210 [211]; BGH NStZ 2006, 394; 2008, 648), wird der stattgebenden Entscheidung des Gerichts über den Adhäsionsantrag die strafrechtliche Grundlage entzogen. Die Entscheidung ist sodann gem. Abs. 3 **aufzuheben**. Dies gilt gem. Abs. 3 Satz 2 auch dann, wenn insoweit das Urteil vom Angeklagten gar nicht angefochten wurde. Aufgrund dieser Möglichkeit der nachträglichen Aufhebung auch des Adhäsionsausspruchs kann bis zur Rechtskraft auch des strafrechtlichen Teils des Urteils nicht ohne das Risiko eines Schadensersatzanspruchs gem. § 717 Abs. 2 ZPO vorläufig vollstreckt werden. Die bloße Änderung des Schuldspruchs berührt dagegen das Adhäsionsurteil nicht, auch wenn das Revisionsgericht die Sache an das Tatgericht zurückverweist; über dessen Aufhebung oder Änderung ist vom neuen Tatrichter auf der Grundlage der Ergebnisse der neuen Hauptverhandlung zu entscheiden (BGHSt 52, 96 [98]).

§ 406b StPO Vollstreckung.

¹Die Vollstreckung richtet sich nach den Vorschriften, die für die Vollstreckung von Urteilen und Prozessvergleichen in bürgerlichen Rechtsstreitigkeiten gelten. ²Für das Verfahren nach den §§ 323, 731, 767, 768, 887 bis 890 der Zivilprozessordnung ist das Gericht der bürgerlichen Rechtspflege zuständig, in dessen Bezirk das Strafgericht des ersten Rechtszuges seinen Sitz hat. ³Einwendungen, die den im Urteil festgestellten Anspruch selbst betreffen, sind nur insoweit zulässig, als die Gründe, auf denen sie beruhen, nach Schluss der Hauptverhandlung des ersten Rechtszuges und, wenn das Berufungsgericht entschieden hat, nach Schluss der Hauptverhandlung im Berufungsrechtszug entstanden sind.

1 Die **Zwangsvollstreckung** aus dem Urteil oder einem nach § 405 geschlossenen Vergleich richtet sich, wie § 406b Satz 1 klarstellt, nach den Vorschriften der ZPO. Die vollstreckbaren Ausfertigungen des Urteils gem. § 724 Abs. 1 ZPO erteilt der Urkundsbeamte des Strafgerichts.

2 Satz 2 regelt die Zuständigkeit der Zivilgerichte für sog. **Nachtragsentscheidungen** einschließlich der praktisch bedeutsamen Fälle einer Abänderungsklage gem. § 323 ZPO. Dies gilt, obwohl § 771 ZPO in § 406b nicht ausdrücklich genannt wird, auch für die Drittwiderspruchsklage, da hierüber nicht das Prozessgericht entscheidet. Für die nach der ZPO dem Prozessgericht vorbehaltenen Entscheidungen, z.B. über Erinnerungen gegen die Erteilung der Vollstreckungsklausel gem. § 732 ZPO, ist dagegen das Strafgericht zuständig (*Meyer-Goßner/Schmitt* § 406b Rn. 2).

3 Bei einer gem. § 767 zu erhebenden **Vollstreckungsgegenklage** sind nach Satz 3 Einwendungen gegen den im Urteil festgestellten Anspruch nur dann zulässig, wenn sie nach Schluss der Hauptverhandlung des ersten Rechtszuges bzw. im Berufungsverfahren nach Schluss der Hauptverhandlung im Berufungsrechtszug entstanden sind.

§ 406c StPO Wiederaufnahme des Verfahrens.

(1) ¹Den Antrag auf Wiederaufnahme des Verfahrens kann der Angeklagte darauf beschränken, eine wesentlich andere Entscheidung über den Anspruch herbeizuführen. ²Das Gericht entscheidet dann ohne Erneuerung der Hauptverhandlung durch Beschluss.
(2) Richtet sich der Antrag auf Wiederaufnahme des Verfahrens nur gegen den strafrechtlichen Teil des Urteils, gilt § 406a Abs. 3 entsprechend.

1 Aus § 406c Abs. 1 ergibt sich, dass der Angeklagte einen Antrag auf Wiederaufnahme des Verfahrens (§§ 359 ff.) auch auf den **zivilrechtlichen Teil des Urteils** beschränken kann. Erforderlich ist hierfür, dass eine »wesentlich andere Entscheidung« über den Anspruch begehrt wird. Das ist nicht nur dann der Fall, wenn eine völlige Aufhebung begehrt wird, sondern betrifft auch eine wesentliche Reduzierung der Höhe des zugesprochenen Schadensersatz- oder Schmerzensgeldanspruchs (*Meyer-Goßner/Schmitt* § 406c Rn. 2). In Parallel zu § 406a Abs. 2 Satz 2, anders als dort aber nach dem klaren Wortlaut ohne Ermessensspielraum, entscheidet das Gericht in diesem Fall ohne erneute Hauptverhandlung durch **Beschluss**. Die **Zuständigkeit** bestimmt sich nach § 140a GVG.

Vor §§ 406d ff. StPO

Die **Antragsberechtigung** nach § 406c steht nur dem Angeklagten zu, nicht dem Staatsanwalt. Auch der Geschädigte kann keinen Antrag stellen, auch dann nicht, wenn er Neben- oder Privatkläger ist, da ihm für Rechtsmittel gegen die Entscheidung der Zivilrechtsweg offen steht (KK/*Zabeck* § 406c Rn. 1). 2

Bei der ebenfalls möglichen Beschränkung des Wiederaufnahmeantrags auf den strafrechtlichen Teil gilt nach Abs. 2 die Regelung in **§ 406a Abs. 3 entsprechend**. Das bedeutet, dass auch der zivilrechtliche Teil des Urteils aufzuheben ist, wenn nach erfolgreichem Wiederaufnahmeantrag keine erneute strafrechtliche Verurteilung erfolgt. 3

Vierter Abschnitt. Sonstige Befugnisse des Verletzten

Vorbemerkung zu §§ 406d ff. StPO

Die Vorschriften des 4. Abschnitts (§§ 406d bis 406h) wurden durch das **OpferschutzG** v. 18.12.1986 (BGBl. I S. 2496) neu in die StPO aufgenommen und durch das 1. und 2. OpferRRG (2004, 2009) ausgebaut. 1

Systematisch handelt es sich bei den §§ 406d bis 406h um eine Zusammenfassung der für **alle Verletzten** geltenden Vorschriften, die ihm neben seinen speziellen Rechten (Privatklage, Nebenklage, Adhäsionsverfahren) zustehen. Die §§ 406d bis 406f dienen vorrangig dem Schutz des Interesses des Verletzten und der Wahrung seiner Interessen durch die Eröffnung von Beteiligungsbefugnissen, über deren Gebrauch er in freier Entscheidung verfügen kann. Durch die zusammenfassende Neuregelung dieser Befugnisse wird der Wille des Gesetzgebers deutlich, den Verletzten als **selbstständiges Prozesssubjekt** anzuerkennen (BT-Drucks. 10/5305, S. 16; 1; LR/*Hilger* Vor § 406d Rn. 2). 2

Der **Begriff des Verletzten** wird in den §§ 406d bis 406h nicht definiert. Da es im Strafverfahrensrecht keinen einheitlichen Verletztenbegriff gibt, ist er aus dem jeweiligen Funktionszusammenhang abzuleiten (BT-Drucks. 10/5305 S. 16; OLG Koblenz NStZ 1988, 89). Nach der Intention des OpferschutzG, dem durch eine Straftat Betroffenen umfassende Interessenwahrnehmung zu ermöglichen, ist eine weite Auslegung des Verletztenbegriffs ähnlich wie in § 172 StPO geboten (LR/*Hilger* Vor § 406d Rn. 8; *Meyer-Goßner/Schmitt* Vor § 406d Rn. 2). Das BVerfG (Beschl. v. 04.12.2008, 2 BvR 1043/08) bezeichnet sogar mittelbar Geschädigte aus einer Straftat, die eine zivilrechtlichen Anspruch (z.B. aus §§ 826, 844, 845 BGB) im im Adhäsionsverfahren gem. § 403 StPO geltend machen können, als Verletzte i.S. der §§ 406d bis h StPO. 3

Demnach ist Verletzter, wer durch eine (behauptete) Straftat in einem strafrechtlich anerkannten **Rechtsgut verletzt** ist, das zumindest auch seine Interessen schützen soll, dagegen nicht, wer durch die Straftat nur als Mitglied der Rechtsgemeinschaft wie alle anderen betroffen ist, also z.B. nicht bei abstrakten Gefährdungsdelikten oder Delikten ggü. überindividuellen Rechtsgütern. Daher ist der Geschädigte einer Marktmanipulation nach § 20a WPHG kein Verletzter i.S. der §§ 406d ff., da diese Norm lediglich das öffentliche Interesse an funktionierenden Kapitalmärkten schützt (OLG Stuttgart StV 2014, 279; differenzierend Krause FS Widmaier 2008, 639 ff.). 4

Im **Jugendstrafverfahren** gelten kraft der generellen Verweisung in § 2 Abs. 2 JGG die §§ 406d, 406e, 406f und 406h uneingeschränkt, da diese Rechte nicht von der – teilweise unzulässigen – Nebenklage abhängen (*Schöch* in WEISSER RING [Hrsg.], Kinder- und Jugendliche als Opfer von Straftaten, 2007, 141 ff.; einschränkend bzgl. § 406e Abs. 1 Satz 2 *Hoeynck* ZJJ 2005, 38; Hüls ZJJ 2005, 26; *Meyer-Goßner/Schmitt* Vor § 406d Rn. 3). § 406g ist dagegen nur in dem Umfang anwendbar, in dem die Nebenklage im Jugendstrafverfahren zulässig ist, also generell bei Heranwachsenden (vgl. § 109 JGG), bei Jugendlichen dagegen nur bei den in § 80 Abs. 3 für die Nebenklage zugelassenen Verbrechen (Vor § 395 Rdn. 4). 5

§ 406d StPO Auskunft über den Stand des Verfahrens. (1) Dem Verletzten sind auf Antrag die Einstellung des Verfahrens und der Ausgang des gerichtlichen Verfahrens mitzuteilen, soweit es ihn betrifft.
(2) Dem Verletzten ist auf Antrag mitzuteilen, ob
1. dem Verurteilten die Weisung erteilt worden ist, zu dem Verletzten keinen Kontakt aufzunehmen oder mit ihm nicht zu verkehren;
2. freiheitsentziehende Maßnahmen gegen den Beschuldigten oder den Verurteilten angeordnet oder beendet oder ob erstmalig Vollzugslockerungen oder Urlaub gewährt werden, wenn er ein berechtigtes Interesse darlegt und kein überwiegendes schutzwürdiges Interesse des Betroffenen am Ausschluss der Mitteilung vorliegt; in den in § 395 Abs. 1 Nummer 1 bis 5 genannten Fällen sowie in den Fällen des § 395 Absatz 3, in denen der Verletzte zur Nebenklage zugelassen wurde, bedarf es der Darlegung eines berechtigten Interesses nicht.
3. dem Verurteilten erneut Vollzugslockerung oder Urlaub gewährt wird, wenn dafür ein berechtigtes Interesse dargelegt oder ersichtlich ist und kein überwiegendes schutzwürdiges Interesse des Verurteilten am Ausschluss der Mitteilung vorliegt.
(3) ¹Mitteilungen können unterbleiben, sofern sie nicht unter einer Anschrift möglich sind, die der Verletzte angegeben hat. ²Hat der Verletzte einen Rechtsanwalt als Beistand gewählt, ist ihm ein solcher beigeordnet worden oder wird er durch einen solchen vertreten, so gilt § 145a entsprechend.

1 **A. Mitteilungspflicht über die Verfahrensbeendigung (Abs. 1) I. Inhalt und Umfang.** § 406d Abs. 1 ergänzt § 171. Auch demjenigen Verletzten, der keinen Antrag gem. § 171 gestellt hat, ist die Einstellung des Verfahrens und der Ausgang des gerichtlichen Verfahrens, d.h. die Nichteröffnung der Hauptverhandlung (§ 204), die gerichtliche Einstellung gem. §§ 153 ff. und gem. §§ 206a, 206b sowie das Urteil mitzuteilen (KMR/*Stöckel* § 406d Rn. 2), falls er einen entsprechenden Antrag gestellt hat. Über das Antragsrecht ist der Verletzte gem. § 406h Abs. 1 zu informieren. Nicht mitteilungspflichtig sind bisher Zwischenentscheidungen wie der Beschluss über die Eröffnung des Hauptverfahrens oder der Termin der Hauptverhandlung (KK/*Zabeck* § 406d Rn. 1).

2 Die Mitteilungspflicht besteht nur, sofern die mitzuteilenden Entscheidungen den Verletzten betreffen. Dies ist dann der Fall, wenn sie sich auf Straftaten beziehen, durch die der Antragsteller verletzt wurde (SK-StPO/*Velten* § 406d Rn. 5). Dem Verletzten muss in einer ihm verständlichen Form das Ergebnis des Verfahrens bekannt gemacht werden. Die Mitteilung des genauen Wortlautes des Tenors oder gar der vollständigen Entscheidung ist daher nicht erforderlich, manchmal aber auch nicht ausreichend, da für den Verletzten u.U. nicht hinreichend verständlich (KK/*Zabeck* § 406d Rn. 1; *Rieß/Hilger* NStZ 1987, 155).

3 **II. Zeitpunkt der Mitteilung.** Die Mitteilung über den Verfahrensausgang ist vorzunehmen, sobald die zugrunde liegende Entscheidung unanfechtbar geworden ist, da erst dann der »Ausgang« des Verfahrens feststeht (BT-Drucks. 10/5303, S. 17; LR/*Hilger* § 406d Rn. 2; SK-StPO/*Velten* § 406d Rn. 4; a. A. KMR/*Stöckel* § 406d Rn. 2: Mitteilung der Entscheidung vor Ablauf der Rechtsmittelfrist erforderlich).

4 **B. Weitergehende Mitteilungspflichten (Abs. 2)** § 406d Abs. 2 Nr. 1 und 2 geht auf die Vorgaben des Rahmenbeschlusses der EU über die Stellung des Opfers im Strafverfahren v. 15.03.2001 (AblEG Nr. L 82/1 ff.) zurück. Die Vorschrift dient dem Interesse des Opfers, dem Täter nicht auf offener Straße zu begegnen (*Schroth* Rn. 120; krit. *Schork/König* NJW 2004, 537 [540]). Erfasst werden die Anordnung und Beendigung von freiheitsentziehenden Maßnahmen sowie die erstmalige Gewährung von Vollzugslockerungen (§ 11 StVollzG) oder Urlaub (§§ 13, 124 StVollzG). Sofern der Mitteilungsberechtigte nicht Opfer einer der in § 395 Abs. 1 Nr. 1 bis 5 genannten Delikte ist, muss er ein berechtigtes Interesse an der Mitteilung darlegen, und es darf kein schutzwürdiges Interesse des Betroffenen entgegenstehen. Analog zu den gesetzlich vermuteten Fällen des berechtigten Interesses ist dabei auf die Gefahr gravierender rechtswidriger Eingriffe in Rechtsgüter des Verletzten abzustellen; umgekehrt ist ein überwiegendes Interesse des Verurteilten bei Rachedrohungen des Verletzten oder seines Umfeldes anzunehmen (ähnlich *Meyer-Goßner/Schmitt* § 406d Rn. 5; restriktiver für Verletzte *Schork/König* NJW 2004, 539 f.). Durch das STORMG 2013 wurde die Mitteilungspflicht in Nr. 3

auf die erneute Gewährung von Vollzugslockerungen oder Urlaub ausgedehnt, wenn dafür – über die erste Mitteilung hinaus – ein berechtigtes Interesse dargelegt oder ersichtlich ist und kein überwiegendes schutzwürdiges Interesse des Verurteilten am Ausschluss der Mitteilung vorliegt. Nach der Gesetzesbegründung soll dies nur in Ausnahmefällen geboten sein, etwa wenn der Verurteilte gezielt den Kontakt zu dem Verletzten sucht, ohne dass sein Verhalten schon die Ablehnung von Lockerungen oder Urlaub rechtfertigen würde (BT-Drs. 17/6261, S. 13).

C. Form der Mitteilung. Die Form der Mitteilung ist gesetzlich nicht vorgeschrieben, zweckmäßig ist jedoch die Schriftform. Erfolgt die Mitteilung mündlich, so ist dies in den Akten zu vermerken (LR/*Hilger* § 406d Rn. 2).

D. Zuständigkeit. Nach RiStBV Nr. 140 Abs. 2 veranlasst die Mitteilung die zum Zeitpunkt der Mitteilung für den Verfahrensabschnitt zuständige Stelle. Das ist für die Mitteilungen nach Abs. 1 die StA oder das Gericht, welches die nicht mehr anfechtbare Entscheidung erlassen hat (LR/*Hilger* § 406d Rn. 2). Für die Mitteilungen nach Abs. 2 ist die StA als Strafvollstreckungsbehörde zuständig, innerhalb der Staatsanwaltschaft gem. § 31 Abs. 2 der Rechtspfleger, in Jugendstrafsachen gem. § 82 Abs. 1 JGG der Jugendrichter als Vollstreckungsleiter (Gelber/Walter NStZ 2013, 75 [79]). Jedoch sind diese bzgl. der Vollzugslockerungen auf die Information durch die Justizvollzugsanstalt angewiesen, in der der Verurteilte die Freiheitsstrafe verbüßt, weshalb in jeder Justizvollzugsanstalt eine Person benannt werden sollte, die für die Belange der Opfer zuständig ist (Gelber/Walter NStZ 2013, 75 [83]).

E. Entfallen der Mitteilungspflicht (Abs. 3 Satz 1) Nach Abs. 3 Satz 1 entfällt die Mitteilungspflicht, wenn der Verletzte nicht unter der von ihm angegebenen Anschrift erreichbar ist. Die Entscheidung ist in das Ermessen des Gerichts gestellt, Nachforschungen sind also zulässig, aber nicht geboten (KMR/*Stöckel* § 406d Rn. 5). Zweck der Regelung ist es, die Mehrbelastung der Justiz in Grenzen zu halten, zumal von dem Verletzten, der ein Interesse am Verfahrensausgang hat, erwartet werden kann, dass er sicherstellt, dass ihn entsprechende Informationen erreichen (BT-Drucks. 10/5305, S. 17). Sofern der Verletzte einen RA als Beistand hat oder er durch einen solchen vertreten wird, können Mitteilungen gem. § 406d Abs. 3 Satz 2 i.V.m. § 145a an diesen erfolgen.

F. Reformabsicht. Nach dem Gesetzentwurf der Bundesregierung für ein 3. Opferrechtsreformgesetz soll § 406 d E-StPO folgende Fassung erhalten:
a) Absatz 1 wird wie folgt gefasst:
»(1) Dem Verletzten ist, soweit es ihn betrifft, auf Antrag mitzuteilen:
1. die Einstellung des Verfahrens,
2. der Ort und Zeitpunkt der Hauptverhandlung sowie die gegen den Angeklagten erhobenen Beschuldigungen,
3. der Ausgang des gerichtlichen Verfahrens.
Ist der Verletzte der deutschen Sprache nicht mächtig, so werden ihm auf Antrag Ort und Zeitpunkt der Hauptverhandlung in einer ihm verständlichen Sprache mitgeteilt.«
b) Absatz 2 wird wie folgt geändert:
aa) Nach Nummer 2 wird folgende Nummer 3 eingefügt:
»3. der Beschuldigte oder Verurteilte sich einer freiheitsentziehenden Maßnahme durch Flucht entzogen hat und welche Maßnahmen zum Schutz des Verletzten deswegen gegebenenfalls getroffen worden sind;«.
bb) Die bisherige Nummer 3 wird Nummer 4.
cc) Folgender Satz wird angefügt:
»Die Mitteilung erfolgt durch die Stelle, welche die Entscheidung gegenüber dem Beschuldigten oder Verurteilten getroffen hat; in den Fällen des Satzes 1 Nummer 3 erfolgt die Mitteilung durch die zuständige Staatsanwaltschaft.«
c) Nach Absatz 2 wird folgender Absatz 3 eingefügt:
»(3) Der Verletzte ist über die Informationsrechte aus Absatz 2 Satz 1 nach der Urteilsverkündung oder Einstellung des Verfahrens zu belehren. Über die Informationsrechte aus Absatz 2 Satz 1 Nummer 2 und 3

§ 406e StPO Akteneinsicht; Auskunft

ist der Verletzte zudem bei Anzeigeerstattung zu belehren, wenn die Anordnung von Untersuchungshaft gegen den Beschuldigten zu erwarten ist.«
d) Der bisherige Absatz 3 wird Absatz 4.

In Abs. 1 Satz 1 ist die Nr. 2 neu. Sie dient der Umsetzung der EU-Opferschutzrichtlinie vom 25.10.2012 und schreibt vor, dass jeder Verletzte auf Antrag über den Ort und Zeitpunkt der Hauptverhandlung sowie die gegen den Angeklagten erhobenen Beschuldigungen zu informieren ist. Bisher galt dies nur für den Nebenkläger.
Abs. 1 Satz 2 sieht erstmals einen Anspruch auf Übersetzung dieser Informationen in einer für den Verletzten vertändlichen Sprache vor.
Neu ist auch Abs. 2 Satz 1 Nr. 3 i.V.m. Satz 2, wonach dem Verletzten durch die zuständige StA mitzuteilen ist, wenn sich der Beschuldigte oder Veruteilte einer freiheitsentziehenden Maßnahme durch Flucht entzogen hat und welche Schutzmaßnahmen deswegen ggf. getroffen worden sind.
Der neue Abs. 3 regelt weitere Belehrungspflichten der Justiz im Zusammenhang mit den erweiterten Informaitonrechten des Verletzten.

§ 406e StPO Akteneinsicht; Auskunft.

(1) ¹Für den Verletzten kann ein Rechtsanwalt die Akten, die dem Gericht vorliegen oder diesem im Falle der Erhebung der öffentlichen Klage vorzulegen wären, einsehen sowie amtlich verwahrte Beweisstücke besichtigen, soweit er hierfür ein berechtigtes Interesse darlegt. ²In den in § 395 genannten Fällen bedarf es der Darlegung eines berechtigten Interesses nicht.
(2) ¹Die Einsicht in die Akten ist zu versagen, soweit überwiegende schutzwürdige Interessen des Beschuldigten oder anderer Personen entgegenstehen. ²Sie kann versagt werden, soweit der Untersuchungszweck, auch in einem anderen Strafverfahren, gefährdet erscheint. ³Sie kann auch versagt werden, wenn durch sie das Verfahren erheblich verzögert würde, es sei denn, dass die Staatsanwaltschaft in den in § 395 genannten Fällen den Abschluss der Ermittlungen in den Akten vermerkt hat.
(3) ¹Auf Antrag können dem Rechtsanwalt, soweit nicht wichtige Gründe entgegenstehen, die Akten mit Ausnahme der Beweisstücke in seine Geschäftsräume oder seine Wohnung mitgegeben werden. ²Die Entscheidung ist nicht anfechtbar.
(4) ¹Über die Gewährung der Akteneinsicht entscheidet im vorbereitenden Verfahren und nach rechtskräftigem Abschluss des Verfahrens die Staatsanwaltschaft, im Übrigen der Vorsitzende des mit der Sache befassten Gerichts. ²Gegen die Entscheidung der Staatsanwaltschaft nach Satz 1 kann gerichtliche Entscheidung durch das nach § 162 zuständige Gericht beantragt werden. ³Die §§ 297 bis 300, 302, 306 bis 309, 311a und 473a gelten entsprechend. ⁴Die Entscheidung des Gerichts ist unanfechtbar, solange die Ermittlungen noch nicht abgeschlossen sind. ⁵Diese Entscheidungen werden nicht mit Gründen versehen, soweit durch deren Offenlegung der Untersuchungszweck gefährdet werden könnte.
(5) Unter den Voraussetzungen des Absatzes 1 können dem Verletzten Auskünfte und Abschriften aus den Akten erteilt werden; die Absätze 2 und 4 sowie § 478 Abs. 1 Satz 3 und 4 gelten entsprechend.
(6) § 477 Abs. 5 gilt entsprechend.

1 **A. Voraussetzungen der Akteneinsicht (Abs. 1)** Ein Verletzter (zum Verletztenbegriff Vor § 406d Rdn. 4) kann **nur durch einen RA** sein Akteneinsichtsrecht ausüben. Diese Regelung entspricht der des § 147 für den Beschuldigten und damit dem Datenschutz sowie der Sicherung des Aktenmaterials vor Missbrauch (BT-Drucks. 10/5305, S. 18). Sie gilt auch dann, wenn der Verletzte selbst RA ist (*Hilger* NStZ 1988, 441).

2 Nach **Gegenstand** und **Umfang** erstreckt sich das Einsichtsrecht auf alle Akten und Beweisstücke, die dem Gericht bereits vorliegen oder im Fall der öffentlichen Klage vorzulegen wären (vgl. § 147).

3 Aus der Formulierung »vorzulegen wären« geht hervor, dass die Akteneinsicht bereits im Ermittlungsverfahren möglich ist. Das Einsichtsrecht erstreckt sich grds. auf den gesamten Akteninhalt, umfasst also auch beschlagnahmte Unterlagen und Spurenakten (LG Mühlhausen wistra 2006, 76; LR/*Hilger* § 406e Rn. 5; SK-StPO/*Velten* § 406e Rn. 15).

Grds. ist es erforderlich, dass der RA ein **berechtigtes Interesse** des Verletzten darlegt, wobei »darlegen« 4
keine Glaubhaftmachung erfordert, sondern lediglich ein schlüssiges Vortragen (*Meyer-Goßner/Schmitt*
§ 406e Rn. 3; dies gilt auch im Hinblick auf § 16 Abs. 1 Nr. 2 BSDG, *Kuhn* ZRP 2005, 125 [128], a. A.
Riedel/Wallau NStZ 2003, 393 [395]). Die Darlegung eines berechtigten Interesses ist in den praktisch
bedeutsamsten Fällen der **Nebenklagebefugnis** entbehrlich (Abs. 1 Satz 2 i.V.m. § 395). Ob der Anschluss erklärt wurde, ist unerheblich (§ 406e Rn. 5).
Die Voraussetzung des berechtigten Interesses begrenzt das Akteneinsichtsrecht in zweifacher Hinsicht. 5
Ein **berechtigtes Interesse** ist nicht automatisch mit der möglichen Schädigung des Tatopfers gegeben
oder der Stellung des Verletzten im Strafverfahren immanent (SK-StPO/ *Velten* § 406e Rn. 2; LR/*Hilger* § 406e Rn. 6), sondern erfordert vielmehr, dass die Akteneinsicht nach den Ausführungen des RA
zur Interessenwahrnehmung erforderlich ist. Darüber hinaus begrenzt das dargelegte Interesse den Umfang der zu gewährenden Einsicht im Einzelfall (»soweit«, vgl. LR/*Hilger* § 406e Rn. 2; LG Bochum
wistra 1991, 198 f.).
Ein berechtigtes Interesse besteht insb., wenn die Akteneinsicht dem Verletzten zur Prüfung der Erfolgs- 6
aussichten einer Einstellungsbeschwerde nach § 172 Abs. 1 oder eines **Klageerzwingungsantrages**
nach § 172 Abs. 2 dient (*Meyer-Goßner/Schmitt* § 406e Rn. 3; LR/*Hilger* § 406e Rn. 6). Darüber hinaus kann ein berechtigtes Interesse des Verletzten daran bestehen, zu prüfen, ob und in welchem Umfang gegen den Beschuldigten **zivilrechtliche Ansprüche** geltend gemacht werden sollen (BVerfG NJW
2007, 1052 [1053]; BVerfG (Beschl. vom. 04.12.2008, 2 BvR 1043/08: Schadensersatz wegen Kursmanipulation durch Scalping gem. § 826 BGB; krit. *Koch* FS Hamm, S. 289 [291; 294 f.]; zust.
OLG Hamburg, wistra 2012, 397: Untreue), ebenso zur Abwehr von Ansprüchen (vgl. OLG Hamm
NJW 1985, 2040; OLG Koblenz StV 1988, 332 m. Anm. *Schlothauer*; *Kuhn* ZRP 2005, 125, 127)
oder zur Prüfung möglicher Einwendungen oder Einreden gegen einen scheinbar schlüssigen Anspruch
(OLG Hamburg, wistra 2012, 397).
Kein berechtigtes Interesse besteht, wenn die Akteneinsicht nur zur »**Ausforschung**« des Beschuldigten 7
oder zu einer zivilrechtlich unzulässigen Beweisgewinnung (z.B. durch Einsicht in beschlagnahmte Unterlagen) missbraucht werden soll (*Meyer-Goßner/Schmitt* § 406e Rn. 3; LR/*Hilger* § 406e Rn. 7; a. A.
Kuhn ZRP 2005, 125 [127]; *Kiethe* wistra 2006, 50 [52]). Ebenso wenig kann Akteneinsicht verlangt
werden, um einer bisher unschlüssigen Zivilklage zur Schlüssigkeit zu verhelfen (LR/*Hilger* § 406e
Rn. 7).

B. Versagung der Akteneinsicht (Abs. 2) Abs. 2 gilt gleichermaßen für nebenklageberech- 8
tigte und andere Verletzte. Liegt ein Versagungsgrund vor, so hindert er das Akteneinsichtsrecht nur in
dem Umfang, in dem er dessen Versagung tatsächlich rechtfertigt. Es ist daher stets zu prüfen, ob eine
nur **partielle Akteneinsicht** gewährt werden kann (*Meyer-Goßner/Schmitt* § 406e Rn. 7; KK/Zabeck
§ 406e Rn. 9; vgl. Nr. 187 Abs. 1 RiStBV) oder ob bei mehreren Verletzten dem Versagungsgrund
der drohenden Verfahrensverzögerung dadurch begegnet werden kann, dass diese einen gemeinsamen,
zur Akteneinsicht bevollmächtigten RA benennen (BT-Drucks. 10/5305, S. 18).

I. Entgegenstehen überwiegender schutzwürdiger Interessen des Beschuldigten oder anderer 9
Personen (Abs. 2 Satz 1) Soweit der Akteneinsicht überwiegende schutzwürdige Interessen des Beschuldigten oder anderer Personen entgegenstehen, ist sie zwingend zu versagen (Abs. 1 Satz 2). Überwiegende schutzwürdige Interessen der genannten Personen an der Geheimhaltung ihrer in den Akten
enthaltenen persönlichen Daten liegen in erster Linie vor bei **Persönlichkeitsschutzinteressen** (BT-Drucks. 10/5305, S. 18; z.B. im jugendgerichtlichen Verfahren oder bei Gutachten über die Glaubhaftigkeit eines Zeugen oder den psychischen Zustand des Beschuldigten, vgl. LR/*Hilger* § 406e Rn. 9)
oder bei einem Eingriff in das Recht auf **informationelle Selbstbestimmung** (BVerfG 2 BvR 1043/08
vom. 04.12.2008, s.o. Rdn. 6). Eine vorherige Anhörung des Beschuldigten ist nur ausnahmsweise geboten, wenn mit der Gewährung von Akteneinsicht ein gravierender Eingriff in Grundrechtspositionen
des Beschuldigten verbunden wäre (BVerfG NStZ-RR 2005, 142 f.) In Betracht kommen aber auch
schutzwürdige **vermögensrechtliche Interessen** an Betriebs- oder Geschäftsgeheimnissen aus beschlagnahmten Unterlagen, v.a. unter dem oben genannten Gesichtspunkt der »Ausforschung« (OLG Koblenz NStZ 1988, 333; LR/*Hilger* § 406e Rn. 9; KMR/*Stöckel* § 406e Rn. 10).

10 Nur wenn ein festgestelltes Geheimhaltungsinteresse des Beschuldigten oder eines Dritten das berechtigte Einsichtsinteresse des Verletzten überwiegt, ist die Akteneinsicht zu versagen (OLG Braunschweig Nds.Rpfl. 1992, 110). Bei **gleichem Gewicht** der einander gegenüberstehenden Interessen hat das **Akteneinsichtsrecht Vorrang** (KK/Zabeck § 406e Rn. 6).

11 **II. Gefährdung des Untersuchungszwecks (Abs. 2 Satz 2, 1. Alt.)** Daneben kann die Akteneinsicht nach pflichtgemäßem Ermessen verweigert werden, soweit der **Untersuchungszweck gefährdet** erscheint (Abs. 2 Satz 2). Durch die Verwendung des Wortes »erscheint« eröffnet das Gesetz einen weiten Entscheidungsspielraum für einzelfallbezogene und sachgerechte Differenzierungen, da eine Gefährdung nicht (wie das überwiegende Interesse) festgestellt zu werden braucht, sondern lediglich Anhaltspunkte dafür vorliegen müssen (LR/*Hilger* § 406e Rn. 12; SK-StPO/*Velten* § 406e Rn. 13). Durch den Fortgang der Hauptverhandlung kann eine vorher bestehende Gefährdung des Untersuchungszwecks – auch sukzessiv – entfallen (OLG Hamburg BeckRS 2015, 00700).

12 Inhaltlich liegt eine Gefährdung des Untersuchungszweckes vor, wenn die Gefahr der **Beeinträchtigung der Sachaufklärung** besteht. Anhaltspunkte hierfür liegen i.d.R. nur vor, wenn noch keine Zeugenaussage des Verletzten vorliegt, wenn im Ermittlungsverfahren noch ein Glaubhaftigkeitsgutachten eingeholt werden soll, wenn der Verletzte schon bisher wechselnde Zeugenaussagen gemacht hat oder wenn sonstige **Verfälschungsindizien** vorliegen, keinesfalls grds. wegen der Möglichkeit einer »Präparierung« der Aussage (OLG Düsseldorf StV 1991, 202; LG Stralsund StraFo 2006, 76 [77]; *Kiethe* wistra 2006, 50 [54]; **a. A.** AG Saalfeld StV 2005, 261 [262]; *Riedel/Wallau* NStZ 2003, 393 [397] oder wegen einer Aussage-gegen-Aussage-Konstellation bei einem Sexualdelikt (a. A. OLG Hamburg StV 2015, 484). Aus der abweichenden Formulierung in Abs. 2 Satz 3 ergibt sich, dass die Gefährdung des Untersuchungszwecks – anders als nach § 147 Abs. 2 – u.U. auch noch nach Abschluss der Ermittlungen einen Versagungsgrund darstellen kann (OLG Naumburg NStZ 2011, 118; KK/Zabeck § 406e Rn. 7). Dies dürfte aber nur bei massiven Verfälschungsindizien gerechtfertigt sein. Die Tatsache der vorherigen Akteneinsicht kann das Gericht allerdings bei der Würdigung der Aussage des Verletzten berücksichtigen.

13 Bei **Urheberrechtsverletzungen im Internet** erstatten die Rechteinhaber i.d.R. Strafanzeige gem. § 106 UrhG gegen unbekannt und verlangen Akteneinsicht gem. § 406e, um über das Strafverfahren die Namen der ihnen unbekannten Anschlussinhaber zu ermitteln, die illegale Tauschbörsen von Filmen, Musikwerken oder Computerprogrammen nutzen. Diese können zwar in i.d.R. nicht als Täter überführt werden, wenn andere Personen den Anschluss mitbenutzen, sollen aber zivilrechtlich nach § 97 UrhG in Anspruch genommen werden. In diesen sog. **Filesharingverfahren** kann das Recht des Internetbenutzers auf informationelle Selbstbestimmung der Akteneinsicht entgegenstehen, und bei der am Verhältnismäßigkeitsgrundsatz orientierten Ermessensentscheidung der StA darf zusätzlich berücksichtigt werden, dass die knappen Ressourcen der StA nicht für regelmäßig aussichtslose Strafverfahren nur zur Durchsetzung zivilrechtlicher Ansprüche zur Verfügung stehen (LG München I NStZ 2010, 110 f.), jedenfalls wenn es sich nicht um Verletzungen in erheblichem (gewerblichem) Ausmaß handelt (LG Saarbrücken NStZ 2010, 111, 656; LG Karlsruhe MMR 2010, 68; generell gegen Akteneinsicht LG Köln NStZ-RR 2009, 319; **a. A.** *Esser* GA 2010, 65 ff.; sehr str., vgl. *Meyer/Goßner/Schmitt* § 406e Rn. 6c m.w.N.).

14 **III. Verfahrensverzögerung (Abs. 2 Satz 2, 2. Alt.)** Dritter Grund, die Akteneinsicht zu verweigern, ist eine in diesem Fall drohende erhebliche Verfahrensverzögerung. Wann die Verzögerung **erheblich** ist, lässt sich nicht pauschal bestimmen; i.d.R. dürfte jedoch eine Verzögerung von wenigen Tagen die Versagung der Akteneinsicht nicht rechtfertigen (SK-StPO/*Velten* § 406e Rn. 14; *Meyer-Goßner/Schmitt* § 406e Rn. 6b).

15 **C. Mitgabe der Akten (Abs. 3)** Der RA hat nach Abs. 3 **keinen Anspruch** auf Mitgabe der Akten in seine Geschäftsräume oder seine Wohnung (anders der Verteidiger nach § 147 Abs. 4). Allerdings ist es i.R.d. Ermessensentscheidung nur bei einem wichtigen Grund (z.B. Verfahrensverzögerung, nachgewiesene Unzuverlässigkeit) gerechtfertigt, die Einsichtnahme auf die Diensträume der StA oder des Gerichts zu beschränken (LR/*Hilger* § 406e Rn. 15; *Groß/Fünfsinn* NStZ 1992, 110 f.; BT-Drucks. 10/5305, S. 18). Eine diesbezügliche Entscheidung ist unanfechtbar (Abs. 3 Satz 2).

D. Zuständigkeit (Abs. 4 Satz 1)
Für die Gewährung der Akteneinsicht ist während des Vorverfahrens und nach rechtskräftigem Abschluss des Hauptverfahrens die StA (dazu OLG Stuttgart NStZ 1993, 353) zuständig, während des Hauptverfahrens der **Vorsitzende** des mit der Sache befassten Gerichts, der des Rechtsmittelgerichts erst nach Vorlage der Sache (§ 321 Satz 2 und § 347 Abs. 2). Im Fall einer Ablehnung ist dem Antragsteller ein Bescheid zu erteilen (Nr. 188 I RiStBV; *Meyer-Goßner/Schmitt* § 406e Rn. 9). Die Gründe sind nicht offen zulegen, sofern dadurch der Untersuchungszweck gefährdet werden könnte (Abs. 4 Satz 4). Dem Beschuldigten ist vor der Entscheidung **rechtliches Gehör** gem. § 33 zu gewähren, wenn durch die Akteneinsicht in grundrechtlich geschützte Positionen des Beschuldigten (z.B. Art. 12, 14 GG) eingegriffen wird (BVerfG NStZ-RR 2005, 242; LR/*Hilger* § 406e Rn. 16. Dies ist i.d.R. nicht der Fall (AK/*Schöch* § 406e Rn. 22).

E. Rechtsbehelfe (Abs. 4 Satz 2)
Gegen die Versagung der Akteneinsicht durch die StA kann der Verletzte gem. §§ 406e Abs. 4 Satz 2, 162 gerichtliche Entscheidung beantragen. Dieses Recht steht auch dem Beschuldigten oder einem Dritten zu, sofern diese geltend machen, durch die Gewährung der Akteneinsicht in eigenen Rechten verletzt zu sein (BGH 39, 112: KMR/*Stöckel* § 406e Rn. 24). Wurde zuvor kein rechtliches Gehör gewährt, so kann nachträglich die Feststellung der Rechtswidrigkeit der Akteneinsicht beantragt werden (*Meyer-Goßner/Schmitt* § 406e Rn. 11)

Die richterliche Entscheidung ist gem. Abs. 4 Satz 3 sowohl bei Gewährung als auch bei Versagung der Akteneinsicht unanfechtbar (BGH NStZ 1991, 95). Somit ist auch die Revision ausgeschlossen (§ 336 Satz 2; BGH NJW 2005, 1519; a. A. SK-StPO/*Velten* § 406e Rn. 20).

Nicht abschließend geklärt ist, ob ein **Schadensersatzanspruch** gem. § 839 BGB in Betracht kommt, wenn aufgrund einer fehlerhaften und schuldhaften Entscheidung über einen Akteneinsichtsantrag bei dem Beschuldigten, dem Verletzten oder einem in seinem Datenschutzrecht betroffenen Dritten ein Schaden entstanden ist (LR/*Hilger* § 406e Rn. 18). Jedenfalls führt ein Verfahrensverstoß bei Gewährung oder Versagung von Akteneinsicht **nicht** zu einem **Beweisverwertungsverbot** (BGH NJW 2005, 1519 [1520]; *Meyer-Goßner/Schmitt* § 406e Rn. 11; a. A. SK-StPO/*Velten* § 406e Rn. 13).

F. Auskunftserteilung (Abs. 5)
Nach Abs. 5 kann die StA oder das Gericht dem Verletzten, der keinen RA hat, nach pflichtgemäßem Ermessen Auskünfte und Abschriften aus den Akten erteilen. Der Verletzte, der nicht nebenklageberechtigt ist, hat dabei ein berechtigtes Interesse darzulegen (vgl. oben Rdn. 4 ff.). Gem. Abs. 5 Halbs. 2 sind auch hier die Beschränkungen aus Abs. 2 (s.o. Rdn. 8 ff.) i.R.d. Ermessensentscheidung zu beachten (LR/*Hilger* § 406e Rn. 19).

Die Entscheidung der StA gem. Abs. 5 ist kraft Verweises auf Abs. 4 gem. § 162 anfechtbar (s.o. Rdn. 18).

G. Datenschutz.
Abs. 6 verweist auf die datenschutzrechtlich begründete Zweckbindung gem. § 477 Abs. 5.

§ 406f StPO Verletztenbeistand.
(1) ¹Verletzte können sich des Beistands eines Rechtsanwalts bedienen oder sich durch einen solchen vertreten lassen. ²Einem zur Vernehmung des Verletzten erschienenen anwaltlichen Beistand ist die Anwesenheit gestattet.
(2) ¹Bei einer Vernehmung von Verletzten ist auf deren Antrag einer zur Vernehmung erschienenen Person ihres Vertrauens die Anwesenheit zu gestatten, es sei denn, dass dies den Untersuchungszweck gefährden könnte. ²Die Entscheidung trifft die die Vernehmung leitende Person; die Entscheidung ist nicht anfechtbar. ³Die Gründe einer Ablehnung sind aktenkundig zu machen.

A. Rechte des Verletztenbeistands (Abs. 2)
Nach Abs. 1 ist jeder Verletzte berechtigt, sich zur Wahrnehmung seiner Befugnisse im Strafverfahren eines RA oder eines Rechtslehrers (§ 138 Abs. 1) als Beistand zu bedienen oder sich durch einen solchen vertreten zu lassen. Das gilt unstreitig auch schon im **Ermittlungsverfahren** für Vernehmungen vor der StA oder der Polizei (*Meyer-Goßner/Schmitt* § 406f Rn. 3); dessen gesonderte Erwähnung in § 406g Abs. 1 und Abs. 3 lässt keinen Umkehr-

schluss zu, da es dort nur um die Klarstellung des Verhältnisses zur Nebenklage in der Hauptverhandlung geht (LR/*Hilger* § 406f Rn. 2; HK-GS/*Rössner* § 406f Rn. 2).

2 Die Befugnisse des Beistandes beschränken sich – wie diejenigen des Zeugenbeistandes gem. § 68b – im Wesentlichen auf ein **Anwesenheits- und Beratungsrecht**. Er ist jedoch nicht berechtigt, den Verletzten zu vertreten, also z.B. an dessen Stelle die Aussage zu Protokoll zu geben (KMR/*Stöckel* § 406f Rn. 7). Die in Abs. 1 erwähnte Vertretungsbefugnis des RA betrifft die Fälle, in denen dem Verletzten die Anwesenheit in einer nicht öffentlichen Hauptverhandlung nach § 175 Abs. 2 gestattet wird (LR/*Hilger* § 406f Rn. 4).

3 Mangels einer § 406g Abs. 2 Satz 3 entsprechenden Regelung ist eine Ladung oder Terminbekanntgabe an den RA nicht erforderlich; dieser hat sich selbst zu informieren. Insb. kann der Verletzte nicht die Aussage mit der Begründung verweigern, sein Beistand sei an dem konkreten Vernehmungstermin verhindert (LR/*Hilger* § 406f Rn. 3; *Meyer-Goßner/Schmitt* § 406f Rn. 3).

4 Im Einzelnen hat der anwaltliche Beistand neben dem Recht der **bloßen Anwesenheit**, das auf die Dauer der Vernehmung seines Mandanten beschränkt ist, das Recht, den Verletzten während dessen Vernehmung zu **beraten**. Das früher ausdrücklich in § 406f Abs. 2 erwähnte Recht zur **Beanstandung von Fragen** nach den §§ 238, 242 und zur Beantragung des **Öffentlichkeitsausschlusses** nach § 171b GVG wurde im 2. OpferRRG (2009) gestrichen, um den fehlerhaften Umkehrschluss auszuschließen, der Verletztenbeistand habe nur diese Rechte, während ihm tatsächlich **weitere Rechte des Zeugen** ebenfalls zustehen, wie z.B. die Beantragung von Maßnahmen nach den §§ 58a, 168e, 247, 247a, 255a (BR-Drucks. 178/09, S. 58 f.).

5 Die Bedeutung des **Beanstandungsrechts** liegt für den Verletzten im Wesentlichen in der Einschränkbarkeit von Fragen nach Umständen aus dem persönlichen Lebensbereich (§ 68a), auch bei Vernehmungen durch die StA oder die Polizei.

6 Zu beachten ist jedoch, dass die genannten Rechte dem Beistand nicht aus eigenem Recht zustehen (*Meyer-Goßner/Schmitt* Vor § 48 Rn. 11; SK-StPO/*Velten* § 406f Rn. 6). Gegen den Beistand, der nicht selbstständiger Verfahrensbeteiligter ist, können gem. §§ 164 StPO, 177 GVG Ordnungsmaßnahmen ergriffen werden, wenn er seine Anwesenheit zur Erschwerung oder Vereitelung der Beweiserhebung missbraucht (str., wie hier *Meyer-Goßner/Schmitt* Vor § 48 Rn. 11; a. A. *Thomas* NStZ 1982, 489; zweifelnd LR/*Hilger* § 406f Rn. 3).

7 Gegen einen zu Unrecht erfolgten Ausschluss von der Vernehmung kann der RA analog § 161a Abs. 3 eine richterliche Entscheidung beantragen (LR/*Hilger* § 406f Rn. 3).

8 **B. Hinzuziehung einer Vertrauensperson (Abs. 2)** Der Verletzte kann bei seiner Vernehmung als Zeuge den Antrag auf Teilnahme einer Person seines Vertrauens stellen. Die Hinzuziehung einer Vertrauensperson soll in erster Linie der psychologischen Betreuung des Verletzten dienen (BT-Drucks. 10/5305, S. 19; LR/*Hilger* § 406f Rn. 6). Sie ist insbesondere bei Vernehmungen von Kindern sinnvoll, teilweise auch bei Gewalt- und Sexualdelikten. Die Vetrauensperson ist auch bei Ausschluss der Öffentlichkeit anwesenheitsberechtigt (*Meyer-Goßner/Schmitt* § 406f Rn. 5).

9 Neben der staatsanwaltschaftlichen und richterlichen Vernehmung ist die Hinzuziehung auch bereits bei der Vernehmung durch die Polizei möglich (*Meyer-Goßner/Schmitt* § 406f Rn. 4). Sie darf nur **abgelehnt** werden, sofern diese den **Untersuchungszweck gefährden** könnte, d.h. insb. dann, wenn durch zeitliche Verzögerung ein Beweismittelverlust droht oder die durch die Anwesenheit der Vertrauensperson eine Beeinträchtigung der Wahrheitsfindung zu besorgen ist (*Neuhaus* StV 2004, 620 [622]).

10 Über die Zulassung befindet der jeweils die Vernehmung leitende Beamte oder Richter. Die Anfechtbarkeit der Entscheidung ist explizit ausgeschlossen. Daher scheidet gem. § 336 Satz 2 auch die Revision aus (*Meyer-Goßner/Schmitt* § 406f Rn. 6; a. A. *Neuhaus* StV 2004, 620 [622] »bei objektiv willkürlicher Missachtung des Ausschlussgrundes«). Dennoch sind die Ablehnungsgründe gem. Abs. 3 Satz 3 aktenkundig zu machen.

11 Stört die Vertrauensperson die Vernehmung, so kann sie nach §§ 164 StPO, 177 GVG durch unanfechtbare Entscheidung ausgeschlossen werden (LR/*Hilger* § 406f Rn. 6).

12 **C. Kosten.** Sofern nicht ein Fall des § 406g vorliegt, trägt der Verletzte die Auslagen für die Hinzuziehung eines Beistandes oder einer Vertrauensperson selbst (LR/*Hilger* § 406f Rn. 1). Mangels einer § 406g Abs. 3 vergleichbaren Regelung ist auch eine **gerichtliche Beiordnung eines RA** in Zusammen-

hang mit der Gewährung von PKH **nicht möglich**. Der Verletzte kann daher einen Beistand nicht in Anspruch nehmen, wenn ihm die nötigen Mittel fehlen (OLG Düsseldorf Rpfleger 1993, 37; *Meyer-Goßner/Schmitt* § 406f Rn. 1; LR/*Hilger* § 406f Rn. 1). Auch aus dem verfassungsrechtlich garantierten Recht auf Zeugenbeistand (BVerfGE 38, 105) kann ein Recht auf Beiordnung für einen mittellosen Zeugen nicht abgeleitet werden (BVerfG NStZ 1983, 374; a. A. für besonders gelagerte Fälle LG Hannover StV 1987, 526).

Eine Ausnahme gilt für die durch das Zeugenschutzgesetz 1998 geschaffene **Beiordnung eines RA als Zeugenbeistand gem.** § 68b Abs. 2 (früher Abs. 1), die auch für den Verletzten in Betracht kommt, wenn dessen schutzwürdigen Interessen nicht auf andere Weise Rechnung getragen werden kann und wenn besondere Umstände vorliegen, aus denen sich ergibt, dass der Zeuge seine Befugnisse bei seiner Vernehmung nicht selbst wahrnehmen kann. Diese Regelung ist nicht auf minderjährige Zeugen beschränkt, sondern gilt auch für andere eingeschüchterte und gefährdete Zeugen bei richterlichen, staatsanwaltschaftliche und polizeilichen Vernehmungen (*Meyer-Goßner/Schmitt* § 68b Rn. 9).

13

§ 406g StPO Beistand des nebenklageberechtigten Verletzten. (1)

¹Nach § 395 zum Anschluss mit der Nebenklage Befugte können sich auch vor Erhebung der öffentlichen Klage und ohne Erklärung eines Anschlusses eines Rechtsanwalts als Beistand bedienen oder sich durch einen solchen vertreten lassen. ²Sie sind zur Anwesenheit in der Hauptverhandlung berechtigt, auch wenn sie als Zeugen vernommen werden sollen. ³Ist zweifelhaft, ob eine Person nebenklagebefugt ist, entscheidet über das Anwesenheitsrecht das Gericht nach Anhörung der Person und der Staatsanwaltschaft; die Entscheidung ist unanfechtbar. ⁴Nebenklagebefugte sind vom Termin der Hauptverhandlung zu benachrichtigen, wenn sie dies beantragt haben.
(2) ¹Der Rechtsanwalt des Nebenklagebefugten ist zur Anwesenheit in der Hauptverhandlung berechtigt; Absatz 1 Satz 3 gilt entsprechend. ²Er ist vom Termin der Hauptverhandlung zu benachrichtigen, wenn seine Wahl dem Gericht angezeigt oder er als Beistand bestellt wurde. ³Die Sätze 1 und 2 gelten bei richterlichen Vernehmungen und der Einnahme richterlichen Augenscheins entsprechend, es sei denn, dass die Anwesenheit oder die Benachrichtigung des Rechtsanwalts den Untersuchungszweck gefährden könnte.
(3) ¹§ 397a gilt entsprechend für
1. die Bestellung eines Rechtsanwalts und
2. die Bewilligung von Prozesskostenhilfe für die Hinzuziehung eines Rechtsanwalts.
²Im vorbereitenden Verfahren entscheidet das nach § 162 zuständige Gericht.
(4) ¹Auf Antrag dessen, der zum Anschluss als Nebenkläger berechtigt ist, kann in den Fällen des § 397a Abs. 2 einstweilen ein Rechtsanwalt als Beistand bestellt werden, wenn
1. dies aus besonderen Gründen geboten ist,
2. die Mitwirkung eines Beistands eilbedürftig ist und
3. die Bewilligung von Prozesskostenhilfe möglich erscheint, eine rechtzeitige Entscheidung hierüber aber nicht zu erwarten ist.
²Für die Bestellung gelten § 142 Abs. 1 und § 162 entsprechend. ³Die Bestellung endet, wenn nicht innerhalb einer vom Richter zu bestimmenden Frist ein Antrag auf Bewilligung von Prozesskostenhilfe gestellt oder wenn die Bewilligung von Prozesskostenhilfe abgelehnt wird.

A. Zweck der Vorschrift. § 406g ermöglicht denjenigen Verletzten, die **nach § 395 zum Anschluss als Nebenkläger befugt** sind, sich schon vor Erhebung der öffentlichen Klage des Beistandes eines RA zu bedienen oder sich durch einen RA vertreten zu lassen. Die Rechte aus § 406g stehen dieser Gruppe von Verletzten neben den allgemeinen in § 406f zusammenfassend geregelten Befugnissen zu. Der hier geregelte **qualifizierte Verletztenbeistand** soll dem besonderen Schutzbedürfnis der nebenklageberechtigten Verletzten Rechnung tragen und ihnen eine gesicherte Rechtsposition im Verfahren schaffen (LR/*Hilger* § 406g Rn. 1; BT-Drucks. 10/5305, S. 19). Aus diesen Gründen kommt eine analoge Anwendung zugunsten anderer Verletzter nach der Intention des Gesetzgebers nicht in Betracht (LR/*Hilger* § 406g Rn. 2); wird der Anschluss als Nebenkläger erklärt, so gelten vorrangig die §§ 397 ff.

1

§ 406g StPO Beistand des nebenklageberechtigten Verletzten

mit Ausnahme des § 406g Abs. 4, der auch für zugelassene Nebenkläger Bedeutung hat (KMR/*Stöckel* § 406g Rn. 5).

2 **B. Voraussetzungen (Abs. 1)** Abs. 1 Satz 1 gewährt dem nebenklagebefugten Verletzten auch dann ein Recht auf Anwesenheit in der Hauptverhandlung, wenn die Öffentlichkeit ausgeschlossen ist. Voraussetzung ist lediglich eine **Anschlussbefugnis** nach § 395, nicht aber der tatsächliche Anschluss.

3 Ob die Voraussetzungen für den Anschluss nach § 395 vorliegen, ist nach dem konkreten Verfahrensstand zu beurteilen (SK-StPO/*Velten* § 406g Rn. 3). Im Vorverfahren ist entscheidend, ob der Anfangsverdacht (§ 152) eines Nebenklagedelikts vorliegt (LR/*Hilger* § 406g Rn. 6); dies kann auch dann der Fall sein, wenn das Verfahren gegen unbekannt betrieben wird (LG Baden-Baden NStZ-RR 2000, 52). Die Entscheidung, ob die genannten Voraussetzungen gegeben sind, trifft der den Termin leitende Richter oder Staatsanwalt; sie hat jedoch keine Bindungswirkung für eine spätere Zulassung als Nebenkläger (KK/*Zabeck* § 406g Rn. 2; *Meyer-Goßner/Schmitt* § 406g Rn. 3;). Diese Entscheidung ist nach den allgemeinen Bestimmungen (§§ 161a Abs. 3, 304, 305) überprüfbar (LR/*Hilger* § 406g Rn. 13).

4 **C. Befugnisse des qualifizierten Verletztenbeistandes (Abs. 2)** Die Rechte des Verletztenbeistandes bestehen – anders als bei der Nebenklage – auch bereits im Ermittlungsverfahren. Zu beachten ist, dass die Befugnis zur Beanstandung von Fragen über § 406f Abs. 2 hinaus nicht nur Fragen an den Verletzten betrifft, sondern auch Fragen an den Beschuldigten, an Zeugen und Sachverständige umfasst (LR/*Hilger* § 406g Rn. 7; KMR/*Stöckel* § 406g Rn. 9), an deren Vernehmung der Verletztenbeistand teilnehmen darf, nicht notwendig auch der Verletzte. Für Letzteren gelten die §§ 58 Abs. 1, 243 Abs. 2 Satz 1 (KMR/*Stöckel* § 406g Rn. 11).

5 Ferner hat der Beistand ein **uneingeschränktes Anwesenheitsrecht in der Hauptverhandlung**, auch wenn der Verletzte nicht vernommen wird oder die Verhandlung nicht öffentlich ist. Da die Befugnisse des qualifizierten Beistandes nach § 406g denen des Nebenklägeranwaltes angenähert sind, dürfen gegen ihn, anders als gegen den Beistand nach § 406f, keine Ordnungsmaßnahmen nach den §§ 177, 178 GVG ergriffen werden (*Meyer-Goßner/Schmitt* § 406g Rn. 4; zweifelhaft nach LR/*Hilger* § 406g Rn. 8).

6 Zwar hat der Beistand keine **Mitwirkungsrechte** in der Hauptverhandlung, allerdings kann ihm der Vorsitzende i.R.d. Sachleitung gestatten, einzelne Fragen zu stellen (*Meyer-Goßner/Schmitt* § 406g Rn. 4; BGH NStZ 2005, 222 m. Anm. *Ventzke* NStZ 2005, 396).

7 Der Beistand ist von der Hauptverhandlung zu **benachrichtigen** (Abs. 2 Satz 3), wenn er eine Vollmacht zu den Akten gegeben hat oder vom Gericht beigeordnet worden ist (BT-Drucks. 10/5305, S. 20; *Meyer-Goßner/Schmitt* § 406g Rn. 4; LR/*Hilger* § 406g Rn. 14). Darüber hinaus ist jedoch nicht erforderlich, dass dem Verhalten des Verletzten, insb. Anträgen oder vergleichbaren deutlichen Willensbekundungen, sein Interesse an der Beteiligung am weiteren Verlauf des Verfahrens zu entnehmen ist (KK/*Engelhart* § 406g Rn. 3; vgl. aber BGH NStZ 1997, 49). Er hat jedoch keinen Anspruch auf die Verlegung des Termins (KMR/*Stöckel* § 406g Rn. 12); § 168c Abs. 5 Satz 3 gilt entsprechend (KK/*Zabeck* § 406g Rn. 4; LR/*Hilger* § 406g Rn. 14). § 406g gibt dem Verletzten auch keinen Anspruch darauf, vor einer Einstellung des Verfahrens außerhalb der Hauptverhandlung gehört zu werden (BVerfG, Beschl. v. 14.09.1992, 2 BvR 1356/92).

8 Nach Abs. 2 Satz 2 ist dem Beistand außerhalb der Hauptverhandlung die **Anwesenheit bei richterlichen Vernehmungen und Augenscheinseinnahmen** wie dem Beschuldigten und dessen Verteidiger zu gestatten. Umfasst sind namentlich Vernehmungen des Beschuldigten, sonstiger Zeugen und der Sachverständigen im Ermittlungs- oder Wiederaufnahmeverfahren, soweit diese nicht durch die Polizei oder die StA erfolgen. Die Befugnis entfällt, wenn der Untersuchungszweck gefährdet ist. Bestehen in diesem Punkt Zweifel, so ist die Teilnahme des Beistandes zu untersagen (LR/*Hilger* § 406g Rn. 10; BT-Drucks. 10/5305, S. 20). Die diesbezügliche Entscheidung ist nicht anfechtbar (Abs. 2 Satz 2 letzter Halbs.).

9 Die fehlerhafte Anwendung der §§ 406f Abs. 2, 406g Abs. 2 stellt einen möglichen **Revisionsgrund** dar; z.B. bei fehlerhafter Zurückweisung einer Frage des Beistandes in der Hauptverhandlung oder bei fehlerhafter Ausschließung des Beistandes aus der öffentlichen Verhandlung (§ 338 Nr. 6; LR/*Hilger* § 406g Rn. 29).

Die für die Heranziehung des Beistands anfallenden **Kosten** werden wie Nebenklagekosten i.d.R. dem 10
verurteilten Angeklagten auferlegt (§§ 471 Abs. 3 Satz 1, 473 Abs. 1 Satz 2).

D. Bestellung eines RA und PKH (Abs. 3) Dem Verletzten, der nach § 395 zum An- 11
schluss als Nebenkläger berechtigt ist, kann nach Abs. 3 i.V.m. § 397a in gleicher Weise wie dem Nebenkläger, der den Anschluss erklärt hat, ein RA als Verletztenbeistand beigeordnet oder PKH bewilligt werden. Bei unklarer Anzeige ist über den Anfangsverdacht hinaus ein ausreichend ermittlungsfähiger Tatverdacht erforderlich, dessen Intensität sich nach dem jeweiligen Ermittlungsstand richtet (OLG Hamburg StV 2007, 292; OLG Oldenburg NStZ 2011, 117). Im Vorverfahren trifft die Entscheidung das nach § 162 zuständige Gericht.

E. Einstweiliger Verletztenbeistand (Abs. 4) Nach Abs. 4 kann besonders schutzbedürf- 12
tigen nebenklagebefugten Verletzten in einem Eilverfahren ein RA als Beistand beigeordnet werden. Gedacht ist an Fälle, in denen die Beiordnung besonders eilbedürftig ist und dem Verletzten das verhältnismäßig schwerfällige Verfahren über die Gewährung von PKH (§ 397a Abs. 2) nicht zuzumuten ist (KK/*Zabeck* § 406g Rn. 7; *Meyer-Goßner/Schmitt* § 406g Rn. 9; BT-Drucks. 10/5305, S. 20). Solche Fälle sind z.B. denkbar, wenn am Anfang eines Ermittlungsverfahrens Vernehmungen oder Augenscheinseinnahmen zur Beweissicherung stattfinden, bei denen der Beistand eines RA für den Verletzten sachdienlich erscheint, etwa für das Opfer einer Vergewaltigung (BT-Drucks. 10/5305, S. 20; *Meyer-Goßner/Schmitt* § 406g Rn. 9; LR/*Hilger* § 406g Rn. 23).

Erforderlich ist ein **Antrag** des Nebenklageberechtigten sowie das **Vorliegen besonderer Gründe**, die 13
die Beiordnung gebieten (Abs. 4 Nr. 1). Ferner muss nach Abs. 4 Nr. 2, 3 die Mitwirkung des Beistandes **eilbedürftig** sein, die Bewilligung von **PKH möglich** erscheinen, eine **rechtzeitige Entscheidung** hierüber jedoch **nicht zu erwarten** sein (LR/*Hilger* § 406g Rn. 25; *Meyer-Goßner/Schmitt* § 406g Rn. 10). Diese Voraussetzungen liegen vor, wenn dem Nebenklagebefugten nicht zugemutet werden kann, den Ausgang des PKHverfahrens abzuwarten und nach seinen finanziellen und wirtschaftlichen Verhältnissen Anhaltspunkte dafür gegeben sind, dass der Verletzte die Kosten eines anwaltlichen Beistandes nicht, nur z.T. oder nur in Raten aufbringen kann (§ 114 ZPO; KK/*Zabeck* § 406g Rn. 7).

Nicht vorausgesetzt wird dagegen, dass der Verletzte bereits einen PKH-Antrag gestellt hat (KMR/*Stö-* 14
ckel § 406g Rn. 25); ein solcher erübrigt sich z.B., wenn die einmalige Mitwirkung des einstweiligen Beistandes ausreicht (BT-Drucks. 10/5305, S. 20). Auch die Stellung eines Strafantrages bei noch laufender Frist (§ 77b StGB) ist nicht erforderlich (*Meyer-Goßner/Schmitt* § 406g Rn. 10; BT-Drucks. 10/5305, S. 20).

Der **Verfahrensablauf** ist im Einzelnen nicht geregelt. Da es sich um ein Eilverfahren handelt, ist nur die 15
StA, nicht aber der Beschuldigte zu hören (§ 33 Abs. 2; LR/*Hilger* § 406g Rn. 26). Die Vorlage von Unterlagen oder die Glaubhaftmachung des Antrages sind nicht zwingend, können aber verlangt werden.

Zuständig für die Entscheidung ist das nach § 162 zuständige Gericht. § 142 Abs. 1 gilt entsprechend. 16
Die Entscheidung ist gem. § 397a Abs. 2 Satz 2 unanfechtbar (*Meyer-Goßner/Schmitt* § 406g Rn. 11).

Hat der Verletzte bisher noch keinen PKH-Antrag gestellt, so kann (a. A. SK-StPO/*Velten* § 406g 17
Rn. 11: muss) der Richter bei der Bestellung des Beistandes eine **Frist** zur Nachholung bestimmen (Abs. 4 Satz 3). Von dieser Fristsetzung kann abgesehen werden, wenn eine einmalige oder kurzfristige Beiordnung ausreicht (LR/*Hilger* § 406g Rn. 27).

Die **Beiordnung** des Beistandes **endet**, wenn der PKH-Antrag nicht fristgerecht gestellt wird oder die 18
Bewilligung von PKH abgelehnt wird (KMR/*Stöckel* § 406g Rn. 29). Die Beendigung ist zur Klarstellung von dem Richter ausdrücklich auszusprechen (KK/*Zabeck* § 406g Rn. 9).

Zuständig ist hierfür das nach Abs. 3 Satz 2 mit der Sache befasste Gericht, das den die PKH ablehnen- 19
den Beschluss erlässt (LR/*Hilger* § 406g Rn. 27 [auch bei Fristablauf]).

F. Reformabsicht. Nach dem Regierungsentwurf für ein 3. Opferrechtsreformgesetz soll § 406g 20
künftig in unveränderter Form als § 406h fortgelten.

§ 406h StPO Unterrichtung des Verletzten über seine Befugnisse.

(1) ¹Verletzte sind möglichst frühzeitig, regelmäßig schriftlich und soweit möglich in einer für sie verständlichen Sprache auf ihre aus den §§ 406d bis 406g folgenden Befugnisse und insbesondere auch darauf hinzuweisen, dass sie
1. sich unter den Voraussetzungen der §§ 395 und 396 dieses Gesetzes oder des § 80 Absatz 3 des Jugendgerichtsgesetzes der erhobenen öffentlichen Klage mit der Nebenklage anschließen und dabei nach § 397a beantragen können, dass ihnen ein anwaltlicher Beistand bestellt oder für dessen Hinzuziehung Prozesskostenhilfe bewilligt wird,
2. nach Maßgabe der §§ 403 bis 406c dieses Gesetzes und des § 81 des Jugendgerichtsgesetzes einen aus der Straftat erwachsenen vermögensrechtlichen Anspruch im Strafverfahren geltend machen können,
3. nach Maßgabe des Opferentschädigungsgesetzes einen Versorgungsanspruch geltend machen können,
4. nach Maßgabe des Gewaltschutzgesetzes den Erlass von Anordnungen gegen den Beschuldigten beantragen können sowie
5. Unterstützung und Hilfe durch Opferhilfeeinrichtungen erhalten können, etwa in Form einer Beratung oder einer psychosozialen Prozessbegleitung.

²Liegen die Voraussetzungen einer bestimmten Befugnis im Einzelfall offensichtlich nicht vor, kann der betreffende Hinweis unterbleiben. ³Gegenüber Verletzten, die keine zustellungsfähige Anschrift angegeben haben, besteht keine Hinweispflicht. ⁴Die Sätze 1 und 3 gelten auch für Angehörige und Erben von Verletzten, soweit ihnen die entsprechenden Befugnisse zustehen.

1 **A. Allgemeine Hinweise (Abs. 1 Satz 1)** Das 1. OpferRRG 2004 hat § 406h Abs. 1 wieder von einer Soll- in eine Mussvorschrift umgewandelt (zur Entwicklung *Böttcher* FS Widmaier, S. 81). Das 2. OpferRRG (2009) hat die Vorschrift neu gestaltet und die Informationspflichten erweitert. Die Hinweispflichten sollen gewährleisten, dass Verletzte und ihre Erben (Abs. 2 Satz 4) die ihnen zustehenden Befugnisse auch tatsächlich wahrnehmen können.

2 § 406h gilt **ohne Antrag** des Verletzten, allerdings nur wenn er den Strafverfolgungsbehörden bekannt ist. Es besteht keine Pflicht, aktive Nachforschungen im Hinblick auf evtl. unbekannt gebliebene Verletzte zu betreiben (LR/*Hilger* § 406h Rn. 2).

3 **Zuständig** ist die Stelle, die mit der Sachbearbeitung befasst ist, d.h. die StA im Ermittlungsverfahren, das Gericht im Hauptverfahren (KK/*Zabeck* § 406h Rn. 2). Auch die Polizei wird durch § 406h verpflichtet. Versäumt sie den Hinweis, muss dieser von der StA oder vom Gericht nachgeholt werden (*Neuhaus* StV 2004, 620; *Böttcher* FS Widmaier, S. 83).

4 Eine bestimmte **Form** ist gesetzlich nicht vorgeschrieben (*Meyer-Goßner/Schmitt* § 406h Rn. 4). Schriftform ist allerdings im Regelfall zweckmäßig (*Böttcher* FS Widmaier, S. 83). Eine bloß mündliche Belehrung sollte aktenkundig gemacht werden (AK/*Schöch* § 406h Rn. 5; LR/*Hilger* § 406h Rn. 2).

5 Der **Zeitpunkt** für die Unterrichtung ist gesetzlich nicht geregelt; sie hat jedoch möglichst frühzeitig zu erfolgen, um dem Verletzten zu ermöglichen, das entsprechende Recht in vollem Umfang wahrnehmen zu können (SK-StPO/*Velten* § 406h Rn. 2). Dies betrifft insb. den Hinweis auf die Nebenklagebefugnis, der bis zur Anklageerhebung erteilt sein muss (*Böttcher* FS Widmaier, S. 83). Entbehrlich ist die Unterrichtung nur dann, wenn der Verletzte seine Befugnisse bereits wahrnimmt (KMR/*Stöckel* § 406h Rn. 4).

6 Versäumt der Verletzte wegen eines unterbliebenen oder verspäteten Hinweises einen Termin, so ist eine **Wiedereinsetzung in den vorigen Stand** gem. § 44 nicht zulässig (z.B. für den unterlassenen Hinweis auf die Nebenklagebefugnis OLG Rostock, Beschl. v. 27.06.2007, 1 Ws 306/06; BGH NStZ-RR 1997, 136; BVerfG Beschl. v. 09.10.2007, 2 BvR 1671/07, Rn. 11 ff. auch keine Verletzung des rechtlichen Gehörs [Art. 103 Abs. 1 GG]; a. A. *Böttcher* FS Widmaier, S. 84 ff., der im Lichte des EU-Rahmenbeschl. v. 15.03.2001 die Wiedereinsetzung in den vorigen Stand gem. § 44 für zulässig hält; rechtspolitisch erwogen auch vom BVerfG a.a.O.; krit. dazu *Wenske* NStZ 2008, 434 ff.). Auch eine **Revision**, gestützt auf die Verletzung des § 406h, kommt nicht in Betracht (*Neuhaus* StV 2004, 620 f.; *Meyer-Goßner/Schmitt* § 406h Rn. 8).

B. Die einzelnen Hinweispflichten (Abs. 1 Nr. 1–5) Neben dem allgemeinen Hinweis auf die aus den §§ 406d bis 406d folgenden Befugnisse enthält Abs. 1 die wichtigsten einzelnen Hinweispflichten, die aber nicht abschließend aufgezählt sind (»insbesondere«). In Betracht kommen z.B. auch Hinweise auf die Möglichkeiten der Unterbringung in einem Frauenhaus oder der Beantragung einer Auskunftssperre beim Einwohnermeldeamt (BR-Drucks. 178/09, S. 62). 7

Nr. 1 betrifft den Hinweis auf die Nebenklage und die Beiordnung eines sog. Opferanwalts auf Staatskosten bzw. die Beantragung von PKH. 8

Nr. 2 verpflichtet zum Hinweis auf das Ahäsionsverfahren. Eine detaillierte Ausgestaltung des Hinweises enthält Nr. 173 RiStBV. 9

Nr. 3 schreibt den Hinweis auf Versorgungsansprüche nach dem Opferentschädigungsgesetz vor, die bei einer gesundheitlichen Schädigung aus Gewaltdelikten in Betracht kommt. 10

Nr. 4 verweist auf mögliche gerichtliche Anordnungen gegen den Beschuldigten zum Schutz des Verletzten nach Maßgabe des Gewaltschutzgesetzes. 11

Nr. 5 übernimmt aus dem früheren Abs. 3 die Hinweispflicht auf die Möglichkeit, Hilfe und Unterstützung durch Opferschutzverbände zu erhalten (z.B. WEISSER RING, Frauenhäuser), erweitert diese aber um den Hinweis auf die »psychosoziale Prozessbegleitung«, die sekundäre Viktimisierungen vermeiden soll (BR-Drucks. 178/09, S. 64). Eine solche wird bisher nur an wenigen Orten angeboten. Bemerkenswert ist, dass in der Gesetzesbegründung ausdrücklich darauf hingewiesen wird, dass sichergestellt sein muss, »dass eine bewusste oder unbewusste Beeinflussung des Inhalts der Aussage der Verletzten unterbleibt« (BR-Drucks. 178/09, S. 64). 12

C. Entbehrlichkeit des Hinweises (Abs. 2) Gem. Abs. 2 Satz 2 entfällt die Hinweispflicht, wenn der Verletzte nicht unter einer von ihm angegebenen Anschrift oder über seinen RA erreichbar ist. Das soll auch in Massenverfahren gelten, z.B. bei über das Internet begangenen Betrugstaten (BR-Drucks. 178/09, S. 64). Darüber hinaus kann ein Hinweis unterbleiben, wenn die Voraussetzungen einer bestimmten Befugnis im Einzelfall offensichtlich nicht vorliegen (Abs. 2 Satz 1), z.B. wenn Ansprüche nach dem OEG oder Anordnungen nach dem Gewaltschutzgesetz offensichtlich nicht in Betracht kommen. 13

F. Reformabsicht. Reformabsicht zur Neugestaltung der §§ 406g bis 406l E-StPO im Regierungsentwurf für ein 3. Opferrechtsreformgesetz vom 15.04.2015: 14

§ 406g E-StPO. Psychosoziale Prozessbegleitung
(1) Psychosoziale Prozessbegleitung ist eine besondere Form der nicht-rechtlichen Begleitung für besonders schutzbedürftige Verletzte vor, während und nach der Hauptverhandlung. Sie umfasst die Informationsvermittlung sowie die qualifizierte Betreuung und Unterstützung im gesamten Strafverfahren mit dem Ziel, die individuelle Belastung der Verletzten zu reduzieren, ihre Sekundärviktimisierung zu vermeiden und ihre Aussagetüchtigkeit zu fördern.
(2) Verletzte können sich des Beistands eines psychosozialen Prozessbegleiters bedienen. Dem psychosozialen Prozessbegleiter ist es gestattet, bei Vernehmungen des Verletzten und während der Hauptverhandlung gemeinsam mit dem Verletzten anwesend zu sein. Die Länder können bestimmen, welche Personen und Stellen als psychosoziale Prozessbegleiter anerkannt werden und welche Voraussetzungen hierfür an Berufsausbildung, praktische Berufserfahrung und spezialisierte Weiterbildung zu stellen sind.
(3) Unter den in § 397a Absatz 1 Nummer 4 und 5 bezeichneten Voraussetzungen ist dem Verletzten auf seinen Antrag ein psychosozialer Prozessbegleiter beizuordnen. Unter den in § 397a Absatz 1 Nummer 1 bis 3 bezeichneten Voraussetzungen kann dem Verletzten ein psychosozialer Prozessbegleiter beigeordnet werden, wenn die besondere Schutzbedürftigkeit des Verletzten dies erfordert. Die Beiordnung ist für den Verletzten kostenfrei. Für den Antrag gilt § 142 entsprechend. Im Vorverfahren entscheidet das nach § 162 zuständige Gericht.«

Die psychosoziale Prozessbegleitung wurde nach vereinzelten Erfahrungen in einigen Bundesländern in Anlehnung an § 66 ö-StPO in den Gesetzentwurf aufgenommen. Das gesetzliche Leitbild entspricht den bundeseinheitlichen »Mindeststandards für die psychoziale Prozessbegleitung«, die eine Bund-Länder-Arbeitsgruppe im Auftrag der Justizministerkonferenz erarbeitet hat und die im Beschluss 15

§ 406h StPO — Unterrichtung des Verletzten über seine Befugnisse

der Justizministerkonferenz am 25./26.06.2014 bestätigt worden sind (http://www.mjv.rlp.de/Ministerium/Opferschutz/psychosoziale-Prozessbegleitung/Arbeits-gruppenbericht/).

16 Bei kindlichen und jugendlichen Opfern von Sexual- und Gewaltdelikten der in § 397a Abs. 1 Nr 4 und 5 StPO genannten Art ist dem Verletzten auf seinen Antrag ein psychosozialer Prozessbegleiter (auf Staatskosten) beizuordnen, bei erwachsenen Opfern dieser Delikte kann dies geschehen. Der Verurteilte soll mit bis zu 750 € zu den Kosten herangezogen werden (E-Anl. 1, Aschnitt 5 GKG). Darüber hinausgehende sowie beim Verurteilten nicht eintreibbare Kosten trägt die Staatskasse.

17 Die Ausgestaltung im Einzelnen und deren Finanzierung ist Ländersache. Die im Regierungsentwurf angegebene Kostenbelastung von 1,4 Millionen € (etwa 90.000 € pro Bundesland; BT-Drs. 18/4621), die aus den Erfahrungen in Mecklenburg-Vorpommern und Schleswig-Holstein-hochgerechnet wurde, dürfte nach den gesetzlichen Zielvrstellungen bei weitem höher sein. Abhängig ist diese auch von der – noch nicht vorhersehbaren – praktischen Inanspruchnahme durch die Verletzten, die ja nicht selten bereits durch einen Nebenklägeranwalt, eine Vertrauensperson (teilweise auch in Gestalt eines Psychotherapeuthen) oder einen ehrenamtlichen Opferhelfer schon lange vor der Hauptverhandlung betreut werden.

18 Der bisherige § 406g wird § 406h und Absatz 1 Satz 4 wird aufgehoben. Der bisherige § 406h wird durch die folgenden §§ 406i bis 406l ersetzt:

§ 406i E-StPO. Unterrichtung des Verletzten über seine Befugnisse im Strafverfahren
(1) Verletzte sind möglichst frühzeitig, regelmäßig schriftlich und soweit möglich in einer für sie verständlichen Sprache über ihre aus den §§ 406d bis 406h folgenden Befugnisse im Strafverfahren zu unterrichten und insbesondere auch auf Folgendes hinzuweisen:
1. *sie können nach Maßgabe des § 158 eine Straftat zur Anzeige bringen oder einen Strafantrag stellen;*
2. *sie können sich unter den Voraussetzungen der §§ 395 und 396 oder des § 80 Absatz 3 des Jugendgerichtsgesetzes der erhobenen öffentlichen Klage mit der Nebenklage anschließen und dabei*
   a) *nach § 397a beantragen, dass ihnen ein anwaltlicher Beistand bestellt oder für dessen Hinzuziehung Prozesskostenhilfe bewilligt wird,*
   b) *nach Maßgabe des § 397 Absatz 3 und der §§ 185 und 187 des Gerichtsverfassungsgesetzes einen Anspruch auf Dolmetschung und Übersetzung im Strafverfahren geltend machen;*
3. *sie können einen aus der Straftat erwachsenen vermögensrechtlichen Anspruch nach Maßgabe der §§ 403 bis 406c und des § 81 des Jugendgerichtsgesetzes im Strafverfahren geltend machen;*
4. *sie können, soweit sie als Zeugen von der Staatsanwaltschaft oder dem Gericht vernommen werden, einen Anspruch auf Entschädigung nach Maßgabe des Justizvergütungs- und -entschädigungsgesetzes geltend machen;*
5. *sie können nach Maßgabe des § 155a eine Wiedergutmachung im Wege eines Täter-Opfer-Ausgleichs erreichen.*
(2) Liegen Anhaltspunkte für eine besondere Schutzbedürftigkeit des Verletzten vor, soll der Verletzte im weiteren Verfahren an geeigneter Stelle auf seine Rechte hingewiesen werden, die sich aus § 68a Absatz 1, den §§ 247 und 247a sowie aus den §§ 171b und 172 Nummer 1a des Gerichtsverfassungsgesetzes ergeben.
(3) Minderjährige Verletzte und ihre Vertreter sollten darüber hinaus im weiteren Verfahren an geeigneter Stelle auf ihre Rechte aus den §§ 58a und 255a Absatz 2, wenn die Anwendung dieser Vorschriften in Betracht kommt, sowie auf ihre Rechte aus § 241a hingewiesen werden.

§ 406j E-StPO. Unterrichtung des Verletzten über seine Befugnisse außerhalb des Strafverfahrens
Verletzte sind möglichst frühzeitig, regelmäßig schriftlich und soweit möglich in einer für sie verständlichen Sprache über folgende Befugnisse zu unterrichten, die sie außerhalb des Strafverfahrens haben:
1. *sie können einen aus der Straftat erwachsenen vermögensrechtlichen Anspruch, soweit er nicht nach Maßgabe der §§ 403 bis 406c und des § 81 des Jugendgerichtsgesetzes im Strafverfahren geltend gemacht wird, auf dem Zivilrechtsweg geltend machen und dabei beantragen, dass ihnen für die Hinzuziehung eines anwaltlichen Beistandes Prozesskostenhilfe bewilligt wird;*
2. *sie können nach Maßgabe des Gewaltschutzgesetzes den Erlass von Anordnungen gegen den Beschuldigten beantragen;*
3. *sie können nach Maßgabe des Opferentschädigungsgesetzes einen Versorgungsanspruch geltend machen;*

4. sie können nach Maßgabe von Verwaltungsvorschriften des Bundes oder der Länder gegebenenfalls Entschädigungsansprüche geltend machen;
5. sie können Unterstützung und Hilfe durch Opferhilfeeinrichtungen erhalten, etwa
    a) in Form einer Beratung,
    b) durch Bereitstellung oder Vermittlung einer Unterkunft in einer Schutzeinrichtung oder
    c) durch Vermittlung von therapeutischen Angeboten wie medizinischer oder psychologischer Hilfe oder weiteren verfügbaren Unterstützungsangeboten im psychosozialen Bereich.

§ 406k E-StPO. Weitere Informationen
(1) Die Informationen nach den §§ 406i und 406j sollen jeweils Angaben dazu enthalten,
1. an welche Stellen sich die Verletzten wenden können, um die beschriebenen Möglichkeiten wahrzunehmen, und
2. wer die beschriebenen Angebote gegebenenfalls erbringt.
(2) Liegen die Voraussetzungen einer bestimmten Befugnis im Einzelfall offensichtlich nicht vor, kann die betreffende Unterrichtung unterbleiben. Gegenüber Verletzten, die keine zustellungsfähige Anschrift angegeben haben, besteht keine schriftliche Hinweispflicht.

§ 406l E-StPO. Befugnisse von Angehörigen und Erben von Verletzten
§ 406i Absatz 1 sowie die §§ 406j und 406k gelten auch für Angehörige und Erben von Verletzten, soweit ihnen die entsprechenden Befugnisse zustehen.

Sechstes Buch. Besondere Arten des Verfahrens

Erster Abschnitt. Verfahren bei Strafbefehlen

§ 407 StPO Zulässigkeit.

(1) Im Verfahren vor dem Strafrichter und im Verfahren, das zur Zuständigkeit des Schöffengerichts gehört, können bei Vergehen auf schriftlichen Antrag der Staatsanwaltschaft die Rechtsfolgen der Tat durch schriftlichen Strafbefehl ohne Hauptverhandlung festgesetzt werden. Die Staatsanwaltschaft stellt diesen Antrag, wenn sie nach dem Ergebnis der Ermittlungen eine Hauptverhandlung nicht für erforderlich erachtet. Der Antrag ist auf bestimmte Rechtsfolgen zu richten. Durch ihn wird die öffentliche Klage erhoben.
(2) Durch Strafbefehl dürfen nur die folgenden Rechtsfolgen der Tat, allein oder nebeneinander, festgesetzt werden:
1. Geldstrafe, Verwarnung mit Strafvorbehalt, Fahrverbot, Verfall, Einziehung, Vernichtung, Unbrauchbarmachung, Bekanntgabe der Verurteilung und Geldbuße gegen eine juristische Person oder Personenvereinigung,
2. Entziehung der Fahrerlaubnis, bei der die Sperre nicht mehr als zwei Jahre beträgt,
2a. Verbot des Haltens oder Betreuens von sowie des Handelns oder des sonstigen berufsmäßigen Umgangs mit Tieren jeder oder einer bestimmten Art für die Dauer von einem Jahr bis zu drei Jahren sowie
3. Absehen von Strafe.
Hat der Angeschuldigte einen Verteidiger, so kann auch Freiheitsstrafe bis zu einem Jahr festgesetzt werden, wenn deren Vollstreckung zur Bewährung ausgesetzt wird.
(3) Der vorherigen Anhörung des Angeschuldigten durch das Gericht (§ 33 Abs. 3) bedarf es nicht.

Übersicht	Rdn.		Rdn.
A. Grundsätzliches 1		II. Zulässige Rechtsfolgen 14	
I. Summarisches Verfahren und Anwendungsbereich 1		1. Freiheitsstrafe 15	
II. Systematische Bedenken 2		2. Geldstrafe 18	
III. Absprachen 5		3. Verwarnung unter Strafvorbehalt . . . 19	
IV. Wirkung des Strafbefehls 6		4. Nebenstrafe und Nebenfolgen 22	
V. Rechtshängigkeit, Strafklage, -verbrauch . 7		5. Maßregeln/Entziehung der Fahrerlaubnis 24	
B. Zulässigkeit des Strafbefehls 10		6. Absehen von Strafe 25	
I. Voraussetzungen des Antrags und allgemeine Hinweise 10		7. Kombinationsmöglichkeiten 26	
1. Zuständigkeit 10		III. Tatmehrheit und Beschuldigtenmehrheit . 27	
2. Verfahren 11		IV. Beschuldigtenrechte 28	
3. Die (fehlende) Erforderlichkeit einer Hauptverhandlung, § 407 Abs. 1 . . . 12		V. Ordnungswidrigkeiten (§ 30 OWiG) . . . 29	
4. Bestimmtheit und Inhalt des Strafantrages 13		VI. Sonderfälle: Verfahren gegen Abwesende/ Jugendliche/inhaftierte Beschuldigte/Adhäsionsverfahren 30	

1 **A. Grundsätzliches.** **I. Summarisches Verfahren und Anwendungsbereich.** Das Strafbefehlsverfahren ist eine besondere Art des Verfahrens, denn es beinhaltet eine Ausnahme bzw. Durchbrechung des für das deutsche Strafverfahren i.Ü. kennzeichnenden Grundsatzes der Mündlichkeit. Die §§ 407 ff. wirken sich dementsprechend auch modifizierend auf die mit dem Mündlichkeitsprinzip eng verbundenen Verfahrensgrundsätze wie den Unmittelbarkeitsgrundsatz oder den Untersuchungsgrundsatz aus. Das Strafbefehlsverfahren ist als sog. »summarisches« Verfahren ausgestaltet und damit primär ein Instrument der Prozessökonomisierung, d.h. es dient der **Verfahrensbeschleunigung** und Ressourcenentlastung. Der Grundgedanke liegt auf der einseitigen Festsetzung einer Strafe, verbunden mit dem vorläufigen Charakter der Entscheidung. Gerade ohne mündliche Verhandlung sollen einfach gelagerte Fälle von geringer Tatschwere unkompliziert erledigt werden können (KK/*Maur* § 407, Rn. 1; *Heinz* FS Müller-Dietz 2001, S. 271 ff.). Der Abschluss des Strafverfahrens mittels Strafbefehls ist neben der Einstellung gegen Auflagen und Weisungen nach § 153a das wichtigste strafprozessuale Institut zur ökonomischen Verfahrenserledigung. In Anbetracht seiner ressourcenschonenden Wirkung und der Beschleunigungseffekte hat das Strafbefehlsverfahren seit seinen Anfängen in den 70er Jahren des 19. Jahrhunderts eine immer größere praktische Bedeutung erlangt. Mit ansteigender Tendenz wurde das Strafbefehlsverfahren seither nicht mehr nur auf die massenhafte Erledigung der sog. Bagatellkriminalität, sondern auch auf die mittlere Kriminalität angewandt. Die Ergänzung des Sanktionenkatalogs um Nr. 2a durch das 3. TierschutzÄndG 2013 ist insoweit sachgerecht, als die zugrundeliegenden Verstöße häufig unter der Bagatellschwelle bleiben werden.

II. **Systematische Bedenken.** Nach richtiger Ansicht (*Meyer-Goßner/Schmitt* Vorbem. § 407 Rn. 2) bestehen ggü. dem Strafbefehlsverfahren auch im Hinblick auf den Täter und dessen Rechte im Verfahren keine überzeugenden systematischen Bedenken (a. A. Graf-StPO/*Temming* § 407 Rn. 4 m.w.N.). Art. 6 MRK verlangt, dass die Hauptverhandlung nicht verwehrt sein darf. Dem wird durch die Einspruchsmöglichkeit, welche zwingend zur Hauptverhandlung führt, genügt (*Meyer-Goßner/Schmitt*, § 407 Rn. 2; HK-GS/*Andrejtschitsch* § 407 Rn. 5).

2

I.R.d. §§ 407 bis 412 als lediglich schriftlich-summarischem Verfahren, (BVerfGE 3, 248 [253]; BGHSt 29, 305 [307]; KK/*Maur* Vorbem. § 407, Rn. 1; Graf-StPO/*Temming* § 407 Rn. 3) ist nach wohl überw. Ansicht die Überzeugung des Gerichts von der **Schuld** des Beschuldigten nicht notwendig. Vielmehr soll ein hinreichender Tatverdacht der zur Objektivität verpflichteten Strafverfolgungsinstitutionen (StA und Gericht) genügen (*Meyer-Goßner/Schmitt* Vorbem. § 407 Rn. 1 m.w.N.; a. A. KK/*Maur* § 408 Rn. 15; KMR/*Metzger* Vorbem. § 407 Rn. 24). Zwar kommt es zu Friktionen mit dem Schuldgrundsatz, jedoch erscheint das Abstellen nur auf einen hinreichenden Tatverdacht v.a. im Hinblick auf den vorläufigen Charakter der Entscheidung durch Strafbefehl und die Einspruchsmöglichkeit nach § 410 akzeptabel. Denn eine mündliche Verhandlung kann durch den Angeklagten durch die rechtzeitige Einlegung des Einspruchs (§§ 410, 411) erzwungen werden. Daher ist in der Wahl des Verfahren nach §§ 407 ff. kein reines Unterwerfungsangebot der Justiz zu sehen (vgl. dazu näher BVerfGE 3, 248 [253 ff.]). In technischer Hinsicht fehlen dem Gericht, das im schriftlich-summarischen Verfahren entscheidet, zudem die Möglichkeiten einer durch Beweisaufnahme gewinnbaren Überzeugung von der Schuld. Letztlich liegt der Kern des Streits auf der begrifflichen Ebene: Zwar sollte eine im Ergebnis der Rechtskraft fähige Entscheidung nicht auf Verdachtsbasis ergehen und insoweit richterliche Überzeugung voraussetzen (HK-GS/*Andrejtschitsch* § 407 Rn 5). Gleichwohl ist die Basis der Überzeugung i.R.d. Strafbefehlsverfahrens eine sehr viel schmalere und insoweit eben nicht mit der durch eine mündliche Hauptverhandlung gewinnbaren Überzeugung vergleichbar. Spricht man daher von »Überzeugungsbildung« so erfolgt diese nach den Maßstäben des § 203. Hinzukommen muss jedoch die Überzeugung des Gerichts, dass eine mündliche Hauptverhandlung wegen der Übersichtlichkeit des Vorwurfs und der Sachlage nicht notwendig ist, um eine rechtskraftfähige Entscheidung zu fällen. Ist man sich darüber im Klaren, dass genau hier das Element der Überzeugung liegt, so scheint es trotz der dem hinreichenden Tatverdacht entsprechenden Entscheidungsgrundlage und der insoweit unterschiedlichen Entscheidungssubstanz von einer **Überzeugungsbildung des Gerichts** zu sprechen.

3

Abgesehen davon, dass StA und Gericht den Vorwurf wie auch die Eignung des Falls zur Behandlung nach §§ 407 ff. unabhängig aber gleichwohl übereinstimmend einschätzen müssen, hat das Strafbefehlsverfahren auch neben der beschleunigten Erledigung weitere für den Beschuldigten günstige Wirkungen. Denn es eröffnet nicht der Justiz sondern v.a. dem Betroffenen den Weg der »geräuschlosen« Erledigung des Verfahrens. Gerade der Verzicht auf die Hauptverhandlung und deren Öffentlichkeit kann erhebliche individualschützende Wirkung entfalten. Zur Vermeidung des ggf. mit einer Hauptverhandlung verbundenen Aufsehens treten als weiterer positiver Aspekt die geringeren Kosten des Strafbefehlsverfahrens hinzu (*Meyer-Goßner/Schmitt* Vorbem. § 407 Rn. 1; BVerfGE 25, 158 [164]).

4

III. **Absprachen.** Aus vorstehenden Erwägungen sind häufig die Interessen aller Verfahrensbeteiligter gleichermaßen auf eine Erledigung im Wege des Strafbefehlsverfahrens gerichtet. Auch aus diesem Grund geht dem Strafbefehl als Instrument der Verfahrenserledigung auf »leisem Wege« nicht selten eine Absprache zwischen Strafverfolgungsbehörden, Gericht und Verteidigung voraus. Angesichts der mittlerweile erfolgten Aufnahme von Regelungen über die konsensuale Verfahrenserledigung ste-

5

hen keine grundsätzlichen rechtsstaatlichen Bedenken entgegen. Die Absprachen betreffenden Regelungen sind ihrem Sinn nach anzuwenden. Dies gilt namentlich für § 257c, sofern eine Überleitung in das Strafbefehlsverfahren (vgl. § 408a) Gegenstand der Absprache ist. Im Ermittlungsverfahren kann Folge einer Erörterung nach § 160b ebenfalls die weitere Behandlung nach §§ 407 ff. sein (*Meyer-Goßner/Schmitt* § 160b Rn. 6; Vorbem. § 407 Rn. 2; zu weiteren Voraussetzungen KMR/*Metzger* § 407 Rn. 26 ff.). Dabei ist zu beachten, dass, wenn die StA den Antrag vereinbarungsgemäß gestellt hat, dem Gericht von Gesetzes wegen weiterhin die Entscheidungsmöglichkeiten nach § 408 offenstehen (HK-GS/*Andrejtschitsch* § 407 Rn 4). Daher kann es empfehlenswert sein, den zuständigen Richter in die Erörterung (mit-)einzubeziehen. Zwar kann dies mangels gesetzlicher Regelung nur informell erfolgen, jedoch dürfte § 202a dem Sinne nach anzuwenden und das Ergebnis der Erörterung aktenkundig zu machen sein. Mit dem Erlass des Strafbefehls wäre dann richtigerweise eine Belehrung nach § 35a zu erteilen (vgl. auch HK-GS/*Andrejtschitsch* § 407 Rn. 3). Allerdings ist zu bezweifeln, dass die Nichteinhaltung der in dieser informellen »Absprache« vereinbarten Inhalte eine Revision zu begründen vermag.

6 **IV. Wirkung des Strafbefehls.** Der Strafbefehl entspricht in seinen Wirkungen grds. dem Strafurteil. Allerdings eröffnet das Strafbefehlsverfahren eine weitere für Urteile nicht bestehende Möglichkeit der Wiederaufnahme zuungunsten des Angeklagten: Ein Strafbefehl kann nur bei Vergehen i.S.d. § 12 Abs. 2 StGB (vgl. § 407 Abs. 1) ergehen. Gelangen nach Eintritt der Rechtskraft den Ermittlungsbehörden neue Tatsachen zur Kenntnis, die einen Verbrechensvorwurf begründen, so besteht eine spezifische Wiederaufnahmemöglichkeit (vgl. KK/*Maur* Vorbem. §§ 407 ff. mit Verweis auf § 373a Rn. 2 ff., § 410 Rn. 15). Soweit eine richterliche Überzeugung dahingehend vorausgesetzt werden kann, dass die Sachlage im summarischen Verfahren umfassend geklärt ist (Rn. 3), lässt sich hieraus dann nicht der Schluss auf eine prinzipiell verringerte Richtigkeitsgewähr ggü. dem ordentlichen Verfahren ziehen (weiter gehend LG Zweibrücken NStZ-RR 1996, 186). Dies vorausgesetzt, bestehen auch insoweit keine rechtsstaatlichen Bedenken gegen das Strafbefehlsverfahren (mit anderer Prämisse zum anderen Ergebnis OLG Zweibrücken StV 1991, S. 270; *Scheffler* GA 1995, S. 449, [455 f.]).

7 **V. Rechtshängigkeit, Strafklage, -verbrauch.** Da der **Erlass** des Strafbefehls gem. § 407 Abs. 1 Satz 4 der Erhebung der öffentlichen Klage gleichgestellt ist, tritt richtigerweise erst zu diesem Zeitpunkt, und nicht bereits mit dem Antrag auf Erlass des Strafbefehls, die Rechtshängigkeit des Verfahrens ein (so auch: LR/*Gössel*, Vor. § 407, Rn. 36; *Meyer-Goßner/Schmitt*, Vor. § 407 Rn. 3; KK/*Maur* Vorbem. §§ 407 ff. Rn. 5; a. A. OLG Karlsruhe NStZ 1991, 602 m. Anm. *Mayer* NStZ 1992, 605; offen BGHSt 13, 186 [189]) und steht (vorbehaltlich der hier möglichen Einspruchs- oder Klagerücknahme gem. § 411) grds. einer erneuten Anklageerhebung entgegen (vgl. BGHSt 27, 271 [273]). Ein nach **Rechtskraft** des Strafbefehls ergangenes entgegenstehendes Urteil, welches dieselbe Tat betrifft, ist aufgrund des bestehenden Strafbefehls unwirksam und ist i.R.d. Wiederaufnahme (vgl. § 359) aufzuheben, die Vollstreckung des unwirksamen Urteils ist ggf. nach § 458 Abs. 1 zu verhindern (KK/*Maur* Vorbem. §§ 407 ff. Rn. 5; Vgl. *Meyer-Goßner/Schmitt* Vor § 407 Rn. 4, § 410 Rn. 12).

8 Dem Strafbefehl kommt im Hinblick auf die Strafzumessung und Bildung von nachträglichen Gesamtstrafen bei mehreren Straftaten eine Zäsurwirkung (grundlegend zur Zäsurwirkung bei Vorverurteilungen: BGHSt 32, 190 [193]; BGH wistra 1991, 264 [265]) zu, wenn verschiedene Taten bereits in einem vorgelagerten rechtskräftigen Strafbefehl berücksichtigt wurden. Dieser wirkt sich vorbehaltlich der Rechtskraftwirkung dahin gehend aus, dass für die durch ihn erfassten Straftaten – aber auch nur diese – durch das Gericht auf eine Gesamtstrafe zu erkennen sein wird.

9 Kommt es dazu, dass dieselbe Sache vor einem übergeordneten Gericht erneut rechtshängig wird, so hat dieses Gericht die Sache zwingend im Wege des Beschlusses an sich zu ziehen. Grund hierfür ist die umfassendere Aburteilungsmöglichkeit. Die Zuständigkeitsübertragung erfolgt mittels förmlichen Beschlusses und ist Verfahrensakt sui generis (BGH 36, 175 [186]), welcher seine Grundlage nicht in den §§ 2, 3 und 4 findet. In diesem Fall büßt das Strafbefehlsverfahren seine eigenständige Bedeutung vollständig ein (zum Ganzen näher KK/*Maur* Vorbem. §§ 407 ff. Rn. 5).

10 **B. Zulässigkeit des Strafbefehls. I. Voraussetzungen des Antrags und allgemeine Hinweise. 1. Zuständigkeit.** Ausschließlich die StA kann ein Strafbefehlsverfahren durch den Antrag auf Erlass eines Strafbefehls initiieren. Zuständiges Gericht ist der Strafrichter als Einzelrichter (§ 25

GVG) oder das Schöffengericht (§ 407 Abs. 1 Satz 1, § 408a). Regelmäßig erfolgen Anträge an das Schöffengericht lediglich im Verfahren nach § 408a, denn die Bedeutung der Sache ist nach dem RpflEntlG nicht mehr Entscheidungskriterium (KK/*Maur* § 407 Rn. 1; vgl. auch OLG Oldenburg NStZ 1994, S. 449, m. Anm. *Fuhse* NStZ 1995, 165; *Meyer-Goßner/Schmitt* § 408, Rn. 6). Nach § 1 GVG und § 408 ist der Richter nicht an den Antrag der StA und deren Beurteilung des Sachverhalts gebunden und zu eigener Bewertung angehalten.

2. Verfahren. Das Strafbefehlsverfahren ist nur für Vergehen, nicht für Verbrechen zulässig (§ 12 Abs. 1, 2 StGB). §§ 24, 25 GVG sind folglich für das Verfahren maßgeblich, wobei die Zuständigkeit des Schöffengerichts wegen der Neufassung des § 25 GVG durch das RpflEntlG keine Rolle mehr spielt, da bei Strafe bis zwei Jahren der Strafrichter zuständig ist (*Meyer-Goßner/Schmitt* § 407 Rn. 1, § 408 Rn. 5). Der Strafbefehl steht der Erhebung der öffentlichen Klage (§§ 199, 200) gleich (§ 407 Abs. 1 Satz 4) und hat daher zur Wahrung der Rechtsstaatlichkeit des Verfahrens bestimmten Anforderungen zu genügen. Er muss in gleicher Weise inhaltlich bestimmt sein (dazu unten Rdn. 13), denn gerade weil das Verfahren insgesamt summarischen Charakter besitzt, dürfen die Anforderungen nicht hinter denen des § 170 Abs. 1 zurückbleiben. Aus dem Strafbefehl selbst muss sich daher ohne Weiteres ein genügender Anlass zur Erhebung der Klage ergeben. Angesichts der Vorteile, die mit dem Strafbefehlsverfahren verbunden sind, ist die StA zwingend gehalten, einen Antrag nach § 407 zu stellen, wenn die Voraussetzungen gegeben sind, insb. bei hinreichender Ausermittlung des Sachverhalts und Entbehrlichkeit einer Hauptverhandlung (dazu unten Rdn. 12). Auf eine erkennbare gegenteilige Ansicht des Beschuldigten muss nicht Rücksicht genommen werden Nr. 175 Abs. 3 Satz 2 RiStBV). Denn er hat von Verfassung wegen das Recht auf eine Entscheidung i.R.d. öffentlichen, mündlichen Verhandlung, welche er dann im Wege des Einspruchs gegen den ergangenen Strafbefehl erzwingen (§ 410 Abs. 1) kann (KK/*Maur* § 407 Rn. 3).

3. Die (fehlende) Erforderlichkeit einer Hauptverhandlung, § 407 Abs. 1. Entscheidend ist, dass die Rechtsfolge der abzuurteilenden Straftat auch ohne eine Hauptverhandlung hinreichend bestimmt und angemessen festgesetzt werden können muss. Der Begriff der Erforderlichkeit ist als unbestimmter Rechtsbegriff zu qualifizieren, durch den der StA insoweit ein erheblicher Entscheidungsspielraum eingeräumt wird. Der StA steht es grds. frei auch den hinreichend ausermittelten Sachverhalt zur Anklage zu bringen und nicht den Weg der §§ 407 ff. zu wählen. Allerdings legitimiert die Ermesseneinräumung keine willkürliche Entscheidung. D.h. die Vorteile des Strafbefehlsverfahrens müssen durch andere Gesichtspunkte aufgewogen werden. Zu denken ist namentlich daran, dass eine Hauptverhandlung aus – dann ggf. zu konkretisierenden – general- oder spezialpräventiven Erwägungen heraus erforderlich sein kann (vgl. KK/*Maur* § 407 Rn. 4), auch wenn die Voraussetzungen des § 407 i.Ü. gegeben sind (Nr. 175 Abs. 3 Satz 1 RiStBV).

4. Bestimmtheit und Inhalt des Strafantrages. Gerade weil nicht durch eine Hauptverhandlung weitere Tatsachen ans Licht kommen können, muss der Antrag im Strafbefehlsverfahren hinreichend bestimmt sein. Bereits der Antrag ist dementsprechend auf eine bestimmte Rechtsfolge zu richten und muss auch den für deren endgültigen Erlass hinreichend bestimmten Inhalt aufweisen. Gerade hierdurch wird die eine Rechtsstaatlichkeit des Verfahrens wahrende auf Überprüfbarkeit gründende Übereinstimmung von StA und Strafrichter erzeugt, welche nach § 408 Abs. 3 vom Gesetzgeber ausdrücklich verlangt wird. Des Weiteren hat der Antrag den Anforderungen des § 200 zu genügen, allerdings ist die Darstellung des Ermittlungsergebnisses regelmäßig nicht nötig. Üblicherweise wird dem formulierten Antrag ein Entwurf des Strafbefehls durch die StA beigelegt (Nr. 176 f. RiStBV; zur Sachverhaltsformulierung und Darstellung i.S.d. Bestimmtheit des Antrages vgl. grundlegend: BGH NStZ 192, 553; OLG Karlsruhe wistra 1994, 319; KK/*Maur* § 407 Rn. 6; *Meyer-Goßner/Schmitt* § 407 Rn. 5 ff.). Im Steuerstrafverfahren gilt für den Antrag, der von der Finanzbehörde gestellt werden kann, dasselbe (§§ 386, 400 AO; *Meyer-Goßner/Schmitt* § 407 Rn. 6 m.w.N.).

II. Zulässige Rechtsfolgen. Die Aufzählung der mittels Strafbefehl zu verhängenden Rechtsfolgen in § 407 Abs. 2 ist abschließend. Wird eine nicht im Katalog vorgesehene aber ansonsten zulässige Rechtsfolge dennoch verhängt, so ist der Strafbefehl nicht unwirksam und entfaltet ggf. Rechtskraftwirkung (*Meyer-Goßner/Schmitt* § 407 Rn. 10, § 409 Rn. 7; OLG Koblenz NStZ-RR 2000, 41).

15 **1. Freiheitsstrafe.** Das RpflEntlG von 1993 erlaubt nunmehr auch die Verhängung von Freiheitsstrafen (zur rechtlichen Entwicklung vgl. *Berz* FS Blau, 1985, S. 53). Das Höchstmaß ist allerdings auf ein Jahr beschränkt und die Strafe muss zur Bewährung ausgesetzt sein. Darüber hinaus ist die Beiziehung eines Verteidigers hier zwingend. Mit dem Strafbefehl muss zugleich ein Bewährungsbeschluss bzgl. Dauer der Bewährungszeit und Auflagen ergehen (§ 268a Abs. 1, §§ 56a ff. StGB). Das Gericht ist bei Erlass des Strafbefehls insoweit nicht an den Antrag der StA gebunden (Nr. 176 RiStBV; vgl. *Meyer-Goßner/Schmitt* § 407 Rn. 22). Die Verhängung einer Freiheitsstrafe im Strafbefehlsverfahren gegen Heranwachsende ist gem. § 109 Abs. 3 JGG nicht möglich (HK-JGG/*Verrel/Linke* § 109 Rn. 15; *Meyer-Goßner/Schmitt* § 407 Rn. 10; *Rieß* AnwBl. 1993, 54).

16 Ungeachtet der unbestreitbaren Vorteile des Strafbefehlsverfahrens erscheint die Möglichkeit, Freiheitsstrafen festzusetzen verbunden mit dem Zwang, diese zur Bewährung auszusetzen, wenig glücklich. Insb. im Hinblick auf das systematische Verhältnis zu § 47 Abs. 1 StGB führt die Festsetzung von Freiheitsstrafe im rein schriftlichen Verfahren zu systematischen Friktionen. Einerseits liegt § 47 StGB gerade die Erwägung zugrunde, dass eine kurze Freiheitsstrafe nur ausnahmsweise, namentlich wegen besonderer Umstände in der Person des Täters oder »zur Verteidigung der Rechtsordnung«, verhängt werden soll. Im letzteren Fall ist die generalpräventive Wirkung eines Strafbefehls gerade wegen des Wegfalls der öffentlichen Hauptverhandlung erheblich geringer. Wird andererseits eine besondere spezialpräventive Einwirkung auf den Täter als notwendig erachtet, dann ist dies häufig nur mittels Hauptverhandlung darzustellen (vgl. KK/*Maur* § 407 Rn. 8). In beiden Varianten liegen § 47 StGB und § 407 daher häufig tendenziell gegenläufige Erwägungen zugrunde.

17 Das summarische Verfahren erscheint zudem in vielen Fällen als wenig geeignet für die Entscheidung über die Aussetzung der Strafe zur Bewährung, denn diese beinhaltet in hohem Maße zumessende und prognostische Elemente, welche in hohem Maße eine Einschätzung der **Person** des Angeklagten erforderlich machen. Die Einschätzung der Persönlichkeit des Angeklagten ausschließlich auf der Basis der Aktenlage ist aber häufig schwierig. Die Beschränkung auf Bewährungsstrafen trägt daher zwar durchaus zur Ökonomisierung des Strafverfahrens bei, denn mit der Anfechtung des Strafbefehls ist i.d.R. nicht zu rechnen. Rechtsstaatliche Bedenken (vgl. dazu auch *Loos*, Remmers-FS, S. 575) gegen die Verhängung von Freiheitsstrafen in einem nur summarischen Verfahren kann sie aber nicht ausräumen.

18 **2. Geldstrafe.** Die Verhängung von Geldstrafe setzt voraus, dass die jeweilige Strafnorm eine Geldstrafe allein oder neben Freiheitsstrafe als Rechtsfolge vorsieht. Sie kann aber auch aufgrund der §§ 47 Abs. 2, 49 Abs. 2 StGB angeordnet werden. Auf die Geldstrafe ist bereits erlittene Haft, insb. in Form der Untersuchungshaft, gem. § 51 StGB anzurechnen. Soll dies nicht der Fall sein, so bedarf es eines gesonderten Antrages der StA (KK/*Maur* § 407 Rn. 9). Die Höhe der Geldstrafe kann bis zur gesetzlich vorgesehenen Höhe verhängt werden (§§ 40 Abs. 1 Satz 2, 54 Abs. 2 Satz 2 StGB). Die Geldstrafe ist in Form und Höhe der Tagessätze festzusetzen. Eine Gesamtsumme muss nicht aufgeführt werden, dies kann jedoch im Einzelfall sinnvoll sein (BeckOK-StPO/*Temming* § 407 Rn. 16; abl. *Meyer-Goßner/ Schmitt* § 407 Rn. 11). Etwaige Zahlungserleichterungen sind bereits im Antrag zu prüfen und aufzunehmen (KK/*Maur* § 407 Rn. 10). Nicht beantragte Zahlungserleichterungen dürfen vom Gericht nicht angeordnet werden (*Meyer-Goßner/Schmitt* § 407 Rn. 13; LR/*Gössel* § 407 Rn. 20).

19 **3. Verwarnung unter Strafvorbehalt.** Der Verwarnung unter Strafvorbehalt ist häufig die Einstellung des Verfahrens unter Auflagen gem. §§ 153, 153a vorzuziehen, um dem Täter auch den Eintrag im Bundeszentralregister zu ersparen (KK/*Maur* § 407 Rn. 11). Ein weitgehender Überschneidungsbereich resultiert aus dem Umstand, dass die Verwarnung nur bis zu einer Gesamttagessatzanzahl von 180 Tagessätzen zulässig ist (darüber hinausgehend nur in Ausnahmefällen denkbar; vgl. BayObLG JR 1976, S. 511 m. Anm. *Zipf*). Die Verwarnung unter Strafvorbehalt kann auch i.R.d. Bildung von Gesamtstrafen erfolgen (§§ 59 Abs. 1, 59c StGB).

20 Mit der Verwarnung (§§ 59 bis 59c StGB) ist zugleich ein Bewährungsbeschluss zu erlassen. Dieser hat die Dauer der Bewährung festzusetzen (§ 59 Abs. 1 StGB) sowie die angeordneten Auflagen und Weisungen (§ 59a Abs. 2 i.V.m. §§ 56b, 56c StGB). Bzgl. der konkreten Ausgestaltung der Weisungen und Auflagen ist der Richter nicht an den Antrag der StA gebunden.

21 § 59 StGB ist auch dann anwendbar, wenn der Beschuldigte in Untersuchungshaft genommen wurde und diese ihm anzurechnen ist (§ 51 StGB). Ein Fahrverbot kann jedoch nicht daneben angeordnet oder als solches vorbehalten werden (BayObLG NJW 1976, 301). Neben der Verwarnung können

gem. § 59 Abs. 3 StGB Verfall, Einziehung oder Unbrauchbarmachung ausgesprochen werden, nicht jedoch Maßregeln der Besserung und Sicherung (KK/*Maur* § 407 Rn. 12).

4. Nebenstrafe und Nebenfolgen. Zulässige Nebenstrafen sind allein die in § 407 Abs. 2 Satz 1 auf- 22 gezählten Sanktionen. Einzige nach dem StGB zulässige Nebenstrafe ist das Fahrverbot (§ 44 StGB). Hierauf können Anrechnungen gem. § 51 StGB erfolgen.

Die möglichen Nebenfolgen sind die Einziehung (bspw. nach §§ 74 ff. StGB; § 33 BtMG; § 56 23 WaffG), der Verfall (§§ 73 ff. StGB) und die Unbrauchbarmachung (§ 74d Abs. 1 Satz 2 StGB). Vgl. Rdn. 21, sowie die in Nr. 2a benannten Sanktionen entspr. d. 11. Abschnitts des TierschutzG (§§ 17 ff.).

5. Maßregeln/Entziehung der Fahrerlaubnis. Im Strafbefehl ist von den Maßregeln lediglich die 24 Entziehung der Fahrerlaubnis denkbar (§ 407 Abs. 2 Satz 2, §§ 69 bis 69b StGB). Die Höchstdauer beträgt zwei Jahre. Die Sperre beginnt mit Verkündung des Urteils, der hier dem Erlass des Strafbefehls gleichsteht (BGHSt 33, 230 [233]; *Hentschel/Himmelreich*, Straßenverkehrsrecht, Rn. 135) und ist bereits im Strafbefehlsantrag genau zu bezeichnen (*Meyer-Goßner/Schmitt* § 407 Rn. 20). Die Sperrfrist ist nach vollen Jahren oder Monaten zu bestimmen. Ein kalendarisch bestimmter Endtermin darf nicht bestimmt sein (BayObLG NJW 1966, 2371; KK/*Maur* § 407 Rn. 17). Eine Beschränkung der Sperre nach § 69a Abs. 2 StGB ist hingegen zulässig (LR/*Gössel* § 407 Rn. 30). Gem. §§ 409 Abs. 1 Satz 3 i.V.m. 267 Abs. 6 Satz 2 muss der Strafbefehlsantrag und – befehl. ggf. auch begründen, warum eine Entziehung der Fahrerlaubnis, die als Maßregel nach Art der Tat an sich angemessen und geboten erscheint, gleichwohl aber nicht angeordnet wird (KK/*Maur* § 407 Rn. 17).

6. Absehen von Strafe. Nach lange andauerndem Streit ist durch das RpflEntlG mit der Einführung 25 des § 407 Abs. 2 Nr. 3 klargestellt worden, dass auch im Strafbefehlsverfahren von Strafe abgesehen werden kann (BeckOK-StPO/*Temming* § 407 Rn. 14; vgl. hierzu *Mansperger* NStZ 1984, 258). Hiernach ist ein Absehen von Strafe nach § 60 StGB oder auch Vorschriften des Besonderen Teils möglich (eine Aufzählung dieser Norm vgl. BeckOK-StPO/*Temming* § 407 Rn. 14). Bedeutung erlangt das Absehen von Strafe in Fällen, in welchen bereits die Durchführung eines Ermittlungsverfahrens unverhältnismäßig hohe Kosten verursacht hat. Würde man, was eigentlich nahe läge, nach § 153b verfahren, fielen diese Kosten der Staatskasse zur Last (§ 153b Abs. 2). So bietet das Strafbefehlsverfahren, eine Möglichkeit, die Kosten dem Beschuldigten aufzubürden (vgl. *Meyer-Goßner/Schmitt* § 407 Rn. 21).

7. Kombinationsmöglichkeiten. Die in Abs. 2 benannten Rechtsfolgen können sowohl isoliert 26 oder auch nebeneinander festgesetzt werden. Eine Verhängung nebeneinander ist jedoch nur möglich, wenn dies nach materiellem Recht zugelassen ist. Gleichwohl bedeutet »allein« nicht, dass die mit dem Strafbefehl verhängte Strafe nicht auch neben einer (Haupt-) Strafe stehen kann (weiterführend hierzu: KK/*Maur* § 407 Rn. 19).

III. Tatmehrheit und Beschuldigtenmehrheit. Eine Ordnungswidrigkeit kann, wenn diese tat- 27 mehrheitlich zu einer Straftat begangen wurde, gem. §§ 42 Abs. 1, 64 OWiG ggf. mit einbezogen werden (BeckOK-StPO/*Temming* § 407 Rn. 20; s.u. Rdn. 29). Der Antrag kann von der StA auch gegen mehrere Beschuldigte gestellt werden (KK/*Maur* § 407 Rn. 22; *Krüger* NJW 1969, 1336). Ob die Rechtsfolge gegen jeden isoliert oder gegen alle gemeinsam ergeht, liegt im Ermessen des Richters, der nach den Grundsätzen der Trennung und Verbindung zu verfahren hat (BeckOK-StPO/*Temming* § 407 Rn. 21). Es besteht dementsprechend auch die Möglichkeit des Erlasses isolierter Strafbefehle über den Weg der getrennten Verfahren (§ 408 Abs. 3).

IV. Beschuldigtenrechte. Da § 163a Abs. 1 auf das Strafbefehlsverfahren trotz § 407 Abs. 3 Anwen- 28 dung findet, muss dem Beschuldigten vor Beendigung der Ermittlungen durch StA, Polizei oder Richter zumindest die Möglichkeit der Äußerung eingeräumt werden. Erfolgt trotzdem keine Vernehmung, so wird der dennoch erlassene Strafbefehl gleichwohl nicht unwirksam (*Oske* MDR 1986, 885; *Meyer-Goßner/Schmitt* § 407 Rn. 24; BeckOK-StPO/*Temming* § 407 Rn. 24). Im Zwischenverfahren und zum Antrag des Strafbefehls muss der Angeschuldigte nicht gehört werden. Der Strafbefehl wird ohne Anhörung des Angeschuldigten erlassen (§ 407 Abs. 3). Durchgreifende rechtsstaatliche Bedenken stehen dem nicht ggü., da die Gewährung des rechtlichen Gehörs durch die Einspruchsmöglichkeit nach § 410 Abs. 1 hinreichend gesichert ist (BVerfGE 25, 158 [165 f.]; KK/*Maur* § 407 Rn. 20).

§ 407 StPO   Zulässigkeit

29 **V. Ordnungswidrigkeiten (§ 30 OWiG)** Die Höhe der Geldbuße muss im Antrag bezeichnet werden, allerdings ist das Gericht bei der Festsetzung nicht hieran gebunden (*Meyer-Goßner/Schmitt* § 407 Rn. 19). Auch gegen eine juristische Person kann eine Geldbuße im Strafbefehlswege ergehen. Jedoch nur im verbundenen Verfahren, welches gegen den Täter der zugrunde liegenden Tat und auch gegen den Verband geführt wird (§ 30 Abs. 1 Satz 4 OWiG; BeckOK-StPO/*Temming* § 407 Rn. 19). Das Verfahren erfolgt wegen der Anknüpfungstat auf der Grundlage des § 444, der § 30 OWiG insoweit ergänzt (KK/*Maur* § 407 Rn. 16). Kommt es zu einer tatmehrheitlichen Begehung von Straftat und Ordnungswidrigkeit, so kann auch die Ordnungswidrigkeit für sich gesehen in den Strafbefehl mit einbezogen werden (§§ 64 OWiG; Nr. 280 Abs. 1 RistBV; vgl. Rn. 27).

30 **VI. Sonderfälle: Verfahren gegen Abwesende/Jugendliche/inhaftierte Beschuldigte/Adhäsionsverfahren.** Der Strafbefehl ist bei **Abwesenden** (§ 276) nach überw. Ansicht grds. nicht möglich (KK/*Maur* § 407 Rn. 35; *Meyer-Goßner/Schmitt* § 407 Rn. 4; a. A. BeckOK-StPO/*Temming* § 407 Rn. 23, der offensichtlich mit LG München MDR 1981, 71, die öffentliche Zustellung für zulässig hält. Zumindest verbietet Art. 103 Abs. 1 GG dies jedenfalls nicht, da dem Verfahren insgesamt keine rechtsstaatlichen Bedenken entgegen stehen; vgl. auch Schmidt MDR 1978, 98; LR/*Wendisch* [25. Auflg.] § 40 Rn. 1; a. A. hingegen LG Köln MDR 1982, 601; LR/*Gössel* Vor. § 407. Rn. 48). Hat der Beschuldigte einen Zustellungsbevollmächtigten bestellt (§§ 116a Abs. 3, 127a Abs. 2, 132 Abs. 1 Nr. 2), ist ein Strafbefehl möglich. Wird Einspruch eingelegt, so muss die Ladung zur Hauptverhandlung dem Angeklagten nach Einlegung des Einspruchs auf gleichem Wege zugestellt werden; bleibt er trotz ordnungsgemäßer Ladung fern, so wird der Einspruch verworfen (KK/*Maur* § 407 Rn. 35, [§ 412 StPO]; LG Verden NJW 1974, 2194]). Gleiches gilt bei mangelhafter Zustellung der Ladung, sofern dem Angeklagten der Strafbefehl dennoch bekannt war (Zweibrücken NStZ 1994, 602). Hierzu ist allerdings erforderlich, dass der Angeklagte nicht i.S.d. § 276 Abwesender ist (KK/*Maur* § 407 Rn. 35: weiterführend zur Zustellung an nicht Sesshafte: vgl. *Blankenheim* MDR 1992, 926). Auch gegen den außerhalb des Geltungsbereichs der StPO im **Ausland** Befindlichen kann der Strafbefehl erlassen werden, sofern die Zustellung als realistisch erscheint (*Meyer-Goßner/Schmitt* § 407 Rn. 4). Dies wird bspw. so sein, wenn der Aufenthaltsort bekannt und Rechtshilfe im Ausland nach § 37 Abs. 2 möglich ist (KK/*Maur* § 407 Rn. 35 f.; zum Verfahren: *Greßmann* NStZ 1991, 216).

31 Gegen **Jugendliche** ist gem. § 79 Abs. 1 JGG das Strafbefehlsverfahren unstatthaft. Hier gilt das vereinfachte Jugendverfahren gem. §§ 76, 78 JGG. Gegen Heranwachsende kann (nur) bei gemeinsamer Verhandlung nach § 109 Abs. 2 JGG durch den Jugendrichter (§ 108 Abs. 2 JGG) ein Strafbefehl ergehen, sofern Erwachsenenstrafrecht angewendet werden. Gem. § 109 Abs. 3 JGG ist die Verhängung von Freiheitsstrafe gegen Heranwachsende durch Strafbefehl nicht zulässig (KK/*Maur* § 407 Rn. 24; *Meyer-Goßner/Schmitt* § 407 Rn. 3). Wurde gegen einen Jugendlichen gleichwohl ein Strafbefehl erlassen, so ist dieser nicht unwirksam. Im weiteren Verfahren auf Einspruch tritt der Strafbefehlsantrag an die Stelle der Anklage, der Strafbefehl selbst an die des Eröffnungsbeschlusses. Mit Anberaumung der Hauptverhandlung durch das Jugendgericht ist der Mangel geheilt (BayObLG NJW 1957, 838; KK/*Maur* § 407 Rn. 26; *Meyer-Goßner/Schmitt* § 407 Rn. 3). Mangels Einspruchs soll der Strafbefehl nach überw. Ansicht rechtskräftig werden können. Abhilfe ist dann nur im Gnadenweg möglich (näher KK/*Maur* § 407 Rn. 27.) Für den Fall einer fehlenden oder falschen Altersangabe kommt ein Wiederaufnahmegrund nach § 359 Nr. 5 in Betracht, ggf. auch bei fehlender Angabe der Tatzeit (LG Landau NStZ-RR 2003, 23, *Noak* JA 2005, 539).

32 Gegen den in (Untersuchungs-)**Haft** befindlichen Beschuldigten kann grds. ein Strafbefehlsverfahren durchgeführt werden. Gem. Nr. 175 IV RiStBV ist jedoch zu prüfen, ob eine Erledigung im beschleunigten Verfahren nach § 417 effizienter ist (*Meyer-Goßner/Schmitt* § 407 Rn. 2). Eine Entschädigung des Verletzten im **Adhäsionsverfahren** setzt gem. § 406 Abs. 1, § 403 voraus, dass nach dem Ergebnis einer Hauptverhandlung entschieden werden kann. Mangels Hauptverhandlung sind die Regelungen daher im Strafbefehlsverfahren nicht anwendbar (Radtke/Hohmann/*Alexander* § 407 Rn. 32; KK/*Maur* § 407 Rn. 30; BeckOK-StPO/*Temming* § 407 Rn. 27). Wurde ein Antrag gestellt, kann er wirksam werden, wenn das Verfahren in die Hauptverhandlung gelangt ist.

§ 408 StPO Richterliche Entscheidung über einen Strafbefehlsantrag.

(1) Hält der Vorsitzende des Schöffengerichts die Zuständigkeit des Strafrichters für begründet, so gibt er die Sache durch Vermittlung der Staatsanwaltschaft an diesen ab; der Beschluß ist für den Strafrichter bindend, der Staatsanwaltschaft steht sofortige Beschwerde zu. Hält der Strafrichter die Zuständigkeit des Schöffengerichts für begründet, so legt er die Akten durch Vermittlung der Staatsanwaltschaft dessen Vorsitzenden zur Entscheidung vor.
(2) Erachtet der Richter den Angeschuldigten nicht für hinreichend verdächtig, so lehnt er den Erlaß eines Strafbefehls ab. Die Entscheidung steht dem Beschluß gleich, durch den die Eröffnung des Hauptverfahrens abgelehnt worden ist (§§ 204, 210 Abs. 2, § 211).
(3) Der Richter hat dem Antrag der Staatsanwaltschaft zu entsprechen, wenn dem Erlaß des Strafbefehls keine Bedenken entgegenstehen. Er beraumt Hauptverhandlung an, wenn er Bedenken hat, ohne eine solche zu entscheiden, oder wenn er von der rechtlichen Beurteilung im Strafbefehlsantrag abweichen oder eine andere als die beantragte Rechtsfolge festsetzen will und die Staatsanwaltschaft bei ihrem Antrag beharrt. Mit der Ladung ist dem Angeklagten eine Abschrift des Strafbefehlsantrags ohne die beantragte Rechtsfolge mitzuteilen.

A. Überblick. § 408 führt in nicht abschließender Form auf, wie das Gericht auf den Strafbefehlsantrag entscheidet. Die Norm wurde durch Art. 1 Nr. 30 StVÄG von 1987 neu gefasst. Abs. 1 befasst sich mit der zuständigkeitsbedingten Abgabe an ein anderes Gericht. Abs. 2 betrifft die Fälle der ablehnenden Entscheidung des Gerichts. Schließlich erfasst Abs. 3 die Fälle der antragsgemäßen Entscheidung oder der Anberaumung einer Hauptverhandlung. **Weitere Entscheidungsvarianten** ergeben sich nicht aus § 408: Die **örtliche** Unzuständigkeit etwa wird nicht erfasst. Hier gilt die generellere Vorschrift des § 16. Im Fall einer örtlichen Unzuständigkeit ist der Strafbefehlsantrag demnach nicht abzuweisen, sondern lediglich die Unzuständigkeit im Beschlusswege durch das Gericht auszusprechen (zum hierzu bestehenden Streitstand: vgl. KK/*Schneider* § 199; Rn. 4). Gegen die Unzuständigkeitserklärung des Gerichts steht der StA die einfache Beschwerde zu, ansonsten ist der Antrag beim tatsächlich zuständigen Gericht nochmals zu stellen. 1

Der Richter kann auch nach **§§ 153 ff.** auf die **Einstellung** des Verfahrens hinwirken. Entweder gibt er den Antrag der StA verbunden mit der Anregung, das Verfahren nach §§ 153 ff. einzustellen, zurück. Kommt eine Einstellung nach § 153a in Betracht, so verbleiben demgegenüber zwei mögliche Vorgehensweisen: Das Gericht kann wiederum anregen, den Strafbefehlsantrag zurückzunehmen und zugleich die adäquaten Auflagen und Weisungen benennen. Alternativ kann das Gericht auch selbst einstellen. In diesem Fall müssen die StA und der Angeschuldigte zuvor zugestimmt haben (vgl. KK/*Maur* § 408 Rn. 3; Meyer-Goßner/*Schmitt* § 408 Rn. 16). Erscheint der Sachverhalt nicht ausreichend aufgeklärt, kann gem. § 202 die **Erhebung weiterer Beweise** angeordnet werden (BeckOK-StPO/*Temming* § 408 Rn. 12.1). Wird erst nach Stellung des Antrags festgestellt, dass der Beschuldigte nicht auffindbar ist, so ist nach § 205 zu entscheiden (Meyer-Goßner/*Schmitt* § 408 Rn. 16). Besteht ein **Verfahrenshindernis**, ist der Strafbefehl nach § 408 Abs. 2 abzulehnen und nicht nach § 206a/b einzustellen (KK/*Maur* § 408 Rn. 5). 2

B. Verfahren. I. Sachliche Unzuständigkeit. Abs. 1 regelt Fälle sachlicher Unzuständigkeit. Allerdings ist die **Bedeutung** der Norm **gering**, da eine Zuständigkeit des Schöffengerichts wegen § 25 Nr. 2 GVG (Zuständigkeit des Einzelrichters bei Vergehen, wenn eine höhere Freiheitsstrafe als zwei Jahre nicht zu erwarten ist) praktisch nicht mehr in Betracht kommt (HK-GS/*Andrejtschitsch* § 408 Rn. 1). Den praktisch möglichen Fall des Erlasses eines Strafbefehls durch das Schöffengericht gem. **§ 408a** erfasst § 408 nicht (BeckOK-StPO/*Temming* § 408 Rn. 1; Meyer-Goßner/*Schmitt* § 408 Rn. 3). Hält das AG die Zuständigkeit des **LG** oder des **OLG** für gegeben, muss es sich durch Gerichtsbeschluss für unzuständig erklären. Eine **Ablehnung** des Antrags ist wegen der damit einhergehenden Rechtskraftwirkungen nicht sachgerecht. Nach überw. Ansicht kann die StA gegen den Beschluss einfache Beschwerde einlegen (BeckOK-StPO/*Temming* § 408 Rn. 2; HK-GS/*Andrejtschitsch* § 408 Rn. 2; KK/*Maur* § 408 Rn. 8; Meyer-Goßner/*Schmitt* § 408 Rn. 4; a. A. LR/*Gössel* § 408 Rn. 15 ff.: Ablehnung des Antrags, Rn. 14 f.: Rechtsmittel der sofortigen Beschwerde). Auch § 209 (**Aktenvorlage**) kann nicht angewendet werden, da der Strafbefehl nach § 407 allein vom AG zu erlassen ist. Zudem 3

§ 408 StPO Richterliche Entscheidung über einen Strafbefehlsantrag

ersetzt der Strafbefehl nicht die Anklageschrift vor dem höheren Gericht (KK/*Maur* § 408 Rn. 8; a. A. KMR/*Metzger* § 408, Rn. 7).

4 **II. Ablehnung eines Antrages.** Die Ablehnung des Antrages ist in Abs. 2 geregelt. Sie hat zu erfolgen, wenn der Angeschuldigte der Tat nicht hinreichend verdächtig (§ 203) ist (Satz 1). Ob ein hinreichender Tatverdacht vorliegt, hat der Richter unter Berücksichtigung von Sinn und Zweck des Strafbefehlsverfahrens zu beurteilen. Auch wenn eine Schuldfeststellung im formalen Sinn nicht erfolgen kann, hat der Richter den Antrag aber nach dem oben Ausgeführten (§ 407 Rdn. 3) auch dann abzulehnen, wenn er zu der Überzeugung gelangt, dass die Schuldfrage im summarischen Verfahren nicht zu klären ist. Sofern Zweifel bestehen, ist gem. Abs. 3 Satz 2 zu verfahren und Hauptverhandlung anzuberaumen (HK-GS/*Andrejtschitsch* § 408 Rn. 4; KK/*Maur* § 408 Rn. 9). Bestehen im Hinblick auf den Tatverdacht Zweifel in tatsächlicher Hinsicht, so steht es dem Gericht auch offen, die Akten der StA unter Anregung weiter gehender Aufklärung zurückzugeben (HK-GS/*Andrejtschitsch* § 408 Rn. 4; Nr. 178 III RiStBV). Eine Ablehnung des Strafbefehlsantrags erfolgt auch, sofern die in Betracht kommende Tat aufgrund rechtlicher Hindernisse nicht zu bestrafen ist oder Verfahrenshindernisse bestehen, die nicht zu überwinden sind. Der Ablehnungsbeschluss muss in der Begründung entsprechend differenziert sein. Liegt eine prozessuale Tat vor, so erfolgt ein einheitlicher Ablehnungsbeschluss. Bei selbstständigen Taten ist demgegenüber auch eine selbstständige Ablehnung für die einzelne Tat zulässig (LG München II NStZ 1990, 452; *Meyer-Goßner/Schmitt* § 408, Rn. 8; a. A. KMR/*Metzger* § 408, Rn. 15 mit dem Argument der Einheitlichkeit der Entscheidung von StA und Gericht im Verfahren der §§ 407 ff.). Gegen die Ablehnung des Strafbefehls steht der StA die sofortige Beschwerde zu (§ 210). Der Anschluss des Nebenklägers wird mit der Ablehnungsentscheidung wirksam (§ 396 Abs. 1 Satz 3), damit steht ihm ebenfalls das Beschwerderecht gem. §§ 400 Abs. 2, 401 Abs. 1 Satz 1 zu. Dem Angeschuldigten steht mangels Beschwer kein Beschwerderecht zu, er ist jedoch im Beschwerdeverfahren nach § 308 Abs. 1 anzuhören (KK/*Maur* § 408 Rn. 13). Nach Ablehnung des Strafbefehls ist dieser bekannt zu machen. Dies bestimmt § 41. Die Bekanntmachung hat sowohl ggü. dem Angeschuldigten, als auch dem Angeschuldigten, der nicht zum Antrag angehört worden ist (§ 407 Abs. 3) zu erfolgen (a. A. *Meyer-Goßner/Schmitt* § 408 Rn. 8). Vor der Ablehnung eines Strafbefehls ist zu hinterfragen, ob die Tat, sofern sie nicht zu beweisen ist oder aus anderen Gründen nicht zu bestrafen ist, eine Ordnungswidrigkeit darstellt.

5 Da die Entscheidung der Beschwerde nur dem AG zusteht, hebt das Beschwerdegericht den Strafbefehlsantrag nur auf und verweist i.Ü. an das zuständige AG zwecks neuer Entscheidung. Das AG kann dann die Hauptverhandlung anberaumen oder den Strafbefehl erlassen. Weisungen des LG sind nicht zulässig (KK/*Maur* § 408 Rn. 13; *Meyer-Goßner/Schmitt* § 408 Rn. 9; a. A. *Roxin* § 66 B II 3). Wird die Beschwerde verworfen, so hat der Verwerfungsbeschluss im Hinblick auf den Antrag die Wirkung eines Ablehnungsbeschlusses (HK-GS/*Andrejtschitsch* § 408 Rn. 5). Der ablehnende Beschluss entfaltet Rechtskraftwirkung vergleichbar dem Ablehnungsbeschluss nach § 204 (KK/*Maur* § 408 Rn. 14). Wie bei ausbleibender Anfechtung des Strafbefehls, ist eine erneute Rechtsverfolgung dann nur bei neuer Tatsachenlage oder neuer Beweislage zulässig (§ 211).

6 **III. Erlass des Strafbefehls.** Wenn der Richter davon überzeugt ist, dass nach summarischer Prüfung keine relevanten Zweifel daran bestehen können, dass der Angeschuldigte die ihm im Strafbefehlsantrag zur Last gelegte Tat tatsächlich begangen hat und er auch in rechtlicher Hinsicht mit der StA übereinstimmt, hat er den Strafbefehl gemäß des Antrags der StA zu erlassen (§ 408 Abs. 3 Satz 1). Der Strafbefehl muss insoweit dem Antrag entsprechen (*Meyer-Goßner/Schmitt* § 408 Rn. 11). Gleichwohl ist der Richter nicht vollständig an den Antrag der StA gebunden. Der Strafbefehl ist bei Abweichungen vom Antrag der StA auch ohne deren Zustimmung wirksam (KK/*Maur* § 408 Rn. 18; BayObLG 58, 130). Zudem sieht das Gesetz zunächst einen Einigungsversuch zwischen Strafgericht und StA vor, sodass nicht zwingend sofort ein Termin zur Hauptverhandlung anzuberaumen ist. Oftmals divergieren StA und Strafgericht etwa ausschließlich in der Bemessung der Strafhöhe, sodass keine gesteigerte Notwendigkeit für eine Beweisaufnahme o.Ä. besteht (RiStBV Nr. 178 I, II; KK/*Maur* § 408 Rn. 17).

7 **IV. Anberaumung der Hauptverhandlung.** Nach Abs. 3 Satz 2 und 3 hat der Richter eine Hauptverhandlung anzuberaumen, wenn er trotz hinreichenden Tatverdachts Zweifel an der Schuld des An-

geschuldigten hat. Gleiches gilt, wenn er aus anderen Gründen eine Verurteilung im summarischen schriftlichen Verfahren für nicht angemessen hält (HK-GS/*Andrejtschitsch* § 408 Rn. 7; *Meyer-Goßner/ Schmitt* § 408 Rn. 12). Dieser Weg bietet sich an, wenn zwischen StA und Richter bei der rechtlichen Bewertung der Tat oder im Hinblick auf die Schuldfähigkeit keine Einigung erzielt werden konnte (vgl. Rdn. 6); ggf. auch dann wenn der Richter das Verfahren noch nicht für entscheidungsreif hält. Bei Bedenken im Rechtsfolgenausspruch hat die StA die Möglichkeit ihren Antrag dahin gehend zu ändern, dass wieder Übereinstimmung mit dem Gericht besteht und somit die Bedenken des Richters auszuräumen. Eine Hauptverhandlung kann ausnahmsweise gleichwohl auch dann angezeigt sein, wenn schwerere Folgen der Tat noch nicht eingetreten jedoch in näherer Zukunft zu erwarten sind. Denn diese Folgen können im Hinblick auf die Schwere der festzustellenden Schuld und die festzusetzende Rechtsfolge bedeutsam werden (Saarbrücken JR 1969, 430 m. Anm. *Koffka*; *Schaal*, in GS Meyer, S. 429; a. A. u.a. im Hinblick auf den Beschleunigungsgrundsatz LR/*Gössel* § 408, Rn. 44 f.; *Meyer-Goßner/ Schmitt* § 408 Rn. 12). Umstritten ist, ob der Richter aus general- oder spezialpräventiven Erwägungen eine Hauptverhandlung anberaumen darf. Richtigerweise ist dies zu verneinen (so i.E. HK-GS/*Andrejtschitsch* § 408 Rn. 7; SK/*Weßlau* § 408 Rn. 17; a. A. bspw. LR/*Gössel* § 408 Rn. 45), da die Wahl der Verfahrensart als solcher dann bereits fragwürdig ist. Wird allerdings eine intensive präventive Einwirkung für notwendig erachtet, dürfte das Verfahren von vornherein nicht für eine Erledigung im Strafbefehlswege geeignet sein. Dementsprechend hätte bereits die StA (entsprechend RiStBV Nr. 175 III) Anklage zu erheben. Allein der Umstand, dass ein Einspruch des Angeschuldigten mit hoher Wahrscheinlichkeit zu erwarten ist, führt hingegen nicht dazu, dass eine Hauptverhandlung zwingend anzuberaumen wäre (RiStBV Nr. 175 III; *Meyer-Goßner/Schmitt* § 408 Rn. 12). Die Anberaumung der Hauptverhandlung erfolgt durch Verfügung vonseiten des Richters und ist nicht anfechtbar (KK/*Maur* § 408 Rn. 24). Die richterliche Terminsverfügung hat die Wirkung eines Eröffnungsbeschlusses. Die Ladung ist dem Angeklagten mit dem Strafbefehlsantrag jedoch ohne die dortigen Ausführungen zur beantragten Rechtsfolge mitzuteilen (*Meyer-Goßner/Schmitt* § 408 Rn. 14; HK-GS/*Andrejtschitsch* § 408 Rn. 8). Die Vorbereitung der Hauptverhandlung erfolgt nach §§ 213 ff. Die dem Strafbefehlsantrag inhärente Anklage kann nach überw. Ansicht durch die StA bis zur Vernehmung des Angeklagten zur Sache i.S.d. § 156 zurückgenommen werden (KK/*Maur* § 408 Rn. 19 ff.; krit. LR/ *Beulke* § 156 Rn. 4). Umstr. ist die Anwendbarkeit der §§ 411 Abs. 2, 420 (dafür *Meyer-Goßner/Schmitt* § 408 Rn. 14; dagegen KK/*Maur* § 408 Rn. 25; BayObLG GA972, 367; AnwK/*Böttger* § 408 Rn. 15). Dagegen spricht die Praxis erst im Rahmen der Entscheidung nach Abs. 3 über die Eignung des Strafbefehlsverfahrens etwa unter präventiven Gesichtspunkten zu entscheiden. Denn zumindest in diesen Fällen liegt nur noch ein formal durch Strafbefehlsantrag eingeleitetes Verfahren vor, womit sich Vereinfachungen bei der Beweisaufnahme u.Ä. nicht rechtfertigen lassen.

§ 408a StPO Strafbefehlsantrag nach Eröffnung des Hauptverfahrens.

(1) Ist das Hauptverfahren bereits eröffnet, so kann im Verfahren vor dem Strafrichter und dem Schöffengericht die Staatsanwaltschaft einen Strafbefehlsantrag stellen, wenn die Voraussetzungen des § 407 Abs. 1 Satz 1 und 2 vorliegen und wenn der Durchführung einer Hauptverhandlung das Ausbleiben oder die Abwesenheit des Angeklagten oder ein anderer wichtiger Grund entgegensteht. In der Hauptverhandlung kann der Staatsanwalt den Antrag mündlich stellen; der wesentliche Inhalt des Strafbefehlsantrages ist in das Sitzungsprotokoll aufzunehmen. § 407 Abs. 1 Satz 4, § 408 finden keine Anwendung.

(2) Der Richter hat dem Antrag zu entsprechen, wenn die Voraussetzungen des § 408 Abs. 3 Satz 1 vorliegen. Andernfalls lehnt er den Antrag durch unanfechtbaren Beschluß ab und setzt das Hauptverfahren fort.

A. Zweck und Anwendungsbereich.
Auch während des normalen Verfahrens und auch nach Eröffnung der Hauptverhandlung kann noch immer in das Strafbefehlsverfahren übergegangen werden. Dies bestimmt § 408a. Die Vorschrift ist durch das StVÄG 1987 eingeführt worden. Sie soll nach der Vorstellung des Gesetzgebers das ins Stocken geratene Verfahren möglichst unkompliziert und rationell zur Erledigung führen (BT-Drucks. 10/1313, S. 35 und 10/6592, S. 21; KK/*Maur*

§ 408a StPO Strafbefehlsantrag nach Eröffnung des Hauptverfahrens

§ 408a Rn. 1; BeckOK-StPO/*Temming* § 408a Rn. 1). Die Norm ist Ausdruck des prozessökonomischen Gedankens, der dem ganzen Strafbefehlsverfahren innewohnt.

2 Der erwünschte Beschleunigungseffekt blieb jedoch in der Praxis weitgehend aus (vgl. *Meurer* JuS 1987, S. 887). Dass ein Angeklagter, der zur Hauptverhandlung nicht erscheint, einen gegen ihn ergangenen Strafbefehl, ohne Einspruch zu erheben, in Rechtskraft erwachsen lassen wird, erscheint nicht nur eher fernliegend (KK/*Maur* § 408a, Rn. 4). Vielmehr wird die Gesetzeskonzeption nur schlüssig, wenn es tatsächlich darum gehen soll, gerade durch die Passivität bzw. »Saumseligkeit« des Angeklagten eine rechtskräftige Entscheidung zügig herbeiführen zu können, was nicht unproblematisch ist. Darüber hinaus ist die Konstruktion in systematischer Hinsicht bedenklich. Denn in dem betreffenden Verfahren war ja nach Einschätzung der StA und/oder des Gerichts zunächst die Anberaumung einer Hauptverhandlung angezeigt. Wie sich diese Einschätzung ohne Mitwirkung oder auch nur das Erscheinen des Angeklagten und damit gerade ohne die Möglichkeit zur Klärung von fraglichen Tatsachengrundlagen ändern können sollte, ist kaum zu begründen. Gerade wenn sich seit Anklageerhebung keine weiteren Erkenntnisse ergeben haben, müsste entweder die ursprüngliche Entscheidung gegen das Strafbefehlsverfahren oder die aktuelle Entscheidung i.S.d. § 408a fehlerhaft sein (zur Kritik vgl. BeckOK-StPO/*Temming* § 408a Rn. 1; KK/*Maur* § 408a Rn. 2 ff.).

3 Dennoch sollte es durchaus einen Bereich sinnvoller Anwendung geben. Denn die Vorzüge des Strafbefehlsverfahrens (§ 407 Rdn. 1 ff.) können auch in dieser prozessualen Situation eintreten. Da der Angeklagte noch nicht in öffentlicher Hauptverhandlung erschienen ist, kann immer noch eine relativ »geräuschlose« Erledigung erfolgen. Weiterhin bieten sich Fallgestaltungen an, in denen der Angeklagte bekannten Aufenthalts im Ausland ist, ein Rechtshilfe- und Auslieferungsverfahren jedoch unverhältnismäßig erscheint. Schließlich ist denkbar, dass die Aussage eines ausgebliebenen Zeugen nach § 251 schriftlich eingeführt werden kann. Entscheidend ist jedoch, dass der Sachverhalt nach dem bisherigen Verfahrensstand als ausreichend geklärt betrachtet werden kann (*Meyer-Goßner/Schmitt* § 408a Rn. 1; HK-GS/*Andrejtschitsch* § 408a Rn. 1; KMR/*Metzger* § 408a Rn. 2 ff.). Der Gesetzgeber hatte bei der Konzeption der Norm wohl primär die ohnehin seltenen oben erwähnten Fälle des nicht zu erwartenden Einspruchs bei Nichterscheinen des Angeklagten im Auge. Unabhängig von der empirischen Häufigkeit dieser Konstellation, macht das Vorgehen nach § 408a nur dann Sinn, wenn – ob aus Passivität oder aufgrund der mit der Erledigung im Strafbefehlsverfahren verbundenen Vorteile – von einer Einspruchseinlegung nicht auszugehen ist. Die Situation ähnelt auch aufgrund der damit vorgegebenen Strafobergrenzen gewissermaßen einer Absprache bei »mutmaßlicher Zustimmung« des Angeklagten. Gerade daher wird sich dieser Weg insb. empfehlen, wenn der Angeklagte verteidigt und der Verteidiger anwesend ist.

4 Der Erlass des Strafbefehls nach § 408a ist nur nach bereits ergangenem Eröffnungsbeschluss (§ 203) möglich. Im Zwischenverfahren nach Erhebung der Anklage und vor Erlass des Eröffnungsbeschlusses bleibt der StA gleichwohl die Möglichkeit, die Anklage jederzeit nach § 156 zurückzunehmen (BeckOK-StPO/*Temming* § 408a Rn. 3). Die Vorschrift findet nur im Verfahren vor dem AG Anwendung. Aufgrund von Abs. 1 Satz 2 kann die StA vor, während (a. A. noch OLG Hamburg, NStZ 1988, 522 – JR 1989, 171) oder auch nach ausgesetzter Hauptverhandlung in das Strafbefehlsverfahren übergehen (KK/*Maur* § 408a Rn. 6). Nicht von Belang ist hierbei, ob der Eröffnungsbeschluss die Tat als Vergehen oder Verbrechen qualifiziert. Für die Zuständigkeit nach § 408a kommt es einzig und allein auf die Bewertung des Strafbefehlsantrages an (KK/*Maur* § 408a Rn. 6; BeckOK-StPO/*Temming* § 408a Rn. 5; a. A. *Meyer-Goßner/Schmitt* § 408a, Rn. 3). Ferner ist die Anwendung der Vorschrift des § 408a im beschleunigten Verfahren ausgeschlossen, sofern nicht das beschleunigte Verfahren abgelehnt und die Eröffnung des Hauptverfahrens beschlossen wurde, §§ 418 Abs. 1, 419. Erst mit der Eröffnung des Hauptverfahrens ist auch eine Anwendung von § 408a möglich. Folglich kann weder in einer Hauptverhandlung nach erfolgtem Einspruch gegen einen Strafbefehl noch nach Anberaumung einer Hauptverhandlung gem. § 408 Abs. 3 Satz 2 mangels Eröffnungsbeschlusses ein neuer Strafbefehl nach § 408a ergehen (BT-Drucks. 10/1313, 36; KK/*Maur* § 408a Rn. 7).

5 **B. Voraussetzungen. I. Besondere Voraussetzungen.** Auch der Erlass des Strafbefehls nach § 408a fordert das Vorliegen der allgemeinen Voraussetzungen des Strafbefehls nach § 407. Der Strafbefehl nach § 408a kann nur auf dieselben Rechtsfolgen gerichtet sein, wie der des § 407. Die vorherige Anhörung des Angeklagten ist i.R.d. Verfahrens nach § 408a nicht zwingend. Die §§ 407 Abs. 3,

Abs. 1 Satz 4 und 408 finden wegen § 408a Abs. 1, 3 im Verfahren keine Anwendung (*Meyer-Goßner/ Schmitt* § 408a Rn. 3; BeckOK-StPO/*Temming* § 408a Rn. 5; KK/*Maur* § 408a Rn. 8; KMR/*Metzger* § 408a Rn. 6 ff.). Neben dem Vorliegen der allgemeinen Voraussetzungen bedarf es des Bestehens eines **wichtigen Grundes**, welcher der Durchführung der Hauptverhandlung entgegensteht. § 408a benennt hier nicht abschließende Beispiele, etwa das Ausbleiben oder die Abwesenheit des Angeklagten. Eine weitere Konkretisierung enthält Nr. 175a RiStBV (KMR/*Metzger* § 408a Rn. 12). Als **abwesend** ist der Angeklagte i.S.d. Gesetzes und nach ganz allgemeiner Ansicht (vgl. KK/*Maur* § 408a Rn. 9) zu bezeichnen, wenn die Maßgaben des § 276 zu bejahen sind. D.h., der Aufenthaltsort des Angeklagten ist nicht unbekannt, aber er ist bspw. dauerhaft im Ausland. **Ausgeblieben** ist der fernbleibende aber wirksam geladene Angeklagte, ohne dass es auf eine Entschuldigung ankommt (Nr. 175c RiStBV geht aber davon aus, dass bei fehlender Entschuldigung ein Vorgehen nach § 408a nahe liegt; vgl. BeckOK-StPO/*Temming* § 408a Rn. 7). Wie eingangs erwähnt, reicht auch ein anderer wichtiger Grund, der der in Abwesenheit des Angeklagten durchgeführten Hauptverhandlung entgegensteht (weitere Beispiele zu finden in: vgl. Nr. 175a)–d) RiStBV). Zumeist sind die Hindernisse der Durchführung in der nicht hinreichenden Verteidigungsmöglichkeit des Angeklagten begründet. Dies kann etwa insb. dann der Fall sein, wenn es der Zustimmung des Angeklagten bedarf, um eine Zeugenaussage zu verlesen (vgl. zu diesen Fällen: Nr. 175a)–d) RiStBV) oder die Kosten eines Sachverständigenbeweises unvertretbar hoch erscheinen, ggf. die Aussage eines wichtigen Zeugen, der unerreichbar ist, nach § 251 Abs. 2 verlesen werden kann (KMR/*Metzger* § 408a Rn. 13; *Meyer-Goßner/Schmitt* § 408a Rn. 4; HK-GS/*Andrejtschitsch* § 408a Rn. 5). Realistischerweise wird aber hinter den sog. anderen wichtigen Gründen häufig eine **Verfahrensabsprache** zu sehen sein, die dem Strafgericht und der StA die Möglichkeit eröffnen soll, das zuvor ordentliche Verfahren im Wege des Strafbefehlsverfahrens schnell zum Abschluss zu bringen (KMR/*Metzger* § 408a Rn. 13; krit. SK/*Weßlau* § 408a Rn. 10).

II. Antrag der StA. Die formalen und inhaltlichen Anforderungen an den Antrag nach § 408a, sind die in §§ 407, 409 vorgeschriebenen. Er muss daher den vorgeschriebenen Inhalt haben und eine der möglichen Rechtsfolgen genau festsetzen und bestimmen. Der Antrag kann in der Hauptverhandlung mündlich gestellt werden. Der wesentliche Inhalt muss in das Sitzungsprotokoll aufgenommen werden. Hierbei auftretende Mängel hindern nicht seine und die Wirksamkeit des darauf ergangenen Strafbefehls (zur Rechtslage vor dem JuMoG OLG Stuttgart, NStZ 1998, 100; *Rieß*, JR 1989, 172). Der **Angeklagte** hat kein ihm zustehendes formelles Antragsrecht, er kann aber – über seinen Verteidiger – Anregungen geben. Sinnvollerweise wird man zur Vermeidung eines Einspruchs so weit wie möglich ein Einvernehmen mit dem Angeklagten herzustellen versuchen. Der **Nebenkläger**, sofern anwesend und zugelassen, ist zum Antrag zu hören (KK/*Maur* § 408a Rn. 11.; KMR/*Metzger* § 408a Rn. 14).

III. Gerichtsentscheidung. 1. Erlass des Strafbefehls. Will das Gericht den beantragten Strafbefehl erlassen, so muss der gesamte Verfahrensstoff erschöpft sein und der Strafbefehl inhaltlich mit dem Antrag übereinstimmen (BeckOK-StPO/*Temming* § 408a Rn. 11b). Dies birgt keine Probleme, wenn der gesamte Vorwurf der StA zum Gegenstand des Strafbefehls wird. Hierbei ist eine Bezugnahme auf die Anklageschrift zulässig und üblich. Sind mehrere Taten angeklagt, so müssen die nicht im Strafbefehl abgeurteilten selbstständigen Taten vor Erlass nach § 154 eingestellt werden, i.Ü. ist der Anklagevorwurf entsprechend dem Strafbefehlsantrag zu reduzieren (BeckOK/*Temming* § 408a Rn. 11). Ein teilweiser Freispruch ist i.R.d. Strafbefehls nach § 408a nicht vorgesehen und daher nicht möglich (KK/*Maur* § 408a Rn. 13). Im Fall des § 408a wird der Strafbefehl zwar nach dem Eröffnungsbeschluss beantragt und ergeht erst nach Eintritt in die Hauptverhandlung. Dennoch erfolgt er nicht in Form eines Urteils. D.h., die Schöffen wirken nicht mit (§ 30 Abs. 2 GVG; *Rieß* JR 1988, 135) und der Strafbefehl wird nicht in der Hauptverhandlung verkündet. Er ist dem Angeklagten zuzustellen; StA und Nebenkläger erhalten formlos Mitteilung (KK/*Maur* § 408a Rn. 14).

2. Ablehnung des Strafbefehls. Die Ablehnung des Strafbefehls erfolgt durch richterlichen Beschluss. Der Beschluss muss nicht begründet werden und ist formlos mitzuteilen (§§ 34, 35 Abs. 2 Satz 2). Er ist unanfechtbar und führt dazu, dass das Verfahren nach allgemeinen Regeln fortgesetzt wird (*Meyer-Goßner/Schmitt* § 408a Rn. 5; HK-GS/*Andrejtschitsch* § 408a Rn. 6). Da der Angeklagte durch Einlegung eines Einspruchs eine erneute Hauptverhandlung erzwingen kann, ist es sinnvoll,

§ 408b StPO Bestellung eines Verteidigers bei beantragter Freiheitsstrafe

wenn sich StA und Richter im Interesse einer zügigen Verfahrensbeendigung bzgl. der festzusetzenden Rechtsfolge verständigen und in eine solche Absprache den Angeklagten nach Möglichkeit einbeziehen.

10 Der Ablehnungsbeschluss nach § 408a beendet nur das von der StA eingeleitete Strafbefehlsverfahren (LR/*Gössel* § 408a Rn. 36). Es kann daher im weiteren Verlauf des Verfahrens, angepasst an veränderte Sachlagen, ggf. wiederum ein Strafbefehlsantrag durch die StA gestellt werden (*Meyer-Goßner/Schmitt* § 408a Rn. 5).

11 **IV. Verfahrensfehler.** Grds. führt die Nichtbeachtung der (Schrift-)Form für den Antrag oder fehlende Übereinstimmung zwischen Strafbefehl und Antrag nicht zu einem Verfahrenshindernis (SK/*Weßlau* § 408a Rn. 24; *Meyer-Goßner/Schmitt* § 408a Rn. 7; HK-GS/*Andrejtschitsch* § 408a Rn. 8). Anders lediglich bei gänzlich fehlendem Antrag. Hier wäre ein Verfahrenshindernis zu bejahen mit der Folge, dass das Strafbefehlsverfahren ggf. durch das Revisionsgericht einzustellen ist. Übrige denkbare Verfahrensfehler können revisionsrechtlich nicht von Belang sein, da das Urteil des Tatrichters nach erfolgtem Einspruch auf ihnen nicht mehr beruhen kann (KMR/*Metzger* § 408a Rn. 27; vgl. OLG Hamburg JR 1989, 171 m. Anm. *Rieß*; OLG Hamm MDR 1979, 947).

§ 408b StPO Bestellung eines Verteidigers bei beantragter Freiheitsstrafe.

Erwägt der Richter, dem Antrag der Staatsanwaltschaft auf Erlaß eines Strafbefehls mit der in § 407 Abs. 2 Satz 2 genannten Rechtsfolge zu entsprechen, so bestellt er dem Angeschuldigten, der noch keinen Verteidiger hat, einen Verteidiger. § 141 Abs. 3 findet entsprechende Anwendung.

1 **A. Allgemeines und Normzweck.** Die Norm regelt einen spezifischen Fall der notwendigen Verteidigung. Durch die Bestimmung des § 408b werden verschiedene, die notwendige Verteidigung betreffende, Normen und deren Regelungsbereiche innerhalb des Strafprozessrechts erweitert (vgl. KK/*Maur* § 408b Rn. 1). Dies gilt für den Katalog des § 117 Abs. 4 und die Bestimmungen der §§ 231a Abs. 4, 364a, 364b, 418 Abs. 4, 434.

2 So ist auch der in § 407 Abs. 2 Satz 2 erfasste Fall der Verhängung einer Freiheitsstrafe bis zu einem Jahr, auch bei Aussetzung zur Bewährung ein Fall der notwendigen Verteidigung durch einen Rechtsbeistand. Nichtsdestotrotz bleibt ein Verstoß gegen die Bestimmung folgenlos. Die Mitwirkung eines Verteidigers dient hier allem voran dazu, dass mit Blick auf die Aussetzung zur Bewährung i.R.d. schriftlichen Verfahrens keine übermäßig hohen Freiheitsstrafen durch den Beschuldigten hingenommen werden. Es soll insb. vermieden werden, dass der Beschuldigte sich hier der von einer Bewährung ausgehenden belastenden Wirkung nicht bewusst wird. Eine Revision kann deshalb nicht auf die Verletzung des § 406b gestützt werden, weil dies einen rechtzeitigen Einspruch und darauf folgende Hauptverhandlung erfordern würde. Das darauf ergehende Urteil könnte nicht mehr auf dem Verstoß gegen § 406b beruhen (HK-GS/*Andrejtschitsch* § 408b Rn. 5). Die Auswahl des Verteidigers kann mit der Beschwerde gem. § 142 angegriffen werden (nicht überzeugend die Annahme von *Meyer-Goßner/Schmitt*, § 408b Rn. 4, in diesen Fällen sei ein Vertrauensverhältnis weniger unerlässlich. Das Verhältnis des Verteidigers zu seinem Mandanten wird durch § 408b in keiner Weise modifiziert).

3 **B. Voraussetzungen für die Beiordnung eines Verteidigers. I. Antrag.** Zur Gewährleistung eines effizienten und fairen Verfahrens sollte die Bestellung des Verteidigers zum frühestmöglichen Zeitpunkt erfolgen (KK/*Maur* § 408b Rn. 5), also wenn absehbar ist, dass die Voraussetzungen einer notwendigen Verteidigung gegeben sein werden. Erwägt die StA eine zur Bewährung auszusetzende Freiheitsstrafe zu beantragen (§ 407 Abs. 2), wird i.d.R. mit dem Antrag des Strafbefehls zugleich die Beiordnung eines Verteidigers beantragt. Ggf. bietet sich eine Beiordnung auch schon im Laufe des Ermittlungsverfahrens an (§ 141 Abs. 3). Der Strafbefehlsantrag ist daher keine formelle Voraussetzung für die Beiordnung i.S.d. § 408b. Da die Norm auf die spezifische Verteidigungssituation des Strafbefehlsverfahrens mit drohender Freiheitsstrafe zugeschnitten ist, müssen nicht die Voraussetzungen einer notwendigen Verteidigung nach § 140 Abs. 2 vorliegen (BeckOK-StPO/*Temming* § 408b Rn. 2), anders allerdings, wenn der Richter nach § 408 Abs. 3 Satz 2 Hauptverhandlung anbe-

raumen will (Radtke/Hohmann/*Alexander* § 408b Rn. 3). Auch gelten die Gründe des § 140 Abs. 2 als solche uneingeschränkt fort (BT-Drucks. 12/3832, 42; HK-GS/*Andrejtschtisch* § 408b Rn. 1).

II. Weitere Voraussetzungen. Hat die StA einen Strafbefehlsantrag mit den in § 407 Abs. 2 be- 4 nannten Rechtsfolgen bei Gericht anhängig gemacht und ist der Angeschuldigte unverteidigt, so hat der Richter einen Verteidiger zu bestellen, wenn er erwägt, dem Antrag auch in der Rechtsfolge zu entsprechen. Das Vorliegen eines Bewährungsbeschlusses ist nicht erforderlich, da das Gericht an die Anregungen der StA insoweit nicht gebunden ist (KK/*Maur* § 408b Rn. 3). Wie sich genau genommen bereits aus § 407 Abs. 2 ergibt, muss die Beiordnung vor dem Erlass des Strafbefehls erfolgen (BeckOK-StPO/*Temming* § 408b Rn. 3; *Meyer-Goßner/Schmitt* § 408b Rn. 3). Die Beiordnung aus § 408b hat zu unterbleiben, wenn der Richter entschlossen ist, den Antrag auf jeden Fall ablehnend zu bescheiden. Bestehen seitens des Gerichts hingegen Zweifel am Antrag der StA, so ist eine Beiordnung naturgemäß nicht zwingend erforderlich und hat auch nicht von Amts wegen zu erfolgen. In diesem Fall wird der Richter regelmäßig einen Termin zur Hauptverhandlung anberaumen. Hier gelten dann die allgemeinen Regeln. D.h., das Gericht wird nach § 140 Abs. 2 prüfen, ob ein Fall der notwendigen Verteidigung vorliegt, was i.d.R. dann zu bejahen ist, wenn erwogen wird, im Strafmaß über die beantragte Rechtsfolge hinauszugehen (BeckOK-StPO/*Temming* § 408b Rn. 3). Unterbleibt die nach § 408b zwingende Beiordnung, so bleibt dieser **Verstoß** nach herrschender Meinung folgenlos, da der Angeschuldigte gegen den Strafbefehl Einspruch einlegen kann, womit seine Verteidigungsrechte als gewahrt gelten (KK/*Maur* § 408b Rn. 4; Radtke/Hohmann/*Alexander* § 408b Rn. 10; *Meyer-Goßner/Schmitt* § 408b Rn. 7). In der **Revisionsinstanz** ist ein Beruhen des auf die Hauptverhandlung ergehenden Urteils auf der Nichtanwendung von § 408b ausgeschlossen (KMR/*Metzger* § 408b Rn. 13). Denkbar erscheint allein eine Rüge wegen Verletzung der Fürsorgepflicht des Gerichts, sofern durch die gerichtliche Auswahl des Verteidigers begründete Verteidigungsfehler in die Hauptverhandlung fortwirken (vgl. KK/*Maur* § 408b Rn. 9). Hierbei dürfte es sich aber um eher theoretische Ausnahmefälle handeln. Gegen die Auswahl ist richtigerweise (Rdn. 6) die **Beschwerde** entspr. § 142 zuzulassen (so KK/ *Maur* § 408b Rn. 9; a. A. *Meyer-Goßner/Schmitt* § 408b Rn. 4).

III. Wirkung der Beiordnung und weiteres Verfahren. Diskutiert werden die genaue Ausgestal- 5 tung der Verteidigung und die Anwendbarkeit der allgemeinen gesetzlichen Bestimmungen auf die Beiordnung des Verteidigers. Ob i.R.d. Beiordnung des Verteidigers das Verfahren nach § 142 zu beachten ist, ergibt sich jedenfalls nicht aus dem Gesetz (zur Frage des zu fordernden Vertrauensverhältnisses von Verteidiger und Angeschuldigtem: zustimmend: KK/*Maur*, § 408b Rn. 7; BVerfGE 39, 238, [243]; ablehnend hingegen: *Meyer-Goßner/Schmitt* § 408b, Rn. 4). In engem Zusammenhang hierzu steht die Frage, ob sich die Verteidigerbeiordnung im Strafbefehlsverfahren bis zum Einspruch beschränkt (AG-Höxter NJW 1994, S. 2842; *Meyer-Goßner/Schmitt* § 408b, Rn. 6; *Lutz*, NStZ 1998, 395) oder ob sie auch nach Erhebung des Einspruchs fort gilt (*Böttcher/Mayer* NStZ 1993, 547; SK/*Weßlau* § 408b, Rn. 10). In systematischer Hinsicht spricht, ungeachtet sich hieraus ergebender Widersprüche zum ordentlichen Verfahren, der Vergleich zu den §§ 118a Abs. 2 Satz 3, 350 Abs. 3 Satz 1, 418 Abs. 4 und den hinter diesen Normen stehenden Motiven des Gesetzgebers für Fortgeltung der Verteidigerbestellung (dazu *Sigismund/Wickern* wistra 1993, 81 [91]; OLG Köln StV 2010, 68; a. A. OLG Düsseldorf NStZ 2002, 390). Zudem erscheint es unbillig, dem einmal verteidigten Angeklagten während des weiterlaufenden Verfahrens seinen Verteidiger zu entziehen, ohne dass sich die Qualität oder Komplexität des Vorwurfs verändert hat. Wählt der Angeschuldigte allerdings einen anderen als den bestellten Verteidiger, so erlischt gem. § 143 die Bestellung (HK-GS/*Andrejtschitsch* § 408b Rn. 4).

IV. Verteidigerauswahl und Absprachen. Die Notwendigkeit der Verteidigung beruht ersichtlich 6 auf den im summarischen Verfahren eingeschränkten Verteidigungsmöglichkeiten. Hieraus einen Grund für die mindere Bedeutung des Vertrauensverhältnisses abzuleiten (so *Meyer-Goßner/Schmitt* § 408b Rn. 4), ist jedoch nicht angängig. Eine solche Abstufung dürfte mit dem Verteidigungsrecht aus Art. 6 Abs. 3 Buchst. c) MRK nicht zu vereinbaren sein (vgl. HK-GS/*Andrejtschitsch* § 408b Rn. 3 mit Hinweis auf die verfassungsrechtliche Rechtsprechung; BeckOK-StPO/*Temming* § 408b Rn. 4; KMR/*Metzger* § 408b Rn. 10, 7). Dementsprechend ist der Beschuldigte **anzuhören** und ihm ist Gelegenheit zu geben, einen Verteidiger zu **bezeichnen** und dieser Wunsch ist, wenn keine wesentlichen Gründe entgegenstehen, zu respektieren (vgl. auch SK/*Weßlau* § 408b Rn. 8; Radtke/Hohmann/*Ale-*

§ 409 StPO Inhalt des Strafbefehls

xander § 408b Rn. 4). Um die mit dem Strafbefehlsverfahren angestrebten Beschleunigungseffekte nicht zu konterkarieren, kann allenfalls der fehlenden Möglichkeit des bezeichneten Verteidigers, zeitnah einen Termin wahrzunehmen, erhöhte Bedeutung beigemessen werden. I.Ü. wird der Aspekt der Verfahrensbeschleunigung angesichts der drohenden erheblichen Sanktion in den Fällen des § 408b tendenziell weiter in den Hintergrund treten (KK/*Maur* § 408b Rn. 5 »Beschleunigungseffekt wird damit ... relativiert«; SK/*Weßlau* § 408b Rn. 5). Damit zeigt sich, dass eine Beiziehung des Verteidigers in einem derartig frühen Verfahrensstadium in erster Linie einer **einvernehmlichen Verfahrenserledigung** namentlich in Fällen mittlerer Wirtschaftskriminalität dienen soll (BeckOK-StPO/*Temming* § 408b Rn. 2). Denn der Verteidiger dient i.R.d. Ermittlungsverfahrens der StA primär als Ansprechpartner auf Beschuldigtenseite. Hieraus resultiert die Frage, ob auch im Strafbefehlsverfahren insoweit die Rechtsgedanken des Gesetzes über die Verständigung im Strafverfahren angewendet werden können, welches sich mit der Neufassung der §§ 202a, 212, 243 IV, 257c nicht explizit zu den §§ 407 ff. verhält. Richtigerweise wird man aber auch hier eine Bindungswirkung bejahen müssen. Hierfür spricht einerseits, dass diese Regelungen den Angeklagten begünstigen, v.a. aber dass der Strafbefehl in den allermeisten Fällen rechtskräftig werden dürfte. Dementsprechend sind der Umstand, dass eine Absprache stattgefunden hat, und ihr wesentlicher Inhalt aktenkundig zu machen (zutr. BeckOK-StPO/*Temming* § 408b Rn. 2.1; a. A. *Meyer-Goßner/Schmitt* § 408b Rn. 2).

§ 409 StPO Inhalt des Strafbefehls.

(1) Der Strafbefehl enthält
1. die Angaben zur Person des Angeklagten und etwaiger Nebenbeteiligter,
2. den Namen des Verteidigers,
3. die Bezeichnung der Tat, die dem Angeklagten zur Last gelegt wird, Zeit und Ort ihrer Begehung und die Bezeichnung der gesetzlichen Merkmale der Straftat,
4. die angewendeten Vorschriften nach Paragraph, Absatz, Nummer, Buchstabe und mit der Bezeichnung des Gesetzes,
5. die Beweismittel,
6. die Festsetzung der Rechtsfolgen,
7. die Belehrung über die Möglichkeit des Einspruchs und die dafür vorgeschriebene Frist und Form sowie den Hinweis, dass der Strafbefehl rechtskräftig und vollstreckbar wird, soweit gegen ihn kein Einspruch nach § 410 eingelegt wird.

Wird gegen den Angeklagten eine Freiheitsstrafe verhängt, wird er mit Strafvorbehalt verwarnt oder wird gegen ihn ein Fahrverbot angeoRnet, so ist er zugleich nach § 268a Abs. 3 oder § 268c Satz 1 zu belehren. § 111i Abs. 2 sowie § 267 Abs. 6 Satz 2 gelten entsprechend.

(2) Der Strafbefehl wird auch dem gesetzlichen Vertreter des Angeklagten mitgeteilt.

1 **A. Allgemeines.** Der Inhalt des Strafbefehls hat dem Grunde nach den Anforderungen an eine Anklageschrift zu entsprechen. So entsprechen die Nr. 1 bis 5 dem Regelungsinhalt des § 200 Abs. 1 Satz 1 und 2. Darüber hinaus bezeichnen Nr. 6 die Festsetzung der Rechtsfolge und Nr. 7 die dort genannten Belehrungen als notwendigen Inhalt des Strafbefehls. Regelmäßig reicht die StA beim AG einen mit diesem Inhalt versehenen Strafbefehlsantrag ein (Nr. 176 I RiStBV).

2 **B. Inhalt des Strafbefehls.** Der Strafbefehlsantrag ist die Grundlage des Strafbefehls und erfüllt, soweit Einspruch erhoben wird, die Funktion des Eröffnungsbeschlusses. Zur Information des Angeschuldigten über den erhobenen Vorwurf und zur Umgrenzung des Prozessgegenstandes (KMR/*Metzger* § 409 Rn. 1) verlangt § 409 Abs. 1 daher die Einhaltung der folgenden Voraussetzungen:

3 **I. Angaben zur Person.** Nach Abs. 1 Nr. 1 sind die Angaben zur Person des Angeklagten (ggf. von Nebenbeteiligten) erforderlich. Diese dienen in erster Linie der Identifizierung der Betroffenen und somit der Fokussierung des Tatvorwurfs auf eine bestimmte Person. Dies gilt auch für etwaige andere an der Tat Beteiligte (BGHSt 23, 336, [339]; KK/*Maur* § 409 Rn. 3). Der Strafbefehl richtet sich nur gegen die im Rubrum des Strafbefehls benannte Person. Ob hierbei Fehler in sachlicher Hinsicht vorliegen, ist unerheblich (LG-Berlin NStZ 2005, 119). Dem Erfordernis der Nr. 1 ist nur dann Genüge getan, wenn auch den Anforderungen der Anklageschrift in Nr. 110 II a) RiStBV genügt worden ist.

Hiernach sind anzugeben: 4
– Vor- und Zuname und der ggf. abweichende Geburtsname (§ 1355 Abs. 2 BGB).
– Geburtstag und -ort, Beruf, Wohnort, ferner Familienstand und Staatsangehörigkeit.
– Bei juristischen Personen oder Personenvereinigungen als Nebenbeteiligte i.S.d. § 444 ist die Angabe der genauen Firmenbezeichnung, des Sitzes wie auch der vertretungsberechtigten Organe erforderlich. Fehlen Angaben, so ist dies grds. unschädlich. Ist jedoch eine zweifelsfreie Identifizierung nicht gegeben, so hat dies die Unwirksamkeit des Strafbefehls zur Folge. Wird die Identität des Täters bestritten, so können diese tatsächlichen Einwendungen nur i.R.d. Einspruchs des im Strafbefehl als Täter Benannten überprüft werden (*Meyer-Goßner/Schmitt* § 409, Rn. 2; BeckOK-StPO/*Temming* § 409 Rn. 2.1).

II. Der Verteidiger. Die Benennung des Verteidigers richtet sich ebenfalls nach den Anforderungen 5
an die Anklageschrift (§ 200 Abs. 1 Satz 2) und des Urteils (§ 275 Abs. 3). Das Fehlen der Benennung ist nicht schädlich.

III. Die Tat und ihre gesetzlichen Merkmale. Die Bezeichnung der Tat hat dem historischen Le- 6
benssachverhalt i.S.d. § 264 zu entsprechen. Um die Tat von anderen Lebenssachverhalten abgrenzen zu können, muss genau angegeben werden, was der Angeklagte zu welcher bestimmten Zeit an welchem bestimmten Ort getan haben soll. Hierdurch wird nicht nur der einer Anklage entsprechenden Informations- und Umgrenzungsfunktion genügt, es wird zugleich der Umfang der Rechtskraft definiert (BGHSt 23, 336 [339]; OLG Düsseldorf NJW 1998, 2145 m. Anm. *Rieß*, NStZ 1991, 99; Radtke/ Hohmann/*Alexander* § 409 Rn. 4). Jedes Tatbestandsmerkmal der zur Anwendung gekommenen Strafvorschrift muss in verständlicher Weise geschildert werden (Nr. 177 I 2 RiStBV).

In besonderer Weise gilt das auch für die **innere Tatseite**. Im Speziellen reichen hier die plakativen Ver- 7
wendungen von Rechtsbegriffen, wie »Vorsatz« nicht aus (OLG Düsseldorf NStZ-RR 1997, 113). Vielmehr müssen voluntatives und kognitives Element der inneren Tatbestandsseite eine den genannten Anforderungen entsprechende Darstellung erfahren (KK/*Maur* § 409 Rn. 5). Werden die **Voraussetzungen von Nr. 3 nicht erfüllt**, so fehlt im Fall des Einspruchs (wie bei Fehlern einer Anklageschrift) ein wirksamer Eröffnungsbeschluss und somit eine Verfahrensvoraussetzung mit der Folge, dass das Verfahren einzustellen ist (HK-GS/*Andrejtschitsch* § 409 Rn. 5; KMR/*Metzger* § 409 Rn. 12). Erfolgt auf einen fehlerbehafteten Strafbefehl kein Einspruch, so treten die Rechtskraftwirkungen ein, da der Strafbefehl seine Funktion als Eröffnungsbeschluss nicht aktualisiert (OLG Düsseldorf NStZ 1991, 99; NStZ-RR 1997, 113; KK/*Maur* § 409 Rn. 23; *Meyer-Goßner/Schmitt* § 409 Rn. 4; a. A. SK/*Weßlau* § 409 Rn. 11, 32; BeckOK-StPO/*Temming* § 409 Rn. 4.1).

IV. Angewandte Vorschriften. § 409 Nr. 4 entspricht § 260 Abs. 5 und verlangt die genaue Benen- 8
nung der verwendeten Vorschriften. Da der Strafbefehl dem Urteil entspricht, ist entspr. § 260 Abs. 4 Satz 1 ebenso die rechtliche Bezeichnung der Tat anzugeben, auch wenn Nr. 4 dies nicht ausdrücklich verlangt (KK/*Maur* § 409 Rn. 6; *Meyer-Goßner/Schmitt* § 409 Rn. 5).

V. Beweismittel. In Entsprechung zu § 200 Abs. 1 sind die Beweismittel so exakt anzugeben, dass 9
der Angeklagte genau erkennen kann, wie der gegen ihn erhobene Vorwurf tatsächlich begründet werden soll. Nur, wenn diesen Anforderungen genügt wurde, kann die Beweislage theoretisch auch durch den Angeschuldigten überblickt werden. Da eine solche Bewertung durch den unverteidigten Angeschuldigten häufig nicht geleistet werden kann, sind fehlende Angaben zu den Beweismitteln richtigerweise rechtlich folgenlos (OLG Hamm NJW 1970, 579; OLG Celle NJW 1970, 580; BayObLG MDR 1970, 440; KK/*Maur* § 409 Rn. 23). Die bei der Polizei gemachte Anzeige stellt kein Beweismittel i.e.S. dar. Sie ist daher nicht von Nr. 5 erfasst und als solche keine ausreichende Angabe (*Meyer-Goßner/Schmitt* § 409 Rn. 6; LR/*Gössel* § 409 Rn. 14).

VI. Festsetzung der Rechtsfolgen. Die im Strafbefehlsantrag zu formulierende Rechtsfolge ist so ge- 10
nau zu bestimmen, dass sie einen vollstreckungsfähigen Inhalt darstellt. So ist die Geldstrafe nach Tagessatzzahl und -höhe festzulegen. Eine Gesamtsumme wird regelmäßig angegeben, ist aber nicht zwingend erforderlich. Gleiches gilt für die Begründung der festgesetzten Rechtsfolge, die gleichwohl möglich ist (KK/*Maur* § 409 Rn. 8). Im Hinblick auf §§ 47 Abs. 1, 56 Abs. 1 Satz 2 StGB ist eine Begründung der zur Bewährung ausgesetzten Freiheitsstrafe notwendig. Einziger Fall der vorgeschriebe-

nen Begründung ist der Fall der nicht erfolgten Entziehung der Fahrerlaubnis § 409 Abs. 1 Satz 3. Gleiches muss wegen § 111i Abs. 2 bzgl. der Anordnung des Verfalls gelten (Radtke/Hohmann/*Alexander* § 409 Rn. 8).

11 Fehlerhafte Strafbefehle, denen die Bestimmung der Rechtsfolge ganz oder teilweise fehlt oder die eine unzulässige Rechtsfolge vorsehen, sind differenziert zu behandeln. Bei völligem Fehlen der festzusetzenden Rechtsfolge ist der Strafbefehl nicht vollstreckbar und unwirksam. Infolgedessen besteht die Möglichkeit, dass die StA wegen derselben Tat erneut einen Strafbefehl beantragt (OLG Düsseldorf MDR 1984, 690; HK-GS/*Andrejtschitsch* § 409 Rn. 9; SK/*Weßlau* § 409 Rn. 29 ff.; a. A. *Meyer-Goßner/Schmitt* § 409 Rn. 7; LR/*Gössel* § 409 Rn. 17 – Rechtskraft, keine Vollstreckbarkeit). Wird Einspruch eingelegt, ist der Fehler unbeachtlich, da der Rechtsfolgenausspruch seine Bedeutung verliert.

12 **VII. Kostenentscheidung.** Auch der Strafbefehl hat eine Kostenentscheidung zu enthalten, so bestimmt es § 464 Abs. 1. Der Angeklagte ist darüber zu belehren, dass gegen diese Kostenentscheidung der Rechtsbehelf der sofortigen Beschwerde besteht (§ 464 Abs. 3 Satz 1). Dies gilt auch für den Fall, dass das Gericht § 465 Abs. 2 nicht angewendet hat, da die Anfechtung der Kostenentscheidung gerade auf die nicht erfolgte Kostenteilung begründet werden kann (LG-Bamberg NJW 1973, 1144). Eine Auslagenentscheidung enthält der Strafbefehl nicht, da i.d.R. keine Auslagen entstehen, soweit Auslagen entstehen, sind sie vom Angeschuldigten zu tragen (KK/*Maur* § 409 Rn. 9 weiterführend zu Entschädigungsanordnungen; *Meyer-Goßner/Schmitt* § 409 Rn. 8). Gem. § 465 Abs. 2 kann eine teilw. Freistellung von den Kosten erfolgen (BeckOK-StPO/*Temming* § 409 Rn. 8.1).

13 **VIII. Rechtsbehelfsbelehrung.** Die Rechtsbehelfsbelehrung, die dem Strafbefehl zwingend beizufügen ist, hat sich auf Form und Frist des Einspruchs sowie auf die Rechtsfolge nach § 410 Abs. 3 zu beziehen (§ 409 Abs. 1 Satz 1 Nr. 7). Adressat der Belehrung ist allein der Angeklagte und der einspruchsberechtigte Nebenbeteiligte. Einem gesetzlichen Vertreter ggü. wird sie nicht ausgesprochen (*Meyer-Goßner/Schmitt* § 409 Rn. 9; BeckOK-StPO/*Temming* § 409 Rn. 9).

14 Mangelt es gänzlich an der Belehrung so kann, bei Säumnis der Einspruchsfrist, die Wiedereinsetzung in den vorherigen Stand begründet werden (§ 44 Satz 2).

15 Besondere Fälle der Belehrung sind die Freiheitsstrafe (§ 407 Abs. 2), die Verwarnung unter Strafvorbehalt (§ 59 StGB) und das Fahrverbot (§§ 44 StGB, 25 StVG). Eine Belehrung nach § 268a Abs. 3 hat in den Fällen der Freiheitsstrafe, welche zwingend gem. § 407 Abs. 2 auf Bewährung auszusetzen ist, und im Fall der Verwarnung mit Strafvorbehalt zu erfolgen. Sie hat innerhalb des Strafbefehls zu erfolgen. Ebenso ist die Belehrung für die Festsetzung eines Fahrverbots nach den Bestimmungen des § 268c als besonderer Fall der Belehrung anzusehen (KK/*Maur* § 409 Rn. 12).

16 **C. Erlass des Strafbefehls. I. Unterzeichnung des Strafbefehls.** Aufgrund der spezifischen Natur des Strafbefehls als gerichtliche Entscheidung im schriftlichen Verfahren wird er dann erlassen, wenn er in den gerichtlichen Geschäftsgang gelangt (BGHSt 33, 230; KK/*Maur* § 409 Rn. 13; HK-GS/*Andrejtschitsch* § 409 Rn. 13; a. A. *Meyer-Goßner/Schmitt* § 409 Rn. 13: Unterzeichnung). Hierzu ist die Unterzeichnung erforderlich, nach allgemeiner Ansicht reicht ein Hand- oder Faksimilezeichen aus, sofern dies eine eindeutige Zuordnung erlaubt. Zudem muss eine Willensäußerung des Richters im Hinblick auf den Erlass des Strafbefehls zweifelsfrei zu erkennen sein (Lesbarkeit nicht notwendig: OLG Oldenburg NStZ 1988, 145; vgl. auch BGHSt 12, 317; *Meyer-Goßner/Schmitt* § 409 Rn. 13; LR/*Gössel* § 409 Rn. 35 ff.; BeckOK-StPO/*Temming* § 409 Rn. 12, der darauf hinweist, dass der Strafbefehl einem Urteil gleichsteht. Weshalb es konsequent sei, entspr. § 275 Abs. 2 auch die vollständige Unterschrift des Strafrichters zu verlangen). Die Datierung des Strafbefehls ist grds. erforderlich, deren Fehlen jedoch unschädlich (KK/*Maur* § 409 Rn. 15).

17 Bei Fehlen der Unterschrift ist regelmäßig der auf Erlass gerichtete Wille des Richters nicht eindeutig festzustellen, was ggf. bei Begleitverfügungen anders sein kann (vgl. parallel zum Eröffnungsbeschluss OLG Hamm JR 1982, 389 m. Anm. *Meyer-Goßner*). Mangels Erlasses ist der Strafbefehl nicht vollstreckbar und bei zulässigem Einspruch ist das Verfahren wegen fehlender Prozessvoraussetzung einzustellen (OLG Saarbrücken VRS 21, 217; KMR/*Metzger* § 409 Rn. 32; KK/*Maur* § 409 Rn. 14).

18 **II. Wirksamkeit des Strafbefehls.** Abhängig vom Zeitpunkt des Erlasses entfaltet der Strafbefehl Außenwirkung, richtigerweise mit Gelangen in den Geschäftsgang (Rdn. 17; vgl. auch BGHSt 25,

187 [189]).). Dementsprechend ist er ab diesem Zeitpunkt anzufechten. Seine tatsächliche Wirksamkeit erlangt der Strafbefehl jedoch dann, wenn er durch die Geschäftsstelle zur Zustellung bzw. Mitteilung an Außenstehende abgesandt worden ist. Von diesem Moment an kommt eine Änderung nicht mehr in Betracht, dies ist insb. im Hinblick auf unverzügliche Einsprüche relevant (KK/*Maur* § 409 Rn. 17; BayObLG NStZ-RR 1997, 143; teilw. wird Änderung zwischen Erlass durch Unterzeichnung und Absendung bejaht: vgl. *Meyer-Goßner/Schmitt* § 409 Rn. 14; KMR/*Metzger* § 409 Rn. 34).

D. Zustellung. Der Strafbefehl ist förmlich zuzustellen, § 35 Abs. 2 Satz 1. Adressaten sind der Angeklagte oder sein Verteidiger (§ 145a Abs. 1). Gibt es für den Angeklagten einen Zustellungsbevollmächtigten, so ist die Zustellung an diesen ebenfalls wirksam. Eine öffentliche Zustellung ist umstr. Nach vorherrschender Rechtsprechung ist aber eine Ersatzzustellung nicht schädlich (BVerfG NJW 1969, 1103, 1531; BGH NJW 1986, 557; vgl. im Einzelnen § 407 Rdn. 30). 19

§ 410 StPO Einspruch; Form und Frist des Einspruchs; Rechtskraft.

(1) Der Angeklagte kann gegen den Strafbefehl innerhalb von zwei Wochen nach Zustellung bei dem Gericht, das den Strafbefehl erlassen hat, schriftlich oder zu Protokoll der Geschäftsstelle Einspruch einlegen. Die §§ 297 bis 300 und § 302 Abs. 1 Satz 1, Abs. 2 gelten entsprechend.
(2) Der Einspruch kann auf bestimmte Beschwerdepunkte beschränkt werden.
(3) Soweit gegen einen Strafbefehl nicht rechtzeitig Einspruch erhoben worden ist, steht er einem rechtskräftigen Urteil gleich.

A. Der Einspruch. Der Rechtsbehelf gegen einen Strafbefehl ist der Einspruch. Der Einspruch entwickelt Suspensiv- jedoch keinen Devolutiveffekt. Die Norm regelt die formalen Voraussetzungen, mögliche Beschränkungen durch Verweis auf die §§ 297 ff., Verzicht und Rücknahme sowie die Rechtskraftwirkungen. 1

I. Rechtsnatur. Aufgrund des fehlenden Devolutiveffekts ist der Einspruch kein Rechtsmittel im formalen Sinn sondern lediglich ein Rechtsbehelf. Gem. § 410 Abs. 1 Satz 2 sind die allgemeinen Bestimmungen über Rechtsmittel gleichwohl in entsprechender Weise anzuwenden, soweit sie sich nicht auf die StA beziehen. 2

Die Wirkung des Einspruchs liegt darin, dass die Hauptverhandlung anzuberaumen ist (§ 411 Abs. 1 Satz 2). Damit entsteht der Suspensiveffekt. 3

II. Zulässigkeit. Für den Einspruch sind die folgenden (formalen) Voraussetzungen zu erfüllen: 4

1. Einspruchsberechtigung. Zur Erhebung des Einspruchs ist der Angeklagte wie auch der durch die Strafbefehlsfolge betroffene Verfalls- oder Einziehungsbeteiligte (§§ 439, 442 II) berechtigt, ebenfalls der Nebenbeteiligte i.S.d. § 444 Abs. 2 Satz 2. Hat der Strafbefehl nur eine Ordnungswidrigkeit zum Gegenstand, so ist der Betroffene, also die durch die Verhängung eines Bußgeldes betroffene juristische Person oder Personenvereinigung nach § 30 OWiG, einspruchsberechtigt. Ist der Angeklagte selbst durch das Bußgeld betroffen, so ist er auch insoweit einspruchsberechtigt. Der Verteidiger des Angeklagten kann nur mit der ausdrücklichen Zustimmung des Angeklagten (§ 297) Einspruch gegen den Strafbefehl einlegen. Dies wird deutlich durch die Verweisung in § 410 Abs. 1 Satz 2 (vgl. HK-GS/*Momsen* § 297 Rn. 5). Anders verhält es sich im Fall des gesetzlichen Vertreters. Dieser ist auch befugt gegen den Willen des Angeklagten den Einspruch gegen den ergangenen Strafbefehl zu erheben, § 298 Abs. 1 (näher HK-GS/*Momsen* § 298 Rn. 1 ff.). Ob eine Verschlechterung i.S.d. § 411 Abs. 4 in derlei Fallgestaltungen gegeben ist, ist bisher nicht eindeutig geklärt. Dagegen spricht, dass § 298 dazu dient, die Interessen des Angeklagten zu wahren, der sie selbst nicht ausreichend wahrnehmen kann. Die Vorschrift dient daher dem Schutz der Interessen des Anklagten, weshalb es unbillig erscheint, ihm zuzumuten, gegen seinen Willen eine Verschlechterung seiner Situation durch das Tun eines anderen hinnehmen zu müssen. § 411 Abs. 4 ist daher nicht anzuwenden. Symptomatisch treten hier abermals Schwierigkeiten des Strafbefehlsverfahren auf, sich systematisch in das Strafprozessrecht einzufügen, wenn wie bei der Verweisung des § 411 Abs. 1 Satz 2 augenscheinlich etwaige Abstimmungsschwierigkeiten zwischen Urteils- und Strafbefehlsverfahren nicht mit bedacht worden sind (im Ergebnis wie 5 hier: LR/*Gössel* § 410, Rn. 4; KK/*Maur* § 410 Rn. 2; SK/*Weßlau* § 411 Rn. 33 ff.; HK-GS/*Andrejtschitsch* § 411 Rn. 14; a. A. Meyer-Goßner/Schmitt § 411, Rn. 11; systematisch nicht überzeugend erscheint die Kompensationslösung im Wege der Strafzumessung – so KMR/*Metzger* § 411 Rn. 32 f.).

6 StA und der im späteren Hauptverfahren Nebenklageberechtigte haben keine Einspruchsberechtigung, § 395.

7 **2. Form & Frist.** Die Frist zur Erhebung des Einspruchs beträgt zwei Wochen. Sie entspricht hiermit der Einspruchsfrist gegen den Bußgeldbescheid gem. § 67 Abs. 1 Satz 1 OWiG. Zur Berechnung ist § 43 heranzuziehen. Die Erhebung des Einspruchs ist nicht an die Zustellung des Strafbefehls gebunden. Er kann auch vor dessen Zustellung erhoben werden, vorausgesetzt der Strafbefehl wurde bereits erlassen (vgl. aber § 409 Rdn. 18); vor Erlass ist der Einspruch unbeachtlich (BeckOK-StPO/*Temming* § 410 Rn. 3; BGHSt 25, 187). Versäumt der Einspruchsberechtigte die Zweiwochenfrist ohne eigenes Verschulden, so kann er Wiedereinsetzung in den vorherigen Stand beantragen (§ 44).

8 Bei der Beurteilung des Verschuldens sollte berücksichtigt werden, dass der Einspruch i.d.R. die erste – und einzige – Möglichkeit für den Angeschuldigten im Strafbefehlsverfahren ist, rechtliches Gehör zu erhalten (so auch BVerfG NJW 1991, 351; KMR/*Metzger* § 410 Rn. 6; BeckOK-StPO/*Temming* § 410 Rn. 3.1). Häufig ist der Angeschuldigte nicht davon unterrichtet, dass gegen ihn ein Strafbefehlsverfahren läuft und braucht demgemäß mit der Zustellung des Strafbefehls nicht zu rechnen. Daher ist die berufsbedingte oder auch urlaubsbedingte Abwesenheit bereits geeignet, die Fristversäumung hinreichend zu entschuldigen. Ab Kenntnisnahme der abgelaufenen Frist ist daher binnen einer Woche der Einspruch zu erheben bzw. nachzuholen.

9 Die Form ist nach § 410 Abs. 1 Satz 1 die schriftliche. Einlegung kann auch zu Protokoll der Geschäftsstelle erfolgen. Ebenso ist die Einlegung per Fax und fernschriftlich möglich (BGHSt 31, 7). Auch soll eine fehlende Unterschrift nach allgemeiner Ansicht nicht schädlich sein. Rechtswirkungen können jedoch nur eintreten, wenn die einspruchsführende Person aus dem Einspruch ersichtlich wird (BayObLG NJW 1980, 2367). I.R.d. JustizkommunikationsG v. 22.03.2005 wurde mit § 41a auch die Möglichkeit eingeführt, den Einspruch via elektronischer Post beim Gericht einzulegen. Die besonderen Voraussetzungen des § 41a sind hierbei aber zwingend zu wahren und zu beachten (Radtke/Hohmann/*Alexander* § 410 Rn. 6; KK/*Maur* § 410 Rn. 4).

10 Dies bedeutet, dass die Behörde hierfür ausgerüstet und eine elektronische Signatur i.S.d. SigG gegeben sein muss. Fernmündlichkeit der Einspruchseinlegung zu Protokoll der Geschäftsstelle ist demgegenüber nicht möglich (BGHSt 30, 64; OLG Zweibrücken StV 1982, 415; differenzierend zum OWi-Verfahren BGHSt 29, 173).

11 Der Einspruch ist schriftlich einzulegen, jedoch muss keine Begründung abgegeben werden. Erfolgt keine Begründung und keine ausdrückliche Beschränkung, so wird der Einspruch als unbeschränkt behandelt (BeckOK-StPO/*Temming* § 410 Rn. 5). Einlegung beim unzuständigen Gericht ist unschädlich, sofern der Einspruch vor Fristablauf beim zuständigen Gericht eingeht (LR/*Gössel* § 410 Rn. 5).

12 **3. Beschränkung des Einspruchs.** Wie die Berufung gem. § 318 Satz 1 kann auch der Einspruch gem. Abs. 2 auf bestimmte Schwerpunkte beschränkt werden. Die Beschränkungsmöglichkeiten decken sich insoweit mit den Regelungen für Rechtsmittel gegen Urteile (KK/*Maur* § 410 Rn. 9). Die Beschränkung des Einspruchs kann sowohl in vertikaler, als auch in horizontaler Weise vorgenommen werden. Der Einspruch kann demnach auf einzelne Taten im prozessualen Sinne (§ 264) wie auch horizontal auf den Rechtsfolgenausspruch beschränkt werden. Soweit sie einer eigenständigen Überprüfung zugänglich sind, können auch Teile des Rechtsfolgenausspruchs, wie bspw. die Höhe des einzelnen Tagessatzes, isoliert angegriffen werden (KK/*Maur* § 410 Rn. 12; Meyer-Goßner/Schmitt § 410 Rn. 4). Im Grundsatz sind hier die in § 318 geltenden Maßstäbe anzuwenden. Die Unwirksamkeit der Beschränkung führt zur Unbeschränktheit des Einspruchs (Radtke/Hohmann/*Alexander* § 410 Rn. 13).

13 **III. Verzicht.** Der Angeschuldigte kann auf die Erhebung des Einspruchs verzichten. Der Strafbefehl wird dann unmittelbar rechtskräftig. Der Verzicht muss in der Form des Abs. 1 erfolgen und kann nicht konkludent in der Zahlung der Geldstrafe erblickt werden (Meyer-Goßner/Schmitt § 410 Rn. 3). Den einmal erhobenen Einspruch kann der Angeschuldigte wieder zurücknehmen, § 411 Abs. 3. Die Regelung folgt § 302 (näher HK-GS/*Momsen* § 302 Rn. 1 ff.).

IV. Kostenentscheidung. Die Kostenentscheidung folgt § 465, nicht § 473, der ausdrücklich nur 14
für Rechtsmittel im formalen Sinne gilt (*Meyer-Goßner/Schmitt* § 473 Rn. 1; KK/*Maur* § 410 Rn. 14;
LG Göttingen NdsRpfl 1992, 9; OLG Stuttgart NStZ 1989, 589). In unbilligen Fällen, etwa bei unzureichender Ermittlung der persönlichen Verhältnisse im summarischen Verfahren, kann eine Kostenteilung vorgenommen werden (LG Bremen StV 1991, 479; LG Mosbach StV 1997, 34; SK/*Weßlau* § 410
Rn. 38; Radtke/Hohmann/*Alexander* § 410 Rn. 14). Dies ist eine den Wortlaut strapazierende, jedoch
aus Billigkeitsgründen zu begrüßende Verfahrensweise. Gefordert wäre der Gesetzgeber (KK/*Maur*
§ 410 Rn. 14a).

B. Rechtskraft. Der nicht form- und fristgerecht eingelegte Einspruch lässt den Strafbefehl in 15
vollständiger materieller und auch formeller Rechtskraft erwachsen. Er gleicht hiermit einem rechtskräftigen Urteil (Abs. 3) und ist vollstreckbar (§§ 410 Abs. 1 Nr. 7, 449). Dementsprechend tritt
auch Strafklageverbrauch ein (vgl. auch BGH StV 1989, 48). Gem. § 411 Abs. 1 tritt diese Wirkung
auch bei Verzicht, Rücknahme und Verwerfung des Einspruchs ein (HK-GS/*Andrejtschitsch* § 410
Rn. 6; KK/*Maur* § 410 Rn. 15). Bei wirksamer Beschränkung des Einspruchs tritt die Rechtskraft
für die nicht angegriffenen Teile des Strafbefehls ein; entspr. bei Teilrücknahme und Teilverzicht
des Einspruchs.

Einzig § 373a lässt eine begrenzte Durchbrechung der Rechtskraft im Wege der Wiederaufnahme zu, 16
sofern Nova dazu führen, dass die den Verfahrensgegenstand ausmachende Tat nunmehr als Verbrechen zu bewerten ist. Die den Angeklagten ggü. § 362 schlechter stellende Regelung findet ihre Rechtfertigung darin, dass die Tatsachengrundlagen des Strafbefehls im summarischen Verfahren auf schmalerer Erkenntnisgrundlage stehen (*Meyer-Goßner/Schmitt* § 373a Rn. 3; HK-GS/*Andrejtschitsch* § 410
Rn. 7) Bei mehreren Angeschuldigten wirkt der Einspruch immer nur für denjenigen, der ihn eingelegt
hat. Im Hinblick auf die anderen Angeschuldigten tritt Rechtskraft ein. Entspr. wirkt der Einspruch nur
im Hinblick auf die Rechtsfolge, die den Verfalls- oder Einziehungsbeteiligten trifft, welcher den Einspruch eingelegt hat. Wenn nur diese bzw. eine bußgeldbeteiligte juristische Person Einspruch einlegt,
kann gem. §§ 438 Abs. 2, 439 Abs. 3 Satz 1, 441 Abs. 2, 3 (entspr.); 444 Abs. 2 Satz 2 im Beschlussweg
entschieden werden (HK-GS/*Andrejtschitsch* § 410 Rn. 8; *Meyer-Goßner/Schmitt* § 410 Rn. 10; ausf.
zur Rechtskraftwirkung Radtke/Hohmann/*Alexander* § 410 Rn. 15 ff.).

§ 411 StPO Verwerfung wegen Unzulässigkeit; Termin zur Hauptverhandlung.

(1) Ist der Einspruch verspätet eingelegt oder sonst unzulässig, so wird er ohne
Hauptverhandlung durch Beschluß verworfen; gegen den Beschluß ist sofortige Beschwerde zulässig.
Andernfalls wird Termin zur Hauptverhandlung anberaumt. Hat der Angeklagte seinen Einspruch
auf die Höhe der Tagessätze einer festgesetzten Geldstrafe beschränkt, kann das Gericht mit Zustimmung des Angeklagten, des Verteidigers und der Staatsanwaltschaft ohne Hauptverhandlung durch
Beschluss entscheiden; von der Festsetzung im Strafbefehl darf nicht zum Nachteil des Angeklagten
abgewichen werden; gegen den Beschluss ist sofortige Beschwerde zulässig.
(2) Der Angeklagte kann sich in der Hauptverhandlung durch einen Verteidiger mit schriftlicher
Vertretungsvollmacht vertreten lassen. § 420 ist anzuwenden.
(3) Die Klage und der Einspruch können bis zur Verkündung des Urteils im ersten Rechtszug zurückgenommen werden. § 303 gilt entsprechend. Ist der Strafbefehl im Verfahren nach § 408a erlassen
worden, so kann die Klage nicht zurückgenommen werden.
(4) Bei der Urteilsfällung ist das Gericht an den im Strafbefehl enthaltenen Ausspruch nicht gebunden, soweit Einspruch eingelegt ist.

A. Unzulässigkeit des Einspruchs. Der nicht form- oder fristgerecht oder durch einen 1
Nichtberechtigten eingelegte Einspruch, wird vom Gericht nach Anhörung der StA im Wege des Beschlussverfahrens, d.h. ohne Hauptverhandlung, verworfen. Eine Kostenentscheidung ist nicht vorgesehen, da nicht § 473 sondern § 465 angewendet wird (KK/*Maur* § 411 Rn. 1; vgl. oben § 410 Rdn. 13)
Als Rechtsmittel gegen den Verwerfungsbeschluss ist die sofortige Beschwerde vor dem zuständigen LG
möglich. Durch das Gesetz zur Stärkung des Rechts des Angeklagten auf Vertretung in der Berufungs-

verhandlung und über die Anerkennung von Abwesenheitsentscheidungen in der Rechtshilfe vom 17.7.2015 (BGBl. I S. 1332) wird klargestellt, dass der Verteidiger für das Strafbefehlsverfahren schriftlich wirksam zur Vertretung legitimiert sein muss.

2 Wird trotz Unzulässigkeit des Einspruchs eine Hauptverhandlung anberaumt und die Unzulässigkeit erst während der Verhandlung bemerkt, so ist der Einspruch durch Urteil gem. § 260 als unzulässig zu verwerfen. Ergeht dennoch ein Sachurteil, ist die insoweit auf falscher (Einspruchs-) Grundlage eintretende Rechtskraft problematisch (ne bis in idem). Aufgrund der Unzulässigkeit des Einspruchs ist an sich bereits der Strafbefehl in Rechtskraft erwachsen. Eine Rechtskraftfähigkeit des Urteils wird dennoch in Teilen der Literatur und v.a. durch die Rechtsprechung richtigerweise bejaht (BGHSt 13, 306, [309]; *Meyer-Goßner/Schmitt*, § 411, Rn. 12). Wird ein solches fehlerhaftes Sachurteil wiederum mittels Rechtsmitteln angefochten, so ist allerdings nach allgemeiner Ansicht zu differenzieren: Im Grundsatz ist das auf ein Rechtsmittel eines Beteiligten angefochtene Urteil aufzuheben und zugleich der Einspruch gegen den Strafbefehl als unzulässig zu verwerfen (BGHSt 13, 306; 26, 183). Anders ist bei einem durch den Angeklagten eingelegten Rechtsmittel zu verfahren. Wurde durch das Urteil der zuvor ergangene Strafbefehl zugunsten des Angeklagten verändert, so ist der Einspruch mit der Maßgabe zu verwerfen, dass die mildere Rechtsfolge aus dem Urteil aufrechterhalten bleibt. Dies folgt aus dem Grundsatz des Verbots der verbösernden Entscheidung (§ 358 Abs. 2 [Verbot der reformatio in peius], so auch BGHSt 18, 127, [130]; HK-StPO/*Kurth/Brauer* § 411 Rn. 4; HK-GS/*Andrejtschitsch* § 411 Rn. 2; BeckOK-StPO/*Temming* § 411 Rn. 1a.1; Radtke/Hohmann/*Alexander* § 411 Rn. 6; KK/*Maur* § 411 Rn. 5; a. A. *Meyer-Goßner/Schmitt* § 411 Rn. 12 mit Hinweis auf die faktisch eingetretene Rechtskraft des Strafbefehls und allg. zum Verschlechterungsverbot § 411 Rn. 2b).

3 **B. Anberaumung der Hauptverhandlung/Beschlussverfahren bei zulässigem Einspruch.** Ist der Einspruch form- und fristgerecht eingelegt oder wurde die Wiedereinsetzung in den vorherigen Stand gewährt, so ist grds. ein Termin zur **Hauptverhandlung** anzuberaumen. Der Antrag auf den Strafbefehl übernimmt hier die Funktion der Anklageschrift; der Strafbefehl übernimmt die Funktion des Eröffnungsbeschlusses (BGHSt 23, 336, 339). Der Strafbefehl hat dementsprechend auch den Anforderungen des § 200 an den Inhalt der Klageschrift zu entsprechen (BeckOK-StPO/*Temming* § 411 Rn. 2; OLG Düsseldorf NStZ 1991, 99; HK-StPO/*Kurth/Brauer* § 411 Rn. 6; *Meyer-Goßner/Schmitt* § 411 Rn. 3).

4 Dem Gericht ist es seit Einführung des Abs. 1 Satz 3 durch das 1. JuMoG mit Zustimmung der StA und des Angeklagten bzw. seines Verteidigers möglich, das Verfahren nach Ermessen im **Beschlusswege** zu entscheiden (*Meyer-Goßner/Schmitt* § 411 Rn. 1). Vorauszusetzen ist, dass mit dem gegen den Strafbefehl eingelegten Einspruch nur die Höhe der Tagessätze angefochten wird. Abweichend von Abs. 4 darf das AG in diesen Fällen nicht zum Nachteil des Angeklagten vom vorherigen Strafbefehl abweichen (BeckOK-StPO/*Temming* § 411 Rn. 2).

5 Diese Vorgehensweise erfolgt häufig nach **Verfahrensabsprache**. Die Bemessung der Höhe der Tagessätze orientiert sich an den Einkommensverhältnissen des Angeklagten. Wurde diese im summarischen Verfahren nur geschätzt oder haben sich seit Strafbefehlsantrag verschlechtert, so müsste in der Hauptverhandlung allein zur Klärung der persönlichen Verhältnisse Beweis erhoben werden (vgl. BT-Drucks. 15/3482, S. 22). Wenn der verteidigte Angeklagte insoweit glaubhafte Angaben in seiner Einspruchsbegründung vorgebracht hat, bietet sich das Beschlussverfahren als Weg an, die Vorteile des Strafbefehlsverfahrens weitgehend zu erhalten (vgl. auch HK-GS/*Andrejtschitsch* § 411 Rn. 4; KK/*Maur* § 411 Rn. 9a/b). Wurde der Beschluss ohne die erforderliche Zustimmung erlassen und wird diese nicht nachgeholt, so ist der Beschluss im Beschwerdeverfahren aufzuheben und die Sache zur Durchführung der Hauptverhandlung zurückzuverweisen (*Meyer-Goßner/Schmitt* § 411 Rn. 2a – Beschwerdegericht wird die Höhe des Tagessatzes ggf. selbst festsetzen).

6 **C. Hauptverhandlung. I. Grundsätze des Verfahrens.** Die Hauptverhandlung als Fortsetzung des Strafbefehlsverfahrens folgt den allgemeinen Grundsätzen der §§ 213 ff. Nach Aufruf der Sache folgt die Feststellung der Anwesenden und der Angeklagte ist zur Person zu vernehmen. Sodann wird der Strafbefehl verlesen. Wurde er mit Abweichungen vom Antrag erlassen, sind die Abweichungen ebenfalls zu verlesen (HK-GS/*Andrejtschitsch* § 411 Rn. 5). Im Anschluss ist festzustellen, dass der Einspruch form- und fristgerecht eingelegt worden ist. Schließlich ist der Angeklagte über sein Aus-

sageverweigerungsrecht zu belehren und dann zur Sache zu vernehmen. Die Verhandlung nimmt ihren weiteren Lauf mit der Beweisaufnahme gem. §§ 243 ff. und den Schlussvorträgen der Verfahrensbeteiligten, dem letzten Wort des Vorsitzenden und dem Urteil (BeckOK-StPO/ *Temming* § 411 Rn. 3). Bei Mängeln des Strafbefehls kann dieser nicht als Eröffnungsbeschluss dienen (BGHSt 23, 336; *Meyer-Goßner/Schmitt* § 411 Rn. 3).

II. Vertretung. Ist der Angeklagte in der Verhandlung durch einen ordnungsgemäß bevollmächtigten Verteidiger vertreten, so muss der Angeklagte nicht persönlich erscheinen. § 230 gilt grds. auch im Strafbefehlsverfahren. Die Vertretung ist auch für den Fall des § 408a möglich (§ 411 Abs. 2 Satz 1; vgl. HK-StPO/*Kurth/Brauer* § 411 Rn. 8). Das Gericht kann allerdings gem. § 236 das Erscheinen des Angeklagten anordnen (BGHSt 9, 356 f.).   7

1. Vertretungsvollmacht. Der Verteidiger hat für die wirksame Vertretung zu Beginn der Hauptverhandlung eine wirksame (schriftliche) Bevollmächtigung durch den Angeklagten nachzuweisen. Die Bevollmächtigung muss explizit zum Ausdruck bringen, dass der Angeklagte sich für die Hauptverhandlung vertreten lassen will. Die allgemeine Verteidigervollmacht genügt hierfür gerade nicht (OLG Saarbrücken NStZ 1999, 265; OLG Karlsruhe NStZ 1983, 43; KK/*Maur* § 411 Rn. 12). Verteidigung und Vollmacht sind daher insoweit voneinander zu trennen (*Ebert* DRiZ 1984, 234). Denn der Verteidiger ist in seiner Kernfunktion Beistand, als Vertreter i.S.d. § 411 tritt er prozessual an die Stelle des Angeklagten und handelt für und wider ihn (BGHSt 9, 356, [357]). Ist die Vollmacht ausreichend nachgewiesen, bedarf es für eine Untervollmacht keines eigenständigen schriftlichen Nachweises (OLG Karlsruhe; NJW 1983, 43). Die Vollmacht gilt auch für die Berufungsinstanz (SK/*Weßlau* § 411 Rn. 15). Der Angeklagte ist auf die Möglichkeit der Vertretung hinzuweisen (OLG Bremen StV 1989, 54; KK/*Maur* § 411 Rn. 18; a. A. aber zust. bzgl. der Zweckmäßigkeit: LR/*Gössel* § 411 Rn. 24).   8

Das Anwesenheitsrecht in der Hauptverhandlung wird durch die Vertretungsvollmacht nicht berührt. Infolgedessen kann, sofern der Angeklagte neben der vorliegenden Vollmacht eine Erklärung abgegeben hat, an der Verhandlung teilnehmen zu wollen, nicht in dessen Abwesenheit verhandelt und entschieden werden (vgl. BeckOK-StPO/*Temming* § 411 Rn. 4.1; OLG Karlsruhe StV 1986, 289).   9

2. Inhalte der Vertretungsmacht. Der Vertreter tritt bei einer wirksamen Bevollmächtigung an die Stelle des Angeklagten. Er kann Erklärungen abgeben und Anträge stellen. Der Vertreter kann sich namens des Angeklagten zur Sache einlassen. Der Verteidiger kann aber auch vom Schweigerecht des Angeklagten Gebrauch machen oder erklären, dass er keine Informationen zum Sachverhalt hat und gleichwohl zur Sache verhandeln (*Meyer-Goßner/Schmitt* § 411 Rn. 6; LG Verden NJW 1974, 2195). Kein Fall ordnungsgemäßer Vertretung liegt vor, wenn der Verteidiger ohne Abgabe weiterer Erklärungen lediglich die Aussetzung der Hauptverhandlung beantragt (OLG Zweibrücken JBlRP 2001, 141).   10

Fraglich ist allerdings, ob der Vertreter auch für den Angeklagten ein Geständnis ablegen kann (HK-GS/*Andrejtschitsch* § 411 Rn. 9; LR/*Gössel* § 411 Rn. 29). Dies ist vor dem Hintergrund der vom formalen Geständnisbegriff Abstand nehmenden Rechtsprechung des BGH (zum Begriff des Geständnisses weiterführend: BGH NStZ 1994, 352; 1990, 447; OLG Saarbrücken NStZ 2006, 183) bei § 244 Abs. 1 (BGH NStZ 1999, 93; *Meyer-Goßner* NStZ 1992, 167) zweifelhaft. Da der Vertreter aber auch i.Ü. keinen Einschränkungen in der Prozesshandlungsbefugnis unterliegt, spricht vieles dafür, dass das Gericht jedenfalls ein solches »Geständnis« als vom Vertreter abgegebene Erklärung des Angeklagten zur Grundlage des Urteils machen darf (vgl. *Meyer-Goßner/Schmitt* § 234 Rn. 10).   11

III. Anwendung des § 420 (Abs. 2) In der Hauptverhandlung nach erhobenem Einspruch kann eine vereinfachte Beweisaufnahme (§ 411 Abs. 2 Satz 2) erfolgen, sofern der Angeklagte, seine Verteidigung und die StA einverstanden sind. Dabei sind die Vorgaben des beschleunigten Verfahrens entspr. § 420 zu beachten. Kontrovers wird die Geltung von § 420 Abs. 1 bis 3 für eine mögliche Berufungsinstanz beurteilt. Dafür spricht, dass § 420 Abs. 4 dann eine Sonderregelung allein für das schöffengerichtliche Verfahren wäre und dass die §§ 407 ff. als besondere Verfahrensart nicht explizit auf eine bestimmte Instanz beschränkt sind (so KK/*Maur* § 411 Rn. 21; *Meyer-Goßner/Schmitt* § 411 Rn. 7). Dagegen spricht, dass grds. von einer Zuständigkeit des AG für das Strafbefehlsverfahren auszugehen ist (so HK-StPO/*Kurth/Brauer* § 411 Rn. 14; *Schlothauer* StV 1995, 46; *Loos/Radtke* NStZ 1996, 9; ausf. zum Ganzen SK/*Paeffgen* § 410 Rn. 30 f.). Jedenfalls können die Beschleunigungseffekte des   12

§ 412 StPO Ausbleiben des Angeklagten; Einspruchsverwerfung

Strafbefehlsverfahrens weder in der Berufungsinstanz noch bei Zurückverweisung in der Revisionsinstanz erreicht werden (HK-GS/*Andrejtschitsch* § 411 Rn. 10).

13 **IV. Rücknahme der Klage.** Der Strafbefehlsantrag und der Einspruch können gem. § 411 Abs. 3 bis zur Verkündung des Urteils im ersten Rechtszug wieder zurückgenommen werden. Nach diesem Zeitpunkt ist richtigerweise eine Rücknahme ungesehen des erstinstanzlichen Urteils nicht mehr zulässig (LG München NJW 1981, 65). War der Einspruch horizontal auf die Rechtsfolge beschränkt, so ist der Schuldspruch rechtskräftig und eine Rücknahme ebenfalls nicht möglich. Eine Klagerücknahme setzt voraus, dass ein zulässiger Einspruch vorliegt, da die StA zwar ihren als Anklagesurrogat dienenden Antrag, nicht aber den vom Gericht erlassenen Strafbefehl zurücknehmen kann (*Meyer-Goßner/Schmitt* § 411 Rn. 8). Differenziert werden muss hingegen im Fall der Sprungrevision und Zurückweisung an das ursprünglich zuständige AG (dazu OLG Hamm MDR 1980, 161; LR/*Gössel*, § 411 Rn. 51; *Groth* NStZ 1983, 9; *Meurer* JuS 1987, 884). Richtigerweise ist die Rücknahme hier wie auch im Hinblick auf den Einspruch bei Rückverweisung an das AG zuzulassen, da kein rechtskräftiges amtsgerichtliches Sachurteil ergangen ist (KK/*Maur* § 411 Rn. 24; *Meyer-Goßner/Schmitt* § 411 Rn. 8 f.; BayObLG GA 1982, 326; a. A. noch LG München II NJW 1981, 65). Für die Kostenentscheidung gilt § 467a (*Meyer-Goßner/Schmitt* § 411 Rn. 8)

14 **V. Rücknahme des Einspruchs.** Für die Rücknahme des Einspruchs gelten dieselben Grundsätze wie für die Klagerücknahme. Auch eine teilweise Rücknahme ist entsprechend einer beschränkten Einlegung zulässig (§ 410 Rdn. 11; KK/*Maur* § 411 Rn. 30). Eine während der Hauptverhandlung erfolgte Einspruchsrücknahme ist nur mit Zustimmung der StA, nicht jedoch der Nebenklage, möglich (BeckOK-StPO/*Temming* § 411 Rn. 9). Bei umfassender Rücknahme des Einspruchs erwächst der wiederauflebende Strafbefehl in vollständiger Rechtskraft (*Meyer-Goßner/Schmitt* § 411 Rn. 9).

15 Eine **Kostenentscheidung** ist nicht erforderlich. Hat sich nach Einspruch wirksam ein Nebenkläger angeschlossen, gilt § 472 für die nur dann notwendige isolierte Kostenentscheidung (KMR/*Metzger* § 411 Rn. 29).

16 **D. Urteil.** Das Gericht entscheidet bei unbeschränktem Einspruch ohne an den Strafbefehlsantrag – weder im Schuldspruch noch im Rechtsfolgenausspruch – gebunden zu sein. Ist der Einspruch beschränkt, ist die eingetretene Teilrechtskraft zu beachten. Kommt es zu einer Veränderung des rechtlichen Gesichtspunktes, ist nach § 265 zu verfahren (SK/*Weßlau* § 411 Rn. 41). Das Urteil ist nach den allgemeinen Grundsätzen durch Berufung oder Sprungrevision anzufechten. Die Kostenentscheidung folgt aus §§ 464 ff. Soweit infolge beschränkten Einspruchs bereits teilweise Rechtskraft eingetreten war, kann dies im Tenor zum Ausdruck gebracht werden.

17 Das **Verschlechterungsverbot** gilt hier nicht (BeckOK-StPO/*Temming* § 411 Rn. 10; *Meyer-Goßner/Schmitt* § 411 Rn. 11). Richtigerweise gebietet es jedoch der Grundsatz des fairen Verfahrens, dass der Richter dem Angeklagten bei beabsichtigter Verschlechterung einen Hinweis erteilt, um ihm Gelegenheit zu geben, seinen Einspruch zurückzunehmen (BeckOK-StPO/*Temming* § 411 Rn. 10; differenzierend HK-GS/*Andrejtschitsch* § 411 Rn. 14). Zweifelhaft ist dies allein, wenn der gesetzliche Vertreter den Einspruch eingelegt und der Angeklagte die Einlegung ggf. nicht zu vertreten hat. In diesem Fall sollte keine Verschlechterung erfolgen (so zutr. LR/*Gössel* § 410 Rn. 4; KK/*MaurFischer* § 411 Rn. 34; HK-GS/*Andrejtschitsch* § 411 Rn. 14; a. A. KMR/*Metzger* § 411 Rn. 32; *Meyer-Goßner/Schmitt* § 411 Rn. 11; HK-StPO/*Kurth/Brauer* § 411 Rn. 23).

§ 412 StPO Ausbleiben des Angeklagten; Einspruchsverwerfung.

§ 329 Absatz 1, 3, 6 und 7 ist entsprechend anzuwenden. Hat der gesetzliche Vertreter Einspruch eingelegt, so ist auch § 330 entsprechend anzuwenden.

1 **A. Folgen des Ausbleibens des Angeklagten.** Die Bestimmung betrifft die Folgen des unentschuldigten Ausbleibens des nicht vertretenen Angeklagten in der Hauptverhandlung sowie das Verfahren bei Einspruch des gesetzlichen Vertreters. Durch das Gesetz zur Stärkung des Rechts des Angeklagten auf Vertretung in der Berufungsverhandlung und über die Anerkennung von Abwesen-

heitsentscheidungen in der Rechtshilfe vom 17.7.2015 (BGBl. I S. 1332) wird klargestellt, dass der Verteidiger für das Strafbefehlsverfahren schriftlich wirksam zur Vertretung legitimiert sein muss. Weiterhin wurde die Norm an die geänderte Fassung des § 329 angepasst und verweist nunmehr auf Abs. 1, 3, 6 und 7.

I. Verwerfung des Einspruchs. Bei einem unentschuldigten Ausbleiben des Angeklagten und/oder 2 seines Vertreters wird gem. § 329 durch Prozessurteil der Einspruch für unzulässig erklärt und verworfen. War durch den Strafbefehl eine Geldbuße gegen eine juristische Person festgesetzt worden und auf deren Antrag nach § 444 Abs. 2 Satz 2 i.V.m. § 441 Abs. 3 Satz 1 Hauptverhandlung anberaumt worden, so ist ebenso zu verfahren, wenn die juristische Person oder Personenvereinigung nicht zulässig vertreten wurde (BeckOK-StPO/*Temming* § 412 Rn. 1).

1. Zulässiger Einspruch. Die Verwerfung des Einspruchs ist dem Grunde nach mit einem Versäum- 3 nisurteil vergleichbar. Es muss daher zunächst ein zulässiger Einspruch gegen einen erlassenen Strafbefehl vorliegen. Der Einspruch darf nicht zurückgenommen worden sein (KK/*Maur* § 412 Rn. 4). Wurde allerdings der Termin der Hauptverhandlung i.S.d. § 408 Abs. 3 Satz 2 anberaumt, so kann eine Verwerfung des Einspruchs naturgemäß nicht entspr. § 329 erfolgen. Wird eine Hauptverhandlung trotz eines unzulässigen Einspruchs gegen den erlassenen Strafbefehl anberaumt und der Angeklagte bleibt zu diesem Termin aus, so ist der Einspruch durch Urteil gem. § 260 als unzulässig zu verwerfen. Außerhalb der Hauptverhandlung erfolgt Verwerfung durch Beschluss (HK-GS/*Andrejtschitsch* § 412 Rn. 2).

2. Zustellung des Strafbefehls. Richtigerweise muss eine wirksame Zustellung des Strafbefehls er- 4 folgt sein. Ist diese nicht erfolgt, so ist die Hauptverhandlung abzubrechen. Die Zustellung des Strafbefehls muss dann förmlich nachgeholt werden (BeckOK-StPO/*Temming* § 412 Rn. 3). Steht die Zustellung anderweitig fest, so ist ein förmlicher Nachweis nicht erforderlich (KK/*Maur* § 407 Rn. 35). Demgegenüber reicht eine formlose Kenntnisgabe ggü. dem Angeklagten nicht aus (BayObLG NStZ-RR 1999, 243; *Meyer-Goßner/Schmitt* § 412 Rn. 2; LR/*Gössel* § 412 Rn. 5; a. A. OLG *Zweibrücken* NStZ 1994, 602).

3. Ordnungsgemäße Ladung. Der Angeklagte muss ordnungsgemäß zur Hauptverhandlung gela- 5 den sein; auch bei wiederholter Ladung (OLG Bremen MDR 1968, 1031) bzw. fortgesetzter Verhandlung (KK/*Maur* § 412 Rn. 2, 5). Der Angeklagte ist auf die Folgen unentschuldigten Ausbleibens entspr. § 329 Abs. 1 Satz 2 hinzuweisen (HK-GS/*Andrejtschitsch* § 412 Rn. 3)
Bei bereits ergangenen Sachurteilen ist allerdings die Zurückweisung des Einspruchs bei einem unent- 6 schuldigten Ausbleiben des Angeklagten durch Prozessurteil nicht mehr möglich. Wird die Ladungsfrist nicht eingehalten, so kann der Einspruch zwar grds. nach § 412 verworfen werden, jedoch besteht besonderer Anlass zur Prüfung des Verschuldens (BGHSt 24, 143, 154; KK/*Maur* § 412 Rn. 5; BeckOK-StPO/*Temming* § 412 Rn. 4).

4. Unentschuldigtes Ausbleiben des Angeklagten. Schließlich darf weder der Angeklagte, noch ein 7 von ihm ermächtigter Vertreter zum Haupttermin erscheinen. Das Ausbleiben darf darüber hinaus nicht hinreichend entschuldigt sein. Es gelten hier die für § 329 entwickelten Grundsätze. Eine ausreichende Entschuldigung kann auch noch in der Berufungsinstanz vorgetragen und glaubhaft gemacht werden. Das objektive Verschulden ist entscheidend, nicht, ob der Angeklagte sich entschuldigt hat (KK/*Maur* § 412 Rn. 8).
Der Angeklagte ist entschuldigt ausgeblieben, wenn er gem. § 233 von der Verpflichtung zum Erschei- 8 nen entbunden worden ist (KK/*Maur* § 412 Rn. 6; OLG Hamburg VRS 36, S. 293). Der für das Ausbleiben entscheidende Zeitpunkt ist der Beginn der Hauptverhandlung, § 243 Abs. 1 Satz 1. Entfernt sich der Angeklagte erst nach Beginn der Hauptverhandlung, greift § 412 nicht. Dem Ausbleiben steht es jedoch gleich, wenn der Angeklagte sich noch vor der Hauptverhandlung wieder entfernt und auch, sofern bei Terminverschiebung ein Warten des Angeklagten zuzumuten war (Düsseldorf, in NVZ 1997, S. 451). Das Gericht selbst hat auch seinerseits abhängig von den konkreten Umständen eine angemessene Wartezeit zu veranschlagen. In größeren Städten bzw. bei längeren Anreisen des Angeklagten kann eine 1/4 Std. opportun sein, in kleineren Orten ggf. eine kürzere Zeit (OLG Celle NdsRpfl 1963, 237; OLG Hamm DAR 1962, 341 – 5 Minuten). Bei einkalkulierbaren Verkehrsstörungen, wie bekannten

§ 412 StPO   Ausbleiben des Angeklagten; Einspruchsverwerfung

und dauerhaften Baustellen, fällt die Vermeidung von Verzögerungen in den Obliegenheitskreis des Angeklagten (LG Bamberg NJW 1995, 740). Die gleichen Maßstäbe sind auch auf den Verteidiger anzuwenden, von dem sich der Angeklagte vertreten lassen will, sofern dem Gericht die Vertretung bekannt ist. Insb. ist ein Warten des Gerichts zu verlangen, wenn der dem Gericht bekannte Verteidiger eine kurze Verspätung dem Gericht angezeigt hat (BayObLG NJW 1959, 2224; OLG Hamm NStZ-RR 1997, 179). Von Bedeutung ist, dass die selbstverschuldete Verhandlungsunfähigkeit einem Ausbleiben gleichsteht (BGHSt 23, 331; LR/*Gössel* § 424 Rn. 14 m.w.N.). Wurde ein Antrag auf Vertagung des Angeklagten negativ beschieden und er hiervon in Kenntnis gesetzt, so kann dieser verworfen werden (ausf. zum Ganzen vgl. KK/*Maur* § 412 Rn. 6 ff.).

9   Das Gericht hat sich über das Hinreichen der Entschuldigung des Angeklagten im Wege des Freibeweises Gewissheit zu verschaffen (BayObLG NJW 1998, 172; *Buch* JZ 1963, 458). An den Begriff der Entschuldigung dürfen jedoch keine überspannten Anforderungen geknüpft werden. Eine Entschuldigung ist als genügend anzusehen, wenn dem Angeklagten unter den gegebenen Umständen ein Erscheinen billigerweise nicht zugemutet werden kann (BGHSt 17, 391 [396]; OLG Bremen StV 1987, 242; OLG Köln NStZ-RR 1997, 208; BayObLG NJW 2001, 1438). Auf die Auskunft des Verteidigers, er brauche nicht erscheinen, kann sich der Angeklagte, sofern keine Anhaltspunkte hiergegen sprechen, verlassen. Beruft sich der Angeklagte auf Erkrankung, so kann das Gericht anordnen, dass durch den Amts- oder Gerichtsarzt überprüft wird, ob dies einer Teilnahme an der Hauptverhandlung entgegensteht (KK/*Maur* § 412 Rn. 8).

10   **II. Verwerfungsurteil.** Der Einspruch muss bei Vorliegen der o.g. Voraussetzungen verworfen werden. Dies gilt auch bei materieller Fehlerhaftigkeit des Strafbefehls. Eine versehentlich begonnene Hauptverhandlung ist abzubrechen und die Verwerfung auszusprechen (LG München I NStZ 1983, 427; KK/*Maur* § 412 Rn. 13). Dies ergibt sich aus den zu § 329 entwickelten und auf § 412 anwendbaren Grundsätzen. Verfahrenshindernisse stehen der Verwerfung entgegen. Dies gilt insb. für Fragen der Verjährung oder Fehlerhaftigkeit des Strafantrages. Ggf. ist nach § 206a oder § 260 Abs. 3 einzustellen. Verfahrenshindernisse stehen der Durchführung eines Verfahrens insgesamt entgegen, da sie systematisch vor dem Einstieg in jegliche Sachprüfungen geprüft werden (OLG Karlsruhe NJW 1978, 840; KK/*Maur* § 412 Rn. 12; *Sieg* NJW 1978, 1846; a. A. *Meyer-Goßner/Schmitt* § 412, Rn. 2). Das Urteil enthält keine Kostenentscheidung und ist zuzustellen.

11   **III. Rechtsmittel und Rechtsbehelfe. 1. Wiedereinsetzung in den vorherigen Stand.** Der Angeklagte kann nach § 412 Satz 1 i.V.m. § 329 Abs. 3 Wiedereinsetzung in den vorherigen Stand beantragen. Die Voraussetzungen der §§ 44, 45 müssen vorliegen. Eine Wiedereinsetzung kann nicht auf Tatsachen gestützt werden, die bereits für die Entschuldigung des Ausbleibens vorgebracht und vom Gericht im Verwerfungsurteil für nicht hinreichend bewertet wurden (KK/*Maur* § 412 Rn. 17; *Busch* JZ 1963, 459). Als Folge einer gewährten Wiedereinsetzung in den vorherigen Stand wird das zuvor ergangene Verwerfungsurteil mit dem Wiedereinsetzungsbeschluss unmittelbar gegenstandslos und muss nicht mehr formell aufgehoben werden (RGSt 61, 181; BeckOK-StPO/*Temming* § 412 Rn. 7).

12   **2. Berufung.** Der Angeklagte kann ebenfalls gegen das ergangene Verwerfungsurteil Berufung einlegen. Das Berufungsgericht befasst sich mit der Frage ob der § 412 auf korrekter Tatsachengrundlage zur Anwendung gekommen ist und der Einspruch insoweit zu Recht verworfen wurde (BeckOK-StPO/*Temming* § 412 Rn. 8; LR/*Gössel* § 412 Rn. 42 ff. m.w.N.). Trotz dieser beschränkten Überprüfung können neue Tatsachen und neue Entscheidungsgründe vorgebracht werden und sind zu berücksichtigen (KK/*Maur* § 412 Rn. 18; LR/*Gössel* § 412 Rn. 43). I.R.d. Strengbeweises ist zu klären, ob der vor dem AG ausgebliebene Angeklagte ausreichend entschuldigt war, (OLG Naumburg NStZ-RR 2001, 87). Die beschränkte Überprüfung wirkt sich so aus, dass das LG bei Erfolg der Berufung das Verwerfungsurteil nur aufhebt und zur Sachentscheidung an das AG zurückverweist (BGHSt 36, 139; KK/*Maur* § 412 Rn. 18; a. A. OLG Düsseldorf NStZ 1988, 290 m. abl. Anm. *Meyer-Goßner*). Das AG hat in der Folge dann einen neuen Termin zur Hauptverhandlung zu bestimmen. Hat das AG fälschlicherweise in der Sache entschieden, anstatt den Einspruch nach § 412 zwingend zu verwerfen, so geht es um die Nichtanwendung, also die Voraussetzungen des § 412. Daher hat das LG dieses Urteil aufzuheben und nach §§ 412, 329 Abs. 1 selbst zu entscheiden (BeckOK-StPO/*Temming* § 412 Rn. 8.1; LR/*Gössel* § 412 Rn. 50; KMR/*Metzger* § 412 Rn. 30 a. A. LG München I NStZ 1983,

427; *Meyer-Goßner/Schmitt* § 412 Rn. 10). Hat das AG trotz Unzulässigkeit des Einspruchs ein Verwerfungsurteil erlassen, so hebt das LG dementsprechend auch hier das Urteil auf und verwirft anstelle des AG den Einspruch selbst. Die Rechtskraft des Strafbefehls würde überdies einer anderen Entscheidung entgegenstehen (BGHSt 13, 306). Wurde die Rücknahme des Einspruchs vom AG übersehen, wird das Verfahren unter Aufhebung des Verwerfungsurteils durch das Berufungsgericht eingestellt (KK/*Maur* § 412 Rn. 21).

3. Revision. Der Angeklagte kann anstelle der Berufung auch die Revision einlegen. Diese erfolgt als Revision gegen das Berufungsurteil oder direkt als Sprungrevision gegen das Verwerfungsurteil; §§ 312, 335 Abs. 1. Auch die Revision richtet sich nur gegen die Verwerfung des Einspruchs, nicht jedoch gegen die sachliche Richtigkeit des Strafbefehls selbst (HK-GS/*Andrejtschitsch* § 412 Rn. 10; KK/*Maur* § 412 Rn. 22; BeckOK-StPO/*Temming* § 412 Rn. 9; a. A. SK/*Weßlau* § 412 Rn. 22 – eigene Feststellungen im Freibeweis). Das Fehlen der rechtlichen Voraussetzungen des Einspruchs ist mittels der Verfahrensrüge angreifbar. Wird eine allgemeine Sachrüge eingelegt, so soll jedenfalls nach BGHSt 21, 242 die Revision ebenfalls zulässig sein, da lediglich eine allgemeine Verfahrensvoraussetzung überprüft wird und das Verfahren hätte eingestellt werden müssen (BayObLG NStZ-RR 2002, 79; zum Ganzen KK/*Maur* § 412 Rn. 22).

Das Revisionsgericht kann das Verwerfungsurteil weder ergänzen noch überprüfen (BGHSt 28, 384; LR/*Gössel* § 412 Rn. 51; a. A. *Herdegen* FS Kleinknecht, S. 184). Wurden die Voraussetzungen des § 412 fälschlich durch das AG und das LG bejaht, so hebt das Revisionsgericht beide Urteile auf und verweist die Sache an das AG zurück, § 354 Abs. 2 (OLG Karlsruhe StV 1995, 8; OLG Köln GA 1955, 61, NStZ-RR 1997, 208; OLG Oldenburg MDR 1971, 681).

B. Einspruch des gesetzlichen Vertreters. Ein Verwerfungsurteil hat zu ergehen, wenn der gesetzliche Vertreter Einspruch gegen den Strafbefehl eingelegt hatte und weder er noch der Angeklagte zum Hauptverhandlungstermin erscheinen (KK/*Maur* § 412 Rn. 25). Wenn entweder der gesetzliche Vertreter oder nur der Angeklagte erscheint, so ist die Hauptverhandlung gem. § 412 Satz 2 entspr. § 330 Abs. 2 ohne den jeweils anderen durchzuführen. Auch dann, wenn das Gericht persönliches Erscheinen angeordnet hatte, kann ein Verwerfungsurteil nicht ergehen, sofern der Vertreter bereit ist, Prozesshandlungen vorzunehmen (HK-GS/*Andrejtschitsch* § 412 Rn. 6; *Meyer-Goßner/Schmitt* § 412 Rn. 5).

Zweiter Abschnitt. Sicherungsverfahren

§ 413 StPO Zulässigkeit. Führt die Staatsanwaltschaft das Strafverfahren wegen Schuldunfähigkeit oder Verhandlungsunfähigkeit des Täters nicht durch, so kann sie den Antrag stellen, Maßregeln der Besserung und Sicherung selbständig anzuordnen, wenn dies gesetzlich zulässig ist und die Anordnung nach dem Ergebnis der Ermittlungen zu erwarten ist (Sicherungsverfahren).

A. Grundsätzliches. Das Sicherungsverfahren dient der **Sicherung der Allgemeinheit** vor gefährlichen Straftätern (BGHSt 22, 1 [3]; a. A. *Seyfi* Das Sicherungsverfahren, S. 46, 52), gegen die wegen Schuld- oder Verhandlungsunfähigkeit kein Schuldspruch in einem Strafverfahren ergehen kann (AnwK-StPO/*Böttger* § 413 Rn. 1; Radtke/Hohmann/*Börner* § 413 Rn. 3). In diesem Fall kennt das materielle Strafrecht eine **selbständige Anordnung** von Maßregeln gem. **§ 71 StGB**, für die die §§ 413 bis 416 das verfahrensrechtliche Pendant bilden und somit überhaupt erst in Verfahren eröffnen (BGHSt 31, 132 [134]; SK-StPO/*Weßlau* Vor § 413 Rn. 1). Denn ist Schuldunfähigkeit von vornherein absehbar und fehlt es somit am hinreichenden Tatverdacht (s. § 203 Rdn. 3), sind Anklageerhebung und regulärer Strafprozess nicht möglich. Wenn § 415 vom Beschuldigten spricht, ist das mithin verfehlt. Zutreffender wäre die Bezeichnung »Betroffener« (KK-StPO/*Maur* § 413 Rn. 4). Allerdings entspricht das Sicherungsverfahren durch den Verweis in § 414 inhaltlich dem Strafverfahren (HK-GS/*Koch* § 413 Rn. 1).

§ 413 StPO Zulässigkeit

2 Das Sicherungsverfahren ist nicht nur gegen Erwachsene möglich. Bei **Jugendlichen und Heranwachsenden** ist es unter Maßgabe der §§ 2, 7, 105 JGG zulässig, wenn gegen diese eine isolierte Anordnung von Maßregeln in Betracht kommt (Graf/*Temming* § 413 Rn. 3). Obwohl § 413 wesensmäßig dem objektiven Einziehungsverfahren entspricht (BGHSt 46, 345 [348]), kann hier eine Einziehungsanordnung nicht ergehen (BGH NStZ-RR 2005, 65 [69]), es kommt dann lediglich das Verfahren nach § 440 in Betracht.

3 Der Katalog des § 71 StGB, auf den sich das Sicherungsverfahren bezieht, ist **abschließend** (Graf/*Temming* § 413 Rn. 2.1). Es kann nicht für dort nicht genannte Maßregeln, wie etwa die Sicherungsverwahrung nach § 66 StGB genutzt werden (SK-StPO/*Weßlau* § 413 Rn. 16; HK-StPO/*Kurth/Pollähne* § 413 Rn. 3; a. A. Radtke/Hohmann/*Börner* § 413 Rn. 17). Es gilt damit für
- § 63 StGB: Unterbringung in einem psychiatrischen Krankenhaus
- § 64 StGB: Unterbringung in einer Entziehungsanstalt
- § 69 StGB: Entziehung der Fahrerlaubnis
- § 70 StGB: Anordnung des Berufsverbots

4 **B. Voraussetzungen. I. Anlasstat.** § 413 setzt das Vorliegen einer **rechtswidrigen (Anlass-)Tat** voraus, welche jedoch keine typische Symptomtat für Schuld- bzw. Verfahrensunfähigkeit darstellen muss (KK-StPO/*Maur* § 413 Rn. 11; KMR/*Metzger* § 413 Rn. 3) und die **Prognose**, dass der Täter aufgrund seiner krankhaften Veranlagung eine Gefährdung für die Allgemeinheit darstellt (BGHSt 5, 140 [143]).

5 **II. Undurchführbarkeit eines Strafverfahrens.** Das Sicherungsverfahren kann nur beantragt werden, wenn ein Strafverfahren wegen **Schuldunfähigkeit** oder **Verhandlungsunfähigkeit** des Beschuldigten nicht durchgeführt werden kann und nach dem Stand der Ermittlungen die Anordnung einer Maßnahme i.S.d. § 71 StGB in einem selbständigen Verfahren zu erwarten ist (KK-StPO/*Maur* § 413 Rn. 5).

6 Keinerlei Rolle spielt, ob die StA von der Anklageerhebung von Anfang an absieht oder die bereits erhobene Klage nach § 156 zurücknimmt oder das Gericht die Eröffnung des Hauptverfahrens wegen Schuld- oder Verhandlungsunfähigkeit ablehnt (BGH JR 2002, 473; LR/*Gössel* § 413 Rn. 3). Denn der Antrag nach § 413 kann auch noch im Beschwerdeverfahren nach § 210 Abs. 2 gestellt werden (BGH JR 2002, 473); § 211 gilt nicht (RGSt 72, 143 [145]; BGHSt 47, 52 [53]; LR/*Gössel* § 413 Rn. 3). Ein Übergang vom eröffneten Strafverfahren zum selbständigen Sicherungsverfahren ist aber unzulässig (s. § 416 Rdn. 2; BGHSt 46, 345 [346]; 47, 52 [53]).

7 **1. Schuldunfähigkeit.** Für den Mangel an Schuldfähigkeit zum Tatzeitpunkt gilt § 20 StGB. Trotz des Wortlautes der §§ 71 StGB, 413 StPO muss diese nicht positiv feststehen. Vielmehr reicht es aus, dass sie nicht auszuschließen ist, sofern zumindest erheblich verminderte Schuldfähigkeit feststeht (BGHSt 22, 1 [3]; KK-StPO/*Maur* § 413 Rn. 8; HK-GS/*Koch* § 413 Rn. 2; a. A. SK-StPO/*Weßlau* § 413 Rn. 10; *Hanack* JZ 1974, 54 [56]). Andernfalls würden sich Lücken auftun (KMR/*Metzger* § 413 Rn. 4); denn auch dann ist die Durchführung eines regulären Strafverfahrens nicht möglich. Die weite Auslegung über den Wortlaut hinaus ist als prozessuale Konsequenz der materiellen Regelungen zu tragen (BGHSt 18, 167 [168]; 22, 1 [4]; LR/*Gössel* § 413 Rn. 4 ff.; KK-StPO/*Maur* § 413 Rn. 8; a. A. *Sax* JZ 1968, 531 [533]) und ist durch rechtssystematische Überlegungen begründet. Da zudem ein erhebliches Sicherungsbedürfnis besteht, streitet auch die teleologische Auslegung für ein weites Verständnis (AnwK-StPO/*Böttger* § 413 Rn. 5; a. A. *Foth* JZ 1963, 604 [605]; *Hanack* JZ 1974, 54 [56]).

8 **Verminderte Schuldfähigkeit** alleine rechtfertigt kein Sicherungsverfahren (BGHSt 31, 132 [136]; Radtke/Hohmann/*Börner* § 413 Rn. 11). Mangelnde strafrechtliche Verantwortlichkeit und **fehlende Reife** gem. § 3 JGG stellen keine Schuldunfähigkeit i.S.d. § 71 StGB dar (BayObLGSt 1958, 263 [264]; Graf/*Temming* § 413 Rn. 3.1). Liegen jedoch ebenfalls die Voraussetzungen des § 20 StGB vor, kann das Sicherungsverfahren durchgeführt werden (BGHSt 26, 67 [68 f.]; OLG Jena NStZ-RR 2007, 217 [218]).

9 **2. Verhandlungsunfähigkeit.** Um eine klare Abgrenzung zu den Fällen des § 205 zu erreichen, darf die Verhandlungsunfähigkeit nicht vorübergehend sein, sie muss **dauerhaft** bestehen (BGHSt 46, 345 [346 f.]; OLG Düsseldorf NJW 1998, 395 [396]). Damit auch hier jedenfalls eine Verfahrensart die

Situation auffängt, genügt die nicht auszuschließende andauernde Verhandlungsunfähigkeit (LR/*Gössel* § 413 Rn. 9; KK-StPO/*Maur* § 413 Rn. 9; *Meyer-Goßner/Schmitt* § 413 Rn. 5; a. A. SK-StPO/*Weßlau* § 413 Rn. 14).

Verhandlungsunfähigkeit und Schuldunfähigkeit können zusammentreffen, wobei bei der Tat zumindest eine erheblich verminderte Schuldunfähigkeit vorliegen muss, weil die Verhängung von Maßnahmen sonst per se ausscheidet (KMR/*Metzger* § 413 Rn. 5). 10

3. Keine anderen Hinderungsgründe. Neben der Schuld- oder Verhandlungsunfähigkeit dürfen keine anderen Gründe vorliegen, die die Durchführung des Strafverfahrens ausschließen; § 413 stellt eine abschließende Regelung dar (Radtke/Hohmann/*Börner* § 413 Rn. 10). Inwiefern die einzelnen Verfahrenshindernisse sich auf das Sicherungsverfahren auswirken, ist umstritten (SK-StPO/*Weßlau* § 413 Rn. 15; LR/*Gössel* § 413 Rn. 10 ff.), jedoch schließt die Verjährung schon nach dem Wortlaut des § 78 StGB auch die Verhängung von Maßnahmen aus (SSW-StGB/*Rosenau* § 78 Rn. 9). Fehlen Strafantrag oder andere Prozessvoraussetzungen, ist die Durchführung des Sicherungsverfahrens gehindert (RGSt 71, 218 [219]; 73, 155 [156]; BGHSt 31, 132 [134]; a. A. BGHSt 5, 140 [141 f.]). 11

III. Antrag der StA. Nötig ist ein **Antrag der StA** (Graf/*Temming* § 413 Rn. 8). Die Antragsstellung muss **ausdrücklich** erfolgen. Weder ein konkludenter Antrag noch die Zustimmung zum Übergang ins Sicherungsverfahren reichen aus (SK-StPO/*Weßlau* § 413 Rn. 4). Der Antrag steht im **pflichtgemäßen Ermessen** der StA (RGSt 72, 143 [144]; BGHSt 47, 52 [53 f.]), das Legalitätsprinzip findet keine Anwendung (BGH NStZ-RR 2007, 339; *Meyer-Goßner/Schmitt* § 413 Rn. 10). Die Einstellung des Vorverfahrens wegen Zweifeln am Tatverdacht steht dem § 413 entgegen. 12

C. Verfahrensfragen. Durch den Verweis in § 414 auf die allgemeinen Regelungen ist der Antrag zur Durchführung des Sicherungsverfahrens mit der Anklageerhebung zu vergleichen. Insoweit ist die Antragsstellung nur zulässig, wenn nach staatsanwaltschaftlicher **Prognose** die Wahrscheinlichkeit der Maßregelanordnung überwiegt (*Lüttger* GA 1957, 210). Wird das Verfahren wegen Schuldunfähigkeit angestrebt, muss zusätzlich dargelegt werden, dass der Täter eine rechtswidrige Tat im Zustand der Schuldunfähigkeit bzw. im Zustand nicht auszuschließender Schuldunfähigkeit begangen hat und aufgrund seines Zustandes erhebliche Gefahren für die Allgemeinheit zu erwarten sind (Rdn. 4; LR/*Gössel* § 413 Rn. 19 f.). 13

Im Sicherungsverfahren ist nach § 140 Abs. 1 Nr. 7 die **Verteidigung** stets **notwendig**. 14

§ 414 StPO Verfahren; Antragsschrift.
(1) Für das Sicherungsverfahren gelten sinngemäß die Vorschriften über das Strafverfahren, soweit nichts anderes bestimmt ist.
(2) ¹Der Antrag steht der öffentlichen Klage gleich. ²An die Stelle der Anklageschrift tritt eine Antragsschrift, die den Erfordernissen der Anklageschrift entsprechen muss. ³In der Antragsschrift ist die Maßregel der Besserung und Sicherung zu bezeichnen, deren Anordnung die Staatsanwaltschaft beantragt. ⁴Wird im Urteil eine Maßregel der Besserung und Sicherung nicht angeordnet, so ist auf Ablehnung des Antrages zu erkennen.
(3) Im Vorverfahren soll einem Sachverständigen Gelegenheit zur Vorbereitung des in der Hauptverhandlung zu erstattenden Gutachtens gegeben werden.

A. Verweis auf das allgemeine Prozessrecht, Abs. 1. § 414 bestimmt die inhaltliche Ausgestaltung des Sicherungsverfahrens. Neben den speziellen Bestimmungen des § 414 Abs. 2 und 3 und der §§ 415, 416 gelten die allgemeinen Regelungen zum Strafverfahren **subsidiär** und **entsprechend** (LR/*Gössel* § 414 Rn. 1). Sie treten zurück, sofern sie den Grundsätzen des Sicherungsverfahrens entgegenstehen (OLG Nürnberg NJW 1999, 3647 [3648]; Graf/*Temming* § 414 Rn. 1). Die Verweisnorm des Abs. 1 ist nötig, weil das Sicherungsverfahren kein Strafverfahren darstellt. 1

Spätestens im Sicherungsverfahren ist der **Verteidiger** (§ 140 Abs. 1 i.V.m. § 141 Abs. 1 Nr. 7) zu bestellen. Der nach Abs. 3 hinzuziehende **Sachverständige** soll in Ergänzung des § 80a schon im Ermittlungsverfahren mitwirken (*Meyer-Goßner/Schmitt* § 414 Rn. 7), ein Betreuer (§ 1896 BGB) sollte gehört werden (BGH NStZ 1996, 610). 2

3 Es findet ein förmliches Zwischenverfahren statt. Das Verfahren ist zu **eröffnen**, wenn die hinreichende Wahrscheinlichkeit der Maßregelanordnung besteht (§§ 203, 207), andernfalls ist nach § 204 zu verfahren (KK-StPO/*Maur* § 414 Rn. 1).

4 Die Zulässigkeit der **Nebenklage** ist inzwischen überwiegend anerkannt (BGHSt 47, 202 [204 f.]; BGH NJW 2002, 692; OLG Hamburg NJW 2001, 238 [239]; AnwK-StPO/*Böttger* § 414 Rn. 3; KK-StPO/*Maur* § 414 Rn. 4; a. A. *Pfeiffer* FS Meyer-Goßner, S. 705 [706]), sofern die Anlasstat unter den Katalog des § 395 fällt. Das Opfer nimmt Teil am Schutzzweck des Sicherungsverfahrens und kann im Speziellen von einer Maßregel profitieren, die es vor neuen Angriffen bewahrt. Allgemein unzulässig sind jedoch die **Privatklage** und das **Adhäsionsverfahren** (KMR/*Metzger* § 414 Rn. 39 f.).

5 Zur Möglichkeit der **Einstellung** nach den §§ 153 ff. besteht Uneinigkeit (vgl. SK-StPO/*Weßlau* § 414 Rn. 11). Die zutreffende Ansicht differenziert danach, ob die Einstellungsregeln von der Schuld abhängen, wie die §§ 153, 153a und 153b, jeweils Abs. 2. Da im Sicherungsverfahren die Schuldunfähigkeit besteht oder zumindest nicht auszuschließen ist (§ 413 Rdn. 7), kommt insofern eine Einstellung nicht in Betracht (AnwK-StPO/*Böttger* § 414 Rn. 2; LR/*Gössel* § 414 Rn. 26). Anwendbar bleiben die schuldindifferenten Einstellungen nach den §§ 154 Abs. 2, 154a Abs. 2, 154b Abs. 4.

6 **B. Antragsschrift und zuständiges Gericht.** An die **Antragsschrift** stellt Abs. 2 besondere Voraussetzungen, weil sie als Anklageschrift im fortgeführten Verfahren dient, wenn der Antrag auf selbständige Anordnung einer Maßregel abgelehnt wird (Abs. 2 Satz 4 i.V.m. § 416). Die Antragsschrift ist eine echte **Prozessvoraussetzung** (HK-StPO/*Kurth/Pollähne* § 414 Rn. 6). Daher darf bei Vorliegen lediglich einer Anklageschrift nicht einfach ein Sicherungsverfahren eröffnet werden (RGSt 72, 143; *Weßlau* JR 2002, 475). Die Antragsschrift steht der öffentlichen Klage gleich (Abs. 2 Satz 1), führt mithin zur Rechtshängigkeit.

7 Ein bereits wegen **derselben Tat** rechtshängiges Strafverfahren steht dem Sicherungsverfahren entgegen. Eine Verbindung der beiden Verfahren nach §§ 4, 5 kann nicht erfolgen, weil es sich nicht um verschiedene Taten handelt, sondern um dieselbe prozessuale Tat, die in verschiedenen Verfahren abgeurteilt werden soll (KK-StPO/*Maur* § 4 Rn. 12). Das ursprüngliche Strafverfahren ist somit fortzusetzen und abzuschließen (BGHSt 22, 185 [187]; *Hanack* JZ 1974, 54 [57]). Zulässig ist aber, mit einer Anklageschrift hilfsweise einen Sicherungsantrag zu verbinden (BGHSt 47, 52 [53]).

8 Für die Bestimmung der **Zuständigkeit** gelten die allgemeinen Vorschriften des GVG. So ist aus dem Zusammenspiel der §§ 24 Abs. 2, 74 GVG zu entnehmen, ob das AG oder das LG zuständig ist. Letzteres ist immer dann zuständig, wenn die Unterbringung in einem psychiatrischen Krankenhaus im Raum steht. Auch die funktionale Zuständigkeit bestimmt sich nach den allgemeinen Regelungen (§§ 24, 25, 74, 74a, 74c, 120 GVG). Für **Jugendliche** und **Heranwachsende** gelten die Vorschriften des JGG (§§ 40, 41, 109 JGG; OLG Stuttgart NStZ 1988, 225; OLG Saarbrücken NStZ 1985, 93).

9 **C. Urteil und Strafklageverbrauch.** Falls es nicht zur Einstellung kommt (Rdn. 5), ergeht ein **Urteil**. Es gilt § 260. Das Urteil lautet entweder auf Anordnung der beantragten Maßregel oder auf Ablehnung des Antrags. Die Anlasstat, wegen der die Maßregel angeordnet wird, erscheint nicht im Urteilsspruch (BGH MDR 1985, 449; *Meyer-Goßner/Schmitt* § 414 Rn. 6). Unzulässig ist ein Urteil, das auf Freispruch oder Teilfreispruch lautet (BGH NJW 1970, 1242; NStZ-RR 2004, 68; OLG München NStZ-RR 2012, 262 [263]). Bestehen Zweifel, ob der Beschuldigte die Tat tatsächlich begangen hat oder noch andere Gründe außer der Schuldunfähigkeit in Betracht kommen, die eine Verurteilung verhindern (Rücktritt, Rechtfertigung), ist die Anordnung abzulehnen (BGHSt 13, 91 [94]; 31, 132 [134]; vgl. auch 58, 243 [244]). Da der Antrag im Sicherungsverfahren der Klage im Strafverfahren gleichsteht, bewirkt die Ablehnung des Antrags wie der Freispruch im Strafverfahren einen **Strafklageverbrauch** (BGHSt 16, 198 [199]). Ebenso hindert im Ergebnis die Anordnung einer Maßregel ein weiteres Verfahren wegen derselben prozessualen Tat (BGHSt 11, 319 [322]).

10 **D. Rechtsmittel.** Gegen das Urteil sind die in der StPO vorgesehenen **Rechtsmittel** zulässig. Ein Rechtsmittelverzicht des Beschuldigten ist trotz eventueller Mängel an der Schuldfähigkeit wirksam, solange man davon ausgehen kann, dass er Zweck und Umfang seiner Erklärung verstanden hat. Dafür muss die Verhandlungsfähigkeit gegeben sein (BGH NStZ 1999, 526 [527]; KMR/*Metzger* § 414 Rn. 33).

§ 415 StPO Hauptverhandlung ohne Beschuldigten. (1) Ist im Sicherungsverfahren das Erscheinen des Beschuldigten vor Gericht wegen seines Zustandes unmöglich oder aus Gründen der öffentlichen Sicherheit oder Ordnung unangebracht, so kann das Gericht die Hauptverhandlung durchführen, ohne daß der Beschuldigte zugegen ist.
(2) ¹In diesem Falle ist der Beschuldigte vor der Hauptverhandlung durch einen beauftragten Richter unter Zuziehung eines Sachverständigen zu vernehmen. ²Von dem Vernehmungstermin sind die Staatsanwaltschaft, der Beschuldigte, der Verteidiger und der gesetzliche Vertreter zu benachrichtigen. ³Der Anwesenheit des Staatsanwalts, des Verteidigers und des gesetzlichen Vertreters bei der Vernehmung bedarf es nicht.
(3) Fordert es die Rücksicht auf den Zustand des Beschuldigten oder ist eine ordnungsgemäße Durchführung der Hauptverhandlung sonst nicht möglich, so kann das Gericht im Sicherungsverfahren nach der Vernehmung des Beschuldigten zur Sache die Hauptverhandlung durchführen, auch wenn der Beschuldigte nicht oder nur zeitweise zugegen ist.
(4) ¹Soweit eine Hauptverhandlung ohne den Beschuldigten stattfindet, können seine früheren Erklärungen, die in einem richterlichen Protokoll enthalten sind, verlesen werden. ²Das Protokoll über die Vorvernehmung nach Absatz 2 Satz 1 ist zu verlesen.
(5) ¹In der Hauptverhandlung ist ein Sachverständiger über den Zustand des Beschuldigten zu vernehmen. ²Hat der Sachverständige den Beschuldigten nicht schon früher untersucht, so soll ihm dazu vor der Hauptverhandlung Gelegenheit gegeben werden.

A. Grundsätzliches. § 415 bildet eine Sonderregel zu den §§ 230, 231, 285. Grds. gilt auch im Sicherungsverfahren die Prämisse, dass nur gegen den anwesenden Betroffenen (z. Begriff s. § 413 Rdn. 1) das Verfahren geführt wird (AnwK-StPO/*Böttger* § 415 Rn. 2). Er hat das Recht auf und die Pflicht zur Anwesenheit. Nach Abs. 1 und 3 können mit Blick auf die **Konstitution** des Betroffenen oder aus Gründen der **öffentlichen Sicherheit und Ordnung** die komplette Verhandlung oder Teile ohne ihn durchgeführt werden. Denn die Schuld- oder Verhandlungsunfähigkeit ist Voraussetzung des § 413 und kann die Durchführung des Sicherungsverfahrens daher nicht scheitern lassen. Mit Blick auf Art. 103 Abs. 1 GG und die Eingriffsintensität mancher Maßregel ist § 415 aber als **ultima ratio** zu sehen und eng auszulegen (Radtke/Hohmann/*Börner* § 415 Rn. 2).

Im Fall der kompletten oder teilweisen Abwesenheit des Betroffenen muss der notwendige Verteidiger die Betroffenenrechte für diesen im Rahmen des § 234 wahrnehmen und ununterbrochen anwesend sein. Ist der Betroffene selbst anwesend, kann dieser seine prozessualen Rechte selbst wahrnehmen (Meyer-Goßner/*Schmitt* § 415 Rn. 1). Durch ihn vorgenommene und nachteilige Prozesshandlungen sind grds. wirksam, es sei denn, das Gericht stellt dessen Unfähigkeit fest, prozessual wirksame Handlungen vorzunehmen (OLG Hamm NJW 1973, 1894; enger LK/*Gössel* § 415 Rn. 9).

B. Verfahren ohne den Betroffenen. Gem. Abs. 1 kann das Gericht durch **Beschluss** (KK-StPO/*Maur* § 415 Rn. 3) entscheiden, dass die Hauptverhandlung in Abwesenheit des Betroffenen durchgeführt wird. In diesem Fall ist die Vorvernehmung nach **Abs. 2** anzuordnen.

I. Gründe. 1. Zustand des Betroffenen. Das Erscheinen ist aufgrund des **Zustands** des Betroffenen unmöglich, wenn dieser transportunfähig ist oder sich die Verhandlung nachteilig auf dessen körperlichen oder geistigen Zustand auszuwirken droht (LR/*Gössel* § 415 Rn. 2), etwa bei Suizidgefahr (KMR/*Metzger* § 415 Rn. 9). Mag auch die Anwesenheit aufgrund der Auffassungsgabe und des Geisteszustands des Betroffenen als Farce anmuten (KMR/*Metzger* § 415 Rn. 10), genügt die bloße geistig bedingte Verhandlungsunfähigkeit nicht (Meyer-Goßner/*Schmitt* § 415 Rn. 2; KK-StPO/*Maur* § 415 Rn. 4, 5; LR/*Gössel* § 415 Rn. 2); denn es entspricht dem anerkannten Stand der Ethik, dass auch der natürliche Wille der nicht einwilligungsfähigen Person relevant sein kann und folglich auch im Sicherungsverfahren zu beachten ist.

2. Durchführung der Hauptverhandlung. Das Verhandeln in Abwesenheit aus Gründen der **öffentlichen Sicherheit oder Ordnung** ist dann angezeigt, wenn der Betroffene zu Übergriffen oder zum Ausbruch im Rahmen des Transports zur Hauptverhandlung oder während dieser neigt, etwa durch unkontrollierbare Tobsuchtsanfälle oder tätliche Angriffe gegen Anwesende (LR/*Gössel* § 415

Rn. 2) und keine Mittel vorhanden sind, um diesen entgegenzutreten. Bloße Lästigkeiten genügen nicht (Radtke/Hohmann/*Börner* § 415 Rn. 4).

6 **II. Vorvernehmung, Abs. 2.** Nach Abs. 2 ist eine Vernehmung vor der Hauptverhandlung durchzuführen, um dem Betroffenen eine Chance zur Äußerung zu geben und zumindest einen mittelbaren Eindruck von der Persönlichkeit zu bekommen (LR/*Gössel* § 415 Rn. 3). So wird der Grundsatz des rechtlichen Gehörs so weit als möglich beachtet. Das Vernehmungsprotokoll wird in der Hauptverhandlung verlesen, **Abs. 4 Satz 2**. Der **beauftragte Richter** muss Mitglied des Spruchkörpers sein, bei dem das Verfahren anhängig ist, muss aber nicht selbst im Rahmen der Hauptverhandlung an der Urteilsfindung mitwirken (BGHSt 2, 1). Grundlage des Urteils bildet das verlesene Protokoll. Die persönlichen Eindrücke des vernehmenden Richters können aufgrund § 261 nur im Rahmen einer Zeugenvernehmung in das Verfahren eingeführt werden (LR/*Gössel* § 415 Rn. 3).

7 Für die Vernehmung des Betroffenen ist nach Abs. 2 ein **Sachverständiger** hinzuzuziehen, der grds. während der gesamten Vernehmung zugegen sein muss (RGSt 72, 182 [183]), Verstöße sind jedoch heilbar (KMR/*Metzger* § 415 Rn. 17; *Schmid* JZ 1969, 757 [760]). Es bietet sich an, für die Vernehmung nach Abs. 2 denjenigen Sachverständigen heranzuziehen, der dann nach Abs. 5 in der Hauptverhandlung Bericht erstatten soll (LR/*Gössel* § 415 Rn. 4).

8 Nach **Abs. 2 Satz 2** sind die **Beteiligten** zu benachrichtigen. Da es ihrer Anwesenheit nicht bedarf, **Abs. 2 Satz 3**, hat die Benachrichtigung i.d.R. nicht förmlich als Ladung zu erfolgen. Der Betroffene ist nur dann gem. § 216 förmlich zu laden, wenn er sich auf freiem Fuß befindet (Meyer-Goßner/*Schmitt* § 415 Rn. 7; LR/*Gössel* § 415 Rn. 4).

9 **C. Teilweise Abwesenheit, Abs. 3.** In Abs. 3 sind die Voraussetzungen für den Fall normiert, dass die Hauptverhandlung aufgrund eines Beschlusses zumindest teilweise ohne den Betroffenen durchgeführt wird, wenn Abs. 1 nicht die vollständige Verhandlung in Abwesenheit zulässt. Das verlangt aber, dass der Betroffene zumindest zur Sache **vernommen** wurde (§ 243 Abs. 4 Satz 2). Die weiteren Umstände ähneln denen des Abs. 1. Es geht darum, den Betroffenen zu schonen oder die Durchführbarkeit der Hauptverhandlung zu ermöglichen (LR/*Gössel* § 415 Rn. 5 f.). Ist der Betroffene gar nicht erschienen, gilt § 230 (Meyer-Goßner/*Schmitt* § 415 Rn. 8). Abs. 3 stellt keine Grundlage für einen zwangsweisen Verweis aus dem Sitzungsaal dar; hier gelten die § 247 und § 177 GVG.

10 Nimmt der teilweise abwesende Betroffene vor der Urteilsverkündung wieder an der Verhandlung teil, ist entgegen § 247 Abs. 1 Satz 3 eine Unterrichtung über die wesentlichen verhandelten Inhalte nicht zwingend (HK-StPO/*Kurth/Pollähne* § 415 Rn. 9; Meyer-Goßner/*Schmitt* § 415 Rn. 9; a. A. KMR/*Metzger* § 415 Rn. 24), jedoch als nobile officium angezeigt, wenn der Zustand des Betroffenen es erlaubt, und kann i.S. einer umfassenden Sachaufklärung geboten sein (LR/*Gössel* § 415 Rn. 7).

11 **D. Verlesung richterlicher Vernehmungsprotokolle, Abs. 4.** Im Sicherungsverfahren können richterliche Vernehmungsprotokolle über § 254 hinaus verlesen werden; im Fall des Abs. 1 ist die Verlesung sogar **zwingend**, Abs. 4 Satz 2. Verlesen werden kann jedes Protokoll über eine Vernehmung der Person, auch eine aus dem zunächst betriebenen Strafverfahren (LR/*Gössel* § 415 Rn. 6). Die Verlesung ist ins Hauptverhandlungsprotokoll aufzunehmen (§ 274; SK-StPO/*Weßlau* § 415 Rn. 13) und erfolgt auf Verfügung des Vorsitzenden hin, eines Beschlusses bedarf es also nicht (KMR/*Metzger* § 415 Rn. 28).

12 **E. Obligatorischer Sachverständiger in der Hauptverhandlung, Abs. 5.** Abs. 5 regelt die Einbeziehung des Sachverständigen, der in der Hauptverhandlung zu vernehmen ist, und zwar über § 246a hinausreichend auch bei einem auf den Führerscheinentzug oder ein Berufsverbot gerichteten Antrag. Ob § 246a selbst keine Anwendung findet (so BGH NJW 1967, 990; KK-StPO/*Maur* § 415 Rn. 12), ist daher nicht von Belang. Die Anhörung des Sachverständigen ist **obligatorisch**, was in der Praxis bisweilen nicht beachtet wird (vgl. *Leygraf* Alkoholabhängige Straftäter, S. 231 ff.). Als Sachverständige sind primär Fachärzte für Psychiatrie, ggf. auch für Psychologie geeignet (AnwK-StPO/*Böttger* § 415 Rn. 12). Feste Regeln für die Auswahl existieren nicht (Venzlaff/Foerster/*Schreiber/Rosenau* S. 156). Im Rahmen der Hauptverhandlung ist der Sachverständige immer zu hören, auch wenn nur der Entzug der Fahrerlaubnis oder die Verhängung eines Berufsverbots im Raum steht

(LR/*Gössel* § 415 Rn. 10). Im Gegensatz zur Vorvernehmung muss der Sachverständige der Hauptverhandlung nicht ununterbrochen beiwohnen (BGH StV 1999, 470; HK-StPO/*Kurth/Pollähne* § 415 Rn. 11). Satz 2 ist inhaltsgleich mit § 246a Satz 3.

F. Rechtsmittel. Gegen den Beschluss, die Hauptverhandlung ganz oder teilweise ohne den Betroffenen durchzuführen, ist die Beschwerde **nicht** statthaft (§ 305 Satz 1), auch § 231a Abs. 3 Satz 3 ist nicht entsprechend heranzuziehen (OLG Koblenz MDR 1976, 602). Der unzulässige Ausschluss des Betroffenen ist im Rahmen der **Revision** nach § 338 Nr. 5 zu rügen. Wird der Betreuer des Betroffenen nicht gehört, obgleich das nach § 244 Abs. 2 geboten war, kann dies mit der Verfahrensrüge moniert werden (BGH NStZ 1996, 610). 13

§ 416 StPO Übergang in das Strafverfahren.

(1) ¹Ergibt sich im Sicherungsverfahren nach Eröffnung des Hauptverfahrens die Schuldfähigkeit des Beschuldigten und ist das Gericht für das Strafverfahren nicht zuständig, so spricht es durch Beschluss seine Unzuständigkeit aus und verweist die Sache an das zuständige Gericht. ²§ 270 Abs. 2 und 3 gilt entsprechend. (2) ¹Ergibt sich im Sicherungsverfahren nach Eröffnung des Hauptverfahrens die Schuldfähigkeit des Beschuldigten und ist das Gericht auch für das Strafverfahren zuständig, so ist der Beschuldigte auf die veränderte Rechtslage hinzuweisen und ihm Gelegenheit zur Verteidigung zu geben. ²Behauptet er, auf die Verteidigung nicht genügend vorbereitet zu sein, so ist auf seinen Antrag die Hauptverhandlung auszusetzen. ³Ist auf Grund des § 415 in Abwesenheit des Beschuldigten verhandelt worden, so sind diejenigen Teile der Hauptverhandlung zu wiederholen, bei denen der Beschuldigte nicht zugegen war.
(3) Die Absätze 1 und 2 gelten entsprechend, wenn sich im Sicherungsverfahren nach Eröffnung des Hauptverfahrens ergibt, dass der Beschuldigte verhandlungsfähig ist und das Sicherungsverfahren wegen seiner Verhandlungsunfähigkeit durchgeführt wird.

A. Allgemeine Voraussetzungen. Der Paragraph stellt die Grundlage für die **Überleitung** des Sicherungsverfahrens ins Strafverfahren dar. Ergibt sich im Laufe des Verfahrens die Schuldfähigkeit (Abs. 1, 2) oder die Verhandlungsfähigkeit (Abs. 3) des Betroffenen, hat das Gericht von Amts wegen durch **Beschluss** entweder an das zuständige Gericht zu verweisen oder im Fall der eigenen Zuständigkeit ins Strafverfahren überzugehen. Für eine Fortführung des Sicherungsverfahrens ist kein Platz mehr (SK-StPO/*Weßlau* § 416 Rn. 1). Sofern nur **Zweifel** an der **Verhandlungs- oder Schuldunfähigkeit** bestehen, wird das Sicherungsverfahren indes weitergeführt, weil sich dann noch nichts anderes ergeben hat (BGHSt 16, 198 [199]; BGH NJW 1961, 2170 f.; KK-StPO/*Maur* § 416 Rn. 1). Gleiches hat auch bei lediglich hinreichender Wahrscheinlichkeit zu gelten (LR/*Gössel* § 416 Rn. 8; Meyer-Goßner/*Schmitt* § 416 Rn. 3). Nova bedarf es nicht, schon eine andere Beurteilung der bisherigen Lage ist ausreichend (KK-StPO/*Maur* § 416 Rn. 1). 1

Der Wortlaut scheint die Überleitung erst im Rahmen der Hauptverhandlung zuzulassen. Das ist nicht sachgerecht (Meyer-Goßner/*Schmitt* § 416 Rn. 4; a. A. HK-StPO/*Kurth/Pollähne* § 416 Rn. 12; SK-StPO/*Weßlau* § 416 Rn. 2). Eine Überleitung muss auch schon im **Zwischenverfahren** möglich sein. Denn da gem. § 414 Abs. 2 Satz 1 die Antragsschrift auch als Anklageschrift zählt, hat das Gericht – hält es die Voraussetzungen für das Strafverfahren, namentlich das Vorliegen der Schuld- und Verhandlungsfähigkeit entgegen der Ansicht der StA für gegeben – im Strafverfahren zu eröffnen (*Peters* S. 572). Dagegen ist umgekehrt die Überleitung aus dem Strafverfahren ins Sicherungsverfahren weder möglich (BGHSt 46, 345 [346]; 47, 52 [53]) noch nötig, weil notfalls freigesprochen werden kann und Maßregeln der Besserung und Sicherung selbständig im Urteil angeordnet werden können (KK-StPO/*Maur* § 416 Rn. 9; AnwK-StPO/*Böttger* § 416 Rn 5). 2

I. Verfahren bei Unzuständigkeit, Abs. 1. Ist das Gericht des Sicherungsverfahrens sachlich unzuständig, hat es seine Unzuständigkeit durch Beschluss festzustellen und an das zuständige Gericht zu **verweisen** (LR/*Gössel* § 416 Rn. 6). Hier kann auch eine Verweisung an ein niederes Gericht erfolgen, weil nur § 270 Abs. 2 und 3 für entsprechend anwendbar erklärt werden, nicht § 269, der i.V.m. § 270 einem solchen Verweis entgegenstehen würde (BGHSt 21, 334 [357]; NJW 1968, 710 [712]; Radtke/ 3

§ 417 StPO Zulässigkeit

Hohmann/*Börner* § 416 Rn. 3). Jedoch besteht weiterhin die Pflicht, bei besonderem öffentlichen Interesse vor dem LG zu eröffnen, §§ 24 Abs. 1 Nr. 3, 74 Abs. 1 Satz 2 GVG (AnwK-StPO/*Böttger* § 416 Rn. 6).

4 An ein Gericht besonderer Zuständigkeit (§ 74e GVG) muss nur dann verwiesen werden, wenn die Sonderzuständigkeit noch beachtlich ist, weil nach § 6a Satz 2 und 3 der Betroffene rechtzeitig die Sonderzuständigkeit gerügt hat, also noch nicht zur Sache in der Hauptverhandlung vernommen wurde (KMR/*Metzger* § 416 Rn. 6). Andernfalls ist gem. Abs. 2 vor der Strafkammer zu verhandeln (BGHSt 30, 187 [188]).

5 Der Verweisungsbeschluss hat die Wirkung eines **Eröffnungsbeschlusses** (Abs. 1 Satz 2 i.V.m. § 270 Abs. 3 Satz 1). Das Verfahren wird beim Verweisungsgericht rechtshängig, und der Beschuldigte ist als Angeklagter zu bezeichnen.

6 **II. Verfahren bei Zuständigkeit, Abs. 2.** Ist das Gericht auch im Strafverfahren sachlich zuständig, hat gem. Abs. 2 Satz 1 ein **rechtlicher Hinweis** zu erfolgen, der ähnlich wie § 265 gehandhabt wird. Dadurch geht das Sicherungsverfahren automatisch in das Strafverfahren über; im Grunde kann sofort weiterverhandelt werden.

7 Der Angeklagte oder der Verteidiger können jedoch den sofortigen Fortgang der Verhandlung dadurch unterbinden, dass sie die unzureichende Vorbereitung auf die Verteidigung behaupten. Das führt zu einer **zwingenden Aussetzung** gem. § 229 (BGHSt 13, 337 [342]). Dem Gericht steht insoweit kein Beurteilungsspielraum zu. Auch der Versuch, dem Beschuldigten die Aussetzungsmöglichkeiten zu verkürzen, indem zu Beginn des Verfahrens der Hinweis ergeht, dass die Möglichkeit der Überleitung besteht, ist unzulässig (BGHSt 23, 304 [306]). Die Dauer der Aussetzung liegt grds. im pflichtgemäßen Ermessen des Gerichts (AnwK-StPO/*Böttger* § 416 Rn. 7). Als Minus zur Aussetzung wird dem Angeklagten das Recht zuzustehen sein, eine **Unterbrechung** innerhalb der Fristen des § 229 herbeizuführen (BGHSt 13, 121 [123]).

8 In der Hauptverhandlung des Strafverfahrens sind die Teile, die nach § 415 in Abwesenheit des Beschuldigten stattgefunden haben, **nachzuholen**; früher gewonnene Beweise sind nicht verwertbar (Meyer-Goßner/*Schmitt* § 416 Rn. 8). Entbehrlich ist eine Nachholung dann, wenn auch im Strafverfahren ein Verhandeln ohne den Angeklagten gem. §§ 231b, 247 Satz 3 möglich gewesen wäre, weil dann keine Benachteiligung des Angeklagten vorliegt. In solchen Fällen ist jedoch eine Unterrichtung des Angeklagten über das Ergebnis nötig, §§ 231b Abs. 2, 247 Satz 4 (LR/*Gössel* § 416 Rn. 11).

9 **B. Rechtskraft.** Ein im Sicherungsverfahren ergangenes Urteil, das auf Anordnung einer Maßregel oder Ablehnung des Antrags lautet, verbraucht die Strafklage hinsichtlich weiterer Straf- oder Sicherungsverfahren (BGHSt 11, 319 [322]; 16, 198 [199]; *Hanack* JZ 1974, 57). Ein Strafverfahren ist deshalb auch dann unzulässig, wenn sich nach einem Urteil die Schuld- oder Verhandlungsfähigkeit herausstellt (LR/*Gössel* § 414 Rn. 35; Meyer-Goßner/*Schmitt* § 416 Rn. 9).

2a. Abschnitt. Beschleunigtes Verfahren

§ 417 StPO Zulässigkeit.
Im Verfahren vor dem Strafrichter und dem Schöffengericht stellt die Staatsanwaltschaft schriftlich oder mündlich den Antrag auf Entscheidung im beschleunigten Verfahren, wenn die Sache auf Grund des einfachen Sachverhalts oder der klaren Beweislage zur sofortigen Verhandlung geeignet ist.

1 **A. Grundsätzliches zum beschleunigten Verfahren.** Das beschleunigte Verfahren stellt neben dem Strafbefehlsverfahren und dem Sicherungsverfahren das dritte **Sonderverfahren** der StPO dar (Radtke/Hohmann/*Otte* § 417 Rn. 1). Es beschränkt sich auf die Strafverfahren vor dem **AG** (BayObLG NStZ 2005, 403 [404]; AnwK-StPO/*Böttger* § 417 Rn 2; KK-StPO/*Graf* Vor § 417 Rn. 4). Es unterscheidet sich vom regulären Strafverfahren insb. durch den ersatzlosen Verzicht auf eine schrift-

liche Anklage und das Zwischenverfahren sowie durch eine Verkürzung von Ladungsfristen und Beweisaufnahme (Graf/ *Temming* § 417 Vorbem.).

Ziel des Verfahrens soll sein, der Tat die Strafe auf dem Fuße folgen zu lassen (BT-Drucks. 12/6853, S. 34; *Beulke* Rn. 530). Durch solch eine schnelle Reaktion soll in Bagatellfällen die **spezial- und generalpräventive Wirkung** des Strafrechts in besonderer Weise zum Tragen kommen (AK-StPO/*Loos* Vor § 417 Rn. 3). Hinzu treten die **Entlastung** der Strafjustiz, deren Ressourcen geschont werden, sowie – auch i.S.d. Beschuldigten – die allgemeine **Beschleunigungsmaxime**.

Das Verfahren ist nicht unerheblicher **Kritik** ausgesetzt; denn es bewegt sich wie jegliche Form der Verfahrensbeschleunigung im Spannungsfeld zwischen effektiver Strafrechtspflege und dem Anspruch des Angeklagten auf ein rechtsstaatliches Verfahren. Letztlich laufe es auf eine Form des **kurzen Prozesses** hinaus, der ein schlechter Prozess sei und zu unsachgemäßen Ergebnissen führe (*Scheffler* NJW 1994, 2191 [2195]). In der Tat scheint es beim alten beschleunigten Verfahren nach den §§ 212 bis 212b a.F. zu Missbräuchen im Rahmen der Studentenproteste der 60er Jahre gekommen zu sein (*Schröer* Das beschleunigte Strafverfahren, 1998, S. 49 f.). Es komme zu einer übereilten Entscheidung, so die Einwände; die Verteidigungsrechte seien stark limitiert. Die Justizförmigkeit des Strafprozesses leide (*Klesczewski* Rn. 638; *Roxin/Schünemann* § 61 Rn. 1). Durch die Einschränkung der Beweisantragsrechte des Angeklagten kann es mit dem Zusammentreffen einer fehlenden Berufungsmöglichkeit – bei Fällen der Annahmeberufung nach § 313 – dazu kommen, dass Entlastungsbeweise nicht mehr möglich sind. Die Gefahren für die Wahrheitsfindung sind nicht von der Hand zu weisen (*Loos/Radtke* NStZ 1996, 7 [11]; HK-StPO/*Zöller* Vor §§ 417 Rn. 5; *Meyer-Goßner/Schmitt* Vor § 417 Rn. 6; SK-StPO/*Paeffgen* § 417 Rn. 4 f.). Das Institut als solches ist aber nicht verfassungswidrig (OLG Frankfurt am Main NStZ-RR 1997, 273), es wird aber zutreffend eine **restriktive Auslegung** der §§ 417 ff. verlangt (AK-StPO/*Loos* Vor § 417 Rn. 8).

Der Kritik wird dadurch an Brisanz genommen, dass die Praxis eher vorsichtig vom beschleunigten Verfahren Gebrauch macht. Vor dem Schöffengericht findet das Verfahren so gut wie keine Anwendung (vgl. *Lubitz* Das beschleunigte Verfahren der StPO und seine rechtstatsächliche Durchführung ..., 2010, S. 202). Der Anteil an möglichen Strafverfahren bewegt sich mittlerweile unter 3 % (Radtke/Hohmann/*Otte* § 417 Rn. 3; *Meyer-Goßner/Schmitt* Vor § 417 Rn. 7), allerdings mit deutlich regionalen Unterschieden. Die Quoten reichen von 0,09 % der amtsgerichtlichen Verfahren in Sachsen über 0,8 % in Nordrhein-Westfalen bis zu 4,2 % in Bayern und 11 % in Brandenburg (Statistisches Bundesamt Fachserie 10 Reihe 2.3, Rechtspflege Strafgerichte 2010, S. 24 ff.). Überwiegend wirkt das Gespür der Richter für ein faires Verfahren, welches nach **Art. 6 Abs. 3 Buchst. b) EMRK** bzw. **Art. 14 Abs. 3 Buchst. b) IPBPR** gebietet, dem Angeklagten hinreichend Zeit für die Vorbereitung und Ausübung seiner Verteidigungsrechte zu gewähren (SK-StPO/*Paeffgen* Vor §§ 417 Rn. 6; LR/*Gössel* Vor § 417 Rn. 6). Hinzutreten zahlreiche organisatorische Probleme, die dem verkürzten Verfahren im Wege stehen (HK-StPO/*Zöller* Vor §§ 417 Rn. 2).

B. Anwendungsbereich. Das beschleunigte Verfahren ist zwar auch vor dem Schöffengericht zulässig, wird in der Praxis aber meist vor dem **Strafrichter** in Verfahren angestrengt, in denen die StA die Beantragung einer Freiheitsstrafe unter 6 Monaten beabsichtigt. Denn in diesen Fällen ist eine Verteidigerbestellung (anders im Strafbefehlsverfahren gem. § 408b) nicht erforderlich (*Meyer-Goßner/Schmitt* § 417 Rn. 1). Vor dem **Schöffengericht** wird es selten relevant werden, weil nach § 419 Abs. 1 Satz 2 allenfalls eine Strafe bis zu einem Jahr Freiheitsstrafe oder eine Maßregel verhängt werden kann. Bei Verbrechen besteht die theoretische Möglichkeit, nach §§ 417 ff. zu verfahren, wenn entweder die Verhängung der Mindeststrafe oder eine Freiheitsstrafe bis zu einem Jahr aufgrund eines minderschweren Falles oder eines Strafmilderungsgrundes zu erwarten ist (AnwK-StPO/*Böttger* § 417 Rn. 2; *Loos/Radtke* NStZ 1996, 7 [8]). Eine Zuständigkeit des **erweiterten Schöffengerichts** scheitert dagegen zum einen am Fehlen eines Eröffnungsverfahrens, in dem dieses gem. § 29 Abs. 2 GVG gebildet werden könnte (KMR/*Metzger* § 417 Rn. 4; SK-StPO/*Paeffgen* § 417 Rn. 6; kritisch KK-StPO/*Graf* § 417 Rn. 1), zum anderen an der Tatsache, dass es bei erforderlicher Zuziehung eines weiteren Richters aufgrund des Umfangs der Sache konsequenterweise an einem einfachen Sachverhalt fehlen wird (LR/*Gössel* § 417 Rn. 4; a. A. *Deisberg/Hohendorf* DRiZ 1984, 261 [264]). Bei **sachlicher Unzuständigkeit** ist nicht nach § 270 an das höhere Gericht zu verweisen, sondern gem. § 419 Abs. 1 Satz 1 der Antrag auf

§ 417 StPO   Zulässigkeit

Verhandlung im beschleunigten Verfahren abzulehnen (RGSt 68, 332 [334]); *Meyer-Goßner/Schmitt* § 417 Rn. 2).

6 Das Verfahren ist bei **Jugendlichen** nicht anwendbar (§ 79 Abs. 2 JGG); stattdessen ist das vereinfachte Jugendverfahren gem. §§ 76 ff. JGG statthaft. Dagegen sind ggü. **Heranwachsenden** die §§ 417 ff. anwendbar, gleich ob sie nach Jugend- oder Erwachsenenstrafrecht zu verurteilen sind (§ 109 Abs. 1 Satz 1, Abs. 2 Satz 1 JGG; KMR/*Metzger* § 417 Rn. 1). Da es dort jedoch regelmäßig der Ermittlung der persönlichen Lebensverhältnisse bedarf (§ 43 JGG), wird es häufig mangels Eignung der Sache zur sofortigen Verhandlung ausscheiden. Ist das beschleunigte Verfahren dennoch anwendbar, gelten die Rechtsmittelbeschränkungen nach § 55 Abs. 1, 2 JGG nicht (*Meyer-Goßner/Schmitt* § 417 Rn. 4).

7 Mitgliedern von **Truppen eines NATO-Entsendestaates** ggü. ist das beschleunigte Verfahren seit Wegfall des Art. 27 NTS-ZA am 29.03.1998 (Art. 11 des Ratifizierungsgesetzes BGBl. 1994 II S. 2594 [2605]) nicht mehr ausgeschlossen (KMR/*Metzger* § 417 Rn. 2; *Meyer-Goßner/Schmitt* § 417 Rn. 5; überholt SK-StPO/*Paeffgen* § 417 Rn. 6; KK-StPO/*Graf* § 417 Rn. 2).

8 Im **Privatklageverfahren** ist das beschleunigte Verfahren mangels Antragsbefugnis des Privatklägers nicht statthaft (HK-GS/*Weiler* § 417 Rn. 3). Die **Nebenklage** ist möglich. Sie hat spätestens bei Beginn der Hauptverhandlung zu erfolgen (§ 418 Abs. 3); der vorher erklärte Anschluss als Nebenkläger wird mit Antragstellung der StA nach § 417 wirksam (*Meyer-Goßner/Schmitt* § 417 Rn. 7; KMR/*Metzger* § 417 Rn. 34).

9 **C. Voraussetzungen für das beschleunigte Verfahren.** I. **Formelle Voraussetzungen des Antrags.** 1. **Form des Antrags.** Der Antrag der StA stellt eine **besondere Prozessvoraussetzung** des beschleunigten Verfahrens dar. Fehlt er, kommt es zu einer Einstellung des Verfahrens gem. §§ 206a, 260 Abs. 3 (*Meyer-Goßner/Schmitt* § 417 Rn. 9). Antragsberechtigt ist ausschließlich die StA, die zur Antragstellung **verpflichtet** ist, sofern die Voraussetzungen der §§ 417 ff. vorliegen (*König/Seitz* NStZ 1995, 1 [4]). Dabei kommt ihr jedoch ein **Beurteilungs- und Prognosespielraum** zu (KK-StPO/*Graf* § 417 Rn. 3; SK-StPO/*Paeffgen* § 417 Rn. 9). Ist die Sache zur Erledigung im Strafbefehlsverfahren geeignet, ist die Stellung eines Strafbefehlsantrags jedoch vorzugswürdig, weil es sich hierbei um die weniger aufwendige Erledigungsart handelt (BT-Drucks. 12/6853, S. 107).

10 Der Antrag kann **schriftlich oder mündlich**, auch fernmündlich (KMR/*Metzger* § 417 Rn. 9; offen gelassen OLG Stuttgart NJW 1998, 3134 [3135]) beim zuständigen Gericht gestellt werden. Die Einreichung einer Anklageschrift ist entbehrlich, § 418 Abs. 3 Satz 1 (*Ranft* NStZ 2004, 424 [428]); sie kann jedoch mit einem schriftlich gestellten Antrag verbunden werden und hat dann den Anforderungen des § 200 Abs. 1 Satz 1 zu entsprechen; die Darstellung der wesentlichen Ergebnisse der Ermittlungen können entfallen (KK-StPO/*Graf* § 417 Rn. 4). Unterbleibt die Einreichung einer Anklageschrift, wird die Anklage mit Beginn der Hauptverhandlung erhoben, § 418 Abs. 3 Satz 2. Geschieht dies nicht, so kann auch in einem schriftlich gestellten Antrag eine Anklageschrift gesehen werden, sofern dieser den Anforderungen des § 200 Abs. 1 entspricht (*Meyer-Goßner/Schmitt* § 417 Rn. 11; OLG Hamburg NJW 1966, 2179 [2180]; VRS 39, 352 [353]). Wird der Antrag mündlich gestellt, ist dessen wesentlicher Inhalt im Sitzungsprotokoll zu beurkunden (KMR/*Metzger* § 417 Rn. 9).

11 2. **Zeitpunkt des Antrags.** Der Antrag ist ab Abschluss der Ermittlungen (§ 169a) zulässig, sofern genügender Anlass zur Klageerhebung nach § 170 Abs. 1 besteht. Eine zuvor erfolgte Klageerhebung gem. § 199 Abs. 2 Satz 1 steht einer Antragstellung nach § 417 nicht entgegen; sie gilt durch diese als zurückgenommen. Dasselbe gilt für den Strafbefehlsantrag; er kann, sofern der Strafbefehl noch nicht erlassen wurde, zurückgenommen werden (LR/*Gössel* § 417 Rn. 13; OLG Frankfurt am Main DAR 1960, 265 f.).

12 Umstritten ist die Frage, ob ein Antrag auch noch **nach Eröffnung des Hauptverfahrens** zulässig ist. Teilweise wird dies mit dem Argument verneint, dass zu diesem Zeitpunkt das Zwischenverfahren nicht mehr eingespart und damit der Beschleunigungszweck nicht mehr erreicht werden kann (BayObLGSt 1987, 55 [58]; KMR/*Metzger* § 417 Rn. 11; *Meyer-Goßner/Schmitt* § 417 Rn. 12). Seit Einführung der weiteren Beschleunigungsmöglichkeiten in § 420 kann von einer Zweckvereitelung nicht mehr ausgegangen werden, so dass mit der Gegenansicht auch nach dem Eröffnungsbeschluss ein Antrag möglich ist (SK-StPO/*Paeffgen* § 417 Rn. 10; KK-StPO/*Graf* § 417 Rn. 5; *Fülber/Putzke* DRiZ 1999, 196 [197]; ähnlich LR/*Gössel* § 417 Rn. 14).

3. Rücknahme des Antrags. Die Rücknahme des Antrags ist gesetzlich nicht geregelt. Einer Ansicht 13 zufolge ist eine solche bis zu Beginn der Vernehmung des Beschuldigten zur Sache in der Hauptverhandlung zulässig, weil dann in Parallele zum Eröffnungsbeschluss die Rechtshängigkeit eintrete und die alleinige Dispositionsbefugnis auf das Gericht übergehe (OLG Oldenburg NJW 1961, 1127; *Meyer-Goßner/Schmitt* § 417 Rn. 13; AK-StPO/*Loos* § 418 Rn. 14). Da das Gericht nach § 419 Abs. 2 Satz 1 jedoch die Möglichkeit hat, den Antrag **bis zur Urteilsverkündung** abzulehnen, spricht mehr dafür, entsprechend die Verkündung des Urteils als letzten Rücknahmezeitpunkt anzusehen (BGHSt 15, 314 [316]; BayObLG NJW 1998, 2152; OLG Celle JR 1984, 74 [75]; SK-StPO/*Paeffgen* § 417 Rn. 11; KK-StPO/*Graf* § 417 Rn. 6). Die Rücknahme kann schriftlich oder mündlich erfolgen (LR/*Gössel* § 417 Rn. 23).

II. Materielle Voraussetzungen des Antrags. 1. Eignung zur sofortigen Verhandlung. Die Sa- 14 che ist zur sofortigen Verhandlung **geeignet**, wenn ihr ein einfacher Sachverhalt zugrunde liegt **und** eine klare Beweislage gegeben ist. Entgegen dem Wortlaut des § 417, der lediglich eine Alternativität dieser Voraussetzungen ausreichen lässt, ist regelmäßig nur bei **kumulativem** Vorliegen beider Voraussetzungen von einer Geeignetheit zur Verhandlung im beschleunigten Verfahren auszugehen (OLG Stuttgart NJW 1999, 511; *Meyer-Goßner/Schmitt* § 417 Rn. 16; KK-StPO/*Graf* § 417 Rn. 7; LR/*Gössel* § 417 Rn. 26; *Sprenger* NStZ 1997, 574 f.). Denn beide Kautelen sind miteinander verwoben. Die Einfachheit der Sache ergibt sich gerade dann, wenn die Beweislage für alle Beteiligten leicht überschaubar ist und es auf die Erforschung der Täterpersönlichkeit für die Strafzumessung nicht ankommt (*Schröer* Das beschleunigte Strafverfahren, S. 77; a. A. *Loos/Radtke* NStZ 1995, 569 [573]: Regel-Ausnahme-Verhältnis).

a) Eignung aufgrund einfachen Sachverhalts. Der Sachverhalt muss **für sämtliche Verfahrens-** 15 **beteiligte** auf den ersten Blick **leicht zu erfassen** sein (KMR/*Metzger* § 417 Rn. 16; SK-StPO/*Paeffgen* § 417 Rn. 13). Werden dem Beschuldigten eine Vielzahl von Straftaten zur Last gelegt oder besteht Anlass zu einer bei Heranwachsenden regelmäßig erforderlichen genaueren Erforschung der Person des Beschuldigten und seines Vorlebens, steht dies der Annahme eines einfachen Sachverhalts entgegen (*Meyer-Goßner/Schmitt* § 417 Rn. 15; KK-StPO/*Graf* § 417 Rn. 8; vgl. Nr. 146 Abs. 1 Satz 2 RiStBV). Grds. unerheblich sind dagegen rein **materiell-rechtliche Schwierigkeiten** (KK-StPO/*Graf* § 417 Rn. 8; a. A. KMR/*Metzger* § 417 Rn. 16). Ist von der Verhängung einer **Freiheitsstrafe** auszugehen, so dass eine Prüfung der Voraussetzungen des § 56 StGB vorzunehmen ist, dürfte es an einem einfachen Sachverhalt vielfach fehlen, auch wenn systematisch betrachtet die Verhängung einer Freiheitsstrafe gem. § 419 nicht ausgeschlossen wird (SK-StPO/*Paeffgen* § 417 Rn. 13; *Loos/Radtke* NStZ 1996, 7 [9 f.]; KK-StPO/*Graf* § 417 Rn. 8; LR/*Gössel* § 417 Rn. 29). Die politische Motivation der Tat ist für die Beurteilung der Einfachheit nicht relevant (KK-StPO/*Graf* § 417 Rn. 8; a. A. KMR/*Metzger* § 417 Rn. 17; *Schünemann* NJW 1968, 975; *Dähn* FS Baumann, S. 349 [353]). In der Praxis zeigt sich eine Beschränkung auf wenige Deliktsarten aus dem Bagatellbereich, Ladendiebstähle überwiegend geringfügiger Art sowie einfache Verkehrsdelikte dominieren (*Lubitz* Das beschleunigte Verfahren der StPO und seine rechtstatsächliche Durchführung ..., 2010, S. 207 f.).

b) Eignung aufgrund klarer Beweislage. Eine klare Beweislage ist anzunehmen, wenn der Beschul- 16 digte **geständig** ist oder mit einer Überführung aufgrund der verfügbaren Beweismittel gerechnet werden kann. Ist der Beschuldigte nicht geständig, steht dies einer klaren Beweislage nicht zwingend entgegen; allerdings kann eine dadurch erforderliche umfassende Beweisaufnahme gegen ein Verfahren gem. §§ 417 ff. sprechen (*Meyer-Goßner/Schmitt* § 417 Rn. 16). Demzufolge ist eine klare Beweislage abzulehnen, wenn der Beschuldigte eine Reihe von Beweisanträgen gegen das Belastungsmaterial ankündigt (KK-StPO/*Graf* § 417 Rn. 9; a. A. SK-StPO/*Paeffgen* § 417 Rn. 14). Dasselbe gilt, wenn sich Gericht und StA über das Vorliegen eines hinreichenden Tatverdachts uneins sind oder ein komplexeres Sachverständigengutachten benötigt wird (LR/*Gössel* § 417 Rn. 31).

2. Weitere Voraussetzungen. Notwendig ist, dass von einer Anberaumung des Termins zur Haupt- 17 verhandlung **innerhalb kurzer Frist** sowie von einem Abschluss des Verfahrens **innerhalb eines Termins** ohne größere Unterbrechungen ausgegangen werden kann (OLG Stuttgart NJW 1998, 3134 [3135]; KK-StPO/*Graf* § 417 Rn. 11). Das Gesetz selbst sieht in § 418 Abs. 1 Satz 2 die Frist bei **6 Wochen** überschritten (Graf/*Temming* § 417 Rn. 2); freilich wird dann die ursprüngliche general- und spezialpräventive Zielsetzung verfehlt (Rdn. 2) und könnte oftmals bereits im Normalverfahren verhandelt werden.

18 Hinzu kommt die faktische Möglichkeit einer kurzfristigen Verhandlung, d.h. die **Geschäfts- und Terminlage** des Gerichts muss eine solche zulassen (OLG Düsseldorf NStZ 1997, 613; KK-StPO/*Graf* § 417 Rn. 11; LR/*Gössel* § 417 Rn. 25) und die erforderlichen Beweismittel müssen zum Zeitpunkt der Hauptverhandlung verfügbar bzw. ein Vorgehen gem. § 420 Abs. 3 muss möglich sein (SK-StPO/*Paeffgen* § 417 Rn. 17; KMR/*Metzger* § 417 Rn. 28). Schließlich muss dem Beschuldigten ausreichend Zeit zur Vorbereitung der Verteidigung verbleiben (Art. 6 Abs. 3 Buchst. b) EMRK), so dass die Sache zur sofortigen Verhandlung auch dann ungeeignet ist, wenn er hierfür längere Zeit benötigt (HK-GS/*Weiler* § 417 Rn. 8; KMR/*Metzger* § 417 Rn. 27).

19 Die Eignung der Sache zur Verhandlung im beschleunigten Verfahren ist nicht erst durch das Gericht, sondern auch von der StA vor Antragstellung zu prüfen (KK-StPO/*Graf* § 417 Rn. 12; a. A. KMR/ *Metzger* § 417 Rn. 25). Liegen die allgemeinen Prozessvoraussetzungen sowie die Voraussetzungen der §§ 417 ff. vor, hat das Gericht dem Antrag der StA zu entsprechen; ein Ermessen steht ihm nicht zu.

§ 418 StPO Durchführung der Hauptverhandlung.

(1) ¹Stellt die Staatsanwaltschaft den Antrag, so wird die Hauptverhandlung sofort oder in kurzer Frist durchgeführt, ohne daß es einer Entscheidung über die Eröffnung des Hauptverfahrens bedarf. ²Zwischen dem Eingang des Antrags bei Gericht und dem Beginn der Hauptverhandlung sollen nicht mehr als sechs Wochen liegen.
(2) ¹Der Beschuldigte wird nur dann geladen, wenn er sich nicht freiwillig zur Hauptverhandlung stellt oder nicht dem Gericht vorgeführt wird. ²Mit der Ladung wird ihm mitgeteilt, was ihm zur Last gelegt wird. ³Die Ladungsfrist beträgt vierundzwanzig Stunden.
(3) ¹Der Einreichung einer Anklageschrift bedarf es nicht. ²Wird eine solche nicht eingereicht, so wird die Anklage bei Beginn der Hauptverhandlung mündlich erhoben und ihr wesentlicher Inhalt in das Sitzungsprotokoll aufgenommen. ³§ 408a gilt entsprechend.
(4) Ist eine Freiheitsstrafe von mindestens sechs Monaten zu erwarten, so wird dem Beschuldigten, der noch keinen Verteidiger hat, für das beschleunigte Verfahren vor dem Amtsgericht ein Verteidiger bestellt.

1 **A. Grundsätzliches.** § 418 regelt die wesentlichen formellen Besonderheiten, die das beschleunigte Verfahren auszeichnen:
– Fortfall des Eröffnungsbeschlusses: Abs. 1 Satz 1 Halbs. 2
– Durchbrechung der einwöchigen Ladungsfrist des § 217 Abs. 1: Abs. 1 Satz 1 Halbs. 1, Abs. 2 Satz 3
– Mitteilung des Anklagevorwurfs: Abs. 2 Satz 2
– Verzicht auf die schriftliche Anklageerhebung: Abs. 3
– Sonderfall einer notwendigen Verteidigung: Abs. 4

2 **B. Eröffnung des Hauptverfahrens.** Das Hauptverfahren ist auf Antrag der StA **ohne Eröffnungsbeschluss** zu eröffnen (*Meyer-Goßner/Schmitt* § 418 Rn. 1). Es ergeht somit weder eine positive noch negative Entscheidung über die Eröffnung des Hauptverfahrens (LR/*Gössel* § 418 Rn. 5). Das Zwischenverfahren entfällt also; die §§ 201 bis 205 und 206a bis 211 sind obsolet (s. aber § 417 Rdn. 9). Das Gericht hat die allgemeinen **Prozessvoraussetzungen**, insb. die örtliche und sachliche Zuständigkeit, von Amts wegen zu prüfen (SK-StPO/*Paeffgen* § 418 Rn. 3). Die Pflicht zur Prüfung der örtlichen Zuständigkeit endet mit dem Beginn der Vernehmung des Beschuldigten zur Sache (KK-StPO/*Graf* § 418 Rn. 3). Bei Unzuständigkeit ist die Entscheidung im beschleunigten Verfahren abzulehnen. Dasselbe gilt bei sachlicher Unzuständigkeit, wobei §§ 209 Abs. 2, 408 Satz 1 bei Zuständigkeitsdifferenzen innerhalb des AG nicht entsprechend anwendbar sind (*Meyer-Goßner/Schmitt* § 418 Rn. 2; KK-StPO/*Graf* § 418 Rn. 3; a. A. LR/*Gössel* § 418 Rn. 9; SK-StPO/*Paeffgen* § 418 Rn. 7; diff. AK-StPO/*Loos* § 418 Rn. 5–8). Zudem ist das Gericht verpflichtet, anhand der Akten zu prüfen, ob ein **hinreichender Tatverdacht** vorliegt (AnwK-StPO/*Böttger* § 418 Rn. 2; HK-GS/*Weiler* § 418 Rn. 4;

Loos/Radtke NStZ 1995, 569 [574]). Falls dieser fehlt, hat es das Verfahren gem. § 419 Abs. 1 Satz 1 abzulehnen (*Loos/Radtke* NStZ 1996, 7).

Rechtshängigkeit tritt mit Beginn der Vernehmung des Beschuldigten zur Sache ein (Radtke/Hohmann/*Otte* § 418 Rn. 4). Sie ist durch die Ablehnung der Entscheidung durch das Gericht auflösend bedingt, sofern die Ablehnung weder verspätet noch unzulässig ist (*Meyer-Goßner/Schmitt* § 418 Rn. 4; OLG Oldenburg JR 1983, 302); in diesem Fall entfällt sie gänzlich, sofern das Gericht nicht zugleich die Eröffnung des Hauptverfahrens im Normalverfahren gem. § 419 Abs. 3 beschließt (KK-StPO/*Graf* § 418 Rn. 4; *Loos/Radtke* NStZ 1995, 569 [572]).

C. Hauptverhandlung. I. Termin, Abs. 1. Die Hauptverhandlung ist **sofort** durchzuführen, 4 sofern alle Beteiligten an einem Verhandlungstag im Sitzungssaal anwesend sind. Ansonsten ist die Hauptverhandlung **kurzfristig** anzuberaumen. Die neu eingefügte Sollvorschrift des Abs. 1 Satz 2 nennt als Höchstfrist 6 Wochen. Es besteht aber weitgehend Einigkeit, dass diese Frist nur in seltenen Ausnahmefällen ausgereizt werden darf und dem Wortlaut zum Trotz zwischen dem Antrag der StA und dem Beginn der Hauptverhandlung nicht mehr als **2 Wochen** vergehen sollten (s. § 417 Rdn. 17; HK-StPO/*Zöller* § 418 Rn. 3; Radtke/Hohmann/*Otte* § 418 Rn. 5; dazu vor Einführung des Abs. 1 Satz 2 OLG Stuttgart NJW 1998, 3134 [3135]; 1999, 511).

3

II. Vorführung oder Ladung, Abs. 2. Einer Ladung bedarf es gem. Abs. 2 Satz 1 nicht, sofern der 5 Beschuldigte sich freiwillig stellt bzw. damit alsbald zu rechnen ist (KK-StPO/*Graf* § 418 Rn. 6). Eine **freiwillige Gestellung** liegt dann vor, wenn der Beschuldigte sich ohne unmittelbare staatliche Beeinflussung für die Hauptverhandlung zur Verfügung hält (KMR/*Metzger* § 418 Rn. 21). Dies ist u.a. dann der Fall, wenn er dem Gericht auf sein Verlangen aus der Haft vorgeführt wird (RGSt 66, 108 [111]) oder sich mit der Mitverhandlung einer anderen Sache im beschleunigten Verfahren einverstanden erklärt (KG DAR 56, 334 [335]).

Eine Ladung ist auch dann entbehrlich, wenn der Beschuldigte dem Gericht entgegen oder ohne seinen 6 Willen aus der Untersuchungs- oder Strafhaft oder sonstigem staatlichen Gewahrsam **vorgeführt** wird (Graf/*Temming* § 418 Rn. 2).

Ist weder mit freiwilliger Gestellung noch mit einer Vorführung des Beschuldigten zu rechnen, ist dieser 7 unter Beachtung der §§ 214, 216 bis 218 **förmlich zu laden** (KMR/*Metzger* § 418 Rn. 21). Die gem. Abs. 2 Satz 2 erforderliche Mitteilung wird durch den Vorsitzenden in die Ladung aufgenommen und muss unter Beachtung des § 200 Abs. 1 Satz 1 den wesentlichen Tatvorwurf (Tatbestand, Tatzeit und Tatort) enthalten (SK-StPO/*Paeffgen* § 418 Rn. 14). Ist eine Anklageschrift eingereicht worden, wird alternativ diese dem Beschuldigten zugestellt. Beweismittel müssen nicht genannt werden (KK-StPO/*Graf* § 418 Rn. 7).

Die **Ladungsfrist** beträgt 24 Std. (Abs. 2 Satz 3) und beginnt mit der Stunde der Zustellung (LR/*Gössel* 8 § 418 Rn. 23; KK-StPO/*Graf* § 418 Rn. 7). Dabei ist **Art. 6 Abs. 3 Buchst. b) EMRK** zu berücksichtigen, wonach dem Beschuldigten ausreichend Zeit und Gelegenheit zur Verteidigung zu gewähren ist (*Bandisch* StV 1994, 153 [158]). Sind 24 Std. im Einzelfall hierfür unzureichend, ist die Frist zu verlängern oder die Verhandlung im beschleunigten Verfahren gem. § 419 abzulehnen (Graf/*Temming* § 418 Rn. 2; *Meyer-Goßner/Schmitt* § 418 Rn. 8; KK-StPO/*Graf* § 418 Rn. 7; a. A. KMR/*Metzger* § 418 Rn 22; LR/*Gössel* § 418 Rn. 23, die eine Regelfrist von 3 Tagen befürworten).

III. Anklageerhebung, Abs. 3. Bei Vorliegen einer schriftlichen Anklage ist der Anklagesatz nach 9 § 243 Abs. 3 Satz 1 in der Hauptverhandlung zu verlesen. Länderrichtlinien geben die schriftliche Anklageform vor (s. etwa für Nordrhein-Westfalen MBl NRW 2002, 861, Nr. 3.3). Ansonsten ist die Anklage unter Beachtung der Voraussetzungen des § 200 Abs. 1 Satz 1 zu Beginn der Hauptverhandlung **mündlich** zu erheben und ebenso wie ihr wesentlicher Inhalt in das Sitzungsprotokoll aufzunehmen (OLG Hamburg StraFo 2000, 58; NStZ 2012, 287). Nach Möglichkeit soll der Sitzungsvertreter der StA auch die mündlich erhobene Anklage schriftlich vorbereitet haben und nach Nr. 146 Abs. 2 RiStBV einen Abdruck der niedergelegten Fassung als Anlage zu Protokoll geben. In der Praxis könnte die mündliche Form der Anklage bedeutsam sein, wenn ein vorläufig Festgenommener vorgeführt wird (LR/*Gössel* § 418 Rn. 34), insb. aus der Abschiebehaft in Verfahren wegen Verstoßes gegen das AufenthaltsG, bei denen die Sachlage oftmals klar ist. Die Erfahrungen zeigen allerdings, dass durchweg nur mit schriftlich fixierter Anklage verhandelt wird (*Tiedemann* Das beschleunigte Strafverfahren, 1998,

§ 418 StPO   Durchführung der Hauptverhandlung

S. 202; *Lubitz* Das beschleunigte Verfahren der StPO und seine rechtstatsächliche Durchführung ..., 2010, S. 210). Die Anklageerhebung ist Prozessvoraussetzung. Beweis hierfür kann gem. § 274 nur durch die Sitzungsniederschrift geführt werden (OLG Frankfurt am Main StV 2001, 341; SK-StPO/ *Paeffgen* § 418 Rn. 15). Ist aus dem Inhalt der schriftlich fixierten mündlichen Anklageerhebung nicht erkennbar, was dem Beschuldigten konkret zur Last gelegt wird, fehlt es an jener Prozessvoraussetzung und ist ein Verfahrenshindernis begründet (OLG Frankfurt am Main StV 2000, 299; LR/*Gössel* § 418 Rn. 38).

10   **IV. Gang der Hauptverhandlung.** Neben der Möglichkeit einer mündlichen Anklageerhebung und den in § 420 geregelten Erleichterungen hinsichtlich der Beweisaufnahme folgt die Hauptverhandlung im beschleunigten Verfahren den allgemeinen Vorschriften. Im Fall des unentschuldigten Ausbleibens des ordnungsgemäß geladenen Angeklagten kann gem. § 230 Abs. 2 dessen zwangsweise Vorführung angeordnet werden. Der Erlass eines Haftbefehls ist dagegen i.d.R. unstatthaft (OLG Hamburg NStZ 1983, 40; *Meyer-Goßner/Schmitt* § 418 Rn. 9).

11   **V. Strafbefehlsverfahren, Abs. 3 Satz 3.** Ein Übergang vom beschleunigten Verfahren **ins Strafbefehlsverfahren** ist gem. Abs. 3 Satz 3 möglich und für Fälle relevant, in denen der Beschuldigte nicht zum Hauptverhandlungstermin erscheint (Radtke/Hohmann/*Otte* § 418 Rn. 10). Die StA kann den hierzu erforderlichen Strafbefehlsantrag entweder direkt stellen (Abs. 3 Satz 3 i.V.m. § 408a) oder außerhalb des Hauptverfahrens nach vorheriger Rücknahme des Antrags auf Entscheidung im beschleunigten Verfahren (HK-StPO/*Zöller* § 418 Rn. 6).

12   **D. Verteidigerbestellung, Abs. 4. I. Grundsätzliches.** Das Gericht hat dem Beschuldigten von Amts wegen einen Verteidiger zu bestellen, wenn mit einer **Einzel- oder Gesamtfreiheitsstrafe** (OLG Bremen StraFo 1998, 124) von mindestens **6 Monaten** zu rechnen ist, unabhängig davon, ob sie zur Bewährung ausgesetzt werden kann. Erwartet die StA dies bereits bei Antragstellung, hat sie ihren Antrag mit dem auf Verteidigerbestellung zu verbinden; ein vorheriger Antrag ist nicht möglich (*Meyer-Goßner/Schmitt* § 418 Rn. 11; a. A. SK-StPO/*Paeffgen* § 418 Rn. 19). Das Gericht ist an den Antrag der StA nicht gebunden, so dass es diesem nur dann folgen muss, wenn es im beschleunigten Verfahren verhandeln will und ebenfalls eine Strafe von mindestens 6 Monaten prognostiziert (HK-StPO/*Zöller* § 418 Rn. 10; KK-StPO/*Graf* § 418 Rn. 11; a. A. KMR/*Metzger* § 418 Rn. 35; SK-StPO/*Paeffgen* § 418 Rn. 20; *Burgard* NStZ 2000, 245). Die Prognose ist während des gesamten Verfahrens stets zu überprüfen (BayObLG StV 1998, 367; OLG Braunschweig StV 2005, 493), so dass eine Verteidigerbestellung auch erst während der Verhandlung, selbst noch nach Beginn der Urteilsberatung erforderlich werden kann (OLG Karlsruhe StV 1999, 364). In diesen Fällen hat das Gericht die Entscheidung im beschleunigten Verfahren entweder gem. § 419 abzulehnen oder die Hauptverhandlung auszusetzen und nach erfolgter Verteidigerbestellung in dessen Anwesenheit die wesentlichen Teile der Verhandlung zu wiederholen (BGHSt 9, 243 [244]; BayObLG NStZ 1998, 372 [373]; OLG Braunschweig StV 2005, 493; OLG Karlsruhe NJW 1999, 3061 [3062]). Die Bestellung ist dem Beschuldigten im Fall einer Ladung mit dieser, ansonsten bei dessen freiwilliger Gestellung bzw. Vorführung mitzuteilen (*Meyer-Goßner/Schmitt* § 418 Rn. 12).

13   Liegen die Voraussetzungen einer notwendigen Verteidigerbestellung gem. § 140 vor, geht diese der Regelung des Abs. 4 vor, so dass der Verteidiger gem. § 141 zu bestellen ist. Abs. 4 stellt sich als **subsidiärer Sonderfall notwendiger Verteidigung** dar (HK-StPO/*Zöller* § 418 Rn. 8; HK-GS/*Weiler* § 418 Rn. 11; AnwK-StPO/*Böttger* § 418 Rn. 6), weil er wie diese einerseits auf eine erhöhte Sanktionserwartung und andererseits auf strukturelle Verfahrenserschwernisse für den Beschuldigten reagiert (*Tiemer* Die Verteidigerbestellung im Strafbefehls- und im beschleunigten Verfahren, S. 81 und 101 f.). Die §§ 140 ff. können u.a. anzuwenden sein, wenn das Schöffengericht wegen eines Verbrechens verhandelt (§ 140 Abs. 1 Nr. 2) oder der Beschuldigte sich nicht selbst verteidigen kann (§ 140 Abs. 2).

14   **II. Auswahl.** Damit gelten grds. die Regelungen der Verteidigerbestellung im Normalverfahren, sofern das beschleunigte Verfahren nicht eine Abweichung erfordert. Strittig ist die Frage, ob dem Beschuldigten ein **Wahlrecht** hinsichtlich der Auswahl des Verteidigers wie bei § 142 Abs. 1 Satz 2 zukommt. Z.T. wird vorgebracht, dass eine vorherige Befragung des Beschuldigten dem Beschleunigungszweck der §§ 417 ff. abträglich sei (*Meyer-Goßner/Schmitt* § 418 Rn. 14). Zumindest ist nach systema-

tischem Blick auf die Vorschriften über die notwendige Verteidigung eine Befragung jedenfalls nicht unzulässig (SK-StPO/*Paeffgen* § 418 Rn. 21; KK-StPO/*Graf* § 418 Rn. 12; *Loos/Radtke* NStZ 1996, 7 [10]). Der Beschleunigungszweck der §§ 417 ff. steht indes nicht über dem Anspruch auf ein faires, rechtstaatliches Verfahren, so dass die Befragung auch in solchen Fällen, in denen sie nicht rasch, z.B. auf telefonischem Wege, erfolgen kann und der Beschleunigungseffekt zu verpuffen droht, nicht etwa unterbleiben darf (*Tiemer* Die Verteidigerbestellung im Strafbefehls- und im beschleunigten Verfahren, S. 126; KMR/*Metzger* § 418 Rn. 34; AnwK-StPO/*Böttger* § 418 Rn. 8; Graf/*Temming* § 418 Rn. 3; a. A. KK-StPO/*Graf* § 418 Rn. 12; HK-StPO/*Zöller* § 184 Rn. 12). Nur diese Auslegung ist auch mit dem Anspruch des Beschuldigten auf einen Verteidiger seines Vertrauens (BVerfGE 39, 238 [243]) vereinbar.

Der gewählte Verteidiger muss zur Teilnahme an der sofortigen oder in kurzer Frist durchzuführenden Verhandlung bereit und in der Lage sein (*Meyer-Goßner/Schmitt* § 418 Rn. 14). Hat der Beschuldigte bereits einen eigenen Verteidiger gewählt, ist die Bestellung gem. § 143 zurückzunehmen. 15

Nach dem Wortlaut des Abs. 4 beschränkt sich die Verteidigerbestellung auf Verfahren vor dem AG. Im Berufungsverfahren entfällt dann die Verteidigerbestellung (vgl. auch Rdn. 19 u. § 417 Rdn. 1; LR/*Gössel* § 418 Rn. 53; KMR/*Metzger* § 418 Rn. 36; a. A. *Meyer-Goßner/Schmitt* § 418 Rn. 15), sie wird im Regelfall erneut nach § 140 Abs. 2 vorzunehmen sein (HK-GS/*Weiler* § 418 Rn. 12). 16

Die Beiordnung endet, wenn eine Verhandlung nach den §§ 417 ff. durch das Gericht abgelehnt wird. Dem infolgedessen verteidigerlosen Beschuldigten kann unter Annahme einer dort vorausgesetzten »Schwierigkeit der Sach- oder Rechtslage« gem. § 142 Abs. 2 ein Verteidiger bestellt werden (*Meyer-Goßner/Schmitt* § 418 Rn. 15; KK-StPO/*Graf* § 418 Rn. 14). 17

III. Beschwerde. Eine Beschwerde gegen die Verteidigerbestellung steht dem Beschuldigten mangels Beschwer nicht zu (OLG Düsseldorf MDR 1986, 604 f.; *Meyer-Goßner/Schmitt* § 418 Rn. 16; KK-StPO/*Graf* § 418 Rn. 17; a. A. LR/*Gössel* § 418 Rn. 54; KMR/*Metzger* § 418 Rn. 37; *Ernst* StV 2001, 367 [370]). Ein Beschwerderecht stünde zudem dem Beschleunigungszweck des Verfahrens entgegen (KK-StPO/*Graf* § 418 Rn. 17). 18

E. Rechtsmittel. Die Beschwerde ist gegen die Durchführung des beschleunigten Verfahrens kein statthaftes Rechtsmittel. Dagegen können die Rechtsmittel der **Berufung** und **Revision** eingelegt werden, worauf das Verfahren als **normales Strafverfahren** in der Rechtsmittelinstanz fortgesetzt wird (BayObLG NStZ 2005, 403 [404]; AK-StPO/*Loos* § 418 Rn. 18; Graf/*Temming* § 418 Rn. 5). Wird entgegen Abs. 4 ein Verteidiger nicht bestellt, liegt ein absoluter Revisionsgrund i.S.d. § 338 Nr. 5 vor (OLG Karlsruhe NJW 1999, 3061 f.; OLG Düsseldorf StV 1999, 588 [589]; *Beulke* Rn. 531). 19

§ 419 StPO Entscheidung des Gerichts; Strafmaß.

(1) ¹Der Strafrichter oder das Schöffengericht hat dem Antrag zu entsprechen, wenn sich die Sache zur Verhandlung in diesem Verfahren eignet. ²Eine höhere Freiheitsstrafe als Freiheitsstrafe von einem Jahr oder eine Maßregel der Besserung und Sicherung darf in diesem Verfahren nicht verhängt werden. ³Die Entziehung der Fahrerlaubnis ist zulässig.
(2) ¹Die Entscheidung im beschleunigten Verfahren kann auch in der Hauptverhandlung bis zur Verkündung des Urteils abgelehnt werden. ²Der Beschluß ist nicht anfechtbar.
(3) Wird die Entscheidung im beschleunigten Verfahren abgelehnt, so beschließt das Gericht die Eröffnung des Hauptverfahrens, wenn der Angeschuldigte einer Straftat hinreichend verdächtig erscheint (§ 203); wird nicht eröffnet und die Entscheidung im beschleunigten Verfahren abgelehnt, so kann von der Einreichung einer neuen Anklageschrift abgesehen werden.

A. Grundsätzliches. § 419 umschreibt die materielle Prüfungskompetenz des Gerichts, dessen Strafbann sowie den Übergang vom beschleunigten in das Regelverfahren. 1

B. Eignung der Sache, Abs. 1 Satz 1. Das Gericht hat dem Antrag der StA zu folgen, wenn es selbst die Sache für eine Verhandlung im beschleunigten Verfahren als geeignet erachtet (OLG Düsseldorf NStZ 1997, 613). Eine **Eignung** scheidet aus, wenn es an einem hinreichenden Tatverdacht 2 fehlt, die Rechtsfolgenkompetenz des Abs. 1 Satz 2 nicht ausreicht, der Sachverhalt nicht einfach oder die Beweislage nicht klar i.S.d. § 417 ist (s. § 417 Rdn. 14 f.), die Möglichkeit einer sofortigen Verhandlung fehlt oder ein sonstiges Prozesshindernis vorliegt (Graf/ *Temming* § 419 Rn. 2). Bei diesen Kautelen hat das Gericht einen **Beurteilungsspielraum**, es ist nicht an die Ansicht der StA gebunden. Sind die Voraussetzungen gegeben, ist dem Antrag stattzugeben; ein **Ermessen** besteht nicht (HK-GS/ *Weiler* § 419 Rn. 1).

3 Eine notwendige **Unterbrechung oder Aussetzung** der Verhandlung kann zur Ungeeignetheit der Sache führen, sofern mit einer sofortigen Verhandlung oder einer solchen in kurzer Frist nach dem Antrag durch die StA nicht mehr zu rechnen ist (OLG Karlsruhe NJW 1999, 3061 [3602]; KMR/ *Metzger* § 419 Rn. 8; KK-StPO/ *Graf* § 419 Rn. 8; enger *Meyer-Goßner/Schmitt* § 419 Rn. 4). Ist die Ladung weiterer Zeugen erforderlich, schließt dies einen Antrag der StA nach den §§ 417 ff. in der neuen Verhandlung nicht aus (OLG Hamburg NJW 1966, 1278 [1279]; *Meyer-Goßner/Schmitt* § 419 Rn. 4; *Herzler* NJ 2000, 402).

4 **C. Strafbannbegrenzung, Abs. 1 Satz 2.** Nur für das beschleunigte Verfahren und damit auch nur für die Verfahren vor den AG wird deren Rechtsfolgenkompetenz von bis zu vier Jahren Freiheitsstrafe nach § 24 Abs. 2 GVG auf die Verhängung einer **Freiheitsstrafe bis zu einem** Jahr begrenzt. Für das Berufungsverfahren gilt wegen der Wiederholung der Beweisaufnahme mit allen rechtsstaatlichen Förmlichkeiten die Strafbannbegrenzung nicht fort, hier gelten die Regeln des Normalverfahrens (BayObLG NStZ 2005, 404; Radtke/Hohmann/ *Otte* § 419 Rn. 7; HK-GS/ *Weiler* § 419 Rn. 3; a. A. LR/ *Gössel* § 419 Rn. 14). Neben der teleologischen Auslegung spricht auch der Wortlaut der Norm für die Richtigkeit dieser Lösung, weil er die Begrenzung ausdrücklich auf dieses Verfahren der §§ 417 ff. beschränkt.

5 Nach zutreffender Ansicht gilt die beschränkte Rechtsfolgenkompetenz des Abs. 1 Satz 2 auch im Rahmen einer **Gesamtstrafe**, insb. bei nachträglicher Bildung einer Gesamtstrafe nach § 55 StGB, mag auch die im aktuellen beschleunigten Verfahren verhängte Einzelstrafe weniger als ein Jahr betragen (OLG Hamm JMBlNW 1979, 59 [60]; OLG Karlsruhe NJW 1999, 3061 [3062]; *Meyer-Goßner/Schmitt* § 419 Rn. 1; SK-StPO/ *Paeffgen* § 419 Rn. 4; KMR/ *Metzger* § 419 Rn. 5; *Schweckendieck* NStZ 1989, 486; a. A. OLG Oldenburg NdsRpfl 1989, 13; offen gelassen in BGHSt 35, 251 [255 f.]). Das folgt der Überlegung, dass die Risiken für die Wahrheitsfindung aufgrund des Verzichtes auf wesentliche Förmlichkeiten im beschleunigten Verfahren oberhalb einer einjährigen Freiheitsstrafe nicht mehr akzeptabel erscheinen. Diese Überlegung gilt in gleicher Weise für jegliche Gesamtstrafenbildung, die kein schematisches Rechenwerk darstellt, sondern einen normativen Bewertungsakt bildet (SSW-StGB/ *Eschelbach* § 55 Rn. 24).

6 Ebenso ausgeschlossen ist die Anordnung von Maßregeln der Besserung und Sicherung mit Ausnahme der **Entziehung der Fahrerlaubnis** gem. § 69 StGB, die – da die Grenze des § 407 Abs. 2 Satz 1 Nr. 2 beim Strafbefehlsverfahren hier ausdrücklich fehlt – zeitlich unbegrenzt sein kann (*Meyer-Goßner/Schmitt* § 419 Rn. 1; KMR/ *Metzger* § 419 Rn. 6; a. A. SK-StPO/ *Paeffgen* § 419 Rn. 6). Freilich dürfte eine lebenslange Entziehung nach § 69a Abs. 1 Satz 2 StGB eine eingehende Erforschung der Täterpersönlichkeit erforderlich machen, so dass häufig die Eignung für das beschleunigte Verfahren fehlen dürfte (KK-StPO/ *Graf* § 419 Rn. 4).

7 **Nebenstrafen** wie die des Fahrverbots nach § 44 StGB, Nebenfolgen (etwa Einziehung und Verfall), **Geldstrafen** bis zu 360 Tagessätzen (HK-StPO/ *Zöller* § 419 Rn. 3; KK-StPO/ *Graf* § 419 Rn. 3) sowie Geldbußen nach dem OWiG sind möglich. Das lässt sich a maiore ad minus folgern, so dass auch die praktisch kaum relevanten Rechtsfolgen der Verwarnung mit Strafvorbehalt (§ 59 StGB) und des Absehens von Strafe (§ 60 StGB) möglich wären (zweifelnd SK-StPO/ *Paeffgen* § 419 Rn. 5).

8 **D. Ablehnungsbeschluss, Abs. 2.** Hält das Gericht die Sache zur sofortigen Verhandlung für nicht geeignet, hat es die Entscheidung im beschleunigten Verfahren abzulehnen. Dies kann bereits bei Eingang des Antrags der StA der Fall sein. Stellt sich die fehlende Eignung zu einem **späteren Zeitpunkt** heraus, ist eine Ablehnung auch während der Hauptverhandlung bis zur Urteilsverkündung möglich; bei Freispruchreife ist hingegen freizusprechen (KK-StPO/ *Graf* § 419 Rn. 7). In der Berufungsinstanz ist eine Ablehnung nicht mehr möglich (OLG Oldenburg JR 1983, 302; KMR/ *Metzger* § 419 Rn. 14; SK-StPO/ *Paeffgen* § 419 Rn. 7). Gleiches gilt für das nach Aufhebung des Urteils und Zurück-

verweisung zuständige Gericht, weil das beschleunigte Verfahren mit Rechtsmitteleinlegung in das Normalverfahren übergegangen ist (KK-StPO/*Graf* § 419 Rn. 10; a. A. *Meyer-Goßner/Schmitt* § 419 Rn. 14 f.).

Die Ablehnung der Entscheidung ergeht durch **Beschluss**; sie ist gem. § 34 zu begründen und gem. § 35 bekannt zu geben. Der Beschluss enthält keine **Kosten- und Auslagenentscheidung**, da er keine abschließende Entscheidung i.S.d. § 464 Abs. 1, 2 ist (*Meyer-Goßner/Schmitt* § 419 Rn. 8; KK-StPO/ *Graf* § 419 Rn. 11). Stellt die StA das Verfahren nach Ablehnung der Entscheidung durch das Gericht ein, ist § 467a anzuwenden (SK-StPO/*Paeffgen* § 419 Rn. 8). In Fällen, in denen im Zeitpunkt der Ablehnung zwar ein Antrag auf Verhandlung nach den §§ 417 ff. gestellt, jedoch noch keine Anklage erhoben wurde, ist § 467a entsprechend anzuwenden (AG Wetzlar AnwBl. 1983, 464). Die bloße Festsetzung der Hauptverhandlung auf einen von § 418 Abs. 1 nicht mehr erfassten späteren Zeitpunkt soll für eine stillschweigende Ablehnung nicht ausreichen (OLG Karlsruhe NJW 1999, 3061 [3062]; OLG Düsseldorf NStZ 1997, 613 f.; Radtke/Hohmann/*Otte* § 419 Rn. 8). In einem förmlichen Eröffnungsbeschluss nach §§ 203, 207 ist dagegen ein **konkludenter** Ablehnungsbeschluss zu sehen (KMR/ *Metzger* § 419 Rn. 15). Gleiches gilt auch bei Verbindung mit einem Normalverfahren (BGH wistra 2000, 151 [152]).

9

E. Verfahrensfortgang, Abs. 3. **I. Vorliegen eines hinreichenden Tatverdachts, Halbs. 1.** Nach Ablehnung der Entscheidung im beschleunigten Verfahren hat das Gericht über die Eröffnung des Hauptverfahrens zu entscheiden. I.S.d. Verfahrensökonomie müssen die Akten nicht zunächst an die StA zurückgesandt werden (BT-Drucks. 12/6853, S. 36; AnwK-StPO/*Böttger* § 419 Rn. 5). Stattdessen bleibt die Sache beim Gericht rechtshängig und das AG erlässt bei Vorliegen eines hinreichenden Tatverdachts und der sonstigen Prozessvoraussetzungen einen **Eröffnungsbeschluss** nach § 203. Der sonst erforderliche Antrag der StA auf Eröffnung des Hauptverfahrens nach § 199 Abs. 2 ist Abs. 3 zufolge entbehrlich. Ungeschriebene Voraussetzung ist jedoch, dass bereits eine **Anklageschrift** vorliegt bzw. mündlich Anklage erhoben wurde (KK-StPO/*Graf* § 419 Rn. 13; KMR/*Metzger* § 419 Rn. 24; Graf/*Temming* § 419 Rn. 3; a. A. LR/*Gössel* § 419 Rn. 37, der eine mündliche Anklage als unzureichend ansieht). Der Erlass eines Eröffnungsbeschlusses ist angesichts von Sinn und Zweck des Abs. 3, einen erleichterten Übergang vom beschleunigten in das Normalverfahren zu ermöglichen, aus praktischer Sicht allerdings nur dann sinnvoll, wenn der erlassende Richter nach dem Geschäftsverteilungsplan auch für das Normalverfahren zuständig ist. Dem Beschuldigten ist vor Erlass des Eröffnungsbeschlusses rechtliches Gehör zu gewähren (*Meyer-Goßner/Schmitt* § 419 Rn. 9; KK-StPO/*Graf* § 419 Rn. 13). Mit dem Eröffnungsbeschluss wird das Verfahren wie ein gewöhnlicher Strafprozess fortgesetzt (HK-StPO/*Zöller* § 419 Rn. 6).

10

II. Fehlen eines hinreichenden Tatverdachts, Halbs. 2. Fehlt es an einem hinreichenden Tatverdacht, so hat das Gericht durch **Beschluss** die Entscheidung im beschleunigten Verfahren lediglich abzulehnen. Zu einer gleichzeitigen Verbindung einer Entscheidung über die Eröffnung des Hauptverfahrens und die Ablehnung gem. § 204 ist es nach Abs. 3 hingegen nicht befugt (LR/*Gössel* § 419 Rn. 39; Graf/*Temming* § 419 Rn. 4). Es hat die Akten mit der ablehnenden Entscheidung der StA zurückzuleiten. Diese kann von einer erneuten Anklage absehen, indem die erhobene Anklage zurückgenommen oder das Verfahren anderweitig zur Einstellung geführt wird. Will sie das Verfahren fortsetzen, kann sie – soweit bereits eine schriftliche Anklageschrift vorliegt – mit dieser erneut Anklage erheben. Das Gericht hat dann im Normalverfahren über die Eröffnung zu entscheiden (AnwK-StPO/*Böttger* § 419 Rn. 6; Radtke/Hohmann/*Otte* § 419 Rn. 13).

11

F. Rechtsmittel. **I. Beschwerde.** Gegen die Durchführung des beschleunigten Verfahrens ist eine **Beschwerde unzulässig** (*Meyer-Goßner/Schmitt* § 419 Rn. 11; HK-StPO/*Zöller* § 419 Rn. 9). Gleiches gilt für den Ablehnungsbeschluss, der nach Abs. 2 Satz 2 unanfechtbar ist. Das gilt unabhängig davon, aus welchen Gründen es zur Ablehnung gekommen ist, bezieht sich also auch auf Fälle, in denen die Sache nicht zur Verhandlung im beschleunigten Verfahren geeignet ist oder es an einem hinreichenden Tatverdacht fehlt bzw. ein Verfahrenshindernis vorliegt (LG Hamburg MDR 1993, 789; LR/*Gössel* § 419 Rn. 43; a. A. LG Berlin DAR 1957, 190 [191]).

12

§ 419 StPO Entscheidung des Gerichts; Strafmaß

13 **II. Berufung und Revision.** Berufung und Revision sind gegen Urteile, die im beschleunigten Verfahren ergehen, statthaft. Bei Einlegung der Berufung ist umstritten, ob das beschleunigte Verfahren mit dem Urteil des AG endet, oder ob auch das Berufungsverfahren den Regeln der §§ 417 ff. folgt.

14 **1. Kein beschleunigtes Verfahren in der Berufungsinstanz.** Nach einer Ansicht soll auch in der **Berufung** das beschleunigte Verfahren fortgesetzt werden (*Meyer-Goßner* GS Meurer, S. 421 [430]; *ders.* § 419 Rn. 12; *Ranft* NStZ 2004, 424 f.). Sie führt an, das 6. Buch der StPO enthalte »besondere Arten des Verfahrens« und wandle damit nicht nur das Verfahren vor dem AG ab. Auch könne ein zunächst nach den Grundsätzen der §§ 417 ff. durchgeführtes Verfahren, das weder eine Anklageschrift noch einen Eröffnungsbeschluss erfordere, in der Berufungsinstanz kein »Normalverfahren« sein. Entsprechend verlange der Wortlaut des Abs. 3 ausdrücklich einen Beschluss des Gerichts für den Übergang in das Normalverfahren (*Meyer-Goßner/Schmitt* § 419 Rn. 17).

15 Überzeugender erscheint die h.M., nach der das beschleunigte Verfahren mit Verkündung des Urteils in 1. Instanz endet und mit Einlegung eines Rechtsmittels in das **Normalverfahren** übergeht (BayObLG NStZ 2005, 404; OLG Hamburg StV 2000, 299 [301]; OLG Stuttgart NJW 1999, 511; KK-StPO/*Graf* § 419 Rn. 5; KMR/*Metzger* § 419 Rn. 37; HK-StPO/*Zöller* § 419 Rn. 4). Hierfür sprechen zunächst Wortlaut und Systematik der Norm. Abs. 3 bezieht sich auf die Entscheidung des Gerichts, das Verfahren abzulehnen. Diese Entscheidung trifft nach Abs. 1 ausdrücklich der Strafrichter oder das Schöffengericht. Ergo kann nicht das Berufungsgericht über die Frage der Eignung eines beschleunigten Verfahrens befinden. Auch der klare Wortlaut des § 420 Abs. 4 beschränkt das beschleunigte Verfahren auf das AG (s. § 420 Rdn. 2; AnwK-StPO/*Böttger* § 419 Rn. 8). Zudem ist der Zweck des beschleunigten Verfahrens in der Berufungsinstanz nicht mehr zu erreichen. Schließlich sprechen auch Praktikabilitätsgründe für eine Durchführung der Berufung im Normalverfahren; anderenfalls müsste das LG, falls es die Sache für ungeeignet i.S.d. § 417 erachtet, zunächst an das AG zurückverweisen, welches dann nach Abs. 3 verfahren müsste. Das beschleunigte Verfahren würde hierdurch zu einem besonders langsamen Verfahren (KMR/*Metzger* § 419 Rn. 37).

16 **2. Einzelne Verfahrensfehler. a) Antrag der StA.** Das Vorliegen des nach §§ 417, 418 Abs. 1 erforderlichen Antrags der StA prüft das Gericht von Amts wegen (BayObLG NJW 1998, 2152; KK-StPO/*Graf* § 419 Rn. 17; AnwK-StPO/*Böttger* § 419 Rn. 9; a. A. KMR/*Metzger* § 419 Rn. 42: Verfahrensrüge erforderlich). Fehlt er oder wurde er zurückgenommen, so ist das Verfahren unter Aufhebung des Urteils einzustellen (RGSt 67, 59 [60]; BayObLG NJW 1998, 2152 [2153]; *Meyer-Goßner/Schmitt* § 419 Rn. 15; a. A. KMR/*Metzger* § 419 Rn. 42: Zurückverweisung an das AG).

17 **b) Fehlender Eröffnungsbeschluss.** Wird ein beschleunigtes Verfahren vor dem AG ordnungsgemäß durchgeführt, bedarf es zur Fortführung der Berufung im Normalverfahren keines Eröffnungsbeschlusses (BayObLG NStZ 2005, 404). Hat hingegen bereits das AG in 1. Instanz die Eignung der Sache verneint und anschließend ohne Erlass eines Eröffnungsbeschlusses gem. Abs. 3 im Normalverfahren weiterverhandelt, ist dies mit der **Verfahrensrüge** nach § 344 Abs. 2 Satz 2 geltend zu machen (BayObLG NStZ 2005, 404 [405]; OLG Hamburg StV 2000, 299; OLG Düsseldorf NJW 2003, 1470; *Meyer-Goßner/Schmitt* § 419 Rn. 14). Ein von Amts wegen zu beachtendes Verfahrenshindernis soll nicht bestehen, weil der Fehler im Sonderverfahren der §§ 417 ff. nicht so schwer wiegt. Da allerdings das **Berufungsgericht** den Eröffnungsbeschluss nicht nachholen kann (BGHSt 33, 167 [168]), ist bei ihm das Verfahren gem. § 206a bzw. § 260 Abs. 3 einzustellen (a. A. *Meyer-Goßner/Schmitt* § 419 Rn. 14: Zurückverweisung an das AG). Wurde die Sache nach Ablehnung des beschleunigten Verfahrens an die StA zurückgegeben und anschließend nach erneuter Anklageerhebung ohne Eröffnungsbeschluss im Normalverfahren verhandelt, hat das Rechtsmittelgericht das Verfahren einzustellen (OLG Köln NStZ 2004, 281 [283]).

18 **c) Eignung der Sache zum beschleunigten Verfahren.** Die Eignung der Sache zur sofortigen Verhandlung i.S.d. § 417 soll nach einer starken Meinung nicht durch das **Berufungsgericht** überprüfbar sein (BayObLGSt 1997, 15 [17]; OLG Hamburg NJW 1966, 1278; *Meyer-Goßner/Schmitt* § 419 Rn. 12; KMR/*Metzger* § 419 Rn. 44; AK-StPO/*Loos* § 419 Rn. 16). Das überzeugt nicht; denn die Risiken des Verfahrens bedingen angesichts der eingeschränkten Verteidigungsmöglichkeiten und der Schnelligkeit der Entscheidung eine Kontrolle in der Rechtsmittelinstanz (*Hezler* NJ 2000, 404; *Radtke* JR 2001, 133 [138]; SK-StPO/*Paeffgen* § 419 Rn. 13). Es ist dabei zu prüfen, ob das AG seinen Beur-

teilungsspielraum hinsichtlich der Eignung in fehlerhafter Weise überschritten hat (KK-StPO/*Graf* § 419 Rn. 17 f.).

Das **Revisionsgericht** prüft die Eignung auf ordnungsgemäße Verfahrensrüge hin (OLG Stuttgart NJW 1999, 511; OLG Hamburg NStZ 1999, 266 [267]; KK-StPO/*Graf* § 419 Rn. 20; a. A. von Amts wegen: *Radtke* JR 2001, 133 [140]; HK-GS/*Weiler* § 419 Rn. 9). Stellt sich heraus, dass die Sache nicht zur sofortigen Verhandlung geeignet war, hebt das Revisionsgericht das Urteil auf und verweist die Sache gem. § 354 Abs. 2 zurück an das AG, welches nach Abs. 3 entscheidet (OLG Düsseldorf StV 1999, 202; OLG Stuttgart NJW 1998, 3134 [3135]; KMR/*Metzger* § 419 Rn. 49). 19

d) **Kurze Frist.** Die Durchführung der Hauptverhandlung in kurzer Frist gem. § 418 Abs. 1 ist durch die Rechtsmittelgerichte überprüfbar. In der **Revisionsinstanz** bedarf es hierfür einer Verfahrensrüge (BayObLG NStZ 2003, 52; OLG Düsseldorf NJW 2003, 1470; OLG Hamburg StV 2000, 299 [300]; AnwK-StPO/*Böttger* § 419 Rn. 9; a. A. OLG Düsseldorf StV 1999, 202; *Müller* NStZ 2000, 108 [109]). Dabei bedarf es der Darlegung, dass das Urteil bei Durchführung im Normalverfahren möglicherweise anders ausgefallen wäre (OLG Stuttgart NStZ-RR 2002, 339, a. A. *Meyer-Goßner/Schmitt* § 419 Rn. 13). 20

e) **Rechtsfolgenbegrenzung.** Die Strafbannbegrenzung des Abs. 1 Satz 2 begründet keine besondere Verfahrensvoraussetzung für das beschleunigte Verfahren, sondern lediglich eine Rechtsfolgengrenze für eine bestimmte Verfahrensart (BGHSt 35, 251 [255]; OLG Oldenburg JR 1983, 302; AK-StPO/*Loos* § 419 Rn. 10; KMR/*Metzger* § 419 Rn. 3: Abs. 1 Satz 2 konkretisiert die Eignung; a. A. OLG Hamm JR 1978, 120 [121]; OLG Celle NStZ 1983, 233; *Meyer-Goßner/Schmitt* § 419 Rn. 16; SK-StPO/*Paeffgen* § 419 Rn. 14 ff.). 21

Hat das AG die Rechtsfolgenschranke beachtet, ist das Rechtsmittelgericht an einer über diese Beschränkung hinausgehenden Sachentscheidung nicht gehindert (BayObLG NStZ 2005, 404; KMR/*Metzger* § 419 Rn. 38; a. A. *Meyer-Goßner/Schmitt* § 419 Rn. 13; LR/*Gössel* § 419 Rn. 14; SK-StPO/*Paeffgen* § 419 Rn. 16). 22

Eine Überschreitung der Rechtsfolgengrenze des Abs. 1 Satz 2 durch das AG führt nicht zu einer Verletzung seiner sachlichen Zuständigkeit, wenn sich die Sanktion i.R.d. § 24 Abs. 2 GVG bewegt (BGHSt 35, 251 [255]; OLG Oldenburg JR 1983, 302; KK-StPO/*Graf* § 419 Rn. 19; a. A. *Meyer-Goßner* JR 1978, 122). In einem solchen Fall soll das **Berufungsgericht** befugt sein, die Strafe auf das nach Abs. 1 Satz 2 zulässige Maß herabzusetzen, sofern es dies für tat- und schuldangemessen erachtet. Andernfalls habe es die Sache an das Ausgangsgericht zurückzuverweisen. Richtig ist hingegen die Meinung, dass das Berufungsgericht bei Überschreitung der Grenze des Abs. 1 Satz 2 durch das AG nicht daran gehindert ist, auf dieselbe Sanktion zu erkennen, weil die Schranke im Normalverfahren gerade nicht gilt (Rdn. 4); zudem könnte es auch unter Beachtung des § 331 Abs. 1 auf eine höhere Strafe erkennen (KK-StPO/*Graf* § 419 Rn. 19; KMR/*Metzger* § 419 Rn. 38; a. A. LR/*Gössel* § 419 Rn. 14; *Meyer-Goßner/Schmitt* § 419 Rn. 17; SK-StPO/*Paeffgen* § 419 Rn. 16). In BGHSt 35, 251, 255 f. ist diese Frage ausdrücklich offen geblieben. 23

In der **Revision** ist die Überschreitung des Rechtsfolgengrenze auf Verfahrensrüge hin zu überprüfen (*Treier* NStZ 1983, 234; KMR/*Metzger* § 419 Rn. 48; a. A. von Amts wegen: OLG Hamm JR 1978, 120; OLG Celle NStZ 1983, 233; SK-StPO/*Paeffgen* § 419 Rn. 17; *Meyer-Goßner/Schmitt* § 419 Rn. 18). Der BGH hat diese Frage ausdrücklich offen gelassen (BGHSt 35, 251 [256]). Ein Verstoß führt zur Aufhebung des Urteils und Zurückweisung an das AG, welches nach Abs. 3 entscheidet (OLG Stuttgart NJW 1998, 3134 [3135], *Meyer-Goßner/Schmitt* § 419 Rn. 18; KK-StPO/*Graf* § 419 Rn. 20). 24

§ 420 StPO Beweisaufnahme. (1) Die Vernehmung eines Zeugen, Sachverständigen oder Mitbeschuldigten darf durch Verlesung von Niederschriften über eine frühere Vernehmung sowie von Urkunden, die eine von ihnen stammende schriftliche Äußerung enthalten, ersetzt werden. (2) Erklärungen von Behörden und sonstigen Stellen über ihre dienstlichen Wahrnehmungen, Untersuchungen und Erkenntnisse sowie über diejenigen ihrer Angehörigen dürfen auch dann verlesen werden, wenn die Voraussetzungen des § 256 nicht vorliegen.

§ 420 StPO Beweisaufnahme

(3) Das Verfahren nach den Absätzen 1 und 2 bedarf der Zustimmung des Angeklagten, des Verteidigers und der Staatsanwaltschaft, soweit sie in der Hauptverhandlung anwesend sind.
(4) Im Verfahren vor dem Strafrichter bestimmt dieser unbeschadet des § 244 Abs. 2 den Umfang der Beweisaufnahme.

1 **A. Grundsätzliches.** § 420 dient mit Blick auf den Zweck des beschleunigten Verfahrens der zügigen Verfahrensabwicklung. Er ermöglicht im beschleunigten Verfahren und im Verfahren bei Einspruch gegen den Strafbefehl – durch den dortigen Verweis in § 411 Abs. 2 Satz 2 – eine **Vereinfachung der Beweisaufnahme** (AnwK-StPO/*Böttger* § 420 Rn. 1). Der Richter kann in weiterem Umfang über die Notwendigkeit und Art der Beweisaufnahme befinden, um so »die Hauptverhandlung zu straffen und zu verkürzen« (BT-Drucks. 12/6853, S. 36). **Kritiker** bemängeln, dass dies auf Kosten der Rechtsstaatlichkeit erkauft wird (KK-StPO/*Graf* Vor §§ 417 ff. Rn. 3; KMR/*Metzger* vor § 417 Rn. 20; Meyer-Goßner/*Schmitt* § 420 Rn. 3) und das amtsgerichtliche Verfahren verkompliziere (HK-StPO/*Zöller* § 420 Rn. 3; SK-StPO/*Paeffgen* § 420 Rn. 3; a.A. KK-StPO/*Graf* § 420 Rn. 1). Letzter Einwand leuchtet wenig ein, zumal diese Verfahren per se durch ein eher summarisches Judizieren gekennzeichnet sind. Auch die weitergehenden Einwände können die Rechtsprechung zumindest nicht überzeugen (OLG Frankfurt am Main NStZ-RR 1997, 273; OLG Köln StV 2001, 343). Indes erscheint die Regelung systematisch nicht stimmig; denn jedenfalls beim beschleunigten Verfahren fehlt es per definitionem an einer umfangreichen Beweisaufnahme (§ 417 Rdn. 14 f.), so dass nicht ganz deutlich wird, was bei einem klaren Sachverhalt noch verkürzt werden könnte. Zu verlangen ist jedenfalls, dass gerade von den Erleichterungen des § 420 restriktiv Gebrauch gemacht wird (s. § 417 Rdn. 3); denn nur bei einer Anwendung mit Augenmaß und bei einem auf klare Sachverhalte beschränkten Rückgriff auf die Norm lassen sich die Gefahren für die sachgerechte Rechtsfindung minimieren.

2 Die Vorschrift findet nur auf die Beweisaufnahme beim AG Anwendung, also vor dem **Strafrichter** und dem **Schöffengericht**. Sie ist nicht anwendbar in der Berufungsverhandlung gegen ein im beschleunigten Verfahren ergangenes Urteil (OLG Köln StV 2001, 343; KMR/*Metzger* § 420 Rn. 2; KK-StPO/*Graf* § 420 Rn. 9; a.A. Meyer-Goßner/*Schmitt* § 420 Rn. 12) – dort gelten die Vorschriften des Regelverfahrens. **Abs. 4** ändert hieran nichts. Einige Autoren wollen in der ausdrücklichen Nennung nur des Strafrichters einen Umkehrschluss sehen und so die Anwendbarkeit der Abs. 1, 2 und 3 auf das Berufungsverfahren vor dem LG begründen, somit einer Ausweitung der Verlesungsregeln das Wort reden (Meyer-Goßner/*Schmitt* § 420 Rn. 12; *Ranft* NStZ 2004, 424 [425]). Das übersieht jedoch, dass Abs. 4 lediglich innerhalb des beim beschleunigten Verfahren einschlägigen AG zwischen Strafrichter einerseits und Schöffengericht andererseits differenziert und sich selbst lediglich beim Strafrichter für anwendbar erklärt (*Schröer* Das beschleunigte Strafverfahren, S. 194; KK-StPO/*Graf* § 420 Rn. 2). Das macht für sich genommen bereits Sinn. Für einen systematischen Umkehrschluss bei Abs. 1 bis 3 gibt das alles gar nichts her. Die Logik der Gegenmeinung hätte verlangt, dass Abs. 4 für das amtsgerichtliche Verfahren insgesamt eine Sonderregelung vorhielte.

3 Vergleichbare Vorschriften gelten im Ordnungswidrigkeitenrecht (§ 77a OWiG). Abs. 4 findet eine Entsprechung im Privatklageverfahren in § 384 Abs. 3.

4 **B. Verlesungsmöglichkeiten. I. Vernehmungsniederschriften oder schriftliche Äußerungen, Abs. 1.** Abs. 1 erlaubt in Ausdehnung des § 251 die Verlesung von Vernehmungsniederschriften über eine frühere Vernehmung (§ 250) und von schriftlichen Äußerungen von Zeugen, Sachverständigen und Mitbeschuldigten. Damit wird folglich der StPO eine weitere Ausnahme vom **Unmittelbarkeitsgrundsatz** hinzugefügt (HK-GS/*Weiler* § 420 Rn. 2). Allerdings ist dazu die **Zustimmung** der **anwesenden** Verfahrensbeteiligten erforderlich, Abs. 3. Die in § 251 getroffene Differenzierung in richterliche und nicht richterliche Niederschriften ist hier nicht von Belang (Radtke/Hohmann/*Otte* § 420 Rn. 4). Obwohl der Gesetzgeber auf eine ausdrückliche Klarstellung verzichtet hat – anders als bei § 77a Abs. 4 Satz 2 OWiG – bleiben die §§ 251 Abs. 1 Nr. 1–3, Abs. 2 Satz 2, Abs. 3, Abs. 4, 252 sowie 253 auch hier unberührt (BT-Drucks. 12/6853, S. 37).

5 Steht die Verlesung einer Niederschrift über die Vernehmung eines **Zeugnisverweigerungsberechtigten** im Raume, hat das Gericht im Allgemeinen zu erforschen, ob dieser die Verlesung und damit die Verwertung billigt (BGHSt 27, 139 [141]). Jedoch greift hier die Ausnahme, die die Rechtsprechung bei

der Verlesung richterlicher Vernehmungsprotokolle macht. Solche können auch ohne Zustimmung verlesen werden (HK-StPO/*Zöller* § 420 Rn. 2; *Meyer-Goßner/Schmitt* § 420 Rn. 5).
Abs. 1 entbindet das Gericht nicht von der Aufklärungspflicht (§ 244 Abs. 2). Somit kann trotz Einigkeit der Prozessparteien über eine Verlesung dennoch die Anhörung der Beweisperson vonnöten sein, sofern diese die unmittelbarste Sachverhaltsaufklärung verspricht, etwa bei unklaren Vernehmungsprotokollen (HK-StPO/*Zöller* § 420 Rn. 2). **6**

II. Behördliche Erklärungen, Abs. 2. § 420 Abs. 2 lässt eine Verlesung behördlicher Erklärungen bei Zustimmung (Abs. 3) der anwesenden Verfahrensbeteiligten zu. Er stellt eine Erweiterung des § 256 im beschleunigten Verfahren dar. Über den Katalog des **§ 256 Abs.** 1 hinaus erlaubt Abs. 2 auch das Verlesen von dienstlichen Wahrnehmungen, Untersuchungen und Erkenntnissen, wodurch auch eine Verlesung von bloßen Aktenvermerken möglich wird (BGH NStZ 1995, 143). Auch hier ist eine Abwägung zwischen Beschleunigung und Amtsaufklärungspflicht zu treffen, die wie in Abs. 1 unter Berücksichtigung des § 244 Abs. 2 meist zugunsten der Aufklärung auszufallen hat (BGH NStZ 1993, 397). **7**

III. Verfahren. Zum Procedere und den Zustimmungserklärungen vgl. § 251 Rdn. 19 ff., jedoch kann hier grds. auch der **unverteidigte Angeklagte** zustimmen (Graf/*Temming* § 420 Rn. 2; KK-StPO/*Graf* § 420 Rn. 3; a. A. *Ranft* NStZ 2004, 424 [431]). Dieser ist über die Bedeutung seiner Zustimmung aufzuklären (OLG Stuttgart JR 1977, 343 [344]; Radtke/Hohmann/*Otte* § 420 Rn. 7). Die Zustimmung ist als wesentliche Förmlichkeit (§ 273 Abs. 1) ins Protokoll aufzunehmen (AnwK-StPO/*Böttger* § 420 Rn. 5) und grds. vor der Verlesung einzuholen, eine Heilung nach Verlesung durch Zustimmung ist möglich (KMR/*Metzger* § 420 Rn. 8). Die Verlesung an sich ist ebenfalls eine protokollierungspflichtige Tatsache, die Anordnung erfolgt auf Beschluss, einer Begründung des Beschlusses bedarf es nicht (KK-StPO/*Graf* § 420 Rn. 6). **8**

Es besteht Streit, ob die Zustimmung **ausdrücklich** erfolgen muss (so KK-StPO/*Graf* § 420 Rn. 3; a. A. OLG Köln StV 2001, 342, jedoch auf § 78 OWiG bezogen). Allein schon die Fürsorgepflicht des Gerichts streitet dafür, eine ausdrückliche Zustimmung zu fordern, so dass man auch nicht mehr hilfsweise und systemwidrig einen Widerruf der Zustimmungserklärung zulassen muss (so *Meyer-Goßner/Schmitt* § 420 Rn. 8; KMR/*Metzger* § 420 Rn. 12). **9**

C. Keine Einschränkung des Beweisantragsrechts vor dem Strafrichter, Abs. 4.
10
Abs. 4 stellt keine Einschränkung des Beweisantragsrechts dar (AnwK-StPO/*Böttger* § 420 Rn. 7; unklar *Scheffler* NJW 1994, 2191 [2195]), sondern erlaubt es dem **Strafrichter**, Beweisanträge auch dann abzulehnen, wenn keiner der Ablehnungsgründe des § 244 Abs. 3, 4 oder 5 vorliegt. Der Sache nach gestattet Abs. 4 dem Strafrichter, i.S.d. Beschleunigung Beweisanträge informell zu behandeln (*Kühne* Rn. 626). Für das Schöffengericht greift diese Erleichterung nicht. Im Gegensatz zu § 244 Abs. 2 bis 4 ist dem Strafrichter somit ausnahmsweise gestattet, eine **Beweisantizipation** vorzunehmen (*Loos/Radtke* NStZ 1995, 569 [570]; SK-StPO/*Paeffgen* § 420 Rn. 13 ff.). Er kann mit der Begründung, dass der Beweisantrag keine neuen Erkenntnisse bringen würde oder an der Überzeugung des Gerichts nichts zu ändern vermag (KMR/*Metzger* § 420 Rn. 16), entsprechende Anträge zurückweisen. Jedoch befreit Abs. 4 den Strafrichter nicht von seiner **Aufklärungspflicht**. Daher muss die Überzeugung des Strafrichters nicht nur subjektiv vorliegen, sondern auch objektiv nachvollziehbar (KK-StPO/*Graf* § 420 Rn. 7) und dessen Entschluss vom pflichtgemäßen Ermessen getragen sein. Sogar die Ablehnung präsenter Beweise (§ 245 Abs. 2) ist nach Abs. 4 denkbar (*Meyer-Goßner/Schmitt* § 420 Rn. 10 i.V.m. § 384 Rn. 14).

Da Abs. 4 keine Einschränkung des Beweisantragsrechts darstellt, sind die Anträge, sofern sie den formalen Voraussetzungen eines Beweisantrags entsprechen, auch wie Beweisanträge zu behandeln (KMR/*Metzger* § 420 Rn. 16; a. A. *Pfeiffer* § 420 Rn. 1). Daher hat eine Ablehnung durch Beschluss zu erfolgen, der ins Protokoll aufzunehmen ist und begründet werden muss, §§ 244 Abs. 6, 273 (OLG Köln StV 2001, 343). Aus den Gesetzgebungsmaterialien ergibt sich, dass eine kurze Begründung ausreichend ist (BT-Drucks. 12/6853, S. 36). Im Fall des Abs. 4 genügt es, wenn wie bei § 77 Abs. 3 OWiG aus der Ablehnung hervorgeht, dass die Erhebung zur Erforschung der Wahrheit nicht nötig erscheint (Radtke/Hohmann/*Otte* § 420 Rn. 10; KMR/*Metzger* § 420 Rn. 17; a. A. LR/*Gössel* § 420 Rn. 41 f.; SK-StPO/*Paeffgen* § 420 Rn. 28). Im Urteil muss sich aus den Gründen ergeben, dass auf **11** eine weitere Sachverhaltsaufklärung verzichtet werden konnte (OLG Zweibrücken MDR 1991, 1192 [1193]). Wird die Ablehnung jedoch nicht auf Abs. 4 gestützt, sondern nach § 244 Abs. 3, 4 oder § 245 entschieden, so hat die Begründung den Anforderungen dieser Vorschriften zu entsprechen (KK-StPO/ *Graf* § 420 Rn. 8).

12 **D. Rechtsmittel.** In der **Berufungsverhandlung** findet § 420 keine Anwendung mehr, weil das beschleunigte Verfahren mit Abschluss der ersten Instanz sein Ende findet (Rdn. 2). Im Übrigen kommt es dort nach den Regeln des normalen Verfahrens zu einer erneuten Beweisaufnahme ohne die Restriktionen, die § 420 vorsähe (Radtke/Hohmann/*Otte* § 420 Rn. 11).

13 Mit der **Revision** kann die fehlerhafte Verlesung von Urkunden (z.B. ohne Zustimmung der Beteiligten) oder die Verletzung des § 244 Abs. 2 (OLG Köln StV 2001, 343; a. A. *Bauer* StraFo 2000, 345; vgl. auch *Seitz* JR 2003, 519 [520]) im Rahmen der **Aufklärungsrüge** (OLG Köln StraFo 2003, 380) gerügt werden.

§§ 421 bis 429 StPO (weggefallen)

Dritter Abschnitt. Verfahren bei Einziehungen und Vermögensbeschlagnahmen

§ 430 StPO Beschränkung auf andere Rechtsfolgen.
(1) Fällt die Einziehung neben der zu erwartenden Strafe oder Maßregel der Besserung und Sicherung nicht ins Gewicht oder würde das Verfahren, soweit es die Einziehung betrifft, einen unangemessenen Aufwand erfordern oder die Herbeiführung der Entscheidung über die anderen Rechtsfolgen der Tat unangemessen erschweren, so kann das Gericht mit Zustimmung der Staatsanwaltschaft in jeder Lage des Verfahrens die Verfolgung der Tat auf die anderen Rechtsfolgen beschränken.
(2) ¹Im vorbereitenden Verfahren kann die Staatsanwaltschaft die Beschränkung vornehmen. ²Die Beschränkung ist aktenkundig zu machen.
(3) ¹Das Gericht kann die Beschränkung in jeder Lage des Verfahrens wieder aufheben. ²Einem darauf gerichteten Antrag der Staatsanwaltschaft ist zu entsprechen. ³Wird die Beschränkung wieder aufgehoben, so gilt § 265 entsprechend.

1 **A. Grundsätzliches.** Die Norm gilt für alle Arten der Einziehung und des Verfalls (§ 442 Abs. 1) und regelt eine dem § 154a nachgebildete Möglichkeit der Beschränkung, die Einziehung und Verfall ausschließen. Die Voraussetzungen der Beschränkungen sind weiter als nach § 154a.

2 **B. Einzelne Regelungen. I. Voraussetzungen der Beschränkung.** Ebenso wie nach § 154a wird das Beschränkungsermessen eröffnet, wenn Einziehung oder Verfall ein deutlich geringeres Gewicht zuzumessen ist als der zu erwartenden Strafe oder Maßregel. Die Beschränkung ist auch dann möglich, wenn Einziehung oder Verfall einen anderen als den Täter treffen müßten (KMR/*Metzger*, § 430 Rn. 3). Entscheidend ist auch in diesem Fall das Verhältnis zwischen Einziehung oder Verfall einerseits und der den anderen treffenden Strafe oder Maßregel andererseits (LR/*Gössel*, § 430 Rn. 6). Allein die Erwägung, eine Eigentumsentziehung bleibe stets hinter einer Freiheitsentziehung zurück, kann nicht zur Beschränkung führen, weil Einziehung und Verfall sonst neben Freiheitsstrafen generell nicht mehr in Betracht kämen. Die Bedeutung der Maßnahme wird auch durch ihren Zweck bestimmt, den sie in gerade dem zu entscheidenden Fall zu erfüllen hat. So kann auch bei schweren Straftaten ein besonderes Gewicht darauf liegen, dem Täter den Gewinn nicht zu belassen oder ihm das Tatmittel zu entziehen.

Anders als nach § 154a können auch Gründe der Verfahrensökonomie die Beschränkung rechtfertigen, 3
und zwar auch bei gewichtigen Einziehungs- und Verfallmaßnahmen (KK/*Schmidt* § 430 Rn. 4; *Meyer-Goßner/Schmitt* § 430 Rn. 4; *Pfeiffer*, § 430 Rn. 2; SK-StPO/*Weßlau*, § 430 Rn. 5). Das Schwergewicht des Verfahrensaufwandes soll nicht auf die Ermittlung der Einziehungs- oder Verfallsvoraussetzungen verschoben werden. Die Angemessenheit des Aufwandes ist sowohl in Beziehung zu dem Aufwand zu beurteilen, der zur Festsetzung der sonstigen Rechtsfolgen zu betreiben ist, als auch zum Wert des betreffenden Vermögensgegenstandes und zu dem Zweck, der mit der Einziehung oder dem Verfall verfolgt wird.

II. Zuständigkeit. Im Ermittlungsverfahren verfügt die StA die Beschränkung. Nach Anklageerhebung beschließt das befasste Gericht mit ihrer Zustimmung. 4

Die Aufhebung der Beschränkung kann, auch im Ermittlungsverfahren, nur durch das Gericht beschlossen werden. Der Beschluss ergeht von Amts wegen oder auf einen Antrag der StA. Wird die Beschränkung nach Anklageerhebung aufgehoben, dient die Anwendung des § 265 dem Schutz vor Überraschungsentscheidungen und vor der Verkürzung der Verteidigungsmöglichkeiten. 5

III. Rechtsmittel. Die gerichtlichen Entscheidungen sind nicht anfechtbar. Beschwerden sind unzulässig (*Meyer-Goßner/Schmitt* § 430 Rn. 9; *Pfeiffer* § 430 Rn. 5): Der Beschuldigte ist nicht beschwert, auch nicht durch die Ablehnung oder die Aufhebung der Beschränkung, weil diese nicht dem Schutz seiner Interessen dient. Die StA ist nach § 305 Satz 1 von einem Rechtsmittel ausgeschlossen. Geschädigte werden durch die Beschränkung nicht beschwert. Sind Sicherungsmaßnahmen angeordnet, die nun aufgehoben werden müssen, werden Verletzte, die bereits zum Titelvorrang zugelassen sind, dadurch nicht berührt (§§ 111g Abs. 3 Satz 5, 111h Abs. 1 Satz 2). Verletzte, die noch nicht in einen sichergestellten Gegenstand vollstreckt haben, können durch das Aufrechterhalten der Sicherungsmaßnahmen nach § 111i Abs. 1 geschützt werden (vgl. dort Rdn. 3). Deren Ablehnung, nicht die Beschränkung, beschwert die Geschädigten. 6

§ 431 StPO Einziehungsbeteiligung.

(1) ¹Ist im Strafverfahren über die Einziehung eines Gegenstandes zu entscheiden und
erscheint glaubhaft, daß
1. der Gegenstand einem anderen als dem Angeschuldigten gehört oder zusteht oder
2. ein anderer an dem Gegenstand ein sonstiges Recht hat, dessen Erlöschen im Falle der Einziehung angeordnet werden könnte (§ 74e Abs. 2 Satz 2 und 3 des Strafgesetzbuches),

so ordnet das Gericht an, daß der andere an dem Verfahren beteiligt wird, soweit es die Einziehung betrifft (Einziehungsbeteiligter). ²Das Gericht kann von der Anordnung absehen, wenn infolge bestimmter Tatsachen anzunehmen ist, daß die Beteiligung nicht ausführbar ist. ³Das Gericht kann von der Anordnung auch dann absehen, wenn eine Partei, Vereinigung oder Einrichtung außerhalb des räumlichen Geltungsbereichs dieses Gesetzes zu beteiligen wäre, die Bestrebungen gegen den Bestand oder die Sicherheit der Bundesrepublik Deutschland oder gegen einen der in § 92 Abs. 2 des Strafgesetzbuches bezeichneten Verfassungsgrundsätze verfolgt, und wenn den Umständen nach anzunehmen ist, daß diese Partei, Vereinigung oder Einrichtung oder einer ihrer Mittelsmänner den Gegenstand zur Förderung ihrer Bestrebungen zur Verfügung gestellt hat; in diesem Falle genügt es, vor der Entscheidung über die Einziehung des Gegenstandes den Besitzer der Sache oder den zur Verfügung über das Recht Befugten zu hören, wenn dies ausführbar ist.

(2) Das Gericht kann anordnen, daß sich die Beteiligung nicht auf die Frage der Schuld des Angeschuldigten erstreckt, wenn
1. die Einziehung im Falle des Absatzes 1 Nr. 1 nur unter der Voraussetzung in Betracht kommt, daß der Gegenstand dem Angeschuldigten gehört oder zusteht, oder
2. der Gegenstand nach den Umständen, welche die Einziehung begründen können, dem Einziehungsbeteiligten auch auf Grund von Rechtsvorschriften außerhalb des Strafrechts ohne Entschädigung dauernd entzogen werden könnte.

(3) Ist über die Einziehung des Wertersatzes gegen eine juristische Person oder eine Personenvereinigung zu entscheiden (§ 75 in Verbindung mit § 74c des Strafgesetzbuches), so ordnet das Gericht deren Beteiligung an.

§ 431 StPO Einziehungsbeteiligung

(4) Die Verfahrensbeteiligung kann bis zum Ausspruch der Einziehung und, wenn eine zulässige Berufung eingelegt ist, bis zur Beendigung der Schlußvorträge im Berufungsverfahren angeordnet werden.
(5) ¹Der Beschluß, durch den die Verfahrensbeteiligung angeordnet wird, kann nicht angefochten werden. ²Wird die Verfahrensbeteiligung abgelehnt oder eine Anordnung nach Absatz 2 getroffen, so ist sofortige Beschwerde zulässig.
(6) Erklärt jemand bei Gericht oder bei der Staatsanwaltschaft schriftlich oder zu Protokoll oder bei einer anderen Behörde schriftlich, daß er gegen die Einziehung des Gegenstandes keine Einwendungen vorbringen wolle, so wird seine Verfahrensbeteiligung nicht angeordnet oder die Anordnung wieder aufgehoben.
(7) Durch die Verfahrensbeteiligung wird der Fortgang des Verfahrens nicht aufgehalten.

1 **A. Grundsätzliches.** Die Norm regelt die Beteiligung eines Betroffenen, der nicht Angeschuldigter ist, an dem Verfahren nach Erhebung der Anklage. Das zuvor durchgeführte Ermittlungsverfahren wird erst im § 432 behandelt.

2 Die Vorschrift gilt für Einziehung und Verfall (§ 442 Abs. 1). Sollen die Rechtsfolgen dieser Maßnahmen einen anderen als den Angeschuldigten treffen, so muss dieser Betroffene am Verfahren beteiligt werden (vgl. LR/*Gössel*, § 431 Rn. 41 f.; SK-StPO/*Weßlau*, vor § 430 Rn. 1). Nur wer zuvor am Verfahren beteiligt war, kann Adressat der mit dem Urteil ausgesprochenen Zwangsmaßnahme werden, die in durch Art. 14 GG geschützte Rechte eingreift. Gegen einen Unbeteiligten können sich Einziehungs- und Verfallsanordnungen nicht richten. Das gilt sowohl für die Entziehung von Eigentum und Besitz (Abs. 1 Satz 1 Nr. 1) als auch für das Erlöschen von Rechten an einem Einziehungsgegenstand (Abs. 1 Satz 1 Nr. 2).

3 **B. Einzelne Regelungen. I. Adressat und Zeitpunkt der Beteiligungsanordnung.** Als Einziehungs- und Verfallsbeteiligte kommen alle Betroffenen in Betracht, die nicht Angeschuldigte in dem Verfahren sind, das zu der Anordnung führen könnte. Nur der ohnehin am Verfahren beteiligte Angeschuldigte bedarf einer besonderen Entscheidung nicht, um als Verfahrenssubjekt seine Rechte auch in Bezug auf die Wahrung und Verteidigung seiner Vermögensinteressen wahrnehmen zu können. Deshalb bedürfen auch Tatbeteiligte, die nicht oder in einem anderen Verfahren angeklagt wurden, der Beteiligung (LR/*Gössel*, § 431 Rn. 8) und ebenso juristische Personen und Personenvereinigungen (Abs. 3), auch wenn ein Angeschuldigter ihr alleiniger Inhaber und Vertreter ist.

4 Der Verfahrensbeteiligung bedarf es erst mit der Eröffnung des Hauptverfahrens (§ 433). Für das Ermittlungsverfahren gilt § 432. Am Zwischenverfahren wird der Betroffene nicht beteiligt. Bis zum Schluss der letzten Tatsacheninstanz kann die Beteiligung angeordnet werden (Abs. 4), um gegen den bislang außenstehenden Betroffenen unter Wahrung seiner Verfahrensrechte Rechtsfolgen festsetzen zu können.

5 **II. Beschränkungen und Absehen von der Beteiligung.** Die Vorschrift versucht, ein Gleichgewicht zu finden zwischen der wegen der Grundrechtsgeltung nicht verzichtbaren Beteiligung des Betroffenen an einem Verfahren, das für ihn zu einem Rechtsverlust führen kann, und andererseits dem bereits in der Beschränkungsmöglichkeit (§ 430) erkennbar gewordenen Anliegen, nicht die Fragen von Einziehung und Verfall in den Mittelpunkt des Verfahrens zu rücken. Diesem Ausgleich dienen einige Einschränkungen der Beteiligung: Wer erklärt, sich am Verfahren nicht beteiligen zu wollen, wird weder beteiligt (Abs. 6) noch über den Verfahrensfortgang informiert. Da er am Verfahren nicht beteiligt ist, kommt er als Zeuge in Betracht (*Pfeiffer*, § 431 Rn. 7). Erst die Mitteilung festgesetzter Rechtsfolgen bezieht den Betroffenen zur Vorbereitung etwa erforderlicher Vollstreckungsmaßnahmen wieder in das Verfahren ein. Der Beteiligte muß den bisherigen Verlauf des Verfahrens so hinnehmen, wie er sich z.Zt. der Beteiligungsanordnung darstellt (KMR/*Metzger* § 431 Rn. 26). Seine Erklärungen haben allein prozessuale, hingegen keinerlei materiellrechtliche Wirkungen (KMR/*Metzger* § 431 Rn. 11; Meyer-Goßner/*Schmitt* § 431 Rn. 29; *Pfeiffer* § 431 Rn. 7). Sie entlasten deshalb nicht vom vollständigen Nachweis der Einziehungs- bzw. Verfallsvoraussetzungen.

6 Verfahrensabschnitte, die abgeschlossen sind, werden nicht wiederholt, um nun auch den Einziehungs- oder Verfallsbeteiligten teilhaben zu lassen (Abs. 7). Das bedeutet freilich nicht, dass Verfahrenshand-

lungen unzulässig wären, die den weiteren Fortgang des Verfahrens im Vergleich zur unterbliebenen Beteiligung verzögern.

Der Beteiligte kann von den Verfahrenshandlungen, die der Aufklärung der Schuldfrage dienen, ausgeschlossen werden (Abs. 2). § 439 Abs. 3 Satz 1 zeigt, dass nicht die Schuld im materiell-strafrechtlichen Sinne gemeint ist, sondern die Abgrenzung zwischen den Voraussetzungen und der Bemessung der Rechtsfolgen der Tat bezeichnet werden soll (LR/*Gössel*, § 431 Rn. 51). Wenn der Beteiligte die Einziehung oder den Verfall schon allein dadurch abwenden kann, dass er erfolgreich darlegt, der Vermögensgegenstand gehöre ihm und nicht dem Angeklagten, sodass die Entziehung auch dann nicht angeordnet werden darf, wenn der Angeklagte die Tat begangen hätte, dann soll sich die Verteidigungsmöglichkeit des Beteiligten auf die für seine Interessen entscheidungserhebliche Frage der Vermögenszuordnung beschränken. Damit trifft das Gesetz im Interesse der Verfahrensökonomie eine hinnehmbare Entscheidung, die aber in das Ermessen des Gerichts gestellt wird, weil sie sich aus dem Verhältnis zwischen Tatbestandsmerkmalen und Rechtsfolge der Vermögensentziehung nicht als zwingend aufdrängt. Auch wenn ein Gegenstand nur dann entzogen werden kann, wenn er dem Angeklagten gehört, sodass sich die Maßnahme nicht gegen den Beteiligten richten darf, kann sie dennoch auch dadurch abgewendet werden, dass die Tatbegehung ganz und gar oder die Täterschaft des Angeklagten zweifelhaft bleibt. 7

Abs. 2 Nr. 2 stellt auf einen hypothetischen Ersatzeingriff ab (»könnte«): Wenn es eine Rechtsnorm gibt, die den Vermögenszugriff ohne Rücksicht auf die Täterschaft des Angeklagten zulässt, dann soll dem Beteiligten Einfluss auf die Klärung der Schuldfrage verwehrt bleiben. 8

Gründe der Verfahrensvereinfachung sprechen auch dann gegen die Anordnung einer Beteiligung, wenn sie tatsächlich nicht ausführbar wäre, etwa wenn nicht bekannt ist, wo der Betroffene sich aufhält. Auch eine ausländische verfassungsfeindliche Organisation braucht nicht am Verfahren beteiligt zu werden, weil hier dem Interesse der Vorzug gegeben werden darf, der Vereinigung ein Betätigungsfeld zur Verbreitung ihrer Bestrebungen zu verwehren. 9

III. Rechtsmittel und Rechtswirkung. Der die Beteiligung anordnende Beschluss ist unanfechtbar (Abs. 5 Satz 1). I.Ü. ist sofortige Beschwerde statthaft (Abs. 5 Satz 2). Der Beteiligte kann zudem mit einem Rechtsmittel gegen die die erste Instanz abschließende, ihm ungünstige Entscheidung geltend machen, die Beschränkung nach Abs. 2 sei zu Unrecht erfolgt (§ 437 Abs. 1 Satz 1). 10

Weder die Anordnung noch ihre Ablehnung oder Aufhebung bewirken irgendeine Bindung in Bezug auf die Entscheidung in der Hauptsache. Die Beteiligungsentscheidung hängt allein davon ab, ob glaubhaft ist, der zu Beteiligende werde von einer künftigen Einziehungs- oder Verfallsanordnung betroffen sein (Abs. 1 Satz 1). Sie bewirkt nicht mehr als eine Festlegung der Rolle des Betroffenen im Verfahren als Verfahrensbeteiligter oder als Außenstehender. Nach einer Beteiligungsanordnung ist deshalb dennoch vollständig aufzuklären, ob der Beteiligte Inhaber des zu entziehenden Rechtes ist. Ist die Beteiligung unterblieben, so ist damit nicht die Frage entschieden, ob eine schließlich angeordnete Vermögensentziehung einer Überprüfung am Maßstab der Verfahrensrechte des Rechtsinhabers standhält. 11

§ 432 StPO Anhörung von möglichen Einziehungsbeteiligten im vorbereitenden Verfahren.

(1) ¹Ergeben sich im vorbereitenden Verfahren Anhaltspunkte dafür, daß jemand als Einziehungsbeteiligter in Betracht kommt, so ist er zu hören, wenn dies ausführbar erscheint. ²§ 431 Abs. 1 Satz 3 gilt entsprechend.

(2) Erklärt derjenige, der als Einziehungsbeteiligter in Betracht kommt, daß er gegen die Einziehung Einwendungen vorbringen wolle, und erscheint glaubhaft, daß er ein Recht an dem Gegenstand hat, so gelten, falls er vernommen wird, die Vorschriften über die Vernehmung des Beschuldigten insoweit entsprechend, als seine Verfahrensbeteiligung in Betracht kommt.

Das Ermittlungsverfahren dient der Aufklärung aller Tatsachen, deren Kenntnis für die Festsetzung und Bemessung der Rechtsfolgen der Tat erforderlich ist. Sobald nach den Eigenarten der wahrscheinlich begangenen Straftat auch Einziehung oder Verfall (§ 442 Abs. 1) als Rechtsfolgen in Betracht kommen, sind die Ermittlungen auch auf alle tatsächlichen Umstände zu richten, die bekannt sein müssen, um zu beurteilen, ob und ggf. in welchem Umfang diese Anordnungen auszusprechen sind. 1

2 Es entspricht der Stellung des künftigen Einziehungs- oder Verfallsbeteiligten als Verfahrenssubjekt, ihn zu beteiligen, sobald dies möglich ist und den Fortgang der Ermittlungen zur Hauptsache nicht irgendwie behindert (SK-StPO/*Weßlau*, § 432 Rn. 4).

3 Abs. 2 gewährt demjenigen, der wahrscheinlich künftig am Verfahren beteiligt wird, in einer Vernehmung die gleichen Rechte wie dem Beschuldigten, damit er seine Vermögensinteressen gegen die in Aussicht genommene Entziehung wirksam verteidigen kann. Soweit die künftige Beteiligung wahrscheinlich nach § 431 Abs. 2 beschränkt wird, wirken diese Beschränkungen schon jetzt. In Bezug auf alle Fragen, die der Beschränkung nicht unterliegen, treffen den Betroffenen nicht die Zeugenpflichten, sondern er ist wie der Beschuldigte zu belehren, und er ist wie dieser berechtigt zu schweigen (LR/*Gössel*, § 432 Rn. 15 f.; KK/*Schmidt*, § 432 Rn. 6 ff.; *Meyer-Goßner/Schmitt* § 432 Rn. 3). Die Norm stellt den von Einziehung und Verfall wahrscheinlich Betroffenen dem Beschuldigten gleich, um ihm die Verteidigung gegen den Vermögenszugriff in gleicher Weise zu ermöglichen wie die Verteidigung gegen die Bestrafung. § 433 Abs. 1 Satz 1 setzt dies für das Hauptverfahren fort. Ob das erforderlich ist, ob insb. der der Achtung der Menschenwürde dienende Schutz vor Selbstbezichtigung auch in Bezug auf die Rechtsfolge des staatlichen Vermögenszugriffs verfassungsrechtlich geboten ist, ist der Diskussion wert. Indes hat das Gesetz eine Entscheidung getroffen, die evtl. nicht geboten, aber keinesfalls verboten ist: der vom Vermögenszugriff Betroffene soll sich verteidigen können wie ein Beschuldigter. Es ist nicht ersichtlich, weshalb einer juristischen Person insoweit weniger Handlungsspielraum zugestanden sein sollte als einer natürlichen. Die organschaftlich handelnden natürlichen Personen dürfen daher zur Verteidigung der Vermögensinteressen der von ihnen vertretenen juristischen Person alle Beschuldigtenrechte wahrnehmen, mithin auch das Schweigerecht (LR/*Gössel* § 432 Rn. 16; KMR/*Metzger* vor § 430 Rn. 10, § 432 Rn. 12; *Minoggio* wistra 2003, 121, 123 ff.; nach BVerfGE 95, 220, 242 grundrechtlich nicht geboten, soweit juristische Personen sich nicht gegen einen Schuldvorwurf, sondern allein gegen Vermögensnachteile verteidigen).

§ 433 StPO Stellung des Einziehungsbeteiligten im Hauptverfahren.

(1) ¹Von der Eröffnung des Hauptverfahrens an hat der Einziehungsbeteiligte, soweit dieses Gesetz nichts anderes bestimmt, die Befugnisse, die einem Angeklagten zustehen. ²Im beschleunigten Verfahren gilt dies vom Beginn der Hauptverhandlung, im Strafbefehlsverfahren vom Erlaß des Strafbefehls an.

(2) ¹Das Gericht kann zur Aufklärung des Sachverhalts das persönliche Erscheinen des Einziehungsbeteiligten anordnen. ²Bleibt der Einziehungsbeteiligte, dessen persönliches Erscheinen angeordnet ist, ohne genügende Entschuldigung aus, so kann das Gericht seine Vorführung anordnen, wenn er unter Hinweis auf diese Möglichkeit durch Zustellung geladen worden ist.

1 Sobald das Hauptverfahren eröffnet ist oder im beschleunigten oder im Strafbefehlsverfahren die entsprechenden Verfahrensabschnitte beginnen, hat der Einziehungs- oder Verfallsbeteiligte (§ 442 Abs. 1) verfahrensrechtliche Befugnisse, die denen des Angeklagten weitgehend gleichgestellt sind. Zwischen natürlichen und juristischen Personen unterscheidet die Norm nicht (vgl. oben § 432 Rdn. 3). Die Verweisung auf die Stellung des Angeklagten im Verfahren hat allein den Zweck, die starke Stellung des Beteiligten zu betonen (KMR/*Metzger*, § 433 Rn. 1; SK-StPO/*Weßlau*, § 433 Rn. 2). Er soll sich gegen die Eigentumsentziehung verteidigen können wie ein Angeklagter gegen den Schuldvorwurf. Aber der Beteiligte wird dadurch nicht zum Angeklagten. Eine Verpflichtung, dem Verfahren zur Verfügung zu stehen, besteht nur auf besondere Anordnung des Gerichts (Abs. 2 und § 436 Abs. 1). Andererseits sind seine Befugnisse durch die gesetzlichen Bestimmungen beschränkt, auf die Abs. 1 Satz 1 verweist, nämlich durch § 431 Abs. 2 und auch bei uneingeschränkter Beteiligung durch die §§ 436 Abs. 2 und 437 Abs. 1.

2 Die dem Beteiligten eingeräumten Befugnisse eines Angeklagten schließen seine Zeugenstellung aus. In den Grenzen der Beteiligung (§ 431 Abs. 2) ist er wie ein Angeklagter berechtigt, alle oder einzelne Angaben zu verweigern, ohne dafür Gründe nennen zu müssen. Eine Vereidigung kommt nicht in Betracht. Ist die Beteiligung beschränkt, so kann der Beteiligte i.Ü. Zeuge sein.

3 Der Beteiligte gibt im Verfahren keine rechtsgeschäftlichen Erklärungen ab. Er muss daher verhandlungs-, nicht aber geschäftsfähig sein (KMR/*Metzger* § 433 Rn. 5; *Meyer-Goßner/Schmitt* § 433 Rn. 7;

Pfeiffer § 433 Rn. 2; KK/*Schmidt* § 433 Rn. 5; SK-StPO/*Weßlau* § 433 Rn. 4; a. A. LR/*Gössel* § 433 Rn. 28).

Stirbt der Beteiligte, so wird das Verfahren dadurch nicht aufgehalten. Der Erbe erwirbt die Beteiligtenrolle nicht (KMR/*Metzger* § 433 Rn. 6), denn sie ist kein Vermögensrecht, sondern eine Verfahrensstellung (a. A. *Meyer-Goßner*/*Schmitt* § 433 Rn. 8; differenzierend: LR/*Gössel* § 433 Rn. 31f; KK/*Schmidt* § 433 Rn. 6; SK-StPO/*Weßlau* § 433 Rn. 7). Vielmehr ist für den Erben erneut zu prüfen, ob auch ihm ggü. die Einziehung bzw. der Verfall in Betracht kommt. Sind auch in seiner Person die Erfüllung aller Tatbestandsvoraussetzungen wahrscheinlich, so ist seine Beteiligung anzuordnen. 4

§ 434 StPO Vertretung des Einziehungsbeteiligten.

(1) ¹Der Einziehungsbeteiligte kann sich in jeder Lage des Verfahrens auf Grund einer schriftlichen Vollmacht durch einen Rechtsanwalt oder eine andere Person, die als Verteidiger gewählt werden kann, vertreten lassen. ²Die für die Verteidigung geltenden Vorschriften der §§ 137 bis 139, 145a bis 149 und 218 sind entsprechend anzuwenden.
(2) Das Gericht kann dem Einziehungsbeteiligten einen Rechtsanwalt oder eine andere Person, die als Verteidiger bestellt werden darf, beiordnen, wenn die Sach- oder Rechtslage schwierig ist oder wenn der Einziehungsbeteiligte seine Rechte nicht selbst wahrnehmen kann.

Der Regelungsgehalt der Norm ist gering. Der Generalverweis des § 433 Abs. 1 lässt einen weiteren 1 Verweis auf die Vorschriften über die Verteidigung entbehrlich werden. Die vom Abs. 1 Satz 2 als Verweisungsziel ausgenommenen Vorschriften betreffen die notwendige Verteidigung; hier gilt die einfachere Regelung des Abs. 2. Erörterungsbedürftig sind danach allein die Abweichung vom Recht der Verteidigung und die offengelassenen Fragen:

Die Voraussetzungen der Beiordnung eines Vertreters sind allein mit Blick auf die Rechtsfolgen des Ver- 2 falls oder der Einziehung zu beurteilen (LR/*Gössel* § 434 Rn. 11; KK-StPO/*Schmidt* § 434 Rn. 7; *Meyer-Goßner*/*Schmitt* § 434 Rn. 4; *Pfeiffer* § 434 Rn. 3; SK-StGB/*Weßlau* § 434 Rn. 8). Ob das Verfahren i.Ü. Schwierigkeiten aufweist, ist nicht entscheidend. Ein i.Ü. schwieriges Verfahren kann in Bezug auf die Eigentumsentziehung durch Einziehung oder Verfall nur einfache Fragen aufwerfen. Ebenso können neben einfacher Schuldfrage hochumstrittene Rechtsfragen zur Entscheidung über die Eigentumsentziehung zu beantworten sein.

Die Beiordnungs- und auch die Auswahlentscheidung trifft, anders als nach § 141 Abs. 4, das Gericht. 3 Gegen den Beschluss ist die Beschwerde statthaft.

Die Norm behandelt die Bestellung und die Beiordnung eines Vertreters für den Beteiligten, setzt also 4 die Beteiligungsanordnung voraus (§ 431 Abs. 1 Satz 1). Vor der Anordnung kann es dem Betroffenen, den Einziehung oder Verfall wahrscheinlich betreffen werden, nach den Grundsätzen des fairen Verfahrens aber nicht verwehrt sein, sich vertreten zu lassen, um seine Interessen besser verteidigen zu können, als er dazu persönlich in der Lage wäre (LR/*Gössel* § 434 Rn. 2; KMR/*Metzger* § 434 Rn. 4; SK-StPO/*Weßlau* § 434 Rn. 2). Zumindest dann, wenn es schon im Ermittlungsverfahren auf eine tätige Wahrnehmung von Verfahrensrechten ankommt, muß auch eine Beiordnung bereits in Betracht kommen (LR/*Gössel* § 434 Rn. 2; KK-StPO/*Schmidt* § 434 Rn. 2, 6; SK-StPO/*Weßlau* § 434 Rn. 11; a. A. HK-StPO/*Kurth* § 432 Rn. 5; *Meyer-Goßner*/*Schmitt* § 434 Rn. 2).

§ 435 StPO Terminsnachricht an Einziehungsbeteiligte.

(1) Dem Einziehungsbeteiligten wird der Termin zur Hauptverhandlung durch Zustellung bekanntgemacht; § 40 gilt entsprechend.
(2) Mit der Terminsnachricht wird ihm, soweit er an dem Verfahren beteiligt ist, die Anklageschrift und in den Fällen des § 207 Abs. 2 der Eröffnungsbeschluß mitgeteilt.
(3) Zugleich wird der Einziehungsbeteiligte darauf hingewiesen, daß
1. auch ohne ihn verhandelt werden kann und
2. über die Einziehung auch ihm gegenüber entschieden wird.

Die Norm dient der Sicherung des rechtlichen Gehörs. Der Beteiligte und ggf. sein Vertreter (§§ 434 1 Abs. 1 Satz 2, 218 Satz 1) werden durch – ggf. öffentliche (§ 40) – Zustellung auf alle Hauptverhandlungstermine hingewiesen. Geladen werden sie nicht, weil sie nicht zur Anwesenheit verpflichtet sind (Ausnahme: § 433 Abs. 2). Eine Ladungsfrist gilt daher nicht (LR/*Gössel* § 433 Rn. 38; *Meyer-Goßner/ Schmitt* § 435 Rn. 1), aber es ist zu berücksichtigen, dass die Mitteilung der Gewährung rechtlichen Gehörs dient, also eine ausreichende Vorbereitungszeit lassen muss (LR/*Gössel* § 435 Rn. 5; HK-StPO/ *Kurth* § 435 Rn. 1; KMR/*Metzger* § 435 Rn. 5; KK-StPO/*Schmidt* § 435 Rn. 4). Einer Gehörsverletzung wird nicht durch Wiedereinsetzung, sondern durch Nachholung in der Instanz oder im Rechtsmittel- oder Nachverfahren abgeholfen.

2 Da der Beteiligte am Zwischenverfahren nicht beteiligt wird, erhält er nun erstmals Kenntnis von der Anklageschrift und ggf. einem abweichenden Eröffnungsbeschluss. Teile, die für die zu erwartende Rechtsfolge nicht von Bedeutung sind, können dabei weggelassen werden. Zugleich wird er davor gewarnt, dass gem. § 436 Abs. 1 ohne ihn verhandelt werden kann.

§ 436 StPO Durchführung der Hauptverhandlung.

(1) ¹Bleibt der Einziehungsbeteiligte in der Hauptverhandlung trotz ordnungsgemäßer Terminsnachricht aus, so kann ohne ihn verhandelt werden. ²§ 235 ist nicht anzuwenden.
(2) Auf Beweisanträge des Einziehungsbeteiligten zur Frage der Schuld des Angeklagten ist § 244 Abs. 3 Satz 2, Abs. 4 bis 6 nicht anzuwenden.
(3) ¹Ordnet das Gericht die Einziehung auf Grund von Umständen an, die einer Entschädigung des Einziehungsbeteiligten entgegenstehen, so spricht es zugleich aus, daß dem Einziehungsbeteiligten eine Entschädigung nicht zusteht. ²Dies gilt nicht, wenn das Gericht eine Entschädigung des Einziehungsbeteiligten für geboten hält, weil es eine unbillige Härte wäre, sie zu versagen; in diesem Falle entscheidet es zugleich über die Höhe der Entschädigung (§ 74f Abs. 3 des Strafgesetzbuches). ³Das Gericht weist den Einziehungsbeteiligten zuvor auf die Möglichkeit einer solchen Entscheidung hin und gibt ihm Gelegenheit, sich zu äußern.
(4) ¹War der Einziehungsbeteiligte bei der Verkündung des Urteils nicht zugegen und auch nicht vertreten, so ist ihm das Urteil zuzustellen. ²Das Gericht kann anordnen, daß Teile des Urteils, welche die Einziehung nicht betreffen, ausgeschieden werden.

1 Die Norm beschränkt sowohl die Pflichten als auch die Beteiligungsrechte des Einziehungs- und Verfallsbeteiligten im Vergleich zu denjenigen des Angeklagten. Der Beteiligte braucht an der Hauptverhandlung nicht teilzunehmen. Nur wenn sein persönliches Erscheinen besonders angeordnet wurde, kann der nicht erschienene Beteiligte vorgeführt werden (§ 433 Abs. 2). Es kann jedenfalls ohne ihn verhandelt werden. Auf Art und Umfang der Rechtsfolgen, die gegen ihn angeordnet werden können, und auf die Anfechtbarkeit hat dies keinen Einfluss. Wird das Urteil in Abwesenheit des Beteiligten und seines Vertreters verkündet, so wird es einem von beiden zugestellt (Abs. 4, §§ 434 Abs. 1 Satz 2, 145a Abs. 1, 3). Die Rechtsmittelfristen beginnen dann mit der Zustellung (§§ 433 Abs. 1 Satz 1, 314 Abs. 2, 341 Abs. 2 StPO). Aus Gründen der Praktikabilität kann zur Zustellung eine gekürzte Ausfertigung hergestellt werden, die solche Teile nicht enthält, die den Ausspruch über die Einziehung oder den Verfall nicht stützen.

2 Wiedereinsetzung (§ 235) ist ausgeschlossen (Abs. 1 Satz 2). War der Beteiligte unverschuldet verhindert, an der Hauptverhandlung teilzunehmen, so kann er das Urteil anfechten oder, nach Rechtskraft, einen Antrag im Nachverfahren stellen (§ 439 Abs. 1 Satz 1 Nr. 2; LR/*Gössel*, § 436 Rn. 6; KMR/ *Metzger*, § 436 Rn. 4; SK-StPO/*Weßlau*, § 436 Rn. 5).

3 Das Beweisantragsrecht des Beteiligten ist eingeschränkt. Auch wenn die Beteiligung nicht bereits nach § 431 Abs. 2 beschränkt wurde, ist das Gericht nicht an die Ablehnungsgründe nach § 244 Abs. 3 Satz 2, Abs. 4, 5 gebunden. Es entscheidet nach pflichtgemäßem, am Aufklärungsinteresse orientierten Ermessen. Eines ablehnenden Beschlusses (§ 244 Abs. 6) bedarf es nicht. Mit der Revision kann der Beteiligte deshalb eine Verletzung der Aufklärungspflicht (§ 244 Abs. 2) rügen, nicht aber die unrichtige Zurückweisung eines Beweisantrages (§ 338 Nr. 8; LR/*Gössel*, § 436 Rn. 9; KK-StPO/*Schmidt*, § 436 Rn. 5).

4 Abs. 3 regelt, in welchen Fällen ausnahmsweise das Strafgericht und nicht das Zivilgericht für die Entscheidungen über die Entschädigung der Einziehungsbeteiligten zuständig ist. Für die Entscheidung, dem von der Einziehung Betroffenen stehe eine Entschädigung nach § 74f Abs. 2 StGB nicht zu, ist

das Strafgericht zuständig. Nach dieser Norm ist die Entschädigung ausgeschlossen, wenn der Dritte den Gegenstand der Einziehung preisgegeben hat, wenn er nämlich durch sein Verhalten einen Tatbestand erfüllt hat, der die ihm ggü. sonst ausgeschlossene Einziehung erst ermöglicht. Nur wenn ein solcher Fall vorliegt und dennoch ausnahmsweise eine Entschädigung gewährt werden soll, um eine unbillige Härte zu vermeiden (§ 74f Abs. 3 StGB), ist auch für diese zusprechende Entscheidung das Strafgericht zuständig, und zwar in Bezug auf Grund und Höhe (LR/*Gössel*, § 436 Rn. 15; *Pfeiffer*, § 436 Rn. 4; KK/*Schmidt*, § 436 Rn. 9). Steht dem gutgläubigen Einziehungsbeteiligten nach § 74f Abs. 1 StGB eine Entschädigung zu, so wird dies vom Strafgericht nicht gesondert ausgesprochen. Wird der Anspruch bestritten, so steht der Rechtsweg zu dem für öffentlich-rechtliche Entschädigungsansprüche zuständigen Zivilgericht offen. Dort können die Parteien nicht geltend machen, § 74f Abs. 2 und 3 StGB stehe dem Anspruch entgegen bzw. gewähre ihn, denn diese Entscheidungen hätte das Strafgericht treffen müssen. Abs. 3 Satz 3 enthält einen Hinweis auf das dem Einziehungsbeteiligten zu gewährende rechtliche Gehör.

§ 437 StPO Überprüfungsumfang im Rechtsmittelverfahren.

(1) ¹Im Rechtsmittelverfahren erstreckt sich die Prüfung, ob die Einziehung dem Einziehungsbeteiligten gegenüber gerechtfertigt ist, auf den Schuldspruch des angefochtenen Urteils nur, wenn der Einziehungsbeteiligte insoweit Einwendungen vorbringt und im vorausgegangenen Verfahren ohne sein Verschulden zum Schuldspruch nicht gehört worden ist. ²Erstreckt sich hiernach die Prüfung auch auf den Schuldspruch, so legt das Gericht die zur Schuld getroffenen Feststellungen zugrunde, soweit nicht das Vorbringen des Einziehungsbeteiligten eine erneute Prüfung erfordert.
(2) Im Berufungsverfahren gilt Absatz 1 nicht, wenn zugleich auf ein Rechtsmittel eines anderen Beteiligten über den Schuldspruch zu entscheiden ist.
(3) Im Revisionsverfahren sind die Einwendungen gegen den Schuldspruch innerhalb der Begründungsfrist vorzubringen.
(4) ¹Wird nur die Entscheidung über die Höhe der Entschädigung angefochten, so kann über das Rechtsmittel durch Beschluß entschieden werden, wenn die Beteiligten nicht widersprechen. ²Das Gericht weist sie zuvor auf die Möglichkeit eines solchen Verfahrens und des Widerspruchs hin und gibt ihnen Gelegenheit, sich zu äußern.

Die Norm beschränkt die Rechtsschutzmöglichkeiten des Beteiligten im Vergleich zu denen des Angeklagten. Damit wird der schon im § 431 angelegte Grundsatz im Rechtsmittelverfahren fortgeführt, Gründe der Verfahrensökonomie dem Beteiligten eher entgegenzuhalten als dem Angeklagten. Das ist verfassungsrechtlich unbedenklich: Zum einen unterscheiden sich die Gründe der Verfahrensbeteiligung und die möglichen Verfahrensergebnisse ausreichend, um verschiedene Verfahrensregelungen wenigstens zu rechtfertigen, wenn nicht gar für erforderlich zu halten. Zum anderen besteht ein verfassungsrechtlicher Anspruch auf die Anfechtbarkeit einer richterlichen Entscheidung nicht. 1

Der verwendete Schuldbegriff ist – wie bereits im § 431 – nicht im materiell-strafrechtlichen Sinne zu verstehen. Gemeint ist die Täterschaft des Angeklagten, also die Abgrenzung zwischen Schuldspruch einerseits und Ausspruch zur Rechtsfolge andererseits. 2

Auch wenn eine Anordnung nach § 431 Abs. 2 nicht ergangen ist, kann der Beteiligte im Rechtsmittelverfahren grds. nicht überprüfen lassen, ob der Angeklagte die Tat begangen hat (LR/*Gössel* § 437 Rn. 2; *Pfeiffer* § 437 Rn. 2). Er ist wegen dieser Voraussetzung der ihm ungünstigen Entscheidung über Verfall oder Einziehung auf eine Instanz beschränkt. Von diesem Grundsatz gelten zwei Ausnahmen, nämlich die Nachbesserung eines unverschuldeten Ausschlusses und die von einem anderen geführte Berufung: 3

Wenn der Beteiligte in erster Instanz ohne sein Verschulden von der Verhandlung über die Täterschaft des Angeklagten ausgeschlossen war, dann ist seine Beteiligung im Rechtsmittelverfahren nachzuholen (Abs. 1 Satz 1). Der Ausschluss kann darauf beruhen, dass die Entscheidung nach § 431 Abs. 2 falsch getroffen wurde, dass ohne ihn verhandelt wurde, er seine Abwesenheit aber nicht verschuldet hat (§ 436 Abs. 1), oder dass gegen seinen Anspruch auf rechtliches Gehör verstoßen wurde und er dagegen in erster Instanz Abhilfe nicht erlangen konnte. In allen Varianten muss der Beteiligte Einwendungen gegen die ihm im Ergebnis ungünstigen Feststellungen zur Täterschaft des Angeklagten geltend ma- 4 chen. Er muss seine Beanstandungen benennen; eine nicht weiter ausgeführte Sachrüge reicht nicht aus. Dabei ist er an die Eigenart des jeweiligen Rechtsmittels gebunden, sodass er im Berufungsverfahren tatsächliche und rechtliche Beanstandungen vortragen kann, im Revisionsverfahren hingegen nur rechtliche und dies zudem nur innerhalb der Frist zur Revisionsbegründung (Abs. 3, § 345 Abs. 1). Auf das Rechtsmittel des Beteiligten überprüft das Rechtsmittelgericht nur die geltend gemachten Einwendungen, und zwar im Berufungsverfahren in einer nach pflichtgemäßem Ermessen gestalteten Beweisaufnahme nach § 436 Abs. 2. Soweit der Beteiligte nichts eingewandt hat oder soweit im Revisionsverfahren tatsächliche Feststellungen nicht überprüft werden können, bleibt es bei den Feststellungen des angefochtenen Urteils (LR/*Gössel*, § 437 Rn. 9; KK/*Schmidt* § 437 Rn. 5). Bei erfolgreichem Rechtsmittel allein des Beteiligten wird nur der ihn belastende Rechtsfolgeausspruch abgeändert. Der nicht angefochtene Schuldspruch bleibt auch dann unberührt, wenn seine Voraussetzungen mit denen der Einziehungs- und Verfallsentscheidung identisch und als in erster Instanz unrichtig beurteilt erkannt sind (LR/*Gössel* § 437 Rn. 10 f.; KMR/*Metzger* § 437 Rn. 7; *Pfeiffer* § 437 Rn. 6; KK/*Schmidt* § 437 Rn. 6; SK-StPO/*Weßlau* § 437 Rn. 9).

5 Führt ein anderer eine Berufung, die nicht auf die Rechtsfolgen beschränkt ist, sondern sich auch auf den Schuldspruch bezieht, so kann sich der Beteiligte an dem Berufungsverfahren ohne die Beschränkungen des Abs. 1 beteiligen, wenn er nicht ohnehin zu Recht von Verhandlungen über den Schuldspruch nach § 431 Abs. 2 ausgeschlossen ist (Abs. 2). Ob die Berufung zugunsten oder zuungunsten des Angeklagten eingelegt ist, spielt für die Verfahrensrechte des Beteiligten keine Rolle.

6 Entscheidet das Strafgericht ausnahmsweise über die Höhe einer für die Einziehung zu gewährenden Entschädigung (§ 436 Abs. 3 Satz 2, § 74f Abs. 3 StGB), so kann der Beteiligte ein auf die Höhe der Entschädigung beschränktes Rechtsmittel einlegen, über das in einem vereinfachten Verfahren entschieden werden kann (Abs. 4). Das Rechtsmittelgericht ermittelt wie ein Beschwerdegericht (§ 308 Abs. 2). Widerspricht ein Verfahrensbeteiligter, so ist nach allgemeinem Verfahrensrecht vorzugehen. Das Revisionsgericht kann dabei § 349 anwenden.

§ 438 StPO Einziehung durch Strafbefehl.

(1) ¹Wird die Einziehung durch Strafbefehl angeordnet, so wird der Strafbefehl auch dem Einziehungsbeteiligten zugestellt. ²§ 435 Abs. 3 Nr. 2 gilt entsprechend.
(2) Ist nur über den Einspruch des Einziehungsbeteiligten zu entscheiden, so gelten § 439 Abs. 3 Satz 1 und § 441 Abs. 2 und 3 entsprechend.

1 Verfall und Einziehung dürfen durch Strafbefehl festgesetzt werden (§ 407 Abs. 2 Satz 1 Nr. 1). Die Beteiligungsanordnung (§ 431 Abs. 1, 2) ergeht spätestens zugleich mit dem Strafbefehl. Der Strafbefehl wird dem Beteiligten oder seinem Vertreter zugestellt (Abs. 1 Satz 1, §§ 35 Abs. 2, 145a Abs. 1, 3).

2 Legt nur oder auch der Beschuldigte Einspruch ein, so wird der Beteiligte von der bevorstehenden Hauptverhandlung unterrichtet (§ 435 Abs. 1, 3), für die § 436 gilt (nicht §§ 412, 329).

3 Legt nur der Einziehungs- oder Verfallsbeteiligte Einspruch ein, so verweist Abs. 2 auf die Vorschriften über das Nachverfahren. § 437 ist nicht anwendbar, weil es sich bei dem Einspruch nicht um ein Rechtsmittel handelt. Ob der Beteiligte die gegen ihn gerichtete Maßnahme mit einem Angriff auf den Schuldspruch anfechten kann, hängt von der Anwendbarkeit des § 431 Abs. 2 ab (§ 439 Abs. 3 Satz 1), die das Gericht auch dann prüft, wenn die Beteiligungsanordnung ohne Beschränkung ergangen ist. Eine Hauptverhandlung nach § 436 findet auf Antrag der StA oder des Beteiligten oder auf Anordnung des Gerichts statt (§ 441 Abs. 3 Satz 1). Der Verurteilte kann diesen Antrag nicht stellen, weil er am Verfahren nicht mehr beteiligt ist. Er kommt deshalb als Zeuge in Betracht. Ohne Hauptverhandlung kann das Gericht wie ein Beschwerdegericht ermitteln (entsprechende Anwendung des § 308 Abs. 2). Auf die Hauptverhandlung ergeht ein Urteil, auch wenn der Beteiligte und sein Vertreter nicht erschienen sind. Das Urteil kann mit den allgemein statthaften Rechtsmitteln angefochten werden, ein darauf ergehendes Berufungsurteil allerdings nicht mehr mit der Revision (§ 441 Abs. 3 Satz 2). Ohne Hauptverhandlung wird durch Beschluss entschieden, der mit sofortiger Beschwerde anfechtbar ist (§ 441 Abs. 2).

§ 439 StPO Nachverfahren. (1) ¹Ist die Einziehung eines Gegenstandes rechtskräftig angeordnet worden und macht jemand glaubhaft, daß er
1. zur Zeit der Rechtskraft der Entscheidung ein Recht an dem Gegenstand gehabt hat, das infolge der Entscheidung beeinträchtigt ist oder nicht mehr besteht, und
2. ohne sein Verschulden weder im Verfahren des ersten Rechtszuges noch im Berufungsverfahren die Rechte des Einziehungsbeteiligten hat wahrnehmen können,

so kann er in einem Nachverfahren geltend machen, daß die Einziehung ihm gegenüber nicht gerechtfertigt sei. ²§ 360 gilt entsprechend.
(2) ¹Das Nachverfahren ist binnen eines Monats nach Ablauf des Tages zu beantragen, an dem der Antragsteller von der rechtskräftigen Entscheidung Kenntnis erlangt hat. ²Der Antrag ist unzulässig, wenn seit Eintritt der Rechtskraft zwei Jahre verstrichen sind und die Vollstreckung beendet ist.
(3) ¹Das Gericht prüft den Schuldspruch nicht nach, wenn nach den Umständen, welche die Einziehung begründet haben, im Strafverfahren eine Anordnung nach § 431 Abs. 2 zulässig gewesen wäre. ²Im übrigen gilt § 437 Abs. 1 entsprechend.
(4) Wird das vom Antragsteller behauptete Recht nicht erwiesen, so ist der Antrag unbegründet.
(5) Vor der Entscheidung kann das Gericht mit Zustimmung der Staatsanwaltschaft die Anordnung der Einziehung aufheben, wenn das Nachverfahren einen unangemessenen Aufwand erfordern würde.
(6) Eine Wiederaufnahme des Verfahrens nach § 359 Nr. 5 zu dem Zweck, die Einwendungen nach Absatz 1 geltend zu machen, ist ausgeschlossen.

Das Nachverfahren ersetzt die Wiedereinsetzung (§ 436 Abs. 1 Satz 2), die Wiederaufnahme mit dem Ziel, aufgrund neuer Beweismittel Einwendungen nach Abs. 1 Satz 1 zu erheben (Abs. 6) (vgl. LR/*Gössel* § 433 Rn. 10, 13), und die Gehörsrüge (§ 33a). 1

Voraussetzung für einen Antrag auf Durchführung eines Nachverfahrens ist eine rechtskräftige Entscheidung, die ein Recht des Antragstellers beeinträchtigt oder ganz entzieht (Abs. 1 Satz 1 Nr. 1). Die Reichweite der Vorschrift hängt vom Verständnis der Rechtsfolgen einer Verfalls- oder Einziehungsanordnung ab (vgl. SSW-StGB/*Burghart* § 73e Rn. 3 f., § 74e Rn. 1). Hält man die Anordnung für allein sachbezogen, dann kann es vorkommen, dass das in der Entscheidung genannte Recht einem anderen als dem unrichtig bezeichneten Anordnungsadressaten entzogen wurde. Meint man hingegen – richtig –, dass die Entscheidung zu einem Rechtsverlust nur beim in der Entscheidung benannten Anordnungsadressaten führen kann, während sie wirkungslos bleibt, wenn das bezeichnete Recht einem anderen zustand, dann bleiben nur enge Anwendungsmöglichkeiten. Die Entscheidung betrifft den Antragsteller nur, wenn er in ihr benannt wird, obwohl er am Verfahren nicht beteiligt war (unverschuldetes Fernbleiben, Gehörsverletzungen), oder wenn die Entscheidung sich auf eine vermeintlich herrenlose Sache bezieht, von der der Antragsteller geltend macht, sie habe ihm gehört (für erweiterte Anwendung auf obligatorische Rechte auf Leistungen aus dem Vermögen des Anordnungsadressaten: *Satzger*, wistra 2003, 401, 407). 2

Der Antragsteller muss ohne sein Verschulden gehindert gewesen sein, sich an dem Verfahren mit der ihm ungünstigen Rechtsfolge zu beteiligen (Abs. 1 Satz 1 Nr. 2). Der Ausschluss vom Verfahren kann darauf beruhen, dass die Entscheidung nach § 431 Abs. 2 falsch getroffen wurde, dass ohne den Antragsteller verhandelt wurde, er sein Fernbleiben aber nicht verschuldet hat (§ 436 Abs. 1), oder dass gegen seinen Anspruch auf rechtliches Gehör verstoßen wurde. In allen Konstellationen muss hinzukommen, dass der Mangel bis zur Rechtskraft nicht abgeholfen wurde und der Antragsteller auch dies nicht zu verschulden hat. Wer ein Rechtsmittel einlegen konnte, ist deshalb im Nachverfahren nicht antragsberechtigt. War der Antragsteller von einem erstinstanzlichen Verfahren ausgeschlossen, auf das nur ein Revisionsverfahren mit seiner Beteiligung gefolgt ist, so ist der Antrag im Nachverfahren zulässig, wenn der Antragsteller Einwendungen geltend machend, die im erstinstanzlichen, nicht aber im Revisionsverfahren möglich sind. 3

Der Antrag unterliegt einer Monatsfrist, die durch die Kenntnis des Antragstellers von der rechtskräftigen Entscheidung ausgelöst wird (Abs. 2). Die Frist kann also nicht vor Eintritt der Rechtskraft beginnen, auch wenn der Antragsteller die Entscheidung bereits kannte. Im Interesse endgültiger Rechtssicherheit ist der Antrag nicht mehr zulässig, wenn die Entscheidung zwei Jahre lang rechtskräftig ist und die Vollstreckung der den Antragsteller betreffenden Rechtsfolge beendet ist. Unzulässig ist ein An- 4

§ 440 StPO Selbständiges Einziehungsverfahren

trag, der nach dem später eingetretenen Ereignis gestellt wird (missverständlich: *Meyer-Goßner/Schmitt* § 439 Rn. 8).

5   Die Zulässigkeitsvoraussetzungen des Abs. 1 muss der Antragsteller glaubhaft machen (dort Satz 1). Die systematische Stellung dieser Anforderung zeigt, dass sie sich nicht auf die tatsächlichen Voraussetzungen der im Abs. 2 geregelten Frist bezieht. Hier muss also die Verspätung nachgewiesen werden, um eine Verwerfung stützen zu können (i.E. ebenso: LR/*Gössel* § 439 Rn. 26; KMR/*Metzger* § 439 Rn. 12; *Meyer-Goßner/Schmitt* § 439 Rn. 10; KK-StPO/*Schmidt* § 439 Rn. 10).

6   Bei der Prüfung der Begründetheit gilt die Amtsaufklärungspflicht. Bleibt das von dem Antragsteller geltend gemachte Recht an dem Vermögensgegenstand zweifelhaft, so belasten diese Zweifel den Antragsteller und führen zur Unbegründetheit (Abs. 4; LR/*Gössel* § 439 Rn. 32; KMR/*Metzger*, § 439 Rn. 24; KK-StPO/*Schmidt* § 439 Rn. 12; SK-StPO/*Weßlau* § 439 Rn. 13). Steht aber das Recht an dem Gegenstand zur Überzeugung des Gerichts fest, so gelten bei der Prüfung, ob die Einziehungs- bzw. Verfallvoraussetzungen vorliegen, die allgemeinen strafprozessualen Grundsätze. Bleiben diese Voraussetzungen nach dem jetzt erreichbaren Erkenntnisstand zweifelhaft, so ist der Antrag begründet (LR/*Gössel* § 439 Rn. 33; KK-StPO/*Schmidt* § 439 Rn. 13).

7   Auf einen begründeten Antrag wird die rechtskräftig angeordnete Maßnahme aufgehoben. Ohne vollständige Prüfung der Begründetheit kann aus Gründen der Verfahrensökonomie die Aufhebung ausgesprochen werden (Abs. 5). Die Aufhebung wirkt zurück (LR/*Gössel* § 439 Rn. 36; KMR/*Metzger* § 439 Rn. 25; *Meyer-Goßner/Schmitt*, § 439 Rn. 13; *Pfeiffer* § 439 Rn. 6; SK-StPO/*Weßlau* § 439 Rn. 15).

8   Für die Aufhebung oder Unterbrechung der Vollstreckung gilt § 360 (Abs. 1 Satz 2).

9   Die Kosten des Nachverfahrens trägt der unterliegende Antragsteller nach § 473 Abs. 1 Satz 1, Abs. 6 Nr. 2. Die Kosten und Auslagen eines erfolgreichen Antrages trägt die Staatskasse (§ 467 Abs. 1 oder § 473 Abs. 3). Das gilt auch bei Anwendung des Abs. 5; die Eröffnung des Ermessens nach § 472b Abs. 3 (so LR/*Gössel* § 439 Rn. 39; KMR/*Metzger* § 439 Rn. 26; *Pfeiffer* § 439 Rn. 6; KK-StPO/*Schmidt* § 439 Rn. 17; SK-StPO/*Weßlau* § 439 Rn. 18) belastete den erfolgreichen Antragsteller ungerechtfertigt, der die vollständige Begründetheitsprüfung mit ihm günstiger Kostenfolge nicht erzwingen kann.

§ 440 StPO Selbständiges Einziehungsverfahren.

(1) Die Staatsanwaltschaft und der Privatkläger können den Antrag stellen, die Einziehung selbständig anzuordnen, wenn dies gesetzlich zulässig und die Anordnung nach dem Ergebnis der Ermittlungen zu erwarten ist.

(2) ¹In dem Antrag ist der Gegenstand zu bezeichnen. ²Ferner ist anzugeben, welche Tatsachen die Zulässigkeit der selbständigen Einziehung begründen. ³Im übrigen gilt § 200 entsprechend.

(3) Die §§ 431 bis 436 und 439 gelten entsprechend.

1   **A. Grundsätzliches.** Das selbständige oder objektive Verfahren dient der Anordnung von Einziehung oder Verfall (§ 442 Abs. 1) eines Gegenstandes oder des Wertersatzes, ohne dass ein Strafverfahren gegen den Tatverdächtigen geführt wird. § 440 ist die Verfahrensnorm zu § 76a StGB. Soll hingegen eine rechtskräftige Einziehungs- oder Verfallanordnung gem. § 76 StGB nachträglich durch Einziehung oder Verfall des Wertersatzes ersetzt werden, so ist nach § 462 Abs. 1 Satz 2 und § 462a Abs. 1, 2 Satz 1 zu verfahren.

2   **B. Einzelne Regelungen. I. Zulässigkeit und Rücknahme.** Kommen Einziehung und Verfall danach als Verfahrensergebnis nicht infrage, ist der Antrag im selbständigen Verfahren unzulässig (*Pfeiffer* § 440 Rn. 2) und wird verworfen, oder das Verfahren wird nach nachträglichem Wegfall einer Zulässigkeitsvoraussetzung eingestellt (vgl. LR/*Gössel* § 440 Rn. 19; KMR/*Metzger* § 440 Rn. 33; *Meyer-Goßner/Schmitt* § 440 Rn. 7, 15; KK-StPO/*Schmidt* § 440 Rn. 3, 12; SK-StPO/*Weßlau* § 440 Rn. 8, 11). Das Gericht prüft, ob das Ermittlungsergebnis und die rechtliche Beurteilung die Annahme rechtfertigen, ein Strafverfahren sei nicht durchführbar. Soweit dabei Opportunitätserwägungen der StA eine Rolle spielen, unterliegen diese nicht der Nachprüfung (sehr umstr., vgl. LR/*Gössel* § 440

Rn. 34 f.; *Meyer-Goßner/Schmitt* § 440 Rn. 8; *Pfeiffer* § 440 Rn. 2; KK-StPO/*Schmidt* § 440 Rn. 3; SK-StPO/*Weßlau* § 440 Rn. 8).

Antragsbefugt sind die StA, die Finanzbehörde (§ 401 AO) und der Privatkläger. 3

Der StA wird, wenn das Ergebnis der Ermittlungen eine selbstständige Einziehungs- oder Verfallanordnung wahrscheinlich erscheinen lassen, durch Abs. 1 Ermessen eingeräumt, den Antrag zu stellen (vgl. den Formulierungsgegensatz im § 170 Abs. 1). Bei der Ermessensausübung können v.a. maßgeblich sein die Bedeutung der Anordnung für die von der Straftat gestörte Vermögenszuordnung (Verfall), die Gefährlichkeit des Gegenstandes (Einziehung) und der Aufwand, den das Verfahren voraussichtlich erfordern wird. Die Verhältnismäßigkeit der Maßnahme spielt bei der Ermessensausübung keine Rolle (anders KMR/*Metzger*, § 440 Rn. 12), denn erst eine in Aussicht genommene verhältnismäßige Anordnung eröffnet das Ermessen, während eine ersichtlich unverhältnismäßige Anordnung nicht beantragt werden darf. Die Ausübung des Ermessens ist nicht überprüfbar. Der Antrag ist nicht unzulässig, wenn die Staatsanwalschaft in hätte unterlassen dürfen. Die Eröffnung des Antragsermessens erübrigt eine dem § 430 Abs. 1 entsprechende Regelung, auf den Abs. 3 deshalb nicht zu verweisen braucht. 4

Der Antrag kann mit der Folge der Einstellung des Verfahrens zurückgenommen werden. Für den Privatkläger ergibt sich dies aus § 391 Abs. 1 Satz 1, für die antragsbefugten Behörden aus dem Antragsermessen (SK-StPO/*Weßlau*, § 440 Rn. 5; a. A. LR/*Gössel*, § 440 Rn. 29). Da Schuld und Strafe nicht Gegenstand des möglichen Verfahrensergebnisses sind, kommt eine dem Strafklageverbrauch ähnliche Folge nicht in Betracht. 5

Die Antragsschrift muß den Beteiligten benennen, den Gegenstand und das Verfahrensziel bezeichnen und die tatsächlichen Grundlagen der angestrebten Anordnung darlegen. Daraus muss sich zum einen ergeben, dass Einziehung bzw. Verfall angeordnet werden können, und zum anderen, dass sie nur im selbstständigen Verfahren angeordnet werden können. 6

II. Beteiligter. Beteiligter ist, wer durch die mit dem Antrag angestrebte Einziehungs- oder Verfallanordnung betroffen würde. Der Beteiligte im selbstständigen Verfahren hat nach Abs. 3 keine weiter gehenden Rechte als der Nebenbeteiligte in einem Strafverfahren gegen einen Angeklagten. Auch im selbstständigen Verfahren bedarf die Beteiligung nach § 431 Abs. 1 der Anordnung, von der unter den dort und im § 431 Abs. 6 geregelten Voraussetzungen abgesehen werden kann. Auch in Bezug auf die Schuldfrage unterliegt der Beteiligte den gleichen Einschränkungen wie ein Nebenbeteiligter. 7

III. Fortsetzung des Verfahrens. Ergibt sich in einem Strafverfahren, in dem der Angeklagte selbst oder ein bereits Beteiligter Adressat der in Aussicht stehenden Einziehungs- oder Verfallanordnung ist, dass ein Schuldspruch nicht mehr in Betracht kommt, wohl aber noch die Anordnung, so kann das Verfahren mit dem Freispruch oder der Einstellung und der zugleich ausgesprochenen Anordnung abgeschlossen werden. Endet das Verfahren gegen den Angeklagten vorzeitig, ohne dass Einziehung oder Verfall zugleich ausgesprochen werden konnten (z.B. Tod; Einstellung nach Amnestie; im Rechtsmittelverfahren bestätigter Freispruch, während das Urteil in Bezug auf die Anordnung aufgehoben wird), so wird das Verfahren wie ein selbstständiges Verfahren fortgesetzt (BGHSt 23, 64, 67; auch als Übergang, Überleitung, Weiterführung oder Wechsel zum objektiven Verfahren bezeichnet: BGHSt 37, 55, 68 f.; LR/*Gössel* § 440 Rn. 67 f.; KMR/*Metzger* § 440 Rn. 26 f.; *Meyer-Goßner/Schmitt* § 440 Rn. 19; *Pfeiffer* § 440 Rn. 9; KK/*Schmidt* § 440 Rn. 15; SK-StPO/*Weßlau* § 440 Rn. 15). Erforderlich ist ein darauf gerichteter Antrag der StA, weil es nach Abs. 1 in ihrem Ermessen steht, eine von der Entscheidung über den Schuldspruch unabhängige Anordnung anzustreben (BGHSt 37, 55, 69; LR/*Gössel* § 440 Rn. 69; KK-StPO/*Schmidt* § 440 Rn. 15; SK-StPO/*Weßlau* § 440 Rn. 15). 8

Eine Fortsetzung des Verfahrens kommt nicht in Betracht, wenn der nach dem erreichten Erkenntnisstand wahrscheinliche Anordnungsadressat nicht am Verfahren beteiligt ist. Dann ist das gegen den Angeklagten oder den Nebenbeteiligten geführte Verfahren auch insoweit zu beenden, und die StA hat zu entscheiden, ob sie ein neues selbstständiges Verfahren beginnt. 9

Ergibt sich im selbstständigen Verfahren, dass der Beteiligte wegen der Anknüpfungstat auch bestraft werden könnte, so ist eine Fortsetzung als Strafverfahren nicht möglich (LR/*Gössel* § 440 Rn. 71; KMR/*Metzger* § 440 Rn. 30; *Pfeiffer* § 440 Rn. 9; KK-StPO/*Schmidt* § 440 Rn. 15; SK-StPO/*Weßlau* § 440 Rn. 15), weil wesentliche Verfahrensschritte fehlen (Zwischenverfahren, Eröffnungsbeschluss) und weil es naheliegt, dass der Beteiligte sich gegen den Schuldvorwurf anders verteidigt hätte als gegen die etwaige selbstständige Einziehungs- oder Verfallanordnung. 10

§ 441 StPO Verfahren bei Einziehung im Nachverfahren oder selbständigen Einziehungsverfahren.

(1) ¹Die Entscheidung über die Einziehung im Nachverfahren (§ 439) trifft das Gericht des ersten Rechtszuges, die Entscheidung über die selbständige Einziehung (§ 440) das Gericht, das im Falle der Strafverfolgung einer bestimmten Person zuständig wäre. ²Für die Entscheidung über die selbständige Einziehung ist örtlich zuständig auch das Gericht, in dessen Bezirk der Gegenstand sichergestellt worden ist.

(2) Das Gericht entscheidet durch Beschluß, gegen den sofortige Beschwerde zulässig ist.

(3) ¹Über einen zulässigen Antrag wird jedoch auf Grund mündlicher Verhandlung durch Urteil entschieden, wenn die Staatsanwaltschaft oder sonst ein Beteiligter es beantragt oder das Gericht es anordnet; die Vorschriften über die Hauptverhandlung gelten entsprechend. ²Wer gegen das Urteil eine zulässige Berufung eingelegt hat, kann gegen das Berufungsurteil nicht mehr Revision einlegen.

(4) Ist durch Urteil entschieden, so gilt § 437 Abs. 4 entsprechend.

1 **A. Sachliche und örtliche Zuständigkeit.** Im Nachverfahren (§ 439) ist das Gericht des ersten Rechtszuges des Verfahrens sachlich und örtlich zuständig, in dem die angegriffene Anordnung ergangen ist, auch wenn sie nicht von diesem Gericht, sondern erst auf ein Rechtsmittel oder erst nach Zurückverweisung getroffen wurde.

2 Im selbstständigen Verfahren (§ 440) ist das Gericht sachlich zuständig, das ein Strafverfahren zu führen hätte, wenn über die Anknüpfungstat zu verhandeln wäre. Welche von mehreren möglichen Anknüpfungstaten maßgeblich ist, richtet sich nach den Darlegungen in der Antragsschrift. Soweit sich die Zuständigkeit nach der Art der Tat (§§ 24 Abs. 1 Nr. 3, 74 Abs. 2, 74a, 74b, 74c, 120 GVG) oder nach der Straferwartung (§§ 24 Abs. 1 Nr. 2, 25 Nr. 2, 28, 74 Abs. 1 Satz 2 GVG) richtet, muss die Anknüpfungstat nach dem Stand der Erkenntnisse beurteilt werden, der zu der Entscheidung geführt hat, von einem Strafverfahren abzusehen.

3 Örtlich zuständig sind im selbstständigen Verfahren das Gericht, das das Strafverfahren zu führen hätte, und das Gericht, in dessen Bezirk der betreffende Gegenstand sichergestellt wurde, auch wenn die Beschlagnahmeanordnung nicht in diesem Bezirk ergangen ist.

4 **B. Schriftliches Verfahren, mündliche Verhandlung.** Das Gericht entscheidet grds. im schriftlichen Verfahren ohne mündliche Verhandlung (Abs. 2) in der dafür vorgesehenen Besetzung (§§ 30 Abs. 2, 76 Abs. 1 Satz 2, 122 Abs. 1 GVG). Rechtliches Gehör ist zu gewähren, indem die Verfahrensbeteiligten zum Einreichen von Schriftsätzen aufgefordert werden. Beweiserhebungen, die mündliches Verhandeln erfordern, sind ausgeschlossen. In geeigneten Fällen können Vernehmungen des Beteiligten und von Zeugen und Sachverständigen durch schriftliche Äußerungen ersetzt werden (LR/*Gössel* § 441 Rn. 7: Vernehmungen auch durch den beauftragten oder ersuchten Richter).

5 Eine der Hauptverhandlung entsprechende mündliche Verhandlung findet statt, wenn die StA oder der Beteiligte dies beantragen oder wenn das Gericht es anordnet. Dies kommt insb. in Betracht, wenn die Beweisaufnahme durch Vernehmungen erfolgen soll. Der Antrag muss nicht begründet werden, und er ist auch nach Beginn des schriftlichen Verfahrens zulässig. Die Hauptverhandlung in der dafür vorgesehenen Besetzung des Gerichts hat den gesamten Prozessstoff zu behandeln, unabhängig von Erkenntnisfortschritten aus dem schon geführten schriftlichen Verfahren. Die Verfahrensstellungen richten sich nach dem hier geführten Verfahren, nicht nach dem schon abgeschlossenen und nicht durchführbaren Strafverfahren. Der vormalige oder nicht verfolgbare Angeklagte ist also hier Zeuge, wenn er nicht selbst der Beteiligte ist. Erscheint der Beteiligte nicht, gilt nach § 440 Abs. 3 die Regelung des § 436 Abs. 1.

6 **C. Entscheidung.** Da der Beteiligte einem Angeklagten gleichgestellt sein soll (§§ 440 Abs. 3, 433 Abs. 1 Satz 1), ist für die ihm ungünstige Sachentscheidung nach § 263 eine Zwei-Drittel-Mehrheit erforderlich (a. A. LR/*Gössel* § 440 Rn. 50; KMR/*Metzger* § 439 Rn. 21, § 440 Rn. 36; *Meyer-Goßner/Schmitt* § 440 Rn. 16; *Pfeiffer* § 440 Rn. 7; SK-StPO/*Weßlau* § 440 Rn. 11). Es ist kein Grund erkennbar, der dafür sprechen könnte, dass allein die Verfahrensart zu einem anderen, dem Beteiligten ungünstigeren Mehrheitserfordernis führen sollte. Der vermeintliche Täter selbst kann Adressat der Anordnung im selbstständigen Verfahren sein, wenn er nicht verurteilt werden kann (vgl. SSW-StPO/

Burghart, § 76a StGB Rn. 3 ff.). Der im nicht durchführbaren Strafverfahren erforderlichen Mehrheit für die nachteilige Entscheidung über eine Rechtsfolge der Tat (§ 263 Abs. 1) muss die Mehrheit entsprechen, die die Entscheidung finden muss, wenn sie nicht neben einer Strafe ausgesprochen wird, sondern als einzige Rechtsfolge in einem eigens durchgeführten Verfahren.

Die Entscheidung ergeht ohne mündliche Verhandlung durch Beschluss, der, weil er befristet anfechtbar ist, mit Gründen versehen und zugestellt werden muss. Nach mündlicher Verhandlung wird durch Urteil entschieden. 7

D. Kosten. Für die Kosten des Verfahrens gilt nicht § 465, sondern § 472b (*Meyer-Goßner/ Schmitt* § 441 Rn. 4; *Pfeiffer* § 440 Rn. 7; SK-StPO/*Weßlau* § 440 Rn. 14). 8

E. Rechtsmittel. Der Beschluss ist mit sofortiger Beschwerde anfechtbar (Abs. 2; vgl. § 304 Abs. 4 Satz 2 Nr. 5), das Urteil mit dem Rechtsmittel, das in einem Strafverfahren statthaft wäre. Der Rechtsmittelzug ist auf eine weitere Instanz beschränkt; ein nach allgemeinen Vorschriften anfechtbares Berufungsurteil ist unanfechtbar (Abs. 3 Satz 2). Für ein auf die Höhe der Entschädigung beschränktes Rechtsmittel gelten die Verfahrensvereinfachungen des § 437 Abs. 4 (Abs. 4). Auf ein selbstständiges Verfahren kann ein Nachverfahren folgen. 9

F. Rechtskraft. Die Entscheidung bewirkt Rechtskraft in Bezug auf einen Verfahrensgegenstand, der durch eine Verbindung zwischen dem betroffenen Vermögensgegenstand und der prozessualen Tat gekennzeichnet wird, die Einziehung bzw. Verfall rechtfertigen soll. Ein neuer Antrag, der insoweit wesentliche Abweichungen zu einem zuvor als unbegründet abgewiesenen nicht aufweist, ist unzulässig. Hingegen kann wegen derselben Tat ein weiterer Antrag auf einen anderen Vermögensgegenstand gerichtet werden oder auf denselben Vermögensgegenstand wegen einer anderen Tat (LR/*Gössel* § 440 Rn. 58; KK-StPO/*Schmidt* § 441 Rn. 13). 10

§ 442 StPO Der Einziehung gleichstehende Rechtsfolgen; Verfallsbeteiligte.
(1) Verfall, Vernichtung, Unbrauchbarmachung und Beseitigung eines gesetzwidrigen Zustandes stehen im Sinne der §§ 430 bis 441 der Einziehung gleich.
(2) ¹Richtet sich der Verfall nach § 73 Abs. 3 oder § 73a des Strafgesetzbuches gegen einen anderen als den Angeschuldigten, so ordnet das Gericht an, daß der andere an dem Verfahren beteiligt wird. ²Er kann seine Einwendungen gegen die Anordnung des Verfalls im Nachverfahren geltend machen, wenn er ohne sein Verschulden weder im Verfahren des ersten Rechtszuges noch im Berufungsverfahren imstande war, die Rechte des Verfahrensbeteiligten wahrzunehmen. ³Wird unter diesen Voraussetzungen ein Nachverfahren beantragt, so sollen bis zu dessen Abschluß Vollstreckungsmaßnahmen gegen den Antragsteller unterbleiben.

Die vorausgegangenen Vorschriften sind, wohl um ihren Wortlaut zu entlasten, nur für die Einziehung formuliert. Sie werden durch Abs. 1 auch für die der Einziehung nahestehenden Rechtsfolgen und für den Verfall für anwendbar erklärt. Ob es der Regelungen des Abs. 2 Satz 1 und 2 bedarf, erscheint fraglich. Der Verweis auf die Vorschriften über die Einziehung lässt auch insoweit keine Lücke. 1

Abweichend von den Einziehungsvorschriften (§§ 439 Abs. 1 Satz 2, 360) dreht Abs. 2 Satz 3 das Regel-Ausnahme-Verhältnis für eine Vollstreckung vor Abschluss des Nachverfahrens zugunsten des Beteiligten um. 2

§ 443 StPO Vermögensbeschlagnahme.
(1) Das im Geltungsbereich dieses Gesetzes befindliche Vermögen oder einzelne Vermögensgegenstände eines Beschuldigten, gegen den wegen einer Straftat nach
1. den §§ 81 bis 83 Abs. 1, § 89a, den §§ 94 oder 96 Abs. 1, den §§ 97a oder 100, den §§ 129 oder 129a, auch in Verbindung mit § 129b Abs. 1, des Strafgesetzbuches,
2. einer in § 330 Abs. 1 Satz 1 des Strafgesetzbuches in Bezug genommenen Vorschrift unter der Voraussetzung, daß der Beschuldigte verdächtig ist, vorsätzlich Leib oder Leben eines anderen oder

fremde Sachen von bedeutendem Wert gefährdet zu haben, oder unter einer der in § 330 Abs. 1 Satz 2 Nr. 1 bis 3 des Strafgesetzbuches genannten Voraussetzungen oder nach § 330 Abs. 2, § 330a Abs. 1, 2 des Strafgesetzbuches,

3. §§ 51, 52 Abs. 1 Nr. 1, 2 Buchstabe c und d, Abs. 5, 6 des Waffengesetzes, § 34 Abs. 1 bis 6 des Außenwirtschaftsgesetzes oder nach § 19 Abs. 1 bis 3, § 20 Abs. 1 oder 2, jeweils auch in Verbindung mit § 21, oder § 22a Abs. 1 bis 3 des Gesetzes über die Kontrolle von Kriegswaffen oder

4. einer in § 29 Abs. 3 Satz 2 Nr. 1 des Betäubungsmittelgesetzes in Bezug genommenen Vorschrift unter den dort genannten Voraussetzungen oder einer Straftat nach den §§ 29a, 30 Abs. 1 Nr. 1, 2, 4, § 30a oder § 30b des Betäubungsmittelgesetzes

die öffentliche Klage erhoben oder Haftbefehl erlassen worden ist, können mit Beschlag belegt werden. Die Beschlagnahme umfaßt auch das Vermögen, das dem Beschuldigten später zufällt. Die Beschlagnahme ist spätestens nach Beendigung der Hauptverhandlung des ersten Rechtszuges aufzuheben.

(2) Die Beschlagnahme wird durch den Richter angeordnet. Bei Gefahr im Verzug kann die Staatsanwaltschaft die Beschlagnahme vorläufig anordnen; die vorläufige Anordnung tritt außer Kraft, wenn sie nicht binnen drei Tagen vom Richter bestätigt wird.

(3) Die Vorschriften der §§ 291 bis 293 gelten entsprechend.

1 Die Vermögensbeschlagnahme setzte bis 1992 den Verdacht allein des Hoch- oder Landesverrats voraus. Dann wurde der heute geltende Straftatenkatalog eingefügt und zuletzt um den § 89a StGB erweitert (G.v. 30. Juli 2009, BGBl. I, 2437).

2 Die Bedeutung der Norm lässt sich am besten über die Rechtsfolge erschließen. Sie eröffnet das Ermessen, das Vermögen des Beschuldigten zu beschlagnahmen, also ihm zu untersagen, über die Gegenstände seines Vermögens unter Lebenden zu verfügen (Abs. 3, § 292 Abs. 1). Wird das gesamte Vermögen beschlagnahmt, ist die Wirkung am ehesten mit derjenigen der Eröffnung des Insolvenzverfahrens zu vergleichen. Der Beschlagnahmebeschluss entzieht dann Vermögensgegenstände aller Art, die nicht besonders bezeichnet werden müssen, der Verfügungsbefugnis des Beschuldigten. Verfügungen, die diesem absoluten Verbot widersprechen, sind nichtig (§ 134 BGB). Diese Rechtsfolge setzt die öffentliche Bekanntmachung des Beschlusses voraus (Abs. 3, §§ 291, 292 Abs. 1). Wenn der Beschluss zuvor dem Beschuldigten bekanntgemacht wird, bewirkt dies ein relatives Verfügungsverbot (§ 135 BGB).

3 Die Eröffnung des Anordnungsermessens ist von einer bloß formalen Bedingung abhängig. Wegen einer der Katalogtaten muss Anklage erhoben, also bei Gericht eingereicht sein (vgl. § 170 Abs. 1), oder es muss vor Anklageerhebung ein Haftbefehl ergangen sein. Der Beschluss braucht Erörterungen zur inhaltlichen Richtigkeit des Haftbefehls oder der Anklage nicht zu enthalten. Aus dieser bloß formalen Abhängigkeit folgt allerdings auch, dass die Beschlagnahme vom Bestand des Haftbefehls oder der Anklage abhängt. Werden sie aufgehoben oder zurückgenommen, so ist auch die Beschlagnahme aufzuheben. Anders ist nicht zu rechtfertigen, dass eine einschneidende, der Untersuchungshaft nahestehende Wirkung ohne selbständige Prüfung selbst des Tatverdachts ausgelöst werden kann. Die bloß formale Abhängigkeit führt zu auffälligen Wertungsungereimtheiten in Bezug auf den Tatverdacht, der – vermittelt durch die Haftbefehls- bzw. Anklagevoraussetzungen – die Beschlagnahme stützt. Während die Beschlagnahme im Ermittlungsverfahren nur möglich ist, wenn ein dringender Tatverdacht und ein Haftgrund gegeben sind, reicht nach Anklageerhebung der dafür erforderliche bloß hinreichende Verdacht aus, und auf einen Haftgrund kommt es nicht mehr an. Selbst wenn der dringende Verdacht und mit ihm der Haftbefehl entfällt, könnte die Beschlagnahme aufrechterhalten bleiben, wenn inzwischen Anklage erhoben ist. Während die belastende Wirkung der Beschlagnahme sich mit ihrer Dauer verschärft, sinken die Anforderungen an den Verdachtsgrad (vgl. hingegen § 111b Abs. 3 und dort Rdn. 8 ff.).

4 Nach diesem Blick auf Anordnungsvoraussetzungen und Rechtsfolgen fällt es schwer, den Normzweck zu bestimmen. Die zunächst naheliegende Vermutung, aus der Straftat folgende Ansprüche des Staates sollten gesichert werden, geht fehl: Dazu dienen Beschlagnahme und Arrestvollziehung nach den §§ 111b ff. Sollten diese Vorschriften, die die Sicherungsmittel und damit die Belastung des Beschuldigten zielgenau auf die zu erwartenden Ansprüche abstimmen, eine Sicherungslücke lassen, so könnte nicht angenommen werden, dass diese Lücke mit einer umfassenden Vermögensbeschlagnahme geschlossen werden sollte. Die Vermögensbeschlagnahme kann auch nicht dazu bestimmt sein,

Beschuldigten zu disziplinieren, sich dem Verfahren zu stellen (vgl. § 290). Flucht oder Fluchtgefahr können zwar das Anordnungsermessen eröffnen, wenn aus diesen Gründen Haftbefehl ergeht. Die Anordnung ist aber nach einem mit Verdunkelungsgefahr begründeten Haftbefehl und nach Anklageerhebung auch gegen den nicht flüchtigen und nicht fluchtgefährdeten Beschuldigten möglich. Nach Beendigung des ersten Rechtszuges ist die Beschlagnahme hingegen aufzuheben (Abs. 1 S. 3), selbst wenn der Haftbefehl wegen Fluchtgefahr aufrechterhalten bleibt. An diesem zwingenden Aufhebungsgrund scheitert auch der Zweck, »den Täter während des Verfahrens unschädlich zu machen« (BGHSt 19, 1, 3 noch zu § 433 StPO a.F. und § 134 GVG a.F.), der während des Revisionsverfahrens nicht mehr zu verfolgen ist.

Die Bedenken gegenüber der Verfassungsgemäßheit der Norm sind verbreitet (LR/*Gössel* § 443 Rn. 2; *Meyer-Goßner/Schmitt* § 443 Rn. 1a; SK-StPO/*Weßlau* § 443 Rn. 4 ff.; a. A. KMR/*Metzger* § 443 Rn. 6), und sie sind berechtigt. Die Eingriffsvoraussetzungen sind ungeeignet, die denkbaren Gefahrenlagen zu beschreiben, weil sie typische Konstellationen solcher Gefahrenlagen nicht erfassen. In anderen Fällen eröffnen sie das Anordnungsermessen, obwohl eine Gefahr, der mit der Rechtsfolge zu begegnen wäre, durch die bloß formellen Kriterien nicht beschrieben wird. Ein Normenprogramm, das auf diese Weise zu einem kaum bestimmbaren Zweck schwerwiegende Grundrechtsbeschränkungen zulässt, wird der Aufgabe nicht gerecht, die Voraussetzungen für den staatlichen Zugriff auf den durch Freiheitsrechte (Art. 14 GG) geschützten Lebensbereich zu bestimmen und die Beschränkung dadurch vorhersehbar zu gestalten. Unbestimmtheit dieses Ausmaßes kann nicht durch verhältnismäßige Rechtsanwendung in jedem einzelnen Anwendungsfall behoben werden. 5

Zum Richtervorbehalt und den Abweichungen bei Gefahr im Verzuge kann auf § 111e Rdn. 2 ff. verwiesen werden. Der Beschluss ist mit einfacher Beschwerde anfechtbar (§ 304 Abs. 1, Abs. 4 S. 2 Nr. 1, Abs. 5). 6

Vierter Abschnitt. Verfahren bei Festsetzung von Geldbußen gegen juristische Personen und Personenvereinigungen

§ 444 StPO Verfahren.

(1) ¹Ist im Strafverfahren über die Festsetzung einer Geldbuße gegen eine juristische Person oder eine Personenvereinigung zu entscheiden (§ 30 des Gesetzes über Ordnungswidrigkeiten), so ordnet das Gericht deren Beteiligung an dem Verfahren an, soweit es die Tat betrifft. ²§ 431 Abs. 4, 5 gilt entsprechend.

(2) ¹Die juristische Person oder die Personenvereinigung wird zur Hauptverhandlung geladen; bleibt ihr Vertreter ohne genügende Entschuldigung aus, so kann ohne sie verhandelt werden. ²Für ihre Verfahrensbeteiligung gelten im übrigen die §§ 432 bis 434, 435 Abs. 2 und 3 Nr. 1, § 436 Abs. 2 und 4, § 437 Abs. 1 bis 3, § 438 Abs. 1 und, soweit nur über ihren Einspruch zu entscheiden ist, § 441 Abs. 2 und 3 sinngemäß.

(3) ¹Für das selbständige Verfahren gelten die §§ 440 und 441 Abs. 1 bis 3 sinngemäß. ²Örtlich zuständig ist auch das Gericht, in dessen Bezirk die juristische Person oder die Personenvereinigung ihren Sitz oder eine Zweigniederlassung hat.

Übersicht

		Rdn.			Rdn.
A.	Grundsätzliches, allgemeine Voraussetzungen und Regelungsgehalt	1	III.	Anklage	15
			IV.	Hauptverfahren	16
B.	Anordnung der Beteiligung (Abs. 1)	5	V.	Rechtsmittelverfahren	18
C.	Stellung der Nebenbeteiligten im Verfahren (Abs. 2)	10	VI.	Strafbefehlsverfahren	19
I.	Vertretung	10	D.	Objektives Verfahren (Abs. 3)	20
II.	Vorverfahren	12	E.	Vollstreckung und Kosten	22

S.a. RiStBV Nr. 180a sowie Nr. 15 Abs. 3, 110 Abs. 5, 176 Abs. 1 Satz 2, 177 Abs. 3, 242 Abs. 2, 255 Abs. 1 Satz 3 und 270

§ 444 StPO   Verfahren

A. Grundsätzliches, allgemeine Voraussetzungen und Regelungsgehalt. § 444 1
enthält **ergänzende Verfahrensvorschriften** für die **Beteiligung juristischer Personen** bzw. Personenvereinigungen am **Strafverfahren gegen eine natürliche Person**, wenn über die Festsetzung einer **Geldbuße** nach § 30 OWiG zu entscheiden ist. Die Beteiligung wegen einer möglichen Einziehung erfolgt hingegen nach § 431 (§ 431 Rdn. 3 und 7). Gleiches gilt nach § 442 insb. wenn über einen Verfall zu verhandeln ist (dazu auch Rdn. 13). Im selben Verfahren kann eine Beteiligung nach § 444 und eine solche nach § 431 erforderlich werden; zwar ermöglicht § 30 OWiG keine Einziehung (§ 22 Abs. 1 OWiG), ggf. aber die Anknüpfungstat i.V.m. § 75 StGB bzw. 29 OWiG.

Nach deutschem Strafrecht können nur natürliche Personen eine Straftat selbst begehen und entspre- 2
chend auch nur natürliche Personen nach deutschem Strafverfahrensrecht angeklagt werden (vertiefend aus verschiedenen Perspektiven die Beiträge in *Hettinger* [Hrsg.], Reform des Sanktionenrechts, Bd. 3 – Verbandsstrafe, 2002). Die rechtliche Verselbstständigung und Rechtssubjektivität nicht-natürlicher Personen ist nach geltendem Recht insoweit noch immer bzw. wieder (vgl. *Aichele* JRE 2008, 3 f.; ARSP 2010, 516, 540 f.) lückenhaft. Eine Sanktionierung des Kollektivs ist jedoch bußgeldrechtlich nach § **30 OWiG** möglich (Ermessensentscheidung – »kann« – vgl. Rdn. 13). Dieser setzt voraus, dass eine natürliche Person eine **Straftat oder Ordnungswidrigkeit** begangen hat (wobei im letzteren Fall § 444 über § 46 Abs. 1 OWiG entsprechend anwendbar ist, aber durch § 88 OWiG ergänzt wird). Gehandelt haben muss sie dabei (wie bei § 75 StGB) in ihrer Eigenschaft als (§ 30 Abs. 1 Nr. 1 OWiG) **vertretungsberechtigtes Organ** einer **juristischen Person** oder als Mitglied eines solchen Organs, als (Nr. 2) Vorstand eines nicht rechtsfähigen Vereins oder als Mitglied eines solchen Vorstandes, als (Nr. 3) vertretungsberechtigter Gesellschafter einer rechtsfähigen Personengesellschaft, als (Nr. 4) Generalbevollmächtigter oder in leitender Stellung als Prokurist oder Handlungsbevollmächtigter einer juristischen Person oder einer in Nr. 2 oder 3 genannten Personenvereinigung oder als (Nr. 5) sonstige Person, die für die Leitung des Betriebs oder Unternehmens einer juristischen Person oder einer in Nr. 2 oder 3 genannten Personenvereinigung verantwortlich handelt, wozu auch die Überwachung der Geschäftsführung oder die sonstige Ausübung von Kontrollbefugnissen in leitender Stellung gehört (dazu *Bohnert* § 30 Rn. 18 ff.; OLG Celle NStZ-RR 2005, 82; OLG Hamm NJW 1973, 1851, 1852 zu § 26 OWiG a.F.). Durch die Tat muss eine **Pflicht der juristischen Person** oder Personenvereinigung verletzt **oder** diese **bereichert** oder zumindest eine Bereicherung derselben angestrebt worden sein (*Bohnert* § 30 Rn. 31 ff.). Praktisch wichtiges Beispiel ist die Verletzung der Aufsichtspflicht in Betrieben und Unternehmen nach § 130 OWiG. Zur Übernahme der Verfolgung durch die StA beachte Nr. 270 Satz 2 RiStBV.

Die **Entscheidung** über die Geldbuße hat grds. **einheitlich** mit der Entscheidung über Schuldspruch 3
und Rechtsfolgen gegen den Angeklagten und **im selben** (»subjektiven«) **Verfahren** zu erfolgen (§ 444 Abs. 1 und 2; *Bohnert* § 30 Rn. 47 ff.). Nur unter den Voraussetzungen des § 30 Abs. 4 OWiG ist ein **selbstständiges** (»objektives«) **Verfahren** statthaft, auf das dann § 444 Abs. 3 Anwendung findet (vgl. Rdn. 20 f.). Die Voraussetzungen des § 30 Abs. 4 OWiG sind eng gefasst und eng auszulegen, weil die Sanktionen in der Strafzumessung aufeinander abzustimmen sind, eine Verletzung des Grundsatzes *ne bis in idem* ausgeschlossen werden muss und das Verfahren so regelmäßig ökonomischer zu führen ist (LR/*Gössel* § 444 Rn. 7). Durch die Anordnung nach Abs. 1 wird die juristische Person bzw. Personenvereinigung **Nebenbeteiligte** (OLG Hamm NJW 1973, 1851, 1852). Diese Stellung sichert ihr insb. **rechtliches Gehör.** Der Anspruch hierauf ist von der Anordnung nach Abs. 1 freilich unabhängig (Art. 103 Abs. 1 GG; vgl. Einl. Rdn. 82 ff. und § 33 Rdn. 1 f., 6). Er besteht insb. auch schon im Vorverfahren (näher dazu Rdn. 12 ff.).

Inhaltlich erfolgt die Ausgestaltung weitgehend durch **Verweis auf** die Rechtsstellung des Einziehungs- 4
beteiligten bzw. Einziehungsinteressenten nach §§ **430 ff.** Gleichwohl ist die Zielsetzung von § 444 und § 30 OWiG eine wesentlich andere. Während mit der Beteiligung nach §§ 430 ff. regelmäßig kein Vorwurf verbunden ist (vgl. § 431 Rdn. 5, § 433 Rdn. 1), soll hier ein Ausgleich dafür geschaffen werden, dass der Personenverband nicht unmittelbar strafrechtlich zu belangen ist. **Ziel ist eine der Beschuldigtenstellung ähnliche Position** (LR/*Gössel* § 444 Rn. 6; HK-StPO/*Kurth* § 444 Rn. 1). Technisch realisiert wird dieser unterschiedliche Charakter bei Anwendung weitgehend gleicher Vorschriften insb. dadurch, dass die in § 431 Abs. 1 Satz 1 statuierte Einschränkung »soweit es die Einziehung betrifft« nicht von § 444 aufgegriffen wird, sondern die Beteiligung erfolgt »**soweit es die Tat betrifft**«, an die § 30 OWiG anknüpft. Bei mehreren Taten und ggf. mehreren Angeschuldigten bedeutet dies

eine Einschränkung auf die Bezugstat des zum Leitungsbereich des Personenverbands gehörenden Angeschuldigten (*Meyer-Goßner/Schmitt* § 444 Rn. 8). § 431 Abs. 2 ist weder per Verweis noch entsprechend anwendbar, da die Schuldfrage zum Tatbestand von § 30 Abs. 1 OWiG gehört. Die Orientierung an den § 430ff. ist zwar schon wegen der möglichen Kumulation beider Beteiligungen (vgl. Rdn. 1) sinnvoll, die technischen Verweisungen werden der Komplexität der Materie letztlich aber nicht gerecht und wesentliche Grundsatzfragen nicht geklärt (vgl. Rdn. 8).

B. Anordnung der Beteiligung (Abs. 1) Anders als § 444 Abs. 2 Satz 2 (beachte 5 Rdn. 12 ff.) wird § 444 Abs. 1 **erst mit Anklageerhebung** anwendbar und die Anordnung der Nebenbeteiligung erst dann zulässig (*Meyer-Goßner/Schmitt* § 444 Rn. 6). Zu schließen ist dies daraus, dass die Anordnung durch das Gericht erfolgt, aber nicht an einen Antrag der StA gebunden ist (gleichwohl hat diese ggf. einen solchen zu stellen, vgl. Rdn. 15 und 19 und Nr. 180a Abs. 2 RiStBV). Ferner lehnt sich § 444 Abs. 1 an § 431 Abs. 1 an, der vom »Angeschuldigten« spricht (HK-StPO/*Kurth* § 444 Rn. 4). Die Anordnung bleibt bis zur Festsetzung der Geldbuße, im Fall einer zulässig eingelegten Berufung sogar bis zu den Schlussvorträgen im Berufungsverfahren, zulässig (§ 431 Abs. 4 i.V.m. § 444 Abs. 1 Satz 2).

Die Anordnung ist **auf Antrag der StA** (vgl. Rdn. 15 und 19; *Trüg* ZWH 2011, 6, 12) **oder jederzeit von** 6 **Amts wegen** (KK-StPO/*Schmidt* § 444 Rn. 2; LR/*Gössel* § 444 Rn. 12) zu treffen, sobald das Gericht erkennt, dass es über die Festsetzung einer Geldbuße **zu entscheiden haben** wird. Um dies zu beurteilen, ist sowohl über das Vorliegen der Voraussetzungen des § 30 OWiG als auch über die spätere Ausübung des Rechtsfolgeermessens eine Prognose zu stellen. Es gibt mannigfache Vorschläge dafür, welcher Maßstab bei dieser Prognose anzulegen ist, und zwar sowohl bzgl. des Vorliegens der tatsächlichen Voraussetzungen des § 30 OWiG (»wahrscheinlich« [LR/*Gössel* § 444 Rn. 12; KMR/*Paulus* § 444 Rn. 13; KK-StPO/*Schmidt* § 444 Rn. 2; *Meyer-Goßner/Schmitt* § 444 Rn. 7], »zureichende tatsächliche Anhaltspunkte« [KK-OWiG/*Rogall* § 30 Rn. 184], »möglich« [HK-StPO/*Kurth* § 444 Rn. 5]) als auch bzgl. der zur Festsetzung einer Geldbuße führenden Ermessensausübung (»vom Gericht gewollt« [HK-StPO/*Kurth* § 444 Rn. 5], »zu erwarten« [KMR/*Paulus* § 444 Rn. 13; *Meyer-Goßner/Schmitt* § 444 Rn. 7], »hinreichend wahrscheinlich« [OLG Celle NStZ-RR 2005, 82, 83], »zureichende tatsächliche Anhaltspunkte« [KK-OWiG/*Rogall* § 30 Rn. 184], »nicht unwahrscheinlich« [LR/*Gössel* § 444 Rn. 12], »in Betracht kommen« [KK-StPO/*Schmidt* § 444 Rn. 2; AK-StPO/*Keller* § 444 Rn. 4]). Die Unterschiede dürften indes im Wesentlichen in der Formulierung liegen, kaum in der tatsächlichen Handhabung. Zur Wahrung der Interessen des Personenverbands und seines Rechts aus Art. 103 Abs. 1 GG, ist er im Zweifel frühzeitig zu beteiligen. Dabei ist freilich gegen andere grundrechtlich geschützte Interessen abzuwägen, namentlich die Vermeidung von Aufwänden und Rufschäden durch eine letztlich unnötige Nebenbeteiligung. Der durch die Beteiligung wachsende Aufwand für Gericht und StA ist dagegen kein abwägungsrelevanter Gesichtspunkt. Daher ist der Maßstab der §§ 170 Abs. 1, 203, soweit möglich, zu übertragen. Wegen des Rechtsfolgenermessens in § 30 OWiG (vgl. Rdn. 13) misst das OLG Celle (NStZ-RR 2005, 82, 83) einem Antrag der StA aber zu Recht indizielle Bedeutung zu (a. A. *Meyer-Goßner/Schmitt* § 444 Rn. 7). § 431 Abs. 6 ist nicht anwendbar, sodass die Anordnung **nicht** durch eine Erklärung des Personenverbands **entbehrlich** gemacht werden kann. Auch § 431 Abs. 7 ist nicht anwendbar, weshalb bei verspäteter Anordnung das Verfahren zu unterbrechen und zu wiederholen ist (BT-Drucks. V/1319, S. 83; SK-StPO/*Weßlau* § 444 Rn. 18).

Die Anordnung erfolgt durch Beschluss. Durch sie erhält der Personenverband grds. die **Befugnisse** 7 **eines Angeklagten** (§ 433 Abs. 1 i.V.m. § 444 Abs. 2 Satz 2), soweit diese ihm nicht bereits zuvor zukommen (Rdn. 12; § 432). Aktuelle Organmitglieder sind (wie in Zivilsachen) nicht als Zeuge, sondern wie Beschuldigte zu vernehmen (KK-StPO/*Schmidt* § 444 Rn. 7; *Schlüter*, Strafbarkeit von Unternehmen 2000, S. 219; a. A. *Lemke*/Mosbacher § 30 Rn. 80). §§ 52 ff. sind daher nicht anwendbar (a. A. KK-OWiG/*Rogall* § 30 Rn. 187 f.), die entspr. Interessenkollisionen schließen aber i.d.R. die Vertretungsmacht aus (Rdn. 10) und machen die Vernehmung unzulässig.

Unter den Befugnissen nach Rn. 7 versteht das Gesetz **jedenfalls** die **Mitwirkungsmöglichkeiten** eines 8 Beschuldigten (insb. Prozesshandlungen, Mitteilungen, Einverständniserfordernisse; vgl. § 433 Rdn. 1; zu Besonderheiten beachte Rdn. 16 f.). Von ihnen ist aber die »**Rechtsstellung**« eines Beschuldigten **zu unterscheiden**. Über sie sagt der Verweis nichts Eindeutiges aus, denn der Einziehungsbeteiligte erhält sie aus § 433 nur teilweise (vgl. § 433 Rdn. 1 f.; *Meyer-Goßner/Schmitt* § 433 Rn. 1;

KK-StPO/*Schmidt* § 433 Rn. 2). Insb. ein **Schweigerecht** des Personenverbands bzw. ihrer Vertreter ist umstritten (mit Sonderregelung bzgl. Kartellbußen in § 81a GWB, BGH NZKart 2014, 236). Dass das BVerfG es nicht mehr für grundgesetzlich geschützt hält (mangels eigener Menschenwürde: BVerfGE 95, 220, 242 m. abl. Bespr. *Weiß* JZ 1998, 289; teils a. A. noch BVerfG BB 1975, 1315), schließt sein Bestehen nicht aus. Die herrschende Lehre nimmt es mit guten Gründen an (*Schlüter*, Strafbarkeit von Unternehmen 2000, S. 119, 146, 157 f.; *Drope*, Verbandsstrafe 2002, S. 150 ff.; *Haeusermann*, Verband als Straftäter 2003, S. 346 ff.; *Schuler* JR 2003, 265; *Minoggio* wistra 2003, 121, 124; *Pieth* FS Eser [2005], S. 599, 607; *Eidam*, Selbstbelastungsfreiheit 2007, S. 5 ff., 58; differenzierend *v. Freier* ZStW 122 (2010), 117, 139 ff.) und sieht es teilweise sogar in Art. 6 Abs. 1 EMRK verbürgt (*Weiß* NJW 1999, 2236; *Minoggio* wistra 2003, 121, 125 ff.; SK-StPO/*Weßlau* § 444 Rn. 11, 14; dagegen etwa *Fink* wistra 2014, 457, 461 f.). Es ergibt sich jedenfalls aus §§ 444 Abs. 2 Satz 2, 432 Abs. 2, 163a Abs. 3 Satz 2, 136 Abs. 1 Satz 2 und muss im Hauptverfahren fortbestehen (KK-OWiG/*Rogall* § 30 Rn. 188; LR/*Gössel* § 444 Rn. 25a). Das Recht schmälert aber grds. nicht die Aussagepflicht von Mitarbeitern (*Drope*, Verbandsstrafe 2002, S. 238 f.; einschränkend *Minoggio* wistra 2003, 121, 129; krit. *Mittelsdorf*, Unternehmensstrafrecht 2007, S. 238 f.; zu Organen Rdn. 7) und evtl. sogar ehemaligen Organmitgliedern (BVerfG BB 1975, 1315 f.) als Zeugen. Bzgl. dokumentationspflichtiger Unterlagen und Auskunftspflichten ggü. (ggf. auch ausländischen oder EU-) Verwaltungsbehörden oder Parteien eines Zivil- oder Verwaltungsverfahrens werden Verwertungsverbote erwogen (*Haeusermann*, Verband als Straftäter 2003, S. 359 f.; *Queck*, Nemo tenetur zugunsten von Unternehmen 2005, S. 271 ff., 295, 304 f.; *Geth* ZStW 126 (2014), 105 ff.; vgl. auch *Bauer* WuW 1989, 304 f.). Die Verhältnisse im Verband werfen Fragen auf, die das Strafprozessrecht bislang nicht behandelt. Man wird daher wesentliche Fragen als **ungeregelt** ansehen müssen, wenngleich die pauschalen Verweisungen in §§ 432, 433 ihre Bejahung nahe legen: Unterliegen Organmitglieder einer – dem deutschen Strafprozess grds. fremden – Schweigepflicht, wenn der Verband beschlossen hat, zu schweigen (oder gebieten umgekehrt §§ 258, 266 StGB sogar eine je individuelle Entscheidung; vgl. auch *v. Freier* ZStW 122 (2010), 117, 150 ff.)? Besteht bei Verstößen sowie bei Geständnissen ohne Vertretungsmacht (Rdn. 10) ein Verwertungsverbot? Kann der Verband eine von der Vertretung ausgeschlossene Person im Voraus zur Aussage ermächtigen? Gilt das Selbstbegünstigungsprivileg (§ 258 Abs. 1 StGB: »ein anderer«) auch zugunsten von an der Anknüpfungstat unbeteiligten Organmitgliedern (sonst ggf. § 258 Abs. 5 StGB) bei Vereitelung einer unter § 258 fallenden Maßnahme, und erstreckt sich dieses auf Hilfspersonen (kursorisch *Kapp/Schlump* BB 2008, 2478, 2482; zur Beschlagnahmefreiheit bei Unternehmensanwälten siehe *Milde* CCZ 2013, 78, 80)? Nötig wären u.a. nach Größe und Struktur des Verbands differenzierende und mit dem materiellen Straf- und Gesellschaftsrecht konsistente gesetzliche Regelungen. Gerade größeren Unternehmen kann ein Schweigerecht Entscheidungen abverlangen, die ihm mehr schaden als nützen (*Arzt* JZ 2003, 456, 457 f., 459 f.).

9 **Rechtsmittel** gegen eine Anordnung sind nicht eröffnet (§ 431 Abs. 5 Satz 1 i.V.m. § 444 Abs. 1 Satz 2). Wegen des Opportunitätsprinzips (Rdn. 13) steht es aber im Ermessen des Gerichts, den eigenen Anordnungsbeschluss wieder aufzuheben (LR/*Gössel* § 444 Rn. 23). Gegen die Ablehnung (entspr. gegen eine Aufhebung) steht der StA die sofortige Beschwerde zu (§ 431 Abs. 5 Satz 2 i.V.m. § 444 Abs. 1 Satz 2); eine Revision kann sie darauf wegen § 336 Satz 2 nicht stützen, auch nicht mit dem Vorbringen, das Gericht habe eine Anordnung zu Unrecht nicht erwogen (KMR/*Paulus* § 444 Rn. 19). Der Personenverband ist durch die Ablehnung hingegen nicht beschwert (LR/*Gössel* § 444 Rn. 15). § 431 Abs. 5 Satz 2, 2. Alt. ist in der Verweisung aus § 444 Abs. 1 Satz 2 gegenstandslos (LR/*Gössel* § 444 Rn. 14). Zu Rechtsmitteln gegen die Verhängung einer Geldbuße trotz verspäteter oder unterbliebener Nebenbeteiligung siehe Rdn. 18.

10 **C. Stellung der Nebenbeteiligten im Verfahren (Abs. 2) I. Vertretung.** Nebenbeteiligte ist die juristische Person bzw. Personenvereinigung selbst (zu Umwandlungsfällen *Drope*, Verbandsstrafe 2002, S. 350 ff.) und wird insb. im anordnenden Beschluss, der Anklageschrift, der Ladung und dem Urteil bzw. Strafbefehl selbst genannt (§ 444 Abs. 2; vgl. Rdn. 1, 15 ff., 19 ff.). Sie handelt im Verfahren durch ihr **Vertretungsorgan**. Dies betrifft insb. ihre Teilnahme an der Hauptverhandlung und sonstige Ausübung der Rechte aus § 433 Abs. 1 (Rdn. 7; eingehend *Schlüter*, Strafbarkeit von Unternehmen 2000, S. 195 ff.). Der Vertreter ist anzuhören bzw. zu vernehmen (vgl. Rdn. 14, 16 f.) und eine evtl. Anordnung des persönlichen Erscheinens (§ 433 Abs. 2 i.V.m. § 444 Abs. 2 Satz 2) gegen die-

sen zu richten (*Meyer-Goßner/Schmitt* § 444 Rn. 11). Auch soweit nur die Nebenbeteiligte selbst zu bezeichnen ist, wird dies zweckmäßigerweise mit der Angabe ihres Vertretungsorgans sowie ggf. eines Prozessbevollmächtigten verbunden. Für die Vertretung gelten die zivilrechtlichen Grundsätze (RGSt 60, 75, 77; KK-OWiG/*Rogall* § 30 Rn. 177). Wer selbst in gleicher Sache mit Verfolgung zu rechnen hat, ist nach dem Rechtsgedanken der §§ 112 AktG, 52 GmbHG, 34 BGB regelmäßig an der Vertretung des Personenverbands gehindert (KK-OWiG/*Rogall* § 30 Rn. 179; a. A. *Schlüter,* Strafbarkeit von Unternehmen 2000, S. 216 f.); notfalls ist ein Vertreter nach § 29 BGB zu bestellen (AK-StPO/*Keller* § 444 Rn. 8; LR/*Gössel* § 444 Rn. 25c). Auch die Rechtsfolgen von Vertretungsmängeln müssen § 112 AktG entlehnt werden, sind aber schon dort teils umstritten (Heidel/*Breuer/Fraune* § 112 Rn. 7). Mängel der Vertretungsmacht sind auch noch in der Revision von Amts wegen zu beachten; ohne Vertretungsmacht vorgenommene Prozesshandlungen sind unwirksam, aber genehmigungsfähig (BGH ZIP 2006, 2213, 2214; MüKo-AktG/*Habersack* § 112 Rn. 33 f.). **Zustellungen** an den Personenverband durch Zustellung an ein angeklagtes Organ sind regelmäßig unwirksam (§ 37 i.V.m. §§ 170, 178 Abs. 2 ZPO; LR/*Gössel* § 444 Rn. 27; Prütting/Gehrlein/*Kessen* § 170 Rn. 2 sowie § 178 Rn. 11). Wegen § 174 Abs. 3 InsO fällt die Mitwirkung am Verfahren (anders als beim Konkursverwalter) regelmäßig in den Aufgabenbereich eines Insolvenzverwalters (BGH wistra 1999, 347).

Der Personenverband kann jederzeit einen **Verteidiger** selbst wählen (§ 434 Abs. 1 i.V.m. § 444 Abs. 2 Satz 2). Statt der §§ 140 ff. ermöglicht § 434 Abs. 2 die Bestellung eines Verteidigers von Amts wegen. Die Vorschriften über die Verteidigung mit Ausnahme der notwendigen Verteidigung finden entsprechende Anwendung, insb. gelten die §§ 145a, 218 für Zustellungen und Ladungen. Sind mehrere Personenverbände (mit je eigenem Vermögen, nicht bloß organisatorischer Trennung; *Meyer-Goßner/ Schmitt* § 444 Rn. 12) beteiligt, steht § 146 jeder Form gemeinsamer Verteidigung von Verbänden bzw. vom Beschuldigten und einem oder mehreren der Verbände entgegen (näher zu drohenden Interessenkonflikten bei der anwaltlichen Vertretung am Beispiel von Kartellbußgeldverfahren gegen Gesellschaft und Mitarbeiter *Petzold* NZKart 2014, 170 ff.). Ist hingegen nur ein Personenverband beteiligt, darf dieser mit dem Beschuldigten durch denselben Verteidiger gemeinsam verteidigt werden, da deren Verurteilungen voneinander abhängen (BVerfGE 45, 272, 288). Bzgl. der zur Beauftragung des Verteidigers nötigen Vertretungsmacht muss es aber bei dem unter Rdn. 10 Gesagten bleiben. 11

II. Vorverfahren. Die Voraussetzungen der § 30 OWiG und § 444 Abs. 1 bzw. 3 hat die StA bereits im Vorverfahren zu prüfen (Nr. 180a Abs. 1 Satz 1 RiStBV). Schon weil damit das Vorgehen nach Abs. 1 bzw. 3 erst vorbereitet wird und der ausdrücklich in Bezug genommene § 432 gerade das Vorverfahren betrifft, kann die **Anwendbarkeit von Abs. 2 Satz 2** nicht von der Anordnung nach Abs. 1 abhängen. Insb. soweit ein Schweigerecht besteht (dazu Rdn. 8), gilt das bereits im Vorverfahren (§§ 432 Abs. 2, 163a Abs. 3 Satz 2, 136 Abs. 1 Satz 2). Auch die Gewährung von Akteneinsicht (§ 147) kann unter Fairness- und Beschleunigungsgesichtspunkten bereits im Vor- und Zwischenverfahren geboten sein (vgl. OLG Koblenz NStZ 1987, 289). 12

§ 30 Abs. 1 OWiG ist eine **Kann-Vorschrift.** Der Verfolgungszwang geht nur soweit, dass die StA (und später das Gericht) ein Vorgehen nach § 30 OWiG, § 444 StPO pflichtgemäß erwägen muss. Das gilt auch, wenn das Verfahren nur wegen Straftaten des Nebenstrafrechts geführt wird (Nr. 255 Abs. 1 Satz 3 RiStBV). Die §§ 154a, 430 sind nicht anwendbar. I.Ü. gilt das **Opportunitätsprinzip.** Zur nötigen Überzeugung des Staatsanwalts vgl. Rdn. 6 entspr. Die Festsetzung einer Geldbuße ist wegen § 30 Abs. 5 und Abs. 3 i.V.m. § 17 Abs. 4 OWiG grds. vorrangig vor einer Verfallsanordnung (HWSt/ *Achenbach* I.2 Rn. 28; vgl. auch *Krekeler/Werner,* Unternehmer und Strafrecht, 2006, Rn. 124 f.). 13

Kommt ein Vorgehen nach § 30 OWiG in Betracht, sind die Vertreter des Personenverbands **wie Beschuldigte zu hören** (§ 432 i.V.m. § 444 Abs. 2 Satz 2, Nr. 180a Abs. 1 Satz 2 RiStBV; vgl. Rdn. 7 f.). Die dort vorausgesetzte Ausführbarkeit ist praktisch immer gegeben. Ferner sind Ermittlungen zur Höhe des wirtschaftlichen Vorteils zu führen (Nr. 15 Abs. 3 RiStBV). Stehen Kartellordnungswidrigkeiten im Raum, ist ggf. eine Abstimmung zwischen StA und Kartellbehörden angezeigt (Nr. 242 Abs. 2 RiStBV; *Kleinmann/Berg* BB 1998, 277, 282; *Töllner* EWS 2011, 21, 23 ff.; beachte auch Rdn. 20). 14

III. Anklage. Insb. wenn § 30 Abs. 3 i.V.m. § 17 Abs. 4 OWiG die Möglichkeit eröffnet, die wirtschaftlichen Verhältnisse des Personenverbandes mit Blick auf durch die Tat erlangte Vorteile (v.a. bei Delikten der Wirtschaftskriminalität einschließlich Korruptions- und Umweltdelikten) angemes- 15 sen zu berücksichtigen, ist die Beteiligung des Verbands in der Anklageschrift **zu beantragen** und die Beantragung der Festsetzung einer Geldbuße anzukündigen (Nr. 180a Abs. 2 RiStBV). Die Anklage richtet sich gegen den zum Leitungsbereich des Personenverbands gehörenden Angeschuldigten. Die juristische Person bzw. Personenvereinigung wird als Nebenbeteiligte angeführt und die tatsächliche und rechtliche Grundlage angegeben (Nr. 110 Abs. 5 RiStBV). Unterbleibt der Antrag, beachte Rdn. 6. Zur Zustellung beachte Rdn. 10.

16 **IV. Hauptverfahren.** Der Personenverband ist unter Wahrung von § 217 (i.V.m. § 433 Abs. 1 Satz 1 und § 444 Abs. 2 Satz 2) zur Hauptverhandlung zu **laden** (Abs. 2 Satz 1). Eine bloße Bekanntgabe des Termins genügt nicht; § 435 Abs. 1 ist nicht anwendbar. Dabei wird auch die Anklageschrift sowie – falls abweichend, soweit es die Nebenbeteiligung betrifft – der Eröffnungsbeschluss übersandt (§ 435 Abs. 2) und der Hinweis nach § 435 Abs. 3 Nr. 1 gegeben. Ohne einen Vertreter des Personenverbands darf verhandelt werden, wenn dieser trotz ordnungsgemäßer Ladung des Verbands **ausbleibt** und weder vorgetragene noch sonst bekannt gewordene Gründe sein Ausbleiben genügend entschuldigen (Abs. 2 Satz 1 Halbs. 2). Da § 436 Abs. 1 nicht anwendbar ist, steht es dem Personenverband aber frei, Wiedereinsetzung in den vorigen Stand nach § 235 i.V.m. §§ 433 Abs. 1 Satz 1, 444 Abs. 2 Satz 2 zu beantragen.

17 Der Personenverband kann **Beweisanträge** auch stellen, soweit sie die Schuld des Angeklagten betreffen (vgl. Rdn. 4). Das Gericht ist bzgl. einer Ablehnung aber nicht an alle Regeln des § 244 gebunden (§ 436 Abs. 2 i.V.m. § 444 Abs. 2 Satz 2). Setzt das Gericht eine Geldbuße gegen den Personenverband fest, ist der **Urteilstenor** so zu fassen, dass dieser nach Rechtskraft eine geeignete Vollstreckungsgrundlage wird. Dazu ist die juristische Person bzw. Personenvereinigung als Nebenbeteiligte und mit vollständigem Namen, Anschrift, vertretungsberechtigtem Organ und ggf. Prozessbevollmächtigtem zu bezeichnen (*Meyer-Goßner/Schmitt* § 444 Rn. 15). Ist der Personenverband bei Verkündung des Urteils nicht vertreten, ist § 436 Abs. 4 zu beachten.

18 **V. Rechtsmittelverfahren.** Auf eine **Berufung oder Revision** des Personenverbandes hin wird der Schuldspruch nur geprüft, falls und soweit die fristgerecht vorgetragenen Einwendungen dies inhaltlich erfordern (§ 437 Abs. 1 und 3 i.V.m. § 444 Abs. 2 Satz 2). Das Rechtsmittel eines anderen Beteiligten kann eine weiter gehende Überprüfung auch mit Wirkung für die Nebenbeteiligte veranlassen (§ 437 Abs. 2). Die Verfahrensvereinfachungen des § 437 Abs. 4 sind nicht anzuwenden. Wurde gegen einen Personenverband eine Geldbuße verhängt, so kann er auch dann Rechtsmittel einlegen, wenn zuvor keine Anordnung einer Beteiligung erfolgte (OLG Hamm NJW 1973, 1851, 1853; KK-StPO/*Schmidt* § 444 Rn. 12; HK-StPO/*Kurth* § 444 Rn. 13; teils für sofortige Beschwerde LR/*Gössel* § 444 Rn. 15). Eine **Verfahrensrüge** ist stets, also auch wenn die **Nebenbeteiligung gar nicht oder verspätet** und ohne Wiederholung des einschlägigen Teils der Beweisaufnahme erfolgte, auf die Verletzung von Verfahrensvorschriften zu stützen, die tatsächlich zu einer Beschwer geführt haben. In Betracht kommen hier insb. § 444 Abs. 2 Satz 1 Halbs. 1 i.V.m. § 444 Abs. 1 (fehlende Ladung soweit nicht eine entspr. Rüge in der Hauptverhandlung vorwerfbar versäumt wurde), § 231 i.V.m. §§ 444 Abs. 2 Satz 2, Abs. 1, 433 Abs. 1 sowie § 444 Abs. 2 Satz 1 Halbs. 2 (unzulässige Verhandlung in Abwesenheit der Nebenzubeteiligenden) sowie §§ 33, 201, 258 jeweils i.V.m. §§ 444 Abs. 2 Satz 2, Abs. 1, 433 Abs. 1 (Verletzung des Anspruchs auf rechtliches Gehör, fehlende Mitteilung der Anklageschrift und fehlende Gelegenheit zu Schlussvortrag und letztem Wort). Letztlich hängen all diese Verfahrensfehler an der unterbliebenen oder verspäteten Nebenbeteiligung. Es wäre daher effizient, in der Revision eine Rüge der Verletzung von § 444 Abs. 1 ausreichen zu lassen, obwohl diese isoliert keine Beschwer verursacht, denn es muss ohnehin auch dargetan werden, dass das beschwerende Urteil auf dem Fehler beruhen konnte (insb. keine spätere Heilung durch Wiederholung ohne Beteiligung erfolgter Verhandlungsteile eintrat), also tatsächlich eine Beschwer entstand. In Ermangelung einer gefestigten Praxis kann der Verteidigung aber nur zu einem umfassenden Vortrag aller in Betracht zu ziehenden Verfahrensrügen geraten werden. Selbst wenn das Gericht die Nebenbeteiligung rechtzeitig anordnete, können sich die angeführten Rügen daraus begründen, dass bei Zustellungen bzw. zur Vertretung des Personenverbandes (ggf. auch bei der Beauftragung eines Verteidigers) ein **Beschuldigter als Organ** des Personenverbandes aktiv wurde, so dass diese unwirksam waren (s. Rdn. 10 f.).

VI. Strafbefehlsverfahren. Auch im Strafbefehl (gegen den zum Leitungsbereich des Personenverbands gehörenden Beschuldigten) kann eine Geldbuße gegen einen Personenverband festgesetzt werden (§ 407 Abs. 2 Nr. 1). Dazu **beantragt** die StA seine Beteiligung sowie zugleich die Festsetzung einer konkreten Geldbuße im Strafbefehlsentwurf (Nr. 176 Abs. 1, 177 Abs. 3, 180a Abs. 2 RiStBV). Unterbleibt der Antrag, beachte Rdn. 6. Der Strafbefehl ist dem Personenverband mit einem Hinweis nach § 435 Abs. 3 Nr. 2 **zuzustellen** (§ 438 Abs. 1 i.V.m. § 444 Abs. 2 Satz 2). Legt nur er gegen den Strafbefehl Einspruch ein, ist nach § 441 Abs. 2 und 3 zu verfahren.

D. Objektives Verfahren (Abs. 3) Die selbstständige Festsetzung einer Geldbuße außerhalb des Verfahrens gegen den zum Leitungsbereich des Personenverbands gehörenden Beschuldigten kommt gem. § 30 Abs. 4 OWiG grds. nur in Betracht (OLG Düsseldorf NStZ 1984, 366), wenn dauerhaft kein Verfahren gegen einen solchen Beschuldigten eingeleitet wird, wenn es eingestellt (auch nach §§ 153, 153a, 153b StPO oder 47 OWiG; vgl. Nr. 180a Abs. 3 RiStBV; *Kleinmann/Berg* BB 1998, 277, 282) oder von Strafe abgesehen wird (vgl. Rdn. 3). Es ist ausgeschlossen, wenn rechtliche Gründe die Verfolgung der Tat der natürlichen Person hindern (§ 30 Abs. 4 Satz 3 OWiG), wobei hinsichtlich der Verjährung § 33 Abs. 1 Satz 2 OWiG zu beachten ist. Unter denselben Voraussetzungen kann ein subjektives Verfahren in ein objektives Verfahren (vgl. Rdn. 3) überführt werden, wenn der Personenverband an ersterem bereits nach Abs. 1 beteiligt und auf diese Möglichkeit hingewiesen worden war (KK-StPO/*Schmidt* § 444 Rn. 16; HK-StPO/*Kurth* § 444 Rn. 16). Ein Nachverfahren (§ 439) nach Schuldspruch ohne Beteiligung des Personenverbands ist hingegen nicht statthaft (AK-StPO/*Keller* § 444 Rn. 7; SK-StPO/*Weßlau* § 444 Rn. 3). Bei Submissionsabsprachen kann die ausschließliche Zuständigkeit der Kartellbehörden nach § 82 GWB aber zu einer nach § 30 Abs. 4 Satz 2 OWiG ausnahmsweise zulässigen Verfahrensspaltung führen (krit. *Wegner*, Zumessung unternehmensbezogener Geldbußen 2000, Satz 108 f.).

Für das **Verfahren** gelten §§ 440, 441 Abs. 1 bis 3 entsprechend. Regelfall ist das Beschlussverfahren (§ 441 Abs. 2), auf Antrag ist jedoch nach mündlicher Verhandlung im Urteil zu entscheiden (§ 441 Abs. 3 Satz 1). § 444 Abs. 3 Satz 2 bestimmt zusätzliche Gerichtsstände an Sitz oder Zweigniederlassung des Personenverbands. Der Antrag der StA auf Festsetzung einer Geldbuße im selbstständigen Verfahren umfasst die sonst in die Anklageschrift gehörenden Ausführungen (Nr. 180a Abs. 3 RiStBV; vgl. oben Rdn. 15). Unter den Voraussetzungen des § 399 AO kann dieser Antrag nach § 401 AO von der Finanzbehörde gestellt und das Verfahren i.R.d. § 406 Abs. 2 AO von dieser begleitet werden. Die Entscheidung muss auch Feststellungen beinhalten, aus denen sich die zugrunde liegende Straftat oder Ordnungswidrigkeit des Organs ergibt (OLG Düsseldorf NStZ 1984, 366, 367).

E. Vollstreckung und Kosten. Die Geldbuße wird – auch wenn sie im Strafverfahren festgesetzt wurde – nach §§ 89, 91 ff., 99, 103 f. OWiG vollstreckt. Für die Kostenentscheidung gilt § 472b.
Zur Revision s. Rdn. 9 und 18.

§§ 445 bis 448 StPO *(weggefallen)*

Siebentes Buch. Strafvollstreckung und Kosten des Verfahrens

Erster Abschnitt. Strafvollstreckung

§ 449 StPO Vollstreckbarkeit. Strafurteile sind nicht vollstreckbar, bevor sie rechtskräftig geworden sind.

1 **A. Grundsätzliches.** Die im ersten Abschnitt des siebten Buches der Strafprozessordnung befindlichen Normen (§§ 449 bis 463d) regeln den Bereich der Strafvollstreckung, somit die nach Rechtskraft des Strafkenntnisses erforderlichen, auf die Verwirklichung des Rechtsfolgenausspruchs gerichteten Aufgaben, insb. die zur Einleitung und Überwachung des Vollzuges der angeordneten Rechtsfolgen erforderlichen Maßnahmen (vgl. *Röttle/Wagner* Rn. 1, 4). Die gesetzlichen Regelungen werden ergänzt durch Verwaltungsanordnungen, insb. die Strafvollstreckungsordnung (StVollstrO), welche für die Vollstreckungsbehörde, nicht aber das Gericht verbindlich sind (*Meyer-Goßner/Schmitt* Vor § 449 Rn. 2).

2 **B. Einzelfragen. I. Rechtskraft als Voraussetzung der Vollstreckbarkeit.** Die Vorschrift sieht die Rechtskraft einer Entscheidung als Voraussetzung ihrer Vollstreckbarkeit und damit der Anwendbarkeit der Vorschriften dieses Abschnitts vor; sie trägt damit der Unschuldsvermutung Rechnung (KMR/*Stöckel* § 449 Rn. 2). Eine vorläufige Vollstreckbarkeit, wie etwa in der Zivilprozessordnung, kennt der Strafprozess grds. nicht; eine Abweichung hiervon schafft – insoweit systemwidrig (*Laubenthal/Nestler* Rn. 17) – lediglich § 346 Abs. 2 Satz 2 Halbs. 2 (*Pfeiffer* § 449 Rn. 1). Andererseits bestimmt § 449 nicht, dass die Vollstreckungsbehörde (§ 451) verpflichtet ist, rechtskräftige Entscheidungen zu vollstrecken. Dies wird vom Gesetz vielmehr vorausgesetzt und insb. in § 2 StVollstrO weiter konkretisiert: Demnach sind richterliche Entscheidungen mit Nachdruck und Beschleunigung zu vollstrecken.
Eine Einleitung der Strafvollstreckung im eigentlichen Sinne ist nur dort erforderlich, wo die Sanktion nicht schon mit Urteilsrechtskraft Wirkung entfaltet, wie bspw. beim Fahrverbot (§ 44 Abs. 2 Satz 1 StGB), der Entziehung der Fahrerlaubnis (§ 69 Abs. 3 Satz 1 StGB) oder dem Berufsverbot (§ 70 Abs. 4 Satz 1 StGB). Eine Anhörung des Verurteilten vor Einleitung der Vollstreckung einer rechtskräftigen Strafe ist nicht erforderlich (KG NStZ-RR 2011, 189).

3 **II. Vollstreckungshindernisse.** Vollstreckungshindernisse können der Vollstreckung einer rechtskräftigen Entscheidung entgegenstehen. Zu nennen sind insoweit insb. die Vollstreckungsverjährung (§ 79 StGB), die Begnadigung (§ 452), ebenso die Vollzugsuntauglichkeit nach § 455 (vgl. *Meyer-Goßner/Schmitt* § 449 Rn. 4) sowie der Grundsatz der Spezialität bei vorangegangener Überstellung des Verurteilten aus dem Ausland (LR/*Graalmann-Scheerer* § 229 Rn. 8). Der Vollstreckung einer Freiheitsstrafe steht deren Aussetzung zur Bewährung bis zur Rechtskraft eines etwaigen Widerrufsbeschlusses entgegen. Bei Einbeziehung in einen nachträglichen Gesamtstrafenbeschluss bleiben die ursprünglichen Entscheidungen bis zur Rechtskraft des Gesamtstrafenbeschlusses hingegen vollstreckbar (s. dazu KG NStZ 2004, 286).

4 **III. Begriff des Strafurteils.** Der Begriff des **Strafurteils** ist weit auszulegen (vgl. KMR/*Stöckel* § 449 Rn. 3). Neben Urteilen im engeren Sinne (§ 260) fallen hierunter insb. der nach § 410 Abs. 3 dem Urteil gleichgestellte rechtskräftige Strafbefehl, aber auch weitere Entscheidungen, die in Rechtskraft erwachsen, insb. Beschlüsse über die nachträgliche Gesamtstrafenbildung gem. § 460 i.V.m. § 55 StGB, oder Beschlüsse im selbstständigen Einziehungsverfahren. Die Rechtskraft der Entscheidung ist aber auch Voraussetzung der Vollstreckung, wenn durch eine Entscheidung die Vollstreckbarkeit einer anderen Entscheidung herbeigeführt wird, so etwa im Fall des Widerrufs einer Bewährungsaussetzung.

5 **IV. Voraussetzungen der Rechtskraft.** (Formell) **Rechtskräftig** ist eine Entscheidung, wenn sie von keinem Beteiligten mehr mit einem Rechtsmittel angefochten werden kann (*Röttle/Wagner* Rn. 47);

dies, weil gegen die Entscheidung – etwa des Revisionsgerichts – ein Rechtsmittel nicht statthaft ist. Die Möglichkeit der zulässigen Rechtsmitteleinlegung kann zudem ausgeschlossen sein aufgrund des Ablaufs der Rechtsmitteleinlegungsfrist, Verzichts (§ 302; vgl. dazu OLG München NJW 1968, 1001) oder Rücknahme (§ 302).

Rechtsmittel sind insoweit bei Urteilen die Berufung (§§ 312 ff.) und die Revision (§§ 333 ff.), nicht hingegen der Antrag auf Wiederaufnahme des Verfahrens nach § 359 (zur Möglichkeit eines Aufschubs bzw. einer Unterbrechung der Vollstreckung s. § 360 Abs. 2). In den Fällen von Beschlüssen, die der Rechtskraft zugänglich sind, ist die sofortige Beschwerde gem. § 311 statthaftes Rechtsmittel. 6

Rechtsmittelberechtigt sind die StA, der Beschuldigte (§ 296), der Verteidiger (§ 297), in den Fällen 7 des § 395 der Nebenkläger (§ 400), der sich auch erst mit der Einlegung des Rechtsmittels dem Verfahren anschließen kann (§ 401 Abs. 1 Satz 2), sowie im Privatklageverfahren der Privatkläger (§ 390). Ist ein Urteil mit Rechtsmitteln nicht anfechtbar, so kommt es für den Zeitpunkt der Rechtskraft auf die Verkündung (§ 268 Abs. 2 Satz 1) an, bei Beschlüssen tritt in diesen Fällen Rechtskraft mit Ablauf des Tages der Beschlussfassung ein (vgl. § 34a; hierzu *Meyer-Goßner/Schmitt* § 34a Rn. 4, 7), ansonsten mit Ablauf der Einlegungsfrist bzw. mit Eingang der Rücknahme- bzw. Verzichtserklärung bei Gericht. Zweifel an der Vollstreckbarkeit einer Entscheidung sind im Verfahren nach § 458 zu klären (OLG 8 Hamburg, Beschl. v. 30.06.2008, 2 Ws 118/09).

V. Teilweise Rechtskraft. In den Fällen teilweiser Rechtskraft gilt Folgendes: 9

Ist eine **Entscheidung gegen mehrere Betroffene** ergangen, so ist die Rechtskraft nicht schon deshalb bei einem Angeklagten ausgeschlossen, weil einem anderen noch ein Rechtsmittel zusteht oder dieses von einem anderen Angeklagten eingelegt wurde. Die Regelung des § 357 für die Revisionsentscheidung ändert hieran grds. nichts (KK-StPO/*Appl* § 449 Rn. 12; s. dazu § 19 StVollstrO). Wenn ein Fall des § 357 StPO eintritt, entfällt jedoch die Vollstreckbarkeit der Entscheidung (Graf/*Klein* § 449 Rn. 6).

Ist die Entscheidung hinsichtlich **einzelner von mehreren Einzelstrafen im Rahmen einer Gesamt-** 10 **strafe rechtskräftig**, so ist eine diesbezügliche Teilvollstreckung aufgrund der Selbstständigkeit der erkannten Einzelstrafen grds. möglich (KK-StPO/*Appl* § 449 Rn. 14 ff. m.w.N. auch zur Gegenansicht). Im Hinblick auf die noch nicht rechtskräftige Gesamtstrafenbildung und zur gebotenen Vermeidung von Nachteilen sollte eine Teilvollstreckung jedoch nur dann erfolgen, wenn hierfür im Einzelfall ein dringendes Bedürfnis besteht (*Meyer-Goßner/Schmitt* § 449 Rn. 11; Graf/*Klein* § 449 Rn. 7), wobei der Vollstreckungsbehörde diesbezüglich ein Ermessensspielraum zu gewähren ist (KK-StPO/*Appl* § 449 Rn. 19). Hierbei hat die geringstmögliche Gesamtstrafe eine Obergrenze der Teilvollstreckung zu bilden (OLG Hamm NStZ 2009, 655). Eine Vollstreckung hat aber jedenfalls dann zu unterbleiben, wenn bei der zu bildenden Gesamtstrafe eine Strafaussetzung zur Bewährung in Betracht kommt (Graf/*Klein* § 449 Rn. 7; *Pfeiffer* § 449 Rn. 4).

Ist der Strafausspruch **hinsichtlich einer von mehreren Rechtsfolgen rechtskräftig**, etwa, weil ein 11 Rechtsmittel auf eine bestimmte Rechtsfolge wirksam (§§ 318, 344 Abs. 1) beschränkt wurde, so ist bzgl. der rechtskräftigen Sanktion eine Vollstreckung zulässig (*Meyer-Goßner/Schmitt* § 449 Rn 12 m.w.N.).

VI. Vollstreckung jugendgerichtlicher Entscheidungen. Für die **Vollstreckung jugendgericht-** 12 **licher Entscheidungen** sehen die §§ 82 ff. JGG wesentliche Besonderheiten vor, wenngleich die Vorschriften der StPO (§ 2 JGG) und der StVollstrO (§ 1 Abs. 3 StVollstrO) subsidiär gelten. Vollstreckungsleiter ist dort der Jugendrichter (§ 82 Abs. 1 Satz 1 JGG).

§ 450 StPO Anrechnung von Untersuchungshaft und Führerscheinentziehung.

(1) Auf die zu vollstreckende Freiheitsstrafe ist unverkürzt die Untersuchungshaft anzurechnen, die der Angeklagte erlitten hat, seit er auf Einlegung eines Rechtsmittels verzichtet oder das eingelegte Rechtsmittel zurückgenommen hat oder seitdem die Einlegungsfrist abgelaufen ist, ohne dass er eine Erklärung abgegeben hat.

(2) Hat nach dem Urteil eine Verwahrung, Sicherstellung oder Beschlagnahme des Führerscheins auf Grund des § 111a Abs. 5 Satz 2 fortgedauert, so ist diese Zeit unverkürzt auf das Fahrverbot (§ 44 des Strafgesetzbuches) anzurechnen.

§ 450a StPO   Anrechnung einer im Ausland erlittenen Freiheitsentziehung

1 **A. Grundsätzliches.** Abs. 1 weist seit Einführung von § 51 Abs. 1 Satz 1 StGB durch das 2. StrRG, der eine grundsätzliche Anrechnung der Untersuchungshaft auf die zu vollstreckende Strafe vorsieht, einen lediglich auf die Fälle beschränkten Anwendungsbereich auf, in denen das Gericht die Nichtanrechnung der Untersuchungshaft gem. § 51 Abs. 1 Satz 2 StGB angeordnet hat (*Meyer-Goßner/Schmitt* § 450 Rn. 3 m.w.N. zum Streitstand). Auch dann erfolgt eine Anrechnung ab dem in Abs. 1 genannten Zeitpunkt.
Die Vorschrift gilt gem. § 2 JGG im Jugendstrafverfahren (s. § 52a Abs. 1 Satz 2 JGG) entsprechend.

2 **B. Einzelfragen. I. Anrechnung von Untersuchungshaft (Abs. 1)** Die für den Anwendungsbereich des Abs. 1 erforderliche sog. »**relative Rechtskraft**« tritt ein, sobald der Angeklagte ein ihm grds. zustehendes Rechtsmittel nicht mehr wahrnehmen kann (Rechtsmittelverzicht ab dem Zeitpunkt der Erklärung [*Meyer-Goßner/Schmitt* § 450 Rn. 5], Rechtsmittelrücknahme bzw. Verstreichenlassen der Rechtsmitteleinlegungsfrist, auch bei verspäteter Rechtsmitteleinlegung, s. KK-StPO/*Appl* § 450 Rn. 8) und somit alles ihm Mögliche getan hat, dass das Urteil rechtskräftig wird; das Verhalten anderer soll dem Angeklagten insoweit nicht zum Nachteil gereichen (*Graf/Klein* § 450 Rn. 3). Dementsprechend hindert das Rechtsmittel eines anderen Prozessbeteiligten den Eintritt relativer Rechtskraft nur dann, wenn dieses dem Angeklagten zuzurechnen ist. Dies gilt insb. für ein vom Verteidiger eingelegtes Rechtsmittel (§ 297).
Hingegen bleibt Abs. 1 bei einem Rechtsmittel der StA, auch wenn es zugunsten des Angeklagten (§ 296 Abs. 2) eingelegt wurde, stets anwendbar (h.M.; s. nur *Meyer-Goßner/Schmitt* § 450 Rn. 6; KK-StPO/*Appl* § 450 Rn. 9; a. A. *Pfeiffer* § 450 Rn. 1 a.E.). Ein Rechtsmittel des gesetzlichen Vertreters (§ 298) oder Erziehungsberechtigten (§ 67 Abs. 3 JGG) hindert die Anrechnung gem. Abs. 1 erst dann, wenn es der Angeklagte mit dem Tag der Volljährigkeit übernimmt (KK-StPO/*Appl* § 450 Rn. 9 m.w.N.: ab dem Zeitpunkt der Übernahme).

3 Die **Untersuchungshaft endet mit absoluter Rechtskraft** des Urteils; eine zu diesem Zeitpunkt vollzogene Freiheitsentziehung wandelt sich – unabhängig von einem formellen Einleitungsakt der Vollstreckungsbehörde – in Strafhaft um (BGHSt 38, 63; OLG Hamm NStZ 2008, 582; NStZ 2009, 655; LR/*Graalmann-Scheerer* § 450 Rn. 8; KK-StPO/*Appl* § 450 Rn. 10a m.w.N. auch zur Gegenansicht; a. A. unter Verweis auf den Wortlaut des § 451 *Pfeiffer* § 451 Rn. 3; vgl. auch OLG Düsseldorf StV 1988, 110). Zur Strafzeitberechnung s. § 39 Abs. 2, Abs. 4 StVollstrO.

4 **II. Anrechnung der vorläufigen Entziehung der Fahrerlaubnis (Abs. 2)** Nachdem § 51 Abs. 5 StGB die Anrechnung des Zeitraums einer vorläufigen Entziehung der Fahrerlaubnis nach § 111a auf das Fahrverbot vorsieht, findet Abs. 2 lediglich im Fall des § 111a Abs. 5 Satz 2 (freiwilliger Verzicht auf Rückgabe eines verwahrten Führerscheins nach Aufhebung des Beschlusses nach § 111a im Hinblick auf ein im Urteil ausgesprochenes Fahrverbot) Anwendung.

§ 450a StPO Anrechnung einer im Ausland erlittenen Freiheitsentziehung.

(1) ¹Auf die zu vollstreckende Freiheitsstrafe ist auch die im Ausland erlittene Freiheitsentziehung anzurechnen, die der Verurteilte in einem Auslieferungsverfahren zum Zwecke der Strafvollstreckung erlitten hat. ²Dies gilt auch dann, wenn der Verurteilte zugleich zum Zwecke der Strafverfolgung ausgeliefert worden ist.
(2) Bei Auslieferung zum Zwecke der Vollstreckung mehrerer Strafen ist die im Ausland erlittene Freiheitsentziehung auf die höchste Strafe, bei Strafen gleicher Höhe auf die Strafe anzurechnen, die nach der Einlieferung des Verurteilten zuerst vollstreckt wird.
(3) ¹Das Gericht kann auf Antrag der Staatsanwaltschaft anordnen, dass die Anrechnung ganz oder zum Teil unterbleibt, wenn sie im Hinblick auf das Verhalten des Verurteilten nach dem Erlaß des Urteils, in dem die dem Urteil zugrunde liegenden tatsächlichen Feststellungen letztmalig geprüft werden konnten, nicht gerechtfertigt ist. ²Trifft das Gericht eine solche Anordnung, so wird die im Ausland erlittene Freiheitsentziehung, soweit ihre Dauer die Strafe nicht überschreitet, auch in einem anderen Verfahren auf die Strafe nicht angerechnet.

A. Grundsätzliches. Die Vorschrift regelt die **Anrechnung** von zum Zweck der Strafvollstreckung erlittener **Auslieferungshaft**. Wurde die Auslieferungshaft zum Zweck der Strafverfolgung verbüßt, richtet sich die Anrechnung nach § 51 StGB (s. dort Abs. 3 Satz 2). War die Auslieferung sowohl zur Strafvollstreckung als auch zur Strafverfolgung betrieben worden, so gilt vorrangig die Anrechnung nach § 450a (s. Abs. 1 Satz 2), was aber eine Anrechnung einer die zu vollstreckende Strafe übersteigende Auslieferungshaft auf die Strafe der noch zu verfolgenden Tat nicht ausschließt (s. BGH, Beschl. v. 22.09.1987, 5 StR 448/87; HK-*Woynar* § 450a Rn. 4). 1

B. Einzelfragen. Unter einem **Auslieferungsverfahren**, das der anzurechnenden Freiheitsentziehung zugrunde liegen muss, ist – bei vorzunehmender weiter Auslegung (*Meyer-Goßner/Schmitt* § 450a Rn. 2) – jede Freiheitsentziehung mit dem Zweck, den Verurteilten der inländischen Strafvollstreckung zuzuführen, zu verstehen (*Graf/Klein* § 450a Rn. 3). Die Vorschrift gilt auch dann, wenn eine Auslieferung – etwa wegen späterer freiwilliger Einreise des Verurteilten – nicht erfolgt (KK-StPO/*Appl* § 450a Rn. 6). 2

Zuständig für die Anrechnung – als Teil der Strafzeitberechnung (*Graf/Klein* § 450 Rn. 4) – ist die StA als Vollstreckungsbehörde (§ 451). Ein etwaiger **Umrechnungsmaßstab** hat sich in analoger Anwendung des § 51 Abs. 4 Satz 2 StGB an den Haftumständen in dem Land, in dem die anzurechnende Freiheitsentziehung erlitten wurde, zu orientieren (zur Orientierung hinsichtlich entsprechender Umrechnungsmaßstäbe s. bspw. *Laubenthal/Nestler* Rn. 187; *Fischer* § 51 Rn. 19; zum Inhalt der Abwägungsentscheidung vgl. bspw. OLG Zweibrücken NStZ-RR 1996, 241). Wurde die Haft in einem anderen EU-Staat vollzogen, wird i.d.R. eine Anrechnung 1:1 erfolgen, was aber eine Einzelfallprüfung nicht ersetzt (vgl. BGH, Beschl. v. 04.06.2003, 5 StR 124/03, JurionRS 2003, 13849; OLG Hamm NStZ 2009, 101). Auch können die Haftbedingungen in unterschiedlichen Gefängnissen innerhalb eines Staates einen unterschiedlichen Umrechnungsmaßstab erforderlich machen (*Laubenthal/Nestler* a.a.O.). 3

Eine dem § 51 Abs. 1 Satz 2 StGB entsprechende Möglichkeit einer **Nichtanrechnung** sieht **Abs. 3** vor. Zuständig ist das Gericht (§ 462a), das auf Antrag der StA als Strafverfolgungsbehörde (*Meyer-Goßner/Schmitt* § 450a Rn. 6; s.a. § 39a Abs. 2 StVollstrO) entscheidet. Die Konzeption als **Ausnahmevorschrift** gebietet eine Anwendung nur bei gewichtigen Gründen (OLG Stuttgart StV 2003, 629; *Pfeiffer* § 450a Rn. 5), die sich sämtlich nach dem Erlass desjenigen Urteils ergeben haben müssen, in dem die der Verurteilung zugrunde liegenden Feststellungen letztmalig geprüft wurden. Als gewichtiger Grund reicht die bloße Flucht ins Ausland nicht aus (OLG Karlsruhe MDR 1984, 165; HansOLG Bremen StV 1997, 371; *Pfeiffer* § 450a Rn. 5; *Graf/Klein* § 450a Rn. 7), auch wenn sie unter Missbrauch etwaiger Vollzugslockerungen erfolgt (OLG Karlsruhe a.a.O.; OLG Zweibrücken, Beschl. v. 15.03.1983, 1 Ws 102/83; *Meyer-Goßner/Schmitt* § 450a Rn. 6). Jedoch soll bspw. ein gewaltsamer Ausbruch aus der Anstalt (*Graf/Klein* § 450a Rn. 7) oder das Verbringen von Tatbeute ins Ausland (vgl. BGH NJW 1970, 1752) genügen; auch die Fortsetzung der Flucht mit Mitteln, die dem Verurteilten im Vertrauen darauf gewährt wurden, sich dem Strafantritt zu stellen (KK-StPO/*Appl* § 450a Rn. 10). Die bloße Absicht einer böswilligen Verschleppung der Strafvollstreckung hierfür ausreichen zu lassen (*Meyer-Goßner/Schmitt* § 450a Rn. 6 m.w.N.), erscheint hingegen zweifelhaft. 4

§ 451 StPO Vollstreckungsbehörde. (1) Die Strafvollstreckung erfolgt durch die Staatsanwaltschaft als Vollstreckungsbehörde auf Grund einer von dem Urkundsbeamten der Geschäftsstelle zu erteilenden, mit der Bescheinigung der Vollstreckbarkeit versehenen, beglaubigten Abschrift der Urteilsformel.
(2) Den Amtsanwälten steht die Strafvollstreckung nur insoweit zu, als die Landesjustizverwaltung sie ihnen übertragen hat.
(3) ¹Die Staatsanwaltschaft, die Vollstreckungsbehörde ist, nimmt auch gegenüber der Strafvollstreckungskammer bei einem anderen Landgericht die staatsanwaltschaftlichen Aufgaben wahr. ²Sie kann ihre Aufgaben der für dieses Gericht zuständigen Staatsanwaltschaft übertragen, wenn dies im Interesse des Verurteilten geboten erscheint und die Staatsanwaltschaft am Ort der Strafvollstreckungskammer zustimmt.

§ 451 StPO Vollstreckungsbehörde

1 **A. Grundsätzliches.** Die Vorschrift definiert den zentralen Begriff der Vollstreckungsbehörde und bestimmt deren Aufgabe und Zuständigkeit.

2 **B. Einzelfragen. I. StA als Vollstreckungsbehörde. Abs.** 1 weist die Aufgaben der Strafvollstreckung der StA zu und erklärt diese zur Vollstreckungsbehörde (zur begrifflichen Differenzierung in der StPO s. *Katholnigg* NStZ 1982, 195 f.). Diese hat nach den Vorschriften der StPO in den §§ 449 ff. dabei eine Reihe von zentralen Aufgaben, z.B. die Entscheidung über einen Aufschub oder eine Unterbrechung der Strafvollstreckung (s. §§ 455, 455a), über Zahlungserleichterungen (§ 459a) und die Anordnung der Vollstreckung der Ersatzfreiheitsstrafe (§ 459e). Die Vollstreckungsbehörde ist überdies zuständig für die Einleitung der Vollstreckung, die Strafzeitberechnung sowie die Bestimmung der Vollstreckungsreihenfolge bei mehreren vollstreckbaren Erkenntnissen (OLG Düsseldorf MDR 1991, 1193).
Abweichend hiervon ist im Jugendstrafverfahren der Jugendrichter Vollstreckungsleiter gem. § 82 Abs. 1 JGG; für Heranwachsende s. § 110 Abs. 1 JGG.

3 **II. Zuständigkeit. Sachlich** zuständig ist grds. die StA bei dem LG (§ 4 Nr. 1 StVollstrO). Nur sofern in erster Instanz das OLG befasst war, besteht eine originäre Zuständigkeit der Generalstaatsanwaltschaft oder des Generalbundesanwalts; Letzteres dann, wenn das OLG in den Fällen des Art. 96 Abs. 5 GG in Ausübung von Gerichtsbarkeit des Bundes entschieden hat (§ 4 Nr. 2, 3 StVollstrO). Weisungs- und Aufsichtsbefugnisse (§§ 146, 147 GVG) bestehen freilich auch in Vollstreckungssachen; die Aufsicht erstreckt sich zudem über die Vollstreckungsleitung des Jugendrichters, sofern dieser nicht gem. § 83 Abs. 1 JGG entscheidet (s. § 21 Abs. 1 Nr. 1 StVollstrO). Eine Notzuständigkeit der Generalstaatsanwaltschaft sieht § 6 StVollstrO vor.

4 **Örtlich** zuständig ist grds. die StA bei dem Gericht des ersten Rechtszuges (§ 7 Abs. 1 StVollstrO; § 143 Abs. 1 GVG).
Erfolgte eine Zurückverweisung der Sache durch das Revisionsgericht, so bemisst sich die Zuständigkeit der Vollstreckungsbehörde nach dem Gericht, an welches die Verweisung erfolgte (§ 7 Abs. 2 Satz 1 StVollstrO). Im Fall einer erneuten Hauptverhandlung in einem Wiederaufnahmeverfahren (§ 373) ist das Wiederaufnahmegericht in den Fällen der § 140a Abs. 1, Abs. 3 Satz 2 GVG ausschlaggebend. Bei der Vollstreckung von Gesamtstrafen ist gem. § 7 Abs. 4 StVollstrO für die Zuständigkeit das Gericht maßgeblich, das den Gesamtstrafenbeschluss erlassen hat. Eine Notzuständigkeit örtlich unzuständiger Vollstreckungsbehörden entsprechend § 143 Abs. 2 GVG sieht § 7 Abs. 3 StVollstrO vor. Außerhalb der örtlichen Zuständigkeit kann die Vollstreckungsbehörde ein Rechtsmittel wirksam nicht einlegen (s. OLG Koblenz, Beschl. v. 03.11.2009, 2 Ws 516/09). Zur Möglichkeit einer länderübergreifenden Vollstreckungshilfe s. § 9 StVollstrO.

5 Die Aufgaben der Vollstreckungsbehörde werden **funktionell** grds. durch den Rechtspfleger wahrgenommen (§ 31 Abs. 2 Satz 1 RPflG). Dieser hat aber in den Fällen des § 31 Abs. 2a RPflG (Abweichung von einer ihm bekannten Stellungnahme des Staatsanwalts, Sachzusammenhang mit einer staatsanwaltschaftlichen Diensthandlung, Vorbehalt der Vorlage im Zusammenhang mit einem von diesem verhängten Ordnungs- oder Zwangsmittel) die Pflicht und in den Fällen des § 31 Abs. 2b RPflG (Bedenken gegen die Zulässigkeit der Vollstreckung, Anfechtung des Urteils durch Mitangeklagten mit dem Rechtsmittel der Revision) das Recht, die Sache dem Vollstreckungsstaatsanwalt vorzulegen. Etwaig erforderliche Stellungnahmen ggü. dem Gericht gibt grds. der Staatsanwalt ab (*Meyer-Goßner/ Schmitt* § 451 Rn. 2; KK-StPO/*Appl* § 451 Rn. 8).

6 **III. Vollstreckbarkeitsbescheinigung.** Die Vollstreckung setzt eine – vom Urkundsbeamten der Geschäftsstelle des Gerichts anzubringende – **Vollstreckbarkeitsbescheinigung** (jedenfalls) der Urteilsformel (§ 268 Abs. 2, § 13 Abs. 2 StVollstrO) des Strafurteils (s. § 449 Rn. 4) oder einer in § 14 StVollstrO genannten Entscheidung voraus (zur Formulierung s. *Röttle/Wagner* Rn. 58). Zuständig für die Anbringung der Vollstreckbarkeitsbescheinigung, die i.d.R. mit dem Rechtskraftvermerk identisch ist (*Meyer-Goßner/Schmitt* § 451 Rn. 11; KK-StPO/*Appl* § 451 Rn. 17), ist grds. der Urkundsbeamte der Geschäftsstelle des Gerichts des ersten Rechtszuges gem. § 13 Abs. 4 Satz 1 StVollstrO, der Urkundsbeamte der Geschäftsstelle beim Berufungsgericht gem. § 13 Abs. 4 Satz 2 StVollstrO dann, wenn gegen das Berufungsurteil keine Revision eingelegt wurde. Zum Verfahren bei Revisionsein-

legung s. § 13 Abs. 5 StVollstrO. Zur Formulierung in Fällen der Teilrechtskraft s. *Meyer-Goßner/ Schmitt* § 451 Rn. 14.
Der Urkundsbeamte muss die Entscheidung über die Anbringung der Vollstreckbarkeitsbescheinigung auch bei Zweifeln selbst treffen; eine Vorlage an das Gericht ist nicht möglich (KMR/*Paulus/Stöckel* § 451 Rn. 44). Er kann seine Entscheidung jedoch widerrufen, wenn er deren Unrichtigkeit nachträglich erkennt (s. dazu KK-StPO/*Appl* § 451 Rn. 22). Gegen die Ablehnung der Anbringung durch den Urkundsbeamten kann durch die Vollstreckungsbehörde das Gericht angerufen werden, dem dieser angehört (*Meyer-Goßner/Schmitt* § 451 Rn. 17; LG Cottbus, Beschl. v. 01.07.2009, 24 Qs 65/09); gegen dessen Entscheidung ist die Beschwerde gem. § 304 StPO eröffnet (str.; a. A. LG Marburg, NStZ-RR 2014, 112: sofortige Beschwerde).

IV. Amtsanwälte in der Strafvollstreckung (Abs. 2) Die Übertragung der Zuständigkeit der Vollstreckung auf Amtsanwälte i.R.d. § 145 Abs. 2 GVG durch Anordnung der Landesjustizverwaltung ist gem. **Abs. 2** möglich. Die praktische Bedeutung ist jedoch sehr gering. 7

V. Zuständigkeit bei Strafvollstreckungskammer aus anderem Gerichtsbezirk (Abs. 3) Die Zuständigkeit der nach Rdn. 3 örtlich zuständigen StA wird nicht dadurch berührt, dass eine Strafvollstreckungskammer aus einem anderen Bezirk entscheidungsbefugt ist (**Abs. 3 Satz 1**). Jedoch besteht gem. Abs. 3 Satz 2 die Möglichkeit, die staatsanwaltschaftlichen Aufgaben von der Strafvollstreckungskammer auf die dort ansässige Behörde zu übertragen, wenn diese zustimmt und die Übertragung im Interesse des Verurteilten liegt. 8
Wird gegen eine Entscheidung der Strafvollstreckungskammer Beschwerde eingelegt, so ist das der Strafvollstreckungskammer übergeordnete OLG entscheidungsbefugt. Dort ist auch die für dieses OLG zuständige StA Verfahrensbeteiligter. Abs. 3 Satz 1 gilt insoweit nicht (vgl. *Meyer-Goßner/Schmitt* § 451 Rn. 21).

§ 452 StPO Begnadigungsrecht.
¹In Sachen, in denen im ersten Rechtszug in Ausübung von Gerichtsbarkeit des Bundes entschieden worden ist, steht das Begnadigungsrecht dem Bund zu. ²In allen anderen Sachen steht es den Ländern zu.

A. Grundsätzliches. Die Vorschrift regelt die Zuständigkeit für die Ausübung des Begnadigungsrechts. Das Bestehen eines solchen setzt die Norm voraus. 1

B. Einzelfragen. Begnadigung ist zu begreifen als völliger oder teilweiser Straferlass nach Rechtskraft des Strafurteils zur Herstellung von Einzelfallgerechtigkeit (*Meyer-Goßner/Schmitt* § 452 Rn. 1); eine Zustimmung des Betroffenen ist nicht erforderlich. Im Gegensatz zur sog. Amnestie, durch welche ein bestimmtes Verhalten in abstrakt-genereller Weise straffrei gestellt wird, handelt es sich bei der Begnadigung um eine Entscheidung der Exekutive im Einzelfall. 2
Dem **Bund** und damit dem Bundespräsidenten (Art. 60 Abs. 2 GG, wobei eine Übertragung nach Art. 60 Abs. 3 GG stattgefunden hat, vgl. dazu *Meyer-Goßner/Schmitt* § 452 Rn. 3) steht das Begnadigungsrecht in den Fällen zu, in denen gem. Art. 96 Abs. 5 GG die Gerichtsbarkeit des Bundes im Wege der Organleihe erstinstanzlich auf die Gerichte der Länder, namentlich den Oberlandesgerichten in § 120 GVG, übertragen ist. 3
In den übrigen Fällen steht das Begnadigungsrecht den **Ländern** zu (Satz 2). Die Regelungen hierzu finden sich z.T. in den Landesverfassungen (Art. 47 Bayerische Verfassung, Art. 81 Verfassung von Berlin, Art. 109 Hessische Verfassung), wobei eine genaue Ausgestaltung überwiegend in entsprechenden Verwaltungsvorschriften enthalten ist (s. dazu LR/*Graalmann-Scheerer* § 452 Rn. 6 f.). 4
Bei einer Begnadigung hinsichtlich einer Gesamtstrafenentscheidung, die Strafurteile unterschiedlicher Länder oder des Bundes und eines Landes beinhaltet, steht das Begnadigungsrecht derjenigen Körperschaft zu, deren Gericht die Gesamtstrafenentscheidung erlassen hat. 5
Auf die Ausübung des Begnadigungsrechts besteht kein Anspruch; ebenso wenig ist die Gnadenentscheidung als solche justiziabel. Gegen den Widerruf von Gnadenentscheidungen ist hingegen der Rechtsweg nach §§ 23 ff. EGGVG eröffnet, da dem Betroffenen durch die Gnadenentscheidung 6

eine geschützte Rechtsposition entstanden ist (Graf/*Klein* § 452 Rn. 5; weiter gehende Nachweise bei KK-StPO/*Appl* § 452 Rn. 6).

§ 453 StPO Nachträgliche Entscheidung über Strafaussetzung zur Bewährung oder Verwarnung mit Strafvorbehalt.

(1) ¹Die nachträglichen Entscheidungen, die sich auf eine Strafaussetzung zur Bewährung oder die Verwarnung mit Strafvorbehalt beziehen (§§ 56a bis 56g, 58, 59a, 59b des Strafgesetzbuches), trifft das Gericht ohne mündliche Verhandlung durch Beschluss. ²Die Staatsanwaltschaft und der Angeklagte sind zu hören. ³§ 246a Absatz 2 und § 454 Absatz 2 Satz 4 gelten entsprechend. ⁴Hat das Gericht über einen Widerruf der Strafaussetzung wegen Verstoßes gegen Auflagen oder Weisungen zu entscheiden, so soll es dem Verurteilten Gelegenheit zur mündlichen Anhörung geben. ⁵Ist ein Bewährungshelfer bestellt, so unterrichtet ihn das Gericht, wenn eine Entscheidung über den Widerruf der Strafaussetzung oder den Straferlass in Betracht kommt; über Erkenntnisse, die dem Gericht aus anderen Strafverfahren bekannt geworden sind, soll es ihn unterrichten, wenn der Zweck der Bewährungsaufsicht dies angezeigt erscheinen lässt.

(2) ¹Gegen die Entscheidungen nach Absatz 1 ist Beschwerde zulässig. ²Sie kann nur darauf gestützt werden, dass eine getroffene Anordnung gesetzwidrig ist oder dass die Bewährungszeit nachträglich verlängert worden ist. ³Der Widerruf der Aussetzung, der Erlass der Strafe, der Widerruf des Erlasses, die Verurteilung zu der vorbehaltenen Strafe und die Feststellung, dass es bei der Verwarnung sein Bewenden hat (§§ 56f, 56g, 59b des Strafgesetzbuches), können mit sofortiger Beschwerde angefochten werden.

1 **A. Grundsätzliches.** Die Vorschrift regelt das Verfahren bei gerichtlichen Entscheidungen, die bei einer im Urteil erfolgten **Strafaussetzung zur Bewährung** sowie einer Verwarnung mit Strafvorbehalt (§ 59 StGB) nachträglich erforderlich werden können (Abs. 1), sowie die Rechtsbehelfe hiergegen (Abs. 2). Von Relevanz sind insb. der Widerruf der Strafaussetzung nach § 56f StGB sowie der Erlass der Strafe nach § 56g StGB.

2 **B. Anwendungsbereich.** Erforderlich für die Anwendbarkeit der Vorschrift ist, dass eine Strafe zur Bewährung ausgesetzt oder vorbehalten ist. Ist der nach § 268a mit dem Urteilserlass zu verkündende Bewährungsbeschluss gänzlich unterblieben, so ist eine Nachholung der Bewährungsentscheidungen nach § 453 nicht möglich (KK-StPO/*Appl* § 453 Rn. 3 m.w.N.; OLG Düsseldorf StV 2008, 512; a. A. *Meyer-Goßner/Schmitt* § 453 Rn. 2). In diesen Fällen hat es bei der Bewährungszeit beim gesetzlichen Minimum zu verbleiben und eine Verhängung von Auflagen und Weisungen ist nicht zulässig. Keinesfalls ist die Vorschrift anwendbar, wenn die Strafaussetzung als solche im Urteil – sei es auch versehentlich – nicht angeordnet worden ist (*Meyer-Goßner/Schmitt* § 453 Rn. 2).

3 Zur Anwendbarkeit bei Maßregeln der Besserung und Sicherung s. § 463 Abs. 1 und Abs. 2.

4 **C. Einzelfragen. I. Nachtragsentscheidungen (Abs. 1)** Abs. 1 Satz 2 bis 4 regelt die Anhörung von Beteiligten durch das Gericht, die der Entscheidung im Beschlusswege nach Abs. 1 Satz 1 vorauszugehen hat.
Nach Satz 2 sind der Betroffene und die StA, für die – da sie als Strafverfolgungsbehörde tätig wird (KK-StPO/*Appl* § 354 Rn. 6) – der Staatsanwalt und nicht der Rechtspfleger Stellung nimmt, anzuhören. Die Anhörung des Betroffenen kann insb. dann unterbleiben, wenn sein Aufenthalt, etwa bei Flucht oder Untertauchen, unbekannt ist. Eine mündliche Anhörung des Verurteilten ist lediglich in dem in Satz 3 genannten Fall des Widerrufs wegen der Verletzung von Auflagen und Weisungen vorgesehen. Die (als Sollvorschrift ausgestaltete) Anhörung ist i.d.R. zwingend (OLG München StV 2009, 540) und jedenfalls in den Fällen durchzuführen, in denen hierdurch eine weitere Sachaufklärung zu erwarten ist (OLG Frankfurt, NStZ-RR 1996, 91; *Meyer-Goßner/Schmitt* § 453 Rn. 7 m.w.N.), wobei dies nach OLG Köln, Beschl. vom 31.8.2012 – 2 Ws 635/12, nicht ohne weiteres auf Grund der Aktenlage verneint werden kann. Wird dem Verurteilten im Fall eines Auflagenverstoßes i.R.d. Anhörung eine Frist zur Erfüllung der Auflage gewährt, so ist dieser – wenn er die Auflage auch dann nicht erfüllt –

vor Widerruf i.d.R. erneut anzuhören (OLG München, Beschl. v. 11.08.2011, 1 Ws 674–676/11). Aus der Ladung zur Anhörung muss deutlich werden, welche Verfahren von der Anhörung betroffen sein sollen (OLG Hamm, Beschl. vom 19.3.2015, 1 Ws 646/14).
Satz 3 sieht die Einholung eines Sachverständigengutachtens in den Fällen des § 246a Abs. 2 vor. Für das Absehen von einer mündlichen Anhörung des Sachverständigen gilt § 454 Abs. 2 Satz 4 (Verzicht des Verurteilten, des Verteidigers und der Staatsanwaltschaft) entsprechend.
Die mündliche Anhörung nach Abs. 1 Satz 4 kann jedoch unterbleiben, wenn der Auflagenverstoß i.R.d. Widerrufsentscheidung neben von dem Verurteilten begangenen neuen Straftaten nicht wesentlich ins Gewicht fällt (KK-StPO/*Appl* § 453 Rn. 7). Die Anhörung kann nicht zwangsweise durchgesetzt werden; verzichtet der Verurteilte – sei es auch durch Nichtwahrnehmung des Anhörungstermins konkludent – so ist die Anhörung entbehrlich. Wird hingegen eine erforderliche Anhörung nicht durchgeführt, führt dies i.R.d. Beschwerdeverfahrens zur Aufhebung des angefochtenen Beschlusses und Zurückverweisung. Nach Rechtskraft kommt eine Geltendmachung im Wege der Gegenvorstellung unter entsprechender Anwendung des Nachverfahrens nach § 33a in Betracht (OLG Karlsruhe Justiz 2003, 272).
Die Beteiligung des Bewährungshelfers regelt Abs. 1 Satz 5 (zum Zweck der Einbindung s. HansOLG Bremen, Beschl. v. 04.11.2009, StV 2010, 310 Ls.).
Zuständig für die Entscheidungen nach § 453 ist grds. das Gericht des ersten Rechtszuges (§ 462a Abs. 2), die Strafvollstreckungskammer nur dann, wenn und so lange (s. BGHSt 54, 13) sich der Verurteilte in anderer Sache in Strafhaft befindet. 5

II. Rechtsbehelfe (Abs. 2) Abs. 2 differenziert hinsichtlich der **statthaften Rechtsbehelfe**: grds. sind 6
Entscheidungen nach Abs. 1 mit der (einfachen) Beschwerde anfechtbar (Abs. 2 Satz 1). Dies gilt für eine getroffene Anordnung ebenso wie für die Ablehnung einer solchen (OLG München NStZ 1988, 524). Für die Entscheidungen, welche die Vollstreckbarkeit des Urteils selbst betreffen und daher entweder unmittelbar zu einer Vollstreckbarkeit führen oder das Verfahren beenden, ist hingegen – da insoweit ein Erwachsen der Entscheidung in Rechtskraft erforderlich ist – die sofortige Beschwerde möglich (Abs. 2 Satz 3). Für die einfache Beschwerde verbleiben somit insb. Entscheidungen über die nachträgliche Änderung oder Anordnung von Auflagen, der Bewährungszeit sowie die nachträgliche Beiordnung eines Bewährungshelfers. Auch die Entscheidung, durch die eine beantragte Verlängerung der Bewährungszeit abgelehnt wird, ist seitens der StA mit der einfachen Beschwerde anfechtbar (KK-StPO/*Appl* § 453 Rn. 17; OLG Stuttgart NStZ 2000, 500; a. A. OLG Hamm NStZ 2010, 105).
Soweit die **einfache Beschwerde** statthaft ist (Abs. 2 Satz 1), schränkt Abs. 2 Satz 2 den Prüfungs- 7
umfang auf die Gesetzmäßigkeit der ergangenen Entscheidung ein; einzig im Fall einer nachträglichen Verlängerung der Bewährungszeit ist die Entscheidung durch das Beschwerdegericht in vollem Umfang zu überprüfen. I.R.d. Prüfung der Gesetzmäßigkeit der Entscheidung sind jedoch insb. Ermessensfehler (OLG Hamburg, NStZ 2012, 325) und der Grundsatz der Verhältnismäßigkeit zu prüfen (OLG München, NStZ-RR 2012, 221; *Meyer-Goßner/Schmitt* § 453 Rn. 12); eine Zurückverweisung kann angezeigt sein, wenn der Beschluss des Erstgerichts nicht begründet ist und deshalb die ermessensrelevanten Erwägungen für das Beschwerdegericht nicht erkennbar sind (vgl. OLG Nürnberg, Beschl. v. 21.01.2011, 1 Ws 713/10). I.Ü. darf das Beschwerdegericht aber nicht sein eigenes Ermessen an die Stelle des Ermessens des Ausgangsgerichts setzen (KK-StPO/*Appl* § 453 Rn. 12). Eine rechtsfehlerhaft unterbliebene Anhörung kann nach OLG Köln, Beschl. v. 31.8.2012 – 2 Ws 635/12, im Beschwerdeverfahren nicht nachgeholt werden.
I.R.d. **sofortigen Beschwerde** nach Abs. 2 Satz 3 ist der Prüfungsumfang hingegen nicht beschränkt. 8
Nach herrschender Meinung ist die sofortige Beschwerde auch dann statthaft, wenn eine der in Abs. 2 Satz 3 genannten Entscheidungen vom Gericht nicht getroffen, sondern abgelehnt wird (s. bspw. OLG Stuttgart NStZ 1995, 53; OLG Düsseldorf NStZ-RR 2002, 28; OLG Hamburg NStZ-RR 2005, 221; a. A. OLG Köln NStZ 1995, 151; krit. KK-StPO/*Appl* § 453 Rn. 16).

§ 453a StPO Belehrung bei Strafaussetzung oder Verwarnung mit Strafvorbehalt.
(1) ¹Ist der Angeklagte nicht nach § 268a Abs. 3 belehrt worden, so wird die Belehrung durch das für die Entscheidungen nach § 453 zuständige Gericht erteilt. ²Der Vorsitzende kann mit der Belehrung einen beauftragten oder ersuchten Richter betrauen.
(2) Die Belehrung soll außer in Fällen von geringer Bedeutung mündlich erteilt werden.
(3) ¹Der Angeklagte soll auch über die nachträglichen Entscheidungen belehrt werden. ²Absatz 1 gilt entsprechend.

1 **A. Grundsätzliches.** Die Vorschrift regelt die Nachholung der bei Strafaussetzung vorgesehenen Belehrung.

2 **B. Einzelfragen.** I. **Nachholung der Belehrung (Abs. 1)** Die **Nachholung der Belehrung** nach § 268a Abs. 3 (Rechtsfolgen der Strafaussetzung zur Bewährung) sieht **Abs. 1** vor, unabhängig davon, ob die Belehrung vom Tatrichter vergessen wurde oder sie aus anderen Gründen (etwa wegen der Abwesenheit des Angeklagten) unterblieben ist.

3 Die **Zuständigkeit** liegt grds. beim Gericht des ersten Rechtszugs (§§ 453, 462a), bei der Strafvollstreckungskammer nur dann, wenn sich der Verurteilte in anderer Sache in Strafhaft befindet (§ 462a Abs. 4 Satz 3). § 462a Abs. 4 Satz 1 (Zuständigkeitskonzentration) und § 462a Abs. 2 Satz 2 (Übertragung auf das Wohnortgericht) können abweichende Zuständigkeiten begründen. Die Betrauung eines beauftragten oder ersuchten (§ 157 GVG) Richters ist gem. Abs. 1 Satz 2 möglich. Die Belehrung hat aber stets durch einen Richter zu erfolgen (LR/*Graalmann-Scheerer* § 453a Rn. 2).

4 II. **Mündlichkeit der Belehrung (Abs. 2)** Die Belehrung soll nach Abs. 2 **mündlich** erfolgen. Fälle geringer Bedeutung, bei denen eine schriftliche Belehrung ausreichend ist, sind i.d.R. nur Verurteilungen zu einer Verwarnung mit Strafvorbehalt (§ 59 StGB; *Meyer-Goßner/Schmitt* § 453a Rn. 2). Zwar erfolgt gem. § 409 Abs. 2 Satz 2 bei Verurteilung im Strafbefehlswege zu einer Freiheitsstrafe von bis zu einem Jahr auch eine lediglich schriftliche Belehrung, doch ist dort durch den bestellten Verteidiger (§ 408b) eine adäquate Information über die Folgen der Strafaussetzung zur Bewährung sichergestellt; eine Freiheitsstrafe von 1 Jahr ist daher kein Fall geringer Bedeutung i.S.d. § 453b, bei dem eine schriftliche Belehrung grds. ausreicht (in diesem Sinne auch KK-StPO/*Appl* § 453a Rn. 2). Eine Vorführung zur Belehrung ist hingegen nicht möglich (OLG Celle MDR 1963, 523), sodass – wenn diese erforderlich wäre – eine schriftliche Belehrung genügt (KK-StPO/*Appl* § 453a Rn. 2). Die Belehrung ist aktenkundig zu machen (Graf/*Klein* § 453a Rn. 2).

5 III. **Folgen einer unterbliebenen Belehrung.** Unterbleibt auch die nachträgliche Belehrung nach Abs. 1, so ändert dies an der Wirksamkeit des Urteils oder Strafbefehls nichts (*Meyer-Goßner/Schmitt* § 453a Rn. 1); jedoch kann im Fall einer ggf. notwendigen Entscheidung über einen Bewährungswiderruf problematisch sein, ob sich der Verurteilte insb. der Konsequenz eines Verstoßes gegen Weisungen und Auflagen bewusst war (s. KK-StPO/*Appl* § 453a Rn. 1).

6 IV. **Belehrung bei nachträglichen Entscheidungen (Abs. 3)** Nach **Abs. 3** soll das Gericht auch über die **nachträglichen Entscheidungen** (insb. § 56a Abs. 2 StGB) belehren. Die Zuständigkeit entspricht der in Abs. 1. Eine mündliche Belehrung ist – mangels Verweisung auf Abs. 2 (*Meyer-Goßner/Schmitt* § 453a Rn. 3) -nicht erforderlich.

§ 453b StPO Bewährungsüberwachung.
(1) Das Gericht überwacht während der Bewährungszeit die Lebensführung des Verurteilten, namentlich die Erfüllung von Auflagen und Weisungen sowie von Anerbieten und Zusagen.
(2) Die Überwachung obliegt dem für die Entscheidungen nach § 453 zuständigen Gericht.

1 **A. Grundsätzliches.** Die Vorschrift weist dem Gericht die **Aufgabe der Überwachung** der Lebensführung des zu einer Bewährungsstrafe oder einer Verwarnung mit Strafvorbehalt Verurteilten zu. Eine selbstständige Eingriffsgrundlage stellt sie hingegen nicht dar (BVerfG NJW 1995, 2279

[2280]; KK-StPO/*Appl* § 453b Rn. 1a); die ermittlungsrichterlichen Befugnisse (etwa nach § 94) stehen dem Gericht im Rahmen einer Überwachung nicht zur Verfügung (LR/*Graalmann-Scheerer* § 453b Rn. 4). Die Regelung gilt nicht, wenn die Strafaussetzung im Gnadenwege (§ 452) erfolgt ist; die Überwachung ist dann Aufgabe der Gnadenbehörde (*Meyer-Goßner/Schmitt* § 453b Rn. 1; KK-StPO/*Appl* § 453b Rn. 4).

B. Einzelfragen. Lebensführung ist das Gesamtverhalten des Verurteilten, soweit es für die Entscheidungen nach § 453 relevant sein kann (KK-StPO/*Appl* § 453b Rn. 1a; *Pfeiffer* § 453b Rn. 2). Von Bedeutung sind insoweit insb. die gesetzlich genannten Umstände der zuverlässigen Erfüllung von Auflagen (§ 56b StGB) und Weisungen (§ 56c StGB), überdies aber auch eine etwaige erneute Straffälligkeit. 2

Zuständig für die Bewährungsüberwachung ist das **für die Entscheidungen nach § 453 zuständige Gericht**. Dies gilt auch im Jugendstrafverfahren (s. BGH NStZ 1997, 100). Das Gericht kann sich zur Erfüllung der Aufgabe der Gerichtshilfe (§ 463d) oder des Bewährungshelfers (*Graf/Klein* § 453b Rn. 3; vgl. § 56d Abs. 3 Satz 2, Abs. 4 Satz 2 StGB) bedienen. Die StA ist hingegen an der Bewährungsüberwachung als solcher nicht beteiligt (LR/*Graalmann-Scheerer* § 453b Rn. 4). 3

§ 453c StPO Vorläufige Maßnahmen vor Widerruf der Aussetzung.

(1) Sind hinreichende Gründe für die Annahme vorhanden, dass die Aussetzung widerrufen wird, so kann das Gericht bis zur Rechtskraft des Widerrufsbeschlusses, um sich der Person des Verurteilten zu versichern, vorläufige Maßnahmen treffen, notfalls, unter den Voraussetzungen des § 112 Abs. 2 Nr. 1 oder 2, oder, wenn bestimmte Tatsachen die Gefahr begründen, dass der Verurteilte erhebliche Straftaten begehen werde, einen Haftbefehl erlassen.

(2) ¹Die auf Grund eines Haftbefehls nach Absatz 1 erlittene Haft wird auf die zu vollstreckende Freiheitsstrafe angerechnet. ²§ 33 Abs. 4 Satz 1 sowie die §§ 114 bis 115a, 119 und 119a gelten entsprechend.

A. Grundsätzliches. Die Vorschrift regelt **vorläufige Maßnahmen des Gerichts zur Sicherung der Strafvollstreckung** im Fall eines bevorstehenden Bewährungswiderrufs, insb. den Erlass eines sog. Sicherungshaftbefehls. Insoweit entspricht sie vor Rechtskraft des Widerrufsbeschlusses der Regelung des § 457 (*Graf/Klein* § 453c Rn. 1). 1

B. Einzelfragen. I. Aussetzung. Die in Abs. 1 genannte Aussetzung (zur Bewährung) erfasst neben den Fällen des § 56 StGB auch den drohenden Widerruf einer Strafrestbewährung nach § 57 bzw. § 57a StGB, ebenso freiheitsentziehende Maßregeln der Besserung und Sicherung (§ 463 Abs. 1), nicht jedoch Maßnahmen, die lediglich die Änderung der Vollstreckungsreihenfolge (§ 67 Abs. 2, 3 StGB; *Meyer-Goßner/Schmitt* § 453c Rn. 2) oder keine Freiheitsentziehung betreffen, wie bspw. bei der Verwarnung mit Strafvorbehalt (§§ 59a, 59b StGB) oder beim Berufsverbot (§§ 70a, 70b StGB). Die Vorschrift gilt auch im Jugendstrafrecht (§ 2 JGG) und zwar auch in den Fällen der sog. »Vorbewährung« (OLG Karlsruhe NStZ 1983, 92). Der bevorstehende Widerruf einer im Gnadenweg ausgesetzten Strafe eröffnet den Anwendungsbereich der Vorschrift hingegen nicht (KK-StPO/*Appl* § 453c Rn. 1). 2

II. Hinreichende Gründe. Hinreichende Gründe für die Annahme eines Widerrufs sind vorhanden, wenn ein Widerruf mit hoher Wahrscheinlichkeit zu erwarten ist (*Meyer-Goßner/Schmitt* § 453c Rn. 3; OLG Nürnberg, Beschl. vom 8.10.2008, 2 Ws 443/08). Im Anschluss an die Rechtsprechung des EGMR (NJW 2004, 43) wird teilweise nunmehr für den Erlass einer Maßnahme nach § 453c beim drohenden Widerruf wegen der Begehung einer neuen Straftat (§ 56f Abs. 1 Nr. 1 StGB) eine rechtskräftige Verurteilung wegen dieser Tat verlangt (vgl. auch die Nachw. bei *Meyer-Goßner/Schmitt* § 453c Rn. 4). Gerade auch im Hinblick auf den Charakter des § 453c als vorläufige und verfahrenssichernde Maßnahme sollte darüber hinaus jedenfalls auch das vor einem Richter abgelegte glaubhafte Geständnis hinsichtlich der neuen Straftat eine hinreichende Wahrscheinlichkeit hinsichtlich der Begehung der 3

§ 454 StPO Aussetzung des Restes einer Freiheitsstrafe zur Bewährung

neuen Tat begründen können (so auch OLG Nürnberg, NJW 2004, 2032; KK-StPO/*Appl* § 453c Rn. 3; Graf/*Klein* § 453c Rn. 4; vgl. auch BVerfG, NJW 2005, 817).

4 **III. Sicherungshaftbefehl.** Der **Erlass eines Sicherungshaftbefehls** setzt das Vorliegen des Haftgrundes der Flucht (§ 112 Abs. 2 Nr. 1) oder der Fluchtgefahr (§ 112 Abs. 2 Nr. 2) oder die Gefahr voraus, dass der Verurteilte erhebliche Straftaten begehen wird.

5 In dem Sicherungshaftbefehl ist die maximale Haftdauer in Gestalt der zu verbüßenden Strafe zu beziffern; eine Vollstreckung des Sicherungshaftbefehls darüber hinaus ist unzulässig (OLG Schleswig, Beschl. v. 04.03.1981 – 1 Ws 48/81). Die aufgrund des Sicherungshaftbefehls vollstreckte Haft wird gem. Abs. 2 Satz 1 auf die zu verbüßende Freiheitsstrafe angerechnet; führt dies zu einer vollständigen Verbüßung der Strafe, gebietet der Verhältnismäßigkeitsgrundsatz einen baldmöglichen Erlass der Strafe (OLG Celle NStZ-RR 2011, 122). Die Vorschriften über die Untersuchungshaft gelten – soweit in Abs. 2 Satz 2 auf diese verwiesen wird – entsprechend. Die Regelungen über die Haftprüfung (§ 117 und § 118; vgl. auch LG Freiburg NStZ 1989, 387) und die Aussetzung des Vollzuges (§ 116 und § 116a, a. A. LG Flensburg Rpfleger 1984, 112) sind daher nicht anwendbar.

6 Vor Erlass eines Sicherungshaftbefehls sind aus Gründen der Verhältnismäßigkeit – soweit möglich – sonstige Maßnahmen zu treffen, etwa die Ausschreibung zur Aufenthaltsermittlung (OLG Celle NStZ 2004, 627; nach OLG Braunschweig, Beschl. vom 11.9.2013, 1 Ws 258/13, auch die befristete Invollzugsetzung einer Unterbringung nach § 67h StGB).

7 **IV. Zuständigkeit.** Die **Zuständigkeit des Gerichts** entspricht der Zuständigkeit des für den Erlass des Widerrufsbeschlusses (§ 56f StGB, § 453) zuständigen Gerichts; zum Erlass ist somit grds. das Gericht erster Instanz berufen, die Strafvollstreckungskammer nur im Fall des § 462a Abs. 1 Satz 1. In letzterem Fall gilt im Jugendstrafrecht § 82 Abs. 1 JGG.

8 **V. Rechtsbehelfe.** Gegen die Entscheidung des Gerichts ist die **(einfache) Beschwerde** (§ 304) statthaft (vgl. aber OLG Hamburg NStZ-RR 2002, 381). Die weitere Beschwerde nach § 310 Abs. 1 ist hingegen nicht eröffnet (hM; OLG Frankfurt am Main, NStZ-RR 2002, 15; OLG Köln, Beschl. v. 23.12.2010 – 2 Ws 845/10; OLG Braunschweig, Beschl. v. 27.5.2013 – 1 Ws 125/13).

§ 454 StPO Aussetzung des Restes einer Freiheitsstrafe zur Bewährung.

(1) ¹Die Entscheidung, ob die Vollstreckung des Restes einer Freiheitsstrafe zur Bewährung ausgesetzt werden soll (§§ 57 bis 58 des Strafgesetzbuches) sowie die Entscheidung, dass vor Ablauf einer bestimmten Frist ein solcher Antrag des Verurteilten unzulässig ist, trifft das Gericht ohne mündliche Verhandlung durch Beschluss. ²Die Staatsanwaltschaft, der Verurteilte und die Vollzugsanstalt sind zu hören. ³Der Verurteilte ist mündlich zu hören. ⁴Von der mündlichen Anhörung des Verurteilten kann abgesehen werden, wenn
1. die Staatsanwaltschaft und die Vollzugsanstalt die Aussetzung einer zeitigen Freiheitsstrafe befürworten und das Gericht die Aussetzung beabsichtigt,
2. der Verurteilte die Aussetzung beantragt hat, zur Zeit der Antragstellung
   a) bei zeitiger Freiheitsstrafe noch nicht die Hälfte oder weniger als zwei Monate,
   b) bei lebenslanger Freiheitsstrafe weniger als dreizehn Jahre
   der Strafe verbüßt hat und das Gericht den Antrag wegen verfrühter Antragstellung ablehnt oder
3. der Antrag des Verurteilten unzulässig ist (§ 57 Abs. 7, § 57a Abs. 4 des Strafgesetzbuches).

⁵Das Gericht entscheidet zugleich, ob eine Anrechnung nach § 43 Abs. 10 Nr. 3 des Strafvollzugsgesetzes ausgeschlossen wird.

(2) ¹Das Gericht holt das Gutachten eines Sachverständigen über den Verurteilten ein, wenn es erwägt, die Vollstreckung des Restes
1. der lebenslangen Freiheitsstrafe auszusetzen oder
2. einer zeitigen Freiheitsstrafe von mehr als zwei Jahren wegen einer Straftat der in § 66 Abs. 3 Satz 1 des Strafgesetzbuches bezeichneten Art auszusetzen und nicht auszuschließen ist, dass Gründe der öffentlichen Sicherheit einer vorzeitigen Entlassung des Verurteilten entgegenstehen.

²Das Gutachten hat sich namentlich zu der Frage zu äußern, ob bei dem Verurteilten keine Gefahr mehr besteht, dass dessen durch die Tat zutage getretene Gefährlichkeit fortbesteht. ³Der Sachver-

ständige ist mündlich zu hören, wobei der Staatsanwaltschaft, dem Verurteilten, seinem Verteidiger und der Vollzugsanstalt Gelegenheit zur Mitwirkung zu geben ist. ⁴Das Gericht kann von der mündlichen Anhörung des Sachverständigen absehen, wenn der Verurteilte, sein Verteidiger und die Staatsanwaltschaft darauf verzichten.

(3) ¹Gegen die Entscheidungen nach Absatz 1 ist sofortige Beschwerde zulässig. ²Die Beschwerde der Staatsanwaltschaft gegen den Beschluss, der die Aussetzung des Strafrestes anordnet, hat aufschiebende Wirkung.

(4) ¹Im Übrigen sind § 246a Absatz 2, § 268a Absatz 3, die §§ 268d, 453, 453a Absatz 1 und 3 sowie die §§ 453b und 453c entsprechend anzuwenden. ²Die Belehrung über die Aussetzung des Strafrestes wird mündlich erteilt; die Belehrung kann auch der Vollzugsanstalt übertragen werden. ³Die Belehrung soll unmittelbar vor der Entlassung erteilt werden.

Übersicht	Rdn.		Rdn.
A. Grundsätzliches	1	3. Verurteilter	10
B. Einzelfragen	2	III. Einholung eines Sachverständigengutachtens (Abs. 2)	14
I. Einleitung eines Verfahrens zur Überprüfung der Voraussetzungen einer Strafrestaussetzung zur Bewährung	2	1. Erforderlichkeit eines Sachverständigengutachtens	14
1. Prüfung auf Antrag	3	2. Inhalt des Sachverständigengutachtens	17
2. Verfahrenseinleitung von Amts wegen	5	3. Mündliche Anhörung des Sachverständigen	18
II. Anhörung der Verfahrensbeteiligten (Abs. 1 Satz 2)	8	IV. Rechtsmittel (Abs. 3)	19
1. StA	8	V. Nachtragsentscheidungen, Belehrung des Verurteilten (Abs. 4)	24
2. Justizvollzugsanstalt	9		

A. Grundsätzliches. Die Vorschrift enthält Verfahrensregelungen bei der Aussetzung eines Strafrestes oder einer lebenslangen Freiheitsstrafe zur Bewährung, insb. die Anhörung des Verurteilten (Abs. 1) sowie die Einholung eines externen Sachverständigengutachtens im Aussetzungsverfahren (Abs. 2). Sie gilt nach Maßgabe der § 463 Abs. 3, 4 auch für freiheitsentziehende Maßregeln der Besserung und Sicherung. 1

B. Einzelfragen. I. Einleitung eines Verfahrens zur Überprüfung der Voraussetzungen einer Strafrestaussetzung zur Bewährung. Die Entscheidung über die Strafaussetzung zur Bewährung einer zeitigen (§ 57 StGB) oder lebenslangen (§ 57a StGB) Freiheitsstrafe trifft das Gericht auf Antrag oder von Amts wegen. Auf die Ersatzfreiheitsstrafe ist die Vorschrift nicht anwendbar, da hier eine Strafrestaussetzung nicht möglich ist (s. OLG Celle NStZ 1998, 533; OLG Oldenburg NStZ-RR 2007, 253; sowie die Nachweise in § 459e Rn. 6; für eine Aussetzungsmöglichkeit de lege ferenda *Schatz* ZRP 2002, 438). Für die Entscheidung ist, wenn sich der Verurteilte zum Entscheidungszeitpunkt in Strafhaft befindet, regelmäßig die Strafvollstreckungskammer zuständig (§ 462a Abs. 1 Satz 1; zu den Einzelheiten s. § 462a Rdn. 2 ff.). 2

1. Prüfung auf Antrag. Über einen gestellten **Antrag** muss das Gericht in jedem Fall entscheiden und zwar in angemessener Zeit (OLG Karlsruhe MDR 1977, 861). Ist dieser mehrere Monate verfrüht (*Meyer-Goßner/Schmitt* § 454 Rn. 3) oder vor einer nach § 57 Abs. 7 StGB bzw. § 57a Abs. 4 StGB gesetzten Frist gestellt, kommt eine Verwerfung wegen Unzulässigkeit in Betracht. 3

Antragsberechtigt ist neben dem Verurteilten und für diesen sein Verteidiger und ggf. sein gesetzlicher Vertreter die StA. Der Antrag sonstiger Personen, mögen sie auch im Erkenntnisverfahren beteiligt gewesen sein, wie z.B. Privat- oder Nebenkläger, kann lediglich eine Anregung an das Gericht, von Amts wegen zu entscheiden, darstellen (LR/*Graalmann-Scheerer* § 454 Rn. 13; KMR/*Stöckel* § 454 Rn. 16). 4

2. Verfahrenseinleitung von Amts wegen. Von Amts wegen entscheidet das Gericht vor Ablauf von 2/3 der zu vollstreckenden Freiheitsstrafe (§ 57 Abs. 1 StGB), bzw. – soweit die Erstverbüßerregelung des § 57 Abs. 2 StGB greift (s. § 454b Rdn. 5) – vor Ablauf der Hälfte der zu verbüßenden Strafe (zum gemeinsamen Entscheidungszeitpunkt bei Anschlussvollstreckungen, s. § 454b). Erfolgt eine ablehnende Entscheidung zum Halbstrafezeitpunkt, so macht dies eine erneute Entscheidung von Amts 5

§ 454 StPO Aussetzung des Restes einer Freiheitsstrafe zur Bewährung

wegen zum 2/3-Zeitpunkt nicht entbehrlich (LR/*Graalmann-Scheerer* § 454 Rn. 11; KK-StPO/*Appl* § 454 Rn. 6; a. A. die wohl h.M., OLG Oldenburg StV 1987, 70; *Meyer-Goßner/Schmitt* § 454 Rn. 5 m.w.N.; Graf/*Klein* § 454 Rn. 3). Bei lebenslanger Freiheitsstrafe erfolgt die Prüfung vor Verbüßung von 15 Jahren der Freiheitsstrafe. Solange jedoch der Verurteilte seine für die Strafaussetzung erforderliche Einwilligung (§ 57 Abs. 1 Satz 1 Nr. 3 [ggf. i.V.m. Abs. 2], § 57a Abs. 1 Satz 1 Nr. 3 StGB; dazu ausführlich KMR/*Stöckel* § 454 Rn. 9 f.) erteilt hat, wird das Verfahren von Amts wegen nicht eingeleitet.

6 Die Entscheidung ergeht durch **Beschluss**, der gem. § 34 zu begründen ist und der Zustellung (auch an den Verurteilten, KMR/*Stöckel* § 454 Rn. 72) bedarf. Ein Aktenvermerk ist auch in dem von Amts wegen eingeleiteten Verfahren nicht ausreichend (vgl. LR/*Graalmann-Scheerer* § 454 Rn. 11; *Pfeiffer* § 454 Rn. 10 m.w.N. auch zur Gegenansicht). Etwas anderes soll nach herrschender Meinung dann gelten, wenn der Verurteilte sein Einverständnis mit der bedingten Entlassung nicht erklärt hat (KMR/*Stöckel* § 454 Rn. 69; OLG Düsseldorf NStZ 1994, 454; OLG Zweibrücken NStZ-RR 2001, 311).

7 Zugleich entscheidet das Gericht gem. Abs. 1 Satz 5, ob eine Anrechnung von Freistellungstagen nach § 43 Abs. 10 Nr. 3 StVollzG (im Einzelfall) unterbleibt, weil die Entlassung aus Gründen, die in den Lebensverhältnissen des Gefangenen oder den von der die Entlassung zu erwartenden Wirkungen liegen, zu einem bestimmten Zeitpunkt erfolgen soll.

8 **II. Anhörung der Verfahrensbeteiligten (Abs. 1 Satz 2) 1. StA.** Die StA ist vor der Entscheidung anzuhören, was sich bereits aus § 33 Abs. 2 ergibt. Da diese als Strafverfolgungsbehörde tätig wird, wird die Stellungnahme durch den Staatsanwalt und nicht durch den Rechtspfleger abgegeben. Die StA wird regelmäßig einen bestimmten Antrag stellen (LR/*Graalmann-Scheerer* § 454 Rn. 16).

9 **2. Justizvollzugsanstalt.** Auch die **Justizvollzugsanstalt** und zwar diejenige, in der sich der Verurteilte z.Zt. der Befassung des Gerichts befindet (bei kurzfristiger Verlegung auch die Anstalt, in der sich der Verurteilte zuvor befand, vgl. OLG Hamburg MDR 1957, 311), oder – sofern er bereits entlassen ist – zuletzt befunden hat (*Pfeiffer* § 454 Rn. 3), ist anzuhören. Diese soll zu dem vollzuglichen Verhalten des Verurteilten, insb. zu Faktoren, die für die Sozialprognose des Verurteilten relevant sind, Stellung nehmen. Eine Stellungnahme ist auch dann einzuholen, wenn sich der Verurteilte aufgrund anzurechnender Untersuchungshaft bereits wieder in Freiheit befindet, es sei denn, dass der Entlassungszeitpunkt so lange zurückliegt, dass sich aus dem Vollzugsverhalten keine Rückschlüsse auf die Sozialprognose mehr ziehen lassen (KMR/*Stöckel* § 454 Rn. 40; vgl. OLG Düsseldorf NStZ 1988, 95). Zum Verfahren s. § 36 Abs. 2 StVollstrO. Der Verurteilte hat Rahmen seines Rechts auf Gewährung rechtlichen Gehörs einen Anspruch darauf, dass er bis zum Zeitpunkt seiner Anhörung von der Stellungnahme der Justizvollzugsanstalt Kenntnis nehmen kann (BVerfG NJW 1964, 293).

10 **3. Verurteilter.** Der Verurteilte ist grds. – auch wenn zu seinen Gunsten entschieden werden soll (OLG Hamm NStZ-RR 2010, 191) – **mündlich zu hören** (Abs. 1 Satz 3), wobei die Ergebnisse der Anhörung zu dokumentieren sind (OLG Hamm NStZ-RR 2004, 383; KG NStZ 2007, 119). Er hat das Recht auf Anwesenheit eines Rechtsbeistandes seines Vertrauens (BVerfG NJW 1993, 2301 ff.; OLG Saarbrücken NStZ 2011, 479). Durch die mündliche Anhörung soll einerseits dem Verurteilten rechtliches Gehör gewährt werden, andererseits aber auch dem Gericht ermöglicht werden, sich den für die Entscheidung regelmäßig erforderlichen persönlichen Eindruck von dem Verurteilten zu verschaffen (*Meyer-Goßner/Schmitt* § 454 Rn. 16). Die Anhörung hat durch das für die Entscheidung zuständige Gericht zu erfolgen; eine Übertragung auf die Justizvollzugsanstalt ist nicht möglich. Bei Kollegialgerichten ist eine Anhörung regelmäßig, aber nicht stets in voller Besetzung erforderlich (OLG Düsseldorf NStZ-RR 2002, 191; OLG Rostock NStZ 2002, 109; vgl. aber auch OLG Koblenz, MDR 1977, 160; OLG Frankfurt am Main, NStZ-RR 1997, 29; NStZ-RR 2010, 188; Graf/*Klein* § 454 Rn. 6; *Pfeiffer* § 454 Rn. 6); vielmehr ist es – insb. in Fällen geringerer Bedeutung – möglich, ein Mitglied des Spruchkörpers als **beauftragten Richter** mit der Anhörung zu betrauen (s. ausf. LR/*Graalmann-Scheerer* § 454 Rn. 30 ff. sowie jüngst OLG Stuttgart, Beschl. vom 13.2.2015, 2 Ws 230/14; OLG Braunschweig, Beschl. vom 11.8.2014, 1 Ws 205/14). Bei Entscheidungen über die Aussetzung einer lebenslangen Freiheitsstrafe nach § 57a StGB (OLG Brandenburg NStZ 1996, 406 [407]) sowie der Maßregel der Sicherungsverwahrung (OLG Nürnberg NStZ-RR 2004, 318; StraFo

2008, 440) ist jedoch die Anhörung durch das Gericht in voller Besetzung erforderlich (zur Unterbringung nach § 63 StGB s. OLG München, Beschl. vom 7.10.2014, 1 Ws 703/14).
In Ausnahmefällen kommt die Übertragung auf einen **ersuchten Richter** (§ 157 Abs. 1 GVG) in Betracht (BGHSt 28, 138 [142 f.]; OLG Düsseldorf NJW 1976, 256; KMR/*Stöckel* § 454 Rn. 54); hierbei sind insb. die Entfernung zwischen Gericht und der Justizvollzugsanstalt sowie die Bedeutung der Sache und des persönlichen Eindrucks für die Entscheidung zu berücksichtigen. 11

Die Fälle einer **Entbehrlichkeit der mündlichen Anordnung** regelt Abs. 1 Satz 4; dem Anspruch des Verurteilten auf die Gewährung rechtlichen Gehörs ist in diesen Fällen jedoch regelmäßig durch eine schriftliche Anhörung Rechnung zu tragen. 12

– Nr. 1: Sofern die StA und die Vollzugsanstalt die Aussetzung einer zeitigen Freiheitsstrafe befürworten und das Gericht dem entsprechen will. Es verbleibt aber bei der Notwendigkeit einer Anhörung, wenn das Gericht im Vergleich zur StA oder der Justizvollzugsanstalt weiter gehende Auflagen verhängen will (OLG Düsseldorf MDR 1985, 868; LR/*Graalmann-Scheerer* § 454 Rn. 42). Wegen des eindeutigen Wortlautes der Vorschrift ist die Anhörung bei der Aussetzung einer lebenslangen Freiheitsstrafe jedoch auch bei Übereinstimmung mit StA und Justizvollzugsanstalt erforderlich.

– Nr. 2: Fälle der verfrühten Antragsstellung, da bei zeitiger Freiheitsstrafe eine Strafaussetzung nicht vor Vollstreckung von 2 Monaten (§ 57 Abs. 1 Nr. 1 StGB) bzw. der Hälfte (§ 57 Abs. 2 Nr. 1 StGB) der erkannten Strafe in Betracht kommt und die Mindestverbüßungsdauer bei lebenslanger Freiheitsstrafe 15 Jahre beträgt (§ 57a Abs. 1 Satz 1 Nr. 1 StGB).

– Nr. 3: Bei Unzulässigkeit nach § 57 Abs. 7 StGB bzw. § 57a Abs. 4 StGB (Antrag innerhalb der gerichtlich festgesetzten Sperrfrist).

Nach herrschender Meinung wird die mündliche Anhörung **über die im Gesetz enthaltenen Gründe hinaus** auch dann für nicht erforderlich erachtet, wenn sie auf das Ergebnis der Entscheidung offensichtlich keinen Einfluss hätte, sie somit eine reine Förmlichkeit darstellen würde (LR/*Graalmann-Scheerer* § 454 Rn. 41) oder der Verurteilte ausdrücklich auf die mündliche Anhörung verzichtet (BGH NStZ 1995, 610; NStZ 2000, 279; *Pfeiffer* § 454 Rn. 7). Eine Entbehrlichkeit liegt in diesem Zusammenhang insb. dann vor, wenn der Verurteilte seine Einwilligung zur Strafaussetzung nicht erteilt hat, da eine solche dann unabhängig vom persönlichen Eindruck in der Anhörung ohnehin nicht erfolgen kann. Überdies kann die mündliche Anhörung im Einzelfall entbehrlich sein, wenn aufgrund bestimmter Tatsachen zu besorgen ist, dass der Verurteilte diese ohnehin lediglich zu Beschimpfungen missbrauchen wird (s. OLG Düsseldorf NStZ 1987, 524; *Meyer-Goßner/Schmitt* § 454 Rn. 32). Hat das Gericht keine Sperrfrist nach § 57 Abs. 7 StGB bzw. § 57a Abs. 4 StGB gesetzt, so kann eine mündliche Anhörung im Einzelfall dann entbehrlich sein, wenn eine Strafaussetzung nach mündlicher Anhörung abgelehnt wurde und der Verurteilte seinen Antrag auf Aussetzung in unmittelbarer zeitlicher Nähe hierzu wiederholt (LR/*Graalmann-Scheerer* § 454 Rn. 45). Dies setzt aber unbedingt voraus, dass die Anhörung durch dasselbe Gericht erfolgen würde, der Eindruck aus der vorherigen Anhörung noch fortwirkt (OLG Düsseldorf NStZ 1982, 437; StV 1996, 558; OLG Hamm, Beschl. v. 25.01.2011 – 2 Ws 15/11) und keine neuen Tatsachen bekannt sind, die eine Strafaussetzung nunmehr rechtfertigen könnten (s. BGH NStZ 1995, 610; OLG Stuttgart NStZ 1986, 574; vgl. aber OLG Zweibrücken StV 1990, 412; HansOLG Bremen NStZ 2010, 106; s. zu dieser Problematik auch KMR/*Stöckel* § 454 Rn. 67; *Meyer-Goßner/Schmitt* § 454 Rn. 31; KK-StPO/*Appl* § 454 Rn. 25; Graf/*Klein* § 454 Rn. 11). 13

III. Einholung eines Sachverständigengutachtens (Abs. 2) 1. Erforderlichkeit eines Sachverständigengutachtens. Nach Abs. 2 Satz 1 ist die **Einholung des Gutachtens eines Sachverständigen** erforderlich, wenn das Gericht erwägt, die Vollstreckung des Restes einer lebenslangen Freiheitsstrafe oder einer Freiheitsstrafe von mehr als 2 Jahren wegen einer in § 66 Abs. 3 StGB genannten, damit als Anlasstat für die Anordnung der Sicherungsverwahrung grds. geeigneten Tat, zur Bewährung auszusetzen; in letzterem Fall kann das Gericht von der Einholung des Gutachtens absehen, wenn auszuschließen ist, dass der Entlassung Gründe der öffentlichen Sicherheit entgegenstehen (s. hierzu OLG Zweibrücken NJW 2005, 3439). 14

Die **Einholung des Gutachtens** ist nur dann **erforderlich**, wenn das Gericht die **Aussetzung der Strafe erwägt**, nicht aber, wenn eine Aussetzung – im Einzelfall und für das Gericht auch ohne sachverständige Einschätzung erkennbar – von vornherein nicht in Betracht kommt und daher abgelehnt wird, etwa, weil im Fall des Vorliegens einer besonderen Schwere der Schuld die festgesetzte Mindestverbüßungs- 15

§ 454 StPO   Aussetzung des Restes einer Freiheitsstrafe zur Bewährung

zeit noch nicht erreicht ist oder wenn – etwa aufgrund des Vorliegens eindeutiger anderweitiger gutachterlicher Stellungnahme aus jüngerer Zeit – die Voraussetzungen für die Strafaussetzung nach § 57 bzw. § 57a StGB offensichtlich nicht vorliegen (s. BGH NJW 2000, 1663; OLG Hamburg NJW 2000, 2758; OLG Köln StV 2001, 31; LR/*Graalmann-Scheerer* § 454 Rn. 53; vgl. auch BVerfG StraFo 2009, 413: regelmäßiges Erfordernis einer Begutachtung bei erstmaliger Überprüfung einer lebenslangen Freiheitsstrafe nach Ablauf der Mindestverbüßungszeit; s.a. OLG Karlsruhe NStZ 2011, 92 [93]). Die Weigerung des Verurteilten, an der Begutachtung mitzuwirken, kann bei der Entscheidung im Aussetzung kann i.R.d. Entscheidung über die Aussetzung zu seinen Ungunsten berücksichtigt werden (vgl. OLG Karlsruhe NStZ-RR 2004, 384; sehr weitgehend NStZ 1991, 207: Ablehnung der Aussetzung bereits allein aus diesem Grund; einschränkend OLG Celle NStZ-RR 2008, 260 [261]).

16 Anders als bei § 463 Abs. 4 ist die **Beauftragung eines Gutachters aus dem Justizvollzug** nicht ausgeschlossen (vgl. OLG Celle NStZ 1999, 159 [160]; OLG Karlsruhe StV 1999, 385; KG NStZ 1999, 319; OLG Hamm NStZ-RR 2008, 189); im Einzelfall, gerade bei bereits länger andauerndem Vollzug, dürfte jedoch die Beauftragung eines externen Sachverständigen zu erwägen sein (vgl. OLG Koblenz StV 1999, 497). Die Gutachtenserstattung durch den Anstaltspsychiater oder Anstaltspsychologen, der den Verurteilten während seiner Inhaftierung behandelt hat, dürfte regelmäßig die Besorgnis der Befangenheit begründen (LR/*Graalmann-Scheerer* § 454 Rn. 60; s.a. KK-StPO/*Appl* § 454 Rn. 13).

17 **2. Inhalt des Sachverständigengutachtens.** Der vom Gericht ausgewählte (§ 73 Abs. 1 Satz 1) Sachverständige hat nach Abs. 2 Satz 2 zur Frage Stellung zu nehmen, ob bei dem Verurteilten noch eine Gefahr fortbesteht, dass dessen in der Tat zutage getretene Gefährlichkeit fortbesteht. Hierbei wird insb. auf die in § 57 Abs. 1 StGB genannten, für die Aussetzungsentscheidung relevanten Kriterien einzugehen sein (Graf/*Klein* § 454 Rn. 14). Zur Begutachtung s. etwa *Schöch* NJW 1998, 1257 [1259]; *Rosenau* StV 1999, 388 [395 f.]. Zu den Anforderungen an ein Prognosegutachten s. bspw. LG Marburg NStZ-RR 2006, 156.

18 **3. Mündliche Anhörung des Sachverständigen.** Der Sachverständige ist nach Abs. 2 Satz 3 mündlich zu hören. Dies ist nach Abs. 2 Satz 4 dann entbehrlich, wenn der Verurteilte, sein Verteidiger und die StA hierauf verzichten (s. dazu OLG Hamm NStZ-RR 2011, 190); die Zustimmung des Verteidigers kann die des Verurteilten grds. nicht ersetzen (OLG Jena NStZ 2007, 421 [422]). Spätestens bis zur mündlichen Anhörung ist dem Verurteilten der Inhalt des schriftlichen Gutachtens mitzuteilen (OLG Stuttgart NStZ-RR 2003, 30 [31]; *Meyer-Goßner/Schmitt* § 454 Rn. 37a; vgl. auch KG NStZ-RR 2011, 29).

19 **IV. Rechtsmittel (Abs. 3)** Nach Abs. 3 ist gegen die Entscheidung über die Aussetzung der Strafe nach Abs. 1 i.V.m. § 57 f. StGB die **sofortige Beschwerde** statthaft und zwar unabhängig davon, ob die Strafaussetzung bewilligt oder abgelehnt wurde (*Meyer-Goßner/Schmitt* § 454 Rn. 43). Dies gilt auch für Beschlüsse nach § 57 Abs. 7 und 57a Abs. 4 StGB. Die Ablehnung, überhaupt eine Entscheidung zu treffen, ist mit einfacher Beschwerde anfechtbar (OLG Düsseldorf NStZ 1994, 454).

20 **Beschwerdeberechtigt** ist die StA sowie der Verurteilte (ggf. für ihn der Verteidiger oder gesetzliche Vertreter). Die Justizvollzugsanstalt hat kein eigenes Beschwerderecht. Der Verurteilte kann, wenn er seine Einwilligung zur Aussetzung widerruft (*Meyer-Goßner/Schmitt* § 454 Rn. 44), auch gegen einen die Strafaussetzung bewilligenden Beschluss beschwerdeberechtigt ist. Hat der Verurteilte der Aussetzung nicht zugestimmt, so fehlt ihm gegen einen ablehnenden Beschluss die Beschwer. Eine Beschwerde des Verurteilten gegen die Ablehnung der Aussetzung ist für erledigt zu erklären, wenn dieser die Strafe nach deren Einlegung vollständig verbüßt hat (OLG Hamm NStZ 2010, 170).

21 Die **Beschwerde der StA** hat nach Abs. 3 Satz 2 **aufschiebende Wirkung**; durch diese Regelung soll vermieden werden, dass der Verurteilte entlassen wird und kurze Zeit später wieder in die Justizvollzugsanstalt aufgenommen werden muss. Eine Entlassung ist bis zur Entscheidung des Beschwerdegerichts daher nicht möglich. Nach herrschender Meinung, die insoweit über den Wortlaut der Vorschrift hinausgeht, soll aufgrund der Beschwerdemöglichkeit der StA eine Entlassung vor Rechtskraft des Beschlusses nicht in Betracht kommen (*Meyer-Goßner/Schmitt* § 454 Rn. 49).

22 Das Beschwerdegericht **entscheidet in der Sache selbst** (§ 309 Abs. 2). Etwaige Verfahrensmängel bei der Entscheidung des ersten Gerichts werden regelmäßig durch die Nachholung im Beschwerdeverfahren geheilt, so etwa die Unterlassung der Anhörung von StA oder Justizvollzugsanstalt (*Meyer-Goßner/*

Schmitt § 454 Rn. 47). Hingegen sollen nach herrschender Meinung die unterlassene Anhörung des Verurteilten (vgl. OLG Düsseldorf NStZ 1981, 454; NStZ 1993, 406 [407]), auch wenn diese aufgrund einer erst im Beschwerdeverfahren erteilten Einwilligung zur Strafrestaussetzung überhaupt erst erforderlich wird (*Meyer-Goßner/Schmitt* § 454 Rn. 47, sowie die fehlende Einholung des nach Abs. 2 erforderlichen Sachverständigengutachtens (OLG Köln NStZ-RR 2000, 317 [318]; Graf/*Klein* § 454 Rn. 23) eine Zurückverweisung der Sache an das Erstgericht erforderlich machen.

Die **Rechtskraft** einer ablehnenden Aussetzungsentscheidung steht einer erneuten Prüfung der Aussetzungsfrage, wie schon § 57 Abs. 7 und § 57a Abs. 4 StGB zeigen, nicht entgegen. Veränderte tatsächliche Voraussetzungen, wie bspw. die nachträglich erteilte Einwilligung des Verurteilten in die Strafrestaussetzung, können auch die erneute Prüfung von Amts wegen erforderlich machen. 23

V. Nachtragsentscheidungen, Belehrung des Verurteilten (Abs. 4) Nach Abs. 4 gelten die Vorschriften über die Nachtragsentscheidungen bei der Strafaussetzung (§ 453), die Vorschriften über die Belehrung (§ 268a Abs. 3, § 453a Abs. 1 und Abs. 3), die stets mündlich zu erteilen ist (Abs. 4 Satz 2 Halbs. 1), unmittelbar vor der Entlassung erfolgen soll (Abs. 4 Satz 3) und auch der Justizvollzugsanstalt übertragen werden kann (Abs. 4 Satz 2 Halbs. 2), über die Bewährungsüberwachung einschließlich vorläufiger Maßnahmen (§ 453b und § 453c) sowie § 246a Abs. 2 (betreffend sachverständige Begutachtung im Falle von Therapieweisungen) entsprechend. 24

§ 454a StPO Beginn der Bewährungszeit; Aufhebung der Aussetzung des Strafrestes.

(1) Beschließt das Gericht die Aussetzung der Vollstreckung des Restes einer Freiheitsstrafe mindestens drei Monate vor dem Zeitpunkt der Entlassung, so verlängert sich die Bewährungszeit um die Zeit von der Rechtskraft der Aussetzungsentscheidung bis zur Entlassung.

(2) ¹Das Gericht kann die Aussetzung der Vollstreckung des Restes einer Freiheitsstrafe bis zur Entlassung des Verurteilten wieder aufheben, wenn die Aussetzung aufgrund neu eingetretener oder bekanntgewordener Tatsachen unter Berücksichtigung des Sicherheitsinteresses der Allgemeinheit nicht mehr verantwortet werden kann; § 454 Abs. 1 Satz 1 und 2 sowie Abs. 3 Satz 1 gilt entsprechend. ²§ 57 Abs. 5 des Strafgesetzbuches bleibt unberührt.

A. Grundsätzliches. Die Vorschrift regelt in Abs. 1 die Verlängerung der Bewährungszeit bei einer mehr als 3 Monate vor dem Entlassungszeitpunkt liegenden Entscheidung über die Reststrafenaussetzung (§ 454). In Abs. 2 wird dem Gericht die Möglichkeit eröffnet, die Entscheidung über die Reststrafenaussetzung bis zur Entlassung aufgrund neu eingetretener oder neu bekannt gewordener Umstände nachträglich abzuändern. 1

B. Einzelfragen. I. Verlängerung der Bewährungszeit (Abs. 1) Obwohl das Gesetz einen Zeitpunkt für die Entscheidung über die Reststrafenaussetzung nach § 454 nicht vorsieht, kann eine frühzeitige Entscheidung geboten sein, um der Justizvollzugsanstalt die Durchführung der notwendigen entlassungsvorbereitenden Maßnahmen, so z.B. die Gewährung von Vollzugslockerungen, zu ermöglichen und so dem gesetzlichen Wiedereingliederungsauftrag gerecht zu werden (vgl. OLG Zweibrücken NStZ 1992, 148; KMR/*Stöckel* § 454a Rn. 1). Insb. bei längeren Freiheitsstrafen wird daher ein Entscheidungszeitpunkt in Betracht kommen, der bereits mehrere Monate vor dem Entlassungstermin liegt. Voraussetzung ist insoweit jedoch, dass sich die Voraussetzungen des § 57 StGB, insb. im Hinblick auf die Sozialprognose, bereits zu diesem Zeitpunkt zuverlässig beurteilen lassen (vgl. OLG Düsseldorf MDR 1987, 1046; OLG Frankfurt am Main, NStZ-RR 2001, 311). 2

Durch eine **frühzeitige Entscheidung** über die Aussetzung und der damit einhergehenden Festsetzung eines Entlassungstermins kann das Gericht in Einzelfällen (Graf/*Klein* § 454a Rn. 1.1) auch die Justizvollzugsanstalt dazu veranlassen, vollzugsöffnende Maßnahmen zu gewähren (vgl. z.B. OLG Hamm, Beschl. v. 11.02.2010 – 1 Ws 479/09). Dies kommt nach BVerfG NJW 2009, 1941, [1945 ff.] (dazu *Reichenbach* NStZ 2010, 424 [426 f.]) in den Fällen in Betracht, in denen die Justizvollzugsanstalt bei der Entscheidung über Vollzugslockerungen dem grundrechtlich garantierten Freiheitsanspruch des 3

§ 454b StPO Vollstreckungsreihenfolge bei Freiheits- und Ersatzfreiheitsstrafen

Gefangenen – aus dem dessen Anspruch auf eine sachangemessene Prüfung von Resozialisierungsmaßnahmen abzuleiten ist – nicht gerecht geworden ist.

4 Liegt der Zeitpunkt der Aussetzungsentscheidung mindestens 3 Monate vor dem Entlassungszeitpunkt, so verlängert sich die Bewährungszeit für die Strafrestbewährung nach Abs. 1 um den Zeitraum von der Rechtskraft der Aussetzungsentscheidung bis zur Entlassung. Bei der nach § 43 vorzunehmenden Berechnung der 3-Monats-Frist ist aufgrund des eindeutigen Wortlautes der Vorschrift jedoch vom Zeitpunkt der Beschlussfassung ab zu rechnen (KK-StPO/*Appl* § 454a Rn. 4; a. A. die wohl h.M., s.z.B. *Meyer-Goßner/Schmitt* § 454a Rn. 2).

5 **II. Aufhebung der Aussetzung des Strafrestes (Abs. 2)** Eine Vorverlagerung des Entscheidungszeitpunktes hinsichtlich der Strafaussetzung birgt die Gefahr, dass die Voraussetzungen des § 57 StGB für den späteren Entlassungszeitpunkt nicht zutreffend beurteilt werden konnten. Abs. 2 ermöglicht daher – unabhängig, ob die Aussetzungsentscheidung unter den Voraussetzungen des Abs. 1 ergangen ist – die Aufhebung eines bereits erlassenen Aussetzungsbeschlusses bei Eintreten oder nachträglichem Bekanntwerden von Tatsachen, die eine Strafaussetzung unter Berücksichtigung des Sicherheitsinteresses der Allgemeinheit als nicht mehr verantwortbar erscheinen lassen. Die Aufhebung wird regelmäßig, aber nicht zwingend (OLG Köln NStZ-RR 2011, 125 [Ls.]) bei der Begehung oder dem Bekanntwerden neuer Straftaten in Betracht kommen; eine rechtskräftige Aburteilung der neuen Straftaten ist keine Bedingung für die Aufhebung (OLG Jena NStZ-RR 2007, 283). Die Aufhebung ist bis zur Entlassung, also der tatsächlichen Freilassung des Verurteilten (OLG Dresden NStZ 2000, 614; a. A. OLG Hamm NStZ 1996, 30: Entlassungszeitpunkt in der von der Entscheidung betroffenen Sache) möglich.

6 Für das Verfahren gilt nach Abs. 2 Satz 1 Halbs. 2 die Regelung des § 454 Abs. 1 Satz 1 und 2 sowie Abs. 3 Satz 1 entsprechend. Nach OLG Hamburg (ZfStrVo 1999, 118) soll auch ein vorläufiger Aufschub der Entlassung möglich sein, wenn das Gericht das Vorliegen der für eine etwaige Aufhebung relevanten Tatsachen bis zum ursprünglich festgesetzten Entlassungstermin nicht abklären kann (so mittlerweile auch OLG Nürnberg, Beschl. v. 13.11.2012, 2 Ws 558/12).

7 Nach Abs. 2 Satz 2 bleibt die Möglichkeit eines Widerrufs unberührt; dieser ist nach herrschender Meinung bei Vorliegen der Voraussetzungen des § 57 Abs. 5 StGB vorrangig (OLG Frankfurt am Main, NStZ-RR 1997, 176; KK-StPO/*Appl* § 454a Rn. 7; *Meyer-Goßner/Schmitt* § 454a Rn. 4).

8 Gegen einen Beschluss nach Abs. 2 Satz 1 ist die **sofortige Beschwerde statthaft**; bis zur Entscheidung des Beschwerdegerichts mangels Suspensiveffekts der Beschwerde (§ 307) ist eine Entlassung auch dann nicht möglich, wenn der ursprünglich vorgesehene Entlassungstermin überschritten wird.

§ 454b StPO Vollstreckungsreihenfolge bei Freiheits- und Ersatzfreiheitsstrafen; Unterbrechung.

(1) Freiheitsstrafen und Ersatzfreiheitsstrafen sollen unmittelbar nacheinander vollstreckt werden.

(2) ¹Sind mehrere Freiheitsstrafen oder Freiheitsstrafen und Ersatzfreiheitsstrafen nacheinander zu vollstrecken, so unterbricht die Vollstreckungsbehörde die Vollstreckung der zunächst zu vollstreckenden Freiheitsstrafe, wenn
1. unter den Voraussetzungen des § 57 Abs. 2 Nr. 1 des Strafgesetzbuches die Hälfte, mindestens jedoch sechs Monate,
2. im übrigen bei zeitiger Freiheitsstrafe zwei Drittel, mindestens jedoch zwei Monate, oder
3. bei lebenslanger Freiheitsstrafe fünfzehn Jahre

der Strafe verbüßt sind. ²Dies gilt nicht für Strafreste, die auf Grund Widerrufs ihrer Aussetzung vollstreckt werden. ³Treten die Voraussetzungen für eine Unterbrechung der zunächst zu vollstreckenden Freiheitsstrafe bereits vor Vollstreckbarkeit der später zu vollstreckenden Freiheitsstrafe ein, erfolgt die Unterbrechung rückwirkend auf den Zeitpunkt des Eintritts der Vollstreckbarkeit.

(3) Hat die Vollstreckungsbehörde die Vollstreckung nach Absatz 2 unterbrochen, so trifft das Gericht die Entscheidungen nach den §§ 57 und 57a des Strafgesetzbuches erst, wenn über die Aussetzung der Vollstreckung der Reste aller Strafen gleichzeitig entschieden werden kann.

§ 454b StPO Vollstreckungsreihenfolge bei Freiheits- und Ersatzfreiheitsstrafen

A. Grundsätzliches. Die Vorschrift soll einerseits bei mehreren zu vollstreckenden Freiheitsstrafen eine unmittelbare Anschlussvollstreckung ermöglichen (Abs. 1) und andererseits eine einheitliche Entscheidung über die Strafrestaussetzung durch Unterbrechung der zunächst zu vollstreckenden Strafen (Abs. 2) zu einem einheitlichen Zeitpunkt ermöglichen (Abs. 3). **1**

B. Einzelfragen. I. Unmittelbare Anschlussvollstreckung (Abs. 1) Durch die **unmittelbar aufeinanderfolgende Vollstreckung** mehrerer, nicht gesamtstrafenfähiger (KMR/*Stöckel* § 454b Rn. 4) Freiheitsstrafen und Ersatzfreiheitsstrafen sollen zwischenzeitliche kurzzeitige Entlassungen im Interesse des Verurteilten vermieden werden (s.a. § 43 Abs. 1 StVollstrO). Die Reihenfolge der Vollstreckung bestimmt sich nach § 43 Abs. 2 StVollstrO; eine hiervon abweichende Vollstreckungsreihenfolge kann die Vollstreckungsbehörde aus wichtigem Grund bestimmen (§ 43 Abs. 4 StVollstrO). Bei Zuständigkeit verschiedener Strafvollstreckungsbehörden gilt § 43 Abs. 5 und Abs. 7 StVollstrO. **2**

In begründeten Einzelfällen kann vom Grundsatz des Abs. 1 abgewichen werden (*Meyer-Goßner/Schmitt* § 454b Rn. 1). **3**

II. Unterbrechung zunächst zu vollstreckender Entscheidungen zum Zwecke einer gemeinsamen Aussetzungsentscheidung (Abs. 2) Um die **gleichzeitige Aussetzungsentscheidung** nach Abs. 3 zu ermöglichen unterbricht die Strafvollstreckungsbehörde die Vollstreckung der Strafen jeweils rechtzeitig zu den in Abs. 2 Satz 1 genannten Zeitpunkten, bei denen eine Aussetzungsentscheidung nach § 454 in Betracht kommt. Werden neben Freiheitsstrafen auch Jugendstrafen vollstreckt, findet die Vorschrift auf diese keine Anwendung (KK-StPO/*Appl* § 454b Rn. 3). **4**

Die Voraussetzungen des Abs. 2 Satz 1 Nr. 1 i.V.m. § 57 Abs. 2 Nr. 1 StGB (Erstverbüßerregelung) sind – für sämtliche Strafen – auch dann gegeben, wenn sich der Verurteilte erstmals in Haft befindet, hierbei aber mehrere Strafen nacheinander verbüßt (KMR/*Stöckel* § 454b Rn. 20; OLG Oldenburg NStZ 1987, 174) und zwar auch dann, wenn die Summe der vollstreckten Strafen 2 Jahre übersteigt (OLG Karlsruhe NStZ-RR 2006, 189; OLG Stuttgart NStZ 2000, 593). Die frühere Verbüßung von Untersuchungshaft (HansOLG Bremen StV 2009, 260 [261]; OLG Stuttgart NStZ 1990, 103 [104]) sowie einer Ersatzfreiheitsstrafe (OLG Stuttgart StV 1994, 250) hindern die Anwendung des Abs. 2 Satz 1 Nr. 1 nicht, wohl hingegen die Verbüßung von Jugendstrafe (*Fischer* StGB, § 57 Rn. 23 m.w.N. auch zu weiteren Problemstellungen im Zusammenhang mit § 57 Abs. 2 Nr. 1 StGB). Sofern ein Fall des Abs. 2 Satz 1 Nr. 1 vorliegt, das Gericht aber keine Strafaussetzung zum Halbstrafenzeitpunkt vornimmt, hat eine erneute Unterbrechung gem. Abs. 2 Satz 1 Nr. 2 zu erfolgen. Bei lebenslangen Freiheitsstrafen erfolgt eine Unterbrechung nach einer Vollstreckungsdauer von 15 Jahren (Abs. 2 Satz 1 Nr. 3) und zwar auch dann, wenn die besondere Schwere der Schuld nach § 57a Abs. 1 Nr. 2 StGB festgestellt wurde und daher eine Strafaussetzung zu diesem Zeitpunkt noch nicht in Betracht kommt; krit. dazu *Widmaier* NStZ 2010, 593 ff.). **5**

Keine Unterbrechung erfolgt bei einem aufgrund Widerrufs der Bewährungsaussetzung vollstreckten Strafrest (Abs. 2 Satz 2; s. hierzu OLG Braunschweig, Beschl. v. 17.1.2014, 1 Ws 400/13). Ein gemeinsamer Zeitpunkt für die gerichtliche Entscheidung ist auch dann herzustellen, wenn die Rechtskraft der später zu vollstreckenden Entscheidung erst nach dem Prüfungszeitpunkt der früheren eintritt; in diesen Fällen ist die Unterbrechung gem. Abs. 2 Satz 3 rückwirkend vorzunehmen. **6**

III. Gleichzeitige Aussetzungsentscheidung (Abs. 3) Die gerichtliche Entscheidung nach Abs. 3 ergeht zu dem (durch die Unterbrechung nach Abs. 2 geschaffenen) gemeinsamen Überprüfungszeitpunkt und hat sich auf sämtliche Strafen zu beziehen (s. auch KG Berlin, Beschl. v. 10.9.2014, 2 Ws 326/14), wenngleich sie für jeden Strafrest gesondert ergeht (Graf/*Klein* § 454b Rn. 9). **7**

Nach neuester Rechtsprechung des BGH ist der gemeinsame Entscheidungszeitpunkt auch für die Frage der Zurückstellung der Vollstreckung von Strafen i.R.d. § 35 BtMG relevant; diese kommt demnach erst zum Zeitpunkt des gemeinsamen Entscheidungspunktes in Betracht. Eine Änderung der Vollstreckungsreihenfolge dergestalt, dass zunächst die nicht zurückstellungsfähige Strafe bis zum Entscheidungszeitpunkt nach § 57 StGB verbüßt und sodann über die Zurückstellung entschieden wird, kommt dagegen nicht in Betracht (BGH NJW 2010, 3314; KG NStZ-RR 2011, 260; vgl. bereits OLG München NStZ 2000, 223; a. A. noch OLG Frankfurt am Main, NStZ-RR 2010, 185). **8**

§ 455 StPO Strafausstand wegen Vollzugsuntauglichkeit

9 **IV. Rechtsbehelfe.** Gegen Entscheidungen der Vollstreckungsbehörde nach Abs. 2 kann die gerichtliche Entscheidung nach § 458 Abs. 2 beantragt werden; hiergegen ist die sofortige Beschwerde gem. § 462 Abs. 3 eröffnet. Der Rechtsbehelf soll aber nur dann offenstehen, wenn die Entscheidung einen Fall des Abs. 2 Satz 1 Nr. 1–3 betrifft. Gegen sonstige Entscheidungen, die die Änderung der Vollstreckungsreihenfolge betreffen, ist nach der Rechtsprechung der Rechtsweg nach §§ 23 ff. EGGVG gegeben, auch wenn hiervon der Prüfungszeitpunkt betroffen ist (BGH NJW 1991, 2030; OLG Köln NStZ-RR 2010, 157).

10 Gegen die Aussetzungsentscheidung, die zum Zeitpunkt nach Abs. 3 ergeht, ist die sofortige Beschwerde gem. § 454 Abs. 3 statthafter Rechtsbehelf.

§ 455 StPO Strafausstand wegen Vollzugsuntauglichkeit.

(1) Die Vollstreckung einer Freiheitsstrafe ist aufzuschieben, wenn der Verurteilte in Geisteskrankheit verfällt.

(2) Dasselbe gilt bei anderen Krankheiten, wenn von der Vollstreckung eine nahe Lebensgefahr für den Verurteilten zu besorgen ist.

(3) Die Strafvollstreckung kann auch dann aufgeschoben werden, wenn sich der Verurteilte in einem körperlichen Zustand befindet, bei dem eine sofortige Vollstreckung mit der Einrichtung der Strafanstalt unverträglich ist.

(4) ¹Die Vollstreckungsbehörde kann die Vollstreckung einer Freiheitsstrafe unterbrechen, wenn
1. der Verurteilte in Geisteskrankheit verfällt,
2. wegen einer Krankheit von der Vollstreckung eine nahe Lebensgefahr für den Verurteilten zu besorgen ist oder
3. der Verurteilte sonst schwer erkrankt und die Krankheit in einer Vollzugsanstalt oder einem Anstaltskrankenhaus nicht erkannt oder behandelt werden kann

und zu erwarten ist, dass die Krankheit voraussichtlich für erhebliche Zeit fortbestehen wird. ²Die Vollstreckung darf nicht unterbrochen werden, wenn überwiegende Gründe, namentlich der öffentlichen Sicherheit, entgegenstehen.

1 **A. Grundsätzliches.** Die Vorschrift regelt den **Strafausstand**, also den **Aufschub** (Abs. 1 bis Abs. 3) einer noch nicht vollzogenen Freiheitsstrafe bzw. die **Unterbrechung** des Vollzuges einer Freiheitsstrafe (Abs. 4) im Fall der Vollzugsuntauglichkeit. Während der Aufschub in den Fällen der Abs. 1 und 2 zwingend zu gewähren ist, steht die Unterbrechung nach Abs. 4 stets im Ermessen der Vollstreckungsbehörde. Die Dauer des Strafausstandes ist (anders als bei § 456) nicht begrenzt und hängt ab von der Fortdauer des Zustandes, welcher einen Strafvollzug ausschließt; ein Aufschub sollte jedoch stets befristet angeordnet werden (*Zeitler* Rpfleger 2009, 205 [210]).

2 **B. Einzelfragen. I. Verfallen in Geisteskrankheit (Abs. 1)** Ein Verfallen in **Geisteskrankheit** nach **Abs. 1** liegt nur bei einer so schwerwiegenden Krankheit vor, die den Verurteilten für einen Behandlungsvollzug als nicht geeignet erscheinen lässt (OLG München NStZ 1981, 240); eine weitere Vollstreckung würde in diesen Fällen in Konflikt mit dem Recht auf einen menschenwürdigen Strafvollzug stehen (*Zeitler* Rpfleger 2009, 205 [208]) und das Erreichen der mit der Strafe verfolgten Zwecke fraglich erscheinen lassen (OLG München NStZ-RR 2013, 29). Ein dem § 20 StGB vergleichbarer Schweregrad muss hingegen nicht erreicht werden (*Laubenthal/Nestler* Rn. 216).

3 **II. Besorgnis naher Lebensgefahr (Abs. 2)** Abs. 2 sieht einen Strafaufschub bei einer **von der Vollstreckung ausgehenden nahen Lebensgefahr** vor. Eine Lebensgefahr aufgrund eines Selbstmordes fällt nicht hierunter, da hier die Gefahr nicht von der Vollstreckung ausgeht (KG, Beschl. v. 04.06.1999 – 1 AR 475/99; OLG Hamm NStZ-RR 2010, 191; *Meyer-Goßner/Schmitt* § 455 Rn. 5; KMR/*Stöckel* § 455 Rn. 12). Eine nahe Lebensgefahr setzt insb. dann einen höheren Grad der Wahrscheinlichkeit voraus, wenn die aufzuschiebende Strafe von langer Dauer ist (*Meyer-Goßner/Schmitt* § 455 Rn. 5 m.w.N.); hingegen kann bei kürzerer Dauer auch eine geringere Eintrittswahrscheinlichkeit genügen, was im Rahmen einer dem Verhältnismäßigkeitsgrundsatz Rechnung tragenden Anwendung der Vorschrift zu berücksichtigen ist (vgl. KMR/*Stöckel* § 455 Rn. 12).

III. Unverträglichkeit hinsichtlich einer sofortigen Vollstreckung (Abs. 3) Abs. 3 regelt die An- 4
ordnung eines Aufschubs **im Ermessen der Vollstreckungsbehörde**, wenn sich der Verurteilte in einem
körperlichen Zustand befindet, bei dem die sofortige Vollstreckung **mit der Einrichtung der Strafanstalt unverträglich** ist. Bei der Entscheidung sind im Rahmen einer umfassenden Einzelfallwürdigung die Belange des Verurteilten und die Behandlungsmöglichkeiten der Justizvollzugsanstalt zu
berücksichtigen. Auch die Sicherheitsbelange der Allgemeinheit und deren Interesse an einer beschleunigten Strafvollstreckung sind in die Abwägung einzustellen (vgl. BGH NJW 1993, 2927 [2929]). Die
Behandlungsmöglichkeiten außerhalb der Anstalt müssen über die Möglichkeiten im Vollzug hinausgehen (*Zeitler* Rpfleger 2009, 205 [207]). Eine Schwangerschaft begründet einen Zustand i.S.d. Abs. 3
i.d.R. nicht (s. im Einzelnen LR/*Graalmann-Scheerer* § 455 Rn. 12).

IV. Unterbrechung einer bereits begonnenen Strafvollstreckung (Abs. 4) Abs. 4 eröffnet der 5
Vollstreckungsbehörde die Möglichkeit, eine bereits begonnene Strafvollstreckung zu **unterbrechen**;
werden mehrere Freiheitsstrafen hintereinander vollstreckt, so kommt hinsichtlich der noch nicht vollstreckten Strafen ein Vorgehen nach Abs. 1 bis 3 in Betracht (OLG Jena ZfStrVo 2004, 298; s. aber
OLG Saarbrücken, Beschl. v. 4.5.2015, 1 Ws 65/15). Eine Unterbrechung kommt nur dann in Betracht, wenn eine Verlegung nach § 65 StVollzG (oder den entsprechenden landesgesetzlichen Regelungen) nicht möglich ist. In Einzelfällen ist in der obergerichtlichen Rechtsprechung die Möglichkeit der
Unterbrechung auch über die in den Satz 1 Nr. 1 bis Nr. 3 genannten Fälle hinausgehend angenommen
worden, wenn die weitere Vollstreckung in Konflikt mit der Menschenwürde des Betroffenen stehen
würde (s.z.B. OLG Hamburg StV 2008, 86; OLG Celle StraFo 2010, 351; vgl. hierzu auch BVerfG,
Beschl. v. 09.03.2010 – 2 BvR 3012/09 sowie Beschl. v. 06.06.2011 – 2 BvR 1083/11).

Dem Verurteilten steht **kein Anspruch auf eine Unterbrechung**, sondern lediglich auf eine **ermessens- 6
fehlerfreie Entscheidung** zu (LR/*Graalmann-Scheerer* § 455 Rn. 21).

Im Fall des Auftretens einer **Geisteskrankheit (Satz 1 Nr. 1)** stellt die Überweisung in den Maßregel- 7
vollzug keine zulässige Alternative dar, wenn eine solche im Urteil nicht angeordnet ist (OLG Karlsruhe
NStZ 1991, 302; für den Fall des Vorwegvollzuges gem. § 67 Abs. 2 Satz 1 StGB s. jedoch § 67 Abs. 3
StGB, § 45 Abs. 4 StVollstrO).

Die Voraussetzungen des **Satz 1 Nr. 2 (nahe Lebensgefahr)** entsprechen denen des Abs. 2.

Bei einer **sonstigen schweren Erkrankung (Satz 1 Nr. 3)** ist eine Unterbrechung nur dann vorzuneh- 8
men, wenn eine Diagnostizierung oder Behandlung in einem Anstaltskrankenhaus nicht möglich ist,
somit auch die Möglichkeit des § 461 insb. wegen der Dauer der Erkrankung nicht in Betracht kommt
(s. OLG München StV 1997, 262; vgl. aber KG, Beschl. v. 27.04.2001 – 1 AR 506/01). Wann die
Dauer der Erkrankung erheblich ist und eine Unterbrechung rechtfertigt, ist auch abhängig von der
Dauer der zu vollstreckenden Strafe (OLG München StraFo 2003, 323; vgl. § 45 Abs. 2 StVollstrO);
auch kann es einen Grund für eine Unterbrechung darstellen, dass der Verurteilte ansonsten einen unverhältnismäßig großen Teil der Strafe außerhalb der Justizvollzugsanstalt verbringen würde (*Laubenthal/Nestler* Rn. 226). Zum Verfahren bei der Unterbrechung s. § 46 StVollstrO.

Eine Unterbrechung der Vollstreckung darf nicht erfolgen, wenn **überwiegende Gründe**, insb. der öf- 9
fentlichen Sicherheit, **entgegenstehen** (Abs. 4 Satz 2). Für den Aufschub nach Abs. 1 und Abs. 2 gilt
diese Einschränkung nicht (*Zeitler* Rpfleger 2009, 205 [208]). Dem Sicherheitsbedürfnis der Allgemeinheit kann in den Fällen des Abs. 1 durch eine Anwendung der Unterbringungsgesetze der Länder Rechnung getragen werden (OLG Karlsruhe NStZ 1991, 302).

Über Einwendungen gegen Entscheidungen der Vollstreckungsbehörde entscheidet das nach §§ 462, 10
462a zuständige Gericht (§ 458 Abs. 2; zu dessen Prüfungsumfang s. OLG Koblenz, Beschl. v.
17.2.2014, 2 Ws 22/14). Gegen dessen Entscheidung ist die sofortige Beschwerde nach § 462 Abs. 3
Satz 1 statthaft. Ordnet das Gericht die Unterbrechung der Strafe an, so hat eine hiergegen gerichtete
sofortige Beschwerde der StA gem. § 463 Abs. 3 Satz 2 aufschiebende Wirkung.

§ 455a StPO Strafausstand aus Gründen der Vollzugsorganisation.

(1) Die Vollstreckungsbehörde kann die Vollstreckung einer Freiheitsstrafe oder einer freiheitsentziehenden Maßregel der Besserung und Sicherung aufschieben oder ohne Einwilligung des Gefangenen unterbrechen, wenn dies aus Gründen der Vollzugsorganisation erforderlich ist und überwiegende Gründe der öffentlichen Sicherheit nicht entgegenstehen.

(2) Kann die Entscheidung der Vollstreckungsbehörde nicht rechtzeitig eingeholt werden, so kann der Anstaltsleiter die Vollstreckung unter den Voraussetzungen des Absatzes 1 ohne Einwilligung des Gefangenen vorläufig unterbrechen.

1 **A. Grundsätzliches.** Der Aufschub oder die Unterbrechung der Vollstreckung (ausschließlich) einer Freiheitsstrafe kann auch aus Gründen der Vollzugsorganisation angeordnet werden. Eine Einwilligung des Verurteilten ist dabei nicht erforderlich. Während der Zeit eines Aufschubs oder einer Unterbrechung ruht die Vollstreckungsverjährung gem. § 79a Nr. 2 StGB. Eine Anrechnung auf die Strafzeit erfolgt nicht.

2 **B. Einzelfragen.** Ein **Aufschub** oder eine **Unterbrechung** ist möglich, wenn dies aus **Gründen der Vollzugsorganisation erforderlich** ist. Gründe, die in der Person des Verurteilten liegen, scheiden demnach aus (KG NStZ 1993, 334; OLG Karlsruhe, Beschl. v. 03.11.2004 – 2 VAs 34/94). Vollzugsorganisatorische Gründe können bspw. in der Überbelegung einer Anstalt (OLG Oldenburg StV 2004, 610; LR/*Graalmann-Scheerer* § 455a Rn. 2; nach LG Leipzig, StV 2013, 39 soll auch die Überbelegung von Mutter-Kind-Plätzen im Einzelfall einen Strafaufschub rechtfertigen können), Umbaumaßnahmen (OLG Karlsruhe, Beschl. v. 03.11.2004 – 2 VAs 34/94), der Zerstörung einer Anstalt, etwa durch Brand, (KMR/*Stöckel* § 455a Rn. 3) oder einer Unmöglichkeit der Unterbringung in den bestehenden Anstalten aufgrund des Ausbruchs einer ansteckenden Krankheit liegen. Die Vorschrift, die eine Ausnahme vom Gebot der nachdrücklichen und beschleunigten Strafvollstreckung (§ 2 Abs. 1 StVollstrO) vorsieht, ist eng auszulegen und setzt voraus, dass eine anderweitige Unterbringung unter Ausschöpfung der vollzuglichen Möglichkeiten, insb. der Möglichkeit einer Verlegung, nicht gegeben ist, somit der Aufschub oder die Unterbrechung erforderlich ist.

3 Dem Aufschub bzw. der Unterbrechung darf das aus Gründen der öffentlichen Sicherheit bestehende öffentliche Interesse an der Strafvollstreckung nicht entgegenstehen. Dies kann z.B. der Fall sein, wenn nach der Zerstörung einer Justizvollzugsanstalt mit Ausschreitungen oder Plünderungen der Gefangenen zu rechnen wäre (LR/*Graalmann-Scheerer* § 455a Rn. 3). Insb. kann es aber auch angezeigt sein, die Vollstreckung einer Freiheitsstrafe bei solchen Gefangenen, die für die Allgemeinheit besonders gefährlich sind, nicht aufzuschieben oder zu unterbrechen. Insoweit hat eine Abwägung der Sicherheits- und Vollstreckungsinteressen mit den Belangen der Vollzugsorganisation zu erfolgen (KMR/*Stöckel* § 455a Rn. 6; Graf/*Klein* § 455a Rn. 2).

4 **Zuständig** für die (Ermessens-) Entscheidung ist die **Vollstreckungsbehörde** (§ 451), funktional der Rechtspfleger (§ 31 Abs. 2 Satz 1 RPflG); diese hat gem. § 46a Abs. 1 StVollstrO grds. die Zustimmung der obersten Landesbehörde einzuholen. Nach Abs. 2 ist in Eilfällen auch der Leiter der Justizvollzugsanstalt zu einer Unterbrechung befugt.

5 Nach verbreiteter Ansicht soll eine gerichtliche Überprüfung des Aufschubs bzw. der Unterbrechung nicht möglich sein (KG NStZ 1983, 334; *Meyer-Goßner/Schmitt* § 455a Rn. 6). Dem ist zwar zuzugeben, dass das Gesetz eine Zustimmung des Betroffenen nicht voraussetzt. Andererseits kann dieser aber – etwa kurz vor einer bevorstehenden Entlassung (Graf/*Klein* § 455a Rn. 6) – durchaus ein Interesse an einer zügigen Vollstreckung haben, sodass diesem aus Gründen des effektiven Rechtsschutzes gem. Art. 19 Abs. 4 GG richtigerweise der Rechtsweg nach §§ 23 ff. EGGVG offensteht (KG RPfleger 2005, 162; OLG Karlsruhe, Beschl. v. 03.11.2004 – 2 VAs 34/04; KK-StPO/*Appl* § 455a Rn. 6).

§ 456 StPO Vorübergehender Aufschub.
(1) Auf Antrag des Verurteilten kann die Vollstreckung aufgeschoben werden, sofern durch die sofortige Vollstreckung dem Verurteilten oder seiner Familie erhebliche, außerhalb des Strafzwecks liegende Nachteile erwachsen.
(2) Der Strafaufschub darf den Zeitraum von vier Monaten nicht übersteigen.
(3) Die Bewilligung kann an eine Sicherheitsleistung oder andere Bedingungen geknüpft werden.

A. Grundsätzliches. Die Vorschrift regelt den **Aufschub der Vollstreckung in Härtefällen**, die in der Person des Verurteilten oder seiner Familie begründet sind. Eine Unterbrechung einer bereits begonnenen Vollstreckung ermöglicht die Norm nach herrschender Meinung nicht (BGHSt 19, 148 [150]; OLG Hamm NStZ-RR 2011, 221; *Pfeiffer* § 456 Rn. 1; KK-StPO/*Appl* § 456 Rn. 1; vgl. aber OLG Koblenz OLGSt StPO § 456 Nr. 1; OLG Zweibrücken NJW 1974, 70: Unterbrechung bei gerichtlicher Nachprüfung dann möglich, wenn der Antrag rechtzeitig vor Beginn der Strafvollstreckung gestellt wurde); hingegen kann die Vollstreckung eines noch offenen Strafrestes (etwa nach einem Bewährungswiderruf) nach § 456 aufgeschoben werden (Graf/*Klein* § 456 Rn. 2; nicht jedoch bei einer unmittelbaren Anschlussvollstreckung, OLG Oldenburg NdsRpfl 2010, 418). 1

B. Anwendungsbereich. In der Praxis von Bedeutung ist die Vorschrift in erster Linie bei der Vollstreckung von Freiheitsstrafen; bei Geldstrafen ist die Relevanz wegen der insoweit weiter gehenden §§ 459 ff. gering. Beim Berufsverbot ist § 456c lex specialis. Bei Nebenstrafen und Nebenfolgen, die mit Eintritt der Rechtskraft wirksam werden, und somit keiner Vollstreckung bedürfen, ist § 456 nicht anwendbar (KK-StPO/*Appl* § 456 Rn. 3). Bei den Maßregeln der Besserung und Sicherung ist die Vorschrift grds. anwendbar, nicht jedoch bei der Sicherungsverwahrung (§ 463 Abs. 1, Abs. 5 Satz 3). 2

C. Einzelfragen. **Erhebliche Nachteile** sind die den Verurteilten oder seine Familie (nicht dessen Verlobungspartner, s. OLG Rostock, Beschl. v. 22.7.2014, 20 Ws 178/14) treffenden Folgen persönlicher, wirtschaftlicher (s. dazu OLG Karlsruhe StV 299, 213) oder ideeller Art, die über das gewöhnliche Strafübel hinausgehen (OLG Düsseldorf NStZ 1992, 149; Graf/*Klein* § 456 Rn. 4). Einen erheblichen Nachteil können bspw. (vgl. KK-StPO/*Appl* § 456 Rn. 5) die Erkrankung des Ehepartners bei zu versorgenden Kindern, der kurz bevorstehende Abschluss einer Berufsausbildung (sehr weitgehend: LG Bochum StV 2008, 88: Verlust eines Studiensemesters) oder (in Einzelfällen) die zwingende Anwesenheit eines Selbstständigen (s. dazu OLG Frankfurt am Main, NStZ 1989, 93) darstellen, nicht jedoch, wenn die Nachteile vom Verurteilten selbst herbeigeführt wurden (OLG Schleswig NStZ 1989, 93). Die erheblichen Nachteile müssen durch den Aufschub vermieden werden können; jedoch muss hierfür **die Höchstfrist des Aufschubs von 4 Monaten** (Abs. 2), die auch bei mehreren gewährten Aufschüben nicht überschritten werden darf, ausreichen; wäre ein längerer Aufschub erforderlich, kommt eine Anwendung von § 456 nicht in Betracht. Ein längerer Aufschub kann lediglich durch Gnadenerweis gewährt werden (OLG Stuttgart NStZ 1985, 331). Die Frist errechnet sich von dem Tag an, zu dem eine Ladung zum Strafantritt erfolgt ist (OLG Düsseldorf MDR 1995, 304; *Meyer-Goßner/Schmitt* § 456 Rn. 6). 3

Nach Abs. 3 besteht die Möglichkeit, den Aufschub an eine Sicherheitsleistung oder eine andere Bedingung zu knüpfen. 4

Über den Aufschub entscheidet die Vollstreckungsbehörde (§ 451) im Rahmen pflichtgemäßen Ermessens (zur Bedeutung etwaiger Ermessensrichtlinien s. OLG Dresden, Beschl. v. 13.9.2013, 2 Ws 483/13). Über Einwendungen gegen deren Entscheidungen befindet das Gericht (§ 458 Abs. 2), das die Entscheidung der Vollstreckungsbehörde auf Ermessensfehler prüft (OLG Jena ZfStrVo 2003, 309) durch Beschluss. Hiergegen ist die sofortige Beschwerde (§ 462 Abs. 3 Satz 1 i.V.m. § 311) statthaft. Der Aufschub kann im Fall einer Ermessensreduzierung auf Null auch durch das Beschwerdegericht bewilligt werden (OLG Karlsruhe StV 2000, 213). 5

§ 456a StPO Absehen von Vollstreckung bei Auslieferung, Überstellung oder Ausweisung.

(1) Die Vollstreckungsbehörde kann von der Vollstreckung einer Freiheitsstrafe, einer Ersatzfreiheitsstrafe oder einer Maßregel der Besserung und Sicherung absehen, wenn der Verurteilte wegen einer anderen Tat einer ausländischen Regierung ausgeliefert, an einen internationalen Strafgerichtshof überstellt oder wenn er aus dem Geltungsbereich dieses Bundesgesetzes abgeschoben, zurückgeschoben oder zurückgewiesen wird.

(2) ¹Kehrt der Verurteilte zurück, so kann die Vollstreckung nachgeholt werden. ²Für die Nachholung einer Maßregel der Besserung und Sicherung gilt § 67c Abs. 2 des Strafgesetzbuches entsprechend. ³Die Vollstreckungsbehörde kann zugleich mit dem Absehen von der Vollstreckung die Nachholung für den Fall anordnen, dass der Verurteilte zurückkehrt, und hierzu einen Haftbefehl oder einen Unterbringungsbefehl erlassen sowie die erforderlichen Fahndungsmaßnahmen, insbesondere die Ausschreibung zur Festnahme, veranlassen; § 131 Abs. 4 sowie § 131a Abs. 3 gelten entsprechend. ⁴Der Verurteilte ist zu belehren.

1 **A. Grundsätzliches.** Die Vorschrift räumt der Vollstreckungsbehörde die Möglichkeit ein, von der Vollstreckung gegen einen ausgelieferten, überstellten oder ausgewiesenen Verurteilten abzusehen. Die Vollstreckungsbehörde hat somit dieselben Möglichkeiten, die der Strafverfolgungsbehörde durch § 154b Abs. 2 und Abs. 3 eingeräumt sind. Die Regelung trägt dem Umstand Rechnung, dass in diesen Fällen die mit der Strafe verfolgten Zwecke, insb. der Resozialisierung, aber auch der Prävention leerlaufen können (vgl. Graf/*Klein* § 456a Rn. 1).

2 **B. Einzelfragen. I. Anwendungsvoraussetzungen.** Voraussetzung ist, dass der Verurteilte wegen einer anderen Tat (§ 264) ausgeliefert (§§ 2 ff. IRG), an einen internationalen Strafgerichtshof der StPO überwiesen (§§ 2 ff. IStGHG) oder dass dieser aus dem Geltungsbereich der StPO abgeschoben, zurückgeschoben oder zurückgewiesen wird (Neufassung durch das »Gesetz zur Neubestimmung des Bleiberechts und der Aufenthaltsbeendigung vom 27.07.2015 (BGBl. I S. 1386) mit Wirkung zum 01.08.2015. Die Maßnahme muss bestandskräftig angeordnet sein (OLG Karlsruhe, Beschl. v. 03.07.2007 – 2 VAs 18/07) und demnächst tatsächlich vollzogen werden (Pfeiffer § 456a Rn. 2).

3 Die Vollstreckungsbehörde (§ 451) kann von der Vollstreckung einer gegen den Verurteilten verhängten Freiheitsstrafe (§ 38 StGB), Ersatzfreiheitsstrafe (§ 43 StGB) oder Maßregel der Besserung und Sicherung (§§ 61 ff. StGB) ganz oder teilweise absehen. Die Vorschrift ermöglicht – anders als § 456 – auch die Unterbrechung einer bereits begonnenen Vollstreckung.

4 Die Entscheidung steht im Ermessen der Vollstreckungsbehörde. I.R.d. zu treffenden Entscheidung sind neben der Schwere der Tat insb. die Dauer eines etwaig verbüßten Strafteils und das damit verbundene Interesse der Allgemeinheit an einer nachhaltigen Strafvollstreckung, die persönliche Situation des Verurteilten und die im Heimatland zu erwartenden Umstände des Vollzuges zu berücksichtigen (OLG Stuttgart StV 1993, 258; vgl. zusf. KK-StPO/*Appl* § 456a Rn. 3a m.w.N.). In den meisten Ländern bestehen ermessensleitende Richtlinien (vgl. § 17 Abs. 1 Satz 1 StVollstrO; Übersicht bei Graf/*Klein* § 456a Rn. 4.1). Zur Möglichkeit des Widerrufs einer Absehensentscheidung s. OLG Hamm NStZ-RR 2013, 30.

5 **II. Nachholung der Vollstreckung (Abs. 2)** Nach Abs. 2 kann eine **Vollstreckung nachgeholt** werden, **wenn der Verurteilte** in den Geltungsbereich der StPO freiwillig (KG NStZ-RR 2004, 312; *Meyer-Goßner/Schmitt* § 456a Rn. 6; a. A. *Pfeiffer* § 456a Rn. 4; vgl. auch OLG Frankfurt NStZ-RR 1996, 93) zurückkehrt und zu diesem Zeitpunkt die Vollstreckungsverjährung nach § 79 StGB noch nicht eingetreten ist (zu den bei der Ermessensentscheidung zu berücksichtigenden Erwägungen s. OLG Nürnberg NStZ-RR 2009, 125; OLG Hamm, Beschl. v. 20.03.2008 – 1 VAs 11/08 geht von einer im Regelfall bestehenden Vollstreckungspflicht aus). Bei Maßregeln der Besserung und Sicherung gilt zudem die Einschränkung des § 67c Abs. 2 (Abs. 2 Satz 2). Die Nachholung im Fall der Wiedereinreise sowie entsprechende vollstreckungssichernde Maßnahmen können (nach § 17 Abs. 2 Satz 1 StVollstrO: sollen) bereits i.R.d. Entscheidung nach Abs. 1 angeordnet werden (Abs. 2 Satz 3); jedoch hat in diesen Fällen eine erneute Prüfung vor der tatsächlichen Nachholung der Vollstreckung dann zu erfolgen, wenn sich hinreichende Anhaltspunkte für eine Neubeurteilung ergeben (vgl. OLG Hamburg

NStZ-RR 1999, 123). Im Fall einer Anordnung der Nachholung der Vollstreckung wird ein erneutes Absehen nur in Ausnahmefällen in Betracht kommen (OLG Frankfurt am Main, NStZ-RR 2001, 93). Der Verurteilte ist über die Möglichkeit einer Nachholung der Vollstreckung zu **belehren** (Abs. 2 Satz 4). Die Belehrung, die in einer für den Verurteilten verständlichen Sprache zu erfolgen hat (§ 17 Abs. 2 Satz 2 StVollstrO; LG Bayreuth NStZ-RR 2011, 291), ist aktenkundig zu machen (§ 17 Abs. 2 Satz 3 StVollstrO) und kann der Justizvollzugsanstalt übertragen werden (§ 17 Abs. 2 Satz 4 StVollstrO). Unterbleibt die Belehrung, so ist die Nachholung der Vollstreckung unzulässig (OLG Stuttgart MDR 1981, 426); dies gilt auch, wenn die Belehrung unzureichend war (etwa, weil sie lediglich den Fall einer unerlaubten Einreise in das Bundesgebiet erfasste, vgl. OLG Karlsruhe NStZ 2001, 93) und der Verurteilte deshalb auf ein Unterbleiben der Nachholung vertrauen durfte. Eine Nachholung der Belehrung ist zulässig und ermöglicht die Nachholung der Vollstreckung, wenn dem Verurteilten hinreichende Gelegenheit gegeben wurde, sein Verhalten hiernach auszurichten (OLG Karlsruhe NStZ 1994, 254; *Meyer-Goßner/Schmitt* § 456a Rn. 8). 6

Wird von einer Entscheidung nach Abs. 1 abgesehen, so steht dem Verurteilten – nach Durchführung des Beschwerdeverfahrens gem. § 21 StVollstrO – der **Antrag nach § 23 EGGVG** offen. Das OLG überprüft hierbei die Entscheidung der Vollstreckungsbehörde lediglich auf Ermessensfehler, etwa, ob wesentliche Milderungsgründe unberücksichtigt gelassen wurden (OLG Karlsruhe StraFo 2009, 83; zur Ermessensreduzierung auf Null s. OLG Karlsruhe, Beschl. v. 09.06.2010 – 2 VAs 19/10). **Wird eine Anordnung nach Abs. 1 getroffen**, ist diese für den (insoweit nicht beschwerten) Verurteilten **nicht anfechtbar**. Über Einwendungen des Verurteilten gegen die Nachholung der Vollstreckung entscheidet nach § 458 Abs. 2 das gem. § 462a Abs. 1 und 2 zuständige Gericht (vgl. dazu OLG Stuttgart StraFo 2011, 114). 7

§ 456b StPO *(weggefallen)*

§ 456c StPO Aufschub und Aussetzung des Berufsverbotes.

(1) ¹Das Gericht kann bei Erlass des Urteils auf Antrag oder mit Einwilligung des Verurteilten das Wirksamwerden des Berufsverbots durch Beschluss aufschieben, wenn das sofortige Wirksamwerden des Verbots für den Verurteilten oder seine Angehörigen eine erhebliche, außerhalb seines Zweckes liegende, durch späteres Wirksamwerden vermeidbare Härte bedeuten würde. ²Hat der Verurteilte einen gesetzlichen Vertreter, so ist dessen Einwilligung erforderlich. ³§ 462 Abs. 3 gilt entsprechend.
(2) Die Vollstreckungsbehörde kann unter denselben Voraussetzungen das Berufsverbot aussetzen.
(3) ¹Der Aufschub und die Aussetzung können an die Leistung einer Sicherheit oder an andere Bedingungen geknüpft werden. ²Aufschub und Aussetzung dürfen den Zeitraum von sechs Monaten nicht übersteigen.
(4) Die Zeit des Aufschubs und der Aussetzung wird auf die für das Berufsverbot festgesetzte Frist nicht angerechnet.

A. Grundsätzliches. Als lex specialis zu § 456 regelt § 456c die Möglichkeiten des Aufschubs (Abs. 1) und der Aussetzung (= Unterbrechung, Abs. 2) des Berufsverbots (§ 70 StGB), welches gem. § 70 Abs. 4 Satz 1 StGB ansonsten mit Urteilsrechtskraft unmittelbar wirksam wird. Anders als die Aussetzung (zur Bewährung) nach § 70a StGB ist hiermit lediglich ein zeitlicher Aufschub verbunden. Die Regelung ist auf ein Fahrverbot gem. § 44 StGB, mag dieses auch faktisch die Ausübung bestimmter Berufe (z.B. Kraftfahrer) für die Dauer seiner Wirksamkeit ausschließen und ebenfalls mit Rechtskraft des Urteils unmittelbar wirksam werden (s. § 44 Abs. 2 Satz 1 StGB), nicht analog anwendbar (h.M.; s. KK-StPO/*Appl* § 456c Rn. 1 m.w.N.). Hingegen gilt sie im anwaltsgerichtlichen Verfahren entsprechend (Anwaltsgerichtshof Schleswig MDR 1999, 1168). 1

B. Einzelfragen. Abs. 1 ermöglicht dem erkennenden Gericht den Aufschub des Berufsverbots durch gesonderten Beschluss. Die Entscheidung ist bei Erlass des Urteils zu treffen, also unter Einbeziehung der Schöffen (Graf/*Klein* § 456c Rn. 3) und bedarf der Zustimmung des Angeklagten. Eine spä- 2

§ 457 StPO Ermittlungshandlungen; Vorführungsbefehl, Vollstreckungshaftbefehl

tere Entscheidung ist unzulässig, jedoch muss diese nicht mit dem Urteil verkündet werden (KK-StPO/ *Appl* § 456c Rn. 2). Die Höchstdauer des Aufschubs beträgt 6 Monate (Abs. 3 Satz 2); der Aufschub kann nach Abs. 3 Satz 1 auch an die Leistung einer Sicherheit oder andere Bedingungen geknüpft werden.

3 Der Begriff der erheblichen Härte entspricht im Wesentlichen den erheblichen Nachteilen i.S.d. § 456 (s. dort Rdn. 3).

4 Nach Rechtskraft kann die Vollstreckungsbehörde – unter den gleichen Voraussetzungen wie das Gericht bei seiner Entscheidung nach Abs. 1 – das Berufsverbot aussetzen (Abs. 2; s.a. § 55 Abs. 2 StVollstrO). § 55 Abs. 3 StVollstrO sieht eine Anhörung der zuständigen Verwaltungsbehörden und berufsständischen Organisationen vor. Die Dauer einer Aussetzung darf – zusammen mit einem vom Gericht gewährten Aufschub – nicht mehr als 6 Monate betragen.

§ 457 StPO Ermittlungshandlungen; Vorführungsbefehl, Vollstreckungshaftbefehl.

(1) § 161 gilt sinngemäß für die in diesem Abschnitt bezeichneten Zwecke.
(2) ¹Die Vollstreckungsbehörde ist befugt, zur Vollstreckung einer Freiheitsstrafe einen Vorführungs- oder Haftbefehl zu erlassen, wenn der Verurteilte auf die an ihn ergangene Ladung zum Antritt der Strafe sich nicht gestellt hat oder der Flucht verdächtig ist. ²Sie kann einen Vorführungs- oder Haftbefehl auch erlassen, wenn ein Strafgefangener entweicht oder sich sonst dem Vollzug entzieht.
(3) ¹Im Übrigen hat in den Fällen des Absatzes 2 die Vollstreckungsbehörde die gleichen Befugnisse wie die Strafverfolgungsbehörde, soweit die Maßnahmen bestimmt und geeignet sind, den Verurteilten festzunehmen. ²Bei der Prüfung der Verhältnismäßigkeit ist auf die Dauer der noch zu vollstreckenden Freiheitsstrafe besonders Bedacht zu nehmen. ³Die notwendig werdenden gerichtlichen Entscheidungen trifft das Gericht des ersten Rechtszuges.

1 **A. Grundsätzliches.** Die Vorschrift regelt die der Vollstreckungsbehörde zustehenden **Ermittlungs- und Zwangsmaßnahmen**, insb. zur Ergreifung des flüchtigen oder sich dem Strafantritt entziehenden Verurteilten.

2 **B. Einzelfragen. I. Ermittlungsbefugnisse der Strafvollstreckungsbehörde (Abs. 1)** Abs. 1 weist der Vollstreckungsbehörde (§ 451) zum Zweck der Strafvollstreckung die der Verfolgungsbehörde zustehenden **Ermittlungsbefugnisse nach § 161** zu. Neben den in dieser Norm genannten Auskunfts- und Ermittlungsbefugnissen sind nach ganz herrschender Meinung auch die in § 161a und § 163a enthaltenen Vernehmungsbefugnisse erfasst (OLG Karlsruhe NStZ-RR 2005, 369; LR/*Graalmann-Scheerer* § 457 Rn. 5; *Meyer-Goßner/Schmitt* § 457 Rn. 1). Auch die Vollstreckungsbehörde hat die Möglichkeit, sich zur Durchführung ihrer Ermittlungsmaßnahmen der Polizei zu bedienen (§ 161 Abs. 1 Satz 2).

3 **II. Eingriffsbefugnisse der Strafvollstreckungsbehörde (Abs. 2 und Abs. 3)** Die Abs. 2 und 3 geben der Vollstreckungsbehörde **weiter gehende Eingriffsbefugnisse** bei der **Vollstreckung von Freiheitsstrafen**, auch von Ersatzfreiheitsstrafen gem. § 459e (s.a. § 50 Abs. 1 StVollstrO).

4 **1. Vorführungs- und Haftbefehl (Abs. 2)** Zur Vollstreckung einer Freiheitsstrafe kann die Vollstreckungsbehörde einen **Vorführungs-** oder (in der Praxis bedeutsamer) **Haftbefehl** erlassen, wenn der Verurteilte sich auf die an ihn ergangene Ladung zum Strafantritt nicht gestellt hat (Abs. 2 Satz 1, 1. Alt.; s. § 27 StVollstrO; vgl. zum Erfordernis einer ordnungsgemäßen Ladung OLG Koblenz StraFo 2006, 86) oder der Flucht verdächtig ist (Abs. 2 Satz 1, 2. Alt.) oder wenn der Verurteilte aus einer Justizvollzugsanstalt entweicht bzw. sich sonst dem Vollzug entzieht (Abs. 2 Satz 2), womit insb. der Missbrauch von Vollzugslockerungen angesprochen ist. Unter den Voraussetzungen des § 33 Abs. 3 StVollstrO kann der Erlass des Haftbefehls bereits mit der Ladung verbunden werden. Im Fall des Bewährungswiderrufs kann der Vollstreckungshaftbefehl erst dann erlassen werden, wenn der Widerrufsbeschluss rechtskräftig ist (OLG Karlsruhe NJW 1964, 1085). Die §§ 112 ff. gelten für den Vollstreckungshaftbefehl nicht (*Pfeiffer* § 457 Rn. 4). Stellt sich zu einem späteren Zeitpunkt heraus, dass die Voraussetzungen des

Erlasses des Vollstreckungshaftbefehls nicht bestehen, so ist dieser aufzuheben (OLG Dresden NStZ-RR 2008, 294).

Zuständig für den Erlass des Vorführungs- bzw. Haftbefehl ist die Vollstreckungsbehörde (§ 451) und somit gem. § 31 Abs. 2 Satz 1 RPflG der Rechtspfleger; dass dieser einen Freiheitsentzug anordnen kann, ist insofern auch vor dem Hintergrund des Art. 104 Abs. 2 Satz 1 GG unproblematisch, da insoweit nur die vom Gericht angeordnete Freiheitsentziehung vollzogen wird (s. bspw. Graf/*Klein* § 457 Rn. 5 m.w.N.). 5

2. Weitere Befugnisse (Abs. 3) Auch die weiteren Befugnisse der Strafverfolgungsbehörde stehen der Strafvollstreckungsbehörde zu dem Zweck zu, die Festnahme aufgrund eines Vollstreckunghaftbefehls, nicht aber aufgrund eines Sicherungshaftbefehls gem. § 453c (OLG Celle NStZ 2010, 107), zu erwirken. Der Vollstreckungshaftbefehl enthält die Anordnung der Durchsuchung der Wohnung zum Zwecke der Festnahme (str.; OLG Düsseldorf NJW 1981, 2133 [2134]; Graf/*Klein* § 457 Rn. 7 m.w.N. auch zur Gegenansicht). Soweit eine Maßnahme einer richterlichen Anordnung bedarf, ist für diese das Gericht des ersten Rechtszuges zuständig (Abs. 3 Satz 3). Bei allen Maßnahmen ist der Grundsatz der Verhältnismäßigkeit zu berücksichtigen, wobei der Dauer der noch zu vollstreckenden Strafe i.R.d. Einzelfallabwägung eine besondere Bedeutung zukommt (Abs. 3 Satz 2; vgl. etwa KG StraFo 2008, 239: Unverhältnismäßigkeit einer Verkehrsdatenerhebung nach § 100g bei einem noch zu vollstreckenden Strafrest von 145 Tagen). Allein die Tatsache, dass das Urteil eine für die Maßnahme erforderliche Katalogtat enthält, reicht somit für deren Zulässigkeit noch nicht aus (OLG Zweibrücken StV 2001, 305). 6

3. Rechtsbehelf. In der StPO ist ein Rechtsbehelf gegen einen Vollstreckungshaftbefehl als solchen nicht vorgesehen; es kommt daher nur der Rechtsbehelf gem. §§ 23 ff. EGGVG in Betracht (str.; wie hier OLG Karlsruhe NStZ-RR 2005, 223; OLG Celle, Beschl. v. 18.8.2014, 2 Ws 130/14; a. A. OLG Stuttgart StraFo 2011, 114; vgl. auch OLG Oldenburg NStZ-RR 2015, 156), der nach Durchführung des Beschwerdeverfahrens (§ 21 StVollstrO) zulässig ist. Gegen einen erledigten, weil nicht mehr vollzogenen, Vollstreckungshaftbefehl kann der Feststellungsantrag nach § 28 Abs. 1 Satz 4 EGGVG erhoben werden; hierbei ist das Vorliegen eines in jedem Einzelfall zu prüfenden, insb. bei schweren Grundrechtseingriffen vorliegenden (BVerfG NStZ-RR 2004, 252) besonderen Feststellungsinteresses erforderlich (OLG Hamm StV 2005, 676; OLG Karlsruhe NStZ-RR 2005, 249; OLG Frankfurt am Main, NStZ-RR 2005, 282; KG NStZ-RR 2009, 324; a. A. OLG Frankfurt am Main, NStZ-RR 2002, 224). 7

§ 458 StPO Gerichtliche Entscheidungen bei Strafvollstreckung.

(1) Wenn über die Auslegung eines Strafurteils oder über die Berechnung der erkannten Strafe Zweifel entstehen oder wenn Einwendungen gegen die Zulässigkeit der Strafvollstreckung erhoben werden, so ist die Entscheidung des Gerichts herbeizuführen.
(2) Das Gericht entscheidet ferner, wenn in den Fällen des § 454b Abs. 1 und 2 sowie der §§ 455, 456 und 456c Abs. 2 Einwendungen gegen die Entscheidung der Vollstreckungsbehörde erhoben werden oder wenn die Vollstreckungsbehörde anordnet, dass an einem Ausgelieferten, Abgeschobenen, Zurückgeschobenen oder Zurückgewiesenen die Vollstreckung einer Strafe oder einer Maßregel der Besserung und Sicherung nachgeholt werden soll, und Einwendungen gegen diese Anordnung erhoben werden.
(3) ¹Der Fortgang der Vollstreckung wird hierdurch nicht gehemmt; das Gericht kann jedoch einen Aufschub oder eine Unterbrechung der Vollstreckung anordnen. ²In den Fällen des § 456c Abs. 2 kann das Gericht eine einstweilige Anordnung treffen.

A. Grundsätzliches. Die Vorschrift ermöglicht die **gerichtliche Entscheidung bei Zweifeln über die Auslegung des Strafurteils** oder der – ansonsten der Strafvollstreckungsbehörde (§ 451) obliegenden – **Strafzeitberechnung** sowie über Einwendungen gegen die Zulässigkeit der Strafvollstreckung als solche (Abs. 1). Gem. Abs. 2 kann durch Einwendungen gegen die dort genannten Maßnahmen der Strafvollstreckungsbehörde deren gerichtliche Überprüfung herbeigeführt werden. 1

§ 459a StPO   Bewilligung von Zahlungserleichterungen

Im Anwendungsbereich der Vorschrift ist der Rechtsbehelf nach §§ 23 ff. EGGVG ausgeschlossen, und zwar auch hinsichtlich der Feststellung der Rechtswidrigkeit bei einer sich während des Laufs des Verfahrens erledigenden Vollstreckungsmaßnahme (*Pfeiffer* § 458 Rn. 5). Bei der Geldstrafenvollstreckung ist in dessen Anwendungsbereich der Rechtsbehelf nach § 459h lex specialis. Gegen Einzelentscheidungen im vollzuglichen Bereich ist nicht der Rechtsbehelf nach § 458, sondern nach §§ 109 ff. StVollzG statthaft.

2 **B. Einzelfragen.** Zweifel über die Auslegung eines Strafurteils (§ 449 Rdn. 4) können beispielsweise bestehen in einem Widerspruch zwischen Urteilstenor und Urteilsgründen (*Pfeiffer* § 458 Rn. 2). § 458 ist nur dann anwendbar, wenn sich die Zweifel auf die Vollstreckbarkeit des Urteils auswirken, also (zumindest auch) auf den Rechtsfolgenausspruch oder die Kostenentscheidung (*Graf/Klein* § 458 Rn. 3). Zweifel an der Strafzeitberechnung werden v.a. dort in Betracht kommen, wo eine Anrechnung anderer Haftzeiten auf die Strafhaft erfolgt (z.B. § 51 Abs. 1 Satz 1 StGB, § 450a).

3 Einwendungen gegen die Zulässigkeit der Strafvollstreckung betreffen das Vorliegen der allgemeinen Vollstreckungsvoraussetzungen sowie das Fehlen etwaiger Vollstreckungshindernisse (s. § 449 Rdn. 3). Bestand und Rechtmäßigkeit des Urteils als solchen dürfen nur dann infrage gestellt werden, wenn eine Doppelbestrafung vorliegt (*Meyer-Goßner/Schmitt* § 458 Rn. 9).

4 Einwendungsberechtigt sind neben dem Verurteilten, für ihn seinem Verteidiger oder gesetzlichen Vertreter, auch Dritte, deren Rechte durch die Vollstreckung unmittelbar betroffen sind (s. dazu *Meyer-Goßner/Schmitt* § 458 Rn. 5), die Strafvollstreckungsbehörde kann hingegen eigene Zweifel an der Zulässigkeit der Vollstreckung nicht durch Vorlage an das Gericht klären lassen, wenn keine Einwendungen anderer Verfahrensbeteiligter erhoben wurden (OLG Rostock NStZ 1994, 304).

5 Das Erheben einer Einwendung hat grds. keinen Suspensiveffekt hinsichtlich der Wirksamkeit der Vollstreckungsmaßnahme (Abs. 3 Satz 1 Halbs. 1); das Gericht kann jedoch (einstweilig) einen Vollstreckungsaufschub oder eine Unterbrechung anordnen (Abs. 3 Satz 1 Halbs. 2) oder das Berufsverbot nach § 456c Abs. 2 vorläufig aussetzen (Abs. 3 Satz 2).

6 Die **Zuständigkeit des Gerichts** bestimmt sich nach den §§ 462, 462a. Gegen gerichtliche Entscheidungen nach Abs. 1 und Abs. 2 ist die sofortige Beschwerde gem. § 462 Abs. 3 statthaft. Eine weitere Beschwerde ist ausgeschlossen (*Meyer-Goßner/Schmitt* § 458 Rn. 16). Legt die StA gegen eine einstweilige Unterbrechung nach Abs. 3 Satz 1 Halbs. 1, 2. Alt. sofortige Beschwerde ein, gilt § 462 Abs. 3 Satz 2.

§ 459 StPO Vollstreckung der Geldstrafe; Anwendung der Justizbeitreibungsordnung.
Für die Vollstreckung der Geldstrafe gelten die Vorschriften der Justizbeitreibungsordnung, soweit dieses Gesetz nichts anderes bestimmt.

1 Die Vorschriften der Justizbeitreibungsordnung gelten für das Verfahren zur Vollstreckung der Geldstrafe, soweit das Gesetz, insb. in den §§ 459a bis 459h, keine besonderen Regelungen vorsieht.

2 Die Vorschriften der Justizbeitreibungsordnung v. 11.03.1937 (JBeitrO), welche gem. § 1 Nr. 1 JBeitrO die Eintreibung von Geldstrafen regelt, werden überdies ergänzt durch die §§ 48 bis 51 StVollstrO sowie die Regelungen der Einforderungs- und Beitreibungsanordnung (EBAO) v. 01.04.2001 (s. § 1 Nr. 1 EBAO). In Letzterer finden sich u.a. Regelungen zur Kostenrechnung (§ 4), zur Einforderung (§ 5), zur Mahnung (§ 7) sowie zur Vollstreckung (§§ 9, 10; hinsichtlich der Vollstreckung sieht § 6 JBeitrO eine weitreichende Verweisung auf die Vorschriften der Zivilprozessordnung vor).

§ 459a StPO Bewilligung von Zahlungserleichterungen.
(1) Nach Rechtskraft des Urteils entscheidet über die Bewilligung von Zahlungserleichterungen bei Geldstrafen (§ 42 des Strafgesetzbuches) die Vollstreckungsbehörde.
(2) ¹Die Vollstreckungsbehörde kann eine Entscheidung über Zahlungserleichterungen nach Absatz 1 oder nach § 42 des Strafgesetzbuches nachträglich ändern oder aufheben. ²Dabei darf sie von einer vorausgegangenen Entscheidung zum Nachteil des Verurteilten nur auf Grund neuer Tatsachen oder Beweismittel abweichen.

(3) ¹Entfällt die Vergünstigung nach § 42 Satz 2 des Strafgesetzbuches, die Geldstrafe in bestimmten Teilbeträgen zu bezahlen, so wird dies in den Akten vermerkt. ²Die Vollstreckungsbehörde kann erneut eine Zahlungserleichterung bewilligen.
(4) ¹Die Entscheidung über Zahlungserleichterungen erstreckt sich auch auf die Kosten des Verfahrens. ²Sie kann auch allein hinsichtlich der Kosten getroffen werden.

A. Grundsätzliches. Die Vorschrift regelt die Gewährung von Zahlungserleichterungen nach Rechtskraft des Urteils sowie deren nachträgliche Änderung und Aufhebung. 1

B. Einzelfragen. I. Zahlungserleichterungen. Zahlungserleichterungen sind die Stundung 2 der Geldstrafe oder die Gewährung von Teilzahlungen (s. § 42 Satz 1 StGB). Die materiellen Voraussetzungen der Anordnung ergeben sich aus § 42 StGB: die sofortige Bezahlung der Geldstrafe darf dem Verurteilten nach seinen persönlichen oder wirtschaftlichen Verhältnissen nicht zumutbar sein (§ 42 Satz 1 StGB). Ist ein solcher Fall gegeben, ist die Gewährung von Zahlungserleichterungen grds. zwingend, wobei der Vollstreckungsbehörde ein Auswahlermessen zukommt (OLG Stuttgart MDR 1993, 996), wobei i.d.R. die Gewährung von Teilzahlungen sachgerecht sein wird (s. Radtke/Hohmann/ *Baier* § 459a Rn. 4). Als Soll-Vorschrift ist die Gewährung von Zahlungserleichterungen auch vorgesehen, wenn die sofortige Vollstreckung eine erhebliche Gefährdung der Schadenswiedergutmachung an den Verletzten bedingen würde (§ 42 Satz 3 Halbs. 1 StGB). Die Gewährung der Zahlungserleichterungen kann auf Antrag des Verurteilten oder von Amts wegen erfolgen und führt zu einem Ruhen der Vollstreckungsverjährung gem. § 79a Nr. 2c StGB.
Hat das Gericht im Urteil selbst keine Zahlungserleichterungen gewährt, so liegt dies **nach Rechtskraft** 3 in der **Entscheidungsbefugnis der Vollstreckungsbehörde** (§ 451). Diese kann auch die gerichtlich gewährten Zahlungserleichterungen aufheben oder ändern (Abs. 2), zulasten des Verurteilten aber nur aufgrund neuer Tatsachen oder Beweismittel (Abs. 2 Satz 2).

II. Verfallsklausel (Abs. 3) War eine gerichtlich gewährte Zahlungserleichterung nach § 42 Satz 2 4 StGB mit einer **Verfallsklausel** versehen und kommt der Verurteilte mit einer Teilzahlung in Verzug, so folgt der Wegfall der Zahlungserleichterung bereits aus der gerichtlichen Anordnung selbst. Der Aktenvermerk nach Abs. 3 Satz 1 dient somit lediglich der Dokumentation und stellt keine eigene Entscheidung der Vollstreckungsbehörde dar.
Der erneuten Gewährung von Zahlungserleichterungen steht dies indes nicht entgegen (Abs. 3 Satz 2). Die Vollstreckungsbehörde kann auch bei den von ihr gewährten Zahlungserleichterungen eine Verfallsklausel anordnen (*Pfeiffer* § 459a Rn. 2).

III. Einbeziehung von Verfahrenskosten (Abs. 4 Satz 1) Die Gewährung von Zahlungserleichterungen durch die Vollstreckungsbehörde erstreckt sich – anders als im Fall einer gerichtlichen Anordnung nach § 42 StGB – auch auf die **Verfahrenskosten** (Abs. 4 Satz 1), nicht aber auf solche nach § 464b (LR/*Graalmann-Scheerer* § 459a Rn. 18). Eine Anordnung lediglich im Hinblick auf die Kosten ist ebenfalls möglich (Abs. 4 Satz 2). Im Umkehrschluss aus Abs. 4 ist jedoch die Möglichkeit einer Ausnahme der Kosten von der Gewährung der Zahlungserleichterungen, die zudem der Wertung des § 459b zuwiderlaufen würden, richtigerweise nicht gegeben (so auch KMR/*Stöckel* § 459a Rn. 18; anders die h.M. *Meyer-Goßner/Schmitt* § 459a Rn. 7; *Pfeiffer* § 459a Rn. 6). Nach herrschender Meinung (vgl. OLG Frankfurt am Main, NStZ-RR 2006, 159) kommt eine Gewährung von Zahlungserleichterungen hinsichtlich der Kosten jedoch nur dann in Betracht, wenn in dem Urteil (wenigstens auch) auf Geldstrafe erkannt wurde. Dies mag zwar der systematischen Einordnung des § 459a (die §§ 459 ff. regeln die Geldstrafenvollstreckung) entsprechen, erscheint im Ergebnis jedoch fragwürdig, da auch und gerade dem zu einer Freiheitsstrafe Verurteilten die Begleichung der Verfahrenskosten regelmäßig Schwierigkeiten bereiten wird und nicht erkennbar ist, warum dieser schlechtergestellt werden sollte als etwa derjenige, bei dem das Urteil (etwa in den Fällen des § 41 StGB) noch zusätzlich auf Geldstrafe lautet. 5

IV. Rechtsbehelfe. Über Einwendungen gegen Entscheidungen der Vollstreckungsbehörde entscheidet gem. § 459h das Gericht; Zuständigkeit und Verfahren richten sich nach § 462 und § 462a. Der 6

§ 459c StPO   Beitreibung der Geldstrafe

Aktenvermerk nach Abs. 3 Satz 1 ist keine selbstständige Entscheidung der Vollstreckungsbehörde und daher unanfechtbar (*Meyer-Goßner/Schmitt* § 459a Rn. 6).

§ 459b StPO Anrechnung von Teilbeträgen.
Teilbeträge werden, wenn der Verurteilte bei der Zahlung keine Bestimmung trifft, zunächst auf die Geldstrafe, dann auf die etwa angeordneten Nebenfolgen, die zu einer Geldleistung verpflichten, und zuletzt auf die Kosten des Verfahrens angerechnet.

1   **A. Grundsätzliches.** Die Vorschrift trifft – im Interesse des Verurteilten, da soweit möglich die Vollstreckung einer Ersatzfreiheitsstrafe (§ 459e) abgewendet wird – eine **Anrechnungsreihenfolge** für vom Verurteilten geleistete Teilzahlungen. Zu den angesprochenen Nebenfolgen s. § 459g.

2   **B. Einzelfragen.** Dem Verurteilten kann die Erbringung von Teilleistungen gestattet sein (§ 42 StGB, § 459a). Die Vorschrift gilt aber auch dann, wenn der Gesamtbetrag zu bezahlen wäre, seitens des Verurteilten aber lediglich eine Teilleistung erbracht wird. Leistungen Dritter (z.B. Rechtsschutzversicherungen) werden hingegen stets nur auf die Kosten angerechnet (s. *Laubenthal/Nestler* Rn. 255).

3   Die Regelung ist **subsidiär** zu etwaigen **Bestimmungen des Verurteilten**; dies gilt auch im Fall einer zwangsweise Beitreibung (*Graf/Klein* § 459b Rn. 2). Im Einzelfall mag der Verurteilte ein spezifisches Interesse daran haben, die aus der Nebenfolge geschuldete Geldleistung zunächst zu tilgen, etwa um eine Freigabe sichergestellter Gegenstände zu bewirken (*Meyer-Goßner/Schmitt* § 459b Rn. 1).

4   Bei offenen **Forderungen aus mehreren strafrechtlichen Verurteilungen** gilt die Vorschrift entsprechend (KK-StPO/*Appl* § 459b Rn. 4). Der Verurteilte kann auch hier eine Anrechnung bestimmen. Erfolgt die Zuordnung durch den Verurteilten, etwa durch Angabe des Aktenzeichens (*Meyer-Goßner/ Schmitt* § 459b Rn. 3), so erfolgt die Anrechnung auf die im angegebenen Verfahren bestehende Forderung – sofern nichts anderes bestimmt – in der Reihenfolge Geldstrafe, Nebenfolgen, Kosten. Eine Teilleistung ohne Zuordnung zu einem bestimmten Verfahren wird – in entsprechender Anwendung des § 366 Abs. 2 BGB (*Laubenthal/Nestler* Rn. 366) – zunächst auf die Geldstrafe angerechnet, deren Verjährung zunächst droht.
Leistet der Verurteilte auf mehrere Einzelgeldstrafen, die in einen noch nicht rechtskräftigen nachträglichen Gesamtstrafenbeschluss einbezogen sind, so bestimmt sich die Anrechnung nach der Rechtsprechung des BGH (BGHSt 28, 360 [364]) nach der Tagessatzhöhe der jeweiligen Einzelstrafen und nicht auf den Nennbetrag der Gesamtstrafe; dies mag im Einzelfall zu unbilligen Ergebnissen führen (s. *Meyer-Goßner* NStZ 1991, 434; KK-StPO/*Appl* § 459b Rn. 3), ist letztlich aber Konsequenz der fehlenden Rechtskraft der Gesamtstrafenentscheidung im Zeitpunkt der Teilleistung (die Problematik ausführlich erörternd auch OLG Zweibrücken, Beschl. v. 21.11.1978 – Ss 234/77).

5   Da der Rechtsbehelf nach § 459h nach dessen eindeutigem Wortlaut nicht eröffnet ist, können Einwendungen gegen die Anrechnungsreihenfolge lediglich mit dem Rechtsbehelf nach §§ 23 ff. EGGVG gerichtlich geltend gemacht werden.

§ 459c StPO Beitreibung der Geldstrafe.
(1) Die Geldstrafe oder der Teilbetrag der Geldstrafe wird vor Ablauf von zwei Wochen nach Eintritt der Fälligkeit nur beigetrieben, wenn auf Grund bestimmter Tatsachen erkennbar ist, dass sich der Verurteilte der Zahlung entziehen will.
(2) Die Vollstreckung kann unterbleiben, wenn zu erwarten ist, dass sie in absehbarer Zeit zu keinem Erfolg führen wird.
(3) In den Nachlass des Verurteilten darf die Geldstrafe nicht vollstreckt werden.

1   **A. Grundsätzliches.** Die Vorschrift regelt Einzelheiten der Geldstrafenvollstreckung und wird hierbei durch die Regelungswerke der JBeitrO und der EBAO ergänzt.

B. Einzelfragen. I. Schonfrist (Abs. 1) Abs. 1 setzt eine grundsätzliche **Schonfrist** für den Verurteilten von 2 Wochen, die diesem ermöglichen soll, den Zahlungsbetrag zu beschaffen oder einen Antrag auf Zahlungserleichterungen (§ 459a) zu stellen (KK-StPO/*Appl* § 459c Rn. 1). Hierdurch wird der Grundsatz einer beschleunigten Vollstreckung (§ 2 Abs. 1 StVollstrO) im Interesse des Verurteilten modifiziert. Eine Missachtung der Schonfrist macht die Vollstreckung jedoch nicht unwirksam (*Meyer-Goßner/Schmitt* § 459c Rn. 2).

Fälligkeit tritt grds. mit der formellen Rechtskraft des Urteils ein. Abweichend hiervon kann aber schon das erkennende Gericht gem. § 42 StGB Zahlungserleichterungen gewähren und somit die Fälligkeit der gesamten Geldstrafe oder von Teilbeträgen auf einen späteren Zeitpunkt verschieben. Selbiges bewirken Entscheidungen der Vollstreckungsbehörde nach § 459a.

Die Einhaltung der Schonfrist kann unterbleiben, wenn aufgrund von Tatsachen erkennbar wird, dass sich der Verurteilte der Zahlung entziehen will. Dies setzt mehr voraus als eine bloße Nichtzahlung, etwa ein auf eine Vollstreckungsvereitelung zielendes Handeln in Gestalt des Verschleierns von Vermögenswerten oder Verbringen von Vermögen ins Ausland oder häufigem Wechsel des Aufenthaltsorts bzw. von Wohnungs- und Arbeitsstätte, um für Pfändungen nicht erreichbar zu sein (vgl. KK-StPO/*Appl* § 459c Rn. 7). Der Verdacht muss auf konkreten Tatsachen gründen (*Meyer-Goßner/Schmitt* § 459c Rn. 3).

II. Unterbleiben der Vollstreckung bei Aussichtslosigkeit (Abs. 2) Die Vollstreckungsbehörde ordnet – aus Gründen der Transparenz wenn möglich in einem Aktenvermerk (*Meyer-Goßner/Schmitt* § 459c Rn. 5) – das Unterbleiben der Vollstreckung an, wenn zu erwarten ist, dass diese in absehbarer Zeit zu keinem Erfolg führen wird. Dies ermöglicht die Vollstreckung der Ersatzfreiheitsstrafe gem. § 459e Abs. 2; das in § 43 StGB normierte Kriterium der Uneinbringlichkeit der Geldstrafe als Voraussetzung der Ersatzfreiheitsstrafe erfordert eine restriktive Anwendung der Vorschrift (KK-StPO/*Appl* § 459c Rn. 8). Die Erwartung hat sich auf konkrete Tatsachen zu stützen, so z.B. die Eröffnung eines Insolvenzverfahrens, in der Vergangenheit durchgeführte erfolglose Vollstreckungsversuche, im Einzelfall auch die Abgabe einer eidesstattlichen Versicherung oder das Unterschreiten von Pfändungsfreigrenzen (s. Graf/*Klein* § 459c Rn. 3; vgl. dazu BVerfG NJW 2006, 3627).

III. Keine Vollstreckung in den Nachlass (Abs. 3) Eine Vollstreckung der Geldstrafe in den Nachlass ist wegen des höchstpersönlichen Charakters der Sanktion gem. Abs. 3 unzulässig. Eine zu Lebzeiten des Verurteilten nicht mehr vollstreckte Geldstrafe erlischt hinsichtlich des noch offenen Betrages; bereits begonnene Zwangsmaßnahmen sind mit dem Todeszeitpunkt einzustellen (Graf/*Klein* § 459c Rn. 4). Ein etwaig vom Erben irrtümlich auf die Geldstrafe gezahlter Betrag ist mangels Rechtsgrund zurückzuerstatten (KK-StPO/*Appl* § 459c Rn. 9). Die Vorschrift gilt jedoch nicht hinsichtlich der Nebenfolgen (§ 459g Abs. 2) sowie der Kosten des Verfahrens, sofern zu Lebzeiten des Verurteilten Rechtskraft eingetreten ist (Umkehrschluss aus § 465 Abs. 3).

IV. Rechtsbehelfe. Gegen Entscheidungen nach § 459c sind Einwendungen nach § 459h möglich; dies setzt aber eine – für den Verurteilten bei Entscheidungen nach Abs. 2 fehlende (*Meyer-Goßner/Schmitt* § 459c Rn. 8) – Beschwer voraus.

§ 459d StPO Unterbleiben der Vollstreckung einer Geldstrafe.

(1) Das Gericht kann anordnen, dass die Vollstreckung der Geldstrafe ganz oder zum Teil unterbleibt, wenn

1. in demselben Verfahren Freiheitsstrafe vollstreckt oder zur Bewährung ausgesetzt worden ist oder
2. in einem anderen Verfahren Freiheitsstrafe verhängt ist und die Voraussetzungen des § 55 des Strafgesetzbuches nicht vorliegen

und die Vollstreckung der Geldstrafe die Wiedereingliederung des Verurteilten erschweren kann.

(2) Das Gericht kann eine Entscheidung nach Absatz 1 auch hinsichtlich der Kosten des Verfahrens treffen.

A. Grundsätzliches. Die Vorschrift ermöglicht aus Gründen einer besseren Resozialisierung des Verurteilten das Absehen von der Vollstreckung einer neben einer Freiheitsstrafe verhängten Geldstrafe.

§ 459e StPO Vollstreckung der Ersatzfreiheitsstrafe

Es handelt sich um eine Regelung mit **Ausnahmecharakter** (LR/*Graalmann-Scheerer* § 459d Rn. 9; a. A. *Volckart* NStZ 1982, 496 [499 f.]). Die Anordnung ist zeitlich nicht begrenzt und unwiderruflich, sodass sie – faktisch – einem Erlass der Geldstrafe nahekommt ohne einen solchen zu begründen (*Meyer-Goßner/Schmitt* § 459d Rn. 2 m.w.N.). Auch die Vollstreckung einer Ersatzfreiheitsstrafe scheidet nach einer Anordnung nach § 459d aus (§ 459e Abs. 4 Satz 1).

2 **B. Einzelfragen.** Nach **Abs. 1 Nr. 1** kann ein Absehen von der Geldstrafenvollstreckung angeordnet werden, wenn **im selben Verfahren** eine Freiheitsstrafe vollstreckt oder zur Bewährung ausgesetzt worden ist. Neben den Fällen des § 41 StGB kann dies insb. beim Absehen von der Einbeziehung der Geldstrafe bei der Gesamtstrafenbildung gem. § 53 Abs. 2 Satz 2 StGB der Fall sein (vgl. zu Letzterem KK-StPO/*Appl* § 459d Rn. 5). Das Unterbleiben der Vollstreckung kann erst angeordnet werden, wenn die verhängte Freiheitsstrafe vollstreckt oder – sei es auch nach § 57 StGB (*Meyer-Goßner/Schmitt* § 459d Rn. 5) – zur Bewährung ausgesetzt worden ist.

3 Nach **Abs. 1 Nr. 2** kann die Geldstrafenvollstreckung auch dann unterbleiben, wenn die Verhängung der Freiheitsstrafe **in einem anderen Verfahren** erfolgt und die Voraussetzungen einer nachträglichen Gesamtstrafenbildung (§ 55 StGB, § 460) nicht vorliegen. Dies trägt dem Umstand Rechnung, dass – anders als im Fall der Gesamtstrafenbildung – hier eine zusammenfassende Würdigung der gegen den Verurteilten verhängten Sanktionen nicht möglich war. Auch wenn Nr. 2 lediglich die Verhängung einer Freiheitsstrafe voraussetzt, wird die Anordnung i.d.R. erst im Fall der Bewährungsaussetzung oder der (jedenfalls unmittelbar bevorstehenden) Vollstreckung der Freiheitsstrafe ergehen könnten (*Meyer-Goßner/Schmitt* § 459d Rn. 7; OLG Jena NStZ-RR 2006, 286; OLG Hamm, Beschl. v. 05.11.1987 – 3 Ws 524/87).

4 Nach **Abs. 2** kann auch ein Absehen der Beitreibung der Kosten des Verfahrens angeordnet werden. Dies setzt voraus, dass ein Fall des Abs. 1 vorliegt, also insb. dass eine Verurteilung (auch) zu einer Geldstrafe erfolgt ist (BGHSt 31, 244 [246]; OLG Karlsruhe Justiz 1982, 275; *Meyer-Goßner/Schmitt* § 459d Rn. 8; a. A. OLG Hamm, Beschl. v. 19.02.1980 – 2 Ws 48/80).

5 Das nach §§ 463, 462a zuständige Gericht (vgl. BGHSt 30, 263) entscheidet im Beschlusswege (vgl. zu den Einzelheiten des Verfahrens KK-StPO/*Appl* § 459d Rn. 8). I.R.d. zu treffenden **Ermessensentscheidung** sind lediglich Umstände zu berücksichtigen, die nach der Entscheidung des erkennenden Gerichts eingetreten oder bekannt geworden sind (OLG Koblenz MDR 1981, 870). Hierbei ist stets der Ausnahmecharakter der Vorschrift zu beachten (KK-StPO/*Appl* § 459d Rn. 4; OLG Jena NStZ-RR 2006, 286; OLG Koblenz MDR 1978, 248; KG, Beschl. v. 14.02.2002 – 1 AR 122/02; zur Anordnung nach Abs. 2 s. OLG Koblenz Beschl. v. 20.12.1985 – 1 Ws 820/85; LG Mainz NStZ 1982, 47).

§ 459e StPO Vollstreckung der Ersatzfreiheitsstrafe.

(1) Die Ersatzfreiheitsstrafe wird auf Anordnung der Vollstreckungsbehörde vollstreckt.
(2) Die Anordnung setzt voraus, dass die Geldstrafe nicht eingebracht werden kann oder die Vollstreckung nach § 459c Abs. 2 unterbleibt.
(3) Wegen eines Teilbetrages, der keinem vollen Tage Freiheitsstrafe entspricht, darf die Vollstreckung der Ersatzfreiheitsstrafe nicht angeordnet werden.
(4) ¹Die Ersatzfreiheitsstrafe wird nicht vollstreckt, soweit die Geldstrafe entrichtet oder beigetrieben wird oder die Vollstreckung nach § 459d unterbleibt. ²Absatz 3 gilt entsprechend.

1 **A. Grundsätzliches.** Die Vorschrift regelt – im Zusammenspiel mit § 49 StVollstrO – die Vollstreckung der Ersatzfreiheitsstrafe (§ 43 StGB).

2 **B. Einzelfragen.** I. **Vollstreckung auf Anordnung der Vollstreckungsbehörde (Abs. 1)** Die Ersatzfreiheitsstrafe, die nach § 43 StGB an die Stelle einer uneinbringlichen Geldstrafe tritt, wird gem. Abs. 1 auf Anordnung der Vollstreckungsbehörde (§ 451, die Geschäfte sind gem. § 31 Abs. 2 Satz 1 RPflG auf den Rechtspfleger übertragen) vollstreckt. Vor der Anordnung hat die Vollstreckungsbehörde zu prüfen, ob eine Gewährung von Zahlungserleichterungen (§ 459a) in Betracht kommt,

oder ein Härtefall vorliegt, in dem eine gerichtliche Entscheidung nach § 459d bzw. § 459f angeregt werden kann. Während der zweiwöchigen Schonfrist (§ 459b Abs. 1) ist die Anordnung der Ersatzfreiheitsstrafe unzulässig (*Meyer-Goßner/Schmitt* § 459e Rn. 3); andererseits ist eine zuvor erfolgte Mahnung (vgl. § 7 Abs. 1 EBAO) nicht erforderlich (OLG Nürnberg NStZ 2008, 224).

Die Gewährung rechtlichen Gehörs ist vor der Anordnung nach herrschender Meinung nicht erforderlich (OLG Nürnberg NStZ 2008, 224; LR/ *Graalmann-Scheerer* § 459e Rn. 6 m.w.N.; a. A. OLG Celle Nds. Rpfl. 1977, 128); dem ist schon deshalb zu folgen, weil der Verurteilte durch die erfolglosen Versuche der Geldstrafenvollstreckung um den Stand des Verfahrens weiß und ihm nach Abs. 4 Satz 1 auch nach Anordnung jederzeit die Möglichkeit bleibt, die Vollstreckung durch Zahlung durch Geldstrafe abzuwenden. 3

II. Unterbleiben der Vollstreckung (Abs. 2) Die Vollstreckung der Ersatzfreiheitsstrafe kommt gem. **Abs. 2** nur bei Uneinbringlichkeit oder in den Fällen des § 459c Abs. 2 in Betracht. Vollstreckungshindernisse (neben den allgemeinen Vollstreckungshindernissen, s. § 449 Rdn. 3, insb. §§ 459a, 459d bzw. 459f) dürfen der Anordnung nicht entgegenstehen. 4

III. Vollstreckung in ganzen Tagen (Abs. 3) **Abs. 3** sieht vor, dass eine Ersatzfreiheitsstrafe nicht wegen eines Teilbetrages vollstreckt werden darf, der keinem vollen Tag Freiheitsstrafe entspricht, somit unterhalb der einfachen Tagessatzhöhe liegt. Die Vorschrift ist die prozessrechtliche Konsequenz von § 43 Satz 3 StGB. Die Geldstrafe bleibt aber nach wie vor vollstreckbar. 5

IV. Keine Vollstreckung bei Entrichtung der Geldstrafe (Abs. 4) Die Vollstreckung ist nach **Abs. 4** ausgeschlossen, soweit die Geldstrafe entrichtet oder beigetrieben wird oder das Gericht eine Anordnung nach § 459d getroffen hat. Die Bezahlung der Geldstrafe kann jederzeit, auch während der laufenden Vollstreckung der Ersatzfreiheitsstrafe (s. § 51 Abs. 4 StVollstrO), erfolgen. Soweit die Geldstrafe bezahlt wurde (vgl. § 43 Satz 2 StGB), ist die Vollstreckung der Ersatzfreiheitsstrafe nicht mehr möglich. Verbleibt nach der Teilzahlung ein Betrag von weniger als einem Tagessatz, so ist die (weitere) Vollstreckung der Ersatzfreiheitsstrafe ebenfalls ausgeschlossen (Abs. 4 Satz 2 i.V.m. Abs. 3). Wird die Ersatzfreiheitsstrafe bereits vollzogen, so ist der Verurteilte bei vollständiger Bezahlung (bzw. einem offenen Teilbetrag von weniger als einem vollen Tagessatz) sofort zu entlassen (§ 51 Abs. 4 Halbs. 2 StrVollstrO). 6

Aus Abs. 4 folgt auch, dass der Verurteilte mit Ablauf des Tages zu entlassen ist, der bei entsprechender Umrechnung dem letzten vollen Tagessatz der Geldstrafe entspricht; eine Aussetzung des Strafrestes nach § 57 StGB, § 454 kommt bei der Ersatzfreiheitsstrafe nicht in Betracht (OLG Karlsruhe Justiz 1978, 146; OLG Stuttgart MDR 1986, 1043; OLG Bamberg, Beschl. v. 01.12.1988 – Ws 606/88; StraFo 1998, 425; OLG Hamm StV 1999, 495; OLG Naumburg, Beschl. v. 16.06.1999 – 1 Ws 226/99; OLG Oldenburg NStZ-RR 2007, 253; *Pfeiffer* § 459e Rn. 4; Graf/ *Klein* § 459e Rn. 4; a. A. OLG Koblenz NStZ 1995, 254; OLG Zweibrücken MDR 1988, 1071 [aufgegeben in ZStrVo 2002, 186]).

V. Abwendung der Ersatzfreiheitsstrafe durch gemeinnützige Arbeit. Art. 293 EGStGB eröffnet die Möglichkeit landesrechtlicher Regelungen, nach welchen die Vollstreckung der Ersatzfreiheitsstrafe durch Ableistung freier Arbeit, die unentgeltlich sein muss und nicht erwerbswirtschaftlichen Zwecken dienen darf (Art. 293 Abs. 1 Satz 3 EGStGB), abgewendet werden kann. Solche Regelungen bestehen mittlerweile in den meisten Ländern (s. bspw. für Nordrhein-Westfalen GeldstrTilgV NW 2010 v. 07.12.2010; für Baden-Württemberg ErsFrhStrAbwV BW 2009 v. 30.06.2009; in Bayern ist lediglich eine gnadenweise Anrechnung vorgesehen s. § 31 Abs. 1 BayGnO). Die Ableistung der freien Arbeit führt zur Erledigung der Ersatzfreiheitsstrafe. Zum Verfahren s. LR/ *Graalmann-Scheerer* § 459e Rn. 17 ff.). 7

VI. Rechtsbehelfe. Gegen Entscheidungen der Strafvollstreckungsbehörde ist die Anrufung des Gerichts gem. § 459h möglich. Zur Problematik des statthaften Rechtsbehelfs bei Ablehnung eines Ableistens von freier Arbeit s. § 459h Rdn. 1. 8

§ 459g StPO   Vollstreckung von Nebenfolgen; Anwendung der Justizbeitreibungsord-

§ 459f StPO   Unterbleiben der Vollstreckung einer Ersatzfreiheitsstrafe.
Das Gericht ordnet an, dass die Vollstreckung der Ersatzfreiheitsstrafe unterbleibt, wenn die Vollstreckung für den Verurteilten eine unbillige Härte wäre.

1 **A. Grundsätzliches.** Die Vorschrift ermöglicht es dem nach § 462a zuständigen Gericht, ein Unterbleiben der Vollstreckung der Ersatzfreiheitsstrafe anzuordnen. Es handelt sich um eine Schutzvorschrift zugunsten des Verurteilten (Radtke/Hohmann/*Baier* § 459f Rn. 1).

2 **B. Einzelfragen.** Das Gericht kann durch Beschluss gem. § 462 Abs. 1 Satz 1 anordnen, dass die Vollstreckung der Ersatzfreiheitsstrafe ganz oder z.T. (*Meyer-Goßner/Schmitt* § 459f Rn. 1) unterbleibt, wenn diese für den Verurteilten eine unbillige Härte darstellen würde. Die Vollstreckungsbehörde ist gem. § 49 Abs. 2 Satz 1 StVollstrO gehalten, eine entsprechende Anordnung anzuregen. Der Beschluss bewirkt lediglich einen Aufschub, nicht aber den Erlass der Ersatzfreiheitsstrafe. Bei Wegfall der unbilligen Härte kann das Gericht die Anordnung nach § 459f widerrufen und so die Vollstreckung der Ersatzfreiheitsstrafe ermöglichen. Eine Beitreibung der Geldstrafe mit anderen Mitteln durch die Vollstreckungsbehörde ist gem. § 49 Abs. 2 Satz 2 StVollstrO auch ohne einen solchen Widerruf möglich.

3 Eine **unbillige Härte** setzt besondere Umstände voraus, die zu einer unzumutbaren Belastung des Verurteilten führen und über die mit der Strafe bezweckte Übelszuführung hinausgehen, sodass die Vollstreckung der Ersatzfreiheitsstrafe auch unter Berücksichtigung des Strafzwecks nicht mehr zugemutet werden kann und eine positive Prognose zu der Annahme führt, dass sich der Verurteilte bereits die Verurteilung als Warnung dienen lässt (vgl. OLG Düsseldorf MDR 1985, 76; OLG Jena NStZ-RR 2006, 286). Allein der Umstand, dass die Geldstrafe aufgrund einer – sei es auch unverschuldeten (OLG Düsseldorf MDR 1983, 341) – Vermögenslosigkeit des Verurteilten nicht beigetrieben werden kann, rechtfertigt die Annahme einer unbilligen Härte – wie bereits § 459c Abs. 2, § 459e Abs. 2 zeigen – nicht. Auch die Tatsache, dass der Verurteilte bei Vollstreckung der Ersatzfreiheitsstrafe mit dem Verlust der Wohnung rechnen muss, reicht als solche noch nicht aus (OLG Düsseldorf VRS 77, 454). Hingegen kann die Gefährdung oder Vereitelung einer anstehenden Therapie eines betäubungsmittelabhängigen Verurteilten im Einzelfall genügen (OLG Karlsruhe NStZ-RR 2006, 287; *Meyer-Goßner/Schmitt* § 459f Rn. 2; KK-StPO/*Appl* § 459f Rn. 2). Die Annahme einer unbilligen Härte wird i.d.R. nicht in Betracht kommen, wenn der Verurteilte die Möglichkeit gehabt hätte, die Vollstreckung durch die Ableistung gemeinnütziger Arbeit abzuwenden (KK-StPO/*Appl* § 459g Rn. 2; vgl. auch BVerfG, NJW 2006, 3626). Auch kann das Erfordernis einer nachhaltigen Einwirkung auf den Verurteilten einer Anordnung nach dieser Vorschrift entgegenstehen (vgl. LG Saarbrücken, Beschl. v. 15.07.2010 – 2 Qs 19/10).

4 Die Vorschrift ist lex specialis zu § 456 (*Meyer-Goßner/Schmitt* § 459f Rn. 1).

§ 459g StPO   Vollstreckung von Nebenfolgen; Anwendung der Justizbeitreibungsordnung.
(1) ¹Ist der Verfall, die Einziehung oder die Unbrauchbarmachung einer Sache angeordnet worden, so wird die Anordnung dadurch vollstreckt, dass die Sache dem Verurteilten oder dem Verfalls- oder Einziehungsbeteiligten weggenommen wird. ²Für die Vollstreckung gelten die Vorschriften der Justizbeitreibungsordnung.
(2) Für die Vollstreckung von Nebenfolgen, die zu einer Geldleistung verpflichten, gelten die §§ 459, 459a, 459c Abs. 1 und 2 und § 459d entsprechend.

1 **A. Grundsätzliches.** Die Vorschrift regelt die **Vollstreckung** der **Nebenfolgen** des Verfalls, der Einziehung sowie der Unbrauchbarmachung (Abs. 1) sowie in Abs. 2 die Vollstreckung derjenigen Nebenfolgen, die zu einer Geldleistung verpflichten.

2 **B. Einzelfragen.** Die Vollstreckung der in Abs. 1 genannten Nebenfolgen erfolgt durch Wegnahme (vgl. § 61 StVollstrO). Das Verfahren richtet sich nach der JBeitrO sowie den §§ 60 ff. StVollstrO.

Abs. 2 erklärt hinsichtlich der Nebenfolgen, die zu einer Geldleistung verpflichten, somit Verfall und 3
Einziehung des Wertersatzes (§ 73a StGB bzw. § 74c StGB) sowie die Abführung des Mehrerlöses
(§ 8 WiStGB), die für die Geldstrafenvollstreckung geltenden §§ 459, 459a, 459c Abs. 1 und 2 sowie
§ 459d für entsprechend anwendbar (zum Ausnahmecharakter der Vorschrift s. OLG Düsseldorf
NStZ-RR 2015, 150). Die Vollstreckung einer Ersatzfreiheitsstrafe nach § 459e ist somit nicht möglich. Hingegen kann die Sanktion auch in den Nachlass vollstreckt werden (keine Anwendbarkeit
von § 459c Abs. 3). Die Vollstreckung richtet sich i. Ü. nach den Vorschriften der EBAO (s. § 57 StVollstrO).

Gegen die Entscheidung der Vollstreckungsbehörde sind Einwendungen gem. § 459h möglich. 4

§ 459h StPO Einwendungen gegen vollstreckungsbehördliche Entscheidungen; Zuständigkeit.
Über Einwendungen gegen die Entscheidungen der Vollstreckungsbehörde nach den §§ 459a, 459c, 459e und 459g entscheidet das Gericht.

Einwendungen gegen die Maßnahmen der Vollstreckungsbehörde nach §§ 459a, 459c, 459e und 1
459g, die gem. § 31 Abs. 2 Satz 1 RPflG dem Rechtspfleger übertragen sind, können gem. § 459h gerichtlich geltend gemacht werden. Dies kann – je nach landesgesetzlicher Ausgestaltung – auch für Einwendungen gegen die Ablehnung einer Abwendung der Ersatzfreiheitsstrafe durch gemeinnützige Arbeit gelten, da es sich insoweit um Entscheidungen über die Vollstreckung der Ersatzfreiheitsstrafe nach
§ 459e handelt (in diesem Sinne OLG Karlsruhe NStZ 2009, 220 f.; OLG Koblenz NStZ-RR 2010,
190; OLG Frankfurt, NStZ-RR 2013, 292; anders OLG Dresden NStZ 1999, 160; OLG Jena
NStZ-RR 2010, 61; nunmehr aber Aufgabe in Beschl. v. 28.11.2013, 1 Ws 463/13). Der Rechtsweg
nach den §§ 23 ff. EGGVG ist insoweit subsidiär. Hingegen ist der Rechtsbehelf nach § 458 eröffnet,
wenn sich die Einwendung gegen das Bestehen des Vollstreckungsanspruches als solches richtet.

Berechtigt, Einwendungen nach § 459h zu erheben, ist der Verurteilte oder ein sonst von der Maß- 2
nahme unmittelbar Betroffener (*Meyer-Goßner/Schmitt* § 459h Rn. 3), der ggf. seine Beschwer darlegen
muss.

Die Zuständigkeit richtet sich nach § 452a und liegt daher grds. beim Gericht des ersten Rechtszuges 3
(§ 462a Abs. 2 Satz 1). Wegen der Verweisung von § 462a Abs. 1 Satz 1 auf § 462 Abs. 1 Satz 1 (und
damit auf § 459h) ist jedoch die Strafvollstreckungskammer zuständig, wenn sich der Verurteilte bei
Erhebung der Einwendung in Haft befindet. Für das Verfahren gilt § 462. Gegen die Entscheidung
ist die sofortige Beschwerde (§ 462 Abs. 3) statthaft.

§ 459i StPO *(aufgehoben)*

§ 460 StPO Nachträgliche Gesamtstrafenbildung.
¹Ist jemand durch verschiedene rechtskräftige Urteile zu Strafen verurteilt worden und sind dabei die Vorschriften über die Zuerkennung einer Gesamtstrafe (§ 55 des Strafgesetzbuches) außer Betracht geblieben, so sind die erkannten Strafen durch eine nachträgliche gerichtliche Entscheidung auf eine Gesamt-strafe zurückzuführen. ²Werden mehrere Vermögensstrafen auf eine Gesamtvermögensstrafe zurück-geführt, so darf diese die Höhe der verwirkten höchsten Strafe auch dann nicht unterschreiten, wenn deren Höhe den Wert des Vermögens des Verurteilten zum Zeitpunkt der nachträglichen gericht-lichen Entscheidung übersteigt.

A. Grundsätzliches. Die Vorschrift regelt die **Nachholung der Entscheidung über die nachträg-** 1
liche Gesamtstrafenbildung, deren materiell-rechtlichen Voraussetzungen sich aus § 55 StGB ergeben.
Der Verurteilte soll nicht deshalb schlechtergestellt werden, weil eine an sich nach den § 55 i.V.m.
§§ 53, 54 StGB gebotene Gesamtstrafenbildung nicht erfolgt ist.

B. Einzelfragen. I. Voraussetzungen des Nachtragsverfahrens. Die Gesamtstrafenbildung 2
im Nachtragsverfahren nach § 460 ist dann – zwingend – vorgesehen, wenn eine – grds. gebotene (s.

Meyer-Goßner/Schmitt § 460 Rn. 2; BGH NStZ 2005, 32; OLG Hamm, Beschl. v. 13.08.2007 – 2 Ss 352/07) – **Gesamtstrafenbildung durch den Tatrichter unterblieben** ist. Dies kann insb. der Fall sein, wenn sich die Voraussetzungen der Gesamtstrafe erst nach dem letzten Urteil ergeben haben, etwa weil die Rechtskraft der einzubeziehenden Entscheidung erst zu einem späteren Zeitpunkt eingetreten ist. Praktisch wichtige Anwendungsfälle sind überdies Konstellationen, in denen eine – bspw. im Bundeszentralregister noch nicht erfasste – Vorverurteilung dem Tatrichter nicht bekannt war oder die Akten des Verfahrens, aus dem eine Strafe einbezogen werden sollten, für den Tatrichter trotz ordnungsgemäßer Terminsvorbereitung nicht verfügbar waren (BGH NStZ 2005, 32). Denkbar ist auch, dass eine Gesamtstrafenbildung unterblieben ist, weil die zu verhängende Gesamtstrafe die Strafgewalt des erkennenden Berufungsgerichts überschritten hätte (OLG Jena NStZ-RR 2003, 139 m.w.N.; zur Verweisung auf das Nachtragsverfahren durch das Revisionsgericht s. BGH, Beschl. v. 13.3.2014, 4 StR 537/13. Prüft der Tatrichter die Einbeziehung einer Vorverurteilung aufgrund Verkennung der Rechtslage nicht, so ist die Vorschrift ebenfalls anwendbar (s. OLG Hamm NStZ-RR 2008, 235), nicht aber dann, wenn der Richter nach Prüfung der Voraussetzungen der Gesamtstrafenbildung diese aus rechtsfehlerhaften Gründen in seiner Entscheidung ablehnt (OLG Hamburg NStZ 1992, 607; OLG Jena NStZ-RR 2006, 102). In letzterem Fall ist lediglich die Einlegung eines Rechtsmittels gegen die Entscheidung möglich; tritt Rechtskraft ein, steht diese dem Nachtragsverfahren nach § 460 entgegen.

3 Anwendungsvoraussetzung der Vorschrift ist weiterhin, dass die **Voraussetzungen der nachträglichen Gesamtstrafenbildung materiell-rechtlich gegeben** sind; insb. müssen sämtliche Entscheidungen zum Zeitpunkt der Beschlussfassung rechtskräftig sein. Eine vollständige Vollstreckung einer Strafe steht einer Entscheidung nach § 460 jedoch nur dann entgegen, wenn diese bereits zum Zeitpunkt der letzten tatrichterlichen Entscheidung vollständig vollstreckt war und deshalb schon zu diesem Zeitpunkt keine Gesamtstrafe mehr hätte gebildet werden können (zur Einbeziehungsfähigkeit von Einzelstrafen s. ausführlich LR/*Graalmann-Scheerer* § 460 Rn. 12 ff.; zum Fall der Gesamtstrafenbildung durch das Revisionsgericht s. BGH NJW 2010, 3589). Wäre die Gesamtstrafenbildung jedoch möglich gewesen, so reicht es bei der Entscheidung nach § 460 aus, wenn wenigstens noch eine Strafe zumindest teilweise offen ist. Nach herrschender Meinung ist aber eine nachträgliche Gesamtstrafenbildung dann ausgeschlossen, wenn sämtliche Einzelstrafen vollständig vollstreckt sind (*Meyer-Goßner/Schmitt* § 460 Rn. 13 m.w.N.). Die Erledigung früherer Verurteilungen ist im Urteil festzustellen (BGH NStZ-RR 2015, 20).

4 Der **Begriff des Urteils** ist – wie in § 449 (dort Rdn. 4) – weit zu verstehen, sodass insb. auch Strafen aus Strafbefehlen einbeziehungsfähig sind (Graf/*Klein* § 460 Rn. 5), ebenso solche, die bereits in einen Beschluss nach § 460 einbezogen wurden. Je nach materieller Rechtslage kann eine Entscheidung nach § 460 auch zur Auflösung bereits gebildeter Gesamtstrafen führen und Einzelstrafen zu neuen, auch mehreren Gesamtstrafen zusammenführen.

5 **II. Einbeziehungsfähige Sanktionen.** In die Gesamtstrafenbildung einbezogen werden können Verurteilungen zu Geld- und Freiheitsstrafen sowie zur Verwarnung mit Strafvorbehalt (§ 59 StGB; s. OLG Frankfurt am Main, Beschl. v. 21.11.2007 – 2 Ss 311/07; *Deckenbrock/Dötsch* NStZ 2003, 346 [347]). Jugendstrafrechtliche Verurteilungen sind hingegen nicht einbeziehungsfähig; die nachträgliche Bildung einer Einheitsjugendstrafe richtet sich nach den insoweit spezielleren §§ 66 i.V.m. 31 JGG. Zur Aufrechterhaltung von Nebenstrafen und Maßregeln der Besserung und Sicherung aus einer einbezogenen Entscheidung ist eine dahin gehende Anordnung im Beschluss erforderlich (KK-StPO/*Appl* § 460 Rn. 20); ist eine Sperrfrist nach den §§ 69 ff. StGB bereits abgelaufen, so muss nur noch die Entziehung der Fahrerlaubnis aufrechterhalten werden (BGH, Beschl. v. 14.02.2008 – 1 StR 542/07).

6 **III. Grundsätze der Gesamtstrafenbildung.** Bei der Gesamtstrafenbildung gelten die **Grundsätze der §§ 53 ff. StGB**; die Gesamtstrafe muss also höher sein als die höchste einzubeziehende Einzelstrafe, darf aber die Summe der Einzelstrafen nicht erreichen (§ 54 Abs. 1 Satz 2 StGB). Der Verurteilte soll genau so gestellt werden, wie wenn der Tatrichter bereits eine Entscheidung über die Gesamtstrafenbildung gem. § 55 StGB getroffen hätte (KK-StPO/*Appl* § 460 Rn. 7; *Pfeiffer* § 460 Rn. 2).

7 Die Gesamtstrafenbildung darf **nicht zur Korrektur der rechtskräftigen Urteile** führen (*Meyer-Goßner/Schmitt* § 460 Rn. 15; KK-StPO/*Appl* § 469 Rn. 27). Daher sind bei der Festsetzung nur diejenigen Umstände zu berücksichtigen, die für Gesamtstrafenbildung als solche relevant sind, also insb. eine Ge-

samtwürdigung von Taten und Täter unter besonderer Berücksichtigung des zeitlich-situativen Zusammenhangs der den Verurteilungen zugrunde liegenden Taten, nicht aber Erwägungen, die nur für die Strafzumessung bei den bereits rechtskräftigen Einzelstrafen relevant wären.

Nach verbreiteter Meinung soll bei der Gesamtstrafenbildung im Beschlusswege ein **Verbot der reformatio in peius** entsprechend den §§ 331 Abs. 1, 358 Abs. 2 in der Gestalt gelten, dass die Summe der neu gebildeten Gesamtstrafe(n) die Summe der bisher gebildeten und (teilweise) aufgelösten Gesamtstrafe(n) und einbezogenen Einzelstrafen nicht übersteigen darf (OLG Saarbrücken NJW 1968, 310; LR/*Graalmann-Scheerer* § 460 Rn. 31 m.w.N. s, auch OLG Karlsruhe MDR 1983, 73, wonach eine Verschlechterung in der Strafart – Bildung einer Gesamtfreiheitsstrafe aus einer Freiheits- und einer Geldstrafe ausgeschlossen sein soll). Dem ist im Ergebnis nicht zuzustimmen. Denn das Gesetz ordnet ein solches Verbot der Schlechterstellung i.R.d. nach § 460 nachträglich zu treffenden Entscheidung nicht an. Überdies unterscheidet sich das Verfahren der nachträglichen Gesamtstrafenbildung schon insofern wesentlich von den Rechtsmittelverfahren, als dieses (auch) von Amts wegen zu betreiben ist, somit die Erwägung, der Betroffene solle bei einer Rechtsmitteleinlegung nicht die Verschlechterung seiner Lage besorgen müssen, hier nicht durchgreifen kann. Überdies führt das Verfahren nach § 460 anders als die Rechtsmittelentscheidungen nicht zu einer Überprüfung und Neubewertung bereits getroffener Entscheidungen; es stellt vielmehr lediglich die Nachholung einer – letztlich zufälligerweise (*Bringewat* NStZ 2009, 542 [545]) – unterbliebenen Gesamtstrafenprüfung dar. Ein besonders schützenswertes Interesse, dass diese von Gesetz vorgesehene – und lediglich an den Vorschriften der §§ 53 ff. StGB mit all ihren Konsequenzen zugunsten aber auch zulasten des Verurteilten zu bemessende – Entscheidung nicht mehr durchgeführt wird, ist nicht erkennbar. Richtigerweise dürfte daher ein Verschlechterungsverbot im oben beschriebenen Sinne **nicht anzunehmen** sein (so auch LG Lüneburg NStZ 2009, 573; *Bringewat* NStZ 2009, 542 [545; LG Halle NStZ 1996, 456 *Meyer-Goßner/Schmitt* § 460 Rn. 19; für die Bildung einer Gesamtfreiheitsstrafe aus einer Freiheits- und einer Geldstrafe in diesem Sinne auch BGHSt 35, 208; BayObLG MDR 1980. 162).

Wird eine **Gesamtgeldstrafe** gebildet, so sind für die **Tagessatzhöhe** grds. die wirtschaftlichen Verhältnisse zum Zeitpunkt der letzten tatrichterlichen Entscheidung, nicht diejenigen bei der Beschlussfassung nach § 460 relevant (LG Frankfurt NStZ-RR 2011, 40; a. A. LG Berlin NStZ-RR 2006, 373; zur besonderen Problematik, wenn dies zu einer nicht mehr i.R.d. § 54 Abs. 2 Satz 1 StGB liegenden Gesamtstrafe führen würde s. BGH NJW 1979, 2523).

Wird eine **Verurteilung zu lebenslanger Freiheitsstrafe einbezogen**, so ist auch die Gesamtstrafe eine lebenslange Freiheitsstrafe. Die Einbeziehung kann aber dazu führen, dass die besondere Schwere der Schuld nachträglich bejaht wird (§ 57b StGB; s. OLG Hamm NStZ 1996, 301 [302]). Dies muss sich aber aus dem Beschluss explizit ergeben; eine nachträgliche Berichtigung ist insoweit nicht zulässig (OLG Frankfurt am Main, Beschl. v. 18.06.2009 – 3 Ws 514/09).

Ist aus mehreren Freiheitsstrafen eine Gesamtstrafe zu bilden, so ist deren **Aussetzung zur Bewährung** anhand des Maßstabs des § 56 StGB zum Zeitpunkt der Beschlussfassung (s. ausf. *Horn* NStZ 1991, 117 [118 f.]) zu prüfen. Dies kann zum Ergebnis führen, dass eine Gesamtfreiheitsstrafe zur Bewährung ausgesetzt wird, auch wenn dies bei keiner der einbezogenen Strafen der Fall war (KK-StPO/*Appl* § 460 Rn. 25a; Graf/*Klein* § 460 Rn. 9; a. A. *Meyer-Goßner/Schmitt* § 460 Rn. 17), oder eine Gesamtstrafe – anders als sämtliche einbezogene Strafen – nicht mehr zur Bewährung ausgesetzt wird (LR/*Graalmann-Scheerer* § 460 Rn. 39); Letzteres kann insb. dann der Fall sein, wenn die neue Gesamtstrafe 2 Jahre übersteigt oder die nach § 56 Abs. 2 StGB für die Strafaussetzung erforderlichen besonderen Umstände einer nunmehr 1 Jahr übersteigenden Gesamtfreiheitsstrafe nicht vorliegen. Liegt eine solche durch die Höhe der neuen Gesamtstrafe bedingte Verschiebung des Prüfungsmaßstabs bei der Aussetzungsentscheidung nicht vor, so dürfte eine solche abweichende Entscheidung aber nur in Ausnahmefällen in Betracht kommen (KK-StPO/*Appl* § 460 Rn. 25a: »wesentliche Änderung der Sachlage«), da das Gericht bei der Beschlussfassung anders als der Tatrichter seine Entscheidung nicht auf einen persönlichen Eindruck des Verurteilten stützen kann. Zur Ablehnung einer Aussetzung im Nachtragsverfahren kann die mittlerweile bekannt gewordene neuerliche Begehung von Straftaten führen (vgl. auch OLG Hamm MDR 1975, 948: Strafaussetzung zwingend dann, wenn die neue Gesamtstrafenbildung nur deshalb erfolgt, weil eine bisher einbezogene Strafe in eine andere Gesamtstrafe einbezogen wird und keine neue Strafe hinzutritt). Wird die Gesamtstrafe zur Bewährung ausgesetzt, so ist eine neuerliche Festsetzung der Bewährungszeit erforderlich (*Meyer-Goßner/Schmitt* § 460 Rn. 17). Auflagen und

Weisungen können durch einen neuen Bewährungsbeschluss festgesetzt oder durch entsprechende Anordnung im Beschluss nach § 460 aufrechterhalten werden. Ein Widerruf der durch den Beschluss nach § 460 zur Bewährung ausgesetzten Gesamtfreiheitsstrafe wegen Taten die vor Erlass des Gesamtstrafenbeschlusses begangen wurden, ist nicht zulässig (KG NJW 2003, 2468; *Pfeiffer* § 460 Rn. 15). Erfolgt keine Strafaussetzung, so gilt § 58 Abs. 2 Satz 2 i.V.m. § 56f Abs. 3 StGB.

12 **IV. Einzelfragen des Verfahrens.** Das Gericht wird **von Amts wegen, oder auf Antrag** des Verurteilten oder der StA tätig. Die StA wird den Antrag stellen, wenn die Voraussetzungen des § 460 vorliegen (vgl. § 48 Abs. 2 Satz 1 StVollstrO); sie wird im Fall des Zusammentreffens von Freiheitsstrafen und Geldstrafen auch prüfen, ob von einer Gesamtstrafenbildung nach § 53 Abs. 2 Satz 2 StGB abgesehen werden kann, und einen entsprechenden Antrag stellen; die Entscheidung nach § 53 Abs. 2 Satz 2 StGB darf jedoch nur das Gericht treffen.

13 Die Entscheidung ergeht im **Beschlussweg** (§ 462 Abs. 1 Satz 1). Die sachliche und örtliche Zuständigkeit des Gerichts bestimmt sich nach § 462a Abs. 3 (s. dazu im Einzelnen § 462a Rdn. 11 f.). Grds. ist das Gericht des ersten Rechtszugs zuständig (§ 462a Abs. 3 Satz 1). Gegen den Beschluss ist die sofortige Beschwerde nach § 462 Abs. 3 Satz 1 statthaft. Mit Rechtskraft des Gesamtstrafenbeschlusses beginnt die Vollstreckungsverjährung hinsichtlich der darin gebildeten Gesamtstrafe. Bei Bildung mehrerer Gesamtstrafen kann das nach § 462a befasste Gericht auch für die Bildung einer Gesamtstrafe zuständig sein, bei der es hinsichtlich keiner Einzelstrafe zuständig wäre (KG NStZ-RR 2010, 252).

14 **V. Verfassungswidrigkeit der Vermögensstrafe (Satz 2)** Satz 2 ist aufgrund der Entscheidung des BVerfG v. 20.03.2002 (2 BvR 794/95), durch welche die Vermögensstrafe (§ 43a StGB) für verfassungswidrig und nichtig erklärt wurde, **gegenstandslos**.

§ 461 StPO Anrechnung des Aufenthalts in einem Krankenhaus.

(1) Ist der Verurteilte nach Beginn der Strafvollstreckung wegen Krankheit in eine von der Strafanstalt getrennte Krankenanstalt gebracht worden, so ist die Dauer des Aufenthalts in der Krankenanstalt in die Strafzeit einzurechnen, wenn nicht der Verurteilte mit der Absicht, die Strafvollstreckung zu unterbrechen, die Krankheit herbeigeführt hat.
(2) Die Staatsanwaltschaft hat im letzteren Falle eine Entscheidung des Gerichts herbeizuführen.

1 **A. Grundsätzliches.** Die Vorschrift regelt die **Berechnung der Strafzeit** für den Fall einer Verbringung des Verurteilten zur Behandlung in ein **Krankenhaus** außerhalb der Justizvollzugsanstalt **während der laufenden Strafvollstreckung** und sieht eine Einrechnung der Zeiten des Krankenhausaufenthalts, in welcher der Strafvollzug in tatsächlicher Hinsicht unterbrochen ist, in die Strafzeitberechnung vor.

2 **B. Einzelfragen.** Unter **Krankheit** ist sowohl eine physische wie auch eine psychische Erkrankung zu verstehen (*Meyer-Goßner/Schmitt* § 461 Rn. 2). Hinsichtlich des Vorliegens der Erkrankung ist die von den behandelnden Ärzten gestellte Diagnose ausschlaggebend (*Pfeiffer* § 461 Rn. 2). Dass eine Erkrankung zu unrecht diagnostiziert wird und damit der Krankenhausaufenthalt objektiv nicht erforderlich war, schließt die Einrechnung in die Strafzeit – sofern kein Fall des Halbsatzes 2 vorliegt – nicht aus (KK-StPO/*Appl* § 461 Rn. 3).

3 Voraussetzung der Einrechnung in die Strafzeit ist weiterhin, dass der Verurteilte in eine von der Strafanstalt – räumlich und organisatorisch – getrennte Krankenanstalt während der laufenden Strafvollstreckung gebracht wird (s. OLG Hamm, Beschl. v. 26.02.2008 – 3 Ws 65/08). Dies wird insb. dann erforderlich sein, wenn entsprechende Behandlungsmöglichkeiten in der Krankenabteilung der Justizvollzugsanstalt (vgl. § 65 Abs. 1 StVollzG bzw. die entsprechenden landesgesetzlichen Regelungen) nicht zur Verfügung stehen. In den Fällen der Unterbrechung gem. § 455 Abs. 4 ist die Vorschrift unanwendbar; andererseits reicht es aber für die Einrechnung aus, wenn sich der Verurteilte aus einer Lockerungsmaßnahme (z.B. Urlaub) heraus selbst in stationäre Behandlung begibt (*Pfeiffer* § 461 Rn. 4; OLG Hamm NStZ 1983, 287). Der Verurteilte muss während des Aufenthalts in der Krankenanstalt weiterhin der Verfügungsgewalt der Vollstreckungsbehörde unterstehen (OLG Hamburg NStZ 1999,

589; Graf/*Klein* § 461 Rn. 5 m.w.N.; bzgl. der Abgrenzung zur Unterbrechung gem. § 455 Abs. 4 vgl. OLG Stuttgart NStZ 1989, 552).

Eine Einrechnung erfolgt gem. Abs. 1 Halbs. 2 dann nicht, wenn der Verurteilte die Krankheit in der Absicht, die Strafvollstreckung durch Verlegung in die Krankenanstalt zu unterbrechen, selbst herbeigeführt hat (dazu ausführlich LR/*Graalmann-Scheerer* § 461 Rn. 5). Hierunter sind auch die Fälle zu subsumieren, in denen der Verurteilte die Krankheit – in der Absicht, in die Krankenanstalt verlegt zu werden – vorgetäuscht hat (*Meyer-Goßner*/*Schmitt* § 461 Rn. 5), und zwar unabhängig davon, ob eine physische oder eine psychische Krankheit simuliert wird (LR/*Graalmann-Scheerer* § 461 Rn. 6). Denn gerade hier nimmt der Verurteilte durch sein Verhalten kausalen Einfluss auf die Fehldiagnose. Die Absicht, sich der Strafvollstreckung zu entziehen, liegt auch dann vor, wenn der Verurteilte den mit der Haft verbundenen weiteren Obliegenheiten (z.B. Arbeitspflicht) entgehen will (KK-StPO/*Appl* § 461 Rn. 11). 4

Hält die StA einen Fall des Abs. 1 Halbs. 2 für gegeben, führt sie gem. Abs. 2 die Entscheidung des Gerichts – somit der gem. § 462a zuständigen Strafvollstreckungskammer – herbei. Gegen deren Entscheidung ist die sofortige Beschwerde gem. § 462a Abs. 3 eröffnet. 5

§ 462 StPO Verfahren bei gerichtlichen Entscheidungen; sofortige Beschwerde.

(1) ¹Die nach § 450a Abs. 3 Satz 1 und den §§ 458 bis 461 notwendig werdenden gerichtlichen Entscheidungen trifft das Gericht ohne mündliche Verhandlung durch Beschluss. ²Dies gilt auch für die Wiederverleihung verlorener Fähigkeiten und Rechte (§ 45b des Strafgesetzbuches), die Aufhebung des Vorbehalts der Einziehung und die nachträgliche Anordnung der Einziehung eines Gegenstandes (§ 74b Abs. 2 Satz 3 des Strafgesetzbuches), die nachträgliche Anordnung von Verfall oder Einziehung des Wertersatzes (§ 76 des Strafgesetzbuches) sowie für die Verlängerung der Verjährungsfrist (§ 79b des Strafgesetzbuches).
(2) ¹Vor der Entscheidung sind die Staatsanwaltschaft und der Verurteilte zu hören. ²Ordnet das Gericht eine mündliche Anhörung an, so kann es bestimmen, dass sich der Verurteilte dabei an einem anderen Ort als das Gericht aufhält und die Anhörung zeitgleich in Bild und Ton an den Ort, an sich der Verurteilte aufhält, und in das Sitzungszimmer übertragen wird. ³Das Gericht kann von der Anhörung des Verurteilten in den Fällen einer Entscheidung nach § 79b des Strafgesetzbuches absehen, wenn infolge bestimmter Tatsachen anzunehmen ist, daß die Anhörung nicht ausführbar ist.
(3) ¹Der Beschluss ist mit sofortiger Beschwerde anfechtbar. ²Die sofortige Beschwerde der Staatsanwaltschaft gegen den Beschluss, der die Unterbrechung der Vollstreckung anordnet, hat aufschiebende Wirkung.

A. Grundsätzliches. Die Vorschrift regelt das gerichtliche Verfahren einschließlich des Rechtsbehelfs bei vollstreckungsrechtlichen Entscheidungen. 1

B. Einzelfragen. Die gerichtliche Entscheidung in den in **Abs. 1** genannten Fällen ergeht ohne mündliche Verhandlung durch **Beschluss**. Dieser ist gem. § 34 zu begründen. 2
Zur Aufklärung des Sachverhalts kann das Gericht Beweiserhebungen im Freibeweisverfahren durchführen oder durch die StA, die Polizei oder die Gerichtshilfe (§ 463d) durchführen lassen (*Meyer-Goßner*/*Schmitt* § 462 Rn. 1). In diesem Rahmen kann das Gericht auch mündliche Anhörungen, etwa des Verurteilten i.R.d. Gewährung rechtlichen Gehörs nach Abs. 2, im Einzelfall auch eidliche Zeugenvernehmungen durchführen (LR/*Graalmann-Scheerer* § 462 Rn. 3 f.).
Abs. 2 Satz 1 sieht die Anhörung der Beteiligten vor der gerichtlichen Entscheidung vor. Anzuhören sind die StA als Strafverfolgungsbehörde, der Verurteilte, nicht aber der Nebenkläger (LR/*Graalmann-Scheerer* § 462 Rn. 4). Anders als in § 454 Abs. 1 Satz 3 ist die mündliche Anhörung des Verurteilten nicht vorgeschrieben, jedoch ist diese nicht ausgeschlossen (KK-StPO/*Appl* § 462 Rn. 3; *Meyer-Goßner*/*Schmitt* § 462 Rn. 3). Satz 2 sieht nunmehr die Möglichkeit der Durchführung einer Anhörung im Wege der Bild- und Tonübertragung vor. Satz 3 ermöglicht ein Absehen von der Anhörung des Verurteilten, die in den von § 79b StGB erfassten Fällen aufgrund des Aufenthalts des Verurteilten im Ausland oftmals nicht durchgeführt werden kann; diese Ausnahme ist auch vor dem Hintergrund des 3

§ 462a StPO Zuständigkeit der Strafvollstr.kammer und des erstinstanzl. Gerichts

Art. 103 Abs. 1 GG unproblematisch, da sich der Verurteilte durch die Verlegung seines Aufenthalts in das Ausland seines Rechts auf rechtliches Gehör selbst begeben hat (KK-StPO/*Appl* § 462 Rn. 3a).

4 Der Beschluss ist mit sofortiger Beschwerde anfechtbar; trifft das Gericht allerdings keine Entscheidung in der Sache selbst, sondern z.B. lediglich im Hinblick auf Verfahrensvoraussetzungen, so ist die einfache Beschwerde statthaft (OLG Düsseldorf NStZ 1981, 366; *Pfeiffer* § 462 Rn. 4). Es gelten die §§ 304ff. nach Maßgabe des § 311. Entscheidet das OLG als Gericht erster Instanz, so gilt die Einschränkung des § 304 Abs. 4 Satz 2 Halbs. 1 i.V.m. Halbs. 2 Nr. 5; eine Beschwerde ist dann in entsprechender Anwendung dieser Vorschrift bspw. zulässig, wenn in einem nachträglichen Gesamtstrafenbeschluss keine Strafaussetzung zur Bewährung erfolgt (KK-StPO/*Appl* § 462 Rn. 4). Das Beschwerdegericht entscheidet gem. § 309 Abs. 2 in der Sache selbst.

5 Die Beschwerde der StA hat im Fall des § 455 Abs. 4 aufschiebende Wirkung (Abs. 3 Satz 2).

§ 462a StPO Zuständigkeit der Strafvollstreckungskammer und des erstinstanzlichen Gerichts.

(1) ¹Wird gegen den Verurteilten eine Freiheitsstrafe vollstreckt, so ist für die nach den §§ 453, 454, 454a und 462 zu treffenden Entscheidungen die Strafvollstreckungskammer zuständig, in deren Bezirk die Strafanstalt liegt, in die der Verurteilte zu dem Zeitpunkt, in dem das Gericht mit der Sache befaßt wird, aufgenommen ist. ²Diese Strafvollstreckungskammer bleibt auch zuständig für Entscheidungen, die zu treffen sind, nachdem die Vollstreckung einer Freiheitsstrafe unterbrochen oder die Vollstreckung des Restes der Freiheitsstrafe zur Bewährung ausgesetzt wurde. ³Die Strafvollstreckungskammer kann einzelne Entscheidungen nach § 462 in Verbindung mit § 458 Abs. 1 an das Gericht des ersten Rechtszuges abgeben; die Abgabe ist bindend.

(2) ¹In anderen als den in Absatz 1 bezeichneten Fällen ist das Gericht des ersten Rechtszuges zuständig. ²Das Gericht kann die nach § 453 zu treffenden Entscheidungen ganz oder zum Teil an das Amtsgericht abgeben, in dessen Bezirk der Verurteilte seinen Wohnsitz oder in Ermangelung eines Wohnsitzes seinen gewöhnlichen Aufenthaltsort hat; die Abgabe ist bindend. ³Abweichend von Absatz 1 ist in den dort bezeichneten Fällen das Gericht des ersten Rechtszuges zuständig, wenn es die Anordnung der Sicherungsverwahrung vorbehalten hat und eine Entscheidung darüber gemäß § 66a Absatz 3 Satz 1 des Strafgesetzbuches noch möglich ist.

(3) ¹In den Fällen des § 460 entscheidet das Gericht des ersten Rechtszuges. ²Waren die verschiedenen Urteile von verschiedenen Gerichten erlassen, so steht die Entscheidung dem Gericht zu, das auf die schwerste Strafart oder bei Strafen gleicher Art auf die höchste Strafe erkannt hat, und falls hiernach mehrere Gerichte zuständig sein würden, dem Gericht, dessen Urteil zuletzt ergangen ist. ³War das hiernach maßgebende Urteil von einem Gericht eines höheren Rechtszuges erlassen, so setzt das Gericht des ersten Rechtszuges die Gesamtstrafe fest; war eines der Urteile von einem Oberlandesgericht im ersten Rechtszuge erlassen, so setzt das Oberlandesgericht die Gesamtstrafe fest. ⁴Wäre ein Amtsgericht zur Bildung der Gesamtstrafe zuständig und reicht seine Strafgewalt nicht aus, so entscheidet die Strafkammer des ihm übergeordneten Landgerichts.

(4) ¹Haben verschiedene Gerichte den Verurteilten in anderen als den in § 460 bezeichneten Fällen rechtskräftig zu Strafe verurteilt oder unter Strafvorbehalt verwarnt, so ist nur eines von ihnen für die nach den §§ 453, 454, 454a und 462 zu treffenden Entscheidungen zuständig. ²Absatz 3 Satz 2 und 3 gilt entsprechend. ³In den Fällen des Absatzes 1 entscheidet die Strafvollstreckungskammer; Absatz 1 Satz 3 bleibt unberührt.

(5) ¹An Stelle der Strafvollstreckungskammer entscheidet das Gericht des ersten Rechtszuges, wenn das Urteil von einem Oberlandesgericht im ersten Rechtszuge erlassen ist. ²Das Oberlandesgericht kann die nach den Absätzen 1 und 3 zu treffenden Entscheidungen ganz oder zum Teil an die Strafvollstreckungskammer abgeben. ³Die Abgabe ist bindend; sie kann jedoch vom Oberlandesgericht widerrufen werden.

(6) Gericht des ersten Rechtszuges ist in den Fällen des § 354 Abs. 2 und des § 355 das Gericht, an das die Sache zurückverwiesen worden ist, und in den Fällen, in denen im Wiederaufnahmeverfahren eine Entscheidung nach § 373 ergangen ist, das Gericht, das diese Entscheidung getroffen hat.

§ 462a StPO

A. Grundsätzliches. Die Vorschrift regelt die **gerichtliche Zuständigkeit für vollstreckungs-** 1
rechtliche Entscheidungen. Für Verurteilte, die sich in Strafhaft befinden, sieht Abs. 1 eine weitreichende Zuständigkeit der Strafvollstreckungskammer vor. Ist eine Zuständigkeit der Strafvollstreckungskammer nach Abs. 1 nicht gegeben, entscheidet das Gericht des ersten Rechtszugs (Abs. 2), das gem. Abs. 3 stets für die Beschlüsse über die nachträgliche Gesamtstrafenbildung nach § 460 zuständig ist.

B. Einzelfragen. I. Zuständigkeit der Strafvollstreckungskammer (Abs. 1) 1. Einrich- 2
tung von Strafvollstreckungskammern. **Strafvollstreckungskammern** sind in all denjenigen Landgerichtsbezirken eingerichtet, in denen eine Justizvollzugsanstalt für Erwachsene oder eine Einrichtung des Maßregelvollzugs ihren Sitz hat (§ 78a Abs. 1 Satz 1 GVG). Gem. § 78a Abs. 2 Satz 2 GVG können auch sog. auswärtige Strafvollstreckungskammern mit Sitz an einem AG innerhalb des jeweiligen Landgerichtsbezirks eingerichtet werden. Nach der gesetzgeberischen Intention soll durch die Zuständigkeitsübertragung auf die Strafvollstreckungskammer die Entscheidung eines spezialisierten, möglichst ortsnahen Spruchkörper gewährleistet werden (krit. zur Situation in der Praxis KK-StPO/*Appl* § 462a Rn. 2).

2. Sachliche Zuständigkeit. Die Strafvollstreckungskammer ist zuständig, wenn **gegen den Ver-** 3
urteilten eine Freiheitsstrafe – nicht notwendig in der die jeweilige Entscheidung betreffenden Sache
– **vollstreckt** wird (Abs. 1 Satz 1).
Unter Freiheitsstrafe ist neben der Strafe nach § 38 StGB auch die Ersatzfreiheitsstrafe zu verstehen, nicht jedoch die Untersuchungshaft (vgl. BGH StraFo 2004, 71, wonach die Zuständigkeit der Strafvollstreckungskammer erst mit Übergang von Untersuchungshaft in Strafhaft beginnt).
Bei der **Vollstreckung von Jugendstrafe** ist die Strafvollstreckungskammer nicht zuständig; insoweit ist der **Jugendrichter** Vollstreckungsleiter (§ 82 Abs. 1 JGG) und zwar auch dann, wenn der Verurteilte vom Vollzug der Jugendstrafe ausgenommen ist (s. LR/*Graalmann-Scheerer* § 462a Rn. 5), somit vollzugsrechtlich wie ein nach Erwachsenenrecht Verurteilter gestellt ist. Die Zuständigkeit entfällt auch dann nicht, wenn neben der Jugendstrafe eine Freiheitsstrafe vollstreckt wird; in diesem Fall entscheiden bspw. über die Strafaussetzung zwei verschiedene Gerichte (BGHSt 28, 351). Auf freiheitsentziehende Maßregeln der Besserung und Sicherung findet die Vorschrift gem. § 463 Abs. 1 entsprechende Anwendung.

3. Örtliche Zuständigkeit. Die örtliche Zuständigkeit bestimmt sich nach dem **Sitz der Justizvoll-** 4
zugsanstalt, in der sich der Verurteilte befindet. Bei organisatorisch angegliederten Anstalten (Außenstellen) ist der Sitz der Anstaltsleitung maßgeblich (BGHSt 28, 135).
Unerheblich für die »Aufnahme« in die Justizvollzugsanstalt ist, ob die Anstalt nach dem jeweiligen Vollstreckungsplan für den Vollzug der Freiheitsstrafe zuständig ist (BGH NStZ 2012, 652; NStZ-RR 2015, 58), was etwa beim Übergang von Untersuchungshaft in Strafhaft vor Verlegung in die nunmehr zuständige Anstalt vorübergehend nicht der Fall sein kann (vgl. KK-StPO/*Appl* § 462a Rn. 14).
Kurzfristige Überstellungen (etwa aufgrund von Gerichtsterminen), der zeitlich begrenzte Aufenthalt in einem Vollzugskrankenhaus oder der Krankenabteilung einer anderen Anstalt lassen die örtliche Zuständigkeit unberührt (BGH NStZ-RR 2015, 58; LR/*Graalmann-Scheerer* § 462a Rn. 12).
Hingegen begründet eine (dauerhafte) Verlegung eine neue örtliche Zuständigkeit (BGH StraFo 2007, 257), die bereits eintritt, wenn mit der Verschubung des Gefangenen in die neue Anstalt begonnen wird (KK-StPO/*Appl* § 462a Rn. 15).
Für die örtliche Zuständigkeit ist der Zeitpunkt relevant, in dem das Gericht mit der jeweiligen Ent- 5
scheidung befasst wird. Eine spätere Verlegung ändert im Hinblick auf die jeweilige Entscheidung hieran nichts mehr.
Befasst ist das Gericht bereits dann, wenn ihm Tatsachen aktenkundig werden, die eine vollstreckungsrechtliche Entscheidung erforderlich machen können (s. die Nachw. bei KK-StPO/*Appl* § 462a Rn. 17 sowie BGH NStZ 1997, 406; StraFo 2006, 77; StraFo 2007, 258; NStZ 2012, 358; OLG Hamm, Beschl. v. 31.01.2008 – 3 Ws 40/08; OLG Celle, Beschl. v. 23.9.2013, 2 Ws 211/13). Das gilt im Fall einer Entscheidung nach § 454 schon bei der nach Nr. 13 MiStra vorgesehenen Übersendung einer Anklageschrift in einem anderen Verfahren (BGH NStZ-RR 2005, 69). Ein Befasst-Sein liegt auch dann vor, wenn ein Antrag bei Gericht eingeht (s. dazu BGH StraFo 2005, 171) oder das Gericht von Amts

wegen, insb. aufgrund des Ablaufs von gesetzlichen Fristen, tätig werden muss (vgl. OLG Frankfurt am Main NStZ-RR 2008, 29). Eine Befassung scheidet in diesen Fällen nicht deshalb aus, weil das Gericht noch keine Maßnahmen ergriffen hat (BGHSt 26, 187; 27, 302 [303 f.]; 30, 189 [191 f.]; OLG Düsseldorf JR 2000, 302; OLG Hamburg NStZ 1982, 48; *Meyer-Goßner/Schmitt* § 462a Rn. 11). Das Befasst-Sein endet mit der abschließenden Entscheidung in der Sache (BGHSt 26, 165 [166]; s. ausführlich *Meyer-Goßner/Schmitt* § 462a Rn. 12) oder mit sonstiger Erledigung, etwa durch Rücknahme des Antrags (*Graf/Klein* § 462a Rn. 5), nicht jedoch bereits mit der Verlegung des Verurteilten in eine andere Justizvollzugsanstalt (BGH NStZ-RR 2012, 358). Zum Ende des Befasst-Seins im Fall der Krisenintervention nach § 67h StGB s. BGH NJW 2011, 2677.

6 **4. Fortwirkungszuständigkeit (Abs. 1 Satz 2)** Nach Abs. 1 Satz 2 bleibt die Zuständigkeit der Strafvollstreckungskammer auch dann bestehen, wenn der Strafrest zur Bewährung ausgesetzt wurde oder die Vollstreckung unterbrochen wurde (etwa nach § 455 Abs. 4 oder § 455a; zu § 360 Abs. 2 s. OLG Frankfurt am Main, NStZ-RR 2005, 30) oder auch beim Absehen von der weiteren Vollstreckung gem. § 456a (KK-StPO/*Appl* § 462a Rn. 12) sowie bei Flucht des Verurteilten aus der Anstalt (*Meyer-Goßner/Schmitt* § 462a Rn. 15); zur Zuständigkeit bei Aussetzung nach § 36 BtMG s. OLG Koblenz NStZ-RR 2011, 26; OLG Dresden, Beschl. v. 16.08.2010 – 2 ARs 38/10.
Die Begründung der Fortwirkungszuständigkeit setzt nicht voraus, dass die Strafvollstreckungskammer bereits zuvor mit der Sachentscheidung befasst war (BGH NStZ 2000, 111; KK-StPO/*Appl* § 462a Rn. 12; *Graf/Klein* § 462a Rn. 3). Dies ist insbesondere dann nicht der Fall, wenn die Tatsachen, die ein Tätigwerden der Strafvollstreckungskammer erforderlich machen, erst nach der Entlassung aus dem Strafvollzug aktenkundig geworden sind (OLG Bamberg, Beschl. v. 08.01.2013 – 2 Ws 167/12).

7 **5. Abgabe an das Gericht des ersten Rechtszuges.** Nach Abs. 1 Satz 3 kann die Strafvollstreckungskammer einzelne Entscheidungen an das Gericht des ersten Rechtszuges abgeben; hieran ist dieses gebunden (Halbs. 2), die Strafvollstreckungskammer kann ihre Entscheidung jedoch widerrufen (BGH NStZ 1999, 215). Übertragen werden können nur Entscheidungen nach § 462 i.V.m. § 458, nicht hingegen solche nach § 453 bzw. § 454 (BGHSt 26, 352). Eine Übertragung an das Gericht des Wohnsitzes oder gewöhnlichen Aufenthalts (vgl. Abs. 2 Satz 2) kann die Strafvollstreckungskammer hingegen nicht vornehmen (BGH NJW 1976, 1646).

8 **II. Zuständigkeit des Gerichts des ersten Rechtszuges (Abs. 2 und Abs. 3) 1. Auffangzuständigkeit (Abs. 2)** Wird gegen den Verurteilten keine Freiheitsstrafe vollzogen, so etwa bei Verurteilung zu einer Geldstrafe oder bei Strafaussetzung zur Bewährung, im Fall der Verurteilung zu unbedingter Freiheitsstrafe vor Aufnahme in die Justizvollzugsanstalt oder sofern eine anzurechnende Untersuchungs- oder Auslieferungshaft Entscheidungen nach § 454 bereits vor Einleitung der Vollstreckung erforderlich macht, ist das Gericht des ersten Rechtszuges für vollstreckungsrechtliche Entscheidungen zuständig. Durch das Gesetz zur Neuregelung der Sicherungsverwahrung und begleitender Regelungen v. 22.12.2010 (BGBl. I, S. 2300) ist die Zuständigkeit des Gerichts des ersten Rechtszuges für den Fall einer vorbehaltenen Sicherungsverwahrung in Abs. 2 Satz 3 geregelt worden.

9 Gericht des ersten Rechtszugs ist das Gericht der ersten Instanz und zwar auch dann, wenn eine Verurteilung erst in der Rechtsmittelinstanz erfolgte. In den Fällen der Zurückverweisung nach Revision gilt Abs. 6, was ausnahmsweise auch zu einer Zuständigkeit einer Berufungskammer führen kann, wenn an diese zurückverwiesen wurde.

10 Das nach Abs. 2 Satz 1 zuständige Gericht kann – ausschließlich – die Entscheidungen nach § 453 an das **AG des Wohnsitzes** oder (subsidiär) des gewöhnlichen Aufenthalts **abgeben** (Abs. 2 Satz 2). Die Abgabe ist für das Wohnsitzgericht bindend (Abs. 2 Satz 2 Halbs. 2; nach OLG Jena, Beschl. v. 18.05.2005 – AR (S) 62/05, gilt dies nicht im Fall der willkürlichen Übertragung). Im Fall der Änderung des Wohnsitzes kann das Wohnsitzgericht daher eine Rückübertragung oder eine Abgabe an das neue Wohnsitzgericht nicht selbst vornehmen; ein solcher Beschluss bleibt dem Gericht des ersten Rechtszuges vorbehalten (KK-StPO/*Appl* § 462a Rn. 27).

11 **2. Zuständigkeit für Beschlüsse über die nachträgliche Gesamtstrafenbildung (Abs. 3)** Nach Abs. 3 Satz 1 ist das Gericht des ersten Rechtszuges des Weiteren zuständig für Beschlüsse über die **nachträgliche Gesamtstrafenbildung** nach § 460. Diese Zuständigkeit besteht auch dann, wenn die

für die Gesamtstrafenbildung relevante Entscheidung durch eine spätere Instanz erlassen wurde (Abs. 3 Satz 3 Halbs. 1). Abweichend hiervon weist Abs. 3 Satz 4 die Zuständigkeit dem übergeordneten LG zu, wenn die Strafgewalt des als Gericht des ersten Rechtszuges originär zuständigen AG bei der Gesamtstrafenbildung nicht ausreichen würde, insb., weil die zu bildende Gesamtstrafe die Dauer von 4 Jahren übersteigt (§ 24 Abs. 2 GVG).

Wenn die für die Gesamtstrafenbildung relevanten Entscheidungen von verschiedenen Gerichten (nach Abs. 3 Satz 1 jeweils des ersten Rechtszuges) erlassen wurden, bestimmt sich die Zuständigkeit wie folgt: 12

War ein Urteil von einem **OLG in erster Instanz** erlassen worden, so ist dieses gem. Abs. 3 Satz 3 Halbs. 2 für die Gesamtstrafenbildung zuständig. Ansonsten ist das Gericht zuständig, das – hinsichtlich der Hauptstrafe – auf die schwerere Strafart (Freiheitsstrafe im Vergleich zur Geldstrafe) erkannt hat. Bei gleicher Strafart ist auf die schwerste erkannte Strafe abzustellen. Bei einer Gesamtstrafe, deren Bildung i.R.d. Beschlusses nach § 460 erneut geprüft wird, ist nicht die Höhe der Gesamtstrafe, sondern die der höchsten Einzelstrafe entscheidend. Bei der Geldstrafe ist allein die Anzahl der Tagessätze, nicht deren Gesamthöhe relevant (*Meyer-Goßner/Schmitt* § 462a Rn. 27). Bei gleicher Strafhöhe ist auf den späteren Entscheidungszeitpunkt abzustellen, wobei insoweit nicht notwendig die Entscheidung erster Instanz relevant ist, sondern nach herrschender Meinung stets der Zeitpunkt eines etwaigen (auch verwerfenden) Berufungsurteils, wobei zutreffenderweise jedenfalls eine Entscheidung der Berufungskammer in der Sache selbst zu fordern ist (vgl. LR/*Graalmann-Scheerer* § 462a Rn. 67); der Entscheidungszeitpunkt des Revisionsgerichts dann, wenn dieses nach § 354 selbst das Strafmaß festgesetzt hat. Ist im Rahmen einer Gesamtstrafenentscheidung eine Gesamtstrafe aufzulösen und sind hieraus unter Einbeziehung neuer Strafen mehrere Gesamtstrafen zu bilden, so erstreckt sich die Zuständigkeit des Gerichts auch auf die Bildung der weiteren Gesamtstrafe, selbst wenn es für deren Bildung an sich nicht zuständig war (KG NStZ-RR 2010, 252).

III. Zuständigkeitskonzentration (Abs. 4) Zur Vermeidung einer Zuständigkeitszersplitterung bestimmt Abs. 4 eine Zuständigkeitskonzentration für die genannten vollstreckungsrechtlichen Entscheidungen. Hiernach gilt primär der Vorrang des OLG, das in erster Instanz entschieden hat (Verweis auf Abs. 3 Satz 3 Halbs. 1). Sodann gilt der Vorrang der Strafvollstreckungskammer (Abs. 4 Satz 3), auch wenn diese lediglich in einer Sache zur Entscheidung zuständig wäre (s. zur Reichweite der Zuständigkeit BGH NStZ-RR 2005, 262). Ansonsten bestimmt sich die Zuständigkeit nach Abs. 3 Satz 2 entsprechend, somit nach Schwere der Strafart, Strafhöhe – wobei anders als bei Abs. 3 auf die Höhe einer etwaigen Gesamtstrafe abzustellen ist (vgl. LR/*Graalmann-Scheerer* § 462a Rn. 75), und Entscheidungszeitpunkt. 13

IV. Vorrangige Zuständigkeit des in erster Instanz entscheidenden OLG (Abs. 5) Abs. 5 ordnet den Vorrang des in erster Instanz entscheidenden OLG vor der Strafvollstreckungskammer an. Das OLG hat eine Abgabemöglichkeit nach Abs. 5 Satz 2. Die Abgabe ist für die Strafvollstreckungskammer bindend, kann aber vom OLG widerrufen werden (Abs. 5 Satz 3). 14

§ 463 StPO Vollstreckung von Maßregeln der Besserung und Sicherung.

(1) Die Vorschriften über die Strafvollstreckung gelten für die Vollstreckung von Maßregeln der Besserung und Sicherung sinngemäß, soweit nichts anderes bestimmt ist.

(2) § 453 gilt auch für die nach den §§ 68a bis 68d des Strafgesetzbuches zu treffenden Entscheidungen.

(3) ¹§ 454 Abs. 1, 3 und 4 gilt auch für die nach § 67c Abs. 1, § 67d Abs. 2 und 3, § 67e Abs. 3, den §§ 68e, 68f Abs. 2 und § 72 Abs. 3 des Strafgesetzbuches zu treffenden Entscheidungen. ²In den Fällen des § 68e des Strafgesetzbuches bedarf es einer mündlichen Anhörung des Verurteilten nicht. ³§ 454 Abs. 2 findet in den Fällen des § 67d Absatz 2 und 3 und des § 72 Absatz 3 des Strafgesetzbuches unabhängig von den dort genannten Straftaten sowie bei Prüfung der Voraussetzungen des § 67c Absatz 1 Satz 1 Nummer 1 des Strafgesetzbuches auch unabhängig davon, ob das Gericht eine Aussetzung erwägt, entsprechende Anwendung, soweit das Gericht über die Vollstreckung der Sicherungsverwahrung zu entscheiden hat; im Übrigen findet § 454 Abs. 2 bei den dort genannten Straftaten Anwendung. ⁴Zur Vorbereitung der Entscheidung nach § 67d Abs. 3 des Strafgesetzbuches

§ 463 StPO Vollstreckung von Maßregeln der Besserung und Sicherung

sowie der nachfolgenden Entscheidungen nach § 67d Abs. 2 des Strafgesetzbuches hat das Gericht das Gutachten eines Sachverständigen namentlich zu der Frage einzuholen, ob von dem Verurteilten weiterhin erhebliche rechtswidrige Taten zu erwarten sind. ⁵Ist die Unterbringung in der Sicherungsverwahrung angeordnet worden, bestellt das Gericht dem Verurteilten, der keinen Verteidiger hat, rechtzeitig vor einer Entscheidung nach § 67c Absatz 1 des Strafgesetzbuches einen Verteidiger.
(4) ¹Im Rahmen der Überprüfungen nach § 67e des Strafgesetzbuches soll das Gericht nach jeweils fünf Jahren vollzogener Unterbringung in einem psychiatrischen Krankenhaus (§ 63) das Gutachten eines Sachverständigen einholen. ²Der Sachverständige darf weder im Rahmen des Vollzugs der Unterbringung mit der Behandlung der untergebrachten Person befasst gewesen sein noch in dem psychiatrischen Krankenhaus arbeiten, in dem sich die untergebrachte Person befindet. ³Dem Sachverständigen ist Einsicht in die Patientendaten des Krankenhauses über die untergebrachte Person zu gewähren. ⁴§ 454 Abs. 2 gilt entsprechend. ⁵Der untergebrachten Person, die keinen Verteidiger hat, bestellt das Gericht für das Verfahren nach Satz 1 einen Verteidiger.
(5) ¹§ 455 Abs. 1 ist nicht anzuwenden, wenn die Unterbringung in einem psychiatrischen Krankenhaus angeordnet ist. ²Ist die Unterbringung in einer Entziehungsanstalt oder in der Sicherungsverwahrung angeordnet worden und verfällt der Verurteilte in Geisteskrankheit, so kann die Vollstreckung der Maßregel aufgeschoben werden. ³§ 456 ist nicht anzuwenden, wenn die Unterbringung des Verurteilten in der Sicherungsverwahrung angeordnet ist.
(6) ¹§ 462 gilt auch für die nach § 67 Abs. 3 und Abs. 5 Satz 2, den §§ 67a und 67c Abs. 2, § 67d Abs. 5 und 6, den §§ 67g, 67h und 69a Abs. 7 sowie den §§ 70a und 70b des Strafgesetzbuches zu treffenden Entscheidungen. ²Das Gericht erklärt die Anordnung von Maßnahmen nach § 67h Abs. 1 Satz 1 und 2 des Strafgesetzbuches für sofort vollziehbar, wenn erhebliche rechtswidrige Taten des Verurteilten drohen.
(7) Für die Anwendung des § 462a Abs. 1 steht die Führungsaufsicht in den Fällen des § 67c Abs. 1, des § 67d Abs. 2 bis 6 und des § 68f des Strafgesetzbuches der Aussetzung eines Strafrestes gleich.
(8) ¹Wird die Unterbringung in der Sicherungsverwahrung vollstreckt, bestellt das Gericht dem Verurteilten, der keinen Verteidiger hat, für die Verfahren über die auf dem Gebiet der Vollstreckung zu treffenden gerichtlichen Entscheidungen einen Verteidiger. ²Die Bestellung hat rechtzeitig vor der ersten gerichtlichen Entscheidung zu erfolgen und gilt auch für jedes weitere Verfahren, solange die Bestellung nicht aufgehoben wird.

1 **A. Grundsätzliches.** Die Vorschrift regelt die Vollstreckung der Maßregeln der Besserung und Sicherung (§§ 61 bis 72 StGB). Hierbei wird eine grundsätzliche entsprechende Anwendbarkeit der Vorschriften über die Strafvollstreckung angeordnet (Abs. 1), punktuell hingegen den Besonderheiten der jeweiligen Maßregel durch Spezialregelungen Rechnung getragen (Abs. 2 bis Abs. 7).

2 **B. Einzelfragen.** Abs. 1 erklärt die §§ 449 ff. für die Maßregeln der Besserung und Sicherung für grds. entsprechend anwendbar. Bei § 455a (für Maßregeln nach §§ 63, 64 und 66), § 456a sowie § 456c (anwendbar ausschließlich für das Berufsverbot nach § 70 StGB) ergibt sich die Anwendbarkeit bereits aus dem Wortlaut der jeweiligen Vorschrift.

3 Für Nachtragsentscheidungen i.R.d. Führungsaufsicht gilt gem. **Abs. 2** die Regelung des § 453. Zum Überprüfungsverfahren bei der elektronischen Aufenthaltsüberwachung s. OLG Nürnberg NStZ 2015, 167).

4 **Abs. 3** regelt die Geltung des § 454 für Entscheidungen, durch die Maßregeln der Besserung und Sicherung für erledigt erklärt oder zur Bewährung ausgesetzt werden, bzw. die Führungsaufsicht aufgehoben wird oder entfällt. Bei Entscheidungen über die Fortdauer des Vollzuges der Sicherungsverwahrung sieht Satz 4 die Einholung eines Sachverständigengutachtens zur Legalprognose des Untergebrachten, dem gem. Satz 5 erforderlichenfalls ein Verteidiger zu bestellen ist, vor; zur besonderen Problematik der Vollstreckung der Sicherungsverwahrung bei Konflikten mit dem Rückwirkungsverbot (Wegfall der ursprünglichen 10-Jahres-Höchstfrist bei erstmaliger Anordnung) s. grundlegend EGMR NJW 2010, 2495 und BVerfG NJW 2011, 1931; vgl. dazu auch BGH NJW 2011, 1981; 2011, 2744 sowie (vor der Entscheidung des BVerfG) NJW 2010, 3315; 2011, 149; OLG Karlsruhe NStZ-RR 2010, 322; OLG Nürnberg NStZ 2010, 574. Durch das Gesetz zur bundesrechtlichen Umsetzung des Abstands-

gebots im Recht der Sicherungsverwahrung vom 5.12.2012 (BGBl. 2012 I, S. 2425) wurden die Sätze 3 und 5 mit Wirkung vom 1.6.2013 an die auf Grund der gennanten Entscheidung des BVerfG erforderlich gewordenen Änderungen des Rechts der Sicherungsverwahung angepasst. Die Einholung eines Gutachtens nach § 454 Abs. 2 hat nach der Neufassung des Satzes 3 auch dann zu erfolgen, wenn das Gericht nach eigener Einschätzung nicht zu einer Aussetzung der Sicherungsverwahrung kommt (vgl. BT-Drs. 17/9874, S. 26).

Abs. 4 sieht vor, dass nach jeweils 5 Jahren vollzogener Unterbringung gem. § 63 StGB (zur Fristberechnung s. OLG Frankfurt am Main, NStZ-RR 2010, 126) eine Begutachtung des Untergebrachten i.R.d. Überprüfungsentscheidung nach § 67e StGB durch einen externen (Satz 2) Sachverständigen eingeholt werden soll, was i.d.R. zwingend ist (BVerfG NStZ-RR, 2010, 122; im Einzelfall kann die Einholung eines solchen Gutachtens i.R.d. nach § 67e Abs. 2 Nr. 1 StGB mindestens jährlich durchzuführenden Überprüfungsentscheidung bereits zu einem früheren Zeitpunkt veranlasst sein, vgl. OLG Zweibrücken NStZ-RR 2008, 291). Zu den verfassungsrechtlichen Anforderungen an eine Überprüfung der Maßregel nach § 63 StGB bei langjähriger Unterbringung s. BVerfG, Beschl. v. 19.07.2011 – 2 BvR 2413/10; Beschl. v. 19.6.2012, 2 BvR 2521/11; Beschl. v. 22.1.2015, 2 BvR 2049/13, 2 BvR 2445/14. 5

Abs. 5 regelt Einschränkungen einer entsprechenden Anwendung des Strafausstandes und des Strafaufschubs, die sich aus dem Wesen der jeweiligen Maßregel ergeben. Beim Verfall in Geisteskrankheit kommt eine Anwendung des § 455 bei Unterbringung in einem psychiatrischen Krankenhaus nicht in Betracht (Satz 1), bei den Maßregeln nach § 64 StGB und § 66 StGB steht der Aufschub der Vollstreckung – anders als in § 455 Abs. 1 (zwingende Regelung) – im Ermessen der Strafvollstreckungsbehörde. Die Anwendung des § 456 kommt bei Anordnung der Sicherungsverwahrung nicht in Betracht (Satz 3). 6

Abs. 6 und **Abs. 7** betreffen das gerichtliche Verfahren. § 462 gilt auch für die in Abs. 6 Satz 1 benannten Entscheidungen der Maßregelvollstreckung; die korrespondierende Zuständigkeitsvorschrift des § 462a ist bereits über Abs. 1 anwendbar. Abs. 6 Satz 2 ermöglicht es dem Gericht, Maßnahmen der Krisenintervention, bei denen es sich um Maßregelvollstreckung handelt (BGH NJW 2011, 163), für sofort vollziehbar zu erklären, wenn erhebliche rechtswidrige Taten des Verurteilten drohen. Abs. 7 weist der Strafvollstreckungskammer die Zuständigkeit für Nachtragsentscheidungen i.R.d. Führungsaufsicht zu (zum Umfang s. BGH NJW 2010, 951), da durch die Gleichsetzung der Führungsaufsicht mit einer Strafaussetzung zur Bewährung der Anwendungsbereich des § 462a Abs. 1 Satz 2 eröffnet ist. 7

Abs. 8 gilt seit 1.6.2013 und sieht – in Umsetzung der Entscheidung des Bundesverfassungsgerichts vom 4.5.2011 (2 BvR 2365/09) – die Bestellung eines Verteidigers im Rahmen von gerichtlichen Vollstreckungsentscheidungen betreffend die Sicherungsverwahrung vor. Hierdurch soll dem vom Bundesverfassungsgericht geforderten Rechtsschutz- und Unterstützungsgebot Rechnung getragen werden (s. BT-Drs. 17/9874, S. 26). Die Bestellung des Rechtsanwalts gilt für jedes Verfahren, in dem eine gerichtliche Entscheidung auf dem Gebiet des Vollstreckungsrechts (nicht aber des Vollzuges, vgl. § 119a Abs. 6 StVollzG n.F.) getroffen wird (vgl. hierzu OLG Dresden StV 2015, 50). Es ist nur ein Bestellungsbeschluss vor der ersten gerichtlichen Entscheidung erforderlich. Rechtzeitig ist die Bestellung dann, wenn sie so frühzeitig erfolgt, dass die Interessen des Verurteilten im Verfahren angemessen durch den Rechtsanwalt wahrgenommen werden können. Insbesondere hat die Bestellung vor der Beauftragung eines Sachverständigen (vgl. Abs. 3 Satz 3) zu erfolgen (s. BT-Drs. 17/9874, S. 27). 8

§ 463a StPO Zuständigkeit und Befugnisse der Aufsichtsstellen.

(1) ¹Die Aufsichtsstellen (§ 68a des Strafgesetzbuches) können zur Überwachung des Verhaltens des Verurteilten und der Erfüllung von Weisungen von allen öffentlichen Behörden Auskunft verlangen und Ermittlungen jeder Art, mit Ausschluss eidlicher Vernehmungen, entweder selbst vornehmen oder durch andere Behörden im Rahmen ihrer Zuständigkeit vornehmen lassen. ²Ist der Aufenthalt des Verurteilten nicht bekannt, kann der Leiter der Führungsaufsichtsstelle seine Ausschreibung zur Aufenthaltsermittlung (§ 131a Abs. 1) anordnen.

(2) ¹Die Aufsichtsstelle kann für die Dauer der Führungsaufsicht oder für eine kürzere Zeit anordnen, dass der Verurteilte zur Beobachtung anläßlich von polizeilichen Kontrollen, die die Feststellung der Personalien zulassen, ausgeschrieben wird. ²§ 163e Abs. 2 gilt entsprechend. ³Die Anordnung

§ 463a StPO   Zuständigkeit und Befugnisse der Aufsichtsstellen

trifft der Leiter der Führungsaufsichtsstelle. Die Erforderlichkeit der Fortdauer der Maßnahme ist mindestens jährlich zu überprüfen.

(3) ¹Auf Antrag der Aufsichtsstelle kann das Gericht einen Vorführungsbefehl erlassen, wenn der Verurteilte einer Weisung nach § 68b Abs. 1 Satz 1 Nr. 7 oder Nr. 11 des Strafgesetzbuchs ohne genügende Entschuldigung nicht nachgekommen ist und er in der Ladung darauf hingewiesen wurde, dass in diesem Fall seine Vorführung zulässig ist. ²Soweit das Gericht des ersten Rechtszuges zuständig ist, entscheidet der Vorsitzende.

(4) ¹Die Aufsichtsstelle erhebt und speichert bei einer Weisung nach § 68b Absatz 1 Satz 1 Nummer 12 des Strafgesetzbuches mit Hilfe der von der verurteilten Person mitgeführten technischen Mittel automatisiert Daten über deren Aufenthaltsort sowie über etwaige Beeinträchtigungen der Datenerhebung; soweit es technisch möglich ist, ist sicherzustellen, dass innerhalb der Wohnung der verurteilten Person keine über den Umstand ihrer Anwesenheit hinausgehenden Aufenthaltsdaten erhoben werden. ²Die Daten dürfen ohne Einwilligung der betroffenen Person nur verwendet werden, soweit dies erforderlich ist für die folgenden Zwecke:
1. zur Feststellung des Verstoßes gegen eine Weisung nach § 68b Absatz 1 Satz 1 Nummer 1, 2 oder 12 des Strafgesetzbuches,
2. zur Ergreifung von Maßnahmen der Führungsaufsicht, die sich an einen Verstoß gegen eine Weisung nach § 68b Absatz 1 Satz 1 Nummer 1, 2 oder 12 des Strafgesetzbuches anschließen können,
3. zur Ahndung eines Verstoßes gegen eine Weisung nach § 68b Absatz 1 Satz 1 Nummer 1, 2 oder 12 des Strafgesetzbuches,
4. zur Abwehr einer erheblichen gegenwärtigen Gefahr für das Leben, die körperliche Unversehrtheit, die persönliche Freiheit oder die sexuelle Selbstbestimmung Dritter oder
5. zur Verfolgung einer Straftat der in § 66 Absatz 3 Satz 1 des Strafgesetzbuches genannten Art.

³Zur Einhaltung der Zweckbindung nach Satz 2 hat die Verarbeitung der Daten zur Feststellung von Verstößen nach Satz 2 Nummer 1 in Verbindung mit § 68b Absatz 1 Satz 1 Nummer 1 oder 2 des Strafgesetzbuches automatisiert zu erfolgen und sind die Daten gegen unbefugte Kenntnisnahme besonders zu sichern. ⁴Die Aufsichtsstelle kann die Erhebung und Verarbeitung der Daten durch die Behörden und Beamten des Polizeidienstes vornehmen lassen; diese sind verpflichtet, dem Ersuchen der Aufsichtsstelle zu genügen. ⁵Die in Satz 1 genannten Daten sind spätestens zwei Monate nach ihrer Erhebung zu löschen, soweit sie nicht für die in Satz 2 genannten Zwecke verwendet werden. ⁶Bei jedem Abruf der Daten sind zumindest der Zeitpunkt, die abgerufenen Daten und der Bearbeiter zu protokollieren; § 488 Absatz 3 Satz 5 gilt entsprechend. ⁷Werden innerhalb der Wohnung der verurteilten Person über den Umstand ihrer Anwesenheit hinausgehende Aufenthaltsdaten erhoben, dürfen diese nicht verwertet werden und sind unverzüglich nach Kenntnisnahme zu löschen. ⁸Die Tatsache ihrer Kenntnisnahme und Löschung ist zu dokumentieren.

(5) ¹Örtlich zuständig ist die Aufsichtsstelle, in deren Bezirk der Verurteilte seinen Wohnsitz hat. ²Hat der Verurteilte keinen Wohnsitz im Geltungsbereich dieses Gesetzes, so ist die Aufsichtsstelle örtlich zuständig, in deren Bezirk er seinen gewöhnlichen Aufenthaltsort hat und, wenn ein solcher nicht bekannt ist, seinen letzten Wohnsitz oder gewöhnlichen Aufenthaltsort hatte.

1 **A. Grundsätzliches.** Die Vorschrift normiert die **verfahrensrechtliche Umsetzung** der Maßregel der Führungsaufsicht, deren materiell-rechtliche Regelungen sich in den §§ 68 ff. StGB finden.

2 **B. Einzelfragen.** Führungsaufsicht kann gerichtlich angeordnet werden (§ 68 Abs. 1) oder als gesetzliche Folge eintreten (§§ 67b Abs. 2, 67c Abs. 1 Satz 2, 67d Abs. 2 bis 6, § 68f StGB). Der Betroffene untersteht gem. § 68a Abs. 1 StGB der Führungsaufsichtsstelle (zu deren Einrichtung s. Art. 295 EGStGB).

3 Abs. 1 regelt die **Befugnisse der Führungsaufsichtsstelle** im Rahmen ihrer Überwachungspflicht gem. § 68a Abs. 3 StGB. Bei den hierfür erforderlichen Ermittlungen kann sich die Führungsaufsichtsstelle auch der Hilfe anderer Behörden, neben der Polizei insb. der Gerichtshilfe (§ 463d), bedienen. Sie kann Auskünfte direkt von jeder Behörde einholen, sofern nicht besondere Verschwiegenheitspflichten auch im Amtshilfeverkehr bestehen (KK-StPO/*Appl* § 463a Rn. 2). Der Leiter der Führungsaufsichtsstelle, der die Befähigung zum Richteramt haben oder ein Beamter des höheren Dienstes sein muss (Art. 295

Abs. 2 EGStGB), kann gem. § 131a Abs. 1 eine Ausschreibung des Betroffenen zur Aufenthaltsermittlung anordnen.

Abs. 2 ermöglicht die **Anordnung polizeilicher Beobachtung** (entsprechend § 163e Abs. 1, 2). 4
Für den Fall, dass der Führungsaufsichtsproband einer Weisung nach § 68b Abs. 1 Satz 1 Nr. 7 StGB 5
(Meldung bei der Führungsaufsichtsstelle oder dem Bewährungshelfer) oder § 68b Abs. 1 Satz 1
Nr. 11 StGB (Vorstellung beim Arzt oder Psychiater) nicht nachkommt, kann die Führungsaufsichtsstelle beim zuständigen (hierzu KK-StPO/*Appl* § 463a Rn. 8 f.) Gericht gem. **Abs. 3** einen Vorführungsbefehl beantragen.

Abs. 4, eingefügt durch das Gesetz zur Neuregelung der Sicherungsverwahrung und begleitender Re- 6
gelungen v. 22.12.2010 (BGBl. I, S. 2300), regelt die **Erhebung von Verwendung von Daten**, die im
Rahmen einer **elektronischen Aufenthaltsüberwachung** nach § 68b Abs. 1 Satz 1 Nr. 12 StGB gewonnen wurden. Satz 1 enthält hierzu die Rechtsgrundlage, Satz 2 entsprechende Zweckbindungen. Gem.
Satz 4 ist eine Übertragung auf die Polizei möglich. Satz 5 bestimmt eine Löschungsfrist von 2 Monaten. Die Satz 7 und 8 sollen den Schutz der Wohnung als (verfassungsmäßig verbürgten) innersten
Rückzugsort (BT-Drucks. 17/3403, S. 44) durch eine Einschränkung der Aufenthaltsüberwachung sicherstellen. Soweit sich der Betroffene in seiner Wohnung befindet, darf eine genauere Ortung nicht
erfolgen. Über diesen Maßstab hinausgehende erhobene Daten sind zu löschen, wobei sowohl die Tatsache ihrer Kenntnisnahme als auch der Löschung zu dokumentieren ist (S. 8).

Abs. 5 regelt die **örtliche Zuständigkeit der Führungsaufsichtsstelle**, die sich nach dem Wohnsitz (S. 1), 7
hilfsweise dem letzten inländischen Wohnsitz oder Aufenthaltsort (S. 2) bestimmt.

§ 463b StPO Beschlagnahme von Führerscheinen.

(1) Ist ein Führerschein nach § 44 Abs. 2 Satz 2 und 3 des Strafgesetzbuches amtlich zu verwahren und wird er nicht freiwillig herausgegeben, so ist er zu beschlagnahmen.
(2) Ausländische Führerscheine können zur Eintragung eines Vermerks über das Fahrverbot oder über die Entziehung der Fahrerlaubnis und die Sperre (§ 44 Abs. 2 Satz 4, § 69b Abs. 2 des Strafgesetzbuches) beschlagnahmt werden.
(3) ¹Der Verurteilte hat, wenn der Führerschein bei ihm nicht vorgefunden wird, auf Antrag der Vollstreckungsbehörde bei dem Amtsgericht eine eidesstattliche Versicherung über den Verbleib abzugeben. ²§ 883 Abs. 2 und 3 der Zivilprozessordnung gilt entsprechend.

A. Grundsätzliches. Die Vorschrift regelt die **Beschlagnahme** inländischer (Abs. 1) und auslän- 1
discher (Abs. 2) **Führerscheine** beim **Vollzug des Fahrverbots gem. § 44 StGB**.

B. Einzelfragen. Das Fahrverbot gem. § 44 StGB wird mit der Rechtskraft des Urteils wirksam 2
(§ 44 Abs. 2 Satz 1 StGB). Der Einleitung der Vollstreckung bedarf es insoweit nicht, das Fahrverbot ist
unabhängig von der nach § 44 Abs. 2 Satz 2 StGB vorgesehenen amtlichen Verwahrung wirksam. Jedoch bestimmt § 44 Abs. 3, dass die Verbotsfrist erst ab dem Tag angerechnet wird, an dem der Führerschein amtlich verwahrt wird.

Die **Beschlagnahme des Führerscheins** ist durchzuführen, wenn der Führerschein trotz Aufforderung 3
(*Meyer-Goßner/Schmitt* § 463b Rn. 1) vom Verurteilten nicht herausgegeben wird. Einer gesonderten
richterlichen Anordnung bedarf es nicht. Nach herrschender Meinung ist in der Beschlagnahmeanordnung zugleich die Anordnung zur Durchsuchung der Wohnung des Verurteilten, nicht aber der Wohnung Dritter, enthalten (*Meyer-Goßner/Schmitt* § 463b Rn. 1; Graf/*Klein* § 463b Rn. 2; krit. *Pfeiffer*
§ 463b Rn. 1; anders hingegen beim von der Bußgeldbehörde angeordneten Fahrverbot nach § 25
StVG s. dazu KK-StPO/*Appl* § 463b Rn. 1).

Der beschlagnahmte Führerschein ist nach § 59a StVollstrO für die Dauer des Fahrverbots zu verwah- 4
ren. Er ist (unbeschadet einer im Einzelfall möglichen anderweitigen Anordnung) zur Verfahrensakte
bzw. zum Vollstreckungsheft nehmen (§ 59a Abs. 1 StVollstrO). Die Rücksendung richtet sich nach
§ 59a Abs. 2 StVollstrO.

Bei **ausländischen Führerscheinen** richtet sich der Vollzug des Fahrverbots nach Abs. 2. Wegen § 44 5
Abs. 2 Satz 3 StGB sind jedoch die von EU-Staaten oder sonstigen Vertragsstaaten des Abkommens

§ 463c StPO   Öffentliche Bekanntmachung der Verurteilung

über den Europäischen Wirtschaftsraum (EWR) ausgestellten Führerscheine dann wie inländische zu behandeln, wenn der Verurteilte seinen ordentlichen Wohnsitz im Inland hat. Die Beschlagnahme ist bei sonstigen ausländischen Führerscheinen lediglich zur Eintragung eines Vermerkes (s. § 59a Abs. 3 Satz 2 StVollstrO) über das Fahrverbot (§ 44 Abs. 2 Satz 4 StGB) bzw. über die Entziehung der Fahrerlaubnis und die Sperre (§ 69b Abs. 2 StGB) zuständig. Die Führerscheine sind sodann an den Verurteilten zurückzugeben.

6   Kann der nach Abs. 1 oder Abs. 2 zu beschlagnahmende Führschein bei dem Verurteilten nicht aufgefunden werden, hat dieser über den Verbleib des Dokuments auf Antrag der Vollstreckungsbehörde (§ 451) eine eidesstattliche Versicherung abzugeben (**Abs. 3**), deren Datum für den Beginn des Fahrverbots maßgeblich ist (vgl. AG Bremen NZV 2011, 151 [152]; zur vergleichbaren Sachlage im Ordnungswidrigkeitenrecht s. OLG Düsseldorf NZV 1999, 521 [522]; a. A. LG Essen NZV 2006, 166; Schönke/Schröder/*Kinzig* § 44 Rn. 21a m.w.N. zum Streitstand (Tag der Verlustanzeige ggü. dem Gericht)). Für das Verfahren gelten kraft Verweisung die genannten Vorschriften der ZPO.

§ 463c StPO Öffentliche Bekanntmachung der Verurteilung.
(1) Ist die öffentliche Bekanntmachung der Verurteilung angeordnet worden, so wird die Entscheidung dem Berechtigten zugestellt.
(2) Die Anordnung nach Absatz 1 wird nur vollzogen, wenn der Antragsteller oder ein an seiner Stelle Antragsberechtigter es innerhalb eines Monats nach Zustellung der rechtskräftigen Entscheidung verlangt.
(3) ¹Kommt der Verleger oder der verantwortliche Redakteur einer periodischen Druckschrift seiner Verpflichtung nicht nach, eine solche Bekanntmachung in das Druckwerk aufzunehmen, so hält ihn das Gericht auf Antrag der Vollstreckungsbehörde durch Festsetzung eines Zwangsgeldes bis zu fünfundzwanzigtausend Euro oder von Zwangshaft bis zu sechs Wochen dazu an. ²Zwangsgeld kann wiederholt festgesetzt werden. ³§ 462 gilt entsprechend.
(4) Für die Bekanntmachung im Rundfunk gilt Absatz 3 entsprechend, wenn der für die Programmgestaltung Verantwortliche seiner Verpflichtung nicht nachkommt.

1   **A. Grundsätzliches.** Die öffentliche Bekanntmachung der Verurteilung als Nebenfolge sehen im Interesse des Verletzten und auf dessen Antrag verschiedene Vorschriften des materiellen Rechts vor (§§ 103 Abs. 3, 165 Abs. 1, 200 Abs. 1 StGB, § 142 Abs. 6 PatG, § 111 UrhG; zur Vertiefung s. *Deumeland*, MR-Int. 2006, 136 ff.). Der Umfang der Veröffentlichung sowie das hierzu verpflichtete Presse- oder Rundfunkorgan muss sich bereits aus der Entscheidung selbst ergeben (vgl. § 59 Abs. 2 Satz 1 StVollstrO).

2   **B. Einzelfragen.** Berechtigter ist der Verletzte der Straftat, auf dessen Antrag hin die Veröffentlichung angeordnet wurde.

3   Der **Vollzug der Anordnung** erfolgt durch die Vollstreckungsbehörde **nur dann**, wenn **der Berechtigte** es binnen eines Monats (§ 43) nach Zustellung (§ 37) der rechtskräftigen Entscheidung **verlangt**. Ein Übergang des Antragsrechts kommt nach § 77 Abs. 2 bzw. § 165 Abs. 1 Satz 2 StGB (lex specialis) in Betracht. In der an den Berechtigten zugestellten Ausfertigung der Entscheidung sind Namen von Mitangeklagten ebenso wegzulassen (§ 59 Abs. 1 Satz 2 StVollstrO) wie abgeurteilte Straftaten, auf die sich die ausgesprochene Veröffentlichungspflicht nicht bezieht (*Meyer-Goßner/Schmitt* § 463c Rn. 1).

4   Die Veröffentlichungspflicht kann mit den in **Abs. 3 und 4** genannten **Zwangsmitteln** (Zwangsgeld bis zu 25.000,00 € bzw. Zwangshaft bis zu 6 Wochen) durchgesetzt werden. Das Verfahren richtet sich nach § 462; jedoch ist zur Entscheidung nicht die Strafvollstreckungskammer, sondern stets das Gericht des ersten Rechtszuges berufen, da die Zwangsmittel nicht gegen den Verurteilten, sondern gegen Dritte verhängt werden (BGH NStZ 1987, 428). Das Zwangsgeld kann mehrmals festgesetzt werden, wobei sich der Höchstbetrag auf jede einzelne Festsetzung erstreckt, somit durch mehrere Zwangsgeldfestsetzungen auch überschritten werden kann (Graf/*Klein* § 463c Rn. 7), wobei freilich der **Grundsatz der Verhältnismäßigkeit** stets zu beachten ist. Dieser kann in Ausnahmefällen auch der Veröffentlichungspflicht als solcher entgegenstehen (s. dazu KK-StPO/*Appl* § 463c Rn. 6).

Die Kosten der Veröffentlichung sind Verfahrenskosten (§ 59 Abs. 2 Satz 2 StVollstrO). 5

§ 463d StPO Gerichtshilfe. Zur Vorbereitung der nach den §§ 453 bis 461 zu treffenden Entscheidungen kann sich das Gericht oder die Vollstreckungsbehörde der Gerichtshilfe bedienen; dies kommt insbesondere vor einer Entscheidung über den Widerruf der Strafaussetzung oder der Aussetzung des Strafrestes in Betracht, sofern nicht ein Bewährungshelfer bestellt ist.

A. Grundsätzliches. Die Gerichtshilfe, deren Unterstützung sich die StA als Strafverfolgungsbehörde gem. § 160 Abs. 3 Satz 2 auch schon bei der Abklärung der für die Rechtsfolgen relevanten Umstände im Ermittlungsverfahren bedienen kann, kann vom Gericht und der StA auch zur Vorbereitung von Entscheidungen im Vollstreckungsverfahren zur Ermittlung insb. der persönlichen Verhältnisse des Verurteilten und der für die Sozialprognose relevanten Umstände beauftragt werden. 1

B. Einzelfragen. Die **Mitwirkung der Gerichtshilfe** ist auch in den vom Gesetz genannten Entscheidungen über den Bewährungswiderruf **nicht zwingend** (KG JR 1988, 39; *Meyer-Goßner/Schmitt* § 463d Rn. 1; a. A. LG Bonn NStZ 1986, 574). Die Nichtheranziehung kann aber zu einem im Beschwerdeverfahren relevanten Ermessensfehler führen, wenn die Ermittlungen der Gerichtshilfe voraussichtlich relevante Umstände hervorgebracht hätten (KK-StPO/*Appl* § 463d Rn. 3; *Pfeiffer* § 463d Rn. 1). Bei Entscheidungen über den Bewährungswiderruf sollte eine Einbindung der Gerichtshilfe, sofern kein Bewährungshelfer bestellt ist, nur dann unterbleiben, wenn sie keine relevanten Erkenntnisse erwarten lässt, etwa weil der Verurteilte die Zusammenarbeit von vornherein verweigert (Graf/*Klein* § 463d Rn. 4). 2

Sofern die Gerichtshilfe (wie regelmäßig) einen **schriftlichen Bericht** vorlegt, wird dieser **Aktenbestandteil** und unterliegt daher der Akteneinsicht gem. § 147 (*Meyer-Goßner/Schmitt* § 463d Rn. 3). Die Verwertung von für den Verurteilten nachteiligen Erkenntnissen aus dem Gerichtshilfebericht setzt die Gewährung rechtlichen Gehörs voraus (KK-StPO/*Appl* § 463d Rn. 4). 3

Die Einrichtung der Gerichtshilfe ist gem. Art. 294 Satz 1 EGStGB dem Geschäftsbereich der Landesjustizverwaltungen zugewiesen. 4

Zweiter Abschnitt. Kosten des Verfahrens

Vorbemerkung zu §§ 464 ff. StPO

A. Regelungsgegenstand der §§ 464 bis 473. Kosten des Verfahrens sind gem. § 464a Abs. 1 die Gebühren und Auslagen, die der Staatskasse, d.h. den Strafverfolgungsbehörden und Gerichten, aufgrund der Durchführung eines Strafverfahrens entstehen. Daneben bestimmen die §§ 464 ff., wer die notwendigen außergerichtlichen Auslagen der am Strafverfahren Beteiligten zu tragen hat. Insoweit werden Regelungen für den Beschuldigten (§§ 467, 467a, 469, 470, 471, 472, 473), den Privatkläger (§§ 471, 472), den Nebenkläger bzw. Nebenklageberechtigten (§§ 472, 473), den Verletzten im Adhäsionsverfahren (§ 472a) sowie den Nebenbeteiligten (§§ 467a, 469, 470, 472b, 473) getroffen. 1

B. Natur der Kostenvorschriften. Die §§ 464 bis 464b, 464d enthalten verfahrensrechtliche Bestimmungen. Demgegenüber stellen die §§ 464c, 465 ff. materiellrechtliche Normen dar, die den Kosten- und Auslagenerstattungsanspruch dem Grunde nach regeln. Höhe und Ansatz der Verfahrenskosten, die ein Beteiligter der Staatskasse zu ersetzen hat, bestimmen sich nach den Vorschriften des GKG. Die Höhe der Kosten und Auslagen, die ein Beteiligter einem anderen Beteiligten erstatten muss, wird im Kostenfestsetzungsverfahren nach § 464b ermittelt. Die Sicherung des staatlichen Kostenanspruchs kann ggf. durch dinglichen Arrest gem. §§ 111d, 111e sowie durch die Einbehaltung 2

§ 464 StPO   Kosten- und Auslagenentscheidung; sofortige Beschwerde

einer Sicherheitsleistung gem. §§ 127a Abs. 1 Nr. 2, 132 Abs. 1 Satz 1 Nr. 1, 176 gewährleistet werden (*Pfeiffer* Rn. 3).

3 **C. Geltung der Kostenvorschriften.** Die §§ 464 ff. kommen auch im Steuerstrafverfahren uneingeschränkt zur Anwendung, im jugendgerichtlichen Verfahren werden sie durch die Sonderregelungen der §§ 74, 109 Abs. 2 JGG ergänzt, im Bußgeldverfahren nach dem OWiG gelten sie sinngemäß (§§ 46, 105 OWiG). Die Kostenvorschriften der StPO sind nicht abschließend. Ihre entsprechende Anwendung kommt daher in Betracht, soweit dies im Einzelfall billig erscheint und eine ausdrückliche Regelung fehlt (BGHSt 16, 168, 170; 17, 376, 381).

4 **D. Grundsätze der Kostentragungspflicht.** Die Kostentragungspflicht eines Beteiligten beruht i.d.R. auf dem Veranlassungsprinzip (BVerfGE 18, 302; BGHSt 25, 109 ff.; LR/*Hilger* Vor § 464 Rn. 15; *Pfeiffer* Rn. 2). In einzelnen Regelungen kommen daneben Billigkeitserwägungen (§§ 465 Abs. 2, 470, 472, 472a Abs. 2, 472b Abs. 1, 473 Abs. 4, Abs. 6), Gedanken des Schadensersatzes (§§ 469, 470) oder das Verschuldensprinzip (§ 467 Abs. 2, Abs. 3) zum Ausdruck. Die Auslagenerstattung im Privatklageverfahren gem. § 472 ist von zivilprozessualen Erstattungsgrundsätzen geprägt (LR/*Hilger* Vor § 464 Rn. 23), der Erstattungsanspruch des nicht verurteilten Angeschuldigten gegen die Staatskasse gem. § 467 Abs. 1 wird als Aufopferungsanspruch eingestuft (OLG Celle NJW 1975, 400; LR/*Hilger* Vor § 464 Rn. 20).

§ 464 StPO Kosten- und Auslagenentscheidung; sofortige Beschwerde.

(1) Jedes Urteil, jeder Strafbefehl und jede eine Untersuchung einstellende Entscheidung muss darüber Bestimmungen treffen, von wem die Kosten des Verfahrens zu tragen sind. (2) Die Entscheidung darüber, wer die notwendigen Auslagen trägt, trifft das Gericht in dem Urteil oder dem Beschluss, der das Verfahren abschließt. (3) ¹Gegen die Entscheidung über die Kosten und die notwendigen Auslagen ist die sofortige Beschwerde zulässig; sie ist unzulässig, wenn eine Anfechtung der in Absatz 1 genannten Hauptentscheidung durch den Beschwerdeführer nicht statthaft ist. ²Das Beschwerdegericht ist an die tatsächlichen Feststellungen, auf denen die Entscheidung beruht, gebunden. ³Wird gegen das Urteil, soweit es die Entscheidung über die Kosten und die notwendigen Auslagen betrifft, sofortige Beschwerde und im Übrigen Berufung oder Revision eingelegt, so ist das Berufungs- oder Revisionsgericht, solange es mit der Berufung oder Revision befasst ist, auch für die Entscheidung über die sofortige Beschwerde zuständig.

Übersicht	Rdn.		Rdn.
A. Allgemeines	1	II. Zulässigkeit	22
B. Die Kosten des Verfahrens (Abs. 1)	6	III. Beschwerdebefugnis	29
C. Die notwendigen Auslagen (Abs. 2)	14	IV. Beschwerdefrist	30
D. Sofortige Beschwerde (Abs. 3)	17	V. Zuständigkeit	31
I. Einlegung	18	VI. Entscheidung des Gerichts	32

1 **A. Allgemeines.** Nach § 464 Abs. 1 muss jedes Urteil, jeder Strafbefehl sowie jede Entscheidung, die eine Untersuchung einstellt, eine Entscheidung darüber treffen, wer die **Kosten des Verfahrens** zu tragen hat. Eine ausdrückliche Kostenentscheidung ist auch dann erforderlich, wenn sich die Kostenfolge einer gerichtlichen Maßnahme unmittelbar aus dem Gesetz ergibt. Denn Grundlage für die Kostenfestsetzung ist gem. § 464b i.V.m. § 103 ZPO der Kostentitel, nicht die materielle Rechtslage (KK-StPO/*Gieg* § 464 Rn. 4; LR/*Hilger* § 464 Rn. 1).

2 Gem. Abs. 2 trifft das Gericht weiterhin in dem Urteil oder Beschluss, der das Verfahren abschließt eine Entscheidung über die **notwendigen Auslagen**. Aus der Bestimmung des Abs. 2 ergibt sich daher zum einen, dass eine Entscheidung über die notwendigen Auslagen des Verfahrens im Gegensatz zur Kostenentscheidung nach Abs. 1 nicht zwingend erforderlich ist. Der Wortlaut des Abs. 2 verdeutlicht daneben, dass eine Entscheidung über die Verfahrenskosten und die notwendigen Auslagen nur ergeht, wenn

das Verfahren bei Gericht anhängig war, Rechtshängigkeit ist nicht erforderlich (*Meyer-Goßner* § 464 Rn. 1; KMR/*Stöckel* § 464 Rn. 4). Auslagen, die im Ermittlungsverfahren entstanden sind, ohne dass im Anschluss hieran ein gerichtliches Verfahren anhängig wird, fallen somit nicht in den Anwendungsbereich des § 464 und werden grds. nicht erstattet. Ausnahmen hiervon enthalten die §§ 469 Abs. 2 und 470, die eine Kosten- und Auslagenerstattung auch für den Fall eines nur außergerichtlichen Verfahrens vorsehen.

§ 464 selbst enthält **keine materielle Regelung** zur Kosten- und Auslagenüberbürdung, sondern setzt 3 vielmehr voraus, dass entsprechende materielle Kosten- und Auslagenbestimmungen in anderen Vorschriften (§§ 465 ff., 464c) enthalten sind. Soweit eine derartige Bestimmung fehlt, fallen die Kosten und Auslagen demjenigen zur Last, dem sie entstanden sind. Die Kosten des Verfahrens sind in diesem Fall also von der Staatskasse, die notwendigen Auslagen vom Beteiligten selbst zu tragen. Die Entscheidung nach § 464 über die Pflicht zur Tragung von Kosten und Auslagen ist lediglich eine Entscheidung dem Grunde nach. Über die Höhe der Kosten ist sodann im Kostenansatzverfahren nach den Bestimmungen des GVG zu entscheiden, die Höhe der zu erstattenden notwendigen Auslagen wird im Kostenfestsetzungsverfahren nach § 464b festgesetzt.

Die Kosten- und Auslagenentscheidung wird grds. in der verfahrensabschließenden Entscheidung getroffen. Eine **isolierte gerichtliche Kosten- und Auslagenentscheidung** im Beschlusswege ergeht ausnahmsweise in den Fällen der §§ 469 Abs. 2, 470, Rn. 2 und 467a sowie bei Rechtsmittelrücknahme gem. § 473 Abs. 1 (KK-StPO/*Gieg* § 464 Rn. 1). Hier war ein gerichtliches Verfahren zwar anhängig, hat sich jedoch ohne verfahrensabschließende gerichtliche Endentscheidung erledigt. Eine selbstständige Kosten- und Auslagenentscheidung ist weiterhin immer dann zulässig und geboten, wenn das gerichtliche Verfahren ohne Entscheidung abgeschlossen wird, aber eine entsprechende Kosten- oder Auslagenentscheidung als Festsetzungsgrundlage erforderlich ist, etwa bei Zurücknahme des Rechtsmittels (OLG Hamm NJW 1973, 772) oder bei Rücknahme des Einspruchs gegen den Strafbefehl hinsichtlich der notwendigen Auslagen des Nebenklägers (*Meyer-Goßner* § 464 Rn. 13).

I.Ü. gelten die **allgemeinen Grundsätze der §§ 33 ff.** für gerichtliche Entscheidungen (LR/*Hilger* 5 § 464 Rn. 3). So sind die Beteiligten vor Erlass der Kosten- bzw. Auslagenentscheidung gem. § 33 zu den entscheidungserheblichen Tatsachen zu hören, etwa zur Frage der schuldhaften Säumnis gem. § 467 Abs. 2. Die Entscheidung erfordert weiterhin gem. § 34 eine Begründung sowie eine Rechtsmittelbelehrung, § 35a.

B. Die Kosten des Verfahrens (Abs. 1)

Nach Abs. 1 muss **jede eine Untersuchung einstellende Entscheidung** bestimmen, wer die Kosten des Verfahrens zu tragen hat. Eine Kostenentscheidung ist hiernach zwingend erforderlich, soweit das Gericht eine verfahrensabschließende Entscheidung trifft, die entweder das Verfahren als solches oder ein vom Ausgang der Hauptsache unabhängiges selbstständiges Zwischenverfahren abschließt. Als Hauptfälle für entsprechende gerichtliche Entscheidungen werden insoweit Strafbefehle und Urteile genannt, da sie grds. für den Fall der Rechtskraft zum Verfahrensabschluss führen.

Eine das Verfahren als solches abschließende Entscheidung ist auch dann gegeben, wenn in derselben 7 Sache eine anderweitige Strafverfolgung noch möglich ist (LR/*Hilger* § 464 Rn. 6; *Meyer-Goßner* § 464 Rn. 5). Eine Kostenentscheidung ist daher auch bei Einstellung des Verfahrens durch Urteil gem. § 260 Abs. 3 wegen örtlicher oder sachlicher Unzuständigkeit des Gerichts erforderlich. Zwar kommt in diesen Fällen eine Strafverfolgung vor dem zuständigen Gericht nach wie vor in Betracht. Die Entscheidung nach § 260 Abs. 3 schließt jedoch das konkrete Strafverfahren ab und ist daher mit einer Kostenentscheidung zu versehen.

Demgegenüber enthalten **Berufungs- oder Revisionsurteile** gem. §§ 328 Abs. 2, 354 Abs. 2, 355, die 8 die Sache unter Aufhebung des zuvor ergangenen Urteils zur erneuten Verhandlung und Entscheidung zurückverweisen, keine Kostenentscheidung. Sie schließen das konkrete Verfahren gerade nicht ab, sondern erfordern auch hinsichtlich der Kosten eine erneute Entscheidung des Gerichts, an das Rückverweisung erfolgt (HK-StPO/*Krehl* § 464 Rn. 3; *Meyer-Goßner* § 464 Rn. 3).

Neben Urteilen und Strafbefehlen müssen **alle sonstigen einstellenden Entscheidungen**, die ein konkretes Strafverfahren abschließen, eine Kostenentscheidung enthalten. Hierunter fallen zum einen alle Beschlüsse, die an die Stelle eines Urteils treten, z.B. Beschlüsse gem. §§ 319 Abs. 1, 322 Abs. 1, 346 Abs. 1, 349 Abs. 1, Abs. 2, Abs. 4, 441 Abs. 2. Daneben erfordern Beschlüsse gem. §§ 174,

204, 206a, 206b eine Kostenentscheidung. Unerheblich ist auch hier, ob in der Sache erneut Anklage erhoben werden kann, solange das konkrete Strafverfahren abgeschlossen wird. Auch Einstellungsbeschlüsse gem. §§ 153 Abs. 2, 153b Abs. 2 und 383 Abs. 2, 390 Abs. 5 sowie der i.R.d. § 153a Abs. 2 erforderliche endgültige Einstellungsbeschluss schließen das Verfahren endgültig ab und müssen mithin eine Kostenentscheidung treffen (HK-StPO/*Krehl* § 464 Rn. 4).

10 Umstritten ist der Fall der vorläufigen **Einstellung gem. § 154 Abs. 2**. Hier wird vereinzelt vertreten, dass ein entsprechender Einstellungsbeschluss wegen seiner Vorläufigkeit immer ohne Kosten- und Auslagenentscheidung zu ergehen hat (BayObLG NJW 1969, 1448; OLG München NJW 1975, 68; NStZ 1981, 234 m. abl. Anm. *Meyer-Goßner*). Teilweise wird danach differenziert, ob die Einstellung im Hinblick auf ein bereits rechtskräftig abgeschlossenes oder ein noch anhängiges Verfahren erfolgt. Bei Einstellung gem. § 154 Abs. 2 im Hinblick auf eine bereits rechtskräftig erkannte Strafe oder Maßregel der Besserung und Sicherung soll immer auch eine Kostenbestimmung zu treffen sein (OLG Celle MDR 1974, 687; NStZ 1983, 328; OLG Karlsruhe NJW 1975, 321; OLG Stuttgart MDR 1973, 868). Ergeht der Einstellungsbeschluss demgegenüber in Bezug auf ein noch anhängiges Verfahren, so ist eine Kostenentscheidung nach dieser Ansicht zunächst nicht möglich. Sie ist aber nachzuholen, wenn das nach § 154 Abs. 2 eingestellte Verfahren nicht binnen der in § 154 Abs. 4 vorgesehenen Ausschlussfrist von drei Monaten nach Rechtskraft des im Bezugsverfahren ergangenen Urteils wieder aufgenommen wird (OLG Stuttgart NStZ 1992, 137; OLG Karlsruhe NJW 1975, 2425; MDR 1976, 70). Nach mittlerweile herrschender Auffassung ist demgegenüber jeder Einstellungsbeschluss gem. § 154 Abs. 2 mit einer Kostenentscheidung zu versehen, unabhängig davon, ob die Einstellung bereits endgültig oder zunächst nur vorläufig ist, da auch in letzterem Fall eine spätere endgültige Verfahrenseinstellung gerade nicht vorgesehen ist und auch die zunächst nur vorläufige Einstellung im Hinblick auf eine zu erwartende Strafe von vornherein als endgültige beabsichtigt ist (BGH, NStZ-RR 2012, 159; BGH NStZ 1997, 249/250; KK/*Gieg* § 464 Rn. 2; *Kotz* NStZ 1990, 420; Düsseldorf MDR 1988, 164; *Meyer-Goßner* § 464 Rn. 6; LR/*Hilger* § 464 Rn. 13; HK-StPO/*Krehl* § 464 Rn. 4). Dasselbe gilt für die vorläufige **Einstellung gem. § 154b** Abs. 4, auch hier ist nach herrschender Meinung eine Kostenentscheidung erforderlich (OLG Düsseldorf MDR 1990, 568; LR/*Hilger* § 464 Rn. 15; KK/*Gieg* Rn. 2).

11 Umstritten ist, ob **Entscheidungen in Zwischenverfahren oder Nebenverfahren** mit einer Kosten- und Auslagenentscheidung zu versehen sind. Hierunter fallen insb. Entscheidungen im Verfahren bei Wiedereinsetzung in den vorigen Stand, im Ausschließungsverfahren gem. §§ 138a ff., im Beschwerdeverfahren sowie Nachtragsentscheidungen im Vollstreckungsverfahren (HK-StPO/*Krehl* § 464 Rn. 5). Die Erforderlichkeit einer Kosten- und Auslagenentscheidung in diesen Fällen wird teilweise unter Hinweis darauf bejaht, dass es sich bei derartigen Entscheidungen um selbstständige, vom Ausgang der Hauptsache unabhängige und damit das konkrete Zwischen- oder Nebenverfahren abschließende Entscheidungen handelt (KK-StPO/*Gieg* § 464 Rn. 3). Vereinzelt wird insoweit auch zwischen der Erforderlichkeit von Kosten- und Auslagenentscheidung differenziert (*Meyer-Goßner* § 464 Rn. 7a, 11, 11a; hiergegen BayObLG StV 2006, 6; LR/*Hilger* § 473 Rn. 14). Demgegenüber geht die Rechtsprechung mehrheitlich davon aus, dass Beschlüsse im Zwischenverfahren grds. nicht mit einer Entscheidung über Kosten und notwendige Auslagen zu versehen sind. Insoweit wird angeführt, dass die kostenrechtlichen Bestimmungen das Strafverfahren als Einheit ansehen. Unter den Kosten des Verfahrens sind hiernach die Kosten des gesamten Strafverfahrens zu verstehen. Die Aufteilung der Kostenentscheidung für einzelne Verfolgungsmaßnahmen entspricht daher nicht der Intention des Gesetzgebers, eine einheitliche und abschließende Verteilung von Kosten und Auslagen ist vielmehr erst bei Verfahrensabschluss vorzunehmen (OLG Rostock BeckRS 2013,04483; OLG Hamburg NStZ-RR 1991, 101; OLG Karlsruhe NStZ 1998, 272;; *Michaelowa* ZStW 1994, 969; LR/*Hilger* § 464 Rn. 8). Keine gesonderte Kosten- und Auslagenentscheidung ergeht daher nach herrschender Meinung bei **Zwischenentscheidungen vor Abschluss des Hauptverfahrens**, z.B. bei Entscheidungen im Zusammenhang mit Strafverfolgungsmaßnahmen wie Haftbefehlen, Beschlagnahmebeschlüssen oder Anordnungen gem. § 111a (OLG Düsseldorf NStZ 1988, 194; OLG Frankfurt am Main MDR 1982, 954; HK-StPO/*Krehl* § 464 Rn. 5; KMR/*Stöckel* § 464 Rn. 15). Auch im Hinblick auf **Nachtragsentscheidungen im Vollstreckungsverfahren** verneint die Rechtsprechung überwiegend das Erfordernis einer Kosten- und Auslagenbestimmung. Zu nennen sind insoweit insb. die Entscheidung über die Strafrestaussetzung zur Bewährung gem. §§ 57, 57a StGB, der Bewährungswiderruf oder die Aussetzung der Unterbringung. Dies wird damit begründet, dass das der Vollstreckung zugrunde liegende Urteil bereits eine auf § 465 beruhende

Kostenentscheidung enthält, die nachwirkt. Denn gem. § 464a Abs. 1 Satz 2 umfassen die Kosten des Verfahrens auch die Kosten der Vollstreckung. Der Verurteilte hat mithin auch im Nachtragsverfahren die Kosten sowie seine notwendigen Auslagen zu tragen (OLG Karlsruhe NStZ 1998, 272; OLG Hamburg NStZ-RR 1991, 101; OLG Braunschweig NStZ-RR 2001, 185; OLG Hamm NStZ 1984, 332; KG NStZ 1989, 490; KMR/*Stöckel* § 464 Rn. 15; a. A. OLG Hamm NStZ 1984, 288; NJW 1975, 2112; LG Saarbrücken NJW 1969, 1974). Demgegenüber soll auch nach der Rechtsprechung die **Beschwerdeentscheidung gegen die Ablehnung einer Pflichtverteidigerbestellung** mit einer Kosten- und Auslagenentscheidung zu versehen sein, da insoweit ein vom Abschluss der Hauptsache unabhängiges selbstständiges Zwischenverfahren endgültig abgeschlossen wird (BayObLG StV 2006, 6; OLG Karlsruhe, Beschl. v. 11.04.2000 – 2 Ws 102/00; *Meyer-Goßner* § 464 Rn. 11a; LR/*Hilger* § 473 Rn. 13). Eine Kosten- und Auslagenentscheidung wird aus demselben Grund für erforderlich gehalten im Beschwerdeverfahren gem. § 138d Abs. 6 (BGH NJW 1974, 935; KMR/*Stöckel* § 464 Rn. 14) sowie gem. § 146a (OLG München NJW 1983, 1688; LR/*Hilger* § 473 Rn. 14), ebenso bei der Beschwerde eines Zeugen gegen einen Beschluss gem. § 51 Abs. 2 (LR/*Hilger* § 467 Rn. 3; KMR/*Stöckel* § 464 Rn. 14). Nach der mit Wirkung zum 1.10.2009 eingeführten Bestimmung des § 473 ist zudem bei gesonderter Entscheidung über die Rechtmäßigkeit von Ermittlungsmaßnahmen eine Kostenentscheidung notwendig.

Keine Kostenentscheidung ergeht bei Abgabe des Verfahrens an das zuständige Gericht (§§ 209, 225a, 270, 408 Abs. 1), Aussetzung des Verfahrens oder vorläufiger Einstellung gem. § 205 (HK-StPO/*Krehl* § 464 Rn. 6; KK-StPO/*Gieg* § 464 Rn. 2). Derartige Beschlüsse stellen nur vorläufige Entscheidungen dar und führen gerade nicht zum Abschluss des Verfahrens. Auch die Verfahrensbeschränkung durch Beschluss gem. § 154a Abs. 2 ist i.d.R. nur vorläufig und beendet das Verfahren nicht (BGH StV 1993, 135; *Meyer-Goßner* § 464 Rn. 7). Eine Kostenentscheidung ist hier nur ausnahmsweise geboten, wenn die Beschränkung im Hinblick auf die verbleibenden Tatteile bereits zu einem endgültigen Verfahrensabschluss geführt hat, so wenn diesbezüglich bereits Teilrechtskraft eingetreten ist (LR/*Hilger* § 464 Rn. 11; KK-StPO/*Gieg* § 464 Rn. 2). 12

Unterbleibt eine ausdrückliche Kostenentscheidung, so kann diese nicht nachgeholt werden (BGH NStZ-RR 2012, 160; BGH NStZ-RR 1996, 352; OLG Karlsruhe MDR 1976, 513; *Meyer-Goßner* § 464 Rn. 8). Ebenso wenig kommt die Ergänzung einer unvollständigen Kostenentscheidung in Betracht (OLG Hamm NJW 1974, 71). Ein entsprechender Mangel kann nur über die sofortige Beschwerde gem. Abs. 3 behoben werden. Alles andere wäre i.d.R. eine unzulässige Urteilsänderung (LR/*Hilger* § 464 Rn. 24). Die Kostenentscheidung ist jedoch nach allgemeinen Grundsätzen der Auslegung fähig. Daneben kommt ihre Ergänzung oder Berichtigung außerhalb des Beschwerdeverfahrens nach den allgemein auch für Urteile geltenden Grundsätzen bei Schreibfehlern oder offensichtlichen Unrichtigkeiten entsprechend § 319 Abs. 1 ZPO in Betracht (KK/*Gieng* Rn. 4). 13

C. Die notwendigen Auslagen (Abs. 2)

Abs. 2 bestimmt, dass auch die **Entscheidung über die notwendigen Auslagen** eines Beteiligten in dem das Verfahren abschließenden Urteil oder Beschluss und nicht im Rahmen einer gesonderten Auslagenentscheidung zu treffen ist. Für die Frage, welche gerichtlichen Urteile und Beschlüsse verfahrensabschließend sind, gelten die bereits für die Kostenentscheidung unter Rdn. 6 ff. getroffenen Feststellungen. Entscheidend ist auch für Abs. 2, dass das konkrete Verfahren beendet wird. Auch die Auslagenentscheidung nach Abs. 2 ist lediglich eine Entscheidung dem Grunde nach, die Festsetzung der Höhe erfolgt im Kostenfestsetzungsverfahren nach § 464b. 14

Grds. sind die notwendigen Auslagen von demjenigen zu tragen, dem sie entstanden sind. Eine Erstattung der notwendigen Auslagen eines Beteiligten kommt daher nur bei ausdrücklicher Überbürdung auf einen anderen in Betracht. Im Gegensatz zur Kostenentscheidung nach Abs. 1 ist demgemäß eine **Auslagenentscheidung** nur dann erforderlich, wenn ein anderer diese zu erstatten hat (*Pfeiffer* § 464 Rn. 4). Sie unterbleibt, soweit der Beteiligte seine notwendigen Auslagen selbst trägt. So hat der Angeklagte, der vollumfänglich verurteilt oder dessen Rechtsmittel voll verworfen wird, seine notwendigen Auslagen von Gesetzes wegen zu tragen. Eine entsprechende Auslagenentscheidung ist nicht nur überflüssig, sondern unrichtig (BGHSt 36, 27, 28). 15

Bei **Fehlen einer Auslagenentscheidung** trägt der Beteiligte seine Auslagen selbst. Auch ein Freispruch »auf Kosten der Staatskasse« ist nicht dahin gehend auszulegen, dass auch die notwendigen Auslagen 16 des Angeklagten von der Staatskasse zu tragen sind (OLG Köln BeckRS 2013,08026; OLG Hamm NJW 1974, 71; HK-StPO/*Krehl* § 464 Rn. 12; LR/*Hilger* § 464 Rn. 25; a. A. OLG Düsseldorf MDR 1988, 798; StV 1994, 493). Das Fehlen der entsprechenden Auslagenentscheidung kann vielmehr ausschließlich mit der sofortigen Beschwerde nach Abs. 3 angefochten werden, eine nachträgliche Ergänzung ist insoweit unzulässig (KG NStZ-RR 1004, 190; OLG Karlsruhe NStZ-RR 1997, 157). Auch im Kostenfestsetzungsverfahren gem. § 464b ist eine Korrektur der Auslagenentscheidung nicht möglich (LR/*Hilger* § 464 Rn. 29). Für den Fall, dass eine sofortige Beschwerde wegen Unanfechtbarkeit der Hauptsacheentscheidung nicht statthaft ist, wird jedoch vielfach angenommen, dass die Auslagenentscheidung nach § 33a nachgeholt werden kann (KG MDR 1993, 786; OLG Düsseldorf JurBüro 1994, 293; OLG Bremen StV 1998, 607; OLG Frankfurt am Main NStZ-RR 2000, 256; *Meyer-Goßner* § 464 Rn. 12; HK-StPO/*Krehl* § 464 Rn. 13).

17   **D. Sofortige Beschwerde (Abs. 3)**   Nach Abs. 3 Satz 1 ist gegen die Kosten- und Auslagenentscheidung die **sofortige Beschwerde** gem. § 311 möglich. Dies gilt auch, soweit eine Kosten- und Auslagenentscheidung unterblieben ist (OLG Hamm VRS 95, 116; OLG Düsseldorf VRS 96, 222) oder die Unzulässigkeit ihrer nachträglichen Ergänzung geltend gemacht werden soll (OLG Hamburg JR 1978, 255; HK-StPO/*Krehl* § 464 Rn. 14). Die Kosten- und Auslagenentscheidung kann grds. zusammen mit der Hauptsacheentscheidung oder unabhängig und unter Verzicht auf eine Anfechtung der Hauptsacheentscheidung, d.h. isoliert, angefochten werden. Bei Vorliegen einer einheitlichen Kostenentscheidung, die nur teilweise anfechtbar ist, unterliegt die gesamte Kostenentscheidung der Prüfung des Beschwerdegerichts (OLG Hamburg NStZ 1991, 100).

18   **I. Einlegung.**   Soweit gegen die Hauptsacheentscheidung Rechtsmittel eingelegt wird, ist die **gesonderte Kostenbeschwerde** nur sinnvoll, wenn eine Änderung der Nebenentscheidung auch für den Fall der Erfolglosigkeit des Hauptsacherechtsmittels erstrebt wird. Nur in diesem Fall gewinnt die Kostenbeschwerde als Eventualbeschwerde eigenständige Bedeutung (BGHSt 26, 250, 253). Bei Änderung der Hauptsacheentscheidung durch das Rechtsmittelgericht verliert die Nebenentscheidung ihre Grundlage und wird ohnehin gemäß der neuen Entscheidung geändert (BGHSt 25, 77, 79; 26, 250, 253). Die Kostenbeschwerde wird in diesem Fall gegenstandslos, so insb. bei Freispruch, Verfahrenseinstellung oder Aufhebung und Zurückverweisung gem. §§ 328 Abs. 2, 354 Abs. 2 durch das Rechtsmittelgericht.

19   Die Kosten- und Auslagenentscheidung wird demgegenüber nicht berührt bei **Beschränkung der Berufung auf den Rechtsfolgenausspruch** und bloßer Herabsetzung der Strafe. In diesem Fall wird der erstinstanzlichen Kosten- und Auslagenentscheidung nicht die Grundlage entzogen, die bloße Änderung des Rechtsfolgenausspruchs in der Berufungsinstanz ist für den Ausspruch über die Kosten und Auslagen in erster Instanz vielmehr ohne Bedeutung (OLG Düsseldorf JurBüro 1990, 1324; 1985, 898).

20   Wird **Rechtsmittel nur gegen die Hauptsacheentscheidung** eingelegt, erlangt die Kosten- und Auslagenentscheidung auflösend bedingte Rechtskraft für den Fall der Verwerfung des Rechtsmittels. Die sofortige Beschwerde kann auf einen Teil der Kostengrundentscheidung, z.B. die Entscheidung über die Auslagen des Nebenklägers, beschränkt werden (BGH NJW 1992, 1182). Eine gesonderte Begründung der sofortigen Beschwerde ist nicht erforderlich. Soweit nur das Rechtsmittel gegen die Hauptsache begründet wird, ist hierin insb. keine Rücknahme der sofortigen Beschwerde zu sehen (*Meyer-Goßner* § 464 Rn. 21). Beanstandet der Angeklagte mit der von ihm eingelegten Revision ausschließlich die Kosten- und Auslagenentscheidung des Gerichts, so ist sein Rechtsmittel als sofortige Beschwerde auszulegen, über die das Beschwerdegericht, nicht das Revisionsgericht zu entscheiden hat (OLG Düsseldorf NStZ 1999, 252).

21   I.R.d. sofortigen Beschwerde müssen sich die Beteiligten ein **Verschulden ihres Vertreters** gem. § 85 Abs. 2 ZPO zurechnen lassen. Zwar ist dem Beschuldigten im Strafverfahren ein Verschulden seines Verteidigers prinzipiell nicht anzulasten, um die Gefahr einer ungerechtfertigten Bestrafung auszuschließen (BGHSt 26, 126, 127; OLG Düsseldorf, NStZ 1989, 242). Dies gilt jedoch nicht, soweit rein wirtschaftliche Fragen wie Kosten und Auslagen betroffen sind. Weder der Angeklagte (BGHSt 26, 126; OLG Düsseldorf, NStZ 1986, 242; HK-StPO/*Krehl*, § 464 Rn. 19) noch die anderen Beteiligten

(für den Nebenklägervertreter BGH, NJW 1982, 1544) können sich i.R.d. sofortigen Beschwerde bei schuldhafter Versäumung der Einlegungsfrist auf ein Verschulden ihres Vertreter berufen.

II. Zulässigkeit. Die sofortige Beschwerde ist gem. § 304 Abs. 3 unzulässig, wenn der **Wert des Beschwerdegegenstandes** 200,00 € nicht übersteigt. Entscheidend ist insoweit der Gegenstandswert zum Zeitpunkt der Einlegung des Rechtsmittels, eine spätere Wertverminderung bleibt außer Betracht (OLG Düsseldorf MDR 1986, 341). Unzulässig ist die sofortige Beschwerde weiterhin gem. § 304 Abs. 4 Satz 1, 2 gegen Kosten- und Auslagenentscheidungen des BGH sowie bei isolierter Anfechtung von Kosten- und Auslagenentscheidungen der OLG (BGHSt 26, 250; 27, 96). 22

Die **Unzulässigkeit der sofortigen Beschwerde gem. § 464 Abs. 3 Satz 1 Halbs. 2** ist schließlich dann gegeben, wenn eine Anfechtung der Hauptentscheidung nicht statthaft ist. Das ist der Fall, wenn die Hauptsacheentscheidung von Gesetzes wegen nicht angefochten werden kann, wenn ihre Unanfechtbarkeit sich aus dem systematischen Zusammenhang ergibt (OLG Bamberg BeckRS 2015, 03497; LR/ *Hilger* § 464 Rn. 52; *Meyer-Goßner* § 464 Rn. 17; *Rieß/Hilger* NStZ 1987, 204, 206) oder wenn die betroffene Person grds., d.h. unabhängig von ihrer Beschwer im Einzelfall, zur Einlegung eines Rechtsmittels nicht befugt ist (OLG Frankfurt am Main NStZ-RR 1996, 128; NStZ-RR 2001, 63, 64; LR/ *Hilger* § 464 Rn. 52 ff.). Die Kosten- und Auslagenentscheidung ist hiernach im Ergebnis nicht weitergehend anfechtbar als die Hauptsacheentscheidung. 23

Hauptfälle, in denen die sofortige Beschwerde wegen Unanfechtbarkeit der Hauptsache ausgeschlossen ist, sind hiernach Beschlüsse gem. §§ 46 Abs. 2, 153 Abs. 2 Satz 4; 153a Abs. 2 Satz 4, 153b Abs. 2, 154 Abs. 2, 154a Abs. 2, 154b Abs. 4, 161a Abs. 3 Satz 4, 163a Abs. 3 Satz 3, 177, 304 Abs. 4, 310 Abs. 2, 390 Abs. 5 Satz 2, 400 Abs. 2 Satz 2, 406a Abs. 1, § 37 Abs. 2 BtMG §§ 47 Abs. 2 Satz 2, 72, 79 Abs. 1 Satz 2, 80 OWiG (OLG Jena VRS 111, 199), §§ 47 Abs. 2 Satz 3 (LG Hamburg,NStZ-RR 1996, 217), 55 Abs. 2 JGG (OLG Hamm Rpfleger 1999, 291) sowie §§ 116, 121 Abs. 2 Satz 2 StVollZG (OLG Saarbrücken NStZ 1988, 432; OLG Jena NStZ-RR 96, 254; *Meyer-Goßner* § 464 Rn. 17; a. A. KG NStZ-RR 2002, 62). 24

Auch dem Nebenkläger bzw. dem insoweit gleichgestellten Nebenklageberechtigten (§ 472 Abs. 1, Abs. 3) steht hiernach **im Strafbefehlsverfahren** kein Rechtsmittel zu, soweit es im Strafbefehl unterblieben ist, dem Angeklagten die notwendigen Auslagen des Nebenklägers aufzuerlegen (§ 472 Abs. 1). Denn gem. § 410 Abs. 1 steht gegen den Erlass des Strafbefehls lediglich dem Angeklagten der Rechtsbehelf des Einspruchs zu. Der Nebenkläger kann den Strafbefehl nicht anfechten, auch nicht in den Grenzen des § 400 Abs. 1. Da ein Rechtsmittel des Nebenklägers in diesem Fall mithin generell nicht statthaft ist, kommt auch die Anfechtung der Auslagenentscheidung durch ihn nicht in Betracht (OLG Frankfurt am Main NStZ-RR 2001, 63, 64; § 472 Rn. 5; *Meyer-Goßner* § 409 Rn. 19; LR/*Hilger* § 464 Rn. 53). Streitig ist, ob der Nebenkläger die Kosten- und Auslagenentscheidung anfechten kann, wenn ihm gem. § 400 Abs. 1 kein Rechtsmittel gegen die Hauptsacheentscheidung zusteht. Dies wird teilweise unter Hinweis darauf verneint, dass im Fall des § 400 Abs. 1 die Hauptsacheentscheidung für den Nebenkläger generell unanfechtbar ist (OLG Frankfurt am Main NStZ-RR 1996, 128; OLG Stuttgart NStZ 1989, 548; *Meyer-Goßner* § 464 Rn. 17). Unterbleibt daher im Berufungsurteil eine Auslagenentscheidung, soll hiernach eine sofortige Beschwerde des Nebenklägers gem. § 464 Abs. 3 Satz 1 Halbs. 2 nicht statthaft sein, wenn das vom Angeklagten angefochtene Urteil durch wirksame Beschränkung der Berufung auf den Rechtsfolgenausspruch im Schulspruch rechtskräftig geworden ist. Denn in diesem Fall ist die Hauptsacheentscheidung gem. § 400 Abs. 1 für den Nebenkläger nicht anfechtbar (OLG Frankfurt am Main NStZ-RR 1996, 128; OLG Stuttgart NStZ 1989, 548). Demgegenüber handelt es sich nach mittlerweile wohl herrschender Meinung bei § 400 Abs. 1 lediglich um einen gesetzlich geregelten generellen Ausschluss der Beschwer des Nebenklägers, der die Statthaftigkeit des Rechtsmittels gegen die Hauptsacheentscheidung an sich und damit die Zulässigkeit der sofortigen Beschwerde nicht berührt (OLG Köln NStZ-RR 2009, 126; OLG Stuttgart Justiz 2003, 170; OLG Karlsruhe NStZ-RR 2004, 120; OLG Hamm NStZ-RR 2006, 95 unter Aufgabe seiner bisherigen Rechtsprechung; LR/*Hilger* § 464 Rn. 57). 25

Der Ausschluss der Beschwerde gem. § 467 Abs. 3 Halbs. 2 ist **verfassungsrechtlich unbedenklich** (BVerfG NJW 2002, 1867) und gilt ausnahmslos auch dann, wenn die Kosten- und Auslagenentscheidung gesetzeswidrig ist oder zu Unrecht unterlassen, nachgeholt bzw. ergänzt wurde (*Meyer-Goßner* § 464 Rn. 18). Auch die Ablehnung der Nachholung (OLG Düsseldorf MDR 1988, 164) sowie die 26

§ 464 StPO   Kosten- und Auslagenentscheidung; sofortige Beschwerde

Ablehnung der Ergänzung der Kosten- und Auslagenentscheidung (*Meyer-Goßner* § 464 Rn. 18; HK-StPO/*Krehl* § 464 Rn. 17) ist hiernach unanfechtbar. Dasselbe gilt für die zu Unrecht ergangene selbstständige Kostenentscheidung des Rechtsmittelgerichts nach Rechtsmittelrücknahme (OLG Dresden NStZ-RR 2000, 224; OLG Jena NStZ-RR 1997, 287). Eine Berichtigung kommt in diesen Fällen allenfalls über § 33a in Betracht (HK-StPO/*Krehl* § 464 Rn. 17).

27 Die sofortige Beschwerde **bleibt jedoch zulässig**, wenn ein Rechtsmittel gegen die Hauptsache grds. statthaft und nur im Einzelfall unzulässig geworden ist, etwa wegen Versäumung der Einlegungs- bzw. Begründungsfrist oder mangels Beschwer des Betroffenen, z.B. bei Freispruch, Verfahrenseinstellung gem. § 206a, Aufhebung des Bewährungswiderrufs und Straferlass (OLG München NStZ 1988, 241; OLG Celle StV 1994, 494; *Seier* NStZ 1982, 270, 273; KK-StPO/*Gieg* § 464 Rn. 9), Nichteröffnungsbeschluss nach § 204 (KG StraFo 2008, 265) oder prozessualer Überholung in der Hauptsache (BayObLG MDR 1988, 603; OLG Hamburg NStZ 1991, 100).

28 Ein nach Urteilsverkündung **unbeschränkt erklärter Rechtsmittelverzicht** erstreckt sich auch auf die Kostenbeschwerde, unabhängig von der Erteilung einer auf § 464 Abs. 3 bezogenen Rechtsmittelbelehrung (KG NStZ-RR 2007, 55; OLG Hamburg MDR 1993, 568; KK-StPO/*Gieg* § 464 Rn. 10).

29 **III. Beschwerdebefugnis.** Beschwerdebefugt ist, wer durch den Inhalt oder das Unterbleiben der Nebenentscheidung beschwert ist. Für die Staatskasse kann nur die StA sofortige Beschwerde einlegen, nicht der Bezirksrevisor (OLG Köln NJW 1970, 874). Bei Jugendlichen sind gem. § 67 Abs. 1, Abs. 3 auch der gesetzliche Vertreter und der Erziehungsberechtigte beschwerdebefugt. Die StA kann sofortige Beschwerde auch zugunsten des Angeklagten einlegen, § 296 Abs. 2. Bei Tod des Angeklagten sind sein Verteidiger (OLG Celle NJW 2002, 3720; OLG Hamm NJW 1978, 177; OLG Karlsruhe NStZ-RR 2003, 286; a. A. OLG München NStZ 2003, 501) und seine Erben (BGHSt 45, 108; LR/*Hilger* § 464 Rn. 41) beschwerdeberechtigt.

30 **IV. Beschwerdefrist.** Gem. § 311 Abs. 2 beträgt die Beschwerdefrist eine Woche, sie beginnt mit der Bekanntmachung der Entscheidung (§ 35). Wird gegen die Hauptsache Rechtsmittel eingelegt, so schließt das die sofortige Beschwerde gegen die Nebenentscheidung nicht automatisch mit ein. Vielmehr muss gesondert und innerhalb der Beschwerdefrist zum Ausdruck gebracht werden, dass auch die Kostenentscheidung angegriffen werden soll (BGHSt 25, 77, 80). Teilweise wird ein innerhalb der Beschwerdefrist eingegangener Kostenfestsetzungsantrag als sofortige Beschwerde gegen die die Kostgrundenentscheidung angesehen, wenn diese gänzlich fehlt (OLG Stuttgart StV 1003, 651) oder offensichtlich versehentlich inhaltlich falsch gefasst wurde (OLG Zweibrücken NStZ-RR 2008, 359). Nach zutreffender Auffassung ist insoweit jedoch zu fordern, dass im Kostenfestsetzungsantrag die Kostengrundentscheidung in irgendeiner Weise beanstandet wurde, d.h. es muss ein entsprechender Anfechtungswille auch tatsächlich erkennbar sein. (OLG Celle JurBüro 2013, 643; KG NStZ-RR 2004, 190, 191). Denn die grundsätzliche Auslegung eines Kostenfestsetzungsantrags als Anfechtung der Kostengrundentscheidung würde den Anwendungsbereich des § 300 in unzulässiger Weise ausdehnen. Es muss daher der Wille, die Grundentscheidung nicht zu akzeptieren, ersichtlich sein.

31 **V. Zuständigkeit.** Für die sofortige Beschwerde gegen die Nebenentscheidung ist gem. §§ 73, 74a Abs. 3, 74b, 121 Abs. 1 Nr. 2, 135 Abs. 2 GVG das jeweils übergeordnete Beschwerdegericht zuständig. Gem. Abs. 3 Satz 3 ist jedoch die **Zuständigkeit des Berufungs- oder Revisionsgerichts** ausnahmsweise dann gegeben, wenn neben der Kostenentscheidung die Hauptsacheentscheidung mit Berufung oder Revision angegriffen wird, solange das Berufungs- oder Revisionsgericht mit dem Rechtsmittel befasst ist. Das ist der Fall, solange es eine sachliche Prüfung des Rechtsmittels gegen die Hauptsacheentscheidung vornimmt. Ist jedoch das Rechtsmittel gegen die Hauptsacheentscheidung unzulässig, entfällt eine sachliche Prüfung. Das Berufungs- bzw. Revisionsgericht ist dann nach ständiger Rechtsprechung mit dem Rechtsmittel nicht befasst und damit auch für die sofortige Beschwerde nicht zuständig (BGH, Beschl. v. 30.09.2003 – 4 StR 315/03; BGH, Beschl. v. 04.04.1985 – 5 StR 224/85; KK-StPO/*Gieg* § 464 Rn. 13). Die Zuständigkeit des Berufungs- oder Revisionsgerichts endet mit der Entscheidung über das Hauptrechtsmittel oder dessen Rücknahme (BGH NStZ-RR 2009, 96; BayObLG VRS 51, 49; a. A. OLG Zweibrücken VRS 47, 368; OLG Celle VRS 49, 202), auch wenn das Rechtsmittelgericht über die Wirksamkeit der Rücknahme entscheidet (BGH NStZ-RR 2001, 267). Sie endet weiterhin, soweit sich das Hauptsacheverfahren aus anderen Gründen von selbst erledigt, z.B. bei Tod des

Nebenklägers, § 402 (*Meyer-Goßner* § 464 Rn. 25a). Dies gilt auch, wenn zu diesem Zeitpunkt eine Entscheidung über die Kostenbeschwerde möglich gewesen wäre oder die sofortige Beschwerde lediglich übersehen wurde (BGH MDR 1978, 282; a. A. *Meyer-Goßner* § 464 Rn. 25). Denn die Zuständigkeit des Berufungs- oder Revisionsgerichts nach Abs. 3 Satz 3 kommt nur ausnahmsweise zur Beschleunigung und Vereinfachung des Verfahrens in Betracht. Ist das Gericht mit der Hauptsache nicht mehr befasst, fällt die Entscheidungskompetenz an das Beschwerdegericht zurück. Hat von mehreren Beschwerdeführern einer Kostenbeschwerde, ein Anderer Revision eingelegt, so entscheidet über die Beschwerde das Beschwerdegericht (BGH MDR 1980, 988; MDR 1990, 679; NStZ 1993, 31; NStZ-RR 1997, 238; *Meyer-Goßner* § 464 Rn. 25; a. A. BayObLG MDR 1988, 603).

VI. Entscheidung des Gerichts. Soweit gegen die Hauptentscheidung kein Rechtsmittel eingelegt wird oder dieses erfolglos war, ist das Beschwerdegericht gem. § 464 Abs. 3 Satz 2 an die Hauptentscheidung und die ihr zugrunde liegenden tatsächlichen und rechtlichen Feststellungen des Erstgerichts, auf denen die Kostenentscheidung beruht, gebunden (OLG Celle BeckRS 2013, 15469). Die tatsächlichen Grundlagen der Entscheidung können mithin nicht allein wegen der Kosten- und Auslagenentscheidung erneut überprüft werden (OLG Karlsruhe MDR 1974, 690). Soweit die erforderlichen Feststellungen für die Herbeiführung einer Kosten- und Auslagenentscheidung fehlen oder unvollständig sind, ist die Nebenentscheidung i.d.R. aufzuheben und zurück zu verweisen (BGHSt 26, 29). Ausnahmsweise kommt eine Entscheidung in der Sache selbst durch das Beschwerdegericht in Betracht, wenn der Fall einfach liegt und sich die maßgeblichen Tatsachen zweifelsfrei aus dem Akteninhalt ergeben (BGHSt 26, 29, 33; OLG Frankfurt am Main NJW 1981, 2481). Die Beschwerdeentscheidung muss immer auch über die Kosten der sofortigen Beschwerde befinden (§ 473 Abs. 1). 32

Das Verschlechterungsverbot (§§ 331, 358 Abs. 2, 373 Abs. 2) gilt nicht für die Kostenbeschwerde, d.h. die Kostengrundentscheidung darf auch zum Nachteil des Beschwerdeführers abgeändert werden (OLG Karlsruhe MDR 1986, 694; *Meyer-Goßner* § 464 Rn. 26). 33

§ 464a StPO Kosten des Verfahrens; notwendige Auslagen.

(1) ¹Kosten des Verfahrens sind die Gebühren und Auslagen der Staatskasse. ²Zu den Kosten gehören auch die durch die Vorbereitung der öffentlichen Klage entstandenen sowie die Kosten der Vollstreckung einer Rechtsfolge der Tat. ³Zu den Kosten eines Antrags auf Wiederaufnahme des durch ein rechtskräftiges Urteil abgeschlossenen Verfahrens gehören auch die zur Vorbereitung eines Wiederaufnahmeverfahrens (§§ 364a, 364b) entstandenen Kosten, soweit sie durch einen Antrag des Verurteilten verursacht sind.
(2) Zu den notwendigen Auslagen der Beteiligten gehören auch
1. die Entschädigung für eine notwendige Zeitversäumnis nach den Vorschriften, die für die Entschädigung von Zeugen gelten, und
2. die Gebühren und Auslagen eines Rechtsanwalts, soweit sie nach § 91 Abs. 2 der Zivilprozessordnung entstanden sind.

Übersicht	Rdn.		Rdn.
A. Allgemeines	1	V. Kosten zur Vorbereitung eines	
B. Kosten des Verfahrens (Abs. 1)	3	Wiederaufnahmeverfahrens	10
I. Begriff	3	C. Die notwendigen Auslagen eines Beteiligten (Abs. 2)	11
II. Kosten zur Vorbereitung der öffentlichen Klage	4	I. Begriff	11
III. Kosten der Vollstreckung der Rechtsfolge der Tat	5	II. Entschädigung für eine notwendige Zeitversäumnis (§ 464a Abs. 2 Nr. 1)	13
IV. Besonderheiten	6	III. Gebühren und Auslagen eines RA (§ 464a Abs. 2 Nr. 2)	14
1. Pflichtverteidigervergütung	6		
2. Dolmetscher- und Übersetzerkosten	7	IV. Sonstige notwendige Auslagen	25

A. Allgemeines. Gem. § 464a Abs. 1 Satz 1 sind unter dem Begriff der **Kosten des Verfahrens** die Gebühren und Auslagen der Staatskasse zu verstehen. Welche Gebühren und Auslagen erstattungsfähig sind, bestimmt sich nach dem KV zum GKG (Nr. 3110 ff. 9000 ff. KVGKG). Abs. 1 Satz 2 stellt klar, 1 dass sämtliche Kosten von der Vorbereitung der öffentlichen Klage bis hin zur Strafvollstreckung als Verfahrenskosten anzusehen sind. Erfasst werden mithin die während der gesamten Dauer des Strafverfahrens entstandenen Kosten. Dem Strafverfahren gleichgestellt sind das Sicherungsverfahren (§ 414 Abs. 1) und das selbstständige Einziehungsverfahren (§§ 440 ff.), auch für sie gelten daher die §§ 464 ff. (*Meyer-Goßner/Schmitt*, § 464a Rn. 1). Die gerichtlichen Gebühren und Auslagen werden im Kostenansatzverfahren nach § 19 Abs. 2 GKG, §§ 4 ff. KostVfG festgesetzt (*Meyer-Goßner/Schmitt*, § 464b Rn. 1). Gegen den Kostenansatz des Kostenbeamten ist gem. § 66 GKG die Erinnerung möglich.

2 Daneben bestimmt Abs. 2, dass auch die **notwendigen Auslagen der Verfahrensbeteiligten** als Kosten des Verfahrens im weiteren Sinne anzusehen sind. Die Zweiteilung zwischen Kosten des Verfahrens und notwendigen Auslagen prägt das gesamte Kostenrecht (KK-StPO/*Gieg*, § 464a Rn. 1). Die Höhe der zu erstattenden notwendigen Auslagen wird im Kostenfestsetzungsverfahren gem. § 464b festgesetzt.

3 **B. Kosten des Verfahrens (Abs. 1) I. Begriff.** Kosten des Verfahrens sind alle Aufwendungen, die die verfahrensgegenständliche Tat i.S.d. § 264 betreffen, d.h. in sachlichem Zusammenhang mit ihr stehen (OLG Koblenz, NStZ-RR 2002, 160). Erfasst werden auch die Kosten für Ermittlungen, die zunächst gegen andere Verdächtige gerichtet waren oder erst zur Identifizierung des Täters geführt haben sowie Aufwendungen, die im Hinblick auf einen später fallen gelassenen rechtlichen Gesichtspunkt getätigt wurden. Etwas anderes gilt, soweit zunächst wegen mehrerer selbstständiger Taten ermittelt wurde, Anklageerhebung dann aber nur wegen einer Tat erfolgt. In diesem Fall hat der Verurteilte die zur Aufklärung der nicht angeklagten Taten eingegangenen Kosten nicht zu tragen, selbst wenn insoweit Ermittlungsergebnisse, z.B. eine Blutentnahme, in der Hauptverhandlung verwertet werden und bei der Strafzumessung Berücksichtigung finden (LG Braunschweig, DAR 1971, 51; LR/*Hilger*, § 464a Rn. 14). Kosten für Untersuchungshandlungen, die ausschließlich gegen einen anderen gerichtet waren, sind dem Verurteilten nicht zuzurechnen, § 466 Satz 2. Auch eine Verfahrenstrennung nach §§ 2 Abs. 2, 4 Abs. 1 löst den sachlichen Zusammenhang im Hinblick auf die Kosten (BGH, 02.12.1986 – 1 StR 552/86).

4 **II. Kosten zur Vorbereitung der öffentlichen Klage.** Die Kosten zur Vorbereitung der öffentlichen Klage umfassen die Kosten des Ermittlungsverfahrens der StA, d.h. die Kosten, die vor Anklageerhebung bei der Strafverfolgung angefallen sind. Hierzu zählen insb. Aufwendungen der Polizei und sonstiger Verwaltungsbehörden, z.B. der Lebensmittel- oder Finanzbehörden. Als Kosten des Ermittlungsverfahrens kommen weiterhin Aufwendungen für Zeugen und Sachverständige sowie für Ermittlungsmaßnahmen in Betracht, so für Blutalkoholbestimmung, Untersuchung von Lebensmittelproben oder Telefonüberwachungsmaßnahmen (OLG Koblenz, NStZ-RR 2002, 160; *Meyer-Goßner/Schmitt*, § 464a Rn. 2; a. A. OLG Celle, NStZ 2001, 221; KMR/*Stöckel*, § 464a Rn. 3). Verfahrenskosten sind auch die Kosten der einstweiligen Unterbringung und Untersuchungshaft, es sei denn der Beschuldigte hat gearbeitet oder sich um Arbeit ernsthaft bemüht (BVerfG, NStZ-RR 1999, 255; OLG Nürnberg, NStZ-RR 1999, 190, 191 ff.), aber auch Aufwendungen für die Zwangsernährung eines Untersuchungsgefangenen (LG Frankfurt, NJW 1977, 1924).

5 **III. Kosten der Vollstreckung der Rechtsfolge der Tat.** Gem. § 464a Abs. 1 Satz 2 zählen auch die Kosten der Vollstreckung der Rechtsfolgen der Tat zu den Kosten des Verfahrens. Hierunter fallen grds. alle nach Rechtskraft entstehenden Vollstreckungskosten. Die zu verhängenden Rechtsfolgen ergeben sich aus §§ 38 ff. StGB, in Betracht kommen hier insb. Kosten für die Vollstreckung von Freiheitsstrafen oder Maßregeln der Besserung und Sicherung (§§ 61 ff. StGB) sowie Auslagen für die Sicherstellung eines der Einziehung unterliegenden Gegenstandes (§§ 73 ff. StGB).

6 **IV. Besonderheiten. 1. Pflichtverteidigervergütung.** Zur Sicherung des Anspruchs auf ein faires Verfahren hat jeder Beschuldigte nach Art. 6 Abs. 3 Buchst. c) EMRK das Recht, unentgeltlich den Beistand eines Verteidigers zu erhalten, soweit dies im Interesse der Rechtspflege erforderlich ist und ihm die Mittel zur Bezahlung fehlen. Dies gibt dem Beschuldigten jedoch keinen Anspruch auf endgültig unentgeltliche Beiordnung eines Pflichtverteidigers. Da Art. 6 Abs. 3 Buchst. c) EMRK den Rückgriff auf den Verurteilten nicht ausschließt, kann die Staatskasse nach herrschender Meinung die ihr durch die Pflichtverteidigerbestellung entstandenen Kosten gegen den Verurteilten geltend machen (EuKMR,

EuGRZ 1983, 422, 423; OLG München, NJW 1981, 534; OLG Zweibrücken, NStZ 1990, 51; NStZ 1990, 51; LR/*Hilger*, § 464a Rn. 3; HK-StPO/*Krehl*, § 464a Rn. 3; *Meyer-Goßner/Schmitt*, § 464a Rn. 1; a. A. OLG Düsseldorf, NStZ 1985, 370 m. abl. Anm. *Schikora*). Dies gilt auch, soweit dem Beschuldigten, der bereits einen Wahlverteidiger hat, zur Sicherung der Durchführung des Strafverfahrens ein Pflichtverteidiger bestellt oder die Pflichtverteidigerbestellung trotz mittlerweile erfolgter Beauftragung eines Wahlverteidigers aufrechterhalten wird (BVerfG, NStZ 1984, 561, 562; OLG Zweibrücken, NStZ 1990, 51; a. A. LR/*Hilger*, § 464a Rn. 3; *Neumann*, NJW 1991, 264).

2. Dolmetscher- und Übersetzerkosten. Demgegenüber sind Dolmetscher- und Übersetzerkosten der Staatskasse i.d.R. nicht zu erstatten, es sei denn der Angeschuldigte hat diese gem. § 464c schuldhaft unnötig verursacht. Denn ein der Gerichtssprache nicht mächtiger, tauber oder stummer Beschuldigter hat nach Art. 6 Abs. 3 Buchst. e) EMRK unabhängig von seiner finanziellen Situation für das gesamte Strafverfahren einen Anspruch auf die unentgeltliche Beiziehung eines Dolmetschers (KMR/*Stöckel*, § 464a Rn. 6). Dies gilt insb. für die mit seinem Pflicht- oder Wahlverteidiger schon während des Ermittlungsverfahrens geführten Gespräche (BVerfG, NJW 2004, 50), nicht jedoch bei Gesprächen mit einem weiteren Verteidiger (OLG Düsseldorf, NStZ-RR 1998, 253). Teilweise wurde zunächst zwar ein Anspruch auf unentgeltliche Beiordnung eines Dolmetschers für Gespräche mit dem Wahlverteidiger verneint, da Art. 6 Abs. 3 Buchst. e) EMRK nur für die gerichtliche Beiziehung eines Dolmetschers gelte (OLG Düsseldorf, NStZ-RR 1999, 215). Für eine Übernahme der Dolmetscherkosten durch die Staatskasse im Fall der Wahlverteidigung wurde daher die gerichtliche Beiordnung des Dolmetschers bzw. ein entsprechender Antrag des Wahlverteidigers auf Beiordnung gefordert (OLG Stuttgart, StV 1986, 491). Ein förmliches Antragsverfahren vor Inanspruchnahme eines Dolmetschers im Fall der Wahlverteidigung ist jedoch mit dem Diskriminierungsverbot des Art. 3 Abs. 3 Satz 1 GG und dem Anspruch auf ein faires und rechtsstaatliches Verfahren nicht vereinbar und mithin nicht erforderlich (BVerfG, NJW 2004, 50; *Meyer-Goßner/Schmitt* Art. 6 EMRK Rn. 25). Auch der Beschuldigte, der sich im Privatklageverfahren dem Vorwurf strafbaren Handelns ausgesetzt sieht, darf nicht mit Dolmetscherkosten belastet werden (BVerfG, NStZ 1981, 230). Demgegenüber ist die Belastung des Privatklägers mit Dolmetscherkosten verfassungsrechtlich unbedenklich, da er das Verfahren aus freiem Entschluss heraus betreibt (BVerfG, NStZ 1981, 230).

Ein der Gerichtssprache nicht mächtiger Beschuldigter hat weiterhin grds. Anspruch auf unentgeltliche schriftliche **Übersetzung** von Haftbefehl, Strafbefehl, Anklageschrift und Ladungen (für den Haftbefehl: KK-StPO/*Gieg*, § 464a Rn. 4b; *Meyer-Goßner/Schmitt* Art. 6 EMRK Rn. 17, 18; vgl. auch Nr. 181 Abs. 2 RiStBV). Zwar besteht kein Anspruch auf Übersetzung der gesamten Akten (OLG Hamm, NStZ-RR 1999, 158; OLG Düsseldorf, MDR 1986, 958; *Meyer-Goßner/Schmitt* Art. 6 EMRK Rn. 26). Staatsanwaltschaftliche und gerichtliche Äußerungen sowie sonstige Schriftstücke, die für die Verteidigung bedeutsam sind, sind ihm jedoch gleichfalls unentgeltlich zu übersetzen. Dies gilt auch für Urteile, die in Abwesenheit des sprachunkundigen Verurteilten ergehen (*Meyer-Goßner/Schmitt* Art. 6 EMRK Rn. 27). Jedoch hat der Verurteilte keinen Anspruch auf kostenlose Übersetzung des schriftlichen Urteils, wenn dieses in seiner Anwesenheit unter Mitwirkung eines Dolmetschers verkündet wurde und er von einem deutschen RA vertreten war (BVerfG, NJW 1983, 2764; KK-StPO/*Gieg*, § 464a Rn. 4b). Etwas anderes gilt, wenn der Angeklagte für seine weitere Verteidigung auf die Übersetzung angewiesen ist (*Römer*, NStZ 1981, 474). Die Tatsache, dass der Angeklagte gegen das Urteil Rechtsmittel eingelegt hat, reicht hierfür jedoch noch nicht aus (OLG Stuttgart, MDR 1983, 256; NStZ 1981, 225). Diese Grundsätze gelten auch im gerichtlichen Bußgeldverfahren (EGMR, NStZ 1984, 269).

Im Hinblick auf das Verbot der Schlechterstellung fremdsprachiger Beschuldigter sind weiterhin die **Kosten für Kontrollmaßnahmen** während der Untersuchungshaft oder der vorläufigen Unterbringung von der Staatskasse zu tragen. Erfasst werden hiervon insb. die Kosten für die Überwachung von Besuchen oder Telefonaten mittels Dolmetscher sowie die mit der Briefkontrolle verbundenen Übersetzerkosten (BVerfG, NJW 2004, 1095; *Meyer-Goßner/Schmitt* Art. 6 EMRK Rn. 24).

V. Kosten zur Vorbereitung eines Wiederaufnahmeverfahrens. Gem. § 464a Abs. 1 Satz 3 sind schließlich auch die durch Bestellung eines Verteidigers gem. §§ 364a, 364b entstehenden Auslagen zur Vorbereitung eines Wiederaufnahmeverfahrens als Verfahrenskosten anzusehen. Hierdurch soll der Verurteilte davon abgehalten werden, aussichtslose Wiederaufnahmeanträge zu stellen (*Meyer-Goß-*

ner/*Schmitt*, § 464a Rn. 4; *Krägerloh*, NJW 1975, 137, 139). Halbs. 2 »soweit sie durch einen Antrag des Verurteilten verursacht worden sind«, ist bedeutungslos (LR/*Hilger*, § 464a Rn. 19; KMR/*Stöckel*, § 464a Rn. 5).

11 **C. Die notwendigen Auslagen eines Beteiligten (Abs. 2) I. Begriff.** Notwendige **Auslagen** eines Verfahrensbeteiligten sind alle vermögenswerten Aufwendungen, die zur zweckentsprechenden Rechtsverfolgung oder Rechtsverteidigung notwendig waren, d.h. nach den zum Zeitpunkt ihrer Entstehung gegebenen Umständen für erforderlich gehalten werden durften (OLG Düsseldorf, NStZ 1996, 99; KK-StPO/*Gieg*, § 464a Rn. 6; *Beulke*, NJW 1976, 1112; LR/*Hilger*, § 464a Rn. 21). Abs. 2 enthält insoweit keine abschließende Aufzählung, sondern erläutert vielmehr zwei Hauptfälle der Erstattungsfähigkeit notwendiger Auslagen.

12 Als **Verfahrensbeteiligte** kommen der Beschuldigte, der Privatkläger, der Nebenkläger, der zum Anschluss als Nebenkläger gem. § 395 Berechtigte, der Antragsteller im Adhäsionsverfahren und die in § 467a Abs. 2 benannten Nebenbeteiligten in Betracht. Die Auslagen müssen dem Verfahrensbeteiligten selbst oder aber einem Dritten entstanden sein, der im Verfahren kraft eigenen Rechts für den Verfahrensbeteiligten tätig geworden ist, z.B. der gesetzliche Vertreter (§§ 137 Abs. 2, 298, § 67 JGG) oder der gem. § 67 JGG Erziehungsberechtigte (KK-StPO/*Gieg*, § 464a Rn. 6). Zu ersetzen sind daher gem. § 137 Abs. 2 die Kosten des vom gesetzlichen Vertreter gewählten Verteidigers sowie die notwendigen Auslagen des gesetzlichen Vertreters oder Erziehungsberechtigten (LG Weiden, MDR 1971, 598; *Meyer-Goßner/Schmitt*, § 464a Rn. 17). Darüber hinaus sind **Aufwendungen Dritter** nur dann als Auslagen eines Verfahrensbeteiligten einzustufen, wenn insoweit eine Ersatzpflicht des Beteiligten besteht (OLG Hamm, NJW 1953, 1445; OLG Zweibrücken, StV 1993, 136; KK-StPO/*Gieg*, § 464a Rn. 6; *Meyer-Goßner/Schmitt*, § 464a Rn. 17).

13 **II. Entschädigung für eine notwendige Zeitversäumnis (§ 464a Abs. 2 Nr. 1)** Zu den notwendigen Auslagen zählt die Entschädigung für eine notwendige Zeitversäumnis, d.h. für den eingetretenen Verdienstausfall eines Beteiligten. Die Entschädigung bemisst sich gem. Abs. 2 Nr. 1 nach den Vorschriften des ZSEG. Nach herrschender Ansicht handelt es sich hierbei um eine Rechtsfolgenverweisung, die sich lediglich auf Umfang und Höhe der zu leistenden Entschädigung bezieht (OLG Hamm, NStZ 1996, 356; LR/*Hilger*, § 464a Rn. 25 ff. mit Nachweisen auch zur Gegenansicht). Nicht erforderlich für einen Erstattungsanspruch ist daher, dass der Beteiligte gem. § 1 Abs. 1 ZSEG von Gericht oder StA herangezogen wurde. Zu entschädigen ist vielmehr der gesamte durch das Verfahren entstandene Zeitverlust, auch soweit er durch polizeiliche Vernehmungen, Beschaffung von Beweismitteln, Reisen zum Verteidiger bzw. Vertreter sowie Besprechungen mit ihm entstanden ist (OLG Zweibrücken, MDR 1996, 318; LG Weiden, MDR 1971, 598; *Meyer-Goßner/Schmitt*, § 464a Rn. 6; a. A. LG Bonn, MDR 1980, 601).

14 **III. Gebühren und Auslagen eines RA (§ 464a Abs. 2 Nr. 2)** Die notwendigen Auslagen umfassen weiterhin die **Gebühren und Auslagen eines RA**, soweit diese nach § 91 Abs. 2 ZPO zu erstatten sind. Dem RA gleichgestellt sind gem. § 138 Abs. 1 Hochschullehrer sowie gem. § 138 Abs. 2 ordnungsgemäß zugelassene Rechtsbeistände, im Steuerstrafverfahren weiterhin die in §§ 392, 408 AO genannten Angehörigen steuerberatender Berufe. Der Beschuldigte kann in jeder Lage des Verfahrens einen Verteidiger beauftragen (§ 137 Abs. 1 Satz 1). Auch der Privatkläger (§ 378), der Nebenkläger (§ 378 Abs. 1 Satz 2 i.V.m. § 378), der nebenklageberechtigte Verletzte (§ 406g) oder der Nebenbeteiligte (§§ 434, 442 Abs. 1, 444 Abs. 2 Satz 1) können sich durch einen RA vertreten lassen, nicht jedoch der gem. § 51 Abs. 1 mit einem Ordnungsgeld belegte Zeuge, da er nicht zu den o.g. Nebenbeteiligten gehört (LG Hannover, JurBüro 1986, 1675; LG Würzburg, JurBüro 1980, 154; a. A. LG Frankenthal, JurBüro 1986, 1675; *Meyer-Goßner/Schmitt*, § 464a Rn. 9).

15 Voraussetzung für die Erstattungsfähigkeit von Auslagen ist die **Zulässigkeit der Vertretung** (LG Hamburg, AnwBl. 1974, 89). Ein Anspruch auf Erstattung der Gebühren und Auslagen des Verteidigers kommt daher nach herrschender Meinung nicht in Betracht bei unzulässiger Rechtsberatung (LG Bayreuth, JurBüro 1986, 891), bei einem Verstoß gegen § 137 Abs. 1 Satz 2 nach erfolgter Zurückweisung gem. § 146a (*Meyer-Goßner/Schmitt*, § 464a Rn. 9), bei einem Verstoß gegen § 138a Abs. 1 sowie bei einem Verstoß gegen § 146 (LG Freiburg, NStZ 1985, 330; LG Koblenz, NStZ-RR 1998, 96; LR/*Hilger*, § 464a Rn. 33; *Meyer-Goßner/Schmitt*, § 464a Rn. 9; a. A. LG Köln, NStZ 1982, 347). Der Man-

datsvertrag ist in diesen Fällen nichtig gem. § 134 BGB (OLG München, NJW 1983, 1688), ohne dass es darauf ankommt, ob eine förmliche Zurückweisung des Verteidigers durch das Gericht nach § 146a Abs. 1 erfolgt ist (LG Freiburg, NStZ 1985, 330; LG Koblenz, NStZ-RR 1998, 96; LR/*Hilger*, § 464a Rn. 33; HK-StPO/*Krehl*, § 464a Rn. 14; a. A. LG Flensburg, JurBüro 1988, 653).

Auf die **Zweckmäßigkeit oder Erforderlichkeit** der Hinzuziehung des RA kommt es demgegenüber nicht an. Soweit die Mitwirkung eines RA gesetzlich zulässig ist, sind die durch seine Inanspruchnahme entstandenen Gebühren und Auslagen immer als notwendige Auslagen der Beteiligten anzusehen (OLG Düsseldorf, NStZ 1996, 99). 16

Streitig ist die Erstattungsfähigkeit von Auslagen für ein Tätigwerden des Verteidigers im Hinblick auf ein **vorsorglich eingelegtes Rechtsmittel der StA**, das noch vor seiner Begründung zurückgenommen wird. Ein Erstattungsanspruch wird von der Rechtsprechung hier teilweise mit dem Argument verneint, dass eine sinnvolle Verteidigung erst mit Kenntnis der Revisions- oder Berufungsbegründung der StA möglich sei. Erst dann ist bekannt, weshalb und in welchem Umfang das betroffene Urteil angefochten wird. Vorher seien Verteidigungsmaßnahmen daher nicht prozessfördernd und somit letztlich zwecklos und überflüssig, etwa ein lediglich formularmäßiger Verwerfungsantrag (OLG Frankfurt am Main, NStZ-RR 1999, 351; OLG Düsseldorf, NStZ 1992, 299; LG Koblenz, NStZ-RR 1998, 159). Nach vorzugswürdiger Ansicht sind die anwaltlichen Gebühren als notwendige Auslagen demgegenüber auch dann zu erstatten, wenn die StA ihr Rechtsmittel noch vor Begründung zurücknimmt (OLG Düsseldorf, NStZ 1990, 204; OLG Stuttgart, StV 1998, 615; LG Heidelberg, StV 1998, 607; LG Heilbronn, StV 1996, 613). Gem. § 137 Abs. 1 Satz 1 kann sich der Beschuldigte in jeder Lage des Verfahrens eines Verteidigers bedienen. Es kommt gerade nicht darauf an, ob dessen Zuziehung notwendig oder angemessen ist. Weiterhin darf der Beschuldigte davon ausgehen, dass ein seitens der StA (oder des Nebenklägers) eingelegtes Rechtsmittel auch durchgeführt wird. Es ist ihm nach den Grundsätzen der Waffen- und Chancengleichheit nicht zumutbar, die Begründung des Rechtsmittels oder seine eventuelle Rücknahme abzuwarten. Vielmehr muss er auch im Verfahrensabschnitt zwischen Einlegung und Zurücknahme des Rechtsmittels in der Lage sein, seine weitere Verteidigung vorzubereiten, z.B. weitere Beweise zu sammeln. Dies kann auch durchaus prozeßfördernd sein. Gebühren für ein Tätigwerden des Verteidigers in diesem Stadium sind daher gleichfalls als notwendige Auslagen anzusehen (*Kotz*, NStZ 1990, 422; LR/*Hilger*, § 464a Rn. 38; HK-StPO/*Krehl*, § 464a Rn. 9; KMR/*Stöckel*, § 464a Rn. 19). Das ungeprüfte vorsorgliche Ablichten der gesamten Akten führt nicht zur Erstattungsfähigkeit der insoweit angemeldeten Kopierkosten, da es auch insoweit allein auf die Notwendigkeit der eingegangenen Auslagen ankommt (OLG Köln NStZ-RR 2012, 392). Auch eine Versendung der Akten i.S.v. Nr. 9003 Nr. 1 KV GVG liegt nicht vor, wenn die Akten in das Gerichtsfach des Anwalts gelegt werden. Unerheblich ist insoweit, ob das Justizzentrum aus einem oder mehreren Gebäuden besteht (OLG Naumburg NStZ-RR 2012, 192) 17

Streitig ist, ob ein RA bei **Verteidigung in eigener Sache** einen Anspruch auf Erstattung der Verteidigergebühren gegen die Staatskasse hat. Dies wird vereinzelt unter Verweis auf den eindeutigen Wortlaut des § 91 Abs. 2 Satz 4 ZPO bejaht (OLG Frankfurt am Main, NJW 1973, 1991). Nach a. A. sind dem sich selbst vertretenden RA die Gebühren und Auslagen, die für die Beauftragung eines RA angefallen wären, nur insoweit zu erstatten, als eine Selbstvertretung zulässig ist, etwa bei Fertigung von Revisionsschriftsätzen (§ 345 Abs. 2). Für den Fall der Selbstverteidigung des RA ist § 464 Abs. 2 Nr. 2 StPO hiernach jedoch nicht anwendbar, da der Status des Verteidigers als Organ der Rechtspflege mit der Stellung als Beschuldigter nicht zu vereinbaren ist (KK-StPO/*Gieg*, § 464a Rn. 14; *Meyer-Goßner/Schmitt*, § 464a Rn. 14). Diese Auffassung ist verfassungsrechtlich unbedenklich (BVerfG, NStZ 1988, 282) und gilt auch bei Selbstverteidigung des RA im Privatklageverfahren (BVerfG, NJW 1994, 242). Eine Selbstvertretung ist jedoch zulässig, wenn der RA als Privatkläger oder Nebenkläger auftritt (KK-StPO/*Gieg*, § 464a Rn. 14, *Meyer-Goßner/Schmitt*, § 464a Rn. 14; LR/*Hilger*, § 464a Rn. 48; OLG Hamm, Rpfleger 1999, 565) Für den Nebenkläger ist jedoch die Gegenmeinung nicht verfassungswidrig (BVerfG, NJW 1984, 911). 18

Eine **Ersatzpflicht Dritter** beeinträchtigt die Erstattungsfähigkeit und Höhe der dem Beteiligten zu ersetzenden notwendigen Auslagen im Hinblick auf die Gebühren und Auslagen eines RA nicht. Die Tatsache, dass der Beteiligte wegen derselben Auslagen auch einen Dritten, z.B. eine Rechtsschutzversicherung, in Anspruch nehmen kann, soll nicht dem Erstattungspflichtigen zugutekommen. (OLG Frankfurt am Main, NJW 1970, 1695; LR/*Hilger*, § 464a Rn. 24; *Meyer-Goßner/Schmitt*, § 464a 19

Rn. 8). Auch die Kostenübernahme durch einen Berufsverband (OLG Celle, NJW 1968, 1735; OLG Zweibrücken, StV 1993, 136), eine Gewerkschaft (OLG Frankfurt am Main, MDR 1966, 258) oder den Arbeitgeber (OLG Zweibrücken, Rpfleger 1992, 406) hat keinen Einfluss auf Umfang und Höhe der zu ersetzenden notwendigen Auslagen. Korrespondierende Versicherungs- oder Verbandsbeiträge stellen jedoch keine notwendigen Auslagen dar (LR/ *Hilger*, § 464a Rn. 24).

20 Die **Höhe der zu erstattenden Gebühren und Auslagen** bemisst sich nach § 91 Abs. 2 ZPO. Hiernach sind nur die gesetzlich vorgesehenen Gebühren als notwendige Auslagen zu ersetzen, Honorarvereinbarungen bleiben außer Betracht (BVerfG, NJW 1985, 727; OLG Düsseldorf, MDR 1986, 167). Den einem RA nach § 138 Abs. 1, Abs. 2, §§ 392, 408 AO gleichgestellten Verfahrensbevollmächtigten können nach dem Rechtsgedanken des § 5 RVG Gebühren und Auslagen bis zur Höhe der gesetzlichen Gebühren und Auslagen eines RA ersetzt werden, soweit für sie keine gesonderte gesetzliche Regelung existiert. I.Ü. ist auf die insoweit ergangene Rechtsprechung zu verweisen. Zum Vergütungsanspruch des Hochschullehrers vgl. OLG Düsseldorf, NStZ 1996, 99; zur Vergütung eines Assessors vgl. OLG Hamm, JurBüro 1979, 520; OLG Zweibrücken, AnwBl. 1985, 161; zur Vergütung eines Rechtsreferendars vgl. LG Darmstadt, JurBüro 1982, 73; LG Braunschweig, MDR 1986, 76; zur Vergütung eines Rechtsbeistands vgl. LG München, AnwBl. 1979, 482; LG Kempten, MDR 1977, 601.

21 Gem. § 91 Abs. 2 ZPO sind weiterhin **Reisekosten des auswärtigen RA** nur insoweit zu erstatten, als dessen Zuziehung zur zweckentsprechenden Rechtsverfolgung oder Rechtsverteidigung notwendig war. Die Beauftragung eines auswärtigen RA ist nach herrschender Meinung jedoch nur unter besonderen Voraussetzungen als notwendig anzusehen, so etwa wenn das Verfahren ein so schwieriges und abgelegenes Rechtsgebiet betrifft, dass die Rechte des Beschuldigten nur dann gewahrt sind, wenn er durch einen Anwalt mit besonderen Rechtskenntnissen auf diesem Spezialgebiet verteidigt wird und ein entsprechender Spezialist am Gerichtsort nicht ansässig ist (LG Neuruppin BeckRS 2012, 07411; LG Neuruppin BeckRS 2012, 07409). Nicht ausreichend ist demgegenüber, dass der auswärtige RA allgemein einen guten Ruf hat oder das Vertrauen des Beteiligten genießt (OLG Düsseldorf, NStZ 1981, 451; MDR 1987, 79; OLG Köln, NJW 1992, 586; LG Koblenz, NStZ 2003, 619; a. A. OLG Koblenz, NJW 1971, 1147). Die Beauftragung eines auswärtigen RA wird weiterhin dann als notwendig zur zweckentsprechenden Rechtsverteidigung angesehen, wenn zwischen RA und Beschuldigtem ein Vertrauensverhältnis besteht und sich der Beschuldigte gegen einen Vorwurf von erheblichem Gewicht verteidigen muss. Dies ist jedenfalls der Fall bei Schwurgerichtssachen, wobei ein besonderes, gewachsenes Vertrauensverhältnis zwischen Beschuldigtem und RA konkret dargelegt werden muss (OLG Köln, NJW 1992, 586). Nach weiter gehender Auffassung ist bei Vorliegen eines besonderen Vertrauensverhältnisses die Notwendigkeit der Beauftragung eines auswärtigen Verteidigers bereits dann zu bejahen, wenn die Voraussetzungen für eine notwendige Verteidigung gegeben sind, d.h. der RA gem. §§ 141, 142 als Pflichtverteidiger zu bestellen gewesen wäre (LG Berlin, MDR 1992, 1190; *Sommermeyer*, NStZ 1990, 267). Auch in Verfahren, in denen der Verteidiger zu einer Zeit beauftragt wurde, als er und der Beschuldigte noch davon ausgehen durften, dass die Hauptverhandlung am Kanzleisitz des Verteidigers stattfinden werde, sind die im Nachhinein erforderlichen Reisekosten als notwendige Auslagen zu ersetzen (OLG Celle, StV 1986, 208; *Meyer-Goßner/Schmitt*, § 464a Rn. 12). Reisekosten des auswärtigen Verteidigers sind weiterhin dann als notwendig zu ersetzen, wenn er in Schwurgerichtssachen von einem am Wohnort Verhafteten dort beauftragt wurde und es erst später zur Verlegung des Beschuldigten kam (OLG Düsseldorf, MDR 1987, 79; OLG Düsseldorf, NStZ 1988, 566). Soweit der auswärtige RA zum Pflichtverteidiger bestellt wurde, sind die von ihm geltend gemachten Reisekosten notwendige Auslagen. Ob seine Inanspruchnahme zur zweckentsprechenden Rechtsverfolgung gem. § 91 Abs. 2 ZPO notwendig war, ist unerheblich (BVerfG, NJW 2001, 1269; OLG Düsseldorf, NStZ-RR 1997, 605). Der Verteidiger muss nicht zur Nachtzeit anreisen. Ein Aufstehen vor 6.00 Uhr ist ihm nach Ansicht des OLG Nürnberg unzumutbar (§ 758 Abs. 4 ZPO), so dass eine Anreise am Vortag und die Geltendmachung der Auslagen für die Übernachtung zulässig ist (OLG Nürnberg, NJOZ 2013, 553).

22 Gem. § 464a Abs. 2 Nr. 2 i.V.m. § 91 Abs. 2 Satz 3 ZPO sind die **Kosten für mehrere Anwälte** nur insoweit zu erstatten, als sie die Kosten eines Anwalts nicht übersteigen oder als in der Person des Anwalts ein Wechsel eintreten musste, den der Beschuldigte nicht zu vertreten hat. Die durch einen Anwaltswechsel verursachten Mehrkosten werden hiernach nur erstattet, soweit dieser nicht vom Anwalt oder seiner Partei verschuldet wurde (OLG Hamm, StV 1989, 116) und auf objektiv nachvollziehbaren

oder zwingenden Umständen beruht, die von Gesetzes wegen zu billigen sind. Rein persönliche Erwägungen rechtfertigen eine Kostenerstattung nicht (OLG Hamm, NStZ 1983, 284; OLG Hamburg, NJW 1991, 1191). Die Regelung ist verfassungsrechtlich unbedenklich (BVerfG, NJW 2004, 3319). Sie gilt auch für sehr umfangreiche und schwierige Verfahren (OLG Nürnberg, NJW-RR 2000, 163; OLG Düsseldorf, StraFo 2003, 30, 31; KK-StPO/*Gieg*, § 464a Rn. 13).

Auch bei **Zusammentreffen von Wahl- und Pflichtverteidigung** sind grds. die Kosten des Wahlverteidigers nur i.H.d. Differenzbetrags zu den Pflichtverteidigerkosten zu ersetzen, soweit diese geringer sind (BVerfG, NStZ 1984, 562; LR/*Hilger*, § 464a Rn. 47). Eine Erstattung der gesamten Wahlverteidigerkosten kommt jedoch für den Fall in Betracht, dass das Gericht die Pflichtverteidigerbestellung ohne Anhörung des Beschuldigten gem. §§ 141, 142 angeordnet (OLG Celle, StV 1989, 117) oder entgegen § 143 ohne entsprechende Veranlassung des Beschuldigten oder seines Wahlverteidigers nicht zurückgenommen hat (LG Marburg, StV 1984, 345). Gleiches gilt, wenn das Gericht die Pflichtverteidigerbestellung aus Fürsorgegrundsätzen oder zur Sicherung der beschleunigten Durchführung des Strafverfahrens vorsorglich angeordnet oder aufrechterhalten hat, ohne dass der Beschuldigte oder sein Wahlverteidiger hierzu Anlass gegeben haben. In diesen Fällen hat der Beschuldigte die entstandenen Pflichtverteidigergebühren nicht veranlasst, sie sind daher im Hinblick auf sein Recht auf freie Verteidigerwahl von der Staatskasse zu tragen (BVerfG, NStZ 1984, 561 ff. m. zust. Anm. *Senge*; OLG Düsseldorf, NStZ 1985, 235; LR/*Hilger*, § 464a Rn. 47). 23

Umstritten ist, ob dem Beschuldigten bei **Inhaftierung im Ausland** und Auslieferungshaft die Kosten für den eingeschalteten ausländischen RA neben den Kosten für einen inländischen Verteidiger uneingeschränkt zu ersetzen sind (so OLG Hamburg, NStZ 1988, 370; a. A. OLG Zweibrücken, NStZ 1989, 289). 24

IV. Sonstige notwendige Auslagen. Neben der beispielhaften Aufzählung in Abs. 2 sind auch alle sonstigen vermögenswerten Aufwendungen eines Beteiligten, die zu einer zweckentsprechenden Rechtsverfolgung oder Rechtsverteidigung erforderlich sind, zu ersetzen (KK-StPO/*Gieg*, § 464a Rn. 6). Hierunter fallen insb. alle durch Vorladungen verursachten Aufwendungen wie Fahrt-, Reise- und Verpflegungskosten sowie Reisekosten des Beschuldigten für Besprechungen mit dem Verteidiger (KMR/*Stöckel*, § 464a Rn. 29; *Meyer-Goßner/Schmitt*, § 464a Rn. 15). Dem Anspruch des Freigesprochenen auf Ersatz seiner Reisekosten steht grundsätzlich nicht entgegen, dass er dem Gericht nicht unverzüglich angezeigt hat, dass er zum Hauptverhandlungstermin von einem anderen als dem in der Ladung angegebenen Ort anreist, etwa dem Nebenwohnsitz (OLG Celle NStZ-RR 2013, 62). Entscheidend ist insoweit, dass das Gericht die Ladung in jedem Fall aufrechterhalten hätte, da gegen einen ausgebliebenen Angeklagten gem. § 230 StPO eine Hauptverhandlung nicht stattfinden kann. Keine notwendigen Auslagen sind demgegenüber die **Kosten der Sicherheitsleistung** gem. § 116 Abs. 1 Satz 2 Nr. 4 oder die Kosten für Besuche des Untersuchungsgefangenen (KK-StPO/*Gieg*, § 464a Rn. 7). 25

Grds. nicht erstattungsfähig sind weiterhin die **Kosten für private Ermittlungen** des Beschuldigten, wie Detektivkosten, Privatgutachten u.ä. Der Beschuldigte kann jederzeit entsprechende Beweisanträge stellen und muss insoweit seine prozessualen Möglichkeiten ausschöpfen (OLG Hamburg, NStZ 1983, 284). Etwas anderes gilt, soweit der Beschuldigte zuvor erfolglos versucht hat, die Ermittlungsbehörden zu entsprechenden Ermittlungen zu veranlassen (OLG Hamburg, NStZ 1983, 284; OLG Düsseldorf, StV 1991, 480) oder die Ermittlungen nicht aufgeschoben werden können, ohne dass eine Verschlechterung der Prozesslage, etwa der Spurenlage droht und das erholte Privatgutachten für einen späteren Freispruch ursächlich ist (KG BeckRS 2012, 12353; LG Detmold BeckRS 2012, 11192). Entscheidend ist mithin, ob die Ermittlungen bei einer Betrachtung ex ante notwendig waren (LG Dresden, NStZ-RR 2010, 61; OLG Stuttgart, NStZ-RR 2003, 127, 128; OLG Düsseldorf, NStZ 1997, 511; OLG Hamm, NStZ 1989, 588; LR/*Hilger*, § 464a Rn. 49), oder sich ex post entscheidungserheblich zugunsten des Angeklagten oder Betroffenen ausgewirkt haben (LG Dresden, NStZ-RR 2010, 61). 26

§ 464b StPO Kostenfestsetzung.

¹Die Höhe der Kosten und Auslagen, die ein Beteiligter einem anderen Beteiligten zu erstatten hat, wird auf Antrag eines Beteiligten durch das Gericht des ersten Rechtszugs festgesetzt. ²Auf Antrag ist auszusprechen, dass die festgesetzten Kosten und Auslagen von der Anbringung des Festsetzungsantrags an zu verzinsen sind. ³Auf die Höhe des Zinssatzes, das Verfahren und auf die Vollstreckung der Entscheidung sind die Vorschriften der Zivilprozessordnung entsprechend anzuwenden.

S.a. RiStBV Nr. 145

1 A. Bedeutung der Vorschrift. Da die gerichtliche Kosten- und Auslagenentscheidung immer nur eine Entscheidung dem Grunde nach darstellt, ist die Höhe der Kosten und notwendigen Auslagen, die ein Beteiligter einem anderen zu erstatten hat, in einem gesonderten Verfahren zu ermitteln. Das Kostenfestsetzungsverfahren gem. § 464b legt die notwendigen Auslagen eines Beteiligten nach Maßgabe der gerichtlichen Auslagenentscheidung betragsmäßig fest und schafft insoweit einen vollstreckbaren Titel gem. § 794 Abs. 1 Nr. 2 ZPO. Von § 464b werden nur die notwendigen Auslagen eines Beteiligten i.S.d. § 464a Abs. 2 erfasst. Die Kosten des Verfahrens gem. § 464a Abs. 1, d.h. die Gebühren und Auslagen der Staatskasse werden im Kostenansatzverfahren nach § 19 Abs. 2 GKG, §§ 4 ff. KostVfg festgesetzt. Auch die Pflichtverteidigergebühren sind Teil der Kosten des Verfahrens (§ 464a Rn. 6). Sie fallen daher nicht unter § 464b, für sie gilt vielmehr § 55 RVG. Die Kostenfestsetzung wird gem. Satz 3 nach den Vorschriften der ZPO durchgeführt, d.h. sie richtet sich nach den §§ 104 ff. ZPO.

2 B. Grundlage für die Kostenfestsetzung. Grundlage für die Kostenfestsetzung ist das Vorliegen einer rechtskräftigen Kostengrundentscheidung, nicht jedoch ein im Privatklageverfahren geschlossener gerichtlicher Vergleich über die Erstattung von Gebühren und Auslagen. Dieser stellt keine Entscheidung gem. § 464 Abs. 1, Abs. 2 dar (LG Marburg, JurBüro 1981, 239; LR/*Hilger*, § 464b Rn. 3; *Meyer-Goßner/Schmitt*, § 464b Rn. 1; KK-StPO/*Gieg*, § 464b Rn. 2; AG Neunkirchen, AnwBl. 1976, 183). Die in einem Einstellungsbeschluss gem. § 153a enthaltene Auflage, die Kosten des Nebenklägers zu erstatten, ist unzulässig. Der Beschluss ist daher keine zur Kostenfestsetzung geeignete Grundentscheidung (OLG Frankfurt am Main, MDR 1980, 515). Die rechtskräftige Kostengrundentscheidung ist im Kostenfestsetzungsverfahren rechtlich bindend und daher grds. uneingeschränkt und ohne Änderung zugrunde zu legen. Dies gilt auch, wenn sie inhaltlich fehlerhaft (OLG Celle, NJW 1971, 1905; OLG Saarbrücken, NJW 1973, 1943) oder gesetzeswidrig ist (LG Hanau, Rpfleger 2000, 183, 184; LG Saarbrücken, NStZ-RR 2001, 383) oder bei Verstoß gegen § 467 Abs. 5 (OLG Karlsruhe, JurBüro 1988, 1073 m. abl. Anm. *Mümmler*). Bei Unklarheiten ist jedoch eine Auslegung zulässig (OLG Düsseldorf, JurBüro 2000, 144; LR/*Hilger*, § 464b Rn. 3; KK-StPO/*Gieg*, § 464b Rn. 2).

3 C. Verfahren. Auf das Verfahren sind gem. § 464b Satz 3 die Vorschriften der Zivilprozessordnung entsprechend anzuwenden. Die Kostenfestsetzung erfolgt gem. § 464b Satz 1 nur auf Antrag eines Beteiligten. Der Antrag ist nicht fristgebunden (LR/*Hilger*, § 464b Rn. 3; KK-StPO/*Gieg*, § 464b Rn. 3; LG Nürnberg-Fürth, AnwBl. 1973, 28). Er muss die Kostenberechnung enthalten, die einzelnen Ansätze sind glaubhaft zu machen. Antragsberechtigt sind der Erstattungsberechtigte, der Erstattungspflichtige sowie deren Rechtsnachfolger (KK-StPO/*Gieg*, § 464b Rn. 3). Der Erstattungsanspruch ist weiterhin abtretbar und vererblich (OLG Koblenz, Rpfleger 1974, 403; OLG Hamm, AnwBl. 1979, 237). Das Betragsverfahren nach § 464b gehört nicht mehr zum Strafverfahren (LG Krefeld, MDR 1980, 248), sodass der Verteidiger, der den Antrag für den Angeklagten stellt, hierfür grds. eine gesonderte Vollmacht benötigt (*Meyer-Goßner/Schmitt*, § 464b Rn. 2). Sie kann jedoch zusammen mit der Vollmacht für das Strafverfahren erteilt werden. Ob das Kostenfestsetzungsverfahren von der erteilten Vollmacht mit umfasst wird, ist durch Auslegung zu ermitteln (OLG München, Rpfleger 1968, 32; LR/*Hilger*, § 464b Rn. 5). Zuständig für die Kostenfestsetzung ist gem. §§ 103 Abs. 2 Satz 1, 104 Abs. 1 Satz 1 ZPO, § 21 Abs. 1 Nr. 1 RPflG der Rechtspfleger des Gerichts des ersten Rechtszugs, bei Zurückverweisung an ein anderes Gericht nach § 354 Abs. 2 Satz 1 der Rechtspfleger des zuerst mit dem Verfahren befassten Gerichts (BGH, NStZ 1991, 145; OLG Brandenburg, NStZ-RR 2010, 263). Auch nach erfolgreichem Wiederaufnahmeverfahren ist das Gericht des ersten

Rechtszugs das zuerst mit dem Verfahren befasste Gericht und mithin zuständig (OLG Hamm, NStZ-RR 2008, 128). Der Rechtspfleger prüft die Notwendigkeit der Auslagen i.S.d. § 464a Abs. 2 und ist berechtigt, die vom Verteidiger nach § 14 RVG angesetzte Rahmengebühr herabzusetzen, wenn sie unbillig hoch ist (*Meyer-Goßner/Schmitt*, § 464b Rn. 3). Die Kostenfestsetzungsentscheidung ergeht durch Beschluss nach Anhörung des Antragsgegners (OLG Nürnberg, Rpfleger 1999, 483; OLG Frankfurt am Main, JurBüro 1999, 255). Ist Antragsgegner die Staatskasse, so wird die Gewährung rechtlichen Gehörs dadurch gewährleistet, dass dem Bezirksrevisor Gelegenheit zur Stellungnahme gegeben wird (Nr. 145 Abs. 1 RiStBV). Die Stellungnahme des Bezirksrevisors ist für den Rechtspfleger jedoch nicht bindend (KK-StPO/*Gieg*, § 464b Rn. 3; LR/*Hilger*, § 464b Rn. 8; a. A. LG Essen, Rpfleger 1992, 363). Dieser entscheidet vielmehr in eigener Verantwortung. Der Kostenfestsetzungsbeschluss ist gem. § 34 jedenfalls dann zu begründen, soweit dem Antrag nicht entsprochen wird oder er nicht im Einverständnis der Verfahrensbeteiligten ergeht (OLG Düsseldorf, JurBüro 1981, 1540; OLG Frankfurt am Main, JurBüro 1999, 483; LG Krefeld, MDR 1981, 606). Der Rechtspfleger ist an den gestellten Antrag gebunden (§ 308 Abs. 1 ZPO). Streitig ist, ob trotz Bindung an den Gesamtbetrag einzelne Rechnungsposten ausgeglichen werden dürfen (so OLG Oldenburg, JurBüro 1978, 1811; LG Flensburg, JurBüro 1977, 677; LR/*Hilger*, § 464b Rn. 8; a. A. OLG Düsseldorf, Rpfleger 2004, 120 ff.). Wird eine niedrigere Gebühr als die vom RA beantragte anerkannt, so berührt das den Gebührenanspruch des RA gegen seinen Mandanten nicht (BGH, MDR 1973, 308). Höhere als die entstandenen Auslagen dürfen nicht festgesetzt werden (BVerfG, NJW 1983, 809). Eine Auslagenverteilung hat nach den in der Kostengrundentscheidung vorgesehenen Bruchteilen zu erfolgen. Nicht oder nur schwer trennbare Auslagen können bei der Kostenfestsetzung nach Bruchteilen gem. § 464d festgesetzt werden, falls die Kostengrundentscheidung keine entsprechende Verteilung getroffen hat. § 464d gilt insoweit auch für den Rechtspfleger im Kostenfestsetzungsverfahren (OLG Köln, NStZ-RR 2004, 384; LG Hamburg, Rpfleger 2000, 296). Nach § 104 Abs. 1 ZPO ist der Beschluss dem Gegner des Antragstellers förmlich zuzustellen, dem Antragsteller nur, soweit seinem Antrag nicht stattgegeben wird. Eine Rechtsbehelfsbelehrung ist gem. § 35a geboten (LG Frankenthal, JurBüro 1991, 716; LR/*Hilger*, § 464b Rn. 8).

Nach § 464b Satz 2 ist auf Antrag auszusprechen, dass der festgesetzte Betrag von der Anbringung des **4** Festsetzungsantrags an **zu verzinsen** ist. Auch insoweit gelten die Vorschriften der ZPO. Die Höhe der Zinsen bemisst sich somit nach § 104 Abs. 1 Satz 2 ZPO, § 247 BGB und beträgt derzeit 5 €% über dem Basiszinssatz. Frühester Beginn der Verzinsung ist die Rechtskraft der Auslagengrundentscheidung, soweit der Festsetzungsantrag bereits vor ihrer Rechtskraft angebracht wird (LR/*Hilger*, § 464b Rn. 7; KK-StPO/*Gieg*, § 464b Rn. 3; LG Frankenthal, JurBüro 1984, 723).

D. Rechtsbehelfe. Gegen die Entscheidung des Rechtspflegers ist gem. § 464b Satz 3, § 104 **5** Abs. 3 Satz 1 ZPO, § 11 Abs. 3 RPflG die **sofortige Beschwerde** zulässig. Der Kostenfestsetzungsbeschluss ist wie jede andere mit einem Rechtsmittel anfechtbare Entscheidung zu begründen. Das Beschwerdeverfahren richtet sich vorrangig nach den Grundsätzen der StPO, die Bestimmungen der ZPO sind lediglich entsprechend und nur insoweit anzuwenden, als sie strafprozessualen Grundsätzen nicht widersprechen (BGH, NJW 2003, 763). Dies bedeutet insb., dass für die Einlegung der sofortigen Beschwerde die Wochenfrist des § 311 Abs. 2 gilt (BGH, NJW 2003, 763; OLG Koblenz, NJW 2005, 917; OLG Karlsruhe, NStZ-RR 2000, 254; KK-StPO/*Gieg*, § 464b Rn. 4; a. A. OLG Düsseldorf, NStZ 2003, 324 ff.; LR/*Hilger*, § 464b Rn. 9, die gem. § 577 Abs. 2 ZPO eine Beschwerdefrist von 2 Wochen annehmen). Bei einer bezüglich der Rechtsmittelfrist unzutreffenden Belehrung ist von Amts wegen Wiedereinsetzung in den vorigen Stand zu gewähren (OLG Hamm StRR 2012, 438). Für die Entscheidung des Rechtspflegers gilt weiterhin § 311 Abs. 3 Satz 1 und nicht § 572 Abs. 1 Satz 2 ZPO. Außer im Fall des § 311 Abs. 3 Satz 2 kann der Rechtspfleger mithin der Beschwerde nicht abhelfen (str., so OLG Hamm, NJW 1999, 3726). Der Wert des Beschwerdegegenstandes muss weiterhin die in § 304 Abs. 3 genannte Grenze übersteigen. Wegen § 13 RPflG gilt der in § 78 ZPO vorgesehen Anwaltszwang auch vor dem LG nicht (OLG Düsseldorf, NStZ 2003, 324).

Eine **Wiedereinsetzung in den vorigen Stand** wegen Vertreterverschuldens kommt im Kostenfestset- **6** zungsverfahren nicht in Betracht. Zwar hat der Angeklagte zur Vermeidung ungerechtfertigten Bestrafung nicht für das Verschulden seines Verteidigers einzustehen, sodass ihm in diesem Fall grds. auch Wiedereinsetzung in den vorigen Stand zu gewähren ist (BVerfG, NJW 1994, 1856). Dies gilt jedoch

§ 464c StPO Kosten Bestellung eines Dolmetschers/Übersetzers f. d. Angeschuldigten

nicht, soweit lediglich Kosten und Auslagen betroffen sind, da bei derartigen wirtschaftlichen Fragen eine geringere Schutzwürdigkeit des Angeklagten sowie der anderen Beteiligten anzunehmen ist (OLG Düsseldorf, NJW 1989, 242). Der jeweilige Antragsteller muss sich daher ein Verschulden seines Verteidigers bzw. Vertreters zurechnen lassen.

7 Aufgrund der vorrangigen Anwendung der Bestimmungen der StPO gilt weiterhin für die sofortige Beschwerde auch nicht das in § 308 Abs. 1 ZPO vorgesehene Verschlechterungsverbot. Vielmehr ist nach den Grundsätzen der §§ 331, 358 Abs. 2 i.R.d. Kostenfestsetzungsverfahrens durchaus eine **reformatio in peius** möglich (Düsseldorf, MDR 1991, 370; Karlsruhe, MDR 1986, 694; KMR/*Stöckel*, § 464b Rn. 23; a. A. KK-StPO/*Gieg*, § 464b Rn. 4; LR/*Hilger*, § 464b Rn. 11; LG Düsseldorf, JurBüro 1983, 887).

8 I.R.d. Beschwerdeverfahrens erfolgt lediglich eine Überprüfung der Entscheidung des Rechtspflegers. Ein Antrag auf weitere Kostenerstattung, über den der Rechtspfleger noch nicht entschieden hat, kann i.R.d. sofortigen Beschwerde nicht nachgeschoben werden. Eine **Nachforderung** ist insoweit erst nach rechtskräftigem Abschluss des Kostenfestsetzungsverfahrens zulässig (OLG Hamburg, NJW 1975, 2183, 2185; *Meyer-Goßner/Schmitt*, § 464b Rn. 9).

9 Auch die Entscheidung über die sofortige Beschwerde muss eine **Kostenentscheidung** treffen, für die § 467 Abs. 1 entsprechend bzw. § 473 gilt (*Meyer-Goßner/Schmitt*, § 464b Rn. 10). Wurden die Kosten des Nebenklägers vom Rechtspfleger zu gering festgesetzt, so können Kosten und notwendige Auslagen insoweit der Staatskasse überbürdet werden (LG Hanau, JurBüro 1983, 735; a.A. *Meyer-Goßner/Schmitt*, § 464b Rn. 10). Eine weitere Beschwerde gegen die Entscheidung des LG ist ausgeschlossen (OLG Koblenz, Rpfleger 1989, 78). Die §§ 574 ff. ZPO kommen nicht zur Anwendung.

§ 464c StPO Kosten bei Bestellung eines Dolmetschers oder Übersetzers für den Angeschuldigten.
Ist für einen Angeschuldigten, der der deutschen Sprache nicht mächtig, hör- oder sprachbehindert ist, ein Dolmetscher oder Übersetzer herangezogen worden, so werden die dadurch entstandenen Auslagen dem Angeschuldigten auferlegt, soweit er diese durch schuldhafte Säumnis oder in sonstiger Weise schuldhaft unnötig verursacht hat; dies ist außer im Falle des § 467 Abs. 2 ausdrücklich auszusprechen.

1 Zur Gewährleistung des Rechts auf ein faires Verfahren gem. Art. 6 EMRK ist der Beschuldigte, der der deutschen Sprache nicht mächtig, stumm oder taub ist, grds. von den im Strafverfahren anfallenden **Dolmetscher- und Übersetzerkosten** freizustellen. § 464c postuliert diesen Grundsatz im Wege eines Umkehrschlusses, indem er dem Angeschuldigten diese Kosten ausnahmsweise auferlegt, soweit er diese durch schuldhafte Säumnis oder in sonstiger Weise schuldhaft unnötig verursacht hat. Die Bestimmung ist mit Art. 6 EMRK vereinbar (EuKomMR, EuGRZ 1989, 329) und Ausdruck des Verschuldensprinzips. § 464c findet nach zutreffender Auffassung entsprechende Anwendung bei notwendiger Übersetzung der gesamten ausländischen Verfahrensakte für einen Angeschuldigten, dessen Verfahren nach Deutschland abgegeben wurde (LG Trier, NStZ-RR 2009, 159).

2 § 464c spricht vom Angeschuldigten (§ 157), die Vorschrift kommt mithin erst **nach Anklageerhebung** zum Tragen und ist im Ermittlungsverfahren nicht anwendbar (LK/*Hilger*, § 464c Rn. 2; KMR/*Stöckel*, § 464c Rn. 2). Wird der Angeschuldigte freigesprochen, die Eröffnung des Hauptverfahrens gegen ihn abgelehnt oder das Verfahren nach Anklageerhebung eingestellt, greift hinsichtlich der durch seine schuldhafte Säumnis entstandenen Kosten bereits § 467 Abs. 2 ein. § 464c stellt zum einen klar, dass auch die Dolmetscher- und Übersetzerkosten als Teil der Säumniskosten anzusehen sind und bestimmt zum anderen ergänzend, dass der Angeschuldigte diese Kosten auch bei sonstigem schuldhaftem Fehlverhalten zu tragen hat.

3 Unbeschadet von Halbs. 2 erfordert § 464c jedoch eine **ausdrückliche Entscheidung** hinsichtlich der Dolmetscher- und Übersetzerkosten, andernfalls sind diese von der Staatskasse zu tragen OLG Jena, STRR 2012, 123; AK-StPO/*Degener*, § 464c Rn. 3; *Pfeiffer*, § 464c Rn. 3). Die Einschränkung des Halbs. 2 bedeutet insoweit lediglich, dass die Kostenentscheidung nach § 467 Abs. 2 ohne Weiteres auch die Dolmetscher- und Übersetzerkosten umfasst, ohne dass dies ausdrücklich ausgesprochen werden muss (LR/*Hilger*, § 464c Rn. 6; KK-StPO/*Gieg*, § 464c Rn. 4).

Für die Frage, wann eine **schuldhafte Säumnis** des Angeschuldigten vorliegt, ist auf die Erläuterungen zu § 467 zu verweisen (§ 467 Rn. 6). Daneben hat der Angeschuldigte die Dolmetscher- und Übersetzerkosten auch zu tragen, soweit er sie **in sonstiger Weise schuldhaft** unnötig verursacht hat. Ein sonstiges schuldhaftes Verhalten ist z.B. gegeben, wenn der Angeschuldigte wahrheitswidrig vortäuscht, einen Dolmetscher oder Übersetzer zu benötigen oder wahrheitswidrige Angaben hinsichtlich der von ihm beherrschten Sprache macht (*Meyer-Goßner/Schmitt*, § 464c Rn. 4; KK-StPO/*Gieg*, § 464c Rn. 3). **Unnötig** verursacht sind die Kosten, wenn sie ohne schuldhafte Säumnis bzw. sonstiges schuldhaftes Fehlverhalten nicht entstanden wären. Hieran fehlt es, wenn die Hauptverhandlung dennoch durchgeführt werden kann (§§ 231 Abs. 2, 231a, 231b, 232, 411 Abs. 2, 329 Abs. 2), d.h. keine Verzögerung eintritt, oder die gegenständlichen Kosten auch bei Anwesenheit des Angeschuldigten entstanden wären (KMR/*Stöckel*, § 464c Rn. 3). 4

§ 464d StPO Verteilung der Auslagen nach Bruchteilen.

Die Auslagen der Staatskasse und die notwendigen Auslagen der Beteiligten können nach Bruchteilen verteilt werden.

Die durch das KostRÄndG 1994 v. 24.06.1994 (BGBl. I, S. 1325) aus Vereinfachungsgründen eingeführte Regelung erlaubt nunmehr ausdrücklich auch eine Aufteilung der Auslagen nach Bruchteilen. Dies war nach früherer Rechtsprechung nur zulässig, wenn die fraglichen Auslagen nicht oder nur schwer trennbar waren (BGHSt 25, 109). Nunmehr steht es im Ermessen des Gerichts, die Auslagenverteilung mittels einer abstrakten Grundentscheidung nach der Differenzmethode oder nach Bruchteilen vorzunehmen. Hierdurch soll insb. in einfachen und leicht überschaubaren Fällen eine schnelle und angemessene Kostenverteilung durchgeführt werden können (OLG Köln, NStZ-RR 2004, 384; KMR/*Stöckel*, § 464c Rn. 4; *Meyer-Goßner/Schmitt*, § 464c Rn. 1). 1

Anwendungsfälle sind die §§ 465 Abs. 2, 467a Abs. 2, 468, 469 Abs. 1, 470 Satz 2, 471 Abs. 3, 472 Abs. 1 Satz 2, Abs. 2, Abs. 3, 472a Abs. 2, 472b Abs. 1 Satz 2, Abs. 3, 473 Abs. 4. 2

Eine Bruchteilsentscheidung ist auch im Kostenfestsetzungsverfahren nach § 464b möglich, § 464d ist insoweit auch im Kostenfestsetzungsverfahren durch den Rechtspfleger anwendbar (OLG Köln, NStZ-RR 2004, 384; § 464b Rdn. 3). 3

§ 465 StPO Kostentragungspflicht des Verurteilten.

(1) ¹Die Kosten des Verfahrens hat der Angeklagte insoweit zu tragen, als sie durch das Verfahren wegen einer Tat entstanden sind, wegen derer er verurteilt oder eine Maßregel der Besserung und Sicherung gegen ihn angeordnet wird. ²Eine Verurteilung im Sinne dieser Vorschrift liegt auch dann vor, wenn der Angeklagte mit Strafvorbehalt verwarnt wird oder das Gericht von Strafe absieht.
(2) ¹Sind durch Untersuchungen zur Aufklärung bestimmter belastender oder entlastender Umstände besondere Auslagen entstanden und sind diese Untersuchungen zugunsten des Angeklagten ausgegangen, so hat das Gericht die entstandenen Auslagen teilweise oder auch ganz der Staatskasse aufzuerlegen, wenn es unbillig wäre, den Angeklagten damit zu belasten. ²Dies gilt namentlich dann, wenn der Angeklagte wegen einzelner abtrennbarer Teile einer Tat oder wegen einzelner von mehreren Gesetzesverletzungen nicht verurteilt wird. ³Die Sätze 1 und 2 gelten entsprechend für die notwendigen Auslagen des Angeklagten.
(3) Stirbt ein Verurteilter vor eingetretener Rechtskraft des Urteils, so haftet sein Nachlass nicht für die Kosten.

A. Die Kostentragungspflicht bei Verurteilung.

Die Kostentragungspflicht des Angeklagten bei Verurteilung folgt aus dem Veranlassungsprinzip und ist verfassungsgemäß (BVerfG, NJW 1965, 387; BVerfGE 31, 137). Der Angeklagte hat in den Fällen des Abs. 1 immer auch seine notwendigen Auslagen zu tragen. Eine besondere Regelung ist insoweit nicht erforderlich, da die notwendigen Auslagen immer denjenigen treffen, dem sie entstanden sind, soweit keine ausdrückliche anderweitige Überbürdungsentscheidung getroffen wird (LR/*Hilger*, § 465 Rn. 1). § 465 gilt auch im Vollstreckungsverfahren. Kostenpflichtige Entscheidungen i.R.d. Strafvollstreckung, die lediglich als 1

§ 465 StPO   Kostentragungspflicht des Verurteilten

Nachwirkung des ergangenen Urteils einschließlich der dort angeordneten Kostenfolge ergehen, richten sich daher gleichfalls nach § 465 (OLG Karlsruhe, NStZ 1998, 272). Aufwendungen für Drogenscreenings sind keine Kosten der Vollstreckung i.S. von § 464a Abs. 1 S. 2, sondern Kosten des Verfahrens weil Weisungen gem. § 68b StGB nicht vollstreckt werden können (OLG München NStZ-RR 2012, 324). Über die Kostentragung betreffend Drogenscreenings wird vielmehr im Wege einer Annexentscheidung zur Weisungsanordnung nach § 68b Absatz 1 Nr. 10 StGB entschieden (OLG München aaO; OLG Bremen, NSZ 2011, 26, OLG Nürnberg, OLGSt StPO § 453 Nr. 11).

2   **B. Voraussetzungen der Kostentragungspflicht. I. Verurteilung oder Anordnung einer Maßregel.** Eine Verurteilung i.S.d. § 465 Abs. 1 ist gegeben, wenn das Urteil eine Schuldfeststellung trifft und eine der in §§ 38 ff. StGB gesetzlich vorgesehenen Rechtsfolgen verhängt wird (BGHSt 14, 391, 393). Eine Verurteilung liegt auch vor, wenn für die Begehung einer Jugendstraftat die im JGG vorgesehenen Ahndungsmöglichkeiten verhängt werden. Zu nennen sind hier Erziehungsmaßnahmen gem. §§ 9 ff. JGG, Zuchtmittel gem. §§ 13 ff. JGG, die Verurteilung zu einer Jugendstrafe gem. §§ 21 ff. JGG sowie die Aussetzung der Verhängung der Jugendstrafe gem. § 27 JGG. Der Verurteilung gleichgestellt ist die Anordnung einer Maßregel der Besserung und Sicherung gem. §§ 61 bis 72 StGB, auch wenn der Angeklagte gleichzeitig wegen Schuldunfähigkeit freigesprochen wird (OLG Oldenburg, NJW 1964, 2439) bzw. die selbstständige Anordnung der Maßregel im Sicherungsverfahren gem. §§ 413 ff. erfolgt (KK-StPO/*Gieg*, § 465 Rn. 2; LR/*Hilger*, § 465 Rn. 5). Demgegenüber führt die Anordnung anderer Maßnahmen gem. § 11 Abs. 1 Nr. 8 neben einem Freispruch nicht zu einer Kostentragungspflicht des Angeklagten. Bei Anordnung der Einziehung (§ 74 StGB) oder der ihr gem. § 442 Abs. 1 gleichstehenden Nebenfolgen wie Verfall, Vorbehalt der Einziehung, Vernichtung, Unbrauchbarmachung oder Beseitigung eines gesetzeswidrigen Zustands im selbstständigen Verfahren nach § 440 ist § 465 Abs. 1 daher nicht anwendbar (*Meyer-Goßner/Schmitt*, § 472b Rn. 4; HK-StPO/*Krehl*, § 465 Rn. 2). Die Kosten des Verfahrens trägt hier grds. die Staatskasse, soweit sie nicht gemäß der Sonderregelung des § 472b einem Nebenbeteiligten auferlegt werden. Eine Verurteilung ist nach § 465 Abs. 1 Satz 2 schließlich auch zu bejahen bei Verwarnung mit Strafvorbehalt gem. § 59 StGB sowie bei Absehen von Strafe gem. § 60 StGB.

3   **II. Umfang der Kostentragungspflicht.** Die Pflicht zur Tragung der Kosten des Verfahrens erstreckt sich auf die Kosten des gesamten Verfahrens wegen der Tat, derentwegen eine Verurteilung oder die Anordnung einer Maßregel der Besserung und Sicherung erfolgte. Der Begriff der Tat bestimmt sich nach § 264 (OLG Zweibrücken, MDR 1966, 351; LR/*Hilger*, § 465 Rn. 6; *Meyer-Goßner/Schmitt*, § 465 Rn. 3). Das gesamte Strafverfahren bildet eine Einheit, sodass die Kostenlast des Verurteilten insb. auch die Kosten mehrerer Hauptverhandlungstage sowie die Kosten aller durchlaufenen Rechtszüge umfasst (BGHSt 18, 231; BGH, NStZ 1987, 86; LR/*Hilger*, § 465 Rn. 6; *Meyer-Goßner/Schmitt*, § 465 Rn. 3). Den Verurteilten trifft das Kostenrisiko fehlerhafter Entscheidungen eines Gerichts, insb. das Risiko eines zwar vorläufig erfolgreichen, letztlich aber erfolglosen Rechtsmittels (BGHSt 13, 311; BGH, NStZ 1982, 80; NStZ-RR 1999, 63; 2006, 32; OLG Köln BeckRS 2012, 07648). Soweit der Angeklagte zunächst freigesprochen und erst in der Rechtsmittelinstanz verurteilt wird, trägt er die gesamten Verfahrenskosten (OLG Stuttgart, Justiz 1987, 160; OLG Düsseldorf, JurBüro 1992, 255; LR/*Hilger*, § 465 Rn. 6).

4   **III. Einschränkungen.** Gem. § 21 Abs. 1 Satz 1 GKG dürfen Kosten, die auf eine **unrichtige Sachbehandlung** zurückzuführen sind, nicht erhoben werden. Eine unrichtige Sachbehandlung ist jedoch nicht schon bei jedem Verfahrensverstoß, sondern nur dann zu bejahen, wenn das Gericht gegen eindeutige gesetzliche Normen verstoßen hat und dieser Verstoß offen zutage tritt oder ein offensichtliches Versehen vorliegt (LG Osnabrück, NStZ-RR 1996, 192; LR/*Hilger*, § 465 Rn. 14). Von der Erhebung von Kosten ist hiernach nur dann abzusehen, wenn diese durch schwere Verfahrensfehler verursacht worden sind. Dies ist bspw. zu bejahen bei unrichtiger Besetzung des Gerichts (BGH, NStZ 1989, 191; NStZ-RR 2001, 135), Verletzung des rechtlichen Gehörs (BGH, NJW 1979, 1834) oder Anklage zum falschen Gericht (BGH, 15.08.2001 – 3 StR 263/01). Demgegenüber rechtfertigt nicht schon jede Aufhebung einer Entscheidung oder Zurückverweisung an ein anderes Gericht die Anwendung von § 21 Abs. 1 Satz 1 GVG. Unterschiedliche Sachentscheidungen bei Durchlaufen mehrerer Rechtszüge gehören vielmehr zum allgemeinen Kostenrisiko des Verurteilten, das nicht über § 21 Abs. 1

Satz 1GKG ausgeschlossen werden kann. Dem Angeklagten bleibt es in diesem Fall unbenommen, im Wege des Zivilprozesses Schadensersatzansprüche wegen Amtspflichtverletzung (Art. 34 GG, § 839 BGB) geltend zu machen (BGH, GA 1982, 324; OLG Koblenz, NStZ 1989, 45). § 21 Abs. 1 Satz 1 GKG erfasst nur die Verfahrenskosten, nicht jedoch die notwendigen Auslagen des Angeklagten. Diese hat er auch bei unrichtiger Sachbehandlung selbst zu tragen (BGH, NStZ 1989, 191; BGH, NStZ-RR 2001, 135). Die Anordnung der Nichterhebung von Kosten gem. § 21 Abs. 1 Satz 1 GKG erfolgt durch das Gericht. Sie kann bereits in der Kostenentscheidung oder aber im Kostenansatzverfahren angeordnet werden (BGH, DAR 1999, 208; *Meyer-Goßner/Schmitt*, § 465 Rn. 11). Gegen das Unterlassen der Anordnung der Nichterhebung von Kosten ist die Erinnerung nach § 66 GKG möglich. Eine sofortigen Beschwerde nach § 464 Abs. 3 kommt demgegenüber nicht in Betracht (OLG Düsseldorf, VRS 80, 40) und ist entsprechend in einen Antrag nach §§ 21, 66 GKG umzudeuten (*Meyer-Goßner/Schmitt*, § 465 Rn. 11). Die Nichterhebung von Kosten kann vom Beschwerdegericht auch für die Vorinstanz angeordnet werden (BGHZ 27, 163, 164, 171; BGH, NStZ 1989, 191).

Besonderheiten gelten weiterhin bei der **Anwendung von Jugendstrafrecht**. Hier kann das Gericht gem. §§ 74, 109 Abs. 2 JGG aus erzieherischen Gründen davon absehen, dem Angeklagten die Kosten des Verfahrens und die Auslagen anderer Beteiligter aufzuerlegen. Zweck der Regelung ist es, den Jugendlichen oder ihm gleichzustellenden Heranwachsenden vor einer zusätzlichen Belastung zu schützen, die er mit den ihm selbstständig zur Verfügung stehenden wirtschaftlichen Mitteln oftmals nicht bewältigen kann (*Eisenberg*, § 74 JGG Rn. 8). Soweit es hiernach zu einer Freistellung kommt, hat die Staatskasse die Verfahrenskosten zu tragen. Seine eigenen notwendigen Auslagen hat der Angeklagte jedoch nach überwiegender Auffassung auch in diesen Fällen immer selbst zu tragen (BGH, NStZ 1989, 239 m. abl. Anm. *Brunner*; BGH, 25.07.2000 – 4 StR 229/00; BGH, 09.08.2001 – 4 StR 115/01; OLG Zweibrücken, 09.01.1991, 1 Ws 634/90; OLG Düsseldorf, MDR 1991, 561; *Böhm*, NStZ 1991, 522, 524; a. A. *Mellinghoff*, NStZ 1982, 405 ff. m.w.N. zur Gegenmeinung). Ein ausdrücklicher Ausspruch ist insoweit nicht erforderlich, da die Auslagen von dem zu tragen sind, dem sie entstanden sind, soweit keine ausdrückliche anderweitige Überbürdung erfolgt. 5

Eine weitere Einschränkung ergibt sich im Fall einer **Kostentragungspflicht Dritter**. Soweit ein Teil der Verfahrenskosten gem. §§ 51 Abs. 1 Satz 1, 70 Abs. 1 Satz 1, 77 Abs. 1 Satz 1, 81c Abs. 6 Satz 1, 138c Abs. 6 Satz 1, 145 Abs. 4, 161a Abs. 2 Satz 1 oder gem. § 56 GVG einem Dritten auferlegt wird, sind sie von der Ersatzpflicht des Verurteilten ausgenommen (BGHSt 10, 126). Ausreichend für einen solchen Haftungsausschluss ist nach herrschender Meinung ein Hinweis in den Urteilsgründen. Eine entsprechende Einschränkung der Kostentragungspflicht des Verurteilten ergibt sich insoweit aus dem zugrunde liegenden Kostenbeschluss. Sie muss daher nach herrschender Meinung nicht nochmals gesondert in der Kostenentscheidung selbst zum Ausdruck kommen (BGHSt 43, 146, 148 unter Aufgabe von BGHSt 10, 126, 128; BGH, NStZ-RR 1998, 253; KK-StPO/*Gieg*, § 465 Rn. 3). Ein Anspruch auf entsprechende Ergänzung der Kostenentscheidung besteht nicht (OLG Dresden, NStZ-RR 2000, 30, 31). Demgegenüber wird teilweise aus Gründen der Rechtssicherheit und Rechtsklarheit gefordert, eine Beschränkung der Kostenschuld des Verurteilten in der Urteilsformel auszusprechen (LR/*Hilger*, § 465 Rn. 12). Die Kostentragungspflicht des Verurteilten lebt wieder auf, wenn die den Dritten belastende Kostenentscheidung nachträglich aufgehoben wird. Dem Angeklagten steht daher gegen den aufhebenden Beschluss das Recht der Beschwerde gem. § 304 zu (OLG Düsseldorf, VRS 87, 437; KK-StPO/Gieg, § 465 Rn. 3). 6

Nach der **Ausnahmebestimmung des § 465 Abs. 2 Satz 1** können schließlich besondere Auslagen, die für Untersuchungen belastender oder entlastender Umstände entstanden sind, teilweise oder ganz der Staatskasse auferlegt werden, wenn die fraglichen Untersuchungshandlungen zugunsten des Angeklagten ausgegangen sind und es unbillig wäre, sie dem Angeklagten aufzubürden. 7

Untersuchungshandlungen sind alle Aufklärungsmaßnahmen, insb. Sachverständigengutachten, Blutproben oder Zeugenaussagen (HK-StPO/*Krehl*, § 465 Rn. 4). Als besondere Auslagen i.S.d. Vorschrift sind generell alle Mehrkosten zur Aufklärung von Umständen zu verstehen, die zugunsten des Angeklagten ausgegangen sind (BGHSt 25, 109, 115). § 465 Abs. 2 setzt voraus, dass Auslagen für die Aufklärung eines Tatvorwurfs entstanden sind, der sich aufgrund der durchgeführten Untersuchungsmaßnahmen nicht aufrechterhalten lässt. Die Regelung soll Unbilligkeiten in den Fällen vermeiden, in denen ein Freispruch aus Rechtsgründen nicht in Betracht kommt, weil dem Angeklagten nur eine Tat i.S.d. 8

§ 465 StPO Kostentragungspflicht des Verurteilten

§ 264 zur Last liegt. Das kann der Fall sein bei Anklage wegen einer Verkehrsstraftat und Verurteilung nur wegen einer Ordnungswidrigkeit (OLG Celle, MDR 1972, 439; Düsseldorf, JurBüro 1985, 898).

9 **Unbilligkeit** ist anzunehmen, wenn sich die entstandenen Auslagen rechnerisch leicht und eindeutig ausscheiden lassen und einen Umstand betreffen, der für die Höhe der ausgesprochenen Strafe von erheblicher Bedeutung war. § 465 Abs. 2 gilt auch im Sicherungsverfahren, auch wenn § 414 eine Teilablehnung von Anträgen im Sicherungsverfahren nicht vorsieht (OLG München NStZ-RR 2012, 262). Fallen die fraglichen Auslagen demgegenüber im Verhältnis zu den infolge der Verurteilung des Angeklagten entstandenen Auslagen kaum ins Gewicht, so ist i.d.R. nicht von Unbilligkeit auszugehen (LR/*Hilger*, § 465 Rn. 24; HK-StPO/*Krehl*, § 465 Rn. 5).

10 Gem. § 465 Abs. 2 Satz 2 kommt eine Überbürdung der besonderen Auslagen insb. beim so genannten **fiktiven Teilfreispruch** in Betracht. In diesem Fall sind Untersuchungshandlungen im Hinblick auf einzelne abtrennbare Teile einer Tat oder wegen einzelner von mehreren Gesetzesverletzungen zwar zugunsten des Angeklagten ausgegangen, ein Teilfreispruch kann aber nicht erfolgen, da die nicht zu verurteilenden Gesetzesverletzungen tateinheitlich zu den verurteilten Delikten verwirklicht worden wären (LR/*Hilger*, § 465 Rn. 17 bis 18; HK-StPO/*Krehl*, § 465 Rn. 4). Wird der Angeklagte bspw. nicht wegen der ihm zur Last gelegten Gefährdung des Straßenverkehrs infolge von Trunkenheit gem. § 315c Abs. 1 Nr. 1a StGB, sondern nur wegen fahrlässiger Körperverletzung gem. §§ 229, 230 Abs. 1 StGB verurteilt, so kommt ein Teilfreispruch im Hinblick auf die tateinheitliche Begehung beider Delikte nicht Betracht. Dennoch kann es unbillig sein, den Angeklagten in diesem Fall mit den Kosten für die zu seinen Gunsten ausgegangenen Untersuchungshandlungen wie Blutprobenentnahmen, entsprechende Untersuchungen und Sachverständigengutachten zu belasten. Der Rechtsgedanke des § 465 Abs. 2 Satz 2 kann auch zum Tragen kommen, soweit abtrennbare Teile einer Tat i.S.d. § 264 nach § 154a eingestellt werden (LG München I, NStZ-RR 1999, 384). Auch in diesem Fall kommt eine Überbürdung von Auslagen auf die Staatskasse in Betracht, soweit Untersuchungshandlungen im Hinblick auf eingestellte Tatteile betroffen sind und es unbillig wäre, den Angeklagten mit den fraglichen Auslagen zu belasten.

11 Demgegenüber ist § 467 Abs. 1 und nicht § 465 Abs. 2 einschlägig beim **echten Teilfreispruch oder der Einstellung einzelner, rechtlich selbstständiger Teile einer Tat**. Wird der Angeklagte, dem mehrere prozessuale Taten i.S.d. § 264 zur Last liegen, nicht wegen aller Taten verurteilt, ist ein Fall des § 467 Abs. 1 gegeben. Soweit der Angeschuldigte im Hinblick auf einzelne Taten freigesprochen wird, die Ablehnung der Eröffnung des Hauptverfahrens erfolgt oder aber einzelne, rechtlich selbstständige Teile einer Tat eingestellt werden, fallen die Kosten des Verfahrens und die notwendigen Auslagen des Angeschuldigten der Staatskasse zur Last. Der Vergleich zur Regelung des § 467 Abs. 1 zeigt, dass § 465 Abs. 2 Unbilligkeiten in den Fällen vermeiden will, in denen dem Angeklagten nur eine Tat zur Last liegt.

12 Von § 465 Abs. 2 erfasst werden nicht nur die Verfahrenskosten, sondern auch die **notwendigen Auslagen** des Angeklagten (§ 465 Abs. 2 Satz 3). Sind die Voraussetzungen des § 465 Abs. 2 erfüllt, so muss das Gericht den Angeklagten von den besonderen Auslagen sowie seinen notwendigen freistellen. Insoweit ist eine ausdrückliche Überbürdungsentscheidung zwingend erforderlich. Hierbei kann das Gericht nach dem jeweiligen Entstehungsgrund der besonderen Auslagen differenzieren, bspw. die besonderen Auslagen der Staatskasse sowie die besonderen notwendigen Auslagen des Angeklagten, die wegen des Verdachts der Trunkenheitsfahrt entstanden sind, der Staatskasse auferlegen (BGHSt 25, 109, 112; KK-StPO/*Gieg*, § 465 Rn. 5; *Meyer-Goßner/Schmitt*, § 465 Rn. 8). In diesem Fall erfolgt die Berechnung der besonderen Auslagen der Höhe nach im Kostenansatz- bzw. Kostenfestsetzungsverfahren. Das Gericht kann aber auch eine Auslagenteilung nach Bruchteilen vornehmen. § 464d vornehmen (LG Freiburg, NJW 1972, 2057). Unterlässt das Gericht eine Entscheidung nach § 465 Abs. 2 und wird die Kostenentscheidung rechtskräftig, ist eine nachträgliche Korrektur im Kostenansatzverfahren ausgeschlossen (OLG Koblenz, NStZ 1995, 563; HK-StPO/*Krehl*, § 465 Rn. 5). Lässt das Urteil nicht erkennen, ob das Gericht sich der Möglichkeit der Auslagenüberbürdung nach § 465 Abs. 2 bewusst war, so ist die Kostenentscheidung i.R.d. sofortigen Beschwerde aufzuheben und zurückzuverweisen (BGH, StV 1998, 610; HK-StPO/*Krehl*, § 465 Rn. 5).

13 **IV. Tod des Verurteilten vor Rechtskraft, Abs. 3.** § 465 Abs. 3 bestimmt schließlich, dass beim **Tod des Verurteilten vor Rechtskraft** der Nachlass nicht für die Kosten des Verfahrens haftet. Hinter-

grund der Regelung ist, dass gem. § 8 Satz 1 GKG die Kosten, die dem verurteilten Beschuldigten zur Last fallen, erst mit Rechtskraft des Urteils fällig werden. Rechtskraft kann jedoch nur zu Lebzeiten des Verurteilten eintreten. Bei Tod des Beschuldigten oder insoweit gleichstehender Todeserklärung (OLG Hamm, NJW 1978, 177) wird ein noch nicht rechtskräftiges Urteil gegenstandslos, ohne dass es einer Aufhebung bedarf (BGHSt 45, 108; BGH, NStZ-RR 2003, 103). Entgegen seiner früher vertretenen Ansicht ist der BGH nunmehr der Auffassung, dass das Verfahren bei Tod vor Eintritt der Rechtskraft nicht ohne Weiteres von selbst beendet wird (so noch BGHSt 34, 184), sondern einzustellen ist. Dies wird mit Gerechtigkeitserwägungen, insb. der Gleichbehandlung mit anderen Verfahrenshindernissen, begründet (BGHSt 45, 108, 115). Die Einstellung erfolgt im Ermittlungsverfahren gem. § 170 Abs. 2, nach Eröffnung der Hauptverhandlung gem. § 206a. Eine nach dem Tod des Angeklagten ergangene Kostengrundentscheidung ist mit der sofortigen Beschwerde nach § 464 Abs. 3 anfechtbar. In den Nachlass des Verurteilten kann nur vollstreckt werden, soweit der Tod des Verurteilten nach Rechtskraft eintritt, ein Erstattungsanspruch des Verurteilten geht in diesem Fall auf die Erben über (KK-StPO/*Gieg*, § 465 Rn. 6).

§ 466 StPO Haftung Mitverurteilter für Auslagen als Gesamtschuldner.

¹Mitangeklagte, gegen die in Bezug auf dieselbe Tat auf Strafe erkannt oder eine Maßregel der Besserung und Sicherung angeordnet wird, haften für die Auslagen als Gesamtschuldner. ²Dies gilt nicht für die durch die Tätigkeit eines bestellten Verteidigers oder eines Dolmetschers und die durch die Vollstreckung, die einstweilige Unterbringung oder die Untersuchungshaft entstandenen Kosten sowie für Auslagen, die durch Untersuchungshandlungen, die ausschließlich gegen einen Mitangeklagten gerichtet waren, entstanden sind.

A. Bedeutung der Vorschrift.
Die in Satz 1 vorgesehene **gesamtschuldnerische Haftung** mehrerer verurteilter Mitangeklagter beruht auf dem Umstand, dass die der Staatskasse in diesen Fällen entstandenen Auslagen i.d.R. nicht einem bestimmten Mitangeklagten zugeordnet werden können (KMR/*Stöckel*, § 466 Rn. 1). Demgegenüber können die in Satz 2 aufgeführten Kosten und Auslagen grds. ohne Weiteres einzelnen Mitangeklagten zugeordnet werden. Die gesamtschuldnerische Haftung nach Satz 1 tritt von Gesetzes wegen ein, ein gesonderter Ausspruch hierüber ist nicht erforderlich. § 466 Satz 1 erfasst lediglich die Auslagen der Staatskasse für die erste Instanz (BayObLGSt 1, 124; 6, 330; KMR/*Stöckel*, § 466 Rn. 1), für die Rechtsmittelinstanz gilt § 473. Nicht erfasst werden die Gerichtsgebühren. Diese bestimmen sich nach der Höhe der jeweiligen Strafe (§ 40 GKG), insoweit haftet jeder Angeklagte alleine. Gem. § 8 Abs. 3 KostVfG bestimmt der Kostenbeamte nach pflichtgemäßem Ermessen, welcher Gesamtschuldner in welcher Höhe in Anspruch zu nehmen ist. Gesamtschuldnerausgleichsansprüche gem. § 426 BGB müssen im Zivilrechtswege durchgesetzt werden, eine Entscheidung im Kostenansatzverfahren kommt insoweit nicht in Betracht (OLG Koblenz, Rpfl. 1990, 36; HK-StPO/*Krehl*, § 466 Rn. 2).

1

B. Gesamtschuldnerische Haftung.
Voraussetzung für die gesamtschuldnerische Haftung mehrerer Angeklagter ist eine **Verurteilung zu einer Strafe oder Maßregel wegen derselben Tat**. Die Verurteilung muss im selben Verfahren erfolgen (OLG Oldenburg, BeckRS 2013, 19544; OLG Koblenz, LSK 2007, 340021; OLG Koblenz NStZ-RR 2002, 160; HK-StPO/*Krehl*, § 466 Rn. 1). Nicht erforderlich ist jedoch eine Verurteilung durch dasselbe Urteil (Meyer-Goßner/Schmitt, § 466 Rn. 1; HK-StPO/*Krehl*, § 466 Rn. 1) oder im selben Rechtszug (LG Amberg, NJW 1952, 398; Meyer-Goßner/Schmitt, § 466 Rn. 1; HK-StPO/*Krehl*, § 466 Rn. 1). Auf den Umfang der jeweiligen Beteiligung kommt es nicht an, ausreichend ist dass die Mitangeklagten für das Tatgeschehen in irgendeiner Weise mitverantwortlich sind (OLG Hamm, NJW 1961, 1833). Das ist zu bejahen beim Zusammenwirken als Mittäter oder Teilnehmer, aber auch bei sonstiger Mitwirkung in gleicher Richtung, so bei einer der Tat nachfolgenden Begünstigung, Strafvereitelung oder Hehlerei. Eine Verurteilung wegen derselben Tat liegt weiterhin vor bei Vorteilsannahme (§ 331 StGB) und hiermit korrespondierender Vorteilsgewährung (§ 333 StGB), ebenso bei Bestechlichkeit (§ 332 StGB) und Bestechung (§ 334) im Hinblick auf denselben Vorfall, bei Beteiligung an einer Schlägerei sowie bei fahrlässiger Nebentäterschaft

2

(HK-StPO/*Krehl*, § 466 Rn. 1). Demgegenüber liegt keine Verurteilung wegen derselben Tat gem. § 466 vor bei wechselseitig begangenen Körperverletzungen (HK-StPO/*Krehl*, § 466 Rn. 1), bei Körperverletzung und nachfolgender unterlassener Hilfeleistung (OLG Hamm, NJW 1961, 1833) sowie bei einer Tat, die hinsichtlich eines Verurteilten als Meineid, hinsichtlich des anderen als Prozessbetrug zu qualifizieren ist (OLG Celle, MDR 1970, 1030). Sämtliche Auslagen müssen zu einem Zeitpunkt entstanden sein, als noch alle Mitangeklagten am Verfahren teilgenommen haben. Auslagen für die Untersuchung weiterer selbstständiger Tathandlungen, an denen ein Mitangeklagter nicht mehr beteiligt war, werden von der gesamtschuldnerischen Haftung nicht erfasst.

3 **C. Ausnahmen von der gesamtschuldnerischen Haftung (Satz 2)** Für die Pflichtverteidigervergütung und die Dolmetscherkosten, die ohnehin nur unter den Voraussetzungen des § 464c in Rechnung gestellt werden, haften Mitangeklagte nicht. Hierbei handelt es sich um Kosten, die ausschließlich einem Mitangeklagten zugutekommen. Eine Abwälzung auf die insoweit nicht begünstigten Mitangeklagten wäre unbillig (KMR/*Stöckel*, § 466 Rn. 9). Ausgenommen von der gesamtschuldnerischen Haftung sind nach Satz 2 weiterhin die durch die Vollstreckung, Unterbringung oder Untersuchungshaft entstandenen Kosten sowie Auslagen für Untersuchungshandlungen, die ausschließlich gegen einen Mitangeklagten gerichtet waren (z.B. Untersuchungshandlungen nach §§ 81, 81a, 81b, § 73 JGG) und Beweiserhebungen, die ausschließlich durch Beweisanträge eines Mitangeklagten erforderlich geworden sind. Entsprechende Kosten sind den einzelnen Mitangeklagten zweifelsfrei zuzuordnen, sie werden daher von der gesamtschuldnerischen Haftung nicht erfasst (KMR/*Stöckel*, § 466 Rn. 11).

§ 467 StPO Kosten und notwendige Auslagen bei Freispruch, Nichteröffnung und Einstellung.

(1) Soweit der Angeschuldigte freigesprochen, die Eröffnung des Hauptverfahrens gegen ihn abgelehnt oder das Verfahren gegen ihn eingestellt wird, fallen die Auslagen der Staatskasse und die notwendigen Auslagen des Angeschuldigten der Staatskasse zur Last.
(2) ¹Die Kosten des Verfahrens, die der Angeschuldigte durch eine schuldhafte Säumnis verursacht hat, werden ihm auferlegt. ²Die ihm insoweit entstandenen Auslagen werden der Staatskasse nicht auferlegt.
(3) ¹Die notwendigen Auslagen des Angeschuldigten werden der Staatskasse nicht auferlegt, wenn der Angeschuldigte die Erhebung der öffentlichen Klage dadurch veranlasst hat, dass er in einer Selbstanzeige vorgetäuscht hat, die ihm zur Last gelegte Tat begangen zu haben. ²Das Gericht kann davon absehen, die notwendigen Auslagen des Angeschuldigten der Staatskasse aufzuerlegen, wenn er
1. die Erhebung der öffentlichen Klage dadurch veranlasst hat, dass er sich selbst in wesentlichen Punkten wahrheitswidrig oder im Widerspruch zu seinen späteren Erklärungen belastet oder wesentliche entlastende Umstände verschwiegen hat, obwohl er sich zur Beschuldigung geäußert hat, oder
2. wegen einer Straftat nur deshalb nicht verurteilt wird, weil ein Verfahrenshindernis besteht.
(4) Stellt das Gericht das Verfahren nach einer Vorschrift ein, die dies nach seinem Ermessen zulässt, so kann es davon absehen, die notwendigen Auslagen des Angeschuldigten der Staatskasse aufzuerlegen.
(5) Die notwendigen Auslagen des Angeschuldigten werden der Staatskasse nicht auferlegt, wenn das Verfahren nach vorangegangener vorläufiger Einstellung (§ 153a) endgültig eingestellt wird.

1 **A. Grundsatz der Kostentragungspflicht der Staatskasse (Abs. 1)** § 467 Abs. 1 ist eine kostenrechtliche Folge der Unschuldsvermutung des Art. 6 Abs. 2 EMRK (LR/*Hilger*, § 467 Rn. 1; KMR/*Stöckel*, § 467 Rn. 1) und stellt den Nichtverurteilten grds. von den Kosten des Verfahrens (§ 464a Rn. 3) und seinen notwendigen Auslagen (§ 464a Rn. 11) frei. Diese fallen der Staatskasse des Landes zur Last, dem das Gericht erster Instanz angehört, auch im Fall des § 120 Abs. 6 GVG (KMR/*Stöckel*, § 467 Rn. 1; LR/*Hilger*, § 467 Rn. 23; *Meyer-Goßner/Schmitt*, Meyer-Goßner/Schmitt, § 467

Rn. 1). § 467 Abs. 1 spricht vom »Angeschuldigten«. Die Regelung kommt mithin nur zur Anwendung, soweit gegen den Beschuldigten Anklage erhoben wurde (§ 157) und das Verfahren sodann durch gerichtliche Entscheidung beendet wird (HK-StPO/*Krehl*, § 467 Rn. 1; KMR/*Stöckel*, § 467 Rn. 4). Die Staatskasse trifft eine Kostentragungspflicht mithin grundsätzlich nur bei Ablehnung der Eröffnung des Haupt- bzw. Sicherungsverfahrens, bei Freispruch ohne Anordnung einer Maßregel der Besserung und Sicherung (§ 465 Abs. 1 Satz 1) oder Ablehnung eines Antrags im Sicherungsverfahren gem. § 414 Abs. 2 Satz 3, 4 (BGH, NJW 1970, 1242; HK-StPO/*Krehl*, § 467 Rn. 2; *Meyer-Goßner/Schmitt*, § 467 Rn. 1) sowie bei endgültiger Einstellung des gerichtlichen Verfahrens durch Beschluss (§ 464 Rn. 9 ff.). Das OLG Hamburg (BeckRS 2012, 03286) hat eine analoge Anwendung des Abs. 1 bejaht, wenn die Staatsanwaltschaft ein Rechtsmittel weder zugunsten noch zu Ungunsten eines Verurteilten, sondern vielmehr allein in Wahrnehmung übergeordneter Aufgaben der Rechtspflege einlegt. Im konkreten Fall hatte die StVK das Ende der Bewährungszeit kalendarisch und nicht durch Bestimmung eines konkreten Enddatums bestimmt. Für diesen Fall enthalte das Gesetz eine Regelungslücke. Diese sei im Sinne sachlicher Gerechtigkeit dahin zu füllen, dass ein Verurteilter mit den durch den Rechtsirrtum eines Gerichts verursachten Kosten und Auslagen nicht belastet werden dürfe. Die Kosten- und Auslagentragungspflicht der Staatskasse gem. § 467 Abs. 1 ist in der das Verfahren abschließenden Entscheidung ausdrücklich auszusprechen (*Meyer-Goßner/Schmitt*, *Meyer-Goßner/Schmitt*, § 467 Rn. 1; KMR/*Stöckel*, § 467 Rn. 10). § 467 Abs. 1 umfasst nur die Auslagen, die bis zum Zeitpunkt der Kostenentscheidung angefallen sind. Soweit dem Angeschuldigten danach weitere Auslagen entstehen, z.B. dem Freigesprochenen durch ein erfolgloses Rechtsmittel der StA, entscheidet hierüber das Rechtsmittelgericht gem. § 473 Abs. 2 (LR/*Hilger*, § 467 Rn. 22; *Pfeiffer*, § 467 Rn. 2).

Umstritten ist, ob der **Tod des Angeschuldigten** eine Einstellung des Verfahrens gem. § 206a erfordert und somit § 467 Abs. 1 anzuwenden ist. Nach früher herrschender Meinung endete das Verfahren mit dem Tod des Angeschuldigten von selbst, eine Auslagenerstattung gem. § 467 Abs. 1 kam hiernach grds. nicht in Betracht (BGHSt 34, 184). Nach neuerer Rechtsprechung des BGH beendet der Tod des Angeschuldigten demgegenüber nicht automatisch das Verfahren. Aus Gründen der Rechtssicherheit wird sein Tod mittlerweile vielmehr als Verfahrenshindernis angesehen, das zwingend eine Verfahrenseinstellung gem. § 206a sowie eine entsprechende Kosten- und Auslagenentscheidung gem. § 467 Abs. 1 nach sich zieht (BGHSt 45, 108, 113 ff.; LR/*Hilger*, § 467 Rn. 17 ff.). In diesen Fällen kommt jedoch die Anwendung der Ausnahmeregelung des § 467 Abs. 3 Satz 2 Nr. 2 in Betracht (OLG Frankfurt am Main, NStZ-RR 2002, 246; OLG Karlsruhe, NStZ-RR 2003, 286; LR/*Hilger*, § 467 Rn. 18; KMR/*Stöckel*, § 467 Rn. 6). 2

Bei einer **Einstellung nach Opportunitätsgrundsätzen**, etwa gem. §§ 153 Abs. 2, 153a Abs. 2, schließt § 467 Abs. 1 eine freiwillige Übernahme der Verfahrenskosten durch den Angeschuldigten nicht aus (KMR/*Stöckel*, § 467 Rn. 2; a. A. AG Euskirchen, AnwBl. 1990, 52). 3

Verfahrenskosten und notwendige Auslagen, **die einem Dritten auferlegt wurden** (vgl. §§ 50, 70, 77 Abs. 1, 81c Abs. 6, 138c Abs. 6, 145 Abs. 4, 161a Abs. 2, 177, 469 Abs. 1, 470, 472a, 472b, § 56 GVG), bleiben bei der Entscheidung gem. § 467 Abs. 1 außer Betracht (HK-StPO/*Krehl*, § 467 Rn. 1). Auch in diesen Fällen hat der Nichtverurteilte einen umfassenden Anspruch auf Erstattung seiner notwendigen Auslagen gegen die Staatskasse, die insoweit neben dem Dritter als Gesamtschuldner haftet (§ 421 BGB). Die Haftung der Staatskasse ist nicht subsidiär, der Erstattungsberechtigte muss sich nicht darauf verweisen lassen, zunächst gem. § 464b den Dritten in Anspruch zu nehmen. Er kann sich vielmehr im Verfahren gem. § 464b vorrangig an die Staatskasse als sicheren Schuldner halten (LG Aachen, NJW 1971, 576; LG Münster, NJW 1974, 1342; *Meyer-Goßner/Schmitt*, § 467 Rn. 2; HK-StPO/*Krehl*, § 467 Rn. 1; LR/*Hilger*, § 467 Rn. 9). Diese kann sodann ihrerseits den Dritten gem. § 464b in Regress nehmen (KMR/*Stöckel*, § 467 RRn. 2; *Meyer-Goßner/Schmitt*, § 467 Rn. 2). 4

B. Zwingende Ausnahmen von der Kostentragungspflicht des Abs. 1. I. Allgemeines. Es gibt keinen allgemeinen Grundsatz, wonach dem Nichtverurteilten stets sämtliche notwendigen Auslagen zu erstatten sind (BVerfG, NJW 1985, 726, 727; KK-StPO/*Gieg*, § 467 Rn. 1; *Pfeiffer*, § 467 Rn. 4). Die in § 467 Abs. 2, Abs. 3 Satz 1 und Abs. 5 vorgesehenen zwingenden Ausnahmen von der grundsätzlichen Kostentragungspflicht der Staatskasse beruhen auf Billigkeitserwägungen und dem Verschuldensprinzip (KMR/*Stöckel*, § 467 Rn. 1). Weitere Ausnahmen ergeben sich aus §§ 470 Satz 2, 472a Abs. 2 sowie § 472b Abs. 2. Das Vorliegen der Voraussetzungen für die in § 467 5 vorgesehenen Ausnahmebestimmungen ist im Freibeweisverfahren festzustellen (*Meyer-Goßner/ Schmitt*, § 467 Rn. 3).

6 **II. Schuldhafte Säumnis (Abs. 2)** Gem. Abs. 2 hat der Angeschuldigte die Kosten des Verfahrens sowie seine notwendigen Auslagen zu tragen, soweit er sie durch schuldhafte Säumnis verursacht hat. Für diesen Fall hat er darüber hinaus die dem Privat- oder Nebenkläger insoweit entstandenen Auslagen zu tragen (OLG Stuttgart, NJW 1974, 512 ff.; HK-StPO/*Krehl*, § 467 Rn. 3; *Pfeiffer*, § 467 Rn. 5). Der **Begriff der schuldhaften Säumnis** ist eng auszulegen und umfasst nur die vorwerfbare Versäumung eines Termins oder einer Frist, nicht aber sonstiges nachlässiges Verteidigungsverhalten, wie die schuldhaft verspätete Beibringung entlastender Beweismittel oder Prozessverschleppung (LR/*Hilger*, § 467 Rn. 24; KK-StPO/*Gieg*, § 467 Rn. 4; KMR/*Stöckel*, § 467 Rn. 11). Schuldhafte Säumnis ist zu bejahen, wenn das Nichterscheinen des Angeklagten zwar wegen triftiger Gründe gerechtfertigt war, er es aber vorwerfbar unterlassen hat, das Gericht hiervon rechtzeitig zu informieren (OLG Stuttgart, NJW 1974, 512; LR/*Hilger*, § 467 Rn. 24; KK-StPO/*Gieg*, § 467 Rn. 4). Demgegenüber ist § 467 Abs. 2 nicht anwendbar, soweit die Verhandlung in Abwesenheit des Angeschuldigten nach §§ 232, 233, 411 StPO, 73 OWiG zulässig ist, es sei denn, sein persönliche Erscheinen war gem. §§ 236 StPO, 73 OWiG gerichtlich angeordnet (KMR/*Stöckel*, § 467 Rn. 11). Auch bei Verfahrenseinstellung wegen Verjährung kommt eine (analoge) Anwendung von Abs. 2 nicht in Betracht, anwendbar ist jedoch § 467 Abs. 3 Satz 2 Nr. 2 (BVerfG, NStZ 1993, 195; *Meyer-Goßner/Schmitt*, § 467 Rn. 4). Die Kostentragungspflicht des Angeschuldigten muss in der Kostengrundentscheidung ausdrücklich angeordnet werden. Eine nachträgliche Überbürdungsentscheidung kommt nur i.R.d. sofortigen Beschwerde gem. § 464 Abs. 3 in Betracht (LR/*Hilger*, § 467 Rn. 27; *Meyer-Goßner/Schmitt*, § 467 Rn. 4), eine Korrektur im Kostenansatz- bzw. Kostenfestsetzungsverfahren ist nicht möglich (HK-StPO/*Krehl*, § 467 Rn. 3; KK-StPO/*Gieg*, § 467 Rn. 4).

7 **III. Unwahre Selbstanzeige (Abs. 3 Satz 1)** Die notwendigen Auslagen des Angeschuldigten sind weiterhin diesem selbst und nicht der Staatskasse aufzuerlegen, soweit er die Erhebung der öffentlichen Klage gegen ihn durch eine **unwahre Selbstanzeige** veranlasst und die ihm zur Last gelegte Tatbegehung vorgetäuscht hat. Erforderlich ist insoweit eine objektiv wie subjektiv falsche Selbstbezichtigung (OLG Braunschweig, NJW 1973, 158). Eine förmliche Anzeige gem. § 158 Abs. 1 ist nicht erforderlich. Ausreichend ist vielmehr, dass sich der spätere Angeschuldigte final-absichtlich bei einer Strafverfolgungsbehörde oder einer zur Anzeige verpflichteten Behörde im Rahmen einer Vernehmung als Zeuge oder Beschuldigter in anderer Sache zu Unrecht als Täter oder Teilnehmer einer Straftat oder Ordnungswidrigkeit ausgibt. Angaben ggü. Privatpersonen erfüllen diese Voraussetzung nicht (HK-StPO/*Krehl*, § 467 Rn. 4; KMR/*Stöckel*, § 467 Rn. 13; *Meyer-Goßner/Schmitt*, § 467 Rn. 5). Seine Motivation ist insoweit unbeachtlich (*Meyer-Goßner/Schmitt*, § 467 Rn. 5; LR/*Hilger*, § 467 Rn. 30). Soweit sich das Verfahren bereits gegen den Angeschuldigten richtet, ist Abs. 3 Satz 2 Nr. 1 einschlägig (Rn. 14; LR/*Hilger*, § 467 Rn. 29; HK-StPO/*Krehl*, § 467 Rn. 4). Unerheblich ist, ob das Verhalten des Angeschuldigten den Tatbestand des § 145d StGB erfüllt (SK-StPO/*Degener*, § 467 Rn. 12; KK-StPO/*Gieg*, § 467 Rn. 5).

8 Eine unwahre Selbstanzeige i.S.d. Abs. 3 Satz 1 ist nur dann gegeben, wenn die Angaben des Angeschuldigten **prozessual verwertbar** sind (KMR/*Stöckel*, § 467 Rn. 13). Dies ist zu verneinen, soweit der Beschuldigte nicht gem. §§ 136 Abs. 1 Satz 2, 243 Abs. 4 Satz 1 über seine Aussagefreiheit belehrt wurde, ebenso bei unterlassener Belehrung des Zeugen über sein Aussageverweigerungsrecht gem. § 52 Abs. 3 Satz 1 oder bei Anwendung verbotener Vernehmungsmethoden, § 136a Abs. 3 Satz 2 (LR/*Hilger*, § 467 Rn. 29; SK-StPO/*Degener*, § 467 Rn. 12).

9 Die Anzeige des Angeschuldigten muss nach Überzeugung des Gerichts **unwahr** gewesen sein, d.h. seine Unschuld muss erwiesen sein (KMR/*Stöckel*, § 467 Rn. 14; LG Kiel, AnwBl 1975, 402). § 467 Abs. 3 kommt daher nicht zur Anwendung, soweit das Gericht den Angeschuldigten lediglich aus Mangel an Beweisen freigesprochen hat.

10 Erforderlich ist weiterhin die **Mitursächlichkeit** der unrichtigen Selbstbezichtigung für die Anklageerhebung. Dass der Angeschuldigte die Anklageerhebung gewollt oder billigend in Kauf genommen hat, ist nicht erforderlich (KMR/*Stöckel*, § 467 Rn. 15; KK-StPO/*Gieg*, Rn. 5). Der Angeschuldigte hat die Anklage vielmehr auch dann veranlasst, wenn er mit einer Verfahrenseinstellung rechnete (LR/*Hilger*, § 467 Rn. 31). Streitig ist demgegenüber, ob das Verhalten des Angeschuldigten auch dann noch als

mitursächlich für die Anklageerhebung anzusehen ist, wenn er seine unwahre Selbstanzeige noch vor Anklageerhebung widerrufen hat oder den Ermittlungsbehörden der wahre Sachverhalt anderweitig bekannt wird, die StA diese Erkenntnisse aber bei ihrer Entscheidung gem. § 170 nicht zutreffend würdigt. In diesen Fällen wird eine Anwendung von § 467 Abs. 3 Satz 1 teilweise abgelehnt (HK-StPO/*Krehl*, § 467 Rn. 4; OLG Koblenz, VRS 45, 374; OLG Nürnberg, MDR 1970, 69). Nach zutreffender Auffassung sind dem Angeschuldigten jedoch auch insoweit seine notwendigen Auslagen aufzuerlegen. Rechtsgrund der Auslagenversagung ist allein das Risikoverhalten des Angeklagten, es kommt daher nicht darauf an, dass der Angeklagte seine Selbstanzeige später widerrufen hat, damit aber bei den Justizorganen – zu Recht oder zu Unrecht – keinen Glauben gefunden hat (KMR/*Stöckel*, § 467 Rn. 15; LR/*Hilger*, § 467 Rn. 31). Unterbleibt eine Anklageerhebung, kommt § 469 zur Anwendung.

IV. Endgültige Einstellung nach § 153a. Gem. Abs. 5 begründet auch die endgültige Einstellung gem. § 153a die Verpflichtung des Angeschuldigten, seine notwendigen Auslagen selbst zu tragen. Dies gilt auch, falls zuvor eine vorläufige Einstellung tatsächlich nicht erfolgt ist (HK-StPO/*Krehl*, § 467 Rn. 5; LR/*Hilger*, § 467 Rn. 71). Angesichts der freiwilligen Erfüllung von Weisungen bzw. Auflagen durch den Angeschuldigten wäre es sinnwidrig, sodann seine notwendigen Auslagen der Staatskasse aufzubürden (LR/*Hilger*, § 467 Rn. 72). 11

C. Fakultative Ausnahmen von der Kostentragungspflicht des Abs. 1. Die in Abs. 3 Satz 2 Nr. 1, Nr. 2 und Abs. 4 vorgesehenen Ausnahmeregelungen stellen es in das Ermessen des Gerichts, eine vom Grundsatz des Abs. 1 abweichende Regelung hinsichtlich der notwendigen Auslagen des Angeschuldigten zu treffen und diese ausnahmsweise ganz oder auch z.T. (OLG Nürnberg, NJW 1972, 67; KK-StPO/*Gieg*, Rn. 9) dem Angeschuldigten aufzuerlegen. Das Vorliegen der Voraussetzungen für diese Ausnahmetatbestände ist im Freibeweisverfahren zu klären (*Meyer-Goßner/Schmitt*, § 467 Rn. 3, 9). 12

I. Wahrheitswidrige Selbstbelastung (Abs. 3 Satz 2 Nr. 1) Voraussetzung für die fakultative Beschränkung der Kostenpflicht gem. Abs. 3 Satz 2 Nr. 1 ist zunächst eine **wahrheitswidrige Selbstbelastung** des Angeschuldigten in wesentlichen Punkten oder im Widerspruch zu seinen späteren Erklärungen. Erforderlich ist insoweit das Aufstellen unrichtiger Tatsachenbehauptungen. Bloße Vermutungen oder sonstiges verdächtiges Verhalten sind nicht ausreichend (HK-StPO/*Krehl*, § 467 Rn. 7; KMR/*Stöckel*, § 467 Rn. 18). 13

Der Angeschuldigte muss die unwahren oder widersprüchlichen Angaben weiterhin **als Beschuldigter**, d.h. nach Einleitung eines Ermittlungsverfahrens gegen ihn, gemacht haben. Streitig ist, ob die belastenden Äußerungen im Rahmen einer förmlichen Beschuldigtenvernehmung gefallen sein müssen (OLG Koblenz, VRS 45, 374; OLG Oldenburg, NStZ 1992, 245; LG Heilbronn, Justiz 1983, 396; LR/*Hilger*, § 467 Rn. 8) oder ob auch Angaben ausreichen, die Inhalt einer informatorischen Befragung des Beschuldigten waren (*Meyer-Goßner/Schmitt*, § 467 Rn. 8; KMR/*Stöckel*, § 467 Rn. 18; LR/*Hilger*, § 467 Rn. 38; KK-StPO/*Gieg*, § 467 Rn. 7). Die unwahre Selbstanzeige des Angeschuldigten, gegen den zum Zeitpunkt seiner Aussage noch keinerlei Verdachtsmomente vorlagen, fällt unter Abs. 3 Satz 1 (Rn. 7; *Meyer-Goßner/Schmitt*, § 467 Rn. 10). 14

Auch hier gilt, dass die Angaben des Angeschuldigten **prozessual verwertbar** sein müssen, also insb. nur bei ordnungsgemäßer Belehrung des Beschuldigten über sein Schweigerecht gem. §§ 136 Abs. 1 Satz 2, 243 Abs. 4 Satz 1 zugrunde gelegt werden dürfen. Weiterhin dürfen die Angaben nicht unter Verletzung von § 136a Abs. 3 Satz 2 zustande gekommen sein (LR/*Hilger*, § 467 Rn. 29). 15

Die unwahren oder widersprüchlichen Angaben müssen die Anklageerhebung veranlasst haben, d.h. für die entsprechende Entschließung der StA **jedenfalls mitursächlich** gewesen sein (OLG Braunschweig, NJW 1973, 158; *Meyer-Goßner/Schmitt*, § 467 Rn. 8). Dies ist zu verneinen, wenn der StA der wahre Sachverhalt aufgrund der Aussage eines anderen Beteiligten **bekannt** war (*Meyer-Goßner/Schmitt*, § 467 Rn. 8; LR/*Hilger*, § 467 Rn. 37; LG Duisburg, AnwBl. 1974, 228). Der **spätere Widerruf** eines zunächst abgelegten Geständnisses reicht demgegenüber grds. nicht aus, um eine Mitursächlichkeit zu verneinen, auch wenn er vor Anklageerhebung erfolgt. Schenkt die StA diesem Widerruf keinen Glauben und ist dieser mithin nicht geeignet, den durch die früheren Erklärungen entstandenen Tatverdacht auszuräumen, so waren die Angaben jedenfalls mitursächlich für die Erhebung der Anklage (KK-StPO/*Gieg*, § 467 Rn. 7; *Meyer-Goßner/Schmitt*, § 467 Rn. 12; KMR/*Stöckel*, § 467 Rn. 18). Der 16

§ 467 StPO Kosten und notwendige Auslagen bei Freispruch

Angeschuldigte trägt insoweit auch das Auslagenrisiko. Etwas anderes soll gelten, wenn die falschen Angaben noch vor Klageerhebung unter Benennung des wahren Täters widerrufen werden und die StA den hinreichenden Tatverdacht offensichtlich fehlerhaft bejaht und Anklage erhoben hat (OLG Koblenz, VRS 45, 374; *Meyer-Goßner/Schmitt*, § 467 Rn. 12; KMR/*Stöckel*, § 467 Rn. 18; LR/*Hilger*, § 467 Rn. 37).

17 Schließlich erfordert Abs. 3 Satz 2 Nr. 1, dass der Angeschuldigte **schuldhaft** gehandelt hat. Umstritten ist jedoch, welcher Verschuldensgrad den Angeschuldigten treffen muss. Teilweise wird gefordert, dass der Angeschuldigte erkannt und zumindest billigend in Kauf genommen haben muss, dass die von ihm gemachten Angaben geeignet sind, belastend zu wirken (OLG Braunschweig, NJW 1973, 158; KK-StPO/*Gieg*, § 467 Rn. 7; SK-StPO/*Degener*, § 467 Rn. 17). Dies wird mit der Systematik des § 467 Abs. 3 begründet, wonach Satz 1 und Satz 2 dieselben subjektiven Voraussetzungen erfordern (OLG Braunschweig, NJW 1973, 158). Nach der Gegenauffassung ist es für die Anwendung der Ermessensvorschrift des Abs. 3 Satz 2 Nr. 1 demgegenüber ausreichend, dass der Angeschuldigte die Bedeutung und Wirkung seines Verhaltens fahrlässig verkannt hat (HK-StPO/*Krehl*, § 467 Rn. 6; LR/*Hilger*, § 467 Rn. 35; *Meyer-Goßner/Schmitt*, § 467 Rn. 8).

18 Eine **analoge Anwendung** der Vorschrift auf sonstiges verfahrensverzögerndes oder missbräuchliches Verhalten des Angeschuldigten wird als verfassungsrechtlich unbedenklich angesehen (BVerfG, NJW 1982, 275) und in der Rechtsprechung teilweise befürwortet. Hat sich der Angeschuldigte daher in erster Instanz zu Unrecht belastet und ändert er erst in zweiter Instanz seine Einlassung, sodass es in der Folge zum Freispruch kommt, soll Abs. 3 Satz 2 Nr. 1 entsprechend anwendbar sein (OLG Düsseldorf, NStZ 1992, 557; OLG München, NStZ 1984, 185; OLG Koblenz, MDR 1980, 162; a. A. OLG Koblenz, MDR 1982, 252). Gleiches wird vertreten soweit der Angeschuldigte bis zur Hauptverhandlung schweigt und erst dann die Täterschaft eines Dritten geltend macht (LG Heidelberg, Justiz 1976, 267; LG Freiburg, AnwBl. 1982, 140; a.A. OLG Düsseldorf, StV 1984, 108; LG Würzburg, MDR 1981, 958; LG Aschaffenburg, AnwBl. 1982, 140) oder das Verfahren durch sonstige falsche, unvollständige oder widersprüchliche Angaben verzögert hat (OLG München, NStZ 1984, 185 m. zust. Anm. *Schikora*; OLG Stuttgart, Justiz 1987, 116). Demgegenüber wird zu Recht darauf verwiesen, dass eine analoge Anwendung des als Ausnahmebestimmung eng auszulegenden Abs. 3 Satz 2 Nr. 1 bereits mangels Vorliegen einer unbewussten Regelungslücke abzulehnen ist (HK-StPO/*Krehl*, § 467 Rn. 6; KMR/*Stöckel*, § 467 Rn. 17; *Meyer-Goßner/Schmitt*, § 467 Rn. 11; LR/*Hilger*, § 467 Rn. 47). Ebenso wenig ist Abs. 3 Satz 2 Nr. 1 entsprechend anwendbar, wenn der Angeschuldigte sich im Ermittlungsverfahren nicht um Entlastungsmaterial bemüht hat (OLG Düsseldorf, StV 1984, 108; *Meyer-Goßner/Schmitt*, § 467 Rn. 11).

19 Bei Vorliegen der geschilderten Voraussetzungen kann das Gericht eine von Abs. 1 abweichende **Ermessensentscheidung** treffen, soweit der Angeschuldigte die Klageerhebung missbräuchlich oder sonst in unlauterer Weise ohne vernünftigen oder billigenswerten Grund veranlasst hat. Eine Überbürdung der notwendigen Auslagen auf den Angeschuldigten wird in diesen Fällen i.d.R. angebracht sein (OLG Düsseldorf, VRS 64, 450; OLG Nürnberg, MDR 1970, 69; *Meyer-Goßner/Schmitt*, § 467 Rn. 9; LR/*Hilger*, § 467 Rn. 48; KMR/*Stöckel*, § 467 Rn. 22).

20 **II. Verschweigen entlastender Umstände trotz Einlassung zur Sache (Abs. 3 Satz 2 Nr. 1)** Der wahrheitswidrigen Selbstbelastung gleichgestellt ist das Verschweigen wesentlicher Umstände, soweit sich der Angeschuldigte bereits vor Klageerhebung als Beschuldigter zur Sache eingelassen und solche Umstände verschwiegen hat, die seine Strafbarkeit entfallen lassen. Hat der Angeschuldigte jedoch zunächst von seinem **Schweigerecht** gem. §§ 136 Abs. 1 Satz 2, 243 Abs. 4 Satz 1 Gebrauch gemacht, sein Schweigen erst später aufgegeben und sodann umgehend die entlastenden Umstände mitgeteilt, darf ihm hieraus kein kostenrechtlicher Nachteil entstehen. (OLG Düsseldorf, StV 1984, 108; LG Würzburg, MDR 1981, 958; KK-StPO/*Gieg*, § 467 Rn. 8; *Meyer-Goßner/Schmitt*, § 467 Rn. 13; a. A. OLG Karlsruhe, Justiz 1976, 263; LG Münster, MDR 1972, 261; LG Heidelberg, Justiz 1976, 267; LG Flensburg, JurBüro 1983, 1217). Auch wenn der Angeschuldigte zunächst entlastendes Beweismaterial nicht vorgelegt hat, kommt eine entsprechende Anwendung der Bestimmung nicht in Betracht (OLG Düsseldorf, VRS 64, 450; *Meyer-Goßner/Schmitt*, § 467 Rn. 13).

21 **Wesentlich** sind die Umstände, die für den Schuldspruch von entscheidender Bedeutung sind und ohne die Anklage nicht erhoben worden wäre (KMR/*Stöckel*, § 467 Rn. 20; *Pfeiffer*, § 467 Rn. 9). Insoweit

kommen insb. in Betracht das Alibi des Angeschuldigten, weiterhin Tatsachen, die einen Rechtfertigungsgrund erfüllen, Nachtrunk bei Straftaten gem. §§ 316, 315c StGB (OLG Frankfurt am Main, NJW 1978, 1017) oder die Täterschaft eines anderen (*Meyer-Goßner/Schmitt*, § 467 Rn. 14; LR/*Hilger*, § 467 Rn. 43), wobei streitig ist, ob auch dessen Name als wesentlich anzusehen ist (so LG Aachen, MDR 1992, 288; a. A. *Meyer-Goßner/Schmitt*, § 467 Rn. 14; KMR/*Stöckel*, § 467 Rn. 20). Keine wesentlichen Umstände sind bloße Vermutungen (*Pfeiffer*, § 467 Rn. 9).

Abs. 3 Satz 2 Nr. 1 ist nur anwendbar, soweit dem Angeschuldigten die entlastende Wirkung des verschwiegenen Umstandes **bewusst** gewesen ist und er die Mitteilung jedenfalls bedingt vorsätzlich unterlassen hat, nicht jedoch wenn sich der Angeschuldigte des entlastenden Umstandes nicht bewusst war (*Meyer-Goßner/Schmitt*, § 467 Rn. 14; KK-StPO/*Gieg*, § 467 Rn. 8; SK-StPO/*Degener*, § 467 Rn. 21). Ebenso muss das Verschweigen trotz Einlassung zur Sache jedenfalls **mitursächlich** für die Anklageerhebung gewesen sein. 22

Für die **Ermessensentscheidung des Gerichts** ist zu berücksichtigen, ob der Angeschuldigte vernünftige oder billigenswerte Motive für sein Verschweigen hatte. So soll Abs. 3 Satz 2 Nr. 1 nicht zur Anwendung kommen, wenn der Angeschuldigte durch sein Aussageverhalten einen nahen Angehörigen schützen wollte (OLG Hamm, MDR 1977, 1042; LG Aachen, JurBüro 1978, 266; HK-StPO/*Krehl*, § 467 Rn. 9; LR/*Hilger*, § 467 Rn. 48; *Meyer-Goßner/Schmitt*, § 467 Rn. 15; a. A. OLG Düsseldorf, JurBüro 1987, 116; LG Flensburg, JurBüro 1976, 482). Entsprechende Entscheidungen sind gem. § 34 zu begründen (OLG Heilbronn StraFo 2012, 208). 23

III. Einstellung wegen eines Verfahrenshindernisses (Abs. 3 Satz 2 Nr. 2) Die Staatskasse kann von den notwendigen Auslagen des Angeschuldigten auch dann freigestellt werden, wenn dessen Schuld gerichtlich festgestellt ist und er nur deshalb nicht verurteilt wird, weil ein endgültiges Prozesshindernis besteht (OLG Hamm, NJW 1986, 734; HK-StPO/*Krehl*, § 467 Rn. 10; *Meyer-Goßner/Schmitt*, § 467 Rn. 16). Eine Auslagenüberbürdung gem. Abs. 3 Satz 2 Nr. 2 soll aber auch möglich sein, wenn das Verfahren außerhalb der Hauptverhandlung eingestellt wird und ein hinreichender Tatverdacht gegen den Angeschuldigten verbleibt (BGH, NStZ 2000, 330; OLG Hamm, NStZ-RR 2010, 224; OLG Köln, NStZ-RR 2010, 392; OLG Frankfurt am Main, NStZ-RR 2002, 246; OLG Hamm, VRS 100, 52; OLG Karlsruhe, NStZ-RR 2003, 286; OLG München, NStZ 1989, 134; KMR/*Stöckel*, § 467 Rn. 26; *Meyer-Goßner/Schmitt*, § 467 Rn. 16). In diesem Fall ist die Schuld des Angeschuldigten zwar nicht in der Hauptverhandlung festgestellt. Die Versagung der Auslagenerstattung ist jedoch verfassungsrechtlich unbedenklich, wenn die Verurteilung des Angeschuldigten wahrscheinlich ist und hierfür erhebliche Verdachtsmomente sprechen (BVerfG, NJW 1992, 1611 ff.; BGH, NJW 2000, 1427; OLG Frankfurt am Main, NStZ-RR 2002, 246; OLG Düsseldorf, MDR 1990, 359). Nach a. A. ist demgegenüber immer die Feststellung erforderlich, dass der Angeschuldigte ohne Vorliegen eines Verfahrenshindernisses mit Sicherheit verurteilt worden wäre (LG Düsseldorf, StraFO 2009, 396). Um einen Verstoß gegen die Unschuldsvermutung des Art. 6 Abs. 2 EMRK auszuschließen, wird daher die Durchführung einer Hauptverhandlung bis zur Schuldspruchreife gefordert (KG, NJW 1994, 600; OLG Düsseldorf, NStZ-RR 1997, 288; HK-StPO/*Krehl*, Rn. 10; AK-StPO/*Degener*, Rn. 27; *Pfeiffer*, § 467 Rn. 11). Die Anwendung des Abs. 3 Satz 2 Nr. 2 außerhalb der Hauptverhandlung kommt hiernach grds. nicht in Betracht. 24

Verfahrenshindernisse sind z.B. Verjährung, das Fehlen des erforderlichen Strafantrags, das Fehlen eines Eröffnungsbeschlusses, Strafklageverbrauch oder Verhandlungsunfähigkeit. Nr. 2 ist auch anwendbar, wenn bei Tateinheit die angeklagte schwerere Tat nicht nachweisbar ist und der leichtere Tatvorwurf zwar festgestellt, aber wegen eines Verfahrenshindernisses nicht verfolgt werden kann (OLG Celle, MDR 1975, 165; OLG Karlsruhe, NStZ 1981, 228; HK-StPO/*Krehl*, § 467 Rn. 10; *Meyer-Goßner/Schmitt*, § 467 Rn. 17; a. A. *Naucke*, NJW 1970, 84, 85). Auf eine Einstellung gem § 206b wegen Gesetzesänderung ist die Vorschrift demgegenüber nicht anwendbar (KMR/*Stöckel*, § 467 Rn. 24; HK-StPO/*Krehl*, § 467 Rn. 10; *Meyer-Goßner/Schmitt*, § 467 Rn. 17; OLG München, NJW 1974, 873). 25

Bei der **Ermessensentscheidung des Gerichts** ist zu beachten, wann das Verfahrenshindernis eingetreten ist. Bei Eintritt bereits vor Klageerhebung hat grds. die Staatskasse die notwendigen Auslagen zu tragen (OLG Karlsruhe, NStZ 1981, 228; *Meyer-Goßner/Schmitt*, § 467 Rn. 18; KMR/*Stöckel*, § 467 Rn. 27). Tritt das Verfahrenshindernis im Lauf des Verfahrens ein, so werden der Staatskasse i.d.R. die 26

§ 467a StPO   Auslagen der Staatskasse bei Einstellung nach Anklagerücknahme

dem Angeschuldigten seit Entstehung des Hindernisses entstandenen notwendigen Auslagen auferlegt (OLG Celle, NJW 1973, 1987; OLG München, StV 1988, 71; KMR/*Stöckel*, § 467 Rn. 27). Eine Freistellung der Staatskasse von den Auslagen des Angeschuldigten kommt nur in Betracht, wenn eine entsprechende Überbürdung unbillig erscheint. Dies ist i.d.R. zu bejahen, wenn der Angeschuldigte das Verfahrenshindernis selbst schuldhaft herbeigeführt (BVerfG, NJW 1993, 997, 999; LG Koblenz, NStZ 1983, 235) oder verschwiegen hat (LG Koblenz, NStZ 1983, 235) sowie bei sonstigem strafprozessual vorwerfbarem Verhalten des Angeschuldigten (OLG Düsseldorf, JurBüro 1986, 1535; KMR/*Stöckel*, § 467 Rn. 26; HK-StPO/*Krehl*, § 467 Rn. 11; OLG Köln, NJW 1991, 506; *Meyer-Goßner/Schmitt*, § 467 Rn. 18).

27   **IV. Endgültige Einstellung nach Ermessensvorschriften (Abs. 4)**   Auch bei einer endgültigen Einstellung nach Opportunitätsgrundsätzen, z.B. gem. §§ 153 Abs. 2 153b Abs. 2, 153e Abs. 2, 154 Abs. 2, 154b Abs. 4, 383 Abs. 2, § 47 JGG, § 47 OWiG, kann das Gericht anordnen, dass der Angeschuldigte seine notwendigen Auslagen selbst zu tragen hat. Zulässig ist auch hier das Abstellen auf die Stärke des Tatverdachts, der eine Auslagentragung durch die Staatskasse unbillig erscheinen lassen kann (EGMR, NJW 1988, 3257; BVerfG, NJW 1990, 2742; NStZ 1990, 598 m. abl. Anm. *Paulus*; BGH, NStZ 2000, 330; *Pfeiffer*, § 467 Rn. 14; a. A. *Kühl*, NJW 1988, 3233). Ein Verstoß gegen die Unschuldsvermutung kommt insoweit nicht in Betracht, solange das Gericht über bloße Verdachtserwägungen hinaus auf die Zuweisung strafrechtlicher Schuld, die nicht prozessordnungsgemäß festgestellt wurde, verzichtet (BVerfG, NJW 1987, 2427; HK-StPO/*Krehl*, § 467 Rn. 12). Daneben kommt die Freistellung der Staatskasse insb. in Betracht bei sonstigem sachwidrigem oder missbräuchlichem Prozessverhalten des Angeschuldigten, das Auslagen verursacht, bspw. bei Verzögerung der Einstellung oder offensichtlich überzogenem Verteidigungsaufwand trotz geringfügigem Tatvorwurf (KMR/*Stöckel*, § 467 Rn. 30 m.w.N.) oder aber bei ausdrücklichem Verzicht des Angeschuldigten auf Erstattungsansprüche (OLG Frankfurt am Main, Rpfl. 1973, 143; KMR/*Stöckel*, § 467 Rn. 30; HK-StPO/*Krehl*, § 467 Rn. 12).

§ 467a StPO   Auslagen der Staatskasse bei Einstellung nach Anklagerücknahme

(1) ¹Nimmt die Staatsanwaltschaft die öffentliche Klage zurück und stellt sie das Verfahren ein, so hat das Gericht, bei dem die öffentliche Klage erhoben war, auf Antrag der Staatsanwaltschaft oder des Angeschuldigten die diesem erwachsenen notwendigen Auslagen der Staatskasse aufzuerlegen. ²§ 467 Abs. 2 bis 5 gelten sinngemäß.
(2) Die einem Nebenbeteiligten (§ 431 Abs. 1 Satz 1, §§ 442, 444 Abs. 1 Satz 1) erwachsenen notwendigen Auslagen kann das Gericht in den Fällen des Absatzes 1 Satz 1 auf Antrag der Staatsanwaltschaft oder des Nebenbeteiligten der Staatskasse oder einem anderen Beteiligten auferlegen.
(3) Die Entscheidung nach den Absätzen 1 und 2 ist unanfechtbar.

1   **A. Allgemeines.**   § 467a ermöglicht eine **isolierte Kostenentscheidung** im Hinblick auf die notwendigen Auslagen des Angeschuldigten (Abs. 1) oder eines Nebenbeteiligten (Abs. 2) für den Fall, dass die StA die zunächst erhobene Klage zurücknimmt und das Verfahren sodann endgültig einstellt. Die Regelung des § 467a ist verfassungskonform (BVerfG, EuGRZ 1979, 638) und abschließend. Eine erweiternde Anwendung auf Verfahrenseinstellungen durch die StA schon im Ermittlungsstadium, d.h. ohne Anklageerhebung und anschließende Rücknahme der Anklage, kommt nicht in Betracht (BGHSt 30, 152, 157; KMR/*Stöckel*, § 467a Rn. 3; HK-StPO/*Krehl*, § 467a Rn. 1; *Meyer-Goßner/Schmitt*, § 467a Rn. 2). Eine Erstattung der notwendigen Auslagen ist daher insb. ausgeschlossen, wenn die StA das Verfahren vor gerichtlicher Anhängigkeit nach § 170 Abs. 2 oder §§ 153 ff. einstellt. Angesichts der Vielzahl von Ermittlungsverfahren wäre eine allgemeine Auslagenerstattungspflicht nicht finanzierbar (hierzu LR/*Hilger*, § 467a Rn. 21), auch wenn es teilweise durchaus als unbillig angesehen wird, die Auslagenerstattung von der Erhebung einer Anklage abhängig zu machen (hierzu KMR/*Stöckel*, 467a Rn. 3). Auch eine entsprechende Anwendung des § 467a auf andere Fallgestaltungen scheidet aus (OLG Celle, NStZ 1988, 196 für den Fall der Rücknahme des Antrags auf Bewährungswiderruf durch die StA). § 467a gilt über § 105 OWiG auch im Bußgeldverfahren bei Einspruch gegen den Bußgeldbescheid und Rücknahme durch die Verwaltungsbehörde bzw. über § 46 OWiG bei Einspruch gegen den Bußgeldbescheid und Einstellung des Verfahrens durch die StA nach Abgabe der Akten gem.

§ 69 OWiG an sie (LR/*Hilger*, § 467a Rn. 8). Nicht anwendbar ist § 467a demgegenüber im Privatklageverfahren gem. §§ 374 ff, da es hier an einer öffentlichen Klage, die zurückgenommen werden könnte, fehlt (KMR/*Stöckel*, § 467a Rn. 5).

B. Die notwendigen Auslagen des Angeschuldigten (Abs. 1) Voraussetzung für eine 2
Erstattung der notwendigen Auslagen des Angeschuldigten ist die **Rücknahme der Anklage**. Eine Rücknahme ist gem. § 156 grds. nur bis zur Eröffnung des Hauptverfahrens zulässig, soweit keine Sonderregelungen einschlägig sind. So gilt im Strafbefehlsverfahren die Sonderbestimmung des § 411 Abs. 3. Weiterhin kann die StA unter den Voraussetzungen der §§ 153c Abs. 4, 153d Abs. 2 die Anklage jederzeit zurücknehmen. Der Klagerücknahme gleichzustellen sind die Zurücknahme des Antrags auf Entscheidung im beschleunigten Verfahren (§ 417), die Ablehnung des Antrags auf Erlass eines Strafbefehls sowie die Rücknahme des Strafbefehlsantrags durch die StA vor dessen Erlass (HK-StPO/*Krehl*, § 467a Rn. 2). Wird die Klage nicht zurückgenommen, so kommt im Hinblick auf den Nebenbeteiligten § 472b zur Anwendung.

Nach Rücknahme der Anklage muss weiterhin eine **endgültige Einstellung des Verfahrens** durch die 3
StA erfolgen. Nicht ausreichend ist eine Einstellung wegen vorübergehender Hindernisse wie Abwesenheit oder Krankheit. Auch bei Rücknahme der Anklage, um diese beim örtlich zuständigen Gericht zu erheben bzw. die Strafverfolgung der örtlich zuständigen StA zu überlassen oder wenn wegen desselben Sachverhalts nach Rücknahme der Anklage erneut Anklage erhoben wird, greift § 467a nicht ein (LR/*Hilger*, § 467a Rn. 10). Eine endgültige Verfahrenseinstellung ist zu bejahen bei Einstellung gem. §§ 170 Abs. 2, 153 Abs. 1, 153b Abs. 1, 153c Abs. 4, 153d Abs. 2, 153f Abs. 3, 154 Abs. 1, 154b Abs. 1, Abs. 3 (*Meyer-Goßner/Schmitt*, § 467a Rn. 4; *Pfeiffer*, § 467a Rn. 2; LR/*Hilger*, § 467a Rn. 9; KMR/*Stöckel*, § 467a Rn. 10; a. A. im Hinblick auf § 154b Abs. 1, Abs. 3 HK-StPO/*Krehl*, § 467a Rn. 3; LR/*Hilger*, 24. Aufl., § 467a Rn. 10). Demgegenüber ist die Einstellung gem. 154a Abs. 1 (LG München, NStZ-RR 1999, 384), 154d oder § 205 **analog** nicht als endgültig anzusehen (KMR/*Stöckel*, § 467a Rn. 10; HK-StPO/*Krehl*, § 467a Rn. 3; LR/*Hilger*, § 467a Rn. 10). Für die endgültige Verfahrenseinstellung nach § 153 gilt Abs. 1 Satz 2 i.V.m. § 467 Abs. 5. Hiernach trägt der Angeschuldigte seine notwendigen Auslagen selbst. Eine Auslagenüberbürdung kommt in diesem Fall nicht in Betracht. Bei Verfahrenseinstellung durch das Gericht gilt § 467. Die endgültige Einstellung des Verfahrens muss weiterhin eine gewisse Verfestigung erfahren haben. So ist insb. § 9 Abs. 3 StrEG entsprechend anwendbar, d.h. vor der Entscheidung ist die Beschwerdefrist des § 172 Abs. 2 Satz 1 abzuwarten (KMR/*Stöckel*, § 467a Rn. 16; LR/*Hilger*, § 467a Rn. 20; *Meyer-Goßner/Schmitt*, § 467a Rn. 14;).

C. Die notwendigen Auslagen eines Nebenbeteiligten (Abs. 2) Nebenbeteiligte 4
sind Einziehungs- und Verfallsbeteiligte (§§ 431 Abs. 1 Satz 1, 442) sowie die juristische Person oder Personenvereinigung, gegen die die Festsetzung einer Geldbuße (§ 444 Abs. 1 Satz 1) oder die Einziehung des Wertersatzes (§ 431 Abs. 3) in Betracht kommt. Abs. 2 setzt nicht voraus, dass das Gericht die Nebenbeteiligung bereits förmlich angeordnet hat. Die Auslagenerstattung ist insoweit unabhängig von einer zeitlich mehr oder weniger zufälligen förmlichen Anordnung. Abs. 2 ist vielmehr auf alle Personen oder Personenvereinigungen anwendbar, die materiell als Nebenbeteiligte in Betracht kommen (KMR/*Stöckel*, § 467a Rn. 22; KK-StPO/*Gieg*, § 467a Rn. 3; *Meyer-Goßner/Schmitt*, § 467a Rn. 7). Demgegenüber ist Abs. 2 nicht anwendbar, wenn der Privatkläger den Antrag auf selbstständige Einziehung stellt (*Meyer-Goßner/Schmitt*, § 467a Rn. 7; SK-StPO/*Degener*, § 467a Rn. 12; a.A. LR/*Hilger*, § 467a Rn. 30). Für die Entscheidung nach Abs. 2 sind der Rücknahme der öffentlichen Klage die Zurücknahme des Antrags auf selbstständige Anordnung der Einziehung oder gleichstehende Maßnahmen (§§ 440, 442 Abs. 1) gleichzustellen (KK-StPO/*Gieg*, § 467a Rn. 3). Die Entscheidung nach Abs. 2 ist im Gegensatz zur Entscheidung nach Abs. 1 Ermessensentscheidung, da eine Vielzahl unterschiedlicher Einzelfälle denkbar ist. In diesen Fällen kann das Gericht die notwendigen Auslagen des Nebenbeteiligten der Staatskasse oder einem anderen Beteiligten auferlegen. Insoweit kommen insb. der Angeschuldigte, der Privatkläger, der Nebenkläger, andere Nebenbeteiligte, der Anzeigeerstatter (§ 469) oder der Antragsteller (§ 470) in Betracht (HK-StPO/*Krehl*, § 467a Rn. 5). Auch eine Aufteilung zwischen Staatskasse und Beteiligten ist möglich. Daneben können auch hier die §§ 469, 470 zur Anwendung kommen (LR/*Hilger*, § 467a Rn. 32; KK-StPO/*Gieg*, § 467a Rn. 3).

5 **D. Die Entscheidung des Gerichts.** Die Kostenentscheidung nach § 467a erfordert einen entsprechenden Antrag der StA oder des Angeschuldigten (Abs. 1) bzw. des Nebenbeteiligten (Abs. 2). Der Antrag auf Auslagenerstattung muss keine Form- oder Fristerfordernisse erfüllen. Er kann bis zum Erlass der gerichtlichen Entscheidung zurückgenommen werden. Die Entscheidung über die Auslagenerstattung trifft das Gericht, bei dem ursprünglich Anklage erhoben wurde, selbst wenn es unzuständig war. (LSK/*Degener*, § 467a Rn. 9; *Meyer-Goßner/Schmitt*, § 467 Rn. 12). Das Gericht ist bei der Entscheidung über den Antrag auf Auslagenerstattung an die zugrunde liegende Einstellungsverfügung gebunden, d.h. eine Kontrolle der materiellen Einstellungsvoraussetzungen findet nicht statt. Es hat daher lediglich die Voraussetzungen des § 467a sowie gem. Abs. 1 Satz 2 das Vorliegen der in § 467 Abs. 1 bis 5 aufgeführten Versagungsgründe zu prüfen. Diese sind ggf. im Freibeweisverfahren festzustellen (LR/*Hilger*, § 467a Rn. 18).

6 Nicht geregelt ist die Frage, wie es sich auf die Erstattungsentscheidung auswirkt, wenn die zugrunde liegende **Einstellungsverfügung nachträglich entfällt**, weil das Verfahren wieder aufgenommen und wegen der fraglichen Tat das Hauptverfahren eröffnet wird. Nach herrschender Meinung ist insoweit § 14 StrEG entsprechend anzuwenden (LR/*Hilger*, § 467a Rn. 20; *Meyer-Goßner/Schmitt*, § 467a Rn. 14; abl. KMR/*Stöckel*, § 467a Rn. 14). Neben § 467a sind §§ 469, 470 anwendbar (LR/*Hilger*, § 467a Rn. 17). Gem. Abs. 3 ist die gerichtliche Entscheidung unanfechtbar.

§ 468 StPO Kosten bei Straffreierklärung.
Bei wechselseitigen Beleidigungen wird die Verurteilung eines oder beider Teile in die Kosten nicht dadurch ausgeschlossen, dass einer oder beide für straffrei erklärt werden.

1 **A. Bedeutung und Anwendungsbereich.** Auch die Straffreierklärung gem. § 199 StGB stellt eine Verurteilung mit der grds. zwingenden Kostenfolge des § 465 Abs. 1 dar. § 468 ermöglicht jedoch eine von § 465 Abs. 1 abweichende Entscheidung hinsichtlich der Kosten des Verfahrens (464a Abs. 1). So kann das Gericht die Verfahrenskosten nach pflichtgemäßem Ermessen einem oder auch beiden für straffrei Erklärten bzw. der Staatskasse ganz oder z.T. auferlegen, wobei eine Verteilung nach Bruchteilen (OLG Nürnberg, NJW 1972, 69), ausscheidbaren Teilmassen oder Beträgen (LR/*Hilger*, § 468 Rn. 3; HK-StPO/*Krehl*, § 468 Rn. 2; KMR/*Stöckel*, § 468 Rn. 6) möglich ist. Da bei Straffreierklärung gem. § 40 GKG i.V.m. Nr. 3110 bis 3117 KVGVG eine Gerichtsgebühr nicht anfällt, erfasst die Bestimmung letztlich nur die Auslagen des Gerichts. Die notwendigen Auslagen gem. § 464a Abs. 2 werden von § 468 nicht berührt, sie sind vom Verurteilten in jedem Fall selbst zu tragen (§ 465 Abs. 1).

2 § 468 ist auch im Privatklageverfahren anwendbar und wird durch § 471 Abs. 3 Nr. 1 ergänzt. Soweit die Kosten des Verfahrens dem für straffrei Erklärten nicht oder nur z.T. aufgebürdet werden, sind sie hiernach dem Privatkläger aufzuerlegen, da seinem Antrag mit der Straffreierklärung nur z.T. entsprochen wird. § 468 ist nur für Angeklagte anwendbar. Eine Kostenüberbürdung auf andere Beteiligte, z.B. Zeugen, kommt nicht in Betracht (RGSt 16, 421; SK/*Degener* § 468 Rn. 2; LR/*Hilger*, § 468 Rn. 4).

3 **B. Entscheidung des Gerichts.** § 468 erfordert eine ausdrückliche Entscheidung des Gerichts. Bei Straffreierklärung gem. § 199 StGB ist eine Kostenentscheidung nach § 465 Abs. 1 ohne Prüfung des § 468 rechtsfehlerhaft (KMR/*Stöckel*, § 468 Rn. 2, 6). Die getroffene oder fehlerhaft unterlassene Kostenentscheidung ist gem. § 464 Abs. 3 mit der sofortigen Beschwerde anfechtbar. Auch einem mit Kosten belasteten Dritten steht das Recht der sofortigen Beschwerde wie einem Angeklagten zu, in dessen Rolle er gedrängt wurde (LR/*Hilger*, § 468 Rn. 4; *Meyer-Goßner/Schmitt*, § 468 Rn. 3; KMR/*Stöckel*, § 468 Rn. 7; *Pfeiffer*, § 468 Rn. 2).

§ 469 StPO Kostentragungspflicht des Anzeigenden bei leichtfertiger oder vorsätzlicher Erstattung einer unwahren Anzeige. (1) ¹Ist ein, wenn auch nur außergerichtliches Verfahren durch eine vorsätzlich oder leichtfertig erstattete unwahre Anzeige veranlasst worden, so hat das Gericht dem Anzeigenden, nachdem er gehört worden ist, die Kosten des Verfahrens und die dem Beschuldigten erwachsenen notwendigen Auslagen aufzuerlegen. ²Die einem Nebenbeteiligten (§ 431 Abs. 1 Satz 1, §§ 442, 444 Abs. 1 Satz 1) erwachsenen notwendigen Auslagen kann das Gericht dem Anzeigenden auferlegen.
(2) War noch kein Gericht mit der Sache befasst, so ergeht die Entscheidung auf Antrag der Staatsanwaltschaft durch das Gericht, das für die Eröffnung des Hauptverfahrens zuständig gewesen wäre.
(3) Die Entscheidung nach den Absätzen 1 und 2 ist unanfechtbar.

S.a. RiStBV Nr. 92, 139

A. Bedeutung und Anwendungsbereich. Die Vorschrift begründet die Kostenerstattungspflicht des Urhebers einer unwahren Anzeige und folgt damit dem Veranlassungsprinzip. Anzeigender i.S.d. Vorschrift ist auch der RA, der eine Anzeige im Auftrag seines Mandanten erstattet (*Meyer-Goßner/Schmitt*, § 469 Rn. 1; *Pfeiffer*, § 469 Rn. 1). Demgegenüber ist § 469 auf Amtsträger, die zur Anzeige verpflichtet sind, nur anwendbar, wenn diese eine strafrechtlich (§ 344 StGB) oder disziplinarrechtlich zu ahndende Pflichtwidrigkeit begangen haben. § 469 setzt die Prozessfähigkeit des Anzeigenden voraus (OLG Stuttgart, Justiz 1982, 60; KK-StPO/*Gieg*, § 469 Rn. 2). Im Privatklageverfahren ist § 469 nicht anwendbar, da hier keine Anzeige i.S.d. § 469 gegeben ist (KK-StPO/*Gieg*, § 469 Rn. 2). Es gilt daher ausschließlich § 471 Abs. 2.

B. Voraussetzungen der Kostenpflicht des Anzeigenden. I. Unwahre Anzeige. Voraussetzung für die in § 469 vorgesehene Kostentragungspflicht ist die Erstattung einer unwahren Anzeige. Der Begriff der Anzeige ist wie in § 164 StGB weit auszulegen. Eine förmliche Anzeige gem. § 158 ist nicht erforderlich, ausreichend sind Angaben ggü. einem Amtsträger oder öffentlich aufgestellte Behauptungen (KK-StPO/*Gieg*, § 469 Rn. 2; *Meyer-Goßner/Schmitt*, § 469 Rn. 2; LR/*Hilger*, § 469 Rn. 5; a. A. SK-StPO/*Degener*, § 469 Rn. 3). Die Anzeige muss nach ihrem wesentlichen Inhalt objektiv unrichtig sein. Falsche Schlussfolgerungen rechtlicher oder tatsächlicher Art reichen nicht aus (*Meyer-Goßner/Schmitt*, § 469 Rn. 3). Die Anzeige muss sich nicht gegen einen bestimmten Dritten richten. Bei unwahren Anzeigen i.S.d. § 145d StGB steht der Staatskasse ein entsprechender Erstattungsanspruch zu. Dies gilt auch bei unwahrer Selbstbezichtigung. Führt diese jedoch zur Erhebung der öffentlichen Klage, so kommt § 467 Abs. 1, Abs. 3 als lex specialis zur Anwendung (KK-StPO/*Gieg*, § 469 Rn. 2). Bleibt bei Einstellung des Verfahrens oder Freispruch des Beschuldigten ein Tatverdacht bestehen, so ist die Anzeige nicht nachweislich unwahr und § 469 mithin nicht einschlägig (OLG Hamm, NJW 1973, 1850).

II. Kausalität. Erforderlich ist weiterhin die Ursächlichkeit der erstatteten unwahren Anzeige für die Einleitung oder die Fortsetzung des Verfahrens, auch wenn dies zunächst aus anderen Gründen eingeleitet wurde (OLG Hamm, NJW 1973, 1850 unter Hinweis auf diese Gleichstellung in § 164 StGB; KK-StPO/*Gieg*, § 469 Rn. 2).

III. Vorsatz oder Leichtfertigkeit. Eine rechtsstaatlich gebotene Einschränkung des der Bestimmung zugrunde liegenden Veranlassungsprinzips erfolgt dadurch, dass eine Kostenerstattungspflicht nur besteht, soweit dem Anzeigenden vorsätzliches (vgl. hierzu Satzger/*Momsen*, § 15 StGB, Rn. 7 ff.) oder leichtfertiges (Satzger/*Momsen*, § 15 StGB, Rn. 60) Handeln nachzuweisen ist (BVerfGE 74, 257, 261 ff.). Der Anzeigende muss daher die Unwahrheit billigend in Kauf genommen haben (AG Dietz BeckRS 2011, 22021; KK-StPO/*Gieg*, § 469 Rn. 2).

C. Verfahren und Entscheidung des Gerichts. Zuständig für die Kostenentscheidung ist das Gericht, das zuletzt mit der Sache befasst war und das Verfahren eingestellt oder den Angeklagten freigesprochen hat, auch das Berufungsgericht (*Meyer-Goßner/Schmitt*, § 469 Rn. 9). War das Verfahren gem. Abs. 2 noch nicht anhängig, so entscheidet das Gericht, das für die Eröffnung des Hauptverfahrens zuständig gewesen wäre. Die Entscheidung ergeht von Amts wegen oder auf Antrag. Antragsberechtigt sind im Fall des Abs. 1 Satz 1 neben der StA auch der Beschuldigte und der Nebenbeteiligte. Demgegenüber ergeht gem. Abs. 2 die Entscheidung nur auf Antrag der StA, wenn sie das Verfahren gegen den Beschuldigten eingestellt hat, ohne dass es zuvor bei Gericht anhängig war. Streitig ist, ob nach **Rücknahme der Anklage** und Einstellung des Verfahrens durch die StA Abs. 1 oder Abs. 2 zur Anwendung kommt. Da Abs. 2 nach seinem Wortlaut nur dann einschlägig ist, wenn noch kein Gericht mit der Sache befasst war, erscheint die Anwendung von Abs. 1 vorzugswürdig, da bei Rücknahme der zunächst bei Gericht anhängigen Klage bereits ein Gericht mit dem Verfahren befasst war (*Meyer-Goßner/Schmitt*, § 469 Rn. 9; KMR/*Stöckel*, § 469 Rn. 14; a. A. OLG Bremen, JZ 1953, 471).

6   Die **Entscheidung des Gerichts** gem. § 469 ist hinsichtlich der Kosten des Verfahrens und der notwendigen Auslagen des Beschuldigten zwingend, d.h. diese sind dem Anzeigenden aufzuerlegen. Demgegenüber entscheidet das Gericht gem. Abs. 1 Satz 2 nach pflichtgemäßem Ermessen, ob und in welchem Umfang es dem Anzeigenden die notwendigen Auslagen eines Nebenbeteiligten auferlegt. Die Kostenentscheidung ergeht durch Beschluss in der Hauptverhandlung oder nachträglich (BayObLG, NJW 1958, 1933; *Meyer-Goßner/Schmitt*, § 469 Rn. 11; LR/*Hilger*, § 469 Rn. 20). Dem Anzeigenden ist gem. Abs. 1 Satz 1, § 33 vor der Entscheidung rechtliches Gehör zu gewähren. Im Fall eines Freispruchs sind die notwendigen Auslagen des Angeklagten auch dann im Urteil der Staatskasse aufzuerlegen, wenn daneben § 469 zur Anwendung kommt. Der Angeklagte hat hier gem. § 467 Abs. 1 einen gesonderten Anspruch gegen die Staatskasse als sicheren Schuldner und muss sich nicht auf § 469 verweisen lassen (BayObLG, NJW 1958, 1933). Staatskasse und Anzeigender haften insoweit als Gesamtschuldner gem. §§ 421 ff. BGB, d.h. der Beschuldigte erlangt über § 469 einen zusätzlichen Schuldner. Erstattet die Staatskasse die notwendigen Auslagen des Beschuldigten, so kann sie den Anzeigenden gem. § 426 Abs. 2 BGB in Regress nehmen (KK-StPO/*Gieg*, § 469 Rn. 3). Die Entscheidung ist gem. Abs. 3 unanfechtbar.

§ 470 StPO Kosten bei Zurücknahme des Strafantrags.
¹Wird das Verfahren wegen Zurücknahme des Antrags, durch den es bedingt war, eingestellt, so hat der Antragsteller die Kosten sowie die dem Beschuldigten und einem Nebenbeteiligten (§ 431 Abs. 1 Satz 1, §§ 442, 444 Abs. 1 Satz 1) erwachsenen notwendigen Auslagen zu tragen. ²Sie können dem Angeklagten oder einem Nebenbeteiligten auferlegt werden, soweit er sich zur Übernahme bereit erklärt, der Staatskasse, soweit es unbillig wäre, die Beteiligten damit zu belasten.

1   **A. Bedeutung und Anwendungsbereich.** § 470 bestimmt die kostenrechtlichen Folgen bei Rücknahme eines Strafantrags. Die Regelung ist nur einschlägig, soweit der Strafantrag zwingende Strafverfolgungsvoraussetzung ist, d.h. die verfahrensgegenständliche Tat **ausschließlich auf Antrag** verfolgt werden kann. Unter Antrag i.S.d. Satz 1 ist nur der formelle Strafantrag nach § 77 StGB zu verstehen, der gem. § 77b StGB zurückgenommen werden kann. § 470 ist daher nicht einschlägig, wenn die Strafverfolgung gem. § 77e StGB nur mit Ermächtigung oder bei Vorliegen eines Strafverlangens (§ 104a StGB) möglich ist und die erforderliche Ermächtigung oder das Strafverlangen zurückgenommen wird (LR/*Hilger*, § 470 Rn. 1; KK-StPO/*Gieg*, § 470 Rn. 1). Gem. § 470 muss der zwingend erforderliche Strafantrag zunächst ordnungsgemäß gestellt und sodann gem. § 77d wirksam zurückgenommen worden sein.

2   Satz 1 spricht ausdrücklich vom »Beschuldigten«. Hieraus folgt, dass § 469 auch bei einer **Einstellung im Ermittlungsverfahren** anwendbar ist. Zur Erhebung der öffentlichen Klage muss es also noch nicht gekommen sein.

3   **B. Kostentragungspflicht des Antragstellers nach Satz 1.** Erfolgt sodann aufgrund der Antragsrücknahme die Einstellung des Verfahrens, so hat der Antragsteller die notwendigen Auslagen des Beschuldigten sowie die notwendigen Auslagen eines Nebenbeteiligten zu tragen. Er hat in diesen Fällen durch seinen Antrag die alleinige Ursache für die eingeleitete Strafverfolgung gesetzt, sodass es ihm bei Antragsrücknahme grds. zumutbar ist, die Kosten des Verfahrens sowie die dem Beschuldigten oder einem Nebenbeteiligten aufgrund seines Antrags entstandenen Auslagen zu tragen. Nehmen mehrere Antragsteller oder Rücknahmeberechtigte gem. § 77d Abs. 2 StGB ihren Antrag zu-

rück, so haften diese entsprechend den §§ 466 Satz 1, 471 Abs. 4, 472 Abs. 4 als Gesamtschuldner (OLG Hamm, GA 60, 154). Die Entscheidung nach Satz 1 ergeht durch Kostenbeschluss des mit der Sache befassten Gerichts. War noch kein Gericht mit der Sache befasst, so erfolgt die Kostenentscheidung in entsprechender Anwendung des § 469 Abs. 2 auf Antrag der StA durch das für die Eröffnung des Hauptverfahrens zuständige Gericht (KK-StPO/*Gieg*, § 470 Rn. 2). Die gerichtliche Kosten- und Auslagenentscheidung ist in entsprechender Anwendung des § 469 Abs. 3 unanfechtbar (OLG Düsseldorf NStZ 2014, 424; OLG Hamburg BeckRS 2012, 09698). Auch wenn § 470 zur Anwendung kommt, hat das Gericht bei Verfahrenseinstellung gem. §§ 206a, 260 Abs. 3 in jedem Fall die notwendigen Auslagen des Angeklagten gem. § 467 Abs. 1 der Staatskasse aufzuerlegen. Der Beschuldigte muss sich auch i.R.d. § 470 nicht an den Antragsteller verweisen lassen, sondern hat einen gesonderten Anspruch gegen die Staatskasse als sicheren Schuldner. Die bereits zu § 469 unter Rn. 5 gemachten Ausführungen gelten auch hier. Staatskasse und Antragsteller haften insoweit als Gesamtschuldner gem. §§ 421 ff. BGB, d.h. der Beschuldigte erlangt über § 469 einen zusätzlichen Schuldner. Erstattet die Staatskasse die notwendigen Auslagen des Beschuldigten, so kann sie den Anzeigenden gem. § 426 Abs. 2 BGB in Regress nehmen (KK-StPO/*Gieg*, § 469 Rn. 3).

C. Kostenverteilung nach Ermessen gem. Satz 2. Von der grundsätzlichen Kostentragungspflicht des Antragstellers kann unter den in Satz 2 genannten Voraussetzungen abgewichen werden. So können die Kosten und Auslagen dem Angeklagten oder einem Nebenbeteiligten auferlegt werden, soweit dieser sich zur Übernahme bereit erklärt hat. Nach teilweise vertretener Auffassung ist auch Satz 2 schon im Ermittlungsverfahren anzuwenden, d.h. eine Übernahme der Kosten und Auslagen durch den Beschuldigten soll bereits vor Eröffnung des Hauptverfahrens möglich sein (KK-StPO/*Gieg*, § 470 Rn. 3; AG Schwetzingen, NJW 1975, 946). Demgegenüber geht die herrschende Meinung zu Recht davon aus, dass eine solche Übernahme durch den Beschuldigten erst nach Eröffnung des Hauptverfahrens in Betracht kommt (LR/*Hilger*, § 470 Rn. 8; *Meyer-Goßner/Schmitt*, § 470 Rn. 5; SK-StPO/*Degener*, § 470 Rn. 9). Denn Satz 2 spricht im Gegensatz zu Satz 1 vom »Angeklagten«. Im Hinblick auf diese ausdrückliche Differenzierung ist für eine Anwendung von Satz 2 auf das Ermittlungsverfahren kein Raum. 4

Richtet sich das **Verfahren gegen mehrere Angeklagte** und erklärt ein Mitangeklagter sich zur Übernahme der gesamten Kosten bzw. notwendigen Auslagen bereit, ist streitig, ob eine entsprechende Überbürdung auf ihn zulässig ist. Der BGH hat dies unter Hinweis darauf verneint, dass einem Angeklagten die Kosten und Auslagen nach § 470 Satz 2 nur auferlegt werden könnten, soweit das Verfahren ihn betrifft. Auch in getrennten Verfahren wäre es nicht möglich, einem Angeklagten die Kosten sämtlicher Verfahren bzw. sämtliche notwendigen Auslagen aufzuerlegen. Es könne daher nichts anderes gelten, nur weil ein einheitliches Verfahren gegen die Angeklagten geführt werde (BGH, NJW 1956, 1162, 1164). I.Ü. wird auf das ansonsten unüberschaubare Risiko einer Kostenabwälzung auf die Staatskasse verwiesen, falls der übernahmebereite Mitangeklagte zahlungsunfähig ist (BGH, NJW 1956, 1162, 1164). Die Literatur bejaht demgegenüber die grundsätzliche Zulässigkeit einer entsprechenden Auferlegung der gesamten Kosten bzw. Auslagen (KK-StPO/*Gieg*, § 470 Rn. 3; KMR/*Stöckel*, § 470 Rn. 9; SK-StPO/*Degener*, § 470 Rn. 12). Soweit die Gefahr einer Manipulation zum Nachteil der Staatskasse bestehe, sei die entsprechende Übernahmeerklärung i.R.d. Ermessensentscheidung des Gerichts grds. nicht zu berücksichtigen (LR/*Hilger*, § 470 Rn. 11). 5

Ausnahmsweise kann das Interesse an der Herstellung des Rechtsfriedens durch Beilegung des Verfahrens jedoch so gewichtig sein, dass es die Auferlegung der Kosten auf einen zahlungsunfähigen Angeklagten und damit letztlich eine entsprechende Belastung der Staatskasse rechtfertigt (BGH, NJW 1956, 1162, 1164). 6

Eine Übernahmeerklärung begründet gem. § 54 Nr. 2 GKG die Haftung des Erklärenden ggü. der Staatskasse, auch wenn sie seitens des Gerichts i.R.d. Kostenentscheidung nicht berücksichtigt wurde. 7

§ 471 StPO Kosten bei Privatklage.

(1) In einem Verfahren auf erhobene Privatklage hat der Verurteilte auch die dem Privatkläger erwachsenen notwendigen Auslagen zu erstatten.
(2) Wird die Klage gegen den Beschuldigten zurückgewiesen oder wird dieser freigesprochen oder wird das Verfahren eingestellt, fallen dem Privatkläger die Kosten des Verfahrens sowie die dem Beschuldigten erwachsenen notwendigen Auslagen zur Last.
(3) Das Gericht kann die Kosten des Verfahrens und die notwendigen Auslagen der Beteiligten angemessen verteilen oder nach pflichtgemäßem Ermessen einem der Beteiligten auferlegen, wenn
1. es den Anträgen des Privatklägers nur zum Teil entsprochen hat
2. es das Verfahren nach § 383 Abs. 2 (§ 390 Abs. 5) wegen Geringfügigkeit eingestellt hat;
3. Widerklage erhoben worden ist.
(4) ¹Mehrere Privatkläger haften als Gesamtschuldner. ²Das Gleiche gilt hinsichtlich der Haftung mehrerer Beschuldigter für die dem Privatkläger erwachsenen notwendigen Auslagen.

1 **A. Allgemeines.** Die §§ 464 ff. gelten auch im Privatklageverfahren, soweit § 471 keine abweichende Regelung trifft (OLG Stuttgart, NJW 1974, 512, 513). § 471 gilt auch im Rechtsmittelverfahren (KMR/*Stöckel*, § 471 Rn. 2). An die Stelle der StA bzw. der Staatskasse tritt der Privatkläger als Verfahrenspartei (BGHSt 17, 376, 380; LR/*Hilger*, § 471 Rn. 1; *Pfeiffer*, § 471 Rn. 1). Im Privatklageverfahren sind vergleichsweise getroffene Kostenregelungen möglich, das Gericht ist an sie jedoch nicht gebunden (KK-StPO/*Gieg*, § 471 Rn. 6; *Meyer-Goßner/Schmitt*, § 471 Rn. 1). Bei abweichender gerichtlicher Entscheidung gilt die getroffene Vereinbarung im Innenverhältnis zwischen den Parteien, ggü. der Staatskasse gilt § 54 Nr. 2 GKG. Bei Vereinbarung der Zahlung einer bestimmten Summe ist der protokollierte Vergleich Vollstreckungstitel gem. § 794 Abs. 1 Nr. 1 ZPO (*Pfeiffer*, § 471 Rn. 8; HK-StPO/*Krehl*, § 471 Rn. 2), bei Rücknahme des Strafantrags gilt § 470.

2 **B. Kosten und Auslagen bei Verurteilung (Abs. 1)** Gem. Abs. 1 hat der Angeklagte bei Verurteilung die dem Privatkläger entstandenen notwendigen Auslagen zu tragen. Hierunter fallen auch die Aufwendungen, die bereits vor Klageerhebung erforderlich waren, wie die Kosten des Sühneversuchs gem. § 380 oder die Gebühr des Prozessvertreters im vorbereitenden Verfahren (KK-StPO/*Gieg*, § 471 Rn. 2; HK-StPO/*Krehl*, § 471 Rn. 3).

3 **C. Kosten und Auslagen bei Nichtverurteilung (Abs. 2)** Der Privatkläger hat die Kosten des Verfahrens sowie die notwendigen Auslagen des Beschuldigten zu tragen, soweit die Privatklage gem. § 383 Abs. 1 Satz 1 zurückgewiesen, der Beschuldigte freigesprochen oder das Verfahren gegen ihn eingestellt wird (§ 464 Rn. 9 ff.). Eine Verfahrenseinstellung erfolgt insb. auch bei Rücknahme der Privatklage (§ 391 Abs. 1) oder gleichgestellten Fällen (§ 391 Abs. 2). Abs. 2 ist weiterhin einschlägig, soweit das Verfahren gem. § 389 wegen des Vorliegens eines Offizialdelikts durch Urteil eingestellt wird (BayObLG, NJW 1959, 2274; *Meyer-Goßner/Schmitt*, § 471 Rn. 3; LR/*Hilger*, § 471 Rn. 12). Der **Tod des Privatklägers** führt gem. § 393 Abs. 1 ebenfalls zur Einstellung des Verfahrens, soweit es nicht von den zur Privatklage Berechtigten fortgeführt wird, § 393 Abs. 2. Mit der Einstellung ist die Kostenentscheidung gem. Abs. 2 zu treffen (BayObLG, NJW 1960, 2065; KK-StPO/*Gieg*, § 471 Rn. 3). Bei Tod eines von mehreren Privatklägern ist eine getrennte Entscheidung über die durch seine Klage entstandenen Kosten und Auslagen erforderlich, eine Verteilung zwischen den Angeklagten und den übrigen Privatklägern kommt nicht in Betracht (BayObLG, NJW 1960, 2065). Abs. 2 ist nicht einschlägig bei Zurückweisung der Privatklage gem. § 379a Abs. 3, da die Privatklage hier noch nicht ordnungsgemäß erhoben wurde (LR/*Hilger*, § 471 Rn. 16; *Meyer-Goßner/Schmitt*, § 471 Rn. 3; a. A. HK-StPO/*Krehl*, § 471 Rn. 4). Auch bei Übernahme der Strafverfolgung durch die StA gem. § 377 Abs. 2 kommt es nicht zu einer Einstellung des Privatklageverfahrens. Dieses wird vielmehr ohne Weiteres als Offizialverfahren fortgeführt (KK-StPO/*Gieg*, § 471 Rn. 3). Hinsichtlich der notwendigen Auslagen des Privatklägers gilt dann § 472 Abs. 3 Satz 2 (HK-StPO/*Krehl*, § 471 Rn. 1). Ein **jugendlicher Privatkläger** (§ 80 Abs. 2 JGG) kann nicht von Kosten und Auslagen freigestellt werden, § 74 JGG gilt nur für den Beschuldigten (KK-StPO/*Gieg*, § 471 Rn. 3; *Pfeiffer*, § 471 Rn. 3).

D. Kostenverteilung nach richterlichem Ermessen (Abs. 3) Abs. 3 erlaubt in Abwei- 4
chung von Abs. 1, Abs. 2 eine angemessene Aufteilung der Kosten und notwendigen Auslagen nach
richterlichem Ermessen in den dort vorgesehenen Fällen. Die Kosten können auch gegeneinander aufgehoben werden (HK-StPO/*Krehl*, § 471 Rn. 5). Eine entsprechende Anwendung auf weitere gesetzlich nicht geregelte Konstellationen ist abzulehnen (BayObLG, NJW 1956, 102; 1959, 2274; KMR/
Stöckel, § 471 Rn. 11).

I. Bloßer Teilerfolg des Privatklägers (Abs. 3 Nr. 1) Eine Aufteilung der Verfahrenskosten sowie 5
der notwendigen Auslagen kommt zum einen in Betracht, soweit das Gericht den Anträgen des Privatklägers nur z. T. entspricht. Maßgeblich ist insoweit, ob das Urteil hinter dem in der zugelassenen Klage
enthaltenen strafrechtlichen Vorwurf zurückbleibt. Das ist zu bejahen, wenn der Angeklagte nicht wegen aller selbstständiger Handlungen verurteilt wird, bei Rücknahme einzelner Klagepunkte während
des Verfahrens oder wenn eine Verurteilung nicht wegen aller tateinheitlich angeklagter Straftatbestände erfolgt (KK-StPO/*Gieg*, § 471 Rn. 4; *Pfeiffer*, § 471 Rn. 5; KMR/*Stöckel*, § 471 Rn. 13; HK-
StPO/*Krehl*, § 471 Rn. 6; a. A. *Meyer-Goßner/Schmitt*, § 471 Rn. 5), ebenso wenn bei natürlicher
Handlungseinheit nicht wegen aller Teilvorgänge verurteilt wird, wenn es lediglich zu einer Verurteilung aufgrund einer milderen Bestimmung kommt oder bei Absehen von Strafe (BayObLGSt 1962,
139; KK-StPO/*Gieg*, § 471 Rn. 4). Auf den Rechtsfolgenantrag des Privatklägers kommt es demgegenüber nicht an (*Pfeiffer*, § 471 Rn. 5). Die Kosten, die nur im Verfahren gegen einen freigesprochenen
Mitangeklagten entstanden sind, dürfen nicht dem Verurteilten auferlegt werden (BayObLGSt 1957,
190; *Meyer-Goßner/Schmitt*, § 471 Rn. 4).

II. Einstellung wegen Geringfügigkeit (Abs. 3 Nr. 2, §§ 383 Abs. 2, 390 Abs. 5) Auch bei einer 6
Verfahrenseinstellung wegen Geringfügigkeit kommt gem. Abs. 3 Nr. 2 eine von Abs. 2 abweichende
Entscheidung in Betracht, soweit die Schuld des Beschuldigten in der Hauptverhandlung festgestellt
wurde (BVerfG, NJW 1992, 1611; KK-StPO/*Gieg*, § 471 Rn. 5). Ist die Schuldfrage nicht geklärt,
kann eine volle oder anteilsmäßige Belastung des Beschuldigten hierauf nicht gestützt werden (BVerfG,
NJW 1987, 2427, 2428; NJW 1990, 2741). I.R.d. Ermessensentscheidung kann jedoch berücksichtigt
werden, inwieweit der Beschuldigte Anlass zur Privatklageerhebung gegeben hat (BVerfG, NJW 1987,
2427; NStZ 1991, 93), weiterhin der Anlass der Tat oder kostenverursachendes Prozessverhalten (KK-
StPO/*Gieg*, § 471 Rn. 5; KMR/*Stöckel*, § 471 Rn. 15). Eine Belastung der Staatskasse darf nicht erfolgen (*Meyer-Goßner/Schmitt*, § 471 Rn. 6; *Pfeiffer*, § 471 Rn. 6).

III. Erhebung einer Widerklage (Abs. 3 Nr. 3, § 388) Bei erhobener Widerklage ist über Kosten 7
und Auslagen ohne Rücksicht auf den Ausgang von Klage und Widerklage zu entscheiden (BGH, NJW
1962, 1926; KK-StPO/*Gieg*, § 471 Rn. 5; HK-StPO/*Krehl*, § 471 Rn. 8). Insoweit besteht ein erhebliches Bedürfnis für eine Verteilung der Kosten und notwendigen Auslagen der Beteiligten, da diese sich
bei Klage und Widerklage oftmals nicht trennen lassen. Als Verteilungskriterien kommen auch hier das
gegenseitige Maß an Schuld sowie kostenverursachendes Prozessverhalten in Betracht (KK-StPO/*Gieg*,
§ 471 Rn. 5). Wird nur ein Beteiligter im beantragten Umfang verurteilt, der andere freigesprochen, ist
eine Aufteilung i.d.R. nicht veranlasst (KMR/*Stöckel*, § 471 Rn. 17; *Pfeiffer*, § 471 Rn. 7).

E. Gesamtschuldnerische Haftung (Abs. 4) Mehrere Privatkläger haften unter den Vo- 8
raussetzungen des Abs. 2 als Gesamtschuldner für Gerichtskosten und notwendige Auslagen des Beschuldigten. Gleiches gilt für mehrere Beschuldigte unter den Voraussetzungen des Abs. 1 für die notwendigen Auslagen des Privatklägers, soweit sie wegen derselben Tat (§ 264) verurteilt werden. Für die
Gerichtsgebühren haftet demgegenüber auch bei mehreren Beschuldigten jeder nach Maßgabe der erkannten Strafe allein, §§ 45, 42 GKG (HK-StPO/*Krehl*, § 471 Rn. 9). In den Fällen des Abs. 3 kommt
eine gesamtschuldnerische Haftung nur in Betracht, soweit die Privatkläger oder Beschuldigten in der
gerichtlichen Kostenentscheidung ausdrücklich gemeinsam belastet werden (*Meyer-Goßner/Schmitt*,
§ 471 Rn. 8).

§ 472 StPO Notwendige Auslagen des Nebenklägers. (1) ¹Die dem Nebenkläger erwachsenen notwendigen Auslagen sind dem Angeklagten aufzuerlegen, wenn er wegen einer Tat verurteilt wird, die den Nebenkläger betrifft. ²Hiervon kann ganz oder teilweise abgesehen werden, soweit es unbillig wäre, den Angeklagten damit zu belasten.
(2) ¹Stellt das Gericht das Verfahren nach einer Vorschrift, die das nach seinem Ermessen zulässt, ein, so kann es die in Abs. 1 genannten notwendigen Auslagen ganz oder teilweise dem Angeschuldigten auferlegen, soweit dies aus besonderen Gründen der Billigkeit entspricht. ²Stellt das Gericht das Verfahren nach vorangegangener vorläufiger Einstellung (§ 153a) endgültig ein, gilt Abs. 1 entsprechend.
(3) ¹Die Absätze 1 und 2 gelten entsprechend für die notwendigen Auslagen, die einem zum Anschluss als Nebenkläger Berechtigten in Wahrnehmung seiner Befugnisse nach § 406g erwachsen sind. ²Gleiches gilt für die notwendigen Auslagen eines Privatklägers, wenn die Staatsanwaltschaft nach § 377 Abs. 2 die Verfolgung übernommen hat.
(4) § 471 Abs. 4 Satz 2 gilt entsprechend.

1 **A. Allgemeines.** Seit 1987 regelt § 472 die kostenrechtlichen Folgen der Nebenklage ausdrücklich, sodass die zuvor erfolgte analoge Anwendung des § 471 auf den Nebenkläger hinfällig geworden ist (LR/*Hilger*, § 472 Rn. 1). Hinsichtlich der notwendigen Auslagen des Nebenklägers ist eine ausdrückliche Entscheidung zu treffen. Unterbleibt sie, so trägt der Nebenkläger seine Auslagen selbst. Eine Nachholung ist unzulässig, eine Korrektur der unterbliebenen Kostenentscheidung ist nur über die sofortige Beschwerde gem. § 464 Abs. 3 möglich (HK-StPO/*Krehl*, § 472 Rn. 5; SK-StPO/*Degener*, § 472 Rn. 18). Gem. Abs. 3 gelten die Abs. 1 und 2 entsprechend auch für den Nebenklageberechtigten und den Privatkläger bei Übernahme des Verfahrens durch die StA nach § 377.

2 **B. Verurteilung des Angeklagten (Abs. 1)** Bei Verurteilung wegen einer den Nebenkläger betreffenden Tat hat der Angeklagte nach Abs. 1 Satz 1 die notwendigen Auslagen des Nebenklägers zu tragen. Die Erstattungspflicht setzt die **wirksame Zulassung als Nebenkläger** gem. §§ 395 Abs. 4, 396 voraus (HK-StPO/*Krehl*, § 472 Rn. 2), sie gilt jedoch gem. Abs. 3 Satz 1 für den Nebenklageberechtigten entsprechend. Gem. § 402 verliert die Anschlusserklärung des Nebenklägers bei Widerruf ihre Wirkung, sodass in diesen Fällen ein Anspruch auf Auslagenerstattung entfällt (KK-StPO/*Gieg*, § 472 Rn. 2; LR/*Hilger*, § 472 Rn. 13; OLG Nürnberg, NJW 1959, 1052; OLG Stuttgart, NJW 1960, 115; OLG Karlsruhe, MDR 1984, 250; a. A. *Meyer-Goßner/Schmitt* § 472 Rn. 1; *Pfeiffer*, § 472 Rn. 4). Demgegenüber berührt der Tod des Nebenklägers die Erstattungspflicht des Angeklagten nicht, die Auslagen sind dann dem Nachlass zu ersetzen (OLG Stuttgart, NJW 1960, 115; OLG Karlsruhe, MDR 1984, 250; LR/*Hilger*, § 472 Rn. 13; *Meyer-Goßner/Schmitt*, § 472 Rn. 1; *Pfeiffer*, § 472 Rn. 4; a. A. KK-StPO/*Gieg*, § 472 Rn. 2; HK-StPO/*Krehl*, § 472 Rn. 2).

3 Weiterhin muss die **Verurteilung wegen einer den Nebenkläger betreffenden Tat** erfolgt sein. Als Verurteilung ist auch die neben einem Freispruch oder im Sicherungsverfahren gem. §§ 413 ff. erfolgte Anordnung einer Sicherungsmaßregel nach §§ 63, 64, 69 StGB anzusehen, soweit sie wegen einer Tat erfolgt, die den Nebenkläger betrifft (BayObLG, NJW 1954, 1090; *Meyer-Goßner/Schmitt*, § 472 Rn. 5). Nach a. A. soll die Maßregelanordnung von § 472 Abs. 1 nicht erfasst sein. Insoweit wird auf den ausdrücklichen Wortlaut des § 465 Abs. 1 verwiesen. Die dem Nebenkläger entstandenen Auslagen sollen insoweit analog §§ 465, 467 zu erstatten sein (KK-StPO/*Gieg*, § 472 Rn. 3; *Meyer-Goßner/Schmitt*, § 472 Rn. 1; SK/*Degener*, § 472 Rn. 7). Eine Verurteilung wegen eines der in § 395 Abs. 1, Abs. 3 genannten Nebenklagedelikte ist nicht erforderlich. Eine den Nebenkläger betreffende Tat liegt vielmehr bereits vor, wenn der Verurteilung derselbe Lebensvorgang i.S.d. § 264 zugrunde liegt, der zum Anschluss als Nebenkläger berechtigt und auf einer Norm beruht, die ein dem Nebenkläger zustehendes Recht unmittelbar schützt (BGHSt 11, 195; 15, 60; BGH, NJW 1992, 1182; KK-StPO/*Gieg*, § 472 Rn. 3; *Pfeiffer*, § 472 Rn. 7; einschränkend LR/*Hilger*, § 471 Rn. 12). Ausreichend ist hiernach eine Verurteilung gem. § 323a StGB, wenn die Rauschtat ein Nebenklagedelikt ist (BGHSt 20, 284; KK-StPO/*Gieg*, § 472 Rn. 3), ebenso eine Verurteilung gem. § 323c StGB, wenn die Hilfeleistung ggü. dem Nebenkläger unterblieb (BGH, NJW 2002, 1356; *Pfeiffer*, § 472 Rn. 1; HK-StPO/*Krehl*, § 472 Rn. 3; KK-StPO/*Gieg*, § 472 Rn. 3) oder eine Verurteilung gem. § 315b StGB (BGH, NStZ-RR

2006, 127; *Meyer-Goßner/Schmitt*, § 472 Rn. 6). Ausreichend ist auch die Verurteilung wegen einer Ordnungswidrigkeit, wenn die verletzte Vorschrift nicht nur allgemeinen Interessen, z.B. der allgemeinen Verkehrssicherheit, sondern auch dem Schutz des Nebenklägers dient (BGH, NJW 1958, 511; BayObLG, VRS 40, 240; BGHSt 11, 195, 198; OLG Celle, NJW 1956, 1611; *Meyer-Goßner/Schmitt*, § 472 Rn. 7; HK-StPO/*Krehl*, § 472 Rn. 3; KK-StPO/*Gieg*, § 472 Rn. 3; a.A. LR/*Hilger*, § 472 Rn. 12). Eine Erstattungspflicht ist demgegenüber wegen fehlenden Schutzcharakters der Norm ggü. dem Nebenkläger zu verneinen bei Verurteilung nach § 142 StGB (BGH, VRS 17, 424; OLG Hamm, DAR 61, 344; *Meyer-Goßner/Schmitt*, § 472 Rn. 6; LR/*Hilger*, § 472 Rn. 12; a. A. OLG Düsseldorf, MDR 81, 958; HK-StPO/*Krehl*, § 472 Rn. 3), ebenso bei Verurteilung gem. § 316 StGB (BayObLG, NJW 1968; KG, VRS 44, 119). Auch für § 395 Abs. 2 Nr. 1 reicht es aus, dass der Angeklagte wegen einer Strafvorschrift verurteilt wird, deren Schutzbereich auch den Getöteten als Rechtsgutträger umfasst (BGH, NJW 1960, 1311; OLG Stuttgart, NJW 1959, 1455).

Zu den **notwendigen Auslagen** zählen auch die im Vorverfahren entstandenen Auslagen (*Meyer-Goßner/Schmitt*, § 472 Rn. 8; HK-StPO/*Krehl*, § 472 Rn. 6) und die Kosten der Terminswahrnehmung. Nimmt der Nebenklägervertreter in einem Verfahren, in dem mehrere selbstständige prozessuale Taten verhandelt werden, die nicht alle zum Anschluss als Nebenkläger berechtigen, an sämtlichen Hauptverhandlungstagen teil, so sind die dadurch entstandenen Terminsgebühren auch hinsichtlich derjenigen Verhandlungstage, an denen das Nebenklagedelikt nicht Gegenstand der Hauptverhandlung war, als notwendige Auslagen erstattungsfähig, wenn die Taten einen inneren Zusammenhang aufweisen, der es nicht ausgeschlossen erscheinen lässt, dass die Interessen des Nebenklägers auch in den ihn nicht unmittelbar betreffenden Verhandlungsabschnitten tangiert werden (OLG Düsseldorf BeckRS 2012, 09692). Die Erstattungspflicht besteht auch ggü. dem mitangeklagten Nebenkläger. Insoweit sind die Mehrkosten der Nebenklagevertretung ggü. der Verteidigergebühr zu ersetzen (BayObLG, VRS 18, 198; OLG Stuttgart, NJW 1957, 435; SK-StPO/*Degener*, § 472 Rn. 16; LG Regensburg, NJW 1967, 898; HK-StPO/*Krehl*, § 472 Rn. 6; *Pfeiffer*, § 472 Rn. 2; a. A. LR/*Hilger*, § 472 Rn. 16). 4

Auch im **Strafbefehlsverfahren** ist eine ausdrückliche Entscheidung hinsichtlich der Auslagen des Nebenklägers erforderlich, ansonsten hat dieser seine Auslagen selbst zu tragen. Im Hinblick auf möglicherweise bereits vor Strafbefehlserlass entstandene Auslagen nach § 406g ist daher bereits im Strafbefehl eine vorsorgliche Kostengrundentscheidung zu treffen (LG Traunstein, DAR 1991, 313, 317; KMR/*Stöckel*, § 472 Rn. 11). Gem. § 396 Abs. 1 Satz 3 wird die Anschlusserklärung des Nebenklägers im Strafbefehlsverfahren erst mit der Anberaumung des Termins zur Hauptverhandlung wirksam. Wird gegen den Strafbefehl kein Einspruch eingelegt, so kann die Anschlusserklärung des Nebenklageberechtigten (§ 395) mithin keine Wirksamkeit erlangen. Gem. Abs. 3 gelten die Bestimmungen der Abs. 1 und 2 jedoch entsprechend für die notwendigen Auslagen, die einem Nebenklageberechtigten in Wahrnehmung seiner Rechte gem. § 406g entstanden sind. Wird der Einspruch gegen den Strafbefehl nach Terminsanberaumung zurückgenommen oder gem. § 412 verworfen und unterbleibt eine Entscheidung hinsichtlich der Auslagen des Nebenklägers, so steht diesem gegen die unterlassene Auslagenentscheidung kein Rechtsmittel zu (OLG Frankfurt am Main, NStZ-RR 2001, 63, 64; LR/*Hilger*, § 472 Rn. 14; KMR/*Stöckel*, § 472 Rn. 11; a.A. wohl *Pfeiffer*, § 472 Rn. 6; *Meyer-Goßner/Schmitt*, § 472 Rn. 10a). Dieser Ausschluss gilt ohne Rücksicht darauf, ob die unterbliebene Nebenentscheidung gesetzeswidrig ist (OLG Frankfurt am Main, NStZ-RR 2001, 63, 64; LR/*Hilger*, § 464 Rn. 50). Insb. ist insoweit eine sofortige Beschwerde gem. § 464 Abs. 3 Satz 1 Halbs. 2 nicht statthaft. Denn die Anfechtung der Hauptsacheentscheidung ist in diesen Fällen nicht statthaft, da der Nebenkläger generell gegen den Strafbefehl kein Rechtsmittel einlegen kann. Ein solches steht gem. § 410 vielmehr nur dem Angeklagten zu. Eine Nachholung der Kostenentscheidung hinsichtlich der Auslagen des Nebenklägers ist unzulässig (KK-StPO/*Gieg*, § 472 Rn. 2; HK-StPO/*Krehl*, § 472 Rn. 5; *Meyer-Goßner/Schmitt*, § 472 Rn. 10a; LG Rottweil, NStZ 1988, 523; LG Zweibrücken, Rpfl. 1992, 128). Teilweise wird insoweit jedoch vertreten, dass das Gericht in diesen Fällen berechtigt bzw. verpflichtet ist, die unterbliebene Entscheidung auf die Gegenvorstellung des Betroffenen hin gem. § 33a nachzuholen (OLG Düsseldorf, JurBüro 1994, 292; *Meyer-Goßner/Schmitt*, § 464 Rn. 12; a. A. BGH, NStZ-RR 1996, 352). Die geschilderten Grundsätze gelten über Abs. 3 auch für den Nebenklageberechtigten. 5

Im **Verfahren gegen Jugendliche** gilt das Verbot der Nebenklage (§ 80 Abs. 3 JGG), sodass auch die §§ 406g, 472 nicht anwendbar sind. Im Verfahren gegen Heranwachsende ist eine Nebenklage nach Maßgabe von. § 109 Abs. 2, Abs. 3 JGG zulässig. Von der Kostentragungspflicht gem. § 472 Abs. 1 6

Satz 1 kann bei verurteilten Heranwachsenden jedoch gem. §§ 109 Abs. 2, 74 JGG abgesehen werden (hierzu LR/*Hilger*, § 472 Rn. 7).

7 Nach der **Ausnahmebestimmung des** Satz **2** kann davon abgesehen werden, dem Angeklagten die notwendigen Auslagen des Nebenklägers aufzuerlegen, soweit dies **unbillig** wäre. Hierbei kann z.B. die Verursachung von vermeidbaren Auslagen durch schuldhaftes Prozessverhalten des Nebenklägers (KG, NStZ-RR 1999, 223; BGHSt 38, 93, 95; LR/*Hilger*, § 472 Rn. 15), das Mitverschulden des Verletzten (BGHSt 38, 93, 95; OLG Stuttgart, StV 1993, 139) sowie die Straffreierklärung gem. 199 StGB (HK-StPO/*Krehl*, § 472 Rn. 4; KK-StPO/*Gieg*, § 472 Rn. 4) berücksichtigt werden. Die Anwendung des Satz 2 kommt auch in Betracht, soweit eine nur teilweise Verurteilung des Angeklagten wegen einzelner von mehreren selbstständigen Taten erfolgt (KK-StPO/*Gieg*, § 472 Rn. 7; *Pfeiffer*, § 472 Rn. 7; LR/*Hilger*, § 472 Rn. 15) oder wenn eine Verurteilung wegen einer tateinheitlich angeklagten Körperverletzung unterbleibt, weil diese gerechtfertigt war und der Angeklagte nur wegen Beleidigung verurteilt wird (LG Nürnberg-Fürth, BeckRS 2014 60046). Gleiches gilt, wenn der Angeklagte durch sein Verhalten nach der Tat keinen vernünftigen Anlass für einen Anschluss als Nebenkläger gegeben hat (BGH, NStZ 1999, 261; *Beulke*, DAR 1988, 114, 119; HK-StPO/*Krehl*, § 472 Rn. 4; *Pfeiffer*, § 472 Rn. 3; *Meyer-Goßner/Schmitt*, § 472 Rn. 9; KK-StPO/*Gieg*, § 472 Rn. 4). Entscheidend sind die Umstände des Einzelfalls (BGH, NStZ 1999, 261). Demgegenüber ist es im Hinblick auf § 397 unerheblich, dass der Nebenkläger einen anwaltlichen Beistand beauftragt hat (OLG Düsseldorf, MDR 1993, 786; LR/*Hilger*, § 472 Rn. 13). Insoweit macht der Nebenkläger lediglich in zulässiger Weise von seinen Rechten Gebrauch, hieraus darf ihm kein Nachteil entstehen.

8 Bei **Freispruch, Nichteröffnung des Hauptverfahrens oder einer Verfahrenseinstellung**, die nicht im Ermessen des Gerichts liegt (§§ 206a, 206b, 260 Abs. 3) trägt der Nebenkläger seine Auslagen selbst (für den Fall des Todes des Angeklagten: BGH NStZ-RR 2012, 359). Ein gesonderter Ausspruch ist insoweit nicht erforderlich. In diesen Fällen kommt auch eine Kostenerstattung im Zivilrechtsweg nicht in Betracht (BGH, NJW 1957, 1593). Für die notwendigen Auslagen des Angeklagten gilt § 467. Eine Auslagenüberbürdung auf den Nebenkläger entsprechend § 471 Abs. 2 scheidet aus, da der Nebenkläger das Verfahren im Gegensatz zum Privatkläger nicht eigenständig betrieben, sondern sich lediglich dem von Amts wegen geführten Verfahren angeschlossen hat (LR/*Hilger*, § 472 Rn. 4).

9 **C. Einstellung des Verfahrens nach Opportunitätsgrundsätzen (Abs. 2)** Bei einer **Verfahrenseinstellung nach Opportunitätsgrundsätzen** gem. §§ 153, 154 ff. trägt der Nebenkläger seine notwendigen Auslagen grds. selbst. Diese können jedoch ausnahmsweise dem Angeklagten auferlegt werden, soweit dies aus besonderen Gründen der Billigkeit entspricht. Hierbei kann zum Nachteil des Beschuldigten berücksichtigt werden, dass dieser Anlass zur Nebenklage gegeben hat, soweit die entsprechenden Tatsachen feststehen (BVerfG, StV 1988, 31; *Beulke*, DAR 1988, 114, 119; HK-StPO/*Krehl*, § 472 Rn. 7). Daneben kommt eine Überbürdung auch bei entsprechender Zustimmungserklärung des Angeklagten im Prozess in Betracht (HK-StPO/*Krehl*, § 472 Rn. 7). Der Schwere der Schuld bzw. dem Grad des bestehenden Tatverdachts kommt demgegenüber keine Bedeutung zu (BVerfG, StV 1988, 31; HK-StPO/*Krehl*, § 472 Rn. 8; *Beulke*, DAR 1988, 114, 119).

10 Bei endgültiger **Einstellung des Verfahrens gem.** § **153a** sind dem Beschuldigten nach Abs. 2 Satz 2 i.V.m. Abs. 1 Satz 1 grds. die notwendigen Auslagen des Nebenklägers aufzuerlegen, soweit nicht ausnahmsweise Billigkeitserwägungen dafür sprechen, dass diese beim Nebenkläger verbleiben. Da für eine Einstellung gem. § 153a die Zustimmung des Angeklagten erforderlich ist, kann dieser die ihm insoweit drohende Kostenlast in seine Erwägungen mit einbeziehen (HK-StPO/*Krehl*, § 472 Rn. 8; KK-StPO/*Gieg*, § 472 Rn. 6). Auch das Gericht kann die entsprechende Kostenlast bei Bestimmung der Auflagen und Weisungen berücksichtigen, sodass ein Abweichen nur in seltenen Fällen in Betracht kommen wird.

11 **D. Entsprechende Anwendung der Regelungen (Abs. 3)** Abs. 3 Satz 1 bestimmt, dass der gem. § 395 **zur Nebenklage berechtigte Verletzte** hinsichtlich der notwendigen Auslagen, die ihm durch Wahrung seiner Rechte gem. § 406g entstanden sind, einem Nebenkläger gleichzustellen ist, auch wenn es nicht zu einer Anschlusserklärung gekommen ist. Der Angeklagte hat daher im Fall der Verurteilung grds. die notwendigen Auslagen des Nebenklageberechtigten zu tragen (Abs. 1 Satz 1).

Zu diesen zählen insb. auch die Kosten, die dem Nebenklageberechtigten durch die Einschaltung eines RA im Ermittlungsverfahren entstanden sind (HK-StPO/*Krehl*, § 472 Rn. 9).

Abs. 1 und 2 sind weiterhin entsprechend anzuwenden hinsichtlich der **notwendigen Auslagen des Privatklägers**, wenn die StA die Strafverfolgung gem. § 377 Abs. 2 übernimmt. Der frühere Privatkläger soll durch die Verfahrensübernahme der StA keine Kostennachteile erleiden. Eine Übernahme seiner notwendigen Auslagen durch den Angeklagten kommt daher auch in Betracht, wenn er nicht nebenklageberechtigt gem. § 395 ist oder seinen Anschluss als Nebenkläger nicht erklärt (HK-StPO/*Krehl*, § 472 Rn. 9; LR/*Hilger*, § 472 Rn. 24). 12

E. Gesamtschuldnerische Haftung (Abs. 4) Gem. Abs. 4 Satz 2 haften mehrere Angeschuldigte, die die notwendigen Auslagen des Nebenklägers bzw. Privatklägers gem. Abs. 3 zu tragen haben, als Gesamtschuldner. Dies gilt jedoch nur, soweit sie wegen derselben Tat verurteilt wurden, § 466 Satz 1 (KK-StPO/*Gieg*, § 472 Rn. 11). Die gesamtschuldnerische Haftung tritt kraft Gesetzes ein, ein gesonderter Ausspruch ist insoweit nicht erforderlich (KK-StPO/*Gieg*, § 472 Rn. 11). 13

§ 472a StPO Kosten und notwendige Auslagen bei Adhäsionsverfahren.

(1) Soweit dem Antrag auf Zuerkennung eines aus der Straftat erwachsenen Anspruchs stattgegeben wird, hat der Angeklagte auch die dadurch entstandenen besonderen Kosten und die notwendigen Auslagen des Verletzten zu tragen.

(2) ¹Sieht das Gericht von der Entscheidung über den Antrag ab, wird ein Teil des Anspruchs dem Verletzten nicht zuerkannt oder nimmt der Verletzte den Antrag zurück, so entscheidet das Gericht nach pflichtgemäßem Ermessen, wer die insoweit entstandenen gerichtlichen Auslagen und die insoweit den Beteiligten erwachsenen notwendigen Auslagen trägt. ²Die gerichtlichen Auslagen können der Staatskasse auferlegt werden, soweit es unbillig wäre, die Beteiligten damit zu belasten.

A. Bedeutung. Das Adhäsionsverfahren gem. §§ 403 bis 406c ermöglicht es dem Verletzten, zivilrechtliche Ersatzansprüche aus einer Straftat wahlweise bereits im Strafverfahren geltend zu machen. § 472a regelt die mit der Entscheidung über einen solchen Ersatzanspruch verbundenen kostenrechtlichen Folgen. Diese werden nicht nach zivilprozessualen Grundsätzen, sondern als Bestandteil der Gesamtkosten des Strafverfahrens behandelt (LR/*Hilger* § 472a Rn. 2; a.A. SK-StPO/*Degener* § 472a Rn. 1). 1

B. Kostenrechtliche Folgen. Wird dem Antrag des Verletzten im Adhäsionsverfahren nach §§ 403 ff. **in vollem Umfang stattgegeben**, so trägt der Angeklagte nach Abs. 1 zwingend die hierdurch entstandenen besonderen Kosten sowie die notwendigen Auslagen des Verletzten. Als besondere Kosten erfasst werden nur die ausscheidbaren Mehrkosten des Adhäsionsverfahrens, eine Quotelung aufgrund einer Schätzung kommt insoweit nicht in Betracht (SK-StPO/*Degener* § 472a Rn. 2; LR/*Hilger* § 472a Rn. 2). 2

Sieht das Gericht von einer Entscheidung über den Antrag ab, gibt es diesem nur teilweise statt (BGH MDR 1966, 560) oder nimmt der Verletzte den Antrag zurück (§ 404 Abs. 4), so ist gem. Abs. 2 eine **Ermessensentscheidung des Gerichts** hinsichtlich der gerichtlichen Auslagen sowie der notwendigen Auslagen der Beteiligten, die durch das Adhäsionsverfahren entstanden sind, erforderlich. Das gilt auch, soweit das Gericht entgegen dem Antrag des Verletzten gem. § 406 Abs. 1 Satz 2 lediglich ein Grund- oder Teilurteil erlässt. Das Gericht kann die Auslagen auch nach pflichtgemäßem Ermessen verteilen (OLG Nürnberg NJW 1972, 67, 69; KMR/*Stöckel* § 472a Rn. 4; KK-StPO/*Franke* § 472a Rn. 1). Gem. Satz 2 können die gerichtlichen Auslagen ganz oder teilweise der Staatskasse auferlegt werden, wenn insoweit eine Belastung der Beteiligten unbillig erscheint. Dies kommt v.a. in Betracht, soweit das Gericht gem. § 406 Abs. 1 Satz 3 bis 6 von einer Entscheidung über den Antrag absieht, weil dieser sich nicht zur Erledigung im Strafverfahren eignet (HK-StPO/*Krehl* § 472a Rn. 2; KMR/*Stöckel* § 472a Rn. 4; Meyer-Goßner/*Schmitt*, § 472a Rn. 2). Eine Überbürdung der notwendigen Auslagen der Beteiligten auf die Staatskasse kommt jedoch nicht in Betracht (*Pfeiffer* § 472a Rn. 2; LR/*Hilger* § 472a Rn. 3). 3

§ 472b StPO Kosten und notwendige Auslagen bei Nebenbeteiligung

4 C. Entscheidung und Rechtsmittel. Die Entscheidung hinsichtlich der Kosten des Adhäsionsverfahrens ist in dem Urteil oder Beschluss (§§ 404 Abs. 4, 405), in dem über den Antrag entschieden wird, ausdrücklich auszusprechen (KK-StPO/*Franke* § 472a Rn. 2; LR/*Hilger* § 472a Rn. 4). Der Angeklagte kann gem. § 464 Abs. 3 Satz 1 sofortige Beschwerde gegen die Kostenentscheidung erheben, soweit ihm die Kosten bzw. Auslagen auferlegt werden. Demgegenüber ist die Kostenentscheidung gem. § 464 Abs. 3 Satz 1 Halbs. 2 für den Antragsteller nicht anfechtbar, da ihm gegen die Hauptentscheidung im Hinblick auf § 406a Abs. 1 Satz 2 kein Rechtsmittel zusteht (*Meyer-Goßner/Schmitt*, § 472a Rn. 4; HK-StPO/*Krehl* § 472a Rn. 3).

§ 472b StPO Kosten und notwendige Auslagen bei Nebenbeteiligung.

(1) ¹Wird der Verfall, die Einziehung, der Vorbehalt der Einziehung, die Vernichtung, Unbrauchbarmachung oder Beseitigung eines gesetzwidrigen Zustands angeordnet, so können dem Nebenbeteiligten die durch seine Beteiligung erwachsenen besonderen Kosten auferlegt werden. ²Die dem Nebenbeteiligten erwachsenen notwendigen Auslagen können, soweit es der Billigkeit entspricht, dem Angeklagten, im selbständigen Verfahren auch einem anderen Nebenbeteiligten auferlegt werden.
(2) Wird eine Geldbuße gegen eine juristische Person oder eine Personenvereinigung festgesetzt, so hat diese die Kosten des Verfahrens entsprechend den §§ 465, 466 zu tragen.
(3) Wird von der Anordnung einer der in Absatz 1 Satz 1 bezeichneten Nebenfolgen oder der Festsetzung einer Geldbuße gegen eine juristische Person oder eine Personenvereinigung abgesehen, so können die dem Nebenbeteiligten erwachsenen notwendigen Auslagen der Staatskasse oder einem anderen Beteiligten auferlegt werden.

1 A. Bedeutung. § 472b regelt die kostenrechtlichen Folgen soweit in einem gerichtlichen Verfahren über den Vorbehalt der Einziehung, die Einziehung oder ihr gem. § 442 gleichstehende Rechtsfolgen entschieden wird und ein Nebenbeteiligter in das Verfahren eingebunden ist (Abs. 1) bzw. soweit über die Festsetzung einer Geldbuße gegen eine juristische Person oder Personenvereinigung (Abs. 2) zu entscheiden ist. Als Nebenbeteiligte kommen gem. § 467a Abs. 2 der Einziehungsbeteiligte (§ 431 Abs. 1 Satz 1), der Verfallsbeteiligte bzw. ihm gleichgestellte Personen (§ 442) sowie die juristische Person oder Personenvereinigung in Betracht, gegen die die Festsetzung einer Geldbuße (§ 444 Abs. 1 Satz 1) oder die Einziehung des Wertersatzes (§ 431 Abs. 3) denkbar ist.

2 B. Anordnung von Nebenfolgen gegen Nebenbeteiligte (Abs. 1) Wird eine der in Abs. 1 genannten Rechtsfolgen angeordnet, so hat im **objektiven bzw. sog. selbstständigen Verfahren** gem. §§ 440, 441, 442, das der Realisierung des § 76a StGB dient und die Anordnung als selbstständige Maßnahme bezweckt (*Meyer-Goßner/Schmitt*, Vor § 430 Rn. 5), die Staatskasse die Kosten des Verfahrens zu tragen (BGH, NJW 1968, 900, 901). Erfolgt die Anordnung im **subjektiven Verfahren**, d.h. im Verfahren gegen den Angeklagten, so trägt dieser gem. § 465 Abs. 1 die Kosten des Verfahrens (BGH NJW 1968, 900, 901). Bei Teilnahme eines Nebenbeteiligten können diesem jedoch gem. § 472b Abs. 1 Satz 1 die durch seine Beteiligung entstandenen **besonderen Kosten** auferlegt werden. Besondere Kosten sind die ausscheidbaren gerichtlichen Mehraufwendungen der Staatskasse, eine Gebühr für die Anordnung entsteht nicht (Nr. 3410 ff. KVGKG; *Meyer-Goßner/Schmitt*, § 472b Rn. 2). Hiernach können dem Nebenbeteiligten z.B. die Kosten für eine durch ihn veranlasste unbegründete Beweisaufnahme auferlegt werden (HK-StPO/*Krehl* § 472b Rn. 1; *Pfeiffer* § 472b Rn. 1).

3 Nach Satz 2 können **die notwendigen Auslagen des Nebenbeteiligten** im subjektiven Verfahren ausnahmsweise ganz oder teilweise dem Angeklagten aufgebürdet werden, etwa wenn er einen gestohlenen Gegenstand an den Nebenbeteiligten veräußert hat (§ 935 BGB) und dieser die Einziehung gutgläubig bekämpft oder wenn die juristische Person oder Personenvereinigung aufgrund der später widerlegten Behauptung des Angeklagten, er habe die Tat zu ihrem Vorteil begangen, in das Verfahren hineingezogen wird (*Meyer-Goßner/Schmitt*, § 472b Rn. 2; LR/*Hilger* § 472b Rn. 4). Da im objektiven Verfahren ein Angeklagter nicht vorhanden ist, kommt eine entsprechende Überbürdung nicht in Betracht. Die notwendigen Auslagen eines Nebenbeteiligten können hier aber einem anderen Nebenbeteiligten auf-

Kosten bei zurückgenommenem oder erfolglosem Rechtsmittel § 473 StPO

erlegt werden. Eine Bruchteilsentscheidung (§ 464d) ist in allen Fällen zulässig (HK-StPO/*Krehl* § 472b Rn. 1; KMR/*Stöckel* § 472b Rn. 5).

C. Geldbuße gegen eine juristische Person oder Personenvereinigung (Abs. 2) 4

Bei Verhängung einer Geldbuße gem. § 30 OWiG gegen eine juristische Person oder Personenvereinigung im Strafverfahren hat diese gem. Abs. 2 die Kosten des Verfahrens zu tragen. Durch die Verweisung auf § 465 wird sie insoweit einem Angeklagten gleichgestellt (*Pfeiffer* § 472b Rn. 3). Vor Einführung der Bestimmung war die Kostentragungspflicht der juristischen Person oder Personenvereinigung demgegenüber auf die durch ihre Beteiligung entstandenen besonderen Kosten begrenzt (KK-StPO/*Franke* § 472b Rn. 1). Wird die juristische Person bzw. Personenvereinigung nicht im selbstständigen Verfahren, sondern neben einer natürlichen Person verurteilt, so haften beide als Gesamtschuldner für die Verfahrenskosten (§ 466). Die Regelung des Abs. 2 ist zwingend, eine abweichende Ermessensentscheidung kommt nicht in Betracht (LR/*Hilger* § 472b Rn. 7).

D. Nichtanordnung einer Nebenfolge bzw. Nichtfestsetzung einer Geldbuße 5
(Abs. 3) Auch soweit es nicht zur Anordnung einer Nebenfolge bzw. zur Verhängung einer Geldbuße kommt, hat der Verurteilte die Kosten des Verfahrens zu tragen (§ 465 Abs. 1). Der Nebenbeteiligte trägt seine notwendigen Auslagen grds. selbst. Diese können jedoch gem. Abs. 3 der Staatskasse oder einem anderen Beteiligten auferlegt werden. Insoweit kommen der Angeklagte, der Nebenkläger, der Privatkläger oder ein anderer Nebenbeteiligter in Betracht (LR/*Hilger* § 472b Rn. 10).

§ 473 StPO Kosten bei zurückgenommenem oder erfolglosem Rechtsmittel; Kosten der Wiedereinsetzung.
(1) ¹Die Kosten eines zurückgenommenen oder erfolglos eingelegten Rechtsmittels treffen den, der es eingelegt hat. ²Hat der Beschuldigte das Rechtsmittel erfolglos eingelegt oder zurückgenommen, so sind ihm die dadurch dem Nebenkläger oder dem zum Anschluss als Nebenkläger Berechtigten in Wahrnehmung seiner Befugnisse nach § 406g erwachsenen notwendigen Auslagen aufzuerlegen. ³Hat im Fall des Satzes 1 allein der Nebenkläger ein Rechtsmittel eingelegt oder durchgeführt, so sind ihm die dadurch erwachsenen notwendigen Auslagen des Beschuldigten aufzuerlegen. ⁴Für die Kosten des Rechtsmittels und die notwendigen Auslagen der Beteiligten gilt § 472a entsprechend, wenn eine zulässig erhobene sofortige Beschwerde nach § 406a Abs. 1 Satz 1 durch eine den Rechtszug abschließende Entscheidung unzulässig geworden ist.
(2) ¹Hat im Falle des Absatzes 1 die Staatsanwaltschaft das Rechtsmittel zuungunsten des Beschuldigten oder eines Nebenbeteiligten (§ 431 Abs. 1 Satz 1, §§ 442, 444 Abs. 1 Satz 1) eingelegt, so sind die ihm erwachsenen notwendigen Auslagen der Staatskasse aufzuerlegen. ²Dasselbe gilt, wenn das von der Staatsanwaltschaft zugunsten des Beschuldigten oder eines Nebenbeteiligten eingelegte Rechtsmittel Erfolg hat.
(3) Hat der Beschuldigte oder ein anderer Beteiligter das Rechtsmittel auf bestimmte Beschwerdepunkte beschränkt und hat ein solches Rechtsmittel Erfolg, so sind die notwendigen Auslagen des Beteiligten der Staatskasse aufzuerlegen.
(4) ¹Hat das Rechtsmittel teilweise Erfolg, so hat das Gericht die Gebühr zu ermäßigen und die entstandenen Auslagen teilweise oder auch ganz der Staatskasse aufzuerlegen, soweit es unbillig wäre, die Beteiligten damit zu belasten. ²Dies gilt entsprechend für die notwendigen Auslagen der Beteiligten.
(5) Ein Rechtsmittel gilt als erfolglos, soweit eine Anordnung nach § 69 Abs. 1 oder § 69b Abs. 1 des Strafgesetzbuchs nur deshalb nicht aufrechterhalten wird, weil ihre Voraussetzungen wegen der Dauer einer vorläufigen Entziehung der Fahrerlaubnis (§ 111a Abs. 1) oder einer Verwahrung, Sicherstellung oder Beschlagnahme des Führerscheins (§ 69a Abs. 6 des Strafgesetzbuchs) nicht mehr vorliegen.
(6) Die Absätze 1 bis 4 gelten entsprechend für die Kosten und die notwendigen Auslagen, die durch einen Antrag
1. auf Wiederaufnahme des durch ein rechtskräftiges Urteil abgeschlossenen Verfahrens oder
2. auf ein Nachverfahren (§ 439) verursacht worden sind.

§ 473 StPO Kosten bei zurückgenommenem oder erfolglosem Rechtsmittel

(7) Die Kosten der Wiedereinsetzung in den vorigen Stand fallen dem Antragsteller zur Last, soweit sie nicht durch einen unbegründeten Widerspruch des Gegners entstanden sind.

Übersicht

	Rdn.			Rdn.
A. Allgemeines	1	G.	Rechtsmittelkosten bei überholter Beschwerde (Abs. 1 Satz 4)	15
B. Kostenentscheidung bei Erfolg eines unbeschränkten Rechtsmittels	2	H.	Rechtsmittel der StA (Abs. 2)	16
C. Zurücknahme oder Erfolglosigkeit eines eingelegten Rechtsmittels (Abs. 1)	3	I.	Beschränktes Rechtsmittel (Abs. 3)	17
D. Erfolg wegen Zeitablaufs (Abs. 5)	6	J.	Teilerfolg des Rechtsmittels (Abs. 4)	21
E. Rechtsmittelkosten im Nebenklageverfahren (Abs. 1)	9	K.	Kosten im Wiederaufnahmeverfahren und Nachverfahren (Abs. 6)	24
F. Rechtsmittelkosten im Privatklageverfahren (Abs. 1)	13	L.	Kosten der Wiedereinsetzung in den vorigen Stand (Abs. 7)	25

1 **A. Allgemeines.** § 473 betrifft die Kostenentscheidung im Rechtsmittelverfahren. Die Bestimmung gilt für alle Rechtsmittel sowie gem. Abs. 6 für das Wiederaufnahmeverfahren (§§ 359 ff.), das Nachverfahren (§ 439) und gem. Abs. 7 für die Wiedereinsetzung in den vorigen Stand (§ 44). In diesen Fällen ergeht grds. eine das Verfahren oder einen bestimmten Verfahrensabschnitt abschließende Entscheidung, die gem. § 464 Abs. 1, Abs. 2 auch eine Entscheidung hinsichtlich der Kosten und notwendigen Auslagen treffen muss. Rechtsmittel sind Berufung, Revision und Beschwerde, nicht jedoch der (Teil-) Einspruch gegen den Strafbefehl (§ 410), bei dem es sich um einen Rechtsbehelf handelt (OLG Stuttgart, NStZ 1989, 589; HK-StPO/*Krehl*, § 473 Rn. 1; *Meyer-Goßner/Schmitt*, § 473 Rn. 1; *Pfeiffer*, § 473 Rn. 1; a. A. OLG München, NStZ 1988, 241 m. abl. Anm. *Mertens*, NStZ 1988, 473). Bei Zurückverweisung der Sache (§§ 328 Abs. 2, Abs. 3, 354 Abs. 2, Abs. 3, 355) trifft das Rechtsmittelgericht keine Kostenentscheidung gem. § 473. Diese bleibt vielmehr dem erneut mit der Sache befassten Gericht überlassen, da der Rechtsmittelerfolg und damit die Kostenentscheidung von der noch ausstehenden neuen Sachentscheidung abhängig sind und noch nicht getroffen werden können (§ 464 Rn. 8) KK-StPO/*Gieg*, § 473 Rn. 1; HK-StPO/*Krehl*, § 473 Rn. 2; *Kotz*, NStZ-RR 1999, 161, 167. Etwas anderes gilt nur, soweit auch die erneute Verhandlung am Erfolg des Rechtsmittels nichts mehr ändert (KK-StPO/*Gieg*, § 473 Rn. 1; *Meyer-Goßner/Schmitt*, § 473 Rn. 7; OLG Jena, NJW 2006, 1892, 1894). Die Rechtsmittel mehrerer Verfahrensbeteiligter sind hinsichtlich ihrer kostenrechtlichen Folgen getrennt zu behandeln (BGHSt 19, 226; KK-StPO/*Gieg*, § 473 Rn. 1). Die Kostengrundentscheidung ist ohne Rücksicht darauf zu treffen, ob und in welcher Höhe tatsächlich Verfahrenskosten oder notwendige Auslagen der Beteiligten im Rechtsmittelverfahren entstanden sind. Dies ist Gegenstand des Kostenfestsetzungsverfahrens gem. § 464b (KK-StPO/*Gieg*, § 473 Rn. 1). Bei Anfechtung einer Kosten- oder Auslagenentscheidung greift das Verbot der reformatio in peius nicht (KG JurBüro 2013, 383; OLG Köln BeckRS 20496)

2 **B. Kostenentscheidung bei Erfolg eines unbeschränkten Rechtsmittels.** Abgesehen von dem in Abs. 2 Satz 2 erwähnten Sonderfall des erfolgreichen Rechtsmittels der StA zugunsten eines Beschuldigten oder Nebenbeteiligten regelt § 473 die kosten- und auslagenrechtlichen Folgen eines erfolgreichen Rechtsmittels nicht. Es verbleibt daher insoweit bei den Bestimmungen der §§ 465 ff. (BGH, NJW 1964, 875; HK-StPO/*Krehl*, § 473 Rn. 9). Das Rechtsmittelgericht hebt die angefochtene Entscheidung auf und entscheidet selbst über die Kosten und notwendigen Auslagen des gesamten Verfahrens. Hiernach führt ein Freispruch des Angeklagten nach Rechtsmitteleinlegung zur Anwendung des § 467, sodass grds. die Verfahrenskosten aller Instanzen sowie die gesamten notwendigen Auslagen des Angeklagten der Staatskasse zur Last fallen. Bei erfolgreicher Beschwerde trägt der Beschwerdeführer jedoch entsprechend § 467 Abs. 3 Satz 2 Nr. 1 seine notwendigen Auslagen selbst, soweit er die ihren Erfolg begründenden Tatsachen erst mit der Beschwerde vorgetragen hat (OLG Hamburg, NStZ-RR 1997, 31; OLG Hamm, MDR 1981, 423; OLG Frankfurt am Main, NJW 1972, 784; *Meyer-Goßner/Schmitt*, § 473 Rn. 2; a. A. LR/*Hilger*, § 473 Rn. 15; *Pfeiffer*, § 473 Rn. 10). Nach der Rechtsprechung sind entsprechend § 467 Abs. 4 die notwendigen Auslagen des Beschwerdeführers der Staatskasse nicht aufzuerlegen, wenn der Erfolg der Beschwerde lediglich auf eine

von der Erstentscheidung abweichende Ermessensentscheidung des Beschwerdegerichts zurückzuführen ist (OLG Hamburg, NJW 1974, 325; OLG Hamm, MDR 1974, 689; a. A. *Meyer-Goßner/Schmitt*, § 473 Rn. 2; *Pfeiffer*, § 473 Rn. 10). Demgegenüber ist § 465 einschlägig, soweit das Rechtsmittel der StA gegen einen Freispruch Erfolg hat. Der Beschuldigte hat mithin i.d.R. die gesamten Verfahrenskosten, d.h. auch die Rechtsmittelkosten, zu tragen. Seine notwendigen Auslagen trägt er ohnehin selbst (BGH, NJW 1964, 875). Daneben hat er in diesem Fall gem. § 472 Abs. 1 Satz 1 die notwendigen Auslagen des Nebenklägers zu tragen. Das Gericht kann hiervon jedoch in entsprechender Anwendung des § 472 Abs. 1 Satz 2 ganz oder teilweise absehen (KK-StPO/*Gieg*, § 473 Rn. 11).

C. Zurücknahme oder Erfolglosigkeit eines eingelegten Rechtsmittels (Abs. 1)

3

Die Kosten eines zurückgenommenen oder erfolglosen Rechtsmittels hat gem. Abs. 1 Satz 1 der Beschwerdeführer zu tragen. Auch bei einem Rechtsmittel des Verteidigers (§ 297) trifft die Kostenpflicht den Angeklagten (OLG Zweibrücken, MDR 1991, 558; *Meyer-Goßner/Schmitt*, § 472b Rn. 8; HK-StPO/*Krehl*, § 472b Rn. 4). Die Kosten eines ohne entsprechende Vollmacht eingelegten Rechtsmittels trägt jedoch der vollmachtlose Vertreter (OLG Hamm, BeckRS 2012, 10839; OLG Frankfurt am Main, NJW 1991, 3164; HK-StPO/*Krehl*, § 472b Rn. 4; KK-StPO/*Gieg*, Rn. 2). Gleiches gilt bei Bevollmächtigung durch einen Minderjährigen und fehlender Genehmigung des gesetzlichen Vertreters, es ei denn, der Rechtsanwalt durfte aufgrund einer fehlerhaften gerichtlichen Entscheidung darauf vertrauen, zur Rechtsmitteleinlegung befugt zu sein (KG NJW 2012, 2293). Streitig ist, ob dies auch gilt, soweit die Vertretung gegen § 146 verstößt (OLG München, NJW 1983, 1688; HK-StPO/*Krehl*, § 472b Rn. 4; a. A. KG, NJW 1977, 913). Bei mehreren Beschwerdeführern trägt jeder die Kosten seines erfolglosen Rechtsmittels selbst. Dies gilt auch für gesetzliche Vertreter (§ 298) und Erziehungsberechtigte (§ 67 Abs. 1, Abs. 3 JGG). § 74 JGG ist insoweit nicht anwendbar (HK-StPO/*Krehl*, § 472b Rn. 4; *Meyer-Goßner/Schmitt*, § 472b Rn. 8; a. A. OLG Hamburg, MDR 1969, 73). Ihre Haftung ist jedoch der Höhe nach begrenzt auf das ihrer Verwaltung unterliegende Vermögen des Beschuldigten (BGH, NJW 1964, 674). Bei Tod des Angeklagten vor Rechtskraft haftet der Nachlass nicht für die Kosten des Verfahrens. § 465 Abs. 3 ist insoweit entsprechend anwendbar (OLG Hamm, NJW 1978, 177, 178; *Meyer-Goßner/Schmitt*, § 472b Rn. 8).

Die Zurücknahme eines Rechtsmittels gem. § 302 erfordert eine selbstständige Kostenentscheidung, soweit die Sache nicht ausnahmsweise wegen eines weiteren Rechtsmittels anhängig bleibt. In diesem Fall kann das Gericht in der das Verfahren abschließenden Entscheidung hinsichtlich des weiteren Rechtsmittels zugleich über die Kosten des zurückgenommenen Rechtsmittels entscheiden (BayObLG, JZ 1955, 553, 554; KMR/*Stöckel*, § 472b Rn. 40; KK-StPO/*Gieg*, § 472b Rn. 2). Gem. Abs. 1 Satz 1 werden die Kosten des zurückgenommenen Rechtsmittels dem auferlegt, der es eingelegt hat. I.Ü. bleibt die Kostenentscheidung der Vorinstanz unberührt. Eine **Teilrücknahme** hat nur dann kostenrechtliche Auswirkungen, soweit hierdurch besondere Kosten oder Auslagen angefallen sind, die bei von Anfang an erklärter Beschränkung des Rechtsmittels nicht angefallen wären (KG, NJW 1970, 2129; OLG Celle, NJW 1975, 400; OLG Hamm, NStZ-RR 1999, 95; OLG Köln, StV 1993, 650; KK-StPO/*Gieg*, § 472b Rn. 6). Eine Rücknahme i.S.d. Abs. 1 Satz 1 ist nicht gegeben, soweit das Rechtsmittel aufgrund der nachträglichen Berichtigung der angefochtenen Entscheidung zurückgenommen wird (BGH, NJW 1963, 820; HK-StPO/*Krehl*, § 472b Rn. 3). Hier ist vielmehr von einem vollen Erfolg des Rechtsmittels auszugehen, sodass § 467 Abs. 1 entsprechend anzuwenden ist (*Meyer-Goßner/Schmitt*, § 472b Rn. 5). Zuständig für die Kostenentscheidung ist das Gericht, das im Zeitpunkt der Zurücknahme mit der Sache befasst ist (KK-StPO/*Gieg*, § 472b Rn. 2). Bei Zurücknahme des Rechtsmittels bevor die Akten dem zuständigen Rechtsmittelgericht vorgelegt wurden, entscheidet mithin das Gericht, dessen Entscheidung angefochten wurde (BGH, NJW 1959, 348; *Pfeiffer*, § 473 Rn. 4).

4

Abs. 1 gilt auch bei **Erfolglosigkeit** des eingelegten Rechtsmittels. Der Erfolg eines Rechtsmittels ist anhand eines Vergleichs der angefochtenen Entscheidung mit der Entscheidung des Rechtsmittelgerichts zu beurteilen. Danach ist ein Rechtsmittel erfolgreich, wenn das begehrte Ziel, auch soweit das Rechtsmittel gem. Abs. 3 beschränkt wurde, im Wesentlichen erreicht worden ist (OLG Düsseldorf, NStZ 1985, 380; KK-StPO/*Gieg*, § 472b Rn. 4). Ein Erfolg ist demgemäß auch dann zu bejahen, wenn dieser ausschließlich auf einer Gesetzesänderung beruht (OLG München, MDR 1977, 249; *Meyer-Goßner/Schmitt*, § 472b Rn. 6; HK-StPO/*Krehl*, § 472b Rn. 7). Demgegenüber ist ein Rechtsmittel

5

§ 473 StPO Kosten bei zurückgenommenem oder erfolglosem Rechtsmittel

erfolglos, wenn es als unzulässig oder unbegründet verworfen wird oder nur zu einem ganz unwesentlichen Teilerfolg führt. Dies ist der Fall, wenn die Strafe nur geringfügig gemildert bzw. erhöht wird, wenn zwar der Schuldspruch verschärft wird, die Strafe jedoch gleich bleibt (BGH, NJW 1960, 109; LR/*Hilger*, § 472b Rn. 26; HK-StPO/*Krehl*, § 472b Rn. 7) oder wenn lediglich die Schuldform geändert wird, bspw. bei Annahme von Fahrlässigkeit statt Vorsatz (OLG Hamm, MDR 1993, 376). Auch die Revision, die nur zur Aufhebung des Berufungsurteils und Verwerfung der verspätet eingelegten Berufung als unzulässig führt, ist erfolglos (OLG Düsseldorf, GA 1983, 220, OLG Düsseldorf, MDR 1986, 428). Ebenso ist ein zuungunsten des Angeklagten eingelegtes Rechtsmittel der StA erfolglos, wenn an die Stelle der verhängten hohen Geldstrafe eine bedingte Freiheitsstrafe tritt (OLG Nürnberg, StraFO 2012, 117; OLG Braunschweig, MDR 1986, 167; HK-StPO/*Krehl*, § 472b Rn. 7; KK-StPO/*Gieg*, § 472b Rn. 4) oder das Rechtsmittel zu einer günstigeren Entscheidung für den Angeklagten führt (§ 301). Auch ein Rechtsmittel der StA, das die erstrebte Beseitigung einer gesetzeswidrigen Entscheidung erreicht, ist nicht als erfolgreich im kostenrechtlichen Sinn zu werten, soweit die Verurteilung selbst hiervon nicht berührt wird. In diesen Fällen trägt die Staatskasse die Kosten des Rechtsmittelverfahrens und die notwendigen Auslagen des Angeklagten (BGH, NJW 1963, 820; OLG Düsseldorf, NStZ-RR 1998, 159; 2000, 223; HK-StPO/*Krehl*, § 472b Rn. 7; KK-StPO/*Gieg*, § 472b Rn. 4; a. A. OLG Hamm, NJW 1962, 2073).

6 **D. Erfolg wegen Zeitablaufs (Abs. 5)** Nicht als Erfolg zu werten ist schließlich der **Wegfall einer Maßregel gem. §§ 69 Abs. 1, 69b Abs. 1 StGB** wegen Zeitablaufs. Sieht das Rechtsmittelgericht vom Entzug der Fahrerlaubnis gem. § 69 Abs. 1 StGB nur deshalb ab, weil wegen der Dauer eines angeordneten vorläufigen Entzugs der Fahrerlaubnis gem. § 111a oder einer Verwahrung, Sicherstellung oder Beschlagnahme des Führerscheins gem. § 69a Abs. 6 StGB die erforderliche Ungeeignetheit des Rechtsmittelführers zum Führen von Kfz nicht mehr mit der erforderlichen Sicherheit festgestellt werden kann, ist das Rechtsmittel nicht als erfolgreich einzustufen (*Meyer-Goßner/Schmitt*, § 472b Rn. 30; HK-StPO/*Krehl*, § 472b Rn. 8). Ist in diesen Fällen das Rechtsmittel entweder auf die Frage des Entzugs der Fahrerlaubnis beschränkt oder i.Ü. erfolglos, so beinhaltet die entsprechende Entscheidung des Rechtsmittelgerichts keinerlei Korrektur eines fehlerhaften vorinstanzlichen Urteils, sondern beruht ausschließlich auf der mittlerweile verstrichenen Zeit und ist mithin gem. Abs. 5 als erfolglos anzusehen.

7 Abs. 5 jedoch ist **nicht anwendbar**, wenn die Entziehung der Fahrerlaubnis aus anderen als den in Abs. 5 genannten Gründen nicht aufrechterhalten wird. Gleiches gilt, wenn ein vorläufiger Entzug der Fahrerlaubnis gem. § 111a bzw. eine Verwahrung, Sicherstellung oder Beschlagnahme des Führerscheins gem. § 69a Abs. 6 StGB zunächst gerade nicht erfolgte und somit auch nicht aufrechterhalten werden kann (LR/*Hilger*, § 472b Rn. 56). Auch wenn ein mit dem Ziel des Fahrerlaubnisentzugs eingelegtes Rechtsmittel der StA nur wegen des inzwischen eingetretenen Zeitablaufs erfolglos ist, greift Abs. 5 nicht ein. Kommt es hier nicht zum Entzug der Fahrerlaubnis durch das Rechtsmittelgericht, so ist das Rechtsmittel der StA als erfolglos anzusehen. Gleiches gilt, wenn das Rechtsmittel der StA verworfen wird, das auf die Verhängung einer längeren Sperrfrist abzielte (OLG Düsseldorf, VRS 86, 136; *Meyer-Goßner/Schmitt*, § 472b Rn. 30; *Pfeiffer*, § 473 Rn. 6). In diesen Fällen kommen die Abs. 1, Abs. 2 Satz 1 zur Anwendung, d.h. die Staatskasse hat die Kosten des Rechtsmittelverfahrens und die hierdurch entstandenen notwendigen Auslagen des Angeklagten zu tragen (OLG Karlsruhe, VRS 50, 272; OLG Oldenburg, VRS 68, 215; KK-StPO/*Gieg*, § 472b Rn. 6).

8 Die Bestimmung des Abs. 5 ist nicht abschließend. Vielmehr sind **weitere Fälle** anerkannt, in denen ein Rechtsmittel kostenrechtlich als erfolglos angesehen wird, weil sein Erfolg ausschließlich auf Zeitablauf beruht. So gilt ein eingelegtes Rechtsmittel als erfolglos, wenn es in der Rechtsmittelinstanz lediglich wegen einer nachträglichen Verschlechterung der wirtschaftlichen Verhältnisse zu einer Reduzierung der Tagessatzhöhe kommt (OLG Zweibrücken, NStZ 1991, 602; OLG Jena, NStZ-RR 1997, 384; *Meyer-Goßner/Schmitt*, § 472b Rn. 31; a. A. KMR/*Stöckel*, § 472b Rn. 13) oder aber die Strafe nur deshalb gemildert wird, weil die vom Vorgericht strafverschärfend berücksichtigten Vorahndungen aufgrund der bis zur Entscheidung des Rechtsmittelgerichts verstrichenen Zeit tilgungsreif und somit gem. § 51 BZRG nicht mehr verwertbar sind (OLG Düsseldorf, NStZ 1985, 380; OLG Düsseldorf, StV 1995, 308, 309; *Meyer-Goßner/Schmitt*, § 472b Rn. 31). Da es sich insoweit lediglich um Veränderungen handelt, die auf Zeitablauf beruhen, sind diese auch nicht kostenentlastend zu berücksichtigen

(KK-StPO/*Gieg*, § 472b Rn. 4; OLG Zweibrücken, JurBüro 1991, 1675; OLG Düsseldorf, JurBüro 1996, 200; a. A. LR/*Hilger*, § 472b Rn. 23).

E. Rechtsmittelkosten im Nebenklageverfahren (Abs. 1)

Im Nebenklageverfahren prüft das Rechtsmittelgericht vor einer Kostenentscheidung von Amts wegen, ob die Nebenklage gem. §§ 395 ff. zu Recht zugelassen wurde (BGH, NStZ 1997, 74; OLG Düsseldorf, NJW 1983, 1337). Es gilt weiterhin der Grundsatz, dass die notwendigen Auslagen des Nebenklägers nie der Staatskasse auferlegt werden dürfen (KK-StPO/*Gieg*, § 472b Rn. 9; HK-StPO/*Krehl*, § 472b Rn. 24). Ist das **Rechtsmittel des Angeklagten** erfolglos oder nimmt er es zurück, so hat er gem. Abs. 1 Satz 2 die im Rechtsmittelverfahren entstandenen notwendigen Auslagen des Nebenklägers bzw. des zum Anschluss als Nebenkläger Berechtigten, die diesem in Wahrnehmung seiner Befugnisse nach § 406g erwachsen sind, zu tragen. Etwas anderes gilt nur, wenn der aufgrund einer wirksamen Rechtsmittelbeschränkung rechtskräftige Schuldspruch den Nebenkläger nicht betrifft (§ 472 Rn. 3; KK-StPO/*Gieg*, § 472b Rn. 10). Die Überbürdung der notwendigen Auslagen muss in der Kostenentscheidung ausdrücklich erfolgen (*Meyer-Goßner/Schmitt*, § 472b Rn. 8). Die Frage der Erfolglosigkeit des Rechtsmittels bemisst sich für Satz 2 nach dem gegenständlichen Nebenklagedelikt. Das Rechtsmittel ist hiernach erfolglos, soweit der angestrebte Freispruch unterbleibt, aber auch bei erfolgloser Strafmaßberufung, wenn es zu einer rechtskräftigen Verurteilung wegen des Nebenklagedelikts kommt (HK-StPO/*Krehl*, § 472b Rn. 22; *Meyer-Goßner/Schmitt*, § 472b Rn. 10). Soweit das **unbeschränkte Rechtsmittel** des Angeklagten Erfolg hat, kann der Nebenkläger demgegenüber die Erstattung seiner notwendigen Auslagen nicht verlangen (HK-StPO/*Krehl*, § 472b Rn. 22). Umstritten ist demgegenüber, ob der Angeklagte bei vollem Erfolg seines beschränkten Rechtsmittels die notwendigen Auslagen des Nebenklägers zu tragen hat. Nach einer Auffassung ist der Angeklagte bei vollem Erfolg seines **beschränkten Rechtsmittels** wie ein Freigesprochener zu behandeln, mit der Folge dass der Nebenkläger seine notwendigen Auslagen selbst tragen muss (LR/*Hilger*, § 472b Rn. 76; *Meyer-Goßner/Schmitt*, § 472b Rn. 23; KK-StPO/*Gieg*, § 472b Rn. 10). Nach a. A. hat der Angeklagte auch bei vollem Erfolg seines beschränkten Rechtsmittels in entsprechender Anwendung des § 472 Abs. 1 die Kosten des Nebenklägers zu tragen (OLG Zweibrücken, MDR 1993, 698; OLG Hamm, NStZ-RR 1998, 221, 222). Dies wird damit begründet, dass auch das insoweit erfolgreiche Rechtsmittel nichts an der Verurteilung des Angeklagten wegen einer den Nebenkläger betreffenden Straftat ändert. Auch in diesen Fällen ist der Nebenkläger befugt sich am Verfahren zu beteiligen. Seine gesetzlich anerkannten und geschützten Interessen erfordern daher eine entsprechende Anwendung von § 472 Abs. 1 (OLG Hamm, NStZ-RR 1998, 221, 222). Führt das Rechtsmittel des Angeklagten demgegenüber nur teilweise zum Erfolg, so kommt eine Aufteilung der notwendigen Auslagen des Nebenklägers zwischen ihm und dem Angeklagten entsprechend Abs. 4 bzw. § 472 Abs. 1 Satz 2 in Betracht (OLG Düsseldorf, NStZ 1992, 250 ff.; HK-StPO/*Krehl*, § 472b Rn. 22; KK-StPO/*Gieg*, § 472b Rn. 10).

Bei einem **Rechtsmittel des Nebenklägers gem.** §§ 400, 401 bestimmt Abs. 1 Satz 3, dass der Nebenkläger die notwendigen Auslagen des Beschuldigten zu tragen hat, soweit er allein ein Rechtsmittel eingelegt oder durchgeführt hat und sein alleiniges Rechtsmittel zurückgenommen wird oder erfolglos bleibt. Bei Widerruf der Anschlusserklärung oder Tod des Nebenklägers gilt das Rechtsmittel als zurückgenommen (KK-StPO/*Gieg*, § 472b Rn. 12). Für die notwendigen Auslagen des Beschuldigten haftet in letzterem Fall der Nachlass (*Meyer-Goßner/Schmitt*, § 472b Rn. 11).

Hat **nur die StA Rechtsmittel** eingelegt und wird dieses sodann zurückgenommen bzw. bleibt es erfolglos, so hat der Nebenkläger seine notwendigen Auslagen selbst zu tragen (BGH, NStZ-RR 2006, 66; OLG Hamburg, MDR 1983, 689; *Meyer-Goßner/Schmitt*, § 472b Rn. 11).

Bei **Zusammentreffen mehrerer Rechtsmittel** ergehen getrennte Kostengrundentscheidungen (Rn. 1). Bei Erfolglosigkeit oder Rücknahme der Rechtsmittel trägt jeder Beschwerdeführer die Kosten seines Rechtsmittels selbst. Ist sowohl das Rechtsmittel des Angeklagten als auch des Nebenklägers erfolglos, so trägt jeder seine notwendigen Auslagen selbst (BGH, NStZ 1993, 230; HK-StPO/*Krehl*, § 472b Rn. 25; *Meyer-Goßner/Schmitt*, § 472b Rn. 11). Haben sowohl die StA als auch der Nebenkläger ohne Erfolg Rechtsmittel eingelegt, so haben sie die gerichtlichen Auslagen je zur Hälfte zu tragen, die notwendigen Auslagen des Angeklagten fallen der Staatskasse zur Last (BGH, NJW 1958, 719; BGH, NStZ-RR 2006, 128; OLG Koblenz, VRS 54, 131; *Meyer-Goßner/Schmitt*, § 472b Rn. 11; HK-StPO/*Krehl*, § 472b Rn. 25; KK-StPO/*Gieg*, § 472b Rn. 13). Nehmen sowohl der Angeklagte als auch die StA ihr Rechtsmittel zurück, so fallen der Staatskasse die notwendigen Auslagen des Angeklagten zur Last, die durch das Rechtsmittel der StA verursacht worden sind. Zu erstatten sind insoweit alle Mehrkosten, unabhängig von ihrer Ausscheidbarkeit (OLG Zweibrücken, NJW 1974, 659; OLG Karlsruhe, NJW 1974, 459; KK-StPO/*Gieg*, § 472b Rn. 2; a. A. OLG Hamburg, NJW 1975, 130; *Meyer-Goßner/Schmitt*, § 472b Rn. 18: nur die ausscheidbaren Mehrkosten). Soweit Mehrkosten jedoch offensichtlich ausgeschlossen sind, können die Kosten des Rechtsmittelverfahrens dem Angeklagten auch uneingeschränkt auferlegt werden (BayObLG, NJW 1963, 601; KG, VRS 38, 359; *Meyer-Goßner/Schmitt*, § 472b Rn. 18; a. A. LR/*Hilger*, § 472b Rn. 59). Der Angeklagte hat jedoch die notwendigen Auslagen des Nebenklägers bzw. Nebenklageberechtigten zu tragen, eine Überbürdung auf die Staatskasse kommt nicht in Betracht (OLG Hamburg, MDR 1970, 1029; HK-StPO/*Krehl*, § 472b Rn. 25; KK-StPO/*Gieg*, § 472b Rn. 13).

13 **F. Rechtsmittelkosten im Privatklageverfahren (Abs. 1)** Auch für das zurückgenommene oder erfolglose Rechtsmittel im Privatklageverfahren gilt Abs. 1, d.h. die Kosten des Rechtsmittelverfahrens fallen demjenigen zur Last, dessen Rechtsmittel zurückgenommen wird oder erfolglos war. Hinsichtlich der notwendigen Auslagen gilt für das Privatklageverfahren für alle Instanzen § 471 (KG, NJW 1953, 1405; OLG Celle, MDR 1957, 375; *Meyer-Goßner/Schmitt*, § 472b Rn. 33). Bei Rücknahme oder Erfolglosigkeit des Rechtsmittels des Angeklagten hat dieser dem Privatkläger seine im Rechtsmittelverfahren entstandenen notwendigen Auslagen gem. § 471 Abs. 1 zu erstatten. Umgekehrt trägt der Privatkläger soweit sein Rechtsmittel erfolglos oder zurückgenommen ist gem. § 471 Abs. 2 die notwendigen Auslagen des Angeklagten im Rechtsmittelverfahren (BayObLG, RPfl 1961, 81). Auch beim Tod des Privatklägers vor Entscheidung über das Rechtsmittel gilt insoweit § 471 Abs. 2 (*Meyer-Goßner/Schmitt*, § 472b Rn. 33).

14 Die Kostenfolgen bei **erfolgreichem Rechtsmittel** im Privatklageverfahren ergeben sich i.Ü. aus § 471. Bei erfolgreichem unbeschränktem Rechtsmittel des Privatklägers gilt § 471 Abs. 1, wonach der Verurteilte die Kosten des gesamten Verfahrens sowie die notwendigen Auslagen des Privatklägers für alle Instanzen zu tragen hat. Umgekehrt treffen den Privatkläger bei erfolgreichem Rechtsmittel des Angeklagten gem. § 471 Abs. 2 die gesamten Verfahrenskosten sowie die gesamten notwendigen Auslagen des Angeklagten. Bei bloßem Teilerfolg des im Privatklageverfahren eingelegten unbeschränkten Rechtsmittels kommt nicht § 473 Abs. 4, sondern der insoweit speziellere § 471 Abs. 3 Nr. 1 zur Anwendung (HK-StPO/*Krehl*, § 472b Rn. 21; KK-StPO/*Gieg*, § 472b Rn. 8; *Pfeiffer*, § 472b Rn. 15). Streitig ist, welche Kostenfolge ein **beschränktes erfolgreiches Rechtsmittel** nach sich zieht. Auch hier wird ausgehend von einem bloßen Teilerfolg des Rechtsmittels von der Rechtsprechung § 471 Abs. 3 Nr. 1 angewandt, wonach die Kosten des Verfahrens und die notwendigen Auslagen nach pflichtgemäßem Ermessen des Gerichts angemessen verteilt oder einem der Beteiligten ganz auferlegt werden können (OLG Hamm, MDR 1981, 427; *Meyer-Goßner/Schmitt*, § 472b Rn. 33; *Pfeiffer*, § 472b Rn. 15). Demgegenüber soll nach anderer Auffassung Abs. 3 zur Anwendung kommen, soweit die Beschränkung des Rechtsmittels bereits bei Einlegung bzw. Begründung erklärt wurde. Das Rechtsmittel ist hiernach als voll erfolgreich anzusehen, sodass die notwendigen Auslagen des Rechtsmittelführers gem. Abs. 3 in vollem Umfang der Staatskasse aufzuerlegen sind (HK-StPO/*Krehl*, § 472b Rn. 20; KMR/*Paulus*, § 472b Rn. 65, 67). Bei wechselseitig erfolglosen Rechtsmitteln im Privatklageverfahren ist § 471 Abs. 3 Nr. 1 einschlägig (BayObLG, RPfl 1961, 81; HK-StPO/*Krehl*, § 472b Rn. 21; *Meyer-Goßner/Schmitt*, § 472b Rn. 35). Bei Einstellung wegen Geringfügigkeit im Rechtsmittelverfahren kommt § 471 Abs. 3 Nr. 1 (HK-StPO/*Krehl*, § 472b Rn. 21), bei erhobener Widerklage § 471 Abs. 3 Nr. 3 zur Anwendung (*Meyer-Goßner/Schmitt*, § 472b Rn. 35; OLG Hamm, MDR 1953, 441).

15 **G. Rechtsmittelkosten bei überholter Beschwerde (Abs. 1 Satz 4)** Abs. 1 Satz 4 regelt schließlich die Kostentragungspflicht bei überholter Beschwerde. Ist eine zunächst gem. § 406a Abs. 1 Satz 1 zulässig eingelegte Beschwerde durch die den Rechtszug abschließende Entscheidung unzulässig geworden, so gilt hinsichtlich der Kosten des Verfahrens sowie der notwendigen Auslagen der Beteiligten § 472a Abs. 2 entsprechend. Es wird hier oftmals unbillig sein, den Beschwerdeführer mit den Rechtsmittelkosten zu belasten, sodass insb. die Möglichkeit besteht, diese gem. § 472a Abs. 2 Satz 2 der Staatskasse aufzuerlegen.

H. Rechtsmittel der StA (Abs. 2) Hat die StA zuungunsten des Beschuldigten oder eines 16
Nebenbeteiligten Rechtsmittel eingelegt und wird dieses zurückgenommen oder bleibt es erfolglos,
so trägt die Staatskasse gem. Abs. 2 Satz 1 die Kosten des Rechtsmittels und die notwendigen Auslagen
des Rechtsmittelgegners. Die Gründe für die Rücknahme bzw. die Erfolglosigkeit des Rechtsmittels
sind unerheblich, eine (analoge) Anwendung von § 467 Abs. 3, Abs. 4 kommt nicht in Betracht. Ob
und in welcher Höhe notwendige Auslagen entstanden sind, wird erst im Kostenfestsetzungsverfahren
gem. § 464b geprüft (OLG Hamburg, NJW 1975, 130; *Meyer-Goßner/Schmitt*, § 472b Rn. 15).
Kommt es auf die Revision der StA zum Nachteil des Angeklagten hin zur Zurückverweisung des Verfahrens und verbleibt es sodann bei der ursprünglichen Verurteilung des Angeklagten, so trägt dieser die
gesamten Verfahrenskosten mit Ausnahme der Kosten der Revision und der ihm durch dieses Rechtsmittel entstandenen notwendigen Auslagen. Diese werden der Staatskasse auferlegt (BGHSt 18, 231;
Meyer-Goßner/Schmitt, § 472b Rn. 15). Auch soweit die StA erfolgreich zugunsten des Beschuldigten
oder eines Nebenbeteiligten ein Rechtsmittel eingelegt hat, wird der Begünstigte so gestellt, als habe er
selbst Rechtsmittel eingelegt. Abs. 2 Satz 2 bestimmt daher, dass seine notwendigen Auslagen der
Staatskasse zur Last fallen. Diese trägt daneben auch die Kosten des Verfahrens (BGHSt 19, 226; HK-StPO/*Krehl*, § 472b Rn. 9). Für das Zusammentreffen des Rechtsmittels der StA mit einem anderen
Rechtsmittel gelten die unter Rn. 11 gemachten Ausführungen.

I. Beschränktes Rechtsmittel (Abs. 3) Hat der Beschuldigte oder ein Beteiligter erfolgreich 17
ein beschränktes Rechtsmittel eingelegt, so sind seine notwendigen Auslagen nach Abs. 3 der Staatskasse aufzuerlegen. Der Nebenkläger ist jedoch nicht Beteiligter i.S.d. Abs. 3, seine notwendigen Auslagen fallen daher der Staatsasse nicht zur Last (LR/*Hilger*, § 472b Rn. 32). Neben den notwendigen
Auslagen des Rechtsmittelführers hat die Staatskasse bei Erfolg des beschränkten Rechtsmittels auch
die Kosten des Rechtsmittels zu tragen. Zur umstrittenen Frage, ob der Rechtsmittelführer auch bei
vollem Erfolg seines beschränkten Rechtsmittels die notwendigen Auslagen des Nebenklägers zu tragen
hat, wird auf die Ausführungen unter Rn. 9 verwiesen.
Ein **beschränktes Rechtsmittel** i.S.d. Abs. 3 ist nur dann gegeben, wenn die Beschränkung bereits bei 18
Einlegung oder Begründung des Rechtsmittels wirksam erklärt wird (OLG Frankfurt am Main, NJW
1974, 1670; HK-StPO/*Krehl*, § 472b Rn. 12; *Meyer-Goßner/Schmitt*, § 472b Rn. 20; a. A. OLG Oldenburg, NJW 1970, 2130). Die erst nachträgliche Beschränkung ist grds. als Teilrücknahme anzusehen, für sie gilt daher Abs. 1, nicht Abs. 3. Der Rechtsmittelführer trägt mithin bei nachträglicher Beschränkung die Kosten und Auslagen, die bei rechtzeitiger Beschränkung nicht entstanden wären
(OLG Frankfurt am Main, NJW 1979, 1515; OLG München, NStZ-RR 1997, 192; OLG Hamm,
NStZ-RR 1998, 221; HK-StPO/*Krehl*, § 472b Rn. 12; *Meyer-Goßner/Schmitt*, § 472b Rn. 20).
Ein beschränktes Rechtsmittel hat **Erfolg** gem. Abs. 3, wenn der Rechtsmittelführer sein erklärtes Ziel 19
im Wesentlichen erreicht (OLG Düsseldorf, NStZ 1985, 380; HK-StPO/*Krehl*, § 472b Rn. 13; *Meyer-Goßner/Schmitt*, § 472b Rn. 21). Während bei einer auf das Strafmaß beschränkten Berufung hierfür
ursprünglich auf den Vergleich zwischen Ersturteil und Schlussantrag des Berufungsführers abgestellt
wurde, ist nach heute herrschender Meinung für die Frage des Erfolgs des Rechtsmittels allein der Vergleich zwischen der in der Vorinstanz und der Rechtsmittelinstanz verhängten Strafe entscheidend
(OLG Köln, StV 1993, 649; *Meyer-Goßner/Schmitt*, § 472b Rn. 21; OLG Jena, NStZ-RR 1997,
384; OLG Hamm, NStZ 1998, 221; a. A. HK-StPO/*Krehl*, § 472b Rn. 13, der entscheidend auf
den Schlussantrag des Beschwerdeführers abstellt). Von einem vollen Erfolg ist hiernach auszugehen,
wenn statt der zunächst ausgesprochenen Freiheitsstrafe eine Geldstrafe verhängt (OLG Hamburg,
NJW 1970, 1467) oder die zunächst verhängte unbedingte Freiheitsstrafe zur Bewährung ausgesetzt
wird (OLG Düsseldorf, StV 1988, 71; AK-StPO/*Degener*, § 472b Rn. 34). Das beschränkte Rechtsmittel ist weiterhin erfolgreich, wenn die Strafe in das Ermessen des Gerichts gestellt und sodann um mindestens ein Viertel reduziert wird (OLG Frankfurt am Main, NJW 1979, 1515; *Meyer-Goßner/Schmitt*,
§ 472b Rn. 21; HK-StPO/*Krehl*, § 472b Rn. 13) oder wenn statt auf Geldstrafe auf Verwarnung mit
Strafvorbehalt erkannt wird (OLG Bremen, StV 1994, 495). Auch wenn eine Rechtsmittelbeschränkung aus Rechtsgründen im Einzelfall nicht wirksam möglich ist, kommt Abs. 3 zur Anwendung,
wenn das vom Rechtsmittelführer verfolgte begrenzte Ziel von Anfang an deutlich zum Ausdruck gebracht und im Ergebnis erreicht wird (BGH, NJW 1964, 875; OLG Düsseldorf, MDR 1990, 1036;

OLG Stuttgart, MDR 1976, 73; OLG Celle, NJW 1975, 400; *Meyer-Goßner/Schmitt*, § 472b Rn. 22; KK-StPO/*Gieg*, § 472b Rn. 6; HK-StPO/*Krehl*, § 472b Rn. 12; a. A. *Foth* NJW 1972, 1224).

20 Auch in diesem Zusammenhang ist zu beachten, dass unter den Voraussetzungen des Abs. 5 ein Rechtsmittelerfolg zu verneinen ist (Rn. 6). Dies gilt ebenso für die unter Rn. 8 angesprochenen Fallkonstellationen, in denen in der Rechtsmittelinstanz kein fehlerhaftes Urteil korrigiert wird, sondern die Änderung des vorinstanzlichen Urteils ausschließlich auf der mittlerweile verstrichenen Zeit beruht (OLG Hamburg, MDR 1977, 72; OLG Zweibrücken, NStZ 1991, 602; a. A. *Meyer-Goßner/Schmitt*, § 472b Rn. 21; HK-StPO/*Krehl*, § 472b Rn. 13; *Pfeiffer*, § 472b Rn. 12).

21 **J. Teilerfolg des Rechtsmittels (Abs. 4)** Bei teilweisem Erfolg des Rechtsmittels hat das Gericht gem. Abs. 4 die Rechtsmittelgebühr zu ermäßigen und die Auslagen der Staatskasse sowie die notwendigen Auslagen der Beteiligten (Abs. 4 Satz 2) für die Rechtsmittelinstanz z. T. oder ganz der Staatskasse aufzuerlegen, soweit eine Belastung der Beteiligten unbillig wäre. Die Bestimmung gilt auch für das Rechtsmittel der StA und das beschränkte Rechtsmittel, soweit dieses nicht vollumfänglich erfolgreich ist (Abs. 3). Der **Begriff des Teilerfolgs** ist zu unterscheiden vom Teilfreispruch in der Rechtsmittelinstanz. Im Fall des Teilfreispruchs kommt § 467 zur Anwendung, d. h. die Kosten des Verfahrens sowie die notwendigen Auslagen des Beschuldigten fallen der Staatskasse zur Last. Demgegenüber betrifft Abs. 4 den Teilerfolg hinsichtlich ein und derselben Straftat, d. h. das Vorliegen von Tateinheit, sodass ein Teilfreispruch bzw. eine Teileinstellung mangels selbstständiger Taten nicht möglich ist (BGH, NJW 1954, 122; *Pfeiffer*, § 472b Rn. 13; HK-StPO/*Krehl*, § 472b Rn. 15). Ein Teilerfolg liegt hiernach vor, wenn das Rechtsmittel nicht vollumfänglich verworfen wird, sondern das erstrebte Ziel in nicht nur unerheblichem Umfang erreicht (LR/*Hilger*, § 472b Rn. 26; KMR/*Stöckel*, § 472b Rn. 21). Dies ist zu bejahen, wenn auf das unbeschränkte Rechtsmittel des Beschuldigten hin die Strafe um ein Viertel reduziert (OLG Hamm, MDR 1973, 1041), die unbedingte Freiheitsstrafe zur Bewährung ausgesetzt (OLG Hamm, § 472b; HK-StPO/*Krehl*, § 472b Rn. 16; *Meyer-Goßner/Schmitt*, § 472b Rn. 25), die besondere Schwere der Schuld verneint oder die verhängte Maßregel aufgehoben wird (BGH, StV 1987, 449; LR/*Hilger*, § 472b Fn. 25; HK-StPO/*Krehl*, § 472b Rn. 16). Bei einer Strafmaßberufung der StA ist von einem Teilerfolg auszugehen, soweit die Straferhöhung wesentlich niedriger ausfällt als beantragt (BayObLG, NJW 1963, 601; a. A. BayObLG, NJW 1960, 255: Erfolglosigkeit des Rechtsmittels bei bloß unwesentlichem Teilerfolg). Demgegenüber hat das Rechtsmittel der StA gegen ein freisprechendes Urteil vollen Erfolg, wenn der beantragte Schuldspruch ergeht, selbst wenn die Strafe geringer ausfällt als beantragt (OLG Köln BeckRS 2012, 07648; HK-StPO/*Krehl*, § 472b Rn. 16).

22 Andererseits ist das Rechtsmittel, das einen **nur unwesentlichen Teilerfolg** erzielt, dem erfolglosen Rechtsmittel gleichzustellen, mit der Folge dass Abs. 1 zur Anwendung kommt (LR/*Hilger*, § 472b Rn. 26). Ein nur unwesentlicher Teilerfolg liegt vor bei bloßer Änderung des Schuldspruchs oder der Schuldform ohne wesentliche Änderung des Rechtsfolgenausspruchs (OLG Hamm, MDR 1993, 376; HK-StPO/*Krehl*, § 472b Rn. 16; *Meyer-Goßner/Schmitt*, § 472b Rn. 25; *Pfeiffer*, § 472b Rn. 13; a. A. OLG München, NJW 1973, 864) sowie bei Verfolgungsbeschränkung gem. §§ 154 Abs. 2, 154a Abs. 2 (OLG Düsseldorf, MDR 1995, 856; HK-StPO/*Krehl*, § 472b Rn. 16; *Meyer-Goßner/Schmitt*, § 472b Rn. 25). Bei mehrmaliger Aufhebung und Zurückverweisung in derselben Sache ist für die Frage des Vorliegens eines Teilerfolgs die erste aufgehobene Entscheidung mit der abschließenden Entscheidung zu vergleichen (BGH, NStZ 1987, 232, 233; KK-StPO/*Gieg*, § 472b Rn. 7).

23 Eine Ermäßigung der Gebühren gem. Abs. 4 ist nicht zwingend, sondern erfolgt im Rahmen einer durch das Gericht zu treffenden **Billigkeitsentscheidung**. Eine umfassende Belastung des Angeklagten mit Gebühren und Auslagen trotz Teilerfolgs ist verfassungsrechtlich unbedenklich (BayVerfGH, NJW 1991, 1809). Neben dem Umfang des Teilerfolgs (BGH, NStZ 1989, 221; OLG Düsseldorf, StV 1996, 613) ist für die Frage einer Gebührenermäßigung zu berücksichtigen, ob der Angeklagte die angegriffene Entscheidung hingenommen hätte, wenn sie wie die Entscheidung des Rechtsmittelgerichts ausgefallen wäre (BGH, NStZ 1987, 86; BGH, NStZ-RR 1998, 70; OLG Düsseldorf, VRS 98, 366). Hat der Angeklagte in der Vorinstanz keine Angaben gemacht und entlastende Umstände, die zum Teilerfolg geführt haben, erst in der Rechtsmittelinstanz vorgetragen, so darf dies nicht zu seinen Lasten berücksichtigt werden (KK-StPO/*Gieg*, § 472b Rn. 7; *Meyer-Goßner/Schmitt*, § 472b Rn. 26). Die Gebührenermäßigung erfolgt durch Festsetzung einer Quote (§ 464d) oder eines bestimmten Betrages.

Darüber hinaus ermächtigt Abs. 4 das Rechtsmittelgericht, ausnahmsweise von der gesamten Gebühr abzusehen (OLG Hamm, MDR 1981, 427; HK-StPO/*Krehl*, § 472b Rn. 18; KK-StPO/*Gieg*, § 472b Rn. 7; a. A. LR/*Hilger*, § 472b Fn. 136). Auf die Verteilung der notwendigen Auslagen zwischen Angeklagtem und Nebenkläger ist bei Teilerfolg eines von ihnen eingelegten Rechtsmittels Abs. 4 Satz 2 entsprechend anzuwenden und nicht § 471 Abs. 3 Nr. 1 (OLG Düsseldorf, NStZ 1992, 250; *Meyer-Goßner/Schmitt*, § 472b Rn. 29; *Pfeiffer*, § 472b Rn. 14).

K. Kosten im Wiederaufnahmeverfahren und Nachverfahren (Abs. 6)

Gem. Abs. 6 sind die Abs. 1 bis Abs. 4 für die Wiederaufnahme des Verfahrens (§§ 359 ff.) bzw. für das Nachverfahren (§ 439) entsprechend anzuwenden. Diese beiden Verfahrensarten werden insoweit hinsichtlich der zu treffenden Kostenentscheidung wie Rechtsmittel behandelt. Bei erfolglosem oder zurückgenommenem Wiederaufnahmeantrag bzw. Antrag nach § 439 Abs. 1 hat mithin der Antragsteller gem. Abs. 1 die Kosten des Verfahrens zu tragen. Etwas anderes gilt jedoch entsprechend den zu Abs. 1 gemachten Erläuterungen (Rn. 4), soweit der Antrag zurückgenommen wird, weil eine Berichtigung des Urteils i.S.d. Antragstellers erfolgt und der Antrag somit hinfällig geworden ist. Insoweit gilt § 467 Abs. 1 entsprechend, da der Antrag im Ergebnis erfolgreich war (*Perels*, NStZ 1985, 538; HK-StPO/*Krehl*, § 472b Rn. 26; *Meyer-Goßner/Schmitt*, § 472b Rn. 37). Die Anordnung der Wiederaufnahme gem. § 370 Abs. 2 ergeht ohne Kostenentscheidung, da der endgültige Ausgang des Verfahrens noch offen ist und somit eine endgültige Kostenentscheidung noch nicht getroffen werden kann. Eine abschließende und einheitliche Kostenentscheidung ergeht in der neuen Hauptverhandlung. Bei Freispruch bzw. Einstellung des Verfahrens kommt insoweit § 467 Abs. 1 zur Anwendung. Dies gilt auch für die Kosten einer früher erfolglosen Revision (BGH, NJW 1956, 79). Bei erneuter Verurteilung gilt § 465 Abs. 1. Soweit das neue Urteil einen Teilerfolg beinhaltet, z.B. eine Strafmilderung bei beantragtem Freispruch, gilt Abs. 4 (*Pfeiffer*, § 472b Rn. 16). Bei erfolgreichem Nachverfahren, d.h. bei Aufhebung der Einziehung, trägt die Staatskasse gem. § 473 Abs. 6 Nr. 2 i.V.m. Abs. 3 die Kosten des Nachverfahrens und die notwendigen Auslagen des Antragstellers. Teilweise wird insoweit auch § 467 Abs. 1 entsprechend angewendet (*Meyer-Goßner/Schmitt*, § 439 Rn. 16).

24

L. Kosten der Wiedereinsetzung in den vorigen Stand (Abs. 7)

Nach Abs. 7 hat grds. der Antragsteller die Kosten einer Wiedereinsetzung in den vorigen Stand gem. §§ 44 ff. zu tragen und zwar ohne Rücksicht darauf, ob der Wiedereinsetzungsantrag erfolgreich ist oder verworfen wird. Diese Kostentragungspflicht wird vom Ausgang des Hauptverfahrens nicht berührt (BGH, StV 2001, 108; KK-StPO/*Gieg*, § 472b Rn. 16). Dem Antragsteller fallen daher die insoweit entstandenen gerichtlichen Auslagen sowie seine eigenen notwendigen Auslagen zur Last. Dies gilt auch, wenn die Wiedereinsetzung von Amts wegen erfolgt (KK-StPO/*Gieg*, § 472b Rn. 16; *Pfeiffer*, § 472b Rn. 17). Nur soweit die Kosten durch einen unbegründeten Widerspruch des Gegners entstanden sind, trifft diesen die Kostentragungspflicht. Die Kostenentscheidung nach Abs. 7 ist nicht anfechtbar, da auch die Wiedereinsetzung selbst keiner Anfechtung unterliegt. Sie wird im Wiedereinsetzungsbeschluss oder in der die Hauptsache abschließenden Entscheidung getroffen. Bei Verwerfung des Antrags auf Wiedereinsetzung ist eine gesonderte Kostenentscheidung hinsichtlich des Wiedereinsetzungsverfahrens nur erforderlich, soweit der Antragsteller aufgrund der Kostenentscheidung im Hauptsacheverfahren nicht ohnehin die Kosten des Verfahrens zu tragen hat (HK-StPO/*Krehl*, § 472b Rn. 27).

25

§ 473a StPO Kosten und notwendige Auslagen bei gesonderter Entscheidung über die Rechtmäßigkeit einer Ermittlungsmaßnahme.

¹Hat das Gericht auf Antrag des Betroffenen in einer gesonderten Entscheidung über die Rechtmäßigkeit einer Ermittlungsmaßnahme oder ihres Vollzugs zu befinden, bestimmt es zugleich, von wem die Kosten und die notwendigen Auslagen der Beteiligten zu tragen sind. ²Diese sind, soweit die Maßnahme oder ihr Vollzug für rechtswidrig erklärt wird, der Staatskasse, im Übrigen dem Antragsteller aufzuerlegen. ³§ 304 Absatz 3 und § 464 Absatz 3 Satz 1 gelten entsprechend.

Die Bestimmung wurde durch das Gesetz zur Stärkung der Rechte von Verletzten und Zeugen im Strafverfahren (2. Opferrechtsreformgesetz) v. 29.07.2009 eingeführt und enthält eine Kostenregelung für

1

§ 473a StPO Kosten und notwendige Auslagen bei gesonderter Entscheidung

gesonderte richterliche Entscheidungen über die Rechtmäßigkeit oder den Vollzug einer Ermittlungsmaßnahme auf Antrag des Betroffenen. Gesonderte gerichtliche Entscheidungen über die Rechtmäßigkeit von Ermittlungsmaßnahmen bzw. von deren Vollzug sind bspw. vorgesehen in § 81g Abs. 5 Satz 4 hinsichtlich der Speicherung von gewonnenen DNA-Identifizierungsmustern. Eine entsprechende gesonderte gerichtliche Entscheidung kann weiterhin erreicht werden gem. § 98 Abs. 2 Satz 2 hinsichtlich der Anordnung einer Beschlagnahme. Daneben kommt insb. die analoge Anwendung des § 98 Abs. 2 Satz 2 und mithin die Herbeiführung einer separaten richterlichen Entscheidung in Betracht für die Überprüfung von Maßnahmen anderer Art. In Betracht kommt eine entsprechende Anwendung insbesondere im Hinblick auf gerichtliche Entscheidungen hinsichtlich der Rechtmäßigkeit von Maßnahmen nach § 111l Abs. 6 Satz 2, 147 Abs. 5 Satz 3, 161a Abs. 3 Satz 2, 163a Abs. 3 Satz 4, 406e Abs. 4 Satz 3, 478 Abs. 3 Satz 2 (*Meyer-Goßner*, § 473a Rn. 1; BeckOK StPO § 473a Rn. 2). Die Kostenentscheidung erfolgt **von Amts wegen**. Eine nachträgliche Verfahrenseinstellung nach § 170 Abs 2 StPO bleibt außer Betracht (LG Postdam BeckRS 2014).

Die Bestimmung des § 473a kommt nur dann zum Tragen, wenn das Gericht eine gesonderte Entscheidung über die Rechtmäßigkeit dieser Maßnahmen trifft. Soweit hierüber in der das Verfahren abschließenden Entscheidung mitentschieden wird, bestimmt sich die Kostentragungspflicht nach den §§ 464 ff.

2 Soweit das Gericht die Rechtswidrigkeit der Ermittlungsmaßnahme bzw. ihres Vollzugs bejaht, sind nach Satz 2 die Kosten des Verfahrens und die notwendigen Auslagen der Staatskasse aufzuerlegen, bei Rechtmäßigkeit dem betroffenen Antragsteller.

3 Nach Satz 3 ist die sofortige Beschwerde gegen die gesonderte gerichtliche Entscheidung auch hinsichtlich der Kosten und notwendigen Auslagen zulässig, wenn auch gegen die Hauptentscheidung zur Frage der Rechtmäßigkeit der Ermittlungsmaßnahme oder ihres Vollzugs selbst eine Anfechtung statthaft ist (§ 464 Abs. 3 Satz 1). Dies gilt jedoch nur, soweit der Wert des Beschwerdegegenstands 200,00 € übersteigt, insoweit verweist Satz 3 auf § 304 Abs. 3.

Achtes Buch. Erteilung von Auskünften und Akteneinsicht, sonstige Verwendung von Daten für verfahrensübergreifende Zwecke, Dateiregelungen, länderübergreifendes staatsanwaltschaftliches Verfahrensregister

Erster Abschnitt. Erteilung von Auskünften und Akteneinsicht, sonstige Verwendung von Daten für verfahrensübergreifende Zwecke

§ 474 StPO Auskünfte und Akteneinsicht für Justizbehörden und andere öffentliche Stellen.

(1) Gerichte, Staatsanwaltschaften und andere Justizbehörden erhalten Akteneinsicht, wenn dies für Zwecke der Rechtspflege erforderlich ist.

(2) ¹Im Übrigen sind Auskünfte aus Akten an öffentliche Stellen zulässig, soweit
1. die Auskünfte zur Feststellung, Durchsetzung oder zur Abwehr von Rechtsansprüchen im Zusammenhang mit der Straftat erforderlich sind,
2. diesen Stellen in sonstigen Fällen aufgrund einer besonderen Vorschrift von Amts wegen personenbezogene Informationen aus Strafverfahren übermittelt werden dürfen oder soweit nach einer Übermittlung von Amts wegen die Übermittlung weiterer personenbezogener Informationen zur Aufgabenerfüllung erforderlich ist oder
3. die Auskünfte zur Vorbereitung von Maßnahmen erforderlich sind, nach deren Erlaß aufgrund einer besonderen Vorschrift von Amts wegen personenbezogene Informationen aus Strafverfahren an diese Stellen übermittelt werden dürfen.

²Die Erteilung von Auskünften an die Nachrichtendienste richtet sich nach § 18 des Bundesverfassungsschutzgesetzes, § 10 des MAD-Gesetzes und § 8 des BND-Gesetzes sowie den entsprechenden landesrechtlichen Vorschriften.

(3) Unter den Voraussetzungen des Absatzes 2 kann Akteneinsicht gewährt werden, wenn die Erteilung von Auskünften einen unverhältnismäßigen Aufwand erfordern würde oder die Akteneinsicht begehrende Stelle unter Angabe von Gründen erklärt, daß die Erteilung einer Auskunft zur Erfüllung ihrer Aufgabe nicht ausreichen würde.

(4) Unter den Voraussetzungen der Absätze 1 oder 3 können amtlich verwahrte Beweisstücke besichtigt werden.

(5) Akten können in den Fällen der Absätze und 3 zur Einsichtnahme übersandt werden.

(6) Landesrechtliche Regelungen, die parlamentarischen Ausschüssen ein Recht zur Akteneinsicht einräumen, bleiben unberührt.

Übersicht

	Rdn.		Rdn.
A. Allgemeines	1	IV. Akteneinsicht statt Auskunft (Abs. 3)	15
B. Erläuterungen	4	V. Besichtigung von Beweisstücken und Aktenübersendung (Abs. 4 und 5)	16
I. Anwendbarkeit	4		
II. Akteneinsicht für Justizbehörden (Abs. 1)	7	VI. Parlamentarische Untersuchungsausschüsse (Abs. 6)	18
III. Akteneinsicht für andere staatliche Stellen (Abs. 2)	10		

S.a. RiStBV Nr. 182 bis 189

A. Allgemeines. Die Regelung normiert **Akteneinsicht** und **Auskunftserteilung** aus Verfahrens- 1
akten an öffentliche Stellen, insb. andere Justizbehörden, **für Zwecke dortiger Verfahren**. Hauptanwendungsfall ist die **Beiziehung von Strafakten** für andere Straf-, Zivil- oder Verwaltungsverfahren. Diese Aktenbeiziehung ist dogmatisch als Eingriff in Grundrechtspositionen der in den Verfahrensakten ge-

§ 474 StPO   Auskünfte und Akteneinsicht für Justizbehörden

nannten Personen anzusehen – die Erkenntnisse werden nämlich nicht für den Zweck verwendet, für den sie ursprünglich erhoben worden waren –, sodass die Norm eine Eingriffsgrundlage etwa in das allgemeine Persönlichkeitsrecht (vgl. SK-StPO/*Weßlau* § 474 Rn. 1; *Meyer-Goßner/Schmitt* Vor § 474 Rn. 1; vgl. auch BVerwG NVwZ 2013, 521, 523) oder in Art. 12 GG – hier: Schutz von Geschäfts- und Betriebsgeheimnissen – (BVerfG NJW 2014, 1581, 1582) darstellt. Sie gibt der Strafverfolgungsbehörde das **Recht**, die erbetenen Informationen weiterzugeben, soweit die gesetzlichen Voraussetzungen hierfür erfüllt sind, **verpflichtet sie aber nicht** zur Gewährung von Akteneinsicht oder Informationsüberlassung. Letztgenanntes ist im Grundsatz der Amtshilfe nach Art. 35 Abs. 1 GG festgeschrieben.

2   Das Gesetz unterscheidet zwischen Akteneinsicht und Auskunftserteilung für **Strafverfolgungszwecke** einerseits und für **sonstige, außerhalb der Strafverfolgung liegende Zwecke** andererseits. Die Voraussetzungen einer Auskunftserteilung oder ggf. einer Akteneinsicht für justizfremde Zwecke sind deutlich enger gefasst, um dem Verhältnismäßigkeitsgrundsatz und damit insb. der Tiefe des Eingriffs in Grundrechtspositionen Rechnung zu tragen. **Nicht von § 474 geregelt** ist die Gewinnung von Informationen für strafprozessuale Zwecke **aus Vorgängen anderer Behörden** (es sei denn aus Strafverfahrensakten anderer Stellen); sie richtet sich nach den §§ 161 und 163 (vgl. SK-StPO/*Weßlau* Vor § 474 Rn. 1).

3   Der **Begriff der Akten** entspricht demjenigen des § 199 Abs. 2 (vgl. SK-StPO/*Weßlau* § 474 Rn. 10). Zu den Akten, die in die Einsicht genommen werden kann, oder aus denen Auskunft erteilt wird, gehören folglich **alle Sachakten**. Hinsichtlich der in Abs. 4 ausdrücklich genannten **Beweismittel** besteht ein Besichtigungsrecht, sie sind aber nicht Teil der Akten. **Dateien** sind nur dann von der Gewährung von Akteneinsicht umfasst, wenn sie **ausdrücklich zu den Akten genommen** wurden und deren Bestandteil sind. Von einem im Ermittlungsverfahren sichergestellten Mobiltelefon oder Computer ausgedruckte Daten werden folgerichtig Aktenbestandteil und unterfallen so § 474 (OLG Koblenz, Beschl. v. 11.06.2010 – 2 VAs 1/10). Hinsichtlich der Auskunft aus und Übermittlung von Dateien gelten ansonsten die Spezialnormen der §§ 483 ff., insb. die §§ 487 und 493. Ob die sog. **Spurenakten** vom Begriff der Akten umfasst sind, ist auch hier umstritten. Sie gehören nach höchstrichterlicher Rechtsprechung nur dann zu den Verfahrensakten, wenn sie Anhaltspunkte für eine Sachaufklärung bieten (vgl. insb. BGHSt 30, 131, 139; KK-StPO/*Tolksdorf* § 199 Rn. 5 m.w.N.; krit. SK-StPO/*Paeffgen* § 199 Rn. 4). Angesichts des Normzwecks des § 474 streitet hier auch der Anspruch auf ein faires, rechtsstaatliches Verfahren nicht für die Einbeziehung von Spurenakten ohne Bezug zur Sache (vgl. BVerfG NStZ 1983, 273, 274). **Gleichfalls von einer Auskunft oder Akteneinsicht ausgenommen** sind die **staatsanwaltschaftlichen Handakten** oder andere Vorgänge **behördeninternen, organisationsbezogenen Inhalts** (vgl. KK-StPO/*Schneider* § 199 Rn. 8 m.w.N.; BeckOK-StPO/*Ritscher* § 199 Rn. 6).

4   **B. Erläuterungen. I. Anwendbarkeit.** Voraussetzung der Anwendbarkeit der Norm ist, dass die Akteneinsicht oder Auskunft für ein Verfahren genutzt wird, das **einen anderen Lebenssachverhalt** zum Gegenstand hat (BeckOK-StPO/*Wittig* § 474 Rn. 3; *Hilger* NStZ 2001, 15). Das bedeutet für ein Ermittlungs- oder Strafverfahren, dass die Taten im prozessualen Sinne in den beiden Verfahren verschieden sein müssen. Ohne Belang ist dabei, ob Tatverdächtigen oder Beschuldigen in beiden Verfahren dieselben sind (SK-StPO/*Weßlau* § 474 Rn. 3). Ist die Tat in beiden Verfahren dieselbe, ist nicht § 474, sondern § 161 und § 199 Abs. 2 anzuwenden.

5   Weitere Voraussetzung einer Anwendbarkeit des § 474 ist die **Gewinnung von sachlichen Erkenntnissen** durch die Akteneinsicht oder die Auskunft. Eine Aktenübersendung zur Wahrnehmung der Dienstaufsicht ist daher von § 474 nicht erfasst (*Meyer-Goßner/Schmitt* § 474 Rn. 1). Wird die Akteneinsicht von **am Verfahren beteiligten Behörden oder Gerichten** begehrt, z.B. von der übergeordneten Instanz, kann sie gleichfalls nicht auf § 474 gestützt werden, sondern nur auf einzelfallbezogene Vorschriften (in der StPO z.B. auf §§ 2, 4, 27, 41, 163 Abs. 2, 306 Abs. 2, 320, 321, 347, 354 und 355 sowie auf § 152 Abs. 1 GVG).

6   Die **Verwendung** nach § 474 erlangter **Daten** regelt § 477 Abs. 5.

7   **II. Akteneinsicht für Justizbehörden (Abs. 1)**   Akteneinsicht nach Abs. 1 kann von **Justizbehörden im funktionellen Sinne** in Anspruch genommen werden. Zu diesen zählen neben allen Gerichten und StA auch ermittelnde Polizeibehörden sowie ggf. Finanz- und Zollbehörden, sofern sie in strafverfolgender Hinsicht tätig sind. Der Untersuchungsführer in einem Disziplinarverfahren ist nach zutreffender

Ansicht als Justizbehörde anzusehen (OLG Schleswig NJOZ 2013, 1411, 1412). Gerichte sind in Zivilsachen (vgl. § 273 Abs. 2 Nr. 2 ZPO) legitimiert, Akteneinsicht nach § 474 zu erhalten, wenn eine Partei sich in ihrem Vortrag zur Substantiierung ihres Anspruchs auf diese Akten bezogen hat, selbst wenn darin geschützte Betriebsgeheimnisse enthalten sind (BVerfG NJW 2014, 1581, 1582). Die Befugnisse aus den §§ 161 und 202 sowie § 244 Abs. 2 werden durch § 474 ergänzt und erweitert (*Meyer-Goßner/Schmitt* § 474 Rn. 2; BGHSt 30, 34, 35; 36, 328, 337). Zu **Zwecken der Rechtspflege** muss die Akteneinsicht erfolgen; eine Zweckbestimmung im Einzelnen ist nicht erforderlich. Als Zwecke der Rechtspflege sind auch die **Strafvollstreckung**, **Gnadensachen**, **Rechtshilfe** und das **Registerwesen** anzusehen, ebenso naturgemäß die Verfolgung von **Ordnungswidrigkeiten**. Justizverwaltung ist hingegen grds. keine Rechtspflege, anderes gilt allenfalls für die Schöffenwahl (SK-StPO/*Weßlau* § 474 Rn. 8). Eine – nicht selten zu weiteren Rückfragen Anlass gebende – **Auskunftserteilung** ist in Abs. 1 aus Praktikabilitätsgesichtspunkten nicht vorgesehen, aber von der Gestattung, Akteneinsicht zu erhalten, mit umfasst.

Die Akteneinsicht muss für ein Verfahren der ersuchenden Stelle **erforderlich** sein. Diese Tatbestandsvoraussetzung ist einerseits Ausdruck des allgemeinen Verhältnismäßigkeitsprinzips, andererseits dient sie aber auch der Wahrung von Datenschutzinteressen. **Es obliegt der ersuchenden Stelle** zu beurteilen, ob die Auskunft oder die Akteneinsicht für das von ihr geführte Verfahren tatsächlich erforderlich ist (BeckOK-StPO/*Wittig* § 474 Rn. 9). Auch die schutzbedürftigen Rechte Dritter sind von der ersuchenden Stelle zu gewährleisten (vgl. OLG Stuttgart, Beschl. vom 18.01.2013 – 4a VAs 3/12). Die **Erforderlichkeit der Akteneinsicht muss** aber ggü. der ersuchten Stelle **regelmäßig nicht näher begründet werden** (*Meyer-Goßner/Schmitt* § 474 Rn. 4). Bestandteil der Frage einer Erforderlichkeit ist auch, ob nur eine Akteneinsicht, ggf. im Rahmen einer Aktenübersendung nach Abs. 5 den angestrebten Zwecken zu dienen vermag, oder ob auch eine Auskunft aus den Akten den Zweck erfüllt. **Fordert** eine dem Legalitätsprinzip oder dem Amtsermittlungsgrundsatz verpflichtete **Justizbehörde** die Akten an, bestehen **an der Erforderlichkeit im Normalfall keine Zweifel**. § 58a Abs. 2, der den Schutz der informationellen Selbstbestimmung von Zeugen im Blick hat, steht einer Akteneinsicht nicht entgegen, da diese Vorschrift die Akteneinsicht durch Stellen der öffentlichen Verwaltung nicht beschränken wollte (str., vgl. *Meyer-Goßner/Schmitt* § 474 Rn. 4 m.w.N.). Allerdings ist der Normzweck des § 58a Abs. 2 Satz 2, auch in den Fällen des § 168e sowie des § 247a bei dem Ersuchen um Auskunft oder Akteneinsicht zu berücksichtigen. Befinden sich also Aufzeichnungen auf Bild-Ton-Trägern bei den Akten, dürfen diese nur für Zwecke der Strafverfolgung eingesehen werden.

Die ersuchte Stelle hat nach dem eindeutigen gesetzlichen Wortlaut die erbetene Akteneinsicht zu gewähren, wenn die gesetzlichen Tatbestandsvoraussetzungen vorliegen (HK-StPO/*Temming* § 474 Rn. 1). Ein **Ermessen** hierüber ist ihr **nicht eingeräumt** (BeckOK-StPO/*Wittig* § 474 Rn. 10). Ebenso wenig kann sie darüber entscheiden, in welchem Umfang Akteneinsicht gewährt wird; den Umfang der Akteneinsicht festzulegen, ist Sache der nachsuchenden Stelle (HK-StPO/*Temming* § 474 Rn. 4).

III. Akteneinsicht für andere staatliche Stellen (Abs. 2) Unter den Voraussetzungen des Abs. 2 können auch andere, **nicht unter Abs. 1 fallende öffentliche Stellen** Informationen aus Strafakten erhalten. Da diese Informationen auf diese Weise die Sphäre der Strafverfolgung verlassen, müssen zusätzliche Anforderungen erfüllt sein, um eine Auskunft zu ermöglichen. Nach Abs. 2 ist nur eine Aktenauskunft, nicht aber eine Akteneinsicht oder gar -überlassung möglich (s. aber Abs. 3). Als öffentliche Stelle i.S.v. Abs. 2 sind (insb. hoheitlich tätige) nicht-justizielle Behörden und Körperschaften (OLG Hamm, Beschl. v. 30.04.2009 – 1 VAs 11/09: Ärztekammer; OVG Lüneburg, Beschl. v. 06.04.2011 – 12 ME 37/11: Fahrerlaubnisbehörde; BFH DStR 2013, 2568, 2569 und OLG Karlsruhe NStZ-RR 2013, 385, 386: Finanzbehörden), Anstalten sowie Stiftungen des öffentlichen Rechts in Deutschland anzusehen, nicht aber privatrechtliche Unternehmen, die öffentliche Aufgaben wahrnehmen, wie etwa ein in eine GmbH umgewandeltes kommunales Versorgungsunternehmen (SK-StPO/*Weßlau* § 474 Rn. 14). Nicht zu den öffentlichen Stellen zählen präventiv tätige Polizeidienststelle, da insoweit § 411 vorrangig ist (*Brodersen* NJW 2000, 2537, 2540). Die ersuchende Stelle muss den Zweck des Auskunftsersuchens und dessen Erforderlichkeit **schlüssig darlegen**, damit die auskunfterteilende Stelle beurteilen kann, ob das Ersuchen die Voraussetzungen des § 474 erfüllt. Ob die Angaben zu Zweck und Erforderlichkeit auch in der Sache zutreffen, bleibt ungeprüft (SK-StPO/*Weßlau* § 474 Rn. 25).

11 Abs. 2 Satz 1 Nr. 1 gestattet eine Auskunft ggü. Behörden zur Feststellung, Durchsetzung oder **Abwehr von Regress- oder Versorgungsansprüchen** (HK-StPO/*Temming* § 474 Rn. 6) im Zusammenhang mit Straftaten. Dies gilt bspw. für die Geltendmachung von Regressansprüchen ggü. Straftätern, die aus der Gewährung von staatlichen Entschädigungsleistungen für die Opfer der Regressschuldner herrühren. Auch disziplinarische Maßnahmen einer öffentlichen Stelle aufgrund eines Strafurteils zählen hierzu, da insoweit ein Rechtsanspruch durchgesetzt werden soll (OLG Hamm, Beschl. v. 30.04.2009 – 1 VAs 11/09).

12 Der Regelungsgehalt des Abs. 2 Satz 1 Nr. 2 erschließt sich angesichts dessen verklausulierter Formulierung nicht sofort. Von der Vorschrift sind die Fälle erfasst, in denen es um die **Informationsweitergabe an Stellen, die nach anderen Normen**, etwa §§ 12 ff. EGGVG oder nach § 7 Abs. 2 Satz 2 und § 8 Abs. 1 AsylVG, **von Amts wegen zur Entgegennahme von personenbezogenen Informationen befugt sind**. Darüber hinaus genehmigt Abs. 2 Satz 1 Nr. 2 auch unabhängig von § 20 EGGVG eine Übermittlung weiterer personenbezogener Informationen aus den Akten. Anders als in § 20 EGGVG ist bei § 474 Abs. 2 Satz 1 Nr. 2 allerdings **ein Ersuchen Voraussetzung der Informationsweitergabe**; sie erfolgt nicht von Amts wegen (vgl. SK-StPO/*Weßlau* § 474 Rn. 18).

13 In Abs. 2 Satz 1 Nr. 3 schließlich ist der Fall geregelt, dass Auskünfte benötigt werden, damit die öffentliche Stelle Maßnahmen durchführen kann, im Anschluss an die ihr ohnehin von Amts wegen Auskünfte erteilt werden dürfen; es geht also um **das Vorverlagern von Informationsbezugsrechten**. Auch hier besteht ein Bezug zu den mit dem Justizmitteilungsgesetz in den 2. Abschnitt des EGGVG eingefügten Bestimmungen, insb. zu **§ 14 EGGVG**, da hier ausdrücklich solche behördlichen Maßnahmen genannt werden (*Brodersen* NJW 2000, 2537, 2540). Unterliegen die nach Anordnung der Maßnahme bestehenden Übermittlungsbefugnisse Einschränkungen, bleibt dies bei der Beauskunftung vor Maßnahmenerlass nach Abs. 2 Nr. 3 außer Betracht (*Meyer-Goßner/Schmitt* § 474 Rn. 6 m.w.N.).

14 Abs. 2 Satz 2 stellt für die **Nachrichtendienste** in Einzelnen klar, was in § 480 zusätzlich in allgemeiner Form geregelt ist: die spezialgesetzlich geregelte Auskunftserteilung an BND, BfV, MAD und die Landesämter für Verfassungsschutz bleibt von § 474 unberührt. Die Zweckänderung wird für diese Fälle ohne Weiteres als zulässig akzeptiert.

15 **IV. Akteneinsicht statt Auskunft (Abs. 3)** Abs. 3 gibt die Möglichkeit, statt einer nach Abs. 2 grds. möglichen Auskunftserteilung einer öffentlichen Stelle auch **Akteneinsicht** zu gewähren, wenn und soweit die Auskunftserteilung entweder – für die auskunfterteilende Stelle – **unverhältnismäßig aufwendig** wäre (vgl. OLG Hamm, Beschl. v. 30.04.2009 – 1 VAs 11/09) oder – der um Auskunft nachsuchenden Stelle – zur Erreichung des angestrebten Zieles **nicht ausreiche**. Dies soll nach dem Willen des Gesetzgebers allerdings die **Ausnahme** sein (BT-Drucks. 14/1484, S. 26); dementsprechend ist der ersuchten Stelle insoweit ein (**pflichtgemäß auszuübendes**) **Ermessen** eingeräumt. Bei der hierbei erforderlichen Abwägung hat der **Schutz der informationellen Selbstbestimmung** einen besonderen Stellenwert (BeckOK-StPO/*Wittig* § 474 Rn. 19) Während die Auskunft begehrende Stelle nach dem Gesetzeswortlaut begründen muss, warum die bloße Beauskunftung das Informationsinteresse nicht ausreichend befriedigt, ist die ersuchte Stelle für ihre Entscheidung, statt einer Auskunft Akteneinsicht zu gewähren, keine Begründung schuldig. Nach Abs. 5 kann die Akteneinsicht im Wege der Aktenversendung durchgeführt werden. Abs. 3 gilt auch für die **Nachrichtendienste**.

16 **V. Besichtigung von Beweisstücken und Aktenübersendung (Abs. 4 und 5)** Die **Besichtigung** von amtlich verwahrten (asservierten) **Beweisstücken** ist in Abs. 4 normiert. Sie erfolgt für Justizbehörden (einschließlich strafverfolgend tätiger Polizeibehörden) **unter den Voraussetzungen des Abs. 1**; für sonstige öffentliche Stellen ist Voraussetzung, dass **die Tatbestände von Abs. 2 wie auch von Abs. 3** (der auf Abs. 2 verweist) erfüllt sind. Die Bezugnahme auf Abs. 3 weist auch für Beweisstücke auf den Vorrang der Auskunftserteilung ggü. sonstigen öffentlichen Stellen hin (so auch *Meyer-Goßner/Schmitt* § 474 Rn. 8). Datenträger mit sog. gespiegelten (duplizierten) Dateien können dem anfordernden Gericht übersandt werden, da ein Beweismittelverlust bei der Zurverfügungstellung derartiger »mittelbarer« Beweismittel nicht droht (OLG Karlsruhe, Beschl. v. 21.10.2014 – 2VAs 10/14).

17 **Abs. 5** nimmt gleichfalls auf Abs. 1 und 3 Bezug. Eine Aktenübersendung an sonstige öffentliche Stellen kommt naturgemäß nur dann in Betracht, wenn eine Akteneinsicht statt einer reinen Auskunftserteilung statthaft ist. Da Beweisstücke in Abs. 5 nicht genannt werden und Abs. 4 nicht zitiert wird,

kommt eine **Übersendung von Beweisstücken** nicht infrage (anders aber *Meyer-Goßner/Schmitt* § 474 Rn. 8: Übersendung ist nicht vorgesehen, aber auch nicht ausgeschlossen).

VI. Parlamentarische Untersuchungsausschüsse (Abs. 6) Abs. 6 stellt klar, dass die **landesgesetzlichen Regelungen zur Akteneinsicht parlamentarischer Ausschüsse** der Bundesländer durch § 474 nicht berührt werden. Dies gilt gegebenenfalls auch für Regelungen zum Rechtsweg gegen Entscheidungen über Akteneinsicht (vgl. insoweit OLG Stuttgart, Beschl. v. 18.01.2013 – 4a VAs 3/12). Auch in derartigen Fällen wird die Erforderlichkeit der Akteneinsicht nicht von der übermittelnden Stelle geprüft, da dies (nur) der Untersuchungsausschuss selbst im Rahmen seines Auftrags tun kann; die Prüfungskompetenz der aktenübersendenden Stelle beschränkt sich auf die Frage, ob die zu übersendenden Akten überhaupt den Untersuchungsauftrag betreffende Tatsachen enthalten. Die durch eine Weitergabe der Akten an den Untersuchungsausschuss möglicherweise berührten Grundrechte Dritter hat dementsprechend der Untersuchungsausschuss in eigener Verantwortung zu wahren. Der Aktenbegriff des § 14 UAG Bad.-Württ. entspricht demjenigen des § 474 (OLG Stuttgart, Beschl. v. 15.11.2012, 4a VAs 3/12). Das Akteneinsichtsrecht parlamentarischer Untersuchungsausschüsse des Bundestages ergibt sich aus Art. 44 Abs. 2 GG i.V.m. § 474 Abs. 1 in entsprechender Anwendung, da ein solcher Untersuchungsausschuss als andere Justizbehörde i.S.v. Abs. 1 anzusehen ist (HK-StPO/ *Temming* § 474 Rn. 3; SK-StPO/ *Weßlau* § 474 Rn. 24; *Meyer-Goßner/Schmitt* § 474 Rn. 9: Art. 44 GG i.V.m. § 18 PUAG). Von Abs. 6 nicht erfasst werden parlamentarische Anfragen einzelner Abgeordneter oder von Funktionen.

18

§ 475 StPO Auskünfte und Akteneinsicht für Privatpersonen und sonstige Stellen.

(1) ¹Für eine Privatperson und für sonstige Stellen kann, unbeschadet der Vorschrift des § 406e, ein Rechtsanwalt Auskünfte aus Akten erhalten, die dem Gericht vorliegen oder diesem im Falle der Erhebung der öffentlichen Klage vorzulegen wären, soweit er hierfür ein berechtigtes Interesse darlegt. ²Auskünfte sind zu versagen, wenn der hiervon Betroffene ein schutzwürdiges Interesse an der Versagung hat.
(2) Unter den Voraussetzungen des Absatzes 1 kann Akteneinsicht gewährt werden, wenn die Erteilung von Auskünften einen unverhältnismäßigen Aufwand erfordert oder nach Darlegung dessen, der Akteneinsicht begehrt, zur Wahrnehmung des berechtigten Interesses nicht ausreichen würde.
(3) ¹Unter den Voraussetzungen des Absatzes 2 können amtlich verwahrte Beweisstücke besichtigt werden. ²Auf Antrag können dem Rechtsanwalt, soweit Akteneinsicht gewährt wird und nicht wichtige Gründe entgegenstehen, die Akten mit Ausnahme der Beweisstücke in seine Geschäftsräume oder seine Wohnung mitgegeben werden. ³Die Entscheidung ist nicht anfechtbar.
(4) Unter den Voraussetzungen des Absatzes 1 können auch Privatpersonen und sonstige Stellen Auskünfte aus den Akten erteilt werden.

A. Anwendungsbereich. In Abgrenzung zu § 474 ist in § 475 die Auskunftserteilung **aus laufenden wie auch abgeschlossenen Verfahren für nicht-öffentliche Stellen** geregelt. Als Hauptanwendungsfall sind die Privatpersonen (natürliche Personen) ausdrücklich genannt. Als solche sind insb. **Zeugen im Strafverfahren** anzusehen (OLG Düsseldorf NJW 2002, 2806, 2807; so auch BGH NStZ-RR 2010, 246, 247). Daneben sind aber auch alle sonstigen privaten Stellen, also juristische Personen und Personengesellschaften, von der Regelung umfasst. Sie gibt den Regelungsadressaten einen **Anspruch auf Entscheidung nach pflichtgemäßem Ermessen über das Auskunftsgesuch.**

1

Grds. ist auch hier die Beauskunftung eines Petenten ggü. einer Akteneinsicht vorrangig. Die weite Fassung des **jedermann zustehenden Rechts auf Auskunft aus den Akten** wird eingegrenzt durch das Erfordernis eines berechtigten Interesses an einer Auskunft oder Akteneinsicht sowie durch die Regelung, dass Auskunft nur über einen einer Rechtsanwaltskammer angehörenden Rechtanwalt gewährt werden kann. Der Gesetzgeber sieht die **Übermittlung anonymisierter Auskünfte als Regelfall** an (vgl. § 476 Abs. 1 Nr. 2 – hierzu auch LG Berlin NJW 2002, 838, 839). Hat ein RA ein privates eigenes Interesse an Akteneinsicht, ist er nicht verpflichtet, einen weiteren RA zu beauftragen, für ihn Akteneinsicht zu nehmen, er gilt vielmehr als RA i.S.v. Abs. 1 und ist aufgrund seiner besonderen Verpflichtung als Organ der Rechtspflege befugt, selbst die Akten einzusehen (LG Regensburg NZV 2004, 154, 155). Da-

2

rüber hinaus ist die Auskunft aus den Akten zu versagen, wenn eine betroffene Person ein schutzwürdiges Interesse hieran hat.

3 **Nicht anwendbar ist die Norm auf Verfahrensbeteiligte**, insb. Beschuldigte, Angeschuldigte und Angeklagte sowie Verletzte, Nebenkläger, Privatkläger und Einziehungs- oder Verfallsbeteiligte (BGH, Beschl. v. 22.09.2009 – 2 BJs 55/04–2); insoweit gelten die **Spezialregelungen der § 147, § 385 Abs. 3 und § 406e**. **Nicht verletzte Tatzeugen** und deren anwaltschaftlicher Beistand erhalten indes nach dieser Vorschrift (nur dann) Akteneinsicht, wenn die Voraussetzungen hierfür – insbesondere ein berechtigtes Interesse (vgl. unten Rn. 6) – vorliegen (BGH NStZ-RR 2010, 246, 247; OLG Hamburg NJW 2002, 1590, 1591; *Meyer-Goßner/Schmitt* § 475 Rn. 1; BeckOK-StPO/*Wittig* § 475 Rn. 2); hier stehen indes regelmäßig die Zwecke des Strafverfahrens gem. § 477 Abs. 2 entgegen (s. hierzu unten § 477 Rn. 3). **Nach Abschluss des Verfahrens** ist indes § 475 auch auf die – dann ehemaligen – Verfahrensbeteiligten anzuwenden (in diesem Sinne SK-StPO/*Weßlau* § 475 Rn. 6; so auch *Meyer-Goßner/Schmitt* § 475 Rn. 1 m. Ausnahme früherer Beschuldigter, die weitere Prozesshandlungen beabsichtigen).

4 Die – verfassungsrechtlich unbedenkliche (BVerfG NJW 2002, 2307, 2308) – Regelung des Abs. 1, Auskunft nur über einen zugelassenen RA zu geben, wird in Abs. 4 weitgehend ausgehebelt. Nach dieser Vorschrift können, wenn die übrigen Voraussetzungen des Abs. 1 vorliegen, **Auskünfte an jedermann** erteilt werden. Dies umfasst auch die Überlassung von Abschriften aus den Akten, insb. (anonymisierte) Ablichtungen von Urteilen und Beschlüssen. Akteneinsicht oder Beweismittelbesichtigungen sind ohne Hinzuziehung eines RA nicht möglich.

5 Ggü. Aktenauskunfts- und -einsichtsregelungen im Datenschutzrecht der Länder ist § 475 in seinem Regelungsbereich vorrangig (OLG Hamm NStZ-RR 1996, 11, 12; so auch OVG Greifswald NVwZ 2013, 1503, 1504). **§ 1 Abs. 3 Informationsfreiheitsgesetz** formuliert gleichfalls einen Vorrang des § 475 für den Bereich der Strafrechtspflege, wobei Teile des Schrifttums der Auffassung zuneigen, dass der Schutz der Belange der Strafrechtspflege bereits über § 3 Nr. 1g) IFG einen Anspruch auf Zugang zu Informationen aus den Verfahrensakten entfallen lassen, so dass es eines generellen Vorrangs der Einsichtsregelungen der StPO vor denen des IFG nicht bedürfe (vgl. *Polenz* NJW 2009, 1921, 1922).

Die **Verwendung** personenbezogener, nach § 475 gewonnener Daten regelt § 477 Abs. 5.

6 **B. Erläuterungen. I. Berechtigtes Interesse.** Die Auskunftserteilung ist an die Voraussetzung geknüpft, ein **berechtigtes Interesse** nachzuweisen. Dieses Interesse kann vielgestaltig sein und **muss keinen unmittelbaren Zusammenhang mit dem Strafverfahren** aufweisen. Die Tatsachen, aus denen sich ein berechtigtes Interesse ergibt, sind **schlüssig dazulegen**; einer darüber hinausgehenden **Glaubhaftmachung bedarf es allerdings nicht** (so auch *Meyer-Goßner/Schmitt* § 475 Rn. 2; KK-StPO/*Gieg* § 475 Rn. 2). Im Einzelnen ist zu erläutern, warum, wofür und in welchem Umfang eine Auskunft aus den Akten benötigt wird. Zu beachten ist, dass es nicht allein ausreicht, ein Interesse an einer Auskunft aus den Akten vorzutragen. Vielmehr **muss dieses Interesse berechtigt sein** (LG Görlitz StraFo 2001, 315). Es muss also in irgendeinem Zusammenhang mit einer Rechtsverfolgung stehen und kann sich nicht in bloßer Neugier erschöpfen. So kann eine Versicherungsgesellschaft ein berechtigtes Interesse an der Auskunft aus Strafakten geltend machen, wenn die Ermittlungen im Zusammenhang mit dem versicherten Schadensfall stehen. Auch **Insolvenzverwalter** oder Kreditinstitute können ggf. ein berechtigtes Interesse geltend machen (für den Insolvenzverwalter vgl. LG Hildesheim NJW 2008, 531, 533; vgl. aber OLG Köln NZI 2014, 1059, 1061: berechtigtes Interesse aus Datenschutzgründen nur bei Straftaten zum Nachteil des vom Insolvenzverwalter vertretenen Unternehmens). Ein vom Insolvenzgericht bestellter Sachverständiger hat wegen seines Tätigwerdens für die Rechtspflege regelmäßig ein berechtigtes Interesse (OLG Dresden NZI, 2014, 358, 359 m. Anm. von der Fecht). Ein berechtigtes Interesse an einer Auskunft oder Akteneinsicht wird regelmäßig durch die Notwendigkeit, zur ordnungsgemäßen Ausführung einer **Rüge im Revisionsverfahren** Tatsachen aus einem anderen Verfahren vorzutragen, begründet (BGHR StPO, § 475 Interesse 1). Für Privatpersonen kann das berechtigte Interesse insb. darin liegen, **Waffengleichheit** mit anderen öffentlichen oder privaten Stellen herzustellen, die ihrerseits bereits Auskunft aus den Akten erhalten haben. Ein etwaiges ermittlungstaktisches Interesse der aktenführenden StA an der Offenbarung bestimmter Akteninhalte kann ein berechtigtes Interesse desjenigen, dem die Akten zur Einsicht gegeben werden sollen, nicht ersetzen (BVerfG NJW

2009, 2876, 2877). Ein **Zeuge** hat **im Strafverfahren** grds. kein berechtigtes Interesse an der Kenntnis von den Aussagen anderer Zeugen in demselben Verfahren, er soll vielmehr unbeeinflusst von diesen Angaben aussagen (*Meyer/Goßner/Schmitt* § 475 Rn. 2 unter Hinweis auf BGH NStZ-RR 2010, 246, 247). Da ein anwaltlicher Zeugenbeistand kein eigenes Recht auf Akteneinsicht hat und sich seine Befugnisse aus denen des von ihm vertretenen Zeugen ableiten, **kann er ebenfalls kein berechtigtes Interesse geltend machen** (*Dahs* NStZ 2011, 200, 201; AG Rudolstadt NStZ-RR 2013, 348). Anderes gilt nur, wenn der Zeuge zugleich Verletzter ist (BGH, NStZ-RR 2010, 246, 247; OLG Hamburg NJW 2002, 1590, 1591). Der Anspruch auf rechtliches Gehör (Art. 103 Abs. 1 GG) ist in **Rechtsbehelfsverfahren nach § 101 Abs. 7 Satz 2** zugunsten eines von einer Maßnahme nach § 101 Abs. 4 Satz 1 (Dritt-) Betroffenen in besonderem Maße zu berücksichtigen (BGHR StPO, § 475 Drittbetroffener 1).

II. Entgegenstehendes schutzwürdiges Interesse des Betroffenen. Das **berechtigte Interesse des Antragstellers** ist gem. Abs. 1 Satz 2 gegen etwaige **schutzwürdige Interessen derjenigen Personen abzuwägen**, die von einer Beauskunftung betroffen sind, z.B. weil sie in den Akten genannt werden. Schutzwürdig können insb. Informationen aus dem persönlichen Bereich der Betroffenen sein, insb. aus deren Intimsphäre (**Kernbereichsschutz**), aber auch Betriebs- und Geschäftsgeheimnisse oder technische Unterlagen (vgl. hierzu LG München I MMR 2008, 561; KK-StPO/*Gieg* § 475 Rn. 2). Der Eingriff in das Grundrecht auf informationelle Selbstbestimmung des Betroffenen durch die Gewährung von Akteneinsicht erfordert regelmäßig nach dessen vorheriger **Anhörung** (BVerfG NJW 2007, 1052) eine **Abwägung** der Interessen des Antragstellers gegen diejenigen des Betroffenen (BVerfG NJW 2009, 2876, 2877; VerfG Brandenburg LKV 2010, 475). Einzelne Ablehnungsgründe sind in § 477 Abs. 2 normiert. 7

Eine Versagung der Auskunft ist nur dann geboten, wenn die schutzwürdigen Interessen des Betroffenen einer solchen auch **tatsächlich entgegen stehen**. Ob dies der Fall ist, muss die Stelle, die die Akten verwaltet, also das Gericht, sobald sie ihm vorliegen, oder aber die StA, beurteilen. Der Gesetzeswortlaut (»soweit«) ermöglicht eine **teilweise Beauskunftung**, wenn die schutzwürdigen Interessen einer Auskunft nur in manchen Bereichen entgegen stehen. Angesichts dessen ist die **vollständige Versagung einer Auskunft** unter Berufung auf ein nur am Rande belangvolles schutzwürdiges Interesse eines Betroffenen nicht möglich. Ergibt die Abwägung jedoch, dass das schutzwürdige Interesse des Betroffenen die berechtigten Interessen übertrifft, muss die Auskunft versagt werden. 8

Letztlich gelangt die Ansicht, die bei Bestehen eines schutzwürdigen Interesses eines Betroffenen eine Versagung der Auskunft auch ohne Abwägung als zwingend ansieht (so LR-StPO/*Hilger* § 475 Rn. 7; BeckOK-StPO/*Wittig* § 475 Rn. 10; so nun auch *Meyer-Goßner/Schmitt* § 475 Rn. 3) zu dem nämlichen Ergebnis. Hier ist der **Abwägungsprozess in die Prüfung des Merkmals »berechtigt« hineinverlagert**. 9

Liegen die gesetzlichen Voraussetzungen vor und stehen keine zwingenden Versagungsgründe i.S.v. Abs. 1 Satz 2 entgegen, ist dem über das Ersuchen entscheidenden Organ ein **pflichtgemäß auszuübendes Ermessen** eingeräumt. Dies hat sich an dem **Grundsatz der Beauskunftung** zu orientieren, sodass das Ermessen **regelmäßig sehr eingeschränkt** ist (so auch BeckOK-StPO/*Wittig* § 475 Rn. 9). Die Ablehnung der Beauskunftung bedarf einer eingehenden Begründung, die nicht im Fehlen der Tatbestandsvoraussetzungen des § 475 Abs. 1 Satz 1 bestehen kann, da ansonsten ein Ermessen gar nicht eröffnet wäre. 10

III. Akteneinsicht statt Auskunft (Abs. 2) Ähnlich wie in § 474 für öffentliche Stellen besteht unter bestimmten Voraussetzungen auch **für Private** die Möglichkeit, Akteneinsicht zu nehmen. Dies ist allerdings an weitere Voraussetzungen geknüpft. 11

Akteneinsicht kann genommen werden, wenn die **Beauskunftung für die aktenführende Stelle mit einem unverhältnismäßigen Aufwand verbunden** wäre (vgl. LG München I MMR 2008, 561, 562). Die Vorschrift gibt also dem Adressaten des Auskunftsersuchens die Möglichkeit, den Arbeitsaufwand gering zu halten, indem er die Akten zur Verfügung stellt, soweit diese die begehrten Informationen enthalten. Die Verweisung auf Abs. 1 soll sicherstellen, dass sensible Informationen aus den Akten nicht bedenkenlos im Wege der Akteneinsicht zugänglich gemacht werden. Dementsprechend kann **keine Akteneinsicht** gewährt werden, soweit der Antragsteller **kein berechtigtes Interesse** an der begehrten und durch die Akteneinsicht ersetzten Auskunft darzulegen vermag. Dies kann dazu führen, dass Ein- 12

§ 476 StPO   Auskünfte und Akteneinsicht zu Forschungszwecken

sicht nur in ausgewählte Aktenteile gewährt wird. Zeugen in Strafverfahren mögen u.U. Interesse an einer Einsicht in die sie betreffenden Verfahrensakten haben, hier ist indes § 477 Abs. 2 Satz 1 zu beachten (vgl. unten § 477 Rn. 3) Außerdem kommt eine Akteneinsicht naturgemäß nicht infrage, wenn und soweit dieser schutzwürdige Interessen eines Betroffenen entgegen stehen (Abs. 1 Satz 2), etwa in ärztliche Gutachten oder andere zu den Akten gegebene Erkenntnisse aus dem Kernbereich der Lebensgestaltung eines Betroffenen (*Meyer-Goßner/Schmitt* § 475 Rn. 4 m.w.N.). Da Abs. 4 nur auf Abs. 1, nicht aber auf Abs. 2 verweist, kann Einsicht – verfassungsrechtlich unbedenklich (BVerfG NJW 2003, 883) – nur durch einen RA genommen werden. Diese Einschränkungen gelten auch, wenn Akteneinsicht gewährt werden soll, weil der Antragsteller dargelegt hat, dass die bloße Beauskunftung seinen Interessen nicht zu genügen vermag.

13 Für **Bild-Ton-Aufzeichnungen** i.S.v. §§ 58a Abs. 1, 168e Satz 4 und 247a Satz 4 u. 5 ist § 58a Abs. 2 Satz 1 zu beachten; eine Akteneinsicht für Private kommt insoweit nicht in Betracht, weil diese regelmäßig nicht zu Zwecken der Strafverfolgung erfolgt.

14 **IV. Besichtigung von Beweisstücken; Herausgabe der Akten zu Einsichtnahme (Abs. 3)** Unter den Voraussetzungen des Abs. 2, der die Voraussetzungen des Abs. 1 beinhaltet, können **auch amtlich verwahrte Beweismittel in Augenschein genommen** werden, Abs. 3 Satz 1. Eine Auskunft dazu muss also entweder unverhältnismäßig aufwendig oder aber zur Wahrnehmung des berechtigten Interesses unzureichend sein.

15 Die **Akten, nicht aber Beweismittel**, können dem hiermit beauftragten RA in dessen Kanzlei oder sogar Wohnung mitgegeben werden, vorausgesetzt, dem stehen nicht wichtige Gründe entgegen. Ob solche Gründe entgegen stehen, hat die aktenführende Stelle zu beurteilen. Deren Entscheidung ist insoweit, anders als im Fall einer ablehnenden Entscheidung über Anträge nach Abs. 1, Abs. 2. Abs. 3 Satz 1 und Abs. 4, **nicht anfechtbar**, Abs. 3 Satz 2. Voraussetzung der Überlassung der Akten ist erneut, dass auch die Voraussetzungen des Abs. 2 vorliegen. Ein bloßes Auskunftsrecht begründet naturgemäß den Anspruch auf Überlassung der Akten nicht.

16 **V. Auskünfte an Privatpersonen (Abs. 4)** An **Privatpersonen und sonstige Stellen** können auch ohne (kostenträchtige) Beauftragung eines RA Auskünfte erteilt werden, Abs. 4. Die aktenführende Stelle wird i.R.d. ihr auch hier eingeräumten Ermessens zu bedenken haben, dass ein **RA, der eine erhöhte Gewähr für den sensiblen Umgang mit den Auskünften bieten soll**, hier fehlt. Unter Bezugnahme auf diese Ermächtigungsnorm können auch Entscheidungsabschriften in anonymisierter Form an Interessierte versandt werden, da die Fertigung von Abschriften von der Befugnis zu Erteilung von Auskünften umfasst wird (*Meyer-Goßner/Schmitt* § 475 Rn. 7; LG Berlin NJW 2002, 838, 839: Entscheidungsübersendung für Fachzeitschrift). Da Abs. 2 und 3 in Abs. 4 nicht genannt werden, kommen eine **Akteneinsicht oder eine Beweismittelbesichtigung für Privatpersonen ohne RA nicht infrage**.

17 **VI. Rechtsmittel.** Die Anfechtbarkeit der Entscheidungen der aktenführenden Stelle ist in **§ 478** geregelt. Gegen die Entscheidung der StA über Auskunfts- oder Einsichtsgesuche kann mit einem **Antrag auf gerichtliche Entscheidung** nach § 478 Abs. 3 vorgegangen werden (BGH, Beschl. v. 22.09.2009 – StB 28/09); gegen eine Entscheidung des Vorsitzenden über einen Antrag nach § 475 ist gem. § 478 Abs. 3 Satz 2 hingegen **kein Rechtsmittel** gegeben (vgl. *Schaefer* NJW-Spezial 2007, 327; OLG Hamburg NJW 2002, 1590; KG StV 2014, 279). Die Entscheidung, eine Überlassung der Verfahrensakten ganz oder teilweise zu versagen, ist nicht anfechtbar.

§ 476 StPO Auskünfte und Akteneinsicht zu Forschungszwecken.

(1) ¹Die Übermittlung personenbezogener Daten in Akten an Hochschulen, andere Einrichtungen, die wissenschaftliche Forschung betreiben, und öffentliche Stellen ist zulässig, soweit
1. dies für die Durchführung bestimmter wissenschaftlicher Forschungsarbeiten erforderlich ist,
2. eine Nutzung anonymisierter Daten zu diesem Zweck nicht möglich oder die Anonymisierung mit einem unverhältnismäßigen Aufwand verbunden ist und

3. das öffentliche Interesse an der Forschungsarbeit das schutzwürdige Interesse an der Forschungsarbeit das schutzwürdige Interesse des Betroffenen an dem Ausschluss der Übermittlung erheblich überwiegt.
²Bei der Abwägung nach Satz 1 Nr. 3 ist im Rahmen des öffentlichen Interesses das wissenschaftliche Interesse an dem Forschungsvorhaben besonders zu berücksichtigen.
(2) ¹Die Übermittlung der Daten erfolgt durch Erteilung von Auskünften, wenn hierdurch der Zweck der Forschungsarbeit erreicht werden kann und die Erteilung keinen unverhältnismäßigen Aufwand erfordert. ²Andernfalls kann auch Akteneinsicht gewährt werden. ³Die Akten können zur Einsichtnahme übersandt werden.
(3) ¹Personenbezogene Daten werden nur an solche Personen übermittelt, die Amtsträger oder für den öffentlichen Dienst besonders Verpflichtete sind oder die zur Geheimhaltung verpflichtet worden sind. ²§ 1 Abs. 2, 3 und 4 Nr. 2 des Verpflichtungsgesetzes findet auf die Verpflichtung zur Geheimhaltung entsprechende Anwendung.
(4) ¹Die personenbezogenen Daten dürfen nur für die Forschungsarbeit verwendet werden, für die sie übermittelt worden sind. ²Die Verwendung für andere Forschungsarbeiten oder die Weitergabe richtet sich nach den Absätzen 1 bis 3 und bedarf der Zustimmung der Stelle, die die Übermittlung der Daten angeordnet hat.
(5) ¹Die Daten sind gegen unbefugte Kenntnisnahme durch Dritte zu schützen. ²Die wissenschaftliche Forschung betreibende Stelle hat dafür zu sorgen, dass die Verwendung der personenbezogenen Daten räumlich und organisatorisch getrennt von der Erfüllung solcher Verwaltungsaufgaben oder Geschäftszwecke erfolgt, für die diese Daten gleichfalls von Bedeutung sein können.
(6) ¹Sobald der Forschungszweck es erlaubt, sind die personenbezogenen Daten zu anonymisieren. ²Solange dies noch nicht möglich ist, sind die Merkmale gesondert aufzubewahren, mit denen Einzelangaben über persönliche oder sachliche Verhältnisse einer bestimmten oder bestimmbaren Person zugeordnet werden können. ³Sie dürfen mit den Einzelangaben nur zusammengeführt werden, soweit der Forschungszweck dies erfordert.
(7) ¹Wer nach den Absätzen 1 bis 3 personenbezogene Daten erhalten hat, darf diese nur veröffentlichen, wenn dies für die Darstellung von Forschungsergebnissen über Ereignisse der Zeitgeschichte unerlässlich ist. ²Die Veröffentlichung bedarf der Zustimmung der Stelle, die die Daten übermittelt hat.
(8) Ist der Empfänger eine nichtöffentliche Stelle, finden die Vorschriften des Dritten Abschnitts des Bundesdatenschutzgesetzes auch Anwendung, wenn die Daten nicht in oder aus Dateien verarbeitet werden.

S.a. RiStBV Nr. 189

A. Anwendungsbereich. Die Vorschrift zur Auskunftserteilung an wissenschaftliche Stellen enthält **die an zahlreiche Bedingungen geknüpfte grundsätzliche Befugnis**, Daten an solche Institutionen weiterzugeben, und regelt daneben detailliert den **Umgang mit diesen Daten**. Wie sich schon aus dem ausdrücklichen Wortlaut des Abs. 1 Satz 1 ergibt, betrifft die Norm **nicht die Übermittlung anonymisierter**, sondern die **Weitergabe konkreter, personenbezogener Daten**; das ergibt sich auch aus Abs. 6, der eine Anonymisierung regelt. Entsprechend der **Legaldefinition in § 3 Abs. 1 BDSG** sind als personenbezogene Daten nicht nur die Personalien des Betroffenen, sondern alle Informationen über dessen persönliche oder sachliche Verhältnisse anzusehen. Personenbezogen sind die Daten bereits, wenn die Person bestimmbar ist. Der mit der Auskunftserteilung verbundene **Eingriff in die informationelle Selbstbestimmung** findet hier seine gesetzliche Grundlage (BeckOK-StPO/*Wittig* § 476 Rn. 1). Ein **subjektiv-öffentliches Recht** auf Datenübermittlung gibt § 476 nicht (so auch BeckOK-StPO/*Wittig* § 476 Rn. 1 m.w.N.). 1

Adressat der Vorschrift sind Hochschulen, also Universitäten und Fachhochschulen, wissenschaftliche Forschungseinrichtungen, also z.B. kriminologische Forschungsinstitute, die keiner Hochschule zugehörig sind, und andere öffentliche Stellen, die die übrigen Voraussetzungen der Norm erfüllen. Ob auch **Private** zu Forschungszwecken personenbezogene Daten aus den Akten erhalten können, ist **strittig**. Während eine Meinung hier eine **Sperrwirkung des § 476** annimmt (SK-StPO/*Weßlau* § 476 n.F. Rn. 8), geht die überwiegende Auffassung zu Recht davon aus, dass in solchen Fällen § 475 auch 2 dann Anwendung findet, wenn private Institutionen ein Forschungsvorhaben als berechtigtes Interesse geltend machen (*Graalmann-Scheerer* NStZ 2005, 434, 435; so auch *Meyer-Goßner/Schmitt* § 476 Rn. 1); unter diesen Voraussetzungen können Auskunftsbegehren zu »populärwissenschaftliche Zwecken« (SK-StPO/*Weßlau* § 476 n.F. Rn. 8) ggf. abschlägig verbeschieden werden (so auch BeckOK-StPO/*Wittig* § 476 Rn. 3). Doktoranden und Habilitanden erhalten als (Privat-)Personen nur unter den Voraussetzungen des § 475 Abs. 1 und 4 Auskunft aus Akten oder Akteneinsicht (*Graalmann-Scheerer* NStZ 2005, 434, 435).

3 **B. Voraussetzungen einer Datenübermittlung. I. Sachliche Voraussetzungen (Abs. 1)** Die in Abs. 1 genannten Voraussetzungen einer Datenübermittlung müssen **kumulativ** vorliegen, es sei denn die **Betroffenen willigen** in die Übermittlung ihrer Daten **ein** (vgl. hierzu § 4 Abs. 1 i.V.m. § 3 Abs. 1 BDSG).

4 Danach muss die Übermittlung der Daten für die Durchführung **bestimmter Forschungsarbeiten erforderlich** sein. Es kommt also auf eine **Projektbezogenheit** an; die Angabe, man benötige die Daten allgemein etwa für kriminologische Erhebungen, genügt also nicht (Satz 1 Nr. 1). Darüber hinaus kommt die Zurverfügungstellung personenbezogener Daten nur infrage, wenn **anonymisierte Daten** für den angestrebten Zweck entweder nicht taugen oder nur mit einem unverhältnismäßigen Aufwand – etwa wegen einer großen Datenmenge – hergestellt werden können (Satz 1 Nr. 2). Schließlich muss zugleich das **öffentliche Interesse am Forschungsvorhaben** das berechtigte Interesse des Betroffenen daran, dass eine Datenübermittlung unterbleibt, **erheblich überwiegen**. Die Gewichtung der Interessen in der in Abs. 1 Satz 1 Nr. 3 angeordneten Abwägung wird in Abs. 1 Satz 2 näher präzisiert: Das wissenschaftliche Interesse am Forschungsvorhaben hat als öffentliches Interesse besonderes Gewicht. Eine **Inhalts- und Themenkontrolle** findet wegen der Wissenschaftsfreiheit des Art. 5 Abs. 3 GG **nicht statt** (*Graalmann-Scheerer* NStZ 2005, 434, 436). Ein nur scheinbares wissenschaftliches Interesse kann indes dem grundsätzlichen Interesse der Betroffenen an der unterbleibenden Übermittlung ihrer Daten kaum etwas entgegensetzen und muss bei der Abwägung zurückstehen. Dies gilt auch unter Berücksichtigung der in Abs. 2 bis 8 angeordneten **Schutzmechanismen**, die der Wahrung der informationellen Selbstbestimmung der Betroffenen dienen und daher i.R.d. Abwägung das Interesse der Betroffenen an einem gänzlichen Ausschluss der Datenübermittlung zwar nicht aufheben, aber doch schmälern (so wohl auch *Meyer-Goßner/Schmitt* § 476 Rn. 1).

5 Die **Darlegungspflicht** für die tatbestandlichen Voraussetzungen des Abs. 1 liegt grds. bei der **ersuchenden Stelle**. Diese muss im Einzelnen erläutern, wofür sie die nicht anonymisierten Daten benötigt (vgl. im Einzelnen hierzu *Graalmann-Scheerer* NStZ 2005, 434, 435). Anderes gilt allerdings für die Frage der Unverhältnismäßigkeit der Anonymisierung in Abs. 1 Satz 2 und der Auskunftserteilung in Abs. 2 Satz 1. Inwieweit Aufwand und Nutzen in angemessener Relation stehen, kann hier naturgemäß nur die auskunftserteilende Stelle beurteilen.

6 Die übermittelnde Stelle hat bei Vorliegen der Tatbestandsvoraussetzungen einen **Ermessensspielraum**, ob und ggf. in welchem Umfang Auskunft oder Akteneinsicht erteilt wird. Sie muss zwischen dem Recht des Betroffenen auf informationelle Selbstbestimmung (Art. 2 Abs. 1 i.V.m. Art. 1 Abs. 1 GG) einerseits und der Freiheit von Forschung und Wissenschaft (Art. 5 Abs. 3 Satz 1 GG) andererseits abwägen (*Graalmann-Scheerer* NStZ 2005, 434, 436). Die Erlaubnis kann **unter Auflagen** erteilt werden (*Meyer-Goßner/Schmitt* § 476 Rn. 3).

7 **II. Persönliche Voraussetzungen des Empfängers (Abs. 3)** Die Datenübermittlung setzt in **Abs. 3** voraus, dass der Empfänger der Daten in besonderer Weise **Gewähr für einen verantwortungsvollen Umgang** mit den Daten bietet. Nur Personen, die aufgrund ihrer beruflichen Stellung im öffentlichen Dienst oder infolge einer Einzelfallverpflichtung zur Geheimhaltung verpflichtet sind, dürfen Daten aus Strafakten zu den in Abs. 1 genannten Zwecken erhalten. Ausfluss dieser Regelung ist, dass der Antragsteller die Personen, die mit den Daten i.R.d. Forschungsarbeiten umgehen, ggü. der auskunftserteilenden Stelle im Einzelnen **namhaft** zu machen und etwaige Änderungen im Forscherteam mitzuteilen hat (vgl. *Graalmann-Scheerer* NStZ 2005, 434, 437). Der Verstoß eines Datenempfängers gegen die Geheimhaltungspflicht ist in **§ 203 Abs. 2 Satz 1 Nr. 1, Nr. 2 oder Nr. 6 StGB** mit Strafe bedroht (BeckOK-StPO/*Wittig* § 476 Rn. 10).

C. Schutzregelungen. I. Vorrang der Auskunftserteilung (Abs. 2) Der in Abs. 2 Satz 1 – 8
wie auch in §§ 474, 475 – grds. angeordnete **Vorrang der Auskunftserteilung** vor der Akteneinsicht
ist durch die in Regelung in Satz 2 faktisch aufgehoben, da die Auskunftserteilung in der forensischen
Praxis regelmäßig mit einem – nur knapp begründeten – **unverhältnismäßigem Aufwand** verbunden ist
(so auch *Meyer-Goßner/Schmitt* § 476 Rn. 2; *Graalmann-Scheerer* NStZ 2005, 434 [437]). Dennoch
sollte bei der Verbescheidung entsprechender Gesuche darauf geachtet werden, ob i.S.e. Wahrung
der Interessen der Betroffenen eine Beauskunftung der ersuchenden Stelle oder das Ermöglichen von
Einsicht in die Akten im Dienstgebäude ggü. einer im bloßen Versand der Akten (Abs. 2 Satz 3) bestehenden Akteneinsicht vorzuziehen ist. Dass Akteneinsicht gewährt wird, wo eine Beauskunftung ihren
Zweck verfehlt, versteht sich von selbst.

II. Anderweitige Verwendung; Weitergabe (Abs. 4) Eine **anderweitige Verwendung – also für ein** 9
anderes Vorhaben des selben Forschers – oder eine **Weitergabe** der Daten an Dritte ist nach **Abs. 4** grds.
nicht gestattet, es sei denn, die die Übermittlung anordnende Stelle ist hiermit einverstanden und die
Voraussetzungen der Abs. 1 bis 3 liegen vor. Sollen bereits einmal weitergegebene Daten wiederum weitergegeben werden, reicht nach Sinn und Zweck der Vorschrift die Zustimmung der »zweitverwertenden« Stelle, die die Daten zuletzt erhalten hatte, nicht aus. Es bedarf vielmehr der Zustimmung der
ursprünglich die Daten erstmals übermittelnden Stelle, für deren Zwecke die Daten erstmals erhoben
worden waren, also regelmäßig einer Strafverfolgungsbehörde oder eines Gerichts. Diese Zustimmung
kann erteilt werden, wenn zwischen der Forschungsarbeit, für die die Daten ursprünglich übermittelt
wurden, und der Forschungsarbeit der zweiten Stelle **ein enger inhaltlicher Zusammenhang** besteht
(*Graalmann-Scheerer* NStZ 2005, 434, 438).

Auch i.R.d. Forschungsarbeiten unter Verwendung der übermittelten Daten neu gewonnene (Sekun- 10
där-) Daten dürfen nur, wiewohl sie strenggenommen nicht übermittelt wurden, für die Forschungsarbeit verwendet werden, für die die Ursprungsdaten übermittelt wurden (*Meyer-Goßner/Schmitt* § 476
Rn. 2). Für diese Sekundärdaten gelten gleichfalls die Übermittlungsvorschriften des Abs. 4, um eine
Umgehung dieser Vorschrift durch gezielte Gewinnung von Sekundärdaten zu verhindern.

Eine Abs. 4 entsprechende Vorschrift fehlt in den §§ 474 und 475. Sie wird jedoch in § 477 Abs. 5 11
nachgeholt.

III. Verwahrung der Daten (Abs. 5) Die **Verwahrung der Daten** regelt **Abs. 5**. Neben der Selbstver- 12
ständlichkeit, dass die Daten gegen unbefugte Kenntnisnahme durch Personen, die nicht zu dem Personenkreis des Abs. 3 gehören (BeckOK-StPO/*Wittig* § 476 Rn. 13), zu schützen sind (Satz 1),
schreibt die Vorschrift in Satz 2 dieses Absatzes eine **physische Trennung** der Daten von den organisatorischen Einheiten der Empfängerstelle vor, die nicht mit der Forschungsarbeit, für die die Daten übermittelt wurden, befasst sind, gleichwohl aber ein wie auch immer geartetes Interesse an den Daten haben könnten. Diese können die Daten nur unter den Voraussetzungen der §§ 474, 475 erhalten. Die
Vorschrift drückt mit dieser Regelung v.a. ein erhebliches Misstrauen ggü. den Verwaltungsabteilungen
der Hochschulen aus. Ein **Datenschutzkonzept**, das mit der Antragstellung vorgelegt wird und das u.a.
die Berufung eines projektspezifischen Datenschutzbeauftragten beinhaltet, kann erheblich dazu beitragen, dem Antrag zum Erfolg zu verhelfen (vgl. hierzu im Einzelnen *Graalmann-Scheerer* NStZ 2005,
434, 438).

IV. Anonymisierung (Abs. 6) Die übermittelten Daten müssen sobald als möglich **anonymisiert** 13
werden und, solange dies nicht geschehen ist, so verwahrt werden, dass eine Zusammenführung von
sachlichen Daten und persönlichen Identifikationsmerkmalen nur möglich ist, wenn der Forschungszweck dies erfordert. Hierdurch soll verhindert werden, dass nicht anonymisierte Daten ohne zeitliche
Beschränkung – und über die Aufbewahrungsfristen der Justiz hinaus – aufbewahrt und verwendet werden. Inwieweit dies tatsächlich umgesetzt wird, bleibt allerdings letztlich offen. Da die Vorschrift überdies sanktionslos ist, hat sie letztlich nur Apellcharakter.

V. Veröffentlichung (Abs. 7) Eine **Veröffentlichung** personenbezogener Daten kommt nur in Be- 14
tracht, wenn dies zum einen für die Darstellung der Forschungsergebnisse, derentwegen die Daten bezogen wurden, **unerlässlich** ist und wenn die ursprünglich übermittelnde Stelle hiermit **einverstanden**
ist. Die Unerlässlichkeit der Datenveröffentlichung muss sich aus der Darstellung selbst ergeben; sollte
es gelingen, die Forschungsergebnisse auch ohne Veröffentlichung der Daten schlüssig zu präsentieren,

ist die Unerlässlichkeit widerlegt. Das Einverständnis der übermittelnden Stelle kann durch das Einverständnis des Betroffenen ersetzt werden (so auch BeckOK-StPO/*Wittig* § 476 Rn. 15 m.w.N.) und ist entbehrlich, wenn eine Zuordnung der veröffentlichten Daten zwar theoretisch möglich, aber nur mit immensem Aufwand zu bewerkstelligen ist (vgl. BT-Drucks. 14/1484, S. 28). Die Unerlässlichkeit ist hingegen nicht zu ersetzen.

15 **VI. Regelungen für nichtöffentliche Stellen (Abs. 8)** Abs. 8 verweist für **private Stellen** auf die Vorschriften des dritten Abschnitts des BDSG, und zwar selbst dann, wenn die Daten nicht in von einer EDV verarbeiteten oder verarbeitbaren Daten bestehen.

16 **D. Anfechtung.** Die Anfechtung einer ablehnenden Entscheidung ist nach § 478 Abs. 3 nicht möglich, da § 476 dort nicht genannt wird. Lehnt die StA einen Antrag auf Auskunft oder Akteneinsicht ab, kommt indes ein **Vorgehen nach §§ 23 EGGVG** in Betracht. Gegen die ablehnende Entscheidung des Spruchkörpervorsitzenden bei Gericht ist die Beschwerde nach § 304 Abs. 1 möglich. Gleiche Anfechtungsmöglichkeiten hat auch derjenige, der sich durch die antragsgemäße Gewährung von Akteneinsicht oder Erteilung von Auskunft in seinen Rechten verletzt sieht (so auch *Graalmann-Scheerer* NStZ 2005, 434, 440).

§ 477 StPO Datenübermittlung und Verwendungsbeschränkungen.

(1) Auskünfte können auch durch Überlassung von Abschriften aus den Akten erteilt werden.
(2) ¹Auskünfte aus Akten und Akteneinsicht sind zu versagen, wenn der Übermittlung Zwecke des Strafverfahrens, auch die Gefährdung des Untersuchungszwecks in einem anderen Strafverfahren, oder besondere bundesgesetzliche oder entsprechende landesgesetzliche Verwendungsregelungen entgegenstehen. ²Ist eine Maßnahme nach diesem Gesetz nur bei Verdacht bestimmter Straftaten zulässig, so dürfen die auf Grund einer solchen Maßnahme erlangten personenbezogenen Daten ohne Einwilligung der von der Maßnahme betroffenen Personen zu Beweiszwecken in anderen Strafverfahren nur zur Aufklärung solcher Straftaten verwendet werden, zu deren Aufklärung eine solche Maßnahme nach diesem Gesetz hätte angeordnet werden dürfen. ³Darüber hinaus dürfen personenbezogene Daten, die durch eine Maßnahme der in Satz 2 bezeichneten Art erlangt worden sind, ohne Einwilligung der von der Maßnahme betroffenen Personen nur verwendet werden
1. zur Abwehr einer erheblichen Gefahr für die öffentliche Sicherheit,
2. für die Zwecke, für die eine Übermittlung nach § 18 des Bundesverfassungsschutzgesetzes zulässig ist, sowie
3. nach Maßgabe des § 476.
⁴§ 100d Abs. 5, § 100i Abs. 2 Satz 2 und § 108 Abs. 2 und 3 bleiben unberührt.
(3) In Verfahren, in denen
1. der Angeklagte freigesprochen, die Eröffnung des Hauptverfahrens abgelehnt oder das Verfahren eingestellt wurde oder
2. die Verurteilung nicht in ein Führungszeugnis für Behörden aufgenommen wird und seit der Rechtskraft der Entscheidung mehr als zwei Jahre verstrichen sind,
dürfen Auskünfte aus den Akten und Akteneinsicht an nichtöffentliche Stellen nur gewährt werden, wenn ein rechtliches Interesse an der Kenntnis der Information glaubhaft gemacht ist und der frühere Beschuldigte kein schutzwürdiges Interesse an der Versagung hat.
(4) ¹Die Verantwortung für die Zulässigkeit der Übermittlung trägt der Empfänger, soweit dieser eine öffentliche Stelle oder ein Rechtsanwalt ist. ²Die übermittelnde Stelle prüft in diesem Falle nur, ob das Übermittlungsersuchen im Rahmen der Aufgaben des Empfängers liegt, es sei denn, dass besonderer Anlass zu einer weitergehenden Prüfung der Zulässigkeit der Übermittlung besteht.
(5) ¹Die nach den §§ 474, 475 erlangten personenbezogenen Informationen dürfen nur zu dem Zweck verwendet werden, für den die Auskunft oder Akteneinsicht gewährt wurde. ²Eine Verwendung für andere Zwecke ist zulässig, wenn dafür Auskunft oder Akteneinsicht gewährt werden dürfte und im Falle des § 475 die Stelle, die Auskunft oder Akteneinsicht gewährt hat, zustimmt. ³Wird eine Auskunft ohne Einschaltung eines Rechtsanwalts erteilt, so ist auf die Zweckbindung hinzuweisen.

A. Anwendungsbereich. Die Vorschrift regelt die nach §§ 474 bis 476 zulässige **Übermittlung** 1 **von Informationen aus Strafakten** näher. Dabei werden **Detailregelungen**, die an und für sich ihren Platz in den jeweiligen Vorschriften hätten, zusammengefasst »nachgeschoben«. Dies führt dazu, dass neben den Voraussetzungen in den §§ 474 bis 476 auch diejenigen des § 477 zu beachten sind, sollen etwa im Wege der Aktenauskunft Informationen aus Akten anderer Stellen – seien sie öffentlich, seien sie privat – überlassen werden.

B. Erteilung von Abschriften (Abs. 1) Auskünfte, die nach den §§ 474 bis 476 zulässiger- 2 weise erteilt werden dürfen, können nach Abs. 1 im Wege der **Überlassung von Abschriften** aus den Akten zugänglich gemacht werden. Dadurch soll der von der Auskunft erteilenden Stelle zu betreibende **Aufwand** gering gehalten werden. Angesichts des Umstandes, dass jedenfalls immer dann, wenn die Auskunftserteilung für die ersuchte Stelle einen unverhältnismäßigen Aufwand bedeutete – was in der Praxis relativ schnell der Fall ist –, die Gewährung von Akteneinsicht statt einer Auskunftserteilung in Betracht kommt, ist der Übergang zwischen Abschriftenerteilung und Akteneinsicht fließend. Im Zweifel sollte unter Berücksichtigung der Datenschutzinteressen der Betroffenen zunächst stets die **Erteilung von Abschriften** in Erwägung gezogen werden, und nur wenn auch diese mit unverhältnismäßigem Aufwand verbunden ist, Akteneinsicht gewährt werden.

C. Einschränkungen der Informationsübermittlung (Abs. 2) Zwingend zu ver- 3 **sagen** sind Auskünfte und Akteneinsicht, wenn dem (vorrangige) Zwecke des Strafverfahrens entgegenstehen. Dies ist dem Umstand geschuldet, dass die Informationen zunächst für Zwecke der Strafverfolgung gewonnen wurden und zuvörderst hierzu dienen. Nur wenn die Informationsgewinnung als solche nicht negativ beeinflusst wird, kommt eine Nutzung der Informationen für andere Zwecke in Betracht. Der entscheidenden Stelle wird dabei ein Beurteilungsspielraum zugestanden (BeckOK-StPO/*Wittig* § 477 Rn. 3). Das Strafverfahren darf durch die anderweitige Nutzung der Informationen **nicht in Gefahr** geraten. Dies wäre insb. dann der Fall, wenn das Verfahren bei der Informationsübermittlung zu scheitern drohte oder wenn es sich – bspw. durch die Gewährung von Akteneinsicht – verzögerte. Auch einem **Zeugenbeistand**, der ohnehin anders als ein Strafverteidiger kein eigenes Akteneinsichtsrecht i.S.v. § 147 Abs. 1 hat (OLG Düsseldorf NJW 2002, 2806, 2807), ist im Ermittlungsverfahren bei Vorliegen der Voraussetzungen des Abs. 2 **Akteneinsicht zu versagen**; den Strafverfolgungsinteressen ist hier Vorrang eingeräumt (KG NStZ 2008, 587 = Beschl. v. 07.02.2008 – 2 BJs 58–06/2 [2/08] m. zust. Anm. NJW-Spezial 2008, 441; so auch BGH NStZ-RR 2010, 246, 247). Dabei ist zu beachten, dass die **Vorbereitung eines Zeugen auf die Aussage** anhand der Ermittlungsakten regelmäßig dem Sinn und Zweck eines Zeugenbeweises und damit des gesamten Strafverfahrens widerspricht, da die Gefahr besteht, dass der Zeuge hiervon so beeinflusst wird, dass er zu einer wahrheitsgemäßen Aussagen nicht mehr in der Lage ist (OLG Düsseldorf NJW 2002, 2806, 2807; KG NStZ 2008, 587; aA m. beachtlichen Argumenten *Klengel/Müller* NJW 2011, 23, 24 für den Fall eines Auskunftsverweigerungsrecht des Zeugen gem. § 55 StPO). Durch Gesetz v. 29.07.2009 wurde klargestellt, dass auch die Gefährdung des Untersuchungszwecks in einem anderen Verfahren zur Versagung von Akteneinsicht oder Aktenauskunft führen.

Darüber hinaus darf **keine Auskunft** erteilt oder Akteneinsicht gewährt werden, wenn **Verwendungs-** 4 **regelungen** in Bundes- oder Landesgesetzen dies untersagen. Hierzu zählen neben zahlreichen Vorschriften der StPO (§§ 58a Abs. 2, 69 Abs. 3, 98b Abs. 3 Satz 3, 100b Abs. 5, 100d Abs. 3 Satz 3, 100d Abs. 5, 100f Abs. 1 und 2, 100h Abs. 2 Satz 1 und Abs. 3, 100i Abs. 3 Satz 2, 108 Abs. 2, 110e, 136a Abs. 3 Satz 2, 161 Abs. 2, 163d Abs. 4 Satz 5, 168e Satz 4, 247a Satz 5, 254) v.a. gesetzlich normierte Berufsgeheimnisse, aber auch das Steuergeheimnis (§ 30 AO) und das Sozialgeheimnis (§ 35 SGB I, §§ 67 ff. SGB X) und landesgesetzliche Pflichten zur Geheimhaltung von Akteninhalten (*Meyer-Goßner/Schmitt* § 477 StPO Rn. 4; § 12 EGGVG Rn. 6). Infolge des eindeutigen Gesetzeswortlautes stehen Verordnungen oder andere niederrangige Vorschriften einer Informationsübermittlung nicht grds. entgegen.

Abs. 2 Satz 2 normiert die Verwendung von personenbezogenen Informationen in anderen Ermitt- 5 lungs-, Straf- und Vollstreckungsverfahren. Dabei ist zu beachten, dass Informationen, deren Gewinnungsmethode an den Verdacht auf ganz bestimmte Taten geknüpft ist, in dem anderen Strafverfahren zu Beweiszwecken **nur** verwendet werden dürfen, wenn es sich bei **der anderen Tat gleichfalls um eine** solche handelt, die die Anwendung bestimmter strafprozessualer Maßnahmen ermöglicht (KK-StPO/*Gieg* § 477 Rn. 3). Maßgeblich ist dabei die Rechtslage zum Zeitpunkt der Datenverwendung nach § 477 Abs. 2 Satz 2 (BGH NStZ 2009, 224, 225; BGH NStZ 2013, 569, 600). Bei Licht betrachtet wird hier – im Anschluss an die entsprechende Rechtsprechung des BGH – der **Gedanke des hypothetischen Ersatzeingriffs** kodifiziert (BGH NStZ 2013, 596, 599; s.a. *Meyer-Goßner/Schmitt* § 477 Rn. 5). Dies bedeutet also z.B., dass im Wege der Telekommunikationsüberwachung erlange Erkenntnisse in einem anderen Strafverfahren nur dann als Beweismittel verwertet werden würfen, wenn eine Telekommunikationsüberwachung auch in diesem Verfahren zulässig gewesen wäre, insb., weil auch in dem anderen Verfahren der Verdacht einer Katalogtat i.S.v. § 100a bestand. Maßgeblich ist hier die Rechtslage zum Zeitpunkt der Verwendung der durch die Maßnahme erlangten personenbezogenen Daten (*Meyer-Goßner/Schmitt* § 477 Rn. 7a; s.a. BGH MMR 2009, 180, 181 m. Anm. *Sankol*). Der Gesetzeswortlaut schränkt die Verwertung von Erkenntnissen aus Maßnahmen, die spezifische Voraussetzungen voraussetzen, allerdings nur ein, wenn eine **Verwertung zu Beweiszwecken** erfolgen soll; sollen die so erlangten Informationen anders verwendet werden, ist dies auch dann möglich, wenn das Verfahren nicht dieselben Voraussetzungen erfüllt (*Zöller* StraFo 2008, 15, 24; *Meyer-Goßner/Schmitt* § 477 Rn. 5a m.w.N.). So können TKÜ-Erkenntnisse z.B. in einem anderen Verfahren, das keine Straftat aus dem Katalog des § 100a zum Gegenstand hat, zur Aufenthaltsermittlung herangezogen werden. Für ein Besteuerungsverfahren können TKÜ-Erkenntnisse aus einem Strafverfahren nur herangezogen werden, wenn der Steuerhaftungsbescheid auf der Tatbestand der gewerbs- oder bandenmäßigen Steuerhehlerei gem. § 374 Abs. 2 AO gestützt wird, da die (einfache) Steuerhehlerei (§ 374 Abs. 1 AO) keine Katalogtat des § 100a StPO ist (BFH DStR 2013, 2568, 2570).

6 Letztlich ist hier die gesamte **Rechtsprechung zur Verwertung von Zufallserkenntnissen** bei Ermittlungen wegen sog. Katalogtaten heranzuziehen: So ist es möglich, eine Information, die bei der Aufklärung eines Katalogtatvorwurfs angefallen war, in einem weiteren Ermittlungsverfahren gegen den selben Beschuldigten oder Teilnehmer an bzw. Mittäter der selben Tat als Beweismittel einer anderen Katalogtat zu verwerten (BVerfG NJW 2005, 2766). Allenfalls mittelbar können unter Einsatz von Erkenntnismöglichkeiten, die der Aufklärung von Katalogtaten vorbehalten sind, angefallene Informationen in einem anderen Verfahren zur Ermittlung von Nicht-Katalogtaten dienen. Solche Informationen dürfen nur eingesetzt werden, um andere Beweismittel, die ihrerseits Nachweis erbringen können, zu gewinnen (BVerfG NJW 2005, 2766; BGHSt 27, 355; *Allgayer* NStZ 2006, 603, 605; *Meyer-Goßner/Schmitt* § 477 Rn. 6, 7 m.w.N.). Für eine Verwertung der Erkenntnisse i.R.d. Strafverfolgung Dritter gilt letztlich dasselbe (BGHSt 32, 10, 15; BGHR StPO, § 100a Verwertbarkeit 1). Erweist sich die der Informationsgewinnung zu Grunde liegende Maßnahme als rechtswidrig, führt dies nicht automatisch zu einer Unverwertbarkeit der gewonnenen Erkenntnisse für ein anderes Strafverfahren; hier ist die Abwägungslehre für relative Beweisverwertungsverbote zu beachten (*Meyer-Goßner/Schmitt* § 477 Rn. 9).

7 Die Verwertung der Informationen in anderen Ermittlungs-, Straf- oder Vollstreckungsverfahren ist hingegen problemlos – ohne die Beschränkung auf Katalogtaten – möglich, wenn die von der strafprozessualen Maßnahme, die zur Informationsgewinnung geführt hatte, betroffene Person in eine solche Verwertung **einwilligt**.

8 Die Verwendung von personenbezogenen und mittels nur bei bestimmten Katalogtaten zulässiger strafprozessualer Maßnahmen erlangten Informationen **zu anderen als Strafverfolgungszwecken** ist ohne das Einverständnis der betroffenen Person lediglich in den in **Abs. 2 Satz 3** einzeln aufgezählten drei Fällen möglich. Dabei ist gerade die Schwelle einer Verwertbarkeit für **präventive Zwecke** vergleichsweise hoch: Nach Abs. 2 Satz 3 Nr. 1 ist eine Datenverwertung zur Gefahrenabwehr nur dann erlaubt, wenn sie der Abwehr einer **erheblichen Gefahr für die öffentliche Sicherheit** dient. Eine Gefahr für die Sicherheit Einzelner genügt also nicht; darüber hinaus muss der Gefährdungsgrad deutlich gesteigert sein (OVG Lüneburg, Entsch. v. 20.11.2014 – 11 LC 232/13: konkrete Gefahr). Nach Nr. 2 kann eine Verwendung auch für die Zwecke erfolgen, für die auch eine Übermittlung nach **§ 18 BVerfSchG** möglich wäre, und nach Nr. 3 ist die Verwertung auch ohne Einverständnis zu **Forschungszwecken** erlaubt; hier ist § 476 Abs. 1 Satz 1 Nr. 1 zu beachten (*Meyer-Goßner/Schmitt* § 477 Rn. 10).

9 Die **speziellen Verwendungsregeln** zur Wohnraumüberwachung (§ 100d Abs. 5), zum Einsatz eines »IMSI-Catchers« (§ 100i Abs. 2 Satz 2) und zur Durchsuchung (§ 108 Abs. 2 und 3) gehen den Regelungen des § 477 Abs. 2 vor. Da § 108 Abs. 2 und 3 auch in Fällen der Durchsuchung und Identitätsfeststellung im Rahmen von Kontrollstellen nach § 111 entsprechend anzuwenden sind (§ 111 Abs. 3),

ist auch insoweit von einem Vorrang dieser speziellen Verwendungsregelung auszugehen (so auch *Meyer-Goßner/Schmitt* § 477 Rn. 12).

D. Auskünfte bei Freispruch oder bei Nichtaufnahme der Verurteilung in ein Führungszeugnis (Abs. 3) Die Sondervorschriften des Abs. 3 sollen einer Stigmatisierung der betroffenen Person durch das stattgehabte Strafverfahren entgegenwirken. Im Fall eines freisprechenden Urteils, einer Nichteröffnung der Hauptverhandlung bzw. einer Einstellung des Verfahrens (Nr. 1) oder eines Zeitablaufs von zwei Jahren nach einer Verurteilung zu einer nicht (einmal) in ein Behördenführungszeugnis aufzunehmenden Verurteilung (§ 32 BZRG) kommt eine **Auskunftserteilung oder Akteneinsicht für nichtöffentliche Stellen** nur unter **besonders engen Voraussetzungen** in Betracht. Hier muss die auskunftbegehrende Stelle zunächst glaubhaft machen, dass sie ein rechtliches (und nicht bloß tatsächliches) Interesse an der Auskunft hat. Zusätzlich darf der frühere Beschuldigte bzw. Verurteilte kein schutzwürdiges Interesse an einer Versagung haben. Beide Voraussetzungen müssen also kumulativ vorliegen; ansonsten ist die Auskunft (oder Akteneinsicht) zu versagen. Ein schutzwürdiges Interesse an der Versagung sperrt also stets die Informationsweitergabe (*Meyer-Goßner/Schmitt* § 477 Rn. 13 m.w.N.). Liegen die Voraussetzungen des Abs. 3 nicht vor, ist eine Informationsweitergabe auch nicht als ermittlungstaktische Maßnahme i.S.v. § 161 Abs. 1 möglich (BVerfG NJW 2009, 2876).

E. Verantwortlichkeiten (Abs. 4) Die **Verantwortung für die Zulässigkeit der Informationsübermittlung** trägt im Grundsatz nicht etwa die aktenführende Stelle, sondern – verfassungsrechtlich unbedenklich (BVerfG NJW 2014, 1581, 1582) – der **Empfänger** (OLG Braunschweig NJW 2008, 3294, 3296; a. A. BeckOK-StPO/*Wittig* § 477 Rn. 9 unter Umkehrung des Regel-Ausnahme-Verhältnisses). Dieser, beispielsweise auch ein Gericht in Zivilsachen, hat zu prüfen, ob die Tatbestandsvoraussetzungen vorliegen oder nicht, die aktenführende Stelle hat in der Regel nur eine abstrakte Zuständigkeitsprüfung vorzunehmen (BVerfG NJW 2014, 1581). Um eine halbwegs kompetente Prüfung der häufig von unbestimmten Rechtsbegriffen geprägten Voraussetzungen zu ermöglichen, ist die Verantwortung insoweit nicht ausnahmslos auf den Empfänger überwälzt worden, sondern nur dann, wenn es sich bei diesem um **eine öffentliche Stelle oder einen RA** handelt. Offenbar misst der Gesetzgeber diesen beiden Empfängergruppen die erforderliche Zuverlässigkeit bei. Bei RAen mag dies einleuchten, bei öffentlichen Stellen in dieser Pauschalität nicht, da durchaus Fälle denkbar sind, in denen die rechtliche Prüfung auf diese Weise juristischen Laien zugemutet wird, etwa wenn geschichtswissenschaftliche Universitätseinrichtungen Auskünfte begehren. Die Verantwortung für die Verwendung der Informationen nach Abs. 2 Satz 2 und 3 ist in Abs. 4 ebenfalls geregelt (vgl. *Meyer-Goßner/Schmitt* § 477 Rn. 11). Die **aktenführende Stelle** ist für die Zulässigkeit der Informationsübermittlung uneingeschränkt **verantwortlich**, wenn es sich beim **Antragsteller** um eine **nichtöffentliche** Stelle handelt. Darüber hinaus bleibt sie nach Abs. 4 Satz 2 für die Feststellung verantwortlich, dass die öffentliche Stelle oder der RA im Rahmen ihrer oder seiner Aufgaben handelte, als die Auskunftserteilung oder Akteneinsicht beantragt wurde. Damit wird die Verantwortung dafür, dass die Verantwortung anschließend auf den Informationsempfänger übertragen wird, geregelt. Drängen sich **Zweifel an der Zulässigkeit des Auskunftsbegehrens** auf, etwa weil es widersprüchlich ist, sich auf eine ungewöhnliche Art von Daten bezieht oder die Kenntnis der Daten für die Aufgabenerfüllung des Antragstellers nicht notwendig ist (OLG Hamm, Beschl. v. 26.11.2013 – 1 VAs 116/13 – 120/13 u. 122/13), kann sich die aktenführende Stelle nicht von ihrer Verantwortung frei zeichnen, selbst wenn der entsprechende Antrag von einer öffentlichen Stelle oder einem RA gestellt wurde. Ein solcher Anlass zu weitergehender Prüfung kann beispielsweise darin liegen, dass die Akten wesentliche Informationen aus dem Privatleben eines Betroffenen enthalten, weswegen dessen allgemeines Persönlichkeitsrecht aus Art. 2 Abs. 1 i.V.m. Art. 1 Abs. 1 GG betroffen ist (OLG Koblenz, Beschl. v. 11.06.2010 – 2 VAs 1/10). Die bloße Geltendmachung einer Grundrechtsverletzung bedingt die Annahme eines Ausnahmefalls im Sinne von § 477 Abs. 4 Satz 2 allerdings noch nicht (BVerfG NJW 2014, 1581, 1583; OLG Karlsruhe, Beschl. v. 21.20.2014 – 2 VAs 10/14 m.w.N.).

F. Verwendung personenbezogener Daten (Abs. 5) Abs. 5 regelt die Verwendung von **personenbezogenen Daten**, die von öffentlichen oder nichtöffentlichen Stellen **unter den Vorausset-**

§ 478 StPO Entscheidung über Auskunft oder Akteneinsicht; Rechtsbehelfe

zungen der §§ 474 und 475 erlangt worden waren. Die Verwendung nach § 476 übermittelter Daten wird in eben dieser Vorschrift selbst geregelt (Abs. 4). Dass die übermittelten Daten grds. nur für den Zweck verwendet werden dürfen, für den sie übermittelt wurden (Satz 1), ist eine bare Selbstverständlichkeit. Fraglich ist allerdings, was noch von der Zweckbestimmung der Auskunftserteilung umfasst ist und was nicht mehr. Nach der Literatur umfasst der Zweck der Datenübermittlung auch die Wahrnehmung von Kontroll- und (Dienst-) Aufsichtsbefugnissen, etwa durch eine Generalstaatsanwaltschaft, wie die Verwendung zu Ausbildungszwecken, z.B. bei der Referendarsausbildung. Dass im Eilverfahren erlangte Informationen auch im Hauptsacheverfahren Verwendung finden können, ist unmittelbar einsichtig (so auch *Meyer-Goßner/Schmitt* § 477 Rn. 15). Ein RA, der personenbezogene Daten aufgrund einer Akteneinsicht für den einen Mandanten erhalten hat, darf diese in einem Verfahren eines anderen Mandanten nur unter den Voraussetzungen des Abs. 5 verwenden (OLG Braunschweig NJW 2008, 3294, 3296).

14 Für **andere Zwecke** sind die übermittelten Informationen nur zu verwenden, wenn eine Übermittlung auch für diese Zwecke **rechtlich zulässig** gewesen wäre (Abs. 5 Satz 2). Hier können sich aus strafprozessualen Sonderregelungen (bspw. aus § 58a Abs. 2) Beschränkungen ergeben, die eine anderweitige Verwendung der Daten ausschließen. Bei der Verwendung durch eine nichtöffentliche Stelle (§ 475) bedarf es außerdem der ausdrücklichen **Zustimmung der Auskunft gewährenden Stelle**. Liegt eine solche Zustimmung nicht vor, ist eine Verwendung der erlangten Informationen zu unterlassen (OLG Braunschweig NJW 2008, 3294, 3296). Darüber, dass Auskunft oder Akteneinsicht einer nichtöffentlichen Stelle nach § 475 gewährt wurde, muss der Betroffene nicht informiert werden (KK-StPO/ *Gieg* § 477 Rn. 6). § 477 Abs. 5 ist als **Schutzgesetz** i.S.v. § 823 Abs. 2 BGB anzusehen (OLG Braunschweig NJW 2008, 3294, 3295; OLG Stuttgart ZUM-RD, 614, 616; *Meyer-Goßner/Schmitt* § 477 Rn. 15). Der Verstoß gegen Abs. 5 kann für einen Rechtsanwalt eine Strafbarkeit gem. §§ 203 Abs. 1 Nr. 3, 204 StGB nach sich ziehen, für andere Empfänger nach § 353d Nr. 3 StGB (*Meyer-Goßner/Schmitt* § 477 Rn. 15 m.w.N.).

15 In den Akteneinsicht regelnden Vorschriften der §§ 147 Abs. 7 Satz 2, 385 Abs. 3 Satz 2 und 406e Abs. 6 wird auf **Abs. 5** Bezug genommen. Sollte Auskunft oder Akteneinsicht einer Stelle gewährt werden, ohne **dass ein RA hinzugezogen ist** (»ohne Einschaltung eines Rechtsanwalts«, wie sich der Gesetzgeber in Annäherung an journalistischen Sprachgebrauch ausdrückt), muss nach Satz 3 auf die Zweckbindung ausdrücklich hingewiesen werden. Nach *Meyer-Goßner/Schmitt* § 477 Rn. 15 bedarf es eines solchen Hinweises auch dann nicht, wenn eine öffentliche Stelle Auskunft erhält. Dies erscheint mit Blick auf Abs. 4 Satz 1 folgerichtig und entspricht dem allgemeinen Grundsatz der Bindung der öffentlichen Verwaltung an die Rechtsordnung, geht aber aus Abs. 5 nicht hervor.

§ 478 StPO Entscheidung über Auskunft oder Akteneinsicht; Rechtsbehelfe.

(1) ¹Über die Erteilung von Auskünften und die Akteneinsicht entscheidet im vorbereitenden Verfahren und nach rechtskräftigem Abschluss des Verfahrens die Staatsanwaltschaft, im Übrigen der Vorsitzende des mit der Sache befassten Gerichts. ²Die Staatsanwaltschaft ist auch nach Erhebung der öffentlichen Klage befugt, Auskünfte zu erteilen. ³Die Staatsanwaltschaft kann die Behörden des Polizeidienstes, die die Ermittlungen geführt haben oder führen, ermächtigen, in den Fällen des § 475 Akteneinsicht und Auskünfte zu erteilen. ⁴Gegen deren Entscheidung kann die Entscheidung der Staatsanwaltschaft eingeholt werden. ⁵Die Übermittlung personenbezogener Daten zwischen Behörden des Polizeidienstes oder eine entsprechende Akteneinsicht ist ohne Entscheidung nach Satz 1 zulässig, es sei denn, es bestehen Zweifel an der Zulässigkeit der Übermittlung oder der Akteneinsicht.

(2) Aus beigezogenen Akten, die nicht Aktenbestandteil sind, dürfen Auskünfte nur erteilt werden, wenn der Antragsteller die Zustimmung der Stelle nachweist, um deren Akten es sich handelt; Gleiches gilt für die Akteneinsicht.

(3) ¹In den Fällen des § 475 kann gegen die Entscheidung der Staatsanwaltschaft nach Absatz 1 gerichtliche Entscheidung durch das nach § 162 zuständige Gericht beantragt werden. ²Die §§ 297 bis 300, 302, 306 bis 309, 311a und 473a gelten entsprechend. ³Die Entscheidung des Gerichts ist unanfechtbar, solange die Ermittlungen noch nicht abgeschlossen sind. ⁴Diese Entscheidungen werden

nicht mit Gründen versehen, soweit durch deren Offenlegung der Untersuchungszweck gefährdet werden könnte.

S.a. RiStBV Nr. 183, 188 f.

A. Allgemeines. Die Vorschrift regelt, welche Stelle über die Gewährung von Auskünften oder 1
Akteneinsicht zu befinden hat und in welcher Weise gegen die Entscheidung dieser Stelle **rechtlich vorgegangen** werden kann. Dabei wird in Abs. 1 in zeitlicher Hinsicht zwischen gerichtlichem und Ermitt-
lungs- bzw. Vollstreckungsverfahren unterschieden. Abs. 2 trifft eine Sonderregelung für beigezogene
Akten. In Abs. 3 ist der Rechtsweg gegen Entscheidungen der Staatsstaatsanwaltschaft über Anträge auf
Gewährung von Akteneinsicht oder Erteilung von Auskünften normiert. Die Regelungen in Abs. 1 und
3 finden sich nahezu wortgleich auch in § 406e Abs. 4 (Akteneinsicht des Verletzten). Eine **Beteiligung
des Betroffenen** ist im Gesetz **nicht vorgesehen,** das **BVerfG** hält eine solche indes mit Blick auf das
Recht auf informationellen Selbstbestimmung aus Art. 2 Abs. 1 i.V.m. Art. 1 Abs. 1 GG gleichwohl
immer dann für **erforderlich,** wenn in Grundrechtspositionen des Betroffenen eingegriffen wurde
(BVerfG NJW 2007, 1052; BVerfG NJW 2009, 2876). Ein solcher Eingriff liegt bei anonymisierten
Auskünften (vgl. § 476 Abs. 1 S. 1 Nr. 2) regelmäßig nicht vor. Zur Wahrung der grundrechtlich
gesicherten Positionen des Betroffenen ist dieser regelmäßig vor einer Entscheidung über die Gewäh-
rung von Akteneinsicht, ggf. auch vor der Erteilung von Auskünften zu hören (so auch BeckOK-StPO/
Wittig § 478 Rn. 3). Wenn dies versäumt wurde, ist der Betroffene nachträglich unverzüglich über die
erfolgte Beauskunftung oder Akteneinsicht zu unterrichten; der Anfechtbarkeit der staatsanwaltschaftlichen Entscheidung steht der Einwand der prozessualen Überholung wohl nicht entgegen (KK-StPO/
Gieg § 478 Rn. 3). Dies alles kann dazu führen, dass eine Beauskunftung angesichts des hohen
Beteiligungsaufwandes bei Verfahren mit zahlreichen Betroffenen aus Gründen des schonenden Mitteleinsatzes unterbleibt (vgl. LG München I MMR 2008, 561, 562 für sog. Filesharing-Verfahren).

B. Erläuterungen. I. Zuständigkeit der aktenführenden Stelle (Abs. 1) Die verfahrens- 2
rechtliche Regelung des § 478 Abs. 1 normiert die Zuständigkeit zur Auskunftserteilung oder Akten-
einsichtsgewährung. Dies ist – was durchaus sachgerecht ist – grds. die **jeweils aktenführende Stelle,**
also im Ermittlungsverfahren – auch wenn die Akten dem Gericht zur Entscheidung über eine Beschwerde nach § 304 Abs. 5 vorliegen (BGH NStZ-RR 2010, 246, 247) – sowie nach rechtskräftigem
Abschluss des Verfahrens, insb. in einem etwaigen Vollstreckungsverfahren, die **StA** (BGH, Beschl. v.
22.09.2009 – StB 28/09; BGH, Beschl. v. 20.12.2013 – 1 StR 305/13) und während des gerichtlichen
Verfahrens – in richterlicher Unabhängigkeit (*Meyer-Goßner/Schmitt* § 478 Rn. 1) – **der Vorsitzende
des mit der Sache befassten Spruchkörpers** (BGH, Beschl. v. 22.09.2009 – 2 BJs 55/04–2). Auch
im Fall eines Rechtsbehelfs nach § 101 Abs. 7 Satz 2 verbleibt es bei dieser Regelung, auch wenn
über den Rechtsbehelf im Ermittlungsverfahren der Ermittlungsrichter zu befinden hat (BGHR StPO,
§ 478 Abs. 1 Zuständigkeit 1). Für das **steuerstrafrechtliche Verfahren** ist § 386 Abs. 1 und 2 AO zu
beachten. Die StA bleibt neben dem Vorsitzenden allerdings auch nach Anklageerhebung befugt,
über Auskunftsersuchen zu befinden (Abs. 1 Satz 2), hat also insoweit eine ggü. dem Gericht stärkere
Stellung. Anders als der Vorsitzende des Gerichts ist die StA – allerdings nur im Ermittlungsverfahren
(so wohl auch *Meyer-Goßner/Schmitt* § 478 Rn. 2; a. A. BeckOK-StPO/*Wittig* § 478 Rn. 2) – berechtigt, die Entscheidung über Auskunft und Akteneinsicht in den Fällen des § 475 (Auskunft an nichtöffentliche Stellen) an die ermittelnde **Polizeibehörde** zu delegieren (Abs. 1 Satz 3). Gleichwohl bleibt
eine »**Restentscheidungskompetenz**« auch im Fall einer solchen Delegation bei der StA: Diese hat über
Beschwerden gegen die Entscheidung der Polizeibehörde zu entscheiden (Abs. 1 Satz 4). In diesem Zusammenhang etwas unvermittelt stellt Satz 5 klar, dass bei einer horizontalen Informationsübermittlung zwischen Polizeibehörden (auch im Wege der Akteneinsicht) keine förmliche Entscheidung nötig
ist. Dies ist allerdings keine Frage der Entscheidungskompetenz, vielmehr wird hier der Sache nach klargestellt, dass es überhaupt keiner förmlichen Entscheidung bedarf, wenn Polizeibehörden Verfahrensakten untereinander austauschen. Anderes soll nach dem Willen des Gesetzgebers (in die Vorschrift eingefügt durch Gesetz vom 21.07.2012 [BGBl. I S. 1566]) dann gelten, wenn Zweifel an der Zulässigkeit
der Informationsübermittlung bestehen; dann verbleibt es bei der Entscheidungszuständigkeit von StA
oder Gericht (BeckOK-StPO/*Wittig* § 478 Rn. 2a). Worin konkret diese »Zweifel« – auf Seiten der Po-

§ 478 StPO   Entscheidung über Auskunft oder Akteneinsicht; Rechtsbehelfe

lizeibehörde – bestehen sollen, ist indes noch nicht völlig klar; denkbar wäre die Übermittlung von Daten an Dienststellen im Ausland in rechtlich problematischen Fällen (*Meyer-Goßner/Schmitt* § 478 Rn. 2).

3   **II. Beiakten (Abs. 2)**   Abs. 2 befasst sich mit der Zulässigkeit, auch aus beigezogenen Akten Auskünfte zu erteilen oder Einsicht in solche zu gewähren. Als **Beiakten** sind, wie sich aus dem Gesetzeswortlaut ergibt, Akten anzusehen, die nicht zu den Verfahrensakten gehören, also weiterhin ein eigenständiges Aktenzeichen führen, bspw. **Zivilakten oder Akten anderer Strafverfahren**. Keine Beiakten sind die Akten hinzuverbundener Verfahren oder zu den Akten genommene Fotokopien aus beigezogenen Akten (OLG Hamm, NZKart 2014, 107, 108 = BB 2014, 526, 531). Begehrt der Antragsteller Auskünfte aus oder Einsicht in Beiakten, obliegt ihm, ggü. der auskunftserteilenden Stelle nachzuweisen, dass die die Beiakten an und für sich führende Stelle einer Akteneinsicht zustimmt. Das setzt voraus, dass der **Antragsteller** insoweit auch **selbstständig um Zustimmung** nachsucht. Ansonsten muss ihm die Stelle, die die Akten beigezogen hat, die Auskunft aus den Beiakten verweigern. Hintergrund dieser Regelung ist, dass die die beigezogenen Akten eigentlich führende Behörde möglicherweise Vorbehalte gegen eine Auskunft aus diesen Akten hat, der Stelle, die die Akten beigezogen hat, nicht bekannt sind. Die letztendliche Entscheidung über Auskunft aus oder Einsicht in Akten soll stets die Stelle haben, aus deren Bereich die Akten stammen. Dass der Antragsteller sich selbst um die Zustimmung bemühen muss, soll der Entlastung der Justiz dienen (vgl. KK-StPO/*Gieg* § 478 Rn. 4).

4   **III. Anfechtbarkeit der Entscheidung (Abs. 3)**   Neben dem bereits in Abs. 1 Satz 4 geregelten Fall der Anfechtung polizeilicher Entscheidungen über Anträge auf Auskunft oder Akteneinsicht unterliegen nach Abs. 3 auch **staatsanwaltschaftlichen Entscheidungen über die Anträge von Privatpersonen** (§ 475) einer Überprüfung, und zwar durch das LG, in dessen Bezirk die betreffende StA ihren Sitz hat. Die Vorschrift ist § 406e Abs. 4 nachgebildet; wie dort werden auch hier Normen des 1. und 2. Abschnitts des Dritten Buches sowie die Kostenvorschrift des § 473a für entsprechend anwendbar erklärt. Die auf die Überprüfung erfolgende Entscheidung des LG ist ebenso wenig anfechtbar (§ 161a Abs. 3 Satz 4) wie die Entscheidung eines nach Abs. 1 Satz 1 hierfür zuständigen Vorsitzenden über einen Antrag auf Auskunft oder Akteneinsicht in einem bereits bei Gericht anhängigen Verfahren (OLG Hamburg NJW 2002, 1590; zur Entscheidungskompetenz des Strafsenats – und nicht nur des Vorsitzenden – in *Ermittlungs*verfahren des GBA vgl. KG, Beschl. v. 07.02.2008 – 2 BJs 58–06/2 [2/08] = NStZ 2008, 587 (nur LS.); so auch LG Hildesheim NJW 2008, 531, 532). **Antragsbefugt** sind sowohl Privatpersonen, deren Anträge abschlägig verbeschieden wurden als auch Beschuldigte, die davon betroffen sind, dass dritte Privatpersonen Einsicht in die sie betreffenden Ermittlungsakten nehmen (vgl. LG Dresden StV 2006, 11 und bei *Müller/Schmidt* NStZ 2007, 322, 323).

5   Darüber hinaus sind Rechtsmittel gegen Entscheidungen über Auskunfts- oder Akteneinsichtsgesuche gesetzlich nicht ausdrücklich geregelt. So finden sich **keine ausdrücklichen Regelungen** zu den Beschwerdemöglichkeiten gegen Entscheidungen auf Anträge nach § 474 oder § 476. Hier wird für staatsanwaltschaftliche Entscheidungen ein Rechtsweg analog § 161a oder aber nach § 23 EGGVG erwogen (so KK-StPO/*Gieg* § 478 Rn. 5). Hier ist eine Lösung über § 161a konsequenter, da es sich bei der Entscheidung der StA auch in Fällen einer Auskunft nach §§ 474 und 476 nicht um Justizverwaltungsakte handelt (a. A. OLG Koblenz, Beschl. v. 11.06.2010 – 2 VAs 1/10; OLG Karlsruhe, Beschl. v. 21.10.2014 – 2VAs 10/14; BeckOK-StPO/*Wittig* § 478 Rn. 6 unter Bezug auf BGH NStZ 2001, 389, 390 – Aktenüberlassung an parl. Untersuchungsausschuss durch ein Justizministerium–; *Meyer-Goßner/Schmitt* § 478 Rn. 4). I.Ü. spricht auch die Bezugnahme in Abs. 3 Satz 1 auf § 162 für die Heranziehung des § 161a. Gegen **richterliche Entscheidungen** soll, eine Beschwerdeberechtigung vorausgesetzt, die Beschwerde nach **§ 304 Abs. 1** statthaft sein (*Meyer-Goßner/Schmitt* § 478 Rn. 4 unter Verweis auf *Graalmann-Scheerer* NStZ 2005, 440; dem folgend BeckOK-StPO/*Wittig* § 478 Rn. 6). Ob man allerdings aus der fehlenden Normierung einer Anfechtbarkeit gerichtlicher Entscheidungen über Anträge nach §§ 474, 476 schließen kann, dass in solchen Fällen die allgemeinen Regeln des Beschwerdeverfahrens anzuwenden sind, erscheint zweifelhaft. Hier gilt eher, dass die gerichtliche Entscheidung – ebenso wie bei Entscheidungen nach § 475 – **nicht anfechtbar** ist.

6   Schließlich normiert **Abs. 3 Satz 4**, dass insb. eine Auskunft verweigernde Entscheidung **nicht begründet** werden muss, wenn die Gefahr besteht, dass die Versagung hierdurch unterlaufen wird.

§ 479 StPO Datenübermittlung von Amts wegen.

§ 479 StPO Datenübermittlung von Amts wegen. (1) Von Amts wegen dürfen personenbezogene Daten aus Strafverfahren Strafverfolgungsbehörden und Strafgerichten für Zwecke der Strafverfolgung sowie den zuständigen Behörden und Gerichten für Zwecke der Verfolgung von Ordnungswidrigkeiten übermittelt werden, soweit diese Daten aus der Sicht der übermittelnden Stelle hierfür erforderlich sind.
(2) Die Übermittlung personenbezogener Daten von Amts wegen aus einem Strafverfahren ist auch zulässig, wenn die Kenntnis der Daten aus der Sicht der übermittelnden Stelle erforderlich ist für
1. die Vollstreckung von Strafen oder von Maßnahmen im Sinne des § 11 Abs. 1 Nr. 8 des Strafgesetzbuches oder die Vollstreckung oder Durchführung von Erziehungsmaßregeln oder Zuchtmitteln im Sinne des Jugendgerichtsgesetzes,
2. den Vollzug von freiheitsentziehenden Maßnahmen,
3. Entscheidungen in Strafsachen, insbesondere über die Strafaussetzung zur Bewährung oder deren Widerruf, in Bußgeld- oder Gnadensachen.
(3) § 477 Abs. 1, 2 und 5 sowie § 478 Abs. 1 und 2 gelten entsprechend; die Verantwortung für die Zulässigkeit der Übermittlung trägt die übermittelnde Stelle.

A. Regelungsgehalt. Die Vorschrift regelt die Übermittlung und Verwendung von **personenbezogenen Daten** aus konkreten Strafverfahren (vgl. VG Gießen NVwZ 2002, 1531, 1532) für Zwecke der **Strafrechtspflege**. Sie normiert damit einen Teilausschnitt der generell in § 474 geregelten Auskunftserteilung an Justizbehörden im weiteren Sinne. Es bedarf nach § 479 **keines Antrags**, auch spricht die Vorschrift nicht (nur) von Auskunft aus den Akten oder Akteneinsicht, sondern von Übermittlung von **personenbezogenen Informationen aller Art**. Andererseits ist die Informationsübermittlung nach § 479 nur **für Zwecke der Strafverfolgung oder der Verfolgung von Ordnungswidrigkeiten** zulässig, nicht aber für sonstige justizielle Zwecke. 1

B. Übermittlung an StA, Strafgerichte und Bußgeld-Behörden (Abs. 1) Die Übermittlung (§ 3 Abs. 4 Satz 2 Nr. 3 BDSG) erfolgt durch die **Strafverfolgungsorgane**, bei denen ein Strafverfahren anhängig war oder noch ist, oder durch andere Stellen, die personenbezogene Informationen aus Strafverfahren gewinnen (vgl. SK-StPO/*Weßlau* § 479 Rn. 5). Ein **Auskunftsersuchen** ist **nicht erforderlich**; die Daten können von Amts wegen übermittelt werden. Keine Erwähnung finden **Daten aus Ordnungswidrigkeitenverfahren**; diese können **nicht** für die genannten Zwecke verwendet werden, wohl aber können umgekehrt Daten aus Strafverfahren für die Verfolgung von Ordnungswidrigkeiten genutzt werden. Zu letztgenanntem Zweck dürfen die Daten nicht nur Strafverfolgungsorganen im engeren Sinne, sondern auch **Bußgeldbehörden** übermittelt werden; in seinem Anwendungsbereich ist § 479 Abs. 1 lex specialis zu § 17 Nr. 1 EGGVG (BeckOK-StPO/*Wittig* § 479 Rn. 2 m.w.N.). 2

Ob sie Informationen übermittelt, entscheidet die Behörde, die die Informationen gewonnen hat. Nicht diese Vorschrift, wohl aber ggf. das **Legalitätsprinzip** verpflichtet sie **zur Informationsübermittlung**. Dabei hat die Ausgangsbehörde – nur – zu prüfen, ob und ggf. in welchem Umfang die Informationen auch **tatsächlich erforderlich** sind, um ein anderes Verfahren zu fördern. Dies hat in einer Schlüssigkeitsprüfung zu geschehen (*Meyer-Goßner/Schmitt* § 479 Rn. 1 m.w.N.); über weiter gehende Möglichkeiten verfügt die übermittelnde Behörde auch nicht. Eine solche Prüfung ist vor einer Übermittlung zwingend notwendig, da eine völlig **anlassunabhängige Datenübermittlung** vom Gesetz **nicht gedeckt** und daher unzulässig ist. In der Praxis wird eine Datenübermittlung nur erfolgen, wenn entweder die interessierte Stelle um entsprechende Informationen bittet oder aber die übermittelnde Stelle, die auf sonstige Weise von dem potenziellen Interesse einer anderen Stelle erfahren hatte, anfragt, ob die personenbezogenen Informationen tatsächlich für die Aufklärung eines anderen Verfahrens erforderlich sind. Aus dem Wortlaut »für Zwecke der Strafverfolgung« (bzw. der Verfolgung von Ordnungswidrigkeiten) ergibt sich, dass aber auch Daten, die der Einleitung eines Ermittlungsverfahrens dienen, übermittelt werden können. Stellt die Empfangsstelle nach Erhalt der Informationen fest, dass diese entgegen einer ersten Einschätzung **nicht erforderlich** sind, um eine andere Tat zu verfolgen, **sendet sie** diese Informationen entsprechend § 19 Abs. 2 Satz 2 EGGVG an die Ausgangsbehörde **zurück** (vgl. SK-StPO/*Weßlau* § 479 Rn. 5). 3

§ 479 StPO Datenübermittlung von Amts wegen

4 Nach dieser Norm ist die Übermittlung für eine **andere Tat im prozessualen Sinne** (§ 264) zulässig (SK-StPO/*Weßlau* § 479 Rn. 4; KK-StPO/*Gieg* § 479 Rn. 2). Die Vorschrift ist also nicht anwendbar, wenn es um die Übermittlung von Informationen in ein und demselben Verfahren an eine andere strafverfolgende Stelle geht.

5 **C. Übermittlung für andere Zwecke (Abs. 2).** Auch für nicht unmittelbar mit der Ermittlung und Aburteilung von Straftaten zusammenhängende Zwecke einer Strafverfolgung im weiteren Sinne ist nach Abs. 2 die **Übermittlung personenbezogener Daten zulässig**. Erfasst werden von Abs. 2 nicht nur die personenbezogenen Daten des Be- oder Angeschuldigten bzw. des Angeklagten, sondern auch die anderer Verfahrensbeteiligter (so *Meyer-Goßner/Schmitt* § 479 Rn. 3; a. A. BeckOK-StPO/*Wittig* § 479 Rn. 4 m.w.N.). Das Gesetz nennt in den Nr. 1–3 die weiteren Verwendungszwecke abschließend. Während es in **Nr. 1** um die Übermittlung und Verwendung von Informationen geht, die für die Vollstreckung von in anderen Verfahren verhängten Sanktionen und Maßnahmen bedeutungsvoll sind und die **keinen Freiheitsentzug** zum Gegenstand haben, wird in **Nr. 2** auf die Informationsübermittlung abgestellt, die **freiheitsentziehende Maßnahmen** sowohl vor als auch nach rechtskräftigem Abschluss eines Strafverfahrens ermöglichen soll. Hier ist insb. der Hinweis auf den in einem anderen Verfahren festgestellten tatsächlichen Aufenthalt eines Betroffenen anzusiedeln. Schließlich erfasst **Nr. 3** die Übermittlung von Informationen, die für **sonstige Zwecke der Strafverfolgung** erforderlich sind, insb. Entscheidungen über die Strafaussetzung, über den Gnadenerweis oder in Bußgeldsachen. Der Geltungsbereich von Nr. 3 ist ggü. Abs. 1 nicht scharf abgetrennt; warum es dieser ausdrücklichen Regelung noch bedarf, insb. hinsichtlich der Bußgeldsachen, wird nicht ganz klar. Dass sich die Übermittlung von Informationen, die für die Aussetzung der Verhängung einer Jugendstrafe (§ 27 JGG) oder der Vollstreckung der Freiheitsstrafe (§ 56 StGB, § 21 JGG) zur Bewährung belangvoll sind, nach § 17 Nr. 1 EGGVG richten soll und nicht nach § 479 Abs. 2 Nr. 3 (so *Meyer-Goßner/Schmitt* § 479 Rn. 6), leuchtet nicht ein. Zutreffend ist davon auszugehen, dass § 17 Nr. 1 EGGVG von § 479 Abs. 2 Nr. 3 **verdrängt** wird und die Datenübermittlung auch für Zwecke der Strafaussetzung zur Bewährung im Urteil nach dieser Norm erfolgt (so auch SK-StPO/*Weßlau* § 479 Rn. 10).

6 **D. Anwendbarkeit von Übermittlungs- und Zuständigkeitsregelungen; Zulässigkeit der Übermittlung (Abs. 3). I. Entsprechende Anwendung anderer Vorschriften.** Gesetzestechnisch wenig elegant erklärt Abs. 3 die Vorschriften des § 477 Abs. 1, 2 und 5 ebenso für anwendbar wie die des § 478 Abs. 1 und 2. Das bedeutet insb., dass eine **Übermittlung unterbleibt**, wenn diese den Zwecken des Verfahrens, in dem die zu übermittelnden Daten erhoben wurden, zuwiderläuft. Auch können Informationen, die mittels strafprozessualer Maßnahmen gewonnen wurden, welche **nur bei bestimmten (Katalog-) Taten** zulässig sind (z.B. Telekommunikationsüberwachung), nur in Strafverfahren verwendet werden, die ihrerseits auf dem Verdacht einer (beliebigen) Katalogtat beruhen, also keinesfalls in Bußgeldverfahren. § 477 Abs. 2 Satz 3 hat demgegenüber im Zusammenhang mit § 479 keine Bedeutung. Aus der Anwendbarkeit der **Zweckbindungsregelung** des § 477 Abs. 5 ergibt sich, dass die Übermittlung der Informationen **für ein ganz bestimmtes Straf- oder Bußgeldverfahren** erfolgen muss; die Verwendung für ein anderes (weiteres) Verfahren bedarf der Zustimmung der Ausgangsbehörde. Die **Zuständigkeitsregelungen** des § 478 Abs. 1 finden gleichfalls Anwendung. Die Vorschriften zu einer Informationsübermittlung aus beigezogenen Akten (§ 478 Abs. 2) sind allenfalls dann anwendbar, wenn man die dort normierte Pflicht des Antragstellers, die Zustimmung der ursprünglich aktenführenden Stelle beizubringen, der übermittelnden Stelle überbürdet (so auch BeckOK-StPO/*Wittig* § 479 Rn. 5); hält man sich indes an den Wortlaut des § 478 Abs. 2, läuft der Verweis mangels Antragstellers im Falle des § 479 leer. Auch § 478 Abs. 3 ist nicht anzuwenden, da es angesichts der Übermittlung von Amts wegen keiner Rechtsbehelfe gegen Entscheidungen der übermittelnden Stelle bedarf.

7 Die **Vorschriften des EGGVG** sind nach § 12 Abs. 1 EGGVG entsprechend anwendbar, soweit nicht von Normen der StPO verdrängt, wie dies etwa bei § 477 Abs. 5 im Verhältnis zu § 19 Abs. 1 EGGVG der Fall ist (vgl. SK-StPO/*Weßlau* § 479 Rn. 15).

8 **II. Verantwortung für die Zulässigkeit der Übermittlung.** Nach Abs. 3 Satz 2 liegt die Verantwortung bei der **übermittelnden Stelle**. Da diese nach § 479 von Amts wegen tätig wird, käme eine andere

Regelung als diese, die den allgemeinen Grundsätzen des Datenschutzrechts entspricht, ohnehin nicht in Betracht.

§ 480 StPO Unberührt bleibende Übermittlungsregelungen.
Besondere gesetzliche Bestimmungen, die die Übermittlung personenbezogener Daten aus Strafverfahren anordnen oder erlauben, bleiben unberührt.

Mit dieser Norm hat der Gesetzgeber klargestellt, dass **besondere gesetzliche Regelungen** zur Übermittlung personenbezogener Daten aus Strafverfahren neben den Vorschriften des ersten Abschnitts des achten Buches **ihre Gültigkeit behalten**. Sie gilt für spezialgesetzliche Bundes- wie Landesregelungen wie sie beispielsweise in der Bundeshaushaltsordnung (§ 95 BHO), im Gesetz über das Kreditwesen (§ 60a KWG) oder in der Bundesrechtsanwaltsordnung (§ 117b BRAO) zu finden sind. Die Erteilung von Auskünften an die Nachrichtendienste des Bundes und der Länder ist in §§ 474 Abs. 2 Satz 2, 477 Abs. 2 Satz 3 Nr. 2 durch eine Verweisung auf die Bundes- und Landesgesetze für die Nachrichtendienste geregelt (*Meyer-Goßner/Schmitt* § 480 Rn. 1).

§ 481 StPO Verwendung personenbezogener Daten für polizeiliche Zwecke.
(1) ¹Die Polizeibehörden dürfen nach Maßgabe der Polizeigesetze personenbezogene Daten aus Strafverfahren verwenden. ²Zu den dort genannten Zwecken dürfen Strafverfolgungsbehörden und Gerichte an Polizeibehörden personenbezogene Daten aus Strafverfahren übermitteln oder Akteneinsicht gewähren. ³Die Sätze 1 und 2 gelten nicht in den Fällen, in denen die Polizei ausschließlich zum Schutz privater Rechte tätig wird.
(2) Die Verwendung ist unzulässig, soweit besondere bundesgesetzliche oder entsprechende landesgesetzliche Verwendungsregelungen entgegenstehen.
(3) Hat die Polizeibehörde Zweifel, ob eine Verwendung personenbezogener Daten nach dieser Bestimmung zulässig ist, gilt § 478 Absatz 1 Satz 1 und 2 entsprechend.

A. Allgemeines. Die Verwendung von für die Strafverfolgung erhobenen personenbezogenen Daten durch **Polizeibehörden zu Zwecken der Gefahrenabwehr** richtet sich gem. Abs. 1 Satz 1 nach den Landespolizeigesetzen. Gleiches gilt nach Abs. 1 Satz 2 für die (vorangegangene) Übermittlung der Daten von den Strafverfolgungsbehörden und den Gerichten an die Polizeibehörden. Abs. 1 Satz 3 **schränkt Übermittlung und Verwendung ein**, wenn es nur um den Schutz privater Rechte geht. Über Abs. 2 werden **bundes- oder landesrechtliche Verwendungseinschränkungen** für anwendbar erklärt. Abs. 3, ins Gesetz eingefügt mit Gesetz vom 21.07.2012 (BGBl. I S. 1567), weist die Entscheidung von Zweifelsfragen der Staatsanwaltschaft oder dem Vorsitzenden des mit der Frage befassten Gerichts zu, indem § 478 Abs. 1 Satz 1 und Satz 2 für entsprechend anwendbar erklärt werden. Ob überhaupt ein Zweifelsfall vorliegt, entscheidet indes weiterhin die Polizeibehörde (kritisch *Meyer-Goßner/Schmitt* § 481 Rn. 3).

Da die (Weiter-) Verwendung von Informationen aus Strafverfahren für präventive Zwecke einen erneuten Eingriff in die informationelle Selbstbestimmung nach Art. 2 GG bedeutet, bedarf es hierfür einer besonderen gesetzlichen Grundlage.

B. Erläuterungen. Abs. 1 Satz 1 erlaubt die **Änderung der Zweckbestimmung** von Daten, die bereits im Rahmen einer Strafverfolgung – bspw. erkennungsdienstlich nach § 81b, 2. Alt. (VGH Hessen NJW 2005, 2728; anders vorausgehend VG Gießen NvWZ 2002, 1531: nur die personenbezogenen Daten, die anlässlich eines konkreten Strafverfahrens zum Zwecke der Strafverfolgung in diesem Verfahren erhoben wurden) – **durch die Polizei als Strafverfolgungsbehörde erhoben** und dort bereits vorhanden sind. Diese Daten können nach Maßgabe der Landespolizeigesetze auch für polizeiliche Zwecke, vornehmlich solche der **Gefahrenabwehr**, aber auch sonstiger polizeilicher Aufgaben, genutzt werden (vgl. VG Lüneburg, Urt. v. 31.08.2010 – 3 A 115/08). Ob man hierin eine Generalklausel sehen mag (so *Meyer-Goßner/Schmitt* § 481 Rn. 1), sei dahin gestellt. Die Kritik, die diese allein in die Entscheidungsfreiheit der Polizeibehörden gestellte Zweckumwandlungsmöglichkeit – die die Grenzen

§ 482 StPO Mitteilung des Aktenzeichens und des Verfahrensausgangs an die Polizei

zwischen Gefahrenabwehr und Strafverfolgung verwischen soll – erfahren hat (SK-StPO/*Weßlau* § 481 Rn. 3; dem folgend BeckOK StPO/*Wittig* § 481 Rn. 2.1), wird dadurch relativiert, dass die polizeirechtlichen Befugnisse im Bereich der Gefahrenabwehr ohnehin regelmäßig über die Befugnisse der Strafverfolgungsbehörden hinausgehen, sich also letztlich an der Eingriffstiefe durch die Einführung der Norm insgesamt kaum etwas geändert hat.

4 Der Begriff des Verwendens umfasst auch die (elektronische) **Datenverarbeitung** (insb. Speicherung in bestimmten Datenverzeichnissen) sowie die Nutzung der Daten (*Meyer-Goßner/Schmitt* § 481 Rn. 1).

5 **Abs. 1 Satz 2** befasst sich mit der – auf Anforderung oder von Amts wegen erfolgenden (vgl. BeckOK StPO/*Wittig* StPO § 481 Rn. 3.1) – **Übermittlung** von personenbezogenen Erkenntnissen, die noch nicht bei Polizeibehörden vorhanden sind, sondern nur bei den **Strafverfolgungsbehörden** i.e.S., also dem Gericht (wie der Gesetzgeber nun mit Gesetz vom 21.07.2012 [BGBl. I S. 1567] klargestellt hat) oder der StA existieren. Dazu gehören insb. Erkenntnisse aus Verfahren zur Verhängung einer nachträglichen Sicherungsverwahrung, die auch aus gefahrenabwehrrechtlichen Gründen von Interesse sind (vgl. BGHSt 51, 191, 202). Die Strafverfolgungsbehörden dürfen insoweit von Amts wegen tätig werden (*Meyer-Goßner/Schmitt* § 481 Rn. 1).

6 Eine Übermittlung oder gar Verwendung von Daten kommt indes nach **Abs. 1 Satz 3** nicht infrage, wenn es **ausschließlich** um die **Wahrung rein privater Interessen** geht (*Hilger* NStZ 2001, 15, 17). Bei einer Gemengelage aus der Wahrung privater und öffentlicher Interessen, insb. solcher der Gefahrenabwehr, greift Abs. 1 Satz 3 aber nicht ein.

7 Grds. unterliegt der **weitere Umgang mit den Daten** nach einer Nutzungsänderung den für die jeweilige Nutzung geltenden Regelungen, also insb. des **Landespolizeigesetzen**. So findet v.a. die Löschungsanordnung des § 101 Abs. 8 keine Anwendung (*Meyer-Goßner/Schmitt* § 481 Rn. 1 m.w.N.), die Vernichtung der Daten erfolgt vielmehr nach den Bestimmungen des jeweils anwendbaren Landespolizeigesetzes (BayVGH, Beschl. v. 24.07.2008 – 10 C 08.1780). Hiervon macht indes **Abs. 2** eine bedeutungsvolle Ausnahme. Datenschutzrechtliche Regelungen in Landes- oder Bundesgesetzen können der präventiv-polizeilichen Verwendung strafprozessual gewonnener Informationen entgegenstehen. Solche, eine Zweckänderung einschränkende Regelungen finden sich auch in der StPO, z.B. in § 477 Abs. 2. Eine **Übermittlung und Verwendung von Informationen**, die mittels strafprozessualer Maßnahmen, deren Zulässigkeit an das Vorliegen eines Tatverdachts auf Begehung einer bestimmten Katalogtat geknüpft ist, gewonnenen wurden, kommt auch **in präventiver Hinsicht** nur zur Abwehr einer **Katalogtat** in Betracht. Sollten Daten demgegenüber nur unter Verletzung einer verwendungsbeschränkenden Norm in den Zugriffsbereich einer präventivpolizeilichen Stelle geraten sein, soll nach einer Meinung eine Verwendung zur Gewinnung weiterer Anhaltspunkte infrage kommen, wenn es um den Schutz **elementarer Rechtsgüter** (Leib und Leben) geht (*Meyer-Goßner/Schmitt* § 480 Rn. 2 m.w.N.; BeckOK-StPO/*Wittig* § 481 Rn. 2.2; in dieser Richtung auch Beck-OK StPO/*Wittig* § 477 Rn. 6). Dies wird allerdings regelmäßig auch mit den in den entsprechenden Normenkatalogen der strafprozessualen Eingriffsnormen (z.B. § 100a) enthaltenen Rechtsgütern korrespondieren. Die Verwendungsbeschränkungen sind, wenn es um die Abwehr von Gefahren für elementare Rechtsgüter geht, infolgedessen eher marginal.

§ 482 StPO Mitteilung des Aktenzeichens und des Verfahrensausgangs an die Polizei.

(1) Die Staatsanwaltschaft teilt der Polizeibehörde, die mit der Angelegenheit befasst war, ihr Aktenzeichen mit.

(2) ¹Sie unterrichtet die Polizeibehörde in den Fällen des Absatzes 1 über den Ausgang des Verfahrens durch Mitteilung der Entscheidungsformel, der entscheidenden Stelle sowie des Datums und der Art der Entscheidung. ²Die Übersendung eines Abdrucks der Mitteilung zum Bundeszentralregister ist zulässig, im Falle des Erforderns auch des Urteils oder einer mit Gründen versehenen Einstellungsentscheidung.

(3) In Verfahren gegen Unbekannt sowie bei Verkehrsstrafsachen, soweit sie nicht unter die §§ 142, 315 bis 315c des Strafgesetzbuches fallen, wird der Ausgang des Verfahrens nach Absatz 2 von Amts wegen nicht mitgeteilt.

(4) Wird ein Urteil übersandt, das angefochten worden ist, so ist anzugeben, wer Rechtsmittel eingelegt hat.

Mitteilung des Aktenzeichens und des Verfahrensausgangs an die Polizei **§ 482 StPO**

A. Allgemeines. Da die Vorschrift nicht die Übermittlung und Zweckumwandlung von Informationen regelt, sondern lediglich eine **verfahrensinterne Nachberichtspflicht** (SK-StPO/*Weßlau* § 482 Rn. 1) regelt, ist sie an dieser Stelle des 1. Abschnitts des Achten Buches an und für sich systematisch unzutreffend eingeordnet. Die ermittelnde Polizeibehörde soll durch die Vorschrift in die Lage versetzt werden, den weiteren – justiziellen – Verlauf der von ihr bearbeiteten Fälle zu verfolgen und Nachricht über den schlussendlichen Ausgang des Verfahrens zu erhalten. Die Norm entspricht inhaltlich MiStra Nr. 11. § 12 EGGVG ist hier hingegen nicht einschlägig, da diese Vorschrift die Übermittlung von Daten für andere Zwecke als diejenigen, für die sie erhoben wurden, regelt (so auch BeckOK-StPO/*Wittig* § 482 Rn. 1). 1

B. Erläuterungen. Die StA teilt nach **Abs. 1** der mit der Sache befassten **Polizeibehörde** – hierunter sind auch Zollfahndungsämter und Finanzbehörden zu rechnen (*Meyer-Goßner/Schmitt* § 482 Rn. 1) – ihr Aktenzeichen mit. Dies erweist sich regelmäßig als sinnvoll, damit etwaige Nachermittlungen durch die Polizei auch dem richtigen Verfahren zugeordnet werden können. In komplexeren Verfahren, die nicht erst nach Abschluss der polizeilichen Ermittlungen der StA vorgelegt werden, ist es ohnehin unerlässlich, dass die Polizeibehörde das Aktenzeichen der StA kennt. 2

Zwingend unterrichtet die **StA als Normadressatin** (und nicht etwa das entscheidende Gericht) die Polizeibehörde nach Abs. 2 Satz 1 über den **Verfahrensausgang**. Die Mitteilungspflicht besteht immer dann, wenn zumindest eine Entscheidung gegen einen Verfahrensbeteiligten **rechtskräftig** geworden ist. Auf eine Rechtskraft im rechtstechnischen Sinne kommt es dabei indes nicht an; auch Einstellungen gem. § 170 Abs. 2 fallen hierunter (*Meyer-Goßner/Schmitt* § 482 Rn. 1). Die StA soll durch diese Interpretation des Tatbestandsmerkmals »Ausgang des Verfahrens« davor bewahrt werden, in Verfahren, die durch mehrere Instanzen laufen, wiederholt die ermittelnde Polizeidienststelle benachrichtigen zu müssen. 3

Mitzuteilen sind nach Abs. 2 Satz 1 die **Art der Entscheidung**, also ob das Verfahren durch staatsanwaltschaftliche oder durch gerichtliche Entscheidung, durch Beschluss oder durch Urteil beendet wurde, die **Entscheidungsformel** – der Inhalt der Entscheidung –, **die entscheidende Stelle**, mithin welche StA oder welches Gericht entschieden hat, sowie das **Datum der Entscheidung**. 4

Im Ermessen der StA liegt es nach Abs. 2 Satz 2, der Mitteilungspflicht ggf. durch die **Übersendung eines Abdruckes der Mitteilung des Verfahrensausgangs** an das Bundeszentralregister nachzukommen. Dies kommt indes nur in den Fällen in Betracht, in denen tatsächlich auch eine gesetzliche Mitteilungspflicht an das BZR existiert. Zulässig ist es auch, der Polizeibehörde eine **Urteilsabschrift** oder die Abschrift einer begründeten Einstellungsentscheidung zukommen zu lassen (BeckOK-StPO/*Wittig* § 482 Rn. 4), vorausgesetzt, die Polizeibehörde, fordert eine solche Abschrift an. Ob die StA dieser Anforderung nachkommt, liegt in ihrem **pflichtgemäßen Ermessen**. Der Übersendung solcher Abschriften können insb. besondere schutzwürdige Interessen der in den Entscheidungen genannten Personen entgegenstehen (SK-StPO/*Weßlau* § 482 Rn. 5). Es kommt auch die Übersendung **teilanonymisierter Abschriften** in Betracht. Gegebenenfalls ist die Polizeibehörde verpflichtet, eine Abschrift anzufordern, um anhand der Entscheidungsgründe sachgerecht über die Speicherung oder Löschung eigener Beschuldigtendaten befinden zu können (BVerwG NJW 2011, 405, 407). 5

Eine Mitteilung des Verfahrensausgangs von Amts wegen erfolgt nach **Abs. 3** nicht, wenn es sich um wenig bedeutsame Verkehrsstraftaten handelt (der Gesetzgeber sieht die Straftaten nach §§ 142 und 315 bis 315c StGB generell als bedeutsam an), und wenn sich die Verfahren gegen Unbekannt richteten. Die Betonung des Begriffs »von Amts wegen« weist jedoch darauf hin, dass auch in derartigen Verfahren die StA nicht daran gehindert ist, **auf Bitten der Polizei** Mitteilung vom Verfahrensausgang zu machen. Dies bietet sich v.a. in aufwendigen Verfahren gegen Unbekannt an, die der Aufklärung von erheblichen Straftaten dienten, letztlich aber nicht zur Ermittlung des Täters führten. 6

Schließlich schreibt **Abs. 4** vor, im Fall der Übersendung der Abschrift eines nicht rechtskräftigen Urteils mitzuteilen, wer das **Rechtmittel gegen das Urteil** eingelegt hat. Diese Vorschrift ist entweder dann anzuwenden, wenn das Urteil auf Verlangen der Polizeibehörde – und nicht von Amts wegen – übersandt wurde, oder wenn das Urteil jedenfalls ggü. einem von mehreren Angeklagten rechtskräftig geworden ist – denn dann ist nach Abs. 2 zwingend mitzuteilen (so auch *Meyer-Goßner/Schmitt* § 482 Rn. 1) –, gegen mindestens einen anderen aber nicht. 7

Zweiter Abschnitt. Dateiregelungen

§ 483 StPO Datenverarbeitung für Zwecke des Strafverfahrens.

(1) Gerichte, Strafverfolgungsbehörden einschließlich Vollstreckungsbehörden, Bewährungshelfer, Aufsichtsstellen bei Führungsaufsicht und die Gerichtshilfe dürfen personenbezogene Daten in Dateien speichern, verändern und nutzen, soweit dies für Zwecke des Strafverfahrens erforderlich ist.
(2) Die Daten dürfen auch für andere Strafverfahren, die internationale Rechtshilfe in Strafsachen und Gnadensachen genutzt werden.
(3) Erfolgt in einer Datei der Polizei die Speicherung zusammen mit Daten, deren Speicherung sich nach den Polizeigesetzen richtet, so ist für die Verarbeitung und Nutzung personenbezogener Daten und die Rechte der Betroffenen das für die speichernde Stelle geltende Recht maßgeblich.

1 **A. Allgemeines.** Die **Datenverarbeitung** ist spätestens seit der Einführung der EDV im Strafprozess – aber auch schon davor, man denke nur an karteikartenbasierte Verfahrensregister – Alltag der Strafverfolgungsbehörden und Strafgerichte. § 483 schafft die **normative Basis** für eine schon vor Inkrafttreten der Vorschrift weithin geübte Praxis, die in letzter Zeit alle Bereiche der Strafverfolgung durchdrungen hat (vgl. insoweit auch BVerfG NJW 2005, 1917, 1922). Für das Bußgeldverfahren findet sich in § 49c OWiG eine vergleichbare Regelung.

2 In Abs. 1 ist eine **Generalklausel** zur Verwendung von Dateien und zur Handhabung von personenbezogenen Daten für Zwecke des Strafverfahrens. Die Generalklausel ermächtigt Gerichte, Strafverfolgungs- und -vollstreckungsbehörden, Bewährungshelfer, Führungsaufsichtsstellen sowie die Gerichtshilfe zum Umgang mit solchen Daten. Dabei ist die Nutzung dieser regelmäßig auf der Grundlage gesonderter gesetzlicher Ermächtigungen erhoben (*Meyer-Goßner/Schmitt* § 483 Rn. 1) Daten nach Abs. 2 nicht auf das Ursprungsverfahren beschränkt. Abs. 3 trifft eine Sonderregelung für polizeiliche Mischdateien.

3 Gem. § 1 Abs. 3 SchrAG bleiben §§ 483 bis 491 durch das **Schriftgutaufbewahrungsgesetz** unberührt (vgl. *Meyer-Goßner/Schmitt* § 483 Rn. 7).

4 **B. Erläuterungen. I. Generalklausel (Abs. 1)** Die Befugnis in **Abs. 1** nimmt in ihrer Formulierung auf **Bezeichnungen des Datenschutzrechts** Bezug. Der Begriff der **personenbezogenen Daten** ist § 3 Abs. 1 BDSG entnommen und bezeichnet Einzelangaben über persönliche und sachliche Verhältnisse einer bestimmten oder bestimmbaren natürlichen Person. Nach **§ 3 Abs. 2 BDSG** ist eine **Datei** eine Sammlung personenbezogener Daten, die gleichartig aufgebaut und nach bestimmten Merkmalen zugänglich – also recherchierbar – ist und auf diese Weise ausgewertet werden kann. Hierunter fallen sowohl automatisierte, also in erster Linie elektronisch geführte, als auch nicht automatisierte, manuell geführte Datensammlungen (SK-StPO/*Weßlau* Vor § 483 Rn. 7 f.; BeckOK-StPO/*Wittig* § 483 Rn. 2.1). **Akten** sind **keine** Dateien im Sinne dieser Vorschriften, da sie nicht über einen derart strukturierten Aufbau verfügen. Akten als solche werden daher nicht vom Regelungsgehalt der §§ 483 ff. erfasst (SK-StPO/*Weßlau* Vor § 483 Rn. 10; so auch OLG Karlsruhe, Beschl. v. 21.10.2014 – 2 VAs 10/14). Unter **Speichern** versteht das BDSG in **§ 3 Abs. 4 Satz 2 Nr. 1 BDSG** das Erfassen, Aufnehmen oder Aufbewahren personenbezogener Daten auf einem Datenträger. Das **Verändern** ist das inhaltliche Umgestalten gespeicherter personenbezogener Daten (§ 3 Abs. 4 Satz 2 Nr. 2 BDSG). Als **Nutzen** schließlich bezeichnet § 3 Abs. 5 BDSG jede Verwendung personenbezogener Daten, die nicht als Verarbeitung (Speichern, Verändern, Löschen und Übermitteln, vgl. § 3 Abs. 4 S 1 BDSG) anzusehen ist. Ob die Verwendung von Daten bei automatisierter Erstellung von Schriftstücken (z.B. die automatische Einfügung von Personaldaten in eine Anklageschrift) als Verarbeitung anzusehen ist und als Annexkompetenz vom Speichern umfasst ist (so offenbar SK-StPO/*Weßlau* § 483 Rn. 3) oder ob dies nicht eher ein gleichfalls zulässiges Nutzen der Daten ist, kann letztlich offen bleiben, da beides von der Generalklausel erfasst ist.

5 Die Formulierung »für Zwecke des Strafverfahrens« umfasst, wie sich schon aus den im Einzelnen aufgezählten Normadressaten ergibt, neben dem eigentlichen **Strafverfahren** auch das **Ermittlungs-** sowie das **Vollstreckungsverfahren** (so auch KK-StPO/*Gieg* § 483 Rn. 2). Gemeint ist in Abs. 1 stets dasje-

nige Verfahren, in dem die Daten erhoben wurden (BeckOK-StPO/*Wittig* § 483 Rn. 1 m.w.N.: eine Tat im prozessualen Sinne); ansonsten wäre Abs. 2 überflüssig. Abs. 1 regelt also nur, wie mit personenbezogenen Daten im Ausgangsverfahren umgegangen werden darf. Maßstab ist allein die »**Erforderlichkeit**«; fehlt diese oder fällt sie weg, ist eine (weitere) Speicherung, Veränderung oder Nutzung der Daten nicht mehr möglich (vgl. hierzu OLG Dresden, Beschl. v. 19.05.2003 – 2 VAs 4/02). Daher gibt eine **endgültige Verfahrensbeendigung** regelmäßig Anlass dazu, die künftige Verwendung der Daten zumindest kritisch zu überprüfen (so auch *Meyer-Goßner/Schmitt* § 483 Rn. 3, der diese Prüfung allerdings offenbar auf freisprechende oder einstellende Entscheidungen beschränken möchte; offenbleibend in KK-StPO/*Gieg* § 483 Rn. 3). Die Möglichkeit einer Wiederaufnahme gem. §§ 359, 362 wird nur dann eine Erforderlichkeit begründen können, wenn hierfür tatsächliche Anhaltspunkte bestehen. Wurde ein Verfahren gem. §§ 154 ff. im Hinblick auf eine zu erwartende anderweitige Verurteilung eingestellt, sollte allerdings jedenfalls bis zur rechtskräftigen Entscheidung in dem anderen Verfahren zugewartet werden. Die **Speicherung** personenbezogener Daten in Verfahren gegen Unbekannt, etwa von Tatzeugen, ist zumindest so lange erforderlich, bis die Tat **aufgeklärt** oder aber **verjährt** und daher **nicht mehr verfolgbar** ist. Entgegen SK-StPO/*Weßlau* § 483 Rn. 7 ist es in solchen Fällen – insb., wenn der weitere Verfahrensgang bis zu einer Verjährung nicht zu überblicken ist, – auch nicht nötig, dass neue Beweise konkret zu erwarten sind.

Den in Abs. 1 abschließend aufgezählten Stellen steht die Befugnis zur **Speicherung, Veränderung und Nutzung der personenbezogenen Daten** zu. Als Strafverfolgungsbehörden sind, da anderenfalls nur die StA im Gesetzestext genannt worden wären, auch Polizeidienststellen, wenn sie repressiv tätig werden, und in Steuerstrafsachen ermittelnde Finanzbehörden anzusehen (vgl. SK-StPO/*Weßlau* § 483 Rn. 2). **6**

Bei den **personenbezogenen Daten**, die Gegenstand der Regelungen des 2. Abschnitts sind, handelt es sich naturgemäß um solche, die **im Rahmen eines Ermittlungs- oder Strafverfahrens gewonnen** wurden. Diese Daten müssen daher nicht nur in Dateien, sondern stets auch in den Ermittlungs- und ggf. Strafakten vorhanden sein und erkennen lassen, zu welchem Verfahren sie gehören (BeckOK-StPO/*Wittig* § 483 Rn. 3 m.w.N.). Dass die **Dateien als solche nicht Bestandteil der Akten** sind, ist daher ohne Auswirkungen; Kenntnisse über verfahrensrelevante personenbezogene Daten können im Wege der Einsicht in Verfahrensakten gewonnen werden (vgl. SK-StPO/*Weßlau* Vor § 483 Rn. 13; SK-StPO/*Weßlau* § 483 Rn. 7). Lediglich **zu rein internen Zwecken** angelegte Dateien, sind – gleich Arbeitsnotizen – nicht von der Pflicht umfasst, zugleich Bestandteil der einsehbaren Verfahrensakten zu sein (SK-StPO/*Weßlau* § 483 Rn. 9). **7**

II. Anderweitige Nutzung (Abs. 2) Um wiederholtes Erheben und Speichern von personenbezogenen Daten zu vermeiden wurde in **Abs. 2** in Durchbrechung der Zweckbindung des Abs. 1 die Möglichkeit geschaffen, **einmal gespeicherte Daten auch für andere Strafverfahren** – soweit dies für deren Zwecke notwendig ist – **zu nutzen**. Davon umfasst sind die **internationale Rechtshilfe in Strafsachen** sowie **Gnadensachen**. Für die Nutzung von als Daten in Dateien abgelegten Informationen gelten allerdings **dieselben Verwendungsbeschränkungen** wie für nicht solchermaßen kategorisierte Informationen. So sind auch in Dateien gespeicherte Daten aus Maßnahmen gem. § 100a in einem Verfahren, dem die Verfolgung von Taten aus dem Straftatenkatalog dieser Vorschrift zu Grunde liegt, nur in anderen Verfahren zu nutzen, in denen es gleichfalls um die Verfolgung von Katalogtaten geht (*Meyer-Goßner/Schmitt* § 483 Rn. 4). Dass es unerheblich ist, ob die Daten in dem anderen Verfahren rechtmäßig hätten erhoben werden können (so, kritisch anmerkend, *Radtke* FS Meyer-Goßner, S. 321, 336), kann nicht überzeugen: Die Vorschrift soll nicht zur Umgehung von strafprozessualen Vorschriften dienen (so auch BeckOK-StPO/*Wittig* § 479 Rn. 4a). Voraussetzung einer Nutzung ist eine **Übermittlung** der Daten nach § 487. **8**

III. Polizeiliche Mischdateien (Abs. 3) Abs. 3 ist nur auf **polizeiliche Mischdateien** anwendbar, nicht aber auf solche der Finanzbehörden (SK-StPO/*Weßlau* § 483 Rn. 16). Als Mischdateien sind Dateien anzusehen, deren Daten **sowohl präventiven wie auch repressiven Zwecken** dienen. Der Gesetzgeber hat hier deren Zulässigkeit festgeschrieben und die Regelungskompetenz hinsichtlich Verarbeitung, Nutzung und Rechtsschutz dem für den präventiven Bereich zuständigen Gesetzgeber überlassen. Das sind i.d.R. die Länder, im praktisch durchaus bedeutsamen Fall des Bundeskriminalamts aber auch der Bund (zur Verfassungsmäßigkeit der Vorschrift SK-StPO/*Weßlau* § 483 Rn. 15; Bedenken äußert insoweit auch KK-StPO/*Gieg* § 483 Rn. 5). **9**

§ 484 StPO Datenverarbeitung für Zwecke künftiger Strafverfahren; Verordnungsermächtigung. (1) Strafverfolgungsbehörden dürfen für Zwecke künftiger Strafverfahren
1. die Personendaten des Beschuldigten und, soweit erforderlich, andere zur Identifizierung geeignete Merkmale,
2. die zuständige Stelle und das Aktenzeichen,
3. die nähere Bezeichnung der Straftaten, insbesondere die Tatzeiten, die Tatorte und die Höhe etwaiger Schäden,
4. die Tatvorwürfe durch Angabe der gesetzlichen Vorschriften,
5. die Einleitung des Verfahrens sowie die Verfahrenserledigungen bei der Staatsanwaltschaft und bei Gericht nebst Angabe der gesetzlichen Vorschriften
in Dateien speichern, verändern und nutzen.
(2) ¹Weitere personenbezogene Daten von Beschuldigten und Tatbeteiligten dürfen sie in Dateien nur speichern, verändern und nutzen, soweit dies erforderlich ist, weil wegen der Art oder Ausführung der Tat, der Persönlichkeit des Beschuldigten oder Tatbeteiligten oder sonstiger Erkenntnisse Grund zu der Annahme besteht, dass weitere Strafverfahren gegen den Beschuldigten zu führen sind. ²Wird der Beschuldigte rechtskräftig freigesprochen, die Eröffnung des Hauptverfahrens gegen ihn unanfechtbar abgelehnt oder das Verfahren nicht nur vorläufig eingestellt, so ist die Speicherung, Veränderung und Nutzung nach Satz 1 unzulässig, wenn sich aus den Gründen der Entscheidung ergibt, dass der Betroffene die Tat nicht oder nicht rechtswidrig begangen hat.
(3) ¹Das Bundesministerium der Justiz und die Landesregierungen bestimmen für ihren jeweiligen Geschäftsbereich durch Rechtsverordnung das Nähere über die Art der Daten, die nach Absatz 2 für Zwecke künftiger Strafverfahren gespeichert werden dürfen. ²Dies gilt nicht für Daten in Dateien, die nur vorübergehend vorgehalten und innerhalb von drei Monaten nach ihrer Erstellung gelöscht werden. ³Die Landesregierungen können die Ermächtigung durch Rechtsverordnung auf die zuständigen Landesministerien übertragen.
(4) Die Verwendung personenbezogener Daten, die für Zwecke künftiger Strafverfahren in Dateien der Polizei gespeichert sind oder werden, richtet sich, ausgenommen die Verwendung für Zwecke eines Strafverfahrens, nach den Polizeigesetzen.

1 **A. Allgemeines.** Mit der Vorschrift wird den Strafverfolgungsbehörden gestattet, vorsorglich Dateien **für künftige Ermittlungs- und Strafverfahren** anzulegen. Mit den auf dieser Grundlage gespeicherten Daten dürfen – von konkreten Ermittlungsverfahren unabhängig – **Informationssammlungen** aufgebaut und vorgehalten werden, auf die im Bedarfsfalle zurückgegriffen werden kann. Welche Daten in derartigen Dateien gespeichert, aber auch verändert und genutzt werden dürfen, ist in Abs. 1 im Einzelnen geregelt. Darüber hinaus dürfen weitere, in den in Abs. 3 genannten Rechtsverordnungen näher bezeichnete Daten nur gespeichert, verändert oder genutzt werden, wenn die in Abs. 2 genannten Voraussetzungen erfüllt sind. Für die Verwendung von in Dateien der Polizei gespeicherten Daten gilt Abs. 4. Die Datei kann zugleich Zwecken des § 483 und des § 484 dienen (BeckOK-StPO/*Wittig* § 484 Rn. 2; *Meyer-Goßner/Schmitt* StPO § 484 Rn. 1).

2 **B. Erläuterungen. I. Basisdatensatz (Abs. 1)** In Abs. 1 ist zunächst vorgesehen, dass Daten für Zwecke künftiger Strafverfolgung gespeichert, verändert oder genutzt werden dürfen. Die **Beschränkung des Verwendungszwecks auf die Strafverfolgung** entspricht derjenigen in § 483. Allerdings verschafft die tatbestandliche Zielrichtung hin auf künftige Verfahren den Strafverfolgungsbehörden einen weiten **Beurteilungsspielraum**, innerhalb dessen die Notwendigkeit der Speicherung – bereits erhobener! – Daten bejaht werden kann. Angesichts der nahezu unbegrenzten Weite der Tatbestandsvoraussetzungen ist die Befugnis nach Abs. 1 nicht ohne Kritik geblieben (im Einzelnen hierzu SK-StPO/*Weßlau* § 484 Rn. 7). Diskussionswürdig bleibt ms. D., ob diese Möglichkeit der Datenspeicherung auf Vorrat überhaupt i.R.d. Strafverfahrensrechts zu regeln war, oder ob solche Befugnisse nicht vielmehr der dem Bundesgesetzgeber entzogenen Materie der **Gefahrenabwehr** zuzuordnen sind. Letztlich ist darauf abzuheben, dass hier zwar für in der Zukunft liegende Zwecke Vorsorge getroffen wird, aber nur soweit es um **künftiges repressives Tätigwerden** geht. Schließlich sind die Strafverfol-

gungsbehörden nicht dazu ermächtigt, Daten zur Abwehr künftiger Straftaten zu speichern etc., sondern für eine künftige Verfolgung u.U. bereits begangener Straftaten (vgl. in diesem Sinne auch OLG Hamburg NStZ-RR 2010, 118).

Die in den Nr. 1 bis 5 von Abs. 1 genannten Daten, die den so genannten **Basisdatensatz** bilden, dürfen von den Strafverfolgungsbehörden gespeichert werden, **ohne dass dies von weiteren Bedingungen abhinge** (s. *unten* Rn. 5), **sieht man von der Zweckbestimmung einmal ab**. Die Befugnis in Abs. 1 wendet sich an StA und Polizei gleichermaßen, an Letztere allerdings nur, soweit sie strafverfolgend tätig wird; eine anderweitige, v.a. präventive, Verwendung der Daten durch die Polizeibehörden richtet sich gem. Abs. 4 nach den Polizeigesetzen. Die Nutzung der gespeicherten Daten durch eine andere Stelle erfordert eine Übermittlung nach § 487. Der Basisdatensatz ist mit dem im Zentralen Staatsanwaltschaftlichen Verfahrensregister (ZStV) abgelegten Datensatz identisch (§ 492 Abs. 2 Satz 1), was Fragen nach der Berechtigung einer solchen Doppelspeicherung aufwirft (vgl. SK-StPO/*Weßlau* § 484 Rn. 6). 3

Voraussetzung nach **Abs. 1** ist es, dass die Daten einem **konkreten Beschuldigten** zuzuordnen sind. Eine Speicherung von Daten einzelner Personen aus einem Ermittlungsverfahren gegen Unbekannt oder einem Beobachtungsvorgang ist nach dieser Vorschrift also ebenso wenig möglich wie die Speicherung von Daten noch nicht strafmündiger Tatverdächtiger (SK-StPO/*Weßlau* § 484 Rn. 8). Handelt es sich allerdings um Daten eines bestimmten Beschuldigten, können diese auch dann in einer einzigen Datei abgelegt werden, wenn mehrere Ermittlungsverfahren gegen diesen Beschuldigten geführt werden. Umgekehrt können die Daten mehrerer Beschuldigter in einer einzigen Datei abgelegt werden, wenn dies zweckmäßig erscheint, etwa, weil sie Mittäter sind. Die Daten dürfen nach Abs. 1 nicht nur gespeichert, sondern auch verändert und v.a. genutzt werden. 4

Der Umstand, dass die Speicherung des Basisdatensatzes nach dem Wortlaut des Abs. 1 **voraussetzungslos** erfolgen kann, hat – v.a. unter Verhältnismäßigkeitsgesichtspunkten – erhebliche Kritik erfahren. So wird vertreten, dass die Speicherung nur mit Blick auf einen möglichen Wiederholungsfall zulässig sein darf, sodass, ebenso wie bei der Speicherung zusätzlicher Daten nach Abs. 2, eine **Prognoseentscheidung** der Strafverfolgungsbehörden hinsichtlich einer Wiederholungsgefahr geboten sein soll, auch wenn sich dies aus Abs. 1 nicht ergibt (SK-StPO/*Weßlau* § 484 Rn. 11; **a. A.** *Meyer-Goßner/Schmitt* § 484 Rn. 1 unter Verweis auf OLG Hamburg StraFo 2010, 85, 87 = NStZ-RR 2010, 57 [nur Ls.]). Dass diese selbst dann zu treffen sei, wenn der Beschuldigte rechtskräftig freigesprochen oder die Eröffnung des Verfahrens gegen ihn abgelehnt wurde, vermag dann allerdings nicht zu überzeugen. Kritisiert wird auch, dass die Speicherung des Basisdatensatzes als erheblicher **Eingriff in die informationelle Selbstbestimmung** auch bei Bagatelldelikten möglich ist, die einen solchen Eingriff nicht erforderlich erscheinen lassen (SK-StPO/*Weßlau* § 484 Rn. 12 m.w.N.). Letztlich kann der allgemeine **Verhältnismäßigkeitsgrundsatz** auch bei Anwendung von Abs. 1 nicht außer Acht gelassen werden (OLG Hamburg NStZ-RR 2010, 57: **Erforderlichkeitsprüfung**; vgl. auch BeckOK-StPO/*Wittig* § 484 Rn. 1). 5

II. Speicherung weiterer Daten (Abs. 2 und 3) Abs. 2 und 3 gestatten unter bestimmten, gesetzlich normierten Voraussetzungen die **Speicherung weiterer personenbezogener Daten**. Welche Daten dies im Einzelnen sind, ist gem. Abs. 3 in von den Landesregierungen oder dem BMJ für den jeweiligen Geschäftsbereich festzulegen. Tatsächlich hat indes bislang keine Justizbehörde von dieser Normsetzungsbefugnis Gebrauch gemacht, sodass die Vorschrift derzeit leer läuft (vgl. SK-StPO/*Weßlau* § 484 Rn. 14 u. 20 [»Steuerungsversagen«]; *Meyer-Goßner/Schmitt* § 484 Rn. 4; BeckOK-StPO/*Wittig* § 484 Rn. 5). 6

Die Befugnis nach **Abs. 2** geht über die Regelungen in Abs. 1 deutlich hinaus. Zum einen wird die Art der zu speichernden Daten ins Unbestimmte erweitert. Die Entscheidung, welche Daten unter den Voraussetzungen des Abs. 2 gespeichert, verändert oder genutzt werden dürfen, hat der Gesetzgeber **auf die Exekutive verlagert**. Darüber hinaus dürfen nicht nur Daten des oder der Beschuldigten, sondern auch anderer Tatbeteiligter gespeichert werden, gegen die sich **keine förmlichen Ermittlungsverfahren** richteten, also auch strafunmündiger Personen. Einschränkend hat der Gesetzgeber allerdings die Speicherung, Veränderung oder Nutzung nach Abs. 2 Satz 1 für unzulässig erklärt, wenn der Beschuldigten wegen erwiesener Unschuld oder aufgrund des Vorliegens eines Rechtfertigungsgrundes nicht angeklagt oder nicht verurteilt wurde (Abs. 2 Satz 2). 7

8 Die Speicherung weiterer Daten kann nur erfolgen, wenn weitere Strafverfahren gegen den Beschuldigten **zu erwarten** sind. I.R.d. hier zu erstellenden Prognose sind nach dem Willen des Gesetzgebers Art und Ausführung der Anlasstat, die Persönlichkeit des Beschuldigten oder auch anderer Tatbeteiligter oder auch sonstige relevante Tatsachenerkenntnisse zu bewerten. Die Prognosegrundlage ist damit denkbar weit, solange sie eine tatsächliche Basis hat, bloße Mutmaßungen reichen keinesfalls aus (SK-StPO/*Weßlau* § 484 Rn. 16 m.w.N.). Allerdings müssen derartige weitere Verfahren, die die Datenspeicherung erforderlich machen, zu erwarten sein. **Es genügt also nicht**, dass weitere Verfahren nicht nur nicht auszuschließen sind (BeckOK-StPO/*Wittig* § 484 Rn. 3 u. *Meyer-Goßner/Schmitt* § 484 Rn. 2: positive Feststellung). Außerdem muss die – vorbeugende – Datenspeicherung **erforderlich** sein, um solche Verfahren zu führen (vgl. hierzu auch *Habenicht* NStZ 2009, 708, 709).

9 Dass die Speicherung, Veränderung und Nutzung von Daten nach Abs. 2 nur bei Straftaten von erheblicher Bedeutung zulässig sein soll (so SK-StPO/*Weßlau* § 484 Rn. 17), geht aus dem Gesetz nicht hervor. Allerdings weist der Wortlaut des Abs. 2 darauf hin, dass die Daten nur mit Blick auf die Verfolgung zumindest **strukturell ähnlicher Taten** gespeichert, verändert oder genutzt werden dürfen, denn die Prognose wird sich – ausgehend von Vortaten – regelmäßig nur für vergleichbare Delikte stellen lassen (a. A. wohl *Meyer-Goßner/Schmitt* § 484 Rn. 2: auf das Gewicht der anderweitigen Straftaten kommt es nicht an).

10 Neben der **Ermächtigung**, durch eine Rechtsverordnung »Daten« i.S.v. Abs. 2 zu definieren, enthält **Abs. 3** in Satz 2 auch eine – unklar formulierte – Bagatellregelung, der zufolge es keiner normativer Festlegung der Daten nach Abs. 2 bedarf, wenn diese nur **für einen Zeitraum von nicht mehr als 3 Monaten** vorgehalten und anschließend gelöscht werden (der gebräuchliche Begriff »flüchtige Dateien« erscheint im Kontext von Strafverfolgung allerdings missverständlich). Die bei einer solchen **zeitlich beschränkten Speicherung gewonnenen und verarbeiteten personenbezogenen Daten** können also nach pflichtgemäßem Ermessen und ausgerichtet am tatsächlichen, in Abs. 2 beschriebenen Bedarf von den Strafverfolgungsbehörden ausgewählt werden. Die Begründung einer solchen Norm, angesichts der kurzen Speicherdauer stehe der mit dem Erlass einer Rechtsverordnung verbundene Aufwand in keinem Verhältnis zur Eingriffstiefe durch die Speicherung der »flüchtigen Daten« (LR/*Hilger* § 490 Rn. 10), trägt allerdings nicht, da eine Rechtsverordnung keinesfalls anlassbezogen, sondern generell-abstrakt und für alle Fälle festlegt, welche Daten von der Befugnis nach Abs. 2 erfasst werden (zur Kritik an der Regelung auch SK-StPO/*Weßlau* § 484 Rn. 21).

11 Nach Abs. 3 Satz 3 kann die **Landesregierung** die Kompetenz, die Rechtsverordnung zu erlassen, auf die zuständigen Landesministerien, also insb. die Justizministerien, übertragen. Dies ist jedenfalls teilweise bereits geschehen (SK-StPO/*Weßlau* § 484 Rn. 19: Nordrhein-Westfalen und Schleswig-Holstein), ohne dass die Ministerien von dieser Normsetzungsbefugnis Gebrauch gemacht hätten.

12 **III. Verwendung bei der Polizei gespeicherter Daten (Abs. 4)** Abs. 4 regelt, nach welchen Vorschriften die Polizeibehörden die dort gespeicherten Daten verwenden dürfen. Dass zu präventiven Zwecken gespeicherte Daten nach den landespolizeilichen Vorschriften zu verwenden sind, versteht sich von selbst. Gemeint ist daher von Abs. 4 die Verwendung von **reinen Repressiv- oder Mischdaten**. Solcherlei personenbezogener Daten, die für Zwecke künftiger Strafverfahren in Dateien der Polizei gespeichert sind oder werden, werden generell nach **Polizeirecht** verwendet (BayVGH, Beschl. v. 24.07.2008 – 10 C 08.1780), **nur im Fall der Nutzung für ein Strafverfahren nach der StPO** (vgl. OVG Schleswig-Holstein NVwZ-RR 2007, 817, 818).

§ 485 StPO Datenverarbeitung für Zwecke der Vorgangsverwaltung.

¹Gerichte, Strafverfolgungsbehörden einschließlich Vollstreckungsbehörden, Bewährungshelfer, Aufsichtsstellen bei Führungsaufsicht und die Gerichtshilfe dürfen personenbezogene Daten in Dateien speichern, verändern und nutzen, soweit dies für Zwecke der Vorgangsverwaltung erforderlich ist. ²Eine Nutzung für die in § 483 bezeichneten Zwecke ist zulässig. ³Eine Nutzung für die in § 484 bezeichneten Zwecke ist zulässig, soweit die Speicherung auch nach dieser Vorschrift zulässig wäre. ⁴§ 483 Abs. 3 ist entsprechend anwendbar.

A. Allgemeines.
Die Vorschrift schafft die **Rechtsgrundlage** für die **Verwendung personenbezogener Daten** in der **Vorgangsverwaltung** der im Normtext genannten Gerichte und Justizbehörden.

B. Erläuterungen.
In dem für eine ordnungsgemäße **Vorgangsverwaltung** (zum Begriff s. Beck-OK-StPO/*Wittig* § 485 Rn. 1: Erfassung und Verwaltung bestehenden Akten- und Dateimaterials) erforderlichen Umfang ist es den Gerichten und den in **Satz 1** genannten Justizbehörden gestattet, personenbezogene Daten zu speichern, zu verändern und zu nutzen. Die **Erforderlichkeit** bestimmt dabei den **Umfang** der zu speichernden Daten – i.d.R. jedenfalls Name, Vorname, Geburtsdatum, Einleitungs- und Erledigungsdatum sowie Erledigungsart, mithin Daten, die eine Wiederauffinden einer Akte gewährleisten (vgl. OLG Brandenburg, Beschl. v. 04.11.2014 – 2 VAs 2/13) – als auch die **zeitliche Grenze** der Speicherung (SK-StPO/*Weßlau* § 485 Rn. 3; OLG Hamburg NStZ 2009, 707 m. Anm. *Habenicht* NStZ 2009, 708). Dem muss in einer Einzelfallprüfung (§ 489 Abs. 2) Rechnung getragen werden (OLG Frankfurt NStZ-RR 2010, 350, 351). Auch ob die Daten über die Speicherung hinaus genutzt werden, ist eine Frage der Erforderlichkeit. Die Daten dürfen zugleich für eine **Vorgangsverwaltung** nach Satz 1 und nach Maßgabe der §§ 483, 484 von den Strafverfolgungsbehörden für **Zwecke der Strafverfolgung** in einer gemeinsamen Datei gespeichert werden (so auch *Meyer-Goßner/ Schmitt* § 485 Rn. 1).

Satz 2 gestattet darüber hinaus, dass Daten, die zunächst nur für eine Vorgangsverwaltung gespeichert wurden, auch für Zwecke eines konkreten aktuellen Strafverfahrens (nach § 483) **genutzt** werden dürfen; Satz 3 gestattet sogar eine Speicherung für Zwecke künftiger Strafverfahren, wobei die im Gesetzestext genannte Einschränkung, nach der dies nur möglich sein soll, wenn eine Speicherung nach § 484 zulässig wäre, jedenfalls hinsichtlich des Basisdatensatzes de facto leer läuft, da § 484 Abs. 1 – abgesehen von der Zweckbindung – **voraussetzungslos** ist.

Für die **polizeiliche Vorgangsverwaltung** verweist Satz 4 global auf § 483 Abs. 3. Dies betrifft v.a. den Umgang mit Mischdateien der Polizei (SK-StPO/*Weßlau* § 485 Rn. 7).

§ 486 StPO Gemeinsame Dateien.
(1) Die personenbezogenen Daten können für die in den §§ 483 bis 485 genannten Stellen in gemeinsamen Dateien gespeichert werden. (2) Bei länderübergreifenden gemeinsamen Dateien gilt für Schadenersatzansprüche eines Betroffenen § 8 des Bundesdatenschutzgesetzes entsprechend.

Die Vorschrift erlaubt in **Abs. 1** die **Einrichtung gemeinsamer Dateien** für die Speicherung personenbezogener Daten durch die in §§ 483 bis 485 genannten Stellen zu den dort genannten Zwecken (vgl. KK-StPO/*Gieg* § 486 Rn. 1). Personenbezogene Daten müssen demnach nicht in mehreren Dateien parallel vorgehalten werden, um sie zu den in §§ 483 bis 485 genannten Zwecken zu nutzen. Die bereits jetzt in § 485 Satz 2 und Satz 3 gesetzlich geregelte Mehrfachnutzung von Daten (s. § 485 Rdn. 3; SK-StPO/*Weßlau* § 486 Rn. 1) wird hier aufgenommen. Dies kommt sowohl den genannten (Justiz-) Behörden zugute, da diese in einer gemeinsamen Datei jeden Datensatz jeweils nur einmal verwalten müssen und sämtliche Behörden Zugriff auch auf die nur von einer Stelle **für sie gespeicherten Daten** haben, als auch den Betroffenen, da ihre Daten nicht mehrfach – mit der Folge eines unterschiedlichen Schicksals der inhaltsgleichen Datensätze – an verschiedenen Stellen gespeichert sind. Dadurch wird der speichernden Stelle wie auch den Betroffenen der Zugang zu den Daten erleichtert. Zu beachten ist, dass die Führung einer gemeinsamen Datei **keine Verlagerung der Verantwortlichkeiten** zur Folge hat. Die Stelle, die aus ihrem Zuständigkeitsbereich Daten in die gemeinsame Datei einbringt, ist für diese Daten auch weiter verantwortlich (SK-StPO/*Weßlau* § 486 Rn. 2). Bei Schaffung einer gemeinsamen Datei ist gem. § 490 eine Errichtungsanordnung zu erstellen (BeckOK-StPO/*Wittig* § 486 Rn. 1 m.w.N.).

Zu beachten sind die **Landesdatenschutzgesetze**, die immer dann greifen, wenn eine gemeinsame Datei Datensätze verschiedener Stellen nur eines Landes aufnehmen; bei länderübergreifenden Dateien sind **Vereinbarungen** zwischen den beteiligten Ländern zu schließen (*Meyer-Goßner/Schmitt* § 486 Rn. 1). In diesem letztgenannten Fall ist nach **Abs. 2** § 8 BDSG für Schadensersatzansprüche eines Betroffenen entsprechend anwendbar.

§ 487 StPO Übermittlung gespeicherter Daten; Auskunft aus einer Datei.

(1) ¹Die nach den §§ 483 bis 485 gespeicherten Daten dürfen den zuständigen Stellen übermittelt werden, soweit dies für die in diesen Vorschriften genannten Zwecke, für Zwecke eines Gnadenverfahrens oder der internationalen Rechtshilfe in Strafsachen erforderlich ist. ²§ 477 Abs. 2 und § 485 Satz 3 gelten entsprechend.

(2) ¹Außerdem kann Auskunft aus einer Datei erteilt werden, soweit nach den Vorschriften dieses Gesetzes Akteneinsicht oder Auskunft aus den Akten gewährt werden könnte. ²Entsprechendes gilt für Mitteilungen nach den §§ 479, 480 und 481 Abs. 1 Satz 2.

(3) ¹Die Verantwortung für die Zulässigkeit der Übermittlung trägt die übermittelnde Stelle. ²Erfolgt die Übermittlung auf Ersuchen des Empfängers, trägt dieser die Verantwortung. ³In diesem Falle prüft die übermittelnde Stelle nur, ob das Übermittlungsersuchen im Rahmen der Aufgaben des Empfängers liegt, es sei denn, dass besonderer Anlass zu einer weitergehenden Prüfung der Zulässigkeit der Übermittlung besteht.

(4) ¹Die nach den §§ 483 bis 485 gespeicherten Daten dürfen auch für wissenschaftliche Zwecke übermittelt werden. ²§ 476 gilt entsprechend.

(5) Besondere gesetzliche Bestimmungen, die die Übermittlung von Daten aus einem Strafverfahren anordnen oder erlauben, bleiben unberührt.

(6) ¹Die Daten dürfen nur zu dem Zweck verwendet werden, für den sie übermittelt worden sind. ²Eine Verwendung für andere Zwecke ist zulässig, soweit die Daten auch dafür hätten übermittelt werden dürfen.

1 **A. Allgemeines.** Die Norm regelt die **Übermittlung** von gespeicherten Daten, die nach den §§ 483 bis 485 gespeichert wurden. In Abs. 2 werden die Vorschriften über die Beauskunftung aus oder die Einsicht in Akten auch für die Auskunft aus elektronisch gespeicherten Dateien für anwendbar erklärt. Die Norm wird als **Öffnungsklausel** und gesetzliche Grundlage eines umfassenden Netzwerks der Datenübermittlung und -verwendung durch die Organe der Strafrechtspflege angesehen (LR/*Hilger* § 487 Rn. 1).

2 **B. Erläuterungen. I. Datenübermittlung (Abs. 1)** Abs. 1 gestattet die Übermittlung von Daten an **Drittempfänger** (vgl. KK-StPO/*Gieg* § 487 Rn. 2), die in den in §§ 483 bis 485 genannten Dateien abgelegt sind. Die Übermittlung ist allerdings an Voraussetzungen geknüpft; und zwar sowohl was den Kreis der Datenrezipienten anbelangt, als auch mit Blick auf den Übermittlungszweck. Als **zuständige Stellen** sind hier die in den Bezugsnormen genannten Institutionen anzusehen. Dazu zählen in erster Linie die in § 483 Abs. 1 bezeichneten Stellen, v.a. **Gerichte und StA**, aber auch die in § 483 Abs. 3 erwähnten **Polizeidienststellen** bei der Erfüllung präventiv-polizeilicher Aufgaben. Hinzu kommen die Stellen, die für die in Abs. 1 ausdrücklich erwähnten Zwecke zuständig sind, also Vornahme- und Bewilligungsbehörden im internationalen Rechtshilfeverkehr und die Gnadenbehörden. Auch die in § 483 Abs. 1 nicht genannte Jugendgerichtshilfe kommt als Empfängerin in Betracht (*Meyer-Goßner/Schmitt* § 487 Rn. 1). Die Übermittlung kann von Amts wegen oder auf Ersuchen geschehen (Beck-OK-StPO/*Wittig* § 487 Rn. 2).

3 Die in Abs. 1 normierte **Zweckbindung** ist denkbar weit gefasst. Neben den Zwecken des Verfahrens, für das die Daten erhoben wurden, sind auch Zwecke **anderer, bereits bestehender Strafverfahren** (in allen Stadien einschließlich des Vollstreckungsverfahrens) und **künftiger Strafverfahren**, jedenfalls in dem von § 484 genannten Umfang, von der Vorschrift umfasst. Infolge des Verweises auf § 485 können Daten auch für die Vorgangsverwaltung übermittelt werden (BeckOK-StPO/*Wittig* § 487 Rn. 2); hier ist allerdings § 485 Satz 3 (Nutzung für zukünftige Strafverfahren) zu beachten. Schließlich ist die Übermittlung für Zwecke eines Gnadenverfahrens und für Zwecke der internationalen Rechtshilfe in Strafsachen möglich. **Eingeschränkt** wird die Verwendbarkeit der übermittelten Daten durch den Verweis auf § 477 Abs. 2, sodass v.a. die Übermittlung von Daten, die durch strafprozessuale Maßnahmen gewonnen wurden, deren Zulässigkeit vom Vorliegen bestimmter Katalogtaten abhängig ist. (z.B. durch Telekommunikationsüberwachung), nur unter engen Voraussetzungen möglich ist. Entgegenstehende Verwendungsregelungen sind zu beachten.

Als **Übermittlung** ist nach dem hier maßgeblichen (LR/*Hilger* Vor § 483 Rn. 24) **§ 3 Abs. 4 Satz 2 Nr. 3 BDSG** das Bekanntgeben gespeicherter oder durch Datenverarbeitung gewonnener Daten an einen Dritten (§ 3 Abs. 8 Satz 2 BDSG), in der Weise, dass die Daten an den Dritten weitergegeben werden oder der Dritte zur Einsicht oder zum Abruf bereit gehaltene Daten einsieht oder abruft, anzusehen.

II. Auskunftsoption (Abs. 2) Aus Abs. 2 kann **kein eigener Anspruch** auf Auskunft aus Dateien hergeleitet werden (*Meyer-Goßner/Schmitt* § 487 Rn. 2; SK-StPO/*Weßlau* § 487 Rn. 8). Die Vorschrift regelt nur die Option einer Beauskunftung aus einer Datei, wenn die Voraussetzungen einer **Auskunft aus den Akten** oder einer **Akteneinsicht nach den allgemeinen Vorschriften der StPO zur Akteneinsicht für Verfahrensbeteiligte oder nach §§ 474 ff.** ihrerseits vorliegen (BeckOK-StPO/ *Wittig* § 487 Rn. 4; KK-StPO/*Gieg* § 487 Rn. 3). Nur wenn eine Datei **Bestandteil der** (gerichtlichen) **Akten** geworden ist, unterliegt sie den allgemeinen Vorschriften zu Akteneinsicht und Auskunft, etwa nach § 147 (SK-StPO/*Weßlau* § 487 Rn. 9). Die Auskunftsoption, die der Entlastung der Justiz dienen soll, wird auch auf die Mitteilungen von Amts wegen für Zwecke der Strafverfolgung nach § 479 und die Übermittlung an Polizeibehörden für die Erfüllung deren eigener (präventiver) Aufgaben gem. § 481 Abs. 1 Satz 2 sowie auf die Übermittlung von Daten nach Spezialgesetzen ausgedehnt (Abs. 2 Satz 2).

III. Verantwortlichkeit (Abs. 3) Abs. 3 regelt die Verantwortlichkeit für die Datenübermittlung. Diese liegt grds. bei der **übermittelnden Stelle**, da sie die Verfügungsmacht über die Daten hat. Wird indes um die Übermittlung der Daten **nachgesucht**, verlagert sich die Verantwortung z.T. auf die ersuchende Stelle, Abs. 3 Satz 2. Sie verbleibt aber bei der übermittelnden Stelle, soweit es darum geht, ob die Anforderung der Daten auch tatsächlich i.R.d. Aufgaben des Empfängers liegt. Dies soll entsprechend § 477 Abs. 4 sinnvoller Weise auch gelten, wenn ein Ersuchen von Privaten vorliegt (BeckOK-StPO/*Wittig* § 487 Rn. 5 unter Verweis auf LR/*Hilger* § 487 Rn. 9), auch wenn derartige Fallgestaltungen kaum vorstellbar sind. Ggf. kann auch eine weiter gehende Prüfung erfolgen (Abs. 3 Satz 3).

IV. Wissenschaftliche Zwecke, Sonderbestimmungen, Zweckbindung (Abs. 4 bis 6) Die Zulässigkeit der Übermittlung der Daten **für wissenschaftliche Zwecke** normiert **Abs. 4. Abs. 5** legt im **Konkurrenzverhältnis** zu spezialgesetzlichen Regelungen fest, dass diese von § 487 nicht verdrängt werden (vgl. § 480).

Abs. 6 schließlich befasst sich (nochmals) mit der **Zweckbindung** der Datenübermittlung und regelt in Satz 1 die Selbstverständlichkeit, die sich schon aus Abs. 1 ergibt, dass die Daten nur für die Zwecke verwendet werden dürfen, für die sie übermittelt wurden, also der Erfüllung der Aufgaben des Empfängers. In Abs. 6 Satz 2 wird die Zweckbindung allerdings um die **Zulässigkeit einer Zweckänderung** erweitert: Wenn die Daten auch für den Zweck, für den sie nun abweichend von der eigentlichen Zweckbestimmung verwendet werden, hätten übermittelt werden dürfen, ist dies rechtmäßig (vgl. § 477 Abs. 5 Satz 2).

§ 488 StPO Automatisierte Verfahren für Datenübermittlungen.

(1) ¹Die Einrichtung eines automatisierten Abrufverfahrens oder eines automatisierten Anfrage- und Auskunftsverfahrens ist für Übermittlungen nach § 487 Abs. 1 zwischen den in § 483 Abs. 1 genannten Stellen zulässig, soweit diese Form der Datenübermittlung unter Berücksichtigung der schutzwürdigen Interessen der Betroffenen wegen der Vielzahl der Übermittlungen oder wegen ihrer besonderen Eilbedürftigkeit angemessen ist. ²Die beteiligten Stellen haben zu gewährleisten, dass dem jeweiligen Stand der Technik entsprechende Maßnahmen zur Sicherstellung von Datenschutz und Datensicherheit getroffen werden, die insbesondere die Vertraulichkeit und Unversehrtheit der Daten gewährleisten; im Falle der Nutzung allgemein zugänglicher Netze sind dem jeweiligen Stand der Technik entsprechende Verschlüsselungsverfahren anzuwenden.
(2) ¹Für die Festlegung zur Einrichtung eines automatisierten Abrufverfahrens gilt § 10 Abs. 2 des Bundesdatenschutzgesetzes entsprechend. ²Diese bedarf der Zustimmung der für die speichernde und die abrufende Stelle jeweils zuständigen Bundes- und Landesministerien. ³Die speichernde Stelle übersendet die Festlegungen der Stelle, die für die Kontrolle der Einhaltung der Vorschriften über den Datenschutz bei öffentlichen Stellen zuständig ist.

§ 488 StPO Automatisierte Verfahren für Datenübermittlungen

(3) ¹Die Verantwortung für die Zulässigkeit des einzelnen Abrufs trägt der Empfänger. ²Die speichernde Stelle prüft die Zulässigkeit der Abrufe nur, wenn dazu Anlass besteht. ³Die speichernde Stelle hat zu gewährleisten, dass die Übermittlung personenbezogener Daten zumindest durch geeignete Stichprobenverfahren festgestellt und überprüft werden kann. ⁴Sie soll bei jedem zehnten Abruf zumindest den Zeitpunkt, die abgerufenen Daten, die Kennung der abrufenden Stelle und das Aktenzeichen des Empfängers protokollieren. ⁵Die Protokolldaten dürfen nur für die Kontrolle der Zulässigkeit der Abrufe verwendet werden und sind nach zwölf Monaten zu löschen.

1 **A. Allgemeines.** In § 488 sind die Zulässigkeit eines **automatisierten Online-Datenabrufverfahrens** bei der Übermittlung von Daten nach § 487 zwischen den in § 483 genannten Justizbehörden sowie deren Voraussetzungen normiert. Die Vorschrift richtet sich an **Justizbehörden**, dient aber auch dem Schutz der Daten Einzelner. Sie ist lex specialis zu § 10 BDSG (BeckOK-StPO/*Wittig* § 488 Rn. 1; vgl. auch unten Rn. 4).

2 **B. Erläuterungen. I. Teilnahmeberechtigte und Voraussetzungen (Abs. 1)** Als zur Teilnahme **am automatisierten Abrufverfahren** berechtigte Stellen werden in Abs. 1 die in § 483 Abs. 1 aufgezählten Justizbehörden (Gerichte, Strafverfolgungsbehörden einschließlich Vollstreckungsbehörden, Bewährungshelfer, Aufsichtsstellen bei Führungsaufsicht und die Gerichtshilfe) genannt. Sinnvoller Weise sind unter den Gerichten **nur die mit Strafsachen befassten Spruchkörper** zu verstehen; es wäre systematisch kaum einzusehen, warum etwa ein Vormundschaftsgericht an einem automatisierten Datenabrufverfahren mit einer StA teilhaben sollte (vgl. SK-StPO/*Weßlau* § 488 Rn. 4, 5). Die in § 483 Abs. 3 erwähnten **Polizeibehörden** zählen ausdrücklich **nicht** zum Kreis der Teilnehmer am automatisierten Verfahren. **Zweck** der Einrichtung eines automatisierten Verfahrens ist die Übermittlung von Daten nach § 487 Abs. 1.

3 Voraussetzung der automatisierten Datenübermittlung ist, dass sie generell (vgl. BeckOK-StPO/*Wittig* § 488 Rn. 1 m.w.N.) aufgrund der **Vielzahl** der zu übermittelnden Datensätze oder alternativ wegen besonderer **Eilbedürftigkeit** nach Abwägung mit den **schutzwürdigen Interessen der Betroffenen** (§ 3 Abs. 1 BDSG) angemessen ist (*Meyer-Goßner/Schmitt* § 488 Rn. 1); notwendig muss sie indes nicht sein. Als schutzwürdige Interessen können neben dem Verwendungszweck, die Zahl der Empfänger und die Art der Daten in Betracht kommen (LR/*Hilger* § 488 Rn. 8). Die Daten müssen bei der Übermittlung nach Abs. 1 Satz 2 entsprechend dem Stand der Technik geschützt und bei Verwendung allgemein zugänglicher Netze verschlüsselt werden.

4 **II. Festlegung (Abs. 2)** In **Abs. 2** sind die **organisatorischen Voraussetzungen** eines automatisierten Datenabrufverfahrens normiert. Sonach müssen Einzelheiten eines solchen Verfahrens vor dessen Inbetriebnahme in einer so genannten **Festlegung** geregelt sein. Hinsichtlich deren Inhalts verweist Abs. 1 auf § 10 Abs. 2 BDSG. Schriftlich festzulegen sind also **Anlass und Zweck** des Abrufverfahrens (§ 10 Abs. 2 Satz 2 Nr. 1 BDSG), empfangsberechtigte **Dritte** (§ 10 Abs. 2 Satz 2 Nr. 2), die **Art der** durch das Verfahren zu übermittelnden **Daten** (§ 10 Abs. 2 Satz 2 Nr. 3 BDSG) und die nach § 9 BDSG zu schaffenden **technischen und organisatorischen Maßnahmen** (§ 10 Abs. 2 Satz 2 Nr. 4 BDSG). Insgesamt muss die Zulässigkeit des Abrufverfahrens kontrollierbar sein (in diesem Sinne auch BeckOK-StPO/*Wittig* § 488 Rn. 3). Der Festlegung muss vor Inbetriebnahme des automatisierten Abrufverfahrens von den für die beteiligten Stellen zuständigen Ministerien zugestimmt werden (Abs. 2 Satz 2). Der jeweils zuständige Datenschutzbeauftragte erhält die Festlegungen (Abs. 2 Satz 3).

5 **III. Abrufverantwortung und Protokollierungspflicht (Abs. 3)** Abs. 3 weist – entsprechend der Regelung in § 10 Abs. 4 BDSG für das allgemeine Datenschutzrecht – die **Abrufverantwortlichkeit** dem Empfänger zu und enthält weitere Detailregelungen zur Kontrolle der Datenübermittlung.

6 Dass dem **Empfänger**, der den Datenabruf veranlasst, die Verantwortung für dessen Zulässigkeit überbürdet wird, ist nur konsequent, da die Automatisierung des Abrufverfahrens einen voluntativ gesteuerten Beitrag der speichernden Stelle nicht mehr vorsieht. Letztlich greift der Empfänger über einen solchen Abruf nur auf eine anderswo eingerichtete Datenbank zu. Nur wenn ein **konkreter Anlass** dazu besteht, prüft die speichernde Stelle die Zulässigkeit der Abrufe (Abs. 3 Satz 2). Hier ist § 487 Abs. 1 Satz 2 i.V.m. § 477 Abs. 2 StPO zu beachten.

Aufgabe der speichernden Stelle ist es nach Abs. 3 Satz 3, eine Kontrolle des Datenabrufs zu ermöglichen. Nach dem Gesetzeswortlaut hat sie auch zu gewährleisten, dass die Datenübermittlung als solche festgestellt werden kann. Dem kommt ggü. der Möglichkeit einer Überprüfung des Abrufs auf Rechtsverstöße nur untergeordnete Bedeutung zu. Wie die speichernde Stelle eine solche Überprüfungsmöglichkeit sicherstellt, bleibt ihr überlassen; der Gesetzgeber schreibt lediglich ein »geeignetes Stichprobenverfahren« vor. Nach Satz 4 soll – nicht muss – die speichernde Stelle jeden zehnten Abruf mitprotokollieren. Da hierbei »insbesondere« auch die abgerufenen Daten **mitzuprotokollieren** sein sollen, sind die so gewonnenen Daten keineswegs reine Protokolldaten, sondern bilden einen eigenen Datensatz – die Gesamtheit der so gewonnenen Daten stellt 10 % der abgerufenen Daten samt Zeitpunkt, Zweck und Veranlasser der Abrufvorgänge dar. Dass mit diesen so (neu) gewonnenen Datensätzen mindestens ebenso sensibel umzugehen ist, wie mit den eigentlich gespeicherten Daten, versteht sich von selbst. Da der Gesetzgeber nur vorschreibt, welche Daten »insbesondere« mitzuprotokollieren sind, bleibt es der speichernden Stelle unbenommen, weitere Metadaten des Abrufs zu erheben und mit dem abgerufenen Datensatz zu verbinden. Dass dies unter den durch Abs. 3 Satz 4 an und für sich verfolgten Datenschutzaspekten zielführend ist, darf bezweifelt werden. Der Gesetzgeber hat die Brisanz der Regelung offenbar erkannt und in Abs. 3 Satz 5 als Regulativ eine **Zweckbindung für die so genannten Protokolldaten** gesetzlich festgeschrieben. Danach dürfen sie nur zur Kontrolle der Zulässigkeit der Abrufe und zu Ahndung etwa unbefugter Abrufe (*Meyer-Goßner/Schmitt* § 488 Rn. 3) eingesetzt werden und sind zwölf Monaten nach ihrer Erhebung zu löschen.

7

Nach § 11 Abs. 4 Satz 2 und 3 BKAG sind die Staatsanwaltschaften befugt, bestimmte, im Einzelnen aufgezählte Datensätze (z.B. Ausschreibungen) in einem automatisierten Verfahren aus dem polizeilichen Informationssystem abzufragen; das BMI ist nach dieser Norm ermächtigt, durch VO weitere Daten-Kategorien unter den Voraussetzungen des Abs. 1 Satz 1, 2. Halbsatz für den automatisierten Datenabruf freizugeben (*Meyer-Goßner/Schmitt* § 488 Rn. 4; SK-StPO/*Weßlau* § 488 Rn. 23).

8

§ 489 StPO Berichtigung, Löschung und Sperrung von Daten.

(1) Personenbezogene Daten in Dateien sind zu berichtigen, wenn sie unrichtig sind.

(2) ¹Sie sind zu löschen, wenn ihre Speicherung unzulässig ist oder sich aus Anlass einer Einzelfallbearbeitung ergibt, dass die Kenntnis der Daten für die in den §§ 483, 484, 485 jeweils bezeichneten Zwecke nicht mehr erforderlich ist. ²Es sind ferner zu löschen

1. nach § 483 gespeicherte Daten mit der Erledigung des Verfahrens, soweit ihre Speicherung nicht nach den §§ 484, 485 zulässig ist,
2. nach § 484 gespeicherte Daten, soweit die Prüfung nach Absatz 4 ergibt, dass die Kenntnis der Daten für den in § 484 bezeichneten Zweck nicht mehr erforderlich ist und ihre Speicherung nicht nach § 485 zulässig ist,
3. nach § 485 gespeicherte Daten, sobald ihre Speicherung zur Vorgangsverwaltung nicht mehr erforderlich ist.

(3) ¹Als Erledigung des Verfahrens gilt die Erledigung bei der Staatsanwaltschaft oder, sofern die öffentliche Klage erhoben wurde, bei Gericht. ²Ist eine Strafe oder eine sonstige Sanktion angeordnet worden, ist der Abschluss der Vollstreckung oder der Erlass maßgeblich. ³Wird das Verfahren eingestellt und hindert die Einstellung die Wiederaufnahme der Verfolgung nicht, so ist das Verfahren mit Eintritt der Verjährung als erledigt anzusehen.

(4) ¹Die speichernde Stelle prüft nach festgesetzten Fristen, ob nach § 484 gespeicherte Daten zu löschen sind. ²Die Frist beträgt

1. bei Beschuldigten, die zur Zeit der Tat das achtzehnte Lebensjahr vollendet hatten, zehn Jahre,
2. bei Jugendlichen fünf Jahre,
3. in den Fällen des rechtskräftigen Freispruchs, der unanfechtbaren Ablehnung der Eröffnung des Hauptverfahrens und der nicht nur vorläufigen Verfahrenseinstellung drei Jahre,
4. bei nach § 484 Abs. 1 gespeicherten Personen, die zur Tatzeit nicht strafmündig waren, zwei Jahre.

(5) Die speichernde Stelle kann in der Errichtungsanordnung nach § 490 kürzere Prüffristen festlegen.

§ 489 StPO Berichtigung, Löschung und Sperrung von Daten

(6) ¹Werden die Daten einer Person für ein weiteres Verfahren in der Datei gespeichert, so unterbleibt die Löschung, bis für alle Eintragungen die Löschungsvoraussetzungen vorliegen. ²Absatz 2 Satz 1 bleibt unberührt.

(7) ¹An die Stelle einer Löschung tritt eine Sperrung, soweit
1. Grund zu der Annahme besteht, dass schutzwürdige Interessen einer betroffenen Person beeinträchtigt würden,
2. die Daten für laufende Forschungsarbeiten benötigt werden oder
3. eine Löschung wegen der besonderen Art der Speicherung nicht oder nur mit unverhältnismäßigem Aufwand möglich ist.

²Personenbezogene Daten sind ferner zu sperren, soweit sie nur zu Zwecken der Datensicherung oder der Datenschutzkontrolle gespeichert sind. ³Gesperrte Daten dürfen nur für den Zweck verwendet werden, für den die Löschung unterblieben ist. ⁴Sie dürfen auch verwendet werden, soweit dies zur Behebung einer bestehenden Beweisnot unerlässlich ist.

(8) Stellt die speichernde Stelle fest, dass unrichtige, zu löschende oder zu sperrende personenbezogene Daten übermittelt worden sind, so ist dem Empfänger die Berichtigung, Löschung oder Sperrung mitzuteilen, wenn dies zur Wahrung schutzwürdiger Interessen des Betroffenen erforderlich ist.

(9) Anstelle der Löschung der Daten sind die Datenträger an ein Staatsarchiv abzugeben, soweit besondere archivrechtliche Regelungen dies vorsehen.

1 **A. Allgemeines.** Die Norm soll die **Persönlichkeit** der von einer Datenspeicherung Betroffenen **schützen**, indem sie in bestimmten Fällen die Berichtigung, die Löschung oder zumindest die Sperrung von Daten vorschreibt. Zu **polizeilich-präventiven Zwecken** gespeicherte Daten gem. §§ 483 Abs. 3, 484 Abs. 4 und 485 Satz 4 sind allerdings vom Anwendungsbereich der Vorschrift **ausgenommen** (vgl. *Meyer-Goßner/Schmitt* § 489 Rn. 1; KK-StPO/*Gieg* § 498 Rn. 1; BeckOK-StPO/*Wittig* § 489 Rn. 1: Löschungsanspruch nach Landespolizeigesetzen). Die Begriffe des Sperrens und des Löschens sind in § 3 Abs. 4 Satz 2 Nr. 4 und 5 BDSG – als Unterformen des Verarbeitens gem. § 3 Abs. 4 Satz 1 BDSG – definiert.

2 **B. Erläuterungen. I. Berichtigung (Abs. 1)** In **Abs. 1** ist als allgemeiner Grundsatz niedergelegt, was sich sowohl im Interesse des Betroffenen, als auch im Interesse der die Daten verwendenden Stellen von selbst versteht (so auch KK-StPO/*Gieg* § 489 Rn. 2). Der Betroffene hat regelmäßig (nicht immer) den Wunsch, dass Dateien, die im Zusammenhang mit Strafverfolgung über ihn gespeichert sind, inhaltlich zutreffen. Dieser Wunsch ist indes bei den mit Strafverfolgung befassten Behörden noch ausgeprägter, denn unrichtige Daten sind nicht verwendbar und damit nutzlos. Sie werden als solche erkannte Daten deshalb schon aus eigenem Interesse berichtigen; eines dahin gehenden **Antrags** des Betroffenen bedarf es nach dem eindeutigen Wortlaut der Norm auch gar **nicht** (*Meyer-Goßner/Schmitt* § 489 Rn. 2). Als **unrichtig** sind personenbezogene Daten anzusehen, deren Inhalt mit der Wirklichkeit nicht übereinstimmt oder unvollständig ist.

3 Die Berichtigung hat in der Weise zu erfolgen, dass sie **nachvollziehbar** bleibt, um so dem Gebot der Aktenwahrheit und -vollständigkeit Rechnung zu tragen (KK-StPO/*Gieg* § 489 Rn. 2; *Meyer-Goßner/Schmitt* § 489 Rn. 2).

4 **II. Löschung (Abs. 2)** Unter welchen Voraussetzungen und wann die speichernde Stelle Daten **zwingend zu löschen** (§ 3 Abs. 4 Satz 2 Nr. 5 BDSG) hat, regelt **Abs. 2.** Als allgemeine Regel ist der Vorschrift zu entnehmen, dass Daten immer dann, wenn sie nicht mehr benötigt werden, nicht mehr erforderlich, ungeeignet oder sonst wie unverwendbar sind, gelöscht werden müssen. Dies ist Ausfluss des Grundrechts auf informationelle Selbstbestimmung sowie des Grundsatzes der Zweckbindung im Datenschutzrecht (vgl. OLG Frankfurt am Main NStZ-RR 2008, 183; OLG Hamburg NStZ 2009, 707, 708 m. Anm. *Habenicht*). Hieraus ergibt sich auch, ohne dass dies gesetzlich so unmittelbar geregelt wäre, dass eine weitere Speicherung von personenbezogenen Daten nicht zulässig ist, wenn diese wegen eines entgegenstehenden **Verwertungsverbotes** nicht mehr nutzbar sind (vgl. KK-StPO/*Gieg* § 489 Rn. 3 m.w.N.; vgl. auch *Waszczynski* JA 2013, 60, 63: Löschungsanspruch auch bei unzulässiger Erhebung). Zu beachten ist bei der Prüfung einer Löschung aber stets, ob nicht Abs. 7 einschlägig ist, der statt der Löschung eine bloße **Sperrung** der Daten anordnet.

Nach Abs. 2 Satz 1 sind **Daten von Amts wegen** (BeckOK-StPO/*Wittig* § 489 Rn. 3) **zu löschen**, wenn ihre Speicherung unzulässig, aber gleichwohl erfolgt ist bzw. wenn sie zulässigerweise erfolgt, aber später unzulässig geworden ist. Darüber hinaus sind Daten zu löschen, wenn bei ihrer Verwendung festgestellt wird, dass sie **für die in §§ 483 bis 485 genannten Zwecke** nicht mehr benötigt werden (vgl. hierzu BVerfG NJW 2005, 1917, 1922: strenge Zweckbindung des Datenzugriffs; BVerfG NJW 2009, 2431, 2438). 5

Abs. 2 Satz 2 regelt in numerischer Aufzählung im Einzelnen, wann nach §§ 483 bis 485 gespeicherte Daten zu löschen sind. Dabei hebt Abs. 2 Satz 2 Nr. 1 auf den in Abs. 3 legal definierten Begriff der **Erledigung des Verfahrens** ab. Bedeutsam sind insoweit v.a. die Vernichtungsregelungen der StPO, z.B. in § 98b Abs. 3 Satz 2. Abs. 2 Satz 2 Nr. 2 verweist auf Abs. 4 und die dort genannten **Überprüfungsfristen**. Abs. 2 Satz 2 Nr. 3 schließlich ordnet eine Löschung der nach § 485 erhobenen Daten an, sobald sie für die dort geregelte Vorgangsverwaltung **nicht mehr benötigt** werden (vgl. hierzu OLG Brandenburg, Beschl. v. 04.11.2014 – 2 VAs 2/13). Durch das abgestufte Löschungsgebot in Abs. 2 Satz 2 ist die Möglichkeit einer Änderung des Speicherzwecks auch aus dem Blickwinkel der Datenlöschung normiert. **Zwingend vorgeschrieben** ist eine Löschung von nach § 483 gespeicherten Daten nur, wenn sie selbst für eine Vorgangsverwaltung nach § 485 nicht mehr benötigt werden. Letztlich verlangt § 489 Abs. 2, sofern eine (weitere) Speicherung nicht generell unzulässig ist, jedenfalls auf einen **Löschungsantrag** hin regelmäßig eine **Einzelfallprüfung**, in der v.a. der konkrete Tatvorwurf, aber auch die durchgeführten Ermittlungsmaßnahmen sowie die hieraus resultierende Rechtsbeeinträchtigung des Betroffenen zu berücksichtigen sind (OLG Dresden MMR 2003, 592, 593; OLG Hamburg NStZ 2009, 707; KG StraFo 2009, 337; OLG Hamburg NStZ-RR 2010, 118; KG NStZ 2010, 232; OLG Frankfurt am Main NStZ-RR 2010, 350, 351; vgl. auch OLG Frankfurt am Main NStZ-RR 2008, 183: Wird das Verfahren eingestellt, weil sich herausgestellt hat, dass überhaupt keine Straftat begangen wurde, gewinnt das Grundrecht des vormaligen Beschuldigten auf informationelle Selbstbestimmung gem. Art. 2 Abs. 1 i.V.m. Art. 1 Abs. 1 GG besonderes Gewicht). 6

Abs. 2 gibt ein **subjektives Recht auf Datenlöschung** (OLG Hamburg NStZ 2009, 707; VG Karlsruhe, Urt. v. 30.07.2013 – 3 K 3496/12; vgl. auch § 20 Abs. 2 BDSG). Ein Betroffener hat, sind die gesetzlichen Voraussetzungen gegeben, einen Anspruch darauf, dass die ihn betreffenden Daten gelöscht werden (so auch KK-StPO/*Gieg* § 489 Rn. 3). Im Streitfalle ist der **Rechtsweg nach §§ 23 ff. EGGVG** eröffnet (st. Rspr.; OLG Dresden MMR 2003, 592; OLG Hamburg NStZ-RR 2010, 118; OLG Frankfurt NStZ-RR 2010, 350, 351). 7

III. Definition der Erledigung (Abs. 3)
Abs. 3 erläutert den in Abs. 2 Satz 2 Nr. 1 genannten Begriff der **Erledigung des Verfahrens**. Verfahrenserledigung tritt nach dieser Vorschrift letztlich immer dann ein, wenn ein Verfahren so beendet ist, dass eine **weitere Erforderlichkeit** der erhobenen Daten **ausgeschlossen** ist. Dies führt dazu, dass im Fall einer Verfahrenseinstellung nach § 170 Abs. 2 durch die StA wegen fehlenden Tatnachweises eine solche Erledigung erst mit Eintritt der absoluten Verjährung erfolgt ist (Abs. 3 Satz 3). Die Definition der Erledigung des Verfahrens ist nach einer Auffassung im Schrifttum nicht abschließend; erfasst seien von Abs. 3 nur die Regelfälle (LR/*Hilger* § 489 Rn. 7). 8

IV. Löschungsfristen (Abs. 4 bis 6)
Wie sich aus Abs. 5 ergibt, werden in Abs. 4 nur die **Höchstfristen** für die Aussonderungsprüfung festgelegt; abweichende, kürzere Fristen können in einer **Errichtungsanordnung** gem. § 490 Abs. 1 Nr. 7 festgelegt werden. Die Fristen zwingen nicht etwa zum Löschen der Dateien, sondern nur zur Prüfung, ob ihre Speicherung zu den in §§ 484 oder 485 bezeichneten Zwecken noch erforderlich ist. Bei einer Speicherung nach § 483 sind die Fristen des Abs. 4 dann zu beachten, wenn die Speicherung zwar nicht mehr zu den in § 483 genannten Zwecken benötigt wird, wohl aber zu den in §§ 484 und 485 normierten. Eine besondere Problematik ergibt sich im Zusammenhang mit der Löschung von personenbezogenen Daten von **zur Tatzeit strafunmündigen Kindern** (*Meyer-Goßner/Schmitt* § 489 Rn. 4: Die Speicherung von Daten strafunmündiger Kinder ist unzulässig; Abs. 4 Satz 2 Nr. 4 regelt lediglich die Löschung von zunächst aus Unkenntnis des Alters gespeicherten Daten; dem folgend SK-StPO/*Weßlau* § 489 Rn. 14)). 9

Sofern nicht die Voraussetzungen des Abs. 2 Satz 1 vorliegen, dürfen nach Abs. 6 Daten einer Person nicht gelöscht werden, wenn sie noch **für ein anderes Verfahren benötigt** werden. Diese Vorschrift bringt den auch im BZRG (§ 47 Abs. 3 BZRG) verankerten Gedanken zum Ausdruck, dass die für 10

§ 489 StPO   Berichtigung, Löschung und Sperrung von Daten

ein Verfahren gespeicherten Daten von anderen Verfahren »mitgezogen« werden, bis die Löschungsvoraussetzungen auch für diese Verfahren vorliegen.

11 **V. Sperrung (Abs. 7)** Abs. 7 regelt abschließend (BeckOK-StPO/*Wittig* § 489 Rn. 7), wann eine **Sperrung** (§ 3 Abs. 4 Satz 2 Nr. 4 BDSG) gespeicherter Daten zu erfolgen hat und was die Folgen einer solchen Speicherung sind. In Satz 1 ist zunächst festgelegt, unter welchen Voraussetzungen eine Löschung durch eine Sperrung zu ersetzen ist; liegen diese Voraussetzungen vor, hat die zuständige Stelle insoweit kein Ermessen. Freilich enthalten die Voraussetzungen einer solchen Ersetzung zahlreiche Beurteilungsspielräume, die es der speichernden Stelle ermöglichen, die Sperrung von Daten statt deren Löschung flexibel zu handhaben. Nach Satz 1 Nr. 1 ist zu bedenken, ob **schutzwürdige Belange des Betroffenen** vorliegen könnten, die für ein Unterbleiben einer nach Abs. 2 zwingend vorgeschriebenen Löschung sprechen könnten. In Betracht kommen hier vorwiegend zugunsten des Betroffenen sprechende Daten, die durch eine Löschung verloren gehen könnten und deren spätere Verfügbarkeit aus Sicht des Betroffenen notwendig ist (vgl. SK-StPO/*Weßlau* § 489 Rn. 21). Nach Nr. 2 sind auch für **laufende Forschungsarbeiten** benötigte Daten zu sperren, statt sie zu löschen. Die Forschungsarbeiten müssen zum Zeitpunkt der nach Abs. 2 vorgeschriebenen Löschung bereits begonnen haben, lediglich geplante Forschungsvorhaben können nicht zu einer weiter andauernden Speicherung mit Nutzungssperre führen (so auch *Meyer-Goßner/Schmitt* § 489 Rn. 6). Nr. 3 schließlich ist denkbar **weit gefasst** und trägt mangelhaften Ressourcen der Judikative Rechnung. Wann für die Löschung von Dateien ein unverhältnismäßiger Aufwand erforderlich ist, ist kaum fassbar; um die Löschungsvorschriften nicht gänzlich leerlaufen zulassen, wird eine Sperrung nach Nr. 3 statt einer Löschung nur in seltenen Ausnahmefällen – v.a. bei nicht automatisieren Dateien (SK-StPO/*Weßlau* § 489 Rn. 24) – in Betracht kommen.

12 Abs. 7 Satz 2 regelt weitere Fälle der Sperrung von personenbezogenen Daten, die nicht an die Stelle einer Löschung nach Abs. 2 treten. Gespeicherte Daten sind demnach grds. dann zu sperren, wenn sie (nur) zu **Zwecken der Datensicherung oder der Datenschutzkontrolle** gespeichert wurden.

13 Folge einer Sperrung ist nach Satz 3, dass die Daten nur für den Zweck verwendet werden dürfen, dessentwegen eine Löschung unterblieben ist. Das bedeutet in der Praxis, dass etwa zu Forschungszwecken nicht gelöschte, sondern nur gesperrte Daten jedenfalls grds. nicht zu Strafverfolgungszwecken eingesetzt werden dürfen. Da Satz 1 Nr. 3 keinen Zweck im Sinne von Satz 3 formuliert, ist diese Zweckbindungsklausel auf Sperrungen nach Satz 1 Nr. 3 nicht anwendbar (BeckOK-StPO/*Wittig* § 489 Rn. 8 m.w.N.). Die Vorschrift, die der Sperrung einen Sinn verleiht, wird allerdings durch Satz 4 weitgehend ausgehebelt. Eine letztlich beliebige Verwendung von gesperrten personenbezogenen Daten ist nämlich immer dann möglich, wenn diese anderweitig nicht mehr zu erlangen ist, also der vom Gesetz genannte Beweisnot besteht (vgl. insoweit auch KK-StPO/*Gieg* § 489 Rn. 6). Die Erstellung eines Sperrvermerks, aus dem sich ergibt, warum eine Löschung nicht erfolgt ist und welchem Zweck eine weitere Verwendung dient, ist vom Gesetz nicht vorgesehen (a. A. *Meyer-Goßner/Schmitt* § 489 Rn. 6; SK-StPO/*Weßlau* § 489 Rn. 19)

14 **VI. Benachrichtigungspflicht und Archivierung (Abs. 8 und 9)** Die gegen die Regelungen dieser Vorschrift **verstoßende Übermittlung personenbezogener Daten** zieht nach **Abs. 8** eine diesbezügliche Benachrichtigung des Datenempfängers nach sich. Voraussetzung einer solchen Benachrichtigung ist allerdings, dass dies zur Wahrung **schutzwürdiger Belange** des Betroffenen **erforderlich** ist, ansonsten unterbleibt sie, insb. um eine Schadensvertiefung zu vermeiden. Ob der Empfänger der zu Unrecht übermittelten Daten die Daten dann ohne Weiteres berichtigen, löschen oder sperren muss, oder ob er eine (erneute) Prüfung der Voraussetzungen des § 489 vorzunehmen hat, lässt das Gesetz offen.

15 Eine weitere Ausnahme von der Verpflichtung zur Löschung personenbezogener Daten enthält schließlich Abs. 9. Hier wird der Vorrang **archivrechtlicher Regelungen** vor der Löschungsverpflichtung des Abs. 2 normiert. Bei der abgebenden Stelle darf **keine Kopie** verbleiben (*Meyer-Goßner/Schmitt* § 489 Rn. 8 m.w.N.).

§ 490 StPO Errichtungsanordnung für automatisierte Dateien.

¹Die speichernde Stelle legt für jede automatisierte Datei in einer Errichtungsanordnung mindestens fest:
1. die Bezeichnung der Datei,
2. die Rechtsgrundlage und den Zweck der Datei,
3. den Personenkreis, über den Daten in der Datei verarbeitet werden,
4. die Art der zu verarbeitenden Daten,
5. die Anlieferung oder Eingabe der zu verarbeitenden Daten,
6. die Voraussetzungen, unter denen in der Datei verarbeitete Daten an welche Empfänger und in welchem Verfahren übermittelt werden,
7. Prüffristen und Speicherungsdauer.

²Dies gilt nicht für Dateien, die nur vorübergehend vorgehalten und innerhalb von drei Monaten nach ihrer Erstellung gelöscht werden.

A. Allgemeines. Gesetzliche **Grundlage und Inhalt einer Errichtungsanordnung** werden in dieser Vorschrift, die als spezialgesetzliche Regelung § 18 Abs. 2 BDSG für ihren Regelungsbereich vorgeht, neben der aber § 9 BDSG anwendbar bleibt (BeckOK-StPO/*Wittig* § 490 Rn. 1 m.w.N.), normiert. Der Erlass einer Errichtungsanordnung ist nicht in das Ermessen der speichernden Stelle gelegt, sondern dieser vorgeschrieben. Nicht anwendbar ist die Vorschrift auf die Speicherung reiner Textdateien (KMR/*Gemählich* § 490 Rn. 1). 1

B. Erläuterungen. Satz 1 regelt die **Mindestfestlegungen**, die in einer Errichtungsanordnung zu treffen sind. Der speichernden Stelle steht es frei, über die in Satz 1 Nr. 1 bis 7 genannten **weitere Festlegungen** in einer Anordnung vorzuschreiben. Durch die gesetzliche Festschreibung des Inhalts einer Errichtungsanordnung soll eine Vereinheitlichung in der Errichtung und der Handhabung gespeicherter Dateien erzielt werden, die einer **effektiven Kontrolle** des Umgangs mit den Dateien dient.
Als speichernde Stellen i.S.v. Satz 1 sind die in § 3 Abs. 7 BDSG genannten Stellen anzusehen. Dass nicht nur die in § 483 genannten Dienststellen, sondern auch die dort tätigen Einzelpersonen Errichtungsanordnungen für individuell gespeicherte Dateien erstellen sollen (so SK-StPO/*Weßlau* § 490 Rn. 3 u. LR/*Hilger* § 490 Rn. 2 m. wechselseitigem Verweis aufeinander), ist völlig praxisfremd. 2

Gegenstand einer Errichtungsanordnung sollen neben Namen und Zweck der Datei u.a. insb. die **Voraussetzungen einer Datenübermittlung** (Satz 1 Nr. 6) sowie die **Prüffristen** und die **Speicherungsdauer** (Satz 1 Nr. 7), die für die in der Datei gespeicherten Daten gelten, sein. Auf diese Weise legt die speichernde Behörde vorweg abstrakt fest, wie mit den Daten nach ihrer Gewinnung umzugehen sein wird. In der Errichtungsanordnung sollte jedenfalls berücksichtigt werden, auf welcher gesetzlichen Grundlage die Speicherung der Daten erfolgt und zu welchem Zeck sie gespeichert werden. Hier ist insb. auch das Grundrecht auf **informationelle Selbstbestimmung** zu berücksichtigen, das einer weiteren Speicherung personenbezogener Daten aus strafrechtlichen Ermittlungsverfahren in einer polizeilichen Personalauskunftsdatei zum Zwecke der vorbeugenden Verbrechensbekämpfung dann entgegenstehen kann, wenn nichts dafür spricht, dass der Betroffene erneut einschlägig oder ähnlich strafrechtlich in Erscheinung treten wird und deshalb ausgeschlossen ist, dass die vorhandenen Daten die Arbeit einer Behörde fördern können (vgl. hierzu im Einzelnen OLG Dresden MMR 2003, 592, 593). 3

Für sog. **Kurzzeitdateien** gelten die Regelungen des Satz 1 nicht (Satz 2). Aufgrund der zeitnah nach der Errichtung erfolgende Löschung wäre hier die Festlegung einer Errichtungsanordnung unverhältnismäßig aufwendig (vgl. KK-StPO/*Gieg* § 490 Rn. 2). Stellt sich aber heraus, dass eine Datei entgegen ursprünglicher Erwartung über 3 Monate hinaus vorgehalten wird, wird eine Errichtungsanordnung nach Satz 1 zu erlassen sein. 4

§ 491 StPO Auskunft an Betroffene.

(1) ¹Dem Betroffenen ist, soweit die Erteilung oder Versagung von Auskünften in diesem Gesetz nicht besonders geregelt ist, entsprechend § 19 des Bundesdatenschutzgesetzes Auskunft zu erteilen. ²Auskunft über Verfahren, bei denen die Einleitung des Verfahrens bei der Staatsanwaltschaft im Zeitpunkt der Beantragung der Auskunft noch nicht mehr als sechs Monate zurückliegt, wird nicht erteilt. ³Die Staatsanwaltschaft kann die Frist des Satzes 2 auf bis zu 24 Monate verlängern, wenn wegen der Schwierigkeit oder des Umfangs der Ermittlungen im Einzelfall ein Geheimhaltungsbedürfnis fortbesteht. ⁴Über eine darüber hinausgehende Verlängerung der Frist entscheidet der Generalstaatsanwalt, in Verfahren der Generalbundesanwaltschaft der Generalbundesanwalt. ⁵Die Entscheidungen nach den Sätzen 3 und 4 und die Gründe hierfür sind zu dokumentieren. ⁶Der Antragsteller ist unabhängig davon, ob Verfahren gegen ihn geführt werden oder nicht, auf die Regelung in den Sätzen 2 bis 5 hinzuweisen.

(2) ¹Ist der Betroffene bei einer gemeinsamen Datei nicht in der Lage, die speichernde Stelle festzustellen, so kann er sich an jede beteiligte speicherungsberechtigte Stelle wenden. ²Über die Erteilung einer Auskunft entscheidet diese im Einvernehmen mit der Stelle, die die Daten eingegeben hat.

1 **A. Anwendungsbereich.** Die Vorschrift, die die Betroffenen berechtigt, Auskünfte zu etwaigen, über sie gespeicherten Daten zu erhalten, hat nur einen sehr **begrenzten Anwendungsbereich**. Sie ist als **bereichsspezifische Spezialnorm** anzusehen und verdrängt in ihrem Anwendungsbereich den allgemeinen Auskunftsanspruch aus § 19 BDSG (SK-StPO/*Weßlau* § 491 Rn. 2 m.w.N.), auch wenn Abs. 1 Satz 1 die entsprechende Anwendung von § 19 BDSG vorsieht. § 491 greift nicht, soweit die Erteilung oder Versagung von Auskünften anderweitig in der StPO geregelt ist, und ist nur **auf Daten, nicht aber auf Akten anwendbar** (BT-Drucks. 14/1484, S. 35; Meyer-Goßner/*Schmitt* § 491 Rn. 1; KK-StPO/*Gieg* § 491 Rn. 1; BeckOK-StPO/*Wittig* § 491 Rn. 2; LR/*Hilger* § 491 Rn. 2; *Brodersen* NJW 2000, 2536, 2541). Anderweitige, **vorgehende Regelungen** finden sich in den §§ 147, 385 Abs. 3, 397 Abs. 1, 406e und 475. Dies hat zur Folge, dass nach dieser Vorschrift nicht die Verfahrensbeteiligten – auch nicht ehemalige (vgl. *oben* § 475 Rn. 3) –, sondern nur Drittbetroffene einen Auskunftsanspruch haben (BVerfG NJW 2005, 1917, 1922; BVerfG NJW 2009, 2431, 2438; a. A. SK-StPO/*Weßlau* § 491 Rn. 6 und 10). § 491 gibt dem Betroffenen ein **subjektiv-öffentliches Recht** auf Auskunftserteilung; ob gegen deren Versagung der Rechtsweg nach § 23 EGGVG offen steht, erscheint indes sehr zweifelhaft (bejahend SK-StPO/*Weßlau* § 491 Rn. 35; anders aber BGH NStZ-RR 2009, 145 = BGHR StPO, § 491 Ablehnung 1: Anrufung des Bundesbeauftragten für Datenschutz und Informationsfreiheit nach § 19 Abs. 5 Satz 2 BDSG).

2 **B. Erläuterungen. I. Beauskunftung.** Nach Abs. 1 Satz 1 ist auf die Beauskunftung von Betroffenen § 19 BDSG anzuwenden. Nach **§ 19 Abs. 1 BDSG** ist einem Betroffenen **auf dessen Antrag** Auskunft über die **zu seiner Person** gespeicherten Daten, einschließlich deren Herkunft, über die Empfänger oder Empfängerkategorien der Daten, und über den Zweck der Speicherung Auskunft zu geben. Einen Grund für den Antrag auf Beauskunftung muss der Antragsteller nicht nennen. Der Antrag bedarf nicht der Schriftform und kann beliebig oft wiederholt werden; die Bezeichnung der Daten, über die Auskunft begehrt wird, ist fakultativ (vgl. SK-StPO/*Weßlau* § 491 Rn. 24). Ob die Auskunft erteilt wird, liegt **nicht im Ermessen der Behörde**. Dabei sind allerdings die in § 19 Abs. 2 bis 4 BDSG genannten Ausnahmen von einer Auskunftspflicht zu beachten. Betroffener i.S.v. § 491 ist jede bestimmte oder bestimmbare natürliche Person (§ 3 Abs. 1 BDSG), die in Erfahrung bringen will, ob über sie selbst Daten gespeichert sind, unabhängig davon, ob dies der Fall ist, und die nicht unter die *oben* in Rn. 1 genannte Personengruppe, auf die § 491 nicht anzuwenden ist, fällt (LR/*Hilger* § 491 Rn. 5). Tatsächlich müsste man vorliegend also präziser von »potentiell Betroffenen« sprechen. § 3 Abs. 7 BDSG regelt i.V.m. §§ 483 ff., welche Stellen **auskunftspflichtig** sind. Dazu gehören insb. alle Justizbehörden, also Gerichte und StA. Auch die Polizei, soweit sie strafverfolgend tätig wird und in diesem Zusammenhang Daten speichert oder verarbeitet, gehört hierzu (vgl. KK-StPO/*Gieg* § 491 Rn. 3). Auskünfte aus dem **Zentralen Staatsanwaltschaftlichen Verfahrensregister (ZStV)** werden nach **§ 495 StPO** erteilt, der insoweit auf § 491 Abs. 1 Satz 2 bis 6 verweist.

3 **II. Ausnahmen von der Auskunftspflicht. 1. Ausnahmen gem. § 19 BDSG.** Nach § 19 Abs. 2 BDSG ist ein Anspruch nach § 19 Abs. 1 BDSG in den dort genannten Fällen nicht gegeben. Dies be-

trifft v.a. Fälle der Datenspeicherung nach **Aufbewahrungsvorschriften** und Fälle der **Datensicherung und Datenkontrolle**. In letztgenanntem Fall besteht ein Auskunftsanspruch dann nicht, wenn die Auskunftserteilung mit unverhältnismäßigem Aufwand verbunden wäre. Wird Auskunft über die Weitergabe von Daten an Nachrichtendienste oder an das BMVg begehrt, ist eine Auskunftserteilung nur mit **Zustimmung des Datenempfängers** möglich (§ 19 Abs. 3 BDSG). **§ 19 Abs. 4 BDSG untersagt** eine Auskunftserteilung, wenn und soweit diese die Aufgabenerfüllung durch die zuständige Behörde (Abs. 4 Nr. 1) oder die **öffentliche Sicherheit und Ordnung** gefährden könnte (Abs. 4 Nr. 2) oder **Geheimschutzinteressen** (Abs. 4 Nr. 3) widerspricht (vgl. hierzu KK-StPO/*Gieg* § 491 Rn. 5). Eine Gefährdung muss allerdings in der Auskunftserteilung selbst liegen, nicht in dem damit verbundenen Arbeitsaufwand (BVerfG NJW 2005, 1917, 1922). Sind Name und Kontaktdaten eines Betroffenen nicht bekannt, ist es indes nicht notwendig, Nachforschungen anzustellen (BVerfG NJW 2009, 2431, 2438). Die Ablehnung einer Auskunftserteilung bedarf nach § 19 Abs. 5 BDSG keiner Begründung, soweit durch diese der Zweck einer Auskunftsverweigerung unterlaufen werden würde. Der Betroffene ist in solchen Fällen nach § 19 Abs. 5 Satz 2 BDSG auf die Möglichkeit hinzuweisen, sich an den Bundesbeauftragten für den Datenschutz und die Informationsfreiheit zu wenden; einen gerichtlichen Rechtsschutz gegen die Verweigerung der Auskunft gibt es demgegenüber nicht (BGHR StPO, § 491 Ablehnung 1; s.a. oben Rn. 1; vgl. aber auch BGH NStZ-RR 2009, 145: Bei Vorliegen der weiteren Voraussetzungen des § 147 Abs. 5 Satz 2 kommt ein Antrag nach § 161a Abs. 3 StPO in Frage). Nach § 19 Abs. 6 BDSG ist auf Verlangen eines Betroffenen, der keine Auskunft erhalten hat, unter bestimmten Voraussetzungen die Auskunft dem Bundesbeauftragten für den Datenschutz und die Informationsfreiheit zu erteilen (vgl. hierzu auch LR/*Hilger* § 491 Rn. 21).

2. Ausnahmen nach § 491 Abs. 1. Die Ausnahmeregelungen nach § 491 Abs. 1 Satz 2 und 3, die eine Auskunftserteilung untersagen, um staatsanwaltliche Ermittlungsverfahren nicht zu gefährden, sind über § 495 Satz 1 v.a. für die **Auskunft aus dem ZStV** von praktischer Relevanz. In einer Auskunft aus dem ZStV sind grds. alle von den StA an die Registerbehörde zu einer Person gemeldeten Ermittlungs- und Strafverfahren enthalten, unabhängig von deren Verfahrensstadium. Mit der **Fristenregelung** für die Auskunftserteilung in Abs. 1 Satz 2 und 3 soll der vorzeitigen Offenbarung von noch verdeckt geführten staatsanwaltschaftlichen Verfahren entgegen gewirkt werden. Der Norm liegt der Gedanke zu Grunde, dass nach Ablauf von 6 Monaten ein Ermittlungsverfahren in aller Regel nicht mehr operativ, sondern bereits offen geführt wird. Ist dies nicht der Fall, kann die **Frist** durch die betroffene StA der Registerbehörde ggü. auf bis zu 24 Monate verlängert werden; die Gründe hierfür sind aktenmäßig zu dokumentieren (Abs. 1 Satz 5) und müssen aufgrund des von Verfassungs wegen geschützten Auskunftsanspruchs umso gewichtiger sein, je mehr sich die Frist der Höchstgrenze nähert (vgl. BeckOK-StPO/*Wittig* § 491 Rn. 3). Um etwaige Ermittlungen nicht trotz unterbliebener oder beschränkter Auskunft zu gefährden schreibt Abs. 1 Satz 6 vor, jeden Auskunftsbescheid mit dem Hinweis auf die Regelungen des Abs. 1 Satz 2 bis 5 zu versehen, gleichgültig, ob eine vollständige Auskunft erteilt wurde oder nicht. Einer Begründung bedarf die Ablehnung einer Auskunftserteilung hingegen nicht (so auch SK-StPO/*Weßlau* § 491 Rn. 33). In Ausnahmefällen kann die Frist zur Nichtaufnahme in den Auskunftsbescheid auch über 24 Monate ausgedehnt werden, **Abs. 1 Satz 4**; auch hier besteht **Dokumentationspflicht** (Abs. 1 Satz 5). Hierüber entscheidet bei Ermittlungsverfahren der Länder der örtlich zuständige Generalstaatsanwalt. Das bedeutet, dass der Generalstaatsanwalt sowohl über Fristverlängerungen in Verfahren entscheidet, die von den StA in seinem Bezirk geführt werden, als auch in Ermittlungsverfahren, die von seiner eigenen Behörde geführt werden (vgl. § 142a Abs. 2 GVG). Vergleichbares gilt in Ermittlungsverfahren, die die Behörde des Generalbundesanwalts führt: Hier entscheidet die Behördenleitung selbst. Bemerkenswert ist, dass in Abs. 1 Satz 4 die umgangssprachliche und unzutreffende Bezeichnung »Generalbundesanwaltschaft« als Behördenbezeichnung für den Generalbundesanwalt beim Bundegerichtshof Eingang in das Gesetz gefunden hat.

III. Meistbegünstigung. Nach Abs. 2 kann sich ein Betroffener bei gemeinsamen Dateien (§ 486 Abs. 1) mit seinem Auskunftsbegehren im Zweifelsfall an **jede speicherungsberechtigte beteiligte Stelle** wenden. Diese **Meistbegünstigung** soll dem insoweit unkundigen (vgl. hierzu LR/*Hilger* § 491 Rn. 24) Betroffenen eine aufwendige und zeitraubende Suche nach der Stelle, die die fraglichen Daten erhoben und eingegeben hat, ersparen. Die angegangene Stelle hat ggf. die Stelle, die die Daten tatsächlich erhoben und eingegeben hat, in Kenntnis zu setzen und muss im Einvernehmen mit dieser entscheiden.

Dritter Abschnitt. Länderübergreifendes staatsanwaltschaftliches Verfahrensregister

§ 492 StPO Zentrales staatsanwaltschaftliches Verfahrensregister.

(1) Das Bundesamt für Justiz (Registerbehörde) führt ein zentrales staatsanwaltschaftliches Verfahrensregister.
(2) ¹In das Register sind
1. die Personendaten des Beschuldigten und, soweit erforderlich, andere zur Identifizierung geeignete Merkmale,
2. die zuständige Stelle und das Aktenzeichen,
3. die nähere Bezeichnung der Straftaten, insbesondere die Tatzeiten, die Tatorte und die Höhe etwaiger Schäden,
4. die Tatvorwürfe durch Angabe der gesetzlichen Vorschriften,
5. die Einleitung des Verfahrens sowie die Verfahrenserledigungen bei der Staatsanwaltschaft und bei Gericht nebst Angabe der gesetzlichen Vorschriften

einzutragen. ²Die Daten dürfen nur für Strafverfahren gespeichert und verändert werden.
(3) ¹Die Staatsanwaltschaften teilen die einzutragenden Daten der Registerbehörde zu dem in Absatz 2 Satz 2 genannten Zweck mit. ²Auskünfte aus dem Verfahrensregister dürfen nur Strafverfolgungsbehörden für Zwecke eines Strafverfahrens erteilt werden. ³§ 5 Abs. 5 Satz 1 Nr. 2 des Waffengesetzes und § 8a Absatz 5 Satz 1 Nummer 2 des Sprengstoffgesetzes bleiben unberührt; die Auskunft über die Eintragung wird insoweit im Einvernehmen mit der Staatsanwaltschaft, die die personenbezogenen Daten zur Eintragung in das Verfahrensregister mitgeteilt hat, erteilt, wenn hiervon eine Gefährdung des Untersuchungszwecks nicht zu besorgen ist.
(4) ¹Die in Absatz 2 Satz 1 Nr. 1 und 2 genannten Daten dürfen nach Maßgabe des § 18 Abs. 3 des Bundesverfassungsschutzgesetzes, auch in Verbindung mit § 10 Abs. 2 des Gesetzes über den Militärischen Abschirmdienst und § 8 Abs. 3 des Gesetzes über den Bundesnachrichtendienst, auf Ersuchen auch an die Verfassungsschutzbehörden des Bundes und der Länder, das Amt für den Militärischen Abschirmdienst und den Bundesnachrichtendienst übermittelt werden. ²§ 18 Abs. 5 Satz 2 des Bundesverfassungsschutzgesetzes gilt entsprechend.
(4a) ¹Kann die Registerbehörde eine Mitteilung oder ein Ersuchen einem Datensatz nicht eindeutig zuordnen, übermittelt sie an die ersuchende Stelle zur Identitätsfeststellung Datensätze zu Personen mit ähnlichen Personalien. ²Nach erfolgter Identifizierung hat die ersuchende Stelle alle Daten, die sich nicht auf den Betroffenen beziehen, unverzüglich zu löschen. ³Ist eine Identifizierung nicht möglich, sind alle übermittelten Daten zu löschen. ⁴In der Rechtsverordnung nach § 494 Abs. 4 ist die Anzahl der Datensätze, die auf Grund eines Abrufs übermittelt werden dürfen, auf das für eine Identifizierung notwendige Maß zu begrenzen.
(5) ¹Die Verantwortung für die Zulässigkeit der Übermittlung trägt der Empfänger. ²Die Registerbehörde prüft die Zulässigkeit der Übermittlung nur, wenn besonderer Anlaß hierzu besteht.
(6) Die Daten dürfen unbeschadet des Absatzes 3 Satz 3 und des Absatzes 4 nur in Strafverfahren verwendet werden.

1 **A. Allgemeines.** Das Zentrale Staatsanwaltschaftliche Verfahrensregister (ZStV) wurde mit dem Verbrechensbekämpfungsgesetz v. 28.10.1994 ins Leben gerufen und im Jahr 1999 in Betrieb genommen. Das Register war zunächst bei der Dienststelle Bundeszentralregister des Generalbundesanwalts beim BGH angesiedelt; nach deren Aufgehen im neu geschaffenen **Bundesamt für Justiz** wird es seit dem 01.01.2007 dort geführt. Einrichtung und Aufgaben des ZStV sind in der Strafprozessordnung, der Betrieb des ZStV im Einzelnen ist gem. § 494 Abs. 4 in der Verordnung über den Betrieb des Zentralen Staatsanwaltschaftlichen Verfahrensregisters v. 23.09.2005 (**ZStVBetrVO**) geregelt (s. § 494 Rdn. 9). Die Regelungen des 3. Abschnitts des Achten Buches (§ 492 bis § 495) zum ZStV befanden sich vor Inkrafttreten des StVÄG 1999 v. 02.08.2000 (BGBl. I S. 1253) und der damit verbun-

denen Einfügung des 1. und 2. Abschnitts des Achten Buches in die StPO in den §§ 474 bis 477 (hierzu im Einzelnen KK-StPO/*Gieg* Vor § 492 Rn. 1; vgl. auch *Lemke* NStZ 1995, 484).

Zweck des ZStV ist es, den StAen in Deutschland die Möglichkeit zu geben, ihre **Ermittlungen zu koordinieren**, gegebenenfalls zu konzentrieren und so zu beschleunigen (vgl. BeckOK-StPO/*Wittig* § 492 Rn. 2). Durch die Erfassung grds. aller Ermittlungsverfahren gegen bekannte Tatverdächtige (**Verfahren gegen Unbekannt werden nicht im ZStV vermerkt**, vgl. *Meyer-Goßner/Schmitt* § 492 Rn. 4) ist es möglich, frühzeitig überregionale Bezüge bei Taten und Tätern festzustellen. So können insb. sog. **reisende Mehrfachtäter** als solche systematisch erkannt werden. Darüber hinaus kann unter Zuhilfenahme eines zentralen Verfahrensregisters die **Anwendung der Opportunitätsvorschriften** der StPO (§§ 153 ff.) auf eine sichere Tatsachengrundlage gestellt werden. War es bislang regelmäßig dem Zufall überlassen, ob einer StA oder dem Gericht mitgeteilt wurde, dass das Verfahren gegen einen Beschuldigten oder Angeklagten wegen eines ähnlich gelagerten Tatvorwurfs bereits in einem anderen Gerichtsbezirk nach § 153 oder § 153a eingestellt worden war, kann dies mit Hilfe des ZStV nun ohne Weiteres festgestellt werden. Auf diese Weise können überdies sinnvolle **Verfahrenskonzentrationen** unter Anwendung von §§ 154, 154a oder durch Verbindung von bei verschiedenen Strafverfolgungsbehörden geführten Verfahren mit der Folge einer Verringerung der Fälle nachträglicher Gesamtstrafenbildung (vgl. BT-Drucks. 12/6853, S. 37, s. auch *Kalf* StV 1997, 610, 612) erreicht werden. Hierdurch kann auch eine grundrechtsrelevante (vgl. BVerfG NJW 2005, 1338, 1341) **Doppelverfolgung verhindert** werden.

B. Erläuterungen. I. Registerbehörde. Nach **Abs. 1** ist das **Bundesamt für Justiz (BfJ)** die das Zentrale Staatsanwaltschaftliche Verfahrensregister führende Registerbehörde. Das Bundesamt ist – jedenfalls als Registerbehörde – aus der Dienststelle Bundeszentralregister des Generalbundesanwalts hervorgegangen und hat seinen Dienstsitz in Bonn (vgl. Art. 1 § 1 Abs. 2 des Errichtungsgesetzes für das Bundesamt für Justiz). Das BfJ führt im strafrechtlichen Bereich auch das Bundeszentralregister sowie das Erziehungsregister. Es betreibt das ZStV als weitestgehend **vollautomatisches Register**, das sowohl Eintragungen als auch Auskunftsanfragen ohne menschliches Zutun verarbeitet und auf elektronischem Datenwege innerhalb eines definierten und geschlossenen Benutzerkreises beauskunftet.

II. Inhalt des Registers. Abs. 2 legt – abschließend (vgl. § 4 Abs. 5 ZStVBetrVO) – den Umfang der zu einem Ermittlungsverfahren gegen einen **bekannten Beschuldigten** (BeckOK-StPO/*Wittig* § 492 Rn. 4) im ZStV einzutragenden Informationen, den so genannten **Basisdatensatz**, fest. Die in Abs. 2 genannten **eintragungsfähigen Verfahrenskennzeichen** sind allerdings durch den Gebrauch unbestimmter Bezeichnungen (Abs. 2 Satz 1 Nr. 1: »andere zur Identifizierung geeignete Merkmale«; Abs. 2 Satz 1 Nr. 3: »insbesondere«) so offen formuliert, dass eine unbestimmte Anzahl von Kennzeichen des Beschuldigten und der Straftat in das Register aufgenommen werden kann (krit. zum Zweck der Speicherung SK-StPO/*Weßlau* § 492 Rn. 9). Da die Datensätze des Registers aber möglichst einheitlich angelegt sein sollten, werden die im Einzelnen zu speichernden Daten zur Identifizierung des Beschuldigten und zur Straftat sowie die sog. Vorgangsdaten in § 4 der ZStVBetrVO näher präzisiert. Die mitzuteilenden und im Register aufzunehmenden Daten nach Abs. 2 Satz 1 Nr. 1–4 sollen **eine zuverlässige Identifikation von dem Beschuldigten und der ihm zur Last gelegten Tat** gewährleisten. Abs. 2 Satz 1 Nr. 5 legt fest, dass mindestens **zwei Mitteilungen pro Verfahren** zu erfolgen haben, eine Erstmitteilung und die Mitteilung der Erledigung des Verfahrens bei der StA (*Meyer-Goßner/Schmitt* § 492 Rn. 5). Kommt es zur Anklageerhebung oder zu einer vergleichbaren Überleitung in ein gerichtliches Verfahren, ist zusätzlich auch die Art der gerichtlichen Verfahrenserledigung anzugeben. Darüber hinaus bedarf es der Angabe der für die Verfahrenserledigung maßgeblichen prozessualen Vorschriften. Die Mitteilung der vorläufigen Einstellung nach § 205 (so *Meyer-Goßner/Schmitt* § 492 Rn. 5) schafft die Grundlage dafür, dass ein in einem anderen Verfahren festgestellter Aufenthalt des Beschuldigten auch in eingestellten Verfahren bekannt wird. Satz 2 legt die Verwendung der Daten **ausschließlich für Strafverfahren** fest.

III. Mitteilungspflichtige und Auskunftsberechtigte. 1. Mitteilungen zum ZStV. Die **StA** sowie die diesen in steuerstrafrechtlichen Ermittlungsverfahren gleichgestellten **Finanzbehörden** (§§ 386 Abs. 2 und 399 AO) melden die Daten (§ 4 ZStVBetrVO; vgl. unten IV.) der von ihnen eingeleiteten Ermittlungsverfahren an die Registerbehörde, § 492 Abs. 3 Satz 1. Nach § 3 ZStVBetrVO geschieht dies, sobald ein »Strafverfahren« (gemeint ist offenkundig ein **Ermittlungsverfahren**) anhängig wird. Die ZStVBetrVO präzisiert hier den Wortlaut der StPO nicht nur, sondern hat einen eigenen Regelungsgehalt. Gleiches gilt, wenn § 3 Abs. 2 und 3 ZStVBetrVO festlegen, **unter welchen Bedingungen eine Mitteilung zum ZStV unter Vorbehalt oder zurück gestellt** werden kann. Hier kommen eine etwaige Geheimhaltungsbedürftigkeit mit der Folge einer Auskunftsbeschränkung (§ 3 Abs. 2 ZStVBetrVO) oder eine mögliche, anders nicht zu behebende Gefährdung des Untersuchungszwecks (§ 3 Abs. 3 ZStVBetrVO; dann vorübergehende Zurückstellung der Mitteilung) in den Blick. Die – nicht bestehende – Gefährdung des Untersuchungszwecks ist auch für die Beauskunftung von Waffenbehörden nach Abs. 3 Satz 3 von Belang. Die Gründe einer Zurückstellung der Meldung sind nach § 3 Abs. 3 ZStVBetrVO aktenkundig zu machen.

6 Nach § 3 Abs. 1 Satz 2 ZStVBetrVO sind **Berichtigungen der mitgeteilten Daten** sowie die **Verbindung, Trennung, Abgabe und Übernahme von Verfahren** der Registerbehörde unverzüglich mitzuteilen.

7 **2. Auskünfte aus dem ZStV.** Die Auskünfte aus dem ZStV sind nach Abs. 3 Satz 2 und 3 sowie nach Abs. 4 nicht nur den mitteilungspflichtigen Behörden, sondern einem weitaus **größeren Empfängerkreis** zugänglich. Als Strafverfolgungsbehörden i.S.v. Abs. 3 Satz 2 sind neben den StA und den steuerstrafrechtlich ermittelnden Finanzbehörden nach §§ 386, 399 AO auch die nach § 402 AO ermittelnden Finanzbehörden, die Steuerfahndungsbehörden, die Zollfahndungsämter und natürlich die Polizeidienststellen anzusehen. Auch hier ist mit dem Begriff »Strafverfahren« das Ermittlungsverfahren gemeint, was sich insb. schon daraus ergibt, dass **Strafgerichte** – ebenso wie **Verwaltungsbehörden** mit Ausnahme der in Abs. 3 Satz 3 angesprochenen Behörden – gerade **nicht** zu den auskunftsberechtigten Stellen gehören. Die Verwaltungsbehörden sind auch nicht über § 46 Abs. 2 OWiG auskunftsberechtigt (KK-StPO/*Gieg* § 492 Rn. 7).

8 Nach **Abs. 4** sind auch die **Nachrichtendienste** (Verfassungsschutzämter, BND und MAD) auskunftsberechtigt; allerdings nur hinsichtlich der **Rumpfdaten** gem. Abs. 2 Satz 1 Nr. 1 und 2 (zum Zweck einer Datenübermittlung an Nachrichtendienste vgl. *Kalf* StV 1997, 610, 611). Sie haben, um eine entsprechende Auskunft zu erhalten, ein Ersuchen an die Registerbehörde zu richten. Über die Ersuchen ist nach Abs. 4 Satz 2 i.V.m. § 18 Abs. 5 Satz 2 BVerfSchG ein gesonderter Nachweis zu führen. Benötigt ein Nachrichtendienst eine über die Rumpfdaten hinausgehende Auskunft zu einem Ermittlungsverfahren, muss er sich an die ermittlungsführende Stelle wenden.

9 **IV. Nicht eindeutig zuzuordnende Daten.** Abs. 4a gibt die Möglichkeit einer **Ähnlichensuche**. Diese setzt voraus, dass eine eindeutige Datenzuordnung, v.a. bei einem Auskunftsersuchen, nicht möglich ist, etwa weil kein vollständiger oder ein geringfügig unrichtiger Datensatz (vgl. *Meyer-Goßner/Schmitt* § 492 Rn. 9) vorhanden ist. Mit den in Abs. 4a Satz 2 und 3 getroffenen Löschungsregelungen soll der Datenschutz in derartigen Fällen, in denen notwendigerweise nicht verfahrensrelevante personenbezogene Daten mit übermittelt werden, gewährleistet werden. Die Ähnlichensuche im Einzelnen regelt § 8 ZStVBetrVO. Dort ist festgelegt, wie viele Datensätze pro Suchdurchgang jeweils zugleich übermittelt werden dürfen, um eine eindeutige Zuordnung zu ermöglichen. Die Regelung des Abs. 4a ist für den Anwendungsbereich der Norm **abschließend**; eine entsprechende Anwendung auf ggf. vergleichbare andere Sachverhalte scheidet aus (SK-StPO/*Weßlau* § 492 Rn. 27).

10 **V. Verantwortungsregelung.** Allgemeinem Datenschutzrecht entsprechend (vgl. § 15 Abs. 2 BDSG) ist gem. **Abs. 5 Satz 1** der **Empfänger** der Mitteilung **für die Zulässigkeit der Übermittlung verantwortlich**. Nach Abs. 5 Satz 2 prüft die Registerbehörde eine Übermittlungszulässigkeit nur, wenn **Anlass** dazu besteht.

11 **VI. Zweckbindung.** Abs. 6 stellt klar, dass die (übermittelten) Daten grds. **nur in Strafverfahren** verwendet werden. **Ausgenommen** hiervon sind naturgemäß die an die in Abs. 3 Satz 3 genannten (Waffen-)Behörden und an Nachrichtendienste übermittelten Daten. Es muss sich nach dem Wortlaut der Norm nicht um dasjenige Strafverfahren handeln, in dem die konkrete Auskunft eingeholt worden ist (so auch KK-StPO/*Gieg* § 492 Rn. 11; *Meyer-Goßner/Schmitt* § 492 Rn. 12 unter Hinweis auf *Schneider* NJW 1996, 302, 304). **Der Begriff des Strafverfahrens ist weit auszulegen.** Umfasst ist nicht nur das Ermittlungs- und Strafverfahren im engeren Sinne, sondern auch die Strafvollstreckung, das Gnadenwesen, die Rechtshilfe und die Dienstaufsicht (KK-StPO/*Gieg* § 492 Rn. 11 m.w.N.). Die Befug-

nis, die Daten in anderen Strafverfahren zu verwenden, dient verfahrensökonomischen Zwecken, da so auf wiederholte Abrufe verzichtet werden kann (SK-StPO/ *Weßlau* § 492 Rn. 30).

§ 493 StPO Automatisiertes Verfahren für Datenübermittlungen.

(1) ¹Die Übermittlung der Daten erfolgt im Wege eines automatisierten Abrufverfahrens oder eines automatisierten Anfrage- und Auskunftsverfahrens, im Falle einer Störung der Datenfernübertragung oder bei außergewöhnlicher Dringlichkeit telefonisch oder durch Telefax. ²Die beteiligten Stellen haben zu gewährleisten, dass dem jeweiligen Stand der Technik entsprechende Maßnahmen zur Sicherstellung von Datenschutz und Datensicherheit getroffen werden, die insbesondere die Vertraulichkeit und Unversehrtheit der Daten gewährleisten; im Falle der Nutzung allgemein zugänglicher Netze sind dem jeweiligen Stand der Technik entsprechende Verschlüsselungsverfahren anzuwenden.
(2) ¹Für die Festlegungen zur Einrichtung eines automatisierten Abrufverfahrens findet § 10 Abs. 2 des Bundesdatenschutzgesetzes Anwendung. ²Die Registerbehörde übersendet die Festlegungen dem Bundesbeauftragten für den Datenschutz.
(3) ¹Die Verantwortung für die Zulässigkeit des einzelnen automatisierten Abrufs trägt der Empfänger. ²Die Registerbehörde prüft die Zulässigkeit der Abrufe nur, wenn dazu Anlass besteht. ³Sie hat bei jedem zehnten Abruf zumindest den Zeitpunkt, die abgerufenen Daten, die Kennung der abrufenden Stelle und das Aktenzeichen des Empfängers zu protokollieren. ⁴Die Protokolldaten dürfen nur für die Kontrolle der Zulässigkeit der Abrufe verwendet werden und sind nach sechs Monaten zu löschen.
(4) Die Absätze 2 und 3 gelten für das automatisierte Anfrage- und Auskunftsverfahren entsprechend.

A. Allgemeines. Die Norm nimmt unmittelbar Bezug auf § 492 und befasst sich als lex specialis zu § 10 BDSG (BeckOK-StPO/ *Wittig* § 493 Rn. 6 m.w.N.) mit der **technischen Umsetzung der Datenübermittlung an das und vom ZStV**, mit der Gewährleistung des **Datenschutzes** bei der Übermittlung und mit der **Verantwortung** für rechtmäßige Datenübermittlungen. 1

B. Erläuterungen. I. Automatisiertes Verfahren. Die Datenübermittlung zwischen dem ZStV und den Strafverfolgungsbehörden erfolgt nach **Abs. 1** allenfalls ausnahmsweise auf herkömmlichem Weg per Telefon oder Telefax. Ob die auf solchem Wege erfolgende Datenübermittlung tatsächlich noch heute, wie von Abs. 1 Satz 1, 2. Halbsatz vorgesehen, einer besonderen **Dringlichkeit** Rechnung zu tragen vermag, sei angesichts der inzwischen um ein Vielfaches beschleunigten elektronischen Datenübertragung dahin gestellt. **Regelmäßig werden die Daten** ohnehin (in beide Richtungen) **online übermittelt** (Satz 1). In der Praxis erfolgt die Datenübertragung im sog. AuMiAu-Verfahren über zentrale Kopfstellen, die in den Ländern eingerichtet werden; eine direkte Anbindung aller StAen und sonstigen abruf- oder auskunftsberechtigten Stellen (die Gerichte gehören nicht hierzu, *Meyer-Goßner/ Schmitt* § 493 Rn. 1) an das ZStV hätte einen nicht mehr zu bewältigenden Koordinierungsbedarf zur Folge gehabt. Satz 2 schreibt die Nutzung technischer Maßnahmen vor, die eine **größtmögliche Datensicherheit und -zuverlässigkeit** gewährleisten. Dabei können die Beteiligten sowohl ein eigens für diesen Zweck eingerichtetes Intranetz wie auch das allgemein zugängliche Internet nutzen. Letzteres setzt die Anwendung aktueller Verschlüsselungstechnik voraus. 2

II. Datenschutz. Der automatisierte und in seiner Grundkonzeption folglich **unüberwachte und unkontrollierte Datenabruf** wirft naturgemäß datenschutzrechtliche Probleme auf (SK-StPO/ *Weßlau* § 493 Rn. 3: erhöhte Gefahr für das Recht auf informationelle Selbstbestimmung). Um einem missbräuchlichen Abruf von Daten (und missbräuchlichen Anfragen sowie Auskünften, Abs. 4) vorzubeugen, müssen nach **Abs. 2** i.V.m. § 10 Abs. 2 Satz 1 BDSG möglichst konkrete (BeckOK-StPO/ *Wittig* § 493 Rn. 3) **Festlegungen zur Kontrolle der Datenübermittlung** getroffen werden. Nach § 10 Abs. 2 Satz 2 BDSG sind insb. **Anlass und Zweck des Abrufverfahrens** wie auch der **Kreis der zugriffsberechtigten Dritten** schriftlich festzulegen. Die Anforderungen an Datenschutz und Datensicherheit sind durch **technische und organisatorische Maßnahmen** abzusichern (SK-StPO/ *Weßlau* § 493 Rn. 7 unter Hinweis auf § 9 BDSG und auf die Anlage zu § 9 Satz 1 BDSG). Das Bundesamt für Justiz als Registerbehörde muss die Festlegungen gem. Abs. 2 Satz 2 dem Bundesbeauftragten für den Datenschutz 3

§ 494 StPO Berichtigung, Löschung u. Sperrung v. Daten; Verordnungsermächtigung

und die Informationsfreiheit zusenden (*Meyer-Goßner/Schmitt* § 493 Rn. 3); eine Genehmigungspflicht ist indes gesetzlich nicht vorgeschrieben.

4 **III. Kontrollverantwortung.** Grds. liegt – wie auch in den Regelungen des § 492 Abs. 5 – die Verantwortung für die Zulässigkeit eines Datenabrufs bei der **empfangenden Stelle**, also i.d.R. bei einer StA (**Abs. 3 Satz 1**). Eine Prüfung der Zulässigkeit des Abrufs durch den Absender, die Registerbehörde, findet nur dann statt, wenn konkreter Anlass dazu besteht, insb. wenn zu vermuten ist, dass der Abruf unzulässig ist (Abs. 3 Satz 2). Dem Bundesamt für Justiz ist allerdings in Abs. 3 Satz 3 eine Art **Mindestkontrolle** auferlegt. Stichprobenartig muss es zumindest **bei jeder zehnten Anfrage** bestimmte Metadaten mitprotokollieren. Die so gewonnenen Protokolldaten dürfen nicht für andere Zwecke verwendet werden, nicht einmal dann, wenn ein von einem Abruf Betroffener konkrete Auskunft wünscht. Nach sechs Monaten seit der Erhebung sind sie zu löschen (Abs. 3 Satz 4).

5 **IV. Verweisung.** Die **Regelungen zu Datenschutz und Missbrauchskontrolle** in Abs. 2 und 3 sind nicht nur auf den automatisierten Abruf, sondern über **Abs. 4** auch auf das automatisierte Anfrage- und Auskunftsverfahren anzuwenden.

§ 494 StPO Berichtigung, Löschung und Sperrung von Daten; Verordnungsermächtigung.

(1) ¹Die Daten sind zu berichtigen, wenn sie unrichtig sind. ²Die zuständige Stelle teilt der Registerbehörde die Unrichtigkeit unverzüglich mit; sie trägt die Verantwortung für die Richtigkeit und die Aktualität der Daten.

(2) ¹Die Daten sind zu löschen,
1. wenn ihre Speicherung unzulässig ist oder
2. sobald sich aus dem Bundeszentralregister ergibt, dass in dem Strafverfahren, aus dem die Daten übermittelt worden sind, eine nach § 20 des Bundeszentralregistergesetzes mitteilungspflichtige gerichtliche Entscheidung oder Verfügung der Strafverfolgungsbehörde ergangen ist.

²Wird der Beschuldigte rechtskräftig freigesprochen, die Eröffnung des Hauptverfahrens gegen ihn unanfechtbar abgelehnt oder das Verfahren nicht nur vorläufig eingestellt, so sind die Daten zwei Jahre nach der Erledigung des Verfahrens zu löschen, es sei denn, vor Eintritt der Löschungsfrist wird ein weiteres Verfahren zur Eintragung in das Verfahrensregister mitgeteilt. ³In diesem Fall bleiben die Daten gespeichert, bis für alle Eintragungen die Löschungsvoraussetzungen vorliegen. ⁴Die Staatsanwaltschaft teilt der Registerbehörde unverzüglich den Eintritt der Löschungsvoraussetzungen oder den Beginn der Löschungsfrist nach Satz 2 mit.

(3) § 489 Abs. 7 und 8 gilt entsprechend.

(4) Das Bundesministerium der Justiz bestimmt durch Rechtsverordnung mit Zustimmung des Bundesrates die näheren Einzelheiten, insbesondere
1. die Art der zu verarbeitenden Daten,
2. die Anlieferung der zu verarbeitenden Daten,
3. die Voraussetzungen, unter denen in der Datei verarbeitete Daten an welche Empfänger und in welchem Verfahren übermittelt werden,
4. die Einrichtung eines automatisierten Abrufverfahrens,
5. die nach § 9 des Bundesdatenschutzgesetzes erforderlichen technischen und organisatorischen Maßnahmen.

1 **A. Allgemeines.** Die Vorschrift normiert in Abs. 1 bis 3, unter welchen Voraussetzungen **Daten zu berichtigen, zu löschen oder zu sperren sind**, also einer weiteren Nutzung in der bisherigen Form zu entziehen sind. Abs. 4 ermächtigt das BMJ (jetzt BMJV), in einer **Rechtsverordnung** den Betrieb des ZStV im Einzelnen zu regeln.

2 **B. Erläuterungen. I. Berichtigung, Löschung und Sperrung von Daten. 1. Berichtigung (Abs. 1)** Dass unzutreffende Daten im ZStV nicht gespeichert sein sollten und zu berichtigen sind, sobald ihre Unrichtigkeit (vgl. *oben* § 489 Rn. 2) oder Inaktualität (als Untergruppe der Unrichtigkeit) bekannt sind, versteht sich aus dem Rechtsstaatsprinzip von selbst. Da die **Registerbehörde** selbst **keine**

Richtigkeitskontrolle der Daten von ihrer Speicherung vornimmt und technisch auch nicht vornehmen kann, **trägt die die Daten übermittelnde Stelle die Verantwortung** für eine zeitnahe Berichtigung der Daten im Register. Sie ist als zuständige Stelle i.S.v. **Abs. 1 Satz 2** anzusehen (vgl. KK-StPO/*Gieg* § 494 Rn. 2; *Meyer-Goßner/Schmitt* § 494 Rn. 1). Dementsprechend ist ein etwaiges Berichtigungsverlangen auch an die mitteilende Stelle, nicht an die Registerbehörde zu stellen.

2. Löschung (Abs. 2) Abs. 2 regelt **zwei Fallgruppen einer Löschungsverpflichtung.** Zum einen müssen Daten im ZStV gelöscht werden, wenn ihre weitere Speicherung **unter keinen Umständen mehr zulässig** ist, zum anderen, wenn eine **verfahrensbeendende**, insb. verurteilende, oder aus sonstigen Gründen in das BZR einzutragende **Entscheidung** ergangen ist. 3

Die **Unzulässigkeit** der Speicherung (Satz 1 Nr. 1) ergibt sich aus den allgemeinen Regelungen zur Datenspeicherung. Unzulässig ist die Speicherung insb. dann, wenn schon die Erhebung unzulässig war (SK-StPO/*Weßlau* § 494 Rn. 9). Verstöße gegen § 492 Abs. 2 führen gleichfalls zur Unzulässigkeit der Datenspeicherung (vgl. hierzu *oben* § 492 Rn. 4). Nach Abs. 2 Satz 4 trägt die StA die Verantwortung dafür, dass die in solchen Fällen erforderliche Löschungsmitteilung die Registerbehörde unverzüglich erreicht. 4

Nach Satz 1 Nr. 2 muss ein Datensatz im Fall einer nach § 20 BZRG i.V.m. §§ 4 bis 19 BZRG in das Bundeszentralregister einzutragenden – **rechtskräftigen** – **Entscheidung**, also insb. einer gerichtlichen **Verurteilung**, aber auch einer **Verfahrensbeendigung wegen Schuldunfähigkeit** (§ 11 BZRG), im ZStV gelöscht werden, sobald die Eintragung im BZR vorgenommen ist. Hierdurch sollen Doppeleintragungen vermieden werden (vgl. *Meyer-Goßner/Schmitt* § 494 Rn. 4). 5

Im Fall eines – nicht im BZR einzutragenden – rechtskräftigen Freispruchs, einer rechtskräftigen Nichteröffnungsentscheidung oder einer nicht nur vorläufigen Verfahrenseinstellung kommt es **nicht** zu einer **sofortigen Löschung**, vielmehr ist eine **Löschungsfrist von 2 Jahren** ab Verfahrenserledigung (BeckOK-StPO/*Wittig* § 492 Rn. 4: ab Rechtskraft bzw. Unanfechtbarkeit der Verfahrenserledigung) zu beachten, Abs. 2 Satz 2. Die Vorschrift hat angesichts des Gleichlaufs der Datenkataloge in § 484 Abs. 1 und § 492 Abs. 2 Satz 1 deutliche Kritik erfahren (SK-StPO/*Weßlau* § 492 Rn. 15: Verdoppelung der Strafverfolgungsvorsorge durch Vorsorgedateien – § 484 – und ZStV – § 792 –). Auch im Falle einer staatsanwaltschaftlichen Verfahrensbeendigung gem. § 170 Abs. 2 ist Abs. 2 Satz 2 anzuwenden, obgleich die Ermittlungen in diesem Falle jederzeit wieder aufgenommen werden könnten. Gleiches gilt für die Fälle des § 153a Abs. 1 Satz 5; vorläufige Einstellungen nach § 154, § 154a oder nach § 205 werden hingegen nicht von der Vorschrift erfasst (vgl. auch BeckOK-StPO/*Wittig* § 494 Rn. 4: Eintritt der Verjährung als maßgebliche äußerste Grenze). Die Frist von 2 Jahren ist hinreichend, um festzustellen, ob die Entscheidung Bestand hat (so auch *Meyer-Goßner/Schmitt* § 494 Rn. 6). Der StA obliegt es, die Registerbehörde vom Fristbeginn zu unterrichten, Abs. 2 Satz 4. Tut sie das nicht, liegt zwar eine Amtspflichtverletzung vor; diese hat indes keine Folgen, sie löst insbesondere keinen Amtshaftungsanspruch aus (OLG Schleswig NJOZ 2013, 1411, 1413). Allerdings unterbleibt eine Löschung, wenn zwischenzeitlich, also **vor Ablauf der Löschungsfrist**, ein **neues Verfahren** Eingang in das ZStV gefunden hatte. Erst wenn für alle zu einer Person erfolgten Eintragungen die Löschungsvoraussetzungen vorliegen, dürfen die Datensätze auch tatsächlich gelöscht werden, Abs. 2 Satz 3. 6

Die **Unschuldsvermutung** wird durch diese Löschungsregelung nicht verletzt, da die Eintragungen in das ZStV keinen Strafcharakter haben; die Mitteilung des Anlaufens einer Löschungsfrist unter Nennung des Grundes hierfür (rechtskräftiger Freispruch, rechtskräftige Nichteröffnung, endgültige Verfahrenseinstellung) und die Eintragung dieser Frist dokumentieren vielmehr, dass ein zu strafrechtlicher Aburteilung führender Tatverdacht nicht (mehr) besteht (vgl. hierzu BVerfG NJW 2002, 3231; KK-StPO/*Gieg* § 494 Rn. 6; in diesem Sinne auch *Kalf* StV 1997, 610, 612; SK-StPO/*Weßlau* § 494 Rn. 17; a. A. *Meyer-Goßner/Schmitt* § 494 Rn. 9 m.w.N.; *Kestel* StV 1997, 266, 268). 7

3. Sperrung (Abs. 3) Die Sperrung der im ZStV gespeicherten Daten erfolgt entsprechend § 489 Abs. 7. Sonach tritt die Sperrung unter den in § 489 Abs. 7 genannten Voraussetzungen an die Stelle einer an und für sich gebotenen Löschung. Der in § 489 Abs. 7 der über das Vorliegen der Sperrvoraussetzungen entscheidenden Stelle eingeräumte **Beurteilungsspielraum** steht hier der mitteilenden Stelle zu, nicht der Registerbehörde, da die Voraussetzungen dieser Norm maßgeblich im Tatsächlichen liegen, von dem die Registerbehörde keine Kenntnis hat. § 489 Abs. 8 normiert eine bedingte **Benachrichtigungspflicht** für erfolgte Benachrichtigungen, Löschungen und Sperrungen. Voraussetzung ist 8

§ 495 StPO Auskunft an Betroffene

hier, dass die Benachrichtigung zur Wahrung schutzwürdiger Interessen des Betroffenen auch tatsächlich erforderlich ist.

9 **II. Betriebsverordnung.** Nach Abs. 4 ist im Wege einer Rechtsverordnung der **Betrieb des ZStV** im Einzelnen zu regeln. Dies ist zunächst in der Allgemeinen Verwaltungsvorschrift über eine Errichtungsverordnung für das länderübergreifende staatsanwaltschaftliche Verfahrensregister v. 07.08.1995 geschehen. Diese Errichtungsverordnung ist nach dem Beschl. des BVerfG v. 02.03.1999 (BVerfGE 100, 249, insb. 258 ff.) durch die **Verordnung über den Betrieb des Zentralen Staatsanwaltschaftlichen Verfahrensregisters (ZStVBetrVO)** des BMJ v. 23.09.2005 ersetzt worden. Die ZStVBetrVO legt neben Anderem den Namen des Registers, die Registerbehörde (§ 1), Inhalt und Zweck des Registers (§ 2), die zu speichernden Daten (§ 4), die Übermittlung an das Register (§ 3), die Auskunft aus dem Register und deren technische Umsetzung (§ 6 bis 9) und die weiteren organisatorischen Kompetenzen der Registerbehörde für den ZStV-Betrieb (§ 10) fest (**Verordnungstext** s. *Meyer-Goßner/Schmitt* § 494 Rn. 12).

§ 495 StPO Auskunft an Betroffene.

¹Dem Betroffenen ist entsprechend § 19 des Bundesdatenschutzgesetzes Auskunft aus dem Verfahrensregister zu erteilen; § 491 Abs. 1 Satz 2 bis 6 gilt entsprechend. ²Über die Erteilung einer Auskunft entscheidet die Registerbehörde im Einvernehmen mit der Staatsanwaltschaft, die die personenbezogenen Daten zur Eintragung in das Verfahrensregister mitgeteilt hat. ³Soweit eine Auskunft aus dem Verfahrensregister an eine öffentliche Stelle erteilt wurde und der Betroffene von dieser Stelle Auskunft über die so erhobenen Daten begehrt, entscheidet hierüber diese Stelle im Einvernehmen mit der Staatsanwaltschaft, die die personenbezogenen Daten zur Eintragung in das Verfahrensregister mitgeteilt hat.

1 **A. Allgemeines.** Der verfassungsrechtlich bestehende **Auskunftsanspruch** (vgl. SK-StPO/*Weßlau* § 495 Rn. 1; LR/*Hilger* § 495 Rn. 1) erfährt mit der Norm seine einfach-rechtliche Konkretisierung für das ZStV. Dazu verweist die Vorschrift weitgehend auf § 19 BDSG und auf § 491 Abs. 1. Anders als in § 491 für die Auskunft aus sonstigen Strafverfahrensdateien geregelt haben nach § 495 auch **Verfahrensbeteiligte** einen **Anspruch** aus Auskunft aus dem ZStV (*Meyer-Goßner/Schmitt* § 495 Rn. 1).

2 **B. Erläuterungen. I. Voraussetzungen einer Auskunftserteilung.** Die Vorschrift verweist in Satz 1 auf § 19 BDSG sowie auf die **Fristenregelung des § 491 Abs. 1 Satz 2 bis 6**. Diese soll verhindern, dass **Ermittlungsverfahren durch ausforschende Anträge zur Unzeit** bekannt werden. In der Praxis prüft das das ZStV führende Bundesamt für Justiz bei jeder Beauskunftung, ob die Voraussetzungen von § 495 Satz 1 i.V.m. § 491 Abs. 1 Satz 2 und 3 vorliegen und sieht ggf. von einer positiven Auskunft ab; zu beantworten ist eine Anfrage in jedem Fall. Der Betroffene ist nach § 495 Satz 1 i.V.m. § 491 Abs. 1 Satz 6 unabhängig davon, ob ein Verfahren geführt und also eine Eintragung im ZStV existiert, auf die Fristenregelung **hinzuweisen**, um Rückschlüsse aus einer negativen Auskunft (»kein Inhalt«) auszuschließen.

3 Vor der Entscheidung über die Erteilung einer Auskunft hat die Registerbehörde das **Einvernehmen mit jeder StA, die Daten für eine Eintragung mitgeteilt hat**, herzustellen. Dies dient dazu, die Aufgabenerfüllung der mitteilenden StA sicherzustellen, die schutzwürdigen Interessen Dritter zu berücksichtigen, die Gefährdung der öffentlichen Sicherheit oder Ordnung auszuschließen und Nachteile für des Wohl des Bundes oder eines Landes zu verhindern, indem eine Auskunftserteilung erforderlichenfalls ganz unterbleibt (§ 19 Abs. 4 BDSG). Nach § 495 Satz 1 i.V.m. § 19 Abs. 5 BDSG ist der Betroffene über die Möglichkeit zu informieren, sich an den Bundesbeauftragten für den Datenschutz und die Informationsfreiheit zu wenden, sodass auch in solchen Fällen unterbliebener Beauskunftung eine Beantwortung eines Auskunftsersuchens zu erfolgen hat.

4 Als Sonderfall ist in Satz 3 die Möglichkeit geregelt, dass der Betroffene sich mit seinem nicht begründungsbedürftigen (KK-StPO/*Gieg* § 495 Rn. 3) Auskunftsantrag (§ 19 Abs. 1 BDSG i.V.m. § 3 Abs. 1 BDSG) nicht an die Registerbehörde oder an die ursprünglich mitteilende StA wendet, sondern an eine dritte öffentliche Stelle, der eine Auskunft aus dem ZStV erteilt wurde. In diesem Fall entscheidet die angegangene Stelle im Einvernehmen mit der die Daten ursprünglich mitteilenden StA über das Ersu-

chen, also nicht die Registerbehörde. Die Entscheidungskompetenz geht mit der Auskunftserteilung also an die öffentliche Stelle über, die die Auskunft von der Registerbehörde erhalten hatte; **die Vorschriften des § 495 gelten in diesem Fall also auch für diese Stelle.**

II. Inhalt der Auskunft. Soweit überhaupt eine Auskunft erteilt wird und diese nicht infolge der **Fristenregelung** des § 491 Abs. 1 Satz 2 bis 6 oder aufgrund der **Ausschlussgründe** in § 19 Abs. 4 BDSG verweigert wird, richtet sich deren Inhalt nach § 19 Abs. 1 Satz 1 Nr. 1 bis 3 BDSG. Demnach wird Auskunft erteilt über **die zur Person des Antragstellers gespeicherten Daten**, auch soweit sie sich auf die Herkunft dieser Daten beziehen, über den Empfänger bzw. Empfängerkategorien, an die die Daten ggf. weitergegeben wurden, und über den Speicherungszweck (SK-StPO/*Weßlau* § 495 Rn. 2). **In diesem Rahmen bestimmt die Auskunft erteilende Stelle,** also von Fällen des Satz 3 abgesehen, die Registerbehörde, **das Verfahren und die Form der Auskunftserteilung selbst.** § 19 Abs. 1 Satz 2 und Satz 3 BDSG sind für Auskünfte aus dem ZStV nicht einschlägig, da es für die Auffindung der automatisiert gespeicherten Daten keiner näheren Bezeichnung bedarf. Nach § 19 Abs. 7 BDSG ist die Auskunft aus dem ZStV **unentgeltlich.** 5

Die Beauskunftung wie auch die Verweigerung einer Auskunft – mithin also jede Form der Antwort auf einen Auskunftsantrag – ist ein **Verwaltungsakt** i.S.v. § 35 VwVfG (KK-StPO/*Gieg* § 495 Rn. 3; vgl. für den Betrieb des ZStV insgesamt KK-StPO/*Gieg* § 492 Rn. 1). Ob sie über § 23 EGGVG anfechtbar ist, erscheint indes zweifelhaft; die Gründe einer Versagung gerichtlichen Rechtsschutzes gegen die Verweigerung einer Auskunft nach § 491 dürften auch hier Platz greifen (vgl. BGHR StPO, § 491 Ablehnung 1). 6

Gerichtsverfassungsgesetz

In der Fassung der Bekanntmachung vom 9. Mai 1975 (BGBl I, 1077),
zuletzt geändert durch Gesetz vom 17. Juli 2015 (BGBl I S. 1349)
(Auszug)

Erster Titel. Gerichtsbarkeit

§ 1 GVG [Richterliche Unabhängigkeit]. Die richterliche Gewalt wird durch unabhängige, nur dem Gesetz unterworfene Gerichte ausgeübt.

Als Ausfluss der staatlichen Justizgewährungspflicht durch den gewaltenteilenden Rechtsstaat (BGH, DRiZ 1978, 185; NJW 1977, 437; 1991, 421, 422) garantiert Art. 97 Abs. 1 GG (§ 1 GVG, § 25 DRiG) die sachliche und persönliche Unabhängigkeit der **Richter**. Diese sind ausschließlich an »Gesetz und Recht« (Art. 20 Abs. 3 GG) gebunden. 1

Die **sachliche Unabhängigkeit** betrifft das Verhältnis der Richter zu den Trägern nichtrichterlicher Gewalt (BVerfG, 2. Senat, 08.06.1971 – 2 BvL 17/70; BVerfGE 12, 67, 71). Art. 97 Abs. 1 GG gewährleistet allen Richtern – Berufs- und Laienrichtern – die sachliche Unabhängigkeit (BVerfGE 4, 331, 344; 31, 137, 140). Sie erstreckt sich auf alle Maßnahmen, die mittelbar oder unmittelbar Einfluss auf die Rechtsprechungstätigkeit einschließlich aller verfahrensleitenden und verfahrensbegleitenden Anordnungen nehmen können (*von Bargen*, DRiZ 2010, 100, 103). Die Richter genießen insoweit Weisungsfreiheit (BVerfGE 27, 312, 322; 36, 174, 185; KK-StPO/*Hannich*, § 1 Rn. 4) und sind nur dem Gesetz unterworfen (BVerfGE 12, 67, 71; 26, 186, 198; KK-StPO/*Hannich*, § 1 Rn. 4). Zum Spannungsfeld richterliche Unabhängigkeit und Dienstaufsicht, s. Dienstgericht des Bundes, Urt. v. 10.12.1971 – RiZ (R) 4/71. 2

Die sachliche Unabhängigkeit wird durch die Garantie der **persönlichen Unabhängigkeit** gesichert (BVerfG, 2. Senat, 09.05.1962 – 2 BvL 13/60). Der Schutzbereich des Art. 97 Abs. 2 GG ist eröffnet für die hauptamtlich und planmäßig endgültig angestellten Richter, mithin die Richter, die nach den Bestimmungen des DRiG (§§ 10 Abs. 1, 17, 27 Abs. 1) unter Berufung auf das Richterverhältnis auf Lebenszeit ernannt und in eine bestimmte Planstelle bei einem Gericht eingewiesen worden sind, ebenso die Richter auf Zeit (§ 12 DRiG), nicht aber die Richter auf Probe (§ 12 DRiG) (*von Bargen*, DRiZ 2010, 100, 103). Daraus lässt sich aber nicht schließen, dass die persönliche Unabhängigkeit der übrigen Richter allgemein zur Disposition des einfachen Gesetzgebers gestellt sei (BVerfG, 2. Senat, 09.05.1962 – 2 BvL 13/60). Um deren sachliche Unabhängigkeit zu garantieren, muss auch die persönliche Unabhängigkeit gesichert sein. Der Verfassungsgeber ist angesichts der hergebrachten Situation bei den ordentlichen Gerichten als selbstverständlich davon ausgegangen, dass die Heranziehung von in ihrer persönlichen Unabhängigkeit ungenügend gesicherten Richtern nur in den Grenzen erfolgt, die sich nach verständigem Ermessen aus der Notwendigkeit, Nachwuchs heranzubilden, oder aus anderen zwingenden Gründen ergeben (BVerfG, 2. Senat, 09.05.1962 – 2 BvL 13/60; BVerfG, 03.07.1962 – 2 BvR 628/60; 2 BvR 247/61, S. 10 f.). Für die ehrenamtlichen Richter hebt § 44 Abs. 2 DRiG besonders hervor, dass sie vor Ablauf ihrer Amtszeit nur unter den gesetzlich bestimmten Voraussetzungen und gegen ihren Willen nur kraft richterlicher Entscheidung abberufen werden können. 3

Dem **Rechtspfleger** fehlt die »volle sachliche Unabhängigkeit« (BVerfG, NJW 1971, 605). Er ist aber nach § 9 RPflG nur dem Gesetz unterworfen und entscheidet grds. selbstständig (BVerfG, NJW 1971, 605). 4

§ 10 GVG [Referendare].

¹Unter Aufsicht des Richters können Referendare Rechtshilfeersuchen erledigen und außer in Strafsachen Verfahrensbeteiligte anhören, Beweise erheben und die mündliche Verhandlung leiten. ²Referendare sind nicht befugt, eine Beeidigung anzuordnen oder einen Eid abzunehmen.

1 **A. Normzweck.** Die Vorschrift dient der praktischen Ausbildung der Referendare (nicht der Entlastung der Rechtspflege, vgl. *Kissel/Mayer*, § 10 Rn. 1; LR/*Böttcher*, § 10 Rn. 1; MüKo-ZPO/*Zimmermann*, § 10 Rn. 1; SK-StPO/*Frister*, § 10 Rn. 2). Zu diesem Zweck können dem Referendar einzelne, in § 10 enumerativ genannte, richterliche Aufgaben zur Erledigung übertragen werden. Er tritt dabei an die Stelle des funktionell zuständigen Richters (MüKo-ZPO/*Zimmermann*, § 10 Rn. 2; Thomas/Putzo/*Hüßtege*, § 10 Rn. 1). Erfasst werden nur Referendare im Vorbereitungsdienst (§ 5b DRiG). Auf andere Ausbildungsverhältnisse ist § 10 nicht analog anwendbar (vgl. *Kissel/Mayer*, § 10 Rn. 1; Musielak/*Wittschier*, § 10 Rn. 4; HK-ZPO/*Rathmann*, § 10 Rn. 1; SK-StPO/*Frister*, § 10 Rn. 2).

2 **B. »unter Aufsicht«.** Die seit der Gesetzesnovelle von 1971 (Gesetz zur Änderung des Richtergesetzes v. 10.09.1971, BGBl. I, S. 1557) bestehende Regelung gewährleistet, dass § 10 mit dem Prinzip des gesetzlichen Richters (Art. 92, 101 Abs. 1 Satz 2 GG) vereinbar ist (MüKo-ZPO/*Zimmermann*, § 10 Rn. 1; SK-StPO/*Frister*, § 10 Rn. 2). Die herrschende Meinung fordert zu Recht eine ständige Anwesenheit des Richters (KG, NJW 1974, 2094 f.; *Kissel/Mayer*, § 10 Rn. 12; MüKo-ZPO/*Zimmermann*, § 10 Rn. 1; a. A. *Hahn*, NJW 1973, 1782; HK-StPO-Schmidt/Temming, § 10 Rn. 4; differenzierend nach Art des Geschäfts und Qualifikation des Referendars, LR/*Böttcher*, § 10 Rn. 6). Zwar ist dem Referendar entsprechend seinen Fähigkeiten ein gewisses Maß an Selbstständigkeit zuzubilligen (KG, NJW 1974, 2094, 2095; KK-StPO/*Hannich*, § 10 Rn. 2). Die volle Verantwortung für die Rechtsprechungstätigkeit verbleibt aber beim Richter (KK-StPO/*Hannich*, § 10 Rn. 2; LR/*Böttcher*, § 10 Rn. 6; SK-StPO/*Frister*, § 10 Rn. 6). Nicht ausreichend ist die nachträgliche Durchsicht des Protokolls (OLG Köln, JMBl. NRW 1973, 282) oder ein umfassendes Abschlussgespräch (*Kissel/Mayer*, § 10 Rn. 12). Das Protokoll ist mit einem den Auftrag bestätigenden Vermerk zu versehen und die ordnungsgemäße Aufsicht durch die Unterschrift des Richters zu bekunden (*Kissel/Mayer*, § 10 Rn. 13; HK-StPO-Schmidt/Temming, § 10 Rn. 5; *Oexmann*, JuS 1976, 36).

3 **C. Rechtshilfeersuchen.** Erfasst werden nicht nur alle Rechtshilfeersuchen nach §§ 156 ff. sondern auch Amtshilfeersuchen im technischen Sinne wie z.B. Anträge der StA gem. § 162 StPO oder der Verwaltungsbehörden nach §§ 46 OWiG, 162 StPO (OLG Celle, NJW 1967, 993, 995; KK-StPO/*Hannich*, § 10 Rn. 4; *Kissel/Mayer*, § 10 Rn. 7; a. A. SK-StPO/*Frister*, § 10 Rn. 3). Zulässig ist allein die »Erledigung« von Rechtshilfeersuchen. Die Ablehnung und der Erlass eines Rechtshilfeersuchens obliegen dem Richter (*Kissel/Mayer*, § 10 Rn. 7; LR/*Böttcher*, § 10 Rn. 8; MüKo-ZPO/*Zimmermann*, § 10 Rn. 6).

4 **D. Ausschluss der Anordnung oder Abnahme eines Eides (Satz 2)** Vor der Anordnung und Abnahme des Eides muss der Richter die Leitung der Verhandlung übernehmen, die Aussage nochmal verlesen (lassen) und diesen Teil der Niederschrift unterschreiben (BGH, NJW 1958, 2075, 2076).

5 **E. Verfahrensfehler.** Erledigt der Referendar Aufgaben, die ihm nicht nach § 10 übertragen werden dürfen, führt dies zur Unwirksamkeit der Handlung (HK-StPO-Schmidt/Temming, § 10 Rn. 8; KK-StPO/*Hannich*, § 10 Rn. 6; *Kissel/Mayer*, § 10 Rn. 18; Musielak/*Wittschier*, § 10 Rn. 13). Bei einer Verletzung der Aufsichtspflicht ist zu differenzieren: Bei fehlender Aufsicht ist die Handlung unwirksam, bei unzureichender Aufsicht nur anfechtbar (LR/*Böttcher*, § 10 Rn. 11; SK-StPO/*Frister*, § 10 Rn. 7; a. A. [stets unwirksam] Thomas/Putzo/*Hüßtege*, § 10 Rn. 4; a. A. [stets anfechtbar] *Katholnigg*, § 10 Rn. 5; *Kissel/Mayer*, § 10 Rn. 18; *Meyer-Goßner/Schmitt*, § 10 Rn. 6; HK-StPO/Temming, § 10 Rn. 8).

F. Weitere Aufgaben. Über § 10 hinaus können Referendare die Aufgaben eines Amtsanwalts 6
und Staatsanwalts nach § 142 Abs. 3, eines Verteidigers nach §§ 139, 142 Abs. 2 StPO, eines Rechtspflegers nach § 2 Abs. 5 RPflG, eines Urkundsbeamten der Geschäftsstelle nach § 153 Abs. 5, soweit
dies nach Landesrecht vorgesehen ist, und nach Maßgabe der §§ 53 Abs. 4 Satz 2, 59 Abs. 1 Satz 3
BRAO des Vertreters eines Anwalts wahrnehmen.

§ 12 GVG [Ordentliche Gerichtsbarkeit].

Die ordentliche Gerichtsbarkeit wird durch Amtsgerichte, Landgerichte, Oberlandesgerichte und durch den Bundesgerichtshof (den obersten Gerichtshof des Bundes für das Gebiet der ordentlichen Gerichtsbarkeit) ausgeübt.

Die Vorschrift bestimmt, welche Gerichte der Länder (AG, LG und OLG) und des Bundes (BGH) i.S.d. 1
Art. 92 GG **organisatorisch** und **funktional ausschließlich** die ordentliche Gerichtsbarkeit ausüben
(*Kissel/Mayer*, § 12 Rn. 1; Musielak/*Wittschier*, § 12 Rn. 1; *Prütting/Gehrlein*, § 12 Rn. 1). Die ordentliche Gerichtsbarkeit umfasst die Zivil- und Strafgerichtsbarkeit (MüKo-ZPO/*Zimmermann*, § 12
Rn. 4). Durch Art. 22 Nr. 2 des FGG-RG v. 17.12.2008 (BGBl. I, S. 2586), in Kraft seit 01.09.2009,
wurde die Einschränkung auf die »streitige« ordentliche Gerichtsbarkeit gestrichen, sodass das GVG
nunmehr auch in Familiensachen und Angelegenheiten der freiwilligen Gerichtsbarkeit unmittelbar
gilt (§ 2 EGGVG).

§ 12 enthält die Verpflichtung in jedem Bundesland mindestens ein **AG, LG** und **OLG** unter dieser 2
Bezeichnung zu errichten (**obligatorische Gerichte**, *Kissel/Mayer*, § 12 Rn. 5; *Prütting/Gehrlein*,
§ 12 Rn. 1), wobei Zusatzbezeichnungen (z.B. OLG Hamburg) zulässig sind (*Kissel/Mayer*, § 12 Rn. 5;
KK-StPO/*Hannich*, § 12 Rn. 1). Nur das OLG in Berlin führt traditionell die Bezeichnung KG (*Kissel/
Mayer*, § 12 Rn. 5; MüKo-ZPO/*Zimmermann*, § 12 Rn. 1). Von der nach §§ 8, 9 EGGVG eröffneten
Möglichkeit für die Länder fakultativ ein **Oberstes Landesgericht** einzurichten, wird derzeit kein Ge-
brauch gemacht (*Kissel/Mayer*, § 12 Rn. 10; KK-StPO/*Hannich*, § 12 Rn. 1: das in Bayern nach
Art. 10, 11 AGGVG eingerichtete BayObLG wurde durch AuflG v. 20.10.2004 [BayGVBl. 2004,
400] zum 30.06.2006 aufgelöst).

Der **BGH** ist als (obligatorisches) Gericht des Bundes – anders als die anderen Gerichtsarten in § 12 – 3
verfassungsrechtlich unmittelbar in Art. 95 Abs. 1 GG verankert (*Kissel/Mayer*, § 12 Rn. 6; KK-StPO/
Hannich, § 12 Rn. 2).

Keine Gerichte der ordentlichen Gerichtsbarkeit sind dagegen der **EuGH**, das **BVerfG** und der Gemein- 4
same Senat der obersten Gerichtshöfe nach Art. 95 Abs. 3 GG (MüKo-ZPO/*Zimmermann*, § 12
Rn. 7). Aus Art. 93 Abs. 1 Nr. 4a, Art. 100 GG folgt aber die Möglichkeit das BVerfG auch gegen Entscheidungen der ordentlichen Gerichte anzurufen (*Kissel/Mayer*, § 12 Rn. 17; KK-StPO/*Hannich*,
§ 12 Rn. 3; Musielak/*Wittschier*, § 12 Rn. 5).

§ 13 GVG [Zuständigkeit der ordentlichen Gerichte].

Vor die ordent-lichen Gerichte gehören die bürgerlichen Rechtsstreitigkeiten, die Familiensachen und die Angelegenheiten der freiwilligen Gerichtsbarkeit (Zivilsachen) sowie die Strafsachen, für die nicht entweder die Zuständigkeit von Verwaltungsbehörden oder Verwaltungsgerichten begründet ist oder auf Grund von Vorschriften des Bundesrechts besondere Gerichte bestellt oder zugelassen sind.

Die Bedeutung von § 13 im Strafrecht liegt in der Begründung der Zuständigkeit der ordentlichen 1
Gerichte (§ 12) für alle **Strafsachen** (BVerfG, NJW 1967, 1219; LR/*Böttcher*, § 13 Rn. 2). Unter Straf-
sachen i.S.d. § 13 versteht man alle Verfahren, in denen nach dem jeweils geltenden materiellen und
prozessualen Recht eine **Kriminalstrafe** verhängt wird (*Kissel/Mayer*, § 13 Rn. 210). Ordnungsgelder,
Erzwingungsmaßnahmen und Disziplinarmaßnahmen fallen nicht unter § 13 (*Kissel/Mayer*, § 13
Rn. 210). Ebenso wenig sind die mit Geldbuße und Nebenfolgen vermögensrechtlicher Art bedrohten
Ordnungswidrigkeiten Strafsachen (LR/*Böttcher*, § 13 Rn. 4), es sei denn, StA und Gericht sind bei
Zusammenhang mit Straftaten (vgl. §§ 42, 64, 82 OWiG) und im Nachprüfungsverfahren (§§ 68 ff.
OWiG) zur Verfolgung und Entscheidung berufen (KK-StPO/*Hannich*, § 13 Rn. 1; LR/*Böttcher*, § 13
Rn. 4; *Meyer-Goßner/Schmitt*, § 13 Rn. 1).

§ 16 GVG   Verbot von Ausnahmegerichten

2   Der in § 13 ausgesprochene Vorbehalt zugunsten von Verwaltungsbehörden und VG ist bei Strafsachen verfassungsrechtlich unzulässig (BVerfGE 22, 49; LR/*Böttcher*, § 13 Rn. 1). Die Befugnisse der StA zur Einstellung des Verfahrens (§§ 153 ff. StPO) stehen dem nicht entgegen, da die ohne Mitwirkung des Gerichts vorgenommene Einstellung keine Strafsache i.S.d. § 13 ist (vgl. *Kissel/Mayer*, § 13 Rn. 210). Zu den besonderen Gerichten, vgl. § 14 und, § 16 Rn. 4.

§ 13a GVG [Konzentrationsermächtigung]. Durch Landesrecht können einem Gericht für die Bezirke mehrerer Gerichte Sachen aller Art ganz oder teilweise zugewiesen sowie auswärtige Spruchkörper von Gerichten eingerichtet werden.

1   Die durch Art. 17 des Ersten Gesetzes über die Bereinigung von Bundesrecht im Zuständigkeitsbereich des BMJ v. 19.04.2006 (BGBl. I, S. 866) eingeführte Vorschrift enthält eine Konzentrationsermächtigung für den Landesgesetzgeber. Spezielle Konzentrationsermächtigungen (wie z.B. § 23d, § 74d oder § 30a Abs. 3 EGGVG) werden hierdurch nicht berührt (*Meyer-Goßner/Schmitt*, § 13a Rn. 1; HK-StPO-*Schmidt/Temming*, § 13a Rn. 2).

§ 14 GVG [Schifffahrtsgerichte]. Als besondere Gerichte werden Gerichte der Schifffahrt für die in den Staatsverträgen bezeichneten Angelegenheiten zugelassen.

1   Zu den »besonderen Gerichten« zählen die Zentralkommission in Straßburg für Rheinschifffahrts- und der Berufungsausschuss der Moselkommission in Trier für Moselschifffahrtssachen (BGHZ 18, 267, 270; *Meyer-Goßner/Schmitt*, § 14 Rn. 1; HK-StPO-*Schmidt/Temming*, § 14 Rn. 4). Demgegenüber sind sowohl die Rhein- und Mosel- als auch die Binnenschifffahrtsgerichte Teil der ordentlichen Gerichte i.S.v. § 13 (BGHZ 45, 237, 240; MüKo-ZPO/*Zimmermann*, § 14 Rn. 4; a. A. bzgl. der Rhein- und Moselschifffahrtsgerichte *Kissel/Mayer*, § 14 Rn. 7 f.).

§ 16 GVG [Verbot von Ausnahmegerichten]. ¹Ausnahmegerichte sind unstatthaft. ²Niemand darf seinem gesetzlichen Richter entzogen werden.

1   **A. Normzweck.** § 16 gewährleistet, fast wortgleich mit Art. 101 Abs. 1 GG (die einzige Abweichung ist sprachlicher Natur: »unzulässig« statt »unstatthaft«), als Ausfluss des Rechtsstaatsprinzips den **gesetzlichen Richter** (BVerfG, NJW 1976, 283; *Kissel/Mayer*, § 16 Rn. 1; SK-StPO/*Frister*, § 16 Rn. 1). Die beiden Sätze des § 16 bzw. Art. 101 Abs. 1 GG normieren ein **einheitliches Rechtsprinzip** (BayVerfGHE 37, 1, 2 = NJW 1984, 2813; SK-StPO/*Frister*, § 16 Rn. 2). In formeller Hinsicht beinhaltet die Garantie des gesetzlichen Richters über das besondere Verbot von Ausnahmegerichten hinaus die Verpflichtung, abstrakt-generelle Regelungen zu treffen, aus denen sich der gesetzliche Richter im Voraus ergibt (BVerfG, NJW 1997, 1497; *Kissel/Mayer*, § 16 Rn. 3). Um eine Manipulation der rechtsprechenden Organe durch sachfremde Erwägungen zu vermeiden, muss gesichert sein, dass »nicht für bestimmte Einzelfälle bestimmte Richter ausgesucht werden, sondern dass die einzelne Sache »blindlings« aufgrund allgemeiner, vorab festgelegter Merkmale an den entscheidenden Richter gelangt« (BVerfG, NJW 1997, 1497, 1498). In materieller Hinsicht korrespondiert die Vorschrift mit Art. 97 Abs. 1 GG und § 1, indem sie das Recht auf einen persönlich und sachlich unabhängigen Richter garantiert (BVerfGE 10, 200, 213; 82, 286, 298).

2   Art. 101 Abs. 1 GG beinhaltet ein **subjektives grundrechtsgleiches Recht**, für dessen Verletzung nach Art. 93 Abs. 1 Nr. 4a GG die Verfassungsbeschwerde eröffnet ist (BVerfGE 21, 362, 373; BVerfG, NJW 1976, 283).

3   **B. Verbot von Ausnahmegerichten (Satz 1)** **Ausnahmegerichte** sind Gerichte die »ad hoc bestimmt«, also unter »Abweichung von der gesetzlichen Zuständigkeit besonders gebildet und zur Entscheidung einzelner konkreter oder individuell bestimmter Fälle berufen sind« (BVerfGE 3, 213, 223; 8, 174, 182). Auch ein **einzelner Spruchkörper** kann ein Ausnahmegericht sein, wenn ihm durch die Ge-

schäftsverteilung ein konkreter Einzelfall oder mehrere konkrete Einzelfälle zugewiesen werden (BVerfGE 40, 356, 361 = NJW 1976, 283; *Meyer-Goßner/Schmitt/Schmitt*, § 16 Rn. 1). Das Verbot des § 16 Satz 1 richtet sich an den Bundes- und Landesgesetzgeber (BVerfG, NJW 1957, 337; 1967, 1219), an die Justizverwaltung und das Präsidium (*Kissel/Mayer*, § 16 Rn. 14).

Sondergerichte (»besondere Gerichte«, vgl. §§ 13, 14), die für besondere Sachgebiete abstrakt und all- 4 gemein aufgrund Gesetzes im Voraus zur Entscheidung berufen sind, sind dagegen nach Art. 101 Abs. 2 GG zulässig (BGHZ 38, 208, 210; *Kissel/Mayer*, § 16 Rn. 16; LR/*Böttcher*, § 16 Rn. 6; *Meyer-Goßner/Schmitt*, § 16 Rn. 2). Dies gilt auch für **Spezialspruchkörper**, die für besondere Sachgebiete abstrakt und generell errichtet sind (*Kissel/Mayer*, § 16 Rn. 19; *Meyer-Goßner/Schmitt*, § 16 Rn. 1; SK-StPO/*Frister*, § 16 Rn. 6).

Ein **Verstoß** gegen Satz 1 macht die Entscheidung des Ausnahmegerichts grds. anfechtbar (BGHZ 37, 5 125, 128; *Kissel/Mayer*, § 16 Rn. 20, 50). Nur bei »krassen Verstößen« wird von der Nichtigkeit der Entscheidung auszugehen sein (BGH, NStZ 1984, 279; LR/*Böttcher*, § 16 Rn. 7).

C. Verbot der Entziehung des gesetzlichen Richters (Satz 2)

Das Verbot des Satz 2 6 (und Art. 101 Abs. 1 Satz 2 GG) gewährleistet den gesetzlichen Richter als ein »Kernstück des Rechtsstaats« (BVerfGE 40, 356, 361; KK-StPO/*Hannich*, § 16 Rn. 4; *Kissel/Mayer*, § 16 Rn. 21; s. Rn. 1). Es findet auf Berufs- und Laienrichter gleichermaßen Anwendung (BVerfG, NJW 1978, 2499) und gilt für alle Gerichtsbarkeiten (*Kissel/Mayer*, § 16 Rn. 21) sowie für jede Art richterlicher Tätigkeit (BVerfGE 4, 412). »Gesetzlicher Richter« ist nicht nur der jeweilige Spruchkörper, sondern auch der im Einzelfall zur Entscheidung berufene Richter (BVerfGE 40, 356, 361; BGHSt 28, 290, 291).

Satz 2 enthält zum einen das **Gebot** an den Gesetzgeber, die richterliche Zuständigkeit so **eindeutig wie** 7 **möglich durch allgemeine Normen** zu regeln (BVerfGE 17, 294, 298; 40, 356, 361) und begründet zum anderen ein **subjektives Recht des Bürgers**, einen Anspruch auf den ihm gesetzlich zustehenden Richter (BVerfGE 82, 286 = NJW 1991, 217). Dem **einzelnen Richter** wird ein aus der Unabhängigkeit fließendes **Recht** eingeräumt, dass ihm nicht die Sachen entzogen werden, für die er zuständig ist (KK-StPO/*Hannich*, § 16 Rn. 7; *Kissel/Mayer*, § 16 Rn. 24).

Ein **Verstoß** gegen Satz 2 liegt nicht bei jedem Verfahrensirrtum (error in procedendo) (BVerfGE 3, 8 359), sondern nur bei einer (objektiv) willkürlichen Maßnahme vor (BVerfGE 20, 336, 346; BVerfG, NJW 1984, 2147; OLG Karlsruhe, StV 1998, 252, 253; *Kissel/Mayer*, § 16 Rn. 51) oder wenn das Gericht die Bedeutung und Tragweite von Art. 101 GG grundlegend verkennt (BVerfG, NJW 1991, 217, 219; 1993, 381; *Kissel/Mayer*, § 16 Rn. 51). Von einer willkürlichen Maßnahme ist auszugehen, wenn die Maßnahme »bei verständiger Würdigung der das Grundgesetz beherrschenden Gedanken nicht mehr verständlich erscheint und sich der Schluss aufdrängt, dass sie auf sachfremden Erwägungen beruht«, sie »objektiv unter keinem denkbaren Aspekt vertretbar ist« bzw. »sachlich schlechthin unhaltbar« ist (vgl. BVerfGE 81, 132 = NJW 1990, 1103; 87, 273 = NJW 1993, 996; BGHSt 42, 205, 208). Ein Verstoß stellt grds. einen **absoluten Revisionsgrund** (§ 338 Nr. 1 StPO) dar (*Meyer-Goßner/Schmitt*, § 16 Rn. 8; KK-StPO/*Hannich*, § 16 Rn. 13). Dies gilt auch bei Unanfechtbarkeit eines Beschlusses nach § 336 Satz 2 StPO (OLG Karlsruhe, NStZ 1981, 272; *Meyer-Goßner/Schmitt*, § 16 Rn. 8; KK-StPO/*Hannich*, § 16 Rn. 13)

D. Einzelne Problemfelder.

Die »**bewegliche**« Regelung der **sachlichen Zuständigkeit** (be- 9 stimmte Straferwartung: §§ 24 Abs. 1 Nr. 2, 25 Nr. 2, 74 Abs. 1; »besondere Bedeutung« des Falles: §§ 24 Abs. 1 Nr. 3; 74 Abs. 1; 74a Abs. 2; 120 Abs. 2; § 142a Abs. 4) ist verfassungsgemäß, wenn die Entscheidung der StA, bei welchem Gericht sie anklagt, der gerichtlichen Kontrolle nach § 209 StPO unterliegt (BVerfGE 9, 223, 229).

Ein Wahlrecht kommt der StA aber bei der Regelung der **örtlichen Zuständigkeit** zu, nachdem die 10 §§ 7 ff. StPO keine Rangfolge der Gerichtsstände festlegen (SK-StPO/*Frister*, § 16 Rn. 14). Trotz des der StA eröffneten Ermessensspielraums wird von einigen Stimmen eine Vereinbarkeit mit Art. 101 Abs. 1 Satz 2 GG bejaht (BGH, 18.03.1975 – 1 StR 559/74; vgl. KK-StPO/*Hannich*, Vorbem. zu §§ 7 bis 21 StPO Rn. 3; *Meyer-Goßner/Schmitt*, Vor § 7 StPO Rn. 10), teilweise mit der Einschränkung, dass die Ausübung des Wahlrechts nicht auf unsachlichen Erwägungen beruhen dürfe (vgl. BVerfGE 20, 336, 346; OLG Hamm, NStZ-RR 1999, 16; KK-StPO/*Hannich*, Vorbem. zu §§ 7 bis 21 StPO Rn. 3) bzw. indem ein Nachprüfungsrecht des angegangenen Gerichts bejaht wird (OLG Hamm, StV 1999,

240; LR/*Böttcher*, § 16 Rn. 18). Andere Stimmen halten das Wahlrecht für verfassungswidrig (*Herzog*, StV 1993, 609, 612; *Heghmanns*, StV 2000, 277 [ggf. verfassungskonforme Auslegung]; SK-StPO/ *Frister*, § 16 Rn. 14).

11 Eine gleichgelagerte Problematik ergibt sich, wenn in Übereinstimmung mit dem Geschäftsverteilungsplan die sachliche Zuständigkeit des Gerichts von der von der StA **in der Anklageschrift gewählten Reihenfolge der Angeklagten** abhängig ist. Der BGH hält hier allerdings eine Willkürkontrolle für ausreichend (BGH, NJW 1958, 1503; s. § 21e Rdn. 6; a. A. *Meyer-Goßner/Schmitt*, § 16 Rn. 5).

12 Das Recht des Gerichts bei einer zuständigkeitsbegründenden Entscheidung die Sache an ein anderes Gericht zu verweisen, etwa bei § 210 Abs. 3 StPO oder § 354 Abs. 2 StPO wird als verfassungskonform gewertet (zu § 354 Abs. 2 StPO: BVerfGE 20, 336; zur Verfassungsmäßigkeit des § 210 Abs. 3 Satz 1 StPO: BVerfG, StV 2000, 537). Gleiches gilt für die Verbindung von Strafsachen nach §§ 2, 4 StPO und die Abhängigkeit der Besetzung der Spruchkörper von dem Umfang bzw. der Schwierigkeit der Sache (§§ 29 Abs. 2, 76 Abs. 2, 122 Abs. 2 Satz 2; vgl. SK-StPO/*Frister*, § 16 Rn. 13).

§ 17 GVG [Entscheidung über die Zulässigkeit des Rechtsweges].

(1) ¹Die Zulässigkeit des beschrittenen Rechtsweges wird durch eine nach Rechtshängigkeit eintretende Veränderung der sie begründenden Umstände nicht berührt. ²Während der Rechtshängigkeit kann die Sache von keiner Partei anderweitig anhängig gemacht werden.
(2) ¹Das Gericht des zulässigen Rechtsweges entscheidet den Rechtsstreit unter allen in Betracht kommenden rechtlichen Gesichtspunkten. ²Artikel 14 Abs. 3 Satz 4 und Artikel 34 Satz 3 des Grundgesetzes bleiben unberührt.

§ 17a GVG [Rechtsweg].

(1) Hat ein Gericht den zu ihm beschrittenen Rechtsweg rechtskräftig für zulässig erklärt, sind andere Gerichte an diese Entscheidung gebunden.
(2) ¹Ist der beschrittene Rechtsweg unzulässig, spricht das Gericht dies nach Anhörung der Parteien von Amts wegen aus und verweist den Rechtsstreit zugleich an das zuständige Gericht des zulässigen Rechtsweges. ²Sind mehrere Gerichte zuständig, wird an das vom Kläger oder Antragsteller auszuwählende Gericht verwiesen oder, wenn die Wahl unterbleibt, an das vom Gericht bestimmte. ³Der Beschluß ist für das Gericht, an das der Rechtsstreit verwiesen worden ist, hinsichtlich des Rechtsweges bindend.
(3) ¹Ist der beschrittene Rechtsweg zulässig, kann das Gericht dies vorab aussprechen. ²Es hat vorab zu entscheiden, wenn eine Partei die Zulässigkeit des Rechtsweges rügt.
(4) ¹Der Beschluß nach den Absätzen 2 und 3 kann ohne mündliche Verhandlung ergehen. ²Er ist zu begründen. ³Gegen den Beschluß ist die sofortige Beschwerde nach den Vorschriften der jeweils anzuwendenden Verfahrensordnung gegeben. ⁴Den Beteiligten steht die Beschwerde gegen einen Beschluß des oberen Landesgerichts an den obersten Gerichtshof des Bundes nur zu, wenn sie in dem Beschluß zugelassen worden ist. ⁵Die Beschwerde ist zuzulassen, wenn die Rechtsfrage grundsätzliche Bedeutung hat oder wenn das Gericht von der Entscheidung eines obersten Gerichtshofes des Bundes oder des Gemeinsamen Senats der obersten Gerichtshöfe des Bundes abweicht. ⁶Der oberste Gerichtshof des Bundes ist an die Zulassung der Beschwerde gebunden.
(5) Das Gericht, das über ein Rechtsmittel gegen eine Entscheidung in der Hauptsache entscheidet, prüft nicht, ob der beschrittene Rechtsweg zulässig ist.
(6) Die Absätze 1 bis 5 gelten für die in bürgerlichen Rechtsstreitigkeiten, Familiensachen und Angelegenheiten der freiwilligen Gerichtsbarkeit zuständigen Spruchkörper in ihrem Verhältnis zueinander entsprechend.

§ 17b GVG [Anhängigkeit nach Verweisung; Kosten].

(1) ¹Nach Eintritt der Rechtskraft des Verweisungsbeschlusses wird der Rechtsstreit mit Eingang der Akten bei dem im Beschluß bezeichneten Gericht anhängig. ²Die Wirkungen der Rechtshängigkeit bleiben bestehen.
(2) ¹Wird ein Rechtsstreit an ein anderes Gericht verwiesen, so werden die Kosten im Verfahren vor dem angegangenen Gericht als Teil der Kosten behandelt, die bei dem Gericht erwachsen, an das der Rechtsstreit verwiesen wurde. ²Dem Kläger sind die entstandenen Mehrkosten auch dann aufzuerlegen, wenn er in der Hauptsache obsiegt.
(3) Absatz 2 Satz 2 gilt nicht in Familiensachen und in Angelegenheiten der freiwilligen Gerichtsbarkeit.

A. Normzweck. Die §§ 17 bis 17b betreffen den **Rechtsweg**, d.h. das Verhältnis der einzelnen Gerichtsbarkeiten zueinander (*Kissel/Mayer*, § 17 Rn. 3). Neben dem Ziel der Beschleunigung und Vereinfachung von Rechtswegstreitigkeiten (LR/*Böttcher*, § 17b Rn. 2; KK-StPO/*Hannich*, § 17b Rn. 2; SK-StPO/*Frister*, § 17b Rn. 2), kommt durch die Vorschriften die durch Art. 95 GG verfassungsrechtlich vorgegebene **Gleichwertigkeit der Gerichtsbarkeiten** zum Ausdruck (*Kissel/Mayer*, § 17 Rn. 2; *Kissel*, NJW 1991, 945, 950). Um negative wie positive Kompetenzkonflikte zwischen den Gerichtsbarkeiten auszuräumen, bestimmt § 17a GVG, dass die rechtskräftige Entscheidung über die Zulässigkeit des Rechtswegs des zuerst befassten Gerichts für andere Gerichte bindend ist. Die Bindungswirkung entfällt nur bei »extremen Verstößen« (BGH, NJW 2002, 2474, 2475 m.w.N.), etwa wenn die »Verweisung [...] objektiv oder auch verfahrensrechtlich willkürlich zu Stande gekommen ist« (BGH, NJW 2000, 1343; NJW 2002, 2474, 2475).   1

B. Relevanz für die Strafrechtspflege. Die praktische Relevanz der §§ 17 bis 17b in der Strafrechtspflege ist gering (LR/*Böttcher*, § 17b Rn. 2). Unmittelbare Geltung besteht im Verfahren nach §§ 23 ff. EGGVG (BGH, NStZ 2001, 389 m. zust. Anm. *Katholnigg*; OLG Frankfurt am Main, NStZ-RR 2001, 44). Eine entsprechende Anwendung ist bei der rechtsweginternen Verweisung des nach §§ 23 ff. EGGVG angerufenen Strafsenats des OLG zur örtlich zuständigen StrVollstrK (OLG Jena, StV 2006, 147 L; oder umgekehrt: OLG Saarbrücken, NJW 1994, 1423, 1424) bzw. zum Haft- oder Ermittlungsrichter (LR/*Böttcher*, § 17b Rn. 3) und im Verhältnis des Kartellsenats des OLG (§§ 82, 83 GWB) zur Wirtschaftsstrafkammer (*Meyer-Goßner/Schmitt*, § 17b Rn. 2; § 270 Rn. 2) anzunehmen (a. A. [keine Verweisung innerhalb desselben Rechtswegs]: OLG Frankfurt am Main, NJW 1996, 1484; 1998, 1165; NStZ-RR 1997, 246; OLG Hamburg, NStZ 1995, 252; OLG Stuttgart, NStZ-RR 2002, 111, 112; vgl. auch *Krack*, JR 1996, 258, 259).   2

§ 18 GVG [Befreiungen im diplomatischen Dienst].

¹Die Mitglieder der im Geltungsbereich dieses Gesetzes errichteten diplomatischen Missionen, ihre Familienmitglieder und ihre privaten Hausangestellten sind nach Maßgabe des Wiener Übereinkommens über diplomatische Beziehungen vom 18. April 1961 (Bundesgesetzbl. 1964 II S. 957 ff.) von der deutschen Gerichtsbarkeit befreit. ²Dies gilt auch, wenn ihr Entsendestaat nicht Vertragspartei dieses Übereinkommens ist; in diesem Falle findet Artikel 2 des Gesetzes vom 6. August 1964 zu dem Wiener Übereinkommen vom 18. April 1961 über diplomatische Beziehungen (Bundesgesetzbl. 1964 II S. 957) entsprechende Anwendung.

S.a. RiStBV Nr. 193 bis 199

A. Normzweck. § 18 übernimmt inhaltlich die Regelung des Wiener Übereinkommens über diplomatische Beziehungen (WÜD) v. 18.04.1961, soweit es um die Immunität (auch Exemtion oder Exterritorialität, OLG München, FamRZ 1972, 210; BayObLG, FamRZ 1972, 212 m. krit. Anm. *Habscheid*; differenzierend *Vogler*, ZStW 92, 1980, 1021, 1027) der Mitglieder der in Deutschland errichteten diplomatischen Missionen, ihrer Familienangehörigen und ihrer privaten Hausangestellten geht, unabhängig davon, ob der Entsendestaat dem Übereinkommen beigetreten ist. Die Befreiung von der deutschen Gerichtsbarkeit gewährleistet einen einheitlichen Schutz der diplomatischen Missionen und   1 ihrer Mitglieder (SK-StPO/*Frister*, vor §§ 18 bis 21 Rn. 2). Regelungen über die Befreiung von der **Strafgerichtsbarkeit** finden sich in Art. 31, 37 WÜD.

2 **B. Persönlicher und sachlicher Anwendungsbereich.** Das WÜD beinhaltet ein »Konzept abgestufter Immunität« (LR/*Böttcher*, § 18 Rn. 2). **Diplomaten** genießen uneingeschränkte Immunität (Art. 31 Abs. 1 Satz 1 WÜD), was jede Ermittlungshandlung ausschließt (**Immunität ratione personae**). Andernfalls wäre eine »wirksame Erfüllung der Aufgaben der diplomatischen Mission als Vertretungsorgan des Entsendestaats nicht möglich« (BVerwG, NJW 1996, 2744, 2745). Nach Art. 31 Abs. 2 WÜD besteht auch keine Verpflichtung als Zeuge auszusagen. Entsprechendes gilt für die Tätigkeit als Sachverständiger (*Kissel/Mayer*, § 18 Rn. 29). Gewährleistet wird nicht nur die Unverletzlichkeit der Person (Art. 29 WÜD), sondern auch die Unverletzlichkeit der Wohnung (Art. 30 Abs. 1 WÜD), der Korrespondenz, Papiere, Archive und Schriftstücke sowie – z.T. – des Vermögens (Art. 24, 27, 30 Abs. 2, 31 Abs. 2 WÜD). Eine Einschränkung findet sich jedoch in Art. 38 WÜD, wonach ein Diplomat, der die Staatsangehörigkeit des Empfangsstaats hat oder dort ständig ansässig ist(entspricht dem »gewöhnlichen Aufenthalt«, OLG Karlsruhe, Justiz 1983, 133, 134), Immunität lediglich in Bezug auf seine in Ausübung seiner dienstlichen Tätigkeit vorgenommenen Amtshandlungen genießt. Unbenommen ist es dem Diplomaten aber, aktiv als Kläger deutsche Gerichte anzurufen (BVerwG, NJW 1996, 2744; Zöller/*Lückemann*, Vor §§ 18 bis 20 Rn. 6).

3 Denselben Schutz haben die zum Haushalt des Diplomaten gehörenden **Familienmitglieder**, wenn sie nicht Angehörige des Empfangsstaats sind (Art. 37 Abs. 1 WÜD) oder über den Wortlaut hinaus ständig ansässig sind (SK-StPO/*Frister*, § 18 Rn. 7: »Redaktionsversehen«) ferner auch die **Mitglieder des Verwaltungs- und technischen Personals** sowie die zu ihrem Haushalt gehörenden Familienmitglieder, wenn sie weder Angehörige des Empfangsstaates noch dort ständig ansässig sind (Art. 37 Abs. 2 Satz 1 WÜD). **Mitglieder des dienstlichen Hauspersonals** genießen Immunität nur hinsichtlich ihrer »in Ausübung ihrer dienstlichen Tätigkeit vorgenommenen Handlungen« und nur, wenn sie weder Angehörige des Empfangsstaates noch dort ständig ansässig sind (Art. 37 Abs. 3 WÜD). Keine Immunität kommt **privaten Hausangestellten** zu (Art. 37 Abs. 4 Satz 2, 3 WÜD). **Kuriere** genießen nach Art. 27 Abs. 5 Satz 2 WÜD persönliche Unverletzlichkeit (SK-StPO/*Frister*, § 18 Rn. 6). Zum Sonderbotschafter (**ad-hoc Botschafter**) s. § 20 Rdn. 6.

4 **C. Verfahrensrechtliche Bedeutung.** Immunität stellt nach der von der herrschenden Meinung vertretenen prozessrechtlichen Theorie ein **Verfahrenshindernis** dar (BGHSt 32, 275, 276 = NJW 1984, 2048, 2050; OLG Düsseldorf, NJW 1986, 2204; NStZ 1987, 88 m.w.N.; a. A. persönlicher Strafausschließungsgrund: Sch/Sch/*Eser*, Vorbem. §§ 3 bis 7 Rn. 44), das **von Amts wegen** in jeder Lage des Verfahrens zu beachten ist (BVerfGE 46, 342, 359; BGHZ 10, 350, 354). Zuständig für die Entscheidung, ob ein Verfahrenshindernis vorliegt, ist je nach Verfahrensstadium die StA oder das Gericht (*Kissel/Mayer*, § 18 Rn. 5; SK-StPO/*Frister*, vor §§ 18 bis 21 Rn. 43 m.w.N.). Weder Stellungnahmen des Auswärtigen Amtes, die nur als Gutachten »von besonderem Gewicht« (OLG Karlsruhe, Justiz 1983, 133; KK-StPO/*Hannich*, § 18 Rn. 8) zu werten sind, noch das Rundschreiben des Auswärtigen Amtes sind bindend (SK-StPO/*Frister*, vor §§ 18 bis 21 Rn. 43).

5 Ein **Verstoß gegen die Immunität** bewirkt nach herrschender Meinung die Nichtigkeit der strafgerichtlichen Handlung (LR/*Böttcher*, § 18 Rn. 6 m.w.N.) und nicht nur die Anfechtbarkeit (so aber *Katholnigg*, Vor § 18 Rn. 2; *Meyer-Goßner/Schmitt*, § 18 Rn. 4; HK-StPO-Schmidt/Temming, § 18 Rn. 4). Erkenntnisse, die unter Verletzung der völkerrechtlich anerkannten Grundsätze der Immunität erlangt sind, unterliegen – soweit der geschützte Personenkreis betroffen ist – einem strafprozessualen Verwertungsverbot (BGHSt 36, 396; KK-StPO/*Hannich*, § 18 Rn. 7). Selbsthilfe und Notwehr nach §§ 227 ff. BGB sind aber möglich (OLG Köln, NJW 1996, 472, 473; Zöller/*Lückemann*, Vor § 18 Rn. 4).

6 Die strafrechtliche Immunität besteht für **die gesamte Dauer** des Diplomatenstatus (*Kissel/Mayer*, § 18 Rn. 19). Nach Beendigung des Status ist die Strafverfolgung wieder zulässig (KK-StPO/*Hannich*, § 18 Rn. 6; *Kissel/Mayer*, § 18 Rn. 19; LR/*Böttcher*, § 18 Rn. 8), wenn sie nicht ausdrücklich ausgeschlossen ist. Ausgeschlossen ist sie nach Art. 39 Abs. 2 Satz 2 WÜD für die in Ausübung ihrer dienstlicher Tätigkeit als Mitglied der Mission vorgenommenen Handlungen (OLG Düsseldorf, NJW 1986, 2204; *Kissel/Mayer*, § 18 Rn. 19) sowie nach Beendigung der dienstlichen Tätigkeit bis zum Zeitpunkt der Ab-

reise oder des Ablaufs der hierfür gewährten angemessenen Frist (LR/*Böttcher*, § 18 Rn. 8). Eine Beendigung des Diplomatenstatus erfolgt entweder durch entsprechende Notifizierung des Entsendestaats (Art. 43 Buchst. a) WÜD) oder durch Erklärung des Diplomaten zur **persona non grata** (Art. 9 Abs. 1 Satz 1 WÜD).

Ein vollständiger **Verzicht** auf die Immunität ist im Einzelfall im Wege ausdrücklicher Erklärung durch den Entsendestaat (Art. 32 Abs. 1, 2 WÜD) oder durch den Berechtigten selbst möglich, wobei es insoweit stets der zumindest nachträglichen ausdrücklichen Zustimmung des Entsendestaats bedarf (*Prütting/Gehrlein*, § 18 Rn. 10). Auf Einzelmaßnahmen kann die berechtigte Person auch selbst – ausdrücklich oder konkludent – verzichten (KK-StPO/*Hannich*, § 18 Rn. 4; *Meyer-Goßner/Schmitt*, § 18 Rn. 5). Zulässig ist eine vorsorgliche Terminierung für den Fall des Verzichts (*Katholnigg*, Vor § 18 Rn. 2) oder bei Zweifeln an der Immunität (*Katholnigg*, Vor § 18 Rn. 2). 7

Für Strafsachen gegen **Mitglieder des Deutschen Bundestages, der gesetzgebenden Körperschaften der Länder sowie des Europäischen Parlaments** s. RiStBV Nr. 191 ff. Die Gerichtsbarkeit für Angehörige der verbündeten Truppen, die in der Bundesrepublik stationiert sind, regeln das **NATO-Truppenstatut** und die Zusatzvereinbarungen (OLG Nürnberg, NJW 1975, 2151 m.w.N.). 8

Neben Nr. 193 ff. RiStBV, die v.a. für die StA Richtlinien enthalten, gibt auch das Rundschreiben des Auswärtigen Amtes v. 19.09.2008 »**Zur Behandlung von Diplomaten und anderen bevorrechtigten Personen in der Bundesrepublik Deutschland**« GMBl. 2008, 1154), das das WÜD und WÜK (s. § 19) auszugsweise wiedergibt, wichtige Hinweise (vgl. den Wortlaut des Rundschreibens Nach § 18 GVG). 9

Nachbemerkung zu § 18 GVG
Zur Behandlung von Diplomaten und anderen bevorrechtigten Personen in der Bundesrepublik Deutschland

– RdSchr. D. AA v. 19.9.2008 – 503–90–507.00 –
(Auszug)

Dieses Rundschreiben zur Behandlung von Diplomaten und anderen bevorrechtigten Personen in der Bundesrepublik Deutschland behandelt und erläutert den Rechtsstatus von Diplomaten und anderen bevorrechtigten Personen in Deutschland. Es richtet sich als praxisbezogene Handreichung an sämtliche deutschen Behörden und Gerichte, die mit Fragen zu diesem Personenkreis befasst sind.

Abschnitt I
Allgemeines

A. Allgemeine Rechtsgrundlagen

Nach allgemeinen Regeln des Völkerrechts (Art. 25 des Grundgesetzes) oder auf der Grundlage besonderer völkerrechtlicher Vereinbarungen, wie z.B. des Wiener Übereinkommens über diplomatische Beziehungen vom 18. April 1961 (BGBl. 1964 II, S. 957 – WÜD) oder des Wiener Übereinkommens über konsularische Beziehungen vom 24.04.1963 (BGBl. 1969 II, S. 1585 – WÜK) genießen Mitglieder diplomatischer Missionen, konsularischer Vertretungen, Vertreter der Mitgliedsstaaten, Bedienstete und Sachverständige der Internationalen Organisationen sowie Mitglieder weiterer berechtigter Personengruppen bei ihrem (dienstlichen) Aufenthalt in der Bundesrepublik Deutschland bestimmte Vorrechte und Befreiungen. Alle Personen, die Vorrechte und Befreiungen genießen, sind unbeschadet dieser Privilegierungen verpflichtet, die in der Bundesrepublik Deutschland geltenden Gesetze und anderen Rechtsvorschriften zu beachten und sich nicht in innere Angelegenheiten der Bundesrepublik Deutschland einzumischen (so z.B. normiert in Art. 41 Abs. 1 WÜD und Art. 55 Abs. 1 WÜK).

B. Bedeutung der Regeln von Sitte, Anstand und Höflichkeit

Der Courtoisie, das heißt den Regeln von Sitte, Höflichkeit und Anstand, kommt im Umgang mit bevorrechtigten Personen eine herausragende Bedeutung zu. Es ist unerlässlich, eine betroffene bevorrechtigte Person und die zu ihr in einer engen Beziehung stehenden Personen in jedem Fall mit ausgesprochener Höflichkeit zu behandeln. Politische Folgen sind zu bedenken. Da gerade die Einhaltung der Regeln von Sitte, Höflichkeit und Anstand sehr oft Gegenseitigkeitserwartungen unterliegt, kann ein Verstoß in der Bundesrepublik Deutschland schnell auf deutsche Diplomaten, Konsuln oder anderes staatlich entsandtes Personal im Ausland zurückfallen.

Abschnitt II
Durch Vorrechte und Befreiungen begünstigte Personen – Umfang ihrer Privilegien

A. Staatsoberhäupter, Regierungschefs und Minister

1. Amtierende Staatsoberhäupter, bei Besuchen aufgrund amtlicher Einladung auch die sie amtlich begleitenden Angehörigen sowie ihr sonstiges Gefolge, sind nach allgemeinem Völkergewohnheitsrecht i.V.m. Art. 25 GG umfassend geschützt. Sie sind von der deutschen Gerichtsbarkeit befreit und genießen das Privileg der Unverletzlichkeit, sodass keine hoheitlichen Zwangsmaßnahmen gegen sie durchgeführt werden dürfen. Die Angehörigen von Staatsoberhäuptern genießen keine Vorrechte und Befreiungen, z.B. der in der Bundesrepublik Deutschland studierende Sohn eines Staatspräsidenten; vgl. § 20 GVG.
2. Amtierende Regierungschefs und Minister von Regierungen anderer Staaten sind bei Besuchen in amtlicher Eigenschaft ebenso wie die sie amtlich begleitenden Angehörigen und ihr sonstiges Gefolge in gleicher Weise geschützt wie das Staatsoberhaupt, vgl. § 20 GVG.
3. Nach Völkergewohnheitsrecht genießen auch Mitglieder sogenannter »Sondermissionen« (offiziell vom Entsendestaat angezeigte Delegationsreise) Immunität und Unverletzlichkeit. Einzelheiten sind von Fall zu Fall mit dem Auswärtigen Amt zu klären.

B. Diplomaten, Konsularbeamte und gleich zu behandelnde Personen

I. Allgemeiner Teil

1. Zeitlicher Anwendungsbereich der Privilegien

Die Vorrechte und Befreiungen stehen einem zur Diplomatenliste angemeldeten (akkreditierten) Berechtigten von dem Zeitpunkt an zu, in dem er in das Gebiet der Bundesrepublik Deutschland einreist, um seinen Posten dort anzutreten. Oder, wenn er sich bereits in der Bundesrepublik Deutschland befindet, von dem Zeitpunkt an, in dem der Entsendestaat den Beginn seiner Tätigkeit dem Auswärtigen Amt notifiziert hat.
Unter Akkreditierung ist in der Regel ein offizielles Schreiben der jeweiligen ausländischen Vertretung an das Auswärtige Amt zu verstehen, mit dem die Person zur Diplomaten- oder Konsularliste angemeldet wird. Die »Akkreditierung« wird durch den dann vom Auswärtigen Amt ausgestellten Protokollausweis nachgewiesen (s. Abschnitt VI).
Die Vorrechte und Befreiungen enden bei einer Person, deren dienstliche Tätigkeit beendet ist, normalerweise im Zeitpunkt der Ausreise oder werden bei Ablauf einer hierfür gewährten angemessenen Frist hinfällig. Nach der deutschen Praxis haben ausländische Missionsmitglieder, deren Tätigkeitsbeendigung dem Auswärtigen Amt notifiziert wird, ab dem Datum der Abmeldung bis zu drei Monate Zeit, um die Bundesrepublik als Bevorrechtigte zu verlassen. Stirbt ein Mitglied der Mission oder konsularischen Vertretung, so genießen seine Familienangehörigen bis zum Ablauf einer angemessenen Frist die Vorrechte und Befreiungen, die ihnen bisher zugestanden haben (Art. 39 WÜD, Art. 53 WÜK). Honorarkonsularbeamten stehen in der Bundesrepublik Deutschland Vorrechte und Befreiungen in der Regel nur für die Dauer ihrer Zulassung durch die Bundesregierung zu.

2. Persönlicher Anwendungsbereich der Privilegien

a) Erfordernis einer Akkreditierung

Grundsätzlich gilt, dass nur die Personen Privilegien genießen, die in der Bundesrepublik Deutschland akkreditiert sind. Der Besitz eines ausländischen Diplomatenpasses allein begründet keine Privilegien, sollte aber Veranlassung zur Klärung des Status der Person geben (s.unten, B.I. 3).

b) (Dienst-) Reise durch/in das Gebiet der Bundesrepublik Deutschland

Reist ein Diplomat, ein Konsularbeamter, ein Mitglied des Verwaltungs- und technischen Personals (VtP) oder des dienstlichen Hauspersonals (dHP) (nicht jedoch des privaten Hauspersonals [PP]) durch **das Gebiet der Bundesrepublik Deutschland**, um sein Amt in einem dritten Staat anzutreten oder um auf seinen Posten oder in seinen Heimatstaat zurückzukehren, so stehen ihm Unverletzlichkeit und alle sonstigen für seine sichere Durchreise oder Rückkehr erforderlichen Vorrechte und Befreiungen zu. Das gilt auch, wenn er in den Heimaturlaub fährt oder aus dem Urlaub an seine Dienststelle zurückkehrt. Der Transit darf grundsätzlich allerdings nicht mit unüblich langen Unterbrechungen touristischer bzw. sonstiger persönlicher Art verbunden werden. Dies gilt auch für die Familienangehörigen, die ihn begleiten oder die getrennt von ihm reisen, um sich zu ihm zu begeben oder die in ihren Heimatstaat zurückkehren (Art. 40 Abs. 1 WÜD, Art. 54 Abs. 1 und 2 WÜK).
Hält sich die betroffene Person **dienstlich in der Bundesrepublik Deutschland auf** (z.B. als Teilnehmer einer Konferenz), genießt sie Privilegien nur, wenn die entsprechende Reise offiziell angekündigt war, auf offizielle deutsche Einladung hin erfolgte oder wenn für die Durchführung der Konferenz mit der durchführenden Internationalen Organisation ein sog. »Konferenzabkommen« abgeschlossen wurde, welches Privilegien vorsieht. Möglich ist auch, dass mit der betreffenden Internationalen Organisation bereits entsprechende Privilegienabkommen existieren (z.B. bei den Vereinten Nationen).

c) Deutsche Staatsangehörige oder in der Bundesrepublik Deutschland ständig ansässige Diplomaten, Konsularbeamte und gleich zu behandelnde Personen

aa) Grundsätzlich gilt:

Ist eine Person, die aufgrund ihres Status privilegiert wäre, deutsche Staatsangehörige oder in der Bundesrepublik Deutschland ständig ansässig, so genießt sie in der Bundesrepublik Deutschland keine Privilegien (Ausnahme: Amtshandlungen).

Ständig ansässig ist eine Person in der Regel, wenn sie zu dem Zeitpunkt, zu dem sie von der Mission angestellt wird, bereits längere Zeit im Empfangsstaat ihren Wohnsitz hat. Bei einem entsandten Mitglied einer Mission oder konsularischen Vertretung, das sich ungewöhnlich lange (über zehn Jahre) im Empfangsstaat aufhält, ist ebenfalls von einer ständigen Ansässigkeit auszugehen.

Die Bundesrepublik Deutschland darf grundsätzlich ihre Hoheitsrechte über diese Personen jedoch nur so ausüben, dass sie die Mission oder konsularische Vertretung bei ihrer Arbeit nicht ungebührlich behindert (Rechtsgedanke aus Art. 38 Abs. 2, 37 Abs. 4 WÜD, Art. 71 WÜK).

bb) Folgende Besonderheiten sind zu beachten:

– Ein Diplomat oder Konsularbeamter genießt weiterhin Befreiung von der Gerichtsbarkeit und das Privileg der Unverletzlichkeit in Bezug auf seine in Ausübung seiner dienstlichen Tätigkeit vorgenommenen Amtshandlungen (Art. 38 Abs. 1 WÜD, Art. 71 Abs. 1 WÜK). Das gilt nicht für seine Familienmitglieder, da sie keine Amtshandlungen vornehmen können. Der Begriff der Amtshandlung ist eng zu verstehen. Er umfasst nur die Amtshandlung selbst und nicht die Handlungen, die damit im zeitlichen oder sachlichen Zusammenhang stehen (Dienstfahrten sind z.B. nicht umfasst).

Wird ein Berufskonsularbeamter oder ein Honorarkonsul in Untersuchungshaft genommen oder wird ein Strafverfahren eingeleitet, muss die Bundesrepublik den Leiter der konsularischen Vertretung verständigen (Art. 42 WÜK).

– Die Familienangehörigen eines Konsularbeamten oder eines Mitarbeiters des Verwaltungs- und technischen Personals (VtP), die deutsche Staatsangehörige oder in der Bundesrepublik Deutschland ständig ansässig sind, genießen keine Privilegien, unabhängig von ihrer eigenen Staatsangehörigkeit (Art. 71 Abs. 2 WÜK).

3. Vorgehen bei Zweifeln über den Status einer Person

Allgemein zur Feststellung von Personalien ermächtigte Behörden und Beamte sind befugt, Namen und Anschrift von Personen festzustellen, sofern dies sachlich notwendig ist. Beruft sich eine Person auf Vorrechte und Befreiungen, so kann verlangt werden, dass der Nachweis durch Vorlage entsprechender Urkunden, insb. durch die in Abschnitt VI genannten Ausweise (Protokollausweise), den Diplomatenpass oder auf andere Weise geführt wird.

Es ist jedoch unerlässlich, die betroffene Person in jedem erdenklichen Fall ausgesprochen höflich zu behandeln und die politischen Folgen einer Maßnahme zu bedenken.

In eiligen Zweifelsfällen kann unmittelbar

– beim Auswärtigen Amt (unter der Rufnummer 030–18–17–3411, 9.00 – 16.00 Uhr, ansonsten im Lagezentrum unter der Rufnummer 030–18–17–2911) über Mitglieder diplomatischer Missionen, über Angehörige der konsularischen Vertretungen und über Bedienstete internationaler Organisationen,

– und hilfsweise auch bei den Staats-/Senatskanzleien der Länder über Angehörige der konsularischen Vertretungen Auskunft eingeholt werden. Anhaltspunkte, die für oder gegen die Zugehörigkeit der Person zu einer in der Bundesrepublik Deutschland errichteten diplomatischen oder konsularischen Vertretung oder einer zwischenstaatlichen oder überstaatlichen Organisation sprechen, sind hierbei mitzuteilen.

4. Liste diplomatischer Missionen und konsularischer Vertretungen

Eine aktuelle Liste der diplomatischen Missionen und konsularischen Vertretungen, die auch die Namen der diplomatischen Mitglieder enthält, ist auf der Homepage des Auswärtigen Amts unter:

http//www.auswaertiges-amt.de/diplo/de/Laenderinformationen/VertretungenFremderStaaten-Laenderauswahlseite.jsp

zu finden. Darüber hinaus erscheint ein- bis zweimal jährlich eine Liste im Bundesanzeiger-Verlag, Postfach 100534, 50445 Köln unter dem Titel: »Diplomatische und konsularische Vertretungen in der Bundesrepublik Deutschland« und ist im Buchhandel erhältlich. Eine Bestellung kann auch telefonisch unter 0221–97668–200 oder unter http://www.bundesanzeiger.de erfolgen.

II. Diplomaten und gleich zu behandelnde Personen

1. Mitglieder diplomatischer Missionen und ihre Familienangehörigen

a) Der Diplomat und seine Familienangehörigen

Diplomaten sind zum einen die Missionschefs, d.h. die bei dem Bundespräsidenten oder bei dem Bundesaußenminister beglaubigten Leiter der ausländischen diplomatischen Missionen: die Botschafter, der Apostolische Nuntius und Geschäftsträger. Diplomaten sind darüber hinaus die Mitglieder des diplomatischen Personals: Gesandte, Räte, Sekretäre

und Attachés der Botschaften und der Apostolischen Nuntiatur sowie die Sonderattachés, z.B. Wirtschafts-, Handels-, Finanz-, Landwirtschafts-, Kultur-, Presse-, Militärattachés und die Botschaftsseelsorger und -ärzte.
Familienangehörige sind nach geltendem Völkerrecht Ehepartner und Kinder (nach deutschen Protokollrichtlinien sind dies Kinder, die unverheiratet und nicht älter als 27 Jahre sind), die mit dem Diplomaten in häuslicher Gemeinschaft leben. Andere Familienmitglieder, wie z.B. Eltern oder Schwiegereltern, genießen keine Privilegien.
Gleichgeschlechtliche Lebenspartner sind dann privilegiert, wenn sie den Nachweis einer »eingetragenen Lebenspartnerschaft« analog den Bestimmungen des LPartG beibringen, der Entsendestaat dem Lebenspartner einen Diplomaten-/Dienstpass ausgestellt hat und Gegenseitigkeit zugesichert wird. Sie erhalten dann wie andere bevorrechtigte Personen einen Protokollausweis.
Die Familienangehörigen von Diplomaten genießen die gleichen Vorrechte und Befreiungen wie der Diplomat (Art. 37 Abs. 1 WÜD). Für den Fall einer Erwerbstätigkeit gelten für den Bereich der Erwerbstätigkeit Einschränkungen.
aa) Befreiung von der Gerichtsbarkeit (Immunität) (Art. 31 WÜD)
aaa) Aus Art. 31 Abs. 1 WÜD folgt, dass der ausländische Diplomat in der Bundesrepublik Deutschland uneingeschränkt Immunität **von der deutschen Strafgerichtsbarkeit genießt (hierzu zählt im Kontext des WÜD auch das Ordnungswidrigkeitsverfahren)**.
Deshalb liegt im Fall der Immunität ein Verfahrenshindernis vor, das von Amts wegen zu beachten ist. Gegen den Diplomaten darf in keinem Fall ein Strafverfahren oder Ordnungswidrigkeitsverfahren durchgeführt werden. Er darf nicht geladen und es darf kein Termin zur mündlichen Verhandlung anberaumt werden. Unerheblich ist dabei, ob der Diplomat im Dienst oder als Privatperson gehandelt hat.
bbb) Grundsätzlich genießt der Diplomat auch **Befreiung von der Zivil- und Verwaltungsgerichtsbarkeit** sowie von Vollstreckungsmaßnahmen. Unerheblich ist dabei, ob er dienstlich oder als Privatperson gehandelt hat.
Es gelten jedoch folgende Ausnahmen (Art. 31 Abs. 1 WÜD) (...)
ccc) Rechtsfolge von Verletzungen der Immunität
Gerichtsentscheidungen, die die Immunität verletzen, sind nichtig. Rechtsmittel sind dann zulässig, wenn geklärt werden soll, ob Immunität bestand oder nicht.

bb) Unverletzlichkeit des Diplomaten (Art. 29 WÜD) – Bedeutung der Regeln von Sitte, Anstand und Höflichkeit
Unverletzlichkeit bedeutet, dass die Androhung oder Durchführung einer Maßnahme, die in irgendeiner Weise auf hoheitlichen Zwang hinausläuft, unzulässig ist. Zu beachten ist, dass darüber hinaus auch die Zustellung (Zusendung) eines Hoheitsakts an die Mission oder an die Privatwohnung eines Diplomaten unzulässig ist, weil auch die Räumlichkeiten der Mission und die Privatwohnung unverletzlich sind (Art. 22 und Art. 30 Abs. 2 WÜD).
In besonderen, seltenen Ausnahmefällen, insbesondere zur Abwehr von Gefahren für die Allgemeinheit oder die bevorrechtigte Person selbst, kann es geboten sein, die Unverletzlichkeit zugunsten anderer Rechtsgüter einzuschränken. Dabei ist es stets unerlässlich, die betroffene **bevorrechtigte Person** und ggf. begleitende Personen (Angehörige), die u.U. keine Vorrechte genießen, in jedem erdenklichen Fall mit **besonderer Höflichkeit zu behandeln**. Maßnahmen sollen die absolute Ausnahme darstellen; politische Folgen sind zu bedenken. Im Regelfall führt die Anwendung von Maßnahmen zu Spannungen auf politischer Ebene. Da gerade die Einhaltung der Regeln von Sitte, Höflichkeit und Anstand auf dem Gegenseitigkeitsprinzip beruht, fällt ein Verstoß in der Bundesrepublik Deutschland nicht selten auf deutsche Diplomaten im Ausland zurück.
Praxisrelevante Beispiele:
– Die Androhung und Anwendung hoheitlicher Gewalt gegen den Diplomaten ist unzulässig.
  Als absolute Ausnahme unter Beachtung des Verhältnismäßigkeitsgrundsatzes und der Regeln von Sitte, Anstand und Höflichkeit darf Zwang gegen einen Diplomaten angewandt werden, wenn dies zu seinem eigenen Schutz geschieht oder eine konkrete Gefahr für Leib und Leben anderer Personen droht oder besteht. So ist es zulässig, einen alkoholisierten Diplomaten an der Weiterfahrt mit seinem Kfz zu hindern. Unzulässig wäre es aber, ihn daran zu hindern, ein Taxi zu nehmen und sich zu entfernen.
– Maßnahmen der Strafverfolgung ggü. dem Diplomat sind unzulässig (z.B. vorläufige Festnahme, Verhaftung, Durchsuchung, Beschlagnahme, Sicherstellung, Vernehmung gegen den Willen des Betroffenen, Telefonüberwachung, Entnahme von Blutproben oder Durchführung eines Alkohol-Atem-Test gegen den Willen des Betroffenen zur Feststellung des BAK-Wertes bei Verdacht des Führens eines Kfz in alkoholisiertem Zustand).
  Ausnahmsweise unter Beachtung des Verhältnismäßigkeitsgrundsatzes und der Regeln von Sitte, Höflichkeit und Anstand kann ein kurzfristiges Festhalten zulässig sein, etwa um den Diplomaten an einem gravierenden Rechtsverstoß zu hindern oder um schlicht seine Identität und damit eventuelle Privilegien festzustellen.
– Hoheitliche Maßnahmen ggü. dem Diplomaten zur Verfolgung und Ahndung von Ordnungswidrigkeiten einschließlich einer Verwarnung mit Verwarnungsgeld sind unzulässig. Dies gilt auch bei der Feststellung eines Verkehrsverstoßes bevorrechtigter Personen; s. hierzu unten Abschnitt VII, A.
– Belastende Verwaltungs- oder Realakte der Verwaltungsvollstreckung, z.B. die Androhung, Festsetzung und Durchführung von Zwangsmitteln, sind unzulässig.
– Weitere belastende Real- oder Verwaltungsakte, wie z.B. Standardmaßnahmen aufgrund der Polizeigesetze der Länder, sind unzulässig, z.B. die Ingewahrsamnahme, Durchsuchung oder Beschlagnahme von Gegenständen, die im Eigentum des Betroffenen stehen (z.B. das Abschleppen eines Kfz) oder der Einzug des Führerscheins.

Hinsichtlich der Sicherheitskontrollen der Fluggäste auf Flughäfen wird nach den »Grundsätzen für die Freistellung hochgestellter Persönlichkeiten des politischen Lebens, von Diplomaten und anderen bevorrechtigten Personen sowie des diplomatischen und konsularischen Kuriergepäcks von den Sicherheitskontrollen« (Rahmenplan Luftsicherheit – Teil II Abschnitt A) verfahren. Ins Ausland entsandte deutsche Diplomaten oder andere Inhaber eines deutschen Diplomatenpasses genießen im Geltungsbereich des Grundgesetzes keine Privilegien.

cc) Maßnahmen zum Schutz der Gesundheit des Diplomaten und der Bevölkerung (...)

dd) Befreiung von der Besteuerung (...)

ee) Befreiung von Zöllen und ähnlichen Abgaben hinsichtlich der Einfuhr persönlicher Gegenstände (...)

ff) Kontrollen des persönlichen Gepäcks
Diplomaten genießen Befreiung von der (Zoll-) Kontrolle ihres persönlichen Gepäcks, sofern nicht triftige Gründe für die Vermutung vorliegen, dass es Gegenstände enthält, die nicht für den amtlichen Gebrauch der Missionen oder den persönlichen Gebrauch des Diplomaten bestimmt sind oder deren Ein- und Ausfuhr nach dem Recht der Bundesrepublik Deutschland verboten oder durch Quarantänevorschriften geregelt ist (etwa durch das Bundesseuchen- oder Tierseuchengesetz). Ein triftiger Grund erfordert objektiv vorhandene, gleichsam »ins Auge springende« Hinweise auf eine missbräuchliche Verwendung. Die Kontrolle muss daher ein Ausnahmefall bleiben. Selbst bei Vorliegen triftiger Gründe darf die Kontrolle nur in Anwesenheit des Diplomaten oder eines ermächtigten Vertreters stattfinden (Art. 36 Abs. 2 WÜD).
Am Flughafen ist der Diplomat aus Anlass der Flugsicherheitskontrollen berechtigt, die Leibesvisitation und die Kontrolle seines persönlichen Gepäcks zu verweigern. In einem solchen Fall ist der Diplomat darauf hinzuweisen, dass er von der Beförderung ausgeschlossen wird, wenn er sich nicht freiwillig der Personenkontrolle und der Kontrolle seines persönlichen Gepäcks unterzieht. Hält der Diplomat seine Weigerung aufrecht, darf er den Kontrollpunkt nicht passieren. Es ist auch hier zu beachten, dass die betroffene Person mit ausgesuchter Höflichkeit zu behandeln ist.

gg) Unverletzlichkeit der Privatwohnung und des Vermögens
Die Privatwohnung eines Diplomaten ist unverletzlich und genießt denselben Schutz wie die Räumlichkeiten der Mission (vgl. Abschnitt III, A. sowie Art. 30 Abs. 1 WÜD); hierzu gehören auch Zweitwohnungen, wie Ferienhäuser, wenn die Nutzung regelmäßig erfolgt und es der Bundesrepublik Deutschland möglich ist, ihrer Schutzverpflichtung dort wirksam nachzukommen. Seine Papiere, seine Korrespondenz und sein Vermögen sind ebenfalls unverletzlich. Unverletzlich ist nach Art. 30 Abs. 2 WÜD grds. auch das Vermögen des Diplomaten. Ein wichtiger praktischer Anwendungsfall ist das Kfz (vgl. dazu unten Abschnitt VII).

hh) Freizügigkeit
Der Diplomat darf sich im gesamten Hoheitsgebiet des Empfangsstaates frei bewegen (Art. 26 WÜD). Zu beachten sind jedoch Gesetze oder Rechtsvorschriften über Zonen, deren Betreten aus Gründen der nationalen Sicherheit verboten oder geregelt ist.

ii) Zeugnisverweigerungsrecht
Der Diplomat hat ein Zeugnisverweigerungsrecht sowohl in privaten als auch in dienstlichen Angelegenheiten (Art. 31 Abs. 2 WÜD). Er selbst kann nicht darauf verzichten. Hierzu ist allein der Entsendestaat berechtigt (Art. 32 Abs. 1 WÜD). Der Entsendestaat kann es jedoch dem Diplomaten überlassen, selbst zu entscheiden, wann er aussagen will und wann nicht. Ein Richter sollte über das Zeugnisverweigerungsrecht belehren und von Amts wegen ermitteln, ob ggf. ein Verzicht vorliegt.

kk) Weitere Privilegien
Der Diplomat unterliegt nicht den Vorschriften über soziale Sicherheit (Art. 33 Abs. 1 und 3 WÜD), ferner ist er von persönlichen und öffentlichen Dienstleistungen (Art. 35 WÜD) sowie der Ausländermelde- und Aufenthaltstitelpflicht (indirekt Art. 10 Abs. 1 Buchst. a) WÜD) befreit (vgl. Abschnitt IV, A.).

b) Mitglieder des Verwaltungs- und technischen Personals (VtP) und ihre Familienangehörigen
Mitglieder des VtP sind z.B. Kanzleibeamte, Chiffreure, Übersetzer, Schreibkräfte.
Die Familienangehörigen (Definition s.o. Abschnitt II. B. II. Ziff. 1) der Mitglieder des VtP genießen die gleichen Privilegien wie das VtP-Mitglied selbst.

aa) Befreiung von der Gerichtsbarkeit (Immunität)
Für Mitglieder des VtP gilt dasselbe wie für Diplomaten (Abschnitt II. B. II. Ziff. 1) mit folgender Ausnahme: Das VtP genießt die Immunität von der Zivil- oder Verwaltungsgerichtsbarkeit nur für Handlungen, die in Ausübung der dienstlichen Tätigkeit vorgenommen wurden. (§ 18 GVG, Art. 37 Abs. 2 WÜD). Das sind die Handlungen, die für den Dienst oder dienstlich angeordnete Veranstaltungen unumgänglich sind. So z.B. auch die Fahrten zum und vom täglichen Dienst. Da bei Familienmitgliedern Handlungen in Ausübung dienstlicher Tätigkeit nicht möglich sind, genießen Familienmitglieder – anders als Familienmitglieder von Diplomaten i.S.d. Art. 1e) WÜD – in der Praxis keine Befreiung von der Zivil- und Verwaltungsgerichtsbarkeit.

Nach § 18 GVG — Rundschreiben zur Behandlung von Diplomaten

bb) Bei folgenden Regelungsgegenständen gilt für VtP dasselbe wie für Diplomaten (vgl. Art. 37 Abs. 2 WÜD und oben Abschnitt II. B. II):
- Schutz des VtP vor hoheitlichen Maßnahmen (Unverletzlichkeit),
- Maßnahmen zum Schutz der Gesundheit der Diplomaten und der Bevölkerung,
- Befreiung von der Besteuerung,
- Kontrollen des persönlichen Gepäcks,
- Unverletzlichkeit der Privatwohnung,
- Freizügigkeit,
- Zeugnisverweigerungsrecht,
- Vorschriften über soziale Sicherheit, persönliche und öffentliche Dienstleistungen, Ausländermelde-, Aufenthaltstitelpflicht,

cc) Befreiung von Zöllen, Steuern und ähnlichen Abgaben hinsichtlich der Einfuhr persönlicher Gegenstände, sowie Zollkontrollen (Art. 36 Abs. 1 WÜD)
Das VtP ist von diesen Abgaben nur in Bezug auf Gegenstände befreit, die anlässlich der Ersteinrichtung eingeführt werden (Art. 37 Abs. 2 Satz 2 WÜD).

c) Mitglieder des dienstlichen Hauspersonals (dHP) und ihre Familienangehörigen
Mitglieder des dHP sind z.B. Fahrer, Pförtner, Boten, Gärtner, Küche und Nachtwächter der diplomatischen Mission. **Die Familienangehörigen** (vgl. Definition: Abschnitt II, B. II. Ziff. 1) des dHP genießen keine Privilegien. Aber wegen ihres engen Kontakts zu einer bevorrechtigten Person sind sie mit ausgesprochener Höflichkeit zu behandeln und Maßnahmen sollten nicht vorschnell durchgeführt werden.

aa) Befreiung von der Gerichtsbarkeit (Immunität)
Diesbezüglich gilt für sie dasselbe wie für Diplomaten (Abschnitt II, B. II.) mit folgenden Einschränkungen:
Das dHP genießt die Befreiung von der Straf-, Zivil- oder Verwaltungsgerichtsbarkeit nur für Handlungen, die in Ausübung der dienstlichen Tätigkeit vorgenommen wurden (§ 18 GVG, Art. 37 Abs. 3 WÜD). Das sind die Handlungen, die für den Dienst oder dienstlich angeordnete Veranstaltungen unumgänglich sind, so z.B. auch die Fahrten zum und vom täglichen Dienst.

bb) Weitere Privilegien
Das dHP muss keine Steuern oder sonstigen Abgaben auf seine Dienstbezüge leisten.
Außerdem ist es von den Vorschriften über die soziale Sicherheit (Art. 37 Abs. 3 WÜD i.V.m. Art. 33 WÜD) sowie der Ausländermelde- und Aufenthaltstitelpflicht (vgl. Abschnitt IV) befreit. Weitere Privilegien genießt das dHP nicht.

2. Private Hausangestellte von Mitgliedern diplomatischer Missionen (PP)
Mitglieder des PP sind z.B. persönliche Hausangestellte, Fahrer, Erzieher und sonstiges Personal. **Der Nachzug von Familienangehörigen des PP ist nicht gestattet.**

a) Befreiung von der Besteuerung
Das PP muss keine Steuern oder sonstige Abgaben auf seine Dienstbezüge leisten (Art. 37 Abs. 4 WÜD).

b) Weitere Privilegien
Private Hausangestellte sind von der Arbeitserlaubnispflicht sowie von den Vorschriften über soziale Sicherheit befreit, soweit sie den in Entsendestaat oder einem dritten Staat geltenden Vorschriften über soziale Sicherheit unterstehen (Art. 33 Abs. 2 WÜD). Soweit Gegenseitigkeit besteht, sind sie von der Aufenthaltstitelpflicht (vgl. Abschnitt IV, A.) befreit. Mehr Privilegien stehen dem PP nicht zu.

3. Ortskräfte
Ortskräfte sind die Mitarbeiter einer ausländischen Vertretung, die auf dem lokalen Arbeitsmarkt angeworben werden und die nicht der Rotation unterliegen. Sie besitzen entweder die deutsche Staatsangehörigkeit oder haben einen deutschen Aufenthaltstitel, der die Beschäftigung erlaubt.
Darüber hinaus erlaubt das Auswärtige Amt den diplomatischen und berufskonsularischen Vertretungen, Ortskräfte im Entsendestaat der jeweiligen Vertretung anzuwerben, sofern sie seine Staatsangehörigkeit besitzen (sog. »unechte Ortskräfte«).
Beide Kategorien genießen in der Bundesrepublik Deutschland keine Privilegien, da sie rechtlich als »ständig ansässig« betrachtet werden. Allerdings darf der Empfangsstaat seine Befugnisse ggü. den Ortskräften nicht in einer Weise ausüben, dass er die Mission bei der Wahrnehmung ihrer Aufgaben ungebührlich behindert (vgl. Art. 38 Abs. 2 WÜD).

III. Konsularbeamte und gleich zu behandelnde Personen

1. Mitglieder konsularischer Vertretungen und ihre Familienangehörigen

a) Berufskonsularbeamte und ihre Familienangehörigen
Berufskonsularbeamte sind Generalkonsul, Konsul, Vizekonsul, Konsularagenten und andere mit der Wahrnehmung von konsularischen Aufgaben beauftragte Personen.

Die Familienangehörigen (vgl. Definition: Abschnitt II, B. II. Ziff. 1) der Berufskonsularbeamten genießen nur eingeschränkte Privilegien.

aa) Befreiung von der Gerichtsbarkeit (Immunität)
Für Konsularbeamte gilt diesbezüglich dasselbe wie für Diplomaten (Abschnitt II, B. II), allerdings mit folgender Einschränkung: Konsularbeamte genießen die Befreiung von der Straf-, Zivil- oder Verwaltungsgerichtsbarkeit nur für Handlungen, die sie in Wahrnehmung konsularischer Aufgaben vorgenommen haben (Art. 43 WÜK, § 19 GVG). Diese sog. Amtsimmunität betrifft alle Handlungen, die in Ausübung der amtlichen bzw. dienstlichen Tätigkeit ausgeübt wurden. Der Begriff ist weit zu verstehen und umfasst nicht nur die eigentliche Amtshandlung selbst, sondern ebenso Akte in engem sachlichen und zeitlichen Zusammenhang mit der Amtshandlung, z.B. auch die Fahrten zum und vom täglichen Dienst.
Allerdings sind selbst dann die Konsularbeamten nach Art. 43 Abs. 2 WÜK bei Zivilklagen nicht von der Gerichtsbarkeit befreit,
– wenn die Klage aufgrund eines Vertrages erhoben wurde, den der Konsularbeamte geschlossen hat, ohne dabei ausdrücklich oder erkennbar im Auftrag seines Entsendestaates zu handeln (Rechtsscheinhaftung),
– wenn die Klage von einem Dritten wegen eines Schadens angestrengt wird, der aus einem in der Bundesrepublik durch ein Land-, Wasser- oder Luftfahrzeug verursachten Unfall entstanden ist. So z.B. bei Verkehrsunfällen.

bb) Schutz vor hoheitlichen Maßnahmen (Unverletzlichkeit)
Für **Handlungen, die amtlich vorgenommen wurden**, genießt der Konsularbeamte umfassenden Schutz vor staatlichen Eingriffen (Art. 43 Abs. 1 WÜK). In diesem Rahmen gilt dasselbe wie für Diplomaten (Abschnitt II, B. II), jedoch mit folgender Ausnahme: Bei schweren strafbaren Handlungen und wenn eine Entscheidung der zuständigen Justizbehörde vorliegt, kann eine verhältnismäßige Zwangshandlung gerechtfertigt sein.
Im privaten Bereich ist der Schutz der Unverletzlichkeit grundsätzlich geringer (vgl. Art. 41 WÜK). Der Konsularbeamte darf zwar auf keine Weise in seiner persönlichen Freiheit beschränkt werden. So darf er z.B. nicht festgenommen oder in Untersuchungshaft festgehalten werden. Es gelten jedoch folgende Ausnahmen:
– Es liegt eine schwere strafbare Handlung und eine Entscheidung der zuständigen Justizbehörde zur freiheitsentziehenden Maßnahme vor (Art. 41 Abs. 1 WÜK). Die Entscheidung, wann eine schwere strafbare Handlung vorliegt, obliegt dem mit der Haftprüfung befassten Gericht.
– Es handelt sich um die Vollstreckung einer rechtskräftigen gerichtlichen Entscheidung (Art. 41 Abs. 2 WÜK).
Wird ein Mitglied des konsularischen Personals vorläufig festgenommen oder in Untersuchungshaft genommen oder wird ein Strafverfahren gegen ein Mitglied eingeleitet, so hat die zuständige Behörde in der Bundesrepublik Deutschland sofort den Leiter der konsularischen Vertretung zu benachrichtigen. Ist dieser selbst von einer der genannten Maßnahmen betroffen, so ist sofort das Auswärtige Amt (unter der Rufnummer 030–18–17–2424, 9.00 – 16.00 Uhr, ansonsten unter der Rufnummer 030–18–17–2911) zu unterrichten (Art. 42 WÜK). Entsprechendes gilt für Honorarkonsularbeamte (Art. 58 Abs. 2 WÜK).
Zu beachten ist, dass sich in der Staatenpraxis der Status des Konsularbeamten trotz der ggü. Diplomaten restriktiveren Regelung des WÜK bei nicht-dienstlichem Handeln dem Status des Diplomaten annähert. Zwangsmaßnahmen (z.B. Blutentnahme, Alkoholtest) sind deshalb jedenfalls dann nicht erlaubt, wenn schon die freiheitsentziehende Maßnahme nicht erlaubt ist, wenn also keine schwere strafbare Handlung vorliegt. I.Ü. ist ausdrücklich darauf hinzuweisen, dass der Konsularbeamte mit **besonderer Höflichkeit** zu behandeln ist. Eine Zwangsmaßnahme darf auch im privaten Bereich nur eine Ausnahme darstellen. Jeder Eingriff in die persönliche Unverletzlichkeit ist genau auf Zulässigkeit und Erforderlichkeit hin zu prüfen. Gleichzeitig sind die politischen Folgen stets in Betracht zu ziehen.

cc) Bei folgenden Regelungsgegenständen gilt für die Konsularbeamten dasselbe wie für Diplomaten (s. dazu oben Abschnitt II, B. II):
– Befreiung von Besteuerung (Art. 49 Abs. 1 WÜK),
– Maßnahmen zum Schutz der Gesundheit des Diplomaten und der Bevölkerung,
– Befreiung von Zöllen und ähnlichen Abgaben hinsichtlich der Einfuhr persönlicher Gegenstände sowie Zollkontrollen (Art. 50 Abs. 1 WÜK),
– Kontrollen persönlichen Gepäcks (Art. 50 Abs. 3 WÜK),
– Freizügigkeit,
– Vorschriften über soziale Sicherheit, persönliche und öffentliche Dienstleistungen sowie über Ausländermelde-, Aufenthaltstitelpflicht.

dd) Die Privatwohnung des Konsularbeamten
Die Privatwohnung von Mitgliedern einer konsularischen Vertretung, einschließlich des Leiters, genießt **nicht** das Privileg der Unverletzlichkeit.

ee) Zeugnisverweigerungsrecht
Der Konsularbeamte kann in einem Gerichts- oder Verwaltungsverfahren als Zeuge geladen werden. Er ist jedoch nicht verpflichtet, Zeugnis über die Angelegenheiten abzulegen, die mit der Wahrnehmung seiner Aufgaben zusammenhängen, oder die darauf bezüglichen amtlichen Korrespondenzen und Schriftstücke vorzulegen (Art. 44 Abs. 1 und Abs. 3 WÜK). Das gleiche gilt für Honorarkonsularbeamte (Art. 58 Abs. 2 WÜK). Gegen den Konsularbeamten dürfen keine

Nach § 18 GVG Rundschreiben zur Behandlung von Diplomaten

Zwangsmaßnahmen ergriffen werden, auch wenn er im privaten Bereich das Zeugnis verweigert. Das gilt auch, wenn er in seinen Privilegien beschränkt ist (Art. 71 Abs. 1 WÜK).

ff) Die Familienangehörigen des Konsularbeamten
Sie genießen im gleichen Umfang wie der Konsularbeamte selbst Befreiung von der Besteuerung, von Zöllen (Art. 50 Abs. 1 Buchst. b) WÜK), von persönlichen Dienstleistungen und Auflagen sowie von der Ausländermeldepflicht, Aufenthaltstitelpflicht (Art. 46, 47 WÜK) und von den Vorschriften über soziale Sicherheit. Sie dürfen einer privaten Erwerbstätigkeit nachgehen, genießen in diesem Bereich dann jedoch keine Vorrechte (Art. 57 Abs. 2 WÜK).
Weitere Privilegien genießen sie nicht. Aber aus **gesandtschaftlich politischer Rücksichtnahme** sollte auch bei Familienmitgliedern **im privaten Bereich die persönliche Unverletzlichkeit** ebenso **geschützt** werden wie beim Konsularbeamten (Abschnitt II, B. III). Ein Anspruch darauf besteht allerdings nicht.

b) Mitglieder des Verwaltungs- oder technischen Personals (VtP) der konsularischen Vertretung und ihre Familienangehörigen
Mitglieder des VtP sind z.B. Kanzleibeamte, Chiffreure, Übersetzer, Schreibkräfte.
Die Familienangehörigen (vgl. Definition: Abschnitt II, B. II. Ziff. 1) des VtP genießen die gleichen Privilegien wie die Familienangehörigen von Konsularbeamten (vgl. Abschnitt II, B. III).

aa) Immunität
Diesbezüglich gilt für das VtP das Gleiche wie für Diplomaten (Abschnitt II, B. II), jedoch mit folgender Einschränkung: Das VtP genießt die Befreiung von der Straf-, Zivil- und Verwaltungsgerichtsbarkeit nur für Handlungen, die in Wahrnehmung konsularischer Aufgaben vorgenommen wurden. (Amtsimmunität, vgl. Art. 43 WÜK sowie Abschnitt II, B. III).
Allerdings ist das VtP selbst dann bei Zivilklagen **nicht** von der Gerichtsbarkeit befreit,
- wenn die Klage aufgrund eines Vertrages erhoben wurde, der geschlossen wurde, ohne dabei ausdrücklich oder erkennbar im Auftrag des Entsendestaates zu handeln (Rechtsscheinhaftung),
- wenn die Klage von einem Dritten wegen eines Schadens angestrengt wird, der aus einem in der Bundesrepublik durch ein Land-, Wasser oder Luftfahrzeug verursachten Unfall entstanden ist. So z.B. bei Verkehrsunfällen.

bb) Unverletzlichkeit
Für **Handlungen, die im Dienst vorgenommen wurden**, genießen Mitarbeiter des VtP umfassenden Schutz vor staatlichen Eingriffen (Art. 43 Abs. 1 WÜK). Insoweit gilt dasselbe wie für Diplomaten (vgl. Abschnitt II, B. II). Wie schon beim Konsularbeamten gibt es jedoch auch hier folgende Ausnahme: Bei schweren strafbaren Handlungen und wenn eine Entscheidung der zuständigen Justizbehörde vorliegt, kann eine verhältnismäßige Zwangsmaßnahme gerechtfertigt sein.
Im privaten Bereich genießen Mitarbeiter des VtP nicht das Privileg der Unverletzlichkeit, sodass grundsätzlich Zwangsmaßnahmen durchgeführt werden dürfen. Aber aus **gesandtschaftlich politischer Rücksichtnahme** sollte auch bei VtP und den Familienmitgliedern im **privaten Bereich die persönliche Unverletzlichkeit** ebenso **geschützt werden** wie beim Konsularbeamten (Abschnitt II, B. III). Ein Anspruch darauf besteht jedoch nicht.

cc) Es gilt für das VtP dasselbe wie für den Konsularbeamten bzw. dem Diplomaten bei folgenden Regelungsgegenständen (siehe dazu auch oben Abschnitt II, B. II):
- Befreiung von Besteuerung (vgl. Art. 49 Abs. 1 WÜK),
- Maßnahmen zum Schutz der Gesundheit des VtP und der Bevölkerung,
- Freizügigkeit,
- Vorschriften über soziale Sicherheit, persönliche und öffentliche Dienstleistungen, Ausländermelde-, Aufenthaltstitelpflicht (Art. 46, 47, 48, 52 WÜK).

Es ist jedoch zu beachten, dass diese Privilegien nicht in Anspruch genommen werden können, wenn sie eine private Erwerbstätigkeit des Mitglieds des VtP betreffen (Art. 57 Abs. 2 WÜK Art. 47 Abs. 2 WÜK).

dd) Zeugnisverweigerungsrecht
Für das VtP gilt dasselbe wie für den Konsularbeamten (vgl. Abschnitt II, B. III) mit folgender Ausnahme: Verweigert das Mitglied des VtP im privaten Bereich die Aussage, können Zwangsmaßnahmen durchgeführt werden (Art. 44 Abs. 1 und Abs. 3 WÜK).

ee) Befreiung von Zöllen und ähnlichen Abgaben
Das VtP ist bzgl. der Ersteinfuhr von persönlichen Gegenständen von Zöllen, Steuern und ähnlichen Abgaben befreit (Art. 50 Abs. 2 WÜK).

c) Mitglieder des dienstlichen Hauspersonals der konsularischen Vertretungen (dHP) und ihre Familienangehörigen
Mitglieder des dHP sind z.B. Kraftfahrer, Pförtner, Boten, Gärtner, Köche, Nachtwächter.
Familienangehörige (vgl. Definition: Abschnitt II, B. II. Ziff. 1) des dHP genießen keine Privilegien. Aufgrund der engen Beziehung zu einer bevorrechtigten Person sind sie aber mit besonderer Höflichkeit zu behandeln und Maßnahmen sollten nicht *vorschnell* durchgeführt werden.

Mitglieder des dHP sind von der Verpflichtung hinsichtlich einer **Arbeitserlaubnis**, der **Vorschriften über soziale Sicherheit**, von **Steuern und sonstigen Abgaben** auf ihre Dienstbezüge und von **persönlichen und öffentlichen Dienstleistungen** befreit. Es ist jedoch zu beachten, dass diese Privilegien in Bezug auf eine private Erwerbstätigkeit nicht in Anspruch genommen werden können (Art. 57 Abs. 2 WÜK). Hinsichtlich eines **Zeugnisverweigerungsrechts** gilt dasselbe wie für Konsularbeamte (Abschnitt II, B. III. Ziff. 1) mit folgender Ausnahme: Verweigert das Mitglied des dHP im privaten Bereich die Aussage, können Zwangsmaßnahmen durchgeführt werden (Art. 44 Abs. 1 und Abs. 3 WÜK). Mehr Privilegien genießt das dHP konsularischer Vertretungen nicht. Aber aus **gesandtschaftlich politischer Rücksichtnahme** sollte auch beim dHP und seinen Familienmitgliedern im privaten Bereich die persönliche Unverletzlichkeit ebenso geschützt werden wie beim Konsularbeamten (Abschnitt II, B. III). Ein Anspruch darauf besteht jedoch nicht. Besonders zu beachten ist, dass das dHP und seine Familienangehörigen zwar grundsätzlich einen **Aufenthaltstitel** benötigen. Davon kann jedoch dann abgesehen werden, wenn Gegenseitigkeit besteht (§ 27 Abs. 1 Nr. 3 AufenthV).

2. Privates Hauspersonal von Mitgliedern der konsularischen Vertretung (PP)
Das PP sind z.B. persönliche Hausangestellte, Fahrer, Erzieher und sonstige Hausangestellte. Für die Tätigkeit als Mitglieder des PP benötigen sie keine **Arbeitserlaubnis**. Das gilt allerdings nicht für eine zulässigerweise ausgeübte **private Erwerbstätigkeit** (Art. 47 Abs. 2 WÜK). Das PP ist ferner von den **Vorschriften über soziale Sicherheit** befreit, sofern es den im Entsendestaat oder einem dritten Staat geltenden Vorschriften über soziale Sicherheit untersteht (Art. 48 Abs. 2 WÜK).

3. Ortskräfte
Ortskräfte (s. Definition in Abschnitt II, B. II Ziff. 3) genießen in der Bundesrepublik Deutschland keine Privilegien, da sie grundsätzlich wie ständig Ansässige behandelt werden.

4. Honorarkonsularbeamte, Mitarbeiter und Personal in Honorarkonsulaten und Familienangehörige
a) Zu den Honorarkonsularbeamten zählen Honorargeneralkonsul und Honorarkonsul.
Die Familienangehörigen (vgl. Definition: Abschnitt II, B. II. Ziff. 1) von Honorarkonsuln genießen keine Privilegien.
Privilegien:
Der Honorarkonsularbeamte besitzt in der Regel die deutsche Staatsangehörigkeit oder ist in der Bundesrepublik ständig ansässig. Er genießt in dem Fall lediglich Befreiung von der Gerichtsbarkeit (Immunität) und Schutz vor hoheitlichen Maßnahmen (persönliche Unverletzlichkeit) wegen seiner in Wahrnehmung konsularischer Aufgaben vorgenommenen Amtshandlungen (Art. 71 Abs. 1 WÜK). Diese sog. **Amtshandlungsimmunität** ist enger als die den Berufskonsularbeamten zustehende **Amtsimmunität** (vgl. Art. 43 WÜK sowie Abschnitt II, B. III. Ziff. 1) und umfasst nur die Amtshandlung selbst, nicht aber andere – von der Amtsimmunität noch erfasste – Handlungen, die mit der eigentlichen Amtshandlung lediglich in einem engen zeitlichen Zusammenhang stehen.
Der ausländische, bei Übernahme des Amts nicht schon in der Bundesrepublik ansässige Honorarkonsularbeamte genießt Befreiung von
– der Ausländermelde- und Aufenthaltstitelpflicht, soweit der Honorarkonsul nicht im Bundesgebiet einen freien Beruf oder eine gewerbliche Tätigkeit ausübt, welche auf persönlichen Gewinn gerichtet ist (vgl. Art. 65 WÜK) (vgl. Abschnitt IV),
– der Besteuerung hinsichtlich seiner Bezüge, die er für seine amtliche Tätigkeit erhält (Art. 66 WÜK),
– persönlichen Dienstleistungen und Auflagen (Art. 67 WÜK).
Für nichtamtliche Handlungen genießen (ausländische wie deutsche) Honorarkonsuln weder Befreiung von der Gerichtsbarkeit, noch Schutz vor hoheitlichen Maßnahmen (Art. 63 WÜK), allerdings ist es ausdrücklich geboten, ein Strafverfahren mit Rücksicht auf seine amtliche Stellung zu führen.
Hinsichtlich eines Zeugnisverweigerungsrechts gilt dasselbe wie für Konsularbeamte (Abschnitt II, B. III).
b) In der honorarkonsularischen Vertretung tätige Berufskonsularbeamte, VtP und dHP im Honorarkonsulat und ihre Familienangehörigen
Grundsätzlich ist es nicht ausgeschlossen, dass ein Honorarkonsul zeitweise oder dauerhaft durch Berufskonsularbeamte unterstützt wird. In solchen Fällen genießen Berufskonsularbeamte, VtP und das dHP weiterhin die Privilegien, die sie auch in anderen Konsulaten genießen würden (vgl. Abschnitt III, B. III). Die Familienangehörigen der Berufskonsularbeamten sind ebenfalls geschützt, nicht jedoch die Familienmitglieder des VtP und dHP (Art. 58 Abs. 1 und Abs. 3 WÜK).

C. Vertreter der Mitgliedsstaaten und Bedienstete Internationaler Organisationen, Kongressteilnehmer

I. Das Ausmaß der gewährten Vorrechte und Immunitäten für Vertreter der Mitgliedstaaten und Bedienstete Internationaler Organisationen, Familienmitglieder sowie die im Auftrag der betreffenden Organisationen tätigen Sachverständigen richtet sich nach jeweiligen völkerrechtlichen Vereinbarungen und dazu erlassenen innerstaatlichen Vorschriften. Diese sind je nach Aufgabe der Organisation unterschiedlich ausgestaltet.
Für die VN sind von besonderer Bedeutung das Übereinkommen v. 13.02.1946 über die Vorrechte und Immunitäten der Vereinten Nationen (BGBl. II 1980, S. 941), sowie das Abkommen v. 21.11.1947 über die Vorrechte und Befrei-

Nach § 18 GVG — Rundschreiben zur Behandlung von Diplomaten

ungen der Sonderorganisationen der Vereinten Nationen (BGBl. II 1954, S. 639). Seit 1996 ist Maßstab für alle Ansiedlungen aus dem Bereich der Vereinten Nationen (VN) das 1995 mit den VN unterzeichnete Sitzstaatabkommen für das VN-Freiwilligenprogramm (BGBl. II 1996, S. 903).

Für die EG ist z.B. das Protokoll über die Vorrechte und Befreiungen der Europäischen Gemeinschaft (BGBl. II 1965, S. 1482) maßgebend.

Folgende Angehörige Internationaler Organisationen genießen während der Wahrnehmung ihrer jeweiligen Aufgaben innerhalb der Bundesrepublik Deutschland in der Regel Vorrechte und Immunitäten aufgrund völkerrechtlicher Vereinbarungen und innerstaatlichen Rechts:
- Vertreter der Mitgliedstaaten und deren Familienangehörige (vgl. Definition: Abschnitt II, B. II. Ziff. 1),
- Bedienstete Internationaler Organisationen und deren Familienangehörige,
- die im Auftrag der betreffenden Organisationen tätigen Sachverständigen.

II. Für die Vorrechte und Privilegien von **Teilnehmern an Kongressen, Seminaren oder ähnlichen Veranstaltungen der Vereinten Nationen**, ihrer Sonderorganisationen oder der durch zwischenstaatliche Vereinbarungen geschaffenen Organisationen unter dem Schirm der Vereinten Nationen, die mit ausdrücklicher Zustimmung der Bundesregierung in der Bundesrepublik Deutschland stattfinden, gilt das Übereinkommen von 1946 über die Vorrechte und Immunitäten der Vereinten Nationen (dazu Art. 3 Abs. 2 des Gesetzes v. 16.08.1980, BGBl. II 1980, S. 941). I.Ü. werden bisweilen Konferenzabkommen geschlossen, aus denen sich die gewährten Vorrechte und Befreiungen ergeben. Diese orientieren sich in der Regel weitestgehend an den Regelungen des o.g. VN-Privilegienabkommens von 1946.

Sonstige Teilnehmer an derartigen Veranstaltungen, die weder Staatenvertreter noch Bedienstete oder Sachverständige der veranstaltenden Organisation sind, genießen nach Art. 3 Abs. 2 und 3 des Gesetzes v. 16.08.1980 zum Übereinkommen v. 13.02.1946 über die Vorrechte und Immunitäten der Vereinten Nationen (BGBl. 1980, S. 941 ff.) diejenigen Vorrechte und Immunitäten, die im Auftrag der Vereinten Nationen tätigen Sachverständigen im Sinne dieses Privilegienabkommens zustehen.

III. Für Konferenzteilnehmer, die Deutsche i.S.d. Grundgesetzes mit einem gültigen Reisepass oder Personalausweis sind, oder die in der Bundesrepublik Deutschland ständig ansässig sind, gelten die durch Privilegienabkommen gewährten Vorrechte und Immunitäten nur in eingeschränktem Maße:
- Befreiung von jeder Gerichtsbarkeit hinsichtlich der von ihnen in Wahrnehmung ihrer Aufgaben vorgenommenen Handlungen; die vorgesehene Befreiung von der Gerichtsbarkeit gilt jedoch nicht für Verstöße gegen die Vorschriften über den Straßenverkehr im Fall von Schäden, die durch ein Motorfahrzeug verursacht wurden, das einem Teilnehmer gehört oder von einem Teilnehmer gesteuert wurde,
- Unverletzlichkeit aller Papiere und Schriftstücke,
- Recht zur Verwendung von Verschlüsselungen für ihren Verkehr mit der veranstaltenden Organisation sowie zum Empfang von Papieren und Korrespondenz durch Kurier oder in versiegelten Behältern.

IV. Eine Zusammenstellung der völkerrechtlichen Übereinkommen und der damit in Zusammenhang stehenden Rechtsvorschriften, aufgrund derer Personen, insb. Bedienstete aus anderen Staaten, in der Bundesrepublik Deutschland besondere Vorrechte und Befreiungen genießen, ist in dem vom BMJ jährlich als Beilage zum Bundesgesetzblatt Teil I herausgegebenen Fundstellennachweis A und als Beilage zum Bundesgesetzblatt Teil II herausgegebenen Fundstellennachweis B enthalten. Nähere Auskunft erteilt das Auswärtige Amt unter der Rufnummer 030–18–17–3411, 9.00 – 16.00 Uhr.

D. Rüstungskontrolleure

Teilnehmer an Inspektionen genießen Vorrechte und Befreiungen gemäß bereits bestehender und noch zu schließender Verträge über Abrüstung und Rüstungskontrolle.

E. Soldaten anderer Staaten

I. Vorrechte und Befreiungen kraft Völkergewohnheitsrechts genießen Besatzungen ausländischer Kriegsschiffe und anderen hoheitlichen Zwecken dienender Staatsschiffe und Staatsluftfahrzeuge, solange sie sich an Bord oder mit Erlaubnis der Behörden der Bundesrepublik Deutschland in geschlossenen Verbänden im Lande befinden. Die Schiffe oder Luftfahrzeuge oder die von geschlossenen Verbänden an Land benutzten Unterkünfte dürfen von Vertretern des Empfangsstaates nur mit Zustimmung des Kommandanten oder befehlshabenden Offiziers betreten werden. Sie genießen Befreiung von jeder Durchsuchung, Beschlagnahme, Pfändung oder Vollstreckung.

II. Beschränkte Vorrechte und Befreiungen kraft Völkergewohnheitsrechts genießen auch geschlossene Verbände ausländischer Streitkräfte, wenn und solange sie sich mit Genehmigung der Behörden der Bundesrepublik Deutschland in dienstlicher Eigenschaft in der Bundesrepublik Deutschland aufhalten.

III. Zu Bevorrechtigungen und Befreiungen der Streitkräfte von NATO-Mitgliedstaaten, Teilnehmerstaaten der NATO-Partnerschaft für den Frieden (PfP) sowie Drittstaaten s. im einzelnen Abschnitt V.

F. Kuriere und Kurierverkehr

I. Kuriere

Diplomatische oder konsularische Kuriere oder ihnen gleichgestellte Personen mit amtlichem Schriftstück, aus welchem ihre Stellung hervorgeht (»Kurierausweis«) genießen umfassenden Schutz vor hoheitlichen Zwangsmaßnahmen. Dies gilt insb. für Festnahme und Untersuchungshaft. Dabei ist zu beachten, dass der Genuss dieser Privilegierung zeitlich auf die Anreise, ggf. mit Zwischenstopp in einem Drittstaat (vgl. Art. 40 Abs. 3 WÜD, Art. 54 Abs. 3 WÜK), den Aufenthalt im Empfangsstaat und die Rückkehr in den Entsendestaat beschränkt ist.

In der deutschen Praxis unterliegt der Kurier zwar den Sicherheitskontrollen an den Flughäfen, ist jedoch berechtigt, die Leibesvisitationen zu verweigern, Art. 27 Abs. 5 Satz 2 WÜD. In einem solchen Fall ist der Kurier darauf hinzuweisen, dass er von der Beförderung ausgeschlossen wird, wenn er sich nicht freiwillig der Personenkontrolle und der Kontrolle seines persönlichen Gepäcks (nicht aber der Kontrolle des amtlichen Kuriergepäcks) unterzieht. Hält der Kurier seine Weigerung aufrecht, darf er den Kontrollpunkt nicht passieren.

Sind Kuriere Diplomaten oder Konsularbeamte, genießen sie Befreiung von der Kontrolle ihres **persönlichen** Gepäcks. Dies schließt nicht die Befreiung von den Luftsicherheitskontrollen ein. Eine Befreiung von den Luftsicherheitskontrollen gilt nur für Kuriergepäck (s.u.: II. Kuriergepäck).

II. Kurierverkehr

1. Die Bundesrepublik Deutschland gestattet und schützt den freien Verkehr eines sich in der Bundesrepublik aufhaltenden Staatsoberhauptes, des Chefs oder Ministers einer anderen Regierung, des Chefs einer diplomatischen Mission, einer konsularischen oder sonstigen Vertretung, der dieses Recht eingeräumt wurde, für alle amtlichen Zwecke. Daraus folgt, dass sich diese im Verkehr mit anderen amtlichen Vertretungen des Entsendestaates aller geeigneten Mittel einschließlich Kurieren und verschlüsselten Nachrichten bedienen können, des Funkverkehrs jedoch nur auf Antrag an das Auswärtige Amt mit Zustimmung der Bundesnetzagentur, wenn Gegenseitigkeit besteht (Art. 27 Abs. 1 WÜD, Art. 35 Abs. 1 WÜK).

2. Diplomatisches und konsularisches Kuriergepäck darf weder geöffnet noch zurückgehalten werden.

a) Eine Ausnahme von diesem Grundsatz ist für **diplomatisches Kuriergepäck** vom WÜD nicht vorgesehen. In der deutschen Praxis kann lediglich in Fällen des dringenden Verdachts eines besonders gravierenden Missbrauchs des Kuriergepäcks im äußersten Notfall im Beisein eines Botschaftsmitgliedes eine Überprüfung (Durchleuchtung) gefordert werden, sofern eine Weisung des Auswärtigen Amtes eingeholt und eine umfassende Güterabwägung mit dem Ergebnis getroffen wurde, dass es sich um einen rechtfertigenden Notstand handelt. Verweigert der Entsendestaat die Überprüfung, ist nur eine Rücksendung an den Ursprungsort möglich. Eine andere Reaktion dürfte nur bei lebensgefährlichen Bedrohungen in Betracht kommen.

b) Für **konsularisches Kuriergepäck** ist eine ausdrückliche Begrenzung des Grundsatzes, dass eine Öffnung und Zurückbehaltung verboten ist, vorgesehen. Wenn die zuständigen deutschen Behörden triftige Gründe für die Annahme haben, dass das konsularische Kuriergepäck nicht nur amtliche Korrespondenz bzw. für den amtlichen Gebrauch bestimmte Schriftstücke oder Gegenstände enthält, können sie die Öffnung durch einen ermächtigten, d.h. entsprechend ausgewiesenen (amtlicher Kurierausweis, Diplomatenausweis, evtl. i.V.m. einer besonderen Vollmacht) Vertreter des Entsendestaates in Gegenwart eines Vertreters der deutschen Behörden verlangen. Lehnen die Behörden des Entsendestaates dieses Verlangen ab, ist das Gepäck zurückzuschicken. Eine zwangsweise Öffnung ist nicht zulässig.

Für die Abfertigungspraxis ergibt sich daraus Folgendes:

In Verdachtsfällen dieser Art ist in jedem Fall sofort auf dem Dienstweg Weisung einzuholen, wie verfahren werden soll.

3. Kuriergepäck kann befördert werden

a) **durch einen diplomatischen oder konsularischen Kurier.** Dieser muss ein amtliches Schriftstück mit sich führen, aus dem seine Stellung und die Anzahl der Gepäckstücke ersichtlich sind, die das diplomatische oder konsularische Kuriergepäck bilden. Der Kurier genießt persönliche Unverletzlichkeit und unterliegt keiner Festnahme oder Haft irgendwelcher Art (Art. 27 Abs. 5 WÜD, Art. 35 Abs. 5 WÜK);

b) als diplomatisches oder konsularisches Kuriergepäck **durch den verantwortlichen Flugzeugführer (Kommandanten) eines im gewerblichen Luftverkehr eingesetzten Luftfahrzeuges**, dessen Bestimmungsort ein zugelassener Einreiseflugplatz ist. Der Kommandant muss ein amtliches Schriftstück mit sich führen, aus dem die Anzahl der Gepäckstücke ersichtlich ist, die das Kuriergepäck bilden. Er gilt jedoch nicht als diplomatischer oder konsularischer Kurier. Ein entsandtes Mitglied einer diplomatischen Mission oder konsularischen Vertretung darf nicht gehindert werden, das Kuriergepäck unmittelbar von dem Kommandanten entgegenzunehmen, wobei in Bezug auf konsularisches Kuriergepäck eine entsprechende Abmachung mit den zuständigen Ortsbehörden zur Voraussetzung gemacht werden darf (Art. 27 Abs. 7 WÜD, Art. 35 Abs. 7 WÜK);

c) als diplomatisches oder konsularisches Kuriergepäck **durch den Kapitän eines Seeschiffes**, dessen Bestimmungsort ein zugelassener Einreisehafen ist. Der Kapitän muss ein amtliches Schriftstück mit sich führen, aus dem die Anzahl der Gepäckstücke ersichtlich ist, die das Kuriergepäck bilden. Er gilt jedoch nicht als diplomatischer oder konsularischer Kurier. Ein entsandtes Mitglied der diplomatischen oder konsularischen Vertretung darf nicht gehindert werden, das

Nach § 18 GVG — Rundschreiben zur Behandlung von Diplomaten

Kuriergepäck unmittelbar von dem Kapitän entgegenzunehmen (Art. 35 Abs. 7 WÜK, der für das WÜD analog angewendet wird).

4. Gepäckstücke, die das Kuriergepäck bilden, müssen äußerlich sichtbar als solche gekennzeichnet sein (Art. 27 Abs. 4 WÜD, Art. 35 Abs. 4 WÜK). Der Kurier, der Kuriergepäck befördert, muss ein amtliches Schriftstück mit sich führen, aus dem seine Stellung und die Anzahl der Gepäckstücke ersichtlich sind, die das Kuriergepäck bilden.

5. Bei Luftsicherheitskontrollen wird nach dem Rahmenplan Luftsicherheit verfahren (vgl. Teil II, Abschnitt A. Nr. 5 ff.). Diplomatisches und konsularisches Kuriergepäck darf grundsätzlich weder geöffnet noch zurückgehalten werden (vgl. Nr. 2). Auch die Durchleuchtung und die Identifizierung des Inhalts mit elektronischen Mitteln sind unzulässig.

6. Für die Zollabfertigung von diplomatischem und konsularischem Kuriergepäck gelten die Weisungen in der Kennung Z 2554 der vom BMF herausgegebenen Vorschriftensammlung Bundesfinanzverwaltung – VSF –.

Abschnitt III
Diplomatische Missionen und konsularische Vertretungen.

A. Diplomatische Missionen

Den diplomatischen Missionen ist zur Wahrnehmung ihrer Aufgaben jede Erleichterung zu gewähren (Art. 25 WÜD).

I. Räumlichkeiten der Mission

1. Unverletzlichkeit

Die Räumlichkeiten der Mission, d.h. die Residenz des Missionschefs, die Botschaftskanzlei und die Räume, Gebäudeteile und das dazugehörige Gelände, die für amtliche Zwecke genutzt werden, sind **unverletzlich**. Das Gebäude, die Räume und das Grundstück sind dadurch jedoch nicht »exterritorial« – es handelt sich weiterhin um Hoheitsgebiet der Bundesrepublik Deutschland. Die Vornahme von Hoheitsakten durch deutsche Behörden ist dort jedoch ausgeschlossen. Die Räumlichkeiten, ihre Einrichtung und die sonstigen darin befindlichen Gegenstände sowie die Beförderungsmittel genießen **Befreiung von jeder Durchsuchung, Beschlagnahme, Pfändung oder Vollstreckung** (Art. 22 Abs. 3 WÜD). Vertreter deutscher Behörden dürfen die Räumlichkeiten einer Mission nur mit **Zustimmung des Leiters** oder in Notfällen (z.B. bei Unerreichbarkeit oder Krankheit des Missionschefs) **mit Zustimmung seines Vertreters betreten** (Art. 22 Abs. 1 Satz 2 WÜD).

Daraus ergibt sich für die zuständige Behörde die besondere Pflicht, durch geeignete Maßnahmen die Missionsräumlichkeiten vor jedem Eindringen und jeder Beschädigung zu schützen und zu verhindern, dass der Friede der Mission gestört oder ihre Würde beeinträchtigt wird (Art. 22 Abs. 1, 2 WÜD).

Praxisrelevante Beispiele:
– Da der Empfangsstaat auf dem Missionsgelände und in anderen geschützten Räumlichkeiten keine **Hoheitsakte** vornehmen darf, sind **Zustellungen** sowie jede andere Form der **Aushändigung von Hoheitsakten** – z.B. mit einfachem Brief per Post – unzulässig. Unter den Begriff »Hoheitsakt« fallen Verfügungen, Entscheidungen, Anordnungen oder andere Maßnahmen, mit denen Behörden, Gerichte oder sonstige Träger von obrigkeitlicher Gewalt ein bestimmtes Handeln, Dulden oder Unterlassen fordern, oder die verbindlichen Feststellungs- bzw. Entscheidungscharakter haben. Es handelt sich hierbei v.a. um Verwaltungsakte (Legaldefinition s. § 35 VwVfG) sowie Gerichtsurteile und -beschlüsse, aber auch vorbereitende Maßnahmen wie Anhörungsbögen.
– Verbotswidrig abgestellte **Dienstwagen** dürfen nicht **abgeschleppt** werden, soweit nicht Leib und Leben anderer Personen gefährdet sind.
– Die **Zwangsvollstreckung** in die Räumlichkeiten und Gegenstände in der Mission sowie in Botschaftskonten sind unzulässig.
– **Öffnen des Kofferraums und Durchsuchen des mitgeführten Gepäcks** sind unzulässig.
– **Abhörmaßnahmen** sind unzulässig
– **Unglücksfälle auf dem Grundstück der Mission**
  Grundsätzlich. ist auch in einem solchen Fall z.B. die Feuerwehr oder das Technische Hilfswerk gehalten, die Genehmigung des Missionschefs oder seines Vertreters zum Betreten einzuholen. Ist dies nicht möglich, ist es zweckmäßig, unverzüglich das Auswärtige Amt – Protokoll – Berlin (030–18–17–2424 von 9.00 – 16.00 Uhr, ansonsten: 030–18–17–2911) zu unterrichten. Ist wegen der Dringlichkeit der Maßnahmen (z.B. wg. Gefährdung von Menschenleben) ein sofortiges Eingreifen geboten, so ist der verantwortliche Leiter nach pflichtgemäßem Ermessen berechtigt, das Betreten anzuordnen. Die Hilfsmaßnahmen haben sich auf das zur Abwehr der Gefahr Erforderliche zu beschränken.

II. Befreiung von der Gerichtsbarkeit (Immunität)
Botschaften haben keine eigene Rechtspersönlichkeit. Sie handeln stets nur im Namen des Staates, den sie vertreten.

III. Die Archive und Schriftstücke der Mission sind jederzeit unverletzlich, wo immer sie sich befinden.

IV. Diplomatische Missionen haben das Recht, die Hoheitszeichen ihres Staates (Flagge, Wappen usw.) zu führen (Art. 20 WÜD).

B. Konsularische Vertretungen

Den konsularischen Vertretungen ist bei der Wahrnehmung ihrer Aufgaben jede Erleichterung zu gewähren (Art. 28 WÜK).

I. Räumlichkeiten der konsularischen Vertretung

1. Für die Räumlichkeiten der konsularischen Vertretung gilt dasselbe wie für die Räumlichkeiten einer Mission (vgl. Abschnitt III. A). Trotz des Wortlauts von Art. 31 Abs. 4 WÜK gilt das auch für Durchsuchung, Pfändung und Vollstreckung. Es sind jedoch folgende Ausnahmen zu beachten:
– Die Räumlichkeiten genießen den Schutz nur, wenn sie ausschließlich bzw. auch für dienstliche Zwecke genutzt werden. Anders als die Residenz eines Botschafters gehört die Residenz eines Konsuls nicht zu den geschützten Räumlichkeiten (Art. 31 Abs. 1 WÜK).
– In einer Notlage kann das Einverständnis des Leiters der konsularischen Vertretung vermutet werden (Art. 31 Abs. 2 WÜK). In einem solchen Fall ist die zuständige Landesbehörde – Staats- oder Senatskanzlei – unverzüglich zu unterrichten.

2. **Für die Räumlichkeiten einer honorarkonsularischen Vertretung** gilt das **Privileg der Unverletzlichkeit nicht.** Das Konsulat darf also betreten werden, möglichst jedoch im Einvernehmen mit dem Honorarkonsul. Die Bundesrepublik Deutschland trifft nach Art. 59 WÜK außerdem die Pflicht, alle erforderlichen Maßnahmen zu treffen, um die Räumlichkeiten vor jedem Eindringen und jeder Beschädigung zu schützen und um zu verhindern, dass der Friede der honorarkonsularischen Vertretung gestört und ihre Würde beeinträchtigt wird.

II. Konsularische Archive

Konsularische Archive und Schriftstücke sind jederzeit unverletzlich, wo immer sie sich befinden (Art. 33 WÜK). Das gleiche gilt für die konsularischen Archive und Schriftstücke in einer von einem Honorarkonsularbeamten geleiteten konsularischen Vertretung, sofern sie von anderen Papieren und Schriftstücken getrennt gehalten werden, insb. von der privaten Korrespondenz sowie von den Gegenständen, Büchern oder Schriftstücken, die sich auf den Beruf oder das Gewerbe beziehen (Art. 61 WÜK).

III. Hoheitszeichen (Flagge, Wappen)

Konsularische Vertretungen können die Hoheitszeichen ihres Staates (Flagge, Wappen) an dem Gebäude, in dem sich die konsularische Vertretung befindet, an der Wohnung des Leiters der konsularischen Vertretung und an den Beförderungsmitteln führen, wenn diese dienstlich benutzt werden (Art. 29 Abs. 2 WÜK). Konsularische Vertretungen, die von einem Honorarkonsularbeamten geleitet werden, führen gem. Art. 29 Abs. 3 WÜK die Hoheitszeichen nur an dem Gebäude, in dem sich die dienstlichen Räumlichkeiten befinden.

C. Vertretungen Internationaler Organisationen

Zu beachten ist, dass auch die in Deutschland ansässigen Vertretungen Internationaler Organisationen in vielen Fällen Vorrechte und Befreiungen genießen (z.B. Unverletzlichkeit der Räumlichkeiten, Schutz der Archive und des Kuriers). Da diese Privilegien auf unterschiedlichen völkerrechtlichen Abkommen beruhen, können diese nicht zusammenfassend dargestellt werden. In Zweifelsfällen sollte das Auswärtige Amt, Referat 701 (Tel. 030–18–17–2424, von 9.00 – 16.00 Uhr) befragt werden.

Abschnitt IV
Weitere relevante Regelungen

(...)

Abschnitt V
Sonderbestimmungen für die Rechtsstellung der Stationierungsstreitkräfte, der Streitkräfte der NATO-Mitgliedsstaaten, der aufgrund des Nordatlantikvertrages errichteten internationalen militärischen Hauptquartiere, der Teilnehmerstaaten an der NATO-Partnerschaft für den Frieden (PfP) sowie der Streitkräfte aus Drittstaaten

(...)

Nach § 18 GVG Rundschreiben zur Behandlung von Diplomaten

Abschnitt VI
Ausweise für Mitglieder ausländischer Vertretungen und internationaler Organisationen

1. Das Auswärtige Amt – Protokoll – stellt den Mitgliedern ausländischer Vertretungen und internationaler Organisationen seit 1999 **nur noch einen roten Protokollausweis** (laminierte Plastikkarte im Format 110mm × 80mm) aus.
(…)
Auf der Vorderseite befindet sich neben dem Lichtbild und den persönlichen Informationen die Funktionsbezeichnung des Ausweisinhabers. Oben rechts wird der Typ des Protokollausweises mitgeteilt (vgl. sogleich folgende Liste), sowie die Nummer des Protokollausweises.
(…)
Auf der Rückseite befindet sich ein zweisprachiger Hinweis auf die Vorrechte und Befreiungen des Ausweisinhabers sowie auf die aufenthaltsrechtlichen Besonderheiten. Daneben wird auf die Nummer des dazugehörigen Reisedokuments verwiesen sowie in der unteren rechten Ecke der Typ des Protokollausweises gekennzeichnet. Derzeit gibt es elf Ausweistypen:

»D«	Ausweis für Diplomaten und deren Familienangehörige
»VB«	Ausweis für Verwaltungs- und technisches Personal an Botschaften und deren Familienangehörige
»DP«	Ausweis für dienstliches Hauspersonal an Botschaften und deren Familienangehörige
»K«	Ausweis für Konsularbeamte
»VK«	Ausweis für Verwaltungs- und technisches Personal an Konsulaten
»DH«	Ausweis für dienstliches Hauspersonal an Konsulaten
»KF«	Ausweis für Familienangehörige von Konsularbeamten, Verwaltungs- und technisches Personal und Hauspersonal an Konsulaten
»OK«	Ausweis für Ortskräfte und deren Familienangehörige
»PP«	Ausweis für privates Hauspersonal
»IO«	Ausweis für Mitglieder von in Deutschland eingerichteten Vertretungen Internationaler und Supranationaler Organisationen sowie zwischenstaatlicher Einrichtungen und deren Familienangehörige
»S«	Sonderausweise für Haushaltsangehörige i.S.v. § 27 Abs. 1 Nr. 5 AufenthV

Hinweis:
Die jeweiligen Vorrechte, die auf den Karten mitgeteilt werden, können voneinander abweichen, auch wenn derselbe Ausweistyp vorliegt. Dies liegt daran, dass z.B. bei Diplomaten die Vorrechte u.a. davon abhängen, ob der Diplomat Ausländer oder Deutscher ist. Zu den Vermerken, die einen abweichenden Status anzeigen, zählen (Vermerk auf der Vorderseite des Ausweises oben rechts):
Zusatz »A«
(z.B.: »Protokollausweis für Diplomaten A«):
= Arbeitsaufnahme durch den Ausweisinhaber, dadurch Privilegienbeschränkung gem. Art. 31 Abs. 1 Buchst. c) WÜD, s. hierzu Abschnitt II, B. II. Ziff. 1);
Zusatz »Art 38 I WÜD«
(z.B.: »Protokollausweis für Diplomaten Art. 38 I WÜD«)
= Ausweisinhaber ist deutscher Staatsangehöriger oder ständig in Deutschland ansässig, dadurch Privilegienbeschränkung gem. Art. 38 Abs. 1 WÜD, s. hierzu Abschnitt II, B.I. Ziff. 2);
Zusatz »Art. 71 I WÜK«
(z.B.: »Protokollausweis für Konsularbeamte Art. 71 I WÜK«)
= Ausweisinhaber ist deutscher Staatsangehöriger oder ständig in Deutschland ansässig, dadurch Privilegienbeschränkung nach Art. 71 Abs. 1 WÜK, s. hierzu Abschnitt II, B.I. Ziff. 2);

Hinweis:
Honorarkonsuln erhalten keine Ausweise vom Auswärtigen Amt. Ihnen werden vom Protokoll des jeweiligen Bundeslandes (Senats- oder Staatskanzlei) weiße Ausweise im Scheckkartenformat ausgestellt, die im Jahr 2008 für alle Bundesländer einheitlich neu gestaltet wurden (s. nachstehendes Muster). Die bislang ausgestellten weißen Ausweise mit grünem Querstreifen verlieren ihre Gültigkeit, wenn die neuen Ausweise vollständig ausgegeben wurden.
(…)

2. Die Entsendestaaten pflegen ihrerseits die Angehörigen ihres Auswärtigen Dienstes mit Sonderpässen zu versehen (Diplomatenpass, Dienstpass). Diese Pässe haben für den Status des Inhabers in der Bundesrepublik Deutschland zwar keine unmittelbare Bedeutung, doch können sie als Hinweis auf die Sonderstellung wichtig sein. Bei Vorweisen solcher Pässe ist daher eine vorsichtige Prüfung aller Maßnahmen, notfalls Rückfrage angezeigt (vgl. die besonderen Rechte durchreisender Diplomaten Art. 40 Abs. 2 WÜD, s.a. Abschnitt II, B.I. Ziff. 2, und Konsularbeamten, Art. 54 Abs. 2 WÜK).

Abschnitt VII
Behandlung von bevorrechtigten Personen bei Verstößen gegen die Straßenverkehrs- und öffentliche Ordnung

A. Nach dem Wiener Übereinkommen über diplomatische Beziehungen (WÜD) bevorrechtigte Personen

I. Diplomaten und ihre im Haushalt lebenden Familienangehörigen

Art. 29 WÜD regelt den fundamentalen Grundsatz der Unverletzlichkeit des Diplomaten. **Auch im Straßenverkehr sind alle Maßnahmen gegen den Diplomaten, die auf hoheitlichen Zwang hinauslaufen, unzulässig.** Die deutsche Verwaltungspraxis qualifiziert u.a. folgende Maßnahmen als dem Gebot des Art. 29 WÜD widersprechend und daher unzulässig:

– Maßnahmen der Strafverfolgung (vorläufige Festnahme, Verhaftung, Durchsuchung, Beschlagnahme, Entnahme von Blutproben oder andere Alkoholtests bei Trunkenheitsverdacht im Straßenverkehr, Vernehmung gegen den Willen des Betroffenen);
– Maßnahmen zur Verfolgung und Ahndung von Ordnungswidrigkeiten einschließlich der Verwarnung mit Verwarnungsgeld;
– Verwaltungsakte, welche die persönliche Freiheit der Diplomaten einschränken (z.B. polizeilicher Gewahrsam) oder mit denen Gegenstände beschlagnahmt oder sichergestellt werden (z.B. von der Polizei angeordnetes Abschleppen eines Kfz), die im Eigentum oder in der tatsächlichen Gewalt dieser Person stehen; die Verwahrung solcher Gegenstände ist nur zulässig, soweit kein entgegenstehender Wille des Berechtigten erkennbar ist und die Verwahrung in seinem Interesse liegt;
– Sonstige Verwaltungsakte mit Sanktionscharakter (z.B. Entzug der Fahrerlaubnis, Sicherstellen eines Kfz, Anbringen von Parkkrallen).

Nach deutscher und internationaler Praxis erstrecken sich die genannten Verbote nicht nur auf die Ausführung, sondern bereits auf eine entsprechende Androhung derartiger Maßnahmen.
Der Grundsatz der Unverletzlichkeit gem. Art. 29 WÜD gilt sowohl bei dienstlichen als auch rein privaten Handlungen des Diplomaten.
Gerichtliche und behördliche Maßnahmen mit Sanktionscharakter gegen einen Diplomaten sind nur möglich, wenn der Entsendestaat über seine Mission ausdrücklich nach Art. 32 WÜD einen Immunitätsverzicht erklärt (notifiziert). Hierzu haben Gerichte und Behörden in jedem Einzelfall das Auswärtige Amt zu konsultieren. **Der Diplomat selbst kann nicht wirksam auf seine Immunität verzichten.**
Die deutsche Praxis lässt ausnahmsweise und nur unter äußerst engen Voraussetzungen (Notwehr, Notstand) eine Anwendung von Zwang auch gegen Diplomaten zu. Dies ist z.B. der Fall, wenn die Anwendung von Zwang zum eigenen Schutz des Diplomaten erforderlich ist oder wenn eine konkrete Gefahr für Leben oder Gesundheit anderer Personen besteht oder eine solche Gefahr droht und dadurch die Gefährdung verhindert werden kann. Die Frage, ob diese Voraussetzungen vorliegen, ist seitens der deutschen Behörden mit größter Sorgfalt zu behandeln.
Wurde ein Diplomat z.B. bei einem Verkehrsunfall verletzt und ist nicht ansprechbar, können Behandlung und Transport in eine Klinik auch ohne sein Einverständnis erfolgen. Die zuständige Mission oder der Entsendestaat sind jedoch schnellstmöglich von diesen Maßnahmen zu unterrichten.
Über Art. 37 Abs. 1 WÜD werden auch die **Familienangehörigen von Diplomaten, wenn sie nicht Angehörige des Empfangsstaates** sind, in den Schutz des Art. 29 WÜD einbezogen.

1. Allgemeiner Schutz vor Sanktionen bei Verkehrsverstößen

Zwangsmaßnahmen dürfen gegen einen Diplomaten grundsätzlich nicht vorgenommen werden. Unzulässiger Zwang liegt auch schon vor, wenn der Betroffene im Fall einer Weigerung mit tatsächlichen Behinderungen durch Behörden, wie z.B. die Polizei, zu rechnen hat. Auch durch die Androhung von Sanktionen wird Zwang ausgeübt. Die Unverletzlichkeit des Diplomaten gehört zu den überragenden Schutzgütern des Gesandtschaftsrechts, das in keinem Fall durch Hinweis auf die Einhaltung von Straßenverkehrsvorschriften durchbrochen werden darf.
Eine **Anzeige der Polizei** bei der StA ist möglich; nicht dagegen die Eröffnung eines Hauptverfahrens gegen den Diplomaten. Insoweit besteht ein Verfahrenshindernis, das von Amts wegen zu beachten ist.
Die direkte Zustellung von Bescheiden (auch Verwarnungen für Parkverstöße) an Botschaften und Diplomaten im Zusammenhang mit Verkehrsordnungswidrigkeiten nach der StVO ist völkerrechtswidrig und daher unzulässig.
Dazu zählen insbesondere:
– das Anheften von Bescheiden an die Windschutzscheibe von Kfz mit amtlichen diplomatischen Kennzeichen,
– die Übersendung von Bußgeldbescheiden an die Adresse fremder Missionen oder an die Privatadresse von Diplomaten und
– jede andere direkte Zustellung (z.B. durch persönliche Übergabe) an Diplomaten.
Möglich sind schlichte Hinweise – auch schriftlich – auf den begangenen Verkehrsverstoß, so lange diese Hinweise nicht hoheitlich-autoritativen Charakter haben. Bund und Länder haben sich im Juni 2007 i.R.d. Bund-Länder-Fachaus-

Nach § 18 GVG — Rundschreiben zur Behandlung von Diplomaten

schusses StVO/StVOWi mit Schwerpunkt Straßenverkehrsordnungswidrigkeiten (Sitzung I/07) auf entsprechende Mustertexte und Hinweise geeinigt (vgl. die Ergebnisniederschrift v. 27./28. 6., Gz. des BMVBS: S 02 (032)/7393.2/3–4/656550 (I/07)).

2. Trunkenheitsfahrt

Das Anhalten eines Diplomaten bei Anzeichen einer Trunkenheitsfahrt im Straßenverkehr ist zulässig. Erst durch die Identitätskontrolle (i.d.R. Protokollausweis) ist eine abschließende Überprüfung möglich, ob der Fahrer tatsächlich Privilegien nach dem Gesandtschaftsrecht genießt. Der Betroffene hat in diesen Fällen mitzuwirken. Weigert er sich, so ist ein Festhalten bis zur Klärung der Identität zulässig.

Die Durchführung eines Alkoholtests ist nur im Einvernehmen mit dem Diplomaten möglich. Aus der Weigerung dürfen keine für ihn nachteiligen Schlüsse gezogen werden, d.h. es erfolgt keine Umkehr der Beweislast, da der Empfangsstaat keinen Anspruch auf Mitwirkung des Diplomaten hat. Will der Diplomat kooperieren und an dem Test teilnehmen, sollte er dennoch eine rechtswahrende Erklärung zu Protokoll der kontrollierenden Polizeibeamten geben, da ein Immunitätsverzicht nur durch seinen Dienstherrn, den Entsendestaat, erklärt werden kann.

Hindert die Polizei einen eindeutig angetrunkenen Diplomaten an der Weiterfahrt und nimmt ggf. die Fahrzeugschlüssel weg, ist diese Maßnahme nur zu seinem eigenen Schutz sowie dem anderer Verkehrsteilnehmer hinnehmbar.

Die Polizei kann den Diplomaten nicht daran hindern, sich vom Ort der Verkehrskontrolle zu Fuß, mit dem Taxi oder einem öffentlichen Verkehrsmittel zu entfernen. Ausgeschlossen ist das Anlegen von Handschellen, um den Betroffenen am Weggehen zu hindern. Etwas anderes gilt z.B. dann, wenn eine akute Gefahr der Selbstgefährdung bestünde. Dann ist es zulässig, den Diplomat zu seiner Mission oder nach Hause zu bringen. Zu beachten ist in jedem Einzelfall der Grundsatz der Verhältnismäßigkeit.

Das Kfz eines erkennbar fahruntüchtigen Diplomaten kann durch die Polizei an einer sicheren Stelle am Ort der Verkehrskontrolle oder in unmittelbarer Nähe dazu geparkt (umgesetzt) werden. Ein Abschleppen ist dagegen nur möglich, wenn der Betroffene fahruntüchtig ist und eine Stelle am Ort der Verkehrskontrolle nicht vorhanden ist, an dem das Auto sicher geparkt werden kann.

3. Falschparken und Abschleppen

(...)

4. Entzug der Fahrerlaubnis

Der Entzug der Fahrerlaubnis bzw. die Sicherstellung oder Beschlagnahme des Führerscheins verstößt bei Diplomaten gegen den Unverletzlichkeitsgrundsatz des Art. 29 WÜD (sowie gegen die gerichtliche Immunität nach Art. 31 WÜD) und ist deshalb unzulässig.

5. Missbräuchliche Nutzung von Missions- und Diplomatenfahrzeugen

Die Mission und der Diplomat haben dafür Sorge zu tragen, dass ihre Fahrzeuge nur von gesandtschaftsrechtlich privilegierten Personen genutzt werden. Tun sie dies nicht, ist grundsätzlich von einem Privilegienmissbrauch auszugehen. Diese unzulässige Nutzung führt aber nicht automatisch dazu, dass die Fahrzeuge ihren gesandtschaftsrechtlichen Schutz verlieren. Sie sind daher zunächst weiterhin als Beförderungsmittel der Botschaft (Art. 22 Abs. 3 WÜD) bzw. als Vermögen des Diplomaten, auf dessen Namen sie angemeldet sind (Art. 30 Abs. 2 WÜD), geschützt. Durchsuchungen, Beschlagnahmen etc. sind daher grundsätzlich nicht zulässig. Dies gilt auch in Fällen des Diebstahls und der Gebrauchsanmaßung.

Bei fortgesetzter zweckwidriger Nutzung kann aber der betreffenden Mission oder dem Diplomaten mit der Aufhebung des geschützten Status und mit der Einziehung der das Fahrzeug nach außen privilegierenden Kennzeichen gedroht werden. Dabei ist der Grundsatz der Verhältnismäßigkeit zu beachten (Bsp.: möglicherweise hinzunehmen wäre z.B. die Nutzung des Diplomatenfahrzeugs durch die – aufgrund ihrer deutschen Staatsangehörigkeit selbst nicht privilegierte – Ehefrau. Die Bundesrepublik ist als Empfangsstaat nicht verpflichtet, die völkerrechtlich unzulässige Nutzung der Fahrzeuge dauerhaft hinzunehmen. Bis zu einer entsprechenden Aufhebung sind die Behörden allerdings grundsätzlich verpflichtet, den geschützten Status der Fahrzeuge zu respektieren.

II. Diplomaten, die Angehörige des Empfangsstaates oder dort ständig ansässig sind

Diplomaten, die die deutsche Staatsangehörigkeit besitzen oder in der Bundesrepublik Deutschland ständig ansässig sind, genießen gem. Art. 38 Abs. 1 WÜD Immunität von der Gerichtsbarkeit und Unverletzlichkeit lediglich in Bezug auf ihre in Ausübung ihrer dienstlichen Tätigkeit vorgenommenen Amtshandlungen. Diese **Amtshandlungsimmunität** ist enger zu verstehen als die sog. Amtsimmunität, die gem. Art. 43 Abs. 1 WÜK entsandten Konsularbeamten zusteht. Sie umfasst nur die Amtshandlung selbst, nicht jedoch Handlungen, die mit der Amtshandlung in engem sachlichen

Zusammenhang stehen, wie z.B. die Fahrt mit dem Pkw zum Ort der Amtshandlung. **Die Amtshandlungsimmunität umfasst keine Immunität bei Verstößen gegen die StVO.**
Ihre Familienangehörigen besitzen keine Privilegien. Es gilt jedoch der Grundsatz, dass der Empfangsstaat seine Hoheitsgewalt über diese Personen nur so ausüben darf, dass er die Mission bei der Wahrnehmung ihrer Aufgaben nicht ungebührlich behindert.

III. Mitglieder des Verwaltungs- und technischen Personals sowie im Haushalt lebende Familienangehörige

Über Art. 37 Abs. 2 WÜD werden Mitglieder des Verwaltungs- und technischen Personals der Mission und die zu ihrem Haushalt gehörenden Familienmitglieder, wenn sie weder Angehörige des Empfangsstaats noch in demselben ständig ansässig sind, bei Verstößen gegen die StVO in den Schutz des Art. 29 WÜD einbezogen. Es gelten deshalb hier analog auch die Regelungen wie oben I.).

IV. Mitglieder des dienstlichen Hauspersonals

Mitglieder des dienstlichen Hauspersonals der Mission, die weder Angehörige des Empfangsstaats noch in demselben ständig ansässig sind, genießen nur **Amtshandlungsimmunität**. Diese umfasst keine Immunität bei Verstößen gegen die StVO, da Handlungen im Straßenverkehr kaum jemals als WÜD-bezogene Amtshandlung vorstellbar sind.
Ihre Familienangehörigen besitzen unabhängig davon, ob sie Deutsche bzw. im Bundesgebiet ständig ansässig sind oder nicht, keine Privilegien. Es gilt jedoch der Grundsatz, dass der Empfangsstaat seine Hoheitsgewalt über diese Personen nur so ausübt, dass er die Mission bei der Wahrnehmung ihrer Aufgaben nicht ungebührlich behindert.

V. Private Hausangestellte

Nach Art. 1 Buchst. h) WÜD ist das private Hauspersonal im häuslichen Dienst eines Missionsmitglieds beschäftigt und nicht Bediensteter des Entsendestaates. Private Hausangestellte von Mitgliedern der Mission, die weder Angehörige des Empfangsstaats noch in demselben ständig ansässig sind, sind unter bestimmten Voraussetzungen von der Sozialversicherungspflicht und von Steuern auf ihre Arbeitsbezüge befreit, genießen aber weder Unverletzlichkeit noch Immunität. Es besteht keine Immunität, **sie können für Verstöße gegen die StVO zur Verantwortung gezogen werden.** Es gilt jedoch der Grundsatz, dass der Empfangsstaat seine Hoheitsgewalt über diese Personen nur so ausübt, dass er die Mission bei der Wahrnehmung ihrer Aufgaben nicht ungebührlich behindert.

VI. Mitglieder des Verwaltungs- und technischen Personals, des dienstlichen Hauspersonals, private Hausangestellte, die Angehörige des Empfangsstaates bzw. dort ständig ansässig sind, sowie Ortskräfte

Diesen Bediensteten stehen gem. Art. 38 Abs. 2 WÜD lediglich Vorrechte und Immunitäten in dem vom Empfangsstaat zugelassenen Umfang zu. **Demnach besteht keinerlei Privilegierung, wenn es die innerstaatliche Rechtsordnung, wie in Deutschland, nicht vorsieht.**
Ortskräfte (s. hierzu die Definition in Abschnitt II, B. II. Ziff. 3) **genießen keine Immunität**. Es gilt jedoch auch hier der Grundsatz, dass der Empfangsstaat seine Hoheitsgewalt über diese Personen nur so ausübt, dass er die Mission bei der Wahrnehmung ihrer Aufgaben nicht ungebührlich behindert.

B. Nach dem Wiener Übereinkommen über konsularische Beziehungen (WÜK) bevorrechtigte Personen

I. Berufskonsularbeamte

Im Gegensatz zu der umfassenden persönlichen Unverletzlichkeit des Diplomaten ist die persönliche Unverletzlichkeit des Berufskonsularbeamten im WÜK unterschiedlich geregelt:
– Handelt der Berufskonsularbeamte amtlich, dann genießt er absolute Unverletzlichkeit und **Amtsimmunität** (vgl. Art. 43 Abs. 1 WÜK).
– Im rein privaten Bereich ist Art. 41 WÜK die maßgebende Norm. Danach sind freiheitsentziehende Maßnahmen ggü. Berufskonsularbeamten i.d.R. unzulässig. Die persönliche Freiheit des Berufskonsularbeamten ist jedoch ausnahmsweise einschränkbar
– wegen einer schweren strafbaren Handlung und aufgrund einer Entscheidung der zuständigen Justizbehörde,
– oder in Vollstreckung einer rechtskräftigen gerichtlichen Entscheidung.
– Darüber hinaus und obwohl es Art. 41 WÜK dem Wortlaut nach nicht explizit vorsieht, ist davon auszugehen, dass die persönliche Unverletzlichkeit des Berufskonsularbeamten auch das Verbot aller anderen administrativen Eingriffe bzw. Zwangsmaßnahmen des Empfangsstaates umfasst.

Nach § 18 GVG — Rundschreiben zur Behandlung von Diplomaten

– Daneben muss der Empfangsstaat die persönliche Unverletzlichkeit der Berufskonsularbeamten nach Art. 40 WÜK auch dadurch gewährleisten, dass er jeden Angriff auf ihre Person, Freiheit oder Würde verhindert.

1. Dienst- und Privatfahrten von Berufskonsularbeamten

Die in Art. 43 WÜK geregelte sog. **Amtsimmunität** erfasst alle Handlungen, die in Ausübung der amtlichen bzw. dienstlichen Tätigkeit vorgenommen werden, d.h., **nicht nur die eigentliche Amtshandlung selbst, sondern ebenso Akte, die in engem zeitlichen und sachlichen Zusammenhang mit der Amtshandlung stehen.** Von dem Begriff »Handlungen in Wahrnehmung konsularischer Aufgaben« werden deshalb auch eng mit der Amtshandlung als solcher zusammenhängende Handlungen erfasst.

- So sind bspw. **Fahrten zum und vom täglichen Dienst** (oder z.B. von der Wohnung zu einem offiziellen Empfang im Empfangsstaat und zurück) noch als in Wahrnehmung konsularischer Aufgaben erfolgt anzusehen. Denn sie sind für die Wahrnehmung konsularischer Aufgaben unumgänglich. Auch wenn man die Auffassung vertreten sollte, dass die Rückfahrt nach Hause nicht mehr unmittelbar der Wahrnehmung konsularischer Aufgaben i.S.v. Art. 5 WÜK dient, so ist es dennoch nicht vertretbar, zwischen Hin- und Rückfahrt einen Unterschied zu machen und nur die Hinfahrt als von Art. 43 WÜK erfasst anzusehen, während die Rückfahrt der vollen Jurisdiktion im Empfangsstaat unterliegt. Vielmehr müssen Hin- und Rückfahrt als einheitlicher Gesamtvorgang (außer bei privaten Unterbrechungen) angesehen werden, die noch zum Bereich der konsularischen Aufgabenwahrnehmung gehören.
- Dabei ist nicht entscheidend, ob der betreffende Berufskonsularbeamte hierfür einen Privatwagen benutzt oder ob er einen Dienstwagen fährt. Allein die Benutzung des Dienstwagens spricht zwar dem ersten Anschein nach für eine Fahrt in Wahrnehmung konsularischer Aufgaben. Aber **auch das Benutzen eines Privatwagens kann in Wahrnehmung konsularischer Aufgaben erfolgen.** Erfolgt während der Fahrt ein Verkehrsunfall, ist die betreffende Person nach deutscher Praxis vor gerichtlicher Verfolgung im Empfangsstaat geschützt.
- Auch die Fahrt eines Berufskonsularbeamten zum dienstlich angeordneten Sprachunterricht oder zum Flughafen, um dort das Kuriergepäck bzw. sonstige dienstliche Post abzuholen, geschieht in Ausübung dienstlicher Tätigkeit.
- Dasselbe gilt, wenn der Berufskonsularbeamte etwa mit seinem eigenen Pkw unterwegs ist, um hilfsbedürftige Angehörige seines Entsendestaates aufzusuchen und ihre Heimführung vorzubereiten, oder wenn er zu einer Unfallstelle fährt, bei der solche Personen zu Schaden gekommen sind.
- Wenn nach Beendigung des Dienstes z.B. eine Gaststätte besucht wird, besteht für die anschließende Heimfahrt allerdings kein enger sachlicher Zusammenhang mit der Wahrnehmung konsularischer Aufgaben mehr. Mit der Heimfahrt wird die dienstlich Tätigkeit nicht wieder aufgenommen, sondern dient allein privaten Interessen.
- Kein Bezug zum Dienst besteht außerdem bei Wochenend- bzw. Urlaubsreisen.

Bei eindeutig außerdienstlicher Benutzung des Pkw unterliegen Berufskonsularbeamte bei Zuwiderhandlungen gegen das Straßenverkehrsrecht des Empfangsstaates der Strafverfolgung oder dem Bußgeldverfahren. Allerdings ist eine Festnahme oder Untersuchungshaft nur i.R.d. Art. 41 Abs. 1 WÜK zulässig.

2. Trunkenheitsfahrt

Das Anhalten eines Konsularbeamten bei Anzeichen einer Trunkenheitsfahrt im Straßenverkehr ist zulässig. Erst durch die Identitätskontrolle (i.d.R. Protokollausweis) ist eine abschließende Überprüfung möglich, ob der Fahrer tatsächlich Privilegien nach dem Gesandtschaftsrecht genießt. Der Betroffene hat in diesen Fällen mitzuwirken. Weigert er sich, so ist ein Festhalten bis zur Klärung der Identität zulässig.
Die **zwangsweise Durchführung von Alkoholtests** bei Trunkenheitsverdacht im Straßenverkehr ist **unzulässig**. Die Unverletzlichkeit des Konsularbeamten, die ihn auch vor der zwangsweisen Durchführung eines Alkoholtestes schützt, kann nach Art. 41 WÜK nur aufgrund einer »Entscheidung der zuständigen Justizbehörde« und bei Vorliegen einer »schweren Straftat« eingeschränkt werden. Dies ist wohl stets das entscheidende Rechtshindernis für die zwangsweise Durchführung eines Alkoholtests bei routinemäßigen Verkehrskontrollen.
Hindert die Polizei einen eindeutig angetrunkenen Konsularbeamten an der Weiterfahrt und nimmt ggf. die Fahrzeugschlüssel weg, ist diese Maßnahme nur zu seinem eigenen Schutz sowie dem anderer Verkehrsteilnehmer hinnehmbar. Der Grundsatz der Verhältnismäßigkeit ist stets zu beachten. Die Polizei kann außerdem den Konsularbeamten nicht daran hindern, sich vom Ort der Verkehrskontrolle zu Fuß, mit dem Taxi oder einem öffentlichen Verkehrsmittel zu entfernen.

3. Falschparken und Abschleppen

(...)

4. Entzug der Fahrerlaubnis

Der Entzug der Fahrerlaubnis bzw. die Sicherstellung oder Beschlagnahme des Führerscheins von Berufskonsularbeamten im Zusammenhang mit einer Dienstfahrt ist ein unzulässiger Verwaltungseingriff in die bestehende Amtsimmunität i.S.d. Art. 43 Abs. 1 WÜK.

Der Entzug der Fahrerlaubnis bzw. die Sicherstellung oder Beschlagnahme des Führerscheins eines Berufskonsularbeamten im Zusammenhang mit einer Privatfahrt durch die Behörden des Empfangsstaats ist eine hoheitliche Maßnahme, die zwangsläufig auch seinen dienstlichen Bereich berührt, und ist deshalb auch hier nicht zulässig. Sie kann dazu führen, dass der Betroffene nicht mehr seinen Dienst versehen kann. Verletzt würde durch eine solche Maßnahme das doppelte Gebot des Art. 28 WÜK, die Tätigkeit der konsularischen Vertretung nicht nur zu erleichtern, sondern alles zu unterlassen, was die Funktion der Vertretung erschwert.

II. Berufskonsularbeamte, die Angehörige des Empfangsstaates oder dort ständig ansässig sind

Nach Art. 71 Abs. 1 WÜK genießt ein Berufskonsularbeamter, der Angehöriger des Empfangsstaates oder dort ständig ansässig ist, Immunität von der Gerichtsbarkeit lediglich in Bezug auf seine in Ausübung seiner dienstlichen Tätigkeit vorgenommenen Amtshandlungen. Diese **Amtshandlungsimmunität** ist begrenzter als die Amtsimmunität, wie sie gem. Art. 43 Abs. 1 WÜK den entsandten Konsularbeamten zusteht. Sie umfasst nur die Amtshandlung selbst, nicht jedoch Handlungen, die mit der Amtshandlung in engem sachlichen Zusammenhang stehen, wie z.B. die Fahrt mit dem Pkw zum Ort der Amtshandlung. Auch die Unverletzlichkeit ist auf Amtshandlungen begrenzt.
Des Weiteren muss der Empfangsstaat gem. Art. 71 Abs. 1 Satz 2 WÜK die nach Art. 42 WÜK vorgesehenen Benachrichtigungen vornehmen, wenn ein Konsularbeamter mit eingeschränktem Status festgenommen, in Untersuchungshaft genommen oder ein Strafverfahren gegen ihn eingeleitet wird.
Auch wenn dies in Art. 71 Abs. 1 WÜK nicht ausdrücklich erwähnt ist, so muss der in Art. 71 Abs. 2 Satz 3 WÜK verankerte Grundsatz, dass der Empfangsstaat seine Hoheitsgewalt insb. über die dort erwähnten Konsulatsbediensteten nur so ausüben darf, dass dabei die Aufgabenwahrnehmung der konsularischen Vertretung nicht ungebührlich behindert wird, auch dann greifen, wenn es sich um Konsularbeamte handelt. Was für das verwaltungstechnische Personal und das dienstliche Hauspersonal gilt, muss erst recht für Konsularbeamte gelten.

III. Mitglieder des Verwaltungs- und technischen Personals

Die Mitglieder des Verwaltungs- und technischen Personals einer konsularischen Vertretung können sich nur im Rahmen ihrer dienstlichen Tätigkeit auf die persönliche Unverletzlichkeit i.S.v. Art. 43 Abs. 1, 2. Alt. WÜK berufen (Verbot des Eingriffs der Verwaltungsbehörden). Im rein privaten Bereich besteht dagegen kein gesandtschaftsrechtlicher Schutz, da die Art. 40 und 41 WÜK sich nur auf den Konsularbeamten beziehen. Dennoch sollte der Empfangsstaat aufgrund des Gebots gegenseitiger gesandtschaftlich-politischer Rücksichtnahme auch dann persönliche Unverletzlichkeit im Rahmen seiner Möglichkeiten gewähren. Ein Anspruch darauf besteht allerdings nicht.

IV. Mitglieder des dienstlichen Hauspersonals

Das dienstliche Hauspersonal genießt nach dem WÜK keine persönliche Unverletzlichkeit, auch nicht über Art. 43 Abs. 1, 2. Alt. WÜK, der sich ausdrücklich nur auf die Konsularbeamten und das Verwaltungs- und technischen Personal bezieht. Allerdings gilt in der Staatenpraxis, dass das entsandte und mit hoheitlichen Aufgaben betraute dienstliche Hauspersonal bei dienstlichen Handlungen weder der Gerichtsbarkeit noch administrativen Eingriffen des Empfangsstaats unterliegen und dies Teil des Völkergewohnheitsrechts ist. Deshalb kann zumindest bei amtlichen Handlungen ein Schutz des dienstlichen Hauspersonals angenommen werden.

V. Mitglieder des Privatpersonals

Das private Hauspersonal von Mitgliedern konsularischer Vertretungen, das weder die Staatsangehörigkeit des Empfangsstaats hat noch in demselben ständig ansässig ist, ist unter bestimmten Voraussetzungen von der Sozialversicherungspflicht und von Steuern auf seine Arbeitsbezüge befreit, genießt aber weder Unverletzlichkeit noch Immunität. Bei Verstößen gegen die StVO kann es grundsätzlich. verantwortlich gemacht werden. Es gilt jedoch der Grundsatz, dass der Empfangsstaat seine Hoheitsgewalt über diese Personen nur so ausübt, dass er die konsularische Vertretung bei der Wahrnehmung ihrer Aufgaben nicht ungebührlich behindert.

VI. Mitglieder des Verwaltungs- und technischen Personals, des dienstlichen Hauspersonals, private Hausangestellte, die Angehörige des Empfangsstaates bzw. dort ständig ansässig sind, sowie Ortskräfte

Diesen Bediensteten stehen gem. Art. 71 Abs. 2 WÜK lediglich Vorrechte und Immunitäten in dem vom Empfangsstaat zugelassenen Umfang zu. **Demnach besteht keinerlei Privilegierung, wenn es die innerstaatliche Rechtsordnung wie in Deutschland nicht vorsieht.**
Es gilt jedoch der Grundsatz, dass der Empfangsstaat seine Hoheitsgewalt über diese Personen nur so ausübt, dass er die konsularische Vertretung bei der Wahrnehmung ihrer Aufgaben nicht ungebührlich behindert.
Ortskräfte genießen keine Immunität (Abschnitt II, B. II. Ziff. 3).

Nach § 18 GVG Rundschreiben zur Behandlung von Diplomaten

VII. Familienangehörige des konsularischen Personals berufskonsularischer Vertretungen

Familienangehörige des konsularischen Personals genießen mangels entsprechender Regelung im WÜK keine persönliche Unverletzlichkeit und Immunität. Der Empfangsstaat sollte sie aber dennoch aus Gründen gegenseitiger gesandtschaftlich-politischer Rücksichtnahme im Rahmen seiner Möglichkeit als unverletzlich behandeln. Ein anerkannter Anspruch darauf besteht allerdings nicht.

VIII. Honorarkonsularbeamte

1. Allgemeines

Das WÜK gewährt Vorrechte und Befreiungen ausschließlich dem Honorarkonsularbeamten selbst, nicht jedoch seinen Hilfskräften.

Für den Fall, dass **Berufskonsularbeamte des Entsendestaates einem Honorarkonsul zur Unterstützung zugeteilt werden**, gelten für sie weiterhin in vollem Umfang die Privilegien nach Abschnitt II, B. III. Ziff. 1). Da sie auch im Rahmen einer solchen Beiordnung allein berufskonsularische Tätigkeiten ausüben, besteht kein plausibler Grund und auch keine einschlägige gesandtschaftsrechtliche Norm, ihren Status einzuschränken. Dementsprechend hat die Bundesregierung zu Kap. II des WÜK (Art. 28 bis 57) beim Generalsekretär der Vereinten Nationen eine spezielle Interpretationserklärung abgegeben. Danach legt die Bundesrepublik Deutschland die Bestimmungen über die Vorrechte und Befreiungen i.S.v. Art. 28 bis 57 WÜK so aus bzw. wendet sie so an, dass diese Regelungen ohne Unterschied für alle Berufsbediensteten einer konsularischen Vertretung einschließlich derjenigen gelten, die einer von einem Honorarkonsularbeamten geleiteten konsularischen Vertretung zugeteilt sind.

2. Honorarkonsularbeamte die nicht Angehörige des Empfangsstaates oder dort ständig ansässig sind

Gem. Art. 58 Abs. 2 WÜK gilt Art. 43 Abs. 1 WÜK auch für entsandte Honorarkonsularbeamte (die nicht Angehörige des Empfangsstaates oder dort ständig ansässig sind). Danach unterliegt der Honorarkonsularbeamte wegen Handlungen, die er in Wahrnehmung konsularischer Aufgaben vorgenommen hat, weder der Gerichtsbarkeit des Empfangsstaates noch Eingriffen seiner Verwaltungsbehörden (**Amtsimmunität wie Berufskonsularbeamte**).

Für alle Handlungen, die der entsandte Honorarkonsularbeamte nicht in Wahrnehmung konsularischer Aufgaben vorgenommen hat, genießt er keinerlei Unverletzlichkeit und Immunität.

Der Empfangsstaat ist i.Ü. gem. Art. 64 WÜK verpflichtet, dem entsandten Honorarkonsularbeamten den aufgrund seiner amtlichen Stellung erforderlichen Schutz zu gewähren.

3. Honorarkonsularbeamte die Angehörige des Empfangsstaates oder dort ständig ansässig sind

In der Regel werden in Deutschland Honorarkonsuln zugelassen, die entweder die deutsche Staatsangehörigkeit besitzen oder im Bundesgebiet ständig ansässig sind.

Sie genießen nach Art. 71 Abs. 1 WÜK lediglich Immunität von der Gerichtsbarkeit und persönliche Unverletzlichkeit wegen in Wahrnehmung ihrer Aufgaben vorgenommener Amtshandlungen (**Amtshandlungsimmunität**). Die Amtshandlungsimmunität erfasst dabei nur echte Amtshandlungen, nicht aber Tätigkeiten, die mit der Amtshandlung bloß im sachlichen Zusammenhang stehen. Eine Dienstfahrt zum Ort der Amtshandlung ist daher z.B. von der Amtshandlungsimmunität nicht erfasst.

Der Empfangsstaat ist i.Ü. gem. Art. 64 WÜK verpflichtet, auch dem Honorarkonsularbeamten, der Angehöriger des Empfangsstaates oder dort ständig ansässig ist, den aufgrund seiner amtlichen Stellung erforderlichen Schutz zu gewähren.

4. Familienangehörige von Honorarkonsularbeamten

Familienangehörige von Honorarkonsularbeamten genießen mangels entsprechender Regelung im WÜK keine persönliche Unverletzlichkeit und Immunität (Art. 58 Abs. 3 WÜK). Es gilt jedoch auch hier die Mindestforderung von Art. 71 Abs. 2 WÜK, dass der Empfangsstaat seine Hoheitsgewalt über diese Personen nur so ausüben darf, dass er die konsularische Vertretung bei der Wahrnehmung ihrer Aufgaben nicht ungebührlich behindert.

C. Bedienstete und Vertreter Internationaler Organisationen

Für den Status dieses Personenkreises ist das jeweilige Privilegienabkommen maßgeblich. Die Bandbreite reicht von einer Gleichbehandlung mit Diplomaten bis zur bloßen Amtshandlungsimmunität. Im konkreten Fall sollte der Status mit dem Auswärtigen Amt (Referat 701, Tel. 030–18–17–2424, 9.00 – 16.00 Uhr) abgeklärt werden.

D. Kfz-Haftpflichtversicherungsschutz/TÜV/AU

(...)

Abschnitt VIII
Kfz-Kennzeichen

(...)

Abschnitt IX
Ehrung und Schutz von Besuchern

(...)

Abschnitt X
Schlussbestimmungen

Das Rundschreiben des BMI v. 17.08.1993 – Gz: P I 6–640 005/1 – wird im Einvernehmen mit dem BMI aufgehoben.

§ 19 GVG [Befreiungen im konsularischen Dienst].
(1) ¹Die Mitglieder der im Geltungsbereich dieses Gesetzes errichteten konsularischen Vertretungen einschließlich der Wahlkonsularbeamten sind nach Maßgabe des Wiener Übereinkommens über konsularische Beziehungen vom 24. April 1963 (Bundesgesetzbl. 1969 II S. 1585 ff.) von der deutschen Gerichtsbarkeit befreit. ²Dies gilt auch, wenn ihr Entsendestaat nicht Vertragspartei dieses Übereinkommens ist; in diesem Falle findet Artikel 2 des Gesetzes vom 26. August 1969 zu dem Wiener Übereinkommen vom 24. April 1963 über konsularische Beziehungen (Bundesgesetzbl. 1969 II S. 1585) entsprechende Anwendung.
(2) Besondere völkerrechtliche Vereinbarungen über die Befreiung der in Absatz 1 genannten Personen von der deutschen Gerichtsbarkeit bleiben unberührt.

S.a. RiStBV Nr. 193 bis 199

A. Normzweck. § 19 regelt spiegelbildlich zu § 18 auf der Grundlage des Wiener Übereinkommens über konsularische Beziehungen (WÜK, s. § 18 Rn. 9) v. 24.04.1963 (BGBl. II 1969, S. 1587) die Immunität der konsularischen Vertretungen einschließlich der Wahl- oder Honorarkonsularbeamten (OLG Karlsruhe, NJW 2004, 3273), wobei der Schutzbereich des WÜK nach Abs. 1 Satz 2 Halbs. 1 auch eröffnet ist, wenn der Entsendestaat das Abkommen noch nicht ratifiziert hat. Abs. 2 regelt im Einklang mit Art. 73 WÜK den Vorrang bilateraler Vereinbarungen. 1

B. Persönlicher und sachlicher Anwendungsbereich. Zu differenzieren ist zwischen **Berufskonsularbeamten** (Art. 1 Abs. 1g, Art. 22 WÜK), die nicht Angehörige des Entsendestaats und dort nicht ständig ansässig sind (Art. 40 bis 57 WÜK), dem gleichen Personenkreis, aber dem Entsendestaat angehörig oder dort ständig ansässig (Art. 71 WÜK), **Wahlkonsularbeamten** (Art. 1 Abs. 2, 58 bis 68 WÜK), **Familienmitgliedern** (Art. 57, 58 WÜK) und **Konsularbeamten auf der Durchreise** (Art. 54 WÜK). 2

Konsularbeamte und **Bedienstete des Verwaltungs- und technischen Personals** genießen nach Art. 43 Abs. 1 WÜK (über Art. 58 Abs. 2, 71 Abs. 1 WÜK auch Wahlkonsularbeamte) **Amtsimmunität** für »Handlungen, die in Wahrnehmung konsularischer Aufgaben vorgenommen worden sind«. Von der Wahrnehmung einer konsularischen Aufgabe (vgl. die – nicht abschließende [SK-StPO/*Frister*, § 19 Rn. 9 m.w.N.] – Aufzählung in Art. 5 WÜK) ist dann auszugehen, wenn die Handlung mit der »dienstlichen Betätigung noch irgendwie in einem inneren Zusammenhang steht« (BGHSt 36, 396, 401; SK-StPO/*Frister*, § 19 Rn. 11). Problematisch ist dies insb. bei **Straßenverkehrsdelikten**. Amtsimmunität ist nach einer konkreten Einzelfallbetrachtung nur anzunehmen, wenn der Gebrauch des Kfz in »engem, sachlichem Zusammenhang mit der wirksamen Wahrnehmung konsularischer Aufgaben steht« (BayObLG, NJW 1974, 431; OLG Karlsruhe, NJW 2004, 3273; *Kissel/Mayer*, § 19 Rn. 4), wenn zwischen dem Zweck der Fahrt ein solcher innerer und äußerer Zusammenhang besteht, dass die Fahrt selbst noch der konsularischen Tätigkeit zuzurechnen ist (OLG Hamm, GA 1967, 286, 287). Davon 3

§ 20 GVG   Andere Exterritoriale

ist bei allen dienstlich veranlassten Fahrten (LG Stuttgart, NZV 1995, 411; SK-StPO/*Frister*, § 19 Rn. 12; a. A. OLG Düsseldorf, NZV 1997, 92, 93) und i.d.R. auch bei Fahrten zu gesellschaftlichen Treffen (*Kissel/Mayer*, § 19 Rn. 4; LR/*Böttcher*, § 19 Rn. 10) auszugehen. Nicht erfasst werden dagegen Fahrten von der Arbeitsstätte zur Wohnung (OLG Hamm, GA 1967, 286, 287; OLG Düsseldorf, NZV 1997, 92, 93; LR/*Böttcher*, § 19 Rn. 10). Im Zweifel ist Immunität anzunehmen (OLG Schleswig, NStZ 1982, 122 [L]).

4   Die **Berufskonsularbeamten** genießen zudem nach Art. 41 WÜK eine **beschränkte persönliche Unverletzlichkeit**. **Familienmitglieder** und das **dienstliche Hauspersonal** sind – anders als bei diplomatischen Missionen (s. § 18 Rdn. 3) – nicht von der deutschen Gerichtsbarkeit befreit

5   Die den Berufskonsularbeamten zustehende beschränkte persönliche Unverletzlichkeit findet ihre Grenze in einer »**schweren strafbaren Handlung**«; wenn das deutsche Strafrecht eine Freiheitsstrafe von mindestens drei Jahren androht (*Kissel/Mayer*, § 19 Rn. 5; *Meyer-Goßner/Schmitt*, § 19 Rn. 3). In diesem Fall sind auch Festnahmen, Verhaftungen oder andere freiheitsentziehende Maßnahmen wie Blutentnahmen zulässig (*Kissel/Mayer*, § 19 Rn. 5; KK-StPO/*Hannich*, § 19 Rn. 4; *Meyer-Goßner/Schmitt*, § 19 Rn. 3).

6   Keine Einschränkungen bestehen für die **Strafvollstreckung**, auch nicht den Haftbefehl nach § 457 StPO (*Kissel/Mayer*, § 19 Rn. 5; KK-StPO/*Hannich*, § 19 Rn. 4).

7   Nach Art. 31 Abs. 2 WÜK ist nur der Teil der konsularischen Räumlichkeiten unverletzlich, der ausschließlich für dienstliche Zwecke genutzt wird. Konsularische Archive oder Schriftstücke sind allerdings nach Art. 33 WÜK i.V.m. Art. 1 Abs. 1k WÜK jederzeit unverletzlich, unabhängig davon, wo sie sich befinden. Abhörmaßnahmen sind nach Art. 31 Abs. 3 WÜK unzulässig.

8   Zum Zeugnisverweigerungsrecht und Ausschluss des Zeugniszwangs (vgl. SK-StPO/*Frister*, § 19 Rn. 17 f.; KK-StPO/*Hannich*, § 19 Rn. 8).

9   **C. Verfahrensrechtliche Bedeutung.** Soweit die Befreiung von der deutschen Gerichtsbarkeit reicht, kann auf die Ausführungen zur Immunität der diplomatischen Missionen Bezug genommen werden (s. § 18 Rdn. 2, 6). Es liegt ein von Amts wegen zu beachtendes **Verfahrenshindernis** vor. Der **Verzicht** auf die Immunität ist in Art. 45 WÜK geregelt. Ermittlungsergebnisse, die unter Verletzung der Immunität erzielt werden, unterliegen einem **prozessualen Verwertungsverbot** (so. z.B. Erkenntnisse, die infolge einer unzulässigen Telefonüberwachung in den Diensträumen eines Konsulats gewonnen werden, BGHSt 36, 396, 400; BGH, NJW 1990, 1799; *Katholnigg*, § 19 Rn. 7; LR/*Böttcher*, § 19 Rn. 8; MüKo-ZPO/*Zimmermann*, § 19 Rn. 10; anders im Verfahren gegen Dritte, BGHSt 37, 30). Den Beginn und das Ende der konsularischen Vorrechte und Befreiungen regelt Art. 53 WÜK.

§ 20 GVG [Andere Exterritoriale]. (1) Die deutsche Gerichtsbarkeit erstreckt sich auch nicht auf Repräsentanten anderer Staaten und deren Begleitung, die sich auf amtliche Einladung der Bundesrepublik Deutschland im Geltungsbereich dieses Gesetzes aufhalten.
(2) Im übrigen erstreckt sich die deutsche Gerichtsbarkeit auch nicht auf andere als die in Absatz 1 und in den §§ 18 und 19 genannten Personen, soweit sie nach den allgemeinen Regeln des Völkerrechts, auf Grund völkerrechtlicher Vereinbarungen oder sonstiger Rechtsvorschriften von ihr befreit sind.

1   **A. Eingeladene Repräsentanten anderer Staaten (Abs. 1)** Abs. 1 (»lex Honecker«) wurde 1984 im Hinblick auf einen zu erwartenden Besuch des damaligen Staatsratsvorsitzenden der DDR eingeführt (*Meyer-Goßner/Schmitt*, § 20 Rn. 1; MüKo-ZPO/*Zimmermann*, § 20 Rn. 1). Der Anwendungsbereich deckt sich weitgehend mit Abs. 2. Allerdings werden neben **Staatsoberhäuptern**, **Regierungsmitgliedern und Repräsentanten anderer Staaten** auch Manöverbeobachter nach den KSZE-Vereinbarungen erfasst, sodass dem Absatz nicht nur Klarstellungsfunktion zukommt (SK-StPO/*Frister*, § 20 Rn. 1). Der Schutzbereich des Abs. 1 erstreckt sich auch auf die Begleitung, d.h. auf die auf der vom Gastland akzeptierten Delegationsliste benannten **Begleitpersonen** (BT-Drucks. 10/1447, S. 14; *Meyer-Goßner/Schmitt*, § 20 Rn. 1; KK-StPO/*Hannich*, § 20 Rn. 1). Unerheblich ist die **Staatsangehörigkeit** (MüKo-ZPO/*Zimmermann*, § 20 Rn. 4).

Die Repräsentanten anderer Staaten müssen sich auf **amtliche Einladung der Bundesrepublik** in 2 Deutschland aufhalten. Erforderlich ist insofern, dass die Einladung »offiziell und eindeutig« (LR/*Böttcher*, § 20 Rn. 2) ist, ein Formerfordernis besteht nicht (LR/*Böttcher*, § 20 Rn. 2). Die Einladung ist von der Bundesregierung oder einer anderen dazu befugten Stelle der Bundesrepublik auszusprechen (*Meyer-Goßner/Schmitt*, § 20 Rn. 2; LR/*Böttcher*, § 20 Rn. 2). Nicht ausreichend ist die Einladung durch ein Bundesland bzw. eine Landesregierung, selbst wenn diese auf Veranlassung oder mit Abstimmung der Bundesrepublik erfolgt (h.M., vgl. LR/*Böttcher*, § 20 Rn. 2; *Meyer-Goßner/Schmitt*, § 20 Rn. 2; SK-StPO/*Frister*, § 20 Rn. 4; a. A. *Katholnigg*, § 20 Rn. 1).

B. Weitere Ausnahmen von der Gerichtsbarkeit (Abs. 2) I. Allgemeine Regeln des 3 **Völkerrechts.** Abs. 2 nimmt zunächst Bezug auf die allgemeinen Regeln des Völkerrechts, die nach Art. 25 Satz 1 GG unmittelbare Geltung in der Bundesrepublik haben (SK-StPO/*Frister*, § 20 Rn. 6). Allgemeine Regeln des Völkerrechts sind Regeln, die von der überwiegenden Zahl der Staaten anerkannt werden (BVerfGE 15, 25, 34 f.; 46, 342 ff.). Bestehen Zweifel über Umfang und Existenz allgemeinen Völkerrechts ist eine Entscheidung des BVerfG nach Art. 100 Abs. 2 GG einzuholen (vgl. BVerfGE 15, 25; *Ruffert*, JZ 2001, 633).

Befreit von der inländischen Gerichtsbarkeit sind danach insb. **ausländische Staatsoberhäupter**, die sie 4 begleitenden Familienangehörigen und das Gefolge (sog. »abgeleitete Immunität«, vgl. *Meyer-Goßner/Schmitt*, § 20 Rn. 4; *Oehler*, ZStW 91, 1979, 395, 399), auch wenn sich das Staatsoberhaupt nicht in amtlicher Eigenschaft in der Bundesrepublik aufhält (*Oehler*, ZStW 91, 1979, 395, 399; **a. A.** für das »Gefolge« SK-StPO/*Frister*, § 20 Rn. 8).

Ferner genießen ausländische **Regierungschefs** und **Regierungsmitglieder** bei Besuchen in amtlicher 5 Eigenschaft nebst den sie begleitenden Angehörigen und dem sonstigen Gefolge Immunität (*Kissel/Mayer*, § 20 Rn. 12; *Oehler*, Internationales Strafrecht, Rn. 525)

Zur Frage der Immunität von **Sonderbotschaftern** (ad-hoc-Botschafter) aufgrund Anerkennung dieses 6 Status durch das besuchte Land (vgl. BGHSt 32, 275 = JR 1985, 77 m. Anm. *Oehler*; BGH, NJW 1986, 2204; SK-StPO/*Frister*, § 20 Rn. 10 f.).

Ausländische Truppen, die auf dem Gebiet der Bundesrepublik stationiert sind, unterliegen grds. der 7 deutschen Gerichtsbarkeit (*Kissel/Mayer*, § 20 Rn. 13). Sonderregelungen gelten aber für die **NATO-Streitkräfte** (vgl. *Kissel/Mayer*, § 20 Rn. 13, 21 ff.). Gewohnheitsrechtlich anerkannt ist die Immunität der **Besatzungen ausländischer Kriegsschiffe** und anderer **hoheitlichen Zwecken dienender Staatsschiffe** und **Luftfahrzeuge**, solange sie sich an Bord oder mit Erlaubnis der deutschen Behörden in geschlossenen Abteilungen im Lande befinden (*Kissel/Mayer*, § 20 Rn. 13; LR/*Böttcher*, § 20 Rn. 4), ferner von anderen geschlossenen Truppenkörpern, wenn sie sich mit Genehmigung der deutschen Behörden in dienstlicher Eigenschaft in der Bundesrepublik aufhalten (LR/*Böttcher*, § 20 Rn. 4).

II. Völkerrechtliche Vereinbarungen. Erfasst sind solche Vereinbarungen, die entweder zwischen 8 anderen Vertragsstaaten als denen des WÜD und WÜK geschlossen werden oder einen abweichenden Inhalt haben (*Kissel/Mayer*, § 20 Rn. 15). Sie sind sehr zahlreich, lassen sich aber – ohne Anspruch auf Vollständigkeit – in folgende Hauptgruppen unterscheiden: 1. Vereinte Nationen und ihre Organisationen, 2. Europäische Gemeinschaft, 3. Europäisches Übereinkommen über Staatenimmunität, 4. Europol, 5. Wiedervereinigung, 6. NATO, 7. UdSSR, GUS (vgl. hierzu im Einzelnen: *Kissel/Mayer*, § 20 Rn. 15 ff.; MüKo-ZPO/*Zimmermann*, § 20 Rn. 16 in alphabetischer Reihenfolge; SK-StPO/*Frister*, § 20 Rn. 14 ff.; Fundstellennachweis B, Beilage zum BGBl. II, Sachgebiet I 4 (Vorrechte und Immunitäten, Konsularverträge).

III. Sonstige Rechtsvorschriften. Hierunter fallen rechtsförmlich einseitig vorgenommene Befreiungen durch deutsche innerstaatliche Rechtsetzung (*Kissel/Mayer*, § 20 Rn. 38), insb. aufgrund von Ermächtigungen in Ratifizierungsgesetzen, z.B. Art. 2 der Ratifizierungsgesetze zum WÜD und WÜK (*Kissel/Mayer*, § 20 Rn. 38).

§ 21 GVG [Ersuchen eines internationalen Strafgerichtshofs]. Die §§ 18 bis 20 stehen der Erledigung eines Ersuchens um Überstellung und Rechtshilfe eines internationalen Strafgerichtshofes, der durch einen für die Bundesrepublik Deutschland verbindlichen Rechtsakt errichtet wurde, nicht entgegen.

1 Die Vorschrift wurde durch das Gesetz zur Ausführung des Römischen Statuts des Internationalen Strafgerichtshofes v. 21.07.2000 (BGBl. I, S. 2144) eingefügt und bezieht sich nur auf die Erfüllung von Ersuchen der internationalen Gerichte (derzeit der Internationale Strafgerichtshof und die beiden Tribunale für das ehemalige Jugoslawien und Ruanda (vgl. BR-Drucks. 14/8527, S. 99). Im Einzelnen vgl. SK-StPO/*Frister*, § 21 Rn. 1 ff.

Zweiter Titel. Allgemeine Vorschriften über das Präsidium und die Geschäftsverteilung

§ 21a GVG [Zusammensetzung des Präsidiums]. (1) Bei jedem Gericht wird ein Präsidium gebildet.
(2) Das Präsidium besteht aus dem Präsidenten oder aufsichtführenden Richter als Vorsitzenden und
1. bei Gerichten mit mindestens achtzig Richterplanstellen aus zehn gewählten Richtern,
2. bei Gerichten mit mindestens vierzig Richterplanstellen aus acht gewählten Richtern,
3. bei Gerichten mit mindestens zwanzig Richterplanstellen aus sechs gewählten Richtern,
4. bei Gerichten mit mindestens acht Richterplanstellen aus vier gewählten Richtern,
5. bei den anderen Gerichten aus den nach § 21b Abs. 1 wählbaren Richtern.

1 **A. Normzweck.** Die Vorschriften über das Präsidium und die Geschäftsverteilung (§§ 21a bis 21j) – Präsidialverfassung – sind Teil der einfachgesetzlichen Ausgestaltung der institutionellen Verfassungsgarantie des gesetzlichen Richters in Art. 101 Abs. 1 Satz 2 GG, § 16 Satz 2 (s. § 16 Rdn. 1). Sie gelten unmittelbar nur für die ordentliche Gerichtsbarkeit (§ 12, § 2 EGGVG; *Kissel/Mayer*, § 21a Rn. 5 m.w.N.; LR/*Breidling*, Vor § 21a Rn. 9). Durch das Präsidium, als ein von Richtern gewähltes **unabhängiges Kollegialorgan der gerichtlichen Selbstverwaltung** (*Kissel/Mayer*, § 21a Rn. 1, 7; KK-StPO/*Diemer*, § 21a Rn. 3; *Katholnigg*, § 21a Rn. 1; LR/*Breidling*, § 21e Rn. 5; HK-StPO-Schmidt/Temming, § 21a Rn. 1; MüKo-ZPO/*Zimmermann*, § 21a Rn. 2) mit gesetzlicher streng begrenzter Zuständigkeit (§ 21e Rn. 2) soll die Unabhängigkeit der Gerichtsbarkeit gesichert werden (MüKo-ZPO/*Zimmermann*, § 21a Rn. 1).

2 **B. Das Präsidium. I. Tätigkeit des Präsidiums.** Die Hauptaufgabe des Präsidiums besteht in der Festlegung der Spruchkörperbesetzung und der Verteilung der Richterdienstgeschäfte (*Kissel/Mayer*, § 21a Rn. 7; SK-StPO/*Velten*, § 21a Rn. 1). Eine **Allzuständigkeit** durch das Präsidium als richterliches Selbstverwaltungsorgan wird aber **nicht** begründet (*Katholnigg*, § 21a Rn. 1; *Kissel/Mayer*, § 21e Rn. 12; MüKo-ZPO/*Zimmermann*, § 21a Rn. 11; SK-StPO/*Velten*, § 21a Rn. 2; a. A. Meyer-Goßner/*Schmitt*, § 21a Rn. 1).

3 Die Tätigkeit des Präsidiums ist richterliche Tätigkeit mit der Unabhängigkeitsgarantie des § 1 (*Kissel/Mayer*, § 21a Rn. 7), aber keine Rechtsprechungs- (BVerfGE 17, 252; BVerwGE 50, 11; KK-StPO/*Diemer*, § 21a Rn. 3), sondern materielle Verwaltungstätigkeit (h.M.; BVerwGE 50, 11: »verwaltende Tätigkeit«; MüKo-ZPO/*Zimmermann*, § 21a Rn. 2, 12; SK-StPO/*Velten*, § 21a Rn. 1).

4 Die Mitwirkung im Präsidium ist für den gewählten Richter Teil seines Richteramtes, das er im Interesse der Rechtspflege wahrzunehmen hat (*Kissel/Mayer*, § 21a Rn. 7; MüKo-ZPO/*Zimmermann*, § 21a Rn. 2).

5 Für die Dienstaufsicht gelten die §§ 25, 26 DRiG.

II. Präsidium bei jedem Gericht (Abs. 1) Ein Präsidium besteht nach dem Wortlaut der Vorschrift **bei jedem Gericht,** mithin auch, wenn es nur eine Richterplanstelle hat (vgl. *Kissel/Mayer*, § 21a Rn. 9; MüKo-ZPO/*Zimmermann*, § 21a Rn. 3; a. A. KK-StPO/*Diemer*, § 21a Rn. 6; *Meyer-Goßner/Schmitt*, § 21a Rn. 2; *Schorn/Stanicki*, S. 23 f.).

III. Zusammensetzung des Präsidiums (Abs. 2) Gesetzlich bestimmtes, sog. »**geborenes Mitglied**« (MüKo-ZPO/*Zimmermann*, § 21a Rn. 5; SK-StPO/*Velten*, § 21a Rn. 4) ist der Präsident oder der aufsichtsführende Richter. Ihm gebührt der Vorsitz im Präsidium. Eine Besonderheit besteht insofern bei den kleineren AG inklusive dem »Einmann-Amtsgericht« nach § 21a Abs. 2 Nr. 5 als hier der Präsident des übergeordneten LG oder der die Dienstaufsicht führende Präsident eines anderen AG den Vorsitz führt.

Die anderen Präsidiumsmitglieder werden, **angelehnt an die Zahl der Richterplanstellen** bei den einzelnen Gerichten, aus der Gruppe der wählbaren Richter nach § 21b i.V.m. der Wahlordnung für Präsidien gewählt, sog. »**gewählte Mitglieder**«. Unerheblich ist, ob die haushaltsrechtlich gebildete Planstelle zum in § 21d bezeichneten Stichtag besetzt ist oder der Richter auf der Planstelle bei dem Gericht tätig oder z.B. abgeordnet ist (OLG Koblenz, DRiZ 1996, 329; MüKo-ZPO/*Zimmermann*, § 21a Rn. 9). Den Gerichten mit einer bis sieben Planstellen nach § 21a Abs. 2 Nr. 5 gehören alle wählbaren Richter kraft Gesetzes an (so. »**Plenar-Präsidium**«, vgl. *Kissel/Mayer*, § 21a Rn. 11). Für die **gewählten Präsidien** nach § 21a Abs. 2 Nr. 1 bis 4 gilt das Repräsentativprinzip (*Kissel/Mayer*, § 21a Rn. 12; MüKo-ZPO/*Zimmermann*, § 21a Rn. 8). Das »System der funktionalen Parität« im Präsidium (Vorsitzenden-Quorum = Hälfte der gewählten Richter bei den Kollegialgerichten müssen Vorsitzende Richter sein) wurde durch das Gesetz v. 22.12.1999 (= Rechtsverordnung für die Wahlordnung für die Präsidien der Gerichte, BGBl. I, S. 2598) beseitigt (vgl. *Kissel*, NJW 2000, 460, 461; *Kissel/Mayer*, § 21a Rn. 14; *Meyer-Goßner/Schmitt*, § 21a Rn. 6).

§ 21b GVG [Wahl des Präsidiums]. (1) ¹Wahlberechtigt sind die Richter auf Lebenszeit und die Richter auf Zeit, denen bei dem Gericht ein Richteramt übertragen ist, sowie die bei dem Gericht tätigen Richter auf Probe, die Richter kraft Auftrags und die für eine Dauer von mindestens drei Monaten abgeordneten Richter, die Aufgaben der Rechtsprechung wahrnehmen. ²Wählbar sind die Richter auf Lebenszeit und die Richter auf Zeit, denen bei dem Gericht ein Richteramt übertragen ist. ³Nicht wahlberechtigt und nicht wählbar sind Richter, die für mehr als drei Monate an ein anderes Gericht abgeordnet, für mehr als drei Monate beurlaubt oder an eine Verwaltungsbehörde abgeordnet sind.
(2) Jeder Wahlberechtigte wählt höchstens die vorgeschriebene Zahl von Richtern.
(3) ¹Die Wahl ist unmittelbar und geheim. ²Gewählt ist, wer die meisten Stimmen auf sich vereint. ³Durch Landesgesetz können andere Wahlverfahren für die Wahl zum Präsidium bestimmt werden; in diesem Fall erlässt die Landesregierung durch Rechtsverordnung die erforderlichen Wahlordnungsvorschriften; sie kann die Ermächtigung hierzu auf die Landesjustizverwaltung übertragen. ⁴Bei Stimmengleichheit entscheidet das Los.
(4) ¹Die Mitglieder werden für vier Jahre gewählt. ²Alle zwei Jahre scheidet die Hälfte aus. ³Die zum ersten Mal ausscheidenden Mitglieder werden durch das Los bestimmt.
(5) Das Wahlverfahren wird durch eine Rechtsverordnung geregelt, die von der Bundesregierung mit Zustimmung des Bundesrates erlassen wird.
(6) ¹Ist bei der Wahl ein Gesetz verletzt worden, so kann die Wahl von den in Absatz 1 Satz 1 bezeichneten Richtern angefochten werden. ²Über die Wahlanfechtung entscheidet ein Senat des zuständigen Oberlandesgerichts, bei dem Bundesgerichtshof ein Senat dieses Gerichts. ³Wird die Anfechtung für begründet erklärt, so kann ein Rechtsmittel gegen eine gerichtliche Entscheidung nicht darauf gestützt werden, das Präsidium sei deswegen nicht ordnungsgemäß zusammengesetzt gewesen. ⁴Im Übrigen sind auf das Verfahren die Vorschriften des Gesetzes über das Verfahren in Familiensachen und in den Angelegenheiten der freiwilligen Gerichtsbarkeit entsprechend anzuwenden.

§ 21b GVG   Wahl des Präsidiums

1 **A. Aktives und passives Wahlrecht. I. Aktives Wahlrecht.** Das aktive Wahlrecht steht **Richtern auf Lebenszeit** (§ 10 DRiG), einschließlich dem Präsidenten und Vizepräsidenten bzw. dem dienstaufsichtsführenden Richter und dessen Vertreter (*Kissel/Mayer*, § 21b Rn. 1) und **Richtern auf Zeit** zu, wenn ihnen bei Gericht ein Richteramt übertragen ist (§ 27 DRiG; *Kissel/Mayer*, § 21b Rn. 1). Soweit Richterämter bei mehreren Gerichten übertragen sind (§§ 27 Abs. 2 DRiG, §§ 22 Abs. 2, 59 Abs. 2), ist der betroffene Richter bei jedem dieser Gerichte wahlberechtigt, unabhängig davon, ob es sich um Verwaltungs- oder Rechtsprechungstätigkeit handelt (*Kissel/Mayer*, § 21b Rn. 1; KK-StPO/*Diemer*, § 21b Rn. 1, SK-StPO/*Velten*, § 21b Rn. 2). Auch Universitätsprofessoren, denen nebenamtlich ein Richteramt übertragen ist, sind wahlberechtigt (*Kissel/Mayer*, § 21b Rn. 1). Wahlberechtigt sind ferner **Richter auf Probe** (§ 13 DRiG) und **Richter kraft Auftrags** (§ 14 DRiG), wenn sie bei dem jeweiligen Gericht tätig sind. Auch **abgeordnete** Richter haben bei dem Gericht, zu dem sie auf die **Dauer von mindestens drei Monaten** abgeordnet sind, ein Wahlrecht, wenn sie zumindest teilweise vom Präsidium mit Rechtsprechungsaufgaben betraut sind (*Kissel/Mayer*, § 21b Rn. 3; MüKo-ZPO/*Zimmermann*, § 21b Rn. 4; a. A. *Schorn/Stanicki*, S. 43). Entscheidend ist die verfügte Abordnungsdauer nach § 37 Abs. 2 DRiG, nicht die tatsächliche verbrachte Zeit am Gericht (vgl. *Kissel/Mayer*, § 21b Rn. 3; *Katholnigg*, § 21b Rn. 1). Dasselbe gilt für Richter, die nicht mehr als drei Monate beurlaubt sind; auch hier ist auf den im Beurlaubungserlass ausgesprochenen Zeitraum abzustellen (*Kissel/Mayer*, § 21b Rn. 1).

2 Zur **Feststellung** der Wahlberechtigung sind die am Wahltag gegebenen Voraussetzungen entscheidend (MüKo-ZPO/*Zimmermann*, § 21b Rn. 9; *Katholnigg*, § 21b Rn. 1; SK-StPO/*Frister*, § 21b Rn. 2).

3 **Keine Wahlberechtigung** haben Richter, die an Verwaltungsbehörden abgeordnet sind, die länger als drei Monate abgeordnet oder die mehr als drei Monate beurlaubt sind (Abs. 1 Satz 3) und Laienrichter (vgl. MüKo-ZPO/*Zimmermann*, § 21b Rn. 7 f.).

4 **II. Passives Wahlrecht.** Das passive Wahlrecht steht ausschließlich **Richtern auf Lebenszeit** oder **Richtern auf Zeit**, denen nach § 27 DRiG ein Richteramt an dem betreffenden Gericht übertragen ist und die nicht mehr als drei Monate abgeordnet oder beurlaubt sind, zu. Nicht wählbar ist der Präsident, da er kraft Gesetzes dem Präsidium angehört (*Kissel/Mayer*, § 21b Rn. 10). Dasselbe gilt für den aufsichtsführenden Richter, wenn er kraft Gesetzes Vorsitzender des Präsidiums ist (*Kissel/Mayer*, § 21b Rn. 10). Wählbar sind aber der Vizepräsident und der Vertreter des aufsichtsführenden Richters (*Katholnigg*, § 21b Rn. 2; KK-StPO/*Diemer*, § 21b Rn. 3; SK-StPO/*Frister*, § 21b Rn. 3; a. A. *Kissel/Mayer*, § 21b Rn. 11: entgegen dem Wortlaut »wenn er nicht selbst gewählt ist«).

5 **B. Wahlsystem und -verfahren. I. Wahlsystem.** § 21b normiert ein Mehrheitswahlsytem. Gewählt ist, wer die meisten Stimmen auf sich vereint, bis die erforderliche Zahl der Präsidiumsmitglieder erreicht ist (Abs. 3 Satz 2). Gewählt werden können »höchstens« (Abs. 2) so viele Richter wie es der vorgeschriebenen Zahl des Präsidiums entspricht. Stimmenhäufung (Panaschieren und additive Stimmenabgabe) ist nicht zulässig (*Kissel*, NJW 2000, 460, 461). Bei Stimmengleichheit entscheidet das Los (Abs. 3 Satz 4). Zur Wahrung der richterlichen Unabhängigkeit ist die Wahl unmittelbar und geheim (Abs. 3 Satz 1).

6 Durch die Öffnungsklausel in Abs. 3 Satz 3 wird dem Landesgesetzgeber die Möglichkeit eröffnet statt dem Mehrheitswahlsystem die Verhältniswahl auf der Grundlage der Listenwahl zuzulassen.

7 **II. Wahlzeit.** Im »Interesse sowohl der Kontinuität, Stabilität, Autorität« und »einer fortwährenden sich erneuernden Legitimität« (*Kissel/Mayer*, § 21b Rn. 13) werden die Präsidiumsmitglieder auf vier Jahre gewählt, wovon aber nach zwei Jahren jeweils die Hälfte ausscheidet. Nach Abs. 4 Satz 3 muss die Hälfte der zum ersten Präsidium gewählten Richter durch Los ausscheiden.

8 **III. Wahlverfahren.** Die Einzelheiten des Wahlverfahrens regelt eine von der Bundesregierung mit Zustimmung des Bundesrates erlassene **Wahlordnung** für die Präsidien der Gerichte v. 19.09.1972 (BGBl. I, S. 1821; abgedruckt bei *Kissel/Mayer*, § 21b Rn. 23a; HK-StPO-*Schmidt/Temming*, § 21b Rn. 8). Die Wahl wird durch einen vom amtierenden Präsidium bestellten **Wahlvorstand** (§ 1 WahlO) vorbereitet.

9 Die Stimmabgabe erfolgt mittels eines Stimmzettels, der die Namen aller wählbaren Richter enthalten muss (§ 5 WahlO). Wahlvorschläge gibt es grds. nicht, es sei denn, sie werden durch Landesgesetz zu-

gelassen (vgl. Rdn. 6, MüKo-ZPO/*Zimmermann*, § 21b Rn. 15). Äußerste Neutralität und Zurückhaltung ist für Wahlwerbung geboten (MüKo-ZPO/*Zimmermann*, § 21b Rn. 15 m.w.N.).
Die Wahl zum Präsidium dient der »Funktionsfähigkeit einer unabhängigen Rechtsprechung« (MüKo-ZPO/*Zimmermann*, § 21b Rn. 18). Es besteht daher Wahlpflicht (Wortlaut Abs. 2: »jeder Wahlberechtigte wählt«; h.M., vgl. BVerwG, DRiZ 1975, 375 L [3]; Schulz, DRiZ 1972, 302; *Kissel/Mayer*, § 21b Rn. 16; a. A. [krit.] Schickedanz, DRiZ 1996, 328). Die Teilnahme an der Wahl des Präsidiums unterliegt der Dienstaufsicht (*Kissel/Mayer*, § 21b Rn. 16). Sie ist eine »von der Dienstpflicht umfasste Aufgabe der Richter« (KK-StPO/*Diemer*, § 21b Rn. 4). Die Verletzung dieser Dienstpflicht hat auf die Wirksamkeit der Wahl aber keinen Einfluss (*Kissel/Mayer*, § 21b Rn. 16; LR/*Breidling*, § 21b Rn. 10). Der gewählte Richter muss das Amt ausüben, einer Annahme der Wahl bedarf es nicht (*Kissel/Mayer*, § 21b Rn. 16; LR/*Breidling*, § 21b Rn. 11). 10

C. Wahlanfechtung. Anfechtungsberechtigt sind nach der Verweisung in Abs. 6 Satz 1 auf Abs. 1 Satz 1 alle Richter, auch wenn sie nach Abs. 1 Satz 3 nicht wahlberechtigt sind, wobei es auf den Zeitpunkt der Ausübung des Anfechtungsrechtes ankommt (vgl. *Kissel/Mayer*, § 21b Rn. 18; KK-StPO/*Diemer*, § 21b Rn. 5; LR/*Breidling*, § 21b Rn. 16; a. A. Meyer-Goßner/*Schmitt*, § 21b Rn. 5 und *Katholnigg*, § 21b Rn. 5: nur die zur Zeit der Wahl Aktiv-Wahlberechtigten; a. A. auch HK-StPO-Schmidt/Temming, § 21b Rn. 6). Anfechtungsgegner ist das Präsidium (BVerwGE 44, 172 L [1]; *Kissel/Mayer*, § 21b Rn. 20; *Katholnigg*, § 21b Rn. 5). 11
Zulässig ist die Wahlanfechtung (auch Teilanfechtung: OVG Nordrhein-Westfalen, NJW 1988, 723 L [2]), wenn eine Gesetzesverletzung dargetan wird (Abs. 6 Satz 1). Gesetz in diesem Sinne ist jede Rechtsnorm, die die Wahl betrifft, insb. auch die Wahlordnung (OVG Nordrhein-Westfalen, NJW 1988, 723 L [3]; *Kissel/Mayer*, § 21b Rn. 19). Die Einhaltung einer Frist ist ebenso entbehrlich wie eine Beschwer (*Kissel/Mayer*, § 21b Rn. 19; LR/*Breidling*, § 21b Rn. 17 f.; MüKo-ZPO/*Zimmermann*, § 21b Rn. 22 f.) 12
Zuständig ist ein Senat des OLG, soweit es die Anfechtung der Wahlen zum Präsidium des AG, LG und des OLG betrifft, für die Wahl zum Präsidium des BGH ein Senat des BGH (Abs. 6 Satz 2). Das Verfahren bestimmt sich nach dem FamFG (Abs. 6 Satz 4). 13
Begründet ist die Anfechtung, wenn ein Gesetzesverstoß vorliegt und dieser das Wahlergebnis beeinflusst haben kann (*Kissel/Mayer*, § 21b Rn. 19; SK-StPO/*Frister*, § 21b Rn. 6 m. Beispielen). In diesem Fall wird allein die Wahl und nicht die bereits getroffenen Entscheidungen des Präsidiums rückwirkend für ungültig erklärt (*Kissel/Mayer*, § 21b Rn. 21; KK-StPO/*Diemer*, § 21b Rn. 5; MüKo-ZPO/*Zimmermann*, § 21b Rn. 27). Die Besetzungsrüge wird durch Abs. 6 Satz 3 ausgeschlossen, wenn das Präsidium infolge einer begründeten Wahlanfechtung nicht ordnungsgemäß zusammengesetzt war (für Fälle, in denen ein ordnungsgemäß gewähltes Präsidium in nicht ordnungsgemäßer Zusammensetzung Besetzungsbeschlüsse fasst, ausführlich LR/*Breidling*, § 21b Rn. 21). 14

§ 21c GVG [Vertretung des Präsidiums]
(1) ¹Bei einer Verhinderung des Präsidenten oder aufsichtführenden Richters tritt sein Vertreter (§ 21h) an seine Stelle. ²Ist der Präsident oder aufsichtführende Richter anwesend, so kann ein Vertreter, wenn er nicht selbst gewählt ist, an den Sitzungen des Präsidiums mit beratender Stimme teilnehmen. ³Die gewählten Mitglieder des Präsidiums werden nicht vertreten.
(2) Scheidet ein gewähltes Mitglied des Präsidiums aus dem Gericht aus, wird es für mehr als drei Monate an ein anderes Gericht abgeordnet oder für mehr als drei Monate beurlaubt, wird es an eine Verwaltungsbehörde abgeordnet oder wird es kraft Gesetzes Mitglied des Präsidiums, so tritt an seine Stelle der durch die letzte Wahl Nächstberufene.

A. Verhinderung von Präsidiumsmitgliedern und Teilnahme des Vertreters (Abs. 1) Von einer **Verhinderung** eines Präsidiumsmitglieds ist wie bei anderen Dienstobliegenheiten bei dienstrechtlich anerkannten Gründen wie im Fall der Erkrankung, des Urlaubs, der Teilnahme an Dienstreisen oder der Wahrnehmung von unaufschiebbaren anderen Dienstgeschäften (z.B. Teilnahme an Sitzungen) auszugehen (*Kissel/Mayer*, § 21c Rn. 1; SK-StPO/*Velten*, § 21c Rn. 2; zum Be- 1 griff der Verhinderung vgl. § 21f Rn. 8), wobei aber die Teilnahme an den Präsidiumssitzungen nach der herrschenden Meinung Vorrang genießen sollte (*Kissel/Mayer*, § 21c Rn. 1; SK-StPO/*Velten*, § 21c Rn. 2). Die (unzulässige) Stimmenthaltung ist keine Verhinderung (LR/*Breidling*, § 21c Rn. 3). Die Feststellung des Verhinderungsfalls obliegt dem Vorsitzenden (*Kissel/Mayer*, § 21c Rn. 1: Vermerk im Sitzungsprotokoll).

2 Bei Verhinderung des **Präsidenten oder aufsichtsführenden Richters** tritt an dessen Stelle sein **Vertreter** (Satz 1). Die gewählten Präsidiumsmitglieder werden dagegen nicht vertreten (Satz 3). Sofern der Vertreter gewähltes Mitglied des Präsidiums ist, ruhen seine Rechte und Pflichten in dieser Funktion für die Dauer der Vertretung (LR/*Breidling*, § 21c Rn. 2).

3 Zu Informationszwecken und zur Vorbereitung auf eine Übernahme des Vorsitzes im Fall der Vertretung hat der Vertreter des Präsidenten (Aufsichtsrichters) das Recht, mit beratender Stimme an Präsidiumssitzungen teilzunehmen, aber ohne Stimmrecht (Satz 2; *Kissel/Mayer*, § 21c Rn. 4).

4 **B. Wechsel im Präsidium (Abs. 2)** Im Fall der Veränderung der gesetzesmäßigen Zusammensetzung des Präsidiums (§ 21a Abs. 2) durch die in Satz 1 **abschließende Aufzählung** der Veränderung in der Person der **gewählten Mitglieder** (Ausscheiden, Abordnung oder Beurlaubung für mehr als drei Monate, Abordnung an eine Verwaltungsbehörde oder Erlangung der Mitgliedschaft im Präsidium kraft Gesetzes) rückt der zu diesem Zeitpunkt **noch wählbare Nächstberufene** nach (*Kissel/Mayer*, § 21c Rn. 9; SK-StPO/*Velten*, § 21c Rn. 3). Nächstberufener in diesem Sinne ist der durch die letzte (Teil-) Wahl Nächstberufene (schon früher h.M., BGH, NJW 1991, 1183, 1184). Die Feststellung des Nächstberufenen trifft das Präsidium, nicht der Wahlvorstand (BGH, NJW 1991, 1183, 1184; *Kissel/Mayer*, § 21c Rn. 9; HK-StPO-*Schmidt/Temming*, § 21c Rn. 4; MüKo-ZPO/*Zimmermann*, § 21c Rn. 12; a. A. [Wahlvorstand]: OLG Zweibrücken, DRiZ 1977, 311). Bei einem Feststellungsstreit hat entspr. § 21b Abs. 6 Satz 2 das dort bezeichnete Gericht unanfechtbar (BGH, MDR 1984, 1008; HK-StPO-*Schmidt/Temming*, § 21c Rn. 4) zu entscheiden (OLG Frankfurt am Main, DRiZ 1984, 196; *Meyer-Goßner/Schmitt*, § 21c Rn. 3). Fehlt ein Nächstberufener, findet eine Nachwahl statt (§ 14 WahlO). Bei gleichzeitigem Ausscheiden von mehreren Mitgliedern mit unterschiedlichen Amtsperioden, entscheidet das Los (BGH, NJW 1991, 1183, 1184; SK-StPO/*Velten*, § 21c Rn. 3).

§ 21d GVG [Größe des Präsidiums].

(1) Für die Größe des Präsidiums ist die Zahl der Richterplanstellen am Ablauf des Tages maßgebend, der dem Tage, an dem das Geschäftsjahr beginnt, um sechs Monate vorhergeht.
(2) Ist die Zahl der Richterplanstellen bei einem Gericht mit einem Präsidium nach § 21a Abs. 2 Nr. 1 bis 3 unter die jeweils genannte Mindestzahl gefallen, so ist bei der nächsten Wahl, die nach § 21b Abs. 4 stattfindet, die folgende Zahl von Richtern zu wählen:
1. bei einem Gericht mit einem Präsidium nach § 21a Abs. 2 Nr. 1 vier Richter,
2. bei einem Gericht mit einem Präsidium nach § 21a Abs. 2 Nr. 2 drei Richter,
3. bei einem Gericht mit einem Präsidium nach § 21a Abs. 2 Nr. 3 zwei Richter.
Neben den nach § 21b Abs. 4 ausscheidenden Mitgliedern scheidet jeweils ein weiteres Mitglied, das durch das Los bestimmt wird, aus.
(3) Ist die Zahl der Richterplanstellen bei einem Gericht mit einem Präsidium nach § 21a Abs. 2 Nr. 2 bis 4 über die für die bisherige Größe des Präsidiums maßgebende Höchstzahl gestiegen, so ist bei der nächsten Wahl, die nach § 21b Abs. 4 stattfindet, die folgende Zahl von Richtern zu wählen:
1. bei einem Gericht mit einem Präsidium nach § 21a Abs. 2 Nr. 2 sechs Richter,
2. bei einem Gericht mit einem Präsidium nach § 21a Abs. 2 Nr. 3 fünf Richter,
3. bei einem Gericht mit einem Präsidium nach § 21a Abs. 2 Nr. 4 vier Richter.
Hiervon scheidet jeweils ein Mitglied, das durch das Los bestimmt wird, nach zwei Jahren aus.

1 § 21d enthält Bestimmungen über die Größe des Präsidiums; er gilt nur für das zu wählende Präsidium, nicht für das Präsidium nach § 21a Abs. 2 Nr. 5 und ebenso wenig für die Wahlberechtigung (*Meyer-Goßner/Schmitt*, § 21d Rn. 1).

§ 21e GVG [Aufgaben des Präsidiums].

(1) Das Präsidium bestimmt die Besetzung der Spruchkörper, bestellt die Ermittlungsrichter, regelt die Vertretung und verteilt die Geschäfte. Es trifft diese Anordnungen vor dem Beginn des Geschäftsjahres für dessen Dauer. Der Präsident bestimmt, welche richterlichen Aufgaben er wahrnimmt. Jeder Richter kann mehreren Spruchkörpern angehören.
(2) Vor der Geschäftsverteilung ist den Richtern, die nicht Mitglied des Präsidiums sind, Gelegenheit zur Äußerung zu geben.
(3) Die Anordnungen nach Absatz 1 dürfen im Laufe des Geschäftsjahres nur geändert werden, wenn dies wegen Überlastung oder ungenügender Auslastung eines Richters oder Spruchkörpers oder infolge Wechsels oder dauernder Verhinderung einzelner Richter nötig wird. Vor der Änderung ist den Vorsitzenden Richtern, deren Spruchkörper von der Änderung der Geschäftsverteilung berührt wird, Gelegenheit zu einer Äußerung zu geben.
(4) Das Präsidium kann anordnen, daß ein Richter oder Spruchkörper, der in einer Sache tätig geworden ist, für diese nach einer Änderung der Geschäftsverteilung zuständig bleibt.
(5) Soll ein Richter einem anderen Spruchkörper zugeteilt oder soll sein Zuständigkeitsbereich geändert werden, so ist ihm, außer in Eilfällen, vorher Gelegenheit zu einer Äußerung zu geben.
(6) Soll ein Richter für Aufgaben der Justizverwaltung ganz oder teilweise freigestellt werden, so ist das Präsidium vorher zu hören.
(7) Das Präsidium entscheidet mit Stimmenmehrheit. § 21i Abs. 2 gilt entsprechend.
(8) Das Präsidium kann beschließen, dass Richter des Gerichts bei den Beratungen und Abstimmungen des Präsidiums für die gesamte Dauer oder zeitweise zugegen sein können. § 171b gilt entsprechend.
(9) Der Geschäftsverteilungsplan des Gerichts ist in der von dem Präsidenten oder aufsichtführenden Richter bestimmten Geschäftsstelle des Gerichts zur Einsichtnahme aufzulegen; einer Veröffentlichung bedarf es nicht.

A. Normzweck. Das Präsidium ist das zentrale Organ der richterlichen Selbstverwaltung (§ 21a Rdn. 1), das die maßgeblichen, nur in richterlicher Unabhängigkeit verfassungsgemäß zu bewältigenden Aufgaben wahrzunehmen hat (SK-StPO/*Velten*, § 21e Rn. 1). § 21e umschreibt als **zentrale Vorschrift der Präsidialverfassung** – wenn auch nicht erschöpfend (*Kissel/Mayer*, § 21e Rn. 1; MüKo-ZPO/*Zimmermann*, § 21e Rn. 1) – die wichtigsten Aufgaben und Befugnisse des Präsidiums, den Inhalt der richterlichen Geschäftsverteilung und das vom Präsidium zu beachtende Verfahren. Die Vorschrift leistet einen Beitrag zur Verwirklichung **des Prinzips des gesetzlichen Richters (Art. 101 Abs. 1 Satz 2 GG, § 16 Satz 2)** auf der Ebene der einzelnen Gerichte (MüKo-ZPO/*Zimmermann*, § 21e Rn. 1). 1

B. Aufgaben des Präsidiums. I. Zuständigkeit des Präsidiums. Die Zuständigkeit des Präsidiums ist gesetzlich streng begrenzt (KK-StPO/*Diemer*, § 21e Rn. 1). Es gilt das **Enumerationsprinzip** (MüKo-ZPO/*Zimmermann*, § 21e Rn. 2). Eine Allzuständigkeit des Präsidiums besteht nicht (s. § 21a Rdn. 2). § 21e bestimmt die wichtigsten Aufgaben und Befugnisse: Bestimmung der Besetzung der Spruchkörper, einschließlich der ehrenamtlichen Richter, Vertretungsregelung und Verteilung der Geschäfte (Abs. 1 Satz 1). Weitere Zuständigkeitsregelungen finden sich in §§ 21f Abs. 2, 21i Abs. 2, 22b, 70 Abs. 1, 78 Abs. 2, 78b Abs. 2, 117, 140a Abs. 2 bis 5, §§ 61 Abs. 3 und 77 Abs. 3 DRiG und §§ 102, 107 BNotO. Zur Errichtung neuer Gerichte s. § 21j. 2

Das Präsidium ist allein zuständig für die Verteilung der **richterlichen Geschäfte**. Insoweit entscheidet es **unabhängig** und **autonom** und ist nur dem Gesetz unterworfen (KK-StPO/*Diemer*, § 21e Rn. 2). Keine Zuständigkeit besteht für die Verteilung der Geschäfte unter Geschäftsstellenbeamten, Rechtspflegern (vgl. BVerwGE 19, 112) oder sonstigen nichtrichterlichen Bediensteten (MüKo-ZPO/*Zimmermann*, § 21e Rn. 4). 3

Soweit es an einer ausdrücklichen Aufgabenzuweisung an das Präsidium fehlt, ist die Justizverwaltung der Landesregierung (Justizministerium) zuständig (*Kissel/Mayer*, § 21e Rn. 12; MüKo-ZPO/*Zimmermann*, § 21e Rn. 5), z.B. bei der Anstellung der Richter, der Bestellung des Vorsitzenden, der Zahl der 4 richterlichen Spruchkörper und Dezernate sowie der Art der Spruchkörper (MüKo-ZPO/*Zimmermann*, § 21e Rn. 5).

5 **II. Regelung der Geschäftsverteilung. 1. Funktion und Rechtsnatur des Geschäftsverteilungsplans.** Die **Funktion** des Geschäftsverteilungsplans ist es für jeden von einem Gericht zu entscheidenden Fall den gesetzlichen Richter im Voraus zu bestimmen (SK-StPO/*Velten*, § 21e Rn. 4). Streit besteht über die **Rechtsnatur** des Geschäftsverteilungsplans (hierzu BayVerfGH, NJW 1986, 1673; SK-StPO/*Velten*, § 21e Rn. 6 ff.). Die praktische Relevanz des Streits ist aber gering. Bedeutung erlangt die rechtliche Einordnung nur für die Frage der gerichtlichen Überprüfung (MüKo-ZPO/*Zimmermann*, § 21e Rn. 7). Zutreffend dürfte es sein, dem Geschäftsverteilungsplan eine **Doppelnatur** beizumessen (MüKo-ZPO/*Zimmermann*, § 21e Rn. 9). Soweit der Geschäftsverteilungsplan die sachliche Verteilung der Rechtsprechungsaufgaben nach abstrakt-generellen Merkmalen vornimmt, entfaltet er Außenwirkung für den einzelnen Bürger und hat damit Rechtsnormqualität (MüKo-ZPO/*Zimmermann*, § 21e Rn. 7). Soweit der Geschäftsverteilungsplan auf die Rechtstellung des einzelnen Richters durch Zuweisung an einen bestimmten Spruchkörper einwirkt, ist er ein interner Organisationsakt der gerichtlichen Selbstverwaltung (*Meyer-Goßner/Schmitt*, § 21e Rn. 1; MüKo-ZPO/*Zimmermann*, § 21e Rn. 8).

6 **2. Grundsätze der inhaltlichen Ausgestaltung des Geschäftsverteilungsplans.** Für die inhaltliche Ausgestaltung des Geschäftsverteilungsplans gelten die folgenden aus dem Gebot des gesetzlichen Richters abgeleiteten Grundsätze:
 – **Gestaltungsfreiheit**: Sowohl die sachliche als auch die personelle Geschäftsverteilung können i.R.d. Verfassung und der einfachen Gesetze im pflichtgemäßen Ermessen des Präsidiums und in richterlicher Unabhängigkeit erfolgen (BGH, NJW 2000, 1580, 1581; *Kissel/Mayer*, § 21e Rn. 78, 79; LR/*Breidling*, § 21e Rn. 9).
 – **Vollständigkeitsprinzip**: Der Geschäftsverteilungsplan muss ausnahmslos alle richterlichen Aufgaben und alle Richter erfassen (vgl. BVerfGE 17, 252); er darf keine Lücken aufweisen (*Kissel/Mayer*, § 21e Rn. 92; MüKo-ZPO/*Zimmermann*, § 21e Rn. 21).
 – **Grundsatz der sachgerechten und gleichmäßigen Verteilung**: Um die Funktionsfähigkeit des Gerichts zu gewährleisten, sollen die richterlichen Aufgaben unter Berücksichtigung der Leistungsfähigkeit und der persönlichen Umstände des einzelnen Richters verteilt und eine möglichst gleichmäßige Belastung erreicht werden (BVerfGE 17, 252; *Kissel/Mayer*, § 21e Rn. 16, 80 ff.).
 – **Abstraktionsprinzip**: Die (sachliche) Geschäftsverteilung muss nach allgemeinen, generell-abstrakten Merkmalen erfolgen, die eine Manipulation ausschließen (BVerfG, NJW 1997, 1497, 1498; NJW 2005, 2689; *Kissel/Mayer*, § 21e Rn. 94; KK-StPO/*Diemer*, § 21e Rn. 11); dies gilt auch für Änderungsbeschlüsse (BVerwG, NJW 1987, 2031; *Kissel/Mayer*, § 21e Rn. 94). Es dürfen keine Merkmale gewählt werden, die unter bestimmten Voraussetzungen eine Zuteilung des konkreten Einzelfalls nach Zweckmäßigkeitserwägungen erlauben (KK-StPO/*Diemer*, § 21e Rn. 11). Zulässige allgemeine Merkmale sind z.B. der Anfangsbuchstabe des Familiennamens des (ältesten oder alphabetisch an erster Stelle stehenden) Angeklagten, die Endziffer des Aktenzeichens, das Sachgebiet oder die Herkunft aus einem Bezirk (Wohnsitz) etc. (AnwK-StPO/*Bergmann*, § 21e Rn. 7; *Meyer-Goßner/Schmitt*, § 21e Rn. 3; LR/*Breidling*, § 21e Rn. 27). Nicht zulässig ist, bei mehreren Angeklagten die Bindung an die in der Anklageschrift gewählte Reihenfolge, da ansonsten die StA den zuständigen Richter bestimmen könnte (OLG Nürnberg, NJW 1963, 502; SK-StPO/*Velten*, § 21e Rn. 17; *Sowada*, S. 320; BGH, NJW 1958, 1503: Willkürkontrolle ausreichend; s. § 16 Rn. 11). Problematisch ist auch das Rotationssystem, bei dem der zeitliche Eingang der Sachen bei Gericht die Verteilung der Sache auf den Spruchkörper bestimmt, da es – ohne flankierende Sicherungen – die Manipulationsgefahr durch die zuständige Geschäftsstelle in sich birgt (BGHSt 11, 116; BGH, NStZ 1990, 138; SK-StPO/*Velten*, § 21e Rn. 17). Es verstößt nicht gegen Art. 101 Abs. 1 Satz 2 GG, wenn im Geschäftsverteilungsplan vorgesehen ist, dass eine bei Eröffnung des Hauptverfahrens versehentlich angenommene Zuständigkeit bestehen bleibt (BGH, NStZ 1984, 181; *Meyer-Goßner/Schmitt*, § 21e Rn. 3; einschränkend *Sowada*, S. 330 und SK-StPO/*Velten*, § 21e Rn. 18: Angeklagter muss Unzuständigkeit bis zu seiner Vernehmung zur Sache geltend machen können). Sonderzuständigkeiten (§§ 74 Abs. 2, 74a, 74c, 74d; §§ 39 bis 41 JGG; § 391 AO) sind zu beachten.

- **Bestimmtheitsgrundsatz:** Die zur Entscheidung der anhängig werdenden Verfahren berufenen Richter müssen im Geschäftsverteilungsplan so eindeutig und präzise wie möglich bestimmt werden (*Kissel/Mayer*, § 21e Rn. 95). Zudem muss er die Bestimmung enthalten, an welche Spruchkörper zurückverwiesene Sachen gelangen (BGH, NJW 1975, 743; KK-StPO/*Diemer*, § 21e Rn. 11; *Meyer-Goßner/Schmitt*, § 21e Rn. 4).
- **Grundsatz der Stetigkeit:** Der Geschäftsverteilungsplan muss so ausgestaltet sein, dass er für die Dauer eines Geschäftsjahres Bestand hat; er ist grds. unveränderbar (BGHSt 10, 179, 180; *Kissel/Mayer*, § 21e Rn. 96). Änderungen sind nur in den engen gesetzlichen Grenzen des Abs. 3 Satz 1 oder aus sonstigen zwingenden gesetzlichen Gründen zulässig (hierzu: *Kissel/Mayer*, § 21e Rn. 96; MüKo-ZPO/*Zimmermann*, § 21e Rn. 30).
- **Jährlichkeitsprinzip:** Der Geschäftsverteilungsplan wird jährlich für die Dauer eines Geschäftsjahres (i.S.e. Kalenderjahres: LR/*Breidling*, § 21e Rn. 27; *Kissel/Mayer*, § 21e Rn. 97) beschlossen (BGH, NJW 1999, 796), Abs. 1 Satz 2 und tritt am Ende des Jahres automatisch außer Kraft (BVerwG, NJW 1991, 1370; *Kissel/Mayer*, § 21e Rn. 97). Dies gilt auch für Änderungsbeschlüsse (*Kissel/Mayer*, § 21e Rn. 97). Eine im Laufe des Geschäftsjahres vorgenommene Änderung bleibt bis zum 31. Dezember desselben Jahres bestehen (BGH, NJW 1982, 1470, 1471; *Kissel/Mayer*, § 21e Rn. 97).
- **Vorauswirkungsprinzip:** Die Geschäftsverteilung muss vor Beginn des Geschäftsjahres durch das im Zeitpunkt der Beschlussfassung amtierende Präsidium, d.h. im Voraus getroffen sein (*Kissel/Mayer*, § 21e Rn. 98), Abs. 1 Satz 2. Hieraus ergibt sich zugleich das Verbot der Rückwirkung für die Geschäftsverteilung (MüKo-ZPO/*Zimmermann*, § 21e Rn. 19).
- **Grundsatz der sofortigen Vollziehung:** Der Geschäftsverteilungsplan ist per se, ohne besondere Anordnung sofort vollziehbar (*Kissel/Mayer*, § 21e Rn. 100).
- **Grundsatz der Gesetzesgebundenheit:** Bei der (gesetzlichen) Geschäftsverteilung sind gesetzliche Vorschriften zu beachten. Eine gesetzliche Bindung besteht hinsichtlich der Zuweisung von bestimmten Geschäftsaufgaben zu **Spezialspruchkörpern** (im Strafrecht z.B. zur WirtschaftsStrafK [§ 74c], der Schwurgerichtssachen zu einer bestimmten StrafK [§ 74 Abs. 2] oder zur StaatsschutzK [§ 74a], weitere Bsp. bei *Kissel/Mayer*, § 21e Rn. 88 und *Meyer-Goßner/Schmitt*, § 21e Rn. 3) und hinsichtlich der **personellen Zuweisung von Aufgaben an einzelne Richterpersonen** (z.B. Vorsitzender Richter und sein Vertreter müssen Richter auf Lebenszeit sein, § 28 Abs. 2 Satz 2 DRiG, *Kissel/Mayer*, § 21e Rn. 89; MüKo-ZPO/*Zimmermann*, § 21e Rn. 25 f.). Sollvorschriften unterfallen nicht der gesetzlichen Geschäftsverteilung, sind aber vom Präsidium grds. zu beachten (*Kissel/Mayer*, § 21e Rn. 91).

3. Auslegung des Geschäftsverteilungsplans und Kompetenzkonflikte. Der Geschäftsverteilungsplan ist der Auslegung zugänglich (MüKo-ZPO/*Zimmermann*, § 21e Rn. 44). Bei einer durch Auslegung nicht zu schließenden Lücke muss das Präsidium eine Ergänzung des Geschäftsverteilungsplans beschließen (MüKo-ZPO/*Zimmermann*, § 21e Rn. 44). Kommt es bei der Auslegung und Anwendung des Geschäftsverteilungsplans zu Zweifeln oder Meinungsverschiedenheiten zwischen den Spruchkörpern, die zu positiven oder negativen Kompetenzkonflikten führen, entscheidet das Präsidium bindend (BGH, NJW 2000, 80; *Kissel/Mayer*, § 21e Rn. 117 f.; *Meyer-Goßner/Schmitt*, § 21e Rn. 22; KK-StPO/*Diemer*, § 21e Rn. 13). Soweit die Entscheidung i.R.d. pflichtgemäßen Ermessens getroffen wurde, kann die Revision nicht darauf gestützt werden (KK-StPO/*Diemer*, § 21e Rn. 13). Wenn es um die Auslegung von Gesetzen geht, insb. die gesetzliche Geschäftsverteilung, ist jeder Spruchkörper in eigener Verantwortung zur Entscheidung berufen (BGHSt 26, 191, 200; KK-StPO/*Diemer*, § 21e Rn. 13; *Meyer-Goßner/Schmitt*, § 21e Rn. 22; MüKo-ZPO/*Zimmermann*, § 21e Rn. 46).

III. Besetzung der Spruchkörper. 1. Besetzung der Spruchkörper beim AG und den Kollegialgerichten. Beim AG erfolgt die Besetzung der Spruchkörper durch Bestimmung der für die einzelnen Abteilungen zuständigen Richter einschließlich des zweiten Richters beim erweiterten Schöffengericht, § 29 Abs. 2 (AnwK-StPO/*Bergmann*, § 21e Rn. 2).

Bei den Kollegialgerichten muss jeder Spruchkörper einen Vorsitzenden haben (BGHSt 28, 290), der grds. Vorsitzender Richter ist (§ 21f Rdn. 2). Die Person des Vorsitzenden muss i.S.d. Grundsatzes des gesetzlichen Richters vom Geschäftsverteilungsplan »**eindeutig und verbindlich vorherbestimmt**« sein (KK-StPO/*Diemer*, § 21e Rn. 4). Nicht zulässig ist es daher, den Vorsitz einem namentlich unbekannten Richter (»N.N.«) zuzuweisen, der zu Beginn des Geschäftsjahres noch keine Planstelle hat, keine Planstelle mehr hat oder an die Stelle eines künftig ausscheidenden Richters treten soll (BGHSt 28, 290, 292; *Kissel/Mayer*, § 21e Rn. 137; KK-StPO/*Diemer*, § 21e Rn. 4) oder in der Geschäftsverteilung die Möglichkeit offen zu lassen, während des laufenden Geschäftsjahres jederzeit einen anderen Vorsitzenden Richter mit dem Vorsitz zu betrauen (OLG Hamm, StV 1998, 6, 7; KK-StPO/*Diemer*, § 21e Rn. 4).

10 Der **Präsident** bestimmt selbst, welchem Spruchkörper er vorsitzt (Abs. 1 Satz 3), soweit er nicht bereits kraft Gesetzes Vorsitzender bestimmter Spruchkörper ist, z.B. der Großen Senate (KK-StPO/*Diemer*, § 21e Rn. 4).

11 Die Besetzung der Spruchkörper ist so zu regeln, dass jeder Richter einem Spruchkörper zugewiesen wird, es sei denn, er wird für andere Aufgaben freigestellt (Abs. 6; KK-StPO/*Diemer*, § 21e Rn. 5). Die **Zuteilung an mehrere Spruchkörper** (Abs. 1 Satz 4) ist zulässig, dies gilt auch für den Vorsitzenden (beachte aber § 21f Rdn. 2). Die Verteilung der Geschäfte innerhalb der Spruchkörper regelt § 21g. Sofern eine Zuteilung an mehrere Spruchkörper erfolgt, muss das Präsidium das Rangverhältnis der verschiedenen Dienstgeschäfte im Voraus regeln (BGH, NJW 1973, 1291 L; KK-StPO/*Diemer*, § 21e Rn. 5; *Meyer-Goßner/Schmitt*, § 21e Rn. 6). Ist dies nicht der Fall, so muss im Kollisionsfall der Präsident entscheiden, welches Dienstgeschäft Vorrang hat (BGHSt 25, 163; KK-StPO/*Diemer*, § 21e Rn. 5). Ist ein Richter nur **mit einem Bruchteil seiner Arbeitskraft einem Spruchkörper zugeteilt** (z.B. Hochschullehrer als Richter im Nebenamt), so muss der Umfang seiner Verhinderung schon im Geschäftsverteilungsplan festgestellt werden (BGH, NJW 1974, 656 L; Thomas/Putzo/*Hüßtege*, § 21e Rn. 17).

12 **2. Statthafte Überbesetzung der Spruchkörper.** Nach herrschender Meinung ist es zulässig (mit Art. 101 Abs. 1 Satz 2 GG vereinbar), dass das Präsidium eine **Überbesetzung** vornimmt, d.h. einem Spruchkörper mehr Richter zuweist, als er nach dem Gesetz haben muss, sofern dies für die Gewährleistung einer »geordneten Rechtsprechung unvermeidbar und vom Vorsitzenden Richter zu bewältigen ist« (BVerfGE 18, 344, 350; 22, 282, 286; BGHSt 33, 234; *Meyer-Goßner/Schmitt*, § 21e Rn. 5). Die frühere Rechtsprechung des BVerfG, wonach einem Spruchkörper nicht so viele Richter angehören durften, dass der Vorsitzende zwei personell verschieden besetzte Sitzgruppen oder drei Spruchkörper mit jeweils verschieden Beisitzern bilden konnte (BVerfGE 17, 294, 301; 18, 65, 69; 18, 344, 350; BGHSt 33, 234; KK-StPO/*Diemer*, § 21e Rn. 6) ist durch BVerfG, NJW 1997, 1497 gelockert und im Wesentlichen aufgegeben worden, wenn durch die spruchkörperinterne Geschäftsverteilung nach § 21g der gesetzliche Richter ausreichend garantiert wird (BGH, NJW 2004, 1118; Thomas/Putzo/ *Hüßtege*, § 21e Rn. 18; Zöller/*Lückemann*, § 21e Rn. 9). Das BVerfG (NJW 2004, 3482) hat offengelassen, ob es eine absolute Obergrenze der Überbesetzung eines Spruchkörpers gibt (vgl. *Meyer-Goßner/ Schmitt*, § 21e Rn. 5).

13 **3. Hilfsspruchkörper.** Zur Bewältigung eines unvorhersehbaren, vorübergehenden (BGH, NJW 2000, 1580: unbestimmter Rechtsbegriff; KK-StPO/*Diemer*, § 21e Rn. 7; dazu krit. Anm. *Katholnigg*, NStZ 2000, 443) Überlastungsfalls oder bei einer Verhinderung (s. § 21f Rdn. 8), die nicht auf einzelne Sitzungen beschränkt ist (BGHSt 25, 174, 175; 31, 389 = NStZ 1984, 84 m. abl. Anm. *Frisch*) können Hilfsspruchkörper gebildet werden (*Meyer-Goßner/Schmitt*, § 21e Rn. 16; KK-StPO/*Diemer*, § 21e Rn. 7). Zuständig für die Bildung ist das Präsidium (BGHSt 21, 260; 15, 217; KK-StPO/*Diemer*, § 21e Rn. 7). Auch bei dem Hilfsspruchkörper muss der Geschäftskreis nach generellen Merkmalen eindeutig bestimmt werden (KK-StPO/*Diemer*, § 21e Rn. 7; *Meyer-Goßner/Schmitt*, § 21e Rn. 16a), eine Übertragung von Einzelsachen ist nicht zulässig (BGHSt 7, 23, 25; 33, 234, 237; *Meyer-Goßner/Schmitt*, § 21e Rn. 16a), außer es ist der »sachgerechte Weg, um eine nur durch das abgeleitete Verfahren entstandene Überlastung auszugleichen« (BGHSt 44, 161, 166; *Meyer-Goßner/Schmitt*, § 21e Rn. 16a m.w.N.). Das Ende der Tätigkeit eines Hilfsspruchkörpers muss von einem sicher eintretenden, vom Willen des Einzelnen unabhängigen Ereignisses abhängig gemacht (BGHSt 21, 260, 263; KK-StPO/ *Diemer*, § 21e Rn. 7; *Meyer-Goßner/Schmitt*, § 21e Rn. 16a) oder kalendermäßig bestimmt werden (*Meyer-Goßner/Schmitt*, § 21e Rn. 16a). Verzögert sich das bestimmte Ereignis (z.B. verzögerter Abschluss einer Strafsache), so bleibt die Hilfsstrafkammer dennoch gesetzlicher Richter (BGHSt 31, 389 L [1] = NJW 1983, 2952 m. krit. Anm. *Frisch*, NStZ 1984, 84; KK-StPO/*Diemer*, § 21e Rn. 7; *Meyer-Goßner/Schmitt*, § 21e Rn. 16a). Eine Hilfsstrafkammer darf nicht über mehrere Geschäftsjahre

hinweg bestehen (BGHSt 33, 303; NJW 1986, 144; *Frisch*, NStZ 1987, 265; *Katholnigg*, JR 1986, 260; KK-StPO/*Diemer*, § 21e Rn. 7). Ggf. muss dann eine ordentliche Strafkammer eingerichtet werden oder eine Umverteilung der Geschäfte stattfinden (BGHSt 33, 303, 304; *Meyer-Goßner/Schmitt*, § 21e Rn. 16a).

IV. Bestellung der Ermittlungsrichter. Weitere Aufgabe des Präsidiums ist die Bestellung der Ermittlungsrichter (§ 162 StPO). 14

V. Vertretung der Richter. Das Präsidium regelt auch die **Vertretung** im Fall von vorübergehenden Verhinderungen **zwischen den Spruchkörpern**. Für die Vertretungsregelung innerhalb eines Spruchkörpers gilt § 21g Abs. 4. Die Vertretung bei vorübergehender Verhinderung des Vorsitzenden wird durch § 21f Abs. 2 geregelt. 15

Für jeden Richter ist ein **ständiger Vertreter** zu bestimmen (KK-StPO/*Diemer*, § 21e Rn. 8). Die Vertretungsregelung hat die aus Art. 101 Abs. 1 Satz 2 GG abgeleiteten Grundsätze der Bestimmtheit (Rdn. 6), der Vollständigkeit (Rdn. 6), der Jährlichkeit (Rdn. 6), der Vorauswirkung (Rdn. 6) und der Stetigkeit (Rdn. 6) zu berücksichtigen (*Kissel/Mayer*, § 21e Rn. 140; SK-StPO/*Velten*, § 21e Rn. 21). Die Vertretung ist mithin für das Geschäftsjahr **im Voraus** generell zu regeln, nur unter den Voraussetzungen des Abs. 3 kann sie auch während des Geschäftsjahres erfolgen, sofern die Vertretung ebenfalls **abstrakt-generell** bestimmt wird (KK-StPO/*Diemer*, § 21e Rn. 8; SK-StPO/*Velten*, § 21e Rn. 21). Eine Vertretungsregelung erst bei Eintritt des Verhinderungsfalles (ad hoc) oder einer Änderung des Geschäftsverteilungsplanes ist unzulässig (BGH, GA 1979, 222; *Kissel/Mayer*, § 21e Rn. 140). Dies erfordert, dass auch Vorsorge für den Fall der Verhinderung des Vertreters getroffen wird. Es muss eine **lückenlose Kette von Vertretern** (sog. **Ringvertretung**) gebildet werden (*Kissel/Mayer*, § 21e Rn. 140; *Meyer-Goßner/Schmitt*, § 21e Rn. 10). Die Vertreterreihenfolge muss hierbei durch das Präsidium eindeutig und im Voraus festgelegt werden, damit der gesetzliche Richter auch für den Vertretungsfall und alle weiteren Vertretungsfälle unzweifelhaft bestimmt werden kann (BVerwG, DÖV 1976, 747; *Kissel/Mayer*, § 21e Rn. 140). Die Ausgestaltung der Art und Weise der Vertretung liegt im pflichtgemäßen Ermessen des Präsidiums (*Kissel/Mayer*, § 21e Rn. 140; MüKo-ZPO/*Zimmermann*, § 21e Rn. 41). Die Bestellung eines **nur zeitweiligen Vertreters für den Einzelfall** ist nur ausnahmsweise i.R.d. Abs. 3 zulässig, wenn sie infolge nicht vorhergesehener Ereignisse notwendig wird oder wenn die an sich ausreichende Vertretungsregelung nicht greift, weil alle Richter der Vertreterkette verhindert sind (BGHSt 27, 209; BGH, StV 1993, 397; KK-StPO/*Diemer*, § 21e Rn. 8; LR/*Breidling*, § 21e Rn. 17; *Meyer-Goßner/Schmitt*, § 21e Rn. 10; **a. A.** *Katholnigg*, § 21e Rn. 5; MüKo-ZPO/*Zimmermann*, § 21e Rn. 41; SK-StPO/*Velten*, § 21e Rn. 8). 16

Die Vertretungsregelung findet nur auf die Fälle der **vorübergehenden** Verhinderung Anwendung (§ 21f Rn. 7, 8). Bei dauernder Verhinderung muss die Geschäftsverteilung geändert werden (BGHSt 21, 131, 133; KK-StPO/*Diemer*, § 21e Rn. 9). Eine zu Beginn des Geschäftsjahres konkret vorhersehbare Dauerverhinderung muss im Geschäftsverteilungsplan berücksichtigt werden, bei vorhersehbaren Aufgabenkollisionen ist im Plan zu bestimmen, welche Aufgabe vorrangig ist (BGHSt 25, 239; SK-StPO/*Velten*, § 21e Rn. 20). 17

Einer ausdrücklichen **Feststellung** der (bzw. des Wegfalls der) **Verhinderung** (zum Begriff § 21f Rn. 8) bedarf es nur, wenn sie **nicht offensichtlich** (zum Begriff § 21f Rn. 9) ist (BGH, NJW 1967, 637; DRiZ 1980, 147, 148), insb. in Fällen der Überlastung (BGHSt 21, 174, 175) oder wegen anderer richterlicher Aufgaben (BGH, StV 1989, 338). Offensichtlich ist die Verhinderung z.B. bei Krankheit, urlaubsbedingter Abwesenheit, Dienstreise, kurzfristiger Abordnung oder Unerreichbarkeit (BGH, DRiZ 1980, 147, 148; *Meyer-Goßner/Schmitt*, § 21e Rn. 8). Das gilt selbst dann, wenn der Vertreter einem anderen Spruchkörper angehört (BGH, DRiZ 1980, 147, 148). In diesen Fällen tritt der geschäftsplanmäßige Vertreter ohne Weiteres an die Stelle des verhinderten Richters (BGH, DRiZ 1980, 146, 147; *Meyer-Goßner/Schmitt*, § 21e Rn. 8). Die feststellende Verfügung des Vorsitzenden hat insoweit nur deklaratorische Bedeutung. Ist eine Feststellung erforderlich darf der Vertreter erst aufgrund dieser tätig werden; ohne die Feststellung liegt dann keine wirksame Verhinderung vor (mit der Folge der Anwendbarkeit des § 338 Nr. 1 StPO: BGH, NJW 1973, 1291). Die Feststellung der Verhinderung trifft der Präsident (auch seine eigene Verhinderung: BGH, NJW 1967, 637) oder sein nach § 21h bestimmter Vertreter, wenn ein Richter aus einem anderen Spruchkörper heranzuziehen ist (BGHSt 21, 174; 12, 33; 18, 162; KK-StPO/*Diemer*, § 21e Rn. 10), ansonsten der Vorsitzende, wenn er durch Rechtsprechungs- 18 aufgaben in seinem Spruchkörper behindert ist (BGH, NStZ 1990, 24, 29; KK-StPO/*Diemer*, § 21e Rn. 10). Zur **Form** § 21f Rdn. 9.

19 Bei der Bestellung von **Ergänzungsrichtern** (§ 192 Abs. 2) durch das Präsidium muss nicht auf die im Geschäftsverteilungsplan festgelegte Vertretungsregelung zurückgegriffen werden, da die Teilnahme eines Ergänzungsrichters kein Fall der nach § 21e Abs. 1 geregelten Vertretung ist (BGHSt 26, 324; LR/*Breidling*, § 21e Rn. 19; *Meyer-Goßner/Schmitt*, § 21e Rn. 12; SK-StPO/*Velten*, § 21e Rn. 49).

20 **C. Änderung der Besetzung und der Geschäftsverteilung (Abs. 3)** Um die Effizienz des Geschäftsablaufs zu erhalten oder wiederherzustellen (BVerfG, NJW 2005, 2689, 2690. m.w.N.; KK-StPO/*Diemer*, § 21e Rn. 14) lässt Abs. 3 in Abweichung vom Grundsatz der Veränderungssperre unter eng umgrenzten Voraussetzungen Änderungen des Geschäftsverteilungsplanes in vier Fallgruppen zu: Bei Überlastung, bei ungenügender Auslastung, bei Wechsel oder dauernder Verhinderung eines oder mehrerer Richter. Die Regelung des Abs. 3 ist aber nicht abschließend (BGHSt 27, 209, 210 f.; NStZ 1986, 469; *Kissel/Mayer*, § 21e Rn. 109; LR/*Breidling*, § 21e Rn. 44). Eine Änderung des Geschäftsverteilungsplans ist aus zwingenden gesetzlichen Gründen auch dann zulässig, wenn dem Gericht im laufenden Geschäftsjahr aufgrund gesetzlicher Änderung neue Aufgaben zugewiesen oder entzogen werden oder wenn Fehler des Geschäftsverteilungsplans vorliegen oder unvorhersehbare Lücken auftreten (BGH, NStZ 1986, 469; *Kissel/Mayer*, § 21e Rn. 109; MüKo-ZPO/*Zimmermann*, § 21e Rn. 30), die geschlossen werden müssen. Kein Änderungsgrund ist die Ausbildung des richterlichen Nachwuchses (BGHSt 26, 382; KK-StPO/*Diemer*, § 21e Rn. 14; *Meyer-Goßner/Schmitt*, § 21e Rn. 13). Jedoch hat das Präsidium im Rahmen seines **pflichtgemäßen Ermessens** (BVerwG, NJW 1982, 2274; BGHSt 22, 237, 239 f.; KK-StPO/*Diemer*, § 21e Rn. 14) bei einer aus anderen Gründen notwendigen Änderung »alle Umstände, die der Gewährleistung einer geordneten Rechtspflege dienen«, zu berücksichtigen (BGH, NJW 1978, 1444 krit. Anm. *Müller*, NJW 1978, 2163; *Meyer-Goßner/Schmitt*, § 21e Rn. 13; KK-StPO/*Diemer*, § 21e Rn. 14). Zur Einrichtung eines **Hilfsspruchkörpers**, s. Rn. 13.

21 Die **Revision** kann nicht auf die Änderung des Geschäftsverteilungsplans gestützt werden. Die Besetzungsrüge nach § 338 Nr. 1 StPO hat nur bei objektiv willkürlicher Veränderung des Geschäftsverteilungsplans Aussicht auf Erfolg (BVerfG, NJW 2005, 2689; BGHSt 44, 161, 170). Hierbei muss der Revisionsführer darlegen, welche Gründe das Präsidium zur Änderung veranlasst haben, die bloße Berufung auf Willkür genügt nicht (BGH, NStZ 1994, 537, 539; KK-StPO/*Diemer*, § 21e Rn. 16).

22 **I. Überlastung oder ungenügende Auslastung.** Eine **Überlastung** des Richters oder Spruchkörpers ist anzunehmen, wenn dieser die ihm zugeteilten Aufgaben nicht mehr in angemessener Zeit und Weise erledigen kann (BGH, NJW 2004, 865; AnwK-StPO/*Bergmann*, § 21e Rn. 13). Es muss sich um eine dauernde Überlastung handeln, d.h. die Dauer der Überlastung darf noch nicht absehbar sein (BGHSt 10, 179, 181) oder es muss zumindest zu erwarten sein, dass sie sich bis in das nächste Geschäftsjahr erstrecken wird (AnwK-StPO/*Bergmann*, § 21e Rn. 13; *Kissel/Mayer*, § 21e Rn. 112). Einer Überlastung kann durch Zuweisung weiterer Richter an den überlasteten Spruchkörper oder durch Umverteilung der Aufgaben auf einen anderen oder neu zu bildenden Spruchkörper nach abstrakt-generellen Merkmalen begegnet werden (BGHSt 7, 23, 25; 12, 104, 105; *Kissel/Mayer*, § 21e Rn. 112; LR/*Breidling*, § 21e Rn. 46). Endet die Überlastung eines Spruchkörpers, der nach Abs. 3 entlastet wurde, so hat keine Rückübertragung der während der Zeit der Entlastung eingegangenen Strafsachen auf diesen zu erfolgen (BGH, NStZ-RR 2006, 65, 67; *Meyer-Goßner/Schmitt*, § 21e Rn. 14). Zur Änderung des Geschäftsverteilungsplans bei Überlastung durch Umverteilung anhängiger Haftsachen, vgl. BGHSt 44, 161, 165 ff.

23 Eine **ungenügende Auslastung** kann auf der Verringerung des Geschäftsanfalls oder dem Wegfall bisheriger Aufgaben beruhen (LR/*Breidling*, § 21e Rn. 49). Das Präsidium hat hier in umgekehrter Weise zur Überlastung zu verfahren. Die Ursachen, die zur Überlastung oder ungenügenden Auslastung geführt haben, sind irrelevant (*Kissel/Mayer*, § 21e Rn. 112).

24 **II. Richterwechsel und dauernde Verhinderung.** Ein **Richterwechsel** ist jede Veränderung im personellen Bestand der dem Gericht zugewiesenen Richter während des Geschäftsjahres, ohne Rücksicht darauf ob eine Änderung der Planstellen oder eine Änderung der Gesamtzahl der Richter stattfindet (BGHSt 22, 237, 239; *Kissel/Mayer*, § 21e Rn. 113; MüKo-ZPO/*Zimmermann*, § 21e Rn. 33). Darun-

ter fallen sowohl das Freiwerden von Richterstellen z.B. durch Tod, Pensionierung, Entlassung, Versetzung oder Beförderung als auch die Abordnung eines Richters oder die Neubesetzung einer Planstelle (MüKo-ZPO/*Zimmermann*, § 21e Rn. 33; *Kissel/Mayer*, § 21e Rn. 113). Zur Ausbildung des Richternachwuchses Rn. 20.

Eine **dauernde Verhinderung** (zur vorübergehenden Verhinderung § 21f Rn. 7, 8) liegt vor, wenn ohne 25 Richterwechsel ein Richter aus tatsächlichen oder rechtlichen Gründen für längere oder der Dauer nach ungewisse Zeit verhindert ist (LR/*Breidling*, § 21e Rn. 52). Eine Verhinderung ist – auch bei mehreren Monaten – nicht dauernd, wenn an der Rückkehr keine Zweifel bestehen (BGH, NJW 1989, 843, 844; dauernde Verhinderung nach BGH, NJW 2003, 150, 154 bei mehr als drei Monaten). Entscheidend ist die vom Präsidium nach pflichtgemäßen Ermessen zu beurteilende voraussichtliche Dauer nach den konkreten Umständen des Einzelfalls im Zeitpunkt des Änderungsbeschlusses (*Kissel/Mayer*, § 21e Rn. 114; MüKo-ZPO/*Zimmermann*, § 21e Rn. 35). Fälle der dauernden Verhinderung sind z.B. die Versetzung in ein anderes Bundesland oder eine länger andauernde Krankheit (AnwK-StPO/*Bergmann*, § 21e Rn. 15 m.w.N.). Zur Bestellung eines **zeitweiligen Vertreters**, s. Rn. 16.

D. Fortdauer der Zuständigkeit (Abs. 4) Das Präsidium kann anordnen, dass nach einer 26 Änderung des Geschäftsverteilungsplans während des Geschäftsjahres nach Abs. 3 oder nach Beschluss des neuen Jahresgeschäftsplanes nach Abs. 1 Satz 1 (KK-StPO/*Diemer*, § 21e Rn. 15; *Meyer-Goßner/Schmitt*, § 21e Rn. 17), ein Richter oder Spruchkörper, der in der Sache tätig geworden ist, zuständig bleibt. Erforderlich ist, dass der Richter oder Spruchkörper zumindest vorbereitend tätig war, d.h. eine Entscheidung getroffen oder eine sonstige Prozesshandlung vorgenommen hat (KK-StPO/*Diemer*, § 21e Rn. 15; LR/*Breidling*, § 21e Rn. 55; *Meyer-Goßner/Schmitt*, § 21e Rn. 17; a. A. *Kissel/Mayer*, § 21e Rn. 149 für extensivere Auslegung). Für den Fall einer über das Geschäftsjahr hinaus andauernden Hauptverhandlung gilt Abs. 4 nicht, da die mitwirkenden Richter insoweit ohne ausdrückliche Anordnung zuständig bleiben (BGHSt 8, 250; KK-StPO/*Diemer*, § 21e Rn. 15; *Meyer-Goßner/Schmitt*, § 21e Rn. 18; für Schöffen: §§ 50, 77 Abs. 1).

E. Verfahren des Präsidiums (Abs. 2, 3 Satz 2, Abs. 5 bis 9) Aus Fürsorgegesichts- 27 punkten hat das Präsidium in verschiedenen Verfahrensstadien die **Verpflichtung**, den von seinen Maßnahmen betroffenen Richtern **Gelegenheit zur Äußerung zu geben bzw. diese anzuhören**, so in den Fällen der Abs. 2, 3 Satz 2 und Abs. 5 (Zuteilung zu einem anderem Spruchkörper oder Änderung des Zuständigkeitsbereichs – außer in Eilfällen). Nach **Abs. 6** ist dagegen das Präsidium vorher zu hören, wenn ein Richter für Aufgaben der Justizverwaltung (teilweise) freigestellt werden soll, um sicherzustellen, dass das Präsidium rechtzeitig mit der Sache befasst wird (BT-Drucks. VI 2903 v. 02.12.1971, S. 4; AnwK-StPO/*Bergmann*, § 21e Rn. 11). Eine **Verletzung** der Äußerungsrechte bzw. Anhörungspflichten bleibt **folgenlos** (*Kissel/Mayer*, § 21e Rn. 56).

Das Präsidium entscheidet nach **Abs. 7** durch **Stimmenmehrheit**; § 21i Abs. 2 gilt entsprechend. Eine 28 **Stimmenthaltung** ist **unzulässig** (LR/*Breidling*, § 21e Rn. 66; *Meyer-Goßner/Schmitt*, § 21e Rn. 21; SK-StPO/*Velten*, § 21e Rn. 34). Ausreichend ist, dass die Beschlüsse vom Vorsitzenden (und dem Protokollführer) unterschrieben werden (BVerwG, NJW 1984, 575 L; *Meyer-Goßner/Schmitt*, § 21e Rn. 21). Nach **Abs. 9** ist der Geschäftsverteilungsplan **zur Einsicht aufzulegen**; einer Veröffentlichung bedarf es nicht. Hierdurch soll die Überprüfung der vorschriftsmäßigen Besetzung (§ 338 Nr. 1 StPO) ermöglicht werden (*Meyer-Goßner/Schmitt*, § 21e Rn. 21). Für die spruchkörperinterne Geschäftsverteilung gilt Abs. 9 nach § 21g Abs. 2 entsprechend.

Für Präsidiumssitzungen gilt **§ 169 (Öffentlichkeitsgrundsatz) nicht** (*Kissel/Mayer*, § 21e Rn. 60; LR/ 29 *Breidling*, § 21e Rn. 66), d.h. sie sind grds. nicht öffentlich. Das Präsidium kann **aber** den Richtern des Gerichts nach **Abs. 8 ein (zeitweises) Anwesenheitsrecht** einräumen; § 171b (Beachtung des Schutzes der Privatsphäre) gilt entsprechend. Verstöße gegen Abs. 8 haben keine Auswirkungen auf die Wirksamkeit des Präsidiumsbeschlusses (*Kissel/Mayer*, § 21e Rn. 67; LR/*Breidling*, § 21e Rn. 73). Die Beratung und Abstimmung unterliegen – sofern sie nicht öffentlich sind – dem **Beratungsgeheimnis** (§ 42 DRiG; *Kissel/Mayer*, § 21e Rn. 22; KK-StPO/*Diemer*, § 21e Rn. 17; *Meyer-Goßner/Schmitt*, § 21e Rn. 23). In gleicher Weise unterliegen die Präsidiumsmitglieder dem **Amtsverschwiegenheitsgrundsatz** (*Kissel/Mayer*, § 21e Rn. 23; KK-StPO/*Diemer*, § 21e Rn. 17; *Meyer-Goßner/Schmitt*, § 21e Rn. 23).

30 F. Fehlerhafter Geschäftsverteilungsplan. Eine (unmittelbare) **Anfechtung** des in richterlicher Unabhängigkeit beschlossenen Geschäftsverteilungsplans ist grds. **ausgeschlossen** (BGH, DRiZ 1973, 280; MDR 1985, 319; *Meyer-Goßner/Schmitt*, § 21e Rn. 24). Die Geschäftsverteilung und die Änderungsbeschlüsse können aber durch die VG überprüft werden (BVerwG, NJW 1976, 1224 L; *Meyer-Goßner/Schmitt*, § 21e Rn. 24; KK-StPO/*Diemer*, § 21e Rn. 16), sofern eine Verletzung eines Richters durch die Zuteilung oder Nichtzuteilung von Dienstgeschäften dargelegt wird. Die Gesetzmäßigkeit der Aufstellung und der Abänderung des Geschäftsverteilungsplan kann im Rechtsmittelverfahren überprüft werden (BGHSt 3, 353; *Kissel/Mayer*, § 21e Rn. 120). Die **Besetzungsrüge** (§ **338 Nr. 1 StPO**) ist aber nur unter engen Voraussetzungen zulässig. Eine falsche Zusammensetzung des Präsidiums kann nicht gerügt werden (BGHSt 26, 206, 208). Auch eine bloße Abweichung vom Geschäftsverteilungsplan oder inhaltliche Fehler begründen die Revision nicht (AnwK-StPO/*Bergmann*, § 21e Rn. 22). Die Besetzungsrüge ist vielmehr auf Fälle der Willkür beschränkt (BGH, NJW 2000, 1580, 1581; *Kissel/Mayer*, § 21e Rn. 120; LR/*Breidling*, § 21e Rn. 35; vgl. auch zu Abs. 3 Rn. 21).

§ 21f GVG [Vorsitz in den Spruchkörpern].

(1) Den Vorsitz in den Spruchkörpern bei den Landgerichten, bei den Oberlandesgerichten sowie bei dem Bundesgerichtshof führen der Präsident und die Vorsitzenden Richter.
(2) ¹Bei Verhinderung des Vorsitzenden führt den Vorsitz das vom Präsidium bestimmte Mitglied des Spruchkörpers. ²Ist auch dieser Vertreter verhindert, führt das dienstälteste, bei gleichem Dienstalter das lebensälteste Mitglied des Spruchkörpers den Vorsitz.

1 **A. Normzweck.** § 21f regelt den Vorsitz und die Vertretung im Vorsitz innerhalb der Spruchkörper der LG und der höheren Gerichte (Kollegialgerichte), mithin auch bei der kleinen Strafkammer, § 76 Satz 1, der auswärtigen Strafkammer, § 78 und der Strafvollstreckungskammer, § 78a (LR/*Breidling*, § 21f Rn. 1). Auf die AG findet die Norm keine Anwendung. Der **Zweck** der Norm ist es, »die Stabilität und Ständigkeit der Gerichtsorganisation auch in Bezug auf den Vorsitz [zu] sichern« (SK-StPO/*Velten*, § 21f Rn. 1) und insoweit nur solchen Richtern den Vorsitz in einem Spruchkörper anzuvertrauen, die über eine große Sachkunde, reife Erfahrung und gute Menschenkenntnis verfügen (LR/*Breidling*, § 21f Rn. 2).

2 **B. Vorsitz im Spruchkörper (Abs. 1)** Alle Spruchkörper (Kammer, Senat) der Kollegialgerichte müssen einen **ständigen ordentlichen Vorsitzenden** haben, der entweder der **Präsident** oder ein **Vorsitzender Richter** an diesem Gericht i.S.v. § 19a DRiG und zugleich Richter **auf Lebenszeit** gem. § 28 Abs. 2 Satz 2 DRiG sein muss (OLG Hamm, NStZ-RR 2004, 146; *Kissel/Mayer*, § 21f Rn. 2; KK-StPO/*Diemer*, § 21f Rn. 1; MüKo-ZPO/*Zimmermann*, § 21f Rn. 2). Ein Richter am AG oder am LG kann nicht die Position des ständigen Vorsitzenden einer Strafkammer bekleiden (OLG Hamm, StV 1998, 6.; StV 2004, 366 und NStZ-RR 2004, 146: hierauf kann die Revision gestützt werden; Mü-Ko-ZPO/*Zimmermann*, § 21f Rn. 2). Der Präsident und jeder Vorsitzende Richter müssen den Vorsitz in einem Spruchkörper führen. Die ausschließliche Zuweisung von Verwaltungsaufgaben oder Aufgaben eines Ermittlungsrichters ist unzulässig (*Kissel/Mayer*, § 21f Rn. 6; Müko-ZPO/*Zimmermann*, § 21f Rn. 3). Dem steht aber nicht entgegen, dass neben dem Vorsitz noch andere Aufgaben wie Verwaltungsaufgaben oder der Beisitz in einem anderen Spruchkörper (BGH, NJW 1984, 129, 130) übernommen werden (*Kissel/Mayer*, § 21f Rn. 4; KK-StPO/*Diemer*, § 21f Rn. 1; SK-StPO/*Velten*, § 21f Rn. 2). Einem Vorsitzenden Richter kann auch der Vorsitz in mehreren Spruchkörpern übertragen werden (BGH, NJW 1984, 129, 131). Bei der Übernahme weiterer Aufgaben und/oder der Wahrnehmung des Vorsitzes in mehreren Spruchkörpern muss jedoch darauf geachtet werden, dass der Vorsitzende seine Aufgaben als Vorsitzender in einem solchen Maß ausüben kann, dass er einen »**richtungsweisenden Einfluss**« auf die Rechtsprechung des Spruchkörpers hat; andernfalls ist der Spruchkörper **nicht ordnungsgemäß besetzt** (§ **338 Nr. 1 StPO**; BGHSt 2, 71, 73; 21, 131, 133; 25, 54; BGH, NJW 1974, 1572 m. krit. Anm. von Müller, NJW 1974, 2242; krit. auch *Meyer-Goßner/Schmitt*, § 21f Rn. 2; BVerfG, NJW 2004, 3482, 3483 hält an dem Gedanken des »richtungsweisenden Einflusses« fest). In der zivilrechtlichen Rechtsprechung wird davon ausgegangen, dass der Vorsitzende – abgesehen

von den Fällen der vorübergehenden Verhinderung – in der Lage sein muss, mindestens 75 % **der Aufgaben eines Vorsitzenden** des jeweiligen Spruchkörpers selbst wahrzunehmen (BGH, NJW 1962, 1570, 1571; AnwK-StPO/*Bergmann*, § 21f Rn. 2; *Kissel/Mayer*, § 21f Rn. 4; KK-StPO/*Diemer*, § 21f Rn. 2; LR/*Breidling*, § 21f Rn. 5; MüKo-ZPO/*Zimmermann*, § 21f Rn. 3). Dieser Richtwert lässt sich auf das Strafrecht übertragen (*Meyer-Goßner/Schmitt*, § 21f Rn. 11). Um den wesentlichen Einfluss des Vorsitzenden in seinem Spruchkörper zu wahren, darf jedem Spruchkörper **nur ein** Vorsitzender Richter zugewiesen werden; unzulässig ist es daher neben einem dauernd verhinderten Vorsitzenden Richter einen weiteren Vorsitzendem dem selben Spruchkörper zuzuteilen (BGHZ 15, 137; MüKo-ZPO/*Zimmermann*, § 21f Rn. 3) oder die Aufgaben des Vorsitzenden ständig von seinem Vertreter wahrnehmen zu lassen (BGH, NJW 1985, 2337: begründet die Revision). Eine Beteiligung des Vorsitzenden Richters als Beisitzer in dem Spruchkörper, dem er vorsitzt, ist aber möglich, wenn er z.B. infolge Unkenntnis der Akten oder körperlicher Beeinträchtigungen (z.B. Heiserkeit) vorübergehend verhindert ist, den Vorsitz zu führen und in dieser Eigenschaft vertreten werden muss (BGH, MDR 1994, 764: Hochlagern des Beines; LR/*Breidling*, § 21f Rn. 11) Ausführlich zur Rolle des Vorsitzenden im Spruchkörper: *Sowada*, S. 407 ff.

Die Person des Vorsitzenden muss vom **Geschäftsverteilungsplan eindeutig** und **verbindlich im Voraus** 3 festgelegt sein (vgl. AnwK-StPO/*Bergmann*, § 21f Rn. 4). Ein Verstoß gegen den Grundsatz des gesetzlichen Richters (Art. 101 Abs. 1 Satz 2 GG, § 16 Satz 2) liegt insb. vor, wenn die Geschäftsverteilung die Möglichkeit offen lässt, jederzeit einen anderen Vorsitzenden Richter während des laufenden Geschäftsjahres mit dem Vorsitz in einer Strafkammer zu betrauen (OLG Hamm, StV 1998, 6, 7; AnwK-StPO/*Bergmann*, § 21f Rn. 4; KK-StPO/*Diemer*, § 21f Rn. 1). Nicht zulässig ist es auch, bei vorübergehender Verhinderung des Vorsitzenden (einer kleinen Strafkammer) dessen Planstelle im neuen Geschäftsverteilungsplan nicht zu besetzen und dafür dort allein einen stellvertretenden Vorsitzenden zu bestimmen (OLG Hamm, StV 2004, 366; *Meyer-Goßner/Schmitt*, § 21f Rn. 3). Zulässig ist es indes eine zugewiesene Planstelle im Geschäftsverteilungsplan bis zur Besetzung mit »N.N.« zu berücksichtigen (BGHSt 34, 379, 381; OLG Hamm, StV 1998, 6; *Meyer-Goßner/Schmitt*, § 21f Rn. 3; anders bei noch nicht oder nicht mehr bestehender Planstelle s. § 21e Rdn. 9).

Das Vorsitzenden-Prinzip des **Abs. 1** gilt **nicht** für sonstige, **nicht ständige Spruchkörper**, insb. nicht 4 für die **Hilfsstrafkammer** (zum Begriff § 21e Rdn. 13), d.h. sie können auch mit einem Richter am LG als Vorsitzenden besetzt werden (BGHSt 12, 104; 18, 176, 178; 31, 389 m. Anm. *Katholnigg* = NStZ 1984, 84 m. Anm. *Frisch*; AnwK-StPO/*Bergmann*, § 21f Rn. 5; KK-StPO/*Diemer*, § 21f Rn. 1; LR/*Breidling*, § 21f Rn. 12 f.; *Meyer-Goßner/Schmitt*, § 21f Rn. 12; Thomas/Putzo/*Hüßtege*, § 21f Rn. 2). Die Gegenansicht (*Frisch*, NStZ 1984, 86; *Kissel/Mayer*, § 21f Rn. 7; *Schorn/Stanicki*, S. 142) verkennt, dass die LG nicht über überzählige Vorsitzende verfügen, was dazu führt, dass es zu Doppelbesetzungen kommt und damit zwangsläufig zur Vertretung nach Abs. 2 (*Meyer-Goßner/Schmitt*, § 21f Rn. 12).

C. Vertretung des Vorsitzenden (Abs. 2) I. Bestimmung durch das Präsidium (Abs. 2 5 Satz 1)
Abs. 2 regelt die Vertretung des Vorsitzenden. Nach Abs. 2 Satz 1 hat das Präsidium für jeden Spruchkörper **einen ständigen Vertreter für ein Geschäftsjahr im Voraus** zu bestimmen. In der Auswahl des Vertreters ist das Präsidium nicht gebunden; eine Einschränkung nach Abs. 2 Satz 2 besteht nicht (*Kissel/Mayer*, § 21f Rn. 8; MüKo-ZPO/*Zimmermann*, § 21f Rn. 4). Auch der Vertreter im Spruchkörper des Präsidenten wird durch das Präsidium bestimmt; § 21e Abs. 1 Satz 3 gilt nicht (MüKo-ZPO/*Zimmermann*, § 21f Rn. 4). Das Präsidium kann auch für den Fall der Verhinderung des regelmäßigen Vertreters **einen oder mehrere weitere Vertreter** des Vorsitzenden bestellen. Die Bestellung von mehreren nebeneinander und gleichzeitig tätig werdenden Vertretern des Vorsitzenden ist aber unzulässig, »da dadurch Einheitlichkeit und Qualität der Rechtsprechung des Spruchkörpers nicht gewährleistet werden können« (OLG Hamm, StV 1998, 6.; 2004, 366; KK-StPO/*Diemer*, § 21f Rn. 3). Sieht der Geschäftsverteilungsplan **mehrere Vertreter** vor, muss im Voraus bestimmt sein, welcher Richter als Vertreter für welche Verfahren oder in welcher Reihenfolge berufen ist (OLG Hamm, StV 2004, 366; KK-StPO/*Diemer*, § 21f Rn. 3).

Nur ein **Richter auf Lebenszeit** kann den Vorsitzenden vertreten (§ 28 Abs. 2 Satz 2 DRiG). Nicht er- 6 forderlich ist nach dem Wortlaut des Abs. 2, dass der Vertreter des Vorsitzenden ein planmäßiges Mitglied des Gerichts (§ 27 Abs. 1 DRiG) ist. **Auch** ein **abgeordneter Richter** (§ 37 DRiG) kann Vertreter

§ 21f GVG Vorsitz in den Spruchkörpern

des Vorsitzenden sein, solange er dem **Spruchkörper ständig zugewiesen** ist (*Kissel/Mayer*, § 21f Rn. 12; KK-StPO/*Diemer*, § 21f Rn. 3; MüKo-ZPO/*Zimmermann*, § 21f Rn. 5; SK-StPO/*Velten*, § 21f Rn. 4; a. A. LR/*Breidling*, § 21f Rn. 34). Eine Ausnahme gilt bei der kleinen Strafkammer (§ 76 Abs. 1), für die ein Vertreter aus den übrigen ständigen Mitgliedern des LG zu bestimmen ist (LR/*Breidling*, § 21f Rn. 18).

7 Die Vertretungsregelung greift nur bei **vorübergehender Verhinderung** des ständigen Vorsitzenden ein, d.h. einer Verhinderung, die sich nur über einen gewissen überschaubaren Zeitraum erstreckt (BGHSt 21, 131, 133; BGH, NJW 1974, 1572 m. Anm. *Müller*, NJW 1974, 2242; AnwK-StPO/*Bergmann*, § 21f Rn. 7). Bei dauernder Verhinderung (z.B. Versetzung in ein anderes Bundesland oder in den Ruhestand, Tod) muss nach § 21e Abs. 3 ein neuer Vorsitzender bestellt werden (BVerwG, NJW 1986, 1366; BGH, NStZ 1989, 32; OLG Celle, StV 1993, 66; AnwK-StPO/*Bergmann*, § 21f Rn. 7; *Meyer-Goßner/Schmitt*, § 21f Rn. 4). Die Neubestellung hat in diesem Fall nicht sofort, aber ohne gebührliche Verzögerung zu erfolgen (BVerfGE 18, 423, 426; OLG Oldenburg, StV 2003, 12; AnwK-StPO/*Bergmann*, § 21f Rn. 7); haushaltsrechtliche Gründe rechtfertigen keine Verzögerung (BGH, NJW 1985, 2337; *Meyer-Goßner/Schmitt*, § 21f Rn. 4), jedenfalls keine Vakanz der Vorsitzendenstelle über 6 Monate (BSG, NJW 2007, 2717 L; dazu *Werner*, NJW 2007, 2671; *Sowada*, S. 292: höchstens 3 Monate; *Meyer-Goßner/Schmitt*, § 21f Rn. 4).

8 Eine **Verhinderung** i.S.d. Gesetzes liegt vor, wenn der Richter aus tatsächlichen oder rechtlichen Gründen nicht in der Lage ist, die ihm nach dem Geschäftsverteilungsplan konkret zugewiesenen Aufgaben wahrzunehmen (BGHSt 14, 11, 15; 21, 40, 42; *Kissel/Mayer*, § 21e Rn. 114; *Meyer-Goßner/Schmitt*, § 21f Rn. 4; *Schrader*, StV 1991, 540). **Tatsächliche Hinderungsgründe** sind z.B. Abordnung, körperliche Unfähigkeit, Krankheit (BGH, NStZ 1989, 32, 33), Überbelastung (BGHSt 21, 174, 175; BGH, StV 1989, 338), Unerreichbarkeit, Unkenntnis der Akten in einer großen Strafsache, wenn der Richter kurzfristig den Vorsitzenden vertreten soll (BGHSt 21, 40, 42; *Kissel*, in: FS für Rebmann, S. 63, 65; *Meyer-Goßner/Schmitt*, § 21f Rn. 5). Keine Verhinderung stellt ein schwerer Gewissenkonflikt (Art. 4 GG) dar, der einen konkreten Einzelfall betrifft (*Meyer-Goßner/Schmitt*, § 21f Rn. 5; a. A. LR/*Böttcher*, § 1 Rn. 13). **Rechtliche Hinderungsgründe** ergeben sich insb. aus dem Ausschluss und der erfolgreichen Ablehnung eines Richters nach §§ 22 bis 24 StPO (*Meyer-Goßner/Schmitt*, § 21f Rn. 7), aus der Teilnahme an einer langen Hauptverhandlung sowie dem Doppelvorsitz (*Meyer-Goßner/Schmitt*, § 21f Rn. 7) und der Vernehmung des Vorsitzenden als Zeugen in dem betreffenden Verfahren, nicht aber bei bloßer, nicht näher konkretisierter Möglichkeit der Vernehmung (BGHSt 7, 44, 46; 7, 330, 331; 11, 206; AnwK-StPO/*Bergmann*, § 21f Rn. 7).

9 Die (vorübergehende) Verhinderung des Vorsitzenden ist **festzustellen, wenn** sie **nicht offensichtlich** ist (BGHSt 12, 33, 35; 18, 162, 164; KK-StPO/*Diemer*, § 21f Rn. 5; AnwK-StPO/*Bergmann*, § 21f Rn. 8). Die Verhinderung ist für jede Strafsache konkret festzustellen (KK-StPO/*Diemer*, § 21f Rn. 5; SK-StPO/*Velten*, § 21f Rn. 8). Entscheidend ist der Zeitpunkt der Hauptverhandlung (BGHSt 14, 11, 16; LR/*Breidling*, § 21f Rn. 19). Offensichtlich ist die Verhinderung, wenn sie bei einer objektiven Betrachtungsweise für einen außen stehenden Beobachter deutlich zutage tritt (AnwK-StPO/*Bergmann*, § 21e Rn. 8; *Kissel/Mayer*, § 21e Rn. 145). Fehlt es an einer erforderlichen Feststellung, begründet dies die Revision nach § 338 Nr. 1 StPO (BGH, NJW 1973, 1291; AnwK-StPO/*Bergmann*, § 21f Rn. 8). In Zweifelsfällen wird die Verhinderung daher (deklaratorisch) festzustellen sein. Der **Vorsitzende trifft die Feststellung** selbst, wenn sich die Verhinderung nicht auf andere Spruchkörper auswirkt, **andernfalls trifft sie der Präsident** des Gerichts (oder dessen Vertreter) (BGHSt 30, 268; BGH, NStZ 1988, 325; *Katholnigg*, § 21f Rn. 3; KK-StPO/*Diemer*, § 21f Rn. 5; LR/*Breidling*, § 21f Rn. 22; a. A. SK-StPO/*Velten*, § 21f Rn. 8: das Präsidium, in Eilfällen der Präsident), auch wenn es sich um seine eigene Verhinderung als Spruchkörpervorsitzender handelt (BGHSt 21, 174, 176). Die Feststellung ist an **keine Form** gebunden, also auch konkludent möglich (BGH, NJW-RR 2001, 38 L; *Meyer-Goßner/Schmitt*, § 21f Rn. 8; a. A. *Schrader*, StV 1991, 540, 541). Ein Aktenvermerk erscheint aber zweckmäßig (BGHSt 21, 174, 179; LR/*Breidling*, § 21f Rn. 25). Die Feststellung der Verhinderung kann auch noch i.R.d. **Verfahrens nach §§ 222a, b StPO nachgeholt** werden (*Meyer-Goßner/Schmitt*, § 21f Rn. 8), sonst nicht (BGHSt 21, 174, 179; *Meyer-Goßner/Schmitt*, § 21f Rn. 8).

10 **II. Gesetzliche Vertretungsregelung (Abs. 2 Satz 2)** Abs. 2 Satz 2 betrifft die Fälle, in denen ein Vertreter vom Präsidium nicht bestellt ist, der nach Abs. 2 Satz 1 bestellte Vertreter verhindert ist

oder eine unwirksame Vertreterbestellung vorliegt d.h. der bestellte Vertreter kein ständiges Mitglied des Spruchkörpers oder kein Richter auf Lebenszeit ist (MüKo-ZPO/*Zimmermann*, § 21f Rn. 5). Die Vertretung regelt sich in diesem Fall nach der Reihenfolge des Dienstalters (§ 20 DRiG), hilfsweise dem Lebensalter. Auch der gesetzlich vorgesehene Vertreter nach Abs. 2 Satz 2 muss zwingend Richter auf Lebenszeit sein (§ 28 Abs. 2 Satz 2 DRiG). Sofern der Vorsitzende Richter und alle Beisitzer verhindert sind, steht der Vorsitz dem dienstältesten Vertreter aus einem anderen Spruchkörper zu (BGHSt 21, 40, 42; NJW 1959, 1141 L; LR/*Breidling*, § 21f Rn. 33).

III. **Vertretung bei Zuziehung eines Ergänzungsrichters.** § 21f Abs. 2 greift nicht, wenn während einer Hauptverhandlung, zu der ein Ergänzungsrichter (§ 192) zugezogen ist, eine Verhinderung des Vorsitzenden eintritt. In diesem Fall ist zunächst der dienst-, ersatzweise der lebensälteste an der Hauptverhandlung mitwirkende, vorsitzfähige Richter zur Vertretung berufen, um eine Wiederholung der Hauptverhandlung zu vermeiden (LR/*Breidling*, § 21f Rn. 35, *Meyer-Goßner/Schmitt*, § 21f Rn. 15).

11

§ 21g GVG [Geschäftsverteilung innerhalb des Spruchkörpers].

(1) ¹Innerhalb des mit mehreren Richtern besetzten Spruchkörpers werden die Geschäfte durch Beschluss aller dem Spruchkörper angehörenden Berufsrichter auf die Mitglieder verteilt. ²Bei Stimmengleichheit entscheidet das Präsidium.
(2) Der Beschluss bestimmt vor Beginn des Geschäftsjahres für dessen Dauer, nach welchen Grundsätzen die Mitglieder an den Verfahren mitwirken; er kann nur geändert werden, wenn es wegen Überlastung, ungenügender Auslastung, Wechsels oder dauernder Verhinderung einzelner Mitglieder des Spruchkörpers nötig wird.
(3) Absatz 2 gilt entsprechend, soweit nach den Vorschriften der Prozessordnungen die Verfahren durch den Spruchkörper einem seiner Mitglieder zur Entscheidung als Einzelrichter übertragen werden können.
(4) Ist ein Berufsrichter an der Beschlussfassung verhindert, tritt der durch den Geschäftsverteilungsplan bestimmte Vertreter an seine Stelle.
(5) § 21i Abs. 2 findet mit der Maßgabe entsprechende Anwendung, dass die Bestimmung durch den Vorsitzenden getroffen wird.
(6) Vor der Beschlussfassung ist den Berufsrichtern, die von dem Beschluss betroffen werden, Gelegenheit zur Äußerung zu geben.
(7) § 21e Abs. 9 findet entsprechend Anwendung.

A. **Normzweck.** § 21g enthält eine Regelung über die Geschäftsverteilung innerhalb eines Kollegialspruchkörpers (Abs. 1 Satz 1) sowie die Bestimmung der Mitwirkungsgrundsätze der Mitglieder des Spruchkörpers (Abs. 2). Die Norm bezweckt, indem sie die Zuständigkeit für die Aufgabenverteilung innerhalb der kollegial besetzten Spruchkörper auf das Kollegium aller dem Spruchkörper geschäftsplanmäßig angehörenden Richter überträgt, eine **Stärkung des Kollegialprinzips im Interesse der richterlichen Unabhängigkeit** des Spruchkörpers und des einzelnen Richters im Verhältnis zum Vorsitzenden (MüKo-ZPO/*Zimmermann*, § 21g Rn. 1; SK-StPO/*Velten*, § 21g Rn. 1). Insoweit ist § 21g eine **Kompetenznorm** (SK-StPO/*Velten*, § 21g Rn. 1). Die Norm ist aber auch insoweit von Bedeutung, als sie inhaltliche Anforderungen an die Gestaltung der Aufgabenverteilung und das dabei einzuhaltende Verfahren stellt (**Organisationsnorm**, *Kissel/Mayer*, § 21g Rn. 1). Durch die inhaltlichen Anforderungen an die Geschäftsverteilung soll – insb. beim überbesetzten Spruchkörper – das verfassungsrechtliche **Gebot des gesetzlichen Richters** (Art. 101 Abs. 1 Satz 2 GG, § 16 Satz 2) auf der Ebene der personellen Zusammensetzung des jeweiligen Spruchkörpers umgesetzt werden (BVerfG, NJW 1997, 1497; LR/*Breidling*, § 21g Rn. 1; SK-StPO/*Velten*, § 21g Rn. 1).

1

B. **Spruchkörperinterne Geschäftsverteilung (Abs. 1, 4 bis 7)** Seit der Neufassung des Gesetzes v. 22.12.1999 (BGBl. I, S. 2598) bestimmt **Abs. 1 Satz 1**, dass es entgegen dem früheren Recht nicht mehr dem Vorsitzenden obliegt, sondern Sache aller dem Spruchkörper angehörenden Berufsrichter ist, durch Beschluss die Geschäfte auf die Mitglieder zu verteilen Dadurch soll eine möglichst einvernehmliche Verfahrensaufteilung erfolgen (BT-Drucks. 14/597 v. 23.03.1999, S. 5; *Meyer-*

2

Goßner/Schmitt, § 21g Rn. 1). Die **Verteilung** der Geschäfte hat im **pflichtgemäßen Ermessen** der Mitglieder des Spruchkörpers **in richterlicher Unabhängigkeit** zu erfolgen (LR/*Breidling*, § 21g Rn. 7). Trotz der Verlagerung der Verteilungskompetenz auf den Spruchkörper im Ganzen verbleibt die Verantwortung für eine zweckmäßige Organisation der Arbeit des Spruchkörpers und für einen zügigen Geschäftsgang weiterhin beim Vorsitzenden (LR/*Breidling*, § 21g Rn. 7). Nicht zulässig ist es, Geschäfte, die dem Vorsitzenden durch Gesetz zugewiesen sind (z.B. Verhandlungsleitung nach § 238 StPO, Terminierung, Erlass eines Haftbefehls nach § 125 Abs. 2 Satz 2 StPO oder Gewährung von Akteneinsicht nach § 147 Abs. 5 StPO) durch Beschluss auf andere zu übertragen (AnwK-StPO/*Bergmann*, § 21g Rn. 2; LR/*Breidling*, § 21g Rn. 7; Meyer-Goßner/*Schmitt*, § 21g Rn. 1). Auch die Bestimmung des **Berichterstatters** kann weiterhin nur durch den Vorsitzenden erfolgen (so bereits bisher BVerfG, NJW 1997, 1497, 1498 f. m. krit. Anm. *Berkemann* und *Katholnigg*; BGH, NJW 1994, 1735, 1738; *Kissel/Mayer*, § 21g Rn. 41; KK-StPO/*Diemer*, § 21g Rn. 1; LR/*Breidling*, § 21g Rn. 7; Meyer-Goßner/*Schmitt*, § 21g Rn. 2; sehr str., vgl. *Sowada*, S. 448 m.w.N.). Ein »gesetzlicher« Berichterstatter existiert nicht (h.M.; BGH, NJW 1967, 1622; KK-StPO/*Diemer*, § 21g Rn. 1; LR/*Breidling*, § 21g Rn. 7). Der Vorsitzende hat im Interesse eines geordneten Arbeitsablaufs und wegen der ihm den Richtern ggü. obliegenden Fürsorgepflicht auf eine gleichmäßige Belastung der Mitglieder des Spruchkörpers hinzuwirken, wobei er besondere Fähigkeiten, Kenntnisse und die Leistungsfähigkeit der Mitglieder berücksichtigen kann (BGHSt 29, 162; *Katholnigg*, NJW 1992, 2256, 2258; KK-StPO/*Diemer*, § 21g Rn. 1; Meyer-Goßner/*Schmitt*, § 21g Rn. 2).

3 Für das Abstimmungsverfahren nach **Abs. 1 Satz 2** gilt das **Mehrheitsprinzip**. Bei Stimmengleichheit entscheidet das Präsidium (LR/*Breidling*, § 21g Rn. 8).

4 **Abs. 3** (Übertragung des Verfahrens auf den Einzelrichter) findet in Strafsachen **keine Anwendung**.

5 Bei Verhinderung (vgl. § 21f Rdn. 8) eines Mitglieds des Spruchkörpers bei der Beschlussfassung tritt der geschäftsplanmäßige **Vertreter** an dessen Stelle (**Abs. 4**). Da eine Vertretung nicht durch ein Mitglied desselben Spruchkörpers erfolgen kann, führt dies dazu, dass spruchkörperfremde Richter über die Geschäftsverteilung in einem ihnen nicht vertrauten Spruchkörper befinden müssen (*Meyer-Goßner/Schmitt*, § 21g Rn. 7).

6 **Abs. 5** enthält eine **Eilkompetenz** für den Vorsitzenden entsprechend § 21i Abs. 2. § 21i Abs. 2 Satz 2 bis 4 finden entsprechende Anwendung.

7 Nach **Abs. 6** ist vor der Beschlussfassung denjenigen Richtern **Gelegenheit zur Äußerung** zu geben, die von dem Beschluss betroffen sind. Bedeutung erlangt dies insb. bei solchen Mitgliedern, die dem Spruchkörper im Zeitpunkt der Beschlussfassung noch nicht angehörten, aber später von dem Mitwirkungsplan betroffen werden (AnwK-StPO/*Bergmann*, § 21g Rn. 12; LR/*Breidling*, § 21g Rn. 11; Meyer-Goßner/*Schmitt*, § 21g Rn. 7).

8 Der (Änderungs-) Beschluss ist **schriftlich** abzufassen (BGH, NStZ 1994, 443 m. Anm. *Katholnigg*; KK-StPO/*Diemer*, § 21g Rn. 4; LR/*Breidling*, § 21g Rn. 12; Meyer-Goßner/*Schmitt*, § 21g Rn. 6), von den Mitwirkenden zu unterschreiben (*Meyer-Goßner/Schmitt*, § 21g Rn. 6) und in entsprechender Anwendung des § 21e Abs. 9 i.V.m. Abs. 7 auf der Geschäftsstelle des Gerichts zur Einsicht auszulegen.

9 **C. Grundsätze über die Mitwirkung der Mitglieder (Abs. 2)** Der Besetzungs- oder **Mitwirkungsplan** (Abs. 2) dient der Bestimmung der jeweils mitwirkenden Richter **im Voraus** bei **überbesetzten Spruchkörpern** (§ 21e Rdn. 12) und ergänzt die Bestimmungen des Präsidiums über die Besetzung der Spruchkörper (AnwK-StPO/*Bergmann*, § 21g Rn. 3; KK-StPO/*Diemer*, § 21g Rn. 2). Im Mitwirkungsplan werden die **Grundsätze** festgelegt, die für die **Dauer eines Geschäftsjahres** (»Jährlichkeitsprinzip«, § 21e Rn. 6; BGH, NJW 1999, 796 L; KK-StPO/*Diemer*, § 21g Rn. 2) gelten sollen. Nach Ablauf des Geschäftsjahres tritt er ohne Weiteres außer Kraft (BGH, NJW 2004, 2992, 2993 m.w.N.). Die Vorschriften über den Mitwirkungsplan gewährleisten eine zusätzliche Sicherung gegen sachfremde Einflüsse (BGHSt 21, 250, 254; AnwK-StPO/*Bergmann*, § 21g Rn. 3; KK-StPO/*Diemer*, § 21g Rn. 2). Der **Dienstaufsicht** unterliegt der Mitwirkungsplan **nicht** (*Kissel/Mayer*, § 21g Rn. 51; KK-StPO/*Diemer*, § 21g Rn. 2).

10 Der Mitwirkungsplan wird in dem Beschluss über die Geschäftsverteilung nach Abs. 1 aufgestellt. Das Präsidium kann hierfür keine Vorschriften machen (KK-StPO/*Diemer*, § 21g Rn. 3). Zur **Form** gilt Rdn. 8 entsprechend.

Über den **Inhalt** des Mitwirkungsplans enthält das Gesetz keine nähere Bestimmung (vgl. KK-StPO/ **11** *Diemer*, § 21g Rn. 5). Es erfordert nur die Aufstellung allgemeiner »Grundsätze« im Mitwirkungsplan, nach denen die Mitglieder am Verfahren mitwirken und die eine jeweilige Bestimmung der Besetzung einzelner Sitzungen durch den Vorsitzenden ausschließen (vgl. BVerfG, NJW 1991, 217, 219; KK-StPO/*Diemer*, § 21g Rn. 5). Im Mitwirkungsplan muss aber nach **abstrakt-generellen Merkmalen im Voraus** so genau wie möglich bestimmt sein, welche Richter an der Entscheidung mitwirken; ein vermeidbarer Spielraum bei der Heranziehung des einzelnen Richters zur Entscheidung einer Sache darf nicht belassen werden (LR/*Breidling*, § 21g Rn. 15). Das schließt die Verwendung unbestimmter Rechtsbegriffe nicht aus (*Meyer-Goßner/Schmitt*, § 21g Rn. 4). Ausreichend ist es, dass sich aus dem Mitwirkungsplan ein System in der Weise ergibt, dass sich die Besetzung des Spruchkörpers bei der einzelnen Entscheidung im Regelfall aus ihm ableiten lässt (KK-StPO/*Diemer*, § 21g Rn. 5; *Meyer-Goßner/Schmitt*, § 21g Rn. 4). In Betracht kommen verschiedene Systeme wie die Bestimmung der Richterbank nach fixen sachlichen Merkmalen (Aktenzeichen, Anfangsbuchstaben des Namens des – ggf. ältesten – Angeklagten, Rechtsgebiet usw.; vgl. BVerfG, NJW 2005, 2540; zu Verteilungssystemen *Katholnigg*, JR 2000, 166; auch *Sowada*, S. 320 ff.), die Bestimmung der Spruchgruppe durch die Anknüpfung an die Person des fest bestimmten Berichterstatters (LR/*Breidling*, § 21g Rn. 15; *Meyer-Goßner/Schmitt*, § 21g Rn. 4) und die Zuordnung der Richter bzw. Spruchgruppe zu bestimmten Terminstagen (LR/*Breidling*, § 21g Rn. 15; *Meyer-Goßner/Schmitt*, § 21g Rn. 4). Ansonsten besteht für die Ausgestaltung des Systems im Einzelnen Gestaltungsfreiheit (*Meyer-Goßner/Schmitt*, § 21g Rn. 4). Begriffe wie der Sachzusammenhang, die besondere Eilbedürftigkeit oder eine frühere Befassung mit der Sache sind zulässig (BGH, NStZ 1994, 443 m. Anm. *Katholnigg*), solange eine Bestimmung des entscheidenden Richters nach abstrakt-generellen Merkmalen erfolgt (BGH, StV 1999, 639, 640; KK-StPO/*Diemer*, § 21g Rn. 5).

Von dem Mitwirkungsplan darf nicht willkürlich abgewichen werden (BGH, NJW 1980, 951). Eine **12** Abweichung von den »Grundsätzen« des Mitwirkungsplans wird aber bei unvorhersehbaren Umständen anerkannt, sofern die **Abweichung** zur Aufrechterhaltung eines geordneten Dienstbetriebs erforderlich ist (BGH, NJW 1967, 1622, 1623; **a. A.** *Kissel/Mayer*, § 21g Rn. 16) oder die strikte Einhaltung der »Grundsätze« zu Verzögerungen, teilweisem Leerlauf, ungleichmäßiger Auslastung oder vermeidbarem doppelten Arbeitsaufwand führen würde (BGHSt 29, 162, 164; *Meyer-Goßner/Schmitt*, § 21g Rn. 10). Es empfiehlt sich eine solche Abweichung aktenkundig zu machen, rechtlich erforderlich ist dies aber nicht (BGHSt 29, 162, 164). Sofern die allgemeinen Grundsätze einer Auslegung zugänglich sind, können nicht vorbedachte Einzelfälle auch so bewältigt werden (BVerfG, NJW 1997, 1497, 1499).

Eine **Änderung des Mitwirkungsplan** während des laufenden Geschäftsjahres erfolgt unter den Voraus- **13** setzungen des Abs. 2 Halbs. 2 durch Beschluss. Die Änderung ist aktenkundig zu machen (BGHSt 21, 250); es gilt Abs. 7.

Mit der Revision kann nach **§ 338 Nr. 1 StPO** ein willkürlicher oder missbräuchlicher Verstoß gegen **14** die Einhaltung der Grundsätze des Abs. 2 (BGHSt 21, 250; 29, 162) oder eine unzulässige Abweichung gerügt werden (*Meyer-Goßner/Schmitt*, § 21g Rn. 11).

§ 21h GVG [Vertretung des Präsidenten oder des aufsichtführenden Richters].

¹Der Präsident oder aufsichtführende Richter wird in seinen durch dieses Gesetz bestimmten Geschäften, die nicht durch das Präsidium zu verteilen sind, durch seinen ständigen Vertreter, bei mehreren ständigen Vertretern durch den dienstältesten, bei gleichem Dienstalter durch den lebensältesten von ihnen vertreten. ²Ist ein ständiger Vertreter nicht bestellt oder ist er verhindert, wird der Präsident oder aufsichtführende Richter durch den dienstältesten, bei gleichem Dienstalter durch den lebensältesten Richter vertreten.

§ 21h regelt die Vertretung des Präsidenten oder aufsichtführenden Richters im Bereich der »**justiz- 1 förmigen« Verwaltung**, für die der Grundsatz der richterlichen Unabhängigkeit gilt (BGH, NJW 1974, 509; *Kissel/Mayer*, § 21h Rn. 1; LR/*Breidling*, § 21h Rn. 1; SK-StPO/*Velten*, § 21h Rn. 1; *Meyer-Goßner/Schmitt*, § 21h Rn. 1), insb. den Vorsitz im Präsidium (§ 21c Abs. 1 Satz 1), die Anordnungen nach § 21g Abs. 2 sowie die Eilentscheidungen nach § 21i Abs. 2. Für die Rechtsprechungstätigkeit gilt

§ 21f Abs. 2. Die Vertretung in Aufgaben der reinen Justizverwaltung (z.B. Ziehen der Lose bei Schöffenwahl) regelt das Landesrecht (§ 13 GVGVO und Landesgesetze; SK-StPO/*Velten*, § 21h Rn. 1).

2 Der Vertretungsfall setzt eine Verhinderung (vgl. § 21f Rdn. 8) voraus, die durch den Präsidenten selbst festzustellen ist (*Kissel/Mayer*, § 21h Rn. 4; SK-StPO/*Velten*, § 21h Rn. 1). Ist der ständige Vertreter (Vizepräsident/Vertreter des aufsichtsführenden Richters) nicht bestellt oder verhindert, kommt es auf das Dienstalter, wobei die höhere Besoldungsstufe Vorrang hat (h.M., *Katholnigg*, § 21h Rn. 3; *Kissel/Mayer*, § 21h Rn. 6; Thomas/Putzo/*Hüßtege*, § 21h Rn. 2), bzw. auf das Lebensalter an (Satz 2).

§ 21i GVG [Beschlussfähigkeit des Präsidiums, Notkompetenz].

(1) Das Präsidium ist beschlußfähig, wenn mindestens die Hälfte seiner gewählten Mitglieder anwesend ist.

(2) ¹Sofern eine Entscheidung des Präsidiums nicht rechtzeitig ergehen kann, werden die in § 21e bezeichneten Anordnungen von dem Präsidenten oder aufsichtführenden Richter getroffen. ²Die Gründe für die getroffene Anordnung sind schriftlich niederzulegen. ³Die Anordnung ist dem Präsidium unverzüglich zur Genehmigung vorzulegen. ⁴Sie bleibt in Kraft, solange das Präsidium nicht anderweit beschließt.

1 **A. Beschlussfähigkeit des Präsidiums (Abs. 1)** Die Beschlussfähigkeit des Präsidiums setzt mindestens die Hälfte der **gewählten** Mitglieder – ohne den Vorsitzenden (da dieser nicht gewählt ist, vgl. HK-StPO-Schmidt/Temming, § 21i Rn. 1) – voraus. Der Vorsitzende muss immer anwesend bzw. durch seinen Vertreter gem. § 21h vertreten werden, der in diesem Fall nicht mitgezählt wird (*Kissel/Mayer*, § 21i Rn. 3, 4; MüKo-ZPO/*Zimmermann*, § 21i Rn. 4). Die Vorschrift gilt auch für das Plenarpräsidium nach § 21a Abs. 2 Nr. 5, wobei bei einer ungeraden Mitgliederzahl die rechnerische Hälfte überschritten sein muss (LR/*Breidling*, § 21i Rn. 3).

2 Bei Beschlüssen im (schriftlichen) **Umlaufverfahren** müssen alle Mitglieder mitwirken (BGHSt 12, 402; KK-StPO/*Diemer*, § 21i Rn. 1; MüKo-ZPO/*Zimmermann*, § 21i Rn. 5).

3 **B. Eilanordnungen (Abs. 2)** Wenn besondere Eilbedürftigkeit gegeben ist und eine Entscheidung des Präsidiums als Kollegium – auch im Umlaufverfahren – nicht rechtzeitig ergehen kann (*Kissel/Mayer*, § 21i Rn. 7; SK-StPO/*Velten*, § 21i Rn. 1), trifft der Vorsitzende nach pflichtgemäßem Ermessen in eigener Verantwortung (LR/*Breidling*, § 21i Rn. 8; Meyer-Goßner/*Schmitt*, § 21i Rn. 2) die Anordnungen nach § 21e (mit Ausnahme des Geschäftsverteilungsplans, SK-StPO/*Velten*, § 21i Rn. 2). Beim Plenarpräsidium ist der Präsident des übergeordneten LG oder der Dienstaufsicht ausübende Präsident eines anderen AG zuständig, § 22a (*Kissel/Mayer*, § 21i Rn. 8; *Katholnigg*, § 21i Rn. 2; LR/*Breidling*, § 21i Rn. 7).

4 Zur Nachprüfung der Zulässigkeit und Angemessenheit der Eilanordnung sind die Gründe für die Eilbedürftigkeit schriftlich niederzulegen, Satz 2 (*Kissel/Mayer*, § 21i Rn. 10; LR/*Breidling*, § 21i Rn. 8). Die Eilanordnung ersetzt den Präsidiumsbeschluss und bleibt solange in Kraft, bis das Präsidium anderweitig beschließt, Satz 4. Die Anordnung ist dem Präsidium unverzüglich zur Genehmigung vorzulegen (Satz 3), d.h., dass der Vorsitzende das Präsidium frühestmöglich zu Informationszwecken zu einer Sitzung laden und die Möglichkeit zu einer abweichenden Anordnung **für die Zukunft** (ex nunc, nicht ex tunc) geben muss (*Kissel/Mayer*, § 21i Rn. 10; MüKo-ZPO/*Zimmermann*, § 21i Rn. 8, 10).

5 Fehlerhafte Entscheidungen unterliegen der gerichtlichen Prüfung wie fehlerhafte Geschäftsverteilungspläne (vgl. § 21e Rdn. 30; *Kissel/Mayer*, § 21i Rn. 12; MüKo-ZPO/*Zimmermann*, § 21i Rn. 11). Die Eilanordnung kann – so lange das Präsidium die Anordnung nicht bestätigt hat – nur dahin gehend überprüft werden, ob ein fehlerhafter Ermessensgebrauch vorliegt (*Kissel/Mayer*, § 21i Rn. 12; MüKo-ZPO/*Zimmermann*, § 21i Rn. 11). Verfahrensverstöße nach Satz 2 und 3 können nicht selbstständig gerügt werden (*Kissel/Mayer*, § 21i Rn. 12).

§ 21j GVG [Errichtung von Gerichten; Bildung von Präsidien].

(1) ¹Wird ein Gericht errichtet und ist das Präsidium nach § 21a Abs. 2 Nr. 1 bis 4 zu bilden, so werden die in § 21e bezeichneten Anordnungen bis zur Bildung des Präsidiums von dem Präsidenten oder aufsichtführenden Richter getroffen. ²§ 21i Abs. 2 Satz 2 bis 4 gilt entsprechend.
(2) ¹Ein Präsidium nach § 21a Abs. 2 Nr. 1 bis 4 ist innerhalb von drei Monaten nach der Errichtung des Gerichts zu bilden. ²Die in § 21b Abs. 4 Satz 1 bestimmte Frist beginnt mit dem auf die Bildung des Präsidiums folgenden Geschäftsjahr, wenn das Präsidium nicht zu Beginn eines Geschäftsjahres gebildet wird.
(3) An die Stelle des in § 21d Abs. 1 bezeichneten Zeitpunkts tritt der Tag der Errichtung des Gerichts.
(4) ¹Die Aufgaben nach § 1 Abs. 2 Satz 2 und 3 und Abs. 3 der Wahlordnung für die Präsidien der Gerichte vom 19. September 1972 (BGBl. I S. 1821) nimmt bei der erstmaligen Bestellung des Wahlvorstandes der Präsident oder aufsichtführende Richter wahr. ²Als Ablauf des Geschäftsjahres in § 1 Abs. 2 Satz 2 und § 3 Satz 1 der Wahlordnung für die Präsidien der Gerichte gilt der Ablauf der in Absatz 2 Satz 1genannten Frist.

Die Vorschrift ist an die Stelle des § 30 RpflAnpG (aufgehoben durch Art. 3 des Gesetzes v. 19.04.2006, BGBl. I, S. 866) getreten. Sie enthält eine Regelung über die Bildung von Präsidien sowie die Geschäftsverteilung bei der Neuerrichtung von Gerichten – auch bei deren Zusammenlegung (*Kissel/Mayer*, § 21j Rn. 2); hierzu wird auf Bestimmungen der §§ 21a, 21b, 21d, 21e und 21i verwiesen (*Meyer-Goßner/Schmitt*, § 21j Rn. 1). 1

Dritter Titel. Amtsgerichte

§ 22 GVG [Richter beim Amtsgericht].

(1) Den Amtsgerichten stehen Einzelrichter vor.
(2) Einem Richter beim Amtsgericht kann zugleich ein weiteres Richteramt bei einem anderen Amtsgericht oder bei einem Landgericht übertragen werden.
(3) ¹Die allgemeine Dienstaufsicht kann von der Landesjustizverwaltung dem Präsidenten des übergeordneten Landgerichts übertragen werden. ²Geschieht dies nicht, so ist, wenn das Amtsgericht mit mehreren Richtern besetzt ist, einem von ihnen von der Landesjustizverwaltung die allgemeine Dienstaufsicht zu übertragen.
(4) Jeder Richter beim Amtsgericht erledigt die ihm obliegenden Geschäfte, soweit dieses Gesetz nichts anderes bestimmt, als Einzelrichter.
(5) ¹Es können Richter kraft Auftrags verwendet werden. ²Richter auf Probe können verwendet werden, soweit sich aus Absatz 6, § 23b Abs. 3 Satz 2, § 23c Abs. 2 oder § 29 Abs. 1 Satz 2 nichts anderes ergibt.
(6) Ein Richter auf Probe darf im ersten Jahr nach seiner Ernennung Geschäfte in Insolvenzsachen nicht wahrnehmen. Richter in Insolvenzsachen sollen über belegbare Kenntnisse auf den Gebieten des Insolvenzrechts, des Handels- und Gesellschaftsrechts sowie über Grundkenntnisse der für das Insolvenzverfahren notwendigen Teile des Arbeits-, Sozial- und Steuerrechts und des Rechnungswesens verfügen. Einem Richter, dessen Kenntnisse auf diesen Gebieten nicht belegt sind, dürfen die Aufgaben eines Insolvenzrichters nur zugewiesen werden, wenn der Erwerb der Kenntnisse alsbald zu erwarten ist.

A. Errichtung, Aufhebung und Verlegung der AG.
Die sachliche Zuständigkeit der ausschließlich erstinstanzlich tätigen AG bestimmt sich nach dem GVG. Die funktionelle Zuständigkeit wird nur partiell durch das GVG geregelt, die örtliche Zuständigkeit in Strafsachen vornehmlich durch §§ 7 ff. StPO. Die **Errichtung, Aufhebung** und **Verlegung** der AG ist Sache der Länder; es gilt der Gesetzesvorbehalt (BVerfGE 2, 307; BVerfG, NJW 1967, 1219: Art. 92 GG als Organisationsnorm; 1

Meyer-Goßner/Schmitt, § 22 Rn. 3; KK-StPO/*Hannich*, § 22 Rn. 1). Nach Maßgabe der anstelle des § 3 GVVO 1935 (aufgehoben durch G.v. 19.04.2006 zum 24.04.2008, BGBl. I, S. 866) getretenen landesrechtlichen Vorschriften über die Gerichtsorganisation können durch die LJV außerhalb des Sitzes des AG **Zweigstellen**, als unselbstständige Teile des Hauptgerichts (BayVerfGH, NJW 1978, 1515; BGH, NJW 1985, 1084; *Kissel/Mayer*, § 22 Rn. 2) für einen räumlich begrenzten Teil des AG-Bezirks (*Kissel/Mayer*, § 22 Rn. 2) errichtet und auch wieder aufgehoben werden (VGH Bayern, NJW 2005, 3737). Da die Zweigstelle Teil des »Amtsgerichts« ist, können Schriftsätze fristwahrend sowohl beim Hauptgericht als auch der Zweigstelle eingereicht werden (*Katholnigg*, § 22 Rn. 2 m.w.N.; LR/*Siolek*, § 22 Rn. 2; *Meyer-Goßner/Schmitt*, § 22 Rn. 4). Die Zuweisung der Richter an Hauptgericht und Zweigstelle ist Aufgabe des Präsidiums (*Katholnigg*, § 22 Rn. 2; *Kissel/Mayer*, § 22 Rn. 2; KK-StPO/*Hannich*, § 22 Rn. 4). Nach den genannten Vorschriften kann auch die Abhaltung von **Gerichtstagen** außerhalb des Sitzes des AG angeordnet werden, aber nur innerhalb des AG-Bezirks und beschränkt auf den bei der Errichtung angegebenen Bereich (ausführlich *Kissel/Mayer*, § 22 Rn. 3; LR/*Siolek*, § 22 Rn. 3; SK-StPO/*Degener*, § 22 Rn. 3, 6).

2 **B. Einzelrichterprinzip (Abs. 1, 4)** Das in Abs. 1 und 4 normierte Einzelrichterprinzip bestimmt zum einen das **Primat der richterlichen Zuständigkeit** und zum anderen, dass die Erledigung aller dem AG als Rechtsprechungsorgan durch Gesetz übertragenen **Aufgaben durch Einzelrichter wahrgenommen** werden, soweit keine gesetzlichen Sondervorschriften bestehen (Einschränkung des Richterprinzips: z.B. § 11 RPflG, § 153 und Abweichungen vom Einzelrichterprinzip: z.B. §§ 28 ff., 33 Abs. 2 JGG; SK-StPO/*Degener*, § 22 Rn. 7).

3 **C. Doppelernennung (Abs. 2; § 27 Abs. 2 DRiG; vgl. auch § 59 Abs. 2)** Im Interesse einer geordneten Rechtspflege (LR/*Siolek*, § 22 Rn. 7) kann das Präsidium in Abweichung von § 27 Abs. 1 DRiG grds. (zur Ausnahme vgl. KK-StPO/*Hannich*, § 22 Rn. 6) durch einfache Verfügung der Justizverwaltung (BGHSt 24, 283; KK-StPO/*Hannich*, § 22 Rn. 6; SK-StPO/*Degener*, § 22 Rn. 9) einem Richter neben seinem Richteramt am AG zugleich ein weiteres an einem AG oder LG übertragen werden. Unberührt bleibt davon die Möglichkeit, einen **Richter auf Probe oder kraft Auftrags (Abs. 5)** bei mehreren Gerichten zu verwenden (§§ 13, 16 DRiG). Einschränkungen für die Tätigkeit des Richters auf Probe ergeben sich aus Abs. 6 Satz 1, § 23b Abs. 3 Satz 2, § 23c Abs. 2, § 29 Abs. 1 Satz 2 und §§ 28 Abs. 2, 29 DRiG. Die Sätze 2 und 3 des Abs. 6 wurden durch das Gesetz zur weiteren Erleichterung der Sanierung von Unternehmen vom 7.12.2011 (BGBl. I 2011, Nr. 64) eingeführt. Sinn und Zweck der Regelung ist der Stärkung des Sanierungsgedankens nicht nur auf Seiten der Insolvenzverwalter, sondern auch auf Seiten des Gerichts durch besonders geschulte Personen Rechnung zu tragen (vgl. Begründung des Gesetzentwurfs der Bundesregierung vom 23.02.2011, Teil B, S. 67). Satz 2 wurde als Soll-Vorschrift ausgestaltet, um den Belangen der Praxis, »insbesondere im Hinblick auf Insolvenzrichter, die schon seit langem in entsprechender Funktion tätig sind« zu genügen (Begründung des Gesetzentwurfs der Bundesregierung vom 23.02.2011, Teil B, S. 68). Darüber hinaus soll eine berufsbegleitende Weiterbildung nicht ausgeschlossen sein. Daran knüpft auch Satz 3 an. »Die Verwendung des flexiblen Begriffs »alsbald« gestattet es, neben der persönlichen Weiterqualifizierungsbereitschaft der Betroffenen auch die dienstlichen Rahmenbedingungen und die verfügbaren Fortbildungsangebote zu berücksichtigen. Die Erwartung muss sich also darauf richten, dass die Kenntnisse erworben werden, so bald dies nach den Umständen möglich ist« (Begründung des Gesetzentwurfs der Bundesregierung vom 23.02.2011, Teil B, S. 68). Die Ablegung einer Prüfung wird nicht vorausgesetzt.

4 **D. Allgemeine Dienstaufsicht (Abs. 3)** Abs. 3 regelt die Zuständigkeit für die »allgemeine Dienstaufsicht«, die die Organisation des Geschäftsablaufs, die Überwachung der ordnungsgemäßen Amtsführung, die Erteilung von Weisungen und Einzelanordnungen im Dienstverhältnis und die allgemeine Fürsorgepflicht des Dienstvorgesetzten umfasst (MüKo-ZPO/*Zimmermann*, § 22 Rn. 7; ausführlich *Kissel/Mayer*, § 22 Rn. 38 ff.). Die Dienstaufsicht über Richter ist im Hinblick auf die richterliche Unabhängigkeit eingeschränkt (§ 26 DRiG und §§ 21a ff.). Von dieser geht das Gesetz aus, wenn es nur von »Dienstaufsicht« (z.B. §§ 22a, 22b Abs. 4, 22c Abs. 1) oder vom aufsichtsführenden Richter (z.B. § 21a Abs. 2, § 21h) spricht (*Meyer-Goßner/Schmitt*, § 22 Rn. 5).

§ 22a GVG [Präsidium bei den Amtsgerichten]. Bei Amtsgerichten mit einem aus allen wählbaren Richtern bestehenden Präsidium (§ 21a Abs. 2 Nr. 5) gehört der Präsident des übergeordneten Landgerichts oder, wenn der Präsident eines anderen Amtsgerichts die Dienstaufsicht ausübt, dieser Präsident dem Präsidium als Vorsitzender an.

§ 22a normiert eine Sondervorschrift für den Vorsitz im amtsgerichtlichen Präsidium bei AG mit weniger als acht Richterplanstellen (§ 21a Abs. 2 Satz 1 Nr. 5), unabhängig von deren tatsächlicher Besetzung (LR/*Siolek*, § 22a Rn. 3). Die Vorschrift setzt aber eine Mindestanzahl von zwei Richterplanstellen (»aus allen wählbaren Richtern«) voraus (*Meyer-Goßner/Schmitt*, § 22a Rn. 1; SK-StPO/*Degener*, § 22a Rn. 1). **Rechtspolitischer Zweck** der Vorschrift ist, den Vorsitz bei kleinen AG einem »**neutralen Dritten**« zu übertragen, um Spannungen und Interessenkonflikte bei der Geschäftsverteilung auszugleichen (Ausschussbericht BT-Drucks. VI 2903, S. 5; SK-StPO/*Degener*, § 22a Rn. 1). 1

Für die Vertretung gelten die §§ 21c und 21h (*Kissel/Mayer*, § 22a Rn. 3); die Eilkompetenz bestimmt sich nach § 21i Abs. 2 (*Kissel/Mayer*, § 22a Rn. 5; *Katholnigg*, § 22a Rn. 1). Ein Anfechtungsrecht nach § 21b Abs. 6 steht dem Präsidenten aber mangels Wahlberechtigung nicht zu (*Katholnigg*, § 22a Rn. 1). 2

Erhöht sich die Anzahl der Richterplanstellen nachträglich auf mindestens acht, so bleibt die beschlossene Geschäftsverteilung zunächst bestehen (*Kissel/Mayer*, § 22a Rn. 4; KK-StPO/*Hannich*, § 22a Rn. 3; LR/*Siolek*, § 22a Rn. 4). Es ist dann Sache des nach § 21a neu zu wählenden Präsidiums, die erforderlichen Änderungen zu beschließen (LR/*Siolek*, § 22a Rn. 4). 3

§ 22b GVG [Amtsgericht mit nur einem Richter]. (1) Ist ein Amtsgericht nur mit einem Richter besetzt, so beauftragt das Präsidium des Landgerichts einen Richter seines Bezirks mit der ständigen Vertretung dieses Richters.
(2) Wird an einem Amtsgericht die vorübergehende Vertretung durch einen Richter eines anderen Gerichts nötig, so beauftragt das Präsidium des Landgerichts einen Richter seines Bezirks längstens für zwei Monate mit der Vertretung.
(3) ¹In Eilfällen kann der Präsident des Landgerichts einen zeitweiligen Vertreter bestellen. ²Die Gründe für die getroffene Anordnung sind schriftlich niederzulegen.
(4) Bei Amtsgerichten, über die der Präsident eines anderen Amtsgerichts die Dienstaufsicht ausübt, ist in den Fällen der Absätze 1 und 2 das Präsidium des anderen Amtsgerichts und im Falle des Absatzes 3 dessen Präsident zuständig.

In Ergänzung zu § 21e finden sich in der Norm Vorschriften über die Vertretung der Richter beim AG. 1

Abs. 1 regelt die **ständige Vertretung** im Verhinderungsfall beim »**Einmann-Amtsgericht**«, das – unabhängig von den Planstellen – tatsächlich nur mit einem Richter besetzt ist (*Kissel/Mayer*, § 22b Rn. 1; *Katholnigg*, § 22b Rn. 1). Zuständig für die Vertreterregelung ist das Präsidium des übergeordneten LG bzw. das Präsidium des anderen AG, dessen Präsident anstelle des LG-Präsidenten die Dienstaufsicht führt (Abs. 4). Zum Vertreter kann jeder Richter im Bezirk des Präsidium (bei Abs. 1 im LG-Bezirk bei Abs. 4 im Bezirk des anderen AG), ohne Rücksicht auf seinen Status, beauftragt werden (*Kissel/Mayer*, § 22b Rn. 2, 8; MüKo-ZPO/*Zimmermann*, § 22b Rn. 5). Bei der Vertreterbestellung handelt es sich um eine Zuweisung richterlicher Aufgaben nach § 21e (*Kissel/Mayer*, § 22b Rn. 3; KK-StPO/*Hannich*, § 22b Rn. 1). Der Vertreter ist zu hören (*Kissel/Mayer*, § 22b Rn. 3; § 21e Abs. 5). 2

Abs. 2 betrifft die **vorübergehend notwendige Vertretung** bei **jedem AG** im Einzelfall (keine abstrakt-generelle Vertretungsregelung im Voraus über die Dauer eines Geschäftsjahres: VGH Bayern, NJW 1994, 2308), wenn der nach dem Geschäftsverteilungsplan oder nach Abs. 1 bestellte Vertreter wegen Überlastung oder sonstigen Ausfalls (*Kissel/Mayer*, § 22b Rn. 5; MüKo-ZPO/*Zimmermann*, § 22b Rn. 6) nicht zur Verfügung steht. Die Regelung gilt nach dem Gesetz längstens für 2 Monate, kann aber (auch unter Neubestellung des bisherigen Vertreters) erneut auf die Dauer von längstens 2 Monaten ausgesprochen werden (wohl h.M. *Kissel/Mayer*, § 22b Rn. 5; KK-StPO/*Hannich*, § 22b Rn. 2; LR/*Siolek*, § 22b Rn. 4; *Katholnigg*, § 22b Rn. 2 mit Einschränkung »Auftreten neuer Tatsachen«; a. A. *Meyer-Goßner/Schmitt*, § 22b Rn. 2; MüKo-ZPO/*Zimmermann*, § 22b Rn. 7; SK-StPO/*Frister*, § 22b Rn. 6). 3

Abs. 3 enthält eine Regelung in **Eilfällen** (vgl. § 21i Abs. 2 Satz 1) zu Wahrung des Anspruchs auf den gesetzlichen Richter (*Kissel/Mayer*, § 22b Rn. 6). Die Gründe sind schriftlich niederzulegen (Abs. 3 4

Satz 2). § 21i Abs. 2 Satz 3 und 4 gelten analog (*Kissel/Mayer*, § 22b Rn. 7; MüKo-ZPO/*Zimmermann*, § 22b Rn. 7).

§ 22c GVG [Gemeinsamer Bereitschaftsdienst].

(1) ¹Die Landesregierungen werden ermächtigt, durch Rechtsverordnung zu bestimmen, dass für mehrere Amtsgerichte im Bezirk eines Landgerichts ein gemeinsamer Bereitschaftsdienstplan aufgestellt wird oder ein Amtsgericht Geschäfte des Bereitschaftsdienstes ganz oder teilweise wahrnimmt, wenn dies zur Sicherstellung einer gleichmäßigeren Belastung der Richter mit Bereitschaftsdiensten angezeigt ist. ²Zu dem Bereitschaftsdienst sind die Richter der in Satz 1 bezeichneten Amtsgerichte heranzuziehen. ³In der Verordnung nach Satz 1 kann bestimmt werden, dass auch die Richter des Landgerichts heranzuziehen sind. ⁴Über die Verteilung der Geschäfte des Bereitschaftsdienstes beschließt nach Maßgabe des § 21e das Präsidium des Landgerichts im Einvernehmen mit den Präsidien der betroffenen Amtsgerichte. ⁵Kommt eine Einigung nicht zustande, obliegt die Beschlussfassung dem Präsidium des Oberlandesgerichts, zu dessen Bezirk das Landgericht gehört.

(2) Die Landesregierungen können die Ermächtigung nach Absatz 1 auf die Landesjustizverwaltungen übertragen.

1 **A. Normzweck.** Durch die Vorschrift des § 22c Abs. 1 Satz 1 (eingefügt durch Art. 3 des Gesetzes v. 24.06.1994, BGBl. I, S. 1374) soll einer **ungleichmäßigen Belastung** der Amtsrichter mit Bereitschaftsdiensten, die durch die unterschiedliche Größe und personelle Ausstattung der AGe zu besorgen ist, **entgegengewirkt** werden (KK-StPO/*Hannich*, § 22c Rn. 1). Infolge der Entscheidung des BVerfG zur restriktiven Auslegung des unbestimmten Rechtsbegriffs »Gefahr im Verzug« in Art. 13 Abs. 2 GG (BVerfGE 103, 142) und der damit einhergehenden verstärkten Inanspruchnahme des richterlichen Bereitschaftsdienstes auch außerhalb der üblichen Dienstzeiten wurde die Vorschrift durch Art. 20 Nr. 1 OLGVertrÄndG v. 23.07.2002 (BGBl. I, S. 2850) dergestalt geändert, dass die Beschränkung der Bereitschaftsdienstkonzentration auf dienstfreie Tage entfallen ist, die Möglichkeit der sog. Pool-Lösung geschaffen wurde und auch die Richter des LG zum Bereitschaftsdienst herangezogen werden können (KK-StPO/*Hannich*, § 22c Rn. 1; *Meyer-Goßner/Schmitt*, § 22c Rn. 1).

2 **B. Bereitschaftsdienstkonzentration und gemeinsamer Bereitschaftsdienstplan (Abs. 1)** § 22c Abs. 1 ermöglicht den Ländern durch Rechtsverordnung den Bereitschaftsdienst in einem Landgerichtsbezirk für **die gesamte dienstfreie Zeit**, einschließlich der Arbeitstage nach dem üblichen Dienstende, zu konzentrieren, um so einer ungleichmäßigen Belastung der Richter entgegenzusteuern. Erfasst werden **sämtliche Richter** der von der Rechtsverordnung bestimmten AG (Abs. 1 Satz 1). Auch die Hinzuziehung aller **Richter des LG** (einschließlich dem Vorsitzenden) zum Bereitschaftsdienst kann in der Verordnung vorgesehen werden (Abs. 1 Satz 3). Eine Ausnahme gilt nur für Proberichter im ersten Jahr nach der Ernennung (BT-Drucks. 14/9266, S. 39). Einer Ernennung der Richter im Einzelfall oder einer Zustimmung bedarf es nicht (LR/*Siolek*, § 22c Rn. 2; *Meyer-Goßner/Schmitt*, § 22c Rn. 3). Die Richter am LG werden im Bereitschaftsdienst der Sache nach formell als Amtsrichter tätig (*Meyer-Goßner/Schmitt*, § 22c Rn. 3), sodass § 22d Anwendung findet (BT-Drucks. 14/9266, S. 39; (*Meyer-Goßner/Schmitt*, § 22c Rn. 3).

3 Eine Bereitschaftsdienstkonzentration ist im Wege der Zentralisierung des Bereitschaftsdienstes mehrerer AG bei einem AG oder im Wege der Aufstellung eines gemeinsamen Bereitschaftsdienstplanes für mehrere AG in Form einer »**Pool-Lösung**« möglich (KK-StPO/*Hannich*, § 22c Rn. 1, 2; *Meyer-Goßner/Schmitt*, § 22c Rn. 2).

4 Zuständig für die Verteilung des Bereitschaftsdienstes und insb. die Aufstellung des Bereitschaftsdienstplanes und dessen konkrete Ausgestaltung (Beginn und Ende des Bereitschaftsdienstzeitraums; Zuständigkeit der Gerichte; Zuständigkeitsabgrenzung, wenn der nach der regulären Geschäftsverteilung zuständige Richter an nicht dienstfreien Tagen anwesend ist, KK-StPO/*Hannich*, § 22c Rn. 3; *Meyer-Goßner/Schmitt*, § 22c Rn. 5; ausführlich *Falk*, DRiZ 2007, 151) ist nach Maßgabe des § 21e das **Präsidium des LG im Einvernehmen mit den Präsidien der betroffenen AG** (Abs. 1 Satz 4). Im Fall der Nichteinigung geht die Zuständigkeit auf das Präsidium des OLG über (Abs. 1 Satz 5).

C. Subdelegationsrecht (Abs. 2) Nach Art. 80 Abs. 1 Satz 1, 3 GG i.V.m. § 22c Abs. 2 kann die Ermächtigung nach Abs. 1 im Verordnungswege auf die Landesjustizverwaltungen subdelegiert werden, was dem praktischen Bedürfnis entspricht, die Stelle, die mit den konkreten Verhältnissen vor Ort besser vertraut ist, zu ermächtigen (LR/*Siolek*, § 22c Rn. 7; SK-StPO/*Degener*, § 22c Rn. 8). 5

§ 22d GVG [Gültigkeit einer Handlung].
Die Gültigkeit der Handlung eines Richters beim Amtsgericht wird nicht dadurch berührt, daß die Handlung nach der Geschäftsverteilung von einem anderen Richter wahrzunehmen gewesen wäre.

Die Vorschrift normiert einen allgemeinen Rechtsgrundsatz (SK-StPO/*Degener*, § 22d Rn. 2; *Meyer-Goßner/Schmitt*, § 22d Rn. 1), der die Gültigkeit der richterlichen Handlung bei einer – nicht willkürlichen – Verletzung des gesetzmäßigen Geschäftsverteilungsplans des AG beinhaltet (*Kissel/Mayer*, § 22d Rn. 1, 3, 4; *Meyer-Goßner/Schmitt*, § 22d Rn. 1; LR/*Siolek*, § 22d Rn. 6). Sie gilt gleichermaßen für das Schöffengericht (KK-StPO/*Hannich*, § 22d Rn. 2; LR/*Siolek*, § 22d Rn. 2; SK-StPO/*Degener*, § 22d Rn. 5). Nicht in den Anwendungsbereich der Vorschrift fallen die Fälle, in denen kein oder ein fehlerhafter bzw. gesetzwidriger Geschäftsverteilungsplan existiert; insoweit ist auf die bei § 16 (Art. 101 Abs. 1 Satz 2 GG) dargestellten Grundsätze abzustellen (LR/*Siolek*, § 22d Rn. 6; *Meyer-Goßner/Schmitt*, § 22d Rn. 1; SK-StPO/*Degener*, § 22d Rn. 6). 1

§ 24 GVG [Zuständigkeit des Amtsgerichts].
(1) In Strafsachen sind die Amtsgerichte zuständig, wenn nicht
1. die Zuständigkeit des Landgerichts nach § 74 Abs. 2 oder § 74a oder des Oberlandesgerichts nach § 120 begründet ist,
2. im Einzelfall eine höhere Strafe als vier Jahre Freiheitsstrafe oder die Unterbringung des Beschuldigten in einem psychiatrischen Krankenhaus, allein oder neben einer Strafe, oder in der Sicherungsverwahrung (§§ 66 bis 66b des Strafgesetzbuches) zu erwarten sind oder
3. die Staatsanwaltschaft wegen der besonderen Schutzbedürftigkeit von Verletzten der Straftat, die als Zeugen in Betracht kommen, des besonderen Umfangs oder der besonderen Bedeutung des Falles Anklage beim Landgericht erhebt.
Eine besondere Schutzbedürftigkeit nach Satz 1 Nummer 3 liegt insbesondere vor, wenn zu erwarten ist, dass die Vernehmung für den Verletzten mit einer besonderen Belastung verbunden sein wird, und deshalb mehrfache Vernehmungen vermieden werden sollten.
(2) Das Amtsgericht darf nicht auf eine höhere Strafe als vier Jahre Freiheitsstrafe und nicht auf die Unterbringung in einem psychiatrischen Krankenhaus, allein oder neben einer Strafe, oder in der Sicherungsverwahrung erkennen.

S.a. RiStBV Nr. 113

A. Regelungsgehalt des § 24 Abs. 1. I. Sachliche Zuständigkeit des AG in Strafsachen. § 24 Abs. 1 enthält eine **Zuständigkeitsvermutung** zugunsten des AG, indem er dessen erstinstanzlichen Zuständigkeitsbereich in negativer Hinsicht (»... Amtsgerichte zuständig, wenn nicht ...«) von den erstinstanzlichen Kompetenzen der LG und OLG abgrenzt (vgl. SK-StPO/*Degener*, § 24 Rn. 4). Ergänzt wird die Vorschrift durch § 25 und § 28, die bestimmen, wann bei einer nach § 24 begründeten Zuständigkeit des AG der Strafrichter oder das SchöffenG zur Entscheidung berufen ist. § 28 beinhaltet insoweit eine Vermutung für die Zuständigkeit des SchöffenG (»... soweit nicht der Strafrichter ...«). Ggü. dem Strafrichter ist das SchöffenG ein Gericht höherer Ordnung i.S.v. § 209 Abs. 2, 3 StPO (LR/*Siolek*, § 24 Rn. 10; *Meyer-Goßner/Schmitt*, § 24 Rn. 1). 1

Strafsachen nach § 24 sind alle Verfahren, die die Ahndung strafbarer Handlungen nach dem StGB oder nach anderen strafrechtlichen Nebengesetzen zum Gegenstand haben, soweit nicht ausdrücklich ein anderes Verfahren (z.B. Jugendstrafverfahren, Bußgeldverfahren §§ 67 ff. OwiG) oder andere, besonders bezeichnete Gerichte (z.B. Jugendgerichte) vorgesehen sind (*Kissel/Mayer*, § 24 Rn. 4; SK-StPO/*Degener*, § 24 Rn. 5). Zu den Strafsachen in Binnenschifffahrtssachen s. § 14 Rdn. 1. 2

§ 24 GVG Zuständigkeit des Amtsgerichts

3 II. **Die Ausnahmetatbestände des Abs. 1 Nr. 1 bis 3.** § 24 Abs. 1 unterscheidet drei Ausnahmetatbestände nach der Art des Delikts (Nr. 1), nach der Rechtsfolgenerwartung (Nr. 2) und nach den Besonderheiten der Sache selbst (Nr. 3).

4 1. **Zuständigkeit des LG nach §§ 74 Abs. 2, 74a oder des OLG nach § 120.** Besteht ein **hinreichender Tatverdacht** (BayObLG, NStZ-RR 2000, 177) für eine der **Katalogtaten** des § 74 Abs. 2 (Schwurgerichtsdelikte), des § 74a (Staatsschutzdelikte) sowie der in § 120 aufgeführten und dem OLG überantworteten Friedensverrats-, Hochverrats- und Landesverratsdelikte, scheidet eine Zuständigkeit des AG aus. Dies gilt auch, wenn nach der Prioritätsregelung des § 74e die Zuständigkeit der StaatsschutzStrK zugunsten der WirtschaftsStrK nach § 74c zurücktritt (vgl. *Katholnigg*, § 24 Rn. 3; *Meyer-Goßner/Schmitt*, § 24 Rn. 3; SK-StPO/*Degener*, § 24 Rn. 8).

5 2. **Zuständigkeit des LG nach § 24 Abs. 1 Nr. 2.** Die aufgrund einer zunächst von der StA anzustellenden, aber gerichtlich überprüfbaren, überschlägigen Prognoseentscheidung (ähnlich der Entscheidung über den hinreichenden Tatverdacht, §§ 170 Abs. 2, 203 StPO) unter Berücksichtigung der nach § 160 Abs. 2 StPO ermittelten rechtsfolgeerheblichen Umstände (OLG Karlsruhe, StV 1998, 252, 253; *Kissel/Mayer*, § 24 Rn. 7; KK-StPO/*Hannich*, § 24 Rn. 4; LR/*Siolek*, § 24 Rn. 13; *Meyer-Goßner/Schmitt*, § 24 Rn. 4) zu erwartende (Gesamt-) Strafe darf nicht höher als vier Jahre sein (Nr. 2). Zudem darf keine Unterbringung des Beschuldigten in einem **psychiatrischen Krankenhaus (§ 63 StGB)**, allein oder neben der Strafe, oder in der **Sicherungsverwahrung (§§ 66, 66a, 66b StGB)** zu erwarten sein. Dies hängt zusammen mit dem in Abs. 2 »**limitierten amtsgerichtlichen Strafbann**« (KK-StPO/*Hannich*, § 24 Rn. 3). Hierbei kommt es auf die Einschätzung des eröffnenden Gerichts an (SK-StPO/*Degener*, § 24 Rn. 12). Aus Gründen der Rechtssicherheit und -klarheit bleibt das Gericht zunächst an seine aufgrund der Prognosentscheidung getroffene Entscheidung über die Eröffnung des Hauptverfahrens gebunden (KK-StPO/*Hannich*, § 24 Rn. 4). Bestehen Zweifel über die Zuständigkeit, muss eine bereits begonnene Hauptverhandlung ggf. so lange weitergeführt werden, bis sich eine den Strafbann des Gerichts übersteigende Rechtsfolge als wahrscheinlich abzeichnet (OLG Frankfurt am Main, StV 1996, 533; *Kissel/Mayer*, § 24 Rn. 7; KK-StPO/*Hannich*, § 24 Rn. 4; LR/*Siolek*, § 24 Rn. 13). Erst dann ist eine Verweisung nach § 270 StPO zulässig und geboten (OLG Frankfurt am Main, StV 1996, 533). Eine Verweisung vor Beginn der Hauptverhandlung bzw. vor Durchführung der Beweisaufnahme ist ausnahmsweise dann zulässig, wenn bereits die Verlesung des Anklagesatzes ergibt, dass das Verfahren versehentlich vor dem Gericht niederer Ordnung eröffnet worden ist und von vornherein die Zuständigkeit eines Gerichts höherer Ordnung gegeben ist (OLG Frankfurt am Main, StV 1996, 533; KK-StPO/*Hannich*, § 24 Rn. 4; LR/*Siolek*, § 24 Rn. 13). Keine Berücksichtigung finden Nebenfolgen und Nebenstrafen (§§ 44, 45 StGB), ebenso Geldstrafen ohne Rücksicht auf die zulässige Höhe (auch neben Freiheitsstrafen), auch wenn eine zu vollstreckende Ersatzfreiheitsstrafe über vier Jahre hinausgehen könnte (*Kissel/Mayer*, § 24 Rn. 7; KK-StPO/*Hannich*, § 24 Rn. 4; SK-StPO/*Degener*, § 24 Rn. 11).

6 3. **Zuständigkeit des LG nach § 24 Abs. 1 Nr. 3.** Weitere Ausnahmetatbestände nach Nr. 3 sind die »**besondere Bedeutung des Falles**« und seit dem zum 01.09.2004 in Kraft getretenen OpferRRG (BGBl. I 2004, S. 1354) die »**besondere Schutzbedürftigkeit von Verletzten der Straftat**, die als Zeugen in Betracht kommen« sowie der »**besondere Umfang des Falles**«.

7 Hierbei handelt es sich – vergleichbar mit §§ 74 Abs. 1 Satz 2, 74a Abs. 2, 74b, 120 Abs. 2, 142a Abs. 4 – um eine sog. **bewegliche Zuständigkeitsregelung** (*Kissel/Mayer*, § 24 Rn. 11; KK-StPO/*Hannich*, § 24 Rn. 5; *Meyer-Goßner/Schmitt*, § 24 Rn. 5), die jedoch bei verfassungskonformer Auslegung mit dem gesetzlichen Richter (Art. 101 GG, § 16) vereinbar ist (BVerfGE 9, 223, 227; BGHSt 21, 268, 271; *Kissel/Mayer*, § 24 Rn. 11; LR/*Siolek*, § 24 Rn. 16; *Meyer-Goßner/Schmitt*, § 24 Rn. 5; a. A. SK-StPO/*Degener*, § 24 Rn. 21 ff.; *Sowoda*, S. 585). Die StA hat beim Vorliegen besonderer Umstände Anklage zum LG zu erheben; ihr kommt kein Ermessensspielraum zu (*Engelhart*, DRiZ 1982, 418, 419; KK-StPO/*Hannich*, § 24 Rn. 6; *Meyer-Goßner/Schmitt*, § 24 Rn. 5). Sie muss den unbestimmten Rechtsbegriff der »besonderen Umstände des Falles« auslegen und den Einzelfall darunter subsumieren (BT-Drucks. 15/1976, S. 19), sowie die besonderen Umstände in der Anklageschrift darlegen, soweit sie nicht offenkundig sind (BGH, NStZ-RR 1998, 336; RiStBV Nr. 113 Abs. 2; KK-StPO/*Hannich*, § 24 Rn. 6; *Meyer-Goßner/Schmitt*, § 24 Rn. 5). Die Entscheidung der StA unterliegt der vollen gerichtlichen Prüfung (BVerfG, NJW 1959, 871, 872; OLG Hamburg, NStZ 1995, 252; *Meyer-Goßner/ Schmitt*, § 24 Rn. 9; **a. A.** OLG Schleswig, NStZ 1985, 74: eingeschränkte Prüfungskompetenz). **§§ 209, 225a, 270 StPO finden Anwendung** (*Meyer-Goßner/Schmitt*, § 24 Rn. 9). **Mit dem Eröffnungsbeschluss** tritt allerdings eine **Zuständigkeitsperpetuierung** ein; eine gerichtliche Prüfung ist nicht mehr möglich (BayObLG, NStZ 1985, 470; AnwK-StPO/*Bergmann*, § 24 Rn. 8; *Meyer-Goßner/ Schmitt*, § 24 Rn. 10; LR/*Siolek*, § 24 Rn. 24).

Die **Revision** kann – außer im Fall von Willkür – nicht darauf gestützt werden, dass die Voraussetzungen des Abs. 1 Nr. 3 zu Unrecht angenommen wurden (BGH, GA 1980, 220; BayObLG, NStZ 1985, 470). Bei der Prüfung durch das Revisionsgericht ist insoweit die objektive Sachlage zum Zeitpunkt der Eröffnungsentscheidung zugrunde zu legen (BGHSt 47, 16, 19; *Meyer-Goßner/Schmitt*, § 24 Rn. 12). 8

a) »**Besondere Schutzbedürftigkeit von Verletzten**«. Die »besondere Schutzbedürftigkeit von Verletzten einer Straftat, die als Zeugen in Betracht kommen« begründet die Zuständigkeit des LG. Entscheidend ist die **individuelle Schutzbedürftigkeit** des Zeugen im **konkreten Strafverfahren** (LG Hechingen, NStZ-RR 2006, 51, OLG Karlsruhe, NStZ 2011, 479), die zu bejahen ist, wenn dem Zeugen wegen der psychischen Auswirkungen eine weitere Vernehmung nicht zugemutet werden kann (KK-StPO/*Hannich*, § 24 Rn. 6a; *Meyer-Goßner/Schmitt*, § 24 Rn. 6). Anzunehmen wird dies insb. bei (kindlichen) Opfern von Straftaten sein, die sich gegen höchstpersönliche Rechtsgüter, wie etwa das Recht auf sexuelle Selbstbestimmung, richten (KK-StPO/*Hannich*, § 24 Rn. 6a; *Meyer-Goßner/ Schmitt*, § 24 Rn. 6). Einer gesonderten Begründung in der Anklageschrift bedarf es i.d.R. nicht (OLG Hamburg, NStZ 2005, 654; *Meyer-Goßner/Schmitt*, § 24 Rn. 6). 9

In Abs. 1 Satz 2 findet sich der Aspekt der gravierenden psychischen Belastung durch Mehrfachvernehmungen (vgl. Begründung des Referentenentwurfs der BMJ vom 7.12.2010, S. 17) als Regelbeispiel für den Fall der besonderen Schutzbedürftigkeit. 10

b) »**besonderer Umfang des Falles**«. Ein besonderer Umfang des Falles ist anzunehmen, wenn die Sache wegen einer Vielzahl von Angeklagten und/oder Zeugen besonders umfangreich ist, wenn besondere Schwierigkeiten bei der Beweiswürdigung erkennbar sind oder eine lange Verfahrensdauer voraussehbar ist (KG, NStZ-RR 2005, 26, 29; OLG Hamburg, NStZ 1995, 252; OLG Karlsruhe, StV 2003, 13 m. zust. Anm. *Heghmanns*; *Meyer-Goßner/Schmitt*, § 24 Rn. 7). Die Sache muss sich dadurch deutlich aus der großen Masse der Verfahren abheben, die den gleichen Tatbestand betreffen (BT-Drucks. 15/1976, S. 19; *Kissel/Mayer*, § 24 Rn. 18; SK-StPO/*Degener*, § 24 Rn. 35). Der besondere Umfang muss damit ein Ausmaß erreichen, das nicht mehr durch ein erweitertes Schöffengericht nach § 29 Abs. 2 zu bewältigen ist (*Meyer-Goßner/Schmitt*, § 24 Rn. 7; SK-StPO/*Degener*, § 24 Rn. 35; dazu eingehend *Sowada*, S. 565). 11

c) »**besondere Bedeutung des Falles**«. Eine besondere Bedeutung des Falles, die die Anklage beim LG zulässt, liegt vor, wenn sich der Fall aus tatsächlichen oder rechtlichen Gründen aus der Masse der durchschnittlichen Straftaten nach oben heraushebt (BGHSt 47, 16, 19; OLG Hamburg, NStZ 1995, 252; OLG Düsseldorf, StV 1997, 13; *Kissel/Mayer*, § 24 Rn. 10; KK-StPO/*Hannich*, § 24 Rn. 6; *Meyer-Goßner/Schmitt*, § 24 Rn. 8). 12

Die besondere Bedeutung kann sich insb. ergeben aus
– dem Ausmaß der Rechtsgutverletzung (BGH, NJW 1960, 542, 544; OLG Düsseldorf, NStZ 1990, 292; OLG Hamburg, NStZ 1995, 252; *Kissel/Mayer*, § 24 Rn. 10, 15) und ihrer erheblichen Folgen (OLG Karlsruhe, Justiz 1977, 279; vgl. Nr. 113 RiStBV), wobei unverschuldete Folgen nicht zu berücksichtigen sind (*Kissel/Mayer*, § 24 Rn. 15 mit Bsp.; *Meyer-Goßner/Schmitt*, § 24 Rn. 8);
– den Auswirkungen der Straftat auf die Allgemeinheit (OLG Düsseldorf, StV 1997, 13, Anm. *Eisenberg*, NStZ 1990, 551, 552; *Katholnigg*, § 24 Rn. 5; *Kissel/Mayer*, § 24 Rn. 10);
– der Persönlichkeit und Stellung des Verletzten oder Beschuldigten (z.B. Strafsachen gegen hohe Beamte und RA, BGH, NJW 1960, 542, 544; *Meyer-Goßner/Schmitt*, § 24 Rn. 8), soweit sie den Unrechtsgehalt der Tat erhöhen (BGH, NJW 1960, 542, 544; OLG Hamburg, NStZ 1995, 252, 253; *Kissel/Mayer*, § 24 Rn. 16; *Meyer-Goßner/Schmitt*, § 24 Rn. 8);
– dem großen Interesse der Medien und der Öffentlichkeit an der Sache, soweit es überragend und bundesweit ist, insb. eine besondere Betroffenheit der Allgemeinheit widerspiegelt (*Kissel/Mayer*, § 24 Rn. 16);

§ 25 GVG Zuständigkeit des Strafrichters

– einem besonderen Bedürfnis für die rasche Klärung einer grundsätzlichen, für eine Vielzahl gleichgelagerter Fälle bedeutsamen Rechtsfrage durch den BGH (BGHSt 43, 53 = JZ 1998, 627 m. Anm. *Bernsmann*; LR/*Siolek*, § 24 Rn. 20; *Kissel/Mayer*, § 24 Rn. 17).

13 **B. Rechtsfolgenkompetenz (Abs. 2)** Die Zuständigkeit des AG fehlt, wenn eine Freiheitsstrafe über vier Jahre auszusprechen oder die Unterbringung in einem psychiatrischen Krankenhaus (§ 63 StGB), allein oder neben der Strafe, oder in der Sicherungsverwahrung (§ 66 StGB) anzuordnen ist (**Begrenzung der Strafgewalt**). Die Begrenzung der Strafgewalt gilt auch für eine zu bildende Gesamtstrafe. Werden in einem Urteil zwei getrennte Gesamtstrafen gebildet, die jeweils unter vier Jahren, in der Summe aber über vier Jahren liegen, so liegt darin kein Verstoß gegen Abs. 2 (BGHSt 34, 159; *Kissel/Mayer*, § 24 Rn. 24; *Meyer-Goßner/Schmitt*, § 24 Rn. 11). Abs. 2 gilt auch für die Strafkammer als Berufungsgericht (*Meyer-Goßner/Schmitt*, § 24 Rn. 11).

14 Wird die **Strafgewalt des Abs. 2 überschritten** oder hat das AG die **Zuständigkeit eines höheren Gerichts nach Abs. 1 Nr. 1 übersehen**, so liegt eine Gesetzesverletzung vor, die die sachliche Unzuständigkeit (**§ 338 Nr. 4 StPO**) begründet und von Amts wegen durch das Revisionsgericht zu berücksichtigen ist (BGH, NJW 1970, 155; LR/*Siolek*, § 24 Rn. 42; *Meyer-Goßner/Schmitt*, § 24 Rn. 12; ausführlich SK-StPO/*Degener*, § 24 Rn. 39 ff.).

15 Dagegen begründet die **fehlerhafte Annahme der Zuständigkeit eines Gerichts höherer Ordnung** (SchöffenG) die **Revision** nur dann, wenn die Zuständigkeitsannahme auf Willkür beruht (BGH, NStZ 1994, 399; StV 1995, 620, 621).

§ 25 GVG [Zuständigkeit des Strafrichters]. Der Richter beim Amtsgericht entscheidet als Strafrichter bei Vergehen,
1. wenn sie im Wege der Privatklage verfolgt werden oder
2. wenn eine höhere Strafe als Freiheitsstrafe von zwei Jahren nicht zu erwarten ist.

1 **A. Normzweck.** § 25 ergänzt die Zuständigkeitsbestimmung des § 24 mit ihrer Abgrenzung der Kompetenzen des AG, LG und OLG insoweit, als er die konkrete Spruchkörperzuständigkeit **zwischen Schöffengericht und Strafrichter** (= Einzelrichter) abgrenzt. Die Norm regelt in Nr. 1 und 2 positiv, wann der Strafrichter zuständig ist. I.Ü. bleibt es bei der Zuständigkeitsvermutung für das Schöffengericht in § 28 (»soweit nicht der Strafrichter entscheidet«). Strafrichter und Schöffengericht sind zwar Spruchkörper desselben Gerichts, jedoch i.S.d. Vorschriften über die **sachliche Zuständigkeit** zwei verschiedene Gerichte (BGHSt 18, 79, 83, 173, 175; 19, 177, 178, *Kissel/Mayer*, § 25 Rn. 2), sodass § 6 StPO Anwendung findet (*Meyer-Goßner/Schmitt*, § 25 Rn. 1).
Der Strafrichter stellt ggü. dem Schöffengericht ein Gericht »niederer Ordnung« dar (vgl. § 24 Rdn. 1; BGHSt 19, 177, 178; BGH, NStZ 1993, 197; *Kissel/Mayer*, § 25 Rn. 2; LR/*Siolek*, § 25 Rn. 5).

2 **B. Regelungsinhalt. I. Privatklagedelikte (Nr. 1)** Nr. 1 begründet die sachliche Zuständigkeit für **Vergehen**, die im Wege der **Privatklage** (§ 374 Abs. 1 StPO) verfolgt werden. Erhebt die StA die öffentliche Klage nach § 376 StPO, so wandelt sich das Privatklageverfahren in ein Offizialverfahren, für das Nr. 1 keine Anwendung findet, sondern nur Nr. 2 (*Kissel/Mayer*, § 25 Rn. 3). Übernimmt die StA nach der die Zuständigkeit des Strafrichters begründenden Einleitung des Privatklageverfahrens die Verfolgung nach § 377 StPO, bleibt die einmal begründete Zuständigkeit des Strafrichters bestehen, da die StA das Verfahren in seiner jeweiligen Lage übernimmt (BGHSt 11, 56, 61; *Katholnigg*, § 25 Rn. 2; *Kissel/Mayer*, § 25 Rn. 3; LR/*Siolek*, § 25 Rn. 2).

3 **II. Zuständigkeit kraft Straferwartung (Nr. 2)** Der Strafrichter ist nach Nr. 2 zuständig für **Vergehen** (nicht für Verbrechen: AnwK-StPO/*Bergmann*, § 25 Rn. 5; KK-StPO/*Hannich*, § 25 Rn. 5; LR/*Siolek*, § 25 Rn. 1; a. A. bei entspr. Prognose: *Bandemer*, JA 1994, 489, 491; *Michel*, MDR 1995, 1198, 1199), wenn eine höhere Strafe als zwei Jahre Freiheitsstrafe nicht zu erwarten ist. Bei einer zu erwartenden Gesamtstrafe kommt es auf deren Höhe an (KK-StPO/*Hannich*, § 25 Rn. 5; *Meyer-Goßner/Schmitt*, § 25 Rn. 3). Entscheidend ist allein die aufgrund einer Prognose zu erwartende konkrete Höchststrafe (*Katholnigg*, § 25 Rn. 3; *Kissel/Mayer*, § 25 Rn. 4; KK-StPO/*Hannich*, § 25 Rn. 5

m.w.N.) im Zeitpunkt der Eröffnung des Hauptverfahrens (BGHSt 47, 16; KK-StPO/*Hannich*, § 25 Rn. 5; SK-StPO/*Degener*, § 25 Rn. 3), wobei Ermittlungsergebnisse soweit möglich strafzumessungsrechtlich zu würdigen sind (OLG Karlsruhe, wistra 1997, 198: »Prognoseentscheidung in groben Kategorien«; zur Prognose s. § 24 Rn. 5). Auszugehen ist zunächst vom Regelstrafrahmen, wobei aber bei der zu erwartenden Strafe zu prüfen ist, ob nicht ein minder schwerer Fall vorliegt (LG Zweibrücken, NStZ-RR 1996, 339; AnwK-StPO/*Bergmann*, § 25 Rn. 5; KK-StPO/*Hannich*, § 25 Rn. 5). Unerheblich ist der »Umfang der Sache« (OLG Hamm, StV 1996, 300; *Kissel/Mayer*, § 25 Rn. 4). Auch kommt es nach der aktuellen Gesetzeslage nicht mehr darauf an, ob die StA die Sache als von »minderer Bedeutung« ansieht (h.M.: OLG Hamm, StV 1995, 182; 1996, 300; OLG Düsseldorf, NStZ 1996, 206, 207; OLG Bremen, NStZ-RR 1998, 53, 54; *Katholnigg*, § 25 Rn. 3; *Kissel/Mayer*, § 25 Rn. 4; KK-StPO/*Hannich*, § 25 Rn. 6; LR/*Siolek*, § 25 Rn. 8; *Meyer-Goßner/Schmitt*, § 25 Rn. 3; *Böttcher/Mayer*, NStZ 1993, 153, 157; *Fischer*, NJW 1996, 1044; *Rieß*, NStZ 1995, 376, 377; a. A. AG Höxter, MDR 1994, 1139; *Fuhse*, NStZ 1995, 165, 167; *Hohendorf*, NJW 1995, 1454; *Schäfer*, DRiZ 1997, 169 gehen von einer Weitergeltung als ungeschriebenes Tatbestandsmerkmal aus).

Da es sich bei § 25 um eine Zuständigkeitsbestimmung (BGH, NJW 1964, 506) handelt, hat die StA 4 bei Vorliegen der Voraussetzungen der Nr. 2 die Anklage vor dem Strafrichter zu erheben. Möglich ist jedoch die Anklage wegen »besonderer Bedeutung des Falles« beim LG nach § 24 Abs. 1 Nr. 3 (OLG Koblenz, StV 1996, 588). Nimmt der Strafrichter im Gegensatz zur StA an, dass eine Strafe von mehr als zwei Jahren zu erwarten ist, so kann er nach § 209 Abs. 2 StPO die Akten dem Schöffengericht zur Entscheidung über die Zuständigkeit vorlegen; umgekehrt kann das Schöffengericht eine vor ihm angeklagte Sache nach § 209 Abs. 1 StPO vor dem Strafrichter eröffnen, wenn er dessen Zuständigkeit für ausreichend erachtet (*Kissel/Mayer*, § 25 Rn. 2; *Meyer-Goßner/Schmitt*, § 25 Rn. 3).

Hat der Strafrichter entgegen § 25 Nr. 2 in einem Fall entschieden, in dem das Schöffengericht hätte 5 entscheiden müssen, so ist dies ein Verfahrensfehler, der grds. zur Aufhebung des Urteils und Verweisung der Sache an das zuständige Gericht führt (§ 328 Abs. 2 StPO; § 355 StPO; *Kissel/Mayer*, § 25 Rn. 7; KK-StPO/*Hannich*, § 25 Rn. 2; LR/*Siolek*, § 25 Rn. 15). War im umgekehrten Fall einer Entscheidung durch das Schöffengericht eigentlich der Strafrichter zuständig, so schließt § 269 StPO eine Abgabe an ein Gericht niederer Ordnung zwingend aus und beinhaltet daher ein **Verweisungsverbot** (AnwK-StPO/*Bergmann*, § 25 Rn. 5; KK-StPO/*Hannich*, § 25 Rn. 2). Anderes gilt nur dann, wenn das Gericht der höheren Ordnung seine Zuständigkeit willkürlich angenommen hat und damit gegen das Gebot des gesetzlichen Richters verstoßen hat (BGHSt 42, 205, 210 ff.; OLG Hamm, NStZ-RR 1996, 308; OLG Düsseldorf, NStZ 1990, 292, 293; OLG Koblenz, StV 1996, 588, 589; AnwK-StPO/*Bergmann*, § 25 Rn. 5; zum Begriff der Willkür, vgl. § 16 Rn. 8).

§ 25 Nr. 2 beinhaltet aber **keine Beschränkung der Strafgewalt** des Strafrichters aus § 24 Abs. 2; stellt 6 sich erst nach Eröffnung des Hauptverfahrens heraus, dass die angemessene Strafe über der Nr. 2 hinausgeht, so kann nicht nach §§ 225a, 270 StPO verfahren werden (BGHSt 16, 248; 42, 205, 213; BayObLG, NStZ 1985, 470 m. abl. Anm. *Achenbach*; OLG Düsseldorf, NStZ-RR 2001, 222 m. abl. Anm *Paeffgen*, NStZ 2002, 195; *Kissel/Mayer*, § 25 Rn. 6; KK-StPO/*Hannich*, § 25 Rn. 7).

Die Zuständigkeitsabgrenzung gilt auch im **Strafbefehlsverfahren**, erlangt dort aber wegen § 407 7 Abs. 2 Satz 2 StPO praktisch keine Bedeutung (*Katholnigg*, § 25 Rn. 4; *Kissel/Mayer*, § 25 Rn. 8; a. A. *Fuhse*, NStZ 1995, 165). In **Jugendsachen** findet § 25 keine Anwendung (*Kissel/Mayer*, § 25 Rn. 10). Zur Zuständigkeitserweiterung nach **Landesrecht**, vgl. *Kissel/Mayer*, § 25 Rn. 9.

§ 26 GVG [Zuständigkeit der Jugendschutzgerichte].

(1) Für Straftaten Erwachsener, durch die ein Kind oder ein Jugendlicher verletzt oder unmittelbar gefährdet wird, sowie für Verstöße Erwachsener gegen Vorschriften, die dem Jugendschutz oder der Jugenderziehung dienen, sind neben den für allgemeine Strafsachen zuständigen Gerichten auch die Jugendgerichte zuständig. Die §§ 24 und 25 gelten entsprechend.
(2) In Jugendschutzsachen soll der Staatsanwalt Anklage bei den Jugendgerichten erheben, wenn damit die schutzwürdigen Interessen von Kindern oder Jugendlichen, die in dem Verfahren als Zeugen benötigt werden, besser gewahrt werden können. Im Übrigen soll die Staatsanwaltschaft Anklage bei den Jugendgerichten nur erheben, wenn aus sonstigen Gründen eine Verhandlung vor dem Jugendgericht zweckmäßig erscheint.

(3) Die Absätze 1 und 2 gelten entsprechend für die Beantragung gerichtlicher Untersuchungshandlungen im Ermittlungsverfahren.

1 A. Anwendungsbereich und Zweck der Norm. § 26 begründet für Jugendschutzsachen ausnahmsweise eine **Doppelzuständigkeit** der Jugendgerichte neben den allgemeinen Strafgerichten (KK-StPO/*Hannich*, § 26 Rn. 1; *Meyer-Goßner/Schmitt*, § 26 Rn. 1; SK-StPO/*Degener*, § 26 Rn. 1). Die StA kann bei Vorliegen der Voraussetzungen des § 26 Abs. 1 in einer **Erwachsenenstrafsache** von den §§ 24 ff. abweichen und Anklage bei den Jugendgerichten erheben. Da das zunächst bei der StA liegende Wahlrecht (BGHSt 13, 297, 299; KK-StPO/*Hannich*, § 26 Rn. 1) durch Abs. 2 eingeschränkt wird und gerichtlich überprüfbar ist, ist die Vorschrift mit Art. 101 Abs. 1 Satz 2 GG vereinbar (BGHSt 13, 297, 298 f.; KK-StPO/*Hannich*, § 26 Rn. 1; LR/*Siolek*, § 26 Rn. 1; *Meyer-Goßner/Schmitt*, § 26 Rn. 1). Der **Zweck** der Vorschrift besteht darin, die besondere Sachkunde und Erfahrung der Jugendrichter zu nutzen, insb. die psychologischen Erfahrungen bei der Vernehmung kindlicher oder jugendlicher geschädigter Zeugen oder bei der Würdigung ihrer Aussagen (BGHSt 13, 53, 59; KK-StPO/*Hannich*, § 26 Rn. 1; SK-StPO/*Degener*, § 26 Rn. 1) oder bei der Feststellung des Ausmaßes des durch die Straftat angerichteten Schadens bei einem Kind oder Jugendlichen (LR/*Siolek*, § 26 Rn. 2).

2 Die Vorschrift findet **nur innerhalb der allgemeinen Zuständigkeit des AG** nach §§ 24, 25 Anwendung; für den Zuständigkeitsbereich des LG gilt § 74b (*Kissel/Mayer*, § 26 Rn. 2; *Meyer-Goßner/Schmitt*, § 26 Rn. 1).

3 B. Regelungsinhalt. I. Vorliegen einer Jugendschutzsache (Abs. 1 Satz 1) Jugendschutzsachen sind Straftaten, durch die ein **Kind** (Person unter 14 Jahren, § 1 Abs. 3 JGG) oder ein **Jugendlicher** (Person unter 18 Jahren, § 1 Abs. 2 JGG) durch einen **Erwachsenen** (Person, die das 21 Lebensjahr vollendet hat) (mittelbar) **verletzt oder unmittelbar gefährdet** wird (Abs. 1 Satz 1, 1. Alt.). Heranwachsende (18 bis noch nicht 21 Jahre alte Personen, § 1 Abs. 2 JGG) fallen nicht unter Abs. 1 Satz 1, 1. Alt. (LR/*Siolek*, § 26 Rn. 4; *Meyer-Goßner/Schmitt*, § 26 Rn. 2). Maßgebend ist die Tatzeit (BGHSt 13, 53 L [6]; *Katholnigg*, § 26 Rn. 1). Auf die Art des Deliktes kommt es nicht an; allein das Alter des Verletzten ist entscheidend (*Kissel/Mayer*, § 26 Rn. 3; *Meyer-Goßner/Schmitt*, § 26 Rn. 2). Allerdings findet die Vorschrift keine Anwendung, wenn die Tat zum Tode des Kindes oder Jugendlichen geführt hat (OLG Hamm, JMBlNRW 1963, 34; OLG Düsseldorf, JMBlNRW 1963; 166; LR/*Siolek*, § 26 Rn. 6; *Meyer-Goßner/Schmitt*, § 26 Rn. 2).

4 Zu den Jugendschutzsachen zählen ferner **Verstöße von Erwachsenen gegen Vorschriften, die dem Jugendschutz oder der Jugenderziehung dienen**, Abs. 1 Satz 1, 2. Alt., wobei hier auch Heranwachsende erfasst werden (BGHSt 13, 53, 59; LR/*Siolek*, § 26 Rn. 5). Hierzu zählen die ausdrücklich dem Schutz der jungen Menschen dienenden Vorschriften wie §§ 174 ff. StGB, §§ 180, 182, 235, 236 StGB und Vorschriften, die die gesundheitliche und seelische Entwicklung schützen sollen wie JArbSchG, GjS, JÖSchG und Verstöße gegen Schulpflichtvorschriften (KK-StPO/*Hannich*, § 26 Rn. 3; LR/*Siolek*, § 26 Rn. 5; *Meyer-Goßner/Schmitt*, § 26 Rn. 3).

5 II. Zuständigkeit des Jugendgerichts (Abs. 2) Das Wahlrecht der StA (Rdn. 1) wird insoweit eingeschränkt, als sie nur unter den Voraussetzungen des Abs. 2 Anklage zum Jugendgericht erheben kann. Durch das Gesetz zur Stärkung der Rechte von Opfern sexuellen Missbrauchs (StORMG) vom 26.06.2013 (BGBl. I, S. 1805) wurde die ursprünglich in Abs. 2 begründete **Ausnahmezuständigkeit** des Jugendgerichts in Satz 1 insoweit aufgeweicht, als die Staatsanwaltschaft nunmehr Anklage bei den Jugendgerichten erheben soll, wenn damit die schutzbedürftigen Interessen von Kindern oder Jugendlichen, die in dem Verfahren als Zeugen benötigt werden, besser gewahrt werden können. Nach der vorherigen Regelung war die Staatsanwaltschaft gehalten Anklage vor dem Jugendgericht nur zu erheben, wenn in dem Verfahren Kinder oder Jugendliche als Zeugen benötigt werden oder wenn aus sonstigen Gründen eine Verhandlung vor dem Jugendgericht zweckmäßig erscheint (hierzu Rdn. 1; allgemeine Zweckmäßigkeitserwägungen sind unzulässig, *Kissel/Mayer*, § 26 Rn. 8). Die Neuregelung trägt dem Schutz jugendlicher Opferzeugen Rechnung. Schutzwürdige Interessen sind insbesondere dann anzunehmen, wenn minderjährige Opfer von Sexual- und Misshandlungsdelikten als Zeugen aussagen sollen (vgl. Begründung des Referentenentwurf des BMJ vom 7.12.2010, S. 18).

Der StA steht kein Wahlrecht, sondern ein Beurteilungsspielraum zu (vgl. Begründung des Referenten- 6
entwurfs des BMJ vom 7.12.2010, S. 18), wobei für das Gericht, zu dem Anklage erhoben wird, keine
Bindungswirkung eintritt (vgl. Begründung des Referentenentwurfs des BMJ vom 7.12.2010, S. 18;
vgl. auch schon zuvor *Kissel/Mayer*, § 26 Rn. 10; *Engelhardt*, DRiZ 1982, 418, 420). In Ausnahmefällen
kann die StA auch unter den Voraussetzungen des Abs. 2 (Meyer-Goßner/Schmitt, § 26 Rn. 4) weiterhin beim allgemeinen Strafgericht anklagen (vgl. Begründung des Referentenentwurfs des BMJ vom
7.12.2010, S. 18, Meyer-Goßner/Schmitt, § 26 Rn. 4; BGH 13, 297, 300; a.M. LG Zweibrücken,
NStZ-RR 2013, 56 m.w.N.). Bei Auftreten eines **Zuständigkeitsstreits** ist dieser nach dem Kriterium
der **Kompetenz-Kompetenz** zu regeln (KK-StPO/*Hannich*, § 26 Rn. 6; LR/*Siolek*, § 26 Rn. 10). Das
Jugendgericht des AG kann das Hauptverfahren nach § 209 Abs. 1 i.V.m. § 209a Nr. 2b StPO vor dem
Erwachsenengericht eröffnen (*Kissel/Mayer*, § 26 Rn. 10; *Rieß*, NJW 1978, 2267). Ist die Anklage vor
dem Erwachsenengericht erhoben, so kann dieses zwar nicht vor dem Jugendgericht eröffnen, aber
nach § 209 Abs. 2 i.V.m. § 209a Nr. 2b StPO verfahren (*Kissel/Mayer*, § 26 Rn. 10). Das Jugendgericht kann dann das Hauptverfahren vor sich selbst oder dem Erwachsenengericht gleicher Ordnung
eröffnen (*Kissel/Mayer*, § 26 Rn. 10; KK-StPO/*Hannich*, § 26 Rn. 6). Mit der Eröffnung des Hauptverfahrens tritt Bindungswirkung ein (BGH, NStZ 1996, 346; OLG Saarbrücken, NStZ-RR 2003,
377; *Kissel/Mayer*, § 26 Rn. 10). Für das LG gilt § 74b.
Die Besonderheit des § 26 besteht darin, dass bei Anklageerhebung vor dem Jugendgericht das gesamte 7
Gerichtsverfassungsrecht nach dem JGG maßgebend ist (*Kissel/Mayer*, § 26 Rn. 12; KK-StPO/*Hannich*, § 26 Rn. 5). Für die Abgrenzung zwischen Jugendrichter und Jugendschöffengericht gelten die
§§ 24, 25 entsprechend, Abs. 1 Satz 2; **§§ 39, 40 sind unanwendbar** (*Kissel/Mayer*, § 26 Rn. 11).
Ein Verstoß gegen § 26 rechtfertigt die **Revision** nur bei Willkür (BGH, GA [H] 1971, 34; *Kissel/ 8
Mayer*, § 26 Rn. 13; *Meyer-Goßner/Schmitt*, § 26 Rn. 6).

III. Beantragung gerichtlicher Untersuchungshandlungen (Abs. 3) Durch Abs. 3 wird klargestellt, dass die Regelung über die Anklageerhebung bei den Jugendgerichten entsprechend für die Beantragung gerichtlicher Untersuchungshandlungen gilt (vgl. Begründung des Referentenentwurfs des
BMJ vom 7.12.2010, S. 19).

§ 27 GVG [Sonstige Zuständigkeit und Geschäftskreis]. Im übrigen wird die Zuständigkeit und der Geschäftskreis der Amtsgerichte durch die Vorschriften dieses Gesetzes und der Prozeßordnungen bestimmt.

Bei den Strafsachen sind im Geschäftskreis der AG nach der StPO, dem GVG und dem JGG insb. die 1
Tätigkeit im Ermittlungsverfahren (§§ 115a Abs. 1, 125 Abs. 1, 128 Abs. 1, 162, 163 Abs. 1 Satz 2,
165, 166 StPO), im beschleunigten Verfahren (§ 417 StPO), im Strafbefehlsverfahren (§§ 407, 408
StPO) und in der Rechtshilfe (§ 157) aufzuführen (ausführlich LR/*Siolek*, § 27 Rn. 2; SK-StPO/*Frister*, § 27 Rn. 2). Im JGG finden sich Vorschriften, die eine amtsrichterliche Zuständigkeit vorsehen, in
§§ 39, 40, 82, 83, 107 JGG.
Eine Aufgabenzuweisung an das AG außerhalb StPO, GVG oder JGG findet sich insb. im OWiG 2
(§§ 62 Abs. 2, 68, 85 Abs. 4, 104 Nr. 1 OWiG) oder im IRG (§§ 21, 22, 28, 39 Abs. 2 IRG).

Vierter Titel. Schöffengerichte

§ 28 GVG [Zuständigkeit]. Für die Verhandlung und Entscheidung der zur Zuständigkeit der Amtsgerichte gehörenden Strafsachen werden, soweit nicht der Strafrichter entscheidet, bei den Amtsgerichten Schöffengerichte gebildet.

Schöffengerichte sind neben dem Strafrichter die erstinstanzlichen Spruchkörper in Strafsachen beim 1
AG. Die sachliche Zuständigkeit des AG ist in § 24 geregelt. § 28 begründet die gesetzliche Verpflich-

tung, Schöffengerichte bei den AG zu bilden. Wird dem Gesetzesauftrag nicht Folge geleistet, fehlt es am gesetzlichen Richter (vgl. LR/*Gittermann* § 28 Rn. 3).

2 Ggü. dem **Strafrichter** ist das Schöffengericht das Gericht höherer Ordnung (vgl. KK-StPO/*Barthe* § 28 Rn. 2). Seine Strafgewalt ergibt sich aus § 24 Abs. 2.

§ 29 GVG [Zusammensetzung].

(1) ¹Das Schöffengericht besteht aus dem Richter beim Amtsgericht als Vorsitzenden und zwei Schöffen. ²Ein Richter auf Probe darf im ersten Jahr nach seiner Ernennung nicht Vorsitzender sein.
(2) ¹Bei Eröffnung des Hauptverfahrens kann auf Antrag der Staatsanwaltschaft die Zuziehung eines zweiten Richters beim Amtsgericht beschlossen werden, wenn dessen Mitwirkung nach dem Umfang der Sache notwendig erscheint. ²Eines Antrages der Staatsanwaltschaft bedarf es nicht, wenn ein Gericht höherer Ordnung das Hauptverfahren vor dem Schöffengericht eröffnet.

S.a. RiStBV Nr. 113 Abs. 4

1 **A. Grundsätzliches und Tatbestand.** Gem. Abs. 1 ist das Schöffengericht mit einem Berufsrichter – dem Richter am AG – und zwei Schöffen besetzt. **Schöffen** sind die ehrenamtlichen Laienrichter in der Strafrechtspflege, §§ 44 bis 45a DRiG. Im Verfahren wirken sie aber nur in der Hauptverhandlung mit, § 30 Abs. 2. Die Mitwirkung der Schöffen dient vorrangig der gerichtlichen Kontrolle durch die Öffentlichkeit. Daneben sollen die Schöffen als gesellschaftliche Repräsentanten zur Informationsgewinnung im Verfahren beitragen, indem sie dem Berufsrichter und den sonstigen Verfahrensbeteiligten soziales Hintergrundwissen vermitteln. Letztlich haben die Schöffen den Auftrag, zur Verständlichkeit und Nachvollziehbarkeit der gerichtlichen Entscheidung beizutragen (vgl. KK-StPO/ *Barthe* § 29 Rn. 4). Nicht erforderlich ist eine geschlechtsparitätische Quotelung der Schöffen im Verfahren. Auch ein nur mit Frauen oder nur mit Männern besetztes Gericht ist ordnungsgemäß besetzt (vgl. OLG Köln NJW 1972, 911 f.).

2 Den **Vorsitz** des Schöffengerichts kann jeder Richter auf Lebenszeit am AG führen (vgl. *Meyer-Goßner/ Schmitt* § 29 Rn. 1). Dies gilt auch für abgeordnete Richter i.S.d. § 37 DRiG und Vertretungsrichter, § 22b. Als Vorsitzender kommt auch ein Richter kraft Auftrags in Betracht, § 14 DRiG (vgl. KK-StPO/*Barthe* § 29 Rn. 2). Allerdings darf ein Richter auf Probe in seinem ersten Tätigkeitsjahr einem Schöffengericht nicht vorsitzen. Damit will das Gesetz eine gewisse Berufserfahrung bei der Leitung des Spruchkörpers sicherstellen (vgl. *Kissel/Mayer* § 29 Rn. 2).

3 Abs. 2 enthält eine Regelung über das sog. **erweiterte Schöffengericht**. Das erweiterte Schöffengericht ist ein um einen weiteren Berufsrichter ergänzter Spruchkörper, der allerdings ggü. dem gewöhnlichen Schöffengericht keine weiter gehenden Befugnisse besitzt. Sachliche Zuständigkeit und Strafgewalt nach § 24 bleiben also unberührt (vgl. *Meyer-Goßner/Schmitt* § 29 Rn. 2). Das erweiterte Schöffengericht ist auch durch die Hinzuziehung des zweiten Berufsrichters und die dadurch erfolgende Mehrung des »juristischen Fachwissens« kein »besseres« und auch kein höheres Gericht als das Schöffengericht nach Abs. 1 (vgl. bereits RGSt 62, 265, 270; OLG Bremen NJW 1958, 432). Seine Existenz verdankt das erweiterte Schöffengericht dem Bestreben des Gesetzgebers, die LG und den BGH – als den LG nachgeordnetes Rechtsmittelgericht – zu entlasten. Das erweiterte Schöffengericht wurde durch das 3. StRÄndG im Jahr 1953 (BGBl. I, S. 735 ff.) in das deutsche Verfahrensrecht (wieder) eingeführt, um eine Instanz für Fälle zu schaffen, bei denen die besondere Bedeutung der Sache eine Anklageerhebung zum LG noch nicht rechtfertigt, der Umfang des Verfahrens die Mitwirkung eines zweiten Richters am AG aber erforderlich macht, weil es für einen Richter zu beschwerlich ist, die Verhandlung zu leiten und zugleich ihre Ergebnisse für die Beratung und die Urteilsbegründung festzuhalten (vgl. LR/*Gittermann* § 29 Rn. 4). Entsprechend umschreibt Abs. 2 die Voraussetzungen für die Hinzuziehung des zweiten Richters. Ein besonderer Umfang i.S.d. Regelung liegt bei einer hohen Anzahl von Angeschuldigten und Zeugen vor, Nr. 113 Abs. 4 RiStBV. Er dürfte aber auch durch eine Vielzahl von Straftaten und überdurchschnittliche Beweisschwierigkeiten begründet werden (vgl. *Meyer-Goßner/Schmitt* § 29 Rn. 4; LR/*Gittermann* § 29 Rn. 4). Eine schwierige Rechtslage oder eine besondere Bedeutung der Sache erlauben eine Anklageerhebung zum erweiterten Schöffengericht demgegenüber

nicht (vgl. KK-StPO/*Barthe* § 29 Rn. 11). Hier ist gem. § 24 Abs. 1 Nr. 3 Anklage zum LG zu erheben (vgl. *Meyer-Goßner/Schmitt* § 29 Rn. 4).

Der **hinzugezogene Richter** kann jeder Richter am AG sein. Auch ein Richter auf Probe im ersten Jahr nach seiner Ernennung kommt in Betracht (vgl. KK-StPO/*Barthe* § 29 Rn. 8). Den Vorsitz kann aufgrund der Regelung des § 28 Abs. 2 Satz 2 DRiG aber nur ein Richter auf Lebenszeit führen. Der Vorsitzende entscheidet auch über die Zuziehung des zweiten Richters, wenn diese durch die StA beantragt wurde (vgl. LR/*Gittermann* § 29 Rn. 8), es sei denn, der Geschäftsverteilungsplan enthält für diese Entscheidung eine besondere Regelung (vgl. KK-StPO/*Barthe* § 29 Rn. 13; LR/*Gittermann* § 29 Rn. 8; gegen die Möglichkeit einer solchen Sonderregelung *Meyer* DRiZ 1969, 284 f.). 4

Der **Antrag der StA** ist eine Voraussetzung für die Zuziehung des zweiten Berufsrichters. Seine Stellung steht im Ermessen der Anklagebehörde (vgl. *Meyer-Goßner/Schmitt* § 29 Rn. 3). Im Regelfall erfolgt sie mit Anklageerhebung. Der Antrag kann aber auch nach Vorlage der Akten beim Gericht (§ 199 Abs. 2 Satz 1 StPO) bis zur Eröffnung des Hauptverfahrens angebracht werden (vgl. *Kissel/Mayer* § 29 Rn. 13). Mit Eröffnung des Hauptverfahrens ist über den Antrag zu entscheiden. Nach Eröffnung ist die Zuziehung eines zweiten Richters mit Blick auf das Verfahrensgrundrecht aus Art. 101 Abs. 1 Satz 2 GG ausgeschlossen (vgl. *Dallinger* JZ 1953, 432, 434; LR/*Gittermann* § 29 Rn. 9). Dies gilt auch, wenn Nachtragsanklage nach § 266 StPO erhoben wird, eine Verweisung an das Schöffengericht nach § 270 StPO erfolgt oder die Sache nach Durchlaufen der Rechtsmittelinstanz an das AG zurückverwiesen wird (vgl. LR/*Gittermann* § 29 Rn. 9; *Meyer-Goßner/Schmitt* § 29 Rn. 5; a. A. für § 270 StPO: *Deisberg/Hohendorf* DRiZ 1984, 261, 266). Der Antrag der StA bindet den entscheidenden Richter nicht (vgl. *Meyer-Goßner/Schmitt* § 29 Rn. 5). Gegen die ablehnende Entscheidung steht der StA kein Beschwerderecht zu (vgl. KG JR 1976, 209; KK-StPO/*Barthe* § 29 Rn. 13). Die Entscheidung über den Antrag ist auch nicht nachträglich abänderbar, da der Eröffnungsbeschluss den gesetzlichen Richter bestimmt (vgl. OLG Bremen StV 1993, 350, 351). Er bindet auch das Rechtsmittelgericht in Fällen der Zurückverweisung auf Grundlage von §§ 328, 354 StPO (vgl. KK-StPO/*Barthe* § 29 Rn. 13). 5

Ohne Antrag der StA kann die Zuziehung eines zweiten Richters erfolgen, wenn das Hauptverfahren durch ein Gericht höherer Ordnung vor dem Schöffengericht eröffnet wird, Abs. 2 Satz 2. In diesem Fall entscheidet das höhere Gericht auch über die Frage, ob ein zweiter Richter zuzuziehen ist (vgl. LR/*Gittermann* § 29 Rn. 7). Unterbleibt die Zuziehung, steht der StA wiederum kein Beschwerderecht zu (vgl. *Dallinger* JZ 1953, 432, 434). Unangetastet bleibt allerdings das Recht, Beschwerde gegen die Eröffnung des Hauptverfahrens vor dem Gericht niederer Ordnung einzulegen (vgl. *Kissel/Mayer* § 29 Rn. 18; KK-StPO/*Barthe* § 29 Rn. 14). 6

Nach herrschender Meinung ist die Zuziehung eines zweiten Richters im beschleunigten Verfahren nach §§ 417 ff. StPO ausgeschlossen (vgl. *Meyer-Goßner/Schmitt* § 29 Rn. 6 m.w.N.; a. A. *Deisberg/Hohendorf* DRiZ 1984, 261, 264 f.). 7

B. Revision. Der Verstoß gegen § 29 Abs. 1 Satz 2 führt zur Fehlbesetzung des Gerichts und ist daher nach § 338 Nr. 1 StPO revisibel (vgl. KK-StPO/*Barthe* § 29 Rn. 3). Entsprechendes gilt, wenn ein zweiter Richter hinzugezogen wurde, obwohl weder ein Antrag durch die StA gestellt wurde noch die Voraussetzungen des Abs. 2 Satz 2 vorlagen (vgl. OLG Düsseldorf JMBlNW 1964, 260, 261; *Meyer-Goßner/Schmitt* § 29 Rn. 7). 8

§ 30 GVG [Befugnisse der Schöffen]. (1) Insoweit das Gesetz nicht Ausnahmen bestimmt, üben die Schöffen während der Hauptverhandlung das Richteramt in vollem Umfang und mit gleichem Stimmrecht wie die Richter beim Amtsgericht aus und nehmen auch an den im Laufe einer Hauptverhandlung zu erlassenden Entscheidungen teil, die in keiner Beziehung zu der Urteilsfällung stehen und die auch ohne mündliche Verhandlung erlassen werden können.
(2) Die außerhalb der Hauptverhandlung erforderlichen Entscheidungen werden von dem Richter beim Amtsgericht erlassen.

§ 30 GVG   Befugnisse der Schöffen

1 **Tatbestand.** Abs. 1 normiert die **Gleichstellung von Laienrichtern und Berufsrichtern** i.R.d. Hauptverhandlung. So haben die Schöffen – wie der Richter am AG – das Recht zur unmittelbaren Befragung nach § 240 Abs. 2 StPO (vgl. *Meyer-Goßner/Schmitt* § 30 Rn. 1). Das Mitwirkungsrecht bezieht sich insb. auf das Urteil und die mit der Urteilsfällung verbundenen Beschlüsse nach §§ 268a, 268b, 456c (vgl. KK-StPO/*Barthe* § 30 Rn. 1). Daneben bezieht es sich auf sämtliche in der Hauptverhandlung zu erlassende Beschlüsse, wie etwa die Entscheidungen nach §§ 228 Abs. 2 Satz 1, 231 Abs. 2, 238 Abs. 2 StPO oder § 172. Selbst Vorlagebeschlüsse nach Art. 100 Abs. 1 GG und § 80 BVerfGG sind erfasst (vgl. *Meyer-Goßner/Schmitt* § 30 Rn. 1). Auch an Beschlüssen, die in keinem Zusammenhang mit Urteilsfällung stehen, wirken, wie etwa im Fall der §§ 70, 77 StPO, die Schöffen mit, denn diese erfordern eine Entscheidung durch das »Gericht«. Gesetzliche Ausnahmen für die Mitwirkung der Schöffen finden sich u.a. in §§ 27 Abs. 2 und 31 Abs. 2 Satz 1 StPO.

2 Sollen die Schöffen ihr Richteramt in gleicher Art und Weise und mit derselben Verantwortung wie die Berufsrichter ausüben, ist es dem Grunde nach folgerichtig, dass sie – wie der Vorsitzende bzw. wie der zweite Richter beim erweiterten Schöffengericht – umfassende **Akteneinsicht** inklusive Kenntnis von der Entschließung der StA erhalten. Doch ist gerade dieser Punkt, das Akteneinsichtsrecht der Schöffen, umstritten. Insb. früher wurde unter Hinweis auf eine dadurch möglich werdende Verletzung des Unmittelbarkeitsgrundsatzes den Schöffen das Recht auf Einsichtnahme in die Akten verwehrt (vgl. u.a. BGHSt 13, 73, 74; s. aber auch neuerdings *Börner* ZStW 122, 2010, 157 ff.). Es herrschte die Befürchtung vor, dass es den Laienrichtern – anders als den Berufsrichtern – nur schwer möglich sei, allein vom maßgeblichen Gang der Hauptverhandlung vom Inhalt der Verfahrensakten zu abstrahieren (vgl. OLG Hamburg MDR 1973, 69). Insoweit wurde nicht nur die Überlassung einer Abschrift der Anklageschrift an die Schöffen für unzulässig gehalten. Auch das Mitlesen der staatsanwaltschaftlichen Abschlussentscheidung war den Schöffen nach älteren Judikaten des BGH nicht gestattet (vgl. BGHSt 13, 73, 74 f.; s.a. *Schmidt* JR 1961, 31). Inzwischen ist der BGH von dieser extremen Position allerdings abgerückt. Hatte der Gerichtshof in einer Entscheidung aus dem Jahr 1986 (vgl. BGH NJW 1987, 1209 f.) noch offen gelassen, ob Schöffen vom Inhalt der Anklageschrift durch Lesen Kenntnis nehmen dürfen, hat er es in einem Urteil aus dem Jahr 1997 ausdrücklich für zulässig erklärt, dass Schöffen zum besseren Verständnis der Beweisaufnahme aus den Akten stammende Beweismittelprotokolle als Begleittext zur Verfügung gestellt werden (vgl. BGHSt 43, 36, 39 m. Anm. *Imberger-Bayer* JR 1999, 299). Allein diese neuere Rechtsprechung wird der gesetzlichen Stellung der Schöffen im Verfahren gerecht (vgl. *Kissel/Mayer* § 30 Rn. 5; *Rieß* JR 1987, 389, 391) und trägt dem Umstand Rechnung, dass die Schöffen an Entscheidungen mitzuwirken haben, die ohne Aktenkenntnis nicht gefällt werden können. Zu nennen wären hier etwa Entscheidungen betreffend die Existenz eines Vereidigungsverbotes oder eines Auskunftsverweigerungsrechts nach § 55 StPO. Wollte man hier den Blick in die Akten verwehren, liefe man Gefahr, die Schöffen zu Statisten des Verfahrens zu degradieren (vgl. KK-StPO/*Barthe* § 30 Rn. 2; a. A. *Börner* ZStW 122, 2010, 157, 158, 186 ff.: Hierdurch gehe die Funktion des Schöffen als Garant der Unmittelbarkeit und Mündlichkeit im Strafverfahren verloren).

3 Demgegenüber sind die Schöffen an **Entscheidungen außerhalb der Hauptverhandlung** nicht beteiligt, Abs. 2. Zu diesen Entscheidungen zählen nicht nur solche, die vor Beginn oder nach Beendigung der Hauptverhandlung gefällt werden. Auch an Entscheidungen, die während der Unterbrechung einer Hauptverhandlung ergehen, sind die Laienrichter nicht beteiligt, sofern die Entscheidungen keine mündliche Verhandlung voraussetzen. So ist die Mitwirkung der Schöffen an dem Erlass von Beschlagnahme- und Durchsuchungsbeschlüssen nicht zulässig (vgl. *Meyer-Goßner/Schmitt* § 30 Rn. 3). Str. ist die Mitwirkung der Schöffen an Entscheidungen über die Untersuchungshaft während einer Unterbrechung der Hauptverhandlung. Während etwa die OLG Schleswig (vgl. NStZ 1990, 198 f.) und Naumburg (vgl. NStZ-RR 2001, 347) eine Mitwirkung der Schöffen nicht für erforderlich halten, steht das OLG Düsseldorf (vgl. StV 1984, 159) auf dem entgegengesetzten Standpunkt. Ihm folgte lange Zeit das OLG Köln (vgl. NStZ 1998, 419 f. m. Anm. *Foth* und *Siegert*), hat diese Rechtsprechung aber zwischenzeitlich aufgegeben (NStZ 2009, 589 m. Anm. *Krüger*). Der BGH hatte die Frage der Schöffenbeteiligung in einer Entscheidung zu § 122 zunächst bedauerlicherweise ausdrücklich offen gelassen (vgl. BGHSt 43, 91, 95 u.a.m. Anm. *Foth* NStZ 1998, 420), was in der Literatur dazu brachte, eine einheitliche Entscheidungspraxis der OLG anzumahnen: Um das Recht des Angeklagten auf den gesetzlichen Richter zu wahren, müssten Entscheidungen im Zusammenhang mit Untersuchungshaft während der Hauptverhandlung entweder stets ohne oder stets mit Beteiligung der Schöffen getrof-

fen werden (vgl. *Dehn* NStZ 1997, 607, 608). Dabei ist mit Blick auf das in Art. 2 Abs. 2 Satz 2 GG verankerte Beschleunigungsgebot die Lösung ohne Beteiligung der Schöffen favorisiert worden (vgl. *Kissel/Meyer* § 30 Rn. 16; KK-StPO/*Barthe* § 30 Rn. 5b; LR/*Gittermann* § 30 Rn. 22 ff.; a. A. *Meyer-Goßner/Schmitt* § 30 Rn. 3). Dieser Auffassung hat sich der BGH nun ausdrücklich angeschlossen. In Haftfragen ist auch während der laufenden Hauptverhandlung eines Amtsgerichts (und auch Landgerichts) immer in der Besetzung außerhalb der Hauptverhandlung, also ohne Schöffen, zu entscheiden (BGHR StPO § 126 Tatgericht 2 = BGH NStZ 2011, 356 mit Anm. *Börner* JR 2011, 362 und *Gittermann* DRiZ 2012, 12 ff.; KG StraFo 2015, 110 ff.; s.a. *Moosbacher* JuS 2011, 708, 712 f.). Wirken die Schöffen nicht mit, entscheidet der Richter beim AG allein als Vertreter des Gerichts (vgl. *Meyer-Goßner/Schmitt* § 30 Rn. 3).

Bei Mitwirkung der Schöffen gelten für die Beratung und die Abstimmung die §§ 192 ff. Insb. die §§ 196, 197 und 263 StPO sind zu beachten. Danach gilt für prozessuale Entscheidungen die einfache Abstimmungsmehrheit. In allen anderen Fällen müssen sich zwei Drittel der Richter für eine Entscheidung aussprechen (vgl. KK-StPO/*Barthe* § 30 Rn. 3). 4

§ 31 GVG [Ehrenamt]. ¹Das Amt eines Schöffen ist ein Ehrenamt. ²Es kann nur von Deutschen versehen werden.

A. Tatbestand. Satz 1 erklärt das Amt des Schöffen zum **Ehrenamt**. Dies bedeutet, dass der Amtsträger keine feste Vergütung für seine Tätigkeit erhält (vgl. KK-StPO/*Barthe* § 31 Rn. 1). Für angefallene Fahrtkosten, Aufwand, Aufwendungen etc. kann der Schöffe allerdings eine Entschädigung geltend machen, vgl. § 55. Statusrechtlich ist der Schöffe dem Berufsrichter gleichgestellt. Wie dieser ist er als Teil der rechtsprechenden Gewalt (§ 1 DRiG) unabhängig, § 45 Abs. 1 Satz 1 DRiG. Der Schöffe hat das Beratungsgeheimnis zu wahren, §§ 45 Abs. 1 Satz 2, 43 DRiG. Auch in strafrechtlicher Hinsicht sind der Schöffe und der Berufsrichter gleichgestellt. Beide sind Amtsträger und Richter gem. § 11 Abs. 1 Nr. 2 und 3 StGB und können sich daher der Begehung von Amtsdelikten und der Rechtsbeugung schuldig machen (vgl. KK-StPO/*Barthe* § 31 Rn. 3). Gem. § 44 Abs. 2 DRiG kann ein Schöffe vor Ablauf seiner Amtszeit gegen seinen Willen nur durch Richterspruch aus dem Amt entfernt werden. Übernahme und Ausübung des Schöffenamtes dürfen sich für den Schöffen nicht nachteilig auswirken. Der Schöffe ist für seine Tätigkeit vom Arbeitgeber freizustellen. Ihm darf wegen seines Ehrenamtes nicht gekündigt werden, § 45 Abs. 1a Satz 3 DRiG (vgl. *Meyer-Goßner/Schmitt* § 31 Rn. 1). Vor seiner ersten Dienstausübung ist der Schöffe in öffentlicher Sitzung des Gerichts, d.h. nach Eröffnung der Sitzung, aber vor Aufruf der Sache, zu vereidigen (§ 45 Abs. 2 Satz 1 DRiG), was zu protokollieren ist. Das Protokoll ist zu den Schöffenakten zu nehmen. Fehlt es an einer Vereidigung, erlangt der Schöffe den Status eines ehrenamtlichen Richters nicht (vgl. BGHSt 4, 158, 159). Übt der Schöffe nicht nur im strafgerichtlichen Verfahren, sondern auch in anderen Gerichtszweigen – wie der Verwaltungsgerichtsbarkeit – das Amt eines ehrenamtlichen Richters aus, ist er für jede Funktion gesondert zu vereidigen (vgl. KK-StPO/*Barthe* § 31 Rn. 4). 1

Eine weitere gesetzliche Gleichstellung des Schöffen mit dem Berufsrichter enthält Satz 2. Wie dieser (vgl. § 9 Nr. 1 DRiG) muss der Schöffe **deutscher Staatsangehöriger** i.S.d. Art. 116 GG sein. Besteht daneben eine weitere Staatsangehörigkeit, ist dies unschädlich (vgl. *Katholnigg* § 31 Rn. 2; *Kissel/Mayer* § 31 Rn. 10). Damit sind lediglich Ausländer und Staatenlose vom Schöffenamt ausgeschlossen (vgl. *Meyer-Goßner/Schmitt* § 31 Rn. 2). Ist der Schöffe bei der Wahl Ausländer, wird dann aber eingebürgert, unterbleibt eine Streichung aus der Schöffenliste, denn mit der Einbürgerung kann er sein Schöffenamt tatsächlich ausüben (LG Gießen v. 18.12.2013 – 323 E). 2

Weitere Voraussetzungen an die Person des Schöffen knüpft das Gesetz nicht. Weder muss sich der Schöffe durch besondere Intelligenz auszeichnen noch bedarf er zur Teilnahme an Hauptverhandlungen, in denen es – wie im Wirtschaftsstrafrecht – um spezielle Materien des Strafrechts geht, eines besonderen Fachwissens, obwohl die Mehrheit des Schrifttums ein solches zu Recht als förderlich ansieht (vgl. KK-StPO/*Barthe* § 31 Rn. 2 und LR/*Gittermann* § 31 Rn. 14 unter Hinweis auf die Regelung für Handelsrichter in § 109). Zum Erfordernis, die deutsche Sprache zu beherrschen vgl. aber § 33 Nr. 5. 3

4 **B. Revision.** Ist der Schöffe nicht Deutscher oder wird er nicht vor Beginn seiner ersten Dienstausübung ordnungsgemäß auf sein Amt vereidigt, liegt ein Fehler in der Gerichtsbesetzung vor. Der absolute Revisionsgrund des § 338 Nr. 1 StPO ist gegeben (vgl. bereits RGSt 61, 374 f.).

§ 32 GVG [Unfähigkeit zum Schöffenamt].

Unfähig zu dem Amt eines Schöffen sind in:
1. Personen, die infolge Richterspruchs die Fähigkeit zur Bekleidung öffentlicher Ämter nicht besitzen oder wegen einer vorsätzlichen Tat zu einer Freiheitsstrafe von mehr als sechs Monaten verurteilt sind;
2. Personen, gegen die ein Ermittlungsverfahren wegen einer Tat schwebt, die den Verlust der Fähigkeit zur Bekleidung öffentlicher Ämter zur Folge haben kann.

1 **A. Grundsätzliches und Tatbestand.** Die Vorschrift ergänzt mit den in ihr enthaltenen drei Tatbeständen die Regelung in § 31 Satz 2. Im Verbund mit dieser Norm bestimmt sie, wer ausnahmslos nicht in der Lage ist, das Schöffenamt auszuüben. Die Unfähigkeit einer Person, das Schöffenamt zu bekleiden, ist bereits zum frühestmöglichen Zeitpunkt zu berücksichtigen. Eine Aufnahme in die Vorschlagsliste nach § 36 hat ebenso zu unterbleiben wie die Wahl nach § 42 (vgl. *Kissel/Mayer* § 32 Rn. 2; KK-StPO/*Barthe* § 32 Rn. 2). Korrekturen bei fehlerhafter Listenaufnahme, zu der es kommen kann, weil die **Unfähigkeit zur Ausübung des Schöffenamtes** erst später eingetreten ist oder erst später bekannt wurde, sind über § 39 Satz 2 und § 52 Abs. 1 vorzunehmen (vgl. KK-StPO/*Barthe* § 32 Rn. 2; LR/*Gittermann* § 32 Rn. 2). Ausschlaggebender Zeitpunkt für die Frage, ob eine Person unfähig ist, das Schöffenamt zu bekleiden, ist jedoch ungeachtet dessen der Zeitpunkt der tatsächlichen Amtsausübung und nicht der der Listenerstellung (vgl. bereits RGSt 2, 241, 243; *Meyer-Goßner/Schmitt* § 32 Rn. 1). Daher ist eine ordnungsgemäße Besetzung der Richterbank nicht infrage gestellt, wenn der Grund, der den Schöffen an der Ausübung seines Amtes gehindert hat, bis zur Hauptverhandlung entfallen ist (vgl. RGSt 21, 291, 292; LR/*Gittermann* § 32 Rn. 2). Andererseits ist ein Verfahren sofort auszusetzen, sobald eine Amtsunfähigkeit des Schöffen im Termin bekannt wird. Allein der mögliche Eintritt eines Ergänzungsschöffen gewährleistet in diesem Fall die Fortführung der Verhandlung (vgl. LR/*Gittermann* § 32 Rn. 2). Obwohl die Fähigkeit des Schöffen, sein Amt zu bekleiden, für das Verfahren von eminenter Bedeutung ist, soll es den Verfahrensbeteiligten nicht möglich sein, in der Hauptverhandlung Auskunft über das Vorliegen eines Unfähigkeitsgrundes zu verlangen. Nach herrschender Meinung soll die gebotene Unterrichtung des Schöffen, Unfähigkeitsgründe offenzulegen, zur Sicherung des Verfahrens ausreichen (vgl. BGH NStZ 1994, 139; *Katholnigg* § 32 Rn. 1; zw., wenn für einen Verfahrensbeteiligten aufgrund besonderer Kenntnisse Umstände, die auf eine Amtsunfähigkeit des Schöffen schließen lassen, offenbar sind).

2 Aus den Reihen des Schrifttums ist in der Vergangenheit teilweise eine Ergänzung der Vorschrift um den Unfähigkeitsgrund eines »**Verstoßes gegen die Verfassungstreuepflicht**« gefordert worden (vgl. *Dehn* NJW 2008, 3041 ff.; s.a. *Meyer-Goßner/Schmitt* § 32 Rn. 1a). Die Forderung hatte ihre Ursache in einer Kammerentscheidung des BVerfG v. 06.05.2008 (vgl. NJW 2008, 2568 ff.). In dieser Entscheidung hat das Gericht die Entfernung eines ehrenamtlichen Richters aus der Arbeitsgerichtsbarkeit bestätigt, der in seiner Freizeit Mitglied einer Rockband mit rechtsextremistischem Hintergrund war. Der Gesetzgeber hat sich allerdings gegen ein Ergänzung des § 32 entschieden und die Problematik fehlender Verfassungstreue des Schöffen zum Anlass genommen, in § 51 ein Amtsenthebungsverfahren zu regeln; zu Einzelheiten vgl. dort. Auch ansonsten ist § 32 abschließend und einer erweiterten Auslegung nicht zugänglich. Insbesondere verbietet es sich, die Unfähigkeit zum Bekleiden des Schöffenamts aus dem Tragen eines Kleidungsstücks aus religiösen Gründen herzuleiten (KG NStZ-RR 2013, 156).

3 Nach derzeit noch geltendem Recht verhindert die **Verurteilung mit der Folge, keine öffentlichen Ämter bekleiden zu können** (§§ 45 bis 45b StGB), die Ausübung des Schöffenamtes. Voraussetzung ist allerdings eine rechtskräftige Verurteilung (vgl. *Kissel/Mayer* § 32 Rn. 3; *Meyer-Goßner/Schmitt* § 32 Rn. 3). Gleiches gilt für die **Verurteilung zur Freiheitsstrafe von mehr als sechs Monaten** (vgl. *Kissel/Mayer* § 32 Rn. 4). Die Verurteilung zu Jugendstrafe oder die Verhängung einer Gesamtstrafe von mehr als einem halben Jahr reicht aus (vgl. LR/*Gittermann* § 32 Rn. 5). Die der Strafe zugrunde liegenden

Taten müssen allerdings vorsätzlich begangen worden sein. Liegen daher einer Gesamtstrafe sowohl Vorsatz- als auch Fahrlässigkeitstaten zugrunde, ist der Verurteilte zur Ausübung des Schöffenamt nur dann nicht in der Lage, wenn die Summe der für die Vorsatztaten verhängten Freiheitsstrafen sechs Monate übersteigt, was im Wege einer hypothetischen Gesamtstrafenbildung zu ermitteln ist (vgl. *Kissel/Mayer* § 32 Rn. 5; KK-StPO/*Barthe* § 32 Rn. 3). Ist die Strafe getilgt oder tilgungsreif (§§ 49, 50 BZRG) kann der Verurteilte das Schöffenamt wieder bekleiden. Gleiches gilt, wenn die in § 45 Abs. 1 und 2 genannten Fristen verstrichen sind oder dem Verurteilten die Amtsfähigkeit – wenn auch im Gnadenwege (vgl. *Meyer-Goßner/Schmitt* § 32 Rn. 4) – wieder verliehen wurde (vgl. KK-StPO/*Barthe* § 32 Rn. 4).

Auch **schwebende Ermittlungsverfahren, die zu einem Verlust der Amtsfähigkeit nach § 45 StGB führen können**, verhindern eine Tätigkeit als Schöffe. Ein Ermittlungsverfahren »schwebt«, wenn es durch die StA eingeleitet wurde. Eine Einleitung durch die Polizei auf Grundlage von § 163 StPO reicht nicht (vgl. *Meyer-Goßner/Schmitt* § 32 Rn. 5). Der Schwebezustand endet mit der Einstellung des Verfahrens durch die StA, wobei es unerheblich ist, ob die Ermittlungsbehörde die Einstellung auf § 170 StPO stützt oder hierfür die §§ 153 ff. heranzieht. Der Unfähigkeitsgrund der Nr. 2 entfällt auch durch einen rechtskräftigen Nichteröffnungsbeschluss oder (jede) gerichtliche Entscheidung in der Sache (vgl. KK-StPO/*Barthe* § 32 Rn. 5). Gegen § 32 Nr. 2 sind in der Vergangenheit verfassungsrechtliche Bedenken erhoben worden. Es verstoße gegen den Grundsatz richterlicher Unabhängigkeit aus Art. 97 Abs. 2 GG, wenn der Schöffe – wie durch § 44 Abs. 2 DRiG gefordert – nicht aufgrund eines werdenden Richteranspruch, sondern aufgrund eines Akts der Exekutive – der Einleitung eines Ermittlungsverfahrens – gem. § 52 von der Schöffenliste gestrichen werden (vgl. *Moller* MDR 1965, 534 f.). Die herrschende Meinung teilt diese Bedenken nicht. § 32 Nr. 2 rechtfertige sich aus dem Vertrauen der Allgemeinheit und der Verfahrensbeteiligten in die Objektivität und Integrität eines Schöffen, für das kein Raum sei, solange dieser dem Verdacht ausgesetzt sei, eine Straftat begangen zu haben (vgl. BGHSt 35, 28, 29 f.; *Kissel/Mayer* § 32 Rn. 7; *Meyer-Goßner/Schmitt* § 32 Rn. 5). § 44 Abs. 2 DRiG stehe dem nicht entgegen, da § 32 insoweit eine Sonderregelung enthalte (vgl. LR/*Gittermann* § 32 Rn. 8, zw.).

Entfällt der Unfähigkeitsgrund nach Nr. 2, ohne in eine Verurteilung nach Nr. 1 zu münden, besteht eine Befähigung zur Ausübung des Schöffenamtes. Es ist dann wie folgt zu verfahren (vgl. im Einzelnen KK-StPO/*Barthe* § 32 Rn. 6): Ist die Vorschlagsliste nach § 36 noch nicht aufgestellt, kann der ehemalige Beschuldigte aufgenommen werden. Befand sich der ehemalige Beschuldigte bereits auf der Vorschlagsliste, kann er nunmehr auf dieser verbleiben, sofern der Schöffenwahlausschuss noch nicht gem. § 41 über einen wegen des schwebenden Ermittlungsverfahrens angebrachten Einspruch nach § 37 entschieden hat. Problematisch ist demgegenüber die Behandlung eines zunächst gem. § 42 gewählten, aber wegen § 32 Nr. 2 auf Grundlage von § 52 Abs. 1 Nr. 1 gestrichenen Schöffen. Automatisch kann der Schöffe in seine alte Position nicht wieder einrücken (vgl. BGHSt 35, 28, 31). An seine Stelle ist ein Hilfsschöffe unter gleichzeitiger Streichung von der Hilfsschöffenliste getreten, § 49 Abs. 2 Satz 1. Theoretisch denkbar ist – um den ursprünglichen Zustand wiederherzustellen – ein rückgängigmachender konstitutiver Rechtsakt, durch den der ehemalige Hilfs- und nunmehrige Hauptschöffe auf die Hilfsschöffenliste zurückgesetzt wird und der vormals gestrichene Schöffe an seinen alten Listenplatz zurückgesetzt wird (zur Möglichkeit einer befristeten Amtsenthebung OLG Bremen MDR 1964, 244). Die herrschende Meinung lehnt ein solches Vorgehen allerdings ab. Nicht zu Unrecht wird darauf verwiesen, dass dadurch das komplexe und fragile System der Schöffenwahl zu fehleranfällig würde, was mit Blick auf das Verfahrensgrundrecht aus Art. 101 Abs. 1 GG nicht hinnehmbar sei (vgl. *Katholnigg* JR 1989, 37; KK-StPO/*Barthe* § 32 Rn. 6; *Meyer-Goßner/Schmitt* § 32 Rn. 5).

Ob ein Unfähigkeitsgrund vorliegt, ist im Zweifel im Verfahren nach § 41 zu klären, soweit ein Einspruch nach § 37 vorliegt (vgl. KK-StPO/*Barthe* § 32 Rn. 9).

Über § 77 gilt die Regelung des § 32 für die ehrenamtlichen Richter bei den Strafkammern des LG entsprechend.

B. Revision. Wirkt ein nach § 32 unfähiger Schöffe am Verfahren mit, liegt der absolute Revisionsgrund des § 338 Nr. 1 StPO vor (vgl. BGHSt 35, 28, 30). Wird eine Verletzung von § 32 Nr. 2 gerügt, sind in der Revisionsbegründung Darlegungen zum Schuldvorwurf und zum Strafmaß erforderlich (vgl. BGHSt 33, 261, 269).

§ 33 GVG [Ungeeignete Schöffen]. Zu dem Amt eines Schöffen sollen nicht berufen werden:
1. Personen die bei Beginn der Amtsperiode das fünfundzwanzigste Lebensjahr noch nicht vollendet haben würden;
2. Personen, die das siebzigste Lebensjahr vollendet haben oder es bis zum Beginn der Amtsperiode vollenden würden;
3. Personen, die zur Zeit der Aufstellung der Vorschlagsliste nicht in der Gemeinde wohnen;
4. Personen, die aus gesundheitlichen Gründen für das Amt nicht geeignet sind;
5. Personen, die mangels ausreichender Beherrschung der deutschen Sprache für das Amt nicht geeignet sind;
6. Personen, die in Vermögensverfall geraten sind.

1 **A. Grundsätzliches und Tatbestand.** § 33 enthält eine **bloße Ordnungsvorschrift**. Dessen ungeachtet formuliert die Norm ein verbindliches Verbot für die zuständigen Stellen, ungeeigneten Personen den Zugang zum Schöffenamt zu ermöglichen (vgl. OLG Köln MDR 1970, 864 f.). Diese dürfen bereits nicht in die Vorschlagslisten – § 36, § 35 Abs. 1 Satz 1 JGG – aufgenommen werden. Bereits gewählte und ausgeloste Schöffen, §§ 42, 45, sind aus der Liste wieder zu streichen, § 52 Abs. 1 Nr. 2 (vgl. *Meyer-Goßner/Schmitt* § 33 Rn. 1). Gleichwohl ist die Wahl der Schöffen wirksam (vgl. KK-StPO/*Barthe* § 33 Rn. 1) und das Gericht mit ihnen ordnungsgemäß besetzt (vgl. BGHSt 33, 261, 269). Als Verbotsnorm richtet sich § 33 allein an öffentliche Stellen. Der Schöffe kann aus der Vorschrift ein eigenes Weigerungsrecht nicht herleiten (vgl. *Kissel/Mayer* § 33 Rn. 9).

2 **Maßgebender Zeitpunkt bei Nr. 1 und 2** ist der Beginn der 4-jährigen Amtsperiode gem. § 42 Abs. 1. Insoweit darf ein Vierundzwanzigjähriger in die Vorschlagsliste aufgenommen werden, wenn er bei seiner Wahl das fünfundzwanzigste Lebensjahr vollendet haben wird. Umgekehrt ist die Listenaufnahme eines Neunundsechzigjährigen verboten, wenn er zum Wahltermin bereits siebzig Jahre alt sein wird (vgl. *Meyer-Goßner/Schmitt* § 33 Rn. 3). Die Altersberechnung erfolgt nach § 187 Abs. 2 Satz 2 BGB.

3 Ziel der Nr. 3 ist es, eine gewisse Vertrautheit des Schöffen mit den örtlichen Verhältnissen in den Gerichtsbezirken sicherzustellen (vgl. LR/*Gittermann* § 33 Rn. 3). **Wohnen** i.S.d. Gesetzes bedeutet deshalb nicht nur Wohnsitzbegründung gem. § 7 BGB. Erforderlich ist der tatsächliche Aufenthalt im Gerichtssprengel (vgl. BGHSt 28, 61, 64). Verzieht der Schöffe in eine andere Gemeinde desselben Landgerichtsbezirks, beeinträchtigt dies die Ausübung des Schöffenamt nicht (vgl. BGH StV 1982, 60; *Kissel/Mayer* § 33 Rn. 4). Ansonsten ist nach § 52 Abs. 1 Satz 1 Nr. 2 zu verfahren (vgl. *Meyer-Goßner/Schmitt* § 33 Rn. 4).

4 **Gesundheitliche Gründe** gem. Nr. 4 sind solche Beeinträchtigungen (Krankheit, Sucht, Behinderungen), die befürchten lassen, dass der Schöffe außer Stande sein wird, im Termin anwesend sein und zu bleiben, der Verhandlung optisch und akustisch zu folgen sowie den Gegenstand des Verfahrens intellektuell aufzunehmen und zu verarbeiten (vgl. KK-StPO/*Barthe* § 33 Rn. 1c). Liegt eine derart begründete Verhandlungsunfähigkeit vor, ist das Gericht nicht ordnungsgemäß besetzt (vgl. BGH MDR [D] 1971, 720, 723). So sind etwa – ohne dass dagegen verfassungsrechtlich etwas zu erinnern wäre (vgl. BVerfG NJW 2004, 2150 f.) – blinde, stumme oder taube Personen aus der Schöffenliste zu streichen.

5 Durch das Vierte Gesetz zur Änderung des Gerichtsverfassungsgesetzes v. 24.07.2010 (BGBl. I, S. 976) ist unter Nr. 5 neu in das Gesetz aufgenommen worden, dass Personen, die keine **ausreichenden Kenntnisse der deutschen Sprache** besitzen, das Schöffenamt nicht bekleiden sollen. Im Gesetzgebungsverfahren ist daraufhingewiesen worden, dass der Sprachunkundige ebenso wenig verhandlungsfähig sei wie eine Person, die aufgrund einer gesundheitlichen Beeinträchtigung nicht in der Lage sei, dem Verfahren zu folgen. Die deutsche Sprache ist nicht ausreichend beherrscht, wenn der Schöffe sich eines Dolmetschers bedienen müsste, um der Verhandlung zu folgen (vgl. BT-Drucks. 17/1462, S. 6). Nimmt ein der deutschen Sprache nicht mächtiger Schöffe an der Hauptverhandlung teil, kann dies die Revision gem. § 338 Nr. 1 StPO bgründen (BGH NStZ-RR 2011, 349 f.).

6 Nr. 6 soll der Gefahr vorbeugen, dass der Schöffe eine mangelnde Distanz zu Vermögens- und Wirtschaftskriminalität aufweisen könnte (vgl. LR/*Gittermann* § 33 Rn. 8). Indiz für einen **Vermögensverfall** ist i.d.R. die Aufnahme in das Schuldnerverzeichnis gem. § 915 ZPO oder die Eröffnung des Insolvenzverfahrens gem. §§ 11 ff. InsO. Ist der Schöffe völlig unverschuldet in eine wirtschaftliche

Notsituation geraten oder bemüht er sich nach den Vorschriften über die RSB – §§ 286 ff. InsO – um eine Rückkehr zu geordneten Vermögensverhältnisse, kann von einer Streichung von der Schöffenliste bzw. dem Unterbleiben einer Wahl in das Amt abgesehen werden (vgl. *Meyer-Goßner/Schmitt* § 33 Rn. 7; s.a. BT-Drucks. 12/3803, S. 64).

B. Revision. Die Verletzung der Sollvorschrift des § 33 kann mit der Revision nicht gerügt werden (vgl. BGHSt 30, 255, 257). Vgl. aber zum sprachunkundigen Schöffen oben Rdn. 5. 7

§ 34 GVG [Weitere ungeeignete Schöffen].

(1) Zu dem Amt eines Schöffen sollen ferner nicht berufen werden:
1. der Bundespräsident;
2. die Mitglieder der Bundesregierung oder einer Landesregierung;
3. Beamte, die jederzeit einstweilig in den Warte- oder Ruhestand versetzt werden können;
4. Richter und Beamte der Staatsanwaltschaft, Notare und Rechtsanwälte;
5. gerichtliche Vollstreckungsbeamte, Polizeivollzugsbeamte, Bedienstete des Strafvollzugs sowie hauptamtliche Bewährungs- und Gerichtshelfer;
6. Religionsdiener und Mitglieder solcher religiösen Vereinigungen, die satzungsgemäß zum gemeinsamen Leben verpflichtet sind;
7. Personen, die als ehrenamtliche Richter in der Strafrechtspflege in zwei aufeinanderfolgenden Amtsperioden tätig gewesen sind, von denen die letzte Amtsperiode zum Zeitpunkt der Aufstellung der Vorschlagslisten noch andauert.

(2) Die Landesgesetze können außer den vorbezeichneten Beamten höhere Verwaltungsbeamte bezeichnen, die zu dem Amt eines Schöffen nicht berufen werden sollen.

A. Grundsätzliches am Tatbestand. Bei § 34 handelt es sich ebenfalls um eine **Ordnungsvorschrift**, die in abschließender Aufzählung in Ergänzung von § 33 weitere Personen benennt, die wegen ihrer amtlichen Stellung oder ihrer beruflichen Betätigung nicht als Schöffen berufen werden sollen (vgl. *Meyer-Goßner/Schmitt* § 34 Rn. 1). 1

Die Aufnahme des **Bundespräsidenten** (Nr. 1) in den Katalog des § 34 findet seinen Grund in dem Gewaltenteilungsprinzip (vgl. LR/*Gittermann* § 34 Rn. 4). Der Bundespräsident soll seiner Amtstätigkeit auch nicht zeitweise entzogen werden (vgl. *Meyer-Goßner/Schmitt* § 34 Rn. 3). Maßgebender Zeitpunkt für die Frage, ob eine Berufung in das Amt möglich ist, ist der der Schöffenwahl (vgl. *Kissel/Mayer* § 34 Rn. 2). 2

Wer **Regierungsmitglied** i.S.d. Nr. 2 ist, ergibt sich aus Art. 62 GG (Bundeskanzler und Bundesminister) oder den jeweiligen Landesverfassungen. 3

Nr. 3 nimmt die sog. **politischen Beamten** in Bezug (§§ 54 BBG, 30 Abs. 1 BeamtStG). Ist der Beamte bereits im Ruhestand oder im einstweiligen Ruhestand, greift die Vorschrift nicht (vgl. *Meyer-Goßner/Schmitt* § 34 Rn. 5). 4

Richter gem. Nr. 4 sind die aktiven Berufsrichter aller Gerichtszweige. Hierunter fallen auch Richter auf Probe oder kraft Auftrags (§§ 12, 14 DRiG). Auch der abgeordnete Richter (§ 37 DRiG), der derzeit keinen richterlichen Dienst wahrnimmt, unterfällt dem Verbot. Ehrenamtliche Richter fallen nicht unter Nr. 4, für sie gilt § 35 Nr. 2 (vgl. LR/*Gittermann* § 34 Rn. 7). Wegen des abschließenden Charakters der Vorschrift sind Rechtspfleger (vgl. LR/*Gittermann* § 34 Rn. 8) und Rechtsreferendare nicht erfasst. Für Letztere gilt dies selbst dann, wenn sie nach § 142 Abs. 3 vorübergehend die Aufgaben eines Amtsanwalts oder Staatsanwalts wahrnehmen (vgl. *Meyer-Goßner/Schmitt* § 34 Rn. 7, str.). **Beamte der StA** nach Nr. 4 sind die Staatsanwälte und Amtsanwälte, nicht sonstige bei der StA beschäftigte Beamte, wie Justizinspektoren (vgl. LR/*Gittermann* § 34 Rn. 9). Zu den **Notaren** zählen sämtliche Notare nach der BNotO, also auch Notarassessoren, Bezirksnotare und Notarvertreter während der Zeit ihrer Bestellung (vgl. *Meyer-Goßner/Schmitt* § 34 Rn. 9). **RA** sind Personen, die nach der BRAO zugelassen sind. RA i.S.d. Gesetzes ist daher auch derjenige, der nach § 53 BRAO zum allgemeinen Vertreter bestellt ist (vgl. *Meyer-Goßner/Schmitt* § 34 Rn. 10). 5

§ 35 GVG   Ablehnung des Schöffenamtes

6 Von Nr. 5 erfasst werden **Gerichtsvollzieher**, zur Beitreibung gerichtlicher Kosten bestellte **Vollziehungsbeamte**, wozu die Justizwachtmeister nicht zählen (vgl. LR/*Gittermann* § 34 Rn. 11), **Vollzugsbeamte der Schutz- und Kriminalpolizei**, die **Beamten der Bundespolizei**, die nach § 152 Abs. 2 zu **Ermittlungspersonen** bestellten Beamten und Angestellten (vgl. KK-StPO/*Barthe* § 34 Rn. 6), beamtete und angestellte **Mitarbeiter des Strafvollzugs** gem. § 155 StVollzG und die **hauptamtlichen Bewährungs- und Gerichtshelfer** (vgl. *Meyer-Goßner/Schmitt* § 34 Rn. 11).

7 **Religionsdiener** i.S.v. Nr. 6 sind Geistliche, also alle Personen, die nach der Verfassung einer Religionsgemeinschaft (Art. 140 GG, Art. 137 WRV) zur Vornahme sakraler Handlungen berechtigt sind (vgl. KK-StPO/*Barthe* § 34 Rn. 7). Hierzu gehören auch Pfarrer christlicher Gemeinden, die nicht den Status einer öffentlich-rechtlichen Körperschaft besitzen (vgl. OLG Köln MDR 1970, 864 f.). Zum gemeinsamen Leben verpflichtet sind vorrangig die **Mitglieder katholischer Orden** (vgl. *Kissel/Mayer* § 34 Rn. 16).

8 Nr. 7 soll verhindern, dass kontinuierlich dieselben Personen zu ehrenamtlichen Richtern in Strafsachen gewählt werden und damit eine breitere Beteiligung der Öffentlichkeit an der Strafrechtspflege gewährleisten (vgl. BT-Drucks. 7/551, S. 99). Eine Neuberufung zu Schöffen ist aber bereits dann möglich, wenn der Schöffe eine Sitzungsperiode ausgesetzt hat (vgl. KK-StPO/*Barthe* § 34 Rn. 8 unter Bezugnahme auf BT-Drucks. 15/411, S. 8).

9 Abs. 2 soll den besonderen Verhältnissen der Länder Rechnung tragen (vgl. LR/*Gittermann*, § 34 Rn. 15). Auch Bundesbeamte dürfen landesgesetzlich von der Berufung zum Schöffenamt ausgeschlossen werden (vgl. *Kissel/Mayer* § 34 Rn. 18). Allerdings erfasst Abs. 2 nur Beamte im höheren Dienst (§ 17 Abs. 5 BBG).

10 **B. Revision.** Da es sich bei § 34 um eine reine Ordnungsvorschrift handelt, ist ein Verstoß gegen sie nicht revisibel (vgl. LR/*Gittermann* § 34 Rn. 16).

§ 35 GVG [Ablehnung des Schöffenamtes].

Die Berufung zum Amt eines Schöffen dürfen ablehnen:

1. Mitglieder des Bundestages, des Bundesrates, des Europäischen Parlaments, eines Landtages oder einer zweiten Kammer;
2. Personen, die in der vorhergehenden Amtsperiode die Verpflichtung eines ehrenamtlichen Richters in der Strafrechtspflege an vierzig Tagen erfüllt haben, sowie Personen, die bereits als ehrenamtliche Richter tätig sind;
3. Ärzte, Zahnärzte, Krankenschwestern, Kinderkrankenschwestern, Krankenpfleger und Hebammen;
4. Apothekenleiter, die keinen weiteren Apotheker beschäftigen;
5. Personen, die glaubhaft machen, dass ihnen die unmittelbare persönliche Fürsorge für ihre Familie die Ausübung des Amtes in besonderem Maße erschwert;
6. Personen, die das fünfundsechzigste Lebensjahr vollendet haben oder es bis zum Ende der Amtsperiode vollendet haben würden;
7. Personen, die glaubhaft machen, dass die Ausübung des Amtes für sie oder einen Dritten wegen Gefährdung oder erhebliche Beeinträchtigung einer ausreichenden wirtschaftlichen Lebensgrundlage eine besondere Härte bedeutet.

Grundsätzliches und Tatbestand

1 § 35 enthält eine abschließende Aufzählung derjenigen Personen, die, obwohl sie zum Amt eines Schöffen herangezogen werden könnten, die Übertragung des Amtes ablehnen dürfen (vgl. BGHSt 9, 203, 206). Wer sich auf einen Grund nach § 35 berufen kann, entgeht der Verpflichtung, das Schöffenamt zu übernehmen, auf legale Weise (vgl. KK-StPO/*Barthe* § 35 Rn. 1). Demgegenüber ist die Berufung auf Umstände, die in § 35 nicht genannt sind, unerheblich. Das Schöffenamt muss angetreten werden. Insb. rechtfertigen Gewissensgründe die Amtsablehnung nicht (vgl. KG JR 1966, 188 f.; *Kathollnigg* § 35 Rn. 1). Dies ist nicht unproblematisch, da für eine Ablehnung des Schöffenamtes aus Gewissensgründen die Verfassungsnorm des Art. 4 GG streitet. Andererseits wird der Wirkbereich dieses Grundrechts seinerseits durch das Verfahrensgrundrecht aus Art. 101 Abs. 1 GG eingeschränkt. Der

Anspruch des Angeklagten auf den gesetzlichen Richter fordert, die Gründe, aus denen jemand die Übernahme des Schöffenamtes ablehnen kann, gesetzlich zu formulieren und eine Weigerungsmöglichkeit von klar formulierten objektiven Kriterien abhängig zu machen (vgl. stellvertretend KK-StPO/ *Barthe* § 35 Rn. 7; a. A. *Lisken* NJW 1997, 34 f.).

Dass ein **Ablehnungsgrund** nach § 35 vorliegt, wird i.d.R. schon bei der Aufstellung der Vorschlagsliste nach § 36 zu berücksichtigen sein. Möglich ist eine Berücksichtigung auch bei der Entscheidung des Schöffenwahlausschusses, ob eine Person in die Schöffenliste nach § 44 eingetragen werden soll (vgl. *Meyer-Goßner/Schmitt* § 35 Rn. 1). Dies gilt allerdings nur, wenn zu erwarten steht, dass die Person sich auf einen Ablehnungsgrund berufen wird (vgl. KK-StPO/*Barthe* § 35 Rn. 2) oder sich vor Erstellung der Vorschlagslisten bzw. der Erstellung der Schöffenliste gegen eine Amtsübernahme ausgesprochen hat (vgl. LR/*Gittermann* § 35 Rn. 1). Nach Einberufung des Schöffen kann das Vorliegen eines Ablehnungsgrundes nur noch gem. § 53 Berücksichtigung finden (vgl. dort Rdn. 1 ff.). Hat eine Person die Übernahme des Schöffenamtes abgelehnt, gilt dies nur für die aktuelle Wahlperiode. Einer Neuberufung in der Folgeperiode steht damit nichts entgegen (vgl. *Meyer-Goßner/Schmitt* § 35 Rn. 1). 2

Zur Ablehnung des Schöffenamtes berechtigt sind die **in Nr. 1 bis 7 genannten Personen**. Hinsichtlich Nr. 5 ist zu beachten, dass hier nur die unmittelbare persönliche Betreuung für die Familie in Bezug genommen wird. Damit ist nicht die Beschaffung finanzieller Mittel zur Versorgung gemeint (vgl. *Kissel/Mayer* § 35 Rn. 8; LR/*Gittermann* § 35 Rn. 7). Bereits die Betreuungsbedürftigkeit eines Familienmitglieds kann für Nr. 5 ausreichen. Zur Familie gehören neben Verwandten auch verschwägerte Personen (vgl. KK-StPO/*Barthe* § 35 Rn. 5). Nr. 7 betrifft allein die Fälle, in denen durch die Übernahme des Schöffenamtes die wirtschaftliche Existenz des potenziellen Amtsträgers oder eines Dritten gefährdet wird. Insb. Gewissensgründe gehören nicht hierher (vgl. oben Rdn. 1). 3

§ 36 GVG [Vorschlagsliste].

(1) ¹Die Gemeinde stellt in jedem fünften Jahr eine Vorschlagsliste für Schöffen auf. ²Für die Aufnahme in die Liste ist die Zustimmung von zwei Dritteln der anwesenden Mitglieder der Gemeindevertretung, mindestens jedoch der Hälfte der gesetzlichen Zahl der Mitglieder der Gemeindevertretung erforderlich. ³Die jeweiligen Regelungen zur Beschlussfassung der Gemeindevertretung bleiben unberührt.

(2) ¹Die Vorschlagsliste soll alle Gruppen der Bevölkerung nach Geschlecht, Alter, Beruf und sozialer Stellung angemessen berücksichtigen. ²Sie muss Geburtsnamen, Familiennamen, Vornamen, Tag und Ort der Geburt, Wohnanschrift und Beruf der vorgeschlagenen Personen enthalten.

(3) ¹Die Vorschlagsliste ist in der Gemeinde eine Woche lang zu jedermanns Einsicht aufzulegen. ²Der Zeitpunkt der Auflegung ist vorher öffentlich bekanntzumachen.

(4) ¹In die Vorschlagsliste des Bezirks des Amtsgerichts sind mindestens doppelt so viele Personen aufzunehmen, wie als erforderliche Zahl von Haupt- und Hilfsschöffen nach § 43 bestimmt sind. ²Die Verteilung auf die Gemeinden des Bezirkes erfolgt durch den Präsidenten des Landgerichts (Präsidenten des Amtsgerichts) in Anlehnung an die Einwohnerzahl der Gemeinden.

A. Grundsätzliches und Tatbestand. § 36 regelt die **Aufstellung der Vorschlagslisten**, aus denen die Schöffen in ihr Amt gewählt werden. Zuständig für die Erstellung der Listen sind die Gemeindevertretungen der Kommunen. In Berlin sind dies die Bezirksverordnetenversammlungen (vgl. BGH StV 1986, 49 f. m. Anm. *Danckert*). In Hamburg sind zuständig die Bezirksversammlungen (vgl. BGH NJW 1986, 1358). Die Zuständigkeit liegt bei den Gemeindevertretungen, weil diese »die beste personelle Kenntnis für Repräsentanz und Eignung des Einwohners für das Schöffenamt« haben sollen (vgl. BGHSt 12, 197, 200). Die Landesjustizverwaltung bestimmt den Termin, zu welchem die Liste in jedem fünften Jahr aufgestellt sein muss, § 57. 1

Um in die Vorschlagsliste aufgenommen zu werden, muss eine Person zwei Drittel der Stimmen der anwesenden Gemeindevertreter auf sich vereinen, mindestens aber die Hälfte der Stimmen der gesetzlichen Mitglieder, **Abs. 1 Satz** 2. Zugleich müssen die durch das jeweilige Kommunalrecht vorgegebenen Wirksamkeitsvoraussetzungen für eine Beschlussfassung gegeben sein, Abs. 1 Satz 3 (vgl. KK-StPO/*Barthe* § 36 Rn. 6). Ungeachtet kommunaler Besonderheiten setzt der Begriff der Wahl aber voraus, dass mehr Leute vorgeschlagen als letztlich gewählt werden (vgl. *Kissel/Mayer* § 36 Rn. 12). 2

Güntge

§ 37 GVG   Einspruch gegen die Vorschlagsliste

Vor diesem Hintergrund erklärt sich die gesetzliche Regelung in Abs. 4 Satz 1, wonach in die Vorschlagsliste eines Amtsgerichtsbezirks mindestens doppelt so viele Personen aufzunehmen sind, wie als Haupt- und Hilfsschöffen benötigt werden. Die Anzahl der Vorschläge pro Gemeinde wird durch den Präsidenten des LG (AG) bestimmt. Dieser orientiert sich dabei an der Einwohnerzahl der Gemeinden. Dabei ist ein exakter Proporz nicht vonnöten; eine ungefähre Proportionalität reicht aus. Sinn der Vorschrift ist es nämlich nicht, mathematisch exakt den Anteil der Kommunen an der ehrenamtlichen Strafrechtspflege zu sichern, sondern andere Faktoren, wie etwa die Entfernung des Wohnorts zum Gerichtstand, als bestimmend für die Schöffenwahl auszuschließen (vgl. LR/*Gittermann* § 36 Rn. 8).

3   Durch eine Gemeinde wird nur eine einzige Liste aufgestellt (vgl. KK-StPO/*Barthe* § 36 Rn. 4; LR/*Gittermann* § 36 Rn. 13). Diese muss nicht aus einem Schriftstück bestehen. Auch die urkundliche Verbindung mehrerer Vorschläge reicht aus (vgl. BGHSt 12, 197, 201). Die Vorschläge können aus der Mitte der Mitglieder der Gemeindevertretung stammen (vgl. *Meyer-Goßner/Schmitt* § 36 Rn. 2). Möglich sind aber auch Vorschläge anderer Vereinigungen, wie kirchlicher oder sozialer Organisationen (vgl. KK-StPO/*Barthe* § 36 Rn. 4). Auch Eigenbewerbungen von Personen sind möglich (vgl. BGHSt 38, 47, 50). Bei Aufstellung der Liste ist darauf zu achten, dass die Gesamtbevölkerung repräsentiert werden muss. Unzulässig ist es daher, als Auswahlkriterium den Anfangsbuchstaben des Nachnamens festzulegen oder nach Straßen auszuwählen (vgl. BGHSt 30, 255, 256). Daher verbietet es sich auch, die Vorschlagsliste nach dem Zufallsprinzip aufzustellen (vgl. BGHSt 38, 47; *Meyer-Goßner/Schmitt* § 36 Rn. 2). Die Vorschlagsliste ist auch für die Wahl der Schöffen für das LG von Bedeutung, § 77. Die Jugendschöffen schlägt der Jugendwohlfahrtausschuss vor, § 35 JGG.

4   Die Vorschlagsliste liegt in der Gemeinde eine Woche lang zur **Einsicht** auf. Dies bedeutet Möglichkeit zur Einsichtnahme für sieben Tage (vgl. KK-StPO/*Barthe* § 36 Rn. 5). Sieben Werktage sind damit nicht gemeint. Auch Sonnabende und Sonntage sowie Feiertage können Bestandteil der Frist sein (vgl. BGH StV 2001, 156; BGHR GVG § 36 Abs. 3 Vorschlagsliste 1).

5   Es ist nicht erforderlich, Personen, die auf die Vorschlagsliste gesetzt werden, hiervon zu unterrichten. Eine solche **Benachrichtigung** ist aber auch nicht ausgeschlossen (vgl. KK-StPO/*Barthe* § 36 Rn. 5). Die Benachrichtigung hat den Vorteil, dass die Vorgeschlagenen auf Umstände hinweisen könnten, die gem. §§ 32 bis 35 ihrer Wahl entgegenstehen.

6   Dem Einzelnen ist es, da die Zusammenstellung der Vorschlagslisten durch Wahl erfolgt, nicht möglich, die eigene Aufnahme gerichtlich zu erzwingen (vgl. *Kissel/Mayer* § 36 Rn. 13; KK-StPO/*Barthe* § 36 Rn. 7; a. A. VerfG Brandenburg NJW 1997, 2942 f.).

7   **B. Revision.** Erfolgt die Wahl der Schöffen von einem ordnungsgemäß besetzten Wahlausschuss in rechtswirksamer Weise, führen Mängel bei der Aufstellung der Vorschlagsliste nicht zu einer Fehlbesetzung des Gerichts und zum Vorliegen eines Revisionsgrundes (vgl. BGH StV 2008, 566). Vorschlag und Wahl des Schöffen liegen in diesem Fall außerhalb des Bereichs gerichtlicher Einflussnahme (vgl. BGHSt 22, 122, 123; LR/*Gittermann* § 36 Rn. 15). Wird gegen die Sollvorschrift des Abs. 2 verstoßen begründet dies die Revision ebenfalls nicht (vgl. BGHSt 38, 47, 51; *Katholnigg* § 36 Rn. 7). Demgegenüber greift die Besetzungsrüge bei einer Verletzung des Abs. 3 durch, da dessen Voraussetzungen durch den für die Schöffenwahl zuständigen Richter am AG gem. § 40 Abs. 2 zu prüfen sind (vgl. KK-StPO/*Barthe* § 37 Rn. 8). Allerdings soll dies nur bei willkürlichem Handeln des Richters gelten (vgl. BGHR GVG § 36 Abs. 3 Vorschlagsliste 1; BayObLG StV 1998, 8 f. m. abl. Anm. *Bockemühl*).

§ 37 GVG [Einspruch gegen die Vorschlagsliste].

Gegen die Vorschlagsliste kann binnen einer Woche, gerechnet vom Ende der Auflegungsfrist, schriftlich oder zu Protokoll mit der Begründung Einspruch erhoben werden, dass in die Vorschlagsliste Personen aufgenommen sind, die nach § 32 nicht aufgenommen werden durften oder nach den §§ 33, 34 nicht aufgenommen werden sollten.

1   Das Recht zum Einspruch besitzt **jedermann**, also auch, wer in die Liste aufgenommen ist (vgl. *Meyer-Goßner/Schmitt* § 37 Rn. 1). Für die Berechnung der Frist zur Einspruchseinlegung gilt § 187 Abs. 1

BGB, d.h. der letzte Tag der Auflegungsfrist wird nicht mitgezählt. Die Möglichkeit einer Wiedereinsetzung in den vorigen Stand bei Fristversäumnis besteht nicht (vgl. KK-StPO/*Barthe* § 37 Rn. 3). Der Einspruch ist schriftlich oder zu Protokoll beim Schöffenwahlausschuss einzulegen (vgl. *Kissel/ Mayer* § 37 Rn. 2; *Meyer-Goßner/Schmitt* § 37 Rn. 2; a. A. *Katholnigg* § 37 Rn. 3; LR/*Gittermann* § 37 Rn. 5: Keine Einlegung bei Gericht). Er ist auf Gründe nach §§ 32, 33 und 34 beschränkt, wobei diesen Fällen der Fall des § 31 Satz 2 gleichsteht (vgl. *Meyer-Goßner/Schmitt* § 37 Rn. 2). 2

§ 38 GVG [Übersendung der Vorschlagsliste].
(1) Der Gemeindevorsteher sendet die Vorschlagsliste nebst den Einsprüchen an den Richter beim Amtsgericht des Bezirks. (2) Wird nach Absendung der Vorschlagsliste ihre Berichtigung erforderlich, so hat der Gemeindevorsteher hiervon dem Richter beim Amtsgericht Anzeige zu machen.

Nach Ablauf der Einspruchsfrist übersendet der Gemeindevorsteher unter Beachtung des nach § 57 zu berücksichtigenden Zeitpunkts die Liste an den Richter beim AG, der der Vorsitzende des Schöffenwahlausschusses ist, § 40 Abs. 2. Die »allgemeine« Übersendung an das AG reicht aber aus (vgl. KK-StPO/*Barthe* § 38 Rn. 1). 1

Die Liste ist nach Abs. 2 zu berichtigen, wenn nachträglich Umstände der in § 31 Satz 2, 32, 33 und 34 bezeichneten Art bekannt werden (vgl. *Meyer-Goßner/Schmitt* § 38 Rn. 2). Dasselbe gilt, wenn ein Ablehnungsgrund nach § 35 geltend gemacht wird oder der Vorgeschlagene verstorben ist (vgl. KK-StPO/ *Barthe* § 38 Rn. 2). Der Wegzug aus dem Gemeindegebiet gem. § 33 Nr. 3 führt nicht zu einer Berichtigung der Liste. Die Berichtigung der Vorschlagsliste obliegt dem Schöffenwahlausschuss, §§ 40, 41 (vgl. LR/*Gittermann* § 38 Rn. 3). 2

§ 39 GVG [Vorbereitung der Ausschussberatungen].
¹Der Richter beim Amtsgericht stellt die Vorschlagslisten der Gemeinden zur Liste des Bezirks zusammen um bereits den Beschluß über die Einsprüche vor. ²Er hat die Beachtung der Vorschriften des § 36 Abs. 3 zu prüfen und die Abstellung etwaiger Mängel zu veranlassen.

§ 39 statuiert die Pflicht des Richters beim AG, die Schöffenwahl vorzubereiten, Satz 1. Zugleich prüft er die Einhaltung der Formalien des § 36 Abs. 3. Die Beseitigung etwaiger Mängel ist von ihm zu veranlassen. 1

Zu den **vorbereitenden Aufgaben** des Richters gehört es, die Vorschlagslisten der Gemeinden des Bezirks zu einer einheitlichen Vorschlagsliste zusammenzustellen. Hierbei handelt es sich um eine rein sichtende Tätigkeit, die mit keinerlei Entscheidungsbefugnis verbunden ist (vgl. LR/*Gittermann* § 39 Rn. 1). Soweit es um die Vorbereitung des Beschlusses über etwaige Einsprüche geht, hat der Richter die Ermittlungen zu führen, die den Ausschuss in die Lage versetzen, eine Entscheidung zu treffen (vgl. KK-StPO/*Barthe* § 39 Rn. 2). Ggf. sind Gründe, die der Wahl eines Schöffen entgegenstehen könnten, von Amts wegen zu erforschen (vgl. LR/*Gittermann* § 39 Rn. 2). 2

Der Richter am AG hat zu prüfen, ob die Listen sämtlicher Gemeinden des Bezirkes vorliegen. Sofern dies nicht der Fall ist, muss die Liste nachgefordert werden (vgl. BGHSt 33, 290, 291; BGHR GVG § 42 Abs. 1 Vorschlagsliste 1). Deren Hergabe kann er allerdings nicht erzwingen (vgl. KK-StPO/ *Barthe* § 39 Rn. 1). Im Gegenzug führt das Unterbleiben einer Übersendung der Liste nicht zu einer ein späteres Strafurteil gefährdenden Fehlbesetzung der Richterbank. Denn diese wird von Personen besetzt, die ordnungsgemäß vorgeschlagen und gewählt wurden (vgl. BGHSt 33, 290, 291 = JR 1986, 474 ff. m. abl. Anm. *Seebode*; BGH NStZ 1991, 546). S. hierzu auch vertiefend KK-StPO/*Barthe* § 39 Rn. 1. Weiterhin prüft das Gericht die Dauer der Auflegung der Liste und die Tatsache ihrer vorherigen Ankündigung (vgl. *Meyer-Goßner/Schmitt* § 39 Rn. 1). Der zeitliche Abstand zwischen Ankündigung und Auflegung wird demgegenüber nicht geprüft (vgl. BGH NJW 1997, 3034, 3036). Gleiches gilt für die Frage, ob die Vorschlagslisten die nach § 36 Abs. 4 vorausgesetzte Anzahl von Personen enthalten (vgl. BGHSt 33, 290, 291; vgl. oben § 36 Rdn. 2). 3

Güntge

§ 40 GVG [Schöffenwahlausschuss]. (1) Bei dem Amtsgericht tritt jedes fünfte Jahr ein Ausschuß zusammen.
(2) ¹Der Ausschuß besteht aus dem Richter beim Amtsgericht als Vorsitzenden und einem von der Landesregierung zu bestimmenden Verwaltungsbeamten sowie sieben Vertrauenspersonen als Beisitzern. ²Die Landesregierungen werden ermächtigt, durch Rechtsverordnung die Zuständigkeit für die Bestimmung des Verwaltungsbeamten abweichend von Satz 1 zu regeln. ³Sie können diese Ermächtigung durch Rechtsverordnung auf oberste Landesbehörden übertragen.
(3) ¹Die Vertrauenspersonen werden aus den Einwohnern des Amtsgerichtsbezirks von der Vertretung des ihm entsprechenden unteren Verwaltungsbezirks mit einer Mehrheit von zwei Dritteln der anwesenden Mitglieder, mindestens jedoch mit der Hälfte der gesetzlichen Mitgliederzahl gewählt. ²Die jeweiligen Regelungen zur Beschlußfassung der Vertretung bleiben unberührt. ³Umfasst der Amtsgerichtsbezirk mehrere Verwaltungsbezirke oder Teile mehrerer Verwaltungsbezirke, so bestimmt die zuständige oberste Landesbehörde die Zahl der Vertrauenspersonen, die von den Vertretungen dieser Verwaltungsbezirke zu wählen sind.
(4) Der Ausschuß ist beschlußfähig, wenn wenigstens der Vorsitzende, der Verwaltungsbeamte und drei Vertrauenspersonen anwesend sind.

1 **A. Grundsätzliches und Tatbestand.** Der Ausschuss nach § 40 ist bei jedem AG zu bilden, selbst wenn dieses aufgrund der Konzentrationsvorschrift des § 58 nicht über ein eigenes Schöffengericht verfügt (vgl. *Meyer-Goßner/Schmitt* § 40 Rn. 1). Der Ausschuss hat dann die Schöffen für das gemeinsame Schöffengericht und die Strafkammern beim LG zu wählen (vgl. KK-StPO/*Barthe* § 40 Rn. 1). Die Aufgaben des Ausschusses ergeben sich aus §§ 41 und 42. Gem. Abs. 1 ist der Ausschuss jedes fünfte Jahr zu bilden. Er wird von der Landesjustizverwaltung einberufen und tritt im Regelfall im Jahr vor Beginn der neuen Amtsperiode der Schöffen zusammen. Wird eine Ergänzungswahl nach § 52 Abs. 6 erforderlich, muss ein Tätigwerden des Ausschusses bereits während der Amtsperiode erfolgen (vgl. KK-StPO/*Barthe* § 40 Rn. 1). Die Mitglieder des Ausschusses müssen zu dem durch Abs. 1 bestimmten Zeitpunkt stets neu bestellt werden, also auch dann, wenn die personelle Besetzung des Ausschusses unverändert bleibt (vgl. *Kissel/Mayer* § 40 Rn. 1).

2 Den **Vorsitz im Ausschuss** führt der Richter beim AG, der durch das Präsidium (vgl. BGHSt 29, 283, 287 m. Anm. *Katholnigg* NStZ 1981, 31 ff.) über die Geschäftsverteilung – § 21e Abs. 1 Satz 1 – hierzu bestimmt wird. Dabei handelt der Richter nicht als Organ der Justizverwaltung, sondern in unabhängiger Funktion, da seine Tätigkeit der Rechtsprechung zugerechnet wird (vgl. *Kissel/Mayer* § 40 Rn. 3; KK-StPO/*Barthe* § 40 Rn. 2).

3 Neben dem Richter am AG gehört dem Ausschuss ein **Verwaltungsbeamter** an, der von der Landesregierung bestimmt wird, Abs. 2 Satz 1, soweit diese nicht von ihren Delegationsmöglichkeiten nach Abs. 2 Satz 2 und 3 Gebrauch gemacht hat. Der Verwaltungsbeamte ist namentlich zu bestellen. Möglich ist allerdings auch eine Personenbestimmung über das Amt – »Landrat« etc. (vgl. BGHSt 12, 197, 203). Erstreckt sich der Amtsgerichtsbezirk auf mehrere Verwaltungseinheiten, wie Landkreise oder Stadtkreise, wird gleichfalls nur ein Verwaltungsbeamter bestellt (vgl. BGHSt 26, 206, 207; *Kissel/Mayer* § 40 Rn. 7).

4 Komplettiert wird der Ausschuss durch **sieben Vertrauenspersonen**, die aus den Einwohnern des Amtsgerichtsbezirks nach Maßgabe des Abs. 3 zu wählen sind. Für die Vertrauenspersonen gelten, sofern das Landesrecht dies vorsieht, die §§ 32 und 35 entsprechend (s. etwa § 5 NdsAGGVG; vgl. hierzu *Meyer-Goßner/Schmitt* § 40 Rn. 5). Mit ihnen sind zugleich ihre Vertreter zu wählen (vgl. LR/*Gittermann* § 40 Rn. 8), die für den Verhinderungsfall bestellt werden (vgl. BGHSt 12, 197, 204), obwohl der Ausschuss unter den Voraussetzungen des Abs. 4 auch ohne die verhinderten Vertrauensleute entscheiden kann und gegen die Ausgebliebenen Disziplinarmaßnahmen nach § 56 zu ergreifen sind (vgl. *Meyer-Goßner/Schmitt* § 40 Rn. 6). Abs. 3 weist die Wahl der Vertrauensleute der Vertretung des unteren Verwaltungsbezirks – dies sind i.d.R. die Landkreise und kreisfreien Städte (vgl. KK-StPO/*Barthe* § 40 Rn. 2a) – zu. Allein wahlberechtigt ist die Vertretungskörperschaft. Ein anderes Gremium des Verwaltungsbezirks (Kreisrat oder Kreisausschuss) darf das Wahlrecht nicht ausüben (vgl. BGHSt 20, 37, 40). Dies gilt auch dann, wenn aufgrund der Kommunalverfassung in Eilfällen diesem Gremium die Befugnisse der Vertretungskörperschaft zu stehen, und wenn die Mitglieder des Gremiums zugleich auch Mit-

glieder der Vertretungskörperschaft sind (vgl. *Kissel/Mayer* § 40 Rn. 9 KK-StPO/*Barthe* § 40 Rn. 2a, zw.; a. A. BGHSt 20, 309, 312; vgl. auch LR/*Gittermann* § 40 Rn. 7).

B. Revision. Im Allgemeinen begründen Fehler bei der Besetzung oder Bestellung des Wahlausschusses die Besetzungsrüge nach § 338 Nr. 1 StPO nicht (vgl. BGHSt 26, 206, 209; BGHR GVG § 42 Abs. 1 Schöffenwahl 3). Etwas anderes gilt wohl, wenn die Zusammensetzung des Ausschusses auf keine Wahl zurückgeht oder gegen die Besetzungsvorschriften willkürlich verstoßen wurde (vgl. KK-StPO/*Barthe* § 40 Rn. 3 und 4). Unerheblich ist es mithin, wenn ein Mitglied des Schöffenwahlausschusses erst nachträglich gewählt wird (vgl. BVerfG NJW 198, 2368, 2369) oder an der Wahl ein unzuständiger Richter mitgewirkt hat (vgl. BGHSt 29, 283, 287). Auch das Mitwirken eines zweiten Verwaltungsbeamten im Ausschuss ist unschädlich (vgl. BGHSt 46, 206, 211). 5

§ 41 GVG [Entscheidung über Einsprüche].

¹Der Ausschuß entscheidet mit einfacher Mehrheit über die gegen die Vorschlagsliste erhobenen Einsprüche. ²Bei Stimmengleichheit entscheidet die Stimme des Vorsitzenden. ³Die Entscheidungen sind zu Protokoll zu vermerken. ⁴Sie sind nicht anfechtbar.

Der Wahlausschuss entscheidet über die Einsprüche nach § 37 und über nachträgliche Mitteilungen des Gemeindevorstehers auf Grundlage von § 38 Abs. 2 (vgl. *Meyer-Goßner/Schmitt* § 41 Rn. 1). Eine Entscheidung ist auch veranlasst, wenn der Richter bei der Vorbereitung der Ausschussberatungen gem. § 39 Abs. 1 auf Gründe stößt, die der Berufung einer Person in das Schöffenamt entgegenstehen. Dies liegt daran, dass die Gründe nach §§ 31 Satz 2, 32 bis 34 von Amts wegen zu berücksichtigen sind, wobei es auf die Art ihres Bekanntwerdens nicht ankommt (vgl. KK-StPO/*Barthe* § 41 Rn. 1). Soweit dies durch den Richter am AG als Vorsitzenden noch nicht geschehen ist, hat der Ausschuss den Sachverhalt aufzuklären. Seine Entscheidung wird in **nichtöffentlicher Sitzung** getroffen (vgl. LR/*Gittermann* § 41 Rn. 4). Eine Anhörung der betroffenen Person ist nicht veranlasst (vgl. KK-StPO/*Barthe* § 41 Rn. 1). Ist ein Einspruch begründet, ist der Betroffene von der Vorschlagsliste zu streichen (vgl. *Meyer-Goßner/Schmitt* § 41 Rn. 1). Anderenfalls ist der Einspruch zurückzuweisen (vgl. LR/*Gittermann* § 41 Rn. 1). Muss der Ausschuss über Einsprüche gegen vorgeschlagene Jugendschöffen entscheiden, führt den Vorsitz der Jugendrichter (§ 35 Abs. 4 JGG). 1

Die Entscheidung des Ausschusses ist **unanfechtbar**, S. 4. Wegen § 336 Satz 2 StPO steht sie auch nicht zur Überprüfung durch das Revisionsgericht, sodass eine Besetzungsrüge nicht auf eine fehlerhafte Entscheidung des Wahlausschusses gestützt werden kann (vgl. KK-StPO/*Barthe* § 41 Rn. 2). Dieser Umstand entbindet allerdings bei gegebenem Anlass das erkennende Gericht nicht von der Prüfung, ob nach Maßgabe des § 52 zu verfahren ist (vgl. LR/*Gittermann* § 41 Rn. 2). Der Inhalt der Entscheidung des Ausschusses ist zu protokollieren, S. 3. Zudem sollten die Gründe für die Entscheidung und das Ergebnis der Abstimmung – ohne dass dies Pflicht wäre – vermerkt werden (vgl. KK-StPO/*Barthe* § 41 Rn. 2). 2

§ 42 GVG [Schöffenwahl].

(1) ¹Aus der berichtigten Vorschlagsliste wählt der Ausschuß mit einer Mehrheit von zwei Dritteln der Stimmen für die nächsten fünf Geschäftsjahre:
1. die erforderliche Zahl von Schöffen;
2. die erforderliche Zahl der Personen, die an die Stelle wegfallender Schöffen treten oder in den Fällen der §§ 46, 47 als Schöffen benötigt werden (Hilfsschöffen). ²Zu wählen sind Personen, die am Sitz des Amtsgerichts oder in dessen nächster Umgebung wohnen.
(2) Bei der Wahl soll darauf geachtet werden, dass alle Gruppen der Bevölkerung nach Geschlecht, Alter, Beruf und sozialer Stellung angemessen berücksichtigt werden.

A. Grundsätzliches und Tatbestand. Die Vorschrift umschreibt die wichtigste Aufgabe des Schöffenwahlausschusses, die Wahl der Haupt- und Hilfsschöffen (vgl. KK-StPO/*Barthe* § 42 Rn. 1). Die Wahl wird auf Grundlage der berichtigten Vorschlagsliste – §§ 46, 38 Abs. 2, 41 –, d.h. der endgültig festgestellten Liste (vgl. LR/*Gittermann* § 42 Rn. 1), durchgeführt. Die berichtigte Liste ist für 1

§ 42 GVG   Schöffenwahl

den Ausschuss verbindlich. Wählt er eine andere Person, führt dies zu einer fehlerhaften Besetzung des Gerichts (vgl. BGH NStZ 1991, 546). Gewählt ist, wer auf sich zwei Drittel der Stimmen des Ausschusses vereinen kann, Abs. 1 Satz 1.

2 Über das **Wahlverfahren** enthält das Gesetz keine Regelung. Es muss jedoch ein Verfahren sein, das es ermöglicht, die von Abs. 2 aufgestellten Maßgaben zu erfüllen (vgl. *Meyer-Goßner/Schmitt* § 42 Rn. 5). Insoweit ist es nicht möglich, die Festlegung der Schöffen einem keinen Regeln gehorchenden Losverfahren zu überlassen (vgl. BGHSt 33, 41; *Vogt/Kurth* NJW 1985, 103, 104; a. A. LG Frankfurt am Main NJW 1985, 155 ff.; vgl. aber auch *Jasper* MDR 1985, 110, 111: In Großgemeinden ist eine auf Abs. 2 abgestimmte Wahl nicht möglich). Gleichwohl werden Urteile, an denen ausgeloste Schöffen teilgenommen haben, nicht als nichtig angesehen (vgl. BGHSt 33, 126, 127 = JR 1985, 344 m. Anm. *Katholnigg*; a. A. *Weis* NJW 1984, 2804, 2805). Keine unzulässige Auslosung soll vorliegen, wenn die Namen der potenziellen Schöffen auf Karteikarten geschrieben und diese Karten in Umschläge gesteckt werden, die den Repräsentativforderungen des § 42 Abs. 2 genügen, anschließend aus diesen Umschlägen jeweils eine Karte gezogen und die darauf befindliche Person vom Vorsitzenden vorgeschlagen, bei fehlendem Widerspruch die Person als gewählt behandelt wird, anderenfalls eine Abstimmung zu erfolgen hat und die Mitglieder des Ausschusses abschließend erklären, eine angemessene Berücksichtigung aller Bevölkerungsgruppen sei damit erreicht (vgl. *Kissel* NStZ 1985, 490, 491 im Anschluss an BGHSt 33, 261 ff.). Die Zulässigkeit dieses Verfahrens soll daher rühren, dass der Wahlausschuss selbstständig und in eigener Verantwortung handelt (vgl. LR/*Gittermann* § 42 Rn. 3; s.a. LG Koblenz StV 1988, 246, 247). Insoweit zulässig soll auch das sog. Auszählverfahren sein, bei dem der Vorsitzende des Wahlausschusses jeden zweiten Schöffen aus der Vorschlagsliste zur Wahl stellt (vgl. LG Hamburg NStZ 1985, 185, 186 f.; a. A. allerdings LG Hamburg StV 1985, 10). An einer eigenverantwortlichen Wahl des Ausschusses fehlt es demgegenüber, wenn diese sich darauf beschränkt, eine von anderen Gremien getroffene Auswahl an Schöffen zu übernehmen oder nur formal nachzuvollziehen (vgl. BGHSt 35, 190, 193; *Meyer-Goßner/Schmitt* § 42 Rn. 5). Bemerkt der Wahlausschuss einen Wahlfehler, der sich auf eine Gerichtsbesetzung auswirken kann, hat er die Pflicht, den Fehler durch Wiederholung des Wahlvorgangs zu beheben (vgl. BGH NStZ-RR 1999, 49). Die Wahl anhand einer unvollständigen Teilliste ist nicht ungültig (vgl. BGH StV 1987, 285 f.).

3 Vom Wahlausschuss sind zunächst die **Hauptschöffen** zu wählen. Die Wahl erfolgt getrennt nach den Schöffen für das AG und für die Strafkammern, §§ 43, 58 Abs. 2, 77 Abs. 2 Satz 1, 78 Abs. 3 Satz 1. Die gewählten Personen werden in die Schöffenliste des Schöffengerichts, § 44, und des LG aufgenommen, § 77 Abs. 2. Zur Wahl der Jugendschöffen vgl. § 35 JGG.

4 Des Weiteren sind die **Hilfsschöffen** zu wählen, Abs. 1 Nr. 2. Das sind die Schöffen, die nach §§ 52 und 53 wegfallende Schöffen ersetzen, bei Bildung eines weiteren Schöffengerichts nach § 46 benötigt werden oder heranzuziehen sind, weil außerordentliche Sitzungen nach § 47 GVG anberaumt werden (vgl. *Kissel/Mayer* § 42 Rn. 7; KK-StPO/*Barthe* § 42 Rn. 5). Für die Hilfsschöffen stellt das Gesetz das Erfordernis auf, am Sitz oder in nächster Umgebung des AG zu wohnen, wodurch ihre leichte Erreichbarkeit gesichert werden soll (vgl. *Meyer-Goßner/Schmitt* § 42 Rn. 4). Trotz ihrer Formulierung – »zu wählen sind« – ist die Regelung nicht bindend, sondern eine bloße Ordnungsvorschrift (vgl. KK-StPO/*Barthe* § 42 Rn. 6). Werden nicht am Sitz des AG wohnhafte Personen gewählt, begründet dies deshalb nicht die Revision nach § 338 Nr. 1 StPO (vgl. BGH NJW 1986, 1358 = JR 1985, 388 m. Anm. *Katholnigg*; LR/*Gittermann* § 42 Rn. 13).

5 Die Wahl ist **nicht isoliert anfechtbar** (vgl. *Kissel/Mayer* § 42 Rn. 21; LR/*Gittermann* § 42 Rn. 16). Auch das Verfahren nach §§ 23 ff. EGGVG ist nicht statthaft, weil der Ausschuss keine Justizbehörde gem. § 23 Abs. 1 EGGVG ist (vgl. OLG Stuttgart NJW 1985, 2343, 2344; *Meyer-Goßner/Schmitt* § 42 Rn. 7).

6 **B. Revision.** Mit der Revision können Fehler beim Wahlvorgang grds. nicht gerügt werden (vgl. BGHSt 29, 283, 287; BGH NStZ 1991, 546; KK-StPO/*Barthe* § 42 Rn. 9). Allerdings greift die Besetzungsrüge bei besonders schwerwiegenden und offensichtlichen Mängeln (vgl. BGHSt 33, 261, 268). Ein solcher liegt u.a. vor, wenn ein Ausschuss entschieden hat, der als solcher nicht besteht (vgl. BVerfGE 31, 181, 184), wenn Personen gewählt wurden, die nicht auf der einschlägigen Vorschlagsliste standen (vgl. BGHSt 26, 393, 394: Wahl von Jugendschöffen aus der Liste der erwachsenen Schöffen; BGHSt 29, 144, 145: Wahl aus der Liste eines anderen Gerichts) oder wenn statt einer Wahl eine Aus-

losung stattgefunden hat (vgl. oben Rdn. 2). Zu beachten ist allerdings, dass die Wahl einer nach Liste nicht wählbaren Person nicht dazu führt, dass ordnungsgemäß Gewählte ihr Amt verlieren (vgl. BGHSt 39, 353, 365; BGHR § 42 Abs. 1 Schöffenwahl 3). Dies schließt jedoch im Interesse der Rechtssicherheit eine Wiederholung des gesamten Wahlvorgangs nicht aus (vgl. BGHSt 33, 261, 265; *Kissel* NStZ 1985, 490, 492).

Wird die Besetzungsrüge erhoben, sind die Vorschriften über die Rügepräklusion zu beachten (vgl. BGHSt 33, 126, 127 = NJW 1985, 926 f. m. Anm. *Katholnigg* JR 1985, 346; KK-StPO/*Barthe* § 42 Rn. 9). 7

§ 43 GVG [Zahl der Schöffen].

(1) Die für jedes Amtsgericht erforderliche Zahl von Haupt- und Hilfsschöffen wird durch den Präsidenten des Landgerichts (Präsidenten des Amtsgerichts) bestimmt.

(2) Die Zahl der Hauptschöffen ist so zu bemessen, daß voraussichtlich jeder zu nicht mehr als zwölf ordentlichen Sitzungstagen im Jahr herangezogen wird.

A. Tatbestand. Die Zahl der Schöffen wird entweder durch den Präsidenten des LG oder – wenn 1 es sich bei dem AG um ein Präsidialgericht handelt – den Präsidenten des AG bestimmt. Hierbei handelt es sich um einen Akt der Justizverwaltung (vgl. BGHSt 25, 257, 258).

Für die **Anzahl der Schöffen** ist der Geschäftsanfall des Gerichts maßgebend, wie er sich aus den Erfah- 2 rungen der Vergangenheit ergibt (vgl. KK-StPO/*Barthe* § 43 Rn. 2). Dabei soll darauf geachtet werden, dass der Schöffe möglichst nicht mehr als zwölf ordentliche Sitzungstage im Jahr wahrnehmen muss. Am einfachsten lässt sich der Bedarf an Schöffen dadurch ermitteln, dass die Zahl der voraussichtlichen Sitzungstage verdoppelt und anschließend durch zwölf geteilt wird (vgl. KK-StPO/*Barthe* § 43 Rn. 2). Hierdurch kann dem erfahrungsgemäß häufig vorkommenden Wegfall von Schöffen ausreichend begegnet werden (vgl. LR/*Gittermann* § 43 Rn. 2). Der einzelne Schöffe kann aus der Regelung des Abs. 2 keine Ansprüche herleiten. Führt etwa der Umfang des Verfahrens zu einer über zwölf Verhandlungstage hinausreichenden Terminierung, besitzt er nicht das Recht, seine Mitwirkung zu verweigern (vgl. *Meyer-Goßner/Schmitt* § 43 Rn. 2).

Eine dem Abs. 2 gleichende **Vorschrift für Hilfsschöffen** enthält das Gesetz nicht, obwohl nichts dage- 3 gen spricht, auch deren Anzahl so zu bemessen, dass eine Wahrnehmung von mehr als zwölf Sitzungstagen nicht in Betracht kommt (vgl. KK-StPO/*Barthe* § 43 Rn. 5). Die Zahl der Hilfsschöffen sollte letztlich in einem angemessenen Verhältnis zur Zahl der Hauptschöffen stehen, aber auch so bemessen sein, dass eine Ergänzungswahl nicht vonnöten wird (vgl. LR/*Gittermann* § 43 Rn. 3).

B. Revision. Erfolg haben kann die Besetzungsrüge nach § 338 Nr. 1 StPO, wenn ein Ermessens- 4 missbrauch bei der Festlegung der Zahl der Schöffen festzustellen ist (vgl. KK-StPO/*Barthe* § 43 Rn. 4). Liegt ein solcher Missbrauch demgegenüber nicht vor, kann allein aus der unrichtigen Bestimmung der Zahl der Haupt- und Hilfsschöffen oder aus einem unausgeglichenen Verhältnis der beiden Schöffengruppen zueinander kein Revisionsgrund hergeleitet werden (vgl. BGH NJW 1978, 1444, 1445; *Kissel/Mayer* § 43 Rn. 6).

§ 44 GVG [Schöffenliste].

Die Namen der gewählten Hauptschöffen und Hilfsschöffen werden bei jedem Amtsgericht in gesonderte Verzeichnisse aufgenommen (Schöffenliste).

Die **Schöffenliste des AG** enthalten die Namen der nach § 42 gewählten Schöffen getrennt nach Haupt- 1 und Hilfsschöffen sowie Jugend- und Jugendhilfsschöffen (vgl. KK-StPO/*Barthe* § 44 Rn. 1). Vgl. auch § 35 Abs. 5 JGG, wonach getrennte Listen für Männer und Frauen zu führen sind. Aus diesen Listen werden durch Auslosung (§ 45) die Schöffenliste für die einzelnen Sitzungen sowie die Hilfsschöffenliste mit der maßgebenden Reihenfolge der Heranziehung gewonnen (vgl. *Meyer-Goßner/Schmitt* § 44 Rn. 1).

Den Beteiligten steht ein **Anspruch auf Einsichtnahme** in die Schöffenliste zu, da nur so die ordnungs- 2 gemäße Besetzung des Gerichts mit ehrenamtlichen Richtern überprüft werden kann (vgl. BVerwGE

12, 261, 263; *Katholnigg* § 44 Rn. 3). Anspruchsgegner ist die Justizverwaltung (vgl. OLG Düsseldorf MDR 1979, 1043).

3 Die **Schöffenliste des LG** entsteht durch Mitteilung der Namen der vom Wahlausschuss nach § 40 gewählten Haupt- und Hilfsschöffen. Die Mitteilung erfolgte durch den Richter beim AG an den Präsidenten des LG, § 77 Abs. 2 Satz 5. Letzterer stellt die Schöffenliste des LG zusammen, § 77 Abs. 2 Satz 6.

§ 45 GVG [Feststellung der Sitzungstage; Schöffenauslosung].

(1) Die Tage der ordentlichen Sitzungen des Schöffengerichts werden für das ganze Jahr im Voraus festgestellt.
(2) ¹Die Reihenfolge, in der die Hauptschöffen an den einzelnen ordentlichen Sitzungen des Jahres teilnehmen, wird durch Auslosung in öffentlicher Sitzung des Amtsgerichts bestimmt. ²Sind bei einem Amtsgericht mehrere Schöffengerichte eingerichtet, so kann die Auslosung in einer Weise bewirkt werden, nach der jeder Hauptschöffe nur an den Sitzungen eines Schöffengerichts teilnimmt. ³Die Auslosung ist so vorzunehmen, daß jeder ausgeloste Hauptschöffe möglichst zu zwölf Sitzungstagen herangezogen wird. ⁴Satz 1 gilt entsprechend für die Reihenfolge, in der die Hilfsschöffen an die Stelle wegfallender Schöffen treten (Hilfsschöffenliste); Satz 2 ist auf sie nicht anzuwenden.
(3) Das Los zieht der Richter beim Amtsgericht.
(4) ¹Die Schöffenlisten werden bei einem Urkundsbeamten der Geschäftsstelle (Schöffengeschäftsstelle) geführt. ²Er nimmt ein Protokoll über die Auslosung auf. ³Der Richter beim Amtsgericht benachrichtigt die Schöffen von der Auslosung. ⁴Zugleich sind die Hauptschöffen von den Sitzungstagen, an denen sie tätig werden müssen, unter Hinweis auf die gesetzlichen Folgen des Ausbleibens in Kenntnis zu setzen. ⁵Ein Schöffe der erst im Laufe des Geschäftsjahres zu einem Sitzungstag herangezogen wird, ist sodann in gleicher Weise zu benachrichtigen.

1 **A. Grundsätzliches und Tatbestand.** Die Vorschrift trägt dem Anspruch des Angeklagten auf den gesetzlichen Richter gem. Art. 101 Abs. 1 GG Rechnung (vgl. KK-StPO/*Barthe* § 45 Rn. 1), indem zunächst die Sitzungen des Schöffengerichts für das gesamte Geschäftsjahr im Voraus festgelegt (Abs. 1) und anschließend die an diesen Sitzungen teilnehmenden Schöffen ausgelost werden (Abs. 2).

2 Die **Feststellung der ordentlichen Sitzungstage** nach Abs. 1 ist eine Maßnahme der Justizverwaltung (vgl. bereits RGSt 64, 50, 51). Dabei greift die Verwaltung auf die Erfahrungen aus den abgelaufenen Geschäftsjahren zurück (vgl. *Meyer-Goßner/Schmitt* § 45 Rn. 1). Die Sitzungstage sind nach Kalendertagen oder wiederkehrend nach Wochen und Wochentagen zu bestimmen (vgl. *Kissel/Mayer* § 45 Rn. 4). Die Festlegung erfolgt für jeden Spruchkörper getrennt (vgl. BGHSt 15, 107, 109). Maßgebend für die Anzahl von Sitzungstagen, an denen über nach § 354 Abs. 2 StPO zurückverwiesene Fälle zu verhandeln ist, ist die »Rückverweisungsquote« des letzten Geschäftsjahres (vgl. KK-StPO/*Barthe* § 45 Rn. 2). Liegen derartige Erfahrungswerte nicht vor, soll es nach herrschender Meinung möglich sein, von der Festsetzung konkreter Sitzungstage abzusehen, einen Auffangspruchkörper in der Geschäftsverteilung zu errichten, den zuständigen Berufsrichter zu benennen, die Auslosung von Schöffen aber nicht vorzunehmen, sondern nach § 47 zu Verfahren (vgl. *Katholnigg* § 45 Rn. 1; LR/*Gittermann* § 45 Rn. 3; a. A. *Sieg* NJW 1980, 2453).

3 Welche **Verfahren an den einzelnen Sitzungstagen** verhandelt werden, wird allein vom Vorsitzenden gem. § 213 StPO im laufenden Geschäftsjahr bestimmt (vgl. *Meyer-Goßner/Schmitt* § 45 Rn. 1; krit. mit Blick auf Art. 101 GG *Katholnigg* JR 1997, 284 ff.). Weder der Vorsitzende noch die Justizverwaltung können die nach Abs. 1 festgestellten Sitzungstage ändern, es sei denn, es wird ein zusätzlicher Spruchkörper nach § 46 eingerichtet (vgl. LR/*Gittermann* § 45 Rn. 4) oder die Zahl der Schöffenabteilungen verringert sich durch eine Änderung der Geschäftsverteilung (vgl. KK-StPO/*Barthe* § 45 Rn. 3). Einem unvorhergesehenen zusätzlichen Geschäftsanfall kann durch Anberaumung außerordentlicher Sitzungen gem. § 47 begegnet werden. Ist der Geschäftsanfall geringer als prognostiziert, können Sitzungstage ausfallen, indem auf den Termin keine Verhandlungen gelegt werden. Die für den ausgefallenen Sitzungstag vorgesehenen Schöffen werden dann nicht für die demnächst anstehende Sitzung herangezogen. Sie bleiben unberücksichtigt, also »übersprungen« (vgl. BGH JR 2003, 29 f.

Feststellung der Sitzungstage; Schöffenauslosung **§ 45 GVG**

m. Anm. *Katholnigg*; *Meyer-Goßner/Schmitt* § 45 Rn. 7). Sie dürfen auch nicht in einem anderen Spruchkörper mit denselben Sitzungstagen tätig werden (vgl. BGHSt 22, 209, 211).

Von der ausgefallenen Sitzung zu unterscheiden ist die **verlegte Sitzung**. Der Vorsitzende hat bei seiner 4
Terminierung die Möglichkeit, Sitzungstage nach pflichtgemäßem Ermessen nach vorne oder nach hinten zu verschieben. Tut er dies, erfährt die Richterbank keine Besetzungsänderung. Die für den verlegten Termin vorgesehenen Schöffen sind heranzuziehen (vgl. BGHSt 41, 175, 177; BGH NStZ-RR 2005, 348). Ob eine Verlegung nach vorn oder nach hinten vorliegt, bestimmt sich nach der zeitlichen Nähe des tatsächlichen Sitzungstermins zu einem ordentlichen Sitzungstag. Finden etwa die Sitzungen eines Schöffengerichts jeweils montags statt, bleiben zwei aufeinander folgende Sitzungstage unbesetzt und terminiert der Vorsitzende auf den zwischen diesen Sitzungstagen liegenden Freitag, ist von einem nach vorne verschobenen Sitzungstag auszugehen, sodass für den Termin die für den zweiten Sitzungstag vorgesehenen Schöffen heranzuziehen sind (vgl. KK-StPO/*Barthe* § 45 Rn. 3; LR/*Gittermann* § 45 Rn. 21). Liegt der Beginn des Termins genau zwischen zwei freien ordentlichen Sitzungstagen, müssen die Schöffen des früheren Sitzungstags teilnehmen (vgl. BGH NStZ-RR 2005, 348).

Die **Reihenfolge**, in der die Schöffen an den Sitzungstagen teilnehmen, wird durch Auslosung bestimmt, die in öffentlicher Sitzung erfolgen muss, Abs. 2 Satz 1. Öffentlich ist die Sitzung, die den Voraussetzungen des § 169 GVG genügt (vgl. BGH NStZ 1984, 89). Dem Hinweis auf die Öffentlichkeit wird durch einen Aushang am Dienstzimmer des Präsidenten oder an seinem Vorzimmer genügt (vgl. BGH NStZ 2006, 512, 513; 1985, 514). Es sind sämtliche auf der Liste befindlichen Schöffen zu verlosen. Unzulässig ist es daher, von der Wahl einiger Schöffen abzusehen, um für die verbliebenen die von Abs. 2 Satz 3 angestrebte Auslastung von zwölf Sitzungstagen zu erreichen (vgl. OLG Celle NStZ 1991, 350 m. Anm. *Katholnigg*). Die Auslosung ist bei jedem AG vorzunehmen, bei dem ein Schöffengericht besteht. Sie erfolgt aus der Schöffenliste für jeweils ein Geschäftsjahr. Dies macht in der Amtsperiode eines Schöffen vier weitere Wahlen erforderlich, wobei es zulässig ist, die insgesamt fünf Wahlgänge auch geschlossen am Beginn der Amtszeit durchzuführen (vgl. LR/*Gittermann* § 45 Rn. 12). Durch die Auslosung entstehen die **Schöffenlisten für die einzelnen Spruchkörper** des Gerichts mit Festlegung für die einzelnen Sitzungstage (vgl. KK-StPO/*Barthe* § 45 Rn. 4). Sind mehrere Spruchkörper bei einem Gericht vorhanden, kann die Auslosung auf zweierlei Weise vorgenommen werden. Möglich ist zunächst, dass die Hauptschöffen für die einzelnen Sitzungstage in deren chronologischer Reihenfolge gelost werden, was dazu führt, dass ein Schöffe mehreren Spruchkörpern beisitzt. Abs. 2 Satz 2 sieht aber auch die Variante vor, einen Hauptschöffen den Sitzungen eines einzigen Schöffengerichts zuzuordnen. Gem. Abs. 2 Satz 3 soll die Auslosung dazu führen, dass jeder ausgeloste Hauptschöffe möglichst zwölf Sitzungstage im Geschäftsjahr wahrnimmt. Es handelt sich hierbei jedoch nicht um eine verbindliche Regelung. Wird die Zahl nicht erreicht oder überschritten hat dies keinen Einfluss auf die ordnungsgemäße Besetzung des Gerichts (vgl. BGH NJW 1974, 155).

Abs. 2 Satz 4 bestimmt, dass auch die **Hilfsschöffen** ausgelost werden. Jedoch werden sie nicht – wie die 6
Hauptschöffen – auf die einzelnen Schöffengerichte verteilt. Vielmehr wird für das gesamte Gericht eine einheitliche Liste aufgestellt, aus der die Hilfsschöffen in der ausgelosten Reihenfolge herangezogen werden (vgl. *Meyer-Goßner/Schmitt* § 45 Rn. 10). Die Auslosung der Hilfsschöffen erfolgt auch nicht für jedes Geschäftsjahr ihrer Amtszeit erneut. Es findet eine einmalige Auslosung für die gesamte Wahlperiode statt (vgl. BGHSt 36, 138). Die Hilfsschöffen nehmen den Platz weggefallener Schöffen ein. Ein Schöffe fällt weg, wenn er von der Schöffenliste gestrichen wird, § 52, für eine einzelne Sitzung entbunden wurde oder ausgefallen ist, § 54. Aus der Hilfsschöffenliste rekrutieren sich aber auch die Schöffen eines nach § 46 neugebildeten Schöffengerichts, die Schöffen für außerordentliche Sitzungstage gem. § 47 und die Ergänzungsschöffen nach § 48. Die Zuweisung der Schöffen erfolgt in der durch die Hilfsschöffenliste festgesetzten Reihenfolge (vgl. *Meyer-Goßner/Schmitt* § 45 Rn. 11).

Die Auslosung führt gem. **Abs. 3** der Richter beim AG durch, der hierzu durch die Geschäftsverteilung 7
bestimmt ist (vgl. KK-StPO/*Barthe* § 45 Rn. 8). Ihm ist es verwehrt, diese Aufgabe einem anderen Richter oder dem Urkundsbeamten der Schöffengeschäftsstelle nach Abs. 4 Satz 1 zu überlassen (vgl. *Meyer-Goßner/Schmitt* § 45 Rn. 12). An seine Stelle kann allein sein durch das Präsidium des Gerichts bestimmter Vertreter treten, sofern ein Vertretungsfall vorliegt (vgl. KK-StPO/*Barthe* § 45 Rn. 8). Die Auslosung von Jugendschöffen übernimmt der Jugendrichter, §§ 33 Abs. 2, 34 Abs. 1 JGG. Die Auslosung der Schöffen beim LG nimmt der Gerichtspräsident vor, § 77 Abs. 3 Satz 1. Kommt es zu Fehlern bei der Auslosung, können diese korrigiert werden (vgl. BGH NStZ-RR 1999, 49). Ein bestimmtes

§ 47 GVG Außerordentliche Sitzungen

Korrekturverfahren ist nicht vorgeschrieben. Ist es möglich, einen Fehler ohne neue Verlosung zu berichtigen – z.B. bei Detailfehlern –, ist dieser Weg gangbar (vgl. KK-StPO/*Barthe* § 45 Rn. 8).

8 Bei dem AG ist gem. Abs. 4 eine **Schöffengeschäftsstelle** einzurichten. Auf dieser führt ein Urkundsbeamter die Schöffenlisten nach § 44 Abs. 2 Satz 1 und 4. In den Aufgabenbereich der Geschäftsstelle fällt auch die Führung des Protokolls über die Auslosung der Schöffen, dem allerdings keine Beweiskraft nach § 274 StPO zukommt (vgl. *Meyer-Goßner/Schmitt* § 45 Rn. 13). Eine weitere Aufgabe der Geschäftsstelle ist die Zuweisung der Hilfsschöffen nach § 49 Abs. 3. Es ist nicht unzulässig, dem Urkundsbeamten der Schöffengeschäftsstelle daneben weitere Aufgaben aus dem Bereich der Rechtsprechung oder Justizverwaltung zu übertragen (vgl. *Katholnigg* NJW 1978, 2375, 2377). Beim LG existiert eine eigene Schöffengeschäftsstelle, § 77 Abs. 1.

9 Die herangezogenen Schöffen werden durch den Richter des Abs. 3 von der Auslosung benachrichtigt, Abs. 4 Satz 3. Die **Benachrichtigung** erfolgt formlos (vgl. *Kissel/Mayer* § 45 Rn. 22). Der Richter teilt den Schöffen zugleich ihre Sitzungstage mit und weist auf die Rechtsfolgen des § 56 Abs. 1 hin (vgl. *Meyer-Goßner/Schmitt* § 45 Rn. 14). Eine gesonderte Ladung im Vorfeld des jeweiligen Sitzungstages erfolgt dann nicht mehr (vgl. KK-StPO/*Barthe* § 45 Rn. 10). Die Unterrichtung eines erst im Laufe des Geschäftsjahres zu einem Sitzungstag herangezogenen Schöffen erfolgt ebenfalls durch den in Abs. 3 genannten Richter und nicht etwa durch den Vorsitzenden des erkennenden Gerichts, Abs. 4 Satz 5.

10 **B. Revision.** Hat keine Auslosung der Schöffen stattgefunden, kann dies mit der Revision gerügt werden (vgl. BGH NStZ 1984, 274). Ebenfalls kann gerügt werden, dass das Verfahren nach § 45 zur Auslosung falscher Schöffen geführt habe (vgl. *Katholnigg* § 45 Rn. 9) und dass eine Reihenfolge der Hilfsschöffen nicht durch das Los festgelegt wurde (vgl. BGHR GVG § 45 Abs. 2 Satz 4 Reihenfolge 1). Nicht revisibel sind demgegenüber Fehler des Auslosungsvorgangs, wie die Auslosung durch den falschen Richter (vgl. BGHSt 25, 257, 258) oder die unterbliebene Protokollierung der Auslosung durch die Schöffengeschäftsstelle sowie das Unterbleiben der Benachrichtigung nach Abs. 4 Satz 3 (vgl. LR/*Gittermann* § 45 Rn. 25).

§ 46 GVG [Zusätzlicher Spruchkörper].

¹Wird bei einem Amtsgericht während des Geschäftsjahres ein weiteres Schöffengericht gebildet, so werden für dessen ordentliche Sitzungen die benötigten Hauptschöffen gemäß § 45 Abs. 1, 2 Satz 1, Abs. 3, 4 aus der Hilfsschöffenliste ausgelost. ²Die ausgelosten Schöffen werden in der Hilfsschöffenliste gestrichen.

1 Die Vorschrift regelt die Besetzung eines **im Laufe des Geschäftsjahres hinzukommenden Spruchkörpers** mit Laienrichtern. Die Vorschrift gilt gem. § 77 Abs. 1 für die Strafkammern entsprechend, nicht aber für Hilfsstrafkammern (vgl. *Meyer-Goßner/Schmitt* § 46 Rn. 1). Für die Sitzungen eines Hilfsspruchkörpers sind die Hauptschöffen, die für die Sitzungstage des ordentlichen Spruchkörpers ausgelost wurden, heranzuziehen (vgl. BGHSt 41, 175, 180).

2 Die **Hauptschöffen** für den zusätzlichen Spruchkörper werden aus der Hilfsschöffenliste ausgelost, da es sich nicht um eine Heranziehung für einzelne Sitzungen gem. § 49 Abs. 1 handelt. Mit der Auslosung wird der Schöffe von der Hilfsschöffenliste gestrichen, S. 2. Hat der ausgeloste Schöffe noch Aufgaben als Hilfsschöffe zu erfüllen, gehen diese seinem Amt als Hauptschöffe im zusätzlich gebildeten Spruchkörper vor, § 52 Abs. 5.

3 Wird das zusätzlich gebildete Gericht wieder aufgelöst, endet die Tätigkeit der ihm zugelosten Schöffen. Diese kehren nicht in die Hilfsschöffenliste, aus der sie gestrichen wurden, zurück. Sofern ihre Amtsperiode noch andauert, sind sie allerdings bei der Auslosung für das folgende Geschäftsjahr wieder zu berücksichtigen (vgl. *Katholnigg* § 46 Rn. 3; LR/*Gittermann* § 46 Rn. 4).

§ 47 GVG [Außerordentliche Sitzungen].

Wenn die Geschäfte die Anberaumung außerordentlicher Sitzungen erforderlich machen oder wenn zu einzelnen Sitzungen die Zuziehung anderer als der zunächst berufenen Schöffen oder Ergänzungsschöffen erforderlich wird, so werden Schöffen aus der Hilfsschöffenliste herangezogen.

Außerordentliche Sitzungen § 47 GVG

Die Vorschrift regelt drei Fälle, in denen Hilfsschöffen für das Verfahren herangezogen werden: Die **1** Anberaumung einer außerordentlichen Sitzung, der Ausfall eines berufenen Schöffen und der Ausfall eines berufenen Ergänzungsschöffen.

Eine **außerordentliche Sitzung** ist eine Sitzung, die zusätzlich zu den ordentlichen Sitzungstagen abge- **2** halten wird, um dem eingetretenen höheren Geschäftsanfall zu begegnen (vgl. BGHSt 41, 175, 177). Ob eine außerordentliche Sitzung anzusetzen ist und wann sie stattfindet, liegt im Ermessen des Vorsitzenden (vgl. BGHSt 12, 159, 161 st. Rspr.). Eine Rangordnung unter den Verfahren, die bestimmen würde, welche von ihnen auf einen ordentlichen und welche von ihnen auf einen außerordentlichen Sitzungstag zu legen wären, existiert nicht (vgl. BGHSt 50, 132, 135; *Rieß* DRiZ 1977, 289, 293). Aus diesem Grund ist es legitim, einen ordentlichen Sitzungstag für eine eilige Haftsache, deren Eingang sicher zu erwarten ist, freizuhalten und die bereits anhängigen Verfahren auf den außerordentlichen Sitzungstag zu legen (vgl. *Meyer-Goßner/Schmitt* § 47 Rn. 1). Demgegenüber ist es unzulässig, einen ordentlichen Sitzungstag »auf Vorrat« allgemein für künftige Terminierungen freizuhalten und deswegen einen außerordentlichen Sitzungstag anzuberaumen (vgl. BGHSt 37, 324, 327; LR/*Gittermann* § 47 Rn. 4). Keine außerordentliche Sitzung ist die verlegte Sitzung (vgl. dazu oben § 45 Rdn. 4), da sie keine zusätzliche Sitzung ist (vgl. KK-StPO/*Barthe* § 47 Rn. 2). Die Sitzung ist verlegt, wenn der ordentliche Sitzungstag frei bleibt und stattdessen eine Verhandlung an einem anderen Wochentag stattfindet. Bleibt der ordentliche Sitzungstag demgegenüber belegt, was auch bei der Terminierung von Fortsetzungsverhandlungen der Fall sein kann (vgl. BGHSt 50, 132, 136), liegt eine außerordentliche Sitzung vor. Zur Durchführung der außerordentlichen Sitzung kann der Vorsitzende einen gesonderten Terminstag bestimmen. Er kann aber auch einzelne außerordentliche Sitzungen anberaumen (vgl. KK-StPO/*Barthe* § 47 Rn. 2). Stellt sich im Nachhinein heraus, dass die Festlegung einer außerordentlichen Sitzung nicht erforderlich war – etwa weil die erwartete eilige Haftsache doch nicht eingetroffen ist – hat dies auf die ordnungsgemäße Besetzung des Gerichts keinen Einfluss (vgl. BGHSt 16, 63, 66). Bei der außerordentlichen Sitzung muss die Schöffenbesetzung im Einzelfall bestimmt werden (vgl. *Meyer-Goßner/Schmitt* § 47 Rn. 1). Es werden die beiden **nächstbereiten Schöffen von der Hilfsschöffenliste** herangezogen, § 49 Abs. 1. Für die Frage, welche Personen dies sind, kommt es darauf an, wann die Terminsbestimmung des Richters, mit der die außerordentliche Sitzung angeordnet wird, bei der Schöffengeschäftsstelle eingeht, § 49 Abs. 3. Wird eine Verlegung einer außerordentlichen Sitzung erforderlich, ist der neue Termin als neue außerordentliche Sitzung anzusehen (vgl. BGHSt 17, 176, 178). Dies macht die erneute Heranziehung von Hilfsschöffen aus der Hilfsschöffenliste erforderlich (vgl. *Kissel/Mayer* § 47 Rn. 4).

Die Zuziehung von Hilfsschöffen anstelle der zunächst berufenen Schöffen kommt insb. bei der **vorü- 3 bergehenden Verhinderung** der zuletzt genannten in Betracht (vgl. KK-StPO/*Barthe* § 47 Rn. 4). Eine vorübergehende Verhinderung liegt bei einem Ausbleiben des Schöffen zur Sitzung – § 54 Abs. 2 Satz 2 – vor, wobei der Grund für das Ausbleiben unerheblich ist. Der Schöffe ist auch verhindert, wenn er unerreichbar ist, § 54 Abs. 2 Satz 1, vom Schöffenamt entbunden ist, § 54 Abs. 1 oder wegen Ausschlusses oder Ablehnung – §§ 22, 24, 31 StPO – sein Amt nicht wahrnehmen kann. Zu beachten ist jedoch, dass diese Verhinderung nur für die Strafsache gilt, in der Ausschluss bzw. Ablehnung erfolgten. Zur Mitwirkung an weiteren Strafsachen am Sitzungstag ist der Schöffe wiederum verpflichtet (vgl. BGH NJW 1958, 557). Die endgültige Verhinderung eines Schöffen – Tod oder Streichung von der Schöffenliste – ist kein Fall des § 47, sondern nach § 49 Abs. 2 zu behandeln (vgl. KK-StPO/*Barthe* § 47 Rn. 6). Nach § 47 ist auch zu verfahren, wenn ein Hilfsschöffe, der zu einer außerordentlichen Sitzung herangezogen wurde, vorübergehend verhindert ist (vgl. LR/*Gittermann* § 47 Rn. 6).

Die Heranziehung von Hilfsschöffen i.S.d. § 47 ist auch dann erforderlich, wenn sich in der Hauptver- **4** handlung herausstellt, dass der Hauptschöffe an einem **körperlichen oder geistigen Gebrechen** leidet, das seine Mitwirkung in der Sitzung verhindert (vgl. LR/*Gittermann* § 47 Rn. 9). Das Erfordernis entfällt nicht deshalb, weil das Gebrechen derart schwerwiegend ist, dass wegen dauernder Ungeeignetheit des Schöffen dieser von der Hauptschöffenliste zu streichen ist. Selbst wenn der Richter vor Beginn der Hauptverhandlung Kenntnis davon erlangt, dass eine solche Streichung unter Nachrücken eines Hilfsschöffen erfolgt ist, kann die Verhandlung mit dem herangezogenen Hilfsschöffen durchgeführt werden, da diese Heranziehung zu Recht erfolgt war (vgl. BGHSt 22, 289, 291).

Güntge

§ 48 GVG [Ergänzungsschöffen].
(1) Ergänzungsschöffen (§ 192 Abs. 2, 3) werden aus der Hilfsschöffenliste zugewiesen.
(2) Im Fall der Verhinderung eines Hauptschöffen tritt der zunächst zugewiesene Ergänzungsschöffe auch dann an seine Stelle, wenn die Verhinderung vor Beginn der Sitzung bekannt wird.

1 **A. Tatbestand.** Bei längerer Verhandlungsdauer kann der Vorsitzende die Zuziehung von **Ergänzungsschöffen** anordnen, die der Verhandlung beiwohnen und im Fall der Verhinderung eines zunächst mitwirkenden Schöffen für diesen einzutreten haben, § 192 Abs. 2, 3 GVG. Die Zuweisung der Ergänzungsschöffen aus der Hilfsschöffenliste erfolgt nach dem in § 49 geregelten Verfahren (vgl. *Meyer-Goßner/Schmitt* § 48 Rn. 1). Ersetzt der Ergänzungsschöffen den Hauptschöffen, liegt für seine Person ein Fall des § 47 vor. Er wird durch einen Hilfsschöffen ersetzt (vgl. BGHR GVG, § 48 Verhinderung 1). § 47 kommt ebenfalls Anwendung, wenn ein bereits an die Stelle des Hauptschöffen getretener Ergänzungsschöffe ausfällt (vgl. LR/*Gittermann* § 48 Rn. 2). Sind mehrere Ergänzungsschöffen herangezogen, richtet sich die Reihenfolge ihres Nachrückens nach der Reihenfolge ihrer Heranziehung aufgrund der Hilfsschöffenliste (vgl. KK-StPO/*Barthe* § 48 Rn. 2).

2 **B. Revision.** Verstöße gegen § 48 können mit der Besetzungsrüge geltend gemacht werden (vgl. LR/*Gittermann* § 48 Rn. 3).

§ 49 GVG [Heranziehung aus der Hilfsschöffenliste].
(1) Wird die Heranziehung von Hilfsschöffen zu einzelnen Sitzungen erforderlich (§§ 47, 48 Abs. 1), so werden sie aus der Hilfsschöffenliste in deren Reihenfolge zugewiesen.
(2) ¹Wird ein Hauptschöffe von der Schöffenliste gestrichen, so tritt der Hilfsschöffe, der nach der Reihenfolge der Hilfsschöffenliste an nächster Stelle steht, unter seiner Streichung in der Hilfsschöffenliste an die Stelle des gestrichenen Hauptschöffen. ²Die Schöffengeschäftsstelle benachrichtigt den neuen Hauptschöffen gemäß § 45 Abs. 4 Satz 3, 4.
(3) ¹Maßgebend für die Reihenfolge ist der Eingang der Anordnung oder Feststellung, aus der sich die Notwendigkeit der Heranziehung ergibt, bei der Schöffengeschäftsstelle. ²Die Schöffengeschäftsstelle vermerkt Datum und Uhrzeit des Eingangs auf der Anordnung oder Feststellung. ³In der Reihenfolge des Eingangs weist sie die Hilfsschöffen nach Absatz 1 den verschiedenen Sitzungen zu oder überträgt sie nach Absatz 2 in die Hauptschöffenliste. ⁴Gehen mehrere Anordnungen oder Feststellungen gleichzeitig ein, so sind zunächst Übertragungen aus der Hilfsschöffenliste in die Hauptschöffenliste nach Absatz 2 in der alphabetischen Reihenfolge der Familiennamen der von der Schöffenliste gestrichenen Hauptschöffen vorzunehmen; im übrigen ist die alphabetische Reihenfolge der Familiennamen der an erster Stelle Angeklagten maßgebend.
(4) ¹Ist ein Hilfsschöffe einem Sitzungstag zugewiesen, so ist er erst wieder heranzuziehen, nachdem alle anderen Hilfsschöffen ebenfalls zugewiesen oder von der Dienstleistung entbunden oder nicht erreichbar (§ 54) gewesen sind. ²Dies gilt auch, wenn er selbst nach seiner Zuweisung von der Dienstleistung entbunden worden oder nicht erreichbar gewesen ist.

1 **A. Grundsätzliches und Tatbestand.** § 49 regelt das **Heranziehungsverfahren** für die **Hilfsschöffen** und konkretisiert insoweit das Verfahrensgrundrecht auf den gesetzlichen Richter aus Art. 101 Abs. 1 GG.

2 Die Vorschrift in **Abs. 1** gilt allein für die Fälle der §§ 47 und 48. § 46 ist nicht anwendbar (vgl. BGH NStZ 1985, 135; LR/*Gittermann* § 49 Rn. 1). Die Hilfsschöffen werden in der Reihenfolge ihrer durch die Auslosung auf der Hilfsschöffenliste erfolgten Platzierung – § 45 Abs. 2 Satz 4 – dem Spruchkörper zugewiesen (vgl. *Kissel/Mayer* § 49 Rn. 1). Mit der Zuweisung rückt der Schöffe an das Ende der Hilfsschöffenliste. Durch dieses »rotierende Verfahren« ist gewährleistet, dass im weiteren Bedarfsfall stets eine Person zugewiesen werden kann, die für eine Aufgabe als Laienrichter aktuell zur Verfügung steht, d.h. zur Übernahme des Richteramts »bereit« ist (vgl. BGHSt 30, 244, 246; KK-StPO/*Barthe* § 49 Rn. 1; *Rieß* JR 1982, 258, 259).

Abs. 2 regelt die endgültige Korrektur der Schöffenliste (vgl. *Meyer-Goßner/Schmitt* § 49 Rn. 2), wenn 3
ein Hauptschöffe von dieser gestrichen wird. Mit der Streichung des Hauptschöffen rückt der nach der
Reihenfolge der Hilfsschöffenliste an nächster Stelle stehende Hilfsschöffe kraft Gesetzes in dessen Amt
ein. Darum muss er zugleich von der Hilfsschöffenliste gestrichen werden (vgl. KK-StPO/*Barthe* § 49
Rn. 2). Für das Nachrücken des Hilfsschöffen in das Hauptschöffenamt ist die Streichung seines Amts-
vorgängers von der Schöffenliste konstitutiv. Solange die Streichung des Hauptschöffen nicht erfolgt ist,
ist dieser lediglich als »verhindert« anzusehen, die Sitzung wahrzunehmen. Dies gilt selbst dann, wenn
einer Mitwirkung des Hauptschöffen an der Hauptverhandlung nicht zu behebende Hindernisse – wie
dessen Tod – entgegenstehen (vgl. LR/*Gittermann* § 49 Rn. 3).

Wer der Schöffe ist, der zuzuweisen ist, wird durch das in **Abs. 3** geschilderte Verfahren bestimmt. Es ist 4
die Person, die zum Zeitpunkt, zu dem die Anordnung einer außerordentlichen Sitzung nach § 47, die
Entbindung eines Schöffen von der Sitzung oder die Anordnung der Streichung eines Hauptschöffen
aus der Hauptschöffenliste bei der Geschäftsstelle eingeht, laut Schöffenliste der erste verfügbare
Schöffe ist (vgl. KK-StPO/*Barthe* § 49 Rn. 4). Um die »bereite« Schöffenstelle zu ermitteln, ist nach
Eingang der Anordnung oder Feststellung nach Satz 1 deshalb ggf. zunächst die Hilfsschöffenliste
durch Vornahme angeordneter Streichungen auf den neuesten Stand zu bringen (vgl. KG StV 84,
504 f.) Eine Ergänzung der Anordnung oder Feststellung durch ein ausdrückliches Zuweisungsverlan-
gen ist i.Ü. nicht erforderlich (vgl. *Meyer-Goßner/Schmitt* § 49 Rn. 3). Gehen mehrere Anordnungen
oder Feststellungen gleichzeitig ein, ist nach Abs. 3 Satz 4 zu verfahren. Vom Gesetz nicht geregelt
ist dabei der seltene und wohl nur hypothetische Fall, dass Schöffen oder Angeklagte denselben Namen
haben. In diesem Fall dürfte auf die Vornamen und – sollten diese ebenfalls übereinstimmen – auf die
zeitliche Reihenfolge der Geburtsdaten zurückzugreifen sein (vgl. BT-Drucks. 8/976, S. 111; 8/1844,
S. 33; LR/*Gittermann* § 49 Rn. 8). Nach anderer Auffassung entscheidet dann das Los (vgl. *Kissel/
Mayer* § 49 Rn. 6; *Meyer-Goßner/Schmitt* § 49 Rn. 3).

Muss ein Hilfsschöffe tätig werden, wird er erst dann wieder herangezogen, wenn sämtliche anderen 5
Hilfsschöffen ebenfalls zugewiesen oder von der Dienstleistung entbunden wurden oder nicht erreichbar waren, also »verbraucht« sind, **Abs. 4 Satz 1.** Verbraucht ist der Listenplatz eines Hilfsschöffen i.Ü.
auch dann, wenn seine Heranziehung oder die maßgebliche Eintragung in die Liste fehlerhaft war (vgl.
BGH JR 1978, 210, 211 m. Anm. *Meyer* = GA 1978, 120 f. m. Anm. *Katholnigg*).

B. Revision. Str. ist, ob eine Verwechslung der Eingänge der Anordnung oder Feststellung nach 6
Abs. 3 Satz 1 die Revision begründen kann (befürwortend: *Katholnigg* § 49 Rn. 7; KK-StPO/*Hannich*
§ 49 Rn. 8; ablehnend: LR/*Gittermann* § 49 Rn. 11). Demgegenüber soll der Umstand, dass ein Hilfsschöffe zu Unrecht als herangezogen auf der Liste nach hinten gerückt wurde, die Wirksamkeit der Heranziehung der dadurch aufgerückten Hilfsschöffen nicht berühren (vgl. *Rieß* DRiZ 1977, 289, 295).
Entsprechendes wird für die Person desjenigen Hilfsschöffen angenommen, der seinen Listenplatz
durch ein zu Unrecht erfolgtes Nachrücken eines vor ihm zu berücksichtigenden Hilfsschöffen zum
Hauptschöffen erlangt hat (vgl. *Kissel/Mayer* § 49 Rn. 13). Ein Verstoß gegen Abs. 3 Satz 2 begründet
wegen Verstoßes gegen den Anspruch auf den gesetzlichen Richter die Revision, wenn bei unterlassener
Dokumentation auch im Freibeweisverfahren nicht geklärt werden kann, ob die vorgeschriebene Reihenfolge bei der Heranziehung der Hilfsschöffen eingehalten wurde (OLG Sachsen-Anhalt v.
11.11.2013 – 2 Ss 125/13).

§ 50 GVG [Sitzungstage über die Wahlperiode hinaus].

Erstreckt sich die Dauer einer Sitzung über die Zeit hinaus, für die der Schöffe zunächst einberufen ist, so hat er bis zur Beendigung der Sitzung seine Amtstätigkeit fortzusetzen.

§ 50 enthält eine spezielle Regelung für Laienrichter, die für Berufsrichter entbehrlich ist (vgl. BGHSt 1
8, 250 [251]). Sie betrifft drei Fallgestaltungen: 1.) die Hauptverhandlung dauert länger als erwartet; 2.)
sie wird nach Unterbrechung später fortgesetzt, § 229 StPO; 3.) sie reicht über die Wahlperiode des
Schöffen nach § 42 hinaus (vgl. BGHSt 8, 250 [251 f.]). Für den Fall der ausgesetzten Hauptverhandlung gilt § 50 nicht (vgl. BGH NJW 2002, 2963).

2 Der Missbrauch der Regelung kann die Revision begründen. Unzulässig ist es etwa, den Beginn einer Sitzung auf den letzten Tag des Geschäftsjahres zu legen und zugleich zwei Fortsetzungstermine für das kommende Geschäftsjahr festzusetzen (vgl. BGHSt 19, 382 [384 f.]).

§ 51 GVG [Amtsenthebung von Schöffen].

(1) Ein Schöffe ist seines Amtes zu entheben, wenn er seine Amtspflichten gröblich verletzt hat.
(2) Die Entscheidung trifft ein Strafsenat des Oberlandesgerichts auf Antrag des Richters beim Amtsgericht durch Beschluss nach Anhörung der Staatsanwaltschaft und des beteiligten Schöffen. Die Entscheidung ist nicht anfechtbar.
(3) Der nach Absatz 2 Satz 1 zuständige Senat kann anordnen, dass der Schöffe bis zur Entscheidung über die Amtsenthebung nicht zu Sitzungen heranzuziehen ist. Die Anordnung ist nicht anfechtbar.

1 Das in der Vorschrift geregelte Amtsenthebungsverfahren ist in das GVG als Folge einer Entscheidung des BVerfG v. 06.05.2008 (BVerfGK 13, 531 ff. = NJW 2008, 2568 ff.) aufgenommen worden. Das Gericht hat dort festgestellt, dass Schöffen der Verfassungstreuepflicht aus Art. 33 Abs. 5 GG unterliegen. Insoweit hat es der Gesetzgeber für erforderlich gehalten, wie in anderen Verfahrensordnungen – s. u. a. § 22 SGG und § 24 VwGO –, auch für den Bereich der Strafgerichtsbarkeit eine Möglichkeit zu schaffen, Schöffen, die die freiheitliche demokratische, rechts- und sozialstaatliche Ordnung ablehnen oder bekämpfen, ihres Amtes zu entheben (*Meyer-Goßner/Schmitt* § 52 Rn. 1; BR-Drucks. 539/10, S. 26). Der von der Literatur vorgeschlagene Weg, mangelnde Verfassungstreue als Grund für eine Unfähigkeit zum Schöffenamt anzusehen, wurde nicht eingeschlagen, vgl. zu der Literaturauffassung § 32 Rdn. 2. Die staatliche Rechtsordnung der Bundesrepublik Deutschland lehnt etwa ab, wer deren Gründung die Legitimität abspricht und vom Fortbestand des Deutschen Reiches ausgeht (OLG Dresden NStZ-RR 2015, 121 f.). Neben mangelnder Verfassungstreue kommen als Enthebungsgründe auch wiederholtes unentschuldigtes Fernbleiben von Sitzungen, eine Unerreichbarkeit des Schöffen oder die Verweigerung der Eidesleistung in Betracht (*Meyer-Goßner/Schmitt* § 52 Rn. 2).

2 Das Amtsenthebungsverfahren kann allein der Richter beim AG durch seinen Antrag initiieren, der dem Schöffenausschuss gem. § 40 Abs. 2 vorsitzt (*Meyer-Goßner/Schmitt* § 52 Rn. 3). Zuständig für die Entscheidung über den Antrag ist nach Anhörung der StA und des beteiligten Schöffen ein Strafsenat des OLG, dessen Entscheidung nicht anfechtbar ist, Abs. 2 Satz 1 und 2. Die Zuständigkeit des OLG gewährleistet, dass die zur Entscheidung über die Amtsenthebung berufenen Richter in keinem dienstlichen Kontakt mit dem betroffenen Schöffen gestanden haben (BR-Drucks. 539/10, S. 27). Gem. Abs. 3 Satz 1 besteht die Möglichkeit einer einstweiligen Anordnung. Diese kommt in Betracht, wenn es geboten ist, den Schöffen vor einer Entscheidung über die Amtsenthebung nicht mehr zu Sitzungen heranzuziehen. Der Eilfall soll vorliegen, wenn der betroffene Schöffe ohne einstweilige Anordnung an dem Abschluss eines Strafverfahrens mitwirken müsste (BR-Drucks. 539/10, S. 28). Die einstweilige Anordnung ist – wie die Entscheidung in der Hauptsache – nicht anfechtbar, Abs. 3 Satz 3.

§ 52 GVG [Streichung von der Schöffenliste].

(1) Ein Schöffe ist von der Schöffenliste zu streichen, wenn
1. seine Unfähigkeit zum Amt eines Schöffen eintritt oder bekannt wird, oder
2. Umstände eintreten oder bekannt werden, bei deren Vorhandensein eine Berufung zum Schöffenamt nicht erfolgen soll.

Im Falle des § 33 Nr. 3 gilt dies jedoch nur, wenn der Schöffe seinen Wohnsitz im Landgerichtsbezirk aufgibt.
(2) ¹Auf seinen Antrag ist ein Schöffe aus der Schöffenliste zu streichen, wenn er
1. seinen Wohnsitz im Amtsgerichtsbezirk, in dem er tätig ist, aufgibt oder
2. während eines Geschäftsjahres an mehr als 24 Sitzungstagen an Sitzungen teilgenommen hat.

²Bei Hauptschöffen wird die Streichung nur für Sitzungen wirksam, die später als zwei Wochen nach dem Tag beginnen, an dem der Antrag bei der Schöffengeschäftsstelle eingeht. ³Ist einem Hilfsschöffen eine Mitteilung über seine Heranziehung zu einem bestimmten Sitzungstag bereits zugegangen,

so wird seine Streichung erst nach Abschluß der an diesem Sitzungstag begonnenen Hauptverhandlung wirksam.
(3) ¹Ist der Schöffe verstorben oder aus dem Landgerichtsbezirk verzogen, ordnet der Richter beim Amtsgericht eine Streichung an. ²Im Übrigen entscheidet er nach Anhörung der Staatsanwaltschaft und des beteiligten Schöffen.
(4) Die Entscheidung ist nicht anfechtbar.
(5) Wird ein Hilfsschöffe in die Hauptschöffenliste übertragen, so gehen die Dienstleistungen vor, zu denen er zuvor als Hilfsschöffe herangezogen war.
(6) ¹Hat sich die ursprüngliche Zahl der Hilfsschöffen in der Hilfsschöffenliste auf die Hälfte verringert, so findet aus den vorhandenen Vorschlagslisten eine Ergänzungswahl durch den Ausschuß statt, der die Schöffenwahl vorgenommen hatte. ²Der Richter beim Amtsgericht kann von der Ergänzungswahl absehen, wenn sie in den letzten sechs Monaten des Zeitraums stattfinden müsste, für den die Schöffen gewählt sind. ³Für die Bestimmung der Reihenfolge der neuen Hilfsschöffen gilt § 45 entsprechend mit der Maßgabe, daß die Plätze im Anschluß an den im Zeitpunkt der Auslosung an letzter Stelle der Hilfsschöffenliste stehenden Schöffen ausgelost werden.

A. Grundsätzliches und Tatbestand. Da die Schöffenliste **die Grundlage für die Heranziehung der Schöffen** und damit für die Bestimmung der gesetzlichen Richter ist, bedarf ihre Führung – wozu auch die Streichung von Schöffen zählt – einer exakten gesetzlichen Regelung (vgl. KK-StPO/ *Barthe* § 52 Rn. 1). Die Vorschrift gilt sowohl für die Haupt- als auch die Hilfsschöffenliste. Eine Streichung hat für den Hauptschöffen zur Folge, dass er nicht mehr für Sitzungen ausgelost und – sollte eine Auslosung bereits stattgefunden habenden – nicht mehr tätig werden kann. Ein Hilfsschöffe verliert mit der Streichung die Möglichkeit, auf die Hauptschöffenliste gem. § 49 Abs. 2 nachzurücken oder zu einzelnen Sitzungen herangezogen zu werden (vgl. KK-StPO/*Barthe* § 52 Rn. 2). Die Streichung entfaltet Wirkung für die gesamte Amtsperiode des Schöffen (vgl. BGHSt 9, 203, 206), auch wenn vor deren Ende die Gründe, die zur Streichung geführt haben, wieder entfallen (vgl. BGHSt 10, 252, 253).   **1**

Gem. **Abs. 1** ist ein Schöffe von der Schöffenliste zu streichen, wenn die Unfähigkeit, sein Amt auszuüben, eintritt oder eine bereits vor Aufnahme in die Liste bereits vorhandene Unfähigkeit erst nachträglich bekannt wird. Entsprechendes gilt bei Eintritt oder Bekanntwerden von Umständen, bei denen eine Berufung in das Schöffenamt nicht erfolgen soll. Liegen solche Gründe vor, ist die Streichung von der Schöffenliste obligatorisch und von Amts wegen vorzunehmen (vgl. *Meyer-Goßner/Schmitt* § 52 Rn. 1). Eine Person ist unfähig, das Schöffenamt auszuüben, wenn die Voraussetzungen der **§§ 31 Satz 2 und 32** vorliegen oder der Schöffe verstirbt (vgl. BGH NStZ [K] 1994, 23, 26). Die Unfähigkeit soll sich daneben auch aus anderen Gründen ergeben können. Als unfähig zur Bekleidung des Schöffenamts hat die Rechtsprechung z.B. eine Person angesehen, die aufgrund religiöser Überzeugung es abgelehnt hat, die Glaubwürdigkeit von Männern und Frauen rechtlich gleich zu behandeln (vgl. LG Dortmund NStZ 2007, 360). Str. ist, ob das Tragen von Kleidung, das religiös motiviert ist, die Fähigkeit zur Ausübung des Richteramts beeinträchtigt. Für den Fall der Schöffin mit Kopftuch wird dies überwiegend abgelehnt (vgl. LG Bielefeld NJW 2007, 3014; *Bader* NJW 2007, 2964, 2965; a. A. LG Dortmund NJW 2007, 3013, 3014). Zum Ganzkörperschleier vgl. *Meyer-Goßner/Schmitt* § 52 Rn. 1 m.w.N.: Die Nichterkennbarkeit der Person durch die Bekleidung stehe der Wahrnehmung der ehrenamtlichen Richtertätigkeit entgegen. Die Gründe des Abs. 1 Nr. 2 ergeben sich aus **§§ 33 und 34**. Umstritten ist, ob hier auch die Gründe des **§ 35** zu berücksichtigen sind, wenn sich der Schöffe auf sie beruft (so etwa BGH wistra 1993, 224 f.; *Meyer-Goßner/Schmitt* § 52 Rn. 1). Dagegen spricht allerdings die Existenz des § 53, der für die Behandlung von Ablehnungsgründen ein gesondertes Verfahren unter Beteiligung der StA vorsieht (vgl. dort Rdn. 2). In Betracht kommt eine Streichung von der Schöffenliste auf Grundlage der §§ 33 und 34 aber nur dann, wenn die dort normierten Gründe zum Zeitpunkt der Streichung noch fortbestehen. Hat der Schöffe etwa inzwischen das fünfundzwanzigste Lebensjahr vollendet (§ 33 Nr. 1), darf er von der Liste nicht mehr gestrichen werden (vgl. KK-StPO/ *Barthe* § 52 Rn. 4). Gem. Abs. 1 Satz 2 gilt § 33 Nr. 3 als Grund zur Streichung nur eingeschränkt. Dem Wegzug aus dem Landgerichtsbezirk steht es gleich, wenn der Wohnsitz des Schöffen durch eine Gebietsreform dem Bezirk eines anderen LG zugeschlagen wird (vgl. *Meyer-Goßner/Schmitt* § 52 Rn. 1).   **2**

3 Die in **Abs. 2 Satz 1 Nr. 1 und 2** genannten Gründen führen nur dann zur Streichung des Schöffen aus der Liste, wenn er dies beantragt. Liegen sie vor, ist dem **Antrag** allerdings zu entsprechen (vgl. *Meyer-Goßner/Schmitt* § 52 Rn. 2). Der Antrag bedarf keiner besonderen Form und ist an keine Frist gebunden (vgl. LR/*Gittermann* § 52 Rn. 9). Die in Nr. 2 genannte Zahl von vierundzwanzig Sitzungstagen kann sich auch auf eine einzige Hauptverhandlung beziehen (vgl. KK-StPO/*Barthe* in § 52 Rn. 5). Sie ist auch dann erreicht, wenn an den einzelnen Verhandlungstagen nur kurz verhandelt wurde. Insoweit unerheblich ist es, dass man im Wege einer hypothetischen Berechnung bei gestraffter Verfahrensführung auf eine geringere Anzahl von Terminstage käme (vgl. *Katholnigg* NJW 1978, 2375, 2377). Abs. 2 Nr. 2 gilt auch für Ergänzungsschöffen, auch wenn diese nicht aktiv an der Verhandlung teilnehmen. Einer laufenden Hauptverhandlung, die länger als vierundzwanzig Sitzungstage dauert, kann sich der Schöffe durch einen entsprechenden Antrag nicht entziehen (vgl. KK-StPO/*Barthe* § 52 Rn. 5). Abs. 2 Satz 2 und 3 schränken die Wirksamkeit einer Streichung von der Schöffenliste in zeitlicher (Hauptschöffen) und materieller (Hilfsschöffen) Hinsicht ein.

4 Die **Entscheidung über die Streichung** trifft der Richter beim AG, § 45 Abs. 3; der Jugendrichter bei einem Jugendschöffen, § 34 Abs. 1 JGG. Liegen die Voraussetzungen des Abs. 3 Satz 1 nicht vor, sind die StA und die beteiligten Schöffen zu hören. Entbehrlich ist die Anhörung des Schöffen, wenn dieser einen Antrag nach Abs. 2 gestellt hat. Etwas anderes gilt lediglich dann, wenn in die richterliche Entscheidung Gründe von Bedeutung einfließen sollen, zu denen der Schöffe in seinem Antrag keine Stellung genommen hat (vgl. *Meyer-Goßner/Schmitt* § 52 Rn. 3). War bereits vor Eingang des Antrags auf Streichung ein Termin zur Hauptverhandlung unter Mitwirkung des Schöffen bestimmt, ist dem Verfahren nach § 54 Abs. 1 der Vorrang zu geben (vgl. BGH GA 1979, 271). Während der Richter einen Antrag auf Streichung nach Abs. 2 prüft, muss der beantragende Schöffe mit Blick auf Art. 101 Abs. 1 GG zu Sitzungen herangezogen werden (vgl. BGHSt 28, 61, 65; *Kissel/Mayer* § 52 Rn. 16; LR/*Gittermann* § 52 Rn. 13). § 54 Abs. 1 ist nicht anwendbar (vgl. *Katholnigg* § 54 Rn. 3). Die Entscheidung des Richters muss förmlich ergehen. Die Streichung muss schriftlich unter Angabe der Gründe erfolgen und der Schöffengeschäftsstelle mitgeteilt werden (vgl. KK-StPO/*Barthe* § 52 Rn. 8). Ihre Wirkung tritt aber bereits mit der schriftlich niedergelegten Feststellung ein (vgl. *Kissel/Mayer* § 52 Rn. 17).

5 Gem. Abs. 4 ist die Entscheidung über die Streichung unanfechtbar. Der Beschwerderechtszug ist weder für die StA noch für den Schöffen eröffnet (vgl. *Meyer-Goßner/Schmitt* § 52 Rn. 4).

6 **Abs. 5** regelt den **Kollisionsfall**, der eintritt, wenn ein Hilfsschöffe durch Streichung eines Hauptschöffen aus der Hauptschöffenliste auf diesen nachfolgt und zugleich noch Amtspflichten, die aus seiner Zeit als Hilfsschöffe herrühren, zu erfüllen hat. Der Gesetzgeber hat insoweit den verbleibenden Hilfsschöffenpflichten den Vorrang eingeräumt (vgl. KK-StPO/*Barthe* § 52 Rn. 10).

7 **Abs. 6** trägt dem Umstand Rechnung, dass die Hilfsschöffenliste durch Nachrücken von Hilfsschöffen auf die Hauptschöffenliste ausdünnen kann. Das Gesetz sieht deshalb die Möglichkeit einer **Ergänzungswahl** vor. Es wird der Wahlausschuss tätig, der auch die Ursprungswahl durchgeführt hat, wobei sich ein verhindertes Mitglied vertreten lassen kann (vgl. KK-StPO/*Barthe* § 52 Rn. 11). Von der Ergänzungswahl kann abgesehen werden unter den Voraussetzungen des Abs. 6 Satz 2. Eine Wiederholungswahl und keine Ergänzungswahl ist vorzunehmen, wenn die Schöffenwahl nach § 42 unwirksam war und aus diesem Grund von vornherein nicht genügend Schöffen vorhanden waren (vgl. BGHSt 33, 261, 265; *Meyer-Goßner/Schmitt* § 52 Rn. 8; a. A. LG Frankfurt am Main NJW 1985, 928, 929).

8 **B. Revision.** Da die Entscheidung des Richters, einen Schöffen von der Schöffenliste zu streichen, gem. Abs. 4 unanfechtbar ist, kann wegen der Regelung des § 336 Satz 2 StPO die Besetzungsrüge nicht erhoben werden (vgl. *Meyer-Goßner/Schmitt* § 52 Rn. 4). Eine Ausnahme besteht für willkürliche Streichungen, da insoweit der gesetzliche Richter i.S.d. Art. 101 Abs. 1 GG entzogen wird (vgl. LR/*Gittermann* § 52 Rn. 15). Unterlässt der Richter die Streichung eines Schöffen, ist dies revisibel, wenn an dem Urteil ein Schöffe mitgewirkt hat, der gem. §§ 31 Satz 2, 32 unfähig war, das Schöffenamt zu bekleiden (vgl. BGH GA 1961, 206, 207; *Kissel/Mayer* § 52 Rn. 19). Auf eine Verletzung der Sollvorschriften der §§ 33, 34 kann die Revision nicht gestützt werden (vgl. BGHSt 30, 255, 257; KK-StPO/*Barthe* § 52 Rn. 9).

§ 53 GVG [Ablehnungsgründe].

(1) ¹Ablehnungsgründe sind nur zu berücksichtigen, wenn sie innerhalb einer Woche, nachdem der beteiligte Schöffe von seiner Einberufung in Kenntnis gesetzt worden ist, von ihm geltend gemacht werden. ²Sind sie später entstanden oder bekannt geworden, so ist die Frist erst von diesem Zeitpunkt zu berechnen.
(2) ¹Der Richter beim Amtsgericht entscheidet über das Gesuch nach Anhörung der Staatsanwaltschaft. ²Die Entscheidung ist nicht anfechtbar.

A. Tatbestand. Die **Ablehnungsgründe** sind abschließend in § 35 aufgezählt (vgl. BGHSt 9, 203, 206). Ist der Antrag berechtigt, ist ihm zwingend stattzugeben (vgl. LR/*Gittermann* § 53 Rn. 1). Der Schöffe wird von der Schöffenliste gestrichen. Ggf. kann der Antrag schon i.R.d. Berichtigung der Vorschlagsliste berücksichtigt werden (vgl. KK-StPO/*Barthe* § 53 Rn. 1).

Eine besondere Form ist für die **Ablehnungserklärung** nicht vorgesehen. Sie kann schriftlich oder mündlich zu Protokoll der Geschäftsstelle des Richters beim AG abgegeben werden. Der Zeitpunkt einer Protokollierung ist festzuhalten (vgl. LR/*Gittermann* § 53 Rn. 3). Die **Entscheidung über den Antrag** auf Ablehnung obliegt dem Richter beim AG nach vorheriger Anhörung der StA, Abs. 2. Gibt der Richter dem Antrag statt, wird der Schöffe von der Schöffenliste gestrichen. Zu den daran anschließenden Folgen vgl. § 52 Rdn. 1. Wie die Entscheidung nach § 52 ist auch die Entscheidung über einen Ablehnungsgrund unanfechtbar. Vgl. insoweit § 52 Rdn. 8.

Die **einwöchige Ausschlussfrist** in Abs. 1 Satz 1 soll einen geordneten Geschäftsgang sicherstellen und insb. verhindern, dass das Ablehnungsrecht erst unmittelbar vor oder gar während einer Hauptverhandlung geltend gemacht wird (vgl. LR/*Gittermann* § 53 Rn. 2). Die Kenntnisnahme von der Einberufung bezieht sich auf die Benachrichtigung nach § 45 Abs. 4 Satz 3 und 4. Der Schöffe muss seinen Ablehnungsgrund daher nicht im Zusammenhang mit der ersten Sitzung seiner Amtsperiode vorbringen. Auch in den späteren Geschäftsjahren seiner Amtsperiode steht ihm das Recht auf Ablehnung zu (vgl. *Kissel/Mayer* § 53 Rn. 2). Ist der Ablehnungsgrund erst nach Kenntnisnahme von der Einberufung entstanden oder bekannt geworden, gilt für die Fristberechnung Abs. 1 Satz 2.

B. Revision. Vgl. die Kommentierung zu § 52 Rdn. 8.

§ 54 GVG [Entbindung an bestimmten Sitzungstagen].

(1) ¹Der Richter beim Amtsgericht kann einen Schöffen auf dessen Antrag wegen eingetretener Hinderungsgründe von der Dienstleistung an bestimmten Sitzungstagen entbinden. ²Ein Hinderungsgrund liegt vor, wenn der Schöffe an der Dienstleistung durch unabwendbare Umstände gehindert ist oder wenn ihm die Dienstleistung nicht zugemutet werden kann.
(2) ¹Für die Heranziehung von Hilfsschöffen steht es der Verhinderung eines Schöffen gleich, wenn der Schöffe nicht erreichbar ist. ²Ein Schöffe, der sich zur Sitzung nicht einfindet und dessen Erscheinen ohne erhebliche Verzögerung ihres Beginns voraussichtlich nicht herbeigeführt werden kann, gilt als nicht erreichbar. ³Ein Hilfsschöffe ist auch dann als nicht erreichbar anzusehen, wenn seine Heranziehung eine Vertagung der Verhandlung oder eine erhebliche Verzögerung ihres Beginns notwendig machen würde. ⁴Die Entscheidung darüber, daß ein Schöffe nicht erreichbar ist, trifft der Richter beim Amtsgericht. ⁵§ 56 bleibt unberührt.
(3) ¹Die Entscheidung ist nicht anfechtbar. ²Der Antrag nach Absatz 1 und die Entscheidung sind aktenkundig zu machen.

A. Grundsätzliches und Tatbestand. Die Vorschrift komplettiert die Regelungen über die Nichtteilnahme eines Schöffen an einer Verhandlung. Während §§ 52 und 53 im Verbund mit §§ 31 Satz 2, 32, 33, 34 und 35 Gründe enthalten, die einer Mitwirkung des Schöffen an einer Hauptverhandlung auf Dauer entgegenstehen und zu seiner Streichung von der Schöffenliste führen, regelt § 54 die Entbindung vom Schöffenamt lediglich an einzelnen Sitzungstagen, die zur Folge hat, dass an die Stelle dieses Schöffen ein Hilfsschöffe nach §§ 47, 49 tritt (vgl. KK-StPO/*Barthe* § 54 Rn. 1).

Ein Schöffe ist an einem Sitzungstag von seinem Amt zu entbinden, wenn ein **Hinderungsgrund** vorliegt. Sitzungstag ist der Tag, an dem der Schöffe seine Dienstleistung zu erbringen hat. Im Fall der Ver-

§ 54 GVG   Entbindung an bestimmten Sitzungstagen

legung des ordentlichen Sitzungstages ist das also der Tag, an dem die Sitzung tatsächlich stattfinden soll (BGHSt 59, 75 ff.). Als Hinderungsgründe nennt das Gesetz unabwendbare Umstände, die der Durchführung des Amtes entgegenstehen und die Unzumutbarkeit der Dienstleistung, Abs. 1 Satz 2. Ob diese Voraussetzungen vorliegen, ist im Einzelfall zu prüfen, wobei ein strenger Prüfungsmaßstab anzulegen ist (vgl. BGHSt 28, 61, 166). Jedoch muss der Vorsitzende, der für die Entscheidung über den Antrag auf Entbindung zu befinden hat, Abs. 1 Satz 1, geltend gemachte Hinderungsgründe nicht nachprüfen, wenn sie glaubhaft erscheinen (vgl. BGH NStZ 1982, 476).

3   Als **unabwendbare Umstände** werden im Regelfall gesundheitliche Gründe, die einer Teilnahme an der Hauptverhandlung entgegenstehen, in Betracht kommen. Dabei ist der Nachweis durch ärztliches Attest ausreichend, wobei umstritten ist, ob dies auch dann gilt, wenn das Attest keine Angaben zur Diagnose enthält (bejahend u.a. KK-StPO/*Barthe* § 54 Rn. 3; *Kissel/Mayer* § 54 Rn. 2; a. A. OLG Düsseldorf NJW 1992, 1712; nunmehr aber auch NStZ-RR 2011, 215: für Laien unverständliche Diagnose aus Buchstaben- und Ziffernkombination spricht nicht gegen Hinderungsgrund; LR/*Gittermann* § 54 Rn. 4). Hat der Richter Zweifel am Vorliegen der Erkrankung, kann er die Untersuchung durch einen Amtsarzt verlangen (vgl. BGH NJW 1977, 443). Weitere unabwendbare Umstände neben einer Erkrankung können der unvorhersehbare Zusammenbruch (Unwetter) der Verkehrsverhältnisse und alle Formen hoheitlicher Freiheitsbeschränkung – Untersuchungshaft, Quarantäne, Wehrübung und Katastropheneinsatz – sein (vgl. KK-StPO/*Barthe* § 54 Rn. 3). Für eine Entbindung nicht ausreichend ist die bloße Behauptung des Schöffen, dienstlich verhindert zu sein (vgl. OLG Hamburg MDR 1978, 244 f.). Dass der Schöffe die unabwendbaren Umstände möglicherweise selbst (mit-) verursacht hat, spielt für die Entpflichtungsentscheidung keine Rolle (vgl. *Katholnigg* NJW 1978, 2375, 2378).

4   Das Kriterium der **Unzumutbarkeit** gibt dem Vorsitzenden in weit größerem Umfang als das Kriterium der unabwendbaren Umstände die Möglichkeit, Interessen des Schöffen zu berücksichtigen (vgl. KK-StPO/*Barthe* § 54 Rn. 4). Dem Schöffen ist die Dienstleistung grds. möglich. Die mit ihr verbundenen Erschwerungen und Nachteile wiegen aber so schwer, dass auf eine Heranziehung verzichtet wird (vgl. KK-StPO/*Barthe* § 54 Rn. 4). Bloße Ortsabwesenheit reicht grds. nicht aus, eine Unzumutbarkeit zu begründen, auch wenn sie schon lange geplant war (vgl. BGH MDR [D] 1975, 194, 198). Etwas anderes mag bei langfristig geplanten und gebuchten teuren Urlaubsreisen gelten. Hier kann es unzumutbar sein, auf der Dienstleistung des Schöffen zu bestehen. Auch berufliche Gründe können eine Unzumutbarkeit begründenden. Dies ist etwa dann der Fall, wenn sich der Schöffe in seiner beruflichen Tätigkeit nicht vertreten lassen kann (vgl. BGHSt 28, 61, 66). Andererseits hat der BGH für eine Anwendung des § 54 keinen Raum bei einem Schöffen gesehen, dem seitens seines Arbeitgebers gedroht worden war, das Arbeitsverhältnis bei Antritt des Schöffenamtes zu kündigen (vgl. BGHSt 27, 344, 345 = JR 1978, 304 m. Anm. *Müller*). Dies ist zw. (vgl. *Pohl* NJW 1978, 1868; *Kathollnigg* § 54 Rn. 2). Private Gründe, wie ein nicht aufschiebbarer Krankenhausaufenthalt der Ehefrau (vgl. *Rieß* DRiZ 1977, 289, 294) oder Schwierigkeiten bei der Kinderbetreuung (vgl. BGH NStZ 1982, 476), können die Unzumutbarkeit der Dienstleistung ebenfalls begründen. Ob ein anhängiges Streichungsverfahren nach § 52 Abs. 1 Nr. 1 die Dienstleistung unzumutbar macht, ist eine Frage des Einzelfalls (vgl. *Meyer-Goßner/Schmitt* § 54 Rn. 5). Ein Prüfungsverfahren nach § 52 Abs. 1 Nr. 2 oder Abs. 2 lässt die Zumutbarkeit der Ausübung des Schöffenamtes demgegenüber unberührt (vgl. BGHSt 27, 105, 106). Eine Entbindung aus Gewissensgründen ist grds. nicht möglich (vgl. OLG Karlsruhe NJW 1996, 606, 607 = JR 1996, 127 m. Anm. *Foth*).

5   Will der Schöffe von der Dienstleistung entbunden werden, hat er einen **Antrag** zu stellen. Der Antrag ist höchstpersönlich anzubringen (vgl. KK-StPO/*Barthe* § 54 Rn. 10). Er setzt die eigenverantwortliche Prüfung durch den Schöffen voraus (vgl. BGHSt 28, 61, 63; *Kathollnigg* § 54 Rn. 4). Der Antrag ist gem. Abs. 3 Satz 2 aktenkundig zu machen, bedarf darüber hinaus aber keiner besonderen Form. Auch die Entscheidung des Richters beim AG über den Antrag ist an keine bestimmten Formalien gebunden (vgl. *Meyer-Goßner/Schmitt* § 54 Rn. 2).

6   Gem. **Abs. 2 Satz 1** steht der Verhinderung eines Schöffen seine **Unerreichbarkeit** gleich. Der Schöffe ist unerreichbar, wenn ihm die Benachrichtigung nach § 46 oder die Ladung nicht übermittelt werden kann (vgl. *Kissel/Mayer* § 54 Rn. 19). Für den unerreichbaren Schöffen wird gem. § 47 ein Ersatzschöffe herangezogen (vgl. BayObLG MDR 1979, 1044). Die Anordnung der Heranziehung ist aktenkundig zu machen, bedarf aber keiner besonderen Begründung (vgl. BGH MDR [H] 1977, 637, 639).

Als nicht erreichbar gilt gem. **Abs. 2 Satz 2** auch der Schöffe, der sich zur Sitzung nicht einfindet und 7
dessen Erscheinen ohne erhebliche Verzögerung ihres Beginns voraussichtlich nicht herbeigeführt werden kann. Dazu prüft der Richter zunächst, ob der Schöffe telefonisch oder etwa durch die Polizei oder den Justizwachtmeister in seiner Wohnung oder von seiner Arbeitsstelle herbeigerufen werden kann (vgl. *Kissel/Mayer* § 54 Rn. 20). Muss mit dem Beginn der Sitzung länger als eine Viertelstunde zugewartet werden, bevor der Schöffe erscheinen kann, dürfte im Regelfall von einer erheblichen Verzögerung i.S.d. Vorschrift auszugehen sein (vgl. KK-StPO/*Barthe* § 54 Rn. 16). Letztlich bestimmen über das Vorliegen dieses Merkmals aber die Umstände des Einzelfalls. Stehen an einem Terminstag mehrere Verhandlungen an und ist der ordnungsgemäße Schöffe zu Beginn der ersten Sitzung ausgeblieben, ist vor Beginn jedes weiteren Verfahrens zu prüfen, ob er nunmehr erreichbar ist (vgl. BGH NJW 1958, 557; *Kissel/Mayer* § 54 Rn. 23).

Eine **Sonderregelung für Hilfsschöffen** enthält **Abs. 2 Satz 3**. Diese Vorschrift ermöglicht das »Überspringen« von Hilfsschöffen auf der Hilfsschöffenliste bis ein bereiter Hilfsschöffe gefunden ist, durch 8
dessen Heranziehung der Beginn der anstehenden Verhandlung ohne erhebliche Verzögerung möglich wird (vgl. LR/*Gittermann* § 54 Rn. 17).

Gem. Abs. 3 Satz 1 ist die **Entscheidung über den Entbindungsantrag** unanfechtbar. Dies gilt aber 9
nicht für den Widerruf einer Entbindung (vgl. BGHSt 30, 149, 150). Unanfechtbar ist auch die Entscheidung nach Abs. 2 Satz 4.

B. Revision. Wegen § 336 Satz 2 StPO sind die unanfechtbaren Entscheidungen des Richters 10
beim AG auch nicht mit der Besetzungsrüge angreifbar. Etwas anderes gilt allerdings bei willkürlicher Entziehung des gesetzlichen Richters (vgl. BGHSt 31, 3, 5; *Meyer-Goßner/Schmitt* § 54 Rn. 10).

§ 55 GVG [Entschädigung].

Die Schöffen und Vertrauenspersonen des Ausschusses erhalten eine Entschädigung nach dem Justizvergütungs- und -entschädigungsgesetz.

Zu erstatten sind nach § 15 Abs. 1 JVEG Fahrtkosten, Aufwand, Aufwendungen, Zeitversäumnis, 1
Nachteile bei der Haushaltsführung und Verdienstausfall.

§ 56 GVG [Unentschuldigtes Ausbleiben].

(1) ¹Gegen Schöffen und Vertrauenspersonen des Ausschusses, die sich ohne genügende Entschuldigung zu den Sitzungen nicht rechtzeitig einfinden oder sich ihren Obliegenheiten in anderer Weise entziehen, wird ein Ordnungsgeld festgesetzt. ²Zugleich werden ihnen auch die verursachten Kosten auferlegt.
(2) ¹Die Entscheidung trifft der Richter beim Amtsgericht nach Anhörung der Staatsanwaltschaft. ²Bei nachträglicher genügender Entschuldigung kann die Entscheidung ganz oder zum Teil zurückgenommen werden. ³Gegen die Entscheidung ist Beschwerde des Betroffenen nach den Vorschriften der Strafprozeßordnung zulässig.

Die Vorschrift regelt die **Ungehorsamsfolgen**, die sich an ein unentschuldigtes Ausbleiben eines Schöf- 1
fen oder einer Vertrauensperson des Ausschusses anschließen. Zur Festsetzung von Ordnungsgeld vgl. Art. 6 ff. EGStGB.

Die Festsetzung des **Ordnungsgeldes** und die **Auferlegung der verursachten Kosten** sind obligatorische 2
Maßnahmen (vgl. *Meyer-Goßner/Schmitt* § 56 Rn. 1). Sie erfolgen auch ggü. Schöffen oder Vertrauenspersonen, die entgegen gesetzlicher Bestimmungen herangezogen wurden. Die Vorschrift gilt demgegenüber nicht für entbundene Schöffen, auch wenn die Entbindungsentscheidung rechtsfehlerhaft gewesen sein sollte (vgl. LR/*Gittermann* § 56 Rn. 2). Die Möglichkeit, Ersatzordnungshaft zu verhängen, besteht nicht (vgl. *Meyer-Goßner/Schmitt* § 56 Rn. 5).

Die Sanktionen sind daran geknüpft, dass der Schöffe oder die Vertrauensperson sich zu den Sitzungen 3
nicht rechtzeitig einfindet. Dazu gehört auch das Nichterscheinen (vgl. *Meyer-Goßner/Schmitt* § 56 Rn. 3). Zum Begriff der genügenden Entschuldigung vgl. § 51 StPO Rdn. 12 ff. Die Benachrichtigung des Schöffen vom Termin muss nachgewiesen sein. Ggf. ist vor der Sanktionierung ein kurzes Zuwarten angemessen, während dessen sich der Vorsitzende um einen Ersatz nach § 49 bemühen kann. Ist ein

Hilfsschöffe herangezogen, wird diese Heranziehung nicht dadurch hinfällig, dass der zunächst ausgebliebene Schöffe doch noch erscheint (vgl. BGHSt 22, 289, 292 f.).

4 Ein **sich den Obliegenheiten des Amtes auf andere Weise entziehen** liegt z.B. vor, wenn sich der Schöffe generell weigert, sein Amt auszuüben (vgl. OLG Frankfurt am Main NJW 1992, 3183) oder den Schöffeneid nicht spricht bzw. es ablehnt, sich an Beratungen oder Abstimmungen zu beteiligen. Eine Verletzung des Beratungsgeheimnisses kann nach § 56 nicht sanktioniert werden (vgl. KG JR 1987, 302 f.; LR/*Gittermann* § 56 Rn. 4; a. A. *Schmidt-Räntsch* § 45 DRiG Rn. 4), ebenso wenig andere Pflichtverletzungen anlässlich der Ausübung des Schöffenamts, wie ein Verhalten, das zur Ablehnung des Laienrichters wegen Befangenheit führt (vgl. KG NStZ 1999, 427) oder das Verlangen nach einer Zwischenberatung (LG Münster NJW 1993, 1088, 1089). Für derartige Fälle richterlichen Fehlverhaltens wird z.T. in analoger Anwendung des § 52 Abs. 1 Nr. 1 eine Streichung von der Schöffenliste befürwortet (vgl. *v. Danwitz* ZRP 1995, 442, 443; krit. hierzu *Meyer-Goßner/Schmitt* § 56 Rn. 4).

5 Gem. Abs. 2 Satz 1 trifft die **Entscheidung** der Richter beim AG ohne Beteiligung des weiteren Schöffen nach Anhörung der StA. Trifft den Schöffen an einer Unterbrechung oder der Vertagung der Verhandlung kein Verschulden, muss der Angeklagte auch die durch das Ausbleiben des Schöffen entstandenen Kosten im Fall seiner Verurteilung tragen (vgl. OLG Hamm MDR 1977, 865). Die Entscheidung des Gerichts ergeht durch Beschluss, der gem. Abs. 2 Satz 3 allein durch den Betroffenen – also nicht durch die StA (vgl. KK-StPO/*Barthe* § 56 Rn. 8) – mit der Beschwerde angegriffen werden kann. Der Schöffe ist vor der Entscheidung nur dann zu hören, wenn er anwesend ist (vgl. KK-StPO/*Barthe* § 56 Rn. 5), denn auf die gesetzlichen Folgen seines (unentschuldigten) Ausbleibens ist der Schöffe bereits gem. § 45 Abs. 4 Satz 4 hingewiesen worden.

6 Bei **nachträglicher genügender Entschuldigung** ist der die Sanktionen anordnende Beschluss des Richters beim AG zurückzunehmen, Abs. 2 Satz 2. Dabei ist es unerheblich, ob die Entschuldigungsgründe durch den Betroffenen dargetan oder auf sonstige Weise bekannt werden (vgl. *Meyer-Goßner/Schmitt* § 56 Rn. 7). Eine Entschuldigung ist unbefristet möglich. Im Gegensatz zu § 51 Abs. 2 Satz 3 StPO ist bei nachträglicher Entschuldigung die Rücknahme des Ordnungsbeschlusses nicht zwingend geboten, sondern steht im Ermessen des Gerichts. Damit soll die Möglichkeit erhalten bleiben, den Beschluss so abzuwandeln, dass er einem verbleibenden Restverschulden Rechnung tragen kann, wenn z.B. ein schuldhaftes Verzögern der Entschuldigung vorliegt (vgl. OLG Koblenz MDR 1993, 1229).

7 Ordnungsgeld und Belastung mit Kosten können **wiederholt festgesetzt** bzw. ausgesprochen werden (vgl. KK-StPO/*Barthe* § 56 Rn. 7).

§ 57 GVG [Bestimmung der Fristen].

Bis zu welchem Tag die Vorschlagslisten aufzustellen und dem Richter beim Amtsgericht einzureichen sind, der Ausschuß zu berufen und die Auslosung der Schöffen zu bewirken ist, wird durch die Landesjustizverwaltung bestimmt.

1 Damit die gerichtliche Tätigkeit zu Beginn jeden Geschäftsjahres gesichert ist, ist für die Festlegung der Schöffen ein Zeitplan aufzustellen (vgl. KK-StPO/*Barthe* § 57 Rn. 1). Die Aufstellung des Zeitplans ist Sache der Landesjustizverwaltungen. Deren Anordnungen sind für alle am Verfahren Beteiligten verbindlich (vgl. LR/*Gittermann* § 57 Rn. 2).

§ 58 GVG [Gemeinsames Amtsgericht].

(1) ¹Die Landesregierungen werden ermächtigt, durch Rechtsverordnung einem Amtsgericht für die Bezirke mehrerer Amtsgerichte die Strafsachen ganz oder teilweise, Entscheidungen bestimmter Art in Strafsachen sowie Rechtshilfeersuchen in strafrechtlichen Angelegenheiten von Stellen außerhalb des räumlichen Geltungsbereichs dieses Gesetzes zuzuweisen, sofern die Zusammenfassung für eine sachdienliche Förderung oder schnellere Erledigung des Verfahrens zweckmäßig ist. ²Die Landesregierungen können die Ermächtigung durch Rechtsverordnung auf die Landesjustizverwaltungen übertragen.
(2) ¹Wird ein gemeinsames Schöffengericht für die Bezirke mehrerer Amtsgerichte eingerichtet, so bestimmt der Präsident des Landgerichts (Präsident des Amtsgerichts) die erforderliche Zahl von Haupt- und Hilfsschöffen und die Verteilung der Zahl der Hauptschöffen auf die einzelnen Amtsgerichtsbezirke. ²Ist Sitz des Amtsgerichts, bei dem ein gemeinsames Schöffengericht eingerichtet

ist, eine Stadt, die Bezirke der anderen Amtsgerichte oder Teile davon umfasst, so verteilt der Präsident des Landgerichts (Präsident des Amtsgerichts) die Zahl der Hilfsschöffen auf diese Amtsgerichte; die Landesjustizverwaltung kann bestimmte Amtsgerichte davon ausnehmen. ³Der Präsident des Amtsgerichts tritt nur dann an die Stelle des Präsidenten des Landgerichts, wenn alle beteiligten Amtsgerichte seiner Dienstaufsicht unterstehen.
(3) Die übrigen Vorschriften dieses Titels sind entsprechend anzuwenden.

Abs. 1 räumt den Landesregierungen – bzw. den von den Landesregierungen ermächtigten Landesjustizverwaltungen, Satz 2 – die Möglichkeit ein, durch Rechtsverordnung gem. Art. 80 Abs. 1 GG Strafsachen und Rechtshilfesachen, für die eigentlich mehrere AG zuständig wären, bei einem **AG zu konzentrieren**. Durch die Zusammenfassung mehrerer Amtsgerichtsbezirke wird insoweit ein neuer Amtsgerichtsbezirk gebildet (vgl. BVerfGE 24, 155, 166). Die Regelung durch Rechtsverordnung ist erforderlich, da durch die Zuständigkeitsverlagerung der gesetzliche Richter i.S.d. Art. 101 GG geändert wird (vgl. *Meyer-Goßner/Schmitt* § 58 Rn. 1). 1

Die **Konzentrationsermächtigung** (vgl. KK-StPO/*Barthe* § 58 Rn. 1) betrifft allein die örtliche Zuständigkeit auf Ebene der AG. Dabei können die betroffenen AG durchaus auch in unterschiedlichen Landgerichtsbezirken angesiedelt sein. Allerdings stehen Ländergrenzen einer Neustrukturierung nach § 58 entgegen (vgl. BVerfGE 30, 103, 107), es sei denn, es liegt ein dies ermöglichender Staatsvertrag vor (vgl. LR/*Gittermann* § 58 Rn. 6). Eine vergleichbare Regelung für die Jugendgerichte findet sich in § 33 JGG. Vgl. auch § 391 Abs. 1 und 2 AO. 2

Die Neukonstituierung der Zuständigkeit ist daran geknüpft, dass hierdurch eine **sachdienliche Förderung der Verfahren** oder deren **schnellere Erledigung** ermöglicht wird. Die Hauptbedeutung der Vorschrift des Abs. 1 liegt darin, dass Haftsachen für mehrere Bezirke bei dem AG zusammengefasst werden können, bei dem sich eine Untersuchungshaftvollzugsanstalt befindet (für das beschleunigte Verfahren vgl. OLG Köln NStZ-RR 2000, 273) oder dass ein gemeinsames Schöffengericht eingerichtet werden kann (vgl. *Dallinger* JZ 1953, 432, 434). 3

Für den Fall, dass ein **gemeinsames Schöffengericht** gebildet wird, ist die Zahl der erforderlichen Schöffen zu bestimmen und sind diese zu verteilen. Zuständig hierfür ist der Präsident des LG, es sei denn gem. Abs. 2 Satz 3 tritt an seine Stelle der Präsident des AG. Die **Hauptschöffen** müssen aus jedem der von der Konzentration umfassten Amtsgerichtsbezirke gewählt werden. Dies erfolgt in der Weise, dass ihre Wahl aus einer für den einzelnen Amtsgerichtsbezirk zu erstellenden Vorschlagsliste getrennt von den Schöffen der anderen Amtsgerichtsbezirke erfolgt (vgl. KK-StPO/*Barthe* § 58 Rn. 3). 4

Die **Hilfsschöffen für das gemeinsame Schöffengericht** werden grds. nur aus der Vorschlagsliste des AG gewählt, bei dem das gemeinsame Schöffengericht gebildet wird, Abs. 2 Satz 1 i.V.m. § 42 Abs. 1 Nr. 2 Satz 2. Damit soll erreicht werden, dass Hilfsschöffen, die kurzfristig hinzugezogen werden müssen, nur kurze Wegstrecken zu bewältigen haben (vgl. KK-StPO/*Barthe* § 58 Rn. 4). Eine Verteilung der Hilfsschöffen findet aber nach Abs. 2 Satz 2 auf die einzelnen AG statt, wenn Sitz des gemeinsamen Schöffengerichts eine Stadt ist, die Bezirke der anderen AG oder Teile davon umfasst. Dann sind die Hilfsschöffen – wie die Hauptschöffen – von den bei den betreffenden AG gebildeten Wahlausschüssen zu wählen (vgl. BT-Drucks. 10/1313, S. 56). Diese Sonderregelung für »Großstädte« trägt dem Umstand Rechnung, dass aufgrund des in diesen Städten vorhandenen Nahverkehrssystems sich Anreisen zum gemeinsamen Schöffengericht zumeist unproblematisch gestalten und deshalb einer möglichst breiten Mitwirkung der Gesamtbevölkerung an der Schöffenwahl der Vorrang vor einer Konzentration der Hilfsschöffen bei dem gemeinsamen Schöffengericht gegeben werden kann (vgl. LR/*Gittermann* § 58 Rn. 16). 5

§ 59 GVG Richtereinsatz, Ämterkumulierung

Fünfter Titel. Landgerichte

Vorbemerkung zu §§ 59 ff. GVG

1 Die LG bilden eine Kategorie der ordentlichen Gerichte i.S.d. § 12. Für sie enthalten die §§ 59 bis 78, soweit sie die Strafrechtspflege betreffen, Regelungen zur **inneren Struktur** (Richtereinsatz, Spruchkörper samt deren Besetzung; vgl. §§ 59 bis 70, 76, 77) und zur **sachlichen Zuständigkeit** (§§ 73 bis 74a, 74e, 74f). Letztere sind teils verbunden mit gesetzlichen Vorgaben zur Geschäftsverteilung; nur solche enthalten die §§ 74b, 74c. Hinzu kommen Normen, die in ähnlicher Weise Geschäftsverteilungsfragen mit einer Konzentration (§§ 74a Abs. 1, 74c Abs. 3, 74d) oder Dekonzentration (§ 78) der **örtlichen Zuständigkeit** bzw. der Ermächtigung hierzu kombinieren (allg. zu Konzentrationen *Rieß*, in: FS für Böttcher, S. 145). I.Ü. gelten für die **Geschäftsverteilung** die §§ 21a bis 21j.

2 **Sitz** und **Bezirk** der LG werden durch das Landesrecht bestimmt; viele Länder haben hierzu eigene Gerichtsorganisationsgesetze erlassen. Aus dem GVG ergibt sich nur die Vorgabe, dass LG überhaupt, also in jedem Land zumindest ein LG zu errichten ist. Diese Mindestzahl besteht in den Stadtstaaten Berlin, Bremen und Hamburg sowie im Saarland. Insgesamt existierten zum 31.12.2011 in Deutschland 116 LG mit insg. 1.660 Strafkammern (Stat. Bundesamt, Fachserie 10 Rechtspflege, Reihe 1, 2012, Tabelle 1.1.1; die Anzahl der Gerichte war zum 31.12.2012 unverändert, vgl. www.destatis.de/DE/ZahlenFakten/GesellschaftStaat/Rechtspflege/GerichtePersonal/Tabellen/Gerichtezahl.html#Zahl der Gerichte). Empirische Daten zur Situation der Strafkammern der LG vermitteln *Arenhövel/Otte* DRiZ 2010, 227 und 270.

§ 59 GVG [Richtereinsatz, Ämterkumulierung].
(1) Die Landgerichte werden mit einem Präsidenten sowie mit Vorsitzenden Richtern und weiteren Richtern besetzt.
(2) Den Richtern kann gleichzeitig ein weiteres Richteramt bei einem Amtsgericht übertragen werden.
(3) Es können Richter auf Probe und Richter kraft Auftrags verwendet werden.

1 **A. Einzusetzende und einsetzbare Richter (§ 59 Abs. 1 und Abs. 3)** Als institutionelle Norm (SK-StPO/*Degener*, § 59 Rn. 1; *Kissel/Mayer*, § 59 Rn. 2) gebietet § 59 Abs. 1, jedem LG nicht nur überhaupt die erforderliche Anzahl Richter zuzuweisen, sondern hierbei jedenfalls einen Präsidenten sowie die nötige Zahl an Vorsitzenden Richtern vorzusehen. Normadressat sind die Haushaltsgesetzgeber und Justizverwaltungen der Länder. Besetzt i.S.d. Vorschrift wird das Gericht durch die Schaffung und Besetzung von Planstellen (BGHZ 95, 22; *Kissel/Mayer*, § 59 Rn. 3f.). Mängel in Form einer verzögerten Wiederbesetzung bei Vakanzen oder einer ungenügenden Stellenausstattung (s. Rn. 3) sowie eines sachlich nicht begründbaren Verzichts auf den Einsatz eines Richters auf Lebenszeit (s. Rn. 5) können im Einzelfall zu einer vorschriftswidrigen Besetzung des Gerichts führen (§ 338 Nr. 1 StPO) und damit das Grundrecht auf den gesetzlichen Richter (Art. 101 Abs. 1 Satz 2 GG) verletzen. Dabei ist von Bedeutung, dass die verfassungsrechtliche Garantie des gesetzlichen Richters nicht nur das Verfahren der Bestimmung der im Einzelfall zur Entscheidung berufenen Personen zum Gegenstand hat, sondern auch materiellen Gehalt besitzt: »Ungesetzlich« ist auch das Gericht, das nicht den Anforderungen des Grundgesetzes entspricht, sowie der Richter, dessen Unabhängigkeit und Unparteilichkeit nicht gewährleistet erscheint (vgl. z.B. BVerfGE 82, 286 Rn. 60; BVerfGE 89, 28 Rn. 29).

2 Die Bedeutung des **Präsidenten** folgt aus seiner Doppelstellung (zur deren institutionellen Funktion zur Sicherung der richterlichen Unabhängigkeit vgl. *Kissel/Mayer*, § 59 Rn. 8), die durch richterliche wie verwaltende Tätigkeit geprägt wird: Einerseits hat er zwingend richterliche Aufgaben, nämlich die Funktion eines Kammervorsitzenden (vgl. § 21f Abs. 1; *Kissel/Mayer*, § 59 Rn. 7; LR/*Siolek*, § 59 Rn. 2) wahrzunehmen, wobei er seinen Einsatz i.R.d. Geschäftsverteilung selbst zu konkretisieren hat (§ 21e Abs. 1 Satz 3). Andererseits sind dem Präsidenten Aufgaben der gerichtlichen Selbstverwaltung zugewiesen, insb. der Vorsitz im Präsidium (§ 21a Abs. 2) und der Erlass von Eilanordnungen des

Präsidiums (§ 21i Abs. 2). Regelmäßig hat der Präsident zudem Aufgaben der Gerichts- und Justizverwaltung zu erfüllen, insb. solche der Dienstaufsicht. Geregelt wird Letzteres durch das Landesrecht, üblicherweise durch die Ausführungsgesetze der Länder zum Gerichtsverfassungsgesetz.

Die institutionelle Bedeutung der **Vorsitzenden Richter** ergibt sich aus den gesetzlichen Vorgaben zur 3 Geschäftsverteilung: Nach § 21f Abs. 1 ist der Vorsitz der einzelnen Kammern durch den Präsidenten oder durch einen Vorsitzenden Richter auszuüben. Eine Vertretung (§ 21f Abs. 2) ist nur bei einer vorübergehenden Verhinderung zulässig (Gegenschluss zu § 21e Abs. 3). Bei einer **Vakanz** hat daher in angemessener Zeit eine Wiederbesetzung zu erfolgen, andernfalls kann eine gesetzeswidrige Besetzung der Kammer vorliegen, die das Gebot des gesetzlichen Richters verletzt (BVerfGE 18, 423; BVerfG, NJW 1983, 1541; *Kissel/Mayer*, § 59 Rn. 3, 13 sowie Rn. 15 m. Nachweisen zur rechts- und standespolitischen Diskussion; relativierend BayVerfGH, NJW 1986, 1326). Zwar kann das Präsidium bei der Vakanz eines Vorsitzenden Richters durch eine Änderung der Geschäftsverteilung nach § 21e Abs. 3 Abhilfe schaffen, da ein Richter den Vorsitz auch in mehreren Spruchkörpern zugleich innehaben kann (BGHSt 28, 292; SK-StPO/*Degener*, § 59 Rn. 8). Es muss von dieser Möglichkeit rechtzeitig Gebrauch machen (BVerwG, NJW 1986, 1366). Jedoch wird dem Vorsitzenden auch für die inhaltliche Qualität der Rechtsprechung seiner Kammer eine besondere Bedeutung beigemessen, welche der Möglichkeit eines »Doppelvorsitzes« Grenzen setzt, s. Rdn. 4.

Mit der Institution des Vorsitzenden verbindet sich zugleich eine materielle Anforderung: Ihm muss ein 4 **richtunggebender Einfluss**« auf die Rechtsprechung der Kammer möglich sein. Dabei hat das BVerfG bislang ausdrücklich offen gelassen, ob dies verfassungsrechtlich gewährleistet oder lediglich dem einfachen Recht zuzuordnen ist (BVerfG NJW 2004, 3482, 3483; BVerfG StV 2012, 513, 514). Nach bisheriger Rechtsprechung des BGH verbinden sich mit der Gelegenheit zu »richtunggebendem Einfluss« jedenfalls qualitative Anforderungen an die Art und Weise, in der der Vorsitzende seine Funktion wahrnimmt bzw. wahrzunehmen die Möglichkeit besitzt. Er soll kraft seiner Sachkunde, seiner Erfahrung und seiner Menschenkenntnis geistige Überzeugungskraft ausüben können (vgl. insb. BGH GS Z 37, 210; übertragbar auch auf im Strafrecht tätige Spruchkörper), und zwar insb. durch Leitung von Verhandlungen und Beratungen, vollständigen Überblick über die Spruchpraxis der Kammer und vollständige Aktenkenntnis (vgl. BVerfG, NJW 2004, 3482; BGH, StV 2010, 349; näher *Schünemann* ZIS 2012, 1, 4; *Kissel/Mayer*, § 59 Rn. 12; zweifelnd *Meyer-Goßner/Schmitt*, § 21f Rn. 2). Der Vorsitzende müsse hierzu mindestens 75 % der Aufgaben des Vorsitzenden persönlich wahrnehmen (BGH GS Z 37, 210, 215). Entsprechend wurde angenommen, dass mit Blick auf den materiellen Gehalt der Garantie des Art. 101 Abs. 1 Satz 2 GG (s. Rdn. 1) ein Besetzungsmangel vorliegen kann, wenn ein Vorsitzender z.B. aufgrund Überlastung diesen Anforderungen nicht gerecht zu werden vermag (BGHSt 25, 54; BGHZ 20, 355 – insoweit durch BGH, NJW 1965, 1434 nicht aufgegeben; *Kissel/Mayer*, § 59 Rn. 11). Neu belebt wurde die Diskussion durch die »**Vorsitzendenkrise**« (vgl. *Schünemann* ZIS 2012, 1) bei den Strafsenaten des BGH in den Jahren 2012/2013. In deren Verlauf ist neben divergierenden Entscheidungen der betroffenen Senate (BGH StV 2012, 204 m. Anm. *Sowada* NStZ 2012, 353; *Groß-Bölting* ZIS 2012, 371; BGH StV 2012, 209; StV 2012, 272; StV 2012, 273; StV 2012, 516; BGH NStZ-RR 2013, 259) eine Kammerentscheidung des BVerfG ergangen (BVerfG StV 2012, 513, vgl. hierzu z.B. *Groß-Bölting* StraFo 2012, 445; *Wittrock* NJW 2012, 3287; *Paeffgen/Wasserburg* GA 2012, 525), derzufolge die Überlastung eines einzelnen Richters nicht den Anspruch auf den gesetzlichen Richter betrifft und sich mit der Gewährleistung eines richtunggebenden Einflusses des Vorsitzenden keine qualitativen Anforderungen an die Art und Weise seiner Aufgabenwahrnehmung, etwa den Umfang seines Aktenstudiums, verbinden (zu Konsequenzen für die Aufgabenverteilung im Spruchkörper insb. in den Strafsenaten des BGH s. *Fischer/Krehl* StV 2012, 550; *Fischer/Eschelbach/Krehl* StV 2013, 395; *Fischer* NStZ 2013, 425; *Lamprecht* NJW 2013, 3563; *Mosbacher* NJW 2014, 124).

Mit den in § 59 Abs. 1 an dritter Stelle angesprochenen »**weiteren Richtern**« sind entsprechend dem 5 Grundsatz des § 28 Abs. 1 DRiG primär Richter auf Lebenszeit gemeint. Jedoch lässt **§ 59 Abs. 3** an den LG in Parallele zu § 22 Abs. 5 den Einsatz von Richtern auf Probe (§ 12 DRiG) und Richtern kraft Auftrags (§ 14 DRiG) zu. Daneben können von einem anderen Gericht abgeordnete Richter (§ 37 DRiG) eingesetzt werden (BGHSt 53, 99). Beides kommt z.B. in Reaktion auf einen Antrag nach § 70 Abs. 1 in Betracht.

Begrenzt wird der Einsatz von **Richtern auf Probe, kraft Auftrags** sowie **abgeordneter Richter** jedoch 6 durch das DRiG: Sie sind als solche im Geschäftsverteilungsplan kenntlich zu machen (§ 29 Satz 2

§ 60 GVG Spruchkörper

DRiG); an einer Entscheidung darf jeweils nicht mehr als ein solcher Richter mitwirken (§ 29 Satz 1 DRiG). Ein Verstoß gegen § 29 Satz 1 wie Satz 2 DRiG soll einen Besetzungsfehler bedeuten (*Kissel/ Mayer*, § 59 Rn. 17; SK-StPO/*Degener*, § 59 Rn. 14). Bei einer Entscheidung durch die Kammer darf zudem nur ein Richter auf Lebenszeit den Vorsitz führen (§ 28 Abs. 2 Satz 2 DRiG). Da nur Richtern auf Lebenszeit persönliche Unabhängigkeit nach Art. 97 Abs. 2 GG zukommt, dürfen andere Richter über diese Maßgaben hinausgehend nur aus zwingenden Gründen eingesetzt werden (BVerfG, NVwZ 2007, 693; BGHZ 95, 22). Eine vorschriftswidrige Besetzung des erkennenden Spruchkörpers soll sich dabei auch aus einem zu geringen Anteil von Richtern auf Lebenszeit auf der Ebene des gesamten Gerichts ergeben können (BGHSt 9, 107; relativierend aber BGHSt 24, 283; näher LR/*Siolek*, § 59 Rn. 9 bis 12). Für Richter auf Probe und Richter kraft Auftrags ist schließlich § 70 Abs. 2 u. 3 zu beachten (LR/*Siolek*, § 70 Rn. 8).

7 **B. Ämterkumulierung (§ 59 Abs. 2)** § 59 Abs. 2 bildet eine der durch § 27 Abs. 2 DRiG zugelassenen Ausnahmen des in § 27 Abs. 1 DRiG formulierten Grundsatzes, nach dem einem Richter auf Lebenszeit oder auf Zeit stets ein konkretes Richteramt bei einem bestimmten Gericht zu übertragen ist. Angesprochen ist dabei nicht das sich in der Amtsbezeichnung ausdrückende Amt im statusrechtlichen, sondern das **Amt im konkreten Sinn** (näher *Schmidt-Räntsch*, DRiG, § 27 Rn. 6, 14). Die Norm gestattet also eine Ämterkumulierung, um so im Bedarfsfall einen Ausgleich der Arbeitsbelastung bzw. eine ausreichende Gerichtsbesetzung zu ermöglichen. Die Übertragung erfolgt durch die Landesjustizverwaltung (*Kissel/Mayer*, § 22 Rn. 14).

8 Der **Zustimmung** des Richters bedarf die Übertragung nur, wenn auf das zusätzliche Amt mehr als die Hälfte seiner Arbeitskraft entfallen soll, sodass die Maßnahme inhaltlich einer Versetzung gleichkommt (BGHZ 67, 159). Es kann nicht mehr als ein zusätzliches Amt übertragen werden, wobei das begünstigte AG nicht im Bezirk des betreffenden LG liegen muss (allg. M., z.B. *Kissel/Mayer*, § 59 Rn. 20). Trotz ihres offenen Wortlauts bezieht sich die Norm nicht auf den Präsidenten; auf Vorsitzende Richter sollte sie nur ausnahmsweise angewandt werden (näher SK-StPO/*Degener*, § 59 Rn. 18; LR/*Siolek*, § 59 Rn. 7). Kein Fall einer Ämterkumulierung ist die Abordnung nach § 37 DRiG (näher BGHSt 53, 99).

§ 60 GVG [Spruchkörper]. Bei den Landgerichten werden Zivil- und Strafkammern gebildet.

1 **A. Allgemeine Spruchkörper der LG.** Mit den Kammern statuiert die Norm die Spruchkörper des LG und mit ihnen dessen innere Struktur: Über sie führt das Präsidium im Wege der Geschäftsverteilung Aufgaben und Richter zusammen. Über sie nimmt das Gericht zudem seine Rechtsprechungsfunktionen wahr. . Entsprechend ist zu unterscheiden zwischen der im Geschäftsverteilungsplan adressierten Kammer als interner **Einheit der Gerichtsorganisation** und der Kammer, die im einzelnen Verfahren als **erkennendes bzw. beschließendes Gericht** nach außen auftritt.

2 Die **Besetzung** in der erstgenannten Funktion ist Gegenstand der Geschäftsverteilung des Präsidiums (§ 21e), wobei für den Kammervorsitz § 21f gilt. Die Besetzung in der zweitgenannten Funktion regeln die §§ 75, 76; über sie entscheidet die Kammer selbst im Rahmen ihrer internen Geschäftsverteilung (§ 21g). Bedarf hierfür entsteht regelmäßig deshalb, weil das Gesetz für die Besetzung der Kammer als organisatorische Einheit keine ausdrückliche Regelung enthält, während es für die Besetzung des erkennenden Gerichts zahlenmäßige Vorgaben aufstellt. Einer Kammer können daher bei entsprechender Belastung durch das Präsidium mehr Mitglieder zugewiesen werden, als sie für ihre Spruchtätigkeit im Einzelfall nach §§ 75, 76 benötigt. Eine solche **Überbesetzung** ist grds. zulässig; in Form der Besetzung mit einem Einzelrichter (im Strafrecht im Fall des § 78b Abs. 1 Nr. 2, vgl. BVerfG, NJW 2004, 3482, 3483) sowie im weiteren Sinne in Form der Besetzungsreduktion nach § 76 Abs. 2 hat der Gesetzgeber sogar selbst für vergleichbare Situationen gesorgt. Das Gebot des gesetzlichen Richters wird dabei gewahrt, weil jede Kammer hierfür in ihrer internen Geschäftsverteilung (§ 21g) abstrakt im Voraus zu regeln hat, welche Verfahren sie durch welche Richter entscheidet (BVerfGE 95, 322; BGH Vereinigte Große Senate, NJW 1994, 1735; *Meyer-Goßner/Schmitt*, § 21g Rn. 4; vgl. § 21g Rn. 9 ff.).

Inwieweit aus dem Gebot des gesetzlichen Richters darüber hinausgehend noch absolute Grenzen einer Überbesetzung zu folgern sind (so noch BVerfGE 22, 282; BGHSt 18, 386: Eine Überbesetzung darf es der Kammer nicht ermöglichen, gleichzeitig in verschiedener Besetzung zwei Hauptverhandlungen zu bestreiten), hat das BVerfG zuletzt offengelassen (BVerfG, NJW 2004, 3482, 3483; näher § 21e Rn. 12).

Auch die **Anzahl** der Kammern eines LG wird durch das Gesetz nichtbestimmt abgesehen von den Vorgaben zu Spezialspruchkörpern (s. unten B.). Sie festzulegen ist eine Aufgabe der Justizverwaltung, die nicht dem Präsidium obliegt (h.M.; eingehend LR/*Siolek*, § 60 Rn. 6; *Kissel/Mayer*, § 60 Rn. 2 bis 4). Die Ausführungsgesetze der Länder zum Gerichtsverfassungsgesetz weisen sie regelmäßig dem dabei weisungsgebunden handelnden Präsidenten des LG zu (Ausnahmen: § 3 ThürAGGVG, § 9 SächsJG – dort mit Übertragungsmöglichkeit auf die Präsidenten). Das Präsidium hat die so bestimmte Zahl seiner Geschäftsverteilung zugrunde zu legen. Setzt es sich hierüber willkürlich hinweg, so führt dies als Verletzung des Rechts auf den gesetzlichen Richter zur Anfechtbarkeit aller betroffenen Entscheidungen des Gerichts (vgl. *Kissel/Mayer*, § 60 Rn. 9). 3

B. Spezialspruchkörper. Bestimmen kann die Justizverwaltung allerdings nur über die Anzahl 4
der sog. allgemeinen Kammern. Für die Strafrechtspflege gibt das GVG zusätzlich die Einrichtung verschiedener Spezialspruchkörper mit konzentrierter Zuständigkeit vor: Das **Schwurgericht**, die sog. **Staatsschutz**- sowie die **Wirtschaftsstrafkammer** nach §§ 74 Abs. 2, 74a, 74c, ferner die **Strafvollstreckungskammer** (§§ 78a, 78b) sowie die **Jugendkammer** nach § 33 Abs. 2 JGG, die durch § 74b zugleich die Aufgabe einer Jugendschutzkammer erhält. Dieser **gesetzlichen Geschäftsverteilung** (LR/*Erb*, Vor § 1 StPO Rn. 4; *Kissel/Mayer*, § 21e Rn. 87 f.; *Meyer-Goßner/Schmitt*, Vor § 1 StPO Rn. 4; zum Zuständigkeitsverhältnis zwischen allgemeinen und Spezialstrafkammern vgl. § 74 Rn. 5) hat das Präsidium Rechnung zu tragen.

Dabei ist das **Präsidium** jedoch nicht gehindert, einzelne Richter zugleich noch anderen Spruchkörpern 5
zuzuweisen (§ 21e Abs. 1 Satz 4). Zudem können je nach Auslastung einem Spezialspruchkörper auch noch sonstige Aufgaben zugewiesen oder aber mehrere Spezialspruchkörper der gleichen Art nebeneinander gebildet werden (BGHSt 27, 349; näher LR/*Siolek*, § 60 Rn. 22 a.E.). Eine Grenze bildet dabei die **gesetzgeberisch gewollte Spezialisierung** der Richter dieser Kammern, die eine möglichst exklusive Befassung mit der jeweiligen Materie erfordert (s. § 74d Rn. 1). So ist zwar grds. z.B. die Aufgabendelegation an ein weiteres Schwurgericht möglich, jedoch nur, wenn sonst eine Überlastung des vorhandenen Schwurgerichts zu befürchten wäre, und nur soweit, als diesem Schwurgerichtssachen als Arbeitsschwerpunkt verbleiben (BGHSt 31, 323). Der Mindestanteil hierfür ist bislang mit 3/4 der Kapazität der Kammer beziffert worden (BGHSt 34, 379; LR/*Siolek*, § 74 Rn. 8; *Kissel/Mayer*, § 74 Rn. 12). Bei Überlastung einer Spezialkammer ist es zudem zulässig, diese in der Geschäftsverteilung weiterhin mit einem leistbaren Anteil der Spezialsachen auszulasten und einer zweiten Spezialkammer nur den Rest zuzuweisen, auch wenn dieser nicht ausreicht, um auch in der Tätigkeit der zweiten Kammer einen Schwerpunkt zu bilden (BGHSt 59, 205). Bei der Einschätzung des künftigen Geschäftsanfalls steht dem Präsidium ein Ermessensspielraum zu (BGHSt 59, 205; BGH NJW 1978, 1594). Solange es dabei nicht willkürlich vorgeht, ist es unschädlich, wenn der tatsächliche Geschäftsanfall ex post nicht seiner Prognose entspricht (BVerfG, 02.07.1992 – 2 BvR 1197/91). Die bei mehreren Sonderspruchkörpern vorgesehene oder zumindest ermöglichte Konzentration der örtlichen Zuständigkeit (§§ 74a Abs. 1, 74c Abs. 3, 74d) erleichtert es, das Ziel der Spezialisierung mit einem ökonomischen Richtereinsatz zu verbinden.

C. Sog. »nicht ständige« Kammern. Üblicherweise werden von den in § 60 angesprochenen 6
ständigen (institutionellen) Kammern noch »nicht ständige« Spruchkörper unterschieden. Die hierunter gefassten Erscheinungen sind jedoch weder gesonderte Spruchkörper im gerichtsverfassungsrechtlichen Sinn, noch handelt es sich durchweg um nur temporäre Einrichtungen.

I. Hilfsstrafkammer. Tatsächlich der Fall ist Letzteres bei der sog. Hilfsstrafkammer, einer in der 7
Praxis (RGSt 62, 309; BGHSt 31, 389; ablehnend Teile des Schrifttums, z.B. SK-StPO/*Degener*, § 60 Rn. 10) herausgebildeten Form der **Gruppenvertretung** (vgl. auch § 21e Rn. 13): Kann eine Kammer ihre Aufgaben wegen Überlastung vorübergehend nicht voll erfüllen, so kann das Präsidium

§ 60 GVG Spruchkörper

(BGHSt 21, 260) mehrere Richter in Formation einer Kammer zur Entlastung einsetzen. Eine **Überlastung** ist dabei gegeben, wenn über einen längeren Zeitraum ein erheblicher Überhang der Eingänge über die Erledigungen zu verzeichnen ist, sodass mit einer Bearbeitung der Sachen innerhalb eines angemessenen Zeitraums nicht zu rechnen ist und diese Situation so gravierend ist, dass ein Ausgleich nicht bis zum Ende des Geschäftsjahrs zurückgestellt werden kann (vgl. BGHSt 53, 268 m.w.N.; ferner BGH StV 2010, 294, 295; krit. hierzu LR/*Siolek*, § 60 Rn. 10).

8 Für die **Zulässigkeit** einer solchen Vertretungsregelung (§ 21e Abs. 3 i.V.m. Abs. 1; BGHSt 31, 389, 391; LR/*Siolek*, § 60 Rn. 12) wird angeführt, dass die alternative Zuweisung von Richtern zu einer unzulässigen Überbesetzung der überlasteten Kammer führen könne (BGHSt 33, 234; LR/*Siolek*, § 60 Rn. 8), was nach der neueren Rechtsprechung zur Überbesetzung jedoch fraglich erscheint (s. Rn. 2). Zudem soll eine Umverteilung der Geschäfte auf die übrigen Kammern mehr Aufwand erzwingen (differenzierend dazu aber SK-StPO/*Degener*, § 60 Rn. 11). Die Bildung einer Hilfsstrafkammer ist aber jedenfalls nur anlassbezogen möglich – dass sie nicht ständig besteht, ist Wesensmerkmal und Voraussetzung ihrer Zulässigkeit (zur Bestimmung der zeitlichen Grenze vgl. BGHSt 21, 260; *Kissel/Mayer*, § 60 Rn. 12). Ihre Einrichtung bei einer erkennbar nicht nur vorübergehenden Überlastung begründet die Revision (BGH, NJW 2000, 1580).

9 Nachdem ein auf Kontinuität angelegter »richtunggebender« Einfluss des Vorsitzenden (vgl. § 59 Rn. 4) bei der Hilfsstrafkammer gar nicht entstehen kann und diese ferner keinen institutionellen Spruchkörper bildet, ist für den **Vorsitz** § 21f Abs. 1 weder seinem Zweck noch seinem Wortlaut nach anwendbar (BGHSt 31, 389; a. A. *Kissel/Mayer*, § 60 Rn. 14). Den Vorsitz kann daher wie in den Fällen des § 21f Abs. 2 auch ein Richter am LG übernehmen. Zur Frage der **Schöffenzuordnung** s. § 77 Rdn. 5.

10 Wie jede Maßnahme nach § 21e Abs. 3 hat auch die **Aufgabenzuweisung** an eine Hilfsstrafkammer zur Wahrung des Gebots des gesetzlichen Richters nach generell-abstrakten Kriterien zu erfolgen, die zu dokumentieren sind. Zur Wahrung des Beschleunigungsgebots ist im Ausnahmefall auch eine ausschließliche Zuweisung bereits anhängiger Verfahren zulässig; allerdings hat dann zur Meidung des Anscheins einer willkürlichen Zuständigkeitsverschiebung eine umfassende Dokumentation der Gründe zu erfolgen (BVerfG NJW 2009, 1734, 1735; BVerfG NJW 2005, 2689; *Gubitz/Bock* NStZ 2010, 190, 191). Generell muss der Zuweisungsbeschluss des Präsidiums an eine Hilfsstrafkammer so detailliert begründet sein, dass dem Revisionsgericht eine volle Nachprüfung der Rechtmäßigkeit ermöglicht wird; Mängel können insoweit nachträglich nur noch bis zur Entscheidung der Hilfsstrafkammer über einen Besetzungseinwand nach § 222b StPO behoben werden (BGHSt 53, 268, 277; BGH, StV 2010, 294 u. 296; LR/*Siolek*, § 60 Rn. 11; *Meyer-Goßner/Schmitt*, § 21e Rn. 16b).

11 **II. Auffangstrafkammer.** Mit dem Terminus der »**Auffangstrafkammer**« wird die Notwendigkeit (vgl. BGH, NJW 1975, 743; *Rieß*, JR 1978, 302) umschrieben, für Fälle der Zurückverweisung durch das Revisionsgericht nach § 354 Abs. 2 StPO sowie für Fälle des § 210 Abs. 3 StPO in der Geschäftsverteilung einen Spruchkörper vorzusehen. Primär geht es hier nicht um die Bildung eines zusätzlichen, sondern um die Zuständigkeitsbestimmung unter den vorhandenen Spruchkörpern. Die »Auffangstrafkammer« ist damit auch keineswegs eine nur befristet bestehende Kammer, sie muss für jede Strafkammer dauerhaft für das Geschäftsjahr bestimmt werden; temporär ist nur ihr Arbeitsanfall. Die gerichtsorganisatorische Bildung einer gesonderten Kammer ist hierfür jedoch notwendig, soweit Spezialspruchkörper (Rn. 4) an dem Gericht sonst nur einmal vorhanden sind: Es muss (relativierend KK-StPO/*Diemer*, § 60 Rn. 4) dann ein »anderer« Spruchkörper i.S.d. §§ 210 Abs. 3, 354 Abs. 2 StPO, also z.B. ein zweites Schwurgericht geschaffen werden (vgl. *Katholnigg*, § 74 Rn. 5). Da es sich dabei um eine ständige Kammer handelt, ist hierfür die Justizverwaltung zuständig (*Kissel/Mayer*, § 60 Rn. 16). Nachdem die für Spezialspruchkörper gesetzlich bezweckte Spezialisierung bei einer solchen reinen Auffangkammer nicht erreichbar ist, ist der bei Spezialspruchkörpern zulässige anderweitige Einsatz der Mitglieder hier erst recht möglich. Die allgemeinen Voraussetzungen für die Einrichtung eines zweiten Spezialspruchkörpers (s. Rdn. 5) gelten für die Auffangkammer nur dann, wenn ihr über diese Funktion hinaus auch ein Teil des regulären Geschäftsanfalls des ersten Spezialspruchkörpers zugewiesen werden soll (BGHSt 27, 349; vgl. auch *Kissel/Mayer*, § 74 Rn. 16).

12 **III. Bereitschaftsdienst.** Eine ähnliche Verteilungsaufgabe unter den Spruchkörpern des LG hat das Präsidium bzgl. der Zuständigkeit für den Bereitschaftsdienst zu leisten. Auch hierzu ist mit Blick auf

das Prinzip des gesetzlichen Richters im vorhinein eine abstrakte Regelung zu schaffen (näher SK-StPO/*Degener*, § 60 Rn. 14; *Kissel/Mayer*, § 60 Rn. 15).

§ 70 GVG [Notvertretung].
(1) Soweit die Vertretung eines Mitgliedes nicht durch ein Mitglied desselben Gerichts möglich ist, wird sie auf den Antrag des Präsidiums durch die Landesjustizverwaltung geordnet.
(2) Die Beiordnung eines Richters auf Probe oder eines Richters kraft Auftrags ist auf eine bestimmte Zeit auszusprechen und darf vor Ablauf dieser Zeit nicht widerrufen werden.
(3) Unberührt bleiben die landesgesetzlichen Vorschriften, nach denen richterliche Geschäfte nur von auf Lebenszeit ernannten Richtern wahrgenommen werden können, sowie die, welche die Vertretung durch auf Lebenszeit ernannte Richter regeln.

Mit der »nicht möglichen Vertretung« sind Fälle der **Überlastung** des gesamten Gerichts angesprochen: 1
Während § 21e Abs. 3 dem Präsidium gestattet, einem dem Arbeitsanfall nicht mehr gewachsenen Spruchkörper über vorhandene Binnenreserven des Gerichts zu helfen, eröffnet **§ 70 Abs. 1** ihm die Unterstützungsbitte nach außen, wo solche Reserven fehlen. Die so ermöglichte Vertretung setzt aber wie sonst auch voraus, dass eine nur vorübergehende Verhinderung vorliegt (Gegenschluss zu § 21e Abs. 3). Ein dauerhaftes Defizit kann nur durch Zuweisung von Planstellen behoben werden; ein Vorgehen nach § 70 kann hier zu einem Besetzungsmangel führen (BGH, NJW 1961, 830; *Kissel/Mayer*, § 70 Rn. 2).

Entschließt sich die Landesjustizverwaltung zur **Abhilfe**, was in ihrem Ermessen steht (LR/*Siolek*, § 70 2
Rn. 6), so kann sie Richter auf Lebenszeit von einem anderen Gericht abordnen (§ 37 DRiG) oder Richter auf Probe bzw. kraft Auftrags zuweisen. Damit diese tätig werden können, müssen sie einem Spruchkörper zugeteilt werden. Da es sich um einen Richterwechsel handelt (BGHSt 22, 237), hat dies nach § 21e Abs. 3, Abs. 1 durch das Präsidium zu geschehen (BGHSt 12, 159). Dies dient der Absicherung des gesetzlichen Richters ebenso wie § 70 **Abs. 2**, der für Richter auf Probe bzw. kraft Auftrags in Parallele zu § 37 Abs. 2 DRiG eine von vornherein zeitlich fest umrissene Zuordnung vorschreibt. § 70 Abs. 2 gilt über § 70 Abs. 1 hinausgehend für alle Fälle des Einsatzes von Richtern auf Probe und kraft Auftrags (näher LR/*Siolek*, § 70 Rn. 8 f.; zu weiteren Grenzen vgl. § 59 Rn. 5). Der Vorbehalt zugunsten des **Landesrechts** in § 70 Abs. 3 (näher SK-StPO/*Degener*, § 70 Rn. 9) läuft derzeit leer (vgl. *Katholnigg*, § 70 Rn. 4).

§ 73 GVG [Zuständigkeit als Beschwerdegericht].
(1) Die Strafkammern entscheiden über Beschwerden gegen Verfügungen des Richters beim Amtsgericht sowie gegen Entscheidungen des Richters beim Amtsgericht und der Schöffengerichte.
(2) Die Strafkammern erledigen außerdem die in der Strafprozeßordnung den Landgerichten zugewiesenen Geschäfte.

§ 73 Abs. 1 normiert die Beschwerdezuständigkeit der **allgemeinen Strafkammern** ggü. Entscheidun- 1
gen des AG und amtsrichterlichen Verfügungen. Davon ist auch die Zuständigkeit für sofortige Beschwerden umfasst (LR/*Siolek*, § 73 Rn. 4). Nachdem § 76 eine abweichende **Besetzung** nur für andere Fälle regelt, ist die Strafkammer bei Entscheidungen nach § 73 mit drei Berufsrichtern (große Strafkammer) besetzt. Schöffen wirken nicht mit (§ 76 Abs. 1 Satz 2).

Abweichend von § 73 Abs. 1 ist in einigen Fällen das **OLG** zuständig. Insb. ist das OLG in den Verfah- 2
ren Beschwerdeinstanz, in denen es auch für die Hauptsache erstinstanzlich tätig wird (§ 120 Abs. 3). Davon ausgenommen sind Beschwerden gegen Maßnahmen nach § 148a Abs. 1 StPO, da hiermit befasste Richter nach § 148a Abs. 2 StPO im Hauptsacheverfahren gerade nicht mitwirken dürfen (BGHSt 29, 196; LR/*Siolek*, § 73 Rn. 3). Abweichende Zuweisungen an das OLG enthalten die §§ 159, 181. Zudem kann sich für Nebenentscheidungen des AG in den Fällen der §§ 305a Abs. 2, 464 Abs. 3 Satz 3 StPO eine Beschwerdezuständigkeit des OLG als Revisionsgericht ergeben (näher *Kissel/Mayer*, § 73 Rn. 5).

Spezielle Zuweisungen für **Spezialspruchkörper** enthalten § 74a Abs. 3 (Staatsschutzkammer), § 74b 3
Satz 2 (für Jugendschutzsachen) und § 74c Abs. 2 (Wirtschaftsstrafkammer), ferner § 41 Abs. 2 Satz 2

§ 74 GVG   Zuständigkeit in Strafsachen als erkennendes Gericht; Schwurgericht

JGG (Jugendkammer). Ziel ist hier wie bei § 120 Abs. 3 die Befassung der Richter, die durch eine sachliche Zuständigkeitskonzentration spezialisiert sind (LR/*Siolek*, § 73 Rn. 5). Gleichwohl fehlt für die Schwurgerichtskammer eine gesonderte Regelung. Der enumerative Charakter der §§ 73 bis 74c verbietet eine Analogie (a. A. LR/*Siolek*, § 73 Rn. 5; *Kissel/Mayer*, § 73 Rn. 4), jedoch ist eine entsprechende Zuweisung in der Geschäftsverteilung möglich und sinnvoll (KK-StPO/*Diemer*, § 73 Rn. 1).

4 § 73 Abs. 2 stellt die Zuständigkeit der Strafkammer klar, sofern die StPO eine Aufgabe ohne nähere Angabe beim LG ansiedelt (was derzeit nicht der Fall ist). Anzutreffen sind dort jedoch Zuweisungen an das LG als »oberes« Gericht bzw. Gericht »höherer Ordnung« (Beispiele bei SK-StPO/*Degener*, § 73 Rn. 7).

§ 74 GVG [Zuständigkeit in Strafsachen als erkennendes Gericht; Schwurgericht].

(1) ¹Die Strafkammern sind als erkennende Gerichte des ersten Rechtszuges zuständig für alle Verbrechen, die nicht zur Zuständigkeit des Amtsgerichts oder des Oberlandesgerichts gehören. ²Sie sind auch zuständig für alle Straftaten, bei denen eine höhere Strafe als vier Jahre Freiheitsstrafe oder die Unterbringung in einem psychiatrischen Krankenhaus, allein oder neben einer Strafe, oder in der Sicherungsverwahrung zu erwarten ist oder bei denen die Staatsanwaltschaft in den Fällen des § 24 Abs. 1 Nr. 3 Anklage beim Landgericht erhebt.
(2) ¹Für die Verbrechen
1. des sexuellen Missbrauchs von Kindern mit Todesfolge (§ 176b des Strafgesetzbuches),
2. der sexuellen Nötigung und Vergewaltigung mit Todesfolge (§ 178 des Strafgesetzbuches)
3. des sexuellen Missbrauchs widerstandsunfähiger Personen mit Todesfolge (§ 179 Abs. 7 in Verbindung mit § 178 des Strafgesetzbuches),
4. des Mordes (§ 211 des Strafgesetzbuches),
5. des Totschlags (§ 212 des Strafgesetzbuches),
6. (weggefallen)
7. der Aussetzung mit Todesfolge (§ 221 Abs. 3 des Strafgesetzbuches),
8. der Körperverletzung mit Todesfolge (§ 227 des Strafgesetzbuches),
9. der Entziehung Minderjähriger mit Todesfolge (§ 235 Abs. 5 des Strafgesetzbuches),
9a. der Nachstellung mit Todesfolge (§ 238 Absatz 3 des Strafgesetzbuches),
10. der Freiheitsberaubung mit Todesfolge (§ 239 Abs. 4 des Strafgesetzbuches),
11. des erpresserischen Menschenraubes mit Todesfolge (§ 239a Absatz 3 des Strafgesetzbuches),
12. der Geiselnahme mit Todesfolge (§ 239b Abs. 2 in Verbindung mit § 239a Absatz 3 des Strafgesetzbuches),
13. des Raubes mit Todesfolge (§ 251 des Strafgesetzbuches),
14. des räuberischen Diebstahls mit Todesfolge (§ 252 in Verbindung mit § 251 des Strafgesetzbuches),
15. der räuberischen Erpressung mit Todesfolge (§ 255 in Verbindung mit § 251 des Strafgesetzbuches),
16. der Brandstiftung mit Todesfolge (§ 306c des Strafgesetzbuches),
17. des Herbeiführens einer Explosion durch Kernenergie (§ 307 Abs. 1 bis 3 des Strafgesetzbuches),
18. des Herbeiführens einer Sprengstoffexplosion mit Todesfolge (§ 308 Abs. 3 des Strafgesetzbuches),
19. des Missbrauchs ionisierender Strahlen gegenüber einer unübersehbaren Zahl von Menschen (§ 309 Abs. 2 und 4 des Strafgesetzbuches),
20. der fehlerhaften Herstellung einer kerntechnischen Anlage mit Todesfolge (§ 312 Abs. 4 des Strafgesetzbuches),
21. des Herbeiführens einer Überschwemmung mit Todesfolge (§ 313 in Verbindung mit § 308 Abs. 3 des Strafgesetzbuches),
22. der gemeingefährlichen Vergiftung mit Todesfolge (§ 314 in Verbindung mit § 308 Abs. 3 des Strafgesetzbuches),
23. des räuberischen Angriffs auf Kraftfahrer mit Todesfolge (§ 316a Abs. 3 des Strafgesetzbuches),
24. des Angriffs auf den Luft- und Seeverkehr mit Todesfolge (§ 316c Abs. 3 des Strafgesetzbuches),

25. der Beschädigung wichtiger Anlagen mit Todesfolge (§ 318 Abs. 4 des Strafgesetzbuches),
26. einer vorsätzlichen Umweltstraftat mit Todesfolge (§ 330 Abs. 2 Nr. 2 des Strafgesetzbuches),
27. der schweren Gefährdung durch Freisetzen von Giften mit Todesfolge (§ 330a Absatz 2 des Strafgesetzbuches),
28. der Körperverletzung im Amt mit Todesfolge (§ 340 Absatz 3 in Verbindung mit § 227 des Strafgesetzbuches),
29. des Abgebens, Verabreichens oder Überlassens von Betäubungsmitteln zum unmittelbaren Verbrauch mit Todesfolge (§ 30 Absatz 1 Nummer 3 des Betäubungsmittelgesetzes),
30. des Einschleusens mit Todesfolge (§ 97 Absatz 1 des Aufenthaltsgesetzes)
ist eine Strafkammer als Schwurgericht zuständig. ²§ 120 bleibt unberührt.
(3) Die Strafkammern sind außerdem zuständig für die Verhandlung und Entscheidung über das Rechtsmittel der Berufung gegen die Urteile des Strafrichters und des Schöffengerichts.

A. Erstinstanzliche Zuständigkeit der allgemeinen Strafkammern (§ 74 Abs. 1)

I. Sachliche Zuständigkeit. § 74 Abs. 1 bestimmt die erstinstanzliche sachliche Zuständigkeit der allgemeinen Strafkammern als erkennendes Gericht anhand eines abstrakte und konkrete Kriterien mischenden Systems (vgl. zu dieser Unterscheidung *Roxin/Schünemann*, § 6 Rn. 3 f.). Dabei wird in Satz 1 **abstrakt** auf die Deliktsnatur der zu verhandelnden Straftat als Verbrechen, in Satz 2 **konkret** auf die zum Zeitpunkt der Eröffnung bestehende Sanktionserwartung (Entsprechung zu § 24 Abs. 1 Nr. 2) und ergänzend i.S.e. sog. **beweglichen Zuständigkeit** auf die Anklageentscheidung der StA abgestellt (Entsprechung zu § 24 Abs. 1 Nr. 3). Die bewegliche Zuständigkeit steht in einem Spannungsverhältnis zum Gebot des gesetzlichen Richters, ist mit diesem Verfassungsprinzip aber vereinbar (BVerfGE 9, 223; 22, 254; a. A. SK-StPO/*Degener*, § 74 Rn. 4; näher § 24 Rn. 7). Gegenüber § 74 Abs. 1 eigenständige Regelungen enthalten §§ 74 **Abs. 2**, **74a**, wo für dort vorgesehene Spezialspruchkörper zugleich die Zuständigkeit des LG bestimmt wird.

Die Zuständigkeit für **Verbrechen** umschreibt § 74 Abs. 1 Satz 1 in negativer Abgrenzung ggü. dem OLG und dem AG. Die Regelung erschließt sich nicht leicht: So ergibt sie mit Blick auf das OLG, dass das LG nicht für die in § 120 aufgeführten Verbrechen zuständig ist. Dies folgt aber ohnehin daraus, dass § 120 als Enumeration einzelner Tatbestände ggü. § 74 Abs. 1 lex specialis ist (vgl. § 120 Rn. 2), so wie es unausgesprochen auch bei den in §§ 120 und 120b aufgezählten Vergehen der Fall ist. Ggü. dem AG läuft § 74 Abs. 1 Satz 1 ebenfalls ins Leere: § 24 beinhaltet heute keine auf die Deliktsnatur abstellende Regelung mehr (anders die Rechtslage vor dem EGStGB 1974, vgl. *Kissel/Mayer*, § 74 Rn. 2); die Norm nimmt in § 24 Abs. 1 Nr. 1 vielmehr sogar ihrerseits u.a. auf die heute in § 74 Abs. 2 enthaltene Enumeration von Verbrechen Bezug.

§ 74 Abs. 1 Satz 1 erscheint damit insgesamt als verzichtbare Norm. Die erstinstanzliche sachliche Zuständigkeit ergibt sich vielmehr **ggü. dem AG** allein aus § 74 Abs. 1 Satz 2 für die allgemeinen Strafkammern, aus §§ 74 Abs. 2, 74a für die dort angesprochenen Spezialspruchkörper sowie **ggü. dem OLG** aus dem Vorrang der §§ 120 und 120b. Für das Nähere vgl. die Erläuterungen zu §§ 24 Abs. 1 Nr. 2 u. Nr. 3, 74 Abs. 2, 74a und 120. Für die **prozessuale Feststellung** und Überprüfung der sachlichen Zuständigkeit gelten die §§ 6, 209, 225a, 269, 270 StPO (näher § 1 StPO Rn. 15).

Für die **Jugendgerichte** (§ 33 JGG) enthalten die §§ 39 bis 41 JGG eine eigenständige Regelung der sachlichen Zuständigkeit (zum Verhältnis zu den Erwachsenengerichten s. Rn. 6 f.), die in der Verteilung zwischen AG und LG vom allgemeinen Recht abweicht: Aus Gründen einer auch sonst im Jugendstrafrecht präferierten Entformalisierung (s. *Ostendorf* JGG, Grdl. zu §§ 39 bis 42 Rn. 4) ist dem AG-Jugendschöffengericht ein großer Teil des Spektrums zugewiesen, der im allg. Strafrecht in der Kompetenz der großen Strafkammer des LG liegt. Die Jugendkammer nimmt dagegen v.a. die Funktion des Schwurgerichts wahr (§ 41 Abs. 1 Nr. 1 JGG). Dem entspricht ein erweiterter Strafbann des Jugendschöffengerichts (§ 40 JGG enthält keine § 24 Abs. 2 entsprechende Regelung; zudem Umkehrschluss zu § 108 Abs. 3 S. 1 JGG) ebenso wie eine ggü. § 76 Abs. 1 Satz 1 vergrößerte Besetzung des Berufungsgerichts (§ 33b Abs. 1 JGG; s. § 76 Rn. 24). Jedoch ergibt sich eine Angleichung der Zuständigkeitsverteilung zwischen AG-Jugendschöffengericht und LG-Jugendkammer an das Erwachsenenrecht einerseits durch § 108 Abs. 3 JGG für nach allg. Strafrecht abzuurteilende Heranwachsende,

§ 74 GVG   Zuständigkeit in Strafsachen als erkennendes Gericht; Schwurgericht

andererseits über § 41 Abs. 1 Nr. 3 JGG in Verfahren, die gegen Erwachsene und Jugendliche bzw. Heranwachsende verbunden sind (vgl. § 103 Abs. 2 JGG).

5   II. **Verhältnis zu Spezialspruchkörpern.** Keine Frage der sachlichen Zuständigkeit bildet das innerhalb der LG bestehende Verhältnis der allgemeinen Strafkammern zu den durch §§ 74 **Abs. 2**, 74a, 74c im Wege gesetzlicher Geschäftsverteilung statuierten Spezialspruchkörpern sowie dieser Spezialspruchkörper untereinander. Auch wenn das Gesetz die Kammern nach § 74 Abs. 2 und § 74a zugleich mit originärer sachlicher Zuständigkeit ausstattet, wird dieses Verhältnis meist als Kategorie der **funktionellen Zuständigkeit** betrachtet (BGH, StV 2009, 509; LR/*Erb*, Vor § 1 StPO Rn. 4; vgl. auch § 1 StPO Rn. 4, 27, 30), teils aber auch als »besondere Zuständigkeit« eigener Art gesehen (*Meyer-Goßner/Schmitt*, Vor § 1 StPO Rn. 4). Die dogmatische Einordnung hat jedoch seit dem 1. StVÄG 1979 an Bedeutung verloren: Zuständigkeitsüberschneidungen sind nun in § 74e geregelt; für die Klärung der Zuständigkeit im Verfahren gelten die §§ 6a, 209a, 225a Abs. 4, 270 Abs. 1 Satz 2 StPO (vgl. BT-Drucks. 8/976, S. 32, 43 ff., 67 f.; § 1 StPO Rn. 32; *Meyer-Goßner*, NStZ 1981, 168). Inhaltlich kombiniert das Gesetz dabei Regelungskonzepte der sachlichen Zuständigkeit (Vorrangprinzip: § 209a StPO, § 74e) mit solchen der örtlichen Zuständigkeit (Perpetuierung bei nicht rechtzeitiger Rüge: § 6a StPO in Anlehnung an § 16 StPO, vgl. BT-Drucks. 8/976, S. 33). Das Vorrangprinzip kommt dabei aber nur als technisches Ordnungsmittel zum Einsatz und ändert nichts an der **prinzipiellen Gleichwertigkeit** der landgerichtlichen Spruchkörper (BT-Drucks. 8/976, S. 67; LR/*Siolek*, § 74e Rn. 1). Im Fall einer Zuständigkeitsrüge nach § 338 Nr. 4 StPO überprüft das Revisionsgericht die funktionelle Zuständigkeit der Spezialkammern grds. in vollem Umfang und nicht lediglich auf objektive Willkür (vgl. hierzu sowie zu Ausnahmen BGHSt 57, 3 Rn. 9 ff., 16).

6   Schwerer in diese Relationen einzuordnen sind die Jugendgerichte. Auch sie begründen keine eigenständige, sondern sind Teil der ordentlichen Gerichtsbarkeit und bilden an AG und LG spezielle Spruchkörper (allg.M., vgl. BGH GS St 18, 79; *Meyer-Goßner/Schmitt*, Vor § 1 StPO Rn. 10; *Brunner/Dölling*, JGG, §§ 30 bis 33b Rn. 1). Entsprechend wird das Verhältnis der **Jugendkammer** zu den übrigen Spruchkörpern des LG nicht (allein) als Frage der sachlichen Zuständigkeit gesehen (krit. aber *Eisenberg* JGG, §§ 33 bis 33b Rn. 10), sondern zumindest auch der funktionellen Zuständigkeit zugeordnet (LR/*Erb*, Vor § 1 StPO Rn. 5: »Zwischenstellung«). In § 74e ist es nicht geregelt. Materiell folgt aus §§ 33 Abs. 1, 103 Abs. 2 S. 1 JGG die Spezialität der Jugendgerichte ggü. den allg. Spruchkörpern (vgl. BT-Drucks. 8/976, S. 33; näher *Brunner/Dölling*, JGG, §§ 30 bis 33b Rn. 4 ff.; LR/*Siolek*, § 74e Rn. 9), die sich aus der gesetzgeberisch gewollten Spezialisierung und erzieherischen Befähigung (vgl. §§ 37, 35 Abs. 2 Satz 2 JGG) ihrer Richter rechtfertigt. Der Entwurf der Bundesregierung für das Gesetz zur Stärkung der Rechte von Opfern sexuellen Missbrauchs (StORMG) vom 26.06.2013 (BGBl. I, S. 1805) sah sogar vor, diese Anforderungen in § 37 JGG zu konkretisieren und ihr Gewicht so deutlich auszuweiten, vgl. BT-Drucks. 17/6261, S. 6. Der Entwurf ist jedoch insoweit wegen »massiver, insbesondere justizorganisatorischer Bedenken der Länder« (BT-Drucks. 17/12735, S. 23) nicht Gesetz geworden. Der Vorrang der Jugendkammer gilt auch ggü. den übrigen Spezialkammern einschließlich des Schwurgerichts (BGHSt 47, 311; *Kissel/Mayer*, § 74 Rn. 22).

7   Die Spezialität der Jugendgerichte gilt auch bei Verbindung mit einem Verfahren gegen einen **Erwachsenen**; Vorrang hat hier lediglich die Staatsschutz- und die Wirtschaftsstrafkammer (§ 103 Abs. 2 JGG). Werden gleichzeitig Taten eines Täters aus **verschiedenen Alters- und Reifestufen** abgeurteilt (Fälle des § 32 JGG), so ist ebenfalls das Jugendgericht zuständig (BGHSt 7, 26; 8, 349; *Ostendorf*, JGG, § 32 Rn. 18). Bei **Zweifeln** über das für eine Tat maßgebliche Recht ist in dubio pro reo materielles Jugendstrafrecht anzuwenden (BGHSt 5, 366; 12, 116), was nach § 33 Abs. 1 JGG die Zuständigkeit der Jugendgerichte nach sich zieht (BGHSt 47, 311). Der Spezialität der Jugendgerichte entspricht **prozessual** die Rangfiktion nach § 209 Nr. 2 StPO; nach Eröffnung gilt § 47a JGG. Da § 6a StPO die Jugendgerichte nicht einbezieht, ist zuvor stets von Amts wegen zu prüfen, ob das Jugendgericht oder das Erwachsenengericht zuständig ist (BGHSt 30, 266). In der Revision bedarf es jedoch einer Rüge (BGHSt 26, 191).

8   **Inhaltlich umfasst** sind von der funktionellen Zuständigkeit der Spezialkammern neben der Durchführung der Hauptverhandlung regelmäßig auch die Entscheidungen über die Eröffnung sowie nach §§ 153 ff. StPO (vgl. z.B. *Kissel/Mayer*, § 74 Rn. 11, § 74a Rn. 8, § 74c Rn. 7). Den Kammern nach §§ 74a bis 74c ist zudem jeweils die Beschwerdezuständigkeit des § 73 Abs. 1 zugewiesen (s. § 73

Rn. 3). Zu Situationen **doppelter Rechtshängigkeit** bei Gerichten verschiedener sachlicher bzw. funktioneller Zuständigkeit s. § 12 StPO Rn. 2, 4.

B. Schwurgericht (§ 74 Abs. 2) Mit dem »Schwurgericht« konfiguriert § 74 Abs. 2 als Spezialspruchkörper (vgl. Rn. 5; § 60 Rn. 4, 5) eine Strafkammer mit sachlicher Zuständigkeitskonzentration für einen Katalog besonders schwerer Tatvorwürfe. Für sie wird zugleich die erstinstanzliche **sachliche Zuständigkeit** des LG originär begründet, ohne dass es auf die allg. Kriterien des § 74 Abs. 1 bzw. die nach § 24 Abs. 1 Nr. 2 sonst relevante Straferwartung ankommt (s. § 24 Abs. 1 Nr. 1). § 74 Abs. 2 beschränkt sich also wie § 74a nicht auf eine bloße gesetzliche Regelung der Geschäftsverteilung. Die **Bezeichnung »Schwurgericht«** ist historisch begründet (näher *Rieß*, in: FS für Widmaier, S. 473; *Kissel/Mayer*, § 74 Rn. 7): Die RStPO kannte ein echtes Geschworenengericht, bei dem der Schuldspruch allein der durch Laien gebildeten Geschworenenbank oblag und das im GVG als periodisch tagender Spruchkörper eigener Art konzipiert war (§§ 79 bis 92 a.F.). Durch die »Emminger-VO« v. 04.01.1924 (RGBl. I, S. 15, 16, 18, S. 299, 309 ff.) wurde daraus ein großes Schöffengericht mit der hierfür üblichen Gleichstellung von Berufs- und Laienrichtern. Erst das 1. StVRG (BGBl. I 1974, S. 3393; vgl. BT-Drucks. 7/551 S. 53 f.) schuf zum 1. Januar 1975 das heutige »Schwurgericht«: Eine große Strafkammer, die lediglich eine besondere Zuständigkeit wahrnimmt. Mit Recht wurde der für die Bezeichnung ursprünglich maßgebende Gedanke damit fast in sein Gegenteil verkehrt: Aus einem durch größtmögliche Laienbeteiligung charakterisierten, temporär tagenden und dadurch auch in seiner berufsrichterlichen Besetzung ständig variierten (vgl. BGHSt 21, 191) Spruchkörper ist eine Einrichtung geworden, die durch ihren ständigen Bestand sowie ihre zwingende sachliche und optionale örtliche (§ 74d) Zuständigkeitskonzentration für eine möglichst große **fachliche Spezialisierung** ihrer berufsrichterlichen Mitglieder sorgen kann.

9

Das Schwurgericht ist heute eine Kammer für **alle Verbrechenstatbestände, die den Tod eines Menschen voraussetzen** (vgl. BT-Drucks. 17/7669, S. 9). Faktisch handelt es sich um alle vorsätzlichen Tötungsdelikte und durch den Todeserfolg qualifizierten Vorsatzdelikte i.S.d. §§ 11 Abs. 2, 18 StGB, soweit es sich um Verbrechen handelt. Eine Ausnahme bildet insoweit die Zuständigkeit für die Tatbestände nach §§ 307 Abs. 1 u. 2, 309 Abs. 2 StGB (§ 74 Abs. 2 Satz 1 Nr. 17, 19), bei denen konkrete Lebensgefährdungen bzw. bei § 309 Abs. 2 StGB das Unternehmen der Herbeiführung einer Gesundheitsschädigung pönalisiert werden. Versäumnisse der jüngeren Gesetzgebung bei der Fortschreibung des Katalogs (vgl. *Rieß*, NStZ 2008, 546) wurden bei Gelegenheit der Neuregelung der Besetzungsreduktion zum **01.01.2012** behoben insb. durch Einfügung der Nummern 9a und 27 bis 30 (Gesetz vom 06.12.2011, BGBl. I S. 2554, vgl. BT-Drucks. 17/6905, S. 5, 11; BT-Drucks. 17/7669, S. 3, 9). Mit Recht aufgenommen wurden dabei auch entsprechende Tatbestände des Nebenstrafrechts mit Ausnahme derjenigen des Völkerstrafgesetzbuchs; für diese besteht die Zuständigkeit des OLG nach § 120 Abs. 1 Nr. 8. Auf die Erscheinungsform der Tat kommt es bei der Anwendung des Katalogs nicht an; die Zuständigkeit besteht auch für Fälle des Versuchs, der Teilnahme oder einer Vorstufe der Beteiligung i.S.d. § 30 StGB (allg. M.; OLG Nürnberg, NJW 1950, 200; näher LR/*Siolek*, § 74 Rn. 8). Sind als eigenständiger Tatbestand vertypte Delikte lediglich auf eine Katalogtat bezogen, z.B. in den Fällen der §§ 111, 126, 130a, 138, 140, 257 bis 260 StGB, so ist das Schwurgericht hierfür wie bei sonstigen Delikten nur zuständig, wenn sie gemeinsam mit einer Katalogtat angeklagt werden (vgl. KG, JR 1971, 255; BayObLGSt 1957, 108; SK-StPO/*Degener*, § 74 Rn. 11). Nicht erfasst sind auch Fälle des § 323a StGB mit einer Rauschtat aus dem Katalog des § 74 Abs. 2 (OLG Stuttgart, MDR 1992, 290), obwohl der Normzweck des Einsatzes fachlich spezialisierter Richter für diese Konstellation genauso gilt. Überzeugend für eine Einbeziehung de lege ferenda plädiert daher OLG Celle NStZ-RR 2012, 181; ebenso *Gittermann* JR 2014, 377. Dafür spräche auch der Umstand, dass das Schwurgericht für das Sicherungsverfahren (§§ 413 ff. StPO) zuständig ist, wenn diesem Katalogtaten zugrundeliegen (BGH, NStZ-RR 2002, 104). Wird eine Katalogtat unter Annahme einer actio libera in causa abgeurteilt, ist sogar wie bei § 323a StGB die Berauschung des Täters Gegenstand der Prüfung, so dass das Auseinanderfallen der sachlichen Zuständigkeit für beide Fälle noch mehr erstaunt. Der Fall des OLG Celle demonstriert zudem, dass die den Hintergrund bildenden §§ 20, 21 StGB regelmäßig der Prüfung im Rahmen der Hauptverhandlung bedürfen und sich als Anknüpfungspunkt für die Zuständigkeit wenig eignen. Entsprechend soll die Zuständigkeit nach § 74 Abs. 2 bereits dann gegeben

10

§ 74a GVG Staatsschutzkammer

sein, wenn eine Verurteilung wegen einer Katalogtat nicht auszuschließen ist (OLG Celle NStZ-RR 2012, 181).

11 **Vorrangig** ist nach § 74 Abs. 2 Satz 2 die erstinstanzliche Zuständigkeit des OLG nach § 120 (näher SK-StPO/*Degener*, § 74 Rn. 14 f.), die nach § 120 Abs. 2 Nr. 2 u. 3 auch Verfahren betreffen kann, die sich nur auf Tötungsdelikte beziehen. Durch § 74e erhält das Schwurgericht seinerseits Vorrang ggü. den dort genannten Spezialspruchkörpern des LG. Spezialität kommt jedoch der Jugendkammer zu (s. Rdn. 6).

12 Seiner **Besetzung** nach ist das Schwurgericht eine große Strafkammer; die einzige, für die § 76 Abs. 2 keine Besetzungsreduktion zulässt. Für die **Geschäftsverteilung**, insb. die Einrichtung mehrerer Schwurgerichte, gelten die allgemein bei Spezialspruchkörpern zu beachtenden Grundsätze (s. § 60 Rdn. 4, 5). Besteht nur ein Schwurgericht, so muss ein **Auffangspruchkörper** eingerichtet werden (s. § 60 Rdn. 11). Von der Konzentrationsmöglichkeit der örtlichen Zuständigkeit nach § 74d Gebrauch zu machen obliegt der Initiative der Landesjustizverwaltung.

13 **C. Zuständigkeit als Berufungsgericht (§ 74 Abs. 3)** Die Strafkammern des LG nehmen ggü. den **zum Bezirk gehörenden** AG die funktionelle Zuständigkeit des Berufungsgerichts wahr. Die Norm bewirkt insofern auch eine Festlegung der örtlichen Zuständigkeit (BGHSt 22, 48; LR/*Siolek*, § 74 Rn. 18). Maßgeblich ist dabei stets nur, welches Gericht in erster Instanz tatsächlich entschieden hat, nicht hingegen, welches Gericht korrekt hätte entscheiden müssen (BGHSt 18, 261; *Kissel/Mayer*, § 74 Rn. 25). **Besetzt** ist das Berufungsgericht seit dem RPflEntlG 1993 bei Ausgangsurteilen des Strafrichters wie des Schöffengerichts stets als kleine Strafkammer (§ 76 Abs. 1), eine Ausnahme gilt nur im Jugendstrafrecht (§ 33b Abs. 1 JGG, vgl. § 76 Rdn. 24 f.).

14 Eine Zuständigkeit von **Spezialspruchkörpern** besteht hier nur der Wirtschaftsstrafkammer nach § 74c Abs. 1 Satz 1 (nur ggü. Urteilen des Schöffengerichts) sowie der Jugendkammer nach § 41 Abs. 2 JGG, nachdem im Kompetenzbereich des Schwurgerichts wie der Staatsschutzkammer keine erstinstanzliche Zuständigkeit des AG besteht.

§ 74a GVG [Staatsschutzkammer]. (1) Bei den Landgerichten, in deren Bezirk ein Oberlandesgericht seinen Sitz hat, ist eine Strafkammer für den Bezirk dieses Oberlandesgerichts als erkennendes Gericht des ersten Rechtszuges zuständig für Straftaten
1. des Friedensverrats in den Fällen des § 80a des Strafgesetzbuches,
2. der Gefährdung des demokratischen Rechtsstaates in den Fällen der §§ 84 bis 86, 87 bis 90, 90a Abs. 3 und des § 90b des Strafgesetzbuches,
3. der Gefährdung der Landesverteidigung in den Fällen der §§ 109d bis 109g des Strafgesetzbuches,
4. der Zuwiderhandlung gegen ein Vereinigungsverbot in den Fällen des § 129, auch in Verbindung mit § 129b Abs. 1, des Strafgesetzbuches und des § 20 Abs. 1 Satz 1 Nr. 1 bis 4 des Vereinsgesetzes; dies gilt nicht, wenn dieselbe Handlung eine Straftat nach dem Betäubungsmittelgesetz darstellt,
5. der Verschleppung (§ 234a des Strafgesetzbuches) und
6. der politischen Verdächtigung (§ 241a des Strafgesetzbuches).
(2) Die Zuständigkeit des Landgerichts entfällt, wenn der Generalbundesanwalt wegen der besonderen Bedeutung des Falles vor der Eröffnung des Hauptverfahrens die Verfolgung übernimmt, es sei denn, daß durch Abgabe nach § 142a Abs. 4 oder durch Verweisung nach § 120 Absatz 2 Satz 3 die Zuständigkeit des Landgerichts begründet wird.
(3) In den Sachen, in denen die Strafkammer nach Absatz 1 zuständig ist, trifft sie auch die in § 73 Abs. 1 bezeichneten Entscheidungen.
(4) Für die Anordnung von Maßnahmen nach § 100c der Strafprozessordnung ist eine nicht mit Hauptverfahren in Strafsachen befasste Kammer bei den Landgerichten, in deren Bezirk ein Oberlandesgericht seinen Sitz hat, für den Bezirk dieses Oberlandesgerichts zuständig.
(5) Im Rahmen der Absätze 1, 3 und 4 erstreckt sich der Bezirk des Landgerichts auf den Bezirk des Oberlandesgerichts.

S.a. RiStBV Nr. 202 ff.

A. Regelungsgegenstand. § 74a konstituiert wie §§ 74 Abs. 2 und 74c einen **Spezialspruch-** 1
körper mit Zuständigkeitskonzentration. Für ihn hat sich die Bezeichnung »Staatsschutzkammer«
durchgesetzt. Wie beim Schwurgericht und anders als bei der Wirtschaftsstrafkammer wird für ihn
die erstinstanzliche **sachliche Zuständigkeit** des LG konstitutiv und unabhängig (s. § 24 Abs. 1 Nr. 1)
von dem sonst meist entscheidenden Kriterium der Straferwartung (§ 24 Abs. 1 Nr. 2) durch einen Deliktskatalog festgelegt; § 74a erschöpft sich also nicht in einer bloßen gesetzlichen Regelung der Geschäftsverteilung (vgl. z.B. KG NStZ-RR 2013, 57). Zudem siedelt § 74a Abs. 3 für diese Verfahren
auch die **Beschwerdezuständigkeit** ggü. amtsgerichtlichen Verfügungen und Entscheidungen bei der
Staatsschutzkammer an, die sonst bei den allg. Strafkammern liegt (vgl. § 73 Rn. 3). Ergänzt wird
die weitreichende Kompetenz der Staatsschutzkammer noch durch eine Konzentration ihrer **örtlichen**
Zuständigkeit (§ 74a Abs. 1, Abs. 5), welche die Identifikation überregionaler Tatzusammenhänge
erleichtern soll (s. Rdn. 6). Für das in § 74e geregelte grundsätzliche Verhältnis zu den übrigen besonderen und allgemeinen Strafkammern (funktionelle Zuständigkeit) sowie für das Verhältnis zur Jugendkammer vgl. auch § 74 Rdn. 5 bis 8. Vorrang hat die Staatsschutzkammer der letzeren ggü. nur in Verfahren, die sich auch gegen einen Erwachsenen richten (§ 103 Abs. 2 JGG; für Jugendschutzsachen s.
§ 74b Rdn. 3). Die Geschäftsverteilung hat die für Spezialspruchkörper entwickelten Besonderheiten
zu beachten (s. § 60 Rdn. 4, 5, 11). Neben den Bestimmungen zur Staatsschutzkammer regelt § 74a
in Abs. 4 noch die Zuständigkeit einer besonderen Kammer für **Maßnahmen nach § 100c StPO** (s.
Rdn. 7).

B. Sachliche Zuständigkeit nach §§ 74a Abs. 1 u. 2. § 74a wurde geschaffen durch das 2
1. StrÄG 1951 (BGBl. I, S. 739). Die Einführung der Staatsschutzkammer am LG bedeutete **historisch**
eine erste Abweichung von der primären erstinstanzlichen Zuständigkeit des Reichsgerichts und später
des BGH für Staatsschutzsachen (§ 134 a.F.). Diese entfiel erst 1969 (BGBl. I, S. 1582) zugunsten der
OLG (näher *Kissel/Mayer*, § 74a Rn. 1). Deren erstinstanzliche Zuständigkeit nach § 120 begrenzt bis
heute die Kompetenz des LG, wobei sie nach Maßgabe der §§ 120 Abs. 6, 142a noch immer Gerichtsbarkeit des Bundes ausüben.

So teilt § 74a **Abs. 1** in den **Nr. 1, 2** der Staatsschutzkammer insb. jene Tatbestände des 1. Abschnitts 3
des Besonderen Teils des StGB zu, die § 120 Abs. 1 nicht beim OLG ansiedelt. In die Zuständigkeit der
allgemeinen Strafkammern fallen hieraus aber die §§ 86a, 90a Abs. 1 u. Abs. 2, 91 StGB. Als inkonsequent erscheint, dass mit dem Gesetz zur Verfolgung der Vorbereitung von schweren staatsgefährden-
den Gewalttaten (GVVG, BGBl. 2009 I, S. 2437) keine Ergänzung des § 74a Abs. 1 vorgenommen
wurde, so dass der Staatsschutzkammer von den neu geschaffenen Straftatbeständen nur §§ 89a und
89b StGB, nicht aber § 91 StGB zugewiesen ist (in BT-Drucks. 16/12428 S. 19 wird § 91 StGB nicht
einmal thematisiert). Einer Aufnahmeempfehlung des Bundesrates im Rahmen des Gesetzgebungsverfahrens zu der am 01.01.2012 in Kraft getretenen Neuregelung der Besetzungsreduktion (Gesetz vom
06.12.2011, BGBl. I S. 2554; vgl. BT-Drucks. 17/7276, S. 1, 4) wurde dort unter Hinweis auf die laufende Evaluation des GVVG nicht entsprochen. Mit dem 2015 in Kraft tretenden GVVG-Änderungsgesetz erfolgt keine Änderung des § 74a (vgl. BT-Drucks. 18/4087). I.Ü. wird dem LG durch § 74a
Abs. 1 **Nr. 3 bis 6** ein Katalog weiterer, auf verschiedene Schutzgüter bezogener Delikte zugewiesen.
Wie bei § 74 Abs. 2 sind jeweils alle Erscheinungsformen der Tat umfasst, also auch Versuch und Teilnahme; bei § 234a StGB als einzigem Verbrechen des Katalogs auch Fälle des § 30 StGB. Dagegen begründet § 74a keine Zuständigkeit für sonstige Delikte, die sich lediglich auf eine Katalogtat beziehen,
z.B. Anschlusstaten nach §§ 257, 258 StGB (vgl. § 74 Rn. 10; ebenso SK-StPO/*Frister*, § 74a Rn. 13;
a. A. LR/*Siolek*, § 74a Rn. 8). Dies folgt im Umkehrschluss auch aus dem kohärenten Katalog des § 120
Abs. 1, der in Nr. 7 mit § 138 StGB einen solchen Tatbestand sogar explizit nennt. Eine Erweiterung
erfährt § 74a durch § 3 NTSG (Neubekanntmachung 2008, BGBl. I, S. 490; vormals 4. StRÄG, vgl.
Art. 48 Gesetz vom 23. November 2007, BGBl. I, 2614, 2620) bzgl. der Katalogtaten, die durch § 1
NTSG auf Schutzgüter der **NATO-Vertragsstaaten** erstreckt werden.

Eine Begrenzung enthält § 74a Abs. 1 **Nr. 4** für Handlungen, die § 129 StGB und zugleich Strafnor- 4
men des **BtMG** erfüllen. Bei ihnen hielt der Gesetzgeber Kenntnisse über die örtliche Drogenszene
für vorrangig (s. Vorschlag des BRats für die heute in § 391 Abs. 4 2. HS AO befindliche Regelung
in BT-Drucks. 8/3551, S. 48, 54 unter Bezugnahme auf das Vorbild in § 74c Abs. 1 Nr. 3; für § 74a
übernommen in BT-Drucks. 8/4267, S. 44; BT-Drucks. 8/4283, S. 9). Mit der Formulierung »dieselbe

Handlung« verweist die Norm auf die Regelungen zur Tateinheit in § 52 StGB. Die Begrenzung betrifft damit Taten, die in Verfolgung der Vereinigungsziele begangen wurden und daher mit dem Organisationsdelikt des § 129 StGB in Tateinheit stehen (vgl. BGHSt 29, 288 bzgl. § 129 StGB; bzgl. § 74a s. BGHSt 57, 3 Rn. 18). Für solche Handlungen unzuständig ist die Staatsschutzkammer auch dann, wenn sie zugleich noch sonstige Tatbestände verwirklichen (BGHSt 57, 3 = JR 2012, 262 m. Anm. *F.-Ch. Schroeder*; OLG Oldenburg, NStZ-RR 2004, 174; a. A. LR/*Siolek*, § 74a Rn. 13). Dabei kommt es schon aus Gründen des Wortlauts, aber auch der Rechtssicherheit nicht auf die im Einzelfall gegebenen Schwerpunktverhältnisse zwischen den Straftatbeständen an (BGHSt 57, 3; SK-StPO/*Frister*, § 74a Rn. 17; *Kissel/Mayer*, § 74a Rn. 3), wofür auch spricht, dass die als Vorbild fungierende Norm des § 74c Abs. 1 Nr. 3 v.a. der Entlastung des Spezialspruchkörpers dient (vgl. BT-Drucks. 8/976, S. 67 zum StVÄG 1979; so nun auch BGHSt 57, 3 Rn. 21 f.). Allerdings fällt die Wirkung des Ausschlusses von Taten nach dem BtMG bei § 74a Abs. 1 Nr. 4 rigoroser aus als bei § 74c Abs. 1 Nr. 3, weil der Fokussierung auf die örtliche Drogenszene hier ansonsten eine bewusst auf weiträumige Bezüge gerichtete erweiterte örtliche Zuständigkeit der Staatsschutzkammer gegenüber steht (s. Rdn. 6). Man kann sich fragen, ob staatsgefährdende bzw. Vereinigungskriminalität tatsächlich derart spezifisch überregional und Betäubungsmittelkriminalität tatsächlich derart spezifisch ortsbezogen strukturiert sind, dass sich ein so gegensätzliches Zuständigkeitskonzept rechtfertigt. Immerhin kann im Einzelfall einem nur geringen Gewicht der Taten nach dem BtMG über § 154a StPO Rechnung getragen werden (vgl. BGHSt 57, 3 Rn. 23).

5 Eine weitere Begrenzung der Zuständigkeit der Staatsschutzkammer bestimmt § 74a Abs. 2 für den Fall, dass der **Generalbundesanwalt** sein ihm dort eingeräumtes **Evokationsrecht** ausübt. Damit korrespondiert die Zuordnung zum OLG in § 120 Abs. 2 Nr. 1 als ein Fall beweglicher Zuständigkeit (zur allg. Problematik beweglicher Zuständigkeiten vgl. § 74 Rdn. 1, § 24 Rn. 7; krit. SK-StPO/*Frister*, § 74a Rn. 28). Zum hierfür entscheidenden Kriterium der »besonderen Bedeutung des Falls« s. § 120 Rn. 4 f. Indem § 74a Abs. 2 seit der Änderung durch das StVÄG 1979 explizit von der Zuständigkeit des LG (statt »der Strafkammer«) spricht, stellt die Norm klar, dass das Evokationsrecht auch dann besteht, wenn zugleich die Zuständigkeit einer nach § 74e vorrangigen Spezialkammer besteht (vgl. BT-Drucks. 8/976, S. 66; LR/*Siolek*, § 74a Rn. 18). Es gilt zudem auch in Verfahren gegen Jugendliche bzw. Heranwachsende (§ 102 JGG).

6 **C. Konzentration der örtlichen Zuständigkeit nach §§ 74a Abs. 1 u. 5.** Über die Konzentration der sachlichen Zuständigkeit hinaus sieht § 74a Abs. 1 zusammen mit Abs. 5 eine **Konzentration** der **örtlichen Zuständigkeit** bei dem LG vor, in dessen Bezirk das übergeordnete OLG seinen Sitz hat. Anders als beim Schwurgericht (s. § 74d) und der Wirtschaftsstrafkammer (s. § 74c Abs. 3) ist diese Konzentration bei der Staatsschutzkammer zwingend. Durch eine großräumige Zuständigkeit soll es erleichtert werden, überregionale Zusammenhänge und damit die Drahtzieher verfassungsgefährdender Bestrebungen zu erkennen (BGHSt 13, 378; *Kissel/Mayer*, § 74a Rn. 2). Über § 74a Abs. 5 wird zudem der Vorrang, der der Staatsschutzkammer durch § 74e ggü. den allg. Kammern eingeräumt ist, auf die Kammern der übrigen LG des OLG-Bezirks erstreckt (vgl. *Kissel/Mayer*, § 74a Rn. 5, 13). Relevant ist die Bezirkserweiterung ferner für Verbindungen (§ 4 Abs. 2 StPO) sowie für die über § 143 Abs. 1 parallel erweiterte Zuständigkeit der StA. § 74a Abs. 5 gilt auch für die durch Abs. 4 konstituierte Kammer mit Zuständigkeit für akustische Wohnraumüberwachung.

7 **D. Zuständigkeit für akustische Wohnraumüberwachung (§ 74a Abs. 4)** § 74a Abs. 4 regelt die Zuständigkeit für gerichtliche Entscheidungen bei Anordnung, Überwachung, Mitteilung und nachträglicher Überprüfung von Maßnahmen nach § 100c StPO (vgl. §§ 100d Abs. 1 u. 4, 101 Abs. 6 u. 7 StPO). Mit der Staatsschutzkammer steht die Norm heute in keinem Zusammenhang mehr (vgl. SK-StPO/*Frister*, § 74a Rn. 29). Sie wurde 2005 i.R.d. Neuregelung der akustischen Wohnraumüberwachung eingefügt (BGBl. I, S. 1841) in Reaktion auf das grundlegende Urteil des BVerfG v. 03.03.2004. Zuvor hatte § 100d Abs. 2 StPO a.F. die Zuständigkeit der Staatsschutzkammer vorgesehen. Für die nachträgliche Überprüfung sowie die Entscheidung über den Zeitpunkt der Benachrichtigung der Beteiligten trat ab Anklageerhebung das Prozessgericht an deren Stelle (§ 100d Abs. 6 Satz 2 und § 101 Abs. 1 Satz 2 StPO a.F.); ggf. konnte dies auch die Staatsschutzkammer selbst sein. Nach Auffassung des BVerfG verstieß die vorherige Zuständigkeit des Prozessgerichts jedoch insofern gegen

das Grundrecht auf rechtliches Gehör aus Art. 103 Abs. 1 GG, als der Betroffene fürchten musste, dass das Gericht ihm nicht zugängliche Erkenntnisse aus der Überwachung verwenden könnte (BVerfGE 109, 279, 370 f.). Daher ordnet § 74a Abs. 4 parallel zu **§ 120 Abs. 4 Satz 2** nun die Zuständigkeit einer »nicht mit Hauptverfahren in Strafsachen« befassten Kammer an (vgl. BT-Drucks. 15/4533, S. 20). Dieser Strafkammer können sonst z.B. die Zuständigkeiten nach §§ 73, 78a zugewiesen sein, während jede Tätigkeit in Erkenntnisverfahren erster Instanz oder in der Berufung für die Kammer wie für ihre Mitglieder ausscheidet (*Kissel/Mayer*, § 74a Rn. 18; SK-StPO/*Frister*, § 74a Rn. 31).

§ 74b GVG [Zuständigkeit für Jugendschutzsachen]. ¹In Jugendschutzsachen (§ 26 Abs. 1 Satz 1) ist neben der für allgemeine Strafsachen zuständigen Strafkammer auch die Jugendkammer als erkennendes Gericht des ersten Rechtszuges zuständig. ²§ 26 Abs. 2 und §§ 73 und 74 gelten entsprechend.

In **Parallele zu** § 26 Abs. 1 begründet § 74b auch auf der Ebene des LG im Rahmen einer gesetzlichen **Regelung der Geschäftsverteilung** eine Zuständigkeit der Jugendgerichte, hier also der Jugendkammer, für Jugendschutzsachen (zum Begriff s. § 26 Rdn. 3, 4). Für die Jugendkammer als Spezialspruchkörper für das Jugendstrafrecht wird so eine zusätzliche Aufgabe im Bereich des allgemeinen Strafrechts begründet: Ist sie sonst auf Verfahren gegen Jugendliche und Heranwachsende beschränkt, so wird diese Kompetenz in Jugendschutzsachen auch in Verfahren gegen Erwachsene genutzt, nämlich für den Umgang mit jungen Menschen als Zeugen bzw. Tatopfer. Durch das Gesetz zur Stärkung der Rechte von Opfern sexuellen Missbrauchs (StORMG) vom 26.06.2013 (BGBl. I S. 1805; vgl. BT-Drucks. 17/6261, S. 6, insoweit in Kraft ab 01.09.2013) wurde dieser Funktion der Jugendgerichte zusätzliches Gewicht verliehen: In § 26 Abs. 2, auf den § 74b Satz 2 verweist, wurde die dort bislang enthaltene begrenzende Regelung um eine positive Soll-Vorgabe für die Auswahlentscheidung der StA ergänzt. Auf die sachliche Zuständigkeit des LG hat § 74b keinen Einfluss. 1

Von einer **doppelten Zuständigkeit** (allg. M., z.B. LR/*Siolek*, § 74b Rn. 1) kann man wegen des Verweises in § 74b Satz 2 auf § 26 Abs. 2 nur bedingt sprechen: Die StA hat **kein freies Wahlrecht** (so nun auch ausdrücklich die Gesetzesbegründung zum StORMG, vgl. BT-Drucks. 17/6261, S. 14). Sie darf und muss (LG Zweibrücken NStZ-RR 2013, 56; *Katholnigg*, NStZ 1996, 346; a. A. BGHSt 13, 297) genau dann zur Jugendkammer anklagen, wenn die vom Gesetz gefassten Kriterien des § 26 Abs. 2 erfüllt sind (s. *Kissel/Mayer*, § 74b Rn. 3; krit. zur abweichenden Praxis *Arnold*, ZIS 2008, 92, 96; ein Beispiel für die Anwendung des § 74b i.V.m. § 26 Abs. 2 1. Alt. bietet BGHSt 57, 165 m. Anm. *Stuckenberg* JR 2012, 470), wobei das StORMG durch die Änderung des § 26 Abs. 2 (s. Rdn. 1) eine weitere Konkretisierung bewirkt hat. Nur bei solch verfassungskonformer Auslegung ist die Norm mit Art. 101 Abs. 1 Satz 2 GG vereinbar; die für bewegliche Zuständigkeiten entwickelten Kriterien (vgl. § 24 Rdn. 7) müssen auch hier gelten (*Achenbach*, in: FS für Wassermann, S. 849, 853 ff. gegen BGHSt 13, 297; *Katholnigg*, § 26 Rn. 2). Hierzu gehört auch die Möglichkeit gerichtlicher Kontrolle, die § 209a Nr. 2b StPO im Zwischenverfahren schafft. 2

Das **Verhältnis zu den Spezialspruchkörpern** ist im Gesetz nicht geregelt; auch der Wortlaut »allgemeine Strafsachen« in § 74b Abs. 1 markiert nur den Gegensatz zu den Jugendstrafsachen. Dafür spricht auch die parallele Formulierung in § 26 für das AG, wo sonst für Strafsachen keine den Spezialkammern des LG vergleichbaren Spezialspruchkörper bestehen. Ein Vorrang der Staatsschutz- und der Wirtschaftsstrafkammer folgt aus dem Erst-recht-Schluss zu § 103 Abs. 2 JGG (str.; näher LR/*Stuckenberg*, § 209a Rn. 38). Keinen Vorrang besitzt dagegen das Schwurgericht (h.M.; vgl. SK-StPO/*Degener*, § 74b Rn. 2; *Kissel/Mayer*, § 74b Rn. 1; BGHSt 42, 39 mit zust. Anm. *Brunner*, JR 1996, 391; ablehnend mit bedenkenswerten Hinweisen zur Gesetzgebungsgeschichte *Katholnigg*, NStZ 1996, 346). Hierfür spricht der § 103 Abs. 2 JGG implizit (vgl. BT-Drucks. 8/976, S. 70) zugrunde liegende Gedanke, dass die Jugendkammer aufgrund ihrer primären Zuständigkeit (s. § 41 Abs. 1 Nr. 1 JGG) für Schwurgerichtssachen selbst spezielle Fachkunde auch für den dem Schwurgericht zugewiesenen Deliktsbereich besitzt. 3

Durch die Geschäftsverteilung kann einer allg. Strafkammer die Aufgabe einer »**Jugendschutzkammer**« zugewiesen werden, was aber an der zusätzlichen Zuständigkeit der Jugendkammer nichts ändert (vgl. *Kissel/Mayer*, § 74b Rn. 2; LR/*Siolek*, § 74b Rn. 2 bis 4). Für das **Verfahren** vor der Jugendkammer gilt 4 das JGG, insb. die Normen zu Besetzung und zur Nichtöffentlichkeit nach § 48 JGG (SK-StPO/*Degener*, § 74b Rn. 3). Durch den Verweis auf §§ 73, 74 wird klargestellt, dass die Jugendkammer zugleich als **Beschwerde- und Berufungsgericht** (in amtsgerichtlichen Verfahren nach § 26) fungiert (LR/*Siolek*, § 74b Rn. 4).

§ 74c GVG [Wirtschaftsstrafkammer].

(1) ¹Für Straftaten
1. nach dem Patentgesetz, dem Gebrauchsmustergesetz, dem Halbleiterschutzgesetz, dem Sortenschutzgesetz, dem Markengesetz, dem Designgesetz, dem Urheberrechtsgesetz, dem Gesetz gegen den unlauteren Wettbewerb, der Insolvenzordnung, dem Aktiengesetz, dem Gesetz über die Rechnungslegung von bestimmten Unternehmen und Konzernen, dem Gesetz betreffend die Gesellschaften mit beschränkter Haftung, dem Handelsgesetzbuch, dem SE-Ausführungsgesetz, dem Gesetz zur Ausführung der EWG-Verordnung über die Europäische wirtschaftliche Interessenvereinigung, dem Genossenschaftsgesetz, dem SCE-Ausführungsgesetz und dem Umwandlungsgesetz,
2. nach den Gesetzen über das Bank-, Depot-, Börsen- und Kreditwesen sowie nach dem Versicherungsaufsichtsgesetz, dem Zahlungsdiensteaufsichtsgesetz und dem Wertpapierhandelsgesetz,
3. nach dem Wirtschaftsstrafgesetz 1954, dem Außenwirtschaftsgesetz, den Devisenbewirtschaftungsgesetzen sowie dem Finanzmonopol-, Steuer- und Zollrecht, auch soweit dessen Strafvorschriften nach anderen Gesetzen anwendbar sind; dies gilt nicht, wenn dieselbe Handlung eine Straftat nach dem Betäubungsmittelgesetz darstellt, und nicht für Steuerstraftaten, welche die Kraftfahrzeugsteuer betreffen,
4. nach dem Weingesetz und dem Lebensmittelrecht,
5. des Subventionsbetruges, des Kapitalanlagebetruges, des Kreditbetruges, des Bankrotts, der Verletzung der Buchführungspflicht, der Gläubigerbegünstigung und der Schuldnerbegünstigung,
5a. der wettbewerbsbeschränkenden Absprachen bei Ausschreibungen sowie der Bestechlichkeit und Bestechung im geschäftlichen Verkehr,
   a) des Betruges, des Computerbetruges, der Untreue, des Vorenthaltens und Veruntreuens von Arbeitsentgelt, des Wuchers, der Vorteilsannahme, der Bestechlichkeit, der Vorteilsgewährung und der Bestechung,
   b) nach dem Arbeitnehmerüberlassungsgesetz und dem Schwarzarbeitsbekämpfungsgesetz,

soweit zur Beurteilung des Falles besondere Kenntnisse des Wirtschaftslebens erforderlich sind, ist, soweit nach § 74 Abs. 1 als Gericht des ersten Rechtszuges und nach § 74 Abs. 3 für die Verhandlung und Entscheidung über das Rechtsmittel der Berufung gegen die Urteile des Schöffengerichts das Landgericht zuständig ist, eine Strafkammer als Wirtschaftsstrafkammer zuständig. ²Die §§ 120 und 120b bleiben unberührt.

(2) In den Sachen, in denen die Wirtschaftsstrafkammer nach Absatz 1 zuständig ist, trifft sie auch die in § 73 Abs. 1 bezeichneten Entscheidungen.

(3) ¹Die Landesregierungen werden ermächtigt, zur sachdienlichen Förderung oder schnelleren Erledigung der Verfahren durch Rechtsverordnung einem Landgericht für die Bezirke mehrerer Landgerichte ganz oder teilweise Strafsachen zuzuweisen, welche die in Absatz 1 bezeichneten Straftaten zum Gegenstand haben. ²Die Landesregierungen können die Ermächtigung durch Rechtsverordnung auf die Landesjustizverwaltungen übertragen.

(4) Im Rahmen des Absatzes 3 erstreckt sich der Bezirk des danach bestimmten Landgerichts auf die Bezirke der anderen Landgerichte.

S.a. RiStBV Nr. 113 Abs. 2 Satz 2

A. Regelungsgegenstände. Die Norm konstituiert mit der Wirtschaftsstrafkammer einen **Spezialspruchkörper mit konzentrierter Zuständigkeit**, der in dieser Eigenschaft neben dem Schwurgericht und der sog. Staatsschutzkammer steht. Während aber die §§ 74 Abs. 2, 74a für die Letzteren zugleich konstitutiv die sachliche Zuständigkeit des LG bestimmen, setzt § 74c diese für die Wirtschaftsstrafkammer voraus: Die Delikte nach § 74c Abs. 1 fallen nur in ihre Kompetenz, wenn zugleich über § 74 Abs. 1 die sachliche Zuständigkeit des LG eröffnet ist. § 74c erschöpft sich also in einer gesetzlichen Geschäftsverteilungsregelung. § 74c Abs. 1 Satz 2 stellt zudem den Vorrang des OLG für erstinstanzliche Verfahren nach § 120 klar. Hat in erster Instanz das Schöffengericht entschieden, so fungiert die (kleine) Wirtschaftsstrafkammer als **Berufungsgericht** (§ 74c Abs. 1 Satz 1, 2. Alt.; zur Besetzung vgl. § 76 Rdn. 23). Über § 74c Abs. 2 erhält die (große) Wirtschaftsstrafkammer zudem die **Beschwerdezuständigkeit** für amtsgerichtliche Verfügungen und Entscheidungen (vgl. § 73 Rdn. 3), sofern ihre Zuständigkeit als erkennendes Gericht in der Ausgangs- oder Berufungsinstanz zu erwarten ist (SK-StPO/*Degener*, § 74c Rn. 14).

Das Verhältnis zu den übrigen besonderen und zu den allg. Strafkammern (**funktionelle Zuständigkeit**) ist in § 74e geregelt, vgl. hierzu sowie für das Verhältnis zur Jugendkammer auch § 74 Rdn. 5 bis 8. Der letzeren ggü. kommt der Wirtschaftsstrafkammer Vorrang nur in Verfahren zu, die sich zugleich auch gegen einen Erwachsenen richten (§ 103 Abs. 2 JGG; für Jugendschutzsachen vgl. § 74b Rdn. 3).

B. Gesetzliche Geschäftsverteilung nach § 74c Abs. 1.

§ 74c wurde 1971 zunächst als bloße Konzentrationsermächtigung mit dem Inhalt seines heutigen Abs. 3 geschaffen (BGBl. I S. 1513; näher LR/*Siolek*, § 74c Entstehungsgeschichte). Die heutige Struktur als gesetzliche Regelung der Geschäftsverteilung erhielt die Norm durch das StVÄG 1979 (BGBl. I 1978, S. 1645). Die im Katalog des § 74c Abs. 1 genannten und in die Zuständigkeit des LG fallenden Tatbestände sind seitdem zwingend einer Spezialkammer zugewiesen (vgl. BT-Drucks. 8/976, S. 66 f.). Entsprechend sind bei der Geschäftsverteilung die für **Spezialspruchkörper** entwickelten Besonderheiten zu beachten, insb. die strengen Vorgaben für die Bildung mehrerer Kammern (BGHSt 59, 205; 34, 379; näher § 60 Rdn. 4, 5, 11). Der Katalog des § 74c Abs. 1 ist darauf gerichtet, spezialisierte Richter dort zum Einsatz zu bringen, wo wirtschaftliches **Fachwissen** erforderlich ist, was in den Fällen der Nr. 1 bis 5 unwiderleglich vermutet wird (SK-StPO/*Degener*, § 74c Rn. 9), bei Nr. 6 gesondert begründet werden muss (vgl. Rdn. 7). Dabei ist jedoch keine besondere Qualifikation der Richter vorgeschrieben (*Kissel/Mayer*, § 74c Rn. 12); das Gesetz setzt hier wie bei den anderen Spezialkammern auf die durch die Tätigkeit erwerbbare Erfahrung (s. § 74d Rdn. 1). Da die Schöffen über die einheitliche Schöffenliste gewonnen werden (s. § 77 Rdn. 2), steht der Sinn der Schöffenbeteiligung bei der Wirtschaftsstrafkammer allerdings in besonderem Maß infrage (vgl. *Katholnigg*, wistra 1982, 91; *Volk*, in: FS für Dünnebier, S. 373, 381; *Duttge*, JR 2006, 358; mit weiteren Reformüberlegungen zu § 74c zudem *de Vries*, DRiZ 2015, 134). Eine **Besetzungsreduktion** wurde für die große Wirtschaftsstrafkammer mit der Neuregelung zum 01.01.2012 (Gesetz vom 06.12.2011, BGBl. I S. 2554) für den Regelfall ausgeschlossen (§ 76 Abs. 3 2. Alt., vgl. § 76 Rdn. 14).

Inhaltlich vermittelt die Norm einen Anhalt für das Tatspektrum des Wirtschaftsstrafrechts bzw. der Wirtschaftskriminalität, wobei hierzu auch kriminologische und strafrechtsdogmatische Ansätze bestehen (vgl. den Überblick bei *Wittig*, § 2 Rn. 6, 21, 26). Wie bei den Katalogen der §§ 74 Abs. 2 und 74a Abs. 1 kommt es nicht auf die Erscheinungsform der Tat an; auch Versuch, Teilnahme und Fälle des § 30 StGB sind erfasst. Lediglich auf eine Katalogtat bezogene eigenständige Tatbestände, insb. Anschlussdelikte nach den §§ 257 ff. StGB, begründen die Zuständigkeit nach § 74c Abs. 1 nur, wenn sie mit Katalogtaten angeklagt werden (vgl. *Kissel/Mayer*, § 74c Rn. 3; SK-StPO/*Degener*, § 74c Rn. 4; s. § 74 Rdn. 10). Bei Gelegenheit der Neuregelung der Besetzung der großen Straf- und Jugendkammern durch Gesetz vom 06.12.2011 (BGBl. I S. 2554) erfolgten einzelne Ergänzungen des Katalogs des § 74c Abs. 1 (vgl. BT-Drucks. 17/6905, S. 11).

Der Entlastung der Wirtschaftsstrafkammer dient die Herausnahme von Taten in **Nr. 3**. Die Norm besitzt eine wörtliche Parallele in § 391 Abs. 4 AO. Hintergrund ist, dass Delikte nach dem BtMG regelmäßig mit Steuer- und Zolldelikten zusammentreffen (vgl. BT-Drucks. 8/976, S. 67 sowie § 74a Rdn. 4 zur Parallelnorm in § 74a Abs. 1 Nr. 4) und auch bei Taten im Zusammenhang mit der Kraftfahrzeugsteuer meist andere Delikte wie etwa §§ 242, 248b StGB im Vordergrund stehen (*Franzen/Gast/Joecks*, § 391 AO Rn. 36).

Die Zuständigkeit für die in **Nr. 5** genannten Vorfeldtatbestände des Betrugs (§§ 264, 264a, 265b StGB) besteht auch, soweit diese hinter einem vollendeten oder versuchten Betrug im Wege der Gesetzeskonkurrenz zurücktreten (OLG Celle, wistra 1991, 359; SK-StPO/*Degener*, § 74c Rn. 8; LR/*Siolek*, § 74c Rn. 6; a. A. OLG Stuttgart, wistra 1991, 236). Die Annahme eines solchen Konkurrenzverhältnisses ist angesichts der partiell abweichenden Schutzgüter ohnehin nicht immer zwingend (vgl. SSW-StGB/*Saliger*, § 264 Rn. 2; § 265b Rn. 19; SSW-StGB/*Bosch*, § 264a Rn. 24). Bei ihnen handelt es sich zudem jedenfalls um überindividuelle Rechtsgüter, die durch Wirtschaftskriminalität besonders gefährdet werden (*Wittig*, § 2 Rn. 27 ff.). V.a. muss das Hinzutreten des § 263 StGB keineswegs Ausdruck einer vereinfachten Sach- und Rechtslage sein, da dieser Tatbestand seinerseits über die in jüngerer Zeit intensiv diskutierte Figur der schadensgleichen konkreten Vermögensgefährdung (vgl. BVerfG NJW 2012, 907; BGHSt 53, 199; *Fischer*, NStZ-Sonderheft 2009, 8) weit in seinen Vorfeldbereich hineinwirkt. Auch hier greift also der Normzweck einer Bearbeitung durch spezialisierte Richter. Häufig wird dann aber auch die Zuständigkeit nach Nr. 6 gegeben sein. Parallele Überlegungen gelten für den in **Nr. 5a** genannten § 298 StGB.

7 Die in **Nr. 6** aufgezählten Tatbestände des Kernstrafrechts sind der Wirtschaftsstrafkammer nur bei Erforderlichkeit »besonderer Kenntnisse des Wirtschaftslebens« zugewiesen. Es handelt sich um eine bewegliche Zuständigkeit mit der diese Fälle allgemein kennzeichnenden Problematik (vgl. § 24 Rdn. 7; krit. SK-StPO/*Degener*, § 74c Rn. 11). Die Kenntnisse müssen explizit »zur Beurteilung« erforderlich sein; relevant ist also nicht das rein tatsächliche Ausmaß der Tat, sondern nur die Schwierigkeit ihrer fachlichen Erfassung (OLG München, JR 1980, 77 m. Anm. *Rieß*; OLG Saarbrücken, wistra 2007, 360; *Kissel/Mayer*, § 74c Rn. 5; LR/*Siolek*, § 74c Rn. 7). Die Entscheidung hierüber soll einem Einwand des Angeklagten i.S.d. § 6a Satz 2 StPO nach Eröffnung nicht zugänglich und außer in Fällen objektiver Willkür **nicht revisibel** sein (BGH NStZ 1985, 464, 466; *Rieß*, NJW 1978, 2265, 2268 unter Bezug auf BT-Drucks. 8/976, S. 59; LR/*Stuckenberg*, § 209a Rn. 47; plausibel anders aber *Meyer-Goßner*, NStZ 1981, 168, 170 f.; allgemein zum Maßstab der revisionsgerichtlichen Prüfung der funktionellen Zuständigkeit der Spezialkammern s. BGHSt 57, 3 Rn. 9 ff.). Eine Empfehlung des Bundesrates im Gesetzgebungsverfahren zur Neuregelung der Besetzungsreduktion (Gesetz vom 06.12.2011, BGBl. I S. 2554) zur Ergänzung des Katalogs der Nr. 6a um Tatbestände des Menschenhandels zum Zweck der Ausbeutung der Arbeitskraft (§ 233 StGB und hierauf bezogene Fälle des § 233a StGB, vgl. BT-Drucks. 17/7276 S. 2, 4) fand im Bundestag keine Gefolgschaft (vgl. BT-Drucks. 17/7669, BR-Drucks. 716/11).

8 **C. Fakultative örtliche Zuständigkeitskonzentration (§ 74c Abs. 3. u. 4)** Die Konzentrationsermächtigung in § 74c Abs. 3 ist mit § 58 und § 74d vergleichbar, s. ergänzend die dortigen Erläuterungen. Insb. begründet die in § 74c Abs. 3 alternativ aufgeführte Zielsetzung der »schnelleren Erledigung« ggü. dem in § 74d allein genannten allgemeineren Kriterium der »sachlichen Förderung« keine inhaltliche Abweichung (*Kissel/Mayer*, § 74d Rn. 1). Im Ausmaß der zugelassenen Konzentration ist § 74c Abs. 3 weiter als § 74d, da diese auf einen Teil der Katalogtaten des § 74c Abs. 1 oder auf Ausgangs- bzw. Berufungsinstanz beschränkt werden kann. Die Norm ist andererseits enger als § 58, da lediglich die vollständige Bearbeitung der Verfahren konzentriert werden kann und keine Begrenzung auf bestimmte Entscheidungen möglich ist (vgl. LR/*Siolek*, § 74c Rn. 16). Hinsichtlich der Berufungsinstanz beschränkt sich die Konzentrationsermächtigung nach Abs. 3 jedoch in Parallele zu Abs. 1 auf die Berufung gegen Urteile des Schöffengerichts und betrifft nicht die Berufung gegen Urteile des Strafrichters (so instruktiv auch zur Gesetzesentstehung Thür. OLG StV 2013, 12 m. Anm. *Waider*, dort auch Überblick zu den bestehenden landesrechtlichen Regelungen; vgl. auch *Meyer-Goßner/Schmitt*, § 74c Rn. 6, 9). Die Erstreckung des Gerichtsbezirks (Abs. 4) ist relevant für Verbindungen nach § 4 Abs. 2 StPO sowie für die über § 143 Abs. 1 parallel erweiterte Zuständigkeit der StA (näher *Kissel/Mayer*, § 74c Rn. 17).

§ 74d GVG [Örtliche Zuständigkeitskonzentration des Schwurgerichts].

(1) ¹Die Landesregierungen werden ermächtigt, durch Rechtsverordnung einem Landgericht für die Bezirke mehrerer Landgerichte die in § 74 Abs. 2 bezeichneten Strafsachen zuzuweisen, sofern dies der sachlichen Förderung der Verfahren dient. ²Die Landesregierungen können die Ermächtigung auf die Landesjustizverwaltungen übertragen.
(2) (weggefallen)

1 Die Norm gestattet eine örtliche Konzentration der Zuständigkeit des Schwurgerichts. Auf diese Weise kann es insb. bei kleineren Gerichten erleichtert werden, den mit der gesetzlichen Konstituierung von Spezialspruchkörpern verfolgten **Zweck** zu erreichen, nämlich deren Mitglieder durch möglichst exklu-

sive Befassung mit einer besonders komplexen Materie Kenntnisse und Erfahrung sammeln zu lassen und so wiederum die schnelle und fachkundige Erledigung der betreffenden Verfahren zu fördern (vgl. § 60 Rdn. 5).

Die beteiligten Gerichte müssen **nicht** zum selben **OLG-Bezirk** gehören (allg. M., vgl. z.B. SK-StPO/ *Degener*, § 74d Rn. 2). § 74d gestattet anders als § 74c Abs. 3 oder § 58 **keine nur partielle Konzentration** bestimmter Aufgaben des Schwurgerichts. Das für den Bezirk mehrerer LG gebildete Schwurgericht erhält eine entsprechend erweiterte örtliche Zuständigkeit, mit der über § 142 Abs. 1 auch die Zuständigkeit der **StA** korrespondiert. Als Spruchkörper gehört es jedoch trotzdem allein zu dem Gericht, bei dem es angesiedelt ist. Aus dessen Schöffenliste werden die Schöffen entnommen. Für die Besetzung mit Berufsrichtern ist allein das örtliche Präsidium zuständig (*Kissel/Mayer*, § 74d Rn. 3). 2

§ 74e GVG [Rangverhältnis der Spezialstrafkammern].

Unter verschiedenen nach den Vorschriften der §§ 74 bis 74d zuständigen Strafkammern kommt
1. in erster Linie dem Schwurgericht (§ 74 Abs. 2, § 74d),
2. in zweiter Linie der Wirtschaftsstrafkammer (§ 74c),
3. in dritter Linie der Strafkammer nach § 74a
der Vorrang zu.

Das Verhältnis der Spruchkörper des LG untereinander ist keine Frage der sachlichen Zuständigkeit, sondern wird überwiegend als Fallgruppe der funktionellen Zuständigkeit gesehen (näher s. § 74 Rdn. 5). Entsprechend ändert das **Vorrangprinzip** des § 74e nichts an der **prinzipiellen Gleichwertigkeit** aller landgerichtlichen Spruchkörper, die 1975 durch das 1. StVRG mit der Umwandlung des Schwurgerichts in eine normale Strafkammer eingetreten ist (BGHSt 26, 191). § 74e wurde vielmehr durch das StVÄG 1979 als bloße technische Ordnungsvorschrift geschaffen (BT-Drucks. 8/976, S. 67; LR/*Siolek*, § 74e Rn. 1). 1

Prozessual korrespondiert § 74e mit den zugleich eingeführten §§ 6a, 209a, 225a Abs. 4, 270 Abs. 1 Satz 2 StPO, wo der jeweils ranghöheren Kammer die Kompetenz zur Klärung von Zuständigkeitsstreitigkeiten eingeräumt wird (näher § 1 StPO Rdn. 32). Dabei ist § 74e auch in der **Berufungsinstanz** für den Vorrang der kleinen Wirtschaftsstrafkammer zu beachten (s. § 74c Abs. 1 Satz 1, 2. Alt.; KG NStZ 2011, 172; LR/*Siolek*, § 74c Rn. 9; für die dem Schwurgericht bzw. der Staatsschutzkammer zugewiesenen Bereiche schließen §§ 74 Abs. 2, 74a jeweils eine erstinstanzliche Zuständigkeit des AG aus). Der nur dritte Rang der Staatsschutzkammer erklärt sich durch die vorrangige Zuständigkeit des OLG nach § 120 (BT-Drucks. 8/1844, S. 33; *Katholnigg*, NJW 1978, 2375, 2376). Durch § 74e nicht geregelt werden die Relationen ggü. der **Jugendkammer** (s. dazu § 74 Rdn. 6, 7; zu **Jugendschutzsachen** s. § 74b Rdn. 3). 2

§ 74f GVG [Zuständigkeit bei vorbehaltener oder nachträglicher Anordnung der Sicherungsverwahrung].

(1) Hat im ersten Rechtszug eine Strafkammer die Anordnung der Sicherungsverwahrung vorbehalten oder im Fall des § 66b des Strafgesetzbuches als Tatgericht entschieden, ist diese Strafkammer im ersten Rechtszug für die Verhandlung und Entscheidung über die im Urteil vorbehaltene oder die nachträgliche Anordnung der Sicherungsverwahrung zuständig.
(2) Hat im Fall des § 66b des Strafgesetzbuches im ersten Rechtszug ausschließlich das Amtsgericht als Tatgericht entschieden, ist im ersten Rechtszug eine Strafkammer des ihm übergeordneten Landgerichts für die Verhandlung und Entscheidung über die nachträgliche Anordnung der Sicherungsverwahrung zuständig.
(3) Im Fall des § 66b des Strafgesetzbuches gilt § 462a Absatz 3 Satz 2 und 3 der Strafprozessordnung entsprechend.
(4) ¹In Verfahren, in denen über die im Urteil vorbehaltene oder die nachträgliche Anordnung der Sicherungsverwahrung zu entscheiden ist, ist die große Strafkammer mit drei Richtern einschließlich des Vorsitzenden und zwei Schöffen besetzt. ²Bei Entscheidungen außerhalb der Hauptverhandlung wirken die Schöffen nicht mit.

§ 74f GVG Zuständigkeit bei Sicherungsverwahrung

1 A. Regelungsgegenstand und Entstehung. § 74f regelt die **sachliche Zuständigkeit** für das in § 275a StPO normierte Verfahren der Entscheidung über die vorbehaltene und die nachträgliche Sicherungsverwahrung. Wegen der Eingriffsintensität der beiden Maßregeln schließt das Gesetz dabei eine Anordnung durch das AG aus (vgl. auch § 24 Abs. 2) und sieht ausschließlich die Zuständigkeit des LG (§ 74f) bzw. des OLG (§ 120a) vor. In Abs. 4 enthält die Norm zudem eine eigenständige Normierung der **Besetzung** der großen Strafkammer in diesen Verfahren.

2 Die Norm wurde 2004 gemeinsam mit der Einführung des § 66b StGB geschaffen (BGBl. I S. 1838). Mit der Neuregelung des Rechts der Sicherungsverwahrung zum 01.01.2011 (BGBl. I 2010, 2300, 2303) wurde im Wortlaut der Absätze 1–3 nachvollzogen, dass § 66b StGB für die nachträgliche Sicherungsverwahrung seitdem nur noch einen Anwendungsfall vorsieht (vgl. BT-Drucks. 17/3403, S. 48; vgl. aber die Übergangsregelung in Art. 316e Abs. 1 EGStGB). Durch die Entscheidung des BVerfG vom 04.05.2011 (NJW 2011, 1931) zur Verfassungswidrigkeit des damaligen Rechts der Sicherungsverwahrung wurde § 74f nicht unmittelbar betroffen; die Norm blieb durch die zum 01.06.2013 in Kraft getretene bundesrechtliche Umsetzung des Abstandsgebots im Recht der Sicherungsverwahrung (BGBl. 2012 I S. 2425) unverändert. Mit der Neuregelung der Besetzung der großen Straf- und Jugendkammern zum 01.01.2012 (Gesetz vom 06.12.2011, BGBl. I S. 2554) wurde in dem neu eingefügten Abs. 4 der Ausschluss der Besetzungsreduktion der Strafkammer auf alle in § 74f behandelten Verfahren ausgeweitet.

3 B. Zuständigkeit des Gerichts der Anlassverurteilung. Die Verhängung vorbehaltener wie nachträglicher Sicherungsverwahrung erfordert die Prognose künftiger Gefährlichkeit und knüpft dabei an eine zuvor ergangene Anlassverurteilung an, mit der Freiheits- oder Jugendstrafe verhängt und zugleich Sicherungsverwahrung vorbehalten wurde (§ 66a StGB, § 7 Abs. 2 JGG, § 106 Abs. 3 und 4 JGG) oder mit der eine Unterbringung nach § 63 StGB angeordnet wurde, die inzwischen nach § 67d Abs. 6 StGB für erledigt erklärt worden ist (nachträgliche Sicherungsverwahrung; § 66b StGB, § 7 Abs. 4 JGG, § 106 Abs. 7 JGG). Entsprechend liegt § 74f als Ziel zugrunde, die jetzt anstehende Entscheidung bei dem für diese **Anlassverurteilung** verantwortlichen Gericht anzusiedeln, hilfsweise bei dem ihr **sachlich am nächsten stehenden** Gericht mit ausreichendem Strafbann (vgl. BT-Drucks. 15/2887, S. 17). Dass bei langem Zeitablauf zwischen beiden Verfahren trotzdem selten Personenidentität der beteiligten Richter bestehen wird (*Kissel/Mayer*, § 74f Rn. 3), spricht nicht zwingend gegen die Zweckmäßigkeit der Regelung, zumal in den Fällen des § 66a StGB der zeitliche Abstand oft sogar überschaubar sein wird (bezeichnend ist die mit der Neuregelung zum 1. Januar 2011 in § 66a Abs. 3 StGB, § 275a Abs. 5 StPO vorgenommene Verlängerung der Zeitspanne, während der der Vorbehalt ausgeübt werden kann, vgl. BT-Drucks. 17/3403, S. 29, 30; BT-Drucks. 17/4062, S. 14, 15).

4 I. Anlassverurteilung des Landgerichts (Abs. 1) Bei der Anlassverurteilung einer Strafkammer des LG lässt sich das in Rdn. 3 genannte Ziel bestmöglich erreichen: § 74f Abs. 1 bestimmt deren Zuständigkeit auch für die Entscheidung über die Anordnung der Sicherungsverwahrung. Diese Situation ist bei der **nachträglichen Sicherungsverwahrung** der Regelfall. Geeignete Anlassverurteilungen können hier durch ein AG nur in wenigen Ausnahmekonstellationen ergehen, für die § 74f Abs. 2 das zuständige LG bestimmt. Im allgemeinen Strafrecht kann dies nur »Altfälle« betreffen, die nach dem vor 2011 geltenden Recht zu beurteilen sind, daneben bestimmte Fälle nach materiellem Jugendstrafrecht (s. näher Rdn. 6). Bei der **vorbehaltenen Sicherungsverwahrung** sollten Anlassverurteilungen eines AG dagegen gar nicht vorkommen, da das AG nach dem Willen des Gesetzgebers (vgl. BT-Drucks. 15/2887, S. 17 f.) und allg. M. keinen Vorbehalt nach § 66a StGB bzw. § 106 Abs. 3 Satz 2, Abs. 4 JGG aussprechen kann (*Kissel/Mayer*, § 74f Rn. 4; LR/*Siolek*, § 74f Rn. 2; *Meyer-Goßner/Schmitt*, § 74f Rn. 1; zu § 7 Abs. 2 JGG s. Rdn. 9). Das ergibt sich zwar nicht unmittelbar aus § 24 Abs. 1 Nr. 2, auch wenn sich der Gesetzgeber bei Schaffung des § 74f auf diese Norm und die dort eingefügte Nennung der §§ 66 bis 66b StGB bezog (vgl. BT-Drucks. 15/2887, S. 17): § 24 Abs. 1 Nr. 2 stellt nach h.M. auf die Rechtsfolgenprognose im Zeitpunkt der Eröffnung ab (vgl. SK-StPO/*Degener*, § 24 Rn. 10, 12, 43), während sich die Notwendigkeit eines Vorbehalts nach § 66a StGB auch erst während der Hauptverhandlung ergeben kann (vgl. z.B. BT-Drucks. 17/6905 S. 10). Dass das AG gleichwohl jedenfalls eine Unterbringung nicht selbst anordnen kann, sondern ein betroffenes Verfahren nach § 270 StPO an das LG verweisen muss, folgt vielmehr erst aus der Begrenzung des Strafbanns des AG durch

§ 24 Abs. 2 (vgl. LR/*Siolek*, § 24 Rn. 16, 40; § 25 Rn. 12; LR/*Stuckenberg*, § 270 Rn. 19; SK-StPO/ *Degener*, § 24 Rn. 43). Für den Vorbehalt nach § 66a StGB ist dabei zu beachten, dass die spätere Anordnung der Sicherungsverwahrung nicht in einem neuen, sondern innerhalb des insoweit noch anhängigen Verfahrens erfolgt, in dem der Vorbehalt ausgesprochen wurde. In diesem tritt mit Anordnung des Vorbehalts lediglich eine »Spaltung« der Hauptverhandlung ein (LR Nachtr. 25. Aufl./*Gollwitzer* § 275a StPO Rn. 1; *Meyer-Goßner/Schmitt*, § 275a StPO, Rn. 3, 12). Sicherungsverwahrung vorbehalten kann folglich nur dasjenige Gericht, das auch für deren spätere Anordnung die nötige Strafgewalt besitzt. Beim AG ist das wegen § 24 Abs. 2 nicht der Fall; auf eine erneute ausdrückliche Nennung der §§ 66 bis 66b StGB hat der Gesetzgeber dort aus redaktionellen Gründen verzichtet (vgl. BT-Drucks. 15/2887, S. 17).

II. Anlassverurteilung des Amtsgerichts (Abs. 2) Nachdem das AG grds. keinen Vorbehalt der Unterbringung nach § 66a StGB aussprechen kann, betrifft § 74f Abs. 2 ausdrücklich allein **§ 66b StGB** (vgl. BT-Drucks. 15/2887, S. 17, zu § 7 Abs. 2 JGG s. aber Rdn. 9). Die Norm behandelt den Fall, dass aufgrund der Anlassverurteilung eines AG nachträglich Sicherungsverwahrung angeordnet werden soll, und nimmt dabei zugunsten der höheren Rechtsfolgenkompetenz des LG eine reduzierte Sachnähe in Kauf: Sie bestimmt die Zuständigkeit des LG, in dessen Bezirk das für die Anlassverurteilung verantwortliche AG seinen Sitz hat. »Ausschließlich« von einem AG i.S.d. § 74f Abs. 2 stammt die Anlassverurteilung auch dann, wenn zugleich ein **Berufungsurteil** vorliegt (näher SK-StPO/*Frister*, § 74f Rn. 8; *Frister/Kliegel*, NStZ 2010, 484), so dass auch in diesem Fall eine große Strafkammer zur Entscheidung berufen ist (LR/*Siolek*, § 74f Rn. 6). Dafür spricht auch die in diesem Zusammenhang allein auf Fälle mehrerer erstinstanzlicher Anlassverurteilungen (s. Rdn. 7) abzielende Gesetzesbegründung zu § 74f Abs. 2 (BT-Drucks. 15/2887, S. 18).

Nachdem § 66b StGB seit der Reform zum 01.01.2011 (BGBl. 2010 I S. 2300) nur noch die Fälle des früheren § 66b Abs. 3 StGB a.F. erfasst, besitzt § 74f Abs. 2 im **allgemeinen Strafrecht keinen Anwendungsbereich** mehr: Aufgrund § 24 Abs. 2 kann ein AG die durch § 66b StGB vorausgesetzte Anlassverurteilung in Form einer Unterbringung nach § 63 StGB nicht verhängen. Die Norm hat aber noch Bedeutung für »**Altfälle**«, auf die § 66b Abs. 1 StGB a.F. in der vor der Reform zum 01.01.2011 geltenden Fassung anzuwenden ist (vgl. Art. 316e Abs. 1 EGStGB; *Meyer-Goßner/Schmitt*, § 74f Rn. 2), obwohl sie auch für diese weitgehend leerläuft (vgl. SK-StPO/*Frister*, § 74f Rn. 5). Denn Anlassverurteilungen eines AG zu nachträglicher Sicherungsverwahrung waren auch nach dem vor 2011 geltenden Recht nur nach § 66b Abs. 1 StGB a.F. möglich, während das AG wegen § 24 Abs. 2 weder für Freiheitsstrafen in der nach § 66b Abs. 2 StGB a.F. geforderten Höhe noch für die durch § 66b Abs. 3 StGB a.F. vorausgesetzte Unterbringung nach § 63 StGB die nötige Sanktionskompetenz besaß. Gleiches gilt bis heute für die gegen einen **Heranwachsenden** möglichen Anlassverurteilungen nach allgemeinem Strafrecht (s. Rdn. 8). Anwendung finden kann § 74f Abs. 2 aber für Anlassverurteilungen nach **materiellem Jugendstrafrecht** (s. Rdn. 9).

C. Mehrere Anlassverurteilungen (Abs. 3) Liegen mehrere Anlassverurteilungen nach § 66b bzw. § 66b a.F. StGB (»Altfälle«, vgl. Art. 316e Abs. 1 EGStGB) vor, so ist zu differenzieren: Stehen die beteiligten erstinstanzlichen Gerichte in einem Rangverhältnis, so ist aufgrund des Wortlauts »ausschließlich« in § 74f Abs. 2 sowie aufgrund des Verweises auf § 462a Abs. 3 Satz 3 Halbs. 2 StPO in **§ 74f Abs. 3** allein das ranghöchste Gericht zur Entscheidung berufen. Unter Gerichten gleicher Ordnung bestimmt sich das zuständige dagegen über die schwerste Strafart, das höchste Strafmaß und zuletzt das jüngste Datum der Anlassverurteilung (§ 74f Abs. 3 GVG, § 462a Abs. 3 Satz 2 StPO; vgl. *Kissel/Mayer*, § 74f Rn. 5). Stammt die so maßgebliche Anlassverurteilung von einem AG, so tritt wiederum das übergeordnete LG an dessen Stelle (SK-StPO/*Frister*, § 74f Rn. 10). Wurde **mehrfach** ein Vorbehalt nach **§ 66a StGB** ausgesprochen, so erfolgt keine Konzentration: Da es sich um von vornherein zweiaktige Verfahren handelt, ist in jedem gesondert durch das Gericht der Anlassverurteilung über die Anordnung zu entscheiden (BT-Drucks. 15/2887, S. 18).

D. Anlassverurteilungen nach dem JGG. Erging die Anlassverurteilung gegen einen Heranwachsenden nach **allgemeinem Strafrecht**, so gilt § 74f über die Verweisung in §§ 81a, 109 Abs. 1 Satz 1 JGG; an die Stelle der allg. Strafkammer tritt die Jugendkammer (BT-Drucks. 15/2887, S. 19;

§ 74f GVG Zuständigkeit bei Sicherungsverwahrung

Kissel/Mayer, § 74f Rn. 2). Die einschlägigen Möglichkeiten des Vorbehalts der Sicherungsverwahrung sind seit der zum 01.06.2013 in Kraft getretenen Reform (BGBl. 2012 I S. 2425) in § 106 Abs. 3 Satz 2 und 4 JGG geregelt. Für sie gilt § 74f Abs. 1; zu Anlassverurteilungen eines AG kann es aus den in Rdn. 4 genannten Gründen nicht kommen, da § 108 Abs. 3 Satz 1 JGG auf § 24 Abs. 2 verweist und so die Strafgewalt auch des Jugendschöffengerichts begrenzt. Eine nachträgliche Sicherungsverwahrung erlaubt das Gesetz nur noch nach § 106 Abs. 7 JGG. Fälle nach § 74f Abs. 2 werden hier aber ebenfalls durch den Verweis in § 108 Abs. 3 Satz 1 JGG auf § 24 Abs. 2 ausgeschlossen, der eine Unterbringung nach § 63 StGB durch das AG nicht zulässt. Auch für »Altfälle« der nachträglichen Anordnung nach § 106 Abs. 5 JGG a.F. in der vor Juni 2013 geltenden Fassung (vgl. Art. 316f EGStGB) besaß und besitzt § 74f Abs. 2 keine Bedeutung, da die dort vorausgesetzte Anlassverurteilung zu Freiheitsstrafe von mindestens fünf Jahren die Sanktionskompetenz des AG nach § 24 Abs. 2 ebenfalls überschritt.

9 Bei einer Verurteilung nach **materiellem Jugendstrafrecht** besteht seit der zum 01.06.2013 in Kraft getretenen Reform die Möglichkeit der vorbehaltenen Sicherungsverwahrung nach § 7 Abs. 2 JGG, daneben weiterhin der nachträglichen Sicherungsverwahrung nach § 7 Abs. 4 JGG (Abs. 3 a.F.). Für beide ist § 74f aufgrund der Verweisung in § 81a Abs. 1 JGG anwendbar. Zuständig ist auch hier die Jugendkammer (BT-Drucks. 16/6562, S. 10). Anlassverurteilungen durch ein AG und damit **Fälle des § 74f Abs. 2** sind bei Anordnungen nach **§ 7 Abs. 4 JGG** durchaus möglich, weil im materiellen Jugendstrafrecht eine § 24 Abs. 2 bzw. § 108 Abs. 3 Satz 1 JGG entsprechende Regelung zur Begrenzung des Sanktionskompetenz des AG fehlt. Anordnungen nach § 63 StGB sind lediglich dem Jugendrichter untersagt nach § 39 JGG, während das Jugendschöffengericht im Umkehrschluss grds. eine unbeschränkte Strafgewalt besitzt (s. § 74 Rdn. 4), die ein Vorgehen nach § 270 StPO allein wegen einer in der Hauptverhandlung geänderten Sanktionsprognose ausschließt (vgl. zur Bedeutung des Strafbanns bereits Rdn. 4, ferner LR/*Siolek*, § 25 Rn. 12 unter Verweis auch auf das Regelungsgefüge des § 39 JGG; speziell zum Jugendschöffengericht z.B. *Ostendorf/Schady*, § 40 JGG Rn. 5; *Eisenberg*, § 40 JGG Rn. 5, 7). Schon für die 2008 eingeführte und bei der Reform zum 1. Januar 2011 zunächst beibehaltene Möglichkeit der nachträglichen Sicherungsverwahrung nach § 7 Abs. 2 JGG a.F. galt daher, dass Anlassverurteilungen eines AG, auch solche nach § 63 StGB i.V.m. § 7 Abs. 1, 3 JGG a.F., über die eigens geschaffene Zuständigkeitsnorm des § 41 Abs. 1 Nr. 5 JGG (vgl. BT-Drucks. 16/6562, S. 10) zwar weitgehend verhindert, aber nicht ausgeschlossen werden (ebenso i.E. SK-StPO/*Frister*, § 74f Rn. 6). Für die Fälle des § 7 Abs. 4 JGG (Abs. 3 a.F.) hat die Reform 2013 hieran nichts geändert. Für die im materiellen Jugendstrafrecht neu geschaffene Möglichkeit der vorbehaltenen Sicherungsverwahrung nach § **7 Abs. 2 JGG n.F.** ist ebenfalls nicht ersichtlich, dass Anlassverurteilungen eines AG, d.h. der Ausspruch eines Vorbehalts der Sicherungsverwahrung, gänzlich ausgeschlossen wären (so i.E. offenbar auch *Ostendorf*, § 7 JGG Rn. 29). Der Gesetzgeber hat bei der Reform der Sicherungsverwahrung zum 01.06.2013 möglicherweise übersehen, dass für die im materiellen Jugendstrafrecht bislang allein mögliche nachträgliche Sicherungsverwahrung eine Regelung zur Anordnungskompetenz des AG lediglich deshalb entbehrlich war, weil § 74f Abs. 2 dafür sorgte, dass spätestens die Verhängung der Sicherungsverwahrung durch die Jugendkammer erfolgte. Bei Schaffung dieser Norm war der Gesetzgeber davon ausgegangen, dass bei der vorbehaltenen Sicherungsverwahrung Anlassverurteilungen eines AG nicht auftreten könnten (vgl. BT-Drucks. 15/2887, S. 17 sowie oben Rdn. 4, 5). Dies beruhte aber auf § 24 Abs. 2 bzw. § 108 Abs. 3 Satz 1 JGG und traf daher nur solange zu, als es im materiellen Jugendstrafrecht keine vorbehaltene Sicherungsverwahrung gab. Nachdem der Gesetzgeber einerseits den Strafbann des Jugendschöffengerichts im materiellen Jugendstrafrecht offenbar weiterhin nicht begrenzen wollte und andererseits eine Verhängung von Sicherungsverwahrung durch das AG bislang wegen der Eingriffsintensität der Maßregel ausnahmslos unterbunden hat (vgl. BT-Drucks. 15/2887, S. 17), dürfte eine Öffnung des § 74f Abs. 2 für die Fälle des § 7 Abs. 2 JGG n.F. versehentlich unterblieben sein (vgl. zum seit Juni 2013 geltenden Recht auch *Ostendorf*, § 7 JGG Rn. 29, wo für Anlassverurteilungen des Jugendschöffengerichts auf § 74f verwiesen wird, allerdings ohne die eingeschränkte Geltung des § 74f Abs. 2 zu thematisieren). Freilich trägt § 74f Abs. 2 nicht dem Umstand Rechnung, dass die Anordnung vorbehaltener Sicherungsverwahrung stets im ursprünglichen Verfahren erfolgt (s. Rdn. 4). In dem Fall, dass das Jugendschöffengericht einen Vorbehalt nach § 7 Abs. 2 JGG ausgesprochen hat, dürfte daher für die Fortsetzung des Verfahrens nach § 275a StPO eine Verweisung analog § 270 StPO an das nach § 74f Abs. 2 zuständige LG in Betracht zu ziehen sein.

E. Besetzung der großen Strafkammer (Abs. 4) § 74f Abs. 4 enthält eine eigenständige und abschließende Normierung der Besetzung der großen Strafkammer für alle in § 74f angesprochenen Verfahren, die kraft Verweisung in §§ 81a, 109 Abs. 1 Satz 1 JGG auch für Verfahren nach dem JGG gilt. Sie hat ihre heutige Ausgestaltung mit der Neuregelung der Besetzungsreduktion zum 01.01.2012 gefunden (Gesetz vom 06.12.2011, BGBl. I S. 2554; vgl. BT-Drucks. 17/6905, S. 5, 11 f.). Zuvor hatte § 74f Abs. 3 Halbs. 2 a.F. bereits eine **Besetzungsreduktion** der Strafkammer **ausgeschlossen** für Verfahren über die Anordnung einer nachträglichen Sicherungsverwahrung. Mit der Neuregelung wurde auch für Verfahren über die Anordnung einer vorbehaltenen Sicherungsverwahrung eine zwingende Besetzung mit drei Berufsrichtern und zwei Schöffen vorgeschrieben. Ergänzt wurde so die gleichzeitige Neuregelung in § 76 Abs. 2 Satz 3 Nr. 2 (im Jugendstrafverfahren § 33b Abs. 2 Satz 2 Nr. 2 sowie § 108 Abs. 3 Satz 3 JGG, s. § 76 Rdn. 15), wo eine Besetzungsreduktion auch schon für Erkenntnisverfahren ausgeschlossen wird, in denen ein Vorbehalt nach § 66a StGB oder eine Unterbringung nach § 63 StGB und damit potentielle Anlassverurteilungen für Verfahren nach § 74f zu erwarten sind (s. § 76 Rdn. 11). Für Verfahren nach § 74f, in denen die StA die Akten dem Vorsitzenden des zuständigen Gerichts vor dem 01.01.2012 übergeben hat, ist die Übergangsregelung in § 41 Abs. 2 EGGVG zu beachten. Für Anordnungen nach dem JGG findet sie eine Parallele in § 121 Abs. 3 JGG.

10

§ 76 GVG [Besetzung der Strafkammern].

(1) ¹Die Strafkammern sind mit drei Richtern einschließlich des Vorsitzenden und zwei Schöffen (große Strafkammer), in Verfahren über Berufungen gegen ein Urteil des Strafrichters oder des Schöffengerichts mit dem Vorsitzenden und zwei Schöffen (kleine Strafkammer) besetzt. ²Bei Entscheidungen außerhalb der Hauptverhandlung wirken die Schöffen nicht mit.
(2) ¹Bei der Eröffnung des Hauptverfahrens beschließt die große Strafkammer über ihre Besetzung in der Hauptverhandlung. ²Ist das Hauptverfahren bereits eröffnet, beschließt sie hierüber bei der Anberaumung des Termins zur Hauptverhandlung. ³Sie beschließt eine Besetzung mit drei Richtern einschließlich des Vorsitzenden und zwei Schöffen, wenn
1. sie als Schwurgericht zuständig ist,
2. die Anordnung der Unterbringung in der Sicherungsverwahrung, deren Vorbehalt oder die Anordnung der Unterbringung in einem psychiatrischen Krankenhaus zu erwarten ist oder
3. nach dem Umfang oder der Schwierigkeit der Sache die Mitwirkung eines dritten Richters notwendig erscheint.

⁴Im Übrigen beschließt die große Strafkammer eine Besetzung mit zwei Richtern einschließlich des Vorsitzenden und zwei Schöffen.
(3) Die Mitwirkung eines dritten Richters nach Absatz 2 Satz 3 Nummer 3 ist in der Regel notwendig, wenn die Hauptverhandlung voraussichtlich länger als zehn Tage dauern wird oder die große Strafkammer als Wirtschaftsstrafkammer zuständig ist.
(4) Hat die Strafkammer eine Besetzung mit zwei Richtern einschließlich des Vorsitzenden und zwei Schöffen beschlossen und ergeben sich vor Beginn der Hauptverhandlung neue Umstände, die nach Maßgabe der Absätze 2 und 3 eine Besetzung mit drei Richtern einschließlich des Vorsitzenden und zwei Schöffen erforderlich machen, beschließt sie eine solche Besetzung.
(5) Ist eine Sache vom Revisionsgericht zurückverwiesen oder ist die Hauptverhandlung ausgesetzt worden, kann die jeweils zuständige Strafkammer erneut nach Maßgabe der Absätze 2 und 3 über ihre Besetzung beschließen.
(6) ¹In Verfahren über Berufungen gegen ein Urteil des erweiterten Schöffengerichts (§ 29 Abs. 2) ist ein zweiter Richter hinzuzuziehen. ²Außerhalb der Hauptverhandlung entscheidet der Vorsitzende allein.

A. Regelungsgegenstand. Die Norm bestimmt die Besetzung der Strafkammern in ihrer Eigenschaft als verfahrensbezogen nach außen auftretendes **erkennendes bzw. beschließendes Gericht**. Als Zuordnungseinheit der Gerichtsorganisation können der Kammer dagegen im Weg der Geschäftsverteilung (§ 21e) mehr Richter zugewiesen sein, als sie nach § 76 für ihre Spruchtätigkeit im Einzelfall

1

benötigt (Überbesetzung, zur Problematik vgl. § 60 Rdn. 1 f., § 21e Rdn. 12). Für den Vorsitz ist § 28 Abs. 2 DRiG, für den Einsatz nicht auf Lebenszeit bestellter Richter § 29 DRiG zu beachten. Inhaltlich differenziert § 76 einerseits zwischen Ausgangs- und Berufungsinstanz, andererseits zwischen der Besetzung innerhalb und außerhalb der Hauptverhandlung.

2 **B. Besetzung in Verfahren erster Instanz.** Für die Ausgangsinstanz legt § 76 Abs. 1 Satz 1, 1. Alt. zwar die grundsätzliche Besetzung der **großen Strafkammer** fest, jedoch tritt das Gericht nur in besonderen Fällen tatsächlich mit drei Berufsrichtern und zwei Schöffen in Erscheinung: Für die Hauptverhandlung hat die Kammer i.d.R. eine Reduktion der berufsrichterlichen Besetzung zu beschließen (§ 76 Abs. 2–5), während außerhalb der Hauptverhandlung die Schöffen nicht mitwirken (§ 76 Abs. 1 Satz 2).

3 **I. Besetzungsreduktion für die Hauptverhandlung (§ 76 Abs. 2–5)** Die große Strafkammer hat in jedem Verfahren vor Beginn der Hauptverhandlung über die Stärke ihrer berufsrichterlichen Besetzung zu entscheiden, wobei das Gesetz zwischen einer Besetzung mit zwei oder mit drei Berufsrichtern, jeweils neben den beiden Schöffen, differenziert. Die einschlägige Regelung in § 76 Abs. 2–5 wurde mit Wirkung ab **2012** grundlegend **reformiert**. Die bis 31.12.2011 bestehende Fassung des § 76 Abs. 2 gilt für alle Verfahren weiter, die vor dem 01.01.2012 beim LG anhängig geworden sind (§ 41 Abs. 1 EGGVG). **Gesonderte Besetzungregelungen** bestehen für Verfahren nach § 66b StGB sowie zur Anordnung einer nach § 66a StGB vorbehaltenen Sicherungsverwahrung in § 74f Abs. 4 (s. § 74f Rdn. 10) mit Geltung auch in Verfahren nach dem JGG (§§ 81a, 109 Abs. 1 Satz 1 JGG), ferner allgemein für die Jugendkammer in § 33b Abs. 2 bis 6 n.F. JGG sowie in § 108 Abs. 3 Satz 3 JGG für nach allgemeinem Strafrecht zu behandelnde Heranwachsende (s. Rdn. 15).

4 Die Besetzungsreduktion führt regelmäßig zu einer der Überbesetzung ähnlichen Situation. Die **kammerinterne Geschäftsverteilung** (§ 21g Abs. 1) muss daher für alle Verfahren abstrakt im Voraus festlegen, welches Mitglied im Fall der Reduktion jeweils aus der Dreierbesetzung ausscheidet (BGH, StV 2005, 2; BGH, NJW 2000, 372; *Schlothauer*, StV 1993, 147; SK-StPO/*Degener*, § 76 Rn. 14).

5 **1. Rechtspolitischer Hintergrund der Regelung.** Die Besetzungsreduktion für die Hauptverhandlung nach § 76 Abs. 2 a.F. wurde durch das RPflEntlG 1993 (BGBl. I S. 50) vor dem Hintergrund der **Aufbauhilfe** für die Justiz der neuen Länder eingeführt, parallel dazu § 33b Abs. 2 JGG für die Jugendkammer. Die ursprüngliche Befristung bis 28.02.1998 wurde sechsmal verlängert, zuletzt bis zum **31.12.2011** (BGBl. I 2008 S. 2348; detaillierter Überblick bei *Riess*, in: FS für Schöch, S. 895, 901). Mit dem Auslaufen der letzten Verlängerung ist zum 01.01.2012 eine als endgültig intendierte, inhaltlich modifizierte gesetzliche Neuregelung erfolgt (Gesetz vom 06.12.2011, BGBl. I S. 2554; näher Rdn. 8).

6 Die gesetzlichen Vorgaben zur Besetzungsreduktion haben in mehrfacher Hinsicht **Kritik** erfahren: Ein Verfahren mit drei Berufsrichtern besitzt höhere Qualität, da ein neben Vorsitzenden und Berichterstatter mitwirkender »Beobachter« durchaus Eigenes zum Erkenntnisprozess beitragen kann (BGHSt 44, 328, 334 f.; SK-StPO/*Degener*, § 76 Rn. 4 m.w.N.). Auch der Gesetzgeber des RPflEntlG hat dies so gesehen (BT-Drucks. 12/1217, S. 46 f.). Die Reduktion wird daher z.T. als problematisch eingestuft (z.B. *Katholnigg*, JR 1999, 304, 306; *Schlothauer*, StV 1993, 147; *Haller/Janßen*, NStZ 2004, 469). Aus revisionsgerichtlicher Sicht wurde auf den Eindruck hingewiesen, dass seit Einführung der Regelung vermehrt richterliche Fehlleistungen auftreten (*Rissing-van Saan*, in: FS für Krey, S. 431, 442). Stützen kann sich Kritik auch darauf, dass die Maßnahme inzwischen nur mehr dazu dient, »Einsparpotenziale der Strafjustiz auszuschöpfen« (BT-Drucks. 16/10570, S. 3). Zudem hatte sich auf Basis des vor 2012 geltenden Rechts eine regional stark unterschiedliche Anwendungspraxis entwickelt (s. *Dölling/Feltes/Hartmann/Hermann/Laue/Pruin* S. 187 f.), was durch die Weite der die Besetzungsreduktion begrenzenden Kriterien in § 76 Abs. 2 a.F. begünstigt worden sein dürfte. Wegen der hierdurch in Kauf genommenen Ungleichbehandlung werden schließlich sogar Zweifel an der Verfassungsmäßigkeit der Regelung geäußert (*Meyer-Goßner*, ZRP 2011, 129; ähnlich *Heß/Wenske*, DRiZ 2010, 262, 267), auch wenn sie durch das BVerfG bisher keine Beanstandung erfahren hat (vgl. BVerfG NJW 2004, 3482; *Riess*, in: FS für Schöch, S. 895, 903).

7 Nachdem bereits die Gesetzesbegründung der letzten Verlängerung eine rechtstatsächliche **Evaluation** in Aussicht gestellt hatte, hat das BMJ zur Vorbereitung einer dauerhaften Neuregelung 2009 zwei groß

angelegte empirische Untersuchungen zur Anwendung des § 76 Abs. 2 a.F. durch die Praxis in Auftrag gegeben, zum einen bei einer Gruppe mehrerer Hochschullehrer (zu den Befunden s. *Dölling/Feltes/ Hartmann/Hermann/Laue/Pruin* S. 187 ff.), zum anderen bei der Großen Strafrechtskommission des Deutschen Richterbundes (Zusammenfassung bei *Heß/Wenske*, DRiZ 2010, 262; das Gutachten ist veröffentlicht auf der Internetseite des BGH: www.bundesgerichtshof.de). Zudem wurden in der Literatur verstärkt **rechtspolitische Überlegungen** zur Zukunft der Regelung angestellt (vgl. insb. *Riess*, in: FS für Schöch, S. 895, 910 ff.; *Rissing-van Saan*, in: FS für Krey, S. 431; *Meyer-Goßner*, ZRP 2011, 129). An diesem Spektrum an Daten und Argumenten, bereichert um eine grundlegende Entscheidung des BGH (NJW 2010, 3045), orientiert sich die 2011 vorgenommene Reform.

Die **Neuregelung der Besetzungsreduktion zum 01.01.2012** erfolgte durch das Gesetz über die Besetzung der großen Straf- und Jugendkammern in der Hauptverhandlung und zur Änderung weiterer gerichtsverfassungsrechtlicher Vorschriften sowie des Bundesdisziplinargesetzes vom 06.12.2011 (BGBl. I S. 2554). Sie beinhaltet eine Neugestaltung der § 76 Abs. 2 bis 5 n.F.; für das Jugendstrafverfahren wurde § 33b JGG entsprechend angeglichen (s. Rdn. 15). Neben Präzisierungen bei Verfahrensfragen dient die Änderung in Anlehnung an Empfehlungen aus der Evaluation (vgl. *Dölling/Feltes/Hartmann/Laue/Pruin* S. 195 f.; *Heß/Wenske*, DRiZ 2010, 262, 268 f.) insb. einer stärkeren Begrenzung des Anwendungsbereichs der Besetzungsreduktion, vgl. hierzu die Materialien (Gesetzentwurf der Bundesregierung BT-Drucks. 17/6905, Stellungnahme des Bundesrates mit Gegenäußerung der Bundesregierung BT-Drucks. 17/7276 und Beschlussempfehlung des Rechtsausschusses BT-Drucks. 17/7669), ferner *Schlothauer*, StV 2012, 749; *Deutscher* StRR 2012, 10. Einen Überblick zu der schon zuvor durch die Rechtsprechung erfolgten Konturierung der Vorschrift, an der sich auch die Neuregelung in mehrfacher Hinsicht orientiert, geben *Riess*, in: FS für Schöch, S. 895, 903 ff., und *Rissing-van Saan*, in: FS für Krey, S. 431, 436 ff.

2. Grundsatz der Zweierbesetzung. Für die Hauptverhandlung legt § 76 Abs. 2 Satz 4 die reduzierte Besetzung der Strafkammer mit **zwei Berufsrichtern** einschließlich dem Vorsitzenden sowie zwei Schöffen als Grundsatz fest. Von einer »**Regelbesetzung**« (vgl. *Schlothauer* StV 2012, 749, 752; *Deutscher* StRR 2012, 10, 11; vgl. zudem LR Nachtr. 26. Aufl./*Gittermann*, § 76 Rn. 8, 21) kann hier umso mehr gesprochen werden, als die Kammer seit der Neuregelung in jedem Verfahren eine explizite Besetzungsentscheidung zu treffen hat, also auch dann, wenn sie die außerhalb der Hauptverhandlung selbstverständliche Dreierbesetzung beibehalten will (s. Rdn. 16). Zulässig ist dies nur, soweit § 76 Abs. 2 Satz 3 eine solche Besetzung positiv vorsieht. Eine Verhandlung in Dreierbesetzung unter willkürlicher Annahme der entsprechenden Voraussetzungen bedeutet einen Verstoß gegen Art. 101 Abs. 1 Satz 2 GG (vgl. auch *Schlothauer* StV 2012, 749, 752; LR/*Siolek*, § 76 Rn. 16; in diese Richtung auch BGH StV 2005, 204 zur Rechtslage vor 2012; vgl. ferner Rdn. 20).

3. Fälle der Dreierbesetzung. Eine Besetzung mit **drei Berufsrichtern** einschließlich dem Vorsitzenden sowie zwei Schöffen erfolgt nur in den in § 76 Abs. 2 Satz 3 abschließend aufgezählten Fällen. Dabei behandeln § 76 Abs. 2 Satz 3 Nr. 1 und Nr. 2 urteilsorientiert Situationen, in denen ein Schuldspruch wegen besonders schwerwiegender Taten bzw. besonders schwerwiegende Sanktionen drohen. § 76 Abs. 2 Satz 3 Nr. 3 zielt dagegen verfahrensorientiert auf Prozesse, in denen durch das Gericht besonders viel oder besonders komplexer Prozessstoff zu bewältigen ist.

a) Dreierbesetzung wegen des zu erwartenden Schuld- und/oder Sanktionsausspruchs (§ 76 Abs. 2 Satz 3 Nr. 1 und Nr. 2) Wie schon das vor 2012 geltende Recht sieht § 76 Abs. 2 Satz 3 Nr. 1 zwingend eine Dreierbesetzung vor in Verfahren, in denen die Kammer als **Schwurgerichtskammer** (§ 74 Abs. 2) tätig wird. Mit der Reform neu geschaffen wurde § 76 Abs. 2 Satz 3 Nr. 2, womit die Dreierbesetzung ausgeweitet wurde auf Verfahren, in denen die Anordnung einer Unterbringung im psychiatrischen Krankenhaus (**§ 63 StGB**) oder in der Sicherungsverwahrung (**§ 66 StGB**) oder ein Vorbehalt der Sicherungsverwahrung (**§ 66a StGB**) zu erwarten ist. Der Gesetzgeber hat hier engere Grenzen gezogen als die vorherige Rechtsprechung (vgl. z.B. BGH StV 2004, 250: Dreierbesetzung selbst bei möglicher Sicherungsverwahrung nur geboten, wenn sie durch die Schwierigkeit oder den Umfang der Sache notwendig erscheint). Der Wunsch des Bundesrates, eine Besetzungsreduktion bei zu erwartender Unterbringung nach § 63 StGB nicht zwingend, sondern nur für den Regelfall auszuschließen (vgl. BT-Drucks. 17/7276, S. 2, 4), hat sich im Gesetzgebungsverfahren nicht durch-

§ 76 GVG Besetzung der Strafkammern

gesetzt. Ergänzt wird § 76 Abs. 2 Satz 3 Nr. 2 durch § 74f Abs. 4: Mit der Reform wurde der dort schon bestehende Ausschluss für Verfahren nach § 66b StGB ausgedehnt auf Verfahren zur Anordnung einer nach § 66a StGB vorbehaltenen Sicherungsverwahrung, s. § 74f Rdn. 10.

12 **b) Dreierbesetzung wegen des Umfangs oder der Schwierigkeit der Sache (§ 76 Abs. 2 Satz 3 Nr. 3, Abs. 3)** § 76 Abs. 2 Satz 3 Nr. 3 schreibt wie schon das vor 2012 geltende Recht die Dreierbesetzung vor, wenn sie wegen des **Umfangs** oder der **Schwierigkeit** der Sache notwendig erscheint. Bzgl. dieser Kriterien besitzt die Kammer einen weiten Beurteilungsspielraum, jedoch kein Ermessen. Der Umfang ist dabei anhand quantitativer Faktoren zu bemessen, etwa der Zahl der angeklagten Taten, der Verfahrensbeteiligten und der Beweismittel oder des Umfangs der Akten. Eine relevante Schwierigkeit der Sache kann sich sowohl aus tatsächlichen Gründen (Beweislage, Notwendigkeit von Sachverständigengutachten) als auch aus ihrer rechtlichen Komplexität ergeben (vgl. zu diesen Kriterien BGHSt 44, 328, 334 m. Anm. *Rieß*, NStZ 1999, 369, u. Anm. *Katholnigg*, JR 1999, 304; BGH, NJW 2003, 3644 m. Anm. *Husheer*, StV 2003, 658; SK-StPO/*Degener*, § 76 Rn. 8; LR/*Siolek*, § 76 Rn. 9).

13 Eine auch für die seit 2012 geltende Neuregelung bedeutsame Konkretisierung des Kriteriums des Umfangs der Sache hat der BGH mit der Entscheidung vom 7. Juli 2010 (NJW 2010, 3045 m. Anm. *Metzger* NStZ 2011, 53) vorgenommen. Danach soll unter diesem Gesichtspunkt eine Besetzungsreduktion jedenfalls dann nicht mehr in Betracht kommen, wenn zum Zeitpunkt der Eröffnung eine Verhandlungsdauer von wenigstens **zehn Verhandlungstagen** absehbar ist; bei der Wahl gerade dieser Zeitspanne nimmt der BGH auf die §§ 229 Abs. 2, 275 Abs. 1 Satz 2 StPO sowie auf BGHSt 52, 355, 362 Bezug (vgl. zudem *Heß/Wenske*, DRiZ 2010, 262, 268). Zudem hat der BGH betont, dass der Dreierbesetzung wegen der mit der Reduktion verbundenen Qualitätseinbuße (s. Rdn. 6) im Zweifelsfall der Vorzug gebühre (BGH NJW 2010, 3045, 3047; zuvor bereits BGHSt 44, 328, 335; SK-StPO/*Degener*, § 76 Rn. 9). Die Rechtspraxis der LG spiegele den gebotenen sensiblen Umgang mit der Besetzungsreduktion derzeit nicht wider.

14 Der Gesetzgeber der Reform 2011 hat dieser Kritik Rechnung getragen und zur Konkretisierung der Kriterien des Umfangs und der Schwierigkeit der Sache **Regelbeispiele in § 76 Abs. 3** normiert: So ist nach § 76 Abs. 3 1. Alt. eine Besetzung mit drei Berufsrichtern nunmehr in der Regel notwendig, wenn die Hauptverhandlung voraussichtlich länger als **zehn Tage** dauern wird (in Anlehnung an BGH NJW 2010, 3045). Gleiches gilt nun, wenn die Kammer als **Wirtschaftsstrafkammer** tätig wird (§ 76 Abs. 3 2. Alt.); zu einschlägigen Vorgaben der Rechtsprechung vgl. BGHSt 44, 328, 334 und NStZ-RR 2005, 47. Mit dem Wunsch, dieses Regelbeispiel zu streichen, konnte sich der Bundesrat auch hier nicht durchsetzen (vgl. BT-Drucks. 17/7276, S. 2, 4). In beiden Fällen des § 76 Abs. 3 ermöglicht es die Gesetzesfassung aber, in atypischen Fällen von der Regel abzuweichen. Umgekehrt ist davon auszugehen, dass die Regelbeispiele des § 76 Abs. 3 die Kriterien des § 76 Abs. 2 Satz 3 Nr. 3 n.F. nicht erschöpfend ausfüllen und ein die Besetzungsreduktion ausschließender Umfang bzw. eine entsprechende Schwierigkeit weiterhin auch aufgrund anderer Kriterien gegeben sein können (ebenso LR Nachtr. 26. Aufl./*Gittermann*, § 76 Rn. 18), etwa bei einer hohen Zahl von Angeklagten oder Tatvorwürfen (Umfang) bzw. z.B. bei hoher rechtlicher Komplexität oder notwendiger Bewertung umfangreicher Sachverständigengutachten (Schwierigkeit), vgl. BGHSt 44, 328.

15 **4. Jugendkammer.** Für das Jugendstrafverfahren wurde die Neuregelung des § 76 Abs. 2 bis 6 mit der Reform 2011 weitgehend parallel in § 33b Abs. 2 bis 6 JGG übernommen. Die Regelbeispiele für eine Besetzung mit drei Berufsrichtern sind gegenüber § 76 Abs. 3 in § 33b Abs. 3 Nr. 1 JGG um die Fälle des § 41 Abs. 1 Nr. 2 JGG erweitert. Um eine Besetzungsreduktion bei zu erwartender Unterbringung nach § 63 StGB sowie für Verfahren auszuschließen, in denen wahrscheinlich formale Voraussetzungen für eine spätere Unterbringung nach § 7 Abs. 2 JGG geschaffen werden, verweist § 33b Abs. 2 Satz 3 Nr. 2 JGG auf § 41 Abs. 1 Nr. 5 JGG (vgl. BT-Drucks. 17/7276, S. 4 f.). Dabei nahm die Regelung ursprünglich auf die in § 7 Abs. 2 a.F. JGG noch vorgesehene Möglichkeit der nachträglichen Anordnung der Sicherungsverwahrung Bezug; mit Wirkung ab 01.06.2013 wurde diese durch die Möglichkeit des Vorbehalts der Sicherungsverwahrung ersetzt (vgl. das Gesetz zur bundesrechtlichen Umsetzung des Abstandsgebotes im Recht der Sicherungsverwahrung vom 05.12.2012, BGBl. I S. 2425). Die bis 31.12.2011 bestehende Fassung des § 33b Abs. 2 gilt für alle Verfahren weiter, die vor dem 01.01.2012 beim LG anhängig geworden sind (§ 121 Abs. 2 JGG in Parallele zu § 41

Abs. 1 EGGVG), was genauso für § 33b Abs. 3–6 JGG zu gelten hat. **§ 108 Abs. 3 Satz 3 JGG** enthält eine parallele Regelung für nach allgemeinem Strafrecht zu behandelnde Heranwachsende, wenn dort eine Unterbringung nach § 63 StGB oder ein Vorbehalt der Sicherungsverwahrung (seit 01.06.2013: § 106 Abs. 3 und 4 JGG) zu erwarten ist. Für die Anordnung der nach § 7 Abs. 2 oder § 106 Abs. 3 bzw. 4 JGG vorbehaltenen Sicherungsverwahrung sowie für die nachträgliche Anordnung der Sicherungsverwahrung nach § 7 Abs. 4 bzw. § 106 Abs. 7 JGG gilt aufgrund der Verweisungen in §§ 81a, 109 Abs. 1 Satz 1 JGG auch im Jugendstrafverfahren § 74f samt dem durch **§ 74f Abs. 4** bestimmten Ausschluss der Besetzungsreduktion (s. § 74f Rdn. 10; die zu § 41 Abs. 2 EGGVG parallele Überleitungsregelung für die Reform 2011 findet sich in § 121 Abs. 3 JGG). Erstmals ausdrücklich ermöglicht wurde mit der Reform eine Besetzungsreduktion der Jugendkammer in der **Berufungsinstanz** (§ 33b Abs. 4 JGG, s. Rdn. 25).

5. Verfahren der Besetzungsentscheidung. Für die **Entscheidungsform** gibt § 76 Abs. 2 Satz 1 mit der Formulierung »bei der Eröffnung« nur eine zeitliche Vorgabe. Die Bestimmung der Besetzung ist nicht Teil des Eröffnungsbeschlusses; § 210 Abs. 1 StPO gilt für sie nicht (BGHSt 44, 328, 332; LR/*Siolek*, § 76 Rn. 4; zur Anwendbarkeit der §§ 222a, 222b StPO s. Rn. 18). Sie kann mit dem Eröffnungsbeschluss jedoch formularmäßig verbunden werden (BGH, NStZ-RR 1999, 274) und muss jedenfalls zeitgleich mit diesem erfolgen (LR Nachtr. 26. Aufl./*Gittermann*, § 76 Rn. 6; s. Rdn. 17). Für die Besetzung gilt dabei § 76 Abs. 1 Satz 2; der Beschluss ergeht wie die Eröffnung (zu dieser vgl. BGH NStZ 2014, 664) stets (noch) durch drei Berufsrichter (BGHSt 50, 267; BGH, NStZ 2009, 52; BGH, NStZ 2012, 50; BGH, NStZ 2012, 225). Die Besetzungsentscheidung ist in **jedem** Verfahren zu treffen, auch dann, wenn drei Berufsrichter eingesetzt werden sollen (anders noch das vor 2012 geltende Recht, vgl. zur Neuregelung BT-Drucks. 17/6905, S. 12). Eine explizite Gewährung rechtlichen Gehörs vor der Entscheidung ist nicht erforderlich; es genügt die Mitteilung der Anklageschrift (h.M., BGHSt 44, 328, 336; LR/*Siolek*, § 76 Rn. 8; a. A. SK-StPO/*Degener*, § 76 Rn. 15).

Die Entscheidung über die Reduktion ist gemäß § 76 Abs. 2 Satz 1 regelmäßig zum **Zeitpunkt** der Eröffnung zu treffen, um den gesetzlichen Richter schon zu Verfahrensbeginn festzulegen und die Gefahr der Einflussnahme durch Verfahrensbeteiligte zu reduzieren (vgl. BGH StV 2012, 196, 197). Mit dem Wunsch einer flexibleren Vorgabe fand der Bundesrat (vgl. BT-Drucks. 17/7276, S. 2, 4) bei der Reform kein Gehör. Eine Nachholung der Besetzungsentscheidung ist jedoch analog § 76 Abs. 4 bis zum Beginn der Hauptverhandlung zulässig (LR Nachtr. 26. Aufl./*Gittermann*, § 76 Rn. 8). Mit § 76 Abs. 2 Satz 2 wurde im Rahmen der Reform allerdings eine Regelung des Ausnahmefalls aufgenommen, dass ein **bereits eröffnetes** Verfahren vor die Kammer gelangt. Die Besetzungsentscheidung hat dann bei Terminierung der Hauptverhandlung zu erfolgen. Relevant sind hier vor allem die Fälle der Verweisung, wenn das Verfahren über die §§ 209, 210 Abs. 3, 225a Abs. 1 und 4, 270 Abs. 1 StPO vor die Kammer gelangt (vgl. bereits zum vor 2012 geltenden Recht BGHSt 44, 361, 362; BGH, StV 2001, 155; LR/*Siolek*, § 76 Rn. 5; zur Neuregelung BT-Drucks. 17/6905, S. 10, 12).

Eine **autonome Korrektur** ihrer Besetzungsentscheidung ist der Kammer abgesehen von den Fällen des § 76 Abs. 4 und 5 (s. Rdn. 19, 20) jedenfalls dann erlaubt, wenn diese objektiv **willkürlich** gewesen ist (BGHSt 53, 169; BGH NStZ 2011, 54; *Kissel/Mayer*, § 76 Rn. 11; vgl. zudem OLG Hamm, Beschluss vom 27.01.2014, Az. 1 Ws 50/14: Korrektur durch Aussetzung, wenn die Kammer von einer »eklatanten Fehlbesetzung« ausgeht). Um jeden weiteren Einfluss der Beteiligten auf den gesetzlichen Richter auszuschließen, kann die Entscheidung ansonsten nachträglich grundsätzlich **nur auf Rüge geändert** werden, und zwar nur, wenn sie schon ursprünglich rechtswidrig war (BGHSt 44, 328, 333; LR/*Siolek*, § 76 Rn. 22). Dabei gelten die Rüge- und Präklusionsvorschriften der §§ 222a, 222b, 338 Nr. 1 Halbs. 2 StPO zumindest entsprechend, während die Besetzungsentscheidung ansonsten nicht anfechtbar ist. Bzgl. des vor 2012 geltenden Rechts entsprach dies ständiger Rechtsprechung (BGHSt 44, 328, 330 ff.; 44, 361, 363 ff.; BGH, NJW 2003, 3644). Die Neuregelung hat hieran nichts geändert (ebenso *Kissel/Mayer*, § 76 Rn. 15; LR Nachtr. 26. Aufl./*Gittermann*, § 76 Rn. 23), auch wenn die Entwurfsbegründung dies nicht eigens hervorhebt. Hiervon ist offensichtlich auch der BGH in der bereits in Kenntnis des Gesetzentwurfs der Reform getroffenen Entscheidung BGH StV 2012, 196, 197 (m. Anm. *Ventzke*) ausgegangen.

Im Rahmen der Reform 2011 wurde mit Rücksicht auf Erfahrungen der Praxis noch für eine weitere Fallgruppe eine **Korrektur** der Besetzungsentscheidung bzw. ihre **Anpassung** an eine veränderte Sachlage vorgeschrieben: Nach § 76 Abs. 4 ist zwingend ein Wechsel von der Zweier- zur Dreierbesetzung (nicht umgekehrt) zu beschließen, wenn sich **vor** Beginn der Hauptverhandlung neue Umstände ergeben, die dies nach Maßgabe von § 76 Abs. 3 bzw. 3 erfordern. Damit wurde u.a. den durch die Rechtsprechung (BGHSt 53, 169 m. Anm. *Freuding*, NStZ 2009, 611; vgl. zudem LR/*Siolek*, § 76 Rn. 13) bereits behandelten Fällen der Verfahrensverbindung nach § 4 StPO Rechnung getragen (BT-Drucks. 17/6905, S. 9 f., 12). Dabei erfasst der Wortlaut »ergeben« auch bereits bestehende Situationen, in denen der Kammer bestimmte Umstände aber erst nachträglich bekannt oder bewusst werden, wobei auch die Schwierigkeit der zu entscheidenden Rechtsfragen einen »Umstand« i.S.d. § 76 Abs. 4 darstellen kann (Beispiel bei *Meyer-Goßner/Schmitt*, § 76 Rn. 10; LR Nachtr. 26. Aufl./*Gittermann*, § 76 Rn. 11). Der Gesetzgeber hat gerade nicht wie etwa in § 66b StGB a.F. auf »Tatsachen« sowie auf deren »Erkennbarkeit« abgestellt. Allerdings muss sich die Kammer einer zumindest in ihrer Wahrnehmung neuen Sachlage gegenüber sehen; § 76 Abs. 4 ändert nichts daran, dass ihr eine bloße erneute Bewertung nicht gestattet ist (s. bereits Rdn. 18). Ergibt sich eine gewichtigere Verfahrenssituation erst **nach** Beginn der Hauptverhandlung, so greift § 76 Abs. 4 nicht. Die Verhandlung ist dann in der einmal beschlossenen Zweierbesetzung fortzuführen, sofern die Kammer nicht zugleich ihre Zuständigkeit verliert oder die Lage eine Aussetzung des Verfahrens gebietet (BGH NStZ 2013, 181; BT-Drucks. 17/6905, S. 12; zu letzterem s. § 76 Abs. 5) oder eine der in Rdn. 18 genannten Situationen vorliegt (objektiv willkürliche ursprüngliche Besetzungsentscheidung; Besetzungsrüge). Problematisch erscheinen Fälle, in denen erst eine neue Sachlage eine Dreierbesetzung speziell nach § 76 Abs. 2 Satz 3 Nr. 1 (Schwurgerichtskammer) oder Nr. 3 i.V.m. Abs. 3 2. Alt. (Wirtschaftsstrafkammer) gebietet: Ist das Verfahren vor einer großen Strafkammer anhängig, so steht zugleich deren funktionelle Zuständigkeit in Frage (vgl. § 74 Rdn. 5). Die Kammer darf dem jedoch nach Eröffnung gemäß § 6a Satz 2 StPO nur auf Einwand des Angeklagten Rechnung tragen. Hier stellt sich die Frage, ob bei Unterbleiben eines Einwands zugleich ein Wechsel zur Dreierbesetzung ausscheidet (so offenbar *Schlothauer* StV 2012, 749, 751). Jedoch besteht die Korrekturmöglichkeit nach § 76 Abs. 4 gerade unabhängig von einer Rüge nach § 222b StPO, an deren durch die Rechtsprechung postulierten Erforderlichkeit der Gesetzgeber der Reform offensichtlich nichts ändern wollte (s. Rdn. 18). Dies legt es nicht nahe, in den Fällen des § 6a StPO das Erfordernis eines Einwands auch auf § 76 Abs. 4 zu erstrecken.

20 Fakultativ wird der Kammer über **§ 76 Abs. 5** eine neue Besetzungsentscheidung gestattet, wenn sie ein Verfahren nach **Zurückverweisung** durch das Revisionsgericht zu verhandeln hat. Diese Möglichkeit wurde dort mit der Reform zudem explizit für die Situation nach **Aussetzung** der Hauptverhandlung geschaffen (auf Basis des vor 2012 geltenden Rechts noch offen gelassen durch BGH, NStZ-RR 2005, 47; BGH StV 2012, 196, 198 bezeichnet die Möglichkeit einer erneuten Entscheidung nach Aussetzung in Kenntnis des Gesetzentwurfs der Reform als naheliegend). Eine Aussetzung allein zu dem Zweck, eine erneute Besetzungsentscheidung nach § 76 Abs. 5 zu ermöglichen, ist nicht zulässig (BT-Drucks. 17/6905, S. 12; LR Nachtr. 26. Aufl./*Gittermann*, § 76 Rn. 13).

21 Eine die **Revision** begründende Fehlbesetzung liegt nur bei willkürlicher Überschreitung des Beurteilungsspielraums vor, ferner bei einer auf sachfremde Erwägungen gestützten Entscheidung (BGH NJW 2010, 3045, 3047). Als sachfremd sind dabei auch Gründe der Personaleinsparung anzusehen (BGHSt 44, 328, 335). Ein revisibler Verfahrensverstoß liegt auch dann vor, wenn unter willkürlicher Annahme der Voraussetzungen des § 76 Abs. 2 Satz 3 in Dreierbesetzung verhandelt wird (s. Rdn. 9). Für die Verfahrensrüge gelten allerdings die Präklusionsvorschriften der §§ 222a, 222b, 338 Nr. 1 Halbs. 2 StPO zumindest entsprechend (vgl. Rdn. 18). Die Revision ist ferner stets begründet, wenn eine Besetzungsentscheidung ganz unterblieben ist. Nach dem vor 2012 bestehenden Recht, dass nur im Fall der Zweierbesetzung eine Entscheidung vorschrieb, galt dies dagegen nur, wenn ohne eine solche in reduzierter Besetzung verhandelt wurde (BGH, NJW 1999, 1724; KK-StPO/*Diemer*, § 76 Rn. 5).

22 **II. Besetzung außerhalb der Hauptverhandlung (§ 76 Abs. 1 Satz 2)** Die durch § 76 Abs. 1 Satz 2 bestimmte Besetzung gilt auch in den Fällen, in denen die Kammer für die Hauptverhandlung eine Besetzungsreduktion beschlossen hat. Außerhalb der Hauptverhandlung ist also zwar ohne Schöffen, aber stets mit **drei Berufsrichtern** zu entscheiden (BGHSt 50, 267 m. Anm. *Rieß*, NStZ 2006, 299; *Meyer-Goßner/Schmitt*, § 76 Rn. 16). Diese Besetzung gilt ferner auch für die **Beschwerdezuständigkeit** nach § 73 Abs. 1 (LR/*Siolek*, § 76 Rn. 23). Zur Frage, welche Entscheidungen außerhalb der Haupt-

verhandlung ergehen, wird auf § 30 Rn. 3 verwiesen. Zu der hier besonders umstrittenen Fallgruppe der Entscheidung über die **Untersuchungshaft**, die Gegenstand divergierender Entscheidungen der Oberlandesgerichte ist (vgl. OLG Köln, NStZ 2009, 589 m. Anm. *Krüger;* OLG Koblenz StV 2010, 36 m. Anm. *Sowada;* zu beiden *Börner* JR 2010, 481), hat sich nach der ausschließlich § 122 betreffenden Entscheidung BGHSt 43, 91 nun erstmals in einem obiter dictum der BGH geäußert (BGH NStZ 2011, 356 m. Anm. *Börner* JR 2011, 362; *Gittermann* DRiZ 2012, 12; *Krüger* NStZ 2012, 342; vgl. zudem LR Nachtr. 26. Aufl./*Gittermann*, § 76 Rn. 5; dem BGH folgend KG StraFo 2015, 110) und eine Entscheidung in der Besetzung nach § 76 Abs. 1 Satz 2 befürwortet. Leider wurde bei der Neuregelung der Besetzungsreduktion nicht die Gelegenheit genutzt, auch dieses langjährige Problem einer gesetzgeberischen Lösung zuzuführen.

C. Besetzung in der Berufungsinstanz. Für die Entscheidung in der Berufungsinstanz ist 23 nach § 76 Abs. 1 Satz 1, 2. Alt. seit der Änderung durch das RPflEntlG 1993 nur noch die **kleine Strafkammer** zuständig, und zwar entgegen früherem Recht auch dann, wenn das erstinstanzliche Urteil durch das **Schöffengericht** erging. Das ist insofern problematisch, als in diesen Fällen das Berufungsgericht eine mit dem Ausgangsgericht identische Besetzung aufweist, was die innere Rechtfertigung der Berufungsinstanz infrage stellt (vgl. *Werle*, JZ 1991, 789, 796; *Meyer-Goßner/Schmitt*, § 76 Rn. 1 mit Nachweisen auch zu rechtspolitischen Vorschlägen; hierzu auch *Meyer-Goßner*, ZRP 2011, 129, 130). Durch § 76 Abs. 6 Satz 1 wird bewirkt, dass ggü. dem erweiterten Schöffengericht immerhin keine reduzierte Besetzung des Berufungsgerichts besteht (im Gesetzgebungsverfahren als zwingende Norm erst gestaltet auf Hinweis der Bundesregierung, vgl. BT-Drucks. 12/3832, S. 43). § 76 Abs. 1 Satz 1, 2. Alt. betrifft auch die Wirtschaftsstrafkammer als Berufungsgericht nach § 74c Abs. 1 Satz 1, 2. Alt. (vgl. BT-Drucks. 12/3832, S. 43).

Anders ist allerdings die Situation im **Jugendstrafverfahren**. Über § 33b Abs. 1 JGG besteht hier noch 24 die Zuständigkeit der großen Jugendkammer als Berufungsgericht für Urteile des Jugendschöffengerichts (vgl. zur hieraus resultierenden Möglichkeit, ein die Sanktionskompetenz nach § 108 Abs. 3 S. 1 JGG, § 24 Abs. 2 GVG missachtendes Berufungsurteil der großen Jugendkammer in ein erstinstanzliches Urteil umzudeuten, BGH NStZ 2010, 94; LR/*Siolek*, § 76 Rn. 25, § 24 Rn. 45). Dies trägt der Rechtsmittelbeschränkung durch § 55 Abs. 2 JGG ebenso Rechnung wie dem umfassenden Strafbann des Jugendschöffengerichts, das bis zu zehn Jahre Jugendstrafe und die Unterbringung nach § 63 StGB verhängen kann (vgl. § 74 Rn. 4).

Im Zuge der Reform des § 76 im Jahr 2011 wurde der als Berufungsgericht tätigen großen Jugendkam- 25 mer allerdings in gleicher Weise wie in der Ausgangsinstanz eine Entscheidung über die **Besetzungsreduktion** vorgeschrieben (§ **33b Abs. 4 JGG**, vgl. BT-Drucks. 17/6905, S. 13). Damit wurde die zuvor umstrittene Frage der Anwendbarkeit des § 33b Abs. 2 JGG auf die Berufsinstanz einer gesetzgeberischen Klärung zugefügt (befürwortend die h.M., s. BGH NStZ-RR 1997, 22; OLG Brandenburg NStZ 2009, 43; SK-StPO/*Degener*, § 76 Rn. 11; LR/*Siolek*, § 76 Rn. 27; dagegen *Ostendorf* JGG §§ 33 bis 33b Rn. 16; *Rzepka*, StV 2001, 167). Eine Verhandlung in Dreierbesetzung hat in der Berufungsinstanz über § 33b Abs. 2 JGG hinausgehend dann zu erfolgen, wenn im angefochtenen Urteil auf eine Jugendstrafe von mehr als vier Jahren erkannt worden ist (§ 33b Abs. 4 Satz 2 JGG). Hierdurch wurde dem umfassenden Strafbann des Jugendschöffengerichts und der Rechtsmittelbeschränkung nach § 55 Abs. 2 JGG ein Stück weit Rechnung getragen (zu Einwänden des auf eine volle Angleichung an § 33b Abs. 2 JGG dringenden Bundesrates vgl. BT-Drucks. 17/7276, S. 3 ff.).

Für die Besetzung der Berufungskammer **außerhalb der Hauptverhandlung** (Rdn. 22) gilt § 76 Abs. 1 26 Satz 2, d.h. der Vorsitzende entscheidet allein (vgl. KG NStZ 2011, 172). § 76 Abs. 6 Satz 2 stellt klar, dass dies auch für die mit zwei Berufsrichtern besetzte Kammer in der Berufung gegen Urteile des erweiterten Schöffengerichts gilt.

§ 77 GVG [Schöffen der Strafkammern]. (1) Für die Schöffen der Strafkammern gelten entsprechend die Vorschriften über die Schöffen des Schöffengerichts mit folgender Maßgabe:
(2) ¹Der Präsident des Landgerichts verteilt die Zahl der erforderlichen Hauptschöffen für die Strafkammern auf die zum Bezirk des Landgerichts gehörenden Amtsgerichtsbezirke. ²Die Hilfsschöffen

wählt der Ausschuß bei dem Amtsgericht, in dessen Bezirk das Landgericht seinen Sitz hat. ³Hat das Landgericht seinen Sitz außerhalb seines Bezirks, so bestimmt die Landesjustizverwaltung, welcher Ausschuß der zum Bezirk des Landgerichts gehörigen Amtsgerichte die Hilfsschöffen wählt. ⁴Ist Sitz des Landgerichts eine Stadt, die Bezirke von zwei oder mehr zum Bezirk des Landgerichts gehörenden Amtsgerichten oder Teile davon umfaßt, so gilt für die Wahl der Hilfsschöffen durch die bei diesen Amtsgerichten gebildeten Ausschüsse Satz 1 entsprechend; die Landesjustizverwaltung kann bestimmte Amtsgerichte davon ausnehmen. ⁵Die Namen der gewählten Hauptschöffen und der Hilfsschöffen werden von dem Richter beim Amtsgericht dem Präsidenten des Landgerichts mitgeteilt. ⁶Der Präsident des Landgerichts stellt die Namen der Hauptschöffen zur Schöffenliste des Landgerichts zusammen.

(3) ¹An die Stelle des Richters beim Amtsgericht tritt für die Auslosung der Reihenfolge, in der die Hauptschöffen an den einzelnen ordentlichen Sitzungen teilnehmen, und der Reihenfolge, in der die Hilfsschöffen an die Stelle wegfallender Schöffen treten, der Präsident des Landgerichts; § 45 Abs. 4 Satz 3, 4 gilt entsprechend. ²Ist der Schöffe verstorben oder aus dem Landgerichtsbezirk verzogen, ordnet der Vorsitzende der Strafkammer die Streichung von der Schöffenliste an; in anderen Fällen wird die Entscheidung darüber, ob ein Schöffe von der Schöffenliste zu streichen ist, sowie über die von einem Schöffen vorgebrachten Ablehnungsgründe von einer Strafkammer getroffen. ³Im übrigen tritt an die Stelle des Richters beim Amtsgericht der Vorsitzende der Strafkammer.

(4) ¹Ein ehrenamtlicher Richter darf für dasselbe Geschäftsjahr nur entweder als Schöffe für das Schöffengericht oder als Schöffe für die Strafkammern bestimmt werden. ²Ist jemand für dasselbe Geschäftsjahr in einem Bezirk zu mehreren dieser Ämter oder in mehreren Bezirken zu diesen Ämtern bestimmt worden, so hat der Einberufene das Amt zu übernehmen, zu dem er zuerst einberufen wird.

(5) § 52 Abs. 2 Satz 1 Nr. 1 findet keine Anwendung.

1 § 77 Abs. 1 verweist für die Schöffen der Strafkammern auf die für das Schöffengericht geltenden §§ 30 bis 57. In § 77 Abs. 2 bis 5 werden deren Vorgaben den Besonderheiten des LG angepasst.

2 Dabei betrifft § 77 **Abs. 2** den Vorgang der **Schöffenwahl**: Für die Bestimmung des Schöffenbedarfs ist hier wie in § 43 der Präsident des LG zuständig, der durch Verteilung auf die zugehörigen AG-Bezirke (§ 77 Abs. 2, S. 1) für eine gleichmäßige Repräsentation der Bevölkerung des LG-Bezirks zu sorgen hat (BGHSt 34, 121) und damit zugleich Ort und Organ für die Schöffenwahl (§ 42) bestimmt, denn diese findet jedenfalls für die **Hauptschöffen** wie für das Schöffengericht in den einzelnen AG-Bezirken durch die dortigen Wahlausschüsse (§ 40) statt. Von dort erfolgt die Rückmeldung der Gewählten an den Präsidenten (§ 77 Abs. 2 Satz 5), der aus den Schöffen der Bezirke eine einheitliche Schöffenliste für alle Strafkammern des LG bildet (§ 77 Abs. 2 Satz 5). Auch die Schöffen der Spezialkammern (§§ 74 Abs. 2, 74a, 74c) werden aus ihr bestimmt, wobei über § 45 Abs. 2 Satz 2 aber ein nach Kammern getrenntes Vorgehen möglich ist (KK-StPO/*Diemer*, § 77 Rn. 3). Lediglich für die Schöffen der Jugendkammern schreibt § 35 JGG ein gesondertes Verfahren vor. Um bei den **Hilfsschöffen** eine möglichst große Nähe des Wohnorts zum Gerichtsort sicherzustellen (vgl. § 42 Abs. 1 Nr. 2 Satz 2), wird für deren Wahl durch § 77 Abs. 2 Satz 2 der AG-Bezirk bestimmt, in dem das LG seinen Sitz hat. § 77 Abs. 2 Satz 3 regelt den Fall, dass dieser Sitz außerhalb des LG-Bezirks liegt (z.B. LG München II). Den günstigeren Verkehrsverhältnissen in Großstädten und Stadtstaaten trägt die Sonderregelung des § 77 Abs. 2 Satz 4 Rechnung, die eine Wahl der Hilfsschöffen aus allen zur Stadt gehörenden AG-Bezirken ermöglicht und hierzu auf das für Hauptschöffen geltende Verfahren nach § 77 Abs. 2 Satz 1 verweist, zugleich aber der Landesjustizverwaltung die Möglichkeit einer Feinjustierung eröffnet. Für die Schöffen einer auswärtigen Strafkammer gilt § 78 Abs. 3 (näher § 78 Rdn. 4).

3 Durch § 77 **Abs. 3** werden die nach der Schöffenwahl erforderlichen und für das Schöffengericht dem Richter am AG zugewiesenen **Aufgaben** dem Präsidenten des LG (Auslosung der Reihenfolge nach § 45 Abs. 3, Mitteilungen nach § 45 Abs. 4 Satz 3 u. 4), i.Ü. (§ 77 Abs. 3 Satz 3) dem Vorsitzenden einer über die Geschäftsverteilung (LR/*Siolek*, § 77 Rn. 7; OLG Celle StraFo 2015, 26) zu konkretisierenden Strafkammer übertragen. Für Streichungen aus der Schöffenliste (§ 52) ist nach § 77 Abs. 3 Satz 2 die gesamte Strafkammer zuständig, sofern nicht Tod oder Wegzug aus dem LG-Bezirk (§ 52 Abs. 3) den Anlass bilden. Kein Streichungsgrund ist der bloße Wechsel des AG-Bezirks innerhalb des LG-Bezirks (§ 77 **Abs. 5** i.V.m. § 52 Abs. 2 Satz 1 Nr. 1).

§ 77 **Abs.** 4 enthält eine für AG wie LG gleichermaßen geltende Regelung des Falls, dass eine Person in einem AG-Bezirk zugleich für beide Gerichte oder in mehreren Bezirken als Schöffe bestimmt wird. Um eine Überlastung zu vermeiden (SK-StPO/*Degener*, § 77 Rn. 7), wird dem Schöffenwahlausschuss (§ 40) in § 77 Abs. 4 Satz 1 eine bewusste **Doppelwahl** untersagt. Ist es gleichwohl hierzu gekommen, hat der Schöffe nur der ersten Einberufung Folge zu leisten (näher LG Hamburg, MDR 1968, 170; LR/*Siolek*, § 77 Rn. 10). 4

Aus dem Wesen der **Hilfsstrafkammer** als temporäre Vertretungskonstruktion (§ 60 Rn. 7) folgt, dass für die Zuweisung der Schöffen bei ihr nicht § 46 maßgeblich ist (str.). Regelmäßig sind vielmehr die Schöffen der vertretenen Strafkammer einzusetzen. Nur bei terminlichen Überschneidungen sind Schöffen aus der Hilfsschöffenliste heranzuziehen, was sich auf § 47 stützen lässt (BGHSt 41, 175; 31, 157; KK-StPO/*Diemer*, § 77 Rn. 4; *Kissel/Mayer*, § 46 Rn. 6 ff.; *Meyer-Goßner/Schmitt*, § 77 Rn. 6). Im Schrifttum wird dagegen z.T. eine Lösung über § 46 befürwortet (*Katholnigg*, NStZ 1983, 178; abwägend SK-StPO/*Degener*, § 77 Rn. 6). 5

§ 78 GVG [Auswärtige Strafkammern].

(1) ¹Die Landesregierungen werden ermächtigt, durch Rechtsverordnung wegen großer Entfernung zu dem Sitz eines Landgerichts bei einem Amtsgericht für den Bezirk eines oder mehrerer Amtsgerichte eine Strafkammer zu bilden und ihr für diesen Bezirk die gesamte Tätigkeit der Strafkammer des Landgerichts oder einen Teil dieser Tätigkeit zuzuweisen. ²Die in § 74 Abs. 2 bezeichneten Verbrechen dürfen einer nach Satz 1 gebildeten Strafkammer nicht zugewiesen werden. ³Die Landesregierungen können die Ermächtigung auf die Landesjustizverwaltungen übertragen.

(2) ¹Die Kammer wird aus Mitgliedern des Landgerichts oder Richtern beim Amtsgericht des Bezirks besetzt, für den sie gebildet wird. ²Der Vorsitzende und die übrigen Mitglieder werden durch das Präsidium des Landgerichts bezeichnet.

(3) ¹Der Präsident des Landgerichts verteilt die Zahl der erforderlichen Hauptschöffen auf die zum Bezirk der Strafkammer gehörenden Amtsgerichtsbezirke. ²Die Hilfsschöffen wählt der Ausschuß bei dem Amtsgericht, bei dem die auswärtige Strafkammer gebildet worden ist. ³Die sonstigen in § 77 dem Präsidenten des Landgerichts zugewiesenen Geschäfte nimmt der Vorsitzende der Strafkammer wahr.

Die Bildung einer auswärtigen Strafkammer ermöglicht eine **Binnendifferenzierung der örtlichen Zuständigkeit**: Vom Bezirk des LG kann ein Teil abgespalten und einer dort anzusiedelnden Strafkammer zugewiesen werden, die für dieses Gebiet die gesamte oder einen bestimmten Teil der sachlichen Zuständigkeit des LG wahrnimmt. Kleinste so gesondert ansprechbare räumliche Einheit ist ein AG-Bezirk. Dabei können einer Kammer genauso mehrere AG-Bezirke zugeordnet wie in einem AG-Bezirk mehrere auswärtige Kammern angesiedelt werden (vgl. z.B. LR/*Siolek*, § 78 Rn. 2). 1

Insgesamt bedeutet die Einrichtung auswärtiger Kammern einen Akt der örtlichen **Dekonzentration**, der ähnlich der Bildung von Zweigstellen dem Primat größerer räumlicher Bürgernähe folgt. Er bildet ein konträres Konzept ggü. den durch §§ 74 Abs. 2, 74a, 74c konstituierten und der richterlichen Spezialisierung dienenden Spruchkörpern, für die jeweils auch eine örtliche Konzentration ermöglicht oder gar vorgeschrieben wird. Entsprechend mutet es inkonsequent an, dass § 78 Abs. 1 Satz 2 allein die Aufgaben des **Schwurgerichts** einer räumlichen Abspaltung entzieht. Kann man den parallelen Willen des Gesetzgebers für die **Staatsschutzkammer** noch aus deren zwingender Konzentration (§ 74a Abs. 1) ableiten (dort allg. M., z.B. *Meyer-Goßner/Schmitt*, § 78 Rn. 3), so spricht bei der **Wirtschaftsstrafkammer** die Offensichtlichkeit der Regelungslücke gegen deren Außerplanmäßigkeit und damit eine analoge Anwendung von § 78 Abs. 1 Satz 2 (i.E. wohl ebenso KK-StPO/*Diemer*, § 78 Rn. 1; a. A. SK-StPO/*Degener*, § 78 Rn. 2; LR/*Siolek*, § 78 Rn. 4; *Kissel/Mayer*, § 78 Rn. 5; einschränkend *Meyer-Goßner/Schmitt*, § 78 Rn. 3, dem zufolge nur bei Einrichtung mehrerer auswärtiger Kammern für denselben Bezirk eine von ihnen auch die Funktion nach § 74c übernehmen kann). Ebenso können die Aufgaben der **Jugendkammer** der auswärtigen Kammer zugewiesen werden (OLG Karlsruhe, Justiz 1978, 474; SK-StPO/*Degener*, § 78 Rn. 2), jedoch bleibt dabei § 37 JGG zu beachten. 2

Die Schaffung auswärtiger Kammern ist wie auch sonst die Bildung von Spruchkörpern (s. § 60 Rdn. 3) eine Maßnahme der **Gerichtsorganisation**, welche § 78 Abs. 1 der Landesregierung (mit Übertragungs- 3

§ 78a GVG Errichtung und Zuständigkeit

möglichkeit nach Abs. 1 Satz 3) zuweist und hierfür die Form einer Rechtsverordnung vorschreibt. Für den **Richtereinsatz** in der auswärtigen Kammer gelten die Vorgaben der §§ 28, 29 DRiG (vgl. LR/*Siolek*, § 78 Rn. 12) genauso wie § 21f für den Vorsitz (BGHSt 18, 176; LR/*Siolek*, § 78 Rn. 15). Dabei ermöglicht § 78 Abs. 2 Satz 1 die Heranziehung der Richter des örtlichen AG; ob dies für jene die Übertragung eines weiteren Richteramts i.S.d. § 22 Abs. 2 GVG, § 27 Abs. 2 DRiG darstellt, ist umstritten (bejahend LR/*Siolek*, § 78 Rn. 13; verneinend *Kissel/Mayer*, § 78 Rn. 9). Für die Mitglieder des LG bedeutet die Zuweisung zur auswärtigen Kammer dagegen lediglich eine Maßnahme der **Geschäftsverteilung** (SK-StPO/*Degener*, § 78 Rn. 8), die hier wie bei jedem Spruchkörper des LG dessen Präsidium obliegt (§ 78 Abs. 2 Satz 2). Werden für einen Bezirk mehrere auswärtige Kammern gebildet, so hat das Präsidium zudem zwischen diesen die sachlichen Geschäfte zu verteilen (*Katholnigg*, § 78 Rn. 1).

4 Aufgrund ihrer eigenständigen örtlichen Zuständigkeit und der damit verbundenen Konkretisierung des gesetzlichen Richters wird die auswärtige Kammer im **Verhältnis zum LG** in mancher Hinsicht wie ein selbstständiges Gericht angesehen. So sollen auf sie die §§ 14, 15, 27 Abs. 4 StPO anzuwenden sein mit der Konsequenz der Zuständigkeit des OLG als »oberes Gericht« (SK-StPO/*Degener*, § 78 Rn. 4; LR/*Siolek*, § 78 Rn. 6 ff.). Auch bei der Schöffenbeteiligung wird die auswärtige Kammer über § 78 Abs. 3 wie ein eigenständiges Gericht behandelt; sie besitzt eigene Schöffenlisten (näher SK-StPO/*Degener*, § 78 Rn. 9). Etwas anderes gilt hier jedoch für solche Aufgaben, die der auswärtigen Kammer nicht zugewiesen sind, also jedenfalls für die Schwurgerichtsverfahren. Hier ist der Bezirk der auswärtigen Kammer bei der Verteilung nach § 77 Abs. 2 Satz 1 mit zu berücksichtigen (so BGHSt 34, 121, klarstellend hierzu *Katholnigg*, NStZ 1987, 238). Andererseits wird die auswärtige Kammer i.S.d. § 354 Abs. 2 StPO überwiegend als »andere Kammer« statt als »anderes Gericht« angesehen (a. A. KK-StPO/*Diemer*, § 78 Rn. 2). Zudem ist jedenfalls in Strafsachen die fristwahrende Einreichung für das Stammgericht bestimmter Schriftstücke bei der auswärtigen Kammer und umgekehrt möglich (vgl. BGH, NJW 1967, 107; *Kissel/Mayer*, § 78 Rn. 8).

5a. Titel. Strafvollstreckungskammern

§ 78a GVG [Errichtung und Zuständigkeit]. (1) ¹Bei den Landgerichten werden, soweit in ihrem Bezirk für Erwachsene Anstalten unterhalten werden, in denen Freiheitsstrafe oder freiheitsentziehende Maßregeln der Besserung und Sicherung vollzogen werden, oder soweit in ihrem Bezirk andere Vollzugsbehörden ihren Sitz haben, Strafvollstreckungskammern gebildet. ²Diese sind zuständig für die Entscheidungen
1. nach den §§ 462a, 463 der Strafprozeßordnung, soweit sich nicht aus der Strafprozeßordnung etwas anderes ergibt,
2. nach den § 50 Abs. 5, §§ 109, 138 Abs. 3 des Strafvollzugsgesetzes,
3. nach den §§ 50, 58 Absatz 2, § 84g Absatz 1, den §§ 84j, 90h Absatz 1 und 2 und § 90k Absatz 1 und 2 des Gesetzes über die internationale Rechtshilfe in Strafsachen.

Ist nach § 454b Abs. 3 der Strafprozeßordnung über die Aussetzung der Vollstreckung mehrerer Freiheitsstrafen gleichzeitig zu entscheiden, so entscheidet eine Strafvollstreckungskammer über die Aussetzung der Vollstreckung aller Strafen.

(2) ¹Die Landesregierungen weisen Strafsachen nach Absatz 1 Satz 2 Nr. 3 für die Bezirke der Landgerichte, bei denen keine Strafvollstreckungskammern zu bilden sind, in Absatz 1 Satz 1 bezeichneten Landgerichten durch Rechtsverordnung zu. ²Die Landesregierungen werden ermächtigt, durch Rechtsverordnung einem der in Absatz 1 bezeichneten Landgerichte für die Bezirke mehrerer Landgerichte die in die Zuständigkeit der Strafvollstreckungskammern fallenden Strafsachen zuzuweisen und zu bestimmen, daß Strafvollstreckungskammern ihren Sitz innerhalb ihres Bezirkes auch oder ausschließlich an Orten haben, an denen das Landgericht seinen Sitz nicht hat, sofern diese Bestimmungen für eine sachdienliche Förderung oder schnellere Erledigung der Verfahren zweckmäßig sind. ³Die Landesregierungen können die Ermächtigungen nach den Sätzen 1 und 2 durch Rechtsverordnung auf die Landesjustizverwaltungen übertragen.

Errichtung und Zuständigkeit § 78a GVG

(3) Unterhält ein Land eine Anstalt, in der Freiheitsstrafe oder freiheitsentziehende Maßregeln der Besserung und Sicherung vollzogen werden, auf dem Gebiete eines anderen Landes, so können die beteiligten Länder vereinbaren, daß die Strafvollstreckungskammer bei dem Landgericht zuständig ist, in dessen Bezirk die für die Anstalt zuständige Aufsichtsbehörde ihren Sitz hat.

A. Normzweck. Die §§ 78a, 78b enthalten Regelungen über die Strafvollstreckungskammern. Diese sind spezielle Strafkammern des LG mit einem gesetzlich bestimmten Zuständigkeitsbereich. Nach h.M. handelt es sich um einen **einheitlichen Spruchkörper**, der nur in Fällen von besonderer Bedeutung in der Besetzung mit drei Richtern (sog. »große« Strafvollstreckungskammer, § 78b Abs. 1 Nr. 1), sonst mit einem Einzelrichter (sog. »kleine« Strafvollstreckungskammer, § 78b Abs. 1 Nr. 2) entscheidet (OLG Hamm, NStZ 1981, 452; OLG Düsseldorf, NStZ 1982, 301; AnwK-StPO/*Bergmann*, § 78a Rn. 4; *Kissel/Mayer*, § 78a Rn. 3; »von verfassungswegen nicht zu beanstanden«: BVerfG, NStZ 1983, 44; a. A. *Körnhoff*, NStZ 1981, 421). Die Norm bezweckt, »die während einer Freiheitsentziehung notwendigen Entscheidungen im Interesse einer möglichst gleichmäßigen Behandlung der Gefangenen einer Anstalt, einer möglichst großen Sachkunde wie auch Erfahrung des Richters ortsnah zusammenzufassen«, um so einer Entscheidungszersplitterung entgegenzuwirken (AK-StPO/*Bergmann*, § 78a Rn. 1; *Kissel/Mayer*, § 78a Rn. 3; LR/*Siolek*, Vor § 78a Rn. 11; *Doller*, DRiZ 1987, 264, 265 f.; *Treptow*, NJW 1975, 1105). 1

B. Errichtung und Zuständigkeit von Strafvollstreckungskammern (Abs. 1) 2
Abs. 1 bestimmt, wo die Strafvollstreckungskammern gebildet werden und regelt zugleich die sachliche Zuständigkeit.

I. Errichtung (Abs. 1 Satz 1) Nach Abs. 1 Satz 1 werden Strafvollstreckungskammern nur an LG 3 gebildet, in deren Bezirk **selbstständige** Straf- oder Maßregelvollzugsanstalten für Erwachsene oder andere Vollzugsbehörden, etwa Bundeswehrbehörden als Vollzugsbehörden (BGHSt 26, 391 = NJW 1976, 2356; *Kissel/Mayer*, § 78a Rn. 4; KK-StPO/*Dierner*, § 78a Rn. 2; LR/*Siolek*, § 78a Rn. 1, 2) unterhalten werden. Zu erstgenannten Anstalten zählen Justizvollzugsanstalten zur Vollziehung von Freiheitsstrafen und Unterbringung in Sicherungsverwahrung und in einer sozialtherapeutischen Anstalt (§ 139 StVollzG) und Anstalten anderer Träger, in denen nach Landesrecht die Unterbringung in einem psychiatrischen Krankenhaus oder einer Entziehungsanstalt (§ 138 StVollzG) vollzogen wird (*Kissel/Mayer*, § 78a Rn. 4). Außenstellen oder Zweigstellen werden der Hauptanstalt zugerechnet (BGHSt 28, 135 = NJW 1978, 2561). Die Trägerschaft spielt für die Errichtung keine Rolle (KK-StPO/ *Dierner*, § 78a Rn. 2; *Kissel/Mayer*, § 78a Rn. 4).

II. Sachliche Zuständigkeit (Abs. 1 Satz 2) Abs. 1 Satz 2 regelt die **sachliche Zuständigkeit** im 4 Strafvollstreckungs- (Nr. 1) und im Vollzugsverfahren (Nr. 2) sowie in Angelegenheiten der internationalen Rechtshilfe (Nr. 3) bei Erwachsenen. Für die Vollstreckung von Jugendstrafe und freiheitsentziehenden Maßnahmen des **Jugendstrafrechts** ist ausschließlich der Jugendrichter als Vollstreckungsleiter zuständig (§§ 82, 83, 110 JGG). Dies gilt auch dann, wenn die Jugendstrafe nach § 92 Abs. 2 JGG nach den Vorschriften des Erwachsenenvollzugs vollstreckt wird oder nach § 103 JGG Maßnahmen des Jugendstrafrechts oder Jugendstrafe verhängt wurden (*Kissel/Mayer*, § 78a Rn. 9). Für Anträge auf gerichtliche Entscheidung ist nach § 92 JGG die Jugendkammer, in deren Bezirk die Vollzugsbehörde ihren Sitz hat, zuständig (*Kissel/Mayer*, § 78a Rn. 10) **Nicht** in den Zuständigkeitsbereich der Strafvollstreckungskammer fallen ferner die **Untersuchungs-, Ordnungs-, Zwangs- und Erzwingungshaft** (SK-StPO/*Deiters*, § 78a Rn. 4).

Nach **Abs. 1 Satz 2 Nr. 1** ist die Strafvollstreckungskammer zunächst zuständig für Entscheidungen 5 nach §§ 462a, 463 StPO, soweit sich nicht aus der Strafprozessordnung etwas anderes ergibt. Der Verweis auf die §§ 462a, 463 StPO ist der Beginn einer unübersichtlichen Verweisungskette, da § 462a wiederum Bezug nimmt auf §§ 453, 454 (Entscheidung, ob die Vollstreckung eines Restes einer zeitigen Freiheitsstrafe zur Bewährung ausgesetzt werden kann, §§ 57, 58 StGB) 454a, und 462, 453 auf die §§ 56a bis 56g, 58, 59a und 59b (Nachtragsentscheidungen einschließlich der damit zusammenhängenden Entscheidungen und Maßnahmen nach §§ 453a bis 453c StPO) und § 462 auf die § 450a Abs. 3 Satz 1, §§ 458 bis 461 und die §§ 45b, 74b Abs. 2 Satz 3, 76, 79b StGB verweist. Ausnahmen

Spiess

von der Zuständigkeit finden sich in § 462a Abs. 2 Satz 2, Abs. 5 StPO. Die **örtliche Zuständigkeit** richtet sich nach § 462a Abs. 1 Satz 1, 463 Abs. 1 StPO, wonach die StrafVollstrK zuständig ist, in deren **Bezirk die Anstalt** liegt, in die der Verurteilte zu dem Zeitpunkt, in dem das Gericht mit der Sache befasst wird, aufgenommen ist bzw. in deren Bezirk die beteiligte (selbstständige) Vollzugsbehörde (vgl. Rn. 3) ihren Sitz hat (§ 110 StVollzG) (*Kissel/Mayer*, § 78a Rn. 18). Befasst mit der Sache ist das Gericht dann, wenn ein Antrag eines Verfahrensbeteiligten eingeht oder das Gericht von sich aus eine verfahrenseinleitende Verfügung trifft (BT-Drucks. 7/550, S. 313; *Kissel/Mayer*, § 78a Rn. 18) oder die Akten bei ihm eingehen (*Schmidt*, NJW 1975, 1488; *Kissel/Mayer*, § 78a Rn. 18). Die einmal begründete Zuständigkeit der StrafVollstrK wird durch eine Verschubung des Verurteilten nicht mehr berührt (BGHSt 26, 165; 30, 189).

6 **Abs. 1 Satz 2 Nr. 2** beinhaltet die Zuständigkeit für Anträge von Strafgefangenen und Dritten (BGH, NJW 1978, 282; SK-StPO/*Deiters*, § 78a Rn. 10) auf gerichtliche Entscheidungen gegen Maßnahmen zur Regelung einzelner Angelegenheiten auf dem Gebiet des Strafvollzugs einschließlich der Erhebung eines Haftkostenbeitrags (§ 109 Abs. 1 StVollzG, § 50 Abs. 5 StVollzG). Für das gerichtliche Verfahren hinsichtlich der Unterbringung im Maßregelvollzug erklärt § 138 Abs. 3 StVollzG den § 109 StVollzG für entsprechend anwendbar. Die **örtliche Zuständigkeit** ergibt sich aus § 110 StVollzG.

7 Schließlich bestimmt **Abs. 1 Satz 2 Nr. 3** die Zuständigkeit für die Entscheidung über die Vollstreckbarkeit ausländischer Erkenntnisse (§ 50 IRG), die Anordnung der Haft zur Sicherung der Vollstreckung von freiheitsentziehenden Sanktionen in ausländischen Erkenntnissen (§ 58 Abs. 2 IRG) und die Zulässigkeitserklärung des Ersuchens an einen anderen Staat um Vollstreckung (§ 71 Abs. 4 IRG). Die **örtliche Zuständigkeit** ist §§ 51, 71 Abs. 4 Satz 3 IRG zu entnehmen.

8 **Abs. 1 Satz 3** normiert eine **Zuständigkeitskonzentration** bei der Strafvollstreckungskammer im Fall gleichzeitiger Entscheidung nach § 454b Abs. 3 StPO über die Aussetzung der Reststrafe mehrerer zeitiger und lebenslanger Freiheitsstrafen nach §§ 57, 57a StGB.

9 **C. Konzentrationsermächtigung.** Durch Abs. 2 Satz 1 und 2 werden die Landesregierungen ermächtigt, durch Rechtsverordnung die Zuständigkeit der Strafvollstreckungskammern nach Abs. 1 zu strukturieren und zu konzentrieren. **Abs. 2 Satz 1** trägt dem Umstand Rechnung, dass auch in Landgerichtsbezirken, in denen es keine StrafVollstrK gibt, Verfahren nach dem IRG anfallen können (BT-Drucks. 9/1338, S. 98; *Katholnigg*, § 78a Rn. 5; SK-StPO/*Deiters*, § 78a Rn. 13). Vor dem Hintergrund der Berücksichtigung örtlicher Begebenheiten und des individuellen Arbeitsanfalls (BT-Drucks. 7/550, S. 319; SK-StPO/*Deiters*, § 78a Rn. 14), enthält **Abs. 2 Satz 2** eine Konzentrationsermächtigung an die Landesregierungen. Voraussetzung ist aber, dass die Konzentration für eine sachliche Förderung oder schnellere Erledigung des Verfahrens zweckmäßig ist (SK-StPO/*Deiters*, § 78a Rn. 14). Gebrauch gemacht hiervon haben folgende Länder: Bayern (§ 36 GZVJu), Bremen (VO v. 03.12.1974, GBl., S. 337), Hessen (VO v. 31.12.1974, GVBl. 1975, 2), Niedersachsen (VO v. 11.01.1990, GVBl., S. 29), Nordrhein-Westfalen (VO v. 19.07.1976, GVNW, S. 291), Rheinland-Pfalz (VO v. 19.02.1979, GVBl., S. 66), Sachsen (VO v. 08.12.1992, GVBl., S. 605), Sachsen-Anhalt (VO v. 25.08.1992, GVBl., S. 660) und Schleswig-Holstein (VO v. 16.12.1974, GVOBl., S. 497).

10 **D. Zuständigkeitsvereinbarungen.** Abs. 3 ermöglicht den Ländern, in den Fällen, in denen ein Land eine Straf- oder Maßregelvollzugsanstalt auf dem Gebiete eines anderen Landes unterhält oder mehrere Länder in Ermangelung eigener entsprechender Vollzugsanstalten eine Anstalt gemeinsam unterhalten (Vollzugsgemeinschaft nach § 150 StVollzG), eine abweichende örtliche Zuständigkeit zu vereinbaren (*Kissel/Mayer*, § 78a Rn. 24; SK-StPO/*Deiters*, § 78a Rn. 15). Diese sieht dergestalt aus, dass die Strafvollstreckungskammer bei dem LG zuständig ist, in dessen Bezirk die für die Anstalt zuständige Aufsichtsbehörde ihren Sitz hat. Eine solche Vereinbarung gibt es bislang nur zwischen Schleswig-Holstein und Hamburg (Abkommen über die Zuständigkeit der Strafvollstreckungskammer bei dem LG Hamburg v. 10.10.1974 (nebst Hamburg Gesetz v. 18.11.1974, GVBl., S. 331 sowie Bek. v. 06.01.1975 GVBl., S. 6) und Schleswig-Holstein (Gesetz v. 18.12.1974, GVOBl., S. 475 sowie Bek. v. 02.01.1975, GVOBl., S. 5; vgl. *Meyer-Goßner/Schmitt*, § 78a Rn. 5).

§ 78b GVG [Besetzung]. (1) Die Strafvollstreckungskammern sind besetzt
1. in Verfahren über die Aussetzung der Vollstreckung des Restes einer lebenslangen Freiheitsstrafe oder die Aussetzung der Vollstreckung der Unterbringung in einem psychiatrischen Krankenhaus oder in der Sicherungsverwahrung mit drei Richtern unter Einschluß des Vorsitzenden,
2. in den sonstigen Fällen mit einem Richter.
(2) Die Mitglieder der Strafvollstreckungskammern werden vom Präsidium des Landgerichts aus der Zahl der Mitglieder des Landgerichts und der in seinem Bezirk angestellten Richter beim Amtsgericht bestellt.

A. Besetzung (Abs. 1) Die einheitliche Strafvollstreckungskammer (h.M.; vgl. § 78a Rn. 1) entscheidet nach der konkret zu erledigenden Aufgabe in unterschiedlicher Besetzung als »große« StVollstrK mit drei Richtern unter Einschluss des Vorsitzenden (Abs. 1 Nr. 1) oder als »kleine« StVollstrK durch ein Mitglied der Kammer (Abs. 1 Nr. 2). Entscheidungsbefugt sind nur Berufs- und keine Laienrichter (*Kissel/Mayer*, § 78b Rn. 1). 1

I. Die »große« StVollstrK (Abs. 1 Nr. 1) Die »große« StVollstrK entscheidet in Verfahren über die Aussetzung der Vollstreckung des Restes einer lebenslangen Freiheitsstrafe nach §§ 57a, 57b StGB (Nr. 1, 1. Alt.) und die Aussetzung der Vollstreckung der Unterbringung in einem psychiatrischen Krankenhaus nach § 63 StGB (Nr. 1, 2. Alt.) oder in der Sicherungsverwahrung nach § 66 StGB (Nr. 1, 3. Alt.). Umfasst sind hiervon über den Wortlaut hinaus auch die im Zusammenhang mit der Aussetzung stehenden nachträglichen Entscheidungen wie die Umkehr der Vollstreckungsreihenfolge nach § 67 Abs. 2 StGB (OLG Hamm, NStZ 1994, 207), die Zulässigkeit der Vollstreckung (OLG Hamm, NStZ-RR 1999, 126), der Widerruf der Aussetzung zur Bewährung nach § 453 StPO (OLG Hamm, NStZ 1994, 146), die Aufhebung der Aussetzung nach § 454a Abs. 2 StPO (LR/*Siolek*, § 78b Rn. 3), die Unterbrechung nach § 454b Abs. 2 StPO (LR/*Siolek*, § 78b Rn. 3) und die Erledigung der Maßregel (OLG Hamm, NStZ 1994, 207). Wird neben einer lebenslangen Freiheitsstrafe oder der Unterbringung nach §§ 63, 66 StGB noch zeitige Freiheitsstrafe oder eine sonstige freiheitsentziehende Maßregel vollstreckt, so ist insoweit die »kleine« StVollstrK zuständig (*Meyer-Goßner/Schmitt*, § 78b Rn. 5). Es verbleibt aber bei der Zuständigkeit der großen StVollstrK, wenn Strafe und Maßregel in einem Urteil verhängt wurden und über die Aussetzung der vorweg vollzogenen zeitigen Freiheitsstrafe zu befinden ist (*Meyer-Goßner/Schmitt*, § 78b Rn. 5; OLG Zweibrücken, JBlRP 2007, 38). 2

II. Die »kleine« StVollstrK (Abs. 1 Nr. 2) Für alle nicht unter Abs. 1 Nr. 1 fallenden Verfahren sowie die damit zusammenhängenden Entscheidungen (LR/*Siolek*, § 78b Rn. 4), ist die »kleine« StVollstrK nach Abs. 1 Nr. 2 zuständig. In den Zuständigkeitsbereich fallen insb. die Entscheidungen nach §§ 50 Abs. 5, 109, 138 Abs. 3 StVollzG und §§ 50, 58 Abs. 2, 71 Abs. 4 IRG (OLG München, NStZ 1995, 207; *Meyer-Goßner/Schmitt*, § 78b Rn. 6; LR/*Siolek*, § 78b Rn. 4). 3

III. Zuständigkeitsstreit. Die Streitfrage, ob die »große« oder »kleine« StVollstrK für eine Entscheidung zuständig ist, kann wegen des Charakters eines einheitlichen Spruchkörpers nicht über eine Anwendung des § 14 StPO gelöst werden (vgl. LR/*Siolek*, § 78b Rn. 5; *Katholnigg*, § 78b Rn. 1; *Kissel/Mayer*, § 78b Rn. 7). Auch eine Bestimmung durch das Präsidium ist nicht möglich, da die Besetzung gesetzlich zwingend vorgeschrieben ist (LR/*Siolek*, § 78b Rn. 5; *Kissel/Mayer*, § 78b Rn. 7). Da von Gesetzes wegen der »großen« StVollstrK die gewichtigeren Entscheidungen übertragen sind, wird man in Zweifelsfällen die Zuständigkeit der »großen« StVollstrK annehmen (vgl. LR/*Siolek*, § 78b Rn. 5). 4
Ein **Zuständigkeitsverstoß** wäre in diesem Fall – ausgenommen bei objektiver Willkür – unschädlich (OLG Düsseldorf, NStZ 1984, 477; LR/*Siolek*, § 78b Rn. 5, 12; a. A. *Kissel/Mayer*, § 78b Rn. 9). Dagegen ist das Gericht bei einer fehlerhaften Annahme der Zuständigkeit der »kleinen« StVollstrK nicht ordnungsgemäß besetzt (OLG Düsseldorf, NStZ 1984, 477; LR/*Siolek*, § 78b Rn. 13; *Kissel/Mayer*, § 78b Rn. 8). In diesem Fall liegt es im Ermessen des **OLG als zuständigem Beschwerdegericht**, ob es die Sache entsprechend § 309 StPO selbst entscheidet (OLG Frankfurt am Main, StV 1989, 491; OLG Hamm, NStZ 1992, 407) oder aufhebt und zurückverweist (OLG Düsseldorf, StV 1991, 432; 5

OLG Hamm, NStZ 1994, 146; LR/*Siolek*, § 78b Rn. 14; a. A. *Kissel/Mayer*, § 78b Rn. 8 der stets eine Aufhebung und Zurückverweisung für geboten hält).

6 **B. Bestellung der Richter (Abs. 2)** Der **Vorsitz** der StVollstrK richtet sich nach § 21f Abs. 1, 2. Berufen sind nur der Präsident oder ein Vorsitzender Richter, § 21f Abs. 1. Als **weitere Mitglieder** (Beisitzer, Einzelrichter) können Mitglieder des LG, wobei auch ein Richter auf Probe oder ein Richter kraft Auftrags oder ein abgeordneter Richter als Kammermitglied in Betracht kommen (§ 29 DRiG), oder Richter eines AG, das im Bezirk des LG liegt, bestellt werden. Anders als bei den Richtern am LG, kommen dafür aber nur Richter auf Lebenszeit in Betracht (§ 27 DRiG; OLG Koblenz, NStZ 1982, 301; LR/*Siolek*, § 78b Rn. 9).

7 Das Präsidium trifft die **Auswahl** und regelt die **Vertretung** der Richter (*Kissel/Mayer*, § 78b Rn. 11, 16; LR/*Siolek*, § 78b Rn. 9). Bei der Kompetenz des Präsidiums des LG, auch einen Richter des AG zu einem Mitglied der StVollstrK zu bestellen, handelt es sich um einen Sonderfall (*Kissel/Mayer*, § 78b Rn. 16). Eine Doppelernennung nach § 22 Abs. 2 ist nicht erforderlich (*Meyer-Goßner/Schmitt*, § 78b Rn. 9). Die Entscheidung des Präsidiums muss insoweit in der Geschäftsverteilung des AG berücksichtigt werden (*Meyer-Goßner/Schmitt*, § 78b Rn. 9).

8 Die Aufteilung der Geschäfte des Einzelrichters und die sonstige Tätigkeit der einzelnen Richter in der StVollstrK richtet sich nach § 21g (*Kissel/Mayer*, § 78b Rn. 19; LR/*Siolek*, § 78b Rn. 10; *Treptow*, NJW 1977, 1038).

Achter Titel. Oberlandesgerichte

§ 115 GVG [Besetzung]. Die Oberlandesgerichte werden mit einem Präsidenten sowie mit Vorsitzenden Richtern und weiteren Richtern besetzt.

1 Der **Präsident** ist sowohl unabhängiger Richter als auch Organ der Justizverwaltung. Nach § 21e Abs. 1 Satz 3 kann er selbst bestimmen, welche richterliche Aufgabe (gem. § 21f Abs. 1 ein Senatsvorsitz) er wahrnimmt. Neben ihm muss mindestens ein weiterer **Vorsitzender Richter** bestellt sein. Als **weitere Richter** können nur Richter auf Lebenszeit berufen werden (§ 28 DRiG).

2 Die Hinzuziehung **Abgeordneter Richter** (§ 37 DRiG) ist nur zur Bewältigung eines außergewöhnlichen Arbeitsanfalls, zur Vertretung verhinderter Richter oder zu Fortbildungs- und Erprobungszwecken zulässig (*Kissel/Mayer* § 115 Rn. 9 m.w.N.). An einer gerichtlichen Entscheidung darf nicht mehr als ein abgeordneter Richter mitwirken (§ 29 DRiG).

§ 116 GVG [Senate]. (1) ¹Bei den Oberlandesgerichten werden Zivil- und Strafsenate gebildet. ²Bei den nach § 120 zuständigen Oberlandesgerichten werden Ermittlungsrichter bestellt; zum Ermittlungsrichter kann auch jedes Mitglied eines anderen Oberlandesgerichts, das in dem in § 120 bezeichneten Gebiet seinen Sitz hat, bestellt werden.
(2) ¹Die Landesregierungen werden ermächtigt, durch Rechtsverordnung außerhalb des Sitzes des Oberlandesgerichts für den Bezirk eines oder mehrerer Landgerichte Zivil- oder Strafsenate zu bilden und ihnen für diesen Bezirk die gesamte Tätigkeit des Zivil- oder Strafsenats des Oberlandesgerichts oder einen Teil dieser Tätigkeit zuzuweisen. ²Ein auswärtiger Senat für Familiensachen kann für die Bezirke mehrerer Familiengerichte gebildet werden.
(3) Die Landesregierungen können die Ermächtigung nach Absatz 2 auf die Landesjustizverwaltungen übertragen.

1 Bei jedem OLG sind mindestens ein Zivilsenat und ein Strafsenat zu bilden. Ihre Zahl bestimmt die Justizverwaltung. Gleiches gilt, wenn nach Satz 2 Ermittlungsrichter (§ 169 StPO) zu bestellen sind. Werden dazu Mitglieder eines anderen OLG herangezogen, handelt es sich nicht um eine Abordnung, sondern um eine Maßnahme nach § 21e (*Kissel/Mayer* § 116 Rn. 19).

Durch Rechtsverordnung zu bildende **Auswärtige Senate** bleiben Spruchkörper des OLG. Die Zuweisung eines Richters an einen Auswärtigen Senat ist eine Maßnahme nach § 21e. Hinsichtlich der **örtlichen Zuständigkeit** hat der Auswärtige Senat den Status eines selbstständigen Gerichts, sodass über einen Zuständigkeitsstreit mit dem Stammgericht analog § 14 StPO der BGH zu entscheiden hat (h.M. *Kissel/Mayer* § 116 Rn. 17; LR/*Franke* § 116 GVG Rn. 4; *Meyer-Goßner/Schmitt* § 116 GVG Rn. 2).

§ 120 GVG [Erstinstanzliche Zuständigkeit in Strafsachen].

(1) In Strafsachen sind die Oberlandesgerichte, in deren Bezirk die Landesregierungen ihren Sitz haben, für das Gebiet des Landes zuständig für die Verhandlung und Entscheidung im ersten Rechtszug
1. bei Friedensverrat in den Fällen des § 80 des Strafgesetzbuches,
2. bei Hochverrat (§§ 81 bis 83 des Strafgesetzbuches),
3. bei Landesverrat und Gefährdung der äußeren Sicherheit (§§ 94 bis 100a des Strafgesetzbuches) sowie bei Straftaten nach § 52 Abs. 2 des Patentgesetzes (PatG), nach § 9 Abs. 2 des Gebrauchsmustergesetzes (GebrMG) in Verb. mit § 52 Abs. 2 des Patentgesetzes (PatG) oder nach § 4 Abs. 4 des Halbleiterschutzgesetzes (HalblSchG) in Verb. mit § 9 Abs. 2 des Gebrauchsmustergesetzes (GebrMG) und § 52 Abs. 2 des Patentgesetzes (PatG),
4. bei einem Angriff gegen Organe und Vertreter ausländischer Staaten (§ 102 des Strafgesetzbuches),
5. bei einer Straftat gegen Verfassungsorgane in den Fällen der §§ 105, 106 des Strafgesetzbuches,
6. bei einer Zuwiderhandlung gegen das Vereinigungsverbot des § 129a, auch in Verb. mit § 129b Abs. 1, des Strafgesetzbuches,
7. bei Nichtanzeige von Straftaten nach § 138 des Strafgesetzbuches, wenn die Nichtanzeige eine Straftat betrifft, die zur Zuständigkeit der Oberlandesgerichte gehört, und
8. bei Straftaten nach dem Völkerstrafgesetzbuch (VStGB).

(2) ¹Diese Oberlandesgerichte sind ferner für die Verhandlung und Entscheidung im ersten Rechtszug zuständig
1. bei den in § 74a Abs. 1 bezeichneten Straftaten, wenn der Generalbundesanwalt wegen der besonderen Bedeutung des Falles nach § 74a Abs. 2 die Verfolgung übernimmt,
2. bei Mord (§ 211 des Strafgesetzbuches (StGB)), Totschlag (§ 212 des Strafgesetzbuches (StGB)) und den in § 129a Abs. 1 Nr. 2 und Abs. 2 des Strafgesetzbuches (StGB) bezeichneten Straftaten, wenn ein Zusammenhang mit der Tätigkeit einer nicht oder nicht nur im Inland bestehenden Vereinigung besteht, deren Zweck oder Tätigkeit die Begehung von Straftaten dieser Art zum Gegenstand hat, und der Generalbundesanwalt wegen der besonderen Bedeutung des Falles die Verfolgung übernimmt,
3. bei Mord (§ 211 des Strafgesetzbuchs), Totschlag (§ 212 des Strafgesetzbuchs), erpresserischem Menschenraub (§ 239a des Strafgesetzbuchs), Geiselnahme (§ 239b des Strafgesetzbuchs), schwerer und besonders schwerer Brandstiftung (§§ 306a und 306b des Strafgesetzbuchs), Brandstiftung mit Todesfolge (§ 306c des Strafgesetzbuchs), Herbeiführen einer Explosion durch Kernenergie in den Fällen des § 307 Abs. 1 und 3 Nr. 1 des Strafgesetzbuchs, Herbeiführen einer Sprengstoffexplosion in den Fällen des § 308 Abs. 1 bis 3 des Strafgesetzbuchs, Missbrauch ionisierender Strahlen in den Fällen des § 309 Abs. 1 bis 4 des Strafgesetzbuchs, Vorbereitung eines Explosions- oder Strahlungsverbrechens in den Fällen des § 310 Abs. 1 Nr. 1 bis 3 des Strafgesetzbuchs, Herbeiführen einer Überschwemmung in den Fällen des § 313 Abs. 2 in Verb. mit § 308 Abs. 2 und 3 des Strafgesetzbuchs, gemeingefährlicher Vergiftung in den Fällen des § 314 Abs. 2 in Verb. mit § 308 Abs. 2 und 3 des Strafgesetzbuchs und Angriff auf den Luft- und Seeverkehr in den Fällen des § 316c Abs. 1 und 3 des Strafgesetzbuchs, wenn die Tat nach den Umständen geeignet ist,
   a) den Bestand oder die Sicherheit eines Staates zu beeinträchtigen,
   b) Verfassungsgrundsätze der Bundesrepublik Deutschland zu beseitigen, außer Geltung zu setzen oder zu untergraben,
   c) die Sicherheit der in der Bundesrepublik Deutschland stationierten Truppen des Nordatlantik-Pakts oder seiner nichtdeutschen Vertragsstaaten zu beeinträchtigen oder
   d) den Bestand oder die Sicherheit einer internationalen Organisation zu beeinträchtigen,

§ 120 GVG Erstinstanzliche Zuständigkeit in Strafsachen

und der Generalbundesanwalt wegen der besonderen Bedeutung des Falles die Verfolgung übernimmt,
4. bei Straftaten nach dem Außenwirtschaftsgesetz (AWG) sowie bei Straftaten nach § 19 Abs. 2 Nr. 2 und § 20 Abs. 1 des Gesetzes über die Kontrolle von Kriegswaffen (KrWaffKontrG), wenn die Tat nach den Umständen
   a) geeignet ist, die äußere Sicherheit oder die auswärtigen Beziehungen der Bundesrepublik Deutschland erheblich zu gefährden, oder
   b) bestimmt und geeignet ist, das friedliche Zusammenleben der Völker zu stören,
und der Generalbundesanwalt wegen der besonderen Bedeutung des Falles die Verfolgung übernimmt. ²Eine besondere Bedeutung des Falles ist auch anzunehmen, wenn in den Fällen des Satzes 1 eine Ermittlungszuständigkeit des Generalbundesanwalts wegen des länderübergreifenden Charakters der Tat geboten erscheint. ³Die Oberlandesgerichte verweisen bei der Eröffnung des Hauptverfahrens die Sache in den Fällen der Nummer 1 an das Landgericht, in den Fällen der Nummern 2 bis 4 an das Land- oder Amtsgericht, wenn eine besondere Bedeutung des Falles nicht vorliegt.
(3) ¹In den Sachen, in denen diese Oberlandesgerichte nach Absatz 1 oder 2 zuständig sind, treffen sie auch die in § 73 Abs. 1 bezeichneten Entscheidungen. ²Sie entscheiden ferner über die Beschwerde gegen Verfügungen der Ermittlungsrichter der Oberlandesgerichte (§ 169 Abs. 1 Satz 1 der Strafprozessordnung) in den in § 304 Abs. 5 der Strafprozessordnung (StPO) bezeichneten Fällen.
(4) ¹Diese Oberlandesgerichte entscheiden auch über die Beschwerde gegen Verfügungen und Entscheidungen des nach § 74a zuständigen Gerichts. ²Für die Beschwerde über die Beschwerde gegen Verfügungen und Entscheidungen des nach § 74a Abs. 4 zuständigen Gerichts sowie in den Fällen des § 100d Abs. 1 Satz 6 der Strafprozessordnung (StPO) ist ein nicht mit Hauptverfahren in Strafsachen befasster Senat zuständig.
(5) ¹Für den Gerichtsstand gelten die allgemeinen Vorschriften. ²Die beteiligten Länder können durch Vereinbarung die den Oberlandesgerichten in den Absätzen 1 bis 4 zugewiesenen Aufgaben dem hiernach zuständigen Gericht eines Landes auch für das Gebiet eines anderen Landes übertragen.
(6) Soweit nach § 142a für die Verfolgung der Strafsachen die Zuständigkeit des Bundes begründet ist, üben diese Oberlandesgerichte Gerichtsbarkeit nach Artikel 96 Abs. 5 des Grundgesetzes (GG) aus.
(7) Soweit die Länder auf Grund von Strafverfahren, in denen die Oberlandesgerichte in Ausübung von Gerichtsbarkeit des Bundes entscheiden, Verfahrenskosten und Auslagen von Verfahrensbeteiligten zu tragen oder Entschädigungen zu leisten haben, können sie vom Bund Erstattung verlangen.

S.a. *RiStBV Nr. 202 ff.*

1 **A. Allgemeines.** Bei der Aburteilung der in Abs. 1 genannten und der zu ihm unter den Voraussetzungen des Abs. 2 von der Generalbundesanwaltschaft angeklagten Straftaten übt das OLG im Wege der Organleihe Bundesgerichtsbarkeit aus (§ 120 Abs. 6 GVG i.V.m. Art. 96 Abs. 5 GG). Die fehlerhafte Annahme einer Zuständigkeit nach § 120 Abs. 1 oder 2 GVG ist deshalb immer auch ein unmittelbarer Eingriff in die grundgesetzliche Kompetenzverteilung zwischen Bundes- und Landesjustiz und begründet ein Verfahrenshindernis (BGHSt 46, 238, 244).
Insoweit ist in jedem Bundesland nur das OLG sachlich und örtlich zuständig, in dessen Bezirk sich die Landeshauptstadt befindet. Zuständigkeitsübertragungen zwischen einzelnen Ländern sind nach Abs. 5 Satz 2 möglich. Hiervon wurde in zwei Fällen Gebrauch gemacht. Aufgrund Staatsvertrags (Abkommen zwischen den Ländern Bremen und Hamburg v. 28.05.1970; geändert durch Abkommen v. 12.10.1970 und Abkommen v. 1.2.1978) ist die Zuständigkeit für das Land Bremen dem OLG Hamburg übertragen. Das OLG Koblenz ist aufgrund Staatsvertrags zwischen dem Land Rheinland-Pfalz und dem Saarland v. 16./18.08.1971, geändert durch Staatsvertrag v. 10.04.1978, auch für das Saarland zuständig (Einzelheiten bei *Meyer-Goßner/Schmitt* § 120 GVG Rn. 1).

2 **B. Die unbedingte Zuständigkeit nach Abs. 1.** Die Zuständigkeit nach Abs. 1 geht allen konkurrierenden Zuständigkeiten der Strafkammern (*Kissel/Mayer* § 120 Rn. 7 m.w.N.) und Jugendgerichte (BGHSt 46, 238, 256; KK-StPO/*Hannich* § 120 GVG m.w.N.) vor. Sie umfasst neben den aufgezählten Staatsschutzdelikten sowie der Teilnahme (§§ 26, 27 StGB) und der versuchten Betei-

ligung gem. § 30 StGB (*Schnarr* NStZ 1990, 257) daran auch andere Straftaten, wenn diese hierzu in Tateinheit stehen oder es sich bei ihnen und einer Katalogtat um dieselbe prozessuale Tat i.S.v. § 264 StPO handelt. Ein Zusammenhang geringeren Grades (vgl. §§ 2, 3 StPO) vermag eine Zuständigkeit nach § 120 dagegen nicht zu begründen (BGH NStZ 2007, 117, 118).

C. Die bedingte Zuständigkeit nach Abs. 2. Nach Abs. 2 Satz 1 Nr. 1 bis Nr. 4 kann sich eine erstinstanzliche oberlandesgerichtliche Zuständigkeit für die dort aufgezählten Delikte ergeben, wenn der Generalbundesanwalt wegen der besonderen Bedeutung des Falles die Verfolgung übernommen hat (sog. Evokationsrecht). Bei den Nr. 2 bis Nr. 4 müssen zudem die dort im Einzelnen genannten weiteren Voraussetzungen erfüllt sein (Einzelheiten zu Nr. 3 bei *Schnarr* MDR 1993, 589). Hinsichtlich Teilnahme, versuchter Beteiligung und Sachzusammenhang s.o. Rdn. 2. 3

Eine konkrete Tat i.S.d. Nr. 1 bis 4 ist von **besonderer Bedeutung**, wenn sie ein erhebliches Gewicht aufweist **und** einen Angriff auf den Gesamtstaat darstellt, sodass eine Aburteilung durch die Bundesgerichtsbarkeit geboten ist. Bei der erforderlichen Gesamtwürdigung sind neben dem individuellen Schuld- und Unrechtsgehalt insb. auch die konkreten Auswirkungen für die innere Sicherheit der Bundesrepublik und ihr Erscheinungsbild ggü. Staaten mit gleichen Wertvorstellungen in den Blick zu nehmen. Auch ist zu beachten, welche Signalwirkung von der Tat auf potenzielle Nachahmer ausgeht (vgl. BGHSt 46, 238, 254; NStZ 2002, 447 f.; 2008, 146, 147; NStZ-RR 2014, 53 Ls. Nr. 5; *Welp* NStZ 2002, 1, 7). Sie kann auch vorliegen, wenn durch die Tat die Souveränität des Staates in besonderer Weise verletzt worden ist (BGH NStZ-RR 2006, 147, 148). An die Bejahung der besonderen Bedeutung im Sinne des § 120 GVG sind mit Blick auf die in der Übernahmeerklärung durch den Generalbundesanwalt liegenden Bestimmung des gesetzlichen Richters (Art. 101 GG) und des Eingriffs in die verfassungsrechtliche Kompetenzverteilung zwischen Bund und Ländern (vgl. Art. 96 GG) strenge Anforderungen zu stellen (BGH NStZ-RR 2014, 53 Ls. Nr. 3). Allein mit der besonderen Schwere und dem Umfang der Tat kann die Annahme einer besonderen Bedeutung nicht gerechtfertigt werden (BGHSt 53, 128 Rn. 35). 4

Die Auslegung des unbestimmten Rechtsbegriffs der besonderen Bedeutung durch die Generalbundesanwaltschaft unterliegt der gerichtlichen Kontrolle. Bejaht das OLG bei Zulassung der Anklage die besondere Bedeutung des Falles, unterliegt dies der rechtlichen Überprüfung durch das Revisionsgericht (BGHSt 46, 238, 255). Hält das OLG eine besondere Bedeutung für nicht gegeben, verweist es die Sache nach Abs. 2 Satz 2 mit der Eröffnung an das zuständige LG oder AG. Damit wird das Verfahren an die Landesjustiz zurückgegeben. Die Entscheidung ist für die Generalbundesanwaltschaft nach § 304 Abs. 2 Satz 2 Nr. 2 StPO mit der sofortigen Beschwerde anfechtbar. Der Bundesgerichtshof als Beschwerdegericht hat dann die vom Anklagevorwurf umfassten Taten ohne Beschränkung auf die Anträge der Generalbundesanwaltschaft und die von ihr geltend gemachten Beschwerdepunkte zu überprüfen und in ihrer Gesamtheit zu würdigen (BGH NStZ-RR 2014, 53 Ls. Nr. 1). 5

Hält ein Land- oder AG seine Zuständigkeit für nicht gegeben, weil ein Fall des Abs. 2 Satz 1 vorliegt, legt es die Sache der Generalbundesanwaltschaft zur Entscheidung über die Ausübung ihres Evokationsrechts vor (*Meyer-Goßner/Schmitt* § 209 Rn. 3). Lehnt die Generalbundesanwaltschaft eine Evokation ab, kann das Hauptverfahren wegen eines Verfahrenshindernisses nicht eröffnet werden (KK-StPO/*Hannich* § 120 GVG Rn. 4 f. mit ausführlicher Darstellung des Streitstandes). Nach a. A. soll eine Vorlage analog § 209 Abs. 2 StPO an das zuständige OLG erfolgen (*Kissel/Mayer* § 120 Rn. 10 m.w.N.). Dies widerspricht jedoch der Intention des Gesetzgebers, wonach die Zuständigkeit des OLG nach Abs. 2 Satz 1 von der Evokationsentscheidung der Generalbundesanwaltschaft abhängig sein soll (vgl. *Dencker* StV 1987, 117, 118 f.; *Kühl* NJW 1987, 737, 747). Daran ändert auch der Umstand nichts, dass es sich hierbei um eine gebundene Entscheidung handelt. 6

D. Nebenentscheidungen. Im Rahmen seiner Zuständigkeit nach Abs. 1 und 2 entscheidet das OLG auch über die nach § 73 Abs. 1 den Strafkammern zugewiesenen Beschwerden und Anträge (Abs. 3 Satz 1), sofern nicht der BGH nach § 135 Abs. 2 zuständig ist. Außerdem ist es nach Abs. 3 Satz 2 für die Entscheidung über Beschwerden nach § 304 Abs. 5 StPO gegen Verfügungen seines Ermittlungsrichters zuständig. Weitere an § 120 Abs. 1 und Abs. 2 angelehnte Zuständigkeiten ergeben sich nach den §§ 121 Abs. 4 Satz 1 und 172 Abs. 4 Satz 2 StPO) 7

8 Nach Abs. 4 Satz 1 ist das in Abs. 1 (Abs. 5 Satz 2) bezeichnete OLG auch für die Entscheidung über Beschwerden gegen Verfügungen und Beschlüsse der Staatsschutzkammern gem. § 74a zuständig. Dabei in den Fällen des Satz 2 ein besonderer Senat zu entscheiden.

9 **E. Kostenerstattung.** Abs. 7 gewährt den Ländern einen Anspruch auf Erstattung von verauslagten Verfahrenskosten (§ 464 StPO) gegen den Bund.

§ 120a GVG [Zuständigkeit bei vorbehaltener oder nachträglicher Anordnung der Sicherungsverwahrung].

(1) Hat im ersten Rechtszug ein Strafsenat die Anordnung der Sicherungsverwahrung vorbehalten oder in den Fällen des § 66b des Strafgesetzbuches (StGB) als Tatgericht entschieden, ist dieser Strafsenat im ersten Rechtszug für die Verhandlung und Entscheidung über die im Urteil vorbehaltene oder die nachträgliche Anordnung der Sicherungsverwahrung zuständig.
(2) In den Fällen des § 66b des Strafgesetzbuches (StGB) gilt § 462a Abs. 3 Satz 2 und 3 der Strafprozessordnung (StPO) entsprechend.

1 Abs. 1 ordnet eine Fortgeltung der Zuständigkeit des OLG für die Entscheidung über eine von ihm vorbehaltene Sicherungsverwahrung (§ 66a Abs. 2 StGB) an und begründet seine Zuständigkeit für die Entscheidung über die nachträgliche Anordnung der Sicherungsverwahrung (§§ 66b StGB, 106 Abs. 5 und 6 JGG), wenn ein Strafsenat des OLG im ersten Rechtszug als Tatgericht entschieden hat. Zugleich wird im Wege einer gesetzlichen Geschäftsverteilung angeordnet, dass hierfür derselbe Strafsenat zuständig ist, der die Sicherungsverwahrung vorbehalten (§ 66a Abs. 1 StGB) bzw. als Tatgericht entschieden hat.

2 Abs. 2 verweist für den Fall, dass über die nachträgliche Anordnung der Sicherungsverwahrung nach § 66b StGB auf der Grundlage tatrichterlicher Urteile verschiedener OLG oder eines OLG und eines LG zu entscheiden ist, auf § 462a Abs. 3 Satz 2 und 3 StPO.

§ 120b GVG [Zuständigkeit bei Bestechlichkeit und Bestechung von Mandatsträgern].

¹In Strafsachen sind die Oberlandesgerichte, in deren Bezirk die Landesregierungen ihren Sitz haben, zuständig für die Verhandlung und Entscheidung im ersten Rechtszug bei Bestechlichkeit und Bestechung von Mandatsträgern (§ 108e des Strafgesetzbuches). ²§ 120 Absatz 3 und 5 gilt entsprechend.

1 Die Vorschrift wurde durch das Achtundvierzigste Strafrechtsänderungsgesetz vom 23. April 2014 (BGBl. I. 410) neu eingeführt. Durch sie wird bei den Oberlandesgerichten, in deren Bezirk die Landesregierungen ihren Sitz haben, auch für Straftaten nach § 108e StGB eine besondere erstinstanzliche Zuständigkeit eingerichtet. Nach Satz 2 iVm. § 120 Abs. 5 können die Bundesländer auch hier staatsvertragliche Vereinbarungen über eine länderübergreifende Zuständigkeitskonzentration treffen.
Das Ermittlungsverfahren wird von der nach § 142 Abs. 1 Nr. 2 zuständigen Generalstaatsanwaltschaft geführt. Für die Vornahme der richterlichen Ermittlungshandlungen gilt § 169 Abs. 1 Satz 1 StPO.

§ 121 GVG [Zuständigkeit bei Rechtsmitteln in Strafsachen]. (1)

Die Oberlandesgerichte sind in Strafsachen ferner zuständig für die Verhandlung und Entscheidung über die Rechtsmittel:
1. der Revision gegen
   a) die mit der Berufung nicht anfechtbaren Urteile des Strafrichters;
   b) die Berufungsurteile der kleinen und großen Strafkammern;
   c) die Urteile des Landgerichts im ersten Rechtszug, wenn die Revision ausschließlich auf die Verletzung einer in den Landesgesetzen enthaltenen Rechtsnorm gestützt wird;

2. der Beschwerde gegen strafrichterliche Entscheidungen, soweit nicht die Zuständigkeit der Strafkammern oder des Bundesgerichtshofes begründet ist;
3. der Rechtsbeschwerde gegen Entscheidungen der Strafvollstreckungskammern nach den § 50 Abs. 5, §§ 116, 138 Abs. 3 des Strafvollzugsgesetzes (StVollzG) und der Jugendkammern nach § 92 Abs. 2 des Jugendgerichtsgesetzes (JGG).

(2) Will ein Oberlandesgericht bei seiner Entscheidung
1. nach Absatz 1 Nr. 1a oder b von einer nach dem 1.4.1950 ergangenen Entscheidung,
2. nach Absatz 1 Nr. 3 von einer nach dem 1.1.1977 ergangenen Entscheidung oder
3. nach Abs. 1 Nr. 2 über die Erledigung einer Maßregel der Unterbringung in der Sicherungsverwahrung oder in einem psychiatrischen Krankenhaus oder über die Zulässigkeit ihrer weiteren Vollstreckung von einer nach dem 1. Januar 2010 ergangenen Entscheidung

eines anderen Oberlandesgerichts oder von einer Entscheidung des Bundesgerichtshofes abweichen, so hat es die Sache diesem vorzulegen.

(3) ¹Ein Land, in dem mehrere Oberlandesgerichte errichtet sind, kann durch Rechtsverordnung der Landesregierung die Entscheidungen nach Absatz 1 Nr. 3 einem Oberlandesgericht für die Bezirke mehrerer Oberlandesgerichte oder dem Obersten Landesgericht zuweisen, sofern die Zuweisung für eine sachdienliche Förderung oder schnellere Erledigung der Verfahren zweckmäßig ist. ²Die Landesregierungen können die Ermächtigung durch Rechtsverordnung auf die Landesjustizverwaltungen übertragen.

A. Die Zuständigkeit als Revisionsgericht (Abs. 1 Nr. 1)

Da nach der Aufhebung des 1 § 313 StPO a.F. alle Urteile des Strafrichters (§ 25) und des Schöffengerichts (§ 28) mit der Berufung anfechtbar sind, ist **Nr. 1a** im Strafverfahren ohne praktische Bedeutung.

Aus **Nr. 1b** ergibt sich die Zuständigkeit des OLG nicht nur für Revisionen gegen Berufungsurteile der 2 kleinen Strafkammern, sondern i.V.m. § 335 Abs. 2 StPO auch für Sprungrevisionen gegen Urteile des AG (BGHSt 2, 63, 64; a. A. *Kissel/Mayer* § 121 Rn. 2). Die große Strafkammer hat nach der Neufassung des § 76 keine Berufungszuständigkeit mehr. Nr. 1b gilt auch für Revisionen gegen Berufungsurteile der kleinen und großen Jugendkammern (§§ 41 Abs. 2 Satz 1, 33b Abs. 1 JGG).

Nach **Nr. 1c** hat das OLG ausnahmsweise über die Revision gegen ein erstinstanzliches Urteil des LG zu 3 entscheiden, wenn **ausschließlich** die Verletzung einer in Landesgesetzen enthaltenen Rechtsnorm gerügt wird und eine Überprüfung des Urteils nach Bundesrecht unter keinem Gesichtspunkt in Betracht kommt (vgl. *Kissel/Mayer* § 121 Rn. 5). Wird gegen ein sowohl auf Landes-, wie auch auf Bundesrecht gestütztes Urteil die allgemeine Sachrüge erhoben, liegt daher kein Fall von Nr. 1c vor. Dies gilt auch dann, wenn der Revisionsführer im Weiteren nur Ausführungen zu Verletzungen landesrechtlicher Vorschriften macht, weil das Revisionsgericht nach § 352 StPO gleichwohl das ganze Urteil zu prüfen hat (*Kissel/Mayer* § 121 Rn. 5; a. A. KK-StPO/*Hannich* § 121 GVG Rn. 9; LR/*Franke* § 121 GVG Rn. 12). Nicht anders liegt es, wenn bei einer Verurteilung wegen tateinheitlich begangener Verstöße gegen Landes- und Bundesrecht nur Verstöße gegen Landesrecht gerügt werden (h.M. KK-StPO/*Hannich* § 121 GVG Rn. 9; *Meyer-Goßner/Schmitt* § 121 GVG Rn. 2) oder die gleichzeitige Revision eines anderen Verfahrensbeteiligten auf die Verletzung von Bundesrecht gestützt wird (h.M. BGHSt 4, 207; *Kissel/Mayer* § 121 Rn. 4). Die Tatsache, dass die Verletzung von Bundesrecht nur in unzulässiger (vgl. § 344 Abs. 2 StPO) oder offensichtlich unbegründeter Weise gerügt worden ist, führt nicht zu einer Anwendung von Nr. 1c. Die Gegenansicht (vgl. KK-StPO/*Hannich* § 121 GVG Rn. 8) ist mit dem Gesetzeswortlaut nicht vereinbar.

B. Die Beschwerdezuständigkeit (Abs. 1 Nr. 2)

Die strafrechtliche Beschwerdezuständigkeit 4 des OLG ist als Auffangzuständigkeit ausgestaltet, der die speziell geregelte (§ 135 Abs. 2, 159 Abs. 1 Satz 3) und die kraft Sachzusammenhangs mit einer Revision (vgl. Rdn. 3 zu 135, BGH, NStZ-RR 2009, 96; 2008, 68 f. [B]) bestehende Beschwerdezuständigkeit des BGH und der Strafkammern (§ 73 Abs. 1, 74a Abs. 3, 74b Satz 2 und 74c Abs. 2) vorgehen. Sie gilt für einfache, weitere und sofortige Beschwerden (§§ 304, 310, 311 StPO).

C. Rechtsbeschwerden (Abs. 1 Nr. 3) und Zuständigkeitskonzentration 5
(Abs. 3) Die Vorschrift begründet die Zuständigkeit des OLG für Rechtsbeschwerden gegen Entscheidungen der Strafvollstreckungskammern nach den §§ 50 Abs. 5, 116, 138 Abs. 3 StVollzG und der Jugendkammern nach § 92 Abs. 2 JGG. Nach Abs. 3 Satz 1 kann in Ländern mit mehreren Oberlandesgerichten eine Zuständigkeitskonzentrationen angeordnet werden. In Niedersachsen ist die Zuständigkeit für Entscheidungen nach den §§ 116, 117, 138 Abs. 3 StVollzG auf das OLG Celle (§ 3 Abs. 4 NdsZustVO-Justiz v. 22.01.1998, Nds. GVBl. 1998, 66) und in Nordrhein-Westfalen auf das OLG Hamm (VO zur Übertragung von Entscheidungen nach den §§ 116, 117, 138 Abs. 2 StrVollzG auf das OLG Hamm v. 08.01.1985, GVBL.NW 1985, S. 46) übertragen worden.
Über die im Gesetz aufgezählten Rechtsbeschwerden hinaus ist das OLG nach § 79 OWiG auch für Rechtsbeschwerden gegen Urteile der AG in Bußgeldsachen zuständig.

D. Die Vorlagepflicht bei divergierender Rechtsprechung (Abs. 2) I. Geltungs- 6
bereich. Die Vorlagepflicht zum BGH soll die Einheitlichkeit der Rechtsanwendung bei der Entscheidung über Revisionen nach Abs. 1 Nr. 1a und b sowie Rechtsbeschwerden nach Abs. 1 Nr. 3 sichern. Durch das Vierte Gesetz zur Änderung des Gerichtsverfassungsgesetzes v. 24.07.2010 (BGBl. I, S. 976) wurde sie auch auf Beschwerden nach Abs. 1 Nr. 2 erstreckt, soweit sie die Erledigung einer Maßregel der Unterbringung in der Sicherungsverwahrung oder in einem psychiatrischen Krankenhaus oder die Zulässigkeit der weiteren Vollstreckung einer dieser Maßregeln zum Gegenstand haben.

Als Entscheidung über eine Revision (auch Sprungrevision) gelten alle die Revisionsinstanz abschließenden Urteile oder Beschlüsse gem. § 349 Abs. 1, 2 und 4 StPO sowie Entscheidungen nach § 346 Abs. 2 7
StPO (BGHSt 11, 152, 154 f.), § 206a StPO (vgl. BGH NJW 1970, 106) und § 206b StPO (SK-StPO/*Frister* § 121 Rn. 13). Keine Revisionsentscheidung ist nach h.M. die Einstellung nach § 153 Abs. 2 StPO (vgl. *Meyer-Goßner/Schmitt* § 121 GVG Rn. 5; HK-StPO/*Schmidt/Temming* § 121 GVG Rn. 11). Richtigerweise wird jedoch auch hier eine Vorlagepflicht anzunehmen sein, wenn das OLG bei der Bewertung der festgestellten Tat als Vergehen von bestehender Rechtsprechung abweichen will. Die von der h.M. herangezogene Entscheidung des BGH (BGHSt 12, 213) betrifft die Zustimmung zu einer Einstellung durch die StA und damit einen anderen Fall. Für die Entscheidung über eine Wiedereinsetzung gilt Abs. 2 nicht. Eine Verweisung auf § 121 Abs. 2 enthält § 79 Abs. 3 OWiG.

§ 121 ist grds. nicht auf Divergenzen bei der Anwendung von Bundesrecht beschränkt. Eine Vorlagepflicht kann daher im Bereich von Abs. 1 Nr. 1a und b auch dann bestehen, wenn OLG desselben 8
Bundeslandes bei der Anwendung von Landesrecht voneinander abweichen (BGHSt 4, 138) oder Divergenzen bei der Anwendung gleichlautenden Landesrechts verschiedener Bundesländer auftreten (BGHSt 11, 228, 229; 47, 181, 183; st. Rspr.). Auch Abweichungen bei der Anwendung ausländischen Rechts können eine Vorlagepflicht auslösen (*Kissel/Mayer* § 121 Rn. 15).

Bei Divergenzen über die Auslegung des Rechts der Europäischen Gemeinschaft scheidet eine Vorlage nach Abs. 2 aus (BGHSt 33, 76; 36, 92), weil die verbindliche Auslegung des Gemeinschaftsrechts aus- 9
schließlich dem Gerichtshof der Europäischen Gemeinschaften zusteht (Art. 35 EU-Vertrag; vgl. BGH NStZ 2002, 661, 663 m. Anm. *Hecker*; zur Anrufung des Gerichtshofes der Europäischen Gemeinschaft nach § 1 EuGHG vgl. KK-StPO/*Hannich* § 121 GVG Rn. 13). Gleiches gilt für Divergenzen über die Verfassungsmäßigkeit einer Vorschrift, die nach Art. 100 GG zu klären sind (BGHSt 14, 175; *Kissel/Mayer* § 121 Rn. 11).

In zeitlicher Hinsicht besteht in den Fällen des Abs. 1 Nr. 1a und b eine Vorlagepflicht nach Abs. 2 10
Nr. 1 nur für eine beabsichtigte Abweichung von Entscheidungen, die nach dem 01.04.1950 ergangen sind. Bei Rechtsbeschwerden nach Abs. 1 Nr. 3 sind gem. Abs. 2 Nr. 2 nur Divergenzen zu Entscheidungen nach dem 01.01.1977 relevant. Im Bereich von Abs. 2 Nr. 3 muss die divergierende Vorentscheidung nach dem 01.01.2010 ergangen sein.

II. Voraussetzungen. 1. Vorausgehende Entscheidung. Eine Vorlagepflicht kann für ein OLG 11
nur bei einer beabsichtigten Abweichung von einer vorausgehenden Entscheidung eines **anderen OLG** oder des **BGH** entstehen (**sog. Außendivergenz**). Eine Abweichung von der Entscheidung eines anderen Senates (auch Außensenates) des eigenen Gerichts (sog. Innendivergenz) löst nach dem klaren Gesetzeswortlaut keine Vorlagepflicht aus (BGHSt 10, 109, 111; KK-StPO/*Hannich* § 121 GVG Rn. 21; *Kissel/Mayer* § 121 Rn. 10; *Meyer-Goßner/Schmitt* § 121 GVG Rn. 9; a. A. LR/*Franke* § 121

GVG Rn. 43a bis c). Gleiches gilt für beabsichtigte Abweichungen von Entscheidungen des Reichsgerichts, des Obersten Gerichtshofs für die Britische Zone, des Obersten Gerichtshofs der DDR, der Amts- und LG sowie der Gerichte anderer Gerichtsbarkeiten.

Die zwischenzeitliche Auflösung des vorentscheidenden OLG hebt die Vorlagepflicht nicht auf (h.M. **12** BGHSt 52, 364 Rn. 14 m.w.N.). Dies gilt auch dann, wenn es sich bei dem OLG, das abweichend entscheiden will, um eines von mehreren Nachfolgegerichten handelt (BGHSt 52, 364 Rn. 15). Bezirksgerichte der ehemaligen DDR stehen Oberlandesgerichten gleich, soweit sie nach dem 30.06.1990 an deren Stelle Rechtsprechung ausgeübt haben.

Abweichende Urteile oder Beschlüsse eines Senats des **BGH** begründen immer eine Vorlagepflicht, **13** gleichgültig in welchem Verfahrensstadium, in welcher Verfahrensart, von welchem Spruchkörper (Zivil- oder Strafsenat) und auf welchem Rechtsgebiet sie getroffen worden sind (BGHSt 45, 108, 109). Entscheidungen des Ermittlungsrichters beim BGH lösen nach herrschender Lehre (KK-StPO/*Hannich* § 121 GVG Rn. 18; LR/*Franke* § 121 GVG Rn. 39; offengelassen in BGHSt 44, 171, 173) keine Vorlagepflicht aus. Abweichende Beschlüsse oder Urteile **anderer OLG** begründen nur dann eine Vorlagepflicht, wenn sie ebenfalls nach Nr. 1a oder b oder Nr. 3 ergangen sind (*Kissel/Mayer* § 121 Rn. 14 m.w.N.). Dabei ist es ohne Belang, ob die frühere Entscheidung unter Verletzung der Vorlagepflicht nach § 121 Abs. 2 GVG (BGHSt 13, 46, 49; 13, 149, 151) getroffen wurde. Divergierende Entscheidungen von Zivilsenaten anderer OLG sind daher unbeachtlich (OLG Dresden NStZ-RR 2007, 122, 123). Liegen zu einer Rechtsfrage einander widersprechende Entscheidungen verschiedener Senate des BGH oder eines OLG vor, besteht im Hinblick auf die Entscheidung von der abgewichen werden soll, eine Vorlagepflicht. Eine etwaige Verletzung des § 132 Abs. 2 (früher § 136) ist auch hier ohne Bedeutung (BGHSt 5, 136, 139; 30, 93, 95).

2. Abweichung in einer Rechtsfrage. Die Abweichung muss eine Rechtsfrage betreffen, die in der **14** früheren Entscheidung beantwortet worden ist und sich bei der beabsichtigten Entscheidung in identischer Weise stellt. Dies kann auch der Fall sein, wenn Vorschriften verschiedener Gesetze anzuwenden sind, die dasselbe notwendig einheitlich auszulegende Tatbestandselement enthalten (BGHSt 29, 252, 254; 34, 94, 96). Dabei ist es ohne Bedeutung, ob die Rechtsfrage dem formellen oder materiellen Recht zuzuordnen ist. Auch kommt es nicht darauf an, ob es sich um Bundes- oder Landesrecht handelt (BGHSt 42, 79, 81). Weisen der Sachverhalt der Vorentscheidung und der Sachverhalt der zu treffenden Entscheidung Verschiedenheiten auf, ist danach zu fragen, ob die sich in beiden Fällen stellende identische Rechtsfrage deshalb unterschiedlich beantwortet werden kann. Ist dies möglich, besteht keine Vorlagepflicht (vgl. KG NStZ 2010, 34, 35; OLG Köln NStZ-RR 2007, 57, 58); muss gleichwohl einheitlich entschieden werden, ist vorzulegen (BGHSt 45, 197, 200).

Eine vorlagepflichtige Abweichung liegt auch dann vor, wenn die identische Rechtsfrage in einer rele- **15** vanten Vorentscheidung nicht ausdrücklich angesprochen, aber implizit anders beantwortet worden ist. Dies wird aber nur dann anzunehmen sein, wenn die frühere Entscheidung von der Bejahung oder Verneinung dieser Rechtsfrage begrifflich abhängt (BGHSt 11, 31, 34).

Ob eine **Rechts- oder Tatfrage** gegeben ist, bestimmt sich nach dem aus § 337 StPO abzuleitenden Prü- **16** fungsumfang des Revisionsgerichts (vgl. LR/*Franke* § 121 GVG Rn. 58). Die Auslegung von bestimmten Rechtsbegriffen ist grds. eine Rechtsfrage. Dabei begründen nur abweichende Auslegungsergebnisse, nicht abweichende Begründungen eine Vorlagepflicht (BGH NStZ 2000, 222). Bei **unbestimmten Rechtsbegriffen** ist vorzulegen, wenn divergierende Ansichten über allgemeine Richtpunkte bei der Begriffsausfüllung bestehen und eine höchstrichterliche Entscheidung zu einer Vereinheitlichung der tatrichterlichen Rechtsprechung führt. Bsp.: Berücksichtigung von Fernzielen bei der Verwerflichkeitsprüfung nach § 240 Abs. 2 StGB (BGHSt 34, 71, 18; 35, 270, 273). Die Ausfüllung des verbleibenden Beurteilungsspielraums im Einzelfall ist Tatfrage. Bsp.: Voraussehbarkeit des Erfolges beim Fahrlässigkeitsdelikt (BGHSt 1, 358, 359). Entscheidend ist, ob sich die unterschiedlichen Auffassungen auf eine Wertung beziehen, die nur unter Berücksichtigung der Umstände des Einzelfalls getroffen werden kann (dann Tatfrage) oder einen allgemeinen Obersatz betreffen, der fallunabhängig gültig ist (dann Rechtsfrage). Divergierende Ansichten über Inhalt und Tragweite eines **wissenschaftlichen Grundsatzes** oder einer **allgemeinen Erfahrungsregel**, die in ihrem Anwendungsbereich zwingend zu bestimmten Schlussfolgerungen führen, lösen daher stets eine Vorlagepflicht aus (BGHSt 37, 89, 91; 31, 86, 89; 23, 156, 159). Bsp.: Erforderlichkeit von Sicherheitsabschlägen bei Atemalkoholmessungen (BGHSt

46, 358, 361). Dies gilt nicht für Wahrscheinlichkeitsaussagen, die auf allgemeine Erfahrungen gestützt sind und in die der richterlichen Überzeugungsbildung zugrunde liegende Gesamtwürdigung einfließen (vgl. BGHSt 31, 86, 89). Welchen allgemeinen Anforderungen die **Beweiswürdigung** im tatrichterlichen Urteil genügen muss (vgl. BGHSt 43, 277, 281) und welchen rechtlichen Grenzen sie unterliegt (vgl. BGHSt 25, 365, 366 f.), ist eine Rechtsfrage; nicht dagegen die Bewertung der im Einzelfall gewonnenen Ergebnisse (vgl. BGHSt 31, 86). Gleiches muss im Fall von Abs. 2 Nr. 3 auch für die allgemeinen Anforderungen an **Prognoseentscheidungen** nach § 67d Abs. 2 und 3 StGB gelten. **Strafzumessungsfragen** sind regelmäßig einzelfallbezogen (BGHSt 52, 84, 85) und deshalb nur in Ausnahmefällen vorlegungsfähig (vgl. LR/*Franke* § 121 GVG Rn. 59 m.w.N.).

17 3. **Beiderseitige Entscheidungserheblichkeit.** Eine Vorlagepflicht besteht grds. nur dann, wenn die Rechtsauffassung, von der abgewichen werden soll, für die Vorentscheidung tragend war (BGHSt 7, 314) und ihre Fortgeltung die beabsichtigte Entscheidung nicht zulassen würde (BGHSt 47, 32, 34; 53, 122 Rn. 10). Die erste Voraussetzung fehlt, wenn von einer über den Fall hinausgreifenden allgemeinen Rechtsäußerung (sog. obiter dictum, vgl. BGHSt 18, 324, 325 f.; 28, 165, 166; 43, 277, 282) oder bloßen Hinweisen an den Tatrichter im Zuge einer Zurückverweisung (vgl. BGHSt 11, 319, 322 f.) abgewichen werden soll. Will das vorlegende OLG ein tatrichterliches Urteil aus mehreren selbstständigen Gründen aufheben und dabei nur hinsichtlich eines Aufhebungsgrundes eine divergierende Rechtsauffassung vertreten, besteht ausnahmsweise eine Vorlagepflicht, weil der Vorderrichter nach § 358 Abs. 1 StPO an die rechtliche Beurteilung in allen Aufhebungsgründen gebunden ist (BGHSt 17, 205, 207 f.). Stehen mehrere stufenweise voneinander abhängige Rechtsfragen im Raum, entfällt die Entscheidungserheblichkeit der nachgeordneten Fragen nicht deshalb, weil es auf sie nur bei einer bestimmten Beantwortung der erstrangigen Frage ankommt (vgl. BGHSt 46, 321, 325).

18 4. **Wegfall der Vorlagepflicht.** Die **Vorlagepflicht entfällt**, wenn der Senat (nicht ein anderer Senat desselben Gerichts), der die frühere divergierende Entscheidung getroffen hat, später unter ausdrücklicher Aufgabe seiner früheren Rechtsprechung **anders entschieden** hat (BGHSt 26, 40, 42) oder **auf Anfrage erklärt**, an seiner divergierenden Entscheidung nicht mehr festhalten zu wollen (BGHSt 14, 319; NJW 1996, 3219; *Meyer-Goßner/Schmitt* § 121 Rn. 7; LR/*Franke* § 121 GVG Rn. 45 m.w.N.; a. A. *Kissel/Mayer* § 121 Rn. 16; KMR/*Paulus* § 121 GVG Rn. 17). Gleiches gilt, wenn die divergierende Vorentscheidung durch die Entscheidung eines Gerichts höherer Ordnung **überstimmt** worden ist. Die abweichende Entscheidung eines anderen OLG zwingt daher nicht (mehr) zu einer Vorlage, wenn der BGH davor (BGHSt 13, 149, 151) oder danach anders entschieden hat und das OLG mit dem BGH entscheiden will (BGHSt 43, 277, 282; 27, 228, 230; OLG Frankfurt, NStZ-RR 2007, 168, 169). Dem entspricht es, wenn der divergierenden Entscheidung des anderen OLG infolge eines Wandels in der höchstrichterlichen Rechtsprechung die Grundlage entzogen worden ist und sie deshalb auch ohne eindeutig widersprechende BGH-Entscheidung als überholt angesehen werden muss (BGHSt 46, 17, 19). Wurde die entscheidungserhebliche Rechtsfrage vom BVerfG in Abweichung von der bisherigen Rechtsprechung des BGH oder anderer OLG entschieden, besteht im Hinblick auf diese Judikate schon aus Gründen des § 31 BVerfGG keine Vorlagepflicht mehr. Dies gilt auch dann, wenn das BVerfG den Fachgerichten aufgegeben hat, den die maßgebliche Rechtsfrage mit umfassenden rechtlichen Komplex anhand der von ihm entwickelten Maßstäbe neu zu gestalten (BGHSt 44, 171, 173; 46, 17, 19). Eine Vorlagepflicht besteht schließlich auch dann nicht mehr, wenn der Inhalt der abweichend ausgelegten Vorschrift **durch eine Gesetzesänderung** (BGHSt 44, 121, 124), die nicht notwendig diese Norm betreffen muss (vgl. BGHSt 39, 288, 289) oder einen anderweitigen Akt des Gesetzgebers (Bsp. Begründung eines ändernden Gesetzes, vgl. BGHSt 46, 17, 19) **klargestellt** worden ist und es deshalb ausgeschlossen erscheint, dass es noch zu abweichenden Entscheidungen kommt (BGHSt 33, 394, 396; weitere Einzelheiten bei KK-StPO/*Hannich* § 121 GVG Rn. 28).

19 Ist zu der streitigen Rechtsfrage bereits eine eigene Vorlage oder die Vorlage eines anderen OLG beim BGH anhängig, lässt dies die Vorlagepflicht grds. nicht entfallen. Ob die Entscheidung in der anderen Sache abgewartet werden kann, hängt von den Umständen des Einzelfalls ab.

20 III. **Das Vorlageverfahren. 1. Der Vorlagebeschluss.** Die Vorlegung durch das OLG erfolgt durch einen nicht anfechtbaren (§ 304 Abs. 2 Satz 2, 1. Halbs. StPO) Beschluss, in dem die Vorlagefrage genau zu formulieren und deren Entscheidungserheblichkeit im Einzelnen darzulegen ist (KK-

StPO/*Hannich* § 121 GVG Rn. 39; *Meyer-Goßner/Schmitt* § 121 GVG Rn. 12). Eine eigene Stellungnahme des vorlegenden OLG ist nicht zwingend erforderlich (BGHSt. 26, 384, 385; 30, 93, 95). Aus der Begründung des Vorlagebeschlusses muss sich aber hinreichend deutlich ergeben, dass das vorlegende OLG die Absicht hat, die gestellte Rechtsfrage entgegen der Rechtsauffassung eines anderen OLG zu beantworten und seine Entscheidung darauf stützen will (BGH NJW 2015, 1124 Rn. 8). Kann nur durch Urteil entschieden werden, hat der Beschluss nach mündlicher Verhandlung zu erfolgen (BGHSt 29, 310); andernfalls ist vorab rechtliches Gehör zu gewähren (KK-StPO/*Hannich* § 121 GVG Rn. 39). Die Vorlage erfolgt mit den Akten über den Generalstaatsanwalt bei dem vorlegenden OLG und den Generalbundesanwalt. Der Vorlagebeschluss kann zurückgenommen werden, wenn die Vorlagevoraussetzungen nachträglich entfallen sind. Dies ist der Fall, wenn der Gesetzgeber (BGHSt 46, 17) oder der BGH (BGHSt 27, 228, 230) die Rechtsfrage zwischenzeitlich entschieden haben oder das die beabsichtigte Entscheidung auslösende Rechtsmittel zurückgenommen wird (BGH NJW 1979, 664).

2. Die Entscheidung des BGH. Der BGH prüft zunächst die Zulässigkeitsvoraussetzungen. Dabei 21 ist er an die Bewertung des vorlegenden OLG zu den tatsächlichen Feststellungen und ihrer Tragfähigkeit (BGHSt 47, 181, 183 f.; NJW 2015, 1702 Rn. 11), zum Vorliegen einer Abweichung (BGH NStZ 2000, 222), zur fehlenden Überstimmung der divergierenden Vorentscheidung (BGHSt 45, 183, 185 f.) und der beiderseits gegebenen Entscheidungserheblichkeit (BGHSt 25, 325, 328) bis zur Grenze der Vertretbarkeit gebunden. Die gestellte Rechtsfrage kann der BGH anders formulieren und dabei auch weiter oder enger fassen (vgl. BGHSt 47, 32, 35; 46, 178, 181 f.). Liegen die Vorlegungsvoraussetzungen nicht oder nicht mehr (s.o. Rn. 18) vor, so wird die Sache an das vorlegende OLG zurückgegeben. Eine Rückgabe ist auch möglich, wenn der BGH die der Vorlegungsfrage zugrunde liegende Rechtsansicht des OLG für unvertretbar (vgl. BGH NStZ 1985, 217 f.) oder in einer verfassungsrechtlichen Frage für verfehlt hält (BGHSt 22, 94, 100). Sind die Vorlegungsvoraussetzungen lediglich zweifelhaft, scheidet eine Rückgabe aus (BGHSt 16, 321, 324).

Ist die Vorlage zulässig, **entscheidet** der BGH **über die gestellte Rechtsfrage** in der von ihm für richtig 22 gehaltenen Formulierung. Die Entscheidung ist für das vorlegende Gericht bindend (h.M. BGHSt 17, 205, 208; LR/*Franke* § 121 GVG Rn. 83; KK-StPO/*Hannich* § 121 GVG Rn. 46 m.w.N.). Sie ergeht durch einen nach § 35 StPO bekannt zu gebenden Beschluss.

Der BGH kann ausnahmsweise auch sofort **in der Sache entscheiden** (h.M. BGHSt 39, 291, 294; *Mey-* 23 *er-Goßner/Schmitt* § 121 GVG Rn. 14; KK-StPO/*Hannich* § 121 GVG Rn. 48 jew. m.w.N.). Dies ist regelmäßig der Fall, wenn die Revision unzulässig ist oder das vorlegende Gericht nach der Beantwortung der Rechtsfrage keine Entscheidungsalternative mehr hat (vgl. BGHSt 34, 101, 105); kann aber auch aus anderen Gründen geschehen (vgl. BGHSt 39, 291, 294).

§ 122 GVG [Besetzung der Senate].

(1) Die Senate der Oberlandesgerichte entscheiden, soweit nicht nach den Vorschriften der Prozessgesetze an Stelle des Senats der Einzelrichter zu entscheiden hat, in der Besetzung von drei Mitgliedern mit Einschluss des Vorsitzenden.
(2) ¹Die Strafsenate entscheiden über die Eröffnung des Hauptverfahrens des ersten Rechtszuges mit einer Besetzung von fünf Richtern einschließlich des Vorsitzenden. ²Bei der Eröffnung des Hauptverfahrens beschließt der Strafsenat, dass er in der Hauptverhandlung mit drei Richtern einschließlich des Vorsitzenden besetzt ist, wenn nicht nach dem Umfang oder der Schwierigkeit der Sache die Mitwirkung zweier weiterer Richter notwendig erscheint. ³Über die Einstellung des Hauptverfahrens wegen eines Verfahrenshindernisses entscheidet der Strafsenat in der für die Hauptverhandlung bestimmten Besetzung. ⁴Ist eine Sache vom Revisionsgericht zurückverwiesen worden, kann der nunmehr zuständige Strafsenat erneut nach Satz 2 über seine Besetzung beschließen.

A. Rechtsmittelentscheidungen – Grundregel. Nach Abs. 1 entscheiden die Senate der 1 OLG grds. in Dreierbesetzung, soweit nicht ausnahmsweise eine Einzelrichterentscheidung vorgesehen ist. Da das Gesetz für **Entscheidungen über Rechtsmittel in Strafsachen nach § 121** an keiner Stelle eine Einzelrichterentscheidung anordnet, ist insoweit **stets in Dreierbesetzung** zu entscheiden. Die Dreierbesetzung gilt auch für Entscheidungen über die der Beschwerde gleichgestellten (vgl. BT-Drs.

§ 124 GVG   Besetzung

16/11644, S. 30) Anträge nach § 119 Abs. 5 und § 119a Abs. 1 StPO. § 126a Abs. 2 Satz 3 StPO ist insoweit nicht anwendbar (vgl. KG NStZ-RR 2013, 384 zu § 119a Abs. 1 StPO; KG NStZ-RR 2014, 50 zu § 119 Abs. 5 StPO; KMR/*Wankel* § 126 StPO Rn. 16). In OWi-Sachen lässt § 80a OWiG eine Einzelrichterentscheidung zu.

2 **B. Entscheidungen im ersten Rechtszug. I. Zwischenverfahren bis zur Eröffnungsentscheidung.** Werden Strafsenate nach § 121 im ersten Rechtszug tätig entscheiden sie mangels abweichender Regelung im Zwischenverfahren grds. in der nach Abs. 1 vorgeschriebenen Dreierbesetzung.

3 **II. Eröffnungsentscheidung.** Über die Eröffnung des Hauptverfahrens ist nach Abs. 2 Satz 1 in Fünferbesetzung zu entscheiden. Dies gilt auch für Entscheidungen nach § 225a Abs. 1 Satz 2 StPO (OLG Stuttgart NStZ 2009, 348, 349). Mit der Eröffnung hat der Senat nach Abs. 2 Satz 2 zu beschließen, dass in Dreierbesetzung zu verhandeln ist, wenn nicht der besondere Umfang der Sache eine Verhandlung in Fünferbesetzung gebietet. Dabei steht ihm wie den Strafkammern im Fall des § 76 Abs. 2 kein Ermessen zu; er verfügt jedoch bei der Auslegung der Tatbestandsmerkmale Umfang und Schwierigkeit der Sache über einen weiten Beurteilungsspielraum, dessen Überschreitung nur bei objektiver Willkür einen revisiblen Gesetzesverstoß darstellt (vgl. BGHSt 44, 328, 333 f.). Die Besetzungsentscheidung ist nicht mehr abänderbar, jedoch kann nach einer Zurückverweisung der Sache von dem nun zuständigen Senat eine andere Besetzung beschlossen werden (Abs. 2 Satz 4).

4 **III. Hauptverfahren.** Im Hauptverfahren trifft der Senat sämtliche Entscheidungen in der im Eröffnungsbeschluss festgelegten Besetzung. Außerhalb der Hauptverhandlung entscheidet er gem. Abs. 1 grds. in Dreierbesetzung. Hiervon gelten nur zwei Ausnahmen:

5 Über die Einstellung des Verfahrens im Ganzen oder in einzelnen prozessrechtlich selbstständigen Teilen (BGHSt 38, 312, 313) wegen eines Verfahrenshindernisses nach § 206a Abs. 1 StPO ist in der im Eröffnungsbeschluss bestimmten Hauptverhandlungsbesetzung zu entscheiden (Abs. 2 Satz 3). Eine ausdehnende Anwendung auf andere Fälle (§§ 206b, 370, 441 Abs. 2, 442 StPO) scheidet aus (KK-StPO/*Hannich* § 122 GVG Rn. 3; *Meyer-Goßner/Schmitt* § 122 GVG Rn. 4).

6 Soll in dem Zeitraum zwischen Beginn und Ende der Hauptverhandlung eine Entscheidung über einen Haftbefehl gegen den Angeklagten getroffen werden, ist darüber auch dann in der für die Hauptverhandlung vorgesehenen Besetzung zu beschließen, wenn die Entscheidung außerhalb der Hauptverhandlung getroffen wird (h.M. BGHSt 43, 91, 93; *Schlothauer* StV 1998, 144; *Dehn* NStZ 1997, 607; *Meyer-Goßner/Schmitt* § 121 GVG Rn. 3; krit. LR/*Franke* § 121 GVG Rn. 6; KK-StPO/*Hannich* § 122 GVG Rn. 3; abl. *Foth* NStZ 1998, 262).

Neunter Titel. Bundesgerichtshof

§ 123 GVG [Sitz]. Sitz des Bundesgerichtshofes ist Karlsruhe.

1 Die Stadt Karlsruhe wurde vom Deutschen Bundestag am 28.07.1950 aus mehreren Bewerbungen ausgewählt (Einzelheiten bei KK-StPO/*Hannich* § 123 GVG Rn. 2). Versuche, den gesamten BGH nach der Wiedervereinigung nach Leipzig umzusetzen, sind gescheitert (vgl. *Wassermann* NJW 1990, 2530; LR/*Franke* § 123 GVG Rn. 1). Der zuvor in Berlin ansässige 5. Strafsenat hat seit dem 14.07.1997 seinen Sitz in Leipzig.

§ 124 GVG [Besetzung]. Der Bundesgerichtshof wird mit einem Präsidenten sowie mit Vorsitzenden Richtern und weiteren Richtern besetzt.

§ 125 GVG [Ernennung der Mitglieder]. (1) Die Mitglieder des Bundesgerichtshofes werden durch den Bundesminister der Justiz gemeinsam mit dem Richterwahlausschuss gemäß dem Richterwahlgesetz berufen und vom Bundespräsidenten ernannt.
(2) Zum Mitglied des Bundesgerichtshofes kann nur berufen werden, wer das fünfunddreißigste Lebensjahr vollendet hat.

Abs. 1 knüpft an Art. 60 Abs. 1, 95 Abs. 2 GG an. Die Einzelheiten bestimmt das Richterwahlgesetz v. 25.08.1950 (BGBl. I, S. 368) i.d.F.v. 30.07.1968 (BGBl. I, S. 873). 1

§ 130 GVG [Zivil- und Strafsenate; Ermittlungsrichter]. (1) ¹Bei dem Bundesgerichtshof werden Zivil- und Strafsenate gebildet und Ermittlungsrichter bestellt. ²Ihre Zahl bestimmt der Bundesminister der Justiz.
(2) Der Bundesminister der Justiz wird ermächtigt, Zivil- und Strafsenate auch außerhalb des Sitzes des Bundesgerichtshofes zu bilden und die Dienstsitze für Ermittlungsrichter des Bundesgerichtshofes zu bestimmen.

Bei dem BGH sind neben den Zivil- und Strafsenaten verschiedene Spezialsenate gebildet worden. Ihre Anzahl bestimmt der Bundesminister der Justiz. Derzeit bestehen zwölf Zivilsenate, fünf Strafsenate, ein Kartellsenat, ein Dienstgericht des Bundes, ein Senat für Notarsachen, ein Senat für Anwaltssachen, ein Senat für Patentanwaltssachen, ein Senat für Wirtschaftsprüfersachen, ein Senat für Steuerberater- und Steuerbevollmächtigtensachen und ein Senat für Landwirtschaftssachen. Die Bildung Großer Senate für Zivil- und Strafsachen sowie eines Vereinigten Großen Senats ist in § 132 Abs. 1 geregelt. 1
Die Zahl (derzeit sechs) der vom Präsidium zu bestellenden Ermittlungsrichter (§ 169 Abs. 1 Satz 2 StPO) bestimmt ebenfalls der Bundesminister Justiz. Ihr Dienstsitz ist Karlsruhe. 2
Zurzeit besteht mit dem in Leipzig ansässigen fünften Strafsenat nur ein nach Abs. 2 gebildeter auswärtiger Senat. Die Bildung weiterer auswärtiger Senate ist grds. möglich. 3

§ 132 GVG [Große Senate]. (1) ¹Beim Bundesgerichtshof werden ein Großer Senat für Zivilsachen und ein Großer Senat für Strafsachen gebildet. ²Die Großen Senate bilden die Vereinigten Großen Senate.
(2) Will ein Senat in einer Rechtsfrage von der Entscheidung eines anderen Senats abweichen, so entscheiden der Große Senat für Zivilsachen, wenn ein Zivilsenat von einem anderen Zivilsenat oder von dem Großen Zivilsenat, der Große Senat für Strafsachen, wenn ein Strafsenat von einem anderen Strafsenat oder von dem Großen Senat für Strafsachen, die Vereinigten Großen Senate, wenn ein Zivilsenat von einem Strafsenat oder von dem Großen Senat für Strafsachen oder ein Strafsenat von einem Zivilsenat oder von dem Großen Senat für Zivilsachen oder ein Senat von den Vereinigten Großen Senaten abweichen will.
(3) ¹Eine Vorlage an den Großen Senat oder die Vereinigten Großen Senate ist nur zulässig, wenn der Senat, von dessen Entscheidung abgewichen werden soll, auf Anfrage des erkennenden Senats erklärt hat, dass er an seiner Rechtsauffassung festhält. ²Kann der Senat, von dessen Entscheidung abgewichen werden soll, wegen einer Änderung des Geschäftsverteilungsplanes mit der Rechtsfrage nicht mehr befasst werden, tritt der Senat an seine Stelle, der nach dem Geschäftsverteilungsplan für den Fall, in dem abweichend entschieden wurde, zuständig wäre. ³Über die Anfrage und die Antwort entscheidet der jeweilige Senat durch Beschluss in der für Urteile erforderlichen Besetzung; § 97 Abs. 2 Satz 1 des Steuerberatungsgesetzes und § 74 Abs. 2 Satz 1 der Wirtschaftsprüferordnung bleiben unberührt.
(4) Der erkennende Senat kann eine Frage von grundsätzlicher Bedeutung dem Großen Senat zur Entscheidung vorlegen, wenn das nach seiner Auffassung zur Fortbildung des Rechts oder zur Sicherung einer einheitlichen Rechtsprechung erforderlich ist.
(5) ¹Der Große Senat für Zivilsachen besteht aus dem Präsidenten und je einem Mitglied der Zivilsenate, der Große Senat für Strafsachen aus dem Präsidenten und je zwei Mitgliedern der Strafsenate. ²Legt ein anderer Senat vor oder soll von dessen Entscheidung abgewichen werden, ist auch ein Mit-

§ 132 GVG Große Senate

glied dieses Senats im Großen Senat vertreten. ³Die Vereinigten Großen Senate bestehen aus dem Präsidenten und den Mitgliedern der Großen Senate.
(6) ¹Die Mitglieder und die Vertreter werden durch das Präsidium für ein Geschäftsjahr bestellt. ²Dies gilt auch für das Mitglied eines anderen Senats nach Absatz 5 Satz 2 und für seinen Vertreter. ³Den Vorsitz in den Großen Senaten und den Vereinigten Großen Senaten führt der Präsident, bei Verhinderung das dienstälteste Mitglied. ⁴Bei Stimmengleichheit gibt die Stimme des Vorsitzenden den Ausschlag.

1 **A. Die Großen Senate und die Vereinigten Großen Senate nach Abs. 1.** Die Zusammensetzung der für die Zivil- und Strafsenate gebildeten Großen Senate regelt Abs. 5 Satz 1. Ihre Mitglieder bilden nach Abs. 5 Satz 3 die Vereinigten Großen Senate. Der Vorsitz liegt jeweils beim Präsidenten des BGH oder seinem Vertreter (Abs. 6 Satz 3). Seine Stimme gibt bei Stimmengleichheit den Ausschlag (Abs. 6 Satz 4). Die Bestellung der Mitglieder nebst Vertretern obliegt nach Abs. 6 Satz 1 dem Präsidium. Die **Großen Senate und die Vereinigten Großen Senate sind selbstständige Spruchkörper**.

2 **B. Die Divergenzvorlage nach Abs. 2. I. Allgemeine Voraussetzungen.** Eine Sache ist dem Großen Senat für Strafsachen vorzulegen, wenn ein Strafsenat in einer **Rechtsfrage** von einem anderen Strafsenat oder dem Großen Senat für Strafsachen **abweichen** will (vgl. dazu § 121 Rdn. 14 ff.) und die Beantwortung dieser Rechtsfrage sowohl für die abweichende Vorentscheidung (BGHSt 16, 271, 278), als auch für die beabsichtigte Entscheidung **ergebnisrelevant** (BGHSt 43, 53, 58) und deshalb erheblich ist (vgl. dazu § 121 Rdn. 17). Eine Vorlage an die Vereinigten Großen Senate hat zu erfolgen, wenn unter sonst gleichen Umständen von einem Zivilsenat, dem Großen Senat für Zivilsachen oder den Vereinigten Großen Senaten abgewichen werden soll. Die Änderung der eigenen Senatsrechtsprechung ist kein Vorlegungsfall (*Meyer-Goßner/Schmitt* § 132 GVG Rn. 14). Wurde die aufzugebende Rechtsansicht von anderen Strafsenaten oder dem Großen Senat geteilt und darauf eine Entscheidung gestützt, entsteht durch die beabsichtigte Änderung eine vorlagepflichtige Divergenz (KK-StPO/*Hannich* § 132 GVG Rdn. 5; vgl. BGH NJW 2010, 2291 Rn. 9).

3 Eine Vorlagepflicht besteht nicht, wenn die abweichende Rechtsauffassung der anderen Senats von diesem bereits aufgegeben wurde (vgl. BGHSt 20, 77, 79), durch eine Entscheidung des BVerfG (BGH v. 23.5.2011 – 5 StR 394/10, Rn. 5; KK-StPO/*Hannich* § 132 GVG Rn. 8) oder des Gemeinsamen Senats der Obersten Gerichtshöfe des Bundes überstimmt worden ist (LR/*Franke* § 132 GVG Rn. 14 m.w.N.) oder durch eine Äußerung des Gesetzgebers seine Rechtsgrundlage verloren hat (BGHSt 43, 237, 239; vgl. dazu auch § 121 Rdn. 13 a.E.).

4 **II. Das Anfrageverfahren nach Abs. 3.** Einer Vorlage ist nach Abs. 3 das Anfrageverfahren vorgeschaltet. Darin ist von dem erkennenden Senat förmlich zu klären, ob die bestehende Divergenzlage beendet werden kann, indem der eine abweichende Rechtsauffassung vertretende andere Senat seinen Standpunkt ausdrücklich aufgibt. Erklärt ein Senat auf Anfrage, dass eine entgegenstehende eigene Rechtsprechung nicht besteht, darf ebenfalls nicht vorgelegt werden (BGH NJW 2010, 2291 Rn. 9). Erst wenn der angefragte Senat erklärt hat, dass er an seiner abweichenden Rechtsprechung festhält, ist eine Vorlage zulässig. Soll von der Rechtsauffassung mehrerer Senate abgewichen werden, ist die Anfrage an jeden Senat zu richten, der abweichend entschieden hat. Hält nur ein Senat an seiner abweichenden Auffassung fest, ist eine Vorlage zulässig. Eine Anfrage kann auch dann in Betracht kommen, wenn der erkennende Senat nicht sicher zu erkennen vermag, ob die abweichende Rechtsansicht eines anderen Senats für dessen Entscheidung tragend war (vgl. BGH, Beschl. v. 18.3.2015 – 2 StR 96/13, Rn. 25).

5 Über die Anfrage und die Antwort ist nach Abs. 3 Satz 3 von den betroffenen Senaten durch zu begründende Beschlüsse in Urteilsbesetzung zu entscheiden. Bei Änderungen der Geschäftsverteilung gilt Abs. 3 Satz 2.

6 Gibt der angefragte Senat seine abweichende Rechtsauffassung auf, ist diese Entscheidung für ihn bindend. Der anfragende Senat kann daraufhin in der Sache entscheiden. Eine Vorlage ist unzulässig. Das Ergebnis der Anfrage wird in der Sachentscheidung mitgeteilt (vgl. BGHSt 53, 89 Rn. 15). Will der angefragte Senat danach zu seiner ursprünglichen Rechtsauffassung zurückkehren, muss er seinerseits

in Bezug auf diese Entscheidung ein Vorlageverfahren einleiten (*Kissel/Mayer* § 132 Rn. 28). Hält der angefragte Senat an seiner Rechtsauffassung fest, kann der anfragende Senat seine Absicht divergierend zu entscheiden aufgeben und der bekräftigten Rechtsmeinung des angefragten Senats folgen. Andernfalls muss er vorlegen. Wird vorgelegt, kann der angefragte Senat die von ihm bekräftige Rechtsmeinung solange seinen Entscheidungen weiter zugrunde legen, als der Große Senat nicht gegen ihn entschieden hat (BGHR GVG § 132 Anfrageverfahren Nr. 1; KK-StPO/*Hannich* § 132 GVG Rn. 13; LR/*Franke* § 132 GVG Rn. 21 m.w.N.).

C. Die Vorlage wegen grundsätzlicher Bedeutung nach Abs. 4. I. Verhältnis zur Divergenzvorlage. Die Vorlage nach Abs. 4 kann bei gleichzeitig bestehender Divergenzlage grds. neben eine Vorlage nach Abs. 2 treten (BGHSt -GS- 40, 360, 366; -GS- 52, 379 Rn. 19). Da sie im Gegensatz zur Divergenzvorlage kein Anfrageverfahren vorsieht, muss in diesen Fällen jedoch auch nach Abs. 2 vorgelegt werden, weil sonst das Anfrageverfahren umgangen werden könnte. Nach a. A. geht die Vorlage nach Abs. 2 derjenigen nach Abs. 4 vor (*Kissel/Mayer* § 132 Rn. 30; LR/*Franke* § 132 GVG Rn. 39; *Meyer-Goßner/Schmitt* § 132 GVG Rn. 16).

II. Die Voraussetzungen im Einzelnen: Bei der Vorlagefrage muss es sich wie bei Abs. 2 um eine **Rechtsfrage** (vgl. dazu § 121 Rn. 16) handeln, die für die anstehende Sachentscheidung **erheblich** ist (BGHSt -GS- 33, 356, 359; -GS- 46, 323, 325; vgl. auch § 121 Rdn. 17).
Eine Rechtsfrage ist von **grundsätzlicher Bedeutung**, wenn sie sich über den vorgelegten Einzelfall hinaus jederzeit wieder stellen kann (BGHSt 34, 256, 258 f.; 42, 243, 247; 47, 346, 332) und ihre Beantwortung deshalb eine präjudizielle Wirkung auf andere Verfahren haben kann (BGH NJW 2008, 860). Beispiele: Setzt der Begriff der Bande eine Verbindung von mehr als zwei Personen voraus (BGHSt -GS- 46, 321, 324 f.); Können die Folgen aus Verstößen gegen das Gebot zügiger Verfahrenserledigung durch die Festsetzung einer Mindestverbüßungsdauer kompensiert werden (BGHSt -GS- 52, 124, 128). Auch können die weitreichenden Auswirkungen der Entscheidung für die jeweils Betroffenen eine grundsätzliche Bedeutung begründen (BGHSt -GS- 52, 379 Rn. 19; dazu *Kissel/Mayer* § 132 Rn. 33 m.w.N.).
Eine Entscheidung des Großen Senats ist zur **Fortbildung des Rechts** erforderlich, wenn der Einzelfall Anlass gibt, Leitsätze für die Rechtsanwendung aufzustellen oder vorhandene Gesetzeslücken nach den dafür anerkannten Methoden zu schließen (vgl. BGHSt 24, 15, 21; LR/*Franke* § 132 GVG Rn. 36; *Meyer-Goßner/Schmitt* § 132 GVG Rn. 19; weiterführend *Kissel/Mayer* § 132 Rn. 37). Sie dient der **Sicherung einer einheitlichen Rechtsprechung**, wenn nur so bestehende oder zu erwartende Unterschiede in der Rechtsprechung vermieden werden können. Dafür kann es ausreichen, dass sich unterschiedliche jeweils nicht fernliegende Entscheidungsmöglichkeiten aufzeigen lassen (vgl. BGHSt -GS- 32, 115, 119). Eine eigenständige Bedeutung kommt dieser Vorlagemöglichkeit v.a. in Fällen zu, in denen andere Senate bereits eine divergierende Rechtsauffassung in nicht entscheidungstragender Weise geäußert haben und deshalb eine Vorlage nach Abs. 2 ausscheidet (*Kissel/Mayer* § 132 Rn. 36). Die Gefahr uneinheitlicher Rechtsprechung kann ggf. durch eine Anfrage bei allen anderen Strafsenaten ausgeräumt werden, wenn diese zu einem einhelligen Ergebnis führt (vgl. BGHSt 16, 351, 353).
Die Vorlegung steht im **Ermessen** des mit der Rechtsfrage befassten Senats, dessen Ausübung vom Großen Senat nur auf Fehler überprüft werden kann (*Kissel/Mayer* § 132 Rn. 38 m.w.N).

D. Das Vorlageverfahren. Die Rechtsfrage wird dem Großen Senat von dem anfragenden Senat durch einen entsprechend formulierten Beschluss vorgelegt. Dabei geht der vorlegende Senat zweckmäßigerweise bereits auf die im Anfrageverfahren vorgebrachten Gegenargumente der abweichenden Senate ein (vgl. BGH, Beschl. v. 22.5.2014 – 4 StR 223/12). Durch den Vorlagebeschluss wird das Ausgangsverfahren in ein Zwischenverfahren übergeleitet. Eine Anhörung der Verfahrensbeteiligten bedarf es nicht (*Meyer-Goßner/Schmitt* § 132 Rn. 11).

§ 135 GVG [Zuständigkeit in Strafsachen].

(1) In Strafsachen ist der Bundesgerichtshof zuständig zur Verhandlung und Entscheidung über das Rechtsmittel der Revision gegen die Urteile der Oberlandesgerichte im ersten Rechtszug sowie gegen die Urteile der Landgerichte im ersten Rechtszug, soweit nicht die Zuständigkeit der Oberlandesgerichte begründet ist.

§ 138 GVG   Verfahren vor den Großen Senaten

(2) Der Bundesgerichtshof entscheidet ferner über Beschwerden gegen Beschlüsse und Verfügungen der Oberlandesgerichte in den in § 138d Abs. 6 Satz 1, § 304 Abs. 4 Satz 2 und § 310 Abs. 1 der Strafprozessordnung bezeichneten Fällen sowie über Beschwerden gegen Verfügungen des Ermittlungsrichters des Bundesgerichtshofes (§ 169 Abs. 1 Satz 2 der Strafprozessordnung) in den in § 304 Abs. 5 der Strafprozessordnung bezeichneten Fällen.

1   **A. Die Zuständigkeit als Revisionsgericht nach Abs. 1.** Die Zuständigkeit des BGH nach Abs. 1 knüpft allein daran an, ob in der vorhergehenden Instanz ein OLG (§ 120) oder ein LG (§ 74 Abs. 1 und 2) erstinstanzlich entschieden hat. Dabei kommt es nicht darauf an, ob dieses Gericht seinerseits sachlich zuständig war (BGHSt 22, 48, 50 f.). Wurde von einem LG ein Berufungsverfahren mit einem erstinstanzlichen Verfahren analog § 4 Abs. 1 StPO verbunden, liegt damit ein einheitliches erstinstanzliches Verfahren vor, das nur im Ganzen mit der Revision zum BGH angefochten werden kann. Wurde lediglich eine Verhandlungsverbindung nach § 237 StPO vorgenommen, bleiben beide Sachen rechtlich selbstständig und getrennt anfechtbar. Der BGH ist dann nur für die Revision gegen das erstinstanzliche Urteil zuständig (BGHSt 36, 348, 351).
2   Eine vorgehende Zuständigkeit des OLG bei Revisionen gegen erstinstanzliche Entscheidungen des LG ergibt sich nach § 121 Abs. 1 Nr. 1c dann, wenn die Revision ausschließlich auf die Verletzung von Landesrecht gestützt ist (vgl. dazu § 121 Rdn. 3).

3   **B. Die Beschwerdezuständigkeit nach Abs. 2.** Hat ein OLG im ersten Rechtszug (§ 120 Abs. 1 und 2) einen Verteidiger nach § 138a oder 138b StPO ausgeschlossen, entscheidet der BGH über eine hiergegen nach § 138d Abs. 6 Satz 1 StPO eingelegte sofortige Beschwerde. Gleiches gilt für einfache Beschwerden, die nach § 304 Abs. 4 Satz 2 StPO ausnahmsweise gegen im ersten Rechtszug ergangene Verfügungen und Beschlüsse des OLG möglich sind. Ferner ist der BGH für weitere Beschwerden zuständig, die nach § 310 Abs. 1 StPO gegen nach § 120 Abs. 3 (nicht § 120 Abs. 4) ergangene Beschwerdeentscheidungen des OLG eingelegt werden (vgl. dazu § 120 Rdn. 7).
4   Die Zuständigkeit für die nach § 304 Abs. 5 StPO zulässigen Beschwerden gegen Verfügungen des Ermittlungsrichters beim BGH (§ 169 Abs. 1 Satz 2 StPO) endet mit der Anklageerhebung, weil dadurch die Zuständigkeit auf das mit der Sache befasste Gericht übergeht (BGHSt 27, 253). Gibt der Generalbundesanwalt ein zunächst von ihm geführtes Ermittlungsverfahren nach § 142a Abs. 2 an die Landesstaatsanwaltschaft ab, verliert dadurch der Ermittlungsrichter bei dem BGH mit Ausnahme der nach § 126 Abs. 1 Satz 3 StPO noch zu übertragenden Haftkontrolle sofort seine Zuständigkeit (BGH NJW 1973, 475, 476). Damit entfällt auch die Beschwerdezuständigkeit nach Abs. 2, sodass über noch nicht verbeschiedene oder danach erhobene Beschwerden gegen Verfügungen des Ermittlungsrichters beim BGH das zuständige OLG zu entscheiden hat (BGH NJW 1973, 477, 478; *Kissel/Mayer* § 135 Rn. 6; LR/*Franke* § 135 GVG Rn. 9).

§ 138 GVG [Verfahren vor den Großen Senaten]. (1) ¹Die Großen Senate und die Vereinigten Großen Senate entscheiden nur über die Rechtsfrage. ²Sie können ohne mündliche Verhandlung entscheiden. ³Die Entscheidung ist in der vorliegenden Sache für den erkennenden Senat bindend.
(2) ¹Vor der Entscheidung des Großen Senats für Strafsachen oder der Vereinigten Großen Senate und in Rechtsstreitigkeiten, welche die Anfechtung einer Todeserklärung zum Gegenstand haben, ist der Generalbundesanwalt zu hören. ²Der Generalbundesanwalt kann auch in der Sitzung seine Auffassung darlegen.
(3) Erfordert die Entscheidung der Sache eine erneute mündliche Verhandlung vor dem erkennenden Senat, so sind die Beteiligten unter Mitteilung der ergangenen Entscheidung der Rechtsfrage zu der Verhandlung zu laden.

1   Die Entscheidung des Großen Senates und der Vereinigten Großen Senate über die ihnen nach § 132 Abs. 2 oder 4 vorgelegte Rechtsfrage ergeht in einem Zwischenverfahren. Dabei **prüft** der Große Senat zunächst die **Vorlegungsvoraussetzungen** in vollem Umfang nach. Bei dieser Prüfung ist er an die Beurteilung der (beiderseitigen) Entscheidungserheblichkeit (BGHSt -GS- 51, 298 Rn. 13; -GS- 52, 379

Rn. 19) sowie andere vorgreifliche fallbezogene Bewertungen des vorlegenden Senats bis zur Grenze der Vertretbarkeit gebunden (vgl. BGHSt -GS- 41, 187, 194; -GS- 52, 124 Rn. 13). Eine Erweiterung (BGHSt -GS- 51, 298 Rn. 15), Beschränkung (BGHSt -GS- 19, 206, 209; -GS- 40, 350, 359 f.) oder anderweitige Präzisierung der Vorlagefrage ist möglich (BGHSt -GS- 21, 29, 31 f.). Ist die Vorlage unzulässig, wird die Entscheidung abgelehnt und das Vorlageverfahren dadurch beendet.

Liegen die Vorlegungsvoraussetzungen vor, wird über die ggf. modifizierte **Vorlagefrage** entschieden. 2 Dabei kann der Große Senat auch alle ihm unterbreiteten (divergierenden) Ansichten verwerfen und eine abweichende Position vertreten (vgl. BGHSt -GS- 40, 360, 366).

Sämtliche Entscheidungen ergehen durch einen begründeten **Beschluss**, der den Verfahrensbeteiligten 3 zuzustellen ist. Ob mündlich verhandelt wird, steht nach Abs. 1 Satz 2 im Ermessen des Großen Senats. Eine Anhörung des Generalbundesanwalts ist nach Abs. 2 geboten. Bis zur Entscheidung kann der Vorlagebeschluss zurückgenommen werden (LR/*Franke* § 138 GVG Rn. 4). Muss nach der Entscheidung nochmals vor dem erkennenden Senat mündlich verhandelt werden ist Abs. 3 zu beachten.

Eine **Bindungswirkung** besteht nach Abs. 1 Satz 3 nur für den erkennenden Senat in der vorliegenden 4 Sache. Eine wiederholte Vorlage derselben Rechtsfrage ist daher grds. möglich (LR/*Franke* § 138 GVG Rn. 7).

§ 139 GVG [Besetzung der Senate]. (1) Die Senate des Bundesgerichtshofes entscheiden in der Besetzung von fünf Mitgliedern einschließlich des Vorsitzenden.
(2) ¹Die Strafsenate entscheiden über Beschwerden in der Besetzung von drei Mitgliedern einschließlich des Vorsitzenden. ²Dies gilt nicht für die Entscheidung über Beschwerden gegen Beschlüsse, durch welche die Eröffnung des Hauptverfahrens abgelehnt oder das Verfahren wegen eines Verfahrenshindernisses eingestellt wird.

Nach Abs. 1 entscheidet der BGH grds. in der Besetzung mit fünf Richtern. Da eine § 122 Abs. 1 ent- 1 sprechende Bezugnahme auf spezialgesetzliche Einzelrichterregelungen fehlt, ist auch über Erinnerungen gem. § 66 Abs. 1 GKG trotz § 66 Abs. 5 GKG in Fünferbesetzung zu entscheiden (BGH, NStZ 2007, 663; NStZ-RR 2008, 69 [B]; NStZ-RR 2013, 191, 192; Beschluss vom 15. Januar 2015 – 2 StR 605/13, Rn. 1).

In Abweichung von Abs. 1 sieht Abs. 2 Satz 1 eine Entscheidung in Dreierbesetzung vor, soweit nach 2 § 135 Abs. 2 über Beschwerden zu entscheiden ist. Dies gilt nach Abs. 2 Satz 2 nicht für Beschwerden gem. § 304 Abs. 4 Satz 2 Nr. 2 StPO. Insoweit verbleibt es bei der sich aus Abs. 1 ergebenden Fünferbesetzung.

§ 140 GVG [Geschäftsordnung]. Der Geschäftsgang wird durch eine Geschäftsordnung geregelt, die das Plenum beschließt.

Die Vorschrift enthält die einzige gesetzliche Aufgabenzuweisung für das Plenum. Derzeit gilt die Ge- 1 schäftsordnung v. 03.03.1952 (DRiZ 1963, 152), zuletzt geändert durch Bekanntmachung v. 21.06.1971 (BAnz Nr. 114 v. 26.06.1971).

9a. Titel. Zuständigkeit für Wiederaufnahmeverfahren in Strafsachen

§ 140a GVG [Zuständigkeit]. (1) ¹Im Wiederaufnahmeverfahren entscheidet ein anderes Gericht mit gleicher sachlicher Zuständigkeit als das Gericht, gegen dessen Entscheidung sich der Antrag auf Wiederaufnahme des Verfahrens richtet. ²Über einen Antrag gegen ein im Revisionsverfahren erlassenes Urteil entscheidet ein anderes Gericht der Ordnung des Gerichts, gegen dessen Urteil die Revision eingelegt war.

§ 140a GVG Zuständigkeit Wiederaufnahmeverfahren

(2) Das Präsidium des Oberlandesgerichts bestimmt vor Beginn des Geschäftsjahres die Gerichte, die innerhalb seines Bezirks für die Entscheidungen in Wiederaufnahmeverfahren örtlich zuständig sind.

(3) ¹Ist im Bezirk eines Oberlandesgerichts nur ein Landgericht eingerichtet, so entscheidet über den Antrag, für den nach Absatz 1 das Landgericht zuständig ist, eine andere Strafkammer des Landgerichts, die vom Präsidium des Oberlandesgerichts vor Beginn des Geschäftsjahres bestimmt wird. ²Die Landesregierungen werden ermächtigt, durch Rechtsverordnung die nach Absatz 2 zu treffende Entscheidung des Präsidiums eines Oberlandesgerichts, in dessen Bezirk nur ein Landgericht eingerichtet ist, dem Präsidium eines benachbarten Oberlandesgerichts für solche Anträge zuzuweisen, für die nach Absatz 1 das Landgericht zuständig ist. ³Die Landesregierungen können die Ermächtigung durch Rechtsverordnung auf die Landesjustizverwaltungen übertragen.

(4) ¹In den Ländern, in denen nur ein Oberlandesgericht und nur ein Landgericht eingerichtet sind, gilt Absatz 3 Satz 1 entsprechend. ²Die Landesregierungen dieser Länder werden ermächtigt, mit einem benachbarten Land zu vereinbaren, dass die Aufgaben des Präsidiums des Oberlandesgerichts nach Absatz 2 einem benachbarten, zu einem anderen Land gehörenden Oberlandesgericht für Anträge übertragen werden, für die nach Absatz 1 das Landgericht zuständig ist.

(5) In den Ländern, in denen nur ein Landgericht eingerichtet ist und einem Amtsgericht die Strafsachen für die Bezirke der anderen Amtsgerichte zugewiesen sind, gelten Absatz 3 Satz 1 und Absatz 4 Satz 2 entsprechend.

(6) ¹Wird die Wiederaufnahme des Verfahrens beantragt, das von einem Oberlandesgericht im ersten Rechtszug entschieden worden war, so ist ein anderer Senat dieses Oberlandesgerichts zuständig. ²§ 120 Abs. 5 Satz 2 gilt entsprechend.

(7) Für Entscheidungen über Anträge zur Vorbereitung eines Wiederaufnahmeverfahrens gelten die Absätze 1 bis 6 entsprechend.

1 **A. Sachliche und funktionelle Zuständigkeit.** Bei dem Wiederaufnahmegericht (§ 337 Abs. 1 Satz 1 StPO) muss es sich um einen Spruchkörper handeln, der die **gleiche sachliche und funktionelle Zuständigkeit** hat, wie der Spruchkörper, gegen dessen Entscheidung sich der Wiederaufnahmeantrag richtet. Spezielle Zuständigkeiten gem. §§ 74 Abs. 2, 74a und 74c sind dabei ebenso zu beachten, wie das in § 74e geregelte Vorrangprinzip (OLG München, MDR 1980, 601). Jugendgerichte bleiben zuständig, auch wenn der Verurteilte inzwischen erwachsen ist (LR/*Franke* § 140a GVG Rn. 3; *Meyer-Goßner/Schmitt* § 140a GVG Rn. 11). Für Wiederaufnahmeanträge gegen frühere Wehrmachts- und Sondergerichte gelten die §§ 18, 19 ZEG. Über Wiederaufnahmeanträge gegen erstinstanzliche Urteile des Reichsgerichts entscheidet das KG (BGHSt 31, 365, 367 f.).

2 Hat ein Strafverfahren **mehrere Instanzen** durchlaufen, bestimmt sich die sachliche Zuständigkeit für einen Wiederaufnahmeantrag danach, wo die behaupteten Wiederaufnahmegründe ihren Ort haben und mit welchem Ziel der Antrag gestellt wird. Hat das LG die **Berufung** gegen ein amtsgerichtliches Urteil als **unzulässig** oder nach § 329 Abs. 1 StPO ohne Prüfung der Schuldfrage verworfen, ist das **AG** für einen auf die Beseitigung oder Verschärfung des Schuldspruchs gerichteten Wiederaufnahmeantrag zuständig. Gleiches gilt, wenn aufgrund einer **Berufungsbeschränkung** nur über den Strafausspruch entschieden worden ist (OLG Frankfurt am Main NStZ-RR 2006, 275; OLG Koblenz NStZ-RR 1998, 18; OLG Oldenburg StV 1992, 102; OLG Düsseldorf MDR 1986, 1050). Eine Zuständigkeit des LG kann sich in diesen Fällen nur dann ergeben, wenn die Wiederaufnahme allein auf Geschehnisse im Berufungsverfahren (z.B. Pflichtverletzungen des Kammervorsitzenden oder der Schöffen gem. §§ 359 Nr. 3, 362 Nr. 3 StPO) gestützt wird (KK-StPO/*Hannich* § 140a GVG Rn. 5; *Meyer-Goßner/Schmitt* § 140a GVG Rn. 6). Wurde über eine **unbeschränkte Berufung** in der Sache entschieden, richtet sich ein auf einen Freispruch oder eine Schuldspruchschärfung abzielender Wiederaufnahmeantrag gegen das Berufungsurteil, sodass eine **kleine Strafkammer** (§ 76 Abs. 1 Satz 1) als Wiederaufnahmegericht sachlich zuständig ist. Dies gilt auch dann, wenn das Berufungsgericht noch nach früherem Recht als große Strafkammer (vgl. § 76 Abs. 2 a.F.) entschieden hat.

3 Für Wiederaufnahmeanträge gegen **Revisionsurteile** ist nach Abs. 1 Satz 2 immer ein Gericht der Ordnung sachlich zuständig, dessen Urteil angefochten worden ist. Hiervon ist selbst dann keine Ausnahme zu machen, wenn sich die behaupteten Wiederaufnahmegründe allein auf das Revisionsverfahren bezie-

hen (BGH StV 1999, 138; GA 1985, 419; MDR 1977, 811 [H]; LR/*Franke* § 140a GVG Rn. 6; *Kissel/ Mayer* § 140a Rn. 5).

B. Örtliche Zuständigkeit. Nach Abs. 1 Satz 1 hat über einen Wiederaufnahmeantrag grds. ein **anderes Gericht** im administrativ-organisatorischen Sinn zu entscheiden. Dies ist für den Bereich der Amts- und LG ein anderes Amts- und LG, das in demselben Oberlandesgerichtsbezirk seinen Sitz hat und von dem Präsidium dieses OLG nach Abs. 2 als Ersatzgericht bestimmt worden ist. 4

Ausnahmen von dieser Regel lassen die Abs. 3 bis 5 für Oberlandesgerichtsbezirke mit nur einem LG (derzeit nicht existent), Länder mit nur einem OLG und einem LG (Berlin, Bremen, Hamburg und das Saarland) sowie Länder mit nur einem LG und einem AG für Strafsachen (Berlin) zu. Ist in einem Oberlandesgerichtsbezirk nur bei einem LG eine Spezialkammer nach § 74a oder 74c eingerichtet, fehlt es aufgrund des Vorrangprinzips nach § 74e in diesem Bezirk an einem anderen Gericht mit gleicher sachlicher Zuständigkeit, sodass nach Abs. 3 Satz 1 verfahren werden kann (OLG Karlsruhe, MDR 1980, 252; LR/*Franke* § 140a GVG Rn. 8a; KK-StPO/*Hannich* § 140a GVG Rn. 4; *Meyer-Goßner/ Schmitt* § 140a GVG Rn. 3). Demgegenüber soll nach Ansicht des BGH (BGHSt. 29, 47, 49) Abhilfe nur durch die Einrichtung einer weiteren Spezialkammer bei einem anderen LG des Bezirks oder durch ein Vorgehen nach § 140a Abs. 3 Satz 2 möglich sein. Dabei wird übersehen, dass die Ausgangslage der Regelungssituation des Abs. 3 Satz 1 entspricht (vgl. *Katholnigg* NJW 1980, 132). 5

Bei **Zurückverweisungen durch das Revisionsgericht** nach §§ 354 Abs. 2 und 3 StPO bestimmt sich das örtlich zuständige Wiederaufnahmegericht danach, welches Urteil der Wiederaufnahmeantrag angreift. Wird ein Freispruch angestrebt, zielt der Antrag i.d.R. auf das Urteil, dass den Schuldspruch enthält. Dies ist bei einer unbeschränkten Aufhebung das nach der Zurückverweisung ergangene und bei einer auf den Rechtsfolgenausspruch beschränkten Aufhebung das mit der Revision angegriffene erste landgerichtliche Urteil (OLG Koblenz NStZ-RR 1997, 111; OLG Köln MDR 1973, 603). Werden auf ein bestimmtes Urteil bezogene Wiederaufnahmegründe geltend gemacht (vgl. §§ 359 Nr. 3, 362 Nr. 3 StPO), entscheidet das Ersatzgericht, das an die Stelle des Gerichts zu treten hat, von dem dieses Urteil stammt. Der Umstand, dass das Wiederaufnahmegericht selbst zuvor mit der Sache befasst war, steht seiner Zuständigkeit nicht entgegen (OLG Koblenz, NJW 1996, 1072; *Meyer-Goßner/Schmitt* § 140a GVG Rn. 10; KK-StPO/*Hannich* § 140a GVG Rn. 7). 6

Wurden Strafen aus verschiedenen Urteilen nachträglich gem. § 55 StGB zu einer **Gesamtstrafe** zusammengezogen, ist für Wiederaufnahmeanträge gegen einzelne Urteile das jeweils berufene Ersatzgericht zuständig. 7

Wird in Bezug auf ein erstinstanzliches Urteil eines OLG Wiederaufnahme beantragt, hat nach Abs. 6 Satz 1 ein anderer Senat desselben Gerichts zu entscheiden. Dieser ist durch das Präsidium nicht nach Abs. 2, sondern im Geschäftsverteilungsplan nach § 21e Abs. 1 zu bestimmen (LR/*Franke* § 140a GVG Rn. 12; *Meyer-Goßner/Schmitt* § 140a GVG Rn. 14). 8

C. Erstreckung auf vorbereitende Anträge. Nach Abs. 7 gilt die Zuständigkeitsregelung der Abs. 1 bis 6 auch für vorbereitende Anträge (§§ 364a, 364b und 360 Abs. 2 StPO). 9

Zehnter Titel. Staatsanwaltschaft

Vorbemerkung zu §§ 141 ff. GVG

A. Inhalt des 10. Titels. Die §§ 141 bis 152 regeln in Grundzügen die Organisation und die inneren Strukturen der StA(LR/*Boll*, Vor § 141 Rn. 1). **Ergänzungen** finden sich in den **AGGVG** der Länder und in der von den Ländern weitgehend bundeseinheitlich erlassenen »Anordnung über Organisation und Dienstbetrieb der StA (**OrgStA**)«. Die Aufgaben der StA sind, von Einzelregelungen abgesehen, nicht im GVG geregelt, sondern im Verfahrensrecht, insb. der StPO. 1

2 B. Stellung der StA. »Das Bild der Staatsanwaltschaft schwankt in der Geschichte. Ob sie eine Frucht der liberal-aufklärerischen Reformbewegung des 19. Jahrhunderts oder das Produkt eines staatserhaltenden Konservatismus ist, ob sie den Freiheitsrechten des Bürgers oder eher der Funktionstüchtigkeit und Effizienz der Strafrechtspflege dient, das war von Anfang an und ist noch heute umstritten« (*Roxin*, DRiZ 1997, 109).

3 Einer der wesentlichen Unterschiede der StA ggü. dem Gericht ist deren Weisungsgebundenheit (§ 146). Ferner wird die Mehrzahl aller Strafverfahren von der StA durch Einstellungsverfügungen erledigt, die jedoch nicht der materiellen Rechtskraft fähig sind (eingeschränkt bzgl. § 153a Abs. 1 Satz 4 StPO). Deshalb übt die StA bereits aus diesen beiden Gründen **keine rechtsprechende Gewalt** aus. Sie gehört zur **Exekutive** (BVerfGE 103, 142), ist jedoch insoweit eine **Institution sui generis** (*Meyer-Goßner*, Vor § 141 Rn. 6; *Kissel/Mayer*, § 141 Rn. 9), da sie nicht primär verwaltet, sondern als selbstständiges (§ 150), den Gerichten gleichgeordnetes Organ der Strafrechtspflege (BVerfGE 32, 199, 216; BGHSt 24, 170, 171; Nr. 1 Satz 2 RiStBV) zusammen mit diesen auf dem strafrechtlichen Gebiet die Aufgaben der Justizgewährung wahrnimmt (BVerfGE 9, 223, 228).

4 I. Strafverfahren und Strafvollstreckung. Sie ist verantwortlich für die Rechtmäßigkeit und Gründlichkeit, aber auch die schnelle Durchführung des Ermittlungsverfahrens. Durch die Ermittlungen und die Erhebung der Anklage schafft sie im Verhältnis zu den Strafgerichten die Voraussetzungen für die Ausübung der rechtsprechenden Gewalt. Im Hauptverfahren unterstützt und kontrolliert sie das Gericht bei der Erforschung des wahren Sachverhalts und der richtigen Rechtsanwendung. Schließlich nimmt auch die Vollstreckung gerichtlicher Entscheidungen in der Praxis einen nicht zu unterschätzenden, breiten Raum bei der Arbeit der StA ein.

5 II. Keine Parteistellung. Die StA ist **nicht Partei**. Der **Grundsatz der Waffengleichheit** bedeutet daher in Bezug auf das Hauptverfahren nur eine Ausbalancierung der jeweiligen Rechte (*Meyer-Goßner*, Vor § 141 Rn. 8, 9; *Kissel/Mayer*, § 141 Rn. 5, 6; LR/*Boll*, Vor § 141 Rn. 19; *E. Müller*, NJW 1976, 1063).

6 III. Keine förmliche Präjudizienbindung. Die Bindung der StA an **gerichtliche Präjudizien** ist strittig (bejahend BGHSt 15, 155; *Krey/Pföhler*, NStZ 1985, 145, 150; verneinend LR/*Boll*, Vor § 141 Rn. 18; *Katholnigg*, Vor § 141 Rn. 6; *Roxin*, DRiZ 97, 109, 115). Tatsächlich ist diese Frage von geringer Bedeutung, da die StA eine gefestigte höchstrichterliche Rechtsprechung i.d.R. beachten wird. Hält die StA gleichwohl einmal entgegen der höchstrichterlichen Rechtsprechung ein Verhalten für straflos, ist sie zur Anklageerhebung verpflichtet, da sie auf eine Gleichbehandlung und eine einheitliche Rechtsprechung zu achten hat und auf diesem Weg eine Änderung der Rechtsprechung herbeizuführen versuchen kann (*Meyer-Goßner*, Vor § 141 Rn. 11; OLG Zweibrücken, NStZ 2007, 420). Auch der umgekehrte Fall ist von geringer praktischer Bedeutung. Hält die StA entgegen der Rechtsprechung ein bestimmtes Verhalten für strafbar, ist sie nicht gehindert, Anklage zu erheben. Sie wird dann näher zu begründen müssen, aufgrund welcher neuen Umstände oder Gründe von der bisherigen Rechtsprechung abgewichen werden müsste und auf diese Weise eine Klärung der Rechtsfrage herbeiführen.

7 C. Aufgaben außerhalb des Strafverfahrens. Außerhalb des Strafverfahrens hat die StA Antrags- und Mitwirkungsrechte im Aufgebotsverfahren nach dem Verschollenheitsgesetz (§§ 2, 16, 22, 30 VerschG).
Nach Landesrecht ist die StA in vielen Fällen zur Vertreterin des Justizfiskus bestellt, v.a. in Zivilprozessen. Ferner ist sie in den meisten Bundesländern Vertreterin des öffentlichen Interesses nach dem Transsexuellengesetz (z.B. Bayern: VO v. 18.11.1980 [GVBl. 629]; Baden-Württemberg: VO v. 12.11.1980 [GBl. 585]; Nordrhein-Westfalen: VO v. 21.01.1981 [GVNW 40]; Sachsen: VO v. 12.01.1993 [GVBl. 67]). Bei Ordnungswidrigkeiten nach § 115 OWiG ist die StA in einigen Ländern zuständige Verwaltungsbehörde nach § 36 OWiG (z.B. Bayern: § 7 Nr. 1 ZuVOWiG v. 21.10.1997 [GVBl., S. 727]; Baden-Württemberg: § 8 Nr. 2 OWiZuV v. 02.02.1990 [GBl. 75]; zu den übrigen Bundesländern vgl. Göhler Anh. B).

§ 141 GVG [Sitz]. Bei jedem Gericht soll eine Staatsanwaltschaft bestehen.

Die Vorschrift enthält nur einen Grundsatz (»soll«). Hierdurch soll sichergestellt werden, dass für jedes 1
Gericht eine StA bestimmt ist, die nach Maßgabe des landesrechtlichen Organisationsrechts alle dort
anfallenden staatsanwaltschaftlichen Aufgaben erfüllt. Beim AG nimmt diese Aufgaben die StA beim
übergeordneten LG wahr.

Durch die obersten Behörden der Landesjustizverwaltungen (Nr. 1 Abs. 2 Satz 2 OrgStA) kann für eine 2
StA bei einem LG auch eine **Zweigstelle** bei einem (meist auswärtigen) AG (z.B. Art. 12 Abs. 2 Satz 2
BayAGGVG, § 8 Abs. 2 Satz 2 BWAGGVG) oder auch lediglich eine **Außenstelle** (durch Justizverwaltungsakt) eingerichtet werden.

§ 141 verbietet nicht, sog. **Schwerpunktstaatsanwaltschaften** einzurichten, die für bestimmte Arten 3
von Verfahren die Zuständigkeit bei einer bestimmten StA für den Bereich mehrerer StA bündeln (vgl.
§ 143 Rdn. 8 ff.).

§ 142 GVG [Zuständigkeit der StA]. (1) Das Amt der Staatsanwaltschaft wird ausgeübt:
1. bei dem Bundesgerichtshof durch einen Generalbundesanwalt und durch einen oder mehrere Bundesanwälte;
2. bei den Oberlandesgerichten und den Landgerichten durch einen oder mehrere Staatsanwälte;
3. bei den Amtsgerichten durch einen oder mehrere Staatsanwälte oder Amtsanwälte.

(2) Die Zuständigkeit der Amtsanwälte erstreckt sich nicht auf das amtsrichterliche Verfahren zur Vorbereitung der öffentlichen Klage in den Strafsachen, die zur Zuständigkeit anderer Gerichte als der Amtsgerichte gehören.

(3) Referendaren kann die Wahrnehmung der Aufgaben eines Amtsanwalts und im Einzelfall die Wahrnehmung der Aufgaben eines Staatsanwalts unter dessen Aufsicht übertragen werden.

A. Regelungsgehalt. Während § 143 die örtliche Zuständigkeit betrifft, regeln die §§ 142, 1
142a die **sachliche Zuständigkeit** der StA. Es werden jedoch nur die für die Ausübung des Amtes
der StA zuständigen Funktionsträger bezeichnet, Inhalt und Art der Amtsausübung ist in diversen weiteren Vorschriften des Bundes und der Länder geregelt. V.a. die Ausgestaltung der Zuständigkeiten und
der inneren Verhältnisse fällt weitgehend in die Länderzuständigkeit. Hierzu haben die Landesjustizverwaltungen insb. die »Anordnung über Organisation und Dienstbetrieb der StA« (OrgStA, abgedruckt
u.a. in Justiz 2003, 627) erlassen.

B. Sachliche Zuständigkeit. Grds. orientiert sich die sachliche Zuständigkeit der StA an derjenigen des Gerichts, bei der das Verfahren anhängig ist oder zu machen ist, sog. **Sequenzzuständigkeit** 2
(*Meyer-Goßner*, § 142 Rn. 1; *Kissel/Mayer*, § 142 Rn. 2). Ändert sich im Laufe des Verfahrens die Zuständigkeit des Gerichts (z.B. nach §§ 12, 13, 209, 270, 354 StPO, § 140a GVG), so wird die StA zuständig, die zu dem nunmehr befassten Gericht gehört.

Hat die StA **Anklage vor dem sachlich unzuständigen Gericht** erhoben, so führt dies nicht zur Unwirk- 3
samkeit der Anklageerhebung, wenn an das zuständige Gericht verwiesen werden kann (§§ 209, 225a,
270 StPO). Eine neue Anklageschrift ist nicht erforderlich (BayObLGSt 1973, 5, 8). Von einer absoluten Unzuständigkeit ist jedoch auszugehen, wenn die StA bei einem anderen Gericht tätig wird als bei
dem, bei dem sie besteht (z.B., wenn ein Rechtsmittel bei einem anderen LG eingelegt wird oder die StA
ein Privatklageverfahren bei einem AG übernehmen will, für das sie nicht zuständig ist; BGHSt 11, 56,
59). In diesem Fall hat die sachliche Unzuständigkeit die Unwirksamkeit der Tätigkeit zur Folge. Die
StA kann jedoch dann **Anträge an Gerichte außerhalb ihres Bezirks** stellen, wenn einzelne Untersuchungshandlungen von diesen Gerichten vorzunehmen sind, z.B. nach § 125 Abs. 1, 126a Abs. 2,
162 Abs. 1 Satz 3 StPO.

I. StA beim BGH (Abs. 1 Nr. 1) Der Begriff **Bundesanwälte** ist – ebenso wie der Begriff Staats- 4
anwälte in Nr. 2, 3 – als Funktionsbezeichnung zu verstehen, er sagt nichts über die jeweilige dienst-

rechtliche Stellung aus. Mitumfasst sind die OStAe beim GBA und die dorthin zur Wahrnehmung staatsanwaltschaftlicher Aufgaben abgeordneten Richter und StAe.

5 **II. StA beim OLG und LG (Abs. 1 Nr. 2)** An der Spitze der StA beim OLG steht der **Generalstaatsanwalt**. Die Leitung der StA bei einem LG obliegt dem **Leitenden OStA**.

6 **III. StA beim AG (Abs. 1 Nr. 3)** Beim AG besteht keine selbstständige StA. Die Aufgaben werden von der StA am Sitz des jeweils übergeordneten LG wahrgenommen, sofern nicht eine Zweigstelle oder Außenstelle eingerichtet ist.

7 Während Abs. 1 Nr. 3 die Wahrnehmung staatsanwaltschaftlicher Aufgaben bei den AG auch durch **Amtsanwälte** – neben Staatsanwälten – lediglich mit der Einschränkung des Abs. 2 zulässt, schränkt die OrgStA die Tätigkeit der Amtsanwälte auf Strafsachen vor dem Strafrichter und z.T. auf einen enumerativen Katalog von Straftaten weiter ein (zu den Regelungen in den Ländern im Einzelnen vgl. SK-StPO/*Wohlers*, § 142 Rn. 13).

8 **Überschreitet der Amtsanwalt** seine nach Nr. 3 auf das AG beschränkte **Kompetenz**, z.B. durch Erklärung einer Berufungsbeschränkung ggü. dem LG, so ist diese Erklärung unwirksam (BayObLG, NJW 1974, 761). Weitergehende innerdienstliche Beschränkungen, z.B. in der OrgStA, entfalten keine Außenwirkung und sind revisionsrechtlich unbeachtlich. Deshalb kann ein Amtsanwalt wirksam in der mündlichen Verhandlung vor dem SchfG auftreten (BayObLGSt 1958, 140, 144) oder Berufung in Strafsachen einlegen, deren Bearbeitung ihm nach dem Katalog der OrgStA nicht zusteht (OLG Oldenburg, NJW 1952, 1230; OLG Celle, MDR 1957, 311; *Kissel/Mayer*, § 142 Rn. 12; LR/*Boll*, § 142 Rn. 36). Führt ein Amtsanwalt ein Ermittlungsverfahren in einer Sache, in der er zu Unrecht die künftige Zuständigkeit des AG annimmt oder in der sich die Zuständigkeit des LG erst später herausstellt, sind seine Prozesshandlungen wirksam (*Meyer-Goßner*, § 142 Rn. 18).

9 **Örtliche Sitzungsvertreter** sind im GVG nicht vorgesehen, können jedoch nach Landesrecht bei einem AG, bei dem weder ein StA noch ein Amtsanwalt seinen Dienstsitz hat, für die Strafrichtersitzungen bestellt werden (z.B. Art. 14 Abs. 2 BayAGGVG; Art. 10 Abs. 2 BWAGGVG).

10 **C. Aufgabenübertragung auf Referendare (Abs. 3)** Nach der 1. Fallgruppe des Abs. 3 kann einem Referendar ganz oder teilweise die **unbeaufsichtigte Wahrnehmung der Aufgaben eines Amtsanwalts** übertragen werden. Nach Landesrecht kann dies näher geregelt, insb. die Möglichkeit der Übertragung beschränkt werden (vgl. SK-StPO/*Wohlers*, § 142 Rn. 22 m.w.N.). Für die Aufgabenübertragung ist unerheblich, ob der Referendar in einem Beamtenverhältnis oder einem öffentlich-rechtlichen Ausbildungsverhältnis steht. Es ist auch nicht erforderlich, dass der Referendar seine Ausbildung gerade bei der StA ableistet. In den Sitzungen des Amtsgerichts kann der Referendar als Sitzungsvertreter allein auftreten. Dies gilt nach § 36 Abs. 2 S. 3 JGG jedoch nicht für Sitzungsvertretungen in Verfahren vor dem Jugendgericht. Hier bedarf es der Aufsicht und der Anwesenheit eines Jugendstaatsanwalts.

11 Mit der Wahrnehmung allein **dem Staatsanwalt vorbehaltener Aufgaben** können Referendare nur im Einzelfall beauftragt werden (2. Fallgruppe). Der Referendar steht dabei **unter Aufsicht des StA**, was jedoch nicht bedeutet, dass der StA bei der Ausführung durch den Referendar ständig anwesend sein muss (OLG Zweibrücken, VRS 47, 352, 353). Die Aufsicht ist **vom Einzelfall abhängig**, jedoch in einem solchen Umfang erforderlich, dass die Tätigkeit des Referendars als vollwertige staatsanwaltschaftliche Handlung anerkannt werden kann (*Meyer-Goßner*, § 142 Rn. 13). Bei der Hauptverhandlung in dieser Fallgruppe fungiert der Referendar als zweiter **Sitzungsvertreter**. Der StA sollte zur Ausübung der Aufsicht zumindest zeitweise anwesend sein (*Landau/Globuschütz*, NStZ 1992, 68). Bei der Urteilsverkündung ist die zusätzliche Anwesenheit des StA jedoch nicht zwingend erforderlich. Ein Referendarprotokoll versieht der StA in der Praxis meist mit einem Aufsichtsvermerk. **Anklageschriften und Einstellungsverfügungen** unterzeichnet i.d.R. der StA, jedoch kann dies auch dem Referendar übertragen werden (LR/*Boll*, § 142 Rn. 46; SK-StPO/*Wohlers*, § 142 Rn. 25; *Kissel*, § 142 Rn. 16; a. A. *Meyer-Goßner*, § 142 Rn. 13). **Zustimmungserklärungen** zu Verfahrenseinstellungen, z.B. nach §§ 153 Abs. 2, 153a Abs. 2, 154 Abs. 2, 154a Abs. 2 StPO, ebenso wie Erklärungen zum Rechtsmittelverzicht werden üblicherweise mit dem StA vorab besprochen. Ein Verstoß des Referendars gegen diese innerdienstliche Weisung macht die Erklärung jedoch im Außenverhältnis nicht unwirksam.

§ 142a GVG [Generalbundesanwalt].

(1) ¹Der Generalbundesanwalt übt in den zur Zuständigkeit von Oberlandesgerichten im ersten Rechtszug gehörenden Strafsachen (§ 120 Abs. 1 und 2) das Amt der Staatsanwaltschaft auch bei diesen Gerichten aus. ²Für die Übernahme der Strafverfolgung durch den Generalbundesanwalt genügt es, dass zureichende tatsächliche Anhaltspunkte für die seine Zuständigkeit begründenden Voraussetzungen gegeben sind. ³Vorgänge, die Anlass zu der Prüfung einer Übernahme der Strafverfolgung durch den Generalbundesanwalt geben, übersendet die Staatsanwaltschaft diesem unverzüglich. ⁴Können in den Fällen des § 120 Abs. 1 die Beamten der Staatsanwaltschaft eines Landes und der Generalbundesanwalt sich nicht darüber einigen, wer von ihnen die Verfolgung zu übernehmen hat, so entscheidet der Generalbundesanwalt.
(2) Der Generalbundesanwalt gibt das Verfahren vor Einreichung einer Anklageschrift oder einer Antragsschrift (§ 440 der Strafprozessordnung) an die Landesstaatsanwaltschaft ab,
1. wenn es folgende Straftaten zum Gegenstand hat:
   a) Straftaten nach den §§ 82, 83 Abs. 2, §§ 98, 99 oder 102 des Strafgesetzbuches,
   b) Straftaten nach den §§ 105 oder 106 des Strafgesetzbuches, wenn die Tat sich gegen ein Organ eines Landes oder gegen ein Mitglied eines solchen Organs richtet,
   c) Straftaten nach § 138 des Strafgesetzbuches in Verbindung mit einer der in Buchstabe a bezeichneten Strafvorschriften oder
   d) Straftaten nach § 52 Abs. 2 des Patentgesetzes, nach § 9 Abs. 2 des Gebrauchsmustergesetzes in Verbindung mit § 52 Abs. 2 des Patentgesetzes oder nach § 4 Abs. 4 des Halbleiterschutzgesetzes in Verbindung mit § 9 Abs. 2 des Gebrauchsmustergesetzes und § 52 Abs. 2 des Patentgesetzes;
2. in Sachen von minderer Bedeutung.
(3) Eine Abgabe an die Landesstaatsanwaltschaft unterbleibt,
1. wenn die Tat die Interessen des Bundes in besonderem Maße berührt oder
2. wenn es im Interesse der Rechtseinheit geboten ist, dass der Generalbundesanwalt die Tat verfolgt.
(4) Der Generalbundesanwalt gibt eine Sache, die er nach § 120 Abs. 2 Satz 1 Nr. 2 bis 4 oder § 74a Abs. 2 übernommen hat, wieder an die Landesstaatsanwaltschaft ab, wenn eine besondere Bedeutung des Falles nicht mehr vorliegt.

S.a. RiStBV Nr. 202 bis 214

A. Regelungsgehalt: Primärzuständigkeit des Generalbundesanwalts als Strafverfolgungsbehörde. Über die Mitwirkung an Revisions- und Beschwerdeverfahren beim BGH (§§ 135, 142 Abs. 1 Nr. 1) hinaus, erweitert § 142a Abs. 1 Satz 1 die Zuständigkeit des Generalbundesanwalts auf die **Tätigkeit als Strafverfolgungsbehörde in erstinstanzlichen Verfahren der OLG**. Dies sind Verfahren wegen schwerer Straftaten aus dem **Staatsschutzbereich** gem. § 120 Abs. 1 wie Friedensverrat, Hochverrat, Landesverrat u.a. sowie die in § 120 Abs. 2 Nr. 1 bis 4 aufgezählten Straftaten, wenn der Generalbundesanwalt wegen der besonderen Bedeutung die Verfolgung übernimmt (sog. Evokationsrecht). § 142a wurde eingefügt durch das StaatsschutzstrafsG v. 08.09.1969 (BGBl. I, S. 1582), das die erstinstanzliche Zuständigkeit des BGH auf die OLG verlagerte. Da die zentrale Ermittlungstätigkeit des Generalbundesanwalts nicht beeinträchtigt werden sollte, wurde mit dieser Vorschrift für die Bundesanwaltschaft die Möglichkeit geschaffen, vor den OLG als Ankläger aufzutreten. Die Ausübung des Amtes der StA durch den Generalbundesanwalt umfasst dabei sämtliche Verfahrensstadien vom Ermittlungsverfahren bis zur Vollstreckung und ggf. auch das Wiederaufnahmeverfahren. 1

Abs. 1 Satz 2 räumt dem Generalbundesanwalt das **Kompetenzbestimmungsrecht** in Staatsschutzsachen ein, wenn mit der Landes-StA keine Einigung zu erzielen ist, wer die Verfolgung übernimmt. Umfasst sind auch die Fälle, in denen Streit darüber besteht, ob überhaupt von der Zuständigkeit des OLG auszugehen ist (SK-StPO/*Wohlers*, § 142a Rn. 10; LR/*Boll*, § 142a Rn. 5; *Katholnigg*, § 142a Rn. 2; vgl. Nr. 202 Abs. 1 RiStBV). 2

B. Abgabe an Landes-StA. Die Zuständigkeit des Generalbundesanwalts gem. Abs. 1 ist jedoch nicht unbeschränkt. Unter den Voraussetzungen des Abs. 2 muss er das Verfahren an die Landes-StA abgeben, wenn es 3

- nur die in **Abs. 2 Nr. 1** aufgeführten Straftaten zum Gegenstand hat oder
- bei den anderen Delikten des § 120 Abs. 1 die Sache von minderer Bedeutung ist, **Abs. 2 Nr. 2**.

4 Die **Abgabepflicht** besteht erst, wenn die Sache so weit geklärt ist, dass über die Anklageerhebung oder die Einreichung einer Antragsschrift im objektiven Verfahren entschieden werden kann (*Meyer-Goßner*, § 142a Rn. 3). Damit wird der Endzeitpunkt für die Abgabe festgelegt. Der Generalbundesanwalt kann die Sache aber auch schon früher abgeben, wenn aus seiner Sicht ausreichend geklärt erscheint, dass die Voraussetzungen des Abs. 2 gegeben sind und kein Abgabeverbot nach Abs. 3 vorliegt. Eine Rückübernahme ist bis zum o.g. Endzeitpunkt zulässig (Nr. 203 Abs. 2 RiStBV).

5 Die Abgabe berührt nicht die Zuständigkeit des OLG nach § 120 Abs. 1. Lediglich die Strafverfolgungsaufgabe geht vom Generalbundesanwalt auf die Generalstaatsanwaltschaft beim jeweiligen OLG über. Mit der Abgabe endet auch die Zuständigkeit des Ermittlungsrichters beim BGH, statt seiner wird der Ermittlungsrichter am OLG zuständig (§ 169 Abs. 1 Satz 1 StPO; BGH, NJW 1973, 477, 478). Zugleich entfällt die Zuständigkeit des BGH für eine Beschwerde gegen eine Entscheidung des Ermittlungsrichters des BGH.

6 **C. Abgabeverbot (Abs. 3)** Die Abgabe unterbleibt im Fall des Abs. 3 Nr. 1: Die **Interessen des Bundes** können **im besonderen Maße berührt** sein, wenn die Sache Grundprinzipien des GG oder die Sicherheit und Ordnung im Bundesgebiet erheblich betrifft (*Kissel-Mayer*, § 142a Rn. 7).

7 Ein weiteres Abgabeverbot enthält Abs. 3 Nr. 2. Danach ist die Verfahrensführung durch den Generalbundesanwalt geboten, wenn dies die Verfahrensgestaltung und ggf. die Antragstellung bei Gericht zur **Wahrung der Rechtseinheit** gebietet. Diese Regelung trägt dem Umstand Rechnung, dass dem Generalbundesanwalt kein Weisungsrecht ggü. der Landes-StA zusteht.

8 **D. Rückgabe übernommener Sachen (Abs. 4)** Liegt eine **besondere Bedeutung nicht mehr vor**, gibt der Generalbundesanwalt eine zuvor übernommene Sache wieder an die Landes-StA ab. Eine zeitliche Beschränkung wie in Abs. 2 besteht hier nicht. Es verbleibt damit bei der Regelung des § 156 StPO, wonach der Generalbundesanwalt die Anklage bis zur Eröffnung des Hauptverfahrens zurücknehmen und die Sache dann abgeben kann (SK-StPO/*Wohlers*, § 142a Rn. 20; KK-StPO/*Schmidt-Schoreit*, § 142a Rn. 9; a. A. LR/*Boll*, § 142a Rn. 18; *Kissel-Mayer*, § 142a Rn. 10; *Meyer-Goßner*, § 142a Rn. 5: Endzeitpunkt des Abs. 2 gilt entsprechend).

9 Streitig ist, ob eine erneute Übernahme durch den Generalbundesanwalt zulässig ist (ablehnend *Meyer-Goßner*, § 142a Rn. 5; KK-StPO/*Schmidt-Schoreit*, § 142a Rn. 10; *Kissel-Mayer*, § 142a Rn. 11). Bei veränderter Sachlage kann sich jedoch auch nach einer vorherigen Rückgabe eine besondere Bedeutung ergeben und der Generalbundesanwalt zur erneuten Übernahme berechtigt sein (Nr. 203 Abs. 2 RiStBV; LR/*Boll*, § 142a Rn. 19, *Katholnigg*, § 142a Rn. 5; SK-StPO/*Wohlers*, § 142a Rn. 22).

10 **E. Keine gerichtliche Nachprüfung.** Die Entscheidung des Generalbundesanwalts, ein Verfahren zu übernehmen oder abzugeben, ist ein Internum und damit **gerichtlich nicht gesondert überprüfbar** (*Meyer-Goßner*, § 142a Rn. 6; KK-StPO/*Schmidt-Schoreit*, § 142a Rn. 4). Das OLG verweist jedoch bei der Eröffnung des Hauptverfahrens die Sache an das LG (bzw. AG), wenn aus dessen Sicht eine besondere Bedeutung nicht vorliegt, § 120 Abs. 2 Satz 2.

§ 143 GVG [Örtliche Zuständigkeit].

(1) ¹Die örtliche Zuständigkeit der Beamten der Staatsanwaltschaft wird durch die örtliche Zuständigkeit des Gerichts bestimmt, für das sie bestellt sind. ²Fehlt es im Geltungsbereich dieses Gesetzes an einem zuständigen Gericht oder ist dieses nicht ermittelt, ist die zuerst mit der Sache befasste Staatsanwaltschaft zuständig. ³Ergibt sich in den Fällen des Satzes 2 die Zuständigkeit eines Gerichts, ist das Verfahren an die nach Satz 1 zuständige Staatsanwaltschaft abzugeben, sobald alle notwendigen verfahrenssichernden Maßnahmen ergriffen worden sind und der Verfahrensstand eine geordnete Abgabe zulässt. ⁴Satz 3 gilt entsprechend, wenn die Zuständigkeit einer Staatsanwaltschaft entfallen ist und eine andere Staatsanwaltschaft zuständig geworden ist.

(2) Ein unzuständiger Beamter der Staatsanwaltschaft hat sich den innerhalb seines Bezirks vorzunehmenden Amtshandlungen zu unterziehen, bei denen Gefahr im Verzug ist.
(3) ¹Können die Staatsanwaltschaften verschiedener Länder sich nicht darüber einigen, welche von ihnen die Verfolgung zu übernehmen hat, so entscheidet der Generalbundesanwalt. ²Er entscheidet auf Antrag einer Staatsanwaltschaft auch, wenn die Staatsanwaltschaften verschiedener Länder sich nicht über die Verbindung zusammenhängender Strafsachen einigen.
(4) Den Beamten einer Staatsanwaltschaft kann für die Bezirke mehrerer Land- oder Oberlandesgerichte die Zuständigkeit für die Verfolgung bestimmter Arten von Strafsachen, die Strafvollstreckung in diesen Sachen sowie die Bearbeitung von Rechtshilfeersuchen von Stellen außerhalb des räumlichen Geltungsbereichs dieses Gesetzes zugewiesen werden, sofern dies für eine sachdienliche Förderung oder schnellere Erledigung der Verfahren zweckmäßig ist; in diesen Fällen erstreckt sich die örtliche Zuständigkeit der Beamten der Staatsanwaltschaft in den ihnen zugewiesenen Sachen auf alle Gerichte der Bezirke, für die ihnen diese Sachen zugewiesen sind.
(5) ¹Die Landesregierungen werden ermächtigt, durch Rechtsverordnung einer Staatsanwaltschaft für die Bezirke mehrerer Land- oder Oberlandesgerichte die Zuständigkeit für die Strafvollstreckung und die Vollstreckung von Maßregeln der Besserung und Sicherung ganz oder teilweise zuzuweisen, sofern dies für eine sachdienliche Förderung oder schnellere Erledigung der Vollstreckungsverfahren zweckmäßig ist. ²Die Landesregierungen können die Ermächtigung durch Rechtsverordnung den Landesjustizverwaltungen übertragen.

A. Örtliche Zuständigkeit (Abs. 1)

Eine StA darf grds. nur tätig werden, wenn sie auch **örtlich zuständig** ist. Dies ist dann der Fall, **wenn das Gericht, bei dem die StA besteht, nach den §§ 7 ff. StPO örtlich zuständig wäre** (sog. Sequenzzuständigkeit). Sind bei einem Gericht bestimmte Strafsachen örtlich konzentriert (§§ 58, 74a, 74c Abs. 3, 4, 74d), ist hierfür auch die StA bei diesem Gericht zuständig. Erfolgt im Ermittlungsverfahren eine Gerichtsstandsbestimmung nach § 13a StPO durch den BGH, so begründet diese zugleich die örtliche Zuständigkeit der StA (BGHSt 18, 19, 20). Wechselt die örtliche Zuständigkeit von einem Gericht auf ein anderes (§§ 15, 354 Abs. 2 StPO, 140a GVG), so ändert sich auch die örtliche Zuständigkeit der StA (RGSt 73, 86; LG München I, NStZ 1981, 453; LG Zweibrücken, StV 2004, 499, 500; zur Vollstreckungszuständigkeit vgl. aber § 451 Abs. 3 StPO). Eine im Ermittlungsverfahren mit einer Sache befasste örtlich unzuständige StA gibt das Verfahren formlos an die zuständige StA ab. 1

Besteht eine örtliche Zuständigkeit der StA, ist sie bei der Ausübung ihrer Amtsverrichtungen nicht auf ihren Bezirk beschränkt, sondern kann Ermittlungen im ganzen Bundesgebiet vornehmen und an jede Polizeibehörde Ersuchen stellen (§ 161 StPO). Unter den Voraussetzungen der §§ 125 Abs. 1, 126 Abs. 1, 2, 162 Abs. 1 Satz 3 StPO kann die StA auch bei grds. jedem Ermittlungsrichter Anträge stellen und Rechtsbehelfe einlegen. 2

B. Notzuständigkeit (Abs. 2)

Kann die örtlich zuständige StA nicht rechtzeitig erreicht werden und ist damit zu rechnen, dass sich dadurch die Aufklärung einer Sache erschwert oder der Verlust von Beweismitteln droht, so liegt **Gefahr im Verzug** vor. Der an sich **unzuständige StA hat** in diesem Fall in seinem Bezirk **alle erforderlichen Amtshandlungen vorzunehmen**. Mitumfasst sind Anträge bei Gericht. 3

Abs. 2 gilt **bei sachlicher Unzuständigkeit entsprechend**. Eine solche Notzuständigkeit kann sich bspw. für die StA beim LG ergeben, wenn es sich um eine Straftat nach § 120 handelt, für die das OLG und damit nach § 142a Abs. 1 der GBA zuständig ist, dieser jedoch nicht erreichbar ist (vgl. Nr. 202 Abs. 3 RiStBV). 4

C. Zuständigkeitsstreit (Abs. 3)

Sind **mehrere StA örtlich zuständig**, müssen sie sich formlos nach Zweckmäßigkeitsgesichtspunkten einigen, wer das Verfahren führt. Die Bildung eines **Sammelverfahrens** kann geboten sein, wenn der Verdacht mehrerer Straftaten besteht, eine Straftat den Bezirk mehrerer StA berührt oder im Zusammenhang mit einer Straftat im Bezirk einer anderen StA steht (**Nr. 25 ff. RiStBV**). Die Führung des Verfahrens obliegt dann der StA, in deren Bezirk der Verfahrensschwerpunkt liegt (Nr. 26 RiStBV). 5

Schnabl

§ 144 GVG   Organisation der StA

6 Können sich mehrere StA eines OLG-Bezirks nicht einigen, so **entscheidet der ihnen gemeinsam vorgesetzte Generalstaatsanwalt** mittels seiner Dienstaufsicht nach § 147 Nr. 3. Können sich mehrere Generalstaatsanwälte eines Landes nicht einigen, trifft die Entscheidung die **übergeordnete Landesjustizverwaltung** (§ 147 Nr. 2; Nr. 27 Abs. 3 Halbs. 1 RiStBV).

7 Abs. 3 betrifft nur den **über ein Land hinausgreifenden Zuständigkeitsstreit**. Die dort genannte gemeinsam vorgesetzte Instanz gibt es nicht. In der Praxis werden solche Zuständigkeitsfragen letztlich durch das von den Generalstaatsanwälten berufene sog. **Dreiergremium** gelöst, sofern nicht bereits zuvor durch Absprachen der beteiligten Generalstaatsanwaltschaften untereinander eine Lösung getroffen werden konnte, welche StA das Verfahren zweckmäßigerweise zu führen hat. Die Entscheidung durch den Generalbundesanwalt nach Abs. 3 gilt als letztes Mittel (Nr. 27 Abs. 3 Halbs. 2 RiStBV).

8 **D. Einrichtung von Schwerpunktstaatsanwaltschaften (Abs. 4)** Abs. 4 ermöglicht Ausnahmen vom Grundsatz der Sequenzzuständigkeit nach Abs. 1, indem sog. **Schwerpunktstaatsanwaltschaften** eingerichtet werden können. Einer StA wird dadurch **für den Bezirk mehrerer Land- oder OLG** die Zuständigkeit für die Verfolgung **bestimmter Strafsachen** und die Vollstreckung in diesen Sachen übertragen (z.B. Schwerpunktstaatsanwaltschaften für Wirtschaftssachen; StA Mü I als Schwerpunktstaatsanwaltschaft zur Bekämpfung des Doping im Sport). Die Konzentrationsermächtigung besteht nicht für die Übertragung sachlicher Zuständigkeiten, sondern nur für die örtliche Zuständigkeit innerhalb eines Landes. Die nach §§ 7 ff. StPO zu bestimmende **örtliche Zuständigkeit der Gerichte bleibt unberührt**.

9 Die Kompetenzerweiterung hat zur Folge, dass die StA bei jedem Gericht des ihr übertragenen Zuständigkeitsbereichs Anträge stellen, Anklage erheben und Rechtsmittel einlegen kann (Abs. 4 Halbs. 2). Die Erweiterung gilt auch ggü. den Ermittlungspersonen (§ 152). Die Zuständigkeit der StA nach Abs. 1 bleibt zwar unberührt (OLG Zweibrücken, NStZ 1984, 233; *Meyer-Goßner*, § 143 Rn. 6; KK-StPO/*Schmidt-Schoreit*, § 143 Rn. 7; LR/*Boll*, § 143 Rn. 16; SK-StPO/*Wohlers*, § 143 Rn. 11; unklar *Kissel/Mayer*, § 143 Rn. 8, 9; a. A. *Katholnigg*, § 143 Rn. 4), in der Praxis gebührt jedoch den Schwerpunktstaatsanwaltschaften der Vorrang.

10 Die Vorschrift erlaubt auch, der für die Verfolgung von in § 74a Abs. 1 aufgeführten Straftaten zuständigen StA diese Sachen für den Fall zuzuweisen, dass die Zuständigkeit der Staatsschutzstrafkammer nach § 74e untergeht. Abs. 4 ermöglicht darüber hinaus eine Zuständigkeitskonzentration für **eingehende Rechtshilfeersuchen** (nicht jedoch für ausgehende).

11 Die Zuständigkeitsübertragung geschieht i.d.R. durch Organisationsakt der Landesjustizverwaltung (§ 147 Nr. 2). Ein Gesetz oder eine Rechtsverordnung ist hierfür nicht erforderlich, da eine Organisationsänderung der StA im Gegensatz zu einer Änderung der Gerichtsorganisation nicht dem Gesetzesvorbehalt unterliegt (BVerfGE 24, 155; *Meyer-Goßner*, § 143 Rn. 4; KK-StPO/*Schmidt-Schoreit*, § 143 Rn. 7).

12 **E. Zuständigkeit in Strafvollstreckungssachen (Abs. 5)** Abs. 5 eröffnet den Landesregierungen die Möglichkeit, über Abs. 4 und § 451 Abs. 3 Satz 2 StPO hinaus, einzelnen StA für die Bezirke mehrerer Landes- oder OLG die Zuständigkeit für die Strafvollstreckung und die Vollstreckung von Maßregeln der Besserung und Sicherung zuzuweisen. Mit dem durch das 2. Zuständigkeitlockerungsgesetz v. 03.05.2000 (BGBl. I, S. 632) neu eingeführten Abs. 5 sollte ermöglicht werden, den StA am Sitz der Strafvollstreckungskammer die Aufgaben der Vollstreckungsbehörde für den Zuständigkeitsbereich der Strafvollstreckungskammer (§ 78a) zuzuweisen. Der weit gefasste Gesetzeswortlaut geht allerdings hierüber noch hinaus.

§ 144 GVG [Organisation der StA].

Besteht die Staatsanwaltschaft eines Gerichts aus mehreren Beamten, so handeln die dem ersten Beamten beigeordneten Personen als dessen Vertreter; sie sind, wenn sie für ihn auftreten, zu allen Amtsverrichtungen desselben ohne den Nachweis eines besonderen Auftrags berechtigt.

1 § 144 legt die Struktur der StA als **hierarchisch organisierte Behörde** mit dem jeweiligen Behördenleiter (Generalbundesanwalt, Generalstaatsanwalt, Leitender Oberstaatsanwalt) an der Spitze fest. Die

ihm unterstellten staatsanwaltlichen Beamten handeln als seine Vertreter, wobei dies meist nach außen nicht sichtbar wird, da ein Zusatz über das Vertretungsverhältnis neben der Behördenbezeichnung bei Unterschriften oft nicht vorgesehen ist (vgl. hierzu Regelungen der OrgStA).

Die **Wirksamkeit der Handlungen** der Beamten der StA **nach außen** wird durch interne Beschränkungen **nicht berührt**. Der von dem Sitzungsvertreter in der Hauptverhandlung erklärte **Rechtsmittelverzicht** ist auch bei entgegenstehender Weisung des Behördenleiters wirksam. Gleiches gilt für die Erklärung der Zustimmung zur Einstellung (BGHSt 19, 377, 382; LR/*Boll*, § 144 Rn. 2; SK-StPO/*Wohlers*, § 144 Rn. 16). 2

§ 145 GVG [Ersetzungsbefugnisse].

(1) Die ersten Beamten der Staatsanwaltschaft bei den Oberlandesgerichten und den Landgerichten sind befugt, bei allen Gerichten ihres Bezirks die Amtsverrichtungen der Staatsanwaltschaft selbst zu übernehmen oder mit ihrer Wahrnehmung einen anderen als den zunächst zuständigen Beamten zu beauftragen.

(2) Amtsanwälte können das Amt der Staatsanwaltschaft nur bei den Amtsgerichten versehen.

A. Ersetzungsbefugnisse: Devolution und Substitution.

I. Befugnisse der Leiter der StA. Die Vorschrift begründet das Recht der **Devolution** (Übernahme) und der **Substitution** (Übertragung) des ersten Beamten der StA. Dieses Recht ist Ausfluss des hierarchischen Aufbaus der StA (§ 144). Danach können die Behördenleiter der StA beim LG oder OLG und bei deren Verhinderung ihre Vertreter, die Dienstverrichtungen eines jeden Staatsanwalts ihres Bezirks selbst übernehmen (z.B. Einlegung oder Rücknahme von Rechtsmitteln, Abgabe von Erklärungen, Übernahme der Sitzungsvertretung) oder damit einen anderen Staatsanwalt beauftragen. Andere beigeordnete Staatsanwälte haben dieses Recht nicht. Die Übertragung kann sich auf einen bestimmten Staatsanwalt oder auf die gesamte StA beziehen (*Meyer-Goßner*, § 145 Rn. 1; *Kissel/Mayer*, § 145 Rn. 1; a.A. OLG Stuttgart, Justiz 1997, 222). Erfolgt die Übertragung auf eine gesamte StA, kann deren Behördenleiter jedoch die Ausführung der Verrichtung den ihm beigeordneten Beamten übertragen (so im Ergebnis auch *Katholnigg*, § 145 Rn. 3). 1

Beauftragt der Generalstaatsanwalt einen Staatsanwalt, für eine andere StA des Bezirks Aufgaben wahrzunehmen, so wird dieser als Beamter der an sich zuständigen StA tätig (BGH, NStZ 1995, 204). Bei der Zeichnung braucht er nicht auf den Auftrag hinzuweisen (BGH, NStZ 1995, 204; *Meyer-Goßner*, § 145 Rn. 3; KK-StPO/*Schmidt-Schoreit*, § 145 Rn. 3). 2

Der Auftrag kann sich nur auf den Bezirk beziehen, für den der beauftragende erste Beamte zuständig ist. Soll eine Regelung für den Bezirk mehrerer Generalstaatsanwaltschaften eingeführt werden, muss dies durch die Landesjustizverwaltung geschehen. Die Beauftragung sollte aktenkundig gemacht werden, um ggf. eine Zuständigkeit ggü. dem Gericht nachweisen zu können (*Meyer-Goßner*, § 145 Rn. 5; KK-StPO/*Schmidt-Schoreit*, § 145 Rn. 4). 3

II. Befugnisse der Landesjustizverwaltung und des BMJ. Da § 145 das Devolutions- und Substitutionsrecht nur – abschließend – den ersten Beamten der StA bei den OLG bzw. den LG einräumt, sind die **Landesjustizverwaltungen** und das **BMJ** nicht berechtigt, staatsanwaltschaftliche Verrichtungen an sich zu ziehen, um sie selbst zu erledigen (z.B. Rücknahme eines Rechtsmittels). Gestützt auf ihr Weisungs- und Leitungsrecht nach § 147 haben diese jedoch die Befugnis, einer StA oder einzelnen Staatsanwälten ihres Zuständigkeitsbereichs Aufträge zu Amtsverrichtungen zu erteilen oder diese an diese anderen zu übertragen (*Meyer-Goßner*, § 145 Rn. 2; *Kissel/Mayer*, § 145 Rn. 2; LR/*Boll*, § 145 Rn. 4, 5; a. A. *Katholnigg*, § 145 Rn. 2). Über diesen Weg kommt damit auch den Justizministern eine Substitutionsbefugnis zu. Es kann nicht nur für ein einzelnes Dienstgeschäft, sondern auch für eine ganze Gruppe von Strafsachen ausgeübt werden (*Meyer-Goßner*, § 145 Rn. 2; *Kissel/Mayer*, § 145 Rn. 2). 4

III. Keine gerichtliche Nachprüfbarkeit. Maßnahmen der Devolution oder Substitution sind **nicht** nach § 23 EGGVG überprüfbar. Der Beschuldigte oder sonstige Beteiligte haben **keinen Anspruch** auf Devolution oder Substitution (OLG Frankfurt am Main, NStZ-RR 1999, 81; OLG Karlsruhe, MDR 1974, 423; OLG Hamm, NJW 1969, 808). Ein Revisionsgrund kann sich aus § 145 nicht ergeben. Es gibt nur einen gesetzlichen Richter, aber keinen gesetzlichen StA. 5

§ 146 GVG Weisungen

6 **B. Amtsanwälte (Abs. 2)** Amtsanwälte können aufgrund einer Substitution **nur bei den AG** tätig werden (Abs. 2). Dies gilt auch dann, wenn sie die Befähigung zum Richteramt besitzen, da es nur auf die amtliche Eigenschaft, nicht auf die persönliche Befähigung ankommt (*Meyer-Goßner*, § 145 Rn. 1; KK-StPO/*Schmidt-Schoreit*, § 145 Rn. 6; *Kissel/Mayer*, § 145 Rn. 3; a. A. RGSt 51, 222, 224).

§ 146 GVG [Weisungen]. Die Beamten der Staatsanwaltschaft haben den dienstlichen Anweisungen ihres Vorgesetzten nachzukommen.

1 **A. Zuständigkeit und Inhalt.** Weisungsbefugt sind die **vorgesetzten Staatsanwälte** und die jeweiligen **Justizminister** (bzw. deren hiermit beauftragte Beamte), §§ 144, 147. Die Weisungen des Justizministers werden als extern bezeichnet, da dieser nicht Staatsanwalt ist.

2 Die Weisung kann Rechts-, Tatsachen- oder Verfahrensfragen zum Gegenstand haben. Sie kann für einen **Einzelfall** erteilt werden oder eine **allgemeine Anordnung** betreffen, wie z.B. RiStBV, RiVASt, RiJGG, MiStra. Sie bedarf keiner Form und muss nicht ausdrücklich als solche bezeichnet werden.

3 Der **Generalbundesanwalt** ist weisungsbefugt nur ggü. den Beamten der Bundesanwaltschaft, nicht jedoch ggü. den Landesstaatsanwaltschaften. Dies hat zur Folge, dass der Generalbundesanwalt weder selbst die von der StA eines Landes eingelegte Revision zurücknehmen noch die StA hierzu anweisen kann, jedoch deren Verwerfung durch den BGH beantragen kann (KK-StPO/*Schmidt-Schoreit*, § 146 Rn. 13).

4 **B. Grenzen des Weisungsrechts.** Das Weisungsrecht findet seine Grenze an »Gesetz und Recht« nach Art. 20 Abs. 3 GG (LR/*Boll*, § 146 Rn. 18; *Kissel/Mayer*, § 146 Rn. 3; SK-StPO/*Wohlers*, § 146 Rn. 13; *Krey/Pföhler*, NStZ 1985, 145). Die anweisende Stelle muss beachten, dass die StA an das **Legalitätsprinzip** (§ 152 Abs. 2 StPO) gebunden ist. Die Weisung darf vom StA nicht ein Verhalten verlangen, wodurch er gegen **Strafgesetze** (insb. Strafvereitelung im Amt, § 258a StGB, oder Verfolgung Unschuldiger, §§ 344, 345 StGB) oder **Ordnungswidrigkeitentatbestände** verstoßen würde. Weisungen, mit denen **justizfremde Zwecke** verfolgt oder die von **rechts- bzw. sachwidrigen Erwägungen** geleitet werden, sind unzulässig (BVerfGE 9, 223, 229).

5 Weisungen können auch für eine **Hauptverhandlung** erteilt werden. Das Gesetz unterscheidet nicht zwischen den verschiedenen Verfahrensstadien (*Kissel/Mayer*, § 146 Rn. 6). Die Weisung kann sich auf das Verfahrensverhalten des Sitzungsvertreters (z.B. Stellung von Beweisanträgen) als auch den Schlussvortrag mit den entsprechenden Anträgen beziehen. Dem in der Hauptverhandlung auftretenden StA muss jedoch ein Handlungsspielraum zugestanden werden, auf wesentliche Änderungen rechtlicher oder tatsächlicher Aspekte reagieren zu können. Diese gebietet die Rolle des StA in der Hauptverhandlung unter Berücksichtigung des § 261 StPO sowie des Legalitätsprinzips (*Kissel/Mayer*, § 146 Rn. 6; LR/*Boll*, § 146 Rn. 30; SK-StPO/*Boll*, § 146 Rn. 21; a. A. *Meyer-Goßner*, § 146 Rn. 4.: keine speziellen Weisungen für Beweiswürdigung und Rechtsfolgenbemessung durch an der Sitzung nicht teilnehmenden Vorgesetzten; einschränkend auch KK-StPO/*Schmidt-Schoreit*, § 146 Rn. 9).

6 **C. Pflicht zur Befolgung.** Die Weisung bindet den StA **nur im Innenverhältnis**. Nach außen sind weisungswidrig vorgenommene Handlungen verfahrensrechtlich wirksam.

7 Hat der StA Bedenken gegen die Rechtmäßigkeit einer Weisung, so trifft ihn eine **zweifache Remonstrationspflicht** nach dem geltenden Beamtenrecht (§ 63 Abs. 2 BBG; § 36 Abs. 2 BeamtStG). Diese dient der Klärung und Vermeidung falscher Sachbehandlung als auch der Entlastung des Angewiesenen. Bestätigen beide nächsthöheren Vorgesetzten die Anordnung, muss der Angewiesene diese ausführen, ist jedoch von der Verantwortung frei. Dies gilt jedoch nicht, falls das angeordnete Verhalten erkennbar strafbar oder ordnungswidrig wäre oder die Menschenwürde verletzen würde. In diesem Fall darf die Anordnung trotz Bestätigung nicht befolgt werden.

8 Da die Weisung ein interner Akt der StA, kein Justizverwaltungsakt ist, hat der angewiesene StA auch **nicht** die Möglichkeit einer **gerichtlichen Überprüfung** nach §§ 23 ff. EGGVG (BGHZ 42, 163, 170; *Meyer-Goßner*, § 146 Rn. 7; KK-StPO/*Schmidt-Schoreit*, § 146 Rn. 12; *Kissel/Mayer*, § 146 Rn. 9; LR/*Boll*, § 146 Rn. 35). Er trägt das Risiko, sich selbst im Fall der Befolgung strafbar zu machen oder sich

bei einer Weigerung einem Disziplinarverfahren ausgesetzt zu sehen. Zur Vermeidung einer solchen Situation kann Abhilfe durch die **Ablösung** des StA über, § 145 geschaffen werden (*Roxin*, DRiZ 1997, 109).

§ 147 GVG [Dienstaufsicht]. Das Recht der Aufsicht und Leitung steht zu:
1. dem Bundesminister der Justiz hinsichtlich des Generalbundesanwalts und der Bundesanwälte;
2. der Landesjustizverwaltung hinsichtlich aller staatsanwaltschaftlichen Beamten des betreffenden Landes;
3. dem ersten Beamten der Staatsanwaltschaft bei den Oberlandesgerichten und den Landgerichten hinsichtlich aller Beamten der Staatsanwaltschaft ihres Bezirks.

A. Regelungsgehalt. Die Vorschrift regelt die **Zuständigkeit** für die Ausübung des Rechts der 1 Aufsicht und Leitung. Die **Dienstaufsicht** umfasst das **Beaufsichtigen** der formellen und sachlichen Erledigung der Dienstgeschäfte. Hierzu können **Kontrollen** durchgeführt und **Berichte**, im Einzelfall oder generell, angefordert werden. Das Aufsichtsrecht beinhaltet ferner die Befugnis, die nicht ordnungsgemäße Ausführung eines Dienstgeschäftes zu **rügen** und zur sachgerechten Erledigung zu **ermahnen** (LR/*Boll*, § 147 Rn. 1; *Kissel*, § 147 Rn. 1; *Meyer-Goßner*, § 147 Rn. 1.), **Dienstaufsichtsbeschwerden** zu entscheiden und **Strafanträge** nach § 194 StGB zu stellen (RGSt 57, 420).
Das **Leitungsrecht** besteht v.a. im **Weisungsrecht des § 146** sowie im **Übernahme- und Übertragungs-** 2 **recht des § 145** (*Kissel*, § 147 Rn. 1). Die Zuständigkeit zur Entscheidung anderer dienstrechtlicher Angelegenheiten, wie Aussagegenehmigungen, Beurteilungen oder Sonderurlaube, richtet sich nach den allgemeinen beamtenrechtlichen Normen.

B. Zuständigkeit. Nach **Nr. 1** steht dem **Bundesminister der Justiz** die Aufsicht über den GBA 3 und die Bundesanwälte zu. Obgleich im § 147 nicht ausdrücklich aufgeführt, erstreckt sich die **Leitungsbefugnis des GBA** auf alle im staatsanwaltschaftlichen Dienst stehenden Beamten der Bundesanwaltschaft (*Meyer-Goßner*, § 147 Rn. 2; *Kissel*, § 147 Rn. 2; SK-StPO/*Wohlers*, § 147 Rn. 4).
Die **Landesjustizverwaltungen** üben die Aufsichts- und Leitungsfunktion ggü. allen StA des betreffen- 4 den Landes aus, **Nr. 2**. Weisungen sind i.d.R. aufgrund der Leitungsbefugnis des GenStA (Nr. 3) über diesen zu erteilen (*Meyer-Goßner*, § 147 Rn. 1; SK-StPO/*Wohlers*, § 147 Rn. 5).
Der **GenStA** als erster Beamter einer StA bei einem OLG ist weisungs- und leitungsbefugt sowohl ggü. 5 den ihm beigeordneten Beamten (§ 144) als auch ggü. allen StA und Amtsanwälten seines Bezirks, **Nr. 3**. Entsprechend erstreckt sich die Leitungsbefugnis eines **LOStA** als ersten Beamten einer StA bei einem LG auf die ihm nachgeordneten Beamten seines örtlichen Bezirks, einschließlich der Zweig- und Außenstellen.
Leitungsrechte anderer StA sind im Wege der Delegation möglich (SK-StPO/*Wohlers*, § 147 Rn. 3, 5).

§ 148 GVG [Befähigung]. Der Generalbundesanwalt und die Bundesanwälte sind Beamte.

§ 149 GVG [Ernennung der Bundesanwälte]. Der Generalbundesanwalt und die Bundesanwälte werden auf Vorschlag des Bundesministers der Justiz, der der Zustimmung des Bundesrates bedarf, vom Bundespräsidenten ernannt.

Der Begriff »**Bundesanwälte**« ist hier im **statusrechtlichen Sinn** zu verstehen. Anders als in § 142 Abs. 1 1 Nr. 1 und in § 147 Nr. 1 gilt die Vorschrift nicht für die Oberstaatsanwälte beim Generalbundesanwalt, die gleichfalls Bundesbeamte sind. Deren Ernennung bedarf nicht der Zustimmung des Bundesrates.
Der Generalbundesanwalt ist **politischer Beamter** i.S.v. § 36 Abs. 1 Nr. 5 BBG; nicht jedoch die Bun- 2 desanwälte.

§ 150 GVG [Unabhängigkeit von den Gerichten]. Die Staatsanwaltschaft ist in ihren amtlichen Verrichtungen von den Gerichten unabhängig.

1 Die **Grundsatznorm** bringt den Status der StA als ein **unabhängiges Organ der Rechtspflege** mit eigenständigen, gesetzlich bestimmten Aufgaben zum Ausdruck (BVerfGE 56, 100, 125; SK-StPO/*Wohlers*, § 150 Rn. 1). Welche diese, auch im Verhältnis zum Gericht, sind, ergibt sich nicht aus § 150, sondern aus den jeweiligen gesetzlichen Aufgabenzuweisungen. So schließt die grundsätzliche Unabhängigkeit der StA nicht aus, dass sie an Entscheidungen der Gerichte gebunden ist, etwa bei der Vollstreckung gerichtlicher Entscheidungen (§ 36 Abs. 2 StPO), der Anklageerhebung nach einem erfolgreichen Klageerzwingungsverfahren (§ 175 Satz 2 StPO), der Einreichung einer abgeänderten Anklageschrift nach einer eingeschränkten Eröffnungsentscheidung des Gerichts (§ 207 Abs. 3 StPO) oder der Vermittlung von Akten zwischen den an einem Verfahren beteiligten gerichtlichen Spruchkörpern (§§ 209 Abs. 2, 225a Abs. 1, 321, 347 Abs. 2 StPO).
2 Demgegenüber hat das **Gericht** von ihm gewünschte **Ermittlungen grds. selbst** durchzuführen. Eine gesetzliche Grundlage, die StA hierzu anzuweisen, besteht nicht (SK-StPO/*Wohlers*, § 150 Rn. 4; *Katholnigg*, § 150 Rn. 1; *Kissel/Mayer*, § 150 Rn. 2; a. A. LG Münster, JR 1979, 40). In Ausnahmefällen wird die StA für das Gericht nach **Amtshilfegrundsätzen** Ermittlungen vornehmen, wenn die StA über Möglichkeiten verfügt, die das Gericht nicht hat (KK-StPO/*Schmidt-Schoreit*, § 150 Rn. 3). I.d.R. wird jedoch die Polizei auch auf das Ersuchen eines Gerichts tätig werden.
3 § 150 lässt sich aus den o.g. Gründen (Rn. 1) nicht entnehmen, ob die StA auch **nach Anklageerhebung** befugt ist, **Ermittlungen** durchzuführen. Überwiegend wird dies unter Hinweis auf die der StA übertragenen Ermittlungsaufgaben bejaht (OLG Frankfurt am Main, GA 1986, 230, 233; LG Münster, JR 1979, 40; *Kissel/Mayer*, § 150 Rn. 2; LR/*Boll*, § 150 Rn. 5; KK-StPO/*Schmidt-Schoreit*, § 150 Rn. 1 mit der Einschränkung, dass auf eine störungsfreie Verteidigung Rücksicht zu nehmen ist, jedoch dürfen Nachforschungen zur Vorbereitung von Anträgen angestellt werden).
4 In der Hauptverhandlung untersteht der **Sitzungsvertreter** der StA der **Sitzungspolizei** des Vorsitzenden, § 176, nicht jedoch der **Ordnungsgewalt** des Gerichts, §§ 177, 178. Unberührt hiervon bleibt das Ersuchen des Vorsitzenden an den vorgesetzten Staatsanwalt, einen befangenen Sitzungsstaatsanwalt abzulösen oder dafür zu sorgen, dass dieser einen Schlussantrag stellt (OLG Stuttgart, NStZ 1992, 98).

§ 151 GVG [Ausschluss von richterlichen Geschäften]. ¹Die Staatsanwälte dürfen richterliche Geschäfte nicht wahrnehmen. ²Auch darf ihnen eine Dienstaufsicht über die Richter nicht übertragen werden.

1 Die Vorschrift bringt in Ergänzung zu § 150 die Trennung der richterlichen und staatsanwaltschaftlichen Funktionsbereiche zum Ausdruck. Da nach Art. 92 GG die rechtsprechende Gewalt den Richtern anvertraut ist, können folgerichtig **Staatsanwälte nicht die Aufgaben eines Richters** wahrnehmen. Insoweit hat § 151 Satz 1 nur noch deklaratorische Bedeutung. Umgekehrt können Richter bei Gefahr in Verzug staatsanwaltschaftliche Geschäfte ausüben (§ 165 StPO). Sie können auch aufgrund einer Abordnung mit Einverständnis (§ 37 Abs. 1 DRiG) bzw. bei Richtern auf Probe oder kraft Auftrags (§§ 13, 16 Abs. 2 DRiG) auch ohne Zustimmung Aufgaben der StA wahrnehmen.
2 Nach Satz 2 dürfen Staatsanwälte **nicht die Dienstaufsicht über Richter** ausüben. Das gilt jedoch nicht, soweit Richter zulässigerweise staatsanwaltschaftliche Aufgaben wahrnehmen (s.o. Rdn. 1); sie dürfen dann allerdings auch nicht teilweise richterliche Aufgaben wahrnehmen.

§ 152 GVG [Ermittlungspersonen der Staatsanwaltschaft]. (1) Die Ermittlungspersonen der Staatsanwaltschaft sind in dieser Eigenschaft verpflichtet, den Anordnungen der Staatsanwaltschaft ihres Bezirks und der dieser vorgesetzten Beamten Folge zu leisten. (2) ¹Die Landesregierungen werden ermächtigt, durch Rechtsverordnung diejenigen Beamten- und Angestelltengruppen zu bezeichnen, auf die diese Vorschrift anzuwenden ist. ²Die Angestellten müssen im öffentlichen Dienst stehen, das 21. Lebensjahr vollendet haben und mindestens zwei Jahre in

den bezeichneten Beamten- oder Angestelltengruppen tätig gewesen sein. ³Die Landesregierungen können die Ermächtigung durch Rechtsverordnung auf die Landesjustizverwaltungen übertragen.

A. Grundlagen und Regelungsgehalt. Die StA ist aufgrund ihrer knappen personellen Kapazitäten und eines fehlenden eigenen Vollzugsapparats auf die Mitwirkung anderer staatlicher Organe angewiesen. Um der StA als »Kopf ohne Hände« (*Roxin*, DRiZ 1969, 385, 388) zur Erfüllung ihrer Ermittlungsaufgaben und Vollstreckungsmaßnahmen Ausführungsorgane zur Verfügung zu stellen, hat der Gesetzgeber einen 2-fachen Weg gewählt: Nach § 161 Abs. 1 Satz 2 StPO sind die Behörden und Beamten des Polizeidienstes verpflichtet, den Ersuchen und Aufträgen der StA zu entsprechen. Diese Verpflichtung erstreckt sich auf alle Polizeibeamte in ganz Deutschland. Insoweit ist von einer speziellen Amtshilfeverpflichtung bzw. einem gesetzlichen Auftragsverhältnis auszugehen (LR/*Boll*, § 152 Rn. 7). In Ergänzung hierzu sind der StA nach § 152 Abs. 1 eigene weisungsgebundene Ausführungsorgane ihres Bezirks zugeordnet. Die für nicht mehr zeitgemäß erachtete Bezeichnung »Hilfsbeamte« wurde durch Art. 12a Nr. 2 des 1. JustizmodernisierungsG v. 24.08.2004 (BGBl. I, S. 2198) ersetzt durch »Ermittlungspersonen«. Diese besitzen Befugnisse, die über die der Polizei allgemein zustehenden Rechte hinausgehen. Solche Anordnungsbefugnisse (in Eilfällen) enthalten §§ 81a Abs. 2, 81c Abs. 5 Satz 1, 98 Abs. 1 Satz 1, 105 Abs. 1 Satz 1, 111 Abs. 2, 111b Abs. 4, 111e Abs. 1 Satz 2, 111f Abs. 1 Satz 1, 111l Abs. 2 Satz 2, 131, 131c Abs. 1, 132 Abs. 2, 163d Abs. 2 StPO. Das Recht zur Anordnung umfasst auch die Befugnis, diese selbst durchzusetzen, ggf. mit unmittelbarem Zwang (BayObLG, MDR 1964, 253).

Abs. 2 regelt, unter welchen Voraussetzungen Beamten- und Angestelltengruppen zu Ermittlungspersonen bestimmt werden können.

B. Ermittlungspersonen. Das GVG bestimmt selbst nicht, wer Ermittlungsperson der StA ist.

I. Kraft Bundesrecht. Der Status als Ermittlungsperson **kann unmittelbar durch Gesetz** begründet werden. Hierunter fallen Beamtengruppen beim BKA (§ 19 BKAG; BGHSt 18, 214, 216), der Bundespolizei (§ 12 Abs. 5 BPolG), der Finanzverwaltung (§ 404 Satz 2 Halbs. 2 AO, § 37 Abs. 3 AWG, § 37 Abs. 3 Satz 2 MOG), der Forst- und Jagdverwaltung (§ 25 Abs. 2 BJagdG) und der Berg- sowie Wasser- und Schifffahrtsverwaltung (§ 148 Abs. 2 BBergG). Nach §§ 63 Abs. 1, 53 Abs. 1 Satz 2 OWiG hat bei der Verfolgung durch die StA die sonst zuständige Verwaltungsbehörde Befugnisse wie Ermittlungspersonen.

II. Nach Landesrecht. Die überwiegende Zahl der Ermittlungspersonen wird nach Landesrecht durch im Wesentlichen einheitlich gefasste **Verordnungen der Landesregierungen** (Abs. 2 Satz 1) oder, im Fall der Delegation nach Abs. 2 Satz 3, durch die **Landesjustizverwaltungen** bestimmt (Übersicht bei *Meyer-Goßner*, § 152 Rn. 6). Der Landesverordnungsgeber ist nicht auf die Bediensteten seines Landes beschränkt, sondern es können auch Beamte und Angestellte des Bundes oder anderer Bundesländer bezeichnet werden.

Abs. 2 lässt nur die Bestellung bestimmter **Gruppen** zu. Einzelne Beamte oder Angestellte können nicht bestellt bzw. ausgenommen werden. Neben allen Beamten im beamtenrechtlichen Sinn lässt Abs. 2 Satz 2 seit dem 1. StVRG 1974 auch die Bezeichnung von Angestelltengruppen zu. Sie müssen jedoch im **öffentlichen Dienst** stehen, das **21. Lebensjahr vollendet** haben und **mindestens zwei Jahre** in den bezeichneten Beamten- oder Angestelltengruppen tätig gewesen sein. Im **Einigungsvertrag** (EV Anl. 1 Kap. III Sachgebiet A Abschnitt III Nr. 1 Maßg. o Abs. 2) wurde im Hinblick auf die besonderen Verhältnisse in den neuen Bundesländern die Bestellung von Angestellten zu Ermittlungspersonen über die Grenzen des Abs. 2 Satz 2 hinaus gestattet.

Obgleich Abs. 2 Satz 2 die Zugehörigkeit zum öffentlichen Dienst nur für die Angestelltengruppen erwähnt, gilt dieses Erfordernis als ungeschriebenes, jedoch vom Gesetzgeber als selbstverständlich vorausgesetztes Tatbestandsmerkmal auch für die Bestellung von Beamtengruppen. Bedienstete privatisierter Nachfolgeunternehmen des öffentlichen Dienstes wie der Deutschen Post AG können deshalb auch dann nicht zu Ermittlungspersonen bestellt werden, wenn sie ihren Beamtenstatus behalten haben (OLG Hamburg, NStZ-RR 1996, 13, 15; SK-StPO/*Wohlers*, § 152 Rn. 11; *Kissel/Mayer*, § 152 Rn. 4; *Meyer-Goßner*, § 152 Rn. 6).

8 **C. Anordnung der StA. I. Zuständigkeit für Anordnungen.** Sachlich zuständig für Anordnungen ist jeder **Staatsanwalt** sowie die der örtlichen StA vorgesetzten Beamten. Anordnungsberechtigt sind auch die nicht ausdrücklich genannten **Amtsanwälte**. Dies ergibt sich aus der Formulierung »Staatsanwaltschaft« (ggü. dem früheren Wortlaut »Staatsanwälte«, LR/*Boll*, § 152 Rn. 19; *Kissel/Mayer*, § 152 Rn. 11).

9 Weisungsberechtigt ggü. allen Ermittlungspersonen ist auch der **Generalbundesanwalt**, da dessen Zuständigkeitsbereich das gesamte Bundesgebiet ist.

10 Im **Steuerstrafverfahren** hat die **Finanzbehörde** aufgrund ihrer Ermittlungskompetenz i.R.d. § 399 AO auch die Befugnis, Weisungen nach Abs. 1 zu erteilen. Gleiches gilt für die Verwaltungsbehörde, der im **Ordnungswidrigkeitenverfahren** nach § 46 Abs. 2 bis 4 OWiG die gleichen Rechte wie der StA zustehen (SK-StPO/*Wohlers*, § 152 Rn. 13).

11 **II. Inhalt.** Das Weisungsrecht gilt nur für **Strafverfolgungsmaßnahmen**. Soweit die Polizei **präventiv-polizeiliche** Aufgaben wahrnimmt, handelt sie selbstständig. Eine Anordnungsbefugnis der StA besteht insoweit nicht.

12 Problematisch können die Fälle sein, in den der polizeiliche Einsatz der Gefahrenabwehr und zugleich der Strafverfolgung dient. Ein Beispiel wäre eine Geiselnahme zur Ermöglichung der Flucht nach einer schweren Straftat. Hierzu wurde von den Justiz- und Innenministern von Bund und Ländern eine gemeinsame **Richtlinie über die Anwendung unmittelbaren Zwanges durch Polizeibeamte auf Anordnung des Staatsanwalts** erlassen (Anlage A RiStBV). Lässt die Situation eine angemessene Wahrnehmung beider Aufgaben nicht zu, ist für die konkrete Lage zu entscheiden, ob die Strafverfolgung oder die Gefahrenabwehr als das höherwertige Rechtsgut vorgeht. Kann hierüber kein Einvernehmen erzielen werden, hat die Polizei die Entscheidungskompetenz (Anlage A RiStBV Ziff. B. III.; *Kissel/Mayer*, § 152 Rn. 17; ablehnend KK-StPO/*Schmidt-Schoreit*, § 152 Rn. 18).

13 **III. Adressat der Anordnung.** Anweisungen können nur ggü. **Ermittlungspersonen** erteilt werden, die **im Bezirk der StA ihren örtlichen Sitz** haben. Ggü. Ermittlungspersonen eines anderen Bezirks ist mangels Weisungsrecht nach Abs. 1 ein Ersuchen zu stellen.

14 Der StA sollte seine Anordnung grds. an die örtlich zuständige Behörde seines Bezirks richten (so auch die gemeinsame Richtlinie über die Anwendung unmittelbaren Zwanges durch Polizeibeamte auf Anordnung des Staatsanwalts, Anlage A RiStBV B.I.). Dies gebietet die Rücksicht auf die Funktionsfähigkeit des dortigen Behördenbetriebs. Der StA ist aber nicht gehindert, eine bestimmte Ermittlungsperson zu beauftragen, wenn diese schon mit der Bearbeitung des Falls befasst ist oder bei Eilfällen, am Tatort oder bei sonstigen wichtigen Gründen (*Meyer-Goßner*, § 152 Rn. 2, 3; *Kissel/Mayer*, § 152 Rn. 14). Die sachliche und örtliche Zuständigkeit der Ermittlungsperson richtet sich in diesem Fall nach dem Zuständigkeitsbereich der anweisenden StA (SK-StPO/*Wohlers*, § 152 Rn. 21, 23; LR/*Boll*, § 152 Rn. 36), da die Ermittlungsperson als Organ der StA und in Ausübung deren Ermittlungskompetenz handelt (*Kramer*, wistra 1990, 169; *Pütz*, wistra 1990, 212). Lediglich bei eigeninitiativem Handeln beschränkt sich die örtliche und sachliche Zuständigkeit der Ermittlungsperson nach ganz überwiegender Auffassung auf den Zuständigkeitsbereich aus dem Hauptamt (RGSt 66, 339; BayObLG, NJW 1954, 362; generelle Beschränkung der Zuständigkeit auf das Hauptamt: *Meyer-Goßner*, § 152 Rn. 5; *Katholnigg*, § 152 Rn. 5; KK-StPO/*Schoreit*, § 152 Rn. 11).

15 **D. Rechtsbehelfe.** Trotz der Weisungsbefugnis der StA unterliegen die Ermittlungspersonen der persönlichen Dienstaufsicht und der Disziplinargewalt des Vorgesetzten im Hauptamt. Über **Dienstaufsichtsbeschwerden**, die gegen den Beamten persönlich gerichtet sind, entscheidet daher der **Dienstvorgesetzte**.

16 Werden die Ermittlungspersonen strafverfolgend tätig, handeln sie als Organ der StA. Eine **gerichtliche Überprüfung** findet daher ggf. aufgrund der gleichen Rechtsbehelfe statt, die gegen Maßnahmen der StA selbst zulässig wären (z.B. auch nach § 98 Abs. 2 Satz 2 StPO entspr.). Darüber hinaus kann eine repressive Tätigkeit der Ermittlungsperson im Wege der **Sachaufsichtsbeschwerde** beanstandet werden (OVG Hamburg, NJW 1970, 1699, 1700). Über diese entscheidet die StA, für die die Ermittlungsperson tätig geworden ist. Denn die StA führt die Sachaufsicht.

Elfter Titel. Geschäftsstelle

§ 153 GVG [Urkundsbeamte der Geschäftsstelle]. (1) Bei jedem Gericht und jeder Staatsanwaltschaft wird eine Geschäftsstelle eingerichtet, die mit der erforderlichen Zahl von Urkundsbeamten besetzt wird.

(2) ¹Mit den Aufgaben eines Urkundsbeamten der Geschäftsstelle kann betraut werden, wer einen Vorbereitungsdienst von zwei Jahren abgeleistet und die Prüfung für den mittleren Justizdienst oder für den mittleren Dienst bei der Arbeitsgerichtsbarkeit bestanden hat. ²Sechs Monate des Vorbereitungsdienstes sollen auf einen Fachlehrgang entfallen.

(3) Mit den Aufgaben eines Urkundsbeamten der Geschäftsstelle kann auch betraut werden,
1. wer die Rechtspflegerprüfung oder die Prüfung für den gehobenen Dienst bei der Arbeitsgerichtsbarkeit bestanden hat,
2. wer nach den Vorschriften über den Laufbahnwechsel die Befähigung für die Laufbahn des mittleren Justizdienstes erhalten hat,
3. wer als anderer Bewerber nach den landesrechtlichen Vorschriften in die Laufbahn des mittleren Justizdienstes übernommen worden ist.

(4) ¹Die näheren Vorschriften zur Ausführung der Absätze 1 bis 3 erlassen der Bund und die Länder für ihren Bereich. ²Sie können auch bestimmen, ob und inwieweit Zeiten einer dem Ausbildungsziel förderlichen sonstigen Ausbildung oder Tätigkeit auf den Vorbereitungsdienst angerechnet werden können.

(5) ¹Der Bund und die Länder können ferner bestimmen, dass mit Aufgaben eines Urkundsbeamten der Geschäftsstelle auch betraut werden kann, wer auf dem Sachgebiet, das ihm übertragen werden soll, einen Wissens- und Leistungsstand aufweist, der dem durch die Ausbildung nach Absatz 2 vermittelten Stand gleichwertig ist. ²In den Ländern Brandenburg, Mecklenburg-Vorpommern, Sachsen, Sachsen-Anhalt und Thüringen dürfen solche Personen weiterhin mit den Aufgaben eines Urkundsbeamten der Geschäftsstelle betraut werden, die bis zum 25.4.2006 gemäß Anlage I Kapitel III Sachgebiet A Abschnitt III Nr. 1 Buchst. q Abs. 1 zum Einigungsvertrag vom 31.8.1990 (BGBl II S. 889, 922) mit diesen Aufgaben betraut worden sind.

Die Geschäftsstelle ist eine **Organisationseinheit** der StA und Gerichte. Sie wird mit Urkundsbeamten besetzt, deren Qualifikation in den Abs. 2 bis 5 näher geregelt ist. Sie hat im Geschäftsgang sämtliche Aufgaben zu erledigen, die nicht Staatsanwälten oder Richtern zugewiesen sind. Der Verwaltungsspitze vorbehaltene Angelegenheiten (Personalsachen, Pressearbeit, etc.) werden besonderen Referenten übertragen. **1**

Zu den besonderen gesetzlichen Aufgaben der **Urkundsbeamten der Geschäftsstelle** gehört die Führung des Protokolls in gerichtlichen Verhandlungen (§§ 226, 271 ff., 404 StPO) und bei richterlichen Untersuchungshandlungen (§§ 168, 168a StPO) sowie Untersuchungshandlungen der StA (§ 168b StPO). Sie führt nach § 45 Abs. 4 Satz 1 die Schöffenliste und nimmt Erklärungen der Verfahrensbeteiligten außerhalb gerichtlicher Verhandlungen (Strafanzeigen und Strafanträge gem. § 158 StPO, Rechtsmittel und deren Begründung gem. §§ 299, 306, 314 Abs. 1, 317, 341 Abs. 1, 345 Abs. 2, 347 Abs. 1 StPO, 116 StVollzG sowie Wiederaufnahmeanträge gem. § 366 Abs. 2 StPO) entgegen. Außerdem wirkt die Geschäftsstelle bei Ladungen und Zustellungen mit, erstellt Vollstreckbarkeitsbescheinigungen nach § 451 Abs. 1 StPO, erteilt Ausfertigungen (§ 275 Abs. 4 StPO) und setzt nach § 464b StPO die Kosten fest. Einzelne dieser Aufgaben sind Rechtspflegern vorbehalten (§§ 21 Nr. 1, 24 Abs. 1 RPflG). **2**

Quentin

Dreizehnter Titel. Rechtshilfe

Vorbemerkung zu §§ 156 ff. GVG

1 Rechtshilfe ist die gegenseitige Hilfe der Gerichte im Bereich der Rechtsprechung (vgl. *Kissel/Mayer*, § 156 Rn. 3). Sie ermöglicht es einem Gericht eine ihm obliegende Verfahrenshandlung aus Zweckmäßigkeitsgründen durch ein anderes Gericht ausführen zu lassen. Dabei kommt es nicht zu einer Zuständigkeitsübertragung. Von der Rechtshilfe ist die allgemeine Amtshilfe zu unterscheiden, die sich alle Behörden des Bundes und der Länder zu leisten haben. Verfassungsrechtliche Grundlage für beide ist das allgemeine Kooperationsgebot in Art. 35 Abs. 1 GG. Inhalt und Umfang der Rechtshilfe werden durch die §§ 156 ff. abschließend geregelt (OLG Düsseldorf, NJW 1957, 1037).

2 Eine Rechtshilfe i.S.d. §§ 156 ff. liegt nur dann vor, wenn ein ordentliches Gericht für ein anderes auf dessen Ersuchen hin eine Tätigkeit erbringt, die seiner Rechtsprechungsaufgabe zuzuordnen ist. Hierzu gehören alle richterlichen Handlungen, die nach dem formellen Recht in einem ordnungsgemäßen Verfahrensgang vorzunehmen sind. Strafsachen sind Bestandteil der ordentlichen Gerichtsbarkeit (§ 13) und unterfallen daher in allen Verfahrensabschnitten den §§ 156 ff. Dies gilt auch für richterliche Maßnahmen im Bereich der Strafvollstreckung (*Kissel/Mayer*, § 156 Rn. 13 m.w.N.). Die internationale Rechtshilfe ist kein Fall der §§ 156 ff.

3 Die Kooperation mit anderen Gerichten außerhalb der Rechtsprechungstätigkeit und die Unterstützungsleistungen für andere Behörden sind Amtshilfe. Insoweit gelten das VwVfG und verschiedene Spezialgesetze. Das besondere Zusammenwirken zwischen Gericht und StA ist in der StPO abschließend geregelt.

§ 156 GVG [Rechtshilfepflicht]. Die Gerichte haben sich in Zivilsachen und in Strafsachen Rechtshilfe zu leisten.

1 Die Rechtshilfepflicht besteht in **allen Verfahrenslagen** und kann sich auf alle nach dem Verfahrensrecht zulässigen Tätigkeiten beziehen.

2 Über die Durchführung eines Rechtshilfeersuchens entscheidet das ersuchende Gericht regelmäßig durch Beschluss. Darin ist festzulegen, welche Handlung durch das ersuchte Gericht vorgenommen werden soll. Dem Ersuchen werden die Originalakten oder Aktenauszüge beigefügt.

3 Das ersuchte Gericht ist an das Ersuchen **gebunden**. Bei seiner Ausführung stehen ihm die gleichen Befugnisse zu, die auch das ersuchende Gericht nach dem Verfahrensrecht hätte (OLG Düsseldorf, NJW 1957, 1037). Soll ein Zeuge vernommen werden, kann der ersuchte Richter von den Möglichkeiten der §§ 51, 70 und 77 StPO Gebrauch machen und einen zur Vernehmung geladenen säumigen Beschuldigten nach den §§ 133, 134 StPO vorführen lassen (*Meyer-Goßner/Schmitt*, § 157 GVG Rn. 4). Auch stehen dem ersuchten Richter die sich aus § 176 ergebenden sitzungspolizeilichen Befugnisse zu. Ein nach § 233 Abs. 2 StPO zu vernehmender Angeklagter kann nur dann durch das ersuchte Gericht nach § 230 Abs. 2 StPO vorgeführt werden, wenn die Entbindung bereits durch das ersuchende Gericht wirksam erfolgt ist (BGHSt 25, 42; OLG Frankfurt am Main, NJW 1974, 430).

§ 157 GVG [Rechtshilfegericht]. (1) Das Ersuchen um Rechtshilfe ist an das Amtsgericht zu richten, in dessen Bezirk die Amtshandlung vorgenommen werden soll.
(2) ¹Die Landesregierungen werden ermächtigt, durch Rechtsverordnung die Erledigung von Rechtshilfeersuchen für die Bezirke mehrerer Amtsgerichte einem von ihnen ganz oder teilweise zuzuweisen, sofern dadurch der Rechtshilfeverkehr erleichtert oder beschleunigt wird. ²Die Landesregierungen können diese Ermächtigung durch Rechtsverordnung auf die Landesjustizverwaltungen übertragen.

1 Nach Abs. 1 ist stets das AG für die Leistung der Rechtshilfe sachlich zuständig. Dies gilt auch dann, wenn das Ersuchen von einem Gericht höherer Ordnung stammt. Näheres bestimmt das Präsidium bei der Geschäftsverteilung (§ 21e Abs. 1 Satz 1).

Die örtliche Zuständigkeit ergibt sich aus der Lokalisation der vorzunehmenden Handlung. Verneh- 2
mungen sind regelmäßig am Wohn- oder Aufenthaltsort der zu vernehmenden Person durchzuführen.
Bei Zeugen aus dem angrenzenden Ausland kommt eine Vernehmung bei einem grenznahen AG in Betracht, wenn der Zeuge bereit ist, dort zu erscheinen (OLG Schleswig, NStZ 1989, 240).

Abs. 2 lässt eine örtliche Konzentration durch Rechtsverordnung zu. Nach § 3 der VO über die Zustän- 3
digkeit des AG Hamburg v. 01.09.1987 (HmbGVBl. 1987, 172) ist dem AG Hamburg die Erledigung
inländischer Rechtshilfeersuchen für die Bezirke aller hamburgischen AG übertragen.

§ 158 GVG [Ablehnung des Ersuchens]. (1) Das Ersuchen darf nicht abge-
lehnt werden.
(2) ¹Das Ersuchen eines nicht im Rechtszuge vorgesetzten Gerichts ist jedoch abzulehnen, wenn die
vorzunehmende Handlung nach dem Recht des ersuchten Gerichts verboten ist. ²Ist das ersuchte Gericht örtlich nicht zuständig, so gibt es das Ersuchen an das zuständige Gericht ab.

A. Keine Ablehnung von Ersuchen vorgesetzter Gerichte. Aus dem in Abs. 1 fest- 1
gelegten grundsätzlichen Ablehnungsverbot und der umgrenzten Ausnahmeregelung in Abs. 2 ergibt
sich, dass Rechtshilfeersuchen von im Rechtszug vorgesetzten Gerichten von dem ersuchten AG in keinem Fall abgelehnt werden können.

B. Ablehnung von Ersuchen nicht vorgesetzter Gerichte nach Abs. 2. I. Ver- 2
botene Handlungen. Abs. 2 Satz 1 enthält eine Ausnahmeregelung und ist daher eng auszulegen.
Die Ablehnung eines Rechtshilfeersuchens kommt nur dann in Betracht, wenn die vorzunehmende
Rechtshandlung nach dem Recht des ersuchten Gerichts entweder ausdrücklich untersagt oder – unabhängig von den Umständen des Einzelfalls – nach dem Sinn des Gesetzes abstrakt unzulässig ist
(BGH, NJW 1990, 2936; OLG Frankfurt, NJW 1974, 430; NStZ-RR 2004, 50, 51; OLG Köln
NStZ-RR 2013, 57, 58; OLG Stuttgart, NStZ 1987, 43; *Katholnigg*, § 158 GVG Rn. 4; *Kissel/Mayer*,
§ 158 Rn. 11 m.w.N.). Als verboten i.S.v. Abs. 2 Satz 1 gilt auch eine Rechtshandlung, die der entscheidende Richter zwingend persönlich vornehmen muss und die deshalb nicht im Wege der Rechtshilfe
erledigt werden darf (OLG Frankfurt, NStZ 1988, 471; *Katholnigg*, § 158 GVG Rn. 4). Beispiele hierfür sind die mündliche Anhörung bei der Haftprüfung nach §§ 118, 118a StPO (KG, JR 1964, 267;
OLG München, MDR 1980, 181), die Haftbefehlseröffnung nach § 115 Abs. 1 StPO, soweit kein
Fall des § 115a StPO gegeben ist (OLG Frankfurt, NStZ 1988, 471) und die Vernehmung im Bußgeldverfahren gem. § 73 OWiG (BGHSt. 44, 345, 346; OLG Düsseldorf, NZV 198, 516). Die akustische
Besuchsüberwachung bei Untersuchungsgefangenen ist dagegen nicht zwingend persönlich vorzunehmen und deshalb im Wege der Rechtshilfe übertragbar (OLG Celle v. 29.5.2008, 2 Ws 171/08).

Ein Rechtshilfeersuchen kann grds. nicht mit der Erwägung abgelehnt werden, dass die Maßnahme 3
nicht zweckmäßig sei (OLG Düsseldorf, MDR 1996, 843 f.; OLG Frankfurt, NStZ-RR 2004, 50,
51; OLG Köln NStZ-RR 2013, 57, 58; *Meyer-Goßner/Schmitt*, § 158 GVG Rn. 2; *Katholnigg*, § 158
GVG Rn. 5), ermessensfehlerhaft angeordnet wurde (BGH, NJW 1990, 2936, 2937) oder die tatsächlichen Umstände des Einzelfalls ihre Anwendung nicht rechtfertigen (vgl. OLG Naumburg Beschl. v.
1.8.2007, 8 AR 8/07). Eine Ausnahme gilt lediglich dann, wenn das Rechtshilfeersuchen offensichtlich
willkürlich ist (OLG Koblenz, MDR 2008, 819; Zöller/*Lückemann*, § 158 GVG Rn. 5; *Kissel/Mayer*,
§ 158 GVG Rn. 19 m.w.N.). Dabei ist Zurückhaltung geboten. Willkür wird regelmäßig nur dann angenommen werden können, wenn die erbetene Rechtshandlung unter jedem denkbaren Gesichtspunkt
sinnlos ist (OLG Frankfurt v. 17.2.2011, 4 W 2/11).

II. Örtliche Unzuständigkeit. Nach Abs. 2 Satz 2 ist ein Rechtshilfeersuchen bei örtlicher Unzu- 4
ständigkeit an das zuständige Rechtshilfegericht abzugeben. Die Abgabe ist nicht bindend, sodass
auch dieses Gericht nach Abs. 2 Satz 2 verfahren kann (*Meyer-Goßner/Schmitt*, § 158 GVG Rn. 5).

§ 159 GVG [Entscheidung des Oberlandesgerichts].

(1) ¹Wird das Ersuchen abgelehnt oder wird der Vorschrift des § 158 Abs. 2 zuwider dem Ersuchen stattgegeben, so entscheidet das Oberlandesgericht, zu dessen Bezirk das ersuchte Gericht gehört. ²Die Entscheidung ist nur anfechtbar, wenn sie die Rechtshilfe für unzulässig erklärt und das ersuchende und das ersuchte Gericht den Bezirken verschiedener Oberlandesgerichte angehören. ³Über die Beschwerde entscheidet der Bundesgerichtshof (BGH).
(2) Die Entscheidungen ergehen auf Antrag der Beteiligten oder des ersuchenden Gerichts ohne mündliche Verhandlung.

1 **A. Der besondere Rechtsbehelf nach Abs. 1 Satz 1.** Nach Abs. 1 Satz 1 i.V.m. Abs. 2 können die Beteiligten und das ersuchende Gericht durch einen entsprechenden **Antrag** eine Entscheidung des OLG herbeiführen, wenn ein Rechtshilfeersuchen abgelehnt oder ihm entgegen § 158 Abs. 2 stattgegeben wurde. Dabei handelt es sich um einen Rechtsbehelf eigener Art, auf den die §§ 304 ff. StPO keine Anwendung finden (LR/*Boll*, § 159 GVG Rn. 2; *Kissel/Mayer*, § 159 Rn. 1 m.w.N.). Örtlich zuständig ist das OLG, in dessen Bezirk das ersuchte Gericht seinen Sitz hat.

2 **Beteiligter** gem. Abs. 2 ist nur, wer auch in der Hauptsache rechtsmittelberechtigt wäre (*Kissel/Mayer*, § 159 Rn. 8). Dem im Wege der Rechtshilfe zu vernehmenden Zeugen steht daher kein Antragsrecht zu (*Katholnigg*, § 159 GVG Rn. 3; LR/*Boll*, § 159 GVG Rn. 13). Das ersuchende Gericht ist nur bei einer Ablehnung seines Gesuchs antragsberechtigt.

3 Ein Rechtshilfegesuch gilt als **abgelehnt**, wenn seine Ausführung ganz oder teilweise verweigert worden ist (OLG Düsseldorf, NStZ 1989, 59). Dies ist bereits der Fall, wenn das ersuchte AG Bedenken gegen die rechtliche Zulässigkeit erhebt und dem Ersuchen deshalb nicht entsprechen will. Gleiches gilt, wenn sich das ersuchte Gericht auf örtliche Unzuständigkeit beruft, die Sache aber nicht abzugeben vermag (OLG Frankfurt, NStZ-RR 2004, 50, 51). Verweigert der ersuchte Richter nach der Vernehmung eines Sachverständigen die Festsetzung der Entschädigung, wird dadurch das Rechtshilfeersuchen teilweise abgelehnt, weil die Festsetzung der Entschädigung noch zu den Aufgaben des ersuchten Gerichts gehört (arg. § 164 Abs. 1) und erst danach das Ersuchen vollständig erledigt ist (BGH, NJW 1958, 1310).

4 Das OLG prüft, ob die Stattgabe oder Ablehnung des Gesuchs den Vorgaben des § 158 entspricht und entscheidet ohne mündliche Verhandlung nach Anhörung der Beteiligten durch **Beschluss**.

5 Im Bereich der Amtshilfe ist Abs. 1 Satz 1 auch dann nicht analog anwendbar, wenn ein Ersuchen der StA nach § 162 StPO vorliegt (*Kissel/Mayer*, § 159 Rn. 20; LR/*Boll*, vor § 156 GVG Rn. 23). Gegen eine Ablehnung kann die StA nach den §§ 304 ff. StPO vorgehen (*Meyer-Goßner/Schmitt*, § 159 Rn. 2).

6 **B. Die Beschwerde nach Abs. 1 Satz 2.** Hat das OLG die Rechtshilfe für unzulässig erklärt, können die Beteiligten und das ersuchende Gericht (Abs. 2) dagegen Beschwerde zum BGH einlegen, wenn das ersuchende und das ersuchte Gericht verschiedenen Oberlandesgerichtsbezirken angehören. In allen anderen Fällen ist die Entscheidung des OLG unanfechtbar.

§ 160 GVG [Einheitliches Rechtspflegegebiet].

Vollstreckungen, Ladungen und Zustellungen werden nach Vorschrift der Prozessordnungen bewirkt ohne Rücksicht darauf, ob sie in dem Land, dem das Prozessgericht angehört, oder in einem anderen deutschen Land vorzunehmen sind.

1 Die Vorschrift stellt klar, dass sich der Wirkungsbereich richterlicher und staatsanwaltschaftlicher Maßnahmen auf das gesamte Bundesgebiet erstreckt. Vollstreckungen (z.B. von Haftbefehlen und Durchsuchungsbeschlüssen), Ladungen und Zustellungen können bundesweit unmittelbar bewirkt werden, ohne dass es eines Amtshilfeersuchens bedarf. Dies gilt auch dann, wenn die zugrunde liegende Norm dem Landesrecht angehört (OLG Karlsruhe, NJW 1969, 1546, 1547).

§ 161 GVG [Auftrag an einen Gerichtsvollzieher]. ¹Gerichte, Staatsanwaltschaften und Geschäftsstellen der Gerichte können wegen Erteilung eines Auftrags an einen Gerichtsvollzieher die Mitwirkung der Geschäftsstelle des Amtsgerichts in Anspruch nehmen, in dessen Bezirk der Auftrag ausgeführt werden soll. ²Der von der Geschäftsstelle beauftragte Gerichtsvollzieher gilt als unmittelbar beauftragt.

§ 162 GVG [Vollstreckung von Freiheitsstrafen]. Hält sich ein zu einer Freiheitsstrafe Verurteilter außerhalb des Bezirks der Strafvollstreckungsbehörde auf, so kann diese Behörde die Staatsanwaltschaft des Landgerichts, in dessen Bezirk sich der Verurteilte befindet, um die Vollstreckung der Strafe ersuchen.

Die Vorschrift gilt auch für freiheitsentziehende Maßregeln, sowie Ordnungs- und Zwangsmaßnahmen, die eine Freiheitsentziehung zum Gegenstand haben (*Katholnigg*, § 163 Rn. 2; *Meyer-Goßner/Schmitt*, § 162 GVG Rn. 1 und 2). Nachdem Bund und Länder in der StVollstrO alle Fragen geregelt haben, die in Straf- und Bußgeldsachen mit der Vollstreckung von Freiheitsstrafen, Maßregeln der Besserung und Sicherung sowie Ordnungs- und Zwangshaft verbunden sind, kommt § 162 in diesem Bereich keine Bedeutung mehr zu. 1

§ 163 GVG [Vollstreckungshilfe]. Soll eine Freiheitsstrafe in dem Bezirk eines anderen Gerichts vollstreckt oder ein in dem Bezirk eines anderen Gerichts befindlicher Verurteilter zum Zwecke der Strafverbüßung ergriffen und abgeliefert werden, so ist die Staatsanwaltschaft bei dem Landgericht des Bezirks um die Ausführung zu ersuchen.

Die Vorschrift hat im Geltungsbereich der StVollstrO keine praktische Bedeutung mehr. 1

§ 166 GVG [Amtshandlungen außerhalb des Gerichtsbezirks]. Ein Gericht darf Amtshandlungen im Geltungsbereich dieses Gesetzes auch außerhalb seines Bezirks vornehmen.

Ein Gericht kann jede Amtshandlung außerhalb seines Bezirks vornehmen, ohne dass es dafür der Zustimmung des Gerichts bedarf, in dessen Bezirk es tätig wird. Dies gilt auch für die Hauptverhandlung oder Teile von ihr (BGHSt 22, 250; Beschl. v. 31.8.2007 – 2 ARs 336/07). Die Tatsache, dass die betreffende Amtshandlung auch im Wege der Rechtshilfe durch das zuständige AG vorgenommen werden kann, steht einer Selbstvornahme nicht entgegen. 1

§ 167 GVG [Nacheile]. (1) Die Polizeibeamten eines deutschen Landes sind ermächtigt, die Verfolgung eines Flüchtigen auf das Gebiet eines anderen deutschen Landes fortzusetzen und den Flüchtigen dort zu ergreifen.
(2) Der Ergriffene ist unverzüglich an das nächste Gericht oder die nächste Polizeibehörde des Landes, in dem er ergriffen wurde, abzuführen.

Als **Flüchtiger** i.S.v. Abs. 1 gilt, wer sich auf frischer Tat betroffen seiner drohenden Ergreifung entziehen will oder den Vollzug einer Haftanordnung (auch Vollstreckungshaftbefehls) durch Flucht zu vereiteln sucht (*Heinrich*, NStZ 1996, 361, 362; *Kissel/Mayer*, § 167 Rn. 3). 1

Die Befugnis zur Nacheile steht allen **Beamten des Polizeidienstes der Länder** zu, die für die Strafverfolgung und die Vollstreckung von Haftanordnungen zuständig sind (vgl. §§ 158 Abs. 1, 161 Abs. 1, 163 StPO). Für die StA ergibt sich eine länderübergreifende Befugnis aus § 143. Werden Polizeibeamte auf ausdrückliche Weisung der StA als deren Ermittlungspersonen (§ 152 i.V.m. § 161 Abs. 1 Satz 2 StPO) oder in Amtshilfe tätig, leiten sich ihre Befugnisse aus denen der StA ab (*Heinrich*, NStZ 1996, 361, 362; *Katholnigg*, § 167 GVG Rn. 1; *Kissel/Mayer*, § 167 Rn. 7; LR/*Boll*, § 167 Rn. 4; a. A. KK-StPO/*Schoreit*, § 167 GVG Rn. 4). Für Strafvollzugsbeamte gilt § 87 StVollzG. 2

3 **Verfolgung** nach Abs. 1 ist jede Form des Nachsetzens, die auf die Ergreifung des Flüchtenden ausgerichtet ist. Sie kann auch in einer Observation bestehen oder durch Einsatz technischer Mittel erfolgen. Eine unmittelbare räumliche Annäherung an den Verfolgten ist nicht erforderlich (*Heinrich*, NStZ 1996, 361, 363; *Katholnigg*, § 167 Rn. 3; LR/*Boll*, § 167 GVG Rn. 7; *Kissel/Mayer*, § 167 Rn. 4). Eine zeitliche Grenze besteht nicht. Da Abs. 1 nur eine **Fortsetzung** der Verfolgung gestattet, muss sie diesseits der Landesgrenze begonnen haben (OLG Hamm, NJW 1954, 206). Danach können auch mehrere Landesgrenzen überschritten werden, soweit dies erforderlich ist.

4 Nach der Ergreifung des Flüchtigen ist gem. Abs. 2 zu verfahren.

5 Ein **Verstoß** gegen § 167 macht die Ergreifung nicht unwirksam (h.M. *Heinrich*, NStZ 1996, 361, 364 f.; *Katholnigg*, § 167 GVG Rn. 6; *Kissel/Mayer*, § 167 Rn. 9). Allerdings ist die Maßnahme i.S.v. § 113 StGB rechtswidrig, weil es an der erforderlichen örtlichen Zuständigkeit fehlt (OLG Hamm, NJW 1953, 206; vgl. auch BGHSt. 4, 110, 113).

Vierzehnter Titel. Öffentlichkeit und Sitzungspolizei

§ 169 GVG [Öffentlichkeit].
¹Die Verhandlung vor dem erkennenden Gericht einschließlich der Verkündung der Urteile und Beschlüsse ist öffentlich. ²Ton- und Fernseh-Rundfunkaufnahmen sowie Ton- und Filmaufnahmen zum Zwecke der öffentlichen Vorführung oder Veröffentlichung ihres Inhalts sind unzulässig.

1 **A. Allgemeines.** § 169 Satz 1 setzt die im Zeitalter der Aufklärung erhobene Forderung nach allgemeiner Publizität staatlichen Handelns um (*Alber*, S. 18 ff.; *Franke*, S. 31 ff.; *v. Coelln*, S. 60 ff.). Dieser lag die in der praktischen Philosophie dieser Zeit entwickelte Vorstellung zugrunde, dass Gerechtigkeit nur in einem öffentlichen Verfahrensgang entstehen könne (vgl. *Hegel*, Grundlinien, § 224 [Satz 376 f.]; *Kant*, Zum ewigen Frieden, Anhang II, [Satz 244 f.]; dazu *Alwart*, JZ 1990, 883; *Habermas* Strukturwandel der Öffentlichkeit, § 13; *Gierhake*, JZ 2013, 1030, 1032 ff.; *Franke*, StraFo 2014, 361, 362) und eine im Verborgenen getroffene richterliche Entscheidung keine Anerkennung finden könne (vgl. *A. v. Feuerbach* Betrachtungen, Bd. 1, S. 88 ff.; *Mittermaier*, S. 334 ff.).

2 Nach heute herrschender Meinung ist der Öffentlichkeitsgrundsatz ein Bestandteil des Rechtsstaatsprinzips (BVerfGE 103, 44, 63 f.; BGHSt -GS- 11, 213, 215; 22, 297, 301; 23, 176, 178; krit. *Franke*, S. 48 ff.). Er ermöglicht eine **Kontrolle der Rechtspflege** durch die Allgemeinheit (BVerfG, NJW 2002, 814; 2012, 1863, 1864; BGHSt. 24, 72, 74; 27, 13, 15; *Kissel/Mayer*, § 169 Rn. 3; LR/*Wickern*, vor § 169 GVG Rn. 3; *Lilie*, NStZ 1993, 121, 122 f.; *Schmidthals*, S. 118, 138; krit. *Franke*, StraFo 2014, 361, 362 f.; *Kleinknecht*, in: FS für Schmidt-Leichner; S. 112; *Martens*, S. 47) und beugt dadurch dem Verdacht staatlicher Willkür vor (RGSt. 70, 109, 112; BGHSt. 2, 56, 57; 22, 297, 301; *v. Coelln*, S. 186, 189 ff.; krit. *Franke*, S. 57 ff.). Darüber hinaus trägt die Öffentlichkeit der Rechtspflege zur Vertiefung des allgemeinen Verständnisses von Recht und Gesetz bei und ermöglicht die **Befriedigung eines gesellschaftlichen Informationsbedürfnisses** (*Franke*, S. 65 ff.; *Schmidthals*, S. 96; *Kissel/Mayer*, § 169 Rn. 1; *Meyer-Goßner/Schmitt*, § 169 GVG Rn. 1). Das dabei vornehmlich durch die Gerichtsberichterstattung in den Medien ständig erneuerte Wissen darum, wie Gerechtigkeitskonflikte vor Gericht gelöst und Rechtsverstöße sanktioniert werden, **stärkt das allgemeine Vertrauen in den Rechtsstaat** und erhöht das Gefühl der Rechtssicherheit (*v. Coelln*, S. 189 ff.).

3 **B. Die notwendig öffentlichen Verfahrensabschnitte. I. Notwendige Öffentlichkeit der Hauptverhandlung.** Der Öffentlichkeitsgrundsatz gilt nur für die Hauptverhandlung (§§ 226 bis 275 StPO) **vor dem erkennenden Gericht** (BGH, NStZ 2005, 162). Die Hauptverhandlung beginnt mit dem Aufruf der Sache (§ 243 Abs. 1 Satz 1 StPO) und schließt mit der Verkündung des Urteils (§ 260 Abs. 1 StPO) samt Nebenentscheidungen (§§ 268a Abs. 1 und 2, 268b Satz 2 StPO) und den sich daran anschließenden Belehrungen (§§ 268a Abs. 3, 268c und d StPO). Ebenfalls notwendig öffentlich sind die mündliche Verhandlung im selbstständigen Einziehungsverfahren nach § 441

Abs. 3 Satz 1 StPO (Kissel/*Mayer*, Rn. 8; LR/*Wickern*, § 169 GVG Rn. 7), die Hauptverhandlung im Sicherungsverfahren gem. §§ 414 Abs. 1, 415 StPO und bei der Entscheidung über die vorbehaltene oder nachträgliche Anordnung der Sicherungsverwahrung nach § 275a Abs. 2 StPO. Das Öffentlichkeitsgebot gilt auch für die Hauptverhandlung vor dem Revisionsgericht (§ 351 StPO), da auch das Revisionsgericht als erkennendes Gericht entscheidet (vgl. BGH, 20.01.2004 – 5 StR 530/03). Schließlich ist auch die Hauptverhandlung im Bußgeldverfahren notwendig öffentlich (OLG Saarbrücken, NStZ-RR 2008, 50). Ob dabei aufgrund der vereinfachten Ausgestaltung des Bußgeldverfahrens Einschränkungen gerechtfertigt sind, ist streitig (vgl. *Göhler*, § 71 Rn. 56b m.w.N. a. A. KK-OWiG/*Senge*, § 54 Rn. 54 m.w.N.).

Verfahrensvorgänge, die nicht zur Hauptverhandlung zählen oder nicht vor dem erkennenden Gericht stattfinden, unterfallen nicht dem Öffentlichkeitsgebot (arg. e contrario). **Nicht notwendig öffentlich** sind daher alle Verfahren vor dem Ermittlungsrichter, dem Wiederaufnahmegericht oder den Vollstreckungsgerichten. Gleiches gilt, wenn das OLG nach § 122 Abs. 2 Satz 2 StPO mündlich verhandelt. Die kommissarische Vernehmung durch einem beauftragten oder ersuchten Richter nach den §§ 223 ff., 233 Abs. 2 StPO unterliegt nicht dem Öffentlichkeitsgebot, weil nicht vor dem erkennenden Gericht verhandelt wird. Aus dem gleichen Grund sind auch mündliche Verhandlungen über ein Ablehnungsgesuch gegen einen erkennenden Richter nicht öffentlich (arg. § 27 Abs. 2 StPO; BGH, NStZ 1996, 398, 399). Der Einzug des Gerichts, die Vorführung und das Abtreten des Angeklagten finden außerhalb der Hauptverhandlung statt und sind deshalb ebenfalls nicht notwendig öffentlich (zur Medienöffentlichkeit Rdn. 25). Auch Sitzungspausen zählen nicht zur Hauptverhandlung. Die Beratung und die Abstimmung vor einer Entscheidung sind **notwendig geheim** (§ 193 Abs. 1 GVG). 4

Weiterhin nicht notwendig öffentlich sind alle Verfahrenshandlungen, die zwar regelmäßig in öffentlicher Hauptverhandlung erfolgen, aber auch außerhalb der Hauptverhandlung vorgenommen werden dürfen oder abgeändert werden können (BGH, NStZ 2002, 106, 107; NJW 2003, 2761). Eine während des Ausschlusses der Öffentlichkeit erfolgte Ankündigung eines Fortsetzungstermins verletzt daher § 169 Satz 1 GVG ebenso wenig, wie die Entgegennahme eines Ablehnungsgesuchs (BGH, NStZ 1996, 398). 5

II. Ausnahmen und Erstreckungen. Allgemeine Ausnahmen vom Grundsatz der notwendigen Öffentlichkeit der Hauptverhandlung vor dem erkennenden Gericht ergeben sich für das jugendgerichtliche Verfahren aus den §§ 48, 104 Abs. 2, 109 Abs. 1 Satz 4 JGG. 6

Die Grundsätze des § 169 GVG gelten entsprechend für die Auslosung der Reihenfolge der Hauptschöffen bei den Amts- und LG nach den §§ 45 Abs. 2 Satz 1, 77 Abs. 1 GVG (BGH, NStZ 1984, 89). 7

C. Die inhaltliche Ausgestaltung des Öffentlichkeitsgrundsatzes.

I. Zugänglichkeit für jedermann. Öffentlichkeit des Verfahrensganges bedeutet Zugänglichkeit für jedermann. Eine Verhandlung ist daher öffentlich, wenn jeder beliebige Bürger von Zeit und Ort einer Verhandlung ohne große Schwierigkeiten Kenntnis erlangen kann und ihm i.R.d. tatsächlichen Gegebenheiten der Zutritt eröffnet wird (BVerfG, NJW 2002, 814; BGHSt 5, 75, 83; 22, 297, 299; NStZ 2004, 510, 511). Dabei kommt es nicht darauf an, ob tatsächlich Zuhörer zugegen sind (BGHSt 5, 75, 83). Das Verfahren selbst ist allein nach Maßgabe der hierfür gültigen Regeln und Grundsätze zu betreiben. Das Öffentlichkeitsprinzip setzt weiter voraus, dass eine hinreichend große Anzahl von Personen Zutritt zu der Verhandlung erhalten kann. Die Zahl der für das Publikum zur Verfügung stehenden Plätze muss daher so groß sein, dass die anwesenden Zuhörer noch als eine Repräsentanz der Allgemeinheit angesehen werden können (BGHSt 5, 75, 83; BayObLG, NJW 1982, 395; *Meyer-Goßner/Schmitt*, § 169 GVG Rn. 4). 8

II. Information über Zeit und Ort. Wann dem Informationsbedürfnis der Öffentlichkeit über Zeit und Ort einer Verhandlung Genüge getan ist, bestimmt sich nach den Umständen des Einzelfalls (BGH, NStZ 1981, 31; OLG Hamm, NZV 2001, 390, 391). Dabei wird das Öffentlichkeitsgebot grds. nicht verletzt, wenn Besucher über die präsenten Informationen hinaus zusätzliche Erkundigungen einholen müssen (BGH, NStZ 82, 476; 84, 470; BayObLG, NStZ-RR 2001, 49, 51). 9

1. Verhandlungen im Gerichtsgebäude. Bei Verhandlungen im Gerichtsgebäude ist es i.d.R. ausreichend, wenn sich am Sitzungssaal ein Aushang befindet, dem entnommen werden kann, welche Ver- 10 handlung in diesem Saal stattfindet (KK-StPO/*Diemer*, § 169 GVG Rn. 7; *Katholnigg*, § 169 GVG Rn. 3). Eine Übersichtstafel im Eingangsbereich des Gerichtsgebäudes, die Auskunft über die Sitzungen eines jeden Tages gibt, ist nicht erforderlich (LR/*Wickern*, § 169 GVG Rn. 23; a. A. Kissel/*Mayer*, § 169 Rn. 47). Verlegungen innerhalb des Gerichtsgebäudes sind durch einen Aushang an dem ursprünglich vorgesehenen Saal (OLG Dresden, StV 2009, 682; OLG Hamburg, VRS 24, 437, 438) und an dem neuen Sitzungssaal kenntlich zu machen (OLG Koblenz, NZV 2011, 266; Kissel/*Mayer*, § 169 Rn. 49; a. A. LR/*Wickern*, § 169 GVG Rn. 23). In kleinen Gerichtsgebäuden mit nur wenigen Sitzungssälen oder bei einem Wechsel in einen benachbarten Sitzungssaal kann ein Aushang an dem ursprünglich vorgesehenen Saal entbehrlich sein (vgl. OLG Koblenz, NZV 2011, 266). Fehlerhafte oder schwer leserliche Angaben auf Aushängen und Hinweistafeln können § 169 GVG verletzen, wenn interessierte Zuhörer dadurch in einer Weise fehlgeleitet werden, dass ihnen auch durch zumutbares Nachfragen ein rechtzeitiges Erreichen des Sitzungsortes nicht möglich ist. Fehlerhafte Ortsangaben in Ladungsverfügungen tangieren den Öffentlichkeitsgrundsatz nicht (vgl. OLG Hamm, Beschl. v. 26.2.2015 – 5 RVs 7/15, Rn. 9 f.).

11 **2. Termine außerhalb des Sitzungsgebäudes.** Finden Termine außerhalb des Sitzungsgebäudes statt (Bsp. Ortstermin; Vernehmung eines immobilen Zeugen) ist die Öffentlichkeit i.d.R. hinreichend informiert, wenn durch Aushänge am Sitzungssaal und an dem abweichenden Verhandlungsort auf den Termin hingewiesen wird (BGH, NStZ 2002, 46; OLG Köln, NStZ-RR 1999, 335; OLG Hamm, NJW 1976, 122; vgl. dazu auch BVerwG, BauR 2012, 1097). In der Regel wird es bereits ausreichend sein, wenn in der Sitzung ein mündlicher Hinweis auf den abweichenden Verhandlungsort ergeht und sich nur am Sitzungssaal ein entsprechender Aushang befindet (BGH, NStZ-RR [B] 2006, 257, 261; NStZ 1981, 311; OLG Saarbrücken, NStZ-RR 2008, 50, 51). Findet ein Ortstermin im Freien statt (Bsp. Besichtigung von Unfall- oder Tatorten), ohne dass die Lokalität genau bezeichnet werden kann, ist dem Öffentlichkeitsgebot Genüge getan, wenn am Sitzungssaal ein schriftlicher Hinweis angebracht ist und ein Treffpunkt angegeben wird (BayObLG, NStZ-RR 2001, 49, 51). Wird eine Sitzung kurzfristig und nur für kurze Zeit an einem anderen Ort fortgesetzt (Bsp. Besichtigung eines Fahrzeugs vor dem Gerichtsgebäude), kann im Einzelfall sogar ein schriftlicher Hinweis am Sitzungssaal entbehrlich sein. Gleiches gilt, wenn die Fortsetzung an einem anderen Ort zu einem Zeitpunkt beschlossen wird, in dem nicht mehr damit zu rechnen ist, dass sich außerhalb des Sitzungssaals noch interessierte Zuhörer befinden (vgl. BGH, NStZ 1981, 311). Entscheidend sind stets die besonderen Umstände des Einzelfalls (vgl. BGH, Urt. v. 10.6.1975 – 1 StR 184/75). Muss eine außerhalb des Gerichtsgebäudes stattfindende Augenscheineinnahme kurzfristig an einen nahe gelegenen anderen Ort verlegt werden, ist es ausreichend, wenn die neue Lokalität von später eintreffenden Besuchern erfragt werden kann (BGH, NStZ 1984, 470). Setzt das Gericht die Hauptverhandlung nach einem Ortstermin nicht in seinem Gerichtsgebäude, sondern in einem nahegelegenen AG oder einer anderen Räumlichkeit fort, ist hierauf im Ortstermin und durch einen Aushang am externen Sitzungsort hinzuweisen (OLG Koblenz, VRS 67, 248, 249). Ein Hinweis auch an dem Sitzungssaal im Gerichtsgebäude ist nicht zwingend geboten (BGH, 14.01.1976 – 2 StR 426/75; GA 81, 126, 127 f.; a. A. LR/*Wickern*, § 169 GVG Rn. 29).

12 **3. Terminänderungen.** Werden nach der öffentlichen Mitteilung eines Termins Änderungen erforderlich, können diese ohne Rücksicht auf die abweichende Mitteilung vorgenommen werden. Das Vertrauen in den Bestand einer Terminsankündigung wird durch den Öffentlichkeitsgrundsatz nicht geschützt (BGH, NStZ 1984, 134, 135; NStZ-RR [C] 2009, 33, 36; krit. LR/*Wickern*, § 169 GVG Rn. 22).

13 **III. Gewährung und Beschränkung des Zutritts.** Der Zutritt zu einer Verhandlung ist eröffnet, wenn der Verhandlungsort jederzeit ungehindert aufgesucht werden kann (BGH, NStZ 2004, 510, 511). Hierfür hat das Gericht im Rahmen seiner Möglichkeiten Sorge zu tragen. Einschränkungen, die sich aus Umständen ergeben, die außerhalb des Einwirkungsbereiches des Gerichts liegen, müssen daher grds. hingenommen werden (BGHSt. 21, 72; 22, 297, 301).

14 Zutritt ist nur insoweit zu gewähren, als dies die **räumlichen und örtlichen Verhältnisse** zulassen (BGH, NJW 2006, 1220, 1221). Ist mit einem großen Zuhörerandrang zu rechnen, muss unter den geeigneten Sitzungssälen der größte zur Verfügung stehende Saal gewählt werden. Eine Verpflichtung justizfremde

Räume anzumieten, besteht nicht (*Meyer-Goßner/Schmitt*, § 169 GVG Rn. 5; a. A. für extreme Ausnahmefälle *Seibert*, NJW 1970, 1535; LR/*Wickern*, § 169 GVG Rn. 10). Sind alle vorhandenen Zuhörerplätze belegt und ist deshalb weiteren Interessenten der Zutritt nicht mehr möglich, wird dadurch der Öffentlichkeitsgrundsatz nicht verletzt. Auf den Zuhörerplätzen aufgrund der allgemeinen baulichen Gegebenheiten bestehende Sicht- und Hörbeschränkungen sind hinzunehmen. Es ist daher auch unschädlich, wenn in Augenschein genommene Objekte oder einzelne Äußerungen von Verfahrensbeteiligten im Publikum nicht wahrgenommen werden können (BGH, NStZ [M/K] 1991, 121, 122).

Bei **Verhandlungen außerhalb des Gerichtsgebäudes**, stellen die durch die vorgefundenen örtlichen Verhältnisse begründeten Zutrittsbeschränkungen (Bsp. Verhandlung auf dem Randstreifen einer Autobahn [OLG Köln, NJW 1976, 637]) die Einhaltung des Öffentlichkeitsgrundsatzes ebenfalls nicht infrage. Unterliegt der externe Verhandlungsort fremdem Hausrecht und lässt der Hausrechtsinhaber nicht (Bsp. bei Verhandlung in einem militärischen Sicherheitsbereich) oder nur willkürlich eingeschränkt Publikum zu (differenzierend *Lilie*, NStZ 1993, 121), liegt keine Verletzung von § 169 GVG vor, weil das Gericht die sich ihm stellenden Hindernisse nicht beseitigen kann (BGHSt. 40, 191; NStZ-RR 2000, 366). Dies gilt auch dann, wenn der Hausrechtsinhaber der Angeklagte ist. Eine Verpflichtung die Öffentlichkeit in der nächsten Sitzung über die nur eingeschränkt oder nicht öffentlich durchgeführten Verhandlungsteile zu unterrichten, besteht nicht (BGHSt. 40, 191, 194). Allerdings ist das Gericht gehalten, seine Verhandlung an einer die Öffentlichkeit unabwendbar beschränkenden Örtlichkeit auf die Vorgänge zu beschränken, die Anlass gegeben haben, an diesem Ort zu verhandeln. Danach ist die Verhandlung an einem Ort fortzusetzen, an dem das Öffentlichkeitsgebot gewahrt werden kann (OLG Köln, NJW 1976, 637). 15

Von nachgeordneten Justizorganen verschuldete Beschränkungen der Öffentlichkeit (Bsp. Abschließen des Gerichtsgebäudes bei Dienstschluss trotz noch laufender Hauptverhandlung) führen nur dann zu einem Revisionsgrund i.S.d. §§ 169 Satz 1 GVG, 338 Nr. 6 StPO, wenn sie dem Gericht bekannt waren oder bei umsichtiger Ausübung der Verhandlungsleitung bekannt sein mussten (BGHSt 21, 72, 74; 22, 297, 299; NStZ 1995, 143; OLG Saarbrücken, NStZ-RR 2008, 50, 51; Einzelheiten Rdn. 52 ff. zu § 338 StPO). 16

IV. Zugänglichkeit für jedermann. Eine Verhandlung ist **für jedermann zugänglich**, wenn es keine Zugangsbeschränkungen gibt, die einzelne Personen oder Personengruppen generell ausschließen (BVerfG, NJW 2012, 1863, 1864; vgl. BGHSt 27, 13, 15). Stehen im Sitzungssaal oder an dem anderweitigen Verhandlungsort nicht genügend Plätze für alle Interessenten zur Verfügung, ist eine Auswahlentscheidung zu treffen. Diese Entscheidung muss Kriterien folgen, die prinzipiell von jedem Bürger erfüllt werden können und nicht zu einer Auswahl der Zuhörerschaft nach bestimten persönlichen Merkmalen führen (BVerfG, NJW 2012, 1863, 1864; BGHSt 27, 13, 14). Bei einer Entscheidung nach dem Reihenfolgeprinzip ist der Öffentlichkeitsgrundsatz daher immer gewahrt (LR/*Wickern*, § 169 GVG Rn. 14). Seine Anwendung ist jedoch nicht zwingend. Soweit andere Auswahlkriterien herangezogen werden, kommt es entscheidend darauf an, dass der Zugang nicht von persönlichen Eigenschaften abhängig gemacht wird. Denkbar ist daher auch ein Verfahren, bei dem das Zufallsprinzip (Bsp. Losverfahren) über den Zugang entscheidet (BGH, NJW 2006, 1220, 1222). Eine Vergabe von Einlasskarten ist zulässig. Diese sind dann jedoch ebenfalls nach dem Reihenfolge- oder dem Zufallsprinzip auszugeben. Eine Platzreservierung für interessierte Personengruppen, wie etwa Schulklassen, ist unschädlich, solange für das allgemeine Publikum Plätze in ausreichender Zahl verbleiben (LR/*Wickern*, § 169 GVG Rn. 14). Zu den sog. Presseplätzen s. § 176 Rdn. 11. 17

D. Einschränkungen der Öffentlichkeit zur Verfahrenssicherung. I. Sitzungspolizeiliche Maßnahmen. Die ungestörte Durchführung der Verhandlung ist ebenso bedeutsam, wie der Grundsatz der Öffentlichkeit (BVerfGE 103, 44, 68 ff.; BGHSt. 24, 72, 74, 27, 13, 15; 29, 258, 259 ff.; NStZ 1984, 134, 135; NJW 2006, 1220, 1221). Dem Vorsitzenden obliegt es einen störungsfreien Verfahrensgang durch geeignete in seinem pflichtgemäßen Ermessen stehende sitzungspolizeiliche Maßnahmen zu sichern (§ 176 GVG). Soweit das Gerichtsgebäude außerhalb des Sitzungsbereichs betroffen ist, können von dem das Hausrecht ausübenden Präsidenten entsprechende Maßnahmen (Bsp. Sicherheitsverfügung) getroffen werden (BVerfG, NJW 2012, 1863, 1864; BGHSt. 27, 13, 15). Kommt es dabei zu einem Konflikt mit dem Anspruch der Öffentlichkeit auf einen uneinge- 18 schränkten Zugang, müssen die sitzungspolizeiliche und die auf das Hausrecht gestützte Maßnahme in einem angemessenen Verhältnis zu dem mit ihr verfolgten Zweck stehen. Bei der dabei vorzunehmenden Abwägung sind das Ausmaß der abzuwehrenden Störungen, das Gewicht des betroffenen Verhandlungsabschnittes und die Bedeutung des Eingriffs in die Öffentlichkeit der Hauptverhandlung in Betracht zu ziehen (vgl. BVerfG, NJW 2012, 1863, 1864; BGH, NStZ 2004, 510, 511; OVG Berlin-Brandenburg, NJW 2011, 1093). Geringfügige Erschwerungen des Zugangs sind grds. hinzunehmen (BGHSt. 24, 72, 74). Keinesfalls dürfen Sicherheitsmaßnahmen so gestaltet sein, dass dadurch einzelnen Personengruppen generell der Zutritt verwehrt wird (vgl. BGHSt. 27, 13, 15).

19 **II. Zeitlich begrenzte Zugangsbeschränkungen.** Zeitlich umgrenzte Zugangsbeschränkungen während der laufenden Sitzung sind zulässig, wenn nur so ein wichtiger Verfahrensabschnitt von unzumutbaren Störungen freigehalten werden kann. § 169 Satz 1 ist daher nicht verletzt, wenn der Vorsitzende ein Betreten oder Verlassen des Sitzungssaals während der Bekanntgabe der Urteilsgründe untersagt (BGHSt. 24, 72, 74). Dagegen dürfte die für einen ganzen Sitzungstag geltende Anordnung den Sitzungssaal nur in den Pausen betreten oder verlassen zu können, unzulässig sein (BGH, NStZ 2004, 510, 511).

20 **III. Kontrollen.** Verzögerungen und Beschwernisse durch nach § 176 oder von dem Hausrechtsinhaber zulässig angeordnete Kontrollen (z.B. Ausweiskontrollen, körperliche Durchsuchungen etc.) stellen keine ungerechtfertigten Zugangsbeschränkungen dar (BGHSt. 27, 13, 15 f.). Dies gilt auch für eine allgemeine Videoüberwachung des Eingangsbereichs zu den Sitzungssälen (a. A. VG Wiesbaden, MDR 2010, 770) Soweit dadurch psychische Hemmschwellen entstehen, sind diese hinzunehmen (BGH, NJW 1980, 249). Allerdings ist das Gericht gehalten, bei Verzögerungen durch Kontrollmaßnahmen mit dem Beginn der Hauptverhandlung so lange zu warten, bis allen rechtzeitig erschienenen Besuchern der Zutritt zum Sitzungssaal gewährt worden ist (BGHSt. 28, 341; 29, 258; NStZ 1995, 181, 182). Diese Wartepflicht besteht bei der Fortsetzung der Verhandlung nach einer Unterbrechung und bei Folgeterminen nicht mehr (BGHSt. 29, 258, 261). Auch auf nach der angesetzten Terminstunde erscheinende Zuschauer braucht nicht gewartet zu werden (BGHSt. 28, 341).

21 **IV. Ausschluß von Zuhörern.** Kommt ein Zuschauer als Zeuge in Betracht, kann er vom Vorsitzenden nach § 58 Abs. 1 StPO zum Verlassen des Sitzungssaals aufgefordert werden. Eine Befugnis zur Abweisung oder Ausschließung einzelner Zuhörer kann sich außerdem aus den §§ 175 Abs. 1, 176 (dort Rdn. 7), 177 Satz 1 ergeben. Zum Ausschluss einzelner Zuhörer nach § 176, dort Rdn. 15. Der Ausschluss der Öffentlichkeit ist in den §§ 171a bis 172 geregelt. Ist die Entfernung eines Zuschauers von diesen Vorschriften nicht gedeckt, liegt ein Verstoß gegen § 169 vor (BGH, NStZ 2001, 163; StV 2003, 659). Verlässt ein Zuschauer **freiwillig** auf eine mit sachbezogener Begründung ausgesprochene Bitte des Vorsitzenden den Sitzungssaal, wird der Öffentlichkeitsgrundsatz hierdurch nicht berührt (BGH, NJW 1989, 465; NStZ 1999, 426). Anders liegt es, wenn die »Bitte« in Wahrheit den Charakter einer Anordnung hat. Dies wird regelmäßig der Fall sein, wenn für den Weigerungsfall eine Ausschließung in den Raum gestellt wird (vgl. BGH, NStZ 1999, 426). Da bei einer vom Vorsitzenden angetragenen Bitte stets die Gefahr besteht, dass sich ein Zuhörer nur der dahinter stehenden Autorität des Gerichts beugt und den Saal unfreiwillig verläßt, sollte eine solche Bitte stets mit dem unmissverständlichen und im Protokoll vermerkten Hinweis verknüpft sein, dass es keine Pflicht zum Verlassen des Saales gibt und ohne einen Nachteil befürchten zu müssen im Saal verblieben werden kann (vgl. BGH, NJW 1963, 166, 167; NStZ 1993, 450). Besser ist es, auf derartige gesetzesferne »Bitten« ganz zu verzichten.

22 **E. Verbot von Rundfunk- und Fernsehaufnahmen (Satz 2)** Nach Satz 2 sind zur Veröffentlichung bestimmte **Rundfunk- und Fernsehaufnahmen in der Hauptverhandlung** (Rdn. 3) untersagt. Die Vorschrift entspricht der Verfassung (BVerfGE 103, 44, 66 ff.; zust. *Huff*, NJW 2001, 1622; krit. *Zuck*, NJW 2001, 1623; zur Vorgeschichte *v. Coelln*, S. 302 ff.; *Kuß*, S. 123 ff.; *Fink*, S. 131 ff. m.w.N.). Ausnahmen sind selbst dann nicht erlaubt, wenn alle Beteiligten einwilligen (BVerfGE 103, 44, 70 f.; BGHSt. 22, 83, 85). Ob und inwieweit die Vorschrift einer Übertragung der Verhandlung in einen weiteren Sitzungssaal entgegensteht, ist streitig. Richtigerweise wird man annehmen müssen, dass auch eine Anfertigung von Ton-, Fernseh- und Filmaufnahmen zur Vorführung

vor einem Publikum, dass zeitgleich im selben Gerichtsgebäude in einem anderen Sitzungssaal sitzt, dem Verbot des S. 2 unterfällt (a. A. SK-StPO/*Velten* § 169 GVG Rn. 37). Die permanente »Abfilmung« für ein unsichtbares Publikum beeinträchtigt die Authentizität des Verhaltens der Verfahrensbeteiligten und schadet damit der Wahrheitsfindung (vgl. BT-Drucks. IV/178, S. 45; BGHSt 16, 111, 113 f.; *Fink*, S. 133 f.). Dieser Effekt tritt unabhängig davon ein, ob sich das »zugeschaltete« Publikum in einem Kino- oder einem (umfunktionierten) Sitzungssaal befindet. Ihn zu vermeiden, war eines der erklärten Ziele bei der Einführung der Verbotsnorm in S. 2 (BT-Drucks. IV/178, S. 45).

Außerhalb der Hauptverhandlung (auf den Gerichtsfluren, vor und nach der Verhandlung, in Sitzungspausen, Rdn. 4 a.E.) sind Aufnahmen grds. zulässig (BGHSt 13, 123, 125), können aber nach § 176 oder in Ausübung des Hausrechts beschränkt werden (*v. Coelln*, S. 328; *Kuß*, S. 226; LR/*Wickern*, § 169 GVG Rn. 53, Einzelheiten unter Rdn. 12 ff. zu § 176). 23

Einfache Bildaufnahmen werden von Satz 2 nicht erfasst (*Lehr*, NStZ 2001, 63, 64). Insoweit gelten die allgemeinen Regeln der §§ 22, 23 KUG; Beschränkungen sind nach § 176 (dort Rdn. 15.) oder in Ausübung des Hausrechts möglich. 24

Nicht zur Veröffentlichung außerhalb einer Gerichtsverhandlung bestimmte Ton- und Bildaufzeichnungen etwa durch das Gericht, Verteidiger oder die StA werden durch Satz 2 ebenfalls nicht ausgeschlossen (LR/*Wickern*, § 169 GVG Rn. 44; SK-StPO/*Velten* § 169 GVG Rn. 38; *Fink*, S. 137). Sie können zu Beweis- (§§ 58a, 168e Satz 2, 247a StPO) oder nach § 238 Abs. 1 StPO (dort Rdn. 12) zu anderen Verfahrenszwecken angeordnet bzw. zugelassen werden (vgl. BGH, NJW 1997, 66; OLG Bremen, NStZ 2007, 481). 25

F. Heilung von Fehlern, Beurkundung und Revision. Während der Hauptverhandlung bemerkte gesetzeswidrige Beschränkungen der Öffentlichkeit können durch eine Wiederholung des betroffenen Verfahrensabschnittes geheilt werden (Kissel/*Mayer*, § 169 Rn. 61). Zu Protokoll und Revision s. Rdn. 1 ff. zu § 272 und Rdn. 1 ff. zu § 338 StPO. 26

§ 171a GVG [Ausschluss der Öffentlichkeit].
Die Öffentlichkeit kann für die Hauptverhandlung oder für einen Teil davon ausgeschlossen werden, wenn das Verfahren die Unterbringung in einem psychiatrischen Krankenhaus oder einer Entziehungsanstalt, allein oder neben einer Strafe, zum Gegenstand hat.

Ein Öffentlichkeitsausschluss nach § 171a kommt stets in Betracht, wenn im Sicherungsverfahren (§§ 413, 414 Abs. 1 StPO) über einen Antrag der StA auf selbstständige Anordnung einer Maßregel nach den §§ 63, 64, 71 Abs. 1 StGB verhandelt wird. Er ist auch dann möglich, wenn sich im Strafverfahren greifbare Anhaltspunkte für die Anordnung einer Maßregel nach den §§ 63, 64 StGB allein oder neben Strafe ergeben. Dies ist i.d.R. der Fall, wenn die Voraussetzungen für die Hinzuziehung eines Sachverständigen nach § 246a Satz 1 u. 2 StPO vorliegen (Kissel/*Mayer*, § 171a Rn. 5). Ist lediglich die Schuldfähigkeit zu erörtern, ist nicht § 171a, sondern nur § 172b anwendbar. Ein Ausschluss der Öffentlichkeit während der Urteilsverkündung kann nicht auf § 171a, wohl aber auf § 173 Abs. 2 iVm. § 171b oder § 172 gestützt werden (arg. e contrario) 1

Ob und inwieweit ein Ausschluss erfolgt, steht im pflichtgemäßen nicht an Anträge gebundenen **Ermessen** des Gerichts. Wird die Öffentlichkeit ausgeschlossen, obwohl die Voraussetzungen des § 171a nicht vorlagen oder das Ermessen auf Null reduziert war, gilt § 338 Nr. 6 StPO. Die Ablehnung eines beantragten Ausschlusses kann bei einer – nur in Ausnahmefällen in Betracht kommenden – Ermessensreduktion auf Null ein relativer Revisionsgrund sein und u.U. eine Aufklärungsrüge begründen. Dabei ist gemäß § 344 Abs. 2 Satz 2 StPO konkret darzulegen, zu welchen weitergehenden Erkenntnissen die Hauptverhandlung geführt hätte, wenn die Öffentlichkeit ausgeschlossen worden wäre (BGH, NStZ 1998, 586). 2

§ 171b GVG [Ausschluss der Öffentlichkeit zum Schutz der Privatsphäre].

(1) Die Öffentlichkeit kann ausgeschlossen werden, soweit Umstände aus dem persönlichen Lebensbereich eines Prozessbeteiligten, eines Zeugen oder eines durch eine rechtswidrige Tat (§ 11 Absatz 1 Nummer 5 des Strafgesetzbuchs) Verletzten zur Sprache kommen, deren öffentliche Erörterung schutzwürdige Interessen verletzen würde. Das gilt nicht, soweit das Interesse an der öffentlichen Erörterung dieser Umstände überwiegt. Die besonderen Belastungen, die für Kinder und Jugendliche mit einer öffentlichen Hauptverhandlung verbunden sein können, sind dabei zu berücksichtigen. Entsprechendes gilt bei volljährigen Personen, die als Kinder oder Jugendliche durch die Straftat verletzt worden sind.
(2) Die Öffentlichkeit soll ausgeschlossen werden, soweit in Verfahren wegen Straftaten gegen die sexuelle Selbstbestimmung (§§ 174 bis 184h des Strafgesetzbuchs) oder gegen das Leben (§§ 211 bis 222 des Strafgesetzbuchs), wegen Misshandlung von Schutzbefohlenen (§ 225 des Strafgesetzbuchs) oder wegen Straftaten gegen die persönliche Freiheit nach den §§ 232 bis 233a des Strafgesetzbuchs ein Zeuge unter 18 Jahren vernommen wird. Absatz 1 Satz 3 gilt entsprechend.
(3) Die Öffentlichkeit ist auszuschließen, wenn die Voraussetzungen der Absätze 1 oder 2 vorliegen und der Ausschluss von der Person, deren Lebensbereich betroffen ist, beantragt wird. Für die Schlussanträge in Verfahren wegen der in Absatz 2 genannten Straftaten ist die Öffentlichkeit auszuschließen, ohne dass es eines hierauf gerichteten Antrags bedarf, wenn die Verhandlung unter den Voraussetzungen der Absätze 1 oder 2 oder des § 172 Nummer 4 ganz oder zum Teil unter Ausschluss der Öffentlichkeit stattgefunden hat.
(4) Abweichend von den Absätzen 1 und 2 darf die Öffentlichkeit nicht ausgeschlossen werden, soweit die Personen, deren Lebensbereiche betroffen sind, dem Ausschluss der Öffentlichkeit widersprechen.
(5) Die Entscheidungen nach den Absätzen 1 bis 4 sind unanfechtbar.

1 **A. Allgemeines.** Die Vorschrift wurde durch Art. 2 des Gesetzes zur Stärkung der Rechte von Opfern sexuellen Missbrauchs vom 26.6.2013 (BGBl. I 1805) abgeändert. Sie ist dadurch komplizierter und fehleranfälliger geworden. Wie ihre Vorgängerin ermöglicht sie den Ausschluss der Öffentlichkeit zum Schutz des persönlichen Lebensbereiches von Verfahrensbeteiligten. Dabei geht das Gesetz auch weiterhin davon aus, dass der Schutz der Privatsphäre einen Öffentlichkeitsausschluss in der Regel zu rechtfertigen vermag und das Interesse an einer öffentlichen Verhandlung nur in Ausnahmefällen überwiegt. Diese Präferenzentscheidung für die Privatsphäre steht in Übereinstimmung mit Art. 6 Abs. 1 Satz 2 MRK und soll den Persönlichkeitsschutz verbessern (vgl. BT-Drucks. 10/5305, S. 23; BGHSt. 57, 273, 279).

2 **B. Der Ausschlusstatbestand.** Umstände aus dem persönlichen Lebensbereich (Abs. 1 Satz 1) sind alle personenbezogenen Gesichtspunkte, über die ein Mensch nicht ohne weiteres ggü. unbekannten Dritten Auskunft gibt und die deshalb im Sozialleben üblicherweise auch nicht erfragt werden (*Rieß/Hilger* NStZ 1987, 145, 150; *Graf/Allgayer* § 171b GVG Rn. 1). Der Begriff entspricht § 68a Abs. 1 StPO und ist in gleicher Weise auszulegen (BT-Drucks. 10/5305, S. 23). Geschützt sind insb. Tatsachen aus dem Intimbereich und dem inneren Familienleben (vgl. BGHSt 30, 212, 214). Gleiches gilt für den Gesundheitszustand oder religiöse und politische Einstellungen betreffende Umstände. Nicht zum persönlichen Lebensbereich gehören Tatsachen, die das Berufs- und Erwerbsleben betreffen (*Meyer-Goßner/Schmitt* § 171b GVG Rn. 3).

3 **Prozessbeteiligte** im Sinne dieser Vorschrift sind der Angeklagte, der Nebenkläger, der Privatkläger, die Nebenbeteiligten und der Antragsteller im Adhäsionsverfahren. Als **Zeuge** gilt jede Person, die für eine zeugenschaftliche Einvernahme in Betracht kommen kann. Eine förmliche Ladung braucht noch nicht erfolgt zu sein (*Graf/Allgayer* § 171b GVG Rn. 2; *Meyer-Goßner/Schmitt* § 171b GVG Rn. 3; *Mertens* NJW 1980, 2687; a. A. Sieg NJW 1980, 379). Ein Öffentlichkeitsausschluss kommt auch dann noch in Betracht, wenn die geschützte Person verstorben ist (KK/*Diemer* § 171b GVG Rn. 3).

4 Eine **Verletzung schutzwürdiger Interessen durch die öffentliche Erörterung** ist gegeben, wenn der Betroffene bei einem Bekanntwerden der in Rede stehenden Umstände nach objektiven Maßstäben Nachteile zu befürchten hat. Hieran kann es fehlen, wenn die Umstände bereits allgemein bekannt sind oder

zu erwarten ist, dass sie von dem Betroffenen selbst zeitnah an die Öffentlichkeit gebracht werden (Bsp.: Ein Zeuge berichtet täglich exklusiv in einer Zeitung über seine Aussage).

Die Öffentlichkeit darf nicht ausgeschlossen werden, wenn das **Interesse an einer öffentlichen Erörterung** der Umstände aus dem persönlichen Lebensbereich die verletzten schutzwürdigen Interessen des Betroffenen überwiegt. Bei der Abwägung müssen das durch § 169 GVG geschützte allgemeine Interesse an einer Verfahrensöffentlichkeit und das private Interesse an einem Schutz des persönlichen Lebensbereiches einander gegenübergestellt werden. Dabei hebt das Gesetz in Abs. 1 Satz 3 die besonderen Belastungen, die für Kinder und Jugendliche mit einer öffentlichen Hauptverhandlung verbunden sein können, ausdrücklich hervor. Entsprechendes soll nach Abs. 1 Satz 4 bei volljährigen Personen gelten, die als Kinder oder Jugendliche durch die Straftat verletzt worden sind. In der Regel wird das Interesse an einer öffentlichen Erörterung umso höher anzusetzen sein, je enger der geschützte Umstand in einem Bezug zu der zu verhandelnden Tat steht (*Rüping/Arloth* DB 1984, 1795, 1796; LR/*Wickern* § 171b GVG Rn. 24). Bei der Bewertung sexualbezogener Inhalte ist die fortschreitende Liberalisierung im öffentlichen Umgang mit Details aus dem Intimleben zu berücksichtigen (vgl. BGHSt 38, 248 [250]; NJW 1986, 200). Die Tatsache, dass eine öffentliche Erörterung von Umständen aus dem Intimleben eines Betroffenen eine Verletzung des allgemeinen Schamgefühls besorgen lässt, ist kein Gegenstand der Abwägung. In diesem Fall kann gesondert zu prüfen sein, ob eine Gefährdung der Sittlichkeit vorliegt und deshalb ein Öffentlichkeitsausschluss nach § 172 Nr. 1, 3. Alt. in Betracht kommt. Scheidet ein Vorgehen nach § 171b Abs. 1 aus, bleibt ein Ausschluss nach § 172 Nr. 1, 3. Alt. möglich (BGHSt 38, 248. 249; LR/*Wickern* § 172 GVG Rn. 30; vgl. Rdn. 6 zu § 172).

C. Die Entscheidung über den Ausschluss. Die Entscheidung ergeht **auf Antrag oder von Amts** wegen. Die Staatsanwaltschaft kann gehalten sein, einen entsprechenden Antrag zu stellen (vgl. Nr. 131a RiStBV). Der Ausschluss der Öffentlichkeit steht grundsätzlich im **pflichtgemäßen Ermessen** des Gerichts und kann in der Hauptverhandlung jederzeit angeordnet werden. Wird in einem Verfahren wegen der in Abs. 2 Satz 1 genannten Straftaten ein Zeuge unter 18 Jahren vernommen, soll ein Ausschluss angeordnet werden.

Auf einen entsprechenden **Antrag** des **Betroffenen** muss nach **Abs.** 3 Satz 1 ein Öffentlichkeitsausschluss erfolgen, wenn die Voraussetzungen des Abs. 1 oder 2 vorliegen. Der Antrag kann von dem Betroffenen auch außerhalb der Hauptverhandlung gestellt werden (BGH, BGHR GVG § 171b Abs. 3 n.F. Antragstellung 1; *Graf/Allgayer* § 171b GVG Rn. 5; *Meyer-Goßner/Schmitt* § 171b GVG Rn. 10). Erfolgt die Antragstellung außerhalb der Hauptverhandlung, ist der Antrag den Verfahrensbeteiligten in geeigneter Weise bekannt zu machen und ihnen Gelegenheit zur Stellungnahme zu geben.

Der Ausschluss der Öffentlichkeit erfolgt durch einen zu begründenden **Beschluss** (§ 174 Abs. 1). Ein unbegründeter Antrag ist durch Beschluss abzulehnen (§ 34 StPO). Bei der Bewertung der tatsächlichen Voraussetzungen besteht ein Beurteilungsspielraum (vgl. BGHSt 38, 248; NStZ-RR 2004, 116, 118). Maßgeblich sind die im Zeitpunkt der Entscheidung bestehenden Verhältnisse. Werden fehlerfrei gestellte Prognosen über den zu erwartenden Verfahrensablauf (Bspw. zum Gegenstand anstehender Vernehmungen, zu den Fragen der Frageberechtigten, etc.) nicht bestätigt, wird der Beschluss dadurch nicht fehlerhaft (BGHSt 38, 248; NJW 2007, 709). Einer Wiederholung der betroffenen Verfahrensabschnitte in öffentlicher Hauptverhandlung bedarf es daher nicht (vgl. BGHSt 30, 212 [215]).

Die **Dauer des Ausschlusses** ist auf das erforderliche Maß zu beschränken. § 171b Abs. 1 Satz 1 lässt einen Ausschluss für einzelne Verfahrensabschnitte (vgl. Rdn. 6 zu § 174) bis hin zu einem Ausschluss für die gesamte Verhandlung i.S.v. § 243 StPO mit Ausnahme der notwendig öffentlichen Urteilsverkündung (§ 173) zu (BGHRSt GVG § 171b Abs. 1 Dauer 5; BGHSt. 57, 273, 279). Eine derartig weitreichende Ausschließung, die auch die Verlesung der Anklageschrift umfassen kann (BGHSt. 57, 273, 279) ist möglich, wenn alle betroffenen Verfahrensvorgänge zu dem Grund der Ausschließung in einer Beziehung stehen (vgl. BGH NJW 1986, 200, 201). Eine Sonderregelung enthält der neu geschaffene Abs. 3 Satz 2. Danach muss in Verfahren wegen der in Abs. 2 genannten Straftaten die Öffentlichkeit auch für die Schlussanträge ausgeschlossen werden, wenn zuvor unter den Voraussetzungen des Abs. 1 oder des Abs. 2 oder nach § 172 Nr. 4 nicht öffentlich verhandelt worden ist.

D. Revision. Nach **Abs.** 5 sind die Entscheidungen nach den Abs. 1 bis 4 der Anfechtung und damit der revisionsrechtlichen Überprüfung entzogen (§ 336 Satz 2 StPO). Dies betrifft aber nur die Entscheidung über das Vorliegen der tatbestandlichen Voraussetzungen der Abs. 1 bis 4 im Einzelfall (vgl. BGH StV 2012, 140; BGHR GVG § 171b Abs. 1 Dauer 1) und die darauf gestützte Dauer der Ausschließung (vgl. BGH BGHR GVG § 171b Abs. 1 Dauer 5). Dagegen kann weiterhin gerügt werden, dass kein den Anforderungen des § 174 Abs. 1 GVG entsprechender Beschluss ergangen ist (BGH StV 2012, 140; NJW 2007, 709) oder Verfahrensabschnitte betroffen sind, für die die Öffentlichkeit grds. nicht ausgeschlossen werden darf (BGHSt. 57, 273, 279). Auch kann ein Revisionsführer als Verletzung des § 169 GVG geltend machen, dass die Öffentlichkeit länger ausgeschlossen wurde, als dies in dem ergangenen Beschluss angeordnet war (vgl. BGH Beschl. v. 05.03.2015 – 3 StR 626/14; StV 1998, 364). Fraglich ist, ob der Angeklagte mit der Revision auch rügen kann, dass entgegen Abs. 3 Satz 2 ein Öffentlichkeitsausschluss für die Schlussanträge unterblieben ist. Der 1. Strafsenat des Bundesgerichtshofs neigt dem zu (BGH StV 2015, 79). Von einer Anfechtungsbefugnis des Angeklagten wird man in diesen Fällen aber nur ausgehen können, wenn die Öffentlichkeit zuvor (zumindest auch) ausgeschlossen war, weil Umstände aus seinem persönlichen Lebensbereich zur Sprache kommen sollten.

§ 172 GVG [Weitere Gründe für einen Ausschluss der Öffentlichkeit].

Das Gericht kann für die Verhandlung oder einen Teil davon die Öffentlichkeit ausschließen, wenn
1. eine Gefährdung der Staatssicherheit, der öffentlichen Ordnung oder der Sittlichkeit zu besorgen ist,
1a. eine Gefährdung des Lebens, des Leibes oder der Freiheit eines Zeugen oder einer anderen Person zu besorgen ist,
2. ein wichtiges Geschäfts-, Betriebs-, Erfindungs- oder Steuergeheimnis zur Sprache kommt, durch dessen öffentliche Erörterung überwiegende schutzwürdige Interessen verletzt würden,
3. ein privates Geheimnis erörtert wird, dessen unbefugte Offenbarung durch den Zeugen oder Sachverständigen mit Strafe bedroht ist,
4. eine Person unter 18 Jahren vernommen wird.

A. Der Ausschlusstatbestand. Die Vorschrift erlaubt den Ausschluss der Öffentlichkeit zum Schutz vorrangiger Interessen der Allgemeinheit und bestimmter rechtlich anerkannter Einzelinteressen. Sie deckt im Verbund mit den §§ 171a und 171b die in Art. 6 Abs. 1 Satz 2 EMRK genannten Ausschlussgründe vollständig ab (BGHSt. 23, 82, 84; *Katholnigg*, § 172 GVG Rn. 9).

I. Die Ausschlussgründe nach Nr. 1. 1. Gefährdung der Sicherheit (Nr. 1, 1. Alt.) Eine Gefährdung der Staatsicherheit (Nr. 1, 1. Alt.) ist gegeben, wenn bei öffentlicher Verhandlung Nachteile für die äußere oder innere Sicherheit der Bundesrepublik oder für NATO-Verbündete drohen (Art. 38 Zusatzabkommen zum. NATO-Truppenstatut). Dies ist insb. der Fall, wenn Staatsgeheimnisse (§ 93 StGB) zu erörtern sind. Eine Gefährdung des Rufs führender Repräsentanten des Staates oder seiner Organe vermag einen Öffentlichkeitsausschluss allein nicht zu rechtfertigen (LR/*Wickern*, § 172 GVG Rn. 2; KK-StPO/*Diemer*, § 172 GVG Rn. 4).

2. Gefährdung der öffentlichen Ordnung (Nr. 1, 2. Alt.) Von einer Gefährdung der öffentlichen Ordnung (Nr. 1, 2. Alt.) ist auszugehen, wenn bei einer Fortsetzung der Verhandlung in der Öffentlichkeit mit einer gewissen Wahrscheinlichkeit Störungen der öffentlichen Ruhe, Sicherheit oder Ordnung innerhalb oder außerhalb der Verhandlung drohen (BGHSt 30, 193, 194). Dabei ist der störungsfreie Fortgang der Verhandlung als Bestandteil der öffentlichen Ordnung anzusehen (*Kissel/Mayer*, § 172 Rn. 23). Ein Öffentlichkeitsausschluss kommt daher auch in Betracht, wenn in öffentlicher Verhandlung Störungen durch die Gesamtheit der Zuhörer zu erwarten sind, denen durch den Ausschluss einzelner Zuhörer nach den §§ 175 Abs. 1, 176, 177 nicht ausreichend begegnet werden kann.

Gleiches gilt, wenn die Gefahr besteht, dass durch die öffentliche Erörterung sicherheitsrelevante Geheimnisse (Bsp. Fahndungsmethoden der Polizei) oder gefährliche kriminelle Techniken (Bsp. Bau von Sprengsätzen) allgemeinkundig werden und dadurch die Begehung von Straftaten erleichtert wird.

Ein Ausschluss kann auch deshalb veranlasst sein, weil eine V-Person, ein Verdeckter Ermittler oder ein 5
Nicht offen ermittelnder Polizeibeamter (NOEP) vernommen werden sollen, deren Enttarnung in öffentlicher Hauptverhandlung zu befürchten ist und die deshalb zur Sicherung ihrer Wiederverwendbarkeit von der obersten Dienstbehörde nur für eine nicht öffentliche Vernehmung freigegeben worden sind. Dabei hat das Gericht eine eigene Ermessensentscheidung zu treffen und die Entscheidung der Verwaltungsbehörde auf offensichtliche Fehler hin zu überprüfen (BGHSt. 32, 115, 125; NStZ 1984, 522; *Tiedemann/Sieber*, NJW 1984, 753, 756; LR/*Wickern*, § 172 GVG Rn. 7 m.w.N.).

Eine bloße Erschwerung der Wahrheitsfindung rechtfertigt einen Ausschluss dagegen nicht. Weigert 6
sich ein Zeuge in öffentlicher Sitzung auszusagen (BGHSt. 30, 193, 195) oder muss angenommen werden, dass ein Verfahrensbeteiligter in öffentlicher Sitzung keine oder keine wahrheitsgemäßen Angaben macht, scheidet ein Öffentlichkeitsausschluss regelmäßig aus (BGHSt. 9, 280; LR/*Wickern*, § 172 GVG Rn. 5). Dagegen kann im Einzelfall ein Ausschluss geboten sein, wenn einem Verfahrensbeteiligten bei einer Aussage in öffentlicher Sitzung schwere Nachteile drohen (BGHSt. 9, 280, 284; NStZ 1987, 86 m.w.N.); ohne dass deshalb bereits eine Gefahrenlage i.S.v. Nr. 1a vorliegt (*Meyer-Goßner/Schmitt*, § 172 GVG Rn. 7).

3. Gefährdung der Sittlichkeit (Nr. 1, 3. Alt.) Eine Gefährdung der Sittlichkeit (Nr. 1, 3. Alt.) ist 7
anzunehmen, wenn Umstände zu erörtern sind, die das allgemeine Schamgefühl erheblich verletzen. Bei der Bewertung sexualbezogener Inhalte ist die fortschreitende Liberalisierung im öffentlichen Umgang mit Details aus dem Intimleben zu berücksichtigen (BGHSt 38, 248, 250; NJW 1986, 200). § 172 Nr. 1, 3. Alt. ist selbstständig neben § 171b anwendbar (BT-Drucks. 10/5305, S. 23). Handelt es sich bei den Inhalten, deren öffentliche Erörterung eine Gefährdung der Sittlichkeit besorgen lässt, um Umstände aus dem persönlichen Lebensbereich eines Prozessbeteiligten, liegt es nahe, zunächst die Möglichkeit eines Ausschlusses nach § 171b zu prüfen und eine Entschließung des Betroffenen in Bezug auf sein Antrags- und Widerspruchsrecht (Abs. 2, Abs. 1 Satz 2) herbeizuführen. Scheidet danach ein Vorgehen nach § 171b Abs. 1 aus, bleibt ein Ausschluss nach § 172 Nr. 1, 3. Alt. möglich (BGHSt 38, 248, 249).

Ist aufgrund der zu erwartenden Verfahrensinhalte vornehmlich eine Gefährdung **jugendlicher Zuhörer** 8
zu besorgen, kann eine Versagung des Zutritts für Jugendliche nach § 175 Abs. 1 als weniger einschneidende Maßnahme vorgehen (vgl. Nr. 132 RiStBV; LR/*Wickern*, § 172 GVG Rn. 8).

4. Gefahr für Leben, Leib oder Freiheit. Einen speziellen Anwendungsfall des Ausschlusses der Öffentlichkeit 9
zur Abwendung von Gefahren für die öffentliche Ordnung enthält die zur Klarstellung in das Gesetz aufgenommene Nr. 1a (BT-Drucks. 12/2720, S. 41). Danach rechtfertigt eine Gefahr für Leben, Leib oder Freiheit eines **Zeugen oder einer anderen Person** den Ausschluss, wenn sie durch die Öffentlichkeit der Verhandlung begründet oder verstärkt wird (vgl. BGHSt. 3, 344, 345; 16, 111, 113; 30, 193, 194; NStZ 1987, 86). Dabei können auch Gefahren für Personen von Bedeutung sein, die formal nicht am Prozess beteiligt sind (Bsp. flüchtige Mittäter, Informanten der Polizei, deren Enttarnung bei der Vernehmung eine Ermittlungsbeamten zu befürchten ist). Die Gefahrenlage kann sich aus den konkreten Umständen des Einzelfalls (Bsp. Drohungen), aber auch aus allgemeiner kriminalistischer Erfahrung ergeben. Gesundheitsgefahren für einen Zeugen, die ihre Ursache allein in der Vernehmungssituation als solcher haben, erfüllen nicht die Voraussetzungen von Nr. 1a (BGH, NStZ 1987, 86). Ergänzende Schutzmöglichkeiten für gefährdete Zeugen ergeben sich aus den §§ 68 Abs. 2 und 3; 247a und 255a StPO.

II. Ausschlussgründe nach Nr. 2. 1. Die geschützten Geheimnisse. Ein Betriebs- oder Geschäftsgeheimnis 10
(vgl. § 355 Abs. 1 Nr. 2 StGB, § 17 UWG) ist jede nur einer Einzelperson oder einem beschränkten Personenkreis bekannte Tatsache, die sich auf einen Geschäftsbetrieb- oder ein Unternehmen bezieht und an deren Geheimhaltung der Inhaber ein manifest gewordenes wirtschaftlich begründetes Interesse hat (vgl. SSW-StGB/*Bosch*, § 355 Rn. 3). Typische Betriebs- oder Geschäftsgeheimnisse sind Kundenlisten, Kalkulationen (BGH, NJW 2009, 2894, 2896), Bilanzen oder nach einer Ausschreibung eingegangene Angebote (BGHSt. 41, 140, 141)

Als **Erfindungsgeheimnis** gelten neben der Erfindung selbst alle Umstände, die auf eine Erfindung bezogen 11
sind (z.B. Entwürfe, Skizzen, etc.) und an deren Geheimhaltung ein schützenswertes Interesse besteht (h.M. *Kissel/Mayer*, § 172 Rn. 42; LR/*Wickern*, § 172 GVG Rn. 17; *Meyer-Goßner/Schmitt*,

§ 172 GVG Rn. 10). Mit der Erteilung eines Patents oder eines anderen Schutzrechtes endet der Geheimnisschutz.

12 Der Begriff des **Steuergeheimnisses** ist identisch mit der Definition in § 30 AO und erfasst alle steuerlich relevanten Tatsachen. Dabei ist es ohne Belang, ob diese Tatsachen den Angeklagten oder andere Beteiligte betreffen (*Weyand*, wistra 1993, 132, 134; *Kissel/Mayer*, § 172 GVG Rn. 43).

13 **2. Wichtigkeit und Interessenabwägung.** Kommen Umstände zur Sprache, die den aufgezählten Geheimnisbereichen zuzuordnen sind, ist ein Ausschluss nur dann gerechtfertigt, wenn es sich um ein **wichtiges** Geheimnis handelt. Ob dies der Fall ist, muss anhand objektiver Maßstäbe wertend entschieden werden. Geheimnisse von nachgeordneter Bedeutung vermögen einen Öffentlichkeitsausschluss grds. nicht zu rechtfertigen.

14 Ist ein wichtiges Geheimnis betroffen, kann die Öffentlichkeit ausgeschlossen werden, wenn durch dessen öffentliche Erörterung **überwiegende schutzwürdige Interessen** des Geheimnisträgers **verletzt** würden. Dabei müssen das durch § 169 GVG geschützte allgemeine Interesse an einer Verfahrensöffentlichkeit und das private Interesse an einem Geheimnisschutz gegeneinander abgewogen werden. Das Interesse an einer öffentlichen Erörterung ist umso größer, je enger das geschützte Geheimnis in einem Bezug zu der zu verhandelnden Tat steht (*Rüping/Arloth*, DB 1984, 1795, 1796; LR/*Wickern*, § 172 GVG Rn. 24). Ein Öffentlichkeitsausschluss weil Steuergeheimnisse zu erörtern sind, kommt daher in Steuerstrafsachen regelmäßig nicht in Betracht (*Weyand*, wistra 1993, 132, 135; *Kissel/Mayer*, § 172 Rn. 43; *Meyer-Goßner/Schmitt*, § 172 GVG Rn. 11). Dagegen kann ein solcher Ausschluss veranlasst sein, wenn Steuergeheimnisse im Zusammenhang mit der Erhebung der persönlichen Verhältnisse erörtert werden sollen. Hierbei ist auch von Bedeutung, inwieweit das das zu erörternde Steuergeheimnis Rückschlüsse auf private Verhältnisse oder persönliche Haltungen (Bsp. Spenden) zulässt (*Rüping/Arloth*, BB 1984, 1795, 1797). Geht es in einem Strafverfahren um den Verrat von Betriebs- oder Geschäftsgeheimnissen nach § 17 UWG liegt ein Öffentlichkeitsausschluss trotz des vorhandenen Tatbezugs nahe, wenn bei öffentlicher Verhandlung eine erhebliche Schadensvertiefung zu besorgen ist (LR/*Wickern*, § 172 GVG Rn. 24).

15 **III. Offenbarung strafrechtlich geschützter privater Geheimnisse nach Nr. 3.** Die Vorschrift ergänzt den durch die §§ 203, 353b, 355 StGB begründeten strafrechtlichen Schutz privater Geheimnisse. Dabei ist davon auszugehen, dass der Begriff des privaten Geheimnisses dem in § 203 Abs. 1, 2 StGB verwendeten Begriff des zum persönlichen Lebensbereich gehörenden Geheimnisses entspricht. Ein Ausschluss nach Nr. 3 kommt daher dann in Betracht, wenn davon auszugehen ist, dass eine nach den §§ 203, 353b, 355 StGB zur Geheimhaltung verpflichtete Person ein zum persönlichen Lebensbereich gehörendes Geheimnis bei einer Vernehmung als Zeuge oder einer Anhörung als Sachverständiger offenbart wird. Ob die Offenlegung des Geheimnisses dabei befugt (etwa nach einer Entbindung von der Schweigepflicht) oder in strafbarer Weise erfolgen wird, ist ohne Bedeutung (*Meyer-Goßner/Schmitt*, § 172 GVG Rn. 13; *Kissel/Mayer*, § 172 Rn. 46; LR/*Wickern*, § 172 GVG Rn. 31).

16 Private Geheimnisse die einem vom Gericht beauftragten Sachverständigen bei der Vorbereitung seines Gutachtens bekannt geworden sind, unterfallen ebenfalls dem Schutzbereich des § 203 StGB auch wenn der Sachverständige im Ausgangsverfahren zur Offenbarung nach § 75 StPO verpflichtet ist und ein entsprechendes Einverständnis des Geheimnisträgers mit der gerichtlichen Verwertung vorliegt; (BGHSt 38, 369, 370; SSW-StGB/*Bosch*, § 203 Rn. 44 m.w.N.). Ein Öffentlichkeitsausschluss nach Nr. 3 ist daher auch in diesem Fall möglich (a. A. *Kissel/Mayer*, § 172 Rn. 48).

17 Neben § 172 Nr. 3 kann auch der Anwendungsbereich des § 171b GVG eröffnet sein. Ist dies der Fall stehen beide Vorschriften nebeneinander (LR/*Wickern*, § 172 GVG Rn. 30). Hinsichtlich der nach den §§ 203, 353b, 355 Abs. 2 StGB gleichfalls geschützten Betriebs- oder Geschäftsgeheimnisse kommt nur ein Öffentlichkeitsausschluss nach Nr. 2 in Betracht (*Katholnigg*, § 172 GVG Rn. 7). Ist ein nach § 355 Abs. 1 StGB geschütztes Steuergeheimnis zugleich ein privates Geheimnis können Nr. 2 und Nr. 3 anwendbar sein.

18 Bei der Ermessensausübung (s.u. Rdn. 21) sind das Interesse der Allgemeinheit an einem öffentlichen Verfahrensgang und das Geheimhaltungsinteresse des Betroffenen gegeneinander abzuwägen. Dabei kann es auch von Bedeutung sein, ob es bei einem Öffentlichkeitsausschluss zu einer Entbindung von der Schweigepflicht nach § 53 Abs. 2 Satz 1 StPO kommt und die Sachaufklärung dadurch gefördert werden wird (*Meyer-Goßner/Schmitt*, § 172 GVG Rn. 13).

IV. Vernehmung einer Person unter 16 Jahren (§ 172 Nr. 4) Die Vorschrift dient dem Schutz junger Zeugen und soll eine bessere Sachaufklärung ermöglichen. Ein angeordneter Ausschluss erstreckt sich auch auf die gesetzlichen Vertreter des Zeugen oder etwaige Begleitpersonen. Allerdings ist insoweit eine Anwesenheitsgestattung nach § 175 Abs. 2 möglich.

B. Die Entscheidung über den Ausschluss. Der Ausschluss der Öffentlichkeit steht im **pflichtgemäßen Ermessen** des Gerichts. Er kann in der Hauptverhandlung jederzeit angeordnet werden. Kein Verfahrensbeteiligter hat einen Anspruch auf eine bestimmte Entscheidung (BGHSt. 23, 82, 85). Bei der Bewertung der tatsächlichen Voraussetzungen besteht ein Beurteilungsspielraum (BGHSt. 38, 248; NStZ-RR 2004, 116, 118). Für das Verfahren gilt § 174.

Der **Verhältnismäßigkeitsgrundsatz** gebietet es, einen Öffentlichkeitsausschluss erst dann anzuordnen, wenn der Schutzzweck durch mildere Maßnahmen nach den §§ 175 Abs. 1, 176, 177 nicht erreicht werden kann. Die **Dauer des Ausschlusses** ist auf das erforderliche Maß zu beschränken. § 172 lässt einen Ausschluss für einzelne Verfahrensabschnitte (vgl. Rdn. 1 ff. zu § 174) bis hin zu einem Ausschluss für die gesamte weitere Verhandlung mit Ausnahme der notwendig öffentlichen Urteilsverkündung (§ 173) zu. Eine derartig weitreichende Ausschließung ist möglich, wenn alle folgenden Prozessvorgänge mit dem Grund der Ausschließung in Beziehung stehen (BGH, NJW 1986, 200, 201)

C. Revision. Ein auf § 172 gestützter sachlich nicht gerechtfertigter Ausschluss der Öffentlichkeit verletzt § 169 und ist ein absoluter Revisionsgrund (§ 338 Nr. 6 StPO). Die Rechtmäßigkeit beurteilt sich nach der Sach- und Rechtslage im Zeitpunkt der Ausschließungsentscheidung. Der Umstand, dass sich Gefahrenprognosen im Nachhinein nicht bestätigt oder erwartete Verhandlungsinhalte nicht zur Sprache gekommen sind, ist daher ohne Belang (BGHSt. 30, 212, 215; 38, 248).

§ 173 GVG [Öffentliche Urteilsverkündung].

(1) Die Verkündung des Urteils sowie der Endentscheidung in Ehesachen und Familienstreitsachen erfolgt in jedem Falle öffentlich.
(2) Durch einen besonderen Beschluss des Gerichts kann unter den Voraussetzungen der §§ 171b und 172 auch für die Verkündung der Urteilsgründe oder eines Teiles davon die Öffentlichkeit ausgeschlossen werden.

Urteil i.S.v. Abs. 1 ist die **Urteilsformel** gem. § 268 Abs. 2 Satz 3 StPO (*Kissel/Mayer*, § 173 Rn. 1; LR/*Wickern*, § 173 GVG Rn. 1; *Katholnigg*, § 173 GVG Rn. 1). Nur sie ist kraft Gesetzes ohne Ausnahme öffentlich zu verkünden. Eine zuvor ausgeschlossene Öffentlichkeit ist wiederherzustellen. Die Entfernung einzelner Störer gem. §§ 176, 177 oder eine Versagung des Zutritts für einzelne Zuhörer nach § 175 Abs. 1 bleiben möglich. Eine vollständige Räumung des Sitzungssaals ist jedoch nicht zulässig (*Kissel/Mayer*, § 173 Rn. 3 f.).

Für die Mitteilung der **Urteilsgründe** oder Teiles kann die Öffentlichkeit nach Abs. 2 unter den Voraussetzungen der §§ 171b und 172 (nicht 171a) ausgeschlossen werden. Über einen Ausschluss nach Abs. 2 muss ein gesonderter Beschluss gefasst werden (§ 174 Abs. 1 Satz 3), der erst nach der Beweisaufnahme gefasst werden kann (BGHSt. 4, 279, 280). Auch eine Beschlussfassung nach der Verlesung der Urteilsformel oder der Bekanntgabe eines Teils der Urteilsgründe ist möglich (*Kissel/Mayer*, § 173 Rn. 6). In allen Fällen hat der Beschlussfassung eine Verhandlung nach § 174 Abs. 1 Satz 1 vorauszugehen. Ein bereits zuvor für die Hauptverhandlung gefasster Ausschließungsbeschluss kann sich nicht auf die Bekanntgabe der Urteilsgründe erstrecken

Beschlüsse nach §§ 268a und 268b StPO sind kein Bestandteil des Urteils und werden daher von § 173 nicht erfasst.

Die Öffentlichkeit der Verkündung muss aus dem Protokoll ersichtlich sein. Eine Verletzung des § 173 schafft einen **absoluten Revisionsgrund** (§ 338 Nr. 6 StPO). Eine Heilung ist möglich, solange die Urteilsverkündung noch andauert (*Katholnigg*, § 173 GVG Rn. 2).

Im Verfahren gegen Jugendliche und Heranwachsende gelten die §§ 48 Abs. 1, Abs. 3 Satz 2 und 109 Abs. 1 Satz 4 JGG. § 173 ist nicht anwendbar (BGHSt. 42, 295).

§ 174 GVG [Verhandlung über Ausschluss der Öffentlichkeit].

(1) ¹Über die Ausschließung der Öffentlichkeit ist in nichtöffentlicher Sitzung zu verhandeln, wenn ein Beteiligter es beantragt oder das Gericht es für angemessen erachtet. ²Der Beschluss, der die Öffentlichkeit ausschließt, muss öffentlich verkündet werden; er kann in nichtöffentlicher Sitzung verkündet werden, wenn zu befürchten ist, dass seine öffentliche Verkündung eine erhebliche Störung der Ordnung in der Sitzung zur Folge haben würde. ³Bei der Verkündung ist in den Fällen der §§ 171b, 172 und 173 anzugeben, aus welchem Grund die Öffentlichkeit ausgeschlossen worden ist.
(2) Soweit die Öffentlichkeit wegen Gefährdung der Staatssicherheit ausgeschlossen wird, dürfen Presse, Rundfunk und Fernsehen keine Berichte über die Verhandlung und den Inhalt eines die Sache betreffenden amtlichen Schriftstücks veröffentlichen.
(3) ¹Ist die Öffentlichkeit wegen Gefährdung der Staatssicherheit oder aus den in §§ 171b und 172 Nr. 2 und 3 bezeichneten Gründen ausgeschlossen, so kann das Gericht den anwesenden Personen die Geheimhaltung von Tatsachen, die durch die Verhandlung oder durch ein die Sache betreffendes amtliches Schriftstück zu ihrer Kenntnis gelangen, zur Pflicht machen. ²Der Beschluss ist in das Sitzungsprotokoll aufzunehmen. ³Er ist anfechtbar. ⁴Die Beschwerde hat keine aufschiebende Wirkung.

S.a. RiStBV Nr. 131 bis 134, 219 Abs. 3, 222

1 **A. Die Ausschließungsverhandlung (Abs. 1 Satz 1)** Über jeden beantragten oder vom erkennenden Gericht ohne Antrag erwogenen Ausschluss der Öffentlichkeit muss vorab in öffentlicher Sitzung (§ 169) verhandelt werden. Dabei reicht es aus, wenn jeder Beteiligte Gelegenheit zur Stellungnahme erhält. Wurde der Antrag – wie etwa im Fall des § 171b – zulässigerweise außerhalb der Hauptverhandlung gestellt, ist er in der Hauptverhandlung bekannt zu machen und Gelegenheit zur Stellungnahme zu geben (vgl. BGH BGHR GVG § 171b Abs. 3 n.F. Antragstellung 1). Ein nach § 247 StPO entfernter Angeklagter muss dazu in das Sitzungszimmer geholt und angehört werden (RGSt. 18, 138, 149; BGH, NStZ-RR 1996, 139, 140; *Park*, NJW 1996, 2213, 2215; *Meyer-Goßner/Schmitt*, § 174 GVG Rn. 1; a. A. BGH, NJW 1979, 276). Die für die Entscheidung erforderlichen Tatsachen können im Freibeweisverfahren erhoben werden (RGSt 66, 113).

2 Beantragt ein Beteiligter bereits für die Ausschließungsverhandlung den Ausschluss der Öffentlichkeit, muss **zwingend** nicht öffentlich verhandelt werden (Abs. 1 Satz 1, 1. Alt.). Als beteiligt und damit antragsberechtigt gelten neben dem Staatsanwalt (vgl. dazu RiStBV Nr. 131), dem Angeklagten und dem Privat- oder Nebenkläger alle weiteren Personen, deren Interessen durch die §§ 171a, 171b oder 172 geschützt werden. Danach können neben Zeugen, Verletzten und Sachverständigen u.U. auch Dritte eine nicht öffentliche Verhandlung über einen Öffentlichkeitsausschluss beantragen, wenn sie Geheimnisträger i.S.v. § 172 Nr. 2 und 3 sind oder Gefährdungen gem. § 172 Nr. 1a zu befürchten haben (BGH, NJW 2015, 1464; LR/*Wickern*, Rn. 2; einschränkend *Meyer-Goßner/Schmitt*, § 174 GVG Rn. 2 f.; *Katholnigg*, § 174 GVG Rn. 1; a. A. Kissel/*Mayer*, § 174 Rn. 7). Da in diesem Fall kein Ermessensspielraum besteht, ist eine Verfügung des Vorsitzenden ausreichend (BGH, NJW 2015, 1464; NStZ 1999, 372).

3 Auch ohne Antrag ist eine nichtöffentliche Verhandlung über den Öffentlichkeitsausschluss möglich, wenn das Gericht dies nach pflichtgemäßem **Ermessen** für sachgerecht erachtet (Abs. 1 Satz 1, 2. Alt.). Hierzu bedarf es eines Beschlusses (BGH, NStZ 1999, 372).

4 Die Durchführung des Ausschließungsverfahrens ist im Protokoll zu vermerken. Wurde über einen Antrag auf Ausschließung der Öffentlichkeit versehentlich nicht verhandelt, kann dieser Fehler noch in der Hauptverhandlung durch Nachholen mit erneuter Beschlussfassung und ggf. Wiederholung des betroffenen Verfahrensabschnitts geheilt werden.

5 **B. Der Ausschließungsbeschluss (Abs. 1 Satz 2 und 3) I. Erforderlichkeit und Verkündung.** Ein Ausschluss der Öffentlich kann nur durch einen nach Beratung **öffentlich verkündeten Beschluss** angeordnet werden (Abs. 1 Satz 2 Halbs. 1). Dabei sind nach Abs. 1 Satz 3 bei einem Ausschluss nach den 171b, 172 und 173 Abs. 2 auch die Gründe bekannt zu machen (BGH, NStZ 1996, 202, 203). Soll die Öffentlichkeit nach einer auf einen bestimmten Verfahrensabschnitt beschränkten Ausschließung erneut ausgeschlossen werden oder weiter ausgeschlossen bleiben, ist ein neuer öffentlich zu verkündender Beschluss erforderlich, dem wiederum eine Verhandlung nach Satz 1 vorauszuge-

hen hat (s.u. Rn. 7). Wurde über die Ausschließung nach Satz 1 nicht öffentlich verhandelt oder war die Öffentlichkeit zuvor aus einem anderen Grund ausgeschlossen, ist sie zur Beschlussverkündung wiederherzustellen (BGH, NJW 1980, 2088; NStZ-RR [K] 2000, 40). Eine nicht öffentliche Verkündung ist nur ausnahmsweise unter den Voraussetzungen von Halbs. 2 möglich. Sie ist durch einen öffentlich zu verkündenden Gerichtsbeschluss anzuordnen (KK-StPO/*Diemer*, § 174 GVG Rn. 3; Kissel/*Mayer*, § 174 Rn. 9). Eine bloße Verfügung des Vorsitzenden nach § 238 Abs. 1 StPO (so aber Meyer-Goßner/ *Schmitt*, § 174 GVG Rn. 8, offengelassen in BGH, NStZ 1996, 202, 203) reicht nicht aus.

II. Notwendiger Inhalt. 1. Zur Reichweite des Ausschlusses. Soll die Öffentlichkeit nur für 6 einen Teil der Hauptverhandlung ausgeschlossen werden, muss der betroffene Verfahrensabschnitt so genau wie möglich bezeichnet werden. Ein Beschluss der keine Eingrenzung enthält, schließt die Öffentlichkeit für den verbleibenden Teil der Hautverhandlung aus (BGH, NStZ 1989, 483; LR/*Wickern*, § 174 GVG Rn. 13; zu einer möglichen materiellen Rechtfertigung für einen so weit reichenden Ausschlusses s. Rn. 19 zu § 171b).

Wird die Öffentlichkeit für die Dauer einer **Zeugenvernehmung** ausgeschlossen, gilt dies für alle Erklä- 7 rungen des Zeugen bis zu seiner Entlassung, auch wenn die Vernehmung an mehreren Verhandlungstagen stattfindet oder mehrfach unterbrochen werden muss (BGHSt. 41, 145, 148; NStZ 2013, 479, 480). Soll derselbe Zeuge nach seiner Entlassung erneut vernommen werden, ist über einen Öffentlichkeitsausschluss grundsätzlich neu zu beschließen. Eine Verfügung des Vorsitzenden reicht dafür nicht aus, auch wenn sie auf den vorausgegangenen Ausschließungsbeschluß Bezug nimmt (BGH, NStZ 2009, 286; StV 2012, 140; NStZ 2013, 479, 480). Auf einen erneuten Beschluss kann lediglich dann ausnahmsweise verzichtet werden, wenn die Entlassung des Zeugen sofort zurückgenommen wird und die den Ausschließungsgrund tragende Interessenlage unverändert fortbesteht, sodass sich die weitere Anhörung des Zeugen in nichtöffentlicher Sitzung mit der vorausgegangenen als eine einheitliche Vernehmung darstellt (BGH, NStZ 1992, 447; NStZ-RR 2009, 213, 214; NStZ 2013, 479, 480). Wird die Anhörung eines noch nicht entlassenen Zeugen wiederholt, liegt ein einheitliches Verfahrensgeschehen vor, sodass der anfängliche Ausschließungsbeschluss fortwirkt (BGH, NStZ 2004, 220, 221). Von dem Öffentlichkeitsausschluss sind auch alle weiteren Verfahrensvorgänge mit umfasst, die mit der Vernehmung in enger Verbindung stehen oder sich aus ihr entwickeln und deshalb zu diesem Verfahrensabschnitt gehören (BGH, NStZ 1994, 354; NJW 2003, 2761; StV 2009, 342). Hierzu zählen die Beschlussfassung nach § 247 StPO nebst vorheriger Erörterung (BGH, NStZ 85, 206 [Pf/ M]) und späterer Unterrichtung des Angeklagten (§ 247 Satz 4 StPO); die Verlesung von Urkunden (BGH, StV 85, 402 m. Anm. *Fezer*) und die Besichtigung von Augenscheinsobjekten (BGH, NStZ 1988, 190; StV 2009, 226, 227), soweit sie in einem inneren Zusammenhang mit der Aussage stehen; durch das Ausgesagte veranlasste kurze ergänzende Anhörungen anderer Zeugen (BGHR, § 171b Abs. 1 Dauer 8) oder eine Vernehmungsgegenüberstellung mit anderen Zeugen; Erklärungen nach § 257 Abs. 1 StPO (BGH, NStZ 2006, 117) und § 257 Abs. 2 StPO (*Meyer-Goßner/Schmitt*, § 172 GVG Rn. 17); Befragungen nach § 52 Abs. 2 StPO; ein während der Vernehmung gestellter Antrag, der sich unmittelbar aus der Aussage ergeben hat (BGH, NStZ 1999, 371); die Vereidigung und Entlassung des Zeugen mit den hierzu geführten Verhandlungen und getroffenen Entscheidungen (BGH, MDR [D] 1975, 198 f., 544; NJW 1996, 2663; 2003, 2761). Ein während der Vernehmung gegebener richterlicher Hinweis auf eine mögliche Veränderung tatsächlicher Umstände oder eine verfahrensleitende Verfügung können von dem Ausschluss mit umfasst sein, wenn sie sich auf das gerade Ausgesagte stützen und eine sofortige Unterrichtung im Interesse der Verfahrensbeteiligten lag (vgl. BGH, NStZ 1999, 371). **Nicht** von dem Ausschluss gedeckt sind rechtliche Hinweise nach § 265 StPO, Entscheidungen nach §§ 154 Abs. 2, 154a Abs. 2 StPO (BGH, MDR 95, 1160; NStZ 99, 371) und der Verzicht auf die Einvernahme bereits geladener weiterer Zeugen (BGH, NStZ 1999, 371, 372), auch wenn sie auf der Aussage beruhen.

Beim Ausschluss der Öffentlichkeit für die **Anhörung eines Sachverständigen**, die Verlesung einer Ur- 8 kunde oder die Einnahme eines Augenscheins gelten die dargestellten Grundsätze sinngemäß.

Hat das Gericht die Öffentlichkeit für die Dauer der **Vernehmung des Angeklagten** ausgeschlossen, 9 sind davon alle seine Angaben umfasst, auch wenn sie unzusammenhängend an mehreren Verhandlungstagen erfolgen und er sich zeitweise auch öffentlich äußert (BGH, NStZ 1997, 380 [K]).

§ 174 GVG Verhandlung über Ausschluss der Öffentlichkeit

10 **2. Zur Rechtfertigung des Ausschlusses (Abs. 1 Satz 3)** Wird die Öffentlichkeit nach den §§ 171b, 172 oder 173 Abs. 2 ausgeschlossen, muss der Beschluss den maßgebenden Grund mit ausreichender Bestimmtheit erkennen lassen und aus sich heraus verständlich sein. Dies ist nicht der Fall, wenn der Ausschlussgrund nur aus dem Sachzusammenhang, aus früheren nicht in Bezug genommenen Beschlüssen oder aus gestellten Anträgen ermittelt werden kann (BGHSt 1, 334, 335 f.; 30, 298, 301). Auf eine Mitteilung des Grundes für den Öffentlichkeitsausschluss kann auch dann nicht verzichtet werden, wenn alle maßgeblichen Gesichtspunkte für die Verfahrensbeteiligten und die Zuhörer auf der Hand liegen. Ein Verstoß gegen Abs. 1 Satz 3 steht in diesem Fall jedoch der Verletzung einer bloßen Formvorschrift gleich und stellt deshalb keinen absoluten Revisionsgrund i.S.v. § 338 Nr. 6 StPO mehr dar (BGHSt 45, 117, 120; NStZ-RR 2004, 235, 236 mwN.). Die den Ausschlussgrund erfüllenden Tatsachen und ihre Bewertung sind grds. nicht mitzuteilen (BGHSt 30, 212, 213).

11 **Einzelfälle:** Der bloße Hinweis auf die maßgebliche Gesetzesvorschrift kann genügen, wenn sich daraus der Grund für die Ausschließung zweifelsfrei ergibt (BGHSt 27, 117). Hat eine Vorschrift mehrere Alternativen (z.B. § 172 Nr. 1, Nr. 2), muss der Beschluss erkennen lassen, welche Variante zur Anwendung gekommen ist. Dies kann durch eine Wiedergabe des Gesetzeswortlauts der herangezogenen Alternative geschehen (BGHSt. 27, 117, 119; 27, 187, 188; StV 1986, 376). Auf einen früheren Beschluss darf ausdrücklich Bezug genommen werden, wenn er in derselben Hauptverhandlung ergangen ist und den Anforderungen von Abs. 1 Satz 3 entspricht. (BGHSt 30, 298, 301 f.; GA 1983, 361; NJW 2007, 709).

12 **C. Die Wiederherstellung der Öffentlichkeit.** Wurde die Öffentlichkeit für unbestimmte Zeit ausgeschlossen, bedarf ihre Wiederherstellung eines Beschlusses, der nicht notwendig öffentlich verkündet werden muss. Ist ein Ausschluss nur für einen bestimmten Verfahrensabschnitt angeordnet worden, ist eine richterliche Verfügung ausreichend. Die Wiederherstellung der Öffentlichkeit ist in beiden Fällen zwingend im Protokoll zu vermerken (§ 272 Nr. 5 StPO).

13 **D. Verbot öffentlicher Berichte (Abs. 2)** Das nach § 353d Nr. 1 StGB strafbewehrte Verbot tritt mit einem Ausschluss der Öffentlichkeit nach § 172 Nr. 1 von Gesetzes wegen ein.

14 **E. Das gerichtliche Schweigegebot (Abs. 3)** Der mit oder nach einem auf die §§ 171b, 172 Nr. 2 und 3 gestützten Ausschluss der Öffentlichkeit in der Hauptverhandlung zu verkündende Beschluss kann von Amtswegen oder auf Antrag ergehen. In ihm müssen die geheim zu haltenden Tatsachen genau bezeichnet werden (SK-StPO/*Velten* § 174 GVG Rn. 9). Eine Begründung ist nicht erforderlich. Er ist ohne aufschiebende Wirkung (Satz 4) mit einfacher Beschwerde anfechtbar (Satz 3). Ein Verstoß gegen das Schweigegebot ist nach § 353d Nr. 2 StGB strafbar.

15 **F. Anfechtung und Revision.** Ein die Öffentlichkeit ausschließender Beschluss ist weder für die Verfahrensbeteiligten (§ 305 Satz 1 StPO), noch für die Zuhörer anfechtbar. Dies ergibt ein Umkehrschluß aus Abs. 3 Satz 3 (OLG München v. 2.7.2010 – 21 W 1347/10). Gleiches gilt für die Ablehnung eines beantragten Ausschlusses (*Katholnigg* Rn. 4; a. A. LR/*Wickern*, § 174 GVG Rn. 19).

16 Wurde über einen Ausschließungsantrag nicht nach Abs. 1 Satz 1 verhandelt, liegt nur ein relativer Revisionsgrund (§ 337 StPO) vor (LR/*Wickern*, § 174 GVG Rn. 8 mwN.; a. A. Kissel/*Mayer*, § 174 Rn. 7). Ein nicht durch einen verkündeten Beschluss angeordneter Ausschluss der Öffentlichkeit verletzt Abs. 1 Satz 2 und ist nach § 338 Nr. 6 StPO ein absoluter Revisionsgrund (BGH, NStZ 1999, 371). Gleiches gilt mit Ausnahmen (s.o. Rn. 11) auch für Verstöße gegen das Begründungsgebot nach Abs. 1 Satz 3. Eine Heilung von Fehlern ist grds. nur durch eine (neue) fehlerfreie Beschlussfassung und eine anschließende Wiederholung des betroffenen Teils der Verhandlung möglich (BGHSt. 33, 99).

§ 175 GVG [Versagung des Zutritts].

(1) Der Zutritt zu öffentlichen Verhandlungen kann unerwachsenen und solchen Personen versagt werden, die in einer der Würde des Gerichts nicht entsprechenden Weise erscheinen.
(2) ¹Zu nicht öffentlichen Verhandlungen kann der Zutritt einzelnen Personen vom Gericht gestattet werden. ²In Strafsachen soll dem Verletzten der Zutritt gestattet werden. ³Einer Anhörung der Beteiligten bedarf es nicht.
(3) Die Ausschließung der Öffentlichkeit steht der Anwesenheit der die Dienstaufsicht führenden Beamten der Justizverwaltung bei den Verhandlungen vor dem erkennenden Gericht nicht entgegen.

A. Die Versagung des Zutritts (Abs. 1)

Der Zutritt kann nur Personen versagt werden, die 1 nicht Verfahrensbeteiligte sind. Daneben ist ein Ausschluss von Zuhörern auch nach den §§ 176 (dort Rdn. 15), 177, 178 möglich. Die Entscheidung obliegt dem Vorsitzenden, dem dabei ein Beurteilungs- und Ermessensspielraum zukommt. In eindeutigen Fällen darf für ihn auch der diensttuende Justizwachtmeister handeln (RiStBV Nr. 128 Abs. 3).

Wegen **Unerwachsenheit** kann einem minderjährigen Zuhörer der Zutritt versagt werden, wenn er 2 nach dem Grad seiner körperlichen und geistigen Entwicklung die Bedeutung und den Ernst einer Strafverhandlung nicht erfassen kann (LR/*Wickern*, § 175 GVG Rn. 2). Dabei ist das äußere Erscheinungsbild ein erster Anhalt (vgl. RGSt 47, 374, 376; OLG Hamm, NJW 1967, 1289, 1290). Obgleich grds. auf die im Einzelfall vorhandene Reife abzustellen ist, kann ein genereller Ausschluss von Personen unter einem bestimmten Mindestalter zulässig sein, wenn im Hinblick auf den Verfahrensgegenstand ein Reifemangel wahrscheinlich ist und eine Einzelfallprüfung nicht geleistet werden kann (BGH, NStZ 2006, 652).

Das Erscheinungsbild eines Zuhörers entspricht nicht der **Würde des Gerichts**, wenn es als Ausdruck 3 der Missachtung ggü. der Rechtspflege als Institution (vgl. OLG Düsseldorf, JZ 1984, 1012; OLG Koblenz, NJW 1995, 977; *Baufeld*, GA 2004, 163, 165) angesehen werden muss. Dabei kommt es auf den Einzelfall an. Verwahrloste oder aufreizende Kleidung, Trunkenheit, angebrachte Aufnäher, Plaketten etc. rechtfertigen die Versagung des Zutritts, wenn sie eine bewusste Verweigerung des gebotenen Respekts ggü. dem Gericht darstellen (KK-StPO/*Diemer*, § 175 GVG Rn. 3; Kissel/*Mayer*, § 175 Rn. 7; Meyer-Goßner/*Schmitt*, § 175 GVG Rn. 3). Dagegen verletzen zur Schau gestellte Kritik an einzelnen gesetzgeberischen Entscheidungen oder Solidaritätsbekundungen mit dem Angeklagten nicht notwendig zugleich auch die Würde des Gerichts.

B. Die Gestattung des Zutritts zu nichtöffentlichen Verhandlungen (Abs. 2)

I. Personen und Personengruppen. Eine Gestattung ist nur in Bezug auf bestimmte zu benennende 4 **Einzelpersonen** oder zusammengefasst hinsichtlich einer in ihrer Zusammensetzung bekannten Kleingruppe möglich. Eine Zulassung nach allgemeinen Kriterien (Bsp. Polizeibeamte, Pressevertreter, Justizangehörige etc.) scheidet aus.

Auch anwesenden **Pressevertretern** kann nach Abs. 2 Satz 1 durch Einzelanordnung der Zutritt gestat- 5 tet werden (Kissel/*Mayer*, § 175 Rn. 13; LR/*Wickern*, § 175 GVG Rn. 10). Da der Zweck des Ausschlusses nicht unterlaufen werden darf, ist dies jedoch nur dann vertretbar, wenn dadurch die Schutzgüter der Nichtöffentlichkeit nicht oder weniger stark beeinträchtigt werden, als in öffentlicher Verhandlung (*v. Coelln*, S. 277, 281). Die Zulassung kann mit einem Schweigegebot nach § 174 Abs. 3 verbunden werden. Auch kann das Gericht freiwillige Zusagen der Pressevertreter zum Inhalt der Berichterstattung bei der Ausübung seines Ermessens berücksichtigen. Sollen von mehreren anwesenden Pressevertretern nur einzelne zugelassen werden, müssen dafür sachliche Gründe vorhanden sein (Bsp. Früherer Verstoß gegen ein Schweigegebot). Ist das Risiko für das Schutzgut der Nichtöffentlichkeit bei einer Zulassung von Pressevertretern zu groß, kann zu erwägen sein, ob dem Mediendezernent des Gerichts der Zutritt zu gewähren ist, der dann über die Verhandlung berichtet.

II. Verletzter. Dem **Verletzten** (§ 172 StPO) soll der Zutritt gestattet werden (Satz 2). Ausnahmen 6 von dieser Regel können sich ergeben, wenn der Schutzzweck des Ausschlusses bei einer Anwesenheit des Verletzten unterlaufen würde (vgl. *Rieß/Hilger*, NStZ 1987, 204, 208).

§ 176 GVG Sitzungspolizei

7 **III. Pflichtgemäßes Ermessen, Zurücknahme und Anfechtung.** Die nach **pflichtgemäßem Ermessen** zu treffende Entscheidung ergeht durch einen nicht notwendig öffentlich zu verkündenden Beschluss (*Kissel/Mayer*, § 175 Rn. 15). Einer vorherigen Anhörung der Beteiligten bedarf es nicht (Satz 3). Nach herrschender Meinung ist auch eine stillschweigende Zulassung durch Duldung der Anwesenheit möglich (KK-StPO/*Diemer*, § 175 GVG Rn. 3; *Kissel/Mayer*, § 175 Rn. 16; *Meyer-Goßner/ Schmitt*, § 175 GVG Rn. 4).

8 Eine Zurücknahme der Entscheidung kann erfolgen, wenn sich neue Umstände ergeben, die der Zulassungsentscheidung den Boden entziehen (Bsp. ein Pressevertreter bricht ein Schweigegebot; vgl. Nr. 131 Nr. 2 Satz 3 RiStBV). Auch eine Zurücknahme aus sitzungspolizeilichen Gründen soll zulässig sein (*Meyer-Goßner/Schmitt*, § 175 GVG Rn. 6). Richtigerweise dürfte es sich insoweit um eine Entfernung gem. §§ 176, 177 handeln (*Kissel/Mayer*, § 175 Rn. 17; LR/*Wickern*, § 175 GVG Rn. 12).

9 Die Entscheidung ist nicht anfechtbar. Es gibt keinen Anspruch auf eine Gestattung des Zutritts, auch nicht für Medienvertreter qua Art. 5 Abs. 1 GG (*v. Coelln*, S. 295)

10 **IV. Dienstaufsicht.** Den die Dienstaufsicht führenden Beamten (Beamte des Ministeriums, Präsident/Direktor, des Gerichts, aufsichtsführende Richter) ist die Anwesenheit kraft Gesetzes gestattet (Abs. 3).

11 **V. Jugendverfahren.** Im Jugendverfahren bei dem die Öffentlichkeit nach § 48 Ab. 1 JGG ausgeschlossen ist, entscheidet der Vorsitzende nach § 48 Abs. 2 Satz 3 JGG über den Zutritt von Einzelpersonen § 48 Abs. 2 JGG.

§ 176 GVG [Sitzungspolizei]. Die Aufrechterhaltung der Ordnung in der Sitzung obliegt dem Vorsitzenden.

S.a. RiStBV Nr. 125, 128

1 **A. Bedeutung und Geltungsbereich. I. Sachlicher Geltungsbereich.** Die Vorschrift verpflichtet den Vorsitzenden dazu, in der Sitzung für die Wahrung der **äußeren Ordnung** zu sorgen. Zu diesem Zweck ermächtigt sie ihn, alle Maßnahmen zu treffen, die erforderlich sind, um Störungen des gesetzmäßigen Ablaufs der Sitzung abzuwehren und die Rechte der Verfahrensbeteiligten oder betroffener Dritter vor Beeinträchtigungen zu bewahren (BVerfGE 50, 234, 241 f.; NJW 1996, 310; BGHSt 44, 23, 24). Im Unterschied dazu ist die ebenfalls dem Vorsitzenden obliegende Verhandlungsleitung nach § 238 Abs. 1 StPO darauf gerichtet, den Ablauf des Verfahrens in der Hauptverhandlung zu bestimmen (vgl. LR/*Wickern* § 176 GVG Rn. 2).

2 Die sitzungspolizeilichen Befugnisse des Vorsitzenden sind ein Derivat seiner unabhängigen richterlichen Gewalt (BGHSt 17, 201, 204). Sie gehen dem konkurrierenden **Hausrecht** des Behördenleiters vor (BVerfG, NJW-RR 2007, 1053, 1054; BGHSt 24, 329, 330; 30, 350, 353). Der Hausrechtsinhaber kann im Geltungsbereich der Sitzungspolizei keine eigenen Anordnungen treffen. Er ist jedoch befugt, sitzungspolizeiliche Verfügungen außerhalb ihres Geltungsbereichs durch entsprechende Anordnungen zu ergänzen (Bsp. Kontrollen im Eingangsbereich des Gerichtsgebäudes, Hausverbot für aus der Sitzung entfernte Störer). Dazu kann er sein Hausrecht auch auf den Vorsitzenden übertragen (*Meyer-Goßner* § 176 GVG Rn. 3). Durch eine solche Übertragung können die polizeilichen Befugnisse des Vorsitzenden in der Sitzung jedoch nicht über die §§ 169 ff. hinaus erweitert werden (BGHSt 24, 329, 330).

3 **II. Räumlicher Geltungsbereich.** Die Sitzungspolizei erstreckt sich auf **alle Räumlichkeiten, die unmittelbar und ausschließlich der Durchführung der Hauptverhandlung dienen** (*Kissel/Mayer*, § 176 Rn. 10). Dies sind neben dem Sitzungssaal und dem Beratungszimmer auch die angrenzenden Flure und Vorräume, soweit von dort Störungen der Verhandlung ausgehen können (BVerfG, NJW 1996, 310; BGHSt. 44, 23, 24; a. A. *Kissel/Mayer*, § 176 Rn. 10). Gleiches gilt für die zu dem Sitzungssaal gehörenden Wartebereiche für Zeugen (Zeugenzimmer) und Sachverständige (vgl. BGHSt. 44, 23, 24; *Fink*, S. 110; LR/*Wickern*, § 176 GVG Rn. 6). Auch der Ort an dem ein Zeuge nach § 247a StPO audiovisuell vernommen wird, unterfällt der Sitzungspolizei (*Rieß*, NJW 1998, 3240, 3242; *Kissel/Mayer*, § 176 Rn. 12). Dagegen werden Vorführzellen von der Sitzungspolizei nur dann erfasst, wenn sie

dem Sitzungssaal zugeordnet sind (str. vgl. LR/*Wickern*, § 176 GVG Rn. 6; *Kissel/Mayer*, § 176 Rn. 10 [nur Zellen mit unmittelbarem Zugang zum Sitzungszimmer]). Bei Ortsterminen im öffentlichen Raum erstrecken sich die sitzungspolizeilichen Befugnisse auf die Fläche, die für die Verhandlung benötigt wird. Absperrungen sind von den zuständigen Verwaltungsbehörden (Polizei) in Amtshilfe zu gewährleisten. Wird an einem Ort verhandelt der privatem Hausrecht unterliegt, hat der Vorsitzende keine das Hausrecht verdrängenden polizeilichen Befugnisse.

III. Zeitlicher Geltungsbereich. In **zeitlicher Hinsicht** ist die Sitzungspolizei nach herrschender 4
Meinung auf die Hauptverhandlung (§ 243 StPO) und ein bestimmtes Zeitfenster davor und danach beschränkt. Sie soll mit dem Eintreffen der ersten **Verfahrensbeteiligten** beginnen und in dem Moment enden, in dem das Gericht den Sitzungssaal verlässt. Die Beratungszeit und kurze Pausen, nicht aber eine längere Mittagspause sind mit umfasst (vgl. LR/*Wickern*, § 176 GVG Rn. 8; KK-StPO/*Diemer*, § 176 GVG Rn. 2; *Kissel/Mayer*, § 176 GVG Rn. 9; *Kramer*, S. 10). Diese Sichtweise greift zu kurz. Stattdessen ist auf eine **funktionale Betrachtung** abzustellen. Die Befugnis zur Ausübung der Sitzungspolizei beginnt richtigerweise schon in dem Moment, in dem die erste auf die Wahrung der äußeren Ordnung in der Sitzung bezogene Anordnung getroffen werden muss (vgl. BeckOK-GVG/*Allgayer*, § 176 Rn. 1). Dies kann bereits Tage vor dem Beginn der Sitzung der Fall sein (Bsp. Erlaß einer Sicherheitsverfügung; Anordnung einer Akkreditierungspflicht für Medienvertreter). Sie **endet** mit dem Abschluss der letzten auf die Aufrechterhaltung der Ordnung in der Sitzung gerichteten Maßnahme (Bsp. Herausgabe verwahrter Gegenstände an die Berechtigten). In Pausen oder während Unterbrechungen kann die Sitzungspolizei unabhängig von deren Dauer ausgeübt werden (Bsp. Änderung der Sitzordnung), soweit dies zur Aufrechterhaltung der äußeren Ordnung in der Sitzung erforderlich ist.

IV. Personeller Geltungsbereich. Sitzungspolizeiliche Maßnahmen können **gegen alle Personen** ergriffen werden, die die äußere Ordnung der Sitzung stören und sich im räumlichen Geltungsbereich befinden. Sie sind daher nicht nur gegen Zuhörer, Zeugen, Angeklagte oder Privat- und Nebenkläger möglich, sondern auch gegen **Verteidiger** (vgl. BVerfG 48, 118, 123) die Sitzungsvertreter der StA, Urkundsbeamte, Schöffen und beisitzende Richter (*Meyer-Goßner/Schmitt*, § 176 GVG Rn. 10).

B. Die sitzungspolizeilichen Befugnisse und ihre Ausübung. I. Grundsätze. Die 5
Ausübung der Sitzungspolizei ist Aufgabe des **Vorsitzenden**. Ausnahmen von dieser Regel bestimmen die §§ 177 Satz 2, 178 Abs. 2 und 183. Irrtümlich ergangene Kammerbeschlüsse sind i.d.R. unschädlich (vgl. BGH, NStZ 2004, 220, 221). Welche Maßnahmen im Einzelnen zu treffen sind, hat der Vorsitzende nach **pflichtgemäßem Ermessen** zu entscheiden (BGHSt. 17, 201, 204; 24, 13, 15). Dabei stehen ihm sowohl ein Entschließungs-, als auch ein Auswahlermessen zu. Der Verhältnismäßigkeitsgrundsatz ist zu beachten. Störer sind daher zunächst abzumahnen und schärfere Mittel anzudrohen (vgl. *Kissel/Mayer* Rn. 23). Eine Ermessensreduktion auf Null kann sich nur in besonderen Ausnahmefällen ergeben (vgl. OLG Köln, NJW-RR 1998, 1141). Zur Ermessensausübung bei Konflikten mit dem Anspruch der Öffentlichkeit auf uneingeschränkten Zugang s. Rdn. 18 zu § 169.

Eine sitzungspolizeiliche Maßnahme (Verfügung) des Vorsitzenden, kann grundsätzlich nicht nach 6
§ 238 Abs. 2 StPO beanstandet werden. Ist eine sitzungspolizeiliche Anordnung **zugleich auch eine sachleitende Maßnahme** i.S.v. § 238 Abs. 2 StPO, ist eine Beanstandung möglich und zur Vermeidung eines Rügeverlustes auch erforderlich (BGH, NStZ 2008, 582). Den Grundsatz der Öffentlichkeit berührende sitzungspolizeiliche Verfügungen (Bsp. Entfernung von Störern) sind stets sachleitende Maßnahmen (BGH, NStZ 2008, 582; NStZ 2013, 608 m. Anm. *Meyberg*).

Sitzungspolizeiliche Maßnahmen dürfen ohne vorherige Anhörung ergehen (LR/*Wickern*, § 176 GVG 7
Rn. 41). Zur Protokollierung s. § 182. Die Ausführung obliegt den anwesenden Justizwachtmeistern oder im Wege der Amtshilfe beigezogenen Polizeibeamten.

II. Typische Anwendungsfälle. 1. Eingangskontrollen und Zugangsbeschränkungen. Der 8
Vorsitzende kann Eingangskontrollen und zeitlich umgrenzte Zugangsbeschränkungen anordnen (Einzelheiten § 169 Rdn. 19 f.). Dabei dürfen einzelne Zuhörer abgewiesen werden, wenn sich konkrete Anhaltspunkte (Bsp. Besitz von Trillerpfeifen etc., Weigerung sich durchsuchen zu lassen) für eine Störungsabsicht ergeben (*Kissel/Mayer*, § 176 Rn. 17; LR/*Wickern*, § 176 GVG Rn. 21).

§ 176 GVG Sitzungspolizei

9 Auch eine Kontrolle der Verfahrensbeteiligten (Angeklagter, Zeugen, Nebenkläger, RA, Schöffen etc.) ist zulässig, wenn der begründete Verdacht besteht, dass von ihnen Störungen der Hauptverhandlung ausgehen können (vgl. BVerfGE 48, 118, 123; NJW 1998, 296, 297; 2006, 1500). Bei der Durchsuchung von Verteidigern ist deren Umfang in der Anordnung einzugrenzen und darf nicht den zuständigen Bediensteten überlassen bleiben (BVerfG, NJW 1998, 296, 298; 2006, 1500, 1501). Die Vertraulichkeit der Verteidigungsunterlagen ist stets zu wahren (LR/*Wickern*, § 176 GVG Rn. 22).

10 **2. Medienberichterstattung. a) Grundsatz.** Mit der Gerichtsberichterstattung leisten die Medien einen eigenständigen Beitrag zur Kontrolle der Rechtspflege und der Publizität der Rechtsordnung (BVerfG, NJW 2008, 977, 978; *v. Coelln*, S. 183, 201; *Kuß*, S. 79). Dabei haben sie jedoch lediglich an einer für jedermann geöffneten allgemeinen Informationsquelle teil und unterliegen deshalb wie die allgemeine Saalöffentlichkeit den durch die §§ 169 ff. definierten Grenzen (BVerfGE 103, 44, 59; NJW 2008, 977 Tz. 27; krit. *v. Coelln*, S. 384). Auf die Medienvertreter bezogene sitzungsleitende Verfügungen müssen in Berücksichtigung des grundsätzlichen Anspruchs der Presse auf Zugang für eine freie Berichterstattung sachlich ausgestaltet sein und dem subjektiven Recht der Medienvertreter auf gleiche Teilhabe an den Berichterstattungsmöglichkeiten Rechnung tragen (BVerfG, NJW 2013, 1293 m. Anm. *Zuck*).

11 **b) Privilegien.** Wegen der besonderen Bedeutung der Gerichtsberichterstattung sind **Privilegien für Medienvertreter** bei der Bereitstellung von begleitenden Informationen (Bsp. Überlassung einer Sitzungsvorschau), allgemeinen sitzungspolizeilichen Verfügungen (Bsp. Zulassung der Nutzung von Laptops) und bei der Platzvergabe zulässig. Eine Verletzung des Öffentlichkeitsgrundsatzes in Bezug auf das allgemeine Saalpublikum kann darin nicht gesehen werden, solange der nach § 169 Satz 1 zu gewährende freie Zutritt gewährleistet bleibt (*v. Coelln*, S. 262 ff.). Werden **Plätze für Medienvertreter reserviert**, haben daher für das allgemeine Publikum Plätze in so großer Zahl zu verbleiben, dass noch von einer Repräsentanz der Allgemeinheit gesprochen werden kann (BGH, NJW 2006, 1220, 1221; *Kissel/Mayer*, § 176 Rn. 33; LR/*Wickern*, § 176 GVG Rn. 13; *v. Coelln*, S. 263). Müssen gleichwohl allgemeine Besucher wegen Platzmangels abgewiesen werden, so ist dies hinzunehmen (*v. Coelln*, S. 265). Die für Medienvertreter reservierten Plätze sind ebenfalls nach dem Reihenfolge- oder dem Zufallsprinzip zu vergeben (vgl. BVerfG, NJW 2003, 500; NJW 2013, 1293 m. Anm. *Zuck*). Eine Aufteilung der Presseplätze nach generellen Kriterien (Bsp. Wortberichterstattung, Fernsehen, Inland, Ausland etc.) ist zulässig, solange sie willkürfrei erfolgt und nicht an inhaltliche Gesichtspunkte (Verbot der Vorzensur) anknüpft (vgl. BVerfG, NJW 2003, 500, 501). Dabei darf dem Interesse an praktikabler Handhabbarkeit der Vorrang vor einer umfassenden Ausschöpfung denkbarer Differenzierungsmöglichkeiten eingeräumt werden (BVerfG, NJW-RR 2008, 1069, 1071). Ob eine Aufteilung unter Umständen sogar verfassungsrechtlich geboten sein kann, ist ungeklärt (BVerfG NJW 2013, 1293 m. Anm. *Zuck*). Nicht zum Zuge gekommene Medienvertreter muss der Zutritt mit dem allgemeinen Saalpublikum möglich bleiben (BGH, MDR [D] 1972, 753). Werden Presseplätze nicht benötigt, sind diese wieder für das allgemeine Saalpublikum freizugeben.

12 **c) Bild- und Tonaufnahmen.** Zur Veröffentlichung bestimmte Film, Rundfunk- und Fernsehaufnahmen **in der Hauptverhandlung** sind nach § 169 Satz 2 untersagt (vgl. Rdn. 22 zu § 169).

13 Über die Zulässigkeit **einfacher Bildaufnahmen in und außerhalb der Hauptverhandlung** sowie **Film-, Rundfunk- und Fernsehaufnahmen außerhalb der Hauptverhandlung** (auf den Gerichtsfluren, vor und nach der Verhandlung, in Sitzungspausen, etc., vgl. § 169 Rdn. 4 a.E.) haben im Geltungsbereich der Sitzungspolizei der Vorsitzende und i.Ü. der Hausrechtsinhaber zu entscheiden. Bei der Ausübung des Ermessens sind die Bedeutung der Gerichtsberichterstattung in den Medien und die entgegenstehenden Interessen (Persönlichkeitsrecht der Beteiligten, Funktionstüchtigkeit der Rechtspflege) gegeneinander abzuwägen und der Grundsatz der Verhältnismäßigkeit zu beachten (BVerfGE 103, 44, 64; 91, 125, 138 f.; 103, 44, 64; 119, 309, 322; *v. Coelln*, S. 261; *Lehr*, NStZ 2001, 63). Die tatsächlichen Umstände, die eine Beschränkung erforderlich machen, müssen vom Vorsitzenden konkret dargelegt werden, sofern sie nicht auf der Hand liegen. Auch kann die Entscheidung nicht der Pressestelle überlassen werden (BVerfG, NJW 2014, 3013, 3014).

14 Bei Gerichtsverhandlungen, auf die ein besonderes öffentliches Interesse gerichtet ist, wird ein allgemeines Film- und Fotografierverbot außerhalb der Hauptverhandlung i.d.R. unzulässig sein (vgl. BVerfGE

91, 125, 137 f.). Ausnahmen können sich bei besonderen Gefährdungslagen ergeben (vgl. BVerfG, NJW 1996, 310). Räumliche Enge rechtfertigt i.d.R. nur die Anordnung einer Poollösung (BVerfG, NStZ 2000, 543, 544). Zur Sicherung des Verbots nach § 169 Satz 2 kann verfügt werden, dass während der Hauptverhandlung alle Kameras und Tonaufzeichnungsgeräte (zu Notebooks vgl. BVerfG, NJW 2009, 352, 353) aus dem Sitzungssaal zu entfernen sind. Bildaufnahmen dürfen von einem vorherigen Nachweis der Pressezugehörigkeit (Akkreditierung) oder der Einholung einer schriftlichen Erlaubnis abhängig gemacht werden (BVerfG, NJW-RR 2007, 1053, 1054).

Bildaufnahmen von den Mitgliedern des Gerichts, dem Sitzungsvertreter der StA, nachgeordneten Bediensteten und den Prozessbevollmächtigten sind grds. zuzulassen (BVerfGE 119, 309, 328 f.; NJW 2009, 2117, 2119 f.; krit. *Ernst*, NJW 2001, 1624), wobei eine einmalige Gewährung ausreicht (BVerfG, NJW 2009, 2117, 2120; 2003, 2671). Ob und inwieweit das Persönlichkeitsrecht der übrigen Verfahrensbeteiligten (Angeklagter, Nebenkläger, Zeugen) durch sitzungspolizeiliche Maßnahmen gegen ohne ihre Einwilligung gefertigte Bildaufnahmen zu schützen ist, hängt vom Einzelfall ab. Insoweit gelten die für die einwilligungslose Verbreitung von Personenbildnissen durch die Massenmedien entwickelten verfassungsrechtlichen Maßstäbe, denen das abgestufte Schutzkonzept der §§ 22, 23 KUG entspricht (vgl. BVerfGE 119, 309, 322; NJW 2014, 3013, 3014; BGH; NJW 2011, 3153 mwN.; vgl. *Meyer-Goßner/Schmitt*, § 176 GVG Rn. 15; LR/*Wickern*, § 176 GVG Rn. 37; weiterführend *Franke*, S. 82 ff; Stieper, JZ 2014, 271). Dabei ist zu berücksichtigen, dass eine Straftat zum Zeitgeschehen gehört, dessen Vermittlung Aufgabe der Medien ist. (BVerfG, NJW 2009, 350, 351; BGH; NJW 2011, 3153, 3154 mwN.). Im Allgemeinen ist bei Angeklagten und Zeugen eine Anonymisierungsanordnung ausreichend (vgl. BVerfG, NJW 2009, 2117). Bildaufnahmen ohne Anonymisierung sind lediglich von Angeklagten mit gesellschaftlich hervorgehobener Stellung oder bei gravierenden Straftaten mit großer Öffentlichkeitswirkung zulässig (vgl. BVerfG, NJW 2009, 2117, 2119; OLG Düsseldorf, StraFo 2013, 30). Bei dem Angeklagten kann es für die Abwägung von Bedeutung sein, ob er bereits ein Geständnis abgelegt hat und deshalb die Unschuldsvermutung weniger schwer wiegt. Die Anfertigung von Bildaufnahmen von Sachverständigen und Zeugen kann ganz zu untersagen sein, wenn durch eine entsprechende Medienberichterstattung oder in Internetforen bereits ein besonderer öffentlicher Druck erzeugt worden ist (Bsp. öffentliche Schuldzuweisungen, Beleidigungen etc.), der Übergriffe oder Belästigungen bei Wiedererkennen im öffentlichen Raum befürchten lässt (vgl. BVerfG, NJW 2014, 3013, 3014 mwN.). Sitzungspolizeiliche Anonymisierungsgebote verpflichten nur an der Sitzung beteiligte Medienvertreter, nicht aber eventuelle Zweitverwerter (BGH, NJW 2011, 3153, 3154 mwN.). U.U. kann es angezeigt sein, den Angeklagten oder einen Zeugen erst nach dem Aufruf der Sache über einen verdeckten Zugang in den Saal zu führen. Unzulässig hergestelltes Bildmaterial darf in Verwahrung genommen werden (BGHSt 44, 23).

d) **Zensurverbot.** Eine Einflussnahme auf den Inhalt der Berichterstattung verstößt gegen das Zensurverbot gem. Art. 5 Abs. 1 Satz 2 GG (BVerfGE 50, 234, 242).

3. Sicherheit und Ordnung in der Sitzung. Der Vorsitzende bestimmt die **Sitzordnung**. Er kann anordnen, dass der Angeklagte hinter einer Barriere (Glasscheibe etc.) Platz zu nehmen hat, räumliche Distanzen festlegen (Bsp. zur Nebenklage oder Zeugen), Kontakte zu Zuhörern unterbinden (*Kissel/Mayer*, § 176 Rn. 26) oder überwachen lassen und Justizwachtmeister zur Aufsicht beiziehen (vgl. BGH, NStZ 2006, 650). Auch eine Fesselung des Angeklagten kann angeordnet werden (vgl. OLG Hamm, NStZ-RR 2014, 114). Eine Möglichkeit zur geschützten Kommunikation zwischen dem Angeklagtem und der Verteidigung muss jedoch erhalten bleiben.

Sind **Störungen aus dem Zuhörerraum** zu befürchten, dürfen Polizeibeamte (offen oder verdeckt) beigezogen werden. Die Untersagung von Bildaufnahmen und Tonaufzeichnungen durch Zuhörer ist zulässig. Auf Störungen ist zunächst durch Weisungen, Rügen und die Androhung von Ordnungsmitteln zu reagieren. Massiv störende Zuhörer darf der Vorsitzende sofort aus dem Saal weisen (BGHSt. 17, 201, 204). Eine zwangsweise Entfernung ist nur nach § 177 möglich (vgl. BGHSt. 24, 329, 331 f.).

Auch ein die äußere Ordnung der Hauptverhandlung störender **Verteidiger** kann zur Ordnung gerufen und mit Weisungen (Bsp. den zugewiesenen Patz einzunehmen; Zwischenrufe zu unterlassen etc.) belegt werden, soweit dadurch seine Rechtspflegefunktion nicht beeinträchtigt wird (KK-StPO/*Diemer*, § 176 GVG Rn. 3; *Meyer-Goßner/Schmitt*, § 176 GVG Rn. 10). Dies gilt für die anderen Verfahrensbeteiligten (Schöffen, Staatsanwalt etc.) entsprechend. Ob ein Verteidiger nach § 176 als ultima ratio aufgefordert werden darf, sich aus dem Sitzungszimmer zu entfernen, ist streitig (bejahend *Artkämper* Rn. 116; *Malmendier*, NJW 1997, 227, 232 ff.; verneinend *Kissel/Mayer*, § 176 Rn. 42). Richtigerweise kann eine Zurückweisung des Verteidigers nur in der Erklärung bestehen, mit ihm bis zur Beendigung der Störung nicht mehr zu verhandeln (*Kramer*, S. 104 ff.). Da die § 177 (dort Rdn. 3) und § 178 (dort Rdn. 8) unanwendbar sind, kann der Verteidiger jedoch nicht zwangsweise aus dem Sitzungszimmer entfernt werden.

20 Der Vorsitzende ist gehalten durch geeignete Maßnahmen dafür Sorge zu tragen, dass Zeugen keinem Druck zur **Beeinflussung** ihres Auskunftsverhaltens ausgesetzt sind. Zu diesem Zweck dürfen einzelne Zuhörer ausgeschlossen werden, wenn ein begründeter Verdacht besteht (BGH, NStZ 2004, 220, 221). Schriftliche Aufzeichnungen durch Zuhörer können untersagt werden, wenn sie der Information von noch zu vernehmenden Zeugen dienen sollen (BGH, StV 1982, 409, 410; MDR [D] 1973, 730; LR/ *Wickern*, § 176 GVG Rn. 30; *Meyer-Goßner/Schmitt*, § 176 GVG Rn. 8). Mitarbeitern der Verteidigung ist das Mitschreiben grds. gestattet (BGHSt. 18, 179, 181). Die Anwesenheit von sog. Prozessbeobachtern kann gleichfalls nur bei dem begründeten Verdacht einer Einflussnahme unterbunden werden (*Meyer-Goßner/Schmitt*, § 176 GVG Rn. 9). Besteht der Verdacht, dass der entsprechenden Beschränkungen nach § 119 StPO unterliegende inhaftierte Angeklagte das Mobiltelefon seines Verteidigers zu unüberwachten Telefonaten nutzt, kann dem Verteidiger im Einzelfall die Mitnahme von Mobiltelefonen in den Sitzungssaal untersagt werden (OLG Stuttgart, StV 2011, 718).

21 Schließlich wirkt der Vorsitzende auch auf die Wahrung der **äußeren Form** hin. RA sind neben § 20 BORA auch kraft bundeseinheitlichen Gewohnheitsrechts verpflichtet, vor Gericht **Amtstracht** zu tragen (BVerfGE 28, 21; OLG München, StV 2007, 27 m. abl. Anm. *Weihrauch*; *Kramer*, S. 26, 123 f.; str.). Bei Weigerung ist eine Zurückweisung und die Bestellung eines anderen Verteidigers möglich (OLG München, StV 2007, 27; OLG Braunschweig, NJW 1995, 2113, 2114 f.; OLG Karlsruhe, NJW 1977, 309; a. A. *Kissel/Mayer*, § 176 GVG Rn. 20; *Kramer*, S. 124 f.). Str. ist ferner, ob neben der Robe auch das Tragen eines weißen Langbinders (vgl. OLG Zweibrücken, NStZ 1988, 144, 145) und eines Oberhemdes (vgl. OLG München, StV 2007, 27) zur Amtstracht gehört (verneinend *Weihrauch*, StV 2007, 28 f.; *Meyer-Goßner/Schmitt*, § 176 GVG Rn. 11 m.w.N.). Zuhörer dürfen zum Abnehmen ihrer Kopfbedeckung angehalten werden, es sei denn hierfür bestehen billigenswerte (z.B. religiöse) Gründe (BVerfG, NJW 2007, 56, 57).

22 **C. Rechtsbehelfe und Revision.** Sitzungspolizeiliche Anordnungen können grundsätzlich nicht mit der Beschwerde angegriffen werden. Dies ergibt ein Umkehrschluss aus § 181 Abs. 1 (BGHSt 44, 23, 25; OLG Hamm, NStZ-RR 2012, 118; KG, NStZ 2011, 120; OLG Hamburg, NStZ 1992, 509; OLG Zweibrücken, NStZ 1987, 477; *Meyer-Goßner/Schmitt*, § 176 GVG Rn. 16; a. A. SK-StPO/ *Velten* § 176 GVG Rn. 17 m.w.N.). Etwas anderes gilt ausnahmsweise dann, wenn die auf § 176 gestützte Maßnahme über die sitzungspolizeilichen Aspekte der Verfahrenssicherung hinausgeht (KG, NStZ 2011, 120; OLG Hamm, NStZ-RR 2012, 118; OLG Stuttgart, NJW 2011, 2899; OLG München, StV 2007, 27; offengelassen in BGHSt 44, 23, 25). Dies dürfte für alle Anordnungen und Maßnahmen gelten, die räumlich oder zeitlich Wirkungen außerhalb des Sitzungsbetriebes entfalten. Hierzu zählen an die Medien gerichtete Anonymisierungsgebote (vgl. BVerfG v. 17.4.2015 – 1 BvR 3276/08), Beschränkungen in Bezug auf Ton- und Bildaufnahmen unmittelbar vor oder nach einer Verhandlung oder in den Sitzungspausen (vgl. BVerfG, NJW 2014, 3013) sowie das Mandatsverhältnis belastende Zurückweisungen von Rechtsanwälten (OLG München, StV 2007, 27). Ob dies auch für das Verbot gilt, Mobiltelefone mit in den Sitzungssaal zu nehmen, erscheint zweifelhaft (so aber OLG Stuttgart, StV 2011, 718).

23 Greift die sitzungspolizeiliche Maßnahme in die Verteidigung ein, kann dies – nach einer erfolglosen Beanstandung gem. § 238 Abs. 2 StPO – mit der Revision nach § 338 Nr. 8 StPO geltend gemacht werden. Auf § 176 gestützte unberechtigte Entfernungen von Zuhörern können als Verstoß gegen § 169 einen absoluten Revisionsgrund (§ 338 Nr. 6 StPO) schaffen, sofern die Anordnung des Vorsitzenden zuvor erfolglos nach § 238 Abs. 2 StPO beanstandet worden ist (BGH, NStZ 2013, 608; NStZ 2008, 582).

24 Gegen die Ausübung des Hausrechts getroffene Maßnahmen ist verwaltungsrechtlicher Rechtsschutz möglich (BVerfG, NJW-RZ, 2007, 1053, 1054).

§ 177 GVG [Maßnahmen bei Ungehorsam].

¹Parteien, Beschuldigte, Zeugen, Sachverständige oder bei der Verhandlung nicht beteiligte Personen, die den zur Aufrechterhaltung der Ordnung getroffenen Anordnungen nicht Folge leisten, können aus dem Sitzungszimmer entfernt sowie zur Ordnungshaft abgeführt und während einer zu bestimmenden Zeit, die 24 Std. nicht übersteigen darf, festgehalten werden. ²Über Maßnahmen nach Satz 1 entscheidet gegenüber Personen, die bei der Verhandlung nicht beteiligt sind, der Vorsitzende, in den übrigen Fällen das Gericht.

A. Anwendungsbereich. § 177 eröffnet die Möglichkeit, auf die Nichtbefolgung sitzungspolizeilicher Anordnungen (§ 176) durch bestimmte **abschließend aufgezählte Personen** mit Zwangsmaßnahmen zu reagieren. Als **Partei** i.S.v. Satz 1 gelten neben Privat- und Nebenkläger auch die in den §§ 431, 442, 444 StPO bezeichneten Personen (KK-StPO/*Diemer*, § 177 GVG Rn. 3) und der Antragsteller im Adhäsionsverfahren (§§ 403 ff.). Dem **Beschuldigten** stehen der Angeklagte (§ 157 StPO), der Betroffene (§§ 67 ff. OWiG) und der Verurteilte im Verfahren nach § 275a StPO gleich. Zu den **Zeugen** und **Sachverständigen** gehört auch der sachverständige Zeuge (§ 85 StPO). **Andere bei der Verhandlung nicht beteiligte Personen** sind die Zuhörer einschließlich der Medienvertreter. Für Erziehungsberechtigte und gesetzliche Vertreter des Angeklagten gilt § 177 gem. § 51 Abs. 3 JGG entsprechend (*Eisenberg*, § 51 Rn. 23).

Beisitzende Richter, Schöffen, Staatsanwälte, Urkundsbeamte und Dolmetscher sind an der Verhandlung beteiligt und können daher nicht mit Maßnahmen nach § 177 belegt werden. Gleiches gilt für als Nebenklägervertreter, Privatklägervertreter, Verletzten- oder Zeugenbeistand (*Milger*, NStZ 2006, 121, 124; LR/*Wickern*, § 177 GVG Rn. 15; *Kissel/Mayer*, § 177 Rn. 14; a. A. Meyer-Goßner/Schmitt, § 177 GVG Rn. 4; Zöller/*Lückemann*, § 177 GVG Rn. 2) auftretende RA und den **Verteidiger** (OLG Düsseldorf, wistra 1994, 79; OLG Hamm, JZ 2004, 205 m. Anm. *Jahn*; *Leuze*, StV 2004, 101; KK-StPO/*Diemer*, § 177 GVG Rn. 2; *Kissel/Mayer*, § 177 Rn. 14; LR/*Wickern*, § 177 GVG Rn. 7; *Meyer-Goßner/Schmitt*, § 177 GVG Rn. 3a). Die Gegenansicht, wonach auch ein Verteidiger nach § 177 in Extremfällen aus dem Sitzungssaal entfernt werden darf (BGH, NJW 1977, 437, 438; *Katholnigg*, § 177 GVG Rn. 3; *Malmendier*, NJW 97, 227, 233; Zöller/*Lückemann*, § 177 GVG Rn. 2), findet im Gesetz keine Stütze (dazu ausführlich *Kramer*, S. 95 ff.).

B. Die Ordnungsmittel und ihre Anwendung. I. Allgemeine Voraussetzungen. Die in Satz 1 bezeichneten Ordnungsmittel dürfen angewandt werden, wenn eine nach § 176 zulässig getroffene und dem Adressaten in verständlicher Weise zur Kenntnis gebrachte Anordnung von diesem nicht befolgt worden ist. Da § 177 nicht die Ahndung vorwerfbaren Verhaltens bezweckt, ist nur objektiver Ungehorsam nicht aber ein Verschulden erforderlich (*Milger*, NStZ 2006, 121, 122; KK-StPO/*Diemer*, § 177 GVG Rn. 5; *Kissel/Mayer*, § 177 Rn. 1; LR/*Wickern*, § 177 GVG Rn. 20; abw. *Meyer-Goßner/Schmitt*, § 177 GVG Rn. 10 für die Anordnung von Ordnungshaft.

II. Entfernung aus dem Sitzungszimmer. Die Entfernung aus dem Sitzungszimmer erfolgt durch Anordnung ggü. der betroffenen Person. Bei einer Mehrzahl von Störern ist lediglich eine hinreichend genaue Eingrenzung (vgl. *Katholnigg*, § 177 GVG Rn. 5; LR/*Wickern*, § 177 GVG Rn. 22), nicht aber eine namentliche Erfassung erforderlich. Eine Entfernung aller anwesenden Zuhörer ist zulässig, wenn der Ungehorsam offenkundig von der gesamten Zuhörerschaft getragen wird (*Meyer-Goßner/Schmitt*, § 177 GVG Rn. 9). Kommen die ausgeschlossenen Zuhörer der Anordnung nicht nach, darf diese mit unmittelbarem Zwang durch Justizwachtmeister oder Polizei in Amtshilfe vollzogen werden. Wurden sämtliche Zuhörer nach Satz 1 entfernt, muss der Saal für die Öffentlichkeit zugänglich bleiben (§ 169 Satz 1). Entfernte Störer dürfen abgewiesen werden. U.U. kommt ein Öffentlichkeitsausschluss nach § 172 Nr. 1 in Betracht.

III. Ordnungshaft. Ordnungshaft bedeutet Ingewahrsamnahme (vgl. Art. 6 ff. EGStGB) für einen bestimmten Zeitraum. Sie ist mit der Erreichung ihres Zwecks, spätestens aber nach 24 Stunden aufzuheben. Der Zweck der Ordnungshaft ist erreicht, wenn die sitzungspolizeiliche Anordnung, deren Durchsetzung sie dient, erledigt ist. Dies ist regelmäßig mit dem Ende der Sitzung der Fall (vgl. *Kissel/Mayer*, § 177 Rn. 5; *Meyer-Goßner/Schmitt*, § 177 GVG Rn. 10). Ausnahmsweise kann es angezeigt sein, mit der Freilassung zuzuwarten, bis alle Verhandlungsbeteiligten und die Zuhörer den Sitzungssaal verlassen haben (vgl. LR/ *Wickern*, § 177 GVG Rn. 26). Aus Gründen der Verhältnismäßigkeit darf Ordnungshaft nur angeordnet werden, wenn die Entfernung aus dem Sitzungszimmer zur Wiederherstellung der Ordnung nicht ausreicht (LR/ *Wickern*, § 177 GVG Rn. 2; vgl. *Milger*, NStZ 2006, 121, 122). Wiederholte Anordnungen sind möglich.

6 Wurde der **Angeklagte** nach Satz 1 in Haft genommen oder aus dem Sitzungszimmer entfernt, darf nur unter den Voraussetzungen des § 231b StPO weiterverhandelt werden.

7 **C. Verfahren, Anfechtung, Revision.** Über Maßnahmen gegen an der Verhandlung nicht Beteiligte (Zuhörer) entscheidet der Vorsitzende, i.Ü. das Gericht (Satz 2). Anordnungen des Vorsitzenden ggü. an der Verhandlung Beteiligten können vom Gericht alsbald nachträglich gebilligt und der Zuständigkeitsmangel dadurch geheilt werden (BGH, NStZ 1988, 85; LR/ *Wickern*, § 177 GVG Rn. 30).

8 Anordnungen nach § 177 können nicht mit der Beschwerde angegriffen werden (arg. e contrario aus § 181). Die unzulässige Entfernung des Angeklagten ist ein absoluter Revisionsgrund nach § 338 Nr. 5 StPO; diejenige eines Zuhörers nach § 338 Nr. 6 StPO (BGH, NStZ 1982, 389). Wird der Angeklagte wegen Ungehorsams für die Dauer der Vernehmung eines Zeugen aus dem Sitzungssaal entfernt, dürfen während seiner Abwesenheit keine vom Entfernungsbeschluss nicht gedeckten Beweiserhebungen (Bsp. Augenschein) durchgeführt werden. Geschieht dies doch ist § 338 Nr. 5 StPO verletzt (BGH, NStZ 2015, 181). Pressevertreter können einen Verstoß gegen Art. 5 Abs. 1 GG mit der Verfassungsbeschwerde rügen (BVerfG, NJW 1979, 1400).

§ 178 GVG [Ordnungsmittel wegen Ungebühr]. (1) ¹Gegen Parteien, Beschuldigte, Zeugen, Sachverständige oder bei der Verhandlung nicht beteiligte Personen, die sich in der Sitzung einer Ungebühr schuldig machen, kann vorbehaltlich der strafgerichtlichen Verfolgung ein Ordnungsgeld bis zu 1 000 EUR oder Ordnungshaft bis zu einer Woche festgesetzt und sofort vollstreckt werden. ²Bei der Festsetzung von Ordnungsgeld ist zugleich für den Fall, dass dieses nicht beigetrieben werden kann, zu bestimmen, in welchem Maße Ordnungshaft an seine Stelle tritt.
(2) Über die Festsetzung von Ordnungsmitteln entscheidet gegenüber Personen, die bei der Verhandlung nicht beteiligt sind, der Vorsitzende, in den übrigen Fällen das Gericht.
(3) Wird wegen derselben Tat später auf Strafe erkannt, so sind das Ordnungsgeld oder die Ordnungshaft auf die Strafe anzurechnen.

1 **A. Allgemeines.** Schutzgut des § 178 ist sowohl die Würde des Gerichts als Institution, als auch der geordnete, die Sachlichkeit der gerichtlichen Verhandlung gewährleistende Verfahrensablauf (vgl. BerlVerfGH, NJW-RR 2000, 1512, 1513; OLG Köln, NJW 2008, 2865, 2866; KK-StPO/*Diemer*, § 178 GVG Rn. 1; *Meyer-Goßner/Schmitt*, § 178 GVG Rn. 2; *Pfeiffer*, § 178 Rn. 1; einschränkend *Kissel/Mayer*, § 178 Rn. 10; LR/ *Wickern*, § 178 GVG Rn. 3). Trotz ihrer repressiven Ausrichtung ist die Vorschrift keine Strafnorm (*Winter*, NStZ 1990, 373). Die dem Gericht eingeräumte Rechtsmacht, ein gravierendes Fehlverhalten in Anwesenheit der anderen Sitzungsteilnehmer unverzüglich mit empfindlichen und sofort vollstreckbaren (Haft) Sanktionen beantworten zu können, stützt seine Autorität (OLG Köln, NJW 2008, 2865, 2866) und hat abschreckende Wirkung (BerlVerfGH, NJW-RR 2000, 1512, 1514; *Winter*, NStZ 1990, 373, 374; *Kissel/Mayer*, § 178 Rn. 7).

2 **B. Tatbestand. I. Ungebühr.** Ausgehend von der Schutzzweckbestimmung in Rdn. 1 ist **Ungebühr** jeder erhebliche Angriff auf die Ordnung in der Sitzung, deren justizförmigen Ablauf, den Gerichtsfrieden und die Würde des Gerichts (vgl. OLG Düsseldorf, NStZ-RR 1997, 370; OLG Hamm, NStZ-RR 2001, 116, 117; OLG Zweibrücken, NJW 2005, 611). Die Rechtsprechung ist weitgehend kasuistisch und berücksichtigt Zeiterscheinungen. Im Einzelnen gilt:

3 **Tätlichkeiten** (BGH, JZ 1951, 791), **Formalbeleidigungen** oder beleidigende Gesten im Sitzungssaal sind stets ungebührlich (OLG Hamm, StraFo 2005, 251; LR/ *Wickern*, § 178 GVG Rn. 7). Gleiches gilt für das ungenehmigte Essen, Trinken oder Rauchen (*Kissel/Mayer*, § 178 Rn. 12) sowie gravierende

Respektlosigkeiten (demonstratives Kaugummikauen, Duzen, Anrede mit dem Vornamen, vgl. *Kissel/ Mayer*, § 178 Rn. 16) oder ein **zur Schau gestelltes Desinteresse** (Schlafen in liegender Haltung, Telefonieren, Lesen einer Zeitschrift, vgl. OLG Karlsruhe, JR 1977, 392; KK-StPO/*Diemer*, § 178 GVG Rn. 3).

Das **Nichtaufstehen** beim Einzug des Gerichts, der Urteilsverkündung oder bei Vereidigungen bringt i.d.R. eine Missachtung des Verfahrens und der sie leitenden Personen zum Ausdruck und ist daher ungebührlich (OLG Brandenburg, wistra 2014, 79 [Urteilsverkündung]; OLG Celle, NStZ-RR 2012, 119 [Urteilsverkündung]; OLG Köln, NJW 1985, 446 [demonstratives Nichtaufstehen, Zuwenden der »Kehrseite«]; OLG Koblenz, NStZ 1984, 234 [erstes Eintreten des Gerichts]; LR/*Wickern*, § 178 GVG Rn. 14; einschränkend OLG Karlsruhe NStZ 2015, 300 [nicht beim Eintritt des Gerichts nach einer kurzen Sitzungspause]; OLG Saarbrücken, StraFo 2007, 208; *Kissel/Mayer*, § 178 Rn. 15). Gleiches gilt, wenn richterliche Anordnungen demonstrativ außer Acht gelassen werden (Bsp. Nichteinnahme der zugewiesenen Plätze; Fertigung von Fotografien trotz ausdrücklichen Verbots; Dazwischenreden trotz Wortentzugs, fortgesetztes lautes Unterhalten trotz Ermahnung, Handyklingeln trotz Aufforderung zur Stummschaltung, etc., vgl. *Kissel/Mayer*, § 178 Rn. 1; LR/*Wickern*, § 178 GVG Rn. 15). 4

Ein Erscheinen in **betrunkenem Zustand** oder **unangemessener Bekleidung** ist Ungebühr, wenn darin eine Herabsetzung der Verfahrensbeteiligten und des Gerichts als sozialer Institution zum Ausdruck kommt (OLG Koblenz, NJW 1995, 977). Dies ist bei vermeidbarer Trunkenheit regelmäßig der Fall (vgl. OLG Düsseldorf, NJW 1989, 241). Auch das Tragen einer Kopfbedeckung im Sitzungssaal hat, soweit hierfür keine nachvollziehbaren Gründe bestehen, i.d.R. provokativen Charakter und ist daher Ungebühr. Bei der Beurteilung, ob eine Bekleidung angemessen ist, muss auf die herrschenden Gepflogenheiten abgestellt werden. Ein Auftreten in Freizeitkleidung ist regelmäßig auch für einen Zeugen nicht ungebührlich (OLG Koblenz, NJW 1995, 977; OLG Düsseldorf, NJW 1986, 1505, 1506). Vgl. i.Ü. Rdn. 3 zu § 175. 5

Bei **wertenden Äußerungen** kommt es auf den Einzelfall an. Beifalls- oder Missfallenskundgebungen (Bsp. Zuschlagen einer Tür; vgl. OLG Zweibrücken, NJW 2005, 611), Gelächter oder Kommentare aus dem Saalpublikum stören die äußere Ordnung der Sitzung und sind, da hierfür kein nachvollziehbares Interesse besteht, stets ungebührlich (vgl. *Kissel/Mayer*, § 178 Rn. 26). Wertende Äußerungen von **Verfahrensbeteiligten** stellen nur dann eine Ungebühr dar, wenn sie in keinem inneren Zusammenhang zur Ausführung oder Verteidigung der geltend gemachten Rechte stehen oder offenkundig haltlos sind (BVerfG, NJW 1991, 2074, 2075; 2007, 2838, 2840) und deshalb nur eine Missachtung des Verfahrens und der sie leitenden Personen zum Ausdruck bringen (BerlVerfGH, NJW-RR 2000, 1512, 1513). Dabei kommt es auf den Gesamtzusammenhang an (vgl. OLG Hamm, NStZ-RR 2001, 116, 117). I.Ü. ist jeder Verfahrensbeteiligte berechtigt, seine Rechtsposition durch starke, eindringliche Ausdrücke und sinnfällige Schlagworte zu unterstreichen (BVerfGE 76, 171, 192; NJW 2007, 2838, 2840). Der Angeklagte oder der Nebenkläger begehen daher i.d.R. keine Ungebühr, wenn sie einem Richter Voreingenommenheit vorwerfen (abw. OLG Koblenz, OLGSt, § 178 GVG, Nr. 9), die Sachkunde eines Sachverständigen kritisieren (vgl. BVerfGE 76, 171, 192) oder einem Zeugen die Zuverlässigkeit absprechen. 6

Die bloße **Verletzung prozessualer Vorschriften** durch Verfahrensbeteiligte ist für sich noch keine Ungebühr (Bsp. Nichtangabe der Anschrift durch einen Zeugen, unberechtigte Aussageverweigerung; Verletzung der Wahrheitspflicht). Insoweit gelten allein die hierfür vorgesehenen Sanktionen (OLG Stuttgart, NStZ 1991, 297, 298; *Kissel/Mayer*, § 178 Rn. 11). Allerdings kann in der Art und Weise, in der die Befolgung prozessualer Pflichten verweigert wird, eine Ungebühr liegen (vgl. BGH, StV 1983, 495). 7

II. Adressatenkreis. Mit Ordnungsmitteln dürfen nur die **in Abs. 1 Satz 1 abschließend aufgezählten Personen** belegt werden. Dabei handelt es sich um denselben Personenkreis wie bei § 177 Satz 1 (dort Rdn. 2 f.). Auf Erziehungsberechtigte und gesetzliche Vertreter ist § 178 nicht anwendbar, weil § 51 Abs. 3 JGG insoweit nur § 177, nicht aber auch § 178 für entsprechend anwendbar erklärt (vgl. OLG Dresden NStZ 2010, 472). 8

III. Sitzung. Gegenstand einer Ahndung kann nur ein ungebührliches Verhalten sein, dass **in der Sitzung** begangen worden ist. Der Begriff der Sitzung entspricht in zeitlicher Hinsicht dem Geltungsbereich der Sitzungspolizei (vgl. Rdn. 4 zu § 176). Ungebührliches Verhalten im schriftlichen Verkehr 9 und Ungebühr auf der Geschäftsstelle werden von § 178 nicht erfasst (LR/*Wickern*, § 178 GVG Rn. 6 m.w.N.).

10 **IV. Verschulden.** Ordnungsmittel dürfen nur bei schuldhaftem Verhalten verhängt werden. Dies setzt Schuldfähigkeit analog den §§ 19, 20 StGB und Strafmündigkeit analog § 3 JGG voraus (OLG Neustadt, NJW 61, 885; *Kissel/Mayer*, § 178 Rn. 32). Fahrlässiges Verhalten reicht grds. aus (KK-StPO/*Diemer*, § 178 GVG Rn. 5; *Katholnigg*, § 178 Rn. 2; *Kissel/Mayer*, § 178 Rn. 32; LR/*Wickern*, § 178 GVG Rn. 5; Zöller/*Lückemann*, § 178 GVG Rn. 2; a. A. OLG Stuttgart, Justiz 86, 228; *Meyer-Goßner/Schmitt*, § 178 GVG Rn. 4 m.w.N.), doch wird in der Mehrzahl der Fälle nur bei vorsätzlichem Verhalten die für die Annahme einer Ungebühr erforderliche Missachtung des Gerichts vorliegen.

11 **C. Die Festsetzung der Ordnungsmittel. I. Ermessensausübung.** Die Verhängung von Ordnungsmitteln steht im pflichtgemäßen Ermessen des Gerichts (OLG Köln, NJW 2008, 2865, 2866; OLG Stuttgart, NStZ 1991, 297). Dabei sind alle relevanten Umstände zu berücksichtigen. Der Verhältnismäßigkeitsgrundsatz ist zu beachten. Danach wird i.d.R. zunächst die Erteilung einer Abmahnung unter Androhung von Ordnungsmitteln als milderes Mittel in Betracht kommen (BVerfG, NJW 2007, 2839, 2840; *Kissel/Mayer*, § 178 Rn. 42). Eine Ahndung mit Ordnungsmitteln ist im Allgemeinen entbehrlich, wenn das ungebührliche Verhalten eine Entgleisung darstellt, die aus einer augenblicklichen gereizten Verhandlungssituation erwachsen ist (vgl. OLG Hamm, NStZ-RR 2001, 116, 117) oder in spontaner Reaktion auf ein als beanstandungswürdig empfundenes Fehlverhalten anderer Verfahrensbeteiligter erfolgte (BVerfG, NJW 2007, 2839) und keine Wiederholungsgefahr besteht (OLG Hamm, NStZ-RR 1997, 370, 371). Gleiches gilt, wenn sich der Störer entschuldigt hat und eine Einhaltung der Regeln glaubhaft zusichert. Hierzu ist er bei seiner Anhörung (Rdn. 16) anzuhalten (OLG Köln, NJW 2008, 2865, 2867). Wurde eine Ungebühr fahrlässig begangen (Bsp. Einschlafen) wird i.d.R. zunächst kein Ahndungsbedürfnis bestehen.

12 **II. Ordnungsmittel und ihre Bemessung.** Ordnungsmittel sind **Ordnungsgeld** zwischen fünf (Art. 6 Abs. 1 Satz 1 EGStGB) und 1.000,00 € sowie **Ordnungshaft** von einem Tag (Art. 6 Abs. 2 Satz 1 EGStGB) bis zu einer Woche. Ordnungsgeld ist summenmäßig festzusetzen und für den Fall seiner Uneinbringlichkeit Ersatzordnungshaft anzuordnen. Dabei kann ein Umrechnungsschlüssel verwendet (z.B. ein Tag Ersatzordnungshaft je 100,00 € Ordnungsgeld) oder Ersatzordnungshaft in einer bestimmten Tageszahl bestimmt werden (z.B. 300,00 € Ordnungsgeld ersatzweise drei Tage Haft). Diese Entscheidung ist nachholbar (Art. 8 Abs. 1 EGStGB). Von der Vollstreckung von Ersatzordnungshaft kann nachträglich abgesehen werden (Art. 8 Abs. 2 EGStGB). Die Gewährung von Zahlungserleichterungen ist bereits im Anordnungsbeschluss (Art. 7 Abs. 1 EGStGB), aber auch noch nachträglich möglich (Art. 7 Abs. 2 EGStGB; § 31 Abs. 3 RPflG). Die Ordnungshaft darf die Sitzungsdauer übersteigen

13 Immunität hindert nicht die Festsetzung von Ordnungsmitteln, wohl aber deren Vollstreckung (eingehend LR/*Wickern*, § 178 GVG Rn. 22).

14 Wiederholte Ungebühr darf erneut geahndet werden (OLG Koblenz, RPfleger 2013, 565). Die §§ 176, 177 sind daneben anwendbar (*Kissel/Mayer*, § 178 Rn. 33).

15 **III. Verfahren.** Nach Abs. 2 entscheidet über Ordnungsmittel gegen an der Verhandlung nicht beteiligte Personen (Zuhörer) der Vorsitzende und i.Ü. das Gericht. Die Entscheidungen ergehen von Amts wegen. Die Verfahrensbeteiligten haben kein formelles Antragsrecht.

16 Vor einer Entscheidung ist der Vorgang zunächst zu protokollieren (§ 182) und der Betroffene **anzuhören**. Der Angeklagte kann sich dabei durch seinen Verteidiger äußern. Die Anhörung dient der Aufhellung der Beweggründe des Betroffenen und kann zur Erledigung führen. Von ihr kann deshalb nur dann abgesehen werden, wenn der Ungebührwille, (z.B. bei groben Beleidigungen oder Tätlichkeiten) außer Zweifel steht (OLG Brandenburg, wistra 2014, 79; OLG Hamm, NStZ-RR 2001, 116, 117) oder eine Anhörung dem Gericht aus anderen Gründen unzumutbar ist (OLG Köln, NJW 2008, 2865, 2867; OLG Düsseldorf, NStZ 88, 288; *Kissel/Mayer*, § 178 Rn. 46). Ein ohne die erforderliche Anhörung ergangener Ordnungsgeldbeschluss ist im Beschwerdeverfahren (§ 181) aufzuheben (OLG Bam-

berg, StraFo 2013, 292). Eine Anhörung des Sitzungsvertreters der StA ist nicht zwingend erforderlich (*Meyer-Goßner/Schmitt*, § 178 GVG Rn. 15; LR/*Wickern*, § 178 GVG Rn. 36).

Die Festsetzung geschieht durch einen zu begründenden **Beschluss**, der noch **in der laufenden Sitzung** nach § 35 Abs. 1 StPO durch Verkündung bekannt zu machen ist (OLG Nürnberg, NStZ-RR 2006, 308; OLG Schleswig, NJW 1970, 1321, 1322; OLG Hamburg, NJW 1999, 2607 m.w.N.). Bleibt der Störer anwesend, kann die Verkündung bis zum Ende des Sitzungstages zurückgestellt werden. Bei mehrtägigen Verhandlungen kann ausnahmsweise auch eine Verkündung am nächsten Sitzungstag erfolgen (*Kissel/Mayer*, § 178 Rn. 48; LR/*Wickern*, § 178 GVG Rn. 31; *Meyer-Goßner/Schmitt*, § 178 GVG Rn. 16). Eine Verkündung in einer Verhandlung in anderer Sache ist nicht zulässig, auch wenn es sich dabei um denselben Sitzungstag handelt (OLG Nürnberg, NStZ-RR 2006, 308). Nach Sitzungsende darf ein Ordnungsgeldbeschluss auch dann nicht mehr ergehen, wenn dies in der Sitzung angekündigt worden ist (OLG Hamburg, NJW 1999, 2607; offengelassen in OLG Nürnberg, NStZ-RR 2006, 308). 17

Zur Vollstreckung s. § 179, zu den Rechtsbehelfen § 181 und zur Protokollierung § 182. 18

D. Ordnungsmittel und anderweitige Ahndungen. Die Anordnung von Ordnungsmitteln bei einer in der Sitzung begangenen Straftat, steht deren strafrechtlicher Verfolgbarkeit nicht entgegen (ausdrücklich klargestellt in Abs. 1 Satz 1). Das Gericht hat nach § 183 sichernde Maßnahmen zu ergreifen. Nach Abs. 3 ist ein verhängtes Ordnungsmittel jedoch auf eine spätere Strafe anzurechnen. 19

Auch disziplinarische Ahndungen von Untersuchungs- und Strafgefangenen bleiben möglich (eingehend LR/*Wickern*, § 178 GVG Rn. 28 f.). 20

§ 179 GVG [Vollstreckung]. Die Vollstreckung der vorstehend bezeichneten Ordnungsmittel hat der Vorsitzende unmittelbar zu veranlassen.

Die Vorschrift bezieht sich über die in den §§ 177, 178 genannten Ordnungsmittel hinaus auch auf alle vollstreckbaren Anordnungen, die nach § 176 getroffen worden sind. Funktionell zuständig ist nach § 31 Abs. 3 RPflG der Rechtspfleger. Sofort zu vollziehende sitzungspolizeiliche Anordnungen wie Durchsuchungen, das Entfernen von Personen aus dem Sitzungssaal (§§ 176, 177) oder das Abführen in Ordnungshaft (§ 177, 178) werden von den Justizwachmeistern oder Polizeibeamten in Amtshilfe vollzogen. 1

§ 180 GVG [Einzelrichter außerhalb der Sitzung]. Die in den §§ 176 bis 179 bezeichneten Befugnisse stehen auch einem einzelnen Richter bei der Vornahme von Amtshandlungen außerhalb der Sitzung zu.

§ 180 verleiht auch dem Ermittlungsrichter, dem beauftragten oder ersuchten Richter und dem Rechtshilferichter sitzungspolizeiliche Befugnisse, wenn er Amtshandlungen vornimmt, die der richterlichen Tätigkeit in einer Sitzung gleich zu achten sind. Dies sind insb. Vernehmungen, aber auch die Einnahme eines Augenscheins. Durch den Verweis auf § 179 wird auch die Vollstreckungszuständigkeit übertragen. 1

§ 164 StPO ist daneben anwendbar (str., vgl. LR/*Wickern*, § 180 GVG Rn. 4; *Meyer-Goßner/Schmitt*, § 180 GVG Rn. 1). 2

§ 181 GVG [Beschwerde]. (1) Ist in den Fällen der §§ 178, 180 ein Ordnungsmittel festgesetzt, so kann gegen die Entscheidung binnen der Frist von einer Woche nach ihrer Bekanntmachung Beschwerde eingelegt werden, sofern sie nicht von dem Bundesgerichtshof oder einem Oberlandesgericht getroffen ist.
(2) Die Beschwerde hat in dem Falle des § 178 keine aufschiebende Wirkung, in dem Falle des § 180 aufschiebende Wirkung.
(3) Über die Beschwerde entscheidet das Oberlandesgericht.

§ 181 GVG   Beschwerde

1 Die Beschwerde nach § 181 ist **nur gegen die Festsetzung von Ordnungsmitteln nach § 178** statthaft. Dies gilt auch dann, wenn die Anordnung durch einem Einzelrichter außerhalb der Sitzung erfolgt ist (§ 180). Ordnungsmittelfestsetzungen durch ein OLG oder den BGH sind grds. nicht anfechtbar (letzter Halbs.). § 181 Abs. 1 enthält eine spezielle und abschließende Regelung (BGHSt. 44, 23, 25), die einer Analogie nicht zugänglich ist und eine Anfechtung sitzungspolizeilicher Maßnahmen nach anderen Vorschriften (§§ 304 StPO, 23 EGGVG) ausschließt. Dies hat zur Folge, dass nicht nach § 178 getroffene Anordnungen (§§ 175, 176, 177) einer Anfechtung entzogen sind (KK-StPO/*Diemer*, § 181 GVG Rn. 2; LR/*Wickern*, § 181 GVG Rn. 1; offengelassen in BGHSt. 44, 23, 25) und auch Anordnungen der Ermittlungsrichter des BGH und der OLG unanfechtbar bleiben (*Kaehne*, S. 50; a. A. für Haftanordnungen LR/*Wickern*, § 181 GVG Rn. 1, *Meyer-Goßner/Schmitt*, § 181 GVG Rn. 5). Für die Vollstreckung von Ordnungsmitteln gilt § 181 nicht, sodass eine Überprüfung der dort getroffenen Entscheidungen nach § 304 StPO möglich bleibt (OLG Celle, NStZ-RR 1998, 210).

2 Bei der Beschwerde nach Abs. 1 handelt es sich nach ganz einhelliger Meinung (vgl. LR/*Wickern*, § 181 GVG Rn. 2 m.w.N.) um eine **sofortige Beschwerde**, für die im Strafverfahren die Vorschriften der StPO entsprechend gelten. Dies hat zur Folge, dass die **Beschwerdefrist** nach Abs. 1 mit der Bekanntmachung der angegriffenen Entscheidung entsprechend § 35 StPO zu laufen beginnt (§ 311 Abs. 2). Eine Rechtsmittelbelehrung ist anzufügen (§ 35a Satz 1 StPO). Für die **Einlegung** der Beschwerde gilt § 306 Abs. 1 StPO. Wird sie entgegen dieser Vorschrift beim OLG eingereicht, ist die Frist nur dann gewahrt, wenn die Beschwerdeschrift noch vor Fristablauf beim Ausgangsgericht eingeht (OLG Hamburg, NJW 1999, 2607; LR/*Wickern*, § 181 GVG Rn. 8; *Meyer-Goßner/Schmitt*, § 181 GVG Rn. 1). Die Gegenansicht, die an dieser Stelle einen Gleichlauf mit dem Zivilprozess herstellen und § 569 Abs. 1 Satz 1 ZPO entsprechend anwenden will (*Kissel/Mayer*, § 181 Rn. 6; KK-StPO/*Diemer*, § 181 GVG Rn. 1), vermag für den darin liegenden Systembruch kein Sachargument anzuführen und überzeugt deshalb nicht. Eine Wiedereinsetzung – auch von Amts wegen – ist in Anwendung der §§ 44 ff. StPO möglich.

3 Beschwerdeberechtigt ist allein die nach § 178 mit einem Ordnungsmittel belegte Person (BayObLGSt 13, 307; *Kissel/Mayer*, § 181 Rn. 10; a. A. OLG Stuttgart, NStZ 91, 297, wonach wegen § 296 StPO immer auch die StA beschwerdeberechtigt sein soll). Die Beschwerde ist auch noch dann zulässig, wenn die Vollstreckung bereits begonnen hat oder schon abgeschlossen ist (OLG Celle, NStZ-RR 2012, 119).

4 Die Beschwerde hat nach Abs. 2 **keine aufschiebende Wirkung**, jedoch kann das Beschwerdegericht die Vollziehung nach § 307 Abs. 2 StPO aussetzen. Wurde Ordnungshaft angeordnet und diese sofort vollzogen, ist deshalb eine eingegangene Beschwerde sofort zu bearbeiten und dem OLG vorzulegen. § 306 Abs. 2 StPO gilt nicht (BGHSt 47, 105, 112 f.).

5 Über die Beschwerde entscheidet nach Abs. 3 das **OLG**, das dem Richter übergeordnet ist, der die angegriffene Ordnungsmittelanordnung getroffen hat (KK-StPO/*Diemer*, § 181 GVG Rn. 4). Es kann die angefochtene Anordnung nach eigenem Ermessen aufheben oder abändern (OLG Celle, NStZ-RR 2012, 119). Eine Aufhebung ist veranlasst, wenn im Protokoll (§ 182) ausreichende Feststellungen fehlen oder der festgestellte Sachverhalt die Annahme einer Ungebühr nicht trägt. Eine fehlende Sachverhaltsdarstellung wird durch die Beschlussbegründung nicht ersetzt (KK-StPO/*Diemer*, § 182 Rn. 2). Auf nicht nach § 182 protokollierte Vorgänge, darf das Beschwerdegericht grds. nicht zurückgreifen und auch keine eigenen Erhebungen zur Schließung eventueller Lücken vornehmen (vgl. BVerfG, NJW 2007, 2839, 2840 m.w.N.). Vom Protokoll abweichendes tatsächliches Vorbringen des Beschwerdeführers ist durch geeignete Erhebungen (Bsp. Einholung dienstlicher Stellungnahmen) zu überprüfen (OLG Hamm, NJW 1969, 1919, 1920; KK-StPO/*Diemer*, § 182 Rn. 1; LR/*Wickern*, § 182 GVG Rn. 7 m.w.N.). Enthält der Ordnungsmittelbeschluss entgegen § 34 StPO keine Begründung, führt dies nicht zu seiner Aufhebung, wenn nach der Sachverhaltsdarstellung im Protokoll (vgl. Rdn. 2 zu § 182) die Gründe der Entscheidung außer Zweifel stehen (OLG Düsseldorf, NStZ 1988, 238; *Meyer-Goßner/Schmitt*, § 182 Rn. 4 m.w.N.). Das Verbot der reformatio in peius gilt sinngemäß. Erscheint die Ungebühr geringfügig, kann analog § 153 StPO von einem Ordnungsmittel abgesehen werden (LR/*Wickern*, § 181 GVG Rn. 13; *Meyer-Goßner/Schmitt*, § 181 GVG Rn. 6). Eine Zurückverweisung ist nicht möglich.

6 Das Verfahren ist **gebührenfrei** und eine Kostenentscheidung daher nicht veranlasst. Ist die Beschwerde erfolgreich, können die notwendigen Auslagen analog §§ 464, 467 Abs. 1 StPO der Staatskasse auf-

erlegt werden. § 473 Abs. 1 StPO gilt nicht (h.M. KK-StPO/*Diemer*, § 181 GVG Rn. 5; LR/*Wickern*, § 181 GVG Rn. 15).

§ 182 GVG [Protokollierung]. Ist ein Ordnungsmittel wegen Ungebühr festgesetzt oder eine Person zur Ordnungshaft abgeführt oder eine an der Verhandlung beteiligte Person entfernt worden, so ist der Beschluss des Gerichts und dessen Veranlassung in das Protokoll aufzunehmen.

Nach dieser Vorschrift sind alle wegen Ungebühr nach den §§ 178, 180 verhängten Ordnungsmittel, jede nach den §§ 177 Satz 1, 180 angeordnete Ordnungshaft und jede nach den §§ 177 Satz 1, 180 veranlasste Entfernung einer an der Verhandlung beteiligten Person durch das Protokoll zu beurkunden. Lediglich für die auf § 177 Satz 1 gestützte Entfernung einer nicht an der Verhandlung beteiligten Person besteht kein Protokollierungszwang. 1

Zu protokollieren sind der mit Gründen versehene (§ 34 StPO) Ordnungsmittelbeschluss und der Sachverhalt, auf dem die Festsetzung des Ordnungsmittels beruht. Die Schilderung des Sachverhalts ist von der Begründung des Beschlusses zu trennen (OLG Karlsruhe, NJW-RR 1998, 144). Sie sollte eine so umfassende und detaillierte Wiedergabe der maßgeblichen Vorgänge enthalten, dass das Beschwerdegericht allein auf dieser Grundlage eine eigene Sachentscheidung treffen kann (OLG Hamm, NJW 1969, 1919, 1920; *Kissel/Mayer*, § 182 Rn. 3). Dabei ist eine möglichst phänomengebundene Darstellung zu wählen. Ausgestoßene Beleidigungen sind wörtlich wiederzugeben, Tätlichkeiten anschaulich zu beschreiben (BGHSt. 9, 77, 82 f.). Da es für die Beurteilung einer Ungebühr auch auf die Vorgeschichte des Geschehens und das anschließende Verhalten des Betroffenen (Bsp. vorherige Ermahnungen, Androhung von Ordnungsmitteln, sofortige Entschuldigung) ankommt, sollten auch hierzu Feststellungen getroffen werden. Die Gewährung des rechtlichen Gehörs ist ebenfalls zu beurkunden (BayObLGSt. 15, 129). Wurde von seiner Gewährung aus besonderen Gründen abgesehen (vgl. Rdn. 17 zu § 178), ist auch dies zu protokollieren (LR/*Wickern*, § 182 Rn. 10). 2

Das Protokoll ist widerlegbar (Bsp. durch dienstliche Erklärungen). Eine nachträgliche Ergänzung der Protokollierung ist nicht möglich (OLG Karlsruhe, NJW-RR 1998, 144; *Kissel/Mayer*, § 182 Rn. 4; a. A. LR/*Wickern*, § 182 GVG Rn. 7 m.w.N.). Zur Überprüfung abweichenden Beschwerdevorbringens s. Rdn. 5 zu § 181. 3

§ 183 GVG [Straftaten in der Sitzung]. ¹Wird eine Straftat in der Sitzung begangen, so hat das Gericht den Tatbestand festzustellen und der zuständigen Behörde das darüber aufgenommene Protokoll mitzuteilen. ²In geeigneten Fällen ist die vorläufige Festnahme des Täters zu verfügen.

Nach Satz 1 hat das Gericht (nicht der Vorsitzende allein) in der Sitzung begangene Straftaten (dazu Rdn. 4 zu § 176) eigenverantwortlich und von Amts wegen festzustellen. Die zuständige Strafverfolgungsbehörde ist von diesen Feststellungen durch Zuleitung eines hierüber gefertigten Protokolls in Kenntnis zu setzen. Dies gilt auch für Straftaten, die keine Störung der äußeren Ordnung der Sitzung darstellen (Bsp. Falschaussagen, versuchte Strafvereitelung etc.). 1

Eine vorläufige Festnahme kann auch nach Satz 2 nur unter den Voraussetzungen des § 127 Abs. 1 Satz 1 StPO veranlasst werden. Ein weiter gehendes Festnahmerecht besteht nicht. Auch kann mangels Zuständigkeit kein Haftbefehl erlassen werden (*Meyer-Goßner/Schmitt*, § 183 GVG Rn. 2). Weitere Zwangsmaßnahmen sind nicht zulässig. Insoweit kann sich jedoch eine Befugnis aus § 176 ergeben (Bsp. Durchsuchung zur Vermeidung weiterer Tätlichkeiten etc.). 2

Fünfzehnter Titel. Gerichtssprache

§ 184 GVG [Gerichtssprache Deutsch]. ¹Die Gerichtssprache ist deutsch. ²Das Recht der Sorben, in den Heimatkreisen der sorbischen Bevölkerung vor Gericht sorbisch zu sprechen, ist gewährleistet.

1 **A. Grundsätzliches.** Die Norm legt **Hochdeutsch** als zwingende und von Amts wegen zu beachtende Gerichtssprache fest (RGSt 67, 221 [223]; Graf/*Allgayer* § 184 Rn. 1; SK-StPO/*Frister*, § 184 Rn. 1). Die Norm ist nicht nur bloße Ordnungsvorschrift. Sie dient der Verwirklichung des Anspruchs auf **rechtliches Gehör**, weil sie die Beteiligten davor schützt, vor einem deutschen Gericht in fremder Sprache verhandeln zu müssen (*Kissel/Mayer* § 184 Rn. 1). Die Bevölkerung kann sich in der Muttersprache an das Gericht wenden und dadurch bestmöglich verständigen, so dass auch die Wahrheitsfindung gefördert wird (MüKo-ZPO/*Zimmermann* § 184 Rn. 1). Darüber hinaus wurzelt § 184 in der Öffentlichkeitsmaxime, weil es der gesamten Öffentlichkeit möglich ist, Verhandlungen in der eigenen Sprache zu verstehen. Das spricht auch gegen rechtspolitische Überlegungen, in speziellen Kammern für internationale Handelssachen **Englisch** als Verhandlungssprache zuzulassen (Gesetzentwurf des BR, BT-Drucks. 17/2163), zumal fraglich ist, ob sich die Parteien allein deswegen wieder der deutschen Justiz zuwenden und es weiter zweifelhaft erscheint, dass die deutsche Prozessdogmatik adäquat in einer angelernten fremden Sprache angewandt werden kann. Für den Strafprozess verbieten sich solche Überlegungen von vornherein (a. A. *Hoffmann* Kammern für internationale Handelssachen, 2011, S. 187 ff.).

2 **B. Geltungsbereich.** Die Norm gilt unmittelbar für die vom Geltungsbereich des GVG umfasste ordentliche Gerichtsbarkeit einschließlich der Angelegenheiten der freiwilligen Gerichtsbarkeit. Sie ist auch in anderen Gerichtsbarkeiten anwendbar (§ 9 Abs. 2 ArbGG, § 55 VwGO, § 61 Abs. 1 SGG, § 52 Abs. 1 FGO).

3 **C. Deutsche Sprache.** »Deutsch« ist die deutsche Hochsprache (a. A. LR/*Wickern* § 184 Rn. 2: auch Mundarten), im Schriftverkehr die deutsche Schriftsprache (*Kissel/Mayer* § 184 Rn. 1; MüKo-ZPO/*Zimmermann* § 184 Rn. 2). Die Kommunikation in einem deutschen **Dialekt** ist ausnahmsweise zulässig, sofern alle Verfahrensbeteiligten diesen beherrschen (Graf/*Allgayer* § 184 Rn. 2; Baumbach/Lauterbach/*Hartmann* ZPO § 184 Rn. 2). Ist dies nicht der Fall, muss nach § 185 verfahren werden.

4 **I. Verhandlung.** Die mündliche Verhandlung, egal welcher Art, ist grds. auf Deutsch durchzuführen. Davon kann nach § 185 Abs. 2 abgesehen werden, wenn alle Verfahrensbeteiligten der fremden Sprache mächtig sind (§ 185 Rdn. 12).

5 **II. Äußerungen des Gerichts.** Schriftliche Äußerungen des Gerichts sind allesamt zwingend auf Hochdeutsch zu verfassen. Dies umfasst u.a. Urteile, Beschlüsse, Verfügungen, Belehrungen und Ladungen, aber auch die Sitzungsniederschrift. Gleiches gilt für den maßgeblichen Teil der Anklageschriften und der Strafbefehle (BGH HRRS 2012 Nr. 36). Diese Äußerungen bedürfen zur Wirksamkeit ggü. sprachunkundigen Personen auch nicht der Beifügung einer Übersetzung (BVerfGE 64, 135 [151]; BGH NJW-RR 1996, 387 [388]; BayObLG NStZ 1996, 248 [249]). Die gegenteilige Aufforderung in **Nr. 181 Abs. 2 RiStBV** bindet nur die StA und nicht das Gericht (BVerfGE 64, 135 [150]; *Meyer-Goßner/Schmitt* § 184 Rn. 3). Jedoch ist es aus rechtsstaatlichen Gründen jedenfalls im Strafverfahren geboten, eine Übersetzung einzuholen oder einen Dolmetscher für die mündliche Übersetzung beizuziehen (BVerfGE 40, 95 [99]; *Meyer-Goßner/Schmitt* § 184 Rn. 3). Das ergibt sich aus **Art. 6 Abs. 3 Buchst. a) EMRK**, wonach der Angeschuldigte den Anspruch hat, in einer ihm verständlichen Sprache über die Anklage unterrichtet zu werden (LR/*Wickern* § 184 Rn. 6 f.). Geschieht dies nicht, so ist **Wiedereinsetzung** in den vorigen Stand zu gewähren (BVerfGE 40, 95 [100]; KK-StPO/*Diemer* § 184 Rn. 2). Auch im Rechtshilfeverkehr mit dem Ausland gilt § 184, so dass das Original in deutscher Sprache zu verfassen ist (BGHSt 32, 342 [344]; *Kissel/Mayer* § 184 Rn. 25; a. A. MüKo-ZPO/*Zimmermann* § 184 Rn. 2).

Die Äußerungen des Gerichts müssen **verständlich** sein. Dies hindert die Verwendung von gebräuch- 6
lichen – auch fremdsprachigen – Fremdwörtern und Fachausdrücken nicht. Unzulässig ist eine Äußerung, die nicht ohne ein Fremdwörterlexikon verstanden werden kann oder auch für Sachkundige unverständlich ist. Entscheidungen, die im Gesamten unverständlich sind, sind solchen ohne Gründe
gleichzustellen und bilden einen absoluten Revisionsgrund nach § 338 Nr. 7 StPO (MüKo-ZPO/*Zimmermann* § 184 Rn. 3). Rechtschreib- und Grammatikregeln binden den Richter nicht, sind aber ein
nobile officium (Baumbach/Lauterbach/*Hartmann* ZPO § 184 Rn. 3).

III. Eingaben an das Gericht. Eingaben an das Gericht sind auf Hochdeutsch zu verfassen. **Fremd-** 7
sprachige Eingaben sind unbeachtlich und entfalten keine verfahrensrechtliche Wirkung, wahren mithin keine Fristen (*Meyer-Goßner/Schmitt* § 184 Rn. 2; Baumbach/Lauterbach/*Hartmann* § 184 Rn. 4;
a. A. VGH Bayern, NJW 1976, 1048; LR/*Wickern* § 184 Rn. 16). Dies gilt auch für Eingaben in einer
gebräuchlichen Fremdsprache oder der Sprache eines Mitgliedstaates der EU (*Meyer-Goßner/Schmitt*
§ 184 Rn. 2). Allerdings genügt es grds., wenn einer fremdsprachigen Eingabe eine deutsche Übersetzung beigelegt wird (*Kissel/Mayer* § 184 Rn. 6; MüKo-ZPO/*Zimmermann* § 184 Rn. 7). Ist eine Form
vorgeschrieben, muss die Übersetzung dieser Form entsprechen. Das Nachreichen einer Übersetzung
nach Fristablauf reicht nicht aus (*Meyer-Goßner/Schmitt* § 184 Rn. 2; a. A. LG Berlin JR 1961, 384).
Ggf. kann Wiedereinsetzung gewährt werden, wenn der Sprachunkundige ohne eigenes Verschulden
verhindert war, die Übersetzung innerhalb der Frist beizubringen, z.B. wenn die Abfassung in deutscher
Sprache nicht rechtzeitig möglich war (BVerfGE 40, 95 [100]; BVerfG NVwZ 1992, 1080; NVwZ-RR
1996, 120). Das Gericht hat im Rahmen seiner **Fürsorgepflicht** soweit möglich vom fremdsprachigen
Inhalt Kenntnis zu nehmen und den Einreichenden unter Fristsetzung darauf hinzuweisen, dass die Eingabe in deutscher Sprache vorgelegt werden muss (*Meyer-Goßner/Schmitt* § 184 Rn. 2; Graf/*Allgayer*
§ 184 Rn. 4). Eingaben von **Untersuchungsgefangenen** darf das Gericht nicht unbeachtet lassen, sondern muss diese bearbeiten oder übersetzen lassen (*Kissel/Mayer* § 184 Rn. 9). Gleiches soll für Erklärungen zum **Rechtsmittelverzicht** gelten (vgl. BGH NStZ 2000, 553; *Meyer-Goßner/Schmitt* § 184
Rn. 2). Beide Ausnahmen lassen sich stimmig nicht begründen. Sie folgen insb. nicht aus **Art. 6 Abs. 3
Buchst. e) EMRK**, der nur das Recht auf die unentgeltliche Bereitstellung eines Dolmetschers, nicht
aber auch auf Eingaben in fremder Sprache statuiert.

Für **Beweismittel** gilt § 184 nicht. Das Gericht kann eine Übersetzung anfordern oder mit Blick auf den 8
Amtsermittlungsgrundsatz des § 244 Abs. 2 StPO von Amts wegen eine solche veranlassen (*Kissel/
Mayer* § 184 Rn. 8). Fremdsprachige Urkunden dürfen in ihrer Originalbezeichnung in die Liste der
Beweismittel aufgenommen werden (BGH HRRS 2012 Nr. 36, Rn. 38).

IV. Internationale Verträge und Rechtsakte. Supranationale und internationale Verträge und 9
Rechtsakte durchbrechen den Grundsatz der deutschen Gerichtssprache. Anträge, die unter §§ 1
Abs. 1, 4 Abs. 3, 25 Abs. 1 AVAG oder § 16 Abs. 3 IntFamRVG fallen, sind wirksam. Das Gericht
kann lediglich die Beibringung einer autorisierten Übersetzung verlangen (§ 4 Abs. 3 AVAG). Art. 105
Abs. 4 Genfer Abkommen über Kriegsgefangene verlangt, dass Kriegsgefangenen Schriftstücke in einer
deren verständlichen Sprache bekannt gegeben werden müssen.

V. Sorbische Sonderregelung. Bereits durch den Einigungsvertrag wurde den Sorben (Wenden) das 10
Recht eingeräumt, in ihren Heimatkreisen vor Gericht **Sorbisch** (Ober- und Niedersorbisch) zu spre-
chen. Die Regelung wurde nunmehr in § 184 Satz 2 übernommen. Damit erfüllt Deutschland Art. 9
der Europäischen Charta der Regional- oder Minderheitensprachen des Europarates (BGBl. 1998 II,
S. 1314). Die Sorben können in den Landkreisen Görlitz, Bautzen, Spree-Neiße, Dahme-Spreewald,
Oberspreewald-Lausitz und der kreisfreien Stadt Cottbus(vgl. § 3 SächsSorbG, § 3 SWG [Branden-
burg] sowie die jew. Anlagen hierzu) die sorbische Sprache auch bei Eingaben an das Gericht benutzen.
Sind alle Beteiligten des Sorbischen mächtig, kann nach § 185 Abs. 2 sogar auf Sorbisch verhandelt werden, anderenfalls muss ein Dolmetscher hinzugezogen werden. Äußerungen des Gerichts ergehen trotzdem auf Deutsch.

§ 185 GVG [Dolmetscher]. (1) ¹Wird unter Beteiligung von Personen verhandelt, die der deutschen Sprache nicht mächtig sind, so ist ein Dolmetscher zuzuziehen. ²Ein Nebenprotokoll in der fremden Sprache wird nicht geführt; jedoch sollen Aussagen und Erklärungen in fremder Sprache, wenn und soweit der Richter dies mit Rücksicht auf die Wichtigkeit der Sache für erforderlich erachtet, auch in der fremden Sprache in das Protokoll oder in eine Anlage niedergeschrieben werden. ³In den dazu geeigneten Fällen soll dem Protokoll eine durch den Dolmetscher zu beglaubigende Übersetzung beigefügt werden.
(1a) ¹Das Gericht kann gestatten, dass sich der Dolmetscher während der Verhandlung, Anhörung oder Vernehmung an einem anderen Ort aufhält. ²Die Verhandlung, Anhörung oder Vernehmung wird zeitgleich in Bild und Ton an diesen Ort und in das Sitzungszimmer übertragen.
(2) Die Zuziehung eines Dolmetschers kann unterbleiben, wenn die beteiligten Personen sämtlich der fremden Sprache mächtig sind.
(3) In Familiensachen und in Angelegenheiten der freiwilligen Gerichtsbarkeit bedarf es der Zuziehung eines Dolmetschers nicht, wenn der Richter der Sprache, in der sich die beteiligten Personen erklären, mächtig ist.

1 **A. Normzweck.** Die Norm schützt den Anspruch auf rechtliches Gehör und ein faires Verfahren für diejenigen Beteiligten, die der nach § 184 vorgegebenen deutschen Gerichtssprache nicht mächtig sind (EGMR NJW 1979, 1091; BVerfG NJW 2004, 50 [51]; NJW 1983, 2762 [2765]).

2 **B. Dolmetscher. I. Anwendungsbereich.** § 185 ist auf alle **Verhandlungen** anzuwenden, in denen eine mündliche Verständigung notwendig ist. Hierunter fallen nicht nur die Hauptverhandlung, sondern sämtliche Verfahren vor einem Richter, Rechtspfleger oder Urkundsbeamten der Geschäftsstelle sowie das Vollstreckungsverfahren (*Kissel/Mayer* § 185 Rn. 2 f.; *Katholnigg* § 185 Rn. 1). Art. 6 Abs. 3 Buchst. e) EMRK gewährleistet überdies die Beiordnung eines Dolmetschers zur Vorbereitung der Verteidigung und im Ermittlungsverfahren (BVerfG NJW 2004, 50 [51]; BGHSt 46, 178 [183]; OLG Celle NStZ 2011, 718; *Pfeiffer* § 259 StPO Rn. 1; vgl. auch § 187).

3 **Beteiligte** sind alle Verfahrensbeteiligten im weiteren Sinne. Hierzu zählen Verteidiger und Beistände, Beschuldigter, Nebenkläger, Zeugen, Sachverständige und Parteien des Zivilprozesses einschließlich Nebenintervenienten und Streithelfern (MüKo-ZPO/*Zimmermann* § 185 Rn. 3).

4 **II. Entscheidung über die Hinzuziehung.** Ist eine Person nicht in der Lage, der Verhandlung zu folgen, ist **zwingend** ein Dolmetscher hinzuzuziehen. Ein Verzicht auf die Bestellung eines Dolmetschers ist nicht möglich (KK-StPO/*Diemer* § 185 Rn. 4; *Meyer-Goßner/Schmitt* § 185 Rn. 4; a. A. BVerwG NVwZ 1983, 668 f.).

5 Ob eine Person sprachkundig ist, entscheidet das Gericht nach pflichtgemäßem Ermessen (BayObLG NStZ-RR 2005, 178; Baumbach/Lauterbach/*Hartmann* § 185 Rn. 5), wobei bereits Zweifel an der Sprachkundigkeit die Hinzuziehung notwendig machen (*Katholnigg* § 185 Rn. 1). Ist eine Person der deutschen Sprache **teilweise mächtig**, beurteilt das Tatgericht Umfang und Erforderlichkeit der Hinzuziehung (BGHSt 3, 285 [286]; BGH NStZ 2002, 275 [276]). Dabei spielt auch die verfahrensrechtliche Stellung des Beteiligten (Angeklagter – lediglich Zeuge) eine Rolle (AnwK-StPO/*Püschel* § 185 Rn. 3). In der Konsequenz kann teilweise ohne Anwesenheit eines Dolmetschers verhandelt werden.

6 Einen **Anspruch** auf einen Dolmetscher haben nach Art. VII Abs. 9 Buchst. f) NATO-Truppenstatut Mitglieder einer Stationierungstruppe. Er ergibt sich ferner für das Strafverfahren in Fällen des § 187 und Art. 6 Abs. 3 Buchst. e) EMRK; beachte nun auch die RL 2010/64/EU über das Recht auf Dolmetscherleistungen und Übersetzungen im Strafverfahren, Abl. EU Nr. L 280 v. 26.10.2010.

7 Die Hinzuziehung des Dolmetschers oder das Absehen hiervon und der Grund hierfür sind im **Protokoll** über die Hauptverhandlung zu vermerken (*Kissel/Mayer* § 185 Rn. 13). Gleiches gilt für die Vereidigung gem. § 189; s. dort Rdn. 5.

8 **III. Person des Dolmetschers.** Als **Dolmetscher** kommt jede Person in Frage, die die deutsche Sprache und die fremde Sprache in hinreichendem Maße beherrscht, um eine Verständigung während der Verhandlung zu ermöglichen (*Kissel/Mayer* § 185 Rn. 16). Einer Ausbildung oder einer staatlichen Prü-

fung bedarf es nicht. Es kann auch ein Verwandter eines Beteiligten hinzugezogen werden (BVerwG NJW 1984, 2055). Der Dolmetscher ist Hilfsperson des Gerichts und nicht Sachverständiger (BGHSt 4, 154). Er ist damit wie das Gericht der Wahrheitsermittlung verpflichtet und hat objektiv zu übertragen. Eine Übertragung i.S.d. Verteidigung wäre unzulässig (unzutreffend *Kranjčić* NStZ 2011, 657 [662]). Die Stellung als gerichtliche Hilfsperson unterscheidet ihn vom **Übersetzer**, welcher schriftlich außerhalb einer Verhandlung zwischen Sprachen überträgt (*Meyer-Goßner/Schmitt* § 185 Rn. 2). Nach § 191 gelten aber die Regeln zur Ablehnung von Sachverständigen analog. Die **Auswahl** des Dolmetschers liegt im Ermessen des Gerichts und ist unanfechtbar (LR/*Wickern* § 185 Rn. 13).

IV. Übersetzung. Der Dolmetscher hat dem Sprachunkundigen alle **Erklärungen** ihrem wesentlichen Inhalt nach zugänglich zu machen. **Entscheidungen** (nicht aber die volle Begründung), Auflagen, Fragen, Anträge und entscheidungserhebliche Erklärungen müssen wörtlich übertragen werden. Dies gilt auch für den Anklagesatz. Für die Schlussvorträge gilt § 259 StPO. Bei der Übersetzung **ins Deutsche** ist stets die wörtliche Übertragung erforderlich (*Kissel/Mayer* § 185 Rn. 11; SK-StPO/*Frister* § 185 Rn. 12; zur theoretischen Fragwürdigkeit dieses Postulats *Kranjčić* NStZ 2011, 657 [659]). Zur falschen Übersetzung s. § 189 Rdn. 9. 9

V. Dolmetscher per Videokonferenz. Der mit Gesetz vom 25.4.2013 (BGBl. I S. 935) eingefügte Abs. 1a ermöglicht es dem Gericht, den Dolmetscher via Videokonferenz in das Verfahren einzubinden. Dadurch kann die persönliche Anwesenheit des Dolmetschers bei den Anhörungen, Vernehmungen und auch in der Hauptverhandlung ersetzt werden (*Meyer-Goßner/Schmitt*, § 185 GVG Rn. 8a). Während gegen die Anwendung bei Anhörungen und Vernehmungen keine durchgreifenden Bedenken bestehen, ist bei Anwendung von Abs. 1a im Rahmen der Hauptverhandlung Zurückhaltung geboten (*Meyer-Goßner/Schmitt*, § 185 GVG Rn. 8a). Denn gerade in der Hauptverhandlung ist die Gewährleistung einer direkten und vertraulichen Kommunikation zwischen Angeklagtem und Verteidiger, vermittelt durch den Dolmetscher, von entscheidender Bedeutung, um die Rechte des Angeklagten im Verfahren zu wahren. An dieser Prämisse ist die Ermessensentscheidung des Gerichts auszurichten (BT-Drs. 17/12418, S. 14). Ein Anspruch auf Einsatz der Videokonferenz-Technik besteht ausweislich des Wortlauts der Norm nicht. Die Norm gilt nicht für das staatsanwaltschaftliche oder polizeiliche Verfahren; hier ist der Einsatz von Videokonferenztechnik ohnehin bereits möglich (*Meyer-Goßner/Schmitt*, § 185 GVG Rn. 8). Die Länder können die Anwendung von Abs. 1a wegen Art. 9 des Gesetzes vom 25.4.2013 (BGBl. I S. 935) bis längstens 31.12.2017 hinausschieben.

VI. Kosten. Die Dolmetscherkosten sind Verfahrenskosten, die dem Verurteilten im Straf- und Bußgeldverfahren aber wegen Art. 6 Abs. 3 Buchst. e) EMRK nicht auferlegt werden können (vgl. § 464c StPO; GKG KV 9005). Dies gilt nur, sofern diese Kosten durch die Sprachunkundigkeit des Beschuldigten bedingt sind, also nicht bei den Kosten, die allein für die Übertragung der Aussagen fremdsprachiger Zeugen entstehen (*Kissel/Mayer* § 185 Rn. 21). 10

C. Protokoll. Das Protokoll ist in jedem Fall auf Deutsch zu führen. Dies folgt aus **Abs. 1 Satz 2**. Soweit der Richter es für erforderlich hält, können Aussagen und Erklärungen zusätzlich in fremder Sprache protokolliert oder als Anlage beigelegt werden. Dies kann der Fall sein, wenn es auf den genauen Wortlaut in der fremden Sprache ankommt. Der Dolmetscher soll erforderlichenfalls eine beglaubigte Übersetzung beifügen (**Abs. 1 Satz 3**). Erklärungen, Aussagen und Fragen sind entsprechend der Übersetzung des Dolmetschers in das Protokoll aufzunehmen (*Kissel/Mayer* § 185 Rn. 14). Die Verlesung zur Genehmigung gem. § 273 Abs. 3 StPO hat der Dolmetscher zu übersetzen (*Kissel/Mayer* § 185 Rn. 14). Die absolute Beweiskraft des Protokolls nach § 274 StPO gilt nur hinsichtlich der Teilnahme und Tätigkeit des Dolmetschers im Allgemeinen, nicht aber für die exakten Übersetzungen (RGSt 43, 441 [442]). 11

D. Ausnahmen, Abs. 2 und Abs. 3. Die Hinzuziehung eines Dolmetschers kann nach Abs. 2 unterbleiben, wenn alle Verfahrensbeteiligten der fremden Sprache mächtig sind. Es wird dann in der fremden Sprache verhandelt. Die praktische Relevanz liegt beim Vorverfahren und bei Vernehmungen außerhalb der Hauptverhandlung. Das Gericht ist zur Verhandlung in fremder Sprache 12 indes nicht verpflichtet. Entscheidungen und Plädoyers bzw. Anträge sind im Blick auf § 169 auf Deutsch zu halten bzw. zu verkünden (*Kissel/Mayer* § 185 Rn. 9; LR/*Wickern* § 185 Rn. 5).

13 Abs. 3 lässt in **Familiensachen** und Angelegenheiten der **freiwilligen Gerichtsbarkeit** einen über Abs. 2 hinausgehenden Verzicht auf einen Dolmetscher zu.

14 **E. Revision.** Erfolgt eine notwendige Hinzuziehung nicht, ergibt sich ein absoluter Revisionsgrund nach § 338 Nr. 5 StPO (BayObLG NStZ-RR 2005, 178 [179]). Kann ein Beteiligter partiell der Verhandlung folgen und ist daher nicht die ununterbrochene Anwesenheit eines Dolmetschers notwendig, greift § 338 Nr. 5 StPO nicht, weil der Dolmetscher dann nicht zu den dort genannten Personen gehört (BGH NStZ 2002, 275 [276]).

§ 186 GVG [Hör- und sprachbehinderte Personen].

(1) ¹Die Verständigung mit einer hör- oder sprachbehinderten Person in der Verhandlung erfolgt nach ihrer Wahl mündlich, schriftlich oder mit Hilfe einer die Verständigung ermöglichenden Person, die vom Gericht hinzuzuziehen ist. ²Für die mündliche und schriftliche Verständigung hat das Gericht die geeigneten technischen Hilfsmittel bereitzustellen. ³Die hör- oder sprachbehinderte Person ist auf ihr Wahlrecht hinzuweisen.
(2) Das Gericht kann eine schriftliche Verständigung verlangen oder die Hinzuziehung einer Person als Dolmetscher anordnen, wenn die hör- oder sprachbehinderte Person von ihrem Wahlrecht nach Absatz 1 keinen Gebrauch gemacht hat oder eine ausreichende Verständigung in der nach Absatz 1 gewählten Form nicht oder nur mit unverhältnismäßigem Aufwand möglich ist.

1 **A. Grundsätzliches.** Die Regelung soll die Integration hör- und sprachbehinderter Personen in das Verfahren verbessern, um deren grundrechtlicher Stellung (Art. 3 Abs. 2 Satz 2, 19 Abs. 4, 20 Abs. 3, 103 Abs. 1 GG) gerecht zu werden (BT-Drucks. 14/9266, S. 40). Das geschieht durch die Einführung eines Wahlrechts. Bei Taubstummen bleibt nach Abs. 2 regelmäßig nur die Zuziehung eines Gebärdendolmetschers (s. Nr. 21 Abs. 2 RiStBV).

2 **B. Anwendungsbereich.** Die Norm ist auf alle an der Verhandlung Beteiligten (s. § 185 Rdn. 3) anwendbar, welche hör- oder sprachbehindert sind. Die Verhandlung umfasst nicht nur das gerichtliche Verfahren, sondern auch das Ermittlungs- und Vollstreckungsverfahren (BT-Drucks. 14/9266, S. 41). **Hör- oder Sprachbehinderung** meint jede, auch nur vorübergehende, durch Krankheit oder genetische Anlage ausgelöste Einschränkung der Hör- bzw. Sprachfähigkeit. Einfache Beeinträchtigungen wie Stottern oder Lispeln sind, sofern eine Verständigung mit den Beteiligten noch möglich ist, nicht vom Begriff der Sprachbehinderung umfasst (MüKo-ZPO/*Zimmermann* § 186 Rn. 3). Zu blinden und sehbehinderten Personen s. § 191a.

3 **C. Wahlrecht der behinderten Person.** Die behinderte Person hat nach Abs. 1 Satz 1 das **Wahlrecht** zwischen mündlicher und schriftlicher Verständigung sowie der Verständigung mittels einer Hilfsperson. Nach Abs. 1 Satz 3 ist sie vom Gericht auf das Wahlrecht hinzuweisen. Wählt die Person die mündliche oder schriftliche Verständigung, hat das Gericht die technischen Hilfsmittel, wie z.B. Hörgeräte, Höranlagen oder Schreibmaterial, bereitzustellen (Abs. 1 Satz 2). Eine **Hilfsperson** muss die Verständigung ermöglichen. Das können Gebärden-, Schrift- oder Oraldolmetscher und sonstige Personen sein, die mit der behinderten Person vertraut sind und deren Kommunikation ermöglichen, etwa durch individuelle Gesten (BT-Drucks. 14/9266, S. 40). Ist die Hilfsperson nicht Dolmetscher, muss sie grds. nicht nach § 189 vereidigt werden. Besteht besonderer Anlass, etwa bei Zweifeln an der Richtigkeit der Übertragung, bleibt dies aber nach Ermessen des Gerichts möglich (BGH NJW 1997, 2335 [2336]). Die Hinzuziehung einer Hilfsperson ist im Protokoll zu vermerken (*Kissel/Mayer* § 186 Rn. 16). Ist eine Verständigung mit der behinderten Person auch mit Hilfsmitteln oder -personen nicht möglich, unterbleibt die Vernehmung. Der gewonnene Eindruck kann aber verwertet werden (RGSt 33, 403 [404]; LR/*Wickern* § 186 Rn. 17).

D. Nichtausübung und Grenzen des Wahlrechts. Macht die behinderte Person von ihrem Wahlrecht keinen Gebrauch, kann das Gericht selbst nur die schriftliche Verständigung oder die Hinzuziehung eines Dolmetschers anordnen, Abs. 2 Halbs. 1. Gleiches gilt, wenn die Verständigung trotz der Wahl der behinderten Person nicht möglich ist oder diese Wahl im Ausnahmefall unverhältnismäßigen Aufwand erfordert. Das ist restriktiv zu sehen und verlangt etwa außergewöhnlich hohe Kosten und erhebliche Verfahrensverzögerungen (BT-Drucks. 14/9266, S. 41; SK-StPO/*Frister* § 186 Rn. 8). Die Frage, ob eine Verständigung nicht möglich ist, hat das Gericht nach pflichtgemäßem Ermessen, auch unter Berücksichtigung des Amtsermittlungsgrundsatzes (*Kissel/Mayer* § 186 Rn. 14), zu beantworten.

E. Revision. Wird trotz Notwendigkeit keine Hilfsperson oder kein Hilfsmittel hinzugezogen, begründet dies keinen absoluten Revisionsgrund. Die Aufklärungsrüge bleibt möglich (BGHSt 43, 62 [64]; LR/*Wickern* § 186 Rn. 20).

§ 187 GVG [Dolmetscher für Beschuldigten oder Verurteilten].

(1) ¹Das Gericht zieht für den Beschuldigten oder Verurteilten, der der deutschen Sprache nicht mächtig ist oder der hör- oder sprachbehindert ist, einen Dolmetscher oder Übersetzer heran, soweit dies zur Ausübung seiner strafprozessualen Rechte erforderlich ist. ²Das Gericht weist den Beschuldigten in einer ihm verständlichen Sprache darauf hin, dass er insoweit für das gesamte Strafverfahren die unentgeltliche Hinzuziehung eines Dolmetschers oder Übersetzers beanspruchen kann.
(2) ¹Erforderlich zur Ausübung der strafprozessualen Rechte des Beschuldigten, der der deutschen Sprache nicht mächtig ist, ist in der Regel die schriftliche Übersetzung von freiheitsentziehenden Anordnungen sowie von Anklageschriften, Strafbefehlen und nicht rechtskräftigen Urteilen. ²Eine auszugsweise schriftliche Übersetzung ist ausreichend, wenn hierdurch die strafprozessualen Rechte des Beschuldigten gewahrt werden. ³Die schriftliche Übersetzung ist dem Beschuldigten unverzüglich zur Verfügung zu stellen. ⁴An die Stelle der schriftlichen Übersetzung kann eine mündliche Übersetzung der Unterlagen oder eine mündliche Zusammenfassung des Inhalts der Unterlagen treten, wenn hierdurch die strafprozessualen Rechte des Beschuldigten gewahrt werden. ⁵Dies ist in der Regel dann anzunehmen, wenn der Beschuldigte einen Verteidiger hat.
(3) ¹Der Beschuldigte kann auf eine schriftliche Übersetzung nur wirksam verzichten, wenn er zuvor über sein Recht auf eine schriftliche Übersetzung nach den Absätzen 1 und 2 und über die Folgen eines Verzichts auf eine schriftliche Übersetzung belehrt worden ist. ²Die Belehrung nach Satz 1 und der Verzicht des Beschuldigten sind zu dokumentieren.
(4) Absatz 1 gilt entsprechend für Personen, die nach § 395 der Strafprozessordnung berechtigt sind, sich der öffentlichen Klage mit der Nebenklage anzuschließen.

A. Grundsätzliches. Die Norm ergänzt die Regelungen zu den Sprachmittlern in §§ 185 und 186 für den Strafprozess im Hinblick auf Art. 6 Abs. 3 lit. e EMRK (BT-Drs. 15/1976 S. 19 f.). Sie ermöglicht die Hinzuziehung eines Dolmetschers oder Übersetzers (s. § 185 Rdn. 8) außerhalb von Verhandlungen (vgl. § 185 Rdn. 2). Somit erstrecken sich die Regelungen für Dolmetscher und Übersetzer durch diese Norm auf das **gesamte Strafverfahren**, was durch die Wortwahl Beschuldigter und Verurteilter deutlich wird. Eigenständige Bedeutung hat die Norm nur im Ermittlungs-, Zwischen- und Vollstreckungsverfahren sowie außerhalb der mündlichen Verhandlung, z.B. bei Verteidigergesprächen. Abs. 4 erweitert den Anwendungsbereich auf den Nebenklageberechtigten, auf dass das Opfer einer Straftat nicht schlechter als der Beschuldigte steht (*Meyer-Goßner/Schmitt* § 187 Rn. 6). Qua § 46 OWiG gilt § 187 auch im Bußgeldverfahren. Durch die Neufassung durch das Gesetz vom 2.7.2013 (BGBl. I S. 1938) wurde das Verfahren konkretisiert und die Möglichkeit eines Verzichtes auf die Übersetzung gesetzlich normiert.

B. Hinzuziehung des Dolmetschers. **I. Personenkreis.** Die Person muss **Beschuldigter**, **Verurteilter** oder nach § 395 StPO zum Anschluss als **Nebenkläger** berechtigt sein. Der Beschuldigte ist im untechnischen Sinne zu verstehen und schließt den Angeschuldigten oder Angeklagten ein. Eine

Anschlusserklärung nach § 396 StPO muss nicht vorliegen (Graf/*Allgayer* § 187 Rn. 1), auch eine öffentliche Klage muss noch nicht erhoben sein (LR/*Wickern* § 187 Rn. 4).

3 Die Person darf der deutschen Sprache nicht mächtig sein (vgl. § 185 Rdn. 5) oder muss hör- bzw. sprachbehindert (vgl. § 186 Rdn. 2) sein. Andere Behinderungen werden wegen des eindeutigen Wortlauts nicht erfasst. Weigert sich jemand lediglich, auf Deutsch zu kommunizieren, besteht kein Anspruch auf Beiordnung eines Dolmetschers (BGH NJW 2005, 3434 [3435]). Das Gericht hat den Berechtigten auf den bestehenden Anspruch auf Hinzuziehung des Dolmetschers oder Übersetzer und auf die Unentgeltlichkeit hinzuweisen. Dies ist gem. §§ 168 S. 1, 168a, 168b StPO zu dokumentieren (*Meyer-Goßner/Schmitt*, § 187 Rn. 2). Der Hinweis ist vor jeder Vernehmung zu wiederholen, solange der Berechtigte keinen Dolmetscher oder Übersetzer in Anspruch nimmt (BT-Drs. 17/12578 S. 10).

4 **II. Erforderlichkeit.** Ein Anspruch auf einen Sprachmittler besteht nur, soweit dies zur Wahrung und Ausübung der strafprozessualen Rechte erforderlich ist. Wann dies der Fall ist, lässt sich nur anhand des konkreten Einzelfalles bestimmen (LR/*Wickern* § 187 Rn. 7; *Kissel/Mayer* § 187 Rn. 4; BT-Drs. 17/12578 S. 11). Die **Erforderlichkeit** ist zu bejahen, wenn Anlass zur Sorge besteht, dass der Beschuldigte mit seinem Verteidiger oder dem Gericht nicht ausreichend kommunizieren kann, also wenn er sich nicht verständlich machen oder deren Äußerungen nicht erfassen kann. Gleiches gilt, wenn er nicht in der Lage ist, den Inhalt von bedeutenden Schriftstücken zu verstehen. Bei der Beurteilung spielen Art und Schwere der vorgeworfenen Tat, Komplexität von Sachverhalt und Rechtslage, Bedeutung und Umfang von Beweisfragen und Umfang vorhandener Sprachkenntnisse eine Rolle. Die Pflicht zur Zuziehung eines Dolmetschers ist unabhängig von der notwendigen Verteidigerbeiordnung nach § 140 StPO (BGHSt 46, 178 [183]).

5 **C. Hinzuziehung des Übersetzers. I. Grundsatz.** Im Grundsatz sind die Ausführungen zum Dolmetscher, insbesondere zur Erforderlichkeit, auch für den Übersetzer anzuwenden. Sofern erforderlich, gilt der Grundsatz der vollständigen Übersetzung des Schriftstückes. Es besteht aber keine Pflicht zur Übersetzung der kompletten Ermittlungsakte, wohl aber der wichtigsten, für die Verteidigung erforderlichen Schriftstücke. Nunmehr regelt Abs. 2 exemplarisch und nicht abschließend (BT-Drs. 17/12578 S. 11) Fälle, in denen die Erforderlichkeit einer vollständigen Übersetzung zu bejahen ist. »Urteil« meint hier die mit Gründen versehene Ausfertigung des Urteils, nicht die Verkündung und Eröffnung des Inhalts in der mündlichen Verhandlung (*Meyer-Goßner/Schmitt*, § 187 GVG Rn. 3). Auch in Abwesenheit ergangene Strafbefehle (OLG München StV 2014, 532 [534]) oder Beschlüsse nach § 72 OWiG sollen erfasst sein (BT-Drs. 17/12578 S. 13). Pflichten zur schriftlichen Übersetzung können sich auch aus Normen des Prozessrechts ergeben, wie z.B. aus §§ 114a, 114b StPO bei Haftentscheidungen (BT-Drs. 17/12578 S. 11). Ein Haftbefehl, eine Anklageschrift, ein Strafbefehl und eine Rechtsbehelfsbelehrung sind also schriftlich zu übertragen, sofern keine Übersetzung mitgeliefert wurde (OLG Hamburg NJW 2005, 1135 [1138]; nunmehr direkt aus Abs. 2 S. 1 zu entnehmen). Die Übersetzung ist unverzüglich zur Verfügung zu stellen, Abs. 2 S. 4.

6 **II. Einschränkung der Übersetzungspflicht.** Abs. 2 S. 2 bis 5 sieht ein abgestuftes System vor, das die Einschränkung der Übersetzungspflicht regelt. Dieses basiert auf der Ausnahmeregelung des Art. 3 Abs. 4 RL 2010/64/EU. Eine nur auszugsweise Übersetzung ist gem. Abs. 2 S. 2 zulässig, wenn dadurch die prozessualen Rechte des Betroffenen nicht beeinträchtigt werden, der nicht übersetzte Inhalt also für die Wahrnehmung seiner Rechte unerheblich ist. Auch die auszugsweise Übersetzung ist unverzüglich zur Verfügung zu stellen.

7 Die bloß mündliche Übersetzung der Unterlagen oder die mündliche Mitteilung der Zusammenfassung der Unterlagen genügt, wenn schon dadurch die strafprozessualen Rechte des Beschuldigten gewahrt werden. Als Regelbeispiel hierzu nennt Abs. 2 S. 5 den verteidigten Angeklagten (krit. *Eisenberg* JR 2013, 445). Ob diese Regelung insgesamt dem Bestimmtheitsgrundsatz genügt, mag angesichts der Identität der Tatbestandsmerkmale von S. 2 und S. 4 bezweifelt werden, zumal eine Umkehrung des Regel-Ausnahme-Verhältnisses durch diese Offenheit zu befürchten ist. Bei der **Anklageschrift** jedenfalls genügt eine mündliche Übertragung auch bei einem verteidigten Angeklagten den Gewährleistungsrechten des Art. 6 Abs. 3 lit. a EMRK regelmäßig nicht; nur in tatsächlich und rechtlich einfachsten Fällen kann sich das ausnahmsweise anders darstellen (BGH StV 2015, 345 [346]). Dagegen kann auf eine schriftliche **Urteils**übersetzung verzichtet werden, wenn der Verurteilte das Urteil mit seinem

Verteidiger und einem Dolmetscher übersetzen lassen und besprechen kann (OLG Stuttgart StV 2014, 536 [537]; OLG Hamm StV 2014, 534; a. A. *Schneider* StV 2005, 379 [382 f.]). Letzteres gilt auch für Vollstreckungsentscheidungen (OLG Köln NStZ 2014, 229 [230]) oder Aktenbestandteile (OLG Hamburg StV 2014, 534 [535]).
Ein Wahlrecht des Betroffenen zwischen mündlicher und schriftlicher Übersetzung besteht mangels einer § 186 GVG entsprechenden Regelung nicht (LR/*Wickern* § 187 Rn. 16).

III. **Verzicht.** Der Betroffene kann wirksam auf schriftliche Übersetzungen verzichten, wenn er zuvor über seine Rechte aus Abs. 1 und 2 sowie über die Konsequenzen des Verzichts vom Gericht belehrt worden ist. Der Verzicht lässt den Anspruch auf eine mündliche Übersetzung ausweislich des Wortlauts unberührt, bei wichtigen Dokumenten wie der Anklageschrift soll auch der Verzicht auf die mündliche Übersetzung nicht möglich sein (BT-Drs. 17/12578, S. 13). Dem Gericht ist es, trotz Verzichts, unbenommen, bei Verständigungsschwierigkeiten nach Abs. 1 S. 1 einen Dolmetscher oder Übersetzer hinzuziehen (BT-Drs. 17/12578, S. 13; *Meyer-Goßner/Schmitt*, § 187 Rn. 5). Die Belehrung nach Abs. S. 1 und der Verzicht sind zu dokumentieren. In der Hauptverhandlung hat dies im Protokoll zu geschehen (BT-Drs. 17/12578 S. 13). 8

D. Verfahren und Kosten. Die **Bestellung** des Dolmetschers oder Übersetzers erfolgt durch das zuständige Gericht grundsätzlich von Amts wegen (OLG Hamburg NJW 2005, 1135 [1138]; *Kissel/Mayer* § 187 Rn. 6). Es bleibt der berechtigten Person oder der Staatsanwaltschaft unbenommen, einen entsprechenden Antrag zu stellen (SK-StPO/*Frister* § 187 Rn. 9). Zuständig ist das Gericht, welches mit der Sache befasst ist. Im Ermittlungsverfahren ist diese Zuständigkeit analog §§ 141 Abs. 4, 406g Abs. 3 StPO zu bestimmen (*Kissel/Mayer* § 187 Rn. 5). 9

Das Gericht bestimmt **Art und Umfang** der Hinzuziehung vorab. Dadurch soll sichergestellt werden, dass die betroffene Person nicht vor einem nicht absehbaren Kostenrisiko steht. 10

Die **Dolmetscherkosten** für den Beschuldigten sind Verfahrenskosten und werden von der Staatskasse getragen (§ 464c StPO i.V.m. GKG KV 9005 Abs. 4). Die Kosten beim Nebenklageberechtigten sind Teil der Gerichtskosten und werden als Auslagen (GKG KV 9005) im Falle der Verurteilung vom Verurteilten erhoben (SK-StPO/*Frister* § 187 Rn. 10). Ansonsten werden vom Nebenklageberechtigten wegen Abs. 4 i.V.m. Abs. 1 S. 2 keine Kosten erhoben, soweit die Hinzuziehung zur Wahrung der strafprozessualen Rechte erforderlich war (*Meyer-Goßner/Schmitt*, § 187 GVG Rn. 6). 11

§ 188 GVG [Eid in fremder Sprache].

Personen, die der deutschen Sprache nicht mächtig sind, leisten Eide in der ihnen geläufigen Sprache.

Die Norm regelt die Eidesleistung durch sprachunkundige **Zeugen** oder **Sachverständige**. Für Hör- und Sprachbehinderte gilt § 66 StPO. 1

Die **Eidesleistung** erfolgt in der Form, dass der Dolmetscher die vorgeschriebene Eidesformel (§§ 64, 65, 79 StPO) in die dem Sprachunkundigen geläufige Sprache übersetzt und dieser die Eidesformel in dieser Sprache nachspricht (*Kissel/Mayer* § 188 Rn. 1). Er darf dabei eine Bekräftigungsformel seines Landes oder Kulturkreises hinzufügen (Baumbau/Lauterbach/*Hartmann* § 188 Rn. 1), wobei diese dem Eid nicht widersprechen oder ihn aufheben darf (LR/*Wickern* § 188 Rn. 2). Die Eidesleistung ist mit der Aussprache in der fremden Sprache vollendet, einer Übersetzung des geleisteten Eides in die deutsche Sprache bedarf es nicht (RGSt 45, 304; *Meyer-Goßner/Schmitt* § 188 Rn. 1). Jedoch kann sie bei Zweifeln über die geäußerte Eidesformel geboten sein (LR/*Wickern* § 188 Rn. 2). 2

Beherrscht der Dolmetscher die Eidesformel in der fremden Sprache, so muss diese nicht vom Vorsitzenden vorgesprochen werden (RGSt 45, 304). Ist der Vorsitzende selbst der fremden Sprache mächtig, kann er die Eidesformel selbst in dieser Sprache vorsprechen (*Meyer-Goßner/Schmitt* § 188 Rn. 1; a. A. OLG Köln JR 1969, 309). 3

§ 189 GVG [Dolmetschereid].

(1) ¹Der Dolmetscher hat einen Eid dahin zu leisten, daß er treu und gewissenhaft übertragen werde. ²Gibt der Dolmetscher an, daß er aus Glaubens- oder Gewissensgründen keinen Eid leisten wolle, so hat er eine Bekräftigung abzugeben. ³Diese Bekräftigung steht dem Eid gleich; hierauf ist der Dolmetscher hinzuweisen.
(2) Ist der Dolmetscher für Übertragungen der betreffenden Art in einem Land nach den landesrechtlichen Vorschriften allgemein beeidigt, so genügt vor allen Gerichten des Bundes und der Länder die Berufung auf diesen Eid.
(3) In Familiensachen und in Angelegenheiten der freiwilligen Gerichtsbarkeit ist die Beeidigung des Dolmetschers nicht erforderlich, wenn die beteiligten Personen darauf verzichten.
(4) ¹Der Dolmetscher oder Übersetzer soll über Umstände, die ihm bei seiner Tätigkeit zur Kenntnis gelangen, Verschwiegenheit wahren. ²Hierauf weist ihn das Gericht hin.

1 **A. Grundsätzliches.** § 189 schreibt eine Vereidigung des Dolmetschers zwingend vor, weil dessen Übertragung der Aussagen und Erklärungen für die Wahrheitsfindung von enormer Bedeutung sind (*Kissel/Mayer* § 189 Rn. 1; SK-StPO/*Frister* § 189 Rn. 2). Daran ändert auch Abs. 2 nichts, weil auch hier in jedem Einzelfall eine Berufung auf einen Eid erfolgt. Das allgemeine Einverständnis, von der Vereidigung abzusehen, ist unbeachtlich (*Katholnigg* § 189 Rn. 1). Nur bei Familiensachen und Angelegenheiten der freiwilligen Gerichtsbarkeit kann nach Abs. 3 durch alle Beteiligten auf die Vereidigung verzichtet werden, wobei auch hierzu keine Pflicht des Gerichts zum Verzicht auf die Vereidigung besteht (*Kissel/Mayer* § 189 Rn. 1a).

2 **B. Anwendungsbereich.** Die Norm gilt nur für den **Dolmetscher**, der nach den §§ 185, 186 GVG bestellt ist (*Kissel/Mayer* § 189 Rn. 1), nicht jedoch für den Dolmetscher nach § 187 GVG. Auch für Übersetzer (s. § 185 Rdn. 8) gilt die Norm nicht; denn diese werden bei der Übersetzung von Dokumenten als Sachverständige tätig und müssen ggf. den Sachverständigeneid leisten, welcher im Strafprozess im Ermessen des Gerichts steht (§ 79 Abs. 1 StPO).

3 **C. Eidesleistung. I. Zeitpunkt.** Der Dolmetscher hat einen **Voreid** zu leisten und ist daher nach dem Aufruf der Sache und noch vor Beginn der Übertragung zu vereidigen (BGH MDR 1970, 778). Dies ergibt sich schon aus dem Wortlaut der Eidesformel und dem Zweck der Vereidigung (Rdn. 1).

4 Der Eid gilt grundsätzlich nur für die jeweilige Verhandlung, in der er geleistet wurde. Er erstreckt sich jedoch auf alle Verhandlungstage einer mündlichen Verhandlung (BGH GA 1979, 272; LR/*Wickern* § 189 Rn. 4). Bei der erneuten Zuziehung im selben Verfahren genügt die Berufung auf den bereits in diesem Verfahren geleisteten Eid (BGH GA 1979, 272; BVerwG NJW 1986, 3154 [3156]; *Kissel/Mayer* § 189 Rn. 3). Es reicht jedoch nicht aus, dass der Dolmetscher bereits im Ermittlungsverfahren vereidigt wurde. Wird der Dolmetscher hingegen für verschiedene Strafsachen in derselben Sitzung des Gerichts hinzugezogen, ist er für jede Sache erneut zu vereidigen. Auch im Ermittlungsverfahren ist der Dolmetscher zu vereidigen (BGH StV 1992, 351).

5 **II. Eid, Bekräftigung, Protokoll.** Der Dolmetscher hat zu schwören, treu und gewissenhaft zu übertragen. Insofern gelten die §§ 63, 64, 72 StPO entsprechend. Die Vereidigung ist eine wesentliche Förmlichkeit der Hauptverhandlung und muss in das **Protokoll** aufgenommen werden, ebenso die Berufung auf den vorher geleisteten Eid. Die erfolgte Vereidigung ist nur durch den Vermerk im Protokoll zu beweisen (§ 274 StPO).

6 Will der Dolmetscher aus Glaubens- oder Gewissensgründen keinen Eid leisten, muss er eine **Bekräftigung** abgeben (Abs. 1 S. 2). Diese steht dem Eid in der Wirkung gleich (Abs. 2 S. 3), was wegen § 155 Nr. 1 StGB von Bedeutung ist. Hierauf ist der Dolmetscher hinzuweisen, der Hinweis sollte angesichts der strafrechtlichen Relevanz protokolliert werden (*Katholnigg* § 189 Rn. 2).

7 **III. Berufung auf die allgemeine Vereidigung.** Der Dolmetscher kann sich vor allen Gerichten des Bundes und der Länder auch auf eine **allgemeine Vereidigung** berufen, soweit er in einem Bundesland nach den landesrechtlichen Vorschriften vereidigt worden ist. In der Regel ist der Präsident des LG, in

dessen Bezirk der Dolmetscher seinen Wohnsitz oder seine geschäftliche Niederlassung hat, für die Vereidigung zuständig (vgl. z.B. Art. 2 DolmG [Bay]). Die Vereidigung erfolgt für eine bestimmte Sprache, Gebärdensprache oder für andere Kommunikationstechniken (Graf/*Allgayer* § 189 Rn. 4). Daher ist der Dolmetscher nicht zur Berufung auf den allgemein geleisteten Eid berechtigt, wenn er in eine andere Sprache überträgt.

Die Berufung auf den allgemeinen Eid bedarf einer **ausdrücklichen** Erklärung des Dolmetschers; die bloße Feststellung, Personalien und allgemeine Vereidigung seien gerichtsbekannt, genügt nicht (BGH NStZ 1984, 209 [213]). Es muss vielmehr erkennbar sein, dass der Dolmetscher sich selbst dem vorher geleisteten Eid verpflichtet fühlt. Dazu genügt aber die Angabe, dass er »öffentlich bestellt und vereidigt« ist (BGH bei *Dallinger* MDR 1975, 199). Die Berufung muss, wie auch die Vereidigung, vor Beginn der Tätigkeit erfolgen (LR/*Wickern* § 189 Rn. 9). Hat das Gericht Zweifel an der erfolgten Vereidigung, so unterliegt diese Tatsache dem Freibeweis (*Meyer-Goßner/Schmitt* § 189 Rn. 2); das Gericht kann dann auch selbst vereidigen. 8

D. Falsche Übersetzung. Der Eid umfasst die gesamte Übertragung des Dolmetschers in der Verhandlung. Eine vorsätzliche Falschübertragung ist daher ein Meineid nach § 154 StGB (BGHSt 4, 154; *Kissel/Mayer* § 189 Rn. 10). Auch ein fahrlässiger Falscheid (§ 161 StGB), eine Strafvereitelung (§ 258 StGB) oder Begünstigung (§ 257 StGB) sind denkbar. 9

E. Fehlende Vereidigung. Die fehlende Vereidigung ist ein Verfahrensfehler, der einen **relativen Revisionsgrund** begründet und der auch nicht durch rügeloses Einlassen oder sonstige Handlungen verwirkt oder geheilt werden kann (OLG Hamm StV 1996, 532). Da nicht auszuschließen ist, dass ein Urteil, welches sich in der Begründung auf die Übersetzung der Aussagen durch den unvereidigten Dolmetscher stützt, auf diesem Fehler beruht, wird die fehlende Vereidigung in der Regel die Revision begründen (BGH NStZ 1982, 517; NStZ 1983, 359; StV 2005, 705). Wird der Dolmetscher hingegen erst nach der Übertragung vereidigt (Nacheid statt Voreid), so kann das Urteil nicht an diesem Fehler leiden (BGH NStZ 1981, 69). Halten Gericht und Dolmetscher eine fehlerhafte Vereidigung für rechtswirksam, kann das Urteil nicht auf ihr beruhen (BGH NStZ 1984, 328). 10

F. Verschwiegenheit. Abs. 4 wurde durch Gesetz vom 2.7.2013 (BGBl. I S. 1938) angefügt und setzt die RL 2010/64/EU um. Die Regelung ist bloße Ordnungsvorschrift und begründet keine neuen Pflichten des Dolmetschers oder Übersetzers; er wird insbesondere weder Berufsgeheimnisträger noch für den öffentlichen Dienst besonders Verpflichteter (BT-Drs. 17/12578; *Meyer-Goßner/Schmitt*, § 189 GVG Rn. 4). Das Gericht hat jedoch trotzdem auf die Ordnungsvorschrift hinzuweisen. Echte Verschwiegenheitspflichten können sich aber aus anderen bundes- oder landesgesetzlichen Vorschriften ergeben, so z.B. aus Art. 10 BayDolmG, § 9 Abs. 1 Nr. 3 DolmG LSA, § 6 Abs. 1 Nr. 2 DolmG NRW, oder aus berufsrechtlichen Vorgaben.

§ 190 GVG [Urkundsbeamter als Dolmetscher].

¹Der Dienst des Dolmetschers kann von dem Urkundsbeamten der Geschäftsstelle wahrgenommen werden. ²Einer besonderen Beeidigung bedarf es nicht.

A. Grundsätzliches. Die Norm regelt als Sondervorschrift die Möglichkeit, den protokollführenden Urkundsbeamten der Geschäftsstelle trotz dessen Beteiligung zur Beurkundung des Verfahrens als Dolmetscher einzusetzen. Hingegen können Richter, Staatsanwalt und Verteidiger wegen der unzulässigen Doppelrolle nicht Dolmetscher sein (*Meyer-Goßner/Schmitt* § 190 Rn. 1; LR/*Wickern* § 191 Rn. 1). 1

B. Person des Urkundsbeamten; Tätigkeit. Der Urkundsbeamte der Geschäftsstelle im Sinne dieser Vorschrift ist nur derjenige, welcher in der Hauptverhandlung tatsächlich das Protokoll führt (*Meyer-Goßner/Schmitt* § 190 Rn. 1). Der Urkundsbeamte, der als Dolmetscher tätig werden soll, muss die Voraussetzungen für sonstige Dolmetscher erfüllen, also der fremden Sprache hinreichend 2

§ 191a GVG Zugänglichmachung von Schriftstücken für blinde Personen

mächtig sein (vgl. § 185 Rdn. 5). Eine Pflicht zur Übernahme des Dolmetscherdienstes besteht nicht, solange dienstrechtlich nichts anderes bestimmt ist (LR/*Wickern* § 190 Rn. 2).

3 **C. Entbehrlichkeit der Beeidigung, S. 2.** Einer besonderen Beeidigung bedarf es nicht; denn der Urkundsbeamte der Geschäftsstelle ist von Amts wegen zur treuen und gewissenhaften Übertragung verpflichtet (*Kissel/Mayer* § 190 Rn. 2). Andere Urkundsbeamten der Geschäftsstelle, die nicht Protokoll führen, oder andere Justizangestellte oder Referendare müssen hingegen nach § 189 GVG vereidigt werden (RGSt 2, 372 [374]).

§ 191 GVG [Ausschließung und Ablehnung des Dolmetschers].
¹Auf den Dolmetscher sind die Vorschriften über Ausschließung und Ablehnung der Sachverständigen entsprechend anzuwenden. ²Es entscheidet das Gericht oder der Richter, von dem der Dolmetscher zugezogen ist.

1 **A. Grundsätzliches.** Die Norm regelt die Ablehnung und Ausschließung des Dolmetschers und die Entscheidungskompetenz für diese Frage. Sie verweist dazu auf die Regelungen für Sachverständige. Gleichwohl ist der Dolmetscher kein Sachverständiger, sondern Hilfsperson des Gerichts in einer Rechtsstellung sui generis (vgl. § 185 Rdn. 8) Darüberhinaus ist der Verweis zur **Ausschließung** als Redaktionsversehen zu werten, weil der Ausschluss eines Sachverständigen in den §§ 74 ff. StPO – vom Leichenschauarzt gem. § 87 Abs. 2 S. 3 StPO abgesehen – nicht vorgesehen ist. Es gelten dann die Gründe, aus denen auch ein Richter ausgeschlossen ist, § 22 Nr. 5 StPO ausgenommen (AnwK-StPO/*Püschel* § 191 Rn. 1; *Kissel/Mayer* § 191 Rn. 2).

2 **B. Ausschließung und Ablehnung. I. Gründe.** Nach S. 1 sind die Regelungen zur **Ablehnung** Sachverständiger anwendbar. Die StPO verweist in § 74 Abs. 1 S. 1 StPO auf die Vorschriften zur Richterablehnung der §§ 24, 25 StPO. Demnach ist ein Dolmetscher ablehnbar, wenn er kraft Gesetzes ausgeschlossen ist oder die Besorgnis der Befangenheit besteht. Allein die Dolmetschertätigkeit im Ermittlungsverfahren stellt keinen Befangenheitsgrund dar (BGH NStZ 2008, 50).

3 Nach § 74 Abs. 1 S. 2 ist die Vernehmung als **Zeuge** kein Ablehnungsgrund. Dies ist auch auf den Dolmetscher zu übertragen, der zugleich Zeuge und Dolmetscher sein kann (*Kissel/Mayer* § 191 Rn. 3), und seine eigene Aussage selbst dolmetschen darf (*Meyer-Goßner/Schmitt* § 191 Rn. 1; *Kissel/Mayer* § 191 Rn 3). Entsprechend ist der Ausschließungsgrund des § 22 Nr. 5 StPO beim Dolmetscher nicht relevant.

4 **II. Entscheidung und Wirkung.** Die Entscheidung über die Ablehnung trifft das Gericht. Die Entscheidung ergeht in der Besetzung für die Hauptverhandlung, also ggf. unter Mitwirkung von Schöffen (*Kissel/Mayer* § 191 Rn. 4; LR/*Wickern* § 191 Rn. 7). Die Anhörung des Dolmetschers ist nicht vorgeschrieben, aber eventuell angebracht (BGH NStZ 2008, 50).

5 Ein abgelehnter Dolmetscher darf nicht weiter tätig sein. Seine bisherige Übertragung ist gegenstandslos und darf nicht verwertet werden (BVerwG NJW 1985, 757; LR/*Wickern* § 191 Rn. 5). Die Aussagen sind mit einem neuen Dolmetscher zu wiederholen, es sei denn, der Ablehnungsgrund kann sich im Einzelfall nicht ausgewirkt haben (AnwK-StPO/*Püschel* § 191 Rn. 3). Die Vernehmung des Dolmetschers über dessen eigene, vorherige Übersetzung ist unstatthaft (LG Köln StV 1992, 460; *Meyer-Goßner/Schmitt* § 191 Rn. 2; a. A. BayObLG NJW 1998, 1505; LR/*Wickern* § 191 Rn. 5).

6 **C. Revision.** Ein Verstoß gegen § 191 stellt einen **relativen Revisionsgrund** dar (LR/*Wickern* § 191 Rn. 8).

§ 191a GVG [Zugänglichmachung von Schriftstücken für blinde oder sehbehinderte Personen].
(1) ¹Eine blinde oder sehbehinderte Person kann Schriftsätze und andere Dokumente in einer für sie wahrnehmbaren Form bei Gericht einreichen. ²Sie kann nach Maßgabe der Rechtsverordnung nach Absatz 2 verlangen, dass ihr Schriftsätze und

andere Dokumente eines gerichtlichen Verfahrens barrierefrei zugänglich gemacht werden. ³Ist der blinden oder sehbehinderten Person Akteneinsicht zu gewähren, kann sie verlangen, dass ihr die Akteneinsicht nach Maßgabe der Rechtsverordnung nach Absatz 2 barrierefrei gewährt wird. ⁴Ein Anspruch im Sinne der Sätze 1 bis 3 steht auch einer blinden oder sehbehinderten Person zu, die von einer anderen Person mit der Wahrnehmung ihrer Rechte beauftragt oder hierfür bestellt worden ist. ⁵Auslagen für die barrierefreie Zugänglichmachung nach diesen Vorschriften werden nicht erhoben.

(2) Das Bundesministerium der Justiz bestimmt durch Rechtsverordnung, die der Zustimmung des Bundesrates bedarf, unter welchen Voraussetzungen und in welcher Weise die in Absatz 1 genannten Dokumente und Dokumente, die von den Parteien zur Akte gereicht werden, einer blinden oder sehbehinderten Person zugänglich gemacht werden, sowie ob und wie diese Person bei der Wahrnehmung ihrer Rechte mitzuwirken hat.

(3) ¹Sind elektronische Formulare eingeführt (§ 130c der Zivilprozessordnung, § 14a des Gesetzes über das Verfahren in Familiensachen und in den Angelegenheiten der freiwilligen Gerichtsbarkeit, § 46f des Arbeitsgerichtsgesetzes, § 65c des Sozialgerichtsgesetzes, § 55c der Verwaltungsgerichtsordnung, § 52c der Finanzgerichtsordnung), sind diese blinden oder sehbehinderten Personen barrierefrei zugänglich zu machen. ²Dabei sind die Standards von § 3 der Barrierefreie-Informationstechnik-Verordnung vom 12. September 2011 (BGBl. I S. 1843) in der jeweils geltenden Fassung maßgebend.

A. Grundsätzliches. Der Normzweck des § 191a entspricht im Wesentlichen dem des § 186 1 GVG: Die Norm soll die Integration von blinden oder sehbehinderten Personen in das Verfahren ermöglichen und Nachteile beseitigen, die diese Personen im normalen Ablauf des Verfahrens hätten (vgl. § 186 Rdn. 1). Mit der Änderung durch das Gesetz vom 10.10.2013 (BGBl I S. 3786) wurde die Regelung konkretisiert und ausgeweitet.

B. Anwendungsbereich. Die Norm betrifft blinde oder sehbehinderte Personen und ist nicht 2 auf den Beschuldigten beschränkt (LR/*Wickern* § 191a Rn. 1; *Kissel/Mayer* § 191a Rn. 3). Sie gilt daher auch für Zeugen oder Sachverständige und für Personen, die mit der Wahrnehmung der Rechte Dritter beauftragt oder dafür bestellt wurden. **Blind** ist eine Person, deren Sehkraft gänzlich fehlt. Dem steht nach § 72 Abs. 5 SGB XII eine Verminderung der Sehkraft auf 2 % gleich. Dieser, auch bei § 226 Abs. 1 Nr. 1 Alt. 1 StGB angewandte Maßstab (*Fischer* § 226 StGB Rn. 2a), ist auf § 191a übertragbar. **Sehbehinderung** ist die Minderung der Sehkraft auf ein Maß, bei dem die Person das geschriebene Wort auch mit Hilfe der gängigen Hilfsmittel (z.B. einer Brille) nicht mehr wahrnehmen kann. Dies kann ab einer Minderung der Sehkraft auf 30 % angenommen werden (vgl. § 1 Nr. 4 lit. a EinglHV [BGBl. I 1975 S. 433]).

Nicht von der Norm umfasst sind Verfahrensbeteiligte, die aus beruflichen Gründen am Verfahren teil- 3 nehmen, wie z.B. Richter, Gerichtsangestellte oder Staatsanwälte (SK-StPO/*Frister* § 191a Rn. 2).

Die Norm ist nicht auf das gerichtliche Verfahren beschränkt. Sie ist auch auf das Ermittlungs-, Zwi- 4 schen- und Vollstreckungsverfahren anzuwenden (*Meyer-Goßner/Schmitt* § 191a Rn. 1).

C. Kommunikation mit dem Gericht. Die blinde oder sehbehinderte Person kann Doku- 5 mente an das Gericht in einer von ihr wahrnehmbaren Form, also z.B. in Blindenschrift, einreichen. Damit können die berechtigten Personen nun auch Verfahrenshandlungen in einer für sie, aber nicht für das Gericht unmittelbar wahrnehmbaren Form vornehmen und z.B. Klage erheben, Beweis antreten oder Rechtsmittel einlegen (BT-Drs. 17/12634 S. 40). Die Einreichung der Dokumente wahrt nach dem Sinn und Zweck der Regelung die maßgeblichen Fristen, und zwar auch dann, wenn das Gericht die Dokumente erst übersetzen lassen muss.

D. Zugänglichmachung. Der blinden oder sehbehinderten Person sind die für sie bestimmten 6 gerichtlichen Dokumente auf ihren **Antrag** hin in einer für sie wahrnehmbaren Form zugänglich zu machen. Das BMJ hat mit der **Zugänglichmachungsverordnung** (ZMV, BGBl. I 2007 S. 215) eine nach

Abs. 2 vorgesehene Verordnung erlassen. Der Antrag soll eine Angabe über die Form der Zugänglichmachung enthalten (§ 5 S. 2 ZMV).

7 **Gerichtliche Dokumente** des Abs. 1 sind neben den herkömmlichen Schriftstücken auch alle elektronischen Dokumente und Aufzeichnungen (*Kissel/Mayer* § 191a Rn. 4 f.). Umfasst sind nicht nur die vom Gericht erstellten Dokumente, sondern alle zur Akte gehörenden Dokumente (LR/*Wickern* § 191a Rn. 9; a. A. *Kissel/Mayer* § 191a Rn. 6). Das zeigt schon der Wortlaut des Abs. 2. Die Dokumente müssen für die berechtigte Person **bestimmt** sein, d. h. sie müssen der Person nach der einschlägigen Verfahrensordnung bekanntzumachen sein (LR/*Wickern* § 191a Rn. 2). Nach § 2 Abs. 1 S. 2 ZMV werden Anlagen der Dokumente, die nicht in Schriftform darstellbar sind (Zeichnungen, Behördenakten), vom Bereitstellungsgebot nicht erfasst.
Die berechtigte Person hat gem. § 6 ZMV ein **Wahlrecht**, in welcher Form ihr das Dokument zugänglich zu machen ist. § 3 ZMV regelt die Einzelheiten. Demnach können Dokumente schriftlich, elektronisch, akustisch, mündlich, fernmündlich oder in anderer geeigneter Weise zugänglich gemacht werden. Die schriftliche Zugänglichmachung erfolgt in Blindenschrift oder Großdruck; die elektronische durch Übermittlung des elektronischen Dokuments. Weiter wird auf die Barrierefreie Informationstechnikverordnung verwiesen. Die Person ist über ihr Wahlrecht zu belehren (§ 4 Abs. 2 S. 2 ZMV). Die verpflichtete Stelle (§ 1 Abs. 3 ZMV) hat das Dokument in der vom Berechtigten gewählten Form zur Verfügung zu stellen. Ein Ersetzungsrecht hat sie nicht (BR-Drs. 915/06 S. 11).

8 Die Zugänglichmachung erfolgt **zusätzlich** zur normalen Zustellung oder formlosen Mitteilung (§ 2 Abs. 2 ZMV). Für den Lauf von Fristen ist daher nicht die Zugänglichmachung, sondern die Zustellung oder Mitteilung maßgeblich (LR/*Wickern* § 191a Rn. 3).

9 Die Zugänglichmachung erfolgt nur, sofern dies zur Wahrung der Rechte des Berechtigten im Verfahren **erforderlich** ist. Dies ist oftmals bei der Vertretung durch einen sehenden Rechtsanwalt ausgeschlossen (*Kissel/Mayer* § 191a Rn. 9; a. A. SK-StPO/*Frister* § 191a Rn. 3). Weiterhin sind die individuellen Möglichkeiten des Berechtigten maßgeblich (*Kissel/Mayer* § 191a Rn. 9), über welche das Gericht ggf. den Freibeweis erheben kann.

10 **E. Akteneinsicht.** Das Recht auf Zugänglichmachung von Dokumenten gilt nunmehr explizit auch im Rahmen der Akteneinsicht für den (gesamten) Akteninhalt, der der Einsicht durch die blinde oder sehbehinderte Person unterliegt (BT-Drs. 17/12634 S. 40). Auch hierfür ist ein Antrag der berechtigten Person erforderlich, der mit dem Antrag auf Akteneinsicht verbunden werden kann.

11 **F. Kosten.** Nach Abs. 1 S. 2 werden keine Auslagen für die Zugänglichmachung erhoben. Dies schließt auch die Kosten für die Herstellung mit ein (*Kissel/Mayer* § 191a Rn. 10). Anders als beim Dolmetscher werden auch die Kosten für die Zugänglichmachung von Dokumenten an andere Verfahrensbeteiligte (z.B. Zeugen) nicht in Ansatz gebracht (LR/*Wickern* § 191a Rn. 15; vgl. auch § 185 Rdn. 10).

Sechzehnter Titel. Beratung und Abstimmung

§ 192 GVG [Gesetzlicher Richter; Ergänzungsrichter].
(1) Bei Entscheidungen dürfen Richter nur in der gesetzlich bestimmten Anzahl mitwirken.
(2) Bei Verhandlungen von längerer Dauer kann der Vorsitzende die Zuziehung von Ergänzungsrichtern anordnen, die der Verhandlung beizuwohnen und im Falle der Verhinderung eines Richters für ihn einzutreten haben.
(3) Diese Vorschriften sind auch auf Schöffen anzuwenden.

1 **A. Grundsätzliches.** Die Vorschrift regelt einen Aspekt des **gesetzlichen Richters** (SK-StPO/ *Frister* § 192 Rn. 1), indem – eher deklaratorisch – die an anderer Stelle festgelegten Regelungen zur

Besetzung der Spruchkörper bestärkt werden. Um die Durchführung von erkennbar langwierigen Verfahren überhaupt zu ermöglichen und so den Maximen der effektiven Strafrechtspflege und der Beschleunigung Genüge zu tun, wird mit der Beiziehung von Ergänzungsrichtern zugleich eine Ausnahme der strikten Richterbegrenzung postuliert. Damit wird der Gefahr entgegengewirkt, eine zeitaufwendige Verhandlung wegen nachträglicher Verhinderung eines Richters wiederholen zu müssen. Aus demselben Grund gilt die Regelung auch für Schöffen, Abs. 3.

Die §§ 192 bis 197 gelten für die **ordentliche streitige Gerichtsbarkeit** des § 12 insgesamt, also neben den Strafsachen auch für bürgerliche Rechtsstreitigkeiten sowie kraft Verweisungen für diverse weitere Gerichtsbarkeiten (KK-StPO/*Diemer* § 192 Rn. 1). 2

B. Gesetzlich bestimmte Richterzahl, Abs. 1. Ausdrücklich wird normiert, dass die gesetzlich festgelegte Zahl der an der Entscheidung teilnehmenden Gerichtspersonen **weder über- noch unterschritten** werden darf. Die Zahl ergibt sich je nach Verfahren aus den §§ 22, 25, 29, 76, 78b, 122, 132, 139 GVG und §§ 33, 33a, 33b JGG. 3

Die Regelung gilt für **alle** im Verfahren zu treffenden **Entscheidungen**, nicht nur für diejenigen, mit denen die Instanz abgeschlossen wird (*Kissel/Mayer* § 192 Rn. 3). 4

C. Hinzuziehung von Ergänzungsrichtern, Abs. 2. Die Frage, ob ein Ergänzungsrichter zuzuziehen ist, steht im **Ermessen des Vorsitzenden** und ist vor Beginn der Hauptverhandlung zu entscheiden. Sie kann jederzeit widerrufen werden. Dem Vorsitzenden obliegt auch die Feststellung des Verhinderungsfalls. Dabei ist er weder an eine bestimmte Form gebunden noch braucht er die Feststellung ausdrücklich zu treffen (BGHSt 35, 366 [369]). Dennoch ist es empfehlenswert, sie im Protokoll oder den Akten zu vermerken (*Katholnigg* JR 1989, 349). 5

Zulässig ist es, **mehrere** Ergänzungsrichter oder -schöffen zuzuziehen. Ist dies der Fall, so wird im Voraus vom Präsidium festgelegt, für welchen Richter und in welcher Reihenfolge die Ergänzungsperson eintritt (KK-StPO/*Diemer* § 192 Rn. 5). 6

Aufgrund der oben (Rdn. 1) genannten Funktion ist die Hinzuziehung von Berufsrichtern nur bei Kollegialgerichten mit mehreren Berufsrichtern uneingeschränkt statthaft (LR/*Wickern* § 192 Rn. 8; *Kissel/Mayer* § 192 Rn. 9; weiter SK-StPO/*Frister* § 192 Rn. 6). Beim Schöffengericht mit nur einem Berufsrichter stellte sich nämlich weiter die Frage, wer den Verhinderungsfall feststellen sollte. Für Ergänzungsschöffen gilt diese Überlegung nicht; bei längeren Verfahren vor dem Schöffengericht oder der kleinen Strafkammer kann eine Bestellung von Ergänzungsschöffen durchaus sinnvoll sein. 7

Der Ergänzungsrichter tritt erst in das Quorum an die Stelle des verhinderten Richters ein, wenn sich die Verhinderung während der bereits begonnenen Verhandlung ergibt. § 192 gilt daher nicht für den Fall, dass ein Richter bereits **vor Beginn der Hauptverhandlung** ausfällt. Bis zum Beginn der Verhandlung wird dieser gem. § 21e Abs. 1 Satz 1 durch den nach der Geschäftsverteilung zuständigen Vertreter ersetzt. Ist jedoch ein Schöffe schon vor der Hauptverhandlung verhindert, kann gem. § 48 Abs. 2 auch schon vor der Sitzung ein bereits zugewiesener Ergänzungsschöffe an seine Stelle treten. 8

Gehört der eintretende Richter dem entsprechenden Spruchkörper an, gilt § 21g. Ansonsten bestimmt das Präsidium, welche Richter in welcher **Reihenfolge** als Ergänzungsrichter zuzuziehen sind. § 21e Abs. 1 gilt nicht. Zwar gehört der Ergänzungsrichter schon vor seinem Eintritt zum erkennenden Gericht mit allen Rechten eines Richters. Er darf z.B. Fragen stellen, er darf jedoch weder bei Beratungen anwesend sein noch an Entscheidungen mitwirken (*Meyer-Goßner/Schmitt* § 192 Rn. 3). Daher führt eine Mitwirkung an früheren Verfahren auch nicht zur Ausschließung gem. §§ 23, 31 StPO, solange es nicht zum Verhinderungsfall kommt (BVerfGE 30, 149 [156]; a. A. *Arzt* NJW 1971, 1112 [1116 f.]). 9

Für **Ergänzungsschöffen** gelten die §§ 48, 49, 77, wonach der Schöffe heranzuziehen ist, der zum Zeitpunkt der Anordnung des Vorsitzenden auf der Hilfsschöffenliste steht (LR/*Wickern* § 192 Rn. 11). **Berufs- und Laienrichter** sind **getrennt** zu behandeln, so dass ein Schöffe nicht durch einen Berufsrichter ersetzt werden kann oder vice versa (SK-StPO/*Frister* § 192 Rn. 1). 10

Im **Verhinderungsfall des Vorsitzenden** tritt an seine Stelle der geschäftsplanmäßige Vertreter (§ 21f Abs. 2), sofern dieser an der Verhandlung mitwirkt. Anderenfalls wird er durch den nach Dienst oder Geburt ältesten Richter oder den Berichterstatter ersetzt. An den Platz des zum Vorsitzenden aufgerückten Mitgliedes tritt ein Ergänzungsrichter (*Meyer-Goßner/Schmitt* § 192 Rn. 8). 11

12 **D. Revision.** Ein Verstoß gegen § 192 stellt einen **absoluten Revisionsgrund** i.S.d. § 338 Nr. 1 StPO dar, wenn in der fehlerhaften Besetzung auch das mit der Revision angefochtene Urteil gefällt wurde (BGH NJW 2002, 1508 [1509]). Eine nicht ordnungsgemäße Besetzung ist auch dann gegeben, wenn die Verhandlung gem. § 229 StPO vertagt wird, um die Mitwirkung eines verhinderten Richters weiterhin zu ermöglichen (BGH NStZ 1986, 519). Verkennt der Vorsitzende den Rechtsbegriff der Verhinderung, so ist die Nachprüfung auf Willkür beschränkt (BGHSt 47, 220 [222]).

§ 193 GVG [Beratungsgeheimnis].

(1) Bei der Beratung und Abstimmung dürfen außer den zur Entscheidung berufenen Richtern nur die bei demselben Gericht zu ihrer juristischen Ausbildung beschäftigten Personen und die dort beschäftigten wissenschaftlichen Hilfskräfte zugegen sein, soweit der Vorsitzende deren Anwesenheit gestattet.
(2) ¹Ausländische Berufsrichter, Staatsanwälte und Anwälte, die einem Gericht zur Ableistung eines Studienaufenthaltes zugewiesen worden sind, können bei demselben Gericht bei der Beratung und Abstimmung zugegen sein, soweit der Vorsitzende deren Anwesenheit gestattet und sie gemäß den Absätzen 3 und 4 verpflichtet sind. ²Satz 1 gilt entsprechend für ausländische Juristen, die im Entsendestaat in einem Ausbildungsverhältnis stehen.
(3) ¹Die in Absatz 2 genannten Personen sind auf ihren Antrag zur Geheimhaltung besonders zu verpflichten. ²§ 1 Abs. 2 und 3 des Verpflichtungsgesetzes vom 2. März 1974 (BGBl. I S. 469, 547 – Artikel 42) gilt entsprechend. ³Personen, die nach Satz 1 besonders verpflichtet worden sind, stehen für die Anwendung der Vorschriften des Strafgesetzbuches über die Verletzung von Privatgeheimnissen (§ 203 Abs. 2 Satz 1 Nr. 2, Satz 2, Abs. 4 und 5, § 205), Verwertung fremder Geheimnisse (§§ 204, 205), Verletzung des Dienstgeheimnisses (§ 353b Abs. 1 Satz 1 Nr. 2, Satz 2, Abs. 3 und 4) sowie Verletzung des Steuergeheimnisses (§ 355) den für den öffentlichen Dienst besonders Verpflichteten gleich.
(4) ¹Die Verpflichtung wird vom Präsidenten oder vom aufsichtsführenden Richter des Gerichts vorgenommen. ²Er kann diese Befugnis auf den Vorsitzenden des Spruchkörpers oder auf den Richter übertragen, dem die in Absatz 2 genannten Personen zugewiesen sind. ³Einer erneuten Verpflichtung bedarf es während der Dauer des Studienaufenthaltes nicht. ⁴In den Fällen des § 355 des Strafgesetzbuches ist der Richter, der die Verpflichtung vorgenommen hat, neben dem Verletzten antragsberechtigt.

1 **A. Grundsätzliches.** § 193 schützt das **Beratungsgeheimnis** (§§ 43, 45 Abs. 1 Satz 2 DRiG). Das findet seinen Sinn im Schutz der richterlichen Unabhängigkeit (*Schilken* Gerichtsverfassungsrecht Rn. 508) und gewährleistet die freie richterliche Entscheidungsfindung nach § 261 StPO. Die Richter sollen frei und offen diskutieren können, ohne dass Außenstehende von den Auffassungen eines Richters Kenntnis erlangen oder gar Druck ausüben können (BGHSt 41, 119 [121]; SK-StPO/*Frister* § 193 Rn. 2). Daneben wird über § 192 hinaus sichergestellt, dass nur die zur Entscheidung berufenen Richter Einfluss auf jene nehmen.

2 **B. Beratungsgeheimnis.** In der **Beratung** werden alle entscheidungsrelevanten Umstände umfassend erörtert und abgewogen. Sie darf erst beginnen, wenn der Angeklagte mit seinem letzten Wort die mündliche Verhandlung abgeschlossen hat (KK-StPO/*Diemer* § 193 Rn. 2). Gleichwohl sind **vorbereitende** Besprechungen außerhalb der Beratung nicht unzulässig, sofern dessen ungeachtet eine endgültige Beratung stattfindet (BGHSt 17, 337 [339]; LR/*Wickern* § 193 Rn. 6). Ziel ist die Entscheidungsbildung bei den Richtern, um sie in die Lage zu versetzen, über die zu treffende Entscheidung gem. § 194 abstimmen zu können.

3 Die Beratung erfolgt grds. unter **Ausschluss der Öffentlichkeit**. In einfach gelagerten Fällen können sich die Richter auch im Sitzungssaal verständigen (BGHSt 19, 156 [157]; BGH NStZ 1992, 601); etwa durch Zeichen oder Flüstern (*Meyer-Goßner/Schmitt* § 193 Rn. 2 f.). Die abschließende Urteilsberatung hat jedoch immer außerhalb des Sitzungssaals stattzufinden. Das wahrt das Ansehen des Gerichts und vermeidet den verheerenden Eindruck, das Urteil sei bereits angefertigt gewesen (KK-

StPO/*Diemer* § 193 Rn. 3). Gleiches gilt für den **Strafrichter beim AG**, der entgegen der häufig geübten Praxis seinen Urteilsspruch ebenfalls außerhalb des Sitzungssaals absetzen sollte.
Das Beratungsgeheimnis geht über die **Pflicht zur Amtsverschwiegenheit** (§§ 46, 71 DRiG i.V.m. § 61 BBG und den landesrechtlichen Vorschriften) hinaus. Es besteht keine Möglichkeit der Befreiung (*Kissel/Mayer* § 193 Rn. 7, 9). Offen gelegt werden darf weder das Stimmverhältnis der getroffenen Entscheidung, noch welcher Richter wie votiert hat (LR/*Wickern* § 193 Rn. 40). Ein überstimmter Richter darf zwar seine abweichende Ansicht in einem **Sondervotum** schriftlich niederlegen, aufgrund des Beratungsgeheimnisses darf er sie aber nicht verlautbaren (KK-StPO/*Diemer* § 193 Rn. 8). Umstritten ist, ob über den Hergang der Beratung und Abstimmung **Beweis** erhoben werden darf, wenn ein beteiligter Richter persönlich zur Verantwortung gezogen werden soll. Das lehnt die Rechtsprechung zutreffend ab (BGHSt 4, 279 [282]; KK-StPO/*Diemer* § 193 Rn. 7), weil sonst über den Umweg von Disziplinar-, zivilrechtlichen Haftungs- oder Strafverfahren die für den Rechtsstaat unverzichtbare Unabhängigkeit der Gerichte unterminiert werden würde. Das Spruchrichterprivileg des § 339 StGB streitet systematisch für diese Auslegung. Wie sonst bei Auskunfts- und Aussageverweigerungsrechten auch sind entsprechend Abstriche bei der Effektivität der Strafverfolgung hinzunehmen. Denn das Interesse der Allgemeinheit an einer unabhängigen Rechtspflege übersteigt das gegenläufige Interesse an einer Aufklärung im Einzelfall (a. A. SK-StPO/*Frister* § 193 Rn. 12 f.; LR/*Wickern* § 193 Rn. 51 ff.; *Kissel/Mayer* § 193 Rn. 14 f.). Das schließt die **Verwertbarkeit** von freiwilligen Angaben nicht aus.

Eine **Durchbrechung** des Beratungsgeheimnisses wird indes allgemein anerkannt, wenn das **Gericht selbst** eine revisionsrechtliche Überprüfung des Abstimmungsverfahrens dadurch ermöglichen möchte, dass es in den Urteilsgründen Verfahrensvorgänge aufnimmt (RGSt 60, 295 [296]; *Katholnigg* § 193 Rn. 9). Konsequenterweise sind in diesem Fall auch dienstliche Erklärungen der beteiligten Richter zugelassen (SK-StPO/*Frister* § 193 Rn. 11). 5

C. Teilnahme weiterer Personen an der Beratung. Bei der Beratung sind grds. nur die zur Entscheidung berufenen Richter anwesend. Darüber hinaus dürfen Referendare, die sich in der **juristischen Ausbildung** am selben Gericht befinden, zugegen sein, sofern sie nicht über die Ausbildung hinaus bspw. als Hilfsstaatsanwalt (§ 142 Abs. 3), Zeuge, Sachverständiger oder auf Seiten der Verteidigung mit der Sache befasst sind oder waren (LR/*Wickern* § 193 Rn. 11). Die Einteilung als Protokollführer in der Hauptverhandlung schadet hingegen nicht (RGSt 66, 252 [253]). Nicht zugelassen sind Studenten und Abiturienten, die ein **Praktikum** bei Gericht ableisten (BGHSt 41, 119 [120 ff.]; OLG Koblenz StraFo 2005, 79; *Meyer-Goßner/Schmitt* § 193 Rn. 5; a. A. *Speiermann* NStZ 1996, 397 f.; *Kissel/Mayer* § 193 Rn. 22 f.). 6

Durch die Neufassung des § 193 hat der Gesetzgeber ausdrücklich klargestellt (vgl. BT-Drucks. 12/6243, S. 9 f.), dass an den obersten Gerichten beschäftigte **wissenschaftliche Hilfskräfte** bei der Beratung anwesend sein dürfen. 7

Soweit vom Vorsitzenden zugelassen, können **ausländische** Richter, Staatsanwälte und Rechtsanwälte bei Beratung und Abstimmung anwesend sein. Dies gilt nicht für ausländische Jurastudenten (*Meyer-Goßner/Schmitt* § 193 Rn. 7). Voraussetzung für eine Teilnahme ist aber die zuvor erfolgte Verpflichtung zur Verschwiegenheit gem. Abs. 3 und Abs. 4. Die Verpflichtung erfolgt nicht von Amts wegen, sondern nur auf Antrag des ausländischen Hospitierenden (SK-StPO/*Frister* § 193 Rn. 24). 8

D. Revision. Ein Verstoß gegen § 193 stellt einen **relativen Revisionsgrund** i.S.d. § 337 StPO dar (*Meyer-Goßner/Schmitt* § 193 Rn. 8; für absoluten Revisionsgrund *Kissel/Mayer* § 193 Rn. 33). Ist eine Beratung gänzlich unterblieben, so ist stets anzunehmen, dass das Urteil auf dem Verfahrensverstoß beruht. Waren unberechtigte Personen zugegen, so ist das Urteil nur aufzuheben, wenn nicht auszuschließen ist, dass die Anwesenheit der Personen die Entscheidung beeinflusst hat (BGHSt 18, 331 [332]; LR/*Wickern* § 193 Rn. 27). 9

§ 194 GVG [Leitung der Beratung]. (1) Der Vorsitzende leitet die Beratung, stellt die Fragen und sammelt die Stimmen.
(2) Meinungsverschiedenheiten über den Gegenstand, die Fassung und die Reihenfolge der Fragen oder über das Ergebnis der Abstimmung entscheidet das Gericht.

§ 195 GVG Pflicht zur Stimmabgabe

1 **A. Leitungsbefugnis des Vorsitzenden.** Der Vorsitzende legt **Ort, Zeitpunkt und äußere Form** der Beratung fest (SK-StPO/*Frister* § 194 Rn. 4 ff.). Zwar muss sich die Beratung nicht unmittelbar an die mündliche Verhandlung anschließen, jedoch sollte der Vorsitzende bei der Terminierung der Beratung bedenken, dass diese aufgrund der erforderlichen Unmittelbarkeit des Eindrucks in zeitlichem Zusammenhang mit der Verhandlung stehen sollte (*Kissel/Mayer* § 194 Rn. 1). Die Richter sind zur Teilnahme an der Beratung **verpflichtet**. Stellvertretung ist aufgrund der höchstpersönlichen Natur nicht möglich (*Kissel/Mayer* § 194 Rn. 2; SK-StPO/*Frister* § 194 Rn. 11).

2 Grundsätze der Logik sowie die Natur der Sache bestimmen die **Reihenfolge der Fragen**, über die abgestimmt werden muss. So sollten zu Beginn die Prozessvoraussetzungen und -hindernisse erörtert werden, am Ende Entscheidungen über Kosten und Auslagen, evtl. Entschädigungen nach dem StrEG sowie sonstige Entscheidungen gefällt werden (LR/*Wickern* § 194 Rn. 5). Für Abstimmungen zur Schuldfrage gilt als lex specialis § 263 StPO (*Kissel/Mayer* § 194 Rn. 3).

3 **B. Stimmabgabe.** Die Richter sind auch zur Stimmabgabe verpflichtet. **Stimmenthaltungen** sind grundsätzlich unzulässig (KK-StPO/*Diemer* § 194 Rn. 3). Eine bestimmte Form für die Stimmabgabe ist nicht vorgesehen. Sie ist jedoch aufgrund der persönlichen Verantwortung eines jeden Richters offenzulegen (*Kissel/Mayer* § 194 Rn. 4). **Umlaufverfahren** sind grds. in einfachen Sachen denkbar, sofern es einer Beratung offensichtlich nicht bedarf (LR/*Wickern* § 194 Rn. 21; a. A. *Mellinghoff* Fragestellung, Abstimmungsverfahren..., 1988, S. 14 ff.; *Papsthart* DRiZ 1971, 18). Die gemeinsame Beratung kann aber von jedem an der Entscheidung beteiligten Richter gefordert werden (*Meyer-Goßner/Schmitt* § 194 Rn. 5).

4 Umstritten ist, ob eine **nachträgliche Änderung** der Stimmabgabe möglich ist, mit der Konsequenz, dass über die entsprechende Frage erneut zu beraten und abzustimmen ist. Teilweise wird vertreten, eine nachträgliche Änderung sei nur bei neuen Gesichtspunkten oder bei Abstimmungsfehlern zulässig, weil die Entscheidungen ansonsten stets mit Unsicherheit behaftet wären (*Meyer-Goßner/Schmitt* § 194 Rn. 4; *Kissel/Mayer* § 194 Rn. 5). Dem wird zu Recht entgegengehalten, dass das beschlossene Urteil bis zur Verkündung lediglich einen unverbindlichen Entwurf darstellt und es deshalb jedem Richter bis zu diesem Zeitpunkt möglich ist, seine Auffassung zu ändern (LR/*Wickern* § 194 Rn. 19; SK-StPO/*Frister* § 194 Rn. 13). Für das BVerfG regelt dies ausdrücklich § 26 Abs. 1 der GO des BVerfG.

5 **C. Revision.** Fehlen Beratung oder Abstimmung gänzlich oder ist auszuschließen, dass sie durchgeführt wurden, ist die Revision begründet (BGHSt 19, 156; BGHSt 37, 141 [144]). Eine angeblich zu kurze Beratung ist dagegen aufgrund des Ermessens des Vorsitzenden (Rdn. 1) nicht revisibel (BGHSt 37, 141 [143]).

§ 195 GVG [Pflicht zur Stimmabgabe].
Kein Richter oder Schöffe darf die Abstimmung über eine Frage verweigern, weil er bei der Abstimmung über eine vorhergegangene Frage in der Minderheit geblieben ist.

1 Jeder Richter ist **verpflichtet**, bei sämtlichen zur Abstimmung gestellten Fragen mitzuwirken, selbst wenn er in einer vorangegangenen Frage in der Minderheit geblieben ist. Die Mehrheitsentscheidung bildet den Ausgangspunkt für alle weiteren Abstimmungen (*Kissel/Mayer* § 195 Rn. 1). Etwaige Gewissenskonflikte, in die ein Richter geraten kann, werden dem Justizgewährungsinteresse an einer fortlaufenden, ungestörten Entscheidungsfindung untergeordnet (SK-StPO/*Frister* § 195 Rn. 1).

2 Auch über die Entscheidungsfindung hinaus sind die überstimmten Richter, insb. der überstimmte Vorsitzende, bei der Urteilsverkündung sowie der überstimmte Berichterstatter bei Abfassung der Urteilsgründe zur **Loyalität** verpflichtet. Sie dürfen die Entscheidung der Mehrheit in der Öffentlichkeit nicht desavouieren (SK-StPO/*Frister* § 195 Rn. 5) und bewusst ein Urteil so absetzen, dass es in der Revision aufgehoben werden kann.

3 Da sämtliche Richter zur **Unterschrift** verpflichtet sind (§§ 275 Abs. 2 StPO, 315 Abs. 1 ZPO), darf auch sie nicht verweigert werden (*Kissel/Mayer* § 195 Rn. 6). Indes bescheinigt sie lediglich das richtige Zustandekommen. Sie darf nicht als Billigung der Entscheidung missverstanden werden (*Meyer-Goßner/Schmitt* § 195 Rn. 2).

§ 196 GVG [Abstimmungsverhältnis]. (1) Das Gericht entscheidet, soweit das Gesetz nicht ein anderes bestimmt, mit der absoluten Mehrheit der Stimmen.
(2) Bilden sich in Beziehung auf Summen, über die zu entscheiden ist, mehr als zwei Meinungen, deren keine die Mehrheit für sich hat, so werden die für die größte Summe abgegebenen Stimmen den für die zunächst geringere abgegebenen so lange hinzugerechnet, bis sich eine Mehrheit ergibt.
(3) ¹Bilden sich in einer Strafsache, von der Schuldfrage abgesehen, mehr als zwei Meinungen, deren keine die erforderliche Mehrheit für sich hat, so werden die dem Beschuldigten nachteiligsten Stimmen den zunächst minder nachteiligen so lange hinzugerechnet, bis sich die erforderliche Mehrheit ergibt. ²Bilden sich in der Straffrage zwei Meinungen, ohne daß eine die erforderliche Mehrheit für sich hat, so gilt die mildere Meinung.
(4) Ergibt sich in dem mit zwei Richtern und zwei Schöffen besetzten Gericht in einer Frage, über die mit einfacher Mehrheit zu entscheiden ist, Stimmengleichheit, so gibt die Stimme des Vorsitzenden den Ausschlag.

Nach § 196 Abs. 1 entscheidet das Gericht grds. mit **absoluter Stimmenmehrheit**. Dies gilt i.d.R. für alle richterlichen Beschlussfassungen, z.B. nach den §§ 153 ff. StPO oder § 349 Abs. 2 StPO. Abs. 2 und Abs. 4 regeln näher das Zustandekommen der Mehrheit. 1

Abs. 2 spielt eine Rolle, wenn über **Summen** zu entscheiden ist, wie etwa über Schadensersatz oder Schmerzensgeld im Adhäsionsverfahren oder die Höhe einer Entschädigung nach dem StrEG (LR/*Wickern* § 196 Rn. 5). 2

Der **Stichentscheid** des Vorsitzenden nach Abs. 4 kann bei erweiterten oder reduzierten Spruchkörpern der §§ 29 Abs. 2 und 76 Abs. 2 StPO Bedeutung erlangen. Verfassungsrechtliche Bedenken bestehen gegen diese Regelung nicht, weil kein verfassungsrechtlicher Grundsatz existiert, wonach in einem Kollegialorgan kein Mitglied ein doppeltes Stimmgewicht haben darf (LR/*Wickern* § 196 Rn. 7; SK-StPO/*Frister* § 196 Rn. 6). § 132 Abs. 6 Satz 4 trifft eine entsprechende Regelung für die Großen Senate. 3

Im **Strafverfahren** ist die Sonderregelung des § 263 StPO zu beachten. Bei solchen den Angeklagten belastenden Entscheidungen, wie diejenigen über die Schuld- und Straffrage, ist eine **Zwei-Drittel-Mehrheit** erforderlich. § 263 StPO wird sachlich durch § 196 Abs. 3 ergänzt, der jenseits der Schuldfrage, etwa bei der Strafzumessung, nach dem Prinzip des kleinsten gemeinsamen Nenners verfährt und so das Problem von mehr als zwei Entscheidungsalternativen löst (SK-StPO/*Frister* § 196 Rn. 2 ff.; *Kühne* Rn. 987 f.). 4

§ 197 GVG [Abstimmungsreihenfolge]. ¹Die Richter stimmen nach dem Dienstalter, bei gleichem Dienstalter nach dem Lebensalter, ehrenamtliche Richter und Schöffen nach dem Lebensalter; der jüngere stimmt vor dem älteren. ²Die Schöffen stimmen vor den Richtern. ³Wenn ein Berichterstatter ernannt ist, so stimmt er zuerst. ⁴Zuletzt stimmt der Vorsitzende.

Die ratio des § 197 liegt darin, eine möglichst unabhängige Stimmabgabe zu sichern. Unerfahrene und Laienrichter sollen sich nicht an den älteren Berufsrichtern oder dem Vorsitzenden ausrichten. Systematisch streitet § 197 gegen das Postulat der Rspr., dem Vorsitzenden komme ein **richtungsgebender Einfluss** zu (so BGHSt 2, 71 [73]; 8, 17 [18]; BGHZ -GS- 37, 210 [212]; krass BGH, StV 2012, 204 [207] »Lenkung der Rechtsprechung«; a. A. BGH, StV 2012, 209; zum Ganzen *Schünemann* ZIS 2012, 1 [4 ff.]). In der Praxis dürfte allerdings der Vorsitzende aufgrund seiner Autorität und der Möglichkeit, in der Beratung Einfluss zu nehmen, nicht unerheblichen Einfluss auf das Abstimmungsverhalten anderer Mitglieder des Spruchkörpers haben. 1

§ 197 gilt nur für **Abstimmungen** (LR/*Wickern* § 197 Rn. 1). Das Dienstalter bestimmt sich nach § 20 DRiG. Richter der niedrigeren stimmen vor denjenigen mit höherer Besoldungsgruppe, Richter auf Probe vor Lebenszeitrichtern; bei gleichem Lebensalter entscheidet das Los (*Katholnigg* § 197 Rn. 2). Der Vorsitzende stimmt zuletzt. Dies gilt auch, wenn er zugleich Berichterstatter ist. Die Reihenfolge der Vorträge in der **Beratung** bestimmt der Vorsitzende nach § 194. Jedoch empfiehlt es sich auch hier, dass sich der Vorsitzende zunächst zurückhält (KK-StPO/*Diemer* § 197 Rn. 1). Ein Verstoß gegen § 197 kann grds. im Wege der Revision gerügt werden. 2

Siebzehnter Titel. Rechtsschutz bei überlangen Gerichtsverfahren und strafrechtlichen Ermittlungsverfahren

§ 198 GVG [Verzögerungsrüge und Entschädigungsregelung].

(1) Wer infolge unangemessener Dauer eines Gerichtsverfahrens als Verfahrensbeteiligter einen Nachteil erleidet, wird angemessen entschädigt. Die Angemessenheit der Verfahrensdauer richtet sich nach den Umständen des Einzelfalles, insbesondere nach der Schwierigkeit und Bedeutung des Verfahrens und nach dem Verhalten der Verfahrensbeteiligten und Dritter.
(2) Ein Nachteil, der nicht Vermögensnachteil ist, wird vermutet, wenn ein Gerichtsverfahren unangemessen lange gedauert hat. Hierfür kann Entschädigung nur beansprucht werden, soweit nicht nach den Umständen des Einzelfalles Wiedergutmachung auf andere Weise gemäß Absatz 4 ausreichend ist. Die Entschädigung gemäß Satz 2 beträgt 1 200 Euro für jedes Jahr der Verzögerung. Ist der Betrag gemäß Satz 3 nach den Umständen des Einzelfalles unbillig, kann das Gericht einen höheren oder niedrigeren Betrag festsetzen.
(3) Entschädigung erhält ein Verfahrensbeteiligter nur, wenn er bei dem mit der Sache befassten Gericht die Dauer des Verfahrens gerügt hat (Verzögerungsrüge). Die Verzögerungsrüge kann erst erhoben werden, wenn Anlass zur Besorgnis besteht, dass das Verfahren nicht in einer angemessenen Zeit abgeschlossen wird; eine Wiederholung der Verzögerungsrüge ist frühestens nach sechs Monaten möglich, außer wenn ausnahmsweise eine kürzere Frist geboten ist. Kommt es für die Verfahrensförderung auf Umstände an, die noch nicht in das Verfahren eingeführt worden sind, muss die Rüge hierauf hinweisen. Anderenfalls werden sie von dem Gericht, das über die Entschädigung zu entscheiden hat (Entschädigungsgericht), bei der Bestimmung der angemessenen Verfahrensdauer nicht berücksichtigt. Verzögert sich das Verfahren bei einem anderen Gericht weiter, bedarf es einer erneuten Verzögerungsrüge.
(4) Wiedergutmachung auf andere Weise ist insbesondere möglich durch die Feststellung des Entschädigungsgerichts, dass die Verfahrensdauer unangemessen war. Die Feststellung setzt keinen Antrag voraus. Sie kann in schwerwiegenden Fällen neben der Entschädigung ausgesprochen werden; ebenso kann sie ausgesprochen werden, wenn eine oder mehrere Voraussetzungen des Absatzes 3 nicht erfüllt sind.
(5) Eine Klage zur Durchsetzung eines Anspruchs nach Absatz 1 kann frühestens sechs Monate nach Erhebung der Verzögerungsrüge erhoben werden. Die Klage muss spätestens sechs Monate nach Eintritt der Rechtskraft der Entscheidung, die das Verfahren beendet, oder einer anderen Erledigung des Verfahrens erhoben werden. Bis zur rechtskräftigen Entscheidung über die Klage ist der Anspruch nicht übertragbar.
(6) Im Sinne dieser Vorschrift ist
1. ein Gerichtsverfahren jedes Verfahren von der Einleitung bis zum rechtskräftigen Abschluss einschließlich eines Verfahrens auf Gewährung vorläufigen Rechtsschutzes und zur Bewilligung von Prozess- oder Verfahrenskostenhilfe; ausgenommen ist das Insolvenzverfahren nach dessen Eröffnung; im eröffneten Insolvenzverfahren gilt die Herbeiführung einer Entscheidung als Gerichtsverfahren;
2. ein Verfahrensbeteiligter jede Partei und jeder Beteiligte eines Gerichtsverfahrens mit Ausnahme der Verfassungsorgane, der Träger öffentlicher Verwaltung und sonstiger öffentlicher Stellen, soweit diese nicht in Wahrnehmung eines Selbstverwaltungsrechts an einem Verfahren beteiligt sind.

§ 199 GVG [Strafverfahren].

(1) Für das Strafverfahren einschließlich des Verfahrens auf Vorbereitung der öffentlichen Klage ist § 198 nach Maßgabe der Absätze 2 bis 4 anzuwenden.
(2) Während des Verfahrens auf Vorbereitung der öffentlichen Klage tritt die Staatsanwaltschaft und in Fällen des § 386 Absatz 2 der Abgabenordnung die Finanzbehörde an die Stelle des Gerichts; für das Verfahren nach Erhebung der öffentlichen Klage gilt § 198 Absatz 3 Satz 5 entsprechend.

(3) Hat ein Strafgericht oder die Staatsanwaltschaft die unangemessene Dauer des Verfahrens zugunsten des Beschuldigten berücksichtigt, ist dies eine ausreichende Wiedergutmachung auf andere Weise gemäß § 198 Absatz 2 Satz 2; insoweit findet § 198 Absatz 4 keine Anwendung. Begehrt der Beschuldigte eines Strafverfahrens Entschädigung wegen überlanger Verfahrensdauer, ist das Entschädigungsgericht hinsichtlich der Beurteilung der Angemessenheit der Verfahrensdauer an eine Entscheidung des Strafgerichts gebunden.

(4) Ein Privatkläger ist nicht Verfahrensbeteiligter im Sinne von § 198 Absatz 6 Nummer 2.

A. Hintergrund der §§ 198 bis 201 GVG.

Das Gebot der zügigen Durchführung eines Strafverfahrens folgt nach allgemeiner Auffassung aus dem Rechtsstaatsprinzip (BVerfG NStZ 2006, 680) und Art. 6 Abs. 1 EMRK (s. Art. 6 EMRK Rdn. 86 ff.; vgl. auch *Krehl/Eidam* NStZ 2006, 1). Bis Ende 2011 existierte jedoch kein allgemeines Verfahren, mit dem Verstöße gegen das Beschleunigungsgebot vor innerstaatlichen Gerichten gerügt werden konnten. Die §§ 198 bis 201 GVG wurden durch das Gesetz über den Rechtsschutz bei überlangen Gerichtsverfahren und strafrechtlichen Ermittlungsverfahren (BGBl. I 2011, S. 2302) sowie durch das Gesetz über die Besetzung der großen Straf- und Jugendkammern in der Hauptverhandlung und zur Änderung weiterer gerichtsverfassungsrechtlicher Vorschriften sowie des Bundesdisziplinargesetzes (BGBl. I 2011, S. 2554) **neu in das GVG eingefügt**; sie sind Anfang 2012 in Kraft getreten und haben diese Lücke nun geschlossen. Mit dem Erlass dieser Vorschriften hat der Gesetzgeber insb. auf die Rspr. des EGMR reagiert, der eine fehlende gesetzliche Regelung hinsichtlich des Umgangs mit Verfahrensverzögerungen im deutschen Recht als **strukturelles Problem** identifiziert hatte (vgl. EGMR Rumpf./.Deutschland, Urt. v. 2.9.2010, 46344/06, NJW 2010, 3355; s. hierzu auch Art. 6 EMRK Rdn. 94 ff. und *Bäcker* EuGRZ 2011, 222 ff.). In seiner jüngeren Rspr. ordnet der EGMR Verstöße gegen das Beschleunigungsgebot nicht mehr nur als Verletzung des Rechts auf ein faires Verfahren gem. Art. 6 EMRK ein, sondern sieht in diesen Fällen auch Art. 13 EMRK als einschlägig an. Danach sind die Mitgliedsstaaten dazu verpflichtet, auch im Fall eines überlangen Verfahrens die Möglichkeit eines wirksamen innerstaatlichen Rechtsbehelfs sicherzustellen, mit dem Beschwerden gegen überlange Verfahrensdauern bereits innerstaatlich erledigt werden (EGMR Kudla./.Polen, Urt. v. 26.10.2000, 30210/96, NJW 2001, 2694 [2699], Rn. 146 ff., 155 ff.; EGMR Kirsten./.Deutschland, Urt. v. 15.2.2007, 19124/02, DVBl 2007, 1161 [1164 ff.], Rn. 53 ff.). Die Verfassungsbeschwerde nach deutschem Recht genügte diesen Anforderungen aus Sicht des EGMR nicht (EGMR Kirsten./.Deutschland, Urt. v. 15.2.2007, 19124/02, DVBl 2007, 1161 [1164 ff.], Rn. 33 ff.); ebenso wenig wurde eine richterrechtlich geschaffene außerordentliche Untätigkeitsbeschwerde als ausreichend angesehen (EGMR Sürmeli./.Deutschland, Urt. v. 8.6.2006, 75529/01, NJW 2006, 2389, Rn. 110–112). Neben dieser Entwicklung der Rspr. des EGMR hat aber etwa auch das BVerfG (s. nur BVerfG NJW 2008, 503) die fehlende gesetzliche Ausgestaltung kritisiert und sie durch eine teils großzügige Interpretation der Zulässigkeitsvoraussetzungen einer Verfassungsbeschwerde aufgefangen (vgl. auch *Steinbeiß-Winkelmann* NJW 2008, 1783 m.w.N.).

Da in Deutschland ein Rechtsbehelf, wie er vom EGMR gefordert wurde, insb. bei zivil- und verwaltungsgerichtlichen Verfahren nicht etabliert war (EGMR Rumpf./.Deutschland, Urt. v. 2.9.2010, 46344/06, NJW 2010, 3355 [3356], Rn. 52), sah sich die Bundesregierung **heftiger Kritik seitens des EGMR** ausgesetzt (so schon EGMR Sürmeli./.Deutschland, Urt. v. 8.6.2006, 75529/01, NJW 2006, 2389, Rn. 103–108; EGMR Herbst./.Deutschland, Urt. v. 11.1.2007, 20027/02, NVwZ 2008, 289, Rn. 63–68; EGMR Rumpf./.Deutschland, Urt. v. 2.9.2010, 46344/06, NJW 2010, 3355 [3357 f.], Rn. 64 ff. m. Anm. *Meyer-Ladewig*, wo dem deutschen Gesetzgeber aufgegeben wurde, spätestens ein Jahr nach Rechtskraft der Entscheidung entsprechende Rechtsbehelfe einzuführen). Als Reaktion auf diese Kritik leitete die Bundesregierung Ende 2010 das Gesetzgebungsverfahren ein (BT-Drucks. 17/3802, S. 1 ff.; s. dazu *Steinbeiß-Winkelmann* ZRP 2010, 205 ff. und *Beukelmann* NJW-Spezial 2010, 632 f.), das im Herbst 2011 seinen Abschluss gefunden hat (Zwischenbilanz bei *Steinbeiß-Winkelmann/Sporrer* NJW 2014, 177 ff.). Zur Anwendung der Neuregelung, wenn ein überlanges Verfahren bereits vor deren Inkrafttreten abgeschlossen war, jedoch noch Gegenstand einer anhängigen Beschwerde vor dem EGMR ist oder werden kann, vgl. BGH NJW 2014, 218; OLG Frankfurt NJW 2013, 480 [480 f.].

§ 199 GVG Strafverfahren

3 **B. Überblick über die gesetzliche (Neu-)Regelung.** Ein wirksamer innerstaatlicher Rechtsbehelf liegt nach Auffassung des EGMR vor, wenn mit ihm entweder die Verletzung oder ihre Fortdauer verhindert oder angemessene Abhilfe für schon eingetretene Verletzungen erlangt werden kann (EGMR Sürmeli./.Deutschland, Urt. v. 8.6.2006, 75529/01, NJW 2006, 2389, Rn. 99). Der EGMR überlässt es somit prinzipiell dem Mitgliedstaat, sich für einen präventiven oder für einen kompensatorischen Rechtsbehelf zu entscheiden (*Matusche-Beckmann/Kumpf* ZZP 2010, 173 [179]). Die neue gesetzliche Regelung verknüpft sowohl präventive als auch kompensatorische Elemente. Sie geht von einer Kompensation der Rechtsverletzung aufgrund überlanger Verfahrensdauer aus und kennt hierfür zwei Lösungen, die beide in § 198 GVG normiert sind. Dieser führt einerseits eine **Entschädigung in Geld** ein (§ 198 Abs. 1, Abs. 2 Satz 1 GVG) und sieht andererseits eine **Wiedergutmachung auf andere Weise** vor (§ 198 Abs. 2 Satz 2 GVG). Diese Kompensationslösung (ausführl. und krit. *Althammer/Schäuble* NJW 2012, 1 [2]) wird um ein präventives Element angereichert (*Matusche-Beckmann/Kumpf* ZZP 2010, 173 [185]), indem eine Entschädigung von einer zuvor erhobenen **Verzögerungsrüge** abhängig gemacht wird (weiter gehend *Kotz* ZRP 2011, 85 [86], der einen Rechtsbehelf gegen Verfahrensverzögerungen fordert).

4 Für den Bereich des **Strafverfahrens** – einschließlich des Ermittlungsverfahrens und des Strafvollstreckungsverfahrens (vgl. zu letzterem OLG Hamburg NJW-Spezial 2012, 122) – gilt zwar § 198 GVG grds. ebenso, allerdings enthalten § 199 Abs. 2 bis 4 GVG modifizierende Bestimmungen (vgl. § 199 Abs. 1 GVG). § 200 GVG verteilt die Haftung zwischen Bund und den Ländern danach, wessen Gerichte bzw. Staatsanwaltschaften die Verzögerung zu verantworten haben. Schließlich enthält § 201 GVG eine Regelung zur Geltendmachung des Entschädigungsanspruchs und regelt das Verfahren.

5 **C. Die Kompensation unangemessener Verfahrensdauer im Strafrecht. I. Voraussetzungen.** Der Entschädigungsanspruch setzt in **formeller** Hinsicht voraus, dass eine Verzögerungsrüge (§ 198 Abs. 3 GVG) erhoben wird. In **materieller** Hinsicht ist erforderlich, dass ein Beschuldigter aufgrund unangemessener Verfahrensdauer einen Nachteil erleidet.

6 **1. Formelle Voraussetzung: Verzögerungsrüge (§ 198 Abs. 3 GVG)** Gem. § 198 Abs. 3 Satz 1 GVG erfordert der Anspruch auf Entschädigung, dass der Beschuldigte bei dem mit der Sache befassten Gericht (bzw. gem. § 199 Abs. 2 GVG während des Ermittlungsverfahrens bei der betreffenden StA) die Dauer des Verfahrens gerügt hat. Mit der Schaffung dieser Verzögerungsrüge entlässt man die Strafjustiz zwar nicht aus ihrer Verantwortung, das Beschleunigungsgebot nicht nur zum Schutz des Beschuldigten, sondern auch im öffentlichen Interesse zu wahren. Rechte aus einem Verstoß hiergegen kann der Beschuldigte aber nur herleiten, wenn er das erkennende Strafgericht bzw. die StA hierauf hingewiesen hat. Insb. der unverteidigte Beschuldigte wird die entsprechenden Vorschriften jedoch regelmäßig nicht kennen. Richtigerweise muss daher der Beschuldigte über seine Rechte aus einer Verfahrensverzögerung so rechtzeitig informiert werden, dass er sie auch noch Erfolg versprechend geltend machen kann (so v.a. *Beukelmann* NJW-Spezial 2010, 632 [633]). Gerade im Ermittlungsverfahren sind für den (insb. unverteidigten) Beschuldigten Verfahrensverzögerungen mangels Transparenz des Verfahrens oft nicht ohne Weiteres erkennbar. Insoweit müssen hohe Anforderungen an eine schuldhafte Verletzung der Rügeobliegenheit gestellt werden (so auch BeckOK/*Graf* § 199 GVG Rn. 6). Die Verzögerungsrüge stellt nicht nur eine tatbestandliche Voraussetzung des Entschädigungsanspruchs dar, sondern gewährleistet auch **vorbeugenden Rechtsschutz** (vgl. auch BeckOK/*Graf* § 198 GVG Rn. 17). Zwar handelt es sich dabei nicht um einen eigenen Rechtsbehelf (zu der von der Bundesregierung 2005 erwogenen Untätigkeitsbeschwerde etwa *Kotz* ZRP 2011, 85; für sie ist mit der Neuregelung kein Raum mehr, vgl. jeweils zu Strafvollzugssachen OLG Hamburg NStZ 2012, 656; OLG Frankfurt NStZ-RR 2013, 264). Doch liegt in der Verzögerungsrüge auch ein Hinweis an das Gericht, der ihm die drohende Verzögerung des Verfahrens vor Augen führen und es ggf. zur Abhilfe bewegen soll (BT-Drucks. 17/3802, S. 16). Mit der Verzögerungsrüge hat der Gesetzgeber zwar keine echte Kombination aus präventiven und kompensatorischen Rechtsbehelfen geschaffen, aber dennoch ein präventives Element etabliert.

7 Unter welchen Umständen eine Verzögerungsrüge erhoben werden kann, regelt das Gesetz in § 198 Abs. 3 Satz 2–5 GVG für **Verzögerungen durch die Gerichte.** Gem. § 199 Abs. 2 Halbs. 1 GVG gelten

diese Voraussetzungen für Verzögerungen während des Ermittlungsverfahrens entsprechend **für** die **Staatsanwaltschaften.**

So ist nach § 198 Abs. 3 Satz 2 Halbs. 1 GVG die Verzögerungsrüge erst möglich, wenn Anlass zur Besorgnis besteht, dass das Verfahren nicht in einer angemessenen Zeit abgeschlossen wird. Eine zu früh erhobene – also vorsorgliche – Verzögerungsrüge ist unzulässig (vgl. BT-Drucks. 17/3802, S. 20). Um »geduldige« Angeklagte nicht zu benachteiligen, soll eine spät erhobene Verzögerungsrüge aber nach der Vorstellung des Gesetzgebers grds. keinen Einfluss auf den Entschädigungsanspruch haben (BT-Drucks. 17/3802, S. 21). Dies trägt auch dem Umstand Rechnung, dass angesichts der Bestimmung der Angemessenheit anhand einer Einzelfallabwägung ein definitiver Zeitpunkt nicht zu definieren ist (dazu sogleich Rdn. 12 ff.). Der BGH hat offengelassen, ob die Rüge in einem engen zeitlichen Zusammenhang mit dem Eintreten der in § 198 Abs. 3 Satz 2 GVG bezeichneten Besorgnis geltend gemacht werden muss (Beschl. v. 5.12.2012, 1 StR 531/12, Rn. 1). Allerdings besteht insoweit die Gefahr, dass die Verzögerungsrüge ihre präventive Funktion nicht mehr erfüllen kann. Wird sie zu spät erhoben, so kann sich dies u.a. auf die Höhe einer angemessenen Entschädigung auswirken (BT-Drucks. 17/3802, S. 21). Nachdem eine Verzögerung gerügt wurde, kann eine erneute Rüge danach grds. erst nach Ablauf von 6 Monaten wieder erhoben werden, es sei denn, dass ausnahmsweise eine kürzere Frist geboten ist (§ 198 Abs. 3 Satz 2 Halbs. 2 GVG). Diese 6-Monats-Frist korreliert mit der Klagefrist für die Geltendmachung des Entschädigungsanspruchs (vgl. § 198 Abs. 5 Satz 1 GVG, s.a. § 201 GVG Rdn. 2). Sofern die Förderung der Beschleunigung des Verfahrens von Umständen abhängt, die noch nicht in das Verfahren eingeführt worden sind, muss die Rüge nach § 198 Abs. 3 Satz 3 GVG darauf hinweisen. Anderenfalls werden diese Umstände in einem späteren Prozess vor dem Entschädigungsgericht für die Bestimmung der angemessenen Verfahrensdauer nicht berücksichtigt (§ 198 Abs. 3 Satz 4 GVG). § 198 Abs. 3 Satz 5 GVG ordnet an, dass für eine weitere Verzögerung vor einem anderen Gericht eine erneute Rüge zu erheben ist. Gem. § 199 Abs. 2 Halbs. 2 GVG gilt dies für Verzögerungen nach Abschluss des Ermittlungsverfahrens entsprechend, d.h. eine Rüge im Ermittlungsverfahren schafft nicht die Anspruchsvoraussetzungen für Verzögerungen im Hauptverfahren.

2. Materielle Voraussetzungen: Nachteil infolge unangemessener Dauer eines Gerichtsverfahrens. a) Nachteil des Betroffenen. In materieller Hinsicht besteht der Entschädigungsanspruch nur, wenn der **Betroffene** infolge unangemessener Dauer eines Gerichtsverfahrens einen – materiellen oder immateriellen – **Nachteil** erleidet.

b) Verfahrensdauer. Der Begriff des »**Gerichtsverfahrens**« ergibt sich aus der Legaldefinition des § 198 Abs. 6 Nr. 1 GVG. Er bezeichnet jedes Verfahren von der Einleitung bis zum rechtskräftigen Abschluss und gilt gem. § 199 Abs. 1 GVG auch für das strafrechtliche Ermittlungsverfahren. Der Wortlaut dieser Vorschrift zeigt, dass das Strafverfahren das Verfahren auf Vorbereitung der öffentlichen Klage einschließen soll (»einschließlich«). Gleichwohl behalten Ermittlungsverfahren und anschließendes gerichtliches Strafverfahren (Zwischen- und Hauptverfahren) insoweit ihre selbstständige Bedeutung, als nach einer Verzögerungsrüge bei der StA im Fall einer erneuten Verzögerung im gerichtlichen Verfahren eine weitere Verzögerungsrüge erhoben werden muss (§ 199 Abs. 2 Halbs. 2 i.V.m. § 198 Abs. 3 Satz 5 GVG und oben Rdn. 8).

Beginn und Ende des Gerichtsverfahrens müssen – wegen der inneren Verknüpfung mit den Vorgaben der EMRK – i.S.d. Art. 6 EMRK verstanden werden (dazu Art. 6 EMRK Rdn. 14). Daher beginnt der relevante Zeitraum mit »**Erhebung der Anklage**« im Sinn dieser Konventionsnorm, d.h. mit der Benachrichtigung über die Einleitung von Ermittlungen aufgrund des Verdachts der Begehung einer Straftat oder mit dem Zeitpunkt, zu dem der Beschuldigte durch Maßnahmen der Strafverfolgung, die gegen ihn aufgrund des Verdachts einer Straftat getroffen werden, ernsthaft betroffen ist (EGMR Pedersen u. Baadsgaard./.Dänemark, Urt. v. 17.12.2004, 49017/99, RJD 2004-XI, Rn. 39). Dafür genügt dem BGH zufolge (NJW 2014, 220 [221], Rn. 17 ff. m. Anm. *Heinisch* NJW 2014, 224 f.) nicht bereits die bloße Anfertigung eines Aktenvermerks, wonach der Betreffende »dringend verdächtig« sei, ebenso wenig die Anforderung eines Zentralregisterauszugs, ein Antrag der StA, den Betroffenen ermittlungsrichterlich als Zeugen zu vernehmen, oder ein Vorhalt vermeintlicher Unwahrheiten mit anschließender Vereidigung in einer Zeugenvernehmung vor dem Ermittlungsrichter. Stattdessen soll es danach auf den Zeitpunkt ankommen, in dem der Betroffene förmlich als Beschuldigter eingetragen und zu den gegen ihn erhobenen Vorwürfen angehört wird. I.d.R. endet das Verfahren mit der rechtskräftigen Entscheidung der letzten Instanz (vgl. EGMR Intiba./.Türkei, Urt. v. 24.5.2005, 42585/98, Rn. 34; s.a. Art. 6 EMRK Rdn. 14).

12 c) **Unangemessenheit.** Wie sich aus § 198 Abs. 1 Satz 2 GVG ergibt, richtet sich die **Angemessenheit der Verfahrensdauer** nach den Umständen des Einzelfalls, insb. der Schwierigkeit und der Bedeutung des Verfahrens sowie dem Verhalten der Verfahrensbeteiligten und Dritter. § 198 Abs. 1 Satz 2 GVG enthält genau die Abwägungskriterien, die auch der EGMR und das BVerfG regelmäßig zur Bestimmung der angemessenen Verfahrensdauer heranziehen (BT-Drucks. 17/3802, S. 18; s. hierzu auch Art. 6 EMRK Rdn. 86 ff.). Es kommt demnach u.a. auf die Verfahrensführung durch das Gericht, die Schwierigkeit des Verfahrens – bspw. im Hinblick auf seinen Umfang oder eine komplexe Beweiswürdigung – sowie das Verhalten des Beschuldigten (s. aber Rdn. 14) an; auch kann es legitim sein, die schriftlichen Urteilsgründe eines umfangreichen Parallelverfahrens abzuwarten (BGH NJW 2014, 220 [222 f.], Rn. 32 ff. m. Anm. *Heinisch* NJW 2014, 224 f.).

13 **Verfahrensbeteiligter** ist nach der Legaldefinition des § 198 Abs. 6 Nr. 2 GVG jede Partei und jeder Beteiligte eines Gerichtsverfahrens mit Ausnahme der Verfassungsorgane, der Träger öffentlicher Verwaltung und sonstiger öffentlicher Stellen, soweit diese nicht in Wahrnehmung eines Selbstverwaltungsrechts an einem Verfahren beteiligt sind. Diese Legaldefinition findet auch **in Bezug auf strafrechtliche Verfahren** mit der Maßgabe Anwendung, dass der Begriff »Partei« im Strafprozess nicht passt und es daher auf die »Beteiligten« ankommt. Dabei stellt § 199 Abs. 4 GVG klar, dass ein Privatkläger kein Beteiligter in diesem Sinn ist (krit. *Meyer-Goßner/Schmitt* § 199 GVG Rn. 1). Ansonsten darf der Beteiligtenbegriff allerdings nicht »technisch« verstanden werden, sondern ist – wegen der Schutzrichtung des Beschleunigungsgebots – weit auszulegen. Beteiligte sind daher alle Personen, »die auf den Prozessgegenstand final gestaltend einwirken können« (so BT-Drucks. 17/3802, S. 23). Dies ist primär der Beschuldigte (im Bußgeldverfahren der Betroffene), darüber hinaus sind aber z.B. auch der Nebenkläger (§ 395 StPO), der Adhäsionskläger (§ 403 StPO) oder der Einziehungsbeteiligte (§ 431 StPO) erfasst, nicht hingegen Zeugen und Sachverständige.

14 Ein verzögerndes Verhalten des Beschuldigten oder seines Verteidigers darf nur insoweit in die Abwägung eingestellt werden, als der Zeitverlust nicht die notwendige Folge der Wahrnehmung eines dem Beschuldigten bzw. seinem Verteidiger zustehenden Rechtes ist (vgl. Art. 6 EMRK Rdn. 89).

15 Es darf nicht übersehen werden, dass die vom Gesetz geforderte Einzelfallabwägung für den betroffenen Angeklagten eine Gefahr in sich birgt: Er muss erkennen, ab wann »sein« Gerichtsverfahren unangemessen lang dauert, was angesichts der höchst komplexen Abwägung kaum sicher beantwortbar ist. Allerdings wäre auch die Alternative – eine starre Fristenlösung – unbefriedigend geblieben und hat sich letztlich zu Recht nicht durchsetzen können. Mit einer solchen Fristenlösung hätten die Vorgaben des EGMR und des BVerfG von vornherein nicht eingehalten werden können (BVerfG EuGRZ 2009, 695 lehnt eine starre Berechnung ausdrücklich ab) und sie hätte zu Entschädigungsklagen nach Ablauf einer solchen Frist geradezu eingeladen (*Steinbeiß-Winkelmann* ZRP 2010, 205 [207] und *Althammer/Schäuble* NJW 2012, 1 [2]). Trotz aller mit der jetzigen Lösung verbundenen Unsicherheiten ist sie – aus menschen- und grundrechtlicher Sicht – einer Fristenlösung überlegen.

16 **II. Rechtsfolge.** Welche Ansprüche einem Beschuldigten als Kompensation für die Rechtsverletzung aufgrund unangemessener Verfahrensdauer konkret zustehen, richtet sich zunächst danach, welche Art von Nachteilen ihm entstanden ist.

17 1. **Materielle Nachteile.** Für nachweisbare materielle Nachteile (z.B. erhöhte Verteidigungskosten) wird der Beschuldigte gem. § 198 Abs. 1 GVG in vollem Umfang angemessen »entschädigt« (BT-Drucks. 17/3802, S. 19), sodass es sich der Sache nach eher um einen **verschuldensunabhängigen Schadensersatzanspruch** als um eine echte Entschädigung handelt. Dieser Schadensersatzanspruch tritt neben andere Amtshaftungsansprüche. Für seine Berechnung gelten die §§ 249 ff. BGB (BT-Drucks. 17/3802, S. 19; a. A. [ohne entgangenen Gewinn] Prütting/Gehrlein/*Neff* ZPO § 198 GVG Rn. 7; krit. auch *Althammer* JZ 2011, 446 [449]).

18 2. **Immaterielle Nachteile.** Der Eintritt immaterieller Nachteile wird vom Gesetz hingegen **vermutet** (§ 198 Abs. 2 Satz 1 GVG), wenn ein Gerichtsverfahren unangemessen lang gedauert hat. Mit dieser widerlegbaren Vermutung (s. Prütting/Gehrlein/*Neff* ZPO § 198 GVG Rn. 8) orientiert sich der Gesetzgeber an der Rspr. des EGMR; dem Beschuldigten bleibt somit der ansonsten schwer

führbare Nachweis grds. erspart (BT-Drucks. 17/3802, S. 19). Für immaterielle Nachteile sieht das Gesetz als Kompensation sowohl eine Entschädigung als auch eine Wiedergutmachung vor. Die Wiedergutmachung geht der Entschädigung in Geld allerdings vor, wie sich ausdrücklich aus § 198 Abs. 2 Satz 2 GVG ergibt.

a) **Wiedergutmachung durch das erkennende Gericht oder die StA.** Die Formen der »Wiedergutmachung einer Verfahrensverzögerung auf andere Weise« regelt das Gesetz nicht abschließend (vgl. den Wortlaut des § 198 Abs. 4 GVG: »insbesondere«). § 199 Abs. 3 Satz 1 Halbs. 1 GVG und § 198 Abs. 4 GVG enthalten deshalb nur zwei Beispiele (BT-Drucks. 17/3802, S. 19): Als eine solche Wiedergutmachung kommt danach insb. für das erkennende Strafgericht (oder eine StA) in Betracht, dass es – wie § 199 Abs. 3 Satz 1 Halbs. 1 GVG anordnet – die unangemessene Verfahrensdauer zugunsten des Beschuldigten berücksichtigt. Damit billigt der Gesetzgeber die in der Rspr. des BGH entwickelte **Vollstreckungslösung** (BGHSt 52, 125 und Art. 6 EMRK Rdn. 94) als Kompensation einer unangemessenen Verfahrensdauer und regelt gleichzeitig deren **Vorrang vor etwaigen Entschädigungszahlungen** (*Steinbeiß-Winkelmann* ZRP 2010, 205 [206]). Insoweit hat der Gesetzgeber also inhaltlich keine Neuregelung getroffen, denn in strafrechtlichen Verfahren existierte mit dem Instanzenzug der ordentlichen Gerichtsbarkeit bereits vor dem Inkrafttreten dieser Reform ein Rechtsweg, der den Anforderungen des EGMR insofern gerecht wurde, als die Gerichte eine überlange Verfahrensdauer im Fall von Verurteilungen berücksichtigen konnten (*Kotz* ZRP 2011, 85). Insb. ist die Vollstreckungslösung nicht abhängig von einer rechtzeitigen Verzögerungsrüge (so auch BeckOK/*Graf* § 199 GVG Rn. 11; LR/*Krauß* § 199 GVG Nachtrag Rn. 19; a. A. *Schäfer/Sander/van Gemmeren* Praxis der Strafzumessung Rn. 792 ff.; offen gelassen von BGH NStZ-RR 2015, 23; s.a. BGH, Beschl. v. 5.12.2012, 1 StR 531/12). Zwar ließe sich der Wortlaut des § 199 Abs. 1 GVG, der u.a. auch auf § 198 Abs. 3 GVG verweist, so verstehen. § 199 GVG ordnet allerdings nur eine strafrechtlich modifizierte Anwendung des § 198 an. Die gesetzliche Neuregelung sollte im Ergebnis klar zu einer Besserstellung des Beschuldigten führen, eine neu geschaffene Abhängigkeit der Vollstreckungslösung von einer Rügeobliegenheit wäre demgegenüber eine erhebliche Verschlechterung. Es muss daher bei der **von Amts wegen zu berücksichtigenden Verzögerung i.R.d. Vollstreckungslösung** bleiben (so richtig BeckOK/*Graf* § 199 GVG Rn. 11, 13).

Neben der Anwendung der Vollstreckungslösung sieht der Gesetzgeber auch weitere Möglichkeiten für eine Wiedergutmachung der Rechtsverletzung durch das erkennende Strafgericht selbst. Dazu zählt er insb. ausdrücklich auch die Möglichkeit, eine **Verwarnung mit Strafvorbehalt** (§ 59 StGB) auszusprechen oder **von Strafe nach § 60 StGB abzusehen** (BT-Drucks. 17/3802, S. 24).

Akzeptiert man, dass in Extremfällen der Verfahrensverzögerung ein Prozesshindernis eingreift (so v.a. BGHSt 46, 159, 171 f.; allgemein dazu Art. 6 EMRK Rdn. 98), so erfüllt auch eine gerichtliche **Verfahrenseinstellung mit dieser Begründung** (vgl. etwa OLG Rostock StV 2011, 220: Einstellung nach § 206a Abs. 1 StPO) die Wiedergutmachungsfunktion. Ebenso muss dann Raum für die Anwendung des § 199 Abs. 3 Satz 1 Halbs. 1 GVG verbleiben, wenn die StA oder das Gericht gerade aufgrund der (extremen) Verfahrensverzögerung das Ermittlungsverfahren nach §§ 153, 153a, StPO einstellt (bedenklich weit aber OLG Frankfurt NJW 2013, 480 [482], wo das erkennende Gericht die Einstellung gem. § 153a Abs. 2 StPO nicht ausdrücklich auf die Verfahrensverzögerung gestützt hatte, dieser Gesichtspunkt vielmehr nur von der StA bei der Erteilung ihrer Zustimmung angesprochen wurde).

Ferner kann eine Wiedergutmachung i.S.d. § 199 Abs. 3 GVG auch in Fällen der §§ 154, 154a StPO stattfinden, etwa wenn eine Wiederaufnahme des Verfahrens gem. § 154 Abs. 4 StPO explizit aufgrund der bereits eingetretenen Verfahrensverzögerung abgelehnt wird (insoweit zutr. OLG Frankfurt NJW 2013, 480 [481]).

Scheiden solche Formen der Berücksichtigung einer Verfahrensverzögerung aus, kann auch ihre Feststellung durch das erkennende Gericht eine Wiedergutmachung gem. § 199 Abs. 3 GVG darstellen (für den Fall der Nichtzulassung einer Rechtsbeschwerde in OWi-Sachen s. OLG Düsseldorf NStZ-RR 2015, 90).

b) **Wiedergutmachung durch das Entschädigungsgericht.** Da insb. mit der Vollstreckungslösung in einer großen Zahl von Fällen die vom Gesetz im Ergebnis verlangte Kompensation erreicht werden kann, erlangt die in § 198 Abs. 4 GVG allgemein vorgesehene Wiedergutmachung durch die ausdrückliche **Feststellung einer Verletzung** des Rechts auf eine angemessene Verfahrensdauer **durch das Ent-**

schädigungsgericht nur ausnahmsweise Bedeutung. Nur wenn die Vollstreckungslösung nicht greifen kann und andere Formen der Wiedergutmachung durch das erkennende Gericht nicht stattgefunden haben, insb. also wenn der **Beschuldigte freigesprochen** wird oder das **Strafverfahren aus anderen Gründen als der überlangen Verfahrensdauer eingestellt** wird, kann ein Bedarf nach Wiedergutmachung durch eine entsprechende Feststellung seitens des Entschädigungsgerichts bestehen. Das Gesetz regelt in § 198 Abs. 4 Satz 3 GVG zwei denkbare Konstellationen:
Gem. Halbs. 1 kann das Gericht **in besonders schwerwiegenden Fällen** eine Feststellung der Rechtsverletzung neben der Gewährung einer Entschädigung aussprechen, weil diese die Rechtsverletzung nicht hinreichend zu kompensieren vermag. Da die Höhe der Geldentschädigung aber unter Billigkeitsgesichtspunkten gem. § 198 Abs. 2 Satz 4 GVG angepasst werden kann, kann sich diese Regelung nur auf besonders gelagerte, schwere Sonderfälle beziehen.
§ 198 Abs. 4 Satz 3 Halbs. 2 GVG sieht eine Kompensation durch entsprechende Feststellung auch für Fälle vor, in denen die **Voraussetzungen des § 198 Abs. 3 nicht vorgelegen hatten**, etwa weil die Verzögerungsrüge zu früh oder gar nicht erhoben worden war oder weil bestimmte Aspekte des Verfahrens gem. § 198 Abs. 3 Satz 4 GVG präkludiert sind (BT-Drucks. 17/3802, S. 22). Für die Feststellung ist kein Antrag erforderlich (§ 198 Abs. 4 Satz 2 GVG).

25 Bei weniger gravierenden Verstößen kann das Entschädigungsgericht richtiger Ansicht nach durch Feststellung der Rechtsverletzung vermeiden, dass eine Entschädigung zu gewähren ist (so auch *Matusche-Beckmann/Kumpf* ZZP 2011, 173 [187]). Zur Beseitigung von Verstößen im Rahmen eines Strafverfahrens erscheint die bloße Feststellung hingegen aufgrund der besonderen Bedeutung des Strafverfahrens für den Beschuldigten grds. als nicht geeignet. Dementsprechend ordnet auch der Gesetzgeber in seiner Begründung die Bedeutung dieser Lösung eher den »übrigen Verfahrensordnungen« zu (BT-Drucks. 17/3802, S. 20). Dies bedeutet: Sofern das erkennende Gericht den Verstoß nicht (etwa durch eine Feststellung) kompensiert hat, bleibt für das Entschädigungsgericht nur, eine Entschädigung auszusprechen, die es jedoch im Einzelfall unter Billigkeitsgesichtspunkten in der Höhe anpassen kann (vgl. § 198 Abs. 2 Satz 2 GVG).

26 c) **Entschädigung.** Die Entschädigung ist nach der klaren gesetzlichen Konzeption subsidiär ggü. der unter a) und b) beschriebenen »Wiedergutmachung auf andere Weise«. Nur wenn Letztere nach den Umständen des Einzelfalles nicht ausreicht, kommt eine Entschädigung in Betracht. Dies ist dann der Fall, wenn die Vollstreckungslösung nicht greift, d.h. also z.B. im Fall eines Freispruchs oder einer Verfahrenseinstellung, die nicht aus Gründen der Verfahrensdauer erfolgt. Eine Einstellung aus Gründen der überlangen Verfahrensdauer kommt nach der Rspr. des BGH nur in ganz »außergewöhnlichen Sonderfällen« in Betracht (vgl. BGHSt 46, 159 [171 f.]). Der Gesetzgeber misst der Entschädigungslösung daneben auch in Jugendstrafsachen Bedeutung bei (BT-Drucks. 17/3802, S. 20), in denen der BGH bislang einen Abschlag von der erzieherisch bestimmten Jugendstrafe abgelehnt hat (BGH NStZ 2003, 364 [365] m. Anm. *Rose* NStZ 2003, 588; BGH NStZ-RR 2007, 61; BGH NStZ 2010, 94 [95]; krit. zur Rspr. *Eisenberg* JGG, 15. Aufl. 2011, § 18 Rn. 15 f.). In diesen Fällen ist eine Entschädigung in Geld zu leisten.

27 Die Höhe dieser Entschädigung beträgt gem. § 198 Abs. 2 Satz 3 GVG grds. 1200 € für jedes Jahr der Verzögerung. § 198 Abs. 2 Satz 4 GVG erlaubt es, hiervon aus Billigkeitsgründen sowohl nach oben als auch nach unten abzuweichen. In schwerwiegenden Fällen ist die Feststellung der Rechtsverletzung auch neben einer Entschädigung möglich (§ 198 Abs. 4 Satz 2 Halbs. 1 GVG).

28 Für den Fall der Verzögerung des Verfahrens durch ein Strafgericht (und nicht durch die StA) wird das Entschädigungsgericht nach § 199 Abs. 3 Satz 2 GVG hinsichtlich der Beurteilung der Angemessenheit der Verfahrenslänge an eine Entscheidung des Strafgerichts gebunden. Damit beabsichtigt der Gesetzgeber, divergierende Einschätzungen verschiedener Gerichte zu vermeiden (BT-Drucks. 17/3802, S. 24). Dies gilt freilich nur, sofern sich das Strafgericht mit der Frage der Verfahrensverzögerung überhaupt auseinandergesetzt hat.

§ 200 GVG [Haftung].
Für Nachteile, die auf Grund von Verzögerungen bei Gerichten eines Landes eingetreten sind, haftet das Land. Für Nachteile, die auf Grund von Verzögerungen bei Gerichten des Bundes eingetreten sind, haftet der Bund. Für Staatsanwaltschaften und Finanzbehörden in Fällen des § 386 Absatz 2 der Abgabenordnung gelten die Sätze 1 und 2 entsprechend.

§ 200 GVG verteilt die **Haftung zwischen Bund und den Ländern** danach, wessen Gerichte bzw. Staatsanwaltschaften die Verzögerung zu verantworten haben. Dementsprechend ist der **Anspruchsgegner** im Fall von Verzögerungen bei Gerichten eines Landes das betreffende Land (Satz 1), im Fall von Gerichten des Bundes der Bund (Satz 2). 1

Für den Fall, dass eine StA oder eine Finanzbehörde, die wegen einer Steuerstraftat ermittelt, für die Verzögerung verantwortlich ist, gilt gem. Satz 3 die entsprechende Aufteilung zwischen Bund und Ländern. Kommt es in einem Ermittlungsverfahren, das die Bußgeld- und Strafsachenstelle der Bundesagentur für Arbeit gem. § 386 AO führt, zu Verzögerungen, haftet der Bund, weil diese als Finanzbehörde des Bundes tätig wird. Daran ändert sich nichts, wenn das Verfahren zunächst von der StA geführt wurde; eine gesamtschuldnerische Haftung besteht in diesem Fall nicht (OLG Hamm, Beschl. v. 26.4.2013, 11 EK 12/13, BeckRS 2013, 08983). 2

§ 201 GVG [Zuständigkeit, Verfahren].
(1) Zuständig für die Klage auf Entschädigung gegen ein Land ist das Oberlandesgericht, in dessen Bezirk das streitgegenständliche Verfahren durchgeführt wurde. Zuständig für die Klage auf Entschädigung gegen den Bund ist der Bundesgerichtshof. Diese Zuständigkeiten sind ausschließliche.
(2) Die Vorschriften der Zivilprozessordnung über das Verfahren vor den Landgerichten im ersten Rechtszug sind entsprechend anzuwenden. Eine Entscheidung durch den Einzelrichter ist ausgeschlossen. Gegen die Entscheidung des Oberlandesgerichts findet die Revision nach Maßgabe des § 543 der Zivilprozessordnung statt; § 544 der Zivilprozessordnung ist entsprechend anzuwenden.
(3) Das Entschädigungsgericht kann das Verfahren aussetzen, wenn das Gerichtsverfahren, von dessen Dauer ein Anspruch nach § 198 abhängt, noch andauert. In Strafverfahren, einschließlich des Verfahrens auf Vorbereitung der öffentlichen Klage, hat das Entschädigungsgericht das Verfahren auszusetzen, solange das Strafverfahren noch nicht abgeschlossen ist.
(4) Besteht ein Entschädigungsanspruch nicht oder nicht in der geltend gemachten Höhe, wird aber eine unangemessene Verfahrensdauer festgestellt, entscheidet das Gericht über die Kosten nach billigem Ermessen.

Abs. 1 benennt das **zuständige Gericht** zur Geltendmachung des Entschädigungsanspruchs. Dieser ist bei Klagen gegen das Land (zum Anspruchsgegner s. § 200 Rdn. 1) bei demjenigen **OLG** geltend zu machen, in dessen Bezirk die Regierung des beklagten Landes ihren Sitz hat (§ 201 Abs. 1 GVG), bei Klage auf Entschädigung gegen den Bund liegt die Zuständigkeit beim **BGH** (§ 201 Abs. 1 Satz 2 GVG). Nach § 201 Abs. 1 Satz 3 GVG sind diese Gerichte jeweils ausschließlich zuständig. 1

Bezüglich des **Verfahrens** zur Geltendmachung des Entschädigungsanspruchs sind die Vorschriften der Zivilprozessordnung über das Verfahren vor den LG im ersten Rechtszug (§§ 253 bis 494a ZPO) nach § 201 Abs. 2 Satz 1 GVG entsprechend heranzuziehen. Die **zeitlichen Anforderungen** an die Klageerhebung sind in § 198 Abs. 5 GVG geregelt. So ist eine Klage frühestens 6 Monate nach Erhebung der Verzögerungsrüge möglich (§ 198 Abs. 5 Satz 1 GVG). Sie muss aber spätestens 6 Monate nach Erledigung des verzögerten Verfahrens erhoben werden (§ 198 Abs. 5 Satz 2 GVG). Nicht ausdrücklich geregelt ist die Frage, ob die Entschädigungsklage auch schon vor Abschluss des verzögerten Verfahrens erhoben werden kann. Sie ist aber zu bejahen (so auch BeckOK/*Graf* § 198 GVG Rn. 24). Zwar könnte man annehmen, dass es der in § 198 Abs. 3 GVG niedergelegte Präventionsgedanke gebiete, dem Strafgericht oder der StA im Ausgangsverfahren jede Möglichkeit einzuräumen, etwaigen Verstößen gegen das Beschleunigungsgebot selbst abzuhelfen. Dagegen spricht aber, dass der Gesetzgeber in § 198 Abs. 5 Satz 1 GVG hierfür offensichtlich eine sechsmonatige Frist für angemessen und ausreichend erachtet hat und dass § 201 Abs. 3 Satz 2 GVG dem Entschädigungsgericht aufgibt, für diese Fälle das Verfahren über den Entschädigungsanspruch **bis zum Abschluss des Strafverfahrens auszusetzen**, um den im Strafverfahren zu treffenden Entscheidungen nicht vorzugreifen. 2

3 Gegen die Entscheidung des OLG ist die **Revision** nach Maßgabe des § 543 ZPO zulässig; hinsichtlich der Möglichkeit einer Nichtzulassungsbeschwerde gilt § 544 ZPO entsprechend (§ 201 Abs. 2 Satz 3 GVG). Bis zum 31.12.2016 ist dafür allerdings gem. § 26 Nr. 8 EGZPO eine Mindestbeschwer von 20.000 € erforderlich; dies gilt auch bei Entschädigungsklagen wegen Verfahrensverzögerungen (BGH, Beschl. v. 25.7.2013, III ZR 400/12, Rn. 4 ff. [noch zu § 26 Nr. 8 EGZPO a.F., wonach die Mindestbeschwer nur bis zum 31.12.2014 gelten sollte]). Die in § 201 Abs. 3 Satz 1 GVG vorgesehene, grds. fakultativ mögliche Aussetzung des Verfahrens vor dem Entschädigungsgericht ist – wie gesehen – nach § 201 Abs. 3 Satz 2 GVG im Fall des Strafverfahrens (einschließlich des Ermittlungsverfahrens) obligatorisch. Eine Entscheidung über den Entschädigungsanspruch darf vor Abschluss des Strafverfahrens nicht ergehen.

4 § 201 Abs. 4 GVG enthält schließlich eine Regelung über die **Kostentragungspflicht.**

Konvention zum Schutze der Menschenrechte und Grundfreiheiten (EMRK)

Vom 4. November 1950 (BGBl 1952 II, 685) in der Fassung der Bekanntmachung vom 22. Oktober 2010 (BGBl II, 1198)
(Auszug)

Art. 1 EMRK Verpflichtung zur Achtung der Menschenrechte.
Die Hohen Vertragsparteien sichern allen Ihrer Hoheitsgewalt unterstehenden Personen die in Abschnitt I bestimmten Rechte und Freiheiten zu.

Englische Fassung
The High Contracting Parties shall secure to everyone within their jurisdiction the rights and freedoms defined in Section I of this Convention.

Französische Fassung
Les Hautes Parties contractantes reconnaissent à toute personne relevant de leur juridiction les droits et libertés définis au titre I de la présente Convention.

Übersicht	Rdn.		Rdn.
A. Grundsätzliches	1	II. Verpflichtete	15
I. Entstehung	1	III. Berechtigte	17
II. Der Europarat und seine Organe	2	**C. Grundprinzipien der EMRK**	19
1. Europarat	2	I. Günstigkeitsprinzip	19
2. Ministerkomitee	3	II. Subsidiaritätsprinzip	20
3. Beratendes Gremium	4	**D. Die Bedeutung der EMRK für das EU-Recht**	21
III. Rechtsnatur der EMRK	5	I. Die Grundrechtecharta der EU	22
1. Die EMRK als völkerrechtlicher Vertrag	5	II. Das Verhältnis zwischen EuGH und EGMR	23
2. Die Auslegung völkerrechtlicher Verträge im Allgemeinen	6	**E. Die Bedeutung der EMRK für das deutsche Recht**	25
3. Die Auslegung der EMRK durch den EGMR	7	I. Rang der EMRK im deutschen Rechtssystem – die »Görgülü«-Rechtsprechung des BVerfG	25
a) Der EGMR	7		
b) Auslegungsgrundsätze	8		
IV. Die Zusatzprotokolle	11	II. Die Bedeutung der Rechtsprechung des EGMR im nationalen Recht	27
B. Geltungsbereich	12		
I. Territorialer Geltungsbereich	13		

A. Grundsätzliches. I. Entstehung. Um eine Wiederholung der Grausamkeiten des Zweiten **1** Weltkriegs zu verhindern, hatten die Mitglieder des am 05.05.1949 gegründeten Europarats das Ziel, durch die Kodifizierung der rechtlich nicht verbindlichen Allgemeinen Erklärung der Menschenrechte der Vereinten Nationen v. 10.12.1948 einen umfassenden und **rechtlich verbindlichen Schutz der Menschenrechte** zu gewährleisten (umfassend zur Entstehungsgeschichte vgl. Dörr/Grote/Marauhn/ *Grote* EMRK, Kap. 1). Dieser »Kernbestand von Rechten« wurde seither durch insgesamt **14 Zusatzprotokolle** ergänzt (allgemein zum Zusatzprotokoll Art. 1 Rdn. 11). Die EMRK ist ein eigenständiges Vertragswerk der Mitgliedsstaaten des Europarats. In Kraft getreten ist sie am 03.09.1953 nach der Ratifizierung durch zehn Mitgliedsstaaten des Europarats. EMRK und Europarat stehen insofern in einem sehr engen Zusammenhang, als einerseits nur Mitglieder des Europarats (und seit Inkrafttreten des 14. Zusatzprotokolls am 01.06.2010 auch die EU) die EMRK zeichnen können, andererseits ein Staat nur Mitglied im Europarat werden kann, wenn er die EMRK gezeichnet hat (*Satzger* IntEuStrR § 11 Rn. 7). Momentan umfasst der Europarat 47 Mitglieder.

Art. 1 EMRK   Verpflichtung zur Achtung der Menschenrechte

2   **II. Der Europarat und seine Organe. 1. Europarat.** Im Europarat sind die Mitgliedsstaaten als Völkerrechtssubjekte vertreten. Selbst wenn es also bei der Gründung des Europarats um eine Verhinderung der im Zweiten Weltkrieg begangenen Verletzungen von Grundrechten ging, wird den Individuen im Europarat selbst keine eigene Rechtsstellung eingeräumt, sie werden vielmehr vom Staat »mediatisiert« (*Satzger* IntEuStrR § 11 Rn. 3).

3   **2. Ministerkomitee.** Das Ministerkomitee ist das Entscheidungsorgan des Europarats. Es besteht aus den Außenministern der Europaratsmitglieder bzw. deren ständigen Vertretern und hat die Aufgabe, Maßnahmen und Abkommen zu überprüfen und die Durchführung der Urteile des EGMR zu überwachen (vgl. Art. 46 Rdn. 12). Für seine Beschlüsse – missverständlicherweise trotz ihrer Bindungswirkung »Empfehlungen« genannt – ist Einstimmigkeit erforderlich (Art. 15b EuRat).

4   **3. Beratendes Gremium.** Beratendes Gremium ist die Parlamentarische Versammlung (Art. 22 bis 35 EuRat), deren 318 Mitglieder durch die nationalen Parlamente gewählt bzw. benannt werden. Die großen Staaten Russland, Frankreich, Italien, Großbritannien und Deutschland haben jeweils 18 Stimmen, die kleinsten Mitgliedsländer zwei (s. *Satzger* IntEuStrR § 11 Rn. 4).

5   **III. Rechtsnatur der EMRK. 1. Die EMRK als völkerrechtlicher Vertrag.** Die EMRK ist – als Konvention – ein völkerrechtlicher Vertrag i.S.v. Art. 2 Abs. 1a des Wiener Übereinkommens über das Recht der Verträge (WVRK, Sartorius II Nr. 320). Völkervertragsrecht findet somit Anwendung.

6   **2. Die Auslegung völkerrechtlicher Verträge im Allgemeinen.** Grds. gelten daher die allgemeinen Auslegungsgrundsätze der WVRK (s. *Gleß* Internationales Strafrecht, Rn. 53). Nach **Art. 31 Abs. 1 WVRK** sind Verträge in Übereinstimmung mit der gewöhnlichen, ihren Bestimmungen im Zusammenhang zukommenden Bedeutung und im Lichte ihres Sinns und Zwecks auszulegen – der historischen Auslegung kommt somit von vornherein nur eine ganz untergeordnete, ergänzende Bedeutung zu, was durch Art. 32 WVRK unterstrichen wird (*Peters/Altwicker* EMRK, § 2 Rn. 40; *Satzger* JURA 2009, 759 [760]).

7   **3. Die Auslegung der EMRK durch den EGMR. a) Der EGMR.** Regelungen über den EGMR finden sich in den Art. 19 ff. der Konvention sowie in der Verfahrensordnung des EGMR. In Art. 19 ist die Errichtung des EGMR geregelt. Der EGMR ist somit durch die Konvention geschaffen und daher kein Organ des Europarats, sondern ein Organ der Konvention selbst (näher zum EGMR vgl. Art. 34 Rdn. 1 ff.).

8   **b) Auslegungsgrundsätze.** Im Vordergrund der Auslegung der EMRK durch den EGMR steht gemäß Art. 31 Abs. 1 EMRK die Zielsetzung der EMRK (bestmöglicher Menschenrechtsschutz, einheitliche Mindeststandards). Dazu legt der Gerichtshof die Garantien der EMRK **autonom** aus (vgl. *Gleß* Internationales Strafrecht, Rn. 51; LR/*Esser* EMRK, Einf., Rn. 180), d.h., er bildet eigene Begriffe und Definitionen, um den Mitgliedsstaaten der Konvention die Möglichkeit zu nehmen, sich der Garantien der EMRK durch eigene Begriffsbildung und Definitionen zu entziehen. So hat der EGMR etwa Ordnungswidrigkeiten des deutschen Rechts dem »Strafrecht« i.S.d. EMRK (und den insoweit geltenden Garantien) zugeordnet, obwohl der deutsche Gesetzgeber die Ordnungswidrigkeiten gerade dem strafrechtlichen Kontext entziehen wollte (EGMR Öztürk./.Deutschland, Urt. v. 21.02.1984 – 8544/79, Series A, Rn. 73).

9   Weiterhin bezeichnet der EGMR selbst die EMRK als ein **»living instrument«**, bei deren Auslegung der Wandel wirtschaftlicher, sozialer und ethischer Gegebenheiten zwingend berücksichtigt werden müsse (*Meyer-Ladewig* EMRK Einleitung Rn. 32; *Peters/Altwicker* EMRK, § 2 Rn. 41 ff.; *Grabenwarter/Pabel* EMRK, § 5 Rn. 12 ff.; *Dörr/Grote/Marauhn/Cremer* EMRK, Kap. 4 Rn. 35 ff.; *Kempen/Hillgruber* Völkerrecht, 2007, § 54 Rn. 58; *Bernhardt* FS Wildhaber, S. 91). Insofern spielt die historische Auslegung im Fall der EMRK eine noch geringere Rolle als üblicherweise bei völkerrechtlichen Verträgen (zur Bedeutung der Urteile des EGMR für Deutschland vgl. Art. 46 Rdn. 7; vgl. *Esser* Auf dem Weg S. 834 ff.).

Im Hinblick auf die grammatische Auslegung ist zu beachten, dass allein der Wortlaut der **authentischen Sprachversionen** der EMRK, also der englische und der französische Text (diese stehen dabei gleichberechtigt nebeneinander) entscheidend ist (vgl. die Schlussbestimmung nach Art. 66 EMRK). Der deutsche Wortlaut ist eine bloße Übersetzung und gibt den Inhalt der Konventionsgarantien daher nicht authentisch wieder, was bei der Argumentation mit der EMRK stets zu berücksichtigen ist (und weshalb in diesem Kommentar die authentischen Fassungen der EMRK-Vorschriften jeweils mit abgedruckt sind).

Da das Rechtsschutzsystem der EMRK gegenüber dem innerstaatlichen nur subsidiär ist (vgl. Art. 13, 35 EMRK), gewährt der EGMR den nationalen Behörden und Gerichten bei der Anwendung und Auslegung des nationalen Rechts im Einzelfall einen Einschätzungs- und Beurteilungsspielraum, sog. »margin of appreciation«/»marge d'appréciation« (s. LR/*Esser*, MRK, Einf. Rn. 201).

Zu beachten ist, dass die Rechtsprechung des EGMR generell stark einzelfallbezogen und abwägungsorientiert ist (*von Bernstorff* Der Staat 2011, 165 [167]). **10**

IV. Die Zusatzprotokolle. Weitere Gewährleistungen enthalten die mittlerweile insgesamt 16 Zusatzprotokolle zur EMRK (vgl. die Übersicht bei BeckOK StPO/*Valerius*, Art. 1 EMRK, Rn. 3.1.), von denen bislang 14 in Kraft sind (1.–14. Zusatzprotokoll). Die in den Zusatzprotokollen enthaltenen Garantien verpflichten nur die Mitgliedsstaaten, die diese Zusatzprotokolle auch ratifiziert haben. Bei den Zusatzprotokollen kann unterschieden werden (vgl. KK-StPO/*Schädler* MRK Vorbem. Rn. 3) zwischen solchen, die zusätzliche materielle Garantien enthalten (1., 4., 6., 7., 12. und 13 Zusatzprotokoll) und solchen, die verfahrensrechtliche Normen beinhalten (übrige Zusatzprotokolle). **11**

Das zuletzt bedeutendste Zusatzprotokoll mit verfahrensrechtlichen Normen war das nach der Ratifikation durch Russland am 01.06.2010 in Kraft getretene **14. Zusatzprotokoll**, welches v.a. eine Entlastung des EGMR und die Möglichkeit eines Beitritts der EU in Art. 59 Abs. 2 n.F. herbeiführen sollte (ausführlich hierzu *Satzger* IntEuStrR § 11 Rn. 14, 100). In grundrechtlicher Hinsicht ist das wichtigste Zusatzprotokoll das 7. Zusatzprotokoll v. 22.11.1984. Dieses regelt in Art. 2 das Recht auf Rechtsmittel in Strafsachen (vgl. Art. 2 des 7. ZP Rn. 7 ff.), in Art. 4 den Grundsatz »ne bis in idem« (vgl. hierzu Art. 4 des 7. ZP Rn. 5). Das 7. ZP wurde von der Bundesrepublik **nicht ratifiziert**, allerdings entsprechen die innerstaatlichen Gewährleistungen den dort aufgestellten Standards.

Die noch nicht in Kraft befindlichen Zusatzprotokolle betreffen einerseits die Aufnahme des Subsidiaritätsprinzips und des Beurteilungsspielraums der Mitgliedstaaten in der Präambel der Konvention und intendieren andererseits die Effizienzwahrung des EGMR durch verschiedene Verfahrensänderungen (Zusatzprotokoll Nr. 15) bzw. räumen den höchsten mitgliedstaatlichen Gerichten die Möglichkeit ein, den EGMR um ein Gutachten über grundsätzliche Fragen zur Auslegung oder Anwendung der Rechte und Freiheiten der EMRK zu ersuchen (16. Zusatzprotokoll).

B. Geltungsbereich. Bei der EMRK handelt es sich um eine sog. **geschlossene Konvention**, d.h. es können nur Mitglieder des Europarats und – seit der Ratifizierung des 14. Zusatzprotokolls – die EU beitreten (*Satzger* IntEuStrR § 11 Rn. 1). Art. 1 regelt den sachlichen und i.V.m. Art. 59 Abs. 1 den räumlichen Geltungsbereich der EMRK. Zu beachten ist, dass Art. 1 nur eine Rahmenvorschrift darstellt, d.h. *per se* kein materielles Recht begründet (EGMR GrK Streletz, Keßler und Krenz./.Deutschland, Urt. v. 22.3.2001 – 34044/96, 35532/97 u. 44801/98, NJW 2001, 3035, 3041). Art. 1 kann daher auch nur in Verbindung mit anderen Garantien der Konvention geltend gemacht werden (*Meyer-Gollwitzer* EMRK Art. 1 Rn. 2) **12**

I. Territorialer Geltungsbereich. Die EMRK bedarf zu ihrer Wirksamkeit im einzelnen Mitgliedsstaat der Ratifikation und der Hinterlegung der Ratifikationsurkunde beim Generalsekretär, vgl. Art. 59 Abs. 1 Satz 2, 3, Abs. 3. Mit Hinterlegung der Ratifikationsurkunde tritt die EMRK für den Unterzeichnerstaat in Kraft und verpflichtet ihn, gem. Art. 1 die Rechte und Freiheiten allen **seiner Hoheitsgewalt unterstehenden Personen** zuzusichern. Unter Hoheitsgewalt versteht man jedes dem Staat völkerrechtlich zurechenbare Handeln seiner Organe und der für diese Organe tätigen Personen, welches sich grundsätzlich auf das gesamte Territorium des Staates erstreckt (zu Ausnahmen s. LR/*Esser* MRK, Art. 1 Rn. 31 ff.). Jenseits des eigenen Territoriums greift der Schutz der EMRK ausnahmsweise dann, wenn sich der Betroffene – sei es punktuell (z.B. Festnahme, vgl. EGMR Al-Saadoon, Mufdhi./. Vereinigtes Königreich, Urt. v. 2.3.2010 – 61498/08 Rn. 85.), sei es für ein zeitlich und örtlich limitiertes Ausmaß – unter der tatsächlichen Autorität und Kontrolle eines Konventionsstaates befindet (sog. »actual authority and control-Test« bzw. [wohl gleichbedeutend] »effective control-Test«, dazu LR/*Esser* MRK, Art. 1 Rn. 39). **13**

Art. 1 EMRK Verpflichtung zur Achtung der Menschenrechte

14 Soweit ein Staat also im Ausland selbst Befehls- und Kommandogewalt über seine Truppen ausübt, muss er insoweit die Rechte der Konvention beachten; bei Missionen unter Nato- oder UN-Mandat soll dies nach der Rspr. des EGMR nicht gelten (vgl. EGMR GrK Behrami u.a./.Frankreich; Saramati./.Frankreich u.a., Urt. v. 02.05.2007 – 71412/01 und 78166/01, EuGRZ 2007, 522; s. dazu auch EGMR Al-Skeini./.Vereinigtes Königreich, Urt. v. 07.07.2011 – 55721/07 sowie Hirsi Jamaa./.Italien, Urt. v. 23.02.2012 – 27765/09; krit. hierzu hinsichtlich der Festnahme von Piraterieverdächtigen am Horn von Afrika vgl. *Esser/Fischer* JR 2010, 513 [515 f.])

15 **II. Verpflichtete.** Verpflichtete der EMRK sind, wie Art. 1 zeigt, die **Mitgliedsstaaten**. Erfasst werden alle Hoheitsakte der Legislative, Judikative und Exekutive. Eine Verletzung der EMRK ist unabhängig von einem Verschulden möglich (LR/*Esser* MRK, Art. 1 Rn. 45 f., zur Zurechenbarkeit staatlichen Handelns, insbesondere zwischenstaatlicher Einrichtungen und internationaler Organisationen Rn. 21 ff.; *Grabenwarter/Pabel* EMRK, § 17 Rn. 6 ff.; *Peters/Altwicker* EMRK, § 2 Rn. 17; *Frowein/Peukert* EMRK Art. 1 Rn. 3; *Satzger* JURA 2009, 759).

16 Eine unmittelbare Verpflichtung von Privatpersonen (**unmittelbare Drittwirkung**) besteht nach herrschender und richtiger Ansicht nicht (*Frowein/*Peukert EMRK Art. 1 Rn. 16; LR/*Esser* MRK, Art. 1 Rn. 55; *Grabenwarter/Pabel* EMRK, § 17 Rn. 6; *Satzger* IntEuStrR § 11 Rn. 25; *ders.* JURA 2009, 759; *Fuchs* ZStW 100 (1988) 446 [für Österreich] *Trechsel* ZStW 100 [1988] 671 [für die Schweiz]). Die Bedeutung der Konventionsgarantien erschöpft sich andererseits nicht in subjektiven Abwehrrechten ggü. den verpflichteten Staaten. Vielmehr kommt es zu einer gewissen Ausstrahlungswirkung auch auf Private. Die EMRK etabliert nämlich eine **objektive Wertordnung** (»constitutional instrument«). Die Vertragsstaaten dürfen daher keinen allgemein konventionswidrigen Zustand dulden und sind grundsätzlich verpflichtet, Maßnahmen zu treffen, um Grundrechtseingriffe durch Private zu verhindern, wobei die Reichweite dieser Schutzpflicht von der jeweiligen Garantie abhängig ist (EGMR Verein gegen Tierfabriken./.Schweiz [1], Urt.v. 28.06.2001 – 32772/02, RJD 2001-VI, Rn. 45, 46; EGMR Dink./.Türkei, Urt. v. 14.09.2010 – 2668/07, 6102/08, 30079/08, 7072/09, 7124/09, Rn. 64 f.).

17 **III. Berechtigte.** Berechtigte der Garantien der EMRK sind die auf dem Territorium des jeweiligen Konventionsstaats befindlichen und damit der Hoheitsgewalt der Mitgliedsstaaten unterstehenden **natürlichen Personen**. Abgesehen vom Verbot der Auslieferung (Art. 3 des 4. ZP) kommt es auf die Staatsangehörigkeit der Betroffenen nicht an.

18 Auch **juristische Personen sowie sonstige Personenmehrheiten** ohne eigene Rechtspersönlichkeit können Berechtigte i.S.v. Art. 1 sein, sofern es sich bei der fraglichen Garantie nicht um eine solche handelt, die notwendigerweise nur Privatpersonen zugute kommt. Dies gilt auch für juristische Personen des öffentlichen Rechts, sofern sie nicht strukturell dem Staat nahe stehen, also bspw. Kirchen und Universitäten. Insofern besteht durchaus eine Vergleichbarkeit zu Art. 19 Abs. 3 GG (*Satzger* IntEuStrR § 11 Rn. 23; *Grabenwarter/Pabel* EMRK, § 17 Rn. 5; vgl. *Barden*, Grundrechtsfähigkeit gemischt-wirtschaftlicher Unternehmen, 2002, S. 185 ff.).

19 **C. Grundprinzipien der EMRK. I. Günstigkeitsprinzip.** Art. 53 zeigt, dass der von der EMRK gewährte Grundrechtsschutz nur einen **Mindeststandard** der in jedem Mitgliedsstaat anzuerkennenden Grundrechte darstellt. Daher steht die EMRK Rechten, die über den von ihr gewährten Schutz hinausgehen, sei es aufgrund innerstaatlicher oder völkerrechtlicher Normen, nie entgegen (*Meyer-Ladewig* EMRK Art. 53 Rn. 2).

20 **II. Subsidiaritätsprinzip.** Wie Art. 13 und Art. 35 zeigen, hat das Rechtsschutzsystem der EMRK nur subsidiären Charakter. Die Gewährleistungen der EMRK sind zuallererst durch die innerstaatlichen Behörden und Gerichte zu wahren, bei der EMRK handelt es sich somit im Grundsatz um ein Kooperationssystem. Ziel der EMRK ist es nicht, gleichförmige demokratische Gesellschaften in ganz Europa herzustellen (*Grabenwarter* EuGRZ 2011, 229 [231]; zum Pluralitätsgebot, vgl. *von Ungern-Sternberg* EuGRZ 2011, 199 ff.), aufgrund dessen räumt der EGMR den Behörden einen weiten Beurteilungsspielraum ein (*Satzger* IntEuStrR § 11 Rn. 20; zu den prozessualen Auswirkungen des Subsidiaritätsgrundsatzes vgl. Art. 34 Rdn. 11 f.).

D. Die Bedeutung der EMRK für das EU-Recht. Sämtliche Mitgliedsstaaten der EU 21
sind zugleich Mitglieder des Europarats (s. Rdn. 1). Weiterhin wurden durch den Vertrag von Lissabon
mit Art. 6 Abs. 2 EUV n.F. sowie dem mit Inkrafttreten des 14. Zusatzprotokolls neu in die Konvention
eingefügten Art. 59 Abs. 2 n.F. die Grundvoraussetzungen für einen Beitritt der EU zur EMRK geschaffen (vertiefend Karpenstein/Mayer/*Mayer* EMRK Einl. Rn. 154 ff.; *Kizil* JA 2011, 277 ff.; *Obwexer*
EuR 2012, 115 ff.; s. zur Bindung Europäischer Polizei- und Strafverfolgungsbehörden an die EMRK
LR/*Esser* EMRK, Art. 1 Rn. 118 ff.); die durch das Zusatzprotokoll eingefügte Passage, die ausnahmsweise einem Nicht-Staat einen Beitritt ermöglicht, lautet: Die Europäische Union kann dieser Konvention beitreten. Vor einem Beitritt sind allerdings noch erhebliche Hürden zu überwinden. So bedarf es
insbesondere der Erarbeitung eines (europarechtskonformen) Beitrittsvertrags zwischen der EU und den
Konventionsstaaten. Ein derartiges Beitrittsabkommen schien an und für sich realisierbar, eine informelle Arbeitsgruppe (CDDH-EU) hatte dem Ministerkomitee des Europarats bereits einen Entwurf
eines solchen Abkommens vorgelegt. Überraschenderweise hat der EuGH in seinem Gutachten (Gutachten vom 18.12.2014 – C-2/13; dazu *Wendel*, NJW 2015, 921) bzgl. der Vereinbarkeit des Entwurfs
des Abkommens mit EU-Recht, wozu der Gerichtshof seitens der EU-Kommission gemäß Art. 218
Abs. 11 AEUV beauftragt worden war, erhebliche Einwände erhoben, welche einen Beitritt bedauerlicherweise auf absehbare Zeit wohl ausschließen werden. Hintergrund der zurückhaltenden Position
des EuGH ist dabei neben einem befürchteten Autonomieverlust für das EU-Recht auch die Besorgnis
eines Machtverlustes des EuGH gegenüber dem EGMR (*Satzger* IntEuStrR § 11 Rn. 14 mwN).

I. Die Grundrechtecharta der EU. Besondere Wichtigkeit hat die EMRK bereits jetzt für die Aus- 22
legung der GRCh, die mit dem Vertrag von Lissabon rechtsverbindlich in Kraft getreten ist und nach
Art. 6 Abs. 1 EUV mit den Verträgen auf einer Stufe steht. Aufgrund des in Art. 51 GRCh definierten
Anwendungsbereichs der Charta gilt diese **sowohl für die Organe**, als auch **für die Mitgliedsstaaten,
wenn diese Unionsrecht vollziehen.** Die mitgliedstaatliche Bindung versteht der EuGH weit; die durch
die Charta garantierten Grundrechte seien immer dann zu beachten, wenn eine nationale Rechtsvorschrift in den Geltungsbereich des Unionsrechts falle. Ob die einschlägigen nationalen Vorschriften
zur Umsetzung von EU-Recht erlassen wurden, sei unerheblich. Es komme vielmehr darauf an, ob
sie EU-Interessen dienten (EuGH v. 26.2.2013 – Rs. C-617/10, Åkerberg Fransson, NJW 2013, 1415;
dazu etwa *Safferling*, NStZ 2014, 545 ff.). Bereits die Präambel der Charta verweist auf die EMRK und
die Rechtsprechung des EGMR. Weiterhin enthält Art. 52 Abs. 3 GRCh eine »Kohärenzklausel«, wonach die Rechte der Charta die gleiche Bedeutung und Tragweite wie die entsprechenden Garantien
der EMRK haben sollen (vertiefend zum Ganzen *Satzger* IntEuStrR § 11 Rn. 15 ff.). Schließlich
kommt der Rechtsprechung des EGMR auch insofern eine Vorbildwirkung für den EuGH im Hinblick
auf die Grundrechte zu, als sie es bewerkstelligt hat, verschiedene Grundrechtsdogmatiken seit Jahrzehnten unter ihrem Dach zu vereinigen (zu den Grundrechtskonzeptionen in der EMRK vgl. *von Ungern-Sternberg* EuGRZ 2011, 199 ff.).

II. Das Verhältnis zwischen EuGH und EGMR. Mit dem Beitritt der EU zur EMRK ließe sich der 23
bislang zumindest formal bestehende Zuständigkeitskonflikt zwischen dem Grundrechtsschutz durch
den EGMR und durch den EuGH im Bereich der Anwendung und Ausführung von EU-Recht durch
mitgliedsstaatliche Organe beilegen (*Glauben* DRiZ 2004, 131). Denn ebenso wie die EU-Organe sind
auch staatliche Organe, die EU-Recht vollziehen, an die Grundrechte des EU-Rechts und damit (s.
auch Art. 51 GRCh) an die EMRK-Gewährleistungen gebunden. Für die Überprüfung der Grundrechtskonformität des Handelns dieser staatlichen Organe ist dann der EuGH zuständig. Da sie aber
auch als Organe der Mitgliedsstaaten, die selbst unmittelbar an die EMRK gebunden sind, tätig werden,
stellt sich die Frage, ob der EGMR in diesen Konstellationen zuständig sein kann und dementsprechend
das von den nationalen Behörden angewandte/ausgeführte Unionsrecht am Maßstab der EMRK zu
prüfen ist (dazu allgemein sowie zur Entwicklung der Rspr. der Menschenrechtskommission sowie
des EGMR vgl. *Peters/Altwicker* EMRK, § 4 Rn. 3). Die Rechtsprechung des EGMR der letzten Jahre
schien diese Frage – auf praktischem Wege – entschärft zu haben. Zwar seien die Mitgliedsstaaten auch
dann für das Handeln ihrer Organe im Hinblick auf die Einhaltung der EMRK verantwortlich, wenn sie
völkervertraglichen Verpflichtungen (hier: durch den AEUV/EUV) nachkämen. Nach Art. 1 hätten
die Vertragsstaaten nämlich für jede Verletzung der von der Konvention geschützten Rechte und Freiheiten ggü. einer ihrer Hoheitsgewalt unterstehenden Person einzustehen (EGMR Bosphorus Hava Yol-

Art. 1 EMRK Verpflichtung zur Achtung der Menschenrechte

lari Turizm ve Ticaret Anonim Sirketi./.Irland, Urt. v. 30.06.2005 – 45036/98, NJW 2006, 197 [200]). Allerdings sei staatliches Handeln in Erfüllung solcher Verpflichtungen im Rahmen einer internationalen Organisation gerechtfertigt, wenn die Organisation die Grundrechte schützt und dieser Schutz wenigstens als »gleichwertig« zu dem der EMRK anzusehen ist, d.h. als »vergleichbar«, nicht als »identisch«. In diesem Fall besteht eine Vermutung, dass der Staat sich den Anforderungen der EMRK nicht entzogen hat. »Die Vermutung kann jedoch widerlegt werden, wenn der gewährte Grundrechtsschutz offensichtlich unzureichend ist« (EGMR Bosphorus Hava Yollari Turizm ve Ticaret Anonim Sirketi./.Irland, 45036/98, Urt. v. 30.06.2005, NJW 2006, 197 Leitsatz 7). Den Schutz der Grundrechte im Unionsrecht sieht der EGMR dabei als »gleichwertig« an. Das so etablierte **Kooperationsverhältnis** zwischen beiden europäischen Gerichtshöfen, das an die Position des BVerfG ggü. dem EuGH gemäß seiner »Solange«-Rechtsprechung (BVerfG NJW 1987, 577) erinnert, kann verhindern, dass praktische Probleme auftreten (*Satzger* IntEuStrR § 11 Rn. 18).

24 Die Bosphorus-Rechtsprechung wurde mittlerweile bestätigt und die **Vermutung des äquivalenten Grundrechtsschutzes** auf das Vorabentscheidungsverfahren des EuGH übertragen (EGMR Coöperatieve Producentenorganisatie van de Nederlands Kokkolvisserij u.a./.Niederlande, Urt. v. 20.01.2009 – 13645/05, EuGRZ 2011, 11 [17 ff.]; vertiefend zur gesamten Problematik *Baumann* EuGRZ 2011, 1 ff.; zur Hinfälligkeit dieser Rechtsprechung nach Beitritt der EU zur EMRK s. *Obwexer* EuR 2012, 115 [147]).

Die Grenzen eines Kooperationsverhältnisses zwischen EuGH und EGMR zeigt ersterer in seinem Gutachten zum Beitritt der EU zur EMRK (EuGH Gutachten 2/13 [Plenum] vom 18.12.2014, Rn. 228 ff.) auf, in dem der EuGH die Wahrung der Autonomie des EU-Rechts hervorhebt und einer »externen Kontrolle« (insbes. auch durch den EGMR) zurückhaltend gegenübersteht.

25 **E. Die Bedeutung der EMRK für das deutsche Recht.** I. **Rang der EMRK im deutschen Rechtssystem – die »Görgülü«-Rechtsprechung des BVerfG.** Grundlage für die Ratifikation der EMRK durch Deutschland war das Gesetz v. 07.08.1952, welches gleichzeitig die EMRK in deutsches Recht transformierte. Das Grundgesetz weist gem. Art. 59 Abs. 2 GG völkerrechtlichen Verträgen den Rang des Transformationsgesetzes, mithin den Rang eines einfachen Bundesgesetzes zu. Dennoch kommt der EMRK in der Normenhierarchie nach der im Fall »Görgülü« begründeten Rechtsprechung des BVerfG eine besondere Stellung zu: Es kommt nicht der – eigentlich anwendbare – »lex-posterior«-Grundsatz zum Zuge. Vielmehr sind alle nach dem Transformationsgesetz von 1952 erlassenen Gesetze und das gesamte deutsche Recht infolge des Prinzips **völkerrechtsfreundlicher Auslegung** im Lichte der EMRK zu interpretieren. Soweit Auslegungs- und Abwägungsspielräume bestehen ist daher derjenigen Interpretation der Vorzug zu gewähren, die zu einem konventionskonformen Ergebnis führt. Dies soll **sogar für das Grundgesetz** gelten. Die Verfassung muss daher, wie die einfachen Gesetze, im Lichte der EMRK ausgelegt werden, sofern dies nicht zu einer – von der Konvention selbst nicht gewollten – Einschränkung oder Minderung des Grundrechtsschutzes nach dem Grundgesetz führt (BVerfGE 111, 307 [317]; vgl. *Satzger* JURA 2009, 759 [759]; *Quarthal* JURA 2011, 495 ff.; *Pösl* ZJS 2011, 134 [139 ff.]; zur konventionskonformen Auslegung des deutschen Strafprozessrechts SSW-StPO/*Beulke* Vor § 1 StPO Rdn. 28).

26 Dennoch steht die EMRK letztlich in der Normhierarchie unterhalb des Grundgesetzes. Unmittelbar kann daher eine Verletzung der Gewährleistungen der EMRK nicht vor dem BVerfG geltend gemacht werden. Sofern ein Gericht jedoch die Pflicht zur konventionskonformen Auslegung verletzt, verstößt es gegen das Rechtsstaatsprinzip und der Weg zum BVerfG ist im Fall einer damit einhergehenden Grundrechtsverletzung eröffnet (BVerfGE 111, 307 [316]).

27 II. **Die Bedeutung der Rechtsprechung des EGMR im nationalen Recht.** Nach Art. 46 Abs. 1 wirken die Urteile des EGMR grds. nur »*inter partes*«, also zwischen den am Verfahren beteiligten Parteien (näher hierzu vgl. Art. 46 Rdn. 5). Eine § 31 Abs. 1 BVerfGG vergleichbare Vorschrift, wonach auch innerstaatliche Organe an die Entscheidung gebunden sind, enthält die EMRK nicht (*Grabenwarter/Pabel* EMRK, § 16 Rn. 2 ff.; *Frowein* FS Wildhaber, S. 261 [264]).

28 Dennoch ist die Rechtsprechung des EGMR auch von am Verfahren Unbeteiligten zu beachten. Sie dient – nach der »Görgülü«-Rechtsprechung des BVerfG (oben Rdn. 25) – als **Auslegungshilfe** für die Bestimmung von Inhalt und Reichweite von Grundrechten und rechtsstaatlichen Grundsätzen

des Grundgesetzes. Dabei spiegelt die Rechtsprechung des EGMR den aktuellen Entwicklungsstand der Konvention als »living instrument«, bei deren Auslegung der Wandel wirtschaftlicher, sozialer und ethischer Gegebenheiten stets zu berücksichtigen seien (BVerfGE 111, 307 [319]), wider (vgl. *Grabenwarter/Pabel* EMRK, § 16 Rn. 8; *Schmalenbach* ZÖR 2004, 213 [224 ff.]; *Papier* EuGRZ 2006, 1 [3]), denn gem. Art. 19 ist der EGMR zur Sicherstellung der Einhaltung der Konvention und damit zu ihrer Auslegung berechtigt und verpflichtet. Nachdem sich sämtliche Mitgliedsstaaten zur Gewährleistung der in der Konvention beschriebenen Rechte verpflichten (Art. 1), geht von den Urteilen des EGMR auch für am Verfahren unbeteiligte Staaten eine Orientierungswirkung aus (*Grabenwarther* JZ 2010, 857 [861]; *Pösl* ZJS 2011, 134 [140]).

Im deutschen Recht ergibt sich eine derartige Bindung der EGMR-Rechtsprechung aus dem Zustimmungsgesetz i.V.m. dem Rechtsstaatsprinzip, Art. 59 Abs. 2, Art. 20 Abs. 3 i.V.m. Art. 19 Abs. 4 GG. 29

Auch die **Konvention selbst** gebietet eine Bindungswirkung der Rechtsprechung des EGMR für die nationalen Gerichte. So reiche das Recht auf »wirksame Beschwerde« bereits in die institutionelle Gliederung der Staatlichkeit herab, weiterhin gebietet Art. 52 die »wirksame Anwendung aller Bestimmungen der Konvention«, was in einem vom Grundsatz der Gewaltenteilung beherrschten demokratischen Rechtsstaat nur möglich ist, wenn alle Träger hoheitlicher Gewalt einschließlich der deutschen Gerichte an die Gewährleistungen der Konvention gebunden werden (BVerfGE 111, 307 [323]). 30

Diese **Wirkung der Entscheidungen des EGMR ist allerdings begrenzt**: Eine Nichtbeachtung seitens der nationalen Behörden ist dann erlaubt, wenn nur auf diese Weise ein Verstoß gegen tragende Grundsätze der Verfassung abzuwenden ist (BVerfGE 111, 307 [319]). 31

Art. 2 EMRK Recht auf Leben.

(1) Das Recht jedes Menschen auf Leben wird gesetzlich geschützt. Niemand darf absichtlich getötet werden, außer durch Vollstreckung eines Todesurteils, das ein Gericht wegen eines Verbrechens verhängt hat, für das die Todesstrafe gesetzlich vorgesehen ist.

(2) Eine Tötung wird nicht als Verletzung dieses Artikels betrachtet, wenn sie durch eine Gewaltanwendung verursacht wird, die unbedingt erforderlich ist, um
a) jemanden gegen rechtswidrige Gewalt zu verteidigen;
b) jemanden rechtmäßig festzunehmen oder jemanden, dem die Freiheit rechtmäßig entzogen ist, an der Flucht zu hindern;
c) einen Aufruhr oder Aufstand rechtmäßig niederzuschlagen.

Englische Fassung

(1) Everyone's right to life shall be protected by law. No one shall be deprived of his life intentionally save in the execution of a sentence of a court following his conviction of a crime for which this penalty is provided by law.

(2) Deprivation of life shall not be regarded as inflicted in contravention of this Article when it results from the use of force which is no more than absolutely necessary:
a) in defence of any person from unlawful violence;
b) in order to effect a lawful arrest or to prevent the escape of a person lawfully detained;
c) in action lawfully taken for the purpose of quelling a riot or insurrection.

Französische Fassung

(1) Le droit de toute personne à la vie est protégé par la loi. La mort ne peut être infligée à quiconque intentionnellement, sauf en exécution d'une sentence capitale prononcée par un tribunal au cas où le délit est puni de cette peine par la loi.

(2) La mort n'est pas considérée comme infligée en violation de cet article dans les cas où elle résulterait d'un recours à la force rendu absolument nécessaire:
a) pour assurer la défense de toute personne contre la violence illégale;
b) pour effectuer une arrestation régulière ou pour empêcher l'évasion d'une personne régulièrement détenue;
c) pour réprimer, conformément à la loi, une émeute ou une insurrection.

Art. 2 EMRK Recht auf Leben

Übersicht

	Rdn.		Rdn.
A. Grundsätzliches 1		b) Ermittlungspflicht des Staates . . . 11	
I. Das Recht auf Leben 1		III. Rechtfertigung 13	
II. Parallele internationale Instrumente 2		1. Todesstrafe 14	
III. Parallelen im nationalen Recht 3		2. Der Katalog von Art. 2 Abs. 2 15	
IV. Zusatzprotokolle 4		a) Notwehr oder Nothilfe 16	
B. Das Recht auf Leben 5		aa) Finaler Rettungsschuss durch	
I. Schutzbereich 5		Polizei 16	
1. Art. 2 als Abwehrrecht 5		bb) Wirkung von Art. 2 Abs. 2	
2. Sterbehilfe 6		lit. a) zwischen Privaten 17	
II. Eingriff 7		b) Festnahme und Fluchtverhinde-	
1. Eingriff in Recht auf Leben bei Über-		rung 18	
leben des Opfers 8		c) Unterdrückung eines Aufruhrs oder	
2. Eingriff durch Verletzung von Schutz-		Aufstands 19	
pflichten 9		3. Vorliegen eines Notstandes nach Art. 15	
a) Schaffung abschreckender Sanktio-		Abs. 2 20	
nen und einer unabhängigen			
Gerichtsbarkeit 10			

1 **A. Grundsätzliches. I. Das Recht auf Leben.** Das Recht auf Leben ist eines der ältesten Grundrechte, welches dem Menschen garantiert wird. Bereits die englische Magna Charta aus dem Jahr 1215 enthielt für jeden freien Mann (»freeman«) ein entsprechendes Recht. Auch die amerikanische Unabhängigkeitserklärung v. 04.07.1776 bezeichnete das Recht auf Leben als eines der naturgegebenen Rechte des Menschen (Dörr/Grote/Marauhn/*Alleweldt* EMRK, Kap. 10 Rn. 1).
Die Garantie des »Rechts auf Leben« in Art. 2 Abs. 2 S. 1 ist eine **Vorschrift von »fundamentaler« Bedeutung**, die zusammen mit Art. 3 einen der Grundwerte der demokratischen Gesellschaften, die den Europarat bilden, verkörpert (EGMR McCann u.a./.Vereinigtes Königreich, Urt. v. 27.09.1995 – 18984/91, Series A324, Rn. 147; BeckOK-StPO/*Valerius* EMRK, Art. 2 Rn. 1). Abs. 1 Satz 2 verbietet die »absichtliche« Tötung von Personen, sofern dies nicht i.R.d. Vollstreckung der Todesstrafe geschieht (zur Abschaffung der Todesstrafe vgl. unten Rdn. 14). **Rechtfertigungsgründe** sowohl für die absichtliche Tötung, als auch für die unabsichtliche Tötung enthält der Katalog des Art. 2 Abs. 2 (EGMR Ogur/.Türkei, Urt. v. 20.05.1999 – 21594/93, RJD 1999-III, Rn. 78). Aufgrund der Struktur von Art. 2 bietet sich die klassische Grundrechtsprüfung nach dem auch im deutschen Recht bewährten Muster »Schutzbereich – Eingriff – Rechtfertigung« an.

2 **II. Parallele internationale Instrumente.** Zur Mitte des 20. Jahrhunderts wurde auch auf der Ebene des Völkerrechts damit begonnen, einen universellen und umfassenden Schutz des Lebens zu garantieren. Das in erster Linie von zwischenstaatlichen Beziehungen geprägte Völkergewohnheitsrecht beinhaltete einschließlich des Zweiten Weltkriegs lediglich Schutznormen zugunsten des Lebens ausländischer Staatsbürger. In der allerdings rechtlich unverbindlichen **Allgemeinen Erklärung der Menschenrechte** v. 10.12.1948 wurde in Art. 3 dann erstmals ein Recht auf Leben niedergelegt (Dörr/Grote/Marauhn/*Alleweldt* EMRK, Kap. 10 Rn. 3). Art. 2 stellt aber die erste rechtlich verbindliche Kodifikation des Rechts auf Leben dar. Weitere internationale Instrumente zum Schutz menschlichen Lebens sind die vier Genfer Konventionen von 1949, die Konvention über die Verhütung und Bestrafung des Völkermords v. 09.12.1948, Art. 6 IPbpR sowie **Art. 4 AMRK** und **Art. 4 AfrChRMV** (Dörr/Grote/Marauhn/*Alleweldt* EMRK, Kap. 10 Rn. 4). Auf Ebene der EU ist das Recht auf Leben in **Art. 2 der GRCh** aufgenommen, die mit dem Vertrag von Lissabon rechtlich verbindlich geworden und für deren Auslegung die Rechtsprechung des EGMR heranzuziehen ist (vgl. Art. 52 Abs. 3 GRCh).

3 **III. Parallelen im nationalen Recht.** Das Grundgesetz gewährleistet das Recht auf Leben in **Art. 2 Abs. 2 GG**. Art. 102 GG stellt darüber hinaus ausdrücklich klar, dass die Todesstrafe im deutschen Recht abgeschafft ist. Während aber die EMRK in Art. 2 Abs. 1 S. 2 und Abs. 2 sowie in Art. 15 Abs. 2 die Ausnahmen vom Tötungsverbot abschließend aufzählt, ist das Grundgesetz mit dem Gesetzesvorbehalt in Art. 2 Abs. 2 GG (»In diese Rechte darf nur aufgrund eines Gesetzes eingegriffen werden«) prima facie erstaunlich offen formuliert (vgl. hierzu: *Jarass*/Pieroth GG Art. 2 Rn. 95 f.). Allerdings kann die Todesstrafe in Deutschland aufgrund von Art. 2 Abs. 2 S. 1 i.V.m. Art. 19 Abs. 2 GG – selbst wenn Art. 102 GG abgeschafft werden sollte – nicht wieder eingeführt werden (BGH NJW 1996, 857 [858]).

IV. Zusatzprotokolle. Art. 2 wird ergänzt durch das 6. und das 13. Zusatzprotokoll. Durch Art. 1 und 2 des **6. Zusatzprotokolls v. 28.04.1983** wurde die Todesstrafe zu Friedenszeiten abgeschafft, mittlerweile ist dieses Zusatzprotokoll durch fast alle Mitgliedsstaaten (Ausnahme Russland) ratifiziert (vgl. zum endgültigen Ratifikationsstand: http://conventions.coe.int/Treaty/Commun/ChercheSig.asp?NT=114&CM=8&DF=&CL=GER, Stand: August 2015). Art. 1 des **13. Zusatzprotokolls v. 03.05.2002**, in Deutschland in Kraft getreten am 01.01.2005 und aufgrund von Art. 102 GG ohnehin bedeutungslos, verbietet die Anwendung der Todesstrafe auch zu Kriegszeiten. Aserbaidschan und Russland haben das Protokoll nicht unterzeichnet, Armenien, Lettland und Polen haben es nicht ratifiziert (zum aktuellen Stand der Signatur und der Ratifizierung des Zusatzprotokolls vgl.: http://conventions.coe.int/Treaty/Commun/ChercheSig.asp?NT=187&CM=3&DF=27/02/2012&CL=GER, Stand: August 2015). Gem. Art. 6 des 6. Zusatzprotokolls und Art. 5 des 13. Zusatzprotokolls stehen die Zusatzprotokolle hierarchisch auf einer Stufe mit der Konvention selbst, Art. 3 des 6. Zusatzprotokolls und Art. 2 des 13. Zusatzprotokolls stellen klar, dass das Verbot der Todesstrafe **notstandsfest** ist, d.h. keinerlei Abweichungen nach Art. 15 Abs. 1 zulässig sind. 4

B. Das Recht auf Leben. I. Schutzbereich. 1. Art. 2 als Abwehrrecht. Art. 2 ist in erster Linie ein Abwehrrecht des Einzelnen ggü. dem Staat, welches diesem (bzw. dessen Organen) die vorsätzliche wie auch die fahrlässige Tötung eines Menschen verbietet. Der Schutzbereich umfasst jedenfalls die Tötung geborenen Lebens. Umstritten ist, inwieweit auch das **ungeborene Leben** von Art. 2 umfasst ist. Der weite englische Wortlaut (»everyone«) spricht eher für eine Einbeziehung des ungeborenen Lebens in den Schutzbereich von Art. 2, der französische Wortlaut (»toute personne«) hingegen deutet darauf hin, dass nur das geborene Leben unter Art. 2 zu subsumieren ist. Entsprechend seiner grundsätzlichen Zurückhaltung (vgl. Art. 1 Rdn. 20 und Art. 34 Rdn. 11 ff.) gesteht der EGMR aufgrund der mannigfaltigen medizinischen, philosophischen, religiösen und juristischen Eigenheiten der jeweiligen Mitgliedsstaaten, diesen bei der schwierigen Frage der Bestimmung des Beginns des Lebens einen gewissen Ermessensspielraum zu (EGMR GrK Vo./.Frankreich, Urt. v. 08.07.2004 – 53924/00, RJD 2004-VII, Rn. 82). 5

Um Art. 2 praktische Wirksamkeit zu verleihen, können sich auch **Angehörige von Opfern** eines Eingriffs in das Recht auf Leben auf Art. 2 berufen (*Meyer-Ladewig* NVwZ 2009, 1532).

2. Sterbehilfe. Vom Schutz des Art. 2 soll die negative Freiheit, das Leben zu beenden, nicht umfasst sein. Nach der Rechtsprechung des EGMR widerspräche dies sowohl dem eindeutigen Wortlaut als auch dem Sinn und Zweck von Art. 2 (EGMR Pretty./.Vereinigtes Königreich, Urt. v. 29.04.2002, RJD 2002-III, Rn. 39). Daher gelten auch Sterbehilfehandlungen nicht als vom Schutz des Art. 2 umfasst (EGMR Pretty./.Vereinigtes Königreich, Urt. v. 29.04.2002, RJD 2002-III, Rn. 40). 6

II. Eingriff. Als Eingriff in Art. 2 gilt jede **staatliche Tötungshandlung**, unabhängig von ihrer Zielgerichtetheit. Auch eine unabsichtliche Tötung stellt daher einen Eingriff dar (*Satzger* IntEuStrR § 11 Rn. 30 m.w.N.; *Esser* Auf dem Weg S. 102, 253; BeckOK-StPO/*Valerius* EMRK, Art. 2 Rn. 6; *Safferling* Internationales Strafrecht § 13 Rn. 45). Klassischerweise liegt ein Eingriff in das Recht auf Leben etwa vor bei Tötung durch Schusswaffengebrauch seitens des Staates, sei es durch Polizei oder andere Sicherheitskräfte bzw. durch die Armee (*Meyer-Ladewig*, Art. 2, Rn. 7 f. m.w. Beispielen; *Esser* Auf dem Weg S. 103; *Safferling* Internationales Strafrecht § 13 Rn. 45). 7

1. Eingriff in Recht auf Leben bei Überleben des Opfers. Grds. setzt eine Verletzung des Lebensrechts voraus, dass das Opfer **zu Tode kommt**. Allerdings kann **bei einem Überleben** ausnahmsweise doch ein Eingriff in das Recht auf Leben vorliegen. Zum Zwecke der Feststellung einer solchen Verletzung zieht der EGMR dann die Art, das Ausmaß und die Absicht der Gewaltanwendung heran; weiterhin, ob sie das Leben gefährdet hat und wie sich das Verhalten von Vertretern des Staates auf die Gesundheit des Betroffenen ausgewirkt hat, wobei aber nicht unbedingt ein Tötungsvorsatz seitens der Organe des Staates vorgelegen haben muss (EGMR GrK Makaratzis./.Griechenland, Urt. v. 20.12.2004 – 50385/99, Rn. 49, 51, 55). 8

Art. 2 EMRK   Recht auf Leben

9 **2. Eingriff durch Verletzung von Schutzpflichten.** Art. 2 konstituiert jedoch nicht nur ein Abwehrrecht des Individuums ggü. dem Staat, sondern bürdet diesem (i.V.m. Art. 1) auch **aktive Schutzpflichten** bzgl. des Lebens der auf seinem Hoheitsgebiet befindlichen Individuen auf. Der Konventionsstaat ist verpflichtet, jedes Leben vor Eingriffen durch Dritte wirksam zu schützen. Ein Eingriff ist daher auch dann anzunehmen, wenn der Staat dieser Schutzpflicht nicht nachkommt. Eine **gesteigerte Schutzpflicht** besteht im Bezug auf Personen, die sich im staatlichen Gewahrsam befinden (EGMR ER./. Türkei, Urt. v. 31.07.2012 – 23016/04 (Rn. 66 ff.); EGMR Saoud./.Frankreich, Urt. v. 09.10.2007 – 9375/02 Rn. 98 ff.; s. zu den Anforderungen an die Schutzpflicht EGMR Mitic./.Serbien, Urt. v. 22.01.2013 – 31963/08, Rn. 45 ff.; ebenso bei Militärangehörigen EGMR Mosendz./.Ukraine, Urt. v. 17.01.2013 – 52013/08, Rn. 92). Auch im Gesundheitssektor verlangt Art. 2, dass der Staat durch normative Strukturen sowohl bei staatlichen wie privaten Krankenhäusern dafür Sorge trägt, dass angemessene Schritte zur Wahrung der Leben der Patienten (unabhängig von deren finanzieller Situation) ergriffen werden und ggf. die dort tätigen Berufsausübenden zur Verantwortung gezogen werden können EGMR Şentürk ./. Türkei, Urt. v. 9.4.2013 – 13423/09, Rn. 81).

10 **a) Schaffung abschreckender Sanktionen und einer unabhängigen Gerichtsbarkeit.** In strafrechtlicher Hinsicht bedeutet dies zunächst einmal, dass der Gesetzgeber zur Ahndung von Tötungsdelikten **wirksame strafrechtliche Vorschriften** mit abschreckender Wirkung zu erlassen hat (EGMR GrK Mastromatteo./.Italien, Urt. v. 24.10.2002 – 37703/97, RJD 2002-VIII, Rn. 89) und eine unabhängige Gerichtsbarkeit schaffen muss, die diese Kapitaldelikte aufklären und den Schuldigen bestrafen kann (EGMR Calvelli and Ciglio./.Italien, Urt. v. 17.01.2002 – 32967/96, RJD 2002-I, Rn. 51).

11 **b) Ermittlungspflicht des Staates.** Weiterhin hat der Staat die nach den Umständen des Falles notwendigen Ermittlungen einzuleiten, und zwar unverzüglich. Diese Verpflichtung trifft die Staaten auch in schwierigen Sicherheitssituationen und bewaffneten Konflikten, etwa auch bei Auslandseinsätzen. Es müssen – trotz aller Hindernisse – jedenfalls alle vernünftigen Schritte unternommen werden, um eine effektive und unabhängige Untersuchung durchzuführen (vgl. EGMR GrK Al-Skeini u.a. ./.Vereinigtes Königreich, Urt. v. 7.7.2011, – 55721/07, Rn. 163). Die ermittelnde Behörde muss, auch wenn die Tötung von Repräsentanten des Staates begangen wurde, unabhängig und unbefangen sein, d.h. sich nicht ausschließlich auf die Angaben beteiligter Polizisten stützen (EGMR Ogur./.Türkei, Urt. v. 20.05.1999 – 21594/93, RJD 1999-III, Rn. 91 ff.). Die ermittelnden Personen müssen nicht nur hierarchisch und organisatorisch, sondern auch praktisch unabhängig von denjenigen sein, die von den Untersuchungen betroffen sind (EGMR GrK Mocanu u.a. ./.Rumänien, Urt. v. 17.9.2014 – 10865/09, Rn. 319). Die Ermittlungspflicht beinhaltet je nach den Umständen des Einzelfalls etwa Beweismittel zu sichern in Form von Zeugenaussagen, gerichtsmedizinischen Untersuchungen, Sicherung von Fingerabdrücken oder einer Autopsie einschließlich eines genauen Berichts über Anzeichen von Gewalteinwirkung sowie einer Analyse der Todesursache (vgl. EGMR GrK Jaloud ./. Niederlande, Urt. v. 20.11.2014 – 47708/08, Rn. 197 ff.; EGMR Tanli./.Türkei, Urt. v. 10.04.2001 – 26129/95, RJD 2001-III, Rn. 149). Der EGMR kann – im Fall eines Verstoßes gegen die **Pflicht, effektive Ermittlungsmaßnahmen zu ergreifen** – allerdings nicht die Anordnung weiterer Ermittlungen vornehmen – dies wird i.d.R. schon aus zeitlichen Gründen keinen Sinn mehr machen, überdies sind seine Urteile ihrer Natur nach ohnehin nur feststellender Natur; vielmehr obliegt es dem die Umsetzung der Urteile überwachenden Ministerkomitee zu entscheiden, welche Maßnahmen seitens des verurteilten Staates konkret zu ergreifen sind (EGMR Giuliani und Gaggio./.Italien, Urt. v. 24.03.2011 – 23458/02 Rn. 298 ff.; EGMR Finucane./.Vereinigtes Königreich, Urt. v. 01.07.2003 – 29178/95, RJD 2003-VIII, Rn. 89; vertiefend zum Ganzen *Chevalier-Watts* EJIL 2010, 701 ff.).

12 Darüber hinaus lässt sich aus dieser Schutzpflicht des Art. 2 sogar eine Pflicht des Konventionsstaats ableiten, **präventive Maßnahmen** zum Schutz seiner Bürger vor Eingriffen Dritter zu ergreifen. Voraussetzung hierfür ist jedoch aufseiten der Behörde die Kenntnis einer wirklichen und unmittelbaren Lebensgefährdung. Dann muss der Konventionsstaat diejenigen Maßnahmen ergreifen, die ihm möglich sind und die vernünftigerweise zur Abwehr einer solchen Gefahr erwartet werden können (EGMR Rantsev./.Zypern und Russland, Urt. v. 07.01.2010 – 25965/04, Rn. 219; EGMR Osman./.Vereinigtes Königreich, Urt. v. 28.10.1998 – 23452/94, RJD 1998-VIII, Rn. 115 ff.; s. zu den erforderlichen Maßnahmen EGMR Turluyeva./.Russland, Urt. v. 20.06.2013 – 63638/09, Rn. 90 f.). Bezüglich der konkreten Maßnahmen, die ein Staat in Erfüllung dieser Verpflichtung treffen muss, besteht jedoch

ein **Einschätzungsspielraum** (EGMR Saso Gorgiev./.Ehemalige jugoslawische Republik Mazedonien, Urt. v. 19.4.2012 – 49382/06, Rn. 44).

III. Rechtfertigung. In Art. 2 Abs. 1 S. 2, im Katalog des Abs. 2 sowie in Art. 15 Abs. 2 Halbs. 1 sind **abschließend** die Gründe aufgezählt, nach denen ein Eingriff in das Recht auf Leben gerechtfertigt werden kann. 13

1. Todesstrafe. Der Rechtfertigungsgrund in Art. 2 Abs. 1 S. 2 hat aufgrund der Abschaffung der Todesstrafe in Friedenszeiten durch das von sämtlichen Konventionsstaaten unterzeichnete 6. Zusatzprotokoll und in Kriegszeiten durch das von nahezu allen Konventionsstaaten unterzeichnete 13. Zusatzprotokoll keine Bedeutung mehr (vgl. oben Rdn. 4). 14

2. Der Katalog von Art. 2 Abs. 2. Die Schranke nach Art. 2 Abs. 2 rechtfertigt abschließend die Tötung in drei Fällen, nämlich nach Art. 2 Abs. 2 lit. a) um jemanden gegen rechtswidrige Gewalt zu verteidigen, nach Art. 2 Abs. 2 lit. b) um jemanden rechtmäßig festzunehmen bzw. an der Flucht zu hindern und gem. Art. 2 Abs. 2 lit. c) um einen Aufruhr oder Aufstand rechtmäßig niederzuschlagen. In allen drei Konstellationen ist aufgrund des Wortlauts einerseits eine innerstaatliche gesetzliche Grundlage erforderlich (»rechtmäßig«) und andererseits ist eine besonders strenge **Verhältnismäßigkeits**prüfung (»unbedingt erforderlich«) anzustellen (EGMR GrK Jaloud ./. Niederlande, Urt. v. 20.11.2014 – 47708/08, Rn. 199; EGMR GrK Salman./.Türkei, Urt. v. 27.06.2000 – 21986/93, RJD 2000-VII, Rn. 98; EGMR Gülbahar Özer u.a. ./.Türkei, Urt. v. 02.07.2013 – 44125/06, Rn. 57 ff.). 15

a) Notwehr oder Nothilfe. aa) Finaler Rettungsschuss durch Polizei. Gem. Art. 2 Abs. 2 lit. a) kann ein staatlicher Eingriff in das Recht auf Leben gerechtfertigt sein, wenn es gilt, jemanden gegen rechtswidrige Gewalt zu verteidigen. Gemeint sind hiermit Konstellationen der Notwehr und der Nothilfe. Der Eingriff in das Recht auf Leben muss zur Verteidigung eines Menschen unbedingt erforderlich sein. Ein gezielter Todesschuss ist somit unter Anwendung des strengen **Verhältnismäßigkeitsgrundsatzes** nur dann konventionskonform, wenn das Leben anderer Personen in unmittelbarer Gefahr ist und ein Umschlagen der Gefahr in eine Verletzung des Rechts auf Leben nur durch den tödlichen Schuss als letztes Mittel verhindert werden kann (EGMR McCann u.a./.Vereinigtes Königreich, Urt. v. 27.09.1995, Series A324, Rn. 147). Unter diesen Voraussetzungen kann insb. der gezielte Todesschuss zur Rettung von in Lebensgefahr befindlichen Geiseln gerechtfertigt sein (EGMR Andronicou and Constantinou./.Zypern, Urt. v. 09.10.1997 – 25052/94, RJD 1997-VI Rn. 193). 16

bb) Wirkung von Art. 2 Abs. 2 lit. a) zwischen Privaten. Umstritten ist, ob Art. 2 Abs. 2 lit. a) auch Einfluss auf das Verhältnis zwischen Privaten hat, also eine **Einschränkung des Notwehrrechts** nach § 32 StGB bewirkt. Aufgrund des zugrunde zu legenden Wortlauts (»of any person«/»de toute personne«) hätte dies zur Folge, dass eine vorsätzliche Tötung nur zur Abwehr von Gewalt gegen eine Person, nicht aber zum Schutz sonstiger Sachwerte – es geht hier i.d.R. um bedeutende und wertvolle Sachwerte – erlaubt wäre (so *Frowein*/Peukert EMRK Art. 2 Rn. 12; *Grabenwarter/Pabel* EMRK, § 20 Rn. 13, die sich beide für die Schaffung von nationalen Rechtfertigungsgründen aussprechen, die den Anforderungen von Art. 2 Abs. 2 lit. a) genügen; a. A. *Fischer* § 32 Rn. 40 m.w.N.). Gegen eine solche Auffassung spricht zunächst, dass Adressaten der Konventionsgarantien gem. Art. 1 grds. nur die Konventionsstaaten, nicht jedoch Private sind (so auch SSW-StGB/*Rosenau* § 32 Rn. 37 m.w.N.). Allenfalls mit der »objektiven Wirkung« der EMRK als »constitutional instrument« könnte hier also argumentiert werden, wobei durchaus zweifelhaft ist, ob sich gerade beim Tötungsverbot des Art. 2 I eine mittelbare Drittwirkung nach dem derzeitigen Stand der Rechtsentwicklung (schon) bejahen lässt (vgl. Wessels/Beulke/Satzger AT, Rn. 515). Aus deutscher Sicht ist weiter zu berücksichtigen, dass eine derart eingeschränkte Auslegung vom Wortlaut des § 32 StGB nicht mehr gedeckt ist. Über eine bloße EMRK-konforme Auslegung (so aber *Schramm* Internationales Strafrecht, Kap. 3 Rn. 29) lässt sich hier also keine Lösung finden, da in der wortlautwidrigen einschränkenden Auslegung eines Rechtfertigungsgrundes letztlich eine für den Täter nachteilige Position begründet würde und darin eine Analogie zulasten des Täters gesehen werden müsste, die einen Verstoß gegen Art. 103 Abs. 2 GG darstellt (s. dazu Wessels/Beulke/Satzger AT, Rn. 394). Wollte man die objektive Wirkung des Art. 2 Abs. 2 lit. a) wirklich so weit verstehen, so müsste § 32 StGB modifiziert werden. Insgesamt hat der Streit 17

Art. 3 EMRK Verbot der Folter

in der Praxis – richtiger Ansicht nach – aber ohnehin **kaum Relevanz**. Denn Art. 2 Abs. 2 lit. a) verbietet nur die »absichtliche« Tötung (»intentionally/intentionellement«). Hierfür wird man direkten Vorsatz, i.d.R. dolus directus 1. Grades, ggf. auch dolus directus 2. Grades fordern müssen. Bloßer Eventualvorsatz genügt den Anforderungen des Wortlauts nicht (anders *Safferling* Internationales Strafrecht § 13 Rn. 46). In Fällen von Notwehr zur Verteidigung von Sachwerten geht es dem Verteidiger aber in erster Linie um die Wiedererlangung bzw. den Schutz seines Eigentums, bzgl. der Lebensgefährdung handelt er daher regelmäßig nur mit bedingtem Vorsatz. Aus diesem Grund ist in der Rechtsprechung bisher auch kein Fall bekannt, in dem die EMRK-Konformität des § 32 StGB relevant wurde (SSW-StGB/*Rosenau* § 32 Rn. 37; *Roxin* AT I § 15 Rn. 88; ausführlich zum Ganzen *Satzger* JURA 2009, 759 [762, 763]).

18 **b) Festnahme und Fluchtverhinderung.** Auch bei der Festnahme durch staatliche Organe (auf die Festnahme durch Private ist Art. 2 Abs. 2 lit. b) nicht anwendbar, vgl. KK-StPO/*Schädler* MRK, Art. 2 Rn. 7, allgemein zu dieser Problematik bei Art. 2 LR/*Esser* MRK, Art. 2 Rn. 42; *Meyer-Goßner/Schmitt* MRK, Art. 2 Rn. 4; BeckOK-StPO/*Valerius* EMRK, Art. 2 Rn. 7), die nach dem jeweiligen nationalen Recht rechtmäßig sein muss (»lawful arrest/arrestation régulière«) bzw. der Verhinderung der Flucht einer bereits ordnungsgemäß festgenommenen Person dient, gilt, dass die Tötung Ultima Ratio und bei strenger Betrachtung verhältnismäßig sein muss (EGMR GrK Nachova./.Bulgarien, Urt. v. 06.07.2005 – 43577/98, 43579/98, RJD 2005-VII, Rn. 94 ff.). Bei der **Verhältnismäßigkeitsprüfung** ist insb. die Schwere der Straftat des Betroffenen zu berücksichtigen. Sofern es sich bei der Straftat nicht um eine Gewalttat handelt und der Flüchtende auch aus Sicht der festnehmenden Behörde keine Gefahr für Leib und Leben begründet und unbewaffnet ist, scheidet der Rechtfertigungsgrund des Art. 2 Abs. 2 lit. c) selbst auf die Gefahr hin aus, dass der Flüchtige entkommt, (EGMR GrK Nachova./.Bulgarien, Urt. v. 06.07.2005 – 43577/98, 43579/98, RJD 2005-VII Rn. 95, 107). Eine **absichtliche** Tötung kann ebenfalls nie nach Art. 2 Abs. 2 lit. b) gerechtfertigt sein, denn durch sie kann das Mittel der Festnahme und Fluchtverhinderung nicht erreicht werden, sie ist damit mangels Erforderlichkeit unverhältnismäßig (*Grabenwarter/Pabel* EMRK, § 20 Rn. 14; BeckOK-StPO/*Valerius* EMRK, Art. 2 Rn. 7; *Safferling* Internationales Strafrecht § 13 Rn. 47; allenfalls in Ausnahmefällen ist die Rechtfertigung eines fast sicher zum Tode führenden Schusswaffengebrauchs denkbar, vgl. *Frowein*/Peukert EMRK Art. 2 Rn. 13 m.w.N.; *Esser* Auf dem Weg S. 254). Es können daher nur unabsichtliche Tötungen erforderlich sein i.S.v. Art. 2 Abs. 2 lit. b).

19 **c) Unterdrückung eines Aufruhrs oder Aufstands.** Schließlich ist die absichtliche Tötung eines Menschen zulässig zur Unterdrückung eines Aufstands oder Aufruhrs. Bisher gibt es kaum Anwendungsfälle zu dieser Konstellation. Die Vorschrift ist anwendbar, wenn aus einer Menschenmenge heraus erhebliche Gewalttaten begangen werden bzw. ihre Begehung droht (*Meyer-Ladewig* EMRK Art. 2 Rn. 43). Die Tötung muss zur Wiederherstellung der öffentlichen Ordnung **unabdingbar** sein. Der Schusswaffengebrauch ist dabei jedenfalls Ultima Ratio, zuvor sind mildere Mittel wie Knüppel, Schilder, Wasserwerfer, Gummigeschosse oder Tränengas einzusetzen (EGMR Güleç./.Türkei, Urt. v. 27.07.1998 – 21593/93, RJD 1998-IV, Rn. 71).

20 **3. Vorliegen eines Notstandes nach Art. 15 Abs. 2.** Schließlich enthält Art. 15 Abs. 2 noch einen Rechtfertigungsgrund für einen Eingriff in Art. 2, nämlich im Zusammenhang mit **rechtmäßigen Kriegshandlungen** (zur Abschaffung der Todesstrafe in Kriegszeiten vgl. oben Rdn. 4).

Art. 3 EMRK Verbot der Folter.
Niemand darf der Folter oder unmenschlicher oder erniedrigender Strafe oder Behandlung unterworfen werden.

Englische Fassung
No one shall be subjected to torture or to inhuman or degrading treatment or punishment.

Französische Fassung
Nul ne peut être soumis à la torture ni à des peines ou traitements inhumains ou dégradants.

Übersicht

	Rdn.			Rdn.
A. Grundsätzliches	1	I.	Medizinisch indizierte bzw. nicht indizierte Eingriffe	32
I. Bedeutung	1	II.	Drittwirkung des Folterverbots	35
II. Parallele internationale Instrumente	2		1. Abschiebung und Auslieferung	36
III. Parallelen im nationalen Recht	5		2. Ermittlungspflichten des Staates	38
IV. Notstandsfestigkeit des Folterverbots	6		3. Beschränkung von Rechtfertigungs- und Entschuldigungsgründen im deutschen Recht	39
B. Das Verbot der Folter	7		a) Notwehr	40
I. Allgemeines	7		b) Rechtfertigender Notstand	41
II. Eingriff in den Schutzbereich	9		c) Entschuldigender, auch übergesetzlicher Notstand	42
1. Behandlung und Bestrafung	10	**D.**	**Prozessuale Auswirkungen**	43
a) Begriff der Behandlung	10	I.	Verwertung unmittelbar unter Verletzung von Art. 3 erlangter Beweismittel	44
b) Begriff der Bestrafung	11		1. Geständnis	44
2. Das Kriterium der Mindestschwere, Beweislast und -maß	12		2. Körperliche Beweismittel	45
3. Der erniedrigende Charakter der Behandlung/Strafe	15		3. Verwendung in Verfahren gegen Dritte	47
a) Erniedrigende Behandlung	15	II.	Verwertung mittelbar unter Verletzung von Art. 3 erlangter Beweismittel	48
b) Erniedrigende Strafe	18	III.	Beweisanforderungen im Hinblick auf eine Verletzung des fair-trial-Grundsatzes durch Einsatz von Folter etc.	49
4. Der unmenschliche Charakter der Behandlung/Strafe	21			
a) Unmenschliche Behandlung	21			
b) Unmenschliche Strafe	23			
5. Begriff der Folter	27			
C. Sonderfälle	32			

A. Grundsätzliches. I. Bedeutung. Art. 3 schützt einen Grundwert der demokratischen Gesellschaft (EGMR Hellig./.Deutschland, Urt. v. 7.7.2011 – 20999/05, NJW 2012, 2173, Rn. 50), Er enthält eine fundamentale Garantie, da die Folter als Mittel der Erkenntnisgewinnung und der Bestrafung in Europa bis weit in das 20. Jahrhundert hinein durchaus gebräuchlich war. Nach dem Wortlaut von Art. 3 – und klargestellt durch Art. 15 Abs. 2 – sind vom Folterverbot **unter keinen Umständen Ausnahmen zulässig**, selbst bei Bestehen einer unmittelbaren Gefahr für die Existenz Einzelner oder der gesamten Gemeinschaft (*Meyer-Ladewig* EMRK, Art. 3 Rn. 1; BeckOK-StPO/*Valerius* EMRK, Art. 3 Rn. 7; *Esser* Auf dem Weg S. 374; *Safferling* Internationales Strafrecht § 13 Rn. 53). Überzeugend begründen lässt sich die Absolutheit des Folterverbots nur über den Schutz der Menschenwürde, welche in der EMRK jedoch nicht explizit erwähnt wird (so überzeugend *Pösl*, Das Verbot der Folter in Art. 3 EMRK, S. 72 ff., insb. auch zur Übertragbarkeit der Objektformel des BVerfG, s. unten Rdn. 5). 1

II. Parallele internationale Instrumente. Zu Beginn des 20. Jahrhunderts zeigten sich auf dem Gebiet des humanitären Völkerrechts erste Ansätze zu einem internationalen Verbot der Folter. Noch vor dem Ersten Weltkrieg wurde in der Haager Landkriegsordnung von 1907 und nach dem Ersten Weltkrieg in der Genfer Konvention über die Behandlung von Kriegsgefangenen aus dem Jahr 1927 festgelegt, dass Kriegsgefangene menschlich zu behandeln sind (Dörr/Grote/Marauhn/*Bank* EMRK, Kap. 11 Rn. 1). Nach den Gräueltaten des Zweiten Weltkriegs wurde das Folterverbot schließlich in zahlreiche völkerrechtliche Erklärungen und Abkommen aufgenommen. **Art. 5 der Allgemeinen Erklärung der Menschenrechte** war die erste, völkerrechtlich allerdings nicht verbindliche Erklärung des umfassenden Verbots von Folter sowie unmenschlicher und erniedrigender Behandlung oder Strafe. Das erste rechtlich verbindliche Folterverbot wurde auf dem Gebiet des humanitären Völkerrechts durch die **vier Genfer Konventionen v. 12.08.1949** geschaffen. Das erste universell und damit losgelöst von Kriegszuständen verbindliche Verbot wurde schließlich in **Art. 3** festgelegt. Art. 3 nachgebildet wurde **Art. 7 S. 1 IPbpR**. In Art. 7 S. 2 IPbpR wird ausdrücklich hervorgehoben, dass niemand ohne seine Einwilligung Objekt medizinischer oder wissenschaftlicher Experimente sein darf. Weitere internationale Übereinkommen, die das Folterverbot in der Form des Art. 3 enthalten, sind **Art. 5 AMRK** und **Art. 5 AfrChRMV**. Auch gewohnheitsrechtlich kann das Folterverbot auf Ebene des Völkerrechts mittlerweile als anerkannt gelten (Dörr/Grote/Maurahn/*Bank* EMRK, Kap. 11 Rn. 4). 2

Ein weiteres, wichtiges internationales Abkommen zur Verhütung von Folter und unmenschlicher oder erniedrigender Behandlung ist die **UN-Folterkonvention** (»Übereinkommen gegen Folter und andere 3 grausame, unmenschliche oder erniedrigende Behandlung oder Strafe«) v. 10.12.1984, die von der Bundesrepublik am 06.04.1990 ratifiziert wurde, sowie das Anfang Januar 2009 in Kraft getretene **Fakultativprotokoll** v. 18.12.2002. Aufgrund des Fakultativprotokolls wurde eine »Bundesstelle zur Verhütung von Folter« eingerichtet, außerdem wurde durch Staatsvertrag der Länder eine »Kommission zur Verhütung von Folter« für den Zuständigkeitsbereich der Länder gegründet. Beide Stellen sollen Inhaftierungseinrichtungen überprüfen, Mängel beanstanden und Verbesserungsvorschläge anbringen (*Meyer-Goßner/Schmitt* MRK, Art. 3 Rn. 1b).

4 Auf Europäischer Ebene ist schließlich noch das von sämtlichen Mitgliedern des Europarates ratifizierte **»Europäische Übereinkommen zur Verhütung von Folter und unmenschlicher oder erniedrigender Behandlung oder Strafe«** v. 26.11.1987, von der Bundesrepublik ratifiziert mit Gesetz v. 29.11.1989 (BGBl. II 1989 S. 946; LR/*Esser* MRK, Art. 3 Rn. 8), hervorzuheben. Besonders gefährdet, Opfer von Folter und unmenschlicher oder erniedrigender Strafe zu werden, sind Insassen von Inhaftierungseinrichtungen. Der im Anschluss an dieses Abkommen gegründete Ausschuss (»Committee for the Prevention of Torture and Inhuman or Degrading Treatment or Punishment«, kurz »CPT«) hat Zugang zu allen Anstalten, in denen Personen die Freiheit entzogen wird (vgl. hierzu *Frowein*/Peukert EMRK Art. 3 Rn. 1; das Abkommen ist einschließlich erläuterndem Bericht abgedruckt in EuGRZ 1989, 502 ff.; zu Berichten über Besuche in deutschen Anstalten s. EuGRZ 1993, 329).

5 **III. Parallelen im nationalen Recht.** Im deutschen Recht gibt es keine ausdrückliche Kodifizierung des Folterverbots, vielmehr lässt sich das Verbot von Folter, unmenschlicher und erniedrigender Behandlung und Strafe aus verschiedenen Artikeln des Grundgesetzes und einfachgesetzlichen Normen ableiten:
Verfassungsrechtlich gewährleistet v.a. die **Achtung der Menschenwürde (Art. 1 Abs. 1 GG)** das Verbot der Folter im nationalen Kontext. Danach darf der Mensch nicht zum bloßen Objekt staatlichen Handelns gemacht werden, er darf also auch i.R.d. staatlichen Verbrechensbekämpfung, zu welchen Zwecken auch immer, keiner Behandlung ausgesetzt werden, die seinen sozialen Wert und Achtungsanspruch negiert (Objektformel des BVerfG, vgl. hierzu BVerfGE 9, 89 [95]). Auch das Recht auf körperliche Unversehrtheit (Art. 2 Abs. 1 S. 2 GG) sowie das in Art. 104 Abs. 1 S. 2 GG festgelegte Verbot, festgehaltene Personen körperlich oder seelisch zu misshandeln, konkretisieren das Folterverbot auf Ebene des nationalen Verfassungsrechts (LR/*Esser* MRK, Art. 3 Rn. 15).
Einfachgesetzlich ist das Folterverbot durch Straftatbestände wie §§ 223 ff., 240 ff., 340, 343 StGB, §§ 7 Abs. 1 Nr. 5, 8 Nr. 3, 8, 9 VStGB gewährleistet. In strafprozessualer Hinsicht gewährleisten § 114b StPO (LR/*Esser* MRK, Art. 3 Rn. 16) und – wenn auch mittelbar, so doch eindeutig – §§ 136a, 69 Abs. 3, 163a Abs. 3 bis 5 StPO die Freiheit von Folter, indem § 136a StPO durch Folter oder unmenschliche oder erniedrigende Behandlung erlangte Erkenntnisse für im Prozess nicht verwertbar erklärt.

6 **IV. Notstandsfestigkeit des Folterverbots.** Art. 3 garantiert jedem Menschen das absolute und unveräußerliche Recht, weder der Folter noch unmenschlicher oder erniedrigender Behandlung unterworfen zu werden, selbst wenn im Einzelfall noch so schwierige Umstände vorliegen. Diese **absolute Natur des Rechts** aus Art. 3 lässt keinen Raum für Ausnahmen, für das Eingreifen von Rechtfertigungsgründen oder für eine Abwägung, völlig ungeachtet des Verhaltens der betroffenen Person sowie der ihr vorgeworfenen Straftat (st. Rspr., s. nur EGMR GrK Gäfgen./.Deutschland, Urt. v. 01.06.2010 – 22978/05, Rn. 107). Dies gilt auch und gerade für den Fall einer allgemeinen Gefahr für das Leben der Nation aufgrund der Gefahr terroristischer Straftaten (EGMR Labita./.Italien, Urt. v. 06.04.2000 – 26772/95, RJD 2000-IV, Rn. 119). Diese Notstandsfestigkeit des Folterverbots wird nochmals unterstrichen durch Art. 15 Abs. 2, der klarstellt, dass kein Abweichen von der Garantie des Art. 3 möglich ist.

7 **B. Das Verbot der Folter. I. Allgemeines.** Art. 3 ist zum einen als **Abwehrrecht** des Bürgers gegen den Staat ausgestaltet und schützt so den Bürger vor Folter, unmenschlicher oder erniedrigender Behandlung und Strafe (s. *Pösl*, Das Verbot der Folter in Art. 3 EMRK, S. 47). Zum anderen begründet die Vorschrift (i.V.m. Art. 1) auch **positive Handlungspflichten**: Jeder Konventionsstaat hat die Personen in seinem Einflussbereich vor den tatbestandlichen Handlungen – auch durch Privatpersonen – zu schützen (EGMR Cirillo./.Italien, Urt. v. 29.01.2013 – 36276/10, Rn. 35; EGMR, Dorđe-

vić./.Kroatien, Urt. v. 24.07.2012 – 41526/10, Rn. 93; EGMR A./.Vereinigtes Königreich, Urt. v. 23.09.1998 – 25599/94, RJD 1998-IV, Rn. 22). Insofern muss der Konventionsstaat wirksame Straftatbestände schaffen und ihre Durchsetzung sicherstellen. Besondere Schutzpflichten treffen den Staat, wenn es um Kinder und andere schutzbedürftige Personen geht (LR/*Esser* MRK, Art. 3 Rn. 27 m.w.N.; BeckOK-StPO/*Valerius* EMRK, Art. 3 Rn. 8); in diesen Fällen hat der Konventionsstaat deren Schutz durch angemessene Maßnahmen sicherzustellen, z.B. dadurch, dass er sie aus dem häuslichen Bereich entfernt und anderweitig unterbringt (EGMR Z u.a./.Vereinigtes Königreich, Urt. v. 01.05.2001 – 29392/95, RJD 2001-V, Rn. 74), oder bei Kenntnis von sexuellen Missbräuchen von Kindern an nichtstaatlichen Grundschulen Mechanismen effektiver staatlicher Kontrollen einrichtet (EGMR GrK O'Keeffe./.Irland, Urt. v. 28.1.2014 – 35810/09, Rn. 168).

Obwohl Art. 3 als Abwehrrecht ausgestaltet ist, kommt hier eine schematische Prüfung nach dem Muster »Schutzbereich – Eingriff – Rechtfertigung« nicht in Betracht, da sich Eingriffe eben unter keinen Umständen rechtfertigen lassen. Umso wichtiger ist es daher, den Schutzbereich und die Eingriffsvoraussetzungen genau zu definieren (vgl. *Satzger* IntEuStrR § 11 Rn. 36f.; *Safferling* Internationales Strafrecht § 13 Rn. 53). 8

II. Eingriff in den Schutzbereich. Ein Eingriff in den Schutzbereich des Art. 3 ist gegeben, wenn eine der drei Varianten seitens des Staates erfüllt ist. Dabei besteht eine **implizite Hierarchie**: Die erniedrigende Behandlung ist die schwächste der drei Varianten des Art. 3 – sie ist in der unmenschlichen Behandlung immer mit enthalten, Letztere liegt wiederum auch immer dann vor, wenn die Variante der Folter als schwerste der drei Formen einschlägig ist (LR/*Esser* MRK, Art. 3 Rn. 55; BeckOK-StPO/ *Valerius* EMRK, Art. 3 Rn. 3). Gleichwohl ist eine trennscharfe Abgrenzung der drei von Art. 3 untersagten Verhaltensformen nicht möglich (vgl. *Esser*, EuIntStrR § 9 Rn. 156). 9

1. Behandlung und Bestrafung. a) Begriff der Behandlung. Unter einer Behandlung versteht man jedes Tun oder Unterlassen bestimmter Personen in Bezug auf den Betroffenen, welches bei der Folter überdies von der Absicht einer zweckgerichteten, die Menschenwürde bewusst missachtenden Leidenszuführung bestimmt sein muss (LR/*Esser* MRK, Art. 3 Rn. 28; BeckOK-StPO/*Valerius* EMRK, Art. 3 Rn. 2). Aufgrund dieses weiten Begriffs lassen sich fast sämtliche Verhaltensweisen des Staates unter diesen Begriff subsumieren. 10

b) Begriff der Bestrafung. Die Bestrafung stellt letztlich einen Unterfall der Behandlung dar, weshalb sich der EGMR auch nicht um eine gesonderte Definition bemüht. Allerdings erscheint es sinnvoll, die Definition von Art. 7 aufzugreifen (vgl. dort Rn. 7; ähnl. LR/*Esser* MRK, Art. 3 Rn. 29: »Bestrafung ... umfasst jede von staatlichen Organen als Sanktion für Fehlverhalten angeordnete Zufügung von Leiden, Beschränkungen oder Nachteilen.«). 11

2. Das Kriterium der Mindestschwere, Beweislast und -maß. Als gewisser Ausgleich für die fehlende Rechtfertigungsmöglichkeit, muss – nach der Rechtsprechung des EGMR – die Misshandlung ein **gewisses Maß an Schwere** erreichen, um überhaupt als Eingriff in Art. 3 erfasst zu werden. Dies dient dazu, Bagatellfälle auszuscheiden; damit ist keine versteckte Verhältnismäßigkeitsprüfung verbunden (*Pösl*, Das Verbot der Folter in Art. 3 EMRK, S. 50). Das Schwerekriterium erlangt darüber hinaus – soweit das Mindestmaß überschritten ist – Bedeutung für die Zuordnung einer Maßnahme zu einer Variante des Art. 3 (s. unten Rdn. 27 ff.). 12

Ob der Eingriff die Mindestschwere erreicht, bestimmt sich nach den Umständen des Einzelfalls, wobei insb. die Dauer der Behandlung, ihre physischen und psychischen Wirkungen sowie Geschlecht, Alter und Gesundheitszustand des Opfers eine Rolle spielen (EGMR Jalloh./.Deutschland, Urt. v. 11.07.2006 – 54810/00, RJD 2006-IX, Rn. 67; EGMR Kudla./.Polen, Urt. v. 26.10.2000 – 30210/96, RJD 2000-XI, Rn. 91). Die erforderliche Mindestschwere wird nach Ansicht des EGMR z.B. bei Zwang zu körperlichen Übungen in militärischen Internierungslagern nicht überschritten (EGMR Irland./.Vereinigtes Königreich, Urt. v. 29.04.1978 – 5310/71, Series A25, Rn. 181). 13

Zum Nachweis einer Verletzung des Art. 3 muss der Beschwerdeführer geeignete Beweismittel für die behauptete Maßnahme beibringen, bei der Beweiswürdigung verlangt der EGMR, »dass kein vernünftiger Mensch mehr zweifelt«, wobei sich ein solcher Beweis aus einer Mehrzahl von Indizien oder nicht widerlegten Tatsachenvermutungen ergeben kann, die ausreichend beweiskräftig, genau und überzeugend sind (zusf. EGMR Hellig./.Deutschland, Urt. v. 7.7.2011 – 20999/05, NJW 2012, 2173, Rn. 50). 14

Art. 3 EMRK Verbot der Folter

Das erforderliche Beweismaß ist damit höher als im deutschen Zivilprozess (vgl. § 286 I ZPO) und ähnelt mehr den Anforderungen des deutschen Strafprozesses (s. *Pösl*, Das Verbot der Folter in Art. 3 EMRK, S. 52). Zu den Beweisanforderungen im Zusammenhang mit den Art. 6 Abs. 1 S. 1 EMRK s. unten Rdn. 49).

15 **3. Der erniedrigende Charakter der Behandlung/Strafe. a) Erniedrigende Behandlung.** Eine Behandlung ist erniedrigend, wenn sie beim Opfer Gefühle der Angst, des Schmerzes und der Unterlegenheit erweckt, die geeignet und darauf gerichtet sind, es zu demütigen und möglicherweise seinen körperlichen und moralischen Widerstand zu brechen (EGMR Smith u. Grady./.Vereinigtes Königreich, Urt. v. 27.09.1999 – 33985/96 und 33986/96, RJD 1999-VI, Rn. 120). Hinsichtlich der **Demütigung** ist auf das subjektive Empfinden des Opfers abzustellen (EGMR Tyrer./.Vereinigtes Königreich, Urt. v. 25.04.1978 – 5856/72, EuGRZ 1979, 162). Im Gegensatz zur unmenschlichen Behandlung sowie zur Folter sind intensive körperliche Schmerzen nicht erforderlich, allerdings muss die durch die Demütigung erzielte Beeinträchtigung seitens des Opfers einen gewissen Schweregrad (vgl. Rn. 12) überschreiten und ihn in einer Art. 3 widersprechenden Weise in seiner Persönlichkeit treffen (EGMR GrK Öcalan./.Türkei, Urt. v. 12.05.2005 – 46221/99, RJD 2005-IV, Rn. 181). Ein zu berücksichtigender wichtiger Faktor ist dabei eine evtl. vorhandene Absicht des Täters, sein Opfer zu demütigen und zu erniedrigen; selbst wenn eine solche Absicht aber nicht vorliegt, kann eine Behandlung erniedrigend sein (EGMR Stanev./.Bulgarien, Urt. v. 17.1.2012 – 36760/06, Rn. 203). Entscheidend ist, dass die Demütigung über die normalen Wirkungen hinausgeht (so zur Strafe EGMR Kudla./.Polen, Urt. v. 26.10.2000 – 30210/96, RJD 2000-XI, Rn. 92).

16 Eine erniedrigende Behandlung wurde etwa in folgenden Fällen angenommen: Einem Festgenommenen wurde mehrere Tage verwehrt, seine durch Kot verschmutzte Kleidung zu wechseln und sich zu waschen (EKMR Hurtado./.Schweiz, Ber. v. 08.07.1993, EuGRZ 1994, 271); ein Inhaftierter wurde gezwungen, sich in Gegenwart einer weiblichen Aufsichtsperson für eine Leibesvisitation zu entkleiden sowie seine Geschlechtsorgane ohne Handschuhe abtasten zu lassen (EGMR Valasinas./.Litauen, Urt. v. 24.07.2001 – 44558/98, RJD 2002-VIII, Rn. 117); das Kahlrasieren des Kopfes eines Häftlings (EGMR Yankov./.Bulgarien, Urt. v. 11.12.2003 – 39084/97, RJD 2003-XII, Rn. 120); das Einsperren des Angeklagten in einen für die Öffentlichkeit sichtbaren Metallkäfig, ohne dass Anhaltspunkte für eine besondere Gefährlichkeit des Beschuldigten bestanden (EGMR GrK Svinarenko u. Slyadnev./.Russland, Urt. v. 17.7.2014, – 32541/08, Rn. 122). Als erniedrigende (und unmenschliche) Behandlung kommt auch die siebentägige Unterbringung in einer Sicherheitszelle ohne jede Bekleidung in Betracht (EGMR Hellig/Deutschland, Urt. v. 7.7.2011 – 20999/05, NJW 2012, 2173, Rn. 57). Das Tragen von Handschellen stellt, wenn es sich um ein angemessenes Mittel bei der Inhaftierung handelt, keine Verletzung des Art. 3 dar, wohl aber, wenn das notwendige Maß überschritten wird (z.B. bei polizeilich begleitetem Krankentransport des Beschwerdeführers, s. EGMR Ilievska./.EJRM, Urt. v. 7.5.2015 – 20136/11, Rn. 56 ff.).

17 Der EGMR geht jedoch (wohl angesichts der Umstände des konkreten Falles) extrem weit mit der Annahme einer erniedrigenden Behandlung, wenn er sogar das psychische Leiden einer (schwangeren) Ehefrau, deren verstorbenem Ehemann rechtswidrig Gewebe entnommen worden war und der mit zusammengeklebten Beinen beerdigt wurde, als erniedrigende Behandlung einstuft. Die Ehefrau hatte erst zwei Jahre nach der Beerdigung von der Gewebeentnahme erfahren (EGMR Elerberte./.Lettland, Urt. v. 13.1.2015 – 61243/08, Rn. 135 ff.).

18 **b) Erniedrigende Strafe.** Das Verbot erniedrigender Strafen richtet sich sowohl an die Legislative als auch an die Judikative als Organe der Konventionsstaaten. Erniedrigend ist eine angedrohte oder verhängte Strafe nach Ansicht des EGMR dann, wenn sie durch die verursachten Leiden oder Erniedrigungen in dem Sinn unnötig sind, dass sie über die mit jeder rechtmäßigen Bestrafung verbundenen Leiden und Demütigungen deutlich hinausgehen und einen durch die Erfordernisse des Strafvollzugs nicht zu rechtfertigenden **zusätzlichen Leidensdruck** von einer gewissen (Mindest-) Schwere (vgl. Rn. 12) verursachen (EGMR Tyrer./.Vereinigtes Königreich, Urt. v. 25.04.1978 – 5856/72, Series A26, Rn. 30). Eine derartige Erniedrigung kann zum einen in der Art der Strafe angelegt sein. Selbst leichtere Formen der Prügelstrafe sind danach, sofern diese als staatlich institutionalisierte Gewalt ausgeübt wird, als erniedrigende Behandlung einzustufen (so EGMR Tyrer./.Vereinigtes Königreich, Urt. v. 25.04.1978 – 5856/72, Series A26, Rn. 33 für den Fall von drei Schlägen mit einer Birkenrute).

Haftbedingungen stellen, selbst wenn sie nicht darauf abzielen, den Gefangenen zu demütigen oder zu erniedrigen, dann eine erniedrigende Behandlung dar, wenn sie erhebliches psychisches oder physisches Leid verursachen, die Menschenwürde beeinträchtigen oder Gefühle von Demütigung oder Erniedrigung beim Betroffenen erwecken (EGMR Peers./.Griechenland, Urt. v. 19.04.2001 – 28524/95, RJD 2001-III, Rn. 75); einen **erniedrigenden Charakter des Strafvollzugs** sah der EGMR in der Unterbringung von 22 Gefangenen in einer Zelle von max. 20 qm, konstant brennendem Licht und, neben weiteren Schikanen, völlig unzureichenden hygienischen Verhältnissen, z.B. einer offenen Toilette in einer Ecke der Zelle (EGMR Kalashnikov./.Russland, Urt. v. 15.07.2002 – 47095/99, RJD 2002-VI, Rn. 97 ff.). Nach Ansicht des CPT (vgl. oben Rn. 4 a.E.), auf den sich der EGMR im Fall »Kalashnikov« beruft, sollte ein Gefangener mindestens 7 m² an Platz zur Verfügung haben. Bei entsprechender Schwere können derart unzureichende Haftbedingungen sogar eine *unmenschliche* Behandlung darstellen. 19

Die Unterbringung in **Einzelhaft** kann demgegenüber aus verschiedensten Gründen (Gefahr der Fluchtgefahr, der Agressivität, der Störung der Gefangenengemeinschaft, der Kontaktaufnahme mit organisierten Kriminellen) gerechtfertigt sein, ein Verstoß gegen Art. 3 ist gleichwohl möglich, wenn der Staat keine hinreichende Begründung dafür gibt – wobei der Begründungsaufwand mit der Dauer der Einzelhaft wächst. So wurde die Haft als einziger Insasse eines Gefängnisses über mehr als 19 Jahre bei gleichzeitiger Abschottung als Verstoß gegen Art. 3 bewertet (EGMR Öcalan ./.Türkei [Nr. 2] Urt. v. 18.3.2014 – 24069/03, 197/04, 6201/06 u. 10464/07, Rn. 101 ff.). Auch kann die Kombination aus langjähriger Einzelhaft und inakzeptablen Haftbedingungen einen Verstoß gegen Art. 3 begründen (EGMR Harakchiev u. Tolumov./. Bulgarien, Urt. v. 8.7.2014, Rn. 203 ff.). 20

4. Der unmenschliche Charakter der Behandlung/Strafe. a) Unmenschliche Behandlung. Eine unmenschliche Behandlung liegt vor, wenn dem Betroffenen schwere und nach den Umständen mit den allgemeinen Geboten der Menschlichkeit schlechthin unvereinbare körperliche oder seelische Qualen oder Leiden von außergewöhnlicher Intensität und Dauer zugefügt werden (EGMR Soering./.Vereinigtes Königreich, Urt. v. 07.07.1989 – 14038/88, Series A161, Rn. 100). Auch hier ist eine **Einzelfallbetrachtung** anzustellen, orientiert zum einen an **objektiven** Faktoren wie Art, Dauer und Schwere der zugefügten Leiden, zum anderen in **subjektiver** Hinsicht an den Motiven des Behandelnden (EGMR Raninen./.Finnland, Urt. v. 16.12.1997 – 20972/92, RJD 1997-VIII, Rn. 55). Eine unmenschliche Behandlung wurde z.B. angenommen in einem Fall, in dem die Handgelenke durch Drähte derart gefesselt wurden, dass sie in die Haut einschnitten und die Füße des Opfers lange Zeit Schnee und Wasser ausgesetzt waren (*Meyer-Ladewig* EMRK Art. 3 Rn. 23 mit weiteren Beispielen) oder die Kombination von fünf Techniken (Zwang, mit übergezogener Kapuze unter Lärmeinwirkung lange Zeit in angespannter Körperhaltung an der Wand zu stehen, systematisches Vorenthalten von Schlaf, Essen und Trinken) durch britische Verhörsorgane (EGMR Irland./.Vereinigtes Königreich, Urt. v. 18.01.1978 – 5310/71, Series A25, Rn. 165 ff.). Auch die Zerstörung des Hauses einschließlich Einrichtung aufgrund des Verdachts der Unterstützung einer terroristischen Vereinigung sah der EGMR als unmenschliche Behandlung i.S.v. Art. 3 (EGMR Dulas./.Türkei, Urt. v. 30.01.2001 – 25801/94, Rn. 55) an. 21

Auch die bloße **Androhung von Folter** (zur Definition s.u. Rdn. 27) kann, sofern sie hinreichend real und unmittelbar ist, das nötige Mindestmaß an Schwere (s.o. Rdn. 12) überschreiten und eine unmenschliche Behandlung i.S.v. Art. 3 darstellen (EGMR GrK Gäfgen./.Deutschland, Urt. v. 01.06.2010 – 22978/05, NJW 2010, 3145 [3146], Rn. 108; falls die Drohung mit einem noch stärkeren Maß an Ernsthaftigkeit ausgestoßen wird und beim Opfer intensives psychisches Leid hervorruft, kann sogar die Variante der Folter erfüllt sein). Entscheidende Faktoren für die Einzelfallbetrachtung sind die Situation des von der Drohung Betroffenen (im entschiedenen Fall »Gäfgen« befand sich der Betroffene zum Verhör in einer Polizeistation und aufgrund angelegter Handschellen in einem Stadium äußerster Verwundbarkeit), die Ernsthaftigkeit der Drohung (hier sind vorangegangene Planung der Realisierung sowie die Benennung von Details von Bedeutung), die Zeitspanne über welche die Drohung hinweg aufrechterhalten wurde (im Fall Gäfgen handelte es sich um 10 Minuten) sowie die Wirkung beim Opfer (wobei die spätere Notwendigkeit psychischer Betreuung indiziell sein kann; vgl. EGMR GrK Gäfgen./.Deutschland, Urt. v. 01.06.2010 – 22978/05, NJW 2010, 3145 ff., Rn. 102 ff.; vertiefend hierzu *Grabenwarter* NJW 2010, 3128 ff.). 22

Art. 3 EMRK Verbot der Folter

23 **b) Unmenschliche Strafe.** Eine Strafe ist unmenschlich, wenn sie **außer Verhältnis zur Schwere der Tat und der Schuld** des Täters steht (LR/*Esser* MRK, Art. 3 Rn. 92 m.w.N.). Der EGMR hält eine Verletzung des Art. 3 insoweit nur für »außergewöhnliche und seltene Fälle« denkbar, da den Mitgliedstaaten grundsätzlich ein Ermessen bei der Bemessung der Strafen zukomme. Möglich erscheint ein Konventionsverstoß im Einzelfall daher nur dann, wenn die Strafe »grob unverhältnismäßig«, also wegen ihrer Höhe mit dem Gerechtigkeitsgebot unter keinen Umständen mehr vereinbar ist (vgl. EGMR GrK Vinter./.Vereinigtes Königreich, Urt. v. 9.7.2013 – 66069/09, NJOZ 2014, 1582, Rn. 102). Dies ist v.a. dann der Fall, wenn die Strafe in einem solchen Ausmaß exzessiv ist, dass sie unter keinem Blickwinkel mehr als vernünftige Reaktion des Staates auf den Unrechtsgehalt des durch das Verhalten des Täters verwirklichten Delikts zu werten ist (vgl. OLG Stuttgart NJW 2002, 3188 hinsichtlich der Verhängung einer Freiheitsstrafe von einem Monat bei Diebstahl einer Milchschnitte im Wert von 0,26 €). Die hier zu ziehende Grenze entspricht grds. dem auch im deutschen Recht zu beachtenden Verhältnismäßigkeitsprinzip (Übermaßverbot) i.S.d. Art. 1 Abs. 2, Art. 2 Abs. 2 GG (LR/*Esser* MRK, Art. 3 Rn. 96 m.w.N.).

24 Im Hinblick auf die Verhältnismäßigkeitsbeurteilung einer Strafe gilt bei der Vollstreckungsübernahme (für Deutschland § 48 ff. IRG) und einem diesbezüglichen Umwandlungsverfahen hinsichtlich der Strafe (vgl. § 54 IRG) Besonderes, da die Vollstreckung im Heimatstaat grundsätzlich im Interesse des Verurteilten liegt. Hier darf sich der die Vollstreckung übernehmende Staat nicht über die Vorstellungen einer angemessenen Strafe des verurteilenden Vertragsstaates hinwegsetzen. Eine Verurteilung darf nicht allein deshalb als grob unverhältnismäßig betrachtet werden, weil die Strafe höher ausgefallen ist als im Inland, da die Strafen weltweit (gerade z.B. im Umgang mit Drogendelikten) aufgrund der gesellschaftlichen, politischen, wirtschaftliche, sozialen und kulturellen Unterschiede stark variieren (EGMR Willcox u. Hurford./.Vereinigtes Königreich, Urt. v. 08.01.2013 – 43759/10, Rn. 78).

25 Wegen des den Mitgliedstaaten zukommenden **Ermessensspielraums** bedeutet die Androhung, die Verhängung und der Vollzug einer lebenslangen Freiheitsstrafe für schwere Delikte keinen Verstoß gegen Art. 3. Probleme sieht der EGMR – in ausdrücklicher Anlehnung an die Rspr. des BVerfG (E 45, 187) – dann, wenn der Verurteilte keine Hoffnung auf Entlassung haben kann. Daher ist in einer Verurteilung eines Erwachsenen zu einer lebenslangen Freiheitsstrafe, die nicht reduziert werden kann, ein Verstoß gegen Art. 3 EMRK zu sehen (vgl. EGMR Kafkaris./.Zypern, Slg. 2008-I Nr. 97). Die Strafe ist dann »reduzierbar«, wenn bei der möglichen Überprüfung durch staatliche Behörden und Gerichte eine Abwägung erfolgen kann, ob Änderungen im Leben des Gefangenen so bezeichnend sind und im Strafvollzug so erhebliche Fortschritte zu einer Resozialisierung gemacht wurden, dass die Fortdauer der Haft durch legitime strafrechtliche Gründe nicht mehr gerechtfertigt ist. Besteht eine solche Möglichkeit nicht, ist Art. 3 verletzt (vgl. EGMR GrK Vinter./.Vereinigtes Königreich, Urt. v. 9.7.2013 – 66069/09, NJOZ 2014, 1582, Rn. 119 ff.; EGMR László Magyar./.Ungarn, Urt. v. 20.5.2014 – 73593/10, Rn. 53 ff.). Diese Überprüfungsmöglichkeit näher auszugestalten obliegt dem nationalen Recht (EGMR Hutchinson./.Vereinigtes Königreich, Urt. v. 3.2.2015 – 57592/08, Rn. 24 ff.).

26 Nach Ansicht des EGMR soll die **Todesstrafe an sich** keinen unmittelbaren Verstoß gegen Art. 3 darstellen (EGMR Soering./.Vereinigtes Königreich, Urt. v. 07.07.1989 – 14038/88, Series A161, Rn. 103; krit. hierzu Dörr/Grote/Marauhn/*Bank* EMRK Kap. 11 Rn. 75; diff. BeckOK-StPO/*Valerius* EMRK, Art. 3 Rn. 4.1, a. A. LR/*Esser* MRK, Art. 3 Rn. 95). Jedenfalls kann – auch nach dieser Rechtsprechung – die Todesstrafe aber zumindest **mittelbar** einen Verstoß gegen Art. 3 bewirken, wenn im Vorfeld der Vollstreckung eine unmenschliche oder erniedrigende Behandlung droht, was bei Erwartung des sog. »**Todeszellensyndroms**« der Fall sein kann (EGMR Soering./.Vereinigtes Königreich, Urt. v. 07.07.1989 – 14038/88, Series A161, Rn. 105); in einem solchen Fall fungiert Art. 3 auch als Abschiebungshindernis (vgl. Rdn. 36 f.). Seit Ratifizierung des 6. Zusatzprotokolls, welches neben dem Verbot der Todesstrafe auch ein Auslieferungshindernis beinhaltet, ist dies allerdings nicht mehr entscheidend.

27 **5. Begriff der Folter.** Hinsichtlich des Begriffs der Folter orientiert sich der EGMR an der Definition von Art. 1 Abs. 1 der UN-Folterkonvention (vgl. dazu Rdn. 3). Die Folter unterscheidet sich von den zuvor genannten Varianten in objektiver Hinsicht zunächst einmal durch die **Schwere der Handlung** (*Grabenwarter/Pabel* EMRK, § 20 Rn. 28; BeckOK-StPO/*Valerius* EMRK, Art. 3 Rn. 6; *Esser* Auf dem Weg S. 378). Sie setzt **objektiv** eine unmenschliche Behandlung voraus, die zusätzlich ein sehr

schweres und grausames Leiden hervorrufen muss (EGMR Aksoy./.Türkei, Urt. v. 18.12.1996 – 21987/93, RJD 1996-IV, Rn. 64). Es hängt dabei von den Umständen des Einzelfalls ab, ob ein Verhalten aufgrund seiner Schwere die Schwelle zur Folter übersteigt. In Betracht zu ziehen sind dabei die Art und Dauer der Misshandlung, Alter, Geschlecht und Gesundheitszustand des Opfers und die durch die vorgenannten Merkmale konstituierten Folgen beim Opfer (EGMR Irland./.Vereinigtes Königreich, Urt. v. 18.01.1978 – 5310/71, Series A25, Rn. 162). **In subjektiver Hinsicht** verlangt der Folterbegriff, dass die objektiv erforderlichen Schmerzen und das Leid zweckhaft zugefügt werden, insb. mit dem Ziel, ein Geständnis zu erlangen (EGMR Selmouni./.Frankreich, Urt. v. 28.07.1999 – 25803/94, RJD 1999-V, Rn. 96); aber auch andere Zwecke, wie bspw. Einschüchterung oder Bestrafung können das Vorliegen von Folter begründen. Gerade diese **Zweckhaftigkeit** kann als Unterscheidungskriterium zur unmenschlichen Behandlung herangezogen werden.

Die Folter stellt somit eine (objektiv wie subjektiv) **gesteigerte Form der unmenschlichen Behandlung** 28 dar, deren Feststellung durch den EGMR v.a. aus Stigmatisierungsgründen erfolgt (EGMR Irland./.Vereinigtes Königreich, Urt. v. 18.01.1978 – 5310/71, Series A25, Rn. 167: »... attach a special stigma ...«).

Als Folter angesehen wurden z.B. Fälle des »Palästinensischen Hängens« (die Hände des Opfers werden 29 hinter dem Rücken zusammengebunden, dann wird er so an den Händen hochgezogen, dass diese auch nach dem Ende der Behandlung noch einige Zeit gelähmt sind; EGMR Aksoy./.Türkei, Urt. v. 18.12.1996 – 21987/93, RJD 1996-VI, Rn. 64) oder bei Vergewaltigung eines Festgenommenen durch die Polizei (EGMR Aydin./.Türkei, Urt. v. 25.09.1997 – 23178/94, RJD 1997-VI, Rn. 86).

Weiterhin hat der EGMR in seiner Entscheidung »Selmouni« unter Hinweis auf die UN-Folterkonven- 30 tion betont, dass aufgrund der gestiegenen Menschenrechtsstandards und der Auslegung der EMRK als »**living instrument**« Akte, die früher nur als »unmenschlich« qualifiziert wurden, in Zukunft als Folter beurteilt werden könnten (EGMR Selmouni./.Frankreich, Urt. v. 28.07.1999 – 25803/94, RJD 1999-V, Rn. 101).

Somit dürften in Zukunft Sinnberaubungs- und Desorientierungsmethoden wie die »fünf Techniken« 31 (s.o. Rdn. 21; vgl. EGMR Irland./.Vereinigtes Königreich, Urt. v. 18.01.1978 – 5310/71, Series A25, Rn. 94–104, 106, 107, 165–168), die – ohne die physische Integrität anzutasten – zu schweren seelischen Leiden und geistigen Störungen führen und vom EGMR in der Vergangenheit als unmenschliche Behandlung eingestuft wurden, als Folter zu qualifizieren sein (*Frowein*/Peukert EMRK Art. 3 Rn. 6; *Esser* Auf dem Weg S. 380).

C. Sonderfälle. I. Medizinisch indizierte bzw. nicht indizierte Eingriffe. Bei medizinischen 32 Eingriffen ist zu unterscheiden. Sofern eine Maßnahme nach anerkannten medizinischen Grundsätzen **therapeutisch indiziert** ist, kann sie grds. nicht als unmenschlich oder erniedrigend angesehen werden. Dies gilt z.B. für die Zwangsernährung, mit der das Leben eines im Hungerstreik befindlichen Strafgefangenen gerettet werden soll (EGMR Herczegfalvy./.Österreich, Urt. v. 24.09.1992 – 10533/83, Series A244, Rn. 82).

Aber auch die **medizinisch nicht indizierte** Entnahme von Blut oder Speichelproben, um Beweise für 33 die Teilnahme an einer Straftat zu erlangen, verstößt nicht grds. gegen Art. 3 (EGMR Jalloh./.Deutschland, Urt. v. 11.07.2006 – 54810/00, RJD 2006-IX, Rn. 70).

Bei schwerer wiegenden Eingriffen ist allerdings das Überschreiten der Schwelle zur erniedrigenden 34 bzw. zur unmenschlichen Behandlung durchaus möglich. Entscheidende Kriterien bei der Beurteilung der Mindestschwere sind zunächst die oben genannten (vgl. Rdn. 12), des Weiteren auch die medizinische Beaufsichtigung sowie die tatsächlichen gesundheitlichen Folgen des Eingriffs (EGMR Jalloh./.Deutschland, Urt. v. 11.07.2006 – 54810/00, RJD 2006-IX, Rn. 72–74). Bei der **Verabreichung von Brechmitteln** zur Gewinnung von Beweismitteln im Zusammenhang mit dem Verdacht auf eine Betäubungsmittelstraftat hat der EGMR aufgrund des mit dieser Behandlung verbundenen physischen und psychischen Leids des Betroffenen eine unmenschliche Behandlung bejaht (EGMR Jalloh./.Deutschland, Urt. v. 11.07.2006 – 54810/00, RJD 2006-IX, insb. Rn. 82).

II. Drittwirkung des Folterverbots. Wie oben (Rdn. 7) bereits erläutert, treffen den Konventions- 35 staat aufgrund von Art. 3 auch Schutzpflichten ggü. den Personen in seinem Einflussbereich, er hat

Art. 3 EMRK Verbot der Folter

diese vor Folter, unmenschlicher oder erniedrigender Behandlung – auch durch Privatpersonen – zu schützen (EGMR A./.Vereinigtes Königreich, Urt. v. 29.09.1998 – 25599/94, RJD 1998-VI, Rn. 22).

36 **1. Abschiebung und Auslieferung.** Da ein Konventionsstaat auch nicht mittelbar zu einem Verstoß gegen das Folterverbot beitragen darf, konstituiert Art. 3 ein wichtiges **Abschiebungs- und Auslieferungshindernis**. Ein Abschiebungsverbot besteht nicht nur bei drohender Verfolgung durch staatliche Organe, sondern auch bei drohender Folter durch nicht-staatliche Stellen, wie insb. Bürgerkriegsparteien (vgl. EGMR Hirsi Jamaa./.Italien, Urt. v. 23.02.2012 – 27765/09, Rn. 120; EGMR Chahal./.Vereinigtes Königreich, Urt. v. 15.11.1996 – 22414/93, RJD 1996-V, Rn. 74, 107; s.a. *Gleß* Internationales Strafrecht, Rn. 99). Dieses Abschiebungsverbot ist so umfassend, dass der abschiebende Staat bei Abschiebung in einen Durchgangsstaat, der ebenfalls Konventionsmitglied ist, sicherstellen muss, dass der Betroffene im Durchgangsstaat Rechtsbehelfe gegen eine weitere Abschiebung (in den Drittstaat) bei den dortigen nationalen Gerichten einlegen kann und ihm die Möglichkeit eines Antrags auf vorläufige Maßnahmen nach Art. 39 EGMR-VerfO zur Verfügung steht (EGMR K.R.S./.Vereinigtes Königreich, Urt. v. 02.12.2008 – 32733/08, NVwZ 2009, 965 [967]). Allerdings müssen wesentliche Gründe dafür vorgebracht (oder vom EGMR selbst ermittelt) werden, dass dem Auszuliefernden im ersuchenden Staat eine »echte Gefahr« der Folter oder unmenschlichen oder erniedrigenden Behandlung droht (EGMR Vilvarajah u.a./.Vereinigtes Königreich, Urt. v. 30.10.1991 – 13163/87, 13164/87, 13165/87, 13447/87 und 13448/87, Series A215, Rn. 103), wobei auch auf Berichte von internationalen Menschenrechtsschutzvereinigungen, wie etwa Amnesty International, zurückgegriffen werden darf (EGMR Hirsi Jamaa./.Italien, Urt. v. 23.02.2012 – 27765/09, Rn. 118 f.). Abgesehen von Ländern, in denen dem Auszuliefernden die Todesstrafe droht, verweist der EGMR darauf, dass eine Verletzung des Art. 3 durch Auslieferung unwahrscheinlich ist, wenn es um eine Überstellung an einen Staat geht, der eine lange Tradition der Achtung der Demokratie, der Menschenrechte und der Rechtsstaatlichkeit aufweist (EGMR Čalovskis./.Lettland, Urt. v. 24.7.2014 – 22205/13, Rn. 134).

37 Art. 3 ist durch stete Erweiterung der Verantwortlichkeit der Mitgliedsstaaten für aufenthaltsbeendende Maßnahmen im Allgemeinen für fast alle mitgliedsstaatlichen Ordnungen mittlerweile zu einer Art Asylgrundrecht herangewachsen (so *Grabenwarter* EuGRZ 2011, 229 [231]; s. insb. auch EGMR GrK M.S.S./.Belgien und Griechenland, Urt. v. 21.01.2011 – 30696/09, EuGRZ 2011, 243 ff. m. Anm. *von Arnauld* EuGRZ 2011, 238 ff.).

38 **2. Ermittlungspflichten des Staates.** Die Schutzpflicht des Staates ggü. den Personen in seinem Einflussbereich umfasst auch, im Fall von glaubhaften Vorwürfen von Folter bzw. unmenschlicher Behandlung, **angemessen zu ermitteln** und diese nötigenfalls **strafrechtlich zu verfolgen** (EGMR Labita./.Italien, Urt. v. 06.04.2000 – 26772/95, RJD 2000-IV, Rn. 130 ff.; zu den Anforderungen dieser Pflicht EGMR Karabet u.a./.Ukraine, Urt. v. 17.01.2013 – 38906/07 und 52025/07, Rn. 264 ff.; näher *Pösl*, Das Verbot der Folter in Art. 3 EMRK, S. 247 ff.). Es müssen – ohne unangemessene Verzögerung – alle vernünftigen Maßnahmen ergriffen werden, um den Sachverhalt zu erforschen und Beweise zu sichern (EGMR Y./.Slowenien, Urt. v. 28.5.2015 – 41107/10, Rn. 96). In diesem Zusammenhang können auch **Angehörige** von mittlerweile verschwundenen Folteropfern selbst Opfer einer erniedrigenden oder unmenschlichen Behandlung sein, wenn das von den Angehörigen erlittene Leid die erforderliche Mindestschwere (s.o. Rdn. 12) übersteigt. Auch hier kommt es auf den jeweiligen Einzelfall an, wobei sich der EGMR an der konkreten familiären Nähebeziehung zwischen Angehörigem und originärem Folteropfer, der Frage, ob die Angehörigen Zeugen der Misshandlung wurden sowie dem Bemühen der Angehörigen, Aufklärung über das Schicksal des Familienmitglieds zu erfahren und die darauf folgende Reaktion der nationalen Behörden orientiert (EGMR ER./.Türkei, Urt. v. 31.07.2012 – 23016/04, Rn. 94 ff.; EGMR Magamadova./.Russland, Urt. v. 06.11.2008 – 33185/04, Rn. 105). Diese Faktoren müssen dem Leid der Angehörigen eine Intensität verleihen, die über das bei einer von einem Familienmitglied erlittenen Menschenrechtsverletzung übliche Maß hinausgeht (EGMR Cakici./.Türkei, Urt. v. 08.07.1999 – 23657/94, RJD 1999-VI, Rn. 98). Gerade die Untätigkeit der Behörden kann in derartigen Konstellationen eine Verletzung von Art. 3 ggü. den Angehörigen begründen (EGMR ER./.Türkei, Urt. v. 31.07.2012 – 23016/04, Rn. 96); EGMR Acar./.Türkei, Urt. v. 08.04.2004 – 26307/95, RJD 2004-III, Rn. 238).

3. Beschränkung von Rechtfertigungs- und Entschuldigungsgründen im deutschen Recht. Die 39
EMRK verpflichtet als völkerrechtlicher Vertrag gem. Art. 1 direkt zwar nur den jeweiligen Konventionsstaat; dennoch kann das Folterverbot mittelbar auch Einfluss auf Privatrechtsverhältnisse haben. Im deutschen Recht bedeutet dies für die Gerichte insb., Rechtfertigungs- und Entschuldigungsgründe EMRK-konform auszulegen.

a) **Notwehr.** Art. 3 gebietet bei der Notwehr (§ 32 StGB) auf Ebene der Gebotenheit eine sozialethische Einschränkung des Notwehrrechts in Konstellationen vorzunehmen, in denen Folter, unmenschliche oder erniedrigende Behandlung zur Abwehr eines gegenwärtigen und rechtswidrigen Angriffs (entweder auf eigene Rechtsgüter oder auf die eines Dritten) eingesetzt werden. Aufgrund der absoluten Geltung von Art. 3 entfällt das Rechtsbewährungsprinzip, welches neben dem Selbstschutzgedanken eine tragende Säule der Notwehr darstellt. Folter und unmenschliche/erniedrigende Behandlung können somit **nie durch § 32 StGB gerechtfertigt** sein (LG Frankfurt NJW 2005, 692 [693 f.]; *Perron* FS Weber, S. 143 [150 ff.]; *Hecker* KJ 2003, 210 [214 ff.]; a. A. *Erb* JURA 2005, 24 [26 ff.] *ders.* NStZ 2005, 593 [598 ff.]; *Fahl* JURA 2007, 743 [748 f.]; vermittelnd *Jerouschek* JuS 2005, 296 [300], der nur unter Privaten eine Geltung von Art. 3 verneint; zur Diskussion s. *Satzger* JURA 2009, 759 [765] m.w.N.). Da sich diese Auslegung noch im Rahmen des Wortlauts des § 32 StGB (»geboten«) hält, liegt kein Verstoß gegen den grds. anwendbaren Art. 103 II GG vor (vgl. Wessels/Beulke/Satzger AT, Rn. 397).

b) **Rechtfertigender Notstand.** Das zu § 32 StGB Gesagte gilt grds. auch in Bezug auf den rechtfertigenden Notstand (§ 34 StGB). Art. 3 wirkt hier als Korrektiv auf Ebene der Interessenabwägung bzw. insb. bei dem Kriterium der Angemessenheit. Aufgrund der Absolutheit des Folterverbots erweist sich dieses als abwägungsfest und trifft eine klare Gewichtung zugunsten des Gefolterten ungeachtet dessen Vorverhaltens. Folter und unmenschliche/erniedrigende Behandlung sind damit auch **nicht durch § 34 StGB zu rechtfertigen** (h.M., s. LG Frankfurt NJW 2005, 692 [693 f.]; BVerfG NJW 2005, 656 [657]; SSW-StGB/*Rosenau* § 34 Rn. 34 m.w.N.; a. A. *Erb* FS Selbode, S. 115 f.; *Herzberg* JZ 2005, 323).

c) **Entschuldigender, auch übergesetzlicher Notstand.** Auch Entschuldigungsgründe müssen 42
letztlich ausscheiden; eine Entschuldigung nach § 35 StGB dürfte i.d.R. bereits am Näheverhältnis scheitern (LG Frankfurt NJW 2005, 692 [695]) und selbst bei Annahme eines solchen ist eine Entschuldigung aufgrund der Wertung des Art. 15 Abs. 2 wegen Vorliegens einer zumutbaren Gefahr zu versagen (a. A. *Perron* FS Weber, S. 143 [152]). Beim übergesetzlichen Notstand bietet die Absolutheit des Folterverbots nach Art. 15 Abs. 2 ebenfalls die Lösung für die unlösbare Pflichtenkollision (*Satzger* JURA 2009, 759 [765]; so im Ergebnis auch LG Frankfurt NJW 2005, 692 [695]).

D. Prozessuale Auswirkungen. In strafprozessualer Hinsicht verstößt die **Verwertung** eines 43
unter Verstoß gegen Art. 3 gewonnenen Beweises nicht automatisch auch gegen Art. 3. Vielmehr beurteilt sich die Konventionskonformität der Verwertung im Wege der Gesamtbetrachtung nach dem in **Art. 6 Abs. 1 S. 1** enthaltenen **fair-trial-Grundsatz**.

44

I. Verwertung unmittelbar unter Verletzung von Art. 3 erlangter Beweismittel. 1. Geständnis.
Die Verwertung eines **unmittelbar aus der Anwendung von Folter, unmenschlicher oder erniedrigender Behandlung** gewonnenen Geständnisses macht den gesamten Prozess in jedem Fall unfair i.S.v. Art. 6 Abs. 1 S. 1 (EGMR El Haski./.Belgien, Urt.v. 25.09.2012 – 649/08, Rn. 85; EGMR GrK Gäfgen./.Deutschland, Urt. v. 01.06.2010 – 22978/05, NJW 2010, 3145 [3148], Rn. 173).

2. Körperliche Beweismittel. Bei sonstigen (körperlichen) Beweismitteln soll dies nur dann der Fall 45
sein, wenn diese **unmittelbar durch Folter** gewonnen wurden (krit. zur Differenzierung *Pösl*, Das Verbot der Folter in Art. 3 EMRK, S. 327), wobei es nicht darauf ankommen soll, ob die Verwertung eines solchen Beweises einen Einfluss auf den Ausgang des Verfahrens hatte (EGMR GrK Gäfgen./.Deutschland, Urt. v. 01.06.2010 – 22978/05, NJW 2010, 3145 [3148], Rn. 166), da andernfalls der »Brutalität unter dem Mantel der Rechtsstaatlichkeit« Vorschub geleistet würde (EGMR Jalloh./.Deutschland, Urt. v. 11.07.2006 – 54810/00, RJD 2006-IX, Rn. 105). Werden körperliche Beweismittel nicht durch Folter, sondern **auf eine andere von Art. 3 verbotene Weise** erlangt, so kommt eine Verletzung des Art. 6 aber nur in Betracht, wenn deren Verwertung Einfluss auf den Schuldspruch hatte (EGMR El

Haski./.Belgien, Urt.v. 25.09.2012 – 649/08, Rn. 85; EGMR GrK Gäfgen./.Deutschland, Urt. v. 01.06.2010 – 22978/05, NJW 2010, 3145 [3148], Rn. 178 ff.).

46 Im Fall Gäfgen wurde etwa kein Verstoß gegen Art. 6 Abs. 1 S. 1 angenommen, da das durch unmenschliche Behandlung erlangte Geständnis überhaupt nicht verwertet und seine Verurteilung alleine auf das neue, nach einer qualifizierten Belehrung (s. dazu Einl. Rdn. 285) abgelegte Geständnis in der Hauptverhandlung gestützt wurde (EGMR GrK Gäfgen./.Deutschland, Urt. v. 01.06.2010 – 22978/05, NJW 2010, 3145 [3149], Rn. 179, 187); anders bei der Verwertung eines durch den Einsatz von Brechmitteln gewonnenen Beweismittels, hier wurde ein Verstoß gegen Art. 6 Abs. 1 S. 1 angenommen (EGMR Jalloh./.Deutschland, Urt. v. 11.07.2006 – 54810/00, RJD 2006-IX, Rn. 105; vgl. SSW-StPO/Bosch § 81a Rdn. 9).

47 **3. Verwendung in Verfahren gegen Dritte.** Diese Grundsätze gelten auch dann, wenn die verbotenen Methoden des Art. 3 gegenüber Dritten angewandt werden und die so erlangten Beweismittel gegen den Beschwerdeführer verwertet werden sollen (EGMR El Haski./.Belgien, Urt.v. 25.09.2012 – 649/08, Rn. 85).

48 **II. Verwertung mittelbar unter Verletzung von Art. 3 erlangter Beweismittel.** Ob die Verwertung von mittelbar aus einem Verstoß gegen Art. 3 gewonnenen Beweismitteln einen Verstoß gegen Art. 6 Abs. 1 S. 1 EMRK zur Folge hat, ob ein Beweisverbot aus der EMRK wegen Verletzung des Art. 3 also eine »Fernwirkung« erzeugt, hat der EGMR bislang nicht klar beantwortet. Er hat bislang lediglich eine »starken Vermutung« für die Unfairness des Verfahrens zum Ausdruck gebracht (EGMR Gäfgen./.Deutschland, Urt. v. 30.6.2008, EuGRZ 2008, 466 [477] Rn. 105; s. auch EGMR GrK Gäfgen./.Deutschland, Urt. v. 01.06.2010 – 22978/05, NJW 2010, 3145 [3148 ff.], Rn. 173 ff.). Dem Absolutheitsanspruch des Art. 3 EMRK entspricht es, mit der Annahme einer weitgehenden Fernwirkung des Beweisverbots die Wirkung des absoluten Folterverbots effektiv umzusetzen (zur nur ausnahmsweisen Widerlegbarkeit der Vermutung s. *Pösl*, Das Verbot der Folter in Art. 3 EMRK, S. 347 ff.).

49 **III. Beweisanforderungen im Hinblick auf eine Verletzung des fair-trial-Grundsatzes durch Einsatz von Folter etc.** Im Gegensatz zur bisherigen Rspr. in Deutschland (insb. OLG Hamburg im Fall El Motassadeq, NJW 2005, 2326, 2329 zu § 136a; dazu SSW-StPO/*Eschelbach*, § 136a, Rn. 54) muss die Anwendung von Folter etc. nicht voll bewiesen sein, verbleibende Zweifel dürfen also nicht zulasten des Beschwerdeführers gehen (zur Kritik an der bisherigen Rspr. s. etwa *Jahn*, Gutachten C zum 68. DJT, 2008, C 108 f. mwN.). Es genügt vielmehr, wenn dieser ein »reales Risiko« des Foltervorwurfs oder der unmenschlichen Behandlung aufzeigt, wozu ausreiche dass das Justizsystem des anderen Staates keine echten Garantien einer unabhängigen, unparteiischen und ernsthaften Untersuchung von Foltervorwürfen oder Vorwürfen unmenschlicher oder erniedrigender Behandlung gewähren könne. Hierfür genüge bereits, dass internationale Organisationen und Menschenrechtsorganisationen ein solches attestierten (EGMR El Haski./.Belgien, Urt.v. 25.09.2012 – 649/08, Rn. 86 ff.).

50 Diese Rspr. des EGMR muss dazu führen, dass auch **in Deutschland deutlich geringere Anforderungen an den Nachweis** des Einsatzes von Folter etc. gestellt werden, was bereits deshalb gerechtfertigt ist, weil der Beweis, dass derartige Methoden angewendet wurde, durch systematische Verheimlichung und fachmännische Vermeidung bzw. Beseitigung von Spuren nur sehr schwer möglich ist (s. nur *Schüller*, ZIS 5/2013, 245, 248; *Satzger* IntEuStrR § 11 Rn. 47b).

Art. 5 EMRK Recht auf Freiheit und Sicherheit.

(1) Jede Person hat das Recht auf Freiheit und Sicherheit. Die Freiheit darf nur in den folgenden Fällen und nur auf die gesetzlich vorgeschriebene Weise entzogen werden:

a) rechtmäßige Freiheitsentziehung nach Verurteilung durch ein zuständiges Gericht;

b) rechtmäßige Festnahme oder Freiheitsentziehung wegen Nichtbefolgung einer rechtmäßigen gerichtlichen Anordnung oder zur Erzwingung der Erfüllung einer gesetzlichen Verpflichtung;

c) rechtmäßige Festnahme oder Freiheitsentziehung zur Vorführung vor die zuständige Gerichtsbehörde, wenn hinreichender Verdacht besteht, dass die betreffende Person eine Straftat begangen hat, oder wenn begründeter Anlass zu der Annahme besteht, dass es notwendig ist, sie an der Begehung einer Straftat oder an der Flucht nach der Begehung einer solchen zu hindern;

d) rechtmäßige Freiheitsentziehung bei Minderjährigen zum Zweck überwachter Erziehung oder zur Vorführung vor die zuständige Behörde;
e) rechtmäßige Freiheitsentziehung mit dem Ziel, eine Verbreitung ansteckender Krankheiten zu verhindern, sowie bei psychisch Kranken, Alkohol- oder Rauschgiftsüchtigen und Landstreichern;
f) rechtmäßige Festnahme oder Freiheitsentziehung zur Verhinderung der unerlaubten Einreise sowie bei Personen, gegen die ein Ausweisungs- oder Auslieferungsverfahren im Gange ist.
(2) Jeder festgenommenen Person muss unverzüglich in einer ihr verständlichen Sprache mitgeteilt werden, welches die Gründe für ihre Festnahme sind, und welche Beschuldigungen gegen sie erhoben werden.
(3) Jede Person, die nach Absatz 1 Buchstabe c von Festnahme oder Freiheitsentziehung betroffen ist, muss unverzüglich einem Richter oder einer anderen gesetzlich zur Wahrnehmung richterlicher Aufgaben ermächtigten Person vorgeführt werden; sie hat Anspruch auf ein Urteil innerhalb angemessener Frist oder auf Entlassung während des Verfahrens. Die Entlassung kann von der Leistung einer Sicherheit für das Erscheinen vor Gericht abhängig gemacht werden.
(4) Jede Person, die festgenommen oder der die Freiheit entzogen ist, hat das Recht zu beantragen, dass ein Gericht innerhalb kurzer Frist über die Rechtmäßigkeit der Freiheitsentziehung entscheidet und ihre Entlassung anordnet, wenn die Freiheitsentziehung nicht rechtmäßig ist.
(5) Jede Person, die unter Verletzung dieses Artikels von Festnahme oder Freiheitsentziehung betroffen ist, hat Anspruch auf Schadensersatz.

Englische Fassung
(1) Everyone has the right to liberty and security of person. No one shall be deprived of his liberty save in the following cases and in accordance with a procedure prescribed by law:
(a) the lawful detention of a person after conviction by a competent court;
(b) the lawful arrest or detention of a person for non-compliance with the lawful order of a court or in order to secure the fulfilment of any obligation prescribed by law;
(c) the lawful arrest or detention of a person effected for the purpose of bringing him before the competent legal authority on reasonable suspicion of having committed an offence or when it is reasonably considered necessary to prevent his committing an offence or fleeing after having done so;
(d) the detention of a minor by lawful order for the purpose of educational supervision or his lawful detention for the purpose of educational supervision or his lawful detention for the purpose of bringing him before the competent legal authority;
(e) the lawful detention of persons for the prevention of the spreading of infectious diseases, of persons of unsound mind, alcoholics or drug addicts or vagrants;
(f) the lawful arrest or detention of a person to prevent his effecting an unauthorised entry into the country or a person against whom action is being taken with a view to deportation or extradition.
(2) Everyone who is arrested shall be informed promptly, in a language which he understands, of the reasons for his arrest and the charge against him.
(3) Everyone arrested or detained in accordance with the provisions of paragraph 1 (c) of this article shall be brought promptly before a judge or other officer authorised by law to exercise judicial power and shall be entitled to trial within a reasonable time or to release pending trial. Release may be conditioned by guarantees to appear for trial.
(4) Everyone who is deprived of his liberty by arrest or detention shall be entitled to take proceedings by which the lawfulness of his detention shall be decided speedily by a court and his release ordered if the detention is not lawful.
(5) Everyone who has been the victim of arrest or detention in contravention of the provisions of this Article shall have an enforceable right to compensation.

Französische Fassung
(1) Toute personne a droit à liberté et á la sûreté. Nul ne peut être privé de sa liberté, sauf dans les cas suivants et selon les voies légales:
(a) s'il est détenu régulièrement après condamnation par un tribunal competent;

Art. 5 EMRK — Recht auf Freiheit und Sicherheit

(b) s'il a fait l'objet d'une arrestation ou d'une detention régulières pour insoumission à une ordonnancérendue, conformément à la loi, par un tribunal ou en vue de garantir l'exécution d'une obligation prescrite par la loi;
(c) s'il a été arrêté et détenu en vue d'être conduit devant l'autorité judiciaire compétente, lorsqu'il y a des raisons plausibles de soupçonner qu'il a commis une infraction ou qu'il y a des motifs raisonnables de croire à la nécessité de l'empêcher de commettre une infraction ou de s'enfuir après l'accomplissement de celle-ci;
(d) s'il s'agit de la détention régulière d'un mineur, décidée pour son éducation surveillée ou de sa détention régulière, afin de le traduire devant l'autorité compétente;
(e) s'il s'agit de la détention régulière d'une personne susceptible de propager une maladie contagieuse, d'un aliéné, d'un alcoolique, d'un toxicomane ou d'un vagabond;
(f) s'il s'agit de l'arrestation ou de la détention régulières d'une personne pour l'empêcher de pénétrer irrégulièrement dans le territoire, ou contre laquelle une procédure d'expulsion ou d'extradition est en cours.

(2) Toute personne arrêtée doit être informée, dans le plus court délai et dans une langue qu'elle comprend, des raisons de son arrestation et de toute accusation portée contre elle.

(3) Toute personne arrêtée ou détenue, dans les conditions prévues au paragraphe 1.c du présent article, doit être aussitôt traduite devant un juge ou un autre magistrat habilité par la loi à exercer des fonctions judiciaires et a le droit d'être jugée dans un délai raisonnable, ou libérée pendant la procédure. La mise en liberté peut être subordonnée à une garantie assurant la comparution de l'intéressé à l'audience.

(4) Toute personne privée de sa liberté par arrestation ou détention a le droit d'introduire un recours devant un tribunal, afin qu'il statue à bref délai sur la légalité de sa détention et ordonne sa libération si la détention est illégale.

(5) Toute personne victime d'une arrestation ou d'une détention dans des conditions contraires aux dispositions de cet article a droit à réparation.

Übersicht

	Rdn.
A. Grundsätzliches	1
I. Recht auf Freiheit und Sicherheit	1
II. Parallele internationale Instrumente	2
III. Parallelen im nationalen Recht	3
B. Das Recht auf Freiheit und Sicherheit – Art. 5 Abs. 1	4
I. Allgemeines	4
II. Schutzbereich	5
III. Eingriff	6
1. Eingriff in die Freiheit einer Person	6
a) Freiheitsentziehung und Freiheitsbeschränkung	7
b) Positive Handlungspflichten des Staates zur Verhinderung von Freiheitsentziehungen	8
c) Kriterien für die staatliche Zurechenbarkeit von Freiheitsentziehungen	9
2. Eingriff in die Sicherheit einer Person	10
IV. Rechtfertigung	11
1. »Rechtmäßige« Freiheitsentziehung auf »gesetzliche vorgeschriebene Weise«	11
2. Der Katalog des Art. 5 Abs. 1 S. 2 lit. a)–f)	17
a) Freiheitsentziehung aufgrund richterlicher Verurteilung (Art. 5 Abs. 1 S. 2 lit. a)	18
b) Ordnungs- und Erzwingungshaft (Art. 5 Abs. 1 S. 2 lit. b)	21
c) Vorläufige Festnahme (Art. 5 Abs. 1 S. 2 lit. c)	26
d) Freiheitsentziehung Minderjähriger (Art. 5 Abs. 1 S. 2 lit. d)	30
e) Freiheitsentzug bei Kranken und bestimmten Personengruppen (Art. 5 Abs. 1 S. 2 lit. e)	34
f) Abschiebungs- und Auslieferungshaft (Art. 5 Abs. 1 S. 2 lit. f)	45
V. Kompensation	46
C. Die Verfahrensrechte – Art. 5 Abs. 2 bis 4	47
I. Informationsrecht (Art. 5 Abs. 2)	48
II. Vorführungspflicht und Beschleunigungsgebot in Haftsachen (Art. 5 Abs. 3)	49
1. Die Vorführungspflicht	50
a) Prüfung von Amts wegen	50
b) »unverzüglich«	51
c) Richter oder andere zur Wahrnehmung richterlicher Befugnisse ermächtigte Person	52
2. Das Beschleunigungsgebot	53
a) Eröffnung des Anwendungsbereichs und Verhältnis zu anderen Vorschriften	54
b) Angemessenheit des Zeitraums zwischen Verhaftung und erstinstanzlicher Verurteilung	56
c) Verhältnis zum Beschleunigungsgebot des Art. 6 Abs. 1 S. 1 und Kompensation	59
III. Recht auf richterliche Haftkontrolle (Art. 5 Abs. 4)	60

Recht auf Freiheit und Sicherheit **Art. 5 EMRK**

	Rdn.			Rdn.
1. Anwendungsbereich und Inhalt des Rechts auf richterliche Haftkontrolle	61		b) Akteneinsichtsrecht des Verteidigers und des Beschuldigten	63
2. Anforderungen an das Gericht und das Verfahren	62		3. Entscheidungsfrist	66
a) Allgemeines	62	D.	Anspruch auf Schadensersatz (Art. 5 Abs. 5)	67

A. Grundsätzliches. I. Recht auf Freiheit und Sicherheit. Art. 5 garantiert das Recht auf **1** persönliche Freiheit. Sinn und Zweck der Norm ist es, die Einwohner der Konventionsstaaten vor willkürlicher Festnahme und Haft zu schützen; dazu legt Art. 5 Abs. 1 in seinen Buchstaben a)–f) abschließend fest, unter welchen Voraussetzungen der Staat dem Bürger ausnahmsweise die Freiheit entziehen darf. Weiterhin gewährt die EMRK demjenigen, dem die Freiheit entzogen wurde, in Abs. 2 bis 4 besondere Rechte, die ihm in der Haft zustehen. Insofern kommt Art. 5 eine Doppelnatur zu: Art. 5 Abs. 1 schützt zusammen mit den Garantien von Leben und körperlicher Unversehrtheit der Art. 2, 3 und 4 sowie Art. 1 und 2 des 4. Zusatzprotokolls als Abwehrrecht die **persönliche Freiheit** und schafft die Voraussetzungen dafür, dass der Bürger seine persönliche Freiheit sinnvoll in Anspruch nehmen kann (Dörr/Grote/Marauhn/*Dörr* EMRK, Kap. 13 Rn. 1). Art. 5 Abs. 2 bis 4 verleihen dem Bürger dann spezifische **Verfahrensrechte nach einem Freiheitsentzug**. Für den Fall einer Freiheitsentziehung unter Verletzung von Art. 5 Abs. 1 bis 4 gewährt Art. 5 Abs. 5 einen Schadensersatzanspruch, der aufgrund der Inkorporierung der EMRK in die nationalen Rechtsordnungen auch vor nationalen Gerichten eingeklagt werden kann.

Gem. Art. 15 Abs. 1 kann Art. 5 im Kriegsfall oder in anderen Fällen öffentlichen Notstands **Einschränkungen** unterworfen werden; diese Fälle sind jedoch eng auszulegen, was sich auch daran zeigt, dass es seit Langem gängige Rechtsprechung des EGMR ist, die Mitgliedsstaaten auch vermeintlichen Terroristen ggü. zur Einhaltung der Garantien des Art. 5 anzuhalten (EGMR Brogan u.a./.Vereinigtes Königreich, Urt. v. 29.11.1988 – 11209/84, Series A145, Rn. 61). Eine Verwirkung nach Art. 17 EMRK aufgrund Missbrauchs scheidet aus (Frowein/*Peukert* EMRK Art. 5 Rn. 2).

II. Parallele internationale Instrumente. Der Schutz des Individuums vor willkürlicher Verhaftung **2** in der heutigen Form hat seinen Vorläufer im englischen Verfassungsrecht als Habeas-Corpus-Recht in Art. 39 der **Magna Charta Libertatum** von 1215; 1627 wurde der Grundsatz in die Petition of Rights aufgenommen und schließlich 1679 in der Habeas-Corpus-Akte festgeschrieben (Dörr/Grote/Marauhn/*Dörr* EMRK, Kap. 13 Rn. 2). Unmittelbares Vorbild von Art. 5 sind **Art. 3 und Art. 9 AEMR**, an deren Systematik Art. 5 EMRK anknüpft. In Art. 5 Abs. 1 S. 1 wurde das »Recht auf (...) Freiheit und Sicherheit der Person« des Art. 3 AEMR in rechtlich verbindlicher Form kodifiziert, in Art. 5 Abs. 1 S. 2, Abs. 2 bis 5 wurden die Beschränkungsgründe, die Verfahrensregeln und der Schadensersatzanspruch, die in Art. 9 AEMR allgemein in dem Verbot »willkürlicher Verhaftung und Festnahme« enthalten sind, detailliert ausgearbeitet (ausführlich zur Entstehungsgeschichte von Art. 5 Dörr/Grote/Marauhn/*Dörr* EMRK, Kap. 13 Rn. 5). Nahezu wortgleich zu Art. 5 ist **Art. 9 IPbpR**, lediglich anstelle des Katalogs von Art. 5 Abs. 1 S. 1 tritt bei Art. 9 IPbpR ein allgemeines Willkürverbot. Aufgrund dessen wird die Rechtsprechung des EGMR zu Art. 5 regelmäßig zur Auslegung von Art. 9 IPbpR herangezogen (Dörr/Grote/Marauhn/*Dörr* EMRK, Kap. 13 Rn. 8). **Art. 6 der GRCh** wiederholt nur den Wortlaut von Art. 5 Abs. 1 S. 1; aufgrund der Kohärenzklausel in Art. 52 Abs. 3 GRCh dürfte Art. 6 gleichwohl nicht hinter dem seinem Wortlaut nach umfassenderen Art. 5 zurückbleiben (vgl. *Satzger* IntEuStrR § 11 Rn. 15).

III. Parallelen im nationalen Recht. Auf nationaler Ebene finden sich auf verfassungsrechtlicher **3** Ebene parallele Regelungen zu Art. 5 Abs. 1 S. 1 in **Art. 2 Abs. 2 S. 2 GG**, zu Art. 5 Abs. 1 S. 2 in **Art. 104 Abs. 1 S. 1, Abs. 2 S. 1, Abs. 3 GG**, wobei Art. 104 Abs. 1 S. 1 GG im Gegensatz zu Art. 5 Abs. 1 S. 2 nicht abschließend ist.

B. Das Recht auf Freiheit und Sicherheit – Art. 5 Abs. 1. I. Allgemeines. Art. 5 **4** Abs. 1 ist als **Abwehrrecht** des Bürgers gegen den Staat ausgestaltet. Aufgrund dieser Struktur bietet sich eine Prüfung nach dem Schema »Schutzbereich – Eingriff – Rechtfertigung« an, wie sie aus der nationalen Grundrechtsprüfung bekannt ist.

Art. 5 EMRK Recht auf Freiheit und Sicherheit

5 **II. Schutzbereich.** »**Freiheit**« i.S.v. Art. 5 Abs. 1 S. 1 meint die Bewegungsfreiheit einer Person, nicht jedoch ihre allgemeine Handlungsfreiheit oder gar besondere Freiheitsrechte wie die Gewissens- oder Meinungsfreiheit (LR/*Esser* MRK, Art. 5 Rn. 8; BeckOK-StPO/*Valerius* EMRK, Art. 5 Rn. 2; *Esser* Auf dem Weg S. 200; Radtke/Hohmann-StPO/*Ambos* EMRK, Art. 5 Rn. 4; *Safferling* Internationales Strafrecht § 13 Rn. 68). Geschützt wird somit lediglich die Freiheit, den Aufenthaltsort ungehindert von Zwang selbst wählen und verändern zu können (EGMR Engel u.a./.Niederlande, Urt. v. 08.06.1976 – 5100/71, EuGRZ 1976, 221 [224], Rn. 57). Die davon abzugrenzende bloße Einschränkung der Bewegungsfreiheit wird allein durch Art. 2 des 4. Zusatzprotokolls der EMRK geschützt, die allgemeine Handlungsfreiheit ist Gegenstand von Art. 8 (Radtke/Hohmann-StPO/*Ambos* EMRK, Art. 5 Rn. 3 f.; *Esser* Auf dem Weg S. 199 f.).

Der Begriff der »**Sicherheit**« in Art. 5 Abs. 1 hat nahezu keine eigenständige Bedeutung (vgl. *Gleß* Internationales Strafrecht, Rn. 100); teilweise wird vertreten, dass der Einzelne nicht in ständiger Furcht vor einer willkürlichen Freiheitsentziehung durch den Staat leben soll (LR/*Esser* MRK, Art. 5 Rn. 11, spricht insoweit von einer verfahrensrechtlichen Bedeutung; BeckOK-StPO/*Valerius* EMRK, Art. 5 Rn. 2; Radtke/Hohmann-StPO/*Ambos* EMRK, Art. 5 Rn. 5; *Safferling* Internationales Strafrecht § 13 Rn. 68 f.).

6 **III. Eingriff. 1. Eingriff in die Freiheit einer Person.** Ein Eingriff durch Freiheitsentziehung liegt vor, wenn der Bürger eines Konventionsstaats in objektiver Hinsicht an einem räumlich begrenzten Ort für nicht unerhebliche Zeit untergebracht wird und subjektiv in diese Unterbringung nicht eingewilligt hat (EGMR Storck./.Deutschland, Urt. v. 16.06.2005 – 61603/00, NJW-RR 2006, 308 [310], Rn. 75). Die Länge der Freiheitsentziehung spielt keine Rolle, auch eine lediglich kurzfristige Freiheitsentziehung stellt einen Eingriff in Art. 5 Abs. 1 S. 1 dar, der sich an den eng auszulegenden Ausnahmen des Katalogs von Art. 5 Abs. 1 S. 2 lit. a)–f) messen lassen muss (EGMR Engel u.a./.Niederlande, Urt. v. 08.06.1976 – 5100/71, EuGRZ 1976, 221 [225], Rn. 61–63).

7 a) **Freiheitsentziehung und Freiheitsbeschränkung.** Eine Freiheits**entziehung** liegt nur dann vor, wenn es zu einer umfassenden, allseitigen Entziehung der körperlichen Bewegungsfreiheit des Betroffenen kommt (LR/*Esser* MRK, Art. 5 Rn. 24; ähnlich BeckOK-StPO/*Valerius* EMRK, Art. 5 Rn. 4; Radtke/Hohmann-StPO/*Ambos* EMRK, Art. 5 Rn. 3; *Esser* Auf dem Weg S. 200). Abzugrenzen ist die Freiheitsentziehung von der bloßen Freiheits**beschränkung**, wobei maßgeblich auf die besondere Lage des Betroffenen und die Umstände des Einzelfalls wie Art, Dauer, Auswirkungen und die Vollstreckung der fraglichen Maßnahme abzustellen ist (EGMR Guzzardi./.Italien, Urt. v. 06.11.1980 – 7367/76, Series A39, Rn. 92). Entscheidend ist somit letztlich die **Intensität der Maßnahme**, nicht ihre Rechtsnatur (EGMR Amuur./.Frankreich, Urt. v. 25.06.1996 – 19776/92, EuGRZ 1996, 577 [585], Rn. 44 ff.). Neben Haftstrafen oder der Unterbringung in die Sicherungsverwahrung (so zuletzt EGMR M./.Deutschland, Urt. v. 17.12.2009 – 19359/05, EuGRZ 2010, 25 [34], Rn. 86 ff.) wurde der gelockerte Vollzug einer Freiheitsstrafe als Freiheitsentziehung angesehen (Frowein/*Peukert* EMRK Art. 5 Rn. 18). Die Verpflichtung eines Einreisewilligen, sich an einem Flughafen aufzuhalten, stellt an sich eine bloße Freiheitsbeschränkung dar, kann aber bei längerer Dauer zu einer Freiheitsentziehung erstarken (EGMR Amuur./.Frankreich, Urt. v. 25.06.1996 – 19776/92, EuGRZ 1996, 577 [585], Rn. 49). Explizit als »Ausnahme« wegen der besonderen Umstände des Einzelfalls wurde auch ein mehrstündiges Einkesseln von Demonstranten und Passanten durch die britische Polizei als bloße Freiheitsbeschränkung eingestuft (Austin u.a./.Vereinigtes Königreich, Urt. v. 15.03.2012 – 39692/09, 40713/09 u. 41008/09, Rn. 68).

8 b) **Positive Handlungspflichten des Staates zur Verhinderung von Freiheitsentziehungen.** Art. 5 Abs. 1 S. 1 gewährt dem Bürger nicht nur Abwehrrechte, sondern erlegt dem Staat auch die **positive Handlungspflicht** auf, die Freiheit seiner Bewohner vor Eingriffen durch Privatpersonen zu schützen. Diese Pflicht trifft den Staat insb., soweit es um die Freiheit schutzbedürftiger Personen wie Jugendliche oder Kranke geht (EGMR Storck./.Deutschland, Urt. v. 16.06.2005 – 61603/00, NJW-RR 2006, 308 [312], Rn. 102, 103).

9 c) **Kriterien für die staatliche Zurechenbarkeit von Freiheitsentziehungen.** Relevant sind nur **staatliche** Freiheitsentziehungen, also solche, die dem Konventionsstaat zugerechnet werden können. Eine derartige Zurechnung lässt sich grds. auf **drei Arten** etablieren (vgl. hierzu *Meyer-Ladewig*

EMRK Art. 5 Rn. 9; *Esser* Auf dem Weg S. 255 und EGMR Storck./.Deutschland, Urt. v. 16.06.2005 – 61603/00, NJW-RR 2006, 308 [311], Rn. 89):
(1) Staatliche Behörden oder Stellen haben unmittelbar an der Freiheitsentziehung mitgewirkt.
(2) Der Staat hat seine positive Handlungspflicht, seine Bürger vor Eingriffen Privater in deren Freiheit zu schützen (s.o. Rdn. 8), verletzt.
(3) Der Staat hat seine Verpflichtung aus Art. 1 verletzt, innerstaatliches Recht konventionsgemäß i.S.v. Art. 5 Abs. 1 auszulegen (EGMR Storck./.Deutschland, Urt. v. 16.06.2005 – 61603/00, NJW-RR 2006, 308 [311], Rn. 89, 93).

2. Eingriff in die Sicherheit einer Person. Ein Eingriff in die Sicherheit einer Person kann bei Festnahme einer Person durch Repräsentanten eines Staates auf dem Gebiet eines anderen Staates ohne dessen Einverständnis vorliegen, wenn dabei die Souveränität des Gaststaats missachtet wurde, was wiederum vom Festgenommenen als späterem Beschwerdeführer zu beweisen ist (EGMR Stocké./.Deutschland, Urt. v. 19.03.1991 – 11755/85, Series A199, Rn. 167); dieser Beweis muss nicht derart erhärtet sein, dass kein vernünftiger Zweifel mehr bestünde; sofern der Beweis gelingt, obliegt es dem festnehmenden Staat, das Gegenteil zu beweisen, nämlich dass die Souveränität des Gaststaats gewahrt wurde (EGMR GrK Öcalan./.Türkei, Urt. v. 12.05.2005 – 46221/99, NVwZ 2006, 1267 [1268 f.], Rn. 90). 10

IV. Rechtfertigung. 1. »Rechtmäßige« Freiheitsentziehung auf »gesetzliche vorgeschriebene Weise«. Die Freiheitsentziehung muss nach allen Varianten des Art. 5 Abs. 1 S. 2 »rechtmäßig« sein und »in gesetzlicher Weise« erfolgen. Insofern verweist die Konvention auf **innerstaatliches Recht**, der EGMR hat aufgrund dieses Wortlauts ausnahmsweise zu prüfen, ob das innerstaatliche Recht eingehalten wurde (EGMR Benham./.Vereinigtes Königreich, Urt. v. 10.06.1996 – 19380/92, RJD 1996-III, Rn. 41; vgl. auch *Satzger* IntEuStrR § 11 Rn. 49). 11

Zum Einen geht es also darum, ob die Freiheitsentziehung eine **rechtliche Grundlage im nationalen Recht** hat. Dementsprechend muss die Freiheitsentziehung im Rahmen eines gesetzlich vorgeschriebenen innerstaatlichen Verfahrens erfolgen (EGMR Stafford./.Vereinigtes Königreich, Urt. v. 28.05.2002 – 46295/99, RJD 2002-IV, Rn. 64). 12

Zum Anderen muss das innerstaatliche Gesetz, welches die Zulässigkeit von Freiheitsentziehungen regelt, selbst eine **rechtsstaatlichen Standards entsprechende »Gesetzesqualität«** (»quality of law«) aufweisen. Es muss daher hinreichend zugänglich und präzise sein, um jegliche Gefahr von Willkür zu vermeiden (EGMR Amuur./.Frankreich, Urt. v. 25.06.1996 – 19776/92, EuGRZ 1996, 577 [586], Rn. 50) und für eine Person muss es nach den jeweiligen Umständen des Einzelfalls, falls nötig unter Heranziehung juristischer Beratung, voraussehbar sein, welche Folgen eine bestimmte Handlung nach sich ziehen kann (EGMR Baranowski./.Polen, Urt. v. 28.03.2000 – 28358/95, RJD 2000-III, Rn. 52). 13

Deshalb darf etwa der zum Zeitpunkt der Verurteilung gültige Anrechnungsmodus für während der Haft erbrachte Arbeitsleistungen nicht einfach nachträglich und unvorhersehbar zum Nachteil des Inhaftierten verändert werden (EGMR del Río Prada ./. Spanien, Urt. v. 21.10.2013 – 42750/09, Rn. 123 ff.) Weiterhin muss das innerstaatliche Recht selbst mit der Konvention, insb. mit dem Grundsatz der Rechtssicherheit in Einklang stehen (EGMR Steel u.a./.Vereinigtes Königreich, Urt. v. 23.09.1998 – 24838/94, RJD 1998-VII, Rn. 54). 14

Das Gesetz muss **willkürfrei** auf den konkreten Fall **angewendet** werden (vgl. hierzu v.a. EGMR Winterwerp ./. Niederlande, Urt. v. 24.10.1979 – 6301/73, Series A33, Rn. 37). Bei der Beurteilung der Willkürlichkeit der Freiheitsentziehung im Hinblick auf die Zwecke des Art. 5 Abs. 1 ist auch die Geschwindigkeit, mit der eine nicht mehr gültige oder mangelhafte Anordnung der Freiheitsentziehung ersetzt wird, zu berücksichtigen, weshalb auch eine Sicherungsverwahrung, bei der die Überprüfung nach § 67e StGB nicht fristgerecht (innerhalb von zwei Jahren) überprüft wurde, sondern erst 27 Tage später, als willkürlich eingestuft wurde (EGMR H.W./.Deutschland, Urt.v. 19.09.2013 – 17167/11, Rn. 68 ff.) 15

Schließlich muss einer der in Art. 5 Abs. 1 S. 2 lit. a)–f) aufgeführten **Haftgründe** vorliegen. 16

2. Der Katalog des Art. 5 Abs. 1 S. 2 lit. a)–f) Art. 5 Abs. 1 S. 2 lit. a)–f) enthält eine **abschließende** Aufzählung der Gründe, bei deren Vorliegen ein Eingriff in das Recht auf Freiheit einer Person zulässig ist. Dabei ist es durchaus möglich, dass eine Freiheitsentziehung aufgrund mehrerer einschlä- 17 giger Buchstaben gerechtfertigt ist, ein Ausschlussverhältnis liegt nicht vor (EGMR Eriksen./.Norwegen, Urt. v. 27.05.1997 – 17391/90, RJD 1997-III, Rn. 76). Hinsichtlich der Auslegung dieser Gründe ist allgmein zu beachten, dass aufgrund des Willkürschutzes der EGMR von einer **engen Auslegung** ausgeht (EGMR Winterwerp./.Niederlande, Urt. v. 24.10.1979 – 6301/73, Series A33, Rn. 37; Guzzardi./.Italien, Urt. v. 06.11.1980 – 7367/76, Series A39, Rn. 96 ff.; Ciulla./.Italien, Urt. v. 22.02.1989 – 11152/84, Rn. 36 ff.)

18 a) **Freiheitsentziehung aufgrund richterlicher Verurteilung (Art. 5 Abs. 1 S. 2 lit. a)** Unter **Gericht** versteht der EGMR einen von der Exekutive unabhängigen und überparteilichen Spruchkörper, der die Einhaltung der wesentlichen Verfahrensrechte gewährleistet (vgl. zu dieser autonomen Begriffsdefinition auch Art. 6 Rdn. 18; Radtke/Hohmann-StPO/*Ambos* EMRK, Art. 5 Rn. 7; *Safferling* Internationales Strafrecht § 13 Rn. 71 sowie EGMR Engel u.a./.Niederlande, Urt. v. 08.06.1976 – 5100/71, EuGRZ 1976, 221 [224], Rn. 57). Auch der Begriff der »**Verurteilung**« in Art. 5 Abs. 1 S. 2 lit. a) wird vom EGMR autonom definiert; er versteht darunter unter Berücksichtigung der französischen Textfassung »condamnation« sowohl die Feststellung einer Schuld, nachdem das Vorliegen einer Straftat in der gesetzlich vorgeschriebenen Art und Weise nachgewiesen worden ist (EGMR Guzzardi./.Italien, Urt. v. 06.11.1980 – 7367/76, Series A39, Rn. 100), als auch die Auferlegung einer Strafe oder einer anderen freiheitsentziehenden Maßnahme (EGMR van Droogenbroeck./.Belgien, Urt. v. 24.06.1982 – 7906/77, Series A50, Rn. 35). In letzterem Fall wäre also die Feststellung der Schuld keine Voraussetzung für das Vorliegen einer Verurteilung i.S. dieses Artikels (so wohl LR/*Esser* MRK, Art. 5 Rn. 60 ff.; *Meyer-Goßner/Schmitt* MRK, Art. 5 Rn. 2; *Meyer-Ladewig* EMRK Art. 5 Rn. 6; a. A. aber EGMR Guzzardi./.Italien, Urt. v. 06.11.1980 – 7367/76, Series A39, Rn. 100; EGMR M./.Deutschland, Urt. v. 17.12.2009 – 19359/05, EuGRZ 2010, 25 [34], Rn. 88; *Grabenwarter/Pabel* EMRK, § 21 Rn. 11; *Esser* Auf dem Weg S. 212). Da Art. 5 Abs. 1 S. 2 lit. e) im Fall fehlender Schuld einen sachnäheren Grund für die Freiheitsentziehung bietet, scheint eine Ausweitung von Art. 5 Abs. 1 S. 2 lit. a) im Fall einer Freiheitsentziehung ohne vorherige Schuldfeststellung nicht nötig (so zu Recht auch Radtke/Hohmann-StPO/*Ambos* EMRK, Art. 5 Rn. 8).

19 »**Nach einer Verurteilung**« ist nicht in dem Sinne zu verstehen, dass die Freiheitsentziehung zeitlich unmittelbar im Anschluss an die Verurteilung erfolgt, von ihr abhängt oder kraft dieser Verurteilung angeordnet wird. Vielmehr ist ausreichend, dass zwischen der fraglichen Freiheitsentziehung und der Verurteilung ein hinreichender Kausalzusammenhang besteht (EGMR M./.Deutschland, Urt.v. 17.12.2009 – 19359/05, EuGRZ 2010, 25 ff. Rn. 88 m.w.N.). Dieser Kausalzusammenhang wird jedoch mit zunehmendem Zeitablauf schwächer und schließlich durchbrochen, wenn sich eine Entscheidung, keine Freilassung bzw. eine neue Haft anzuordnen, auf Gründe stützt, die mit den Zielen der ursprünglichen Entscheidung nicht vereinbar sind. In derartigen Konstellationen erblickt der EGMR eine willkürliche, nicht nach Art. 5 Abs. 1 S. 2 lit. a) gerechtfertigte Freiheitsentziehung (EGMR Weeks./.Vereinigtes Königreich, Urt. v. 02.03.1987 – 9787/82, Series A114, Rn. 42). Dabei steigt mit zunehmender Haftdauer auch die Begründungspflicht (LR/*Esser* MRK, Art. 5 Rn. 74). Eine solche Unterbrechung des Kausalzusammenhangs sieht der EGMR z.B. in der Entscheidung, einen Betroffenen, gegen den die damals max. 10-jährige Sicherungsverwahrung 1986 angeordnet und ab 1991 vollstreckt wurde, nicht gem. § 67d Abs. 1, 3 StGB a.F. nach Ablauf der 10 Jahre zu entlassen, sondern aufgrund einer zwischenzeitlich ergangenen gesetzlichen Abschaffung der Zehnjahresfrist die Fortdauer der Sicherungsverwahrung auf unbegrenzte Dauer anzuordnen, bis keine Gefährlichkeit mehr vorliegt (s. § 67d Abs. 3 StGB n.F.i.V.m. § 2 Abs. 6 StGB; EGMR M./. Deutschland, Urt. v. 17.12.2009 – 19359/05, EuGRZ 2010, 25 [35], Rn. 92 ff.; vertiefend *Kinzig* NStZ 2010, 233 [235 ff.]; krit. *Windoffer* DÖV 2011, 590 [596 ff.]; dasselbe gilt auch für den Fall der nachträglichen Sicherungsverwahrung i.S.v. § 66b StGB, vgl. EGMR Haidn./. Deutschland, Urt. v. 13.01.2011 – 6587/04, Rn. 88; vertiefend *Renzikowski* ZJS 2011, 531 ff.; LR/*Esser* MRK, Art. 5 Rn. 80 ff.). Der EGMR bejaht demgegenüber einen hinreichenden Zusammenhang im Fall einer Sicherungsverwahrung wenn sich herausstellt, dass die urspünglich angenommene Schuldunfähigkeit (§ 21 StGB) auf einer rechtlich unzutreffenden Qualifikation erfolgte, die allerdings auf einer korrekt ermittelten Tatsachengrundlage basierte, welche jedenfalls eine die Freiheitsentziehung rechtfertigende Persönlichkeitsstörung (unterhalb der Schwelle einer verminderten Schuldfähigkeit) begründet (EGMR Radu./. Deutschland, Urt. v. 16.05.2013 – 20084/07, Rn. 96 ff.),

Allerdings kann aus diesen Urteilen nicht abgeleitet werden, dass der EGMR das Institut der Sicherungsverwahrung für generell konventionswidrig erachtet (vgl. dazu die anders gelagerte Konstellation in EGMR Grosskopf./.Deutschland, Urt. v. 21.10.2010 – 24478/03, EuGRZ 2011, 20 [24], Rn. 48 ff.; zu den vom Gesetzgeber zu ziehenden Konsequenzen vgl. *Kinzig* NJW 2011, 177 ff.).

b) Ordnungs- und Erzwingungshaft (Art. 5 Abs. 1 S. 2 lit. b) Art. 5 Abs. 1 S. 2 lit. b) rechtfertigt eine Freiheitsentziehung in Fällen, in denen das nationale Recht eine spezifische und konkrete Pflicht aufstellt und für deren Nichtbefolgung als Folge Haft vorsieht (EGMR Engel u.a./.Niederlande, Urt. v. 08.06.1976 – 5100/71, EuGRZ 1976, 221 [227], Rn. 69).

Art. 5 Abs. 1 S. 2 lit. b) **Alt. 1** regelt den Fall der Freiheitsentziehung wegen der **Nichtbeachtung einer rechtmäßigen gerichtlichen Anordnung.** Voraussetzung ist folglich eine gerichtliche Anordnung, z.B. auf Zahlung einer Geldbuße oder zur Erfüllung von Meldeauflagen. Die gerichtliche Anordnung muss, wie der Wortlaut von Art. 5 Abs. 1 S. 2 lit. b) zeigt, nach nationalem Recht rechtmäßig sein, was vom EGMR zu prüfen ist (s.o. Rdn. 11). Die Haft darf allein die Durchsetzung der Anordnung bezwecken, keine unverhältnismäßige Länge betragen und muss unmittelbar nach Erfüllung der Anordnung beendet werden (*Meyer-Ladewig* EMRK Art. 5 Rn. 10).

Art. 5 Abs. 1 S. 2 lit. b) **2. Alt.** regelt die Freiheitsentziehung **zur Erfüllung einer unmittelbar durch Gesetz auferlegten Verpflichtung.** Art. 5 Abs. 1 S. 2 lit. b) ist nicht als eine Art Generalklausel zur Erfüllung der allgemeinen Bürgerpflicht zu gesetzeskonformem Verhalten zu verstehen (EGMR Lawless./.Irland [No. 3], Urt. v. 01.07.1961 – 332/57, Series A3, Rn. 9, 12; EGMR Engel u.a./.Niederlande, Urt. v. 08.06.1976 – 5100/71, EuGRZ 1976, 221 [227] Series A22, Rn. 69; so jedoch bezeichnet von *Meyer-Goßner/Schmitt* MRK, Art. 5 Rn. 3). Vielmehr muss es sich um eine konkrete, aus dem Gesetz klar erkennbare Pflicht handeln (*Radtke/Hohmann-StPO/Ambos* EMRK, Art. 5 Rn. 10), wie bspw. bei der Polizei Angaben zur Person zu machen. Die alleinige Nichterfüllung einer solchen Pflicht reicht zur Rechtfertigung einer Freiheitsentziehung nach Art. 5 Abs. 1 S. 2 lit. b) nicht aus, vielmehr muss eine **Interessenabwägung** zwischen dem Allgemeininteresse an der Erzwingung der Verpflichtung und der Freiheit des Betroffenen ein Überwiegen des Allgemeininteresses ergeben. Im Rahmen dieser Abwägung berücksichtigt der EGMR Faktoren wie Art und Zweck der gesetzlichen Verpflichtung, die Dauer der Haft und die Konstitution der in Haft genommenen Person (EGMR Epple./. Deutschland, Urt. v. 24.03.2005 – 77909/01, NVwZ 2006, 797 [798], Rn. 37).

Für beide Alternativen gilt, dass der Haftgrund aufgrund von Zweckerreichung entfällt, sobald der Verhaftete die ihm obliegende Pflicht erfüllt hat.

Deutsche Normen, die unter Art. 5 Abs. 1 S. 2 lit. b) fallen, sind z.B. die Ordnungs- und Beugehaft nach §§ 51, 70 Abs. 1 und Abs. 2, 95 Abs. 2 StPO, §§ 380 Abs. 1, 390, 888, 901, 918 ZPO, §§ 177, 178 GVG, § 21 Abs. 3 InsO, die Erzwingungshaft nach § 96 OWiG, die Festhaltung nach §§ 164, 231 Abs. 1 StPO, die Vorführung nach §§ 51 Abs. 1, 134, 230 Abs. 2, 457 Abs. 2 StPO, § 380 Abs. 2 ZPO, § 21 Abs. 3 InsO, die Untersuchungshaft nach §§ 127b Abs. 2, 230 Abs. 2 StPO und die polizeiliche Festnahme von Störern (*Meyer-Goßner* MRK, Art. 5 Rn. 3; *Radtke/Hohmann-StPO/Ambos* EMRK, Art. 5 Rn. 10).

c) Vorläufige Festnahme (Art. 5 Abs. 1 S. 2 lit. c) Art. 5 Abs. 1 S. 2 lit. c) betrifft in seiner **ersten Variante** die i.R.d. strafrechtlichen Ermittlungsverfahrens vorgenommene Freiheitsentziehung: die Untersuchungshaft. Keine Festnahmen in diesem Sinn sind daher Vorführungen zur Vernehmung nach §§ 51 Abs. 1 S. 3, 133 Abs. 2, 134, 135, 161a Abs. 1 S. 2, 163a Abs. 3 S. 2 StPO (*Meyer-Goßner/Schmitt* MRK, Art. 5 Rn. 9).

Vorausgesetzt werden die Rechtmäßigkeit der Festnahme und das Vorliegen einer Straftat nach nationalem Recht. Weiterhin kommt es auf das Vorliegen eines **hinreichenden Tatverdachts** an. Dazu müssen Anhaltspunkte vorliegen, die den konkreten Verdacht begründen, dass der Festgenommene die Straftat begangen hat. Der Verdacht muss sich dabei noch nicht soweit verdichtet haben, dass die ihn erhärtenden Tatsachen eine Verurteilung rechtfertigen, nicht einmal zur Begründung der Anklageerhebung müssen sie reichen (EGMR Murray./.Vereinigtes Königreich, Urt. v. 28.10.1994 – 14310/88, Series A300-A, Rn. 55). Je länger die Untersuchungshaft andauert, desto höhere Anforderungen sind an die Begründung ihrer Fortdauer zu stellen; neben Tatverdacht müssen die verantwortlichen Behörden »stichhaltige« und »ausreichende« Gründe für die Fortdauer angeben und sie müssen das Verfahren mit besonderer Sorgfalt geführt haben (EGMR McKay./.Vereinigtes Königreich, Urt. v.

03.10.2006 – 543/03, NJW 2007, 3699 [3701], Rn. 44). Insgesamt ist der Verdachtsgrad jedoch immer geringer als der nach §§ 112 ff., 127 StPO, so dass dieser Alternative im deutschen Recht keine eigenständige Bedeutung zukommt.

28 In seiner **zweiten Variante** rechtfertigt Art. 5 Abs. 1 S. 2 lit. c) auch die Freiheitsentziehung, wenn begründeter Anlass zur Annahme besteht, dass sie nötig ist, um die betreffende Person an der künftigen Begehung einer Straftat zu hindern. Diese müssen allerdings bereits **hinreichend konkret** und spezifisch sein, insb. hinsichtlich des Orts und der Zeit ihrer Begehung und ihrer Opfer (EGMR Guzzardi./.Italien, Urt. v. 06.11.1980 – 7367/76, Series A39, Rn. 102; zuletzt bestätigt in EGMR Haidn./.Deutschland, Urt. v. 13.01.2011 – 6587/04, Rn. 94 und – bzgl. präventiv-polizeilichem Handeln – EGMR Schwabe und M.G./.Deutschland, Urt. v. 01/12/2011–8080/08 und 8577/08; vertiefend zu letzterem LR/*Esser* MRK, Art. 5 Rn. 132 ff. m.w.N.). Aufgrund des Wortlauts und des systematischen Zusammenhangs mit Art. 5 Abs. 3 werden davon allein Freiheitsentziehungen im Zusammenhang mit einer strafrechtlichen Untersuchung erfasst (EGMR Ostendorf./.Deutschland, Urt. v. 07.03.2013 – 15598/08 Rn. 68; *Meyer-Goßner/Schmitt* MRK, Art. 5 Rn. 4). Die Entziehung der Freiheit allgemein gefährlicher Personen und damit die Fortsetzung der Sicherungsverwahrung bei »Altfällen« nach § 67d Abs. 3 StGB n.F. lässt sich so jedenfalls nicht rechtfertigen (EGMR M./.Deutschland, Urt. v. 17.12.2009 – 19359/05, EuGRZ 2010, 25 [39], Rn. 102). Auch die bloße Tatsache, dass eine Person ein international anerkannter Terrorist ist, rechtfertigt nicht ihre Inhaftierung (EGMR GrK A.u.a./.Vereinigtes Königreich, Urt. v. 19.02.2009 – 3455/05, NJOZ 2010, 1903). Nicht unter diese Variante fällt auch die nur präventive Ingewahrsamnahme gewaltbereiter Hooligans, da es insoweit (noch) an einer Verbindung zu einem Strafverfahren mangelt (EGMR Ostendorf./.Deutschland Urt. v. 07.03.2013, Rn. 66, 83).

29 **Zweck der Freiheitsentziehung** nach Art. 5 Abs. 1 S. 2 li. c) muss immer die Vorführung vor die zuständige Gerichtsbehörde sein, also vor einen Richter oder vor eine zur Wahrnehmung richterlicher Aufgaben ermächtigte Person (*Meyer-Ladewig* EMRK Art. 5 Rn. 14; *Esser* Auf dem Weg S. 218).

30 **d) Freiheitsentziehung Minderjähriger (Art. 5 Abs. 1 S. 2 lit. d)** Der Begriff des »Minderjährigen« i.S.v. Art. 5 Abs. 1 S. 2 lit. d) ist **autonom** auszulegen (Radtke/Hohmann-StPO/*Ambos* EMRK, Art. 5 Rn. 15), wobei bisher nur einmal (noch vor der Kommission) im Fall eines 16-Jährigen darauf hingewiesen wurde, dass die Altersgrenze in keinem Mitgliedstaat 18 Jahre unterschreitet (Frowein/*Peukert* EMRK Art. 5 Rn. 73 m.w.N.).

31 Unter dem Begriff »überwachte Erziehung« in der **1. Alt.** des Abs. 1 Satz 2 Buchst. d) sind rein fürsorgliche Maßnahmen sowie solche des Jugendstrafrechts zu verstehen (Frowein/*Peukert* EMRK Art. 5 Rn. 74; Radtke/Hohmann-StPO/*Ambos* EMRK, Art. 5 Rn. 15). Neben dem Sicherheitsbedürfnis muss auch immer dem **Erziehungsgedanken** ausreichend Beachtung geschenkt werden. Daher ist bei Minderjährigen zwar die kurzfristige Unterbringung in der Untersuchungshaft oder einer anderen, nicht erzieherischen Zwecken dienenden Einrichtung möglich, jedoch muss auch sie den Zweck verfolgen, den Minderjährigen letztlich in ein entsprechendes Heim zu überführen (EGMR Bouamar./.Belgien, Urt. v. 29.02.1988 – 9106/80, Series A129, Rn. 50). Eine längere Unterbringung in einer Strafanstalt ist dagegen nicht mehr von Art. 5 Abs. 1 S. 2 lit. d) 1. Alt. gedeckt, selbst wenn sie zu einer Besserung des Jugendlichen führt (EGMR D.G./.Irland, Urt. v. 16.05.2002 – 39474/98, RJD 2002-III, Rn. 83).

32 Die **2. Alt.** des Art. 5 Abs. 1 S. 2 lit. d) betrifft zum einen Jugendliche, die aufgrund des Begehens einer Straftat für eine »überwachte Erziehung« infrage kommen, aber auch solche, die asozialen Familienverhältnissen entstammen und dem schädlichen Umwelteinfluss zum eigenen Schutz entzogen werden sollen. Auch die Unterbringung zum Zwecke der Untersuchung, ob eine überwachte Erziehung angeordnet werden soll, unterfällt der 2. Alt. (Frowein/*Peukert* EMRK Art. 5 Rn. 75; Radtke/Hohmann-StPO/*Ambos* EMRK, Art. 5 Rn. 15; *Esser* Auf dem Weg S. 801).

33 Zulässig sind somit **im deutschen Recht** die Heimerziehung (§§ 1666, 1666a BGB; §§ 34, 42, 43 SGB VIII; §§ 5, 9, 12 Nr. 2 JGG) und die Vorführung vor Gericht nach § 33 Abs. 2 FGG (*Meyer-Goßner/Schmitt* MRK, Art. 5 Rn. 5).

34 **e) Freiheitsentzug bei Kranken und bestimmten Personengruppen (Art. 5 Abs. 1 S. 2 lit. e)** Der Erlaubnistatbestand des Art. 5 Abs. 1 S. 2 lit. e) dient in erster Linie dem **Schutz der Allgemein-**

heit. Der Schutz der Betroffenen selbst ist demgegenüber subsidiär (KK-StPO/*Schädler* MRK, Art. 5 Rn. 14).

Die **1. Alt.** des Art. 5 Abs. 1 S. 2 lit. e) setzt voraus, dass die Krankheit eine Gefahr für die öffentliche Gesundheit oder Sicherheit darstellt. Der Freiheitsentzug muss **Ultima Ratio** sein, es darf kein gleich effektives, aber milderes Mittel in Betracht kommen, um den Schutz der Allgemeinheit zu gewährleisten (EGMR Enhorn./.Schweden, Urt. v. 25.01.2005 – 56529/00, NJW 2006, 2313 [2315], Rn. 44). In formeller Hinsicht ist außerdem ein entsprechendes ärztliches Attest erforderlich (EGMR Winterwerp./.Niederlande, Urt. v. 24.10.1979 – 6301/73, Series A33, Rn. 39). 35

Des Weiteren ist ein Freiheitsentzug möglich bei psychisch Kranken und Alkohol- bzw. Rauschgiftkranken. Nach den »Winterwerp-Kriterien« (EGMR Winterwerp./.Niederlande, Urt. v. 24.10.1979 – 6301/73, Series A33, Rn. 37 ff.; zusammenfassend EGMR X./.Finnland, Urt. v. 03.07.2012 – 34806/04, Rn. 148 ff.) ist die Freiheitsentziehung wegen psychischer Krankheit – der Begriff wird weder von der EMRK noch vom EGMR autonom definiert – unter folgenden drei Bedingungen möglich: 36

(1) Die psychische Krankheit, die zentrale Voraussetzung von Art. 5 Abs. 1 S. 2 lit. e), muss verlässlich nachgewiesen worden sein, insofern ist wiederum ein die Krankheit diagnostizierendes, ärztliches Attest nötig (so auch EGMR Herz./.Deutschland, Urt. v. 12.06.2003 – 44672/98, NJW 2004, 2209 [2210], Rn. 47). Was genau unter einer psychischen Krankheit in diesem Sinne zu verstehen ist, wurde seitens des EGMR bislang nicht abschließend definiert. Den Mitgliedsstaaten wird insoweit ein eigener Beurteilungsspielraum eingeräumt (zuletzt EGMR Stojanovski./.Ehemalige Jugoslawische Republik Mazedonien, Urt. v. 22.10.2009 – 1431/03, Rn. 34 m.w.N.). Sozial abweichendes Verhalten alleine stellt keine psychische Störung in diesem Sinne dar (EGMR Winterwerp./.Niederlande, Urt. v. 24.10.1979 – 6301/73, Series A33, Rn. 37). Dissoziale Persönlichkeitsstörungen sowie Psychopathie können hierunter fallen (EGMR Hutchison Reid./.Vereinigtes Königreich, Urt.v. 20.02.2003 – 50272/99, RJD 2003-IV, Rn. 19). 37

(2) Die zwangsweise Unterbringung muss notwendig sein, d.h. es darf kein milderes, aber gleich effektives Mittel ersichtlich sein (vgl. auch EGMR Varbanov./.Bulgarien, Urt. v. 05.10.2000 – 31365/96, RJD-X, Rn. 45 f.) und 38

(3) die Unterbringung darf nur so lange andauern, wie die Krankheit die Unterbringung weiter erforderlich macht (EGMR Winterwerp./.Niederlande, Urt. v. 24.10.1979 – 6301/73, Series A33, Rn. 37, 39). 39

Um den Kriterien der Gesetzmäßigkeit und der Verhältnismäßigkeit Genüge zu tun, muss der Betroffene in einem Krankenhaus oder einer ähnlichen Einrichtung untergebracht werden (EGMR Hutchison Reid./.Vereinigtes Königreich, Urt.v. 20.02.2003 – 50272/99, RJD 2003-IV, Rn. 48), eine kurzfristige Unterbringung in einem Gefängnis bis zur Einweisung in eine geeignete Anstalt ist aber zulässig. Die Anordnung zur Unterbringung muss in einem speziellen, auf die besondere Personengruppe zugeschnittenen Verfahren erfolgen (*Meyer-Goßner/Schmitt* MRK, Art. 5 Rn. 6). 40

Im Bereich der **deutschen Sicherungsverwahrung** (dazu allg. SSW-StGB/*Jehle* § 66; zusammenfassend *Meier*, Strafrechtliche Sanktionen, 4. Aufl., 2015, S. 345 ff.) spielt Buchst. e) des Art. 5 Abs. 1 S. 2 eine zentrale Rolle: Mit seiner Entscheidung zur Sicherungsverwahrung v. 04.05.2011 (zu den Hintergründen *Pösl* ZJS 2011, 132 ff.) hielt das BVerfG nicht nur die Vorschriften über die nachträgliche Anordnung der Sicherungsverwahrung nach § 66b StGB sowie diejenigen für die nachträgliche Verlängerung der Sicherungsverwahrung über die bis 1998 geltende Höchstfrist von 10 Jahren hinaus nach § 67 Abs. 3 S. 1 i.V.m. § 2 Abs. 6 StGB, sondern sämtliche Vorschriften über die Sicherungsverwahrung für unvereinbar mit Art. 2 Abs. 2 Satz 2 GG i.V.m. Art. 104 Abs. 2 GG sowie Art. 20 Abs. 3 GG und damit für verfassungswidrig (BVerfG NJW 2011, 1931 [1934]; vgl. Anm. *Leipold* NJW-Spezial 2011, 312 f.). Das BVerfG hielt zwar – entgegen dem EGMR – daran fest, dass es sich bei der Sicherungsverwahrung nicht um eine Strafe handele, postulierte aber, dass der hierdurch verursachte schwerwiegende Eingriff in das Freiheitsgrundrecht nur nach Maßgabe strikter Verhältnismäßigkeit zu rechtfertigen sei und der Vollzug einem »Abstandsgebot« zum Strafvollzug gerecht werden müsse (zur Konventionswidrigkeit des Vollzuges der Sicherungsverwahrung in Strafanstalten bzgl. sog. »Altfälle« s. auch EGMR Glien./.Deutschland, Urt. v. 28.11.2013 – 7345/12, Rn. 92 ff.). Das BVerfG erklärte die Normen jedoch nicht für nichtig, sondern ordnete ihre Fortgeltung bis zum 31.05.2013 an (BVerfG NJW 2011, 1931 [1945]), wobei während der Übergangsphase im Einzelfall zu prüfen sei, ob die engen, vom BVerfG vorgegebenen Voraussetzungen für die Fortdauer der Sicherungsverwahrung gegeben seien. 41

Art. 5 EMRK Recht auf Freiheit und Sicherheit

42 Mittlerweile ist das deutsche Recht an die Anforderungen des BVerfG und auch des EGMR angepasst worden:
– Einerseits wurde am 22.12.2010 ein Gesetz zur Neuordnung des Rechts der Sicherungsverwahrung (BGBl. I S. 2300) sowie das Gesetz zur **Therapierung und Unterbringung** psychisch gestörter Gewalttäter (ThUG, BGBl. I S. 2300, 2305) erlassen, wodurch die Anordnung der Sicherungsverwahrung auf schwerste Sexual- und Gewaltdelikte eingeschränkt (vgl. § 66 StGB) und die nachträgliche Sicherungsverwahrung im Wesentlichen abgeschafft wurde (vgl. § 66b StGB).
– Andererseits ist mittlerweile das **Gesetz zur bundesrechtlichen Umsetzung des Abstandsgebots im Recht der Sicherungsverwahrung** vom 05.12.2012 (BGBl. I S. 2425) in Kraft getreten.

43 Bei der Überprüfung der Verfassungskonformität des ThUG stellte das BVerfG allerdings fest, dass dessen § 1 Abs. 1 Nr. 1 so auszulegen ist, dass nach dem Grundsatz der Verhältnismäßigkeit unter Berücksichtigung der EMRK bei der Entscheidung über die Therapieunterbringung v.a. der Vertrauensschutz des Betroffenen mit dem gebotenen Gewicht in die Abwägung einzustellen und eine Unterbringung nur dann anzuordnen sei, wenn eine hochgradige Gefahr schwerster Gewalt- oder Sexualstraftaten aus konkreten Umständen in der Person oder dem Verhalten des Untergebrachten abzuleiten ist. Ebenso stellt das Gericht fest, dass das Merkmal der psychischen Störung in § 1 Abs. 1 Nr. 1 ThUG anhand der Rechtsprechung des EGMR zu Art. 5 Abs. 1 S. 2 lit. e auszulegen sei (BVerfG Beschl. v. 11.07.2013 – 2 BvR 2302/11).

44 Der wenig glückliche Begriff des »**Landstreichers**« schließlich bezeichnet Personen ohne festen Wohnsitz, ohne Mittel zum Unterhalt und ohne regelmäßige Erwerbstätigkeit (*Meyer-Ladewig* EMRK Art. 5 Rn. 22).

45 **f) Abschiebungs- und Auslieferungshaft (Art. 5 Abs. 1 S. 2 lit. f)** Freiheitsentzug ist auch erlaubt zur Verhinderung der unerlaubten Einreise (1. Var.), sowie zur Auslieferung (3. Var.) und Abschiebung (2. Var.). Hinsichtlich der 2. Var. und 3. Var. ist die einzige Voraussetzung dafür, eine Person z.B. im Transitbereich des Flughafens festzuhalten, dass die zuständige Behörde die Ausweisung angeordnet hat (EGMR Mohd./.Griechenland, Urt. v. 27.04.2006 – 11919/03, Rn. 23). Unter dem Aspekt des Art. 5 Abs. 1 S. 2 lit. f geht es nicht um die Dauer des Abschiebungs- bzw. Auslieferungsverfahrens (dies ist eine Frage des Art. 6), sondern ob die Dauer der Haft für die Zwecke der Abschiebung bzw. Auslieferung erforderlich waren (EGMR Gallardo Sanchez./.Italien, Urt. v. 24.3.2015 – 11620/07, Rn. 40 ff.). I.R.d. anzustellenden Verhältnismäßigkeitsprüfung berücksichtigt der EGMR, ob es Phasen der Inaktivität der Verfolgungsbehörden gab oder ob die Abschiebehaft evtl. zu lang war; in diesem Fall endet der Rechtfertigungsgrund für die Haft (EGMR GrK Chahal./.Vereinigtes Königreich, Urt. v. 15.11.1996 – 22414/93, RJD 1996-V, Rn. 61). Weiterhin unterzieht er die Haft selbst einer allgemeinen Willkürkontrolle (*Meyer-Ladewig* EMRK Art. 5 Rn. 23), die Einhaltung der nationalen Verfahrensvorschriften schließt dabei nicht automatisch aus, dass aus Sicht der EMRK eine willkürliche Inhaftierung vorliegt (EGMR Gallardo Sanchez./.Italien, Urt. v. 24.3.2015 – 11620/07, Rn. 39). Die bloße Tatsache, dass eine Person ein international anerkannter Terrorist ist, rechtfertigt nicht ihre Inhaftierung, vielmehr muss ein Auslieferungsverfahren im Gange sein (EGMR GrK A.u.a./.Vereinigtes Königreich, Urt. v. 19.02.2009 – 3455/05, NJOZ 2010, 1903 [1908], Rn. 170).

46 **V. Kompensation.** Trotz der Existenz eines eigenen Schadensersatzanspruchs in Art. 5 Abs. 5 haben Opfer von Verletzungen ihres Rechts auf Freiheit und Sicherheit auch aus der allgemeinen völkerrechtlichen Wiedergutmachungspflicht, deren Ausfluss Art. 41 darstellt, einen Anspruch auf Wiedergutmachung ihrer Konventionsverletzung (*Dörr/Grote/Marauhn/Cremer* EMRK, Kap. 32 Rn. 74; *Radtke/Hohmann-StPO/Ambos* EMRK, Art. 5 Rn. 32). Grds. bleibt dem Mitgliedstaat die Art und Weise der Kompensation selbst überlassen (EGMR Papamichalopoulos u.a./.Griechenland, Urt. v. 31.10.1995 – 14556/89, Series A330-B, Rn. 34), vorrangig ggü. dem **Geldersatz** ist jedoch, soweit möglich, ein Anspruch auf **Naturalrestitution** (*Grabenwarter* JZ 2010, 857 [860]). Im Fall fortdauernder Konventionsverletzungen trifft den Mitgliedstaat eine Beendigungspflicht (EGMR GrK Assanidze./.Georgien, Urt. v. 08.04.2004 – 71503/01, NJW 2005, 2207 [2212], Rn. 198). Im Hinblick auf eine konventionswidrige Inhaftierung ist keine andere Alternative als die Freilassung denkbar, um die Konventionsverletzung abzustellen (*Grabenwarter* JZ 2010, 857 [860]; ähnlich auch *Gaede* HRRS 2010, 329 ff.). Dies gilt insb. auch hinsichtlich der Altfälle in der Sicherungsverwahrung (a. A. *Radtke* NStZ 2010, 537 [544 ff.]).

C. Die Verfahrensrechte – Art. 5 Abs. 2 bis 4.
Während in Art. 5 Abs. 1 das Recht auf Freiheit und Sicherheit selbst und die Möglichkeiten seiner erstmaligen Einschränkungen kodifiziert sind, werden in Art. 5 Abs. 2 bis 4 die Rechte des bereits Festgenommenen aufgeführt.

I. Informationsrecht (Art. 5 Abs. 2) Art. 5 Abs. 2 verpflichtet den Konventionsstaat, dem Betroffenen die **Gründe für die Freiheitsentziehung** mitzuteilen. Art. 5 Abs. 2 gilt für alle Arten der Freiheitsentziehung (*Grabenwarter/Pabel* EMRK, § 21 Rn. 27; *Esser* Auf dem Weg S. 260; BeckOK-StPO/*Valerius* EMRK, Art. 5 Rn. 7). Art. 5 Abs. 2 steht in engem Zusammenhang mit Art. 5 Abs. 4, denn der Betroffene kann von seinem Recht auf Haftkontrolle nur dann wirksam Gebrauch machen, wenn er die Gründe für seine Freiheitsentziehung kennt (EGMR van der Leer./.Niederlande, Urt. v. 21.02.1990 – 11509/85, Series A170, Rn. 27, 28). Die Unterrichtung, die die wesentlichen Vorwürfe umfassen und in einer für den Betroffenen **verständlichen Sprache** erfolgen muss, kann mündlich geschehen. Eine Übersetzung, z.B. des Haftbefehls, ist nicht erforderlich (EGMR H.B./.Schweiz, Urt. v. 05.04.2001 – 26899/95, Rn. 47). Die Unterrichtung muss nicht notwendigerweise direkt bei der Vornahme des Freiheitsentzugs, aber jedenfalls unmittelbar anschließend erfolgen (vgl. den Wortlaut »promptly«/»dans le plus court délai«). Bei einer Unterrichtung erst 10 Tage nach Vornahme der Freiheitsentziehung bejahte der EGMR zu Recht einen Verstoß gegen Art. 5 Abs. 2 (EGMR van der Leer./.Niederlande, Urt. v. 21.02.1990, Series A170, Rn. 30; LR/*Esser* MRK, Art. 5 Rn. 180 geht von 24 Stunden aus). Die gesetzlichen Vorgaben von § 114a StPO gehen über die Mindeststandards von Art. 5 Abs. 2 hinaus (KK-StPO/*Schädler* MRK Art. 5 Rn. 20).

II. Vorführungspflicht und Beschleunigungsgebot in Haftsachen (Art. 5 Abs. 3) Art. 5 Abs. 3 regelt das Beschleunigungsgebot in Haftsachen. Gem. Art. 5 Abs. 3 S. 1 gilt die Norm nur für Festnahmen oder Verhaftungen nach Art. 5 Abs. 1 S. 2 Buchst. c). Die Vorschrift beinhaltet in Abs. 3 Satz 1 Halbs. 1 eine **Vorführungspflicht** vor den Richter unmittelbar nach der Festnahme. In Abs. 3 Satz 1 Halbs. 2 ist das Beschleunigungsgebot für die Zeit der Untersuchungshaft kodifiziert (EGMR McKay./.Vereinigtes Königreich, Urt. v. 03.10.2006 – 543/03, NJW 2007, 3699 [3701], Rn. 31–47; s. zu den Anforderungen nach Art. 5 Abs. 3 EGMR Süleymanoglu./.Türkei, Urt. v. 29.01.2013 – 38283/04, Rn. 21 ff.). Sinn und Zweck von Art. 5 Abs. 3 ist es sicherzustellen, dass der Verhaftete unverzüglich entlassen wird, sobald keine Gründe mehr für eine Haft vorliegen. Die richterliche Kontrolle ist Ausprägung des bereits in der Präambel aufgeführten Rechtsstaatsprinzips, welches eines der grundlegenden Prinzipien der demokratischen Gesellschaften darstellt (*Meyer-Ladewig* EMRK Art. 5 Rn. 62).

1. Die Vorführungspflicht. a) Prüfung von Amts wegen. Die Prüfung durch den Richter muss von Amts wegen (»shall be brought«/»doit être . . . traduite«) erfolgen und darf nicht von einem Antrag abhängig gemacht werden; dies ergibt sich auch aus dem systematischen Zusammenhang mit Art. 5 Abs. 4 sowie dem Sinn und Zweck von Art. 5 Abs. 3, der den Betroffenen vor willkürlichen Verhaftungen schützen will, indem die Freiheitsentziehung von unabhängiger Stelle geprüft wird (EGMR Aquilina./.Malta, Urt. v. 29.04.1999 – 25642/94, NJW 2001, 51 [53], Rn. 49).

b) »unverzüglich«. Um den Bürger wirksam gegen willkürliche Freiheitsentziehungen zu schützen, muss der Betroffene einer Freiheitsentziehung unverzüglich (»promptly«/»aussitôt«) einem Richter oder einer anderen zur Wahrnehmung richterlicher Aufgaben ermächtigten Person vorgeführt werden. Normalerweise sind ein bis zwei Tage konventionskonform (EGMR Aquilina./.Malta, Urt. v. 29.04.1999 – 25642/94, NJW 2001, 51 [53], Rn. 51), 4 Tage und 6 Stunden sind grundsätzlich ein zu langer Zeitraum, um noch als »unverzüglich« angesehen zu werden (EGMR Brogan u.a./.Vereinigtes Königreich, Urt. v. 29.11.1988 – 11209/84, Series A145 Rn. 59, 62), allerdings kann ein Zeitraum von vier Tagen bei besonderen Schwierigkeiten oder unter ganz besonderen Umständen noch mit der Konvention vereinbar sein (LR/*Esser* MRK, Art. 5 Rn. 220 m.w.N.). Wurden die Betroffenen schon 18 Tage auf hoher See festgehalten, dann gelten auch zwei Tage als zu lange, wenn sie nach ihrer Ankunft in einem Hafen nicht sofort vor einen Richter gebracht wurden. Dabei bezieht sich die unzulässige Wartezeit auf die zwei Tage im Hafen und nicht auf die fast drei Wochen auf hoher See (EGMR V./.Frankreich Urt. v. 27.06.2013). Insofern ist der vom EGMR für konventionskonform befundene Zeitraum jedenfalls großzügiger als der des § 115 Abs. 2 StPO, der die Vorführung spätestens am nächsten Tag verlangt.

Art. 5 EMRK   Recht auf Freiheit und Sicherheit

52   c) **Richter oder andere zur Wahrnehmung richterlicher Befugnisse ermächtigte Person.** Der in Untersuchungshaft Genommene muss entweder einem **Richter** oder einer anderen zur Wahrnehmung richterlicher Aufgaben befugten Person vorgeführt werden. Entscheidend ist, dass die betreffende Person die Freiheitsentziehung der Sache nach überprüfen kann (EGMR Aquila./.Malta, Urt. v. 29.04.1999 – 25642/94, NJW 2001, 51 [52], Rn. 43) und dabei **unabhängig** von der Exekutive und von Parteien ist. Letzteres ist v.a. nach objektiven Gesichtspunkten zu beurteilen. Zweifel an der Unabhängigkeit können bestehen, wenn die betreffende Person im darauffolgenden Strafverfahren aufseiten der Strafverfolgungsbehörde auftreten kann (EGMR Hood./.Vereinigtes Königreich, Urt. v. 18.02.1999 – 27267/95, NVwZ 2001, 304 [305], Rn. 57). Die Person muss befugt sein, die Entlassung verbindlich anzuordnen (*Meyer-Ladewig* EMRK Art. 5 Rn. 33; Radtke/Hohmann-StPO/*Ambos* EMRK, Art. 5 Rn. 21). Das Recht auf richterliche Haftprüfung auf Antrag nach Art. 5 Abs. 4 besteht für alle Arten der Haft und steht damit zusätzlich neben der Garantie aus Art. 5 Abs. 3 S. 1 Halbs. 1.

53   **2. Das Beschleunigungsgebot.** Daneben enthält Art. 5 Abs. 3 S. 1 Halbs. 2 das Beschleunigungsgebot in Haftsachen. Bereits Art. 6 Abs. 1 S. 1 enthält zwar ein allgemeines Beschleunigungsgebot, Art. 5 Abs. 3 S. 1 Halbs. 2 ist im Verhältnis zu diesem in seinem begrenzten Anwendungsbereich **spezieller** und **inhaltlich** strenger. Art. 5 Abs. 3 S. 1 Halbs. 2 gewährt dem Betroffenen einen Anspruch auf ein Urteil innerhalb einer angemessenen Frist oder auf Entlassung. Die Behörden sind daher angehalten, Haftsachen besonders zügig und sorgfältig zu bearbeiten (EGMR GrK Kudla./.Polen, Urt. v. 26.10.2000 – 30210/96, NJW 2001, 2694 [2696], Rn. 110 ff.).

54   a) **Eröffnung des Anwendungsbereichs und Verhältnis zu anderen Vorschriften.** Der Anwendungsbereich von Art. 5 Abs. 3 S. 1 Halbs. 2 reicht von dem Zeitpunkt der **Verhaftung bis zur Entlassung oder Verurteilung** in erster Instanz – und dieser Zeitraum ist auch entscheidend, wenn es um die Beurteilung der Zügigkeit geht (EGMR GrK Kudla./.Polen, Urt. v. 26.10.2000 – 30210/96, NJW 2001, 2694 [2696], Rn. 104).

55   Das allgemeine Beschleunigungsgebot nach Art. 6 Abs. 1 S. 1 besteht vor der Verhaftung, sofern eine strafrechtliche Anklage vorliegt, sowie nach der erstinstanzlichen Verurteilung bis zum Zeitpunkt der letztinstanzlichen Entscheidung fort (vgl. Art. 6 Rdn. 86 ff.) und steht in der Zeit zwischen Verhaftung und erstinstanzlichem Urteil neben Art. 5 Abs. 3 S. 1 Halbs. 2. Im deutschen Recht ergibt sich das Gebot der beschleunigten Bearbeitung von Haftsachen aus Art. 2 Abs. 1 S. 2, Abs. 2 GG.

56   b) **Angemessenheit des Zeitraums zwischen Verhaftung und erstinstanzlicher Verurteilung.** Ob die Frist zwischen Verhaftung und erstinstanzlicher Verurteilung **angemessen** ist, richtet sich nach den Umständen des Einzelfalls. Der EGMR prüft dabei zunächst die Gründe, die die staatliche Behörde angibt, um zu erklären, dass das öffentliche Interesse das Interesse des Betroffenen an seiner persönlichen Freiheit derart überwiegt, dass es gerechtfertigt erscheint, unter Berücksichtigung der Unschuldsvermutung dem Betroffenen ausnahmsweise die Freiheit zu entziehen (EGMR Cevizovic./.Deutschland, Urt. v. 29.07.2004 – 49746/99, NJW 2005, 3125 [3126], Rn. 37). Das Vorliegen des Verdachts auf eine schwere Straftat alleine genügt nur zu Beginn als alleiniger Haftgrund, zum Zeitpunkt der Entscheidung über den Antrag auf Haftentlassung müssen aus Gründen der Verhältnismäßigkeit über den Wortlaut von Buchst. c) hinaus konkrete Anhaltspunkte für einen weiteren Haftgrund wie Flucht-, Verdunklungs- oder Wiederholungsgefahr vorliegen (EGMR W./.Schweiz, Urt. v. 26.01.1993 – 14379/88, Series A254-A, Rn. 30; EGMR Cevizovic./.Deutschland, Urt. v. 29.07.2004 – 49746/99, NJW 2005, 3125 [3126] Rn. 37 ff. m.w.N.). Je länger die Haft andauert, desto gewichtiger müssen die hierfür genannten Gründe sein. Bei einer Haftdauer von 18 Monaten darf es z.B. nicht mehr ausreichen, allein auf den Tatverdacht und die Fluchtgefahr wegen der Schwere der Tat abzustellen (EGMR Goral./.Polen, Urt. v. 30.10.2003 – 38654/97, Rn. 68; *Meyer-Ladewig* EMRK Art. 5 Rn. 73 ff. m.w.N.; vertiefend zu den steigenden Anforderungen an die Haftgründe bei Fortdauer der Haft *Kühne/Esser* StV 2002, 383 [388 f.]; *Esser* Auf dem Weg S. 290 f.; BeckOK-StPO/*Valerius* EMRK, Art. 5 Rn. 9).

57   Bei der Bestimmung der Angemessenheit dürfen einem Staat notwendige Verzögerungen, die durch **Rechtshilfeersuchen** bedingt sind, nicht angelastet werden; jedoch muss der Staat proaktiv tätig werden, um so das Verfahren zu beschleunigen (z.B. durch Reisen des Gerichts in das entsprechende Land, s. EGMR Ereren./.Deutschland Urt. v. 6.11.2014 – 67522/09, Rn. 62). Macht der Betroffene von sei-

nen **Verfahrensrechten** Gebrauch, so meint der EGMR, dass die Dauer dieses zusätzlichen Verfahrens dem Staat nicht angelastet werden dürfe (so etwa EGMR Ereren./. Deutschland, Urt. v. 6.11.2014 – 67522/09, Rn. 61; hierzu KK-StPO/*Schädler* MRK, Art. 5 Rn. 23; *Esser* Auf dem Weg S. 304 f.). Solange kein Missbrauch der Rechte vorliegt, lässt sich diese Rechtsprechung aber nicht rechtfertigen (vorzugswürdig demgegenüber BGH NStZ 2005, 341). Im Fall **wiederholter Inhaftierung** sind die einzelnen Haftzeiten zu addieren, ein Verstoß gegen Art. 5 Abs. 3 liegt vor, wenn die insgesamt in Haft verbrachte Zeit unangemessen ist (EGMR Smirnov./.Russland, Urt. v. 24.07.2003 – 46133/99, RJD 2003-IX, Rn. 66 ff.). Bei **im Ausland erfolgter Haft** war unklar, ob diese angerechnet wird (abl. Radtke/Hohmann-StPO/*Ambos* EMRK, Art. 5 Rn. 23; *Esser* Auf dem Weg S. 280; dazu auch LR/*Esser* MRK, Art. 5 Rn. 242), der EGMR scheint die Auslieferungshaft im Ausland nun zu berücksichtigen (EGMR Cesky./.Tschechische Republik, Urt. v. 06.06.2000 – 33644/96, Rn. 71).

Die über die Fortdauer der Haft entscheidenden Gerichte müssen stets auch mildere Maßnahmen wie 58 polizeiliche Meldepflichten oder Entlassung auf Kaution berücksichtigen (Art. 5 Abs. 3 S. 2 sowie EGMR Wemhof./.Deutschland, Urt. v. 27.06.1968 – 2122/64, Series A7, Rn. 15).

c) **Verhältnis zum Beschleunigungsgebot des Art. 6 Abs. 1 S. 1 und Kompensation.** Art. 5 59 Abs. 3 S. 1 Halbs. 2 ist neben dem in Art. 6 Abs. 1 S. 1 enthaltenen Beschleunigungsgebot gesondert zu prüfen (Radtke/Hohmann-StPO/*Ambos* EMRK, Art. 5 Rn. 25; BeckOK-StPO/*Valerius* EMRK, Art. 5 Rn. 9; *Safferling* Internationales Strafrecht § 13 Rn. 73). Die Wiedergutmachung eines Verstoßes kann durch eine »ausdrückliche und messbare Minderung der Strafe« erfolgen (EGMR Dzelili./.Deutschland, Urt. v. 10.11.2005 – 65745/01, NVwZ-RR 2006, 513 [515 f.] Rn. 83); dem kann im deutschen Recht durch die Anwendung der Vollstreckungslösung des BGH auch im Hinblick auf Art. 5 Rechnung getragen werden (s. dazu Art. 6 Rdn. 94 ff.).

III. Recht auf richterliche Haftkontrolle (Art. 5 Abs. 4) Art. 5 Abs. 4 enthält das Recht auf rich- 60 terliche Haftkontrolle. Damit wird die Habeas-corpus-Doktrin in ihrer klassischen Form kodifiziert. Im Verhältnis zu Art. 6 Abs. 1 ist Art. 5 Abs. 4 lex specialis (EGMR Reinprecht./.Österreich, Urt.v. 15.11.2005 – 67175/01, RJD 2005-XII, Rn. 41, 55).

1. Anwendungsbereich und Inhalt des Rechts auf richterliche Haftkontrolle. Das Recht auf die 61 Beantragung richterlicher Haftkontrolle beinhaltet den Anspruch, binnen kurzer Frist eine richterliche Entscheidung über die Rechtmäßigkeit der Haft zu erhalten und folglich einen Anspruch auf Haftentlassung, wenn sich die Haft als nicht rechtmäßig erweist (EGMR Baranowski./.Polen, Urt. v. 28.03.2000 – 28358/95, RJD 2000-III, Rn. 68). Der Anspruch besteht für sämtliche Arten von Freiheitsentziehung, sei es Untersuchungshaft, Strafhaft oder Sicherungsverwahrung. Der Betroffene hat aus Art. 5 Abs. 4 ein Recht auf **regelmäßige Haftprüfung** in angemessenen Abständen (EGMR Winterwerp./.Niederlande, Urt. v. 24.10.1979 – 6301/73, Series A33, Rn. 55). In zeitlicher Hinsicht ist der Anwendungsbereich von Art. 5 Abs. 4, nachdem er sich auf »jede Person« und nicht nur den Untersuchungshäftling erstreckt, weiter als der von Art. 5 Abs. 3 und gilt auch nach Entlassung, da ersterer im Verhältnis zu letzterem sonst keinen eigenen Anwendungsbereich hätte (Radtke/Hohmann-StPO/ *Ambos* EMRK, Art. 5 Rn. 27).

2. Anforderungen an das Gericht und das Verfahren. a) Allgemeines. Der Antrag des von der 62 Freiheitsentziehung Betroffenen muss von einem von Parteien und Exekutive unabhängigen Gericht (vgl. hierzu Art. 6 Rdn. 23 f.) behandelt werden (EGMR D.N./.Schweiz, Urt. v. 29.03.2001 – 27154/95, RJD 2001-II, Rn. 42). Das Verfahren muss justizförmig sein und den grundlegenden Anforderungen von Art. 6 Abs. 1 Satz 1 genügen (EGMR Winterwerp./.Niederlande, Urt. v. 24.10.1979 – 6301/73, Series A33, Rn. 55; vgl. zu diesen Anforderungen Art. 6 Rdn. 17 ff.). Der Betroffene hat somit ein Recht auf ein kontradiktorisches Verfahren; der Grundsatz der Waffengleichheit ist zu beachten.

b) Akteneinsichtsrecht des Verteidigers und des Beschuldigten. Waffengleichheit ist nach An- 63 sicht des EGMR im Haftprüfungsverfahren nicht gegeben, wenn dem Verteidiger der Zugang zu denjenigen Schriftstücken in der Ermittlungsakte versagt wird, deren Kenntnis erforderlich ist, um die Rechtmäßigkeit der Freiheitsentziehung wirksam anzufechten (wegweisend EGMR Ramy./.Belgien, Urt. v. 30.03.1989 – 10444/83, Series A151, Rn. 29). Die insofern maßgeblichen Informationen seien dem Verteidiger daher in entsprechend geeigneter Weise zugänglich zu machen, es reiche nicht aus, den Verteidiger nur mündlich über die in der Akte enthaltenen Tatsachen und Beweismittel zu informieren (EGMR Mooren./.Deutschland, Urt. v. 13.12.2007 – 11364/03, StV 2008, 475 [482] m.w.N.; EGMR Falk./. Deutschland, Urt. v. 11.03.2008 – 41077/04, NStZ 2009, 164; vgl. dazu *Esser/Gaede/Tsambikakis* NStZ 2011, 78 [81 f.]; grundlegend zum Akteneinsichtsrecht des Strafverteidigers in Fällen der Untersuchungshaft und krit. zur Regelung des § 147 Abs. 2 S. 2 StPO *Beulke/Witzigmann* NStZ 2011, 254 ff.; dazu auch LR/*Esser* MRK, Art. 5 Rn. 358).

64 Über § 147 StPO hinausgehend hat der Betroffene selbst neben seinem Verteidiger ein Recht auf Akteneinsicht (EGMR Foucher./.Frankreich, Urt. v. 18.03.1997 – 22209/93, RJD 1997-II, Rn. 31 ff.), das soweit geht, dass er Einsicht in sämtliche Schriftstücke erhalten muss, die für seinen Antrag wesentlich sind, wobei die Beweislast hierfür beim Beschwerdeführer liegt (EGMR Falk./.Deutschland, Urt. v. 11.03.2008 – 41077/04, NStZ 2009, 164). Dies muss i.R.d. EMRK-konformen Auslegung von § 147 Abs. 2 StPO berücksichtigt werden (*Meyer-Ladewig* EMRK Art. 5 Rn. 41 m.w.N.; EGMR Mooren./.Deutschland, Urt. v. 09.07.2009 – 11364/03, StV 2010, 490 [492] m. Anm. *Pauly*; sowie ausführlich dazu auch Art. 6 Rdn. 43).

65 Das Gericht muss seine Entscheidung begründen. Dabei muss es nicht jedes Argument des Antragstellers aufgreifen, jedoch auf alle Tatsachen eingehen, die an der Rechtmäßigkeit der Freiheitsentziehung Zweifel hervorrufen können (EGMR GrK Nikolova./.Bulgarien, Urt. v. 25.03.1999 – 31195/96, NJW 2000, 2883 [2885], Rn. 58).

66 **3. Entscheidungsfrist.** Die Entscheidung des Gerichts muss **innerhalb kurzer Zeit** getroffen werden; maßgeblich ist der Zeitraum zwischen Antragstellung und der Entscheidung durch das Gericht. Entscheidend sind auch hier wieder die Umstände des Einzelfalls (EGMR Sanchez-Reisse./.Schweiz, Urt. v. 21.10.1986 – 9862/82, NJW 1989, 2179 [2181], Rn. 55), wobei v.a. die Art der Freiheitsentziehung und die Komplexität des Falles, aber auch die Verzögerungen durch den Betroffenen bzw. seinen Verteidiger zu berücksichtigen sind (Frowein/*Peukert* EMRK Art. 5 Rn. 145 f. m.w.N.; *Esser* Auf dem Weg S. 366; BeckOK-StPO/*Valerius* EMRK, Art. 5 Rn. 11; Radtke/Hohmann-StPO/*Ambos* EMRK, Art. 5 Rn. 30), richtigerweise allerdings erst dann, wenn rechtsmissbräuchliches Verhalten vorliegt (s.o. Rdn. 56). Insgesamt muss der Staat dafür sorgen, dass die Entscheidung so schnell wie möglich ergeht, da die Freiheit des Betroffenen auf dem Spiel steht (EGMR Rappacciuolo./.Italien, Urt. v. 19.05.2005 – 76024/01, Rn. 32). Insofern kann ein Konventionsstaat – wie bei Art. 6 Abs. 1 – nicht auf die generelle Überlastung seiner Gerichte verweisen, zumal die Mitgliedstaaten zur Schaffung eines funktionierenden Justizapparats verpflichtet sind (Radtke/Hohmann-StPO/*Ambos* EMRK Art. 5 Rn. 30 und Art. 6 Rn. 13; *Esser* Auf dem Weg S. 367). Fristen bis zu 20 Tagen sind unbedenklich (*Meyer-Ladewig* EMRK Art. 5 Rn. 44; *Esser* Auf dem Weg S. 367; BeckOK-StPO/*Valerius* EMRK, Art. 5 Rn. 11), eine Frist von 21 Tagen aber zu lang (EGMR Sarban./. Moldavien, Urt. v. 04.10.2005 – 3456/05, Rn 120). Insofern erscheint die Frist des § 118 Abs. 5 StPO, der 14 Tage zwischen Antragstellung und mündlicher Verhandlung gestattet, problematisch und im Hinblick auf das Gesamtverfahren wohl als zu lang (so auch KK-StPO/*Schädler* MRK, Art. 5 Rn. 24).

67 **D. Anspruch auf Schadensersatz (Art. 5 Abs. 5)** Art. 5 Abs. 5 gewährt dem Betroffenen einen Anspruch auf Entschädigung gegen den Konventionsstaat, falls die Freiheitsentziehung unter Verletzung eines der Rechte aus Art. 5 Abs. 1 bis 4 stattfand. Der Anspruch ist wegen des Subsidiaritätsgrundsatzes in Art. 35 Abs. 1 **erst bei den nationalen Gerichten geltend zu machen**. Der EGMR ist erst nach Erschöpfung des nationalen Rechtswegs zuständig. Zu beachten ist, dass aufgrund der direkten Bezugnahme auf nationales Recht in Art. 5 Abs. 1 (insb. »rechtmäßig«, s.o. Rdn. 11 f.) auch die Verletzung nationaler Normen den Anspruch aus Art. 5 Abs. 5 begründen kann (EGMR Bouchet./.Frankreich, Urt. v. 20.03.2001 – 33591/96, Rn. 50).

68 Der Anspruch ist **verschuldensunabhängig**. Sofern seine Voraussetzungen vorliegen, das nationale Recht jedoch keinen entsprechenden Anspruch vorsieht, liegt eine Verletzung von Art. 5 Abs. 5 vor, die die Anordnung einer Entschädigung durch den EGMR nach Art. 41 zur Folge haben kann (*Meyer-Ladewig* EMRK Art. 5 Rn. 46; Radtke/Hohmann-StPO/*Ambos* EMRK, Art. 5 Rn. 32).

69 **Im deutschen Recht** wird der Anspruch aufgrund der Umsetzung völkerrechtlicher Verträge nach Art. 59 Abs. 2 GG in einfache Bundesgesetze direkt aus Art. 5 Abs. 5 gewährt (BGHZ 45, 58 [65]).

Er umfasst sowohl materielle als auch immaterielle Schäden (BGHZ 122, 268) und ist vor den Zivilgerichten gegen die Anstellungskörperschaft zu richten (OLG München NStZ-RR 1996, 125). Seiner Natur nach ist der Anspruch ein Fall der Gefährdungshaftung mit deliktsähnlichem Einschlag (BGHZ 45, 58 [66 ff.]), sodass sich seine Verjährung nach § 195 BGB richtet (vgl. *Meyer-Ladewig* EMRK Art. 5 Rn. 47; Radtke/Hohmann-StPO/*Ambos* EMRK, Art. 5 Rn. 32).

Art. 6 EMRK Recht auf ein faires Verfahren.

(1) Jede Person hat ein Recht darauf, dass über Streitigkeiten in Bezug auf ihre zivilrechtlichen Ansprüche und Verpflichtungen oder über eine gegen sie erhobene strafrechtliche Anklage von einem unabhängigen und unparteiischen, auf Gesetz beruhenden Gericht in einem fairen Verfahren, öffentlich und innerhalb angemessener Frist verhandelt wird. Das Urteil muss öffentlich verkündet werden; Presse und Öffentlichkeit können jedoch während des ganzen oder eines Teiles des Verfahrens ausgeschlossen werden, wenn dies im Interesse der Moral, der öffentlichen Ordnung oder der nationalen Sicherheit in einer demokratischen Gesellschaft liegt, wenn die Interessen von Jugendlichen oder der Schutz des Privatlebens der Prozessparteien es verlangen oder – soweit das Gericht es für unbedingt erforderlich hält – wenn unter besonderen Umständen eine öffentliche Verhandlung die Interessen der Rechtspflege beeinträchtigen würde.
(2) Jede Person, die einer Straftat angeklagt ist, gilt bis zum gesetzlichen Beweis ihrer Schuld als unschuldig.
(3) Jede angeklagte Person hat mindestens folgende Rechte:
a) innerhalb möglichst kurzer Frist in einer ihr verständlichen Sprache in allen Einzelheiten über Art und Grund der gegen sie erhobenen Beschuldigungen unterrichtet zu werden;
b) ausreichende Zeit und Gelegenheit zur Vorbereitung ihrer Verteidigung zu haben;
c) sich selbst zu verteidigen, sich durch einen Verteidiger ihrer Wahl verteidigen zu lassen oder, falls ihr die Mittel zur Bezahlung fehlen, unentgeltlich den Beistand eines Verteidigers zu erhalten, wenn dies im Interesse der Rechtspflege erforderlich ist;
d) Fragen an Belastungszeugen zu stellen oder stellen zu lassen und die Ladung und Vernehmung von Entlastungszeugen unter denselben Bedingungen zu erwirken, wie sie für Belastungszeugen gelten;
e) unentgeltliche Unterstützung durch einen Dolmetscher zu erhalten, wenn sie die Verhandlungssprache des Gerichts nicht versteht oder nicht spricht.

Englische Fassung
(1) In the determination of his civil rights and obligations or of any criminal charge against him, everyone is entitled to a fair and public hearing within a reasonable time by an independent and impartial tribunal established by law. Judgement shall be pronounced publicly but the press and public may be excluded from all or part of the trial in the interest of morals, public order or national security in a democratic society, where the interests of juveniles or the protection of the private life of the parties so require, or to the extent strictly necessary in the opinion of the court in special circumstances where publicity would prejudice the interests of justice.
(2) Everyone charged with a criminal offence shall be presumed innocent until proved guilty according to law.
(3) Everyone charged with a criminal offence has the following minimum rights:
(a) to be informed promptly, in a language which he understands and in detail, of the nature and cause of the accusation against him;
(b) to have adequate time and facilities for the preparation of his defence;
(c) to defend himself in person or through legal assistance of his own choosing or, if he has no sufficient means to pay for legal assistance, to be given it free when the interests of justice so require;
(d) to examine or have examined witnesses against him and to obtain the attendance and examination of witnesses on his behalf under the same conditions as witnesses against him;
(e) to have the free assistance of an interpreter if he cannot understand or speak the language used in court.

Art. 6 EMRK   Recht auf ein faires Verfahren

Französische Fassung

(1) Toute personne a droit à ce que sa cause soit entendue équitablement, publiquement et dans un délai raisonnable, par un tribunal indépendant et impartial, établi par la loi, qui décidera, soit des contestations sur ses droits et obligations de caractère civil, soit du bien-fondé de toute accusation en matière pénale dirigée contre elle. Le jugement doit être rendu publiquement, mais l'accès de la salle d'audience peut être interdit à la presse et au public pendant la totalité ou une partie du procès dans l'intérêt de la moralité, de l'ordre public ou de la sécurité nationale dans une société démocratique, lorsque les intérêts des mineurs ou la protection de la vie privée des parties au procès l'exigent, ou dans la mesure jugée strictement nécessaire par le tribunal, lorsque dans des circonstances spéciales la publicité serait de nature à porter atteinte aux intérêts de la justice.

(2) Toute personne accusée d'une infraction est présumée innocente jusqu'à ce que sa culpabilité ait été légalement établie.

(3) Tout accusé a droit notamment à:

(a) être informé, dans le plus court délai, dans une langue qu'il comprend et d'une manière détaillée, de la nature et de la cause de l'accusation portée contre lui;

(b) disposer du temps et des facilités nécessaires à la préparation de sa défense;

(c) se défendre lui-même ou avoir l'assistance d'un défenseur de son choix et, s'il n'a pas les moyens de rémunérer un défenseur, pouvoir être assisté gratuitement par un avocat d'office, lorsque les intérêts de la justice l'exigent;

(d) interroger ou faire interroger les témoins à charge et obtenir la convocation et l'interrogation des témoins à décharge dans les mêmes conditions que les témoins à charge

(e) se faire assister gratuitement d'un interprète, s'il ne comprend pas ou ne parle pas la langue employée à l'audience.

Übersicht

	Rdn.
A. Grundsätzliches	1
I. Bedeutung und Systematik des Art. 6	1
II. Parallele internationale Instrumente	4
III. Parallelen im nationalen Recht	5
B. Das Recht auf ein faires Verfahren	7
I. Schutzbereich	7
1. Der Begriff »Streitigkeit über zivilrechtliche Ansprüche«	8
2. Der Begriff der »strafrechtlichen Anklage«	9
a) Zum 1. Kriterium: Die innerstaatliche Zuordnung	10
b) Zum 2. Kriterium: Die Natur der Sanktion	11
c) Zum 3. Kriterium: Die Art und Schwere der Sanktion	12
3. Zeitlicher Anwendungsbereich der »Anklage«	14
4. Erfordernis einer Beschwer	15
II. Die einzelnen Rechte des Art. 6 Abs. 1	16
1. Anforderungen an das Gericht	17
a) Begriff des Gerichts	18
b) »Auf Gesetz beruhend«	19
c) Unabhängigkeit	23
d) Unparteilichkeit	25
e) Recht auf Zugang zu einem solchen Gericht und berechtigte Einschränkungen	31
2. Das Recht auf ein faires Verfahren – Art. 6 Abs. 1 S. 1, Abs. 3	35
a) Anwesenheitsrecht und Anspruch auf rechtliches Gehör – Art. 6 Abs. 1 S. 1, Abs. 3 lit. a	37
b) Waffengleichheit – Recht auf ausreichende Vorbereitung der Verteidigung – Art. 6 Abs. 1 S. 1, Abs. 3 lit. b	40
c) Akteneinsicht für Verteidiger und Beschuldigten, Art. 6 Abs. 1 S. 1, Abs. 3 lit. a, lit. b	42
d) Nemo tenetur se ipsum accusare – Art. 6 Abs. 1 S. 1	45
e) Verteidigung durch sich selbst oder durch einen Anwalt, Art. 6 Abs. 3 lit. c	51
f) Das Konfrontationsgebot, Art. 6 Abs. 3 lit. d	59
g) Dolmetscher, Art. 6 Abs. 3 lit. e	69
h) Verständigung im Strafverfahren (plea bargaining)	71
i) Agent provocateur	74
j) Beweisverwertung	79
3. Die Öffentlichkeit des Verfahrens	80
a) Der Öffentlichkeitsgrundsatz: öffentliche Verhandlung und öffentliche Urteilsverkündung	80
b) Ausschluss der Öffentlichkeit	84
4. Verhandlung in angemessener Frist	86
a) relevanter Zeitraum	87
b) Kriterien zur Bestimmung der angemessenen Verfahrensdauer	88
c) Folgen eines Verstoßes gegen das Beschleunigungsgebot – Vollstreckungslösung und Kompensation	94

	Rdn.		Rdn.
d) Der Verstoß gegen das Beschleunigungsgebot als Verfahrenshindernis	98	2. Adressatenkreis	111
e) Der Beschleunigungsgrundsatz als Einschränkung der Rechte des Beschuldigten	99	III. Vereinbarkeit staatlichen Verhaltens mit den Vorgaben von Art. 6 Abs. 2	114
		1. Beweislastverteilung	114
		2. Strafverfolgungsmaßnahmen, insb. Untersuchungshaft und Beschlagnahme	115
f) Restriktive Auslegung von Art. 6 durch parallele Anwendung von Art. 13	102	3. Verwertung einer noch nicht rechtskräftig abgeurteilten weiteren Straftat	116
g) Revision	104	4. Anspruch auf Entschädigung und Kosten, nachfolgender Zivilprozess	118
C. Die Unschuldsvermutung	108		
I. Allgemeines	108		
II. Schutzbereich	110	5. Auslieferung an Drittstaaten	123
1. Zeitlicher Anwendungsbereich	110		

A. Grundsätzliches. I. Bedeutung und Systematik des Art. 6. Während Art. 7 die materiell-rechtliche Komponente des Rechtsstaatsprinzips enthält, bildet Art. 6 dessen verfahrensrechtliche Ausprägung und ist die in der Praxis sowohl insgesamt als auch im Hinblick auf Deutschland **wichtigste Norm der EMRK**. Im Jahr 2014 betraf ein Viertel der festgestellten Verletzungen der EMRK dessen Art. 6 (Annual Report 2014, S. 169, http://www.echr.coe.int/Documents/Annual_Report_2014_ENG.pdf [Stand: Juni 2015]). 1

Der **Abs. 1** des Art. 6 gilt sowohl für das Straf-, als auch für das Zivilverfahren (zu den Begrifflichkeiten vgl. Rdn. 8, 9); die **Abs. 2 und 3** sind ausschließlich für das Strafverfahren von Bedeutung. Art. 6 garantiert das Recht des Angeklagten auf ein faires Verfahren und zählt als »Magna Charta« (so KK-StPO/ *Schädler* MRK Art. 6 Rn. 1) die in erster Linie dem angloamerikanischen Rechtskreis entnommenen Grundsätze des Verfahrens auf, wobei die EMRK nicht die Schaffung eines einheitlichen Verfahrensrechts der Vertragsstaaten intendiert (BGH JR 2011 170 ff. m. Anm. *Stiebig*). 2

Art. 6 Abs. 1 normiert allgemein die **Anforderungen an das Gericht und das Verfahren**, Art. 6 Abs. 2 enthält die wichtige **Unschuldsvermutung im Strafverfahren** und Art. 6 Abs. 3 legt **Mindeststandards** fest, die ein rechtsstaatliches Strafverfahren erfüllen muss. Nachdem diese letztlich besondere Aspekte des Rechts auf ein faires Verfahren nach Art. 6 Abs. 1 darstellen, fasst der Gerichtshof die Prüfung der beiden Absätze in aller Regel zusammen (EGMR Haas./.Deutschland, Urt. v. 17.11.2005 – 73047/01, NStZ 2007, 103 [104] m. Anm. *Esser*). 3

II. Parallele internationale Instrumente. Vorbild von Art. 6 Abs. 1 und 3 ist zunächst **Art. 10 AEMR** (*Meyer-Ladewig* EMRK Art. 6 Rn. 3). **Art. 47 und Art. 48 Abs. 2 GRCh** enthalten ebenfalls Gewährleistungen i.S.v. Art. 6 Abs. 1 und 3, allerdings ist der Anwendungsbereich dieser Garantien im Gegensatz zu Art. 6 nicht auf »zivilrechtliche Ansprüche und Verpflichtungen« bzw. das Vorliegen einer »strafrechtliche Anklage« beschränkt, vielmehr kann sich der Bürger bei jeglicher Verletzung seiner Rechte auf die Verfahrensgarantie berufen. 4

Die Unschuldsvermutung des Art. 6 Abs. 2 findet ihre unmittelbare Grundlage in **Art. 11 Abs. 1 AEMR**. Die Unschuldsvermutung hat, mit leichten Abweichungen im Wortlaut, in **Art. 48 Abs. 1 GRCh** Eingang gefunden.

Art. 14 Abs. 1 bis 3 IPbpR ist eine dem Art. 6 inhaltlich im Wesentlichen vergleichbare Vorschrift.

III. Parallelen im nationalen Recht. Viele Aspekte der Garantien des Art. 6 Abs. 1 und 3 finden ihren Ausdruck im deutschen Recht in **Art. 19 Abs. 4, 101, 103 und Art. 2 Abs. 1 GG i.V.m. dem Rechtsstaatsprinzip** (*Grabenwarter/Pabel* EMRK, § 24 Rn. 3). Auch einfachgesetzlich kommt der Grundsatz des fairen Verfahrens in der deutschen StPO zum Ausdruck. So normiert § 160 Abs. 2 StPO die Pflicht der StA, auch entlastende Umstände zu ermitteln; ebenso sind in diesem Zusammenhang die in den §§ 33, 33a, 136a, 137 ff., 168c, 243 Abs. 4, 265 Abs. 3, 311a, 338 Nr. 8 oder § 356a StPO geregelten Verfahrensrechte des Beschuldigten anzuführen. Dennoch gibt es gerade bei Art. 6 Fälle, in denen die deutsche StPO den Mindestanforderungen der EMRK nicht gerecht wird. Z.B. geht Art. 6 Abs. 3 lit. c (Recht auf effektive Verteidigung) insofern über § 97 Abs. 1 StPO (Beschlagnahmeverbot bzgl. Aufzeichnungen/Korrespondenz zwischen Beschuldigtem und Personenkreis des § 53 5

Art. 6 EMRK Recht auf ein faires Verfahren

Abs. 1 Nr. 1–3b StPO) hinaus, als auch Unterlagen, die sich ein Beschuldigter erkennbar zu seiner eigenen Verteidigung erstellt hat, nicht beschlagnahmt werden können und gegen seinen Widerspruch nicht verwertbar sind (BGHSt 44, 46; BVerfG NJW 2002, 1410; weitere Bespiele KK-StPO/*Schädler* MRK Art. 6 Rn. 22).

6 Die in Art. 6 Abs. 2 ausdrücklich festgeschriebene Unschuldsvermutung ist im deutschen Recht nicht explizit erwähnt. Sie gilt allerdings als besondere Ausprägung des Rechtsstaatsprinzips und genießt damit Verfassungsrang (s. dazu KK-StPO/*Graf* MRK Vorbemerkungen Rn. 8; BVerfG NJW 1966, 243 [244]; BVerfG NJW 1987, 2427).

7 **B. Das Recht auf ein faires Verfahren. I. Schutzbereich.** Seinem bloßen Wortlaut nach ist Art. 6 nur auf Streitigkeiten über »zivilrechtliche Ansprüche« sowie bei Vorliegen einer »strafrechtlichen Anklage« anwendbar. Freilich legt der EGMR diese Begriffe jeweils autonom aus (vgl. hierzu Art. 1 Rdn. 8) und erweitert damit den Anwendungsbereich von Art. 6 erheblich.

8 **1. Der Begriff »Streitigkeit über zivilrechtliche Ansprüche«.** Aufgrund der autonomen Bestimmung des Begriffs der zivilrechtlichen Streitigkeit umfasst der Schutzbereich von Art. 6 auch viele Konstellationen, die nach nationalen Maßstäben dem öffentlichen Recht bzw. dem Sozialrecht zuzuordnen sind (*Meyer-Ladewig* EMRK Art. 6 Rn. 4). Entscheidend für die Zuordnung zum Zivilrecht durch den EGMR ist, ob das infrage stehende Verfahren **unmittelbar über materiell-rechtlich wirkende Ansprüche des Betroffenen nach innerstaatlichem Recht entscheidet** (EGMR Roche./.Vereinigtes Königreich, Urt. v. 19.10.2005 – 32555/96, NJOZ 2007, 865 [866 f.], Rn. 116 ff.) bzw. in die Rechte einzelner Personen durch eine allgemeine Regelung eingegriffen wird (EGMR Ferazzini./.Italien, Urt. v. 12.07.2001 – 44759/98, NJW 2002, 3453 [3454], Rn. 23 ff.), ohne dass der Organwalter seitens des Staates hoheitlich handelt (*Meyer-Goßner/Schmitt* MRK, Art. 6 Rn. 1). Nachdem außerdem der Streitgegenstand nicht zum Kernbereich der öffentlichen Verwaltung gehören darf, sind ausländerrechtliche Streitigkeiten ebenso wenig von Art. 6 umfasst wie Streitigkeiten auf dem Gebiet des Wahlrechts und der Wehrpflicht (KK-StPO/*Schädler* MRK Art. 6 Rn. 7).

9 **2. Der Begriff der »strafrechtlichen Anklage«.** Zur autonomen Bestimmung des Begriffs der strafrechtlichen Anklage zieht der EGMR die sog. »Engel-Kriterien« heran. Dabei wird v.a. die i.R.d. Verfahrens drohende Sanktion genauer betrachtet (st. Rspr. seit EGMR Engel u.a./.Niederlande, Urt. v. 08.06.1976 – 5100/71, 5101/71, 5102/71, 5354/72, 5370/72, Series A22, Rn. 82). Unter folgenden Voraussetzungen liegt »Strafrecht« vor:
(1) Bereits das innerstaatliche Recht ordnet die Maßnahme dem Kriminalstrafrecht zu;
(2) die Natur des Vergehens ist in dem Sinne strafrechtlich, dass die Sanktion sowohl präventiven als auch repressiven Charakter hat;
(3) nach Art und Schwere der angedrohten oder verhängten Sanktion liegt Strafrecht dann vor, wenn die Sanktion schwerwiegende Konsequenzen für den Beschuldigten hat.
Grds. genügt die Erfüllung eines der Kriterien, insb. die innerstaatliche Zuordnung zum Strafrecht; sofern dies jedoch nicht der Fall ist, nimmt der EGMR oft eine kumulative Betrachtung des zweiten und dritten Kriteriums vor (EGMR Janosevic./.Schweden, Urt. v. 23.07.2002 – 34619/97, ECHR 2002-VII, Rn. 67; EGMR Ziliberberg./.Moldawien, Urt. v. 01.02.2005 – 61821/00, Rn. 31).

10 **a) Zum 1. Kriterium: Die innerstaatliche Zuordnung.** Sofern eine Maßnahme bereits nach innerstaatlichem Recht dem Strafrecht zugeordnet ist, liegt auch Strafrecht nach dem Begriff des EGMR vor (so etwa EGMR Jussila./.Finnland, Urt. v. 23.11.2006 – 73053/01, ECHR 2006-XIV, Rn. 37). Um jedoch den Mitgliedsstaaten die Möglichkeit zu nehmen, sich durch eine eigenständige Bestimmung des Strafrechts den Verpflichtungen von Art. 6 zu entziehen, gilt die Umkehrung nicht. Es liegt also (trotz anderer Einstufung im nationalen Recht) auch dann Strafrecht i.S.d. autonomen Begriffs des EGMR vor, wenn zumindest eines der anderen Kriterien zu bejahen ist.

11 **b) Zum 2. Kriterium: Die Natur der Sanktion.** Hinsichtlich der Art und Natur des Vergehens ist bzgl. der Beurteilung als Strafrecht neben dem repressiven und präventiven Charakter der Sanktion v.a. auf den Adressatenkreis abzustellen; sofern sich diese an die Allgemeinheit wendet, indiziert dies ihre strafrechtliche Natur (*Grabenwarter/Pabel* EMRK, § 24 Rn. 19; *Esser* Auf dem Weg S. 59). Auch das Verfahren, im Rahmen dessen die durch die Norm angedrohte Sanktion verhängt wird, besitzt indiziel-

len Charakter für die Zuordnung zum Strafrecht, so z.B. eine Vernehmung durch die Polizei oder die Zuständigkeit von Strafgerichten (EGMR Ziliberberg./.Moldawien, Urt. v. 01.02.2005 – 61821/00, Rn. 34).

c) Zum 3. Kriterium: Die Art und Schwere der Sanktion. Eine nach Art und Schwere strafrechtliche Sanktion ist gegeben, wenn sie nicht Schadensersatz zusprechen, sondern abschrecken soll (*Meyer-Ladewig* EMRK Art. 6 Rn. 25; *Esser* Auf dem Weg S. 61). Für Freiheitsstrafen ist dies sicherlich zu bejahen, bei Geldstrafen wird dies erst ab einer gewissen Höhe anzunehmen sein, was sich jedoch nur schwer verallgemeinern lässt. Ein im Fall von Geldbußen gewichtiges Indiz ist, ob ersatzweise Haft vorgesehen ist (EGMR Ziliberberg./.Moldawien, Urt. v. 01.02.2005 – 61821/00, Rn. 34). 12

Nach Ansicht des EGMR erfüllen Tatbestände des **deutschen Ordnungswidrigkeitenrechts** (EGMR Öztürk./.Deutschland, Urt. v. 21.02.1984 – 8544/79, NJW 1985, 1273) ebenso wie des **Disziplinarrechts**, sofern die Sanktion eine gewisse Schwere überschreitet und eine allgemeine, nicht nur für Personen mit bestimmtem Status (Beispiel: Soldaten, Beamte) geltende Regelung darstellt (EGMR Le Compte u.a./.Belgien, Urt. v. 23.06.1981 – 6878/75, 7238/75, NJW 1982, 2714), den erforderlichen Schweregrad. Da **Zwangs- und Beugestrafen** nicht der Repression verbotenen Verhaltens, sondern der Erzwingung einer Pflicht und damit erlaubten und gebotenen Verhaltens dienen, stellen sie ihrer Art nach keine Strafe in diesem Sinne dar (EGMR K./.Österreich, Urt. v. 02.06.1993 – 16002/90, Rn. 38 f.). 13

3. Zeitlicher Anwendungsbereich der »Anklage«. In zeitlicher Hinsicht liegt nach ständiger Rechtsprechung des EGMR (EGMR Deweer./.Belgien, Urt. v. 27.02.1980 – 6903/75, Series A100 Rn. 46) eine »Anklage« vor, sobald ein Individuum von der zuständigen Behörde die amtliche Benachrichtigung erhält, eine Straftat begangen zu haben (EGMR Escoubet./.Belgien, Urt. v. 28.10.1999 – 26780/95, RJD 1999-VII, Rn. 34). Der Schutzbereich von Art. 6 ist somit **von der Bekanntgabe des Schuldvorwurfs im Ermittlungsverfahren bis zum Abschluss des Rechtsmittelverfahrens** eröffnet (*Satzger* IntEuStrR § 11 Rn. 60; *Esser* EuIntStrR, § 9 Rn. 209; BeckOK-StPO/*Valerius* EMRK, Art. 6 Rn. 4; Radtke/Hohmann-StPO/*Ambos* EMRK, Art. 6 Rn. 7). Die Rechte des Art. 6 Abs. 1 stehen somit bereits dem Beschuldigten im Ermittlungsverfahren und nicht erst dem i.S.d. StPO »Angeklagten« zu. 14

4. Erfordernis einer Beschwer. Der Schutzbereich des Art. 6 ist schließlich nur dann eröffnet, wenn eine **Beschwer** vorliegt. Im strafrechtlichen Verfahren ist eine solche insb. im Fall der Verurteilung gegeben (LR/*Esser* MRK, Art. 6 Rn. 20; *Esser* Auf dem Weg S. 82; BeckOK-StPO/*Valerius* EMRK, Art. 6 Rn. 3). 15

II. Die einzelnen Rechte des Art. 6 Abs. 1. Art. 6 Abs. 1 stellt eine Reihe von Mindestrechten auf, auf die sich der Bürger im Strafverfahren (wie auch im Zivilverfahren, zu den Begriffen vgl. Rdn. 8, 9) berufen kann. 16

1. Anforderungen an das Gericht. Art. 6 Abs. 1 S. 1 garantiert zunächst den Zugang zu einem unabhängigen, unparteiischen und auf Gesetz beruhenden Gericht, welches über die bezeichneten Verfahrensgegenstände zu entscheiden hat. Diese Garantie verpflichtet jeden Mitgliedsstaat zum Aufbau und zum Unterhalt eines wirksamen Justizsystems in einer Weise, dass die Gerichte die in Art. 6 Abs. 1 festgelegten Garantien effektiv umsetzen können (*Meyer-Ladewig* EMRK Art. 6 Rn. 18; BeckOK-StPO/*Valerius* EMRK, Art. 6 Rn. 5; Radtke/Hohmann-StPO/*Ambos* EMRK, Art. 6 Rn. 27). 17

a) Begriff des Gerichts. Auch der Begriff des Gerichts ist im Kontext der EMRK autonom zu bestimmen. Unter einem **Gericht** i.S.v. Art. 6 Abs. 1 sind jedenfalls sämtliche ordentliche Gerichte der Mitgliedsstaaten zu verstehen. Allerdings werden keineswegs nur die »klassischen« Gerichte von diesem Begriff umfasst. Um eine Institution unter den Begriff des »Gerichts« i.S.v. Art. 6 Abs. 1 subsumieren zu können, muss es sich um einen justizförmigen, unabhängigen und unparteiischen Spruchkörper mit konstanter Besetzung handeln, der über Streitigkeiten auf Grundlage von Recht und Gesetz im Rahmen eines gesetzlich geregelten, mit rechtsstaatlichen Garantien versehenen Verfahrens entscheidet (EGMR Belilos./.Schweiz, Urt. v. 29.04.1988 – 10328/83, Series A132 Rn. 64; EGMR Campbell u. Fell./.Vereinigtes Königreich, Urt. v. 28.06.1984 – 7819/77, 7878/77, Series A80, Rn. 77). Des Weiteren muss es der entsprechenden Institution erlaubt sein, richterliche Aufgaben wahrzunehmen (EGMR Le Compte u.a./.Belgien, Urt. v. 23.06.1981 – 6878/75, 7238/75, NJW 1982, 2714 [2716], 18

Rn. 55) und für die Beteiligten rechtlich verbindliche Entscheidungen zu treffen (EGMR Campbell u. Fell./.Vereinigtes Königreich, Urt. v. 28.06.1984 – 7819/77, 7878/77, Series A80, Rn. 80), die hierfür erheblichen Tatsachen selbst zu ermitteln und den so festgestellten Sachverhalt unter die einschlägige Rechtsvorschrift zu subsumieren (*Grabenwarter/Pabel* EMRK, § 24 Rn. 29; Radtke/Hohmann-StPO/*Ambos* EMRK, Art. 6 Rn. 27; *Esser* Auf dem Weg S. 536, 544, 599).

19 **b) »Auf Gesetz beruhend«.** Das Gericht muss auf einer **gesetzlichen Grundlage** beruhen. Sinn und Zweck dieses Erfordernises ist es, die Schaffung von »ad hoc«- also Ausnahmegerichten zu vermeiden (*Grabenwarter/Pabel* EMRK, § 24 Rn. 30; *Esser* Auf dem Weg S. 596 f.; BeckOK-StPO/*Valerius* EMRK, Art. 6 Rn. 8).

20 Es soll sichergestellt werden, dass in der Demokratie eine von der Exekutive unabhängige, auf Parlamentsgesetz beruhende Judikative existiert (EGMR Coeme u.a./.Belgien, Urt. v. 22.06.2000 – 32492/96, 32547/96, 32548/96, 33209/96, 33210/96, RJD 2000-VII, Rn. 98). Durch Gesetz müssen v.a. Organisation und sachliche und örtliche Zuständigkeit des Gerichts (EGMR Sokurenko u. Strygun./.Ukraine, Urt. v. 20.07.2006 – 29458/04, 29465/04, Rn. 24) und seine Zusammensetzung geregelt sein (EGMR Posokhov./.Russland, Urt. v. 04.03.2003 – 63486/00, RJD 2003-IV, Rn. 39).

21 Auch der Gesetzesbegriff ist **autonom auszulegen**. Ein Gesetz in diesem Sinne ist jede abstrakt-generelle Vorschrift, die aufgrund ihrer erhöhten Bestandskraft Willkür auszuschließen geeignet ist. Zumindest die Gerichtsverfassung muss auf einem Parlamentsgesetz beruhen, andernfalls liegt keine gesetzliche Grundlage in diesem Sinne vor. Auch die Verfassung (EGMR Le Compte u.a./.Belgien, Urt. v. 23.06.1981 – 6878/75, 7238/75, NJW 1982, 2714 [2716], Rn. 56) bzw. im innerstaatlichen Recht anwendbares, also ratifiziertes Völkerrecht (EGMR Jorgic./.Deutschland, Urt. v. 12.07.2007 – 74613/01, ECHR 2007-III, Rn. 66 ff.) können eine gesetzliche Grundlage in diesem Sinne bilden.

22 »Auf Gesetz beruhend« bedeutet auch, dass Regelungen über das gerichtliche Mandat sowie von Ausschlussgründen und Gründen für die Ablehnung eines Richters im Einzelfall vom Gesetz getroffen werden müssen (EGMR Coeme u.a./.Belgien, Urt. v. 22.06.2000 – 32492/96, 32547/96, 32548/96, 33209/96, 33210/96, RJD 2000-VII, Rn. 98); insoweit übt der EGMR jedoch nur eine Missbrauchskontrolle aus, die sich auf evidente Verstöße beschränkt (EGMR Lavents./.Lettland, Urt. v. 28.11.2002 – 58442/00, Rn. 114).

23 **c) Unabhängigkeit.** Das Gericht muss unabhängig von Exekutive, Legislative, Parteien und Interessenverbänden sein (EGMR Vasilescu./.Rumänien, Urt. v. 22.05.1998 – 27053/95, RJD 1998-III, Rn. 41). Entscheidungen sollen rein nach Recht und Gesetz und ohne Einfluss von außen getroffen werden. Folgende **vier Kriterien** zieht der EGMR kumulativ zur Prüfung der Unabhängigkeit des Gerichts heran (EGMR Findlay./.Vereinigtes Königreich, Urt. v. 25.02.1997 – 22107/93, Reports 1997-I, Rn. 73; EGMR Campbell u. Fell./.Vereinigtes Königreich, Urt. v. 28.06.1984 – 7819/77, 7878/77, Series A80, Rn. 78; EGMR Bryan./.Vereinigtes Königreich, Urt. v. 22.11.1995 – 19178/91, Series A335-A Rn. 37; Maktouf und Damjanović./.Bosnien und Herzegowina, Urt. v. 18.07.2013 –2312/08 und 34179/08 Rn. 49):
(1) die Art und Weise der Ernennung der Mitglieder;
(2) die Dauer der Amtszeit der Mitglieder;
(3) das Vorhandensein von Garantien gegen äußere Beeinflussungen;
(4) das äußere Erscheinungsbild – das Gericht muss auch nach außen hin den Eindruck von Unabhängigkeit erwecken.
Die Wichtigkeit des Kriteriums des äußeren Erscheinungsbilds ist nicht zu unterschätzen. Seine Bedeutung ergibt sich daraus, dass das Vertrauen der Bürger in eine unabhängige Judikative gestärkt werden soll. Ein Verstoß gegen die Unabhängigkeit ist daher z.B. angenommen worden, wenn die Richter gleichzeitig von einer der Parteien oder dem Staat abhängige Angehörige des öffentlichen Dienstes bzw. Soldaten sind (EGMR Campbell u. Fell./.Vereinigtes Königreich, Urt. v. 28.06.1984 – 7819/77, 7878/77, Series A80, Rn. 76 ff.; EGMR Sramek./.Österreich, Urt. v. 22.10.1984 – 8790/79, Series A84, Rn. 41, 42; EGMR Belilos./.Schweiz, Urt. v. 29.04.1988 – 10328/83, Series A132, Rn. 64 ff.).

24 Die Mitwirkung von Berufsangehörigen als Richter bei Standes- und Berufsgerichten (EGMR Le Compte u.a./.Belgien, Urt. v. 23.06.1981 – 6878/75, 7238/75, NJW 1982, 2714 [2716], Rn. 58; zur Problematik der Unabhängigkeit und Wiederwahl von Richtern s. LR/*Esser* MRK, Art. 6 Rn. 147 ff.) ist grds. ebenso wenig Bedenken ausgesetzt wie die Mitwirkung von ehrenamtlichen Rich-

tern, selbst wenn diese durch Interessenverbände ernannt werden, sofern jeweils deren Unabhängigkeit sichergestellt ist, d.h., gesetzlich festgelegt ist, dass sie keinen Weisungen unterliegen (EGMR Engel u.a./.Niederlande, Urt. v. 08.06.1976 – 5100/71, 5101/71, 5102/71, 5354/72, 5370/72, Series A22 Rn. 68; Radtke/Hohmann-StPO/*Ambos* EMRK, Art. 6 Rn. 28; *Grabenwarter/Pabel* EMRK, § 24 Rn. 32 ff.). Die Beteiligung ehrenamtlicher Richter in deutschen Gerichtsverfahren begegnet letztlich keinen Bedenken (*Meyer-Ladewig* EMRK Art. 6 Rn. 29a; *Esser* Auf dem Weg S. 548 f.). Auch die Einrichtung von Spezialgerichten ist nicht generell verboten (vgl. auch KK-StPO/*Schädler* MRK Art. 6 Rn. 13; *Esser* Auf dem Weg S. 545), allerdings begründet der Status der Militärrichter in nationalen Sicherheitsgerichten Zweifel an ihrer Unabhängigkeit, wenn der Beschwerdeführer ein Zivilist ist (EGMR Baskaya u. Okcuoglu./.Türkei, Urt. v. 08.07.1999 – 23536/94, 24408/94, NJW 2001, 1995 [1999], Rn. 79).

d) Unparteilichkeit. Das Gericht muss unparteiisch sein. Der Beschuldigte soll darauf vertrauen 25 können, einem unbefangenen Richter vorgeführt zu werden. Voraussetzung für die Unparteilichkeit ist zunächst die Unabhängigkeit des Gerichts, sodass die beiden Merkmale in funktionalem Zusammenhang stehen (Frowein/*Peukert* EMRK Art. 6 Rn. 213) und in der Rechtsprechung des Öfteren gemeinsam behandelt werden (EGMR Miller u.a./.Vereinigtes Königreich, Urt. v. 26.10.2004 – 45825/99, 45826/99, 45827/99, Rn. 28).

Ob die Unparteilichkeit des Gerichts gewahrt ist, überprüft der EGMR anhand von **subjektiven und** 26 **objektiven Kriterien**. Naturgemäß muss in der Praxis von objektiven Umständen auf subjektive Merkmale geschlossen werden (EGMR De Cubber./.Belgien, Urt. v. 26.10.1984 – 9186/80, Series A86, Rn. 25), daher ist eine eindeutige Trennung zwischen den beiden Kategorien nicht möglich (EGMR Kyprianou./.Zypern, Urt. v. 15.12.2005 – 73797/01, RJD 2005-VIII, Rn. 119). Zumindest folgende Unterscheidung ist möglich: Während bei der Prüfung der subjektiven Unparteilichkeit auf den konkreten Richter im konkreten Einzelfall abzustellen ist, muss im Fall der objektiven Befangenheit geprüft werden, ob unabhängig vom persönlichen Verhalten des Richters legitime Zweifel an seiner Unparteilichkeit bestehen (EGMR Kyprianou./.Zypern, Urt. v. 15.12.2005 – 73797/01, RJD 2005-VIII, Rn. 118). Insoweit besteht eine gewisse Parallele zur Unterscheidung zwischen den auf die konkrete Person des Richters abstellenden Ablehnungsgründen (§ 24 StPO) und den – eine abstrakte Gefahr der Parteilichkeit voraussetzenden – Ausschließungsgründen (§§ 22, 23 StPO) des deutschen Prozessrechts (dazu SSW-StPO/*Kudlich/Noltenmeier* § 22 Rdn. 2; KK-StPO/*Fischer* MRK, § 22 Rn. 1).

Ein **Verzicht** auf die Unparteilichkeit des Richters ist möglich. Voraussetzung hierfür ist jedoch, dass 27 der Verzichtende ausführlich belehrt wurde und die Tragweite seiner Entscheidung in vollem Umfang einzuschätzen vermag; eine bloße Vermutung seitens der Behörden reicht nicht (EGMR Colozza./.Italien, Urt. v. 12.02.1985 – 9024/80, Series A89, Rn. 28).

Die **subjektive** Unparteilichkeit wird bis zum Beweis des Gegenteils vermutet (s. nur EGMR Morice ./. 28 Frankreich, Urt. v. 23.4.2015 – 29369/10, Rn. 74). Negative Äußerungen des Richters können subjektive Befangenheit ebenso begründen wie Anstrengungen seitens des Richters, dass ihm der Fall zugewiesen wird (EGMR De Cubber./.Belgien, Urt. v. 26.10.1984 – 9186/80, Series A86, Rn. 25).

Hinsichtlich des Vorliegens von **objektiver** Unparteilichkeit ist zu untersuchen, ob die interne Organi- 29 sation des Gerichts oder die vom Richter im bisherigen Verfahrensablauf bereits ausgefüllten Funktionen Anlass geben, an seiner Unparteilichkeit zu zweifeln (EGMR De Cubber./.Belgien, Urt. v. 26.10.1984 – 9186/80, Series A86, Rn. 26). Nachdem als Sinn und Zweck der Unparteilichkeit des Richters die Stärkung des Vertrauens nicht nur der Bürger demokratischer Gesellschaften, sondern auch des Beschuldigten selbst in die Gerichte ist, kann bereits die Erschütterung dieses Vertrauens nach dem objektiven Ansatz dazu führen, den Richter aus dem Verfahren zurückzuziehen, sofern seitens des Gerichts auch keine die Zweifel ausschließenden Garantien gegeben werden können (EGMR Piersack./.Belgien, Urt. v. 01.10.1982 – 8692/79, Series A30, Rn. 30).

An der objektiven Unparteilichkeit fehlt es nach der Rechtsprechung des EGMR dann, wenn Ermitt- 30 lungsrichter und Richter der darauffolgenden Hauptverhandlung **personengleich** sind und daher anzunehmen ist, dass sich der Richter schon eine endgültige Meinung zu dem infrage stehenden Sachverhalt gebildet hat (EGMR De Cubber./.Belgien, Urt. v. 26.10.1984 – 9186/80, Series A86, Rn. 29; vgl. hierzu SSW-StPO/*Beulke* Einl. StPO Rdn. 139 ff.; *Esser* EuIntStrR, § 9 Rn. 213 f.). Entscheidend ist dabei immer der Umfang der Mitwirkung des Richters der Hauptverhandlung im vorausgegangenen

Art. 6 EMRK Recht auf ein faires Verfahren

Ermittlungsverfahren. Anders beurteilt nämlich der EGMR das Vorliegen objektiver Unparteilichkeit, wenn der Richter der Hauptverhandlung im Vorverfahren/Ermittlungsverfahren lediglich über die Fortsetzung der Untersuchungshaft des Beschuldigten zu entscheiden hatte (EGMR Morel./.Frankreich, Urt. v. 06.06.2000 – 34130/96, RJD 2000-VI, Rn. 45). Auch ist noch keine objektive Unparteilichkeit gegeben, wenn der Richter im abgetrennten Verfahren gegen den Mittäter des Beschuldigten bereits Feststellungen über die Tatbeteiligung des Beschuldigten getroffen hat (EGMR Schwarzenberger./.Deutschland, Urt. v. 10.08.2006 – 75737/01, NJW 2007, 3553 [3554 f.], Rn. 43 ff.).

31 e) **Recht auf Zugang zu einem solchen Gericht und berechtigte Einschränkungen.** Aufgrund der Bedeutung des Rechts auf ein faires Verfahren in einer Demokratie sind die Mitgliedsstaaten verpflichtet, ihren Bürgern **effektiven Zugang** zu einem unabhängigen und unparteiischen Gericht zu garantieren (EGMR Golder./.Vereinigtes Königreich, Urt. v. 21.02.1975 – 4451/70, Series A18, Rn. 36). Sofern die formellen Voraussetzungen erfüllt sind, hat der Bürger eines Mitgliedsstaates aus Art. 6 Abs. 1 einen Anspruch auf Sachentscheidung (EGMR Gorbachev./.Russland, Urt. v. 15.02.2007 – 3354/02, Rn. 63 f.) und Mitteilung derselben (EGMR Diaz Ochoa./.Spanien, Urt. v. 22.06.2006 – 423/03, Rn. 48) durch ein solches Gericht. Zur Erfüllung dieser **Pflicht** haben die Mitgliedsstaaten zunächst ein **Rechtsschutzsystem zu etablieren**, im Rahmen dessen der Bürger von diesem Zugang auch tatsächlich Gebrauch machen kann (*Satzger* IntEuStrR § 11 Rn. 61; *Gleß* Internationales Strafrecht, Rn. 70; *Esser* Auf dem Weg S. 535).

Neben dieser Pflicht, aktiv ein Rechtsschutzsystem auf ihrem Territorium zu schaffen, trifft die Mitgliedsstaaten jedoch auch die **Pflicht, nicht** durch Kooperation und Unterstützung Menschenrechtsverletzungen anderer Staaten auf und ausgehend von ihrem Territorium **zu dulden**. So bejahte der Gerichtshof neben (unter anderem) einer Verletzung des Art. 3 auch einen Verstoß gegen Art. 6 I Polens, da es wissentlich und unter Hinnahme eines echten und realen Risikos offenkundiger Rechtsverweigerung zuließ, dass von seinem Staatgebiet ausgehend Betroffene vom amerikanischen Geheimdienst CIA unter eine andere Jurisdiktion verbracht wurden, wo sie vor Militärkommissionen unter Ausschluss der Garantien eines unparteilichen und unabhängigen, folterfreien Verfahrens gestellt wurden. Ein Verstoß »durch Unterlassen« wurde angenommen, da Polen trotz offensichtlicher Kenntnis der Umstände nichts unternahm und so die Betroffenen einer Rechtsverweigerung aussetzte (EGMR Al Nashiri./. Polen, Urt. v. 24.07.2014 Rn. 551 ff.).

32 Grds. verpflichtet Art. 6 Abs. 1 die Mitgliedsstaaten nicht dazu, einen Instanzenzug, sprich Rechtsmittelgerichte, einzurichten (*Meyer-Ladewig* EMRK Art. 6 Rn. 28; BeckOK-StPO/*Valerius* EMRK, Art. 6 Rn. 5; Radtke/Hohmann-StPO/*Ambos* EMRK, Art. 6 Rn. 30; *Esser* Auf dem Weg S. 767). Dies gilt gem. Art. 2 Abs. 1 S. 1 des 7. Zusatzprotokolls jedoch nicht in Strafsachen, hier muss dem Betroffenen eine Überprüfungsinstanz zur Verfügung stehen. Deutschland hat dieses Zusatzprotokoll noch **nicht** ratifiziert, da ein entsprechender Instanzenzug jedoch zur Verfügung steht, liegt hier letztlich kein Problem (s.u. Art. 2 des 7. ZP, Rdn. 1 ff.).

33 Selbstverständlich kann der Zugang zum Gericht **Einschränkungen** unterworfen werden, diese müssen allerdings den Grundsatz der Verhältnismäßigkeit wahren. Ob eine Einschränkung des Zugangs zum Gericht verhältnismäßig ist, beurteilt sich zunächst danach, ob die Einschränkung ein legitimes Ziel verfolgt, weiterhin müssen eingesetztes Mittel und erstrebtes Ziel sich zueinander in einem vernünftigen Verhältnis befinden (EGMR Ashingdane./.Vereinigtes Königreich, Urt. v. 28.05.1985 – 8225/78, Series A93, Rn. 57), also verhältnismäßig i.e.S. sein.

34 Zu rechtfertigen sind daher Zulässigkeitsvoraussetzungen für Klagen oder für Rechtsmittel wie etwa Fristen, Anwaltszwang, Formvorschriften (EGMR Ashingdane./.Vereinigtes Königreich, Urt. v. 28.05.1985 – 8225/78, Series A93, Rn. 59) oder im Vorfeld zu begleichende Gerichtskosten (s. nur *Esser* EuIntStrR, § 9 Rn. 215). Insb. Rechtsmittelfristen stellen die Funktionsfähigkeit der rechtsprechenden Gewalt und damit auch einen legitimen Zweck sicher und sorgen für Rechtssicherheit (EGMR Melnyk./.Ukraine, Urt. v. 28.03.2006 – 23436/03, Rn. 23). Allerdings dürfen sie den Beschwerdeführer nicht aufgrund ihres Regelungsgehalts an sich bzw. ihrer Anwendung davon abhalten, ein Rechtsmittel einzulegen (EGMR Pérez de Rada Cavanilles./.Spanien, Urt. v. 28.10.1998 – 28090/95, RJD 1998-VIII, Rn. 45). Dies wurde z.B. angenommen für den Fall, dass die Einlegung der Berufung eines erstinstanzlich zu einer Gefängnisstrafe Verurteilten an die Voraussetzung geknüpft war, dass sich dieser innerhalb von fünf Tagen in Haft begab (EGMR Omar./.Frankreich, Urt. v.

29.07.1998 – 24767/94, RJD 1998-V, Rn. 34 ff.). Schließlich dürfen die Fristen nicht zu kurz bemessen sein (z.B. lediglich 5 Tage zur Einlegung einer Revision, EGMR Tricard./.Frankreich, Urt. v. 10.07.2001 – 40472/98, Rn. 29 ff.).

2. Das Recht auf ein faires Verfahren – Art. 6 Abs. 1 S. 1, Abs. 3. Der dem angloamerikanischen 35 Rechtskreis entlehnte **Begriff des** »**fair trial**« umschreibt den Grundsatz des fairen Verfahrens in Art. 6 Abs. 1 S. 1. Was unter diesem Recht begrifflich zu verstehen ist, wie weit dieser Grundsatz reicht, wird in der EMRK nicht definiert (umfassend dazu *Gaede*, Fairness als Teilhabe, 2007). Der EGMR stellt zu dessen Auslegung auf die Präambel der EMRK ab, die u.a. die Rechtsstaatlichkeit als Teil des gemeinsamen Erbes der europäischen Staaten benennt. Als wesentlichen Aspekt der Rechtsstaatlichkeit bewertet der EGMR die Rechtssicherheit (EGMR Ryabykh./.Russland, Urt. v. 24.07.2003 – 52854/99, RJD 2003-IX, Rn. 51; SSW-StPO/*Beulke* Einl. StPO Rdn. 76). Art. 6 gewährt außerdem das **Recht auf ein kontradiktorisches Verfahren,** was beinhaltet, dass dem Beschuldigten i.R.d. Verfahrens wesentliche Mitwirkungs- und Verfahrensrechte gewährleistet werden (*Meyer-Ladewig* EMRK Art. 6 Rn. 35; *Esser* EuIntStrR, § 9 Rn. 225; BeckOK-StPO/*Valerius* EMRK, Art. 6 Rn. 11; sofern dem Mitgliedsstaat zurechenbar, stellt die Ablehnung des Antrags auf Stellungnahme zu den Schlussanträgen des Generalanwalts in Vorabentscheidungsverfahren zum EuGH keine Verletzung des Rechts auf ein kontradiktorisches Verfahren dar, vgl. EGMR Coöperatieve Producentenorganisatie van de Nederlands Kokkolvisserij u.a./.Niederlande, Urt. v. 20.01.2009 – 13645/05, EuGRZ 2011, 11, Rn. 17 ff.), von denen einige beispielhaft und nicht abschließend in Art. 6 Abs. 3 aufgezählt sind (EGMR Krombach./.Frankreich, Urt. v. 13.02.2001 – 29731/96, RJD 2001-II, Rn. 82). Ziel dessen ist es, »**Waffengleichheit**« zwischen den Beteiligten herzustellen, den Beschuldigten vor gerichtlicher Willkür zu schützen und einen effektiven Anspruch auf rechtliches Gehör zu gewähren (*Meyer-Goßner/Schmitt* MRK, Art. 6 Rn. 19; *Esser* Auf dem Weg S. 406 f.; *Gleß* Internationales Strafrecht, Rn. 78).

Eine zunächst festgestellte Verletzung eines bestimmten Verfahrensrechts bedeutet nicht automatisch 36 einen Verstoß gegen den Fairnessgrundsatz; vielmehr stellt der EGMR im Anschluss eine **Gesamtwürdigung des Verfahrens (Gesamtbetrachtung)** an, um festzustellen, ob das Verfahren insgesamt als unfair erscheint (*Satzger* IntEuStrR § 11 Rn. 69; *Gleß* Internationales Strafrecht, Rn. 85; BeckOK-StPO/ *Valerius* EMRK, Art. 6 Rn. 16).

a) Anwesenheitsrecht und Anspruch auf rechtliches Gehör – Art. 6 Abs. 1 S. 1, Abs. 3 lit. a. 37 Der Beschuldigte ist berechtigt, in der mündlichen Verhandlung anwesend zu sein und an ihr teilzunehmen (EGMR Belziuk./.Polen, Urt. v. 25.03.1998 – 23103/93, RJD 1998-II, Rn. 37; EGMR Colozza./.Italien, Urt. v. 12.02.1985 – 9024/80, Series A89, Rn. 27). Ein Verzicht auf das Anwesenheitsrecht ist möglich. Der Verzicht muss eindeutig sein, wobei er auch stillschweigend wie z.B. durch Ausbleiben trotz ordnungsgemäßer Ladung erklärt werden kann (Radtke/Hohmann-StPO/*Ambos* EMRK, Art. 6 Rn. 17).

Der Anspruch auf rechtliches Gehör beinhaltet, sich in gerichtlichen Verfahren zu allen erheblichen 38 Tatsachen und Fragen ausreichend zu äußern und Beweise anzubieten (*Meyer-Ladewig* EMRK Art. 6 Rn. 38; *Esser* Auf dem Weg S. 406 f.; Radtke/Hohmann-StPO/*Ambos* EMRK, Art. 6 Rn. 10; BeckOK-StPO/*Valerius* EMRK, Art. 6 Rn. 9). Vortrag der Parteien und angebotene Beweise sind durch das Gericht unvoreingenommen und in ausreichendem Maß auf ihre Entscheidungserheblichkeit zu untersuchen (EGMR Kraska./.Schweiz, Urt. v. 19.04.1993 – 13942/88, Series A254-B, Rn. 30). Letztlich wurzelt der Anspruch auf rechtliches Gehör im Willkürverbot; der Beschuldigte soll nicht als Objekt des Verfahrens der Willkür des Gerichts ausgesetzt sein, sondern als Subjekt aktiv am Verfahren mitwirken können (KK-StPO/*Schädler* MRK Art. 6 Rn. 19; BeckOK-StPO/*Valerius* EMRK, Art. 6 Rn. 9).

Zur effektiven Ausübung dieses Rechts und zum Schutz vor Überraschung und Überrumpelung (Radt- 39 ke/Hohmann-StPO/*Ambos* EMRK, Art. 6 Rn. 10; *ders.* ZStW 115 [2003], 583 [598]; BeckOK-StPO/ *Valerius* EMRK, Art. 6 Rn. 36) muss der Beschuldigte gem. Art. 6 Abs. 3 lit. a zunächst **von einer gegen ihn bestehenden Anklage Kenntnis erlangen** (EGMR Brozicek./.Italien, Urt. v. 19.12.1989 – 10964/84, Series A167, Rn. 38 ff.). Die Unterrichtung muss vollständig und in für den Beschuldigten verständlicher Sprache erfolgen, nötigenfalls beinhaltet diese Pflicht, die wesentlichen Elemente, nicht jedoch die gesamte Akte, zu übersetzen (EGMR Kamasinski./.Österreich, Urt. v. 19.12.1989 – 9783/82, Series A168, Rn. 79; vertiefend zum innerstaatlichen Recht vgl. SSW-StPO/*Steinberger-*

Art. 6 EMRK Recht auf ein faires Verfahren

Frauenhofer § 464a StPO Rn. 8; auf Ebene der europäischen Union vgl. Richtlinie 2010/64/EU des Europäischen Parlaments und des Rates v. 20.10.2010 über das Recht auf Dolmetschleistungen und Übersetzungen in Strafverfahren, ABlEU 2010 L 280 S. 1 ff.). Eine Unterrichtung ist dann vollständig, wenn dem Beschuldigten sämtliches be- und entlastendes Beweismaterial offengelegt wird (EGMR Edwards./.Vereinigtes Königreich, Urt. v. 16.12.1992 – 13071/87, ÖJZ 1993, 391 [393], Rn. 36; vgl. hierzu im deutschen Strafrecht §§ 136, 201, 265 StPO). Eine besondere Form wird durch Art. 6 Abs. 3 lit. a nicht vorgeschrieben, die Unterrichtung ist also auch mündlich möglich (*Meyer-Ladewig* EMRK Art. 6 Rn. 89; *Esser* Auf dem Weg S. 438, 442 f.). Die Unterrichtung muss auch zügig erfolgen. Der Beschuldigte muss über Änderungen sowohl rechtlicher als auch tatsächlicher Gesichtspunkte rechtzeitig unterrichtet werden, damit er genug Zeit hat, seine Verteidigung einzurichten, Art. 6 Abs. 3 lit. b (EGMR Dallos./.Ungarn, Urt. v. 01.03.2001 – 29082/95, RJD 2001-II, Rn. 47). Eine Heilung eines solchen Verstoßes in der Rechtsmittelinstanz ist möglich, sofern das Rechtsmittelgericht umfassend über Tat- und Rechtsfragen entscheiden kann und der Beschwerdeführer ausreichend Zeit hatte, sich gegen die neuen Vorwürfe zu verteidigen (*Meyer-Ladewig* EMRK Art. 6 Rn. 89; BeckOK-StPO/*Valerius* EMRK, Art. 6 Rn. 37; Radtke/Hohmann-StPO/*Ambos* EMRK, Art. 6 Rn. 53).

40 b) **Waffengleichheit – Recht auf ausreichende Vorbereitung der Verteidigung – Art. 6 Abs. 1 S. 1, Abs. 3 lit. b.** Weiterhin wird durch Art. 6 Abs. 1 S. 1 Waffengleichheit im Prozess gewährleistet. Unter **Waffengleichheit** im Strafprozess versteht man, dass jede Prozesspartei den Fall und die Beweismittel unter Bedingungen präsentieren kann, die sie im Vergleich zur anderen Partei in keine nachteilige Position bringen (EGMR Dombo Beheer./.Niederlande, Urt. v. 27.10.1993 – 14448/88, ÖJZ 1994, 464 [465], Rn. 33). Dies beinhaltet auch, dass Angeklagter und StA in gleicher Weise von dem Vortrag und den Beweismitteln der Gegenseite unterrichtet werden (EGMR Brandstetter./.Österreich, Urt. v. 28.08.1991 – 11170/84, 12876/87, 13468/87, Series A211, Rn. 67), insoweit ist der Grundsatz der Waffengleichheit mit dem Recht auf **rechtliches Gehör** verschränkt. Die Beweismittel, auf die die StA ihre Anklage stützt, sind dem Beschuldigten mitzuteilen (EGMR Mantovanelli./.Frankreich, Urt. v. 18.03.1997 – 21497/93, RJD 1997-II, Rn. 33). Allerdings können von diesem Grundsatz Ausnahmen gemacht werden, sofern im Rahmen einer Abwägung Interessen wie die nationale Sicherheit, der Schutz Dritter, insb. von Zeugen oder der Schutz des öffentlichen Interesses, verdeckte Ermittler und Ermittlungsmethoden nicht offenzulegen, das Interesse des Beschuldigten, von den Beweismitteln in Kenntnis gesetzt zu werden, überwiegt. Jedoch muss zum einen die Verteidigung an der entsprechenden Entscheidung ausreichend beteiligt werden (EGMR Fitt./.Vereinigtes Königreich, Urt. v. 16.02.2000 – 29777/96, RJD 2000-II, Rn. 76), zum anderen muss eine solche Einschränkung im Laufe des Verfahrens wieder ausgeglichen werden (EGMR Doorson./.Niederlande, Urt. v. 26.03.1996 – 20524/92, RJD 1996-II, Rn. 72). Sofern die Beweismittel über das ganze Verfahren hinweg nie offenbart wurden und aufgrund ihrer Unbekanntheit der EGMR auch keine Kenntnis von ihnen erlangen konnte, prüft er, ob dennoch der Grundsatz der Waffengleichheit gewahrt wurde und genug Sicherungsmechanismen im Prozess vorhanden sind, die Rechte des Angeklagten zu wahren (EGMR Edwards und Lewis./.Vereinigtes Königreich, Urt. v. 27.10.2004 – 39647/98, 40461/98, RJD 2004-X, Rn. 46).

41 Einen besonderen Ausdruck der Waffengleichheit stellt das Recht **auf ausreichende Vorbereitung der Verteidigung** in Art. 6 Abs. 3 lit. b dar. Grds. soll der Beschuldigte genauso viel Zeit zur Vorbereitung seiner Verteidigung haben, wie die staatliche Anklagebehörde zur Vorbereitung der Anklage (Radtke/Hohmann-StPO/*Ambos* EMRK, Art. 6 Rn. 43). Wie viel Zeit dem Beschuldigten und der Verteidigung zur Vorbereitung ihrer Verteidigung zur Verfügung stehen muss, ist abhängig von den Umständen des Einzelfalls wie etwa der Komplexität des Falles oder dem aktuellen Stand des Verfahrens. So wurden fünf Tage zwischen Eröffnung des Schuldvorwurfs und mündlicher Verhandlung als ausreichend angesehen, weil die Verteidigung keinen Antrag auf Vertagung gestellt hatte (EGMR Campbell u. Fell./.Vereinigtes Königreich, Urt. v. 28.06.1984 – 7819/77, 7878/77, Series A80, Rn. 98), genauso wie eine Zeit von drei Wochen für eine Antwort auf einen Schriftsatz von 49 Seiten (EGMR Kremzow./.Österreich, Urt. v. 21.09.1993 – 12350/86, EuGRZ 1995, 537 [540 f.], Rn. 48), zwei Wochen zur Antwort auf eine Akte von 17.000 Seiten wurden dagegen nicht als ausreichend bewertet (EGMR Öcalan./.Türkei, Urt. v. 12.03.2003 – 46221/99, EuGRZ 472 [480 f.], Rn. 167). Das Recht auf ausreichende Vorbereitung der Verteidigung betrifft nicht nur die zur Verfügung stehende Zeit, sondern auch die Umstände, unter

denen der Beschuldigte seine Verteidigung vorbereiten muss. So wurden vom EGMR Haftbedingungen, unter denen es dem Beschuldigten nicht möglich oder zumindest erheblich erschwert war, sich selbst auf »Lesen und Schreiben« zu konzentrieren, als Verletzung von Art. 6 Abs. 3 lit. b gewertet (EGMR Mayzit./.Russland, Urt. v. 20.01.2005 – 63378/00, Rn. 81). Verletzt ist das Recht auf effektive Verteidigung auch dann, wenn das Gericht während laufender Hauptverhandlung wesentliche, ihrer Natur nach nicht geheimhaltungsbedürftige, ergänzende polizeiliche Ermittlungen, deren Ergebnis in der Hauptverhandlung verwertet werden soll, in Auftrag gibt, ohne die Verteidigung hierüber zuvor ausreichend zu informieren und ohne den Versuch zu unternehmen, eine effektive Teilhabe der Verteidigung an den vorgeschriebenen Ermittlungen zu gewährleisten (vgl. BGH JR 2011, 119 ff. m. Anm. *Eisenberg*). Zu beachten ist, dass das Recht auf ausreichende Vorbereitung der Verteidigung mit dem Beschleunigungsgrundsatz in Konflikt geraten kann (ausführlich zum Spannungsverhältnis *Satzger* NJW-Festheft Tepperwien, 2010, S. 56–61; Radtke/Hohmann-StPO/*Ambos* EMRK, Art. 6 Rn. 43).

c) **Aktensicht für Verteidiger und Beschuldigten, Art. 6 Abs. 1 S. 1, Abs. 3 lit. a, lit. b.** Das 42 fair-trial-Gebot beinhaltet ein Recht auf Akteneinsicht sowohl für den Verteidiger, als auch für den Beschuldigten selbst.
Zur Vorbereitung der Verteidigung nach Art. 6 Abs. 1 S. 2 lit. b gehört auch die Einsicht in die Verfahrensakten einschließlich der als Beweismittel amtlich verwahrten Dokumente (LR/*Esser* MRK, Art. 6 Rn. 635; Frowein/*Peukert* EMRK Art. 6 Rn. 185; *Grabenwarter/Pabel* EMRK, § 24 Rn. 65). Es handelt sich um das wichtigste **Privileg des Verteidigers** (*Satzger* Gutachten 65. DJT, C 58).
Die den Mitgliedsstaat treffende Unterrichtungspflicht aus Art. 6 Abs. 3 lit. a korrespondiert mit 43 einem **Recht des Beschuldigten** auf umfassende Akteneinsicht (EGMR Öcalan./.Türkei, Urt. v. 12.03.2003 – 46221/99, EuGRZ 472 [479], Rn. 158 ff.). Das Recht auf Akteneinsicht steht dem Beschuldigten grds. selbst zu, weil er aufgrund seiner Tatsachenkenntnis die für die Verteidigung relevanten Punkte am besten erkennen und so den Prozess effektiv vorbereiten kann (vgl. EGMR Öcalan./.Türkei, Urt. v. 12.03.2003 – 46221/99, EuGRZ 472 [479], Rn. 161). Insofern besteht eine deutliche **Diskrepanz zur deutschen Rechtslage und -praxis** zum Akteneinsichtsrecht nach § 147 Abs. 1 StPO, wonach grds. nur dem Verteidiger ein (nicht vorbehaltsloses) Akteneinsichtsrecht eingeräumt wird (s. dazu *Satzger* Gutachten 65. DJT, C 62; vgl. auch LG Mainz NJW 1999, 1271; LR/*Lüderssen/Jahn* § 147 StPO Rn. 8: »Anachronismus«). Mittlerweile sieht die StPO zwar in § 147 Abs. 7 StPO die Möglichkeit vor, dass auch der Beschuldigte vom Inhalt der Akten Kenntnis erlangt. Allerdings handelt es sich nur um eine fakultative Regelung (»kann«), nicht um ein »Recht«, welche nur dem Beschuldigten ohne Verteidiger »die Erteilung von Auskünften und Abschriften« ermöglicht, aber nur unter der Bedingung, dass dies zu einer angemessenen Verteidigung notwendig ist, der Untersuchungszweck, auch in anderen Strafverfahren, nicht gefährdet werden kann und schutzwürdige Interessen Dritter nicht entgegenstehen. Diese Rechtslage ist **klar unvereinbar** mit den Vorgaben der Rechtsprechung des EGMR, die dem Beschuldigten ein eigenes Recht auf Akteneinsicht zubilligt, wenn von der Bestellung eines Verteidigers zur Sicherung der Verteidigung abgesehen wird (so schon *Satzger* Gutachten 65. DJT, C 63 mit Verweis auf EGMR Foucher./.Frankreich, Urt. v. 18.03.1997 – 22209/93, RJD 1997-II, NStZ 1998, 429 m. Anm. *Deumeland*; großzügiger auch LG Stralsund NStZ-RR 2006, 143 f.). **Über § 147 StPO hinaus** ist damit dem Beschuldigten, der keinen Verteidiger hat und sich ohne Aktenkenntnis nicht angemessen verteidigen kann, **umfassende Akteneinsicht** zu gewähren (so auch KK-StPO/*Laufhütte*, § 147 Rn. 2; *Esser* Auf dem Weg S. 426; EGMR Foucher./.Frankreich, Urt. v. 18.03.1997 – 22209/93, RJD 1997-II, NStZ 1998, 429 m. Anm. *Deumeland*; zum Akteneinsichtsrecht von Beschuldigtem und Verteidiger während der Untersuchungshaft vgl. Art. 5 Rdn. 63 ff.). Im Ergebnis wird man nicht umhinkommen, auch im deutschen Recht dem Beschuldigten unter denselben Voraussetzungen wie dem Verteidiger ein Akteneinsichtsrecht zu gewähren (so z.B. auch *Bosch* StV 1999, 336). Dem Aktenintegritätsinteresse kann ggf. durch überwachte Einsichtnahme oder durch Überlassung von Kopien entsprochen werden, jedenfalls muss er aufgrund der eindeutigen Vorgaben von EMRK und EGMR dieselben Rechtsschutzmöglichkeiten genießen wie der Verteidiger (*Satzger* Gutachten 65. DJT, C 64).

Einschränkungen der Offenlegungspflicht und des Akteneinsichtsrechts aufgrund widerstreitender 44 Interessen wie nationaler Sicherheit, Zeugenschutz oder Gefährdung des Untersuchungszwecks sind natürlich unabdingbar, aber auch nach der EMRK zulässig, zumindest soweit diese »strikt notwendig«

Art. 6 EMRK Recht auf ein faires Verfahren

sind (vgl. auch unten Rdn. 59 zum Konfrontationsgebot sowie EGMR Jasper./.Vereinigtes Königreich, Urt. v. 16.02.2000 – 27052/95, Rn. 52; EGMR Natunen./.Finnland, Urt. v. 31.03.2009 – 21022/04, Rn. 40).

45 **d) Nemo tenetur se ipsum accusare – Art. 6 Abs. 1 S. 1.** Ein weiterer wichtiger, seitens des EGMR als Kernbereich des Rechts auf ein faires Verfahren (EGMR Murray./.Vereinigtes Königreich, Urt. v. 08.02.1996 – 18731/91, EuGRZ 1996, 587 [590], Rn. 45; Radtke/Hohmann-StPO/*Ambos* EMRK, Art. 6 Rn. 13) eingestufter Ausfluss des Grundsatzes der Waffengleichheit ist der Grundsatz »nemo tenetur se ipsum accusare«, **niemand ist verpflichtet, sich selbst zu belasten**. Umfassender Schutz vor dem Zwang zur Selbstbelastung bedeutet auch, dass dem Beschuldigten das Recht zu schweigen zusteht, ohne dass er, wenn er davon Gebrauch macht, negative Konsequenzen zu befürchten hätte (zur ausführlichen Diskussion über die Reichweite dieser Garantie vgl. EGMR O'Halloran u. Francis./.Vereinigtes Königreich, Urt. v. 29.06.2007 – 15809/02, 25624/02, NJW 2008, 3552 inklusive abweichender Meinungen; zum Schweigerecht von Personenverbänden bzw. ihrer Vertreter vgl. SSW-StPO/*Kudlich/Schuhr* § 444 StPO Rdn. 8).

46 Auch dem **deutschen Recht** ist der Grundsatz »nemo tenetur« bekannt; er ist zwar verfassungsrechtlich nicht ausdrücklich geregelt, wird jedoch teilweise als Ausfluss von Art. 2 Abs. 1, Art. 1 Abs. 1 GG, jedenfalls als abgesichert durch das Rechtsstaatsprinzip, Art. 20 Abs. 3 GG, gesehen (NK/*Schild* § 142 StGB, Rn. 20; ausführlich zur Diskussion *Bosch* Aspekte, S. 28). Nach Ansicht des Großen Senats in Strafsachen in einer Entscheidung aus dem Jahr 1996 ist dessen Schutzgegenstand die Freiheit von Zwang zur Aussage oder von Zwang zur Mitwirkung am Strafverfahren. Die Freiheit von Irrtum fällt seiner Ansicht nach nicht in den Anwendungsbereich des Grundsatzes (BGHSt 32, 139 [153]), bspw. die Durchführung eines verdeckten Verhörs in der JVA ist eine grds. erlaubte kriminalistische List (BGH NStZ 2010, 527). Die Grenzen zur erlaubten List sind aber überschritten, wenn bei dem in U-Haft sitzenden Häftling die Vorstellung hervorgerufen wird, er könne mit seiner Ehefrau unüberwacht sprechen (BGH NStZ 2009, 519 [521]; umfassend zur kriminalistischen List im Ermittlungsverfahren vgl. *Soiné* NStZ 2010, 596 ff.). Die Befragung eines Beschuldigten durch einen verdeckten Ermittler kann das Recht zur Freiheit zur Selbstbelastung verletzen, wenn der verdeckte Ermittler einen Beschuldigten, der sich zuvor auf sein Aussageverweigerungsrecht berufen hat, unter Ausnutzung eines geschaffenen Vertrauensverhältnisses zu einer Aussage drängt und ihn in einer vernehmungsähnlichen Befragung Äußerungen zum Tatgeschehen entlockt (BGH NStZ 2009, 343 [344]; BGH NStZ 2010, 527 ff.). Die Befragung muss dabei eine Intensität entfalten, dass sie sich als funktionales Äquivalent zu einer staatlichen Vernehmung präsentiert (BGH NJW 2007, 3138 [3141]).

47 **Anders legt der EGMR den Grundsatz »nemo tenetur« aus.** Seiner Ansicht nach ist dessen Anwendungsbereich nicht auf Fälle beschränkt, in denen der Beschuldigte Zwang ausgesetzt oder sein Wille anderweitig überwunden wird. Vielmehr wird die Entscheidung des Beschuldigten, in Polizeibefragungen auszusagen oder zu schweigen, effektiv unterlaufen, wenn die Ermittlungsbehörden Täuschung anwenden, um dem Beschuldigten ein Geständnis oder andere belastende Aussagen zu entlocken die sie in einer normalen Befragung nicht hätten erlangen können und diese Äußerungen anschließend in den Prozess eingeführt werden (EGMR Allan./.Vereinigtes Königreich, Urt. v. 05.11.2002 – 48539/99, RJD 2002-IX, Rn. 50). Dies heißt jedoch nicht, dass der Einsatz verdeckter Ermittlungspersonen jeglicher Art gänzlich ausgeschlossen ist; sofern die Voraussetzungen ihres Einsatzes geregelt und verfahrensrechtliche Absicherungen gegen Missbrauch gegeben sind, sind sowohl ihr Einsatz als auch die Verwertung ihrer Erkenntnisse grds. erlaubt (EGMR Ramanauskas./.Litauen, Urt. v. 05.02.2008 – 74420/01, HRRS 2008 Nr. 200, Rn. 53 ff.; EGMR Pyrgiotakis./.Griechenland, Urt. v. 21.02.2008 – 15100/06, HRRS 2008 Nr. 500, Rn. 20). Sofern sich der Beschuldigte noch nicht auf sein Aussageverweigerungsrecht berufen hat und auch ansonsten keiner Drucksituation ausgesetzt ist, liegt keine Verletzung des nemo-tenetur-Grundsatzes bei Informationserlangung durch Täuschung vor (EGRM Bykov./.Russland, Urt. v. 10.03.2009 – 4378/02, NJW 2010, 213 [216], Rn. 102).

48 **In der Praxis ergeben sich dennoch keine Unterschiede**, denn Konstellationen, die der EGMR als Verletzung des Grundsatzes »nemo tenetur« ansieht, haben sowohl der 1. Senat des BGH (BGHSt 53, 294 ff.) zuletzt wie auch zuvor der 3. Senat (BGHSt 52, 11 ff.) zumindest als Verstoß gegen den Grundsatz des fairen Verfahrens gewertet und für das deutsche Recht ein Verwertungsverbot für entsprechend

gewonnene Beweise angenommen (vgl. zum Ganzen *T. Walter* Europäisierung des Rechts, S. 291 ff.; *Wang*, Einsatz Verdeckte Ermittler zum Entlocken des Geständnisses eines Beschuldigten, 2015).

Ob das Recht auf Selbstbelastungsfreiheit verletzt ist, beurteilt der EGMR anhand einer auf den Einzelfall bezogenen **Abwägung** folgender Faktoren (erstmalig EGMR Jalloh./.Deutschland, Urt. v. 11.07.2006 – 54810/00, NJW 2006, 3117 [3124], Rn. 117 ff.; bestätigt durch EGMR O'Halloran u. Francis./.Vereinigtes Königreich, Urt. v. 29.06.2007 – 15809/02, 25624/02, NJW 2008, 3552, Rn. 55): 49

(1) die Art und der Schwere des Zwangs zum Zwecke der Beweiserlangung;
(2) das Gewicht und das öffentliche Interesse an der Verfolgung der Straftat und Bestrafung des Täters, wobei das vom Täter verwirklichte Unrecht entscheidend ist (hierbei orientiert sich der EGMR wiederum an der zu erwartenden Strafe);
(3) die Existenz angemessener Verfahrensgarantien, wobei sowohl die den Zwang gestattende Norm als auch die Anfechtungsmöglichkeit hinsichtlich der Zwangsmaßnahme selbst sowie hinsichtlich der Verwertung des hierdurch erlangten Beweises anzufechten, eine Rolle spielen.
(4) Die tatsächliche Verwertung der so erlangten Beweismittel.

Beweismittel, die **unabhängig vom Willen des Beschuldigten** oder sogar durch Zwang gewonnen werden, wie z.B. durch Anordnung erlangte Schriftstücke, Atem-, Blut-, Urin- und Haarproben sowie zur DNA-Analyse dienende Körpergewebsproben (Radtke/Hohmann-StPO/*Ambos* EMRK, Art. 6 Rn. 15), sind grds. nicht vom Schweigerecht umfasst (EGMR Saunders./.Vereinigtes Königreich, Urt. v. 17.12.1996 – 19187/91, RJD 1996-VI, Rn. 69). Jedoch gibt es auch Ausnahmen von diesem Grundsatz, für die die Abstufung zwischen Folter und unmenschlicher und erniedrigender Behandlung in Art. 3 EMRK eine besondere Rolle spielen (dazu s. Art. 3 Rdn. 43 ff.). So ist nach gefestigter Rechtsprechung ein Verfahren automatisch unfair, wenn belastendes Beweismaterial, egal ob Geständnis oder körperliches Beweismittel, das **direkt durch Folter** erlangt wurde, im Verfahren (1) verwendet wird und (2) das Urteil darauf beruht (EGMR Jalloh./.Deutschland, Urt. v. 11.07.2006 – 54810/00, NJW 2006, 3117 [3123], Rn. 107). Weiter noch ging der EGMR im Fall »Jalloh«, wo er die Verwendung von Beweismitteln, die »nur« durch den als **unmenschliche und erniedrigende Behandlungen** gegen Art. 3 EMRK verstoßenden Einsatz von Brechmitteln gewonnen wurden, zum Beweis eines bloßen Verstoßes gegen das BtMG als so schwerwiegend ansah, dass er nach der Gesamtbetrachtung des Einzelfalls das gesamte Verfahren für unfair befand, dabei jedoch die Frage, ob dies ab sofort für die Zukunft bei derartigen Verstößen generell automatisch der Fall sein sollte, ausdrücklich offen ließ (EGMR Jalloh./.Deutschland, Urt. v. 11.07.2006 – 54810/00, NJW 2006, 3117 [3123], Rn. 107 f.; bestätigt durch EGMR Gäfgen./.Deutschland, Urt. v. 01.06.2010 – 22978/05, NJW 2010, 3145 [3148], Rn. 173). Jedenfalls ist auch bei Anwendung von unmenschlicher und erniedrigender Behandlung zur Erlangung eines Geständnisses erforderlich, dass sich die Verletzung auf das Ergebnis des Verfahrens ausgewirkt hat, um einen Verstoß gegen Art. 6 Abs. 1 EMRK annehmen zu können (EGMR Gäfgen./.Deutschland, Urt. v. 01.06.2010 – 22978/05, NJW 2010, 3145 [3148], Rn. 173). Schon wegen des in § 359 Nr. 6 StPO verankerten Wiederaufnahmegrundes des Beruhens eines Urteils auf der Verletzung der EMRK (vgl. hierzu SSW-StPO/*Kaspar* § 359 Rdn. 39) darf die Bedeutung von Art. 6 Abs. 1 S. 1 (und seiner Auslegung durch den EGMR) nicht unterschätzt werden. 50

e) Verteidigung durch sich selbst oder durch einen Anwalt, Art. 6 Abs. 3 lit. c. Ein weiterer Ausfluss des Prinzips der Waffengleichheit ist das Recht auf Verteidigung durch sich selbst oder durch einen Anwalt. Die Vorschrift enthält genau genommen drei Rechte, nämlich auf **Selbst-, Wahl- und Pflichtverteidigung** (Radtke/Hohmann-StPO/*Ambos* EMRK, Art. 6 Rn. 44; *Esser* Auf dem Weg S. 450; SSW-StPO/*Beulke* Einl. StPO Rdn. 160). 51

Das **Recht auf Selbstverteidigung** beinhaltet ein mit dem Recht auf rechtliches Gehör korrespondierendes Anwesenheitsrecht (Radtke/Hohmann-StPO/*Ambos* EMRK, Art. 6 Rn. 46). 52

Nachdem die Verteidigerbestellung alleine noch keine effektive Verteidigung gewährleistet, bürdet der EGMR dem Gericht sowohl bei Wahl- als auch bei Pflichtverteidigern eine Pflicht zum Einschreiten bei offensichtlichen Mängeln in der Verteidigung auf (EGMR Daud./.Portugal, Urt. v. 21.04.1998 – 22600/93, RJD 1998-II, Rn. 38, 42 f.; *Demko* HRRS 2006, 250 ff.; Radtke/Hohmann-StPO/*Ambos* EMRK, Art. 6 Rn. 45; *Esser* Auf dem Weg S. 458, 472 f.). 53

54 Das **Recht auf Pflichtverteidigung** gewährt bei Mittellosigkeit das Recht, sich unentgeltlich einen Pflichtverteidiger stellen zu lassen, sofern dies im Interesse der Rechtspflege erforderlich und der Beschuldigte bedürftig ist. Art. 6 Abs. 3 lit. c gewährt keinen endgültigen Anspruch auf einen kostenlosen Verteidiger, vielmehr erlaubt die Vorschrift auch, dass die Staatskasse die Kosten für den Verteidiger vom Beschuldigten einfordert (EuKMR EuGRZ 1983, 422 [423]); vgl. auch SSW-StPO/*Steinberger-Frauenhofer* § 464a StPO Rdn. 6; Radtke/Hohmann-StPO/*Ambos* EMRK, Art. 6 Rn. 47; BeckOK-StPO/*Valerius* EMRK, Art. 6 Rn. 46).

55 Bzgl. der Person des Verteidigers hat grds. der **Wille des Beschuldigten** Vorrang. Im Interesse der Funktionsfähigkeit der Strafrechtspflege ist es jedoch ausnahmsweise möglich, dessen Wunsch nicht zu entsprechen (EGMR Croissant./.Deutschland, Urt. v. 25.09.1992 – 13611/88, Series A237-B, Rn. 29). Der Anwendungsbereich dieser Garantie erstreckt sich auf das Ermittlungsverfahren und gilt gerade auch für die erste polizeiliche Vernehmung (EGMR Öcalan./.Türkei, Urt. v. 12.05.2005 – 46221/99, ECHR 2005-IV, Rn. 131) bis einschließlich des Revisionsverfahrens.

56 Damit der Beschuldigte eine realistische Chance auf **effektive Verteidigung** während des ganzen Prozesses hat, muss er grundsätzlich bereits bei der ersten Vernehmung Zugang zu einem Verteidiger haben können. Daher muss die Ermittlungsbehörde im Fall des Bestehens von Strafverteidigernotdiensten zu Wochenend- und Nachtzeiten auf den **Notdienst** hinweisen und dem Beschuldigten Kontaktmöglichkeit gewähren (*Corell* StraFo 2011, 34 [36 f.]; zum Bedürfnis der Ausweitung der notwendigen Verteidigung im Ermittlungsverfahren ausführlich *Satzger* Gutachten 65. DJT, C 86 ff.). Die Pflicht zur Belehrung über das Recht auf Verteidigerkonsultation ist auch im deutschen Recht in §§ 136 Abs. 1, 137 Abs. 1 S. 1 StPO enthalten (vgl. BGHSt 38, 372; BGH NStZ 1996, 291; *Pfeiffer* StPO, § 136 Rn. 4; SSW-StPO/*Beulke* Einl. StPO Rdn. 297 ff. m.w.N.). So darf eine Vernehmung ohne vorherige Konsultation des Verteidigers nur dann fortgesetzt werden, wenn sich der Beschuldigte nach erneuter Belehrung ausdrücklich mit der Fortsetzung einverstanden erklärte und sich die Beamten ernsthaft um Kontaktherstellung bemüht hatten, andernfalls kann es zu einem Beweisverwertungsverbot kommen (KK-StPO/*Diemer*, § 136 Rn. 14; BGH NStZ 1996, 291; vertiefend hierzu *Beulke* NStZ 1996, 257 ff.). Allerdings konstituiert im deutschen Recht die Pflicht zur Belehrung über das Recht auf Verteidigerkonsultation keine Pflicht der Ermittlungsbehörde, den Beschuldigten, der keinen Wunsch auf Zuziehung eines Verteidigers äußert, auf einen vorhandenen anwaltlichen Notdienst hinzuweisen (BGHSt 47, 233). Nur aus »zwingenden Gründen« (z.B. bei »safety interviews« von mutmaßlichen Terroristen) darf die Heranziehung eines Verteidigers zunächst unterbleiben (»compelling reasons test«), jedoch verlangt der Gerichtshof einen klaren rechtlichen Rahmen hierfür, die Abwesenheit jeglichen Zwangs sowie die Unverwertbarkeit derartige Aussagen (EGMR Ibrahim./.Vereinigtes Königreich, Urt. v. 16.12.2014 – 50541/08, Rn. 191 ff.).

57 In seiner jüngeren Rechtsprechung hatte sich der EGMR mit **§ 329 Abs. 1 StPO a.F.** und dem Recht auf Verteidigerbeistand nach Art. 6 Abs. 1, 3 lit. c zu beschäftigen. Der Gerichtshof hat überzeugend dargelegt, dass die deutsche Regelung, wonach ein Gericht den Berufungsantrag zu verwerfen hat, wenn der Angeklagte bei der Verhandlung unentschuldigt fehlt (und dies selbst dann, wenn der Verteidiger, von dem der Angeklagte sich verteidigen lassen möchte, anwesend ist), gegen den fair-trial Grundsatz verstieß. Denn das Recht auf effektive Verteidigung überwiege das staatliche Interesse an der Anwesenheit des Angeklagten in der Verhandlung. Eine Sanktionierung der Abwesenheit bleibe grundsätzlich möglich, dürfe jedoch nicht dazu führen, dass dem Angeklagten alle Verteidigungsmöglichkeiten genommen würden und sein Rechtsmittel ohne Prüfung in der Sache verworfen werde (EGMR Neziraj./.Deutschland Urt. v. 8.11.2012 – 30804/2007, Rn. 54; dazu auch *Esser/Gaede/Tsambikakis* NStZ 2011, 140; *Püschel* StraFo 2012, 15 ff.; dazu auch *Meyer-Goßner/Schmitt* MRK, Art. 6 Rn. 20a m.w.N. der darin einen Widerspruch zu den Grundprinzipien der deutschen StPO sieht). Daraus resultiert somit ein »**Recht auf Vertretung**«, was im deutschen Strafprozessrecht im unmittelbaren Spannungsverhältnis zu den anerkannten Prinzipien der Unmittelbarkeit und Mündlichkeit im Prozess steht. Der Angeklagte kann sich durch einen anwesenden, ordnungsgemäß bevollmächtigten und verteidigungsbereiten Prozessvertreter vertreten lassen. Der Prozess muss so geführt werden, als wäre er prsönlich anwesend, was auch zu einer – im deutschen Recht bislang unbekannten – Abwesenheitsverurteilung führen kann (*Satzger* IntEuStrR § 11 Rn. 73a mwN). Dies ist nun auch durch die gesetzliche Neuregelung des § 329 umgesetzt. Damit sind die Argumente, wonach die Vorgaben des EGMR sich

nicht mit den Grenzen der Auslegung der StPO vereinbaren ließen (so OLG München, NStZ 2013, 358, 359; krit. auch *Esser*, StraFO 2013, 253), hinfällig.

Art. 6 Abs. 3 lit. c schützt auch die **Heimlichkeit des Verkehrs zwischen Verteidigung und Beschuldigten** für die Zeit des Ermittlungsverfahrens bis zum Abschluss der Revisionsinstanz (EGMR S./.Schweiz, Urt. v. 28.11.1991 – 12629/87, 13965/88, Series A220, Rn. 58). In welchem Umfang dieses Recht dem Beschuldigten dann gewährt wird, richtet sich nach der Komplexität des Einzelfalls, wobei in einem anspruchsvollen Verfahren wegen Terrorismus und zahlreicher anderer Straftaten zwei Verteidigerkonsultationen pro Woche als angemessen erachtet wurden (EGMR Öcalan./.Türkei, Urt. v. 12.03.2003 – 46221/99, EuGRZ 472, 479, Rn. 154). 58

f) Das Konfrontationsgebot, Art. 6 Abs. 3 lit. d. Das schließlich bedeutendste Recht aus dem Grundsatz der Waffengleichheit ist das Konfrontationsrecht gem. Art. 6 Abs. 3 lit. d. Dies bedeutet, dass Belastungszeugen mit dem Beschuldigten im Laufe des Verfahrens mindestens einmal zu konfrontieren sind, damit dieser sie ausdrücklich **befragen** und ihre **Glaubwürdigkeit in Zweifel ziehen** kann (EGMR Lüdi./.Schweiz, Urt. v. 15.06.1992 – 12433/86, EuGRZ 1992, 300 [301 f.], Rn. 47; EGMR Van Mechelen u.a./.Niederlande, Urt. v. 23.04.1997 – 21363/93, 21364/93, 21427/93, 22056/93, StV 1997, 617). Diese Konfrontation soll i.d.R. im Rahmen der öffentlichen Hauptverhandlung erfolgen, kann aber auch schon im Ermittlungsverfahren durchgeführt werden. Der **Begriff des Zeugen** ist in diesem Zusammenhang autonom auszulegen: erfasst ist jeder Aussagende, also auch der Mitbeschuldigte (*Esser* EuIntStrR, § 9 Rn. 261; krit. zur deutschen Rspr. insoweit *Dehne-Niemann* HRRS 2010, 189 ff.), der vor Gericht oder einer anderen Stelle eine Aussage macht, die die wesentliche Grundlage der Verurteilung sein kann (EGMR Engel u.a./.Niederlande, Urt. v. 08.06.1976 – 5100/71, 5101/71, 5102/71, 5354/72, 5370/72, Series A22, Rn. 91; ausführlich *Cornelius* NStZ 2008, 244 [247 f.]). 59

Ein Verstoß gegen das Konfrontationsgebot macht das Verfahren nicht automatisch unfair; auch hier muss wieder eine **Gesamtbetrachtung** vorgenommen werden, nach der beurteilt wird, ob das Verfahren in seiner Gesamtheit als fair anzusehen ist oder nicht. Diese Prüfung erfolgt in **drei Stufen** (EGMR Edwards und Lewis./.Vereinigtes Königreich, Urt. v. 27.10.2004 – 39647/98, 40461/98, RJD 2004-X, Rn. 52 ff.; ausführlich hierzu auch *Schramm* HRRS 2011, 156 ff.), wobei die Reihenfolge dieser Stufen in der neueren Rechtsprechung des EGMR modifiziert wurde (dazu s. unten Rdn. 61 ff.). Herkömmlicherweise wurde wie folgt geprüft (zum nationalen Recht vgl. SSW-StPO/*Kudlich*/*Schur* § 241 StPO Rn. 43, § 250 Rn. 18, § 252 StPO Rn. 17): 60

(1) Erstens, ob ein durch die Rechtsprechung des EGMR **anerkannter Grund für die fehlende Konfrontation** vorliegt; sofern dies bereits nicht der Fall ist, ist das Verfahren in seiner Gesamtheit als unfair zu betrachten; als derartige Gründe akzeptiert der EGMR etwa die sachliche oder rechtliche Unmöglichkeit der Erreichbarkeit eines Zeugen (EGMR Sapunarescu./.Deutschland, Urt. v. 11.09.2006 – 22007/03, StraFo 2007, 107). 61

Der EGMR (5. Sektion) hat in einem Verfahren gegen Deutschland auch die Vernehmung zweier Belastungszeuginnen, die im Ermittlungsverfahren ohne Konfrontationsmöglichkeit durch den Beschuldigten (ein Pflichtverteidiger wurde nicht bestellt) vernommen wurden und unmittelbar danach in ihre Heimatländer zurückgereist waren, als unerreichbar angesehen, da umfangreiche Bemühungen des deutschen Gerichts – unter Einbeziehung von Rechtshilfeersuchen – teils wegen der Weigerung der Zeuginnen, teils wegen der Blockadehaltung des Gerichts des Heimatstaats der Zeuginnen, erfolglos blieben (EGMR Schatschaschwili./.Deutschland, Urt. v. 17.4.2014 – 9154/10 – die Entscheidung der GrK steht aus).

Insbesondere die Abwesenheit des Zeugen aus Furcht vor Repressalien infolge einer Aussage vor Gericht kann ein Grund für die Einführung der Zeugenaussage ohne Konfrontationsmöglichkeit mit dem Beschuldigten (oder eines Vertreters) sein. Dies gilt jedenfalls, wenn eine Bedrohung unmittelbar auf dem Verhalten des Beschuldigten (oder einem ihm zurechenbaren Verhalten anderer) beruht. Im Fall fehlender direkter Bedrohung muss ermittelt werden, ob ein objektiver Grund zur Furcht besteht und insoweit Beweis erhoben werden. Der Verzicht auf eine Konfrontation durch Absehen von einer Vernehmung vor Gericht darf in jedem Fall nur das letzte Mittel (»measure of last resort«) sein, andere Möglichkeiten (wie Videovernehmung, kommissarische Vernehmung, Abschirmung) sind vorrangig zu nutzen (grundlegend EGMR GrS Al-Khawaja und Tahery./.Vereinigtes Königreich, Urt. v. 15.12.2011 – 26766/05 u. 22228/06; Rn. 120 ff.). 62

63 Dieselben Grundsätze gelten auch bei anonymen Zeugen, insb. also bei durch eine Aussage in öffentlicher Hauptverhandlung gefährdeten V-Leuten (Scholer ./. Deutschland, Urt. v. 18.12.2014 – 14212/10, Rn. 60). Im Fall anonymer Zeugen müssen die Behörden, um die Anonymität aufrecht zu erhalten und ggf. auf eine Konfrontation zu verzichten, stichhaltige und ausreichende Gründe für die Notwendigkeit der Geheimhaltung der Identität vorbringen (EGMR Haas ./. Deutschland, Urt. v. 17.11.2005 – 73047/01, NStZ 2007, 103 [104] m. Anm. Esser), Gründe für die unabdingbare Wahrung der Anonymität liegen vor, wenn die Zeugen aufgrund der Angst vor Repressalien nur durch Garantie ihrer Anonymität zur Aussage veranlasst und so gleichzeitig geschützt werden können. Die Annahme von Repressalien zur Erzwingung der Nichtaussage durch den Beschuldigten liegt dann nahe, wenn die Zeugen bei früherer Gelegenheit und nicht anlässlich der verhandelten Straftat Opfer von Drohung oder Gewalt seitens des Beschuldigten wurden (EGMR Doorson ./. Niederlande, Urt. v. 26.03.1996 – 20524/92, RJD 1996-II, Rn. 71; siehe dazu auch das Urteil des EGMR Al-Khawaja und Tahery ./. Vereinigtes Königreich, Urt. v. 15.12.2011 – 26766/05 und 22228/06, in dem eine Verletzung von Art. 6 Abs. 3 lit. d angenommen wurde). Der Verzicht auf Konfrontation ist aber auch hier immer letztes Mittel (EGMR Scholer ./. Deutschland, Urt. v. 18.12.2014 – 14212/10, Rn. 46, 57).

64 Der EGMR hat insbes. auch, die Schutzbedürftigkeit eines Zeugen als Opfer einer Sexualstraftat (EGMR N.F.B./.Deutschland, Urt. v. 18.10.2001 – 37225/97, RJD 2001-XI, NJW 2003, 2297), die Berufung eines Zeugen auf sein Zeugnisverweigerungsrecht (EGMR Asch./.Österreich, Urt. v. 26.04.1991 – 12398/86, Rn. 16 und 31) oder Motive der nationalen Sicherheit (EGMR Edwards und Lewis./.Vereinigtes Königreich, Urt. v. 27.10.2004 – 39647/98, 40461/98, RJD 2004-X, Rn. 53) und die Geheimhaltung von Ermittlungsmethoden der Polizei (KK-StPO/*Schädler* MRK, Art. 6 Rn. 54 ff.; *Meyer-Goßner/Schmitt* MRK, Art. 6 Rn. 22b ff.) als Gründe für das Fehlen von Konfrontation angesehen.

65 (2) Sofern einer dieser Gründe vorliegt, gelangt der EGMR in seiner herkömmlichen Prüfung zur zweiten Stufe: Er prüft, ob diese Einschränkung der Verteidigungsrechte durch die Justiz **ausreichend kompensiert** wurde (EGMR Doorson./.Niederlande, Urt. v. 26.03.1996 – 20524/92, RJD 1996-II, Rn. 72 f.). Eine Möglichkeit der Kompensation ist die Nachholung der Befragung. Zumindest einmal im Laufe des Prozesses muss dem Beschuldigten oder seinem Verteidiger die Möglichkeit gegeben werden, den Zeugen zu befragen (EGMR Kostovski./.Niederlande, Urt. v. 20.11.1989 – 11454/85, Series A166, Rn. 41; EGMR N.F.B./. Deutschland, Urt. v. 18.10.2001 – 37225/97, RJD 2001-XI, NJW 2003, 2297 [2298]). Im deutschen Recht kommt auch die unmittelbare Kompensation durch audiovisuelle Vernehmungsmethoden i.S.v. § 257a StPO in Betracht, allerdings hält der EGMR zumindest eine rein akustische Übertragung für nicht ausreichend (EGMR Van Mechelen u.a./.Niederlande, Urt. v. 23.04.1997 – 21363/93, 21364/93, 21427/93, 22056/93, StV 1997, 617). Das Gericht muss dem Zeugen zumindest einen unter Mitwirkung des Angeklagten bzw. dessen Verteidigung vorbereiteten Katalog von Fragen vorlegen (EGMR Lüdi./.Schweiz, Urt. v. 15.06.1992 – 12433/86, EuGRZ 1992, 300 [301 f.], Rn. 47). Dies reicht nicht, wenn die Verurteilung allein oder weit überwiegend auf die Aussage des Zeugen gestützt werden soll, denn ohne persönliche Befragung hat die Verteidigung keine Gelegenheit, die Glaubwürdigkeit des Zeugen in Zweifel zu ziehen (EGMR Van Mechelen u.a./.Niederlande, Urt. v. 23.04.1997 – 21363/93, 21364/93, 21427/93, 22056/93, StV 1997, 617 [619], Rn. 55; s. auch *Renzikowski* JZ 1999, 605 ff.; vertiefend zum innerstaatlichen Recht SSW-StPO/*Kudlich/Schuhr* § 250 StPO Rn. 18). Im Fall der Verwertung der Aussagen anonymer Zeugen ist eine derartige Kompensation gegeben, wenn der Verteidiger die Zeugen in Abwesenheit des Beschuldigten konfrontativ befragen und ihre Glaubwürdigkeit erschüttern kann, ohne dass ihre Identität preisgegeben wird (EGMR Doorson./.Niederlande, Urt. v. 26.03.1996 – 20524/92, RJD 1996-II, Rn. 73).

66 (3) Sofern die Einschränkung der Verteidigungsrechte hinreichend kompensiert wurde, kommt es nach herkömmlicher Prüfung auf dritter Stufe für die Bewahrung der Fairness des Verfahrens und die Beweiswürdigung an: Die Angaben des nicht (vollständig) konfrontierten Belastungszeugen müssen **mit äußerster Sorgfalt und Zurückhaltung gewürdigt** werden und durch andere Beweismittel erhärtet sein. Das bedeutet, dass die Aussage des unkonfrontiert vernommenen Belastungszeugen grds. nicht die einzige oder maßgebliche Grundlage für die Verurteilung sein darf (»**sole or decisive rule**«; s. nur EGMR GrK Al-Khawaja und Tahery./.Vereintes Königreich GrK, Urt. v. 15.12.2011 – 26766/05 u. 22228/06, Rn. 119 ff.; EGMR Schatschaschwili ./. Deutschland, Urt. v. 17.4.2014 – 9154/10, Rn. 65 ff.; s. auch EGMR Haas./.Deutschland, Urt. v. 17.11.2005 – 73047/01, NStZ 2007, 103 [104] m.w.N. und

m. Anm. *Esser*; vgl. zum nationalen Recht SSW-StPO/*Kudlich/Schuhr* § 251 StPO Rn. 30). Je höher der Beweiswert der zusätzlichen Beweise, desto weniger wahrscheinlich ist die Annahme, die Aussage des nicht konfrontativ befragten Belastungszeugen sei in diesem Sinn maßgeblich (»decisive«; s. nur Schatschaschwili./. Deutschland, Urt. v. 17.4.2014 – 9154/10, Rn. 73). Die übrigen Beweismittel müssen somit in ihrem Beweiswert die unkonfrontiert zustande gekommene Aussage überwiegen (KK-StPO/*Schädler* MRK, Art. 6 Rn. 60 m.w.N.; *Esser* Auf dem Weg S. 647, 674).

Von der bisherigen Prüfungsreihenfolge und der strengen »sole or decisive rule« ist der EGMR jedoch in jüngster Zeit **abgerückt**. Beruht die Verurteilung ausschließlich oder maßgeblich auf der Aussage des nicht konfrontierten Zeugen, erlaubt der Gerichtshof ein gewisses Maß an Flexibilität – der Beweis vom Hörensagen soll so nicht per se gegen die EMRK verstoßen (s. nur Şandru./.Rumänien, Urt. v. 15.10.2013 – 33882/05, Rn. 59). Jedoch verlangt der Gerichtshof – insoweit übereinstimmend mit der bisherigen zweiten Prüfungsstufe (s. oben Rdn. 65) – **ausreichende Kompensationselemente** für die unterbliebene Konfrontation (sog. »sufficient counterbalancing factors«), bei denen insbesondere prozessuale Sicherungen eine Rolle spielen sollen (EGMR GrK Al-Khawaja und Tahery./.Vereintes Königreich GrK, Urt. v. 15.12.2011 – 26766/05 u. 22228/06, Rn. 119 u. 147; EGMR Schatschaschwili ./. Deutschland, Urt. v. 17.4.2014 – 9154/10, Rn. 65). Ob letztlich eine Verletzung des Art. 6 I EMRK vorliegt, beurteilt sich dann nach einer **Gesamtbetrachtung**. 67

Bedeutsam ist somit, dass (anders als zuvor) nach der neueren Rechtsprechung eine **ohne Konfrontation** zustande gekommene Aussage auch die **»maßgebliche« (»decisive«) Grundlage für eine Verurteilung sein kann**, wenn hinreichende Kompensationselemente gegeben sind. Im Ergebnis bedeutet dies, dass der Gerichtshof nunmehr die zweite und dritte Stufe des bisherigen Prüfungsmodells vertauscht (s. nur Scholer./.Deutschland, Urt. v. 18.12.2014 – 14212/10, Rn. 46 ff.; so auch *Esser* EuIntStrR, § 9 Rn. 268). 68

g) Dolmetscher, Art. 6 Abs. 3 lit. e. Für Beschuldigte, die der Gerichtssprache nicht mächtig sind, konstituiert Art. 6 Abs. 3 lit. e schließlich die Pflicht des Staates, diesen einen **kostenlosen Dolmetscher** zu stellen. Dieses Recht steht dem Beschuldigten angefangen vom Ermittlungsverfahren (vgl. EGMR Baytar./. Türkei, Urt. v. 14.10.2014 – 45440/04, Rn. 53 ff.) über die Hauptverhandlung bis einschließlich der Rechtsmittelinstanzen zu und erstreckt sich auf sämtliche Erklärungen und Dokumente, die der Beschuldigte kennen muss, um sich effektiv verteidigen zu können (EGMR Luedicke, Belkacem u. Koç./.Deutschland, Urt. v. 28.11.1978 – 6210/73, EuGRZ 1979, 34 [40], Rn. 48). Der Beschuldigte muss den Dolmetscher zur Übersetzung aller maßgeblichen Verfahrenshandlungen der Beteiligten sowie sämtlicher ihm ggü. abgegebenen Erklärungen heranziehen können (BGH NJW 2001, 309; *Esser* Auf dem Weg S. 509; BeckOK-StPO/*Valerius* EMRK, Art. 6 Rn. 54). Eine schriftliche Übersetzung sämtlicher Urkunden ist nicht erforderlich, die mündliche Übersetzung während der Hauptverhandlung genügt (EGMR Kamasinski./.Österreich, Urt. v. 19.12.1989 – 9783/82, ÖJZ 1990, 412 [413], Rn. 74). Im deutschen Recht ist dieser Pflicht durch § 464c StPO Genüge getan (vertiefend für das nationale Recht vgl. SSW-StPO/*Steinberger-Frauenhofer* § 464a StPO Rn. 7), auf EU-Ebene werden hier dem Beschuldigten durch die Richtlinie 2010/64/EU v. 20.10.2010 über das Recht auf Dolmetschleistungen und Übersetzungen in Strafverfahren (ABlEU 2010 L 280 S. 1 ff.) weiter gehende Rechte garantiert. 69

Grds. hat der Angeklagte ungeachtet dessen, ob er verurteilt oder freigesprochen wurde, die Kosten für den Dolmetscher weder im Straf- noch im Bußgeldverfahren zu tragen (EGMR NJW 1979, 1091; der Privatkläger dagegen schon, BVerfG NStZ 1981, 230), es sei denn, ihm wurden im Fall von Freispruch und Säumnis die Kosten der Säumnis nach § 467 Abs. 2 StPO oder im Fall einer Verurteilung die Auslagen des Dolmetschers nach § 464c StPO auferlegt (*Meyer-Goßner/Schmitt* MRK, Anh 4 Art. 6 Rn. 24; BeckOK-StPO/*Valerius* EMRK, Art. 6 Rn. 57). Die Kosten der Übersetzung von Briefen ausländischer Häftlinge sowie der Überwachung von Besuchen oder eines Telefongesprächs zur Kontrolle und Überwachung dürfen diesen als Verstoß gegen Art. 3 Abs. 1 GG nicht auferlegt werden (BVerfG NJW 2004, 1095 m.w.N.), vielmehr ist alternativ eine Einschränkung des Briefverkehrs anzuordnen (*Meyer-Goßner/Schmitt* MRK, Anh 4 Art. 6 Rn. 24). 70

h) Verständigung im Strafverfahren (plea bargaining) Der EGMR betrachtet die **Verständigung in Strafverfahren** keineswegs als »unangemessen« (»improper«), vielmehr gehöre das »plea bargaining« heute zu den gemeinsamen Charakteristika der europäischen Strafjustizsysteme; der Vorteil liege darin, 71 die Strafverfolgungsbehörden zu entlasten, die Verfahren zu beschleunigen, Korruption und Organisierte Kriminalität effektiver zu bekämpfen und die Strafen zu verringern, was letztlich zu weniger überfüllten Gefängnissen führe (Natsvlishvili u. Togonidze./.Georgien, Urt. v. 29.4.2014 – 9043/05, Rn. 90). Dass der Beschuldigte dabei auf eine Reihe von Prozessrechten verzichte, hält der EGMR für unbedenklich, vorausgesetzt, der Verzicht erfolgt eindeutig und wird von prozessualen Mindestsicherungen begleitet, die ihrer Bedeutung entsprechen; außerdem dürfe der Verzicht nicht gegen bedeutende öffentliche Interessen verstoßen (Natsvlishvili u. Togonidze ./. Georgien, Urt. v. 29.4.2014 – 9043/05, Rn. 91).

72 Der Gerichtshof konkretisiert diese Anforderungen, indem er zwei Kriterien für eine wirksame Absprache benennt:
– Der Beschuldigte muss, bevor er die Verständigung gänzlich freiwillig akzeptiert, die Tatsachenbasis und die rechtlichen Konsequenzen voll erfassen.
– Der Inhalt der Absprache und die Fairness ihres Zustandekommens müssen hinreichend gerichtlich überprüfbar sein. In diesem Zusammenhang hebt der EGMR die Bedeutung einer schriftlichen Fixierung der Absprache und der Verhandlungen hervor. Für die Fairness spreche eine fehlende Bindungswirkung des zuständigen Gerichts sowie dessen Möglichkeit, die Richtigkeit der Beschuldigungen (zumindest mittels *prima facie* Beweisen) zu überprüfen und die Absprache zum Gegenstand einer öffentlichen Verhandlung zu machen.

73 Mit diesem ersten Urteil des EGMR zur Vereinbarkeit der Verständigungspraxis mit Art. 6 EMRK nimmt der Gerichtshof eine sehr verständigungsfreundliche (tendenziell sogar »verständigungsidealisierende«) Haltung ein; er will damit ganz offensichtlich den »modernen« Entwicklungen in den meisten europäischen Ländern nicht im Wege stehen. Es bleibt zu hoffen, dass die bislang rudimentären Anforderungen an konsensuale Elemente im Strafprozess im Hinblick auf die Grundanforderungen der Fairness näher konkretisiert und tendenziell strenger gehandhabt werden.

74 **i) Agent provocateur.** Unzulässig ist nach Auffassung des EGMR die **Tatprovokation durch einen polizeilichen Lockspitzel** (sog. agent provocateur). Ein Strafverfahren, bei dem der polizeiliche Lockspitzel den Tatentschluss bei einem an sich noch nicht tatgeneigten Bürger erst hervorruft, wird vom EGMR stets als von Anfang an unfair i.S.v. Art. 6 Abs. 1 S. 1 angesehen (EGMR Teixeira de Castro./.Portugal, Urt. v. 09.06.1998 – 25829/94, RJD 1998-IV, Rn. 39; SSW-StPO/*Beulke* Einl. Rdn. 117; *Esser* EuIntStrR, § 9 Rn. 230 ff.).

75 Der BGH, der in seiner früheren Rechtsprechung bereits ein Prozesshindernis für diese Konstellation angenommen hatte (BGH NJW 1981, 1626; vgl. auch BVerfG NJW 1995, 651 für Ausnahmefälle), ging bisher einen anderen Weg: Nicht das Verfahren als solches war unzulässig, sondern die Tatprovokation wurde allein auf Strafzumessungsebene **strafmildernd** berücksichtigt (BGHSt 33, 283; 45, 321 m. krit. Anm. *Kudlich* JuS 2000, 951; *Roxin* JZ 2000, 369; zust. *Lesch* JR 2000, 43). Der BGH verwies darauf, dass ein Prozesshindernis anhand klar bestimmbarer Tatsachen und nicht erst durch eine Wertung begründet werden dürfe und dass für die Fälle der Tatprovokation nicht genügend Anhaltspunkte dafür vorlägen, dass der Gesetzgeber von deren Nichtvorliegen das gesamte Verfahren abhängig machen wollte.

76 Diese Rechtsprechung hat in der Literatur teilweise Zustimmung erfahren. Alternativ wurde der Vorschlag vorgebracht, die zum Beschleunigungsgebot entwickelte Vollstreckungslösung (unten Rdn. 94) auf die Konstellation des Lockspitzels zu übertragen (so *Kraatz* JR 2008, 194; *Weber* JR 2008, 36 [38]; abl. *Heghmanns* ZJS 2008, 197 [202]; *Streng* JZ 2008, 979 [985]). Dagegen spricht jedoch, dass die zu berücksichtigende Ansicht des EGMR klar darauf hinausläuft, dass ein öffentliches Interesse an Strafverfolgung die Verwertung von Beweismitteln, die durch polizeiliche Anstiftung gewonnen wurden, nie rechtfertigen kann (EGMR Edwards und Lewis./.Vereinigtes Königreich, Urt. v. 27.10.2004 – 39647/98, 40461/98, RJD 2004-X, Rn. 49). Deshalb darf im Ergebnis eine Bestrafung des zur Tat Provozierten – zumindest in eindeutigen und gravierenden Fällen – unter Berücksichtigung der Vorgaben des EGMR nicht erfolgen. Der EGMR hat jüngst zum Ausdruck gebracht, dass für alle Beweise, die das Ergebnis einer Tatprovokation sind, ein **Verwertungsverbot** oder ein Verfahren mit ähnlichen Konsequenzen gelten müsse. Daraus folgt eindeutig, dass der bisher in Deutschland praktizierte Strafabschlag (ebenso wie die alternative Vollstreckungslösung) diesen Vorgaben keinesfalls gerecht wird

(s. nur EGMR Furcht./.Deutschland Urt. v. 23.10.2014, so auch *Esser* EuIntStrR, § 9 Rn. 233; *Satzger* IntEuStrR § 11 Rn. 79 mwN).

In der Folge hat der BGH seine **Rechtsprechung geändert** (BGH Urt. v. 10.06.2015, 2 StR 97/14) und so versucht, der Entscheidung EGMR Furcht./.Deutschland (s. Rdn. 76) Rechnung zu tragen. Die Strafzumessungslösung hat er verworfen, jedoch offengelassen, ob eine rechtswidrige Tatprovokation **stets** eine Verfahrenseinstellung aufgrund eines endgültigen Verfahrenshindernisses zur Folge haben müsse oder ob nicht vielmehr eine »abgestufte Lösung«, abhängig von der Schwere der Menschenrechtsverletzung, in Betracht komme. 77

Zuzugeben ist, dass sich ein Prozesshindernis nach deutschem Recht angesichts der bisherigen – durchaus beachtlichen – Argumente des BGH nicht ohne Schwierigkeiten begründen lässt. Richtig erscheint es daher, dass die Vorgaben des EGMR ihre Auswirkung im **materiellen** Recht haben: Regelmäßig ist davon auszugehen, dass die Provokation durch den Staat als derart gravierend anzusehen ist, dass ein noch so hoher materieller Strafabschlag kein faires Verfahren gewährleisten kann. Der Abschied von der Strafzumessungslösung ist daher begrüßenswert. Allein die Annahme eines ungeschriebenen **Schuldausschließungsgrund**es erscheint daher als ein praktikabler und mit der EMRK in Einklang stehender Weg (so, allerdings nur für Extremfälle, *Beulke* StPO, Rn. 288; SK-StPO/*Paeffgen* Anh zu § 206a Rn. 28; Lackner/*Kühl* StGB, Vorbemerkung § 32 Rn. 33; ausführlich zur Problematik LR/*Esser* MRK, Art. 6 Rn. 258 ff.). 78

j) Beweisverwertung. Zusammenfassend ist hinsichtlich der Verwertung konventionswidrig erlangter Beweise zu beachten, dass aus Art. 6 **keine Beweisverwertungsverbote** herrühren, sondern der EGMR nur im Rahmen seiner Gesamtbetrachtung des Verfahrens überprüft, ob das Verfahren trotz der Verwertung des konventionswidrig erlangten Beweises **insgesamt fair** ist (st. Rspr.; vgl. statt vieler EGMR Haas./.Deutschland, Urt. v. 17.11.2005 – 73047/01, NStZ 2007, 103 [104] m.w.N. und m. Anm. *Esser*; Radtke/Hohmann-StPO/*Ambos* EMRK, Art. 6 Rn. 53; BeckOK-StPO/*Valerius* EMRK, Art. 6 Rn. 14; *Esser* Auf dem Weg S. 184). Nur wenn die Verurteilung zumindest entscheidend auf der konventionswidrig erlangten Zeugenaussage beruht, ist das Verfahren insgesamt unfair und ein Verstoß gegen Art. 6 Abs. 1 gegeben (EGMR Doorson./.Niederlande, Urt. v. 26.03.1996 – 20524/92, ÖJZ 1996, 715 [717], Rn. 76). Es besteht somit in der Grundsatz die Möglichkeit zur Verwertung konventionswidrig erlangter Beweise, sofern diese zum einen mit größter Vorsicht erfolgt (EGMR Doorson./.Niederlande, Urt. v. 26.03.1996 – 20524/92, ÖJZ 1996, 715 [717], Rn. 76) und zum anderen die Verurteilung auf eine möglichst breite Beweisbasis gestützt wird (ausführlich hierzu *Ambos* ZStW 115 [2003], 583 [612 ff.] m.w.N.; *Esser* Auf dem Weg S. 184; zur Ausnahme hiervon bei der Verwertung von durch Folter erlangten Beweismitteln vgl. oben Rdn. 50). 79

3. Die Öffentlichkeit des Verfahrens. a) Der Öffentlichkeitsgrundsatz: öffentliche Verhandlung und öffentliche Urteilsverkündung. Der in Art. 6 Abs. 1 S. 1 kodifizierte Öffentlichkeitsgrundsatz stellt ein weiteres für den demokratischen Rechtsstaat eminent wichtiges Verfahrensrecht dar. Dieser erfüllt mehrere Zwecke: Er schützt die unmittelbar am Verfahren Beteiligten vor Geheimjustiz, er soll das Vertrauen der Bürger in die Justiz gewährleisten und weiterhin durch Erzeugung von Transparenz die Verfahrensfairness sicherstellen (EGMR Malhous./.Tschechien, Urt. v. 12.07.2001 – 33071/96, Rn. 55; EGMR Diennet./.Frankreich, Urt. v. 26.09.1995 – 18160/91, Series A325-A, Rn. 33). Zum Grundsatz ferner SSW-StPO/*Beulke* Einl. StPO Rdn. 75. 80

Zeitlich erfasst diese Garantie sowohl die mündliche Verhandlung selbst als auch die Verkündung des Urteils; personell gibt sie nicht nur dem unmittelbar am Prozess Beteiligten, sondern jedermann, insb. auch den Medien, das Recht auf Zugang zur Verhandlung (*Grabenwarter/Pabel* EMRK, § 24 Rn. 74; *Esser* Auf dem Weg S. 707, 752; BeckOK-StPO/*Valerius* EMRK, Art. 6 Rn. 18 f.). Die Öffentlichkeitsgarantie ist gewahrt, wenn die Öffentlichkeit Informationen über Zeit und Ort der Verhandlung bekommen kann und die entsprechende Räumlichkeit für die Öffentlichkeit leicht zugänglich ist. Grds. ist dieser Anforderung durch das Abhalten der Verhandlung in einem Gerichtssaal Genüge getan, anders, wenn der Prozess in einem der Öffentlichkeit grds. nicht zugänglichen Gefängnis abgehalten wird. In einem solchen Fall muss der Mitgliedstaat aktiv Maßnahmen ergreifen, die gewährleisten, dass Öffentlichkeit und Medien ausreichend über die Örtlichkeit informiert sind und effektiver Zugang gewährleistet wird (EGMR Riepan./.Österreich, Urt. v. 14.11.2000 – 35115/97, RJD 2000-XII, Rn. 29). Aus der Öffentlichkeitsgarantie wird auch der **Anspruch auf mündliche Verhandlung** hergeleitet, im 81

Art. 6 EMRK Recht auf ein faires Verfahren

Strafverfahren kann eine Nichtbeachtung des Grundsatzes der Öffentlichkeit in der ersten Tatsacheninstanz nur durch vollständige erneute Durchführung des Verfahrens einschließlich der Beweisaufnahme geheilt werden (EGMR Riepan./.Österreich, Urt. v. 14.11.2000 – 35115/97, RJD 2000-XII, Rn. 40). Allein die Durchführung der Revisionsinstanz unter Berücksichtigung des Grundsatzes der Öffentlichkeit genügt nicht, da in der Revision lediglich eine nochmalige rechtliche Überprüfung des Urteils stattfindet (EGMR Gautrin u.a./.Frankreich, Urt. v. 20.05.1998 – 21257/93, 21258/93, 21259/93, 21260/93, RJD 1998-III, Rn. 42).

82 Um dem Erfordernis der **öffentlichen Verkündung eines Urteils** Genüge zu tun, muss das Urteil nicht notwendigerweise den Parteien mündlich bekannt gemacht werden; es genügt, wenn es diesen zugestellt wird und die Öffentlichkeit die Möglichkeit hat, das Urteil bei der Geschäftsstelle des Gerichts einzusehen (EGMR Axen./.Deutschland, Urt. v. 08.12.1983 – 8273/78, Series A72, Rn. 29 ff.). Auch wenn ein Beschluss des BGH nach § 349 Abs. 2 StPO ergeht, soll demnach der Öffentlichkeitsgrundsatz gewahrt sein (KK-StPO/*Schädler* MRK, Art. 6 Rn. 31; *Meyer-Goßner* MRK, Art. 6 Rn. 6; *Esser* Auf dem Weg S. 753 f.; BeckOK-StPO/*Valerius* EMRK, Art. 6 Rn. 19).

83 Das deutsche Strafbefehlsverfahren (§§ 407 ff. StPO) wird als mit der Öffentlichkeitsgarantie vereinbar betrachtet (EGMR Strasser./.Österreich, Urt. v. 25.09.2001 – 37261/97, ÖJZ 2002, 37).

84 **b) Ausschluss der Öffentlichkeit.** Art. 6 Abs. 1 S. 2 Hs. 2 zeigt, dass der Grundsatz der Öffentlichkeit der Verhandlung nicht absolut gilt, sondern eingeschränkt werden kann (zu den dort genannten Gründen, die in der Rechtsprechung des EGMR bisher keine Bedeutung erlangt haben, vgl. Frowein/*Peukert* EMRK Art. 6 Rn. 198). Die hier genannten Gründe werden durch die deutschen Vorschriften der §§ 171a und 171b GVG vollständig abgedeckt (SSW-StPO/*Quentin* § 171b GVG Rn. 1; s. zur begrenzten Zulassung von Journalisten zu einer Hauptverhandlung EGMR Axel Springer AG./.Deutschland – 44585/10, NJW 2013, 521).

85 Folgende **Voraussetzungen** müssen bei einem Ausschluss der Öffentlichkeit stets gegeben sein (in Anschluss an *Grabenwarter/Pabel* EMRK, § 24 Rn. 80):
1. Verfolgung eines der in Art. 6 Abs. 1 S. 2 genannten Ziele,
2. Eignung des Öffentlichkeitsausschlusses zur Erreichung dieses Ziels,
3. angemessenes Verhältnis zwischen den Gründen für den Ausschluss der Öffentlichkeit und dem öffentlichen Interesse an öffentlicher Verhandlung, wobei hier auch die Konventionsrechte anderer Prozessteilnehmer zu berücksichtigen sind,
4. Ausschluss als das relativ mildeste Mittel; d.h. zu prüfen ist, ob den verfolgten Zielen durch andere Mittel als dem Ausschluss der Öffentlichkeit in gleich effektiver Art und Weise gedient werden kann.

86 **4. Verhandlung in angemessener Frist.** Ein weiteres, überaus wichtiges Verfahrensrecht ist der **Beschleunigungsgrundsatz**. Der Grundsatz dient in seiner subjektiven Ausprägung v.a. dem Interesse des Beschuldigten, die mit dem Strafverfahren notwendig einhergehenden Belastungen zeitlich so weit wie möglich zu begrenzen (*Meyer-Goßner* MRK, Einl. Rn. 160; BeckOK-StPO/*Valerius* EMRK, Art. 6 Rn. 21). Daneben wird mittlerweile das Beschleunigungsgebot aber auch als ein dem öffentlichen Interesse dienender, nicht zur Disposition der Verfahrensbeteiligten stehender objektiver Verfahrensgrundsatz verstanden (BVerfG NStZ 2006, 680 [681]; *Satzger* NJW-Festheft Tepperwien, 2010, 56 [60] m.w.N.). Beschwerdeberechtigt sind im Strafverfahren neben dem Angeklagten auch Zivilparteien (EGMR Quemar./.Frankreich, Urt. v. 01.02.2005 – 69258/01, Rn. 25), sodass in Deutschland auch Verletzte oder Erben, die i.R.d. Strafverfahrens einen Anspruch über § 403 StPO geltend machen, sich auf den Beschleunigungsgrundsatz berufen können (s. zum Beschleunigungsgebot auch SSW-StPO/*Beulke* Einl. StPO Rdn. 67 f.).

87 **a) relevanter Zeitraum.** Die Dauer eines Strafverfahrens ist die Zeitspanne zwischen der Erhebung der Anklage i.S.v. Art. 6 Abs. 1, also der Benachrichtigung über die Einleitung von Ermittlungen aufgrund des Verdachts der Begehung einer Straftat oder dem Zeitpunkt, zu dem der Beschuldigte durch Maßnahmen der Strafverfolgung, die gegen ihn aufgrund des Verdachts einer Straftat getroffen werden, ernsthaft betroffen ist (EGMR Pedersen u. Baadsgaard./.Dänemark, Urt. v. 17.12.2004 – 49017/99, RJD 2004-XI, Rn. 39) und der abschließenden Entscheidung der letzten Instanz; die Strafe muss abschließend festgesetzt sein (EGMR Intiba./.Türkei, Urt. v. 24.05.2005 – 42585/98, Rn. 34). Als Ende

des entsprechenden Zeitraums kann auch die Einstellung des Verfahrens gewertet werden, wenn anzunehmen ist, dass der Beschuldigte nicht mehr länger ernsthaft betroffen ist (für den Fall, dass der Beschuldigte aus psychiatrischen Gründen nicht verhandlungsfähig ist, EGMR T.K.u.S.E./.Finnland, Urt. v. 31.05.2005 – 38581/97, Rn. 26). Auch ein Verfahren vor einem Verfassungsgericht unterfällt dem Beschleunigungsgebot (Peter./. Deutschland, Urt. v. 4.9.2014 – 68919/10, Rn. 38; s. auch *Esser*, EuStrR § 9 Rn. 234).

b) **Kriterien zur Bestimmung der angemessenen Verfahrensdauer.** Eine fixe zeitliche Grenze, ab der ein Verstoß gegen das Beschleunigungsgebot vorliegt, gibt es nicht. Vielmehr beurteilt der EGMR die Frage, ob ein Zeitraum angemessen ist, nach den Umständen des Einzelfalls anhand folgender **vier Kriterien** (EGMR Bock./.Deutschland, Urt. v. 29.03.1989 – 11118/84, Series A150, Rn. 38; EGMR Gast u. Popp./.Deutschland, Urt. v. 25.02.2000 – 29357/95, NJW 2001, 211 [212], Rn. 70; EGMR Borobar./.Rumänien, Urt. v. 29.01.2013 – 5663/04, Rn. 80 ff.): 88

(1) die **Bedeutung der Sache für den Beschwerdeführer**: Dabei sind insb. Haftsachen von hoher Bedeutung und bedürfen einer raschen Behandlung. Hier ist jedoch auch Art. 5 Abs. 3 zu beachten (vgl. Art. 5 Rdn. 56 f.). Solange der Häftling in Untersuchungshaft ist, gelten Art. 5 Abs. 3 und Art. 6 Abs. 1 nebeneinander. Nach Entlassung aus der Untersuchungshaft bestimmt sich die Angemessenheit nur noch nach Art. 6 Abs. 1. Der zeitliche Anwendungsbereich von Art. 5 Abs. 3 ist somit erheblich kürzer, andererseits die »Angemessenheit der Verfahrensdauer« regelmäßig strenger zu bemessen als in Art. 6 Abs. 1 (s. auch *Satzger* IntEuStrR § 11 Rn. 67); 89

(2) die **Komplexität des Falles**: Ein längerer Zeitraum ist angemessen, wenn in tatsächlicher und rechtlicher Hinsicht besondere Schwierigkeiten bestehen (EGMR Intiba./.Türkei, Urt. v. 24.05.2005 – 42585/98, Rn. 34 für den Fall eines Steuerstrafverfahrens mit vielen Beschuldigten); 90

(3) das **Verhalten des Beschwerdeführers**: Ein verzögerndes Verhalten des Beschwerdeführers kann eine längere Dauer rechtfertigen; jedoch darf es dem Beschwerdeführer nicht als »Verzögerung« angelastet werden, wenn er von ihm zur Verfügung stehenden Rechtsmitteln Gebrauch macht. Eine aktive Zusammenarbeit mit den Strafverfolgungsbehörden kann nicht verlangt werden (EGMR Eckle./.Deutschland, Urt. v. 15.07.1982 – 8130/78, Series A51, Rn. 82). Verzögerndes Verhalten der Verteidigung ist dem Beschwerdeführer zuzurechnen (EGMR Pedersen u. Baadsgaard./.Dänemark, Urt. v. 17.12.2004 – 49017/99, RJD 2004-XI, Rn. 49), schließt jedoch nicht per se aus, einen Konventionsverstoß trotzdem zu bejahen (EGMR Foti u.a./.Italien, Urt. v. 10.12.1982 – 7604/76, 7719/76, 7781/77, 7913/77, Series A56, Rn. 56 ff.). 91

(4) das **Verhalten der Behörden**: Jede längere Untätigkeit der Strafverfolgungsbehörden kann für eine unangemessen lange Verfahrensdauer sprechen, selbst wenn das Verfahren an sich nicht sehr lange gedauert hat (EGMR Marpa Zeeland B.V.u. Metal Welding B.V./.Niederlande, Urt. v. 09.11.2004 – 46300/99, RJD 2004-X, Rn. 61 bei einer Dauer von 6 Jahren und 9 Monaten für drei Instanzen). Weiterhin obliegt es den Mitgliedsstaaten der EMRK, ein Justizsystem zu schaffen, innerhalb dessen die Gerichte ihrer Verpflichtung aus Art. 6 Abs. 1 nachkommen können, was auch die Fähigkeit zur Entscheidung innerhalb angemessener Frist mit einschließt (EGMR Philis./.Griechenland [Nr. 2], Urt. v. 27.06.1997 – 19773/92, RJD 1997-IV, Rn. 40). Insofern vermag dauerhafte Überbelastung der Gerichte eine überlange Verfahrensdauer nicht zu rechtfertigen. Eine Abhilfemaßnahme bei Unterbesetzung kann z.B. die Bestellung von Ergänzungsschöffen darstellen (EGMR Cevizovic./.Deutschland, Urt. v. 29.07.2004 – 49746/99, NJW 2004, 3125). Nach Ansicht des BVerfG ist die aufgrund der Revisionsentscheidung entstehende zusätzliche Verfahrensdauer dann bei der Berechnung der Verfahrensverzögerung zu berücksichtigen, wenn das Revisionsgericht einen Fehler korrigieren muss, der offensichtlich den Tatgerichten anzulasten ist (BVerfG NJW 2006, 672 [673]; krit. hierzu KK-StPO/ *Schädler* MRK, Art. 6 Rn. 38). 92

Der BGH bezieht darüber hinaus auch Schwere und Art des Tatvorwurfs, Umfang und Schwierigkeit des Verfahrens, Art und Weise der Ermittlungen sowie Ausmaß der mit dem Andauern des Verfahrens verbundenen Belastung für den Beschuldigten in die Abwägung ein (KK-StPO/*Schädler* MRK, Art. 6 Rn. 34; *Schramm*, IntStrR, Kap. 3, Rn. 42; näher BGH St 46, 159, 168 ff.) und »versubjektiviert« (Radtke/Hohmann-StPO/*Ambos* EMRK, Art. 6 Rn. 24) insofern die Prüfung, ob ein Verstoß gegen das Beschleunigungsgebot vorliegt. 93

Art. 6 EMRK Recht auf ein faires Verfahren

94 **c) Folgen eines Verstoßes gegen das Beschleunigungsgebot – Vollstreckungslösung und Kompensation.** Mit der Entscheidung des Großen Senats des BGH GSt 1/07 v. 17.01.2008 (BGHSt 52, 124 ff.) wurde die bislang im Fall rechtsstaatswidriger Verfahrensverzögerung angewendete »Strafzumessungslösung« durch die sog. »Vollstreckungslösung« ersetzt. Ein wesentlicher Grund hierfür war die Rechtsprechung des EGMR zur Möglichkeit der Kompensation von Konventionsverstößen, wonach ein Wegfall der Opferstellung dann in Betracht kommt, wenn
(1) die Verletzung des Konventionsverstoßes ausdrücklich anerkannt wird und
(2) eine angemessene Wiedergutmachung geleistet wird (EGMR Dzelili./.Deutschland, Urt. v. 10.11.2005 – 65745/01, StV 2006, 479, Rn. 103).

95 Die früher praktizierte **Strafzumessungslösung** (ausführlich dazu SSW-StGB/*Eschelbach*, § 46 Rn. 53 ff.; BeckOK-StPO/*Valerius* EMRK, Art. 6 Rn. 25) versagte jedenfalls dort, wo eine Milderung der Strafe und damit eine Wiedergutmachung des Konventionsverstoßes nicht möglich war, z.B. bei einer absoluten Strafdrohung (wie etwa »lebenslängliche Freiheitsstrafe« in § 211 StGB) oder im Fall eines gesetzlich starr angeordneten Strafrahmens, sowie in Fällen, in denen die gesetzliche Mindeststrafe schuldangemessen erschien, aber nicht mehr gemildert werden konnte (s. nur *Redeker/Busse* in Schäfer, Praxis der Strafzumessung, 2008, Teil 3 Rn. 442a; *Satzger* JK 9/08, StGB § 46/4). Daher griff der Große Senat des BGH zur sog. »**Vollstreckungslösung**«: Für den EMRK-Verstoß durch rechtsstaatswidrige Verfahrensverzögerung erfolgt kein Abzug bei der Strafe mehr, für die davon zu trennenden Aspekte der langen Zeitspanne von der Tat bis zum Urteil und der langen Verfahrensdauer als solche soll es aber bei einer strafmildernden Berücksichtigung im Rahmen einer Gesamtbewertung aller Umstände bleiben. Für den Konventionsverstoß selbst soll dann – in Analogie zu § 51 Abs. 1 S. 1, Abs. 4 S. 2 StGB – in der Urteilsformel selbst festgestellt werden, dass ein bezifferter Teil der verhängten Strafe als vollstreckt gilt (BGHSt 52, 124 ff.).

96 In Anwendung der Vollstreckungslösung (ausführlich hierzu SSW-StGB/*Eschelbach* § 46 Rn. 56 ff.) stellt das Tatgericht in den Urteilsgründen zunächst Ursache, Art und Ausmaß der Verzögerung fest. Dies kann – bei wenig erheblichen Verzögerungen – bereits als Kompensation genügen. Entscheidend ist allein, dass die Feststellung in hinreichender Deutlichkeit erfolgt (BGHSt 52, 124; krit. *Esser*, EuIntStrR § 9 Rn. 258). Anschließend werden, wie üblich, in den Urteilsgründen die jeweils schuldangemessenen Einzelstrafen bestimmt und die hieraus zu bildende Gesamtstrafe festgesetzt. Sofern die bloße Feststellung der rechtsstaatswidrigen Verzögerung aufgrund ihrer Schwere zur Kompensation nicht genügt und dem Beschuldigten überdies eine Entschädigung zusteht, muss das Gericht festlegen, welcher genau zu beziffernde Teil der Strafe als vollstreckt gilt (KK-StPO/*Schädler* MRK, Art. 6 Rn. 39; BeckOK-StPO/*Valerius* EMRK, Art. 6 Rn. 27; Radtke/Hohmann-StPO/*Ambos* EMRK, Art. 6 Rn. 26 Fn. 103; krit. hierzu LR/*Esser* MRK, Art. 6 Rn. 356 der die bloße Feststellung der Verzögerung als Kompensation für konventionswidrig hält). Diese Anrechnung ist im Fall einer Gesamtstrafenbildung allein auf die tenorierte Gesamtstrafe vorzunehmen, indem in der Urteilsformel ein bezifferter Teil der verhängten (Gesamt-)Strafe als im Wege der Kompensation für die überlange Verfahrensdauer für vollstreckt erklärt wird (BGH NJW 2008, 860 [866]). Zu beachten ist, dass nicht schematisch die Länge der Verfahrensverzögerung von der Dauer der Strafe zu subtrahieren ist, sondern eine Einzelfallbetrachtung anhand der Kriterien durchgeführt werden muss, die bereits zur generellen Beurteilung der Angemessenheit eines Verfahrenszeitraums herangezogen werden.

97 Die Vollstreckungslösung ist nicht ohne Kritik geblieben (zusammenfassend SSW-StGB/*Eschelbach* § 46 Rn. 56 ff.). So wird der Beschuldigte insoweit schlechter gestellt, als dass durch diese – den Konventionsverstoß formal nicht strafreduzierend berücksichtigende – Lösung eine Strafaussetzung zur Bewährung erschwert wird (s. nur *Salditt* StraFo 2007, 513; *Scheffler* ZIS 2008, 269 [273]) und auch bei der Festsetzung von Nebenfolgen der Strafe (z.B. Verlust des Beamtenstatus) nicht ohne Folgen bleibt (vgl. *I. Roxin* StV 2007, 14 [18]). Allerdings hat der EGMR die Vollstreckungslösung als mit der Konvention vereinbar erklärt (EGMR Kaemena u. Thöneböhm./.Deutschland, Urt. v. 22.01.2009 – 45749/06 u. 51115/06, Rn. 86 f.).

98 **d) Der Verstoß gegen das Beschleunigungsgebot als Verfahrenshindernis.** Nach der Rspr. des BGH führen Verstöße gegen das Beschleunigungsgebot grundsätzlich **nicht zu einem Verfahrenshindernis** (BGHSt 21, 81; 24, 239; 27, 274), weil Prozesshindernisse regelmäßig an objektiv feststellbaren Tatsachen anknüpfen und hier nur eine Gesamtabwägung der Umstände des Einzelfalls mit Blick auf

die dem Verfahren zu Grunde liegende Beschuldigung und das Maß des Verschuldens die Tatsache und das Gewicht des Verstoßes ergebe (BGHSt 46, 159, 171 f.; in diese Richtung auch BVerfG NJW 2003, 2897). Konsequenterweise sieht der BGH nur in »ganz außergewöhnlichen Sonderfällen« Raum für ein Prozesshindernis, wenn für eine solche Abwägung auf Grund des Gewichts des Verstoßes schlichtweg kein Raum bleibt und jede Fortführung des Verfahrens den Grundrechtsverstoß nur vertiefen würde (BGHSt 46, 159, 171 f.; so zuvor schon OLG Karlsruhe NJW 1972, 1907 [1909]; OLG Stuttgart NJW 1967, 508 [510]; OLG Koblenz NJW 1972, 404; BVerfG NJW 1984, 967; zustimmend *Hillenkamp* NJW 1989, 2841 [2842 f.]; *Schroth* NJW 1990, 29 [31]; *Ostendorf/Radke* JZ 2001, 1094 ff. SK-StPO/*Rogall* Vor §§ 133 ff. Rn. 121; s. auch Einl. Rdn. 73).

e) **Der Beschleunigungsgrundsatz als Einschränkung der Rechte des Beschuldigten.** In jüngerer Zeit wurde das Beschleunigungsgebot seitens der deutschen Rechtsprechung in Verkennung seiner Hauptschutzrichtung herangezogen, um Beschuldigtenrechte einzuschränken; *Tepperwien* (NStZ 2009, 1 [7]) bezeichnet die »Beschleunigung über alles« treffend als »Danaergeschenk« für den Beschuldigten. So wurde etwa das **Recht auf Wahl des Verteidigers** nach Art. 6 Abs. 3 lit. c insofern eingeschränkt, als dass ein Pflichtverteidiger bestellt wird, wenn der Wahlverteidiger bei einem Fortsetzungstermin verhindert ist (BGH NStZ-RR 2007, 81). 99

Weiterhin zieht die Rechtsprechung das Beschleunigungsgebot mittlerweile auch dazu heran, um Beweisanträge leichter aufgrund von Verschleppungsabsicht nach §§ 244 Abs. 3 S. 2, 6. Alt., 245 Abs. 2 S. 2, 5. Alt. StPO ablehnen zu können (grundlegend zur Entwicklung dieser Rspr. *Satzger* NJW-Festheft Tepperwien, 2010, 56 ff. m.w.N.; vgl. auch *Gaede* NJW 2009, 608 ff.). Nach BGH NStZ 2007, 659 ff. kann der Vorsitzende die übrigen Verfahrensteilnehmer unter **Fristsetzung zur Stellung von Beweisanträgen** auffordern. Sofern nach Fristablauf Beweisanträge gestellt werden, bedarf es einer substantiierten Begründung seitens des Beweisantragstellers, warum der Antrag erst nach der Frist gestellt wurde (BGH NStZ 2007, 659 [660]). Sofern nach der Überzeugung des Gerichts kein nachvollziehbarer Anlass für die verfristete Antragstellung besteht und § 244 Abs. 2 StPO zu keiner weiteren Sachaufklärung drängt, kann wegen der Verfristung davon ausgegangen werden, dass der Antrag nur mit dem Zweck der Verschleppungsabsicht gestellt wurde (BGH NStZ 2007, 659 [661]). In einer Folgeentscheidung präzisierte der 1. Senat die Anforderungen: das Verfahren müsse mindestens zehn Hauptverhandlungstage andauern, weiterhin seien die Verfahrensbeteiligten vor ihrer Setzung über die Folgen der Fristversäumnis zu belehren und die Fristsetzung sei nach § 273 Abs. 3 S. 1 StPO zu protokollieren (BGH NJW 2009, 605 [607]). 100

Problematisch an dieser »Fristsetzungslösung« ist das klare Verbot einer Präklusionsfrist für Beweisanträge durch § 246 Abs. 1 StPO. Mit einer »richterlichen Rechtsfortbildung« lässt sich die »Fristsetzungslösung« nicht rechtfertigen, es liegt vielmehr ein Verstoß gegen den Vorbehalt des Gesetzes vor (*Jahn* StV 2009, 663 [668 ff.]). Darüberhinaus soll das Beweisantragsrechts als Verfahrensrecht dem Beschuldigten gerade die Möglichkeit geben, auf die Beweisaufnahme einzuwirken, Der Beschleunigungsgrundsatz dient seinerseits in erster Linie den Interessen des Beschuldigten (s.o. Rdn. 86) und soll dessen Belastungen durch das Strafverfahren begrenzen. Wenden die Gerichte den Beschleunigungsgrundsatz aber an, um Rechte des Beschuldigten zu beschneiden, reichen sie – bildlich gesprochen – eine sie treffende Pflicht zur zügigen Verfahrenserledigung an den Beschuldigten weiter, der Beschleunigungsgrundsatz wird somit pervertiert (*Satzger* NJW-Festheft Tepperwien, 2010, 56 [61]; ebenso *Eidam* JZ 2009, 318 [320]; anders *Gössel* ZIS 2007, 557 [560]; vertiefend zur Problematik *Franke* StV 2010, 433 ff.). 101

f) **Restriktive Auslegung von Art. 6 durch parallele Anwendung von Art. 13.** Quantitativ machten auch im Jahr 2014 die Verletzungen des Art. 6 den relativ größten Anteil der vom EGMR erlassenen Urteile aus (25%, s. Rdn. 1). Im Jahr 2014 wurden 149 Verletzungen des Art. 6 wegen Missachtung des Fair-trial-Grundsatzes und 117 Verletzungen des Gebots zur Verhandlung in angemessener Frist festgestellt. Betrachtet man den Zeitraum von 1959 bis 2014, so wird sehr deutlich, dass die Feststellungen einer Verletzung von Art. 6 mit Abstand die häufigste Grundlage einer Verurteilung durch den Gerichtshof sind (4198 Fälle wegen Verletzung des Fair-trial-Grundsatzes, 5331 Fälle wegen Verletzung des Beschleunigungsgebots). Im Hinblick auf Deutschland ergibt sich klar, dass v.a. Verletzungen des Beschleunigungsgebots (102 Verurteilungen zwischen 1959 und 2014) das Schwergewicht der Kon- 102 ventionsverstöße der Bundesrepublik ausmachten (Annual Report 2014, S. 174 ff.; http://www.echr.coe.int/Documents/Annual_Report_2014_ENG.pdf [Stand: Juni 2015]).

103 Diese derzeitige »**Verfahrensflut wegen überlanger Verfahrensdauer**« versucht der EGMR durch seine geänderte Rechtsprechung zu Art. 13 einzudämmen (s. auch Radtke/Hohmann-StPO/*Ambos* EMRK, Art. 6 Rn. 2). Art. 13 beinhaltet das Recht auf wirksame innerstaatliche Beschwerde im Fall der Verletzung eines Rechts aus der Konvention. Bislang betrachtete der EGMR Art. 6 als alle Verfahrensgarantien umfassende Schutznorm. Wegen des ggü. Art. 13 strengeren Maßstabs sah er deshalb in Art. 6 die lex specialis zu Art. 13 (EGMR Kamasinski./.Österreich, Urt. v. 19.12.1989 – 9783/82, ÖJZ 1990, 412 [413], Rn. 110 und *Ambos* NStZ 2002, 628 [629] Fn. 22; Radtke/Hohmann-StPO/*Ambos* EMRK, Art. 6 Rn. 2). Diese Rechtsprechung hat der EGMR mittlerweile aufgegeben: Er wendet Art. 13 nun neben Art. 6 an. Dies hat die wichtige Folge, dass **auch im Fall eines überlangen Verfahrens die Möglichkeit eines innerstaatlichen Rechtsbehelfs gegeben sein muss** (EGMR Kudla./.Polen, Urt. v. 26.10.2000 – 30210/96, NJW 2001, 2694 [2699], Rn. 146 ff.). Auf diese Weise werden die Mitgliedsstaaten dazu veranlasst, wirksame innerstaatliche Rechtsbehelfe zu schaffen, sodass Beschwerden gegen überlange Verfahrensdauern bereits innerstaatlich erledigt werden (EGMR Kudla./.Polen, Urt. v. 26.10.2000 – 30210/96, NJW 2001, 2694 [2699], Rn. 148, 155 ff.; EGMR Kirsten./.Deutschland, Urt. v. 15.02.2007 – 19124/02, DVBl. 2007, 1161 [1164 ff.], Rn. 53 ff.). In Deutschland wurde Anfang 2012 durch das Gesetz über den Rechtsschutz bei überlangen Gerichtsverfahren und strafrechtlichen Ermittlungsverfahren v. 24.11.2011 in den §§ 198–201 GVG ein neuartiger innerstaatlicher Rechtsschutz gegen überlange Verfahren eingeführt, der – nach Erhebung einer Verzögerungsrüge – auf Gewährung einer angemessenen Entschädigung in Geld gerichtet ist (ausf. s. SSW-StPO/*Satzger*, §§ 198, 199 GVG, Rn. 5 ff.).

104 **g) Revision.** Nicht unproblematisch – und früher auch innerhalb des BGH umstritten (s. nur das Anfrageverfahren BGH NStZ 2004, 639) – ist, ob die Art. 6 Abs. 1 S. 1 verletzende überlange Verfahrensdauer i.R.d. Revision mit der Verfahrensrüge oder der Sachrüge geltend zu machen ist. Die Ansicht hat sich durchgesetzt (s. BGHSt 49, 342; BGH NJW 2006, 1073), dass grds. eine **Verfahrensrüge** erforderlich ist. Insoweit müssen sämtliche Tatsachen benannt werden, die die überlange Verfahrensdauer begründen (KK-StPO/*Schädler* MRK, Art. 6 Rn. 41; BeckOK-StPO/*Valerius* EMRK, Art. 6 Rn. 30).

105 Wenn sich allerdings bereits aus den Urteilsgründen die Voraussetzungen einer solchen Verzögerung ergeben, muss das Revisionsgericht auf **Sachrüge** eingreifen; ebenso, wenn sich bei der auf Sachrüge veranlassten Prüfung, namentlich anhand der Urteilsgründe, ausreichende Anhaltspunkte ergeben, die das Tatgericht zur Prüfung einer solchen Verfahrensverzögerung drängen mussten, sodass ein sachlichrechtlich zu beanstandender Erörterungsmangel vorliegt (BGHSt 49, 342; BGH NJW 2006, 1073; *Meyer-Goßner/Schmitt* MRK, Art. 6 Rn. 9e m.w.N.; BeckOK-StPO/*Valerius* EMRK, Art. 6 Rn. 30).

106 Eine nach dem tatrichterlichen Urteil eingetretene Verfahrenverzögerung hat das Revisionsgericht auf eine zulässige Revision hin von Amts wegen zu berücksichtigen (BGH NStZ 2001, 52; NStZ-RR 2005, 320; KK-StPO/*Schädler* MRK, Art. 6 Rn. 40; *Meyer-Goßner/Schmitt* MRK, Art. 6 Rn. 9a m.w.N.).

107 Sofern das Tatgericht in rechtsfehlerhafter Weise eine Kompensation nicht durchgeführt hat und das Verfahren i.R.d. Revision zurückverwiesen wird, erstreckt sich die Aufhebung nicht auf frühere Mitangeklagte, die keine Revision eingelegt haben (zutr. Radtke/Hohmann – StPO/*Ambos* EMRK, Art. 6 Rn. 26). Die Voraussetzungen des § 357 StPO sind nicht erfüllt, weil dieser einen Verstoß gegen materielles Recht verlangt (KK-StPO/*Kuckein*, § 357 Rn. 5) und die Verletzung von Art. 6 Abs. 1 einen bloßen Verfahrensverstoß bedeutet.

108 **C. Die Unschuldvermutung. I. Allgemeines.** Die Unschuldsvermutung ist von elementarer Bedeutung für jedes am Schuldprinzip ausgerichtete Strafrechtssystem; es ist ebenfalls Ausfluss des Rechtsstaatsprinzips (BVerfG NJW 1967, 2151 [2153]). Die Unschuldsvermutung garantiert jedermann das Recht, nicht als einer Straftat schuldig bezichtigt oder behandelt zu werden, bevor seine Schuld gerichtlich festgestellt ist (EGMR Poncelet./.Belgien, Urt. v. 30.03.2010 – 44418/07, NJW 2011, 1789 [1790], Rn. 51; zur Unschuldsvermutung in der Rspr. des EGMR vgl. *Barrot* ZJS 2010, 701 ff.; ferner SSW-StPO/*Beulke* Einl. StPO Rdn. 62).

109 Die Unschuldsvermutung weist somit eine **doppelte Schutzrichtung** auf: Sie soll verhindern, dass jemand vor Gericht als schuldig behandelt wird, obwohl seine Schuld noch nicht in einem gesetzlich ge-

regelten Verfahren festgestellt wurde und dass die Öffentlichkeit vorzeitig von der Schuld des Angeklagten ausgeht (EGMR Allenet de Ribemont./.Frankreich, Urt. v. 10.02.1995 – 15175/89, Rn. 41). Der Schuldnachweis muss sowohl dem materiellen, als auch prozessualem innerstaatlichem Recht entsprechen (*Grabenwarter/Pabel* EMRK, § 24 Rn. 125; Allen./.Vereinigte Königreich, (GK) Urt. v. 12.07.2013 – 25424/09, Rn. 92 ff.). Der gesetzliche Nachweis der Schuld kann demnach erst durch rechtskräftiges Urteil erbracht werden (EGMR Minelli./.Schweiz, Urt. v. 25.03.1983 – 8660/79, Series A62, Rn. 37; vertiefend zur Unschuldsvermutung in der Rspr. des EGMR *Barrot* ZJS 2010, 710 ff.). Eine Verletzung der Unschuldsvermutung ist deshalb zwar auch dann denkbar, wenn im Urteil gegen einen Mitbeschuldigten Formulierungen enthalten sind, die den Eindruck eines Schuldspruchs auch bzgl. eines anderen Mitverdächtigen erwecken, gegen den aber noch kein Verfahren eingeleitet worden ist. Ein Verstoß gegen Art. 6 Abs. 2 liegt nur insoweit nicht vor, als die Feststellungen im Hinblick auf weitere Verdächtige unabdingbar für die Aburteilung des Angeklagten ist (insb. bei komplexen Verfahren, die eine Mehrzahl von Personen betreffen), wobei das Gericht durch die verwendeten Formulierungen deutlich machen soll, dass damit keinerlei Vorverurteilung verbunden ist (EGMR Karaman./.Deutschland, Urt. v. 27.02.2014 – 17103/10, Rn. 63 ff.).

II. Schutzbereich. 1. Zeitlicher Anwendungsbereich. Die Unschuldsvermutung gilt nur im Bereich der strafrechtlichen Anklage. Der Schutzbereich reicht damit von der amtlichen Benachrichtigung des Beschuldigten, eine Straftat begangen zu haben, bis zur Rechtskraft der Aburteilung (EGMR Poncelet./.Belgien, Urt. v. 30.03.2010 – 44418/07, NJW 2011, 1789 [1790], Rn. 50; BVerfG NJW 1973, 202 [232] und oben Rdn. 9). Sie gilt auch im Rahmen eines staatsanwaltlichen Einstellungsbeschlusses, der so formuliert werden muss, dass zwar die Gründe der Einstellung (z.B. Verjährung) und der bestehende Tatverdacht ersichtlich werden, der jedoch nicht die persönliche Meinung des Staatsanwaltes wiedergeben darf oder in der Wortwahl (»schamlose Weise«, »allermindestens«) geeignet ist, den Betroffenen in der Öffentlichkeit als überführten Täter darzustellen (EGMR Peltereau-Villeneuve ./.Schweiz, Urt. v. 28.10.2014, Rn. 35 ff.). Im Bereich der Kosten hat die Unschuldsvermutung auch über den (rechtskräftigen) Verfahrensabschluss hinaus Bedeutung.

2. Adressatenkreis. Aufgrund des zeitlichen Anwendungsbereichs der Unschuldsvermutung wendet sich diese nicht nur an den **Strafrichter**, der das Strafverfahren unvoreingenommen eröffnen muss und während seiner gesamten Amtsausübung nicht von der vorgefassten Meinung ausgehen darf, der Beschuldigte habe die ihm vorgeworfene Tat begangen (EGMR Poncelet./.Belgien, Urt. v. 30.03.2010 – 44418/07, NJW 2011, 1789 [1790], Rn. 51); besonders die bereits im Ermittlungsverfahren tätigen **Strafverfolgungsbehörden** sind ebenfalls an die Unschuldsvermutung gebunden (EGMR Daktaras./.Litauen, Urt. v. 10.10.2000 – 42095/98, RJD 2000-X, Rn. 42; zuletzt EGMR Poncelet./.Belgien, Urt. v. 30.03.2010 – 44418/07, NJW 2011, 1789 [1790], Rn. 53 ff.), was allerdings Ermittlungs- und Strafverfolgungsmaßnahmen nicht ausschließt, da diese ja nur an einen Verdacht anknüpfen und auf die Klärung des Tatvorwurfs gerichtet sind (BVerfGE 82, 106 [115]; BeckOK-StPO/*Valerius* EMRK, Art. 6 Rn. 33; s. auch unten Rdn. 110). Die Ermittlungsbehörden sind auch durchaus befugt, öffentlich zu erklären, genügend Beweise für eine Anklageerhebung zu haben, allerdings dürfen sie nicht darüber hinaus gehen und behaupten, dass diese für eine Verurteilung ausreichen (EGMR Daktaras./.Litauen, Urt. v. 10.10.2000 – 42095/98, RJD 2000-X, Rn. 44), diese Entscheidung obliegt allein dem Gericht.
Die Medien sind durch die EMRK nicht unmittelbar verpflichtet; allerdings können sich aus der Konvention Schutzpflichten für die Vertragsstaaten ergeben, wonach gesetzliche Regelungen zum Schutz des guten Rufes und der Rechte anderer geschaffen werden müssen (s. *Esser* EuStrR § 9 Rn. 273). Aus der Unschuldsvermutung entspringt auch eine Verpflichtung des Staates, die Presse mittels sorgfältiger Informationspolitik (*Grabenwarter/Pabel* EMRK, § 24 Rn. 130; LR/*Esser* MRK, § 6 Rn. 485 ff.) zu einer Berichterstattung über anhängige Strafverfahren in der gebotenen Sachlichkeit zu veranlassen (Frowein/*Peukert* EMRK Art. 6 Rn. 270 m.w.N.; *Esser* Auf dem Weg S. 715).
Auch die Legislative ist an die Unschuldsvermutung gebunden, praktisch relevant wird diese Bindung besonders bei der Aufhebung der Immunität von parlamentarischen Abgeordneten (EGMR Butkevicius./.Litauen, Urt. v. 26.03.2002 – 48297/99, RJD 2002-II, Rn. 53).

114 **III. Vereinbarkeit staatlichen Verhaltens mit den Vorgaben von Art. 6 Abs. 2. 1. Beweislastverteilung.** Aus der Unschuldsvermutung ergibt sich grds., dass die **Beweislast bei den Ermittlungsbehörden** liegt und Zweifel stets zugunsten des Angeklagten gewertet werden müssen (EGMR Barberà, Messegué u. Jabardo./.Spanien, Urt. v. 06.12.1988 – 10590/83, Series A146, Rn. 77). Dennoch sind Normen, die unter bestimmten Voraussetzungen eine **Vermutung für die Schuld des Angeklagten** aufstellen, nicht grds. mit Art. 6 Abs. 2 unvereinbar; vielmehr sind im Einzelfall das Gewicht der drohenden Sanktion, der Grad der Einschränkung der Verteidigung durch die Vermutung sowie die Kompetenz des Gerichts zur effektiven Beweiswürdigung und Bewertung der Schuld des Angeklagten zu berücksichtigen (EGMR Salabiaku./.Frankreich, Urt. v. 07.10.1988 – 10519/83, Series A141-A, Rn. 28; *Grabenwarter/Pabel* EMRK, § 24 Rn. 126).

115 **2. Strafverfolgungsmaßnahmen, insb. Untersuchungshaft und Beschlagnahme.** Ermittlungs- und Strafverfolgungsmaßnahmen stehen der Unschuldsvermutung selbstverständlich nicht entgegen, da diese ja nur an einen Verdacht anknüpfen und auf die Klärung des Tatvorwurfs gerichtet sind (BVerfGE 82, 106 [115]; BeckOK-StPO/*Valerius* EMRK, Art. 6 Rn. 33). Schon aus Art. 5 Abs. 1 lit. c kann man ersehen, dass die Unschuldsvermutung auch die Anordnung von Untersuchungshaft nicht ausschließt. Entscheidungen, die die Fortdauer der Haft betreffen, müssen die Haftgründe und damit eben Feststellungen enthalten, die auf die Täterschaft oder Tatbeteiligung des Betroffenen und die zu erwartende Strafe hinweisen oder auf die Gefahr, dass er weitere strafbare Handlungen begeht; solange diese Feststellungen erkennbar nur auf Verdachtsgründen beruhen, liegt keine Verletzung von Art. 6 Abs. 2 vor (Frowein/*Peukert* EMRK Art. 6 Rn. 275). Dasselbe gilt für das »Einfrieren« von Vermögen im Fall des Verdachts, dass dieses aus mafiösen Strukturen stammt (EGMR Yasar Kemal Gökceli./.Türkei, Urt. v. 04.03.2003, Rn. 46).

116 **3. Verwertung einer noch nicht rechtskräftig abgeurteilten weiteren Straftat.** Umstritten ist, inwiefern die Unschuldsvermutung der Verwertung noch nicht rechtskräftig abgeurteilter Straftaten entgegensteht. Für deren Berücksichtigung beim **Widerruf der Strafaussetzung zur Bewährung** (s. § 56f StGB) spricht sich in Deutschland zwar die noch herrschende Meinung (BVerfG NStZ 1987, 118; OLG Düsseldorf StV 1993, 430; *Stree* NStZ 1992, 153; aber ausdrücklich offen gelassen von BVerfG NJW 2005, 817) aus, wenn das Widerrufsgericht fest von der Tatbegehung überzeugt ist. Mit dem EGMR ist dies jedoch abzulehnen, denn zwar geht es in erster Linie um eine Korrektur der für jede Strafaussetzung erforderlichen günstigen Legal- und Kriminalprognose. Mit einem Widerruf zieht das Gericht allerdings eine strafrechtlich relevante Konsequenz aus einer weiteren, nicht abschließend bewiesenen Straftat. Die daraus folgenden Nachteile für den Betroffenen haben Strafcharakter, sodass die Unschuldsvermutung verletzt ist (so EGMR Böhmer./.Deutschland, Urt. v. 03.10.2002 – 37568/97, NJW 2004, 43 [45]; i.E. ebenso *Peglau* NStZ 2004, 248; LR/*Esser* MRK, Art. 6 Rn. 518; SSW-StGB/*Moosbacher* § 56f Rn. 12). In einer jüngeren Entscheidung hat nun das OLG Hamm festgestellt, dass ein Verstoß gegen Art. 6 Abs. 2 anzunehmen sei, wenn eine Strafvollstreckungskammer im Rahmen eines Antrags auf gerichtliche Entscheidung feststellt, dass der Betroffene eine bestimmte Straftat begangen habe, diese aber noch nicht abgeurteilt und auch vom Betroffenen nicht gestanden worden ist und der Betroffene deswegen mit Disziplinarmaßnahmen belegt wurde (OLG Hamm NStZ 2013, 174). Diese überzeugende Argumentation fügt sich konsequent in das generell weite Verständnis des EGMR vom Begriff der Strafe ein (s. Art. 7 Rdn. 8). Ob demgegenüber etwas anderes gelten kann, wenn der Verurteilte ein glaubhaftes Geständnis vor dem Widerrufsgericht abgelegt hat (so BVerfG NJW 2005, 817; zust. SSW-StGB/*Moosbacher* § 56f Rn. 12) ist zweifelhaft, da auch ein Geständnis die Unschuldsvermutung nicht außer Kraft setzen kann (so auch Lackner/*Kühl* StGB, § 56f Rn. 3; *Seher* ZStW 118 [2006], 101 [149, 157]).

117 Erst recht müssen diese Einwände gegen die Verwertung einer noch nicht rechtskräftig abgeurteilten weiteren Straftat **bei der Strafzumessung** erhoben werden, da das Mehr an Strafe, das auf Grundlage einer anderen, noch nicht rechtskräftig abgeurteilten Tat ausgesprochen wird, eine Verhängung von Strafe im Widerspruch zur Unschuldsvermutung darstellt (so auch OLG Dresden StV 2007, 639; SSW-StGB/*Eschelbach* § 46 Rn. 135; *Stuckenberg* StV 2007, 655 [662 f.]; anders aber BVerfG, Beschl. v. 05.04.2010 – 2 BvR 366/10 Abs. 8 ff.; BGH NJW 1987, 660 [661]).

4. Anspruch auf Entschädigung und Kosten, nachfolgender Zivilprozess. Für den Fall der Einstellung des Strafverfahrens oder des Freispruchs folgt aus der Unschuldsvermutung **kein Anspruch** des Angeklagten auf Entschädigung für erlittene, aufgrund dringenden Tatverdachts und Haftgrunds jedoch rechtmäßige Untersuchungshaft (Frowein/*Peukert* EMRK Art. 6 Rn. 272; *Esser* Auf dem Weg S. 760; BeckOK-StPO/*Valerius* EMRK, Art. 6 Rn. 34; Radtke/Hohmann-StPO/*Ambos* EMRK, Art. 6 Rn. 38). 118

Im Fall von Freispruch, Ablehnung der Eröffnung des Hauptverfahrens bzw. Verfahrenseinstellung ist »kostenrechtliche Folge der Unschuldsvermutung« (so SSW-StPO/*Steinberger-Frauenhofer* § 467 StPO Rdn. 1) § 467 Abs. 1 StPO (grundsätzliche Kostentragungspflicht der Staatskasse). Die Unschuldsvermutung verbietet es jedoch nicht, dem Freigesprochenen unter Beachtung des Grundsatzes der Verhältnismäßigkeit seine Kosten und Auslagen gem. § 467 Abs. 3 bis 5 StPO aufzuerlegen (EGMR Englert./.Deutschland, Urt. v. 25.08.1987 – 10282/83, Series A123, Rn. 39, 41; s. auch *Schramm*, IntStrR, Kap. 3 Rn. 46). 119

Die Unschuldsvermutung ist jedoch verletzt, wenn die Einstellungsentscheidung oder die Kostenentscheidung bei Freispruch oder Einstellung eine direkte oder indirekte Schuldfeststellung in Form entsprechender Sachverhaltsgestaltung enthalten oder erklärt wird, dass der Beschuldigte im Fall der Fortführung des Verfahrens auf jeden Fall verurteilt worden wäre, also eine Feststellung der Schuld erfolgt (EGMR Minelli./.Schweiz, Urt. v. 25.03.1983 – 8660/79, Series A62, Rn. 38, 40). Anders ist dies zu beurteilen für den Fall einer Einstellung nach § 153a StPO (vgl. SSW-StPO/*Vordermayer/Sing/ Schnabl/Ziegler*, § 153a StPO Rn. 1; *Esser* Auf dem Weg S. 758; BeckOK-StPO/*Valerius* EMRK, Art. 6 Rn. 34). 120

Anders beurteilt der EGMR bloße **Schuldprognosen** seitens des Gerichts im Fall von Kostenentscheidungen. Sofern das Gericht z.B. formuliert, dass nach den Ausführungen im erstinstanzlichen Urteil eine Verurteilung erheblich wahrscheinlicher als ein Freispruch ist, sieht der EGMR eine bloße Prognose, jedoch keine die Unschuldsvermutung verletzende Feststellung gegeben und verneint einen Verstoß gegen Art. 6 Abs. 2 (EGMR Englert./.Deutschland, Urt. v. 25.08.1987 – 10282/83, Series A123, Rn. 34 ff.; zur Auffassung, dass in einem solchen Fall zur Vermeidung eines Verstoßes gegen Art. 6 Abs. 2 die Hauptverhandlung bis zur Schuldspruchreife durchgeführt werden solle vgl. SSW-StPO/ *Steinberger-Frauenhofer* § 467 StPO Rdn. 25). 121

Die Möglichkeit, einen Freigesprochenen wegen der infrage stehenden Tat zivilrechtlich zu verurteilen, bleibt von Art. 6 Abs. 2 unberührt, jedoch darf in den Urteilsgründen eine strafrechtliche Verantwortlichkeit nicht bejaht werden (Frowein/*Peukert* EMRK Art. 6 Rn. 274). Die **zivilrechtliche Verurteilung** verstößt außerdem dann nicht gegen die Unschuldsvermutung, wenn Straf- und Zivilprozess klar unterscheidbar sind und insb. im Zivilprozess geringere Anforderungen an die Beweislast gestellt werden, als dies im Strafprozess der Fall ist (EGMR Ringvold./.Norwegen, Urt. v. 11.02.2003 – 34964/97, RJD 2003-II, Rn. 36 ff.; zur erforderlichen Verbindung der Verfahren s. EGMR Allen./.Vereinigtes Königreich, Urt. v. 12.07.2013 – 25424/09, Rn. 99 ff., 119 ff.); in diesem Fall ist bereits der Anwendungsbereich von Art. 6 Abs. 2 nicht eröffnet. 122

5. Auslieferung an Drittstaaten. Schließlich verbietet Art. 6 Abs. 2 einem Konventionsstaat den Vollzug eines Urteils eines Drittstaats bzw. Auslieferung an einen Drittstaat zur Vollstreckung eines dort ergangenen Urteils, wenn jenes unter Verstoß gegen die Unschuldsvermutung zustande gekommen ist. Insoweit unterliegt der jeweilige Mitgliedstaat der **Pflicht zur Prüfung**, ob das Verfahren des Drittstaats an keiner offenkundigen Rechtsverletzung leidet, mitunter sogar, ob den Anforderungen von Art. 6 genüge getan wurde (*Matscher* FS Kollhosser, Bd. II 2004, 427 [431 ff.]; vgl. auch *Gleß* Internationales Strafrecht, Rn. 69). Wegen des Grundsatzes der gegenseitigen Anerkennung gelten im Anwendungsbereich des Rahmenbeschlusses 2002/584/JI v. 13.06.2002 über den **Europäischen Haftbefehl** und die Übergabeverfahren zwischen den Mitgliedstaaten (ABlEU L 190 v. 18.07.2002; zusammenfassend dazu *Satzger* IntEuStrR § 10 Rn. 26 ff.) Besonderheiten. 123

Art. 7 EMRK Keine Strafe ohne Gesetz. (1) Niemand darf wegen einer Handlung oder Unterlassung verurteilt werden, die zur Zeit ihrer Begehung nach innerstaatlichem oder internationalem Recht nicht strafbar war. Es darf auch keine schwerere als die zur Zeit der Begehung angedrohte Strafe verhängt werden.
(2) Dieser Artikel schließt nicht aus, dass jemand wegen einer Handlung oder Unterlassung verurteilt oder bestraft wird, die zur Zeit ihrer Begehung nach den von den zivilisierten Völkern anerkannten allgemeinen Rechtsgrundsätzen strafbar war.

Englische Fassung
(1) No one shall be held guilty of any criminal offence on account of any act or omission which did not constitute a criminal offence under national or international law at the time when it was committed. Nor shall a heavier penalty be imposed than the one that was applicable at the time the criminal offence was committed
(2) This article shall not prejudice the trial and punishment of any person for any act or omission which, at the time when it was committed, was criminal according to the general principles of law recognised by civilised nations.

Französische Fassung
(1) Nul ne peut être condamné pour une action ou une omission qui, au moment où elle a été commise, ne constituait pas une infraction d'après le droit national ou international. De même il n'est infligé aucune peine plus forte que celle qui était applicable au moment où l'infraction a été commise.
(2) Le présent article ne portera pas atteinte au jugement et la punition d'une personne coupable d'une action ou d'une omission qui, au moment où elle a été commise, était criminelle d'après les principes généraux de droit reconnus par les nations civilisées.

Übersicht

		Rdn.				Rdn.
A.	**Grundsätzliches**	1		a)	Beschlagnahme/Verfall	10
I.	Abs. 1 – Gesetzlichkeitsprinzip	1		b)	Sicherungsverwahrung	11
II.	Parallele internationale Instrumente	2		c)	Sonstige Sanktionsformen	12
III.	Parallele nationale Instrumente	3	III.	Die Vereinbarkeit staatlichen Verhaltens	
IV.	Abs. 2 – Ausnahmen	4		mit den Vorgaben des Art. 7 Abs. 1	13
B.	**Anwendungsbereich**	6		1.	Der Bestimmtheitsgrundsatz – Zugänglichkeit des Rechts und Vorhersehbarkeit der Bestrafung	14
I.	Allgemeines	6				
II.	Schutzbereich	7				
	1. Der Begriff »Recht«	7		2.	Das Rückwirkungsverbot	16
	2. Der Begriff der Strafe	8		3.	Das Analogieverbot	24
	3. Anwendungsfälle	9		4.	Das Erfordernis einer »mens rea«	27

A. Grundsätzliches. I. Abs. 1 – Gesetzlichkeitsprinzip. Art. 7 Abs. 1 sichert – in Ergänzung zu Art. 6, der sich der verfahrensrechtlichen Seite widmet – die materiell-rechtliche Komponente des Rechtsstaatsprinzips (*Grabenwarter/Pabel* EMRK, § 24 Rn. 132) und enthält das auch im nationalen Recht in Art. 103 Abs. 2 GG, §§ 1, 2 Abs. 2 StGB verankerte **Gesetzlichkeitsprinzip** (näher zum nationalen Recht vgl. Rdn. 3 sowie SSW-StGB/*Satzger* § 1; *Safferling* Internationales Strafrecht § 13 Rn. 58). Die Vorschrift ist, indem sie vor willkürlicher Verfolgung, Verurteilung und Bestrafung schützt (EGMR Streletz, Kessler & Krenz./.Deutschland, Urt. v. 22.03.2001 – 34044/96, 35532/97, 44801/98, RJD 2001-II, Rn. 50; KK-StPO/*Schädler* MRK, Art. 7 Rn. 1; *Safferling* Internationales Strafrecht § 13 Rn. 58), grundlegend für das materielle Strafrecht und daher gem. Art. 15 Abs. 2 **notstandsfest** (wie auch Art. 3 und Art. 4). 1

II. Parallele internationale Instrumente. Wortgleiches Vorbild zu Art. 7 Abs. 1 ist **Art. 11 Abs. 2 AEMR** (*Meyer-Ladewig* EMRK Art. 7 Rn. 2). Eine gleichlautende Vorschrift findet sich außerdem in **Art. 15 Abs. 2 IPbpR**. Auch in der GRCh werden die Gewährleistungen von Art. 7 Abs. 1 übernommen, wobei **Art. 49 GRCh** in zwei Aspekten über Art. 7 Abs. 1 hinausgeht: Zum einen wird nach Art. 49 Abs. 1 S. 3 GRCh für den Fall, dass nach Tatbegehung durch Gesetz eine mildere Strafe eingeführt wird, bestimmt, dass diese dann auch zu verhängen ist; zum anderen ist in Art. 49 Abs. 3 GRCh 2 ein allgemeiner Verhältnismäßigkeitsgrundsatz in Bezug auf das Strafmaß normiert, der für den Fall, dass keine Freiheitsstrafe verhängt wird und damit auch keine Freiheitsgrundrechte betroffen sind, eine eigenständige Bedeutung hat (*Grabenwarter/Pabel* EMRK, § 24 Rn. 133).

III. Parallele nationale Instrumente. Das Gesetzlichkeitsprinzip ist auch im nationalen Recht in **Art. 103 Abs. 2 GG, §§ 1, 2 Abs. 2 StGB** eine grundlegende strafrechtliche Garantie von Verfassungsrang (ausführlich SSW-StGB/*Satzger* § 1; *Safferling* Internationales Strafrecht § 13 Rn. 58). Zwar ist § 1 StGB wortgleich zu Art. 103 Abs. 2 GG und insoweit nur deklaratorischer Natur (MüKo-StGB/*Schmitz* § 1 Rn. 2); die Spitzenstellung im StGB verdeutlicht dennoch, von welch herausragender Wichtigkeit der Grundsatz im deutschen Strafrecht ist. Vier Ausformungen lassen sich unterscheiden (*Satzger* JuS 2004, 943; *Roxin* AT I § 5 Rn. 7; SK-StGB/*Rudolphi* § 1 Rn. 5): 3
– das Verbot von strafbegründendem Gewohnheitsrecht (vgl. zum Völkergewohnheitsrecht Rdn. 7);
– das Bestimmtheitsgebot;
– das Analogieverbot;
– das Rückwirkungsverbot; letzteres findet eine näher einfachgesetzliche Ausgestaltung in § 2 StGB.

IV. Abs. 2 – Ausnahmen. Art. 7 Abs. 2 enthält eine **Ausnahme vom Rückwirkungsverbot**; diese wurde im Hinblick auf die Problematik rückwirkender Strafen bei den Verfahren vor dem Nürnberger Internationalen Militärgerichtshof (vgl. *Satzger* IntEuStrR § 13 Rn. 5 ff.; *Safferling* Internationales Strafrecht § 13 Rn. 66) in die Norm aufgenommen. Das Verbot der Rückwirkung von Strafgesetzen sollte keinen Gesetzen entgegengehalten werden können, die gegen oder nach dem Ende des 2. Weltkriegs zur Ahndung von Kriegsverbrechen, Verrat und Kollaboration mit dem Feind erlassen worden waren (*Frowein*/Peukert EMRK Art. 7 Rn. 11). Die Ausnahmeregel gestattet die rückwirkende Bestrafung extremen Unrechts im Sinn der Radbruch'schen Formel (*Esser* EuIntStrR, § 9 Rn. 291; s. zur Auslegung des Art. 7 Abs. 2 EGMR GrK Maktouf und Damjanović./.Bosnien und Herzegowina, Urt. v. 18.07.2013 –2312/08 und 34179/08 Rn. 72). 4

Bei der Ratifizierung der EMRK am 05.12.1952 hatte die Bundesrepublik Deutschland allerdings eine Erklärung abgegeben, wonach sie Art. 7 nur in den Grenzen des Art. 103 Abs. 2 GG anwenden werde. Zweifelhaft ist jedoch, ob darin wirklich ein völkerrechtlicher Vorbehalt i.S.d. Art. 2 Nr. 1 lit. d) Wiener Übereinkommen über das Recht der Verträge gesehen werden konnte (so aber ausdrücklich der Wortlaut des Ratifikationsgesetzes [BGBl. II 1954, S. 14], welches von »Vorbehalt« gem. Art. 64 spricht). Die Erklärung war nämlich nicht darauf gerichtet, das Mindestschutzniveau des Art. 7 zu untergraben, ein Mehr an Gewährleistungen lässt Art. 53 aber jederzeit zu. Die gegen die sog. »Nürnberg-Klausel« gerichtete Erklärung, ob Vorbehalt oder nicht, war daher in jedem Fall überflüssig (so zu Recht LR/*Esser* MRK, Art. 7 Rn. 6). Sie brachte nur eine aus heutiger Sicht wenig verständliche »Missbilligung« des Art. 7 Abs. 2 zum Ausdruck (*Jescheck* NJW 1954, 785; so auch *Meyer-Goßner/Schmitt* MRK, Art. 7 Rn. 2 und LR/*Esser* MRK, Art. 7 Rn. 6).Jedenfalls wurde der »Vorbehalt« am 05.12.2001 mit Erklärung ggü. dem Generalsekretär des Europarats zurückgenommen (BGBl. 2003 II, S. 1580). Dahinter stand nicht zuletzt die Erwägung, dass Deutschland auch im Hinblick auf den im Vergleich zu Art. 7 Abs. 1 inhaltlich identischen Art. 15 Abs. 2 IPbpR keinen derartigen Vorbehalt erklärt hatte. 5

B. Anwendungsbereich. I. Allgemeines. Im Wesentlichen enthält Art. 7 die Grundsätze »nullum crimen sine lege« und »nulla poena sine lege«. Hieraus folgt, dass das Gesetz die Voraussetzungen für die Strafbarkeit eines Verhaltens regeln muss und nur ein Gesetz eine Strafe androhen darf (*Frowein*/Peukert EMRK Art. 7 Rn. 2). Daraus wird wiederum – abgesehen von den Ausnahmekonstellationen des Abs. 2 – das **Verbot der rückwirkenden Anwendung** eines Strafgesetzes zum Nachteil des Angeklagten auf vor Inkrafttreten des Gesetzes begangene Straftaten sowie das **Verbot strafbegründender Analogie** hergeleitet (seit EGMR Kokkinakis./.Griechenland, Urt. v. 25.05.1993 – 4307/88, Series A260-A, Rn. 52 st. Rspr.). Aus der Rechtsprechung des EGMR, wonach richterliche Rechtsfortbildung nur in den Grenzen der Vorhersehbarkeit möglich sein soll, wird außerdem die Normierung des **Grundsatzes der Gewaltenteilung** in den Mitgliedsstaaten der EMRK herausgelesen (*Grabenwarter/Pabel* EMRK, § 24 Rn. 132). 6

II. Schutzbereich. 1. Der Begriff »Recht«. Der Begriff »Recht« in Art. 7 Abs. 1 hat dieselbe Bedeutung wie das Wort »Gesetz« in anderen Vorschriften der EMRK, z.B. in Art. 8 Abs. 2, 9 Abs. 2, 7

10 Abs. 2, 11 Abs. 2 (vgl. EGMR S.W./.Vereinigtes Königreich, Urt. v. 22.11.1995 – 20166/92, Series A335-B, Rn. 35) und beinhaltet damit sowohl Gesetze als auch ungeschriebenes Recht in den Common-Law-Staaten (EGMR S.W. & C.R./.Vereinigtes Königreich, Urt. v. 22.11.1995 – 20166/92, 20190/92, Series A335-B und 335-C, Rn. 35 bzw. Rn. 33). Indem Art. 7 auch das Völkerrecht als Grundlage der Strafbarkeit nennt, kann im Unterschied zum nationalen Recht (vgl. Rdn. 3 und SSW-StGB/*Satzger* § 1 Rn. 3, 28 ff.) selbst Völkergewohnheitsrecht ohne Rücksicht auf die Umsetzung in innerstaatliches Recht zur Begründung der Strafbarkeit eines Bürgers des Mitgliedsstaats herangezogen werden (*Satzger* JuS 2004, 943, [944 f.]; LR/*Esser* MRK, Art. 7 Rn. 13).

8 **2. Der Begriff der Strafe.** Wie in anderen Normen der EMRK ist auch in Art. 7 Abs. 1 der Begriff der Strafe **autonom** auszulegen. Zur Feststellung, ob eine Maßnahme als Strafe zu qualifizieren ist, zieht der EGMR *alternativ* folgende Kriterien heran (st. Rspr. seit EGMR Welch./.Vereinigtes Königreich, Urt. v. 09.02.1995 – 17440/90, Serie A 307-A, Rn. 28):
(1) Verhängung der Maßnahme erfolgt im Anschluss an eine Verurteilung wegen einer Straftat oder zumindest aus Anlass der Begehung einer Straftat;
(2) Strafcharakter der Maßnahme im Hinblick auf Natur und Zweck, z.B. die Haftstrafe;
(3) strafrechtliche Natur der Maßnahme nach nationalem Recht;
(4) Verhängung der Maßnahme im prozessualen Rahmen eines Strafverfahrens;
(5) Schwere der Maßnahme, wobei dies nie das alleinige Kriterium zur Bejahung der Strafe i.S.v. Art. 7 sein kann.

Damit ist insb. die Schuld des Täters keine unabdingbare Voraussetzung für die Charakterisierung einer Sanktion als »Strafe«. Der Strafbegriff des BVerfG im Rahmen von Art. 103 Abs. 2 GG ist demgegenüber ein anderer. Das BVerfG versteht unter Strafe eine staatliche Maßnahme, die eine missbilligende Reaktion auf ein rechtswidriges, schuldhaftes Verhalten darstellt und ein Übel verhängt, welches dem Schuldausgleich dient (BVerfG NJW 2004, 739 [744]; zusammenfassend s. *Pösl* ZJS 2011, 133).

9 **3. Anwendungsfälle.** Die autonome Bestimmung des Begriffs der Strafe hat zur Folge, dass Maßnahmen, die nach nationalem Strafrecht nicht als »Strafen« beurteilt werden, vom EGMR durchaus unter den Begriff der Strafe subsumiert werden können und damit an den Maßstäben des Art. 7 Abs. 1 gemessen werden müssen.

10 **a) Beschlagnahme/Verfall.** Die **Beschlagnahme von Grundstücken**, welche nach italienischem Recht nur als Verwaltungsmaßnahme eingestuft wurde, obwohl sie im italienischen Strafgesetzbuch geregelt war und im Rahmen eines Strafprozesses verhängt wurde, hat der EGMR gleichwohl als »Strafe« i.S.v. Art. 7 Abs. 1 eingestuft, weil sie aus Anlass einer Straftat und im Rahmen eines Strafprozesses verhängt wird (EGMR Sud Fondi SRL./.Italien, Urt. v. 20.01.2009 – 78909/01, Rn. 115). Dementsprechend hat der EGMR eine Verletzung des Art. 7 darin gesehen, dass eine Beschlagnahme eines Grundstücks angeordnet wurde, nachdem das Strafverfahren wegen Verjährung eingestellt worden war – also ohne Schuldspruch endete (Varvara./.Italien, Urt. v. 29.10.2013 – 17475/09, Rn. 36 ff.)
Für das deutsche Recht dürfte diese Entscheidung insb. im Hinblick auf den **Verfall** (vgl. §§ 73 ff. StGB) von großer Relevanz sein. Daraus lässt sich folgern, dass auch der Verfall im Hinblick auf Art. 7 als »Strafe« einzuordnen ist (zum Streit bzgl. des innerstaatlichen Charakters des Verfalls s. nur NK-StGB/*Herzog* Vor §§ 73 ff. Rn. 5; Sch/Sch/*Eser* Vor §§ 73 Rn. 18 f. m.w.N.) und dessen Anordnung ohne vorheriger Feststellung der persönliche Verantwortung des Betroffenen konventionswidrig ist.

11 **b) Sicherungsverwahrung.** Auch die im deutschen Recht als »Maßregel der Besserung und Sicherung« (vgl. § 61 Nr. 3 StGB), und damit nicht als »Strafe« charakterisierte Sicherungsverwahrung wird vom EGMR als »Strafe« i.S.v. Art. 7 Abs. 1 betrachtet (EGMR M./.Deutschland, Urt. v. 17.12.2009 – 19359/04, EuGRZ 2010, 25 ff., Rn. 124 ff.; zuletzt bestätigt durch EGMR Kallweit./.Deutschland, Urt. v. 13.01.2011 – 17792/07, EuGRZ 2011, 255, [262], Rn. 66 ff.; EGMR Mautes./.Deutschland, Urt. v. 13.01.2011 – 20008/07; EGMR Schummer./.Deutschland, Urt. v. 13.01.2011 – 42225/07). Im Hinblick auf den vom EGMR verwendeten Strafbegriff erscheint dies konsequent (so zu Recht *Pösl* ZJS 2011, 144 f.; zur Kritik s. nur *Windoffer* DÖV 2011, 590, [596 ff.]; a. A. zur Strafqualität der Sicherungsverwahrung i.S.v. Art. 7 Abs. 1 noch KK-StPO/*Schädler* Art. 7 Rn. 3). Zur Maßnahme der Unterbringung s. § 2 ThUG, welcher einen Abstand zur Vollstreckung der Strafhaft formuliert (s. Art. 5 Rdn. 39) und damit die (vorrübergehende) Unterbringung der – auf

grund der Rechtsprechung des EGMR – aus der Sicherungsverwahrung zu entlassenden Straftäter ermöglicht (zur Verfassungsmäßigkeit der Vorschrift BVerfG Beschl. v. 11.07.2013 – 2 BvR 2302/11).

c) Sonstige Sanktionsformen. Art. 7 Abs. 1 gilt nicht für sog. Ehrengerichtsverfahren (*Meyer-Goßner/Schmitt* MRK, Art. 7 Rn. 1). Geldbußen i.S.d. OWiG sind dagegen Strafen i.S.v. Art. 7 Abs. 1 (EGMR Öztürk./.Deutschland, Urt. v. 21.02.1984, NJW 1985, 1273; m. Anm. *Schroth* EuGRZ 1985, 557). Problematisch sind Disziplinarstrafen, hier wird der Strafcharakter zumindest für Maßnahmen bejaht, deren Verhängung nach Art und Höhe der Sanktion einer strafrechtlichen i.S.v. Art. 6 Abs. 1 gleichkommt (LR/*Esser* MRK, Art. 7 Rn. 29 m.w.N.; *Safferling* Internationales Strafrecht § 13 Rn. 59).

III. Die Vereinbarkeit staatlichen Verhaltens mit den Vorgaben des Art. 7 Abs. 1. Der EGMR prüft im Rahmen von Art. 7 niemals die korrekte Anwendung der nationalen Strafvorschrift. Der EGMR legt bei der Prüfung der Gewährleistungen des Art. 7 Abs. 1 auch nicht das Schema »Schutzbereich – Eingriff – Rechtfertigung« zugrunde (*Satzger* IntEuStrR § 11 Rn. 28). Vielmehr überprüft der Gerichtshof lediglich die Vereinbarkeit des staatlichen Verhaltens mit Art. 7 Abs. 1, ob also zur Tatzeit eine den Anforderungen von Art. 7 Abs. 1 genügende nationale Vorschrift bestand und ob die verhängte Strafe sich innerhalb der Grenzen dieser Norm bewegt (*Meyer-Ladewig* EMRK Art. 7 Rn. 10; *Safferling* Internationales Strafrecht § 13 Rn. 61).

1. Der Bestimmtheitsgrundsatz – Zugänglichkeit des Rechts und Vorhersehbarkeit der Bestrafung. In seiner Ausprägung als **Bestimmtheitsgebot** richtet sich das Gesetzlichkeitsprinzip zunächst an den Gesetzgeber in den Konventionsstaaten (im Hinblick auf Sanktionen auf Ebene der EU [damals noch EG] vgl. *Satzger* JuS 2004, 943 [947 ff.]). Für jede Strafe muss eine rechtlich hinreichend bestimmte Grundlage existieren. Abgestellt wird auf das geschriebene Recht, im Hinblick auf die Common-Law-Staaten genügt allerdings auch ungeschriebenes Recht, sofern der entsprechende Tatbestand aufgrund der Rechtsprechung feststeht und der Strafrahmen klar umgrenzt ist (*Frowein*/Peukert EMRK Art. 7 Rn. 3; *Safferling* Internationales Strafrecht § 13 Rn. 61). Der Gesetzgeber wird von Art. 7 Abs. 1 hinsichtlich der Festlegung eines Straftatbestandes keineswegs eingeschränkt. Entscheidend ist lediglich, dass das Recht dem Bürger **zugänglich** ist und er die Möglichkeit einer Bestrafung **vorhersehen** kann und die Formulierung der Strafnorm keinen Raum für willkürliche Anwendung gibt (EGMR Streletz, Kessler und Krenz./.Deutschland, Urt. v. 22.03.2001 – 34044/96, 35532/97, 44801/98, RJD 2001-II, Rn. 50). Hinsichtlich des notwendigen Grads an Bestimmtheit und damit der Vorhersehbarkeit der strafrechtlichen Verurteilung wird auf die ex ante-Perspektive des konkret Betroffenen abgestellt (EGMR K.A. & A.D./.Belgien, Urt. v. 17.02.2005 – 42758/98, 45558/99, Rn. 51 ff.). Der hinreichenden Bestimmtheit steht die Auslegungsbedürftigkeit nicht entgegen. Die Auslegung obliegt den nationalen Gerichten, die eine solche auch zum Nachteil des Beschuldigten vornehmen können (s. nur *Esser*, EurIntStrR § 9 Rn. 285). Die Strafgerichte tragen mit ihrer Rechtsprechung zur schrittweisen Fortentwicklung des Strafrechts bei; jedoch muss diese Fortentwicklung vernünftigerweise vorhersehbar, willkürfrei und mit dem Wesen der Tat vereinbar sein (vgl. EGMR Scoppola./.Italien (Nr. 2) GrK, Urt. v. 17.9.2009 – 10249/03, Rn. 100).

Maßgebliche Faktoren, die bei der **Beurteilung der Vorhersehbarkeit** in Betracht gezogen werden müssen, sind der Inhalt des betreffenden Gesetzes, der Anwendungsbereich desselben sowie Anzahl und Status der Adressaten (s.z.B. Varvara./.Italien, Urt. v. 29.10.2013 – 17475/09, Rn. 34; vgl. auch *Meyer-Ladewig* EMRK Art. 7 Rn. 9; *Safferling* Internationales Strafrecht § 13 Rn. 62). Dabei ist zu beachten, dass eine hinreichende Vorhersehbarkeit nicht zwingend daran scheitert, dass zur Auslegung der Norm Rechtsrat eingeholt werden muss. Es kommt hier vielmehr auf die Zumutbarkeit der Einholung eines solchen Rats nach den Umständen des Einzelfalls an. Insb. wenn der Betroffene einen Beruf ausübt, der ihn ohnehin zu umfangreicheren Vorsichtsmaßnahmen anhält, kann die Einholung von Rechtsrat zur Auslegung einer Norm zumutbar sein (EGMR Cantoni./.Frankreich, Urt. v. 15.11.1996 – 17862/91, RJD 1996-V, Rn. 35 zum Verkauf medizinischer Produkte). Kann der Bürger nicht klar zwischen der Bedeutung einer Strafdrohung und der Praxis der Strafvollstreckung (in concreto: nur 20jährige Inhaftierung bei lebenslanger Freiheitsstrafe) unterscheiden, bleibt das Recht hinter den Anforderungen des Art. 7 zurück (EGMR Kafkaris./.Zypern, Urt. v. 12.02.2008 – 21906/04, Rn. 150). Es ist für den Bürger unvorhersehbar, mit welcher Bestrafung er rechnen muss, wenn der Staatsanwaltschaft ein völlig freies Ermessen hinsichtlich des Gerichtes zusteht, bei dem es Anklage erhebt und je nach Gericht unterschiedliche Strafrahmen zur Anwendung kommen (EGMR Camilleri./.Malta, Urt. v. 22.01.2013 – 42931/10 Rn. 40 ff.; hierzu und zur Bedeutung für bewegliche Zuständigkeiten im deutschen Recht *F. Zimmermann*, FS Beulke, 2015, S. 1091, 1097 ff.).

16   **2. Das Rückwirkungsverbot.** Das an die Rechtsprechung gerichtete **Verbot rückwirkender Bestrafung** ergibt sich unmittelbar aus dem Wortlaut von Art. 7 Abs. 1. Demnach darf niemand wegen einer Handlung oder einer Unterlassung verurteilt werden, die zur Zeit ihrer Begehung nach nationalem oder internationalem Recht nicht strafbar waren. Zum **innerstaatlichen** Recht gehört dabei auch EU-Recht sowie Völkerrecht, welches als Bestandteil innerstaatlichen Rechts bei der Auslegung eines nationalen Straftatbestandes zu berücksichtigen ist (*Grabenwarter/Pabel* EMRK, § 24 Rn. 138 f.; *Safferling* Internationales Strafrecht § 13 Rn. 65). **Internationales Recht** meint in diesem Zusammenhang Tatbestände des Völkerstrafrechts, wie Kriegsverbrechen oder Verbrechen gegen die Menschlichkeit.

17   Die Bestrafung von fortgesetzten Handlungen, die z.T. vor, teilweise nach Inkrafttreten eines Straftatbestandes begangen werden, verstößt nicht gegen das Rückwirkungsverbot, wenn sich aus der Anklage oder zumindest dem Strafurteil klar ergibt, dass sie sich jeweils auch auf später begangene Taten erstrecken (EGMR Ecer & Zeyrek./.Türkei, 29295/95, 29363/95, RJD 2001-II, Rn. 31 ff.).

18   Das Rückwirkungsverbot bezieht sich nicht nur auf die anzuwendenden Tatbestände, sondern auch auf die Strafen. Für eine Verletzung des Art. 7 genügt es dabei, dass bei Anwendung des zur Tatzeit gültigen Strafgesetzes eine niedrigere Strafe hätte verhängt werden können, auch wenn die vom Gericht auf Grundlage eines späteren Gesetzes verhängte Strafe sowohl vom Strafrahmen des Tatzeitgesetzes wie des vom Gericht angewandten Gesetzes fällt (EGMR GrK Maktouf und Damjanović./.Bosnien und Herzegowina, Urt. v. 18.07.2013 –2312/08 und 34179/08 Rn. 70).

19   Bedeutsam ist das Rückwirkungsverbot für Deutschland im Hinblick auf die **nachträgliche Verhängung der Sicherungsverwahrung**. Die Sicherungsverwahrung wird vom EGMR v.a. aufgrund der Ähnlichkeit im Vollzug sowohl in rechtlicher als auch in tatsächlicher Hinsicht, aber auch aufgrund der Schwere der Maßnahme unter den Begriff der Strafe subsumiert (vgl. oben Rdn. 11). Folglich gilt das Rückwirkungsverbot des Art. 7 Abs. 1 auch für die Sicherungsverwahrung. Ihre nachträgliche Verhängung nach § 66b Abs. 1 StGB i.d.F. von 2004 sowie der Wegfall der Höchstbefristung von 10 Jahren bei der primären Sicherungsverwahrung und die Anordnung ihrer Fortdauer in vor 1998 abgeurteilten Fällen über die 10-Jahres-Höchstfrist hinaus nach § 67d Abs. 3 StGB i.V.m. § 2 Abs. 4 StGB i.d.F. 1998 verstoßen somit konsequenterweise gegen das Rückwirkungsverbot (EGMR M./.Deutschland, Urt. v. 17.12.2009 – 19359/04, EuGRZ 2010, 25 ff., Rn. 135; instruktiv zu den Hintergründen s. *Pösl* ZJS 2011, 132 ff. m.w.N.; zur Reaktion des BVerfG vgl. BVerfG NJW 2011, 1931 ff.; zu den möglichen weiteren Auswirkungen des Urteils *Bachmann/Goeck* NJ 2010, 457 ff.).

20   Das BVerfG behielt seinen Strafbegriff dennoch wie in seiner Entscheidung aus dem Jahr 2004 (BVerfG NJW 2004, 739 [744]) bei (s. BVerfG NJW 2011, 1931 [1942]). Die Wertung der Urteile des EGMR zu Art. 7 Abs. 1 berücksichtigte das BVerfG aber i.R.d. Prüfung des allgemeinen Vertrauensgrundsatzes aus Art. 20 Abs. 3 GG und bei Prüfung der Verhältnismäßigkeit des mit der Sicherungsverwahrung einhergehenden Eingriffs in Art. 2 Abs. 2, 104 Abs. 2 GG (BVerfG NJW 2011, 1931 [1934 ff.]; s. dazu *Dessecker* ZIS 2011, 706 ff.). Aufgrund dessen erachtete das BVerfG das derzeitige System der Sicherungsverwahrung als verfassungswidrig; allerdings erklärte es die Normen nicht für nichtig, sondern ordnete ihre Fortgeltung bis zum 31.05.2013 an (BVerfG NJW 2011, 1931 [1945]). Allerdings rückte das BVerfG im Hinblick auf die Prüfung der Verhältnismäßigkeit der Fortdauer der Sicherungsverwahrung bei Altfällen den Schutz des Vertrauens der Verwahrten auf Freilassung nach Ablauf der früheren 10-Jahres-Höchstfrist wegen der Wertung des Art. 7 in die Nähe eines absoluten Vertrauensschutzes, wobei obendrein noch die Erwägungen von Art. 5 Abs. 1 S. 2 zu berücksichtigen seien (*Peglau* NJW 2011, 1924 [1925]). Aufgrund dessen hielt es eine rückwirkend angeordnete oder verlängerte Sicherungsverwahrung nur dann noch für zulässig, wenn (1) das Abstandsgebot zum Strafvollzug gewahrt werde, (2) die Gefahr schwerster Gewalt- oder Sexualstraftaten aus konkreten Umständen in der Person oder dem Verhalten des Verwahrten abzuleiten sei und (3) die Voraussetzungen von Art. 5 Abs. 1 S. 2 erfüllt seien (BVerfG NJW 2011, 1931 [1936]; näher zur Verhältnismäßigkeitsprüfung der Sicherungsverwahrung von Altfällen vgl. Art. 5 Rdn. 41 ff.).

21   **Verfahrensvorschriften** fallen nicht unter das Rückwirkungsverbot des Art. 7 (LR/*Esser* MRK, Art. 7 Rn. 33; *Safferling* Internationales Strafrecht § 13 Rn. 59). Gleiches gilt für die nachträgliche Auf-

hebung oder Verlängerung von Verjährungsfristen, da hierdurch keine Strafbarkeit begründet wird, sondern diese zum Tatzeitpunkt ja bestand (EGMR G./.Frankreich, Urt. v. 27.09.1995, Serie A 325-B, Rn. 26 f.; EGMR Coëme u.a./.Belgien, Urt. v. 22.06.2000 – 32492/96, 32547/96, 32548/96, 33209/96, 33210/96, RJD 2000-VII, Rn. 144; LR/*Esser* MRK, Art. 7 Rn. 33 m.w.N.). Für Verjährungsmodifikationen im Hinblick auf bereits verjährte Taten kann dies allerdings nicht gelten (offen gelassen von EGMR Coëme u.a./.Belgien, Urt. v. 22.06.2000 – 32492/96, 32547/96, 32548/96, 33209/96, 33210/96, RJD 2000-VII, Rn. 149 f.; zur insoweit durchaus parallelen Problematik im deutschen Recht s. BVerfGE 25, 269).

Eine Ausweitung hat Art. 7 I jedoch im Hinblick auf strafvollstreckungsrechtliche Fragen erhalten: Dem zu einer langen Haftstrafe Verurteilten wurde im Gegenzug für seine mehrjährige Arbeitsleistung während der Haft eine Verkürzung der Freiheitsstrafe zugesagt. Einige Wochen vor dem (früheren) Haftentlassungstermin erfolgte eine Rechtsprechungsänderung seitens des höchsten spanischen Gerichts, derzufolge die Entlassung erst nach der vollständigen Verbüßung der langjährigen Haftstrafe möglich war. Der EGMR monierte einen Verstoß gegen Art. 7 I EMRK und Art. 5 I EMRK, da der Beschwerdeführer die Rechtsprechungsänderung nicht vorhersehen konnte. Durch die mehrjährige Arbeit sei ein Vertrauen auf Haftverkürzung entstanden, welches durch die Rechtsprechungsänderung unter Verletzung der Konvention zunichte gemacht worden sei (EGMR D.R.P. ./. Spanien Urt. v. 21.10.2013). 22

Unter Verweis auf die GRCh (Art. 49 Abs. 1) liest der EGMR neuerdings – entgegen früherer Rechtsprechung – auch den **lex-mitior Grundsatz** in Art. 7 hinein. Danach darf also nicht nur eine strengere Strafvorschrift nicht rückwirkend angewendet werden, sondern es muss auch ein milderes Strafgesetz rückwirkend zur Anwendung gelangen (EGMR Scoppola./.Italien, Urt. v. 17.09.2009 – 10249/03, NJOZ 2010, 2726 [2730], Rn. 109; s. *Polakiewicz* ZEuS 2010, 12; zu möglichen Auswirkungen auf Art. 103 Abs. 2 GG vgl. *Bohlander* StraFo 2011, 169 ff.). 23

3. Das Analogieverbot. An die Rechtsprechung richtet sich das **Verbot der Begründung einer Strafbarkeit mittels Analogie** zulasten des Täters. Der EGMR legt in dieser Hinsicht einen großzügigen Maßstab an: Solange richterliche Rechtsfortbildung widerspruchsfrei ist (Dörr/Grote/Marauhn/*Kadelbach* EMRK, Kap. 15 Rn. 25 m.w.N.), den Kern des Straftatbestands nicht verlässt und damit die Entwicklung des Strafrechts vernünftigerweise **vorhersehbar** ist, soll kein Verstoß gegen das Analogieverbot vorliegen (EGMR Streletz, Kessler & Krenz./.Deutschland, Urt. v. 22.03.2001 – 34044/96, 35532/97, 44801/98, RJD 2001-II, Rn. 50). 24

Die Verurteilung von Mitgliedern der DDR-Führung aufgrund der Verwendung von Minen und Selbstschussanlagen sowie dem **Schießbefehl an der innerdeutschen Grenze** befand der EGMR als in diesem Sinne vorhersehbar. § 27 Abs. 2 GrenzG-DDR sei insofern nicht als »Rechtfertigung« anzusehen, weil diese einfachgesetzliche Norm einerseits im Widerspruch zu den in der DDR-Verfassung verankerten Grundrechten stand und andererseits für die Verantwortlichen erkennbar ein Verstoß gegen höherrangiges Völkerrecht vorlag (zur völkerrechtlichen Modifikation der Radbruch'schen Formel s. *Grabenwarter/ Pabel* EMRK, § 24 Rn. 142). Der EGMR unterstreicht, dass die von den Verantwortlichen selbst geschaffene, die ureigensten Grundsätze des Rechtssystems der DDR wissentlich missachtende Staatspraxis nicht unter den Begriff des »Rechts« i.S.v. Art. 7 Abs. 1 subsumierbar ist und so auch keinen Rechtfertigungsgrund darstellen kann (EGMR Streletz, Kessler & Krenz./.Deutschland, Urt. v. 22.03.2001 – 34044/96, 35532/97, 44801/98, RJD 2001-II, Rn. 87 f.). 25

Auch die strafrechtliche **Verurteilung eines Mauerschützen** selbst wegen Totschlags ist nach Ansicht des EGMR vorhersehbar i.S.v. Art. 7 Abs. 1. Auch der einfache Soldat könne aufgrund der zu unterstellenden Kenntnis des einfachen Gesetzes- und Verfassungsrechts der DDR nicht auf eine Rechtfertigung aufgrund von Befehlen berufen, die diesen Rechtsgrundsätzen offensichtlich widersprechen (EGMR K.-H. W./.Deutschland, Urt. v. 22.03.2001 – 37201/97, NJW 2001, 3042, Rn. 75). 26

4. Das Erfordernis einer »mens rea«. Als weitere materielle Voraussetzung zur Verhängung einer Strafe scheint der EGMR in Art. 7 Abs. 1 zumindest eine Form von **Verantwortlichkeitsgrundsatz** zu verorten. Jedenfalls liest der EGMR aus den Worten »guilty« (in Abs. 1) bzw. »coupable« (in Abs. 2) in der jeder Auslegung zugrunde zu legenden englischen bzw. französischen Fassung der EMRK (vgl. hierzu Art. 1 Rdn. 9) heraus, dass ein voluntatives und ein kognitives Element seitens des Täters vorhanden sein müssen, um auf eine Verantwortlichkeit für die Tat schließen zu können (EGMR Sud 27

Fondi u.a./.Italien, Urt. v. 20.04.2009 – 78909/01, Rn. 116). Dieses Erfordernis ist nicht mit dem nationalen Schuldprinzip gleichzusetzen (so wohl *Schramm* Internationales Strafrecht, Kap. 3 Rn. 30), vielmehr dürfte hier das Konzept einer »mens rea«, wie es aus dem angloamerikanischen Rechtskreis bekannt ist, zum Tragen kommen.

Art. 8 EMRK Recht auf Achtung des Privat- und Familienlebens.

(1) Jede Person hat das Recht auf Achtung ihres Privat- und Familienlebens, ihrer Wohnung und ihrer Korrespondenz.

(2) Eine Behörde darf in die Ausübung dieses Rechts nur eingreifen, soweit der Eingriff gesetzlich vorgesehen und in einer demokratischen Gesellschaft notwendig ist für die nationale oder öffentliche Sicherheit, für das wirtschaftliche Wohl des Landes, zur Aufrechterhaltung der Ordnung, zur Verhütung von Straftaten, zum Schutz der Gesundheit oder der Moral oder zum Schutz der Rechte und Freiheiten anderer.

Englische Fassung

(1) Everyone has the right to respect for his private and family life, his home and his correspondence.

(2) There shall be no interference by a public authority with the exercise of this right except such as is in accordance with the law and is necessary in a democratic society in the interests of national security, public safety or the economic well-being of the country, for the prevention of disorder or crime, for the protection of health or morals, or for the protection of the rights and freedoms of others.

Französische Fassung

(1) Toute personne a droit au respect de sa vie privée et familiale, de son domicile et de sa correspondance.

(2) Il ne peut y avoir ingérence d'une autorité publique dans l'exercice de ce droit que pour autant que cette ingérence est prévue par la loi et qu'elle constitue une mesure qui, dans une société démocratique, est nécessaire à la sécurité nationale, à la sûreté publique, au bien-être économique du pays, à la défense de l'ordre et à la prévention des infractions pénales, à la protection de la santé ou de la morale, ou à la protection des droits et libertés d'autrui.

Übersicht

	Rdn.
A. Grundsätzliches	1
I. Allgemeines	1
II. Parallele internationale Instrumente	2
III. Parallelen im nationalen Recht	3
IV. Notstandsfestigkeit	5
B. Schutzbereich	6
I. Das Recht auf Achtung des Privatlebens	10
II. Das Recht auf Achtung des Familienlebens	12
1. Begriff der Familie	12
2. Reichweite des Schutzbereichs	13
III. Das Recht auf Achtung der Wohnung	14
IV. Das Recht auf Achtung der Korrespondenz	15
C. Eingriff	16
I. Eingriff durch staatliches Handeln	17
1. Eingriff in das Recht auf Achtung des Privatlebens	17
2. Eingriff in das Recht auf Achtung des Familienlebens	19
3. Eingriff in das Recht auf Wohnung	20
4. Eingriff in das Recht auf Achtung der Korrespondenz	21
II. Eingriff durch staatliches Nichthandeln – Verstoß gegen Schutzpflichten	23
D. Rechtfertigung	25
I. Allgemeines	25
II. Eingriffsgrundlage	26
III. Zweck	29
IV. Notwendigkeit des Eingriffs	30
1. Hausdurchsuchungen	31
2. Abschiebung und Ausweisung	32
3. Besuchsrecht von Strafgefangenen	33
4. Korrespondenz des Gefangenen mit dem Verteidiger	34
5. Speicherung von DNA-Proben und Fingerabdrücken	35
6. GPS-Überwachung	37
7. Einschränkungen der Bewegungsfreiheit infolge UN-Sicherheitsratsbeschlüsse zur Terrorismusbekämpfung	38

A. Grundsätzliches.

I. Allgemeines. Durch Art. 8 werden vier Rechte geschützt – das Recht auf Privatleben, das Recht auf Familienleben, die Wohnung und die Korrespondenz. Zusammenfassend geht es dem Art. 8 um den **Schutz des Freiheitsraumes des Einzelnen**, welcher unabdingbar ist für die Möglichkeit zur freien Entfaltung der Persönlichkeit (*Grabenwarter/Pabel* EMRK, § 22 Rn. 1; *Safferling* Internationales Strafrecht § 13 Rn. 92). Das Recht auf persönliche Lebensgestaltung, dessen modernes Verständnis durch das aufstrebende liberale Bürgertum der Neuzeit entwickelt wurde (*Dörr/Grote/Marauhn/Meljnik* EMRK, Kap. 16 Rn. 2), fand – ebenso wenig wie Ehe und Familie – in den Menschenrechtserklärungen und Verfassungen des 18. und 19. Jahrhunderts Erwähnung. Am fortschrittlichsten war noch die Weimarer Reichsverfassung, die sich als erste in ihren Art. 119 bis 122 WRV mit dem Schutz von Ehe und Familie befasste (*Dörr/Grote/Marauhn/Meljnik* EMRK, Kap. 16 Rn. 5).

II. Parallele internationale Instrumente. Auf internationaler Ebene wurde der Schutz der Privatsphäre und der Familie zum ersten Mal in **Art. 12 AEMR** in unverbindlicher Form festgeschrieben. In verbindliche Form gegossen wurde dieser Schutz dann in Europa in **Art. 8** sowie in Amerika in **Art. 11 Abs. 2 AMRK**. **Art. 17 IPbpR** geht über Art. 8 einerseits insofern hinaus, als er neben den in Art. 8 genannten Rechtsgütern auch noch Ehre und Ruf erwähnt. Die GRCh schützt das Recht auf Achtung des Privat- und Familienlebens in Art. 7 GRCh, der Schutz persönlicher Daten wird darüber hinaus in Art. 8 GRCh gewährt (vertiefend LR/*Esser* MRK, Art. 8 Rn. 4 ff.).

III. Parallelen im nationalen Recht. Im Grundgesetz ist keine speziell die Privatsphäre schützende Garantie enthalten. Die vier in Art. 8 enthaltenen Gewährleistungen finden sich in verschiedenen Artikeln des Grundgesetzes wieder. Das Recht auf Unverletzlichkeit der Wohnung ist in **Art. 13 GG** gewährleistet, die Korrespondenz wird von **Art. 10 GG**, Ehe und Familie von **Art. 6 GG** geschützt. Das »Privatleben«, wie es von Art. 8 genannt wird, ist im deutschen Recht Teil der allgemeinen Handlungsfreiheit in **Art. 2 Abs. 1 GG**. Die allgemeine Handlungsfreiheit beinhaltet auch das Recht auf freie Entfaltung der Persönlichkeit, welches in seinem von Art. 1 Abs. 1 GG geschützten, für den Staat unantastbaren Kernbereich ein Mindestmaß an Freiraum für private Lebensführung garantiert (BVerfGE 101, 361 [382]).

Einfachgesetzliche Ausprägungen des Schutzes der Privatsphäre sind die §§ 100a ff., 100c ff. StPO.

IV. Notstandsfestigkeit. Bei Krieg oder öffentlichem Notstand ist Art. 8 in den Grenzen von Art. 15 Abs. 1 **einschränkbar** (vgl. hierzu Art. 15 Rdn. 1; zu den Rechtfertigungsgründen von Art. 8 Abs. 2 vgl. Rdn. 25 ff.).

B. Schutzbereich.

Die einzelnen von Art. 8 Abs. 1 gewährten Rechte sind grds. als **Abwehrrechte** konzipiert. Die vier garantierten Rechte überschneiden sich zwar teilweise, sodass sich eine exakte Abgrenzung manchmal schwierig gestaltet. Dennoch sind die einzelnen Schutzbereiche zu definieren, allein schon, um ihren Einfluss auf die nationale Rechtsordnung richtig einordnen zu können. Art. 8 hat zwar schwerpunktmäßig im Gebiet des Familienrechts und des öffentlichen Rechts Bedeutung; jedoch ist er auch für das Strafrecht nicht ohne Relevanz. Im Folgenden sollen die für das Strafrecht bedeutsamen Elemente besprochen werden, die v.a. durch Abhörmaßnahmen, aber auch durch Zeugnisverweigerungsrechte berührt werden.

Daneben erwachsen dem Konventionsstaat aus Art. 8 Abs. 1 auch **Schutzpflichten**. Es ist Aufgabe des Staates, Normen zu erlassen, die es Opfern von Eingriffen in Art. 8 Abs. 1 ermöglichen, gerichtlich gegen derartige Maßnahmen vorzugehen (*Meyer-Ladewig* EMRK Art. 8 Rn. 2a; *Safferling* Internationales Strafrecht § 13 Rn. 92). Weiterhin hat der Staat Sorge zu tragen, dass es auch unter Privaten zu keiner Verletzung von Art. 8 Abs. 1 kommt. Insofern muss er Strafvorschriften erlassen, die die in Art. 8 Abs. 1 genannten Güter schützen und Sorge dafür tragen, dass im Fall einer Verletzung dieser Vorschriften eine solche ausermittelt und geahndet wird (EGMR M.C./.Bulgarien, Urt. v. 04.12.2003 – 39272/98, RJD 2003-XII, Rn. 153; vgl. auch Dordević./.Kroatien, Urt. v. 24.07.2012 – 41526/10, Rn. 151 ff.).

Träger der Rechte des Art. 8 Abs. 1 sind in erster Linie natürliche Personen, jedoch können sich auch juristische Personen auf Art. 8 Abs. 1 berufen, soweit sie selbst Träger der dort genannten Rechte und

Pflichten sein können (Radtke/Hohmann-StPO/*Ambos* EMRK, Art. 8 Rn. 2; LR/*Esser* MRK, Art. 8 Rn. 14, 17; *Safferling* Internationales Strafrecht § 13 Rn. 92).

9 Aufgrund der Struktur von Art. 8 bietet sich eine Prüfung nach dem auch im deutschen Recht bewährten Muster »Schutzbereich – Eingriff – Rechtfertigung« an, wobei Art. 8 Abs. 1 den Schutzbereich definiert und Art. 8 Abs. 2 abschließend die Rechtfertigungsgründe aufzählt.

10 **I. Das Recht auf Achtung des Privatlebens.** Eine abschließende Definition des Privatlebens ist nicht möglich, insgesamt wird der Begriff und damit der Schutzbereich von Art. 8 Abs. 1, 1. Alt. **weit gefasst.** Nach Ansicht des EGMR umfasst der Schutzbereich jedenfalls eine Sphäre, innerhalb derer das Individuum die Entfaltung und die Entwicklung seiner Persönlichkeit anstreben kann, was auch die Möglichkeit beinhaltet, Beziehungen verschiedenster, einschließlich sexueller Art zu anderen Menschen aufzunehmen (EGMR P.G. and J.H./.Vereinigtes Königreich, Urt. v. 25.09.2001 – 44787/98, RJD 2001-IX, Rn. 56). Erfasst wird hiervon auch das Recht seine Abstammung zu kennen (EGMR Röman./.Finnland, Urt. v. 29.01.2013 – 13072/05, Rn. 43). Auch Kontakte und Aktivitäten aus dem Berufs- und Arbeitsleben unterfallen dem Begriff des Privatlebens (EGMR Niemietz./.Deutschland, Urt. v. 16.12.1992 – 13710/88, Series A251-B, Rn. 29).

11 Auch die körperliche, psychische und soziale Integrität wird vom EGMR unter den Begriff des Privatlebens subsumiert (EGMR Pretty./.Vereinigtes Königreich, Urt. v. 29.04.2002 – 2346/02, RJD 2002-III, Rn. 61; zum Recht am eigenen Bild vgl. EGMR Hannover./.Deutschland, Urt. v. 24.06.2004 – 59320/00, RJD 2004-VI, Rn. 50; zahlreiche weitere Beispiele *Meyer-Ladewig* EMRK Art. 8 Rn. 5a ff.).

12 **II. Das Recht auf Achtung des Familienlebens. 1. Begriff der Familie.** Der EGMR stellt bei der Beurteilung des Vorliegens einer Familie nach Art. 8 Abs. 1, 2. Alt. darauf ab, ob in tatsächlicher Hinsicht **enge persönliche Beziehungen** bestehen. Für das Verhältnis zwischen zwei Erwachsenen kommt es daher nicht darauf an, ob eine Ehe im juristischen Sinn besteht oder nicht. Das enge persönliche Verhältnis muss jedoch über eine übliche gefühlsmäßige Bindung hinausgehen, subjektiv muss die **Intention** vorhanden sein, **das Leben gemeinsam zu verbringen** (EGMR GrK K. and T./.Finnland, Urt. v. 12.07.2001 – 25702/94, RJD 2001-VII, Rn. 150), wofür bspw. das Vorhandensein eines gemeinsamen Kindes spricht (EGMR Yilmaz./.Deutschland, Urt. v. 17.04.2003 – 52853/99, NJW 2004, 2147 [2148], Rn. 38). Entstammt das Kind einer Ehe im Rechtssinne, so besteht zwischen ihm und seinen Eltern automatisch ein derart enges Band, welches die Beziehungen unter den Schutzbereich von Art. 8 Abs. 1, 2. Alt. fallen lässt und welches nur ausnahmsweise reißen kann (EGMR Gül./.Schweiz, Urt. v. 19.02.1996 – 23218/94, RJD 1996-I, Rn. 32). Anders ist dies bei nichtehelichen Kindern – hier ist grds. ein Zusammenleben mit den Eltern Voraussetzung für ein derartiges Band. Ausnahmsweise können jedoch auch geringfügigere Indizien, wie die Anwesenheit des Vaters bei der Geburt oder unregelmäßige Besuche, ausreichen, sofern sich daraus ein Interesse des natürlichen Vaters an seinem Kind ersehen lässt (EGMR Lebbink./.Niederlande, Urt. v. 01.06.2004 – 45582/99, RJD 2004-IV, Rn. 39). **Gleichgeschlechtlicher Beziehungen** hat der Gerichtshof bislang nur unter dem Begriff des Privatlebens erfasst. In Anbetracht der – bei der Auslegung zu berücksichtigenden – aktuellen gesellschaftlichen Entwicklungen in den Mitgliedsstaaten bezieht er gleichgeschlechtliche Beziehungen nun in den Begriff der Familie mit ein, wenn es sich um eine stabile Partnerschaft handelt (EGMR Schalk u. Kopf./.Österreich, Urt. v. 24.06.2010 – 30141/04, EuGRZ 2010, 445, Rn. 94 f.; *Grabenwarter/Pabel* EMRK, § 22 Rn. 16).

13 **2. Reichweite des Schutzbereichs.** Art. 8 Abs. 1, 2. Alt. gewährt ein **Recht auf Zusammenleben bzw. auf persönliche Kontakte** zwischen den Familienmitgliedern. Sofern die Eltern getrennt oder geschieden sind und daher nicht mehr zusammenleben, reißt dieses Band zwischen ihnen, im Verhältnis zu ihren Kindern besteht es weiterhin fort (EGMR Ciliz./.Niederlande, Urt. v. 11.07.2000 – 29192/95, RJD 2000-VIII, Rn. 59, 60).

14 **III. Das Recht auf Achtung der Wohnung.** Auch der Begriff der Wohnung in Art. 8 Abs. 1, 3. Alt. wird **autonom** und nicht zuletzt aufgrund des französischen Wortlauts »domicile« **weit ausgelegt** (EGMR Sallinen./.Finnland, Urt. v. 27.09.2005 – 50882/99, Rn. 70). Entscheidend sind die Umstände im Einzelfall, namentlich ausreichende und andauernde Verbindungen zu einem bestimmten Ort (EGMR Prokopovich./.Russland, Urt. v. 18.11.2004 – 58255/00, RJD 2004-XI, Rn. 36); unter

den Begriff fallen daher neben Miet- und Eigentumswohnungen auch gewerbliche Räume (wie bspw. eine Anwaltskanzlei EGMR Niemietz./.Deutschland, Urt. v. 16.12.1992 – 13710/88, Series A251-B, Rn. 29; EGMR Kolesnichenko./.Russland, Urt. v. 09.04.2009 – 19856/04, NJW 2010, 2109 ff.) oder sogar Wohnwagen (EGMR Buckley./.Vereinigtes Königreich, Urt. v. 25.09.1996 – 20348/92, RJD 1996-IV, Rn. 34).

IV. Das Recht auf Achtung der Korrespondenz. Unter Korrespondenz i.S.v. Art. 8 Abs. 1, 4. Alt. versteht man zunächst **schriftliche Mitteilungen**, also Briefwechsel, sowie **sonstige Kommunikationsformen**, die innerstaatlich vergleichbar geregelt und geschützt sind wie die Post, also in den meisten Konventionsstaaten auch Telefonverkehr (EGMR Lüdi./.Schweiz, Urt. v. 15.06.1992 – 12433/86, Series A238, Rn. 39). In personaler Hinsicht werden alle an der Korrespondenz teilnehmenden Personen geschützt, des Weiteren auch der Inhalt sowie die Tatsache, dass es überhaupt zu einer Korrespondenz gekommen ist (LR/*Esser* MRK, Art. 8 Rn. 153; Radtke/Hohmann-StPO/*Ambos* EMRK, Art. 8 Rn. 14; *Esser* Auf dem Weg S. 146). 15

C. Eingriff. Aufgrund des weiten Schutzbereichs von Art. 8 Abs. 1, 1. Alt. stellt eine Vielzahl staatlicher Verhaltensweisen einen Eingriff in Art. 8 Abs. 1, 1. Alt. dar. Nachdem Teil des Privatlebens auch die physische Integrität ist, können auch Maßnahmen, die nicht den für Art. 3 erforderlichen Schweregrad (vgl. dazu Art. 3 Rdn. 12) erreichen, unter Art. 8 Abs. 1 subsumiert werden (EGMR Storck ./. Deutschland, Urt. v. 16.06.2005 – 61603/00, RJD 2005-V, Rn. 164). 16

I. Eingriff durch staatliches Handeln. 1. Eingriff in das Recht auf Achtung des Privatlebens. Da auch die körperliche, psychische und soziale Integrität unter den Begriff des Privatlebens zu subsumieren ist, liegt ein Eingriff auch bei nur geringfügigen **Beeinträchtigungen der körperlichen Unversehrtheit** vor, bspw. bei Zwangsuntersuchungen wie Blutentnahmen unter ärztlicher Aufsicht (EGMR Y.F./.Türkei, Urt. v. 22.07.2003 – 24209/94, RJD 2003-IX, Rn. 33). Auch die fachgerechte, jedoch gegen den Willen erfolgende medizinische Behandlung stellt einen Eingriff in Art. 8 Abs. 1, 1. Alt. dar (EGMR Storck./.Deutschland, Urt. v. 16.06.2005 – 61603/00, RJD 2005-V, Rn. 144). Auch die präventive Speicherung von DNA-Proben und Fingerabdrücken Verdächtiger, die aber keiner Straftat schuldig gesprochen worden sind, sieht der EGMR als Eingriff in das Recht auf Achtung des Privatlebens (EGMR S. und Marper./.Vereinigtes Königreich, Urt. v. 04.12.2008 – 30562/04; 30566/04, EuGRZ 2009, 299 [308 f.], Rn. 77, 85, 86; vgl. zur Aufbewahrung erkennungsdienstlicher Unterlagen zu präventiven Zwecken nach nationaler Rechtslage SSW-StPO/*Bosch*, § 81b Rdn. 15). 17

Die Durchsuchung einer Anwaltskanzlei (EGMR Niemietz./.Deutschland, Urt. v. 16.12.1992 – 13710/88, Series A251-B, Rn. 29) stellt ebenso einen Eingriff in das Privatleben i.S.v. Art. 8 Abs. 1, 1. Alt. dar wie heimliche Tonbandaufnahmen in einer Polizei- und Gefängniszelle (EGMR P.G. and J.H./.Vereinigtes Königreich, Urt. v. 25.09.2001 – 44787/98, RJD 2001-IX, Rn. 59, 60). Dasselbe gilt natürlich für Tonbandaufnahmen in Privathäusern und -wohnungen (EGMR Bykov./.Russland, Urt. v. 10.03.2009 – 4378/02, Rn. 82) und für staatliche Telefonüberwachungen, auch wenn diese mithilfe einer Privatperson erfolgen, die auf Betreiben der Polizei tätig wird (EGMR A./.Frankreich, Urt. v. 23.11.1993 – 14032/88, Series A277, Rn. 36). Zu beachten ist, dass nicht abgewartet werden muss, bis es zur tatsächlichen Überwachung kommt; die Privatsphäre kann vielmehr schon bei Erlass von Regelungen und Gesetzen beeinträchtigt werden, die das Abhören ermöglichen und dadurch das Recht des Betroffenen auf Privatsphäre schmälern (LR/*Esser* MRK, Art. 8 Rn. 18; ebenso Radtke/Hohmann-StPO/*Ambos* EMRK, Art. 8 Rn. 15; *Esser* Auf dem Weg S. 317), wobei die allgemeine Gefahr nicht ausreicht. Es müssen zusätzlich besondere Umstände hinzukommen, die eine Überwachung des Beschwerdeführers als wahrscheinlich erscheinen lassen. 18

2. Eingriff in das Recht auf Achtung des Familienlebens. Auch ein Eingriff in das Familienleben kommt durch vielerlei staatliche Verhaltensweisen in Betracht. Die für das Strafrecht relevanten Hauptanwendungsfälle sind **Abschiebung oder Ausweisung von Straftätern** (EGMR Yilmaz./.Deutschland, Urt. v. 17.04.2003 – 52853/99, NJW 2004, 2147 ff.; vgl. hierzu Rdn. 31 ff.; EGMR Ukaj./.Schweiz, Urt. v, 24.06.2014 – 32493/08). Die Einschränkung von Besuchen Familienangehöriger wie bspw. durch eine Trennscheibe oder die Beschränkung auf zwölf einstündige Besuche pro Jahr stellt einen Eingriff in das Familienleben dar (EGMR Boyle and Rice./.Vereinigtes Königreich, Urt. v. 27.04.1988 – 19

9659/82; 9658/82, Series A131, Rn. 74) ebenso wie die Inhaftierung in einem Tausende von Kilometern vom Heimatort des Verurteilten entfernten Gefängnis (Khodorkovskiy und Lebedev./.Russland, Urt. v. 25.7.2013 – 11082/06 und 13772/05, Rn. 835 ff.; dazu unten Rdn. 33). Ebenfalls stellt es einen Eingriff dar, wenn das Besuchsrecht von Untersuchungshäftlingen strenger geregelt ist als das von Häftlingen, die eine Freiheitsstrafe absitzen (EGMR V./.Litauen Urt. v. 09.07.2013 – 42615/06).

20 **3. Eingriff in das Recht auf Wohnung.** Ein Eingriff in das Recht auf Wohnung liegt im Zusammenhang mit Strafrecht klassischerweise bei einer Durchsuchung vor (EGMR Niemietz./.Deutschland, Urt. v. 16.12.1992 – 13710/88, Series A251-B, Rn. 31 f.). Keine Wohnung ist jedoch der Haftraum; bei einer Durchsuchung kann aber das Privatleben betroffen sein (vgl. *Esser*, EurIntStrR, § 9 Rn. 326).

21 **4. Eingriff in das Recht auf Achtung der Korrespondenz.** In strafrechtlicher Hinsicht kommt als Eingriff in das Recht auf Achtung der Korrespondenz v.a. die Überwachung der Korrespondenz des Gefangenen allgemein (EGMR Silver u.a./.Vereinigtes Königreich, Urt. v. 25.03.1983 – 5947/72; 6205/73; 7052/75; 7061/75; 7107/75; 7113/75; 7136/75, Series A61, Rn. 84), insb. aber auch derjenigen mit seinem Verteidiger in Betracht (EGMR Erdem./.Deutschland, Urt. v. 05.07.2001 – 38321/97, RJD 2001-VII, Rn. 54). Anspruch auf eine bestimmte Art der Kommunikation mit dem Verteidiger soll jedoch nicht bestehen. So liegt kein Verstoß gegen Art. 8 I EMRK vor, wenn dem Verteidiger eine Kommunikation per Email an die allgemeine Haftanstaltsadresse mit seinem Mandanten verweigert wird und er stattdessen auf die Möglichkeit eines Briefes, Anrufes oder persönlichen Besuchs verwiesen wird (EGMR H./.Finnland Urt. v. 19.09.2013).

22 Ein (nicht gerechtfertigter) Eingriff sowohl in das Recht auf Korrespondenz als auch in das Recht auf Familienleben wurde darin gesehen, dass ein in der Türkei inhaftierter Kurde eine Erlaubnis einholen musste, um mit seinen kurdischsprachigen Familienangehörigen nicht auf Türkisch, sondern in seiner Muttersprache telefonieren zu dürfen (Nusret Kaya u.a. ./. Türkei, Urt. v. 22.4.2014- 43750/06, Rn. 49).

23 **II. Eingriff durch staatliches Nichthandeln – Verstoß gegen Schutzpflichten.** Ein Eingriff kann weiterhin vorliegen, wenn der Staat gegen eine aus Art. 8 Abs. 1 hervorgehende Schutzpflicht verstößt. Der EGMR hat die von einem Konventionsstaat aufrechterhaltene Rechtslage, wonach eine Vergewaltigung nur bei nachgewiesenem physischen Widerstand des Opfers strafbar war, als einen derartigen Verstoß gewertet; zum effektiven Schutz der körperlichen Integrität des Opfers sei die Bestrafung und Verfolgung eines jeden nichteinverständlichen Sexualakts erforderlich, ohne dass es auf körperlichen Widerstand ankomme (EGMR M.C./.Bulgarien, Urt. v. 04.12.2003 – 39272/98, RJD 2003-XII, Rn. 166).

24 Insb. für die Korrespondenz stellt Art. 8 Abs. 1, 4. Alt. Schutzpflichten auf. So müssen die Konventionsstaaten das Post- und Fernmeldegeheimnis durch legislative und administrative Maßnahmen effektiv schützen, da dem Einzelnen keine Möglichkeiten zur Verfügung stehen, diesen Schutz selbst zu gewährleisten (*Frowein*/Peukert EMRK Art. 8 Rn. 49).

25 **D. Rechtfertigung. I. Allgemeines.** Art. 8 Abs. 2 führt abschließend die Gründe auf, bei deren Vorliegen ein Eingriff in Art. 8 Abs. 1 gerechtfertigt ist. Die im Wortlaut vorgezeichnete Prüfungsreihenfolge erinnert stark an die Schrankenprüfung aus dem nationalen Verfassungsrecht.

26 **II. Eingriffsgrundlage.** Der Eingriff muss zunächst **gesetzlich vorgesehen** sein. Es muss also eine ausreichende gesetzliche Eingriffgrundlage im innerstaatlichen Recht bestehen. Formal muss es sich um geschriebenes Recht handeln, welches von den Gerichten zur Auslegung herangezogen wird (EGMR Buck./.Deutschland, Urt. v. 28.04.2005 – 41604/98, RJD 2005-IV, Rn. 37). Des Weiteren muss das Gesetz für den Bürger vorhersehbar, zugänglich und frei von Willkür sein (EGMR Rekvényi./.Ungarn, Urt. v. 20.05.1999 – 25390/94, RJD 1999-III, Rn. 59; vertiefend *Meyer-Ladewig* EMRK Art. 8 Rn. 38 ff.; Radtke/Hohmann-StPO/*Ambos* EMRK, Art. 8 Rn. 18; *Esser* Auf dem Weg S. 115, 151, 318 f.).

27 Hinsichtlich der Überwachung der Korrespondenz zwischen Verteidiger und Gefangenem ist § 148 StPO zulässige Eingriffsgrundlage im deutschen Recht (EGMR Erdem./.Deutschland, Urt. v. 05.07.2001 – 38321/97, RJD 2001-VII, Rn. 65 ff.). Hinsichtlich der GPS-Überwachung in Ermitt-

lungsverfahren wegen mehrfachen Mordversuchs und zur Verhinderung weiterer Sprengstoffanschläge lag mit § 100c Abs. 1 Nr. 1 Buchst. b) StPO a.F. ebenfalls eine ausreichende Eingriffsgrundlage in das Recht auf Privatleben vor (EGMR Uzun./.Deutschland, Urt. v. 02.09.2010 – 35623/05, EuGRZ 115, 121 ff., Rn. 64 ff.).

Im Fall von Abhörmaßnahmen muss das Gesetz sowohl die verfahrenstechnischen als auch die materiellen Voraussetzungen genau benennen, unter welchen solche Maßnahmen angeordnet werden können, was bspw. auch die Behandlung der zufälligen Gesprächspartner des Abgehörten umfasst (EGMR Amann./.Schweiz, Urt. v. 16.02.2000 – 27798/95, RJD 2000-II, Rn. 58). Da geheime Abhörmaßnahmen regelmäßig auch einer Prüfung durch die Öffentlichkeit nicht zugänglich sind, müssen auch der Umfang des Ermessens und die Art seiner Ausübung bestimmt sein (EGMR Bykov./.Russland, Urt. v. 10.03.2009 – 4378/02, Rn. 78). Auch Abhörmaßnahmen durch eine Privatperson stellen, sofern sie dem Staat – wie bspw. im Fall der Einschaltung eines V-Manns – zurechenbar sind, einen Eingriff dar, der den Anforderungen von Art. 8 Abs. 2 genügen muss (EGMR A./.Frankreich, Urt. v. 23.11.1993 – 14032/88, Series A277-B, Rn. 36; vertiefend *Satzger* IntEuStrR § 11 Rn. 92 f.; *Esser* Auf dem Weg S. 148 f.). 28

III. Zweck. Weiterhin muss der Eingriff einen oder auch mehrere der in Art. 8 Abs. 2 genannten Zwecke verfolgen. Diese Voraussetzung stellt keine echte Schranke dar, da der EGMR stets eine solche Zweckverfolgung als gegeben betrachtet. Die eigentliche Schwelle ist daher die Prüfung der »Notwendigkeit« (*Meyer-Ladewig* EMRK Art. 8 Rn. 41). 29

IV. Notwendigkeit des Eingriffs. Ein Eingriff ist notwendig, wenn er einem dringenden sozialen Bedürfnis entspricht, um das berechtigte Ziel zu erreichen und die angewendeten Mittel verhältnismäßig sind (*Meyer-Ladewig* EMRK Art. 8 Rn. 42; Radtke/Hohmann-StPO/*Ambos* EMRK, Art. 8 Rn. 22; *Esser* Auf dem Weg S. 115 f., 160 ff.). Aus strafrechtlicher Sicht wichtige Einzelfälle sind die folgenden: 30

1. Hausdurchsuchungen. Bei der Verhältnismäßigkeitsprüfung hat der EGMR die Schwere der Straftat, aufgrund derer die Durchsuchung veranlasst wurde, die Art und Weise der Durchsuchung, ob zum Zeitpunkt der Durchsuchung schon anderweitige Beweise vorhanden waren, die Vorkehrungen, die getroffen wurden, um die Folgen der Durchsuchung für den Betroffenen möglichst zu begrenzen, sowie die möglichen Auswirkungen auf den Ruf des Betroffenen berücksichtigt (EGMR Buck./.Deutschland, Urt. v. 28.04.2005 – 41604/98, RJD 2005-IV, Rn. 45; für die Durchsuchung von Anwaltskanzleien vgl. *Dörr* JuS 2011, 185 ff.). Ist nach nationalem Recht kein Richtervorbehalt vorgesehen, muss jedenfalls eine effektive gerichtliche ex post facto-Kontrolle existieren, die sicherstellt, dass **keine Willkürmaßnahmen** ergriffen werden (vgl. EGMR Delta Pekárny./.Tschechische Republik, Urt. v. 2.10.2014 – 97/11, Rn. 82 ff.). 31

2. Abschiebung und Ausweisung. Bei der Abschiebung und Ausweisung von Straftätern hat der Konventionsstaat die Gewährleistungen des Art. 8 Abs. 1, 2. Alt. zu beachten. Bei der Prüfung der Notwendigkeit der Abschiebung führt der EGMR eine Interessenabwägung durch. Entscheidende Abwägungsfaktoren sind dabei die Achtung des Familienlebens und die Intensität der familiären Bande des Abzuschiebenden bzw. Auszuweisenden auf der einen Seite, und insb. die Schwere der Straftat auf der anderen Seite (EGMR Yilmaz./.Deutschland, Urt. v. 17.04.2003 – 52853/99, NJW 2004, 2147 [2148], Rn. 46). 32

3. Besuchsrecht von Strafgefangenen. Die Erforderlichkeit eines Eingriffs in das Besuchsrecht von Familienangehörigen von Strafgefangenen und damit in das Familienleben ist ebenfalls im Rahmen einer **Interessenabwägung** festzustellen, wobei der EGMR den nationalen Behörden einen gewissen Grad an Ermessen einräumt (EGMR Boyle and Rice./.Vereinigtes Königreich, Urt. v. 27.04.1988 – 9659/82; 9658/82, Series A131, Rn. 74). Der Schutz der Sicherheit der Inhaftierten und die Vermeidung von Überbelegung von Gefängnissen kann dann nicht als hinreichende Rechtfertigung für den Vollzug der Freiheitsstrafe in einem weit vom Wohnort entfernten Gefängnis angesehen werden, wenn die Beschränkung der Besuchsmöglichkeiten demgegenüber unverhältnismäßig groß sind (Khodorkovskiy und Lebedev ./. Russland, Urt. v. 25.7.2013 – 11082/06 u. 13772/05, Rn. 846 ff.). 33

34 **4. Korrespondenz des Gefangenen mit dem Verteidiger.** Die Korrespondenz von Gefangenen mit dem Verteidiger darf kontrolliert werden, wenn Grund zur Annahme besteht, dass der Brief etwas Verbotenes enthält, wobei der **Grundsatz der Verhältnismäßigkeit** gebietet, dass der Brief grds. nicht gelesen wird. Hierzu sollten geeignete Vorkehrungen getroffen werden, wie bspw. die Öffnung des Briefs in Gegenwart des Gefangenen. Nur in Ausnahmefällen darf die Korrespondenz zwischen dem Gefangenem und dem Verteidiger gelesen werden. Die Behörden müssen den begründeten Verdacht hegen, dass das Privileg der Geheimhaltung missbraucht wird und der Inhalt des Briefes entweder die Sicherheit des Gefängnisses oder die Sicherheit Dritter gefährdet oder der Brief auf andere Weise von krimineller Natur ist, wobei auch hier wieder die Umstände des Einzelfalls entscheidend sind (EGMR Campbell./.Vereinigtes Königreich, Urt. v. 25.03.1992 – 13590/88, Series A233, Rn. 48).

35 **5. Speicherung von DNA-Proben und Fingerabdrücken.** Die pauschale und unterschiedslose Aufbewahrung von Fingerabdrücken, Zellproben und DNA-Profilen verdächtiger, aber keiner Straftat schuldig gesprochener Personen stellt nach Auffassung des EGMR einen **unverhältnismäßigen Eingriff** in das Recht auf Achtung des Privatlebens dar und kann nicht als in einer demokratischen Gesellschaft notwendig angesehen werden (EGMR S. und Marper./.Vereinigtes Königreich, Urt. v. 04.12.2008 – 30562/04; 30566/04, EuGRZ 2009, 299 [313], Rn. 125). Zulässig ist die präventive Aufbewahrung, wenn ihre Dauer zeitlich begrenzt ist und sich die Dauer der zeitlichen Begrenzung an Kriterien wie in erster Linie der Schwere der Straftat, derer der Betroffene ursprünglich verdächtigt wurde, oder dem Alter des mutmaßlichen Straftäters orientiert (EGMR S. und Marper./.Vereinigtes Königreich, Urt. v. 04.12.2008 – 30562/04; 30566/04, EuGRZ 2009, 299 [312], Rn. 119; zur Problematik öffentlicher Sexualstraftäterdateien unter Blickwinkel von Art. 8 vgl. *Anders* JR 2011, 190 [194 ff.]).

36 Eine Speicherung der DNA-Profile in einer zentralen Datenbank zur Erleichterung der Aufkärung künftiger Straftaten wurde demgegenüber vom EGMR dann nicht bemängelt, wenn diese Profile von Personen stammen, die wegen gravierender Straftaten verurteilt wurden und Sicherungen wie die des § 81g StPO vorgesehen sind (Peruzzo und Martens./.Deutschland, Urt. v. 4.6.2013 – 7841/08 u. 57900/12, Rn. 41 ff.).

37 **6. GPS-Überwachung.** Die Anordnung einer GPS-Überwachung für einen relativ kurzen Zeitraum (z.B. vorwiegend an Wochenenden über einen Zeitraum von etwa 3 Monaten) im Rahmen eines Ermittlungsverfahrens, welches sehr schwere Straftaten wie mehrfachen versuchten Mord an Politikern und Beamten durch Sprengstoffexplosionen zum Gegenstand hat, und obendrein künftige, gleichartige Taten verhindern will, ist – sofern weniger einschneidende Mittel zuvor erfolglos waren – bzgl. der verfolgten Ziele verhältnismäßig und damit »in einer demokratischen Gesellschaft notwendig« (EGMR Uzun./.Deutschland, Urt. v. 02.09.2010 – 35623/05, NJW 2011, 1333 [1338], Rn. 80).

38 **7. Einschränkungen der Bewegungsfreiheit infolge UN-Sicherheitsratsbeschlüsse zur Terrorismusbekämpfung.** Als unverhältnismäßige Beschränkung der Rechte aus Art. 8 wurde angesehen, dass einem italienischen Staatsangehörigen, der in einer vollständig in der Schweiz gelegenen italienischen Enklave wohnte, seitens der Schweiz über 6 Monate hinweg der Grenzübertritt untersagt und so der persönliche Kontakt mit seiner Familie praktisch unmöglich gemacht wurde. Der Umstand, dass diese Beschränkungen auf bindenden UN Sicherheitsratsresolutionen zur Terrorismusbekämpfung beruhten, hinderte den EGMR nicht daran, die Schweiz zu verurteilen. Unabhängig von der Rangordnung zwischen den Verpflichtungen aus der europäischen Menschenrechtskonvention und der Charta der Vereinten Nationen sah der Gerichtshof zu Recht den Verstoß darin, dass die Schweiz sich nur auf die bindende Natur des UN Sicherheitsratsbeschluss berufen hatte und nicht darlegen konnte, dass sie versucht hatte, alles zu tun, um die kollidierenden Verpflichtungen in Einklang zu bringen (EGMR Nada./.Schweiz, Urt. v. 12.09.2012 – 10593/08, Rn. 197).

Art. 15 EMRK Abweichen im Notstandsfall.
(1) Wird das Leben einer Nation durch Krieg oder einen anderen öffentlichen Notstand bedroht, so kann jede Hohe Vertragspartei Maßnahmen treffen, die von den in dieser Konvention vorgesehenen Verpflichtungen abweichen,

jedoch nur, soweit es die Lage unbedingt erfordert und wenn die Maßnahmen nicht im Widerspruch zu den sonstigen völkerrechtlichen Verpflichtungen der Vertragspartei stehen.
(2) Aufgrund des Absatzes 1 darf von Art. 2 nur bei Todesfällen infolge rechtmäßiger Kriegshandlungen und von Artikel 3, Artikel 4 I und Art. 7 in keinem Fall abgewichen werden.
(3) Jede Hohe Vertragspartei, die dieses Recht auf Abweichung ausübt, unterrichtet den Generalsekretär des Europarats umfassend über die getroffenen Maßnahmen und deren Gründe. Sie unterrichtet den Generalsekretär des Europarats auch über den Zeitpunkt, zu dem diese Maßnahmen außer Kraft getreten sind und die Konvention wieder volle Anwendung findet.

Englische Fassung
(1) In time of war or other public emergency threatening the life of the nation any High Contracting Party may take measures derogating from its obligations under this Convention to the extent strictly required by the exigencies of the situation, provided that such measures are not inconsistent with its other obligations under international law.
(2) No derogation from Article 2, except in respect of deaths resulting from lawful acts of war, or from Articles 3, 4 § 1 and 7 shall be made under this provision.
(3) Any High Contracting Party availing itself of this right of derogation shall keep the Secretary General of the Council of Europe fully informed of the measures which it has taken and the reasons therefor. It shall also inform the Secretary General of the Council of Europe when such measures have ceased to operate and the provisions of the Convention are again being fully executed.

Französische Fassung
(1) En cas de guerre ou en cas d'autre danger public menaçant la vie de la nation, toute Haute Partie contractante peut prendre des mesures dérogeant aux obligations prévues par la présente Convention, dans la stricte mesure où la situation l'exige et à la condition que ces mesures ne soient pas en contradiction avec les autres obligations découlant du droit international.
(2) La disposition précédente n'autorise aucune dérogation à l'article 2, sauf pour le cas de décès résultant d'actes licites de guerre, et aux articles 3, 4 § 1 et 7.
(3) Toute Haute Partie contractante qui exerce ce droit de dérogation tient le Secrétaire général du Conseil de l'Europe pleinement informé des mesures prises et des motifs qui les ont inspirées. Elle doit également informer le Secrétaire général du Conseil de l'Europe de la date à laquelle ces mesures ont cessé d'être en vigueur et les dispositions de la Convention reçoivent de nouveau pleine application.

Übersicht

	Rdn.			Rdn.
A. Grundsätzliches	1	III.	Kein Widerspruch zu sonstigen völkerrechtlichen Verpflichtungen	11
I. Allgemeines	1			
II. Parallele internationale Instrumente	4	IV.	Unterrichtungspflicht (Art. 15 Abs. 3)	12
III. Parallelen im nationalen Recht	5	V.	Beispiele	13
IV. Anwendung in der Praxis	6		1. Notstandslage	13
B. Notstand	7		2. Erforderlichkeit	14
I. Notstandslage	7	C.	Notstandsfeste Rechte	15
II. Unbedingte Erforderlichkeit	10			

A. Grundsätzliches. I. Allgemeines. Auch wenn der deutsche Text nur davon spricht, dass ein Mitgliedsstaat bei Vorliegen der Voraussetzungen des Art. 15 von Verpflichtungen der EMRK »abweichen« kann, so ist damit gemeint, dass der Staat die Konvention in gewissem Umfang **außer Kraft setzen** kann (EGMR Brannigan and McBride./.Vereinigtes Königreich, Urt. v. 26.05.1993 – 14553/89; 14554/89, Series A258-B, Rn. 38 ff.: »derogation«). 1

Ausnahmetatbestände für die staatliche Existenz bedrohende Konstellationen wurden erstmals im Zuge der französischen Revolution in der »**Loi Martiale**« v. 20.11.1789 und einer Verordnung der verfassungsgebenden Versammlung v. 08.07.1791 geschaffen; im Anschluss daran fanden Notstandsnormen auch Eingang in Verfassungen der im 19. Jahrhundert zahlreichen deutschen Länder und schließlich auch in Art. 68 der Verfassung des deutschen Kaiserreichs (Dörr/Grote/Marauhn/*Krieger* EMRK, Kap. 8 Rn. 1). In der **Weimarer Reichsverfassung** gestattete Art. 48 Abs. 2 WRV den Erlass von diver- 2 sen, die Grundrechte einschränkenden Notverordnungen, von denen die »Verordnung des Reichspräsidenten zum Schutz von Volk und Staat« (sog. Reichstagsbrandverordnung) v. 28.02.1933 (RGBl. I S. 83) wohl die bekannteste ist, die trotz ihrer Verfassungswidrigkeit auch nach Maßstäben der WRV als »Parallelverfassung« gilt (vertiefend zur Reichstagsbrandverordnung *Bickenbach* JuS 2008, 199 ff.).

3 Jenseits einer formellen Abweichung i.S.d. Art. 15 berücksichtigt der EGMR bei der Auslegung der EMRK, die auch bei internationalen bewaffneten Konflikten anwendbar bleibt, zusätzlich das humanitäre Völkerrecht, insbesondere auch die in der Dritten und Vierten Genfer Konventionen enthaltenen Grundlagen für die Internierung von Kriegsgefangenen bzw. von gefährlichen Personen neben Art. 5. Die in Art. 5 enthaltenen prozeduralen Sicherungen finden dann in einer für die Situation in internationalen bewaffneten Konflikten angepassten Weise Anwendung, die – auch wenn hinter den üblichen Anforderungen des Art. 5 zurückbleibend – keine Abweichung i.S.d. Art. 15 darstellen (EGMR GrK Hassan./.Vereinigtes Königreich, Urt. v. 16.9.2014 – 29750/09, Rn. 96 ff.).

4 **II. Parallele internationale Instrumente.** Art. 15 findet keine Entsprechung in der Allgemeinen Erklärung der Menschenrechte; parallele internationale Instrumente finden sich in **Art. 4 IPbpR, Art. 27 AMRK** oder **Art. 4 der Arabischen Charta der Menschenrechte**. Auch in den Verfassungen diverser europäischer Länder, bspw. Griechenland und Frankreich, finden sich Normen, die den Staatsnotstand und ein mögliches Abweichen von den grundrechtlichen Gewährleistungen erlauben (Dörr/Grote/Marauhn/*Krieger* EMRK, Kap. 8 Rn. 3).

5 **III. Parallelen im nationalen Recht.** Im Grundgesetz ist kein allgemeiner Notstandtatbestand enthalten. Spezifische Möglichkeiten zum Abweichen im Notstandsfall bieten qualifizierte Gesetzesvorbehalte wie bspw. Art. 11 Abs. 2 GG (vertiefend Maunz/Dürig/*Durner* GG Art. 11 Rn. 126 ff.).

6 **IV. Anwendung in der Praxis.** Bislang hat sich noch kein Konventionsstaat auf Art. 15 Abs. 1, 1. Alt. (Bedrohung der Nation durch Krieg) berufen, um ein Abweichen von den seitens der Konvention auferlegten Verpflichtungen zu begründen. Soweit ersichtlich wurde in allen Fällen, in denen sich ein Konventionsstaat bislang auf Art. 15 berief, auf dessen Abs. 1, 2. Alt. abgestellt (Bedrohung der Nation durch einen anderen öffentlichen Notstand): Dabei ging es zumeist um Großbritannien und Irland hinsichtlich der Terrorismusbekämpfung in Nordirland, bzw. um die Türkei bzgl. der Bekämpfung der PKK; nur einmal war auch Griechenland (EKMR »*Griechenland*«, YB 12 [1969], Rn. 29 ff.) betroffen.

7 **B. Notstand. I. Notstandslage.** Nachdem sich bislang noch kein Konventionsstaat auf die Bedrohung des Lebens der Nation durch einen Krieg berufen hat, hat der EGMR bislang nur die **Voraussetzungen des anderen öffentlichen Notstands** geklärt (zu einer möglichen Definition s. LR/*Esser* MRK, Art. 15 Rn. 2 m.w.N.). Ein solcher liegt vor (1) bei einer außergewöhnlichen Krisensituation oder einem Notfall, welche die gesamte Nation betreffen und (2) eine Bedrohung für das organisierte Leben der Gemeinschaft darstellen, aus der sich der Staat zusammensetzt (EGMR Lawless./.Irland, Urt. v. 01.07.1961 – 332/57, Series A3, Rn. 28).

8 Die Kommission stellte später als zusätzliche Voraussetzungen auf, dass der Notstand (3) gegenwärtig sein oder unmittelbar bevorstehen muss und (4) die Krise oder Gefahr derart ungewöhnlich sein muss, dass ihr mit den gewöhnlichen von der EMRK zur Aufrechterhaltung der öffentlichen Sicherheit oder Ordnung zur Verfügung gestellten Instrumenten nicht beizukommen ist (EKMR »*Griechenland*«, YB 12 [1969], Rn. 153). Nicht notwendig ist, dass das gesamte Hoheitsgebiet des Konventionsstaats bedroht ist, ausreichend ist ein lokaler Konflikt oder dass der Notstand auf die gesamte Bevölkerung ausstrahlt (Grabenwarter/Pabel EMRK, § 2 Rn. 10).

9 Da die nationalen Behörden mit den innerstaatlichen Gegebenheiten naturgemäß besser vertraut sind als der durchschnittliche Richter am EGMR, billigt dieser ersteren einen umfangreichen **Beurteilungsspielraum** zu (EGMR A.u.a./.Vereinigtes Königreich, Urt. v. 19.02.2009 – 3455/05, Rn. 173).

10 **II. Unbedingte Erforderlichkeit.** Diese Lage muss es unbedingt erforderlich machen, von den Verpflichtungen durch die Konvention abzuweichen. Der EGMR prüft dabei die konkret infrage stehende Maßnahme auf ihre **Verhältnismäßigkeit**. Zunächst muss ein konkreter Zusammenhang zwischen der Notlage und der infrage stehenden Maßnahme bestehen. Weiterhin beachtet der EGMR i.R.d. Verhältnismäßigkeitsprüfung v.a. das Recht, von dem abgewichen wird, die Dauer des Notstands und die Um-

stände, die ihn verursacht haben (EGMR Brannigan und McBride./.Vereinigtes Königreich, Urt. v. 26.05.1993 – 14553/89; 14554/89, Series A258-B, Rn. 43).

III. Kein Widerspruch zu sonstigen völkerrechtlichen Verpflichtungen. Art. 15 Abs. 1 fordert weiterhin, dass der Konventionsstaat durch die Maßnahmen nicht gegen seine völkerrechtlichen Verpflichtungen verstößt. Hier ist insb. der IPbpR von Relevanz.

IV. Unterrichtungspflicht (Art. 15 Abs. 3) Weiterhin trifft den Konventionsstaat, der einen Notstand ausruft, nach Art. 15 Abs. 3 die Pflicht, **den Generalsekretär des Europarats zu informieren.** Eine Zeit von zwölf Tagen zwischen dem Erlass des Gesetzes und Information des Generalsekretärs einschließlich Begründung sah der EGMR als ausreichend an (EGMR Lawless./.Irland, Urt. v. 01.07.1961 – 332/57, Series A3, Rn. 47), die Kommission dagegen einen Zeitraum von vier Monaten als verspätet (EKMR »*Griechenland*«, YB 12 [1969], Rn. 78 ff.).

V. Beispiele. 1. Notstandslage. Ein solcher Notstand wurde bejaht im Fall »**Ireland**«. Zwischen Januar und Juli 1971 kam es zu 304 Terroranschlägen in Nordirland mit insgesamt 31 toten Soldaten und Zivilisten. Daraufhin wurden 2300 Angehörige der katholischen Bevölkerungsgruppe ohne gerichtliche Beteiligung festgenommen und verhört. Der EGMR hielt in diesem Fall die Abweichung von Art. 5 Abs. 3 für nach Art. 15 Abs. 1 gerechtfertigt (EGMR Irland./.Vereinigtes Königreich, Urt. v. 18.01.1978 – 5310/71, Series A25, Rn. 202 ff.).

Ein Notstand wurde mittlerweile auch bejaht für die Situation Großbritanniens nach dem 11.09.2001 und den Bombenanschlägen in der Londoner U-Bahn v. 07.07.2005 (EGMR A.u.a./.Vereinigtes Königreich, Urt. v. 19.02.2009 – 3455/05, Rn. 175 ff.).

2. Erforderlichkeit. Im Fall »*Aksoy*« hielt der EGMR eine 14-tägige Einzelhaft ohne gerichtliche Vorführung als Abweichung von Art. 5 Abs. 3 für nicht erforderlich (EGMR Aksoy./.Türkei, Urt. v. 18.12.1996 – 21987/93, RJD 1996-VI, Rn. 84).

C. Notstandsfeste Rechte. In Art. 15 Abs. 2 sind schließlich noch die **notstandsfesten Rechte** aufgezählt, für das Strafrecht besonders relevant sind dabei Art. 3 (vgl. hierzu Art. 3 Rdn. 6), Art. 7 (vgl. hierzu Art. 7 Rdn. 1) und Art. 2 (vgl. hierzu Art. 2 Rdn. 13 ff.).

Art. 18 EMRK Begrenzung der Rechtseinschränkungen.

Die nach dieser Konvention zulässigen Einschränkungen der genannten Rechte und Freiheiten dürfen nur zu den vorgesehenen Zwecken erfolgen.

Englische Fassung
The restrictions permitted under this Convention to the said rights and freedoms shall not be applied for any purpose other than those for which they have been prescribed.

Französische Fassung
Les restrictions qui, aux termes de la présente Convention, sont apportées auxdits droits et libertés ne peuvent être appliquées que dans le but pour lequel elles ont été prévues.

Übersicht

	Rdn.		Rdn.
A. Grundsätzliches	1	1. Relative Rechte	8
I. Bedeutung und Allgemeines	1	2. Absolute Rechte	9
II. Parallele internationale und nationale Instrumente	2	C. Beweislast	10
		D. Beweisanforderungen	12
B. Begrenzung der Einschränkung von EMRK-Rechten	3	I. Was ist zu beweisen?	12
I. Dogmatische und systematische Einordnung	3	II. Wie muss Beweis erbracht werden?	14
		E. Rechtsfolgen eines Verstoßes gegen Art. 18 EMRK	17
II. Anwendungsbereich	7		

Art. 18 EMRK   Begrenzung der Rechtseinschränkungen

1 **A. Grundsätzliches. I. Bedeutung und Allgemeines.** Nachdem Art. 18 zunächst ein »eher verstecktes Dasein« (*Frowein*/Peukert, EMRK, Art. 18 Rn. 2) geführt hat, ist die grundsätzliche Bedeutung dieser Vorschrift erst in den letzten Jahren, insb. durch die prominenten Fälle von **Khodorkovskiy** und **Tymoshenko** erkannt worden. Denn Art. 18 bringt nicht nur die Selbstverständlichkeit zum Ausdruck, dass ein Eingriff, der die Anforderungen eines Schrankenvorbehalts eines Menschenrechts nicht erfüllt, konventionswidrig ist (vgl. Karpenstein/Mayer/*Johann/Karpenstein*, EMRK Art. 18 Rn. 2). Ziel von Art. 18 ist es vielmehr, **Machtmissbrauch** (»détournement de pouvoir« oder »abuse/misuse of power«) zu **verhindern**. Es wird klargestellt, dass Einschränkungen nur zu den vorgesehen Zwecken erfolgen dürfen. Damit sollen Eingriffe, die zwar bei formaler Betrachtung als den Vorgaben der Konvention entsprechend angesehen werden könnten, die aber der Sache nach konventionswidrige Ziele verfolgen (insb. solche politischer Natur) verfolgen, verhindert werden.

2 **II. Parallele internationale und nationale Instrumente.** Art. 18 findet seine Entsprechung in Art. 30 AMRK und Art. 31 Abs. 2 der Europäischen Sozialcharta (*Steiger*, in: Pabel/Schmahl, IntKomm EMRK, Art. 18 Rn. 4). In anderen internationalen Instrumenten findet sich indes kein Pendant zu Art. 18. Ebenfalls gibt es im nationalen Recht keine ausdrückliche Kodifizierung, die dieser Vorschrift gleicht.

3 **B. Begrenzung der Einschränkung von EMRK-Rechten. I. Dogmatische und systematische Einordnung.** Die allermeisten EMRK-Garantien sind als **Abwehrrechte** (sog. »negative Rechte«) gegenüber dem Staat ausgestaltet, wobei ihnen, bis auf wenige Ausnahmen (insb. Art. 3 und Art. 7), kein absoluter, sondern relativer Charakter zukommt (s. nur *Pösl*, Das Verbot der Folter in Art. 3 EMRK, S. 41 f.). Eingriffe in die jeweiligen Schutzbereiche lassen sich daher im Rahmen unterschiedlicher Schranken rechtfertigen, vorausgesetzt der Staat verfolgt hierdurch ein **legitimes Ziel**, der Eingriff ist **verhältnismäßig** und der **Kernbereich** der Konventionsgarantie wird **nicht angetastet** (*Satzger/Zimmermann/Eibach* EuCLR 2014, 91 [104]). Dies gilt indes nach Maßgabe von Art. 18 dann nicht, wenn neben dem vorgesehenen Zweck auch eine andere zweckfremde Motivation (sog. »**improper motivation**«, vgl. EGMR, Khodorkovskyi und Lebedev./.Russland, Urt. v. 25.07.2013 – 11082/06 und 13772/05, Rn. 908) verfolgt wird.
Daraus, dass die Vorschrift selbst den Bezug zu anderen Konventionsgarantien herstellt, schließt der EGMR in st. Rspr. zu Recht, dass eine Verletzung des Art. 18 **niemals isoliert** festgestellt werden kann, sondern immer nur i.V.m. dem Recht, in das aus unlauteren Gründen eingegriffen wurde (EGMR, Gusinskiy./.Russland, Urt. v. 19.5.2004 – 70276/01, Rn. 73; EGMR, Lutsenko./.Ukraine, Urt. v. 3.7.2012 – 6492/11, Rn. 105; EGMR, Tymoshenko./.Ukraine, Urt. v. 30.4.2013 – 49872/11, Rn. 294).

4 Auf dieser Grundlage nimmt Art. 18 nach traditionellem Verständnis (nur) die Funktion einer sog. »**Schranken-Schranke**« ein (vgl. auch *Santolaya* in: Santaloaya/Roca, Europe of Rights, S. 527). Die Vorschrift würde dementsprechend nur eine Rolle spielen, wenn ein Eingriff grundsätzlich durch eine in der Konvention vorgesehene Beschränkungsmöglichkeit gedeckt ist. In einem zweiten Schritt wäre dann zu prüfen, ob die Maßnahme die Grenzen der zulässigen Beschränkung sprengt. Dazu kommt es in erster Linie auf die Motivation des eingreifenden Staates bzw. der für ihn handelnden Personen an. Wenn es etwa infolge eines formell nicht zu beanstandenden Haftbefehls zu einer prinzipiell zulässigen Freiheitsentziehung kommt, dieser Haftbefehl aber vorrangig dazu **instrumentalisiert** worden ist, politische oder sonstige Widersacher auszuschalten oder zumindest in ihrem Wirkungskreis einzuschränken, so ließe sich erst über die Schranken-Schranke des Art. 18 eine Verletzung des Art. 5 Abs. 1 begründen. Allerdings verfolgt der Staat in derartigen Fällen bereits kein legitimes Ziel im Sinne der Verhältnismäßigkeitsprüfung. Nach traditioneller Lesart würde Art. 18 also nur nochmals klarstellen und hervorheben, dass dies Grundlage und Voraussetzung jeder Beschränkung einer EMRK-Garantie ist. **Die Vorschrift wäre dann weitgehend überflüssig**, weil der Verhältnismäßigkeitsgrundsatz als solcher in der EMRK anerkannt ist und sich nach st. Rspr. des EGMR nicht in einer einzelnen Vorschrift manifestiert (s. nur EGMR, Soering./.Vereinigtes Königreich, Urt. v. 7.7.1989 – 14038/88, Rn. 89). Auch der EGMR hat deshalb zwischenzeitlich anerkannt, dass es in solchen Fällen eines Rückgriffs auf Art. 18 als Schranken-Schranke nicht bedarf (EGMR, Lutsenko./.Ukraine, Urt. v. 3.7.2012 – 6492/11, Rn. 62).

Ebenso wenig verbietet Art. 18 es den Staaten, in der Konvention vorgesehene Schranken der garantier- 5
ten Rechte und Freiheiten **extensiv auszulegen** oder im Wege der **Analogie** auf andere Fälle auszudehnen, da ein solches Verbot den Charakter der EMRK als »living instrument« (s. nur EGMR, Tyrer./.Ver-
einigtes Königreich, Urt. v. 25.4.1978 – 5856/72, Rn. 31) verkennen und einer flexible Anwendung der
Konvention entgegenstehen würde (a. A. LR/*Esser* Art. 18 EMRK Rn. 2).

Stattdessen ist der Gerichtshof dazu übergegangen, Art. 18 eine **selbstständige Funktion** zuzuerkennen, 6
welche über die Rolle einer bloßen »Schranken-Schranke« hinausgeht: Erstmals formulierte er in seiner
ersten Khodokovskiy-Entscheidung, ein Verstoß gegen Art. 18 unterscheide sich von der Verletzung
anderer Konventionsgarantien (EGMR, Khodorkovskiy./.Russland, Urt. v. 31.5.11 – 5829/04,
Rn. 254). Wenig später bejahte er eine Verletzung von Art. 18 i.V.m. Art. 5, nachdem er zuvor bereits
bei isolierter Betrachtung eine Verletzung des Art. 5 festgestellt hatte (EGMR, Lutsenko./.Ukraine,
Urt. v. 3.7.2012 – 6492/11, Rn. 108 ff.; s. dazu *Satzger/Zimmermann/Eibach* EuCLR 2014, 91
[100 f.]). Daran zeigt sich, dass ein Verstoß gegen Art. 18 vom Gerichtshof als zusätzliche, noch schwerwiegendere Rechtsverletzung verstanden wird. Die Vorschrift lässt sich deshalb nun als **Verkörperung
des grundlegenden Verbots rechtsmissbräuchlicher staatlicher (insb. strafrechtlicher) Verfolgung** verstehen. Ein derartiges Verbot ist nicht bereits durch die Existenz des in Art. 6 verankerten »fair trial«-Grundsatzes gewährleistet, schon deshalb nicht, weil dessen Schutzbereich in zeitlicher Hinsicht
erst von der Bekanntgabe des Schuldvorwurfes im Ermittlungsverfahren an eröffnet ist (s. Art. 6
EMRK, Rdn. 14; *Satzger* IntEuStrR § 11 Rn. 60) und somit für viele maßgeblich politisch motivierte
und instrumentalisierte Strafverfahren zu spät greift. Die eigenständige Funktion von Art. 18 liegt richtiger Ansicht nach in der besonders **stigmatisierenden Wirkung**, die einer auf diese Konventionsvor-
schrift gestützten Verurteilung innewohnt (ausf. zum Ganzen *Satzger/Zimmermann/Eibach* EuCLR
2014, 91 [111 ff.]; in diese Richtung auch Tymoshenko./.Ukraine [concurring opinion], Urt. v.
30.4.2013 – 49872/11, S. 66 [67]): Ein EGMR-Urteil, mit dem ein Verstoß gegen Art. 18 festgestellt
wird, besagt, dass der Staat nicht nur (wie in der Regel) versehentlich konventionswidrig gehandelt hat,
sondern dass er sich vorsätzlich über elementare Prinzipien pluralistischer und demokratischer Gesellschaften hinweggesetzt hat. Insoweit ist es nicht damit getan, die Verletzung einzelner Konventionsgarantien gerichtlich festzustellen. Vielmehr kann der EGMR durch die Feststellung einer Verletzung
des Art. 18 den **vorsätzlichen und systemischen Machtmissbrauch** aufzeigen und zu einer entsprechend aussagekräftigen Verurteilung gelangen (*Satzger/Zimmermann/Eibach* EuCLR 2014, 91 [112],
sowie 248 [249 ff.]; EGMR, Tymoshenko./.Ukraine [concurring opinion], Urt. v. 30.4.2013 –
49872/11, S. 65 [67]).

II. Anwendungsbereich. Der Anwendungsbereich von Art. 18 ist noch nicht endgültig geklärt. Da- 7
bei geht es um die Frage, bei welchen Arten von Konventionsgarantien eine Verletzung von Art. 18 überhaupt relevant werden kann. Dies ist insb. deshalb bedeutsam, weil Art. 18 bislang in der Praxis nur in
Verbindung mit Art. 5 eine Rolle gespielt hat.

1. Relative Rechte. Die große Mehrheit der Garantien im ersten Abschnitt der Konvention, der mit 8
»Rechte und Freiheiten« überschrieben ist, begründet nur relative Rechte und ist deshalb grundsätzlich
einschränkbar. Art. 18 findet auf all diese relativen Rechte in der Konvention Anwendung. Hierfür
spricht bereits dessen systematische Stellung: Art. 18 bildet den Schlussstein dieses ersten Abschnitts.
Seine systematische Stellung legt also die Folgerung nahe, dass Art. 18 für sämtliche dieser Konventionsgarantien Geltung beansprucht. Ansonsten hätte der Inhalt des Art. 18 in die einzelnen Vorschriften, auf die er Anwendung finden soll, inkorporiert werden müssen. Überdies wird dieses systematische
Argument auch durch teleologische Erwägungen gestützt, da Machtmissbrauch, der von Art. 18 verhindert werden soll, nicht nur in Verbindung mit Art. 5 sondern auch mit anderen Konventionsgarantien
auftreten kann (*Satzger/Zimmermann/Eibach* EuCLR 2014, 248 [259 f.]). Um diesen Gesichtspunkten
Rechnung zu tragen, ist Art. 18 **auf alle relativen Konventionsgarantien** gleichermaßen anzuwenden.

2. Absolute Rechte. Darüber hinaus muss Art. 18 aber auch für absolute Rechte, also für grundsätz- 9
lich nicht einschränkbare Garantien wie diejenigen des Art. 3 oder des Art. 7, gelten (*Satzger/Zimmer-
mann/Eibach* EuCLR 2014, 248 [260 f.]; a.A *Steiger*, in: Pabel/Schmahl, IntKomm EMRK, Art. 18
Rn. 29): Angesichts des klaren Wortlauts, der von *zulässigen Einschränkungen* spricht und somit eigentlich voraussetzt, dass die betreffende Garantie überhaupt einschränkbar ist, kann dies allerdings nur

über eine **analoge Anwendung** geschehen. Eine vergleichbare Situation wie bei relativen Rechten besteht bei jenen nämlich insofern, als viele staatliche Handlungen bereits aus ihrem Schutzbereich ausgeklammert werden. Die für eine analoge Anwendung darüber hinaus notwendige planwidrige Regelungslücke ist darin zu erblicken, dass ansonsten gerade besonders schwere politisch motivierte Konventionsverstöße nicht dem Schutzbereich des Art. 18 unterfielen. So könnte ein Staat, der gegen politische Gegner mit Folter vorgeht (Art. 3) oder eindeutig nicht strafwürdiges Verhalten zum Anlass strafrechtlicher Ermittlungen nimmt (Art. 7), nicht über Art. 18 und dessen besonders stigmatisierende Wirkung zur Rechenschaft gezogen werden. Dieses Bedürfnis entfällt auch nicht deshalb, weil die vom EGMR anerkannte Verletzung einer absoluten Konventionsgarantie *per se* als äußerst schwerwiegender Verstoß zu werten ist. Erst durch die Hinzuziehung von Art. 18 kann die hinter der Verletzung stehende Motivation des Staates verdeutlicht werden, der nicht »nur« eine absolute Konventionsgarantie verletzt hat, sondern darüber hinaus den staatlichen Machtapparat dazu missbraucht hat, unter dem Deckmantel der Strafrechtspflege gegen politische oder sonstige Gegner vorzugehen.

10 **C. Beweislast.** Auch im Rahmen einer behaupteten Verletzung von Art. 18 trifft die **Beweislast grundsätzlich den Beschwerdeführer** (EGMR, Khodorkovskiy./.Russland, Urt. v. 31.05.11 – 5829/04, Rn. 257; EGMR, Khodorkovskyi und Lebedev./.Russland, Urt. v. 25.07.2013 – 11082/06 und 13772/05, Rn. 903). Daran ändern auch missverständliche Stellungnahmen – insb. in EGMR, Cebotari./.Moldawien, Urt. v. 13.02.2008 – 35615/06, Rn. 53 – nichts. Zwar darf nicht übersehen werden, dass der Nachweis für den Beschwerdeführer im konkreten Fall mit ganz erheblichen Schwierigkeiten verbunden sein dürfte. Gleichwohl genügt es nicht, dass der Beschwerdeführer einen bloßen Anscheinsbeweis (»prima facie evidence«) führt, in diesem Fall geht also die Beweislast nicht auf den Staat über. Vielmehr bleibt die Beweislast auch dann beim Beschwerdeführer, wenn er aussagekräftige Indizien für eine »improper motivation« darlegen konnte. Dem Gerichtshof zufolge besteht folglich **zugunsten jedes Staates die Vermutung, er habe in gutem Glauben gehandelt** (»presumption of good faith«, s. EGMR, Khodorkovskiy./.Russland, Urt. v. 31.5.11 – 5829/04, Rn. 254). Hiervon rückt der EGMR erst ab, wenn das Gegenteil bewiesen wurde. Der Grund hierfür liegt in der stigmatisierenden Wirkung, die eine Feststellung der Verletzung von Art. 18 mit sich bringt. Einerseits muss ein solch gewichtiger Vorwurf auf besonders stichhaltigen Beweisen fußen und nicht nur darauf, dass es dem verklagten Staat nicht gelingt, die gegen ihn vorgebrachten Indizien zu entkräften. Zum anderen dient die vom Beschwerdeführer zu tragende Beweislast auch dazu, einer möglichen inflationären Verwendung von Art. 18 und einer damit einhergehenden Unterminierung der stigmatisierenden Wirkung eines solchen Verstoßes frühzeitig zu begegnen (*Satzger/Zimmermann/Eibach* EuCLR 2014, 248 [253]).

11 Allerdings darf es nicht unter allen Umständen und ohne jede Ausnahme bei dieser einseitigen Beweislastverteilung bleiben. Eine **Abweichung** ist geboten, soweit der Beschwerdeführer sonst gar nicht in der Lage wäre, die behauptete Verletzung von Art. 18 nachzuweisen. Dies ist insbesondere dann der Fall, wenn es maßgeblich auf die subjektiven Motive der staatlichen Akteure ankommt, welche der Sphäre des Beschwerdeführers entzogen sind. Die wahren Motive, die »hidden agenda«, kann er dann nur aus den Umständen und dem Kontext des Falles ableiten. Natürlich ist insoweit ein sehr hohes Maß an Substantiierung erforderlich. Ist dieses Maß jedoch erreicht, sollte von einem *prima facie* Beweis ausgegangen werden mit der Folge, dass die Beweislast auf den Staat übergeht (*Satzger/Zimmermann/Eibach* EuCLR 2014, 248 [253 ff.]; in diese Richtung ebenfalls EGMR, Tymoshenko./.Ukraine [concurring opinion], Urt. v. 30.04.2013 – 49872/11, S. 67).

12 **D. Beweisanforderungen. I. Was ist zu beweisen?** Ein Strafverfahren gegen einen Politiker oder eine politisch aktive Person macht aus diesem Verfahren noch nicht automatisch ein »politisches Verfahren«, da auch Individuen von herausragendem politischen Status in einer Gesellschaft nicht gegenüber strafrechtlicher Verfolgung immun sind (vgl. EGMR, Khodorkovskiy./.Russland, Urt. v. 31.5.11 – 5829/04, Rn. 258). Der Beschwerdeführer muss nach der neuesten Rechtsprechung des EGMR beweisen, dass der gesamte Justizapparat *ab initio* missbraucht wurde und die Behörden dabei arglistig und in krasser Missachtung (»blatant disregard«) der Konvention vorgegangen sind (EGMR, Khodorkovskiy./.Russland, Urt. v. 31.5.11 – 5829/04, Rn. 260). Ein bloßer Verstoß gegen den Geist der Konvention (»spirit of the convention«) genügt indes nicht (anders noch EGMR, Lutsenko./.Ukraine, Urt. v. 03.07.2012 – 6492/11, Rn. 108). Die Beweisanforderungen und die Anforderungen an die

Substantiierung des Vorwurfs sind daher sehr hoch, keinesfalls genügt der bloße Verdacht einer Zweckentfremdung des Strafverfahrens (EGMR, Khodorkovskiy./.Russland, Urt. v. 31.05.11 – 5829/04, Rn. 257). Dies ist angesichts der autonomen Rolle von Art 18 (s.o. Rdn. 6) und der mit der Feststellung seiner Verletzung einhergehenden Stigmatisierungswirkung durchaus konsequent.

Damit besteht jedoch die Gefahr, dass es die hohen Anforderungen an die Beweisführung dem Beschwerdeführer praktisch beinahe unmöglich machen, diesen gerecht zu werden (vgl. EGMR, Tymoshenko./.Ukraine [concurring opinion], Urt. v. 30.4.2013 – 49872/11, S. 68; s.a. die Kritik seitens des Beschwerdeführers in: EGMR, Khodorkovskiy./.Russland, Urt. v. 31.05.11 – 5829/04, Rn. 892). Damit würde die schützende Funktion des Art. 18 in der Praxis aber weitgehend verloren gehen. Um diesem Einwand Rechnung zu tragen, muss es demnach genügen, wenn der Beschwerdeführer glaubhaft geltend machen kann, dass seine (**strafrechtliche**) **Verfolgung im Widerspruch zu fundamentalen Konventionsprinzipien und anerkannten Werten pluralistischer und demokratischer Gesellschaften** steht (*Satzger/Zimmermann/Eibach*, EuCLR 2014, 248 [252]). Dies ist insbesondere dann der Fall, wenn er aufzeigen kann, dass das (Straf-) Justizsystem pervertiert worden ist, um politische Gegner auszuschalten (wie in EGMR, Lutsenko./.Ukraine, Urt. v. 3.7.2012 – 6492/11 und EGMR, Tymoshenko./.Ukraine, Urt. v. 30.04.2013 – 49872/11) oder um andere nicht mit den Zwecken eines Strafverfahrens vereinbarte Ziele zu erreichen (wie in EGMR, Gusinskiy./.Russland, Urt. v. 19.5.2004 – 70276/01). 13

II. Wie muss Beweis erbracht werden? Nur in Ausnahmefällen wird es möglich sein, die strafverfahrensfernen, politischen Zwecke der staatlichen Organe mittels direkten Beweises (»**direct proof**«) zu belegen. So konnte der Beschwerdeführer im Fall Gusinskiy eine Vereinbarung vorlegen, in der explizit die Freilassung des Beschwerdeführers vom Verkauf seines Unternehmens abhängig gemacht worden war (vgl. EGMR, Gusinskiy./.Russland, Urt. v. 19.05.2004 – 70276/01). Normalerweise wird der Staat in den hier interessierenden Fällen jedoch gerade alles daran setzen, derartige Beweisstücke zu vermeiden oder zu vernichten, so dass ähnliche Konstellationen nur selten vorkommen werden. 14

Der EGMR hat – allerdings in sehr engen Grenzen – auch einen indirekten Beweis (»**indirect proof**«) zugelassen. Hierfür muss der Beschwerdeführer Tatsachen vorbringen, aus denen sich ergibt, dass die vom Staat vorgebrachten Gründe (für die Einschränkung einer EMRK-Garantie) nicht seinen wirklichen Motiven entspricht, sondern eine »hidden agenda« existiert. Offen für **Indizienbeweise** (»contextual evidence«), z.B. in Gestalt eines konzertierten Vorgehens gegen Oppositionspolitiker oder in Form von Berichten seitens Nichtregierungsorganisationen oder Gerichtsentscheidungen anderer Staaten, ist der Gerichtshof bislang aber nur, soweit das Verfahren gegen den Betroffenen aufgrund der Art der Straftat eine **direkte Beziehung zu dessen politischen Aktivitäten** aufweist (s. die Deutung bei *Satzger/Zimmermann/Eibach* EuCLR 2014, 248 [256 f.]). Nur dann könne ein Verfahren »*ab initio*« politisch ausgerichtet sein; ansonsten sei ein rein strafrechtlicher – nicht politisch eingefärbter – Kern des Verfahrens jedenfalls nicht auszuschließen (s. EGMR, Khodorkovskyi und Lebedev./.Russland, Urt. v. 25.7.2013 – 11082/06 und 13772/05, Rn. 906). 15

Dieser Ansatz ist jedoch zu eng. Über die Fälle hinaus, in denen die vorgeworfene Straftat einen politischen Charakter aufweist (weil sie im Amt begangen sein oder wenigstens einen Bezug zu politischen Aktivitäten haben soll), muss es dem Beschwerdeführer auch bei Verfahren, die eine **Häufung verfahrensrechtlicher Mängel** aufweisen, möglich sein, aus diesem Gesamtkontext den Beweis für eine »hidden agenda« zu erbringen. Denn gerade der Staat, der ein strafverfahrensfremdes Ziel verfolgt, wird alles tun, um dieses Ziel zu erreichen, was dann in einer Vielzahl von Konventionsverletzungen zum Ausdruck kommt (ausf. *Satzger/Zimmermann/Eibach* EuCLR 2014, 248 [258]). 16

E. Rechtsfolgen eines Verstoßes gegen Art. 18 EMRK. Bislang hat der EGMR eine Verletzung von Art. 18 nur in solchen Fällen festgestellt, in denen bereits eine Verletzung von Art. 5 vorlag, also bereits eine Freiheitsentziehung als solche konventionswidrig war. Eine allgemeingültige Aussage über die Praxis des EGMR lässt sich daher (noch) nicht treffen. Die dennoch zu erkennende Tendenz, bei Verstößen gegen Art. 18 dem Opfer **keine Entschädigung i.S.v. Art. 41** zuzusprechen, ist mit der Funktion einer Feststellung einer Verletzung des Art. 18, so wie sie hier herausgearbeitet wurde, vereinbar, da eine monetäre Kompensation weder dem primären Interesse des Antragstellers entpricht noch der stigmatisierenden Wirkung einer Verurteilung auf Grundlage des Art. 18 gerecht wird. 17

Art. 34 EMRK Individualbeschwerden

18 Die für den Beschwerdeführer relevante **Feststellung des ihm gegenüber verübten staatlichen Unrechts** kommt vielmehr zum einen bereits im Urteilsspruch selbst zum Ausdruck, da nach hier vertretener Ansicht ja gerade dessen stigmatisierende Wirkung den Beschwerdeführer rehabilitiert und typischerweise vor weiteren (strafrechtlichen) Verfolgungen schützt. Darüber hinaus muss der durch Art. 18 angezeigte Missbrauch staatlicher Macht allerdings auch **Folgen für die nationalen (Straf-)Verfahren** haben, auf denen der Verstoß gegen Art. 18 basierte: Diese haben ihren Anspruch auf Akzeptanz verwirkt und sind in der Folge als nichtig anzusehen; waren die Vorwürfe gegen den Beschwerdeführer nicht gänzlich unbegründet, bedarf es zu ihrer Überprüfung eines komplett neuen Verfahrens (*Satzger/Zimmermann/Eibach* EuCLR 2014, 248 [264]).

Art. 34 EMRK Individualbeschwerden.
Der Gerichtshof kann von jeder natürlichen Person, nichtstaatlichen Organisation oder Personengruppe, die behauptet, durch einen der Hohen Vertragschließenden Teile in einem der in dieser Konvention oder den Protokollen dazu anerkannten Rechte verletzt zu sein, mit einer Beschwerde befasst werden. Die Hohen Vertragschließenden Teile verpflichten sich, die wirksame Ausübung dieses Rechts nicht zu behindern.

Englische Fassung
The Court may receive applications from any person, non-governmental organisation or group of individuals claiming to be the victim of a violation by one of the High Contracting Parties of the rights set forth in the Convention or the Protocols thereto. The High Contracting Parties undertake not to hinder in any way the effective exercise of this right.

Französische Fassung
La Cour peut être saisie d'une requête par toute personne physique, toute organisation non gouvernementale ou tout groupe de particuliers qui se prétend victime d'une violation par l'une des Hautes Parties contractantes des droits reconnus dans la Convention ou ses Protocoles. Les Hautes Parties contractantes s'engagent à n'entraver par aucune mesure l'exercice efficace de ce droit.

Übersicht

		Rdn.			Rdn.
A.	**Allgemeines**	1	III.	Beschwerdebefugnis – Opfereigenschaft .	18
I.	Der Europäische Gerichtshof für Menschenrechte (EGMR)	1		1. Beschwer bei unmittelbarer Selbstbetroffenheit	18
	1. Allgemeines	1		2. Beschwer bei mittelbarer Betroffenheit, insbes. bei Versterben des unmittelbar Betroffenen	19
	2. Der Aufbau des EGMR	2			
II.	Das Verfahren vor dem EGMR	3			
	1. Die Verfahrensarten	3		3. Wegfall der Opfereigenschaft	24
	2. Der Verfahrensgang bei der Individualbeschwerde	4	IV.	Form	28
			V.	Inhalt	29
	3. Gütliche Einigung	7	VI.	Frist	30
	4. Vorläufige Maßnahmen (»interim measures«)	8	VII.	Unzulässigkeitsgründe nach Art. 35 Abs. 2, Abs. 3	31
III.	Gerichtssprache	9		1. Einlegen einer anonymen Beschwerde	32
B.	**Zulässigkeit der Individualbeschwerde** . .	10		2. Wiederholte Beschwerde	33
I.	Subsidiaritätsprinzip – Erschöpfung des innerstaatlichen Rechtswegs	11		3. Unvereinbarkeit mit der Konvention/ offensichtliche Unbegründetheit/ Rechtsmissbrauch	34
II.	Parteibezogene Prozessvoraussetzungen . .	14			
	1. Partei- und Prozessfähigkeit	14		4. Unerheblichkeit des Nachteils	37
	a) Natürliche Personen	14	VIII.	Entscheidung über die Zulässigkeit . . .	38
	b) Juristische Personen	16	C.	**Begründetheit**	39
	2. Postulationsfähigkeit/Vertretung . . .	17			

1 **A. Allgemeines. I. Der Europäische Gerichtshof für Menschenrechte (EGMR) 1. Allgemeines.** Die Art. 19 bis 51 sowie die Verfahrensordnung des EGMR (VerfO) beinhalten die Regelungen über den EGMR. Der EGMR ist damit kein Organ des Europarats, sondern ein **Organ der Konvention** selbst (s. Art. 1 Rdn. 7). Durch das 11. Zusatzprotokoll v. 01.11.1998 wurde der

EGMR zum Vollgericht und einziges Entscheidungsorgan bzgl. der Verletzung von Menschenrechten (*Meyer-Ladewig* EMRK Einleitung Rn. 7).

2. Der Aufbau des EGMR. Gem. Art. 19 Abs. 2 ist der EGMR ein **ständiger Gerichtshof.** Nach Art. 20 stellt jeder Vertragsstaat einen Richter. Gewählt werden die Richter nach Art. 22 von der Parlamentarischen Versammlung des Europarats aus einer Liste von drei Richtern, die seitens des Konventionsstaats vorgeschlagen werden. Nach Art. 23 n.F. werden die Richter einmalig auf 9 Jahre gewählt, wobei ihre Amtszeit automatisch mit Vollendung des 70. Lebensjahres endet. Seit Inkrafttreten des 14. Zusatzprotokolls, das neben dem EU-Beitritt (vgl. hierzu Art. 1 Rdn. 11) v.a. eine Entlastung des EGMR beinhaltete, arbeitet der EGMR gem. Art. 26 Abs. 1 n.F. in Einzelrichterbesetzung, in Ausschüssen mit drei, in Kammern (nach der Begrifflichkeit der VerfO in »Sektionen«) mit sieben und in der Großen Kammer mit 17 Richtern.

II. Das Verfahren vor dem EGMR. 1. Die Verfahrensarten. Die bei Weitem häufigste Verfahrensart vor dem EGMR ist die **Individualbeschwerde** nach Art. 34 (daneben existiert die **Staatenbeschwerde** nach Art. 33 und das **Gutachten** nach Art. 47, welches von der Großen Kammer zu erstellen ist). Diese Möglichkeit eines jeden Einzelnen, sich nach der Erschöpfung des nationalen Rechtswegs an den EGMR zu wenden, wurde durch das 11. Zusatzprotokoll zwingend eingeräumt. Allein im Jahr 2005 wurden etwa 41.000 Individualbeschwerden beim EGMR eingelegt (*Meyer-Ladewig* EMRK Art. 34 Rn. 1), bis zum Jahr 2009 war diese Zahl auf über 57.000 Beschwerden jährlich gestiegen. 2013 wurden noch 65800 Individualbeschwerden erhoben, 2014 erfolgte ein deutlicher Rückgang auf 56250.
Ende 2014 waren noch 69900 Individualbeschwerden beim Gerichtshof anhängig, was jedoch einen deutlichen Rückgang von 30% gegenüber dem Vorjahr (99900 Beschwerden) bedeutet (zu den Zahlen s. http://www.echr.coe.int/Documents/Stats_annual_2014_ENG.pdf [Stand: Juni 2015).
Die meisten Individualbeschwerden sind allerdings unzulässig (im Jahr 2014: 83675 http://www.echr.coe.int/Documents/Stats_analysis_2014_ENG.pdf, S. 4 [Stand: Juni 2015]). Bei zulässigen Beschwerden ergeht am Ende ein Urteil in Form eines Feststellungsurteils (vgl. Art. 46 Rn. 4), 2014 waren dies 2388 Urteile (http://www.echr.coe.int/Documents/Stats_analysis_2014_ENG.pdf, S. 4 [Stand: Juni 2015]) . Insgesamt kam es nur bei einem kleinen Teil aller Beschwerden (ca. 10 %) zur Feststellung einer Konventionsverletzung; 2014 waren dies ca. 13% (s. http://www.echr.coe.int/Documents/Stats_violation_2014_ENG.pdf [Stand: Juni 2015]).

2. Der Verfahrensgang bei der Individualbeschwerde. Mit Eingang des »ersten Schreibens« des Beschwerdeführers bei der Kanzlei wird eine Akte mit Aktenzeichen angelegt und die Beschwerde durch den Präsidenten des Gerichtshofs einer der fünf Sektionen zugeteilt. Der Sektionspräsident bestimmt einen Richter als Berichterstatter, der – ggf. nach Einforderung weiterer Auskünfte – darüber entscheidet, ob sich ein Ausschuss oder die Kammer mit der Sache befasst. Ist die Beschwerde offensichtlich unzulässig, wird sie unmittelbar dem **Einzelrichter** zugewiesen. Dieser kann diese bei offensichtlicher Unzulässigkeit ohne Weiteres für unzulässig erklären oder aus dem Register streichen (Art. 27 Abs. 1). Gem. Art. 27 Abs. 2 sind keine Rechtsmittel gegen derartige Entscheidungen möglich. Zulässige Beschwerden leitet der Einzelrichter nach Art. 27 Abs. 3 zur weiteren Prüfung an einen Ausschuss oder eine Kammer weiter.
Der **Ausschuss**, der die Beschwerde für offensichtlich unzulässig hält, kann diese wie der Einzelrichter für unzulässig erklären oder aus dem Register streichen (Art. 28 Abs. 1 lit. a). Der Ausschuss kann die Beschwerde aber auch für zulässig erklären und, wenn die zugrundeliegende Frage durch gefestigte Rechtsprechung des EGMR geklärt ist, über die Begründetheit entscheiden (Art. 28 Abs. 1 lit b).
Die **Kammer** entscheidet gem. Art. 29 Abs. 1 über alle nicht endgültig vom Einzelrichter oder den Ausschüssen entschiedene Beschwerden. Sie entscheiden über die Zulässigkeit und Begründetheit, wobei die Entscheidung über die Zulässigkeit gesondert ergehen kann, vgl. Art. 29 Abs. 1 S. 2.
Die **Große Kammer** ist nach Art. 31 lit. a) in zwei Fällen für Individualbeschwerden zuständig: einmal im Fall der Divergenzabgabe durch die zuständige Kammer nach Art. 30 und Art. 72 Abs. 1 S. 1 VerfO sowie, und das ist die praktisch weitaus bedeutsamere Variante, im Fall des Antrags auf Verweisung an die Große Kammer nach Art. 43 Abs. 1 durch eine der Parteien innerhalb einer Frist von 3 Monaten nach Urteil der Kammer (zum Antrag auf Verweis an die große Kammer vgl. Art. 43 Rn. 1 ff.).

7 **3. Gütliche Einigung.** Jederzeit während des Verfahrens ist eine gütliche Einigung zwischen den Parteien möglich, das entsprechende Verfahren ist formlos und vertraulich. Kommt eine solche Einigung zustande, wird diese dem Ministerkomitee des Europarats zugeleitet, der die Durchführung überwacht (Art. 39) und bei Nichtbeachtung die Wiedereintragung der Beschwerde in das Register beschließen kann (Art. 43 Abs. 5). Der EGMR kann allerdings das Verfahren – trotz formal erzielter Einigung – fortsetzen, wenn er der Ansicht ist, dass dies angezeigt ist, insbes. weil die Achtung der Menschenrechte eine Fortsetzung des Verfahrens erfordert (vgl. Art. 39 Abs. 1).

8 **4. Vorläufige Maßnahmen (»interim measures«)** Mangels aufschiebender Wirkung der Individualbeschwerde erlangen vorläufige Maßnahmen eine wichtige Bedeutung, insb. wenn dem Beschwerdeführer – wie häufig bei Auslieferung oder Abschiebung – irreparable Nachteile drohen (vgl. nur *Esser*, EurIntStrR, § 9 Rn. 34). Nach Art. 39 VerfO kann die zuständige Kammer bzw. – vor deren Zusammentreten – ihr Präsident vorläufig Maßnahmen »empfehlen«, wobei es sich jedoch um völkerrechtlich verbindliche Maßnahmen handelt. Der Verstoß gegen diese »interim measures« bedeutet eine Verletzung des Art. 32 S. 2 EMRK, der selbst wiederum mit der Individualbeschwerde geltend gemacht werden kann (*Esser*, EurIntStrR, § 9 Rnl 37).

9 **III. Gerichtssprache.** Verhandlung wie Korrespondenz erfolgen grds. in einer der beiden Amtssprachen des EGMR, also auf **Englisch oder Französisch**. Der Beistand bzw. der zur Selbstvertretung berechtigte Beschwerdeführer muss eine dieser Amtssprachen hinreichend verstehen (Art. 36 Abs. 5 lit. a) VerfO). Der Kammerpräsident kann – hiervon abweichend – den Gebrauch einer der Amtssprachen eines Konventionsstaates erlauben.

10 **B. Zulässigkeit der Individualbeschwerde.** Die Zulässigkeitsvoraussetzungen der Individualbeschwerde sind in Art. 35 der Konvention sowie in Art. 45, 47, 49, 52 bis 57 und 59 der VerfO geregelt.

11 **I. Subsidiaritätsprinzip – Erschöpfung des innerstaatlichen Rechtswegs.** Es ist grds. die Aufgabe der innerstaatlichen Gerichte, den ausreichenden Menschenrechtsschutz sicherzustellen. Wie sich aus Art. 35 Abs. 1 und Art. 13 Abs. 1 ergibt, muss zunächst der **innerstaatliche Rechtsweg erschöpft** sein. Das Rechtsschutzsystem der EMRK hat somit nur subsidiären Charakter.

12 Mit **Rechtsmittel** sind solche gemeint, die effektiv und zugänglich sind, was bedeutet, dass ineffektive Rechtsbehelfe wie Gegenvorstellungen, Gnadengesuche oder Petitionen an das Parlament nicht genutzt werden müssen (Frowein/*Peukert* EMRK Art. 35 Rn. 26). In Deutschland beinhaltet die Erschöpfung des innerstaatlichen Rechtswegs auch die Anrufung des BVerfG (KK-StPO/*Schädler* MRK, Art. 46 Rn. 8). Bei sämtlichen innerstaatlichen Rechtsmitteln muss der Beschwerdeführer die einschlägigen Form- und Fristvorschriften gewahrt haben. Sofern er solche missachtet hat, liegt ein Fall der Nichterschöpfung des innerstaatlichen Rechtswegs und damit ein Verstoß gegen das Subsidiaritätsprinzip vor. Behandelt das innerstaatliche Gericht die Klage des Beschwerdeführers trotz des Verfahrensfehlers in der Sache, ist das Subsidiaritätsprinzip dagegen nicht verletzt (ausführlich *Grabenwarter/Pabel* EMRK, § 13 Rn. 36).

13 Der Subsidiaritätsgrundsatz gebietet außerdem, dass die in der Beschwerde **erhobenen Rügen bereits i.R.d. innerstaatlichen Rechtswegbeschreitung geltend gemacht** wurden (EGMR Augusto./.Frankreich, Urt. v. 11.01.2007 – 71665/01, Rn. 37 ff.). Dies hat der Gerichtshof zwar grds. von Amts wegen zu prüfen (Frowein/*Peukert* EMRK Art. 35 Rn. 8), jedoch muss nach Art. 47 Abs. 1 lit. f), Abs. 2 Buchst. a) VerfO der Beschwerdeführer die entsprechenden Informationen vorlegen. Eine ausdrückliche Berufung auf die EMRK ist allerdings nicht notwendig; es genügt, wenn sich der Beschwerdeführer auf inhaltlich identische Rechte beruft (EGMR Azinas./.Zypern, Urt. v. 28.04.2004 – 56679/00, RJD 2004-III, Rn. 38 ff.), wobei es ausreicht, wenn der Beschwerdeführer die behauptete Rechtsverletzung zumindest in der letzten Instanz vorträgt und sich deren Prüfungskompetenz noch hierauf erstreckt (*Grabenwarter/Pabel* EMRK, § 13 Rn. 35).

14 **II. Parteibezogene Prozessvoraussetzungen. 1. Partei- und Prozessfähigkeit. a) Natürliche Personen.** Natürliche Personen sind als Berechtigte der Konvention (vgl. Art. 1 Rdn. 17) stets parteifähig, insb. kommt es dabei nicht auf deren Geschäftsfähigkeit an (s. EGMR Winterwerp./.Niederlande, Urt. v. 24.10.1979 – 6301/73, Series A33, Rn. 36 ff. für den Fall der Beschwerde durch einen nicht

geschäftsfähigen Beschwerdeführer) und Staatsangehörigkeit (EGMR Ahmed./.Österreich, Urt. v. 17.12.1996 – 25964/94, RJD 1996-VI, Rn. 8, 31) an.

Eine natürliche Person ist grds. auch prozessfähig; ist der Beschwerdeführer beschränkt geschäftsfähig 15 oder geschäftsunfähig, wird er von der entsprechenden sorge- bzw. vertretungsberechtigten Person vertreten (EGMR Marckx./.Belgien, Urt. v. 13.06.1979 – 6833/74, Series A31, Rn. 1).

b) Juristische Personen. Gem. Art. 34 sind außerdem auch **nicht-staatliche** Organisationen oder 16 Personengruppen parteifähig. Die Begriffe sind autonom auszulegen, ob es sich nach innerstaatlichem Recht um ein Gebilde mit oder ohne eigene Rechtspersönlichkeit handelt, spielt keine Rolle. Entscheidend ist alleine, dass das geltend gemachte Konventionsrecht seiner Natur nach auf derartige Personenmehrheiten und juristische Personen anwendbar ist (vgl. Art. 1 Rdn. 18).

Nicht parteifähig sind hingegen **staatliche** Stellen oder Organisationen sowie juristische Personen des öffentlichen Rechts, sofern sie staatliche Aufgaben wahrnehmen. Dies gilt – wie im deutschen Verfassungsrecht – nur insoweit nicht, als sie dem Staat – trotz organisatorischer Zuordnung – in einem bestimmten grundrechtlich geschützten Bereich wie ein Privater gegenüberstehen (z.B. Rundfunkanstalten, Kirchen, Universitäten).

2. Postulationsfähigkeit/Vertretung. Bei Einlegung der Beschwerde selbst bedarf der Beschwerde- 17 führer nicht der Vertretung durch einen Rechtsanwalt, vgl. Art. 36 Abs. 1 VerfO. Sobald die Beschwerde der Vertragspartei zugestellt ist, hat er jedoch einen **Rechtsbeistand** zu benennen und sich in der mündlichen Verhandlung von diesem vertreten zu lassen, sofern der Kammerpräsident nichts anderes bestimmt, Art. 36 Abs. 2, Abs. 3 VerfO.

III. Beschwerdebefugnis – Opfereigenschaft. Grundsätzlich verlangt eine Beschwerdebefugnis, dass der Beschwerdeführer durch das staatliche Handeln oder Unterlassen selbst, gegenwärtig und unmittelbar in einem Recht der EMRK oder der Zusatzprotokolle verletzt worden ist. Nach Art. 34 hat der Beschwerdeführer zu behaupten, selbst Opfer der Verletzung eines seiner Konventionsrechte geworden zu sein. Popularklagen sind somit ausgeschlossen. Der Begriff »Opfer« ist dabei autonom auszulegen und bezeichnet eine Person, die von der streitigen Handlung oder dem streitigen Unterlassen direkt betroffen ist (EGMR GrK Brumarescu./.Rumänien, Urt. v. 28.10.1999 – 28342/95, RJD 1999-VII, Rn. 50).

1. Beschwer bei unmittelbarer Selbstbetroffenheit. Bei einer vom staatlichen Verhalten **unmittel-** 18 **baren Betroffenheit,** wenn sich also die Maßnahme gegen den Beschwerdeführer selbst gerichtet hat, ist die Beschwer unproblematisch zu bejahen (*Meyer-Ladewig* EMRK Art. 34 Rn. 11). Ein Gesetz allein kann dabei i.d.R. noch keine Opfereigenschaft begründen, vielmehr bedarf es staatlicher Vollzugsakte, damit eine Person »betroffen« ist. Nur ausnahmsweise, wenn etwa eine Person erst gegen ein Gesetz verstoßen müsste, um einen angreifbaren Vollzugsakt auszulösen, der sie dann der Gefahr der Strafverfolgung aussetzt, wird die Person bereits durch das Gesetz selbst unmittelbar betroffen (*Esser*, EurStrR § 9 Rn. 64).

2. Beschwer bei mittelbarer Betroffenheit, insbes. bei Versterben des unmittelbar Betroffenen. 19 Eine nur mittelbare Betroffenheit genügt grundsätzlich nicht zur Begründung der Opfereigenschaft des Beschwerdeführers. Allerdings gilt dies nach der Rechtsprechung des EGMR nicht uneingeschränkt, insb. dann nicht, wenn es um die Fortsetzung oder Einlegung einer Individualbeschwerde geht, die die Geltendmachung der Verletzung eines **verstorbenen Opers** betrifft.

Mit dem Tod des Beschwerdeführers erlöschen zwar grds. dessen Rechte aus der Konvention. Sofern die Individualbeschwerde jedoch **noch** vom unmittelbaren Opfer selbst eingeleitet wurde, der Tod dann aber während des Verfahrens eintritt, kann diesers von den Erben oder nahen Verwandten des Beschwerdeführers fortgesetzt werden, wenn sie entweder selbst ein berechtigtes Interesse an der Fortsetzung haben (EGMR Jecius./.Litauen, Urt. v. 31.07.2000 – 34578/97, RJD 2000-IX, Rn. 41) oder die Rechtssache von allgemeiner Bedeutung ist, wenn also die Beschwerde eine Angelegenheit von allgemeinem Interesse im Hinblick auf die »Achtung der Menschenrechte« ist (s. Art. 37 I aE; zusf. Ergezen ./. Türkei, Urteil v. 8.4.2014 – 73359/10, Rn. 29).

Enger sieht der EGMR die Beschwerdebefugnis einer Person, die die Individualbeschwerde im Hin- 20 blick auf ein **bereits verstorbenes unmittelbares Opfer** erhebt. Hier unterscheidet der EGMR zwischen

Art. 34 EMRK Individualbeschwerden

der jeweils einschlägigen Garantie. Eine Beschwerdebefugnis wird grds. nur bei übertragbaren (»transferable«) Rechten in Betracht gezogen. Bei nicht übertragbaren fehlt es an der Beschwer, so dass der EGMR etwa die Beschwerdebefugnis einer Tochter für den vor Einlegung der Individualbeschwerde verstorbenen Vater im Hinblick auf eine Verletzung dessen Rechte aus Art. 9 und 10 abgelehnt hat (EGMR Fairfield u.a./. Vereinigtes Königreich, Entscheidung v. 8.3.2005 – 24790/04). Andererseits hat der Gerichtshof die Beschwerdebefugnis eines (nahen) Verwandten bei behaupeter Verletzung anderer (übertragbarer) Rechte des Verstorbenen, z.B. Art. 2 und 3 (vgl. EGMR Bazorkina./.Russland, Entscheidung v. 15.9.2005 – 69481/01; EGMR Salman./.Türkei, Urt. v. 27.06.2000 – 21986/93, RJD 2000-VII, Rn. 1, 75, 76).) sowie Art. 5, 6 und 8 angenommen, wenn die Beschwerde eine Angelegenheit von allgemeinem Interesse (vgl. Art. 37 I aE.) betrifft oder der Beschwerdeführer als Erbe ein berechtigtes eigenes Interesse an der Verfolgung der Beschwerde hat oder weil sich direkte Auswirkungen auf die eigenen Rechte des Beschwerdeführers ergeben (vgl. EGMR Centre for Legal Resources on Behalf of Valentin Câmpeanu./.Rumänien Urt. v. 17.7.2014 – 47848/08 Rn. 98; EGMR GrK Micallef ./. Malta, Urt. v. 15.10.2009 – 17056/06, Rn. 44 ff.).

21 Unter **nahen Verwandten** versteht der EGMR Eltern, Kinder und Ehegatten (EGMR Deweer./.Belgien, Urt. v. 27.02.1980 – 6903/75, Series A35, Rn. 37), nicht jedoch Neffen (EGMR Scherer./.Schweiz, Urt. v. 25.03.1994 – 17116/90, Series A287, Rn. 31). Unter dem Begriff Erben sind zum einen die nach nationalem Recht als Erben festgestellten Personen zu verstehen, aber auch solche, deren Erbenstellung nach innerstaatlichem Recht noch nicht festgestellt ist, die aber ihre Erbenstellung glaubhaft machen können (EGMR Malhous./.Tschechische Republik, Urt. v. 12.07.2001 – 33071/06, Rn. 1).

22 **Berechtigtes Interesse** liegt zunächst vor, wenn durch die Konventionsverletzung ein materieller Schaden entstanden ist, z.B., wenn der Beschwerdeführer einen Anspruch auf Entschädigung nach Art. 41 hat (EGMR Jecius./.Litauen, Urt. v. 31.07.2000 – 34578/97, RJD 2000-IX, Rn. 41). Der Erbe bzw. nahe Verwandte muss daher nicht selbst belastet sein, vielmehr reicht es aus, wenn der Schaden unmittelbar im Vermögen des Beschwerdeführers eingetreten ist (m.w.N. und vertiefend auch zum immateriellen Interesse Frowein/*Peukert* EMRK Art. 34 Rn. 15 f.). Ein allgemeines Interesse an der Fortsetzung der Beschwerde ist gegeben, wenn die Konventionsverletzung auf einer speziellen, fortgesetzten innerstaatlichen Rechtslage oder Rechtspraxis beruht und die Fortsetzung der Beschwerde notwendig ist, die Konventionswidrigkeit dieser Praxis festzustellen (*Grabenwarter/Pabel* EMRK, § 13 Rn. 9).

23 Ausnahmsweise hat der EGMR auch die Beschwer einer nicht staatlichen Organisation (NGO) bejaht, die den Umständen des Todes eines lebenslang in staatlichen Einrichtungen untergebrachten, HIV-infizierten und geistigen stark behinderten Opfers nachgehen wollte. Obwohl kein Näheverhältnis der NGO zu dieser Person bestand und auch keine Bevollmächtigung vorlag, nahm der Gerichtshof eine »de facto«-Vertretung der NGO für den Vertretenen an. Dies erklärt sich nur anhand der besonderen Umstände, weil der Verstorbene keine Verwandten hatte und ohne die NGO somit keine Möglichkeit zur Überprüfung der Konventionskonformität bestanden hätte (EGMR Centre for Legal Resources on Behalf of Valentin Câmpeanu./.Rumänien Urt. v. 17.7.2014 – 47848/08 Rn. 98; EGMR GrK Micallef ./. Malta, Urt. v. 15.10.2009 – 17056/06, Rn. 44 ff.).

24 **3. Wegfall der Opfereigenschaft.** Ein weiterer Ausfluss des Grundsatzes der Subsidiarität ist die Möglichkeit, dass die **Opfereigenschaft nachträglich wegfällt**, die Beschwer ist dann nicht mehr gegenwärtig. Der in Art. 13 festgeschriebene Grundsatz des Vorrangs der staatlichen Behörden und Gerichte bei der Durchsetzung der EMRK umfasst nämlich auch die Wiedergutmachung für bereits erfolgte Verstöße gegen die Konvention (EGMR GrK Gäfgen./.Deutschland, Urt. v. 01.06.2010 – 22978/05, Rn. 115). Eine nachträgliche Kompensation hat daher für den EGMR zur Folge, dass die Opfereigenschaft nach Art. 34 verloren geht. Eine dennoch erhobene **Individualbeschwerde ist** dadurch von Beginn an **unzulässig**, eine zunächst zulässige Individualbeschwerde wird in Falle nachträglicher Kompensation unzulässig bzw. im Fall vorangegangener Entscheidung jedenfalls unbegründet (*Satzger* IntEuStrR § 11 Rn. 22). Die Frage, ob jemand noch Opfer eines fortdauernden Konventionsverstoßes sein kann, ist daher in allen Stadien des Verfahrens relevant (EGMR Siliadin./.Frankreich, Urt. v. 26.10.2005 – 73316/01, RJD 2005-VII, Rn. 61).

Allgemeine staatliche Maßnahmen zur Vermeidung vergleichbarer Konventionsverstöße in der Zukunft reichen zu einer Kompensation nicht aus, vielmehr müssen folgende Voraussetzungen **kumulativ** erfüllt sein: 25
- der beklagte Staat muss den Eingriff aufheben und den Verstoß ausdrücklich oder der Sache nach **anerkennen** und
- der beklagte Staat muss den Konventionsverstoß **angemessen wiedergutmachen** (EGMR Eckle./.Deutschland, Urt. v. 15.07.1982 – 8130/78, Series A51, Rn. 66). Die Zahlung von Schadensersatz spielt in diesem Zusammenhang nur eine untergeordnete Rolle (*Esser* NStZ 2008, 660).

Im Fall von Art. 3 hält der EGMR zur Kompensation eines Verstoßes die Verfolgung und Bestrafung der Täter für notwendig, eine »Verurteilung unter Strafvorbehalt« (vgl. § 59 StGB) genügt dabei nicht (EGMR GrK Gäfgen./.Deutschland, Urt. v. 01.06.2010 – 22978/05, NJW 2010, 3145 [3146 f.], Rn. 119, 129). 26

In Strafsachen ist zur Kompensation weiterhin die Minderung der Strafe in Betracht zu ziehen (EGMR Amuur./.Frankreich, Urt. v. 25.06.1996 – 19776/92, RJD 1996-III, Rn. 36; EGMR Dalban./.Rumänien, Urt. v. 28.09.1999 – 28114/95, RJD 1999-VI, Rn. 44; EGMR GrK Zullo Ernestina./.Italien, Urt. v. 29.03.2006 – 64897/01, Rn. 73), wobei eine klare Grenze, ab welcher Minderung die Opfereigenschaft entfällt, abstrakt kaum gezogen werden kann. 27

IV. Form. Nach Art. 45 Abs. 1 der VerfO muss die Beschwerde **schriftlich** eingereicht und vom Beschwerdeführer bzw. seinem Stellvertreter **unterzeichnet** werden. Zu beachten ist, dass auch juristische Personen beschwerdeberechtigt sind, sofern sie sich auf das in Betracht kommende Grundrecht berufen können (vgl. Art. 1 Rdn. 18). Nach Art. 45 Abs. 2 S. 1 VerfO kann eine Beschwerde auch von einer Personengruppe oder einer nicht staatlichen Organisation (NGO) eingereicht werden, wobei die zur Vertretung dieser Gruppe oder Organisation vertretungsberechtigten Personen zu unterzeichnen haben. Ob die Personen zur Unterzeichnung berechtigt sind, kann inzident von der zuständigen Kammer geprüft werden. Sofern die Beschwerde im Fall von Abs. 1 oder Abs. 2 von einem Stellvertreter eingereicht wird, muss dieser nach Art. 45 Abs. 3 i.V.m. Art. 36 der VerfO eine schriftliche Vollmacht vorlegen. 28

V. Inhalt. Art. 47 Abs. 1 VerfO regelt, was eine Beschwerde zu beinhalten hat. Die Parteien, also der Beschwerdeführer und der Konventionsstaat, sind ebenso genau zu bezeichnen wie der eventuelle Vertreter des Beschwerdeführers. Die zur Prüfung der Einhaltung des Kriteriums der Rechtswegerschöpfung nach Art. 35 Abs. 1 notwendigen Informationen müssen übermittelt werden (vgl. Rdn. 11 ff.). Schließlich muss eine kurze Darstellung des Sachverhalts sowie der behaupteten Konventionsverletzung enthalten sein. Weiterhin erfordert Art. 47 Abs. 1 lit. h) VerfO, dass der Beschwerdeführer Kopien aller einschlägigen Unterlagen, v.a. der entsprechenden Urteile, die sich auf den Beschwerdegegenstand beziehen, beifügt. 29

VI. Frist. Gem. Art. 35 Abs. 1 beträgt die **Beschwerdefrist 6 Monate** nach dem Ergehen der endgültigen innerstaatlichen Entscheidung. Durch das von Deutschland bereits ratifizierte 15. Zusatzprotokoll (welches für sein Inkrafttreten aber die Ratifikation sämtlicher Vertragsstaaten erfordert) wird diese Frist auf 4 Monate verkürzt. Der Fristbeginn beurteilt sich nach nationalem Recht, d.h. die Frist beginnt grds. nicht mit der Verkündung, sondern mit der Zustellung des letztinstanzlichen Urteils (EGMR Worm./.Österreich, Urt. v. 29.08.1997 – 22714/93, RJD 1997-V, Rn. 33). Die Verkündung eines Urteils ist nur dann der für den Fristbeginn ausschlaggebende Zeitpunkt, wenn die Beschwerde aufgrund überlanger Verfahrensdauer (vgl. hierzu Art. 5 Rdn. 53 ff. und Art. 6 Rdn. 86 ff.) erfolgt, weil zur Beurteilung der Verfahrensdauer nur die Verfahrenslänge, nicht aber die Kenntnis des Inhalts der Entscheidung erforderlich ist (Frowein/*Peukert* EMRK Art. 35 Rn. 39). Sofern die nationale Rechtsordnung eine Zustellung nicht vorsieht, beginnt die Beschwerdefrist dann, wenn die Parteien tatsächlich Kenntnis vom Urteil erlangen (EGMR Papachelas./.Griechenland, Urt. v. 25.03.1999 – 31423/96, RJD 1999-II, Rn. 30). Die Frist endet an dem Tag des sechsten darauffolgenden Monats, der dem Tag der Zustellung bzw. Kenntnisnahme entspricht. Sofern dieser Tag auf einen Sonntag oder Feiertag fällt, ist der darauffolgende Werktag maßgeblich (KK-StPO/*Schädler* MRK, Art. 46 Rn. 7). Nach Art. 47 Abs. 5 VerfO ist zur Wahrung der Beschwerdefrist das Datum maßgeblich, an dem der Beschwerdeführer den Beschwerdegegenstand – sei es auch nur in zusammenfassender Darlegung – mitteilt, wobei in 30

Art. 34 EMRK Individualbeschwerden

der heutigen Praxis i.d.R. auf das Datum des Poststempels abgestellt wird (*Grabenwarter/Pabel* EMRK, § 13 Rn. 40).

31 **VII. Unzulässigkeitsgründe nach Art. 35 Abs. 2, Abs. 3.** Darüber hinaus zählen Art. 35 Abs. 2 und Abs. 3 weitere Unzulässigkeitsgründe auf.

32 **1. Einlegen einer anonymen Beschwerde.** Der Unzulässigkeitsgrund von Art. 35 Abs. 2 lit. a), Einlegen einer anonymen Beschwerde, spielt in der Praxis kaum eine Rolle (*Meyer-Ladewig* EMRK Art. 35 Rn. 24; jedoch dazu EGMR Sindicatul Păstorul cel Bun./.Rumänien, Urt. v. 09.07.2013 – 2330/09 Rn. 68 ff.).

33 **2. Wiederholte Beschwerde.** Art. 35 Abs. 2 lit. b) kommt einem Unzulässigkeitsgrund wegen entgegenstehender Rechtskraft gleich. Dabei werden jedoch auch Beschwerden bei anderen internationalen Instanzen einbezogen. Als solche kommen insb. Ausschüsse nach den UN-Menschenrechtspakten in Betracht (*Meyer-Ladewig* EMRK Art. 35 Rn. 27). Entscheidend ist jeweils, dass **derselbe Beschwerdegegenstand** betroffen ist, wobei die Beschwerde auch in diesem Fall zulässig ist, wenn sie neue Tatsachen enthält.

34 **3. Unvereinbarkeit mit der Konvention/offensichtliche Unbegründetheit/Rechtsmissbrauch.** Art. 35 Abs. 3 lit. a), 1. Alt., Unvereinbarkeit mit der Konvention oder einem Zusatzprotokoll meint die **Unzulässigkeit** aufgrund Unzuständigkeit des EGMR. Eine Individualbeschwerde kann persönlich, zeitlich, örtlich oder sachlich unzulässig sein. Persönliche Unvereinbarkeit ergeben sich aus mangelnder Aktiv-/Passivlegitimation, zeitliche Unvereinbarkeit liegt vor, wenn der Verstoß vor Inkrafttreten der EMRK bzw. des Zusatzprotokolls stattgefunden hat, örtlich, falls der Staat keine Hoheitsgewalt auf dem entsprechenden Gebiet ausübt und schließlich sachlich, wenn keine Gewährleistung der EMRK betroffen ist (vertiefend *Grabenwarter/Pabel* EMRK, § 13 Rn. 43 f.).

35 **Offensichtliche Unbegründetheit** nimmt der EGMR an, wenn keine Beweismittel vorgelegt wurden bzw. der Vortrag unsubstanziiert ist, aber auch, wenn der Beschwerdeführer außerhalb der in der EMRK zugelassenen Ausnahmen (vgl. Art. 5 Rdn. 11 f.) die Verletzung innerstaatlichen Rechts und nicht der Konvention rügt (EGMR Edwards./.Vereinigtes Königreich, Urt. v. 16.12.1992 – 13071/87, Series A247-B, Rn. 34).

36 Der Unzulässigkeitsgrund des **Rechtsmissbrauchs** wird nur dann herangezogen, wenn der EGMR besondere Missbilligung des Verhaltens des Beschwerdeführers zum Ausdruck bringen will (EGMR GrK Akdivar./.Türkei, Urt. v. 16.09.1996 – 21893/93, RJD 1996-IV, Rn. 53 f.).

37 **4. Unerheblichkeit des Nachteils.** Schließlich wurde durch das 14. Zusatzprotokoll in Art. 35 Abs. 3 lit. b) noch eine **Erheblichkeitsklausel** eingefügt, der Beschwerdeführer muss also einen »significant disadvantage« erlitten haben. Damit wird das Prinzip »de minimis non curat praetor« explizit aufgenommen, welches es dem Gericht ermöglichen soll, sich auf unter menschenrechtsschutzrelevanten Gesichtspunkten zentralen Fälle zu konzentrieren. Der EGMR geht davon aus, dass es sich um ein flexibles, nicht abschließend definierbares Kriterium handelt, sodass die Frage, wann ein Nachteil erheblich ist, nur einzelfallabhängig bestimmt werden kann, wobei ein vermögenswerter Nachteil, der nicht einmal (umgerechnet) den Wert eines Euro erreicht, jedenfalls als unerheblich eingestuft wird (Korolev./.Russland, Entscheidung v. 01.07.2010 – 25551/05).

38 **VIII. Entscheidung über die Zulässigkeit.** Der EGMR kann eine Beschwerde gesondert für zulässig erklären, vgl. Art. 54 Abs. 2 lit. a) VerfO. Der EGMR entscheidet über die Zulässigkeit nicht durch Urteil, sondern durch eine **Entscheidung** (»decision«), nach deutscher Terminologie vergleichbar einem Beschluss. Sofern neue Tatsachen auftauchen, kann der EGMR eine Beschwerde, auch nachdem er sie zunächst für zulässig erklärt hat, nachträglich für unzulässig erklären (EGMR Cisse./.Frankreich, Urt. v. 09.04.2002 – 51346/99, RJD 2002-III, Rn. 5, Tenor).

39 **C. Begründetheit.** Eine Individualbeschwerde ist begründet, wenn der EGMR eine **Konventionsverletzung** feststellen kann. Aus dem oben bereits erwähnten Subsidiaritätsprinzip hat der EGMR nur einen reduzierten Prüfungsmaßstab, d.h. er ist **keine Superrevisionsinstanz** und überprüft daher grds. nicht die korrekte Anwendung innerstaatlichen Rechts (EGMR Garcia Ruiz./.Spanien, Urt. v. 21.01.1999 – 30544/96, RJD 1999-I, Rn. 28; s.a. *Safferling* Internationales Strafrecht § 13 Rn. 115).

Eine **Ausnahme** von diesem Grundsatz gilt nur insoweit, als die EMRK direkt auf nationales Recht verweist, wie bspw. bei der Rechtmäßigkeit der Freiheitsentziehung nach Art. 5 Abs. 1 S. 2 lit. a) (EGMR Benham./.Vereinigtes Königreich, Urt. v. 10.06.1996 – 19380/92, RJD 1996-III, Rn. 41).

Art. 41 EMRK Gerechte Entschädigung.
Stellt der Gerichtshof fest, dass diese Konvention oder die Protokolle dazu verletzt worden sind, und gestattet das innerstaatliche Recht der Hohen Vertragspartei nur eine unvollkommene Wiedergutmachung für die Folgen dieser Verletzung, so spricht der Gerichtshof der verletzten Partei eine Entschädigung zu, wenn dies notwendig ist.

Englische Fassung
If the Court finds that there has been a violation of the Convention or the Protocols thereto, and if the internal law of the High Contracting Party concerned allows only partial reparation to be made, the Court shall, if necessary, afford just satisfaction to the injured party.

Französische Fassung
Si la Cour déclare qu'il y a eu violation de la Convention ou de ses Protocoles, et si le droit interne de la Haute Partie contractante ne permet d'effacer qu'imparfaitement les conséquences de cette violation, la Cour accorde à la partie lésée, s'il y a lieu, une satisfaction.

Übersicht	Rdn.		Rdn.
A. Allgemeines	1	3. Vorliegen eines Schadens	6
B. Voraussetzungen	2	a) Materieller Schaden	7
I. Formelle Voraussetzung – genau bezifferter und belegter Antrag	3	b) Immaterieller Schaden	8
		c) Art und Höhe der Entschädigung	9
II. Materielle Voraussetzungen	4	d) Kosten und Auslagen	10
1. Verletzung der Konvention oder der Protokolle	4	4. Kausalität zwischen Konventionsverletzung und Schaden	11
2. Unvollkommene innerstaatliche Wiedergutmachung	5	5. Notwendigkeit einer Entschädigung	13

A. Allgemeines. Urteile des EGMR haben keine kassatorische, sondern nur feststellende Wirkung (s. Art. 46 Rn. 4, klarstellend EGMR Hauschildt./.Dänemark, Urt. v. 24.05.1989 – 10486/83, Series A154, Rdn. 11, 54; vgl. zur Wirkung der Urteile des EGMR »inter partes« Art. 46 Rdn. 5 ff. und zur Wirkung auf andere Staaten Art. 1 Rdn. 11). Art. 41 bildet insofern eine **echte Ausnahme**, da er ermöglicht, einen Staat bei Vorliegen der genannten Voraussetzungen zu einer Leistung zu verurteilen. 1

B. Voraussetzungen. Unter folgenden formellen und materiellen Voraussetzungen hat der Beschwerdeführer einen Anspruch auf gerechte Entschädigung (ausführlich *Meyer-Ladewig* EMRK Art. 41 Rn. 3 ff.). 2

I. Formelle Voraussetzung – genau bezifferter und belegter Antrag. In formeller Hinsicht muss der Beschwerdeführer – zumindest im Regelfall – eine gerechte Entschädigung **beantragen**. Nur bei Verletzung von absoluten Rechten (z.B. bei Art. 3) spricht der Gerichtshof eine Entschädigung ohne Antrag zu. 3
Der Antrag ist nach Art. 60 VerfO im Schriftsatz über die Begründetheit geltend zu machen und **exakt zu beziffern**; er ist mit entsprechenden Nachweisen und Belegen zu versehen (*Meyer-Ladewig* EMRK Art. 41 Rn. 33, 34).

II. Materielle Voraussetzungen. 1. Verletzung der Konvention oder der Protokolle. Zunächst muss der Gerichtshof eine Verletzung der Konvention oder eines der Protokolle **festgestellt** haben. 4

2. Unvollkommene innerstaatliche Wiedergutmachung. Zweitens muss die Möglichkeit der innerstaatlichen Wiedergutmachung unzureichend sein. Unter **»vollkommener Wiedergutmachung«** versteht der EGMR die Wiederherstellung des früheren Zustands (EGMR GrK Iatridis./.Griechen- 5 land, Urt. v. 19.10.2000 – 31107/96, RJD 2000-XI, Rn. 32). Auch eine im Konventionsstaat vorgesehene Entschädigung in Geld kann den Anspruch nach Art. 41 ausschließen, sofern sie tatsächlich gewährt wird. Falls sie nicht gewährt wird, obwohl innerstaatlich grds. ein Anspruch auf Entschädigung besteht, kann der EGMR dennoch eine gerechte Entschädigung nach Art. 41 zusprechen, da es nach dem langjährigen Prozedere, um überhaupt zu einer Entscheidung des EGMR zu gelangen, dem Bedürfnis einer effektiven Durchsetzung des Schutzes der Menschenrechte widersprechen würde, erneut den innerstaatlichen Rechtsweg zu beschreiten (EGMR Papamichalopoulos./.Griechenland, Urt. v. 31.10.1995 – 14556/89, Series A330-B, Rn. 40).

6 **3. Vorliegen eines Schadens.** Drittens muss aufseiten des Beschwerdeführers ein materieller oder immaterieller Schaden gegeben sein.

7 **a) Materieller Schaden.** »Materieller Schaden« ist die tatsächlich durch die Konventionsverletzung direkt und eindeutig verursachte Einbuße an Vermögenswerten (*Meyer-Ladewig* EMRK Art. 41 Rn. 7). Bspw. kann ein solcher Schaden bei überlanger Verfahrensdauer angenommen werden, wenn der Beschwerdeführer hierdurch Gelegenheiten verstreichen lassen musste, die er bei einer Art. 6 Abs. 1 entsprechenden Ausgestaltung des Verfahrens hätte wahrnehmen können (EGMR Pammel./.Deutschland, Urt. v. 01.07.1997 – 17820/91, RJD 1997-IV, Rn. 78).

8 **b) Immaterieller Schaden.** Auch im Fall psychologischer Wirkungen der Konventionsverletzung, wie dem Gefühl von Ungewissheit, Furcht oder sonstigen gewichtigen Besorgnissen, also immateriellen Schäden, gewährt der EGMR Schadensersatz nach Art. 41. Im Fall von Folter wird der Schadensersatz als Schmerzensgeld gewährt (EGMR Kalashnikov./.Russland, Urt. v. 15.07.2002 – 47095/99, RJD 2002-VI, Rn. 142). Bei unangemessen langer Verfahrensdauer, aber auch bei nicht rechtzeitiger Vorführung vor einen Haftrichter (entgegen Art. 5 Abs. 4), dient er als Ausgleich für die Ungewissheit, der sich der Betroffene ausgesetzt sah (EGMR Magalhaes Pereira./.Portugal, Urt. v. 26.02.2002 – 44872/98, RJD 2002-I, Rn. 66; zum Ganzen: *Meyer-Ladewig* EMRK Art. 41 Rn. 8).

9 **c) Art und Höhe der Entschädigung.** Im Grundsatz ist vom Vorrang der **Naturalrestitution** auszugehen – der Staat wird mittels Urteil verpflichtet, die Konventionsverletzung abzustellen und den Zustand vor der Verletzung wieder herzustellen (EGMR Papamichalopoulos./.Griechenland, Urt. v. 31.10.1995 – 14556/89, Series A330-B, Rn. 34).
Sofern Naturalrestitution nicht möglich ist, entscheidet der EGMR bei Ersatz materiellen Schadens nach billigem Ermessen, wobei er sich bspw. bei Beschädigung einer Sache an der eingetretenen Wertminderung orientiert (*Meyer-Ladewig* EMRK Art. 41 Rn 15).
Im Fall des Ersatzes immateriellen Schadens entscheidet der EGMR im Einzelfall, wobei die Beträge grds. sehr niedrig sind (beispielhafte Aufzählung bei *Meyer-Ladewig* EMRK Art. 41 Rn. 17a, 18 für den Fall überlanger Verfahrensdauer, Art. 6 Abs. 1).

10 **d) Kosten und Auslagen.** Kosten und Auslagen werden dem Beschwerdeführer als Schadensersatz im Rahmen von Art. 41 dann erstattet, wenn sie (EGMR GrK Iatridis./.Griechenland, Urt. v. 19.10.2000 – 31107/96, RJD 2000-XI, Rn. 54):
(1) tatsächlich entstanden sind,
(2) notwendig waren, um die festgestellte Konventionsverletzung abzuwenden oder zu beseitigen *und*
(3) der Höhe nach angemessen sind.

11 **4. Kausalität zwischen Konventionsverletzung und Schaden.** Weiterhin muss der Schaden gerade auf der Konventionsverletzung beruhen. Problematisch ist dies insb. in Fällen von Verletzungen von Art. 5 und 6; entscheidend ist in derartigen Konstellationen nämlich, ob der Beschwerdeführer dieselben Einbußen auch bei Wahrung der Garantien der Art. 5 und 6 erlitten hätte (EGMR GrK Hood./.Vereinigtes Königreich, Urt. v. 18.12.1999 – 27267/95, RJD 1999-I, Rn. 85 ff.), wobei der EGMR keine Spekulationen über den Ausgang des Verfahrens bei Einhaltung des Verfahrens anstellen kann (EGMR GrK Comingersoll S.A./.Portugal, Urt. v. 06.04.2000 – 35382/97, RJD 2000-IV, Rn. 29 ff.) und nur in begrenztem Rahmen die Kausalität in diesen Fällen bejaht hat (Beispiele bei Frowein/*Peukert* EMRK Art. 41 Rn. 17 ff.).

Auch Kosten und Auslagen werden nicht ersetzt, wenn sie unabhängig von der Konventionsverletzung 12
ohnehin entstanden wären (EGMR Görgülü./.Deutschland, Urt. v. 26.02.2004 – 74969/01, NJW
2004, 3397 [3401], Rn. 68).

5. Notwendigkeit einer Entschädigung. Weiterhin muss die Entschädigung **notwendig** sein. 13
Durch diese Klausel wird dem EGMR ein Ermessen eingeräumt, im Rahmen dessen er entscheiden
kann, ob eine Entschädigung wirklich notwendig ist. Der EGMR verneint dies meist, wenn die Opfer
selbst sich nicht untadelig verhalten haben (so bspw. bei Tötung von Terroristen, die Bombenanschläge
geplant hatten, EGMR McCann u.a./.Vereinigtes Königreich, Urt. v. 27.09.1995 – 18984/91, Series
A324, Rn. 219; *Meyer-Ladewig* EMRK Art. 41 Rn 21 m.w.N.).

Art. 43 EMRK Verweisung an die Große Kammer.
(1) Innerhalb von drei Monaten nach dem Datum des Urteils der Kammer kann jede Partei in Ausnahmefällen die Verweisung der Rechtssache an die Große Kammer beantragen.
(2) Ein Ausschuss von fünf Richtern der Großen Kammer nimmt den Antrag an, wenn die Rechtssache eine schwerwiegende Frage der Auslegung oder Anwendung dieser Konvention oder der Protokolle dazu oder eine schwerwiegende Frage von allgemeiner Bedeutung aufwirft.
(3) Nimmt der Ausschuss den Antrag an, so entscheidet die Große Kammer die Sache durch Urteil.

Englische Fassung
(1) Within a period of three months from the date of the judgment of the Chamber, any party to the case may, in exceptional cases, request that the case be referred to the Grand Chamber.
(2) A panel of five judges of the Grand Chamber shall accept the request if the case raises a serious question affecting the interpretation or application of the Convention or the Protocols thereto, or a serious issue of general importance.
(3) If the panel accepts the request, the Grand Chamber shall decide the case by means of a judgment.

Französische Fassung
(1) Dans un délai de trois mois à compter de la date de l'arrêt d'une chambre, toute partie à l'affaire peut, dans des cas exceptionnels, demander le renvoi de l'affaire devant la Grande Chambre.
(2) Un collège de cinq juges de la Grande Chambre accepte la demande si l'affaire soulève une question grave relative à l'interprétation ou à l'application de la Convention ou de ses Protocoles, ou encore une question grave de caractère général.
(3) Si le collège accepte la demande, la Grande Chambre se prononce sur l'affaire par un arrêt.

Übersicht	Rdn.		Rdn.
A. Allgemeines	1	IV. Vorliegen einer schwerwiegenden Frage der Auslegung/Anwendung der Konvention oder eines Protokolls – schwerwiegende Frage von allgemeiner Bedeutung	5
B. Voraussetzungen für eine Verweisung an die Große Kammer	2		
I. Vorliegen eines Kammerurteils	2		
II. Formgerechter Antrag	3	C. Entscheidung über den Antrag	8
III. Frist	4		

A. Allgemeines. Ausnahmsweise kann nach dem Urteil der Kammer die Verweisung der Rechts- 1
sache an die Große Kammer beantragt werden. Die Große Kammer ist daher **nicht als Rechtsmittelinstanz** zu verstehen, denn Art. 43 zeigt, dass normalerweise die Kammerurteile die endgültigen Urteile sein sollen (*Meyer-Ladewig* EMRK Art. 43 Rn. 2).

B. Voraussetzungen für eine Verweisung an die Große Kammer. I. Vorliegen 2
eines Kammerurteils. Eine Verweisung ist nur möglich, wenn zuvor ein Urteil der Kammer ergangen ist. Sofern ein Einzelrichter oder ein Ausschuss eine Beschwerde durch Entscheidung (»decision«, vgl. hierzu Art. 34 Rdn. 38) bereits als unzulässig abgewiesen hat, ist ein Antrag auf Verweisung an die große Kammer unstatthaft. In Betracht kommt in Fällen, in denen bereits in der Zulässigkeit über

Satzger

Art. 46 EMRK Verbindlichkeit und Durchführung der Urteile

eine schwerwiegende Frage der Auslegung zu entscheiden ist, nur eine Divergenzvorlage nach Art. 30, die dann aber von Amts wegen geschehen muss.

3 **II. Formgerechter Antrag.** Die Verweisung erfolgt auf Antrag einer der beiden Parteien. Der Antrag muss schriftlich an die Kanzlei gerichtet werden und nach Art. 43 Abs. 2 die schwerwiegende Frage beinhalten, deren Klärung ausnahmsweise die Anrufung der Großen Kammer rechtfertigt (*Frowein/Peukert* EMRK Art. 43 Rn. 1).

4 **III. Frist.** Der Antrag auf Verweisung muss **innerhalb von 3 Monaten** seit Datum des Urteils, also nicht ab Verkündung, gestellt werden; hierzu müssen die Parteien natürlich vom Datum des Urteils in Kenntnis gesetzt werden (*Meyer-Ladewig* EMRK Art. 43 Rn. 5).

5 **IV. Vorliegen einer schwerwiegenden Frage der Auslegung/Anwendung der Konvention oder eines Protokolls – schwerwiegende Frage von allgemeiner Bedeutung.** Schließlich muss eine schwerwiegende Frage der Auslegung oder der Anwendung der Konvention oder eines Protokolls der Klärung bedürfen. Eine **schwerwiegende Frage der Auslegung** liegt vor, wenn die Rechtssache grundsätzliche Bedeutung hat oder das Urteil der Kammer von einem früheren Urteil abweicht (*Meyer-Ladewig* EMRK Art. 43 Rn. 8).

6 Eine **schwerwiegende Frage der Anwendung der Konvention** liegt vor, wenn ein Urteil der Kammer eine erhebliche Änderung innerstaatlicher Rechtsvorschriften bzw. Rechtspraxis bedeutet (*Meyer-Ladewig* EMRK Art. 43 Rn. 9).

7 Das Kriterium der **schwerwiegenden Frage von allgemeiner Bedeutung** stellt einen Auffangtatbestand dar, dessen praktische Bedeutung die Rechtsprechungspraxis erst noch klären muss.

8 **C. Entscheidung über den Antrag.** Die Entscheidung über den Antrag auf Verweisung wird gem. Art. 43 Abs. 2, Abs. 3 durch einen Ausschuss von fünf Richtern der Großen Kammer getroffen. Der Ausschuss entscheidet nach Lage der Akten in nicht öffentlicher Sitzung (Art. 22 Abs. 1 VerfO) mit Mehrheit der Stimmen (Art. 23 VerfO). Eine ablehnende Entscheidung bedarf keiner Begründung (Art. 73 Abs. 2 S. 3 VerfO), mit ihr wird nach Art. 44 Abs. 2 lit. c) das Urteil der Kammer rechtskräftig. Falls der Ausschuss den Antrag annimmt, wird die Sache an die Große Kammer verwiesen, diese entscheidet durch endgültiges Urteil (Art. 43 Abs. 3 i.V.m. Art. 44 Abs. 1).

Art. 46 EMRK Verbindlichkeit und Durchführung der Urteile.

(1) Die Hohen Vertragsparteien verpflichten sich, in allen Rechtssachen, in denen sie Partei sind, das endgültige Urteil des Gerichtshofs zu befolgen.
(2) Das endgültige Urteil des Gerichtshofs ist dem Ministerkomitee zuzuleiten; dieses überwacht seine Durchführung.
(3) Wird die Überwachung der Durchführung eines endgültigen Urteils nach Auffassung des Ministerkomitees durch eine Frage betreffend die Auslegung dieses Urteils behindert, so kann das Ministerkomitee den Gerichtshof anrufen, damit er über diese Auslegungsfrage entscheidet. Der Beschluss des Ministerkomitees, den Gerichtshof anzurufen, bedarf der Zweidrittelmehrheit der Stimmen der zur Teilnahme an den Sitzungen des Komitees berechtigten Mitglieder.
(4) Weigert sich eine Hohe Vertragspartei nach Auffassung des Ministerkomitees, in einer Rechtssache, in der sie Partei ist, ein endgültiges Urteil des Gerichtshofs zu befolgen, so kann das Ministerkomitee, nachdem es die betreffende Partei gemahnt hat, durch einen mit Zweidrittelmehrheit der Stimmen der zur Teilnahme an den Sitzungen des Komitees berechtigten Mitglieder gefassten Beschluss den Gerichtshof mit der Frage befassen, ob diese Partei ihrer Verpflichtung nach Absatz 1 nachgekommen ist.
(5) Stellt der Gerichtshof eine Verletzung des Absatzes 1 fest, so weist er die Rechtssache zur Prüfung der zu treffenden Maßnahmen an das Ministerkomitee zurück. Stellt der Gerichtshof fest, dass keine Verletzung des Absatzes 1 vorliegt, so weist er die Rechtssache an das Ministerkomitee zurück; dieses beschließt die Einstellung seiner Prüfung.

Art. 46 EMRK Verbindlichkeit und Durchführung der Urteile

Englische Fassung
(1) The High Contracting Parties under-take to abide by the final judgment of the Court in any case to which they are parties.
(2) The final judgment of the Court shall be transmitted to the Committee of Ministers, which shall supervise its execution.
(3) If the Committee of Ministers considers that the supervision of the execution of a final judgment is hindered by a problem of interpretation of the judgment, it may refer the matter to the Court for a ruling on the question of interpretation. A referral decision shall require a majority vote of two thirds of the representatives entitled to sit on the Committee.
(4) If the Committee of Ministers considers that a High Contracting Party refuses to abide by a final judgment in a case to which it is a party, it may, after serving formal notice on that Party and by decision adopted by a majority vote of two-thirds of the representatives entitled to sit on the Committee, refer to the Court the question whether that Party has failed to fulfil its obligation under paragraph 1.
(5) If the Court finds a violation of paragraph 1, it shall refer the case to the Committee of Ministers for consideration of the measures to be taken. If the Court finds no violation of paragraph 1, it shall refer the case to the Committee of Ministers, which shall close its examination of the case.

Französische Fassung
1. Les Hautes Parties contractantes s'engagent à se conformer aux arrêts définitifs de la Cour dans les litiges auxquels elles sont parties.
2. L'arrêt définitif de la Cour est transmis au Comité des Ministres qui en surveille l'exécution.
3. Lorsque le Comité des Ministres estime que la surveillance de l'exécution d'un arrêt définitif est entravée par une difficulté d'interprétation de cet arrêt, il peut saisir la Cour afin qu'elle se prononce sur cette question d'interprétation. La décision de saisir la Cour est prise par un vote à la majorité des deux tiers des représentants ayant le droit de siéger au Comité.
4. Lorsque le Comité des Ministres estime qu'une Haute Partie contractante refuse de se conformer à un arrêt définitif dans un litige auquel elle est partie, il peut, après avoir mis en demeure cette partie et par décision prise par un vote à la majorité des deux tiers des représentants ayant le droit de siéger au Comité, saisir la Cour de la question du respect par cette partie de son obligation au regard du paragraphe 1.
5. Si la Cour constate une violation du paragraphe 1, elle renvoie l'affaire au Comité des Ministres afin qu'il examine les mesures à prendre. Si la Cour constate qu'il n'y a pas eu violation du paragraphe 1, elle renvoie l'affaire au Comité des Ministres, qui décide de clore son examen.

Übersicht

	Rdn.		Rdn.
A. **Allgemeines**	1	1. Die Vorgaben der Konvention	6
I. Entwicklung und Zusatzprotokolle	2	2. Die Umsetzung im deutschen Recht .	7
II. Rechtskraft der Urteile des EGMR	3	3. Orientierungswirkung »erga omnes« ...	11
B. **Die Urteile des EGMR**	4	C. **Die Überwachung der Urteile durch das**	
I. Die Urteilsart	4	**Ministerkomitee**	12
II. Die Bindungswirkung »inter partes«	5	D. **Durchsetzung der Urteile**	13

A. Allgemeines. Verfahrensrechtlich ist Art. 46 eine Vorschrift von zentraler Bedeutung, denn 1
sie regelt die Verbindlichkeit und Durchführung der Urteile des EGMR.

I. Entwicklung und Zusatzprotokolle. Erst durch das 11. Zusatzprotokoll wurden die (vormals in 2
Art. 53, 54 a.F. enthaltenen) Vorschriften in Art. 46 Abs. 1 und 2 integriert. Mit dem 14. Zusatzprotokoll, welches am 01.06.2010 in Kraft getreten ist, wurden die Abs. 3 bis 5 angefügt.

II. Rechtskraft der Urteile des EGMR. Die Urteile der Kammern des EGMR erwachsen nach 3
Maßgabe von Art. 42 i.V.m. Art. 44 Abs. 2 in **formelle** Rechtskraft. Die Urteile der Großen Kammer werden nach Art. 44 Abs. 1 mit Verkündung formell rechtskräftig. Die **materielle** Rechtskraft der Urteile ergibt sich aus der in Art. 46 Abs. 1 geregelten Bindungswirkung.

Art. 46 EMRK Verbindlichkeit und Durchführung der Urteile

4 **B. Die Urteile des EGMR. I. Die Urteilsart.** Wie aus Art. 41 hervorgeht, sind die Urteile des EGMR Feststellungsurteile (vgl. *Gleß* Internationales Strafrecht, Rn. 49; *Satzger* IntEuStrR § 11 Rn. 104). Festgestellt wird nur das Vorliegen einer Konventionsverletzung im zur Entscheidung vorliegenden Verhältnis Bürger-Staat. Insofern kommt den Urteilen **keinerlei kassatorische Wirkung** zu (s. nur *Safferling* Internationales Strafrecht § 13 Rn. 126). Mit dem Urteil wird in erster Linie eine Konventionsverletzung angeprangert, subjektiver Rechtsschutz wird allenfalls mittelbar durch die Verpflichtung der Mitgliedsstaaten zur Befolgung der Urteile gewährt (s. dazu gleich Rdn. 6 ff.). Ein Leistungsurteil ergeht nur insofern, als einem Verletzten eine gerechte Entschädigung zugesprochen wird (vgl. hierzu Art. 41 Rdn. 1).

5 **II. Die Bindungswirkung »inter partes«.** Die Urteile des EGMR wirken i.R.d. durch Prozessparteien und den Streitgegenstand gezogenen Grenzen grds. personell wie sachlich nur »inter partes« (*Meyer-Ladewig* EMRK Art. 46 Rn. 12; zu den Auswirkungen eines Urteils auf nicht am konkreten Prozess beteiligte Mitgliedsstaaten vgl. Art. 1 Rdn. 12 ff.).

6 **1. Die Vorgaben der Konvention.** Nach Art. 46 Abs. 1 verpflichten sich die Vertragsparteien, im Fall einer Verurteilung das **Urteil zu befolgen**. Nach dem auch dem Völkervertragsrecht bekannten Prinzip »pacta sunt servanda« hat die konkret betroffene Konventionspartei daher konventionswidrige Hoheitsakte aufzuheben und so die Konventionsverletzung zu beenden, ihre Folgen zu beseitigen und sicherzustellen, dass es in Zukunft zu keiner gleichartigen Konventionsverletzung kommt. Die **Wahl der Mittel** bleibt dabei unter Vorbehalt der Überwachung durch den Ministerrat dem Mitgliedsstaat selbst überlassen. Entscheidend ist, dass den Vorgaben des Urteils entsprochen wird (EGMR Görgülü./.Deutschland, Urt. v. 26.02.2004 – 74969/01, NJW 2004, 3397 [3400 f.], Rn. 46).

7 **2. Die Umsetzung im deutschen Recht.** Aufgrund des formalen Rangs der EMRK als einfaches Bundesgesetz (vgl. Art. 1 Rdn. 25 f.) ist der durch die EMRK institutionalisierte EGMR an und für sich nicht höherrangig als die nationalen Gerichte, die Urteile des EGMR wurden daher früher auch in der betreffenden Sache selbst lediglich als Auslegungshilfe herangezogen (vgl. *Glauben* DRiZ 2004, 131). Das BVerfG trat dem jedoch in seiner »**Görgülü-Entscheidung**« entschieden entgegen. Die Bindungswirkung der Urteile des EGMR erstrecke sich danach auf sämtliche staatliche Organe in Deutschland und verpflichte sie, im Rahmen ihrer Zuständigkeit und ohne Verstoß gegen die Bindung an Recht und Gesetz (Art. 20 Abs. 3 GG) einen fortdauernden Konventionsverstoß zu beenden und einen konventionsmäßigen Zustand wiederherzustellen. Ein Verstoß gegen Art. 20 Abs. 3 GG liege bereits dann vor, wenn eine Entscheidung des EGMR im Rahmen bloßer methodischer Gesetzesauslegung nicht berücksichtigt werde (BVerfGE 111, 307 [323 ff.]).

8 Trotz des in dieser Rechtsprechung des BVerfG zum Ausdruck kommenden, im Grundgesetz in Art. 25 Satz 2, 24 Abs. 2, Abs. 3, 26 GG angelegten Prinzips der Völkerrechtsfreundlichkeit ist eine **umfassende Beachtlichkeit der Urteile des EGMR nicht erreichbar**: Die konkret betroffene und handelnde Behörde kann von der EGMR-Rechtsprechung abweichen, wenn nur auf diese Weise ein Verstoß gegen tragende Grundsätze des GG abzuwenden ist, wobei sich die handelnde Behörde mit der Entscheidung erkennbar auseinandergesetzt und ihre Nichtanwendung nachvollziehbar begründet haben muss (BVerfGE 111, 307 [329]).

9 Im Fall der Konventionsverletzung durch ein Strafurteil ist im deutschen Recht insb. die **Wiederaufnahme des Verfahrens nach § 359 Nr. 6 StPO** von Bedeutung (vgl. hierzu SSW-StPO/*Kaspar* § 359 Rn. 39). Sofern das Strafgericht erneut über die Sache zu entscheiden hat, muss es die Entscheidung des EGMR nach den oben genannten Grundsätzen berücksichtigen (BVerfGE 111, 307 [326]).

10 Auch im Hinblick auf Urteile des BVerfG führt ein Urteil des EGMR trotz Fehlens einer derart klaren Regelung zur Durchbrechung der Rechtskraft. Das Prozesshindernis entgegenstehender Rechtskraft entfällt nämlich, wenn später rechtserhebliche Änderungen der Sach- und Rechtslage eintreten (st. Rspr., vgl. BVerfGE 82, 198 [207 ff.]; 87, 341 [346]; 109, 64 [84]). Wegen des Prinzips der Völkerrechtsfreundlichkeit des Grundgesetzes sucht das BVerfG bei der Auslegung des Grundgesetzes Interpretationsspielräume zu nutzen und Konventionsverstöße zu vermeiden. Insofern stehen die Entscheidungen des EGMR einer rechtserheblichen Änderung gleich (BVerfG NJW 2011, 1931 [1934]; vgl. auch *Satzger* JK 12/11).

III. Orientierungswirkung »erga omnes«. Wegen der »inter partes«-Wirkung der Urteile des 11
EGMR fehlt ihnen zwar die Bindungswirkung »erga omnes«. Allerdings geht von ihnen jedenfalls
eine **faktische Orientierungswirkung** für innerstaatliche Parallelfälle und sogar am Verfahren unbeteiligte Staaten aus (*Schmalenbach* ZÖR 2004, 213 [224 ff.]; *Grabenwarter* JZ 2010, 857 [860]). Grund
für diese Orientierungswirkung ist, dass der EGMR nach Art. 19 zur Sicherstellung der Einhaltung der
Konventionsgarantien, und damit zu ihrer Auslegung berechtigt und verpflichtet ist. In seiner Rechtsprechung findet sich somit der aktuelle Stand der EMRK in ihrer Eigenschaft als Werteordnung
und »living instrument« wieder (*Pösl* ZJS 2011, 132 [134]; krit. mittlerweile zu diesem Begriff *Grabenwarter* EuGRZ 2011, 229 [230]), so dass jeder Vertragsstaat in vergleichbaren Konstellationen mit
einer Verurteilung rechnen muss.

Für innerstaatliche Parallelfälle im verurteilten Vertragsstaat wird über diese faktische Orientierungswirkung hinaus mit guten Gründen sogar eine **rechtliche Bindungswirkung** des Urteils angenommen,
wenn also andere Personen, die der Hoheitsgewalt des verurteilten Staates unterstehen, in vergleichbare
Konstellationen wie der obsiegende Beschwerdeführer geraten. Diese Wirkung wird aus Art. 1 EMRK
abgeleitet, wonach die Vertragsstaaten generell zur Beachtung der Konvention verpflichtet sind (s. nur
Esser, EurIntStrR, § 9 Rn. 116 f.).

C. Die Überwachung der Urteile durch das Ministerkomitee. Nach Art. 46 Abs. 2 12
bis 5 ist die Durchführung des Urteils vom Ministerkomitee (vgl. Art. 1 Rdn. 3) zu überwachen (zum
Ablauf vgl. *Meyer-Ladewig* EMRK Art. 46 Rn. 38 ff.). Sofern Fragen hinsichtlich der Auslegung des Urteils auftreten, ist nach Art. 46 Abs. 3 zu verfahren. Die Interaktion des Ministerkomitees mit den zu
überwachenden Mitgliedsstaaten ist auf der Internetseite des Europarats (http://www.coe.int/t/cm/
subsidiaryGroups_en.asp [Stand: Juni 2015) dokumentiert.

D. Durchsetzung der Urteile. Sofern ein Mitgliedsstaat dem Urteil des EGMR nicht Folge 13
leistet, kann das Urteil **nicht zwangsweise durchgesetzt** werden. Insofern fehlt es dem EGMR, dem
Ministerkomitee sowie dem Europarat sowohl an rechtlichen als auch an tatsächlichen Mitteln.

Seit Inkrafttreten des 14. Zusatzprotokolls gilt jedoch **Art. 46 Abs. 4**: Danach befasst das Ministerkomitee zunächst den EGMR mit der Prüfung, ob der Mitgliedsstaat seiner Verpflichtung aus dem Urteil
nachgekommen ist. Sollte das nicht der Fall sein, wird die Sache nach Art. 46 Abs. 5 S. 1 vom Gerichtshof
an das Ministerkomitee zur Prüfung der zu ergreifenden Maßnahmen zurückverwiesen. Das Ministerkomitee erlässt daraufhin Resolutionen. Im Fall »*Ilascu./.Moldawien und Russland*« forderte das Ministerkomitee die Mitgliedsstaaten des Europarats am 10.05.2006 mittels Interimsresolution dazu auf, Maßnahmen zu erlassen, um Russland zu einer Freilassung des Opfers zu bringen (*Frowein/Peukert* EMRK
Art. 46 Rn. 22). Weitere Maßnahmen können dahin gehen, dass dem betreffenden Konventionsstaat
nach Art. 8 der Satzung des Europarats sein Sitz im Europarat zeitweise entzogen wird – was im Fall
des Tschetschenienkonflikts mit Russland vorübergehend der Fall war. Äußerstenfalls könnte – quasi
als ultima ratio – der Staat aus dem Europarat ausgeschlossen werden.

Andere Konventionsstaaten können auf die Nichtbefolgung eines Urteils eine **Staatenbeschwerde** nach 14
Art. 33 stützen (zum Ganzen *Meyer-Ladewig* EMRK Art. 46 Rn. 43).

Art. 2 EMRK des 7.ZP Rechtsmittel in Strafsachen.

(1) Wer von einem
Gericht wegen einer Straftat verurteilt worden ist, hat das Recht, das Urteil von einem übergeordneten Gericht nachprüfen zu lassen. Die Ausübung dieses Rechts und die Gründe, aus denen es ausgeübt werden kann, richten sich nach dem Gesetz.
(2) Ausnahmen von diesem Recht sind für Straftaten geringfügiger Art, wie sie durch Gesetz näher
bestimmt sind, oder in Fällen möglich, in denen das Verfahren gegen eine Person in erster Instanz vor
dem obersten Gericht stattgefunden hat oder in denen eine Person nach einem gegen ihren Freispruch
eingelegten Rechtsmittel verurteilt worden ist.

Art. 2 EMRK des 7. ZP   Rechtsmittel in Strafsachen

Englische Fassung
(1) Everyone convicted of a criminal offence by a tribunal shall have the right to have his conviction or sentence reviewed by a higher tribunal. The exercise of this right, including the grounds on which it may be exercised, shall be governed by law.
(2) This right may be subject to exceptions in regard to offences of a minor character, as prescribed by law, or in cases in which the person concerned was tried in the first instance by the highest tribunal or was convicted following an appeal against acquittal.

Französische Fassung
(1) Toute personne déclarée coupable d'une infraction pénale par un tribunal a le droit de faire examiner par une juridiction supérieure la déclaration de culpabilité ou la condamnation. L'exercice de ce droit, y compris les motifs pour lesquels il peut être exercé, sont régis par la loi.
(2) Ce droit peut faire l'objet d'exceptions pour des infractions mineures telles qu'elles sont définies par la loi ou lorsque l'intéressé a été jugé en première instance par la plus haute juridiction ou a été déclaré coupable et condamné à la suite d'un recours contre son acquittement.

Übersicht	Rdn.		Rdn.
A. **Grundsätzliches** 1		1. Ungeschriebener Vorbehalt verhältnis-	
I. Allgemeines 1		mäßiger Beschränkungen	5
II. Parallele internationale Instrumente	2	2. Geschriebene Ausnahmen	6
III. Parallelen im nationalen Recht	3	B. **Rechtsmittel in Strafsachen**	7
IV. Einschränkungsmöglichkeiten	4	I. Schutzbereich	7
		II. Anspruch auf zweite Instanz	8

1 **A. Grundsätzliches. I. Allgemeines.** Nach Art. 2 des 7. Zusatzprotokolls v. 22.11.1984 hat jeder im Rahmen eines Strafverfahrens Verurteilte das Recht auf **Überprüfung des Urteils durch ein höherinstanzliches Gericht** und damit ein Recht auf eine **zweite Instanz**. Insofern geht das Zusatzprotokoll über Art. 6 Abs. 1 hinaus, welcher lediglich den Zugang zu einem Gericht (vgl. hierzu Art. 6 Rdn. 18 ff.), jedoch keine Rechtsmittelinstanz gewährt (s. dazu Art. 6 Rdn. 38; *Grabenwarter/Pabel* EMRK, § 24 Rn. 152).

Zu beachten ist, dass es sich beim 7. Zusatzprotokoll um ein Fakultativprotokoll (vgl. Art. 1 Rdn. 11) handelt. Die Bundesrepublik Deutschland hat dieses unterzeichnet, aber mangels Ratifikation ist es **in Deutschland bislang nicht in Kraft** getreten (zum aktuellen Ratifikationsstand des 7. ZP vgl. http://conventions.coe.int/Treaty/Commun/ChercheSig.asp?NT=117&CM=8&DF=&CL=ENG [Stand: Juni 2015]).

2 **II. Parallele internationale Instrumente.** Ein paralleles internationales Instrument ist **Art. 14 Abs. 5 IPbpR**, beide Vorschriften entsprechen sich inhaltlich weitestgehend.

3 **III. Parallelen im nationalen Recht.** Parallelen im nationalen Recht gibt es nicht, insb. gewährt Art. 19 Abs. 4 GG kein Recht auf einen Instanzenzug (Maunz/Dürig/*Schmidt-Aßman* GG Art. 19 Rn. 179). Insofern geht Art. 2 Abs. 1 des 7. Zusatzprotokolls über die Gewährleistungen des GG hinaus.

4 **IV. Einschränkungsmöglichkeiten.** Art. 2 Abs. 2 des 7. Zusatzprotokolls kann auf zwei verschiedene Wege eingeschränkt werden.

5 **1. Ungeschriebener Vorbehalt verhältnismäßiger Beschränkungen.** Zunächst wird seitens der Rechtsprechung analog zur Beschränkung des Rechts auf Zugang zum Gericht nach Art. 6 Abs. 1 Satz 1 (s. Art. 6 Rdn. 33 ff.) ein ungeschriebener Vorbehalt verhältnismäßiger Beschränkungen angenommen, die auf die Verfolgung eines legitimen Ziels bei Wahrung des Wesensgehalts gerichtet sind (EGMR Gurepka./.Ukraine, Urt. v. 06.09.2005 – 61406/00, Rn. 59; *Grabenwarter/Pabel* EMRK, § 24 Rn. 155 m.w.N.). Verfahrenstechnisch wurde bspw. ein der Rechtsmittelinstanz vorgeschaltetes Verfahren »leave to appeal« – eine Zulassungsprüfung – als zulässig eingestuft (*Frowein*/Peukert EMRK Rn. 2).

2. Geschriebene Ausnahmen. Weiterhin zählt Art. 2 Abs. 2 des 7. Zusatzprotokolls Ausnahmen auf, die von dem Recht auf eine 2. Instanz gemacht werden können.
Straftaten von geringfügiger Art (Art. 2 Abs. 2, 1. Alt.) dürften v.a. Ordnungswidrigkeiten umfassen. Entscheidend ist die vom Gesetz vorgesehene Strafandrohung. Seitens der Kommission wurde eine Ordnungsstrafe als geringfügig in diesem Sinne eingestuft (*Meyer-Ladewig* EMRK Rn. 5 m.w.N.). Als nicht geringfügig wurde dagegen eine angedrohte Freiheitsstrafe betrachtet. Der Ausschluss des Rechtswegs in einem solchen Fall verstieß daher gegen Art. 2 Abs. 1 des 7. Zusatzprotokolls (EGMR Grecu./.Rumänien, Urt. v. 30.11.2006 – 75101/01, Rn. 82).
Die Ausnahme nach Art. 2 Abs. 2, 2. Alt. des 7. Zusatzprotokolls – kein Rechtsmittel nach Entscheidung des höchsten Gerichts als erste Instanz – erscheint logisch. In diesem Fall ist der Instanzenzug erschöpft und der Weg zum EGMR somit eröffnet.
Art. 2 Abs. 2, 3. Alt. des 7. Zusatzprotokolls (Verurteilung nach Freispruch in der ersten Instanz) betrifft schließlich solche Fälle, in denen seitens der Anklage Rechtsmittel erhoben wurde (*Grabenwarter/Pabel* EMRK, § 24 Rn. 156).

B. Rechtsmittel in Strafsachen. I. Schutzbereich. Für die Eröffnung des Schutzbereichs von Art. 2 des 7. Zusatzprotokolls ist es notwendig, dass der Betroffene von einem Gericht wegen einer **strafbaren Handlung** verurteilt wurde. Bzgl. der Verurteilung wegen einer strafbaren Handlung ist auf die zu Art. 6 Abs. 1 (strafrechtliche Anklage) entwickelten Kriterien zurückzugreifen (s. Art. 6 Rdn. 9 ff.; *Frowein/Peukert* EMRK Art. 6 Rn. 1).

II. Anspruch auf zweite Instanz. Bei dem Gericht muss es sich um ein übergeordnetes Gericht handeln, die entsprechenden Rechtsmittel müssen also **Devolutiveffekt** aufweisen (*Meyer-Ladewig* EMRK Rn. 3). Ob es zu einer Überprüfung durch ein höheres Gericht kommt, darf dabei nicht allein vom Ermessen der Strafverfolgungsbehörde abhängen. Wie Art. 2 Abs. 1 Satz 2 zeigt, wird dem Konventionsstaat aber ein weiter Gestaltungsfreiraum bzgl. der Ausgestaltung sowohl des Gerichts als auch des Rechtsmittelverfahrens eingeräumt (s. *Esser*, EurIntStrR § 9 Rn. 339, 341), vorausgesetzt es handelt sich nicht um ein insoweit ineffektives Rechsmittel, dessen Ausgestaltung allein dem Ermessen der innerstaatlichen Behörden überlassen bleibt, weil kein einzuhaltendes Verfahren und keine Fristen vorgeschrieben sind (EGMR Kakabadze./.Georgien, Urt. v. 2.10.2012 – 1484/07, Rn. 94 ff.). Es reicht aber aus, dass das Gericht auf die Prüfung des materiellen Rechts beschränkt ist und keine neue Tatsacheninstanz darstellt (EGMR Pesti. ./.Österreich, Urt. v. 18.01.2000, RJD 2000-I, Rn. 4). Auch eine *reformatio in peius* ist nicht ausgeschlossen (*Esser*, EurIntStrR § 9 Rn. 339).
Eine Verletzung dieses Rechts sah der EGMR richtigerweise darin, dass ein Angeklagter in Frankreich von der einzigen Tatsacheninstanz in Abwesenheit verurteilt worden war und eine rechtliche Überprüfung des Abwesenheitsurteils durch den Kassationsgerichtshof kraft Gesetzes generell ausgeschlossen war (EGMR Krombach./.Frankreich, Urt. v. 13.02.2001 – 29731/96, RJD 2001-II, Rn. 100).
Da der EGMR den Verständigungen im Strafprozess (plea bargaining) im Grundsatz positiv gegenübersteht und diese weitestgehend mit einem Verzicht des Beschuldigten auf seine davon tangierten Rechte rechtfertigt, nimmt er – zumindest dann, wenn bestimmte grundlegende verfahrensrechtlicher Sicherungen eingehalten werden – keinen Verstoß gegen Art. 2 des 2. Zusatzprotokolls an (Natsvlishvili u. Togonidze./.Georgien, Urt. v. 29.4.2014 – 9043/05, Rn. 90 ff.), ebensowenig einen Verstoß gegen Art. 6 Abs. 1 (dazu s. bereits Art. 6 Rdn. 71).
Insgesamt ist die Bedeutung von Art. 2 Abs. 2 des 7. Zusatzprotokolls aufgrund des weiten Gestaltungsspielraums für den Gesetzgeber sowie der geschriebenen und ungeschriebenen Ausnahmetatbestände aber als gering einzustufen (so auch *Frowein/Peukert* EMRK Rn. 4).

Art. 4 EMRK des 7.ZP Recht, wegen derselben Sache nicht zweimal vor Gericht gestellt oder bestraft zu werden.
(1) Niemand darf wegen einer Straftat, wegen der er bereits nach dem Gesetz und dem Strafverfahrensrecht eines Staates rechtskräftig verurteilt oder freigesprochen worden ist, in einem Strafverfahren desselben Staates erneut verfolgt oder bestraft werden.

Art. 4 EMRK des 7.ZP   Verbot der Doppelbestrafung

(2) Absatz 1 schließt die Wiederaufnahme des Verfahrens nach dem Gesetz und dem Strafverfahrensrecht des betreffenden Staates nicht aus, falls neue oder neu bekannt gewordene Tatsachen vorliegen oder das vorausgegangene Verfahren schwere, den Ausgang des Verfahrens berührende Mängel aufweist.
(3) Von diesem Artikel darf nicht nach Art. 15 der Konvention abgewichen werden.

Englische Fassung
(1) No one shall be liable to be tried or punished again in criminal proceedings under the jurisdiction of the same State for an offence for which he has already been finally acquitted or convicted in accordance with the law and penal procedure of that State.
(2) The provisions of the preceding paragraph shall not prevent the reopening of the case in accordance with the law and penal procedure of the State concerned, if there is evidence of new or newly discovered facts, or if there has been a fundamental defect in the previous proceedings, which could affect the outcome of the case.
(3) No derogation from this Article shall be made under Article 15 of the Convention.

Französische Fassung
(1) Nul ne peut être poursuivi ou puni pénalement par les juridictions du même Etat en raison d'une infraction pour laquelle il a déjà été acquitté ou condamné par un jugement définitif conformément à la loi et à la procédure pénale de cet Etat.
(2) Les dispositions du paragraphe précédent n'empêchent pas la réouverture du procès, conformément à la loi et à la procédure pénale de l'Etat concerné, si des faits nouveaux ou nouvellement révélés ou un vice fondamental dans la procédure précédente sont de nature à affecter le jugement intervenu.
(3) Aucune dérogation n'est autorisée au présent article au titre de l'article 15 de la Convention.

Übersicht

		Rdn.			Rdn.
A.	**Grundsätzliches**	1	I.	Vorliegen einer oder mehrerer Taten	7
I.	Allgemeines	1	II.	Urteil und Strafbefehl	10
II.	Parallele internationale Instrumente	3	III.	Freispruch und Verfahrenseinstellung	11
III.	Parallelen im nationalen Recht	4	IV.	Straftat und Strafverfahren vs.	
IV.	Notstandsfestigkeit	5		Verwaltungssanktionen(verfahren)	14
B.	**»Ne bis in idem«**	6	**C.**	**Spätere Wiederaufnahmeverfahren**	15

1 **A. Grundsätzliches. I. Allgemeines.** Art. 4 des 7. Zusatzprotokolls v. 22.11.1984 trat am 01.11.1988 nach Ratifikation durch sieben Konventionsstaaten in Kraft. Dort wird der Grundsatz »ne bis in idem (crimen judicetur)« – das Verbot der Doppelbestrafung – kodifiziert. Bereits im Jahr 1791 wurde dieses Verbot als Grundfreiheit in die französische Verfassung aufgenommen. Als 5. Amendment erlangte das Verbot des »double jeopardy« auch in den USA Verfassungsrang (Grote/Marauhn/*Kadelbach* EMRK, Kap. 29 Rn. 1). Der Grundsatz dient der Rechtssicherheit und dem Schutz des Einzelnen vor staatlicher Willkür.

2 Zu beachten ist (s. Art. 2 des 7. Zusatzprotokolls Rdn. 7 ff.)., dass es sich beim 7. Zusatzprotokoll um ein Fakultativprotokoll (vgl. Art. 1 Rdn. 11) handelt. Deutschland hat dieses unterzeichnet, aber mangels Ratifikation ist es in Deutschland bislang nicht in Kraft getreten (zum aktuellen Ratifikationsstand des 7. ZP vgl. http://conventions.coe.int/Treaty/Commun/ChercheSig.asp?NT=117&CM=8&DF=&CL=ENG [Stand: Juni 2015]).

3 **II. Parallele internationale Instrumente.** Vorbild von Art. 4 des 7. Zusatzprotokolls ist Art. 14 Abs. 7 IPbpR, beide Normen verbieten die mehrfache Verfolgung und Ahndung derselben Straftat **innerhalb desselben Staates** (Grote/Marauhn/*Kadelbach* EMRK, Kap. 29 Rn. 2), wobei in Art. 14 Abs. 7 IPbpR die Möglichkeit eines Wiederaufnahmeverfahrens nicht vorgesehen ist. Auf der Ebene **zwischen zwei Staaten** hat Art. 4 des 7. Zusatzprotokolls keine Bedeutung, auch im Völkerrecht gibt es bislang keinen derartigen allgemeinen Grundsatz (BVerfGE 75, 1 [15 f., 24 ff.]). Auf zwischenstaatlicher Ebene gilt das Doppelbestrafungsverbot daher nur bei Bestehen entsprechender bi- oder multilateraler Abkommen (SSW-StGB/*Satzger* Vor §§ 3 bis 7 Rn. 20). In dieser Hinsicht sind in Europa

Art. 54 SDÜ sowie der nach Inkrafttreten des Vertrags von Lissabon rechtsverbindliche Art. 50 GRCh einschlägig, die es grds. verbieten, jemanden, der bereits in einem Unionsstaat bestraft wurde, nochmals wegen derselben Straftat in einem anderen EU-Mitgliedstaat zu verfolgen und zu bestrafen (ausf. dazu Art. 50 GRCh/Art. 54 SDÜ Rdn. 1 ff.). Aufgrund der Kohärenzklausel in Art. 52 Abs. 3 GRCh darf die Bedeutung der Rechtsprechung des EGMR zu Art. 4 des 7. Zusatzprotokoll bei der Auslegung von Art. 50 GRCh nicht unterschätzt werden.

III. Parallelen im nationalen Recht. Im nationalen Recht ist der Grundsatz »ne bis in idem« in Art. 103 Abs. 3 GG niedergelegt (vgl. Einl. Rdn. 100 f.). Wie auch Art. 103 Abs. 3 GG verfolgt Art. 4 des 7. Zusatzprotokolls das Ziel, nach Aburteilung des Täters Rechtssicherheit zu schaffen (Grote/Marauhn/*Kadelbach* EMRK, Kap. 29 Rn. 4).

IV. Notstandsfestigkeit. Nach Art. 4 Abs. 3 des 7. Zusatzprotokolls kann der Grundsatz »ne bis in idem« auch im Fall von Notstand i.S.v. Art. 15 nicht eingeschränkt werden.

B. »Ne bis in idem«. Der in Art. 4 Abs. 1 des 7. Zusatzprotokolls niedergeschriebene Grundsatz »ne bis in idem« ist Ausdruck der **materiellen Rechtskraft**. Er verbietet, durch rechtskräftige Entscheidung abgeschlossene Strafverfahren zu wiederholen (EGMR Gradinger./.Österreich, Urt. v. 23.10.1995 – 15963/90, Series A328-C, Rn. 53). Von der Wortwahl her stellt Art. 4 Abs. 1 des 7. Zusatzprotokolls im Unterschied zu Art. 103 Abs. 3 GG mehr auf den verfahrensrechtlichen Aspekt ab, kommt jedoch auch ohne einen Bezug zur Tat nicht aus (Grote/Marauhn/*Kadelbach* EMRK, Kap. 29 Rn. 5). Voraussetzung für die »ne-bis-in-idem«-Wirkung ist die formelle Rechtskraft, die Entscheidung darf also nicht mehr mit Rechtsmitteln angreifbar sein (EGMR Nikitin./.Russland, Urt. v. 20.07.2004 – 50178/99, RJD 2004-VIII, Rn. 37).

I. Vorliegen einer oder mehrerer Taten. Da nicht zweimal in derselben Sache entschieden werden können soll, kommt es maßgeblich auf den **Tatbegriff** an, also darauf, ob es sich um eine oder mehrere Taten handelt. Dies bestimmt der EGMR konsequent in autonomer Weise. Als Faustregel kann man auch hier die im deutschen Recht gebräuchliche Abgrenzung zwischen Tateinheit (§ 52 StGB) und Tatmehrheit (§ 53 StGB) heranziehen (vgl. § 264 Rdn. 9 ff.).

In Anlehnung an den Begriff der **Tateinheit** (i.S.d. § 52 StGB) kann von »einer Tat« i.d.S. gesprochen werden, wenn jemand wegen derselben Handlung aufgrund derselben Vorschriften bzw. aufgrund unterschiedlicher, in ihren wesentlichen Elementen aber identischen Vorschriften bestraft wird (so bspw. bei Grundtatbestand und Qualifikation; vgl. EGMR Sailer./.Österreich, Urt. v. 06.06.2002 – 38237/97, Rn. 25; EGMR Fischer./.Österreich, Urt. v. 29.05.2001 – 37950/97, Rn. 25). In Annäherung an die Rechtsprechung des EuGH zu Art. 54 SDÜ (vgl. Art. 50 GRCh/Art. 54 SDÜ Rdn. 18 ff.) favorisiert der EGMR mittlerweile (zusammenfassend zu den bis dahin existierenden Ansätzen vgl. EGMR GrK Zolotukhin./.Russland, Urt. v. 10.02.2009 – 14939/03, Rn. 70 ff.) eine **faktenorientierte Betrachtung** (»idem factum«; vgl. *Jung* GA 2010, 472 [474 f.]; anders noch Oliveira./.Schweiz, Urt. v. 30.07.1998 – 25711/94, RJD 1998-VII, Rn. 25–29). Ein Ansatz, der die juristische Prüfung zum Maßstab machte (»idem crimen«), würde den Schutzbereich von Art. 4 des 7. Zusatzprotokolls zu sehr einengen, statt die Garantie praktisch und effektiv werden zu lassen (EGMR GrK Zolotukhin./.Russland, Urt. v. 10.02.2009 – 14939/03, Rn. 80). Eine Tat in diesem Sinne ist somit die **Gesamtheit tatsächlicher Umstände, an denen derselbe Beschuldigte beteiligt ist und die hinsichtlich Ort und Zeit nicht trennbar sind** und die nachgewiesen werden müssen, um eine Verurteilung zu erreichen oder zumindest ein Ermittlungsverfahren in Gang zu bringen (EGMR GrK Zolotukhin./.Russland, Urt. v. 10.02.2009 – 14939/03, Rn. 84; EGMR Grande Stevens./.Italien, Urt. v. 4.3.2014 – 18640/10, Rn. 221).

Sofern nach zunächst erfolgter Verhängung einer geringen Strafe später eine schwerere Strafe verhängt wird und die zuvor ergangene geringe Strafe aufgehoben und durch den neuen Strafausspruch ersetzt wird, soll kein Verstoß gegen »ne bis in idem« vorliegen (EGMR Fischer./.Österreich, Urt. v. 29.05.2001 – 37950/97, Rn. 26 ff., für den Fall der Bestrafung von Trunkenheit am Steuer zunächst mit einem Bußgeld und anschließendem Strafverfahren wegen fahrlässiger Tötung in Trunkenheit). Bei *Tatmehrheit* (i.S.d. § 53 StGB) dagegen kann jede einzelne Tat Gegenstand eines eigenen Strafverfahrens sein (Grote/Marauhn/*Kadelbach* EMRK, Kap. 29 Rn. 20).

10 **II. Urteil und Strafbefehl.** Nicht nur das Endurteil, sondern auch der Strafbefehl (§§ 407 ff.; dazu § 407 Rdn. 1 ff.) ist als »conviction« bzw. »condamnation« i.S.v. Art. 4 Abs. 1 anzusehen, da er innerstaatlich eingeschränkte Rechtskraftwirkung auslöst (vgl. § 373a Rdn. 1 ff.).

11 **III. Freispruch und Verfahrenseinstellung.** Art. 4 Abs. 1 des 7. Zusatzprotokolls gilt auch bei rechtskräftigem Freispruch. Der EGMR hat bislang noch nicht entschieden, ob auch eine Verfahrenseinstellung unter den Begriff des »acquittal« bzw. »acquittement« zu subsumieren ist. Entscheidend dürfte die der jeweiligen Art der Einstellung zukommende Rechtskraft sein (zur selben Problematik im Kontext des Art. 54 SDÜ vgl. Art. 50 GRCh/Art. 54 SDÜ Rdn. 18 ff.; vgl. auch *Esser*, EurIntStrR, § 9 Rn. 345). Im Fall der Einstellung nach § 170 Abs. 2 StPO können die Ermittlungen jederzeit wieder aufgenommen werden, also bestehen keine der Rechtskraft auch nur nahekommenden Wirkungen, sodass sicherlich kein Verstoß gegen Art. 4 Abs. 1 des 7. Zusatzprotokolls bei erneuten Ermittlungen gegeben sein wird.

12 Auch einer Einstellung nach § 154 Abs. 1 StPO kommt anerkanntermaßen keine verfahrensbeendende Wirkung zu, sodass auch hier kein »acquittal« bzw. »acquittement« i.S.v. Art. 4 Abs. 1 des 7. Zusatzprotokolls zu erkennen ist (*Satzger* JK 1/10, StPO § 52 Abs. 1/4). Dasselbe dürfte auch für die Einstellung nach § 154 Abs. 2 StPO gelten, auch wenn der gerichtliche Einstellungsbeschluss nach dieser Norm unter gewissen Voraussetzungen sogar Rechtskraft erlangt (BGHSt 30, 197 [198]; vertiefend hierzu *Satzger* FS Schöch, S. 913, [924 ff.]).

13 Anders dürfte die Einstellung gegen Auflagen unter Zustimmung des Gerichts nach § 153a Abs. 1 StPO zu bewerten sein, es kommt zu einem rechtskräftigen Verfahrensabschluss (BVerfGE 65, 377, [380 ff.]), sodass anzunehmen ist, dass die erneute Einleitung einer Strafverfolgung einen Verstoß gegen Art. 4 Abs. 1 des 7. Zusatzprotokolls begründen würde.

14 **IV. Straftat und Strafverfahren vs. Verwaltungssanktionen(verfahren)** Der Begriff der Straftat ist ebenso wie der des Strafverfahrens so weit wie im Kontext des Art. 6 und 7 zu verstehen (s. dort Art. 6 Rdn. 9 ff.; Art. 7 Rdn. 8). Dementsprechend wird auch die Verhängung einer **Verwaltungssanktion** häufig als »Strafe« im Sinn des Art. 4 des 7. Zusatzprotokolls anzusehen sein. Dies hat erhebliche Folgewirkungen für diejenigen Rechtsordnungen, in denen es üblich ist, bestimmte Verstöße **sowohl mit Verwaltungssanktionen als auch mit Kriminalstrafen zu ahnden**. Diese Praxis verstößt nämlich nach den vom EGMR konsequent angewandten Grunsätzen gegen Art. 4 des 7. Zusatzprotokolls, so dass für dasselbe Verhalten nur **entweder** die Verwaltungssanktion **oder** die Kriminalstrafe verhängt werden kann (grundlegend EGMR Grande Stevens/.Italien, Urt. v. 4.3.2014 – 18640/10, Rn. 22 ff.; zu den Konsequenzen, insb. im Hinblick auf die Umsetzung von EU-Recht s. nur *Gargantini*, Journal of Financial Regulation, 2015, 149, 156 ff.).

15 **C. Spätere Wiederaufnahmeverfahren.** Art. 4 Abs. 2 des 7. Zusatzprotokolls erlaubt die Wiederaufnahme des Verfahrens sowohl zulasten, aber auch zugunsten des Angeklagten **bei Bekanntwerden neuer Tatsachen oder schwerwiegender Mängel**. Die nationalen Vorschriften der §§ 362 ff., 373a StPO sind als konventionskonform zu beurteilen, auch die Einleitung von Ermittlungen durch Polizei und StA ist trotz vorangegangenen Freispruchs erlaubt, wenn Gründe für eine Wiederaufnahme zutage gefördert werden sollen (vgl. Grote/Marauhn/*Kadelbach* EMRK, Kap. 29 Rn. 36–38).

EU-Grundrechtecharta und Schengener Durchführungsübereinkommen

(Auszug)

Art. 50 GRCh Recht, wegen derselben Straftat nicht zweimal strafrechtlich verfolgt oder bestraft zu werden. Niemand darf wegen einer Straftat, derentwegen er bereits in der Union nach dem Gesetz rechtskräftig verurteilt oder freigesprochen worden ist, in einem Strafverfahren erneut verfolgt oder bestraft werden.

Art. 54 SDÜ Verbot der Doppelbestrafung. Wer durch eine Vertragspartei rechtskräftig abgeurteilt worden ist, darf durch eine andere Vertragspartei wegen derselben Tat nicht verfolgt werden, vorausgesetzt, dass im Falle einer Verurteilung die Sanktion bereits vollstreckt worden ist, gerade vollstreckt wird oder nach dem Recht des Urteilsstaates nicht mehr vollstreckt werden kann.

Übersicht	Rdn.		Rdn.
A. Grundsätzliches	1	1. Das Merkmal der Aburteilung	18
I. Bedeutung der Vorschriften	1	2. Die strafrechtliche Natur der Sanktion bzw. des Verfahrens	23
II. Anwendungsbereich und Einschränkungen gem. Art. 55 SDÜ	2	3. Anforderungen an die Rechtskraft der Erstentscheidung	25
III. Die Notwendigkeit eines zwischenstaatlichen Ne-bis-in-idem in der EU	6	III. Dieselbe Tat	30
IV. Verhältnis von Art. 54 SDÜ zu Art. 50 GRCh	11	IV. Vollstreckungselement	34
B. Erläuterungen	17	1. »Bereits vollstreckt ist«	35
I. Grundprobleme der Auslegung	17	2. »Gerade vollstreckt wird«	36
II. Rechtskräftige Aburteilung wegen einer Straftat	18	3. »Nicht mehr vollstreckt werden kann«	39
		V. Rechtsfolgen	41

A. Grundsätzliches. I. Bedeutung der Vorschriften. Art. 50 GRCh entstammt der Europäischen Grundrechtecharta, die seit dem Inkrafttreten des Vertrags von Lissabon am 1.12.2009 rechtlich verbindliches Primärrecht der EU darstellt (vgl. Art. 6 Abs. 1 EUV); demgegenüber ist Art. 54 SDÜ im Schengener Durchführungsübereinkommen enthalten, welches 1990 als völkerrechtliches Übereinkommen zwischen fünf EU-Mitgliedstaaten (darunter Deutschland) geschlossen und schließlich durch den Vertrag von Amsterdam mit Wirkung zum 1.5.1999 in das Recht der EU überführt wurde. Art. 50 GRCh und Art. 54 SDÜ bestimmen die Geltung des ne-bis-in-idem-Grundsatzes **auf zwischenstaatlicher Ebene in der EU** (**horizontales ne-bis-in-idem**; zur Einbeziehung des internen Doppelbestrafungsverbots in den Schutzbereich des Art. 50 GRCh s. nur Callies/Rufferrt/*Blanke* Art. 50 GRCh Rn. 1). Anders als es die amtliche Überschrift des 3. Kap. SDÜ vermuten lässt (krit. bereits Schomburg/Lagodny/Gleß/Hackner/*Schomburg* IRhSt Rn. 10; *ders.* StV 1997, 383 [384]), schließen die Vorschriften nicht nur eine **mehrmalige Bestrafung**, sondern bereits die **nochmalige Verfolgung** aus. Die v.a. für das Kartellrecht höchst bedeutsame Frage nach der Zulässigkeit einer mehrfachen Sanktionierung durch europäische und nationale Behörden (**vertikales ne-bis-in-idem**) hatte der EuGH ursprünglich unter Hinweis auf das unterschiedliche Sachrecht bejaht (EuGH Slg. 1969, 1, Rn. 11 – Walt Wilhelm/Bundeskartellamt; vgl. auch EuGH Slg. 2007, I–3921 – SGL Carbon: Zulässigkeit doppelter Bebußung durch die Kommission und US-amerikanischen Kartellbehörden; s. zur Bindungswirkung der Charta auch EuGH NJW 2013, 1415 – Åkerberg Fransson hinsichtlich des Mehrwertsteuerrechts). Ein erstes Abrücken von dieser Rechtsprechung wird allerdings nicht nur in der Entscheidung Aalborg Portland u.a. (EuGH Slg. 2004, I-123 ff.) und den diesen vorausgehenden Ausführungen von General-

Art. 50 GRCh/54 SDÜ Verbot der Doppelbestrafung

anwalt Colomer (EuGH Slg. 2004, I-230, Rn. 256 ff.) gesehen (*Böse* EWS 2007, 202 [203] m.w.N.). Ihr dürfte auch durch die Reform des europäischen Kartellrechts (s. VO [EG] 1/2003; ABl. 2003 L 1/1) der Boden entzogen worden sein, da nunmehr die Kommission und die nationalen Kartellbehörden ein European Competition Network (ECN) bilden und (weitestgehend) identisches Wettbewerbsrecht anwenden. Deshalb muss auch insoweit der ne-bis-in-idem-Grundsatz eingreifen (s. ausf. *Th. Streinz* JURA 2009, 412 ff.; *Klees* WuW 2006, 1226; *Soltész/Marquier* EuZW 2006, 102 ff.; *Kruck* Der Grundsatz ne bis in idem S. 257 ff.). Nachdem der Vertrag von Lissabon richtiger Ansicht zufolge der Union nunmehr auch (punktuell) die Kompetenz zur Schaffung supranationalen Strafrechts verleiht (*Satzger* IntEuStrR § 8 Rn. 18 ff.), dürfte in Zukunft insoweit Entsprechendes auch für das Verhältnis zwischen einer Strafverfolgung auf »europäischer« und nationaler Ebene gelten (vgl. auch *Meyer/Eser* Charta der Grundrechte Rn. 16a).

2 **II. Anwendungsbereich und Einschränkungen gem. Art. 55 SDÜ.** Der **persönliche Anwendungsbereich** der Vorschrift beschränkt sich nicht auf Unionsbürger; sie gilt vielmehr für alle in der Union vor Gericht stehenden Personen. Ebenso wenig greift der ne-bis-in-idem-Grundsatz lediglich zugunsten natürlicher Personen ein. Dies hat nicht nur Bedeutung für Strafverfahren gegen Unternehmen, sondern auch dann, wenn gegen ein Unternehmen als Drittbeteiligten gewinnabschöpfende Maßnahmen betrieben werden sollen. So erwog bspw. das LG Darmstadt (Urt. v. 14.5.2007 – 712 Js 5213/04–9 KLs, Rn. 168 ff. [JurionRS 2007, 49782]) die Anwendung von Art. 54 SDÜ zugunsten eines Unternehmens, gegen das in Italien Abschöpfungsmaßnahmen ergriffen worden waren und gegen das nunmehr der Verfall angeordnet werden sollte (dazu *Rönnau* FS Volk, S. 583 ff.; *Rübenstahl/Schilling* HRRS 2008, 492 ff.; *Schuster/Rübenstahl* wistra 2008, 201 f.; s. ferner zur ne-bis-in-idem-Problematik bei Sanktionen gegen Unternehmen *Kappel/Ehling* BB 2011, 2115 ff., v.a. zur Frage, ob Art. 54 SDÜ auch für Unternehmen gilt).

3 In **zeitlicher Hinsicht** hängt die Anwendbarkeit von Art. 50 GRCh/Art. 54 SDÜ nicht davon ab, ob die beiden Vorschriften im Erstverfolgerstaat zum Zeitpunkt der Erstentscheidung in Kraft waren, sondern einzig davon, ob sie zum Zeitpunkt der zweiten Entscheidung im Erst- und Zweitverfolgerstaat Geltung beanspruchen (EuGH Slg. 2006, I-2333, Rn. 18 ff. – Van Esbroeck; BGH NJW 2014, 1025 [1026], Rn. 9; OLG Saarbrücken StV 1997, 359). Auch ist es unerheblich, ob das SDÜ bzw. die GRCh im Tatortstaat Geltung beansprucht (EuGH Slg. 2008, I-9425, Rn. 29 – Bourquain).

4 Der **räumliche Geltungsbereich** der beiden Vorschriften ist nicht identisch: Seit der Überführung des SDÜ in die (ehemalige) dritte Säule der Union durch das Protokoll zur Einbeziehung des Schengen-Besitzstandes in den Rahmen der EU (ABl. 1997 C 340/93) gelten die Art. 54 ff. SDÜ für alle EU-Mitgliedstaaten (trotz seines weitreichenden Opt-outs auch für Großbritannien, s. Art. 1 lit. a i) Ratsbeschluss 2000/365/EG i.d.F. des Ratsbeschlusses 2014/857 EU, ABl. 2014 L 345/1), daneben außerdem für die assoziierten Staaten Island, Norwegen, Schweiz und Liechtenstein (*Ambos* Int. Strafrecht § 9 Rn. 18; vgl. dazu auch *Hackner* NStZ 2011, 425 f.). Dagegen ist die Grundrechtecharta in den assoziierten Staaten des SDÜ nicht, sowie in Polen und Großbritannien nur teilweise (s. Protokoll Nr. 30 zum Vertrag von Lissabon, ABl. 2007 C 306/156 ff.) verbindlich.

5 Der Anwendungsbereich des Verbots der Doppelbestrafung wird durch die **Ausnahmen hiervon gem. Art. 55 SDÜ** nicht unerheblich eingeschränkt. Die Vorschrift gestattete es – allerdings nur bis zur Übernahme des SDÜ in den Rechtsrahmen der Union (*Anagnostopoulos* FS Hassemer, S. 1121 [1127] m.w.N.; zur Weitergeltung solcher Vorbehalte sowie des Art. 55 insgesamt auch nach Inkrafttreten des Art. 50 GRCh, s. Rdn. 16) –, bei der Annahme, Ratifikation oder Genehmigung zu erklären, dass das Verbot der Doppelbestrafung gem. Art. 54 SDÜ in bestimmten Fällen nicht gelten soll. Deutschland hat von dieser Möglichkeit Gebrauch gemacht (BGBl. 1994 II, S. 631):

– Danach bewirkt eine Aburteilung in einem anderen Mitgliedstaat keinen Strafklageverbrauch, wenn die Tat ganz oder teilweise auf deutschem Hoheitsgebiet begangen worden ist, allerdings nur, soweit nicht auch der Staat der ersten Aburteilung einen territorialen Bezug zu der Tat hat, vgl. **Art. 55 Abs. 1 lit. a SDÜ**.

– Ferner hat die Bundesrepublik eine Liste von Delikten aufgestellt, die sie als »gegen die Sicherheit des Staates oder andere gleichermaßen wesentliche Interessen gerichtete Straftat[en]« erachtet, **Art. 55 Abs. 1 lit. b SDÜ**. Die aufgeführten Tatbestände gehen über die klassischen Staatsschutzdelikte der §§ 80, 80a, 81–83, 84–90b, 94–100a, 109–109k StGB deutlich hinaus und umfassen u.a. auch

Straftaten nach §§ 129 und 129a StGB sowie nach dem Außenwirtschafts- und Kriegswaffenkontrollgesetz. Damit reichen die Ausnahmen deutlich weiter, als es erforderlich wäre, insbes. weil sie nicht darauf abstellen, inwieweit die erste Aburteilung das besondere Strafverfolgungsinteresse Deutschlands bereits berücksichtigt (s. hierzu und insgesamt zur Auslegung und Problematik des Art. 55 SDÜ *F. Zimmermann* Strafgewaltkonflikte in der Europäischen Union S. 267 ff., 278 ff.).
– Von der Möglichkeit, auch Straftaten dem Anwendungsbereich des Art. 54 SDÜ zu entziehen, die ein Bediensteter unter Verletzung seiner Amtspflichten begeht (**Art. 55 Abs. 1 lit. c SDÜ**), hat Deutschland jedoch keinen Gebrauch gemacht.
Soweit nach dem Gesagten die Ausnahmen gem. Art. 55 Abs. 1 SDÜ greifen und eine zweite Aburteilung durch deutsche Gerichte möglich ist, muss eine bereits erlittene Strafe gem. § 51 Abs. 3 und 4 StGB angerechnet werden, vgl. Art. 56 SDÜ.

III. Die Notwendigkeit eines zwischenstaatlichen Ne-bis-in-idem in der EU. Das Verbot der Doppelbestrafung gilt jedenfalls in Deutschland (zur Rechtslage in anderen europäischen Staaten s. *Mansdörfer* Das Prinzip des ne bis in idem S. 57 ff.) gem. Art. 103 Abs. 3 GG nur rechtsordnungsintern, sodass nur Entscheidungen inländischer (nicht aber ausländischer oder supranationaler) Instanzen einen Strafklageverbrauch bewirken (BVerfGE 12, 62 [66]; 75, 1 [18 ff.]; s.a. Einl. Rdn. 100 f. und *Schramm* IntStrR Kap. 4 Rn. 25). Ebenfalls einen lediglich innerstaatlichen Geltungsbereich des ne-bis-in-idem-Grundsatzes fordern **Art. 14 Abs. 7 IPBR** sowie Art. 4 des ohnehin nicht von allen EU-Mitgliedstaaten unterzeichneten bzw. ratifizierten **7. Zusatzprotokolls zur EMRK**, der eine erneute Verfolgung oder Bestrafung »in einem Strafverfahren desselben Staates« verbietet. 6

Die praktische Notwendigkeit einer zwischenstaatlichen Ausgestaltung des ne-bis-in-idem-Prinzips zumindest auf europäischer Ebene (für eine Anerkennung als internationales Menschenrecht der XVI. AIDP-Kongress, s. *Vogel* ZStW 110 [1998], 973 ff.) lässt sich heute kaum mehr bestreiten. Die Internationalisierung der Kriminalität wie ihrer Bekämpfung bringt für Betroffene ein stark erhöhtes Risiko mit sich, in mehreren Staaten wegen derselben Tat strafrechtlich verfolgt zu werden. Hinzu kommt eine immer weitere Ausdehnung der nationalen Strafgewalten, die teils gerade von EU-Rechtsakten gefordert wird (für Deutschland etwa nachzuvollziehen am Beispiel des § 6 Nr. 8 StGB), aber auch zwangsläufig mehr als einen nationalen Strafanspruch auslösen. Solange jeder Mitgliedstaat über ein eigenes Strafanwendungsrecht verfügt und keine eindeutige Zuständigkeitsverteilung für die Durchführung von Strafverfahren in Europa aufgestellt wird (s. den Lösungsvorschlag bei *F. Zimmermann* Strafgewaltkonflikte in der Europäischen Union S. 369 ff.; s.a. *Böse/Meyer/Schneider* Conflicts of Jurisdiction in Criminal Matters in the European Union Volume 2 S. 381 ff.), ist die Gefahr einer Doppelbestrafung also in den Harmonisierungsaktivitäten des Unionsgesetzgebers von vornherein angelegt (*Satzger* IntEuStrR § 10 Rn. 54). Gerade weil die (auch nur latente) Möglichkeit einer Mehrfachverfolgung innerhalb der Union in krassem **Widerspruch zu den unionsrechtlichen Grundfreiheiten** (s. *Heger* HRRS 2008, 413 [414 f.]) wie auch **zu elementaren Justizgrundrechten** steht, die in einem einheitlichen Strafrechtsraum geachtet werden müssen (*F. Zimmermann* Strafgewaltkonflikte in der Europäischen Union S. 214 ff., 222 ff.), bleibt neben der Geltung des ne-bis-in-idem-Grundsatzes auch eine strafanwendungsrechtliche Lösung zur Vermeidung von Strafgewaltkonkurrenzen wünschenswert (s. auch *Anagnostopoulos* FS Hassemer, S. 1121 [1137 ff.]). Einen zumindest ersten – wenngleich schwachen – Ansatz stellt der EU-Rahmenbeschluss zur Vermeidung von Kompetenzkonflikten (ABlEU 2009 Nr. L 328/42) dar (krit. hierzu auch *Anagnostopoulos* FS Hassemer, S. 1121 [1139 f.]; *F. Zimmermann* Strafgewaltkonflikte in der Europäischen Union S. 310 ff.; vgl. dazu ferner *Hecker* ZIS 2011, 60 ff. sowie *Böse/Meyer* ZIS 2011, 336 ff. [allgemein] zur Frage der Beschränkung nationaler Strafgewalten; S/B/S/H-EuStR/*Sieber* Einf. Rn. 223 ff. und S/B/S/H-EuStR/*Eser* § 36 insb. Rn. 70 ff.). 7

Im Ergebnis kommt dem zwischenstaatlichen ne-bis-in-idem somit neben einer **objektiven**, auf die Vermeidung völkerrechtlicher Implikationen und der Ressourcenverschwendung durch mehrfach durchgeführte Ermittlungen angelegten Aufgabe (dazu *Böse* GA 2003, 744 [750 ff.]; *ders.* EWS 2007, 202 [205]; *Hecker* Eur. Strafrecht § 13 Rn. 6) v.a. eine **individualschützende Funktion** zu. 8

Auf internationaler Ebene waren zunächst das bereits im Jahr 1970 i.R.d. Europarats entstandene Europäische Übereinkommen über die internationale Geltung von Strafurteilen (ETS Nr. 70) sowie das 1987 geschlossene (und mit Art. 54 bis 58 SDÜ weitgehend übereinstimmende) Übereinkommen zwi- 9 schen den Mitgliedstaaten der Europäischen Gemeinschaften über das Verbot der doppelten Strafverfolgung (EG ne-bis-in-idem-Übereinkommen, BGBl. II 1998 S. 2227 f.) am mangelnden Ratifizierungswillen der (meisten) europäischen Staaten gescheitert. Erst Art. 54 SDÜ v. 19.6.1990 (in Kraft getreten am 26.3.1995; deutsches Zustimmungsgesetz in BGBl. II 1993 S. 1010) brachte den Durchbruch für ein zwischenstaatliches ne-bis-in-idem und stellt zudem einen der wenigen beschuldigtenfreundlichen Anwendungsfälle des Prinzips der gegenseitigen Anerkennung justizieller Entscheidungen in Strafsachen zwischen den EU-Mitgliedstaaten dar (*Gleß* ZStW 116 [2004], 352 [362 ff.]; *Satzger* FS Roxin II, S. 1515 [1520]; vgl. dazu auch *Safferling* Internationales Strafrecht § 12 Rn. 77 ff.).

10 Allerdings gilt **Art. 54 SDÜ** heute lediglich im Rang europäischen **Sekundärrechts** (*Burchard/Brodowski* StraFo 2010, 179 ff.; *Radtke/Busch* NStZ 2003, 285; *Satzger* IntEuStrR § 10 Rn. 56, 57a; vgl. auch EuGH Slg. 2003, I-1345, Rn. 3 ff. – Gözütok/Brügge). Demgegenüber gehört **Art. 50 GRCh** seit dem Inkrafttreten des Vertrags von Lissabon (zum 1.12.2009) gem. Art. 6 Abs. 1 Halbs. 2 EUV zum **Primärrecht**. In Form eines Justizgrundrechts wird durch ihn ein zwischenstaatliches Doppelbestrafungsverbot statuiert.

11 **IV. Verhältnis von Art. 54 SDÜ zu Art. 50 GRCh.** Art. 54 SDÜ und Art. 50 GRCh gelten grds. nebeneinander. Dies ist keine Selbstverständlichkeit. Die GRCh gilt zwar gem. Art. 51 Abs. 1 GRCh für die Organe der Mitgliedstaaten nur »bei der Durchführung des Rechts der Union«, was aber im Anwendungsbereich des zwischenstaatlichen ne-bis-in-idem wegen des Zusammenhangs mit dem Prinzip der gegenseitigen Anerkennung der Fall ist (ausf. *Burchard/Brodowski* StraFo 2010, 179 [181 f.]; *Satzger* IntEuStrR § 10 Rn. 56). Art. 54 SDÜ bleibt seinerseits auch nach Inkrafttreten der Charta geltendes Recht (s. Art. 9 Protokoll Nr. 36 über die Übergangsbestimmungen, ABl. 2008 C 115/322).

12 Allerdings **unterscheiden** sich die beiden Vorschriften nicht nur in ihrem räumlichen Anwendungsbereich (s.o. Rdn. 4). Auffällig ist daneben, dass in Art. 50 GRCh das in Art. 54 Halbs. 2 SDÜ vorausgesetzte **Vollstreckungselement** fehlt. Auch die **Einschränkungen gem. Art. 55 SDÜ** finden in der GRCh keine Entsprechung.

13 Dies erklärt, warum heftig diskutiert wurde und wird, in welchem Verhältnis die beiden Vorschriften zueinander stehen. Der EuGH hat die Frage jüngst (teilweise, s. Rdn. 16) dahingehend beantwortet, dass Art. 54 SDÜ weiterhin anzuwenden und damit das Vollstreckungselement zu beachten ist (EuGH, Urt. v. 27.5.2014, Rs. C-129/14 PPU, Rn. 54 ff. – Spasic m. abl. Anm. *Meyer* HRRS 2014, 269 ff.; *Gaede* NJW 2014, 2990 ff.; *Böse* in: Hochmayr (Hrsg.), »Ne bis in idem« in Europa, S. 171 ff.). Diese Sichtweise verdient Zustimmung: Entgegen einer schon zuvor im Schrifttum anzutreffenden Auffassung (*Anagnostopoulos* FS Hassemer, S. 1121 [1137]; *Heger* ZIS 2009, 408; *ders.* HRRS 2008, 413 [415]; *Riechling* StV 2010, 237; *Hackner* NStZ 2011, 425 [429]; *Zöller* FS Krey, S. 501 [519 f.]) ist nämlich eine Konkretisierung von Art. 50 GRCh durch Art. 54 SDÜ – und damit die Beibehaltung des Vollstreckungselements – zulässig. Wie sich aus Art. 52 Abs. 1 GRCh ergibt, der gleichsam die »Schranken-Schranken« (v.a. Wesensgehaltsgarantie, Verhältnismäßigkeit) für Eingriffe in den Schutzbereich aller Grundrechte formuliert, ist Art. 50 GRCh als justizielles Grundrecht einer (auch einschränkenden) Konkretisierung durch sekundärrechtliche Regelungen zugänglich. Art. 54 SDÜ fungiert mit seinem zusätzlichen Vollstreckungselement als eine derartige »Schrankenbestimmung« zu Art. 50 GRCh (s. EuGH, Urt. v. 27.5.2014, Rs. C-129/14 PPU, Rn. 55 ff. – Spasic; so bereits *Hecker* Eur. Strafrecht § 13 Rn. 67; *Satzger* IntEuStrR § 10 Rn. 57b; *ders.* FS Roxin II, S. 1515 [1524]; *Esser* EurIntStrR § 7 Rn. 43; grundlegend *Burchard/Brodowski* StraFo 2010, 179 [180 ff.]; s. hierzu den Beschl. des BVerfG v. 15.12.2011 – 2 BvR 148/11; eine »funktionale Betrachtung« vertritt – allerdings ohne hinreichende rechtliche Fundierung – *Safferling* Internationales Strafrecht § 12 Rn. 84 f.). Bestätigt wird dieser Befund von den amtlichen Erläuterungen zu Art. 50 GRCh (ABl. 2007 C 303/31), die ebenfalls davon ausgehen, dass die durch Art. 54 bis 58 SDÜ bewirkten Einschränkungen des ne-bis-in-idem-Grundsatzes von Art. 52 Abs. 1 abgedeckt werden (darauf abstellend EuGH, Urt. v. 27.5.2014, Rs. C-129/14 PPU, Rn. 54 – Spasic). Schließlich macht das Festhalten am Vollstreckungselement auch teleologisch zumindest so lange Sinn, wie ein einheitlicher europäischer (Straf-) Rechtsraum mit der Abstimmung der einzelnen Anerkennungsinstrumente (noch) nicht erreicht ist (so richtig EuGH, Urt. v. 27.5.2014, Rs. C-129/14 PPU, Rn. 65 ff. – Spasic; vgl. bereits *Satzger* FS Roxin II, S. 1515 [1522, 1532]).

Verbot der Doppelbestrafung **Art. 50 GRCh/54 SDÜ**

Die Frage nach der Fortgeltung des Vollstreckungserfordernisses in Art. 54 SDÜ hat insbes. in Deutschland ungeahnte Praxisrelevanz erlangt. So hatten sich in jüngerer Vergangenheit deutsche Gerichte wiederholt mit Morden ehemaliger SS- bzw. Wehrmachtsangehöriger während des Zweiten Weltkriegs zu befassen (BGHSt 56, 11 [1. Strafsenat]; BGH, Beschl. v. 1.12.2010, 2 StR 420/10; vorausgehend LG Aachen StV 2010, 237 m. Anm. *Burchard/Brodowski* StraFo 2010, 180 f.). In beiden Fällen waren die Täter hierfür nach Kriegsende im jeweiligen Tatortstaat verurteilt worden, hatten sich jedoch durch Flucht der Bestrafung entzogen. Die deutschen Gerichte verneinten jeweils – im Ergebnis zutreffend (Rdn. 13) – einen grenzüberschreitenden Strafklageverbrauch gem. Art. 54 SDÜ aufgrund des nicht vorliegenden Vollstreckungselements. Sie nahmen damit die inzwischen auch vom EuGH eingenommene Position vorweg. 14

Festzuhalten bleibt freilich, dass sie zu Unrecht eine Vorlage an den EuGH zur Klärung dieser Auslegungsfrage versäumt haben. Zumindest der BGH wäre hierzu gem. Art. 267 Abs. 3 AEUV verpflichtet gewesen (s.u. Rdn. 42; das BVerfG sah zumindest die Schwelle zur Willkür und damit zu einer Verletzung des Art. 101 Abs. 1 Satz 2 GG noch nicht als überschritten an, NJW 2012, 1202 [1203]). Wie nicht zuletzt die zwischenzeitlich ergangene Entscheidung der Großen Kammer des EuGH in der Rs. Spasic zeigt, war die Berufung des BGH auf die »Klarheit der Rechtslage« und damit auf die sog. »acte-clair-Doktrin« verfehlt, da deren enge Voraussetzungen (s. *Streinz* Europarecht Rn. 639) angesichts der völligen Neuheit dieser Frage und der heftigen wissenschaftlichen Diskussion nicht vorlagen (ausführlich zur Verletzung der Vorlagepflicht *Satzger* FS v. Heintschel-Heinegg, S. 387 ff. sowie *ders*. FS Roxin II, S. 1515 [1525 f.]). 15

Eine andere – durch den EuGH in der Rs. Spasic nicht geklärte – Frage ist, ob die in **Art. 55 SDÜ vorgesehenen Vorbehalte** (s. dazu Rdn. 5) weiterhin Geltung beanspruchen. Dem steht nach dem in Rdn. 13 Gesagten jedenfalls nicht das Fehlen einer Vorbehaltsmöglichkeit in Art. 50 GRCh entgegen. Schon vor Inkrafttreten der GRCh gingen außerdem – entgegen teils vertretener Ansicht (*Hecker* Eur. Strafrecht § 13 Rn. 64 f.; *Anagnostopoulos* FS Hassemer, S. 1121 [1127 f.]) – sowohl die Kommission (s. Grünbuch über Kompetenzkonflikte und den Grundsatz ne-bis-in-idem, KOM [2005] 696 endg.) als auch Generalanwältin *Sharpston* (Schlussanträge v. 5.12.2006, Rs. C-367/05, Rn. 63, 65 – Kraaijenbrink) von der Weitergeltung der Vorbehalte auch nach der Übernahme des Schengen-Acquis in den Besitzstand der Union aus (ebenso *Böse* EWS 2007, 202 [208 m. Fn. 70]; *F. Zimmermann* Strafgewaltkonflikte in der Europäischen Union S. 268; *Liebau* »Ne bis in idem« in Europa S. 127 m.w.N.), sodass eine entsprechende Judikatur vorgezeichnet erscheint. 16

B. Erläuterungen. I. Grundprobleme der Auslegung. Die Auslegung des somit nach wie vor maßgeblichen Art. 54 SDÜ bereite(e) in der Praxis schon aufgrund der unterschiedlichen Sprachfassungen (*Schomburg* StV 1997, 383 [384]: »Terminologielosigkeit«) und der Verschiedenartigkeit der strafprozessualen Systeme enorme Schwierigkeiten. Das SDÜ hatte drei authentische Sprachfassungen (Deutsch, Französisch, Niederländisch). Seit der Überführung des Schengen-Besitzstands in das Recht der EU (s. Rdn. 1) sind nach allgemeinen unionsrechtlichen Grundsätzen (s. nur EuGH Slg. 1996, I-5105 – Lubella; zur Anwendbarkeit auf das SDÜ ausf. *Thym* NStZ 2003, 334 [335]) **die Sprachfassungen sämtlicher Mitgliedstaaten gleichermaßen verbindlich** und bei der Auslegung zu beachten (so auch BGH NStZ 1998, 149 [151]; *Hecker* Eur. Strafrecht § 13 Rn. 30; *ders*. StV 2001, 306; *Vogel/Norouzi* JuS 2003, 1061; *Hackner* NStZ 2011, 425 [426]). Anfangs oblag die Auslegung des Art. 54 SDÜ auch allein den nationalen Gerichten, was zu einer stark divergierenden, inhaltlich teils wenig überzeugenden Entscheidungspraxis führte (Beispiele bei *Satzger* IntEuStrR § 10 Rn. 58). Die jetzige Auslegungspraxis des EuGH (s. hierzu *F. Zimmermann* Strafgewaltkonflikte in der Europäischen Union S. 257 ff.; *Mertens* NStZ-RR 2010, 265; s. auch *Anagnostopoulos* FS Hassemer, S. 1121 [1123 ff.]; *Satzger* FS Roxin II, S. 1515 [1526 ff.]) erlangt daher besondere Bedeutung. Ein offensiver Umgang der nationalen Gerichte mit ihren Vorlagemöglichkeiten (s. Rdn. 42) ist daher grds. wünschenswert, steht jedoch im immanenten Spannungsverhältnis zum Beschleunigungsgebot (s. Art. 6 GEMRK Rdn. 864 ff.). Die Einführung eines Eilvorabentscheidungsverfahrens für Vorabentscheidungsersuchen, die den Raum der Freiheit, der Sicherheit und des Rechts betreffen (s. § 23a Satzung EuGH i.V.m. Art. 107 ff. VerfO EuGH; dazu *Hackspiel* in: von der Groeben/Schwarze/Hatje, Europäisches Unionsrecht, 2015, Art. 23a Satzung EuGH, Rn. 1 ff.) ist zu begrüßen, darüber hinaus ist aber die Einrichtung eines gesonderten, auf spezifisch strafrechtliche Fragen spezialisierten Spruchkörpers beim 17

EuGH zu befürworten (so die Forderung von *Hecker* Eur. Strafrecht § 13 Rn. 22; *Lagodny* NStZ 2006, 109 f.; *Schomburg* NJW 2000, 340 [341]; 1833 [1839]; *ders.* EuGRZ 2000, 101 [118]).

18 **II. Rechtskräftige Aburteilung wegen einer Straftat. 1. Das Merkmal der Aburteilung.** Der (deutsche) Wortlaut scheint zunächst das **Erfordernis eines Urteils**, zumindest aber einer gerichtlichen Entscheidung im ersten Verfolgerstaat aufzustellen (»abgeurteilt« in Art 54 SDÜ, ähnlich »verurteilt« in Art. 50 GRCh; so BGH NStZ 1998, 149 [151 f.] m. Anm. *v.d. Wyngaert/Lagodny*; BayObLG StV 2001, 263; *Stein* Zum europäischen ne bis in idem S. 468 ff.; *Vogel* FS Schroeder, S. 877 [888]; OLG Hamburg wistra 1996, 193 [195]; offen gelassen von BGH NJW 1999, 3124 m. Anm. *Bohnert/Lagodny* NStZ 2000, 636; *Hackner* NStZ 2011, 425 [428 f.]). Angesichts der europaweiten Verbreitung außergerichtlicher Erledigungsakte für strafrechtliche Verfahren würde eine Beschränkung auf formell-judizielle Entscheidungen den ne-bis-in-idem-Grundsatz freilich stark in seiner Wirksamkeit beschneiden (*Hecker* Eur. Strafrecht § 13 Rn. 33; *Lagodny* NStZ 1997, 265 [266]; *Radtke/Busch* NStZ 2003, 284).

19 Vor diesem Hintergrund überzeugt jedenfalls im Grundsatz die **tendenziell beschuldigtenfreundliche weite Auslegung** des EuGH. So erachtete der Gerichtshof in seinem »Meilenstein-Urteil« (*Anagnostopoulos* FS Hassemer, S. 1121 [1123]) in der Rs. Gözütok/Brügge (EuGH Slg. 2003, I-1345, Rn. 31; dazu *Kudlich* JA 2004, 193; *Vogel/Norouzi* JuS 2003, 1059; *Kühne* JZ 2003, 305; *Stein* NJW 2003, 1162; *dies.* Zum europäischen ne bis in idem S. 75 f.; *Radtke/Busch* NStZ 2003, 281; *Thym* NStZ 2003, 334; *Mansdörfer* StV 2003, 313; Vorlagebeschluss: OLG Köln NStZ 2001, 558) die Umstände, dass die Entscheidung ohne richterliche Mitwirkung und nicht in Form eines Urteils erging, lediglich als »verfahrensrechtliche und formale Gesichtspunkte« (krit. *Stein* NJW 2003, 1163). Demgegenüber betonte der Gerichtshof die Bedeutung des ne-bis-in-idem-Grundsatzes für die Schaffung eines »Raums der Freiheit, der Sicherheit und des Rechts«, in dem der freie Personenverkehr zu gewährleisten sei. Damit eine Aburteilung i.S.d. Art. 54 SDÜ vorliegt, muss es sich bei der Erstentscheidung folglich nur um eine verfahrensbeendende Entscheidung einer zur Mitwirkung an der Strafrechtspflege berufenen Behörde – nicht notwendigerweise eines Gerichts! – handeln (EuGH Slg. 2003, I-1345, Rn. 28 – Gözütok u. Brügge; zusf. zu den weiteren Anforderungen an eine »rechtskräftige Aburteilung« bei nicht-richterlichen Einstellungsverfügungen *Vogel/Norouzi* JuS 2003, 1059 [1061], zu abweichenden Konzeptionen zusf. *Ambos* Int. Strafrecht § 10 Rn. 121 m.w.N.).

20 Dementsprechend hat der Gerichtshof zumindest einer **staatsanwaltlichen Verfahrenseinstellung** strafklageverbrauchende Wirkung beigemessen, durch die »das dem Beschuldigten vorgeworfene unerlaubte Verhalten **geahndet** wird«, im konkreten Fall nach Zahlung eines Geldbetrages einer niederländischen »transactie« sowie einer Einstellung nach § 153a StPO (EuGH Slg. 2003, I-1345, Rn. 28 ff. – Gözütok/Brügge; zust. *Hecker* Eur. Strafrecht § 13 Rn. 30; abl. *Ambos* Int. Strafrecht § 10 Rn. 126; *Radtke/Busch* NStZ 2003, 283; hinsichtlich einer »transactie« nach belgischem Recht bereits zuvor für Strafklageverbrauch LG Hamburg wistra 1995, 358; 1996, 359; a. A. OLG Hamburg wistra 1996, 193; offen gelassen von BGH StV 1999, 244 m. zust. Anm. *Schomburg*; dazu auch *Hecker* JA 2000, 15). Ein Element der Ahndung lässt sich freilich nicht zwingend nur bei der Zahlung eines Geldbetrags bejahen, sondern bspw. auch bei andersartigen Auflagen und Weisungen i.S.d. § 153a StPO, ebenso wie im Fall der Berücksichtigung ausgeschiedener Taten nach § 154 StPO i.R.d. Strafzumessung (dazu § 154 Rdn. 17); allerdings ist für den Eintritt eines Strafklageverbrauchs dann stets noch zu prüfen, ob diese Entscheidung in Rechtskraft i.S.d. Art. 54 SDÜ erwachsen ist (dazu ausf. Rdn. 25 ff.).

21 Da Art. 54 SDÜ von »Aburteilung«, nicht aber von »Verurteilung« spricht, kommt es nicht darauf an, ob durch die Entscheidung die Begehung der dem Beschuldigten angelasteten Tat festgestellt wird. Vielmehr bewirkt insb. auch ein **Freispruch** einen Strafklageverbrauch, und zwar unabhängig davon, ob er aus rechtlichen oder aus tatsächlichen Gründen erfolgt (EuGH Slg. 2006, I-9327, Rn. 54 ff. – van Straaten m. Anm. *Kühne* JZ 2007, 247; dazu auch *Mitsilegas* EU Criminal Law S. 146 ff.; EuGH Slg. 2006, I-9245, Rn. 24 ff. – Gasparini; BGHSt 46, 307 [309]; BGH NStZ 1999, 579 [580]; NStZ-RR 2007, 179). Inwieweit dies auch für nicht-gerichtliche Entscheidungen gilt, die einem richterlichen Freispruch ähneln, hat der EuGH bislang nur in sehr begrenztem Umfang entschieden. In der Rs. Miraglia (EuGH Slg. 2005, I-2009, Rn. 30) stellte er das Erfordernis einer **sachlichen Würdigung des Falles** auf, sodass eine Verfahrenseinstellung dann keinen Strafklageverbrauch herbeiführen soll, wenn die StA ohne inhaltliche Prüfung des Tatvorwurfs beschlossen habe, die Strafverfolgung nur des-

halb nicht fortzusetzen, weil in einem anderen Mitgliedstaat die Strafverfolgung wegen derselben Tat eingeleitet worden sei. Hierüber hinausgehend lässt sich jedenfalls das Erfordernis einer Ahndungswirkung (EuGH Slg. 2003, I-1345, Rn. 29 – Gözütok/Brügge) in diesen Fällen nicht sinnvoll aufrecht erhalten (so auch *Hochmayr* in: dies. (Hrsg.) »Ne bis in idem« in Europa, S. 89, 103 f.); in dieser Konstellation dürfte stattdessen die Frage nach der Rechtskraft der Entscheidung (Rdn. 15 ff.) zusätzlich an Gewicht gewinnen.

Ebenso wenig wie auf die Frage nach einem Schuldspruch kommt es darauf an, ob die Erstentscheidung **in Abwesenheit des Betroffenen** erging (EuGH Slg. 2008, I-9425, Rn. 34 ff. – Bourquain; vgl. hierzu auch BGH, Beschl. v. 25.10.2010 – 1 StR 57/10, NJW 2011, 1014 ff.). Allerdings muss sich die Erstentscheidung stets direkt gegen den Beschuldigten des Nachfolgeverfahrens richten, sodass bspw. eine Sanktion gegen eine wirtschaftlich dem Beschuldigten zuzurechnende juristische Person nicht dessen spätere Verfolgung als natürliche Person (wohl aber eine solche des Verbands) ausschließt (so bereits BGH StV 1999, 244 [245 f.]). 22

2. Die strafrechtliche Natur der Sanktion bzw. des Verfahrens. Nach den o.g. Grundsätzen muss 23 die Entscheidung zwar in einem Strafverfahren ergehen, jedoch legt der EuGH – wie der EGMR – ein **autonomes, weites Verständnis der Strafe und des Strafverfahrens** zugrunde. Die strafrechtliche Natur prüft der EuGH in Anlehnung an die sog. Engel-Kriterien des EGMR (s. dazu Art. 6 EMRK Rdn. 9 ff.; s.a. *Esser* IntEurStrR § 7 Rn. 24) anhand der folgenden drei Merkmale: (1) der rechtlichen Einordnung der Zuwiderhandlung im innerstaatlichen Recht, (2) der Art der Zuwiderhandlung und (3) der Art und des Schweregrads der angedrohten Sanktion (speziell zu Steuerzuschlägen vgl. EuGH NJW 2013, 1415, Rn. 32 ff. – Åkerberg Fransson; zuvor bereits Urt. v. 5.6.2012, Rs. C-489/10, Rn. 37 – Bonda; s.a. *F. Zimmermann* Strafgewaltkonflikte in der Europäischen Union S. 272 ff.). Somit ist ein Strafklageverbrauch durchaus auch dann möglich, wenn die (nach deutschem Recht) strafbare Handlung im Erstverfolgerstaat lediglich als Verwaltungsübertretung gehandhabt und die abschließende Entscheidung durch eine Verwaltungsbehörde vorgenommen wird (abw. für ein österreichisches Straferkenntnis aber BayObLG StV 2001, 263; dazu abl. *Anagnostopoulos* FS Hassemer, S. 1121 [1132]; *Hecker* Eur. Strafrecht § 13 Rn. 30; *Kniebühler* Transnationales »ne bis in idem« S. 270 ff.; *Mansdörfer* Das Prinzip des ne bis in idem S. 173).

Eine gerichtliche Entscheidung im deutschen **Ordnungswidrigkeitsverfahren** ergeht nach diesen 24 Grundsätzen in einem Strafverfahren, so dass ihr strafklageverbrauchende Wirkung zuzubilligen ist (vgl. dazu § 84 Abs. 2 OWiG; vgl. auch *Hecker* Eur. Strafrecht § 13 Rn. 62; *ders.* StV 2001, 306 [310]; *Kniebühler* Transnationales »ne bis in idem« S. 252 ff.; zu behördlichen Bußgeldbescheiden vgl. *Böse* EWS 2007, 202 [209]). Dasselbe wird für die in einigen Mitgliedstaaten verbreiteten, einem Strafverfahren vorgeschalteten »Vergleiche« zwischen Beschuldigten einer Zoll- oder Steuerstraftat und den zuständigen Zoll- bzw. Steuerbehörden zu gelten haben (dazu *Anagnostopoulos* FS Hassemer, S. 1121 [1130 f.]).

3. Anforderungen an die Rechtskraft der Erstentscheidung. Rechtskräftig ist die Erstentscheidung, 25 wenn sie die Strafklage endgültig verbraucht (EuGH Slg. 2003, I-1345, Rn. 30 – Gözütok/Brügge). Dies prüft der EuGH **anhand des nationalen Rechts** des Mitgliedstaats, in dem sie ergangen ist (zuletzt EuGH, NJW 2014, 3010, Rn. 36 – M; zuvor schon besonders deutlich EuGH Slg. 2010, I-11477, Rn. 46 – Mantello; näher hierzu Rdn. 31). Ohne Weiteres einschlägig sind auf dieser Grundlage Art. 50 GRCh/Art. 54 SDÜ bei richterlichen Entscheidungen, die nach dem nationalen Recht an die Stelle eines Urteils treten, etwa Strafbefehle gem. §§ 407 ff. StPO (s.a. für den Fall eines kroatischen Strafbefehls BGH NJW 2014, 1025 [1026], Rn. 11 m. Anm. *Hecker* StV 2014, 459 ff.).

Ausgeschlossen ist eine Anwendung des ne-bis-in-idem-Prinzips umgekehrt jedenfalls dann, wenn das nationale Recht des Erstverfolgerstaats keinen (auch keinen partiellen) Strafklageverbrauch vorsieht, so etwa im Fall einer Anordnung des vorläufigen Ruhens des Verfahrens durch die (im Fall slowakische) Polizei (EuGH Slg. 2008, I-11039, Rn. 35 f. – Turanský; dazu *Anagnostopoulos* FS Hassemer, S. 1121 [1133 f.]; *Rübenstahl/Bastian* ELR 2009, 71). Aus demselben Grund steht eine Einstellung nach § 170 Abs. 2 StPO – ganz wie auf nationaler Ebene – einem neuen Verfahren nicht im Weg (OGH JBl. 2005, 328; zust. Schomburg/Lagodny/Gleß/Hackner/*Schomburg* IRhSt Rn. 12). Zwar ist dieses **auf das nationale Recht abstellende Verständnis** aufgrund der autonomen Auslegung des Unionsrechts (Rdn. 23) nicht zwingend, doch gebieten in diesen Fällen weder der Gedanke des individuellen Vertrauensschutzes noch derjenige der gegenseitigen Anerkennung einen transnationalen Strafklageverbrauch. Zum entsprechenden Umkehrschluss – zwingende Übernahme des Strafklageverbrauchs nach dem Recht des Erstverfolgerstaates – s.u. (Rdn. 29 ff.).

26 Besonders schwierig zu beantworten ist die Frage, ob und ggf. in welchem Umfang auch solche Entscheidungen einen grenzüberschreitenden Strafklageverbrauch bewirken, die nur eine **beschränkte Rechtskraft** begründen. Jüngst hat der EuGH dies im Fall einer »ordonnance de non-lieu« des belgischen Kassationsgerichtshofs bejaht, die zur Folge hatte, dass nach belgischem Recht eine Fortführung des Verfahrens nur aufgrund neuer Tatsachen und Beweismittel möglich gewesen wäre (EuGH NJW 2014, 3010 – M m. Anm. *Burchard* HRRS 2015, 26 ff.; a. A. zu einer »ordonnance de non-lieu« durch einen französischen Ermittlungsrichter noch BGH StV 1999, 378 m. abl. Anm. *Kühne*; s.a. *Bohnert/ Lagodny* NStZ 2000, 636 f.). Der Gerichtshof hat hieraus eine europaweite beschränkte Rechtskraft abgeleitet: Kein anderer Mitgliedstaat dürfe Verfahren wegen der Tat einleiten; sollten neue Tatsachen bekannt werden oder neue Beweismittel auftauchen, so könne allein Belgien, also der Staat der ersten Aburteilung, das Verfahren fortführen (EuGH NJW 2014, 3010, Rn. 40 – M; zust. *Gaede* NJW 2014, 2990 [2992]). Diese Argumentation ist insoweit stimmig, als ansonsten die Gerichte des Zweitverfolgerstaates das Prozessrecht des Erstverfolgerstaates anwenden müssten. Das hätte nicht nur zur Folge, dass sie zu beurteilen hätten, ob bekanntgewordene Tatsachen im Sinn des Rechts des Erstverfolgerstaates »neu« sind. Dass noch weitaus komplexere Fragen auftreten könnten, zeigt sich etwa, wenn nach einer Einstellung in Deutschland gem. § 153a Abs. 1 Satz 5 StPO die Gerichte eines Zweitverfolgerstaaates darüber befinden müssten, ob die neuen Tatsachen oder Beweise ein Verhalten nach deutschem Recht vom »Vergehen« zum »Verbrechen« i.S.v. § 12 Abs. 1 StGB heraufstufen (so zutr. *Burchard* HRRS 2015, 26 [30]).

27 Die – gleichwohl nicht unproblematische – Folge dieser Rechtsprechung liegt darin, dass sie zu einer **Zuständigkeitskonzentration** beim Erstverfolgerstaat führt (so richtig *Burchard* HRRS 2015, 26 [29 f.]) und somit das mit Art. 54 SDÜ etablierte Prioritätsprinzip weiter verfestigt. Dieses führt keineswegs immer zu sachgerechten Ergebnissen (vgl. *F. Zimmermann* Strafgewaltkonflikte in der Europäischen Union S. 281 ff.; zum Bedarf nach einer echten EU-Zuständigkeitsordnung in Strafsachen bereits Rdn. 7). Die vom EuGH nun begründete (faktische) Zuständigkeitskonzentration kann sogar voreilig die Jurisdiktion eines »falschen«, zur Strafverfolgung ungeeigneten Mitgliedstaats begründen und zementieren (s. *Burchard* HRRS 2015, 26 [31]).

28 Inwieweit der EuGH diese Linie verallgemeinern wird, bleibt abzuwarten. Die Vielgestaltigkeit der Entscheidungen, die nach nationalem Recht – im weitesten Sinne – eine (beschränkte) Rechtskraft zur Folge haben können, mahnt hier allerdings zur Vorsicht: Wegen ihrer nur sehr begrenzten Bindungswirkung darf etwa eine staatsanwaltliche Verfahrenseinstellung nach § 153 Abs. 1 StPO – entgegen einer früheren Entscheidung des Tribunal de Première Instance Eupen (wistra 1999, 479) – ebenso wie eine Einstellung nach § 154 StPO (dazu OLG Nürnberg StV 2010, 233) nicht als »rechtskräftige Aburteilung« angesehen werden. Gleiches wurde angenommen für die vormalige Ablehnung der Auslieferung im Rechtshilfeverfahren (BVerfG, Beschl. v. 28.7.2008, 2 BvR 1347/08, HRRS 2008 Nr. 1014). Problematisch sind aber auch die Fälle richterlicher Einstellungen nach den §§ 153 ff. StPO und einer richterlichen Verwerfung eines Klageerzwingungsantrages nach § 174 StPO (bei letzterem für Strafklageverbrauch OLG Innsbruck NStZ 2000, 663; zust. *Jagla* Ne bis in idem i.R.d. EU, S. 122; abl. *Appl* FS GS Vogler, S. 109 [116]; ausf. zum gesamten Problemkreis *Kniebühler* Transnationales »ne bis in idem« S. 238 ff.).

29 Festzuhalten bleibt somit, dass erheblicher **Bedarf nach einem zuverlässigen europäischen Maßstab** dafür besteht, wann eine Entscheidung in Rechtskraft ergangen ist. Diesen Maßstab kann – gerade in Anbetracht der uneinheitlichen Rechtsprechung nationaler Gerichte – **nur der EuGH** schaffen, er ist dieser Forderung aber bislang nicht nachgekommen (vgl. auch *Anagnostopoulos* FS Hassemer, S. 1121 [1128]). Insb. das von ihm herangezogene Kriterium der Verfahrensbeendigung sollte nicht überbewertet werden, da der Gerichtshof hier lediglich eine (formell) rechtskräftige Verfahrensbeendigung voraussetzt, ohne sich umfänglich zu deren materiellen Voraussetzungen zu äußern. Soweit der EuGH allein dem Strafklageverbrauch nach dem Recht des Erstverfolgerstaates Bedeutung beimisst (EuGH Slg. 2010, I-11477, Rn. 46 – Mantello; ähnlich auch Schomburg/Lagodny/Gleß/Hackner/*Schomburg* IRhSt Rn. 43 ff.; *ders.* StV 1997, 383 [385]; *Hecker* Eur. Strafrecht § 13 Rn. 33 ff.), liegt dies zwar in der Logik des Prinzips der gegenseitigen Anerkennung justizieller Entscheidungen, geht in dieser All-

gemeinheit aber doch zu weit. Da auch der Terminus der »rechtskräftigen Aburteilung« – gerade wegen seiner Verschränkung mit dem autonomen Tatbegriff (Rdn. 30), der ja die Reichweite der Rechtskraft bestimmt – ein europäischer ist und damit **autonom auszulegen** bleibt, kann der **Rechtslage am Ort der ersten Entscheidung nur eine – wenn auch starke – indizielle Bedeutung** beigemessen werden (*Satzger* FS Roxin II, S. 1515 [1534]). Gewisse europäische Mindestanforderungen sind also als eine Art »ordre public« unabdingbar. Dem Charakter des Verbots der Doppelbestrafung als grenzüberschreitendes Justizgrundrecht entsprechend wird hierbei insb. zu berücksichtigen sein, inwieweit die Erstentscheidung ein **schutzwürdiges Vertrauen** auf Seiten des Betroffenen darauf geweckt hat, dass er weitere Strafverfolgung nicht zu befürchten habe. Kriterien dafür können bspw. sein, welche Instanz die Erstentscheidung gefällt hat, ob sie zum Ausdruck bringt, dass der Beschuldigte die Tat (evtl. auch nur wahrscheinlich) begangen hat oder umgekehrt gerade nicht, ob sie einzig Beweisproblemen geschuldet war, ob sie mit einer Sanktion einherging und wie hoch die Hürden für eine Fortführung des Verfahrens sind (ausf. zu entspr. Kriterien *Hochmayr* in: dies. (Hrsg.), »Ne bis in idem« in Europa, S. 89, 102 ff.; für ein Abstellen darauf, ob eine weitere Verfolgung nur aufgrund neuer Tatsachen oder Beweismittel möglich wäre, *Ambos* Int. Strafrecht § 10 Rn. 127; zuvor bereits *Bohnert/Lagodny* NStZ 2000, 639 f.).

III. Dieselbe Tat. Bei Schaffung von Art. 54 SDÜ wurde allgemein vermutet, dass der Begriff der 30 »Tat« die größten Auslegungsschwierigkeiten bereiten würde (Grützner/Pötz/*Kreß/Grotz* Art. 54 SDÜ Fn. 1). Fern liegt dies angesichts divergierender nationaler »Tat«-Konzeptionen nicht (ausf. *Jagla* Ne bis in idem i.R.d. EU S. 176 ff.; *Kniebühler* Transnationales »ne bis in idem« S. 105 ff.). In den mittlerweile vorliegenden EuGH-Entscheidungen lässt sich ein **autonomes, extensives Tatverständnis** nachzeichnen (zweifelhaft daher LG Hannover NStZ-RR 2004, 378, wonach ein Verfahrenshindernis dann bestehe, wenn nach einer der beteiligten nationalen Rechtsordnungen »dieselbe Tat« vorliege). So hat sich der Gerichtshof in der Rs. Van Esbroeck (EuGH Slg. 2006, I-2333 m. Anm. *Kühne* JZ 2006, 1018 ff.; bestätigt in EuGH Slg. 2007, I-6442, Rn. 29 ff. – Kretzinger; s.a. *Dannecker* FS Kohlmann, S. 539 [604]; *Heger* HRRS 2008, 416 f.; *Satzger* JK 9/2006 SDÜ Art. 54/1; *Zehetgruber* JR 2015, 184 [185 f.]) einer **prozessualen, von materiellen Tatbeständen und geschützten Interessen gelösten Betrachtungsweise** angeschlossen. Einziges maßgebendes Kriterium sei »die Identität der materiellen Tat, verstanden als Vorhandensein eines Komplexes konkreter, unlösbar miteinander verbundener Umstände«, und zwar »in zeitlicher und räumlicher Hinsicht sowie nach ihrem Zweck« (EuGH Slg. 2006, I-2333, Rn. 36, 38). Der EuGH stützt sich dabei zum einen auf eine teleologische Auslegung (s. bereits oben Rdn. 13), die i.S.d. Freizügigkeit ein weites Verständnis des Art. 54 SDÜ erfordere. Zum anderen begründet er seine Lösung von der materiell-rechtlichen Beurteilung in den beteiligten Staaten damit, dass es auf nationale Straftatbestände aufgrund des dem Prinzip der gegenseitigen Anerkennung immanenten »gegenseitigen Vertrauens« der Mitgliedstaaten nicht ankommen könne. In der Rs. Van Esbroeck wurden entsprechend der Linie des EuGH die Ausfuhr von Betäubungsmitteln aus einem Staat und deren damit einhergehende Einfuhr in einen anderen Staat als einheitliche Tat gewürdigt (so zuvor bereits BGHSt 46, 307 ff.), wobei – wie auch in einer späteren Entscheidung (EuGH Slg. 2006, I-9245, Rn. 32 – Gasparini) – die Letztentscheidungskompetenz des nationalen Vorlagegerichts betont wurde. In der Sache hat der EuGH diese Rechtsprechung in der Rs. Van Straaten (s. Rdn. 21) bestätigt und auch die Existenz unterschiedlicher Tatbeteiligter und -mittel in den beiden gerichtsrelevanten Sachverhalten für unerheblich erklärt (krit. *Kühne* JZ 2007, 247).

Der **Rechtsprechung des EuGH** lassen sich allerdings auch gewisse Bemühungen um eine **Einschränkung des Tatbegriffs** entnehmen. Ihnen dürfte v.a. deswegen praktische Relevanz zukommen, weil sich gerade im Bereich der transnational operierenden organisierten Drogenkriminalität die Begleitdelikte häufig in weitem zeitlichen und räumlichen Abstand voneinander abspielen: In der Rs. Kraaijenbrink (EuGH Slg. 2007, I-6619, Rn. 29) hat der Gerichtshof seinen extensiven Tatbegriff zumindest insoweit etwas relativiert, als er klargestellt hat, dass allein ein »Gesamtvorsatz« noch nicht ausreicht, um mehrere Teilakte zu einer »Tat« zu verbinden. In der Rs. Mantello (EuGH Slg. 2010, I-11477, Rn. 42 ff. m. Anm. *Lampe* juris PR extra 2011, 82 ff.), in der der EuGH sich für eine parallele Auslegung des Tatbegriffs i.S.v. Art. 54 SDÜ und »derselben Handlung« i.S.v. Art. 3 Nr. 2 Rahmenbeschluss über den Europäischen Haftbefehl (Abl. 2002 L 190/1) ausgesprochen hat, war erstmals zu klären, ob ein einzelnes Organisationsdelikt »dieselbe Tat« darstellt wie die zeitgleiche Organisationsmitgliedschaft. Der Sache nach wich der EuGH der Frage aus, indem er sie mit derjenigen nach einer rechtskräftigen Aburteilung vermischte. Dazu formulierte der Gerichtshof sehr weitgehend, dass sich die Frage, ob ein Urteil rechtskräftig sei, »nach dem Recht des Mitgliedstaats (bestimme), in dem dieses Urteil erlassen wurde« (EuGH Slg. 2010, I-11477, Rn. 46 – Mantello; zur Kritik s. *Satzger* FS Roxin II, S. 1515 [1534]). In concreto hinderte somit die rechtskräftige Aburteilung wegen eines einzelnen **Organisationsdelikt**s nicht eine weitere Strafverfolgung wegen der Organisationsmitgliedschaft. Im Ergebnis wurden also in diesem Einzelfall die Tatidentität und die rechtskräftige Aburteilung beide anhand des nationalen Rechts des Mitgliedstaats geprüft, in dem die erste Aburteilung ergangen war. Das steht mit der sonstigen Rechtsprechung des EuGH nicht in Einklang (Rdn. 30), erklärt sich jedoch wohl aus zwei Besonderheiten: Erstens war im konkreten Fall über die Vollstreckung eines Europäischen Haftbefehls zu entscheiden, und der einschlägige Rahmenbeschluss stellt maßgeblich auf das Recht des ausstellenden Mitgliedstaats ab. Zweitens waren der Staat der ersten Aburteilung und der Staat, der nun die Überstellung für ein weiteres Verfahren begehrte, identisch (jeweils Italien). Die Entscheidung lässt sich deshalb wohl nicht eins zu eins auf Art. 54 SDÜ übertragen. Sollte ein vergleichbarer Fall vor dem Hintergrund der ne-bis-in-idem-Vorschriften zu entscheiden sein, wird man nicht umhinkommen, den europäischen Tatbegriff weiterzuentwickeln, etwa durch eine ergänzende Berücksichtigung des äußeren Erscheinungsbildes der in Rede stehenden Verhaltensweisen (vgl. *F. Zimmermann* Strafgewaltkonflikte in der Europäischen Union S. 263 ff.).

32 Auch wenn Entscheide, die den **Tatbegriff des § 264 StPO** (s. dort Rdn. 1 ff.) als maßgeblich ansahen (so noch LG Hannover NStZ-RR 2004, 378 [380]) methodisch mittlerweile überholt sind, dürfte sich der europarechtliche Tatbegriff **im Ergebnis** kaum von dem der StPO unterscheiden. Im Vergleich zu dem vom EGMR geprägten Tatbegriff der EMRK (s. Art. 4 des 7. Zusatzprotokolls, Rdn. 7 ff.) dürften sich ebenfalls kaum Divergenzen feststellen lassen (*Anagnostopoulos* FS Hassemer, S. 1121 [1136 f.]). Nichtsdestotrotz bleibt die **nationale Rechtsprechung** auch weiterhin erkennbar um eine restriktive Linie bemüht. So verlangte das OLG Köln (Beschl. v. 28.10.2009, 6 AuslA 77/09) im Fall eines Umsatzsteuerkarussells unter Beteiligung mehrerer Personen für eine einheitliche Tat, dass die fraglichen einzelnen Hinterziehungshandlungen von denselben Personen bzgl. derselben Waren ausgeführt wurden. Der **BGH** hat sich in seiner Folgeentscheidung zum Kretzinger-Urteil des EuGH (Rn. 23) im Ergebnis am weiten Verständnis des EuGH orientiert (ebenso OLG München NJW 2007, 788 f.), jedoch eine für den Tatbegriff relevante Zäsur für Fälle einer einheitlichen Schmuggelfahrt bei einer wesentlichen Unterbrechung, einem längeren Zwischenlagern der Schmuggelware oder für den Fall, dass der genaue Ablauf der Fahrt zu deren Beginn noch nicht feststeht, angenommen (BGH NJW 2008, 2931 m. Anm. *Rübenstahl*; dazu auch *Heger* HRRS 2008, 413; *Kische* wistra 2009, 162; *Bender* wistra 2009, 179). Jüngst hat sich der BGH außerdem dazu geäußert, in welchem Verhältnis die rechtskräftige Aburteilung wegen eines Dauerdelikts zu einer (schwereren) Tat steht, die im gleichen Zeitraum begangen wurde (BGH NJW 2014, 1025, Rn. 12 ff. m. Anm. *Hecker* StV 2014, 461): Der Betroffene war in Kroatien wegen illegalen Waffenbesitzes rechtskräftig abgeurteilt worden. Der BGH hielt eine Bestrafung u.a. wegen einer in Deutschland mit diesen Waffen begangenen Geiselnahme weiterhin für möglich, weil hierin eine andere Tat liege. Dies ist auf der Grundlage der vom EuGH aufgestellten Kriterien für die Tatidentität, insb. desjenigen eines zeitlich-räumlichen Zusammenhangs, überzeugend; gleichwohl wäre zur Klärung dieser so noch nicht entschiedenen Frage eine Vorlage an den EuGH wünschenswert gewesen (ebenso *Zehetgruber* JR 2015, 184 [189 ff.]; s.a. Rdn. 15).

33 Offen lassen konnte der BGH bislang die Frage, ob der weite Tatbegriff und der damit einhergehende Strafklageverbrauch nach Art. 54 SDÜ auch dann Geltung beansprucht, wenn die **Grenzen der Jurisdiktionsbefugnis im Erstverurteilungsstaat** eine Berücksichtigung bestimmter Geschehensabläufe nicht zulassen. Die Frage kann nicht nur in der vom BGH anvisierten Konstellation (der Erststaat urteilt nur Steuervergehen zu seinen Lasten ab) virulent werden, sondern insb. auch dann, wenn ein Mitgliedstaat eine Auslandstat aus strafanwendungsrechtlichen Gründen nur begrenzt erfassen kann (Bsp.: Bei einem fahrlässig verursachten Autounfall in einem Drittstaat sterben Personen aus mehreren Mitgliedstaaten. Der Erststaat verurteilt den Verursacher aber nur wegen der Tötung eigener Staatsangehöriger). Dem Problem (dazu auch *Böse* EWS 2007, 202 [207 f.]; *Kühne* JZ 2006, 1019 [1020 f.]) lässt sich auf verschiedenen Wegen begegnen: Stellt man mit dem EuGH (s.o. Rdn. 25) maßgeblich auf die Rechtskraft nach dem Recht des Erstverfolgerstaates ab, so reicht dieser z.B. in Deutschland (s. *Meyer-Goßner* StPO Einl. Rn. 173) ohnehin nur so weit, wie die Sachentscheidung durch das Erstgericht in tatsächlicher und rechtlicher Hinsicht überhaupt möglich war. Allerdings findet auch dann eine grobe

inhaltliche Prüfung des gesamten Sachverhalts statt, sodass zumindest auf der Grundlage der Miraglia-Entscheidung (s.o. Rdn. 21) eine rechtskräftige Aburteilung bejaht werden könnte (zur Kritik s. *F. Zimmermann* Strafgewaltkonflikte in der Europäischen Union S. 285). Hält man die nach Art. 55 SDÜ eingelegten Vorbehalte weiterhin für anwendbar (s.o. Rdn. 16), so erlauben aber jedenfalls diese in weitem Umfang eine erneute Verfolgung durch einen anderen Mitgliedstaat.

IV. Vollstreckungselement. Das Vollstreckungselement des Art. 54 SDÜ, welches – wie gesehen (s. Rdn. 12 ff.) – auch nach dem Inkrafttreten des Art. 50 GRCh relevant bleibt, enthält drei Varianten: Die Sanktion ist bereits vollstreckt worden, wird gerade vollstreckt oder kann nach dem Recht des Urteilsstaates nicht mehr vollstreckt werden. 34

1. »Bereits vollstreckt ist«. Diese Variante greift ein, wenn die Vollstreckung abgeschlossen ist, also eine Freiheitsstrafe oder sonstige freiheitsentziehende Maßnahme verbüßt, eine Bewährung beendet (zutr. Schomburg/Lagodny/Gleß/Hackner/*Schomburg* IRhSt Rn. 29; *ders.* StV 1997, 383 [384]; ausf. *Safferling* Internationales Strafrecht § 12 Rn. 102 f.), eine Geldstrafe bezahlt oder eine sonstige Auflage oder Weisung erfüllt ist. Bei der kumulativen Verhängung mehrerer Sanktionen (z.B. Geldstrafe neben Freiheitsstrafe) ist diese Variante nur einschlägig, wenn alle Sanktionen vollstreckt sind (EuGH, Urt. v. 27.5.2014, Rs. C-129/14 PPU, Rn. 80 ff. – Spasic). Hingegen stellt – wie der EuGH in der Kretzinger-Entscheidung (Slg. 2007, I-6442, Rn. 49 ff.; dem folgend BGH NJW 2008, 2931 [2934]) festgehalten hat – eine (i.R.d. Strafzumessung anzurechnende) Untersuchungshaft keine »Vollstreckung« dar. Dies ergibt sich bereits daraus, dass die Untersuchungshaft unabhängig von einer späteren Verurteilung verhängt und vollstreckt wird. 35

2. »Gerade vollstreckt wird«. Eine Sanktion wird »gerade vollstreckt«, wenn mit der **Strafvollstreckung begonnen wurde, diese aber noch nicht abgeschlossen** ist, so z.B. wenn eine Freiheitsstrafe verbüßt wird, Raten einer Geldstrafe abgezahlt werden usw. Zu Recht hat der EuGH angenommen, dass eine zur Bewährung ausgesetzte Freiheitsstrafe »gerade vollstreckt« wird, sobald das Urteil vollstreckbar geworden ist und solange die Bewährungszeit dauert (EuGH Slg. 2007, I-6442, Rn. 42 – Kretzinger; ebenso BGHSt 46, 187; BGH NJW 2008, 2931 [2933]; *Ambos* Int. Strafrecht § 10 Rn. 133; *Hecker* Eur. Strafrecht § 13 Rn. 44; Schomburg/Lagodny/Gleß/Hackner/*Schomburg* IRhSt Rn. 30; *ders.* StV 1997, 383 [384]; a. A. OLG Saarbrücken StV 1997, 359). Eine andere Entscheidung würde zu einer Schlechterstellung des nur zu einer Bewährungsstrafe verurteilten Täters führen, wenn er wegen seiner (gewöhnlich weniger schwerwiegenden) Tat anders als ein ohne Bewährung Verurteilter nicht in den Genuss des Strafklageverbrauchs käme. »Gerade vollstreckt« wird freilich nicht nur eine anfängliche Bewährungsstrafe, sondern auch eine (noch laufende) Bewährung nach Teilverbüßung und Reststrafenaussetzung. 36

Ob eine Strafe »gerade vollstreckt wird«, wenn bei mehreren **kumulativ verhängten Sanktionen** (z.B. Geldstrafe neben Freiheitsstrafe; dazu bereits o. Rdn. 35) nur mit der Vollstreckung einer Teilsanktion begonnen wurde, ist problematisch. Entschieden wurde vom EuGH jüngst, dass das Vollstreckungselement nicht vorliegt, wenn eine Geldstrafe bezahlt ist, die daneben verhängte, nicht zur Bewährung ausgesetzte Freiheitsstrafe aber nie angetreten wurde (EuGH, Urt. v. 27.5.2014, Rs. C-129/14 PPU, Rn. 83 f. – Spasic; ebenso für genau diese Konstellation bereits *Satzger* FS Roxin II, S. 1515 [1531 f.]). Allerdings sollte dies nicht dahingehend verallgemeinert werden, dass stets die Vollstreckung aller Teilsanktionen begonnen haben muss, um einen Strafklageverbrauch gem. Art. 54 SDÜ auszulösen: Man wird bei kumulativen Sanktionen vielmehr die »Gesamtsanktion« wertend betrachten müssen, wobei im Hinblick auf deren »Kern« (i.d.R. die Freiheitsstrafe) das Vollstreckungselement erfüllt sein muss (s. *Satzger* FS Roxin II, S. 1515 [1531 f.]). Ausgeschlossen ist eine erneute Strafverfolgung somit, wenn zwar eine Geldstrafe noch nicht beglichen ist, aber mit der Vollstreckung einer daneben zusätzlich verhängten Freiheitsstrafe begonnen wurde – unabhängig davon, ob diese zur Bewährung ausgesetzt wurde (vgl. Rdn. 36; für den letztgenannten Fall ebenso *Ambos* Int. Strafrecht § 10 Rn. 133; *Hecker* Eur. Strafrecht § 13 Rn. 45; a. A. OLG Saarbrücken StV 1997, 359). 37

Soweit gegen den Täter noch **Maßregeln der Sicherung und Besserung** vollstreckt werden, hängt die anwendbare Variante maßgeblich vom Begriff der Sanktion ab. Fasst man unabhängig vom nationalen Vorverständnis mit dem vom EGMR geprägten Strafbegriff der EMRK hierunter auch die Sicherungs- 38

Art. 50 GRCh/54 SDÜ Verbot der Doppelbestrafung

verwahrung (s. Art. 7 EMRK Rdn. 11, 19), so wird auch gegen einen Verwahrten die Strafe »gerade vollstreckt«.

39   3. »**Nicht mehr vollstreckt werden kann**«. Die Variante erfasst **Fälle der Vollstreckungsverjährung, Amnestien und Begnadigungen** (bzgl. solcher »politischer« Vollstreckungshindernisse a. A. Generalanwalt Colomer in seinen Schlussanträgen zu EuGH Slg. 2008, I-9425, Rn. 82 f. – Bourquain; dagegen *Satzger* IntEuStrR § 10 Rn. 72). In der Rs. Bourquain hat der EuGH außerdem entschieden, dass eine Verurteilung auch dann »nicht mehr vollstreckt werden kann«, wenn eine Vollstreckung im Urteilsstaat zu keinem Zeitpunkt möglich war (im Ausgangsfall, weil eine Vollstreckung nur nach einer nochmaligen Verhandlung in Anwesenheit des beim Ersturteil abwesenden Angeklagten möglich gewesen wäre). Der Gerichtshof stützt sich abermals (s. bereits Rdn. 30) darauf, dass Art. 54 SDÜ einerseits eine individualschützende Komponente enthalte und möglichst weitgehend die Freizügigkeit des Betroffenen sichern wolle, andererseits aber auch vom Gedanken des Vertrauens und der gegenseitigen Anerkennung justizieller Entscheidungen der Mitgliedstaaten untereinander lebt.

40   Nach Ansicht des OLG München (StV 2001, 495; zust. *Hecker* Eur. Strafrecht § 13 Rn. 47 ff.; *ders.* StV 2002, 71 ff.) kann eine Freiheitsstrafe auch dann »nicht mehr vollstreckt werden«, wenn der Täter nach Verbüßung eines Teils der Strafe aus dem Hoheitsgebiet des vollstreckenden Staates mit der Auflage ausgewiesen wird, innerhalb einer Frist von 5 Jahren nicht mehr einzureisen, da ansonsten die auferlegte Reststrafe zu verbüßen sei.

41   **V. Rechtsfolgen.** Wie auch Art. 103 Abs. 3 GG (s. Rdn. 6) begründen Art. 50 GRCh/Art. 54 SDÜ nicht lediglich ein (materiell-rechtliches) Bestrafungsverbot, sondern ein **Verfahrenshindernis** und stehen somit jedweder weiteren Strafverfolgung entgegen (Meyer/*Eser* Charta der Grundrechte Rn. 10; Schomburg/Lagodny/Gleß/Hackner/*Schomburg* IRhSt Rn. 5; *Esser* IntEuStrR § 7 Rn. 33). Dies bedeutet, dass die StA bzw. spätestens das Gericht das Verfahren nach § 170 Abs. 2 Satz 1 bzw. §§ 206a Abs. 1, 260 Abs. 3 StPO einzustellen hat (s. BGH NJW 2008, 2931 [2933]; vgl. auch Rdn. 21).

42   Ist das (Instanz-) Gericht im Zweifel hinsichtlich der Voraussetzungen von Art. 50 GRCh/Art. 54 SDÜ, so ergibt sich die **Möglichkeit einer Vorlage an den EuGH** nunmehr direkt aus Art. 267 Abs. 2 AEUV. Soweit letztinstanzliche Gerichte entscheiden, trifft sie eine **Vorlagepflicht** (Art. 267 Abs. 3 AEUV). Da die Staatsanwaltschaften keine »Gerichte« i.S.v. Art. 267 AEUV sind, können sie – soweit die Auslegungsfrage Entscheidungsrelevanz erlangt – nur Anklage erheben und auf eine Vorlage durch das Gericht hinwirken. Entsprechend kann auch die Verteidigung eine solche Vorlage durch das Gericht anregen.

Stichwortverzeichnis

Fett gedruckte Zahlen = Paragraph; Magere Zahlen = Randnummer; Vor = Vorbemerkung

Ablehnung, Schöffengericht GVG § 53 1 ff.
Ablehnung der Eröffnung StPO § 204 1 ff.
– Bekanntmachung StPO § 204 7
– Entscheidungsgründe StPO § 204 3
– Qualifikation der Entscheidung StPO § 204 2
– Teilablehnung StPO § 204 4
Ablehnung eines Richters
– Ablehnung Staatsanwalt StPO § 24 23
– Ablehnungsberechtigung StPO § 24 22
– Ablehnungsverfahren
– – Adressat StPO § 26 2
– – Dienstliche Äußerung StPO § 26 8 f.
– – Form StPO § 26 3
– – Glaubhaftmachung StPO § 26 5
– – Grundzüge StPO § 24 3 ff.
– – Mittel StPO § 26 6 f.
– – Regelungszweck StPO § 26 1
– – Revision StPO § 26 10
– – Richter und Ablehnungsgrund StPO § 26 4
– Äußerungen StPO § 24 13 ff.
– Befangenheit StPO § 24 6 ff.
– Einzelfälle StPO § 24 16 ff.
– Entscheidung
– – Beschlussunfähigkeit StPO § 27 6 f.
– – Besetzung des Gerichts StPO § 27 3 ff.
– – keine Mitwirkung des Abgelehnten StPO § 27 2
– – Regelungszweck StPO § 27 1
– – Revision StPO § 27 8
– Letzter Zeitpunkt
– – absoluter Erlöschenszeitpunkt StPO § 25 12 f.
– – Konzentrationsgebot StPO § 25 10 f.
– – Präklusionszeitpunkt StPO § 25 3 ff.
– – Regelungszweck StPO § 25 1 f.
– – Revision StPO § 25 14
– persönliches Verhältnis StPO § 24 9
– Rechtsmittel
– – ablehnender Beschluss StPO § 28 3
– – Anfechtung StPO § 28 6 ff.
– – Regelungszweck StPO § 28 1
– – sofortige Beschwerde StPO § 28 4 f.
– – stattgebende Beschlüsse StPO § 28 2
– Regelungsgehalt StPO § 24 1 f.
– Revision StPO § 24 24 ff.; StPO § 29 12 ff.; StPO § 30 9 f.
– Selbstablehnung
– – Ablehnungsgründe StPO § 30 4
– – Rechtsmittel StPO § 30 8
– – Regelungswerk StPO § 30 1 f.
– – Verfahren bei Selbstanzeige StPO § 30 5 ff.
– Sonderregelungen für Hauptverhandlung StPO § 29 6 ff.
– Spannungen StPO § 24 21
– unaufschiebbare Handlung StPO § 29 1 ff., 4
– unzulässige
– – fehlende Begründung StPO § 26a 3 ff.
– – Regelungszweck StPO § 26a 1

– – Revision StPO § 26a 9 f.
– – Verschleppung StPO § 26a 6
– – Verspätung StPO § 26a 2
– – Verwerfung als unzulässig StPO § 26a 7 f.
– – Vorbefassung StPO § 24 10 ff.
Abschiebung und Auslieferung
– EMRK Art. 3 30 f.; EMRK Art. 8 31
– Haft EMRK Art. 5 41
Abschluss der Ermittlung, Abschlussvermerk StPO § 169a 1 ff.
Abschluss des Ermittlungsverfahrens
– Amtspflichten der StA StPO § 170 8
– Einheitlichkeit der Abschlussentscheidung StPO § 170 5 ff.
– Einstellung des Verfahrens StPO § 170 3, 18 ff.
– Erhebung der öffentlichen Klage StPO § 170 2, 10 ff.
– Steuerstrafsachen StPO § 170 4
Absehen von der Verfolgung aus politischen Gründen StPO § 153d 1 f.
Absehen von der Verfolgung einer nach VStGB strafbaren Tat StPO § 153f 1 ff.
Absehen von Klage bei tätiger Reue, Durchbrechung des Legalitätsgrundsatzes StPO § 153e 1 ff.
Absehen von Klage; Einstellung
– Absehen von der Klageerhebung durch StA StPO § 153 3
– Anfechtbarkeit StPO § 153b 8
– Einstellung StPO § 153b 4 ff.
– Revision StPO § 153b 9
– Vermeiden einer Hauptverhandlung StPO § 153b 1 f.
Absoluter Revisionsgrund StPO § 338 1 ff.
Abstimmung
– Reihenfolge GVG § 197 1 f.
– Verhältnis GVG § 196 1 ff.
Abweichen im Notstandsfall EMRK Art. 15 1 ff.
Abwesenheit, Begriff StPO § 276 1 ff.
Abwesenheitsverhandlungen
– Entscheidung StPO § 231b 7 ff.
– Unterrichtung der Angeklagten StPO § 231b 13 ff.
– Voraussetzung StPO § 231b 2 ff.
Adhäsionsverfahren
StPO Vor §§ 403 ff. 1 ff.; StPO §§ 472a–472b 1 ff.
– Absehen von Entscheidung StPO § 406 14 ff.
– Aufhebung strafrechtlicher Verurteilung StPO § 406a 7
– Rechtsmittel des Angeklagten StPO § 406a 3 ff.
– Rechtsmittel des Antragstellers StPO § 406a 1 ff.
– Rechtsmittel weiterer Verfahrensbeteiligter StPO § 406a 6
– stattgebende Entscheidung StPO § 406 1 ff.
– Vergleich StPO § 405 1 ff.
– Wiederaufnahme des Verfahrens StPO § 406c 1 ff.
AG
– allgemeine Dienstaufsicht GVG § 22 4
– Doppelernennung GVG § 22 3
– ein Richter GVG § 22b 1 ff.

Stichwortverzeichnis

- Einzelrichterprinzip GVG § 22 2
- Präsidium GVG § 22a 1 ff.
- Richter GVG § 22 1 ff.
- Schöffe GVG § 58 1 ff.
- sonstige Zuständigkeit GVG § 27 1 f.
- Zuständigkeit GVG § 24 1 ff.

Agent provocateur EMRK Art. 6 61 ff.

Akteneinsicht
- des Beschuldigten EMRK Art. 5 57 ff.; EMRK Art. 6 37 ff.
- des Verteidigers EMRK Art. 5 57 ff.; EMRK Art. 6 37 ff.

Akteneinsicht des Verletzten
- Datenschutz StPO § 406e 20 ff.
- Mitgabe der Akten StPO § 406e 15
- Rechtsbehelf StPO § 406e 17 ff.
- Versagung StPO § 406e 8 ff.
- Voraussetzung StPO § 406e 1 ff.
- Zuständigkeit StPO § 406e 16

Akteneinsicht des Verteidigers StPO § 147 1 ff.
- Aktenbegriff StPO § 147 13 ff.
- Akteneinsicht des Beschuldigten StPO § 147 47 ff.
- Beschränkungsmöglichkeiten StPO § 147 31 ff.
- Beweisstück StPO § 147 25 ff.
- Einsicht StPO § 147 19 ff.
- Gewährung StPO § 147 42 ff.
- Rechtsmittel StPO § 147 51 ff.
- Wahl- und Pflichtverteidiger StPO § 147 4 ff.
- Zeitraum StPO § 147 9 ff.

Akustische Überwachung außerhalb von Wohnungen
- Anfangsverdacht, konkreter StPO § 100f 5
- Anordnungszuständigkeit StPO § 100f 12 f.
- Ausrichtung gegen Beschuldigten StPO § 100f 8
- Beweisverwertungsverbot, unselbstständiges StPO § 100f 19
- Kernbereichsschutz, fehlender StPO § 100f 10
- Mittel, technisches StPO § 100f 4
- nemo-tenetur-Grundsatz StPO § 100f 16 f.
- Wort, nichtöffentlich gesprochenes StPO § 100f 2

Amtliches Schriftstück StPO § 96 1
Amtsenthebung, Schöffe GVG § 51 1 f.
Analogieverbot EMRK Art. 7 19 ff.

Anfechtbarkeit des Eröffnungsbeschlusses
- Anfechtung durch die StA StPO § 210 6 f.
- Unanfechtbarkeit StPO § 210 2 ff.

Angeklagter, Wiederaufnahme StPO § 362 1 ff.
Angeklagter; Angeschuldigter StPO § 157 1
Anhängigkeit nach Verweisung GVG §§ 17–17b 1 f.

Anhörung
- Absehen StPO § 33 12 f.
- außerhalb der Hauptverhandlung StPO § 33 9 ff.
- Grundsatz des rechtlichen Gehörs StPO § 33 1 ff.
- in der Hauptverhandlung StPO § 33 7 f.
- Regelung StPO § 33 3 ff.
- Vorgehen bei Gehörsverstoß StPO § 33a 1 ff.

Anklagebehörde, Legalitätsgrundsatz
- Anfangsverdacht StPO § 152 6 ff.
- Anfechtbarkeit StPO § 152 16
- Anklagemonopol StPO § 152 1
- Offizialprinzip StPO § 152 2
- Opportunitätsprinzip StPO § 152 14
- verfolgbare Straftaten StPO § 152 11 ff.
- Verpflichtung der StA zum Einschreiten StPO § 152 3 ff.–15

Anklagegrundsatz Einl. § 44 ff.
- Akkusationsprinzip StPO § 151 ff.

Anklageschrift
- Anklagesatz StPO § 200 3 ff.
- Bedeutung und Aufgabe StPO § 200 1 f.
- Beweismittel StPO § 200 9 ff.
- Mängel StPO § 200 17 ff.
- wesentliches Ergebnis der Ermittlungen StPO § 200 12 ff.

Anordnung der Beschlagnahme
- Anordnungszuständigkeit StPO § 98 3 ff.
- Anwendungsbereich StPO § 98 1
- Beendigung der Beschlagnahme StPO § 98 36 ff.
- Bekanntmachung StPO § 98 21 f.
- Beschlagnahmebestätigung von Amts wegen StPO § 98 28
- Beschwerde StPO § 98 39 ff.
- Betroffener StPO § 98 8
- Eilkompetenz StPO § 98 11 f.
- Entscheidung, gerichtliche StPO § 98 29 ff.
- Gerichtszuständigkeit StPO § 98 32 f.
- Inhalt StPO § 98 18
- Rechtmäßigkeit StPO § 98 34 f.
- Revision StPO § 98 43 ff.
- richterliche Anordnung als Regelfall StPO § 98 13 ff.
- Vollziehung StPO § 98 23 ff.
- Zwischen- oder Hauptverfahren StPO § 98 9

Anordnung der Klageerhebung StPO § 175 1 ff.
- Durchführung des Beschlusses StPO § 175 4 ff.

Anordnung der Sicherheitsleistung und Bestellung eines Zustellungsbevollmächtigten
- Befugnis StPO § 132 10 ff.
- Beschlagnahme StPO § 132 16 ff.
- dringender Tatverdacht StPO § 132 5
- Voraussetzung StPO § 132 1 ff.
- Zuständigkeit StPO § 132 13 ff.

Anordnung des persönlichen Erscheinens StPO § 236 1 ff.
- Folge des Nichterscheinens StPO § 236 11

Anordnung und Ausführung der Durchsuchung
- Ausführung der Durchsuchung StPO § 105 22 ff.
- Durchsuchungsbeschluss StPO § 105 5 ff.
- Gefahr im Verzug StPO § 105 17 ff.
- Notwendigkeit einer Anordnung StPO § 105 1 ff.
- Rechtsbehelf StPO § 105 40 ff.
- Revision StPO § 105 47
- Verwertbarkeit von Beweismitteln StPO § 105 44 ff.

Anordnung und Bestätigung von Fahndungsmaßnahmen, Anordnungskompetenz StPO § 131c 1 f.

Anrechnung von Auslieferungshaft, s. Freiheitsstrafe oder Strafvollstreckung

Anrechnung von Krankenhausaufenthalt, s. Strafvollstreckung

Anrechnung von Untersuchungshaft, s. Freiheitsstrafe oder Strafvollstreckung

Anschlusserklärung
- Adressat StPO § 396 3
- Anschlussbefugnis StPO § 396 5 ff.

Stichwortverzeichnis

- Beschwerde StPO § 396 13
- Form StPO § 396 1 f.
- Fortgang des Verfahrens StPO § 398 1 ff.
- Revision und Berufung StPO § 396 14 ff.
- Tod des Nebenklägers StPO § 402 3 f.
- Verfolgungsbeschränkung StPO § 396 11 f.
- Widerruf StPO § 402 1 f.
- Wirksamkeit StPO § 396 4

Anspruch auf rechtliches Gehör EMRK Art. 6 32 ff.
Anspruchsverletzung, rechtliches Gehör StPO § 356a 1 ff.
Antrag auf beschleunigtes Verfahren
- Kritik StPO § 417 2 ff.
- Prozessvoraussetzungen StPO § 417 9 ff.
- Sonderverfahren StPO § 417 1 f.
- Strafrichter StPO § 417 5 ff.

Antrag auf Sicherungsverfahren StPO § 413 1 ff.
- staatsanwaltschaftliche Prognose StPO § 413 13 f.
- Voraussetzung StPO § 413 4 ff.

Antrag des Verletzten
- Antragstellung StPO § 404 1 ff.
- Prozesskostenhilfe StPO § 404 17 ff.
- Rücknahme StPO § 404 16
- Teilnahmerecht an Hauptverhandlung StPO § 404 12 ff.
- Wirkung StPO § 404 8 ff.

Anwesenheitspflicht des Angeklagten
- Abwesenheitsverhandlung StPO § 231 8 ff.
- Entfernung aus der Hauptverhandlung StPO § 231 4
- Sicherstellung des Anwesenheit StPO § 231 5 ff.

Anwesenheitsrecht EMRK Art. 6 32 ff.; StPO § 168c 1 ff.
Art der Protokollierung, vorläufige Aufzeichnung StPO § 168a 3 f.
Aufenthalt im Ausland, Begriff StPO § 276 3 ff.
Aufforderung, bei unbekanntem Aufenthalt StPO § 288 1

Aufgaben der Polizei
- Befugnis StPO § 163 11 ff.
- Ermittlungsgeneralklausel StPO § 163 11
- Recht auf den ersten Zugriff StPO § 163 2
- Rechtsbehelf gegen polizeiliche Maßnahme StPO § 163 67 ff.
- Übersendung an AG StPO § 163 53
- Übersendung der Verhandlungen an StA StPO § 163 45 ff.
- Verfolgung von Straftaten StPO § 163 1
- Zeugen- und Sachverständigenvernehmung StPO § 163 54 ff.
- Zusammenwirken mit StA StPO § 163 2 ff.

Aufhebung des Haftbefehls
- Antrag der StA StPO § 120 23 ff.
- außer Vollzug befindlicher Haftbefehl StPO § 120 37 ff.
- Beschleunigungsgebot StPO § 120 17
- Einstellung des Verfahrens StPO § 120 15
- Eintritt der Rechtskraft StPO § 120 30 ff.
- Haftentlassung StPO § 120 4
- Haftprüfung StPO § 120 6
- in Vollzug befindlicher Haftbefehl StPO § 120 31 ff.
- Organisations- oder Zwischenhaft StPO § 120 35
- Untersuchungshaft StPO § 120 2
- Unverhältnismäßigkeit der Untersuchungshaft StPO § 120 12 ff.
- Verhältnismäßigkeit StPO § 120 1–9
- während laufender Hauptverhandlung und im Rechtsmittelverfahren StPO § 120 18 ff.
- Wegfall von dringendem Tatverdacht und/oder Haftgründen StPO § 120 8 ff.

Aufhebung von Ersatzmaßnahmen
- Aufhebung des Haftbefehls StPO § 123 4 ff.
- Freigabe an Sicherungsbürgen StPO § 123 13 ff.
- Freigabe der Sicherheit StPO § 123 9 ff.
- Haftverschonungsmaßnahmen StPO § 123 3 ff.
- Rechtsmittel StPO § 123 20 ff.
- Verurteilung zu Geldstrafe StPO § 123 17
- Vollzug von U-Haft, Strafhaft oder Maßregel der Besserung und Sicherung StPO § 123 7 f.

Aufsichtsstellen
- Anordnung polizeilicher Beobachtung StPO § 463a 4
- Befugnisse der Führungsaufsichtsstelle StPO § 463a 3
- – örtliche Zuständigkeit StPO § 463a 7
- Erhebung von Daten StPO § 463a 6
- Führungsaufsicht StPO § 463a 1 f.
- Vorführungsbefehl StPO § 463a 5

Aufstand, Unterdrückung eines- EMRK Art. 2 19
Aufzeichnung der Zeugenvernehmung
- Akteneinsichtsberechtigung StPO § 58a 20 ff.
- Durchführung StPO § 58a 33
- Entstehungsgeschichte StPO § 58a 5
- Ermächtigungsgrundlage StPO § 58a 1
- Ermittlungsverfahren StPO § 58a 6
- fakultative StPO § 58a 7
- gebotene StPO § 58a 9 ff.
- Rechtsbehelf StPO § 58a 25 ff.
- Revision StPO § 58a 28 ff.
- Umfang StPO § 58a 31 f.
- Vernichtung StPO § 58a 18 f.
- Verwendung StPO § 58a 14 ff.
- Widerspruch des Zeugen StPO § 58a 34
- Zeugenschutz StPO § 58a 3
- Zuständigkeit StPO § 58a 13

Ausbleiben des Angeklagten
- Anwesenheit in der Hauptverhandlung StPO § 230 4 ff.
- Zwangsmittel StPO § 230 12 ff.

Ausbleiben des Verteidigers StPO § 145 1
- Antragsrecht des neu bestellten Verteidigers StPO § 145 15 ff.
- Aussetzen des Verfahrens, Unterbrechung oder Terminsaufhebung StPO § 145 13
- Beschwerde StPO § 145 28 ff.
- Bestellung eines Pflichtverteidigers StPO § 145 2 ff.
- Bestellung im Lauf der Hauptverhandlung StPO § 145 14
- Kosten der Aussetzung StPO § 145 18 ff.
- Revision StPO § 145 31

Außervollzugsetzung des Haftbefehls, Voraussetzung StPO § 116 8 ff.
Auskunftsverweigerungsrecht
- Bedeutung StPO § 55 17

Stichwortverzeichnis

- Belehrung StPO § 55 25 ff.
- Belehrungspflicht StPO § 55 25
- Folgen im Verfahren StPO § 55 19 ff.
- Form und Inhalt StPO § 55 26 ff.
- Geltendmachung StPO § 55 18
- Revision StPO § 55 33 ff.
- Selbstbelastungsfreiheit StPO § 55 1
- Versäumung einer Belehrung StPO § 55 29 ff.
- Voraussetzung StPO § 55 4 ff.
- Wirkung StPO § 55 4 ff.

Auslieferung an Drittstaaten EMRK Art. 6 105
Auslieferung und Landesverweisung, vereinfachte Verfahrenserledigung StPO § 154b 1 ff.
Ausnahmegericht
- Entziehung des gesetzlichen Richters GVG § 16 6 ff.
- gesetzlicher Richter GVG § 16 6 ff.
- Sondergericht GVG § 16 4
- Verbot GVG § 16 1 ff.

Aussagegenehmigung für Richter und Beamte StPO § 54 1 ff.
- Abgeordneter StPO § 54 37 f.
- Beamte StPO § 54 7
- betroffene Personen StPO § 54 6 ff.
- Bundestagspräsident StPO § 54 37 f.
- Einholung StPO § 54 15
- Erteilung StPO § 54 16
- Folgen StPO § 54 24 ff.
- Regierungsmitglieder StPO § 54 37 f.
- Revision StPO § 54 39
- Richter StPO § 54 6
- Verhalten der betroffenen Personen StPO § 54 13 ff.
- Versagung StPO § 54 16
- Widerruf StPO § 54 16

Ausschließung und Ablehnung von Schöffen und Urkundsbeamten
- Regelungszweck StPO § 31 1
- Revision StPO § 31 10
- Schöffe StPO § 31 3 ff.
- Urkundsbeamte StPO § 31 6 f.
- Verfahren StPO § 31 8

Ausschließung von der Ausübung des Richteramtes
- Bedeutung des Ausschlusses StPO § 22 6 f.
- eigene Vernehmung als Personalbeweismittel, Zeuge oder Sachverständiger StPO § 22 19 f.
- Mitwirkung in früherem Verfahren
- – an Ausgangsentscheidung StPO § 23 6 ff.
- – an Vorentscheidung StPO § 23 3 ff.
- – Regelungszweck StPO § 23 1 f.
- – Revision StPO § 23 9
- nichtrichterliche Vorbefassung
- – Anwalt oder Verteidiger StPO § 22 18
- – Beamter der StA StPO § 22 16
- – Begriff der Sache StPO § 22 14
- – Polizeibeamter StPO § 22 17
- – persönliche Beziehung StPO § 22 10 ff.
- – Regelungszweck StPO § 22 1 ff.
- – Revision StPO § 22 21
- – Verletzter einer Straftat StPO § 22 8 f.

Ausschluss der Hauptverhandlung StPO § 285 1 ff.
Ausschluss eines Verteidigers StPO § 138a 1 ff.
- Anschlusstat StPO § 138a 29 ff.
- Ausschließungsgründe StPO § 138a 12 ff.
- Beschwerde StPO § 138c 34 ff.
- dringender Tatverdacht StPO § 138a 14 ff.
- Entfallen der Ausschließungsgründe StPO § 138a 35 ff.
- Ersatz StPO § 138c 20 ff.
- Folgen StPO § 138a 40 ff.
- Gefährdung der Sicherheit einer Vollzugsanstalt StPO § 138a 27 f.
- Kosten StPO § 138c 32 f.
- Mißbrauch der Position zur Begehung von Straftaten StPO § 138a 21 ff.
- Pflichtverteidiger StPO § 138a 8
- Ruhen der Verteidigerrechte StPO § 138c 15 ff.
- selbständiges Verfahren im Falle der Mandatsniederlegung StPO § 138c 26 ff.
- Unterbrechung bzw. Aussetzung der Hauptverhandlung StPO § 138c 23 ff.
- Verfahrenseinleitung StPO § 138c 7 ff.
- Verteidiger als Mitbeschuldigter StPO § 138a 9 f.
- Wahlverteidiger StPO § 138a 6
- zusätzliche Ausschlussgründe StPO § 138b 1 ff.
- Zuständigkeit StPO § 138c 1 ff.

Ausschreibung zur Festnahme StPO § 131 1 ff.
- Anordnungsfehler StPO § 131 27
- Aufenthaltsermittlung StPO § 131a 2 ff.
- Haft- oder Unterbringungsbefehl StPO § 131 8 ff.
- im Vorfeld des Erlasses eines Haft- oder Unterbringungsbefehls StPO § 131 11 ff.
- Öffentlichkeitsfahndung StPO § 131 16 ff.
- Rechtsmittel StPO § 131 26
- unmittelbare Vorführung StPO § 131 25
- Vornahme prozessualer Maßnahmen StPO § 131a 2 ff.

Ausschussberatung, Vorbereitung GVG § 39 1 ff.
Aussetzung des Vollzugs
- Außervollzugssetzung des Haftbefehls StPO § 116 4 ff.
- Invollzugsetzung des Haftbefehls StPO § 116 51 ff.
- Verfahren StPO § 116 70 ff.

Aussetzung und Unterbrechung
- Belehrung bei Nichteinhaltung der Ladungsfrsit StPO § 228 25
- Fortsetzung nach Unterbrechung StPO § 229 22 ff.
- Gründe StPO § 228 5 ff.
- Höchstdauer der Unterbrechung StPO § 229 1 ff.
- Unterbrechungsfristen StPO § 229 3 ff.
- Verteidigerverhinderung StPO § 228 19 ff.

Auswahl des Verteidigers
- Beiordnung nach pflichtgemäßem Ermessen StPO § 142 28 f.
- Beschwerde StPO § 142 38 ff.
- Bestellung des Verteidigers StPO § 142 18 ff.
- Bestellung von Referendaren StPO § 142 34 ff.
- Bezeichnungsrecht StPO § 142 6 ff.
- Ermessen StPO § 142 3
- Frist StPO § 142 14 ff.
- notwendige Verteidigung StPO § 142 1 f.
- öffentlich-rechtliches Pflichtenverhältnis StPO § 142 30
- Revision StPO § 142 42 ff.

Stichwortverzeichnis

- Unterbevollmächtigung StPO § 142 31 f.
- Wahlpflichtverteidiger StPO § 142 11 ff.

Automatisierte Datenverarbeitung nach dem OrgKG StPO Vor §§ 98a-c 1 ff.

Bagatelldelikte
- Fluchtgefahr StPO § 113 6 ff.
- Untersuchungshaft StPO § 113 1 ff.
- Verdunkelungsgefahr StPO § 113 5
- Verhältnismäßigkeit StPO § 113 10

Befreiung
- im diplomatischen Dienst GVG § 18 1 ff.
- im konsularischen Dienst GVG § 19 1 ff.

Befugnis zum Anschluss als Nebenkläger
- Anschlusszeitpunkt StPO § 395 9
- Auffangtatbestand StPO § 395 8
- erfolgreiche Antragsteller im Klageerzwingungsverfahren StPO § 395 6
- nahe Angehörige eines Getöteten StPO § 395 5
- unmittelbar Verletzte StPO § 395 1 ff.
- Verletzte von gewerblichen Schutzrechten StPO § 395 7

Begnadigungsrecht
- Begnadigung StPO § 452 2
- Zuständigkeit
- – Bund StPO § 452 3
- – Länder StPO § 452 4

Begriff, Abwesenheit StPO § 276 1 ff.

Begründetheit, Entscheidung über die StPO § 370 1 ff.

Begründungszwang
- anfechtbare Entscheidungen StPO § 34 5
- Begründungsinhalt StPO § 34 9 ff.
- gerichtliche Entscheidung StPO § 34 4
- Urteil ohne Begründung StPO § 34 14 f.

Beistand, des Klägers StPO § 378 1 ff.

Beistand des nebenklageberechtigten Verletzten
- Anschlussbefugnis StPO § 406g 2 f.
- Befugnisse des qualifizierten Verletztenbeistandes StPO § 406g 4 ff.
- einstweiliger Verletztenbeistand StPO § 406g 12 ff.
- qualifizierter Verletztenbeistand StPO § 406g 1

Beistand und Vertreter des Verletzten
- Kosten StPO § 406f 12 f.
- Rechte StPO § 406f 1 ff.
- Vertrauensperson StPO § 406f 8 ff.

Bekanntmachung von Entscheidungen
- Anfechtung durch befristetes Rechtsmittel StPO § 35a 1 ff.
- Mitteilung StPO § 35 13
- Verkündung StPO § 35 5 ff.
- Zustellung StPO § 35 10 f.; StPO § 36 1 ff.

Belehrung bei Entscheidungen nach § 453
- Mündlichkeit StPO § 453a 4
- Nachholung StPO § 453a 2 f.
- nachträgliche Entscheidungen StPO § 453a 6
- Unterbleiben StPO § 453a 5

Benachrichtigung von Angehörigen
- Begriff der Angehörigen StPO § 114c 3
- Pflicht zur Benachrichtigung StPO § 114c 11 ff.
- Recht zur Benachrichtigung StPO § 114c 6 ff.

Beratung, Leistung der - GVG § 194 1 ff.

Beratungsgeheimnis GVG § 193 1 ff.

Bereitschaftsdienst GVG § 22c 1 ff.

Berufung
- Adressat StPO § 314 8 f.
- Aktenvorlage an StA StPO § 320 1 ff.
- Aktenweitergabe an Berufungsgericht StPO § 321 1 ff.
- allgemeine Verweisung StPO § 332 1 f.
- Annahme der Berufung
- – bei zulässiger Rechtsbeschwerde StPO § 313 14
- – nicht offensichtlich unbegründet StPO § 313 11
- – Teilanfechtung StPO § 313 12 f.
- – Annahmeberufung StPO § 313 1
- Ausbleiben des Angeklagten
- – Berufung der StA StPO § 329 37 ff.
- – Einzelfälle StPO § 329 27 ff.
- – Gesetz zur Stärkung des Rechts des Angeklagten auf Vertretung in der Berufungshauptverhandlung StPO § 329 3
- – Revision StPO § 329 53 ff.
- – Verwerfung der Berufung StPO § 329 4 ff.
- – Vorführung und Verhaftung StPO § 329 49 ff.
- – Wiedereinsetzung in den vorigen Stand StPO § 329 40 ff.
- Begründung
- – Form StPO § 317 4
- – Frist StPO § 317 2 f.
- – Zweck StPO § 317 1
- Beschränkung
- – Einzelfälle StPO § 318 19 ff.
- – formelle Voraussetzungen StPO § 318 7 ff.
- – sachliche Voraussetzung StPO § 318 14 ff.
- – Teilrechtskraft und innerprozessuale Bindungswirkung StPO § 318 1
- Entscheidung des Berufungsgerichts StPO § 313 15
- Entscheidung über Annahme
- – Annahme StPO § 322a 2
- – Nichtannahme StPO § 322a 3 ff.
- – Regelungsbedarf StPO § 322a 1
- Erklärung der Berufungseinlegung
- – Auslegung und Umdeutung StPO § 314 12
- – Bedingungsfeindlichkeit StPO § 314 13
- – in deutscher Sprache und ernsthaft StPO § 314 10 f.
- Frist
- – An- oder Abwesenheit des Berufungsführers StPO § 314 20 ff.
- – Fristwahrung bei falscher Adressierung StPO § 314 26 f.
- – Zeitpunkt und Berechnung StPO § 314 14 ff.
- Gang der Hauptverhandlung
- – Beginn StPO § 324 1 ff.
- – Berichterstattung StPO § 324 3 ff.
- – Revision StPO § 324 14
- – Verlauf der Hauptverhandlung StPO § 324 13
- Hemmung der Rechtskraft StPO § 316 1 ff.
- Inhalt des Berufungsurteils
- – Anfechtung StPO § 328 28
- – begründete Berufung StPO § 328 7 ff.
- – Entscheidungsmöglichkeiten StPO § 328 1 ff.
- – Folge der Verweisung StPO § 328 27

Stichwortverzeichnis

- – mehrere Berufungen StPO § 328 14 f.
- – Teilweise begründete Berufung StPO § 328 11
- – Überleitung in das erstinstanzliche Verfahren StPO § 328 25
- – Unbegründete Berufung StPO § 328 5 f.
- – Urteilsgründe StPO § 328 16 ff.
- – Verweisung an das zuständige Gericht StPO § 328 18 ff.
- – Zurückweisung an das AG StPO § 328 17
- – Muster StPO § 314 1
- – Reichweite des § 313 Abs. 1 StPO § 313 2 ff.
- – Schlussvortträge StPO § 326 1 ff.
- – Schriftform StPO § 314 2 ff.
- – Umfang der Urteilsprüfung StPO § 327 1 ff.
- – Urteilszustellung an Beschwerdeführer StPO § 316 5 ff.
- – Verbot der Schlechterstellung
- – Art der Rechtsfolgen StPO § 331 22 ff.
- – Folgerung StPO § 331 15 ff.
- – Geltungsbereich StPO § 331 9 ff.
- – Höhe der Rechtsfolgen StPO § 331 28 ff.
- – Inhalt StPO § 331 14 ff.
- – Nachteilige Rechtsfolgenänderung StPO § 331 14
- – Revision StPO § 331 48
- – Wesen StPO § 331 8
- – Zweck StPO § 331 1 ff.
- – Verfahren bei Berufung des gesetzlichen Vertreters StPO § 330 1 ff.
- – Verlesung von Schriftstücken
- – Art und Qualität des Aussageprotokolls StPO § 325 5
- – Art und Umfang der Beweisaufnahme StPO § 325 1
- – formelle Voraussetzungen StPO § 325 4
- – Nichtladung und fehlender oder verspäteter Ladungsantrag StPO § 325 7 ff.
- – Revision StPO § 325 15
- – Verfahren der Beweisaufnahme StPO § 325 11 ff.
- – Zustimmung der Prozessbeteiligten StPO § 325 10
- – Verlust der Urteilsurkunde StPO § 316 14
- – Verwerfung durch das Erstgericht
- – Anfechtbarkeit StPO § 319 24
- – Entscheidung des Berufungsgerichts StPO § 319 11 ff.
- – Entscheidung des Erstrichters StPO § 319 5 ff.
- – Gegenstand der Prüfung des iudex a quo StPO § 319 2 ff.
- – Zweck StPO § 319 1
- – Verwerfung ohne Hauptverhandlung
- – Entscheidung über Verwerfung StPO § 322 3 ff.
- – Rechtsmittel StPO § 322 10
- – Zweck StPO § 322 1 f.
- – Vorbereitung der Hauptverhandlung
- – Aufzeichnung auf Tonträger StPO § 323 6
- – Beweisaufnahme StPO § 323 1
- – Beweismittel StPO § 323 2
- – Ladung StPO § 323 3 ff.
- – Wiedereinsetzung und Berufung
- – Anwendungsbereich StPO § 315 1
- – Entscheidungsmöglichkeit StPO § 315 2 ff.
- – zu Protokoll StPO § 314 5 ff.
- – Zulässigkeit
- – Berufungsgerichte StPO § 312 7 ff.
- – Statthaftigkeit StPO § 312 1

Bescheid an den Antragsteller
- – Belehrungspflicht StPO § 171 10 ff.
- – Bescheinigungspflicht StPO § 171 1 ff.

Beschlagnahme, s. Sicherstellung von Gegenständen oder Beschlagnahme und Arrest EMRK Art. 7 9
- – Aufhebung StPO § 293 1 f.
- – Bekanntgabe StPO § 291 1 f.
- – Eingriffsrecht StPO § 94 13 f.
- – Stadien der Untersuchung StPO § 94 21 ff.
- – Verdacht als Eingriffsanlass StPO § 94 18 ff.
- – Verhältnismäßigkeit StPO § 94 34 ff.
- – Vorrang von Verletztenansprüchen StPO §§ 111g–111h 1 ff.
- – Wirkung StPO § 292 1 f.

Beschlagnahme und Arrest
- – Anfechtung StPO § 111e 14
- – Anordnungsbefugnis StPO § 111e 1
- – Auffangrechtserwerb StPO § 111i 12 ff.
- – Ausnahmen StPO § 111e 4 ff.
- – Beendigung StPO § 111e 15
- – Durchführung der Beschlagnahme
- – einzelne Regelungen StPO § 111f 2 ff.
- – Regelungsgehalt StPO § 111f 1
- – Mitteilung StPO § 111e 20
- – Notveräußerung von beschlagnahmten oder gepfändeten Sachen StPO § 111l 1 ff.
- – rechtliches Gehör StPO § 111e 10 ff.
- – Regelungsgehalt StPO § 111i 1
- – Regelzuständigkeit StPO § 111e 2 ff.
- – Rückgewinnungshilfe StPO § 111i 2 ff.
- – Verfahrenseinleitung StPO § 111e 9
- – Vorrang von Verletztenansprüchen bei Vollziehung in Grundstücke
- – bevorrechtigte Titel StPO §§ 111g–111h 2
- – Inhalt des Titelvorrangs StPO §§ 111g–111h 13 ff.
- – Regelungsgehalt StPO §§ 111g–111h 1
- – titulierter Anspruch StPO §§ 111g–111h 3
- – Vollstreckungsgläubiger StPO §§ 111g–111h 6
- – Zulassungsbeschluss StPO §§ 111g–111h 7 ff.

Beschlagnahme von Druckwerken oder Schriften StPO §§ 111m–111n 1
- – Aufhebung der Beschlagnahme StPO §§ 111m–111n 1
- – Beschlagnahme eines periodischen Druckwerks StPO §§ 111m–111n 1
- – Eilzuständigkeit StPO §§ 111m–111n 1
- – Richtervorbehalt StPO §§ 111m–111n 1

Beschlagnahme von Führerscheinen
- – Ausländische Führerscheine StPO § 463b 5
- – Eidesstattliche Versicherung StPO § 463b 6
- – Fahrverbot StPO § 463b 2
- – Inländische Führerscheine StPO § 463b 3 f.

Beschlagnahmeverbot StPO § 94 30–32
- – Allein- oder Mitgewahrsam StPO § 97 19
- – Aufhebung oder Beendigung StPO § 97 50 ff.
- – Ausnahmen StPO § 97 20 f.
- – Ausnahmetatbestände StPO § 97 26 f.

Stichwortverzeichnis

- Beschuldigter **StPO** § 97 16
- Beweisgegenstände **StPO** § 97 29 f.
- Beweisverwertungsverbot **StPO** § 97 56 ff.
- Gegenausnahme **StPO** § 97 4
- Gewahrsam **StPO** § 97 23
- Gewahrsamsverlust **StPO** § 97 25
- Grenzen **StPO** § 97 1 ff.
- instrumenta vel producta sceleris **StPO** § 97 49
- Revision **StPO** § 97 60
- Strafverfahren **StPO** § 97 8 ff.
- Verdacht der Tatbeteiligung **StPO** § 97 44 ff.
- Verfahren gegen Unbekannt **StPO** § 97 10
- Verzicht **StPO** § 97 54
- Vorwirkungen selbstständiger Beweisverwertungsverbote **StPO** § 97 2
- Zeugnisverweigerungsberechtigte **StPO** § 97 31 ff.

Beschlagnahmeverzeichnis StPO § 107 4 ff.

Beschleunigtes Verfahren
- Rechtsmittel **StPO** § 419 12 ff.
- Strafbannbegrenzung **StPO** § 419 4 ff.
- vereinfachte Beweisaufnahme **StPO** § 420 1 ff.
- Verfahrensfortgang **StPO** § 419 10 f.

Beschleunigungsgebot Einl. 67 ff.; **EMRK Art.** 5 49 ff.; **StPO § 121** 7 ff.
- Ausgestaltung des Beschleunigungsgebots **StPO** § 121 12 ff.
- Ermittlungsverfahren **StPO** § 121 19 f.
- Folgen eines Verstoßes **EMRK Art.** 6 79 ff.
- Hauptverfahren **StPO** § 121 25 ff.
- Prüfung, verfahrensabschnittsbezogene **StPO** § 121 17 ff.
- Rechtsmittelverfahren **StPO** § 121 31 ff.
- Spannungsverhältnis **StPO** Vor §§ 296 ff. 3
- Verfahrensverzögerung **StPO** § 121 35 ff.
- Zwischenverfahren **StPO** § 121 21 ff.

Beschleunigungsgrundsatz, Einschränkung der Rechte des Beschuldigten EMRK Art. 6 84 ff.

Beschluss, Revision StPO § 349 1 ff.

Beschlussfähigkeit, des Präsidiums GVG § 21i 1 ff.

Beschränktes Anfechtungsrecht des Nebenklägers
- Rechtsbehelf gegen verfahrensbeendigenden Beschluss **StPO** § 400 8 f.
- Urteilsanfechtung **StPO** § 400 2 ff.
- zulässiges Rechtsmittel **StPO** § 400 1

Beschränkung der Strafverfolgung
- abtrennbare Teile einer Tat **StPO** § 154a 3
- Änderung gerichtlicher Zuständigkeit **StPO** § 154a 2
- Anfechtbarkeit **StPO** § 154a 15 f.
- einzelne von mehreren Gesetzesverletzungen **StPO** § 154a 4
- Revision **StPO** § 154a 17
- Verfolgungsbeschränkung **StPO** § 154a 9 ff.
- wesentliche Tatvorwürfe **StPO** § 154a 1
- Wiedereinbeziehung **StPO** § 154a 13 f.

Beschränkungsanordnung StPO § 119 1 ff.
- Anordnung der Untersuchungshaft **StPO** § 119 7
- Beschränkung der Haftbedingungen **StPO** § 119 17 ff.
- Erlaubnis zum Empfang von Besuchern **StPO** § 119 29 ff.
- Erlaubnis zur Übergabe von Gegenständen **StPO** § 119 65 ff.
- gemeinsame Unterbringung **StPO** § 119 70 ff.
- Novellierung **StPO** § 119 7 ff.
- Rechtsbehelfe in der Vollstreckung der U-Haft **StPO** § 119 82 ff.
- Richtervorbehalt **StPO** § 119 78 ff.
- Überwachung **StPO** § 119 47 ff.
- Vollstreckung einer freiheitsentziehenden Maßnahme **StPO** § 119 90 ff.

Beschuldigtenvernehmung, richterliche StPO § 168c 4

Beschuldigtenvernehmung im Ermittlungsverfahren StPO § 163a 1
- Beschuldigteneigenschaft **StPO** § 163a 2 ff.
- Entlastung des Beschuldigten **StPO** § 163a 14
- polizeiliche Protokolle **StPO** § 163a 29 ff.
- Recht auf rechtliches Gehör **StPO** § 163a 7 f.
- Revision **StPO** § 163a 32 f.
- schriftliche Vernehmung **StPO** § 163a 13
- Vernehmung durch Polizei **StPO** § 163a 24 ff.
- Vernehmung durch StA **StPO** § 163a 15 ff.
- Videovernehmung/-konferenz **StPO** § 163a 12

Beschuldigter Einl. 141 ff.
- in Verwahrung **StPO** § 299 1 ff.
- Information **StPO** § 287 1
- Interessenwahrnehmung **StPO** § 286 1 ff.

Beschwer EMRK Art. 6 11

Beschwerde StPO Vor §§ 304 ff. 1 ff.
- Abhilfe **StPO** § 306 1 ff.
- Arten der **StPO** Vor §§ 304 ff. 1 ff.
- Ausschluss **StPO** § 305 1 ff.
- Befugnisse des Beschwerdegerichts **StPO** § 308 1 ff.
- Begründetheitsprüfung **StPO** Vor §§ 304 ff. 13 ff.
- Einlegung **StPO** § 306 1 ff.
- Entscheidung **StPO** § 309 1 ff.
- gegen Strafaussetzungsbeschluss **StPO** § 305a 1 ff.
- Gegenstand **StPO** Vor §§ 304 ff. 4 ff.
- keine Vollzugshemmung **StPO** § 307 1 ff.
- nachträgliche Anhörung des Gegners **StPO** § 311a 1 ff.
- Ordnungsmittel **GVG** § 181 1 ff.
- Schlechterstellung des Beschwerdeführers **StPO** Vor §§ 304 ff. 17 ff.
- sofortige - **StPO** § 311 1 ff.
- – Wiederaufnahme **StPO** § 372 1 ff.
- Vorlegung **StPO** § 306 1 ff.
- weitere - **StPO** § 310 1 ff.
- Ziel **StPO** Vor §§ 304 ff. 4 ff.
- Zulässigkeit **StPO** § 304 1 ff.
- Zulässigkeitsprüfung **StPO** Vor §§ 304 ff. 9 ff.

Beschwerdegericht
- Befugnisse des - **StPO** § 308 1 ff.
- LG **GVG** § 73 1 ff.

Besetzung
- OLG **GVG** § 115 1 f.
- Strafvollstreckungskammer **GVG** § 78b 1 ff.

Besetzung der Strafkammern
- Besetzungsreduktion für die Hauptverhandlung **GVG** § 76 3 f.
- LG **GVG** § 76 1 ff.

2593

Stichwortverzeichnis

Besondere Haftprüfung durch das OLG StPO § 122 1 ff.
– Aktenvorlage StPO § 122 8 ff.
– Anhörung des Beschuldigten sowie seines Verteidigers StPO § 122 13 ff.
– BGH StPO § 122 30
– Bindungswirkung StPO § 122 24 ff.
– eigene Ermittlung durch OLG StPO § 122 18 f.
– Entscheidung durch Beschluss StPO § 122 21
– Entscheidung nach mündlicher Verhandlung StPO § 122 17
– Entscheidungszeitpunkt StPO § 122 22
– Fortdauer der U-Haft StPO § 122 27 f.
– Haftbefehl in Vollzug StPO § 122 2
– mehrere Beschuldigte StPO § 122 29
– Prüfkompetenz StPO § 122 20
– Rechtsbehelf, ordentlicher StPO § 122 23
– Vorprüfung durch Haftgericht StPO § 122 4 ff.
Bestandsdatenauskunft
– Benachrichtigungspflichten StPO § 100j 16
– Datenwolke StPO § 100j 10
– Eilkompetenz StPO § 100j 14 f.
– Informationsbeschaffungsbefugnis StPO § 100j 6 f.
– IP-Adressen, dynamische StPO § 100j 11
– Rechtsschutz StPO § 100j 21 f.
– Richtervorbehalt StPO § 100j 12 f.
– Sicherungs- und Zugriffscodes StPO § 100j 8
Bestellung eine Beistandes für den Nebenkläger
– gerichtliche Entscheidung StPO § 397a 8 ff.
– obligatorische Bestellung StPO § 397a 1 ff.
Bestellung eines Verteidigers StPO § 141 1
– Beschwerde StPO § 141 40 ff.
– Bestellung als hoheitlicher Akt StPO § 141 7 ff.
– Notwendigkeit der Verteidigung StPO § 141 2 ff.
– Revision StPO § 141 47
– schriftliche Verfügung StPO § 141 36 ff.
– Zuständigkeit StPO § 141 27 ff.
Bestimmtheitsgrundsatz EMRK Art. 7 13
Betreten einer Wohnung StPO § 110c 3
– mit Einverständnis des Inhabers StPO § 110c 1
Beurlaubung von Angeklagten
– Antrag StPO § 231c 8 ff.
– Beschluss StPO § 231c 11 ff.
– Rechtsfolgen StPO § 231c 15 ff.
– Voraussetzung StPO § 231c 4 ff.
– Widerruf StPO § 231c 18 f.
Bewährung, s. Strafaussetzung zur Bewährung
Bewährungsüberwachung
– Lebensführung des Verurteilten StPO § 453b 2
– Zuständigkeit StPO § 453b 3
Beweisantrag, Beweiserhebung StPO § 166 1 f.
Beweisaufnahme
– StPO § 244 1 ff.; StPO § 245 1 ff.
– Aufklärungspflicht StPO § 244 24 ff.
– Beweisanträge StPO § 244 81 ff.
– Beweismittel StPO § 245 1 ff.
– Wiederaufnahme StPO § 369 1 ff.
Beweiserhebung StPO § 202 1 ff.
– Aussetzung der Hauptverhandlung StPO § 246 6 ff.
– Beweisanordnung StPO § 202 2 ff.
– Rügepräklusion StPO § 246 3 ff.

Beweislastverteilung EMRK Art. 6 97
Beweissicherung, nach Eröffnungsbeschluss StPO § 289 1
Beweissicherungsverfahren StPO § 285 1 ff.
Beweisverwertung Einl. 258 ff.; EMRK Art. 6 64
Bezeichnung, falsche StPO § 300 1 ff.
BGH
– Besetzung GVG §§ 124–125 1
– Besetzung der Senate GVG § 139 1 f.
– Ermittlungsrichter GVG § 130 1 ff.
– Ernennung der Mitglieder GVG §§ 124–125 1
– Geschäftsordnung GVG § 140 1
– großer Senat GVG § 132 1 ff.; GVG § 138 1 ff.
– Sitz GVG § 123 1
– Verfahren GVG § 138 1 ff.
– Zivil- und Strafsenate GVG § 130 1 ff.
– Zuständigkeit in Strafsachen GVG § 135 1 ff.
Bindungswirkung Einl. 247 ff.
Blinder oder Sehbinderter, Schriftstück GVG § 191a 1 ff.
Bundesanwalt, StA GVG §§ 148–149 1 f.

Dateiregelung
– Auskunft an Betroffenen
– – Anwendungsbereich StPO § 491 1
– – Ausnahmen gem. § 19 BDSG StPO § 491 3
– – Ausnahmen gem. § 491 Abs. 1 StPO § 491 4
– – Beauskunftung StPO § 491 2
– – Meistbegünstigung StPO § 491 5
– automatisierte Datenübermittlung
– – Abrufverantwortung und Protokollierungspflicht StPO § 488 5 ff.
– – Festlegung StPO § 488 4
– – Regelungsgegenstand StPO § 488 1
– – Teilnahmeberechtigte und Voraussetzungen StPO § 488 2 f.
– Berichtigung, Löschung, Sperrung gespeicherter Daten
– – Berichtigung StPO § 489 2 f.
– – Persönlichkeitsschutz StPO § 489 1
– Datenverarbeitung für Zwecke künftiger Strafverfahren
– – Basisdatensatz StPO § 484 2 ff.
– – Regelungszweck StPO § 484 1
– – Speicherung weiterer Daten StPO § 484 6 ff.
– – Verwendung polizeilich gespeicherter Daten StPO § 484 12
– Errichtungsanordnung für automatisierte Dateien
– – Inhalt StPO § 490 1
– – Mindestfestlegungen StPO § 490 2 ff.
– Gemeinsame Dateien StPO § 486 1 f.
– Strafverfahrensdatei
– – Anderweitige Nutzung StPO § 483 8
– – Generalklausel StPO § 483 4 ff.
– – polizeiliche Mischdaten StPO § 483 9
– – Regelungszweck StPO § 483 1
– Übermittlung gespeicherter Daten
– – Auskunftsoption StPO § 487 5
– – Datenübermittlung StPO § 487 2 ff.
– – Regelungszweck StPO § 487 1
– – Verantwortlichkeit StPO § 487 6

– – Wissenschaftliche Zwecke und Zweckbindung StPO § 487 7 f.
– Vorgangsverwaltung
– – Benachrichtigungspflicht und Archivierung StPO § 489 14 f.
– – Erforderlichkeit und Nutzung StPO § 489 2
– – Erledigung StPO § 489 8
– – Fristen StPO § 489 9 f.
– – Löschung StPO § 489 4 ff.
– – Sperrung StPO § 489 11 ff.
Datenabgleich zur Aufklärung einer Straftat StPO § 98c 3 f.
– Anordnungsvoraussetzungen StPO § 98c 2
– justizinterner Datenabgleich StPO § 98c 1
Dauer der Freiheitsentziehung, Pflicht zur Vernichtung von Unterlagen
– Dauer der Festhaltung StPO § 163c 2 f.
– Rechtsbehelf StPO § 163c 15
– Unterlagen StPO § 163c 13 f.
– Untersuchungshaftreformgesetz StPO § 163c 1
– Vorführung vor den Richter StPO § 163c 4 ff.
Dienstaufsicht
– AG GVG § 22 4
– StA GVG § 147 1 ff.
Diplomat
– Rundschreiben zur Behandlung von Diplomaten in der BRD GVG Nach § 18
Diplomatischer Dienst
– Befreiung GVG § 18 1 ff.
– persona non grata GVG § 18 6
– Verzicht auf Immunität GVG § 18 7
DNA-Identitätsfeststellung bei Beschuldigtem und Verurteiltem
– Anordnungskompetenz StPO § 81g 17 ff.
– Beschuldigter StPO § 81g 3
– datenschutzrechtliche Regelungen StPO § 81g 27 ff.
– Durchführung und Vollzug StPO § 81g 24 ff.
– Einwilligung des Beschuldigten StPO § 81g 21
– Erforderlichkeit StPO § 81g 8 f.
– Form und Inhalt der Anordnung StPO § 81g 22 f.
– Negativprognose StPO § 81g 10 f.
– Rechtsbehelf StPO § 81g 32 ff.
– rechtskräftig Verurteilte StPO § 81g 15 f.
– Regelungsgehalt StPO § 81g 1 f.
– Straftat gegen die sexuelle Selbstbestimmung StPO § 81g 6
– Straftat von erheblicher Bedeutung StPO § 81g 5
– Verdacht einer Straftat StPO § 81g 4
– Verwendungsbeschränkung StPO § 81g 30 f.
– wiederholte Begehung sonstiger Straftaten StPO § 81g 7
DNA-Proben, Speicherung EMRK Art. 8 34
Dolmetscher EMRK Art. 6 59 f.; GVG § 185 1 ff.
– Ausschließung oder Ablehnung GVG § 191 1 ff.
– Eid GVG § 189 1 ff.
– Urkundsbeamter GVG § 190 1 ff.
– Verfahren GVG § 187 1 ff.
Doppelbestrafung
– 7. ZP Art. 4 1 ff.; GRCh Art. 50 1 ff.

– Freispruch und Verfahrenseinstellung 7. ZP Art. 4 10 ff.
– ne bis in idem 7. ZP Art. 4 5
– Urteil und Strafbefehl 7. ZP Art. 4 9
– Verbot SDÜ Art. 54 1 ff.
– Wiederaufnahmeverfahren 7. ZP Art. 4 13
Durchführung von Überwachungsmaßnahmen
– durchzuführende Überwachungsmaßnahmen StPO § 148a 11 ff.
– Rechtsmittel StPO § 148a 17 ff.
– Überwachungsrichter StPO § 148a 1 ff.
Durchsicht von Papieren
– Befugnis StPO § 110 11 ff.
– Beweisgeeignetheit StPO § 110 1 f.
– Papiere StPO § 110 9 f.
– Speichermedien, räumlich getrennte StPO § 110 22 ff.
Durchsuchung bei anderen Personen StPO § 103 1 ff.
Durchsuchung beim Verdächtigen StPO § 102 1 ff.
– Objekte der Durchsuchung StPO § 102 9 ff.
– Online-Durchsuchung StPO § 102 14
– Verhältnismäßigkeit StPO § 102 19 ff.
– Verwertungsverbot StPO § 102 26
– Zweck StPO § 102 15 ff.

EGMR EMRK Art. 34 1 ff.
– Aufbau EMRK Art. 34 2
– Beschwerde
– – Form EMRK Art. 34 25
– – Frist EMRK Art. 34 27
– – Inhalt EMRK Art. 34 26
– Beschwerdebefugnis EMRK Art. 34 19 ff.
– Gerichtssprache EMRK Art. 34 7
– Prozessvoraussetzung EMRK Art. 34 12 ff.
– Rechtskraft des Urteils EMRK Art. 46 3
– Unzulässigkeit
– – anonyme Beschwerde EMRK Art. 34 29
– – Rechtsmissbrauch EMRK Art. 34 31 ff.
– – wiederholte Beschwerde EMRK Art. 34 30
– Urteil EMRK Art. 46 4 ff.
– – Durchsetzung EMRK Art. 46 13 f.
– – Überwachung durch Ministerkomitee EMRK Art. 46 12
– – Umsetzung im deutschen Recht EMRK Art. 46 7 ff.
– Verfahren EMRK Art. 34 3 ff.
– Zulässigkeit EMRK Art. 34 35 ff.
Ehrenamt, Schöffe GVG § 31 1 ff.
Eid, s. Sachverständige(r) oder Zeugen
– Dolmetscher GVG § 189 1 ff.
– in fremder Sprache GVG § 188 1 ff.
Eidesformel, s. Zeugen
Eingriff EMRK Art. 8 16 ff.
– durch staatliches Handeln EMRK Art. 8 17 ff.
– durch staatliches Nichthandeln EMRK Art. 8 22 ff.
– Notwendigkeit EMRK Art. 8 29
Einsatz technischer Mittel bei der Observation
– Anfangsverdacht einer beliebigen Straftat StPO § 100h 14
– Anordnungsverfahren StPO § 100h 19 ff.

Stichwortverzeichnis

- Begleitmaßnahmen, unselbstständige StPO § 100h 18
- Betroffener StPO § 100h 12 f.
- Beweiserhebungsverbot StPO § 100h 15
- Bildaufnahmen StPO § 100h 2 f.
- Maßnahmen, überbordende StPO § 100h 9
- Maßnahmen, unterschwellige StPO § 100h 7
- sonstige technische Mittel StPO § 100h 4 ff.
- Subsidiarität und Verhältnismäßigkeit StPO § 100h 16 f.
- Verkehrsordnungswidrigkeiten StPO § 100h 8

Einspruch gegen den Strafbefehl
- Einspruch des gesetzlichen Vertreters StPO § 412 15
- Folgen des unentschuldigten Ausbleibens des Angeklagten StPO § 412 1 ff.
- Hauptverhandlung StPO § 411 3 ff.
- Kosten StPO § 410 14
- Rechtsbehelf StPO § 410 1 ff.
- Rechtskraft StPO § 410 15 f.
- Unzulässigkeit StPO § 411 1 f.
- Urteil StPO § 411 16 f.
- Verzicht StPO § 410 13
- Voraussetzung StPO § 410 4 ff.

Einstweilige Unterbringung
- ärztliche Schweigepflicht und medizinische Behandlung StPO § 126a 39 f.
- Beschleunigungsgebot StPO § 126a 38
- besondere Haftprüfung durch OLG StPO § 126a 47 ff.
- drigende Gründe StPO § 126a 1
- dringende Gründe StPO § 126a 13
- Gefahrenabwehr als vorbeugende Maßnahme StPO § 126a 2
- Grundsatz der Verhältnismäßigkeit StPO § 126a 19 f.
- Jugendliche StPO § 126a 3 ff.
- notwendige Verteidigung StPO § 126a 37
- öffentliche Sicherheit StPO § 126a 15
- Rechtsbehelf StPO § 126a 42 ff.
- Verhältnis zu Untersuchungshaft StPO § 126a 6 ff.
- Vollzug der Maßregel StPO § 126a 41
- Zuständigkeit StPO § 126a 22

Einzelrichter, Ordnungsmittel GVG § 180 1 f.

Einziehung und Vermögensbeschlagnahme
- Einziehung
  - Nachverfahren StPO § 441 1 ff.
  - selbstständiges Verfahren StPO § 440 1 ff.
  - Strafbefehl StPO § 438 1 ff.
  - Verfall, Vernichtung, Beseitigung StPO § 442 1 f.
- Einziehungsbeteiligter
  - Anhörung im Ermittlungsverfahren StPO § 432 1 ff.
  - Hauptverhandlung StPO § 436 1 ff.
  - Nachverfahren StPO § 439 1 ff.
  - Rechte und Pflichten im Hauptverfahren StPO § 433 1 ff.
  - Rechtsmittelverfahren StPO § 437 1 ff.
  - Terminsnachricht StPO § 435 1 f.
  - Vertretung StPO § 434 1 ff.
- Einziehungsbeteiligung
  - Rechtsmittel und Rechtswirkung StPO § 431 10 f.
  - Regelung StPO § 431 1 ff.
  - Rechtsfolgenbeschränkung StPO § 430 1 ff.
  - Rechtsmittel StPO § 430 6

Elektronisches Dokument
- De-Mail StPO § 41a 21
- E-Postbrief StPO § 41a 22
- Eignung zur Bearbeitung StPO § 41a 10 ff.
- eingehende elektronische Dokumente StPO § 41a 15 ff.
- Einreichung StPO § 41a 1 ff.
- formgebundene Dokumente StPO § 41a 5
- nicht formgebundene Dokumente StPO § 41a 6
- Signatur StPO § 41a 7 ff.
- Zeitpunkt des Eingangs StPO § 41a 13 f.

EMRK
- EGMR EMRK Art. 1 7 ff.
- Entstehung EMRK Art. 1 1
- Europarat EMRK Art. 1 2
- Festnahme EMRK Art. 2 18
- Geltungsbereich EMRK Art. 1 12
- Grundrechtecharta der EU EMRK Art. 1 21
- völkerrechtlicher Vertrag EMRK Art. 1 5

Entfernung des Angeklagten, vorübergehende StPO § 247 1 ff.
- Ausschlussgründe StPO § 247 10 ff.
- Dauer und Umfang StPO § 247 26 ff.
- Verfahren StPO § 247 32 ff.

Entschädigung
- Revision GVG § 201 1 ff.
- Verfahren GVG § 201 1 ff.
- Zuständigkeit GVG § 201 1 ff.

Entschädigung des Verletzten
- Antragsberechtigte StPO § 403 1 ff.
- Antragsgegner StPO § 403 6 ff.
- vermögensrechtlicher Anspruch StPO § 403 11 ff.
- Vollstreckung StPO § 406b 1 ff.
- Zuständigkeit und Verfahren StPO § 403 14 ff.

Entscheidung des Gerichts, Ablehnungsbeschluss StPO § 419 8 f.

Entscheidung des Gerichts; Strafbann; Übergang ins Regelverfahren, Einigung der Sache StPO § 419 1 ff.

Entscheidung einer zivil- oder verwaltungsrechtlichen Vorfrage StPO § 154d 1 ff.

Entscheidung über vorbehaltene oder nachträgliche Sicherungsverwahrung
- Nachtragsverfahren über Sicherungsverwahrung StPO § 275a 4 ff.
- Regelungsgehalt StPO § 275a 1 ff.
- Revision StPO § 275a 13
- Unterbringungsbefehl StPO § 275a 14 ff.

Enumerationsprinzip, Präsidium GVG § 21e 2

Erfoderlichkeit, unbedingte EMRK Art. 15 7

Ergänzungsrichter GVG § 192 1 ff.

Ergänzungsschöffe GVG § 48 1 f.

Erhebung der öffentlichen Klage StPO § 376 1 ff.

Erhebung der Privatklage StPO § 383 1 ff.
- Einstellung wegen Geringfügigkeit StPO § 383 7 ff.
- Eröffnung Hauptverfahren StPO § 383 5 f.
- Rechtsmittel StPO § 383 11 ff.

Stichwortverzeichnis

Erhebung von Kommunikationsverbindungsdaten
- Anfangsverdacht, gestützt auf konkrete Tatsachen StPO § 100g 6
- Anordnung und Durchführung StPO § 100g 15 ff.
- Betroffener StPO § 100g 11 f.
- Rechtsschutzgewährung StPO § 100g 19 ff.
- Subsidiarität und Verhältnismäßigkeit StPO § 100g 13 f.
- Telekommunikationsdienstanbieter StPO § 100g 8 ff.
- Verkehrsdaten StPO § 100g 3 ff.

Erkenntnis der Vollzugsanstalt, Mitteilungspflicht der Justizvollzugsanstalt gegenüber den Gerichten und der StA StPO § 114e 1 ff.

Ermittlung
- Auskunft von Behörden StPO § 161 2 ff.
- Ermittlungsgeneralklausel StPO § 161 1
- Ermittlungsmaßnahmen StPO § 161 16 ff.
- hypothetischen Ersatzeingriff StPO § 161 23
- Krankenunterlagen StPO § 161 13
- Post- und Fernmeldegeheimnis StPO § 161 14
- Sozialgeheimnis StPO § 161 7 ff.
- Steuergeheimnis StPO § 161 5 f.

Ermittlungsgrundsatz Einl. 54 f.

Ermittlungsmaßnahme, verdeckte, Benachrichtigung betroffener Personen StPO § 101 5 ff.

Ermittlungsrichter, BGH GVG § 130 1 ff.

Ermittlungsrichter des OLG und des BGH StPO § 169 1 ff.

Ermittlungsverfahren Einl. 33 f.
- Amtsaufklärungspflicht StPO § 160 1
- Anfangsverdacht StPO § 160 3 ff.
- Ermittlungspflicht StPO § 160 8 ff.
- Informationsanspruch der Öffentlichkeit StPO § 160 17
- Rechtsmittel StPO § 160 15 f.
- Rechtsschutz GVG §§ 198–199 1 ff.

Erniedrigende Behandlung EMRK Art. 3 13

Eröffnung des Hauptverfahrens StPO § 199 1 ff.
- Einleitung des Zwischenverfahrens und Vorlage der Akten StPO § 199 6 ff.
- Entscheidung über die Eröffnung der Hauptverhandlung StPO § 199 9
- Erörterung mit Verfahrensbeteiligten StPO § 202a 1 ff.
- Zustellung des Beschlusses an den Angeklagten StPO § 215 1 ff.

Eröffnungsbeschluss StPO § 203 1 ff.
- Anfechtbarkeit StPO § 210 1 ff.
- Beweissicherung StPO § 289 1
- Tatverdacht, der hinreichende StPO § 203 3 f.
- Verfahrensfragen StPO § 203 5 f.

Eröffnungszuständigkeit StPO § 209 1 ff.
- Eröffnung nach unten StPO § 209 5
- Rechtsbehelf StPO § 209 7
- Vorlage nach oben StPO § 209 6

Erörterung des Verfahrensstandes, Verfahrensförderung StPO § 257b 1 ff.

Erörterung mit Verfahrensbeteiligten
- Dokumentationspflicht StPO § 202a 15 ff.
- Eröffnung des Hauptverfahrens StPO § 212 1 ff.

Ersatzzustellung
- durch Niederlegung StPO § 37 33
- Einlegung in den Briefkasten StPO § 37 32
- in der Wohnung StPO § 37 29
- in Gemeinschaftseinrichtungen StPO § 37 31
- in Geschäftsräumen StPO § 37 30

Erste Vernehmung StPO § 136 1 ff.
- Belehrungspflichten StPO § 136 42 ff.–49 ff.
- Benachrichtigung von Erziehungsberechtigten oder gesetzlichen Vertretern StPO § 136 135
- Beschuldigter StPO § 136 12 ff.
- Beweisantragsrecht StPO § 136 126
- Beweisverwertungsverbot StPO § 136 79 ff.–119 ff.
- fehlende Hinweisregelungen StPO § 136 130 f.
- Fehler bei der Belehrung StPO § 136 63 ff.
- Heilung des Rechtsfehlers StPO § 136 74 ff.
- konsularischer Beistand StPO § 136 132 ff.
- Normzwecklehre StPO § 136 88
- Rechtsfehler, ungeheilte StPO § 136 78 ff.
- schriftliche Äußerung StPO § 136 127 f.
- Selbstbelastungsfreiheit StPO § 136 43 ff.
- Täter-Opfer-Ausgleich StPO § 136 129
- Vernehmung und vernehmungsähnliche Konstellation StPO § 136 21 ff.
- Verteidigerbestellung StPO § 136 58
- Verteidigerkonsultation StPO § 136 55 ff.
- Verteidigung des Beschuldigten StPO § 136 1
- Verteidigungsunfähigkeit, strukturelle StPO § 136 60 ff.
- zur Last gelegte Tat StPO § 136 34 ff.
- »persönliche Verhältnisse« StPO § 136 9
- »Widerspruchslösung« StPO § 136 95 ff.

Erteilung von Auskünften und Akteneinsicht
- Benachrichtigung der Polizei
- – Nachberichtspflicht StPO § 482 1
- – Verfahrensausgang und Art der Entscheidung StPO § 482 2 ff.
- Datenübermittlung und -verwendung
- – Abschrift StPO § 477 2
- – Anwendungsbereich StPO § 476 1
- – Auskünfte StPO § 477 10
- – Einschränkung StPO § 477 3 ff.
- – personenbezogene Daten StPO § 477 13 ff.
- – Verantwortlichkeit StPO § 477 11 f.
- Datenübermittlung von Amts wegen
- – an StA, Strafgerichte, Bußgeldbehörden StPO § 479 2 f.
- – Regelungsgehalt StPO § 479 1
- – Übermittlung für andere Zwecke StPO § 479 5
- – Übermittlungsregelungen StPO § 479 6
- – Verantwortung StPO § 479 8
- für Justizbehörde
- – Akteneinsicht statt Auskunft StPO § 474 15 f.
- – andere staatliche Stellen StPO § 474 10 f.
- – Anwendbarkeit StPO § 474 1 ff., 4 ff.
- – Besichtigung von Beweisstücken und Aktenübersendung StPO § 474 16 f.
- – Justizbehörden StPO § 474 7 ff.
- – parlamentarische Untersuchungsausschüsse StPO § 474 18
- für Privatperson

2597

Stichwortverzeichnis

- – Akteneinsicht statt Auskunft StPO § 475 11 ff.
- – Anwendungsbereich StPO § 475 1 ff.
- – berechtigtes Interesse StPO § 475 6 ff.
- – Besichtigung von Beweisstücken StPO § 475 14 f.
- – Rechtsmittel StPO § 475 17
- – Schutzwürdiges Interesse StPO § 475 7 ff.
- – Informationen für Polizei
- – Datenübermittlung und -verarbeitung StPO § 481 2 ff.
- – Regelungszweck StPO § 481 1 f.
- – personenbezogene Information für wissenschaftlichen Zweck
- – Anfechtung StPO § 476 16
- – Anwendungsbereich StPO § 476 1 ff.
- – persönliche Voraussetzung StPO § 476 7
- – sachliche Voraussetzung StPO § 476 3 ff.
- – Schutzregelungen StPO § 476 8 ff.
- – Vorbehalt für Spezialvorschriften StPO § 480 1
- – Zuständigkeit
- – Anfechtbarkeit StPO § 478 4 ff.
- – Beiakten StPO § 478 3
- – der aktenführenden Stelle StPO § 478 2
- – Regelungsgehalt StPO § 478 1

Exterritorialer GVG § 20 1 ff.
- amtliche Einladung GVG § 20 2

Fahrerlaubnisentziehung, vorläufige StPO § 111a 1 ff.
- Anlasstat StPO § 111a 4
- Anordnung StPO § 111a 3 ff.
- Aufhebung StPO § 111a 15 ff.
- ausländische Führerscheine StPO § 111a 24
- Ausnahmen StPO § 111a 10 ff.
- Beschwerde StPO § 111a 25
- Ermessensentscheidung StPO § 111a 8 ff.
- Gefahrenzusammenhang, verkehrsspezifischer StPO § 111a 5
- Gründe, dringende StPO § 111a 4
- Rechtsfolgen StPO § 111a 14
- Sicherstellung und Rückgabe des Führerscheins StPO § 111a 20 ff.
- Verfahren StPO § 111a 13 ff.
- Zuständigkeit StPO § 111a 13 ff.

Fälle einer notwendigen Verteidigung StPO § 140 1 ff.
- Anstaltsaufenthalt des Beschuldigten StPO § 140 24 ff.
- Ausschluss des Verteidigers StPO § 140 32
- Beiordnung StPO § 140 12 f.
- Berufsverbot StPO § 140 17 ff.
- Generalklausel des § 140 Abs. 2 StPO § 140 33 ff.
- Hör- oder Sprachbehinderung StPO § 140 53
- Rechtsmittel StPO § 140 62 ff.
- Sicherungsverfahren StPO § 140 31
- Strafvollstreckungsverfahren StPO § 140 55
- Unterbringung des Beschuldigten StPO § 140 29 f.
- Veränderungen der Haftsituation StPO § 140 59 ff.
- Vollstreckung von U-Haft oder einstweiliger Unterbringung StPO § 140 20 ff.
- Zur-Last-Legen eines Verbrechens StPO § 140 14 ff.

Familie, Begriff EMRK Art. 8 12

Festhalten von Störern
- nichtrichterliche Strafverfolgungsorgane StPO § 164 1
- Rechtsbehelf StPO § 164 9
- richterliche Amtshandlungen StPO § 164 2
- Störer StPO § 164 4
- Störung StPO § 164 5
- Zwangsbefugnisse StPO § 164 6 ff.

Festsetzung von Geldbuße
- gegen juristische Person StPO § 444 1 ff.
- gegen Personenvereinigung StPO § 444 1 ff.
- Nebenbeteiligung eines Personenverbandes StPO § 444 1 ff.

Fingerabdrücke, Speicherung EMRK Art. 8 34

Folter
- Androhung Einl. 123
- Begriff EMRK Art. 3 21 ff.

Fragen in Hauptverhandlung, s. Gestattung von Fragen oder Zurückweisung von Fragen durch den Vorsitzenden oder Zweifel an der Zulässigkeit einer Frage

Freie Beweiswürdigung StPO § 261 1 ff.
- Ergebnis der Beweisaufnahme StPO § 261 2 ff.
- freie Überzeugung StPO § 261 13 ff.

Freiheit der Person, Eingriff EMRK Art. 5 6
Freiheitsbeschränkung EMRK Art. 5 7
Freiheitsentziehung EMRK Art. 5 7
- Kranker EMRK Art. 5 30 ff.
- Minderjähriger EMRK Art. 5 26 ff.

Freiheitsstrafe
- Anrechnung von Auslieferungshaft StPO § 450a 1
- Anrechnung von Untersuchungshaft StPO § 450 2
- Vollstreckung GVG §§ 161–162 1

Freilassung gegen Sicherheitsleistung
- Absehen von Anordnung und Aufrechterhaltung der Festnahme StPO § 127a 9 ff.
- Angemessenheit der Sicherheit StPO § 127a 7
- persönlicher Anwendungsbereich StPO § 127a 3 f.
- Surrogat zu U-Haft StPO § 127a 1 f.
- Verfahren StPO § 127a 13 ff.
- zu erwartende Strafe relativ gering StPO § 127a 6
- Zustellungsbevollmächtigter StPO § 127a 8

Freisprechung, ohne Hauptverhandlung StPO § 371 1 ff.

Fristen und Wiedereinsetzen in den vorigen Stand StPO Vor §§ 42 ff. 1

Gebührenvorschuss StPO § 379a 1 ff.
Gegenstand der Beschlagnahme
- Beschlagnahme StPO § 94 31 ff.
- Beweisgegenstände, körperliche StPO § 94 5 f.
- Beweisgegenstände, unkörperliche StPO § 94 7 ff.
- Beweisrelevanz StPO § 94 15 ff.
- Beweisverwertungsverbot StPO § 94 45
- E-Mail StPO § 94 10 ff.
- Ermächtigungsgrundlage StPO § 94 1
- Führerscheinbeschlagnahme StPO § 94 43
- Hol- oder Bringschuld StPO § 94 41
- Regelungszusammenhang StPO § 94 3 f.
- Rückgabe StPO § 94 39 ff.
- Sachbeweise StPO § 94 1
- Sicherstellung StPO § 94 27 ff.

- Verfalls- oder Einziehungsgegenstand StPO § 94 44

Geheimhaltung der Identität
- Beweisverbotsfragen StPO § 110b 11 ff.
- Geheimhaltungsmaßnahmen StPO § 110b 12 f.
- Handlungsmöglichkeiten StPO § 110b 2 f.
- Zustimmung der StA StPO § 110b 4
- Zustimmung des Gerichts StPO § 110b 5 ff.

Gehörverstoß
- Anhörungsrüge StPO § 33a 3
- Überprüfungsmöglichkeit StPO § 33a 1

Gemeinschaftlicher Verteidiger
- sukzessive Mehrfachverteidigung StPO § 146 13 ff.
- unzulässige Mehrfachverteidigung StPO § 146 22 f.
- Verbot der Mehrfachverteidigung StPO § 146 1 ff.

Generalbundesstaatsanwalt, StA GVG § 142a 1 ff.

Gerechte Entschädigung EMRK Art. 41 1 ff.
- Voraussetzung EMRK Art. 41 2 ff.
- Vorliegen des Schadens EMRK Art. 41 6 ff.

Gericht Einl. 137 ff.
- Anforderung EMRK Art. 6 13
- Begriff EMRK Art. 6 14
- Errichtung von GVG § 21j 1
- Präsidium GVG § 21a 1 ff.
- Rechtshilfe GVG § 157 1 ff.
- Verzögerung GVG § 200 1 f.
- Zuständigkeit GVG § 13 1 f.
- Zuständigkeit für Wiederaufnahmeverfahren GVG § 140a 1 ff.

Gericht des ersten Rechtszugs
- Auffangzuständigkeit StPO § 462a 8 ff.
- vorrangige Zuständigkeit StPO § 462a 14
- Zuständigkeit für nachträgliche Gesamtstrafenbildung StPO § 462a 11 ff.
- Zuständigkeitskonzentration StPO § 462a 13

Gerichtliche Untersuchungshandlung
- Amtshilfe/Organ der Rechtspflege StPO § 162 1
- Anfechtung StPO § 162 16 ff.
- Antragsberechtigung StPO § 162 12 ff.
- Antragserfordernis StPO § 162 9 f.
- Prüfungsumfang StPO § 162 14
- Zuständigkeiten StPO § 162 2 ff.
- Zuständigkeitswechsel StPO § 162 15

Gerichtsbarkeit
- ordentliche - GVG § 12 1 ff.
- Völkerrecht GVG § 20 3 ff.

Gerichtsbezirk, Amtshandlung außerhalb des - GVG § 166 1

Gerichtshilfe
- Einrichtung StPO § 463d 4
- Mitwirkung StPO § 463d 2
- schriftlicher Bericht StPO § 463d 3

Gerichtssprache GVG § 184 1 ff.

Gerichtsstand
- Auslandsverwendung der Bundeswehr StPO § 11a 1 ff.
- Bestimmung bei negativem Zuständigkeitsstreit StPO § 19 1 f.
- Bestimmung bei Zuständigkeitsstreit StPO § 14 1 ff.
- des Aufenthaltsortes StPO § 8 2
- des Ergreifungsortes StPO § 9 1 f.
- des Tatortes

- - Druckschriften gem. § 7 Abs. 2 StPO § 7 9 ff.
- - Grundlagen StPO § 7 1 ff.
- - konstituierender oder konkretisierender Beschluss StPO § 7 7
- - Revision StPO § 7 12
- - Tatort gem. § 7 Abs. 1 StPO § 7 8
- - Wahlrecht der StA StPO § 7 5 f.
- des Wohnsitzes StPO § 8 1
- des Zusammenhangs
- - Rechtsmittel StPO § 13 5
- - Regelungsgehalt StPO § 13 1 f.
- - Verbindung gem. § 13 Abs. 2 StPO § 13 3 f.
- deutsche Beamte im Ausland StPO § 11 1
- Einwand der Unzuständigkeit StPO § 16 1 f.
- Gefahr im Verzug StPO § 21 1
- Handlungen eines unzuständigen Gerichts StPO § 20 1 f.
- Straftaten auf dem Meer StPO § 10a 1
- Straftaten auf Schiffen oder Luftfahrzeugen StPO § 10 1 f.
- unzuständiges Gericht, Befugnisse bei Gefahr im Verzug StPO § 21 1
- Verhinderung des zuständigen Gerichts StPO § 15 1 ff.
- Zusammentreffen mehrerer Gerichtsstände
- - Übertragung gem. § 12 Abs. 2 StPO § 12 5
- - Verfahrenshindernis StPO § 12 1 ff.
- Zuständigkeitsbestimmung durch BGH StPO § 13a 1 ff.

Gerichtsvollzieher
- Auftrag GVG §§ 161–162 1

Geschäftsstelle, Urkundsbeamter der - GVG § 153 1 ff.

Geschäftsverteilung, Spruchkörper GVG § 21g 1 ff.

Geschäftsverteilungsplan GVG § 21e 7
- fehlerhaft GVG § 21e 30

Gesetzlicher Vertreter StPO § 298 1 ff.

Gesetzlichkeitsprinzip EMRK Art. 7 1 ff.

Gestattung von Fragen
- Ausübung des Fragerechts StPO § 240 6 ff.
- Frageberechtigte StPO § 240 2 ff.
- Hauptverhandlungsprotokoll StPO § 240 11
- Rechtsbehelf StPO § 240 12
- Regelungsgehalt StPO § 240 1

Getrennte Durchführung der Zeugenvernehmung
- Durchführung der Vernehmung StPO § 168e 6 ff.
- Voraussetzung StPO § 168e 3 ff.
- Zeugenschutzgesetz StPO § 168e 1

Glaubhaftmachung des Verweigerungsgrundes
- Beibringung von Beweismitteln StPO § 56 11
- Beschwerde StPO § 56 12
- Ermessensspielraum StPO § 56 5
- Gegenstand der Glaubhaftmachung StPO § 56 4
- Missbrauchsverhinderung StPO § 56 1
- Mittel der Glaubhaftmachung StPO § 56 8 ff.
- Prozesstatsachen StPO § 56 1 f.
- Revision StPO § 56 13
- richterliche Zeugenvernehmung StPO § 56 3
- Verlangen der Glaubhaftmachung StPO § 56 5 ff.
- Wahrscheinlichkeitsbeweis StPO § 56 1

GPS-Überwachung EMRK Art. 8 35

Grundrechtecharta der EU EMRK Art. 1 21

Stichwortverzeichnis

Gutachten, *s. auch Sachverständige(r) oder Schriftgutachten oder Gutachten bei Geld-oder Wertzeichenfälschung*
- einer Fachbehörde StPO § 83 4
- Hinzuziehung weiterer Gutachter StPO § 83 1
- richterliche Aufklärungspflicht StPO § 83 2 f.

Gutachten bei Geld- oder Wertzeichenfälschung
- Regelungsgehalt StPO § 92 1
- Verfahren und Revision StPO § 92 2

Haftbefehl
- Aushändigung StPO § 114a 7 ff.
- Aussetzung des Vollzugs StPO § 116 1 ff.
- Bekanntmachung StPO § 114a 1 ff.
- Ergreifen StPO § 115 8
- Form der Bekanntmachung StPO § 114a 3 ff.
- Inhalt, notwendiger StPO § 114 6 ff.
- Invollzugsetzung des Haftbefehls StPO § 116 51 ff.
- Kritik an den Informationspflichten StPO § 114d 19 ff.
- Mitteilung der StA an die zuständige Vollzugsanstalt StPO § 114d 15 ff.
- Mitteilung des Gerichts an die zustädige Vollzugsanstalt StPO § 114d 4 ff.
- Mitteilungspflicht gegenüber der Vollzugsanstalt StPO § 114d 1 ff.
- Rechtsbehelf StPO § 115 42 ff.
- Rechtsbehelfsbelehrung StPO § 115 39 ff.
- Rechtsmittel StPO § 114 34 f.
- Schriftformerfordernis StPO § 114 3 ff.
- Sicherheitsleistung StPO § 116a 1 ff.
- Vernehmen StPO § 115 10 f.
- Vernehmung vor dem zuständigen Gericht StPO § 115 19 ff.
- Verstoß gegen die Begründungspflicht StPO § 114 31 ff.
- Vorführen StPO § 115 9
- Vorführung vor das zuständige Gericht StPO § 115 1 ff.
- Zeitpunkt der Bekanntmachung StPO § 114a 6

Haftbefehl bei Antragsdelikten StPO § 130 1 ff.

Haftbeschwerde
- Antrag auf Begründung StPO § 117 44
- Beschwerdeverfahren StPO § 117 45 ff.
- mündliche Verhandlung StPO § 118 1 ff.
- weitere Beschwerde StPO § 117 53 ff.
- Zulässigkeitsvoraussetzungen StPO § 117 36 ff.
- Zulässigkeitswechsel StPO § 117 40 ff.

Haftkontrolle EMRK Art. 5 54 ff.

Haftprüfung
- Antragsrechte StPO § 118b 1
- mündliche Verhandlung StPO § 118 1 ff.

Haftprüfung und Haftbeschwerde
- Antrag auf mündliche Haftprüfung StPO § 117 26 ff.
- Antrag auf schriftliche Überprüfung StPO § 117 9 ff.
- außerordentliche Rechtsbehelfe StPO § 117 73 ff.
- Beiordnung eines Pflichtverteidigers StPO § 117 67 ff.
- Einreichung von Antrag oder Beschwerde StPO § 117 71 f.
- Haftbeschwerde StPO § 117 33 ff.
- praktische Umsetzung StPO § 117 70

- Rechtsschutz StPO § 117 1 ff.
- weitere Ermittlungen StPO § 117 61 ff.
- »informelle« Überprüfung der U-Haft StPO § 117 6 ff.

Haftung GVG § 200 1 f.
Handlung, Gültigkeit einer - GVG § 22d 1
Hauptverfahren Einl. 36 f., 129 ff.
Hauptverhandlung StPO § 351 1 ff.
- Abstimmung
- – absolute Stimmenmehrheit StPO § 263 7
- – Erforderliche Mehrheiten StPO § 263 2
- – Rechtsfolgen der Tat StPO § 263 6
- – Regelungsgehalt StPO § 263 1
- – Schuldfrage StPO § 263 4 f.
- – Umstände hinsichtlich Strafbarkeit StPO § 263 5
- – Verhältnis zu § 196 GVG StPO § 263 3
- Anordnung schriftlicher Antragstellung
- – Anwendung des § 249 StPO § 257 9
- – Ausnahme StPO § 257 8
- – Hauptverhandlungsprotokoll StPO § 257a 10
- – Rechtsbehelf StPO § 257a 11
- – Regelfall StPO § 257a 3 ff.
- – Regelungsgehalt StPO § 257a 1 f.
- Aufruf zur Sache StPO § 243 3
- Aussetzung des Verfahrens
- – Anwendungsbereich StPO § 262 6
- – Entscheidung des Strafgerichts StPO § 262 7
- – Verfahren StPO § 262 8
- Befragung des Angeklagten und Erklärungsrecht des StA und Verteidigers
- – Anwendungsbereich StPO § 257 3, 5
- – Befragung StPO § 257 2
- – Erklärungsrecht auf Verlangen StPO § 257 4
- – Grenzen des Erklärungsrechts StPO § 257 6
- – Hauptverhandlungsprotokoll StPO § 257 7
- – Regelungsgehalt StPO § 257 1
- – Revision StPO § 257 9
- – Widerspruchslösung StPO § 257 8
- behördliches Zeugnis oder Gutachten
- – Atteste über Körperverletzungen StPO § 256 8
- – Bericht zur Blutprobenentnahme StPO § 256 9
- – Gutachten Fahrtenschreiber u.Ä. StPO § 256 10
- – kollegiale Fachbehörde StPO § 256 12
- – Protokoll und Erklärung StPO § 256 11
- – Regelungsgehalt StPO § 256 1 ff.
- – Revision StPO § 256 13
- – Zeugnis oder Gutachten StPO § 256 4 ff.
- Beurkundung der Hauptverhandlung
- – abschließendes Urteil StPO § 273 11
- – Anfechtbarkeit und Revision StPO § 273 27 f.
- – Antragstellung auf Protokollierung StPO § 273 20
- – Bericht des Vorsitzenden StPO § 273 8
- – ergangene Entscheidungen StPO § 273 10
- – Ergebnis von Zeugen- und Sachverständigenvernehmung StPO § 273 13 ff.
- – Fertigstellung vor Zustellung des Urteils StPO § 273 26
- – Gang und Ergebnis StPO § 273 3
- – gestellte Anträge StPO § 273 9
- – keine wesentlichen Förmlichkeiten StPO § 273 6
- – Niederschreibung von Vorgängen StPO § 273 19

- – Verlesene Schriftstücke StPO § 273 7
- – Verständigung StPO § 273 12
- – wesentliche Förmlichkeiten StPO § 273 4 ff.
- – Zweck StPO § 273 1 f.
- Beweiskraft des Protokolls
- – gesetzgeberische Zielvorgabe StPO § 274 1 ff.
- – Reichweite der Beweiskraft StPO § 274 4 ff.
- – Revision StPO § 274 14
- – Wegfall der Beweiskraft StPO § 274 8 ff.
- Dolmetscher
- – Ermessen StPO § 259 6
- – Hör- und Sprachbehinderung StPO § 259 5
- – Regelungsgehalt StPO § 259 1 f.
- – Revision StPO § 259 7
- – Schlussvorträge StPO § 259 3
- – Sprachunkundigkeit StPO § 259 4
- – Entfernung der Zeugen StPO § 243 5
- – erneute - StPO § 373 1 ff.
- – Erörterung des Verfahrensstandes StPO § 257b 1 ff.
- – Feststellung der Anwesenheit StPO § 243 4
- – Feststellung der Vorstrafen StPO § 243 25
- – Freisprechung ohne - StPO § 371 1 ff.
- – Ladung und Mitteilung StPO § 214 1 ff.
- – Ladungsplan StPO § 214 16 ff.
- – Mitteilung über Verständigung StPO § 243 14 ff.
- – Protokollierung StPO § 226 21
- – Protokollinhalt
- – – Namen StPO § 272 3 f., 6
- – – Öffentlichkeit oder Nichtöffentlichkeit StPO § 272 7
- – – Straftat nach der Anklage StPO § 272 5
- – – Tag und Ort StPO § 272 2
- – Rechtsmittel StPO § 262 9 f.
- – Regelungsgehalt StPO § 243 1 f.
- – Revision StPO § 243 26 ff.; StPO § 263 9 f.
- – Schlussvorträge und letztes Wort
- – – Beratung StPO § 258 11
- – – Hauptverhandlungsprotokoll StPO § 258 17
- – – Letztes Wort StPO § 258 7 ff.
- – – Recht zur Erwiderung StPO § 258 6
- – – Rechtsmissbrauch StPO § 258 10
- – – Regelungsgehalt StPO § 258 1
- – – Revision StPO § 258 18 ff.
- – – Schlussvorträge StPO § 258 2 ff.
- – – Wiedereintritt in Beweisaufnahme StPO § 258 13 ff.
- – schriftliches Urteil
- – – Ausfertigung und Auszüge StPO § 275 18
- – – Protokolliertes Urteil StPO § 275 1
- – – Revision StPO § 275 19
- – – Urteilskopf StPO § 275 16 f.
- – – Urteilsunterzeichnung und Verhinderungsvermerk StPO § 275 13 f.
- – – Urteilsurkunde StPO § 275 2 ff.
- – Schuldfrage und Verjährung StPO § 263 8
- – sonstige Verfahrensbeteiligte StPO § 226 15 ff.
- – StA StPO § 226 8 ff.
- – Terminmitteilung StPO § 349 1 ff.
- – Umfang der Anwesenheitspflicht StPO § 226 1 ff.
- – Umfang der Entscheidungsbefugnis
- – – Bindung des Strafrichters StPO § 262 4
- – – materielle Wahrheit und zivilrechtliche Rechtsfrage StPO § 262 2
- – – Urteile anderer Gerichtszweige StPO § 262 3
- – unmittelbare Ladung der StA StPO § 214 20 ff.
- – Urkundsbeamter der Geschäftsstelle StPO § 226 12 ff.
- – Urteil, s. Urteil
- – Urteilsgründe, s. Urteilsgründe
- – Verhandlungsprotokoll
- – – Änderungen und Berichtigungen StPO § 271 14 ff.
- – – Anfechtbarkeit und Revision StPO § 271 21 f.
- – – Fertigstellungsvermerk StPO § 271 12 f.
- – – Form StPO § 271 2 f.
- – – Inhalt StPO § 271 7
- – – Regelungszweck StPO § 271 1
- – – Unterzeichnung StPO § 271 8 ff.
- – – Zuständigkeit StPO § 271 4 ff.
- – Verhandlungsunfähigkeit StPO § 231a 1 ff.
- – Verlesung des Anklagesatzes StPO § 243 7 f.
- – Vernehmung des Angeklagten über seine persönlichen Verhältnisse StPO § 243 6
- – Vernehmung zur Sache
- – – Ausnahme StPO § 243 9 ff.
- – – Regelfall StPO § 243 20 ff.
- – Verständigungdes Gerichts mit den Verfahrensbeteiligten StPO § 257c 1 ff.
- – Verweisung an ein höheres Gericht
- – – Regelungsgehalt StPO § 270 1 ff.
- – – Revision StPO § 270 21
- – – Schutz der prozessualen Rechte StPO § 270 19 ff.
- – – Verweisungsbeschluss StPO § 270 10 ff.
- – – Voraussetzung und Art und Weise StPO § 270 4 ff.
- – Voraussetzung der Abwesenheitsverhandlung StPO § 231a 3 ff.
- – Vorfragen aus anderen Rechtsgebieten, Regelungsgehalt StPO § 262 1
- – Wiedererlangung der Verhandlungsfähigkeit StPO § 231a 22 ff.
- – zur Urteilsfindung berufene Personen StPO § 226 7
- – Zuständigkeit eines Gerichts niederer Ordnung
- – – Regelungsgehalt StPO § 269 1 ff.
- – – Revision StPO § 269 7

Hauptverhandlung des Sicherungsverfahrens ohne den Betroffenen StPO § 415 1 ff.
- Gründe StPO § 415 4 ff.
- Rechtsmittel StPO § 415 13
- Sachverständiger StPO § 415 12
- teilweise Abwesenheit StPO § 415 9 ff.

Hauptverhandlung ohne Angeklagten
- Antrag StPO § 235 8 f.
- Belehrung StPO § 235 10
- Wiedereinsetzung StPO § 235 9

Hauptverhandlung trotz Ausbleibens
- Durchführung StPO § 232 14 ff.
- Urteil StPO § 232 23 ff.
- Voraussetzung StPO § 232 3 ff.

Hauptverhandlungshaft StPO § 127b 1 ff.
- Erlass eines Haftbefehls StPO § 127b 16 ff.
- Kritik StPO § 127b 3 ff.
- Pflichtverteidigung StPO § 127b 25 ff.

Stichwortverzeichnis

- Recht zur vorläufigen Festnahme StPO § 127b 6 ff.
- Rechtsbehelf StPO § 127b 28 ff.

Hausdurchsuchung EMRK Art. 8 30
Hausdurchsuchung, nächtliche StPO § 104 1 ff.
Hemmung der Vollstreckung, Wiederaufnahme StPO § 360 1 ff.
Hemmung nach Tod, Wiederaufnahme StPO § 361 1 ff.
Hemmung nach Vollstreckung, Wiederaufnahme StPO § 361 1 ff.
Herausgabepflicht
- Beschwerde StPO § 95 19
- Dateien StPO § 95 6
- Editionspflicht StPO § 95 11 ff.
- Erfordern StPO § 95 9
- Erlangung von Sachbeweisen StPO § 95 1
- Form StPO § 95 10
- Gegenstand der vorbezeichneten Art StPO § 95 5
- Gewahrsamsinhaber StPO § 95 7
- Revision StPO § 95 20 f.
- Zeugnisverweigerung StPO § 95 2
- Zugriff auf Beweisgegenstände StPO § 95 3 f.
- Zwangsmittel StPO § 95 16 ff.

Herbeischaffung von Beweismitteln, Anordnung StPO § 221 1 ff.
Hilfsschöffenliste, Heranziehung aus der - GVG § 49 1 ff.
Hilfsspruchkörper GVG § 21e 13
Hinweis auf Befugnisse des Verletzten StPO § 406h 1 ff.
- einzelne Hinweispflichten StPO § 406h 7 ff.
- Entbehrlichkeit StPO § 406h 13

Höchstdauer der Untersuchungshaft beim Haftgrund Wiederholungsgefahr, Sonderregel StPO § 122a 1 ff.
Hör- oder Sprachbehinderung GVG § 186 1 ff.

Identifizierung
- Anerkennung durch Beschuldigten StPO § 88 2
- Regelungsgehalt StPO § 88 1
- Revision StPO § 88 3

Identitätsfeststellung
- Maßnahmen zur Feststellung StPO § 163b 4 ff.
- Unverdächtige StPO § 163b 10 ff.
- Verdacht einer Straftat StPO § 163b 1 f.

Immunität Einl. 98
- konsularischer Dienst GVG § 19 3
- Verzicht auf GVG § 18 7

IMSI-Catcher StPO § 100i 1 ff.
- Beweisverwertungsverbot StPO § 100i 21
- Datenverwendung StPO § 100i 20
- Verfassungsmäßigkeit StPO § 100i 5
- Verhältnismäßigkeitskontrolle StPO § 100i 12 f.

Individualbeschwerde EMRK Art. 34 1 ff.
Information, des Beschuldigten StPO § 287 1
Informationen, hoch sensible, Aktenführung StPO § 101 2
Informations- und Zustimmungsbefugnisse des Verteidigers StPO § 234a 1 ff.
- Hinweise StPO § 234a 3
- Zustimmungserklärung StPO § 234a 4 ff.

Informationsrecht EMRK Art. 5 44

Inhalt des Eröffnungsbeschlusses
- Änderung der Anklage mittels Eröffnungsbeschluss StPO § 207 2 ff.
- Anfechtbarkeit StPO § 207 18
- Förmlichkeit StPO § 207 9 ff.
- Mängel des Eröffnungsbeschlusses StPO § 207 15 ff.
- Rücknahme, Änderung und Fehlen des Eröffnungsbeschlusses StPO § 207 13 f.

Interessenwahrnehmung, für den Beschuldigten StPO § 286 1 ff.
Internationaler Strafgerichtshof GVG § 21 1

Jugendschutzgericht, Zuständigkeit GVG § 26 1 ff.
Jugendschutzsachen, LG GVG § 74b 1 ff.
Jugendstrafverfahren Einl. 253

Kennzeichnung beschlagnahmter Gegenstände StPO § 109 1 ff.
Klageberechtigter StPO § 375 1 ff.
Klageerhebung StPO § 381 1 ff.
Klageerzwingungsverfahren StPO § 172 1 ff.
- Antrag auf gerichtliche Entscheidung StPO § 172 25 ff.
- Einstellungsbeschwerde StPO § 172 17 ff.
- Zulässigkeitsvoraussetzungen StPO § 172 5 ff.

Kläger, Beistand und Vertreter StPO § 378 1 ff.
Kompensation EMRK Art. 5 42
Konfrontationsgebot EMRK Art. 6 54 ff.
Konsularischer Dienst
- Amtsimmunität GVG § 19 3
- Befreiung GVG § 19 1 ff.
- Strafvollstreckung GVG § 19 6
- Verfahrenshindernis GVG § 19 9

Kontrollstelle StPO § 111 1 ff.
- Anfangsverdacht StPO § 111 3
- Anordnung und Durchführung StPO § 111 11 ff.
- Durchsuchung StPO § 111 9 f.
- Erwartung des Erfolgs StPO § 111 5
- Identifizierungspflicht StPO § 111 7
- Katalogdaten StPO § 111 2
- Ort der Kontrollstelle StPO § 111 6
- Rechtsmittel StPO § 111 17 f.
- Ziel StPO § 111 4

Konzentrationsermächtigung GVG § 13a 1
Körperliche Untersuchung, s. *Körperliche Untersuchung, zwangsweise* oder *Molekulargenetische Untersuchungen* oder *Untersuchung anderer Personen als des Beschuldigten*
Körperliche Untersuchung, zwangsweise
- Anordnung der Untersuchung
- - Form und Inhalt der Anordnung StPO § 81a 20
- - Richtervorbehalt StPO § 81a 17
- - staatanwaltliche Eilkompetenz StPO § 81a 18
- - Vollstreckung und Durchführung StPO § 81a 21 ff.
- - Vorherige Anhörung StPO § 81a 19
- Anordnung von Zwangseingriffen
- - keine Gesundheitsnachteile StPO § 81a 16
- - sachliche Voraussetzung StPO § 81a 12 ff.
- - Verhältnismäßigkeitsgrundsatz StPO § 81a 15

Stichwortverzeichnis

- Einfache körperliche Untersuchungen StPO § 81a 2 ff.
- Einwilligung des Beschuldigten StPO § 81a 10 f.
- körperlicher Eingriff
- – andere körperliche Eingriffe StPO § 81a 8 f.
- – Blutprobe StPO § 81a 7
- – Rechtsbehelf, Anordnungen der StA StPO § 81a 29 ff.
- – Verletzung des Schamgefühls
- – Beweisart StPO § 81d 4
- – Regelungsgehalt StPO § 81d 1 ff.
- – Revision StPO § 81d 6
- – Zulassung von Dritten StPO § 81d 5
- – Verwendungs- und Vernichtungsregelungen StPO § 81a 26 ff.

Kosten GVG §§ 17–17b 1 f.
- Entbehrlichkeit einer Kostenentscheidung StPO § 177 2 ff.
- Notwendigkeit einer Kostenentscheidung StPO § 177 1
- Umfang der Kostenpflicht StPO § 177 5

Kosten der Nebenbeteiligten StPO §§ 472a–472b 1 ff.

Kosten des Verfahrens, s. auch Kostenentscheidung
- Begriff StPO § 464a 3
- bei Freispruch
- – Einstellung wegen eines Verfahrenshindernisses StPO § 467 24 ff.
- – Endgültige Einstellung StPO § 467 27
- – Endgültige Einstellung nach § 153a StPO § 467 11
- – Kostentragungspflicht der Staatskasse StPO § 467 1 ff.
- – Schuldhafte Säumnis StPO § 467 6.
- – unwahre Selbstanzeige StPO § 467 7 ff.
- – Verschweigen entlastender Umstände StPO § 467 20 ff.
- – wahrheitswidrige Selbstbelastung StPO § 467 13 f.
- bei gesonderten Entscheidungen über die Rechtmäßigkeit einer Ermittlungsmaßnahme StPO § 473a 1 ff.
- Besonderheiten StPO § 464a 6 ff.
- Dolmetscher StPO § 464c 1 ff.
- erfolgloses Rechtsmittel
- – beschränktes Rechtsmittel StPO § 473 17 ff.
- – Erfolg wegen Zeitablaufs StPO § 473 6 ff.
- – Kostenentscheidung bei Erfolg eines unbeschränkten Rechtsmittels StPO § 473 2
- – Rechtsmittel der StA StPO § 473 16
- – Rechtsmittelkosten bei überholter Beschwerde StPO § 473 15
- – Rechtsmittelkosten im Nebenklageverfahren StPO § 473 9 ff.
- – Rechtsmittelkosten im Privatklageverfahren StPO § 473 13 f.
- – Regelungsgehalt StPO § 473 1
- – Teilerfolg des Rechtsmittels StPO § 473 21 ff.
- – Wiederaufnahmeverfahren und Nachverfahren StPO § 473 24
- – Wiedereinsetzung in den vorigen Stand StPO § 473 25

- – Zurücknahme eines eingelegten Rechtsmittels StPO § 473 3 ff.
- Geltung der Kostenvorschriften StPO Vor §§ 464 ff. 3
- Haftung Mitverurteilter
- – Ausnahme StPO § 466 3
- – Bedeutung der Vorschrift StPO § 466 1
- – gesamtschuldnerische Haftung StPO § 466 2
- Klagerücknahme oder Einstellung durch StA
- – Entscheidung des Gerichts StPO § 467a 5 f.
- – notwendige Auslagen des Angeschuldigten StPO § 467a 2 ff.
- – notwendige Auslagen eines Nebenbeteiligten StPO § 467a 4
- – Regelungshalt StPO § 467a 1
- Kostenfestsetzung
- – Bedeutung der Vorschrift StPO § 464b 1
- – Grundlage für die Kosten StPO § 464b 2
- – Rechtsbehelf StPO § 464b 5 f.
- – Verfahren StPO § 464b 3 f.
- Kostenpflicht des Anzeigenden, unwahre Anzeige StPO § 469 2 ff.
- Kostentragungspflicht StPO Vor §§ 464 ff. 4
- Kostentragungspflicht des Verurteilten StPO § 465 1
- Natur der Kostenvorschriften StPO Vor §§ 464 ff. 2
- Nebenklagekosten
- – Einstellung StPO § 472 9 f.
- – Entsprechende Anwendung StPO § 472 11 f.
- – gesamtschuldnerische Haftung StPO § 472 13
- – Verurteilung des Angeklagten StPO § 472 2
- notwendige Auslagen eines Beteiligten
- – Begriff StPO § 464a 11 f.
- – Entschädigung für notwendige Zeitversäumnis StPO § 464a 13
- – Gebühren und Auslagen eines RA StPO § 464a 14 ff.
- – sonstige notwendige Auslagen StPO § 464a 25 f.
- Privatklagekosten
- – bei Nichtverurteilung StPO § 471 3 f.
- – bei Teilerfolg StPO § 471 5
- – bei Verurteilung StPO § 471 2
- – bei Widerklage StPO § 471 7
- – Einstellung wegen Geringfügigkeit StPO § 471 6
- – mehrere Privatkläger StPO § 471 8
- – Regelungsgegenstand StPO Vor §§ 464 ff. 1; StPO § 464a 1 f.
- Straffreierklärung StPO § 468 1 ff.
- Verteilung der Auslagen StPO § 464d 1 ff.
- Vollstreckung der Rechtsfolge der Tat StPO § 464a 5
- Voraussetzung der Kostentragungspflicht
- – Einschränkung StPO § 465 4 ff.
- – Tod des Verurteilten vor Rechtskraft StPO § 465 13
- – Umfang StPO § 465 3
- – Verurteilung oder Anordnung einer Maßregel StPO § 465 2
- Vorbereitung der öffentlichen Klage StPO § 464a 4
- Vorbereitung eines Wiederaufnahmeverfahrens StPO § 464a 10
- Zurücknahme des Strafantrags
- – Bedeutung StPO § 470 1 f.

2603

Stichwortverzeichnis

- – Kostentragungspflicht des Antragstellers StPO § 470 3
- – Kostenverteilung nach Ermessen StPO § 470 4 ff.

Kostenentscheidung
- Kosten des Verfahrens
- – alle sonstigen einstellenden Entscheidungen StPO § 464 9
- – Berufungs- und Revisionsurteile StPO § 464 8
- – einstellende Entscheidung StPO § 464 6
- – Einstellung gem. § 154 Abs. 2 StPO § 464 10
- – keine Kostenentscheidung StPO § 464 12
- – Unterbleiben einer Kostenentscheidung StPO § 464 13
- – Zwischenverfahren oder Nebenverfahren StPO § 464 11
- – Notwendige Auslagen StPO § 464 14 ff.
- – Regelungsgehalt StPO § 464 1 ff.
- – sofortige Beschwerde StPO § 464 17 ff.

Kostenfestsetzung, s. Kosten des Verfahrens

Kreuzverhör
- – Durchführung StPO § 239 9 ff.
- – informelles Kreuzverhör StPO § 239 12
- – Voraussetzung StPO § 239 6 ff.

Ladung des Angeklagten StPO § 216 1 ff.
- – auf freiem Fuß befindlicher Angeklagter StPO § 216 7 ff.
- – fehlende oder mangelhafte Ladung StPO § 216 25 ff.
- – Ladungsfrist StPO § 217 1 ff.
- – nicht auf freiem Fuß befindlicher Angeklagter StPO § 216 17 f.
- – Zustellung der Ladung an den Verteidiger StPO § 216 23

Ladung des Verteidigers StPO § 218 1 ff.
- – Ladungsfrist StPO § 218 14 ff.
- – Revision StPO § 218 20 ff.

Ladung durch Verfahrensbeteiligte StPO § 38 1 ff.
- – Erscheinungspflicht StPO § 38 5
- – Selbstladung StPO § 38 2
- – über Gerichtsvollzieher StPO § 38 4

Ladung von Zeugen und Sachverständigen StPO § 219 1 ff.
- – Antragsrecht StPO § 219 2 ff.
- – Entscheidung StPO § 219 9 ff.
- – Selbstladungsrecht StPO § 220 1

Ladungsfrist
- – Aussetzungsantrag bei Nichteinhaltung StPO § 217 16 ff.
- – Fristberechnung StPO § 217 10 f.

Länderübergreifendes staatsanwaltschaftliches Verfahrensregister
- – Auskunft aus dem zentralen staatsanwaltlichen Verfahrensregister
- – Inhalt StPO § 495 5 f.
- – Regelungsgegenstand StPO § 495 1
- – Voraussetzung StPO § 495 2 ff.
- – automatisiertes Abrufverfahren
- – Datenschutz StPO § 493 3
- – Kontrollverantwortung StPO § 493 4
- – Online StPO § 493 2
- – Regelungsgegenstand StPO § 493 1
- – Datenberichtigung, Datenlöschung, Datensperrung
- – Berichtigung StPO § 494 2
- – Betriebsverordnung StPO § 494 9
- – Löschung StPO § 494 3 ff.
- – Regelungsgegenstand StPO § 494 1
- – Sperrung StPO § 494 8
- zentrales staatsanwaltschaftliches Verfahrensregister
- – Basisdatensatz StPO § 492 4
- – Mitteilungspflichtige und Auskunftsberechtigte StPO § 492 5 ff.
- – Regelungszweck StPO § 492 1 f.
- – Registerbehörde StPO § 492 3

Länger als sechs Monate währende U-Haft StPO § 121 1 f.
- – anderer wichtiger Grund StPO § 121 65 f.
- – Berechnung der Frist StPO § 121 42 ff.
- – Fortdauer der U-Haft StPO § 121 67 f.
- – Haftprüfung StPO § 121 3 ff.
- – »wichtige Gründe« StPO § 121 56 ff.

Längerfristige Observation
- – Definition StPO § 163f 3
- – Einzeleingriffsermächtigung StPO § 163f 1
- – technische Mittel StPO § 163f 4
- – Verwertungsverbot StPO § 163f 12
- – zureichende tatsächliche Anhaltspunkte StPO § 163f 5 ff.

Legalitätsprinzip Einl. 52 f.

Leichenschau und Leichenöffnung
- – Ausgrabung der Leiche, Zuständigkeit StPO § 87 13 f.
- – Leichenöffnung
- – Anordnungsvoraussetzungen StPO § 87 6 ff.
- – Anwesenheit weiterer Personen StPO § 87 12
- – neugeborenes Kind StPO § 90 1 f.
- – Protokollierung StPO § 87 11
- – Revision StPO § 89 2; StPO § 90 2
- – Umfang StPO § 89 1
- – Verdacht einer Vergiftung StPO § 91 1 ff.
- – Vornahme durch zwei Ärzte StPO § 87 10
- – Leichenschau
- – Protokollierungspflicht StPO § 87 5
- – Vornahme durch einen Arzt StPO § 87 4
- – Zuständigkeit StPO § 87 3
- – Regelungsgehalt StPO § 87 1
- – Revision StPO § 87 15

LG GVG Vor §§ 59 ff. 1 f.
- – Ämterkumulierung GVG § 59 1 ff.
- – auswärtige Strafkammer GVG § 78 1 ff.
- – Berufungsinstanz GVG § 76 23 ff.
- – Besetzung der Strafkammern GVG § 76 1 ff.
- – Besetzungsreduktion für die Hauptverhandlung GVG § 76 3 f.
- – Jugendkammer GVG § 76 15
- – Notvertretung GVG § 70 1 f.
- – örtliche Zuständigkeitskonzentration des Schwurgerichts GVG § 74d 1 ff.
- – Rangverhältnis der Spezialstrafkammern GVG § 74e 1 f.
- – Richtereinsatz GVG § 59 1 ff.
- – Schöffe der Strafkammer GVG § 77 1 ff.
- – Schwurgericht GVG § 74 1 ff.; GVG § 74d 1 ff.

Stichwortverzeichnis

- Sicherungsverwahrung GVG § 74f 1 ff.
- Spruchkörper GVG § 60 1 ff.
- Staatsschutzkammer GVG § 74a 1 ff.
- Wirtschaftsstrafkammer GVG § 74c 1 ff.
- Zuständigkeit als Beschwerdegericht GVG § 73 1 ff.
- Zuständigkeit für Jugendschutzsachen GVG § 74b 1 ff.
- Zuständigkeit in Strafsachen als erkennendes Gericht GVG § 74 1 ff.

Lichtbilder und Fingerabdrücke
- Aufbewahrung erkennungsdienstlicher Unterlagen StPO § 81b 14 f.
- Beschuldigtenstellung StPO § 81b 5 f.
- Durchführung erkennungsdienstlicher Maßnahmen StPO § 81b 12 f.
- materielles Polizeirecht StPO § 81b 3 ff.
- Rechtsbehelf StPO § 81b 16 f.
- Strafprozessrecht StPO § 81b 2
- Verhältnismäßigkeitsgebot StPO § 81b 10 f.
- zulässige Maßnahme StPO § 81b 7 ff.

Menschenrechte, Verpflichtung zur Achtung EMRK Art. 1 1 ff.

Mitteilung der Besetzung des Gerichts StPO § 222a 1 ff.
- Einsichtnahme in die Besetzungsunterlagen StPO § 222a 27 ff.
- Einwand der vorschriftswidrigen Besetzung StPO § 222b 2
- Entscheidung über Besetzungseinwand StPO § 222b 18 ff.
- Mitteilungspflicht StPO § 222a 7 ff.
- Prüfen der Besetzung von Amts wegen StPO § 222b 3 ff.
- Unterbrechung der Hauptverhandlung StPO § 222a 18 ff.

Mitteilung des Durchsuchungsgrundes StPO § 107 1 ff.

Mitteilungspflicht gegenüber dem Verletzten
- Entfallen der StPO § 406d 7
- Form StPO § 406d 5
- Verfahrensbeendigung StPO § 406d 1 ff.
- weitergehende StPO § 406d 4
- Zuständigkeit StPO § 406d 6

Molekulargenetische Untersuchung
- beim Beschuldigten, Verletzten oder Dritten StPO § 81e 7 ff.
- Beweiswert StPO § 81e 4 f.
- datenschutzrechtliche Vorkehrung
- – Anonymisierungsgebot StPO § 81f 7 f.
- – Missbrauchsschutz StPO § 81f 6
- – Überwachung StPO § 81f 9
- Eilzuständigkeit StA StPO § 81f 2
- Eingriffsschwelle StPO § 81e 13
- Form und Inhalt StPO § 81f 3
- Kreis der Sachverständigen StPO § 81f 4
- Rechtsbehelf StPO § 81f 10 f.
- Regelungsgehalt StPO § 81e 1 ff.
- Revision StPO § 81e 14
- Richtervorbehalt StPO § 81f 1
- Spurenmaterial StPO § 81e 11 f.
- Untersuchungsmethode StPO § 81f 5
- Untersuchungszweck StPO § 81e 6

Monatsfristen
- Aneinanderschließen zweier Fristen StPO § 43 3
- Feiertage StPO § 43 5
- Fristbeginn StPO § 43 1
- Fristende StPO § 43 1 f.
- Fristverlängerung, gesetzliche StPO § 43 4

Mündliche Verhandlung
- Antragsrechte StPO § 118b 1
- Durchführung StPO § 118a 1 ff.
- Haftbeschwerdeverfahren StPO § 118 3
- Haftprüfungsverfahren StPO § 118 2
- Sperrwirkung StPO § 118 6 ff.
- Terminanberaumung, unverzügliche StPO § 118 18 ff.
- Verfahren StPO § 118a 2 ff.

Mündlichkeitsgrundsatz Einl. 58

Nacheile GVG § 167 1 ff.

Nachträgliche Anhörung des Gegners, Beschwerde StPO § 311a 1 ff.

Nachträgliche Gesamtstrafenbildung
- Aussetzung zur Bewährung StPO § 460 11
- Einbeziehung einer lebenslangen Freiheitsstrafe StPO § 460 10
- Einbeziehungsfähige Sanktionen StPO § 460 5
- Gesamtgeldstrafe StPO § 460 9
- Grundsätze StPO § 460 6
- keine Korrektur der rechtskräftigen Urteile StPO § 460 7
- Verbot der reformatio in peius StPO § 460 8
- Verfahrensfragen StPO § 460 12 f.
- Verfassungswidrigkeit der Vermögensstrafe StPO § 460 14
- Voraussetzung StPO § 460 2 ff.

Nachtragsanklage
- Einbeziehung der weiteren Straftat StPO § 266 11 ff.
- Erhebung StPO § 266 3 ff.
- weiteres Verfahren StPO § 266 27 ff.

Nachtragsentscheidungen
- Anwendungsbereich StPO § 453 2 f.
- Einfache Beschwerde StPO § 453 7
- Rechtsbehelf StPO § 453 6 ff.
- sofortige Beschwerde StPO § 453 8
- Statthafte Rechtsbeschwerde StPO § 453 6
- Strafaussetzung zur Bewährung StPO § 453 1 ff.
- Verwarnung mit Strafvorbehalt StPO § 453 1 ff.

Nebenklage
- Bekanntmachung früherer Entscheidungen StPO § 399 1 ff.
- Funktionswandel StPO Vor § 395 6
- Rechtswirklichkeit StPO Vor § 395 7 f.
- Zulässigkeit StPO Vor § 395 3 ff.
- Zweck und Funktion StPO Vor § 395 1 ff.

Netzfahndung
- Datenverwendung/-schutz StPO § 163d 20 ff.
- Form und Inhalt der Anordnung StPO § 163d 15 ff.
- Gefahr in Verzug StPO § 163d 13 f.
- Zulässigkeit StPO § 163d 2 ff.

2605

Stichwortverzeichnis

Nichtverfolgung von Auslandstaten
- Anfechtbarkeit StPO § 153c 16
- Einstellung StPO § 153c 15
- Ermessen der StA StPO § 153c 1 f.
- Verfahren StPO § 153c 12 ff.
- Voraussetzung StPO § 153c 3 ff.

Nichtverfolgung von Bagatellsachen
- Absehen von der Verfolgung durch StA StPO § 153 11 ff.
- Anfechtbarkeit StPO § 153 28 ff.
- Betäubungsmittelverfahren StPO § 153 5
- Durchbrechung des Legalitätsgrundsatzes StPO § 153 1
- Einstellung StPO § 153 26 f.
- Jugendstrafverfahren StPO § 153 4
- Privatklagedelikte StPO § 153 3
- prozessuale Tat StPO § 153 2
- Revision StPO § 153 31
- Voraussetzung StPO § 153 7 ff.
- Zusammentreffen von Straftat und Ordnungswidrigkeit StPO § 153 6
- Zuständigkeiten StPO § 153 19 ff.

Niederschriften der StA StPO § 168b 1 ff.

Notstaatsanwalt StPO § 165 1 ff.

Notstand
- EMRK Art. 2 20; EMRK Art. 8 5; EMRK Art. 15 6
- rechtfertigender - EMRK Art. 3 35
- Verbot der Folter EMRK Art. 3 6

Notvertretung, LG GVG § 70 1 f.

Notwehr EMRK Art. 3 34

Notwehr oder Nothilfe EMRK Art. 2 16 ff.

Öffentliche Bekanntmachung der Verurteilung
- Einzelfragen StPO § 463c 2 ff.
- Inhalt StPO § 463c 1 ff.

Öffentliche Klage, Erhebung der - StPO § 376 1 ff.

Öffentliche Zustellung
- Anfechtbarkeit StPO § 40 23
- Anordnung StPO § 40 17
- Ausführung StPO § 40 18 f.
- Auslandszustellung StPO § 40 12 f.
- Benachrichtigungsinhalt StPO § 40 20
- Erfolg der Zustellung StPO § 40 1
- Mängel StPO § 40 22
- Voraussetzung StPO § 40 4–9 ff.

Öffentlichkeit GVG § 169 1 ff.
- Ausschluss EMRK Art. 6 69 ff.
- Ausschluss der -
- - GVG § 171a 1 f.; GVG § 172 1 ff.
- - Schutz von Persönlichkeitsrechten GVG § 171b 1 ff.
- - Verhandlung über - GVG § 174 1 ff.
- des Verfahrens EMRK Art. 6 65 ff.
- Versagung des Zutritts GVG § 175 1 ff.

Öffentlichkeitsfahndung, Aufenthaltsermittlung StPO § 131a 8 ff.

Öffentlichkeitsgrundsatz Einl. 75

Offizialmaxime Einl. 48 ff.

OLG
- Besetzung GVG § 115 1 f.
- Besetzung der Senate GVG § 122 1 ff.
- erstinstanzliche Zuständigkeit in Strafsachen GVG § 120 1 ff.
- Rechtshilfe GVG § 159 1 ff.
- Senat GVG § 116 1 f.
- Sicherungsverwahrung GVG § 120a 1 f.
- Zuständigkeit bei Rechtsmitteln in Strafsachen GVG § 121 1 ff.

Opfer einer Nötigung oder Erpressung StPO § 154c 1 ff.

Opferschutzgesetz StPO Vor § 406d 1 ff.

Ordentliche Gerichtsbarkeit GVG § 12 1 ff.
- BGH GVG § 12 3
- obligatorisches Gericht GVG § 12 2
- Zuständigkeit GVG § 13 1 f.

Ordnungs- und Erzwingungshaft EMRK Art. 5 17 ff.

Ordnungshaft GVG § 177 5 f.

Ordnungsmittel GVG § 177 1 ff.
- Beschwerde GVG § 181 1 ff.
- Einzelrichter GVG § 180 1 f.
- Protokollierung GVG § 182 1 ff.
- Vollstreckung GVG § 179 1
- wegen Ungebühr GVG § 178 1 ff.

Polizeiliche Beobachtung
- Erstellung eines Bewegungsbildes StPO § 163e 1 ff.
- Verfahren StPO § 163e 10 ff.
- Voraussetzung der Ausschreibung zur Polizeilichen Beobachtung StPO § 163e 5 ff.

Postbeschlagnahme
- Anhörung StPO § 100 8
- Beendigung StPO § 99 26; StPO § 100 18
- Beweisbedeutung, potenzielle StPO § 99 9 ff.
- Beweisbeschaffung und -sicherung StPO § 99 2
- Durchsetzung StPO § 99 27
- Eilanordnung StPO § 100 9 ff.
- Ermächtigung, gesetzliche StPO § 99 1
- Form der Anordnung StPO § 100 4
- Inhalt des Gerichtsbeschlusses StPO § 100 5 ff.
- Öffnung und Überprüfung StPO § 100 13 ff.
- Postdiensteleister, drittbetroffene StPO § 99 3
- Rechtsmittel StPO § 99 29 f.; StPO § 100 21 ff.
- Umfang und Begrenzung StPO § 99 21 ff.
- Verwertungsverbote StPO § 99 29 f.
- Voraussetzung, materielle StPO § 99 5 f.
- Wirkung StPO § 99 4
- Zuständigkeit StPO § 100 3
- Zwangsmittel StPO § 100 20
- Zweck StPO § 100 1 f.

Präsident, Vertretung GVG § 21h 1 f.

Präsidium GVG § 21a 1 ff.
- AG GVG § 22a 1 ff.
- aktives Wahlrecht GVG § 21b 1 ff.
- Aufgabe GVG § 21e 1 ff.
- Beschlussfähigkeit GVG § 21i 1 ff.
- Bildung von GVG § 21j 1
- Eilanordnung GVG § 21i 3 ff.
- Enumerationsprinzip GVG § 21e 2
- Geschäftsverteilung GVG § 21e 5 ff.
- Größe GVG § 21d 1
- Notkompetenz GVG § 21i 1 ff.
- passives Wahlrecht GVG § 21b 4

- Richter auf Lebenszeit GVG § 21b 1
- Richter auf Probe GVG § 21b 1
- Richterwechsel GVG § 21e 24 f.
- Tätigkeit GVG § 21a 2 ff.
- Verhinderung von Präsidiumsmitglied GVG § 21c 1 ff.
- Vertretung GVG § 21c 1 ff.
- Wahl GVG § 21b 1 ff.
- Wahlanfechtung GVG § 21b 11 ff.
- Wahlsystem GVG § 21b 5 f.
- Wahlverfahren GVG § 21b 8 ff.
- Wahlzeit GVG § 21b 7
- Wechsel GVG § 21c 4
- Zusammensetzung GVG § 21a 1 ff.

Privatklage
- Anwesenheit von Kläger und Angeklagtem StPO § 387 1 ff.
- Besonderheiten des Privatklageverfahrens StPO § 384 1 ff.
- Einstellungsurteil bei Offizialdelikt StPO § 389 1 ff.
- Ladung der Beweispersonen StPO § 386 1 ff.
- Mitteilung an den Beschuldigten StPO § 382 1 ff.

Privatklagerücknahme
- Fiktion der Berufungsrücknahme StPO § 391 11
- Folgen StPO § 391 6
- Rechtsmittel StPO § 391 13
- Unterstellung StPO § 391 8 ff.
- Wiedereinsetzung in den vorigen Stand StPO § 391 12
- Wirksamkeit StPO § 391 1 ff.
- Wirkung StPO § 392 1 f.

Protokoll
- formaler Inhalt StPO § 168a 1 f.
- Genehmigung StPO § 168a 5 ff.
- Inhalt StPO § 168 8
- Protokollführer StPO § 168 4 ff.
- Protokollierungspflicht StPO § 168 1 f.
- Unterzeichnung StPO § 168a 10 ff.
- Verlesung StPO § 168 9

Prozesshandlung, Rechtsmittelerklärung StPO Vor §§ 296 ff. 8

Prozesskostenhilfe
- StPO § 379 1 ff.; StPO § 397a 4 ff.
- gerichtliche Entscheidung StPO § 397a 8 ff.

Prozessuale Tat StPO § 264 1 ff.
- Definition StPO § 264 4 ff.
- Konsequenzen StPO § 264 16 ff.
- Umgestaltung der Strafklage StPO § 264 20 ff.

Prüfung von Amts wegen, s. Sachliche Zuständigkeit der Gerichte und Zuständigkeit besonderer Strafkammern

Rangfolge bei besonderer funktionaler Zuständigkeit
- Rechtsbehelf StPO § 209a 8
- Vorrang besonderer Strafkammern StPO § 209a 3 f.
- Vorrang der Jugend- vor den Erwachsenengerichten StPO § 209a 5 ff.

Rasterfahndung
- Ablauf StPO § 98a 2
- Anordnungsverbote StPO § 98b 3
- Benachrichtigungspflichten StPO § 98b 14

- Datengewinnung und -abgleich StPO § 98a 19 ff.
- Einsatzvoraussetzungen StPO § 98a 11 ff.
- Entschädigung StPO § 98a 25
- Form und Inhalt der Anordnung StPO § 98b 4 f.
- Grundlage, gesetzliche StPO § 98a 10
- Kennzeichnungspflicht StPO § 98b 11
- maschineller Abgleich personenbezogener Daten StPO § 98a 3
- Nichtanwendung StPO § 98a 4 ff.
- Ordnungs- und Zwangsmittel StPO § 98a 24
- Rechtsschutz StPO § 98b 15 ff.
- Revision StPO § 98a 26; StPO § 98b 18
- Rückgabe und Löschung der Daten StPO § 98b 13
- Verwendung der Ergebnisse StPO § 98b 6 ff.
- Zuständigkeit StPO § 98b 1 f.

Recht auf Achtung der Korrespondenz EMRK Art. 8 15
Recht auf Achtung der Wohnung EMRK Art. 8 14
Recht auf Achtung des Privat- und Familienlebens EMRK Art. 8 1 ff.
Recht auf ein faires Verfahren EMRK Art. 6 1 ff.
Recht auf Freiheit und Sicherheit EMRK Art. 5 1 ff.
Recht auf Leben EMRK Art. 2 1 ff.
- Ermittlungspflicht des Staates EMRK Art. 2 11 f.

Rechte des Nebenklägers StPO § 397 1
- Anwesenheitsrecht StPO § 397 2 f.
- sonstige Rechte StPO § 397 4 ff.

Rechte des Privatklägers StPO § 385 1 ff.

Rechtlicher Hinweis StPO § 265 1 ff.
- Aussetzung der Verhandlung StPO § 265 32 ff.
- Hinweispflicht StPO § 265 4 ff.

Rechtliches Gehör StPO § 201 1 ff.
- bei Auflagen oder Weisungen StPO § 265a 1 ff.
- Einwendungen und Anträge StPO § 201 4
- Entscheidung des Gerichts StPO § 201 5 ff.
- Mitteilung von Amts wegen StPO § 201 2 f.
- Verletzung des Anspruchs StPO § 356a 1 ff.

Rechtliches Gehör bei Auflagen oder Weisungen, Voraussetzungen der Befragung StPO § 265a 7 ff.

Rechtsbehelf
- Begründetheit StPO § 119a 12
- Begründungszwang der Anordnung StPO § 119a 14
- behördliche Anordnung oder Entscheidung betreffend den Vollzug der Untersuchungshaft StPO § 119a 8 ff.
- Bekanntgabe der Anordnung StPO § 119a 15
- Belehrung StPO § 119a 22
- Beschränkungen StPO § 119a 5
- Geltungsbereich StPO § 119a 1 ff.
- keine aufschiebende Wirkung StPO § 119a 19
- Prüfungsmaßstab StPO § 119a 13
- Recht der Beschwerde StPO § 119a 20 f.
- Rechtsschutzbedürfnis StPO § 119a 16
- Verbescheidungsfrist StPO § 119a 17 f.
- Zuständigkeit StPO § 119a 6 f.

Rechtsfriedensfunktion Einl. 13 f.

Rechtshilfe GVG Vor §§ 156 ff. 1 ff.
- Ablehnung des Ersuchens GVG § 158 1 ff.
- Entscheidung des OLG GVG § 159 1 ff.
- Gericht GVG § 157 1 ff.
- Pflicht GVG § 156 1 ff.

Rechtshilfeersuchen, Referendar GVG § 10 3

Rechtskraft Einl. 335 ff.
- Einlegung eines Rechtsmittels StPO § 34a 1 ff.
- Eintritt StPO § 34a 5 ff.

Rechtskraft des Urteils, EGMR EMRK Art. 46 3

Rechtsmittel StPO Vor §§ 296 ff. 1 ff.
- allgemeine Bestimmungen StPO § 365 1 ff.
- der StA StPO § 301 1 ff.
- falsche Bezeichnung StPO § 300 1 ff.
- OLG GVG § 121 1 ff.
- Statthaftigkeit StPO Vor §§ 296 ff. 12 f.
- Verzicht Einl. 251 f.; StPO § 302 1 ff.
- Wiederaufnahme StPO § 365 1 ff.
- Zurücknahme StPO § 302 1 ff.
- Zustimmung des Gegners StPO § 303 1 ff.

Rechtsmittel des Nebenklägers
- Berechtigung StPO § 401 1
- Fristwahrung bei Anschluss nach Urteilserlass StPO § 401 2
- Fristwahrung durch zugelassenen Nebenkläger StPO § 401 3
- Verwerfung der Berufung bei nicht erschienenem Nebenkläger StPO § 401 4 f.
- Weiterführung der Sache StPO § 401 6

Rechtsmittel des Privatklägers
- Befugnis StPO § 390 1 ff.
- Einstellung wegen Geringfügigkeit im Berufungsverfahren StPO § 390 7
- Gebührenvorschuss StPO § 390 6
- Mitwirkung der StA StPO § 390 5
- Revisions- und Wiederaufnahmeverfahren StPO § 390 4

Rechtsmittelbelehrung
- Belehrungsinhalt StPO § 35a 4 ff.
- in persönlicher Hinsicht StPO § 35a 3
- in sachlicher Hinsicht StPO § 35a 1 f.
- qualifizierte StPO § 35a 8

Rechtsmittelberechtigter StPO § 296 1 ff.

Rechtsmitteleinlegung StPO Vor §§ 296 ff. 9 ff.

Rechtsmittelerklärung, Prozesshandlung StPO Vor §§ 296 ff. 8

Rechtspflegegebiet, einheitliches - GVG § 160 1

Rechtsschutz
- bei strafrechtlichem Ermittlungsverfahren GVG §§ 198–199 1 ff.
- bei überlangem Gerichtsverfahren GVG §§ 198–199 1 ff.

Rechtsweg GVG §§ 17–17b 1 f.
- Entscheidung über die Zulässigkeit GVG §§ 17–17b 1 f.

Referendar GVG § 10 1 ff.
- Rechtshilfeersuchen GVG § 10 3
- Verfahrensfehler GVG § 10 5
- »unter Aufsicht« GVG § 10 2

Reihengentest
- Anfangsverdacht eines Verbrechens StPO § 81h 6 f.
- Durchführung StPO § 81h 14 f.
- Prüfungsmerkmale StPO § 81h 7
- Rechtsbehelf StPO § 81h 17 f.
- Regelungsgehalt StPO § 81h 1 ff.
- richterliche Anordnung StPO § 81h 11 ff.
- schriftliche Einwilligung StPO § 81h 10

- Verhältnismäßigkeit StPO § 81h 8 f.

Repräsentant anderer Staaten GVG § 20 1 ff.

Revision
- Begründungsform StPO § 345 1 ff.
- Begründungsfrist StPO § 345 1 ff.
- Beschluss StPO § 349 1 ff.
- Entschädigung GVG § 201 1 ff.
- Entscheidung bei Gesetzesänderung StPO § 354a 1 ff.
- Form der Entscheidung StPO § 349 1 ff.
- Gründe StPO § 337 1 ff.
- Hemmung der Rechtskraft StPO § 343 1 ff.
- Mitangeklagte StPO § 357 1 ff.
- Revisionsurteil StPO § 353 1 ff.
- Sachentscheidung des Revisionsgerichts StPO § 354 1 ff.
- Sprungrevision StPO § 335 1 ff.
- überlange Verfahrensdauer EMRK Art. 6 89 ff.; StPO Vor §§ 333 ff. 1 ff.
- Umfang der Urteilsprüfung StPO § 352 1 ff.
- Unzuständigkeit des Revisionsgerichts StPO § 348 1 ff.
- Urteil StPO § 349 1 ff.
- Urteilsverkündung StPO § 356 1 ff.
- Verbot der Schlechterstellung StPO § 358 1 ff.
- Verletzung des Anspruchs auf rechtliches Gehör StPO § 356a 1 ff.
- Verweisung an das zuständige Gericht StPO § 355 1 ff.
- Verwerfung durch das Tatgericht StPO § 346 1 ff.
- vorausgegangene Entscheidung StPO § 336 1 ff.
- weiteres Verfahren StPO § 347 1 ff.
- Wiedereinsetzungsantrag StPO § 342 1 ff.
- Zulässigkeit StPO § 333 1 ff.
- Zurückverweisung StPO § 354 1 ff.

Revisionsbegründung StPO § 344 1 ff.

Revisionseinlegung StPO § 341 1 ff.

Revisionserstreckung, auf Mitangeklagte StPO § 357 1 ff.

Revisionsgericht
- Sachentscheidung StPO § 354 1 ff.
- Unzuständigkeit des - StPO § 348 1 ff.

Revisionsgrund StPO § 337 1 ff.
- absoluter - StPO § 338 1 ff.
- Rechtsnormen zugunsten des Angeklagten StPO § 339 1 ff.

Revisionsurteil StPO § 353 1 ff.
- Bindungswirkung StPO § 358 1 ff.

Richter, s. Ausschließung von der Ausübung des Richteramtes oder Ablehnung eines Richters oder Richterlicher Augenschein GVG § 192 1 ff.
- AG mit nur einem - GVG § 22b 1 ff.
- ausichtsführend GVG § 21h 1 f.
- bei AG GVG § 22 1 ff.
- Beschuldigtenvernehmung StPO § 168c 5
- persönliche Unabhängigkeit GVG § 1 3
- sachliche Unabhängigkeit GVG § 1 2
- Sachverständigenvernehmung StPO § 168c 5
- Zeugenvernehmung StPO § 168c 5

Richter auf Lebenszeit, Präsidium GVG § 21b 1

Richter auf Probe, Präsidium GVG § 21b 1

Stichwortverzeichnis

Richterliche Gewalt GVG § 1 1 ff.
Richterliche Unabhängigkeit GVG § 1 1 ff.
– Rechtspfleger GVG § 1 4
Richterlicher Augenschein
– Abgrenzung zur informatorischen Besichtigung StPO § 86 3
– Begriff des Augenscheins StPO § 86 1 f.
– Gegenstände des Augenscheins StPO § 86 9
– Ort und Verfahrensstandort StPO § 86 6 f.
Rückwirkungsverbot EMRK Art. 7 14 ff.

Sachliche Zuständigkeit der Gerichte
– AG StPO § 1 7 ff.
– besondere Besetzungen, Ergänzungsrichter StPO § 1 29
– besondere Strafkammern
– – Schwurgericht StPO § 1 30 ff.
– – Staatsschutzkammer StPO § 1 30 ff.
– – Wirtschaftsstrafkammer StPO § 1 30 ff.
– besondere Verfahrensarten
– – objektive Verfahren StPO § 1 45
– – Privatklage StPO § 1 43
– – Wiederaufnahmeverfahren StPO § 1 44
– funktionell StPO § 1 4, 27
– Garantie des gesetzlichen Richters StPO § 1 1
– Jugendgerichtsbarkeit StPO § 1 33
– – Jugend- und Erwachsenensachen StPO § 1 40
– – Jugendschutzsachen StPO § 1 34 ff.
– – Kompetenzkonflikte StPO § 1 38
– – örtliche Zuständigkeit StPO § 1 37
– – sachliche Zuständigkeit StPO § 1 35 f.
– Kompetenzkonflikt StPO § 1 5, 14
– – funktionelle Zuständigkeit StPO § 1 20 f.
– – mehrfache Rechtshängigkeit StPO § 1 16
– – örtliche Zuständigkeit StPO § 1 17 ff.
– – Rechtsmittelverfahren StPO § 1 22 ff.
– – Rechtswegzuständigkeit StPO § 1 25 f.
– – sachliche Zuständigkeit StPO § 1 15
– konkrete Spruchkörperbesetzung
– – Berufsrichter und Schöffen StPO § 1 41 ff.
– – Haftentscheidung StPO § 1 42
– LG StPO § 1 10
– OLG StPO § 1 11 ff.
– örtlich StPO § 1 3
– Prüfung von Amts wegen
– – Rechtsmittelgerichte StPO § 6 3 ff.
– – Tatgerichte StPO § 6 1 f.
– Revision StPO § 1 46 f.
– sachlich StPO § 1 3, 6
Sachverständige Zeugen
– Abgrenzung zum Zeugen StPO § 85 2 f.
– Einzelfälle StPO § 85 4
– Regelungsgehalt StPO § 85 1
Sachverständigenvernehmung, richterliche StPO § 168c 5
Sachverständiger
– Ablehnung
– – Berechtigter StPO § 74 6
– – Besorgnis der Befangenhit StPO § 74 3 ff.
– – Folge StPO § 74 14
– – Form und Begründung StPO § 74 7 ff.
– – Rechtsmittel StPO § 74 15 ff.
– – Regelungsgehalt StPO § 74 1
– – Zuständigkeit StPO § 74 12 f.
– – zwingende Ablehnungsgründe StPO § 74 2
– Angehörige des öffentlichen Dienstes StPO § 76 4
– Anwendung der Vorschriften für Zeugen
– – Regelungsgehalt StPO § 72 1
– – Reichweite StPO § 72 2 f.
– Auswahl
– – Anzahl der Sachverständigen StPO § 73 7
– – einzelne Fallgruppen StPO § 73 8 ff.
– – Fachgebiet StPO § 73 4
– – Fristabsprache StPO § 73 11 f.
– – Hinzuziehung Dritter StPO § 73 3
– – Person StPO § 73 6
– – Rechtsbehelf StPO § 73 15 f.
– – Regelungsgehalt StPO § 73 1
– – Vorrang StPO § 73 13 f.
– – Zuständigkeit StPO § 73 2
– Eid
– – Entscheidung über Vereidigung StPO § 79 2
– – Ermessen des Gerichts StPO § 79 1
– – Form und Umfang StPO § 79 3 ff.
– – Revision StPO § 79 8
– Entbindung von der Gutachterpflicht StPO § 76 3
– Entschädigung StPO § 84 1 f.
– Folgen des Ausbleibens oder der Weigerung
– – Regelungsgehalt StPO § 77 1
– – Ungehorsamsfälle StPO § 77 2 f.
– – Ungehorsamsfolgen StPO § 77 6 ff.
– – Verfahren StPO § 77 9
– Gutachten im Vorverfahren, schriftliche oder mündliche Gutachtenerstattung StPO § 82 1 ff.
– Gutachtenverweigerungsrecht StPO § 76 1 ff.
– Pflicht zur Erstattung des Gutachtens
– – Entstehungsgründe StPO § 75 2 f.
– – Inhalt StPO § 75 4
– – Voraussetzung StPO § 75 1
– Rechtsbehelf StPO § 76 5 f.
– richterliche Leitung
– – Revision StPO § 78 5
– – Umfang StPO § 78 2 ff.
– – Verhältnis zwischen Richter und Sachverständigem StPO § 78 1
– Unterbringung zur Beobachtung des Beschuldigten in Vorbereitung des Gutachtens
– – Anhörungspflichten StPO § 81 17 ff.
– – Anordnungsbeschluss StPO § 81 24 ff.
– – Anwendungsbereich StPO § 81 1 ff.
– – Beweisanregung und Aufklärungspflicht StPO § 81 3
– – dringender Tatverdacht StPO § 81 12 f.
– – Rechtsbehelf StPO § 81 31 ff.
– – Verhältnismäßigkeit StPO § 81 8 ff.
– – Vollstreckung StPO § 81 29
– – zulässige Maßnahmen StPO § 81 14 f.
– – Zuständigkeit StPO § 81 16
– – Zweck StPO § 81 6 f.
– Vorbereitung des Gutachtens
– – Akteneinsicht StPO § 80 3

2609

Stichwortverzeichnis

– – Aufklärungs- und Vorbereitungspflicht StPO § 80 1
– – Revision StPO § 80 6
– – Teilnahme an Hauptverhandlung StPO § 80 5
– – Urkunden und Augenscheinsobjekte StPO § 80 4
– – Vernehmung von Beschuldigten und Zeugen StPO § 80 2
– Zuziehung im Vorverfahren
– – Anfechtung und Revision StPO § 80a 3
– – Auswahl des Sachverständigen StPO § 80a 2
– – Zweck StPO § 80a 1
Schadenersatz EMRK Art. 5 61 ff.
Schiffahrtsgericht GVG § 14 1
Schlechterstellung, Verbot der - StPO § 358 1 ff.
Schöffe
– Ablehnung des Schöffenamts GVG § 35 1 ff.
– Amtsenthebung GVG § 51 1 f.
– außerordentliche Sitzung GVG § 47 1 ff.
– Ausschussberatung GVG § 39 1 ff.
– Befugnis GVG § 30 1 ff.
– Bestimmung der Frist GVG § 57 1
– Ehrenamt GVG § 31 1 ff.
– Einspruch gegen Vorschlagsliste GVG § 37 1 f.
– Entbindung an bestimmtem Sitzungstag GVG § 54 1 ff.
– Entschädigung GVG § 55 1
– Entscheidung über Einspruch GVG § 41 1 f.
– Ergänzungsschöffe GVG § 48 1 f.
– Feststellung der Sitzungstage GVG § 45 1 ff.
– Heranziehung aus der Hilfsschöffenliste GVG § 49 1 ff.
– Hinderungsgrund GVG § 54 1 ff.
– Sitzungstage über die Wahlperiode hinaus GVG § 50 1 f.
– Strafkammer GVG § 77 1 ff.
– Übersendung der Vorschlagsliste GVG § 38 1 f.
– unentschuldigtes Ausbleiben GVG § 56 1 ff.
– Unfähigkeit zum Schöffenamt GVG § 32 1 ff.
– ungeeignet GVG § 33 1 ff.; GVG § 34 1 ff.
– Vorschlagsliste GVG § 36 1 ff.
– Wahl GVG § 42 1 ff.
– Wahlausschuss GVG § 40 1 ff.
– Zahl der Schöffen GVG § 43 1 ff.
– zusätzlicher Spruchkörper GVG § 46 1 ff.
Schöffenauslosung GVG § 45 1 ff.
Schöffengericht
– Ablehnung GVG § 53 1 ff.
– gemeinsames AG GVG § 58 1 ff.
– Zusammensetzung GVG § 29 1 ff.
– Zuständigkeit GVG § 28 1 f.
Schöffenliste GVG § 44 1 ff.
– Streichung von der - GVG § 52 1 ff.
Schriftgutachten
– Beweiswürdigung und Revision StPO § 93 4
– Durchführung des Schriftvergleichs StPO § 93 2 f.
– Regelungsgehalt StPO § 93 1
Schriftliche Ladung, richterliche Vernehmung StPO § 133 1 ff.
Schriftstück, amtliches StPO § 96 1
Schutz von Persönlichkeitsrechten, Ausschluss der Öffentlichkeit GVG § 171b 1 ff.

Schutz zeugnisverweigerungsberechtigter Berufsgeheimnisträger
– absoluter Schutz StPO § 160a 2
– Ermittlungsverfahren StPO § 160a 1
– Heilberufe StPO § 160a 9
– Löschungsgebot StPO § 160a 4
– relatives Beweiserhebungs- und Verwertungsverbot StPO § 160a 6 ff.
– Revision StPO § 160a 14
– Verstrickungsregelung StPO § 160a 11
– Verwendungsverbot StPO § 160a 3
Schwurgericht, LG GVG § 74 1 ff.; GVG § 74d 1 ff.
Senat
– Besetzung GVG § 139 1 f.
– BGH GVG § 130 1 ff.
– großer, Verfahren GVG § 138 1 ff.
– großer - StPO § 132 1 ff.
– OLG GVG § 116 1 f.; GVG § 122 1 ff.
Sicheres Geleit StPO § 295 1 ff.
– Erlöschen StPO § 295 7
Sicherheit einer Person, Eingriff EMRK Art. 5 10
Sicherheitsleistung
– StPO § 176 1 ff.; StPO § 379 1 ff.
– Anordnung StPO § 176 2
– Arten StPO § 116a 1 ff.
– Bestellung des Zustellungsbevollmächtigten StPO § 116a 21 ff.
– Festsetzung von Art und Höhe StPO § 116a 16 ff.
– Folgen der Fristversäumung StPO § 176 3
Sicherstellung von Gegenständen, Beschlagnahme
– Auslösung StPO § 111c 13
– bewegliche Sachen StPO § 111c 4 f.
– einzelne Regelungen StPO § 111b 3 ff.
– Folgerung StPO § 111c 7 ff.
– Grundstücke StPO § 111c 6
– Herausgabe an Verletzen StPO § 111k 1 f.
– Regelungsgehalt StPO § 111c 1 f.
– Regelungszweck StPO § 111b 2
– relatives Verfügungsverbot StPO § 111c 12
Sicherungshaft
– dringender Verdacht einer Anlasstat StPO § 112a 8
– Subsidiarität StPO § 112a 20 ff.
– Wiederholungsgefahr StPO § 112a 14 ff.
Sicherungsverfahren Einl. 349
– Antragsschrift StPO § 414 6 f.
– Rechtsmittel StPO § 414 10
– Urteil StPO § 414 9
– Verweis auf allgemeines Prozessrecht StPO § 414 1 ff.
– Zuständigkeit StPO § 414 8
Sicherungsverwahrung EMRK Art. 7 10
– LG GVG § 74f 1 ff.
– OLG GVG § 120a 1 f.
Sitzung, Straftat GVG § 183 1 f.
Sitzungspolizei GVG § 176 1 ff.
– Befugnis GVG § 176 5 ff.
Sitzungstag, Schöffe GVG § 50 1 f.
Spezialstrafkammer, LG GVG § 74e 1 f.
Spruchkörper
– Besetzung GVG § 21e 8 ff.
– Geschäftsverteilung GVG § 21g 1 ff.

2610

Stichwortverzeichnis

- LG GVG § 60 1 ff.
- Schöffe GVG § 46 1 ff.
- Vorsitz GVG § 21f 1 ff.

Sprungrevision StPO § 335 1 ff.
StA Einl. 186 ff.; GVG Vor §§ 141 ff. 1 ff.
- Befähigung GVG §§ 148–149 1 f.
- Dienstaufsicht GVG § 147 1 ff.
- Ermittlungsperson GVG § 152 1 ff.
- Ernennung der Bundesanwälte GVG §§ 148–149 1 f.
- Ersetzungsbefugnis GVG § 145 1 ff.
- Generalbundesstaatsanwalt GVG § 142a 1 ff.
- Organisation GVG § 144 1 f.
- örtliche Zuständigkeit GVG § 143 1 ff.
- Rechtsmittel StPO § 301 1 ff.
- richterliche Tätigkeit GVG § 151 1 f.
- Sitz GVG § 141 1 ff.
- Übernahme des Verfahrens StPO § 377 1 ff.
- Unabhängigkeit von Gericht GVG § 150 1 ff.
- Weisung GVG § 146 1 ff.
- Zuständigkeit GVG § 142 1 ff.

Staatsschutzkammer, LG GVG § 74a 1 ff.
Sterbehilfe EMRK Art. 2 6
Stimmangabe, Pflicht GVG § 195 1 ff.
Straf- oder Disziplinarverfahren bei falscher Verdächtigung oder Beleidigung StPO § 154e 1 ff.
Strafanzeige und -antrag
- Anzeigepflicht StPO § 158 12
- Auslandstat StPO § 158 25 ff.
- Strafantrag Einl. 33, 104; StPO § 158 13 ff.
- Strafanzeige StPO § 158 2 ff.
- Überprüfung auf strafbare Handlung StPO § 158 1

Strafaussetzung zur Bewährung
- Anhörung der Verfahrensbeteiligten StPO § 454 8 ff.
- – JVA StPO § 454 9
- – StA StPO § 454 8
- – Verurteilter StPO § 454 10
- Aufhebung der Aussetzung des Strafrestes StPO § 454a 5 ff.
- – sofortige Beschwerde StPO § 454a 8
- beauftragter Richter StPO § 454 10
- Entbehrlichkeit der mündlichen Verhandlung StPO § 454 12 f.
- ersuchter Richter StPO § 454 11
- Nachtragsentscheidungen und Belehrung des Verurteilten StPO § 454 24
- Prüfung auf Antrag StPO § 454 3 f.
- Sachverständigengutachten
- – Erforderlichkeit StPO § 454 14 ff.
- – Inhalt StPO § 454 17
- – Mündliche Anhörung StPO § 454 18.
- sofortige Beschwerde StPO § 454 19 ff.
- – Aufschiebende Wirkung StPO § 454 21
- – Berechtigung StPO § 454 20
- – Rechtskraft StPO § 454 23
- Überprüfung der Voraussetzungen StPO § 454 2 ff.
- Verfahrenseinleitung von Amts wegen StPO § 454 5 ff.
- Verlängerung der Bewährungszeit StPO § 454a 2 ff.

Strafaussetzungsbeschluss, Beschwerde gegen StPO § 305a 1 ff.
Strafausstand, s. Vollstreckung, Aufschub

Strafbefehl
- Beschuldigtenrechte StPO § 407 28
- Erlass StPO § 409 16 ff.
- Inhalt StPO § 409 1 ff.
- Ordnungswidrigkeiten StPO § 407 29
- Rechtsfolgen StPO § 407 14 ff.
- Rechtshängigkeit StPO § 407 7 ff.
- Sonderfälle StPO § 407 30 ff.
- Tat- und Beschuldigtenmehrheit StPO § 407 27
- Wiederaufnahme StPO § 373a 1 ff.
- Wirkung StPO § 407 6
- Zustellung StPO § 409 19

Strafbefehl nach Eröffnung des Hauptverfahrens StPO § 408a 1 ff.
- Voraussetzung StPO § 408a 5 ff.

Strafbefehlsantrag StPO § 408 1 f.
- Beiordnung eines Verteidigers StPO § 408b 1 ff.
- Verfahren StPO § 408 3 ff.

Strafbefehlsverfahren StPO § 407 1 ff.
Strafe, Begriff EMRK Art. 7 7
Strafgerichtshof, international GVG § 21 1
Strafkammer, auswärtige - GVG § 78 1 ff.
Strafmündigkeit Einl. 96
Strafrechtspflege GVG §§ 17–17b 2
Strafrichter, Zuständigkeit GVG § 25 1 ff.
Strafsachen, BGH GVG § 135 1 ff.
Straftat
- Behauptung einer - StPO § 364 1 ff.
- in Sitzung GVG § 183 1 f.

Strafverfahrensrecht Einl. 1 ff.
Strafverfolgung von Abgeordneten
- Immunität StPO § 152a 1 ff.–4 ff.
- Indemnität StPO § 152a 3

Strafverfolgungsmaßnahme EMRK Art. 6 98
Strafvollstreckung, s. auch Vollstreckung
- Amtsanwälte StPO § 451 7
- Anhörung der Beteiligten StPO § 462 3
- Anrechnung der Entziehung der Fahrerlaubnis StPO § 450 4
- Anrechnung von Auslieferungshaft StPO § 450a 1
- Anrechnung von Krankenhausaufenthalt
- – außerhalb der JVA StPO § 461 3
- – keine Einrechnung StPO § 461 4
- – Krankheit StPO § 461 2
- – sofortige Beschwerde StPO § 461 5
- Anrechnung von Untersuchungshaft StPO § 450 1 ff.
- – absolute Rechtskraft StPO § 450 3
- – relative Rechtskraft StPO § 450 2
- – Auslieferungsverfahren StPO § 450a 2
- gerichtliche Entscheidung StPO § 462 2
- jugendgerichtliche Entscheidungen StPO § 449 12
- Rechtskraft
- – Vollstreckbarkeit StPO § 449 2
- – Voraussetzung StPO § 449 5
- Rechtskraft, teilweise StPO § 449 9 ff.
- – eine von mehreren Rechtsfolgen StPO § 449 11
- – einzelne von mehreren Einzelstrafen StPO § 449 10
- – mehrere Betroffene StPO § 449 9
- – sofortige Beschwerde StPO § 462 4 f.
- StA als Vollstreckungsbehörde StPO § 451 2

Stichwortverzeichnis

- Strafurteil StPO § 449 4
- Strafvollstreckungskammer StPO § 451 8
- Vollstreckbarkeitsbescheinigung StPO § 451 6
- Vollstreckungshindernisse StPO § 449 3
- Zuständigkeit StPO § 451 3 ff.

Strafvollstreckungskammer
- Besetzung GVG § 78b 1 ff.
- Einrichtung StPO § 462a 2
- Zuständigkeit GVG § 78a 1 ff.; StPO § 462a 3 ff.

Sühneversuch StPO § 380 1 ff.

Tagesfristen
- Fristbeginn StPO § 42 1
- Fristende StPO § 42 1
- Fristverlängerung, gesetzliche StPO § 42 3
- Stundenfrist StPO § 42 2

Täter-Opfer-Ausgleich – TOA StPO § 155a 1 ff.
- Ausgleichsstelle StPO § 155b 1 ff.
- Datenschutz StPO § 155b 4
- Eignung eines Verfahrens StPO § 155a 3 ff.
- Scheitern des TOA StPO § 155a 7

Tatgericht, Verwerfung durch das StPO § 346 1 ff.

Teilnahme am richterlichen Augenschein
- Augenscheinseinnahme StPO § 168d 1
- Sachverständiger StPO § 168d 2

Telekommunikationsüberwachung
- Anlasstaten, taugliche StPO § 100a 10 f.
- Beendigung StPO § 100b 16 f.
- Betroffener StPO § 100a 16 ff.; StPO § 100c 16 ff.
- Beweisverwertungsverbot StPO § 100c 27 ff.
- Beweisverwertungsverbot, absolutes StPO § 100a 25 ff.
- Beweisverwertungsverbot, relatives StPO § 100a 32 ff.
- Daten zu Beweiszwecken StPO § 100b 18 ff.
- Durchführung StPO § 100b 13 ff.
- Einzelfall StPO § 100c 11
- Erkenntnisse, zusätzliche StPO § 100a 42 f.
- Ermächtigung, gesetzliche StPO § 100a 2 ff.
- Ermittlungen, heimliche StPO § 100a 7 f.
- Gefahr im Verzug StPO § 100b 10 ff.
- Kernbereich privater Lebensgestaltung StPO § 100a 28 ff.
- Kernbereichsberührung, nachträgliche StPO § 100c 25 f.
- Kernbereichsschutz, präventiver StPO § 100c 22 ff.
- Kompetenz StPO § 100b 1 f.
- Mitbeschuldigter StPO § 100c 12
- Problematik StPO § 100c 1
- Rechtsmittel StPO § 100b 21
- Regelungsgehalt StPO § 100a 1
- Richtervorbehalt StPO § 100b 3 ff.
- Sachbeweise StPO § 100a 23 f.
- Schutzbereich, räumlich StPO § 100c 14 f.
- Sonderfälle StPO § 100a 44 ff.
- Straftatenkatalog StPO § 100c 8 ff.
- Subsidiaritätsklausel StPO § 100c 13
- Tatverdacht, konkreter StPO § 100a 12
- Totalüberwachung StPO § 100c 35
- Überwachung, akustische StPO § 100c 2 ff.
- Verhältnismäßigkeit StPO § 100a 15
- Zufallserkenntnisse StPO § 100a 23

Termin, Hauptverhandlung StPO § 350 1 ff.

Terminbestimmung
- Ermessen des Vorsitzenden StPO § 213 7 ff.
- Terminabsprache StPO § 213 25 f.
- Terminsanberaumung StPO § 213 2 ff.
- Terminverlegung StPO § 213 27 ff.

Terrorismus, Einschränkung der Bewegungsfreiheit EMRK Art. 8 36

Tod des Privatklägers
- Bekanntmachung an den Beschuldigten StPO § 394 1
- Fortsetzung der Privatklage StPO § 393 2 f.
- Verfahrenseinstellung StPO § 393 1

Todesstrafe EMRK Art. 2 14

U-Haft, Vollstreckungsreihenfolge StPO § 116b 1 ff.

U-Haft-Voraussetzung
- dringender Tatverdacht StPO § 112 6 ff.
- Haftgründe StPO § 112 17 ff.
- materiellen Voraussetzungen StPO § 112 1 ff.
- Verhältnismäßigkeit StPO § 112 106 ff.

Überleitung des Sicherungsverfahrens ins Strafverfahren
- Rechtskraft StPO § 416 9
- Schuld- oder Verhandlungsfähigkeit StPO § 416 1 f.
- Zuständigkeit StPO § 416 3 ff.

Übertragung der Verteidigung auf Referendare StPO § 139 1 ff.

Umfang der Untersuchung
- Anklageprinzip StPO § 155 1 f.
- Untersuchungsprinzip StPO § 155 3

Unabhängigkeit EMRK Art. 6 19 f.

Unabhängigkeit des Gerichts StPO § 206 1

Unbekannter Aufenthalt
- Aufforderung StPO § 288 1
- Begriff StPO § 276 2

Unmenschliche Behandlung EMRK Art. 3 17 f.

Unmenschliche Strafe EMRK Art. 3 19 f.

Unmittelbarkeitsgrundsatz Einl. 59 ff.; StPO § 250 1 ff.
- Gebot der persönlichen Vernehmung StPO § 250 9 ff.
- Unverwertbarkeit StPO § 250 21 ff.
- Zeuge vom Hörensagen StPO § 250 15 ff.

Unnatürlicher Tod
- Anzeigepflicht StPO § 159 1 ff.
- Bestattungsgenehmigung StPO § 159 9
- Leichenöffnung StPO § 159 7 ff.

Unparteilichkeit EMRK Art. 6 21 ff.

Unschuld, Vermutung Einl. 62 ff.; EMRK Art. 6 93 ff.

Unterbringung des Angeklagten
- Untersuchung durch den Sachverständigen StPO § 246a 10 ff.
- Vernehmung des Sachverständigen StPO § 246a 2 ff.

Unterbringungsbefehl
- Außervollzugsetzung StPO § 126a 32 ff.
- Erlass und Inhalt StPO § 126a 23 ff.

Unterrichtspflicht EMRK Art. 15 9

Untersuchung anderer Person als des Beschuldigten
- Abstammungsuntersuchungen und Blutprobenentnahmen StPO § 81c 11 f.
- allgemeiner Geltungsbereich StPO § 81c 1

- Beweissicherungsverfahren **StPO § 81c** 27
- Duldungspflichtige Personen **StPO § 81c** 5
- körperliche Untersuchung auf Spuren und Tatfolgen **StPO § 81c** 8
- psychologische Untersuchung **StPO § 81c** 9 f.
- Rechtsbehelf **StPO § 81c** 32 f.
- Untersuchungsverweigerungsrecht und Belehrungspflicht **StPO § 81c** 21 ff.
- Untersuchungszweck **StPO § 81c** 6 f.
- Verhältnismäßigkeitsgrundsatz **StPO § 81c** 13 ff.
- Verwendungsbeschränkungen und Vernichtungsverbot **StPO § 81c** 28
- Vollstreckung und Durchführung der Anordnung **StPO § 81c** 29 ff.
- weitergehende Untersuchungsmaßnahmen bei Einwilligung **StPO § 81c** 2 ff.

Unverzügliche Vorführung und Vernehmung StPO § 135 1 ff.

Unwesentliche Nebenstrafen
- Absehen von der Verfolgung durch StA **StPO § 154** 7
- Anfechtbarkeit **StPO § 154** 12 ff.
- Einstellung **StPO § 154** 8 f.
- Revision **StPO § 154** 16 f.
- Verfahrensbeschleunigung und -vereinfachung **StPO § 154** 1
- Vergleich der Sanktionen **StPO § 154** 2
- Wiederaufnahme **StPO § 154** 10 f.
- »darüber hinaus« **StPO § 154** 5
- »nicht beträchtlich ins Gewicht fallen« **StPO § 154** 4

Urkundenbeweis StPO § 249 1 ff.
- Einbeziehung von Urkunden in die Hauptverhandlung **StPO § 249** 25 ff.
- Urkunde **StPO § 249** 11 ff.
- Verwertungsverbot **StPO § 249** 40 ff.

Urkundenbeweis mit Gedächtnisprotokoll
- Rechtsfolgen **StPO § 254** 10 ff.
- Voraussetzung **StPO § 254** 5 ff.

Urkundsbeamter, Dolmetscher GVG § 190 1 ff.

Urteil
- Belehrung bei Fahrverbot
- - Anfechtbarkeit und Revision **StPO § 268c** 7
- - Regelungszweck **StPO § 268c** 1 ff.
- Belehrung bei vorbehaltener Sicherungsverwahrung
- - Regelungsgehalt **StPO § 268d** 1 f.
- - Revision **StPO § 268d** 3
- EGMR **EMRK Art. 46** 4 ff.
- Haftprüfung bei Verurteilung
- - Anfechtung **StPO § 268b** 5 ff.
- - Beschluss **StPO § 268b** 2 ff.
- - Fortdauer von Untersuchungshaft und einstweiliger Unterbringung **StPO § 268b** 1
- Nebenentscheidungen und Beschluss bei Strafaussetzung u.Ä.
- - Anfechtung und Revision **StPO § 268a** 4
- - Belehrung **StPO § 268a** 3
- - Beschluss **StPO § 268a** 2
- - Regelungsgehalt **StPO § 268a** 1
- Regelungsgehalt **StPO § 260** 1
- Revision **StPO § 260** 16; **StPO § 349** 1 ff.; **StPO § 353** 1 ff.
- Urteilsformel
- - Einstellung **StPO § 260** 7
- - Freispruch **StPO § 260** 8
- - Geldstrafe **StPO § 260** 11 f.
- - Tatbezeichnung **StPO § 260** 10
- - Verurteilung **StPO § 260** 9 ff.
- - Vorbehalt und Aussetzung **StPO § 260** 13
- Urteilsverkündung
- - Urteilsformel **StPO § 260** 3
- - Urteilsgründe **StPO § 260** 4
- - Wirkungen der Verkündung **StPO § 260** 5
- - Zeitpunkt **StPO § 260** 2
- Vorschriftenliste
- - Angewendete Vorschriften **StPO § 260** 14
- - § 17 Abs. 2 BZRG **StPO § 260** 15

Urteilsgründe
- Änderung der Urteilsgründe **StPO § 267** 54
- Behandlung von Maßregeln **StPO § 267** 52
- Einstellungsurteil **StPO § 267** 53
- Freispruch
- - aus Rechtsgründen **StPO § 267** 49
- - aus tatsächlichen Gründen **StPO § 267** 48
- - Nebenfolgen und Maßregeln **StPO § 267** 50
- Regelungszweck **StPO § 267** 1 ff.
- Revision **StPO § 267** 55
- Verurteilung
- - abgekürztes Urteil **StPO § 267** 39 ff., 51
- - Beweiswürdigung **StPO § 267** 17 ff.
- - Bezugnahme auf Abbildungen **StPO § 267** 8 ff.
- - Darstellungsumfang und grundsätzliches Verweisungsverbot **StPO § 267** 5 ff.
- - gesetzliche Nebenfolge **StPO § 267** 38
- - Indizien **StPO § 267** 16
- - persönliche Verhältnisse **StPO § 267** 12
- - Strafaussetzung zur Bewährung **StPO § 267** 35
- - Strafgesetz **StPO § 267** 23
- - Straftat **StPO § 267** 13 ff.
- - Strafzumessung **StPO § 267** 24 ff.
- - Verständigung **StPO § 267** 37
- - Verwarnung mit Strafvorbehalt und Absehen von Strafe **StPO § 267** 36
- - vom Strafgesetz besonders vorgesehene Umstände **StPO § 267** 21 f.

Urteilsprüfung, Umfang der - StPO § 352 1 ff.

Urteilsverkündung
- Bekanntgabe der Urteilsgründe **StPO § 268** 4 ff.
- öffentlich **GVG § 173** 1 ff.
- Regelungsgehalt **StPO § 268** 1
- Revision **StPO § 268** 10 ff.
- Verlesen der Urteilsformel **StPO § 268** 3 ff.

Verbindlichkeit und Durchführung der Urteile EMRK Art. 46 1 ff.

Verbindung mehrerer Strafsachen
- Trennung **StPO § 237** 10 f.
- Voraussetzung **StPO § 237** 2
- Wirkung **StPO § 237** 8 f.

Verbindung rechtshängiger Sachen, *s. auch Zusammenhängende Sachen*
- maßgebendes Verfahren, Straffall **StPO § 5** 1 f.
- Rechtsmittel **StPO § 4** 25 ff.
- Verbindung

Stichwortverzeichnis

- – An- und Rechtshängigkeit StPO § 4 6 ff.
- – begonnene Hauptverhandlung StPO § 4 8 ff.
- – Entscheidung StPO § 4 16 f.
- – nach (Teil-) Rechtskraft StPO § 4 14 ff.
- – Rechtsmittelverfahren StPO § 4 11 ff.
- – Verfahrensstadien StPO § 4 5 ff.
- – Zuständigkeit StPO § 4 2 ff.
- – Verbindung nach Abs. 2 Satz 2 StPO § 4 18 ff.
- – Verfahrenstrennung StPO § 4 21 ff.

Verbot der Folter EMRK Art. 3 1 ff.
- – Notstandsfestigkeit EMRK Art. 3 6

Verbot von Ausnahmegericht GVG § 16 1 ff.

Verbotene Vernehmungsmethoden
- – Adressaten StPO § 136a 12 ff.
- – Beeinflussung von Willensentschließung und Willensbetätigung StPO § 136a 17 ff.
- – Beeinträchtigungen des Erinnerungsvermögens oder der Einsichtsfähigkeit des Beschuldigten StPO § 136a 50
- – Beweiserhebungsverbot StPO § 136a 55
- – Beweisverwertungsverbot StPO § 136a 56 ff.
- – Brechmitteleinsatz StPO § 136a 53
- – Drohung mit unzulässigen Maßnahmen oder Versprechen gesetzwidriger Vorteile StPO § 136a 44 ff.
- – Erweiterungen des personalen Anwendungsbereichs StPO § 136a 8
- – Geltung bei Vernehmungen und anderen Aussagesituationen StPO § 136a 9 ff.
- – Lügendetektor StPO § 136a 51
- – Phallometrie StPO § 136a 52
- – Revision StPO § 136a 64 f.
- – Schutz der Menschenwürde StPO § 136a 4 ff.
- – unzulässiger Zwang StPO § 136a 40 ff.
- – Verbot der Beeinflussung StPO § 136a 1 ff.
- – verbotene Mittel oder Methoden mit der Folge der Beeinträchtigung der Willensfreiheit StPO § 136a 18 ff.
- – Verfahrensfehler StPO § 136a 54
- – Verfahrenshindernis StPO § 136a 62
- – Wiederaufnahmeverfahren StPO § 136a 66

Verdeckter Ermittler StPO § 110a 1 ff.
- – Anlasstaten StPO § 110a 13 ff.
- – Beamte des Polizeidienstes StPO § 110a 2
- – Betreten einer Wohnung StPO § 110c 3 ff.
- – Beweiswertung StPO § 110a 19 ff.
- – Geheimhaltung der Identität StPO § 110b 1 ff.
- – Legalitätsprinzip StPO § 110c 8
- – Legende StPO § 110a 2 ff., 6
- – ohne Legendenverwendung StPO § 110a 9 f.
- – Polizeibeamte aus anderen Nationen StPO § 110a 12
- – Rechtsgeschäfte StPO § 110a 7
- – Straftaten StPO § 110c 10
- – Subsidiaritätsklausel StPO § 110a 18
- – Unanwendbarkeit der Eingriffsnorm StPO § 110a 8 ff.
- – V-Leute StPO § 110a 11

Vereidigung, s. Sachverständige(r) oder Zeugen

Verfahren
- – beschleunigtes Einl. 348

- – Beteiligung des Verletzten StPO Vor §§ 374 ff. 1 ff.
- – öffentlich EMRK Art. 6 65 ff.
- – Rechtsschutz GVG §§ 198–199 1 ff.
- – rechtsstaatlich Einl. 12
- – Übernahme durch die StA StPO § 377 1 ff.
- – vor dem EGMR EMRK Art. 34 3 ff.
- – vor großem Senat GVG § 138 1 ff.

Verfahren des Gerichts
- – Anhörung des Beschuldigten StPO § 173 2
- – Ermittlung des Gerichts StPO § 173 3 f.
- – Verfahrensgestaltung StPO § 173 1

Verfahren gegen Abwesenden StPO Vor §§ 276 ff. 1 f.

Verfahrensbesonderheiten des beschleunigten Verfahrens StPO § 418 1
- – Eröffnung Hauptverfahren StPO § 418 2 f.
- – Hauptverhandlung StPO § 418 4 ff.
- – Rechtsmittel StPO § 418 19
- – Verteidigerbestellung StPO § 418 12 ff.

Verfahrensfehler, Referendar GVG § 10 5

Verfahrensfortgang StPO § 294 1 f.

Verfahrenshindernis StPO § 206a 1 ff.
- – fehlende Prozessvoraussetzungen StPO § 206a 4
- – Verfahrensfragen StPO § 206a 6 ff.
- – Verfahrensstand StPO § 206a 3 f.

Verfahrensregister, s. Länderübergreifendes staatsanwaltschaftliches Verfahrensregister

Verfall EMRK Art. 7 9

Verfall der Sicherheit StPO § 124 1 ff.
- – Beschwerde, sofortige StPO § 124 26 ff.
- – dem Antritt der erkannten Freiheitsstrafe oder freiheitsentziehenden Maßregel der Besserung und Sicherung entziehen StPO § 124 15 ff.
- – der Untersuchung entziehen StPO § 124 8 ff.
- – Eintritt kraft Gesetzes StPO § 124 20 ff.
- – Entscheidung durch Beschluss StPO § 124 23 ff.
- – Voraussetzung StPO § 124 5 ff.
- – Wirkung gegenüber Dritten StPO § 124 33 ff.

Verfall oder Einziehung von Wertersatz, dinglicher Arrest
- – Arrestanspruch StPO § 111d 2
- – Arrestbeschluss StPO § 111d 9 ff.
- – Arrestgrund und Sicherungsbedürfnis StPO § 111d 7 f.
- – Geldstrafe StPO § 111d 3
- – Verfall oder Einziehung StPO § 111d 4 ff.
- – Vollziehung StPO § 111d 13 f.

Verhaftung
- – Belehrung StPO § 114b 1 ff.
- – Belehrungspflicht StPO § 114b 3 f.
- – Benachrichtigung von Angehörigen StPO § 114c 1 ff.
- – Inhalt der Belehrung StPO § 114b 5 ff.
- – Kritik an den Belehrungsvorschriften StPO § 114b 6 ff.

Verhaftung und vorläufige Festnahme StPO Vor. §§ 112 ff. StPO 1 ff.
- – Europarechtliche Vorgaben im Rechts der Untersuchungshaft StPO Vor. §§ 112 ff. StPO 71 ff.
- – Freiheitsentziehung, strafprozessuale StPO Vor. §§ 112 ff. StPO 13 ff.

Stichwortverzeichnis

- Rechtfertigung und Untersuchungshaft StPO Vor. §§ 112 ff. StPO 3 ff.
- Reform des Rechts der Untersuchungshaft StPO Vor. §§ 112 ff. StPO 21 ff.
- Reform des Rechts des Vollzuges der Untersuchungshaft im Einzelnen StPO Vor. §§ 112 ff. StPO 26 ff.
- Zweck der Untersuchungshaft StPO Vor. §§ 112 ff. StPO 6 ff.

Verhältnismäßigkeit Einl. 80
Verhandlung, in angmessener Frist EMRK Art. 6 71 ff.
Verhandlungsfähigkeit Einl. 97, 216
Verhandlungsleitung
- Aufgaben des Vorsitzenden StPO § 238 3 ff.
- Beanstandungsrecht StPO § 238 18 ff.

Verjährung Einl. 102
Verkehr mit den Beschuldigten StPO § 148 1 ff.
- Anbahnung des Mandats StPO § 148 10
- Ausnahmen StPO § 148 30 ff.
- mündlicher Verkehr StPO § 148 22 ff.
- Rechtsmittel StPO § 148 37 ff.
- Schriftverkehr StPO § 148 13 ff.
- unüberwachter Verkehr StPO § 148 4 ff.

Verlesung als Unterstützung des Gedächtnisses StPO § 253 1 ff.
- Protokollierung StPO § 255 1 f.
- spezielle Voraussetzungen StPO § 253 5 ff.
- Voraussetzung StPO § 253 1 ff.

Verlesung von Protokollen
- als Unterstützung des Gedächtnisses StPO § 253 1 ff.
- Protokollierung StPO § 255 1 f.
- Verlesung zu der Urteilsfindung vorgelagerten Zwecken StPO § 251 39
- Verlesungshindernisse StPO § 251 5 ff.
- vernehmungsersetzende Verlesung StPO § 251 11 ff.

Verletztenanspruch
- Vollziehung in Grundstück StPO §§ 111g–111h 1 ff.
- Vorrang bei Beschlagnahme StPO §§ 111g–111h 1 ff.

Verletzter
- Beteiligung am Verfahren StPO Vor §§ 374 ff. 1 ff.
- mehrere Klageberechtigte StPO § 375 1 ff.
- Zulässigkeit StPO § 374 1 ff.

Vermögensbeschlagnahme StPO § 290 1 ff.; StPO § 443 1 ff.
Vermögensstrafe, dinglicher Arrest StPO §§ 111o–111p 1
Veröffentlichung von Abbildungen eines Beschuldigten oder eines Zeugen StPO § 131b 1 ff.
Versagung des Zutritts GVG § 175 1 ff.
Verteidiger Einl. 160 ff.; StPO § 297 1 ff.
- Bestellung eines –, Wiederaufnahmeverfahren StPO § 364a 1 ff.
- Wiederaufnahmeverfahren StPO § 364b 1 ff.

Verteidigerausschlussverfahren StPO § 138d 1
- beschränkte Rechtskraft StPO § 138d 18
- Beschwerde, sofortige StPO § 138d 20 ff.
- Entscheidung durch Beschluss StPO § 138d 13 f.
- Kosten StPO § 138d 15 ff.
- mündliche Verhandlung StPO § 138d 2 ff.
- Revision StPO § 138d 23

Verteidigung EMRK Art. 6 46 ff.; StPO § 137 1 ff.
- gesetzlichen Vertreter des Beschuldigten StPO § 137 20 f.
- Grenzen StPO § 137 22 ff.
- Organtheorie StPO § 137 7 f.
- Parteiinteressenvertretertheorie StPO § 137 6
- Revision StPO § 137 27 ff.
- verfassungsrechtlich-prozessualen Theorien StPO § 137 6
- Vertragstheorie StPO § 137 6
- Wahlverteidiger StPO § 137 15 ff.

Vertreter
- des Klägers StPO § 378 1 ff.
- gesetzlicher StPO § 298 1 ff.

Vertretung, Präsident GVG § 21h 1 f.
Vertretung des abwesenden Angeklagten StPO § 234 1 ff.
- schriftliche Vollmacht StPO § 234 4 ff.
- Wirkung der Vertretungsbefugnisse StPO § 234 9

Verurteilter, Wiederaufnahme zugunsten - StPO § 359 1 ff.
Verwahrung, Beschuldigter StPO § 299 1 ff.
Verweisung, Anhängigkeit nach - GVG §§ 17–17b 1 f.
Verweisung an die Große Kammer EMRK Art. 43 1 ff.
- Voraussetzung EMRK Art. 43 2 ff.

Verwerfungsbeschluss
- Sperrwirkung StPO § 174 7 f.
- Verfahrenseinstellung StPO § 174 5 f.
- Verwerfung des unbegründeten Antrags StPO § 174 2 ff.

Verzicht, Rechtsmittel StPO § 302 1 ff.
Völkerrecht Einl. 125; GVG § 20 3 ff.
Vollstreckung, s. auch Strafvollstreckung
- Absehen von StPO § 456a 1 ff.
- – Antrag nach § 23 EGGVG StPO § 456a 7
- – bei ausgeliefertem Verurteilten StPO § 456a 2 ff.
- – Nachholung der Vollstreckung StPO § 456a 5 ff.
- Aufschub
- – Geisteskrankheit StPO § 455 2, 7
- – nahe Lebensgefahr StPO § 455 3, 7
- – sofortige Beschwerde StPO § 455 10
- – sonstige schwere Erkrankung StPO § 455 8
- – überwiegende Gründe StPO § 455 9
- – Unterbrechung StPO § 455 5 f.
- – Unverträglichkeit mit sofortiger Vollstreckung StPO § 455 4
- Aufschub bzw. Unterbrechung, aus Gründen der Vollzugsorganisation StPO § 455a 2 ff.
- Aufschub und Aussetzung des Berufsverbots StPO § 456c 1 ff.
- Aufschub, vorübergehender
- – Erhebliche Nachteile StPO § 456 3
- – Höchstfrist von vier Monaten StPO § 456 3
- – Sicherheitsleistung StPO § 456 4
- mehrerer Freiheitsstrafen
- – gleichzeitige Aussetzungsentscheidung StPO § 454b 7 f.
- – Rechtsbehelf StPO § 454b 9 f.
- – unmittelbare Anschlussvollstreckung StPO § 454b 2 ff.
- – Unterbrechung StPO § 454b 4 ff.

Stichwortverzeichnis

- Ordnungsmittel GVG § 179 1
- von Maßregeln der Besserung und Sicherung
- – Anwendbarkeit der Vorschriften über die Strafvollstreckung StPO § 463 1 f.
- – Spezialregelungen für Besonderheiten der jeweiligen Maßregel StPO § 463 3 ff.
- von Nebenfolgen
- – Geldleistung StPO § 459g 3
- – Wegnahme StPO § 459g 2

Vollstreckung der Ersatzfreiheitsstrafe
- Abwendung durch gemeinnützige Arbeit StPO § 459e 7
- Anordnung der Vollstreckungsbehörde StPO § 459e 2 f.
- in ganzen Tagen StPO § 459e 5
- Rechtsbehelf StPO § 459e 8
- Unterbleiben StPO § 459e 6
- – unbillige Härte StPO § 459f 2 ff.
- Unterbleiben der Vollstreckung StPO § 459e 4

Vollstreckung der Geldstrafe StPO § 459 1 f.
- Anrechnung von Teilbeträgen
- Rechtsbehelf StPO § 459b 5
- – Reihenfolge StPO § 459b 1 ff.
- Beitreibung
- – Nachlass StPO § 459c 6
- – Rechtsbehelf StPO § 459c 7
- – Regelungsgehalt StPO § 459c 1
- – Schonfrist StPO § 459c 2 ff.
- – Unterbleiben bei Aussichtslosigkeit StPO § 459c 5
- – Einbeziehung von Verfahrenskosten StPO § 459a 5
- Rechtsbehelf StPO § 459a 6
- Unterbleiben
- – Einzelfragen StPO § 459d 2 ff.
- – Regelungsgehalt StPO § 459d 1
- Verfallsklausel StPO § 459a 4
- Zahlungserleichterungen StPO § 459a 2 f.

Vollstreckungsbehörde
- Eingriffsbefugnisse StPO § 457 4 ff.
- Einwendungen StPO § 459h 1 ff.
- – Berechtigter StPO § 459h 2
- – Zuständigkeit StPO § 459h 3
- Ermittlungsbefugnisse StPO § 457 2 ff.

Vollstreckungshilfe GVG § 163 1

Vollstreckungsreihenfolge
- Änderung und Umkehr StPO § 116b 7
- Vorrang anderer Formen der Freiheitsentziehung StPO § 116b 4 ff.
- Vorrang der Untersuchungshaft StPO § 116b 3

Vollstreckungsverfahren Einl. 42

Vollziehung, Vorrang von Verletztenansprüchen StPO §§ 111g–111h 1 ff.

Vollziehung in Grundstück StPO §§ 111g–111h 1 ff.

Vollzugshemmung, Beschwerde keine - StPO § 307 1 ff.

Voraussetzugen des Strafbefehls
- Bestimmtheit und Inhalt StPO § 407 13
- Erforderlichkeit einer Hauptverhandlung StPO § 407 12
- Verfahren StPO § 407 11
- Zuständigkeit StPO § 407 10

Vorbereitung der Hauptverhandlung
- Benachrichtigungspflicht StPO § 224 4 ff.

- Entbindung des Angeklagten von der Pflicht zum Erscheinen
- – Anwendungsbereich StPO § 233 3
- – Entscheidung des Gerichts StPO § 233 10 ff.
- – Hauptverhandlung StPO § 233 24 ff.
- – Inhalt und Zweck StPO § 233 1 f.
- – Rechtsbehelf StPO § 233 32 ff.
- – Urteil nach Abwesenheitsverhandlung StPO § 233 31
- – Vernehmung über die Anklage StPO § 233 15 ff.
- – Voraussetzung StPO § 233 5 ff.
- Mitwirkung mehrerer Beamter der StA und Verteidiger
- – Inhalt StPO § 227 1
- – StA StPO § 227 2 ff.
- – Verteidiger StPO § 227 5 f.
- Namhaftmachen von Zeugen und Sachverständigen
- – Anwendungsbereich StPO § 222 2 f.
- – Aussetzung und Verzicht StPO § 222 9
- – Form und Inhalt StPO § 222 6 f.
- – Mitteilungspflicht StPO § 222 4 f.
- – Rechtzeitigkeit StPO § 222 8
- – Regelungszweck StPO § 222 1
- – Revision StPO § 222 11 ff.
- richterlicher Augenschein StPO § 225 1 ff.
- Vernehmung durch beauftragten oder ersuchten Richter
- – Anordnung der kommissarischen Vernehmung StPO § 223 13 ff.
- – Anwendungsbereich StPO § 223 1 ff.
- – Durchführung der kommissarischen Vernehmung StPO § 223 18 ff.
- – im Ausland StPO § 223 30 ff.
- – Rechtsbehelf StPO § 223 35 ff.
- – Voraussetzung StPO § 223 6 ff.
- Vorlage des Protokolls StPO § 224 13 f.

Vorführung StPO § 134 1 ff.
- nach Klageerhebung StPO § 129 1 ff.
- – Entscheidungskompetenz StPO § 129 6 ff.
- von Bild-Ton-Aufzeichnungen StPO § 255a 1 ff.
- – jugendliche Zeugen StPO § 255a 9 ff.
- vor der nächste AG StPO § 115a 1 ff.
- – Befugnisse des nächsten Richters StPO § 115a 11 ff.
- – Recht auf weitere Vorführung StPO § 115a 27 ff.
- – subsidiäre Zuständigkeitsregelung StPO § 115a 1
- – Transport zum zuständigen Gericht StPO § 115a 30 f.
- – Vernehmung durch den nächsten Richter StPO § 115a 4 ff.
- vor den Richter StPO § 128 1 ff.
- – Entscheidung des Gerichts StPO § 128 23 ff.
- – Frist StPO § 128 9 ff.
- – Vernehmung durch den nächsten Richter StPO § 128 21 f.
- – Vorführung StPO § 128 6 ff.

Vorführungspflicht EMRK Art. 5 45 ff.

Vorläufige Einstellung
- des Verfahrens StPO § 205 1 ff.
- Einstellungsmöglichkeit für die StA StPO § 154f 1
- Entscheidung StPO § 205 7 ff.

Stichwortverzeichnis

- Rechtsbehelf **StPO § 205** 7 ff.
- Voraussetzung **StPO § 205** 3 ff.

Vorläufige Festnahme EMRK Art. 5 22 ff.
- Abgeordneter **StPO § 127** 54
- Anfechtung **StPO § 127** 51
- Antragsdelikte **StPO § 127** 46 f.
- Berechtigte **StPO § 127** 1 ff.
- durch StA oder Polizei **StPO § 127** 37 ff.–48
- Festnahme als Realakt **StPO § 127** 27 ff.
- Festnahmegründe **StPO § 127** 23 ff.
- Gefahr in Verzug **StPO § 127** 37 ff.–41 ff.
- Jedermann **StPO § 127** 10 ff.
- Strafverfolgung **StPO § 127** 22
- Verhältnismäßigkeitsgrundsatz **StPO § 127** 34 ff.
- »frische Tat« **StPO § 127** 14 ff.

Vorläufige Maßnahmen zur Sicherung der Strafvollstreckung
- Aussetzung **StPO § 453c** 2 f.
- Hinreichende Gründe für Annahme des Widerrufs der Aussetzung **StPO § 453c** 3
- Rechtsbehelf **StPO § 453c** 8
- Sicherungshaftbefehl **StPO § 453c** 4 ff.
- Zuständigkeit **StPO § 453c** 7

Vorläufiges Absehen von Klage, vorläufige Einstellung
- Absehen von der Klageerhebung durch StA **StPO § 153a** 19 ff.
- Anfechtbarkeit **StPO § 153a** 33 ff.
- Auflagen und Weisungen **StPO § 153a** 12 ff.
- Einstellung **StPO § 153a** 26 ff.
- Einstellung eines Verfahrens **StPO § 153a** 2 ff.
- Revision **StPO § 153a** 37
- vereinfachtes Erledigungsverfahren **StPO § 153a** 1
- Voraussetzung **StPO § 153a** 7 ff.

Vorläufiges Berufsverbot
- Aufhebung **StPO § 132a** 11 ff.
- dringende Gründe für die Annahme der Anordnung eines Berufsverbotes **StPO § 132a** 3 f.
- Ermessen **StPO § 132a** 5 ff.
- Rechtsfolgen **StPO § 132a** 10
- vorläufige Maßregel **StPO § 132a** 1 ff.
- Zuständigkeit **StPO § 132a** 9

Vorschlagsliste, Frist GVG § 57 1

Waffengleichheit EMRK Art. 6 35 f.
Wahlperiode, Schöffe GVG § 50 1 f.
Wahlverteidiger StPO § 138 1 ff.
- Beschwerde bei Zurückweisung als Beistand **StPO § 138** 42 ff.
- notwendige Verteidigung **StPO § 138** 37 ff.
- Rechtsanwalt **StPO § 138** 6 ff.
- Rechtslehrer an deutschen Hochschulen **StPO § 138** 17 ff.
- Revision **StPO § 138** 47 f.
- Rücknahme der Genehmigung **StPO § 138** 33 ff.
- sachkundige, juristisch gebildete Personengruppen **StPO § 138** 23 ff.
- Zulassung **StPO § 138** 26 ff.

Wahrheit, materielle Einl. 7 ff.
Wegfall der Strafbarkeit
- Fortfall der Strafbarkeit als Voraussetzung **StPO § 206b** 2

- Verfahrensfragen **StPO § 206b** 5 ff.
- Verfahrensstand **StPO § 206b** 3

Weitere Verfügung StPO § 167 1
Widerklage StPO § 388 1
- selbstständige Privatklage **StPO § 388** 2
- Verfahren und Entscheidung **StPO § 388** 9 f.
- Voraussetzung **StPO § 388** 3 ff.
- Zurücknahme der Privatklage **StPO § 388** 11

Wiederaufnahme
- Begründetheit **StPO § 370** 1 ff.
- Behauptung einer Straftat **StPO § 364** 1 ff.
- Bestellung eines Verteidigers **StPO § 364a** 1 ff.
- Beweisaufnahme **StPO § 369** 1 ff.
- eines abgeschlossenen Verfahrens **StPO Vor §§ 359 ff.** 1 ff.
- – Rechtssicherheit **StPO Vor §§ 359 ff.** 7
- Entscheidung über die Zulässigkeit **StPO § 368** 1 ff.
- Hemmung der Vollstreckung **StPO § 360** 1 ff.
- Hemmung nach Vollstreckung oder Tod **StPO § 361** 1 ff.
- Inhalt und Form des Antrags **StPO § 366** 1 ff.
- nach Nichteröffnung
- – unanfechtbarer Ablehnungsbeschluss **StPO § 211** 2 ff.
- – Vorliegen von nova **StPO § 211** 5 ff.
- – Wirkung **StPO § 211** 9 f.
- Rechtsfriede **StPO Vor §§ 359 ff.** 6
- rechtskräftiges Urteil **StPO Vor §§ 359 ff.** 1 ff.
- Rechtsmittel **StPO § 365** 1 ff.
- sofortige Beschwerde **StPO § 372** 1 ff.
- Strafbefehl **StPO § 373a** 1 ff.
- Unzulässigkeit **StPO § 363** 1 ff.
- verfassungsrechtlicher Hintergrund **StPO Vor §§ 359 ff.** 4
- zugunsten des Angeklagten **StPO § 362** 1 ff.
- zugunsten des Verurteilten **StPO § 359** 1 ff.
- Zuständigkeit **StPO § 367** 1 ff.

Wiederaufnahmeverfahren
- Verteidiger **StPO § 364a** 1 ff.
- Verteidiger für die Vorbereitung des - **StPO § 364b** 1 ff.
- Zuständigkeit **GVG § 140a** 1 ff.

Wiedereinsetzung
- Antragsbegründung **StPO § 45** 6 ff.
- Antragsberechtigung **StPO § 45** 2
- Antragsstellung **StPO § 45** 1 ff.
- Frist **StPO § 45** 12 f.
- in den vorigen Stand
- außerordentlicher Rechtsbehelf **StPO § 44** 1
- – Fristversäumnis **StPO § 44** 3 ff.
- – Fristwahrung **StPO § 44** 8 ff.
- – Nachholen von Verfahrensrügen **StPO § 44** 41 ff.
- – Rechtskraft einer Entscheidung **StPO § 44** 2
- – Unkenntnis vom Fristbeginn **StPO § 44** 26 ff.
- – Unkenntnis von der Zustellung **StPO § 44** 30 ff.
- – Verhinderung ohne Verschulden **StPO § 44** 19 ff.
- – Versäumung **StPO § 44** 15 ff.
- – Verzögerung durch durch Dritte **StPO § 44** 33 ff.
- – Vollstreckung **StPO § 47** 1 ff.
- ohne Antrag **StPO § 45** 24 ff.

Stichwortverzeichnis

Wiedereinsetzungsantrag
- Entscheidung über einen StPO § 46 3 ff.
- Glaubhaftmachung StPO § 45 9 f.
- Glaubhaftmachung, entbehrliche StPO § 45 11
- Haft- und Unterbringungsbefehle StPO § 47 6 f.
- Mittel der Glaubhaftmachung StPO § 45 14 ff.
- Nachholung der versäumten Handlung StPO § 45 21 ff.
- Revision StPO § 342 1 ff.
- Vollstreckungsaufschub StPO § 47 2 ff.
- Vollstreckungshemmung StPO § 47 1
- Wochenfrist StPO § 45 3 f.
- zuständiges Gericht StPO § 46 1 f.

Wiederholungsgefahr StPO § 112a 1 ff.
- Sicherungshaft, Voraussetzungen der StPO § 112a 7 ff.

Wirtschaftsstrafkammer, LG GVG § 74c 1 ff.

Wochenfristen
- Aneinanderschließen zweier Fristen StPO § 43 3
- Feiertage StPO § 43 5
- Fristbeginn StPO § 43 1
- Fristende StPO § 43 1 f.
- Fristverlängerung, gesetzliche StPO § 43 4

Wohnraumüberwachung, akustische
- Abbruch StPO § 100d 8
- Anordnungsbeschluss StPO § 100d 5 f.
- Antrag der StA StPO § 100d 2
- Berichtspflichten StPO § 100e 1 f.
- Beweisverwertungsverbot, unselbstständiges StPO § 100d 16 f.
- Durchführung StPO § 100d 7
- Eilentscheidung StPO § 100d 3
- Löschungsgebot StPO § 100d 4
- Verwendung erlangter Informationen StPO § 100d 10 ff.

Zahl der Schöffen GVG § 43 1 ff.

Zeugen, s. auch Zeugenbeistand oder Zeugenbelehrung oder Zeugenvernehmung, s. Sachverständige Zeugen
- Bekräftigung der Wahrheit der Aussage StPO § 65 1 f.
- Eidesformel StPO § 64 1 f.
- Eidesverweigerungsrecht, Angehörige StPO § 61 1 ff.
- Entschädigung StPO § 71 1 f.
- Erscheinungspflicht StPO § 48 2
- Folgen des Ausbleibens
  - Auferlegung der Kosten StPO § 51 7
  - Entschuldigung StPO § 51 12 ff.
  - Ordnungsgeld StPO § 51 8
  - ordnungsgemäße Ladung StPO § 51 2
  - Ordnungshaft StPO § 51 9
  - Revision StPO § 51 26
  - Ungehorsam StPO § 51 1
  - Vorführung StPO § 51 11
- Ladung StPO § 48 3 ff.
- Kinder, Seeleute, Soldaten, Zeugen im Ausland, Exterritoriale StPO § 48 10 ff.
- Revision StPO § 48 15
- unter 18 Jahren
  - alleinige Vertretung durch den Vorsitzenden StPO § 241a 2
  - Ausnahme StPO § 241a 3 ff.
- Rechtsbehelf StPO § 241a 7
- Regelungsgehalt StPO § 241a 1
- Zurückweisung von Fragen StPO § 241a 6
- Vereidigung
  - Ausschlaggebende Bedeutung StPO § 59 2
  - bei kommissarischer Vertretung StPO § 63 1 f.
  - Berufung auf früheren Eid StPO § 67 1 ff.
  - Einzelvereidigung StPO § 59 5
  - Entscheidung StPO § 59 8
  - Herbeiführung einer wahren Aussage StPO § 59 3
  - Hör- und Sprachbehinderte StPO § 66 1 ff.
  - im vorbereitenden Verfahren StPO § 62 1 f.
  - Protokoll StPO § 59 9 f.
  - Revision StPO § 59 11
  - sämtliche Angaben des Zeugen StPO § 59 7
- Vereidigungsverbote
  - Begünstigung, Strafvereitelung oder Hehlerei StPO § 60 8 f.
  - Eidesmündigkeit StPO § 60 2
  - Entscheidung StPO § 60 4, 11
  - Fehlen der Fähigkeit zur Eidesleistung StPO § 60 3
  - Sinn StPO § 60 1
  - Tat StPO § 60 6
  - Tat- oder Teilnahmeverdacht StPO § 60 5
  - Tatbeteiligter StPO § 60 7
  - Teilvereidigung StPO § 60 10
- Vernehmung des Bundespräsidenten StPO § 49 1 ff.
- Vernehmung von Parlamentariern und Regierungsmitgliedern StPO § 50 1 ff.
  - Parlamentarier StPO § 50 3
  - Regierungsmitglieder StPO § 50 4 ff.
  - Revision StPO § 50 9
- Weigerung
  - Abgeordneter StPO § 70 10
  - Beschwerde StPO § 70 9
  - Beugehaft StPO § 70 5 f.
  - Entscheidung über Maßnahmen StPO § 70 7
  - Geltungsbereich StPO § 70 1
  - Kosten und Ordnungsgeld StPO § 70 4
  - ohne Grund StPO § 70 3
  - Ordnungsmittel StPO § 70 8
  - Revision StPO § 70 11
  - Schuldfähigkeit StPO § 70 2

Zeugen und Sachverständige, Entlassung der Zeugen und Sachverständigen
- Anwendungsbereich StPO § 248 2
- Entfernung StPO § 248 3
- Revision StPO § 248 6
- Verfahren StPO § 248 4 f.

Zeugen- und Sachverständigenvernehmung durch StA StPO § 161a 1 ff.
- ersuchte StA StPO § 161a 24
- Sachverständige StPO § 161a 10 ff.
- Zeugenladung StPO § 161a 4 f.
- Zeugenvernehmung StPO § 161a 6 ff.
- Zwangsmittel StPO § 161a 14 ff.

Zeugenbeistand
- Anwesenheitsrecht StPO § 68b 3
- Ausschluss StPO § 68b 5 ff.
- Interessenkollision StPO § 68b 9
- Tatbeteiligung StPO § 68b 8

- – Verdunkelung StPO § 68b 10
- Beiordnung
- – besondere Umstände StPO § 68b 12
- – Schutzwürdige Interessen StPO § 68b 11
- Geltungsbereich StPO § 68b 2
- Kosten und Gebühren StPO § 68b 16 f.
- Regelungsgehalt StPO § 68b 1
- Verfahren StPO § 68b 14 f.
- weitere Rechte StPO § 68b 4
- § 142 StPO StPO § 68b 13

Zeugenbelehrung
- in wirkungsvoller Weise StPO § 57 4
- Mündliche Belehrung StPO § 57 2 f.
- Revision StPO § 57 6
- richterliche Vernehmung StPO § 57 1
- Wahrheitspflicht und Vereidigung StPO § 57 3

Zeugenvernehmung
- Befragung zur Person StPO § 68 3 ff.
- Beziehung zu Beschuldigtem und Verletztem StPO § 68a 6
- Einzelvernehmung StPO § 58 2
- entehrende Tatsachen StPO § 68a 2
- Entscheidung StPO § 68a 8
- Gegenüberstellung StPO § 58 7 ff.
- Geheimhaltung der Identität StPO § 68 14 ff.
- Geltungsbereich und Schutz bei Akteneinsicht StPO § 68 18
- Glaubwürdigkeit StPO § 68a 5
- Hauptverhandlungsprotokoll StPO § 68 19
- persönlicher Lebensbereich, Schutz von Opferzeugen StPO § 68a 3
- Regelungsgehalt StPO § 68 1 f.; StPO § 58 1; StPO § 68a 1
- Reihenfolge StPO § 58 4
- Revision StPO § 68 20; StPO § 58 14
- richterliche StPO § 168c 5
- sämtliche Zeugen StPO § 58 3
- Schutz StPO § 68 10
- Unerlässlichkeit StPO § 68a 4
- vernommener Zeuge StPO § 58 6
- Vorstrafen StPO § 68a 7
- Zuhörer als Zeugen StPO § 58 5
- zur Sache
- – Protokoll StPO § 69 6
- – Regelungsgehalt StPO § 69 1
- – Revision StPO § 69 7
- – Untersuchungsgegenstand StPO § 69 3
- – Verhör StPO § 69 4
- – Zeugenbericht StPO § 69 2
- – § 136a StPO § 69 5

Zeugenvernehmung, audiovisuelle
- Akteneinsicht StPO § 247a 28 ff.
- Anordnung StPO § 247a 4 ff.
- Durchführung StPO § 247a 21 ff.

Zeugnisverweigerung in der Hauptverhandlung StPO § 252 1 ff.
- Verlesungs- und Verwertungsverbot StPO § 252 16 ff.

Zeugnisverweigerungsrecht aus beruflichen Gründen
- Abgeordneter StPO § 53 27 f.
- Abgrenzung zum strafrechtlichen Geheimnisschutz StPO § 53 3 ff.
- Ausübung und Folgen StPO § 53 40 ff.
- Beginn StPO § 53 10
- Berechtigte StPO § 53 11 ff.
- Drogenberater der Suchtberatungsstelle StPO § 53 26
- Ende StPO § 53 10
- Entbindung des Zeugen von der Schweigepflicht StPO § 53 44 ff.
- Entscheidung des Zeugen StPO § 53 6
- Geistliche StPO § 53 12 ff.
- praktische Bedeutung StPO § 53 2
- Presse und Rundfunkangehörige StPO § 53 29 f.
- rechtlich, wirtschaftlich und medizinisch beratende Berufe StPO § 53 18 ff.
- Revision StPO § 53 51 ff.
- Schwangerschaftsberatungsstelle, Mitarbeiter der StPO § 53 25
- Verteidiger StPO § 53 15 ff.

Zeugnisverweigerungsrecht aus persönlichen Gründen
- Angehörigkeitsverhältnis zum Beschuldigten StPO § 52 18
- Angehörigkeitsverhältnis zum Mitbeschuldigten StPO § 52 19 ff.
- Ausübung StPO § 52 23 ff.
- bei Befragungen durch Gerichtsgehilfen StPO § 52 5
- bei Vernehmungen StPO § 52 3
- Belehrung des Zeugen StPO § 52 57 ff.
- Belehrung, Protokollierung der StPO § 52 62
- Belehrung, Unterlassen der StPO § 52 63
- Belehrungsadressat StPO § 52 61
- Belehrungszuständigkeit StPO § 52 61
- Berechtigte StPO § 52 7 ff.
- Beweiserhebungsverbot StPO § 52 47 ff.
- Beweisverbotsfolge StPO § 52 26 ff.
- Folgen der Ausübung StPO § 52 47 ff.
- gesetzlicher Vertreter, Ausschluss des StPO § 52 40 ff.
- höchstpersönliches Recht StPO § 52 23
- Persönlichkeitsrecht des Zeugen StPO § 52 1
- Rechtsbehelf StPO § 52 69 ff.
- Rechtsfolgen StPO § 52 2
- Teilverzicht StPO § 52 46 ff.
- Umgehung bei informellen Befragungen StPO § 52 4
- Verwertungsverbot StPO § 52 47 ff.
- Verzicht StPO § 52 43 ff.
- Zustimmung, Nachholung der StPO § 52 36 ff.
- Zustimmung, Widerruf der StPO § 52 36 ff.
- Zustimmungserfordernis StPO § 52 28 ff.
- Zustimmungserklärung, Kompetenz zur StPO § 52 32 ff.
- Zwang zum Erscheinen StPO § 52 6

Zeugnisverweigerungsrecht der Berufshelfer StPO § 53a 1 ff.
- abgeleitetes Zeugnisverweigerungsrecht StPO § 53a 11 ff.
- Berechtigte StPO § 53a 3
- Gehilfen und Auszubildende der einzelnen zur Zeugnisverweigerung Berechtigten StPO § 53a 5 ff.
- Rechtsmittel StPO § 53a 19 f.

Stichwortverzeichnis

- Schweigepflicht gegenüber dem Berufsgeheimnisträger StPO § 53a 17 ff.

Zufallsfund StPO § 108 1 ff.
- Verwertungsverbot StPO § 108 10 ff.

Zulässigkeit
- Rechtsweg GVG §§ 17–17b 1 f.
- Revision StPO § 333 1 ff.
- Verletzter StPO § 374 1 ff.
- Wiederaufnahme StPO § 368 1 ff.

Zulassung von Beiständen
- Fürspracheinteresse StPO § 149 1 f.
- möglicher Beistand StPO § 149 3 ff.
- Rechte des Beistands StPO § 149 8 ff.
- Rechtsmittel StPO § 149 11 ff.

Zurücknahme, Rechtsmittel StPO § 302 1 ff.

Zurücknahme der Bestellung des Pflichtverteidigers StPO § 143 1 ff.
- aus wichtigem Grund StPO § 143 7 ff.
- Beschwerde StPO § 143 28 f.
- Bestellung eines Wahlverteidigers StPO § 143 4 f.
- Croissant-Beschluss StPO § 143 6
- personenbezogene Gründe StPO § 143 12 ff.
- Revision StPO § 143 30 ff.
- Verfahren StPO § 143 23 ff.
- verfahrensbedingte Gründe StPO § 143 20 ff.
- verhaltensbezogene Gründe StPO § 143 15 ff.

Zurücknahme der Klage StPO § 156 1 ff.

Zurückverweisung, Revision StPO § 354 1 ff.

Zurückweisung eines Wahlverteidigers StPO § 146a 1 ff.
- Folgen StPO § 146a 11 ff.
- Rechtsmittel StPO § 146a 16 ff.
- Verfahrensstadium StPO § 146a 7
- Zurückweisungsverfahren StPO § 146a 10
- Zuständigkeit StPO § 146a 8 f.

Zurückweisung von Fragen durch den Vorsitzenden
- Hauptverhandlungsprotokoll StPO § 241 12
- Missbrauch des Kreuzverhörs StPO § 241 2 ff.
- Rechtsbehelf StPO § 241 13 ff.
- Regelungsgehalt StPO § 241 1
- Zurückweisung von Fragen StPO § 241 5 ff.

Zusammenhängende Sachen StPO
- Begriff des Zusammenhangs StPO § 3 1 ff.
- Verbindung und Trennung
- – Grundlagen StPO § 2 1 ff.
- – Rechtsmittel StPO § 2 19 ff.
- Verfahrenstrennung StPO § 2 14 ff.
- Verfahrensverbindung
- – als solche StPO § 2 13
- – Entscheidung StPO § 2 9 ff.
- – Voraussetzung StPO § 2 6 ff.

Zuständigkeit
- AG GVG § 24 1 ff.
- BGH GVG § 135 1 ff.
- Jugendschutzgericht GVG § 26 1 ff.
- ordentliche Gerichtsbarkeit GVG § 13 1 f.
- Schöffengericht GVG § 28 1 f.
- StA GVG § 142 1 ff.
- Strafrichter GVG § 25 1 ff.
- Strafvollstreckungskammer GVG § 78a 1 ff.
- Wiederaufnahme StPO § 367 1 ff.
- Wiederaufnahmeverfahren GVG § 140a 1 ff.

Zuständigkeit besonderer Strafkammern, funktionell StPO § 6a 1 ff.
- Einwand der Unzuständigkeit durch Angeklagten StPO § 6a 3 ff.

Zuständigkeit der Gerichte StPO

Zuständigkeit für den Erlass des Haftbefehls
- Antrag der StA StPO § 125 13 ff.
- Eilkompetenz StPO § 125 17 f.
- funktionale Zuständigkeit vor Erhebung der öffentlichen Klage StPO § 125 10 ff.
- nach Erhebung der öffentlichen Klage StPO § 125 19 ff.
- örtliche Zuständigkeit vor Erhebung der öffentlichen Klage StPO § 125 7 ff.
- sachliche Zuständigkeit vor Erhebung der öffentlichen Klage StPO § 125 1–4 ff.
- Verstoß gegen Zuständigkeitsregeln StPO § 125 23 ff.

Zuständigkeit für weitere Entscheidungen
- Folgeentscheidungen StPO § 126 3
- nach Einlegung der Revision StPO § 126 18
- nach Erhebung der öffentlichen Klage StPO § 126 8 ff.
- noch anhängige Haftbeschwerde StPO § 126 16 f.
- OLG StPO § 126 19
- vor Erhebung der öffentlichen Klage StPO § 126 4 ff.
- weitere gerichtliche Entscheidungen StPO § 126 1

Zuständigkeit in Strafsachen, LG GVG § 74 1 ff.

Zuständigkeitskonzentration, LG GVG § 74d 1 ff.

Zuständigkeitsverschiebung vor Hauptverhandlung StPO § 225a 1 ff.
- Entscheidung über die Übernahme StPO § 225a 6 ff.
- Vorlage StPO § 225a 12 ff.
- Vorlage und Verweisung an eine besondere Strafkammer StPO § 225a 32 ff.

Zustellung
- an mehrere Empfangsberechtigte StPO § 37 51 f.
- an StA StPO § 41 1 ff.
- Bevollmächtigter StPO § 37 37 ff.
- Definition StPO § 36 1
- durch das Gericht StPO § 36 3 ff.
- durch die StA StPO § 36 6 ff.
- Ersatzzustellung StPO § 37 24 ff.
- Heilung von Zustellungsmängeln StPO § 37 18
- im Ausland StPO § 37 34 ff.
- Mängel StPO § 36 9 f.
- Mängel und Heilung StPO § 37 40 f.
- mehrfache StPO § 37 53
- öffentliche StPO § 40 1 ff.
- unmittelbare StPO § 37 8 ff.
- Urteilsübersetzung StPO § 37 3 ff.
- Zustellungsadressat StPO § 37 4 ff.
- Zustellungsgegenstand StPO § 37 4 ff.
- Zustellungsurkunde StPO § 37 41 ff.
- Zustellungsverfahren StPO § 37 1 ff.

Zustellung an StA StPO § 41 1 ff.
- Bußgeldurteile StPO § 41 4
- Frist StPO § 41 3
- Vorlage der Urschrift StPO § 41 2

Zustellung an Verteidiger
- gesetzliche Zustellungsvollmacht StPO § 145a 1 ff.

– Spezialvollmacht **StPO § 145a** 9 ff.
– Wiedereinsetzung/Revision **StPO § 145a** 16 f.
Zuziehung des Inhabers StPO § 106 1 ff.
– Anwesenheitsrecht **StPO § 106** 3 ff.
– Rechtsbehelf **StPO § 106** 17 f.
– Verwertbarkeit von Beweismitteln **StPO § 106** 17
Zweifel an der Zulässigkeit einer Frage
– Begriff der Zulässigkeit **StPO § 242** 2
– Protokoll **StPO § 242** 4
– Rechtsbehelf **StPO § 242** 4
– Regelungsgehalt **StPO § 242** 1
– Verfahren **StPO § 242** 3
Zweifel bei Auslegung des Strafurteils, gerichtliche Entscheidung StPO § 458 1 ff.
Zwischenverfahren Einl. 35, 128